郭嵩焘全集

一

经部一

周易内传笺

周易释例

岳麓書社·长沙

本书出版得到国家古籍整理出版专项经费资助

郭嵩焘

（1818—1891）

郭嵩焘铜版画像

《玉池老人自述》卷首木刻像

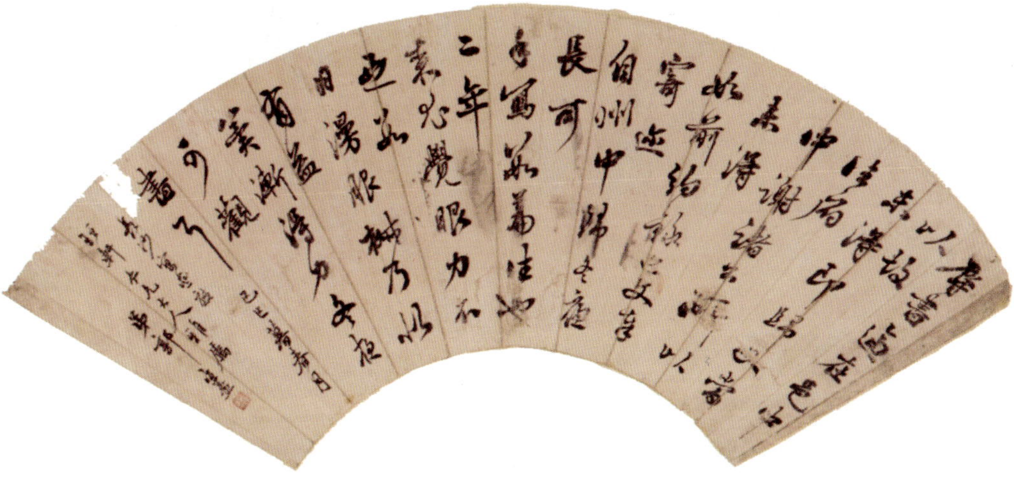

郭嵩焘书法扇面

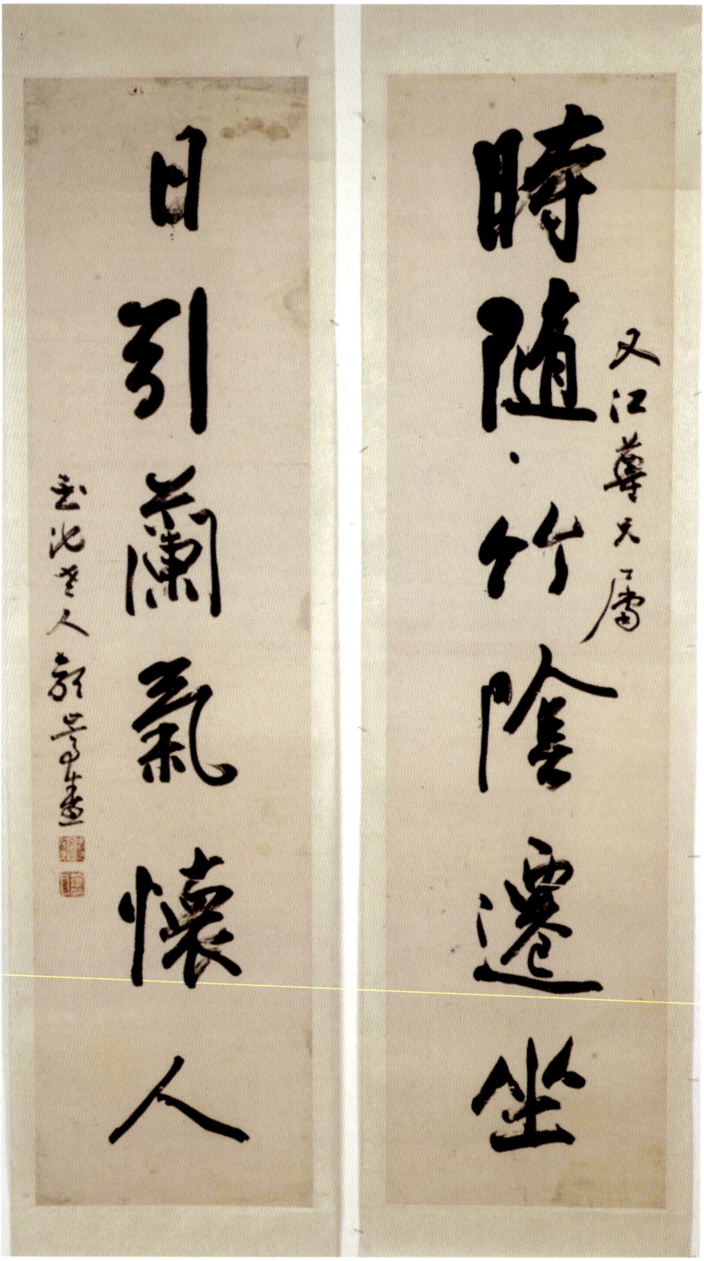

郭嵩焘手书对联

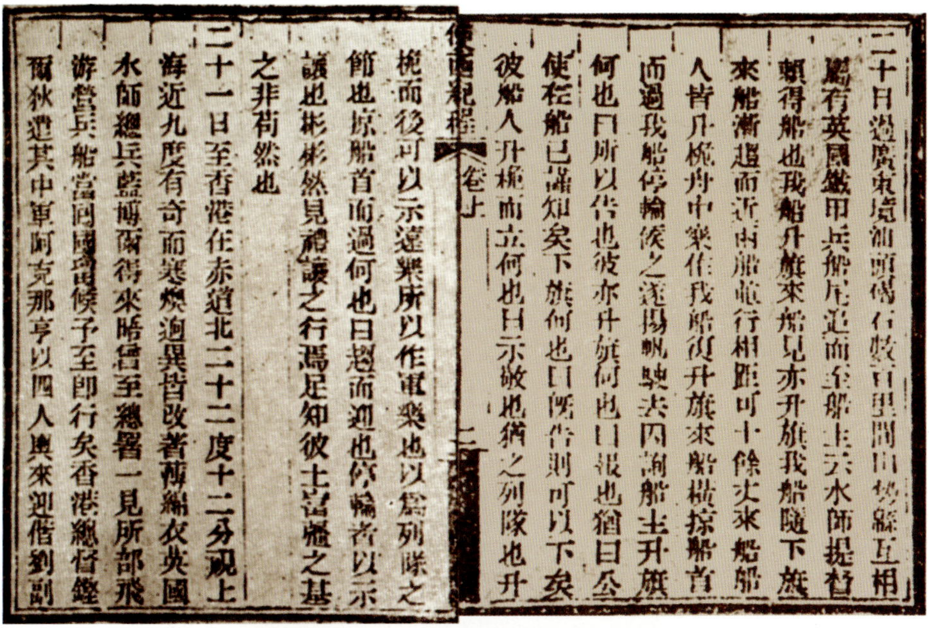

二十日過廣東境汕頭傳有數百里間山勢綿亘相屬有英國鐵甲兵船尾追而至船上示水師提督賴得船也我船升旗來船見亦升旗我船隨下旗來船漸逼而近兩船並行相距可十餘丈來船船人皆升桅舟中樂作我船復升旗來船橫掠船首而過我船停輪俟之遠揚帆駛去因詢船主升旗何也曰所以告也彼亦升旗何也曰報也猶曰公使在船已謹知矣下旗何也曰既告則可以下矣彼船人升桅而立何也曰示敬也猶之列隊也升

使西紀程　卷上　二

桅而後可以示遠樂所以作軍樂也以爲列隊之節也掠船首而過何也曰趨而過也停輪者以示讓也彬彬然見禮讓之行焉足知彼土富强之基之非苟然也

二十一日至香港在赤道北二十二度十二分視上海近九度有奇而寒燠迥異皆改著薄綿衣英國水師總兵藍博爾得來晤晉至總署一見所部飛游營兵船當同國瑪侯子至即行矣香港總督鏗爾狄遣其中軍阿克那亨以四人輿來迎偕劉副

使西紀程

郭嵩焘根据日记整理而成的《使西纪程》刻本书影

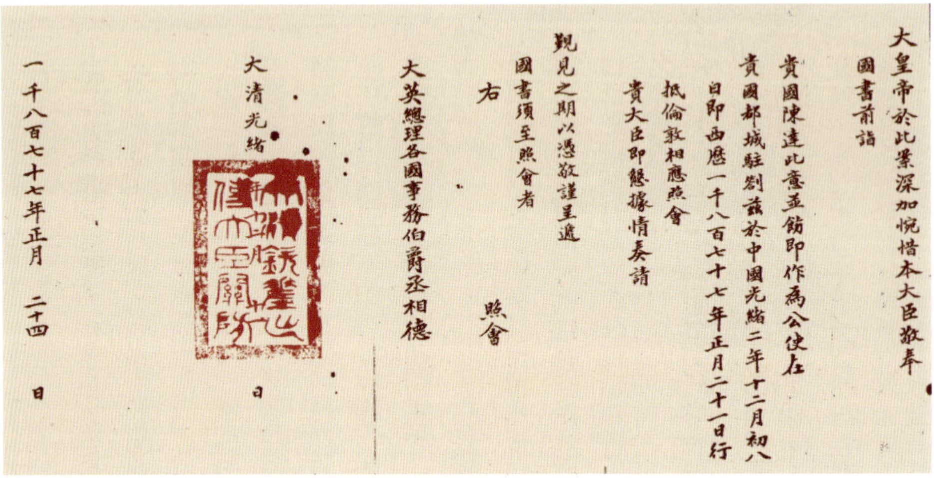

大皇帝於此業深加悅惜本大臣敬奉
國書前語
貴國陳達此意並飭即作為公使在
貴國都城駐劄茲於中國光緒二年十二月初八
日即西歷一千八百七十七年正月二十一日行
抵倫敦相應照會
貴大臣即懇據情奏請
覲見之期以憑敬謹呈遞
國書須至照會者
右 照會
大英總理各國事務伯爵丞相德
大清光緒 日
一千八百七十七年正月 二十四 日

英国档案馆藏郭嵩焘书信

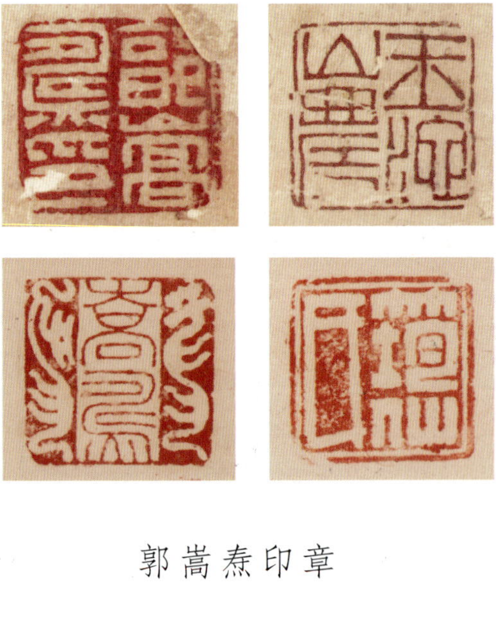

郭嵩焘印章

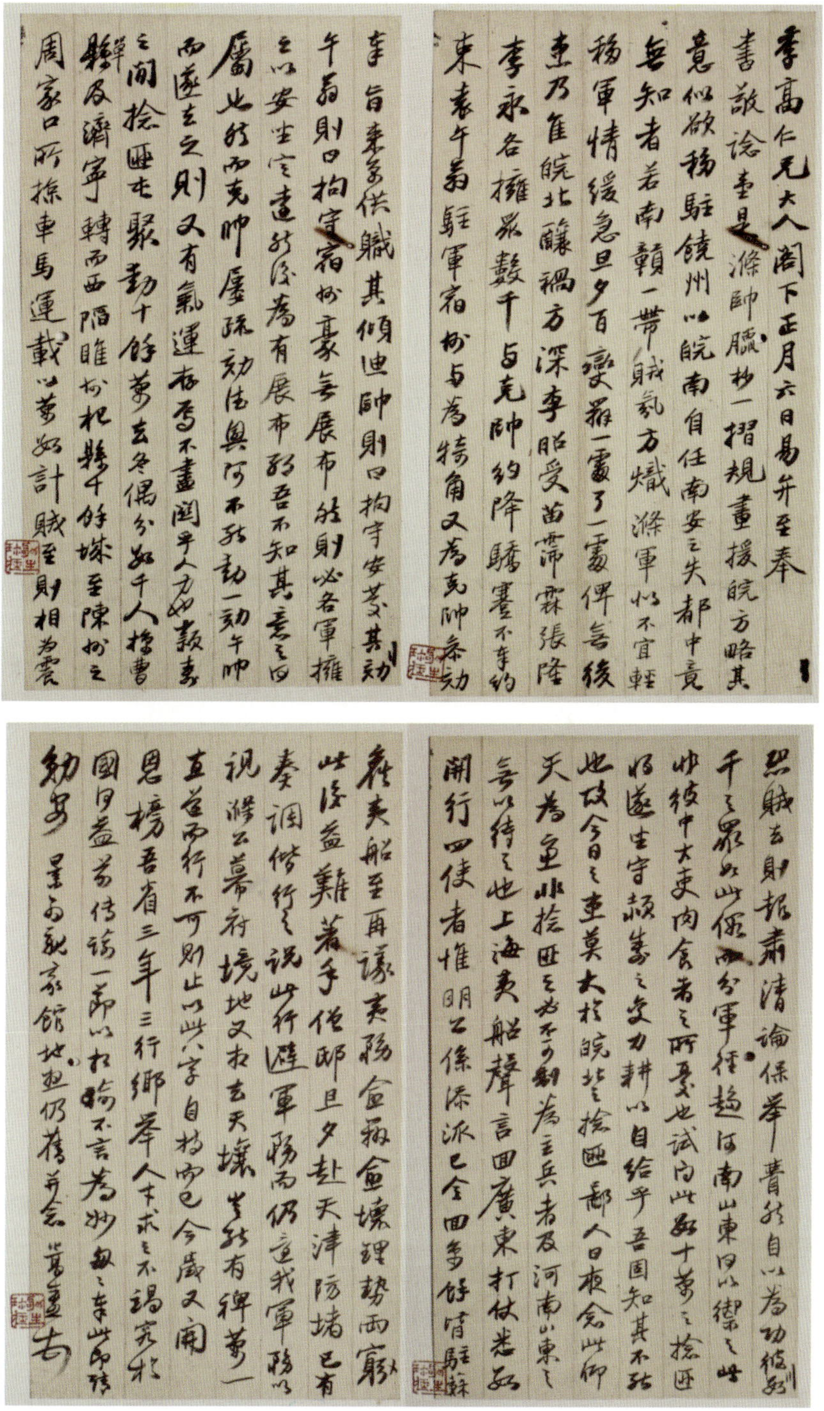

郭嵩焘书信

署理廣東巡撫革職留任臣郭嵩燾跪
奏為敬陳學政考試情形仰祈
聖鑒事竊照學政考試有無劣蹟例應每年陳奏一
次道光二十七年接准禮部咨開欽奉
上諭該督撫等於年終密考率皆以塲規整肅士論悅
服為詞習成故套毫無切實考語殊非秉公覈實之
道嗣後各該督撫等務宜破除情面認真訪察如該
學政等不公不勤或徇私壞法以及約束幕友家丁
胥吏人等不能嚴肅甚至精神疲憊不能振作有玷
厥職均著該督撫等秉公具奏不得仍以空言塞責
倘意存見好徇隱不舉別經發覺惟該督撫等是問
將此通諭知之欽此又咸豐元年准吏部咨開奉
上諭各省學政經朕特簡為士子表率亦各宜砥礪廉
隅恪守清操雖延請幕友出棚按試費用較繁向資
棚規津貼但各省均有舊章豈容踵而加厲嗣後各
學政如有不知自愛任意需索者著各督撫隨時查
察據實參奏毋稍徇隱欽此欽遵在案茲查前任廣
東學政臣王溯上年考過羅定州及現任學政
臣劉熙載本年考過廣州韶州肇慶連州連山
南雄等府州廳據藩司轉據各屬申報俱係遵
例關防提調教官均無干預私謁諸弊等情具
詳前來臣確加訪查該學政王溯劉熙載考試
各屬關防嚴肅去取允當其立身制行具有本
末並足為士林之矜式公廉勤實衆論僉同臣
仍隨時留心查察如有前項劣蹟即當據實奏
聞斷不敢稍事徇隱自干嚴譴臣謹據實恭摺具
奏伏乞
皇太后
皇上聖鑒謹
奏
同治四年十二月　十五　日

前　言

郭嵩焘是我国晚清著名的政治家、外交家，杰出的思想家与渊博的学者。他的一生，经历了自清道光朝以来半个世纪内发生的一系列重大事件。面对近代中国所处的“三千年未有之奇变”，面对西方列强纷至沓来的侵略与中国落后闭塞的局面，郭嵩焘进行了艰难而痛苦的探索，提出了一系列超乎同时代人的思想和主张，奠定了他在中国近代思想史上的重要地位。

一

郭嵩焘，清嘉庆二十三年三月初七日（1818 年 4 月 11 日）出生于湖南省湘阴县城一个商贾诗书之家。字伯琛，号筠仙，曾自署南岳老人，晚号玉池老人，又称养知先生。郭嵩焘自幼随父读书，十八岁入湘阴仰高书院，次年入岳麓书院，深受湖湘文化的熏陶，并结识曾国藩、左宗棠、刘蓉等人。道光十七年（1837 年），他参加乡试，中举，随后两与会试不中。

道光二十七年（1847 年），郭嵩焘第五次赴京参加会试，得中进士，授翰林院庶吉士，旋回湖南。两年后，因母亲、父亲先后去世，在籍丁忧守制。咸丰二年（1852 年），太平军进军湖南，攻打长沙。时湖南巡抚张亮基聘请左宗棠入幕襄助军务，郭与左宗棠之兄宗植力促成行。曾国藩丁忧回籍，清廷命其帮办湖南团练，曾国藩拟疏请辞。郭嵩焘前往其家，说服其接受朝命，墨经从戎。三年二月十九日（1853 年 3 月 28 日），清廷命郭嵩焘“会同地方官倡率督办捐输团练事宜”。此后几年，郭嵩焘即在曾国藩幕，先后赴湖南各地及江西、浙江、江苏筹集军饷、购置军械；又协助湖南巡抚骆秉章办理捐输、创设厘金；与罗泽南等率湘军援救江西，以功特授翰林院编修。

咸丰六年（1856）八月，郭嵩焘结束幕府生涯回乡，次年冬赴京。八年（1858）正月，郭嵩焘供职翰林院，旋入值南书房。是年，咸丰帝曾三次召见，询以江西军事及左宗棠事。郭嵩焘极力推荐，称左宗棠“才尽大，无不了之事，人品尤端正”。时值第二次鸦片战争发生，郭嵩焘上奏，陈述“海防与驭夷之道”，提出天津添设战船、内江设立水师、饬令谙习夷语者来京传习以通知夷情的主张。九年（1859）正月，以僧格林沁奏请随赴天津办理海防，曾考察大沽口炮台及北塘海口、筹议临敌章程，但因不同意僧格林沁撤除北塘防务等事，遭到排斥。其后，郭嵩焘赴山东清查沿海税务，因烟台厘局被毁，为僧格林沁奏参。回京以后，郭嵩焘仍值南书房，并曾随咸丰帝入驻颐和园。时樊燮讦控左宗棠案发生，郭嵩焘为之奔走，商请大理寺卿潘祖荫奏保，左宗棠得以转危为安。十年（1860）四月，郭嵩焘以病回籍，此后家居两年，专事撰述。

同治元年五月初一日（1862 年 5 月 28 日），清廷谕准李鸿章奏，授郭嵩焘江苏苏松粮储道。郭嵩焘于闰八月抵沪接任，次年三月又改授两淮盐运使。其时，他往来于曾国藩、李鸿章之间，参议军政，筹措粮饷；曾与李善兰、冯桂芬、容闳等接触，进一步增进了对于洋务的了解。是年六月二十九日（1863 年 8 月 13 日），清廷以两广总督毛鸿宾保奏，命郭嵩焘以三品顶戴署理广东巡抚。

广东号称富庶，但“俗尚繁华”，“民气凋残”。郭嵩焘到任后，“于国计民生，稍有关系，随时整理”，捕治盗贼，整顿厘捐，清理积案，办理洋务，均颇有成效。同治三年（1864 年）六月，太平天国都城天京沦陷，李世贤、汪海洋率太平军余部南走浙、闽，转入赣、粤。郭嵩焘部署围堵，筹措军饷，会同左宗棠于同治四年（1865）底将其镇压下去。署理广东巡抚期间，郭嵩焘先后与两广总督毛鸿宾、广州将军瑞麟及闽浙总督左宗棠发生矛盾，以致为左宗棠奏参，于五年（1866）二月开缺回籍。此后，他家居八年，从事著述，并主讲长沙城南书院。

同治十三年六月初八日（1874 年 7 月 21 日），郭嵩焘奉命赴京陛见，于是年底抵达北京，次年二月又简放为福建按察使。时因日本侵略我国台湾事件，清朝廷内海防议起。郭嵩焘上《条议海防事宜》，指出：“西洋立国有本有末，其本在朝廷政教，其末在商贾，造船、制器，相辅以益其强，又末中之一节也……舍富强之本图，而怀欲速之心以急责之海上，将谓造船、制器用其一旦之功，遂可转弱为强，其余皆可不问，恐无此理。”从而明确提出他的“本末观”，突破了洋务派“中体西用”的狭隘眼界，开启了中国近代从政治上进行改良的思想先河。

郭嵩焘到达福州后仅两个多月，七月二十八日（8 月 28 日），清廷又下诏命他以侍郎候补，充任出使英国大臣。先是，云南发生“马嘉理案”，英国要求清朝速派大员赴英通好谢罪。郭嵩焘返京后，奉命署兵部左侍郎，在总理各国事务衙门行走。出使外邦，“通好谢罪”，这在时人看来是极为耻辱之事。而郭嵩焘毅然应命，并于到京后就“马嘉理案”，奏参云南巡抚岑毓英，指责其“贸然扬难，贻累国家”。一时舆论大哗，郭嵩焘“横遭訾毁”，为京师士大夫所不容，并为同乡朋僚所羞辱。

光绪二年十月十七日（1876年12月2日），郭嵩焘与副使刘锡鸿等一行自上海起航赴英，于十二月八日（1877年1月21日）抵达伦敦，就任中国首届驻英国公使。光绪四年正月二十一日（1878年2月23日）又受命兼任驻法国大臣。郭嵩焘出使英、法，首开中国派任常驻外国使臣的先例，揭开了近代中国人认识西方文化的新篇章，在中国外交史和中西文化交流史上有着重大意义。

赴英途中，郭嵩焘航经香港、新加坡、锡兰等地，游览参观，了解各地风土人情、政教习俗，并将其见闻、感受逐日记载，写成《使西纪程》一书，称赞西洋立国"政教修明，具有本末"，中国对于西方的挑衅，要研究"应付之方"，据理力争。抵达伦敦后，郭嵩焘将书寄总理衙门刊刻。此书出版后，竟遭到国内守旧士大夫的猛烈抨击。翰林院编修何金寿并奏参郭嵩焘"有二心于英国，欲中国臣事之"，以致书被毁版，禁止流行。郭嵩焘因此而愤懑已极。

出使英、法期间，郭嵩焘不辱使命，开展了大量外交活动，以维护国家利益和民族尊严。他奏请在新加坡设立领事，保护华侨，使中国开设了第一个驻外领事馆；就国内发生的镇江太古洋行趸船移泊案、英商残害厦门渔民案等多起案件及英属加拿大域多利华人免税案，与英国外交当局进行交涉。他还在英、法两国考察议院、学校、工厂，拜会各国驻英使节与访英各国政要，接待科学技术和文化教育等各界人士，接见中国留英学生并为他们进行外交努力。他还十分注意考察西方社会的政治、经济、军事制度，悉心研究其社会风俗和学术文化，思考着争取自己国家进步与发展的有关问题，并曾多次上疏，要求禁止鸦片、进一步学习西方，批评国内的守旧观念和顽固势力。郭嵩焘在国外的种种表现，充分表明他是一位热爱和忠于自己的祖国、思想开明进步的外交家。但是，也由于他在国外种种开明有礼的举止行为，遭到副使刘锡鸿的攻讦。在国内顽固派势力的支持下，刘锡鸿竟以郭嵩焘所谓有辱天朝的“十大罪”，上奏弹劾。郭嵩焘忧愤交加，只得奏请辞职。光绪五年正月初十日（1879 年 1 月 31 日），郭嵩焘卸任东归，于闰三月十四日（5 月 4 日）回到家乡。

回湘后，郭嵩焘忧戚居家，读书著述，但仍然关心着国家的命运。他曾不断地向朝廷提出对于国是的主张。中俄伊犁交涉，他上书朝廷，提出解决争端的六条意见，得到朝廷重视。中法战争时，他先后上奏朝廷和致书李鸿章、彭玉麟等，阐述自己的主张。光绪十四年（1888）黄河决口，他致书两江总督曾国荃，提出治黄救灾的措施。他还在长沙发起和参加一系列社会活动，产生了积极的影响。

光绪十七年六月十三日（1891 年 7 月 18 日），郭嵩焘因久病不愈，在长沙逝世，终年 74 岁。他逝世以后，李鸿章为之上奏朝廷，请求特旨赐谥，并宣付国史馆立传。但清廷谕曰：“郭嵩焘出使外洋，所著书籍颇滋物议，所请着不准行。”他最终都没有得到清王朝的谅解。

综上所述，郭嵩焘的一生，曾亲身参加了抗御外国侵略的两次鸦片战争；太平天国农民起义爆发以后，他是曾国藩创办湘军的重要谋士，并起了至关重要的作用；洋务运动中，他是积极的倡导者和支持者；19 世纪 70 年代我国边疆危机之际，他毅然受命，出使英国，成为我国首任驻英国、法国的公使。特别可贵的是，郭嵩焘毕生关心祖国的命运，对于近代中国学习西方、走向世界这两个至关重大的问题，他毫不妥协地批驳封建顽固派陈腐守旧的思想和洋务派的本末观，率先提出了学习西方先进政教、发展民族工商业的主张，提出了以理制胜、以礼相待的外交思想，堪称石破天惊、振聋发聩，从而远远地走在时代的前列，对后来维新改良思想的兴起和发展产生了深远的影响。

二

郭嵩焘知识渊博，笔耕不辍，经史子集，无不涉及。据统计，其著作共约40余种，数百万言。关于郭嵩焘的著作，郭氏曾在所著《湘阴县图志·艺文志》及其日记中有所记载。郭氏后裔郭群亦曾撰有《湘阴郭氏遗著提要》，作了补充说明。郭嵩焘去世以后，受其委托整理遗著的王先谦曾说其“生平撰著大半散佚”，并列出已刊著作11种、未刊著作5种。

郭嵩焘的著作，其在世时已有不少刊行问世，依刊行时间的顺序，主要有：《湘阴郭氏家谱》十卷，咸丰七年（1857）郭氏储芳堂刻本。《罗忠节公年谱》二卷，为《罗忠节公遗集》附录，刊于同治二年（1863）。《使西纪程》二卷，光绪三年（1877）同文馆刊刻，此为他生前唯一由官方刊刻的著作。《罪言存略》一卷，收入郭嵩焘奏疏三篇、书牍三篇，光绪五年（1879）刊。《禁烟公社条规》一卷，光绪五年刊。《湘阴县图志》三十四卷，光绪六年（1880）湘阴县志局刊。《礼记郑注质疑》四十九卷，《大学章句质疑》一卷，《中庸章句质疑》二卷，均为光绪十六年（1890）长沙思贤讲舍刊刻。《校订朱子家礼》五卷，光绪十七年（1891）长沙思贤讲舍刊刻，此为郭嵩焘生前最后校订刊行的著作。以上十一种，除《禁烟公社条规》一种至今尚未见到以外，余均存世。

郭嵩焘逝世以后，从清末至民国年间，其著作陆续刊印行世。首先，即是王先谦、杨书霖与郭氏之侄郭庆藩将其奏疏、诗文与部分书信整理出来，以“养知书屋遗集”书名刊行。该《遗集》分为三种，一为《郭侍郎奏疏》十二卷，二为《养知书屋文集》二十八卷，三为《养知书屋诗集》十五卷，三书均为光绪十八年（1892）长沙思贤讲舍刊刻。此三种，郭氏生前即已编订，但王先谦所编，在卷次和数量上均与前者不同。据郭氏后裔云：其《郭侍郎奏疏》一书，因“去其有为时忌者若干篇，盖不及原稿十之五六，然非公志也”。

其次为《玉池老人自叙》一卷，系郭嵩焘生前遗言，自光绪十五年（1889）开始撰述，至其去世前 3 个月写出后记，光绪十九年（1893）养知书屋刊刻。

再次为“郭氏佚书六种”《周易释例》一卷、《毛诗馀义》二卷、《绥边征实》一编、《慎终录》一卷、《思旧录》一卷、《嘉言录》一卷，均为郭氏后裔整理其先人著作之残篇断简，故称“佚书”。此六种，均系于光绪二十四年（1898）以养知书屋名义刊刻。郭嵩焘之子郭焯莹曾撰有《郭氏佚书六种·叙目》一文，记述了此六书之来由及编辑的大致情况。

此外，民国年间的湖南著名学者任凯南，于武汉大学《文哲季刊》1930 年第 2、3、4 期和 1931 年第 1、2 期连续发表所辑《读管札记——郭嵩焘遗稿》，共辑录郭嵩焘关于《管子》的评注 222 条，可视为郭嵩焘《管子》研究著作的问世。1933 年，武汉大学又出版了郭嵩焘《史记札记》一书，共五卷，系任凯南据郭嵩焘使英期间读《史记》时于简端之批注所编。据传，民国年间，郭氏后裔曾将家藏郭嵩焘著作未刊稿本若干种，交请任凯南整理出版，此《读管札记》、《史记札记》即当为其中之两种。

以上共计 12 种，即系郭嵩焘去世以后至 1949 年所出版的著作，现全部保存于世。

就郭嵩焘勤奋撰述的一生而言，以上所述还只是他全部著作中的一部分。如奏疏，为郭嵩焘著作中一个极为重要的部分，但在王先谦所编《郭侍郎奏疏》中，仅收入郭氏奏疏 188 篇。郭嵩焘一生所写书信，数量当为更大，但王先谦将之编入《养知书屋文集》之卷九至十三，总共仅 62 篇。由此可知，郭嵩焘的大部分著作尚处于流散状态，有的存而未刊，有的散佚于各类报刊书籍之中，有的则还深藏于公私之家。

1949 年以后，在很长一段时间里，郭嵩焘著作仍然处于未开发状态，仅台湾“商务印书馆”于 1957 年重印了《史记札记》一书，计 50 万字。改革开放以来，史学界解放思想，拨乱反正，郭嵩焘的历史地位与重要思想逐渐得到人们的关注，其著作开始得以有序的整理与出版。1980 年至 1983 年，湖南人民出版社将郭嵩焘手书日记整理出版，书名为“郭嵩焘日记”。这部日记，起自咸丰五年，止于其去世之前一日，首尾 37 年（中阙 39 个月），共计 230 万字，具有很高的史料价值。

1983 年，岳麓书社将《郭侍郎奏疏》整理出版，并从有关书刊辑佚奏折、片 18 篇，更名为“郭嵩焘奏稿”。次年，又将《养知书屋文集》和《养知书屋诗集》两书校点整理，合订一册，题名“郭嵩焘诗文集”出版。1992 年，岳麓书社将《礼记质疑》一书重新出版。1984 年，由岳麓书社编辑出版的《走向世界丛书·郭嵩焘：伦敦与巴黎日记》，将郭嵩焘《使西纪程》日记整理校点，作为校本付刊，从而使毁版一个多世纪的宝贵《纪程》重见天日。1987 年，岳麓书社编辑出版的《湘军人物年谱》（一）《罗忠节公年谱》，即由郭嵩焘所著《罗泽南年谱》改名而来。此外，1983 年岳麓书社版《湘军志》（外两种）收入的《湘军志评议》、1996 年岳麓书社出版的颜昌峣《管子校释》、1997 年中华书局出版的郭庆藩《庄子集释》三书中，都分别收入了郭嵩焘释注和评议的若干条文，亦可视为郭嵩焘著作的整理出版。

综上所述，郭嵩焘著作已有10种得到整理出版，共计约350余万字，从而为全面整理出版郭嵩焘著作奠定了基础。但是，毋庸讳言，郭嵩焘著作分散流离的局面并没有得到改变，仍然有待我们为之努力。

三

本世纪初，湖南省人民政府为进一步发掘湖湘文化的深厚底蕴，发展社会主义文化事业，启动了湖南有史以来最大的文化出版工程《湖湘文库》。如前所述，作为晚清的杰出思想家和学者，一位著名的政治家和外交家，郭嵩焘在中国近代史上有着十分重要的地位，同时也是湖湘文化史上一位不可忽视的人物。毫无疑问，他所留下来大量著作，他对于近代中国诸多重要问题的思考和主张，以及对于晚清社会历史的繁多记录，是我们研究郭嵩焘的一生及其思想，进而研究中国近代史尤为珍贵的文献资料。因此，进一步收辑、整理郭嵩焘的著作，并在已有的基础之上，编辑出版一部集大成的《郭嵩焘全集》，不仅有着重要的历史价值，而且还具有一定的现实意义。有鉴如此，进一步编辑出版郭嵩焘著作，理所当然地列入了《湖湘文库》的计划，并得到了高度的重视。2007年，《湖湘文库》编委会作出编辑出版《郭嵩焘全集》的决定，并邀请省会部分学者，组建了《郭嵩焘全集》编辑整理小组。此后，本《全集》的整理编辑工作正式启动，迄今已历时五年。

我们根据郭嵩焘主要作为一位思想家和学者的特点，以及郭嵩焘著作的结构，确定了《郭嵩焘全集》的体例，即遵从我国传统典籍体例，按照经、史、子、集的顺序，编排我们所收集到的郭嵩焘全部著作。全书共分为15册，其中经部3册、史部9册、集部3册，子部著作因目前仅找到2种，且篇幅较小，只好列于集部之末。

繁杂的辑佚工作是编辑好本《全集》的关键。如前所述，郭嵩焘著作还大量地处于未刊和流散状态。为此，我们耗费了极大的精力，普查了有关郭嵩焘的各类书刊，走访了有关专家、学者与郭氏后裔，并深入有关图书馆、博物馆和档案馆调查了解，从而掌握了大量有价值的线索。五年来，我们在《湖湘文库》编辑部和岳麓书社的热情关怀和大力支持下，在省内外有关部门和单位的帮助下，多方联系，收集了大批郭嵩焘著作的集外文和未刊稿。这些集外文和未刊稿的来源，大致为以下几个方面。一是自清末以来刊行的各类报刊书籍，如左宗棠、李鸿章等人的著作，以及清末以来刊刻的多种名人书札，各种方志、族谱、别集等。二是有关图书馆、博物馆和档案馆所收藏的手稿原件，如省内的湖南省图书馆、湖南省博物馆、湖南师范大学图书馆、长沙市博物馆；省外的中国第一历史档案馆、中国社会科学院近代史研究所图书馆、云南省图书馆、山东省图书馆、台湾“故宫博物院”等。特别值得一提的是，英国国家档案馆的工作人员，热情地为我们调阅了馆藏的郭嵩焘档案，并将之全部照相，制成光盘，寄来长沙。中共云南省委书记秦光荣同志得知湖南编辑《郭嵩焘全集》的情况，从百忙之中亲切询问。在他的关怀下，云南省图书馆给我们提供了馆藏的郭嵩焘手稿。三是有关文化场所保存的郭嵩焘手迹，如长沙开福寺、汨罗屈子祠、甘肃嘉峪关等处的碑刻楹联等。在此，我们谨向上述为我们提供各种帮助的省内外、国内外的领导和朋友们，致以崇高的敬意，并表示由衷的感谢。

通过五年的辛勤工作，这即将问世的《郭嵩焘全集》集中了来自四面八方所收存的郭嵩焘著作，据统计，除1949年以后整理出版的10种郭嵩焘著作之外，我们又新辑得郭嵩焘专著18种和奏稿210篇、书信373篇、文40篇、诗词3首、联语27幅，共计653件，总计约450万字。这样，加上原已整理出版的郭嵩焘著作，《郭嵩焘全集》已达到800余万字。

但是，毋庸讳言，郭嵩焘的有些著述，我们虽然竭尽全力而百计搜寻，仍然未能发现。如郭群在《湘阴郭氏遗著提要》中，列举郭嵩焘遗著八种，即有《官书》、《尺牍》、《读书记》和《养知书屋制艺》四种没能找到。任凯南于1933年写的《史记札记序》中云：郭嵩焘“生平著书未刊行者尚夥，以余所藏，则有《韩文札记》、《性理精义札记》、《正学编札记》三种”。这三种著作，目前尚无下落。显然，这还有待我们以后的不断努力。

《全集》的整理校勘工作是关系编辑质量的重要问题，在这方面，我们按照《湖湘文库》编辑委员会所制定的《古籍校点工作细则》进行工作，并严格遵循我国古籍整理的原则，处理有关问题。本《全集》的校勘，以原有的《养知书屋遗集》（包括奏疏、文集、诗集）为底本，以各种其他版本为参校本，如有原件，则以原件为主。但如果底本文字与原件有较大出入，则予以保留，以有利于研究。同时，本《全集》的编辑坚持不重复的原则，如不少专著的序言，原已在《文集》中出现，此次则只保留在专著之前，而将《文集》中的同一篇序言作为参校，并予取消。又如日记中保存了很多奏议、书信、诗词、联语，则一律不作变动，仍置原处，亦不改置于奏稿、书信、诗集各分册。其他有关本《全集》的整理校勘问题，各分册将分别予以说明。

参加《郭嵩焘全集》整理编辑工作的都是来自我省各个方面的学者，他们是（以姓氏笔画为序）：邓谷泉、兰甲云、刘涛、李枫、陈华丽、杨斌、杨建宏、杨锡贵、何培金、陈成国、罗力可、罗益群、周敏之、梁小进。他们所担任的工作，均在各分册予以说明。梁小进担任本《全集》的主编，负责全书的编辑工作，并通阅全部书稿。五年来，尽管各位学者承担的任务有多有少，但都精诚团结、竭力尽心，为本《全集》的编辑整理工作付出了辛勤的劳动，作出了各自的贡献。为尽可能使本《全集》臻于完善，《湖湘文库》编委会、岳麓书社先后多次组织召开了不同层面的工作协调会议。清样成型后，岳麓书社又专门召开了有《湖湘文库》编委会、中南出版传媒集团、岳麓书社领导并主要编辑及特邀专家张光华、彭国华、丁双平、熊治祁、夏剑钦、曾主陶、郭天民、梁绍辉（特邀）、黄巽斋（特邀）、王德亚、王杰成、马美著、刘文参加的审稿工作会议。与会各位提出了许多很好的改进意见，并由《湖湘文库》编委会常务副主任张光华在统一意见的基础上确定了具体措施。作为主编的我参会并认真听取了意见。会后，全体编纂整理者又依据这些措施重新校订一过，使其质量得到进一步提高。特别应当指出的是刘泱泱、王兴国、郭汉民三位老师，担任本《全集》编辑工作的顾问，指导《全集》的编辑工作，包括编辑方案的制定、体例的规划及具体的辑佚校点工作，全面周到，细致入微，是本《全集》编辑整理工作能够得以完成的学术保障。在此，谨借《郭嵩焘全集》即将出版的机会，向以上各位专家和三位老师表示衷心的感谢。五年来，虽然我们已经尽到了很大的努力，但由于见闻和学识所限，本《全集》的编辑整理，不论是在辑佚或是校点方面，很可能还存在不少疏漏和错误之处，敬请读者方家批评指正，不胜感激之至。

“流传百世千龄后，定识人间有此人。”这是毕生忍辱负重、屡经挫折的郭嵩焘在他的晚年写下的诗句。而今，历史已经证实了这位卓越思想家的不朽预言。今天展现在我们面前的这部著作，则正是这位超越了时代的人物给我们留下的宝贵精神财富。

梁小进

二〇一二年三月二十六日于长沙

全书总目录

本册说明

本册为《郭嵩焘全集》经部著作之一，收录郭嵩焘所著《周易内传笺》和《周易释例》二种，系郭氏关于易学研究的著作。

《周易内传笺》，七卷，咸丰十一年（1861）著。据郭嵩焘为其所作的《叙》说："船山王氏《周易内传》以爻系卦，即卦明象，辨吉凶得失之原，明象辞变占之学……汉宋诸儒未有能及之者。不敢谓其书于圣人赞《易》之本旨无稍出入，而其大体则已纯矣。"可知此书即是郭氏读王夫之《周易内传》的体会之作，亦系他对于汉、宋诸儒的批评。此书原未曾刊行，稿本藏于湖南师范大学图书馆，装订七册。此次即由罗益群据此校点整理。

《周易释例》一卷，撰述年代不详，光绪二十四年（1898）养知书屋刊刻。据郭嵩焘在此书的叙中说："汉儒之释经也，强经以就己之说。焦氏之弊，以《易》从例。今之《释例》，以例从《易》，无当于《易》之高深，而以经释经，由象以通其词，由词以通其义，亦期不以己意为歧说以乱经而已矣。"由此表明，此书系郭嵩焘对于汉儒释《易》的批评。据郭嵩焘所著《湘阴县图志·艺文志》所述，此书原为四卷，但未能付梓。光绪二十四年，郭嵩焘之子郭焯莹整理其父遗著时，此著已成残本，仅存"频、冥、敦"三卦之释，遂将此著与其他五种残本汇编，以"郭氏佚书六种"题名刊刻存世，《周易释例》即为其中之一。此次即是据此残本，由罗力可整理校点的。

以上两种著作，均系郭嵩焘对于《易经》的笺释，其中既有郭氏本人的笺文，也有《易经》经文和王夫之《周易内传》之传文。本册的整理，即按照古籍整理的通例，将郭嵩焘笺文以五号宋体排印，而将《易经》经文以五号黑体、王夫之传文和郭焯莹按语以五号仿宋排印，以示区别。

目　录

周易内传笺

周易释例

周易内传笺

周易内传笺叙

圣人赞《易》以后，至汉孟喜之《易》孤行，焦赣、京房之流附之以乱圣经，而《易》之晦于天下者，数百千年。程子《易传》最为纯实，亭林顾氏谓自汉以来《易》学之精尚未有及程《传》者。今就其全书观之，盖一以尊阳抑阴为义，执一隅之见以持古今之变，其于圣人顺阴阳之幾以穷天道人事之变，而尽裁成辅相之宜者，则固未有得也。

本朝诸儒表章虞氏之《易》甚，至其书视汉诸家之《易》为稍纯，而其侮慢圣经则一。船山王氏《周易内传》以爻系卦，即卦明象，辨吉凶得失之原，明象辞变占之学，直上溯圣人赞《易》之蕴，使《易》之道稍明于天下；又晰占《易》、学《易》二义以为《大象》者，圣人学《易》之书，皆于数千年之后心领神悟、贯通其义，汉宋诸儒未有能及之者。不敢谓其书于圣人赞《易》之本旨无稍出入，而其大体则已纯矣。是书始刻于湘潭，流传未广，旋毁于兵。原书于诸经皆有撰述，言《易》者四种，曰《周易内传》、曰《周易外传》、曰《周易大象解》、曰《周易稗疏》。今特取其《内传》刊行之，以竢后之读《易》者有所取正焉。咸丰十一年秋八月，湘阴郭嵩焘读竟敬识。

周易内传笺卷一

上经

伏羲氏始画卦，未有《易》名。夏曰《连山》，商曰《归藏》，犹筮人之书也。文王乃本伏羲之画，体三才之道，推性命之原，极物理人事之变，以明得吉失凶之故，而《易》作焉。《易》之道虽本于伏羲，而实文王之德与圣学之所自著也。易者，互相推移以摩荡之谓。《周易》之书，乾坤并建以为首，《易》之体也；六十二卦错综乎三十四象而交列焉，《易》之用也。纯乾纯坤，未有易也；而相峙以并立，则易之道在，而立乎至足者为《易》之资。屯、蒙以下，或错而幽明易其位，或综而往复易其幾，互相易于六位之中，则天道之变化、人事之通塞尽焉。而人之所以酬酢万事、进退行藏、质文刑赏之道，即于是而在，故同一道也，失则相易而得，得则相易而失，神化不测之妙，即在庸言庸行、一刚一柔之中。大哉，易之为道！天地不能违之以成化，而况于人乎！阴阳者，定体也，确然隤然为二物而不可易者也；而阴变阳合，交相感以成天下之亹亹者，存乎相易之大用。以蓍求之，而七、八、九、六，无心之动，终合揲于两仪之象数。为万物之始，皆阴阳之撰；夫人之情，皆健顺之幾。天下无不可合之数，无不可用之物，无不可居之位，特于其相易者各有趣时之道，而顺之则吉，逆之则凶。圣人所以显阴阳之仁，而诏民于忧患者，存乎《易》而已矣。故曰："忧悔吝者存乎介。"介者，错综相易之幾也。此《易》之所以名，而义系焉矣。后世纬书，徇黄老养生之邪说，谓有太初，有太始，有太易，其妄滋盛。《易》在乾坤既建之后，动以相易。若阴阳未有之先，无象无体，而何所易邪？邵子“画前有《易》”之说，将无自彼而来乎？经者，七十子之徒以古圣所作者谓之经，孔子所赞者谓之传，尊古之辞也。分上、下者，以分简策而均之。说详《发例》。

☰乾，乾下乾上

乾，元亨利贞。

乾，气之舒也。阴气之结，为形为魄，恒凝而有质。阳气之行于形质之中外者，为气为神，恒舒而毕通，推荡乎阴而善其变化，无大不届，无小不入，其用和煦而靡不胜，故又曰“健”也。此卦六画皆阳，性情功效皆舒畅而纯乎健。其于筮也，过揲三十有六，四其九，而函三之全体，尽见诸发用，无所倦吝，故谓之乾。《周易》并建乾、坤为太始，以阴阳至足者统六十二卦之变通。古今之遥，两间之大，一物之体性，一事之功能，无有阴而无阳，无有阳而无阴，无有地而无天，无有天而无地，不应立一纯阳无阴之卦；而此以纯阳为乾者，盖就阴阳合运之中，举其阳之盛大流行者言之也。六十二卦有时，而乾、坤无时。乾于大造为天之运，于人物为性之神，于万事为知之彻，于学问为克治之诚，于吉凶治乱为经营之盛，故与坤并建，而乾自有其体用焉。元、亨、利、贞者，乾固有之德，而功即于此遂者也。“元”，首也，取象于人首，为六阳之会也。天下之有，其始未有也，而从无肇有，兴起舒畅之气，为其初幾。形未成，化未著，神志先舒以启运，而健莫不胜，形化皆其所昭彻，统群有而无遗，故又曰“大”也。成性以后，于人而为“仁”；温和之化，恻悱之幾，清刚之体，万善之始也，以函育民物，而功亦莫侔其大矣。“亨”，古与烹、享通。烹饪之事，气彻而成熟，荐享之礼，情达而交合；故以为“通”义焉。《乾》以纯阳至和至刚之德，彻群阴而欣合之，无往不遂，阴不能为之碍也。“利”者，功之遂、事之益也。《乾》纯用其舒气，遍万物而无所吝者，无所不宜，物皆于此取益焉。物莫不益于所自始，乾利之也。“贞”，正也。天下惟不正则不能自守；正斯固矣，故又曰正而固也。纯阳之德，变化万有而无所偏私，因物以成物，因事以成事，无诡随，亦无屈挠，正而固矣。乾本有此四德，而功即于此效焉。以其资万物之始，则物之性情皆受其条理，而无不可通；惟元故亨，而亨者大矣。以其美利利天下，而要与以分之所宜，故其利者皆其正；而惟其正万物之性命，正万事之纪纲，则抑以正而利也。其在占者，为善始而大通、所利皆贞而贞无不利之象，德、福同原而不爽，非小人所得而与焉。就德而言之为四；就功而言之，亨惟其元，而贞斯利，理无异也。此卦即在人事，亦莫非天德，不可言利于正。天道之纯，圣德之成，自利而自正，无不正而不利之防。若夫人之所为，利于正而不利于不正，则不待筮而固然，未有不正而可许之以利者也。

初九，潜龙勿用。

“初”者，筮始得之爻。“上”，卦成而在上也。“九”者，过揲之策三十六，以四为一则九也。于象则一而函三，奇之画一，全具其数，三奇而成阳，三三凡九。阴，左一，右一，中缺其一，三二而为六。阳，清虚浩大，有形无形皆彻焉，故极乎函三之全体而九。阴，聚而吝于用，则虽重浊，而中固虚以受阳之施，故象数皆有所歉而俭于六。“初”、“上”先言卦位，而后言象数；

"初"为位所自定,"上"所以成卦也。"二"、"三"、"四"、"五",先言象数,而后言位。初画已定六画之规模,听数之来增以成象也。伏而不见之谓"潜"。"龙",阳升而出,阳降而蛰,绝地而游,乘气而变,纯阳之物也。乾,纯阳,故取象焉。六爻成而龙德始就,乃随一爻而皆言龙者,六爻相得以成象,虽在一爻,全体已具,亦可以见爻之未离乎《彖》也。《易》参三才而两之。初、二,地位;三、四,人位;五、上,天位;其常也。而易之为道,无有故常,不可为典要;惟乾、坤为天地之定位,故分六爻为三才。初在地之下,龙之蛰乎地中者也,故曰"潜龙"。"勿"者,戒止之辞。"勿用",为占者言也。龙之为道,潜则固不用矣,无待止也。占者因其时,循其道,当体潜为德而勿用焉。才德具足于体而效诸事之谓用。既已为龙,才盛德成,无不可用,而用必待时以养其德。其于学也,则博学不教,内而不出;其于教也,则中道而立,引而不发;其于治也,则恭默思道,反身修德;其于出处也,则处畎亩之中,乐尧舜之道;其于事功也,则遵养时晦,行法俟命;其于志行也,则崇朴尚质,宁俭勿奢。《易》冒天下之道,惟占者因事而利用之,则即占即学。卦有小大,若此类卦之大者,皆可推而通之。惟夫富贵利达,私意私欲之所为,初非潜龙,其干求闻达,不可谓之用,非《易》所屑告者。张子曰:"易为君子谋,不为小人谋。"凡《彖》爻之有戒辞者,放此。

九二,见龙在田,利见大人。见(上),贤遍反。下如字。

"见"者,道行而昭示天下之谓。"田",地上也,人之所养也。以重画言之,出乎地上;以内贞外悔言之,得内卦之中,德著于行,有为之象也。六画之卦,因三画而重之;分三才之位,自画者筮者相积之数而言也。已成乎卦,则又有二卦相承之象焉。

故《大象》以“云雷”言《屯》之类，就其既成之象而言也。变动不居，为道屡迁，而非术士之以一例测者比也。龙之德，圣人也；其位，天子也。初之“潜”，学圣之功，养晦之时。三、四之“惕”、“跃”，不履中位，为圣修之序，升闻受命之基。君子所有事，故正告以其爻之道。二、五居中，皆为君位之定，圣道之成，非占者所敢当，则告以龙之“见”，而占者所利见也。伊尹受汤之币聘，颜子承夫子之善诱，其此象与！而时有大人，愚贱皆利戴以承其德施，亦通焉。若以利禄干进取者，见小人而邀其荣宠，渎占得此，为灾而已矣。馀卦放此。

九三，君子终日乾乾，夕惕若，厉无咎。

“乾乾”，乾而又乾，健之笃也。“惕若”，忧其行之过健而有戒也。“厉”，危也。凡言“无咎”者，并宜若有咎而无之也。三、四皆人位，而人依乎地以立功，三尤为人事焉，故于此言君子之道。内卦已成，乾道已定，故曰“终日”。九二德施已普，而三尤健行不已。必极其至，故曰“乾乾”。然阳刚已至，安于外卦之下，虽进而不敢骤达于天，惟恐不胜其任，故曰“夕惕若”。其象与上九同，刚过而进不已，危道也，故“厉”，“厉”则咎矣。以“惕若”内省其“乾乾”，是以“无咎”。君子希圣之功，竭才求进，其引天下为己任也，无所疑贰；然刚于有为者，惟恐动而有咎，方“乾乾”而即“惕若”，知圣域之难登、天命之难受也。君子之德如此其敏以慎，而但言“无咎”；德至圣人，犹以无大过为难也。凡言“无咎”，小大非一，此则就君子寡过之深心而言也。

九四，或跃在渊，无咎。

“四”超出于下卦之上，故曰“跃”。居上卦之下，仰承二阳而为退爻，以阳处阴，故又曰“在渊”。或跃也，或在渊也，疑而未决。志健而虑深，则其跃也，不以躁进为咎；其在渊也，不以怯退为咎；两俱似咎而皆无咎也。未达一间而“欲罢不能”，止不如进也；“欲从末由”，进而止也。“上帝临女，勿贰尔心”，止不如进也；“俟时而后兴”，进而止也。处此者，君子忧患之府、圣人慎动之幾，惟纯乾为道而介其时，乃能胜之。甚矣，免于咎之难也！

嵩焘案：《文言》以进退上下释“或”字之义。“或跃在渊”，“或”字自具两义，不以“或跃”、“或在渊”分两义也。项平甫言“龙之得水犹人之得时”。渊本龙之所居，及时而跃，故曰进无咎，曰行事、曰自试、曰及时，无并取退处于渊之义，且九二已在田矣，四复退处在渊，何以谓之进邪？

九五，飞龙在天，利见大人。

纯乾之德，积清刚而履天位，天下莫测其所自，在己亦非期必而至；惟不舍其健行，一旦自致，故为“飞”之象焉。豁然一贯而天德全，天佑人助而王业成，道行则揖让而有天下，道明则教思垂于万世，占者弗敢当，学者亦弗敢自信，故为圣人作而天下“利见之”之象。惟君子为能利见之，则虽尧、舜、周、孔之已没，乐其道而愿学焉，亦利见也。若小人革面以遵路，亦可为寡过之民。

上九，亢龙有悔。

“亢”，自高而抑物之谓。行之未有大失，而终不慊于心之谓“悔”。卦之六爻，初、三、五，三才之正位也；二、四、上，重爻非正位，而上为天之远于人者。三爻皆阴，非阳所利，特二居地位，利于上升，故为多誉之爻，且于贞、悔二象为得中。四、上不然，上尤不切于人用。龙德，履天位而极矣，上则无馀地矣。积策至于二百一十六，无馀数矣。天地阴阳之撰，位与数皆无馀焉，更健行不已，将何往乎？德极其刚，行极其健，非无一时极盛之观，而后且有悔。然不损其龙德者，自强不息，尽其大正，则悔所不恤，圣人固不以知罪易其心也。此爻于理势皆君子之所戒，惟学问之道不然，愤乐而不知老之将至，任重道远，死而后已，不以亢悔为忧。故《文言》专言天道人事，而不及圣学。

用九，见群龙无首，吉。

“用九”，六爻皆九，阳极而动也。旧说以为筮得乾者，六爻皆动，则占此爻。“用”者，动而见于行事之谓。筮法：归奇为不用之馀，过揲为所用之数。六爻过揲之策皆四其九。归奇之十三，不成象数而不用。其所用以合天道、占人事者，皆九也，故曰“用九”。“见”者，学《易》者明其理，占《易》者知其道，因而见天则以尽人能，则吉。六爻皆具象数之全，秉至刚之德，各乘时以自强。二、五虽尊履中位，而志同德齐，相与为群，无贵贱之差等。既为群矣，何首何从之有？“无首”者，无所不用其极之谓也。为潜，为见，为跃，为飞，为亢，因其时而乘之耳。规其大，尤慎其小；敦其止，尤敏其行；一以贯之，而非执一以强贯乎万也。博学而详说，乃以反约；无适无莫，而后比于义。能见此者，庶幾于自强不息之天德，而吉应之矣。邪说诐行，皆有首而违天则者也。如近世陆、王之学，窃释氏立宗之旨，单提一义，秘相授受，终流为无忌惮之小人，而凶随之，其炯鉴已。王弼附老氏“不敢为天下先”之说，谓“无首”为藏头缩项之术，则是孤龙而丧其元也。《本义》因之，所不敢从。

嵩焘案：项平甫云："凡卦，以初爻为趾、为尾，终爻为首，形至首而终也，故《易》中首字皆训为终。乾为首者，六阳之终也，既济、未济二卦之终皆濡首，比之无首为无所终。用九之无首，则以六龙尽变，不见其终也。"案：用九、用六皆主卦变言之。"用九，见群龙无首"，首者，终穷之地，忽焉俱化，不见其终。"用六，利永贞"，贞者，阴也，始终安于贞以听阳之施。阳为大，阴为小，坤之终见乾而不见坤，故曰"以大终也"。

《彖》曰：大哉乾元，万物资始，乃统天。

文王以全卦所具之德，统爻之变者谓之"彖"。言"《彖》曰"者，孔子释《彖辞》之所言如此也。"《象》曰"，义同。物皆有本，事皆有始，所谓"元"也。《易》之言元者多矣，惟纯乾之为元，以太和清刚之气，动而不息，无大不届，无小不察，入乎地中，出乎地上，发起生化之理，肇乎形，成乎性，以兴起有为而见乎德；则凡物之本、事之始，皆此以倡先而起用，故其大莫与伦也。木、火、水、金、川融、山结，灵、蠢、动、植，皆天至健之气以为资而肇始。乃至人所成能，信、义、智、勇，礼、乐、刑、政，以成典物者，皆纯乾之德；命人为性，自然不睹不闻之中，发为恻悱不容已之幾，以造群动而见德，亦莫非此元为之资。在天谓之元，在人谓之仁。天无心，不可谓之仁；人继天，不可谓之元；其实一也。故曰元即仁也；天人之谓也。乾之为用，其大如此，岂徒万物之所资哉！天之所以为天，以运五气，以行四时，以育万物者，莫非乾以为之元也，故曰"乃统天"。"乃"者，推其极而赞之之辞。尝推论之：元在人而为仁，然而人心之动，善恶之幾，皆由乎初念，岂"元"之定为仁哉？谓人之仁即"元"者，谓乾之元也。自然之动，不杂乎物欲，至刚也，足以兴四端万善而不伤于物者，至和也；此乃体乾以为初心者也。夫人无忌于羞恶，不辨于是非，不勤于恭敬，乃至残忍刻薄而丧其恻隐，皆由于情窳不振起之情，因仍私利之便，而与阴柔重浊之物欲相昵而安；是以随物意移，不能自强而施强于物。故虽躁动烦劳，无须臾之静，而心之偷惰，听役于小体以怀安者，弱莫甚焉。惟其违乎乾之德，是以一念初起，即陷于非僻而成乎不仁。惟以乾为元而不杂以阴柔，行乎其所不容已，恻然一动之心，强行而不息，与天通理，则仁于此显焉。故曰元即仁者，言乾之元也，健行以始之谓也。故惟乾之元为至大也。

云行雨施，品物流形。

天气行于太虚之中，细缊流动者，莫著于云；其施于地以被万物者，莫著于雨。言其著者，则其轻微周密，于视不见、听不闻之中，无时不行、无物不施者，可知已。“品物”，物类不一，而各成其章之谓。“流形”，理气流行于形中也。行焉施焉而无所阻，流于品物成形之中而无不贯，亨之至盛者矣。自其资始而统天，为神化流通之宰者，则曰“元”。自其一元之用，充周洋溢，与地通彻无间，而于万物无小不达者，则谓之“亨”。故可分为二德，抑可合言之曰“大亨”。始而不可以施行，其始不大；亨非其始之所统，必有不亨。《本义》“占者大亨”之说，本与《文言》四德之旨不相悖。非乾之元，非云行雨施之亨，又何以能大亨？夫岂小人不仁无礼，徼一时之遭遇，快意以逞之为大亨乎？舍《彖传》以说《彖辞》，不信圣人，而信鬻术者之陋说哉！

大明终始，六位时成，时乘六龙以御天。乾道变化，各正性命，保合大和，乃利贞。

此通释“利贞”之义。“大明”，天之明也。“六位”，六爻之位。“时成”，随时而刚健之德皆成也。“六龙”，六爻之阳。“乘”之者，纯乾之德，合六为一，如乘六马共驾一车也。“御”，驱策而行之于轨道也。以化言谓之天；以德言谓之乾。乾以纯健不息之德，御气化而行乎四时百物，各循其轨道，则虽变化无方，皆以乾道为大正，而品物之性命，各成其物则，不相悖害，而强弱相保，求与相合，以协于太和，是乃“贞”之所以“利”，“利”之无非“贞”也。以圣人之德拟之，自诚而明者，察事物之所宜，一幾甫动，终始不爽，自稚讫老，随时各当，变而不失其正，益万物而物不知，与天之并行并育，成两间之大用，而无非太和之天钧所运者，同一利贞也。盖尝即物理而察之：草木、虫鱼、鸟兽，以至于人，灵顽动植之不一；乃其为物也，枝叶实华、柯干根荄之微，鳞介羽毛、爪齿官窍、骨脉筋髓、府藏荣卫之细，相函相辅，相就相避，相输相受，纤悉精匀，玲珑通彻，以居其性，凝其命，宣其气，藏其精，导其利，违其害，成其能，效其功，极至于目不可得而辨，手不可得而揣者，经理精微，各如其分，而无不利者无不贞焉。天之聪明，于斯昭著；人之聪明，皆秉此以效法，而终莫能及也。各如其分，则皆得其正。其明者，无非诚也，故曰“大明”也。自有生物以来，讫于终古，荣枯生死、屈伸变化之无常，而不爽其则。有物也，必有则也。利于物者，皆贞也。方生之始，形有稚壮小大、用有强弱昏明之差，而当其萌芽，即函其体于纤细之中，有所充周，而非有增益，则终在始之中；而明终以明始，乃诚始而诚终，故曰“大明终始”而“六位时成”也。是惟纯乾之德，太和之气，洋溢浃洽，即形器以保其微弱，合其经纬，故因时奠位，六龙各效其能，以遵一定之轨，而品物于斯利焉，无不贞者无不利，故曰“时乘六龙”而“利贞”。《乾》之以其性情，成其功效，统天始物，纯一清刚，善动而不息，岂徒其气为之哉？理为之也。合始终于一贯，理不息于气之中也。法天者，可知利用崇德之实矣。

嵩焘案：项氏安世云：“各者，成乎万也；合者，归乎一也。万者，利之尽；一者，贞之至。”

首出庶物，万国咸宁。

此则言圣人体乾之功用也。积纯阳之德，合一无间，无私之至，不息之诚，则所性之幾发于不容已者，于人之所当知者而先知之，于人之所当觉者而先觉之，通其志，成其务，以建元后父母之极，乾之元亨也。因而施之于天下，知无不明、处无不当，教养劝威，保合于中节之和，而天下皆蒙其利，不失其正，万国之咸宁，乾之利贞也。凡《彖传》于释《彖》之馀，皆以人事终之，大小险易，各如其象之德，学《易》者可法，筮者可戒。惟乾言圣人之上治，尧舜而下莫敢当焉，学《易》者不可躐等而失下学之素。若筮者得纯乾之卦，必所问之非义，筮人之不诚，神不屑告，而策偶成象；又或天下将有圣作物睹之征，而偶见其兆也。

《象》曰：天行健，君子以自强不息。

此所谓《大象》也。孔子就伏羲所画之卦，因其象以体其德，盖为学《易》者示择善于阴阳，而斟酌以求肖，远其所不足，而效法其所优也。数之积也，画已成而见为象，则内贞外悔，分为二象，合为一象，象于此立，德于此著焉。天、地、雷、风、水、火、山、泽，八卦之垂象于两间者也。而合同以化者，各自为体，皆可效法之以利用。君子观于天地之间而无非学，所谓希天也。

故异于《象》，而专以天、地、雷、风、水、火、山、泽之相袭者示义焉。“天行”云者，程子谓“重卦皆取重义，此独不然。天一而已，但天之行一日一周，而明日又一周，有重复之象”，是也。变乾言“健”，健即乾也。或先儒传授，声相近而误尔。“以”，用也。学《易》者不一其道，六十四卦各有所用之，所谓“存乎其人，存乎德行”也。理一也，而修己治人，进退行藏，礼乐刑政，蹈常处变，情各异用，事各异趋，物各异处。学《易》者斟酌所宜，以善用其志气，则虽天地之大，而用之也专；杂卦之驳，而取之也备，此精义之学也。违其所宜用，则虽乾、坤之大德，且成乎大过，况其馀乎！因卦之宜，而各专所拟议，道之所以弘也。纯乾之卦，内健而外复健，纯而不已，象天之行。君子以此至刚不柔之道，自克己私，尽体天理，发愤忘食，乐以忘忧，不知老之将至，而造圣德之纯也。强者之强，强人者也；君子之强，自强者也。强人则竞；自强则纯。乾以刚修己，坤以柔治人。君子之配天地，道一，而用其志气者殊也。修己治人，道之大纲尽于乾、坤矣。

“潜龙勿用”，阳在下也。

此以下皆所谓《小象》，释周公之爻辞也。取一爻之画，刚柔升降、应违得失之象，与爻下之辞相拟，见辞皆因象而立也。其例有阴有阳，有中有不中，有当位有不当位，有应有不应，有承有乘，有进有退；画与位合，而乘乎其时，取义不一。所谓“周流六虚，不可为典要”，《易》道之所以尽变化也。初九处地位之下，五阳积刚于上，立纯阳之定体，疑无不可用者；以道在潜伏，不可以亟见，故一阳兴于地下，物荣其根，为反己退藏、固本定基、居易俟命之道，位使然也。

"见龙在田"，德施普也。

"普"与溥通，周遍也。阳出地上，草木嘉谷皆载天之德，以发生而利于物，此造化德施之普也。大人藏密之功已至，因而见诸行事，即人情物理以行仁义象之，故为天下所利见。《礼》曰："先王以人情为田。"顺人情以施德，德乃周遍。以时则舜之历试，以事则文王之康功田功，以日用则质直好义、虑以下人，而邦家皆达，皆天德之下施者也。

"终日乾乾"，反复道也。复，如字，扶又反。

三居下卦之上，乾象已成，反而自安其止，而以刚居刚；三为进爻，健行不已，行而复行，欲罢不能；故为终日乾乾、夕复惕若之象。不言"夕惕"者，省文。

"或跃在渊"，进无咎也。

四为阴位，为退爻，而以刚处之，或跃或在渊，进退不决。然体乾而近于五，可以进矣。不进本无咎，而进亦无咎也。

"飞龙在天"，大人造也。造，如字，七到反。

"造"，至也。大人积刚健之德，至五而履乎天位，天德以凝、天命以受矣。董仲舒曰："天积众精以自刚。"积之既盛，则有不期而自至者，故曰"飞"。

"亢龙有悔"，盈不可久也。

以位言之，至上而已盈，成功者退之候。天体之运，出地之极，至百八十二度半强而复入于地。行已极而必倾，不可久之象也。以数言之，过揲之策至三十六而止，无可复加。六爻皆极其盈，惟有减损，不能增益，数之盈不可久也。象数之自然，天不能违，况圣人乎！然圣人知其不可久，虽有悔而不息其刚健，则于龙德无损焉。

“用九”，天德不可为首也。

天无自体，尽出其用以行四时、生百物，无体不用，无用非其体。六爻皆老阳，极乎九而用之，非天德其能如此哉！天之德，无大不届，无小不察，周流六虚，肇造万有，皆其神化，未尝以一时一物为首而馀为从。以朔旦、冬至为首者，人所据以起算也。以春为首者，就草木之始见端而言也。生杀互用而无端，晦明相循而无间，普物无心，运动而不息，何首之有？天无首，人不可据一端以为之首。见此而知其不可，则自强不息，终始一贯，故足以承天之吉。

《文言》曰：元者，善之长也；亨者，嘉之会也；利者，义之和也；贞者，事之干也。君子体仁足以长人，嘉会足以合礼，利物足以和义，贞固足以干事。君子行此四德者，故曰“乾，元亨利贞”。

“文”，《系传》之所谓“辞”，文王、周公《彖》、《爻》所系之辞也。“言”者，推其立言之意，引伸之而博言其义也。乾、坤为《易》之门，详释其博通之旨。然以此推之，馀卦之义类可知矣。元、亨、利、贞者，乾之德，天道也。君子则为仁、义、礼、信，人道也。理通而功用自殊，通其理则人道合天矣。“善之长”者，物生而后成性存焉，则万物之精英皆其初始纯备之气，发于不容已也。“嘉之会”者，四时百物，互相济以成其美，不害不悖，寒暑相为酬酢，灵蠢相为事使，无不通也。“义之和”者，生物各有其义而得其宜，物情各和顺于适然之数，故利也。“事”谓生物之事。“事之干”者，成终成始，各正性命，如枝叶附干之不迁也。此皆以天道言也。“体仁”者，天之始物，以清刚至和之气，无私而不容已，人以此为生之理而不昧于心，君子克去己私，扩充其恻隐，以体此生理于不容已，故为万民之所托命，而足以为之君长。“嘉会”者，君子节喜怒哀乐而得其和，以与万物之情相得，而文以美备合礼，事皆中节，无过不及也。“利物”者，君子去一己之私利，审事之宜而裁制之以益于物，故虽刚断而非损物以自益，则义行而情自和也。“贞固”者，体天之正而持之固，心有主而事无不成，所谓信以成之也。此以君子之达天德者言也。仁、义、礼、信，推行于万事万物，无不大亨而利正，然皆德之散见者，《中庸》所谓“小德”也。所以行此四德，仁无不体、礼无不合、义无不和，信无不固，则存乎自强不息之乾，以扩私去利，研精致密，统于清刚太和之心理，《中庸》所谓“大德”也。四德尽万善，而所以行之者一也，乾也。故曰“乾，元亨利贞”。惟乾，而后大亨至正以无不利也。

嵩焘案：项平甫云：“善也、嘉也、义也，皆善之异名也。在事之初为善，善之众盛为嘉，众得其宜为义，义所成立为事……义之和，谓能顺之；事之干，谓能立之。”

初九曰“潜龙勿用”，何谓也？子曰：龙德而隐者也，不易乎世，不成乎名，遯世无闷，不见是而无闷，乐则行之，忧则违之，确乎其不可拔，潜龙也。易，羊只反。

揲以求画，则六位积而卦德乃成；而观变玩占，在成卦之后，则分全体之一，而固全载本卦之德。爻也者，言其动也，故一阳动于下而即曰“龙德”。馀卦准此。“隐”有二义：以位言之，则隐居之谓；以德言之，则静所存而未见之动者也。“易”，为所移也。世有盛衰，所秉者正，世易而道不易也。事功著而名成，静修之事自信诸心而迹不显，人所不能名也。“不易乎世”，与世异趋，“遯世”也。“不成乎名”，人不知其潜行之实，“不见是”也。潜则固不行矣，而言“乐行”“忧违”者，立阳刚之质以为德基，由此而行乎二、五，则利见矣；行乎三、四，则无咎矣。二、五者，乐地也；三、四者，忧地也。“违”者，远于咎之谓。其行其违，皆以刚健之德为退藏之实，故曰“确乎其不可拔”。通一卦以赞一爻之德，故虽潜而龙德已成也。

九二曰“见龙在田，利见大人”，何谓也？子曰：龙德而正中者也。庸言之信，庸行之谨，闲邪存其诚，善世而不伐，德博而化。《易》曰：“见龙在田，利见大人”，君德也。行，下孟反。

“正中”，谓正位乎中也。以贞、悔言之，二、五为上下卦之中；以三才之位言之，二出地上，五在天下，天地之间，大化之所流行，亦中也。乾无当位不当位；天化无所不行，凡位皆其位也，中斯正矣，故曰“正中”。“庸”也者，用也，日用之言行也。“在田”，卑迩之事，因人情，达物理，以制言行，出乎身，加乎民，必信必谨，以通志而成务也，刚健以“闲邪”，执中以“存诚”。闲邪则诚可存，抑存诚于中，而邪固不得干也。程子以“克己复礼”为乾道，此之谓也。履中而在下，故曰“不伐”。以阳爻居阴位，变民物浊柔之质，反其天性，故曰“化”。凡此皆守约施博之道，德成于己而达物之情，君天下之德于此立焉。及其升乎五位，亦推此而行之尔。是以为天下之所利见，而高明广大之至德，不越乎《中庸》精微之实学，亦于此见矣。

九三曰“君子终日乾乾，夕惕若，厉无咎”，何谓也？子曰：君子进德修业，忠信，所以进德也；修辞立其诚，所以居业也。知至至之，可与幾也；知终终之，可与存义也。是故居上位而不骄，在下位而不忧，故乾乾因其时而惕，虽危无咎矣。

龙德皆圣人之德，此言“君子”者，圣不自圣，乾惕之辞也。九二君德已成，九三益加乾惕，故曰“进德”。九二敦庸行，九三益尽人事之当为以应变，故曰“修业”。三为进爻，以阳刚处之，乃大有为以涉世变之象，故德以历变而益进，业以应变而益修。乃其所以进、修者，一惟其固有之忠信以存心，而即其言行之谨信以立诚，惕若于退省之馀，而不恃其健行之识力；忠信笃敬，参前倚衡，而蛮貊之邦无不可行矣。业统言行，独言“修辞”者，君子之施政教于天下者辞也，辞诚则无不诚矣。“诚”者，心之所信，理之所允，事之有实者也。变“修”言“居”者，所修之业非苟难之事，皆其可居者也。三居下卦之上，“乾”必至此而成象，故曰“至”。至此而乾道已成，人事已尽，故曰“终”。知至而必至，极天下之变，而吾敬信皆有以孚之，乃以尽精微而事豫立，故曰“可与幾”，乾乾之益也。知终而终，虽上达不已，但自尽其德业，不妄冀达天造命之化，以反疏其人能，故曰“可与存义”，夕惕之志也。健行而一以惕若之心临之，应幾速而守义定，圣功之密也如此，则心恒有主而不骄不忧矣。“上位”，下卦之上也；“下位”，上卦之下也。居上下之间，危地也。知幾存义，一因其时，而不舍其健行惕若之心，以此履危，无咎矣。

九四曰“或跃在渊，无咎”，何谓也？子曰：上下无常，非为邪也；进退无恒，非离群也。君子进德修业，欲及时也，故无咎。

自初至三，皆象圣修之功。九二君道已尽，九三更加乾惕，以应物尽变，乾德成矣。自四以上，以学言之，则不思不勉而入圣，以时位言之，德盛道行，将出以受天命之候也。故四以上皆以功效言之。四出下卦之上，故曰“上”；于上卦为下，故曰“下”。四，阴位，退爻也，故曰“退”；刚而不已，近乎五，故曰“进”。上而进，或跃也；下而退，或在渊也。疑而自试，虽不遽进，而无嫌于跃。要其纯健之体，行志而非从欲，则贞而不邪；与上下合德而一于健，不杂阴柔以与群龙相异，则得群而不离。“进德”谓德已进，“修业”谓业已修；前之进修，固可及时而见功。由下学而上达，非有速成之过；行法而俟命，非有侥幸之情；是以无咎。

九五曰“飞龙在天，利见大人”，何谓也？子曰：同声相应，相气相求①。水流湿，火就燥，云从龙，风从虎，圣人作而万物睹。本乎天者亲上，本乎地者亲下，则各从其类也。

此明惟大人所以为天下之利见也。“同声相应”，倡之者必和也；“同气相求”，感之者必动也。惟其下湿，故水流之；惟其高燥，故火就之。诚为龙，而云必从；诚为虎，而风必从。惟刚健中正之德已造其极，故见乎四支、发乎事业者，民虽未喻其藏，而无不共睹其光辉。乾之“首出庶物，万国咸宁”者，于斯而显矣。阳刚之得位以中，圣人之本也。而六爻皆纯，无有异趣，天下皆仪式圣人之德，即百世之下犹将兴起。上下五阳，拱于九五，道一风同，见之者利，德之不孤而必有邻，如三辰之依气以运而“亲上”，百昌之依形以发而“亲下”，类之相从，理气之必然者

①此当为“同气相求”。

也。若共、驩、向魋、匡人之见圣如不见，斯拂人之性而自不利耳，岂理数之常哉！

上九曰“亢龙有悔”，何谓也？子曰：贵而无位，高而无民，贤人在下位而无辅，是以动而有悔也。

阳贵阴贱，上爻托处最高。“无位”者，五为天位之正，上其馀气而远于人也。阴为民，下五爻皆阳，敌体相竞，“无民”也。“贤人”，谓四以下群阳。“无辅”者，众皆睹九五而从之，不为上辅也。“动”谓此爻独为老阳发用，时非其时，位非其位，贤人非其人，而仍以刚动，有悔道矣。其亢也，初不恤悔；有悔矣，而龙德不屈。伯夷所以思虞夏而悲歌，孔子所以遇获麟而反袂也。

“潜龙勿用”，下也。

位在下，故以不用自养其德。

“见龙在田”，时舍也。舍，如字，音赦。

“舍”，止也。君德已成，时未居尊，故止于田以修其庸德；然德化虽未行，固宜为天下之所利见。

“终日乾乾”，行事也。

以刚居刚，而履人位，事方任己，不容不乾乾也。

“或跃在渊”，自试也。

或“跃”或“在渊”，出而试其可行与否，进可受命，而退不失己。圣人之行虽决之以义，而道必以适于事者为极至，无嫌于姑试进退以自考，所以异于功名之士勇于行、隐遁之士果于止也。

“飞龙在天”，上治也。

位居尊上，故治化行于天下，而天下利见之。

“亢龙有悔”，穷之灾也。

位已至极，无可复进，虽尚志高卓而灾及之，难自外至。非所宜得者曰“灾”。

“乾元用九”，天下治也。

“乾元”，谓乾为诸卦之首，众阳齐兴，德无偏盛，君臣民庶道一风同之象也。篇中五序《象》，《爻》之辞，反复以推卦德，示《易》道之广大悉备，义味无穷，使读《易》者即约以该博，勿执典要以废道。于乾详之，而凡卦皆可类推矣。然《易》之蕴，文、周之辞已括尽无馀，外此而穿凿象数，以谓《易》惟人之意求而别揣吉凶，则妄矣。

此上七节，以时位言之。

“潜龙勿用”，阳气潜藏。

体虽纯乾，而动爻则为动于地中之象，乃阳所藏密之基也。凡一爻之义，皆以其动言之，馀准此。

“见龙在田”，天下文明。

阳气出于地上，百昌向荣、春光明盛之象。因此见凡卦之中，皆可与时序相应。京房之徒强配卦气，为妄而已。

“终日乾乾”，与时偕行。

阳动于进爻，乃四时日进不止之象。言“与时偕”者，天道不倚于四时，而四时皆与天为体，时之所至，天亦至也。

“或跃在渊”，乾道乃革。

内卦乾道已成，外卦阳刚复起，革之象也。天体常一，而道有变化。寒暑晦明，运不息而气异。其相承相易之际，一进一退，如在渊而跃，革以渐也。

“飞龙在天”，乃位乎天德。

天道周流于六位，惟五居中而应乎天位，乃天之大德敦化，所以行时生物之主宰运乎上，而云行雨施皆自此而出也。

“亢龙有悔”，与时偕极。

“极”，至也，穷也，极其至则穷也。气数穷则天道亦变矣。

“乾元用九”，乃见天则。

数止于九；所谓十者，仍一也。故《洛书》尽于九，而《河图》中宫十五；裁有馀，补不足，虚极于六，盈极于九，天地之化止于此矣。九者，已极而无可增也。惟乾纯阳，而发用之数，见乎过揲者皆九。天阳之数，无所不用，于此见天之所以为天，大极无外，小入无间，生死荣枯，寒暑晦明，灵蠢动植，燥湿坚脆，一皆阳气之充周普遍，为至极而无能越之则焉。故人之于道，惟有不足，无有有馀；惟有不及，无有太过。尽心乃能知性，止至善而后德以明、民以新，故曰“圣人，人伦之至”。道二，仁与不仁而已，无得半中止之道也。君于于此，可以知天，可以尽性矣。

此上七节，以天化言之。

乾元者，始而亨者也，利贞者，性情也。

凡物与事皆有所自始，而倚于形器之感以造端，则有所滞而不通。惟乾之元，统万化而资以始，则物类虽繁，人事虽赜，无非以清刚不息之动幾贯乎群动，则其始之者即所以行乎万变而通者也。利者，健行不容已之情，即以达万物之情；贞者，健行无所倚之性，即以定万物之性；所以变化咸宜而各正性命，物之性情无非乾之性情也。此以明元亨利贞皆乾固有之德，故其象占如此。元亨为始而亨，非遭遇大通之福；利贞言性情，则非利于贞而以不贞为小人戒；明矣。舍孔子之言而求文王之旨，将孔子其为凿说乎？

乾始能以美利利天下，不言所利，大矣哉！

此言四德之统于元也。“美利”，利之正也。“利天下”，无不通也。“不言所利”，无所不利之辞，异于《坤》之“利在牝马”，《屯》之“利在建侯”。当其始，倚于一端，而不能统万物始终之理，则利出于偏私，而利于此者不利于彼，虽有利焉而小矣。乾之始万物者，各以其应得之正，动静生杀，咸恻隐初兴、达情通志之一幾所函之条理，随物而益之，使物各安其本然之性情以自利；非待既始之馀，求通求利，而惟恐不正，以有所择而后利。此其所以为大也。

大哉乾乎！刚健中正，纯粹精也。

此言元之所以统四德，惟其为乾之元也。“中正”，以二、五言。丝无疵颣曰“纯”，米无糠粃曰“粹”，谓皆阳刚一致而不杂阴之浊滞也。阴凝滞而为形器。五行已结之体，百物已成之实，皆造化之粗迹；其太和清明之元气，推荡鼓舞，无迹而运以神，则其精者也。乾之为德，一以神用，入乎万有之中，运行不息，纯粹者皆以精，是以作太始而美利咸亨，物无不正。在人为性，在德为仁，以一心而周万里①，无所懈，则无所滞。君子体之，自强不息，积精以启道义之门，无一念利欲之间，而天德王道于斯备矣。

六爻发挥，旁通情也；时乘六龙，以御天也；云行雨施，天下平也。君子以成德为行，日可见之行也。“为行”之“行”，下孟反。见，贤遍反。

承上文而言乾之为德，既太始而美利天下，而六爻之动，自潜而亢，有所利，有所悔，或仅得无咎，发挥不一者，何也？自卦而言，一于大正；自爻而言，居其时，履其位，动非全体，而各有其情，故旁通之。要其随变化而异用者，皆以阳刚纯粹之德，历常变之必有，而以时进其德业，则乘龙御天，初无定理，惟不失其为龙，而道皆得矣。圣人用之，则云行雨施，而以“易知”知天下之至险，险者无不可使平。君子学之，则务成乎刚健之德，以下学，以上达，以出以处，以动以静，以言以行，无日无事不可见之于行，则六爻旁通，虽历咎悔而龙德不爽，惟自强之道，万行之统宗，而功能之所自集也。

嵩焘案：圣人统赞卦德，皆主功用言，不及学行。元亨利贞，乾之四德。元者，乾之所以始万物也；贞者，乾之所以始终万物也；贞主性；利主情。“大哉乾乎”，统赞贞元终始之义。苏氏

---

①此处当为“万理”，岳麓书社本《周易内传》正为“万理”。

《易传》“卦以言其性，爻以言其情”，乾之功用散具于六爻，旁通情也。以下极赞功用之为利者，以终之君子以成德，为行自属下节，船山移置于此，文与义盖两失之。又案：王氏引之云：《说文》“旁，溥也”；《广雅》“挥动也”，言六爻发动，溥通乎万物之情也。《说命》“旁招俊乂”，《聘义》“孚尹旁达”，《周官·男巫》“旁招以茅”，皆训溥义。

潜之为言也，隐而未见，行而未成，是以君子弗用也。见，贤遍反。

“隐而未见”，以位言；“行而未成”，以道言。“未成”，谓方在笃志近思之时，不即见之成能也。“弗用”者，君子自修之序，自不急于见功。《爻》言“勿用”，以君子之道戒占者也。

君子学以聚之，问以辨之，宽以居之，仁以行之。《易》曰“见龙在田，利见大人”，君德也。

学博，则聚古今之理于心。问审，则择善而辨所宜从。宽谓容物而不自矜。仁则推爱之理而顺乎人情。四者下学之事，宜民之道，故为“在田”之象。而学问至则百王之法惟所损益，宽仁施则百姓之情皆可上达，宜为天下所利见，虽未履天位，而君德备矣。古者世子入大学以亲师考道，天子卑服而亲康功田功，皆以养成君德也。

九三重刚而不中，上不在天，下不在田，故乾乾因其时而惕，虽危无咎矣。重，平声，下同。

不在天，不在田，惟其位非中也，时之危也。“重刚”，行之乾乾也。刚者，非但勇于任事，实则严以持心；不恃其健行，而知时之不中，防其所行之过，操心危则行不危矣。以位则建大猷以乘时而未就，以学则望圣道一间之未达，成汤之“惟恐胜予”，颜子之“欲罢不能”，皆此爻之象，尽人事之极也。

九四重刚而不中，上不在天，下不在田，中不在人，故或之。或之者，疑之也，故无咎。

“重刚”，下卦已刚而此复刚；又三、四为人位，重三为四而皆刚也。“不在人”者，三为人之正位，四其馀位，人道已尽，而俟天之时也。德之将熟，命之将受，决于止则自画而贰尔心，决于进则猎等而有惭德；疑而自试，必得其所安，君子体道之深心也。

夫大人者，与天地合其德，与日月合其明，与四时合其序，与鬼神合其吉凶，先天而天弗违，后天而奉天时。天且弗违，而况于人乎！况于鬼神乎！夫音扶。先，悉荐反。后，胡豆反。

九五履天位，而刚健中正以应天行，故其德之盛如此。天地以主宰言。日月、四时、鬼神，皆天地之德，以纯粹之精，而健行得中。明不息，序不紊，刑赏不妄，人而天矣。“先天”，谓天所未有，大人开物而成务；“弗违”，气应物化而功就也。“后天”，天已垂象，因而行之，“奉天时”，时至功兴，不爽其则也。天且弗违，则人不可不见，而见之者，鬼神自应以吉。当大人之世而弗见焉，鬼神弗佑，四裔之诛自取之矣。违大人，即以违天也。《书》曰：“未见圣，若不克见；既见圣，罔克由圣。”大人不世作，而圣言孔彰，乐其道者见之。非圣无法，允为自弃。勿曰生不逢尧舜之世，遂可随末俗以迁流也。

亢之为言也，知进而不知退，知存而不知亡，知得而不知丧。其唯圣人乎！知进退存亡而不失其正者，其唯圣人乎！丧，息浪反。

"进退"以行言，"存亡"、"得丧"以遇言。保其固有曰"存"，本所无有曰"亡"，得所未有曰"得"，失其所有曰"丧"。刚而不止，居高而不肯下，亢也。亢之为道，率由于不知；而龙之亢，非不知也。秉刚正之德，虽知而不失也。惟若孔子，知不可为而为之，而不磷不缁者不失，乃能与于斯。忠臣孝子，一往自靖，不恤死亡之极，亦有圣人之一体，虽有悔而固为龙德；时乘之，亦所以御乱世之天也。

此上十节申释《象》、《爻》之辞，言君子体《易》之道。

䷁坤，坤下坤上

坤，元亨，利牝马之贞。君子有攸往，先迷后得主句**，利**句。**西南得朋，东北丧朋，安贞吉。**丧，息浪反。

隤然委顺之谓坤，阴柔之象也。此卦六爻皆阴，柔静之至，故其德为坤。凡卦有取象于物理人事者，而《乾》、《坤》独以德立名；尽天下之事物，无有象此纯阳纯阴者也。阴阳二气絪缊于宙合，融结于万汇，不相离，不相胜，无有阳而无阴、有阴而无阳，无有地而无天、有天而无地。故《周易》并建《乾》、《坤》为诸卦之统宗，不孤立也。然阳有独运之神，阴有自立之体；天入地中，地函天化，而抑各效其功能。故伏羲氏于二仪交合以成能之中，摘出其阳之成象者，以为六画之《乾》，而文王因系之辞，谓道之"元亨利贞"者，皆此纯阳之撰也；摘出其阴之成形者，以为六画之《坤》，而文王因系之辞，谓道有"元亨利牝马之贞”者，惟此纯阴之撰也；为各著其性情功效焉。然阴阳非有偏至之时，刚柔非有偏成之物。故《周易》之序，错综相比，合二卦以著幽明屈伸之一致。《乾》、《坤》并立，《屯》、《蒙》交运，合异于同，而经纬备；大小险易得失之幾，互观而益显。《乾》、《坤》者，错以相应也。《屯》、《蒙》者，综以相报也。此《周易》之大纲，以尽阴阳之用者也。馀卦仿此。坤之德“元亨”，同于乾者，阳之始命以成性，阴之始性以成形，时无先后，为变化生成自无而有之初幾，而通乎万类，会嘉美以无害悖，其德均也。阴，所以滋物而利之者也。然因此而滞于形质，则攻取相役，而或成乎惨害，于是而有不正者焉。故其所利者“牝马之贞”，不如《乾》之以神用而不息，无不利而利者皆贞也。凡言“利”者，皆益物而合义之谓，非小人以利为利之谓，后仿此。马之健行，秉乾之气而行乎地，阳之丽乎阴者也。“牝马之贞”，与乾合德以为正也。“君子有攸往”以下，为占者告也。乾之龙德，圣人之德；坤之利贞，君子希圣之行也。刚以自强；顺以应物。坤者，攸行之道也。君子之有所往，以阴柔为先，则欲胜理、物丧志而“迷”；以阴柔为后，得阳刚为主而从之，则合义而利。此因坤之利而申言之，谓君子之所利于坤者，“得主”而后利也。同类相比曰“朋”。“西南”、“东北”，以中国地势言之。西南为梁州，崇山复岭，冰雪夏积，阴所聚也。东北，冀、营、兖、青之域，平衍而迤于海，地气之不足也。“得朋”则积阴相怙，“丧朋”则解散私党，而顺受阳施。盖阳九阴六，有馀不足，自然之数；而地以外皆天，地所不足，天气充之。以其本不足者承天，而不恃其盈以躁动，则其贞也，以从一而安为贞，非以坚持不屈为贞。此因坤之贞而申言之，谓君子体坤之贞者，惟安斯吉也。

嵩焘案：王氏引之云：“上言‘有攸往’，下言‘得主’，谓往之他国得其所主之家也……《左传》昭三年‘丰氏故主韩氏’，定六年‘昔吾主范氏，今子主赵氏’，‘孟子主颜雠’，‘由主司城贞子’，皆以所主之家为主。‘先迷’者，始未得所主，‘后得主’者，后乃得之，既得所主，则朝夕依之，《文言》所谓‘后得主而有常’也。”阴阳相求，坤所主者，阳也。《明夷·初九》“有攸往，主人有言”；《睽·九二》“遇主于巷”。《明夷》所主六四，《睽》所主六五也。《丰·初九》“遇其配主”，《九四》“遇其夷主”，配也，夷也，匹敌之称。以阳适阳，故以取象。

《彖》曰：至哉坤元！万物资生，乃顺承天。

阴非阳无以始，而阳藉阴之材以生万物，形质成而性即丽焉。相配而合，方始而即方生，坤之“元”所以与乾同也。“至”者，德极厚而尽其理之谓。乃其所以成“至哉”之美者，惟纯乎柔，顺天所始而即生之无违也。

坤厚载物，德合无疆。

“厚”谓重坤，象地之厚。“无疆”，天之无穷也。其始也生之，既生矣载之。天所始之万物，普载无遗，则德与天合，故与乾均为元，而“至”者即大也。

含弘光大，品物咸亨。

惟其至顺也，故能虚以受天之施，而所含者弘。其发生万物，尽天气之精英，以备动植飞潜、文章之富，其光也大矣。品物资之以昌荣，而遂其生理，无有不通，坤之“亨”所以与乾合德也。

牝马地类，行地无疆，柔顺利贞。

马之行健，本乾之象。牝本阴柔之性，则与地为类。地顺承天，则天气施于地之中，如牝马虽阴，而健行周乎四方，此地之利贞，以守一从阳为贞也。

君子攸往，先迷失道，后顺得常。

六阴聚立，有“先迷”之象。然纯而不杂，虚静以听天之施，则固先阳后己，顺事物而得唱和生成之常道。君子体之以行，能知先之为失道，而后之为得主，则顺道而行，无不利矣。以性主情，以小体从大体，以臣顺君，以刑济赏，阴亦何不利之有哉！

西南得朋，乃与类行；东北丧朋，乃终有庆。安贞之吉，应地无疆。

重坤积阴，有西南地形崇复之象。然顺而又顺，趋以就下，则又有东北迤海之象。两者皆地势也，在知择而已。君子之行，不法其积阴怙党之咎，而法其委顺以承天、不自私同类之贞，则终必受天之庆矣。吉自外来曰“庆”。丧朋以从乾，安贞之吉也，君子所以应地道而德合无疆也。

嵩焘案：《乡饮酒》义：“天地严凝之气，始于西南”，此天地之义气也，阴也；“天地温厚之气，始于东北”，此天地之仁气也，阳也。西南阴方，东北阳方，古义如此。

《象》曰：地势坤，君子以厚德载物。

“势”，形之势也。地形高下相积，而必渐迤于下；所处卑，而物胥托于其上；皆大顺之象也。重坤者，顺德之厚也。君子体坤之德，顺以受物，合天下之智愚贵贱，皆顺其性而成之，不以己之所能，责人之不逮，仁礼存心，而不忧横逆之至，物无不载也。六十四卦之变动，皆人生所必有之事，抑人心所必有之幾；特用之不得其宜，则为恶。故虽乾坤之大德，而以刚健治物，则物之性违；柔顺处己，则己之道废。惟以乾自强，以坤治人，而内圣外王之道备矣。馀卦之德，皆以此为统宗，所谓“易简而天下之理得”矣。

初六，履霜坚冰至。

当纯阴之下，非偶然一阴发动之象也。坚冰之至，霜所必致。履者，人履之。阴兴必盛，自然之数也。故一生一杀，不以损天地之仁；一治一乱，不以伤天地之义。特当其时，履其境，不容不戒，故为占者告之。

《象》曰：“履霜坚冰”，阴始凝也；驯致其道，至坚冰也。

上“坚冰”二字盖衍文。《本义》案《魏志》作“初六履霜”，义亦通。凝，聚也。霜、冰皆阴之凝聚而成，在初为始尔。坚冰之至，初无异理，即此阴之凝者然也。“其道”凝而不释之道。“履霜”，《彖辞》所谓“先迷”；“驯致”，则所谓“得朋”也。

六二，直方大，不习无不利。

阴之为德，端凝静处而不妄，故为“直”；奠位不移而各得其宜，故为“方”；纯乎阴，则“大”矣。直、方，其德也；大，其体也。惟直、方故能大，其大者皆直、方也。秉性自然而于物皆利，物无不载，而行无疆矣。九五，乾之盛也。六二，坤之盛也。位皆中，而乾五得天之正位而不过，坤二出于地上而阴不匮。故飞龙者，大人合天之极致；直方者，君子行地之至善也。

嵩焘案：项平甫云："习，重习也，二之所习。习，初也……初六一阴方生，圣人即虑其习，曰积、曰渐、曰驯、曰顺，皆深戒之。六二，二阴洊至，位当重习，独能不习？盖初不正而二正，初不中而二中……是以知其不习也。正则无私，故直；中则不偏，故方。捐私去偏，与阳同德，故大阴不能大。大者，阳也。"案：《象传》六二之动，以动言之，所以示不习阴之义。坤之含万物而化光，承天之功用也，六二全具坤德。地道之光，光以此尔。

《象》曰：六二之动，直以方也。"不习无不利"，地道光也。

"动"谓此爻发动而见功也。有其德，则施之咸宜，配地道之乘时，发生品物，光辉普见。

六三，含章可贞，或从王事，无成有终。

六二柔顺中正，内德固，而所以发生品物者备其美。六三居其上，成乎坤体，所含者六二之章光，故虽以阴居阳，而可不失其正。三为进爻，出而图功之象。履乎阳位，故曰"从王"，《象》所谓"丧朋"而承天时行也。"或"者，不必然而然之辞。"含章"，无必于从事之志；乃因时而出，行乎其所不得不行，虽有成功而不自居。"终"，与"知终终之"之"终"，皆以内卦小成言之也。事虽从王，志在自尽其道。内卦象德，外卦象位。三者，德之终也。

《象》曰："含章可贞"，以时发也。"或从王事"，知光大也。
知，如字。

惟所含者内有直方之美，故以时发见而"可贞"。德之已成，时在可见，故从王事，自知其志行之光大而不失时，要以自尽其含弘之用，而非急于见功也。阴以进为美，不倦于行，所以配乾之无疆。

六四，括囊，无咎无誉。

“括囊”，藏之固也。柔居阴位，四为退爻，不求誉而避咎之道也。四与初同道，而初居地位之下，伏阴自怙；四处重阴之中而为人位，乃有意沈晦、退而自守之象，故不同于初之阴狠。

《象》曰：“括囊无咎”，慎不害也。

欲退藏以免于咎，则无如避誉而不居。危言则召祸，诡言则悖道，括囊不发，人莫得窥其际，慎之至也。

六五，黄裳元吉。

“黄”者，地之正色，既异黑白之黝素，尤非青赤之炫著，于五色为得其中。衣在上而著见。裳在下，而又有芾佩以掩之；饰在中，而与衣以文质相配者也。六五居中以处上体，而柔顺安贞之德，自六二而已成。大顺之积，体天时行，若裳以配衣，深厚而美自见，宜乎其吉矣。凡言吉者，与凶相对之辞，自然而享其安之谓。“黄裳”非以求吉而固吉，故曰“元吉”。凡言“元吉”者，准此。

嵩焘案：乾五，天位，为主爻，故九二言乾德之盛，九五乃尽乾之大用。坤二，地位，为主爻，故六五言坤德之美，六二乃言坤之大用。然乾德已备于二，五乃施行之，坤德悉具于二，至五而为其发见之文，德与位渐积而进同也。

《象》曰：“黄裳元吉”，文在中也。

"黄"，其美也；"裳"者，在中之象。

上六，龙战于野，其血玄黄。

阴亢已极，则阳必奋起。龙，阳物也。"于野"，卦外之象。阴阳各有六位。坤六阴毕见，则六阳皆隐而固在；此盛而已竭，彼伏而方兴，战而交伤，所必然矣。阳之战阴，道之将治也，而欲奋起于涸阴之世，则首发大难，必罹于害。陈胜、项梁与秦俱亡；徐寿辉、张士诚与元俱殒。民物之大难，身任之，则不得辞其伤。《易》为龙惜，而不惜阴之将衰，圣人之情见矣。坤卦纯阴，其道均也，而中四爻皆君子之辞，惟初、上以世运之阴幽争乱言之。盖乾坤者，本太极固有之实，各有其德，而不可相无。体道以学《易》者，法其所可用而不能极其数。二、五得中而不过；三、四人位，乃君子调燮之大用所自施，故以其德言之，美者极其盛，而次亦可以寡过。初则沈处地下，上则高翔天际，而无所施其调燮。故以气运言之，而为潜、为亢、为凝、为战。乃阳虽无功而过浅，君子犹可因时以守约，圣人固且逢悔而不忧；阴则初惨而不舒，上淫而不忌，是以冰之坚，玄黄之血，成乎世运之伤，此坤之初、上所以独危也。然卦体纯而不杂，则抑天数自然之致，非人事之有愆。故"坚冰"、"龙战"，皆属乎气运，而示占者知命以谨微，非他卦凌杂致咎，人事所致之孽也。是以坤之初、上，皆不言凶。

《象》曰："龙战于野"，其道穷也。

六阴皆见于象，穷极而无馀，阳必起而乘之。

用六，利永贞。

六者，数之不足者也。惟安于不足，则质虽凝滞，而虚中以听阳之施，以顺为正，阴之贞也。十八变而皆得六，处于至不足之数，不如七之与八，求益以与阳争多寡。丧朋而安贞，始终如一，以资万物之生，故无不利而永得其正。

《象》曰："用六永贞"，以大终也。

阳始之，阴终之，乃成生物之利。"永贞"以顺阳，而资生万物，质无不成，性无不丽，则与乾之元合其大矣。

《文言》曰：坤至柔而动也刚，至静而德方。

"至"，谓六爻皆阴，柔静之极也。柔者，无锐住之气，委顺而听阳之施也。乃其为体，有形有质，则其与阳俱动也，异于阳之舒缓；而坚劲以果于所为，生杀乘权，刚亦至焉。阴体凝定，非阳感不动，静也；而惟其至静，高下柔刚各有一定之宜而不迁，故随阳所施，各肖其成形，以为灵、蠢、动、植，终古不忒，是其德之方也。柔静者，牝道也。动而刚，虽牝而固马。方者，牝马之贞也。案：此统刚柔动静以言阴。《系传》亦曰："立地之道，曰柔与刚。"又曰："夫坤，其静也翕，其动也辟。"动静刚柔，初非阴阳判然、各据一端而不相函之滞理，审矣！天地、水火、男女、血气，可分阴阳，而不可执道之自然者，类如此。泥于象迹名言者，将使天地相为冰炭，官体相为仇敌，沟画而券分之，亦恶足以知道哉！

后得主而有常。

不唱而和，以听阳施，则不失柔顺之常理也。卦无阳爻，而言"得主"者，阴阳有隐见，而无有无；阴见，而阳固隐于所未见；至柔至静，则不拒阳，而阳隐为之主。

含万物而化光。

此释《彖传》"含弘光大"之义，见其得主而利也。地虽块然静处，而万物之形质文章皆其所由毓发。感阳以化，则天下之美利备矣。"化光"，则亨利同乎天矣。"太极"第三图，土居中宫，全具太极之体，金、木、水、火皆依以生，殆此意与？而术家言天一生水，至五而始生土，其未察于天化物理，明矣。

坤道其顺乎，承天而时行。

动而刚方，天动之也。得主，得天也。化光者，天化也。惟其至顺，故承天而不滞于行，是以元亨而安贞得吉也。

积善之家，必有馀庆；积不善之家，必有馀殃。臣弑其君，子弑其父，非一朝一夕之故，其所由来者渐矣，由辩之不早辩也。《易》曰"履霜坚冰至"，盖言顺也。

一阴初动，未必即为凶惨，故卦之初筮，得六者三十二；亨利而吉者九，无咎者六。阴虽起，而即有阳以节宣之，则丧朋而庆矣。坤体纯阴，自一阴而上，顺其情而驯致之，遂积而不可掩。乱臣贼子，始于一念之伏，欲动利兴，不早自知其非，得朋而迷，恶日以滋，至于"龙战"，虽其始念不正，抑以积而深也。"辨之"，斯悔其非道之常，而安其贞矣。"顺"如"顺过遂非"之顺，即所谓"驯至"也。不道之念一萌，不能降心抑志，矫反于正，为君父者又不逆而折之，惟其欲而弗违，顺阴之志，无所不至，所必然矣。

嵩焘案：坤以顺为德，顺者，顺以从阳也，若自顺其阴，则渐流为逆而不自知，故夫顺其性而不知节者，禽兽也。君子之学曰克己、曰节性、曰变化气质，皆逆以制之，人之所以异以禽兽者此尔。

直其正也，方其义也。君于敬以直内，义以方外，敬义立而德不孤。“直方大，不习无不利”，则不疑其所行也。

存之于体者曰“正”，制之于事者曰“义”。“内”以持己言，“外”以应物言。主敬则心不妄动而自无曲挠，行义则守正不迁而事各有制；天下皆敬而服之，德不孤而行之无疑矣，所以不习而无不利也。六二居中得正，敬德也；顺而不违于天则，义行也；故为坤道之盛，而君子立德之本也。坤中四爻皆以君子修德业者言之。坤无尊位，异于乾之四爻以上为乘时履位之象。《易》之道不可为典要，类如此。其以君臣隐见定爻位者，失之矣。

阴虽有美含之，以从王事，弗敢成也。地道也，妻道也，臣道也。地道无成而代有终也。

六三含六二之美于中，而为进爻，以应外卦于上。故虽坤道小成，而不自居其成，积学以待问，补过以尽忠，敬戒而无违，纯乎顺也。“代有终”者，天之所生，皆地效其材，以终天之化也。

天地变化，草木蕃；天地闭，贤人隐。《易》曰“括囊无咎无誉”，盖言谨也。

纯阴之世，阳隐而不见，天闭而不出，地闭而不纳，于时为坚冰，于世为夷狄、女主、宦寺。能隐者斯贤也，虽有嘉言善行，不当表见以取誉。姚枢、许衡以道学鸣，如李、梅冬实，亦可丑矣。六四柔得位而不敢履中，故能谨之德归之。

君子黄中通理，正位居体，美在其中，而畅于四爻，发于事业，美之至也。

六五黄中之美，与二合德；敬义诚于中，形于外，无异致也，故曰“通理”。端己以居位，而盛德表见，以充实其安贞之体，则美既在中，而威仪之赫喧、文章之有斐，美无以尚矣。坤无君道，以二为内美、五为外著，君子暗然日章之德也。若此类，惟君子占此为吉。无其德而占遇之，如《春秋传》南蒯所筮，神所弗告、蓍策之偶然尔。故曰：“《易》为君子谋，不为小人谋。”如蒯比者，卦之吉，于已为凶。不可谓《彖》、《爻》不足以尽吉凶之理，而别求之术家之象数也。

阴疑于阳必战，为其嫌于无阳也，故称龙焉；犹未离其类也，故称血焉。夫玄黄者，天地之杂也，天玄而地黄。为，于伪反。

阴阳各六，十二位而向背分。阳动而见，阴静而隐，其恒也。六阴发动，乘权而行阳之道。阴向而阳背，疑于阴之且代阳而兴矣。六阳秉刚健之性，岂其终隐？阴盛极而衰，阳且出而有功；必战者，理势之自然矣。阳欲出而阴怙其势，非能不战而静退者也，乃言阴战，则阴为主；而不见阳之方兴，故卦无龙体著见，而称龙以归功于阳。《春秋》以尊及卑，以内及外，王师败绩于茅戎，不言败之者，此义也。“未离其类”者，阳虽伤，而所伤者阳中之阴也，刚健之气不能折也。故秦汉、隋唐之际，死者陈胜、杨玄感而已，皆龙之血也。阳以气为用，阴以血为体。伤在血，阴终不能伤阳，而阴衄矣。“杂”谓交伤。“玄”者，清气虚寥之色；“黄”者，浊气馧结之色。

䷂屯，坎下震上[①]

屯，元亨利贞，勿用有攸往，利建侯。

“屯”者，草芽穿土初出之名；阳气动物，发生而未遂之象也。此卦初九一阳，生于三阴之下，为震动之主。三阴亦坤体也。九五出于其上，有出地之势；上六一阴复冒其上，而不得遂，故为屯。冬春之交，气动地中，而生达地上，于时复有风雨凝寒未尽之雪霜，遏之而不得畅；天地始交，理数之自然者也。元亨利贞，乾之四德，此卦震首得阳施，为物资始，阳气震动，于物可通；九五刚健中正，虽陷阴中而不自失，足以利物而自得其正；故乾之四德，皆能有之；此天地之始化，得天最夙者也。然虽具此四德，而于时方为屯难：初阳潜于地下，五阳陷于阴中，阳为阴覆，道不得伸，则与乾初“勿用”之时义同，而无同声同气之辅，虽在天位而不足以飞，是以“勿用有攸往”也。“利建侯”者，九五居尊，阳刚得位，而道孤逢难，必资初九之阳鼓荡迷留之群阴，乃可在险而不忧。此为大有为者王业初开，艰难未就，必建亲贤英毅者遥为羽翼，以动民心而归己，然后可出险而有功。故其合宜而利物者，在建初九以为辅也。阳，君也，而在下；又震为长子，皆元侯之象。凡此类，取义甚大，非小事所可用。然以义推之，则凡事在艰难，资刚克之才，以济己于险，亦可通占；而困勉之学，宜资师友以辅仁，亦此理也。《易》之义类旁通，玩《象》占者所宜推广，然必依立辞之理，非术士附会《象辞》之迹以射覆，可云“易者意也”，而以饰其妖妄也。

---

①当为“震下坎上”。

《彖》曰：屯，刚柔始交而难生。难，去声。

“始交”，谓继乾坤而为阴阳相杂之始也。《周易》并建乾坤以为首，立天地阴阳之全体也。全体立则大用行，六十二卦备天道人事、阴阳变化之大用。物之始生，天道人事变化之始也。阴以为质，阳以为神，质立而神发焉。阳气先动，以交乎固有之阴，物乃以生。屯之为卦，阳一交而处乎下，以震动乎阴之藏；再交而函乎中，以主阴而施其润。其在草木，则阳方兴而欲出之象。故屯继乾坤而为阴阳之始交。以象言之，则雷动云兴，为天地蒸变，将施泽于物而未行之象。坤立而阳交，宜以复为始，而始屯者，天包地外而入地中，天道不息之自然，阴虽繁盛，阳气自不绝于地上，有动则必有应，地中之阳兴于下，地上之阳即感而为主于中，屯以成焉。若孤阳起于群阴之下而为复者，人事之变尔。乾坤初立，天道方兴，非阴极阳生之谓，是以不以复为始交而以屯也。“难生”，谓九五陷于二阴之中，为上六所覆蔽，有相争不宁之道焉。阳之交阴，本以和阴而普成其用，然阴质凝滞而吝于施，阳入其中，欲散其滞以流形于品物，情且疑沮而不相信任，则难之生不能免也。故六二“疑寇”，九五“屯膏”，上六“泣血”，皆难也。戡乱以定治，而民未遽服；正性以治情，而心犹交战，皆物始出土、馀寒相困之象也。

动乎险中，大亨贞，雷雨之动满盈。

雷动于下，坎险于上，方险而动，阳刚不为难阻，体天之健行以出而有功，所以具四德而首出咸通，得性命之正。震雷发乎地中，坎雨行乎天位，鼓动积阴而为之主，虽一阴覆上，不为衰挠，得其正则于物无不利也。此释“元亨利贞”之义。

天造草昧，宜建侯而不宁。造，昨到反。

此以人事释“勿用有攸往，利建侯”之义。“天造”犹言天运，谓天欲开治之时也。“草”，草创也。“昧”，蒙昧也。“宁”，谓安意坦行也。一阳起于阴中，王业草创之象。九五虽居尊位，而在群阴之中，万物未睹，昧于所从；于斯时也，所恃者初九动而有为，宜建之为侯，以感人心而济险，未得快意决往，遽求定以自为功也。

《象》曰：云雷屯，君子以经纶。

坎不言水而言云者，当屯之世，阴阳初交，雨未即降，所谓“屯其膏”也。“经”者，理其绪而分之。“纶”者，比其绪而合之。雷以开导晦蒙，分阴阳之纪；云以翕合阴阳，联离异之情。经纶运于一心，不恤艰难，以济险阻，君子用屯道之“不宁”者以拔乱反治。若时际平康，可以端拱而治，则坦然与天下利见。无事图难行险，自屯以屯天下矣。

初九，磐桓，利居贞，利建侯。

“磐”，大石。“桓”，邮亭表木，午贯交植。若今之华表，皆不动者。初九一阳处三阴之下，坚立不可动摇，潜而未行，故有此象，所谓“勿用攸往”也。“居贞”之“利”，志之定也。“利建侯”，九五宜建之以为侯也，建侯得正则君民交受利矣。

《象》曰：虽磐桓，志行正也。以贵下贱，大得民也。

“磐桓”而安处于下，未足以行其正也。然为震之主，当屯难之世，欲震动群阴，与之交感，以济九五于险，则志在行正，而非坐视时艰，不思有为。若其伏处阴下，则欲得三阴之心而与俱动耳。阳贵阴贱，阳君阴民，守侯度以率民事主，所以宜建之为侯也。

六二，屯如邅如，乘马班如，匪寇婚媾。女子贞不字，十年乃字。乘，食证反。

“邅”，迟回不进。车驾四马曰“乘”。屯阳御四阴以动而涉险，故三言“乘马”。“班”，相别而往也。《春秋传》“有班马之声”。女子许嫁而字，初阳震动欲出，而二以阴居其上，止之不进，与初异志，如乘马不相随而分歧路，盖疑初九之为寇己也。夫阳欲交阴以成生物之功，岂其相寇哉？欲相与为婚媾尔。而二倚其得中，不与之交，如女子年已及期，义当有字，而亢志不字；至于九五，阳已居尊，而下与相应，乃不得已顺以从之，如冯衍幅巾而降光武，时已过矣。所以犹为“贞”者，得位居中，非为邪也。

嵩焘案：旧注皆以初为寇，初为卦主而利居贞，岂为寇哉？二以阴掩初之阳，上以阴掩五之阳，卦之所以成乎屯也。上居屯之极而下无应，徒怀异自泣而已。二虽掩阳而与五为应，久而必从乎阳，非有心为寇者，与上之掩阳异也。玩《象传》“六二之难，乘刚也”，其义自现。

《象》曰：六二之难，乘刚也。“十年乃字”，反常也。

屯之所以为“难生”者，二掩初，上掩五，使不得升也。阴阳交以成生物之功，“常”也。女子之贞，非以不字为贞；“乘刚”不相下，阴志之变也。上应九五，乃反乎常，故虽晚而犹不失其正。“十年”，数之极，天道十年而一改。

嵩焘案："女子贞不字"，船山盖主耿南仲《周易新义》。女子许嫁，笄而字，许嫁而后笄，笄而后有字，谓"字"即许嫁也。《内则》"女子十五而笄"，《杂记》"女虽未许嫁，年二十而笄"，合观之，女子十五许嫁而笄，至年二十，虽未许嫁亦笄，笄则必字，笄犹男子之冠。十年乃得有字，于义无取。王氏引之以虞翻训"字"为"妊娠"为得其义：《说文》"字，乳也"，《广雅》"字，乳生也"。李鼎祚以二应五，"去逆就顺，阴阳道正，乃能长养"。是"字"以孳生为义，诸家训皆然。"女子贞"为句，六二居中得正，贞。《象》"不字"为句，犹言妇三岁不孕，即屯邅之象。震本坤体，坤为母，为大腹，有妊娠之象，二乘刚有难，故不字，与四合体成坤，以交乎五。荀爽《九家易》"阴出于坤，今还为坤，故曰'反常'"。十年者，坤数也。以"字"为许嫁，古无此训，但取许嫁称"字"为义，于文为曲矣。

六三，即鹿无虞，惟入于林中。君子幾，不如舍，往吝。舍，如字。

君猎，虞人翼兽以待射；"无虞"，鹿不可必得也。"林中"，车绊马阻之地。"舍"，止也。六三当震体之成，而为进爻；上六穷阴不相应，坎险在前，往无所获，而有所碍，故有此象。三柔而无锐往之象，类知幾而能止者，故可勉以君子之道。然体震而躁进，不保其能舍，则有"往吝"之忧。穷于己之谓"吝"。

《象》曰："即鹿无虞"，以从禽也。君子舍之，往吝穷也。

求进而不知险，惟贪于从禽而躁动不已，自非君子，能无吝以致穷乎。

六四，乘马班如，求婚媾，往吉，无不利。

四与初应，而又上承九五，不专有所适，故有“班如”之象。然柔得位而为退爻，始虽疑而终必决往，与初为正应。“求婚媾”，初来求也。柔而得正，初所宜求；求而必往，四之顺德。阳动而有功，必得阴之顺受，而后生化以成，于己为“吉”，于物为“无不利”矣。

《象》曰：求而往，明也。

四有可求之美，初有待往之情，明于其当然，终解“班如”之惑。君臣朋友之际，审于所从，则无不利而吉。

九五，屯其膏，小贞吉，大贞凶。

“膏”，泽也，水之润物者也。“贞”，正物之谓。九五虽有阳刚中正之德，而为上六所掩，陷于险中，无能利于所往，盖雷动云兴，时雨不能降之象。于斯时也，委屏辅之任于初九，而因其可为者，小试正物之功，则满盈之经纶，徐收后效而吉矣。如一旦求大正于物，阴险争衡而不解，必至于凶。故虽仁义之美名，不可一旦而袭取，如春初茁芽，始出于地，遽尔茂盛，必为疾风寒雨所摧，初九微阳，不能入险而相援也。

《象》曰：“屯其膏”，施未光也。

为阴所蔽也。

上六，乘马班如，泣血涟如。涟与澜同。

阳方兴而已履中位，上六独怀异志以相难，初既得民，五膏盈满，岂能终遏之哉？时过势倾，惟自悲泣而已。陨泪无声曰

"泣血"。

嵩焘案：屯以掩阳为义，爻凡三言乘马，皆与阳比。六二乘刚而得五之正应，故曰"匪寇"。四承五下，与初应，辅之以济屯，故吉。上独掩阳而无应，居屯之终，进无所之，有泣而已矣。

《象》曰："泣血涟如"，何可长也！

阴留于阳生之后，势不能久，故消沮而悲泣。能建侯而得民，可不以之为忧矣！

䷃蒙，坎下艮上

蒙。亨。匪我求童蒙，童蒙求我。初筮告，再三渎，渎则不告，利贞。告，旧音古毒反。如字亦通。

"蒙"者，草卉从生之谓，晦翳而未有辨也。阴阳之交也，始自屯；乃一回旋之际，阴得阳滋而盛，阳为之隐，初阳进而居二，五阳往而居上，皆失其位，阳杂阴中而无纪，五为卦主，而柔暗下比于二阴，故为蒙。但以柔得中而下应乎二，阴虽盛而上能止之，以不终于昧，下听二之正己，故有亨通之道焉。"匪我求童蒙"以下，留言处蒙之道，而归功于二也。二刚而得中，治蒙之任属焉。故内之而称"我"。"童蒙"谓五也。谓之童蒙者，鸟兽之生，得慧最夙，及长渐而流于顽戾；惟人之方童，蒙昧无识，理未曙而欲亦有所闲止而不知纵。六五之阴暗，而上有阳以止之，其象也；人之所以异于禽兽也。屯动乎险中，出以济险，治道之始也；刚得上位，君道立而可以定难也。蒙险而止之，以闲邪而抑其非僻，教道之豫也；刚在下而得中，道不可行而可明，君道诎而道在师也。礼有来学，无往教；五虚中而二以刚应之，五求二，二不求五也。“初筮告，再三渎，渎则不告”，二之所以得师道者。五求而应。初筮之告也，刚中而不枉道，渎则不告也。当告则告，不可告则不告，中道而立，使自得之，养蒙之正术，能利益于蒙。利且贞，是以亨。

《彖》曰：蒙，山下有险。险而止，蒙。

此以二体之象，释卦名之义。山在上，既不易登，而下有险，愈茫昧不知所适。然遇险而止，不涉倾危，安于未有知而不妄行，则未为善而亦未习于不善，童蒙待启之象。

“蒙亨”，以亨行时中也。

蒙之所以亨者，以方在蒙昧，而能求阳以通其蔽，资中道以止愚妄，及欲觉未觉、愤悱之时，求亨通而不自锢也。

“匪我求童蒙，童蒙求我”，志应也。

六五之志，与二相应，自然来学，不待往教，所以得亨。

“初筮告”，以刚中也。“再三渎，渎则不告”，渎蒙也。

君子诲人不倦，而师道必严；“刚中”裁物，所以善诱。彼志在躐等，不能以三隅反，而复以一隅问者，乃全求诸人而不求诸己，愈渎则愈蒙；其蔽也贪多闻，侈奇邪，见异说而迁，必将“见金夫不有躬”，尽弃其学而陷于左道。故君子虽有不忍人蒙昧之心，必不告以渎之。

蒙以养正，圣功也。

蒙之所以能利贞者，惟以善养之而正也。筮而告，无所隐，渎而不告，不使渎，所以养蒙而正之也。中以养不中，才以养不才。优而游之，使自得之；引而不发，能者从之。作圣之功，中道之教，存乎养之而已。此赞九二教道之至，盖蒙未有亨道，在教者之刚严而善养，乃得利贞。

《象》曰：山下出泉，蒙，君子以果行育德。行，下孟反。

“泉”者，水始出之细流，故于山下之水，不言水而言泉。泉方出山，而放乎四海，无所止息，“果”矣。曲折萦回，养其势以合小为大，“育”也。君子之行成于勇决，而德资于涵养。勇决则危行而不恤利害，涵养则成章而上达天德。宁武之愚不可及，颜子之如愚足发，皆此道也。

初六，发蒙，利用刑人，用说桎梏，以往吝。说，吐活反。

“发”，犹始也。阴阳之交，在屯，阳生于下，方震动以出；至蒙而阴复起于下以陷阳，蒙之所自发而不易收也。九二虽有刚中之德，而为初之所桎梏，必奋然决断，绝私昵而施之以威，乃可说桎梏而往正乎五。然阴性柔，初位贱，承二而易相狎昵，未见其能决于正法也，故吝。

嵩焘案：《大畜·六四》：“童牛之牿，元吉。”《本义》谓“禁于未发之谓豫”。桎梏，即利用刑人之意。“用说桎梏，以往吝”，言不正之于卑而使往，从六四之吝，虽欲发其蒙而亦不可得矣。

《象》曰：“利用刑人”，以正法也。

为蒙蔽造端之孽，欲正蒙者，非施法不可。宦官宫妾，卑贱而善导人主于迷，正人君子所必治。

九二，包蒙吉。纳妇吉，子克家。

“包”亦养之之意。教道之善，取蒙者之刚柔明暗，悉体而藏之于心，调其过，辅其不及，以善养之。师道立，善人多，是以吉也。“纳妇”以下，别为一义，取象之博也。凡《彖》、《爻》有二义者，放此。蒙阳养阴而正之，故二、三皆有取妇之象。妇人之性柔而暗，其柔也告之，其暗也勿渎之，刚而得中，以此纳妇，家之吉也。五为妇，上其子也。揲蓍之法，下爻立而后生上爻，故上有为五子之象焉。教子者先教妇；妇慈而无溺爱，则子且才。故上九刚健，能终九二之德。包蒙之吉，以之正家，家教修而世泽长矣。

嵩焘案：蒙以阳刚为治蒙之爻，九二刚中，主蒙者也，群阴皆受其裁成，故曰包蒙、曰纳妇，无二义也。二主蒙而五任之，若子之代父以任其家。《象传》曰“刚柔接也”，无以上九为子之义。

《象》曰：“子克家”，刚柔接也。

父刚母柔，教养道合，故得上九克家之子。

六三，勿用取女，见金夫不有躬，无攸利。取，七遇反。

蒙，阴阳杂处而未知所择，惟怀贞者能从容以慎所从。六三阴不当位，为躁进之爻，溺阳而陷之，歆于小利而忘其正配，女子不贞之尤者也。“勿用取”，谓上九虽与为应，当决弃勿与渎也。夫人苟识之未充，辨之未审，而躁于求益，则见异而迁，惊为奇遇，忘身以徇之。曹伯悦公孙强之霸说而亡国，包显道信陆子静之禅学而髡首，其志操之邪陋，与鬻色之女同其贱，养蒙者无可施其教也。

《象》曰："勿用取女"，行不顺也。

不顺上九之正应，而贪二之近，与相溺。女德如此，乃勿取之，以远害。"顺"，《本义》作"慎"，亦可通。

六四，困蒙，吝。

四为退爻，而以柔处之，非不欲求人之我告。而初六固不能养己者，因于无闻而不足以行。不见正人，不闻正言，君子之所闵也。然此爻独得位，虽困而未自失，故吝而不凶。

《象》曰：困蒙之吝，独远实也。

阳实阴虚；实则有道于己而可以教人。卦惟此爻与阳隔远。生无道之世，日与柔暗之流俗相亲，虽有承教之心，而无可观感，故《象传》深致叹焉。

六五，童蒙吉。

虚中待教，得童蒙之正，其吉宜矣。

《象》曰：童蒙之吉，顺以巽也。

下顺乎二而听其包，上巽入乎上而受其止，有忠信之资而能好学者也。

上九，击蒙，不利为寇，利御寇。

越境攻人曰"寇"，非寇盗之谓。寇盗则不待言不利，《易》岂为盗占利不利哉？上九一阳在上，遏止二阴，"击"之象也。九二师道虽严，而位柔得中。上九居高，刚以临下，故为"击蒙"。

然童蒙德本巽顺，虽知有未逮，而心无邪僻，但忧外至之恶相诱相侵，须为防护；若苛责太甚，苦以难堪，则反损其幼志。养蒙之道，止其非幾，勿使狎于不顺而已矣。

《象》曰：利用御寇，上下顺也。

二与合德，五又巽以承教，则与捍外侮可矣，勿重伤之也。因此而知卦外有阴阳；有阴阳斯有同异，有同异斯有攻取。寇蒙者，卦外阴阳之变也。故上九之外有寇焉，而上御之。以综言之，泣血之屯；以错言之，未革面之小人；皆寇也，特隐而未见耳。合十二位之阴阳，以尽卦外之占，乃不穷于义类，学《易》者所当知也。

☵☰需，乾下坎上

需。有孚，光亨贞吉，利涉大川。

“需”，缓而有待也。乾之三阳欲进，而为六四之阴所阻。九五阳刚，履乎中位，而陷于二阴之中，与三阳相隔。三阳待五之引己以升，九五待三阳之类至，交相待而未前，故为健行而遇险之象，不能无所需迟，而固可以需者也。“孚”者，同心相信之实也。阴与阳合配曰“应”。阴阳之自类相合曰“孚”。凡言“孚”者放此。旧说谓“应”为“孚”，非是。九五与三阳合德，虽居险中，而诚以相待，秉志光明，而情固亨通，终不失正，吉道也。此以赞九五之德。“利涉大川”，为下三阳言也；虽为四所阻，不能不有需迟，而性本健行，不畏险而自却，且有九五以为之主，非阴所能终阻，涉焉，斯合义而利矣。

《彖》曰：需，须也，险在前也。刚健而不陷，其义不困穷矣。

险在前，不容不有所待而后济。然天下之陷于险者，皆由锐志前行，而不虑险之在后，则至于困穷，讼之所以"终凶"也。险在前，知之已明而健于行，踌躇满志以有为，虑已熟而无可畏葸，见义必为，不忧其困矣。

"需有孚光亨贞吉"，位乎天位，以正中也。

九五位乎天位，足为群阳之主，而得位秉正，不以在二阴之中而生疑阻，则信著光明，亨通可俟也。

"利涉大川"，往有功也。

健以济险，虽需迟而不陷，往斯利矣。九三以近险而进，"致寇至"，然则往且犯难，而《彖》云"有功"者，全体乾而有恒，则利九三独动，而不需群起立功；抑必有独撄其难者，则先动者当之。凡《彖》、《爻》异占者，大率类此。所谓"变动以利言，吉凶以情迁"也。

《象》曰：云上于天，需。君子以饮食宴乐。上，时掌反。

水不可加于天上，故变言"云"。云者，水气之清微者也。"上"，升也。地以上皆天，升高则上于天矣。云升而未降为雨，故为"需"。需者，事之贼也。君子勉则有功，无所用需；惟其于饮食宴乐也，可以饮食宴乐矣，而犹需之，故酒清肴干，终日百拜而后举逸逸之酬。后天下以乐，而后钟鼓田猎，民皆欣欣以相告，则享天下之奉而无从欲败度之愆，此则所宜需者也。外此虽研幾观变，极其审慎，而当所必为，坐以待旦，何需之有！

初九，需于郊，利用恒，无咎。

“郊”，旷远之地，与人事不相涉；需而于此，则缓不及事，一旦时至势迫，则必有咎矣。但以阳刚立乾健之基，二、三两阳皆由此而生，不改其度，有可恒之道焉。以斯为“利用”，则筹度有素，而可“无咎”。盖人事之险，固非可轻犯，然必卓然自守，而识之于心；若悠悠忽忽，以为事不及己，而与相忘，是自绝于天下矣。外缓而心不忘，斯以异于庸人之偷惰也。

《象》曰：“需于郊”，不犯难行也。“利用恒无咎”，未失常也。难，乃旦反。

远于坎险，不犯难矣。然畏难而不敢犯者，往往葸怯震悼而自丧其神。守健以自持，积刚而不变，则不失其常度，而可以无咎。

九二，需于沙，小有言，终吉。

“沙”，汀渚平衍之地；欲涉者需于此，得其地矣。九二去坎险，在远近之间而得中，吉道也。其于九五，以阳遇阳，相敌而不相应，则始且疑而“小有言”；然已得中，而五以同德相孚，志在引二而与偕进，小言不足以间之，必以吉终。

《象》曰：“需于沙”，衍在中也，虽小有言，以吉终也。

“衍”，馀也。需于沙而得中，可进可退，自有馀地也。

嵩焘案：衍训馀，于中义无取，项平甫《周易玩辞》“九二以刚居柔，性宽衍而居得中”；又于在中义无取，《说文》“衍，水朝宗于海也”。沙能含水，水之流衍者，在其中而不至横溢。二五刚中之德，两相含以需之故，《象》辞如此。

九三，需于泥，致寇至。

“泥”，近于水而且陷矣。九三重刚躁进，需之急而不顾所处之不安，将有非意之伤至，则惟所处之非地有以致之也。

《象》曰：“需于泥”，灾在外也。自我致寇，敬慎不败也。

三阳需进，己独居前，近于险而将陷，自恃健行，不知灾之在外，宜其败矣。然志在需，而非以犯难；上六虽险，而与为正应，则敬慎持之，可以不败。盖需而在下，则怠缓已甚；三为前进之爻，无迟滞之过，但能敬慎不失，亦免于灾。虽为戒占者之辞，而爻中本有其德，非占外之通戒。凡救败皆需敬慎，岂徒需三为然哉！

六四，需于血，出自穴。

六四非需进者，而言“需于”，谓三阳于此而需也。三阳需进，九五居中以待其升，而四以阴介其间，使不能速合，阳必见攻，而阴受其伤，故为“血”。然柔而当位，上承九五而为退爻，志在出穴，下接乎阳而非相亢拒，其事苦，其情贞，在险而能出谷迁乔者也。

嵩焘案：项平甫云：“坎为血、为穴。血者，坎之初、事之浅者也；穴者，坎之终、事之深者也……三阳上进，六四居浅以俟之，故曰‘需于血’；不入于深，故曰‘出自穴’。诸儒……谓四为阳，伤而出血，伤则必当相拒，非顺以听也。”

《象》曰：“需于血”，顺以听也。

顺于阳而听其徐来，与五相合，故出险而不迷。此并“出自穴”释之，而专挈上句，《象传》立文之简也。后放此。

九五，需于酒食，贞吉。

内三爻言“需于”者，于其地而待人也。此言“需于”者，所以待，待己者也。《易》之辞简而义别，类如此。五与三阳道合，居中得位，以待其至；虽在险中，笃其情礼，期相燕好，不迫不忘，君道之正也。故吉。此言“酒食”，文与《大象》同，而义自别。《大象》观全卦之象，示学《易》者之大用；《爻》乃《象辞》旁通之情，示占者时位之宜。《大象》言“饮宴”，发愤忘食后乐之旨；此言“酒食”，明燕好待贤之义。文偶同尔。读《易》者不可以《大象》强合于爻辞，类如此。

《象》曰：“酒食贞吉”，以中正也。

爵禄宴好，人君驭赏之权也。位正道中，以待贤者之至，得其正而吉也。古者爵有德，禄有功，于大祭之日，酬以酒，因而命之。故言“酒食”，而禄位在其中矣。

上六，入于穴，有不速之客三人来，敬之终吉。

上居坎险之极，不能出就乎阳，“入于穴”矣。然下应九三，不忘敬顺，故获“终吉”。“三人”，三阳也。九三进，则初与二汇升矣。“不速”，谓有需而不遽进，其行迟也。此卦两言“终吉”，需之为道无速效，故必久而后吉。

《象》曰：“不速之客来，敬之终吉”，虽不当位，未大失也。

“不当位”，《本义》云未详，窃谓不当需之主位也。四出穴以需，五居中以需；上六“入于穴”，与三阳不相酬酢，故卦本以阳为主，而于此言客，无与延之为主也，特以顺应九三，故未失柔道，而得“终吉”。

☵☰讼，坎下乾上

讼。有孚，窒，惕中吉，终凶。利见大人，不利涉大川。

凡势位不相敌，而负直以相亢、怀险以求伸，则讼。此卦三阳上行，有往而就消之势，已成乎否，将成乎遯；九二不恤险陷，退而下行，为主于内，以止阳于将消，其为功于乾，大矣。乾乃决志健往，不与之相应，则二怀不平之怨，而与五相讼。如卫元咺之于卫侯郑者，始于相援，而终以相亢，物情之险所以难平也。“有孚”者，二之与五合志，以实心事之也。“窒”者，为六三所间，乾阳亢往，无由自达也。其始也，惟恐阳之往而且消，自处忧危之中，以求阳而安之，“惕中”之“吉”也。至于五不我应，激而成讼，则忠信之反为悍逆，以下讼上，终于凶矣。“利见大人”者，五本中正，不以二之忤而终绝之，见之则疑忌消而志道仍合，所以利也。“不利涉大川”者，健于前行，不恤险之在后，未可坦行也。讼之凶，二任之；涉川之不利，则上九之亢而不知退也。

《彖》曰：讼，上刚下险。险而健句，讼。

以上之刚，激下之险；下已险而上终怙其健，讼之所以成也。

“讼有孚窒，惕中吉”，刚来而得中也。

卦由下生，先筮得者，为内、为来；卦已小成，而再至者，为外、为往。凡言往来，自卦变言之，此据遯而言也。阳本连类以往，九二降而处内，故谓之“来”。阳欲去，而九二宁陷不住，屈己入险；“有孚”，虽“窒”而不恤忧危，吉道也。

“终凶”，讼不可成也。

始于惕，终于险，至于讼，则虽直而辱己犯上，陷于小人之道，故凶。

“利见大人”，尚中正也。

九五刚健中正，所尚者大人无私有容之道，见之则疑忌自消。

“不利涉大川”，入于渊也。

险在下曰“渊”。阳亢而不虑险，斯陷矣。

《象》曰：天与水违行，讼，君子以作事谋始。

人与己违则讼人，欲与道违则自讼，事后追悔，心志乱而愈乖。惟于作事之始，两端交战于心，必辨其贞胜之理，毫厘不以自恕，如讼者之相讦，而后得失审，以定于画一，善恶分明，如天高水流，不相胶溷。君子之用讼，自讼于始，终不讼人也。

初六，不永所事，小有言，终吉。

“所事”，讼事也。“永”，引之使长也。初六与坎为体，二讼则己不能不与其事；而以柔居事外，固无争心，虽“小有言”，恒欲退息，与四相应，归于和好，故终得吉。

《象》曰：“不永所事”，讼不可长也。虽小有言，其辩明也。

讼不可长，故“不永”而“终吉”。凡讼者之始，皆有所挟之理，未大远于正；相持而不解，则客气胜而枝词出，相引无穷，终于两败。故听讼者且贵片言之折，况讼者乎！自不欲永，则风波之辞终归昭雪，所谓“止谤莫如无辩”也。

九二，不克讼，归而逋，其邑人三百户无眚。

“不克”，不胜也。“归而逋”，退处于二阴之间以自匿也。“邑人”，谓初与三。“三百户”，尽其邑之人也。灾自外至曰“眚”。九二挟德为怨，以讼其上，固无胜理，赖九五中正，曲谅其有孚之实，原情而恕其悍，听其诎服，不加以刑，使得保其封邑，而罪不及于初、三，皆得“无眚”者，幸也。盖讼而不胜，枝蔓傍生，且有意外之祸，非遇中正如九五者，将有如卫侯郑之于元咺，祸延公子瑕，况其陪隶乎！

《象》曰：“不克讼”，归逋窜也，自下讼上，患至掇也。

“掇”，犹拾也。下之事上，即有劳不见谅，而亦安于其义；挟以犯上，自取逋窜，于人其何伤乎！

六三，食旧德，贞厉，终吉。或从王事，无成。

古者仕者世禄，凡士之有田禄者，皆先世之德泽。“食旧德”，谓保其封邑也。六三柔而上进，不从九二以讼，而上从于乾，灾眚不及，善于自保者也。以与二为坎体，必为二所不满，则守正而亦危矣。然二既逋窜，五终正位，是以“终吉”。但处嫌疑之际，内为二所掣，外遇上九之亢，或思出而从王，固不能有成，可自安而不可图功之象也。

《象》曰："食旧德"，从上吉也。

"上"，谓乾也。

九四，不克讼，复即命，渝，安贞吉。

"不克"，事不成也。九四以刚居柔而为退爻，上承九五之中正，下应初六，而与二无惎心，故不欲成讼；而承宣五之德命，以谕二使复受命，虽处变而自得"安贞"之吉矣。凡讼之事，皆有居间为之起灭。二讼上，而三、四居其间，三既柔而从上，四又不欲讼而代五宣其德命，则不用刑罚，而讼者自诎服以免于眚。故人即欲讼，不与讼魁谋，而有安静正直之君子居中镇定之，则讼不长，而讼者虽刚险，亦受其和平之福矣。

嵩焘案：九二以险讼上，而遇刚中之九五，故不克而逋。九四以健讼下，而遇不永所事之初六，故不克而渝。项平甫言"讼爻皆以禄位为象：二有邑户，三有食、有王事，上有鞶带，则四之命亦爵命也"。玩"邑人三百户无眚"、"食旧德"、"复即命"，文义正相似，凡为讼者，皆不足以保其家，故必渝变其初心，乃得安贞之吉。

《象》曰："复即命渝"，安贞不失也。

讼之不克，何失之有。

九五，讼元吉。

刚健中正，初无失德，虽为下所讼，无能为损，吉所固有也。

《象》曰："讼元吉"，以中正也。

中正者，大人之德，吉自归之，见之则利，若与为讼，必逋窜矣。

上九，或锡之鞶带，终朝三褫之。

"鞶"，车饰；"带"，服饰。车服所以行赏。"或"者，侥幸偶得之辞。二之讼上，本以乾上行而不与己应为猜恨。九五中正，不与相竞；四居其间，承其意而以下告；惟上九健往之首，与二隔绝，而骄亢不屈，激成讼者也。其事若出于卫主，故或徼荣赏。而论定以后，二既屈服，其惕中之孚且见谅于五，必恶上之酿祸而亟褫之。晁错忠而见诛，况传游艺之一岁九迁乎！

嵩焘案：何元子《周易订诂》云："褫，解也，脱也，盖不胜其矜喜之意，既束而解，解而复束。为下与三阳遇，遍出以示之。郑康成本作拕。晁以道云'拕如拖，绅之拖'，吴幼清云'褫通训拽'，亦拖之义。以讼胜而得鞶带，终朝之间，三拖拽而加诸身，以夸于人也。"上以刚居讼之终，所谓终凶者也。或者，疑辞；即以讼受服，徒自矜喜而已，君子所弗取也。合上诸爻观之，或锡之鞶带，圣人极为之词，于理则决其无是也。又案：《说文》"鞶，大带也"。《礼·内则》"男鞶革，女鞶丝"。《左传》"王以后之鞶鉴予之"，注"鞶带，以镜为饰"，鞶正为带。《四库全书总目》已辨正之。

《象》曰：以讼受服，亦不足敬也。

激祸以居功，君子之贱恶之久矣。

䷆师，坎下坤上

师。贞，丈人吉，无咎。

卦惟一阳，统群阴而为之主，居中而在下，大将受钺专征之象。阴盛而聚，杀之事也，故为“师”。“贞”，谓六五柔静得中而不竞。惟九伐之法，道在正人之不正，则命将专征，非过刚而黩武也。“丈人”，谓二刚中之德为壮猷之元老，以之临戎，战则必胜，故吉也。王者顺天致讨，得征之正，又命将得人，而免于凶危，然后“无咎”。不然，师之兴，咎之府也。五虽顺正，与二为应，然柔胜，嫌于不断，或委任不专，则黩武之小人且乘之以徼功而偾事。故《彖辞》虽为吉占，而有戒意。盖兵者不得已之用，不但伤生费财，且小人乘之以立功而揽权。贞而不吉，既以病国戮民；吉而不贞，又为贪功启祸。免此二者，而后师为可兴。圣人贵生恶杀，固本靖民之情，于斯见矣。

《彖》曰：师，众也；贞，正也。能以众正，可以王矣。王，于放反。

人众则桀傲贪残者杂处不一。且兵强易骄以逞，惟柔静居中、顺理而无竞者，能用众而不诡于正，斯三王之所以王也。此明师必贞而后可无咎也。

刚中而应，行险而顺。

九二刚中，有致胜之材，而五与相应，宠任既专；二致身以行险，而承上大顺之理以伐罪吊民，则或不战而敌服，或一战而定矣。此明必丈人之吉而后可无咎也。

以此毒天下而民从之，吉又何咎矣！

总承上文而言。以正兴师，则民服其义，将得其人，则民无败死之忧。二者之道备，民所乐从，虽毒民而又何咎乎？非是而毒民，其咎大矣。

《象》曰：地中有水，师，君子以容民畜众。

地中之水，不见于外，而自安于所润。君于用此道以抚众民，以静畜动：士藏于塾，农藏于亩，贾藏于市，智愚顽廉兼容并包，养之以不扰。以之行师，有闻无声；驭众如寡，亦此道也。

初六，师出以律，否臧凶。

师之有束伍节制，相为应而不相夺伦，犹乐之有律也。“否”，不然。“臧”，善也。师一出，即当以律，乃可胜而不可败。初六柔险而处散地，反以律为不善，而恣其野掠，其败必矣。

嵩焘案：何氏楷云：“初六出师之初，由内而外为出；律谓号令节制所以统御于众者，谓九二也。初自下承之，有师出以律之象，初，柔不当位，又与三皆陷阳者，故又有否臧之戒。《左传》宣十二年‘执事顺成为臧，逆为否’，晁氏《音训》云：荀爽、刘表、陆续本‘否’皆作‘不’。犹谓不善也，即《左传》事不顺成之意。”《象传》所谓失律也，初六之否臧，六三之舆尸，皆违命专行，犯难以进。六五所云弟子，初与三同任之。

《象》曰：“师出以律”，失律凶也。

以律为不臧，则必失律矣。

九二，在师中吉，无咎。王三锡命。

以一阳而统群阴，处于险中，将在军之象也。刚而得中，得制胜之道，故吉。必其吉，而后可无咎。用兵非君子事君之正道，虽吉，免咎而已。且其所以独任为主，专制师中者，以六五柔顺虚中而与相应，故“王三锡命”，乃克有功。则其胜也，皆天子之威灵，而非可自居以为功也。

《象》曰：“在师中吉”，承天宠也。“王三锡命”，怀万邦也。

六五居天位，而司天命天讨之权。九二惟承锡命之宠，故吉而无咎。且王之宠锡之者，岂以私九二而假之权哉？怀宁万邦，故代天而命德讨罪，二不得邀宠而侵权也。

六三，师或舆尸，凶。

“或”者，未定之辞。侥幸而胜者有矣；师败将殪，舆尸以归，亦其恒也，视敌何如耳。六三以柔居刚，又为进爻，才弱志强，行险妄动，故其象占如此。命将者，其可轻任之乎！

《象》曰：“师或舆尸”，大无功也。

“大”，谓阳也。九二刚中，足以制胜，而三乘其上，不用命而轻进；三败，则二功亦堕。若先縠之于荀林父、王化贞之于熊廷弼是已。

六四，师左次，无咎。

兵法：前左高，后右下。六四凭依坎险，故为“左”。以柔居柔，而为退爻，“次”之象也。凡师虽次止不进，前左之军必进为游弈；左次，则右后皆止。善师者不陈，故无咎。

《象》曰：“左次无咎”，未失常也。

进退可据之谓“常”。

六五，田有禽，利执言，无咎。长子帅师，弟子舆尸，贞凶。长，丁丈反。帅，所律反。

“田”，猎也。“禽”，获也。“执言”，执辞声罪以致讨也。六五柔顺得中，无贪愤之心，因彼有可伐之罪，执辞以讨，其兴师正矣。然王者之师，虽以柔胜，而用将必须刚断。五与群阴杂处，虽下应九二，而志柔不定，则方命长子帅师，而复遣弟子得以争功躁进。若初、三，皆弟子也。徼幸尝试，必致败绩。事虽正，而轻用民于死，亦凶矣。

嵩焘案：初六、六三、六五，皆以柔居刚，皆有凶义。刚，危地也，以柔行之，而中无定守，故三爻皆具两意，三乘二，凶尤甚焉。而曰“或”者，则亦有时而幸胜也。以柔居刚，譬之以弱帅御强卒，胜败两不可知，而要为凶道也。

《象》曰：“长子帅师”，以中行也。“弟子舆尸”，使不当也。

五之锡命九二而使帅师，徒以其居中，位尊望重，而使之行耳，非能刚断而专任之，故使弟子参焉，而至于败。

上六，大君有命，开国承家，小人勿用。

“大君”谓五也。“开国”，命为诸侯。“承家”，命世为大夫。上居事外，不与师旅之事。师还论功，六五命之，定爵行赏。赏虽以功为主，而抑必视其人。小人不可开国承家，而命之则贻害方大，故戒之。然小人徼幸有功，与君子等，而以志行见诎，则将有如赵汝愚之于韩侂胄者，激之而反成乎乱。故“勿用”者，宜早慎择于命将之日。上六虽柔不能断，但戒之，而无归咎之辞；责在五，不在上也。五遣弟子分长子之任，虽免舆尸，亦终为咎。至于小人已有功而抑之，乃忠臣忧国、不恤恩怨之道，直道虽伸，国亦未易靖也。

嵩焘案：初六，师之始；上六，师之成，故以正功行赏言之。上与三应，阴柔志合，故又有小人勿用之戒。

《象》曰："大君有命"，以正功也。"小人勿用"，必乱邦也。

"正功"者，但见其功次。小人之"必乱邦"，非忧国远虑者不能任怨而裁抑之，故危言以戒之。

䷇比，坤下坎上

比。吉。原筮元永贞，无咎。不宁方来，后夫凶。比，必二反。

相合无间之谓"比"。此卦群阴类聚，气相协，情相顺，而一阳居中，履天位，为群阴之所依附，无有杂间之者，故为比。凡物情之险阻皆生于暌离，比则吉之道也。"原"，本也。"筮"，择也。君子之交，以道合而无所昵，故曰"周而不比"。比，非能无咎者也。乃此卦群阴统于一阳，其本所择而顺从者，乃乾元之德，奠于正位而永固；则以德以位，皆所宜因而不失其亲，虽比而无咎矣。九五既为群阴之宗主，则虽自二而外，非其正应，为不宁之方，而近悦远来，皆相托以归附。惟上六独处于外，志欲相亢，而受"后至"之诛，是以凶。盖择主者审之于初，而不可怀疑贰于既审之后。臣之事君，弟子之从师，皆此道也。"不宁方"，犹《诗》言"不庭方"。后至称"夫"者，不能信友获上，为独夫而已。

嵩焘案：屯，初九动乎坎中，为建侯不宁；比，九五居坎中，为不宁方来，不宁皆坎象也。建侯为震初爻，方来则合坤三爻，以与四并进。虞翻云：坤阴为方，上下应之，故方来。干宝云：天下归德，不惟一方。孔疏引“不庭方”为训，于卦义无取。

《彖》曰：“比吉”也，比辅也，下顺从也。

比之所以为吉者，以其比五而辅之也。下顺从者，阳既居尊，群阴不敢亢也。言“下顺从”，则上六之不从而逆，其凶可见矣。

“原筮元永贞无咎”，以刚中也。

阳资始而后阴能成化，德位永定而无可违。九五刚中，有可亲比之道，本所当筮择为主者，故无咎。

“不宁方来”，上下应也。“后夫凶”，其道穷也。

上下皆所宜应，虽后至，能终相逆乎？徒自穷而已。所应得曰“道”。

嵩焘案：“不宁”指九五，“方来”指下四阴爻。非九五之阳刚，志在绥下、不遑宁处，四阴亦无由相率以求比，故曰“上下应”。

《象》曰：地上有水，比。先王以建万国，亲诸侯。

天下之至无间者，无如水之依地，地之承水，已亲已密。君子不以此失己而从人；惟开国之王者分土以授亲贤，恩礼周浃，以一人而统万方，则道宜于此。

初六，有孚，比之无咎。有孚盈缶，终来有他吉。

比有以相近而相亲者，二之于初、三，四之于上是也；有以相应而相合者，初之于四，二之于五，三之于上是也。初六远处于下，不亲于九五，宜有咎也；而六四密近于五，初柔顺之德，与四相合而相孚。因柔嘉之大臣，以托于大君，非结权要而为党援也，故“无咎”。地既疏远，情不易格，必有“盈缶”之诚，以信友而获上，上乃嘉予而与相比。非其正应而得恩礼，故曰“他吉”。

嵩焘案：项平甫云：“坎卦五为有孚，四为用缶，坎水盈则下流，故初六取以为象。”

《象》曰：比之初六，有他吉也。

四非能与初以吉者。孚于四而得比于上，非初自能得之，因他而致也。

六二，比之自内，贞吉。

六二正应九五，而为坤顺之主，居中得位，以内比于初、三，与同归心于五，盖得人臣以人事君之道。忠贞之笃，其吉宜矣。

《象》曰：“比之自内”，不自失也。

合众阴以比于上，虽以六三之挟异志，而犹欲与相联合，非失身于匪类也。

六三，比之匪人。

当群阴比阳之世，而上六独为“无首”之“后夫”，非人情，非人理矣。六三与之相应，如庄助之于淮南，萧至忠之于太平公主，不待言凶，自可知其必凶。

《象》曰：“比之匪人”，不亦伤乎！

既以伤世，还以自伤，叹其害之烈也。

六四，外比之，贞吉。

四近于五，专心亲上，而外与初应，翕合疏远，使不宁之方共媚一人，其忠贞之至，吉与二同。言“外”者，四体外卦，则以内卦为外也。

嵩焘案：比，比以相近为义。六二与九五为正应，而比于初三以从五，故曰“比之自内”。六四居外，卦之始而比于五，以远三之匪人，故曰“外比之”。《象传》所谓“外比于贤，以从上也”。

《象》曰：外比于贤，以从上也。

初六托迹远而不妄说人，贤而隐者也。比之以从上，如留侯之于四皓是已。“上”谓九五。

九五，显比，王用三驱，失前禽。邑人不诫，吉。

“三驱”，天子之田不合围，三面设驱逆之车，缺其一面，不务尽获也。九五居尊得位，以统群阴，光明洞达，无有私昵，比道之至显者也。乃人情之顺逆，未可卒化，虽大舜之世，不乏三苗，将有如上六之背公死党而怀异志者。圣王于此，舍而不治，如田猎三驱，纵前禽而听其失，要何损于大顺之治哉？一隅未靖，臣民自谅其无能为而不相警诫。人有定情，无惊扰乘衅之忧，故吉。

《象》曰：“显比”之吉，位正中也。舍逆取顺，“失前禽”也。“邑人不诫”，上使中也。

“三驱”之法：缺其前，背我而去者则弗追，向我而来者则取之。九五听上六之为“后夫”，而不强为联合，以损恩威，故失而无伤于吉。“上使中”者，五虽周遍抚下，而与二相应，因其柔顺得中之德，任之以内比，故群阴有所托，而不以上之逆为忧。

上六，比之无首，凶。

比必有首，而后得所宗主以自立。上六背九五，而欲下比于群阴，为翕翕訿訿之小人，以罔上行私，其凶必矣。

《象》曰：“比之无首”，无所终也。

小人背公营私以树党，乍合而终必离。不但初、二与四之憎恶。即相应如三，既伤以后，亦必惩祸而绝之。显比之王者，虽舍之不治，终必自溃。故舜舍三苗，而三苗终窜。凡不度德相时而好自异者，类如此占。又以示显比者，可静候其自亡也。

☴小畜，乾下巽上

小畜，亨，密云不雨，自我西郊。

“小”谓阴也。以法象言之：天包地外，地在天中，有形有涯，无形无涯，体之大小也。以数言之：阳奇，一而函三，三其三而九，四揲之而三十六；阴偶，缺三之一而为二，三其二而为六，四揲之而为二十四；用之大小也。以时化言之：阳舒而万物盈，阴敛而群动缩，功效之大小也。故阳大而阴小。大畜、大壮、大过皆谓阳，小畜、小过皆谓阴。“畜”，止也，养也，止之所以养之也。用之有馀，则体且忧其不足。乾之健行，乐于施而敏于行，阴间其中以节止之，所以养其有馀也。艮二阴得中而谓之大畜，巽一阴而谓之小畜者，艮体阳而巽体阴也。凡卦一为主，二为从。巽一阴入于二阳之中，阴为主而得位，乾之健行方锐，而一阴以柔道止其健，五、上二阳，皆为阴用，以成巽入之德，故为小畜。"亨"谓阴亨也。柔得位，而上有二阳之助而有力，乾承其下而受其止，故亨。汉光武以柔道治天下，卒能止天下之竞而养以安，用此道也。然其为亨，能止阳而不使过，则抑未足以开物成务而化成天下，故又为"密云不雨，自我西郊"之象。雨之降，皆由地气上升，天气上覆而不得散，乃复下而为雨。此卦阴上跻于乾，阳气盛于下而不得降，但上为二阳所遏，为密云而已。乾位西北，巽位东南，自乾而巽，自西而东，晴雨之征。云自西向东者不雨，以乾阳驱阴也。言"自我"者，乾在内，故内之而称我，正阳之为主也。盖酝酿轻微，方在畜积，非德化大行之征，占者虽有亨道，而未足以行也。

嵩焘案：刚中而志行，乃亨，阳得阴之畜而化成。小畜之亨，阳亨也，阴亨疑误。又案：项氏安世云："凡论卦之全体，皆以主爻为我。蒙以九二为主，彖辞称我者，九二也。小畜以六四为主，彖辞称我者，六四也。观以九五为主，六三所称之我，即九五也。颐以上九为主，初九所称之我，即上九也。小过以六五为我，中孚以九二为我，皆统言一卦之义者也。独鼎二、旅四，以本爻之吉凶而称我，非一卦之事。"项氏此论，极允。然总其要，彖辞称我者，必一卦之主爻，辞称我虽为一卦之主，亦自指本爻而言也。观九五，"观我生"；九三，亦曰"观我生"，爻义各别。颐初九，"观我朵颐"，疑爻之言我者，皆指本爻而言，船山谓朵颐之我指二、上、四爻而言也。

《彖》曰：小畜。柔得位而上下应之曰小畜。

六四既自得位，下以柔道畜阳，而阳不争，上有二阳，厚其力以使能入，故能以小畜大。

健而巽，刚中而志行，乃亨。

乾方健行，而能以巽入止之。九五刚中，以施其富于四，四之志乃得以行，阴之所以亨也。

“密云不雨”，尚往也。“自我西郊”，施未行也。

“尚”，上行也。阳上跻，阴不得降，故为云。随风而东，不雨之象，能止而未足以行也。

《象》曰：风行天上，小畜。君子以懿文德。

“文德”，礼乐之事，“懿”，致饰而尽美也。礼乐自上兴，无所施治于物，而以风动四方；君子以“风行天上”之理自修明于上，而无为之化，不言之教，移风易俗，不待政教而成矣。此卦《大象》与《彖》殊异，故读《易》者不可执《彖》以论《大象》，则不可执《大象》以论《爻》益明矣。

初九，复自道，何其咎，吉。复，芳服反。何，胡可反，亦可如字读，义同。

“何”本负何之何，从人从可，人所可任而载之也。经传或从草，作荷华之荷，传写相承之讹。乾健受畜，而施不得行，非乾志也。初与四应而受其畜，咎将归之。乃初位在潜藏，则不往而来复，以奠其居，养阳道之微，固其道也。复既以道，虽负咎而不恤，惟守道以自安，故吉。

嵩焘案：王氏引之云：“初应四，四，巽初也。巽为入、为伏，所以畜之，入伏则前无所往，惟有来复而已。”道者，路也，谓自中路而复。《易》凡言“出自穴”、“告自邑”、“纳约自牖”、“有陨自天”，皆实指其地，“复自道”义亦然。

《象》曰：“复自道”，其义吉也。

义正，则咎有所不辞。君子秉义不回，以受天下之疑谤，其究也，吉必归之。

九二，牵复，吉。

九二不与四应，非受其畜者，以初九受畜，牵引而退，使安处于中而不进。盖君从臣谏，弟听师裁，而抑志以养德之象。

《象》曰：牵复在中，亦不自失也。

受“牵”而“复”，乃得中位，虽志不克遂，而获所安止，不失刚中之正。

九三，舆说辐，夫妻反目。说，吐活反。

“辐”，毂中植木。“反目”，恶怒而不相视也。九三重刚不中，而为进爻，志在躁进，乃为六四所畜，不能驰驱以逞，为“舆说辐”之象。刚竞不已，怒四之畜己，而不知四以柔道止之者，本以养阳德于有馀，乃躁进而顾与相违，如苻坚之拒张夫人、宸濠之拒娄妃，志终不逞，而徒以自丧也。

《象》曰：“夫妻反目”，不能正室也。

自处不正，安能正室？而更与争，愈趋于乱，明非妻之过，而夫之过也。

六四，有孚，血去，惕出，无咎。去，如字，旧读上声，非是。

“有孚”者，为九五之所信也。阴阳异而言孚者，二阳合而成巽，阳从阴化，故谓之小畜，则阴阳异而孚也。六四专任畜阳之事，而巽入之德，由九五与之相孚洽，不疑其独异于阳而任之，乃能以孤阴止乾之健行，则阳实任己以畜，虽与三相违，有战争之象，而终不与竞，则“血去”矣。“惕出”，惕以出之也。以柔居柔，惟恐与阳不相入，上承九五刚中之德，而兢惕婉慎以出，此畜道之尤善者也。孟子曰“畜君何尤”，“无咎”之谓也。

《象》曰：“有孚惕出”，上合志也。

“上”谓九五。不自专而与阳志合，慎之至也。

九五，有孚挛如，富以其邻。

“挛如”，相结不舍也。“以”犹与也。九五刚中，阳德方富，而与巽为体，下与四孚以辅之，而成畜阳之美，四亦藉之以富，而不忧其孤，四《象》所谓“合志”者是也。阴为卦主，故五降尊而称“邻”。

《象》曰：“有孚挛如”，不独富也。

惟其信任之笃，故四能分有其富，而成畜阳之美。凡以柔止天下之躁动，必上遇刚正之主，而后获于上者乃可治下。抑其用虽柔，亦必有刚正之理在中，而后婉入而不为躁人所轻忽。三虽“反目”，而四终“血去”，岂徒然哉！

上九，既雨既处，尚德载，妇贞厉，月幾望，君子征凶。载，昨再反，读如《诗》“尚输尔载”之“载”。

《彖》言“不雨”者，自全卦之象而言也。上九言“既雨”者，自一爻之动而言也。所动在此，则视其发用之变，而不害其同。《履·六三》言“咥人”，异于《彖》者，亦此义也。馀卦放此。“既雨”者，重刚覆阴于下，且降而为雨，阴道行也。“既处”者，巽道已成，阳不能不止也。“尚”，物所尊也，而有专意。“载”，舟车所积之实也。重刚之积，辅六四以施养于下，有德可恃，则不复虩惕以出，而已志行、物望塞矣。上九虽阳而体巽，其位又阴，故为“妇”、为“月”。柔而积刚，妇正而严厉者也。月全受日之明则“望”，阳其明，阴其魄也。二阳而仅露微阴，乃“月幾望”之象，亦言阴盛也。“君子”，对妇而言，谓丈夫也。巽之畜乾也，始于柔而终于刚。至于上九，阴挟德以高居，则为之君子者，虽欲有所往，而受其制，则必凶矣。母后称制，虽无失德，而非贤士大夫有为之日。陈蕃、司马温公、苏子瞻皆不明于此义，终罹于患。《易》之为戒深矣。以此推之，许衡欲行道于积阴刚驻之日，得免于凶，固无丈夫之气也。

《象》曰：“既雨既处”，德积载也。“君子征凶”，有所疑也。

阴道行而见德，阳受其制，此以养之道止之，所以凶也。知止我者之养我，则不拒违弼，而德以固；知养我者之止我，则不受其羁縻，而志可行。无反目之伤，亦无征凶之虑，阳以交阴，恃此道也。“疑”，阻也。以叶韵求之，或“碍”字之误。

☱☰履，兑下乾上

履虎尾，不咥人，亨。咥，直结反。

"履"，《本义》谓"蹑而进之"，是也。凡卦，皆先举卦名，而后系以象占之辞。此独不殊言履，而连"虎尾"为文。盖专言"履"，不足以尽卦之名义，必言"履虎后"，而后卦象始显也。"同人于野"，"艮其背"，准此。为卦六三以孤阴失位，躁进而上窥乎乾，欲蹑九四，凭陵而进，乾德刚健，非所可蹑，故有此象。"不咥人"者，以全卦言之。兑之德说，既非敢与乾竞，而初、二二阳与乾合德，乾位尊高，其德刚正，不为所惑，则亦不待咥之以立威，而自不能犯。阴可以其说应之，志上通而有亨道也。

《彖》曰：履，柔履刚也。说而应乎乾，是以履虎尾，不咥人，亨。

六三之柔，履乾刚而思干之，犯非其分，本无亨道。唯初、二两阳本秉刚正，与乾道合，三不能独试其险诐，姑以说应，为求进之术，则小人欲效于君子，附贞士以向正，君子亦无深求之意，而不责其躁妄，刑戮不施，且录用之，是以能亨。若自其履刚之逆志而言之，未有能亨者也。

刚中正，履帝位而不疚，光明也。

九五以刚健中正之德，居至尊之位，非三所可凭陵。三虽妄进相干，不足以为其疚病，志量光明，坦然任之，三且技穷思反以应上，而可藉之以亨矣。

《象》曰：上天下泽，履，君子以辨上下，定民志。

“辩”与辨通。《大象》之义，与《彖》全别。旧说据此以释初、上二爻，非是。履本凶危之卦，于德无取，而阴阳既有此数，物理人情即有此道，善学《易》者，舍其本义而旁观取象，以议德行，若履，若剥，若明夷之类是已。风、火皆地类，惟泽最处卑下，与天殊绝，各履其位而不相乱。君子之于民，达志通欲，不如是之间隔，惟正名定分，礼法森立，使民知泽之必不可至于天，上刚严而下柔说，无有异志，斯久安长治之道也。三代之衰，上日降而下日升，诸侯、大夫、陪臣、处士递相陵夷，匹夫起觊觎之思，惟志不定而失其所履，虽欲辨之而不能矣。

初九，素履往，无咎。

“素”，如《中庸》“素其位”之素，如其所当然之谓。初、二非履虎尾者，而与兑为体，志柔思进，则亦有履道焉。初处卑下，而与乾合德，虽志欲往，而不躁不媚，率其素道，故可免咎。

《象》曰：素履之往，独行愿也。

自行其往之愿而已，非与三为党而干阳也。

九二，履道坦坦，幽人贞吉。

“道”谓所履之路。九二刚而得中，与乾合德，进而从阳以行，坦坦乎无所疑阻，乃为六三所蔽而不能自明。盖君子不幸当小人干上之世而处其下，无能自达之象，故曰“幽人”。惟其正志以居，修身守道，与天下之凶危相忘，物自不能加害，不求吉，而守正者自无不吉矣。

嵩焘案：惠氏栋云：“幽人，幽系之人。尸子曰：‘文王幽于羑里。’荀子曰：‘公侯失礼则幽。’”王氏引之云：“《中孚》上巽下兑，《象传》言议狱缓死，是兑有议狱之象。《随》下震上兑，上六言‘拘系之，乃从维之’，是兑有拘系之象。《睽》上离下兑，京房《易传》‘文明上照，幽暗分矣’，陆续注：‘兑处下为积阴暗之象也。’”玩《象传》“中不自乱”，是为处幽而安其常之义。《归妹》上震下兑，九二“利幽人之贞”，《象传》“未变常也”，正与此爻同义。《正韵》“幽，囚也”，《太史公自序》“幽于缧绁”，杨恽《报孙会宗书》“身幽北阙”，汉儒训诂盖如此。

《象》曰：“幽人贞吉”，中不自乱也。

刚而能中，于道无失，可以坦坦于履，而不为三所乱矣。夫外物之蔽，岂能乱幽人哉？人自乱耳。以曹操之猜雄，而徐庶可行其志，贞胜故也。

六三，眇能视，跛能履。履虎尾，咥人凶。武人为于大君。

“能”，自谓能也，以一爻之动言之。柔失位而居进爻，又躁妄以上干乎阳，乾道方盛，非所能犯，还以自伤，故“咥人”而“凶”。阴之情柔而性惨，故为“武人”。“为”谓图谋而逞其妄作，若苏峻、祖约、苗传、刘正彦是已。既言凶，而又言“武人为于大君”者，见三虽终自败亡，而志怀叵测，无忌惮而鼓乱，固君子所宜早戒也。不为小人谋，故终戒君子。

嵩焘案：顾亭林云“‘为’如‘予欲宣力四方，汝为之’，为言武人效力于其君也。“六三，才弱志刚，虽欲有为而不克济”，以阴象武人；“惟武人效力于君，济则君之灵，不济则继以死”，庶为得之。故既言凶，又于爻中别出一义，夫子以“志刚”释之，岂若苏峻诸人之为凶悖者乎？

《象》曰："眇能视"，不足以有明也。"跛能履"，不足以与行也。咥人之凶，位不当也。"武人为于大君"，志刚也。

"不足以明、行"者，自恃其能，不可教诲也。"位不当"，明惟此一爻动则凶，非全卦之德。"志刚"者，志欲干阳，貌虽容说，而心怀陵犯，当早辨之，勿以其小明可取而与之行也。

九四，履虎尾愬愬，终吉。愬，山革反。

四体乾刚而居后，"虎尾"也。与三相次，三欲进干乎五，则迫蹑于己，有妄人不揣而见凌之象。"愬愬"，慎也。四虽虎，而以刚居柔，反仁反礼，慎静而不与较，故终不相咥而吉。

《象》曰："愬愬终吉"，志行也。

不与之较，自行其志，而孰能犯之。

九五，夬履，贞厉。

"履"，柔履刚。"夬"，刚决柔也。兑乘权则为履，乾乘权则为夬。乾阳居位，得中以临兑，以夬道应履者也。"厉"之为训，有以危而言者，"厉无咎"之类是也；有以严威为言者，"妇贞厉"之类是也。此言"贞厉"，谓其秉正而有威也。九五"刚中正"以"履帝位"，健而能断，难说而不可犯，六三虽欲履之而进，惮其威而自诎，所谓"光明而不疚"也。

《象》曰："夬履贞厉"，位正当也。

阳刚得中正之位，秉正而以威严治志刚者之妄，不待咥而自亨矣。

上九，视履考祥，其旋元吉。

“视履”，视三之履也。“旋”，反也。上九居高临下，与三相应，三方欲履上而干之，而平情顺受，俯视而见其情，不急加谴，但反求诸己，审所以消弭之道而化灾为祥，则三亦消沮旋退，以说应而不敢生凭陵之心，善以长人，吉莫大焉。

《象》曰：元吉在上，大有庆也。

三本为眚于刚，而临之有道，则无事唖之，而彼此俱亨，两受其福矣。

☷☰泰，乾下坤上

泰。小往大来，吉亨。

“泰”，大也、安也；施化盛大而相得以安也。天上地下，一定之位，而此相易以成乎泰，言其气也。卦因乎数，数自下积，故上为“往”；既成乎象，象自上垂，故下为“来”也。居之安为“吉”；行之通为“亨”。二气交通，情宁不失，故吉；由是而施化于万物，则亨。其义《彖传》备矣。

《彖》曰：“泰小往大来吉亨”，则是天地交而万物通也，上下交而其志同也。内阳而外阴，内健而外顺，内君子而外小人，君子道长，小人道消也。长，知两反。

往来之义有二。自其互相酬酢者言之，则此往而彼来，阴阳易位以相应，为天气下施，地气上应，君民志感之象，亨之道也。天以清刚之气，为生物之神，而妙其变化，下入地中，以鼓动地之形质上蒸，而品物流形，无不畅遂；若否则神气不流行于形质，而质且槁。君以其心下体愚贱之情，而奠其日用饮食之质，民且上体君心，而与同忧乐；若否则各据其是以相非，貌虽应而情相离。合天化人情而言，泰之所以施化盛大而亨者见矣。自其所处之时位言之，往者逝于外而且消，来者归于内而且长，为阴阳健顺、君子小人各得其所之象，吉之道也。内阳外阴，如春气动于内，虽有寒气在上，而生物之功必成；若否外阳内阴，则如秋日虽炎，而肃杀暗行于物内。内健外顺，志秉刚正，有为而和顺于物；若否则色厉内荏，而戕物以从欲。内君子而外小人，君子坐而论道，而小人器使；若否则疏远君子，而以小人为腹心。内之则道行而贤者汇进，善日以长；外之则谗贼不行而枉者化直，恶日以消。否皆反此。合天道人事而言，泰之所以各安所得而吉者见矣。乃合而言之，惟阴阳邪正各得其所，故上欲下交，而无挠沮之者；下欲上交，而无抑遏之者。安于吉而后可亨，故《彖》先言吉而后言亨也。《彖传》于此二卦，畅言天地万物消长通塞之机，在往来之际，所以示古今治乱道术邪正之大经，而戒人主之亲贤远奸，君子之持己以中、待物以和，至为深切。学《易》者当于此而审得失存亡之幾，不可或忽。乃先儒谓《易》但为筮利害而作，非学者之先务，何其与圣人之情相违也！

《象》曰：天地交，泰。后以财成天地之道，辅相天地之宜，以左右民。财与裁通。左、右，皆去声。

“裁成”地者，天也。“辅相”天者，地也。天道下济，以用地之实，而成之以道。地气上升，以效用于天，而辅其所宜。“后”则兼言裁、辅者：于天亦有所裁，而酌其阴阳之和；于地亦有所辅，而善其柔刚之用；教养斯民，佐其德而佑之以利，参而赞之，函三于一，所以立人极也。泰，君道也，非在下者所得用，故专言“后”。非王者而用泰，德位不足以配天地，而谓造化在我，为妄而已。孔子作《春秋》，行天子之事，且曰“罪我者其惟《春秋》乎”，下此者何易言也！

初九，拔茅茹，以其汇句，征吉。茹，音如。

“茹”，茹藘也。“汇”，根科也。茅与茹藘，茎皆坚韧，拔之不绝，而根科相缀。泰三阳聚于下，蟠固不解，而初九居地位之下，汇之象也。阳方兴而尚潜，未有应四之情，乃二、三两阳方升，拔之而与俱升，不得终于退藏，而必往交。时宜往而又有汲引之者，故吉。

嵩焘案：郑元云：“汇，类也；茹，牵引也。茅喻人君有洁白之德，臣下引其类而仕之。”盖以“拔茅”断句，“茹以其汇”断句。荀爽云：“拔茅茹，取其相连。”虞翻云：“茹，茅根。”王弼云：“茅之为物，拔其根而牵引。茹，相牵引之貌也。”皆以“拔茅茹”断句。玩《象传》于《泰》曰“拔茅，征吉”，于《否》曰“拔茅贞吉”，似郑读为合。郭璞《洞林》以六字为句，船山用其说。

《象》曰：“拔茅”“征吉”，志在外也。

“外”谓四也。时在必交，岂徒有拔之者不容不往，固宜变其潜藏之志，以出应其正应。

九二，包荒，用冯河，不遐遗，朋亡，得尚于中行。

“荒”犹荒服之荒，远处于外而不受治之象，谓六五也。阴宜居下，而反居五，据位自远于君子；九二以中道包容而应之，非勇于自任者不能，故为“冯河”。六五虽有遐心，弗遗弃也。“朋”

谓初、三二阳。三阳方相与为类，以居内用事，二不坚于立党，远收六五之用，乃不偏倚而尚于中道矣。言“尚”者，道大则合于君德，二虽在下，而实君也。盖内君子外小人者，用舍之大经也。而君子得朋相尚，过于远小人，不能随材器使，则有怙党交争之害，故虽外之，而未尝不授之以位、达之以情，坦然大公，人皆自得，乃为交泰之盛。李膺、杜密不亡其朋，使邪党得乘之以相倾，习尚相沿，延及唐、宋，近逮启、祯之际，党祸烈而国随以亡，大《易》之垂训烈矣哉！

《象》曰：“包荒”，“得尚于中行”，以光大也。

以刚居中，志既光大，则包荒复何所嫌？不宜复结朋以自矜矣。

九三，无平不陂，无往不复，艰贞无咎。勿恤其孚，于食有福。

“平”谓阳道坦易也。“陂”谓阴道倾险也。三阳居内而盛，阴且必生；三阴居外，成乎既往，而循环于向背之际，且自下起，故平之必陂，往之必复，自然之理势也。九三阳得位，本无有咎，而重刚过中，处盛以拒阴，有咎道焉。惟能虑陂与复，艰难守正，则免于咎。“孚”谓九二以刚与三道合而相信也。然二非树三为党者，三若怀念不舍，固相结以摈阴，则内外离析，而泰交不成。惟忘私以怀远，而应乎上，则与九二“朋亡”之义合矣。阳主治，阴主养，故曰“食”。无野人莫养君子，不摈阴而善成之，则宣力报效，受其福矣。

嵩焘案：郑司农注《周礼·地官》“不恤之刑”，恤谓相忧也。《说文》“恤，忧也，收也”。天地之际，忧危之府也，故艰贞。又当诏以勿恃初二之孚以固相保，乃以治阴而受阴之养，与艰贞又别一义。《易》爻先言“无咎”、“吉凶”，而又别出一义，多类此。

《象》曰：“无平不陂”，天地际也。“无平不陂”，从李氏《集解》本。

此通释全爻之辞；独挈首句者，略文。离乎地即天也。其际至密无间，而清浊殊绝，不相淆杂。九三与六四密迩，而阴阳两判，正当其际。昧者恃其清刚，谓可永固，则往者必复，还以自倾。三进上行，四退下就，交泰而后可以消险阻。艰贞者惟此之为恤，而非孚是恤，则福归之矣。内阳外阴，为时已泰，而保泰之道，惟在廓然大公，怀远招携，勿恃贤以绝物，如天地之相融浃，而不损其清宁。故内卦三阳，皆以外应为吉。君子体小人之嗜欲而以道裕之，乃上下合同，而终不至于否。若否则小人欲合于君子而非其诚，故愈相应而愈相睽，君子所宜峻拒，时异而道不同也。

六四，翩翩，不富以其邻，不戒以孚。

“翩翩”，飞而欲去之象。阳大阴小，小者不富也。六四一阴初兴而当位，未至于贫，惟与五、上为邻，故成乎“不富”。四处退爻，与阳密迩，翩翩非其本志，其下应初九，不待戒而自孚。言“孚”者，三阴皆下应，无异志也。

《象》曰：“翩翩”“不富”，皆失实也。“不戒以孚”，中心愿也。

“皆”者，统三阳而言之。阳实阴虚，失实故不富。“中心愿”

者，虽往而非其志，志在从阳。

六五，帝乙归妹，以祉元吉。

商天子以“乙”为号者非一，此言帝乙，未详何帝。“归妹”与“女归”异。女归者，归嫁于夫家，正也。归妹者，夫就妇而归之，如后世之赘婿，变也。昏礼大定于周。商世盖有男归于女，虽天子或然，故《经》两言“帝乙”。男在外，女在内，正也。阳居二，阴居五，男屈从女，而女为主于上，有“归妹”之象焉。而帝乙所归之妇，柔顺中正，不骄其君子以宜家，终膺福祉，变而不失其正也。六五阴阳易位，以柔居中，应九二得中之刚，合于帝乙之吉。

《象》曰：“以祉元吉”，中以行愿也。

二、五皆得中，故可行其愿，而不忧失正。君求士，士不求君，然道合则士就君而非屈，亦此义也。

上六，城复于隍，勿用师，自邑告命，贞吝。复，方服反。

“隍”，城下之沟无水者，城倾，则土复归于隍。上六阴处高危，其势必倾。阴阳之位十有二，向背幽明，各居其半，而循环以发见。阴倾而入，势将复从下起。三阳积下，迫阴于外，至于上六，已太荒远，无可复安，将激去而往者，又且必复，此小人被疾已甚，势且复兴之象。《易》不为小人谋，故不为阴幸而但为阳戒，言阴之将复，不可与争，但当告戒邑人，内备必至之患。然激成之势，已不可挽，虽告命得贞，而亦吝矣。占此爻者，时势如此，于爻外见意。九三艰贞乃吉，正谓此也。

嵩焘案：此与夬“告自邑，不利即戎”同义，夫子释之曰

“所尚乃穷也”。上、六势位已穷，告命仅及其邑，而泰之机消矣。《象传》“其命乱也”，即“告命”之“命”。

《象》曰：“城复于隍”，其命乱也。

疾之已甚，使居荒远倾危之地，虽自警戒，固非制治之早图。

䷋否，坤下乾上

否之匪人，不利君子贞，大往小来。否，备鄙反。

“否”，塞也。“否之匪人”者，天高地下，分位本定，而邪人据地之利，尸人之功，以绝于天，小人内而后君子外，非君子之亢而不可与亲，否之者乃匪人也。君子秉刚居外，本无不正，抑何不利？小人否之，则其不利必矣。不利于君子贞，非利于小人之不贞．亦非君子可不正而利。阴据要津，君子无所往而得利，贞且不利，况可不贞乎？然君子虽不利，而固保其贞也。此言“利”者，与害相对之辞。“大往小来”，各归其位，所以否也。

《彖》曰：“否之匪人，不利君子贞，大往小来”，则是天地不交而万物不通也，上下不交而天下无邦也。内阴而外阳，内柔而外刚，内小人而外君子，小人道长、君子道消也。长，上声。

匪人乘权，而君臣义绝。贤奸倒置，圣人之所无可如何者。故二卦反复申明，而见治乱之相反，存乎人者如此其甚也。

《象》曰：天地不交，否，君子以俭德辟难，不可荣以禄。辟、难，皆去声。

否塞而不通，君子有德以通天下之志，无所用之。惟世之方乱，难将及己，则乡邻之斗，闭户可也。天下溺而不援，德且不欲其丰，而况禄乎！德见，则禄且及之矣。百里奚不谏虞公，孟子不复发棠，用否之道，以应否之势，不嫌绝物矣。

初六，拔茅茹，以其汇，贞吉亨。

三阴连类相挟以据内，亦有“拔茅茹以其汇”之象，而汇则别矣。初六以柔居下，不党同伐异，而思上应乎阳，故贞而得吉。其吉也，以有亨通之理而吉也。

《象》曰：拔茅贞吉，志在君也。

在上者为之君也。

六二，包承，小人吉，大人否亨。否，如字，方九反。

“包承”，与九五相应而承之也。“大人”，非必如乾之“大人”；对小人而言，刚正之君子也。“否”，不然之辞。小人得位行志，而能承顺乎阳而应之，吉矣。乃大人已远出乎外，不以小人之顺己而变其塞，固不以为亨也。否下三阴与上不交，而皆以应言之，盖圣人赞《易》扶阳抑阴之义，而不欲阴之怙恶以自绝，其旨深矣。

嵩焘案：小人能承顺乎君子，亦可以吉。而当否之时，大人惟自安于否，而道乃亨。申屠蟠征而不至，岂与夫小人为群者哉？此大人即九五休否之大人。

《象》曰：“大人否亨”，不乱群也。

阳与阳为群。狐赤乌黑，则君子“携手同行”，岂以小人之包承，而与君子异趋乎？泰阳居内，则以“朋亡”勿恤为吉；君子得志，不宜绝人已甚。否阳居外，则以不乱群而无取乎亨；君子失志，必不枉道从彼；而求同志以卫道，惟其时而已。

六三，包羞。

以柔居刚，而为进爻，以迩阳而求合，盖小人挟势，以媚君子者骄君子，如王驩之于孟子是已。不言其凶，《易》不为小人谋。言其可羞，示君子贱恶之。

《象》曰："包羞"，位不当也。

三非柔所当处之位，虽上承乎刚，而君子但见其可羞恶；求合之情，不足恤也。

九四，有命无咎，畴离祉。

"畴"与俦通；所相应而为伍者，谓初也。"离"，丽也。九四与阴相际，而以刚居柔，处退爻而道下行，以应初六，君子而就小人，疑有咎矣。乃上承九五，则怀柔之命出自上而非己之私；欲拔初六于汇中而消其否，初六亦资其诱掖，进而丽吉亨之祉矣。盖初虽与阴为汇，而自安卑下，其志能贞，非若二、三之骄佞，则四固不以峻拒为道，而五且任之以下济。当小人乘权之势，初进之士，不能自拔，而迹与同昏，拒之则终陷于恶，引之则可使为善。处承宣之位者，不得严立清浊之辨而锢其向化之情，所以收揽人才，使阳得与而阴自孤。此君子体国用人，道之当然也。范孟博惟不知此，以掾吏而操郡守之权，不请命而行其严厉，不能曲谅人情，以挽回匡救，激成党锢之祸，两败俱伤，而国随之，岂非炯鉴哉！

嵩焘案：畴，当指五，上二阳四居大臣之位。命，爵命也。

泰四、五两爻以应下为义，否而应下，是乱群矣。群阴汇进而九四犹受爵命，使诸阳有所倚恃，以成倾否之喜，狄梁公以之。

《象》曰："有命无咎"，志行也。

承上以接下，初六"在君"之志得以上通四，乃上下交绥而无所疑沮也。

九五，休否，大人吉。其亡其亡，系于苞桑。系，古诣反。[①]

"休"，安处也。木丛生曰"苞"。桑根入土深固，丛生则愈固矣。九五阳刚中正，道隆位定，安处不挠，而又得四、上二阳以夹辅之，故时虽否而安处自如，大人静镇以消世运之险阻，吉道也。三阴据内以相迫，虽居尊位，权势不归，危疑交起，有"其亡其亡"之象焉；而正己择交、不改其常度。周公居东，止流言之祸而靖国家，用此道也。朱子为韩侂胄所锢，祸将不测，而静处讲学，终免于患。大人虽否，而亦何不吉之有！

《象》曰：大人之吉，位正当也。

有其德，居其位，孰能亡之哉！

上九，倾否，先否后喜。

上九远处事外，与阴绝无干涉，而九五立本已固，需时已审，则上九可行其攻击之威。三阴否隔，已肆行而无馀力，六三之羞，人知贱恶，乘高而下，倾之易矣。否者倾而人心悦矣。

①此下至卷一末有缺页，据岳麓书社本《周易内传》补之。

《象》曰：否终则倾，何可长也！

“何可长”，言不可长也。小人之伎俩已毕尽无馀，天下皆憎恶之，乘时而倾之，当奋刚断，无使滋蔓也。

周易内传笺卷二

䷌同人　离下乾上

同人于野，亨。利涉大川，利君子贞。

“同人”者，同于人而人乐与之同也。刚者，柔之所依，一阴固愿同于众阳；柔者，刚之所安，众阳亦欲同于一阴。凡卦之体，以少者为主。二者，同人之主也。柔而得应，无离群孤立之心，而少者，物之所贵而求者也，则五阳争欲同之矣。“于野”者，讫乎疏远，迨乎邱民，皆欲同之之谓。为众所欲同，其行必“亨”。柔非济险之道，而得刚健者乐与同心，则二之柔既足以明照安危之数，而阳刚赞①之以“涉大川”，必利矣。“利君子贞”者，柔居中而得位，故与物同，而无容悦诡随之失。凡应事接物者，不正而利，其邪弥甚。故《易》无有言利不贞者。君子之贞，无所不利，而此独言“利君子贞”者，以同非君子之道，则其利似非君子之贞。然“吾非斯人之徒与而谁与”，义不可得而异，惟大同斯利矣。君子之利，合义而利物也，非苟悦物情而所欲必得之谓也。

《彖》曰：同人，柔。得位、得中而应乎乾，曰：同人。

具此三德，故人乐得而同之。二正应在五，不言应刚而言乾

---

①赞：守遗经书屋本、金陵本同，岳麓书社本作“资”。

者，人之志欲不齐，而皆欲同之，则为众皆悦之乡原矣。惟不同乎其情之所应，而同乎纯刚无私之龙德，以理与物相顺，得人心之同然而合乎天理，斯为大同之德，而非苟同也。

同人曰："同人于野。亨。"

《本义》曰："'同人曰'三字，衍文。"按："于野"之义未释，盖有脱误。

"利涉大川"，乾行也。

应乎乾而乾同之，刚健以济柔，故无险不可涉。

文明以健，中正而应，君子贞[①]也。惟君子为能通天下之志。

"文明"非暗私之好，刚健非柔佞之交。君子之同，同于道也。同于道，则"能通天下之志"，而天下同之。小人之所以同天下者，苟以从人之欲，而利于此者伤于彼，合于前者离于后，自以为利而非利也。

《象》曰：天与火，同人。君子以类族辨物。

火在天中，以至虚含大明，明不外发，而昭彻于中。人之贵贱、亲疏、贤愚，物之美恶、顺逆、取舍，无不分以其类而辨其情理，则于天下无不可受，而无容异矣。大[②]明函于内，而兼容并包，以使各得明发于外，宪天敷治，而赏善惩恶，以统群有。存

---

①贞：守遗经书屋本为"正"。

②大：船山五世孙嘉恺抄本为"火"，岳麓书社本后从守遗经书屋本、金陵本改成"大"。

发之道异，上下之用殊，同人、大有，君子并行而不悖也。

初九，同人于门，无咎。

初居退藏之地，而以刚处之，动而不括，以上承六二，故一出门而即得其友。不自安于卑陋，以求合于贤而相丽为明，虽交未及远，亦“无咎”也。

《象》曰：出门同人，又谁咎也！

卦自下生，故向上为“出”。“谁咎”，诘咎之者之辞。离群索居，则虽有高贤，觌面而失之。君子友天下之善士，而鄙夫日嗫嚅[①]于户庭妇子之间，谓可以避咎，复[②]以出门之交讥其不谨，愚矣哉！

六二，同人于宗，吝。

以全卦言之，众阳相协以求同于二，故曰“于野”。以六二之动言之，则二往同于人，而丽于二阳之间，交不能远，故为“于宗”。“同人”云者，遇物而即相合之谓。二近初、三，即同之，虽有正应，不能待也，其志褊矣。是以九五号咷而兴师。

《象》曰：“同人于宗”，吝道也。

君子之交，近不必比，远不必乖。是以尧亲九族，而必明俊德，施及于百姓黎民；周道亲亲，而宾三恪，怀万邦。君子友天下之善士，以为未足，考三王、俟后圣而求一揆。若规规然就所

①嗫嚅：岳麓书社本作“嚅嗫”。
②复：金陵本同，岳麓书社本与守遗经书屋本均为“覆”。按，“复”通“覆”。

亲近者而与同，虽得其善者，亦一乡之善士而已，自困而何能行远乎？

九三，伏戎于莽，升其高陵，三岁不兴。

六二一阴得位，众阳皆欲与之同，不能遍与相应，则争必起，三、四、五所以皆有用兵之象。三密迩于二，以相丽为明，固欲私二以为己党，而忌五之为正应。五位尊谊正，不可明与之争，故"伏戎于莽"，待五之来合而邀击之。"升其高陵"，谓五也。托处尊高，灼见其情形，而三之伏戎无所施，至于"三岁不兴"，而必溃矣，五之所以大师能克也。窦融之在河西，既归心汉室，而隗嚣中梗，欲连合以拒汉，光武洞照其奸，明以诏融，河西之人谓天子明见万里，卒归汉，而嚣计遂穷，盖类于此。

嵩焘案：刘子珪云："三居下体之上，故谓之陵；有凭上之志，故谓之升。"项平甫云："'伏戎于莽'，处下卦也；'升其高陵'，望上卦也。"来矣鲜云："对五而言，三在四下[1]，故曰'伏'。对二而言，三在二上，故曰'升'。三与五隔三爻，故曰'三岁'。"以"升其高陵"属之五，于文义未惬。

《象》曰："伏戎于莽"，敌刚也。"三岁不兴"，安行也。

"敌刚"谓五以刚健居中，不能显与相敌，故伏戎以徼幸。"安行"谓五既升陵，下望知其伏，而伏不得兴，则安驱而下与二合，无所阻也。凡《爻辞》[2]有此爻而发彼爻之义者，彼爻为卦

---

①三在四下：此为郭嵩焘引何楷《古周易订诂》之语，恐误。按，来知德《周易集注》当为"三在五下"。

②凡《爻辞》后，岳麓书社本多一个"皆"字，守遗经书屋本、金陵本无"皆"字。

主，而此爻乃其所际之时，所遇之事也。《易》为君子谋，不为小人谋。“伏戎于莽”之奸，其吉凶不足道，神所不告，惟明示九五之用“大师”，使知其无能为，而进克不疑。

嵩焘案：三比二，志在同人。“敌刚”者，与五两刚相敌也。而五之刚中，终非所敢犯以安于其分。三曰“安行”，四曰“反则”，不能夺五之正应也。或以二“安行”与五遇，或以五“安行”与二合。二既为“吝”，五方用师，亦岂得为安行哉！

九四，乘其墉，弗克攻，吉。

四居二、五之间，而与内卦相近，退而就下，故亦有争，同于二之情焉。“乘其墉”者，将逾三而取二也。乃以刚居柔，三方伏戎以待，则见不可攻而退，以承乎五，故吉。

嵩焘案：何楷以“离中虚，外周象墉。九三为六二之墉，‘其’指二，‘墉’指三。四在三上，‘乘其墉’也。”夫子释之曰：“义弗克”，义即则也。三、四皆与五争，四以阳居柔愈于九三之重刚，非畏三之“伏戎”，见为不可攻而退也。

《象》曰：“乘其墉”，义弗克也，其吉，则困而反则也。

二非己正应，义所不得而有。始于忮求，而终于安分，既过能改之象。

九五，同人先号咷而后笑，大师克相遇。号，平声。①

九五于二，以刚之有馀，济柔之不足，不特自得所应，且以引二于众阳之中，而使合于中正。三、四既争，二且有“于宗”

---

①号，平声：岳麓书社本作“号，□□反”。

之吝，义激所感，不能不“号咷”焉。而中正道合，三奸既露，四敛而退，疑释而相得以喜矣。拔孤阴于群争之地，非大用师不能克。五惟刚中，故能胜其任而定于一。

《象》曰：同人之先，以中直也。大师相遇，言相克也。

二、五皆中，道宜相应，理直气激，不容已于号咷矣。“相克”者，非惩伏莽之戎，则不得遇。故曹、卫折而晋、宋始合，隗嚣破而窦融始归。士苟欲亲君子，必峻拒小人，皆此义也。

上九，同人于郊，无悔。

上远于二，二已应五，其与二同者，浮慕其名，泊然相遭于逆旅而已，本无求同之志，故失亦无悔。

《象》曰：“同人于郊”，志未得也。

志未相得，人同而已亦同，自谓不争，而亦乌足为有无哉！

☲大有　乾下离上

大有[①]，元亨。

大有者，能有众大，大谓阳也。六五以柔居尊，统群阳而为之主，其所有者皆大，则亦大哉其有矣。“元亨”者，始而亨也。群阳环聚，非易屈为己有，而虚中柔顺以怀集之，则疑沮[②]皆消，而无不通矣。此象创业之始，以柔道通天下之志，而群贤来归，

①大有：嘉恺抄本无“有”字，岳麓书社本据守遗经书屋本、金陵本补。
②沮：岳麓书社本作“阻”。

速于影响，始事之亨也。众刚效美于一人，乾道大行，故有乾元亨之德。而不言利贞者，无刚断以居中，未能尽合于义，能有众善而不能为众善之所有，则不足以利物；柔可以顺物情，而不能持天下之变，汎应群有，未易[1]所从，则其正不固也。

此卦之德，王者以之屈群雄，绥多士，致万方之归已[2]，而既有之后，宰制震叠、移风易俗之事未遑及焉；君子以之孙志虚衷，多闻识以广德，而既有之馀，闲邪存诚，复礼执中之功犹有待焉。盖下学之初幾，兴王之始事也。是以六五虽受天祐而致“易而无备”之戒焉。其辞略者，《系辞》所谓“辞有险易”，卦体简而易见，约举其占，而使人自求之也。

《彖》曰：大有，柔得尊位。大中而上下应之，曰大有。

居阳之中曰“大中”。位尊，故上下皆应。

其德刚健而文明，应乎天而时行，是以元亨。

离谓之“文明”者，阴阳相错之谓文。阴，质也；阳，文也。离阴中而阳外，其文外著，火日外景其象也。以文明之德，应天之刚健，时可行则行，而行皆亨矣，阳皆为之用也。

《象》曰：火在天上，大有。君子以遏恶扬善，顺天休命。

“遏”之、“扬”之者，乾道之健也。因天之所予而扬之，因天之所夺而遏之，离明之昭晰也。天者，理而已矣。顺理，而善恶自辨矣。火炎上，附天而明。天左旋，日右转而随天以升降；

---

①易：岳麓书社本作“一”。

②已：当依岳麓书社本作“己”。

顺天而行，则明照于下，故遏扬之顺理象焉。赏罚黜陟，王者之事，而言“君子”者，若孔子作《春秋》，行天命天讨之事，非必有位也。君子成人之美，不成人之恶，亦此道尔。

初九，无交害，匪咎？艰则无咎。

“害”谓违众背明，相悖而害也。“匪咎”，诘辞，犹言“岂非咎乎”？六五大明在上，虚中以统群有，众刚受命以定交，初独远处，置身深隐之地，刚傲而不上交。六五虚中延访，非有失贤之咎[①]，则非初九之咎而谁咎乎？必若伯夷、叔齐之绝周，悲歌饿困，备尝艰苦而不恤，然后可以免咎。若严光、周党傲岸自得，非艰难之时，无艰难之心，咎其免乎？

《象》曰：大有初九，无交害也。

当大有之世，而居疏远自绝之地，则害君臣之义。

九二，大车以载，有攸往，无咎。

九二刚而居中，为群阳之所附托，皆惟其载之而行。才富望隆，归之者众，有与五分权之象，疑有咎矣。然上应六五，不居之以为己有，而往以输之于五，则迹虽专而行顺，不得以逼上擅权，辇众归己而咎之。

《象》曰：“大车以载”，积中不败也。

诚信之输于五者积于中，则持盈而物莫能伤。后世惟诸葛武侯望重道隆，而集思广益，以事冲主，能有此德。

---

①咎：嘉恺抄本为“诏”，岳麓书社本从守遗经书屋本、金陵本改为“咎”。

九三，公用亨于天子，小人弗克。亨，许两反。

“亨”，《本义》依《春秋传》作“享”。古“亨通”、“献享”、“烹饪”三字通用，是也。九三居内卦之上，为三阳之统率，而三为进爻，率所有之大以进于上，公领其方之小侯，修贡篚以献天子之象也。乾健而阳富，席盛满之势，以上奉柔弱之主，自非恪守侯度之君子，必且专私自植。故言“小人弗克”，以戒五之慎于任人。

《象》曰：“公用亨于天子”，小人害也。

小人处此则尾大不掉，天子诸侯交受其害矣。

九四，匪其彭，无咎。

“彭”，许慎说“鼓声也”。鼓声所以集众而进之。四阳连类，四居其上而与内卦相接，疑于众将归己。乃其引群阳而升者，将与之进奉九五而使之富，非号召众刚使戴己也，故虽不当位而无咎。

《象》曰：“匪其彭无咎”，明辨晢也。晢，之舌反，从折，与曾皙之皙异。

“晢”，明也。居疑贰之地，必别嫌明微，以昭君臣之定分，而后可无咎。九四与离为体，故无冒昧之过。

六五，厥孚交如句**，威如吉。**

“厥孚”，阳自相孚也，故曰“厥”。“交如”，交于五也。五虚中而明于任使，其俯有群阳也，以循物无违之道，行其坦易无疑之心，众皆愿为其所有，群阳相争以上交，道极盛矣。而又戒以“威如”则吉者，五本有德威存焉，但众刚难驭，虽大公无猜，而抑必谨上下之分以临之，益之以威，初不损其柔和之量，而无不吉也。

嵩焘案：五六①以柔居尊位，与群阳交孚，疑于鲜威。然为人所归者，威莫隆焉。光武坦然与马援相见，而援属心圣人，以“易而无备”释之，其旨深矣。

《象》曰：“厥孚交如”，信以发志也。“威如”之吉，易而无备也。易，以豉反。

“信”，阴德也，故《易》每于阴言信焉。虚中柔顺，乃能笃信于人而不贰。其于物多疑者，必其有成见以实其中，而刚于自任者也。六五孤阴处尊位，抚有众阳而不猜，其信至矣。“发志”，谓感发众志而使归己。“易”，和易近人。“无备”，不防其僭逼也。创业之始，感人心以和易，而久安长治之道，必建威以消萌，大有之所未逮，故不足于利贞，而又以“威如乃吉”戒之。

上九，自天祐之，吉无不利。

此爻之辞，又别一义例，所以赞六五之德至而受福也。“天”即指上而言。上九在五上，而五能有之，自天祐也，其义《系传》备矣。“吉”，以居言；“无不利”，以行言。

《象》曰：大有上吉，自天祐也。

大有而能有在上之阳，则不特人助之，而天亦祐之矣。

---

①五六：当为笔误，应为“六五”。

䷎谦　艮下坤上

谦。亨，君子有终。[1]

“谦”，古与慊通用，不足之谓也。此卦惟一阳浮寄于众阴之中，而不能如师、比之得中，复之振起；与剥略同，其不足甚矣，特阳未趋于泯丧而止于内耳。以其不足，伏处于三阴之下，安止而顺受之，不为中枵外侈以自剥丧。为能受益而进于善，是以君子有取焉。“亨”之为义，《彖传》备矣。又言“君子有终”者，必君子而后能终其谦也。

道之在天下也，岂有穷哉！以一人之身，藐然孤处于天地万物之中，虽圣人而不能知、不能行者多矣。其在心也，嗜欲攻取，杂进于耳目，以“惟微”之道心与之相感，势不能必其贞胜，皆孤阳介立之象也。君子知此，念道之无穷而知能之有限，故学而知其不足，教而知困，歉然望道而未之见。其于天下也，则匹夫匹妇胜予是惧，而不忍以骄亢伤之。故虽至于圣，且不自圣，以求进德于无已，而虚受万物以广其仁爱，斯则谦而有终矣。若无忌惮之小人，如老聃之教，以私智窥天地鬼神之机，持人情之好恶，欲张固翕，以其至柔驰骋天下之至刚，己愈退则物愈进，待其进之已盈，为物情之所不容，然后起而扑之，无能出其网罗者，以为妙道之归，则始于谦者终于悍，故其流为兵家之阴谋、申韩之惨刻。小人之谦，其终如是，与谦道相反；其亨也，不如其无亨矣。

---

①谦。亨，君子有终：守遗经书屋本、金陵本同，嘉恺抄本为“谦。亨，君子有终，吉”。

五、上二爻，行师侵伐亦谦，必有之变也，故内卦言“君子”，言“贞”，而外卦但言“吉利”。

《彖》曰：谦亨，天道下济而光明，地道卑而上行。

“天道”，九三之阳也。他卦皆以三为进爻，四为退爻，惟谦一阳伏处于三阴之下，豫一阳拔出于三阴之上，因内外而分上下，故谦曰“下济”，豫曰“出地”，因象立义，所谓不可为典要也。“光明”，艮之德也。艮阳在外，光[①]明外见。光者，明之加于物者也。地道之上行，阳降而阴自升，若阳让之使上也[②]。阳知其不足，而犹然下以济阴之乏，其志光明，阴所共白，非小人伪为卑逊以屈天下之阴谋，故“卑而上行”，无所不顺，此其所以亨也。

天道亏盈而益谦，地道变盈而流谦，鬼神害盈而福谦，人道恶盈而好谦。好、恶皆去声。[③]

“亏盈益谦”者，物壮盛则衰槁，稚弱则增长也。“变盈流谦”者，山阜高危，则夷下随流以充溪壑也。天、地、人、神，情理之自然，君子体之以修德，小人测之以徼利，然而其可亨一也。

谦尊而光，卑而不可逾，君子之终也。

“尊而光”，艮德也。以一阳为群阴之主，处内卦之上，止其淫泆，其道尊也。其退伏于三阴之下者，自见不足，而非以媚物，

①光：守遗经书屋本、金陵本均作“光”，嘉恺抄本为“其”。
②若阳让之使上也：岳麓书社本作“若阳让之使然也”。
③好、恶皆去声：岳麓书社本作“好，呼报反。恶，乌路反”。

志可大白于天下，其光也。“卑而不可逾”，坤德也。天尊地卑，坤顺之德固然，而其道上行，顺理以升，山虽高，终在地中，不可逾也。君子以养己之德，而顺天下之情，志正而量宏，斯以谦始而以谦终，非君子不能也。

嵩焘案：“君子有终”，当指九三一爻言。处下卦之上曰“尊”。“光”者，艮阳之外见者也。处上卦之下曰“卑”。“不可逾”者，艮阳在上。居一卦之终不可逾越也，是之谓“君子之终”。玩九三《爻辞》与《卦辞》同，其义自见。

《象》曰：地中有山，谦，君子以裒多益寡，称物平施。称、施皆去声。①

“地中有山”者，谓于地之中而有山也。山者，地之高者，非地之外别有山也。地溥遍乎高下，山亦其所有尔。人见山之馀于地，而不知山外乃地之不足，可增而不可损也。“裒”，聚也。“施”者，惠民之事。地道周行于天以下，时有所施化，多者裒聚之而益多，寡者益之使不乏，固不厚高而薄下，抑不损高以补下，各称其本然而无容私焉。故高者自高，卑者自卑，而要之均平。君子施惠于民，务大德，不市小恩。不知治道者，徇疲惰之贫民，而铲削富民以快其妒忌，酿乱之道也。故救荒者有蠲赈而无可平之粟价；定赋者有宽贷而无可均之徭役。虽有不齐，亦物情之固然也。不然，则为王莽之限田，徒乱而已矣。

初六，谦谦君子，用涉大川，吉。

卦之所以为谦者，以九三一阳处阴下，不自足而能止为义。

①称、施皆去声：嘉恺抄本原空两字未填，为“称，尺证反。施，□□反”。

然阴之数不富，而其德柔，故六爻俱有谦道焉。此爻之又一例也。内卦，体也，谦以修己。外卦，用也，谦以待人。君子之谦，以反己自克而求进于道，非以悦人也。故内卦两言“君子”，而外卦有戒辞焉。“谦谦”者，处不足之地，而持之以歉也。初六当潜藏之位，初学立志之始，知道之广大而知行之不逮，柔辑其心以逊志于道，君子之修也。“用涉大川”而吉者，下学而上达，日见不足则日益，虽以涉浩渺无穷之域，无不吉也。

嵩焘案：《乾》九三重刚，曰“乾乾”；《坎》六三居重险之间，曰“坎坎”；《蹇》以往来为义，六二以阴守蹇，曰“蹇蹇”；《夬》以决上为义，九三应上，九五比上，重致其夬，曰“夬夬”；《谦》初六以阴德居卑位，谦而又谦，故曰“谦谦”。

《象》曰：“谦谦君子”，卑以自牧也。

处位最下，而以柔为道，曰“卑”。“牧”，养也。若牧人之养牛羊，谨司其放佚而慎调其刍秣，积小以成大也。

六二，鸣谦，贞吉。鸣音命。①

“鸣”，鸟相呼告也。九三为谦之主，二近而承之，上六其应；九四为豫之主，初六其应；皆相应求者也，故曰“鸣”。自见不足，呼三而告之，以求益也。二与三同体，三以阳道下济，不吝其劳；二虽求益，而当位得中，受艮之止，则鸣而不失其正。非以贫约屈节而媚，非其类者也，故吉。

《象》曰：“鸣谦贞吉”，中心得也。

①鸣音命：岳麓书社本作“鸣音命，下同”。

"中心"亦志也。"天道下济"，故得益而志遂。

九三，劳谦，君子有终，吉。

"劳谦"者，有勋劳而自居不足也。三以一阳止于其位，群阴方在贫寡，己力任其劳而匡济之，乃退居三阴之下。有劳不伐，君子之所以终其德业也。老氏处錞而不敢为天下先，以避艰难而自居于泰。君子小人义利公私之别，于斯辨矣。

《象》曰："劳谦君子"，万民服也。

"民"谓阴也。劳而能谦，谦而不避其劳，下济而光明，群阴皆顺之，所以有终而吉。

六四，无不利，㧑谦。

内卦谦德已成，至于四则出以接物矣。顺人情之好，避鬼神之害，柔逊退让，无不利矣。然必推广谦道，㧑散而平施之，勿侮鳏寡，勿畏强御。如恃谦为善术而固守之，则为奄然求媚之乡原，逮乎物求无厌。而不容已于侵伐行师，谦不终矣。

《象》曰："无不利㧑谦"，不违则也。

斟酌其可谦而顺施之，则无不利矣，[1] 而尤必㧑谦。君子之谦，非但以求利也，求得其理而平施之也。

---

①斟酌其可谦而顺施之，则无不利矣：守遗经书屋本、金陵本同，岳麓书社本从马宗霍校记之说，即此句当为"斟酌其可谦而顺施之谓，则无不利矣"，认为守、金本脱"谓"字。

六五，不富以其邻，利用侵伐，无不利。

阴本“不富”，然六五居中，有容畜之道，亦足以富；而上六俭吝，成其不足之势，则其为谦为少，皆“邻”使之然也。人情虽恶盈而好谦。而顽民每乘虚以欺其不竞，则欲更与谦退而不得，而侵伐之事起矣。汉文赐吴王以幾杖，而吴卒反，盖类此。以其自居卑约，本无损于物，则用以侵伐，而师直为壮，无不利矣。然而非君子之道也。君子为不可犯，而乃以全天下之顽愚。不善用谦，以致称兵制胜，是鸷鸟之将击而戢翼，猛兽之将攫而卑伏，虽利，而亦险矣哉！

嵩焘案：“邻”当兼指四、上两爻。地道卑而上行，惟其不富，乃正以上行成其谦。“行师”，阴道也。位愈极则谦之用愈宏，以行侵伐可也。

《象》曰：“利用侵伐”，征不服也。

谦而犹不服，则征之必利，吴王所以卒死于汉文之柔。

上六，鸣谦，利用行师，征邑国。

上六虽与三为应，呼告以不足，而天道下济，终不益之。弱而无援，岂必四海之广哉，近而在国之邑，且有欺而叛之者。柔之极，必激而为惨，势且不容已于征伐。屈极必伸，可以得利；乃校之六五，害愈迫而道愈衰矣。

《象》曰：“鸣谦”，志未得也。可用行师，征邑国也。

不能如六二之得志，近者且不服，则惟利于行师，征之而已。

☷☳豫　坤下震上

豫。利建侯行师。

“豫”，大也，快也。一阳奋兴于积阴之上，拔出幽滞之中，其气昌盛而快畅，故为豫；乃静极而动，顺以待时而有功之象。天下既顺，而建诸侯以出治；民情既顺，而讨有罪以兴师；乃王者命讨之大权，非可亵用者也。孤阳居四而失位，然而为豫者，与小畜之阳止不舒，谦之阳伏不显，正相为反。凡此类，以错综之卦互观之，义自见矣。

《彖》曰：豫，刚应而志行。顺以动，豫。

阴阳之爻，致一而动，为群爻之异所待合者，无论其位之应不应，而皆曰“应”。故《同人》、《大有》之阴，《豫》之阳，皆言“应”。“志行”者，出于地上而震动，无能挠之者也。坤在下以立动之基，震在上以致动之用，静函动之理，其动也皆静中之所豫，前定而不穷，内顺乎心而外顺乎物，则己志大行而物皆顺应，此其所以可豫也。

豫顺以动，故天地如之，而况建侯行师乎！天地以顺动，故日月不过而四时不忒。圣人以顺动，则刑罚清而民服。豫之时义大矣哉！

豫一阳而失其位，方静之极而忽动以快其所为，此非常之事。“建侯行师”，王者命讨之大权，所宜慎也，而以快豫行之，疑于不利。故圣人推言所以利之故，而叹其时义之大，非善体者不能用也。审其时，度其义，知豫为天地圣人不测之神化，则不敢轻于用豫，而无“鸣豫”之凶、“盱豫”之悔矣。

方静而忽动，非蹶然而兴也。日月之有昼夜，四时之有寒暑，其变大矣。帝王之用刑罚，其威赫矣。而不过不忒，适如其恒，万民咸服，各满其志者，何也？天地顺其度，圣人顺于理也。其所以顺者，静而不废动之诚，则动可忽生，而不昧其幾也。坤之为德，纯乎虚静。虚者私意不生，静①者私欲不乱；故虚而含实，静而善动之理存焉。虚静以听阳之时起而建功，故一旦奋兴，震惊群昧，人视为不测之恩威，而不知其理已裕于虚静之中，随所行而无不顺也。必若此，而后时不足以限之，位不足以拘之，于心无逆，于人无拂，坦然快适而无所不可，岂静昧其幾，动乘于变，遽思快志者所胜任哉？惟二与四自知之而自行之，非外此者所得与也。圣人耳顺从心，无所不乐，而天下见其非常，此圣而不可知之神所以上合天道也。以是居位行志，立不测之恩威，特其见诸行事之绪馀耳。

豫与复同道，而豫动于上，天道也；复动于下，人道也。以天道治人事，必审其幾，故叹其“时义”之大，以人道合天德，必察其微，故叹其“见天地之心”也。

《象》曰：雷出地奋，豫。先王以作乐崇德，殷荐之上帝，以配祖考。

豫之象为“作乐”者，取雷出地而摇空有声，老氏所谓“乐出虚”也。“殷”，中也；冬至合乐于圜丘，时之中也。“配”，合也；象祖考之德以合漠也。言“先王”者，惟德、位、时三者备而后作乐，不敢亵用之以自逸豫，而祗以大昭天祖之德。豫之不

①静：嘉恺抄本为“动”，岳麓书社本据守遗经书屋本、金陵本改为“静”。

可轻用也如此。宋蔡京为“丰亨豫大”之说惑徽宗。以奢靡而亡，德不崇而妄作，为宋之大晟而已。

初六，鸣豫，凶。

初六与九四相应，故见九四之奋兴而往告以豫。乃柔弱德既不胜，于时方在潜藏，不度时审义，妄欲取悦，志淫而才不堪，故凶。孔甲抱书以干陈涉，非道行之日，妄欲快志，其可得乎？鲁两生之所以终不出也。豫之时义，非凉德所堪，故爻多不吉[①]。

《象》曰：“初六鸣豫”，志穷凶也。

非豫之时，而欲徼人之兴以自快，其志卑陋而穷矣。

六二，介于石，不终日，贞吉。

二为坤主，柔得位而中，顺德之至者也。静正以居而不妄动，“介于石”也。动而无静之体，非善动也。静而无动之体，非善静也。介于石，中立而不倚于物，则至正而万变不出其枢机，善恶之幾不待审而自著，可以不待终日而应之速。故九四之奋兴以快所为，其本在此大正而无不吉也。

《象》曰：“不终日贞吉”，以中正也。

得中则柔而不靡。寂然不动之中，大正存焉，故可感而遂通天下之故。

六三，盱豫，悔，迟有悔。有，与又通。

---

①吉：岳麓书社本据守遗经书本、金陵本改作“吉”，嘉恺抄本为“言”。

“盱”，上视也。九四之动而豫，物情所震，抑物情所喜也。六三与四相近而承之，然异体不易相亲，徒瞻望而觊分其欣畅。四方奋兴，不与为缘，将自悔矣。既悔其躁动以失己，遂退沮迟滞而不相就，又且自绝于大有为之世，无以见功，时过幾失，而复悔之。无定情，则无所往而不悔，不能审幾故也。以柔居刚，躁而不能自立，故其象如此。

《象》曰：盱豫有悔，位不当也。

独释“盱豫”，不及“迟悔”者，始而觊望，终必迟也。柔居进爻以承刚，坤顺之道失，故无往而不悔。

九四，由豫大有得，勿疑，朋盍簪。

“由豫”，由其道而豫也。“盍”，何不也。“簪”，聚也。动于积阴之中，而非其位，若不测之动，而实则由乎天道人情之正，动以大顺，行无不快也。“大有得”者，群阴皆为阳所得也。阳一震起，阴皆效其材，而百昌无不荣。王者奋兴，而百辟皆欣戴之，以之行师，而三军皆踊跃以效命。乃所疑者，阳孤而无同志之朋耳。然阴阳之数各六，具足于两间，阴盛而阳微，阳隐而未见耳。一阳震起，出地而畅遂，群阴皆为所得，则隐而未见之阳，何所沮而不与相应求？王者顺邱民之情，崛起有为，贤者自不期而至。君子逊志于学，一旦豁然，识大识小，皆可为师。太和日流行于天壤，在人之自致，勿忧德之孤也。

《象》曰：“由豫大有得”，志大行也。

四之志，本欲振起群阴而散其郁滞。静极而动，一由乎道，孰能御之？

六五，贞疾，恒不死。

“贞”，常也。四因大顺之理，奋兴于静中，势不可御。五以阴柔处其上，抑之而不能，而又不与之相得以欣畅，幽忧致疾，淹弥岁月，四虽无凌夺之心，可以不死，而生人之气亦微矣。衰周之君，徒延名号；矫廉之士，祇自困穷；皆其象也。

嵩焘案：“贞疾”者，自守其贞操，心也危，虑患也深，“贞疾”之谓也。一阳为豫主，初与应，援而凶，三有所覎觎而悔，五乘其上，有柔主逼于强臣之象，贞而固为疾也。以犹未失乎中位，故可以“不死”。不言凶悔者，周之东迁，晋、郑焉依，时为之也。

《象》曰：“六五贞疾”，乘刚也。“恒不死”，中未亡也。

九四之刚，顺道而有德，岂可乘哉！未亡者，特未亡耳，终亦以此而亡。

上六，冥豫，成有渝，无咎。

上远于四，时方奋起，而阴暗居上，不与俱兴，昧于豫者也。四顺以动，莫之能遏，志行而必成其功。其功既成，上不得不变其情，与之交畅。处卦之终，而其势危，其上更无阏抑之者。非若五之有中位可安，而重阴覆之，徒自苦以终身也。能自渝[1]焉，则无咎矣。

嵩焘案：“冥豫在上”当与“冥升在上”同义。豫而入于昏冥，豫道之穷也。冥升不息，因升以成其志。冥豫有渝，变豫而

---

[1]渝：岳麓书社本同，守遗经书屋本、金陵本俱作“豫”，疑误。

贞其情，豫不可轻用也。四为豫主，初以应而凶，三以比而悔，五以乘而疾。二之介于石，幾之决于先者也。上之有渝，情之变于后者也。故二言而上，“无咎”。无咎者，善补过也。《象传》“何可长也”，亦冥而必变之幾也。船山以为必变而豫，恐失之。

《象》曰：冥豫在上，何可长也？

冥于豫，则违时已甚，虽欲如五之不死而不得，故必渝而后无咎。

䷐随　震下兑上

随。元亨利贞，无咎。

以下从上之谓“随”。此卦震阳生于下，以从二阴，兑阳渐长，而犹从一阴，蹑其后而顺之行故为随。阳虽随阴，而初阳得资始之气，以司帝之出，得乾元亨之德；四、五渐长，阳盛而居中，以大正而利物，得乾利贞之德。如是，则虽顺阴以升，若不能自主，如长男之随少女，而阳刚不损其健行，可以无咎。使非具四德，而系恋乎阴，以丧其刚健中正之实，则周赧、汉献之为君，唐高、宋光之为夫也，其咎大矣。

《彖》曰：随，刚来而下柔。动而说，随。说，弋雪反。

卦以下为方生之爻，故在下曰“来”。此卦自否变，上九之阳，来而居初，以处柔下。“动而说”者，有所行而歆乎物，则刚者不能自主也。此皆随之本有咎者也。

大亨贞无咎，而天下随时。

“天下随时”者，天下已成乎阴上阳下之时，而因时以与之周旋，顺乎时而不失其大正，此惟全体天德，而为圣人不磷不缁之坚白，而后无可无不可；事定、哀之主，从三桓之后，受命相从，而为圣之时，终无咎也。下此者，与时迁流，咎可免乎？《彖》备四德，《传》不言“利”者，体仁合礼而恒于正，则合义而利物。凡《彖传》释利贞，不更言利，皆准此。

随时之义大矣哉！

卦下一阳本自《否》变，乃“倾否”之卦。乾德屈而下，拨乱反正，惟圣人顺天道以行大用，然后可以随时，故叹其时义之大，非可轻用，以枉道从人。近世无忌惮之小人以谯周、冯道随时取容当之，则廉耻丧，而为世患深矣。

《象》曰：泽中有雷，随。君子以向晦入宴息。

雷在泽中，动而入于深隐之地，长从少，男从女，阳从阴，君子无所用之，惟因昼夜动静之恒，入而宴处以息动。以动从说，顺人之情；一张一弛，文武之道也。随，弛道也；君子因其时而后弛。不然，然则朽木粪土之墙而已矣。

嵩焘案：《大象》专就两卦取义。“雷”者，动物。雷在地中则蛰，故于复言“闭关”。“泽中有雷”，亦蛰义也，故于随言“宴息”。震，朝气；兑，暮气。由朝向暮，亦随时之义也。

初九，官有渝，贞吉，出门交有功。

“官”，在上临下之称。上爻居高，而非君位，故曰官。此以卦变而言。《否》上之阳变为阴，而阳来居初，《否》上九之所谓“倾否”也。变而得正，以交于阴，故吉。否则上下不交。阳既居下，出而随当位得中之阴，“倾否”之功大矣。二在地上，而为人所由，故节二与此皆曰“门”。阴虚受阳之出，故曰“出门”。

《象》曰：“官有渝”，从正吉也。“出门交有功”，不失也。

从二则阳下济，而阴保其中正。阳得位，故虽从阴而不自失。

六二，系小子，失丈夫。

卦以阳虽阴为义。然倡者在前，则和者踵之，随者相逐，则在后者又进而随之。故爻之相次者，皆为相随。二之阴随阴，四之阳随阳，皆随也。阴小阳大，系恋而相属也。二随三，而失初九之交，不言咎吝而自见。

《象》曰：“系小子”，弗兼与也。

二以柔顺中正，本无决于弃阳从阴之志，而既系于三，则不得复与初相唱和。人之立己处人，两端而已矣。一入于邪，则虽有善而必累于恶。损益之友，势无两交；忠佞之党，道不并立也。

六三，系丈夫，失小子。随有求得，利居贞。

阳实而阴虚，舍二从四，往求而有得矣。顾阴之从阳，道之正也，以有得而往，岂其所期望哉！能弗以有得故求而守贞，则合义而利。

《象》曰：“系丈失”，志舍下也。舍上声。

内卦之阴方随己①，而己舍之以从四，是以可贞。

---

①内卦之阴方随己：岳麓书社本作“内卦之阳方随己”。

九四，随有获，贞凶。有孚，在道以明，何咎！

“获”，得其心也。五阳得位，而四随之，必获其心。乃当随之时，方竞随阴，而四独守贞以依主，苌宏之所以为晋杀，孔融之所以为操害也，虽贞而凶矣。然其所孚者，固道也，能明于唱和之义，上下之分，身虽死而志白于天下，又何咎乎！

嵩焘案：“随有获”与六三“随有求得”相应，谓三也。六三之利，阴志得矣，而阳为所系，故曰“其义凶”。终以与五比，阳德交孚以明者，效功于五，其志可以共白也。

《象》曰：“随有获”，其义凶也。“有孚在道”，明功也。

“其义凶”者，谓以义而凶，舍生而取义也。“明功”者，惟辨于所从之正，故欲效功于五。

九五，孚于嘉，吉。

五以阳刚居尊位，其往随于上，非歆于利、动于欲也，阴阳翕合以成嘉礼也。四方随己，与之相孚，相率而随上，嘉会成矣，故吉。夫人即有刚健之德，处尊而得辅，亦奚必傲然自恃，不屈以明高乎？随能嘉焉，斯吉矣。

《象》曰：“孚于嘉吉”，位正中也。

当位而得中，则随人而非屈。

上六，拘系之，乃从维之，王用亨于西山。亨，许两反。

周回萦系而不释曰“维”，谓上六为五所联系，不使离也。五位至尊，更处其上者天神；人阳而神阴，故为王者享帝之象。位至高而幽，其与人相接，在有无恍惚之间，不可必得其歆享。而阳屈志尽诚以邀其眷顾，王者正己无求，无强人相合之道，惟用此道以事天而已。《礼》因名山告成于天。兑位正西，而上处高，故曰“西山”。

《象》曰：“拘系之”，上穷也。

卦皆有所随。上处卦终，更无所随，穷则将托于冥漠，而不与人相接。非尽精诚以系属之，其能与人相感悦乎？阳之随阴，非道之正，故惟以王者享帝当之，与前五爻别为一义，亦所谓不可为典要也。

䷑蛊　巽下艮上

蛊。元亨。利涉大川。先甲三日，后甲三日。①

“蛊”之为字，从虫从皿。当伏羲之时，民用佃渔，未有粒食，奉养于人者，以皿盛虫而进之。毛羽②鳞介昆，皆虫也。故伏羲以此取义，而谓之蛊。至后世粒食，民得所养，而食虫或遇毒而坏烂，故为毒为坏，非伏羲之本旨也。此卦刚上柔下，下以柔承上，为臣事君、子养父之象。皿盛鲜食而进之，下之养上，柔道也。阳尊在上，阴卑在下，与随异道；名分正，事使顺，阴竭力以事阳，天下治矣，故曰“蛊治也”，言世方治而未乱也。“元亨”者，上下各得其分，而下能致养，于时始亨也。时方极治，上下蒙安，恐将成乎偷窳，故“利涉大川”，在安思险，利在有

---

①此卦辞后，岳麓书社本有“先，息荐反。后，胡豆反。下同”。

②羽：守遗经书屋本、金陵本同，岳麓书社本作“血”。

为，涉险以建功，不可恃已治已安而自废也。“甲”者，事之始。当治之先，必有开治之功，图之迟久而后治，蛊之所以成，非易也。既已治矣！必有保治之事，深思永计以善其终，所以利涉川而保其蛊也，故申言以见慎终如始之道焉。

《彖》曰：蛊，刚上而柔下。巽而止，蛊。

“巽”者，阴顺以入，而体上之志；“止”者，上下安其位而不相凌越；养道也，治象也。

蛊元亨而天下治也。

以卦变言，泰上之阴，来居于初。泰者上下交，为治道之所自开，而蛊则阴受阳交，而承阳以致养，治之成也。天下治者，承平之世也。

“利涉大川”，往有事也。

上下蒙安，而善承上者，岂徒以顺上为得哉！必宣力以效保治之业，故不曰有功，而曰“有事”。

“先甲三日，后甲三日”，终则有始，天行也。

“行”，运行之常道也。由甲至癸，十日循环而运不息，后非永终，先者更有先焉者，天运然也。于治道之已成，必更为兴起有为以垂后，在终若始，乃合天而保治。岂徒恃四海之辑柔以奉己，而遂可晏然哉？

嵩焘案：王氏引之云：“‘先甲三日，后甲三日’、‘先庚三日，后庚三日’，皆行事之吉日。蛊为有事之卦，巽为申命行事之卦，事必诹日以行，故蛊用先后甲之辛与丁，巽用先后庚之丁与癸也。

古人行事之日，多有用丁与辛癸者……蛊之义终则有始。甲者，日之始也；癸者，日之终也。若用庚[1]，则由庚下推至癸，上推至丁，而不至甲，非终则有始之义矣……巽之九五，无初有终。甲者，日之初也；癸者，日之终也……言于九五者，蛊六五变为九五则成巽。蛊用先甲、后甲，变巽则用先庚、后庚，故于九五言之……皆行事之吉日也。《汉书·武帝》诏曰：望见太一，脩天文禮。辛卯夜，若景光十有二明。《易》曰：'先甲三日，后甲三日'，朕甚念年岁未咸登，饬躬斋戒，丁酉，拜况于郊。颜师古注：'辛夜有光，是先甲三日；丁日拜况，是后甲三日。'……汉时未义，未忘此[2]……丁与辛为吉日，择以行事之明证。"按：《礼》有上辛、次辛、上丁、仲丁。《郊特牲》："郊之用辛也。"《夏小正》："二月丁亥，万用入学。"《少牢馈食礼》："日用丁巳。"今《周书》所纪用事之日，多用丁、辛、癸三日，而刚日则重庚、申。《武城》："癸巳，王朝步自周；丁未，祀于周庙；庚戌，柴望，大告武成。"《召诰》："庚戌，太保乃以庶殷攻位于洛汭。越五日甲寅，位成，丁巳，用牲于郊。"《多方》："丁亥，王来自奄，至于宗周。"《顾命》："丁卯，命作册度。越七日癸酉，伯相命士须材，狄设黼扆、缀衣。"《春秋》卜葬多用癸日。古人行事诹日如此，王氏此解故为切当。

《象》曰：山下有风，蛊。君子以振民育德。

风在山下，入于卑下而振动之，山峙于上，以止其飘扬而勿使逾越。君子治民之道，兴起顽懦。而养其善以止其非，天下之

---

①若用庚：王引之《经义述闻》为"若用'先庚三日，后庚三日'"。
②汉时未义，未忘此：疑此有误。王引之《经义述闻》为"西汉时占义犹未亡矣"。

所以治也。风以振之，山以育之，始而兴起，继以养成，教民之序也。

初六，干父之蛊，有子，考无咎，厉终吉。

蛊之为象，柔以承刚。《象》自其已然而言，则为君令臣共而朝廷治之象。周公绎思其理，以臣之事君、子之事父，一也，而臣虽柔顺，当其过亢，且有匡正革命之道；惟子之事父，先意承志，下气怡声，有隐无犯，而不伤于柔，故《爻辞》取义于父子焉。文王当纣之世，顺以奉上，而冀纣之改过以图治。周公承文王之后，道无可加，而惟继志述事，以顺承世德。故各即其体验于己者，示君臣父子之道。圣人之言，皆先行而后从者也。“干”，事也。“干父之蛊”，以养为事也。事父之道，极其柔下，不待父之慈而始敦其爱。二、三重刚在上，威严太过，父不能无咎，而子能尽其孝养，使父太刚之过不形，则蒸乂允若，而亦藉以免咎矣。是则父之严乃以成乎子之孝，终底乎大顺而吉。此一家之治象，为天下治之本也。言“考”者，通存没言之。

嵩焘案：何楷《周易订诂》言：“乾为父，坤为母。坤来，乾初成巽则乾体坏；乾往，坤上成艮则坤体坏；合两体成蛊”，故诸爻皆以父母为义。初六，盖泰之上六，来处于初，又天行之一变，有子代父之象。天地之道，无往不复，乾以顺行，故无咎。巽初主事，故厉而终吉。

《象》曰：“干父之蛊”，意承考也。

其屈承父志而柔以致养，发于意之诚，故虽严而愈谨。

九二，干母之蛊，不可贞。

内卦以一阴承二阳于上，有父母同养之象焉。二阴位在中，为母；三阳位在上，为父。于此二爻不言本爻之德，而言初六所以事之者，盖蛊本以阴承养乎阳为义，而所承之阳，其得失可勿论已。《易》之以本爻所值之时位发他爻之旨，若此类者众矣，在读者善通之。子之承事父母，柔顺卑下，惟命是从，蛊之正也。但二以刚居柔，母德不能安静，以顺三从之义，一一[1]顺而下之，则且有如汉之窦后，专制内外，而权移于外戚；甚则人彘之祸，伤心含疚而不可如何。故"干母之蛊"者，有权存乎其间，因其刚而调之，期不失于敬爱而止；必以柔承之而无所裁，则害延于家国，故曰"不可贞"。

嵩焘案：诸爻皆言"干父"，二独言"干母"。二者，坤之主爻也。九二阳刚居内卦之中，有子干母之象。"不可贞"者，爻体阴柔，谕母于道，较父尤难。事既坏而整理之，通权达变，无常法之可守也。

《象》曰："干母之蛊"，得中道也。

承其居中之正，而不顺其过刚之为，斯得之。

九三，干父之蛊，小有悔，无大咎。

九三以刚居刚，父之过于严而不终者。起敬起孝，虽逢其恶怒而"小有悔"，然终不失顺承之道，故无大咎。

嵩焘案：蛊者，事也。任天下之事，慎终图始、委曲周至。若父子相承之际，义无可辞，情不容激，以求无悔于心。九三以刚居刚，任干蛊之事，疑于有悔。然在蛊，风动、山止。巽者，

---

[1]一一：岳麓书社从守遗经书屋本、金陵本改，作"一一"，嘉恺抄本作"一二"。

蛊所由起也，又主行事，故干蛊之事，巽专其责。三居巽之极，能干蛊者也，故终无咎。

《象》曰："干父之蛊"，终无咎也。

道尽，则心可以安矣。

六四，裕父之蛊，往见吝。

"裕"，有馀之谓。子之事父，柔逊[1]卑屈，极所以养之，岂患有馀哉！然孝子尽道以事其亲，无违于礼，则无违于亲矣。而或违道悖礼，以非所得者苟从亲志之私，则将得罪于乡党州闾，贻讥于天下后世，于心岂能无歉乎！外卦以二阴奉一阳，而四以阴居阴，柔过而不知所裁，故其象如此。

《象》曰："裕父之蛊"，往未得也。

往而以贻不善于天下，其不获乎人心者多矣。不言凶悔者，其志顺亲，天下必且有谅之者。

六五，干父之蛊，用誉。

六五柔顺得中，尽道以事其亲者。"用誉"，所谓"人不间于其父母昆弟之言"也。夫子之事亲，岂以要誉哉！然率其情以行，而不问人情之然否，则自谓无过，而所抱疚于天人者多矣。故至于誉，而人子之心可以差安。

《象》曰：干父用誉，承以德也。

---

①逊：岳麓书社本作"顺"。

心之所安、理之所得谓之“德”。德者，人心之同得，何誉之不至哉！

上九，不事王侯，高尚其事。

爻皆言子之事父，而上九之义别者，处高间之地，为时已过，而安受得中之养，所固然者。无得失，故无吉凶，不待占也，故别取象于逸民无所承事而高亢自养之道焉。与随上言事天，同一变例也。四为侯，五为王，非不屈志以相下，而时当承平之代，无功可建，上下蒙安，无能为“后甲”之图，则乐道以亢志可矣。

嵩焘案：风动山止为蛊。风为山所郁也，故上九一爻实蛊之所由成。既成乎蛊，其下五爻，各致干蛊之功，上不得更有所为。又蛊道既成，上九阳刚，处不当事之地，有高尚而已矣。

《象》曰：“不事王侯”，志可则也。

爻言“事”，而《象传》言“志”；既高尚矣，无事之可见，志即其事也。天下宴安，上下各循其分，所虑者，人亡厝火积薪之忧而竞于仕进，逸民不乐在朝廷而轻爵禄，所以风示天下，使知富贵利达之外，有廉耻为重，则冒昧偷安之情知所惩，而以正人心、止僭滥者，其功大矣。

䷒临　兑下坤上

临。元亨利贞，至于八月有凶。

“临”，时已至而治之也。为卦，二阳生出于地位，以兴起人事，将有事焉，以治阴之过，阳进而临阴也。“元亨利贞”，备乾之四德者，阳长而得中，乾道方兴，虽未讫其用，具其体矣。

“八月”，旧说以为自复数之，至遯为建未之月；或谓自泰数之，至观为建酉之月；其说皆本于京房卦气。盖自战国，经学乱而术数兴，汉儒承之，以一定之小数窥测天道，为之限制，而不审于“周流六虚，不可为典要”之变化，执十二卦以象十二月，外此者无所配合，则房又为一卦六日之说以文饰之，乃尚馀四卦，则置之无用之地；其为道也，致远而泥者也。且如以否值建申之月，否，天地不交者也，天气上升，地气下降，闭塞而成冬，十月之气也。七月，阳方函阴以成熟万物，岂其不交而否塞乎？董仲舒谓冬至前一日无阳，夏至前一日无阴。阴阳孤绝，天地且不能自立，日月且不能运行，人物且不能呼吸，而何有此一日哉！六阴六阳，絪缊于两间，而太和流行，故乾曰“不息”，坤曰“时行”，非有间断也。执《易》以配律历，执律历以限象占，此亦近世《火珠林》之类，小术破道，以乱“惠迪吉，从逆凶”之理，非文、周、孔子之所有也。临中无遯象，亦无观象。若谓理势之必然，则无卦不有错综之消长。乾之初亦可戒以坚冰，坤之初亦可许以潜龙，何独于刚初长之时，豫忧观、遯于隔岁建丑之月，谓明岁秋期之迫哉？卦中无象，逆亿而为之虑，人可不待筮而一于忧疑，何用《易》乎？且既疑于遯，以谓文王之用周正，又疑于观，以为夏正。文王演《易》之时，方服事殷，殷历未改，八月乃建申之月，岂至德如文王，而乱一王之正朔耶？《象传》言“消不久也”，使临为建丑之月，待遯与观，而消则久矣。然则所谓“八月”者，合夏，商之正朔而言，皆秋也。《说卦》之位，兑在正西，而于时为秋。临卦，二阳之上一阴为兑；六三，兑之主也。临以刚长治阴为道，至于六三，变其所守，阴柔外比，以悦相靡，故爻言“甘临无攸利”，方幸阳之升，而又以兑终，所为凶也。《传》言“消不久”，谓阳之消阴未久，而又悦从乎阴也。言

"有凶"者，抑不必其凶，六三所谓"既忧之无咎"也。

《彖》曰：临，刚浸而长，说而顺，刚中而应。大亨以正，天之道也。长，上声。说，弋雪反。①

"说而顺"，阴之德也。说则相随，顺则不逆，故刚临之而柔受治。刚既得中，虽未居尊位，可以临矣。"应"谓六五下而听其临也。刚浸长而得中，天道上行，故四德可施也。

"至于八月有凶"，消不久也。

除恶务尽，则消而不复长。六三犹在内卦之上，二阳说其甘而与为体，阴慝乍消，而势盛犹足以相拒，或乘间而复起，或旁激而变生。苻坚虽败，慕容、拓拔复据中国；吕惠卿乍绌，章惇、蔡京复争绍述。必待其根株永拔，而后成乎泰，非一旦一夕之效也。

《象》曰：泽上有地，临。君子以教思无穷，容保民无疆。

"泽上有地"，川泽两岸为平陆也。兑为言说，言"以教"；坤厚载物，容其不肖而保其贤也。教而"容保"之，则嘉善矜不能，而教无穷。"容保"于"教思"之后，若教者进于善，不若教者终不弃也，则保之无疆矣。兑抑悦也。临民者以嘉言立教，而不务苟取悦于民，善于用兑者也。

初九，咸临，贞吉。

"咸"，感也。"咸临"者，以感之道临之也。临，以阳临阴而

---

①长，上声。说，弋雪反：岳麓书社本作"长，知两反。说，弋雪反"。

消之，而初九与六四相应，不以威严相迫，而以德感其心，使受治焉，各当位而得正，吉莫尚矣。凡言“贞吉”，有必贞而后吉者，有本正而自吉者，因象而推，其义自见。

《象》曰：“咸临贞吉”，志行正也。行，去声。①

临者其志，咸者其行。阳长阴消，本君子大正之志，而见之行事者，不以威而以德，善其行以成其志，无不正也。

九二，咸临，吉，无不利。

九二之以感道临六五，犹之初九，而六五虚中以应之，居之安而行无不利矣。

《象》曰：“咸临吉无不利”，未顺命也。

九二以刚居柔，不当位，不如初九之正，而能“吉无不利”者，以迫近四阴，阴方凝聚于上，不顺受其临，非刚中相感，使知不缩而速退，则不可以临治未消之阴。故虽过于严，而自足以感，无不利之忧也。

六三，甘临，无攸利。既忧之，无咎。

六三与二阳相比，不知已之已即乎消，而居非其位，恋而不舍，徒以阴柔成乎容悦，幸阳之我容，岂能久乎？故“无攸利”。其能自知忧惧，敛而就退，以听阳之临，可以免咎。三为进爻，终于必往，而以柔居刚，与二阳为内卦之体，故犹可施以教戒，望其能忧。

---

①行，去声：岳麓书社本作“行，下孟反”。

《象》曰："甘临"，位不当也。"既忧之"，咎不长也。

未免有咎，而可望其改，则不终于咎矣。观卦阳居上而欲消，阴宜依之以相留，故以近阳为利，而远者不吉。临阳方长，阴宜速行而远去，故以远阳为吉，而近者不利，亦扶阳抑阴之微权也。

六四，至临，无咎。

"至"犹来也。阴，待治于阳者也，若自亢以拒阳，则阳亦不施治焉。是臣不听治于君，妇不听治于夫，小人不听治于君子也。六四以柔居柔，阴过，宜有咎者，乃当位以与初相应，则初自来临，所谓"四海之内，轻千里而来告以善"也，阴无咎矣。

嵩焘案："《说文》：'至，鸟飞从高下至地也，从一，一犹地也，象形。'虞仲翔云：'至，下也'，谓下至初应，当位有实，故无咎。"

《象》曰："至临无咎"，位当也。

阴阳刚柔皆天地之撰，本俱无过，人体以为性，无不可因以成能，特在用之者耳。禹、稷、颜子，地易而道亦殊，惟其位而已。故爻于当位不当位分得失焉。其有当位而或凶咎，不当位而或吉利，则又因卦之大小险易。若此卦，刚初长而阴消未久，则柔居柔而当位为美，以阳方临阴，阴不宜越位而相亢也。凡《象传》无他释，但以位分得失言者，准此通之。

六五，知临，大君之宜，吉。知，如字。

以柔居尊，而下听九二之临，知治我者之善我，而不恃分位以拒之，君道得矣。人之相临以相治，其情正而其迹相违。苟惽不知，则必傲愎而不受。惟虚中体顺而曲喻其忠爱，乃能受其临而不以为侮。君道得，则吉莫尚焉。

《象》曰："大君之宜"，行中之谓也。

君建中以立极，而所谓中者，得刚柔之宜也。知受治于刚，以辅己之柔，则所行无不中矣。

上六，敦临，吉，无咎。

上六坤顺之至，而处卦上，阴将逝矣。时已过，权已谢，委顺以受阳之临，已无所吝[1]留，柔道之敦厚者也。不与阳亢，终履安吉，而于义亦正，非徒敛躬避难，消沮退藏也。

嵩焘案：《苏氏易传》："复之六四已应初九，六五又从而附益之，谓之'敦复'；临之六五已应九二，上六又从而附益之，谓之'敦临'。"

《象》曰：敦临之吉，志在内也。

顺之极，故无相亢之异志。

䷓观　坤下巽上

观。盥而不荐，有孚颙若。观音灌，"观盥"、"大观"[2]、"观天"、"上观"、"观民也"之观，并同。

可观之谓"观"，以仪象示人，而为人所观也。阙门悬法之楼

---

①吝：岳麓书社本作"悋"。

②岳麓书社本"大观"后为"以观"，其馀全同。

曰观，此卦有其象焉。可瞻而不可玩，饬于己而不渎于人之谓也。此卦四阴浸长，二阳将消，而九五不失其尊以临乎下。于斯时也，抑之而不能，避之而不可，惟居高而不自媟，正位以俯待之，则群阴瞻望尊严而不敢逼。“盥”者，将献而先濯手，献之始也。“荐”者，已奠爵而后荐俎，献之馀也。以阳接阴，以明临幽，以人事鬼之道，故取象于祭焉。既献而荐，人之事鬼，礼交而情狎，过此以往，酬酢交作，则愈狎矣。惟夫献之先，主人自尽其诚敬而不与鬼相渎，则其孚于神者威仪盛大而有不可干之象。以此格幽，自能感之，而不在爵俎之纷拏也。

阳之仅存于位，以俯临乎阴；人君于民情纷起之际，君子于小人群起之日，中国于夷狄蠢动之时[①]，皆惟自立矩范，不期感化，而自不敢异志。若其不然，竞与相争，亵与相昵，自失其可观之德威，未有不反为其所凌者也。然岂徒位之足据哉！言必忠信，行必笃敬，动必庄莅，确然端己而有威可畏，有仪可象，有礼可敬，有义可服，颙若其大正，而后可使方长之阴潜消其侵凌[②]而乐观其令仪。裴度所谓韩宏[③]舆疾讨贼，承宗敛手削地，非有以制其死命而自服，亦此意也。君子之处乱世，阴邪方长，未尝不欲相忮害，而静正刚严，彼且无从施其干犯而瞻仰之，乃以爱身而爱道，盖亦若此。德威在己而不在物，存仁存礼，而不忧横逆之至，率其素履，非以避祸而徼[④]福，而远耻远辱之道存焉矣。

嵩焘案：《王制》：“大夫、士，有田则祭，无田则荐。”[⑤]《穀

---

①中国于夷狄蠢动之时：岳麓书社本作“中国当夷狄方张之时”。

②侵凌：当为“侵陵”。

③宏：岳麓书社本作“弘”，下同。

④徼：岳麓书社本作“邀”。

⑤按，《礼记·王制》原文当为“大夫、士宗庙之祭，有田则祭，无田则荐”。

梁注》："无牲而祭，荐而加牲曰祭。"是荐，本非盛礼。王弼注："以初盥降神，诚意未散，至荐简略。"与船山意略同，而非《彖》义。项平甫言："'盥'者，祭之初[1]，方诣东荣盥手，于洗……'荐'者，陈也。盥而不荐，斋明盥洁，无所陈布，盖相观而化其神，如此但以象恭，已而无为尔，非重而轻荐也。"

《象》曰[2]：大观在上，顺而巽，中正以观天下。

"大"谓阳也。阳居五、上，以不媟于下，则阴且顺而巽之，以观其光。所以能然者，惟其履中而刚正，不失其可为仪象者于天下也。

观盥而不荐，有孚颙若，下观而化也。"下观"之观，平声，下同。

"下观"，有其观则人观之也。"不荐"则不渎，"颙若"则德威盛于躬。以此道临天下，阴邪自敛而顺化，故四阴皆仰观之。

观，天之神道，而四时不忒，圣人以神道设教，而天下服矣。

"观"者，天之神道也，不言不动而自妙其化者也。二阳在天位，自天以下皆阴也。天以刚健为道，垂法象于上，而神存乎其中；四时之运行，寒暑、风雷、霜雪，皆阴气所感之化，自顺行而不忒。圣人法此，以身设教，愚贱顽冥之嗜欲风气杂然繁兴，而"颙若"之诚，但盥而不轻荐，自令巧者无所施其辩，悍者无所施其争，而天下服矣。

---

①按，项安世《周易玩辞》为"祭之初步"，此漏抄"步"字。
②《象》曰：按经书本当为"《彖》曰"。

嵩焘案：项平甫云："观者①不言不动，相观而自化，所以为神也。天不言而四时自不忒，此天之神道也。圣人恭己②无为，而天下服其至教，此圣人之神道也。"

《象》曰：风行地上，观，先王以省方观民设教。

居上察下曰"省"。坤为地。"方"者，地之方所。阳君，阴民。"观民设教"者，观五方之风气而调治之，使率彝伦之教也。"风行天上"，君以建中和之极，而开风化之原；"风行地上"，君以因风俗之偏，而设在宽之教。体用交得，而风教达于上下矣。此言"先王"者，先王制法③，后王承之以行，皆先王之所设，非但先王为然也。

初六，童观，小人无咎，君子吝。

仰而视之曰观。观之为卦，与大壮相错，盖阴长消阳之卦。《易》于遯、否，已为阳忧之；至于观而谓四阴之仰观者，以天位未去，幸群阴之犹有所推戴，而奖之以瞻仰乎阳，圣人之情也。以仰观推戴为义，故近阳者得，远阳者失，许其相亲，而不恶其相迫。"童观"者，所谓童子之见也。初六柔弱，安于卑疏，大观在上，而不能近之以自扩其见闻；小人怙其便安之习，守其鄙琐之识，据为己有，深喻而以为道在是焉，方且自谓"无咎"，以不信有君子远大之规，君子之道所以不明不行而成乎"吝"也。夫小人终身于咎过之涂，可吉可利，而无所往而非咎，故言无咎者，其自谓然也。《易》不为小人谋。

---

①项安世《周易玩辞》原文为"观则不言不动"，"观则"被误写成"观者"。

②已：《周易玩辞》原文为"已"。

③法：守遗经书屋本、金陵本同，岳麓书社本作"之"。

《象》曰："初六童观"，小人道也。

夫小人之道，岂有不可测之意计哉！生于闺庭之中，长于妇人之手，欲而思遂，利而思得，见可喜而疾喜，见可怒而暴怒，拘于微明之察，闻道而以为迂远，虽至于无所不至，而不出其嚅唲沾滞之习。以曹操之奸，而分香卖履，垂死不忘，童年之识留于中而不舍也。故古之戒寇者曰："弃尔幼志"。欲为君子，莫如弃幼志之为切也。而天下之能弃幼[①]志以从远大之观者，鲜矣。抑孟子曰："大人者不失其赤子之心"，与此异者何也？孟子所谓赤子之心，知爱知敬之心也，然必曰"苟不充之，不足以保妻子"。不失者其体也，充者其用也。无用之体，则痿痹不仁之体而已。学以聚之，问以辨之，宽以居之，仁以行之，知天命而必畏，知大人、圣言而必畏，惟弃幼志以从大观也。四海之大，千载之遥，天道运于上，圣人建其极，苟其不务仰观，则且非之笑之，以为安用彼为，君父可以不恤，穿窬可以不耻，而小人无忌惮之道充塞于天下，愚父兄且以教其子弟，君子安能弗吝也？可畏矣哉！

六二，窥观，利女贞。

六二中而当位，亦可谓之贞，而为主于内卦，已成阴之盛满，知有大观在上，且信且疑，而从门内窃视之，弗敢决于应也，女子之贞而已，其所利者在是也。

《象》曰："窥观女贞"，亦可丑也。

大观在上，不能相近以挽欲消之阳，而中立于群阴之间，以

---

①幼：岳麓书社本从守遗经书屋本、金陵本补"幼"字，嘉恺抄本无"幼"字。

祈免咎，弗能为有无，是以可丑。

六三，观我生进退。

此则吉凶得失之未审，而存乎占者之自审也。六三柔而与坤为体，则退而就阴，其时然也。三为进爻，而较近于五，则进而就阳，其志然也。退不失时，进以遂志，两者皆无过焉，道在观我所行而不在物。自修其身，内省不疚，斯以退不狎于不顺，进不迫于违时，其庶幾矣。

《象》曰："观我生进退"，未失道也。

道不失，则进退皆可。

六四，观国之光，利用宾于王。

三修身以俟时，四则可决于进矣。近阳之光，阳所求也。古者乡大夫进士于天子，宾于饮射以兴之。四承五而弥近，故利在受宾兴之礼以进。

《象》曰："观国之光"，尚宾也。

"尚"谓道所贵也。君子之学修，虽耕钓而有天下之志，然必上宾于廷，乃见宗庙之美、百官之富，以先王经世之大法，广其见闻之不逮，故虽衰世之朝廷，犹贤于平世之草野，非窥观者所能测也。

九五，观我生，君子无咎。

言行皆身所生起之事，故曰"生"。自四以下，皆奖阴以观阳，而责其不逮；以阴盛，阳且往，故必正名定分，以扶阳而尊之。至于九五，当群阴方兴且迫之势，固不可恃位之尊，而谓人之必已观也。能为人观者，必先自观。语默动静，有一不协于君子之道，则时去势孤，位且不保。不可从咎在下者之侵陵，而咎实自己①。故当此位者，必“观我生”；果其为君子，而后无咎，以其刚健中正之道②，责之备也。

《象》曰：“观我生”，观民也。

“我生”云者，毕其一生所有事之辞。“观民”，言为大观以示民也。欲为大观于上，令瞻仰之者无不奉为仪则而不敢忽，岂一言一行之足称其望哉！内省而不愧于屋漏，外察而不愆于度数，无所不致其反观，以远咎过，然后愚贱之志欲纷纭竞起，思乘隙而摘之者，无所施其窥伺，则可危可亡，而小人终莫之敢侮。君子之为观于民，自观之尽也。

上九，观其生，君子无咎。

“其”者，在外之辞，谓物情向背之幾也。上九无九五之位，而阳将往矣，欲不失其大观也，尤难。内度之已，抑必外度之物；果其所以发迹而见远者，无不中乎物理，可以招携怀远，而允为君子，然后无咎。

嵩焘案：“观其生”当指九五言，阳已就消而为“观”者，赖九五之居中得位耳。上九一阳之孤行则剥也，故当助九五以扶翼阳道。“志未平”者，其志未能帖然，安平而无忧患也。

---

①而咎实自己：岳麓书社本作“而咎实在已”。

②以其刚健中正之道：岳麓书社本作“以其刚健中正之道未亡”。

《象》曰：观其生，志未平也。

无位而将往，物且轻之，而志不能平。然不可挟不平之志，必尽道以求物理之安。

☲噬嗑　震下离上

噬嗑。亨，利用狱。

噬嗑之义，《彖传》备矣。为卦，一阳入于三阴之中，而失其位，不与阴相合也；三阴欲连类，而为一阳所间，不能合也。颐之为道，虚以受养，而失位之阳，以实碍之，不能合也。自否而变，以交阴阳而合之。而阳下阴上，皆不当位，其交不固，不能合也。积不合之势，初、上二阳，以其刚制之才，强函杂乱之阴阳于中，而使之合，是啮合也。“亨”者，物不合则志气不通，虽曰啮合，而亦合矣，是噬嗑之亨也。然柔得中，而为离明之主，具知啮合者之矫乱而不固。则且施刑以惩其妄，而不至如六国之君，昏暗傲狠，听说士之诬，以连异志之诸侯，斯亦可远于害。故惟“用狱”，而其邪妄可息也。

《彖》曰：颐中有物，曰噬嗑。

“物”者，非所固有之物，谓失位之九四，颐中岂可有物哉！又从而噬以嗑之，增其妄也。

噬嗑而亨。

强噬之而合，足为亨矣，明者所不以为亨而恶之者也。

刚柔分，动而明，雷电合而章。

自否之变而言之，否之阴阳聚，而此卦分之。分而下者，不无躁动；分而上者，则为离明之主。雷起于不测，而电章之，则明足以烛动而止其妄矣。

柔得中而上行，虽不当位，利用狱也。

“不当位”，谓六五也。变否塞之道，柔自初而上行以得中，照其妄而治以刑，合于义矣，故“利”。两造曰“讼”，上察下恶而治之曰“狱”。

嵩焘案：《彖词》“利用狱”，以卦象言之。“颐中有物”为梗，是梗化之民也。噬而去之，治狱以济化之穷，斯可以亨矣。《彖传》“利用狱”，以卦德言之，柔中主狱，有司执法而人君惟恤其情，所以为“利用”也。“噬嗑”诸爻与卦体异义，圣人释《彖词》以通之。

《象》曰：雷电，噬嗑。先王以明罚敕法。

“雷电”，《本义》云：“当作电雷。”中溪李氏曰：“蔡邕石经本作电雷。”离明以明罚，雷动以敕法，所以制疑叛之人心而合之也，故为“噬嗑”。禁令悬于上，不率者则谨持而决之。此定法律于未犯之先，故既明则必断，与丰殊用。丰者折狱于已犯之后，法虽定而必详察以下求其情。故既断而必明。噬嗑，先王之道；丰，司寇之道。法定于一王，狱成于良有司也。

初九，屦校灭趾，无咎。

“屦校”，施械于足也。“灭”，掩也，没也。械其足，见械而不见足也。初与上为颐体，啮合阴阳之杂而不恤其安，其罪也，故用狱者施以刑焉。然初九虽刚以动，而处于卑下，无坚于妄动之力。《否》五之阳，自上而下，屈己以合物，未有利焉；二又以柔乘己，有可噬之道，议刑者所不加以重刑，械其足而已。薄惩之则恶且止矣，故可无咎。戒用狱者知其恶之可改，早为惩创，斯得免民于咎之道也。

嵩焘案：以象言，则初、上为颐主噬，而中四爻受噬者也；以爻言，则中四爻主噬用刑，而初、上二爻反有受刑之象。项平甫以为"六爻皆即本爻取象"，何元子因谓"初之'无咎'、上之'凶'皆主治狱"。言"屦校灭趾，无咎"，即《子夏传》所谓"戒为治者，不可不禁其微"之义。"何校灭耳，凶"，即《虞书》之"怙终贼刑"。未能防之于早，故当上凶，而后见圣人泣罪人之心。今案六爻爻词各以时并言之，初，阳刚为噬之始，当戒其妄动。上处噬极，过刚不反，故至于凶。初、上主噬之而皆无位、无任。初、上治狱之理，故《彖传》特主六五一爻言之。五，君位主狱，则九四当为治狱之官，故四曰"得金矢"，五曰"得黄金"，犹治狱而得其情也。曰"艰贞"、曰"贞厉"，皆有慎重哀矜之意。二、三柔而易制，皆得无咎。三位刚，故又有"遇毒"之象，而三亦自受其吝，惟其以柔行之，故亦无咎。

《象》曰："屦校灭趾"，不行也。

戒其妄行，则不行矣。

六二，噬肤灭鼻，无咎。

初、上，噬者也；中四爻，受噬者也。大脔无骨曰"肤"。"灭鼻"者，棒大脔而噬，上掩其鼻而不见，噬之刚躁者也。噬而合之，刚以制物，挟威以强物，而有难易之分焉。二以柔居柔，而近初易噬。若肤者，初之上噬，先噬乎二，故迫而有"灭鼻"

之象。然初方动而二据掩之，有取噬之道焉，则噬之者亦可无咎。此初之罪所以轻，而可薄罚以止之者也。

《象》曰："噬肤灭鼻"，乘刚也。

以其乘刚，故可恣意噬之。

六三，噬腊肉遇毒，小吝，无咎。

乾兔曰"腊"。三以柔居刚，体虽小而坚，不易噬者也；强欲噬之，则不听命而必相害。被噬而此拒之，三亦吝矣。"小"谓阴也。然"噬嗑"之义，以不受噬为正，则相持而不从，固无咎也。

嵩焘案：何楷云："腊作昔，上仌，象肉之形；下从，曰肉之晞于阳者也。"三居离下，离日在上，肉受日之暵者，故曰"腊肉"；五居离火之中，火所干者，故曰"干肉"。

《象》曰："遇毒"，位不当也。

以柔居刚，而不受噬，故噬之者遇毒。若二之柔，则噬之易矣。

九四，噬干胏，得金矢，利艰贞吉。艰，古寒反，下同。

肉带骨曰"胏"。骨横亘于颐中，所谓"颐中有物"也，噬之最难者。"金矢"，金镞之矢，伤人者也。初、上不审势度德，强欲折服之，四必亢而与之争，操矢相加，所必然矣。不受噬者，正也。孤立于中，上下交噬，非"艰"而无以保其"贞"。四不恤其艰而贞不听命，故吉。

嵩焘案：王肃云："金矢所以获野禽，故噬[1]之反得金矢。君子于味必思其毒，于利必备其难也。"六五"得黄金"，离得坤之中气，故言"黄"。

《象》曰："利艰贞吉"，未光也。

四以一阳介于群阴之中而失位，则似有求合于阴之情，故初、上乘而噬之。其不欲合之意，未得昭著，非艰以保贞，无由致吉。

六五，噬干肉，得黄金。贞厉，无咎。

黄金，金之贵者。五为离主，而得尊贵之位，故为"黄金"。离之六二为"黄离"，其义也。干肉虽较胏无骨，然亦坚韧而不易噬。六五居中，为离明之主，乃上九以与近而欲噬之，见其位尊而柔，觊得徼宠而分其利。而五以大明中正之德，灼见其情，守贞不惑，严厉以行法，则上且蒙罪而不敢犯，虽立威已过，而非咎也。

《象》曰："贞厉无咎"，得当也。

明以察之，柔而能断，持法得其当矣。

上九，何校灭耳，凶。"负何"之"何"本音河，俗读上、去声者非是。

"何校灭耳"，械其项而掩其耳也。六五贞厉，施刑于上九，已何校矣，犹灭耳不听，而强欲噬之以求合。噬之不仁，合之不义，不自罹于死亡不止也。初与上皆噬者也。而凡噬物者，下颔

---

①噬：《周易》王肃注原文为"食"。

虽任动，而犹知坚脆，以有所避就；上颔坚立于上，物至则折，而无所择，其为贪狼倍甚。且二乘刚，有可噬之道，五虚中明照，非可噬者，惩之而不知戒，恃刚强制，故罪烈于初，而允为凶人，用刑者所宜加以怙终之贼刑也。

《象》曰："何校灭耳"，聪不明也。

"聪"，耳官之司听者。何校而犹不听命，必欲啮合，故其恶甚。

䷕贲　离下艮上

贲。亨，小利有攸往。

天地之大文，易知简能，而天下之理得。故纯乾纯坤并建以立《易》体，而阴阳刚柔各成其能；上清下宁，昼日夕月，水融山结，动行植止，不待配合而大美自昭著于两间。圣人体天之不贰以为德之纯，极变蕃之用而皆贞夫一，而盛德之光晖自足以经纬乎万物。若其疑此之有馀，忧彼之不足，一刚而即间以一柔，组五色以成章，调五味以致和，美不足而务饰之，饰有馀则诚愈不足矣。词赋，小技耳，司马相如非知道者，且以一经一纬、一宫一商为非赋心之所存，况君子以建中和之极者乎！

贲之为卦，一阳甫立，即间以一阴，至于五而又改其常度，一阴而间以一阳，萋斐以成贝锦，人为之巧毕尽，阴阳之变至此极矣，是不足与于天地之大文，而徒为贲饰也。阳为性、为德，阴为情、为养。以阴文阳，则合乎人情而可亨；以阳文阴，则虽顺人情以往，而缘饰之以不诡于道，则"小利有攸往"。"小"谓阴也。虽亨虽利，非大始自然之美利，而不足于贞。《彖》于四德，有亨利而无元贞。夫子筮得贲而惧，以此也夫！

《彖》曰：贲亨，柔来而文刚，故亨。分刚上而文柔，故小利有攸往。

“贲亨”，言贲之所以亨者，阳之亨；“小利有攸往”，阴之利，非阳之利也。自上接下曰“来”。一阳之上，一阴即至，以相错而文之。阳道本质实而刚正，阳甫动而阴即来，虚柔以适于人情，刚不戾物，而贵贱灵蠢皆乐观而就之，阳道亨矣。“分”谓泰之变，从三阳之中，分而往上也。柔在上而易流，或至泥于情欲而违于理；刚舍中位，离其类而上，以止阴之过，则声色臭味皆有节而不拂于理，阴之往乃以利焉。“文刚”以宣阳于有馀，“文柔”以节阴之不足，斯亦天理之节文，而止于亨利者。君子之道，时行时止，即质即文，而斤斤然周密调停，以求合于人情事理，则抑末而非本也。

天文也。文明以止，人文也。

《本义》云：“先儒说‘天文’上当有‘刚柔交错’四字。”愚按：其为阙文无疑，但未定其为“刚柔交错”否耳。此言天道人情，固有贲之理势也。“文明”者，离一阴内函，二阳外见，有文而必著于外。“止”者，艮阴长而阳限其上，有所限而不能逾也。人之有情必宣，有志欲见，而风气各殊，止于其所，习而不迁，此古今之异趣，五方之别俗，智愚之殊致，各有其美，犁然别白，而自止其所安，均为人文而相杂以成章者也。贲之文饰，非天地自然易简之大美，然天人亦固有之，所以阴阳之变必有贲也。

观乎天文以察时变，观乎人文以化成天下。

此言圣人用贲之道也。刚柔杂糅，交错以致饰，既为天道人情之所固有，圣人观而知其必然，而所以用之者，则不因天之变而易其纯一之道，不随人之变而伤其道一风同之至治。故天人虽贲，而圣人之治教自纯。天合四时而一致，而当寒暑相授之际，则一雨一霁，一温一凉，与夫日月五纬之交错于黄道内外，圣人观而察之，以审时之变，节宣以行政令，乃以当变而不失其常。人之风气习尚，粲然殊致，而各据其所安；圣人观风施化，因其所长，济其所短，不违其刚柔之则，而反之于纯①。自非圣人，因贲而与之俱贲，则随化以流，而与人争美利于小节，贲之所以可惧也。夫子既释《彖》义，而引伸以言。贲虽非大美之道，而圣人善用之，则治教资焉，特非大贤以下所可庶幾耳。

《象》曰：山下有火，贲。君子以明庶政，无敢折狱。

“山下有火”，明有所止；不及高远而照近，则纤悉皆见。“庶政”，事物之小者，如《周官》翨、庶、赤犮、服不之类，明察其理，而制为法以授有司，使详尽而不敢欺。“无敢折狱”者，赦小过，而得情勿喜，以矜全民命也。使饰法以文致之，则人无以自容矣。《大象》皆取法卦德之美，独于贲、夬二卦有戒辞焉。智、仁、勇皆天德，而非仁以为之本，则智伤于察，勇伤于傲，自恃为德而以损天下，故君子慎德，尤于此致警焉。

初九，贲其趾，舍车而徒。

---

①而反之于纯：岳麓书社本作“而反之于淳”。

初下[①]以刚居下，介然独立，二来饰己，而己无所施饰于人，则修其践履，淡泊明志，虽锡以车，不受而安于徒步。《礼》：“大夫不徒行。”

嵩焘案：何楷云：“《象传》：‘义弗乘’。凡言乘者，皆在上；言承者，皆在下。升车者，必在上。初在下，无乘之理。”

《象》曰：“舍车而徒”，义弗乘也。

非无饰己者，以方在潜处，义不得徼贲以为荣。

六二，贲其须。

贲有颐之象。“须”，绕颐而生者也。二以阴饰初、三之阳，三亦以阳饰二，上下交受饰焉。饰于物而徒为美观，其为文也抑末矣。

嵩焘案：人身，毛发皆阴血之所充周而散舒，惟须则独脉上冲以达于颐。阴血受成于阳气之发舒，二之文刚，若须之为饰于颐，虚文而已矣。而自以其刚上行而文柔，阳气上冲而须见焉。所以兴之者，阳也，故曰“与上兴”也。若以与三交相饰言之，则二不得有须义也。

象曰：“贲其须”，与上兴也。

“上”谓九三。“兴”，动也。二与初犹为交饰，于三则受饰而已。柔不能自明，因阳而显，则亦随物而动尔。

九三，贲如濡如，永贞吉。

---

①初下：疑为“初九”之误写，岳麓书社本作“初九”。

三下饰二而上饰四，二、四抑交饰乎三；阴有润物之能而未免于相染，故有“濡如”之象，必“永贞”而后吉。所以可有“永贞”之吉者，以阳刚得位，即受其润，而可不受其染。若六二虽当位，而柔之文刚，徇情贬道，以取悦于人为美，不如刚之文柔，以道饰情为有节也。

嵩焘案：下卦柔文刚，上卦刚文柔。三处上下之交，二阴交饰之，四又受止于上九，其情多疑。三之阳刚将濡于阴，而受其陵替，故永贞，以保其质而为吉。

《象》曰：永贞之吉，终莫之陵也。

柔而资饰于人，则物必陵之。刚虽与柔交饰，自可不失其正，阴其能陵之哉！

六四，贲如皤如，白马翰如，匪寇婚媾。

“皤”，老人发白貌，无文者也。“翰如”，疾走如飞也。贲卦俱阴阳交错，而四承六五，纯而不杂，虽下饰三而“贲如”，上固无饰于五而“皤如”也。言“白马”者，五无所施饰于四，以素相接也。“翰如”，五疾走以合于四也。于阴阳杂糅之世，初得此相承之爻，故相就速也。五受饰于上而不我饰，故疑于为寇，而同类相求，保其贞素，则固与相和合矣。非阴阳交而言“婚媾”者，相错之世，则以合德为相好也。

嵩焘案：项平甫云：“贲，内卦离主文，故下三爻皆以文为贲；外卦艮，艮为笃实而主白，故上三爻皆以白为贲。”《戴记》“商人尚白，戎事乘翰”。“翰”与“皤”皆白色也。三当贲道之隆，四当贲道之变；三以纯阳用文，四以纯阴止之；三方濡如，四一变而尽白，故有相寇之疑。然贲之时义正，以异为文，如异姓相交而为婚姻，故曰“匪寇婚媾”。贲以阴阳交饰为义，四、五两阴同受止于上九，不得为婚媾。以为五疾走以合于四，尤乖爻旨。

《象》曰：六四当位，疑也。“匪寇婚媾”，终无尤也。

自四以下，阴阳各得其位以相饰。至于四，而所望于五者，阳之来饰，乃五与上交饰，而于四则两阴相若，无所于贲，四之所以疑为寇也。既相比合，以留未散之朴，又何尤焉！

六五，贲于丘园，束帛戋戋，吝，终吉。

“戋戋”，帛幅狭小貌。“丘园”，抱道隐居之地。六五居中静正，有其德而上贲之，欲其抒所藏以光济于下，而五柔退无外饰之情，俭以待物，故吝。然时方竞于交饰之文，文有馀则诚不足，固不如敦尚俭德者之安吉也。

《象》曰：六五之吉，有喜也。

乐其道，则物自宜之。

上九，白贲，无咎。

上分刚以文柔，而不受物之贲，盖率其诚素，以节柔之太过，而无求荣之心者也。虽不得位，固无咎。

嵩焘案：圣人占得贲而惧。贲者，圣人之所慎也，故卦于刚爻皆有不受贲之义也。初九之“义弗乘”，九三之“永贞”，圣人所以敦质而厚本也。上九以刚止柔为贲之主。诸爻之贲，自贲者也。上九以白为贲，贲人者也，而四、五两阴爻乃皆受裁焉。以贲而不过小之，所以利刚止之也，此圣人之微意也。

《象》曰："白贲无咎"，上得志也。

居上则身处事外，得行其志，不借外物之相饰。

䷖剥　坤下艮上

剥。不利有攸往。

自外割削残毁，以及于内，曰"剥"。此卦阴自下生，以迫孤阳之去。害自内生，而谓之剥者，主阳而客阴，君子辞也。"不利有攸往"者，阳也。阴柔之凶德，于时方利，即恶极必倾；而《易》不为之谋，惟戒阳之往而已。有所行，皆谓之"往"。艮以止为德，处阴盛已极之世，止而不行，犹免于害；害即不免，犹不自失；若更有攸往，不但凶危，尤义之所不许也。义之所不许者，不足以利物矣。

《彖》曰：剥，剥也。柔变刚也。

重言"剥也"者，言阳之剥丧，阴剥之也。变者，阳退而之幽，阴进而之明，变易其幽明之常。初、三、五皆刚爻，而柔居之，甚言阴之乘权也。

"不利有攸往"，小人长也。长，上声。①

小人长，利在小人矣。利在小人，则害在君子，道宜止而不宜行。

①长，上声：岳麓书社本作"长，知两反"。

顺而止之，观象也。君子尚消息盈虚，天行也。观，灌音。

卦象极于凶矣，而君子当其世以图自处，抑自有剥而不剥之道焉。阴长之卦，自《姤》而《遯》而《否》，早为君子道消，至于《观》而益迫矣，顾不以为君子危，而奖众阴以仰观至上之阳；又极于剥，阳已失其尊位，为君子谋者，视阴之极盛，勿以其不利为虑，而取坤之顺德，顺而受之，止于上而不妄动，亦有“盥而不荐，有孚颙若”之象焉。故视五为“贯鱼”之“宠”，犹《观》之“宾王”也。上自以为“舆”，犹《观》之“观民”也。世自乱而已自治，横逆自加而仁礼自存。盖时未可与①论得失顺逆之常理，而因其消而息之，方虚而盈者不失，修身以立命，则昼夜屈伸、运行不息之道在己矣。虽不利于攸往，而非无可合之义，特非达天者不能也。

嵩焘案：《彖传》合举两爻以明卦德，其义不能通者，则但以爻明之。如此不得言险，但曰刚中，曰下顺；从谦，不得言顺止，但曰天道下济，地道上行。顺止之义，于剥无取。盖圣人推广言之，以明君子处剥之道也。观象当连下文，君子观剥之象，以知消息盈虚之理。群阴方盛，其能强遏哉？顺而止之而已！姤者，阳之消；复者，阳之息；乾者，阳之盈；坤者，阳之虚。何楷《周易订诂》：“剥，顺止之象，显于外曰观象复顺动之幾，涵于内曰见心剥以象观天之象也，复以心见天之心也，故皆曰‘天行’。”虞仲翔《易》“五，消观成剥为观象”，此出虞氏消息之说，不可从。

《象》曰：山附于地，剥。上以厚下安宅。

---

①与：岳麓书社本从守遗经书屋本、金陵本改成“与”字，嘉恺抄本为“舆”。

此全取山、地之象，而不依卦名立义者也。言“上”者，非先王盛世之事。抑非君子尚志不枉之义。一阳孤立，仅有高位，保固图存，则用此象为得也。“厚下”，取坤之裁物，养欲给求以固结人心。“安宅”，取艮之安止，自奠其位也。民依于君，君亦依于民，则虽危而存矣。

初六，剥床以足，蔑贞凶。

“床”，所安处者。“以”，犹及也。所见不明，不知有而藐忽之曰“蔑”。阴以载阳，使安居于上，阴之正也。初六卑下柔暗，沈溺于积阴之下而不能自振，虽力不足以剥阳，实陷于邪，以倾阳者深矣。迷于贵贵尊贤之义，藐大人而不知畏敬，自为凶人，天下亦受其凶危矣。

嵩焘案：阴之剥阳，非能径剥之，先乱其是非曲直之理也。是非曲直之理乱，而后朝廷无赏罚；草野无风俗，而天下之大乱以成。初、二之“蔑贞”，剥道之所由基也。至于四而无贞之可蔑，直曰凶而已矣。

《象》曰：“剥床以足”，以蔑下也。①

“灭”，沈没也。暗为阳害于下，以其沈没于幽暗之中，而不知奉阳之为正也。

六二，剥床以辨，蔑贞凶。

“辨”，床干也。较足而近矣，其不知有正犹初也，故凶亦如之。

---

①以蔑下也：当为“以为灭也”之误写。

《象》曰："剥床以辨"，未有与也。与，音预。[1]

自恃其居中得位，为群阴之主，而与阳若不相与，然则剥之而无忌。夜郎王岂知《汉》之大哉！

六三，剥之无咎。

谓于剥之世，独能无咎也。与群阴居，不能拔出自奋，以拯阳而定其倾，而心不忘于贞顺，与上相应，如狄梁公之事女主、关羽之为曹操用者，君子曲谅其志。

嵩焘案：以阴而应乎阳，犹心知有君子而思附之。《程传》云："如东汉之吕强是也。"上九孤阳失位，六三心与维系而非有所利，赖拟以关、狄二公之事，故为不伦。

《象》曰："剥之无咎"，失上下也。

上下各二阴，三不与之相得，志在上九。

六四，剥床以肤，凶。

四近阳而与艮为体，非不知有贞，而茫昧以自沈溺者，爻值退位，下而与群阴相比，以迫阳而剥之，此华歆、崔胤外交贼臣以丧国者，其志惨，其祸深矣。"凶"，谓上九受剥而凶也。

嵩焘案：剥，阳，阳宜凶也。至于剥道既成，则阴实承其凶以同归于倾覆。小人为害国家，亦岂有能幸免者哉！切近之灾，小人尸之，凶孰甚焉？谓上九受剥而凶，义亦褊矣。

---

①与，音预：岳麓书社本作"与，羊洳反"。

《象》曰："剥床以肤"，切近灾也。

为上九危之。

六五，贯鱼，以宫人宠，无不利。

天子进御之制，王后当夕于月望，初自御妻、嫔、夫人而渐进。"贯鱼"，自上而下之序也。"以"犹率也。六五柔，居中位尊，以上承乎阳，阳一而众阴，有后率群妾以分君宠之象。五阴，盛之极矣，乃独以切近剥肤，归恶于四，而五不言剥者，不许阴之僭天位以逼孤阳，因其得中而密近于上，节取其善焉，圣人不得已之深情也。"无不利"者，所以奖阴之顺承，而歆之以利也。

嵩焘案：姤成于初，圣人为之戒曰："贞吉，有攸往，见凶"，防阴之进而长也。遯成于二而为之，《象》曰"执之，用黄牛之革"，防阳之就消而免阴以留之也。阴渐长而未至于阳，圣人有深虑焉，不欲峻拒小人以激其亢。否成于三而内无阳矣，初、二两爻犹嘉，其与阳应，而三为包羞小人之道，行天下之羞也，否道成而小人之情具矣。观成于四，乃以近君而奖其用宾，剥成于五，乃以得位而勉其率群阴以成宠。而以下诸阴为吝、为凶，卦成于阴而奖以承阳，圣人所以体盈虚消息之机，以息阴阳之争也。以下诸爻之凶，固有自其凶道也。六三所以无咎，处下卦之极而将变而从上，能不沉溺于阴者也。观六三之进退，亦此义也。

《象》曰："以宫人宠"，终无尤也。

能率群阴以承事乎阳，可无尤矣。阴虽处极盛之势，固有救过之道。后唐明宗焚香祝天，愿中国早生圣人，庶幾此义焉。

上九，硕果不食，君子得舆，小人剥庐。

群阴极盛①，一阳仅存于上，“硕果”也。“不食”，不为人所食，言不用于世也。当剥之世，功无可与立，道无可与行，上高蹈远引，安止而不降其志，虽不食，而俯临浊世，其可以驾御之道，自在“得舆”矣。彼小人者，虽朋邪以逞，徒自剥其庐而已。“庐”，所以荫己而使宁居者。一阳覆上，本阴之所籍荫者；君子不屑与施治教，则庐剥矣。群邪得志，君子方超然卓立于其外，不歆其富贵，不屈其威武，虽无拨乱反正之功，而阴以留正气于两间，则名义不亡于人心。当时之小人不被其荫，而终不能俺其扶持世教之道，然则“攸往不利”，而亦何不利哉！

《象》曰：“君子得舆”，民所载也。“小人剥庐”，终不可用也。

无君子则世无与立，阴虽盛，不能不载君子。“小人剥庐”，亦何所用乎？徒自失其依止而已。郑忆翁云：“天下皆秋雨，山中自夕阳。”

䷗复　震下坤上

复。亨，出入无疾，朋来无咎。反复其道，七日来复，利有攸往。

还归其故曰“复”。一阳初生于积阴之下，而谓之复者，阴阳之撰各六，其位亦十有二，半隐半见，见者为明，而非忽有，隐者为幽，而非竟无，天道人事，无不皆然，体之充实，所谓诚也。十二位之阴阳，隐见各半，其发用者，皆其见而明者也。时所偶

①群阴极盛：岳麓书社本作“群阴盛极”。

值、情所偶动，事所偶起，天运之循环，事物之往来，人心之应感，当其际而发见。故圣人设施以察其事会情理之相赴，而用其固有之理，行其固然之素位，所谓幾也。幾者，诚之幾也，非无其诚而可有其向也。是则爻见于位者，皆反其故居，而非无端之忽至矣。

然姤一阴下见，不可谓之复者，阳位乎明，阴位乎幽，阳以发，阴以居，道之大经也，则六位本皆阳位，阴有时践其位，而固非其位，故阳曰复，而阴不可曰复。且初、三、五，本阳位也，积阴犹盛，而阳起于初，得其所居，亦有复之义焉。

阳一出而归其故居，则不可复御，阴得主而乐受其化，故“亨”。自幽而出见曰“出”；入乎积阴之下，而上与阴相感曰“入”。“疾”，患也。一阳初发，为天心始见之幾，致一无杂，出无疾也；一阳以感群阴，阴虽暗昧，而必资阳以成化，情所必顺，入无疾也。“朋”谓五阴相连而为党也。“来”，下相接也。阴犹极盛，疑有咎焉，而阳震起于下，以受阴而入与为主，则朋阴之来，非以相难，而以相就，固无咎也。

以人事言之：在事功，则王者不易民而治，而圣作于创业之始，多士多方，虽繁有其徒，皆抚之以消其疑贰；在学术，则君子不绝欲以处，而仁发于隐微之动，声色臭味，虽交与为感，皆应之以得其所安，不患朋之来，而特在初幾之贞一尔。

“反复其道”者，言有反有复者其道也。诚之所固有、幾之所必动也。七者，少阳之数。数极于六，不可复减，必上生至于七，而阳复萌也。天道之固然，即人事之大顺。由此以往，愈引愈出，而阳益生，皆一阳震起之功也。率此而推行之，世无不可治，而人无不可为尧舜也。

嵩焘案：“出入”当为二义，天地之道浸，故阴阳胜。浸出、

浸入以渐相交，以道言之，阴阳消长则为剥。复以天地之化言之，出入皆阳所自为，何疾之有？“反复其道”，终则有始，“七日来复”，天行有常，一消一息以生万物。阳为阴主，有出入而无绝息，此天地之心也。船山以阳动为出，以感群阴为入意，主初九一爻言之。而于“出入无疾”，义终隔也。

《彖》曰：复亨，刚反。

复之亨，以刚之反于位也。

动而以顺行，是以“出入无疾，朋来无咎”。

以动而行乎顺之中，则于己无患其孤，而物虽颐，不足以相碍。故特患其不动耳，无忧物之不顺也。

“反复其道，七日来复[①]”，天行也。

天之运行恒半隐半见。日过一度，周而复出于地，于此可想阴阳具足，屈伸于幽明，而非有无也。“七日”者，数极则反之大概；旧说谓自姤至复，于《易》卦、天数俱不合，今不从之。

嵩焘案：程沙随言：“阳极于九而少阴生于八，阴之义配月；阴极于六而少阳生于七，阳之义配日。”《朱子语类》亦称“八月”、“七日”只取七、八之义。王氏引之言：“《震》六二‘震来厉，亿丧贝，跻于九陵。勿逐，七日得’，《既济》六二‘妇丧其茀，勿逐，七日得’。丧而复得，皆以七日为期。盖日之数十，五日而得其半，不及半则称三日，过半则称七日……复为刚反，而[②]

①复：嘉恺抄本无“复”字。

②而：当为误写，王引之《经义述闻》为“有”。

去而复来之象。”《易》言七日、三日例，皆如此。

“利有攸往”，刚长也。长，上声。①

不动则渐向于消，动则必长。往而进焉，继起之善，相因必至，故虽一阳乍生，而可谓之长。

复其见天地之心乎。

此推全体大用而言之，则作圣合天之功，于复而可见也。人之所以生者，非天地之心乎？见之而后可以知生，知生而后可以体天地之德，体德而后可以达化。知生者，知性者也。知性而后可以善用吾情；知用吾情，而后可以动物。故圣功虽谨于下学，而必以“见天地之心”为入德之门。天地之心不易见，于吾心之复幾见之耳。天地无心而成化，而资始资生于形气方营之际，若有所必然而不容已者，拟之于人，则心也。

乃异端执天地之体以为心，见其窅然而空、块然而静，谓之自然，谓之虚静，谓之常寂光，谓之大圆镜，则是执一嗒然交丧、顽而不灵之体以为天地之心，而欲效法之。夫天清地宁，恒静处其域而不动，人所目视耳听而谓其固然者也。若其忽然而感，忽然而合，神非形而使有形，形非神而使有神，其灵惊应机②。鼓之荡之于无声无臭之中，人不得而见也。乃因其耳目之官有所窘塞，遂不信其妙用之所自生，异端之愚，莫甚于此。而又从为之说曰：此妄也，不动者其真也。则以惑世诬民，而为天地之所弃，久矣。

故所贵于静者，以动之已亟，则流于偏而忘其全，故不如息

①长，上声：岳麓书社本作“长，知两反”。
②灵惊应机：岳麓书社本作“灵警应机”。

动而使不流，而动岂可终息者也哉！使终息之，而槁木死灰之下，心已丧尽。心丧而形存，庄周所谓“虽谓之不死也奚益”，而不知自陷其中也。程子曰：“先儒皆以静为见天地之心，不知动之端乃天地之心。”非知道孰能识之！卓哉其言之乎！

自人而言之，耳目口体与声色臭味，皆立于天地之间，物自为物，己自为己，各静止其域而不相摄，乃至君臣、父子、兄弟、夫妇，各自为体而无能相动，则死是已。其未死而或流于利欲者，非心也。耳目口体之微明浮动于外，习见习闻，相引以如弛，而反诸其退藏之地，则固顽静而不兴者也。阳之动也，一念之幾微发于俄顷，于人情物理之沓至，而知物之与我相贯通者不容不辨其理，耳目口体之应乎心者不容于掩抑，所谓恻隐之心是已。恻者，旁发于物感相蒙之下；隐者，微动而不可以名言举似，如痛痒之自知，人莫能喻也。此幾之动，利害不能摇，好恶不能违，生死不能乱，为体微而为用至大；扩而充之，则忠孝友恭、礼乐刑政，皆利于攸往而莫之能御。则夫天地之所以行四时、生百物，亘古今而不息者，皆此动之一幾，相续不舍，而非窅然而清，块然而宁之为天地也，审矣。

邵子之诗曰：“一阳初起处，万物未生时”，其言逆矣。万物未生处，一阳初起时，乃天地之心也。然非特此也。万物已生，而一阳之初起，犹相继而微动也。又曰：“玄酒味方淡”，是得半之说也。淡可以生五味，非舍五味而求其淡也。又曰：“大音声正希”，则愈非矣。希声者，声之馀也，是剥上之一阳也。金声而后玉振之，帝出乎震，声非希也，限于耳官之不闻而谓之希也。其曰“天心无转移”，则显与“反复其道”之旨相违矣。天地之心，无一息而不动，无一息而非复，不怙其已然，不听其自然。故其于人也，为不忍之心，欲姑置之以自息于静，而不容已。而岂大死涅槃、归根复命、无转无移之邪说所得与知哉！是则耳目口体止其官，人伦物理静处其所，而必以此心恻然悱然、欲罢不能之初幾，为体天地之心而不昧。自其不流于物也，则可谓之静，而固非淡味希声以求避咎也。

是心也，发于智之端，则为好学；发于仁之端，则为力行；发于勇之端，则为知耻；其实一也。阳，刚之初动者也；晦之所以明，乱之所以治，人欲繁兴而天理流行乎中，皆此也。一念之动，以刚直扩充之，而与天地合其德矣，则“出入无疾，朋来无咎”，而攸往皆利。故曰：作圣合天之功在下学，而必于此见之也。

《象》曰：雷在地中，复。先王以至日闭关，商旅不行，后不省方。

“至日”，冬至也。“后”谓诸侯。“省方”，行野而省民事也。雷在地中，动于内以自治，而未震乎物。民以治其家，君以治其朝，而无外事焉，所以反身自治而立本也。言“至日”者，自至日为始，尽乎一冬之辞。若云但此一日，则商旅暂留于逆旅，愈羁縻而不宁；后之省方，岂旦出暮归而但此一日之不行乎？民则至日以后，寒极而息，以养老慈幼，而勤修家务；后则息民于野，而修明政事，俟始和而颁行之，皆动于地中之象也。

自京房卦气之说，以冬至一日当复之初爻，限十二卦为十二月之气，拘蔽天地之化于十二卦之中，既无以安措馀卦，则又强以六日一爻文致之，说愈不通。使其果然，则冬至后之六日，何以为“迷复之凶”耶？又云：七日来复，自姤数之”，则十二日而卦变尽，又自相戾悖矣。以冬至一日闭关为义，谓应时令，观值八月，阴气方盛，又何日独宜“省方”？姤当夏至阴生，又何宜

"施命"哉？天之有四时十二月中气，自其化之一端；而八卦之重为六十四卦，又别为一道，相错而各成其理，并行而不相袭，自不相悖，造化之神所以有恒而不可测也。京房者何足以知此哉！其说行，而魏伯阳窃之以为养生之术，又下而流为炉火彼家之妖妄，故不可以不辨。

初九，不远复，无祗悔，元吉。

"不远"，速而近也。"祗"，语助辞，言不至于悔也。初爻为筮之始画，一成象而阳即见，故曰"不远"。推之于心德，一念初动，即此而察识扩充之，则条理皆自此而顺成，不至于过而有悔，此乾元刚健之初幾，以具众理，应万事，而皆吉矣。

《象》曰：不远之复，以修身也。

"身"者，最其不远者也。乃动而出以应物，得失休咎，听之物而莫能自必，虽刻意求善，而悔亦多矣，何也？得物感而始生其心，后念之明，非本心之至善也。方一起念之初，毁誉吉凶，皆无所施其逆亿，而但觉身之不修，无以自安，则言无过言，行无过行，卓然有以自立矣。以诚之幾，御官骸嗜欲而使之顺，则所谓"为仁由己"、"不下带而道存"也。

六二，休复，吉。

人依树荫以休曰"息"。六二柔而得中，下近于阳，乐依其复，所谓"友其士之仁者"，与吉人居，则吉矣。

《象》曰：休复之吉，以下仁也。

屈意而乐亲之曰"下"。不远复以修身，仁人也。下与之依，故吉。凡阴居阳上，类以“乘刚”为咎，此独言下而非乘者，一阳下动，以资始之德震动群阴，非阴之敢乘，而五阴顺序以听其出入，无相杂以相亢，静以待动，其德不悖也。《易》之不可以典要求也，类然。

六三，频复，厉无咎。

“频”与“濒”通，字从涉，从页，隶文省水尔，近而未即亲之辞。六三去初较远，不能如二之下仁，而与震为体，进而临乎外卦，其于复道不远矣。然必严厉自持，不与上六相应，而后“无咎”。以柔居刚，非一于柔者，故可有“厉”之象焉。

嵩焘案：《说文》：“频，水厓，人所宾附，频蹙不前而止。”郑元本作“颦复”。《说文》：“颦，涉水颦蹙。”是“频”本训水厓，而以频蹙为义，又假借作“频数”。《玉篇》：“急也。”《广雅》：“比也。”三体刚远阳，有烦急之意，故曰“厉”。二之“休复”，利而行也。三之“频复”，困而行也。

《象》曰：频复之厉，义无咎也。

义不得与阴相昵，而上应“迷复”也。

六四，中行独复。

就五阴而言之，四为中矣。处上下四阴之中，四阴环拱，欲奉之为主，幾于不能自拔。乃柔而得位，又为退爻，舍同类而下应乎初，乐听其复。不言吉者，卓然信道，非以谋利计功，不期乎吉者也。

《象》曰：“中行独复”，以从道也。

初之德仁，而又其正应，道所宜从也。

六五，敦复，无悔。

六五居尊位，疑可以与阳相亢，不听其复，乃为坤之主，厚重自持，则阳方长而己不拒，静以听动，无悔之道也。

嵩焘案：项平甫云："《临》以上六为'敦临'，《艮》以上九为'敦艮'，皆取积厚之极。复于五言'敦复'者，《复》上六迷而不复，故复至五而极。"大抵"敦"只训"厚"。四已应阳，五复从之，皆积厚之义也。

《象》曰："敦复无悔"，中以自考也。

"考"，省察也。位虽居中，而度德相时，自省其不足，而顺静以退听，孰审于贞邪以待治，何后悔之有！

上六，迷复，凶，有灾眚。用行师，终有大败，以其国君凶，至于十年不克征。

四处群阴之中而退听，五履至尊之位而大顺，皆不禁阳之来复。上六远阳已甚，恃其荒远，欲为群阴之长，亢而不屈，不度德，不相时，迷而凶矣。初方奋起，震群阴而施化，朋来无咎，固无所猜疑于上六而惩创之。而上六既反天道，人不致讨，天且降以水旱之灾，薄蚀之眚，乃亢极而无自戢之情，怙其阴险，复行师以与初争胜败，师丧而命之不保，必矣。上六非天子之位，故称国君，诸侯之负固不服者也。"至于十年不克征"，谓初九荡平之难也。隗嚣死而陇右不下，陈友谅殪而武昌未平，其象也。以学者之治身心言之：仁之复也，物欲之感皆顺乎理，而馀习存于幾微，不易消除，非义精仁熟，仍留未去，故程子有"见猎心喜”之叹。克之之难如此，特为初九重戒之。

嵩焘案：《豫》与《复》皆以一阳主众阴，有师象，故皆言“行师”。荀慈明云：“阳息上升，必消群阴，故终有大败。坤为邦国，乾为君，灭藏于坤，故以其国君凶……阴数极于六，而七又为乾之始，阳数极于九，而十自为坤之终。十年者，坤终之象也。”

《象》曰：迷复之凶，反君道也。

非君道而欲为之君，群阴且不从，况阳之震起者乎！

䷘无妄　震下乾上

无妄。元亨利贞。其匪正有眚，不利有攸往。

“无妄”云者，疑于妄而言其无妄也。若非有妄，则不言无妄矣。时当阴积于上，阳秉天化，以震起而昭苏之，则诚所固有之幾也。乃此卦天道运于上，固奠其位，二阴处下，非极其盛，而初阳震动，非以其时，理之所无，时之或有，妄矣。然自人而言则见为妄，自天而言，则有常以序时，有变以起不测之化，既为时之所有，即为理之所不无。理，天理也。在天者即为理，纵横出入，随感而不忧物之利，则人所谓妄者，皆无妄也。君子于天之本非有妄者，顺天而奉天时，于妄者深信其无妄，而以归诸天理之固有，因时消息以进退，而不敢希天以或诡于妄。故天道全于上，天化起于下，元亨利贞，四德不爽。而其动也，非常正之大经，于人或见为“眚”。若日月之运行，自有恒度，诚然不相凌躐，而人居其下，则见为薄蚀，必退而自省，不敢干阴阳之变，以成人事之愆，所以“不利有攸往”。言其“匪正”者，未尝非元亨利贞之道，而特非人所奉若之正也。故曰：无妄，灾也；非天有灾，人之灾也。

嵩焘案：无妄者，天之变也。阳气积于上，为阴所隔，雷震而阳气始通，故雷行亦天之常，而人得之为变。雷始渍薄，天行亦为之回荡。匪正者，变也。其变也，天行之无妄者也。乾、震合德，故四德备焉。未变、未宁静以俟命，君子之道也。

《彖》曰：无妄，刚自外来，而为主于内。

外卦皆阳，阳与阳为类，而一阳离其群。间二阴而在下，以主阴而施化。又自遯之变言之，九三之阳，入而来初，于将遯之世，反归于内，以主二阴。其来也，欲以为主，非无情也。有情，则虽不测之变，而固非妄矣。

动而健，刚中而应，大亨以正，天之命也。

其动也，承健而动。五刚中而二应之，不失其正，则非无所禀承而动者。虽非时序，而承天固有之四德，惟其所施而可矣。天道有恒而命无恒，故曰："莫非命也，顺受其正者，存乎君子尔。"

"其匪正有眚，不利有攸往"，无妄之往，何之矣？天命不祐，行矣哉！

"其匪正"者，即此"大亨以正"之命，而有时不循其常，人不与之相值，则于人非所应受之命也。夷齐不遇虞、夏之世，孔子不与三代之英，天命自成其一治一乱之恒数，而于君子则为变。日月之眚，当其下者不利，亦此理也。昧其变而不知止，谓天命实然，或随时以徼利，或矫时而冥行，则违人情、悖物理，所往必穷矣。天之命本非祐己，而可行已哉？

盖天之大命，有千百年之大化，有数十年之时化，有一时之偶化；有六合之大化，有中土之时化，有一人一事之偶化。通而计之皆无妄，就一时一事而言之，则无妄者固有妄也。有所祐、有所不祐者，圣人不能取必于天，况择地相时以自靖之君子乎！人子之于父母也，小杖则受，大杖则走。命之以非己所当为，则夫已多乎道。非是则不足以事亲，亦此道尔。

嵩焘案：非常之变，圣人之所惧也。王者，象天之豫以行赏，象天之怒以行罚，一因天道之自然。自然者，常也，可以无妄名也。法天之无妄以往而图功，则亦人为之妄矣，天其祐之哉！故测无妄之幾者，圣人犹难之；圣人法天之常而不敢法天之变也！

《象》曰：天下雷行，物与无妄。先王以茂对时，育万物。

“茂”，盛也。“对”，犹应也。雷承天而行发生之令，不必有定方定候，而要当物生之时。物与之无妄者，物物而与之，启其蛰，达其萌，灵蠢良楛无所择，而各如其材质，皆不妄也。以无择为盛，以不测为时，此其为无妄者，虽若有妄，而固无妄也。先王不以此道用之于威福，恐其刑已滥而赏已淫，虽自信无妄，而必有妄矣。惟因万物之时，天所发生之候，行长养之令，金、木、水、火、土、谷惟修，草、木、鸟、兽咸若，使之自遂其生，则道虽盛而无过。然所谓“对时”者，因天因物以察其变，非若吕不韦之《月令》，限以一切之法也。

嵩焘案：“物与无妄”，不测之神，万物应之以昭苏于时则变也。王者，用其变之常以“对时育物”。“物与无妄”，可以知无妄之时义也。

初九，无妄，往吉。

无妄之“不利有攸往”者，业已成乎无妄之世，更不可往也。“往吉”者，以其无妄而往也。初九承天之命，以其元亨利贞之德信诸心者，动而大有为，立非常之功，如伊尹之放太甲，孔子以匹夫作《春秋》，行天子之事，则先天而天弗违，往斯吉矣。

《象》曰：无妄之往，得志也。

心安而人莫不服。

六二，不耕获，不菑畬，则利有攸往。

田间岁而垦曰“菑”。岁耕成熟曰“畬”。不耕而获，不垦而熟，有代之于先者也。初九为震之主，以其不妄之诚，创非常之业；二柔得位而居中，虽与震为体，而动不自已，静听以收其成，则往而利。言“则”者，戒占者之勿效人动而亦动也。无妄之为，非诚信于己者，不可躬任其事。自初而外，皆以安静为得。不然，则虽合义守贞，而固匪其正也。

《象》曰：“不耕获”，未富也。

不言“菑畬”者，义同则举一而可括也。不耕而获，其所收者亦薄矣。惟不贪功利，故能以静御动而往利。

六三，无妄之灾，或系之牛，行人之得，邑人之灾。

此以《遁》之变而言也。“或系之牛”，《遯》之所谓“巩用黄牛之革”也。“行人”谓初九，“邑人”则三固居其位者也。二欲系阳于三，而阳来居初，为初所得，三以柔不当位，而外卦之健行且责其不敏，故“灾”。灾，自外至者也，非三之自取，初使之然，程子所谓“无妄之祸”也。

嵩焘案：灾自内生曰“眚”，自外曰“灾”。上九之眚，无妄之穷也，自灾者也。六三之灾与上九应而受其灾者也。坤为牛，震体坤而动于下。六三犹坤体也，故“或系之牛”，与上九应而为上所得，则三实承其灾，盖无妄之世不可以图功。天阳方动而观变趋时，圣学方基而计功谋利，一与物感而急应之，徒贻其灾而已。

《象》曰：行人得牛，邑人灾也。

邑人之有罪而蒙灾，妄也。然失牛于其邑，不责其人而谁责？则亦非妄也。灾既非妄，安受其咎可矣，故不言凶。

九四，可贞，无咎。

四与初相应，以刚济刚，非能静以处无妄者。然动以诚动，有唱必有和，有作之者必有成之者，谅其诚而与同道，亦不失其正而得无咎。“可”者，仅可之辞。

《象》曰：“可贞无咎”，固有之也。

动而无妄，固有其事，则抑固有其理。谅其非妄而与之相济可尔。

九五，无妄之疾，勿药有喜。

天位至尊，而初拥震主之威，以立非常之功，五之疾也。然五中正得位，坦然任之，而不疑其妨己，而亟于施治。初九之志，本非逼上，功成而坐受其福矣！

《象》曰：无妄之药，不可试也。

疑之则姑试之，不知其疾固无妄者，可勿药也。成王之于周公，始试药之而四国乱，终勿药而王室安。

上九，无妄行有眚，无攸利。

初以阳刚震起，代天而行非常之事。上九晏居最高之地，处欲消之势，不能安靖以抚驭之，而亢志欲行，则违时妄动，自成乎“眚”而“无攸利”矣。

嵩焘案：无妄惟初阳之动，宜有所往；二比初，与之俱动；自三以上皆戒以静守。盖无妄者，初幾之动者也。动而有所附益，则无妄以赓续而穷。四、初相敌，以保其贞；五、二相感，以婴其疾。天心之无妄，不可杂之人为，五虽疾任之无心，而固未有眚也。三与上赓续，而有行其无妄也，乃其所以为灾眚也。

《象》曰：无妄之行，穷之灾也。

时已过，位已非其位，权已归下，恃其故常而亢志以行，高贵乡公之所以自毙也。

☶☰大畜　乾下艮上

大畜。利贞，不家食，吉，利涉大川。①

“大”，阳也。大畜，以阳畜阳也。艮者，乾道之成，以止为德，以一阳止二阴于中，而因以止乾，其用虽柔，而志则刚。用柔以节乾之行于内，所以养其德而不轻见，待时而行，则莫之能

①此卦辞漏写。

御矣。乾畜美于内，精义以尽利，敦信以保贞，备斯二德，皆艮止之功也。不及元亨者，止而未行，长人之德未施，云雨之流形有待也。“不家食”者，受禄而道行也。以刚健大有为之才，止而聚于内，以不苟于行，家修之事也；而止之者，将以厚其养而大用之，待其汲引以进，与艮之一阳，志道合而利见，受禄不诬矣。“利涉大川”者，健于行而姑止，止之者又其同志，以之涉险，蔑不济矣。小畜，畜之者之志异，故相持而不解。大畜，畜之者之道同，故相待而终行。

《彖曰》：大畜，刚健，笃实辉光，日新其德。

赞大畜之德，其美如此其至也。“刚健”，乾之德也。“笃实辉光”，艮之德也。艮所以为笃实者，阴道敛而质，静而方，止于内而不亢，则务本敦信之道也。乾之刚健，力行不倦，而艮以静敛之，又以光昭之志，著见于外，使乾信其诚，而益务进修，日畜而日新矣。乾之六爻，外三爻，其功化也；内三爻，进德修业也。畜其德业，而不急于功化，则学问益充，宽仁益裕，德自日新而盛，其资于养者深矣。君子之自修，则韫玉以待沽；明王之造士，则誉髦以成德也。

刚上而尚贤，能止健，大正也。

“尚”，进也。刚出乎二阴之上，居高以倡，引阳而进之，以进之道止之，诱掖奖进，使精其义，故“利”。健行者恐过于敏，以止之道进之，使敦厚其德，非“大正”者不能，故“贞”。

“不家食吉”，养贤也。

养其德而使日新，则受以禄，而位与德相称而吉矣。

“利涉大川”，应乎天也。

有艮上一阳与乾合志，则踌躇以涉险，自有同心之助。乾秉天德，易以知险，有应则弥利矣！

《象》曰：天在山中，大畜。君子以多识前言往行，以育其德。识，式吏反。行，去声。

天者，资始万物之理气也。山虽地之形质，而出云蒸雨，生草木，兴宝藏，皆天气沦浃其中以成化。故天未尝不在山中，岂徒空虚上覆者之为天哉！山之广大，其畜天之气以荣百昌者，厚矣。君子安安而能迁，聚而能散，不欲多畜也。惟学问之事，愈多而愈不厌，皆足以养德，故取象焉。“前言往行”，亦人之美尔，而人受天之灵以生，言行之善，皆天理之著见，因其人而发也。能知人之善皆天之善，则异端忘筌蹄，离文字，以求合于虚寂，其邪妄明矣。

初九，有厉利已。

三阳具而后成乾，艮体具而后畜之也，涉险皆利。在一爻言之，则刚健欲行而不受止，此《爻》与《象》之所以小异也。乃以止道养人之德者，施于刚躁之动，自未能遽受，故日新之德，亦必抑志受止而后成，非骤止之而即受，则于三阳有戒辞，与《象》义亦不相悖也。初九阳刚始进，而四以柔止之于早，固有危厉不安之意，而戒之以利于已，已亦止也。

《象》曰：“有厉利已”，不犯灾也。

刚得其位，可以自信无害，乃出而有为，则物之险阻固不可知，见止而止，然后无伤。

九二，舆说輹。说，吐活反。

车，所载以健于行者，故取象焉。大畜之乾专言行者，对艮止而言，因时立义也。“輹”，车轴缚也。“说輹”，解其轴之缚。本不欲行；与小畜之“说辐”，欲行而车败异。九二居中，无躁进之心，遇六五之止而遂止，乃静退修德之象。不言吉凶者，力务畜德，志不存于利害。若占得者，虽于事觉无害有利，而意不欲行，则止之。

《象》曰：“舆说輹”，中无尤也。

居得所安，但求无过，不以进取为念。

九三，良马逐，利艰贞。曰闲舆卫，利有攸往。“曰”，《本义》云当作“日”；今按文义，读如字。

三以刚居刚，而为进爻，有良马之象。上九与合德而尚贤，养其才于已裕而延之进，可以骋矣。而四、五二阴居中为碍，未可遽以得志，故必知难而守正乃利。“曰”，戒令之辞。“舆”谓舆人。“卫”，从行者。九三进，初、二两阳且从之，其舆卫也。“闲”，防制之。使守其职也。已既艰贞，尤必申其戒令，使舆卫各有敬忌，而不失其度，乃“利有攸往”。

嵩焘案：“闲”当为“闲习”。《考工记》：“事有六等之数，戈也、人也、矛也、戟也、殳也、轸也，皆卫名。”舆以任重，卫以应变；舆以范其驰驱，卫以齐其攻伐，故曰“闲”。若防制之，岂得云“利有攸往”乎。以“舆卫”属人，谓指初、二两爻，恐失之。

《象》曰："利有攸往"，上合志也。

爻有以阴阳相应为合者，有以同类相得为合者，各因其卦。此谓上九与乾合也。

六四，童牛之牿，元吉。

施木于牛角以禁触，曰"牿"。初九始出之刚，而位乎下，故为"童牛"，及其童而牿之，《本义》谓"禁于未发之谓豫"是也。"元吉"者，吉在事先也。四应初而止之，故有是象。

嵩焘案：《说文》："告，牛触人，角箸横木，所以告人。从牛从口。"《易》曰："僮牛之告。"《释名》："山无草木曰童，牛羊无角者亦曰童。"《诗》："俾出童羖。"《毛氏传》："羖羊不童，童牛无角，何以能箸横木。"段氏玉裁因谓"僮牛，僮昏之牛，颇字涉牵强。"《说文》："牿，牛马牢。"牢，畜之制其出入，方为童牛，不得施木角端也。惠氏栋："牛、豕阴物，四、五两阴之象"。王弼："童牛象初，豮豕象二。"失之。《易》取象皆于本爻，且大畜养贤，岂以梏桎阳刚为用哉！"

《象》曰：六四元吉，有喜也。

施德教于初九，非豫期于获福，乃养士而收百年之用。小学而得上达之理，创业而致兴王之功，皆"喜"也。"喜"、"庆"皆自外至之辞，而"喜"乃中心之所悦，"庆"犹一时之嘉会尔。

六五，豮豕之牙，吉。

豕去势曰"豮"。豮则驯而牙不妄噬。六五应九二而畜之，九二刚不当位，有妄噬噬物之防，五豮之以制其暴，则刚柔相得而安，故“吉”。

嵩焘案：《尔雅》：“豕子，豬。豶，豮。么，幼”，童牛豮豕，正自为类，谓牛豕之稚者，皆艮象也。《埤雅》：“牙，杙也。海岱之间，以杙系豕，谓之牙。”虞仲翔《易》：“牙，杙也。豕子曰‘豮’。”郑康成读“牙”为“互”，《周礼》：“牛人供其牛牲之互。”注：“‘互’者，楅衡之属。”四、五两爻正对举为文，陆德明《释文》：“始与汉注异义，于文为曲矣。”

《象》曰：六五之吉，有庆也。

豕，不易制者也。《春秋传》曰：“封豕长蛇，荐食上国。”制其躁而使顺应，不期而至之“庆”也。

上九，何天之衢，亨。

“何”，负也。路四达曰“衢”。“何天之衢”，庄周所谓“负云气，背青天”也。艮之畜乾，非抑遏之也，止[①]其躁，养其德，以使裕于行也。至于上九，尚贤而与阳合德，乾德已固，引而上升，则三阳依负之以翱翔，左宜右有，惟所往而无不通矣。

《象》曰：“何天之衢”，道大行也。

“道”谓阳刚健行之道。

䷚颐　震下艮上

颐。贞吉。观颐，自求口实。

---

①止：岳麓书社本从守遗经书屋本、金陵本同改为“止”，嘉恺抄本为“正”。

颐之为卦，以卦画之象而立名。上下二阳，上腭下颔之象也。四阴居中，齿象也。颐之为体，下颔动以啮，上龈止而断之。震动于下，艮止于上，亦颔象也。颐所以食，而生人之养赖此为用，故为养也。“贞吉”，正乃吉也。天生百物五味以养人，非有不正者也。人之有唇舌齿颊以受养，亦本[①]岂有不正者哉？滋其生，充其体，善其气，凝其性，皆养之功也。颐卦之象，中虚而未有物，静以待养，初无纵欲败度之失。因乎其所必养，亦何患乎无饮食之正？而小体为大体之所丽，养小体者忘其大体，养大体者初不废小体，颐之贞何弗吉也？乃以其虚以待养，在可贞可淫之间，故戒之曰：所谓贞者，存乎观与求而已。观所可养而养之以养人，于可求而求之为口实以自养，则贞也，贞斯吉也。非是弗贞，而何易言吉也？

《彖》曰：“颐贞吉”，养正则吉也。

养其所当养则正，正则遍给天下之欲而非滥，以天下养一人而非泰，咸受其福矣。

“观颐”，观其所养也。

君子以养人为道者也，然岂以徇人之欲哉！既不吝于养人，而养君子，养小人，养老，养幼，人有等，物有宜，人子不以非所得奉之亲，人臣不以非所得奉之君，鼎肉不以劳贤者之拜，秉粟不以为继富之施，远宴乐之损友，惩淫酗之恶俗，食以时，用以礼，审察观度，而正不正见矣。

---

①本：守遗经书屋本与嘉恺抄本有此字，岳麓书社本从金陵本删。

"自求口实"，观其自养也。

君子谋道不谋食，非求口实者。然养资于天下之物，岂有不求而自至者哉！求之有道，则谋食即谋道矣。自其小者而言之，如《乡党》、《内则》所记烹割调和之皆有则，不以取一时之便而伤生，即不使不醇不适之物暴其气，而使沈溺粗悍以乱其性，则虽小而实大。自其大者而言之，九州之贡，可供玉食，而箪食豆羹，乞人不屑。故伯夷叔齐饿于首阳，而孔子疏食饮水，乐在其中。禹疏仪狄而为百世师，桓公亲易牙而国内乱。所系者大，而必慎之于微。审察观度，贞不贞、吉不吉，于斯辨矣。

天地养万物，圣人养贤以及万民。颐之时大矣哉！

此又推明颐之为道，本无不正，善观之则因其时、合其宜，不必如异端之教，日中一食，矫廉之操，死于嗟来，而后为贞。而民物之生皆厚德皆正。与天地养物之理通，而圣人之为元后父母亦即此以咸得也。①

《象》曰：山下有雷，颐。君子以慎言语，节饮食。

山下之雷，山上闻之，其声不正。古云：衡岳峰顶闻下雷声如婴儿。愚尝验之，隆隆隐隐，方动即止，信然。饮食言语皆由于口，言欲出而慎之，食欲入而节之，不宣志而导欲，常使如山下之雷，不迫不滥，枢机谨而心存，嗜欲制而理得，皆所以养德也。

---

①善观之则因其时、合其宜：岳麓书社为"善观之则时义甚大"；而民物之生皆厚德皆正。与天地养物之理通，而圣人之为元后父母亦即此以咸得也：岳麓书社本作"但使精于其义，合于其时，则与天地养物之理通，而圣人之尊贤、子百姓，亦不能舍以求治也"。

初九，舍尔灵龟，观我朵颐，凶。

以全卦立言，谓初为“尔”，“我”谓二上四阴也。“灵龟”，所从问得失者。初九，动之主，得失之幾在焉。本灵龟也，乃躁动而望四阴以垂颐，不自观而侈于物，宜其凶也。

嵩焘案：《虞氏易》：“‘灵龟’谓四；‘朵颐’，谓初。”程子《易传》：“‘我’谓六四”，以应言也。”项安世云：“‘我’谓上九，以卦主言也。”窃疑卦、爻言“我”，皆指本爻尔。谓筮者据全卦而言，颐具离象，离为龟，龟食息不妄动，故初以动而得凶。李鼎祚云：“‘朵颐’，颐垂下动之貌。”如诸家说，“我”指他爻。“朵颐”，仍系之初，于文为不顺矣。

《象》曰：“观我朵颐”，亦不足贵也。

观食垂颐，贱甚矣，而云“亦不足贵”者。《易》不为贱丈夫谋。若嵇、阮之流，以沈醉相尚，自谓为贵，而岂知其事止饮食，亦不足贵哉！王融云：“为尔寂寂，今邓禹笑人”，则尤“朵颐”之凶也。

六二，颠颐，拂经，于丘颐，征凶。

阳求，阴与。凡物之养人者，皆地产也；故初为自求养，二以上四阴为养人。“颠”，逆也。野人养君子，下养上，顺也；自上养下，逆也。“拂”，违也。“经”，上下相应之常理。“邱”，高也，谓五也。二与五为正应，义当上养，即使下养小人，亦必承君命以行而不敢专；今见初之贪求，就近与之相感，拂君臣令共之大义，不奉命而市私恩，行必凶矣。陈氏厚施于民以夺齐，其免于凶，幸也。汲黯矫诏发粟，史氏侈为美谈，揆之孟子搏虎之喻，则固人臣之所不得为，亦凶道也。

嵩焘案：初、上二阳为颐之主，中爻两言“颠颐”，皆从初为养，两言“拂经”，皆从上为养。《说文》：“拂，过击也。”三应上，五比上，故谓“拂”。《小尔雅》：“颠，殒也。”《释名》：“颠，倒也。”二比初，四应初，故为“颠”。六二“颠颐”，又为“拂经”者，应五以从乎上，与初俱动而志上行，故以征为凶。六三“拂经①以贞为凶”者，凡爻进则为征，止则为贞。三与上应，而上方以止为义，三乃止于内而与初、二俱动。颐分上、下二体，下体动而凶，上体止而吉。三处动之极，故凶；受止于上，故勿用。四与艮止同体，故“颠颐”而亦为吉。船山以六二之“拂经”为拂六五之命，以六五之“拂经”为不与二应。“拂”，上养下之常经，是同文而异训也。既云“下养上顺也，上养下逆也”。又云“拂，上养下之常经”，亦自相背戾矣。

《象》曰：六二征凶，行失类也。

掠美市恩，上且为君所恶，下且为同事所侧目矣。

六三，拂颐贞凶，十年勿用，无攸利。

“拂颐”，拂人待养之情而不养也。六三与震为体，初之所望养者也，乃位刚志进，而与上九之尊严静止者相应，拂初而不与之颐。当多欲之世而吝于与，虽异于二之市恩徇物，为得其“贞”，亦“凶”道也。小人之欲不可徇，亦不可拂，上既刚正不受其养，又拂小人之情欲，绝物以居，无用于世，故“无攸利”。不能利物，不合义矣。《易》屡言“十年”，要皆终竟之辞。仅言

①拂经：疑为“拂颐”。

“十年”者，《春秋传》谓筮短龟长，以此。圣人不终绝人，而天道十年一变，得失吉凶，通其变而使民不倦。筮不占十年以后，其意深矣。蓍之短，愈于龟之长也。

《象》曰：“十年勿用”，道大悖也。

颐以养人为道，拂而不养，悖于“观颐”之道。

六四，颠颐，吉。虎视耽耽①，其欲逐逐，无咎。

六四正应乎物而施之养，以上养下，亦“颠颐”也。当位而养其所应养，故吉。“虎视”谓初九。“耽耽”，垂耳貌。虎怒噬则耳竖，耽耽，顺而有求也。初九刚躁，本虎也，以有“逐逐”之欲，媚养已者。四以养抚之，疑于徇小人之欲，然居其位而以君子畜小人之道使之驯服，则固无咎。

嵩焘案：《虞氏易》：“‘耽耽’，下眎貌。眎，初逐逐，心烦貌。‘其欲逐逐’，应初之专。”项氏安世云：“虎行垂首下视地，应初为地位。”阳主理、阴主欲。中爻四阴，人欲相叠，“逐逐”象也。六四之“颠颐”，与初为应。而云“上施光”者，与上同为艮体，为上所止，视初之“朵颐”而欲逐之，而终不能离。上体以与初俱动，习与君子居，虽为小人所诱，而固不至于乱，故“无咎”。

《象》曰：颠颐之吉，上施光也。

上谓四居上而临初也。光者，君子有养民之道，非以徇小人，

①耽耽：守遗经书屋本、金陵本同，应依岳麓书社本为“眈眈”，下同。

其志光大[1]。

六五，拂经，居贞吉，不可涉大川。

六五不与二应，拂上养下之常经，而比于上九，以成止体，以之处常得正而吉。然不厌小人之欲，则缓急无与效力，以之涉险，危矣哉！武王伐殷，散钜桥之粟；汉高推食解衣，而韩信效死。饮食之于人，大矣。勿以己之居贞而强人同己，君子达人情，而天下无险阻矣。

嵩焘案：项氏安世云："六五柔弱，待人而养，非济难之才；上九养人，故能济大难。成王、昭帝，非济难之君；能济难者，周公震[2]光也。"故五不可涉大川而上九任之。《豫》以九四成卦，故九四曰"由豫"；《颐》以上九成卦，故上九曰"由颐"。

《象》曰：居贞之吉，顺以从上也。

能顺乎上，则可以安其居矣。

上九，由颐，厉吉，利涉大川。

人知下颐之动，以啮物而效养，不知非上颐之止，则动者无所施。故颐之为功，必由乎上。上九以刚居高，为艮止之主，静正无欲，止动于发。其以自养者正，则德威立而人不敢妄干之。所施养于人者罔非其正，吉道也。以之涉险，正己无私，不贪利而妄动则无不利。涉险者虽务得小人之情，而必端严以自处，诸葛孔明所谓"宁静可以致远"也。

---

①光大：岳麓书社本作"光明"。
②震：当误，《周易玩辞》原文为"霍"。

《象》曰："由颐厉吉"，大有庆也。

不期人之顺己而人自服。

䷛大过　巽下兑上

大过。栋桡，利有攸往，亨。

卦之六位，初在地下，潜藏未见，有体而不能用，上寄居天位之上，不近于人，有用而体托于虚；皆物之所不乐居也。中四爻出于地[①]上，人效其能，而登天位，固为阳之所宜处；而天之化、人之事、物之理，无阳不生，无阴不成，无理则欲滥，无欲则理亦废，无君子莫治小人，无小人莫事君子，而大过整居于内，既据二、五之中，复据三、四人位以尽其才，摈二阴于重泉之下、青霄之上，岂非阳之过乎！

大过、小过之象，皆以三、四为脊，中竦而两迤于下。拟之以屋，三、四其栋，初、上，下垂之宇也。阳之性亢，栋竦而高，上下柔弱，故为"栋桡"。恃其得位乘权，为可久居，则终于桡。"利"，宜也。宜往交于阴以相济而后"亨"。二、五利而无咎，住之利也。

乾之积阳甚于大过。而非过者，十二位之在幽明，各司其化，莫阳于明，莫阴于幽，阴不自失其居，故阳可无过。《大过》业延阴以效用，而又置之疏远，故过也。《夬》之所以非过者，阳方盛长，阴留不去，非阴方出而厄之也。《姤》之所以非过者，阴起于阳，阳有住势，非据止天位而不思迁。所以惟此一卦为大之过也。

①地：守遗经书屋本、岳麓书社本同，金陵本、太平洋书店本作"阴"。

《彖》曰：大过，大者过也。栋桡，本末弱也。

初、上皆下垂者，而上有末之象焉。又自下承上则谓之本，自上垂下则皆谓之末。

刚过而中，巽而说行，利有攸往，乃亨。说，弋雪反。

二、五中位正，而与初、上相比，下交成巽，以受其人；上变成兑，而相说以行，则可节其过而亨。非然，未有能亨者也。

嵩焘案：毛氏奇龄云："二居内卦之中，五居上卦之中，三、四又居诸刚之中。过不失中，内巽外说。不行则已，行则所往皆利。"按：二、五中位而曰"过"，而"中"，当举全卦言之。

大过之时大矣哉！

独言其时大者，谓其时为成败兴衰所难必之时，不易处也。君子居得为之位，小人失职而远出，非甚盛德，鲜不激而成害也。

《象》曰：泽灭木，大过。君子以独立不惧，遯世无闷。

"灭"，湮而欲沈之也。泽欲灭木，木性上浮，终不可抑。君子之行，独立于流俗之表，世不见知而不惧不闷，抑之而愈光，晦之而弥章，不嫌于过刚。若处得为之时，交可与之人，则不可过也。

初六，藉用白茅，无咎。

"白茅"，茅之秀也，柔洁而朴素。古者祀上帝于郊，扫地而祭，以茅秀藉俎笾，所以致慎，而不敢以华美加于至尊。初六承积阳于上，卑柔自谨，有此象焉。君子守身以事亲，如仁人之享帝，求无咎而已。

《象》曰："藉用白茅"，柔在下也。

位在积刚之下，故以柔为美。则栋之桡，非己不克承之咎，过在大也。

九二，枯杨生稊，老夫得其女妻，无不利。

"杨"，阳木，阳亢则枯。"稊"，根下旁出之白荄。"女妻"，室女也。阳刚虽过，而二得中居柔，以下接于初之稚阴，故有此象。生稊则再荣，得女妻则可以育嗣。当过之世，而能受阴之巽入，故"无不利"。

《象》曰：老夫女妻，过以相与也。

自虑其太过，因而下交初柔而乐承之，刚柔调矣。

九三，栋桡凶。

三、四皆凸起而为栋者。三以刚居刚，躁于进而不恤下之弱，下必折矣。包拯用而识者忧其乱宋，不顾下之不能胜任，其能安乎！

嵩焘案：三、四居中为"栋"，本卦所取象，而三凶、四吉者，三重刚以成乎过，四居阴位，刚柔相济，有吉道也。三、四交相辅以皆刚，无相与之情，不可以有辅。三尸其凶，而四固不随之，以俱桡下谓三在四之下也，有他之吝戒之，以不从三也。何楷言：下卦上实而下弱，下弱而上倾。三居下卦之上，故曰"栋桡"。上卦上弱而下实，下实则可载。四居上卦之下，故曰"栋隆"，义相通。

《象》曰：栋桡之凶，不可以有辅也。

民者，上之辅也。过刚则人疑惧，事不立而怨作，谁与辅之！

九四，栋隆吉。有它吝。

四以刚居柔，虽隆而不亢；二、三两阳辅而持之，可保其隆。然外卦之体，以上爻为藉，上弱不足以胜任，亦不能有为矣。四退爻就内，故以上为“它”。

《象》曰：栋隆之吉，不桡乎下也。

不桡乎下，所吝在上耳。

九五，枯杨生华，老妇得其士夫，无咎无誉。

阳过已极，亢居尊位，下无相济之阴，惟上六与比而相悦，一时之浮荣也。故为“枯杨生华，老妇士夫”之象。五为主，以比于上，不言士夫得老妇，而言老妇得士夫者，五无就阴之志，上为兑主，悦而就之也。五得位得中，亦未有咎，而时过昵于非偶，则讪笑且至，必无誉矣。

《象》曰：“枯杨生华”，何可久也！老妇士夫，亦可丑也。

下无辅而求荣于上，终必危矣。亢极而屈于失所之孤阴，自辱而已。

上六，过涉灭顶，凶，无咎。

“过涉”，谓阳已过，而已涉之以出其上，如水盛涨而徒涉，必至于“灭顶”之凶。然过者阳也，非阴之咎也。上欲以柔济刚，而刚不听，反摈抑之于外。进柔和之说于刚严之主，以此获罪者多矣，其心可谅也。言“灭顶”者，卦以三、四为脊，覆乎上爻之上也。

《象》曰：过涉之凶，不可咎也。

志在济刚，道之所许。

☵坎　坎下坎上

习坎。有孚，维心亨，行有尚。

伏羲之始画卦也，三画而八卦成。及其参两而重之，阴阳交错，分为贞、悔二卦之象以合于一，而率非其故。然交加屡变，固有仍如乾坤[①]六子之象者。震得震，巽得巽，坎得坎，离得离，艮得艮，兑得兑[②]，贞、悔皆为六子之象，与他卦异。盖他卦为物化人事之变，随象而改；而雷、风、水、火、山、泽，易地易时，大小殊而初无异也，重者仍如其故。有以源流相因成象者，坎也；以前后相踵成象者，震也，巽也，离也；以上下相叠成象者，艮也；以左右相并成象者，兑也。相因、相踵、相叠、相并，而其形体、性情、功效无异焉，故即以其三画之德拟之，而仍其名以名之。此成象以后，见其不贰之物，变而必遇其常也。“习”，仍也。重卦八而独加习于坎者，举一而概[③]其馀也。

坎内明而外暗，体刚而用柔，藏刚德于主阴之原而不可测，故为坎坷不平之象，而效于化者为水。自其微而言之，则呵嘘之

---

①乾坤：岳麓书社本据守遗经书屋本、金陵本补。

②震得震，巽得巽，坎得坎，离得离，艮得艮，兑得兑：岳麓书社本作“震得震，巽得巽，坎得艮，离得兑，艮得坎，兑得离”。

③概：岳麓书社本从各印本改为“概”，嘉恺抄本为“举”。

蒸为湿者，气甫聚而未成乎涓滴，皆含坎之性，而依于阴以流荡于虚，固不测也。及其盛大，则江海之险而难逾，亦此而已。若其流行之处，则地之不足而为泽以受水，犹其有馀而为山以积土。故坎、兑分配焉。阴之凝也，坚浊以静，而为地之形。阳之舒也，变动不居，而为天之气。故曰阴静而阳动。阳非无静，其静也，动之性不失。阴非无动，其动也，静之体自存。水亦成乎有形者矣，而性固动；静则平易而动则险，已成乎形而动者存，是静中之动，幾隐而不易知者也。坎之德亦危矣哉！而阴阳必有之幾，天地所不能无，虽圣人体易简以为德，亦自有渊深不测、静以含动之神，则抑非但机变之士，伏刚于柔中以为陷阱者然也。坎而又坎，其机深矣。而圣人于《易》，择取元化之善者以为德，而不效其所不足，故特于刚中之象，著其“有孚”，谓其刚直内充，非貌柔以行狙诈，而易以溺人者之足贵也。若老氏曰“上善若水”，则取其以至柔驰骋乎至刚，无孚之坎，为小人之险，岂君子之所尚哉！

“维心亨”者，外之柔不足以亨，而中之刚乃亨也。以刚中惇[①]信之心行乎险，而变动不居者，皆依有形之静体而不妄，则“行”可有功而足“尚”。君子所贵乎坎者，此也，孟子所谓“有本”也。

《象》曰：习坎，重险也。重，直龙反。

“重险”则嫌于不诚，故以下文释之。

水流而不盈，行险而不失其信。

---

①惇：岳麓书社本作“敦”。

此释“有孚”之义。水之性险，故专以水言。自其著者而言之，所以见坎固天地自然之化，非人为机诈之险也。水有流有止，坎者其所止也，而洊至于重坎，则流也。流则易淫泆而逾其所居，变诈之所以叵测也。而水不然，虽流而必依其所附，在器止于器，在壑止于壑，不逾其涯量，以凭虚而旁溢，是阳之依阴以为质也。“行险”者，性虽下，而迂折萦回于危石巨碛以必达，乃至高山之伏泉，渴乌之吸漏，不避难而姑止，而往者过，来者续，尽其有以循物不违，此水之有孚者也。善①体此者以为德，则果于行而天下谅其诚矣。

“维心亨”，乃以刚中也。

“心”者，函之于以立本者也②。言乃者，明非外见之柔，可以涉险而得亨。

“行有尚”，往有功也。

不终陷于二阴之中，行而必达，润物而必济，故天下尚之。

天险，不可升也；地险，山川丘陵也。王公设险以守其国，险之时用大矣哉！

此又推言险亦自然不可废之理，而必因乎险之时，善其险之用，非凭险以与物相难也。天以不可升为险而全其高，非以绝人自私。地以山川丘陵为险而成其厚，非以阻人于危。王公以城郭沟池为险而固其守，非以负险而肆虐。用险者非其人，不可也。

---

①善：岳麓书社本从守遗经书屋本、金陵本改为“善”，嘉恺抄本为“吾”。

②函之于以立本者也：岳麓书社本作“函之于中以立本者也”。

《象》曰：水洊至，习坎。君子以常德行，习教事。[①]

此专取重险为水洊至之象而取义也。凡相仍而至者，必有断续，而水之相沓以至，盈科而进，不舍昼夜。君子之学诲以之，则不厌不倦。“常德行”者，月勿忘其所能。“习教事”者，温故而知新。

初六，习坎，入于坎窞，凶。

据全卦已成之象，以言一爻之得失，此类是也。当“习坎”已成之世，而以阴柔入于潜伏之地，将以避险，而不知其自陷也。

《象》曰：习坎入坎，失道凶也。

险已频仍，道在刚以济之；而卑柔自匿，不能忘机，葸畏已甚，必凶。

九二，坎有险，求小得。

二以刚居柔，虽中而未能固有其刚，诚信未笃，所行不决，如水之在源，有远达之志，而仍多迂阻，足以自保。而忧危亦甚矣。坎之内卦皆失位，故二虽中而未亨。离之外卦皆失位，故五虽中而多忧。

嵩焘案：《虞氏易》：“阳陷阴中，故‘有险’；据阴有实，故‘求小得’。‘小’者，阴也，谓据初阴。”何氏谓：“已在坎中，又前遇险……‘小’谓六三……承三而与之相得。”玩《象传》“未出中也”，兼初、三言之，初、三皆陷阳者。九二未失其中，

---

①岳麓书社本《象传》后有“行，下孟反”。

为阴陷而心固亨，反得阴之助也。

《象》曰："求小得"，未出中也。

未离乎中，故可以"小得"。而前有险而未能出，无以及物，故所得者小。

六三，求之坎坎①，险且枕，入于坎窞，勿用。

"之"，往也。"坎坎"，坎而又坎也。"险且枕"，下之险承之。"入于坎窞"，上且进而入于险也。当二险相仍之际，柔不能自决，波流来往于险中，徒劳而无能为也。

《象》曰："来之坎坎"，终无功也。

陷阳者阴也。阴之乘阳，三与上当之。乃三以柔居刚而为进爻，志不在于陷二，故异于上六之陷人而因以自陷。然徒怀济险之志而不能自拔，则固无功之可见也。

六四，樽酒簋贰句，用缶句，纳约自牖，终无咎。

"贰"字，《本义》从晁氏连"用缶"为句。今按：连上读为"簋贰"，自通。樽以盛酒，燕礼也。簋以盛黍稷，食礼也。"贰"，间也。陈樽酒而又设簋食，合而相间，非礼，而急于乐宾，情之迫也。"缶"，陶器，有虞氏所尚，器古而质朴，谓樽与簋皆瓦也。缶制下平而博，盛物能不倾者。纳物必于户，迫于纳而嫌其约，乃自牖焉。古之牖无櫺，故可纳。柔乘刚，则陷阳而险；承刚，则裁阳而使安。六四，柔居柔而当位，上承九五，故其象如此。

---

①求之坎坎：当依岳麓书社本作"来之坎坎"。

以水言之，则溪涧仰出、合流于大川之象；相孚而合，则且出险而夷。推其情之已笃，则虽俭不中礼，而江海不择细流，是以终得无咎。

坎之内卦言险，而外卦不言者，水险于源而流则平，故四、五为美，异于离火之下灼而上且灭也。方技家以言心肾之交，本此。

《象》曰："樽酒簋贰"，刚柔际也。

"际"，相交接也。柔居柔，以接当位得中之刚，故情迫而输诚恐后也。

九五，坎不盈，祇既平，无咎。

九五刚中得位，而处洊至之下游，所谓江海为百谷王者，流盛而不盈溢，此当之矣。既有盛大流行之德，则危石巨碛，皆所覆冒，而险失其险，至于平矣。虽疑于为阴所乘，而不得外见，然持之有道，进而有功，何咎之有！

《象》曰："坎不盈"，中未大也。

"大"者，自肆之意。刚中以动，而在二阴之中，含明内蕴，故无盈满自大之咎。

嵩焘案：五为坎，主其流，不盈而抵于平，坎道之盛者也。以其刚中消天下之险阻，于一心而险亦平，故曰"无咎"。"无咎"者，免于咎之辞，重险相仍，中而未能大行也，维心之亨而行有尚。圣人用坎之义，不以险阻为心之累而已，以云光大则未也，以为无满盈自大之咎，疑爻中无此象。

上六，系用徽纆，置于丛棘，三岁不得，凶。

凭高以陷阳，障洪流而终决。世既平，而已犹险，刑必及之。“徽纆”，系罪人之墨①绳。“丛棘”，狱也。“三岁”，古者拘系罪人，以三岁为期。“不得”，不见释也。

《象》曰：上六失道，凶三岁也。

校②初之失道为甚，故其凶为尤长。

☲离　离下离上

离。利贞亨。畜牝牛，吉。

阴本柔暗，而附丽乎阳以得居乎中，则质之内敛者，固而发于外者足以及物，故其化为火。火之气，日在两间，不形而托于虚，丽于木而炎以成熟、光以照耀，乃成乎用。光景者，阳之发也，阴固在内者也。得所丽以成其用，则“利”，居得其所而正，则“贞”；能知所附丽而得中，美不必自己，而大美归焉，则“亨”；皆言阴也。“畜”，聚而养之也。“牝牛”，顺之至者，谓阴也。畜，阳畜之也。阳任于外，以为阴所丽，以保阴而使不滥，则成阴之美而阴信任之，故“吉”，言阳吉也。阴静正居中，任阳以发舒其美；阳尽其才以施光晖于上下，而保阴以成不动之化，两善之道也。人君虚顺以任贤，而化隆俗美，天下文明，此成王附丽周公以兴礼乐，而用公养冲人之德以成大勋之道也。其在学者，虚中逊志，常若不足，而博学多通，强行不倦，则文著而道

①墨：嘉恺抄本为“黑”，岳麓书社本从守遗经书屋本、金陵本改为“墨”。

②校：疑为“较”字。

明，亦此理焉。反是者，刚愎中据，而溺于私利，坎之所以陷与！

《彖》曰：离，丽也。日月丽乎天，百谷草木丽乎地[①]，重明以丽乎正，乃化成天下。丽，吕支反。丽乎地，“地”字从集解本。

此广言“丽”之义，以赞卦德也。丽者，依质而生文之谓。日月附天气以运，百谷草木依地德以荣，未有无所丽而能奠其位，发其美者也。离之德重明，而惟柔中以丽乎刚之正，故明不息。人君以此道，不据尊以孤立，而行依乎道，治依乎贤，则礼乐文章效大美于天下，而化成矣。

柔丽乎中正，故亨，是以“畜牝牛吉”也。

柔而丽乎刚之正，则奠位乎中，而自通天下之志，故君道以之而亨。上既虚己以任贤，则贤者亦尽其发挥，而道行志得，无疑沮之忧，惟尽其才以养君于善，顺而吉矣。

《象》曰：明两作，离。大人以继明照于四方。

“明”谓日也。不取象于火，而取象于日者，火相迫则在上者灭，若其已息而更然，有异火矣。日则今日已入地，明旦复出，不改其故。言“两作”者，以卦体言尔，实则相续无穷也。“大人”，德位俱尊之称。非其德，无其位，施明不已，则文有馀而实不足。惟大人德盛而道在。“照四方”，事日变，道日新，明不继，则自以为无不知明，无不处当，而固有不明不当者矣。求人之情，通物之理，岂有穷哉！

---

①地：守遗经书屋本、金陵本同，岳麓书社本作“土”。

初九，履错然，敬之，无咎。

“履”，始践其境也。“错然”，经纬相间、文采杂陈之貌。离体已成，而初九动于其下，忽睹此物理错陈之大观，以刚而有为之才，为二所任，则为物所眩而急于自见，咎道也。乃位在潜退，有敬慎而不敢尝试之心焉，所以无咎。

《象》曰：履错之敬，以辟咎也。辟，必益反。

刚明可试，而急于自见，则咎。敬慎以辟除之，乃可以无浮明不终之害。娄敬脱輅輓[①]，马周被召于逆旅，为时所倚重，骤著其聪明以求饰治道，而一用不能再用，终以不显。太祖善解缙庖西之书而不用，使老其才，教以敬也，惜乎缙之不自知敬也。

六二，黄离，元吉。

“黄”之为色，近白而不皎，近赤而不炫，与青黑居而不相掩，能酌文质之中，以丽物采而发其文者也。“元吉”，吉于始也。

水之相承，源险而流平。火之相继，始盛而终烬。故坎道盛于五，离道盛于二。人之有明，待后念之觉者；牿亡之馀，仅存之夜气，终不可恃也。若昭质之未亏者，一念初发，中道灿然于中，自能虚以受天下之善，而不蔽于固陋；迨[②]其已知，更求察焉，则感于情伪而利害生、私意起，其所明者非其明矣。故愚尝有言：庸人后念贤于前念，君子初幾明于后幾。天理在人心之中，一丽乎正，而天下之大美全体存焉，夫子所以讥季孙之三思也。

---

①輅輓：岳麓书社本从守遗经书屋本、金陵本乙为“輓輅”。
②迨：岳麓书社本作“殆”。

其在治天下之理，则开创之始，天子居中而丽乎刚明之贤，以尽其才，则政教修明而中和建极。若中叶以后，更求明焉，虽虚己任贤，论治极详，且有如宋神宗之祗以召乱者。此六二之吉，所为吉以元也。占者得此，当以始念之虚明为正。

《象》曰："黄离元吉"，得中道也。

二、五皆中，而二得其道矣。

九三，日昃之离，不鼓缶而歌，则大耋之嗟，凶。

九三以刚居刚，而为进爻，前明垂尽，不能安命自逸，而怀忿忮以与继起争胜，不克则嗟，所谓日莫途穷，倒行逆施者也。生死者屈伸也，乐以忘忧，惟知此也。卫武公耄而好学，非自劳也，有一日之生则尽一日之道，善吾生者善吾死也，乐在其中矣。"大耋之嗟"，岂以忧道哉！富贵利达，名誉妻子之不忍忘而已。马援跕足于武溪，卒以召光武之疑怒而致凶，况其下焉者乎！

嵩焘案：何氏楷《周易订诂》"'鼓缶而歌'……以喜消昃；'大耋之嗟'……以忧消昃"，言哀乐不常也。惠氏士奇《易说》以为物盛则衰、乐极则悲之象。船山意谓"日昃"惟当"鼓缶而歌"，恐失之。

《象》曰："日昃之离"，何可久也。

知不可久，则鼓缶而歌可矣。少而不勤，老而不逸，谓之下愚。

九四，突如其来如，焚如、死如，弃如。

前明甫谢，馀照犹存，而失位之刚遽起而乘之，羿、莽是也。

占此者，小人虽盛，可勿以为忧。

《象》曰：“突如其来如”，无所容也。

前明之馀焰，犹足以灼始然之浮火而灭之。

六五，出涕沱若，戚嗟若，吉。

后明继前明而兴，以柔道居尊。高宗宅忧而三年不言，成王即政而嬛嬛在疚，尽仁孝以慕先烈，知艰难而戒臣工，商、周之所以复明也。

《象》曰：六五之吉，离王公也。

“离”谓丽乎其位也。仰承先烈，而欲嗣其耿光，非忧危以处之，不胜其任矣。元祐诸贤，辅其君以改熙、丰之政而求快一时，无恻怛不得已之情，未能无过。若曹丕定嗣而抱辛毗以称快，魏之不长，妇人知之矣。此专为嗣君而言。然君子守先待后，亦可以此通之。

上九，王用出征，有嘉，折首，获匪其丑，无咎。

“王用”，王命之也。“有嘉”，叹美其功之辞。“折首”，罪人斯得也。俘馘生死皆曰“获”。“丑”，小类。“获匪其丑”，胁从罔治也。当嗣王之初，必且有不轨之奸，乘之妄动，六五之忧危所以不释也。上九为五所附丽以求明者，而在外，盖胤后徂征、周公东征之象。诛其首恶而兵刑不滥，虽刚过而疑于亢，实所不得而辞。仅言“无咎”者，所谓周公且有过也。

《象》曰：“王用出征”，以正邦也。

言非穷兵黩武，以天下未定，不容不正也。孟子承先圣而惧，辟邪说以正人心，“归斯受之”，亦此二爻之义。读《易》者以义类求之，无不可占，无不可学也。

周易内传笺卷三

䷞咸　艮下兑上

咸。亨利贞。取女吉。取，七句反。[1]

咸、恒二卦，皆自否、泰之变而言，是阴阳之动幾也。夫欲效阴阳之动以消否而保泰，则必相入以为主而效其匡济，则《未济》之以拨乱，《既济》之以反正是也；又其不然，则阳居外以章其用，阴敛而内以守其虚，庶幾天包地外以运行之幾，则损、益是也；而《咸》、《恒》异是。《咸》以《坤》三之六，往乎上而成悦；以乾上之九，来乎三而苟安以止；三、上者，浮动之幾，阴阳相感，而遂相易以往来，所谓物至知知而与物俱化者尔。四之与初，退而自立之位也。恒潜移于下，以相入而相动，进则可以为，而退抑可以守，以是为久而固存之道，而不知所迁之失其位，则相持而终不足以为功矣。此二卦者，阳皆内闷，而阴皆外著，阴得见其功，而阳反藏于内，求以消否而保泰，难矣哉！时中之道，进以礼，退以义。浮动而进，进不以礼也；潜移而退，退不以义也。故二卦皆无吉爻，而咸之三、上，恒之初，为尤凶吝焉。

即二卦而校之，咸为愈者，九之居三，六之居上，感而犹不自失者也；恒初与四，则尤偷安而失其正矣。是以咸固亨，而于

---

[1]取，七句反：岳麓书社本作“取，七句反，下同”。

物不伤其利，于己不丧其贞；恒则亨乃无咎，利贞而后利有攸往也。咸之“亨”者，已成乎否，则不得不动以感，感虽浅而志亦自此而通。若夫感之得失，视乎其后，而已非否塞之故矣。“利贞”者，阳下而止阴之逼，阴上而悦阳以不流，固合于义，而二、五之中得其位，固保其贞也，故视恒为愈。“取女吉”者，两少相得，初不必有深情至理以相与，然刚下而不离其类，则男道不渎，柔上而之于外，则女子远父母兄弟之道，故吉也。虽然，于取女之外，无取焉矣。君子择君而事，输忱以致身，谋道以交，尽忠而竭信，非夫妇之礼，仅因媒妁而通者也。

《彖》曰：咸，感也。

“咸”，皆也。物之相与皆者，必其相感者也。咸而有心则为感。咸，无心之感也。动于外而即感，非出于有心孰审而不容已之情，故曰咸。

柔上而刚下，二气感应以相与，止而说，男下女，是以“亨利贞取女吉”也。说，弋雪反。下女之“下”，胡嫁反。

“感应以相与”，谓随感随应，不必深相感而已应之。然而阳得位以止阴之滥，阴得位以饰阳而说之，有此德，故其占能亨利贞，而为取女之吉。

天地感而万物化生，圣人感人心而天下和平。观其所感，而天地万物之情可见矣。

凡推言卦德而极赞之者，皆卦之情才本有所不足，而圣人穷理通变，以达天则，见阴阳之变化为两间必有之理数，初无不善之幾，而但在观察之审，因而善用之尔。

夫受物之感而应之，与感物而欲通者，必由其中，必顺其则，必动以渐。而咸之无心，一动而即应，此浅人情伪相感之情，君子之所弗取也。然而天地有偶然之施生，圣人有汎应之功化，道大而无忧，则幾甫动而无择于时位，故阴阳一相接而万物怒生，无所待也。圣人触物而应，仁义沛然，若决江河，深求之者固感之以深，浅求之者即感以浅，从其所欲，终不逾矩，天下乃以不疑圣人之难从，而和平旋效，则在天地圣人无心以感而自正。咸之为道，固神化之极致也。

乃善观之者，于此而见道之至足，有触而必通；天地之情，不倦于屈伸。故顽灵淑慝，生成肃杀，甫有所遇，即以其流行之幾应之，而灾祥寒暑各得其理。万物之情，著见而易动，甫与御之而即止，甫与绥之而即说，一如男女相感于一旦，初不必有固结之情，而可合以终身。圣人见此情也，则知感以贞而贞即应，感以淫而淫即应，性不知检其心，天下易动而难静，则外之所感即为中之所说而安，而天地万物屈伸之幾、情伪之变，在乍动之幾，勿忽为无关于神理；则天地变而时中之道即因以成能，万物兴而得失之应即决于一念，此乃以善用夫咸而不忧其德之不固者也。

《象》曰：山上有泽，咸。君子以虚受人。

山至高也，而上有泽，不恃高也。君子德厚于己，而受人以虚，则天下无感而不通矣。然为山上之泽，非卑屈也，非中枵也。君子之虚异于老氏之虚，久矣。

初六，咸其拇。

阴阳交感，三与上尔，而六位皆言感者，天地万物之情，感于外则必动于内，故不感则已，一感则无有能静者。故君子慎其所感于利害情伪之交，恐一触而不能自持也。爻之取象于人身者，阴阳感而物生。阳成乎艮，而乾道成男；阴成乎兑，而坤道成女。形之已成，形开神发而情生焉。感之所生，一因乎成形以后，物之生也类然，独取象于人身者，《易》之有占，为人告而使人反求诸身，以验所感也。内卦之感者，股也；外卦之感者，口也。股，屈伸之机；口，情伪之所出也。拇与腓，皆随股而动者也。初去三虽远，而俱为阳爻，股动而拇必感之象，居下而柔不能自主。占此者，受制于人，而得失亦浅。

嵩焘案：咸以九三、上六成卦，阴阳皆相与为应。而二比三，五比上，又以相比而相感。三之志下谓二也，五之志末谓上也，皆阳感阴也。初处下远阳，宜与四应，而四方介诸阳之间，往来憧憧，不专与初相感，故初之志外，以阴感阳，义之变也。"拇"感心而动，而与腓股为类，故终无妄动之咎。船山谓外属三，恐误。

《象》曰："咸其拇"，志在外也。

外谓三，就内卦言之，分内外也。"志在外"，已不能有志也。

六二，咸其腓句，凶居句，吉。

"凶居"，谓所处之不吉也。"腓"，不能自动而听股之动者。二比于三，随三所感而受之，屈伸者必然之理势，则吉凶皆其固有，六二柔中当位，而无心以待感，则所处即凶，而亦理数之恒有。贫贱患难，素位也；寿夭，正命也，皆莫不吉。凶居而吉，则吉居可知矣。

嵩焘案：腓随股动，感非其正，有凶道焉。以六二柔中所居者吉，故为无害。六二之顺，无居凶之象，以“凶居”断句恐误。

《象》曰：虽凶居吉，顺不害也。

顺受其正，如腓之顺股，则亦何害之有？

九三，咸其股，执其随，往吝。

“股”，下体屈伸之所由，以感腓、拇而使动者也。阳自上而来三，以变否而使通，乃位刚志进，上与两阳为类，有随阳而往之象。盖偶然以感，而相感之情不固，虽为艮之主，而无止道。使终下感二阴，则亨矣；乃情终欲随阳以往，无固合之志，吝道也。

嵩焘案：股以承身，股动则皆感之以动。《象》言“亦不处也”，盖九三方成乎艮止，而咸之义相感以应，往而从上正也。而又下系于二阴，阴随阳而与相执守，其志方系于下，以是而往，徒以取吝，冯衍之所以终见黜也。船山以下感二阴为亨，以随阳为吝，恐失之。

《象》曰：“咸其股”，亦不处也。志在随人，所执下也。

“不处”，言无深结二阴、与之终止之意。“所执下”者，感下则为二阴之主，随上二阳则为二阳之卑役尔。吝于厚施，依人而动，小人之道也。

九四，贞吉，悔亡。憧憧往来，朋从尔思。

自股而上，心也。不言心者，府藏之官，神志魂魄之舍，下自丹田，上至咽，大体之官，皆灵明之府；其言心者，言其会通之牖耳。四超出于屈伸之上，而灵明受感，去上远而不易动，所以“贞吉”。虽若有悔，而非其固有也。心者，万感之主，贞淫判于一念之应，故又戒以“憧憧往来，朋从尔思”言天下之动，吉凶得失相感者无穷，而心以灵而善动，易为往来所摇，则能贞吉而无悔者未易也。其义，《系传》备矣。

《象》曰：“贞吉悔亡”，未感害也。“憧憧往来”，未光大也。

感于害固害，感于利亦害也。“未感”者，心之本体，可以感而不妄感者也①。往来无定，而憧憧然以不定之情，则汲汲于感而志不光大矣。两设言之，以示得失系于一念，所谓“人心惟危”也。

九五，咸其脢，无悔。

居外而易以感者，上六也。五与相比，不能不为之感。然刚中得位，如背肉之安而不妄动，则亦可以免于悔矣。

《象》曰：“咸其脢”，志末也。

“末”谓上六。谓之末者，为感尤浅，脢可不为之动也。

上六，咸其辅颊舌。

一口耳，而殊言之，谓之“辅颊舌”者，动则俱动，形其躁也。天下之物有理，而应之也以心。上最居外易以受感，阴舍三而上，不由中而驰骛于外，此道听途说所以弃德也。不言凶咎者，得失无常，吉凶无据，《易》不为之谋。占者遇此，勿听焉可耳。

---

①可以感而不妄感者也：守遗经书屋本、金陵本同，岳麓书社本作“可以妄不妄感者也”，其意稍异。

《象》曰："咸其辅颊舌"，滕口说也。

"滕"，水流滕涌貌。一感而即言，贱可知矣。兑为口舌，又为悦。佞人之言，令人可悦，非智者必为之感动。《书》戒"无稽之言"，以此。

䷟恒　巽下震上

恒。亨无咎，利贞，利有攸往。

咸者，易动之情，感焉而即动也。恒者，难动之志，相持而不相就也。否、泰、成、恒、损、益、既济、未济，相综之间，相反甚焉。咸之欲消否也迫，浮动于上，不待筹度于中而即感。恒之欲保泰也坚。一阴已起于下，一阳已动于四，而二、五犹坚处于中以抑之。初之阴，四之阳，各以阴降阳升之常理，植根深固而处于内，虽相应而无相应之情；其应也，皆以位之所固然而相应，非有情焉以相接，雷欲出而风欲入，虽会于一时，不相谋也。且阴入于阳之内而干其化，阳微动于中而袭阴之藏，自恃也固，则于物有所不恤。斯道也，非天地之不与圣人同忧、普万物而无心，圣人之恭己无为、听物之自成而不求近功者，未足以与于斯焉。不动心之道，惟能知天下之言以通天下之志，则虽恒而亨也而可无咎，不然，则自恃坚者必忤于物，而忧疑生矣，惟持大正而不恤不足虑始之人情，义之与比而阴益乎物、罔违道以干誉而与物以大正，则虽恒而利有攸往，不然，则刚愎自用以远于人情，而行焉皆窒矣。故必"亨"而后"无咎"，必"利贞"而后"利有攸往"。咸以易感而难乎贞，恒以难迁而难乎利，非谓消否之道不在感，保泰之道不须久也。视所以用之者何如耳。德合于天地，道至于圣人，则感而遂通，悠久无疆，皆至德矣。然而非希天之圣，终未易言也。《易》不言二卦之失，而但言其所以得，盖物无可绝之情，而人不可以无恒，不容遽斥其所不足，以启拒物丧耦、徇物失己之敝，故但示以释回增美之道与不可轻用之意。圣人之修辞所以尽诚，而为化工之笔也夫！

嵩焘案：圣人消息天地之用以生恒。天以气化，地以形感，气交形合而生六子。一索而得雷风，乾坤交而气行；再索而得水火，气丽乎形而性情具焉；三索而得山泽，而形乃成水火。上泽有形，故有成毁；雷风无形，故无成毁。雷动而上升，阳之情也；风感而善入，阴之情也。雷上风下，刚柔各遂其情，以贞天地之大用。故恒者，非可执以为恒者也。天道有常，而无一成之功化。圣人之道，日新以为功而无固守，观雷风之用而知天地所以为恒者，惟其变而不可穷也，如是而施之人事，其德危矣。柔则有固情而无定性，刚则有躁动而无贞守，故恒卦无吉爻。雷风之以变而为恒也，非人所能幾也。九二刚中不急，用其恒而自能不移其守，足为悔亡而已矣。

《彖》曰：恒，久也。

执所安居以为可久之道。

刚上而柔下，雷风相与，巽而动，刚柔皆应，恒。上，时掌反。下，胡嫁反。

阳自初往四曰“上”，阴自四来初曰“下”。雷动风兴，气以时至，各行其化，而自然相与。阴入阳以求合，阳出乎上以动阴，此天地所固有之常理而非其变，若此者，固将以为可恒久之道也。

“恒亨无咎利贞”，久于其道也。

要岂无道而可以恒哉？阴阳之相袭，以时而应，势之恒也。安而不迁[①]，顺以动而用其正，道也。无道而持久不移，咎之所积，据为利而害随之矣。

天地之道，恒久而不已也。“利有攸往”，终则有始也。

天地之道所以恒久者，以其不已也。寒暑生杀，随时合义，而各以其正，则“利有攸往”。非以是始，即以是终，终而不可更始。据位于退藏之地，恃为不易之主，而能利攸往邪[②]？

日月得天而能久照，四时变化而能久成，圣人久于其道而天下化成。观其所恒，而天地万物之情可见矣。

“得天”，合天运行之常度也。“变化而能久成”，因时而变，而不爽也。圣人之道，所存诸中者大正，则天下之风俗万变而卒成其化，未尝不以潜运于内者为可久之理，而要未有不循物之义以为大正者也。若以密藏执滞为恒，贞淫未审，而皆据之，是天地以疾风迅雷为常，非天地之情矣；万物以发而不敛、枯而不荣为恒，非万物之情矣。以其执而易毁者，知其贞而常存，君子之不谅而贞。知此而已矣。

嵩焘案：项氏安世云：“日月得天，以一日言；四时变化，以一岁言。天形一日一周，而日月因之以迭照，故曰得天。天气一岁一变[③]，而四时因之以成岁，故曰变化。”

---

①安而不迁：守遗经书屋本、金陵本同，岳麓书社本疑此恐误，当为“安而必迁”。

②攸：守遗经书屋本、金陵本同，岳麓书社本据此改，嘉恺抄本无“攸”字；邪：岳麓书社本据守遗经书屋本、金陵本改成“耶”，嘉恺抄本为“也”。

③一岁一变：《周易玩辞》原文为“一岁四变”。

《象》曰：雷风，恒。君子以立不易方。

雷动而不可遏，风行而不可反，惟其立于内者定也。君子之行于世也，因时顺应而不执，惟其所以自立者持其志而不迁，故行一不义、杀一不辜得天下而不为，物岂能移之哉！

初六，浚恒，贞凶，无攸利。

"浚"，深入也。以泰之变言之，初以阴自外来，入于二阳之下，而欲持根深固以为恒，故曰"浚恒"。初与四，恒之主，而初尤其求恒之始志，僻尤甚焉。虽上承乎刚，有贞顺之象，而凶德以之而成，行焉未有能利者也。

《象》曰：浚恒之凶，始求深也。

恒者，非一旦而可恒也。深者，非一旦而可深也。求之有序，则深造有渐，治道学术，未有不然者。阴阳之交方泰，而于立卦之始，怙其巽入之巧，即求入阳之下，以据为安，人情不宜，天理不顺，自谓得深，以讥人之浅，而执以为恒。陋儒涉猎《诗书》，即欲试之行事，以立不易之法，而乱天下；异端以顿悟为宗、持为密印而牿人心；皆此爻之象。

九二，悔亡。

初以浚为恒二与之比，听其入而与之相保①，悔道也。然居得其中，虽不当位，能守其素，不求恒而未变，是以"悔亡"。泰、否、咸、恒、损、益、既济、未济，自然相应之卦，应所不论，

①保：守遗经书屋本、金陵本同，岳麓书社本作"比"。

故爻以相比取义。

《象》曰："九二悔亡"，能久中也。

"能久"者中也，异于求深于始者也。

九三，不恒其德，或承之羞，贞吝。

卦惟三与上为当位，而其占"凶"、"吝"者，恒者变而能常者也，三与上恃其位之正，见一时之可安而不久以其道，则不能恒必矣。初方入以求恒，三刚而求进，不忧其相迫，适以召初之耻辱耳。"或"者，倘至之辞，初与三非相应之爻，不期而受其辱，故曰"或"。自下来曰"承"。得位故"贞"，承羞故"吝"。

嵩焘案：《易》言"承"，皆主下爻。《周易订诂》谓："九三，巽之究也……故取躁象。又为进退，为不果，皆'不恒'象……'承'谓九二，二与三同为巽体。然九二以刚处柔得中，不失妇道，故羞与九三为伍。"蒙意九三进退失据，所在而羞辱随之；或承之者，进而取羞。"贞吝"者，退居其位亦吝道也。玩《爻辞》，但从本爻取象，不必初、二之承其羞也。

《象》曰："不恒其德"，无所容也。

在变，而变即其常。天时人事，皆已异志，不随时以尽大常，而恃位为安，物不能容之矣。

九四，田无禽。

刚自下来而处于四，非所安而安焉，欲以动而有功，所谓守株待兔者也。

《象》曰：久非其位，安得禽也？

阳往交阴，进不得天位，退失其本基，以隐伏相机为可久之术。隗嚣、公孙瓒之所以亡也。

六五，恒其德贞，妇人吉，夫子凶。

六五与四相比，听九四之动，不与俱动，任阳之动而静以相保，妇人之恒，妇人之贞也。四亦以其柔而易亲，相与为保，遂见为可恒而退静焉，失丈夫之义矣。吉在五，凶在四也。

嵩焘案：《周易订诂》："二、五居中相应……故二'久中'，五'亦恒其德'……以爻则二阳而五阴，阴下从阳，是妇人之吉也。以卦则上震而下巽，五下从二，是夫子之凶也。"四、五阴阳相比，非应之正，不得为夫妇。

《象》曰：妇人贞吉，从一而终也。夫子制义，从妇凶也。

"一"谓九四。五得中而从乎四，无易志，故吉。"从妇"者，匿于其下以求安。四虽为震主，而失位浮寄，其刚不正[1]，近比乎阴，故有"从妇"之象。凡从妇者，始未尝不暴，而终屈也。

上六，振恒，凶。

"振"如"玉振之"之振，收也。上柔得位，阴阳方相入相动，已恃其居高得位，欲苟且柔和，以收拾为可久，凶之来，无以御之矣。

嵩焘案：项氏安世云："初六居巽之下，以深入为'恒'。上六居震之极，以震动为'恒'。在始而求深，在上而好动，皆凶之

---

①正：嘉恺抄本、守遗经书屋本、金陵本同，岳麓书社本校改为"振"。

道也。"《象传》于"浚恒"言初，于"振恒"言"在上"，皆即爻见象。若以收为义，则凡卦之上爻，皆收一卦之全局者也，于义无取也。

《象》曰：振恒在上，大无功也。

上之于初、四，远矣。以柔道收已变之局，不足以立功，则害且及之矣。天道久而不已，惟终而有始也。据其恒以为恒，凶必乘之。恒卦六爻皆不吉，久而不以道也。二、五差能自安，而非变化以久成，三、上则无而为有，虚而为盈者也。天地风雷之变而不失其常，岂人事之易及哉！德非圣人，怙中藏之密用以终身，凶其免乎！

䷠遯　艮下乾上

遯。亨，小利贞。

尊者出而在外曰"遯"。《书》曰"遯于荒野①"，犹《春秋》君奔称"孙"也。立卦之体，下二爻为地位。地位者，阳之所以藏于深，而植根以起用者也。阴长而居二，阳退于虚矣。虽下卦之三阳犹在焉，而三为进爻，且进而与三阳连类以往，故曰"遯"。"遯亨"者，君子进则立功，退则明道，明哲保身，乐在疏水，于已无不亨；而息玄黄之战，以勿激乱，且立风教于天下，而百世兴焉，于天下亦亨矣。"小"，阴也。阴未失其居下之义，故"利"。阳遯而与相应，故"贞"。遯，阴长矣，而初、二无凶咎者，二得下之中也。位莫美于中。"临"，阳已得乎下之中，故

①遯于荒野：守遗经书屋本、金陵本同，岳麓书社本从其改，嘉恺抄本为"遯于郊野"。

阴爻皆蒙之而吉。遯，未逾乎下之中，故阴爻无伤阳之慝。观，犹得乎上之中，故爻多美辞。大壮，未得乎上之中，故辞多危。以三画之重为三才之位言之，则二出乎地上。为人用之大美；五居天位而近于人，为人承大而天祐人。以内外贞悔言之，初、四者退爻也，三、上者进爻也，进则过，退则不及，刚柔皆有过不及之失；二、五酌其宜以立为定位，而居之安，故位莫美于中也。阴利贞而无逼阳之过，阳之遯所以益亨。阳亨，则阴过亦泯，而不丧其利贞矣。

《彖》曰："遯亨"，遯而亨也。

四阳合志，上无阴以为之掩沮，志得而道亦伸矣。

刚当位而应，与时行也。

"当位"谓九五。刚当位，则道无所屈。"应"，二应五也。阴无拒之之情，而有挽留之志，礼意未衰，从容以去，遯之美莫尚焉。故曰"好"，曰"嘉"。

嵩焘案：当位以中正也，应者下有与也。伯夷、太公避居海滨，而为天下之大老。其遯也，因时以行乎遯之道也。时者，圣人之所不能违，虽遯而固亨矣。

"小利贞"，浸而长也。长，上声。①

"浸"，渐也。阴虽长而以渐，得中而止，未失乎正，而于义亦合。

嵩焘案：阴阳交相为用，阳遯而阴干之于利。何有利者？利

①长，上声：岳麓书社本作"长，知两反"。

以贞也。“浸而长也”，危词。

遯之时义大矣哉！

遯非其时，则巢、许之逃尧、舜，严光，周党之亢光武也；非其义，则君臣道废，而徒以全躯保妻子为幸，孟子所谓小丈夫也。非精义乘时者，无由以亨。

《象》曰：天下有山，遯。君子以远小人，不恶而严。远，恶，皆去声。[①]

山自以为高，而欲逼近于天；天覆帱之，而终不可逾，惟绝远之而不与相狎也。“不恶”者，不屑与之争。“严”者，虽求合而必不受，惟超然遯于其外，小人自伏处于下。君子之遯以自洁也，非若汉末党锢诸贤，处草野而与小人相触者也。

初六，遯尾，厉，勿用有攸往。

“遯尾”，为遯之尾也。尾者，系于后而可曳者也。初与四应，阳欲遯，而初以眇小之才，欲以柔道牵曳之，必蒙其严厉斥绝矣。“勿用有攸往”者，戒其听阳之遯，而勿强往曳止之。

嵩焘案：遯以阴长阳消为义，而既成乎遯，则六爻时位皆具遯义。初居下，动而后时；二以中，而能自固其志，初则危矣！杜袭繁钦之迫，欲有所往也，道之所以成乎厉也。如诸家说戒阴之干阳，犹之可也；若绝阴以留阳之心，于义舛矣。

《象》曰：遯尾之厉，不往何灾也？

---

①远，恶，皆去声：岳麓书社本作“远，于愿反。恶，乌路反”。

柔而在下，本无逼阳之嫌，而位卑力弱，不能作留行之客，但安处而勿与其事，自不见绝于君子。

六二，执之用黄牛之革，莫之胜说。胜，平声。说，吐活反。①

"黄"，中色。"牛"，顺物，阴道之正也。革，坚韧之物。"胜"，能也。六二柔得中而当位，其情顺矣，比近乎阳，而与五应，见阳之遯，坚欲留之。故阳欲去而情不能忘，乃阳决遯而不可挽，不能吉，而其志可嘉，则远于凶咎矣。

《象》曰：执用黄牛，固志也。

非其志之固，则虚拘君子，所谓"执我仇仇，亦不我力"者矣。六二顺应于五，故其志可深信。

九三，系遯，有疾厉。畜臣妾，吉。

三与二阴合为艮体。艮有止道，二执之固，而三为其所系，进退不能自决，心战而疾危矣。斯道也，惟以之畜臣妾则可耳。臣妾情顺乎己，与之近而抚之而不失其刚，则既无不孙之忧，而能容以使无怨。"畜"者，止而养之，艮道也。

《象》曰：系遯之厉，有疾惫也。"畜臣妾吉"，不可大事也。

"惫"谓志衰而气亦馁。进退者君子之大节，故曰"大事"。

---

①胜，平声。说，吐活反：岳麓书社本作"胜，书烝反。说，吐活反"。

九四，好遯，君子吉，小人否。好，去声。否，如字。[①]

九四有初六之正应，故得全其交好以去，而不出恶声。君子引身而退之，吉道也。小人恃不见恶于君子，而冒[②]依附以有为，凶矣。初六之所以灾也。

嵩焘案：君子得位，小人亦尽其才而蒙其利，以好而遯。君子适志以全名于义，吉矣，终非小人之福。《否·六二》"小人吉，大人否"，《遯·九四》"君子吉，小人否"，文义正同。

《象》曰：君子好遯，小人否也。

君子虽好而遯矣，岂小人之可徼以求福！

九五，嘉遯，贞吉。

二固志以得五，五得雍容成礼而退，遯之嘉者也。然其吉也，以其贞也，非以其嘉也。五岂徼二之执以为荣者哉！

嵩焘案：项安世曰："四与初皆不得其正，其相应也，谓之好，以情言[③]也；五与二皆中正，其相应也，谓之嘉，以礼言[④]也……六二《象》曰'固志'，九五《象》曰'以正志'，二爻皆在卦之中，故皆有心志之象。"

《象》曰："嘉遯贞吉"，以正志也。

嘉则嫌于不正，而刚中得正，道固不屈，所以吉。

---

①好，去声。否，如字：岳麓书社本作"好，呼报反。否，如字，方九反。下并同"。

②冒：岳麓书社本作"冒昧"。

③言：《周易玩辞》原文为"合"。

④言：《周易玩辞》原文为"合"。

上九，肥遯，无不利。

上九去阴远，而无应于下，则其遯也，超然自遂，心广而体胖矣。夫往者所以来也，屈者所以伸也。或屈于暗而伸于明，太公辟纣而终以开周；或屈于一时而伸于万世，孟子去齐而为百世师；无不利也。

《象》曰："肥遯无不利"，无所疑也。

四、五皆有应，则进退未免疑，而上独否。

䷡大壮　乾下震上

大壮。利贞。

"大"谓阳也。"壮"者，极其盛之辞。阳道充实而向于动，志盈气盛而未得天位，则为强壮有馀而未乘乎时之象，故仅言其壮，若有勉之惜之之辞焉。乾之四德，大壮所可有，不言元亨者，以未得天位，尚不足以统天，而达其云行雨施之大用也。"利贞者性情也"，性情则已足矣。美利足于己，可以美利天下，而纯阳无杂，则正而固也。阴尚据其上，疑于相应，而贞则必利，其利以贞也。

《彖》曰：大壮，大者壮也。

嫌于言壮之太甚，故释。

刚以动，故壮。

阳德刚健而动，为天地之大用。乾德已成，因时震起，以感二阴而动之；阴虽据尊位，莫能御也。直为壮，曲为老。积刚以宾[1]阴，理直而壮，非但阳盛之谓也。

“大壮利贞”，大者正也。

纯刚则尽自强之道，无阴私之累，而震阴以使知退。刚以养成，动以时兴，皆正也；正则无不合义而利矣。

正大，而天地之情可见矣。

“正大”，正其大也。此言人能正其大者，则可以见天地之情，而不为阴阳之变所惑也。天地之化，阴有时而乘权，阳有时而退听。而生者，天地之仁也；杀者，物之量穷而自槁也。大体者，天地之灵也；小体者，物欲之交也。君子者，受命而以佑小人者也；小人者，违命以干君子者也。人惟不先立乎其大者，以奋兴而有为，则玩生杀之机，以食色为性，以一治一乱为数之自然，则阴干阳，欲戕理，浊溷清，而天地之情晦蒙而不著。惟君子积刚以固其德，而不懈于动，正其生理以止杀，正其大体以治小体，正君子之位以远小人，则二气絪缊不已，以阳动阴，生万物而正其性者，深体其至大至刚不容已之仁，而灼见之矣。故大壮之壮，惟其利贞，而二阴据上，不足为之累也。

《象》曰：雷在天上，大壮。君子以非礼弗履。

地以上皆天也，故有雷在天上之象。雷本阳气之动，亲乎天，非但震物。君子之壮，壮于己，非壮于人也。积自强之道以动而不馁者，惟礼而已，孟子谓之集义。礼者，义之显于事物者也。

---

①宾：守遗经书屋本、岳麓书社本同，金陵本作“摈”。

道义充而节文具，浩然之气自塞乎两间，如雷上于天，阴不能遏。若助长以凌人，其壮必槁，非大壮也。

嵩焘案：礼者，天之所秩而用于人，乾在下之象；履者，足之所践，震在上之象。内知非礼，外能勿履，颜子所以积刚以成学也。

初九，壮于趾，征凶，有孚。

大壮，大自壮也。刚德已固，而以动则壮。初以四与己同道，遂感之而与俱动，壮以趾而已。妄动必折，故凶，惟其恃四之孚也。

嵩焘案：居下位而恃刚德，与上相孚。昌言以去，小人有往，必凶。其孚也，时位不足以乘之，自穷之术也。是义也，陈东、欧阳澈以之。

《象》曰："壮于趾"，其孚穷也。

二、三皆与阴应，初独与阳孚，宜其吉，而反凶者，德薄位卑，九四奋兴以往湓于阴，而不恃初以为援，则所孚者志不相通也。

九二，贞吉。

阳刚得中，为乾之主。大之正，正以此也。故直言其吉而辞简。辞有险易，此易辞也。阳不当位，而不言悔亡无咎者，乾道浑成，凡位皆其位。故凡卦有乾体者，九二皆无悔咎之戒。

《象》曰："九二贞吉"，以中也。

中则正也。所谓中者，对外而言。九二以庸德为健行，内修之尽，非施健于外，以凌物为壮也。

九三，小人用壮，君子用罔，贞厉。羝羊触藩，羸其角。

“罔”与网通。“羝羊”，牡羊也。九三与上六相应。小人见君子之壮而欲用之，而九三因欲网罗之以为已应①，虽不自失，亦危矣。羝羊本刚，以求牝故，急于前进，而九四以震动之才当其前，限之而因其角，乃反而不前，幸得保其贞耳。

嵩焘案：君子用“罔”，郑虞训“网”，马融、王肃训“无”，皆于文义不合。《汉书·司马相如传》：“敞罔靡徙”，失志惶遽貌，通作“惘”。阳道方兴，五自知不当位，而丧其羊。怙阴者，上六也，三与为应，而上且累之，有厉道焉。杨震以邓氏故吏而蒙讥，崔瑗因进说阎显而被斥，君子之所以罔也。

《象》曰：“小人用壮”，君子罔也。

因其有见用之情，遂欲罔之，亦过矣。杨龟山之于蔡京、唐应得之于严嵩是已。

嵩焘案：凡爻言贞有二义。正，贞也；守而不变，亦贞也。凡爻具二义则中著悔吝以别之，贞厉一义也；“羝羊触藩，羸其角”又一义，言守而不变则厉。进而与阴争胜，又有“触藩”、“羸角”之象，与上六爻皆旨正同。四为卦主，前临二阴，动而不过，则藩决矣。诸家以四为藩，盖因九四藩决之文而误会其旨。四方尚往，与三同德，曷为触之哉！细玩《爻辞》，知其义不可通也。

①应：岳麓书社本为“用”。

九四，贞吉悔亡。藩决不羸，壮于大舆之輹。

九四为震动之主，前临二阴，无所系应。阳实阴虚，以至实驰骋乎至虚。无所阻蔽，为“藩决不羸”之象。“輹”，车箱也。三阳在下，积实已盈，故壮莫盛焉。震之壮，乾壮之也。大正而吉，虽不当位，固无悔也。

《象》曰：“藩决不羸”，尚往也。

阴尚据天位，贵于往以治之。

六五，丧羊于易，无悔。

此立乎卦外以说卦之全象也。四阳类进，至此忽变而阴。“丧羊”之象。“易”，《本义》云：“或作疆埸之埸”是也，两相交界之地也。《春秋传》云：“疆埸之事，一彼一此。”“无悔”者，言既壮以其贞，则虽未得天位而阴据之，亦可无悔也。不以六五之得失为占者，为阳慰，不为阴危，君子辞也。屡言羊者，虞翻《大象》谓大壮似兑，亦一义例，筮者偶用为占亦可。

嵩焘案：船山此解别出一义，与诸家异。既以“丧羊”为阳惜，安得无悔？阳得方升，阴据尊位，非其所安，乃舍己而从阳，故其占为“丧羊”。以卦体取象，九三别为羝羊，命阳为“羊”，于义无取。

《象》曰：“丧羊于易”，位不当也。

此位非阴所宜居，故为阳叹其丧。

上六，羝羊触藩，不能退，不能遂，无攸利，艰则吉。

阳长，阴将退矣。上六恃六五之得尊位，而已思藉之以安[①]，有不欲去之象，而下望九三之应已。乃三既为触藩之羊矣，上系恋观望而不能退，阳已壮，而四方尚往，固不能遂其固位之志，无攸利矣。惟其柔而不争，知艰难以决于退则可吉。

嵩焘案：藩以制羊之决，骤急则触之。刚柔相应而消长以时，阳亢则阴疑，上六所以终穷也。自靖以息阴阳之争，必有忍，其乃有济。其艰，则吉之谓也。《易》之为义不可为典要，惟变所适，圣人所以体阴阳以裁成天地之大用也。

《象》曰："不能退，不能遂"，不详也。"艰则吉"，咎不长也。

"不详"，谓不审时度德。"咎不长"者，退而不犯难也。

☷☲晋　坤下离上

晋，康侯用锡马蕃庶，昼日三接。

"晋"，延而进之也。《需》与《晋》同道而德异。《需》三阳欲进，为阴所阂，而九五居尊以待其来，阴不能蔽之。《晋》三阴欲进，为阳所限，而六五居尊以延之上，阳不能止之。刚之相需，以道相俟也。柔之相进[②]，以恩相接也。"康"，安抚之也。三阴分土而为主于下，有诸侯之象焉。六五柔以抚之，使安其位。其所用锡者[③]，马之"蕃庶"，马以行地而坤主利也。"昼日三接"者，

---

①而已思藉之以安：守遗经书屋本、金陵本同，岳麓书社本无"思"字。

②进：岳麓书社本作"晋"。

③其所用锡者：岳麓书社本作"其所用锡之者"。

既锡之，又屈体以下延之。“昼日”，离明之象。“三接”者，天揖同姓，时揖异姓，土揖庶姓，遍晋三阴也。《易》之为教，扶阳抑阴，而于《观》、于《晋》、于《鼎》，无恶阴之辞，于《晋》尤若与之者，阴阳刚柔皆天地之大用，有时而柔道贵焉，则亦不废其用。然《彖》辞类有四德，而观、晋无之，则阴之不足于德，亦可见矣。不言吉者，王者之待诸侯，恩威并用而天下宁。有大明之君，有至顺之臣则可厚锡车马，隆礼延接以怀柔之。不然，则锡以富而尾大不掉，《谦》以接而且有下堂见诸侯之渐，固不如《屯》与《豫》之“利建”也。

《彖》曰：晋，进也。明出地上，顺而丽乎大明，柔进而上行，是以康侯用锡马蕃庶，昼日三接也。

“明出地上”，天子临诸侯之象。“顺而丽乎大明”，诸侯承事天子之象。“柔进而上行”，阴离四而进乎五，为柔之主，以延三阴。《本义》谓自观变者亦通。

《象》曰：明出地上，晋。君子以自昭明德。

“明德”者，无私无欲，可大白于天下之德也。日出地而物皆照，非欲人之见之，明盛则自不可掩耳。君子之明德，晓然使天下共喻而无所隐，取象于此。“自明”对“莅众”而言。卦与《明夷》相综，自待重以周，待人轻以恕，明晦异用之道如此。

初六，晋如摧如，贞吉罔孚，裕无咎。

初居下而不能即进，有“摧如”之象。然柔静以安下位，其进不迫，是以“贞吉”。阴自应阴，阳自应阳，道同相信之谓孚。初与四应，以柔遇刚，“罔孚”也。四罔与孚，将止其进，而初无急于求进之心，处之裕如，则虽见摧而无咎。

《象》曰："晋如摧如"，独行正也，"裕无咎"，未受命也。行，去声。

"独行"，幽独之行。见摧而不失其柔静之操，故正。"未受命"者，进阴者五也。居尊制命，而应在二，初未受其登进之命，故当隐居自适以待时，所谓"硕人之宽"也。

六二，晋如愁如，贞吉。受兹介福，于其王母。愁字，古无音，锄候反者。《礼·乡饮酒》义："秋之为言愁也"，音"揪"，此当同之。

"愁"，固也。"介"，大也。"王母"谓六五。阴居尊位，乃王母之象。六二正应六五，坚固其柔顺之节以承上，故能受锡马三接之大福。

《象》曰："受兹介福"，以中正也。

居中以守候度，当位而得顺正。

六三，众允，悔亡。

"众"谓初、二二阴。三当进爻，连类以进，众所信从，首受六五之延接，故虽以柔居刚，上碍于九四，而协心效顺，故"悔亡"。

《象》曰：众允之句，志上行也。

众志皆欲进而受五之三接，故六三进而众从之。

九四，晋如鼫鼠，贞厉。

“鼫”与硕通，大鼠也。鼠之行，且前且却，所谓首鼠两端也。三阴志在上行，五方延而晋之，四以阳处退位，横亘其间，使三阴之行疑忌前却，不得速进，如鼫鼠然，虽以阳止阴，为得其贞，而亦危矣。

嵩焘案：荀爽《九家易》：“鼫鼠，五技鼠。”《说文》：“五技鼠，能飞不能过屋，能缘不能升①木，能游不能渡谷，能穴不能掩身，能走不能先人。”九四离体而不与五同德，中隔三阴而不能阻其上行，据位求得，终无能也，虽贞而亦厉也。

《象》曰：“鼫鼠贞厉”，位不当也。

居非其位，徒以增人之疑，故危。

六五，悔亡，失得勿恤，往吉，无不利。

以阴居尊，一于柔以待下，宜有悔也。然丽于二阳之间，而以虚明照下，下皆顺之，率此以往，延三阴而进之，虽有九四之沮，使欲进者首鼠两端，其失其得为未可知，而一意怀柔，劳来不倦，则安其位而吉，宜于物而无不利矣。

《象》曰：“失得勿恤”，往有庆也。

怀柔得其道，物自顺之。

上九，晋其角，维用伐邑，厉吉无咎，贞吝。

“角”者，在上而触物者也。“晋其角”，物方进而此为角，触

---

①升：恐为笔误，《说文》原文为“穷”。

而御之，不使其进之已过焉。晋以柔进柔，柔过则上下无章而失制。上九以刚居上、节[①]柔之过，三阴方顺，无可用威，惟取私邑之不率者伐之，以建威销萌。能如是，则吉而无咎。若守其柔道之常为正，则法令不行而吝矣。离以丽乎刚而得明，故可厉而吉，而上为柔爻，又下奉六五之阴为主，故有“贞吝”之戒。

嵩焘案：以刚居上，角象。五处卦内，为窃权之强臣；上处卦外，为握兵之重臣。坤为邑，坤阴为四所隔，不得上行。上因以兵临之，兵者所以济礼之穷也，故“厉吉无咎”。然以失位之阳立威于上，亦吝道也。若以刚节柔之过，则于道为亨矣，不得云“道未光也”。

《象》曰：“维用伐邑”，道未光也。

柔道方行，阳施未能光大，故仅可伐邑以示威。

䷣明夷　离下坤上

明夷。利艰贞。

“夷”，伤也。离为大明，岂有能伤之者哉？惟时处乎地下，为积阴幽暗之所掩，光晖不得及物，则其志伤矣。君子之所谓伤者，非伤其身之谓；德不施于物，则视民之伤如己之伤也。文王当纣之时，盖如此。“利艰贞”者，二以柔居中得位，而养其明，以上事暗主，所合之义，在艰难而不失其贞，盖文王之志也。文王于《明夷》而言“贞”，周公于《明夷》而言“拯”、言“狩”，各以其时，可以见《易》之为道，变动不居，然而文王之德至矣。

---

①节：守遗经书屋本、金陵本同，岳麓书社本作“而”。

《彖》曰：明入地中，明夷。内文明而外柔顺，以蒙大难，文王以之。难，乃旦反。[①]

“明”谓日也。非地之能加于日上，日未升而入于地中也。日固出于地以照天下，而时方在夜，则入地中，安以受其伤。“内”谓自修其德也。“外”，出而事上也。或以为中藏智而外示柔，则王莽之奸，岂文王之德哉！《明夷》本以明而受伤，象大明为地所掩。而夫子即象以推德，则坤不为幽暗而为“柔顺”，若与卦义不相通。然两间之启闭有其象，则天下有其时，而君子即可体之以为德。夷者，时之变也，而君子之常也。故死生祸福皆天之道，即皆圣人之德，非穷神达化者，其孰能知之。

“利艰贞”，晦其明也。内难而能正其志，箕子以之。

“晦其明”，安于下而受晦也。“内难”，居于晦而不得出，以受暗主之辱也。“正其志”，不失其柔顺中正之德也。夫子两取文王、箕子之德，以言能体明夷之道者，惟文王、箕子足以当之，与周公备言殷、周兴丧之事异，盖亦有“武未尽善”之意与？

嵩焘案：项安世曰：“文王之难在外，故曰‘蒙大难’；箕子之难在国家，故曰‘内难’。文王以全卦言，箕子以六五一爻言也。”

《象》曰：明入地中，明夷，君子以莅众，用晦而明。

有夜之晦以息，乃有旦之明以作。君子自昭之德，无物不彻，无时或息，而其“莅众”，则有所不察察于幽暧，而小人之情伪自

---

①难，乃旦反：岳麓书社本作“难，奴案反，下同”。

无不昭彻于君子之心。“用晦”者，所以明也。坤为众，盖统贵贱贤不肖之杂处而言也。

初九，明夷于飞，垂其翼。君子于行，三日不食，有攸往，主人有言。

周公于明夷之后，极其变而著之于爻，以为明之有晦，晦之复明，乃理数之自然，以见文王艰贞之德，必终之以变伐之事，而周之革商为顺天之举。爻动而变，变而情生事起。故《爻》与《象》，或道同而事不嫌于异焉。初九，则太公之象也。二阳为明所丽，周公自当九三、太公当初九，以夹辅清明之运也。初去三阴也远，疏远在外，故宜避地远去。“飞”，去之速也。“垂其翼”，困穷之象。“君子于行”，言其怀君子之道，往之海滨也。“三日不食”，穷已至矣。“有攸往”，往而丽乎六二，以昭明德，归周之象也。“主人有言”者，殷之馀民，固讥其异志，所勿恤也。阳刚之才，既可以大有为，而分位不亲，去暗即明，出困而兴，义士虽曰薄德，而志得道行矣。

嵩焘案：二为下卦之主，初往归二，“主人”当指二。“有言”者，即屈原所谓“与予成言”之义，此伯夷、太公之事也。

《象》曰：“君子于行”，义不食也。

非其亲昵之臣，避无道而去，不食其禄，义也。夫子但释此为义者，盖亦不取其“攸往”而“有言”，惟伯夷能终其“于飞”之义耳。

六二，明夷，夷于左股。用拯马壮，吉。

此象文王之事也。伤于左股，不能大行也。言左股者，手足尚右，伤其左，尚未大伤，象羑里之得释。马行地，坤象也。“马壮”，阴盛，象纣恶盈也。“拯”马之“壮”，救殷民以冀全殷祀。所谓“虽则如毁，父母孔迩”也。终以受命于天而吉①。

嵩焘案：“用拯马壮”，《子夏传》作“抍”，《说文》亦作“抍”，上举也。“夷于左股”，其行蹇矣。用抍马之壮者，以求共济，所谓博求贤圣，与之戮力，圣人济世之宏也。以“马壮”象纣恶贯盈，于拯义无取此，当依虞仲翔说训“壮”为“伤”尔。

《象》曰：六二之吉，顺以则也。

柔则顺，中正则道明于天下而可为则。有其德，故能救民之伤而吉。

九三，明夷于南狩，得其大首，不可疾，贞。

此象周公相武王伐纣之事。“南狩”，以明治暗。“得其大首”，象诛纣。“疾”，速也。“不可疾”者，养晦待时，必天命既固、人心既顺之后，则事虽非常而固正。九三与上六相应，以明之盛，进而克柔暗之将消，其时矣。言贞而不言吉，期于合道之正，非谋利计功也。

《象》曰：南狩之志，乃大得也。

“乃”云者，时至而功乃就也。

六四，入于左腹，获明夷之心，于出门庭。

此象商容、胶鬲之事。左腹者，心居左而主谋，预闻其惎周

---

①吉：守遗经书屋本、金陵本同，嘉恺抄本作“言”，岳麓书社本改作“吉”。

之谋也。“明夷之心”，乃殷民被伤而望周之心。“于出”犹言爰出；出门庭，输于周而劝其伐也。

六四与坤为体，盖居于暗邦[①]者；四为退爻，下就内卦之明，故有此象。不言吉利者，非人臣之常道，不轻奖其功。

《象》曰：“入于左腹”，获心意也。

苟暗极矣，则肘腋之臣，且窥短长以外交矣。可不惧哉！

六五，箕子之明夷，利贞。

上为暗主，而五近之，相比于同昏之廷，不显其明以自晦，故为箕子之象。然必如箕子之贞而后合于义。不然，则其去飞廉、恶来也无幾矣。

《象》曰：箕子之贞，明不可息也。

箕子以宗臣而抑，非如微子之处嫌疑；既无去国之道，欲继比干以死，而君侧无亲臣，故佯狂为奴，而晦已甚。然于艰难备极之日，彝伦攸叙之道未尝一日忘之，则迹自晦而道自明，是以利贞。然则箕子怀道以待武王之访乎？非也。箕子无待武王之心，而访不访，存乎人者不可期也。君子虽际大难，可辱可死，而学道自其本务，一日未死，则不可息于一日，为已非为人也。怀道以待访，则访不可必，而道息矣。志节之与学问，合于一而事分为二[②]。遇难而恣情旷废，无明道之心，志节虽立，独行之士耳，非君子之所谓贞也。

---

①邦：守遗经书屋本、金陵本同，岳麓书社本作“邪”。
②此句漏抄“道”字，岳麓书社本此句为“道合于已而事分为二”。

上六，不明晦，初登于天，后入于地。

此则纣之象也。“不明晦”者，君昏而天下皆为之暗也。“初登于天”，谓先王之克配上帝。“后入于地”，殷后王之丧师也。五，君位，而上为明夷之主者，天位已去，寄居天位之上，将消亡之象。

《象》曰：“初登于天”，照四国也。“后入于地”，失则也。

“四国”，四方之国。“照”，明德被之也。昏暗丧亡，仅云“失则”者，道二，仁与不仁而已矣。失尧、舜之则，则为桀、纣也。《爻》辞专象商、周兴丧之事，盖周公因文王艰贞之德而推言之，以见周之革商，乃阴阳理数之自然，而非武王之弋命，且以垂戒后世，为意深切。玩其辞以谨其动，而天命人事昭然矣。

《易》兴神物以前民用，而若此之类，专指兴亡得失之大故，若不切于民用者。以义类求之，则身之荣辱，家之成毁，初无异理，筮者皆可推理①以利用。而先王卜筮之设，原以国有大事，乃决于神，君子以占世道之污隆，进退之大节，故一可以商、周兴亡为鉴。初非若《火珠林》之类，为市井屠贩之人谋锱铢之利、挟策干进之夫求诡遇之名也。

☲家人　离下巽上

家人，利女贞。

家人、睽、蹇、解四卦，互相错综，而卦之名义见矣。中四

①推理：岳麓书社本作“理推”。

爻者，卦之定体也。初、上者，卦之所始终，御体以行，而成乎象以起用者也。家人中四爻皆得其位，而初、上以刚闲之，阳之为德充足而无间，御其浮游而闲之之象也，故化行于近，而可及于远。蹇中四爻亦得其位，而初、上以柔载之，柔者不健于行，而滞于其方，足弱之象也，故以见阴而止不往。睽中四爻皆失其位，既失位而乖矣，初、上又以阳束之于外而数动，故愈束之合而愈离，貌相应而情相猜。解中四爻亦失其位，乃初、上以柔调和之，无所闲束，则静以居动，故危疑不安之意渐以解散，而阴阳之搏击以平。家人闲各正之人情以聚。睽束不正之异志则离。蹇可行而养以柔，泉之育于山也。解非所安而柔以缓之，雷之已出而释以雨也。观其画，体其象，审其错综之异，而四卦之德与其爻之险易可见矣。

家人者，一家之人聚顺之象也。各正其位以尽其道，而以刚严统之，无不利矣。阴阳各得，而独言“利女贞”，归美二、四者，圣人曙于人情世变，而知齐家之道，惟女贞之为切也。阳之德本和而健于行，初无不贞之忧，所以不贞者，阴杂其间，干阳之位，而反御阳以行，是以阳因失其固有之贞而随之以邪。岂特二女之嫔虞，太姒之兴周，妹喜、妲己、褒姒之亡三代，为兴丧[①]之原哉！即士庶之家，父子兄弟天性之合，自孩提稍长而已知敬爱[②]，其乖戾悖逆，因乎气质之凶顽者，百不得一也。妇人一入而乱之，始之以媚惑，终之以悍鷙，受其惑而制于其悍，则迷丧其天良，成乎凶悖，而若不能自已。人伦斁，天理灭，天下沦胥于

①兴丧：岳麓书社本作“兴衰”。
②敬爱：岳麓书社本作“爱敬”。

禽兽，而不知其造端于女祸①。圣人于此惧之甚，戒之甚，而曰“利女贞”，言“女贞”之不易得也。女德未易贞，而由不贞以使之贞，惟如家人之严君，刚以闲之，绝其媚而蚤止其悍，使虽为哲妇艳妻，而有所制而不得逞，则言物行恒之君子。正己而崇威，其道尚矣。然则“利女贞”者，初、上之功大矣哉！

嵩焘案：船山释家人、睽、蹇、解，独得圣人立卦命名之精意，为自来说经者所未及。《周易订诂》：“初、上皆刚，而域二、三、四、五于其内，乃以家道范围其家之象，亦略有见于此义。”

《彖》曰：家人，女正位乎内。男正位乎外，男女正，天地之大义也。

此就中四爻而言之也。先言女者，二阴之卦，以阴为主，亦《彖辞》②“利女贞”之意。“正位”，刚柔各循其道，内外各安其职也。女与梱外之事以妄动，固家之索，男子而问及酒浆瓜果丝枲鸡豚之事，以废人道之大，家亦自此衰矣。天包地外，以运化理，地在天中，以待天施，内外正位，天地之大义固然，人不得而违，故惟贞乃利。

嵩焘案：先言女者，先二而后五，内外之序也。“利女贞”者，卦惟二阴爻而皆当其位。二之应五，惟其贞也。姤、小畜、履一阴之卦，以阴为主，故取义于阴。同人、大有阴得其位而反取义于阳，圣人之微旨也。以为二阴之卦以阴为主，恐非卦旨。

家人有严君焉，父母之谓也。

①女祸：当为“女娲”。
②辞：岳麓书社本作“词”，下同。

此言初、上二爻也。“严”者，刚之德。“君”者，为之纲而治之也。上为父、初为母，天尊地卑、父尊母亲之道也。母道慈，而亦云严者，父之严，言物行恒，以示德威而已，故上九但言“反身”而威自孚。家人之道始于纤细，而放乎淫辟惰窳，起居饮食、衣裳容止之节，皆贞妄之原，父道不渎，闲而正之者母也。故凡子妇之不类，兄弟之不若，皆母不严而纵之于父所不及知之地，习气已溺，父虽欲施教而反相夷。故闲家亡悔之道，责之于初九，母尤不可不严也。

嵩焘案：“家人有严君”即承上男女正位之义。“家人”受治于父母。“父母”者，男女之至尊，内外之分主，故曰“严君”。圣人推之天地以奠定阴阳之位，统之父母以整齐男女之纲，无二义也。家人初、上皆刚以成乎卦德，船山释经独具精识而遂泥，是以释父母严君之义，则近于凿矣。

父父，子子，兄兄，弟弟，夫夫，妇妇，而家道正，正家而天下定矣。

“父父”，不言母者，统母于父也。初、上之刚严，“父父”也。中四爻之得位，“子子”也。三、四相追随，兄弟也。兄以慈爱为友，故柔。弟以庄敬为恭，故刚。“夫夫”，五正位于外也。“妇妇”，二正位于内也。原本其功，父道之严为本，故家人之德，成于初、上。“天下定”者，风化自近而及远也。

嵩焘案：朱子云：“上，父；初，子；五、三，夫；四、二，妇；五，兄；三，弟”，与船山所见略异。要之，卦义无不赅正，不必注定某爻夫妇、某爻兄弟，转失经旨。

《象》曰：风自火出，家人。君子以言有物而行有恒。行，去声。

"风自火出"，和煦而不务远及。"有物"者，切于事理。"有恒"者，修其常度。君子取法于风火，言行平易近情，无速于致远之心，而自足以致远，家修之道然也。

初九，闲有家，悔亡。

"闲"者，御其邪而护之使正也。家人本无不正，尤必从而闲之。谨之于微，母教也。虽若过于刚严，而后悔必亡。

《象》曰："闲有家"，志未变也。

中四爻本各得其正，未有变也。及其未变而防之，养蒙于早，以定其志，母教之功大矣哉！

六二，无攸遂，在中馈，贞吉。

"无攸遂"者，不遂其志欲。妇人之志不可遂，甚于欲也。"馈"者，《祭礼》主妇亲馈敦黍。"在中"者，自房中入室设之；敬慎从夫以奉祀事，修妇职也。六二柔顺得中而当位，得妇道之正而吉。

《象》曰：六二之吉，顺以巽也。

"顺"，故无攸遂。"巽"者，入也，而有撰具之意。在中馈以求歆于寝庙，其宜家必矣。

九三，家人嗃嗃，悔厉吉。妇子嘻嘻，终吝。

"嗃嗃"，"嘻嘻"皆火声。《诗》："多将嗃嗃"，《春秋传》："赫赫谆谆。""嗃嗃"，火之烈，"嘻嘻"，火馀焰之声也。九三以刚居刚而不中，故为严厉太过之象。未能和洽，故悔，然终正家而吉。乃三为离火之馀，其炎且殚。严太甚者威且穷，则悔其严而不终其厉，是以有“终吝”之戒。

嵩焘案：“嗃嗃”、“嘻嘻”，项氏《周易玩辞》始异旧说，马融、郑元皆训嘻嘻“喜笑”，张楫作“嬉嬉”，陆绩作“喜喜”。王弼注：“与其慢也，宁过乎恭；与其渎也，宁过乎严。”于义允矣！然九三以刚居刚，无嬉佚之象。“终吝”承上文而言，处离之终，用威而其势已殚，乃至妇子相为愁叹，故虽吉而“终吝”。治家尚严，严非失也，贵在严而有节。“嗃嗃”之“悔厉”，“嘻嘻”之吝，皆严之过也。

《象》曰：“家人嗃嗃”，未失也。“妇子嘻嘻”，失家节也。

虽“嗃嗃”而固未失正家之道。悔而弛其严，则失节矣。

六四，富家，大吉。

阴主利，六四以阴爻居阴位，故“富”。富非大吉之道，惟柔顺静退而不骄，可以长保其富而大吉。

《象》曰：“富家大吉”，顺在位也。

居柔退之位，不贪进而溢于非分。

九五，王假有家，勿恤吉。假，古伯反。

“假”，至也，犹《诗》“至于兄弟”之至，德足以及之也。九五刚中得位，与二正应，以德相感，格正其家，而家正矣；则化未及远，不足为忧，而风教所被，邦国天下自化。言“王”者，惟圣王之德足以当之。

嵩焘案：王氏引之云："陆绩注：'假，大也。'训'大'为'长'……《乡饮酒》义曰：'夏之为言假也，养之长之假之，仁也。'《释名》曰：'夏，假也。'宽假万物使生长也，是'假'有宽大之义。《乡饮酒》义又曰：'天地温厚之气，始于东北，而盛于东南。'巽位东南，九五体之而有温厚之德，故《象传》曰'交相爱也'。"杨廷秀云："'刑于寡妻，至于兄弟，以御于家邦'，所谓交相爱也。无忧者，惟文王所谓'勿恤吉'也。"

《象》曰："王假有家"，交相爱也。

刚正嫌于失欢，乃德自足以相感，而有六二之配，乐而不淫，则家自宜。

上九，有孚威如，终吉。

"有孚"，谓与初九之刚德合也。初九以刚严闲之于内，上九复刚正以莅其上，威不渎而家自正。"终吉"者，非谓初不吉而后乃吉，言永保其吉也。

《象》曰：威如之吉，反身之谓也。

父道尊而不渎，身正而威自立，家人男女各正其位，又有初九之闲，则所谓威者，不在挞责，"反身"尽道而教自行矣。

䷥睽　兑下离上

睽。小事吉。

"睽"，乖异也。中四爻皆失其位，而初、上以刚强束合之，而固不亲，故成乎睽。此卦与噬嗑相似，而九二以刚居中，尤为难合，故虽应而应不以理，下骄而上疑，是以其爻多险异之辞焉。夫人居不安之位，而欲相与交，其志之不固，所必然也。柔静以俟其定则自释，刚动以制其争则愈离，此睽与解之所由异，道在初、上也。睽之于吉，难矣。“小事”者，阴事也，《周礼》所谓“阴礼”，宫中妇人之治也。前朝后市，后市为阴。近利之事，亦阴事也。宫中合诸侯之媵、群姓之女，本不相亲；市杂五方失居之民，亦不相信；而刚以束之，合其不合者，则吉。柔道方行，应刚而得制，故能吉焉，外此者无吉矣。

《彖》曰：睽，火动而上，泽动而下。二女同居，其志不同行。

睽、蹇、解三卦，《彖传》释卦皆以化迹之象言之，不详其六爻之画，爻辞抑又不取于此。此夫子引伸观物，而见阴阳之有其变者，必征于两间物化人情已然之迹，补文王、周公之所未言，而理固一致也。“动”亦以初、上二爻之阳言。二女之志不同者，二阴以居皆非位，不循其分，则志趣乖异。兑阴竞进，而离安于所丽以自尊也。

说而丽乎明柔，柔进而上行，得中而应乎刚，是以小事吉。

“说”非君子之道，而“丽乎明”，则亦察于事情矣。“柔进上行”者，与“家人”皆二阴用事之卦，而阴自二上三，自四上五，虽不当位，而渐以升，且五阴居中而志以得，故可吉。

天地睽而其事同也，男女睽而其志通也，万物睽而其事类也。睽之时用大矣哉!

推言睽之为道，若乖而不适于用，而善用之，则天地之化、人物之情理，皆可因异而得同。因其时善其用，亦大矣哉，固非特小事之吉；而初、上之合异为同者，未为不允，故爻辞多得“无咎”，本非有咎也。“天地睽”，清浊异也。“男女睽”，刚柔异也。“万物睽”，情形异也。“事同”谓变化生成之事。“事类”谓相聚以成一类之用，如水土合而成坯、筋漆合而成弓之类。

《象》曰：上火下泽，睽。君子以同而异。

火炎上，泽流下，火不熯泽，泽不息火，不相害也，而各成其用。君子之与人也，同为君子，则以异相切磋，而不雷同以相袭，故异而不伤其和，若非其类，而与之立异以鸣高，则水火交争，孤立无与而危矣。善用睽者，用之于所同，不党也；不用之于所异，则不争也。

初九，悔亡，丧马勿逐自复。见恶人，无咎。丧，息浪反。

睽之所以为乖异者，阴亢乘刚，居尊位，处进爻而终不自安；阳抑而承阴，志在求阳以自辅，而不顺乎阴，故貌虽相应，而情固离。初之与四不相应，疑有悔，而有“丧马”不能行之象。然此卦惟此爻为当位，上不为柔所乘，而四以同德相感，闲勒在手，不忧物之难制，故勿逐自得而悔亡。且初岂徒恃四之同志而得所御哉？凡中四不正之爻，虽皆恶人，而刚果自任，出而见之以遏其乱，矫志裁物而自处无过，固可以闲人之邪。如狄仁杰孤立于淫秽之廷，其用大矣。睽以初九为功，解以上六为得，以刚御乖违者，当坚立而制之于早；以柔解纷乱者，当待时而救之于终。睽初、解上，爻皆得位，故睽初贤于上，解上贵于初。

《象》曰：“见恶人”，以辟咎也。辟，必益反。

"辟"，除也。中四爻，咎之徒也。见之，为辟除之。

九二，遇主于巷，无咎。

"巷"，宫中甬道。六五以柔居尊，下临九二之刚中，心有嫌焉，不能自安于斧扆之间，以接二。二虽刚，而得中不亢，就巷以见而遇之，与之相应，此如晋文召王见之于温，《春秋》原情而许之，故无咎。

嵩焘案：三代无以主称君者，春秋之季，家臣称其大夫，遂沿之以有主臣之名。丰卦曰："配主曰夷主，皆宾主之辞也。"王弼注："出门同趣，不期而遇。"九二之刚不必与人睽，而亦不强人之睽者以合于我。遇于涂巷之间，接以宾主之礼，自然无咎。《易》之取象不拘一例，以君臣之义言之，则固难以睽道求合也。

《象》曰："遇主于巷"，未失道也。

当危疑之际，不失臣节。

六三，见舆曳，其牛掣。其人天且劓，无初有终。

睽之用爻，皆失其位。而三以柔居刚，志在躁进，其乖异尤甚，方急于行。下二阳，其所乘之舆也，不与之同心，则见舆之被曳，而欲急鞭其牛，乃柔[①]不堪任，而牛又掣矣。上九见其乖躁，张弧而欲射之，三乃顺而与应，于是施以髡劓之薄刑，惩其不悛，而三乃知惩，则是能改过以服善，故"无初有终"。

嵩焘案：睽诸爻皆不当位，三以柔居刚，志在躁进。而"舆曳"于前，"牛掣"于后，往而被刑，其睽甚矣。三处多凶之地，

---

①柔：守遗经书屋本、金陵本同，嘉恺抄本为"牛"，岳麓书社本改为"柔"。

以阴躁济睽。《象传》特以位不当明之，专举“见舆曳”者，约文也，终以遇刚而有终，明非上九之施刑矣。

《象》曰：“见舆曳”，位不当也，“无初有终”，遇刚也。

位皆不当，而独于三言之者，阳之不当位，惟阴亢而乘其上，故被抑而屈于阴之下，以失其所。卦以阴为主，其责在阴。家人所以独言“女贞”，得失不系乎阳也。五亦不当位，而免责者，居中也。“遇刚”者，上九以刚临之，三不敢不顺应。家人以下四卦，得失皆成乎初、上，亦①可见矣。

九四，睽孤，遇元夫。交孚，厉无咎。

四以失位之阳，三与五乘权得中，或迫进相干，或据尊相乘，睽而孤矣。“元夫”，刚之长也。四与初相应而道合，恃之以自辅而交孚，处势虽危，能与刚正者合志，故无咎。

《象》曰：交孚无咎，志行也。

四有不平于五之志，得初阳而志行矣。

六五，悔亡，厥宗噬肤，往何咎。

“厥”者，在彼之辞。“厥宗”，彼所依以为主者，谓二以初为依也。“肤”，易噬者。卦与噬嗑相类，故言“噬肤”，亦有啮合之象焉。六五柔居尊而非其位，遇②九二之刚，疑其伤己，而不欲下往以交，故二有不能廷见而在巷之象。乃二所依以辅其刚者，初

---

①亦：岳麓书社本作“益”。

②遇：守遗经书屋本、金陵本同，岳麓书社本作“逼”。

也，则固以刚柬异以为同者也。既与二志合而相入，必[1]噬二与五相应以不使终乖，则五往而应二，抑何患焉，故无咎。

《象》曰："厥宗噬肤"，往有庆也。

非所期而得合，庆自外来也。

上九，睽孤。见豕负涂，载鬼一车。先张之弧，后说之弧。匪寇婚媾，往遇雨则吉。说，吐活反。

六五方以阴居尊，而上九以失位之阳寄处其上，孤矣。乃上九之志欲治睽[2]，与初同道者也，故任刚而欲惩其乖异以使安，而所正应者，失位阴浊躁突之三，若豕之溷于泥涂，遍而视在下之爻，阴阳错乱，盈车皆鬼也。于是愤其不戢，张弧而欲射之。三乃畏服，不敢为寇而求婚，因说弧以与之相应。三无异志，则阳可不争，而阴志亦敛，若晴霾不定之宇，而得雨以解，可以吉矣。言"遇雨则吉"者，遇不遇，未可定之辞。治杂乱[3]之道，终不如解之上六，以柔待其自散而射之，为无不利也。

《象》曰：遇雨之吉，群疑亡也。

雨则阴之气泄，而阳亦舒矣。

䷦蹇　艮下坎上

蹇。利西南，不利东北。利见大人，贞吉。

---

①必：守遗经书屋本、金陵本同，嘉恺抄本无"必"字，岳麓书社本补有"必"字。
②欲治睽：岳麓书社本作"欲睽"。
③乱：守遗经书屋本、金陵本同，嘉恺抄本为"道"，岳麓书社本改为"乱"。

不速[①]于行之谓“蹇”，为卦中四爻皆得其位，道可以行矣，而初、上皆柔，有始终畏慎、不欲遽行之象，故为蹇。柔居下而为艮止，不然，则既济之涉也。柔在上而知天下之险，不然，则渐之进也。家人既正，而犹闲之以刚，行于近者，昵而弛则懈。蹇得正，而犹需之以柔，将有为于天下以消其险，健而迫则危。故彼为闲家之象，而此为蹇于行之道，各有所宜，存乎学《易》者善用之尔。

蹇者非不行也，行而后见其蹇焉；择利而蹈，在平而若陂，惟恐其颠越也。“西南”，高山危滩之乡，行者必畏慎；若蹇以此道行之，则利。“东北”，青兖衍博之地，可以快行，将忘其蹇，故不利。“大人”谓九五。阳刚得中，以居天位，而有柔以相辅，以敬慎柔和之道，使各正者不忘险阻之戒，见之则沐其德教而利。故为天下所利见也。“贞吉”又统一卦而言，当位得正，虽无急见之功，自有誉问而充硕，蔑不吉也。

嵩焘案：荀爽云：“西南谓坤，升二往居坤五，故‘得中’。东北艮也，艮在坎下，见险而止，故‘其道穷’。”项安世云：“蹇二往五，为坤之中爻，故曰‘得中’。解初往四，为坤之初爻，故曰‘得众’。”坤为众，蹇五称“朋来”，解四称“朋至”，盖取诸此。

《彖》曰：蹇，难也。难如字，旧读乃旦反者非是。

“难”与《论语》“先难后获”之难同，不恃其道之正，行而且止，其难，其慎也。

---

①速：守遗经书屋本、金陵本同，岳麓书社本作“达”。

险在前也。见险而能止，知矣哉！知，去声。

此赞卦德之美也。以艮、坎二象释卦名义，补《象》之未及，而意亦相通。“险在前”者，以上之柔，故阳遂陷于阴中，欲畅遂坦行而不得也。险者天下之必有，以刚果之气临之，则虽有险而不见其险；以柔慎之心处之，则集木临渊，常存乎心目之间，于是始终于柔，止而不迫，则天下之情理无不得，大知之所以善用其止也。抑惟当位而贞，则本无乖异危疑纷乱之境须急于拯救，故可以见险而遂止。为汉文帝之抚南粤、而不为唐太宗之征高丽；为窦融之束身归汉，而不为马援之据鞍上马；斯以为知。若时在阴阳交战倾危之际，畏难而不敢进，则为宋高宗之称臣于女直，与持禄全身保妻子之张禹、胡广；又其下者，闭户藏头，祸将自至，下愚不肖之尤者，可称知哉！

“蹇利西南”，往得中也。“不利东北”，其道穷也。

“往得中”者，未尝不行，而自中其节，不失其刚中之正。“其道穷”者，恃正而忘险，道必有所穷矣。

“利见大人”，往有功也。当位“贞吉”，以正邦也。

“柔嘉惟则”，大人之所以为天下利见，而见之者可与图功矣。位皆当可，施之邦国①而咸正。邦国之治，惟正己而徐待民之自化，与齐家之尚刚严，其正同，而道不可同也。

蹇之时用大矣哉！

当其欲行未行之际，以熟审天下之机宜，斟酌百年之治忽，

①邦国：守遗经书屋本、金陵本同，岳麓书社本无“国”字。

君子之大用，正于此而定也。

《象》曰：山上有水，蹇。君子以反身修德。

山上之水，幽细渟凝，旋以润山。而不急于流行。君子之修德，取法于此。为之难，言之讱，阙疑而慎言其馀，阙殆而慎行其馀，欿然若不足，意诚而身自润矣。

初六，往蹇来誉。

出而行于天下曰“往”，退而自正曰“来”。初、上之柔不欲行，蹇之所以为道也。三、四、初、上之出[①]，蹇之而使来者也，故皆曰往蹇[②]。旧说以为往则人于险中者，未是。如上六已出乎险，何亦云“往蹇”乎？“往蹇来誉”者，能蹇于往，则来自得誉也。初六柔静而退居下，无行之意，以静俟其正，则中四爻之美皆归之，不期誉而誉自至矣。

嵩焘案：《易》言“往来”，皆有消长、进退之义。蹇以初、上成乎卦象，四与初应，三与上应，皆言往来，消长、进退之幾，君子审之。五刚，君道；二柔，臣道。已成乎蹇，而以蹇道行之，故不言往来。六爻分著以成德，皆蹇之时用也。

《象》曰：“往蹇来誉”，宜待也。

人之亟于行者，欲以徼[③]誉，而不知静以居正，不邀[④]誉而誉自可待也。

---

①出：守遗经书屋本、金陵本同，岳麓书社本作“柔”。
②往蹇：守遗经书屋本、金陵本同，岳麓书社本作“往来”。
③徼：岳麓书社本为“邀”。
④邀：岳麓书社本作“徼”，下同。

六二，王臣蹇蹇，匪躬之故。

“蹇蹇”，蹇而又蹇，慎之至也。六二遇九五刚健中正之君，可以大有为，而犹有谦让不遑之德；若恃当位得中，而急于自试，则爱君之诚皆虚矣。柔静以与初六合德，靖共详密①，其难其慎，思补过而无徼功求名之志，斯以为蹇道之纯也。

嵩焘案：诸爻皆有往来之义。九五，君位无可往，惟合诸爻以济蹇，故曰“朋来”。六二以阴爻居臣位，重致其蹇，故曰“蹇蹇”。

《象》曰：“王臣蹇蹇”，终无尤也。

时已正而欲速于行，则成乎过。李沆以不用梅询、曾致尧为报国，盖得此意。

九三，往蹇来反。

九三以刚居刚，而为进爻，非无志于往者；乃与上六相应，上以柔道抚之，则反而与二阴相合，以成乎艮止。故其往也，亦能蹇也。

《象》曰：“往蹇来反”，内喜之也。

初、二二阴，志在柔静，三刚而能止，故喜其反而相与慎持。

六四，往蹇来连。

六四柔当位，而以静退为德。能蹇于往，则安其位，与二阳

①详密：岳麓书社本作“详审”。

相协而不自失也。

嵩焘案：九五上卦之主，九三下卦之主，四介其间，连之以济蹇。阳为实，阴为虚，阴性从阳，四所以能连以诸爻皆当位，四亦与享其实也。

《象》曰："往蹇来连"，位当实也①。

自二以上皆当位，而独赞四之当位，四以柔居柔，安于蹇之至者也。"实"谓养育其德，令笃实也。

九五，大蹇朋来。

"大"谓阳②也。九五以刚健之德，居中正之位，阳道之盛者也。德与位皆可以大有为矣，而居二阴之中，蹇而不速于行，审之愈固，居之愈谦，智、名、勇、功，皆所不尚，以深体天下之险阻，而凛匹夫慎予③之惧，是贤人君子所乐就以相益者也。盖人君位居人上，已为下之所惮，而况才美道正，则天下之欲效忠也愈难。恃强知多闻，以敏速刚断自用，则谗谄面谀之人至，而善者退。君无为而善与人同，相无技而实能容，惟"大蹇"而后"朋来"，朋来而道愈盛矣。

《象》曰："大蹇朋来"，以中节也。

居中得位，而资于初、上以节其刚，故大而能蹇，以致"朋来"之盛。

---

①位当实也：岳麓书社本作"当位实也"。
②阳：岳麓书社本作"朋"。
③慎予：岳麓书社本作"胜予"。

上六，往蹇来硕，吉，利见大人。

上六当阴阳各正之馀，尤以柔道慎其终，斟酌饱满，以释回增美，其道充实而博大，无不吉。以是而见九五之大人，凡可以经纶天下者，皆取诸怀而行之裕，无不利也。

《象》曰："往蹇来硕"，志在内也。"利见大人"，以从贵也。

"志在内"者，中四爻各得其正，而相与弥缝其美也。"从贵"，谓上六之德已纯乎吉，而资九五之尊以行之，往无不蹇，则行无不利，推之天下国家，施之后世而皆正，故曰："蹇之时用大矣哉！"

嵩焘案："志在内"当指九三。蹇以初、上成乎卦，三与上为应，处内卦之终，以成乎艮止，上六倚三济蹇。志在内者，志三也。艮有硕厚之义，剥以艮居上曰"硕果"，蹇以上应艮曰"来硕"。

䷧解　坎下震上

解。利西南，无所往，其来复吉。有攸往，夙吉。

"解"者，解散其纷乱也。中四爻阴阳各失其位，而交相间以杂处，于是而成乎疑悖。解之之道，使阴阳各从其类以相孚，而君子小人各适其所欲，则虽杂处而不争。如雷动而兴，阳虽在下而升，阴虽上凝而降，则阴阳交战之患息矣。以刚治之，则愈暌。暌虽治，而阴有"丧马"之忧，阳有"张弧"之战。解以柔抚之，加意拊循，矜其不正之过，而小人乐得其欲，君子乐得其道，则阳不忿而阴不疑，待其自相解散，而治之也有馀。故上六可以"射隼"，而夫子曰"待时而动"也。

“利西南”者，西南山川砢磊不平之地，以解道行之，则利也。不言不利东北者，蹇有平坦之道，故以为防，而解无之也。“无所往”，以柔道安之，则止而不争，而自求其类以相孚，初之所以无咎而吉也。“有攸往”，则解之而已豫，待其自散而因治之，上之所以“射隼”，获之而吉也，贤于睽之迫于治而望“遇雨之吉”远矣。

夫上下阴阳各失其道，固宜刚以治之，以清流品而定名分。解以柔道静听其自释，近于茸阘而莫能理。然而解之往来皆吉者，阴阳虽失，而犹相为应，则上下犹和，而君子小人不相争竞。故阚止、陈恒皆小人，而争于国，则齐乱不已；雒、蜀之党皆君子，而争于廷，则宋乱乃生。敛骄气以从容，俟其以类相从，而后徐施其治，贤于迫束以激乖离者，不亦远乎！以六三之不与上应，而孤立必罹于灾，上亦以柔道制之，而隼为我获，况其他乎！此解之所以利而夙吉也。、

嵩焘案：船山释家人、睽、蹇、解，以初、上成卦，最得立卦命名之旨，而圣人释卦仍举两象明之，不取初、上为义。二为下卦之主，居险而安，故曰“得中”；四为上卦之主，乘险而动，故曰“有功”。上六解道已成，固不得为夙矣。

《彖》曰：解，险以动。动而免乎险，解。

此以震、坎之象言之。然惟初之柔，故知其险而不敢以易心临之，惟上之柔，则动而无所窒以相竞，故能免乎险；则与卦画之义亦相通也。

“解利西南”，往得众也。

以解之道而行乎人情险陂之中，众自悦而从之。

“其来复吉”，乃得中也。

以柔待之而不激，故二、五各安其位

“有攸往夙吉”，往有功也。

上之欲治其纷乱也夙矣，而柔以俟时，则收功易。

天地解而雷雨作，雷雨作而百果草木皆甲坼。解之时大矣哉！

阴亢而乘刚，故难结而不解。其在天地之化，则阴凝于上，而阳伏不兴，结为寒冻曀霾，而草木不足以生。乃柔和之气动于上下，雷乃以升，雨乃以降，晦蒙之气消，阴阳各从其类，则百果草木之函錮者皆启，解之功大矣，惟其时也。不言义用者，解以无用为用，而不执乎义也，待其时而自解焉。惟圣人为能因时。

《象》曰：雷雨作，解。君子以赦过宥罪。

“赦”，纵释之。“宥”，宽之，薄其刑。“过”，误犯。“罪”，故犯也。雷雨之作，以释蕴结凝滞之气而苏物。然疾雷间作而不恒；君子非常之恩，间一用而已。五阴乘阳而居中，未至于邪，有过之象；三阴乘刚而陷阳，则其罪也。

初六，无咎。

解之为道，以近相解。如解结者，先于其绪；先其近而后其远，先其易而后其难，则以渐而解矣。故初以解二，上以解五。初应四，而解之者必待朋至之孚；上与三同道，而解之者必有乘高之射。初六柔以承刚，静以待动，则二可安于中而不疑，虽未有功，自无咎矣。占此者，自省无过，顺以受物，则吉。道在无咎，故其辞简。

《象》曰：刚柔之际，义无咎也。

"际"，交也，遇也。以柔遇非正之刚，自静处以寡过，义当然也。

九二，田获三狐，得黄矢，贞吉。

狐之为兽，邪而善疑。自三以上三爻，皆失位而不安，其象也。九二刚中自任，因险立功，有田而获之之象。得狐则且委其矢，乃初以柔解之，故不急于杀，而矢不失。"黄"，中色也。有获狐之才，而能听解以不自丧，则不失其贞而吉。睽、解中四爻之失位，阴之僭以成乎阳之不平，故于阳无过责之辞。

《象》曰：九二贞吉，得中道也。

获之而又不穷其杀，居中之道得矣。

六三，负且乘，致寇至，贞吝。

睽、解失位之爻，惟三为尤妄。上承九四之刚，本屈居卑贱，而下乘九二之刚，躁进凭陵，是担负之役人而乘轩矣。兵自外至曰"寇"。居非所得，寇必夺之。道宜凶，而仅曰"贞吝"者，有上六"高墉"之射解其悖，故可悔过以保，然而已吝矣。

《象》曰："负且乘"，亦可丑也。自我致戎，又谁咎也！

承上六之解，将不咎人而自咎，犹得为贞。

九四，解而拇，朋至斯孚。

“拇”，足大指，谓初也。四与初为正应；四刚失其位，有逼五之嫌，初以柔解之，而卑柔居下，力弱而情殊，固未能解，如解结者不以手指而以足拇矣。但二近初而听解于初；二本与四同道为朋而相待者也，两阳交孚，二解而四亦渐解，势不容以终自怙也。

《象》曰：“解而拇”，未当位也。

“未当位”之文与“位不当”异，言解之者之未当位，故如拇也。解之不当位者五，独言初未当位者，惜其解之情得而权不足也。如上六则当位而有高墉之势矣。

六五，君子维有解，吉。有孚于小人。

“君子”、“小人”以位言。五居尊为君子，三则负且乘之小人也。五以柔居尊，道不足，而二以婞直自用，则其忧疑不释，将激而与小人党，以犯上丑正。幸上之柔和不迫，从容而解之；维其有解，是以吉。君子既得解，则且以道感孚小人，而小人亦化矣。五孚于三，四孚于二，阳不畸而阴不戾，初、上之为功大矣。萧望之惟不知此，恃其刚以与柔懦之元帝争得失，而宏恭、石显之忿媢愈烈。郭子仪之处程、鱼，庶幾得之。

《象》曰：君子有解，小人退也。

“有解”，有解之者也。“退”，退听命也。

上六，公用射隼于高墉之上，获之无不利。

“公”，三公；坐而论道，师保之尊，临君之上，以解君子之眩惑者也。“隼”，鸷戾之鸟。“高墉”，居上之辞。上以柔解纷，而岂忘情于去阴慝以安善类乎！就密勿之地，解君子之惑；君子听其解，而以治小人也易矣。以刚治者，始于刚而后且柔，睽上之所以“说弧”也。以柔治者，藏用于柔而乘时以行断，解上之所以“射”而“获”也。六三飞扬攫击之志戢，则阴阳之争不兴，无不利矣。

《象》曰：“公用射隼”，以解悖也。

射之，但以解其悖耳。小人孚，则不射可也。

䷨损　兑下艮上

损。有孚元吉，无咎可贞，利有攸往。曷之用？二簋可用享。

损、益亦以泰、否之变而立名义者也。泰三之阳进而往上，上之阴退而来三，为损。否四之阳退而来初，初之阴进而往四，为益。不言进退往来，而谓之损益者，卦画一而函三，三复函三而为九，阳全用之，故其数一而九，阴缺其中之一，故二而六；阳实而阴虚，阳用有馀，阴用不足，理数之固然也。泰之外卦本阴也，阳以三中之实，补上之中虚，而阳之数损矣。否之内卦本阴也，阳损其四中之实，以与阴于初，而阴益矣。损者，阳之损也。益者，阴之益也。阳本至足，以损为惜。阴本不足，以益为幸。故损归阳，而益归阴。内卦立本以定体，外卦趋时以起用者也。损阳之体，益阴之用，而阳损矣。损阳之用，益阴之体，而阴益矣。阳损阴益者，皆自其立本者言之也。起用者往而且消，立本者来而且长者也。内卦在下为民，外卦在上为君。内卦筮得在始为质，外卦后生为文。内卦在中为情，外卦在外为事。内卦方生为德，外卦立制为刑。损民以养君，损质以尚文，损情以适事，损德以用刑，皆损道也。而益反是。损、益者，阴阳交错以成化，自然之理，人心必有之幾，损不必凶，而益不必吉也。恒不谓之损者，损必损于已足之馀，而恒损之于初，则不知变通之用，故恒多凶。咸不谓之益者，益必益于实，而咸以其馀相益，则偶然之感，而固非相益也。损、益，天地之大用，非密审于立本趋时之道者，不足以与于斯。故二卦之《彖辞》极赞其道之盛焉。

“有孚”者，初与二刚相孚，四与五柔相孚，阴阳交足于内，自相信以为无忧，而后以其有馀者损下而益上、损刚而益柔，阳固充实，未丧其中位，而阴已足以利其用，非内不足而徇乎外者。惟其有孚，则“元吉”矣。阳虽损，而中道自得，根本自固也。以君民言之，仰事俯育之有馀，而贡赋将焉，上亦虚以待之，而置之有馀之地，未尝恃之以自养而迫于求。以性情、学术、事功言之，质已实，情已至，德已洽，而不欲其太过，乃损其馀以补之，使文外著，事有节，刑有章，而非亏本而侈其末也，故“元吉”也。以其损体而从用，疑有咎也，故又申言其“无咎”；以其舍同类而趋于异，疑于不可贞也，故又申言其“可贞”。如是，则三之阳往而上，和义而利物，允矣。圣人恐占者当损之时，损以为道，而有疑于非吉利之事，虑其为咎而不可贞，则无以应天地自然之理、人心节宣之妙，故备言其道之无不宜，以使安于损焉。观于《彖传》，而旧说之拘于一端，其亡当多矣。

既以备言损道之美，而更发明其用之善，见损而非有伤也。“曷”者，劝其用之辞。二簋，特牲之馈，祭飧之薄者也；言当损而何弗损哉？二簋可矣。阳之居三者，阳之馀也，损之而不伤其实者。阳之数，三其九而二十有七，所损者三耳。君足而民自馀，文生而质自存，事适而情自固，刑用而德不衰也。

《彖》曰：损，损下益上，其道上行。

"上行"，上者行也。三为阳之上，上为阴之上。上者处有馀之势，而道在进，所宜行者也。

损而有孚元吉，无咎可贞，利有攸往。

惟其上行，而不损其中之实，故备此数美。

"曷之用？二簋可用享"，二簋应有时。

阳道方盛，损其馀而不忧；阴道欲消，益之以一阳而得固。故二簋虽薄，而人神宾主之情自应，惟其时而已。

损刚益柔有时。

乾刚，坤柔，损乾益坤也。乾道上行，行者以时行而损；坤道下行，益之以阳而情顺也。乾、坤之交方泰，以变通而益利其用，乘其至足而用其所馀，则损刚益柔，非以伤阳而亵交于阴，乃因可损之时而损也。

损益盈虚，与时偕行。

此极言损之密用，而推必动之幾，一皆自然之理也。阳已盈则损，阴极乎虚则益；损则盈者虚，益则虚者盈矣。"与时偕行"，行于时之中，变化不测。而时以不滞也。

盖尝观于四时之行矣：春夏为阳，秋冬为阴，而非必有截然分界之期而不相为通。阴、晴、寒、暑，于至盛之中早有互动之幾，密运推移，以损此之有馀，益彼之不足。荞麦冬荣，靡草夏死，幾用其微，一如二簋之享，而阴阳之成质不亏，生杀之功能自定，则有孚而可贞者固然：时行其正，损益行其权。乃既损既益，而时因以变迁，则损益行，而时因与偕行也。一元之开阖，一岁之启闭，乃至一日之旦莫，一刻之推移，皆有损益存乎其间，而人特未之觉耳。愚者见其虚而以为损，而不知其未尝损也；见其盈而以为不可损，而不知其固损也。苟明乎此，则节宣顺其理势，调变因其性情，质文、刑德、哀乐、取舍无容执滞，而节有馀以相不足，无一念之可废其幾矣，庶幾得“与时偕行”之大用与！

凡言时者，皆在占《易》者之审身世而知通，而学《易》者不可躐等而强合。惟圣人德盛化神，自无不偕乎时；其立教以示天下，则使人知其理之固然，而勿容过为忧疑以悖道尔。

《象》曰：山下有泽，损。君子以惩忿窒欲。

阳已过，则亢而成“忿”；阴已极，则靡而成“欲”。损阳之外发者以虚，而悦则忿息；益阴之将衰者以刚，而止则欲遏。欲窒，则志行高而如山之峙；忿惩，则惠泽行而如泽之润。山泽者，自修之德；风雷者，为学之功。老子曰：“为学日益，为道日损”，亦窥见此意与？

初九，已事遄往，无咎，酌损之。

损者三也，受益者上也。然盈虚之变，非骤然而遽成，必以渐为推移，而未变者已早变其故。三损而乾刚已成兑悦，上益而坤柔已从艮止，非徒三、上之损益已也。初、二之情已移，而后三之行乃决，故曰“三人行”，明非三独有损之志，特所用者三尔。初九以刚居刚，而潜处于下，未有必损之情，故于占此爻者戒之曰：能辍其阳道潜藏之事，而“遄往”以益上，则可“无咎”；且申释之曰：非欲初之损也，乃往而“酌”所宜损者“损之”也。损、益，自然之理，于德本无得失，故但戒占者，当其时位，则思所以善处之焉。与他卦之义例不同。

《象》曰："已事遄往"，尚合志也。

“尚”，庶幾也。能“已事”而“遄往”，则与三合志，而不以损为歉也。

九二，利贞，征凶，弗损益之。

二居中而为阳刚之主，尸损之事者；以刚居柔，情不能自固，则有急于损之心矣。损者必有馀而后可损，立本固而后可以趋时，是以有孚乃吉；故戒之以守正则利，往损则凶。二但固守其刚，使充足于内，则不待损而自有以益上矣，亦戒辞也。初退而二进，初刚而二柔，故一则劝其往，一则止其征，裁成之道也。

《象》曰："九二利贞"，中以为志也。

位既中，则当固守其中而不妄动，以听三之损。

六三，三人行则损一人，一人行则得其友。

“则”者，自然之辞，言理数之必尔也。卦之画成于三，三则盈矣。“三人行”，而数已盈，气已足，而必损其一；无俱损之理，亦无不损之道也。“损一人”，则一人行矣；而其行之一人，则必得其友者，而后损之而安也。内卦本乾，变为兑者，损其三中之一也。三处有馀之地，而既损为阴，与四、五同道而相友，坤道成焉，损三而交得矣。象既成，而有天包地外之象；阳运乎外，阴处乎中，天地之化机于此而著。占者得此，则当斟酌彼己之宜，利用其损，情遂而事宜，虽损而固无伤矣。

《象》曰：一人行，三则疑也。

所以六三之独损以往者，以无三人俱损之理，而所损者必其所宜损，则损之而各得其情之所安。初吝于损，二志于损，皆失理而疑；六三行，则亡疑，所谓“二簋应有时”也。

嵩焘案：内体三阳，则疑于无阴；内体三阴，则疑于无阳。三上行而阴阳之情各得，知损益之用者，乃以消阴阳之疑，船山此注似失之。

六四，损其疾，使遄有喜，无咎。

内卦本乾体而三损，使其不损，则阳摈阴而阴乘阳，四受其冲，病矣。三之损，损四之“疾”也。不待上之受益，而早喜其居位之得安，固相与相得而为友。夫利彼之损，而以柔相昵，疑有咎也；而四当位之柔，静正无求益之心，故无咎。

《象》曰：“损其疾”，亦可喜也。

喜而友之可也。

六五，或益之十朋之龟，弗克违，元吉。

言“或”者，三非五之正应，五之所不望其益者也。两贝为“朋”。“龟”，守国之宝也。三本损以益上，非益五也。乃卦本坤体，三阴居外而欲消，得上之益以止，而安于尊位，是五之宝也。“弗克违”者，理数之自致。“元吉”，无所待而自吉也。

嵩焘案：表记不违龟筮。“弗克违”者，龟筮协从，弗能辞其吉。损六五之或益以三，益上而止阴之消，故《象传》释之曰

“自上祐也”。益六二之或益以四，益初而遂阳之长，以受其施，故《象传》释之曰“自外来也”。益在初、上，而二、五自然享其益焉，龟筮之所弗能违也。损、益，天地之大用，阴阳消长之幾，皆理数之所不可违者，独于损五益二释之，恐未然也。

《象》曰：六五元吉，自上祐也。

“上”谓上九。“祐”者，保其尊，上受益，而五承其祐矣。

上九，弗损益之，无咎，贞吉。利有攸往，得臣无家。

《易》之文简，故多词同而意异。此言“弗损益之”，与九二之义异，谓无所损而受益也。上于下，宜损己以益之，而阴数止六，有可益而无可损，则于义无咎，而守正以受益为吉矣。既益，则“利有攸往”矣。上为君，下为臣，内卦损阳以益上，忘家忧国之臣也。而上与三正应而得之，固分义之可受者也。

《象》曰：“弗损益之”，大得志也。

得忘家之臣，而安止以受益，得志而利于行矣。

䷩益　震下巽上

益。利有攸往，利涉大川。

益以损乾之刚，益坤之柔，而谓之益，不谓之损者，刚虽损于四以益阴于初，而为方生之爻，阳道且立本而日长，则阴益而阳亦益，非若损之损三以居上，为已往之爻，寄居于天位之上，实自损以益彼也。华归根而成实，君自节以裕民，文反朴而厚质，志益[1]亢而善动，“利有攸往”，允矣。“利涉大川”之义，《彖传》详之。

《彖》曰：益，损上益下，民说无疆。自上下下，其道大光。“利有攸往”，中正有庆。下下，上下字，尸嫁反。说，弋雪反。

此通释“利有攸往”之义。益民而民说，一义也。阳自上而下，返于初以消否，正其志于内，而光昭上行，一义也。阴居二，阳居五，各得中而正，而四之益初，二受其益，外来之庆，以赞其行，一义也。略言三义，而益之利于往者可推矣。

“利涉大川”，木道乃行。益动而巽，日进无疆。

此通释“利涉大川”之义。“木”谓巽也。京房谓震、巽皆属木，屈八卦以就五行，其说不通。“行”，动之使行也。动之而巽以行，行以渐进而不遽，为舟行之象。循涯日进，而无远不届，行舟之利所以不可御也。

天施地生，其益无方。凡益之道，与时偕行。

此推言益道之大，为乾、坤合德之大用也。阳之益初，天之交于地以施也。阴之进而居四，载阳以发生也。幾天地之间，流峙动植，灵蠢华实，利用于万物者，皆此气机自然之感为之。盈于两间，备其蕃变，“益无方”矣。而其无方者，惟以时行而与偕行，自昼徂夜，自春徂冬，自来今以泝往古，无时不施，则无时不生。故一芽之发，渐为千章之木；一卵之化，积为吞舟之鱼。

---

[1]益：岳麓书社本作“抑”。

其日长而充周洋溢者，自不能知，人不能见其增长之形，而与寒暑晦明默为运动，消于此者长于彼，屈于往者伸于来。学《易》者而知此，则天下皆取善之资，而吾心无可弛之念，其于益也，不亦大乎！

《象》曰：风雷，益，君子以见善则迁，有过则改。

阴凝于下而不上交，阳来初以动之而改其过：雷以震慑之象。阳安于上而不下交，阴往四以顺之而成其美；风以导和之象。“则”者，速辞。风雷，至速者也。改过迁善，以速而益。四之损、初之益。皆在卦下，速也。益者，学以益性之正；损者，修以损情之偏；君子之善用损，益也。

初九，利用为大作，元吉，无咎。

初既受益，乾道下施而为长子，可以大有为矣。乃阳之下施以惠初，非徒利其生，而实以成其能，非体乾元之德以承天之祐，则不足以胜其任，故必“元吉”而后无咎。

《象》曰：“元吉无咎”，下不厚事也。

其位在下，力固不厚，虑其奋兴一时，而不足以继，故戒而勉之。此亦为占得者言也。

嵩焘案：初居下，非能厚事者，而先有以植其基用为大作。初基既固，而元吉归之。阳之施益于初，亦知下之不能厚事而预成其利用之功也。

六二，或益之十朋之龟，弗克违，永贞吉。王用享于帝，吉。

阳益于初，以辅二而消其否，二之得益大矣，故与损五同其象。而六二柔中得位，乐受阳施，以保其正，则其吉永固，较损五为尤吉焉。有其德，受其福，而柔顺不敢自居为功，乃以禋祀于上帝。所谓天子有善，让之于天，神斯享之，尤其吉矣。二上应五，故有此象。

《象》曰："或益之"，自外来也。

外谓外卦，乾也，天所益也。

六三，益之用凶事，无咎。有孚中行，告公用圭。

"益之用"，资益以为用也。"凶事"，水火、兵戎、死丧之事。"孚"，三与二、四合德也。"中行"，卦三阴而三当其中，行以告而请益也。"公"谓四。四近九五尊位，为三公。"圭"，诸侯之聘圭，以昭信也。三比外卦而为进爻。阴欲求益于阳，而三行以请于四。请而求益，非君子之道。惟水火有分灾之礼，兵戎有救患之典，死丧有赙襚之仪，则与者非滥，求者非贪，可无咎也。三[①]望益，而二阴与之同心，乃行以告而抒其诚信，有大夫承命诉讣之象。忧患在己，既为礼所宜请，则上下同心而输忱以往，宜矣。天王之求车求金，贪也；陈灾而不告火，慢也；皆咎也。

《象》曰：益用凶事，固有之也。

固有其情，固有其礼，则可固有其事。诸侯之礼，凶必告讣，而邻益之。通诸士大夫之于知交，亦此礼也。故士待外姻至而后葬。

---

①三：守遗经书屋本、金陵本同，嘉恺抄本为"二"，岳麓书社本改为"三"。

六四，中行告公从，利用为依迁国。

“中行告公从”者，三来告而四从之，因以其阳之固足者益初也。“迁国”者，阳下益初，则阴迁居于此也。“依”，《本义》谓如“晋郑焉依”之依。是已，四既损阳以益初，从三之告，则与三同其柔德，相比以奠其位而得所居，所谓“因不失其亲”也。与损三得友之义同。

《象》曰：“告公从”，以益志也。

本有往益之志，故告而必从。盖阳无不施之理，惟阴亢而不求，则阳有所不能强施，如瘠土之不受膏雨，亦无如之何矣。阴能仰承，阳必下应，施之而阳不为损，阳岂有吝惜哉！

九五，有孚惠心勿问，元吉。有孚惠我德。

五位天德，其施惠于下以益阴之生者，心固然也。四本乾体，与五同德，相孚而惠心一也。告而即从，不待五之问焉，默承其意，以资始之益益下，吉莫尚矣。“惠”者，四往益初之德也，而功归于五，则何待五之损己而后益于物哉！天之施万物以生者，四时五行之气施之也，而推其德者曰天施，王用亨焉。然则大臣承主意以惠天下，而德归天子，君子资圣训以惠后学，而德归圣人，德之至者不劳而惠行焉，益之所为有益而未尝损也，惟视其所孚者而已矣。

《象》曰：“有孚惠心”，勿问之矣。“惠我德”，大得志也。

四既合德以行惠，可勿问矣。“大”谓阳。益行而不劳，得志可知。

上九，莫益之，或击之，立心勿恒，凶。

四损已以益下，故有为依之利。五有惠心以孚四，故归德而获享帝之报。上九阳亢在上，骄吝而无益物之心。无益于物[①]，物亦莫有益之者，而或且击之矣。吝生于骄，而骄吝者之心，当其求益而畏击，则不能无望于人；及其终不得益，而未必有击之者，则又亢而自恃，自以为善揣人情，而可以术御[②]；而不知无恒者，人之所厌恶，而自绝于天也。益上与损初，皆吝于损而无益者。损初位下而上承二，故可劝勉之以酌损[③]；益上已亢，故决言其凶。骄以成吝，祸尤不可解也。勿、无通。

嵩焘案：阴阳相济而成用。损初远三而为进爻，故可往而酌损；益上远四而亢而居上，无下济之意，故曰"莫益之"。益，错恒，即恒取象，阴亢而振，阳亢而击，其凶同。恒者，贞天地之变以为常者也。位亢而道不下济，其居不安，其守不定，"立心勿恒"之象也。

《象》曰："莫益之"，偏辞也。"或击之"，自外来也。

不言上不益物，但言物"莫益之"者，从一偏言之，以该其全理。"自外来"者卦中无相击之爻，而天下祸生不测，则莫为之益；亲戚且叛，而兵戎自至，发于其所不及防也。

䷪夬　乾下兑上

夬。扬于王庭，孚号有厉。告自邑，不利即戎，利有攸往。

---

①无益于物：岳麓书社本作"无所益于物"。

②御：岳麓书社本作"驭"。

③酌损：守遗经书屋本、金陵本均脱，岳麓书社本作"往"。

号，胡刀反。

夬之为言决者，绝而摈之于外，如决水者不停贮之，决而任其所往，求其无相淹濡，而①不复问所以处之也。为卦，阳盛已极，上居天位，下协众志，一阴尚留，而处之于外。阳已席乎安富尊荣，而绝阴于无实之地，以是为刚断之已至矣。乃阴终乘其上而睥睨之，阴固不能忘情乎阳，阳亦岂能泰然处之而不忧？故《爻辞》多忧，而《彖辞》亦危。

阴之为德，在人为小人，为女子，为夷狄，在心则为利，为欲。处女子、小人者，置之于中而闲之；处夷狄者，抑之使下而抚之；若使亢焉化外，而徒摈之以重其怒，则其为忧危之府，必矣。以义制利、以理制欲者，天理即寓于人情之中。天理流行，而声色货利皆从之而正。若恃其性情之刚，遂割弃人情以杜塞之，使不足以行，则处心危，而利欲之乘之也，终因间而复发。二者皆危道也。故统帅群阳以摈一阴，而且进且退，终窒碍而不得坦然以自信焉。

呜呼！天下岂有五阳同力，而不能胜一阴者哉！惟恃其盛而摈之以为不足治，乃不知彼之方逸居于局外，以下窥我之得失也。故三代以下，为王者不治夷狄之说，自以为道胜无忧，而永嘉靖康，凭陵祸发，垂至于祥兴，海上之惨，今古同悲。野火之燎，一爝未灭，乘风而熺，岂在大乎！五王诛武氏，而三思犹蒙王爵，《要典》焚而冯铨犹以故相优游辇下，皆此象也。其在学者，则三月不违之仁，尤当谨非礼于视听言动之著见。伯禹戒舜，罔若丹朱；召公陈《旅獒》，拟之商纣；一私未净，战战栗栗，尤在慎终，可不戒夫！是以知夬者，忧危之府也。日之朔，月之望，有

①岳麓书社本无“而”字。

薄蚀焉；盛夏之荣，有靡草焉。天地且然，而况于人乎?

“扬”者，栩栩①自安之貌。宫中曰“庭”。“王庭”，王之后宫也。阴居五之上而当位，虽摈绝之，犹安其所，而乘其后以俯窥也。如是，则群阳相与交孚，以号呼不宁，而自见其危矣。危则自治不可不饬，故必“告自邑”，亟内治，则优群阳之不相下，而必申命以有合也。内治修，则徐而制之，专任能者以建威销萌，可矣。若恃众盛而以即戎，九节度之所以溃于相州也。“利有攸往”，内治得，则率道以行，阴自无号而消沮矣。慎终之道，忧危之吉也。

《彖》曰：夬，决也，刚决柔也。健而说，决而和。说，弋雪反。

健故决，说故和。决之不尽，阴得以相说而遂与之和。

“扬于王庭”，柔乘五刚也。

乘刚，故扬扬而自得。阳既盛，五已据天位，柔复乘于其上，忧若在外，实在内也。

“孚号有厉”，其危乃光也。

知其危乃光大，而不与阴为缘。

“告自邑，不利即戎”，所尚乃穷也。

以刚之盛为尚，而恃之以战阴，则穷。

---

①栩栩：守遗经书屋本、金陵本同，岳麓书社本作“相诩”。

“利有攸往”，刚长乃终也。长，上声。

进修其德而不已，道胜于己，阴乃终凶。

《象》曰：泽上于天，夬。君子以施禄及下，居德则忌。

“泽上于天”，势必下降，决之象也。君子在上，以禄待天下之贤者，无所吝留。取法于此，所由异于项籍之印刓不与也。然泽者天之泽，禄者天之禄，非君子以市恩而可居之为德者也。有居德之心则骄，而士且不以为德，故忌而戒之。

嵩焘案：项氏安世云：“禄恶积而喜决，决则及下德；恶决而喜积，决则放逸而不为我居矣！故施禄者以决为美，居德者以决为忌，居德犹积德也。”① 案：《象》言“施禄”，夬义尽矣！以施禄为德而居之，于夬象无取，此当与贲象“明庶政，无敢折狱”同旨，似项说为优。

初九，壮于前趾，往不胜为咎。

初居下位，恃积刚之势，以刚居刚，遽欲前以逼阴，力弱而不相及，不胜必矣。不胜，则阳之锐折，而阴益安据于上，所谓“与于不仁之甚者”也。位未高，道未盛，而欲攻小人，则一不胜而且折入于邪，贾捐之是也。德未充，义未精，而欲遏制人欲，必且激而成乎妄，佛、老是也。皆以壮为咎者也。

《象》曰：不胜而往，咎也。

量其不胜，惟益自强于善则可矣。

①故：《周易玩辞》为“是”。居德者，《周易玩辞》为“而居德者”。

九二，惕号，莫夜有戎，勿恤。莫，漠故反。

九二刚中而居柔位，强于自治而不暇与物竞者也。“惕”者，心之忧也。“号”者，戒群阳使自治也。上六非二之应，又相去疏远，其有戎心，出于非意，“莫夜”之寇也。害不及己，勿恤焉可矣。卦惟此爻为得，然谨慎自持，而不能恤阴之未去，故夬之为卦，决而实不能决也。

《象》曰：“有戎勿恤”，得中道也。

以刚居柔，中而得其道矣。道得，则戎不能为之伤，故可勿恤。

九三，壮于頄，有凶。君子夬夬，独行遇雨。若濡，有愠，无咎。

三与上应，有比匪之嫌；既与为正应，情固不可绝，而外必示之以不屈，则小人且怨，而难及之。周颤之所以杀身，“壮頄”之凶也。从刚居刚，志非合污，则决然于夬，而以与诸阳并进。已独遇上六，有相沾濡之迹，心愠结而不容不形于色，则虽凶而“无咎”。称“君子”者，谅其志之终正而为君子。

《象》曰：“君子夬夬”，终无咎也。

事虽凶而义自正，惟其决于夬也。

九四，臀无肤，其行次且，牵羊悔亡，闻言不信。次，七私反。且，七余反。

九四以刚居柔，而为退爻，不能敏于夬者也，故为羸弱不能行之象。然使随九五之后，而奖九五以前进，如牵羊者之从其后而鞭之，则阴可消而悔亡。乃与兑为体，闻上六之甘言，将不信诸阳之同德，则亦安能亡悔哉？以其与阳为类也，故可有“牵羊”之得；以其弱而易悦也，故终“不信”。

嵩焘案：初居下体之下，故象趾；四居上体之下，故象臀。牵羊者，牵制其后而鞭之。四居下以御上六之阴，有牵羊之象，终以阳居阴位，优柔寡断导之，行而不进奖之，言而不从，识闇力柔，君子之所无如何者也。

《象》曰：“其行次且”，位不当也。“闻言不信”，聪不明也。

听之能明，辨其贞邪而已。与邪合体，则甘言得进而惑之。

九五，苋陆夬夬，中行无咎。苋，胡官反，从艹，与从艸者异。

“苋”，细角羊，不能触者。“陆”，平原之地，羊所乐处也。兑本羊体，而行于平原，得其所安，故有此象。九五虽迫近上六，有决于驱除之责，而安居自得，与之邻而无戒心，夬夬而实未决也。以其得位居中，而非昵于阴柔，故亦可以无咎。

《象》曰：“中行无咎”，中未光也。

与上比而共为兑体，心系于悦，仅以免咎而已。夬之九五与剥之六五同，故剥五承宠而利，夬五夬夬而未光。

上六，无号，终有凶。

阴慝僭上，虽有与之应而相比以说者，时至则瓦解。徐达师至通州而元帝北去①，不能望救于人也。以群阳相牵，故必待其运之已穷，而终乃凶。《本义》谓“占者有君子之德，则其敌当之，不然反是”。《易》不能为小人谋，义固然也。

《象》曰：无号之凶，终不可长也。

为君子者可以慰矣，勿疑其乘人之上而不易拔也。

☰姤　巽下乾上

姤。女壮，勿用取女。取，七句反。

不期而会曰遇，姤之象也。遇本草次不以礼相见之辞，而“姤”乃女子邂逅，与男相遇之谓，其为不贞明矣。阴之忽生于群阳之下，本欲干阳，而力尚不能敌，故巽以相入，求以得阳之心，而逞其不轨之志，其貌弱，其情壮矣。卦本一阴为主，而卦之名义、《彖》、《爻》，皆为阳戒，小人之幸，君子之不幸也。若恤其孤弱卑下而容其遇，则抑岂知其志之壮也？目中已无君子，将入其腹心而为之蠹贼哉！故一阴而遇五阳，志无适从，与己悦者，因而入之。不幸而与之遇，视其令色如戈矛，闻其甘言如咒诅，得其厚赂如鸩毒，坚刚不为之动，则无如我何。女虽淫悍，岂能伤不取之人乎？乃在不期而会之际，阳方盛而二、五皆未丧其中，则忽之以为不足忧而乍然相喜者多矣。戒之于早，犹可不乱，而非中人以下所能无惑也。

---

①元帝北去：守遗经书屋本作“□□□□”，金陵本为“元主北去”，岳麓书社本作“妥懽宵遁”。

《彖》曰：姤，遇也，柔遇刚也。“勿用取女”，不可与长也。

乍然相得，终必相亢，岂可长哉！宋与女直遇，而欲恃之亡辽，高丽主知，而宋不知，乃终以亡。唐高宗纳武氏之日，岂知其灭唐之宗社哉！

天地相遇，品物咸章也。刚遇中正，天下行也。

姤之为时，已极乎阳道之忧危，而夫子推言天地之化，以通大人正己格物之道，抑岂必不相遇而始亨哉！苟有其德，则且与天地同其化机，夷狄可使怀柔，小人可使效命，女子可使承顺，则虽姤而何伤于盛德！如天之遇地而品物荣，天不失其刚健中正之德，则化无不行。君子以刚健中正、率礼无违而遇之，则小人顺而天下无不服从。然则越礼以取女者，自始不终，非必不与阴遇而始得行其志。即食色而礼在，即兵刑而仁行。苗格于舞干，訾御奄尹正于冢宰，皆遇之以其道者也。

嵩焘案：项氏安世：“刚遇中正，君子遇中正之位，谓以九[①]遇五。”何氏楷：“刚指二，中正指五……二、五以同德相遇。”鄙意“刚遇”即刚柔相遇之意，“中”者，位也。“正”者，德也。德位并隆，刚柔相遇以成其用，而道以大行。二以中正制之于下，五以中正含之于上，其道同也。

姤之时义大矣哉！

《本义》曰：“幾微之际，圣人所谨。”当其时，制其义，非圣人不能。然亦岂有他道哉？以义制利，以礼制欲，以敬制怠，则无不可遇之阴矣。

---

①九：疑为笔误，当为“二”。

《象》曰：天下有风，姤。后以施命诰四方。

天之所以资始万物者，非但风也；而下施于物，则暄风至而物皆生，凉风至而物皆成，物乃得以遇天之施矣。王者之积德以为天下父母，而民或①不喻其志，则假诰命以诏之，而天下喻焉，取象于此。顾其发为王言，必深切出于至诚，以巽入于人之隐微，非饰词而人遂动也，道配天而后化如风也。然惟君道宜然，以其所及者远，故必诰而后喻。降此以下，惟务躬行，以言感人，则亦末矣。姤本不贞之卦，而《大象》专取天、风之义、与《彖》全别。圣人不主故常、观阴阳之变，而即变以取正。故读《易》者不可以《大象》例《彖》也，类如此。

初六，系于金柅，贞吉。有攸往，见凶。羸豕孚蹢躅。

“柅”，所以止车者。“见凶”，天下遇其凶也。初六孤阴卑下，故曰“羸豕”。牝豕之淫走也必羸。“孚”，如期而不爽。“蹢躅”，行而不止也。“系于金柅贞吉”，以戒阴而喻之以吉道也。一阴而遇一阳，与二相守，则不失其贞吉矣。若不系而逞，遇所宜从者而前进。则将干乱群阳，而天下遇其毒矣，以戒阳之宜为防也。又从而申之曰：金柅之系，岂可必哉！其为羸豕矣，则必将蹢躅而不爽矣，而可不早制之乎！

嵩焘案：“金柅”，《子夏传》作“鑈”，王肃作“抳”，蜀才作“尼”，《说文》：“尿只，柄只，所以收丝者也。”尿或作“柅”，又檷络丝柎也。《易》曰：“系于金檷”，先儒皆同此义。马融《传》：“柅者，在车之下，所以止轮”，始异旧说。络丝之柱

①或：守遗经书屋本、金陵本同，嘉恺抄本为“莫”，岳麓书社本改为“或”。

以金为跗，令其不动丝，柔以金柅牵之，故曰："柔道牵也。"以金柅止车，不得云系矣。"羸豕"，郑康成作"纍"，陆绩作"累"，宋衷作"缧"，云大索所以系豕。《虞氏易》："巽绳操之，故称羸也。"马融注："大壮，羸其角，羸，大索也。"蜀才、王肃诸家之说并同，惟陆绩注云："'羸'读为'累'，牛腾马之累，盖以初为淫女。"案："羸"即牵系之意，形虽牵系，则蹢躅所以为女壮也。船山豕之淫走必羸，恐不免臆造。

《象》曰："系于金柅"，柔道牵也。

柔之道，以制于刚为正。小人顺于君子，夷狄宾于中国，女子制于丈夫，皆道之固然，故以系而止之为贞。

九二，包有鱼，无咎，不利宾。

"鱼"，阴物。"包"，受而怀之也。初六出而求与阳遇，邂逅即欲适愿，得受之者，则有所系而止其淫邪；二虽非正应，而以刚居中，直任天下之咎于己，则固无咎矣。若不任其责，而委之于他人，使浸淫及上，则害无所止。"宾"之不利，二亦不利也。"宾"谓三以上诸阳。

《象》曰："包有鱼"，义不及宾也。

阴之遇阳，卒然而起，介然而合，本无择于应之正与不正，得所附而有道以止之，则其害犹可止息。二不幸而正与之遇，则慨然以身任抚驭之责，二之义也。为名教受过，为义命受责，讥非不避，而害不蔓延矣。若迁延避咎，推不美之名，使人分任之，则祸自己延，虽欲沽清刚中正之名，其可得乎？推此义之尽，则孔子谓昭公为知礼，亦此而已矣。

九三，臀无肤，其行次且。厉，无大咎。次且，音同夬卦。

三与巽为体，未尝不滤濾而听阴之入，故与夬四同象。然以刚居刚，则能严厉自持，而可免于阴之污染，故无大咎。

《象》曰："其行次且"，行未牵也。

虽次且而固行矣，则不为阴所牵矣，故无大咎。

九四，包无鱼，起凶。

四与初为应，欲包初为己有，而二已受阴之遇。四能与阳同升，而不以初为志，则得静正之道。乃以刚居柔，而为退爻以就下。有强合于阴而不能之象。无鱼矣，又从而包之，本可不凶，而挑起祸端，凶道也。

《象》曰：无鱼之凶，远民也。

阴为民，民不怀己，而欲强应之，不得则必争，民心愈离，生起祸端，无宁日矣。

九五，以杞包瓜，含章，有陨自天。

"杞"，柜柳，其条可编为器以贮物。"瓜"，易溃之物，包之密则不溃。九五刚健中正，尽道自己，而不忧阴慝之作，以其曲成万物之德，包妄起妄遇之阴，阴辑其溃乱而使化为章美，惟含容之道盛，则阴交阳以成品物之章，始于不正而终于正矣。是岂阴之德足以致之哉？容畜裁成之功，自天陨而得之意想之外。瓜之不溃，杞护之，固非瓜之能尔也。

《象》曰：九五含章，中正也。“有陨自天”，志不舍命也。舍，如字，书夜反。

“舍”，置也。阴消极而必生，理数之自然，命也。九五以含章为志，不委之于命，而必欲护之以止溃乱，乃大人立命之德。惟刚健中正足以当之，人而天矣。

上九，姤其角，吝无咎。

“姤其角”者，阴阳方遇，而上为其角，既非其应，又与绝远，则吝于遇矣。吝不足以章品物，而能自守不渝，则无咎。

《象》曰：“姤其角”，上穷吝也。

上处于穷极上地，阳道将衰，不容不亢，则吝而非咎。

䷬萃　坤下兑上

萃。亨。王假有庙，利见大人，亨利贞。用大牲吉，利有攸往。假，古白反。

草之丛生曰“萃”。泽地者，草丛生之薮也，而丛生必各以其类；此卦三阴聚于下，二阳聚于上，各依其类以相保，故谓之萃。然阳之能聚于上者，惟阴聚于下，不散处以相间。阳既在上，嫌于将往而消，而上六复覆其上，保阳而使不往，以萃于其位，则阳之得萃，阴之顺而说者成之。阴虽群处致用之地。高居最上之位，而皆以保阳，故六爻皆言“无咎”。

“萃亨”，程子以“亨”为羡文。然上言“亨”者，通萃之德而言之；下言“利见大人亨”者，则就见大人而言其亨之由也。阳聚于其位，阴顺于下而奉之，嘉之会也。“王假有庙”者，群阴聚顺于下，四赞九五而以承事乎上六；上为宗庙，王者聚群心以致孝享，而神可格，所谓合万国之欢心，萃之盛者也。"利见大人亨"，言三阴聚以从六二而应九五，见之而上下各安其位，志无不通也。应以正，合义而永贞，故曰"利贞"。"大牲"，特牲，牛也。"用大牲吉，利有攸往"者，言聚顺以事天则受福，而行焉皆利也。

盖太极之有两仪也，在天则有阳而必有阴，在地则有刚而必有柔，在人则有君子而必有小人、有中国而必有夷狄，惟凌杂而相干，斯为大咎。乃阴以养阳，柔以保刚，小人以拥戴君子，夷狄以藩卫中国，阴能安于其类聚，而阳自聚于其所当居之正位，交应而不杂，则阴虽盛而不为阳病。鬼神以是不乱于人，而佑人以福；愚贱以是自安其类，而贵贵贤贤得以汇升：此萃之所以聚众美也。故《彖》历言其亨利贞吉焉。阳杂乎阴，而小人始疑；阴杂乎阳，而君子始危。免此而绥人神，利行藏，何弗宜哉！

嵩焘案："用大牲吉"承"王假有庙"言，"利有攸往"承"利见大人"言。王者身膺天命，备物以事其先人，知天命所在，群往归之。《彖传》所谓顺天命也，极言萃道之盛如此。

《彖》曰：萃，聚也。顺以说，刚中而应，故聚也。说，弋雪反。

阴安聚于下，则成乎坤顺。阳得位于上，而阴卫其外以不消，则说。五得位而二应：虽类聚群分，而志不相违，斯以成乎聚而致亨也。

"王假有庙"，致孝享也。

"孝"者顺德，合群心之顺以致于上，庙中之象也。顺者阴也，致享者九五之阳也。然能聚下之顺，而后顺乎亲者大也。

“利见大人亨”，聚以正也。

二五各当位，得刚柔之正，而四从五聚，初、三从二聚，惟其正，是以群心附之。

“用大牲吉，利有攸往”，顺天命也。

五居天位，天所命也。下群聚以顺之，则可升中以享帝。

观其所聚，而天地万物之情可见矣。

阳必聚于上，阴必聚于下，阴保阳以不散，阳正位而阴不离，理气之必然，天地万物莫能违也。非是，则虽聚而非其情之所安。

《象》曰：泽上于地，萃。君子以除戎器，戒不虞。

水本流于地中，而浚地为泽，潴水以防水旱，而不使旁流散漫，时虽未需水，而畜之无用以待用，盖积以代匮也。君于不居无用之货，惟戎器则除治之于安宁之日，以待不测之用，则聚而不嫌于不散。

嵩焘案：泽上于天则决矣。泽上于地，地之能潴水者，必有防焉。项安世所谓“水聚则决，有以防之，水乃潴；人聚则乱，有以制之，人乃定”，即王弼“聚而无防则众心生”之义。两义足以互相发明，而船山之说为允。

初六，有孚不终，乃乱乃萃。若号，一握为笑，勿恤，往无咎。号，胡刀反。

初六与二、三二阴本相孚同志，而与九为四正应，则又有舍其所萃以就所应之心。乃两端交战，不能自决，而究为二阴所昵，若将号呼固党，相握为一，以为欢笑，则溺于私而失顺阳之义。惟勿以此为恤而往奉四以聚于五，庶幾无咎。以其卑弱处下而无定志，故有此象；而不失其应，则可奖之以无私系，而免于咎也。

《象》曰："乃乱乃萃"，其志乱也。

物虽不齐以相感，而岂能乱贞人之志哉！志先乱，则苟且怀安而失正耳。

六二，引吉无咎，孚乃利用禴。

六二为坤顺之主，柔中得位，初、三二阴之所恃以聚也。能引之以应乎刚，而阴阳上下各以类相从而安，则无咎。乃初与三皆怀自固其党之心，二必诚意相应，使初、三深信其相引之为吉，乃克同寅协恭，以戴阳于上，然后上下各得而利。盖非信友则不能获上，与聚顺以事祖考之理同，颂奏假者所以贵乎靡争也。六二之道，岂易尽哉！"引吉"而后"无咎"，"孚"乃"用禴"而"利"。有其难其慎之戒焉。"禴"，夏祀，特而不祫。二专应九五，故言禴。

《象》曰："引吉无咎"，中未变也。

三阴聚而二为之主，势足以背上而自固，自非大顺之贞，其心易变。能引之以用禴，则心可谅于天下。言"未变"者，危辞也。阴聚于内，非上六则成否，故其辞危。

六三，萃如嗟如，无攸利。往无咎，小吝。

六三与二阴聚处，不当位而有躁进之情，不自安于下，小人所以长戚戚也。以其承刚而为进爻，能往戴二阳使聚于上，可得无咎。阴之情本鄙固，而怙其党，吝也，未可必其往也，故为两设之辞，使占者各自择焉。“小吝”，小者吝也，“小”谓阴。

嵩焘案：六三与二阴聚于下而上无应，比四而怀不安之情，进退失据则往而从四。以萃与五而顺；亦顺，故无咎。三为进爻，因此求萃，亦不免于吝矣。

《象》曰：“往无咎”，上巽也。

“上”谓外卦二阳。“巽”，顺而入也。谓上承刚以相得也。先儒互体[①]以三、上合四、五为巽卦，说亦可通，然不可为典要概施之他卦。

九四，大吉，无咎。

九四本非吉也，以上与刚中之君相保，下有聚顺之民相戴，则藉之以得“大吉”；非其德之能然，所处之时为之也。因而与五相聚以安，亦得无咎，如宋张俊之保其禄位是已。

《象》曰：“大吉无咎”，位不当也。

使非遇大吉之时，其能免于咎乎？

九五，萃有位，无咎。匪孚，元永贞，悔亡。

五虽与四萃聚于亡，为四阴所保，然阳亦孤矣。且辅之者，非其才之能堪，尤危道也。但以居尊而不失其尊，故可无咎。且二之应已，虽各自为聚，不与阳同德，而非其所孚。然当位之柔，

①先儒互体：守遗经书屋本、金陵本同，岳麓书社本作“虞翻互卦”。

本体坤顺之贞以效顺，则无所疑而“悔亡”。“永贞”与坤“用六”文同，言坤德也。“元”，谓其本然。

《象》曰：“萃有位”，志未光也。

群阴方盛，拥尊位，则有危心，不能光大以施德教，所赖以亡悔考，阴之永贞耳。

上六，赍咨涕洟，无咎。赍，与嗟同。

三阴萃于下，二阳萃于中，上独孤处而无与萃，能勿忧乎？然上之在外，所以奠阳于五而不使之消，则身危而主安，义无咎也。

《象》曰：“赍咨涕洟”，未安上也。

居上而孤处不安，其情必戚戚。当忧之时，亦能遽望其安乎！身不安而义自正。

䷭升　巽下坤上

升。元亨。用见大人勿恤，南征吉。

自庭徂堂，历阶而上曰“升”。宾嘉之礼，主宾交相揖，迭相让，互相升，于是乎情洽而礼成。以卦二阳让阴以登于上，初六之阴，让阳以登于二、三，更迭相延，从容而进，阴升阳，阳升阴，宾宾乎从容不迫，巽顺而相应，故谓之升。“元亨”者，阳为初阴所升，得中而为主于内，阴为阳所升，居尊而为宾于外，阳为主而道行，故不失其德之元，而自成乎嘉之会也。“用见大人勿恤”者，阴为宾，而下应乎九二，用是以见大人，可不以阴亢阳卑为嫌也。“南”者向明之方；阴既为阳所升，则志协于阳，而柔顺之道，以近光而行，其吉宜矣。升之为卦，本泰之初变阳而成，上下既交，而又得初六之阴以巽乎阳，则不以法摈阴于外，而与阴迭相让以进，道之尤美者也。故三阴不终为小人，以初之能承阳于下，而上六虽阴之穷，犹忘躯命以进于善，则惟阳之进之也以礼，而无不顺也。卦亦阴为主，而阴道之得，于斯盛矣。

嵩焘案：项安世云：“‘用见大人勿恤’，戒阴也；‘南征吉’，勉阳也。”五下应二，阴阳道通，故曰“有庆”。坤中爻为离，南方之卦。九二志在上行至六五，乃当离明之位，故曰“志行”，与六五《象传》“大得志也”正相应。

《彖》曰：柔以时升。

待有升己者而后升焉，则升以其时矣，所谓进以礼也。

巽而顺，刚中而应，是以大亨。

初阴升阳而成乎巽入，外卦受命于阳以升而成乎坤顺。九二刚中不丧其主道，而五下应之，故大善而亨通。

“用见大人勿恤”，有庆也，

阴虽非位，而阳志与之应，则所遇者荣也。

“南征吉”，志行也。

阴受阳升，主宾通合，志无不行矣。

《象》曰：地中生木，升。君子以顺德，积小以高大。

变风言“木”者，风生于空，无在地下之理。圣人取象，必物理之所有，非若京房之流，强合八卦五行而违其实也。“顺德”，顺其序也。谨于微而王事备，慎于独而天德全，皆木生地中，日积而为乔林之象。

盖尝论之，君子之于德也，期至于高明广大之域，一也。而言学者，或从而分为二道。皆成德之功，而倚于一偏，则各有所失。或以为道本高大，而局之近小，则循末而忘本；或以为道在卑迩，而顿希乎高大，则志广而事疏。游、夏俱承圣教，而互相非，况后世之言德性、言问学者，相争不息乎！夫圣人之学《易》，垂训以诏后学者，非一卦之足以该全学。各有所取而并行不悖，圣学之所以大中至正而尽乎人性之良能也。守卑迩以求渐至，是欲变彀率以使企及也。务高大而忽于微，是不待盈科而求盈沟浍也。夫君子于《易》也，取法各有其时。时者，莫能违者也。当志学之始，而致知以适道，必规恢乎极至之域①。故《大学》之始，即求知止乎至善，而天之命人之性，圣之所以达天而知化，虽未至焉，必期以为准绳，而不畏②登天之难，姑孳孳于近小。及其志之已定，学之已正，然后优而柔之，驯而习之，小节必谨，细行必矜，造天地之道于夫妇之知能，立万物之命于宫庭之嚬笑，以克副乎大无外，小无间之大德。故颜子之心“三月不违仁”，而后夫子使即视听言动以审于幾微，此非可与仲弓以下所亟言也。观象于升，而“积小以高大”者，顺德之事也。德岂易顺者哉！有成德于心而后察于其序，序已察而后可顺焉。然则子游之舍小以求大，君子忧其德之不纯；而子夏后倦于高大，固非中道而俟能者之方。故曰：君子于《易》各有取，于学各有时。

---

①域：岳麓书社本作“哉”。

②畏：守遗经书屋本、金陵本同，岳麓书社本作“谓”。

"积小以高大"者，成德以后之功也，顺也，岂初学之以自画者所得托哉！

初六，允升，大吉。

"允"，诚也。初六自处于卑柔。以承阳而升之，使为主于内，让贤能，进君子，出于至诚。故升德之吉，莫吉于初，群阴方伸而独屈以[1]巽也。

嵩焘案：《晋·六三》"众允，悔亡"，为坤在下。三统初六，两阴连类以进，必众允之，而六三之志乃得以上行。《升·初六》"允升，大吉"，为坤在上，升道成矣。初成二阳以升三阴，亦虚中以待之，曰：上合志者，初以承阳而合志于坤也。

《象》曰："允升大吉"，上合志也。

"上"谓外卦三阴，居上而顺应乎刚，虚中以待阳之升。本有其志，而必藉初之屈于下以承进之。初与合德，而志行焉，是以大吉。

九二，孚乃利用禴，无咎。

象与萃二同而意异。延阴以升者，三也。二处三之下，位远于阴，虽受初之升，而不当位，无能为主，惟"孚"合乎三，乃以升阴而"利"。有孚，则位虽不当而无咎。

《象》曰：九二之孚，有喜也。

喜得三以成相升之美。

---

①以：守遗经书屋本、金陵本同，岳麓书社本改为"于"。

九三，升虚邑。

凡升之道，主宾相得以成礼，君臣相奖以成治，故升人者必自升也。九三刚得位而为进爻。以推阴而升之。阴既升，则三亦升矣。阳实阴虚，坤为国土。阴既升，则虚中以待阳之进，而与为治，故有“升虚邑”之象。不言其利，而固无不利矣。

嵩焘案：《说文》：“虚，大丘也”，故马融训“虚”为“丘”，晁说之亦据《汉书·刑法志》“四井为邑，四邑为丘”。丘谓之虚，坤为国邑，巽为高，“虚邑”犹云“高大之邑”也。

《象》曰：“升虚邑”，无所疑也。

初允之，二孚之，三阴辟门以待之，岂复有所疑沮哉！

六四，王用享于岐山，吉无咎。亨与享同。

四非天位，而谓之“王”者，为群贤所推进，文王之象也，周公于追王后尊称之。岐山，文王卦内之山。四升而上宾于神祇。临其上者阴也，故为地祇。登山而修祀事，虽未受命，而郊神享其德矣。于事既吉，于义亦不失诸侯祀境内山川之礼。柔顺而当位，升以其宜，故无咎也。

嵩焘案：郑康成说升卦义“木生地中、日长而上，犹圣人在诸侯之中，明德日益高大”，正说此爻之义。

《象》曰：“王用亨于岐山”，顺事也。

以时升而安于侯度，其事顺矣。柔当位而为退爻，让不遽升天位，文王之道也。

六五，贞吉，升阶。

升者至阶而止，升之位也。六五为坤顺之主，非有自尊之意，以贞而为阳所乐推，二与应而延之上升。先言“吉”、后言“升阶”者，六五柔顺为志，不自以升为吉也。

《象》曰：“贞吉升阶”，大得志也。

“大”谓阳也。阳本乐推五而升之，五虽贞顺而时至必升，升之者之心惬矣。

上六，冥升，利于不息之贞。

升者至阶而止，上六尤进而往，则且即乎欲消之位，而返入于幽冥，昧于升矣。然上之进处于高危，所以延阳而安之于内，则虽濒于消谢，而贞志不移。此贞臣正士不以险阻危亡易其志者也。贞不息，而允合于义矣。

嵩焘案：《豫·上六》言“冥豫”，豫而不已则冥矣。必变焉，而后可以无咎。《升·上六》言“冥升”，亦升而不已者也。“不息之贞”，虽冥而固利其贞。文王之“不识不知，顺帝之则”，伊尹之“终始惟一”，皆所谓“不息之贞”也。

《象》曰：冥升在上，消不富也。

“不富”，阴也。“消不富”，言阴之且消，“冥升”之不利也。然君子以合义为利，当危亡之世，出身以求济难，受高位而不辞，死亡非其所恤，文文山以之。

䷮困　坎下兑上

困。亨。句**贞大人吉，无咎，有言不信。**

卦象有天化，有人事，有兼天化人事而立名者。若困之类，则专取象于人事，非天道之有困也。阴阳之迭相进退，人物之情见险阻焉，各因乎其时会与其情才，而非必以困乎人，特当之者志道不与时位相值而见困耳。阴掩阳而谓之困，贲阳遏阴而不谓之困者，阳道本伸，而屈则困。共、驩自售其奸，非必困舜、禹，而舜、禹困；王驩、淳于髡自逞其佞，非必困孟子，而孟子困。刚不可掩，掩之而道穷，故惟柔掩刚而曰困也。若君子遏恶以抑小人，使安其分而不逞，非困之也。以学者言之，曰生知，曰学知，曰困学。所谓困者，非鲁钝不敏之谓也；天性之良欲见，而利欲掩之，力争其胜，交持而艰危之谓也。若使无求达其良知良能之心，而一用其情才于利欲，则固轻安便利而捷得。然则清刚者困，而柔浊者无困，审矣。故阳遏阴而不言困①，而阴掩阳言困也。

困为君子愤悱求达之情，则其道之亨，不待事之遂而早已远乎吝，故曰"困亨"。"贞大人"者，言大人之处困，亦惟以贞为道；而贞固大人之贞，非小贞也。大人者，言不必信，行不必果，化裁通变，顺应而不穷于用。乃当其处困，则静正以居，居处恭，执事敬，与人忠，之夷狄而不弃。此大人之惟以贞为道，而②退守乎君子之塞，智有不施，勇有不用，惟贞而后全其为大人也。然

①故阳遏阴而不言困：岳麓书社本作"故阳遏阴不言困"。

②而：岳麓书社本无"而"。

其贞为大人之贞者，不尚介然之操，以与阴争胜负荣辱，而成乎硁硁之小节也。贞大人而必“吉”者，时当其困，阴邪挟其智力，乘势而相掩，始而亿我之沮丧，已而疑我之别有机权以相胜；乃本无可胜之机，而权有所不用，虽小人之忮害，亦岂复有求胜之心哉！惟退守乎君子之贞，初无心于御变。而小人遂已莫窥其际；然而时俄顷而已迁，事不期而自至，静以待之，旁通而厄解。此理数之必然，特躁于求通者不能待耳，待之而自无不吉。故纣不能杀文王，匡人终不能害孔子。凡若此者，持之以志，守之以约，退藏于密，而行法以俟命，岂容言哉！岂暇言哉！言出而群情益疑矣。知其言之必不信也，故无言也。非大人其能无不平之鸣乎！以兑有口说之象，故终戒之。

《彖》曰：困，刚掩也。

刚为柔所掩也。上掩五、四，三掩二，初复从下掩之，进不能，退不可，而困于中。掩者，或以势掩，而其志不伸；或以情掩，而其道且枉。“劓刖”、“酒食”皆掩也。井亦刚掩而不为掩者，井九三进而济险，困九四退而入险，是以异也。

嵩焘案：不曰“柔掩刚”，而曰“刚掩刚”，气郁而不申而困道成矣。君子不与小人争胜负，岂必以掩刚为柔，咎哉？

险以说，困而不失其所句**，亨**句**，其惟君子乎**。说，弋雪反。

知命则乐天，“险”而“说”矣。刚中正位，“不失其所”，惟君子能因，困而善用之，故亨。

“贞大人吉”，以刚中也。

二、五皆刚，大人之纯乎健也。刚则庄敬日强，中则不竞不绿。大人以此，不期于吉而自吉。

“有言不信”，尚口乃穷也。

言既不为人所信，而犹尚之，能无穷乎！凝神定志，内省而信以天，困乃不穷。

《象》曰：泽无水，困。君子以致命遂志。

水在泽下①，“泽无水”矣。泽不停水，乃自穷也。君子非无君可事，无民可使，而不欲为阴所掩，于是安于阨穷，困其身而必不辱，困其志而必不降，去其膏润，安其枯槁，推致于命之极屯，而皆受之以遂其志，必无求通之心，以困为道者也。

初六，臀困于株木，入于幽谷，三岁不觌。

困，柔困，刚也。然困人者未有不自困者也。其始也，处心积虑，所以窘辱正直者，梦寝不宁，万棘丛于胸臆。乃刚正之士，方且处困而不失其所，而困之之术又穷。及其后，直道终伸，则欲避讥非而终不可挽，欲全利禄而法纪不可逃。故困卦三阳虽受困，而“有庆”、“有终”、“有说”，皆免于咎，惟三阴之凶咎徒深。困人者，人不困而先自困，此理数之必然。而圣人因象示占，以奖君子之亨，而以凶咎警小人，情见乎辞矣。“株木”，木被伐，徒茎而无枝叶者。初六居下，无刚之可掩，而柔方乘刚，使不得进，初复以柔沮之于下，使不得退。乃刚志在进，初无欲退之心，徒自劳困，坐于株木以守之，缩项鼠伏，怀邪而暗处，未能困刚，只以自困；至于三岁，刚终不屈，而惭伏自匿，奸而愚矣。占者

①水在泽下：守遗经书屋本、金陵本同，岳麓书社本作“水在坎中”。

遇此，虽有小人怀暗害之心，不足为虑，听其自为消阻闭藏而已。

《象》曰："入于幽谷"，幽不明也。

不明于理，则亦不明于势，守株自困，可坐待其毙也。

九二，困于酒食，朱绂方来，利用亨祀，征凶，无咎。食，祥吏反，亨与享同。

柔之困刚，非能与刚亢而抑之也，有富人贵人之权，饵而陷之也。九二，下则初六承之，以酒食縻之而不使退；上则六三乘其上，而将以爵禄羁之。于斯时也，欲峻拒之而礼有所不可却，欲受之则固非刚中者直道必伸之志。君子所遇之困，困此者也。彼之犹有礼也，以礼接之；其敬而不与之渎也，以鬼神之道待之。如孔子之于阳货，尚矣。抑不然，而必欲自伸以求往，则触其恶怒而凶，虽非待小人之道，而于义固无咎。祭祀者，大人之道；"征凶"者，贞士之守。两设之，使占者自择焉。

嵩焘案：困阳爻俱得位，故以酒食、车绂[1]为困。君子之所谓困者，道有所不申，志有所不达。斋明盛服、积诚求通，处困之道也，故"利用亨祀"，正与"征凶"之戒相应，船山以为两设其义，恐失之。

《象》曰："困于酒食"，中有庆也。

以刚得中，故小人不敢即加害，而庆之以酒食朱绂。不言朱绂者，略举以该之。《象传》之有偏释，皆准此。

①车绂：疑为"朱绂"。

六三，困于石，据于蒺藜，入于其宫，不见其妻，凶。

九二刚介如石，奠位于中，三欲困之，力竭而莫能动，先自困也。以柔居刚，所处不安，还以自伤。欲望上六之应已，与为匹耦，而上六已困于葛藟鷾卼之中，不能相助。小人之自困且如此，何足惧哉！三位刚，上位柔，故有夫妻之象。

嵩焘案，旧注均以“石”属四。坎为“蒺藜”，属二。独杜预《左氏》注：“坎为阴，为水。”水之险者石，兑为泽，泽之生物而险者蒺藜，则并《象传》乘刚之义而失之。困惟六三一爻，承、乘皆刚凶，亦特甚。坎阳本为所掩，四、五两阳，亦从其下掩之，不专以掩二为义也，仍从诸家说为宜。

《象》曰：“据于蒺藜”，乘刚也。“入于其宫不见其妻”，不祥也。

六之居三、乘九二者不一卦，而此独为“蒺藜”者，以其据之以困阳也。“不祥”者，犯天下之不祥，凶必及之。

九四，来徐徐，困于金车，吝有终。

“金”，刚。“车”，所以行者，谓五也。九四以刚居柔，而为退爻，不急于求伸，故与上六远，而即不为其所掩。所困者，五欲进而困，五不能行，则亦与之俱止，而所行“吝”也。然承五以待时而动，柔岂能终掩之哉？必有终亨之道矣。

嵩焘案：九四去上六远，可不为所掩而与初为正应。初之志在掩二而未尝不委顺以从己。孔子有见行可之仕，如季桓子见可行之仕也，虽困而固，为“有与也”。李东阳、周旋、刘瑾以保全善类，于道为吝也，而固可以有终矣。

《象》曰：“来徐徐”，志在下也。虽不当位，有与也。

内难未靖，不可图外。志在靖六三之难，待其定而后足以进，处困之善术也。在困者，惟寡与之足忧。有九五之“金车”足恃，虽与之俱困，固必“有终”。居位不安，自足以无患。卦惟此爻之受困也轻，远小人而近君子也。处困而不与正人君子交，未有能免于凶咎者也。

九五，劓刖，困于赤绂，乃徐有说，利用祭祀。说，吐活反。

上六从上而“劓”之，六三从下而“刖”之，处困而受伤，不足为君子之困。所困者，柔不明加以劓刖，以“赤绂”相縻系耳。欲说此者，未可遽也。敬以自持，而以神道感格之，理极势穷，小人且悔罪而相释矣。象与九二略同，而居尊当位，说于困则大行，故无征凶之戒。“赤绂”，朱绂文偶变而义同。《诗》“朱芾斯皇”、“赤芾金舄”，皆诸侯之命服。

嵩焘案，《虞翻易》：“‘赤绂’谓二，兑为‘说’，坤为‘徐’。二动应五，故‘徐有说’。”何楷谓：“徐，即来徐徐之‘徐’。”九四、九五同德以拯二为心，故“有说”。困阳方掩，岂必拯二以求应乎？二戒征，四、五皆言徐顺而俟之，贞胜者也。是以困而不失其所亨，阳刚得位有亨之义，必以“赤绂”为困而求脱去之，恐非卦旨。

《象》曰：“劓刖”，志未得也。“乃徐有说”，以中直也。“利用祭祀”，受福也。

刚健当位，中道本直，岂忧终困哉？受福者，行法俟命，鬼神自佑，小人自解。贞大人之亨，若出于意外，而固不爽。

上六，困于葛藟，于臲卼，曰动悔有悔，征吉。

“葛藟”，皆柔韧缠延之蔓草。“臲卼”，高竣崎岖之地。“曰”，爰也，于也。阳道之伸，亦何损于阴哉？而必欲掩之，劳心苦形，以萦罥不已，是自入于葛藟之中也。且其所居者又高危不安之地，于是而阴亦可以悔矣。于其动而止自困也，乃有悔之心焉，因释刚不掩，而自远以行，则君子之难解而已，亦吉矣。上六柔居柔位，居上欲消，故贤于初、三，而谅其能悔，许之以吉。

嵩焘案：《虞翻易》：“巽为草莽，称葛藟，谓三。”《苏轼易传》：“柔而牵己者，‘葛藟’，三之谓；刚而难乘者，‘臲卼’，五之谓。”上与三相应，以困四、五，二阳而上处高危之地，阴长将消而阳得位，于是以有悔。阳志申而阴亦受裁成焉，曰“吉行”，所以动小人悔心之萌也。

《象》曰：“困于葛藟”，未当也。“动悔有悔”，吉行也。

以其柔当位①，而未有伤阳之志，故仅言“未当”。“吉行”者，行则吉也。上六行将何往哉？退处于卦外无用之地而已。杨恽惟不知此，是以与息夫躬同祸。

䷯井　巽下坎上

井。改邑不改井，无丧无得，往来井井。汔至亦未繘井，羸其瓶，凶。丧，息浪反。

井、革、鼎三卦皆取物象以肖卦画；卦名立，而义因以起。

①以其柔当位：岳麓书社本作“以其不当位”。

《系传》曰："以制器者尚其象。"象所有而器制，器成而用行，用之有得失，而义存其中矣。

井之为井也，有数义焉。木之在水必浮，而水上木下，木入水中而载水以上，以罂汲水之象。汲水之瓶，或用木，或用瓦，而瓦虚以浮，有木道焉，引而上之，以致养于人，此一义也。水者五行之初气，内刚而体阳，阳为水，阴爻中虚而为空；水待空而流，凡水皆附于空之下而依地，惟井则水方旁流，穴空而使之聚，其下则黄泉之位焉。此卦上四爻一阴一阳相迭、空而又空，水盈其中；初、二水上而空下，黄泉之区域也；故自三以上，人之所汲，而初、二水下灌于泥滓之窍，人不可用；其清浊用舍，于此分焉，此又一义也。自黄帝始制井田，三代因之，井之为字，象其形。并九百亩，中为公田，庐舍在焉，而中有井，汲者溉者取给于此，而远近均。井井分而亩首异向。四井为邑，四邑为丘，四丘为甸，甸方八里，旁加一里为成，出长毂一乘。公私之田亩、贡助之制，以井为经界，而兵赋车乘之出，以四井之邑为准式。井井既各有塍埒，四井之邑，又殊其塍埒，以合于丘甸向背之殊，步卒七十二人之迭赋在焉，与九百亩之井疆又异。此卦之象，阳象塍埒，阴象田亩。上四爻一阳一阴，分明界画以外向；下二爻一阴一阳，又殊画以内向；各成乎经界，分田出赋，不一其疆理，有井邑之象焉。邑虽殊，而井在其中者不迁，此又一义也。《彖》与《爻》辞杂取其义，故释者未易通焉。约而言之，木汲水而出以利人用，所以养人；而能汲其上之停凝者，不能穷其泉之所自来，欲穷之则水浊而瓶伤，明清而利物者为宜登进，沈浊而败物者为不可用；故田有井以交足于上下而致养，为九州攸同、古今利赖之大法，宜为人所利用，而非如黄泉之暗流，不为功于人物。则数义相通，象皆有焉，而协于一，勿疑于三圣之所取不同，而曰文王有文王之《易》，周公有周公之《易》，孔子有孔子之《易》也。周流六虚，神而明之，存乎其人尔。

"改邑不改井，无丧无得，往来井井"，以井田言也。民有登耗，赋有升降，户有迁徙，出赋之经制图籍或改，而井居公田庐舍之中，为八家之标准，九百亩相拱而形埒定；田之不改，井定之也，其画有准而无能堙塞也。自黄帝以至周，未之有改。六代兴而不与俱兴，五代革而不与俱丧。自三以上，形埒向外而往；二与初，形埒向内而来。井井鳞次，易知易辨。故曰："井，德之辨也。"此赞井之德，而言有定位者有定分，刚柔自成其理，而但在用之者得其宜也。"汔至"，至其底也。"未繘井"，太深入则绳不及引而未登其用也。"羸"，败也。井之为功，至三而止，往以利物者也。深入其下，则绠短而瓶触于所碍以毁，盖向背之理殊，则取舍之事宜异。初、二不为功，而只以取败；用之不宜，则凶矣。刚柔之升降有定体，阴阳之浮沈有异情，清浊之得失有殊效，用舍之利害有明征；立德立功，用贤养民，污隆治乱，大辨昭然矣。

《彖》曰：巽乎水而上水，井。井养而不穷也。上，时掌反。

此赞卦德，而言用之之道也。"巽"，入也。"上"，引而出之也。其入也有定所，其出也必其所用，则可以养而不穷矣。天下岂乏贤才足以裕国安民于无穷哉！侧陋旁求，汲引之若将不及，而君子小人各有界画，类聚群分，古今不易；期于得贤，而非期于求异。若不辨于其清浊之分，则公孙强以野人而亡曹，主父偃以倒行而乱汉，害且至而不足以兴利久矣。

"改邑不改井"，乃以刚中也。

水，阳也，而中以定井疆之经界，不可改也。五居中而上行，二居中而下行；大辨立，不可易矣。

“汔至亦未繘井”，未有功也。

舍其清者不汲，而求之愈下，徒劳而无功。

“羸其瓶”，是以凶也。

非徒无功，而抑足以致败。不明于往来清浊之定分，则以败国亡家而有馀。

《象》曰：木上有水，井。君子以劳民劝相。相，如字，息良反。

“相”，助也。坎，劳卦。巽为命令，所以劝民而助其勤，盖言农事也。木以上水，用力劳而得水少，然而以养则不穷。稼穑之事，劳于畋渔，匪勤弗获，积日月而仅饱终岁。君子申警之于“于耜”、“举趾”之日，而以田畯之官、《豳》《雅》之吹，劝而相之，使不逸不谚，生于此养，俗于此淳也。然为民则然，非君子自劳自劝之道，故学稼学圃，则为小人。

初六，井泥不食，旧井无禽。泥，乃计反。

“禽”，获也，谓得水也。阴空在下，二漏而入，浚治之所不及，泥滓不堪食矣。“旧井”谓旧所尝凿者；井水下漏，则其上无水，虽汲而必不可得。小人浊乱于下，君子道废，民不兴行，天下无可用之材，不言凶而凶固可知，朱子所谓“占在象中”也。

嵩焘案：船山此说本于崔憬，云：“久废之井不获，以其时舍……‘禽’，古‘擒’字，禽犹获也。”《稗疏》引以驳王弼。旧说谓“井不应有禽”。王注：禽所不向，而况人乎？义不可通。《四库全书提要》直斥其穿凿。近王氏引之谓“‘井’当为‘阱’，阱所以陷兽。旧阱，湮废之阱，淤浅不足以陷兽，故‘无禽’”，其词辨矣。而于此爻，文义不类，项氏安世以谓“初之禽即二之鲋”，引沙随程迥“‘鲋’作‘蚹’，蜗牛也，污渠中多有之，得少水即活，旧井水枯，并①此无之”，较胜诸说。

《象》曰：“井泥不食”，下也。“旧井无禽”，时舍也。

“下”谓下漏而浊也。“时舍”者，时所不尚也。古者士之子恒为士。世禄之家以礼传世，修其训典。而又登进之于学校，则贤才足用。迨嬖佞之小人用，而相习于下流，《诗》、《书》弦诵之风，时所不尚，则华胄之子弟皆移志于耕商，诡随于嚣讼，虽欲用之，而无可用之才矣。学士之家，父兄不戒，使子弟狎小人而远君子，习焉而相安于猥下，故家大族，夷为野人，浸以衰绝，皆可伤也。

九二，井谷射鲋，甕敝漏。射，食亦反。

水旁出曰“井谷”。“射”，注也。“鲋”，鲫也，得少水即活。井底坚实，则水上涌而给于用；下空而漏入谷中，旁出涓涓，仅堪注润鲋鱼而已。此言小人下达，虽有小慧，不足用也。“瓮敝漏”，亦水下泄也。汲之者非其器，则不得水。此言用人者无引掖贤才之实，则仅虽有君子，亦不为其用也。九二下空而阳泄，故象如此，凶可知已。

嵩焘案，《子夏传》：“井中‘蝦蟇’呼为‘鲋鱼’。”郑玄、

---

①并：当误，《周易玩辞》为“井”。

王肃并云“小鱼”。虞翻亦云“小鲜”。《埤雅》云：“鲋，小鱼，即今之鲫。”《庄子·秋水》篇：“井鱼不可以语于海”，“鲋”亦井鱼类也。“鲗”名乌。鲗，海鱼也。“鲗”或作“鲫”。船山盖用《埤雅》说训“鲫”，然从未闻鲫出井中者。今井旁近水处，多生蜗牛，故井水得射而注之。鲫处水中，亦不得云“射”也。

《象》曰：“井谷射鲋”，无与也。

“与”犹助也。无为塞其下流之防，而汲之以上，则必竭。不释“瓮敝漏”者，言“无与”，则咎在汲者可知。若节之初九，“不出户庭”，则上不失臣，臣不失身矣。

九三，井渫不食，为我心恻，可用汲。王明，并受其福。

九三阳刚当位，本有可用之才，下阳实而不漏，上空甃而不泥，徒以深隐而不易汲耳。“不食”者，设辞，言使其不为人所汲用，则怜才者心伤之矣。言我者，周公自言其求贤之情也。“可用”，急之之辞。“王明”，谓上六之“勿幕”而与相应也。贤者荣而国亦昌，上下并受福矣。

嵩焘案：《苏轼易传》：阳为动、为实，阴为静、为虚。井中之泉，阳也，动也、实也。井，阴也、静也、虚也，故三阳为泉。二处下，为射、为漏。三渫而泉治矣。五处下而寒冽之美著焉。三阴为井。初最下，泥而已。四居中而不失正，故曰“井甃”，修井也。上曰“收”，而井之功，用以成井以致养于人，为生人之大用，圣人体刚柔得失之撰，以前民用，义深而词亦著矣。

《象》曰：井渫不食，行恻也，求王明，受福也。

贤而不用，岂徒明君哲相之心恻哉！行道之人皆所深惜矣。

曰“可用汲”，士亦有待时求沽之意焉。自求福，所以使王受福也。

六四，井甃，无咎。

四居井中，而阴虚函水，井旁之甃也；柔当其位，退而砌治之象。不即汲用，嫌于有咎，而养才者务老其才，使洁清而慎密，作人之所以需寿考也。

《象》曰：“井甃无咎”，修井也。

三物六行，所以教士之修而大用之，虽不即食，造就者多矣。

嵩焘案，何楷引丘行可云：“三在内卦，渫井内以致其洁；四在外卦，甃井外以御其污”，此内外交相养之义。初、二污下不见于用，三、四自治以待用者，五、上出井而用乃闳。

九五，井冽。寒泉食。

水以清冽而寒为美；推之于人，则洁己而有德威者。“泉”，其有本者也，是人所待养而泽被生民者也。九五刚中而上出，故其德如此。夫君子之德施能溥者，岂有他哉！有一介不取非义之操，则能周知小民之艰难而济其饥渴。无私之心，人所共懔，则除苛暴而无所挠屈。诸葛孔明曰“淡薄可以明志”，冽寒之谓也。杜子美称其伯仲伊吕，有见于此与！

《象》曰：寒泉之食，中正也。

无倚无邪，德威自立矣。

上六，井收勿幕，有孚元吉。收，诗救反。

“收”，架辘轳之两柱也。勿、无通。古者井不汲，则幕其上，以避禽秽。上六柔得位，而虚己以屡汲；四既甃治之，上乃汲之，相孚而求冽寒之贤以大用，善之长而吉大矣。

《象》曰：元吉在上，大成也。

井之用，至此乃登。下成其德，上成其治，谓之“大成”。井之君位不在五而在上，亦所谓“周流六虚，不可为典要”也。

周易内传笺卷四

䷰革　离下兑上

革。巳日乃孚，元亨利贞，悔亡。巳读如"辰巳"之巳。

"革"者，治皮之事，渍诸泽而加之火上，内去其膜，外治其毛，使坚韧而成用。此卦内离外兑，既有其义：离之中虚，有炉灶之象；四、五二阳，皮之坚韧者也，覆于灶上，而阳为文、阴为质；上六减其文而昭其质；皆革象也。其义为改也，变也。兽之有皮，已成乎固然之文质，而当其既杀而皮欲敝坏，乃治之而变其故，质虽存而文异，物之不用其已然而以改革为用者也。故曰"革故"也。卦自离而变，明至再而已衰，故离五有泣涕戚嗟之忧。革阳自外而易主于中，以刚健胜欲熄之明，五阴出而居外，寄于无位以作宾。故殷、周革命有其象焉。然惟其在下也，有文明顺正之德，而刚之来为主也，阳道相孚，故卒成乎兑，而天下悦之。商、周之革命也，非但易位而已，文质之损益俱不相沿，天之正朔、人之典礼、物之声色臭味，皆惩其敝而易其用，俾可久而成数百年之大法。若其大本之昭垂者，百王同道，则亦皮虽治而仍其故之理，所易者外，而内无改也。革者，非常之事，一代之必废，而后一代以兴；前王之法已敝，而后更为制作。非其德之夙明者，不敢革也，故难言其孚，而悔未易亡也。道之大明，待将盛之时以升中，于时为巳。日在禺中而将午，前明方盛，天下乃仰望其光辉而深信之，六二当之。故三阳协合，以戴九五于天位，而受命宾阴，改其典物，故曰"巳日乃孚"，非如日之加已，未足以孚，言时之难也。"元亨利贞"，乾之四德。自三至五，乾道以成，然后虎变而小人莫不悦顺，悔乃可亡，德之难也。有其德，乘其时，以居其位，而后可革。非大明于内，众正相孚，德合于天，而欲遽革，王莽篡而乱旧章，众叛亲离，虽悔何及乎？先言"悔"而后言"亡"，固有悔而能亡之，亦所谓有惭德也。

《彖》曰：革，水火相息。二女同居，其志不相得，曰革。

变泽言"水"者，泽非能息火，泽中之水乃息之也。然两间固有之水火，日流行而不相悖害，唯泽之所潴，豑之以息火，而火之所熯干之水，亦人所挹于泽之水也。二女之志不同与睽同，但睽止相背，革则相争，以少加长，故不但睽而必争。"不相得"者，争也。争则有不两存之势，非但桀、纣之惎汤、武；逢、比欲存夏、殷而伊、吕欲亡之，亦不相得之甚矣。有道者胜焉，则革。

"巳日乃孚"，革而信之。

天下信之，惟其大明之德已盛于内也。

文明以说，大亨以正。革而当，其悔乃亡。说，弋雪反。

"文明"者，其德也。"说"者，人信而说之，时可革也。"大亨以正"，不言利者，正而固者必合义之利，故《彖传》每统利于正。备天道之全①，道可革也。如是而革，则当矣。"乃"者，其难之辞。

①备天道之全：岳麓书社本作"备天德之全"。

天地革而四时成。汤武革命，顺乎天而应乎人。革之时大矣哉！

四时之将改，则必有疾风大雨居其间，而后寒暑温凉之候定。元亨利贞，化之相禅者然也。汤武体天之道，尽长人、合礼、利物、贞干之道以顺天，文明著而人皆说以应乎人，乃革前王之命。当革之时，行革之事，非甚盛德，谁能当此乎！

《象》曰：泽中有火，革。君子以治历明时。歷与曆同，古无曆字。

"泽"，因自然之高下，浚治其条理，而后疏通不滞。"火"，以烛乎幽暗者也。泽通而火照之，知其敝而改之，不恃成法也。治历者因历元而下推，若川之就下，理四时之轨度，幽微未易测者，而显著其定候。天之有岁差，七政之有疾徐盈缩，不百年而必改，此不可不革者，非妄乱旧章以强天从己也。君子当治平之代，非创制之时，而可用革者，惟此。

初九，巩用黄牛之革。

"巩"，固守也，固守其素而不革也。"黄"，中色；"牛"，顺物；离之德也，六二以之。初九之德未著，且宜固守"为下不悖"之义，以坚贞定志，待六二顺天应人之道，文明已著，而后革之。其"巩"也，乃所以革也。有文王之服事，而后武王可兴。修德以俟命，无容心焉。

《象》曰："巩用黄牛"，不可以有为也。

时未可为，虽盛德，能亟于求革乎？

六二，巳日乃革之，征吉无咎。

二为离明之主，虽未登乎天位，而已宅中当位，此正所谓禺中之日也。"乃革之"，统其后而言之。既为巳日，光耀昭著，而方升乎中，从此而革，其往必吉，吉斯无咎矣。革之美，必备四德，而以明为本。知之明，然后行之备善，所谓"大明终始，然后利贞"也。故《汤》曰"懋昭"，文王曰"克明"。有天锡之智，然后有日跻之圣，乃可以顺天应人而行非常之事，得无咎焉。

嵩焘案：九五任革道之成，而二与为正应，项氏安氏①以为"伊尹就汤，二老归周"之爻，卦词"巳日乃孚"，惟六二足以当之。

《象》曰："巳日革之"，行有嘉也。

大明乎理，而后天下皆嘉尚之。

九三，征凶贞厉，革言三就，有孚。

"就"，成也。革之不可轻试也，以九三刚而当位，大明已彻，然且不可自谓知天人之理数而亟往以革，征则必凶，道虽正而犹危也。所谓"巳日可革"者，言乎知已明而行必尽善。乾德之成，自三而四而五，三爻纯就，四德皆备，仁义中正交协乎天人，然后可以为孚于下土，而人说从之。今此方为乾道之始，虽从其终而言之，可就可孚，而固未也。九三以刚居刚，而为进爻，故先戒以凶危，而后许其有成，以使知徐待焉。

嵩焘案：何氏楷引"《士丧礼》'马缨三就'注：刺绣一匝，还复刺为一就……三就，犹三匝也。"三历四与五而革道成。三阳

①项氏安氏：疑为"项氏安世"之误。

合德，故皆言“有孚”。九三言“征凶”者，居内外之交，志在躁进，其词危也。

《象》曰：“革言三就”，又何之矣？

“之”，往也。革以言乎三就之后，则当三阳未就之初，又何可轻往乎！

九四，悔亡有孚，改命吉。

九四当文明已著之后，而于三阳为得中，虽不当位，而刚柔相济，道足以孚信天下。两阳夹辅于上下，成大有为之业，于时即未遑制作，而变伐以改命，天与人归，宜其功成而吉。

《象》曰：改命之吉，信志也。

“改命”者，圣人不得已之事，于天下为变。当泽、火相接之际，不能无争，非吉道也。惟自志足信其刚健无私，而天下皆信之，则顺天者本乎应人，而宜其吉矣。

九五，大人虎变，未占有孚。

此则革命而且改制矣。自离而变者，阳自上而来，正天中之位，承天之佑，而为建极之“大人”矣。“虎变”，亦于革取象。治虎皮者，振刷其文而宣昭之。阳为文，文敷于天下矣。“变”则损益前制而救其敝也。“未占”者，不待此爻之既验乎占，自九三以来，知明行美，乾德已纯，内信诸己，外信诸人，本身征民，则裁成百王，更无疑也。若此类爻动应占，非夫人之所可用；筮而遇此，为世道文明、礼乐将兴之象，占者决于从王可也。

《象》曰："大人虎变"，其文炳也。

"炳"者，光辉盛著，人所共睹，所谓考三王、俟百世而成一代之美也。

上六，君子豹变，小人革面，征凶，居贞吉。

阴自五而迁于上，时已革矣。其君子虽修先代之事守，而其文物非时王之所尚，不足以为法于天下。豹之为兽，隐于雾以濡其毛，其文较虎为暗。二王之后，所以虽善而无征也。若其在下之小人，则已改面异向，而从虎变之大人，不可使复遵故国之典物矣。为君子者于此而不安于已废，欲有所行则凶，武庚之所以终殄；唯知时而自守其作宾之正，则微子之所以存商也。

《象》曰："君子豹变"，其文蔚也。"小人革面"，顺以从君也。蔚，纡勿反。

"蔚"，盛而不舒也，与郁同义。"君"谓九五。变离而兑，君子之文抑而不宣，小人之情从时而悦，不可以征，而惟宜居贞，明矣。"君子"、"小人"以位言，然此仅为商、周之际言也。韩亡而张良必报，莽篡而瞿[①]义致死，岂以居贞为吉哉！

☲鼎　巽下离上

鼎。元吉亨。

鼎以卦画取象，则初为足，二、三、四为腹，五为耳，上为铉。以巽、离二体言之，则木下火上，为烹饪以登于鼎之象，而

①瞿：岳麓书社本作"翟"。

义因以立焉。阴之德主养，柔居五而以养道抚群阳；初阴在下，效所养以奉主，五资之以养阳。君之所以养圣贤、享上帝者，固无不取之于民。民非能事天养贤者，从君而养也。其所致养者，有得有失。而卦之诸爻，惟三为得位，则拣别所宜养而不失者，恃离明在上之举错得宜。五柔为离主，而不自用，则资于上之阳刚外发以达其聪明，故五丽之而不滥于所施；如鼎之有铉，举而升之，以登堂载俎而致养者，其功大矣。卦以柔居尊而抚刚，与大有略同，故《彖辞》亦同。特鼎得初六之柔，承上意而效其养，于事为顺，故加“吉”焉。卦以阴为主，而二阴皆失其位；自巽变者，柔离其本位而登于尊，二、四、上皆非位而不安，为天下未宁、君臣易位之象。时未可以刚道莅物而息其争，故养之所以安之，而取新凝命之义存焉矣。然柔道行，而抑必资于刚，乃克有定，则卦德之美，在阳之元，而以上之刚以节柔为亨，亦与大有上九之祐同也。

《彖》曰：鼎，象也。以木巽火，亨饪也。亨与烹同。

为足，为腹，为耳，为铉，其象也。巽，入也。火然而益以木，烹乃熟。备此二义，故兼言之。

圣人亨以享上帝，而大亨以养圣贤。养，去声。

郊用特牛，故不言大。享[①]宾之礼，牛羊豕具焉，故曰大。言“圣人”者，惟德位俱隆，乃可以享帝；而养贤以定阴阳失位之世，非圣人莫能。君子以名世自期，不可以食爱虚拘也。六五上养上九，享帝之象；下养三阳，养贤之象。

---

①享：岳麓书社本作“飨”。

巽而耳目聪明。

巽以入人之情而达之。目明耳聪[①]，达夫入人之情[②]，虽君子亦岂能违养乎？此释内卦。

柔进而上行，得中而应乎刚。

巽敌应而不相与，交而柔进居中，以与刚相应，志通而养道行矣。此释外卦。

是以元亨。

具上二义，故阳之元德伸而吉；刚柔相应，则志通而亨。不言吉者，文略尔。

《象》曰：木上有火，鼎。君子以正位凝命。

火者，两间固有之化，而遇木则聚。本在下而火然于上，火聚而得其炎上之位也。巽为命令，位正则命凝矣。正位凝命，以柔道绥天下，而静以安之。不言大人，不言后，而言"君子"者，天下初定，弭失位之乱而大定之，以文明巽顺为君国子民之道也。此类专以贞悔二卦相配取象，义不系于卦名，不必强为之说。

嵩焘案：项氏安世云："草木皆具水火之气。其生也，水气升于上，水至木杪则为滋液，象井泉之上出也；其成也，火气见于上，火至木杪则为华实，象鼎气之上蒸也。君子观井之象，则当务民于下以丰其液；观鼎之象，则当恭己于上而凝其气。"

---

①目明耳聪：守遗经书屋本、金陵本同，岳麓书社本作"目明而耳聪"。
②达夫入人之情：守遗经书屋本、金陵本同，岳麓书社本作"达矣。入之情"。

初六，鼎颠趾，利出否。得妾以其子，无咎。否，部鄙反。

“颠”，覆也。“颠趾”，倒持其足而倾之也。“否”，实之积于内者也。“以其”，相助也。初六卑柔居下，为民致养于上之象。颠趾而尽出其所积以奉上，为养贤之具。民贫而吝，其中固有否塞不乐输之情，而能捐私竭力以致养，如妾之贱而能佐主以辅助其子，谁得以其卑屈也而咎之！

嵩焘案：初为“趾”，尚未有实，安得有致养于上之象。“鼎”，取新也。初之“出否”，所以扫除旧染以俟更新，如妾之储，以广嗣续，乃以去贱而存贵也。

《象》曰：“鼎颠趾”，未悖也。“利出否”，以从贵也。

下奉上，力竭而义不悖也。“从贵”，从六五[①]养贤之志也。言从贵，则“得妾以子”之义亦明矣。在下而柔，今无不从，故五乐得之以从已之用。

九二，鼎有实。我仇有疾，不我能即，吉。

二以刚中之德，六五[②]应之，五择其贤而输诚以享之，“鼎有实”也。怨耦曰“仇”。四与二均为阳之同类，而四比附于五，擅为已宠，与二相距[③]，乃以折足致凶，则为“有疾”，而不能救[④]我以争，二可安受五之鼎实矣，故吉。

嵩焘案：“我仇有疾”，当指初之“出否”言，二与五正应，

---

①六五：岳麓书社本作“九五”，当误。
②六五：岳麓书社本作“九五”，当误。
③相距：岳麓书社本作“相拒”。
④救：岳麓书社本作“就”。

以成鼎之功。正因初之“出否”，二乃得厚积其实，以善其用也。

《象》曰：“鼎有实”，慎所之也。“我仇有疾”，终无尤也。

“之”，往也，往而授人也。五之有鼎实，必慎所授，四安能与二争哉？二固可安享而无尤。

九三，鼎耳革，其行塞，雉膏不食，方雨亏悔，贞吉[①]。

卦惟此爻为得位，刚正之才，可以有为，而受上之礼享者也。三为进爻，则固有进而受享之意。乃以卦变言之，柔自四进而居五，改革巽体，为鼎耳，阴阳不相比，而志不相通，四又怙贪以间阻之，则五烹“雉膏”以待士，而三不得与。时易世迁，刚正道塞，而君侧有媢疾之臣，贾生所以困于绛、灌也。但三与上为应，而上以刚柔有节为道，则释疑忌而伸三之直，其悔可亏，故终获其吉。“雉”，离之禽也。《礼》，陪鼎有雉腒。既雨者，阴阳之和；上以刚居柔，故曰“方雨”。

《象》曰：“鼎耳革”，失其义也。

三刚正，本持义以自居，而鼎耳既革，则不与时遇而义不伸，故终言“亏悔”。特亏之耳，未能无悔也。

九四，鼎折足，覆公悚。其形渥，凶。覆，芳服反。

“覆”，倾也。“公悚”，上之所储于民以足国者。“渥”，沾濡汙秽之貌。四下应于初，而忘其上，取养于贫弱之民，民不堪命，折其足矣。病民者，病国者也。民贫而贪不止，污秽露著，所谓

①贞吉：当依经文本作“终吉”。

"害于而国，凶于而家"者也。占者遇此，当速远言利之人，以免于祸。

《象》曰："覆公餗"，信如何也！

"信"，果然之辞。小人之使为国家，以利为利，菑害并至，无如之何矣。言当远之于早。

六五，鼎黄耳金铉，利贞。

五为耳。"黄"，中色。"黄耳"，以黄金饰耳也。"金铉"谓上九。于上言玉，而此言金者，自五之柔视上之刚，则金之坚而胜举鼎之任者也。五惟中正而柔，以虚中待贤，故得九二之大贤以力任国事，于义合而情亦正。具此二德，吉可知矣。

《象》曰："鼎黄耳"，中以为实也。

阴本虚也，得中位而虚以待阳，则出于诚而实矣。信贤而笃任之，故金铉之利贞，皆其利贞也。

上九，鼎玉铉，大吉，无不利。

文明外发，力任国事，而成君之美；贵重华美，师保之德，宜受大烹之养，吉矣。利于国，利于民，无不利也。

《象》曰：玉铉在上，刚柔节也。

以其刚节九五[①]之柔，乃能举大器而成其美，君所敬养而在上，宜矣哉！

---

①九五：抄本及诸印本皆同。王孝鱼金陵本点校稿注云："'九五'当作'六五'。"

䷲震　震下震上

震。亨，震来虩虩，笑言哑哑。震惊百里，不丧匕鬯。哑，乌客反。丧，息浪反。

震，雷声也。雷之用在声，声动而振起乎物也。阴性凝滞而居其所，喜于敛而惮于发，非有心于锢阳，而得其类以凝聚，则遏阳而不受施。于时为春气方萌之际，阳欲起而阴闷于其上，阳不能散见，则聚于一而奋以求出，乃以无所待而骤发。阴愈凝，则阳愈聚以出，故雷恒发于阴云寒雨之下，而将霁，则出之和而不震。其出而有声也，非阳气之声也。两间之见为空虚者，人目力穷于微渺而觉其虚耳，其实则絪缊之和气，充塞而无间。阳气既聚而锐以出，则划破空中絪缊之气。气与气相排荡，以裂而散，于是乎有震之声。凡声，皆气之为也。故雷始从地出，地中无声，而地上有声。阳之锐气，既划裂空中絪缊之气而散之，于是阴阳之怙党以相持者，失其党而相和以施，故动植之物受之以发生而兴起焉。阴曀之日，非无阳也，而近乎地之上，则阴之凝结也为甚。阳出而未及散，困急聚而成形，故或得物如斧如椎者焉，阴急受阳施而成于俄顷者也。万物之生，无不以俄顷之化而成者，人特未之觉尔。故或惊以为异，而不知震体之固然也。其或震①而杀人物者，当其出之冲也，出不择地，而人之正而吉者，若或祐之而不与相值，此抑天理之自然。阴之自②震，和则为祥，乖则戾也。

①震：岳麓书社本作“惊”。

②自：岳麓书社本作“受”。

此卦二阴凝聚于上，亢而怠于资生。阳之专气，自下达上，破阴而直彻于其藏，以挥散停凝之气，动阴而使不即于康。阴愈聚则阳愈专，阳愈孤则出愈裂，乃造化生物之大权，以威为恩者也，故其象为雷。而凡气运之初拨于乱，人心之始动以兴，治道之立本定而趋时急者，皆肖其德焉。凡此，皆亨道也。不待详其所以亨，而但震动以兴，则阴受震而必惧，阴知戒，则阳亨矣。

然阴方积而在上，其势不易动也。虽刚直锐往之气无所阻挠，而抑岂恣睢自任者之足以震之哉！固必有竦惕而惟恐不胜之情，则震之来，阴虩虩也。物无不虩虩也，阳亦未尝不虩虩也，乃阳之震阴，非伤阴也，作其惰归，使散蔽固以受交，成资生之用也，则阳之志得，阴之功成，物之生以荣，而"笑言哑哑"，二阴之所以安于上而无忧也。

凡雷声之所至，其气必摇荡，而物之有心知者必惊。雷之砉然而永者，则闻于百里，其殷殷而短者，不能百里。卦重二震，内卦迅起，外卦继之以永，故百里皆惊焉，震道之盛者也。"匕"，以升肉于鼎而载之俎。"鬯"，矩黍酿酒以和郁而灌者。天子，诸侯祭则亲执匕载牲而奠鬯。"不丧"者，一阳初起，承乾而继祚，首出以为神人之主，受天命以奠宗社也。其德则震动格共生于心，而以振起臣民怠滞之情，交于鬼神，治于民物，莫不奋兴以共赞敉宁也。震之为象，德本于①此。

以筮者言之，则时方不宁，而得主以不乱，虽惊惧而必畅遂，当勿忧其可惧之形声，而但自勉于振作。以学《易》者言之，震、巽者，天地大用之幾也，君子以之致用；艮、兑者，天地自然融结之定体也，君子以之立体。人莫悲于心死，则非其能动，万善

①于：岳麓书社本作"如"。

不生，而恶积于不自知。欲相昵，利相困，习气相袭以安，皆重阴凝滞之气，闭人之生理者也。而[1]或以因而任之，恬而安之，谓之为静，以制其心之动，而不使出与物感，则拘守幽暖而丧其神明，偷安以自怡，始于笑言而卒于恐惧。甚哉，致虚守静之说，以害人心至烈也！初动之幾[2]，恻隐之心，介然发于未有思、未有为之中，则怠与欲划然分裂，而渐散以退。由是而羞恶、恭敬、是非之心，怵惕交集，而无一念之敢康，鸡鸣而起，孳孳以集万善，而若将不逮。其情虩虩也，则其福笑言也，其及者远也，则其所守者定也。王道尽于无逸，圣学审于研幾。震之为用，贤智所以日进于高明，愚不肖所以救牿亡而违禽兽，非艮之徒劳而仅免于咎者所可匹矣。

《彖》曰：震亨。

《本义》云："震有亨道"，是也。天下之能亨者，未有不自震得，而不震则必不足以自亨也。

"震来虩虩"，恐致福也。"笑言哑哑"，后有则也。

"恐"者，非有畏于物；使人恐者，亦非威以摄之。但专气以出，惟恐理不胜欲，义不胜利，敬不胜怠[3]，发愤内省，志壹气动，而物自震其德威，致福之道也。"有则"者，如其震动恪共之初幾以行之，自不违于天则。

嵩焘案：王氏引之据《尔雅》："则，常。"《管子·七法》篇

①而：岳麓书社本作"物"。
②初动之幾：岳麓书社本作"初幾之动"。
③敬不胜怠：守遗经书屋本、金陵本同，岳麓书社本作"怠不胜敬"。

曰："物皆均有焉，而未尝变也，谓之则。""震来虩虩"，恐惧失常，后乃笑言，复其常度耳。

"震惊百里"，惊远而惧迩也。

所惊者及远，而非务远也。惟恐惧之心，不忘于幾席户牖之间，自足以震动天下。

出可以守宗庙社稷，以为祭主也。

此释"不丧匕鬯"之义。《程传》云："有脱文。""出"，言其动而不括也。凡人之情，怠荒退缩，则心之神明闭而不发，自谓能保守其身以保家保国，不知心一闭塞，则万物交乱于前，利欲乘之，而日以偷窳。惟使此心之幾，震动以出，而与民物之理，相为酬酢而不宁，然后中之所主，御万变而所守常定。孟子之以知言养气不动其心者如此。嗣子定阼①，而孽邪之党自戢，乃保其国而为神人之主，亦此道也。卦一阳上承二阴，故有主祭之象。

《象》曰：洊雷震，君子以恐惧修省。

"洊"，频仍也。君子之震，非立威以加物，亦非张皇纷扰而不宁，乃临深履薄，不忘于心，复时加克治之功，以内省其或失，震于内，非震于外也。内卦始念之忧惕为恐惧，外卦后念之加警为修省，象洊雷之叠至。

初九，震来虩虩，后笑言哑哑，吉。

初九为震之主，故象占同《彖》。言"后"者，非此爻有笑言

①阼：岳麓书社本作"祚"。

之喜，通二、三言之，而初已裕其理也。变亨言“吉”者，此但具吉理，待成卦而后亨通也。

震初与四同，而初“吉”，四“泥”，艮三与上同，而三“厉”，上“吉”。盖人心初动之幾，天性见端之良能，而动于后者，感物之馀，将流于妄。若遏欲闭邪之道，天理原不舍人欲而别为体，则当其始而遽为禁抑，则且绝人情而未得天理之正，必有非所止而强止之患；逮乎阴柔得中之后，内邪息而外未能纯，乃坚守以止幾微之过，乃吉。此震、艮之所以异用也。

《象》曰：“震来虩虩”，恐致福也。“笑言哑哑”，后有则也。

“后有则”，亦通二、三言之；后之则，初定之矣。

六二，震来厉，亿丧贝，跻于九陵，勿逐，七日得。丧，息浪反。

初六[①]震来者，言其震而来也。二三[②]震来者，言初之来震乎己也。初与四之震，自震也。四阴之震，为阳所震也。始出之动，幾甚锐，“厉”言其严威之相迫也。十万曰“亿”，大也。阴主利，故曰“贝”。阳刚之来，甚锐以严，使阴大丧其所积，而无宁处，远跻于至高之地，以避其锐。以雷言之，出于地上、而驱迫阴气之絪缊者，直上而达于青霄，势所激也。其在人心，一动于有为，而前此之怀来蕴积者，一旦尽忘而不知其何往，亦此幾也。乃以雷言之，既震之馀，阳气渐弥漫散入于寥廓，与阴相协，则絪缊

①初六：嘉恺抄本、守遗经书屋本、金陵本同，岳麓书社本依“王孝鱼金陵本点校稿注”改为“初言”，太平洋书店本为“初九”。

②二三：嘉恺抄本、守遗经书屋本、金陵本同，岳麓书社本依“王孝鱼金陵本点校稿注”改为“二言”。

之气仍归其所。其在人心，震动之后，天理仍与人情而相得，则日用饮食、声色臭味还得其所欲，而非终于枵寂，以远乎人情。乃若天下治乱之幾，当戡乱之始，武威乍用，人民物产必有凋丧，而乱之已戡，则财固可阜，流散者可还复其所，皆“勿逐自得”之象也。逐之，则逆理数之自然，而反丧矣。“七日”，与复同。震、复皆阳生之卦。

《象》曰：“震来厉”，乘刚也。

二居刚柔之冲，首受震焉，故见初之威严，而不无自危之心，然而无庸也。

嵩焘案：项氏安世云：“小象称乘刚者，五[①]《屯·六二》‘之难’，乘刚也；《豫·六五》‘贞疾’，乘刚也；《噬嗑·六二》‘噬肤’、‘灭鼻’，乘刚也；《困·六三》‘据于蒺藜’，乘刚也。惟《困·六三》‘乘坎’，馀皆震之二爻也。盖阳方动于下，为成震之主，如雷之作，威怒方兴。凡乘之者，皆不得其安也。《归妹》卦词言‘柔乘刚’，亦六五乘震九四言之。”

六三，震苏苏，震行无眚。

“苏”，柔草也。“苏苏”，荏苒缓柔之貌。三去初远，情渐懈散，虽受震而犹苏苏，柔而不可驱策也。但所居之位，本刚而居进，则固可以“震行”者。若因震以行，则“无眚”矣。盖震之忽来，在怠缓者见为意外之眚，而有与震俱动之情，则见其本非眚而勉于行，所谓闻雷霆而不惊也。

---

①对照《周易玩辞》可知“五”为衍文。

《象》曰："震苏苏"，位不当也。

位刚而反柔，非能因震而动者也。

九四，震遂泥。泥，乃计反。

"泥"，滞弱[1]而不能行也。迅雷之出也甚厉，后渐苏苏以缓，及当将散之际，又有爆然之声，而渐以息，不能及远矣。九四，震后复震之象也。不出于地，而震于空，其震既妄，故不能动物而将衰，人心一动，而忽又再动，是私意起而徒使心之不宁。其于事，则汉高帝之困于平城、唐太宗之败于高丽也。

《象》曰："震遂泥"，未光也。

动不以诚，私意妄作，而志不光。

六五，震往来厉，亿无丧，有事。

前震已往，后震复来，虽若严厉，而威已黩，不能挠散乎阴，而阴可安于尊位，"大无丧"也。乃六五居中，非无能为者，必有所兴作，以尽阴之才，而致于用以见功。不言吉者，视其事之得失而未定也。

《象》曰："震往来厉"，危行也。其事在中，大无丧也。

震而不已，虽无丧而行犹危，居中尽道，而有为[2]以应之，则阴不待丧其积，而自居成物之功矣。

---

①滞弱：岳麓书社本作"滞浊"。

②有为：岳麓书社本作"有功"。

上六，震索索，视矍矍，征凶。震不于其躬，于其邻，无咎。婚媾有言。

“震索索”，受震而神气消沮也。“矍矍”，惊视貌。上六阴居散位，不能有为，受震而欲妄行，必失措而凶。顾其所受震者，抑有辨矣。上与四合，为外卦之体，躬之震也，初九则其邻也。四之震乃无端之怒，可勿以为惊惧；初之震则君子之德威，不容不竦惕者。能不为四所摇而凛承乎初，则无咎矣。柔而得位，故可不至于“征凶”，而免于咎。四与上，阴阳合体、又有夫妇之象，故曰“婚媾”。不为四动而为初动，故四有相责之言。虽然，可勿恤也。

《象》曰：“震索索”，中未得也。虽凶无咎，畏邻戒也。

远于阳而无兴起之情，受震而自失，心不能自得矣。“戒”者，君子之以名义相警责，初九严厉，震以其道之谓也。

☶艮　艮上艮下

艮其背句，不获其身句。行其庭，不见其人句。无咎。

“艮”者，坚确限阻之谓。四阴已长，居中乘权而日进，阳乃止于其上以遏之，使不得遂焉，以是为守之坚，而阻其泛滥之势，为颓流之砥柱也，是之谓艮。夫天地之化机，阴资阳以荣，阳得阴而实，于相与并行之中即有相制之用，无有阴气方行，忽亟遏之理。故五行、四序、六气、百物，皆无艮道，而惟已成之形象有之，则山是已。水之向背、云日之阴晴、草木之异态、风俗之殊情，每于山画为两区，限之而不逾于其域。人之用心有如是者，不为俗迁，不为物引，克伐怨欲，制而不行，同室乡邻[①]，均之闭户，亦可谓自守之坚、救过之强，忍而有力矣。故曰“艮其背，不获其身，行其庭不见其人，无咎”也。

“艮其背”者，卦以内向者为面，外向者为背。背者，具以成生人之体，而非所用者也。卦[②]之初爻，幾之动也；其中爻，道之主也；三与上在外，以成乎卦体而无用。阳峙乎上，仅以防阴之溢，而阳成乎外见，故其卦曰“艮其背”。艮非必于背也，此卦则艮背之艮也。夫处于阴盛之馀，而欲力遏之以使之止，是以无用而制有情，则必耳不悦声，目不取色，口绝乎味，体废其安，有身而若无身，抑必一家非之而不顾，一国非之而不顾，翛然立于物表，有人而若无人，而后果艮也，果艮其背也，则不见可欲，使心不动，而后可以无咎矣。艮之善，止于此矣。

虽然，既有身矣，撼一发而头为之动，何容“不获”？既行其庭矣，吾非斯人之徒与而谁与，则何容“不见”？吾恐“不获”者之且获，而“不见”者之终见也，则以免咎也难，而况进此之德业乎！故震、坎、巽、离、兑，皆分有乾之四德，而艮独无。夫子以原思为难，而不许其仁，盖此意也。后世老庄之徒，丧我丧耦，逃物以止邪，而邪益甚，则甚哉！艮而无咎以自免于邪，而君子为之惧焉。

《彖》曰：艮，止也。时止则止，时行则行，动静不失其时，其道光明。

此通论行止之道，以见艮之一于止而未适于时也。身世之有

---

①同室乡邻：岳麓书社本作“同堂乡邻”。

②卦：守遗经书屋本、金陵本同，嘉恺抄本为“外”，岳麓书社本改为“卦”。

行藏，酬酢之有应违，事功之有作辍，用物之有丰俭，学问之有博约，心意[1]之有存察，皆由乎心之一动一静；而为行为止，行而不爽其止之正，止而不塞其行之幾，则当所必止，一念不移于旁杂，而天下无能相诱。当其必行，天下惟吾所利用，而吾心无所或吝，行止无适，莫之私意，而天下皆见其心，非独据止以为藏身之固，而忘己绝人，以为姑免于咎之善术矣。

艮其止，止其所也。上下敌应，不相与也。是以不获其身，行其庭不见其人，无咎也。

此言"艮其背"非时行时止之道，必内不得已，外不见人，而后仅以无咎也。凡言"无咎"，皆有咎而免者尔。背止体，故变背言"止"。"止其所"者，据背以为可止之地而止之，以止为其所安也。乾坤六子，皆敌应之卦，独此言"敌应"者，以其止而又相敌，则终不相应也。夫行止各因时以为道，而动静相函，静以养动之才，则动不失静之体，故圣人之心万感皆应，而保合太和，阴阳各协于一。今以止为其所，而与物相拒以不相入，则惟丧我丧耦，守之不移，而后成乎其止而无咎。呜乎，难矣！万缘息而一念不兴，专气凝而守静以笃，异端固有用是道者，而不能无咎，惟不知动之不可已，而阴之用为阳之体，善止者之即行而止也。

《象》曰：兼山，艮。君子以思不出其位。

崇山相叠，而终古有定在，"其位"也。山以蕴酿灵气，积之固而发生无穷，在人则为心之有思。然思此理，则即此理而穷之，

---

①心意：岳麓书社本作"心思"。

而义乃精；思此事，则即此事而研之，而道始定；不驰骛于他端以相假借，君子体艮以尽心者如此，非绝物遗事，以颓然如委土也。

初六，艮其趾，无咎，利永贞。

初与二，为三所止者也，而初在下为“趾”。阴之初生而不得其位，故止之于早，则妄动之失免矣。“利永贞”者，戒之之辞。止邪于始易，而保其终也难。未着异物，则意不迁，恐其既感于外则且变，得位以行则自恣。常若此受止而不妄，乃永贞而利。

《象》曰：“艮其趾”，未失正也。

三虽止不以道，而当方动之初，劝之进不如沮之止，固可踌躇审虑，以得行止之正。

六二，艮其腓，不拯其随，其心不快。

“腓”居下体之中，随股以动而不躁，顺乎行止之常者也。六二阴当位而得中，比于九三，固愿随阳以行，而得刚柔之节；三不拯恤其情而固止之，失所望而不快，必矣。人之有情有欲，亦莫非天理之宜然者，苟得其中正之节，则被袗鼓琴，日与万物相取与，而适以顺乎天理。不择其善不善而止之，则矫拂人情，虽被裁抑而听其强禁，安能无怼心哉！甚矣，三之违物而逞私意也。

嵩焘案：马融“不承其随”传云“承，举也”。二随三以动，三不能举其腓使随以动而急止之，二之所不安也，故曰“未退听”。

《象》曰：“不拯其随”，未退听也。

本志随三而顺理以行，不拯而止之，势必不能安心退听。骐骥岂终困于盐车哉！

九三，艮其限，列其夤，厉薰心。

“限”，居上下分界之所，谓腰也。“列”，横陈于中。“夤”，脊也。九三居四阴之中，隔绝上下，横列其间，为腰不能屈伸而脊亦受制之象。“厉”，危也。欲止邪者，必立身于事外，耳目清而心志定，乃察其贞淫，而动静取舍惟吾所裁，而不为邪所困。今乃置身于阴浊繁杂之中，横施裁抑，抑之太甚而上下交逼，则危其身；所见所闻无非柔暗，孤立不能而将为所移，则危其心。危心之害，甚于危身。一尺之练，受无穷之烟尘，欲以不丧其洁也，不亦难乎！

《象》曰：“艮其限”，危薰心也。

所止非其时地，如人腰脊之气梗塞，其病曰关格。许衡、姚枢讲性学于□，元受薰而为□之□，似此。①

六四，艮其身，无咎。

四与五，受上止者也。自腰以上为身。身者，心之舍，所由以发五官之灵、制言行之枢者也。有所受制，而静以驭动，异乎腓足之职司动而被锢者。柔而当位，乐听裁抑，上以其道止之，慎于自持，则由是以行焉，可无咎矣。

嵩焘案：艮六四言“艮其身”而不言心艮者，强制之功也，制之于外以安于内，至于艮其身而止矣。心非可以强制也，故艮

---

①此句岳麓书社本作“姚枢、许衡讲性学非其时，受薰而为道之贼，似此”。

受止于身而不受止于心，圣人立诚之学也。

《象》曰："艮其身"，止诸躬也。

身之自任也曰"躬"。反求自尽，躬行君子之道，知止我者之以善吾行，无不快之心也。四于咸为心，于艮为身，一也。艮以止外诱之私，则曰身；咸以应群动之变，则曰心。

六五，艮其辅，言有序，悔亡。

"辅"，口辅也。言则辅动。五位在上，而为外卦之枢机，言所自出也。言刚厉则简而当。柔则为甘言，为巧说；上亟止之，则所言者皆当乎事之序，而悔亡。五本有悔，上止之乃亡。咸上为辅，艮以五当之者，阳为德性，阴为形体，故艮之取象于身，极于五，而上乃止德也。

《象》曰；"艮其辅"，以中正也。

《本义》云："'正'字，羡文。"六五不当位，非正故也。中虚而受止，故有慎言之德。艮止之道，莫善于言。惟口兴戎，言之不怍则难于行。老子曰："多言数穷，不如守中。"艮道于此宜矣。

上九，敦艮，吉。

凡止之道，能终于止者，必其当止而可终不行者也，然而难矣。无静而不动，无退而不进，天之理数、人心自有①之幾也。故必熟尝乎变化之途，而审其或行或止之幾，以得夫必不可行之至

①自有：岳麓书社本作"自然"。

理，而后其止也，历万变而不迁。上九立乎四阴之上，物情事理，皆有以察其贞淫，而力遏非幾于毫厘之得失，则其确然而不移也，止于至善之定静，而非强为遏制者也。于是而止，纯乎正而无妄矣，以修己治人而莫不吉矣。故克己之学，惟颜子而后可告以“四勿”之刚决，而非初学之可与。止之急，则必不能敦。异端之所以无定守，而为陆王之学者终于无忌惮，皆未历乎变而遽求止也。

《象》曰：敦艮之吉，以厚终也。

成德者，加谨之功也。

䷴渐　艮下巽上

渐。女归吉，利贞。

水所润渍曰“渐”；相近而密相入，循次以相浃之谓也。卦因否卦之变而立义。否阳上阴下，各据其所而不交。渐则坤上之阴，上乎四以相入，乾下之阳，下乎三而止焉。阴阳于是乎得交以消否塞，而阴之进、阳之退，以其密迩者潜移于中，易相就而徐相浃，故其卦为渐。渐以消否，而刚柔交，化凶为吉矣。然交道之大正者，近不必比，远不必乖，尤必居尊而为主者，以诚相感，迹若疏而情自深。今此就近潜移，以情相洽而互相受，二之阴、五之阳，居中自如，无相就之志，则其道惟“女归”为得而吉焉。阳下于三，男下女也。阴上于四，妇人以外为归也。婚姻之事，地相邻，爵相等，族相若，年相均，知闻已夙，而后媒妁以通，其事在内而不及于外。女外归，男下达，各得其正，以渐而吉也。吉止于女归者，君以渐道而交臣，则浸润之小人承宠；士以渐而交友，则沈溺之损友相狎；皆非吉也。“女归”，先言女而后言归，女往而归男，嫁娶之谓也；异于归妹之先言归而后言妹，为男反归女之辞。故渐吉而归妹凶。卦中四爻，阴阳各当其位，贞也。而功在四往者，消之位也。阴之为性，安于内而难于出外，四往而后三来，四放道以抑情而顺其正，虽离群外出而不恤，二五乃以各奠其中位而无不正，则合义而利，永固其贞矣。故近而相亲，未免于嫌，而要归于善终，异于归妹之渎乱远矣。

《彖》曰：渐之进也，女归吉也。进得位，往有功也。进以正，可以正邦也。

“进”，阴进，谓六四也。渐之进，惟女归为吉，有不可他用之意焉。阳上阴下，各怙其所安，阴进而后阳下之，故有女归之义而吉。盖虽有男下女之道，而阳刚终无先自卑屈之情，必阴先往，而后刚柔各得其位，消否之功，在阴之往也。虽仅为女归之吉，而阳不亢，阴不贼，宜家之化，施于有国，亦治平之要、王化之基矣。

其位，刚得中也。

“其位”，犹言以位言之。九五虽以六四上进而乾道损，然不失其中，则位固正也，所以利贞。

止而巽，动不穷也。

以二体之卦德言之，有艮止之德，而后巽以入焉。居安资深而左右逢原也，渐之所以利也。世之为学者不知此义，灭裂躐等，而鄙盈科之进为不足学。自异端有直指人心见性之说，而陆子静、王伯安附之，陷而必穷，动之不善，宜矣。

《象》曰：山上有木，渐。君子以居贤德善俗。

别言“木”者，山上之风，动物而长养之，验于木也。艮止以“居德”，巽风以“善俗”，止而不迁，入而不迫，君子体德于身，居之安而善俗，敷教于俗，养以善而自化，皆由浸渐而深。渐者，学、诲之善术也。世岂有一言之悟而足为圣之徒、俄顷之化而令物皆善哉！异端之顿教所以惑世而诬民也。《本义》云：“贤”字疑衍。

嵩焘案：此与夬象“居德”训同，犹积德也。积德者，忌夬而喜渐，积以渐而后居之安而入人深也。

初六，鸿渐于干，小子厉，有言无咎。

卦之诸爻，皆取象于“鸿”者，鸿飞以渐，不迫而不息也。卦爻之位，外高而内下，内阳南而外阴北。鸿自北而南曰阳鸟，《禹贡》所谓“阳鸟攸居”也。三自外而内，渐下向于南，鸿之来宾也，于秋冬也。四自内而外，渐上往于北，鸿之北乡也。三阳下，则五与上有且来之势；四阴上，则初与二有且往之势；而固未来未往也，近者先移焉，故曰渐也。曰“干”，曰“磐”，曰“陆”，皆下也；南方之地，水石平旷之地也，陆则近于北者也。曰“木”，曰“陵”，曰“逵”，皆高也，北方水涸风高之地也。阳则渐以下，阴则渐以上，而来南之时寒，下二阴方沍之象；往北之时暑，上二阳方炎之象。其飞也密移，其往来也阴阳均，故于鸿而得天化物情渐进之理焉。暑则北，寒则南，常得中和之气，渐之所以贞而利也。“干”，水之涯也。南方水草之地，鸿之所安，进而于此，有徘徊不欲更进之情。初六柔而居下，故有其象。而柔弱为小子，时方进而迟回不敏，群将孤矣，故“厉”。四，其同群而相应者。四往而初止，四不能不相责也，故“有言”。然渐之为道，以不迫为美，则时尚未至，姑止而待焉。安安而后能迁，故无咎。

《象》曰：小子之厉，义无咎也。

“小子”者，未可急于行者也。则虽以不敏而危，自循其分义。

六二，鸿渐于磐，饮食衎衎，吉。

“磐”，大石平而固者。鸿渐进而止于此，尤可以安矣。二柔当位而中，故有此象。“衎衎”，和乐貌。居之安则自得也，故吉。渐卦阴阳之交，近而相比，非交道之盛，故皆以止而不躁为吉。

嵩焘案：《史记·汉武纪》引作“般”，裴龙驹注云：“水涯堆。”杨用修云：“鸿不栖石。‘般’训‘水涯堆’为是。”

《象》曰：“饮食衎衎”，不素饱也。

饮食而吉者，岂以安居宴乐为宜乎？必有中正柔顺之德，以靖共于位，则虽不急于进，而非无事而食也。以学问言之，则造以道而居安自得，非遽望有成于坐获。

九三，鸿渐于陆，夫征不复，妇孕不育，凶，利御寇。

初、二、四，鸿之渐而往也。三则其渐而来也。“陆”，中原平旷之地。鸿之南征，近南者先焉，而早至于中原矣。虽渐也，而实遽也。三，男下女；四，女外适；故为“夫妇”。阴方上交，而阳相背以下，无反顾之情，“征不复”也。“妇”虽孕，而无与恤之，“不育”也。迁之遽，交之浅，则其情不固，所以凶。卦德虽为渐进，而三、四动见于占，则未能渐。凡此类，以蓍策九、六之动而言，故与卦之全体有异，所谓“惟其时”也。三既下，无可复上之理，则与初、二合而止于内。以“御寇”而消否，捐其生，不恤其家可也。刚当其位，故得有此利。

《象》曰：“夫征不复”，离群丑也。“妇孕不育”，失其道也。“利用御寇”，顺相保也。

“丑”，类也。五上与三，同类之阳也。二阳安居，未有行志，而三遽下移，独住不反，则虽四阴上交，而不能相聚以成生化之美，惟退而与六二相比，而二乐得之以相保，则利。

六四，鸿渐于木，或得其桷，无咎。

“桷”，横枝平出如椽者。鸿趾有幕，不可木栖，惟得桷则可暂安。四就近而进，无所择辄往，与三同其遽动，故有此象。以其当位也，故“或得其桷”。“或”者，不必得之辞，而亦理之可得者也。阴进而往外，以顺承乎五、上之刚，变而不失其正，故贤于三而无咎。

《象》曰：“或得其桷”，顺以巽也。

柔顺以巽入于二阳之下，虽离群孤往而可安。

九五，鸿渐于陵，妇三岁不孕，终莫之胜吉。胜，音升。

鸿之南也，经雁门之塞，所谓“陵”也。前者已至于陆，而后者尚集于陵，居高而不遽下，得渐之正者也。九五居尊而得位，故有此象。“妇”谓四也。四出归于外，五为之主，其正配也。四欲上进，五远引而不相狎，有不即相交而“不孕”之象。不孕，不相接也。然四之情既笃，五安能终拒之哉？惟不听其遽于求好，而渐乃相接，则《彖传》所谓“进以正，可以正邦”者也，故不胜其吉。

《象》曰：“终莫之胜吉”，得所愿也。

连吉为文，谓不胜其吉也。“得所愿”者，阴之外适，固乐得君子而事之。谑浪笑傲，庄姜不得其愿，知狎昵之不可恃也。

上九，鸿渐于陆，其羽可用为仪，吉。陆，读如逵。

“陆”，旧说以为“逵”字之讹，韵与义皆通，谓云路也。上处至高之位，而乘巽风之上，乃翱翔云际而不欲下之象。“羽”，所以飞者。“仪”，法也。三、四交移，以密迩之情为进退，上去之远，止于最高而不下。盖鸿之南也，违寒就暖，适水草稻粱之乡，有希荣之情焉。翔云路而不屑，君子爱身以爱道，扬雄所谓“鸿飞冥冥，弋者何篡[①]”也。砭顽起懦，可以为百世师矣。

《象》曰：“其羽可用为仪吉”，不可乱也。

志不降，身不辱，孰得而乱之？急于消否者，志士之情，三、四所以为女归之吉。安于下而不妄者，贞人之守，初之所以虽危而免咎。尊德乐义而不轻于动者，大人之操，上九可以为法于天下。可进可退而不失其正者，君子之度，二、五所以和乐而得愿。六爻异用，而各有其道，渐之所以利贞，而上九其尤矣。

---

①篡：守遗经书屋本、金陵本同，岳麓书社本作“慕”。

䷵归妹　兑下震上

归妹，征凶，无攸利。

征[①]而即之以为家曰“归”。“女归”者，女外适而以夫家为归也。“归妹”者，男舍其家，出而就女以为归也。卦自泰变。阴阳本有定交，而乾上之阳，出而依阴，坤下之阴。反入而为主于内，就近狎交，不当其位。男已长，女方少，相悦而动以从之，卦德之凶甚矣。故无所取象，无所取德，而直就其占言“凶”、言“无攸利”，与剥卦同而尤凶。但举卦名，已知为不祥之至，勿待更推其所以凶也。“征凶”者，以往而凶。阳不往，则阴不入而干阳。妇之不顺，皆夫轻就之情导之也。既言“凶”，又言“无攸利”者，往归之意，以为利存焉，而不知适以贻害。君子之屈于小人，中国之折于夷狄，皆见为利，而自罹于害。失其位，而利可徼乎？然惟征斯凶，则初之得位而安于下，二、五之居中而不动，固可以免。所以《彖》凶，而《爻》或有吉存焉。不征，则不凶矣。

《彖》曰：归妹，天地之大义也。天地不交而万物不兴。归妹，人之终始也。说以动，所归妹也。说，弋雪反。

上古之世，男女无别。黄帝始制婚姻，而匹耦[②]定。然或女出适男家，或男就女室，初无定制。故子、姒、姬、姜，皆以女为姓。迨乎夏、殷，虽天子诸侯且有就女而婚者，《易》两言“帝乙

---

①征：守遗经书屋本、金陵本同，岳麓书社本作“往”。
②耦：岳麓书社本作“偶”。

归妹”是已。周之兴，惩南国之淫乱，始为画一之婚礼，始纳采以至亲迎，略放古者阳就求阴之意，而必“女归”，而无“归妹”之事，然后氏族正，家道立，而阳不为阴屈，天经天义，垂之万世。孔子曰：“周监于二代，吾从周”，此周道宜从之大经大法也。故施及秦、汉，等赘婿于罪人，有谪戍之法焉。后世非贫贱无赖之野人，未有以妹为归者矣。此《传》缘其始而言之，当匹耦未定，典礼未定之先，亦未大拂乎天地之大义。盖阴之情与，然内乐于与而外吝于与，抑以存其耻心，故必阳往而动之，然后悦而生化兴焉，则男就女以为家亦可矣。然人道之至正于始，始于此则终于此。阳一屈而就阴，则阴入而为主乎内，阳反宾焉，终其身受制而不能自拔。故先王于此，慎其始以防之。乃如此卦之象，所以为“归妹”者，不恤礼制之既定，苟且便安，规小利，说焉而动者也。始不正而终为人道之大患，自非帝乙，鲜有不丧国亡家而陷于恶者，所以凶而无攸利也。

“征凶”，位不当也。

三、四失位，二、五因之。

“无攸利”，柔乘刚也。

外卦二阴乘一阳，内卦一阴乘二阳。阳妄动而为阴所乘，则败于家、凶于国，惟阴之制而莫如之何。隋文帝之刚，为独孤所乘，而身杀国亡，况唐高、宋光之未能刚者乎！

《象》曰：泽上有雷，归妹。君子以永终知敝。

泽流下，雷终奋出而不为衰止。男已长，女方少，不恤其不偕老而说从之。推此志也，贫贱、夷狄、患难，皆可以永焉者也。

天下无不可终之交，无不可成之事。君子明知事会之有敝，而必保其终，情不为变，志不为迁，盖象此以为德①。庸人不知敝而妄觊其终之利，智士知其敝而为可进可退之图以自全。孔子曰："道之不行，已知之矣。"文信国曰："父母病，虽知不起，无不药之理。"圣人之仁所以深，君子之志所以不可夺也。《大象》此类皆与《彖》殊指，不可强合者也。

初九，归妹以娣，跛能履，征吉。

"归妹以娣"，谓当归妹以娣之世也。此句统下九二言之。"娣"，少女，谓三也。"跛能履"、"眇能视"分言之，而固相聊以成文，二爻之德相肖也。阳之往出而归阴，得其娣以归，而为主于内。乱道也。初九刚而居下，不随四以行，跛象也。惟守正而不妄动，则如跛者之行，畏仆而必慎。以此道而正四之不正，往而吉矣。

履与归妹，内卦皆兑，而上承乾，震之刚，故皆有跛眇之象。而履孤阴妄进，故自谓能而非其能，归妹四轻往而过不在三，则初与二能保其正，而与履之"素履往，坦坦幽贞"，德固相若，皆处浊世而有孤行之操者也。《易》之文简，故词同而意异。

嵩焘案：项氏安世云："自全卦言之为'征凶'，原其始之妄动也。自初九言之为'征吉'，要其终之反归也。泰四动为三而成归妹，故凶。归妹三反归四而成泰，故吉。"六五为归妹之主，三其娣也；娣之从嫡，恒道也。反归乎四以从五，初九亦承之而得吉，故曰"征吉"。

①盖象此以为德：守遗经书屋本、金陵本同，岳麓书社本作"盖体此象以为德"。

《象》曰："归妹以娣"，以恒也。"跛能履吉"，相承也。

此与九二《象传》，文皆相承。当"归妹以娣"之时，世已变，而初能守其恒，故"跛而能履"；上承九二之刚，足以知敝，与同道而免于污，故吉。阳以不归阴为恒理。

九二，眇能视，利幽人之贞。

二刚非其位，而上为六三之阴柔所掩，有眇象焉。然天下贞邪治乱之辨本易晓了，而柔不自振者，诱之以动则迷。二以刚中之德，无欲而清，则五之为君、三之为娣，从违自审，而弗如四之失所归。此乃《柏舟》之妇、《麦秀》之老，理明而义自正也。

《象》曰："利幽人之贞"，未变常也。

以其近三，而为兑说之体，疑于变，故言"未变"。"常"亦恒也，谓阴阳之正理。

六三，归妹以须，反归以娣。

"须"，给使之人，女之贱者也。古者天子诸侯媵用侄娣，侄贵而娣贱。阳舍其位，离其类以外归，志行之卑贱，适足与须女相配而已。"反归"，谓旋反于夫家，阴来就阳，六之来三也。六五中正，不轻就匪人而与相说，惟坤下之阴，卑贱而就之，先得其宠；内志治不修，自此始矣。干君而仅得合于权佞之臣，亦此象也。进不以正，则不正者应之。

《象》曰："归妹以须"，未当也。

"当"谓当位。四失其位，三因失焉，言"未"者，过不在三也。

九四，归妹愆期，迟归有时。

此正“征凶无攸利”之爻。不再言占者，《象》已决言之，于此原其致妄之由，而设戒以导之于正。圣人不轻绝人之情，抑以上古旧有此理[①]，虽足致乱，而固可教以正也。不待女之归，而男反归女者，以三十而娶，不可过期。乾三之阳已老，坤四之阴方稚，六五中正，待礼成而后行，故阳屈己而往从之，不以贱辱为耻。乃为之戒曰：虽其归之迟，而自有时，何至卑屈失身，以召柔之乘己哉！词之婉，讽之切，周公当昏礼初定之时，曲体人情而救之以正，故其辞温厚而动人。若后世淫色吝财之夫，则固不足与言也。

嵩焘案：王氏引之云：“隐七年《穀梁传》引此作‘迟归有待’。‘待’、‘时’俱以‘寺’为声，故二字通用。蹇《象传》‘宜待也’。张璠本‘待’作‘时’，《释》[②] 云：‘有待而行也’，一本‘待’作‘时’。”玩《象传》申引爻辞诸卦多有之。

《象》曰：愆期之志，有待而行也。

待年待礼，阴之志本正，而未尝不欲行。九四急于往，而不姑为待，何也？男择配，臣择君，士择友，岂有定期哉！急于立身，缓于逢时，则己不往[③]而物可正。推而上之，圣人之养晦以受命，待贾而沽玉，亦此而已矣。

---

①理：守遗经书屋本、金陵本同，岳麓书社本作“礼”。
②《释》：据王引之《经义述闻》为“《释文》”。
③往：守遗经书屋本、金陵本同，岳麓书社本作“枉”。

六五，帝乙归妹，其君之袂，不如其娣之袂良，月幾望，吉。

"帝乙归妹"，归而逢其吉者，故此爻当之。"君"，女君。帝乙所归之妹，谓五；"娣"，谓三也。三阴稚，而以色悦人，阳所狎也。言"袂良"者，君子辞尔。六五柔顺得中而应以正，贵德而不以色为良，阴德之盛者也，故曰"月幾望"。五惟有待而行，不与四俱乱，故帝乙归之，虽失正而可宜家。然惟有帝乙之德，而遇恭俭自持之贤配，乃能获吉。使其为悍煽之妻，而自不免于狎溺，则征凶而无攸利也，必矣。

《象》曰："帝乙妇妹"，不如其娣之袂良也，其位在中，以贵行也。

以色言之，不如娣矣。德称其位，故贵为天下之母，而帝乙亦蒙其吉，所遇之幸也。娄敬不遇汉高帝，马周不遇唐太宗，则与苏秦同其车裂矣。

上六，女承筐无实，士刲羊无血，无攸利。

"女"谓上六。"士"，九四也。"筐"，《礼》所谓笲。"实"，榛栗枣脯以见舅姑者。"刲羊无血"，自毙之羊也。吝于六礼，苟简以成事，故女不归士而士归女。包死麕以诱女，末俗之恶，吝而已矣。士吝则女愈骄，乃以无实之筐，见舅姑而不怍，上六之阴亢，九四自贻之辱也。

《象》曰：上六无实，承虚筐也。

"承虚筐"者，不以礼意相接也。夫四之屈辱往归，岂无觊利之心哉？乃此以吝往，彼以骄报，所必然者。故先王之用财也俭，而独于宾嘉之礼，重费而不恤，所以平天下之情，而使相劝于君子之道，其意深矣。夷风乱华，人趋苟简，而伦常以斁，可不鉴哉！

䷶丰　离下震上

丰。亨，王假之，勿忧，宜日中。假，古伯反。

“丰”者，盛物于器，满而溢于上之谓。此卦一阳载一阴于下，二阳载二阴于上。阴，有形质者也，得中而加于阳上，盛满而溢于所载，故谓之丰。以其自泰之变言之，阴人而为主于二，其明乃盛，阳出而动于外，动以满盈，亦丰象也。而丰于外者蔽其中，丰于上者蔽其下。在二体，则阳虽动于外，而阴留不去，尚掩其离明。以卦画言之，则阳受蔽于阴，为重叠覆障之象。在阴则势处其盛，在阳则载阴而大有事焉。非易处之卦也。以其阳虽受蔽，而为方生之爻，明之发而动之始也，故亨。然而非有其位，非有其德者，未易亨也。惟王者抚有天下而载万民，富贵福泽，过量相益而不必辞；处于深宫，而臣民之情伪相积以相蒙覆，皆其所容受以待治，则固不能离彼而炫其孤清。故至于丰，而不当以为忧，而必拒之撤之，以自碍其有容之度。夫王者既有其位矣，而抑必有其德。惟大明丽中，尽察于物情之微暧，则可任其丛杂相掩而不为之乱。若非王者之位，则一受习俗柔暗之蔽，百炼之刚且化为绕指之柔。若非日中之德，则肘腋之下，蒙蔽所积，而况四海之遥，兆民之众，一叶蔽目，不见泰岱矣。故丰者，忧危之卦也，非德位兼隆，固当以为忧也。

《彖》曰：丰，大也。明以动，故亨①。

阴盛而阳皆载之，故曰“大”。蔽盛则不得通，然而亨者，六二阴得其位，而阳相与丽以发其明；二阴积上，而九四震起以动之，使勿怙其柔暗，故亨。明之所以不掩者，皆九四之能拔出于外，导宣其幽滞，而明乃上行。非然，则明夷矣，何易言亨②乎！

“王假之”，尚大也。

惟王者之道，以广大而遍载天下之繁杂为尚，下此者不能也。

“勿忧宜日中”，宜照天下也。

能如日之中，偏照天下，无幽不彻，乃可勿以丰蔽为忧。

日中则昃，月盈则食，天地盈虚，与时消息，而况于人乎！况于鬼神乎！

此言阴盛之不足忧，而惟“日中”之不易得也。“日中则昃”，“明以动”而犹恐其失也。“月盈则食”，阴虽中而固有其可亏者也。人则有邪正之消长，鬼神则有祸福之倚伏，邪可使悔而之正，祸因为福之所倚，而何忧乎！而不能以明照天下，则吉且召凶，善且流而之恶；消息盈虚，听乎时而不审其变，人且茨之，鬼神且伤之，而何易言“勿忧”乎？苟非尧、舜、禹之相继以治天下，则共、驩兜逸之覆蔽以成阴暗者自相乘以乱。苟非文王之不遑暇食、卫武之耄而好学。则方其明而若或障之，方其动而若或掣之

①亨：守遗经书屋本、金陵本同，岳麓书社本作“丰”。按，商务书馆四部丛刊所收上海涵芬楼景宋刊本《周易》作“丰”。

②亨：守遗经书屋本、金陵本同，岳麓书社本作“震”。按，丰九四震起以动积上之二阴，明夷为六四，故“何易言震乎”。

矣。故曰：丰，忧危之卦也。

嵩焘案：丰者，忧危之卦。《象》言“勿忧”者已至于丰矣，如日方中，照临下土，多忧何为乎？日月之有昃食，天地之有盈虚，盖皆理数之自然。王者处丰，常保其日中者而已。项氏安世云：“天地者，形气之天[①]者也。人者，形之感[②]；鬼神者，气之盛。”“与时消息”，圣人之所以终为丰忧也。

《象》曰：雷电皆至，丰。君子以折狱致刑。

电始出而雷即发，其雷必迅，所谓“雷电皆至”也。惟重阴覆蔽，故阳之出也必怒。“致”，致之于市，与甸人行辟也。折狱既明，刑即决焉，奸人无可容其规避，雷电迅疾之象。噬嗑之“明罚敕法”，已断而必更察之，立法之慎，先王详刑之典，君道也。丰之“折狱致刑”，已明则断，君子用法之严，吏治也。“君子”，谓守法之嗣君与听狱之卿士。

初九，遇其配主，虽旬无咎，往有尚。

“配主”谓四，自下匹上谓之配。“主”者，卦以下画为基；初为离主，四为震主。十日曰“旬”，《春秋传》曰：“天有十日。”自甲至癸，旬数也。九四当离体已成之后，日之数已盈，而遇之者以其大明，生其善动，虽有“日中则昃”之忧，而自可无咎。“往”，则为四之所嘉尚矣。阴盛，非刚不能致察；初与四相资以成日中之治，所以善处丰也。初不言丰者，二虽蔽初，而柔得其位，居中以为明主，无相蔽之情也。

---

①形气之天：《周易玩辞》原书为“形气之大”。
②形之感：《周易玩辞》原书为“形气之盛”。

《象》曰："虽旬无咎"，过旬灾也。

"虽旬无咎"，言即至于旬而尚无咎，则其不可过可知。初与四遇，当离之已成，则两刚相得；过此则五、上之阴且蔽之矣。五能蔽四，不能蔽初，以其远也。

六二，丰其蔀，日中见斗，往得疑疾，有孚发若，吉。

"蔀"，编草为藩蔽。"日中见斗"，日食而星见也。六二上应五，而五以阴掩阳，故为丰于障蔽，为日食昼晦之象。二不容不疑其蔽己之明，疑甚而疾矣。乃二以柔中当位，虚中而信物，以与五相孚，则五且感发而与之同志，弃暗求明，吉矣。丰非刚不能撤蔽，而二以柔能感五者，丽于刚以为明也。

《象》曰："有孚发若"，信以发志也。

能信诸己，则足以发人之志也。阳实阴虚，以实之谓信。而《易》每于阴言孚者，人之怀疑，必先有成见于中，窒而不通，则遇物皆见其乖异，虚以受之，自能择善而笃其信。实以言信之用，虚以言信之体也。

九三，丰其沛，日中见沬①，折其右肱，无咎。

"沛"，旧说以为旛幔。"沬，小星也。"日中见沬，日食既而昼晦极矣。"右肱"谓四，九三之所以资动者也。九三处明之终，"日中而昃"矣，而上应上六之极幽极暗，故为幔障天而日昼晦之象。上之蔽也厚，三与应而受其蔽，虽有九四之刚，可资其动以

①沬：岳麓书社本作"沫"，恐误，下同。

撤蔽，而弗能用也。汉元受石显之蔽，而萧望之不能抒其诚，唐德受卢杞之蔽，而陆贽不能效其忠；盖此象也。亦“无咎”者未详，程子以为“无所归咎”，亦通。

嵩焘案：郑康成以“三”为三公，斥去用事之臣则无咎。汉世水旱、日食，策免三公，盖取则于此。窃意丰之为象，阴盛蔽阳，《彖辞》“勿忧宜日中”，所以防阴之盛也。初、四两阳相遇而有过旬之戒，过旬则六五之阴且蔽之。二以阴上孚于五，而为离主，日中之象也。五、六以“来章”而承其“庆”。蔽阳者，莫丰于上六。九三亦为过中之日而不可用。《礼·少仪》注：“立者尊右。”《汉书》颜师古注：“右，上也，故以上职为右职。”上六重阴之蔽，至于阒其无人，三亦且幸右肱之折而得无咎。统观六爻之取象，其义自明。康成以三自当之，亦未安也。

《象》曰：“丰其沛”，不可大事也。“折其右肱”，终不可用也。

丰惟王假之，必将大有所为。受蔽于上，不足以照天下，而何太事之可为！“终不可”者，奸蔽贤，则贤终不为之用也。

九四，丰其蔀，日中见斗，遇其夷主，吉。

“夷”，等夷也。在上而交下曰夷。四虽不应五，而与五相比，故与二同象，而受蔽更切焉。赖其下与初应，两刚相得，明以济动，而阴弗能终掩之，故吉。

《象》曰：“丰其蔀”，位不当也。“日中见斗”，幽不明也。“遇其夷主吉”句，行也。

象虽与二同，而受蔽更深，故于此发“不当”、“不明”之义。

四虽为震主，而以刚居柔，与五相比，则所处之地危矣。非离体，则明不足以烛幽，独阳不足以胜众阴；必行而下就乎初以相辅，乃得吉焉。丰之所以能“明以动”者，功在四，而四又资初。当昏昧之世，求贤自辅为善动之要术。四之吉，惟其为退爻，而不自怙其刚以轻试于障蔽之中也。

六五，来章，有庆誉，吉。

五以阴暗居尊位，力足以障蔽乎阳，本无吉道。惟其得中，为六二之所仰而求孚者；而阴尚未盈，能下受之，故二来而施之以明，弥缝其不善而着其善，乃有“庆誉”而吉。“有”者，本非所有而有之辞。“庆”，福自外来也。“誉”，名自外成也。

《象》曰：六五之吉，有庆也。

本非吉，以得二“来章”之庆，而吉。

上六，丰其屋，蔀其家，窥其户，阒其无人，三岁不觌，凶。

上恃二、五之阴皆得中，而已又居于其上，骄盈而重蔽阳刚，其德凶矣。蔽人者先以自蔽，阳刚方“明以动”，安能蔽之？徒重屋厚幛，不能见远而已。明之所不照，处于幽暗之室，有人若无，而人亦终无欲见之者，见绝于有道而凶矣。占此者，遇如此暗傲之人，绝之可也。五可孚，而上不可化也。

《象》曰：“丰其屋”，天际翔也。“窥其户，阒其无人”，自藏也。

丰满盈溢，亢而自骄，居高而绝物，明者不施以照，终于自藏而已。其愚若此，不足以为日中之忧。

☶☲旅　艮下离上

旅。小亨，旅贞吉。

相从而行曰“旅”。古者卿行旅从，故曰行旅。以二体之象言之，火在山上，野烧也，前焰后焰，相踵竞进而不留，若行者之在途，相蹑而遄征。以卦画言之，三阳皆在阴上，往也；阳为客，阴为主，阳之旅也。自否变者，五阳去位而止于三，虽止而非其居；三固进爻也，则亦姑寓而欲行者也。旅者阳也，乃阳倡则阴必随，阴无阳以立其不易之基于下，则虽得中而非其安居，阳旅而阴从之以旅矣。一阳往而一阴从之，二阳往而二阴从之，阴随阳行，若卿行之有旅从，阴亦旅矣。六五居中，非其位也，虽有文明之德，而艮止阻之以不下，逮阳已往而明王不作，己亦不得安于上位，故先儒谓仲尼为旅人。“小亨”，小者阴也；阴得二中，故亨。“旅贞吉”者，旅之贞，旅之吉也。上不当位而下止，本非正而不吉，乃时当其止，道不足以行，而文明不息，以明道为己任，随所寓而安焉，为旅之正，而乐天安土，得其吉矣。

《彖》曰：“旅小亨”，柔得中乎外而顺乎刚，止而丽乎明，是以小亨旅贞吉也。

“得中乎外”，不能得其正位，而在事之外也。阴下阳为“顺乎刚”，虽柔而放道以行也。止矣，而必丽乎明以不息，故即此而志无不通、道无不正、居无不吉也。阳君阴臣，阳见阴隐，虽德备文明若仲尼，亦但谓之“小”，以位言也。夫子之志，于《象传》自道之。

嵩焘案：旅不可以位言，故以外卦明之。“顺乎刚”者，一阴丽于二阳之中，以虚而受阳之明也。

旅之时义大矣哉！

非其人，则失正而不能亨。因其时，合其义，居不安而道不废，隘与不恭，俱不足以当之，故极叹其大。

《象》曰：山上有火，旅。君子以明慎用刑，而不留狱。

离火，明也。艮止，慎也。既明且慎，则速断之，而不淹滞以滋扰，如山上之火，过而不居。君子之于民，教之治之，皆迟久而不迫，惟用刑则非君子之本心，不得已而寄焉耳。留之则证佐待理而久淹，枝叶旁生而蔓引，胥史雠①奸而迭为舞易，其殃民也大，而奸人得以规避，故以"不留"为贵。

初六，旅琐琐，斯其所取灾。

《象》专取六五立义，爻则各以其得失言之。旅之时义虽大，然非六五文明之德，则其得失亦微，所谓"苟非其人道不虚行"也。"琐琐"，细小貌。初六卑柔无远志，而随阳为旅，则鄙屑而为裹粮结屦之谋，灾之至若出意外，而不知务小忘大，正其所自取也。

《象》曰："旅琐琐"，志穷灾也。

"穷"者，自窘于微细之中也。

六二，旅即次，怀其资，得童仆，贞。

---

①雠：岳麓书社本作"售"，下同。

二柔得中位，旅得所安之次舍矣。阴为资粮。“童仆”谓初也。琐琐在旅人则取灾，在童仆则为正。以柔怀童仆而使效其忠，小之亨也。旅初与二所取象占皆小节尔，而《易》犹为告之。苟非不义，亦日用之常，圣人详著之以前民用，而学《易》者慎微之道在焉。

嵩焘案：《易》爻援他爻取象者，文义俱极明显，如《比·六二》“比之自内”，六四“外比之”；《随·六二》“系小子失丈夫”，六三“系丈夫失小子”；《丰·初九》“遇其配主”，九四“遇其夷主”之类。取象他爻确不可易，其馀皆注家以意附会，于爻义无取也。本爻“得童仆贞”，《虞氏易》“得正、承三，故得僮仆”，诸家多从之。项氏云：“二以阴得阳故为得三，以阳得阴故为丧。”是二以三为“僮仆”，三又以二为“僮仆”也。“旅即次”一义，“怀其资”一义，“得童仆”一义，“次”与“资”又何所指？近人丁氏遂谓：“‘童’指初，‘仆’指三。”吴氏又谓：“‘即次’指三，‘怀资’指本爻，‘童仆’指初。”又一爻而备三爻之义，蒙意阴在初为“琐琐”，在二为“资”、为“童仆”，各就本爻取义。诸卦爻词类此者多，圣人所未明言，即爻见象以释之可也。

《象》曰：“得童仆贞”，终无尤也。

“怀其资”，未免非尤，惟得“童仆贞”，则免于咎。怀资而失童仆之心，斯寡助而涂穷矣。

九三，旅焚其次，丧其童仆，贞厉。丧，息浪反。

阴爻之旅，皆从人以旅者也。阳爻之旅，则自欲旅者也。旅者行而不留，君子之仕止久速，因时制义，无悻悻穷日之心。九三以刚居刚，不中而为进爻，急于去而不留，无反顾之情。“焚其次”，誓不复返；徒众解散，不可复收，虽使其去合于正，而亦危矣。

嵩焘案：三为艮。主艮者，止也。“无悖悖穷日”之义，玩《彖传》“以旅与下”，盖与“琐琐”者相安于旅。重耳在齐，有马二十乘而安之，从者以为不可，即此爻之象。迫于离火，故“焚其次”。

《象》曰：“旅焚其次”，亦以伤矣。以旅与下，其义丧也。

“伤”，谓伤于君子不轻绝人之义。“以旅与下”，谓既悖悖以去，使初、二之心解体，导之离散，不能复合，介然之义，其终必穷。好勇而不知所裁，将与鸟兽同群乎！

九四，旅于处，得其资斧，我心不快。

“处”，羁旅所处之国也。“斧”者，行而携以备樵采椓伐之用者。三去而迫于去，四则刚失位而居退爻，义未可留而姑留者也。留则得其资斧，而四志本刚，非以资斧为念者也，故心不快。

嵩焘案：项氏安世云：“艮六二得位而力不能止，故曰‘其心不快’。‘其’者，指其位言之。旅九四力可为而未得位，故曰‘我心不快’。‘我’者，指其人言之也。”

《象》曰：“旅于处”，未得位也。“得其资斧”，心未快也。

四非阳刚宜居之位，故虽得资斧而不快，若孟子于齐、梁是也。

六五，射雉，一矢亡，终以誉命。

"雉"，文明之禽。六五，离之主，欲丽乎阳以发其光辉，而得中于外，不能乘权以有为，则不得雉，而并其所以射者亡之，所谓"道之将丧"也。然虽为旅人，而道赖以明，则人之所与，天之所笃，又岂能去之哉！止而丽乎明，此爻当之。

《象》曰："终以誉命"，上逮也。

上无明王，则天人之所宗仰者在己也。周公心仪其人，而孔子自当之。

嵩焘案：旅以阴从阳为义，二、五两爻皆为吉占。三以阳反比于阴，故曰"与下"；五以阴顺从乎阳，故曰"上逮"。

上九，鸟焚其巢，旅人先笑后号咷，丧牛于易，凶。易，与埸通。[1]

上九居离体之终，阳已亢极，火炎于山上而不息，鸟有巢而被焚之象。盖时有灾危，去以避害者也。免于祸则笑，而贪生悻免[2]，为人所不礼，无可再栖之枝，将号咷而悲思其故处矣。"牛"，顺物。"易"，疆埸也。居其国，有其家，则无可去之理，顺道也。子思所以遇寇而守也。丧其贞顺于国，而越疆外出，道失而身必危，故凶。

《象》曰：以旅在上，其义焚也。"丧牛于易"，终莫之闻也。闻，亡运反。

"闻"，名誉也。既居高位，则义在同其灾患，而以旅道自处，

①易，与埸通：岳麓书社本作"易，与埸通，下同"。
②悻免：岳麓书生本为"幸免"。

违其义矣。不忠不顺，人皆贱之，虽其阳刚之才，无德而称焉。

嵩焘案：王氏引之云：“‘闻’犹‘问’也，古字‘闻’与‘问’通。谓相恤问也。上九居高无应，故无恤问之者。《诗·葛藟》‘谓他人昆，亦莫我闻’，《云汉》‘群公先正，则不我闻’，皆谓不相恤问也。”

䷸巽　巽下巽上

巽。小亨，利有攸往，利见大人。

巽阴潜起于阳下，与姤、遯同。兑阳盛于中而阴外，与大壮、夬同。而姤为阴于阳，遯为阳避阴，巽则以入为德；大壮戒阳之壮，夬奖阳以决阴，兑则以说为道；何也？巽、兑本三画卦之名，重而为六，不失其象。风有于喁之相因，泽有左右之并流，皆无异道，则重而为六，犹然三画之象也。三画之卦，天之理，物之体，形象之自然者也。相杂而六画生，则物之变，人之用，得失之或然而不得不然者也。六画不异于三，则用而仍如其体；姤、遯、大壮、夬之重而有异也，则体异而用亦异也。夫天之理，物之体，阴阳柔刚，参伍以成形象，一惟其自然。阴本不以干阳而潜起，阳亦不畏偪而欲避，阳虽盛而非恃其壮以决去乎阴，则体天体之无不善者，以肖其德而嘉与之，故巽以入为利，兑以说为贞。若夫阴遇阳而迫阳以避，阳壮而决绝乎阴，固非天地絪缊、互相屈伸以成化之道，故姤、遯无相入之美，壮、夬无相说之情也。

然则震之阳起而动阴，与复、临义略相通；艮之阳上以止阴，与剥、观道略相似。震恐以致福，“丧贝而七日得”，复之理也。艮敦而吉，“大观在上”，“君子得舆”之象也。而异于巽、兑之别于姤、遯、壮、夬，又何也？震初阳起而动地下之阴，四阳出地而动地上之阴，乃以出入无疾，而相感以临。艮三止阴而不能止，二阴又乘其上，剥之所以“剥肤”，止之又止而后止焉；观之所以必“观我”、“观民”而恐志之未平，天人体用之义均也。若夫姤、遯，阴干阳而逼之，阴皆进而阳皆退；巽则六四居阴以顺乎阳，而阳未相率以之于外；大壮、夬阳连类以摈阴，亢而且消，兑则阳纳阴于三，相说而不相拒。巽、兑之与姤、遯、壮、夬，其象异，其德异，固不可以震、艮例求也。此读《易》者之当知变通也。

巽者，选慎[①]而进之谓。能慎于进则相入，故为人也。柔顺修谨，欲依旧而求相入以成化，巽之德也。阳且乐而受之，是以“小亨”。阴虽入，而刚不失其中，刚柔相济，往斯利矣。“大人，谓二五刚中，得位并隆者也。选慎以入而相见，见斯利矣，阴之亨利者也。程子曰：“兑柔在外，用柔也；巽柔在内，性柔也。”兑，阳之为也；巽，阴之为也。兑则亨，巽所以小亨也。然阴固两仪自然之体而万物资生之用，得其正而亨而且利，亦孰非天道之正，人事之善者乎！

《象》曰：重巽以申命。重，直龙反。

巽有二义，自阴而言之，则自下而柔顺以入合于阳；自阳而言之，则刚得中[②]而以柔道下施，入物而相劝勉。此以九五刚中君德为主，而六四下入起义。六四非上入，而下施者也。“重巽”

---

①慎：岳麓书社本作“具”，此当为“慎”。

②刚得中：守遗经书屋本、金陵本同，岳麓书社本作“刚德中”。按，嘉恺抄本此字先亦作“得”，继就其笔画改之作“德”，犹清晰可辨。

者，初以柔施，而四又申之也。承刚中之道，柔以下逮，愚贱不可卒喻，申命而后能入民之隐。

刚巽乎中正而志行，柔皆顺乎刚，是以小亨，利有攸往，利见大人。

“巽乎中正”者，不以当位得中，遂刚以临下，而柔巽以入民，则志可喻于物，而物遵以行，故“利有攸往”，此以自上施下者言也。“柔皆顺乎刚”者，慎以进而不敢干，阴道得而就正于刚中者，其益大矣，故“小亨”而“利见大人，此以自下顺上者言也。内卦三爻皆取下顺上之义，外三爻皆取下施上之义[①]。《彖》错言之，明其用异而道同也。

《象》曰：随风巽，君子以申命行事。

巽之为风者，动气者阳气也。阳气聚于外，薄阴在内，阳不得入，而阴弱不相激，则阳乘动幾，往复飘聚，而鼓荡以行焉。聚而行于此，则彼虚，阴乃乘之以入，庄周所谓“厉风济则为虚”也，虚而阴入矣。入而和，则晴雨平、物汇昌矣。“随风”者，前风往而后风复兴之谓。飘风则不相继，故不能终朝。相随以不息，风之柔和者也。故庄周曰：“冷风则大和。”君子之将欲兴民以有事，命之，又申命；其始不迫，其继不厌，期于入民而事以集；如风之相随，则草皆顺偃，而寒暄以渐而成。取法于此，斯无不教、不戒、慢令之三恶矣。但言“行事”，为政言也，明非言教也。若教则不愤而启，不悱而发，喋喋然徒劳而亡益也。

①外三爻皆取下施上之义：岳麓书社本作“外三爻皆取上施下之义”。

初六，进退。利武人之贞。

阴起而入阳，进也；在下而柔，退也。初六阴欲入而未果，故为进退不决之象。阳为文，阴为武，阴上临阳而欲进，故此与履六三皆言“武人”。武人，勇于进者，“贞”则慎于进而不妄，故得进退之宜而利。

《象》曰：“进退”，志疑也。“利武人之贞”，志治也。

“志治”者，阴屈下以求入于阳，所以受阳之裁成而成化。武人不怙其勇而望治，慎于进以就正，故利，此所谓“利见大人”也。

九二，巽在床下，用史巫纷若，吉无咎。

“巽在床下”，谓初也。“史”，撰辞告神者。阴有鬼神之道焉，故用史巫。凡敌应之卦，既不相应，则以相比者为应求。阴阳相比而相求则和，远则乖矣。故巽二、五吉，而三、上凶吝。初六进退维疑，在床下而不能起应乎刚。二以刚居柔，笃志下求，纷若不已，则阴可入而阳得其耦，故吉。不当位，疑有咎也，而不失其刚中之德，则无咎。

嵩焘案：二之所巽在初[①]，床下谓初，阴方隐伏也。初柔志疑，“史巫纷若”以疑道致诚，而申其信。隐伏多疑之阴，未易以正言喻也，是以“史巫纷若”而固吉也。

《象》曰：纷若之吉，得中也。

“用史巫纷若”，则疑于太屈，而刚固得中，虽求阴不自失。

---

①初：疑为衍文。

九三，频巽，吝。

“频”与颦通。三以刚居刚而不中，见阴之巽入而颦蹙以受之，不能止阴使不入，徒“吝”而已。

嵩焘案：三居上下卦之交，巽初而为二所隔，六四乘之，志欲相入而四固不受，祇益其嚬蹙而已，故曰“志穷”。

《象》曰：频巽之吝，志穷也。

不通之谓“穷”。异端以人伦物理为火宅而欲绝之，终不能而祇以自穷，盖若此。

六四，悔亡，田获三品。

此所谓“利有攸往”也。“三品”：干豆、宾客、充君之庖。上杀、中杀、下杀皆获焉，是大获也。四在上卦之下，乃施命以入下而使行事者也。国之大事，在祀与戎，而巽非征伐之卦，田猎以供宾祭，役民率作，故取象焉。柔以申命，下顺听之，故田而多获。“悔亡”者，本无悔也。

《象》曰：“田获三品”，有功也。

申命以得人之情，则行事而有功。

九五，贞吉悔亡，无不利，无初有终，先庚三日，后庚三日，吉。先，悉荐反。后，胡豆反。

九五居尊，为申命之主。礼乐征伐自上出，其正也，吉道也。“悔亡”，盖下“无初有终”之义。无初疑于悔，有终则悔亡矣。“无不利”者，于位为宜，于德为称，四之功，盖五之利也。民不可与虑始；五以刚中之道率民以有为，民将疑惮，故“无初”，而终于有功，则“有终”而无不利。“庚”者，更新行事之义。故外事用刚日，而以庚为吉。“先庚三日”而告之，初六始出令也。“后庚三日”而复警以其不逮，六四申命也。于是而命无不行，事无不立矣。故备诸美词以赞其盛。

嵩焘案：蛊言“先甲后甲”，甲者，干之首、事之端也，故曰“终则有始”；巽言“先庚后庚”，庚者，干之过中，事之当更者也，故曰“无初有终”。蛊之五爻变而成巽，故蛊著之《彖词》，而巽著之九五之《爻词》。

《象》曰：九五之吉，位正中也。

得其位，乃能行其命。

上九，巽在床下，丧其资斧，贞凶。

“巽在床下”，亦谓初也。“资斧”，所以行之具也。初求入而上与之绝远，阴阳之情既已隔绝而不通，所恃以入民之隐而劝之行者，四之申命；而命自五出，非上所制，上又亢而无下逮之情，丧其所以行者。权失而益之以骄，《诗》所谓“上帝甚蹈，勿自瘵焉”者也。

《象》曰：“巽在床下”，上穷也。“丧其资斧”，正乎凶也。

巽既在床下，而高处乎上，则不相通甚矣。又不比乎四，而无恃以行，则凶者其情理之应得，而非意外之变也。此言“贞凶”，别为一义。然上九亦无不正之失，特以过恃其刚正而凶，遂为应得之祸尔。

嵩焘案：“巽在床下”，巽，四也。上位已穷，四自受五之施，不与上相入。“资斧”者，身之所有者也。阴主利，四阴与上同体而为五所隔，上以亢阳强纳之而阴愈疑，终丧失其所有而已。是以虽正，而固凶也。

䷹兑　兑下兑上

兑。亨，利贞。

“兑”为“欣说”之说，又为“言说”之说，而义固相通。言说者，非徒言也，称引详婉，善为辞而使人乐听之，以移其情。馈人千金之璧而辞不善，则反以致怒，故言说者所以说人，而人之有心，不能言则郁，称引而详言之则畅，故说者所以自说而说人也。此卦刚居内而得中，柔见于外。外者所以宣其中之藏使不郁，而交乎人以相得者也。柔见于外，愤盈之气消，而为物之所喜，故从其用而言，谓之为兑。兑有三德，而特无元。元者，阳刚资始之德，外发以施化。兑卦阳德不著见而隐于中，未足以始也。说者，事成而居之安，乃以人己交畅。若以说始，则是务相随顺，而道先自枉。其为言说，则先以言者，事必不成，故兑于元德不足焉。其“亨利贞”者，说则物我之志咸通，说而物我胥劝以相益，说之以道，本无不正也。具此三德，自无不亨，而利者皆正，正自利矣。兑有二义，一为下顺乎正，以事上而获上，则下亨而上利，内卦以之。一为上得其正，以劝下而得民，则上亨而下利，外卦以之。要其以刚中之贞为本，则一也。

《彖》曰：兑，说也。刚中而柔外，说以“利贞”。

“柔外”，故说。“刚中”，则合义以利物，而非以膏粱致人之疢疾；守正以永固，而非诱物邀欢而后遂渝。故兑卦之德，惟在刚中。非此，则小人之说，不利不贞，而不足以亨。不释享者，说自能亨也。

是以顺乎天而应乎人。说以先民，民忘其劳；说以犯难，民忘其死。说之大，民劝矣哉！先，苏佃反。难，奴案反。

推广说之为用，为王道之美利，而皆刚中柔外之德成之也。刚中则顺乎天之正，柔外则应乎人之所利。天顺而人应，则上以之先民，兴事赴功，而民忘其劳，上说下而下自贞也。民之既说，则踊跃以从王，虽使之犯难以死而不恤，下说上而上自利也。惟其外虽柔而中固刚，则是秉元后父母之常经，以通四海之志，而非小惠之苟说以干誉；下亦率其亲上死长之义，以合天下而同心，而非宵小之面谀以取容，所以为说之大，而民无不劝也。

六子皆天地自然之化，而艮、兑专以人事言者，山泽①为阴阳已成之体，非磨荡之幾；乾道成男而为艮，坤道成女而为兑。成乎人，而性情功效皆惟人之自成，而天下不复与也。

《象》曰：丽泽兑，君子以朋友讲习。

“泽”者，川流之地体，所谓河身也。兑之卦画，上虚下实。坎水塞其下流，隄而壅之，潴水灌注以润物，其象也。故上输所积以惠下，谓之恩泽。泽虽曲折迁流，而固一泽，故重兑之卦，不可以上下言，而取象于两泽之左右并行者，为丽泽焉。两泽并流，有若将不及而相竞以劝于行之象。然其归也，则同注于大川以至于海。君子之道，学之者一以圣人为归，而博约文质，本末后先之异趣，各以其质之所近而通焉。乃恐其专己而成乎私意，

---

①山泽：岳麓书社本作“川泽”。

则取益于同门同志之学者，相与讲习，各尽其说以竞相辨证。当其论难之时，若争先求胜而不相让，而辨之已通，则皆至于圣人之道，如丽泽之不相后而务相合也。游、夏、曾、有同游于孔子之门，而《礼记》所载，互相争于得失，用此道也。君子之用兑，用之于此而已。苟非朋友讲习，而务以口说相竞，流而不反，则淳于髡、公孙龙之永为佞人，又奚取焉！

初九，和兑，吉。

兑体之成，虽以三上之阴为主，而刚中柔外，相因以说，则六爻皆有兑之德焉，异于巽之阴入阳而阳受其入，震、艮之阳动止乎阴，而阴为其所动所止也。"和兑"者，以和而说也。初潜而在下，而阳刚得位，未尝与天下相感，率其素履，与物无竞，殆有月到天心、风来水面、无求而自得之意焉，君子之吉也。

《象》曰：和兑之吉，行未疑也。

君子之行，素位而居易者也。富贵、贫贱、夷狄、患难，无入而不自得，自说其说，非待说于物，何疑之有！其不然者，处顺则得非所据而疑其不安，处逆则妄有歆羡而疑其可徼，惟无刚正之德故也。

嵩焘案：何氏楷云："二比三，三比四，五比六，皆阴阳相比，不能无疑。惟[①]初爻无比，则无所疑矣……廓然大公，和而不同，说之正也，故吉。"

九二，孚兑，吉，悔亡。

①惟：何楷《古周易订诂》原文为"独"。

二孚于初九，以合德于刚中，则不为妄说，以刚上承乎柔而不亢，抑可以获上而吉①，虽不当位，悔亦以亡。

《象》曰：孚兑之吉，信志也。

志正，则可以信友而获上。

六三，来兑，凶。

“来”者，招致之谓。六三居四阳之中，而以不正之柔，上谄而下谀，待物之来说而相与说，小人之道也，故凶。兑之亨利，自三成之，而《爻》凶异于《象》者，兑体已成，则刚中之德外虽柔而自非容悦，三独发动，则柔以躁进，而为小人之媚世。此类从筮者占其所动而言，别为一例，抑以兑本非君子之守，故非全体阴阳之和，则必流为邪佞也。

《象》曰：来兑之凶，位不当也。

宜刚而柔，无所不柔矣，而况杂乎四阳之中以躁进乎！

九四，商兑未宁，介疾有喜。

四与三比，而居上卦之下，近乎民者也。以刚居柔，不欲受小人之媚，而抑不欲咈人之欲，酌量于宽严之中，不能得咸宜之道，所以未宁。然说民之道，莫先于远邪佞之小人。奸佞不售，则虽未有惠泽及人之事，而天下已说服之。九四介于“来兑”之间，能以说己者为疾，三进而已退，静以止躁，不期民之说而民自说矣。

①吉：守遗经书屋本、金陵本同，岳麓书社本作“亨”。

嵩焘案：商者，商所从也。阴称“疾”，阳称“庆”。四介三五之间，下比三，故云“疾”；上承五，故云“有喜”。

《象》曰：九四之喜，有庆也。

已方以未宁为患，而天下说之，外至之喜也。

九五，孚于剥，有厉。

“剥”，丧乱也。“厉”，威严也，而有危意。九五刚中之德已至，而与九四刚静疾邪之君子相孚，则虽丧乱卒起，而以之犯难，人心既说，且忘其死，履危地而德威自立，说之大者，不在呴呴之恩施于小人也。

《象》曰：“孚于剥”，位正当也。

德位相称，贤者说从，民为之用，虽处剥丧，不相离叛矣。

上六，引兑。

居高而以柔待物，所以引民之说者也；异于九五之民自劝而忘其死，故不言吉。然以上说下，柔当其位，异于三之屈节以招上而说之，故不言凶。殆霸者驩虞之治乎？

嵩焘案：六三处四阳之中，就之以成兑；上六处群阳之外，引之以成兑。《苏氏易传》：“上六超然于外，不累于物，小人之托于无求以为兑者。”来之情躁，故“凶”；引之机深，故曰“未光”。

《象》曰：“上六，引兑”，未光也。

有于誉于民之心焉，则德不光。民之说，民自说也，非可引者也。

䷺涣　坎下巽上

涣。亨，王假有庙，利涉大川，利贞。

“涣”，水散貌。风动水飘，水浮木泛，皆涣象也。卦自否变者，涣散其否也。乾下之阳，下而居二；坤中之阴，下而居四①。阳为主于内，则阴不得怙党以相亢；阴顺承于外，则阳受其入而不骄。否、泰之变屡矣，而独此为得。阳之退，虽不当位而得中；阴之进，虽失其中而得位。物之固执而不解者，授之以所安，则乐于散，而惩相拒之迷。否塞之情改，而上下通，嘉会而亨矣，故六爻皆吉。

盖尝论之，人之情有所凝滞而不达者，皆以己所怀安之土，为情之所便，因据为道之所宜。既执之以为道，则精力志虑一聚于此，此外虽有甚安之位，甚远之图，皆为智所不及、意所不愿之境。一旦豁然悟其所据之非，风拂水流，尽破拘画之藩篱，乃知昔所为崇高者，非崇高也，退抑乃以止物之忌，而中和可以宰物；昔之所为安处者，非安处也，上达而得其所通，而顺理乃以达情；拓散其分据之心于俄顷之间，已如彻重围而游旷宇。由此而推行之，破一乡之见，而善以天下，离一时之俗，而游于千古，则在下不吝，在上不骄，涣之为功于进德修业也，亦大矣哉！《诗》云：“泮奂尔游矣，优游尔休矣”，言拘挛之日散也，是以涣之六爻皆吉也。“王假有庙”者，阳自四而下居于二，率三阴以事上也。当其在庙，则为臣为子，而要不失其居中之位，二之以退

①下而居四：岳麓书社本作“上而居四”。

为尊也。“利涉大川”者，阳来入险而不忧也。可以事鬼神，则天下无不可通之志；可以涉险阻，则天下无不可安之遇；斯以于物皆利，而变焉而不失其正也。

《彖》曰：涣亨，刚来而不穷，柔得位乎外而上同。

刚聚于上，则且消而穷矣；来而居二，则以入险而得通，柔在二在四，皆得位也。不吝其中位之尊，出而之外，乃以上交而同乎阳。二者皆亨通，而柔之为功大矣，以其舍党去尊而顺上也。

嵩焘案：卦惟四、五两爻阴阳得位。阴往就四，与五相比，各安其位，故曰“上同”。

“王假有庙”，乃在中也。[①]

“乃”云者，谓虽离群退处，而乃得其中也。故修臣子之节，而不失其王之尊。

“利涉大川”，乘木有功也。

木浮水上，行舟之象。二以刚中能载，而涉险之功立矣。巽一为风，乘风而浮于水，亦利涉之象。古者舟未有帆，故《彖传》不言乘风。后人以帆使风而行于水，盖亦取法于涣。制器者尚其象，但精其义，皆可创制。古人所未尽，以俟后哲，若此类者众矣。

《象》曰：风行水上，涣。先王以享于帝立庙。

涣与节，相综之卦。节俭而聚；涣散而丰。风行水上，无所

---

①乃在中也：当从经文本为“王乃在其中”。

吝止，极文章之观。先王享帝立庙，以事天祖，于财无所惜，于力无所吝，于己不患其无馀，于民不惜其难给，乃至薪蒸刍藁，皆广取而轻用之，与节之不以劳民伤财者异道，所谓“菲饮食而致孝乎鬼神”也。言“先王”者，郊庙之礼，开创者定之。

嵩焘案：项氏安世云：“天下至散而不可搏者，惟风与水……先王以是享帝，故能与天神接；以是立庙，故能与祖祢交。盖心无方，神亦无方，心之遇神，当如水之遇风。”蒙意万物散而不穷。享帝以追其本，子孙散而日远；立庙以摄其心，圣人用涣之义也。

初六，用拯马壮，吉。

“马”，行地者，故坤之象焉。阴纯在下，马之壮也。马壮，则有奔驰蹄啮之伤。二来主阴而制之，初承二而奉之为主，以制马而使之驯，以免于咎。拯之者，二也；利用其拯者，初也，而吉在初矣。

嵩焘案：“拯”当仍《子夏传》作“升取”也，与《明夷·六二》同义。马所乘也，升而举之，马以壮硕。《虞氏易》云：“坎为马”。阳来居二而初应以动，故《象传》曰“初六之吉，顺也”；明夷以阴变乾，柔而不过，故《象传》亦曰“六二之吉顺以则也”，不宜异释。

《象》曰：初六之吉，顺也。

顺阳而下之也。

九二，涣奔其机[①]，悔亡。

出疆外适曰“奔”。“机”，《程传》谓即《左传》[②]“投之以机”之机，亦通，谓所凭以安也。或作机者[③]，伐木而留其本也。在险中而可以止奔，于义尤合。阳舍上位，越三而来二，以散阴之党，若将不及，曰“奔”。来而得中以止，若奔者之遇机而息焉。虽不当位，疑于有悔，而居中以主阴，使顺而散，则悔亡矣。

《象》曰：“涣奔其机”，得愿也。

二阴乐奉之以为主，故散而不怙其群。

六三，涣其躬，无悔。

阴阳以类聚，则合而成体。三与初同类，而二来居间以散之，阴之体不纯成矣，非徒二之能散之也。三为进爻而位刚，本欲上行以应乎刚，是能公尔忘私者。虽不当位，而遂其就阳之素心，固无悔矣。

《象》曰：“涣其躬”，志在外也。

“外”谓外卦。进从六四之阴，以顺阳而应上九，不恤阴之同体，是以无悔。

六四，涣其群，元吉。涣有丘，匪夷所思。

阴之自二而往四，既以散阴凝不解之群，抑以散阳亢不交之

①机：守遗经书屋本、金陵本同，岳麓书社本作“杌”，经文为“机”，下同。
②《程传》谓即《左传》：岳麓书社本作“《程传》作《春秋传》”。
③或作机者：岳麓书社本作“旧音兀者”。

群；群散而大同，本然之吉，无所待也。二与四皆涣群者，而功归于四。盖舍内而出外，去中而居下，非情之所可愿。使阴吝而不往。则阳亦无从得二以为机而止焉。虚中位以召阳为主，而已为阳下，非消释其鄙吝之情者不能也。"涣有丘"，涣而至于丘也。丘卑于山而高于地，可依以止者，谓四涣而固高以安也。"夷"，等类也。阴方相聚于内，同类且倚以为群，忽舍之而外适，非初与三思虑之所及。拔流俗以奋出，而巽入以依乎阳刚中正之主，惟豪杰之士能之，非凡民所测，而卒使皆免于晦蒙否塞之中，所谓非常之人成非常之功也。

《象》曰："涣其群元吉"，光大也。

阿私结党，则卑暗而鄙陋。六四自我涣群，光明正大，何吉不臻乎！

九五，涣汗其大号，涣王居，无咎。

"汗"者，阳出而散阴者也。"号"，命令也。五，刚中得天位，而与巽为体，下同于四。四为巽主，申命以诰下者。五不怙阳之群，而资四以播教令于下，宣其大公无畛之德意而险侧皆顺焉。虽王者之居，宜积盛大以为巩固，一阳亏而失其聚，而天位自定，命令自行，固无咎也。古者天子之畿，剖邑以赐诸侯，为汤沐之邑，其"涣王居"之义乎？

《象》曰："王居无咎"，正位也。

虽涣而王者之居固无咎者，刚中正位，不以一阳之去就为损益也。

上九，涣其血，去逖出，无咎。

“血”者，战争之事。逖，远也。阴凝于下，阳亢于上，否则必争，而上当之，未免于伤。乃既涣散其群，则阴巽入乎阳，而阳为主于阴，争息而血去矣，可以远处事外矣。时平而志静，故无咎。

嵩焘案：《象传》，“涣其血”，当以“涣其血”为句，“去逖出”为句。坎为血。卦三志在外，与上正应，上乃望而去之。盖涣之为义，阴阳各化其党私，以示天下之公。惟三与上，阴阳相应。上以阳刚处事外，超然远出；以息阴阳之争，故曰“远害”。

《象》曰：“涣其血”，远害也。远，于愿反。

以涣，故能远交争之害，而超然逖出。

䷻节　兑下坎上

节。亨，苦节不可贞。

“节”，竹节也，有度以限之而不逾也。卦画一阴间以一阳，二阴间以二阳，阳实明虚，虚者在上，阳实在下，以为之节。下二阳，近根之促节也，阳之节阴也。阳有馀而阴不足，以不足节有馀而相通焉，阴之节阳也，以二体之象言之，两间之水无穷，而泽之所容有准，不漏不溢，有节度也。二水相沓，而实其下以使不泄，故有慎密之象焉。节而亨矣，为阳之节阴者言也。阳亨，而复云“苦节不可贞”者，为阴之节阳言也。有馀者，物之所甘，不足者，物之所苦。阳道方亨，而必裁之以不过，则自居约，而处物亦吝，固将自以为廉于用物而得贞。乃自居之约，可谓之贞；处物之吝，强人情以所不甘，则不顾天理之正，不可以为贞矣。

以其实，节其虚，则虚者恃以保固，忠谨之所以通天下之志。畏其有馀，节以不足，则俭而固，不给万物之用，而无以成天下之务。《彖》两设之，使学《易》者择焉，而占者得之，虽以俭而不困于行，而终不合于道，非君子寡过永誉之宜也。

《彖》曰："节亨"，刚柔分而刚得中。

此明亨之为阳言也。"刚柔分"，言其相间，各成乎畛而不相乱。得中乃可以为阴之节，而阴恃以不倾；中有主，则通乎物，而不随物以流也。

嵩焘案：否者塞卦，阳来居二以制阴，阴往居四以与阳相入，而塞者以散。泰者通卦，阴来居三以与阳相制，阳往居五以介阴，而通者以节。"刚柔分"者，坤五之柔，分而居三以节乾；乾三之刚，分而居五以节坤也。

"苦节不可贞"，其道穷也。

此明阴之节阳为已过也。道不足以济天下，则穷而非正矣。

嵩焘案：阳常有馀，阴常不足。柔来居三以节乾，卦之所以成乎节也。二阳起而二阴节之，一阳起而一阴节之。四与初刚柔相应，上承阳而非以节阳，故"安节"。节而亨，二受三之节，五为卦主，又受上之节，所谓苦节者也。爻曰"贞凶"，贞而其道愈穷者也，故曰"不可贞"。

说以行险，当位以节，中正以通。说，弋雪反。

"说以行险"，不以忧惧失度也。"当位以节"，谓九五以笃实之刚，为阴虚之节也。五以中正节乎二阴之中，上下皆可通矣。言能行险而说、节而甘者，唯九五当位中正，以为阴之节，则无过不及之差，而于物皆通；以见节之亨在刚中，而阴之过为裁抑者非贞，而抑未可亨也。

天地节而四时成。节以制度，不伤财，不害民。

天地之化，寒暑温凉，莫之节而自中其节惟无过也，亦[①]无不及也。王道之裁成民物，非故为损抑以崇俭陋。制度立而财不伤，民不害，所以志说而用亨。如九五者，斯与天地四时合其节矣

《象》曰：泽上有水，节。君子以制数度，议德行。行，下孟反。

多寡曰数，长短曰度，如《礼器》所谓“以多”、“以寡”、“以高”、“以下”之类是也。“德行”，德之施于物者，厚薄刚柔之则也。泽之受水也有限，而水为泽之所有，自足给灌注之用。君子以此道通志成务。其节也，非无水而以自困困民[②]也，道本有馀，而酌其施受之宜也。若陈仲子之流，以无水为节，则徒苦而人道废矣。

嵩焘案：“德”者，刚柔过不及之谓；“行”者，质文损益之谓。“制度数”[③]，所以节物，使贱不逾贵、下不侵上。“议德行”，所以节己，使所存、所发一归于中和。

初九，不出户庭，无咎。

初居卦下，为泽之底。苟非坚实，必致下漏，困之所以无水

①亦：岳麓书社本作“抑”。
②民：岳麓书社本作“人”。
③制度数：疑为误写，当为“制数度”。

而穷也。户，室户；庭，其外楹间也。时方在室内而未行，道宜缜密。阳刚下实，防阴之流，慎之于内而不使出，涵其有馀以待不足，虽过于慎，而自无咎。

《象》曰："不出户庭"，知通塞也。

当藏于内而未见于外之始，必刚决慎持以防其放佚，塞之所以求通也。"知"者，知时宜也。若二，则知塞而不知通矣。

嵩焘案：初以一阳居下，以塞坎之流，本无通义。然知塞之宜，则知通矣，明非以塞求通也。

九二，不出门庭，凶。

门，大门；庭，其庑也。既审慎于内而出于外矣，则行焉可矣，又从而节之，慎而无礼者也。刚非其位，知塞而不知通，故凶。

《象》曰："不出门庭凶"，失时极也。

"极"，至也。时至事起而吝于出，则事败而物怨之。

嵩焘案：《说文》："极，栋也。"《释名》曰："栋，中也。"五架之屋，正中曰"栋"，亦可谓之准极。二用节已甚，失时之准极也。

六三，不节若。则嗟若，无咎。

二阳已积，则有坚刚太过之忧。三当其上，急欲节之，而柔失其位，力有未逮，故不能节也，而忧之急。其迫切欲节之心，虽若已甚，而实不容已也，故无咎。

《象》曰：不节之嗟，又谁咎也？

谓谁得而咎之也。刚过而折，通人所戒，楚父老之于龚生是已。是或一道也，不得谓之为非。

六四，安节，亨。

与三同道，以节阳之过，而柔当其位，且上承九五而受其节，在节而安，无所嗟叹，刚柔均而通塞适其宜，故亨。

《象》曰：安节之亨，承上道也。

方以柔节刚，而上有九五刚中之主以节己；四能承之，则阴阳正均，而行之亨矣。

嵩焘案：卦象以阴之不足节阳之有馀。三节二、上节五，四承五独安于节而已。何氏楷云："四居坎下。坎，水也。水上溢为无节，就下有节"，下流有归，则上流能受。四之所以为安节，为能承上也。

九五，甘节，吉，往有尚。

自四以下，刚柔既分而有节，九五以刚健中正之主，议道自己，而节阴之不足，以制为中道，合乎理，顺乎情，物之所甘也。以此而往，宜为天下之所尊信矣。

《象》曰：甘节之吉，居位中也。

以中道而居天位，创制立法，而天下悦服。

上六，苦节，贞凶，悔亡。

五以中道为节，而物情甘之，不可损也。上犹以为过，而裁抑之以人情之所不堪，虽无淫泆之过，可谓贞矣，而违物以行其俭固之志，凶道也。然而“悔亡”者，天下之悔皆生于侈汰，自处约，则虽凶而无耻辱。

《象》曰：“苦节贞凶”，其道穷也。

节之为道，唯贤者可就，不肖者可企及，则亨。俭过则吝，物所不顺，故穷。

䷼中孚　下巽上

中孚。豚鱼吉。利涉大川，利贞。

“中”，内也。“孚”，信也，感也。卦画二阴在内，不得中，而三为躁爻，四为疑地，相聚而异志，既有不相信之势，而失中无权，志且不平；然而安处于内，静顺以不与阳争，则其信阳也至，而阳之感之者深也。三顺乎二而说，四承乎五而相入，皆虚以听命乎阳，而无疑无竞，是二阴之孚于中也。孚者，阴也；孚之者，得中之阳也。夫欲感异类者，必同类之相信。己志未定，同道不亲，则无望异己者之相洽以化。二抚初，五承上，相与成纯而不杂，迩说则远安，是以至实之德，内感三、四，而起其敬信以说，故谓之中孚，言阳之能孚阴于中也。而阴之在中者孚矣。“豚鱼”，阴物，谓三、四也。二、五以中正之德施信于三、四，而三、四相感以和顺于内，受其吉矣。“利涉大川”，《彖传》之释备矣。“利贞”者，施信以感物，物蒙其利，刚中以孚阴于内而不自失，则贞。有其利贞之德，故涉险能利，而所孚者皆受其吉也。

《彖》曰：中孚，柔在内而刚得中，说而巽，孚乃化邦也。

说，弋雪反。

成乎巽者六四，成乎兑者六三；阴效说而顺以入，阴化而和矣。惟二、五刚中，以道相孚，故阴乐受其化。阴为国土、为民，故曰“邦”。孚，信也，而谓之化者，朱子谓如鸟孚乳之象，诚笃以覆翼，则如期而化生。

“豚鱼吉”，信及豚鱼也。

“及”，相逮也。信足以及之，而豚鱼皆信。感以实，则以实应。

利涉大川，乘木舟虚也。

“乘木”，泽载木也。“舟虚”者，外实中虚，有刳木为舟之象焉。舟之利于涉以中虚，而非外之实以为之闲，则不能成中虚之用。惟四阳在外，左右相均而无隙，故中得以有其虚而受物之载，以经险而利于行。二、五能函二阴，故二阴虚以受感而不窒，亦以明二、五刚中之德，足以致阴之孚也。

中孚以利贞，乃应乎天也。

“天”谓阳也。阳孚之以利物贞固之德，故阴应之。诚者天之道，至诚而不动者，未之有也。

《象》曰：泽上有风，中孚。君子以议狱缓死。

兑为言说，以详论而酌其当；巽风和缓，以俟议之平允。巽命以施泽于下，宽道也。然缓之以详议，使无冤而已，非纵有罪以亏法也。缓之，议之，信诸心而后杀之，则虽死不怨矣。《大象》之言刑狱者五，圣人慎罚之情至矣，学《易》者可不谨哉！

初九，虞吉，有他不燕。

“虞”，度也，安也。阴之连类以居于内，非初所可遽感者。初潜处于下，内度之己，惟守其刚正，以与二相孚而安，故吉。“他”谓四。“燕”亦安也。言虽有相应之四，亦非其所安，而独与二合德也。中孚以纯而不杂为美，然惟初静处而无欲感之情，则吉；上已亢而不相感，则又过矣。初承二而上乘五，故初孚二，而上不能孚五。

嵩焘案：《比·初六》“终来有他吉”，“他”谓“五”；《大过·九四》“有他吝”，“他”谓上，以非正应，故谓之“他”。中孚之初以舍四比二为义。初、四正应，不得言“有他”。以四自孚五，初宜安处于下，以待二之来比，若妄求他应，则志变而失所安也。

《象》曰：“初九虞吉”，志未变也。

虽无感阴之情，而亦无乖违之志，审度以求安，而听二之来感；不求速合者，不至于离，故吉。

九二，鸣鹤在阴，其子和之。我有好爵，吾与尔靡之。和，胡卧反。靡与縻通，忙皮反。好，去声。

鹤，高洁之鸟，阳之象也，“阴”，林荫之下。二虽居中，而在下卦，故为阴。“子”谓初九。两俱阳，而初承二，故为“子”。“好爵”，可好之爵，谓六三与二相比，而奉二为主以尊贵之。“吾”，二自谓。“尔”，谓初也。“靡”，系属之也。二刚中，而欲以诚感六三，聊为兑体，以相和好，得同道之初九与相倡和，乃劝之偕和于三，以縻系而聊属之，使相孚化。盖惟其为鹤之鸣，故能下合乎初而上感乎三。不然，初之不轻燕，三之无定情，岂易孚者乎！

嵩焘案：鹤，阳鸟。二，阴位。鸣者，阳气之发也，处阴而声闻。盖远异于登天之翰音矣，不以在下卦为阴也。

《象》曰："其子和之"，中心愿也。

以诚感者，故以诚应。但释初之和，不释三之靡，三柔易感而初刚难燕也。

六三，得敌，或鼓或罢，或泣或歌。

阴之为性，虽同类而必疑。四与三比，本无相敌之情，而三为躁进之爻，与四异体而不亲，见为敌也，甫相得而即相猜。"鼓"，进而攻之；四不与竞，乃"罢"。既诎于四而不得进，则"泣"。已而为二、五之刚，以正相感，则抑洽比于四，而悦以"歌"。无恒之情不易孚，殆豚鱼耳。而终为刚中所縻系而保其信，无恒者且孚焉。九二之德盛矣哉！

《象》曰："或鼓或罢"，位不当也。

柔居刚位，躁而不宁，无定情而不易感也。

六四，月幾望，马匹亡，无咎。

月以受①日之施为明，阴阳相感之正者也。六四承五之孚而顺受之，柔得其位，"月幾望"之象。阴为阳所孚，至矣。两马为"匹"，谓四匹三也。阴党盛则与阳亢。四柔退而不与三同其躁忌，

①受：岳麓书社本作"承"。

"马匹亡"矣。阴孚于内，中孚之道也。与三异尚，疑于有咎，而正以消三之猜狠，使久而自化，复何咎乎！

《象》曰："马匹亡"，绝类上也。

"类"谓三；"上"谓上孚于五。绝三以孚于五，破小群而惇大信，感应之正，故无咎。

九五，有孚挛如，无咎。

五刚中居尊，可以为上之主，而孚于同，以感于异者也。虽上亢而不受其孚，而五之诚信已至，足以挛系乎四而使之安，故无咎。三、四非乘权之中位，阴之情岂能安处之而不争哉？二靡之，五挛之，乃以感异类而说以巽。乃二得初之承，而五不能平上之亢，则二易而五难。孚异尚易，而孚同愈难。伊川不能得之于苏氏，赵鼎不能得之于张浚，亦自处于无咎而可尔。

《象》曰："有孚挛如"，位正当也。

惟其位之正当，故上不能不与之孚，而四有"挛如"之固结也。

上九，翰音登于天，贞凶。

鸡曰"翰音"，以其鸣有信也。上九刚德，非无信者。然亢而居高，自信而不下比于五，以孚于阴，则不自量其刚之不中，尚小信而抗志绝物。鸡之高飞，能幾何哉？以其刚而不靡也，可谓之贞。然亦匹夫匹妇之谅尔，凶亦及之。

嵩焘案：鸡鸣则群应，翰音登天，高亢失据，谁与应之？声闻过情，其势不长。殷浩、房琯，负天下之重望，非不贞也，然而凶有馀也。

《象》曰："翰音登于天"，何可长也！

飞甫起而即坠矣。远于阴则不足以孚，又不能下顺乎五，是绝物也。一试而颠越，所必然矣。

䷽小过　艮下震上

小过。亨利贞。可小事，不可大事。飞鸟遗之音，不宜上，宜下，大吉。遗，唯季反。

二、五者，中位而为卦之主也。小过之卦画，阴皆据之，又得初、上二阴以为羽翼，而以三、四进退危疑之地，处阳而锢之于内，阴之逾其涯量者甚矣，故曰小过。乃过之为辞，非恶也，非罪也，则与否、剥之消阳者异。盖阳虽势微失中，而犹处乎内，未尝如剥之削而孤、否之摈而之外也。柔得中，未尝溢也；自上覆之，自下承之，将谓护阳而保之，而势极于盛，遂轶其常度，非其罪也，故可以亨。阳在内，而阴函之，以柔道行焉，亦可以利物而不失其正。然阴之为道，柔弱曲谨，而不能胜大任，故可小而不可大。

乃圣人于此，寓扶阳抑阴之深意，故申之曰"飞鸟遗之音，不宜上"也，"宜下"则"大吉"也。飞鸟则翼竦上而驱垂下，翼凭虚而躯载实。翼载躯以飞，躯其本也。四阴，两翼之象；三、四，其躯也。"遗之音"者，躯之能事也。阳体灵而用达于远。音者，鸟之灵而以宣其意者也。音下则声闻于人间，上则无闻焉。鸟翼竦而上，音与俱上；躯睥睨而视下，音与俱下。"不宜上"者，躯为翼用也，阴恃其过以挟阳而上也。"宜下"者，翼随躯降也，阳虽不及，能敛阴以趋乎实也。三、四虽失中而处内，一止一动，皆其所主；阴虽过，可使戢其飞扬之志，以顺刚而行，则大吉矣。夫失中之刚，岂能遽戢阴之拚飞哉！而圣人曰阳固有可藉之资，犹有可为之时，小虽过，何尝不可大吉乎！人欲行，不足以害天，则好货好色而可以王。君子存，犹足以制小人，故汲黯在廷而淮南惮，裴度得用而承宗服。“大吉”者，终在阳而不在阴，阴之过未足以为阳忧也。呜呼！此圣人扶抑阴阳之微权也。抑惟阴非固恶，阳犹足以大吉，而异于否、剥之必凶也。

《彖》曰：小过，小者过而亨也。过以利贞，与时行也。

夫阴固不足以匹阳之德，然亦孰非造化必有之实、太和固有之撰，可以通万物之志，与之利而得其定体之正哉！时而乘权，则秋冬有敷荣之草木，阴雨有中节之正候，不妨于过，而未尝不亨以利贞也，惟其时而已矣。舍阳于内，载之以行，则当过之时而道存焉，可有此三德，特不足者元尔。

柔得中，是以小事吉也。刚失位而不中，是以不可大事也。

柔可以胜小，而大事非刚不能任。失位不中，虽刚不能有为矣。

有飞鸟之象焉。“飞鸟遗之音，不宜上，宜下，大吉”，上逆而下顺也。

三、四象鸟躯；四阴在旁，其翼也。躯从翼以上，阳为阴所挟而从之往，阴亢而不顺阳，逆也，初、上以之。翼从躯以下，阴不挟阳而从阳，阳居内以制外，顺也，二、五比于三、四以之。然九三有“或戕之凶”，以九三妄动，不能居重以御轻也。

《象》曰：山上有雷，小过。君子以行过乎恭，丧过乎哀，用过乎俭。行，下孟反。

雷在山上，不能击动地中，而上入乎空，则阴气凝聚而盛矣。小过，阴之过也。阳亢阴恭，阳乐阴哀，阳丰阴俭。君子之道有过用夫阴者，惟此三者尔。不溺于怠惰，不靡于嗜欲，不流于惨杀，则皆阳以胜阴而不失过也。

初六，飞鸟以凶。

初、上在外，张翼欲飞之象。阴盛而偕二、五以翔，逆理而行，害及天下，故凶。“以”者，谓以飞故凶。

嵩焘案：二阳，鸟之躯；四阴，鸟之翼。飞鸟之制在翼，翼张则躯随之以作，翼敛则躯随之以止，而独初六、上六取象“飞鸟”而著其凶者，鸟之飞必资于翮端之锐，初、上其锐也。

《象》曰：“飞鸟以凶”，不可如何也。

明非飞鸟之凶，而遇之者凶也。妻挟夫，臣挟君，夷狄挟中国，不可复制。示占者宜早为之防。

六二，过其祖，遇其妣；不及其君，遇其臣，无咎。

五、上以阴居天位，有鬼神之道焉，故为“祖”、“妣”。上，祖也；五，妣也。“过其祖”，六二柔当位得中，较上为胜。与五同道“遇其妣”也。阳为君，阴为臣。二非刚中，于君道为“不及”，而柔顺当位，于臣道为得，“遇其臣”也。小过以阴过为咎，惟二以柔自靖，为可以无咎。

嵩焘案：此爻义终未分晓，《稗疏》以为“过”者，胜过之

“过”，非“经过”之“过”，故以“祖”属上，以“妣”属五。然小过诸爻，惟二为无咎，不必专胜上而遇五也。“过其祖”当依《程传》，以为志不从于三、四，过而遇五。小过阴已过，而阳失位，二、五同道相应，未为阳之利也。二、五之胜于初、上者，以比阳也。五乘阳而二承之，故二又胜于五。五，阴，故为“妣”，其位则君也。二以不应五而比阳为义，三、四皆臣位，“不及其君”则“遇其臣”，勉二以从阳也。

《象》曰：“不及其君”，臣不可过也。

臣不可以君道自居，安于不及而柔顺，则当过之世而无咎。

九三，弗过防之，从或戕之，凶。

阴过则阳不及矣，故曰“弗过”。以其不能过也，而为二阴所迫，乃欲防而止之，志大而力不足，阴受其止，从而戕之矣。苌弘之所以死于晋也。言“或”者，二柔顺而初逆，祸自远发也。

《象》曰：“从或戕之”，凶如何也！

道不足而志可矜，故重为之叹。

九四，无咎。弗过遇之，往厉必戒句，勿用句，永贞。

当阴过于盛之世，阳宜静处于内以待其定。三刚而躁进，以与阴相持，故或戕之。四以刚居柔，守正而不争，故无咎。以其不能过也，而上承六五以与之遇，庶幾抚之使顺。然五且居尊拥盛，而未即合，则往且危而不容不戒，能戒则免于危矣。戒而后免于危，抑岂可以轻试图功乎！“勿用”焉，乃以永保其正。盖求胜不能，求合不易，自守以免咎。处于不足之势者，其道然也。

《象》曰："弗过遇之"，位不当也。"往厉必戒"，终不可长也。

阳失其位而屈于阴下，不得已而遇，非其情也。阴已过而不相下，虽与之遇，交终不固，故惟勿用为正。

六五，密云不雨，自我西郊。公弋取彼在穴。

以阴暗居天位，凝而不散，四虽欲与遇，终不可得而和也。阴阳和则雨，阴亢而不受交于阳，云虽密，不能雨也。四近尊位，其象为三公。六五据位深处，在穴之象。四欲遇五，而不能得，如弋本以射飞鸟，而施之于穴，固不能入，盖终无如之何也。阴邪盛而志士徒劳，故为四重叹之。

嵩焘案：《爻词》称"我"者，主本爻言之。"西"者，阴方也。"彼"指三、四两阳。卦体象坎，坎为窨、为隐伏，故称"在穴"。"密云不雨"，阴亢而不与阳交。"取彼在穴"，阴与阳比而可以下求之，然而其词则已亢矣，不能如二之无咎也。

《象》曰："密云不雨"，已上也。

阴已据上位，任其蔽塞重昏而无如之何。

上六，弗遇过之，飞鸟离之，凶，是谓灾眚。

"离"，丽也，当也。水旱曰"灾"，薄蚀曰"眚"。"弗遇"，终绝阳而不相下也。"过之"，势已过而又自骄亢以求胜也。此则飞鸟而上，逆之极也。遇之者，其凶甚矣，"是谓灾眚"，言其为害之遍，自天降灾，无可避也。

《象》曰："弗遇过之"，已亢也。

翱翔天位之上，肆志以逞，故害及天下。

䷾既济　离下坎上

既济。亨，小利贞，初吉终乱。

"既"者，已然之迹也。"济"者，成也；如人涉水，已涉而事乃成也。《周易》乾坤并建，以统①全《易》；阴阳之至足，健顺之至纯，太极本然之体也，而用行乎其间矣。乾以易而知险，坤以简而知阻，阴阳不杂，自絪缊以成化；天下之物、天下之事、天下之情，得失吉凶，赅而存焉，而不忧物变事机之或轶乎其外。乃就一时一事而言之，大化无心，而听其适然之遇。遇之适然者，在天皆可成象，在地皆可成形，在物皆有其理，在人皆有其情，多寡盈虚、进退衰王迭相乘而卦象已②昭，物理以定。故自屯、蒙以降，错之综之，物之所必有也，占之所必遇也。君子观象以达化，而学术、事功、出处，所可得而学也。然而造化之妙，以不测为神；阴阳之用，以杂而不离乎纯者为正。故象虽诡异，而道以不限于方所者为无穷之大用。其曰"一阴一阳之谓道"者，阴阳十二皆备，惟其所用之谓也，非一阴而即间以一阳，一阳而即杂以一阴，一受其成型，终古而不易之谓也。经之纬之，升之降之，合之离之，而阴阳之不以相间相杂，画井分疆，为已然之成迹，则乾坤易简之至德，固非人事排比位置之所能与矣。

①统：守遗经书屋本、金陵本同，嘉恺抄本为"终"，岳麓书社本从守遗经书屋本、金陵本改。

②已：岳麓书社本作"以"。

以化象言之，乾坤六子之性情功效，所殊异而交争者，莫水火若也。乃当二仪函五行以絪缊于两间，则固不可以迹求，不可以情辨，不可以用分，不可以名纪。迨其已成，而水与火遂判为两物而不相得，然其中自有互相入而不相害之精理存焉。其终也，火息水旰，而仍归于太和。若其一炎一寒、一润一燥、一上一下者，皆形而下之器，滞于用而将消者也。由此言之，则既济、未济为人事已谢之陈迹，而非乾元乘龙、坤元行地之变化，明矣。自不知道者言之，则曰爻有奇耦之定位，而刚柔各当其位，贞悔各奠其中，初与四，二与五，上与三，各应以正，乾坤之变化，至此而大定，而不知此有形之刚柔同异，不足与于不测之神也。

且夫一阴也而即授以一阳，一阳也而即授以一阴，志无定主，道无适从，执中而无权，贤奸各据其安，理欲交战于内，生杀不适有常，以诡合于情事之苟安而谢其愆，以迹相倡和而情相乖忤，杂而不伦，主辅体用之不立，以斯为道，天可以人之智能限之，人可以已之成法处之，而恶能不终乎乱哉！无已，则阴之怀土而自私者，与阳分权而利得其所，以行焉而自遂，则“亨”者，“小”之亨焉尔，若阳则固不利有此相参相伍之阴柔与之相应也。故虽当位以正应，而非阳刚保泰持盈之福。故既济者，阴之济也；未济者，阴之未济也。阳不以既济居成功，不以未济求必济；《彖》与《爻》皆主阴而言；二卦皆小人之道，衰世之象也。

阴乘阳而上，以踞于至高之位，则为既济。阴处阳下，阳利其行而不安，则为未济。刚居刚，柔居柔，任其情之所安而据以不迁，阳昵阴而阴感阳，以为交应，则为既济。刚柔相剂，易位以求通，则相应而固相合之道则为未济。故曰：“济者成也。”成乎得者恒于斯，成乎失者恒于斯；其得也，失也；其未尽得也，犹未尽失也。故未济之爻，贤于既济也。

既济者，天无其化，人无其事，物无其理。天之化，人之事，物之理，虽杂而必有纯也。至杂而不纯，惟大乱之世，无恒之小人以售其意欲，故所亨者惟小也，阴无不乘刚而出其上也。夫六位之分刚分柔，岂非义之必合而为阴阳之正哉？故可谓之“利贞”；而要未闻刚以居刚，柔以居柔，情不相得，势不相下者之可久居也。“初吉”者，如涉者之乍登于涯，自幸其济，而不恤前途之险阻。贞邪互相持以不相下，其为大乱之道，岂顾问哉！故曰：“亨小利贞，初吉终乱。”乱非待既济之后；当其求济，而乱已萌生矣。

《彖》曰：“既济亨”，小者亨也。

《本义》云：“济下脱‘小’字。”然不必言小，而下句申明之，自通。既济“之亨”，惟小者亨耳。阴阳各当其位，贞邪各快其志，而相应不相制，则阴之得志可知。

“利贞”，刚柔正而位当也。

以常理言之，则利贞。

嵩焘案：刚柔相济为利，当位为贞。

“初吉”，柔得中也。

六二柔当位得中，尚安于其分而不淫。

终止则乱，其道穷也。

刚柔各止其所，以相杂而不相治。刚已刚而刚道穷，柔已柔而柔道亦穷；惟其情之所安，势之所便，各逞其志欲，而大乱成矣。非之无举，刺之无刺，涂饰耳目，而执中无权，谓之乱德。

《象》曰：水在火上，既济。君子以思患而预防之。

水在火上，其中必有载水而间火者，所以防水之下注而灭火。君子有中道，以豫为调燮之防，如火可上达其气于水，以成燮熟之用，而止争相轧灭之患，盖以载之之道济之也。

嵩焘案：项氏安世云："善济火者莫若水，思火之为患而储水以防之。水在火上，其力足以相胜，则患亡矣。故君子制行、立教、行政、举事必皆有以济之，防末流之生患也。"

初九，曳其轮，濡其尾，无咎。

二欲升，而初以阳刚静镇于下，制之不行，"曳其轮"也。初曳之，则二之尾濡而不得济，故虽为柔所乘而无咎，此奖阳以制阴之辞也。言"濡尾"者，于未济见之，谓狐也。取象于狐者：狐，阴邪之兽，性多疑，而妖媚以与人相乱。阴杂于阳之中则疑；与阳杂处而交应，故能媚，贱阴之辞也。

嵩焘案："曳其轮"以刚制柔，"濡其尾"以柔乘刚。初居卦下，为足、为尾。济则濡尾以为尾濡，而不得济，亦恐未安。

《象》曰："曳其轮"，义无咎也。

阴岂可使之济哉！制之不行，君子之义也。

六二，妇丧其茀，勿逐，七日得。丧，息浪反。

"茀"，车蔽也。二阴柔居中为"妇"。妇人之车有茀，所以蔽容貌而全其幽贞。六二杂于二阳之中，而欲上行以济，无所敬忌，"丧其茀"，则近于乱矣。特以居中而为离明之主，志本光贞，故但戒以勿亟于驰逐，则七日自得，终足以知耻而远嫌。言"七日"

者，六位已穷之后，乱定而志白也。

《象》曰："七日得"，以中道也。

当位则居中而合乎道，故虽处杂乱，而可终保其贞。

九三，高宗伐鬼方，三年克之，小人勿用。

高宗当商道中衰，治乱相半、贞邪相干之时，而奋发中兴，以嘉靖殷邦。九三处明之中，而介于险，以刚居刚，而为进爻，故取象焉。伐鬼方，《诗》所谓"奋发荆楚"也。楚人尚鬼，故曰鬼方。阳之间于阴也，始而相制，制之不已则相攻。三处二阴之中，阴欲济而阳制之不得，故有征伐之事。前临坎险，《诗》所谓"罙入其阻"也。险不易击，故三年而后克。"小人"谓上六，濡首之小人也，与三相应，嫌于相用。功成之后，息劳而骄，则小人易以售其狐媚，故戒之以"勿用"。

《象》曰："三年克之"，惫也。

前阻于随，后复无阳刚以为之援，孤军犯难，力已惫矣。水将下渗而息火，甚可畏也，尚可容小人之相惑乱乎！

六四，繻有衣袽，终日戒。繻，女朱反。

"繻"，程子以为当作"濡"，沾湿也。"袽"，敝絮。四居坎体之下，有渗漏沾濡之象。"衣袽"，以塞漏者。以柔居柔，虽有欲济之心，而不敢决于轻进；既有衣袽，而犹"终日戒"，畏谨之至。不言无咎，而自不至乱可知。

嵩焘案：王引之云："虞本'繻'作'襦'"，《说文》："襦，㬈衣也。㬈，温也。"㬈衣所以御寒，有之言，或也。衣，谓著之衣裍，谓著败坏之襦也。《易通》卦验曰：坎主冬至，沍寒之时，四主互体，离之中画，离火见克于坎水，有败坏之象，故称“裍”。御寒之裍而衣其败坏者，则不足以御寒，譬之人事患至而无其备，则可危也。

《象》曰：“终日戒”，有所疑也。

柔退而处二阳之间，进则恐五之不受，退则虑三之见攻，畏谨自持[1]，以视无忌惮之小人，远矣。

九五，东邻杀牛，不如西邻之禴祭，实受其福。

九五介二阴之间，刚中得位，阴所求也。坎之位正北，北以东为上，西为下；上六其“东邻”，六四其“西邻”也。阴欲济，而惮于五之尊严，故皆仰求其相济。四慎而居约，薄祭之象。上盈而僭，太牢之祀也。五择于二者，当以下比乎四为宜。祭而神享之曰“福”。受四之享，于道斯得。东邻汰而濡首，礼虽隆[2]而诚不属，绝之可尔。五虽刚中，而贞妄杂进，故戒之使知取舍焉。朱子谓此为文王与纣之事。文王方服事殷而称邻，又以受福自矜。文王之至德，周公其忍重诬之乎。

《象》曰：“东邻杀牛”，不如西邻之时也。“实受其福”，吉大来也。

“禴祭”，夏祀时者，俭而有节之谓。“吉大来”者，锡福于四，人神交绥。四之慎于济，吉道也，乃于四不言吉，而于此言

①自持：岳麓书社本作“以持”。
②礼虽隆：岳麓书社本作“物虽丰”。

之，四之畏谨，无徼福之心也。

上六，濡其首，厉。

阴亢居上，恃得位得应而猛于济，水淹其顶而不恤，危矣哉！阴之亨至此而极，阴之乱至此而不可弭矣。阴阳相杂，各安其所，而变化之道穷。过此而无可为者，则惟挠乱以成乎未济，阴阳向背十二位，自然之理数也。

《象》曰："濡其首厉"，何可久也。

天下无有各据其所安之位，相杂相合而可久者。"濡其首"，则耳无所闻，目无所见，不知物变之至，阴且消，而阳亦失其位矣。

䷿未济　坎下离上

未济。亨，小狐汔济，濡其尾，无攸利。

"未济"，阴未济也。阴起于初，进于三，跻于五，俱失其位，为阳所覆，而不得达于上，故未济也。以离、坎言之，火炎上，而已上则散；水流下，而已下则涸，各遂其情而不相为用，则火与水皆不足以成化，亦未济也。

阴未济而阳上达，阴不能掩，乃不言阳之济，而言阴未济；三阴失位，三阳亦失，抑不言阳未济，而但言阴。盖阳气之流行，上穷碧霄，下彻黄垆，无往而非其体之所在，无往而非其用之所行；天包地外，亦入地中，升降出入，行焉而皆得，化焉而皆成，故曰"时乘六龙以御天"。若阴之升而成功于两间，非阳袭其内以震起之，则凝滞而不足以资变蕃之主。阳覆于上，不为鼓荡以升，而阴不济矣。故既济、未济，皆以阴道之成毁言，而阳不与焉。

“亨”者，阴之亨也。阴得中，而丽乎刚以为明，故亨。既亨矣，而又云“小狐汔济，濡其尾，无攸利”者，得位而居则亨，欲行焉则无利也。未济三阳皆失位矣，阴阳相间而阳道穷，然而阳失位而阴亦不得，则阴之不利未足以为病。故拟之以小狐之濡尾，若有幸辞焉。狐者，淫惑之兽也，杂处以交人，而更利于济，则为人道之患。故于其丽乎明也，则迪之以君子之道而许其亨；于其弱而无力，狂而妄逞，则明告以凶吝而止其慝；《易》之所以曲为裁成也。

呜呼！既济、未济之世，难矣哉！非人事之有此也，理①数然也。天下岂有旦善而夕恶，左君子而右小人者哉！亦岂有刑与赏相参以成治，欲与理相错以成德者哉！既济之世，已成乎杂糅之局，而据为得；未济之世，未成其各得之利，而犹有所忧疑，则未济愈矣。小狐濡尾而无攸利，未始非阳之利也。《易》以二卦终，则以见阴阳之交感以成乎杂乱，其变之极，且至于如此；险阻之极至，非乾坤之易简，莫能知其变而定之以大常也。

《彖》曰：“未济亨”，柔得中也。

六五得中，柔道亨矣。虚中以受阳，乘刚而丽之以明，未济之愈于既济以此。故既济言“亨小”，而未济言“亨”。柔道得，则刚志亦行。

“小狐汔济”，未出中也。

合三阴而谓之“小狐”，以其乘刚之间而居其位也。“未出中”

①理：守遗经书屋本、金陵本同，岳麓书社本作“气”。

者，欲上济而止于五，未达乎上也。阳位极于五，阴位极于上。上者，阴之尊位也。“汔”者，将至未至之辞。阴不达上，仅至于五，故为“汔济”。

“濡其尾无攸利”不续终也。

三躁进，五居尊，初乃治[①]于下，不能相济以上升，阴之不利也。

虽不当位，刚柔应也。

既济亦刚柔应，而独于未济言之者，既济当位，则刚以居刚，柔以居柔。各擅其所利而恣其情之所安，则虽应而志不相下。未济不当位，以刚居柔，以柔居刚，刚者不傲，可以受交而不骄，柔者不靡，可以交阳而不吝，宽猛相剂，刑赏相资，温厉相节，则以感焉而通，故五、上皆言“有孚”，以柔之有刚，刚之有柔也。在他卦则固以当位而应者为亨利，而此二卦异焉。阴阳杂而相间，各有时位之可据，则易以起疑，貌合而情不亲，固异于他卦之纯焉，而无互竞之情也。不当位而应以无疑，故未济六爻皆愈于既济。

《象》曰：火在水上，未济。君子以慎辨物居方。

“居方”者，随物之性情功效，而处之以其所安，各居其分位，不相紊也。慎于辨，则知之明；慎于居，则处之当矣。火本上，水本下，不相济也。置水火上，以成熟爕之功，而患亦随之，既济所以必防。辨之明，而使各居其所，虽未有功，自可无过。

---

①治：守遗经书屋本、金陵本同，岳麓书社本作“滞”。

盖天下之物，一物自为一物，贞淫美恶，自不相杂。知其异，乃可统其同，而水火之争以息，不可不慎也。

嵩焘案：何氏楷云：“‘辨物’，象火照于上；‘居方’，象水流于下。同人之‘辨物’，别其所同也；未济之‘辨物’，致其所异也。”

初六，濡其尾，吝。

柔弱在下，欲济而不能，故有此象。《象》言“无攸利”者，统三阴而言也。此言“吝”者，为初六一爻言也。初无求利之心，利亦违之，为吝而已。

《象》曰：“濡其尾”，亦不知极也。

“极”如《诗》“谁因谁极”之极。初为上二阴所引而欲济，以至于濡，所托非其人，柔而暗也。

九二，曳其轮，贞吉。

柔欲济，而二以刚中止之，初是以有濡尾之吝。裁阴而不使得志，得正而吉矣。

嵩焘案：天圆地方。“轮”者，阳象也。九二之“曳轮”，九二之所以贞也，与《既济·初九》皆主本爻言之。船山以《既济·初九》之“曳轮”为制六二之升，以《未济·九二》之“曳轮”为止初六之济，疑有未安。

《象》曰：九二贞吉，中以行正也。

刚不当位，本非正也。居中而不过，以刚处柔，而善其闲勒，则中以得正矣。阴阳之相间，阴起乎下以上进，未易禁其淫泆，而初六卑柔，则犹可禁止。道宜刚断以裁抑之，而又不欲过激。二惟刚柔相剂，而以中道行之，故处于二阴之间，而不为其所忌。奚必大正以相治，而后得为贞乎！

六三，未济征凶，利涉大川。

三为进爻，乘险而上进，力弱而志刚，以之行焉，其凶必矣。然而“利涉大川”者，当险难之极，无必全之道。不顾利害而求上承乎刚，宁武子以之。至于此，则吉凶非其所谋，无可避之患也。凶而云“利”者，可益见《易》之言利。皆以合义利物为利，而非如《火珠林》之类，以快志而得财，为小人所喻之利也。

《象》曰：“未济征凶”，位不当也。

位不当而欲上进则必凶。未济之位皆不当，独于此言之，以其志可取而穷于时也。

九四，贞吉悔亡。震用伐鬼方，三年有赏于大国。

以刚居柔，当阴阳交持之世而不失其正者也，故不当位，本有“悔”而可以“亡”。“震”，动而不宁之谓。居二阴之间，不能宁处，则必有征伐之事。“伐鬼方”，下临坎险而治之也。刚柔有节，兴师而不暴，则克之虽难，而功成受赏矣。“大国”，谓主兵者非奉五之命，故赏非天子颁之。

嵩焘案：何氏楷《周易订诂》引“杨廷秀云：‘未济之九四，圣人喜其伐鬼方之赏；既济之九三，圣人忧其伐鬼方之惫。既济之世利用静，未济之世利用动也。’程可久云：‘未济之九四应于初六，患在内也；既济之九三应上六，患在外也。’”勤外则惫，治内则震，用而志行。历三爻，故曰三年。大宽谨案：未济之世下批本作“利用静”也，静当是动之讹，谨改正。

《象》曰：“贞吉悔亡”，志行也。

阴之未济，阳志得行，刚柔得宜，不忧阴之凭险以相难矣。

六五，贞吉无悔，君子之光。有孚，吉。

以柔居刚而履中，未出乎中而不求上进，安其位而知止，故得正以居，而固无悔。处阴阳交杂之世，独能虚中以丽乎二阳，而著其文明，虽非大人之造，而允为“君子之光”。“君子”者，以位言，则守成而不徼功之令主；以德言，则希圣而不躐等之纯儒。以是而孚于阳，虽用异而志同，阴之以不求济而得吉者也。凡言孚者，皆阴与阴遇，阳与阳合，此与上九独别，以其位言也。《易》之不可为典要，辞亦有之，存乎人之善通耳。

《象》曰：“君子之光”，其晖吉也。

“晖”，光之散于虚而遥被于物者。五之有光，二阳发之，故其吉在晖。资阳为德而不自求成，所谓鲁无君子，斯焉取斯也。

上九，有孚于饮酒，无咎。濡其首，有孚失是。

上九以刚居柔，故与三相得，而不拒其求济之情，遂相信以交欢，固非咎也。乃阴之为性，不可与耽者也。处阴阳交杂之时，志易以淫。若以居高而无位之故，失其所守，不能如二之“曳轮”、四之下伐，以相裁抑，则将为六三所染而“濡其首”；其有孚也，正其所以失乎“是”也。“是”者，当其可之谓。

《象》曰：饮酒濡首，亦不知节也。

以刚节柔，故与三宴好而无损。乃以两俱失位之故，遂相与放逸而淫溺，则且自失节，何以节彼哉！君子虽当时不可为，犹不忘大正之矩，与臣言忠，与子言孝，虽混迹下肆，自有名教在我之责存于心；柳下惠和而不易其介，无往而非道，亦何至有“濡首”之辱哉！

周易内传笺卷五

系辞上传

伏羲氏之始画卦也，即阴阳升降、多寡隐见，而得失是非形焉。其占简，其理备矣。后圣因之，若《连山》、若《归藏》，皆引伸画象之理而为之辞，使人晓然于吉凶之异，以遵道而迪吉。至于文王，益求诸天人性命之原，而见天下之物、天下之事、天下之变，一本于太极阴阳动静之幾，贞邪、诚妄、兴衰、利害、皆刚柔六位交错固然之理，乃易其序，以乾坤并建为之统宗，而错综以成六十四卦，举万变之必形者可以约言而该其义，则《周易》之《彖辞》所由折衷往圣而不可易也。周公复因卦中六位阴阳之动而为之《象辞》，则以明一时一事之相值，各有至精允协之义，为天所祸福于人、人所自蹈于吉凶之定理，莫不于爻之动幾显著焉。《彖》与《象》皆系乎卦而以相引伸，故曰《系辞》。"系"云者，数以生画，画积而象成，象成而德著，德立而义起，义可喻而以辞达之，相为属系而不相离，故无数外之象，无象外之辞，辞者即理数之藏也。而王弼曰"得意忘言，得言忘象"，不亦舛乎？顾自《连山》以后，卜筮之官各以所授受之师说而增益之，为之繇辞者不一，如《春秋传》所记，附会支离，或偶验于一时，而要不当于天人性命之理。流及后世，如焦赣、关朗之书，其私智窥测象数而为之辞，以待占者，类有吉凶而无得失。下逮《火珠林》之小技，贪夫、淫女、讼魁、盗帅，皆得以猥鄙悖逆之谋，取决于《易》。则惟辞不系于理数甚深之藏，而又旁引支于、五行、鬼神、妖妄如青龙朱雀类，妖妄也以相乱。若夫文王、周公所系之辞，皆人事也，即皆天道也；皆物变也，即皆圣学也；皆祸福也，即皆善恶也。其辞费，其旨隐，藏之于用，显之于仁，通吉凶得失于一贯，而帝王经世、君子穷理以尽性之道，率于此而上达其原。夫子虑学《易》者逐于占《象》而昧于其所以然之理，故为之《传》以发明之，即占也，即学也，即以知命而不忧，即以立命而不贰。其以喻斯人于人道之所自立，而贞乎生死休咎之大常，意深切矣。而传《易》者或谓但为筮设，其因象立辞，不过如《火珠林》之卦影，为学者所不必学，则夫子作《传》，又何为而加以《象》外之理乎？此通儒之蔽，不可不辨者也。分上、下《传》者，因简策之繁而各编之耳，非义所系也。

天尊地卑，乾坤定矣。卑高以陈，贵贱位矣。动静有常，刚柔断矣。方以类聚，物以群分，吉凶生矣。在天成象，在地成形，变化见矣。断，丁乱反。见，胡甸反。

此明《周易》并建乾坤，以统六子，而为五十六卦之父母；在天之化，在人之理，皆所由生，道无以易，而君子之盛德大业，要不外乎此也。乾者阳气之舒，天之所以运行。坤者阴气之凝，地之所以翕受。天地，一诚无妄之至德，生化之主宰也。乃乾行不息于无声无臭之中，坤受无疆而资不测之生，其用至费，而用之也隐，人不可得而见焉，则于“天尊地卑”而得其定性之必然矣。惟其健，故浑沦无际，函地于中而统之，虽至清至虚，而有形有质者皆其所役使，是以尊而无尚；惟其顺，故虽坚凝有实体之可凭，而静听无形之抟捖，不自擅而惟其所变化，是以卑而不违；则于尊卑之职分，而健顺之德著矣。此言奇耦之画，函三于一，纯乎奇而为六阳之卦，以成乎至健；于三得二，纯乎耦而为六阴之卦，以成乎大顺。奇耦至纯而至足于两间，故乾坤并建而统《易》，其象然，其数然，其德然，卦画之所设，乃固然之大用也。变“尊”言“高”者，“尊卑”以司化之用言，“卑高”以定体之位言也。天高地下，人生其中，三极昭然，因而重之，以为六位；天之所显示，地之所明陈，人之所仰事而俯承者，著矣。高者贵，卑者贱，故六位设而君臣之分、隐见之殊、功效之各营，虽无典要，而有定位。此言《易》设位以载九六之画，为自然之定体也。位有阴阳，而有体必有用。三、四者，进退之机；二、五者，主辅之别，初、上者，消长之时；皆有常也。而爻有刚柔，刚与阳协，柔与阴称，或相得而宜，或相剂而和，则刚柔之得失于此断矣。此言爻丽于位，而刚柔之致用，当与不当之分也。“方”者位也。贞、悔各有三位，而初三、二五、四上①，以类相应，其近而相比者，以类相孚，交相聚也。“物”者爻也。爻之刚柔，各自为群，而性情分焉。同群者孚，异群者应，如其道则吉，非其道则凶。若以阴阳之本体俱为天地之大用，何吉何凶？而一聚一分，则得失差异，是以吉凶生焉。此言爻位有比有应，有承有乘，因时而生吉凶也。凡此者，乾坤二卦统六阳六阴于六位之中，健顺之理备，贵贱之位陈，刚柔之节定，孚应之情通，两仪并建，全《易》之理，吉凶得失之故，已全具其体用，则由此而变化焉，又岂圣人之故为损益推荡以立象哉！惟乾统天，而天有以行其命令于地者，则雷、风、日、月成乎象。惟坤行地，而地有以效功能于天者，则水、火、山、泽成乎形。天不终于无形，地固成乎有象。乾之所始而流形，坤之所生而化光者，变化自著于两间，六阳六阴往来于向背十二位之中，而发见于六位，交相

①岳麓书社本《周易内传》为“初四、二五、三上”。

错以利时乘之用。阳之变，阴之化，皆自然必有之功效，故六子兴焉，以为六十二卦之权舆，而《易》道备矣。

嵩焘案：阴阳判而奇耦之画定，卑高分而三极之位陈。动静视乎其数，而七、八、九、六之性断；分合依乎其类，而比、应、攻、取之情生。化象著陈，变化无穷，而易之体具矣。

是故刚柔相摩，八卦相荡。

“摩”者，两相循也。“荡”者，交相动也。惟其乾坤并建，六阳六阴各处于至足以储用，而十二位之半隐而半见，惟见者为形象之可用者也。在天则十二次之经星迭出迭没，在地则百昌之生成迭荣迭悴，在人物则灵蠢动植、圣狂义利、君臣治乱之分体而各乘其时，所发见而利用者，约略得其六耳。以十二至足之阴阳，往来于六位之中，相错以进退，刚利柔之受，柔倚刚以安，乍然有合而相摩荡，则纯阳而为乾，纯阴而为坤，阴阳相杂而为六子，皆自然必有之化，要非乾坤之至足，亦恶能摩荡以成八卦之经纬，而起六十四卦哉！

嵩焘案：朱子谓：刚柔两相摩戛以成八卦，又推荡出六十四卦。

鼓之以雷霆，润之以风雨。日月运行，一寒一暑。乾道成男，坤道成女。

此皆其相摩相荡所变化之形象也。阳下起而鼓动乎阴，成雷霆之象而为震；阴入阳下，而散阳之亢以使和浃，成风雨之象而为巽；阴阳交相映相函以相运，则成日月寒暑相易之形象而为坎、离；乾以刚而致其奇于耦中、坤以柔而致其耦于奇内，则成男女之形而为艮、兑；皆形象之固有，而《易》于六位之中，备其各成之变化，既鼓既润，既运既成，则由是以变化无方，以生五十六卦，皆此至足之健顺不容已于摩荡者为之也。此《周易》之穷理达化，所以极其至而立义精也。巽兼言“雨”者，阴泽下流，亦雨象也。日南则寒，北则暑。月虽二十七日有奇，周于九道，而冬至之月恒在夏至之黄道，夏至之月恒在冬至之黄道，月南则暑，月北则寒矣。艮、兑不言山泽，言男女者，山陵为牡，溪谷为牝也。此上言天地自然之化，以下则推原于乾坤健顺之德，明其所以起万化而统全《易》之理，乃终以希圣希天之学，示学《易》者于乾坤并建而得崇德广业之枢要，此章之次序也。

嵩焘案：孔颖达“霆”作“电”，云“鼓动之以震雷离电，滋润之以巽风坎雨，离日坎月运动而行，一节为寒一节为暑。但云震、巽、离、坎，不云乾、坤、艮、兑者，乾、坤上下备，言艮、兑非鼓动运行之物……其实雷电风雨亦出山泽也”，其说甚允。乾道成男，统震、坎、艮；坤道成女，统巽、离、兑。震、坎、艮皆坤体交乾而成男，乾之道也；巽、离、兑皆乾体交坤而成女，坤之道也。船山以男女专属之艮、兑，恐误。雷霆者，阳之动也；风雨者，阴之随也。巽为风，风来而雨从，故曰“润之以风雨”。孔颖达析雷霆为雷电，与风雨分配四卦，亦恐误。

乾知大始，坤作成物。

夫人知天之大始而不知始之者，惟乾以知之；人知地之成物而不知成之者，惟坤以作之。故乾曰“大明终始”，坤曰“行地无疆”。然则苟有乾之知皆可以始，苟有坤之作皆可以成。而非至健，则明不出于一颎，而无以豫万变；非至顺，则道隐于小成，而无以善永终。故以在人之知行言之，闻见之知不如心之所喻，心之所喻不如身之所亲；行焉而与不齐之化遇，则其訢拒之情、顺逆之势、盈虚之数，皆熟尝之而不惊其变，行之不息，知之已全也。故惟乾之健行而后其“知”为“大始”也。志之所作不如理之所放，理之所放惟其志之能顺；气动而随，相因而效，则无凝滞之情，而顺道之所宜以尽事物之应得，勉焉而无所强，为焉而不自用，顺之至，作之无倦也。故为坤之顺承而后其“作成物”也。乾坤者，在天地为自然之德，而天之气在人，气畅而知通，气馁而知亦无觉；地之理在人，耳目口体从心知，心知之所不至，耳目口体无以见功，皆此理也。六十四卦之象，其德有知者，皆乾之为也；有作者，皆坤之为也。其或知之非实、作之非道者，则阴阳之衍，而要亦未始非刚柔固有之幾所发，而但其时位之不齐耳。“知大始”、“作成物”，则全《易》皆在其中矣。

乾以易知，坤以简能。易，以豉反。

此言乾坤者，指二卦之全体而言也。变“作”言“能”者，知作，其功，知能，其效也。在知曰“易”，理有难易；在能曰“简”，事有繁简；其为纯一而无间杂之义则同也，谓纯阳纯阴，道惟一而无事于更端也。二卦并建，以统变化，在乾惟健，在坤惟顺，疑不足以尽万变。乃天下之理，虽甚深而不易测，然惟有所怠废者则有所疑惑。纯乎健而自强不息，则无所凝滞，而吉凶消长自可旁通其数；抑惟矫物立异，则势穷而阻。纯乎顺而承天时行，则无所阻，而悔吝忧虞皆曲尽其材。在天地，则不劳而造物之功化无以御。其在人，则知行皆一以贯而道无多歧。此乾坤二卦虽未备六十二卦之变，而已裕其理也。

易则易知，简则易从；易知则有亲，易从则有功；有亲则可久，有功则可大。

在天地，则雷风、寒暑、山泽虽殊象异形，皆有其常，无所容其疑殆而不能离；动植飞潜，各率其情材以自效而奏其功。古今不易，而小大不遗，天道之纯为之也。在人则心纯而理一。天下归其仁，万方效其顺，安于其教而德不谖，劝于其善而道以广，皆此至健不息至顺无违之德为之也。

可久则贤人之德，可大则贤人之业。

"贤人"，贤于人者，盖亦谓希天之圣人也。德不斁而业皆成，其所以致此者，知行而已矣。知则乾之大明，以无欲不屈之刚，烛乎万理者也。行则坤之通理，以顺事恕施之柔，不杂私僻者也。乾坤之德，人生而性皆具，有气皆可清通，有质皆可效法，而惟贤人能全体之。故时皆其时，位皆其位，行乎险阻，而德业贞于一，以易简应繁难，而不忧道之或诎也。

易简而天下之理得矣，天下之理得而成位乎其中矣。

此言学《易》者能体乾坤之易简，则理穷性尽，而与天地合德也。知无不明，则纯乾矣；行无不当，则纯坤矣。以之随时变化，惟所利用，而裁成辅相之功著焉，则与天地参。故《周易》并建乾坤十二位之阴阳，以听出入进退，成六十四卦、三百八十四爻之象占，所以尽天道，昭人极，为圣学合天之轨则，位有异，时有殊，而无九六以外有馀不足之数得参焉。斯以冒天下之道，而非《连山》、《归藏》之所及，况后世之窥测气机以占利害，如加一倍乘除之法，及复、姤为小父母之支说，其不足与于三圣大中至正之道，明矣。抑尝论之，圣人之论《易》也曰"易简"，而苟且之小儒与佛老之徒亦曰"易简"，因依托于《易》以文其谬陋。乃《易》之言"易简"者，言纯乾纯坤不息无疆之知能也，至健而无或不健，至顺而无或不顺也。小儒惰于敏求而乐于自用，以骄语无事多求，而道可逸获；异端则挥斥万物，灭裂造化，偶有一隙之净光，侈为函盖乾坤之妙悟，而谓人伦物理之繁难，为尘垢糠秕、人法未空之障碍、天地之大用且毁，而人且同于禽兽，正如“知大始”、“作成物”之理背驰。善学《易》者，于健顺求至其极，则自“易”自“简”，慎勿轻言“易简”也。

右第一章。此章言《周易》首建乾坤之旨，该尽乎全《易》之理，立天德王道之极，以明文王定《易》序之大义。

圣人设卦观象，系辞焉而明吉凶。

圣人谓文王、周公“设卦观象”，设卦画于前而观其成象也。“辞”者，象之义也。“吉凶”象之所固有而所以然之理，非辞不明。“系”者，相属而不离之谓。《彖》、《爻》之辞，必因乎象之所有，即有戒占者之辞，亦因象之所当戒与其可戒而戒之。若宜正而不宜邪，则万事万理皆然，不待戒也。此节明《彖》与《辞》所自设，为君子平居之所宜玩。

嵩焘案：画卦之初，乾坤贵贱刚柔之迹已著，而吉凶变化之象未明，有系辞而后见易之有吉凶，有卦象而后见易之有变化。

刚柔相推，而生变化。推，吐回反。

“推”，移也。阳极于九而已盈，则下移而八；阴极于六而已歉，则上移而七。“变”，阳且变而有阴之用；“化”，阴受阳化而且从阳之德也。六爻已成卦象，而所占在一爻，以刚柔之过，必且推移、故于此爻占其变化也。如乾之九二，且变而之阴，有离之象，故曰“天下文明”，刚推而柔也。坤之初六，阴尚微弱，而曰“坚冰”，柔且推而刚也。履之六三曰“志刚”，谦之六五曰

“侵伐”，皆有变化阴阳之义，此义例之常也。若乾初动而无姤道，坤初动而无复理，则又不可据义例为典要，在学者之知通尔。此节明变与占之所自生，为君子因动而占之所宜玩。

是故吉凶者，失得之象也；悔吝者，忧虞之象也。

得失，以理言，谓善不善也。“虞”，虑也。《易》不为小人谋诡至之吉凶，于其善决其吉，于其不善决其凶，无不自己求之者，示人自反，而勿侥幸、勿怨尤也。“悔”者，行焉而必失，则宜忧。“吝”者，求行而不遂，则宜虑。故言“悔吝”者，以著其当忧虞也。

变化者，进退之象也；刚柔者，昼夜之象也。

“变”者阳之退，“化”者阴之进。进所宜进，退所宜退，则得；进而或躁或阻，退而或疑或怯，则失。卦象虽成，而当其时位，有进退之幾焉。故其得者卦虽险而可使平，其失者卦虽吉而且凶，《易》于发动之爻著其理焉。昼动夜静，天之道，物之情也。然动不可静，则气浮而丧其心之所守；静不能动，则心放而气与俱馁。故《易》以刚柔相推之数，著其刚下生柔，柔上生刚之动幾，示人以动静相函，如昼夜异时，而天运不息，昼必可夜，夜必可昼也。

六爻之动，三极之道也。

初、二，地位；三、四，人位；五、上，天位。每位必重，气之阴阳、形之刚柔、性之仁义，交至而成乎全体大用也。然而不能皆见于用，故一时之所值、一事之所占，则道著焉。当其时，处其地，择其进退，天之灾祥、地之险易、人事之顺逆因而决焉。

三极得失之理，于斯显矣。

是故君子所居而安者，《易》之序也；所乐而玩者，《爻》之辞也。是故君子居则观其象而玩其辞，动则观其变而玩其占，是以自天佑之，吉无不利。

“居”者，守之以为恒度。“安”者，知其不可过而无越思。“序”谓刚柔消长之次序。“乐”者，不惊其吉，不恶其凶。“玩”，熟求其所以然之理也。“观象玩辞”，学《易》之事。“观变玩占”，筮《易》之事；占亦辞之所占也。承上文而言，《易》因天道以治人事，学之以定其所守，而有事于筮，则占其时位之所宜，以慎于得失，而不忘忧虞，则进退动静一依于理，而“自天佑之，吉无不利”矣。天者，理而已矣，得理则得天矣。比干虽死，自不与飞廉、恶来同戮；夷齐虽饿，自不与顽民同迁：皆天所佑而无不利也。利者，义之和也。

右第二章。此章及下章皆言《易》道之切于人用，居不可不学，而动不可不占也。

嵩焘案：项氏安世云：“序，爻位也，居此爻之位则玩此爻之词以处之，故能随遇而安。”

《彖》者，言乎象者也；爻者言乎变者也。

谓《彖》、《爻》之辞也。“象”，一卦全体之成象；“变”，九六发动之幾应也。

吉凶者，言乎其失得也；悔吝者，言乎其小疵也；无咎者，善补过也。

谓《彖》、《爻》之辞，因象变而征人事也。刚柔因乎时位以为得失。"吉凶"非妄，皆由道之得失。"小疵"于道未失，而不当其时位，则刚柔差错，而必有"悔吝"。"无咎"，于道未得，而有因时自靖、不终其过之幾。盖祸福无不自己求之者，虽或所处不幸，而固有可顺受之命。故研幾精义，谨小慎微，改过迁善，君子自修之实功，俱于《彖》、《爻》著之。《周易》之兴，与后世技术卜占之书，贞邪义例之分，天地悬隔，于此辨矣。

是故列贵贱者存乎位，齐小大者存乎卦，辨吉凶者存乎辞。

齐，在诣反。

此言《易》之定体也。"贵贱"犹言尊卑。居中及在上者为贵，在下而不中者为贱。居其"位"，则有其职分之所当然者也。齐与剂通。"小"，阴；"大"，阳也。"卦"谓九、六之爻，丽于六位者，各有宜居，为位之当。阴阳之分剂于此定也。卦位两设，相遇以成象，而吉凶之故因而系之矣。

嵩焘案：彖辞所言之象即卦也，爻辞所言之变即位也，吉凶悔吝无咎皆辞也，独言"吉凶存乎辞"，举得失之大者言之耳。

忧悔吝者存乎介，震无咎者存乎悔。

此言《易》之存乎辞者，其示人之意深切也。"介"，善不善之间也。本善也，一有小疵，而即成乎不善，故告之以"悔吝"，使人于此忧之，以慎于微而早辨之。动而有过曰"震"。本有咎而告之故，使人知悔其前之过而补之，则犹可以无咎。《易》之所以警惕夫人而奖劝之于善者至，非但诏以吉凶而已。

是故卦有小大，辞有险易。

《系传》言"是故"，有不承上言者，朱子谓唤起下文，如此类是也。“小大”，因象而异。其系于世道之盛衰，治理之治乱，天道圣学之体用，而象有之，则大。其化一事一物之得失，如噬嗑、颐、家人、革、井、归妹之类，则小。卦纯则辞易，如“潜龙勿用”、“直方大”之类。卦杂则辞险，如“荷校”、“噬肤”、“载鬼”、“张弧”之类。盖人事之不齐，务其大必谨其小，居其易抑必济其险，奉天道以尽人能，皆不可不备，而《易》皆诏之。

辞也者，各指其所之。

“指”，示也。“之”，往也。使因其所示而善其行也。张子曰“指之使趋时顺利，顺性命之理，臻三极之道”是也。务其大则可以致远，谨其小则可以明微，知其易而安于常，知其险而不忧其变，《易》之为君子谋者至矣。

右第三章。

《易》与天地准，故能弥纶天地之道。

《易》之象数，天地之法象也。乾坤统其全，卦爻尽其变，其体与天地合也。“弥”，遍也。“纶”，联合而尽其条理也。“道”谓化育运行之大用。自其为人物所必由者，则谓之道。自其妙万物而不主故常者，则谓之神。全肖其体，故曲尽其用。此二句，一章之大指，以下皆以申明此意。

仰以观于天文，俯以察于地理，是故知幽明之故。

“故”字以上，皆言《易》之与天地准者；其下，则赞其弥纶之盛也。仰观俯察，兼画卦、系辞而言，馀仿此。“天文”，日月星辰隐见之经纬；“地理”，山泽动植荣落之条绪；雷风，介其间以生变化者也。《易》之以八卦错综摩荡而成文理者准之。天文则有隐有见，地理则有荣有落。见而荣者明也，隐而落者幽也。其故则明以达幽，而幽者所以养明；明非外袭，阴非永息。于《易》之六阴六阳互见于六位，以乘时而成文理者，可以知幽明之为一物，而但以时为显藏也。

原始反终，故知死生之说。

"原"，有本而生也。"反"，归诸其故也。阴阳之见乎卦象者，其自下生，而来也非无本；极于上而且终，其往也非消散而灭。八错二十八综，具乾坤之全体，以相互屈伸，故资始无穷，而要归可以继起。《易》言往来，不言生灭，"原"与"反"之义著矣。以此知人物之生，一原于二气至足之化；其死也，反于絪缊之和，以待时而复，特变不测而不仍其故尔。生非创有，而死非消灭，阴阳自然之理也。朱子讥张子为大轮回，而谓死则消散无有，何其与夫子此言异也！

精气为物，游魂为变，是故知鬼神之情状。

"精"者阴之始凝，"气"者阳之善动者也。成乎形象者皆谓之"物"。"魂"者，精得气而灵。气荡精而动者也。"变"，易其故而别为新之谓。"为"者，天地絪缊不息之幾，以妙屈伸之用者也。"鬼神"者，二气不已之良能，为屈为伸之用，而吉凶之所自出也。《易》之或九或六，结而成乎卦体，出于无心之分合，神之为物而且为鬼者也。奇偶成而反诸大衍，听再营之游荡，不必仍其故，而又且成焉，鬼之为变而复为神者也。已成乎物者，吉凶之效；未成乎物者，吉凶之幾；一聚一散，变化无穷，而吉凶不爽。以此知鬼神之情状，无心而自有恒度，则以事鬼神，应灾祥，而制礼乐刑赏之大用，无不与鬼神合其吉凶矣。自天地一隐一见之文理，则谓之幽明；自万物之受其隐见以聚散者，则谓之生死；自天地至足之体以起屈伸之用，而生死乎物者，则谓之鬼神。天地之道，弥纶于两间者，此而已矣。而《易》以六位为阴阳十二之全体，一聚一散，一屈一伸于其间，以迭为幽明生死物变，则准之以弥纶天地之道，诚然之幾无不著明，而吉凶之故亦必无爽忒矣。此上言《易》之立体，参伍错综以知化，与天地之化相弥纶者也。

嵩焘案：故者以事言，说者以理言，情状者以象言。仰观俯察，制为奇偶之画以准其象，使万物之情皆以类从，而天文地理遂与人事物情相通为一，而幽明之故可得而知。原画之所由始，二分四揲之变皆起于至一无眹之中；要画之所以终，三变六扐之馀复归于至一无眹之始，而死生之说可得而知。气聚而为物，奇偶之画所以为有象；魂游而为变，九六之化所以为无迹，而鬼神之情状可得而知，知斯三者而《易》蕴尽矣。

与天地相似，故不违。

“不违”，天不违之也。天地之所以宰万物者，理而已矣。《易》一准乎时位当然之理，以著其得失，故吉凶虽未先见，而其应不爽，天地弗能违也。此下言《易》之致用，崇德广业，与天地之德相弥纶者也。

知周乎万物而道济天下，故不过。知，去声。

“过”，差也。万物之情理，皆天地之化所发见，而君子知之，必尽以通志成务，而利天下。《易》于物之象变，委曲蕃庶，虽猥小而推之以阴阳之化理，因示以济之之道，则可与天地之流行于品物而咸亨者无差忒也。

旁行而不流，乐天知命，故不忧。乐，卢各反。

“旁行”，随所变迁无定则之谓。“不流”，于六位之中往来有纪，而各成其义也。《易》之错综变化，得失不定，皆物理人事之所有。当其时，居其位，则有其道。天命之无所择而施，知之则可不改其乐。盖在天者即为理，在命者即为正，天不与人同忧，而《易》肖之以诏人不忧。此知者之学于《易》而合天之道也。

安土敦乎仁，故能爱。

天地普爱万物，而德施无穷，随阴阳之所附丽，皆著其生成。而《易》无择于六位之贵贱险易，皆因时以奠居，奖其进而抑其躁，则无土不有天理之必尽，而健顺之化皆行焉！是体天地广大之生以诏人而利物也。盖人之妨其爱而病物者，惟越位以生意欲，则自私而不恤物之利害。故《易》所重者在位，以示无土之不可安，不待施惠，而于物无伤，仁自敦矣。此仁者之学于《易》而合天之道也。朱子曰：“天地之道，知仁而已。”

范围天地之化而不过，曲成万物而不遗，通乎昼夜之道而知，故神无方而易无体。

相肖曰“范”，统摄曰“围”。昼夜，相因而迭为隐见者也。此统挈上文而言。与天地相似，“范围其化而不过”也。知周道济，尽知仁之用，“成物而不遗”也。知幽明、生死、鬼神、屈伸一致之理，“通昼夜而知”也。“通”者《易》通之，“知”者使人知也，此皆与天地之道相弥纶者也。其所以然之故，则以天地之神无方而《易》之无体者，一准之也。“无方”者，无方而非其方，“无体”者，无体而非其体；不据以为方、体也。吉凶之数，成物之功，昼夜之道，皆天地已然之迹，有方者也。而所以变化屈伸，“知大始”而“作成物”者，其神也；细缊之和，肇有于无，而无方之不行者也。《易》之阴阳六位，有体者也。而错综参伍，消息盈虚，则无心成化，周流六虚，无体之不立者也。故《周易》者，准天地之神以御象数，而不但象数测已然之迹者也。后之为《易》者，如卦气，如游魂、归魂、世应，如纳甲、纳音，如乾一兑二、方圆整齐之象，皆立体以限《易》，而域于其方，虽亦一隅之理所或有，而求以肖无方之神，难矣哉！

右第四章。此章备赞《易》道之大，合乎天而尽乎人也。

嵩焘案：“范围天地”，语其旁薄。“曲成万物”，语其弥纶。“通乎昼夜”，语其流行。大含细入，循环无端，皆阴阳之用而已。“知”即所谓“知幽明之故”、“知死生之说”、“知鬼神之情状”者也。

一阴一阳之谓道。

前章由《易》而推天道之所自合，见《易》为至命之书。此章推人所受于天之性，而合之于《易》，见《易》为尽性之学。盖圣人作《易》以诏吉凶而利民用者，皆佑人性分之所固有，以奖成其德业，而非天道之远人，吉凶听其自然也。修之者吉，修其性之良能也。悖之者凶，悖其性之定理也。所性全体之外，无有吉凶，于此占，即于此学矣。“一阴一阳之谓道”，推性之所自出而言之。“道”谓天道也。“阴阳”者太极所有之实也。凡两间之所有，为形为象，为精为气，为清为浊，自雷风水火山泽以至蜎孑萌芽之小，自成形而上以至未有成形，相与细缊以待用之初，皆此二者之充塞无间，而判然各为一物，其性情才质功效，皆不可强之而同。动静者，阴阳交感之幾也。动者阴阳之动，静者阴阳之静也。其谓动属阳、静属阴者，以其性之所利而用之所著者言之尔，非动之外无阳之实体，静之外无阴之实体，因动静而始有阴阳也。故曰“阴阳无始”，言其有在动静之先也。阳轻清以健，而恒为动先，乃以动乎阴，而阴亦动。阴重浊以顺，非感不动，恒处乎静；阳既丽乎阴，则阳亦静。静而阴之体见焉，非无阳也；动而阳之用章焉，非无阴也。犹嘘吸本有清温之气，因嘘吸而出入也。故可谓之静生阴，动生阳，而非本无而始生，尤非动之谓阳、静之谓阴也。合之则为太极，分之则谓之阴阳。不可强同而不相悖害，谓之太和，皆以言乎阴阳静存之体，而动发亦不失也。然阴阳充满乎两间，而盈天地之间惟阴阳而已矣。“一一”云者，相合以成，主持而分剂之谓也。无有阴而无阳，无有阳而无阴，两相倚而不离也。随其隐见，一彼一此之互相往来，虽多寡之不齐，必交待以成也。一形之成，必起一事；一精之用，必载一气。浊以清而灵，清以浊而定。若经营之，若抟捥之，不见其为，而巧无以逾，此则分剂之之密、主持之之定，合同之之和也。此太极之所以出生万物，成万物而起万事者也，资始资生之本体也，故谓之“道”，亘古今，统天人，摄人物，皆受成于此。其在人也，则自此而善，自此而性矣。夫一阴一阳，《易》之全体大用也。乃溯善与性之所从出，统宗于道者，固即此理。是则人物之有道，《易》之有象数，同原而不容歧视，明矣。

继之者善也，成之者性也。

道统天地人物，善、性则专就人而言也。一阴一阳之道，天地之自为体，人与万物之所受命，莫不然也。而在天者即为理，不必其分剂之宜；在物者乘大化之偶然，而不能遇分剂之适得；则合一阴一阳之美以首出万物而灵焉者，人也。“继”者，天人相接续之际，命之流行于人者也。其合也有伦，其分也有理，仁义礼智不可为之名，而实其所自生。在阳而为象为气者，足以通天下之志而无不知，在阴而为形为精者，足以成天下之务而无不能，斯其纯善而无恶者。孟子曰："人无有不善"，就其继者而言也。"成之"，谓形已成，而凝于其中也。此则有生以后，终始相依，极至于圣而非外益，下至于牿亡之后犹有存焉者也。于是人各有性，而一阴一阳之道，妙合而凝焉。然则性也，命也，皆通极于道，为"一之一之"之神所渐化，而显仁藏用者。道大而性小，性小而载道之大以无遗。道隐而性彰，性彰而所以能然者终隐。道外无性，而性乃道之所函。是一阴一阳之妙，以次而渐凝于人，而成乎人之性。则全《易》之理不离乎性中，即性以推求之《易》之蕴，岂待他求象数哉！

仁者见之谓之仁，知者见之谓之知。百姓日用而不知，故君子之道鲜矣。"知者"、"之知"之知，去声。鲜，上声。

以阴阳之分言之，则仁者行之纯，阴之顺也；知者知之明，阳之健也。以阴阳之合言之，则仁者阴阳静存之幾，知者阴阳动发之幾也；皆性之所有，而道之所全具者也。特人以其性之所偏厚而学焉，又专于所向，则或谓之仁，或谓之知，亦既能见而未明于其全体之合一也。百姓无能与于仁知，则去道愈远；然伦不明而亦自有其伦，物不察而亦能用物，必有其刚，必有其柔，虽不审于时位之攸宜，以斟酌消长之数，酬酢往来之交，而得失吉凶，皆即其可为善者以为不善，不能离也，特昧焉而不自觉耳。以仁知所见不全，而百姓不知，故能喻于道以成德业者鲜。是则《易》之理，特为人所不察，而自流行于日用之间。欲为君子者，舍《易》不学，安于一偏之见，迷其性善之全体、阴阳之大用，将与百姓均其茫昧，久矣。

此上言人性之所自出，即《易》阴阳交易之理，流行于日用而不可离。以下则言《易》为性体之大全，而尽性以尽物者，皆不能逾乎此也。

显诸仁，藏诸用，鼓万物而不与圣人同忧，盛德大业，至矣哉!

此言一阴一阳之道，为《易》之全体，而于人性之中，为德业所自立，以见尽性者之不可离也。性函于心。心之体，处于至静而恻然有动者，仁也。性之能，丽于事物而不穷于其所施，用也。仁函于心，本隐也，而天理者未动而不测其所在，虽或闻见有得，而终不与己相亲；恻然内动，乃以知吾心之有此，而条绪昭察于心目之前，则惟仁为道之所显也。此阴阳固有其诚，而必著其幾于动静之介者也。用丽于事物，本著也，而所以用者卒不可得而见。同一视听，而明昧之幾不可诘；同一言动，而得失之发不自知；逮其用之已行，则又成乎体而非其用。故人所外著者皆体也，而用则隐于中也。变化错综于形声两泯之地，用之密运，乃一阴一阳主持分剂之微权，而藏于动静之中者也。显而微，藏而著，此阴阳配合参伍之妙，“一之一之”之道也。以其显者鼓之，使恻然而兴；以其藏者鼓之，而不匮于用。一阴一阳之道，流行于两间、充周于万物者如此。故吉凶悔吝无所择，而仁皆存，用皆行焉。在圣人之有忧者，皆其可乐之天、可安之土。惟《易》全体此道以为教，故圣人于《易》，可以释其忧，以偕百姓而同归于道，由此而盛德著，大业兴。一阴一阳之道为《易》之蕴，而具于人性之中也如此，诚至极而无可尚矣。抑论之，圣人，尽性者也；性尽，则《易》之理该焉，而何为其尚有忧邪？盖道在未继以前，浑沦而无得失，雨旸任其所施，禾莠不妨并茂，善之名未立，而不善之迹亦忘。既以善继乎人，而成乎人之性矣，一于善而少差焉，则不善矣。圣人求至于纯粹以精，而望道未见，则有忧；性尽而尽人物之性，而天运有治乱，人情有贞邪，不可遽施转移，以胥协于至善，则有忧；而恶能无忧乎？同一道也，在未继以前为天道，既成而后为人道，天道无择，而人道有辨。圣人尽人道，而不如异端之欲妄同于天；至于业大德盛，人道已尽，乃学于《易》而乐天安土以无忧，此夫子所以自谓卒学《易》而后可无大过也。

富有之谓大业，日新之谓盛德。

尽其性而业大者，惟道之富有；一阴一阳，其储至足，而行无所择也。尽其性而德盛者，惟道之日新；一阴一阳，变合之妙，无有典要，而随时以致其美善也。在道为富有，见于业则大。在道为日新，居为德则盛。此申上文而推德业之盛大，莫非《易》之理，成于人之性中者为之也。

生生之谓易。

此以下正言《易》之所自设，皆一阴一阳之道，而人性之全体也。“生生”者，有其体，而动幾必萌，以显诸仁；有其藏，必以时利见，而效其用。鼓万物而不忧，则无不可发见，以兴起富有日新之德业。此性一而四端必萌，万善必兴，生生不已之幾。而《易》之由大衍而生数，由数而生爻，由爻而生卦，由卦而生变占，由变占而生天下之亹亹，有源故不穷，乘时故不悖，皆即此道也。

成象之谓乾，效法之谓坤。

“效”，呈也，法已成之迹也。仁之必显，藏有其用，则吾性中知之所至，在事功未著之先，有一始终现成之象，以应天下之险而不昧其条理者。《易》之乾以知而大始者，即此道也。仁凝为德，用成乎业，则吾性中能之所充，顺所知之理，尽呈其法则，以通天下之阻而不爽于其始者，《易》之坤以能而成物者，即此道也。分言之，则乾阳坤阴；合言之，则乾以阴为体而起用，坤以阳为用而成体。知能并行，而不离一阴一阳之道，法象皆备，继之于人，所以合健顺而成善也。

嵩焘案：天主象，地主形，法即形也。成乎天之象为乾，效乎地之形为坤，《系辞》之言乾坤多主阴阳言之。

极数知来之谓占，通变之谓事。

“极”，根极之也。“事”谓既占而利用之以成乎事也。善以成性，而性皆善，故德业皆一阴一阳之善所生，修此则吉，悖此则凶。吉凶未形，而善不善之理可以前知，不爽乎其数。《易》之有占，率此道也。鼓万物而不忧者，一吾性固有之道，故尽其性以通人物之性，则物无不可用，事无不可为，极乎变而不失其贞。《易》之备物理之不齐，以诏人因时而立事者，率此道也。

阴阳不测之谓神。

“神”者，道之妙万物者也。《易》之所可见者象也，可数者数也；而立于吉凶之先，无心于分而为两之际，人谋之所不至，其动静无端，莫之为而为者，神也。使阴阳有一成之则，升降消长，以渐而为序，以均而为适，则人可以私意测之，而无所谓神矣。夫性，一也，皆继道以生之善也。然而圣人有忧，仁智有其偏见，百姓用而不知，惟至健至顺之极变化以周于险阻者，无择无端，而时至幾生于不容已，莫能测也。《易》惟以此体其无方，为其无体，周流六虚，无有典要，因时顺变，不主故常，则性载神以尽用，神帅性以达权之道至矣。一阴一阳者，原不测也。以此益知“一之一之”云者，非一彼而即一此，如组织之相间，而拂乎神之无方、乖乎道之各得，明矣。然则列次序，列方位，方而矩之，圆而规之，整齐排比，举一隅则三隅尽见，截然四块八段以为《易》，岂非可观之小道，而鬻术之小人亦可以其小慧成法，坐而测之乎！

右第五章。此章推极性命之原于《易》之道，以明即性见《易》，而体《易》乃能尽性于占，而学《易》之理备矣。根极精微，发天人之蕴，《六经》、《语》、《孟》示人知性知天，未有如此之深切著明者；诚性学之统宗，圣功之要领，于《易》而显。乃说者谓《易》为卜筮之专技，不关于学，将置夫子此章之言于何地乎？

夫《易》广矣，大矣，以言乎远则不御，言乎迩则静而正，以言乎天地之间则备矣。夫音扶。

“广”者，包括富而暨被远也；“大”者，规模弘而发生盛也；谓《象》与《辞》所该之义也。“远”者，推而达乎万变；“迩”者，反而验之日用也。“不御”，于理皆无所滞也；“静而正”，不待动而俱得其常理也。“天地之间”，两间所有之物理气化也，“备”者，尽其变蕃之数也。此极赞《易》道之大，而下推其广大之由，惟乾坤以统之。

嵩焘案：“远迩”即下“动静”之义。远以用言，无有远近幽深，遂知来物，所谓不御也；迩以体言，寂然不动，无思无为，所谓静而正也。静者坤之翕；正者乾之专。

夫乾，其静也专，其动也直，是以大生焉。夫坤，其静也翕，其动也辟，是以广生焉。夫音扶。专，徒官反。

“静”者言其体；“动”，其用也。“专”与抟、团通，圜而聚也，阳气浑沦团合而无间之谓。“直”，行而无所诎也。“翕”，收敛含藏，而所包者富。“辟”，启户以受阳之施，顺而不拒也。“生”，以化理言之，则万物之发生；以爻象言之，则六十二卦、三百八十四爻，皆一阴一阳之所生；以德言之，则健于知而“大明终始”，顺于作而“行地无疆”也。乾坤之生，广大如此，故《周易》并建以为首，而六十二卦之错综以备物化，而天道尽于此也。

广大配天地，变通配四时。阴阳之义配日月，易简之善配至德。

“配”，合也。“天地”，谓其大生、广生也。‘“变”者，阴变阳、阳变阴，爻之相间者也。“通”，阴阳自相通，爻之相承者也。“四时”，春通夏而秋变之，秋通冬而春变之。“阴阳之义”者，阴以受阳之施为义，阳以施德于阴为义。月与日相映则明，同道则晦，掩日则蚀。爻之初、四、二、五，阴阳相应则多吉，柔乘刚则凶，“日月”之义也。“易简”，乾坤之纯也。纯乎刚则健而易，纯乎柔则顺而简，括万理于知能，而纯健纯顺，则知之至，行之成，与天地“大明终始”、“承天时行”之至德合矣。“至德”犹《中庸》言“大德”，天地敦化之本也。惟有此至德以敦其化，故广大之生，变通之道，阴阳倡和之义，皆川流而不息。《易》之首建乾坤以备天道者，以此。

右第六章。《易》统天道、人道，以著象而立教，而其为天人之统宗，惟乾坤则一也。此章之旨与第一章略同。而此章分言天道，下章分言人道，以申明之。

嵩焘案：变通配四时，以阴阳之交变言；阴阳之义配日月，以奇偶之相对言。易义广大而本之易简，易简者，乾坤之德之用，即天地之德之用也。

子曰：《易》其至矣乎！夫《易》，圣人所以崇德而广业也。夫音扶。

“崇德”者，日进于高明，“广业”者，立焉而固，行焉而顺也。不崇，则执近小以为德而不宏；不广，则业不切于事理而不足以行远。此圣学之极至，而作圣者不容舍此而有歧趋，则志学之初，亦必以此为圣功之准则，故曰“至矣”。

知崇礼卑，崇效天，卑法地。知，去声。

无私意私欲之累而达于化，知之崇所以崇德也。谨小慎微，循乎天理之秩序而不敢逾越，礼之卑所以广业。此圣学也，而所效法者天地。天地者，乾坤之法象，崇卑之至者也。刚而不屈，健行而不息，法天之崇而知无不御；柔而不亢，顺礼而无违，法地之卑而礼无不中。圣之所以希天，而《易》乾坤并建，则下学上达之义备著于斯矣。

嵩焘案：知原万理之原，乾之知大始也；礼循万理之则，坤之作成物也。

天地设位，而《易》行乎其中矣。成性存存，道义之门。

崇卑之位设，而卦象、爻辞所有之德业行乎其中。非但其位然也，天位崇而健德行焉，地位卑而顺德行焉，一阴一阳之道，主持之精理存矣。“成性”者，此一阴一阳健顺知能之道，成乎人而为性，则知以致知，礼以敦行，固其性之本有也。“存存”，存其所存也。存乎人者，因而存之，则道义皆由此出矣。知以极道之藏，而道凝为德；礼以显义之实，而义分乎业。一崇一卑之分明而相得以合，下学上达，圣功成矣。夫人之所以“罔克由圣”者无他，知见不出近小之域，而不谨于理以自逸尔。圣人效天法地，惟健顺而已矣。故《易》者圣人致知复礼之极功，夫子所谓卒学而无大过也。于此推极其实，而要归之于知礼，以使学者循循于博文约礼而上达于天德，意至切矣。世儒不审，乃谓《易》为盈虚消息之道，圣人学之以审于进退而不致亢龙之悔，乃王弼、何晏师老庄之机械以避祸而瓦全之术，其与圣人知必极高明、礼必尽精微之道，天地悬隔。乾坤纯而德业盛，何尝以处錞用冲为存性之功乎！

右第七章。此章分言《易》之尽乎人道，而乾坤统之。其曰“圣人所以崇德而广业”，而非但曰“圣人所以占吉凶而审利害”；圣人之言，炳如日星，奈何曰《易》但为卜筮之书，非学者所宜读也。

圣人有以见天下之赜，而拟诸其形容，象其物宜，是故谓之象。

“象”谓《大象》。物之生，器之成，气化之消长，世运之治乱，人事之顺逆，学术事功之得失，皆一阴一阳之错综所就，而宜不宜者因乎时位，故圣人画卦而为之名，系之《彖》以拟而象之，皆所以示人应天下之至赜者也。

嵩焘案：第一章统论《易》道，二、三章论人之学《易》者，四章以下复论《易》道，此章复论人之学《易》者。

圣人有以见天下之动，而观其会通，以行其典礼，系辞焉以断其吉凶，是故谓之爻。断，丁乱反。

“爻”，效也，著于动而呈其占也。卦者，事物之定体；爻，其一时一事之幾也。“会”，所遇之适当乎此也。“通”者，所遇之动适在于此，而自通乎全卦之理也。“典礼”，常法也。谓之礼者，大经大法、人官物曲之谓，韩起见《易象》而谓“周礼在鲁”是也。古者国有大事，谋及卿士，下逮庶人，犹未决焉，乃以命蓍。蓍非小人之敢亵用，典礼之所取裁也。会通者在一时一事，而必因时以求当其不易之大法，则典礼无不行矣。“吉凶”者，得失之影响。圣人之断吉凶，断之以得失而已。

言天下之至赜而不可恶也，言天下之至动而不可乱也。恶，乌路反。

卦备天下之象，极于赜矣，而以辨刚柔消长之得失，闲其邪而安于善，故“不可恶”；爻尽化机之变，因于动矣，而吉凶之故原本于卦德之顺逆，故“不可乱”；皆可以诏君子之尽道，而精于其义。占者、学者，决择以制言动，利害生死，行法以俟，自不犯物情之厌怒而乱其所守。若后世《易林》、《火珠林》先天观梅之术，言赜、言动而不察物宜，不循典礼，故屠贩盗贼皆可就问利害，是训天下以乱，而可恶甚矣。

拟之而后言，议之而后动，拟议以成其变化。

上言圣人作《易》垂训之正大，而此言占者、学者之宜取法也。占以谋其言动之宜，学之所以善其言动，惟在详于拟议而已。

“拟”者，以己之所言，絜之于《易》之辞，审其合否。“议”者，详绎其变动得失所以然之义，而酌己之从违。成其变化，言动因时，研幾精义，则有善通乎卦象爻辞，而惟其所用，无所滞也。自此以下，所引伸爻辞而推广于修己治人之道，皆拟议之精、变化之妙也。

嵩焘案：杨诚斋《易传》，“拟议”即象辞，与诸儒异义。蒙意“拟之后言”即至赜之象，象成而后乃得言其义；“议之后动”即至动之爻，爻成而后乃得观其动机。拟之议之变化无穷，正足上三节之义。若主学《易》者之言动言之，则“成其变化”于义为舛矣。

“鸣鹤在阴，其子和之，我有好爵，吾与尔靡之。”子曰：君子居其室，出其言善，则千里之外应之，况其迩者乎？居其室，出其言不善，则千里之外违之，况其迩者乎！言出乎身，加乎民；行发乎迩，见乎远。言行，君子之枢机。枢机之发，荣辱之主也。言行，君子之所以动天地也，可不慎乎！行，下孟反。见，胡甸反。

此下七节，皆拟议爻辞，以精其变化之义，略举夫子所引伸之说，见义味之深广，示学者当拟议之以言动，勿徒视吉凶而忧喜，类如此也。中孚九二，但言鸣和靡爵之吉，为下孚初九、上靡六三之象。而夫子推本于言行：惟其为鹤之鸣，高洁而声闻上彻于天、远被于野，故同类必和，而异己可靡。“和”者，迩相得也；“靡”者，远相慕也。“在阴”，居室而非行远之事。刚中而孚于下，则其言善矣。言、行皆重，而详言“言”者，内卦兑为口说，于象为鸣，于人为言，以修身则行为本，以应物则言之感人为速也。“枢”，户椅启闭之主；“机”，弩牙存发之要也。“动天地"者，人之和戾，灾祥应之。"君子"，以位言。慎之于出口举足之间而天人交孚，非可揣度物情、曲徇曹好而得倡和之荣也。

嵩焘案：王氏引之云："机与枢并言者，门梱也。庄二十四年《公羊传》注说妻事夫曰：'枢机之内，寝席之上，朋友之道。'《广雅》云：'机，柴也，柴与梱同。'《说文》：'梱，门橛也。'《说苑·政理篇》：'正橛机之礼，壹妃匹之际。'是机为门，橛与梱同也。枢为户枢，所以利转；机为门梱，所以止扇①，故以枢机并言。枢机为门户之要，犹言行为君子之要也。"

"同人先号咷而后笑。"子曰：君子之道，或出或处，或默或语。二人同心，其利断金。同心之言，其臭如兰。断，都管反。

"利"，锐利，谓所向无阻也。"金"，难断者。可以断金，则行焉皆果矣。"兰"，芳香，人所乐闻者。"同人"九五，本以下应六二，三、四不能间之，故有先离后合之象。而夫子引伸其义，以为君子与人同处，人求自靖，出处语默，不必遽同，要以心理相信，故行皆利而言相洽，与小人之共趋一途而心怀冰炭者异，所以始号咷以相求，终欢笑以相得，物莫能间之也。

"初六，藉用白茅，无咎。"子曰：苟错诸地则可矣。藉之用茅，何咎之有！慎之至也。夫茅之为物薄，而用可重也。慎斯术也以往，其无所失矣。

大过初六，以柔承过盛之刚，而顺之于下，为卑顺事天之象。夫子引伸而推求之：惟慎而后可以承事乎天。"错诸地"者，错笾俎也；事天以质，故错诸地而可。尤加慎而藉之以茅，于礼无愆，

①此处原文为"扉"。

而于诚斯至，虽薄物而可荐其恪恭。以此推之，以柔道自靖者，必载恭肃之心，则孤阴处于积刚之下而无失。见慎之为术，在下者寡过之要也。

"劳谦，君子有终吉。"子曰：劳而不伐，有功而不德，厚之至也，语以其功下人者也。德言盛，礼言恭。谦也者，致恭以存其位者也。

"不德"，不居以为德也。"德吉盛"者，谓若居功为德，则气盛而辞多张大。"礼言恭"，以礼为则，其言自恭也。引伸谦九三之义而言，惟劳而有恭，能以下人，乃君子之谦，非无功可见而但务柔逊以求媚于世。惟以礼自谨，则不期恭而自恭矣。乃功固终不可掩，而抑非无礼之劳，则进不亢而退不自失矣。"存其位"，存孤阳于积阴之世而当其位。

嵩焘案：以德言则盛，此释"劳"义；以自处之礼言则恭，此释"谦"义。于文为顺，于义亦优。项安世云："德言盛，知欲崇也；礼言恭，礼欲卑也。"

"亢龙有悔。"子曰：贵而无位，高而无民，贤人在下位而无辅，是以动而有悔也。

义见《文言》。于此重记之者，此章所释，皆谨慎谦恭以拟议言动之旨。其不能然，则虽龙德而犹有悔，故引与诸爻互证之。

"不出户庭，无咎。"子曰：乱之所生也，则言语以为阶。君不密则失臣，臣不密则失身，幾事不密则害成。是以君子慎密而不出也。

"密"者疏之反，非诡秘之谓；详审其时，细察其人，谨防其患，不敢疏也。“失臣”，嫉忌者乘而伤之。“失身”，怨归之也。“机事”，兵戎之事，制于一心，而发之速以加彼者也。节初六以知塞而得无咎，夫子引伸之，以为未可出而必塞，惟言语为最，盖行之出也渐，而言之出也速，通塞之机决于俄顷而不可复收。知塞者所尤慎也。

此章明拟言议动之旨，而两重戒夫言。节、中孚既有兑体，抑以人之言行，皆志动而气随以兴。气无两用，发之于言则气为之一畅，而其行也必不力。乃出身而加人者，远迩君民，疑信交属。行则待事之成而人见其功，其初不测也，恒始于疑而终于信；言则一言而所藏尽出，彻于上下，人始于信而渐相推测以终于疑。既信以为必然，抑疑其未必然而特以相欺，则异己者相乘于未行之前，以相禁害，而行必不可成矣。且夫不言亦何咎之有哉？所谓欺人者，所行在此而言彼之谓，周颉之所以杀身也。若不言，初未尝相欺也。本不起天下之疑，而气以不泄，而行之笃。故圣人教人，屡以慎言为戒，而行则惟劝之以敏。知塞者，不塞之于行，而塞之于言，则知塞而知通矣，不忧天下之不孚矣，何失身害成之忧哉！此尤拟议切近之实功也。

子曰：作易者，其知盗乎？《易》曰：“负且乘，致寇至”，负也者，小人之事也。乘也者，君子之器也。小人而乘君子之器，盗思夺之矣。上慢下暴，盗思伐之矣。慢藏诲盗，冶容诲淫。《易》曰：“负且乘，致寇至”，盗之招也。

“知盗”，知盗之所自起，而审所以弭之也。“器”谓车也。“上慢”，挟乘刚之威以承四，则慢而无礼。“下暴”，挟四之刚以乘二，则假威而暴。以其不足贵而轻之，故思夺之；以其得罪于上下而无与为援，故思伐之。“慢藏”，不谨于藏，自炫其富；“冶容”，自矜容态绰约，如金在冶也；皆小人暴得富贵骄淫之态。引伸解六三爻辞，而先以“知盗”为言者，非徒惩小人使之知退，乃以戒有国家者，欲得盗之情以弭之于未起，惟在慎重名器，勿使小人盗位以招盗，而患其难扑也。晋用士会而盗奔秦，鲁纳叛人而多盗，田令孜宠而黄巢兴，童贯王而方腊起。始于夺伐小人，而终为社稷生民之害。故解悖之道，乘高墉而先制六三之慢暴，则君子道行，而小人亦蒙安以全矣。盖拟议于事先，而变化之大用以存也。

右第八章。此章言《易》之义类深远，学者当精研其义，以体之于日用，而示筮者知变化灾祥之理，在于躬行之拟议，勿徒以知吉知凶，吉则恃之，凶则委之于无可如何也。

天一、地二，天三、地四，天五、地六，天七、地八，天九、地十。天数五，地数五，五位相得而各有合。天数二十有五，地数三十，凡天地之数五十有五。此所以成变化而行鬼神也。有，与又通。

“天一”至“地十”二十字，郑氏本在第十章之首，《本义》定为错简，序之于此。班固《律历志》及卫元嵩《元包·运著篇》，皆在“天数五”之上。以文义求之，是也。此言八卦之画肇于《河图》，而下言著策之法出于大衍，体相因而用有殊，天地之变化用其全，而人之合天者有裁成之节也。五十有五，《河图》垂象之数也。阳曰天，阴曰地。奇数，阳也；偶数，阴也。天无心而成化，非有所吝留、有所丰予，斟酌而量用之，乃屈伸时行而变化见，则成乎象而因以得数，有如此者。阴阳之细缊，时有聚散，故其象不一，而数之可数者以殊焉。以阴阳之本体而言之，一、二而已矣。专而直者，可命为一；翕而辟者，可命为二。阳盈而阴虚，阳一函三，而阴得其二。虚者清而得境全，浊者凝而得境约，此法象之昭然可见者也。“成变化而行鬼神”者，其用也，用则散矣。阳即散，而必专直以行乎阴之中，故阴散而为四、六、八、十，而阳恒弥缝其中虚，以为三、五、七、九。一非少也，十非多也，聚之甚则一、二，散之甚则九、十也。“成变化而行鬼神”者，以不测而神，人固不能测也。故其聚而一、二，散而九、十者，非人智力之所及知，而阴阳之聚散实有之。一、二数少，而所包者厚，渐散以至于九、十，而气亦杀矣。“成变化而行鬼神”者，天、地、雷、风、水、火、山、泽之用也。其或一以至或十，以时为聚散而可见；其数之多寡，有不可得而见者焉；莫测其何以一而九、何以二而十也。天垂象于《河图》，人乃见其数之有五十有五：阳二十五而阴三十，各以类聚而分五位。圣人乃以知阴阳聚散之用，虽无心于斟酌，而分合之妙，必定于五位之类聚，不溢不缺以不乱；遂于其得而有合者，以类相从，以幾相应，而知其为天、地、雷、水、火、山、泽之象，则八卦之画兴焉。因七、五、一而画乾，因六、十、二而画坤。天道下施，为五、为七以行于地中；地道上行，为十、为六以交乎天位。乾止于一，不至于极北；坤止于二，不至于极南：上下之分，所谓“天地定位”也。阳盛散布于上，至下而聚，所谓“其动也直”也；阴气聚于上，方与阳交于中而极其散，所谓“其动也辟”也。因左八、三、十而画坎，因右九、四、五而画离。离位乎东，不至乎西；坎位乎西，不至乎东，五与十相函以止，而不相逾，所谓“水火不相射”也。因一、三、二而画为兑，因二、四、一而画为艮。一、二互用，参三，四而成艮、兑，所谓“山泽通气”也。山泽者，于天地之中最为聚而见少者也。少者，少也，甫散而非其气之周布者也。少者在内，雷、风、水、火之所保也。因

九、六、八而画为震，因八、七、九而画为巽。八、九互用，参六、七而成震、巽，所谓“雷风相薄”也，驰逐于外也。雷风者，阴阳之气，动极而欲散者也，故因其散而见多也。多者，老也，气之不复聚而且散以无馀者也。老者居外，以周营于天地之间也。八卦画而六十四卦皆由此以配合焉。其阴阳之互相用以成象者，变化也。其一屈一伸，为聚为散，或见盈而或见诎者，鬼神也。此天地之所以行其大用而妙于不测也。圣人始因《河图》之象而数其数，乃因其数之合而相得，以成三爻之位者著其象，故八卦画而《易》之体立焉。阴阳自相类聚者为合，阴与阳应、阳与阴感为相得。圣人比其合，通其相得，分之为八卦，而五位五十有五之各著其用于屈伸推荡之中，天道备而人事存乎其间。然则《河图》者，八卦之所自出，灿然眉列；《易》有明文，《图》有显象。乃有汉以后，皆以五位五十有五为五行生成之序者，舍八卦而别言五行，既与《易》相叛离；其云“天一生水而地六成，地二生火而天七成，天三生木而地八成，地四生金而天九成，天五生土而地十成”，不知其多少相配之何所征，一生一成之何所验？《图》无其理，《易》无其象，《六经》之所不及，圣人之所不语，说不知其所自出，而蔓延于二千馀年者，人莫敢以为非。夫天生地成，自然之理，乾知始而坤成物，《易》著其一定之义。今以火、金为地生而天成，乱乾坤之德，逆倡随之分，而不知火与金之生独不由天也。何道使然，虽欲不谓之邪说也可乎！且五行之目，始见于《洪范》。《洪范》者，大法也；人事也，非天道也，故谓之畴。行，用也，谓民生所必用之资，水、火、木、金、土缺一而民用不行也。故《尚书》或又加以谷，而为六府。若以天化言，则金者砂也，矿也，皆土也，人汰之炼之而始成金，亦泥之可陶而为瓦、石之可煅而为灰类耳，土生之，人成之，何能与木、水、火、土相匹也？四时之气，春木，夏火、冬水仿佛似之矣。秋气为金，抑不知其何说。若以肃杀之气言金，则金为刃，而杀者人也，与梃无别也，金气何尝杀而应秋乎？五行非天之行，于《河图》奚取焉？其“一六生水”云云，乃战国技术之士私智穿凿之所为，而以加诸成变化、行鬼神之大用，其为邪说，决矣。《河图》著其象，圣人纪其数，八卦因其合，六十四卦穷其变，要以著一阴一阳之妙用，而天化物理人事之消长屈伸、顺逆得失，皆有固然一定之则，所谓“卦之德方以知”也。而筮策之事，以人迓天之用，由此而起矣。

大衍之数五十，其用四十有九。

自此以下，皆言筮策之数与其制数之理，盖以人求合于天之道也。“衍”者，流行之谓。“大衍”者，尽天下之理事，皆其所流行而起用者也。天下之物与事莫非一阴一阳交错所成，受乾坤六子之撰以为形象，而以其德与位之宜不宜为理事之得失。凡五十有五，成变化而行鬼神者，皆流行之大用也。然天地不与圣人同忧，故其用广，而无逾量之疑。圣人能合天地以为德，而不能全肖天地无择之大用，是以其于筮也，于五位之中各虚其一，听之不可测，而立五十以为人用之全体。天道有馀，而人用不足，行法以俟命者，非可穷造化之藏也。故极乎衍之大，而五十尽之矣。“其用四十有九”者：其一，体也，所占之事之体也。蓍之待问也无不衍，而人筮以稽疑者一事尔。置一策以象所占之成事，人谋定而后用其馀以审得失吉凶之变。事虽一而变无穷，故四十有九动而不已，以应静俟之一。一无常主，因时而立，其始固大衍五十之中同可效用之一也。

嵩焘案：天数极于五，地数极于十。大衍之数五十，取天地之极数以立本也。筮者，天数至四而止，遇五则变而为一；地数至九而止，遇十则变而为一。其用四十有九，取天地之变数以起用也。案：崔憬云：“卦六十四，法八，八阴数；蓍用四十九，七，七阳数。蓍圆而神，象天；卦方以智，象地。”

分而为二以象两，挂一以象三，揲之以四以象四时，归奇于扐以象闰。五岁再闰，故再扐而后挂。奇，居宜反。

揲蓍法详朱子《筮仪》。“两”，两仪也。“三”，三极也。“归奇”，归之无用之地，反诸静存也。“奇”，畸零也。不足于四之耦，而合之为十三、十七、二十一、二十五，皆不成数，为奇零也。“扐”犹《礼记》云“祭用数之仂”之仂，馀也。旧说以为左手中三指之两间，未是。古者蓍长三尺，非指间所可持也。筮礼就地为席，挂、扐皆委之席前，挂横而扐直。“五岁再闰”，大略然耳，以实则十九岁而七闰有奇。凡言“象两”、“象三”、“象四”时、“象闰”、“象期”、“象万物”，皆仿佛其大略耳。人之合天，肖其大者，非可察察以求毫忽之不差。壬遁、奇乙、超符、接气，细碎分合之为小术破道，《易》不然也。“再扐”“后挂”，再扐则敛其扐以合于挂，以待次揲之又挂。

嵩焘案：玩“再扐”、“后挂”，则程子、张子之说谓初变即挂一，置而不用，再变、三变乃蒙上，不别挂者非。玩乾之策，二百一十有六；坤之策，百四十有四，是以过揲为正数，挂扐为馀数。朱子《筮仪》用挂扐之数，不用揲四之数者非。

乾之策，二百一十有六。坤之策，百四十有四。凡三百有六十，当期之日。期，居宜反。

此老阳、老阴过揲之数也。《易》言九、六，不言七、八，故以二老纪数，过揲者所用也。事理之所阅历而待成者，归奇者所不用也，非理之所效也。故六乘其三十六、二十四，而数定焉。抑以二少积之，少阳过揲二十八，六乘之为百六十有八；少阴过揲三十二，六乘之为百九十有二；亦三百六十。“当期之日”，去其气盈，补其朔虚，亦大略也。

二篇之策，万有一千五百二十，当万物之数也。

“二篇”，六十四卦之爻也。阴阳之爻各百九十，以二老积之，阳爻得六千九百一十二，阴爻得四千六百八；以二少积之，阳爻得五千三百七十六，阴爻得六千一百四十四；皆万一千五百二十。物以万为盈数，至于万，而人之用物以成事之得失，物之效于人以为事之吉凶者，大略备矣。过此以往，物变虽无可纪极，而无与于人事也。

是故四营而成易，十有八变而成卦。

“易”，变也。分二挂一，揲四归奇，四营之始成一变。再合之，三分之，而成一爻。凡三变。六其三变，而卦乃成。四营，亦取四时运行之义。十有八，亦两阳之九，参阴之六，阴阳互乘之象。

嵩焘案：何氏楷云：“四营者，用蓍之法，以四揲成易之数，亦以四求。营者，求之。老阳数九，四求之，其策三十六；老阴数六，四求之，其策二十四；少阳数七，四求之，其策二十八；少阴数八，四求之，其策三十二，故曰‘四营而成易’。”朱子《筮仪》用陆绩之说，以分二挂一，揲四归奇为四营。则归奇于扐者，再当①为五营矣。乾坤之策三百六十，二篇之策万有一千二②百二十，亦皆以四求之。乾阳爻九，六九四十五③，四求之则二百一十有六；坤阴爻六，六六三十六，四求之则百四十有四；以乾之五十有四合坤之三十有六，得九十，四求之则三百有六十。二篇之策阳爻一百九十有二，每爻用九数，其数一千七百二十有八；阴爻一百九十有二，每爻用六数，其数一千一百五十有二，总计二千八百八十，亦四求之，则万有一千五百二十也。四营成易，但举过揲之数言之耳。

八卦而小成，引而伸之，触类而长之，天下之能事毕矣。长，知两反。

筮者九变而三画定，八卦之象见，小成矣。乃又九变而六画之卦乃成，六十四之大象、三百八十四之动象见焉。自筮而言，数自下积，则小成乎贞，而引伸以成悔，故八卦相因之理在焉。是以屯言"云雷"，蒙言"山泉"，坎言"洊至"，离言"两作"。自始画而言，三画各重而六，增一为二，以天之有阴必有阳、地之有柔必有刚、人之有仁必有义，触其所与类合者，以长三为六，则三极六位之道在焉。凡占者之所拟议，在己而有为得为失之能事，在物而有以吉凶加己之能事，皆毕于此，则亦止此而可毕矣。焦赣衍为四千九十六，伸之于无所引，长之于非其类，天下无此赜而可恶、动而可乱之能事，故但有吉凶之说而无得失之理，则其言吉凶者亦非吉凶矣。

①疑"当"为"营"。
②"二"当为"五"。
③"四十五"当为"五十四"。

显道神德行，是故可与酬酢，可与佑神矣。行，下孟反。

“酬”，受物之感而行之也。“酢”，物交已而应之也。“佑神”，助神化之功能也。此亦合卦与蓍而言。天道之流行于事物者，卦象备著，而其当然之理皆显于所画之象；健顺以生六子，皆《河图》之天道也。蓍策用大衍，四营而变化尽，则所以修德而制行者，因时以合道，而仁不愚、智不荡，无所据非德之执滞，则其德亦非人之所易测矣。酬酢以尽人，而立德佑神以合天而体道；卦方而显，蓍圆而神，《易》之所以广大而切于人用也。

子曰：知变化之道者，其知神之所为乎！

上言卦之所自画与蓍之所用，皆准于天地之理数；而卦象虽立，成数虽在，其十有八变、分二之无心，而七、八、九、六妙合于轨则者，非可以意计测度，则神之所为也。夫不测之谓神，而神者岂别有不可测者哉？诚而已矣。分之合之，进之退之，错之综之，盈虚屈伸一因乎时，而行其健顺之良能以不匮于充实至足之理数，则功未著、效未见之先，固非人耳目有尽之见闻，心思未彻之智虑所能测，而一阴一阳不测其神可体其妙用。故夫子终叹之，以为法象昭垂，而神非诚不喻；成数虽在，固非筮史所能知。君子之于《易》，终身焉耳矣。

右第九章。此章由《河图》以著卦象，由大衍以详筮法，而终叹其神，以见卦与筮之义深，而不但倚于数。今所释《经》意，有全置旧说不采者，非敢好异儒先①以矜独得，实以术数之言，滥及五行、律历、支干、星命之杂说，殊为不经，圣门之所不道，不可徇俗而乱真。君子之道简而文；天人性道，大正而无邪。故

①“儒先”当为“先儒”，岳麓书社本《周易内传》为“先儒”。

曰“洁静精微，《易》教也”。乃一乱于京房，再乱于邵子，而道士丹竈、医人运气、日者生克之邪说充塞蔽蠹，故不容不力辨也。

《易》有圣人之道四焉：以言者尚其辞，以动者尚其变，以制器者尚其象，以卜筮者尚其占。

“圣人之道”，圣人通志成务，而示天下以共由者也。“尚”，谓所宜崇奉以为法也。“言”，讲习讨论，以究理之得失。“辞”，其立言之义也。“动”谓行也。变”，以卦体言，则阴阳之往来消长；以爻象言，则发动之时位也。“制器尚象”，非徒上古之圣作为然，凡天下后世所制之器，亦皆暗合于阴阳刚柔、虚实错综之象；其不合于象者，虽一时之俗尚，必不利于用而速敝，人特未之察耳。

是以君子将有为也，将有行也，问焉而以言，其受命也如向，无有远近幽深，遂知来物。非天下之至精，其孰能与于此！向，许两反。与，洋洳反。

“为”，修已之事。“行”，应物也。“问”谓卜筮。“以言”，推其辞之义以论理也。“受命”，不违其所问所言之理。“向”，与响通。“如响”，应声而出，无所差而应之速也。“遂”，即也。“来物”，将来之事。“精”者，研究得失吉凶之故于刚柔动静根柢之由，极其顺逆消长之微而无不审，以要言之，义而已矣。义利之分极于微芒，而吉凶之差于此而判。有时有位，或刚或柔，因其固然而行乎其不容已，则得正而吉，反此者凶。或徇意以忘道，或执道以强物，则不足以察其精微之辨。《易》原天理之自然，析理于毫发之间，而吉凶著于未见之先，此其所以为天下之至精，而君子之所必尚也。此节言尚辞、尚占之道。

参伍以变，错综其数。通其变，遂成天地之文；极其数，遂定天下之象。非天下之至变，其孰能与于此！

“参”如“离坐离立，勿往参焉”之参。“伍”如《史》“生与哙伍”之伍。参者，异而相入，阴入阳中、阳入阴中之谓也。伍者，同而相偶，阴阳自为行列之谓也。奇偶之变为八卦，八卦之变为六十四卦，其象或参或伍，相为往来，而象各成矣。“错”，治金之器，交相违拂之谓。“综”，以绳维经，使上下而交织者，互相升降之谓也。卦之错而不综者八：乾、坤、坎、离、颐、大过、中孚、小过。综之象二十八，而成五十六卦，屯、蒙以下皆是。错而兼综者，泰、否、随、蛊、渐、归妹、既济、未济。其错则不综者，屯、蒙之错鼎、革，凡四十八卦。通阴阳十二位而交相易，则六十四卦相错而成三十二对。以于所发见之六位而相为易，则五十六卦上下颠倒于二十八象之中。此象也，而谓之数者，象之阴阳，因乎数之七、八、九、六也。“通其变”，谓卦有定体，而所参所伍者异则道异，如震遇泽而阳随阴，遇山而阴养阳，三阳连类而损为损下、益为损上，阴阳各得而家人之利在女贞、蹇之利见大人是已。爻有定位，而参之伍之也异则道异，如阳居初而在乾则潜以静而为龙德、在震则虩虩以动而致福，阴居二而在同人则为于宗之吝、在明夷则为马牡之拯是已。天下之动万变不齐，而止此刚柔之屈伸因时位而易其用，不为典要而周流于六虚以通之，则天地之刚柔交入以成文者在是。而君子之动，行藏文质，进反劝威，极典礼之节文以无不著其大美者，惟尚此而能通也。“极其数”，谓因数以得象也。其错也，一向一背，而赢于此者诎于彼；其综也，一升一降，而往以顺者来以逆。天下之器，其象各异，而用亦异，要其形质之宜，或仰而承，或俯而覆，或微而至，或大而容，或进而利，或退而安，要惟酌数之多寡以善刚柔之用，合异以为同，分同以为异，皆此一往一来、一赢一诎以成之象，象成体定，而用以利矣。“变”者，尽乎万殊之理而无所滞也。“至变”，则天下之事无不可为，天下之物无不可用，动而咸宜，创制立法而永为物利矣。此节言尚变、尚象之道。

嵩焘案：“至精”言所占之事，“至变”言占之法，“至神”言占之理。凡占之法有变、有数，每爻三揲为三变，每揲有象两、象三、象时、象闰、象再闰，为五小变，此参伍以变也。三揲之数分而计之，如占得乾下归奇之数，或五或四，合而计之，下归奇之数十三，得过揲之策三十有六。“错”谓分而间之，“综”谓合而总之，此错综其数也，如是而后爻成。通六爻之变，得十有八，遂成初、二、三、四、五、上，以为刚柔相杂之文；极六爻之数，得七、八、九、六，遂定重单交坼，以为内外两卦之象，如是而后卦成。此特言占法耳。凡《易》之卦错综成象，由此推而衍之。若专论成卦之错综，则所谓“错综其数”与“极其数遂定天下之象”之言为不可通矣。项氏安世之说得之。

《易》，无思也，无为也，寂然不动，感而遂通天下之故。非天下之至神，其孰能与于此！

《易》统象、占、辞、变而言。“无思无为”，谓于事幾未形、物理未著之先，未尝取事物之理，思焉而求其义之精，为焉而营其用之变也；设其象变，系以辞占而已。“寂然不动”，具其理以该四者之道，无适动而为一时一事之兆也。“感”者，学《易》者以心遇之，筮者以谋求通焉。“通天下之故”，谓言、动、器、占皆于此而得也，此则至精至变，而括之于一理之浑然，以随感必通，非智计之所能测，惟“天下之至神”乃能与也。天下之至神，诚之至也。健而成乎健，顺而成乎顺，絪缊而太和，裕于至足之原，精粗、本末、常变皆备于易简之中，故相感者触之，而即与以应得之象数，非待筹量调剂以曲赴乎事物，此则神之所以妙万物而不测也。周子曰："诚幾神。"谓诚则幾，诚之幾则神也。朱子曰："人心之妙，其动静亦如此。"人心者，性之具于虚灵者；静而无不实，故动而无不灵，灵斯神矣。

夫《易》者，圣人之所以极深而研幾也。夫音扶。

"深"者精之藏；"幾"者变之微也。极而至之、研而察之者，神也。圣人之神合乎天地，而无深不至、无幾不察矣。故于《易》著之，以待天下之感，而予之以通。

嵩焘案："极深"以卦之辞言，"研幾"以蓍之变言。

惟深也，故能通天下之志；惟幾也，故能成天下之务；惟神也，故不疾而速，不行而至。

以言、以占者，谋理之得失，审事之吉凶，必于天下智愚淳顽之志，皆通其顺逆之由，乃能予以理之宜而不违其情。惟极乎深，而察其刚柔消长之萌在一念之隐微，而万变不出于此，故无不可通也。以动、以制器者，求事之成能，求物之利用，必因天下之务，有所缺则有所需，有所为则有所成能，因而节之文之，以善其为。惟研其幾，而知体用相因之际，同异互成，其微难见，而静有其体，动必有其用，则庶务合而归诸道，无不可成也。乃其所以极之研之者，无思无为于寂然不动之中，易简而该刚柔摩荡之大用，则问之即应，用之即效，妙用而不测；其功之速成也，则一皆神之为也。非大明于全《易》浑然之体，以得其至变大常之诚，固未足以知此也。要诸其实，则与第一章易简而理得，同为一理。惟纯乎健顺，以知大始而作成物，故无深非其深，无幾非其幾，以速于应而妙万物。若何晏、夏侯湛之徒，以老庄之浮明，售其权谋机智，而自谓极深而入神，则足以杀其躯而已。无他，诚与妄之分也。

子曰："《易》有圣人之道四焉"者，此之谓也。

立诚以尽神之谓也。

右第十章。此章目言圣人之道四。夫子阐《易》之大用以诏后世，皎如日星，而说《易》者或徒究其辞与变以泛论事功学术，而不详筮者之占，固为未达；又或专取象占，而谓《易》之为书止以前知吉凶，又乌足以与圣人垂教之精意！占也，言也，动也，制器也，用四而道合于一也。道合于一，而必备四者之用以言《易》，则愚不敢多让。非敢矫先儒之偏也，笃信圣人之明训也。

嵩焘案：以上专论以卜筮者尚其占而以四事终之者。占则有辞，变则有象，举一而四在其中也。

子曰：夫《易》何为者也？夫《易》，开物成务，冒天下之道，如斯而已者也。是故圣人以通天下之志，以定天下之业，以断天下之疑。夫音扶。

"开物"谓一阴一阳之道，为万物万事之所始；"成务"谓事物之成自人为者，亦此理之成也。"冒"者，始终覆括之谓。"如斯而已"者，夏、商之世，《易》道中衰，或多为繁说，侈于吉凶，而不要归诸道，文王乃作《周易》，一本诸天人之至理，止其诬冗，惟君子谋道乃得占以稽疑，理定于一而义严矣。以此立教，后世之窃《易》者，或滥于符命，如《乾凿度》；或淫于导引，如《参同契》；或假以饰浮屠之邪妄，如李通元之注《华严》，又其下则地术星命之小人皆争托焉；恶知《易》之为用但如斯而已乎？“通天下之志”以阴阳之情，“定天下之业”以健顺之德，“断天下之疑”以得失之理，非是三者，《易》之所不谋也。

是故蓍之德圆而神，卦之德方以智，六爻之义易以贡。圣人以此洗心退藏于密，吉凶与民同患。神以知来，知以藏往，其孰能与于此哉？古之聪明睿知神武而不杀者夫！“睿知”之知，去声，馀并如字。与，羊洳反。夫音扶。

此节言圣人画卦、系辞、设筮，以自验其德也。“德”谓其情性功效。“义”者，理著于辞也。“圆”者，运而不滞，谓七、八、九、六，揲无定则，惟其所成而恰合也。“神”，尽其变也。“方”者，卦之有定体也。“知”，明于理之大全也。“易”，变易也；阴阳丽于六位，而因时位以殊也。“贡”，明告无隐也。“洗心退藏于密”者，圣人之为莫非理义，可以惟其所行，而洗涤自信之心，以不决于行止，必退而藏其用于天道之不测，以筮决之。盖天道至精至密，吉凶得失，纤毫皆至理之所察，而非可以道义之大纲定者。故圣人自恐其疏，而稽疑于阴阳之繁变，以极至其谨慎周详而后动也。“吉凶”者，凡民之所患，圣人有天佑人助之德，可以不患，而不轻自恃，有忧其不当之情，而决于筮而免于患。资蓍之神，以穷其变而“知来”；资卦之知，以明所守于古今不易之理而“藏往”。非圣人之至虚无我，畏天而俟命者不能也。聪明睿知神武矣，而智不自用，勇不自恃，虽道盛功兴，可以生杀惟己，而犹以吉凶为患，听天而待时。文王演《易》，道已大行，而不兴吊伐之师，用此道也，而德已至矣。此圣人之用《易》以厚其德之藏者也。

嵩焘案：“洗心”，京、荀、虞、董、张、蜀才本皆作“先心”。虞氏注“来”谓先心，“往”谓藏密。先心者，心所欲至而卜筮先知，若为之前导，“先”犹导也。圣人之心何待洗涤，韩伯注因谓“洗濯万物之心”，船山又因之谓“洗涤自信之心，以不决于行止”，皆增文为训，义愈曲而辞愈隐矣。

是以明于天之道而察于民之故，是兴神物，以前民用。圣人以此斋戒，以神明其德夫！夫音扶。齐，侧皆反。

此节明圣人以《易》使天下后世人得用之以筮，而迪之以吉也。“兴”犹尚也。“神物”，蓍也；“斋”者，使人齐一其心，戒筮者，戒有司，使恪共涖筮也。“以神明其德”者，以蓍之神灵为民示所从，俾无失德也。众人之斋戒虽不足与于圣人之洗心，而收敛傲僻，以待明于神，则亦可以与于阴阳不测之神知。惟圣人于《易》尽天人之理，为吉凶得失之原，而察之精，故能使天下后世信而从之，此圣人用《易》纳民于敬慎而寡其过也。

是故阖户谓之坤，辟户谓之乾，一阖一辟谓之变，往来不穷谓之通，见乃谓之象，形乃谓之器，制而用之谓之法，利用出入，民咸用之谓之神。见，胡甸反。

此节明“六爻之义易以贡”而“前民用”之理也。惟其易，故能明天道，而察于民用万变之故；惟其贡，故民皆得与，而以神所告者明其德。盖卦与蓍神知之妙，非民之所与知，而爻义之显陈，则民咸可用。原本于神者同，而所用有大小浅深之异，《易》所以冒天下之道也。乾坤谓阴阳也，凡卦之阴爻皆坤顺之体，阳爻皆乾健之体。散见于六十二卦者，虽乾坤之象不全，而体固具也。“阖户”、“辟户”，以功用言。阴受阳施，敛以为实，阖之象也。阳行乎阴，荡阴而启之，辟之象也。取象于户之阖辟者，使人易喻，亦所谓“易以贡”也。已阖而静，方辟而动；辟之也动，既辟而静；静以成体，动以发用；故六爻之有阴阳，皆具乾坤之德，而用不穷也。夫阖则必辟，辟则必阖，万象体乾坤而各自为体，阴阳有畸胜而无偏废，其一阴一阳之相间者，纯之必变也。上生之谓“往”，下生之谓“来”，上下相连而阴阳以类聚者，变之必通也。既济、未济，变之极；夬、姤、剥、复，通之盛也。阴阳之变，通行乎六位而卦成，其见也象之所著也。万物之形，皆以此为虚实、质文、同异之制，成乎器矣。象立器成，乃因其刚柔之得失，裁成而用之，则事之法也。此阖辟往来互变以使六爻之失得，爻自有义，昭著呈见，以听民之贵贱智愚，随其日用，考从违于阴阳不测之中，极其所感而无不通，神亦行乎其中矣。故使天下之人斋戒而求以明其德者，不测其所以然，而莫不敬信以从筮策也。

嵩焘案：“一阖一辟谓之变”，六画即成，刚柔相杂，言成卦也。“往来不穷谓之通”，九六之动，交相往来，言之卦也。见于蓍策谓之象，形于卦爻谓之器，假卜筮以效其用谓之法，动作云为资之以利其用、用之以决其疑谓之神。象者，九、六、七、八之数也。器者，蓍也，象所由形。法者，过揲布卦之法也。

是故《易》有太极，是生两仪，两仪生四象，四象生八卦，八卦定吉凶，吉凶生大业。

此明蓍与卦之德，方圆之所取法，神知之所自生，而圣人藏密以与民同患，惟有其至足之原，冒天下之道也。“太极”之名，始见于此，抑仅见于此，圣人之所难言也。“太”者极其大而无尚之辞。“极”，至也，语道至此而尽也；其实阴阳之浑合者而已，而不可名之为阴阳，则但赞其极至而无以加，曰太极。太极者，无有不极也，无有一极也。惟无有一极，则无所不极。故周子又从而赞之：“无极而太极”。阴阳之本体，细缊相得，和同而化，充塞于两间，此所谓太极也，张子谓之“太和”。中也，和也，诚也，则就人之德以言之，其实一也。在《易》则乾坤并建，六位交函，而六十四卦之爻象该而存焉。蓍运其间，而方听乎圆，圆不失方，交相成以任其摩荡，静以摄动，无不浃焉。故曰“《易》有太极”，言《易》之为书备有此理也。“两仪”，太极中所具足之阴阳也。“仪”者，自有其恒度，自成其规范，秩然表见之谓。“两”者，自各为一物，森然迥别而不紊。为气为质，为神为精，体异矣。为清为浊，为明为暗，为生为杀，用异矣。为盈为虚，为奇为偶，数异矣。“是生”者，从《易》而言，以数求象于寂然不动者，感而通焉。自一画以至于三，自三以至于六，奇偶著阴阳之仪，皆即至足浑沦之乾坤所笃降，有生起之义焉，非太极为父、两仪为子之谓也。阴阳，无始者也，太极非孤立于阴阳之上者也。“四象”：纯阴纯阳，通之二象也；阴错阳，阳错阴，变之二象也。阴阳之种性分，而合同于太极者，以时而为通为变，人得而著其象，四者具矣，体之所以互成，用之所以交得。其在于《易》，则乾一象，坤一象，震、坎、艮一象，巽、离、兑一象，皆即两仪所因而生者也。四象成而变通往来进退之幾著焉。成乎六子之异撰，与二纯而八矣，卦之体所由立也。截然为两、为四、为八，各成其体，所谓卦之德方也。其在于蓍，则大衍五十，阴阳具其中，而七、八、九、六不出于此，太极也；分而为两，奇偶无定，而必各成乎奇偶、两仪也；三变之策，或纯奇，或纯偶，或奇间偶，或偶间奇，四象具焉；进退无恒，九变之中，八卦成焉，由是而十有八变，要不离乎八卦也；无心随感以通，而皆合于卦体，所谓蓍之德圆也。乃自一画以至八卦，自八卦以至六十四卦，极于三百八十四爻，无一非太极之全体，乘时而利用其出入。其为仪、为象、为卦者显矣；其原于太极至足之和以起变化者密也，非圣人莫能洗心而与者也。八卦立而时位之得失、刚柔之应违，吉凶定矣。“定”者，体之方也，可知而不可乱者也。乃圣人于此，既已具卦德于聪明神武，而不恃之以忘民之患，或凝其吉，或违其凶，或吉而有所不受，或凶而有所不避，以自远于患而弭民之患，惟洗心以听于神之所告，极深研幾，而察于圆运不穷之神，则大业之利用而无畸、分剂而不乱，开物成务，而道无不冒矣。盖惟圣人即显知密，上溯之太极之理，至健而不息，至顺而无疆，即圆以求方，为不逾之矩，为能与于其深，而下此者，日用而不知也。

是故法象莫大乎天地；变通莫大乎四时，县象著明，莫大乎日月；崇高莫大乎富贵；备物致用，立成器以为天下利，莫大乎圣人；探赜索隐，钩深致远，以定天下之吉凶，成天下之亹亹者，莫大乎蓍龟。县，平声。索，色白反。

此总承上，而明“冒天下之道”之意。“变通”谓秋变夏，春变冬，夏通春，冬通秋。“富贵”谓有天下，履帝位，崇高作君师，而志无不行也。“隐”者，吉凶之未见。“深”，其所以然之理。“远”，推之天下而准也。“亹亹”，大业之无穷也。在天而为天地，为日月，为四时，吉凶之所自出者，蓍龟皆准之；在人而帝王承天以行刑赏，圣人法天以制事，物大业之亹亹者，蓍龟皆备具其道：《易》之所以冒天下之道，而圣人与民之交资以去患者也。乃其所以然者，天地日月四时，皆太极之蕴所凝聚而流行。帝王、圣人受命于太极以立人极，非圣人之洗心藏密，不足以见其浑沦变化之全体大用。而以名象比拟之私智窥测者，不知其道之如斯而已。不贞于一而杂以妄，则窃《易》而流于邪，固君子之所必黜也。

嵩焘案：苏氏《易传》云："天地、四时、日月，天事也。天事所不及，富贵者制之；富贵者所不制，圣人通之；圣人所不通，龟蓍决之。"

是故天生神物，圣人则之；天地变化，圣人效之；天垂象见吉凶，圣人象之；河出图，洛出书，圣人则之。《易》有四象，所以示也。系辞焉，所以告也。定之以吉凶，所以断也。见，胡甸反。断，丁乱反。

"神物"，蓍龟也。"则"者，取以为法也。"变化"，阴阳交动而生成万物也。"垂象见吉凶"者，七政、雨旸之灾祥，一阴阳时位之得失为之也。《洛书》于《易》无取。上兼言蓍龟，《洛书》本龟背之文，古者龟卜或法之以为兆，而今不传。说者欲曲相附会于《周易》，则诬矣。此承上而言蓍龟之用，合天人之理，极乎其大，故圣人法天而制为象占，以尽其神用，以示、以告、以断，民得与焉，而开物成务之道备矣。案此言《易》有四象，以示《易》之全体，则自八卦而六十四卦，皆四象也。乃邵子立二画之卦，以为四象，因而于三画之上，增四画之卦十六，五画之卦三十二，委曲烦琐，以就其加一倍之法；乃所画之卦，无名无义，无象无占，而徒为虚设，抑不合于参两天地、兼三才而统阴阳柔刚仁义之理，且使一倍屡加，则七画而百二十八，八画而二百五十六，至于无穷无极而不可止，亦奚不可！守先圣之道者，所不敢信。《易》固曰："如斯而已"，何容以算法之小术乱之哉！

右第十一章。此章专言筮《易》之理，然发圣人藏密之德，凡民斋戒之诚，则学《易》者亦可以得敬修俟命之理矣。

《易》曰："自天佑之，吉无不利。"子曰：佑者助也，天之所助者顺也，人之所助者信也；履信思乎顺，又以尚贤也，是以"自天佑之，吉无不利"也。

"助"者，己用力而人辅益之之谓，明非不劳而得福也。"顺"者，顺乎理"信"，循物无违也。大有上九在上，而为五所有，以助乎五，惟五虚中以下受群阳，而人助之，居尊位而以柔承上九，故天助之。天助之，则理得而事宜，吉无不利矣。阳刚者，君子之道，故又为"贤"。"尚"谓五上承之也。夫子引伸爻辞，明天佑不可徼幸，惟信顺以为本，尚贤以求益，乃可以获佑也。《本义》云："恐是错简，宜在第八章之末。"

子曰：书不尽言，言不尽意，然则圣人之意其不可见乎？子曰：圣人立象以尽意，设卦以尽情伪，系辞焉以尽其言，变而通之以尽利，鼓之舞之以尽神。

"书"谓文字。"言"，口所言。言有抑扬轻重之节，在声与气之间，而文字不能别之。言可以著其当然，而不能曲尽其所以然；能传其所知，而不能传其所觉。故设问以示占者、学者，当合卦象变通鼓舞之妙，以征《系辞》之所示，而不但求之于辞也。"象"，阴阳奇偶之画，道之所自出，则《易》之大指不逾于此也。六画配合而成卦，则物情之得失，见于刚柔时位矣。《系辞》则以尽情意之可言者也。义利之合也。卦象虽具，而变通参伍之，然后所合之义显焉。辞虽有尽而卦象通变之切于人事者，圣人达其意于辞中，以劝善惩恶，歆动而警戒之，则鼓舞天下之权，于辞而著，是利用出入，使民咸用之神所寓也。如是以玩索于《易》，然后《系辞》之得失吉凶，皆藏密之实理，而无不可尽之于书矣。

夫子示人读《易》之法，于此至为著明。自王弼有“得言忘象”之说，而后之言《易》者以己意测一端之义，不揆诸象，不以象而征辞，不会通于六爻，不合符于《彖》、《象》，不上推于阴阳十二位之往来，六十四卦、三十六象之错综，求以见圣人之意，难矣。

嵩焘案：立一奇一偶、二奇二偶、三奇三偶之象，所以拟健顺动入、陷丽止说之意；设六十四卦，所以具忧乐求与、见伏轻重、久速聚散之情；系之以《彖辞》、《爻辞》，所以阐吉凶悔吝、元亨利贞之言，此作《易》之事。观其变而玩其占，以处事变而观其会通，则足以尽趋时成务之利而见于事功；观其象而玩其辞，得之于心，体之于身，鼓之舞之，心知血气与之俱成，则足以尽阴阳不测之神而成之于德行，此用《易》之事。

乾坤其《易》之蕴邪，乾坤成列而《易》立乎其中矣。乾坤毁则无以见《易》；《易》不可见，则乾坤或幾乎息矣。邪，以遮反。

“蕴”，衣内絮著也，充实于中之谓。“成列”，二卦[1]并建之义也。“幾”，期也。“息”者，道不行不明也。乾坤各具六爻之全体大用，而卦惟六位，乃六位之中所错综互见者，无非此健顺之德所弥纶以为其实。六位不足以容阴阳之十二，则纳两仪于六位之中，必有变有通，而成乎六十四象。明者以知来，幽者以藏往；来者以立体，往者以待用。体其全，而后知时之所趣，皆道之所丽。学《易》者不明于此，而灭裂乾坤并建之理，以诡遇于所变

①此之后岳麓书社本《周易内传》有“并建，而阴阳十二全备也。毁，灭裂之也，谓人灭裂乾坤”句，疑有错行。

之象，则姤之一阴何自而生，复之一阳何自而来？剥之五阳归于何所？夬之五阴返于何地？变通无本而祸福无端，无以见《易》矣。抑不知阴阳之盈虚往来，有变易而无生灭，有幽明而无有无，则且疑二卦之外，皆非乾坤之所固有，而乾坤有息灭之时，于是而邀利于一时、幸功于一得，则自强不息之学可废以从时，承天时行之德可逆之以自便，德不崇而业不广，苟且趋避于吉凶之途，道之所以不明而不行也。《易》始于伏羲，而大明于文王。夏、商之世，《易》道中衰。《连山》、《归藏》，孔子之世犹有存者，而圣人不论，以其毁乾坤而欲见《易》也。如此，则京房八官世应迭相为主，奖六子以与乾坤并列；秦玠复、姤为小父母之说，皆所谓毁乾坤而不见《易》者也。此节与上下文义不相属，盖亦错简疑在第六章之末。

嵩焘案：何氏楷云："乾坤以九六言，乾一阳画对坤一阴画，成其奇偶之列，而奇偶之交互相易以成六十四卦者，立乎其中。盖《易》之所以为《易》，乾九坤六之变易也，乾坤毁其列则无以见奇偶交互相易之用，乾无以变其为阳，坤无以变其为阴，而乾坤奇偶之画亦将自此灭息而不能有所生生矣。"

是故形而上者谓之道，形而下者谓之器。

"形而上"者，当其未形而隐然有不可逾之天则，天以之化，而人以为心之作用，形之所自生，隐而未见者也。及其形之既成而形可用，形之所可用以效其当然之能者，如车之所以可载、器之所以可盛，乃至父子之有孝慈、君臣之有忠礼，皆隐于形之中而不显。二者则所谓当然之道也，形而上者也。"形而下"，即形之已成乎物而可见可循者也。形而上之道隐矣，乃必有其形，而后前乎所以成之者之良能著，后乎所以用之者之功效定，故谓之

"形而上"，而不离乎形。道与器不相离，故卦也、辞也、象也，皆书之所著也。器也，变通以成象辞者，道也。民用，器也；鼓舞以兴事业者，道也，圣人之意所藏也。合道、器而尽上下之理，则圣人之意可见矣。

化而裁之谓之变，推而行之谓之通，举而措之天下之民谓之事业。

此言《易》之功用，尽于象、辞变通之中也。"化"、"裁"者，阴阳之迭相变易以裁其过，而使刚柔之相剂。"推"、"行"者，阴阳之以类聚相长而相属，即已著之刚柔更推而进，尽其材用也。此以形而上之道，为形之所自殊，可于器而见道者也。以其变通之义合于已成之象，而玩其所系之爻辞，举是而措之于民用，观其进退合离之节，以择得失而审吉凶，则事业生焉。此以形而发生乎用之利，可即器以遇道者也。圣人作《易》之意，合上下于一贯，岂有不可见之秘藏乎！

嵩焘案：五谓以演变通尽利之意。

是故夫象，圣人有以见天下之赜而拟诸其形容，象其物宜，是故谓之象；圣人有以见天下之动而观其会通，以行其典礼，系辞焉以断其吉凶，是故谓之爻。

承上文申言之。象、辞之中，变通在焉，事业兴焉。辞以显象，象以生辞，两者互成，而圣人作《易》之意无不达矣。

极天下之赜者存乎卦，鼓天下之动者存乎辞，化而裁之存乎变，推而行之存乎通。

此言学《易》者即卦象爻辞变通而尽圣人之意，以利其用也。

"存"，在也，在即此以知其理也。"极"，尽也，具知事物小大险易之情状也。六十四卦，天道、人事、物理备矣，可因是以极其赜也。"动"，兴起于善也，玩其辞而劝戒之情自不容已也。"化而裁之"者，人之于事业有所太过，则刚以节柔，柔以节刚，于卦之变而得其不滞之理。"推而行之"者，苟其所宜然，则刚益刚而不屈，柔益柔而不违，即已然之志行而进之，于卦之通而得其不穷之用也。如此，则可以尽圣人之意矣。

神而明之，存乎其人。默而成之，不言而信，存乎德行。行，下孟反。

承上而推言之。欲见圣人之意以尽《易》之理，又存乎人之德行，而非徒于象、辞求之，或不验于民用，则归咎于书也。《易》本天道不测之神；神，幽矣，而欲明著之于事业以征其定理，惟君子能之，非小人窃窥阴阳以谋利计功者所知也。若默喻其理，而健顺之德有成象于心，不待《易》言之已及而无不实体其道，惟修德砥行者体仁合义，自与《易》契合，而信《易》言之不诬也。

右第十二章。此章专言学《易》之事，然占《易》者亦必于化裁推行之妙，考得失而审吉凶之故；不然，则亦泥辞而不验矣。存乎人之德行，则惟君子可以筮而小人不与之理也。

嵩焘案：六存以演鼓舞尽神之意。

周易内传笺卷六

系辞下传

八卦成列，象在其中矣。因而重之，爻在其中矣。重，直龙反。

“成列”，谓三画具而已成乎卦体，乾、坤、震、巽、坎、离、艮、兑交错以并列也。“象”者，天、地、雷、风、水、火、山、泽之法象；八卦具而天地之化迹具其中矣。“因而重之”者，因八卦之体，仍而不改，每画演而为二，以具阴阳、柔刚，仁义之道也。“爻”者，效也。重三为六，则天地之化理、人物之情事，所以成万变，而酬酢之道皆呈效于其中矣。三画者，固然之体；六画者，当然而必然之用。人之所以法天而应物者，非三百八十四爻莫尽其用。阴阳具而后天效其神，柔刚具而后地效其化，仁义具而后人效其德。重一为二，合二于一也。故屯、蒙以下五十六卦，类以事理立名，明其切于用也。旧说以三画之上复加三画为重，此据《彖传》“动乎险中”、《大象》“云雷屯”之类，以成卦而后内贞外悔，因其现成之象而言，自别为一义。若以伏羲画卦及筮者积次上生而成六爻者言之，则非内三画遽成乎八卦，而别起外三画以层累之。故《传》言参三才而两之，合二爻而为一位也。“重”者，一爻立而又重一爻也。故此于八卦言象，于重卦言爻。而屯、蒙以下之卦，皆性情功效之动幾，非象也，则非一象列而又增三画为一象。今遵夫子参两因重之义，为重卦图如右：

因乾☰而重

䷀乾䷌同人䷈小畜䷪夬

䷤家人䷰革䷄需䷾既济

因坤☷而重

䷁坤䷆师䷏豫䷖剥

䷧解䷃蒙䷢晋䷿未济

因震☳而重

䷥睽䷔噬嗑䷨损䷵归妹

䷚颐䷲震䷒临䷗复

因巽☴而重

䷦震①䷯井䷞咸䷴渐

䷛大过䷸巽䷠遯䷫垢

因坎☵而重

䷱鼎䷷旅䷑蛊䷟恒

䷳艮䷽小过䷭升䷎谦

因离☲而重

䷂屯䷻节䷐随䷩益

䷹兑䷼中孚䷘无妄䷉履

因艮☶而重

䷅讼䷋否䷺涣䷮困

䷓观䷬萃䷜坎䷇比

因兑☱而重

䷣明夷䷊泰䷶丰䷕贲

䷡大壮䷙大畜䷝离䷍大有

初、三、五，八卦之本位，二、四、上，其重也。所重之次，

---

①震：当为“蹇”。

阳卦先阳，而阴自下变；阴卦先阴，而阳自下变；故交错而成列。重卦次序，于义不必有取。坎重艮，离重兑，艮重坎，兑重离，皆阴阳偶合之条理，自然之变化，不可以意为推求。盖象成而后义见，此方在经营成象之初，未尝先立一义以命爻。《易》之所以以天治人，而非以人测天也。故于八卦言象，而于重言爻。重卦但备爻以该三才之道，初不因象而设。爻备而复有象，象在爻后，则《彖传》、《大象》之说，取二体之德与象以立义，自别为一理，不可强通之于因重。若京房乾生姤、震生豫之说，则又下文刚柔相推之馀义，非伏羲重三为六之本旨，其说又别，所谓《易》之为道屡迁也。

刚柔相推，变在其中矣。系辞焉而命之，动在其中矣。推，吐回反。

“推”即所谓相摩相荡也。刚以乘刚，柔以继柔，常也。其摩荡而相间者，天之化，人之事变所由生也。六十四卦具，而中有阴阳互杂之爻，则物理人事之变，皆其所备著矣。“命”，以告占者也。因爻之动，而系之以辞，则人之进退作止，所以善其动者，皆其中所蕴之理矣。此上二节，言《易》理之利用于人者。

嵩焘案：变即动也。变以蓍言，动以爻言，刚柔互易，相推相荡而生变，命之辞而吉凶悔吝莫能违之，而可以测动之机。

吉凶悔吝者，生乎动者也。

吉凶悔吝，辞之所著也。爻动、则时位与事相值，而四者之占应之。此以申明“动在其中”之意，而言发动之爻，为所动之得失。昧者不察，乃谓因动而生四者，吉一而凶三，欲人之一于静以远害，此老庄之馀沖，毁健顺以戕生理，而贼名教者也。

刚柔者，立本者也。变通者，趣时者也。趣，七俞反。

言“刚柔”者，以爻有成形，依地道而言之，天之阴阳、人之仁义皆在其中，其象数则统于奇耦也。以健顺之全体，起仁义之大用，而合九、六之定数，为爻之实、卦之本也，即三才合德之本也。其“变”、其“通”，则刚柔有必动之时，而成乎交错；当其时，立其义，人之乘时速应而不滞以效此者也。时虽必趣，而本之已立，乃可以乘时而趣之. 故下言贞一之理，以归其德于健顺，急立本也。

吉凶者，贞胜者也。天地之道，贞观者也。日月之道，贞明者也。天下之动，贞夫一者也。胜，音升。观，古玩反。夫，音扶。

“贞”，正也，常也；刚柔之定体，健顺之至德，所以立本，变而不易其常者也。吉凶之胜，天地之观，日月之明，人事之动，皆趣时以效其变，而必以其至正而大常者为之本也。“胜”者，道足以任之谓。吉而不靡，凶而不忧，足以胜吉凶而德业不替者，此贞也。天之七政有隐见、四时有推移，地之荣枯殊候、融结殊质，而一惟其健顺之至足，以具大观于迭运者，此贞也。日月有发敛、有盈缩，而阳明外施，阴虚内涵，一刚柔至足之德者，此贞也。天下之动，虽极乎万变之至赜，而非善则无恶，非得则无失；仁义之流，至于充塞仁义，而惟趣时之变所至，若其所自来，则皆二气细缊，迭相摩荡，分而为两仪者，同函于太极之中，莫非此贞也。阴阳之外无太极，得失顺逆不越于阴阳之推荡，则皆太极浑沦之固有，至不一而无不一者，此贞也。是以乾坤立本，而象爻交动以趣时，莫不出于其中也。

嵩焘案：下筮之用，使人趋吉避凶而已矣。圣人示之以贞胜，体刚柔之用，研动静之机，以心通于神明而贞其大胜。吉凶者，非可以趋避之术测之者也。下二语以天地日月证之人事之动而发明之。

夫乾，确然示人易矣。夫坤，隤然示人简矣。爻也者，效此者也。象也者，象此者也。易，以豉反。隤，与颓同。

"确然"，至健而不虚之谓。"隤然"，至顺而不竞之谓。乾坤二纯，立体于至足而不杂，则易简之至也。此指乾坤易简。爻之吉凶悔吝、卦象之大小险易，趣时以变通者各异，而无非此乾坤易简，一实至足之理；则刚柔之德，以立本而贞天下之动者，皆函于两仪合一之原。知太极之藏，惟两仪之细缊不息，易简以得天下之理；爻象效而像之，岂越此哉。

爻象动乎内，吉凶见乎外，功业见乎变，圣人之情见乎辞。见，胡甸反。

幾之初动者曰"内"，事应之生起者曰"外"。立本以趣时，则随爻象之所动，而吉凶之理著。因其变而以行乎吉凶之途，得其贞胜，则无往而不可成功业。圣人之《系辞》，无非以此鼓舞天下，使因时务本，以善其动，合于贞一之道而已。

天地之大德曰生。圣人之大宝曰位。何以守位曰仁。何以聚人曰财。理财正辞，禁民为非曰义。

此节上下疑有脱误。大要以明重三画而六之，阴阳、柔刚、仁义，合二以立极之理，著爻之所效也。"天地之大德曰生"，统阴阳柔刚而言之。万物之生，天之阴阳具而嘘吸以通，地之柔刚具而融结以成；阴以敛之而使固，阳以发之而使灵，刚以干之而使立，柔以濡之而使动。天地之为德，即立天立地之本德，于其生见之矣。位也，财也，仁也，义也，圣人之立人极不偏废者也，所以裁成辅相乎天地，而贞天下之动者也。卦中三、四二爻，三为人之正位，于圣人为位；四为出治之道，于圣人为财；仁以守位，义以理财，则人位二爻之德也。君道止于仁，惟为民父母，而后可为元后，仁所以守位也。仁者，位中所有之德也。义者，取舍而已，非义而取，则上有匿情，虽责民以善而辞不昌，民乃不服。财散民聚，而令下如流水矣。义者，于财而著者也。仁义之藏生于人心一阴一阳之成性，而此于守位聚人言之者，自其效天下之动以利用者言也。仁义并行，而后圣人之尽人道者，配天地之德以善天下之动，则六位以尽三才，其效益著明矣。

右第一章。此章约天下之动于爻象变动之中，而又推原立本之乃以趣时，举而归之于乾坤之易简；抑且约之于贞一，以见《易》之大用，极于博而约，极乎变而常。至足，则六位三才之道也；至实，则健顺也；至一，则太极也。其文显，其义微，圣人作《易》之大指，尽于此矣。

嵩焘案：细玩此节，文义所以发明吉凶贞胜之义。吉凶者，圣人所与人同者也，而天下吉凶得失之数，莫甚于位与财。位者，所以治人；财者，所以养人。位与财，天下人心忧喜之所聚，圣人与民同患，财位二者亦圣人所以制天下之权，体天地之心，以导民于善者也。故吉凶之端常兆于位与财。而守位者仁，理财者义，惟圣人为能窥天地之藏，而贞其大胜，爻象之动，吉凶之见，无以逾焉者也，故于此章之末严而立之。

古者包牺氏之王天下也，仰则观象于天，俯则观法于地，观

鸟兽之文与地之宜，近取诸身，远取诸物，于是始作八卦，以通神明之德，以类万物之情。包，薄交反。王，于放反。

“王”犹君也。“文”谓羽毛齿革之可登于用者。“地之宜”，地产所宜，草木金石之利，若“秦宜禾”是也。“明”，神之著也。通其德者，达天地神化之理于事物也。“类”，分之合之以成用。“情”，实也。将言制器尚象之理，而先推八卦之所自作，已尽天地人物之性情功效，而一阴一阳神明之德寓焉，故可因其象以制器也。六十四卦皆伏羲所作，但言八卦者，八卦立而贞悔二体上下交互，皆不出八卦之成象也。

作结绳而为网罟，以佃以渔，盖取诸离。佃与畋同。

“网”，兽网。“罟”，鱼罟。离为目象，外为轮郭而中虚。目目相承，网罟之象，禽鱼自丽其中。

包牺氏没，神农氏作，斫木为耜，揉木为耒，耒耨之利以教天下，盖取诸益。

“耜”，今之犁头。“耒”，犁辕。古者耜端无铁，削木锐而用之。“耨”应“耜”字之讹。益卦一阳下入为耜，阳刚之锐也；中三阴为耒之曲，阴柔曲也；上二阳为耒柄，动而入土。益之象，旧说以卦名而略其义。案《经》云“制器者尚其象”。则义在象而不在卦名。若此节以耒耜为益于天下，则凡器皆益，不独耒耜，故所不取。馀放此。

日中为市，致天下之民，聚天下之货，交易而退，各得其所，盖取诸噬嗑。

“得其所”，得其所欲也。离在上，为“日中”。噬嗑之象，上下二阳，设为关肆；阴为民为利；九四象有司治市者，讥察于中，使三阴各退，不终合，以免黩货无厌也。

神农氏没，黄帝、尧、舜氏作，通其变，使民不倦，神而化之，使民宜之。《易》穷则变，变则通，通则久，是以自天佑之，吉无不利。黄帝、尧、舜垂衣裳而天下治，盖取诸乾坤。

兼言三圣者，上古之世，人道初开，法制未立，三圣相因，乃以全体乾坤之道而创制立法，以奠人极，参天地而远于禽狄。所以治天下者，无非健顺之至理，而衣裳尤其大者也。“不倦”者，乾之健行。“宜民”者，坤之顺德。“通其变”者，卦体阴阳，互为参伍而乾无不行于其间，法其健以奖民而兴于行，民乃去其嘘嘘于于之怠气而不倦。“神而化之”者，阴主形，阳主神，阴性凝滞而承天时行，以天之神，化地之形，坤之所以行地而无疆，法其顺以使民因嗜欲之情而率由乎道，以化其质，民乃安于日用饮食而帝则而自顺，无不宜也。《易》之为位为爻，乾坤之变通而已。穷极则阴阳互易以相变；变不可久居，则又顺而通之，使阴阳各利其用。变通合，而出入千万变者皆贞其道，乃万世而无敝，此三圣之创制立法，所以利百姓之用而上承天祐也。法制之兴，衣裳，人道之尤大者，所以别尊卑之等，则天尊地卑之象；所以别男女之嫌，则阴阳分建而不相杂之象。而上元以法天，下纁以法地，衣九章以阳之文，裳十二幅以两阴之质，无不取则焉。盖衣裳之尽制，若无益于民用，而裁制苟且，但便于驰驱辗转，则民气怠于简束而健德泯，生其鷙戾而顺理亡。故乾坤毁而易道不立，衣裳乱而人禽无别，三圣之立人纪而参天地者在焉，故他卦不足以拟其大，而取诸乾坤。

刳木为舟，剡木为楫，舟楫之利，以济不通，致远以利天下，盖取诸涣。

为舟之始，剖大木而刳其中，今岭南犹有独木船，其遗制也。“剡”，削其末使锐，以刺入于岸也。涣卦，三、四二阴为中虚，五、二二阳为两舷，上一阳象篙楫，初阴浮于水之象也。又巽木浮坎水之上，风以济，风能致远，皆舟象也。惟此卦巽为木，见于《彖传》。而《睽》亦言弦木剡木，卦无《巽》体，不可疑木之必于为《巽》。若旧说谓《益》两言斫木揉木，为《震》、《巽》皆木，其说亦出于《火珠林》之牵合。唯《巽》一阴下入，象木之根入土中，二阳在上，象木之枝条舒畅，故有木象。《震》体反是，非木审矣。①

服牛乘马，引重致远，以利天下，盖取诸随。

随上一阴引二阳，牛曳二辕大车以载重之象；二、三二阴引一阳，四马并驾引轻车之象。

嵩焘案：何氏楷云：“随，震下兑上。震本坤所变，坤为牛，一奇画在后者，阳实而大，引重之象。兑本乾所变，乾为马，一偶画在前者，大道开张，致远之象。”与船山说互异。要之，随卦取象以二阳随一阴，以一阳随二阴，阳为重而阴引之以行，有负重致远之象。以上下卦分贴牛马，转涉纤巧，非圣人取象大意。

---

①本段守遗经书屋本、金陵本作“惟《涣》于《巽》言木，见于《彖传》。《巽》一阴入下，二阳上敷，有根株之象焉。《震》体反此。旧说谓《益》剡木揉木，取《震》，《巽》皆木，乃《火珠林》牵合五行之陋。《震》之为木，《经》所不言。且《睽》无《震》、巽，亦言弦木剡木。《巽》且不必为木，而况《震》乎！”录以备考。

重门击柝，以待暴客，盖取诸豫。重，直龙反。

阴爻象门之两扉。豫，内三阴、外二阴为“重门”。九四阳亘其中，象抱关击柝者。又震为雷，柝以象雷而惊众。“暴客”，客之为暴者。古者假道之客，或包藏祸心，故必防之。旧说取豫备之意，乃豫本张大逸乐之义，无先事豫备意。凡此类，违失本旨，故不取。

断木为杵，掘地为臼，臼杵之利，万民以济，盖取诸小过。断，都管反。

古之为臼者，掘地作坎，爇之使坚；后世易之以石。小过上下四阴，象臼之棱；坎中二阳，象杵入其中。又下止上动，震、艮之象。

弦木为弧，剡木为矢，弧矢之利，以威天下，盖取诸睽。

二与上为弓干；五与三，其曲也；四象弦；初，其矢也。

嵩焘案：离为矢，矢前镞后括，实中笴虚，故象离。坎为弧，弧中弣强，上下两梢弱，故象坎。兑三互坎，矢加弧上，斯以及远而威行下。二爻象人之用弧矢者。

上古穴居而野处，后世圣人易之以宫室，上栋下宇，以待风雨，盖取诸大壮。上，时掌反。下，户嫁反。

“上栋”，竖栋而上之也。“下宇”，从上垂下也。四阳象栋柱上升。二阴象苫盖下垂。下明象阳，上暗象阴。

古之葬者，厚衣之以薪，葬之中野，不封不树，丧期无数，后世圣人易之以棺椁，盖取诸大过。衣，于计反。

“中野”，谓不必墓域也。“无数”，厚薄久近惟人之意也。棺椁具而丧制备矣。大过中四阳，重固坚实之象，藏于初、上二阴之中。古者天子之棺四重，举其极厚者而言也。

上古结绳而治，后世圣人易之以书契，百官以治，万民以察，盖取诸夬。

“书契”，书木版各分其一以为约，左以取，右以与，若今之合同文书然。“治”谓分理众事之期会。“察”，辨别取与之义也。夬五阳连合，上一阴有分剖之象，离而固可合也。

右第二章。略举十三卦以言“制器尚象”之义。凡圣人之制器以利民用者，盖无不合于阴阳奇偶错综之理数，类如此。圣人非必因卦而制器，而自与卦象合，故可经久行远，而人不能违。即在后世，损益古法以从服食居处修事之便，其能与阴阳象数吻合者，则行之永而与圣人同功；其师心妄作奇巧，无象可法者，旋兴而旋敝。且如蒙恬作笔，下刚长而上柔短，亦夬之象。洪武初，始制网巾，上下束合，而中目繁多，亦颐之象。舟之有帆，本末奇而中偶，乘风以行于泽，亦大过之象。故曰：“以制器者尚其象。”凡制器者皆当取法，非徒古圣然也。

嵩焘案：十三卦取象，首离、次益、次噬嗑，以食货为先，历黄帝、尧、舜而礼制兴焉，乾坤相依而尊卑上下之分定；次涣、次随，舟车之利兴而后及远；于是次豫以诘奸，次小过以利民食，次睽以讨叛，次大壮以奠民居，次大过而养生送死之道备，终之以夬，盖万世文字之祖肇于画卦而备于书契尔。

是故《易》者象也。

由理之固然者而言，则阴阳交易之理而成象，象成而数之以得数。由人之占《易》者而言，则积数以成象，象成而阴阳交易之理在焉。象者，理之所自著也。故卦也，爻也，变也，辞也，皆象之所生也，非象则无以见《易》。然则舍六画奇偶往来应违之象以言《易》，其失明矣。

象也者，像也。

此“象”谓卦之“大象”。像者，因其已然之形状而写之。象已成乎可像，故因而想像其道之如此。此“自强不息”以下诸义之所自生，因乎象之已成也。

彖者，材也。爻也者，效天下之动也。是故吉凶生而悔吝著也。

“材”者体质之谓，“效天下之动”则其用也。有此体乃有此用；用者，用其体，惟随时而异动尔。吉凶自外至，故曰“生”；悔吝存乎心而见乎事，故曰“著”。吉凶悔吝，辞之所生所著也，因爻而呈，而爻亦本乎彖所固有之材。材者，画象之材也。非象无彖，非彖无爻，非彖与爻无辞，则大象、彖、爻、辞占，皆不离乎所画之象。《易》之全体在象，明矣。邵子曰：“画前有《易》”，不知指何者为画前也？有太极即有两仪，两仪即可画之象矣。

右第三章。此章示人读《易》之法，以卦画为主。

阳卦多阴，阴卦多阳，其故何也？阳卦奇，阴卦偶。奇，居宜反。

此据三画之卦而言。阴爻三分阳爻而缺其一。一函三，阳为九，阴为六。震、坎、艮之数二十一，三乘七，阳数也。巽、离、兑之数二十四，三乘八，阴数也。三复函三，震、坎、艮之数六十三，七乘九，阳数也。巽、离、兑之数七十二，八乘九，阴数也。六画之卦，一阴之卦六，其数五十一；一阳之卦六，其数三十九；三阴三阳之卦二十，其数四十五；凡三十二卦皆奇。六阳之卦一，其数五十四；六阴之卦一，其数三十六；二阴之卦十五，其数四十八；二阳之卦十五，其数四十二；凡卦三十二卦皆偶。一阳一阴、三阴三阳之卦为阳卦。六阴六阳、二阴二阳之卦为阴卦。抑必有说，先圣未言，以俟知者。

其德行何也？阳一君而二民，君子之道也；阴二君而一民，小人之道也。行，下孟反。

据以为道者曰“德”，奉之以行者曰‘行”。卦之体用如是，而人之用之以成体者，亦如是也。奇谓之“一”，偶谓之“二”。“君”者，立以为本；“民”者，使从所主而行也。“一”者，九之全体，名不足而实有馀；“二”者，三分九而得其六，名有馀而实不足。君子之道，主一以统万行，以循乎天理，极其变而行之皆顺，充实于内也。小人之道，义利、理欲两端交战，挟两可之心以幸曲全，而既不足于义，必失其利，所歉于中者多矣。震以动于善，艮以止其恶，坎虽陷而有维心之亨，皆以阳为君也。巽求入而情隐，兑求说而外饰，离虽明而必丽阳以求明，外明而内实暗，皆以阴为君也。用阴阳者不在多寡，而在主辅之分，故君子以小体从大体，而声色臭味皆受役于宰制之心，小人以大体从小体，而心随所交之物变迁而无恒，所遵之道异也。

右第四章。此章言学《易》之道。

《易》曰：“憧憧往来，朋从尔思。”子曰：天下何思何虑！天

下同归而殊途，一致而百虑，天下何思何虑！

“天下”，谓事物之与我相感，而我应之受之，以成乎吉凶得失者也。君子之思，以思德之何以崇；其虑也，以虑义之未能精。故曰“君子有九思”，又曰“虑而后能得”。此咸之九四所以贞吉而悔亡也。若天下之殊途百致，一往一来之无定，为逆为顺，为得为丧，为利为害，为生为死，则本无所容其思虑者。盖天下之物，为造化一本之并育；天下之事，为天运时行之进退。贫贱、富贵、夷狄、患难，莫非命也则一致，皆道之所行也则同归。穷理以尽性，修身以俟命，君子之尽心惟日不足，而何暇为天下思虑也？思其得，虑其不得，吉来则惊，往则忧，凶往则幸，来则患，事物百变于前，与之交驰而内丧其志，物交而引，朋从之所以失其贞也。咸四当心与物感之位，故戒之。

日往则月来，月往则日来，日月相推而明生焉。寒往则暑来，暑往则寒来，寒暑相成而岁成焉。往者屈也，来者信也，屈信相感，而利生焉。推，吐雷反。信，与伸同。

“推”者，迭运而相承之谓。“日月相推”者，月惟于日往入地之时而来，则明生；若并行于天，则失其明。“岁成”，谓生成之岁功以登也。“屈信”以指喻，同此一体，特用异尔。“屈信相感”者，达于屈信之理，而感其心以不凝滞于往来之迹，而于屈存信、于信存屈也。“利生”者，信亦利，屈亦利，无所不合于义也。此夫子博观于天地人物之化、生死得丧之常，而见一理之循环，无非可受之命、可行之道，故极言之，以见同归一致之理，而无事思虑以从其朋，感物而丧其志也。往者非果往也，屈而已矣。来者非终来也，信而已矣。故死此生彼、非有区画之报，而归于大化之细缊。善吾生者所以善吾死，屈则鬼而信则神，听其往来之自致，而贞一之体不丧，则清明和顺之德不息于两间，形神聚散，交无所乱矣。死生且然，而况于物之顺逆、事之得丧乎！同一指也，同归而一致者也。其殊途而百虑者，为得为丧，为进为退，为利为害，圣人视之，屈信异而指无殊；若见为往而戚焉，见为来而䜣焉，外徇物而内失己，屈而不能信，信而不能屈，指之用丧，而指之体亦废矣。故曰"何思何虑"，为天下之往来言也。知其憧憧者不越于一指，而爱养其指，全体以待用者不穷，感以其同归一致，而不感以其往来，不贞之思虑何从而起乎？

尺蠖之屈，以求信也。龙蛇之蛰，以存身也。

"尺蠖"，小虫，耸脊而后行。古人布手知尺，以大指中指一屈一信而为一尺；此虫似之，故名尺蠖。屈信自然之理势，皆无所容其思虑，而人之朋从其思者，当其屈，不安于屈而求信，而不知屈之所以信，乃同归一致之理，故以尺蠖，龙蛇为拟，而言不能屈则不能信。故舜惟与木石鹿豕同其屈，而沛然江河之善，莫之能御，有天下而若固有之，皆其豫定之诚，受命以事天，而不于往来之顺逆劳其思虑，丧其守而不足以行也。

精义入神，以致用也。利用安身，以崇德也。过此以往，未之或知也。

"致用"、"崇德"，君子之所思虑者，此而已矣，以其为同归一致之本也。此指上文而言。过此，则天下之殊途而百致者也。"精义"者，察伦明物，而审其至善之理，以合于吾心固有之制，非但徇义之迹而略其微也。"入神"者，义之已精，不但因事物以择善，益求之所以然之化理，而不测之变化皆悉其故，则不显之藏昭彻于静存，而与天载之体用相参也。此静而致其思虑于学修，无与于外应之为，而致之用者有本而不穷，张子所谓“事豫吾内，求利吾外”也。“利用”者，观物之变而知之明、处之当，则天下之物，顺逆美恶，皆惟吾所用而无有不利。“安身”者，随遇之不一，而受其正、尽其道，则素位以行而不忧不惑，无土而不安；此动而出应乎天下，非欲居之以为德，而物不能乱，境不能迁，则德自崇，张子所谓“素利吾外，致养吾内”也。此内外交养之功，动为信，静为屈；静而致用，则不穷于往；动而崇德，则益裕其来；故朱子谓“推屈信往来之理以言学”。乃精义入神以立体，利用安身以起用，体立而用乃可行，则屈以求信之理亦在其中，往来密运于心，而不朋从于天下。天下之屈我信我者，本不可逆亿以知，而一付之不可知之化，不求知焉，则圣人所以贞生死、贞得丧，而终无悔也。后之学《易》者，于过此以往不可知之数，乃至一物之成毁、一事之利钝，强以数推而求知，用思虑于往来殊异之憧憧，以计瓶花磁枕之兴废，亦异于圣人之言矣。

嵩焘案：下九爻皆以发明此爻之义。因解、噬嗑、否、鼎，言利用之事；豫、复、损、益，言精义之事。

穷神知化，德之盛也。

“神”者化之理，同归一致之大原也；“化”者神之迹，殊途百虑之变动也。致用崇德，而殚思虑以得贞一之理，行乎不可知之途而应以顺，则“穷神”。过此以往，未之或知者付之不知，而达于屈必信、信必屈、屈以善信之道，豁然大明，不以私智为之思虑，则“知化”。此圣人之德所以盛也。盖人之思也，必感于物而动，虽圣人不能不有所感，而所感于天人之故者，在屈信自然之数，以不为信喜、不为屈忧，乃以大明于阴阳太极，同归一致之太和。不然，则但据往来之迹以为从违而起思虑，则于殊途百虑之中逐物之情伪，朋而从之，是感以乱思，而其思也，适以害义而已。夫子引伸以极推其贞妄之由，为圣学尽心之要。不知者乃谓“何思何虑”为吾心之妙用，此释、老贼道之馀沈，不可不辨也。

《易》曰：“困于石，据于蒺藜，入于其宫，不见其妻，凶。”子曰：非所困而困焉，名必辱；非所据而据焉，身必危；既辱且危，死期将至，妻其可得见邪！邪，以遮反。

欲以困人而败其名，清议自定，不可掩也。望援于不可恃之人，欲以安身，而人不我应，徒召侮而已。小人呼党以与君子为难，自取死亡，君子弗庸以为忧，困之必亨也。

《易》曰：“公用射隼于高墉之上，获之无不利。”子曰：隼者禽也，弓矢者器也，射之者人也。君子藏器于身，待时而动，何不利之有！动而不括，是以出而有获，语成器而动者也。“射之”之射，食亦反。

“禽”之为言获也，所欲获之鸟也。“器”者，君子乘权以治小人之道也。上六得位，而柔不急于解，故曰“藏器”。“待时”者，六五惑解而后可治三也。震之德动，二阴虚中为“不括”；志已定，道已胜，时已至，则“成器而动”矣。所待在时，而必先有动而不括之道，乃可以时至而必动。君子解悖之道，不与争以求胜；时至道行，则廓然白其志于天下，小人自孚。迫于解者，惟道之不足，东汉党人所以愈解而愈纷也。

子曰：小人不耻不仁，不畏不义，不见利不劝，不威不惩。小惩而大诫，此小人之福也。《易》曰：“屦校灭趾，无咎。”此之

谓也。

“不耻不仁”，故必利以劝之；“不畏不义”，故必威以惩之。噬嗑之初，尚可惩而使诫，用刑于早，以免小人于恶，薄惩焉可也。

善不积不足以成名，恶不积不足以灭身。小人以小善为无益而弗为也，以小恶为无伤而弗去也，故恶积而不可掩，罪大而不可解。《易》曰：“何校灭耳，凶。”

“何校”，犹未诛也，“灭耳”而不听，恃罪之小而成乎大。上九自恃居高而刚愎，则杀之而必不可赦。合二爻治狱之轻重，见君子之用刑，始于惩诫，而教之不改，则天讨必伸。凶惟小人之自取，非君子有心于其间也。

子曰：危者，安其位者也。亡者，保其存者也。乱者，有其治者也。是故君子安而不忘危，存而不忘亡，治而不忘乱，是以身安而国家可保也。《易》曰：“其亡其亡，系于苞桑。”

“乱”谓纲纪废、上下紊也。乱者，危亡之由；治所以安存之道也。“有其治”，谓方乱之时，治之道固在，但能念乱，则即此土地、人民、政事而治之，理存其中矣。否九五本有休否之德，而夫子推言之。虽安静不失其常度，而中心之兢惕，未常忘危亡之戒，外不妄动，而内积扰危。“其亡其亡”，非徒其势然也，大人之操心固如此也。

子曰：德薄而位尊，知小而谋大，力小而任重，鲜不及矣。《易》曰：“鼎折足，覆公餗，其形渥，凶。”言不胜其任也。知，去声。鲜，思浅反。胜音升。

贪以敛怨于下则德薄，意计不出苞苴牍竿之中则知小，众所不与则力小。小人非无才，而志污情柔，则终于卑陋。“鲜不及”者，灾害并至也。“不胜其任”，戒有国家者不当任之。或谓圣人非责人以德厚而知力大，但戒其勿贪大位，其说迂矣。小人之贪大位，五鼎烹而不恤，岂能戒之使退者。《易》不为小人谋，示君子处小人之道尔。

子曰：知幾其神乎！君子上交不谄，下交不渎，其知幾乎！幾者动之微，吉之先见者也。君子见幾而作，不俟终日。《易》曰：“介于石，不终日，贞吉。”介如石焉，宁用终日，断可识矣。君于知微知彰，知柔知刚，万夫之望。

“介于石”，静之笃也。“不终日”，动之捷也。豫之卦德本动，而六二静正自守，嫌于不足以动。乃天下动而有所滞累者，皆立心不固，以利欲累其进退，持己无本，则倚于人而随物以靡，谄上渎下，求济其欲，而为人所掣，不能自主矣。惟不谄不渎，正己而无求，则上不能制，下无所牵，进退绰有馀裕，不待事变之著，吉凶已有成形，而得失之理决于当念。从其后而观之，何其知幾之早，同于神化！而君子所守者至正之理，黑白之辨显著于前，如饥食渴饮之自喻，不待动念而早觉，非以机智相测也。微之必彰，知之不昧，而以或刚或柔应天下者不爽，天下于其出处语默卜治乱焉，则可谓之至神矣。周子曰：“无欲故静。”又曰：“静无而动有。”谄、渎无他，私欲乱之耳。“介于石”，无欲之至也。《本义》云：《汉书》“吉”、“之”之间有“凶”字。

子曰：颜氏之子，其殆庶幾乎！有不善未尝不知，知之未尝复行也。《易》曰：“不远复，无祇悔，元吉。”“复行”之复，扶又反。

“庶幾”，合于复初之德也。初九一阳起于五阴之下，至静之中而动幾兴焉，则知无不明，而行无所待矣。盖静而存养之功已密，则天理流行，而大中至正之则，炯然不昧，故一念甫动，毫厘有差，即与素志相违而疾喻其非，隐而莫见，微而莫显，省察之功易而速矣。故愚尝谓庸人后念明于前念，君子初幾决于后幾。后念之明，悔之所自生也。初幾则无事于悔矣。不睹不闻之中，万理森然，而痛痒自觉，故拔一发而心为之动，此仁之体也；于静存之，于动著之也。

天地絪缊，万物化醇；男女构精，万物化生。《易》曰：“三人行则损一人，一人行则得其友。”言致一也。

“絪缊”二气交相入而包孕以运动之貌。“醇”者，变化其形质而使灵善，犹酒醴之酿而醇美也。“男女”，兼牝牡雌雄而言。“化醇”，化其气而使神。“化生”，化其形而使长。神在气之中，天地阴阳之实与男女之精，互相为体而不离，气生形，形还生气，初无二也。男女者，阴阳之成形，天地之具体，亦非二也，从其神理形质而别言之耳。天地之理至足，故函三而用一。“致”者，奉而与之之谓。天致其一于上而成艮，地致其一于三而成兑，交相致以合同而化，乃以保泰而通山泽之气。若吝于损而不致，则化不行矣。故三人同行，而损一以致之；与异己者行焉，则得友而相益。以善体阴阳之化理，以取益者不私己以自隘，不怙己而交物也。案此言天地化醇，男女化生，形气交资，而生乃遂，则乾坤称父母，而父母一乾坤之理，于此可见。人不能离生以养醇，则父母之恩均于天地，不可专归生化于天地以遗忘父母。仁人孝子，事亲以事天，即此可悟。而天地之化醇、人物蕃育以迄消萎，屈伸于絪缊之内，于天地初无所损；若父母则劬劳以裕吾之生者，皆损己以益其子，故曰“昊天罔极”，尤为人子者所不可不深念也。

嵩焘案：“絪缊”者，气之交，天地以气交合万物而同生，故曰“化醇”。“构精”者，形之交也，万物以形交各成其类，故曰“化生”。

子曰：君子安其身而后动，易其心而后语，定其交而后求。君子修此三者，故全也。危以动，则民不与也。惧以语，则民不应也。无交而求，则民不与也。莫之与，则伤之者至矣。《易》曰：“莫益之，或击之，立心勿恒，凶。”易，以豉反。

“安其身”，自处有道，而不行险以徼幸也。“易”，平也。“易其心”，不以极喜极忧而迫于言也。下专言惧者，惧且不可语，而况可溢喜以妄言邪！“定交”，道合而情孚也。三者皆有恒之道，无损于物，则物自乐于相益；反是者，孤危而害将至矣。益之上九，高危而骄吝，故决言其凶。圣人之言，彻上彻下，日用之所不能违，类如此，尤读《易》者所宜加警。

右第五章。此章与《上传》第八章旨趣略同，盖亦示人拟议之法，而分属上、下《传》者，二《传》皆圣人居恒学《易》有会而言，初未尝自定为全书，迨其为《传》，随汇集而诠次之，因简策之繁，分为上下尔。子曰：“学《易》可以无大过”，亦略见于此矣。极天人之理，尽性命之蕴，而著之于庸言庸行之间，无所不用其极，圣人之学《易》也如此，岂但知盈虚消息之数，而效老庄之以退为道哉！圣人作《易》，俾学圣者引伸尽致，以为修己治人之龟监，非徒为筮者示吉凶，亦可见矣。

子曰：乾坤其《易》之门邪！乾，阳物也；坤，阴物也；阴阳合德而刚柔有体，以体天地之撰，以通神明之德。邪，以遮反。

《易》统六十四卦而言。所从出曰“门”。有形有象而成乎事者，则可名为“物”，谓爻也；言凡阳爻皆乾之阳，凡阴爻皆坤之阴也。“合德”，相合以成德。“体”，卦已成之体也。阴阳合而成六十二卦，各有性情功效，而体因定焉。阳卦体刚，阴卦体柔，体立而用因以著也。“撰”，其所作也。凡物理之不齐、人事之至赜，皆天地健顺之德所变通而生。乾坤之良能，体物不遗，而变之通之者，神明为之也。六十四卦具而乾坤之能事毕，变通之动幾尽焉。要其实，则一阴一阳之用而已。“神明”，神之明也；自其流行谓之“神”，自其昭著谓之“明”。

其称名也，杂而不越。于稽其类，其衰世之意邪！

阴阳变通而成象，则有体。体立而事物之理著焉，则可因其德而为之名。自屯、蒙以下，物理之化，人事之幾，得失良楛，赅而存焉，其类不一，亦至杂矣。然皆乾坤刚柔交感合德之所固有，不越乎天地之撰也。“衰世”，谓文王之世。乾坤之撰，无所不有，而因时以著。在盛治之世，天之理正，物之气顺，而变有所不著。惟三代之末造，君昏民乱，天之变已极，日月雷风山泽，有愆有伏，人情物理，或逆而成，或顺而败，而后阴阳错综不测之化乃尽见于象，《易》之所为备杂卦吉凶之象而无遗。然在天者即为理，一消一长，一盛一衰，初无损于天地之大德，特以劳君子之忧患，而遂见为不正之变；乃体其撰，皆可以尽吾健顺之常，则固不越乎乾坤之合德也。治世无乱象，而乱世可有治理，故惟衰世而后杂而不越之道乃著，而文王体天尽人之意，见乎《彖》、《象》者乃全也。

夫《易》彰往而察来，而微显阐幽，开而当名辨物，正言断辞，则备矣。夫音扶。当，丁浪反。断，丁乱反。

《本义》云："'而微显'当作'微显而阐幽'。'开而'之'而'，疑误。"此以下皆申明"杂而不越"之义。"往"者已著之理，"来"者必然之应。"微显"者，事物之迹皆推其所以然，而示其当然也。"阐幽"，明示其由来之故，必见于事应也。"当名"，因象立名，允当而卦德以著也。"言"者辞之理。"正言"，定其得失应违之常理也。"断辞"，以辞断其吉凶也。"备"者统上九者而言，皆所谓杂也，推其所从备则不越也。

嵩焘案：所命之事名极其当，玩其名可以知其事；所取之物象极其辨，观其象可以明其意；吉凶利害言极其正，诵其言可以决其效。何氏楷以"开而当"，句言开示切当；"名辨物正"，句言"名"即"称名"之"名"，名以物而辨，物即阴阳之物，以名而正，所谓"杂而不越"也。"言断辞则备矣"，句与"以言乎天地之间则备矣"句同。

其称名也小，其取类也大，其旨远，其辞文，其言曲而中，其事肆而隐，因贰以济民行，以明失得之报。中，陟仲反。行，下孟反。

"名"，谓卦名及辞中所举事物之名也。"小"者，专以一事一物言也。"取类"，取义而推其类也。"大"如：屯，本草出土之象，而可推之建侯；噬嗑，啮合也，而可推之用刑。"旨远"，尽阴阳变化之无穷。"辞文"，依义理以为文，则顺理而成章也。"曲"，委曲于吉凶悔吝之故。"肆"，陈列也，所言之事虽陈列分明，而所以然之理则深隐也。"贰"，疑也，谓有疑而筮也。"报"

者，失得在人事，而吉凶之应不爽也。皆备赞《易》理，以申“杂而不越”之义。惟乾坤以为门，故不可越，而惟衰世，其变乃著。伏羲之易待文王而兴，而并建乾坤以统万象，《周易》之所以轶夏、商而备天人之道也。

右第六章。篇内凡三言衰世之意，以见惟周有《易》，而《易》理大备于周，然则虽果有伏羲之《易》，犹当略之以从周，况其世远亡传，徒为后人所冒袭之虚名乎！

《易》之兴也，其于中古乎？作《易》者，其有忧患乎？

“中古”，殷之末、周之初也。“忧患”者，文王欲吊伐，则恐失君臣之大义，欲服事，则忧民之毒痡，以健顺行乎时位者难，故忧之。周公之居东也亦然。故以研幾精义者，仰合于伏羲之卦得其理，而以垂为天下后世致用崇德之法。旧说谓拘羑里为文王之忧患，非也。死生荣辱，君子之所弗患，而况圣人乎！

是故履，德之基也；谦，德之柄也；复，德之本也；恒，德之固也；损，德之修也；益，德之裕也；困，德之辨也；井，德之地也；巽，德之制也。

文王、周公之志，于此九卦而见，以其时位之相若也。履、谦，阴阳孤而处于忧危之位；复，微阳初起，而重阴居其上；恒，阴阳互相入而相持；损、益，盛衰之始；困、井，阳皆陷于阴中；巽，阴伏于下而干阳；皆殷末周初忧危不宁之象。而圣人履其时，即以九卦为德，则德即成于时位之中，而不他求术以相制胜也。三陈之旨，大率与《大象》取义略同，而参以《彖辞》。“基”，所以自立也；“柄”，持以应物者也；“本”，所自生也；“固”，自持不失也；“修”，裁其情之有馀；“裕”，进其理之未充也。案下云“困以寡怨，井以辨义”，此疑传写之误。当云：“困，德之地也”，刚虽为柔掩，而有地以自处也；“井，德之辨也”，得正而知所择也。“制”谓以柔节刚也。

嵩焘案：井居其所，故曰地，惟为“德之地”，故“往来井井”，或食或不食，君子用以辨义焉。困阳得位而为阴掩，身困而道自亨，知道之所以亨，故可以寡怨，辨者，析而求之，得其所安也。项氏安世云：“困，德之辨，辨于己；复，小而辨于物，辨于人；井以辨义，人己之间两极其辨。”不必因下文“井以辨义”，颠倒经文以求合也。

履和而至；谦尊而光；复小而辨于物；恒杂而不厌；损先难而后易；益长裕而不设；困穷而通；井居其所而迁；巽称而隐。易，以豉反。称，如字。

此实陈卦德以申释上文之意。履，说而应乎乾，应乾则行而不倦，而能至于理，所以为德之基，虽履虎尾而不伤也。谦，称物平施，不失其尊，而物不能掩之，所以为德之柄而终吉。复，阳初动而察事幾之善恶于早，所以为德之本，而由此以入出皆无疾。恒，阴入阳中，阳动阴内，阴阳杂矣，而藏于深密以立主，则不以杂为厌患，故为德之固，而立不易方。损，惩忿窒欲，先之遏止也难，而后说则易，故为德之修，遏欲者欲已净而自得也。益，迁善改过，日新以进德，而不先立一止境以自画，故为德之裕，而其益无疆。困，刚为柔掩，而能遂其志，则遇穷而心自通，所以为德之地，而于土皆安。井，不改而往来皆成乎养以不穷，故为德之辨，而因事制宜，皆利于物。“称”，举也。巽，阴入阳而举阳于上，以保中位，使不失其尊。“隐”，用其顺德以求巽入，所以为德之制，而能裁已亢之阳也。

嵩焘案：首节陈九卦之德，此释九卦之体，下节推九卦之用。

履以和行，谦以制礼，复以自知，恒以一德，损以远害，益以兴利，困以寡怨，井以辨义，巽以行权。远，于怨反。

此言圣人当忧患之世，以此九卦之德，修己处人，故上以凝天命，下以顺人情，文王以之而成其至德，周公以之而永保冲人，进以成大业，而退不伤于道之正，故九卦时虽危，而可因之以为德。盖阴阳之化，虽消长纯杂之不一，而深体之则道皆存焉，亦所谓“杂而不越”也。履以健行和，和而不流。谦非徒自卑屈，且以制礼而使人不能逾，所以操天下之柄而制其妄。“自知”者，独知之谓，慎于独而非幾早绝，以顺帝则而受天命者，此其本也。“一德”则德固矣。忿欲损而害自远，迁善则道行而物自利。穷则怨，怨物者物亦怨之；安于困，则于物无侮。井，一阴一阳，上下分而皆成其则。以之因时制义，辨而宜矣。巽顺而隐，以济时之变，则不激于裁制而制自行，圣人之权也。以此九卦之德处忧患，外达物情之变，而内自居于大正，圣人之德所以正也。他卦非无处忧患之道，而但陈九卦者，夫子深知二圣人之用心，非人所易测也。子曰：“内省不疚，夫何忧何惧?”内省者，自知之谓也。然则复尤其至者与？故曰：“复，德之本也。”

右第七章。

《易》之为书也不可远，为道也屡迁。

“书”，其辞也。“不可远”，谓当切问而近思之也。“为道”，辞与象相应之理。“屡迁”，不可执成法以推测之也。

变动不居，周流六虚，上下无常，刚柔相易，不可为典要，

惟变所适。

此言道之屡迁者也。有定在谓之“居”。“变动不居”，其变动无定在也。阴阳之气，絪缊而化醇，虽有大成之序，而实无序。以天化言之，寒暑之变有定矣，而由寒之暑，由暑之寒，风雨阴晴，递变其间，非日日渐寒，日日渐暑，刻期不爽也。以人物言之，少老之变有定矣，而修短无期，衰旺无恒，其间血气之消长，非王之中无偶衰，衰之后不再王，渐王渐衰，以趋于消灭，可刻期而数也。《易》体此以为道，故乾、坤立而屯、蒙继，阴阳之交也，无可循之序；十变而得泰、否，八变而得临、观，再变而得剥、复，其消长也无渐次之期。非如京房之乾生姤、姤生遯，以渐而上变；抑非如邵子所指为伏羲之《易》，乾一、兑二，以渐而下变，其变动有定居也。“六虚”者，六位也。谓之“虚”者，位虽设而无可据之实。既可曰初、二为地，三、四为人，五、上为天；又可曰内三画为贞，外三画为悔。五为君位，而有时非君；初、上无位，而有时为主；因刚柔之周流，而乘权各异也。上下阴阳之消长升降也无常，则变动不可测矣。天化之神妙，在天即为理；人事之推移，惟人之所造也。“刚柔相易”，谓位虽有内外高卑之分，而刚柔各有乘权之时，即以其乘时而居位者为主辅唱和，位虚而以阴阳之周流者为实也。《易》之为道本如是，以体天化，以尽物理，以日新而富有，故占者、学者不可执一凝滞之法，如后世京房、邵子之说，以为之典要。故“得位”，正也，而有时非正；“居中”，吉也，而有时不吉；“相应”，利也，而有时不利；坎或为云，而或为雨；巽以上入，而其命下施；不可为典要也类如是。读《易》者所当惟变所适，以善体其屡迁之道也。

其“出入以度外内”句，使知惧，又明于忧患与故，无有师

保，如临父母。

此言其不可远也。"外内"，有定位者也；刚柔之往来，无定位者也。以无定之出入，审度所以行乎其位者，则精义不可以执一求，而抑不可以毫厘差。言《易》虽屡迁，而当幾之得失，于一出一入，揆度外内，使人知道之不易合者，又明于忧患之必有，与所以致之之故，则不待师保之诏，而如父母之不可离，抑非随变动之吉凶而听其自至也。

嵩焘案：苏氏《易传》云："卦所以有外内，爻所以有出入者，为之立敌而造忧患之端，使之惧也。"

初率其辞而揆其方，既有典常，苟非其人，道不虚行。

统承上文，而言《易》道之至近而寓无穷之变，非君子莫能用也。"率"，由也。忧患与故，象不能著。而圣人以辞显之，则由辞以研究其精微，而揆度其周流无方之方，则天化人事之变尽，而所以处之者之义精，于无典要之中，得其至当不易之理矣。然占者非徒以知吉而喜，知凶而忧也。苟为君子之人，则察其随时之中，而乾惕以慎守其至正之则，于是而《易》之道乃以行万变而利用。非其人，则恃其吉而委其凶于无可奈何之数，其占也不如弗占，《易》道虚设矣。《易》之为书，言得失也，非言祸福也，占义也，非占志也，此学《易》者不可不知也。

右第八章。此章言学《易》、占《易》之道，最为明切。圣人示人之义，炳如日星，后世以数乱之，非愚所知也。古之为筮者，于事神治人之大事，内审之心，求其理之所安而未得，在天子、诸侯则博谋之卿士以至于庶人，士则切问之师友，又无折中之定论，然后筮以决之。抑或忠臣孝子，处无可如何之时势，而无以自靖，则筮以邀神告而启其心，则变可尽，而忧息知所审处。是知《易》者，所以代天诏人，迪之于寡过之途，而占与学初无二理。若夫以射覆之术言《易》，即欲辞侮圣言而不畏天命之愆，其可得乎！

《易》之为书也，原始要终，以为质也。要，如字，平声。

“质”，定体也。以全《易》言之，乾坤并建以为体，六十二卦皆其用。以一卦言之，彖以为体，六爻皆其用。用者，用其体也。原其全体以知用之所自生，要其发用以知体之所终变。舍乾坤无《易》，舍彖无爻。六爻相通，共成一体，始终一贯，义不得异。如履之履阳而上者六三也，则原始要终，皆以三之履刚为质。临以二阳上临四阴，则原始要终，皆刚临柔以为质。而说《易》者谓履上九自视其履，临六五以知临下，爻、彖自相蹠盭，裂质以成文，异乎圣人之论矣。

六爻相杂，惟其时物也。

《射礼》：射位曰物。“物”，位也。“时物”，时与位也。六爻之得失吉凶虽杂，若不合于彖，然惟其发动之时位，因时立义耳，非有悖于卦之质也。如履六三“虎咥人”，与彖辞若异，而义自可通。

其初难知，其上易知，本末也。初辞拟之，卒成之终。易，以豉反。卒，即律反。

以下皆为读《易》者言也。“本者”，如草木之根，藏而未见。“末”则全体皆见也。如乾之初九，一阳动于下，不易知其为潜，以上有见，有跃，有飞，有亢，而后知之。原始要终，则无不知矣。初象未著，必待辞而后著。“卒”，尽也。卒已成，则观象而知其义所自生，故辞易知也。初、上之义尽于此。旧说于凡卦之初，皆言当某之始，于上则言卦已极而将变。以卦言，则本无将变之理，以筮言，则六爻备而筮事毕，何变之有。卒者，成也，非变也。

若夫杂物撰德，辨是与非，则非其中爻不备。夫音扶。

“物”，谓阴阳之成象者，即爻也。“撰德”，所以造成此卦之德也。“是非”，吉凶得失之本也。中四爻者，出乎地、尽乎人而应乎天，卦之成德备于此矣。即如复以初爻为主，而非中爻重阴，则无以见其不远之复；夬以上爻为主，而非中爻积阳，则无以见其无号之凶。家人、睽，阳之闲于初、上者同；困、井，柔之掩刚于初、上者同，而中之得失异。故欲明初、上之初终，必合中爻以辨之。原始要终，不可以辞害爻，以爻害象也。

噫！亦要存亡吉凶，则居可知矣。

此句疑有阙误。大要谓六爻之成象，辨卦之主辅，则可于吉凶而知所存之义矣。

嵩焘案：下节观其彖辞，则此当总一卦言之，与上“六爻相杂，惟其时物”句相应，谓要诸存亡吉凶之义，六爻所居之位，皆可知矣。何氏楷云：“存亡者，阴阳之消息；吉凶者，人事之得失。”

知者观其彖辞，则思过半矣。

“知”谓知《易》者。读《易》之法，以彖为主，而爻之杂撰是非，因时物而成者，即其质以思其变，乃谓之知《易》。圣人示人读《易》之法，于此最为明切。其谓有文王之《易》，有周公之《易》，有孔子之《易》，何其与圣言异也！

二与四同功而异位，其善不同。二多誉，四多惧，近也。柔之为道，不利远者，其要无咎，其用柔中也。

“功”者，位之奇偶，刚柔所见功之地也。言“善不同”，惧亦善也。“近”谓近于五。近尊则不敢自专，而惧不足以承，故四虽多惧，而固有善也。二居下卦之中，远于尊位，则嫌于相敌，正以无所惧而不利；然其大要以无咎而致誉，则以得中故也。

三与五同功而异位。三多凶，五多功，贵贱之等也。其柔危，其刚胜邪。邪，以遮反。

五履天位而中，故贵；三视之贱矣。柔居之而危，小人而乘君子之权也；刚居之则有功。言“胜”者，三或过刚而凶，特胜于柔耳，五柔亦或吉，刚尤胜也。此二节亦言其大略耳。不可为典要者，又存乎其时，读者当善通之。

右第九章。此章言读《易》之法。

《易》之为书也，广大悉备：有天道焉，有人道焉，有地道焉。兼三才而两之，故六。六者，非他也，三才之道也。

“广大”，其规模之宏远；“悉备”，其事理之该括也。“道”者，立天、立地、立人之道也。《易》包括两间之化理，而效生人之大用，故于六位著其象。“才”者，固有之良能，天地以成化，人以顺众理而应万事者也。阴阳，天之才；柔刚，地之才；仁义，人之才。天高地下，人居其中，各效其才，物之所以成，事之所自立也。

道有变动，故曰爻。

“道”，三才之道也。六位虽分，三才殊道，而天地絪缊，时相升降，人心之邪正、气之顺逆，亦与天地而相感。故初、二为地，三、四为人，五、上为天，其常也。其变动，则随位而三才之道见，固不可为典要。以爻之阴阳。动于其位，道即因之而在。

爻有等，故曰物。

“等”，差别也。以数则有九、六、七、八，以象则有有奇、偶、阴、阳，各成其形象。丽于六位者，二仪之象也。“物”谓阴阳之质。

物相杂，故曰文。

自乾坤二卦外，皆阴阳之相杂者也。“文”者，其承、乘、孚、应之辨也。

嵩焘案：卦举始终而成体，故上章以质言；爻杂刚柔而为用，故此章以文言。

文不当，故吉凶生焉。

“当”，兼当不当而言。下之承上，上之乘下，同者相孚，异者相应，时各有当，当则吉，否则凶。六位本有定体，以著三才之道，而其变动，则交相附丽以效用。阴阳二物出入于三才六位之中，相杂而因生乎吉凶。盖人之有道，本与天地相参而立，而刚柔之用存乎人者或顺或逆，则阴阳之偏气与之相感而相戾。故凶者未有不由乎人之失也，吉者未有不由乎人之得也。圣人作《易》，君子占焉，所以善用其阴阳于尽人事、赞化育之中，而非在天有一定之吉凶，人不得而与也。

右第十章。此章明三才六位之理，明卦之所由重。说详第一章。

《易》之兴也，其当殷之末世，周之盛德邪？当文王与纣之事邪？是故其辞危。危者使平，易者使倾。邪，以遮反。

“殷之末世”，纣无道而错乱阴阳之纪。文王三分有二，以服事殷，心不忍殷之速亡，欲匡正以图存而不能，故作《易》以明得失存亡之理，危辞以示警戒。危者使知有可平之理，善补过则无咎，若慢易而不知戒者，使知必倾，虽很位而亦凶，冀殷之君臣谋于神而悔悟，盖文王之心亦比干之心也，故曰“盛德”。

其道甚大，百物不废，惧以终始，其要无咎，此之谓《易》之道也。要，如字。

“物”，事也。“要”，归也。“道甚大”者，拨乱反治以回天之理在焉，而忠厚无已之情，寓于微辞以自靖，不忍激成君臣之变，德之盛，故大也。该天下之变于六十四象之中，上推天之所以为天，而下极于人事物情之变，使知天下之理，无不当以戒慎之心始之终之，而后归于无咎。殷之君臣能以此而自占，则天命可回、而周之至德终矣。至于纣终不悟，而成乎登天入地之象，至周公之时，乃追序殷之所以失为后鉴，非文王之所忍言也。

右第十一章。

夫乾，天下之至健也，德行恒易以知险。夫坤，天下之至顺也，德行恒简以知阻。夫音扶。易，以豉反。行，下孟反。

乾、坤，谓《易》所并建以统卦爻者。言天下之至健者，惟乾之德行也；天下之至顺者，惟坤之德行也。举凡天化物情，运行而不挠者，皆阳气上舒；其运焉而即动，嘘焉而即灵，无所不效以成能者，皆阴性之固然。乾纯乎阳，坤纯乎阴，健顺之至矣。健顺至，而险阻无不可知矣。危而难于行者曰“险”，滞而不通者曰“阻”。阳气之舒，极天下之殊情异质，而皆有以动之，则出入于险，而周知其故。阴壹于顺，则虽凝为重浊，有所窒碍，而或翕或辟，承天时行，以不滞于阻，而自知其通。是以六阳六阴并建以偕行，升降盈虚、为主为辅于物化人情者，以其纯而不杂、易简之德，备天下险阻之变而无不通。六十二卦、三百八十四爻，无非乾、坤之所自为，则抑无非乾、坤之所自知也。

能说诸心，能研诸侯之虑，定天下之吉凶，成天下之亹亹者。是故变化云为，吉事有祥，象事知器，占事知来。说，弋雪反。

“侯之”二字，《本义》云“衍文”。承上文而言：知其理而得之，则夫人心得所安而说矣；知其变而尽之，则夫人不定之虑可因之以研矣；知其理、知其变为事物之所自成，则天下亹亹不穷之功可就矣。《易》以健顺易简历险阻，而无非其所自效而自知，故以《易》之变化验人之云为，而无不可知。“吉事”，谓吉礼祭也；祭则筮日、筮尸、筮牲。“祥”，福也；祭而神享为福。“象事”，有形象之事。“知器”，谓知制器，“制器者尚其象”也。“占事”，筮庶事也。通幽明、括事物于六十四卦爻象之间，而统不出于六阴六阳之变化。盖人之云为，皆阴阳必动之幾，而或刚或柔之得失，一本于健顺以为德行。知其本则知其化，而险阻皆通，《周易》之道所以合天而尽人也。

嵩焘案：“吉事有祥”，举吉以概凶也，与“幾者动之微，吉之先见”同旨。徐铉曰：“祥，详也。”凡吉凶之兆皆曰祥，船山以吉事为吉礼，专主祭言，恐属附会。

天地设位，圣人成能，人谋鬼谋，百姓与能。与，羊洳反。

上言《易》之为道，此则原筮所自设，而极赞其妙也。六位为三才之道，阴阳为高卑之实。《河图》分五十有五于五位，天地所设也。画其象，名其卦，系以辞而断以占，著变化于云为，圣人成之也。大衍五十，而用四十有九，分二挂一，归奇过揲，审七、八、九、六之变以求肖乎理，人谋也。分而为二，多寡成于无心不测之神，鬼谋也。人尽其理，鬼妙其变，所以百姓苟以义问，无不可与其能事，无艰深诘曲之难知，而大行于天下矣。若龟之见兆，但有鬼谋而无人谋；后世推测之数，如壬、遁之类，有人谋而无鬼谋；三才之道不存焉，可揣吉凶，而不能诏人以忧患之故。圣人之制作所以不可及也。

八卦以象告，爻、彖以情言，刚柔杂居，而吉凶可见矣。

此以下言占者之法。八卦既各有象，其贞悔交错而为六十四卦，皆天化物情之象也。爻、彖，其辞也。"情"者，既成象而变动，必有情实也。杂居而得失异，得则吉，失则凶，未之或爽也。占者于其象之相杂而求其辞之情，则吉凶之故显矣。

嵩焘案："刚柔杂居，而吉凶可见"，申言八卦以象告之义；"变通以利言，吉凶以情迁"，申言爻、彖以情言之义。卦体本以变动而成，变而成卦，则以成卦者为利。"变通以利言"，盖谓彖辞也；一爻有一爻之情，或吉或凶，以逐爻之情而迁，故有在彖为主爻而本爻反凶者，"吉凶以情迁"，盖谓爻辞也。

变通以利言，吉凶以情迁。

阴阳之交相变而自相通，皆乘一时之利，而所利者有得有失，因乎情之正不正，而吉凶异矣。

是故爱恶相攻而吉凶生，远近相取而悔吝生，情伪相感而利害生。恶，乌路反。

此以推明变通杂居而吉凶可见之理，示占者知得失之由也。情属于彼而与相离合曰“攻取”。上言“攻”，下言“取”，互文见意。爱则相取，恶则相攻。攻取之得，则应天顺人而吉；失，则致寇而凶。其相攻取也，近则攻不力，远则取不便，故其得失未甚而为悔吝。“情”，实也。“情伪”犹言诚伪。诚者其理所宜感，伪者非所感而妄感也。感以实则利，以伪则害，此相杂之变动，或应或不应，或孚或不孚，因乎八卦相错，刚柔相杂，爱恶远近情伪之殊情，而同一位、同一爻，在此而吉，在彼而凶，各以其时位为象为情，占者所宜因象以求辞也。

嵩焘案：二节言爻之情，末节言爻之辞。自卦情言之，可以见圣人之知险知阻矣；自卦辞言之，可以见圣人之能说诸心、能研诸虑矣。

凡《易》之情，近而不相得则凶句**，或害之，悔且吝。**

此举大凡以为之例，占者可即此以究情之迁也。近有二：相比也，相应也，皆近也。相得有二：异而相应，同而相孚也。相得则吉，否则凶。时欲相济，则利于相应；时欲相协，则利于相孚。“或害之”者，情非不相得，而为中爻所牵制，以害其交，则事幸成而必悔，事未成而吝；如同人六二与五相得，以三、四害之，故凶。

嵩焘案：吉凶、悔吝、利害皆生于两情之相与。《易》阴阳交相为胜，而圣人但以刚柔释之，刚柔者，阴阳相与之性情也，相攻、相取、相感，盖皆约言之。此节申言[1]凶悔吝之由，亦以见阴阳相与之情，幾兆于微也。

将叛者其辞惭，中心疑者其辞枝，吉人之辞寡，躁人之辞多，诬善之人其辞游，失其守者其辞屈。

"惭"者，欲言而若不能出诸口。"枝"者，不以正告，且为旁出之言，以观人之意。"吉人"，善而凝福之人。"游"如泅水者，浮而不定。"失其守"，谓典守而失之。"屈"，无以自伸也。情见乎辞类如此。《易》因爻象之得失，而体其情以为辞，乃系吉凶于下，所以知险阻而尽情伪。如大有之类，其辞寡矣。惭者，如观之六二，阴长得中位而将叛，故窥而不出以相见。枝者，如睽上九之类。多者，如无妄彖辞之类。游者，如震上六之类。屈者，如夬上六之类。险阻皆因其象以为辞，而惟健顺易简之德不逆亿而先觉，故能尽知而传之。

右第十二章。此章言《易》所以前知之故，而示占者玩辞观象以尽变之道，略举一隅之义例，在读《易》者之善通尔。

说卦传

《系传》发明文王、周公《彖》、《爻》之辞，微言大义之所自著，而《说卦》专言伏羲画卦之理，故别为传。由此而后世有伏羲、文王次序方位不同之说。乃文王之《彖》，原本于伏羲之卦，特系之辞以明吉凶得失之故耳，非有异也。伏羲以八卦生六十四卦，而文王统之于乾坤之并建，则尤以发先圣之藏。然《说卦传》言"参天两地"、"观变于阴阳"，则亦乾坤统全《易》之

---

[1]此处疑漏"吉"字。

旨。但伏羲有卦而无辞，故其统宗不著；文王既为之辞，又为之序，以申其固有之理，终不可谓伏羲之别有序位，为先天之《易》也。

昔者圣人之作《易》也，幽赞于神明而生蓍。

"赞"，助也；神明欲下诏于人而无从，圣人以筮助其灵，使昭著也。"生"，始作之也。"蓍"，蒿属丛生者。草木因天地自然所生而无心，无心故听神明之用，其灵则在分而为两之妙。必用此草者，取其条直轻韧也。旧说谓王道得而蓍生满百茎，说出史迁好异所传。此系圣人作《易》之下，则非天地之生之可知。

参天两地而倚数。

六合之全体，皆天也，所谓大圜也。故以数数之，则径一围三，而一函三。地有形有气，在天之中，与相沦洽，而有所不至，则缺其一而为二。奇画中实，偶画中虚，其象也。"倚"，任也。天地之理气，不可以象象，故任数以为之象。"参两"云者，圣人参之两之也。天地浑沦之体，合言之则一，分言之则二。圣人以其盈虚而拟天之数以三，地之数以二；卦画之奇阳偶阴，既明著其象，而揲蓍之法，用九用六，四其九而三十六，四其六而二十四，阳十二其三，阴十二其二，一以参两之法行之，数可任而象可立，道因以著。盖人事之得失吉凶，惟所用之盈虚有当有否，故数可倚之以见道。

观变于阴阳而立卦，发挥于刚柔而生爻。

天地自然之变，发见于物理人情者，六十四象亦略备矣。其变一盈一虚，阴阳互用也。故以十八变而成一卦，因著其象，立其名，显其性情功效之殊焉。“发挥”者，因所动之刚柔，而即动以著其效，则爻之吉凶悔吝因之以生。“生”谓发其义也。阴阳刚柔互言之，在体曰阴阳，在用曰刚柔。读《易》之法，随在而求其指，大率如此。若下章以阴阳属天，刚柔屑地，又象、爻之辞言刚柔而不言阴阳，刚柔即阴阳，其指又别。古人言简而包括宏深，若必执一以为例，则泥矣。

和顺于道德而理于义，穷理尽性以至于命。

“道”即立天、立地、立人之道。“德”者，道之功能也。“义”者，随事之宜也。道德之实，阴阳健顺之本体也。以数立卦而生爻，极其变动发挥而不相悖害。道本浑沦，因而顺之，健顺交相济而和矣。及其因动起事，因事成象，卦各有宜，爻各有当，以别得失，以推吉凶，则因时制宜，而分析条理以尽义，无不各顺其则也。故推其精义合德之蕴，穷天下之理，尽人物之性，而天之继善以流行万化者，皆其所造极。圣人之作《易》一倚数，而功化之盛，夫岂可以术测而亵用之乎？

右第一章。此章统赞作《易》之全体大用，而以数为本。数者，圣人成能之利用，人谋之本术也。

昔者圣人之作《易》也，将以顺性命之理。是以立天之道，曰阴与阳；立地之道，曰柔与刚；立人之道，曰仁与义。兼三才而两之，故《易》六画而成卦；分阴分阳，迭用柔刚，故《易》六位而成章。

在人曰“性”，在天地曰“命”。“立天之道”者，气之化也。“立地之道”者，形之用也。“立人之道”者，性之德也。此以阴阳并属之天者，自其命之或温或肃、一生一杀者言也。以柔刚并属之地者，自其或翕或辟、以育以载者言也。天无二气，地无二形，人无二性，合以成体，故三画而八卦成。而其命之降，性之发，各因乎动幾，而随时相应以起，则道有殊施，心有殊感，阴阳，柔刚、仁义各成其理而不紊，故必重三为六，道乃备焉。“成卦”，自画卦之旨及筮者积变为卦而言。“成章”，自统《爻》于《彖》，共成一义而言也。卦以顺性命而利人之用，一事一物皆有全理，而动以其时，故必兼之，而后天道人事皆著于中矣。三才六位，既各有定，而初、三、五为阳为刚，二、四、上为阴为柔，于六位之中又有分焉。则天之有柔以和煦百物，地之有阳以荣发化光，又无判然不相通之理。拟之以人，则男阳而固有阴，女阴而固有阳，血气荣卫表里之互相为阴阳刚柔，莫不皆然。六位迭用，乃以文质相宣而成章。不复言人道者，仁之严以闲邪者刚也，阴也；慈以惠物者柔也，阳也；义之有断而俭者阴也，刚也；随时而宜者阳也，柔也；则以行乎六位而迭用者也。学《易》者于仁义体之，而天地之道存焉，则尽性而即以至于命。占者以仁义之存去审得失，而吉凶在其中矣。故曰“《易》不为小人谋”，以其拂性而不能受命也。

嵩焘案：何氏楷云：“‘分阴分阳’以位言，初、三、五位为阳，二、四、六位为阴，阴阳各半，故曰分；‘迭用柔刚’以爻言，柔谓六，刚谓九。位之阳者刚居之，柔亦居之；位之阴者柔居之，刚亦居之。刚柔更相为用，故曰迭分以为之经，迭用以为之纬，经纬错综，故曰‘成章’。”

嵩焘又案：朱子言：“杨子云谓：‘君子于仁也柔，于义也刚。’”以刚主断制，柔主慈爱耳。不知刚为德之发摅，阳也、仁也；柔为德之恳至，阴也、义也。船山以刚与阴、柔与阳为类，恐失之。兼三才而两之者，天地人各具阴阳，而天主气，故曰阴阳；地主形，故曰柔刚；人主性，故曰仁义，其实阴阳而已。阴阳者，体也；柔刚者，用也。六画既成，阴阳之位定，而刚柔之用以迭出不穷。船山以天地人之道行乎六位而迭用，恐失之。

右第二章。此章专说卦爻六位之旨。先言阴柔，后言阳刚，以叶韵耳，非有意也。旧说拘文牵义，谓阴柔先立体，而后阳刚施化；又分仁属阴，分义属阳。辨析徒繁，今皆不取。

天地定位，山泽通气，雷风相薄，水火不相射，八卦相错。射，食亦反。

此章序伏羲则《河图》画八卦之理，而言其相错以成章也，说详《系辞上传》第九章。乾坤、坎离，对待而相错也。震巽、艮兑，交营而相错也。天高地下，水左行而火右行，雷风动于外，山泽成于中，自然之体也。"定位"者，阳居上，清刚而利于施；阴居下，柔浊而利于受；惟其位定，是以交也。"通气"者，山象天之高，而地气行焉；泽体地之下，而天气行焉。"薄"如《春秋传》"宁我薄人"之薄。雷者阳之动，风者阴之动，交相驰逐也。"不相射"者，各止其所而不相侵，相侵则相息也。惟其错，是以互成相因之用也；由八卦而六十四卦之错可知已。此言天地定位，虽据《河图》之九、五、一，六、十、二上下之位而言，实则一、三、五、七、九皆天之数，二、四、八、六、十皆地之数，则以交相参而相错成乎八卦，而五位之一奇一偶相配而不乱。盖乾、坤之化行于六子者莫不有定位，故文王并建乾、坤，而卦由之以生，相错者不离乎五十有五之中。读者当善通之。

右第三章。

数往者顺，知来者逆，是故易，逆数也。"数往"之数，上声。

从上而下谓之“顺”，从下而上谓之“逆”。象之顺逆，数亦因之。数者，数其象也；象之已成而数定矣，则先记其总而后记其别。如《河图》因五十有五之全数，而后推一六、二七、三八、四九、五十之分，自多而寡，顺数之也。若由未有而有，以渐积而成象，则有一而后有二，以至于多，逆知其将有，而姑从少者以起也，逆数之也。多以统少自上而下，顺也。少以生多，自下积上，逆也。故数往者必顺，而知来者必逆。《易》以占未来之得失吉凶，故其画自初而二，以至于上，积之而卦成；乾初得九，增而十八，以至于五十四，迄乎上而象乃成。下者事之始，上者事之成，本末功效之序，自然之理也。先儒皆谓已往而易见为顺，未来而前知为逆，盖此义也。邵子始为异说以乱之，非是。

右第四章。此章《本义》与上章合为一章，以徇邵子先天之说。先天者，学仙者之邪说也。未有天之先，何象何数而可言者邪？《易》曰：“先天而天弗违”，言大人之创制显庸，拨乱反治，气机将动，而大人迎之于未见之前，若导之者。其字读为去声。非天之前有此时位，与后天判然而异候也。若其云由乾而兑，而离而震；由巽而坎，而艮而坤，两相逆以相遇，惟弄卦画以饾饤成巧，而于理不穷，于性不尽，于得失吉凶无所当，特学仙者顺之则生人生物、逆之则成佛成仙之淫辞。而阳住阴来，相通于震、巽之交，抑阴阳交构，彼家之妖术。圣人作《易》以顺道理义，致用崇德，亦安用彼为哉？徒虚立一伏羲之名，于世远年湮之后，以欺压文王而上之，为圣人之徒者所不敢徇也。此与上章意义各别，故分为二章，如先儒之旧。

雷以动之，风以散之，雨以润之，日以晅之，艮以止之，兑

以说之，乾以君之，坤以藏之。说，弋雪反。

此言六子之大用，所以摩荡阴阳，互相节宣，而归其本于乾坤也。“动”者，阳起而动阴之凝。“散”者，阴入而散阳之亢。“润”者，阳资于阴以濡其燥。“晅”者，阴丽于阳而得其和。“止”以遏阴之竞进。“说”以解阳之锐往。阴阳交相为益，而无过不及之忧矣。而宰制阴阳，使因时而效六子之绩者，健行之气“君”之也。其能受阳之施，含藏之以成六子之体者，顺承之德“藏”之也。故能相摩相荡，而六子之用行，两间之化浃也。伏羲平列八卦，而乾君坤藏之象已著；文王并建乾坤以统《易》，亦善承伏羲之意而著明之耳。

右第五章。第三章以卦之定体，言其相错之象，故以天地统始，而六子之序，因其微著。山、泽，体之最著者也；雷、风，用之最著者也；水、火之体用皆微也。言相错之象，则先著而后微，象以著为大也。此章以卦之大用，言其相益之序，故自震巽而坎离而艮兑，以归本于乾坤，皆因其自然之序，非以方位言也。

嵩焘案：《系辞》“鼓之以雷霆，润之以风雨，日月运行，一寒一暑”，举震、巽、坎、离四象言之。此于震、巽、坎、离言象，乾、坤、艮、兑均举卦外，盖乾、坤、艮、兑，阴阳之已定者，天、地、山、泽有定体，必资风、雷、水、火以致其用。故此四卦但取卦德，不著卦象。

帝出乎震，齐乎巽，相见乎离，致役乎坤，说言乎兑，战乎乾，劳乎坎，成言乎艮。万物出乎震，震，东方也。齐乎巽，巽，东南也；齐也者，言万物之洁齐也。离也者，明也，万物皆相见，南方之卦也；圣人南面而听天下，向明而治，盖取诸此也。坤也者，地也，万物皆致养焉，故曰致役乎坤。兑，正秋也，万物之

所说也，故曰说言乎兑。战乎乾，乾，西北之卦也，言阴阳相薄也。坎者水也，正北方之卦也，劳卦也，万物之所归也，故曰劳乎坎。艮，东北之卦也，万物之所成终而所成始也，故曰成言乎艮。说，弋雪反。

前举其目，而后释之。或古有此言，而夫子释其义。乃“万物出乎震”以下，文类《公》、《谷》及《汉·律历志》，则或前为夫子所录之本文，而后儒加之训诂也。《本义》云“所推卦位之说多未详”者，良是。而邵子以为文王之卦位，亦不知其何据。大抵《易》之为道，变动不居，以意求之皆得，则此亦未见为文王一定之位也。前言“帝”，后言“万物”者，帝者万物之君主，运物而终始之者也。万物无体，以帝之用为其体；帝无用，以万物之体为其用；帝其显仁，而物其藏用，所谓“体物而不可遗”也，其以八方四时合言而互见者，盖与历家“地有四游”之说略同。出乎震，春中也。成终始乎艮，孟春也。动物之自少至老，植物之自荣至枯，皆有出震而成言乎艮之条理焉，则此所言亦序也，非一定不移之位也。其循环相生之序，不以卦画之升降消长为次第，盖以卦德之用言，而非因其体。天地细缊之化，变动而不可为典要，在天者即为理，不可以人为之渐次测度之也。“齐乎巽”，风以动物而使疏秀整齐之谓。“相见”者，物与物相见，资于明也。“致”犹致师之致，引之而待其自至也。“役”，用也，用以养也。“说言”，喜于自得之谓。阴阳相薄而战，物既坚刚，争之所自起也。坎为劳卦者，效用于天地之间，其象为水流而不得息。艮则其劳止，而将以绍来者之生，故成终而即以成始。以意义拟之，大略如此。其详，则朱子之所谓“未详”也。

右第六章。自此以下六章，盖古筮氏有此，以占事应，夫子取其近正者录之于篇，以待占者，非夫子之赞论也。

神也者，妙万物而为言者也。动万物者莫疾乎雷，挠万物者莫疾乎风，燥万物者莫熯乎火，说万物者莫说乎泽，润万物者莫润乎水，终万物始万物者莫盛乎艮。故水火相逮，雷风不相悖，山泽通气，然后能变化，既成万物也。

"神"者，乾坤合德、健以率顺、顺以承健，絪缊无间之妙用，并行于万物之中者也。故但言六子，不言乾坤，乾坤其神也。张子曰："一故神，两在故不测。"故方动而启之，旋挠而散之；方熯之，旋润之，方说以解其刚悍之气而使和，旋艮以结为成实之体而使止；两在不测，而乾坤之合用以妙变化者，不以性情功效之殊而相背，无非健顺合一之神为之也。"水火相逮"者，燥湿寒热之异，而火入水中，水入火中。其象则《河图》八、三在左，九、四在右，而五、十交函于中。以物理推之，则煮水成汤，火逮乎水；以油起焰，水逮乎火也。"雷风不相悖"，可并作也。"山泽通气"，气不以山高泽下而阻也。六子之情才功用大殊，而自小至大，无物不体，自生至死，无时可斁，合一之妙，乾坤固有之知能于斯显矣。惟圣人体之以为德，则劝威合于一致，动静合于一幾，进退合于一中，大德之敦化者成乎小德之川流，健以无所屈者即顺以无所拂，则人不可知而谓之神矣，《易》之所以体天地圣人之妙用也。

右第七章。

嵩焘案：关子明云"乾坤共成万物，不可得而分，故合而谓之神"①，是以神为乾坤。虞氏《易》"乾变而坤化，乾道变化，各正性命"，是又以变化为乾坤。以文义求之，但言六子之功用，

①此句查各书均为郑玄之言，此言关子明言，不见出处。

不及乾坤也。能妙万物之谓神，雷风水火之功用，变化以成万物，神妙不可测，故发端以神言之。

乾，健也。坤，顺也。震，动也。巽，入也。坎，陷也。离，丽也。艮，止也。兑，说也。

此释卦名义也。“健”、“顺”以德行言；“动”、“入”、“止”、“说”以功用言；“陷”、“丽”以时位言。“陷”者以惩阴之险，故阳得中而忧其陷。“丽”者以劝阴附阳以求明，故阴得中而谓其相附丽也。

右第八章。

乾为马，坤为牛，震为龙，巽为鸡，坎为豕，离为雉，艮为狗，兑为羊。

此下四章，皆古筮者杂占之说，与《彖》、《爻》之辞互有异同，盖非文王、周公所凭以取象之典要，然于物理亦合，故夫子存之，以广所占之征应，要亦未可执也。“为”云者，推本万事万物之所自出，莫非一阴一阳之道所往来消长之幾所造也。见乃谓之象，形乃谓之器，八卦之仁于此而显；其用也，皆八卦之所藏也。充塞于天地之间，周流于日用之际；近取诸身，远取诸物；屈伸感而利生，情伪感而利害生；其动而化者，即静凝而成体；诚不可遗，而体物不遗；或以象，或以数，或以性情功效，或以时位而成。学《易》者引而伸之以穷理，则德业之崇广亦可知矣，非徒为筮者射覆之用也。

右第九章。

乾为首，坤为腹，震为足，巽为股，坎为耳，离为目，艮为

手，兑为口。

此所取象，本为筮者占身中疾痛而设，然因此而见人之一身，无非乾坤六子之德业所自著，则由此而推之血气营卫、筋骸皮肉之络理，又推之动静语默、周旋进反之威仪，又推之喜怒哀乐、爱恶攻取之秩叙，无非健顺阴阳之所合同而生变化，而乘时居位之得失吉凶，应之不爽。君子观象玩占，而于疾眚之去留、言行动作之善恶，皆可因筮以反躬自省而俟天命。盖人身浑然一天道之合体，而天理流行于其中，神之告之，亦以其诚然之理，而非但迹象之粗。筮之义如此其大。固不可以技术之小智测也。

右第十章。

乾，天也，故称乎父。坤，地也，故称乎母。

“称”者，以此之名加彼之辞也。张子《西铭》“理一分殊”之旨，盖本诸此。父母者，吾之所生成者也，因之而推其体，则为天地；因此而推其德，则为乾坤。天地大而父母专，天地疏而父母亲，故知父母而不知乾坤者有矣，未有不知父母而知乾坤者也。思吾气之所自生，至健之理存焉；思吾形之所自成，至顺之理在焉；气固父之所临也，形固母之所授也。故敬爱行，而健顺之实、知能之良，于此而凝承以流行于万理，则见乾于父，见坤于母，而天地之道不违矣。是以可名乾以父，名坤以母，而父母之尊亲始昭著而不可昧。六子，皆乾坤之所生也，则吾之有身，备六子之体用性情者，无非父母之所全以生者也，无二本也。而以术数言《易》者，谓复、姤为小父母，然则生我之父母又其小者。一人而父母三焉，非禽兽之道而何哉！

震一索而得男，故谓之长男。巽一索而得女，故谓之长女。

坎再索而得男，故谓之中男。离再索而得女，故谓之中女。艮三索而得男，故谓之少男。兑三索而得女，故谓之少女。长，知两反。中，直送反。少，失诏反。索，色白反。

“索”，求也，揲蓍以求而遇之也。此亦以筮者占父母兄弟子女而设也。于《经》，惟震、睽、革、归妹著此象，他如师以坎二为长子，大过以巽初为女妻，亦不尽合，筮者因事而占则应耳。阴体立，而阳入为之主，则为男；阳用行，而阴又入之，则为女。阳之入阴以施化，常也。然阳与阴相沦洽，则阴又以其柔润之化，入于阳中，故巽、离、兑以阴感阳而起化，细缊化醇之妙，不可以例求也。

右第十一章。

乾为天，为圜，为君，为父，为玉，为金，为寒，为冰，为大赤，为良马，为老马，为瘠马，为驳马，为木果。

“圜”以物之形象言。“驳马”，或谓食虎豹之兽，然言驳马，则固马也。驳者，性不驯良。果有木生，有蔓生。言木者，桃杏之属，别于蔓生者。

嵩焘[①]：王氏引之云：“《诗》‘皇驳其马’。《尔雅·释畜》曰：‘骝白驳，黄白騜。’孙炎注：‘骝，赤色也。’乾为‘大赤’，故又为‘驳马’。樊光、孙炎《尔雅注》，于‘骝白驳’下引《易》‘乾为驳马’，其证也。”

坤为地，为母，为布，为釜，为吝啬，为均，为子母牛，为大舆，为文，为众，为柄。其于地也，为黑。

---

①根据体例，此处当有一“案”字。

分物得平之谓“均”。均为地，而言“于地为黑”者，以之占地，则应在黧黑之土也。

嵩焘案：董仲舒《对策》：“泥之在均，惟甄者之所为。”均，造瓦之器，言其虚而能造物也。吝嗇则不为均矣。

震为雷，为龙，为玄黄，为旉，为大途，为长子，为决躁，为苍筤竹，为萑苇；其于马也，为善鸣，为馵足，为作足，为的颡；其于稼也，为反生；其究为健，为蕃鲜。长，知两反。反，孚袁反。

“旉”，花也。“途”，路也。“决躁”，占事者当速决而躁动也。“苍筤竹”，色苍翠而叶茂盛者。“馵足”，足驳白。“作足”，足数动，马壮则然。“的颡”，当额白。“反生”，已槁而复生。“究”，言其成功也。“健”谓马。“蕃鲜”谓稼鲜荣盛也。

嵩焘案：萑似苇而小，初生为菼，长为薍，成则为萑；苇初生为葭，长为芦，成则为苇竹。皆下本实，而上干虚，故为震象。

巽为木，为风，为长女，为绳直，为工，为白，为长，为高，为进退，为不果，为臭；其于人也，为寡发，为广颡，为多白眼，为近利市三倍；其究为躁卦。

“绳直”，引绳以定墙屋之基。“进退”，事不决。“不果”，志不定。“近利”，得财贿也。“三倍”，三倍其息。“其究”，以人言，“躁”，不宁也。

嵩焘案：虞氏《易》“寡发”作“宣发”。《释文》：“寡，本又作宣，黑白杂为宣发。”郑氏注《考工记·车人》曰：“头发皓落曰宣。”《易》巽为宣发是其证也。

坎为水，为沟渎，为隐伏，为矫輮，为弓轮；其于人也，为加忧，为心病，为耳痛句**，为血卦，为赤；其于马也，为美脊，为亟心，为下首，为薄蹄，为曳；其于舆也，为多眚**句**，为通，为月，为盗；其于木也，为坚多心。**

"隐伏"，以人情言。"矫"以为弓，"輮"以为轮，相承言之。"血卦"，当见血也。"赤"者血色，亦相承言之。"亟心"，性速也。"下首"，首不高举，马疾驰则然。"曳"，人曳之不行。"多眚"，多隙漏也。"通"者，事得顺利。

离为火，为日，为电，为中女，为甲胄，为戈兵；其于人也，为大腹句**；为乾卦，为鳖，为蟹，为蠃，为蚌，为龟；其于木也，为科上槁。**中，直送反。乾音干。

"大腹"，丁奚病。"乾"，旱也。"科"，枝杪也。"蠃"与螺通。

嵩焘案：焦氏竑云："坎、离者，乾坤之中气。乾为首，坎为下首，坤为腹，离为大腹。大腹、下首皆疾证也。"

艮为山，为径路，为小石，为门阙，为果蓏，为阍寺，为指，为狗，为鼠，为黔喙之属；其于木也，为坚多节。寺，音侍。

"果蓏"，蔓生果，瓠瓠之属。"阍寺"，刑人守门者。"黔喙"，鸟兽之喙黑者。

兑为泽，为少女，为巫，为口舌，为毁折，为附决；其于地也，为刚卤句**；为妾，为羊。**

"毁折"以物言。"附决"以事言，谓相倚附而得决也。

右第十二章。《本义》云："此章广八卦之象，其间多不可晓者，求之于《经》，亦不尽合。”盖古筮人因象推求以待问，与后世射覆之术略同，为类甚繁，故荀爽集九家解，更有多占，而夫子取其理之可通者存之。实则尽天下之物、天下之事、天下之情伪，皆卦象之所固有，则占者以意求之，无不可验，而初不必拘于一定之说。故文王、周公所取象者，如坤言马、言冰之类，又与此别。君子之筮，以审于义，而利自在焉，则笃信文、周之象数，冒天下之道而已足。若专为筮人而占细事小物之得失利害，则当于理者，亦时相符合，是以圣人亦存而不废焉。

嵩焘案：钱氏大昕云：“虞氏《易》羊作羔，注‘羔，女使’。武进臧在东谓羔为养字之误。郑康成本羊作阳，注云‘阳谓养，无家女行赁炊爨，今时有之，贱于妾也’。然则羊字古义当为‘厮养’之养，郑、虞两家正合作‘羔’者，字之误，作阳者，声之误耳。”

序卦传

有天地，然后万物生焉。盈天地之间者唯万物，故受之以屯，屯者盈也，屯者物之始生也。物生必蒙，故受之以蒙，蒙者蒙也，物之稚也。物稚不可不养也，故受之以需，需者饮食之道也。饮食必有讼，故受之以讼。讼必有众起，故受之以师，师者众也。众必有所比，故受之以比，比者比也。比必有所畜，故受之以小畜。物畜然后有礼，故受之以履。履而泰，然后安，故受之以泰，泰者通也。物不可以终通，故受之以否。物不可以终否，故受之以同人。与人同者，物必归焉，故受之以大有。有大者不可以盈，故受之以谦。有大而能谦必豫，故受之以豫。豫必有随，故受之以随。以喜随人者必有事，故受之以蛊；蛊者事也。有事而后可大，故受之以临，临者大也。物大然后可观，故受之以观。可观而后有所合，故受之以噬嗑；嗑者合也。物不可以苟合而已，故受之以贲，贲者饰也。致饰然后亨，则尽矣，故受之以剥，剥者剥也。物不可以终尽，剥穷上反下，故受之以复。复则不妄矣，故受之以无妄。有无妄然后可畜，故受之以大畜。物畜然后可养，故受之以颐，颐者养也。不养则不可动，故受之以大过。物不可以终过，故受之以坎，坎者陷也。陷必有所丽，故受之以离；离者丽也。"可观"之观，如字。

嵩焘案：欧阳氏修疑《系辞》、《文言》出于讲师，而《说卦》、《杂卦》为筮人之占书，所言诚过。而《周易》筮法详见《左氏春秋》，其时传《易》者必多，圣人博取其义类存之，如《说卦》、《序卦》之属，疑必有所本。而上、下《经》分别简策，圣人亦必非无意者。《序卦》之言消息、阴阳之宜，以尽人事之变，亦略仿佛其意而已。韩康伯谓"《序卦》之所明，非易之缊"；朱新仲谓"《序卦》非圣人书"；程可久亦疑其出于经师而来矣，鲜云《序卦传》因文王之卦序，就此一端之理以序之也。

右上篇

有天地然后有万物，有万物然后有男女，有男女然后有夫妇，有夫妇然后有父子，有父子然后有君臣，有君臣然后有上下，有上下然后礼义有所错。夫妇之道，不可以不久也，故受之以恒，恒者久也。物不可以久居其所，故受之以遯，遯者退也。物不可以终遯，故受之以大壮。物不可以终壮，故受之以晋，晋者进也。进必有所伤，故受之以明夷，夷者伤也。伤于外者必反其家，故受之以家人。家道穷必乖，故受之以睽，睽者乖也。乖必有难，故受之以蹇，蹇者难也。物不可以终难，故受之以解，解者缓也。缓必有所失，故受之以损。损而不已必益，故受之以益。益而不已必决，故受之以夬，夬者决也。决必有所遇，故受之以姤，姤者遇也。物相遇而后聚，故受之以萃，萃者聚也。聚而上者谓之升，故受之以升。升而不已必困，故受之以困。困乎上者必反下，故受之以井。井道不可不革，故受之以革。革物者莫若鼎，故受之以鼎。主器者莫若长子，故受之以震，震者动也。物不可以终动，止之，故受之以艮，艮者止也。物不可以终止，故受之以渐；渐者进也。进必有所归，故受之以归妹。得其所归者必大，故受之以丰，丰者大也。穷大者必失其居，故受之以旅。旅而无所容，故受之以巽，巽者入也。入而后说之，故受之以兑，兑者说也。说而后散之，故受之以涣，涣者离也。物不可以终离，故受之以节。节而信之，故受之以中孚。有其信者必行之，故受之以小过。有过物者必济，故受之以既济。物不可穷也，故受之以未济，终焉。错，七故反。难，乃旦反。长，知两反。说，弋雪反。

右下篇

二篇必非圣人之书，即以文义求之，亦多牵强失理，读者自当辨之，馀详外传。

杂卦传

“杂”者，相间之谓也。一彼一此，一往一复，阴阳互见①，而道义之门启焉。故自伏羲始画，而即以相杂者为变易之体。文王因之，而以错综相比为其序，屯、蒙以下四十八卦，二十四象往复顺逆之所成也。乾、坤、坎、离、大过、颐、小过、中孚，综而不失其故，则以错相并。否、泰、随、蛊、渐、归妹、既济、

①岳麓书社本《周易内传》“见”为“建”。

未济，四象而成八卦，则错综同轨。《周易》以综为主，不可综而后从错。盖以天有全象，事有全理，而人之用之者但得其半，天道备而人用精，是以六爻之中，阴阳多寡，即就此而住复焉，则已足备一刚一柔之用，善一进一退之幾，成一仁一义之德矣。杂卦者，言其道同而易地，则忧乐安危、出处语默，各因乎往复循环之理数，而无不可体之以为道也。故伯夷、太公同避纣恶，而所行异；颜渊、季路同效圣志，而所愿殊。知其异乃可以统其同，用其半即可以会其全，故略于错而专于综。实则错综皆杂也，错者幽明之迭用，综皆用其明者也。《周易》六十四卦，为三十二对偶之旨也，而《传》为言其性情功效之别焉。

乾刚，坤柔。

二卦并建，刚柔备矣。分之则纯以成德，合之则杂以成章也。

比乐，师忧。乐，卢各反。

均以孤阳得中为主，而在上位，则众所亲而乐行其道，故虽失前禽而不以为诫；在下位，则权重而分不足以相洽，故忧弟子之间之，而恐致舆尸。

临、观之义，或与或求。

临阳长摈阴，而以不轻绝阴为德，故咸而临之，与阴感而不吝。观阴长侵阳，而以仰承于阳为义，故利用宾王，求阳而观其光。

屯见而不失其居，蒙杂而著。见，胡甸反。

“见”谓动而发见。“居”者，止而不行之谓。屯阳初出，亟于见，而据五位以自安，故虽建侯不宁，而膏终屯。蒙卦阳出而杂处于二阴之中，然终以奋起出于阴之上，以自著见，故击出蒙昧，而为童蒙之吉。

震，起也；艮，止也。

“起”以震阴之滞，“止”以遏阴之进，震有功而艮寡过也。

损、益，盛衰之始也。

泰变而损，阳自三往上而之于将消之位，衰也。否变而益，阳自四来初而之于方生之位，盛也。中爻未变，盛衰未极，三之势便于进，时至则轻往，四之势便于退，时至则先来，故为“盛衰之始”。气数之循环，盛则且衰，衰且渐盛，自然之理，而兆先见，故曰：“损益盈虚，与时偕行。”

大畜，时也；无妄，灾也。

乾道成于下，而艮止之，使待时而进，遵养以时也。乾道奠于上，阴未尝干之，而震起以相迫，躁动则生灾也。时，故“利涉大川”；灾，故“行有眚”。

萃聚，而升不来也。

皆谓阳也。自上而下曰“来”。萃四与五相保而不往，升三引二以进而不复，萃则上阴护之，升则初阴推之也。故萃假有庙，而升利南征。

谦轻，而豫怠也。

二卦皆孤阳而不得中位。三为躁进之爻，谦阳处之，轻于住矣；四为退息之位，豫阳处之，轻于行矣。凡人之情，谦者无尊重之度，豫乐者虽奋起而终不振；故谦必君子而后有终，豫建侯行师而后利。

噬嗑，食也；贲，无色也。

二卦皆有颐象。食、色皆养道也。“食”者，非所食而食之，强啮九四之刚。“无色”者，非所饰而饰之，色之不正者，刚轻去中以文上，而失其自然之美也。

嵩焘案：物消曰食，色减曰无。噬者合，则物之强者消矣；贲者施，则色之真者减矣。

兑见，而巽伏也。见，胡甸反。

柔见于外，于情易动；阴伏于下，其志难知。故兑上引人之说，巽初在床下而须史巫之求。

随无故也，蛊则饬也。

“故”，事也。随阳在下而随乎阴，偷小子之安而无丈夫之志。蛊阴在下而承乎阳，饬子臣之节以顺承君父之事。故随非元亨利贞则不能无咎，蛊先甲后甲以效其功。

剥，烂也；复，反也。

阳迫而之幽，先自溃烂，而后阴乘之。复归于明，阴虽盛，不足为忧也。

晋，昼也；明夷，诛也。

明出乎地，则可以烛阴而导之进，地暗伤明，而明终不可掩，必反受其诛。

井通，而困相遇也。

“遇”谓所遇之穷。井，上者上行，下者下行，往来不穷，故通。困欲出险为功，为柔所牵，遇之穷也。君子之遇小人，不患其争而患其相说，酒食朱绂不易脱而困矣。

嵩焘案：通与遇反，对则遇，为相抵而不通之象。巽之上爻主塞，坎水之上流，而井之坎乃出其上，盖塞而复通者，故曰通。兑之下爻主塞，坎之下源而困之，坎适在其下，正遇其塞，所以困也。

咸，速也；恒，久也。

天下莫速于感应之机。三上浮出于外，情易动，随感而即应，速矣。恒四与初伏处于下，密相为移，植根深固以相倾之道也。

涣，离也；节，止也。

“离”，散也，否之散，刚下而得中，以解阴之党，为涣。泰道已成，刚上而止阴之流，为节。涣以消吝，节以防骄。

解，缓也；蹇，难也。难，如字。

解四用爻皆失位，而初、上以柔处之。以缓其争，而乖戾平矣。蹇四用爻皆得位而可以有为，初、上犹以柔道处之，其难其慎之至也。

睽，外也；家人，内也。

睽内不正，而徒闲之于外。家人内已正而后饬其外治。

否、泰，反其类也。

天上地下，方以类聚者也，而柔上刚下为泰，反此为否。阴阳以交，成化类之，反不反而通塞殊矣。

大壮则止，遯则退也。

皆为阳言也。大壮未得中位，止而不进，壮者忧其危矣。遯已离乎中位，急于退，退者所以善藏其用也。

大有，众也；同人，亲也。

在上则柔可以抚众，君道也。在下则柔而贤者亲之，友道也。

革，去故也；鼎，取新也。去，起吕反。

革者离之变。明再用则不鲜，阴改而之上，阳乃为主于中，而前明已谢，不复有易尽之忧。鼎者巽之变，柔去其位，上升于五，以昭其明而凝天命，命为之新矣。

小过，过也，中孚，信也。

阴盛之过，乃真过也。虚中自保而不干阳之中位，阳亦得其类而相信，信之至也。

丰，多故也；亲寡，旅也。

涖物上者，惟明无所蔽，则事自有绪而不冗。丰阳受阴蔽，事无绪而危疑起，自非以日中之明治之，则天下多事，而乱且生。物之所亲者，情下逮也。旅阳寄处于阴上，不与物亲，则物亦莫之亲矣。丰阳已下，而旅已上也。

离上而坎下也。

阳之性升，辅阴以升，则阴亦上，火之所以炎而上。阴之性沉，陷阳而抑之，则阳亦下，水之所以润而下。故离内卦吉于外，自下上也；坎外卦亨于内，自上下也。

小畜，寡也；履，不处也。

阴虽当位以畜阳，而力微，居于退爻，故密云而不雨，微弱之象。履阴不量其孤，处进爻而欲踵刚以上，不能安处静似①，故有履虎尾之危。

需，不进也；讼，不亲也。

需三阳为四所隔，不能与五相踵以进，故五需以待之。讼阳离其群而处乎中，三为之间，不与乾相亲，是以中窒而争。

大过，颠也。姤，遇也，柔通刚也。渐，女归待男行也。颐，养正也。既济，定也。归妹，女之终也。未济，男之穷也。夬，决也，刚决柔也。君子道长，小人道忧也。长，知两反。

大过、颐、姤、夬、渐、归妹、既济、未济，相错综对待之卦，而文参差不偶者，圣人无心于文，而文自顺，流动以著化机之变动，非若词章训诂之执滞排偶，拘于法而执一，所谓化工之笔也。于以消《易》之变动不居，而不可为典要，道相若焉。故虽挈乾、坤以为纲，而自比、师以下，皆无一成之次序，与《周易》之序且不必同，则序卦之文，与京房八宫世应、邵子方圆之序位，不足以肖天地之变易审矣。今因其错综之序而释之。“大过

①岳麓书社本《周易内传》“似”为“俟”。

颠”者，本末挠也。“颐养正”者，上下以刚正柔也。姤言“遇”者，幸阴之得遇乎阳。夬言“决”者，劝阳之疾决夫阴也。“渐女归待男行”，而女止于四，柔得位而居之安，女道之吉也。归妹三、五二阴皆去其位而居于不正之位，尤骄淫而处于上，上者将消之位也；阳起于初、盛于二以相迫，女斯终矣。既济阳得位而定，阴亦定焉。未济二、四二阳皆去其位而居于不正之位，尤亢物而处于上，上将消矣；阴起于初，以递进而相迫，男斯穷矣。初者方生之利，上者滨尽之地，既失位而又滨于尽，无方生之权，不穷何待焉！以归妹、未济观之，则六十四卦、三十六象虽相对待以备同异之理，而其中互相参伍，如睽解、家人蹇、损益、咸恒之互相为理，亦可类推矣。又《杂卦》所言者，比、师以下四十八卦，皆以综体相对而言。自乾坤、坎离、大过颐、小过中孚、泰否、随蛊、渐归妹、既济未济而外，卦之相错者，理亦对待，以备并行不悖之理，为幽明、体用、消长、盈虚之异致者，今为补诠之，亦《易》中固有之理也。同人，以情相亲也；师，以权相统也。小畜，止其动也；豫，动其静也。夬，劝之决也；剥，惩其害也。家人，聚顺；解，散其逆也。革，润其燥；蒙，制其流也。需，阳相待以道；晋，阴相进以利；遥相取而情各异也。睽，强其不齐而疑也；蹇，于其各正而加慎也。噬嗑，力为合也；井，理相辨也。损，高就下也；咸，虚受实也。临有功，而遯失制也。复，因得所而归；姤，不期而会也。鼎定而屯不宁也。旅，进也；节，退也。恒，阴之固也；益，阳之裕也。艮，忍也；兑，释也。震惧而巽慎也。升相让，无妄相凌也。谦以济暗，履乘危也。讼，有实而怨上也；明夷，上不明而忮下也。涣启其塞，丰蔽其通也。困，掩而保其贞也；贲，著而亏其实也。观，功不试而制以道也；大壮，权未得而养以威也。萃，聚以亲上也；大畜，储少以养多也。比，得民；大有，有贤也。

周易内传笺卷七

周易内传发例

伏羲氏始画卦，而天人之理尽在其中矣。上古简朴，未遑明著其所以然者以诏天下后世，幸筮氏犹传其所画之象，而未之乱。文王起于数千年之后，以“不显亦临，无射亦保”之心得，即卦象而体之，乃系之《彖辞》，以发明卦象得失吉凶之所由。周公又即文王之彖，达其变于《爻》，以研时位之幾而精其义。孔子又即文、周《彖》《爻》之辞，赞其所以然之理，而为《文言》与《彖》、《象》之《传》；又以其义例之贯通与其变动者，为《系传》、《说卦》、《杂卦》，使占者、学者得其指归以通其殊致。盖孔子所赞之说，即以明《彖传》、《象传》之纲领，而《彖》、《象》二《传》即文、周之《彖》、《爻》，文、周之《彖》、《爻》即伏羲氏之画象，四圣同揆，后圣以达先圣之意，而未尝有损益也，明矣。使有损益焉，则文、周当舍伏羲之画而为一书，如扬雄《太元》、司马君实《潜虚》、蔡仲默《洪范数》之类臆见之作。岂文、周之才出数子之下，而必假于羲画？使有损益焉，则孔子当舍文、周之辞而别为一书，如焦赣、京房、邵尧夫之异说。岂孔子之知出数子之下，乃暗相叛而明相沿以惑天下哉？由此思之，则谓文王有文王之《易》，周公有周公之《易》，孔子有孔子之《易》，而又从旷世不知年代之馀，忽从畸人得一图、一说，而谓为伏羲之《易》，其大谬不然，审矣。世之言《易》者曰：

《易》者意也，惟人之意而《易》在。呜乎！安得此大乱之言而称之哉！此盖卜筮之家，迎合小人贪名幸利畏祸徼福之邪心，诡遇之于锱铢之得丧，窥伺其情，乃侮圣人之言、违天地之经以矜其前知，而学者因袭其妄，以之言微言大义之旨，如“元亨利贞，孔子之言四德，非文王之本旨”之类，竟以元圣通志成务，穷理尽性之制作，为《火珠林》鬻技之陋术，《易》之所以由明而复晦也。篇中如此类者，不得已广为之辨，即《象》见《彖》，即《彖》明《爻》，即《彖》、《爻》明《传》，合四圣于一轨，庶幾正人心、息邪说之意云。

由今而求羲、文之微言，非孔子之言而孰信邪？意者不必师孔子，则苟一畸人立之说焉，师之可也，又何必假托之伏羲也？子曰：“《易》之兴也，其于中古乎！”又曰：“其殷之末世，周之盛德邪？”则在文王而后《易》之名立，《易》之道著。是《周易》之义，建诸天地，考诸前王，而夏、商以上，虽有筮人之杂说，孔子之所不取，况后世之伪作而驾名伏羲者乎！文王之卦，伏羲之卦也。文王取其变易神妙之旨而名之曰《易》，是故周公之《爻辞》得以兴焉。舍文王而无《易》，舍文王而无伏羲氏之《易》，故《易》之所以建天地、考前王者，文王尽之矣。至宋之中叶，忽于杳不知岁年之后，无所授受，而有所谓先天之学者，或曰邵尧夫得之江休复之家。休复好奇之文士，欧阳永叔尝称其人，要亦小智而有所窥者尔。或曰陈抟以授穆修，修以授李之才，之才以授尧夫，则为抟取魏伯阳《参同契》之说，附会其还丹之术也亡疑。所云先天者，钟离权、吕嵒之说也。呜乎！使抟与尧夫有见于道，则何弗自立一说？即不尽合于天，犹可如扬雄之所为，奚必假伏羲之名于文字不传之邃古哉？其经营砌列为方圆图者，明与孔子“不可为典要”之语相背。而推其意之所主，将以为何？如方圆图方位次序之饾饤铺排者，可以崇德邪？可以广业邪？可以为师保父母，使人惧邪？可以通志成务，不疾而速，不行而至邪？不过曰：天地万物生杀兴废，有一定之象数，莫能逾于大方至圆之体。充其说，则君可以不仁，臣可以不忠，子可以不尽养，父可以不尽教，端坐以俟祸福之至。呜乎！跖也，夷也，尧也，桀也，皆不能损益于大方至圆之中者也。即使其然，而又何事哓哓前知以炫明觉乎？故立一有方有体之象以言《易》，邪说之所由兴，暴行之所由肆，人极之所由毁也。魏伯阳以之言丹术，李通元以之言《华严》，又下而《素女》之淫妖亦争托焉。故学《易》者不辟先天之妄，吾所不知也。篇中广论之。

秦焚书，而《易》以卜筮之书，不罹其灾。故《六经》惟《易》有全书，后学之幸也。然而《易》之乱也，自此始。孔子之前，文、周有作，而夏、商《连山》、《归藏》二家杂占之说，犹相淆杂。如《春秋传》之繇辞，多因事附会，而不足以垂大义，而使人惧以终始。孔子删而定之，以明吉凶之一因于得失，事物之一本于性命，则就揲策占象之中，而冒天下之道。乃秦既夷之于卜筮之家，儒者不敢讲习，技术之士又各以其意拟议，而诡于情伪之利害。汉人所传者非纯乎三圣之教。而秦以来，杂占之说纷纭而相乱，故襄楷、郎颉、京房、郑元、虞翻之流，一以象旁搜曲引，而不要诸理。王弼氏知其陋也，尽弃其说，一以道为断，盖庶幾于三圣之意。而弼学本老庄虚无之旨，既诡于道，且其言曰：“得意忘言，得言忘象”，则不知象中之言，言中之意，为天人之蕴所昭示于天下者，而何可忘邪？然自是以后，《易》乃免于鬻技者猥陋之诬，而为学者身心事理之典要。唐、宋之言《易》

者，虽与弼异，而所尚略同。苏氏轼出入于佛、老，敝与弼均，而间引之以言治理，则有合焉。程子之《传》，纯乎理事，固《易》大用之所以行，然有通志成务之理，而无不疾而速、不行而至之神。张子略言之，象言不忘，而神化不遗，其体洁静精微之妙，以益广周子《通书》之蕴，允矣至矣，惜乎其言约，而未尝贯全《易》于一揆也。朱子学宗程氏，独于《易》焉尽废王弼以来引伸之理，而专言象占，谓孔子之言天，言人，言性，言德，言研幾，言精义，言崇德广业者，皆非羲、文之本旨，仅以为卜筮之用，而谓非学者之所宜讲习。其激而为论，乃至拟之于《火珠林》卦影之陋术，则又与汉人之说同，而与孔子《系传》穷理尽性之言，显相抵牾而不恤。由王弼以至程子，矫枉而过正者也，朱子则矫正而不嫌于枉矣。若夫《易》之为道，即象以见理，即理之得失以定占之吉凶，即占以示学，切民用，合天性，统四圣人于一贯，会以言、以动、以占、以制器于一原，则不揣愚昧，窃所有事者也。

《易》之为筮而作，此不待言。王弼以后，言《易》者尽废其占，而朱子非之，允矣。虽然，抑问筮以何为，而所筮者何人何事邪？至哉！张子之言曰：“《易》为君子谋，不为小人谋。”然非张子之创说也。《礼》：筮人之问筮者曰，义与？志与？义则筮，志则否。文王、周公之彝训，垂于筮氏之官守且然，而况君子之有为有行，而就天化以尽人道哉！自愚者言之，得失易知也，吉凶难知也。自知道者言之，吉凶易知也，得失难知也。所以然者何也？吉凶，两端而已。吉则顺受，凶无可违焉，乐天知命而不忧。前知之而可不忧，即不前知之，而固无所容其忧。凶之大者极于死，亦孰不知生之必有死，而恶用知其早暮哉！惟夫得失者，统此一仁义为立人之道，而差之毫厘者，谬以千里，虽圣人且有疑焉。一介之从违，生天下之险阻，其初幾也隐，其后应也不测，诚之必幾，神之不可度也。故曰“明于忧患与故”，又曰“忧悔吝者存乎介”。一刚一柔，一进一退，一屈一伸，阴阳之动幾；不疾而速、不行而至者，造化之权衡；操之于微芒，而吉凶分途之后，人尚莫测其所自致。故圣人作《易》，以鬼谋助人谋之不逮，百姓可用，而君子不敢不度外内以知惧，此则筮者筮吉凶于得失之幾也。固非如《火珠林》者，盗贼可就问以利害。而世所传邵子牡丹之荣悴、瓷枕之全毁，亦何用知之以渎神化哉！是知占者即微言大义之所存，崇德广业之所慎，不可云徒以占吉凶，而非学者之先务也。

《易》之垂训于万世，占其一道尔，故曰：“《易》有圣人之道四焉。”惟“制器者尚其象”，在上世器未备而民用不利，为所必尚，至后世而非所急耳。以言尚辞，以动尚变，学《易》之事也。故占《易》学《易》，圣人之用《易》，二道并行，不可偏废也。故曰：“居则观其象而玩其辞”，学也；“动则观其变而玩其占”，筮也。子曰：“卒以学《易》，可以无大过”，言寡过之必于学也；又曰：“不占而已矣”，言占之则必学以有恒也。盖非学之有素，则当变动已成、吉凶已著之后，虽欲补过而不知所从，天恶从而佑之以吉无不利邪？京房、虞翻之言《易》，言其占也。自王弼而后至于程子，言其学也。二者皆《易》之所尚，不可偏废，尤其不可偏尚也。朱子又欲矫而废学以尚占，曰“《易》非学者所宜读”，非愚所知也。居则玩其辞者，其常也。以问焉而如向，则待有疑焉而始问，未有疑焉无所用《易》也。且君子之有疑，必谋之心，谋之臣民师友，而道之中正以通；有未易合焉者，则其所疑者亦寡矣。学则终始典焉而不可须臾离者也。故曰："《易》之为书也不可远。"徒以占而已矣，则无疑焉而固可远也。故篇内占与学并详，而尤以学为重。

《传》曰："河出图，洛出书，圣人则之"。《洛书》别于《洪范》篇中详之。而《河图》者，圣人作《易》画卦之所取则，孔子明言之矣。则八卦之奇偶配合，必即《河图》之象，圣人会其通，尽其变，以纪天地之化理也，明甚。乃说《河图》者但以配五行，而不以配八卦。不知旷数千年而无有思及此者，何也？故取则于《河图》，以分八卦之象，使圣人则《图》以画卦之旨得著明焉。说详《系传》第九章。其以五行配《河图》者，盖即刘牧易《洛书》为《河图》之说所自出。《易》中并无五行之象与辞，五行特《洪范》[1]畴中之一畴，且不足以尽《洛书》，而况于《河图》！篇中广论之。其云"天一生水，地六成之"云云，尤不知其何见而云然。先儒但沿陈说，无有能畅言其多少生成之实者。不知何一人言之，而数千年遂不敢违邪？《易》则文王、周公、孔子也，《洪范》则禹、箕子也，四圣一人，曾不如何一人之分析五行多寡之数，弗究其所以然，横空立论，而遂不敢违邪？《本义》于《大衍》章，推大衍之数出自《河图》。大衍，筮法之本也。筮所以求卦，卦立而后筮生，筮且本于《河图》五十有五之数，而况于卦！筮则《图》，而卦之必先则于《图》也愈明。《河图》之数五十有五，大衍之数五十，不全用者，筮以筮人事之得失吉凶，天之理数非人事所克备也。天地之广大，风雷之变动，日月之运行，山泽之流峙，固有人所不可知而所不与谋者。五位之体，天

①此处当缺"九"字，岳麓书社本《周易内传》即为"九畴"。

体也，人无事焉，则筮不及焉。故筮惟大衍以五十，而虚其体之五。虽曰圣人法天而德与天配，而岂能尽有其神化哉！必欲尽之，则惟道士之吐纳风雷，浮屠之起灭四大，而后可充其说，非理之所可有，道之所可诬也。故筮虚五位之一，而但用五十也。至于因《图》以画卦，则以肖天、地、风、雷、水、火、山、泽之全体大用，该而存焉。《图》之象，皆可摩荡以成象；《图》之数，皆可分合以为数，而五位五十有五，参伍错综，而后八卦以成。故《图》者，卦之全体；而蓍策者，《图》之偏用。卦与筮，理数具足于《图》中。若但于筮言《图》，而《图》则别象五行，无与于卦，是得末而忘其本矣。圣人则《图》以画卦，八卦在而六十四卦亦在焉，因而重之，五位十象交相错焉，六十四象无不可按《图》而得矣。或曰：因五位十象而成六十二卦可也，若乾六阳，坤六阴，《图》则阳之象一、三、五、七、九，象止五阳；阴之象二、四、六、八、十，象止五阴；何从得六阳六阴而取则哉？曰：天之垂象也，不一其理，圣人之则天也，不一其道，故曰“其为道也屡迁”。《河图》中外之象，凡三重焉，七、八、九、六，天也；五、十，地也；一、二、三、四，人也。七、九，阳也；八、六，阴也。立天之道，阴与阳俱焉者也。至于天，而阴阳之数备矣。天包地外，地半于天者也，故其象二，而得数十五，犹未歉也。人成位于天地之中，合受天地之理数，故均于天而有四象，然而得数仅十，视地为歉矣。卦重三而为六，在天而七、八、九、六皆刚，而又下用地之五、人之或一或三，而六阳成。地五、十皆阴五，刚也；刚亦阴之刚。又用天之八、六，人之二、四，而六阴成。此则乾坤六爻之象也。一、三皆阳也，乾虚其一而不用者，天道大备，乾且不得而尽焉，非如地道之尽于坤也。是知圣人则《河图》以画卦，非徒八卦然也，六十四卦皆《河图》所有之成象摩荡而成者，故曰“圣人则之”。

乾坤并建，为《周易》之纲宗，篇中及《外传》广论之，盖所谓“《易》有太极”也。周子之图，准此而立。其第二图，阴阳互相交函之象，亦无已而言其并著者如此尔。太极，大圆者也，图但象其一面，而三阴三阳具焉。其所不能写于图中者，亦有三阴三阳，则六阴六阳具足矣。特图但显三画卦之象，而《易》之乾坤并建，则以显六画卦之理。乃能显者，爻之六阴六阳而为十二；所终不能显者，一卦之中，向者背者，六幽六明，而位亦十二也。十二者，象天十二次之位，为大圆之体。太极一浑天之全体，见者半，隐者半，阴阳寓于其位，故毂转而恒见其六。乾明则坤处于幽，坤明则乾处于幽。《周易》并列之，示不相离，实则一卦之向背而乾坤皆在焉。非徒乾坤为然也，明为屯、蒙，则幽为鼎、革，无不然也。《易》以综为用，所以象人事往复之报，而略其错，故向背之理未彰。然乾坤、坎离、颐大过、小过中孚，已具其机，抑于家人睽、蹇解之相次，示错综并行之妙。要之，絪蕴升降，互相消长盈虚于大圆之中，则乾坤尽之，故谓之“蕴”，言其充满无间，以爻之备阴阳者言也。又谓之“门”，言其出入递用，以爻之十二位具于向背者言也。故曰：“《易》有太极”，言《易》具有太极之全体也；“是生两仪”，即是而两者之仪形可以分而想像之也。又于其变通而言之，则为四象；又于其变通而析之，则为八卦。变通无恒，不可为典要，以周流六虚，则三十六象、六十四卦之大用具焉。乾极乎阳，坤极乎阴，乾坤并建，而阴阳之极皆显；四象八卦、三十六象六十四卦摩荡于中，无所不极，故谓之太极。阴阳之外无理数，乾坤之外无太极，健顺之外无德业。合其向背幽明，而即其变以观其实，则屯蒙、鼎革无有二卦，而太极之体用不全，是则“《易》有太极”者，无卦而不有之也。故张子曰：“言幽明不言有无。”言有无，则可谓夜无日而晦无月乎？春无昴、毕，而秋无氐、房乎？时隐而时见者，天也，太极之体不滞也。知明而知幽者，人也，太极之用无时而息也。屈伸相感，体用相资，则道义之门出入而不穷。呜呼！太极一图，所以开示乾坤并建之实，为人道之所自立，而知之者鲜矣！

《象传》之言阴阳，皆曰刚柔，何也？阴阳者，二物本体之名也。盈两间皆此二物，凡位皆其位，无入而不自得，不可云当位不当位，应不应，故于吉凶悔吝无取焉。阴阳之或见或隐，往来发见乎卦而成乎用，则阳刚而阴柔，性情各见，功效各成，于是而有才，于是而有情，则盛德大业之所自出，而吉凶悔吝之所自生也。刚之性喜动，柔之性喜静，其情才因以然尔。而阳有动有静，阴亦有静有动，则阳虽喜动而必静，阴虽喜静而必动，故卦无动静，而筮有动静。故曰：“乾其静也专，其动也直；坤其静也翕，其动也辟。”阴非徒静，静亦未即为阴；阳非徒动，动亦未必为阳，明矣。《易》故代阴阳之辞曰刚柔，而不曰动静。阴阳刚柔，不倚动静，而动静非有恒也。周子曰：“动而生阳，静而生阴。”生者，其功用发见之谓，动则阳之化行，静则阴之体定尔。非初无阴阳，因动静而始有也。今有物于此，运而用之，则曰动；置而安处之，则曰静。然必有物也，以效乎动静。太极无阴阳之实体，则亦何所运而何所置邪？抑岂止此一物，动静异而遂判然为两邪？夫阴阳之实有二物，明矣。自其气之冲微而未凝者，则阴阳皆不可见；自其成象成形者言之，则各有成质而不相紊。自其合同而化者言之，则浑沦于太极之中而为一；自其清浊、虚实、大小之殊异，则固为二；就其二而统言其性情、功效，则曰刚、曰柔。阴阳必动必静，而动静者，阴阳之动静也。体有用而用其体，岂待可用而始乃有体乎？若夫以人之嘘而暖为阳，吸而寒为阴，谓天地止一气，而嘘吸分为二殊。乃以实求之：天其嘘乎？地其吸乎？嘘而成男乎？吸而成女乎？嘘则刚乎？吸则柔乎？其不然审矣。人之嘘而暖者，腹中之气温也；吸而寒者，空中之气清也，亦非一气也。况天地固有之阴阳，其质或刚或柔，其德或健或顺，其体或清或浊、或轻或重、为男为女、为君子为小人、为文为武，判然必不可使阴之为阳，阳之为阴，而岂动静之顷，倏焉变易而大相反哉？《易》不言阴阳而言刚柔，自其质成而用著者言之也，若动静则未之言也。信圣人之言而实体之，可以折群疑矣。

昔者夫子既释《彖》、《爻》之辞，而虑天下之未审其归趣，故《系传》作焉。求《彖》、《爻》之义者，必遵《系传》之旨，舍此无以见《易》，明矣。《传》曰："观其《彖辞》，则思过半矣。"明乎《爻》之必依于《彖》也。故曰："《彖》者材也，《爻》者效也。"材成而斫之，在车为车，轮舆皆车也；在器为器，中、边皆器也。各效其材，而要用其材，故曰："同归而殊途，一致而百虑。"舍其同归一致，叛而之他，则途歧而虑诡于理，虽有卮言之不究，犹以条枚而为栋梁，析豫章而为薪蒸，材非其材，乌效哉？说《易》者于《爻》言《爻》，而不恤其《彖》；于《彖》言《彖》，而不顾其《爻》；谓之曰未达也，奚辞！《易》之辞简而理微，舍其同归一致而叛离以各成其说，简者莫能辨也，微者可移易而差焉者也，则亦可诡遇以伸其说，而为之言曰，文自文也，周自周也，孔自孔也，则亦终莫之悟也。今以略言之：

乾惟具四德，故虽在“潜”而德已为龙，他阳之在下者莫能拟也。“勿用”者，以养其元亨利贞之德也。坤惟“丧朋”而后有庆，故上六处西南极高之位，以得朋而疑战。屯惟“利建侯”而勿用攸往，故九五之屯膏，而委其利于初九。蒙惟“渎则不告”，以贞为吉，故六三以近昵而为不贞之女。推此而求之，《彖》为《爻》材、《爻》为《彖》效，以《彖》之经，求《爻》之权，未有不针芥相即者也。至如《履》《彖》“不咥人”，而六三“咥”者，舍其说以应乾之纯德而躁以进也，而《彖》已先示以履虎之危机。同人亨“于野”，而六二“于宗”而吝，亨者在阳，而吝在阴，两相同而得失相殊也。豫“建侯行师”之利，九四当之，非馀爻之所能逮。咸备三德，而《爻》多咎吝，以利在“取女”以顺，而妄感皆非。由其所以异，观其所以同，岂特思过半哉！《爻》之义无不尽于《彖》中，而何读《易》者弗之恤邪？篇中以《爻》不悖《彖》为第一义，故破先儒之说，而不敢辞其罪。释《经》者得句而忘其章，得章而忘其篇，古今之通病也。近世姚江之徒，拈单辞片语以伸其妄，皆此术尔，亦释氏离钩得鱼之淫辞，而君子奚取焉！

卦变者，因《彖传》往来上下进行内外之旨，推而见其所自变也。夫子作《彖传》，于卦画已定、卦象已备、卦德已见于《彖辞》之后，而得其理焉，明此卦之所以异于彼卦者，以其爻与位之有变易也。盖自天化而言之，则万象不同之形体，大化不齐之气应，各自为道，而非由此而变彼；而以人事之同异得失言之，则阴阳各自为类，而其相杂以互异者，惟由情之动而往来进退于其间，数有参差，则性情功效之臧否应违以殊，非忽至无因，乃其推移之际，毫厘之差，千里之谬也。《彖传》之以卦变言者十五；随曰“刚来而下柔”，蛊曰“刚上而柔下”，噬嗑曰“柔得中而上行”，贲曰“柔来而文刚”、“分刚上而文柔”，咸曰“柔上而刚下”，恒曰“刚上而柔下”，损曰“其道上行”，益曰“自上下下”，渐曰“柔得位”，涣曰“刚来而不穷”，皆三阴三阳之卦，故古注以为自否、泰而变。而先儒非之，谓乾坤合而为否泰，岂有否泰复为他卦之理！程子因谓皆自乾坤而变。然此二说相竞，以名之异，而非实之有异也。若泛言自乾坤而变，则六十二卦皆乾坤所摩荡而成。若以随、蛊之属刚柔之上下言之，则所谓自乾坤变者，亦下乾上坤、下坤上乾之谓。从三画而言则谓之乾坤，从六画而言则为否泰，其实一也。三画之乾坤，或成象于内，或成象于外，各从其类而不杂者，则为否、泰，离其类而相杂，则为随、蛊。以下十八卦，纯者其常，杂者其变，故否泰非变，而馀卦为变。故《彖传》之理，多以否之变为得，泰之变为失。玩《传》自见其义，不当疑否、泰之不足于变也。变者，象变也。象不成乎否、泰即其变，非谓既否既泰而又变为他也。以揲蓍求之，其理自见。乃若无妄曰“刚自外来而为主于内”，大畜曰“刚上”，晋、睽、鼎皆曰“柔进而上行”，则又非乾坤也，非否泰也。无妄者，遯之刚自外来也。大畜者，大壮之刚上也。晋者，观之柔进五也。睽者，大畜之柔上进也。鼎者，巽之柔上行也。此又一义。为遯，为大壮，为观，则阴阳虽畸胜，而犹从其类，亦纯象也。为无妄，为大畜，为晋，则杂也。惟睽为大畜之变，其义稍远；而鼎、革为巽、离之变，又别为一义。要此诸卦，皆相杂而难乎取象。变易之极，非固然之体撰，则有彼卦稍有移易而又别为一道之理。从其变而观之，以审进退升降于幾微，穷人情物理之致，《易》之所为屡迁而忧其介也。若上下秩然而成章，阴阳相比而定位，则道之常也，象之有定也，不复论其变矣。乃朱子谓一卦而六十三卦皆可变，其说本自焦赣。赣之为术，博衍蓍策，九、六变动而为四千九十六之占辞，繁冗重复，而究不足以尽天道人事无穷之理数，以为忧悔吝而补过之明鉴，姑不具论；即其所云变者，以筮法动爻言之，非谓卦之固有此也。且如贲之《彖》曰"柔来而文刚"、"分刚上而文柔"，言贲也，非言泰也。《周易启蒙》谓六爻不变则占本卦，《彖》辞是贲之《彖》，非以占泰二、上两爻之变也明甚，恶得谓一卦之变六十四卦乎？此焦氏之说与《启蒙》固相矛盾，奈之何曲徇而两存之也？一卦而六十三变，《春秋传》有其文。盖夏、商之季，《易》道衰，而筮氏以其小智，为游移不定之占，以求亿中。文王演《周易》，尽废日者之术，归之易简。孔子所传者，文王之《易》也。焦赣所衍者，夏、商日者之《易》也。论文、周、孔子之《易》，而以日者之术乱之，奚可哉！篇中于随、蛊卦言泰、否之变，无妄、大畜、晋、睽、鼎、革各殊其说，玩爻象而宗二圣之指，不知其馀也。

嵩焘案：讼曰"刚来而得中"，蹇曰"往得中"，解曰"往得众[①]，其来复吉，乃得中也"，升曰"柔以时升"，皆四阴四阳之卦，三阴三阳、四阴四阳，阴阳之杂出者也，故以卦变释之。

惟乾坤以纯为道，故曰"时乘六龙以御天"，又曰"天德不可为首"，九五虽尊，不任为群阳之主，而各以时乘；坤曰"德合无疆，承天而时行"，六二虽正，而下不能释初六之凝阴，上不能息上六之龙战。自此而外，则卦各有主。或专主一爻行乎众爻之中，则卦象、卦名、卦德及爻之所占，皆依所主之爻而立义。或贞悔两体相应，或因卦变而刚柔互相往来，则即以相应、相往来者为

①原文为"往得众也"。

主。或卦象同，而中四爻之升降异位，或初、上之为功异道，则即以其升降刚柔之用爻为主。非在此一卦，而六爻皆其有一德也。一爻行乎众爻之间，如履惟六三为柔履刚，则馀爻之阳皆其所履，不可于外三爻而言履他爻：初、二与三同为兑体，虽有履道而未履乎刚，故咥不咥不与焉。复卦为初九为能复，大有惟六五为有乎大，而馀爻皆听复而为柔所有。姤、同人、豫、小畜之类，其义皆然。二爻相往来，而以所往来者为主，如损之损三而益上，益之损四而益初，则惟所损、所益之两爻为主，而馀爻皆受损、益者也。恒之初与四固藏以持久，馀爻非有恒道；需、晋之五居尊而遥相待，上与四为隔绝，所由以俟需、晋者，则需与所需、晋与所晋者异矣。以相应不相应为主者，中四爻之合离有得失之异，如中孚之二、五得中，相合而孚其类，以感三、四，故三、四非能孚者，初、上则尤不与于孚者也。或卦象略同而中、四之升降异，如贲柔来二以饰阳，故贲须终不得为大文；噬嗑刚自五而来初，以啮合交杂之阴阳而非道；则贲惟二与上为致饰，噬嗑惟初与上为强合；有贲者，有受贲者，有噬者，有受噬者，不得概言饰与合也。中四爻象同而初、上为功异者，如家人以刚闲得位之贞，而蹇以柔用；解以柔解失位之悖，而睽以刚争；则中四爻之得失皆听乎初、上，不自为合离行止矣；有闲者，有受闲者，有解者，有受解者，有启其疑以睽者，有致其慎而蹇者，未可无辨以离爻于全卦之象也。观其《彖》以玩其《象》，则得失之所由与其所著，吉凶之所生与其所受，六爻合一，而爻之义大明矣。旧说概云当某卦之世则皆有某卦之道，主辅不分，施受不别，遇履则皆履物，遇畜则皆畜彼，至于说不可伸，则旁立一义，如讼九五为听讼，而不同所讼者为何人之类，揆之卦画，参之象辞，绝不相当，非义所安，审矣。篇内疏其滞，会其通，非求异于先儒，庶弋获于三圣耳。

以筮言之，则由三变以得一画以为初，渐积至十八变而成卦，疑初为始而上为终。然卦者，天地固有之化，万物固有之理，人事固有之情，筮而遇之则占存焉，非因筮而后有卦也。如天之健，非渐以盛而向于弱；地之顺，非驯习以至而且将逆。至如夬、剥之属，非上不成，其初则未尝决阴而剥阳也。即以筮言，初爻得奇者三十有二，岂必初九为乾之始？得偶者三十有二，岂必初六为坤之始？即至五爻得阳，而为乾为夬，尚未可知；五爻得阴，而为坤为剥，尚未可知。无上不成乎初，亦阴阳无始、动静无端之理也。卦有以初、终为时位者，然而仅矣。即如乾以时言，而岂必一人焉；由潜而见、而跃、而飞亢，阅历尽而不爽乎？孔子终于潜，周公终于见，文王终于跃，尧始即飞，比干、伯夷始即亢。人事如此，物之变、天之化，尤其不可测者。需非九五，始固亟进而谁需？讼非九二，五自居尊而无与讼。然则何所据于时与地，为卦之始、卦之终也？未尝观变观象以玩其占与辞，而初则曰当某卦之始，上则曰当某卦之终，奚足以研幾而精义乎？其尤异者，于泰则曰泰极且否，于否则曰否极而泰，于畜则曰畜极而通，然则明夷之终夷极而必无伤，解之终解极而复悖乎？以天下治乱，夫人进退而言之，泰极而否，则尧、舜之后当即继以桀、纣，而禹何以嗣兴？否极而泰，则永嘉、靖康之馀何以南北瓜分，人民离散，昏暴相踵，华夷相持，百馀年而后宁？畜极而通，则苟怀才抱德者愤起一旦，不必问时之宜否，可以为所欲为，而志无不快。以天化言之，则盛夏炎风酷暑之明日，当即报以冰雪，山常畜而必流，水常通而必塞矣。故泰极者当益泰也，否极者当益否也。泰上之"复隍"，否上之"倾否"，自别有旨，而不可云极则必反也。极则必反者，筮人以慰不得志于时者之佞辞，何足以穷天地之藏，尽人物之变，贞君子之常乎？故旧说言始言终者，概不敢从，而求诸爻象之实。卦或有初而不必有终，不计其终；或有终而不必有初，不追其始。合浑沦之全体，以知变化之大用，斯得之矣。

《本义》绘邵子诸图于卷首，不为之释而尽去之，何也？曰：周流六虚，不可为典要；《易》之道，《易》之所以神也，不行而至也，阴阳不测者也。邵子方圆二图，典要也，非周流也，行而至者也，测阴阳而意其然者也。《易》自下生，而邵子之图自上变。自下生者，立本以趣时者也；自上变者，趣时而忘本者也。天地之化，至精至密。一卉一木，一禽一虫，察于至小者皆以不测而妙尽其理；或寒或暑，或雨或晴，应以其候者抑不可豫测其候。故《易》体之，以使人行法俟命，无时不惧，以受天之佑。故乾坤并建，即继以屯：阴阳始交而难生，险阻在易简之中，示天命之靡常也。泰而旋否，剥而旋复，有恒而遯，明已夷而可闲于有家：神之格不可度，而矧可射也？故曰百物不废，惧以终始。君子之学《易》，学此焉耳；有疑焉而以问，问此焉耳；固法象自然必有之变化也。邵子之图，如织如绘，如饤如砌，以意计揣度，域大化于规圆矩方之中。尝试博览于天地之间，何者而相肖也？且君子之有作也，以显天道，即以昭人道，使崇德而广业焉。如邵子之图，一切皆自然排比，乘除增减，不可推移，则亦何用勤勤于德业为邪？疏节阔目，一览而尽，天地之设施，圣人之所不敢言，而言之如数家珍，此术数家举万事万理而归之前定，使人无惧而听其自始自终之术也。将无为偷安而不知命者之劝邪？于《彖》无其象，于《爻》无其序，于《大象》无其理，文王、周公、孔子之所不道，非圣之书也。而挟古圣以抑三圣，曰伏羲氏之《易》；美其名以临之，曰先天。伏羲何授？邵子何受？不能以告人也。先天者，黄冠祖气之说也。故其图乾顺坤逆，而相遇于姤、复，一不越于龙虎交媾之术，而邵子之藏见矣。程子忽之而不学，韪矣哉！朱子录之于《周易》之前，窃所不解。学《易》者，学圣人之言而不给，奚暇至于黄冠日者之说为？占《易》者，以占得失也，非以知其吉而骄、知其凶而怠者也，又奚以前知一定之数为？篇中详辨之。

惟《易》不可为典要，故玩《彖》、《爻》之辞者，亦不可执一以求之。有即爻之得失而象占在者，如"潜龙勿用"，则"龙"者初九之德，"潜"者初九之时，"勿用"则示修龙德而在潜者当以藏为道之类是也。乃执此以概其不然者，则于《爻》无义，于《彖》相违者多矣。有爻中之象占，有爻外之象占。而爻外之象占复有二。其一如坤初六"履霜坚冰至"，虽初六之且有此象，而所戒者在君子之辨之于早，非为初六言也；又如噬嗑初九"屦校灭趾无咎"，虽初九之自致而言无咎者，谓君子施薄刑于小人以弭其恶，则可寡民之过，非谓屦校而可无咎也。其一如大有上九"自天佑之吉无不利"，上九即天也，佑者非佑上也，乃六五履信思顺而上佑之，即其福之至以归本于六五之德也；又如解六五"君子惟有解"，解者，非五之能解也，上六藏器待时而解六三之悖，故五可孚三而解之，此原本上六之德以知六五之吉也。盖读书者一句而求一句之义，则句义必忒，况于《易》之为学，以求知天人之全体大用；于一爻而求一爻之义，则爻义必不可知。且如"潜龙勿用"，义固尽于爻中矣，而非六阳纯成、自强不息，则无以见一阳初动之即为龙，况其会通于爻外之爻以互相应求，与立一占者、学者于卦爻之外，以垂训戒者乎！通其变而不倦于玩，君子之所以行乎亹亹也。执一句一义而论先圣之书，微言隐，大义乖，他经且然，奚况《易》哉！

《爻辞》为筮得九六动爻而设，故于《象》有变通，如履六三、复上六之类。乃动爻取义有二，一为值其动之时者言也，一为于其时位而有动之情者言也。值其动之时，不必有动之情，而动应之。如乾初九，非有欲潜之情，时为之也，示占者当其时则道宜如是，非有欲用之意，而固不可用也。凡此类，以所值之时位言也。一则卦德本如是矣，非其吉凶之必然也，乃忽情动于中，而与此爻得失之理相应，则爻因其情之动而告之以动之吉凶。如同人以一阴应群阳，本有"于野"之亨，而六二以应而动其情，以私合于五，非其时位然也，情之动也。凡此类，以人之情专于此而遗其全体，则以情之动而告以动之得失也。占者非有其情，则当其时而趣之；苟有其情，则因其情之得失而慎之；此所以明于忧患之故，而为通志成务之道。即占即学，岂有二理哉！

《易》为君子谋，不为小人谋。君子之谋于《易》，非欲知吉凶而已，所以知忧、知惧，而知所择执也。故曰："无有师保，如临父母。"《本义》往往有戒占者之言，尟矣。然所戒者，刚柔之节，进退之度，王者之刑赏因革，君子之出处语默，两俱近道，而戒以慎择而固执之。若夫贞之为言正也，出乎正则入乎邪，即微《易》之戒，岂有不贞而可以徼利者哉！贞之为利也，不相离也，贞则利，利必贞也，故有贞凶，而无不利之贞，无不贞之利。且《易》之所谓利者，非小人之利，求荣而荣，求富而富，欲焉而遂，忿焉而逞者也。故曰"利物"，非私利于己之谓也；曰"合义"，合于义即利，所谓不以利为利，以义为利也。故凡言贞吉者，言即得其正而又吉。或谓所吉者在正，而非不正者之可幸吉，此即戒矣。若利贞，则谓其合义而可固守，即有戒焉，亦谓其义之合不以权而以正也。倘云利于贞，不利于不贞，此又岂待《易》之言而后戒乎！况如乾言"利贞"，在天者即为道之正，胡容责天以正，而惟恐不正之不利邪！元亨利贞，分言之则四德，合言之则二理。复礼为仁，礼者仁之秩序；信必近义，信者义之终始。文王合四德而顺言之，孔子分四德而合之，义固两存，不可云孔子之言非文王之意也。篇中亟正之。

当位之吉，不当位之凶，其恒也。应之利，不应之不利，其恒也。使有恒之可执，而据之为典要，则《火珠林》之类技术之书，相生相克之成局，足以与于圣人之道义，天地之德业矣。故有不当位而吉，当位而不吉，应而不利，不应而利者。以人事征之：纣以世嫡而为君，三桓以公族而为卿，当位者也；文王之为臣，孔子之为下大夫，不当位者也；飞廉、恶来，柔以应刚者也；微子之决于去，比干之戆于谏，不应者也。得失岂有定哉！耕者之雨，行者之病也。丰草之茂，良苗之瘠也。位无恒，应必视其可应，以为趣时之妙用，其可以典要求之乎！乾、坤、震、巽、坎、离、艮、兑，位皆其位，不待应而自合者也。泰、否、益、恒、既济、未济、咸、损，固相应而无关于得失也。既济无不当之位，未济无相当之位，位不足言也。推此而言变动无常之旨，类可知矣。

《易》之难知者，三阴三阳相杂之卦，此所谓险阻也。咸、恒、损、益之旨，微矣。它如随、蛊、噬嗑、贲、困、井、丰、旅、节、涣，于象于德，尤为隐而难知。旧说通于《爻》，则不通于《彖辞》；通于《彖辞》，亦不通于卦画。盖阴阳相半，以递相乘，乃天化之流行于物理人事者，不能皆如泰、否之秩然成章；而圣人观其变与象以穷万变之理，自非可以论易简之道论险阻也。损、益之义大矣。其曰“损上益下，民说无疆”者，孔子推而征之君民之间，以著其一理耳。旧说据此以尽损、益之理，则损为暴君污吏之朘削，而何以云“有孚无咎”而可贞也？天施地生、与时偕行之说，又何以称焉？随为阳随阴也，明矣。蛊阴顺承阳，正也。《春秋传》“女惑男”之说，术人因事而支离，非蛊之象也。既云蛊坏矣，既坏，则治不治未可知也。若谓坏极必治，而可名之为治，则否可以谓之泰、困可以谓之通乎？困之刚掩，易知也。井亦刚掩，而奚以异于困？不即井之象以合卦之象，则爻之言“漏”、言“泥”、言“汲”、言“甃”，言“食”、言“收”者何所取？而“往来不改”之义又何以云？丰，蔽也，阴蔽阳也，《爻》之训明矣；而谓为盛大，故蔡京得以“丰亨豫大”之说惑其君。使即象征《爻》，知丰之为蔽而豫之为怠，邪说不足以立矣。天、地、雷、风、水、火、山、泽，八卦之象也。八卦之德，不限于此。舍卦画所著之德，仅求之所取之象，是得枝叶而忘其本根；于是雷火盛而为丰，山风丽而为蛊，一偏之说，遂以蔽卦之全体，而《象》与《爻》之大义微言皆隐矣。但以天、地、雷、风、水、火、山、泽曲就卦之名义，则雷风至无恒者，而何以为恒？又将为之说曰“无恒而有恒”。则亦泰可谓否，乾可谓之坤矣。今释数卦，皆研审画象、会通《彖》《爻》以明其旨，尽异于先儒之言，非敢求异，求其通而已矣。

《大象》之与《彖》、《爻》，自别为一义。取《大象》以释

《彖》、《爻》，必龃龉不合，而强欲合之，此《易》学之所由晦也。《易》以筮，而学存焉，惟《大象》则纯乎学《易》之理，而不与于筮。盖筮者，知天之事也；知天者，以俟命而立命也。乐天知命而不忧以俟命，安土敦仁而能爱以立命，则卦有小有大、有险有易、有顺有逆，知其吉凶而明于忧患之故，吉还其吉，凶还其凶，利害交著于情伪之感，以穷天化物情之变，学《易》之道虽寓其中，而固有所从违，以研幾而趣时，所谓“动则玩其占”也。夫学《易》者，尽人之事也。尽人而求合乎天德，则在天者即为理。天下无穷之变，阴阳杂用之幾，察乎至小、至险、至逆，而皆天道之所必察。苟精其义、穷其理，但为一阴一阳所继而成象者，君子无不可用之以为静存动察、修己治人、拨乱反正之道。故否而可以“俭德辟难”，剥而可以“厚下安宅”，归妹而可以“永终知敝”，姤而可以“施命诰四方”；略其德之凶危，而反诸诚之通复，则就天、地、雷、风、电、木、水、火、日、月、山、泽已成之法象，而体其各得之常。故乾大矣而但法其行，坤至矣而但效其势，分审于六十四象之性情以求其功效，乃以精义入神，而随时处中，天无不可学，物无不可用，事无不可为，由是以上达，则圣人耳顺、从心之德也。故子曰：“五十以学《易》，可以无大过矣。”《大象》，圣人之所以学《易》也。“无大过”者，谦辞也。圣人之集大成，以时中而参天地，无过之尽者也，圣学之无所择而皆固执者也，非但为筮者言也。君子学圣人之学，未能至焉，而欲罢不能，竭才以从，遗其一象而即为过，岂待筮哉！所谓“居则观其象”也。呜乎！此孔子之师文王而益精其义者，岂求异于文王乎！神而明之，存乎其人，非圣人而孰能与于斯！读《易》者分别玩之，勿强相牵附，以乱《彖》、《爻》之说，庶幾得之。

《序卦》非圣人之书，愚于《外传》辨之详矣。《易》之为道，自以错综相易为变化之经，而以阴阳之消长屈伸、变动不居者为不测之神。间尝分经纬二道，以为三十六象、六十四卦之次序，亦未敢信为必然，故不次之此篇。然需、讼可以继屯、蒙，而讼之继蒙，以象以数、无一可者，于理尤为不顺。故确信《序卦》一《传》非圣人之书，而此篇置之不论。且上、下《经》之目，非必孔子之所立也。《六经》之书，在孔子但谓之艺，其称“经”者，始见于戴氏《经解》之文，后人之所称也。其分上下也有二。古之简策，以韦编之，犹今之卷帙也。简多而不可编为一，故分上下为二，其简之多少必相称也。《上经》乾坤二卦独有《文言》，则损其二卦以为下篇，而文与简相均。《下经》之始咸、恒，不过如此而已。又以错综之象言之，《上经》错卦六，为象六；综卦二十四，为象十二；共十有八。《下经》错卦二、综卦三十二，为象亦十八，偶相合也，亦可分为二而均焉者也。乃曲为之说曰：“有夫妇然后有父子，有父子然后有君臣”，安所得无道之言而称之哉！父子君臣者，自有人道以来，与禽兽之大别者此也。有男女则有夫妇，天化之自然；鸟之雌雄，兽之牝牡，与人同焉者也。即曰夫妇者，非配合之谓尔，以礼相合之谓也，而抑不然；父子之仁、君臣之义，圣人因人心之固有顺导之，而爱敬之真不待圣人之裁成；若夫妇之以礼相接，则圣人于既有配合之后，裁成之以正人纪者也。故黄帝以前，昏姻未正，而父子君臣之伦早已大定，何得以为父子君臣俱待此以成，而推为人伦之本耶！况所云有男女然后有夫妇者，又仅自其配合而言乎！乾者，万物之资始也，父吾乾也；坤者，万物之资生也，母吾坤也。乾坤二十八变而后有咸恒，则讵可曰有夫妇然后有父子哉！故曰：非圣人之书也。且欲取卦以象夫妇，则泰、否为阴阳内外之象，损、益、既济、未济皆男女相谐匹之象，而奚独咸、恒？若曰乾道至艮而成男，坤道至兑而成女，则损何殊于咸？若以男下女为昏礼之象，则恒抑不如益矣。咸者，感也。天下之感岂徒夫妇！故《爻辞》不及焉，《大象》不及焉。《彖》言“取女”，亦举一事以通其馀，如屯之“建侯”、益之“涉川”，非必定此为夫妇也。恒与咸综，义实相反。如云夫妇必久，则父子、君臣、兄弟、朋友徒可暂合而终离乎？以咸、恒拟乾坤，分上、下《经》之首，无一而可者也。上、下《经》之分，文与简之多少相称尔，十有八象之偶均尔，圣人何容心焉！故曰：《序卦》非圣人之书也。若夫《十翼》之说，既未足据；即云《十翼》：《文言》一，上下《彖传》二，《大象》一，上下《象传》二，《系辞》上、下传二，《说卦传》一，《杂卦传》一。《序卦》固赘馀矣。

嵩焘案：《经》《传》分编，则《文言》当与《系辞》为类。上下二简以错综之象论之，各得十八象。语出来瞿唐氏，此当得其义耳。

以《易》为学者问道之书而略筮占之法，自王弼始。嗣是言《易》者不一家，虽各有所偏倚，而随事以见得失之幾，要未大远于《易》理。惟是专于言理，废筮占之法于不讲，听其授受于筮人，则以筮玩占之道，不能得先圣人谋鬼谋、百姓与能之要。至朱子作《启蒙》，始详焉。乃朱子之法，一本之沙随程氏，其三爻变以上无所适从，但以晋文公之筮贞、屯、悔、豫为证，至五爻变则据穆姜之筮随，而又谓史妄引随之《彖辞》。今案：三爻变则占本卦及之卦之彖辞。假令筮得乾，而三、五、上变为归妹，乾《彖》曰“元亨利贞”，而归妹曰“征凶无攸利”；又令筮得家人，初、二、四变为姤，家人《彖》曰“利女贞”，姤曰“女壮勿用取女”；得失吉凶，相反悬绝，占者将何所折衷邪？其四爻、五爻、六爻变，皆舍本卦而专取之卦，本之不立，急于趣时，以静为动，以动为静，于理不安之甚。盖所谓之卦者，一出于筮人，而极于焦赣四千九十六之《繇辞》。若以易简而知险阻言之，则三百八十四之《爻辞》通合于六十四《彖》之中，已足尽天人之变。如以为少而益之，则天化物理事变之日新，又岂但四千九十六而已哉！故赣之《易林》，诡于吉凶，而无得失之理以为枢机，率与流俗所传《灵棋经》、《一撮金》，同为小人细事之所取用，亵天悖理，君子不屑过而问焉。是之卦之说，三圣之所不用，亦已审矣。惟《春秋传》晋文、穆姜之占，以之卦为说，乃皆曰八，则疑为《连山》、《归藏》之法，而非《周易》之所取。其他《传》之所载，虽曰某卦之某，所占者抑惟本卦动爻之辞，且概取本卦一爻以为占，未必其筮皆一爻动而五爻不动。意古之占法，动爻虽不一，旦①因事之所取象，位之与相当者，一爻以为主而略其馀。特自王弼以来，言《易》者置之不论，遂失其传，而沙随程氏以臆见为占法，则固未足信也。

《易》三画而八卦小成，一函三之数，三才之位也；重而为六，阴阳、柔刚、仁义之道，参两之数也。象数一依于道，故曰“《易》与天地准”，故能弥纶天地之道。邵子挟其加一倍之术以求天数，作二画之卦四、四画之卦十六、五画之卦三十二，于道无合，于数无则，无名无象，无得失之理，无吉凶之应，窃所不解。加一倍之术，无所底止之说也。可二画，可四画，可五画，则亦

---

①岳麓书社本《周易内传》“旦”为“但”。

可递增而七、八、九画，然则将有七画之卦百二十八，八画之卦二百五十六，九画之卦五百一十二，渐而加之以无穷无极，而亦奚不可哉！邵子之学如此类者，穷大失居而引人于荒忽不可知之域，如言始终之数，自乾一而以十二、三十相乘，放坤之三十一万、三千四百五十六万、六千五百六十三万、八千四百万，运算终日而得之，不知将以何为？《易》曰："易简而天下之理得矣。"故学《易》者知其数：一函三为体，阳九阴六为用，极于万二千五百而止。畏圣人之言，不敢侮也。

《六经》一以夫子所定为正。董仲舒言"道术归于一，诸不在六艺之科者，勿使并进"，万世之大法，为圣人之徒者勿能越也。故《尚书》虽有《逸周书》，《诗》虽有传记所引少昊之诗、《白云》之谣，《春秋》虽有《竹书纪年》，《礼》虽有《夏小正》，无有援古以加于圣经者；况秦汉制诰之书，《铙歌》、《清商》之诗，王通《元经》之拟《春秋》，叔孙绵蕞之制朝礼，其不敢跻而上之以杂圣教，正道异端之辨，严矣哉！何独至于《易》而前引旷古无征之伏羲以为之图说，后则有八宫、世应、飞神、伏神、六龙、六亲、纳甲之邪说，公然登之圣经之列而不知忌惮？为圣人之徒者，何其诬也！以康节之先天，安排巧妙，且不足以与于天地运行之变化，况八宫、世应之陋术哉！乾之变穷于剥，何以反下而为晋？又全反其所已变而为大有？无可奈何，而为游魂、归魂之说以文之。何以游？何以归也？无能言其故也，穷斯遁也。其以五行割裂而配八卦也，坎、离何以专水、火，而木、金、土兼摄二卦；乾坤为万化之本原，而使与兑、艮伍，以分金、土之半；坤、艮杳不相及，而使同司土政；皆灭理逆天之说耳。至于纳甲取象于月魄之死生，本出于魏伯阳修炼之小数，而下游为房中妖淫之技，其惑道诬民，岂但《元经》之于《春秋》、绵蕞之于《三礼》哉！非圣者无法，而小人趋利避害，乐奉之以为徼幸之媒。刘爚氏，儒者也，为之说曰："辞与事不相应，吉凶何自而决？盖人于辞上会者浅，于象上会者深；文王、周公之辞虽以明卦，然辞之所该终有限，故有时而不应。"其非圣无法以崇尚邪说也，甚矣！二圣之辞有限，而鬻术者推测之小慧为无穷乎？其云有时而不应者，则自有故。假令一人就君子而问穿窬之得财与否，君子岂能以其所获之多寡而告之？即令有人以贾贩之售不售，求酒索食之有无问，君子又岂屑役其心以揣其多寡利钝而告之？故曰："伐国不问仁人。"仁人且不可问，而《易》者天之明赫、诚之形著、幾之明威、鬼神之盛德，四圣崇德广业、洗心藏密之至仁大义，其屑为此琐琐者谋乎？象数者，天理也，非天理之必察，于象数亡当焉，而恶乎相应？有时不应，固其宜也。其在君子，则语默从心，苟问非所问，则隐幾而卧，曳杖而去之已耳。若蓍策者，虽神之所凭，抑听人之运焉者也。神不能掣筮人之腕指而使勿揲，则听其渎而不禁，而揲之奇偶自然必合于七八九六，鬼神不能使妄渎者之不成乎爻象。有象则有辞，亦如孔子之遇阳货于途，非欲欺之，而自不与其言相应。所问不应，又何疑焉！即或偶应，亦偶遇而非神之所形。怙愚不肖者，不能如穆姜之自反以悔其渎而不告，乃归于文王、周公之辞有限而不足以尽象，悍而愚不可療矣。揣其意，不过欲伸康节观梅之术，与京房世应、《火珠林》禄马贵合刑杀之邪妄，以毁圣人而已。孔子曰："所乐而玩者，《易》之辞也。"篇内推广辞中之精义以旁通之，苟君子以义而筮，如父母也，如师保也，何有不应之疑邪？

揲蓍之法，当视过揲七、八、九、六四数之实，以定阴阳老少，而不当论归奇，《外传》已详辨之矣。其著明者，莫如夫子之言。《系传》曰："乾之策二百一十六，坤之策百四十四"，过揲之数也。若乾之归奇七十八，坤之归奇百五十，圣人之所弗道也。又曰："乾坤之策三百六十，当期之日。"若合乾坤之归奇，则二百二十八，于天之象数一无所准。圣人之言炳如日星，而崇后世苟简之术，取归奇之《易》于数记，谓但论归奇之五、四、九、八，乱奇偶之成象，诬过揲为赘旒，非愚所知也。后儒谈《易》之敝，大抵论《爻》则不恤《彖》，论《彖》、《爻》则不恤《系传》，不知三圣之精蕴非《系传》二篇不足以章著。此乃孔子昭示万世学《易》、占《易》之至仁大义，昭回于天者。而往往以日者苟简邪淫之说为师。朱子师孔子以表章六艺，徒于《易》显背孔子之至教。故善崇朱子者，舍其注《易》可也。邵康节乱之于前，王介甫废之于后，蔡西山以术破道，而星命葬术、为《王制》杀而弗赦者，复弄《易》以神其说，则朱子之于《易》，舍周、孔以从术士，有自来矣。故归奇者，术士苟简之术也，于此可以知朱子之过矣。

夫之自□□①丙戌，始有志于读《易》。戊子，避戎于莲花峰，益讲求之。初得观卦之义，服膺其理，以出入于险阻而自靖；乃深有感于圣人画象系辞，为精义安身之至道，告于易简以知险阻，非异端窃盈虚消长之机，为翕张雌黑之术，所得与于学《易》之旨者也。乙未，于晋宁山寺，始为《外传》，丙辰始为《大象传》。亡国孤臣，□□□□□②，志无可酬，业无可广，惟《易》之为道

①原文即已剜字，岳麓书社本《周易内传》有"隆武"二字。

②同上，岳麓书社本《周易内传》有"寄身于秽土"五字。

则未尝旦夕敢忘于心，而拟议之难，又未敢轻言也。岁在乙丑，从游诸生求为解说。形枯气索，畅论为难，于是乃于病中勉为作《传》，大略以乾坤并建为宗；错综合一为象；《彖》《爻》一致、四圣一揆为释；占学一理，得失吉凶一道为义；占义不占利，劝戒君子、不渎告小人为用；畏文、周、孔子之正训，辟京房、陈抟日者黄冠之图说为防。诚知得罪于先儒，而畏圣人之言，不敢以小道俗学异端相乱；则亦患其研之未精，执之未固，辨之未严，敢辞罪乎！《易》之精蕴，非《系传》不阐。观于《系传》，而王安石屏《易》于三经之外，朱子等《易》于《火珠林》之列，其异于孔子甚矣。衰困之馀，力疾草创，未能节繁以归简，饰辞以达意。汰之炼之，以俟哲人。来者悠悠，谁且为吾定之者？若此篇之说，间有与《外传》不同者：《外传》以推广于象数之变通，极酬酢之大用，而此篇守《彖》、《爻》立诚之辞，以体天人之理，固不容有毫厘之逾越。至于《大象传》，则有引伸而无判合，正可以互通之。《传》曰："默而成之，不言而信，存乎德行"，岂徒以其言哉！躬行不逮，道不足以明，则夫之所疚愧于终身者也。

丙寅仲秋月癸丑朔毕

周易释例

周易释例叙

圣人明言《易》之为书，不可为典要，惟变所适，而于《复》六三、《巽》九三皆曰“频”；《豫》上六、《升》上六皆曰“冥”；《临》上六、《艮》上九曰“敦”，《复》六五亦曰“敦”；《否》九五曰“休”，《复》六二亦曰“休”，《豫》上六曰“有渝”，《随》初九亦曰“有渝”。反复求之，而确然有以知其通。朱子《本义》以“大”训“元”，以“宜”训“利”。圣人赞《易》，义亦通焉。而《乾》、《彖传》、《文言传》明释为四德，卦德兼者，《乾》、《坤》以下七卦，而《观》、《晋》、《睽》、《姤》、《井》、《艮》六卦不及卦德，卦德多言“亨”，而爻多言“利”、言“贞”，言“亨”者，《否》初、《否》二，《大有》三、《随》上、《大畜》上、《升》四、《节》四六卦而已。言“元”皆连吉，“元”必吉也。而《比》卦专言“元”，谓“元吉”为“大吉”，则《家人》四“富家大吉”、《萃》四“大吉无咎”、《升》初“允升大吉”，何以称焉？圣人观象系词，必非苟焉而已。乃稍比次《易》义，推而衍之。焦氏循《易通释》，其辞博辨而不穷矣，而颇病其舍本义而专取义于互卦。“参伍以变，错综其数”，未闻错综其言也。汉儒之释经也，强经以就己之说。焦氏之弊，以《易》从例。今之《释例》，以例从《易》，无当于《易》之高深，而以经释经，由象以通其词，由词以通其义，亦期不以己意为歧说以乱经而已矣。

焯莹谨案：思贤书局文集本“必非”二字误倒。“而专取义于互卦”句，夺“取”字，谨依《湘阴县图志·艺文志》补正。惟《萃》四“大吉无咎”，《艺文志》误作《革》四，亦依文集正焉。

周易释例

频

嵩焘案：《说文》："频，水厓。人所宾附，频蹙不前而止。"《易》："频复。"郑本作"颦复"。《说文》："颦，涉水。颦蹙也。"是"频"本训"水厓"，而以"频蹙"为义，又假借作"频数"。《玉篇》："急也。"《广雅》："比也。"《复》六三之言"频复"，困而行也。三体远阳，有"频急"之意，故曰"厉"。《巽》九三之言"频巽"，以三居上下卦之交，《巽》初而为二所隔，六四乘之，志欲相入而四固不受，只益其颦蹙而已，故曰"志穷"。

冥

嵩焘案："冥豫在上"，与"冥升在上"同义。"豫"而入于昏冥，豫道之穷也；冥升平息，因《升》以成其志。冥豫有渝，变豫而贞，其情豫不可轻用也。四为豫主，初以应而凶，三以比而悔，五以乘而疾，二之介于石，幾之决于先者也。上之有渝，情之变于后者也，故二吉而上无咎。"无咎"者，善补过也。《象传》："何可长"也，亦《冥》而必变之幾也。《豫》上六言"冥豫"，豫而不已，则冥矣。必变焉，而后可以"无咎"。《升》上六言"冥升"，亦升而不已者也。"不息之贞"虽冥而固利其贞。文王之不识不知，顺帝之则，伊尹之终始惟一，皆所谓"不息之贞”也。

敦

嵩焘案：苏氏《易传》：《复》之六四已应初九，六五又从而附益之，谓之“敦复”，《临》之六五已应九二，上六又从而附益之，谓之“敦临”。又项平甫云：《临》以上六为“敦临”，《艮》以上九为“敦艮”，皆取积厚之极。《复》于五言“敦复”者，《复》上六：迷而不复，故至五而极。大抵“敦”只训“厚”，四已应，阳五复从之，皆“积厚”之义也。

郭嵩焘全集

二

经部二

周易异同商
尚书疑义
诗疑义
乡党义
毛诗馀义
校订朱子家礼
大学章句质疑
中庸章句质疑

岳麓書社·长沙

全书总目录

本册说明

本册为《郭嵩焘全集》经部著作之二，收录郭嵩焘所著《周易异同商》、《尚书疑义》、《诗疑义》、《毛诗馀义》、《乡党义》、《校订朱子家礼》、《大学章句质疑》、《中庸章句质疑》，共八种。

《周易异同商》，是郭嵩焘重要的易学著作。该书共十卷，原为石印本，无序跋，亦未署撰写时间与刊行时间，而且从内容来看，似非完稿，差错亦多。此次收入本册的，系根据《四库未收书辑刊》（北京出版社 1997 年影印出版）“经部”第二辑第三册所收整理校点，并改正了其中的一些错误。

《尚书疑义》，无序跋，亦未署撰写时间，是郭嵩焘关于《尚书》的研究著作。该著原未曾刊行，此据湖南师范大学图书馆藏稿本整理。

《诗疑义》，无序跋，亦未署撰写时间，系未刊稿，为郭嵩焘关于《诗经》的研究著作。此据湖南师范大学图书馆藏稿本整理。

《毛诗馀义》，光绪二十四年（1898）养知书屋刊刻。郭氏在此书开头交代了此书撰述的宗旨及经过：“嵩焘自岭南告归，舟中酷热，日取《毛诗训故传》讽咏吟哦，即其词以求其义，因其时以测其变，颇有所发明。以谂当世贤人君子，知取则焉。”可知此书系郭嵩焘同治五年（1866）辞免署广东巡抚后，于归湘途中所著。据郭嵩焘所著《湘阴县图志·艺文志》所述，《毛诗馀义》原为二卷，但未能付梓。光绪二十四年，郭焯莹整理其父遗著时，此著“所评识训故本已亡”，所馀“尚不足一卷”，“不复可补辑矣”，遂将此与其他五种郭氏著作的残本合编汇刻，名之曰“郭氏佚书六种”。此次收入本册的《毛诗馀义》，即是其中之二，尚不足七千字。

《乡党义》，无序跋，未署撰写时间，未刊稿，为郭嵩焘研读《论语·乡党篇》的著述。此据湖南师范大学图书馆藏稿本整理。

《校订朱子家礼》，五卷，光绪十七年（1891）长沙思贤讲舍刊刻。此书系郭嵩焘关于朱熹《朱子家礼》的研究之作，据其序说：“嵩焘读《家礼》之书，反而求之礼意，以推知古今因革之宜而达其变。稍仿秦溪杨氏《家礼》附注之例，发明所以异同，条次于后。”

《大学章句质疑》，一卷，光绪十六年（1890）长沙思贤讲舍刊刻，系郭嵩焘关于朱熹《大学章句》的研究之作。据其序说：“朱子之言理后人无能有易也，而求之过密，析之过纷，可以言学而不可以释经。稍因朱子章句就经以求其义，而后此经之微言大谊以明，即朱子之言，惟其所以附丽之而精神愈出。”

《中庸章句质疑》，二卷，光绪十六年（1890）长沙思贤讲舍刊刻，系关于朱熹《中庸章句》的研究之作。据其序和《书中庸章句质疑后》一文说：《中庸》言知、仁、勇三达德甚详，而朱子的《章句》“又稍分次第，而于勇之一德，若有忽视焉”，乃“稍取区区所见附之《章句》之后，期以发明经旨，使承学之士取选择焉”。

以上《校订朱子家礼》、《大学章句质疑》、《中庸章句质疑》三书，均成于光绪二年以前，亦均经郭嵩焘生前所校订，在其生前所刊刻问世的。

以上郭嵩焘经部著作八种，《周易异同商》系兰甲云校点，周易研究专家梁绍辉审订全书；《尚书疑义》、《诗疑义》、《乡党义》三书为罗益群校点；《毛诗馀义》为罗力可校点；《校订朱子家礼》为杨斌校点；《大学章句质疑》、《中庸章句质疑》二书为杨建宏校点。

目　录

周易异同商

尚书疑义

诗疑义

乡党义

毛诗馀义

校订朱子家礼

大学章句质疑

中庸章句质疑

周易异同商

周易异同商卷一

总论

辨九图《诗图图》、《洛书图》、《伏羲八卦次序图》、《伏羲八卦方位图》、《伏羲六十四卦次序图》、《伏羲六十四卦方位图》、《文王八卦次序图》、《文王八卦方位图》、《卦变图》。

王懋竑曰：《易本义》前九图、筮仪及家礼，皆后人依托，非文公所作也。其略云：朱子于《易》，有《本义》，有《启蒙》，与门人议论甚详。而此九图，曾无一语及之。九图之不合于《本义》、《启蒙》者多矣。门人何以绝不致疑也？《本义》之叙画卦云：自下而上，再倍而三，以成八卦。八卦之上，各加八卦，以成六十四卦。初不敢参以邵子之说，加一倍。至《启蒙》则一本邵子。而邵子所传，只有《先天图》，其《伏羲八卦图》，先天《文王八卦图》，则以《经世演易图》推而得之。同州王氏、汉上朱氏《易》，皆有此二图。而《启蒙》因之。至朱子所作横图，上则注大传及邵子语于下，而不敢题云《伏羲六十四卦图》。其慎重如此。今乃直云《伏羲八卦次序图》、《伏羲八卦方位图》、《伏羲六十四卦次序图》、《伏羲六十四卦方位图》，则是孰受之而孰传之耶？又云伏羲四图，其说皆出邵氏。

按：邵氏止有先天一图，其《八卦图》后来所推。六横图朱子所作，以为皆出邵氏，是诬邵氏也。又云邵氏得于李之才，李得于穆修，修得于希夷。此明道叙康节学问源流如此。汉上朱氏以《先天图》属之，已无所据。今乃移为四图，若希夷已有此四图者，是并诬希夷矣。文王八卦《说卦》明言之。《本义》以为未详，《启蒙》别为之说，而不以入于《本义》。至于乾，天也，故称乎父一节，《本义》以为揲蓍以求卦，《启蒙》以为乾求乎坤，坤求乎乾。与乾为首一节，皆文王因其已成之卦而推其未明之象，今乃以为《文王八卦次序图》，又孰受而孰传之耶？《变卦图》，《启蒙》详之，盖一卦可变为六十四卦。《彖传》变卦偶举十九卦以为说尔。今图卦变皆从十二辟卦而来，以《本义》考之，惟《讼》、《晋》二卦为合，馀十七卦皆不合，其非朱子之书明矣。筮仪之文，亦不类朱子。《士冠礼》、《特牲》、《馈食》、《少牢》、《馈食礼》，筮者皆西面，惟《士丧礼》筮宅以不在庙，故筮者北面。今直云筮者北面，见《仪礼》。朱子岂不读《仪礼》而疏谬若是乎？自直垒陈氏谓《本义》首列九图，末著揲法，学者遂以九图揲法为《本义》原本所有，而不知其为后人依托也。崔述《三皇考信录》云：龙马负图，出纬书，乃方士之言，未足深信。

王氏祎曰：圣人但言图书出自河洛，未尝言龙龟之事。孔安国谓天与禹神龟，负文而出，怪已。

存异。朱竹垞曰：世之言图书者，谓龙马毛之旋，龟文之坼猷。

俞玉吾云：《尚书·顾命》宏璧、琬炎在西序，大玉、夷玉、天球、河图在东序。河图与天球并列，则河图亦玉也，玉之有文者耳。昆仑产玉，河源出昆仑，故河亦有玉。洛水至今有白石，盖石而白，有文者，此《易》家之异闻也。

按：《河图》、《洛书》为圣王受命之符，黄帝时出之。尧、舜、禹时出之，周文王时出之，其文谅必因世而异，岂尽是戴九履一，又岂尽是龙马之旋毛耶？

驳易九图说

胡氏渭曰：《诗》、《书》、《礼》、《春秋》，皆不可无图，惟《易》无。所用图，有大道焉，立天之道二节。六十四卦，二体六爻之画，即其图也。八卦之次序方位，则乾坤三索，次序出震齐巽方位二章尽之矣。若先后天之图，唐以前绝无一字符验，而突出于宋初，由邵子以及朱子，但取其数之巧合，而不能指其授受所从来。《本义》卷首九图，乃门人所依附，朱子当日未尝坚主其说。至《河图》之象，自古无传。后人何从拟议？《洛书》之文，见于《洪范》五行。九宫初不为《易》而设，作《易图明辨》一卷。《系辞传》言图书者二章，天一地二圣人则之，皆就大衍之数以明筮法之善，无一语及其形象及方位者。

伏羲画卦不尽本于图书说

谢梅庄曰：孔安国诸家，于河出图、洛出书，皆谓则之以画八卦。而《系词上传》云：易有太极，是生两仪。两仪生四象，四象生八卦。

《系词下传》云：昔者包羲氏之王天下也，仰则观象于天，俯则观法于地，观鸟兽之文与地之宜。近取诸身，远取诸物，于是始作八卦。

《说卦传》云：观变于阴阳而立卦。又云：兼三才而两之，故《易》六画而成卦。并不言则河图书，而此言则之者，则之用蓍以求卦耳。《河图》其象圆：阴阳互为根，阴包阳，阳包阴；动则顺而生，静则对而克。喜动而恶静，象天。洛书其象方：阴阳有定位，阳居正，阴居隅；静则对而生，动则逆而克。喜静而恶动，象地。图书宜并出于既画卦后，《系词传》中自天一地二，以至天地之数五十有五两节，此《河图》之数，而不及《洛书》者。《河图》五十五，《洛书》四十五，共百点。蓍草一丛百茎，其数符天有馀，地不足；分天有馀，补地不足。图书皆五十，天包乎地，用《河图》五十，而《洛书》五十自该。故下节云：大衍之数五十。用蓍求卦，从图书来，何疑？舜言：龟筮协从。箕子言：龟从筮从。用蓍求卦，自帝世以来，其法如此。

驳道家所传伏羲四图说

归有光曰：《易》图非伏羲之书也，邵子之学也。吾尝论之，以为《易》不离夫象数，而象数之变，至于不可穷。然而有正焉，有变焉。卦之所明白而较著者为正，旁推而衍之者为变。卦之所明白而较著者，此圣者之作也；执其两端以冒乎天下，旁推而衍之者，是明者之述也，由其一方以达于圣人。伏羲之作，止于八卦，因而重之，如是已矣。初无一定之法，亦无一定之书，而刚柔之上下，阴阳之变态备矣。夏为《连山》，商为《归藏》，周为《周易》，经卦之别，其数皆同。虽三代异名，而伏羲之《易》即《连山》，而在《连山》即《归藏》，而在《归藏》即《周易》，而在《周易》未尝别有所谓伏羲之《易》也。后之求之者，即其散见于《周易》之六十四卦者是也。今世所谓图学者，以为此周之《易》，而非伏羲之《易》，别出横图、圆图、方图，此三者，皆出于方士之家，岂可据以为信乎？《大传》曰：神无方，《易》无体。夫卦散于六十四，可员可方，一入于方员之形，必有曲而不该者。故散图以为卦，而卦全。纽卦以为图，而卦局。邵子以步算之法，为《皇极经世》之书，有分抄直事之术，其自谓先天之学，以此要其旨，不悖于圣人，故不可以为作《易》之本。故曰：推而衍之者，变也，此邵子之学也。

或曰：子之不信图书，以为邵子之学，固然矣；而邵子所据者，《大传》之文也，不曰《易》有太极，是生两仪，两仪生四象，四象生八卦乎？此其所谓横图者也。又不曰天地定位，山泽通气，雷风相薄，水火不相射乎？此其所谓伏羲卦位者也。又不曰帝出乎震，齐乎巽，相见乎离，致役乎坤，说言乎兑，战乎乾，劳乎坎，成言乎艮，此其所谓文王卦位者也。曰：此非《大传》之意也。邵子谓之云尔。夫《易》之法，自一而两，自两而四，而八，其相生之序则然也。八卦之象，莫著于八物。天地也，山泽也，雷风也，水火也，是八者不求为偶，而不能不为偶者也。帝之出入，传固已详之矣。以八卦配四时，夫以为四时，则东南西北系是焉，定非文王《易》置之而有此位也。盖《说卦》广论《易》之象数，自三才以至于八物四时，人身之众体，与天地间之万物，何所不取，所谓推而衍之者也。此孰辨其为伏羲文王之别哉？虽《传》与《图》无乖剌，然必因传而为此图，不当谓传为图说也。且邵子谓先天之旨在卦气，传何为舍而曰天地定位？后天之旨在八用，传何为舍而曰帝出乎震？传言卦爻变象，详矣，而未尝一言及于图，所可指以为近似者，又不过如此。自汉以来，诸儒解《易》，无以图为说者。以图说《易》，自邵子始。吾怪儒者不敢以文王之《易》为伏羲之《易》，而乃以伏羲之《易》为邵子之《易》也，不可以不论。

或曰：子以《易图》为非伏羲之旧，固已明矣。若夫河以通乾，出天苞，洛以流坤，出地符，所谓《河图》、《洛书》，可废耶？盖朱子之说精矣。曰：此愚所以恐其说之过于精也。夫事有出自圣人，而在学者有不必深求者，《河图》、《洛书》是也。圣人聪明睿智，通乎天，符瑞之生，出于世之所创见，而奇耦法象之妙，足以为作《易》之本理，亦有然者。然曰《河图》、《洛书》圣人则之者，此《大传》之所有也。通乾流坤、天苞地符之文，五行生成、戴九履一之数，非《大传》之所有也。以彼之名，合此之迹，以此之迹，符彼之名，不与大易同行，不藏于博士学官，而千载之下，山人野士，持盈尺之书，而曰古之图书者如是，此其付受诡秘，固为学者所疑矣。虽其说自以为无所不通，然此理在人，仁者知者皆能见之。龙虎之经，卜算之术，随其所自为说，而亦无不合，岂必皆圣人为之乎？《大传》曰：包羲氏之王天下也，仰则观象于天，俯则观法于地。夫天地之间何往非图，而何物非书也哉？揭图而示之曰：孰为上下，孰为左右，孰为乾兑离震，孰为巽坎艮坤，天之告人也，何其渎，因其上下以为上下，因其左右以为左右，因其乾兑离震以为乾兑离震，因其巽坎艮坤以为巽坎艮坤，圣人之法天也，何其拘？使二图者果在，如今所传，然其所谓精蕴者，圣人固已取而归之《易》矣。求之于《易》可也，而何必求之于图、书哉？圣人见转篷而造车，观鸟迹而制字，世之求为车之说，与夫书之义，则有矣。而必转篷鸟迹之求，愚未见其然也。今夫冶之所贵者范，而用者不求范而求器也。耕之所资者耒，而食者不求耒而求粟也。有图书而后有《易》，有《易》则无图书可也。故《论语》河不出图，与凤鸟同瑞而已。《顾命》河图在东序，与兑弓和矢同宝而已。是故图书不可以精，精于《易》者，精于图书者也。惟其不知其不可精而欲精之，是以测度摹拟，无所不至，是以有九宫之法，有八分井文之画，有坎离交流之卦，与夫孔安国、歆、向、扬雄、班固、刘牧、魏华父、朱子发、张文饶诸儒之论，或九或十，或合或分，纷纷不定，亦何足辩也。

九六

沈作喆云：天一二三，合而成九。地二四，合而成六。专以天地生数言之，天得其三，故云参天。

伏羲作易初无所谓先天说

《黄氏日钞》云：《程子易传》专主乎辞以明理，若康节先天之说，则《易》之书，本无有也。虽据其援《易》为证者有二章，亦未见其确然有合也。其一章援《易》有太极，是生两仪，两仪生四象，四象生八卦。曰此先天之卦画，于是画改《易》中伏羲始作八卦之说，而以六十四卦皆为伏羲先天之卦画。其法自一画而二，二而四，四而八，八而十六，十六而三十二，三十二而六十四。然生两生四生八，《易》有之矣，生十六生三十六，此章有之否耶？其一章言天地定位，山泽通气，雷风相薄，水火不相射。曰此先天之卦位也，于是画变《易》中离南坎北之说与凡震东方卦兑西方卦之说，而以乾南坤北为伏羲先天之卦位，以离为东以坎为西，兑巽为东南、西南，震艮为东北、西北，《易》之此章，果有此位置之意否耶？且《易》之此二章，果谁为之也？谓出自孔子，孔子无先天之说也。谓出于伏羲，伏羲未有《易》之书也，何从而知此二章为先天耶？

象山陆氏以为先天图非圣人作《易》本旨。朱子答王子书，亦合有康节说八卦，近于附会穿凿之疑。

钱大昕曰：八卦方位，震东方，巽东南，离南方，乾西北，坎北方，艮东北，见于《说卦传》。坤兑次于离后乾前，则坤西南，兑西方，可知也。伏羲始作八卦，以木德王。《传》云帝出乎震，谓伏羲也。然则《说卦传》所言方位，出于伏羲所定，万世无可变易之理。而后儒私造先天一图，托于伏羲，欲驾文王而上之，颠倒甚矣。推其意，特以乾坤父母之卦，而列于四隅，与巽艮相对，于心有所不安，必改为乾上坤下，乃顺乎人情耳。曾不思四正四维，均在平面，本无上下之分。若以天地之形势言之，则北高而南下，以朝廷之定分言之，则君之南面者，位在北。臣之北面者，位在南。乾南坤北，正与高下尊卑相反，吾不知其定位何在也？《月令》以中央土，列季夏之后，此坤位西南之明证。而乾位西北，其义尤非后人所能识。盖阴阳往来之理，验于四时，播于十二消息卦，圣人扶阳而抑阴，故有纯阳无纯阴。十月纯坤之卦，又当西北极阴之乡，惟纯乾可以制之。故《尔雅·释天》十月为阳，而于坤之上六，有龙战之象，于《传》言战乎乾，又云阴阳相薄，相薄而阳必胜。非纯乾不能，此乾位西北之义也。

《半农易说》曰：道家创为先天后天图，以先天为伏羲卦，后天为文王卦，非也。即以乾坤二卦言之，乾为寒为冰，南非寒冰之地，曷为而移在南？坤为土，王四季，在中央，西南者，中央土也，曷为而移之北乎？且天地定位，定位者天尊地卑，而乾坤定，卑高以陈，而贵贱位也。如道家言，先天乾在南，后天在西北。先天坤在北，后天在西南。是天地无定位矣。又北极在上，南极在下。乾南坤北，是天在下，地在上也，谓之定位可乎？以此知道家之说妄也。庄子曰：至阴肃肃，至阳赫赫。肃肃出乎天，赫赫出乎地，两者交通成和而物生焉。乾位西北，故至阴出乎天，坤位西南，故至阳发乎地。《周礼》亦云：天产作阴德，故大寒地产作阳德者故大暑以此。《坤》卦西南得朋，东北丧朋，《蹇》、《解》之利西南，指坤言也。若坤居北位，则东北何云丧朋乎？

李氏惇曰：乾南坤北之说，后人以意为之，非有本也。何以知乾当作南，坤当在北乎？邵子以天地定位节为伏羲八卦，帝出乎震为文王八卦。谨案文王之《易》即就伏羲八卦而系之词，非有二也。《说卦》天地定位一节明八卦之象，雷以动之节明八卦之用，帝出乎震一节明八卦之位，神也者一节又申明八卦之用。理本一贯，不得截然分作两图。至动万物者，莫疾乎雷六句，即就雷以动之而申其义。水火不相逮三句，即就山泽通气而申其义。其不言天地者，六子之用，皆乾坤之用也。邵子于前二节，则以为明伏羲之八卦。于后二节，则以为明文王八卦。所谓大道以多歧亡羊者矣。陈亦韩不取先天之学。其言曰：《易》本隐以之显，学《易》者务舍显而求隐。未求文字，先观图象。且帝出乎震一节，方位显然，乃以数往知来为先天图之注脚，未免牵合。学者于《经》所无则信之，于《经》所明言则疑之，何也？焦氏循曰：说汉《易》者，每屏王弼之说。然弼之解箕子，乃用赵宾之说，孔颖达不能申明之。他如读彭为旁，错雍为瓮，通孚为浮而训为务躁，解斯为厮而释为贱役，训沛为旆。盖以六书通借之法解经，尚未远于马郑诸儒。惟貌为高简，故疏者视为空论耳。

万邦作孚，孚有浮音，故与臭叶成王之孚，与上求叶求浮，俱十一尤韵，郑注孚读为浮。

驳卦变图说凡一阳一阴之卦，皆自《复》、《姤》而来；二阳二阴之类，皆自《临》、《遁》而来。

朱子曰：《彖传》或以卦变为说，今作此图明之。盖《易》中之一义，非作《易》本旨也。

顾炎武曰：卦变之说，不始于孔子。周公于损三已言之。三人行，则损一人。一人行，则得其友。是六子之变，皆出自乾坤。无所为自《复》、《姤》、《临》、《遁》来者。

苏氏轼曰：易有刚柔、上下、往来之说，而其最著者《贲》之象也。故学者沿是争推所从变，曰《泰》变为《贲》，此大惑也。一卦之变为六十三，岂独为《贲》也哉？学者徒知《泰》之为《贲》，又乌知《贲》之为《泰》乎？凡《易》之所云刚柔相易者，皆本诸《乾》、《坤》也。乾施一阳于坤，以化其一阴而生三子，皆一阳而二阴。凡三子之卦震坎艮有言刚来者，《讼》、《无妄》明此本坤也，而乾来化之。坤施一阴于乾，以化其一阳，而生三女，皆一阴而二阳。凡三女之卦《兑》、《离》、《巽》有言柔来者，明此本乾也，而坤来化之。故凡言此者，皆三子三女相值之卦也。非是卦也，则无是言也。《蛊》之《彖》曰刚上而柔下，《贲》之《彖》曰柔来而文刚，分刚上而文柔。《咸》之《彖》曰柔上而刚下，《损》之《彖》曰损下益上，《益》之《彖》曰损上益下，此六者，适遇而取之也。凡三子三女相值之卦，凡十有八。而此独取其六，何也？曰圣人之所取以为卦，亦多术矣。或取其象，或取其爻，或取其变，或取其刚柔之相易。取其象，天水违行，《讼》之类是也。取其爻，六三履虎尾之类是也。取其变，颐中有物，曰《噬嗑》之类是也。取其刚柔之相易，《贲》之类是也。夫刚柔相易，其所取以为卦之一端耳。遇其取者则言，不取者，则不言也。又可以尽怪之欤？

王氏炎曰：卦变之说，不闻于先儒，而闻于邵氏，至汉上朱氏从之。夫乾坤为父母，其交则为三男三女，《复》卦上坤下震，《震》乃乾一索而得男，《姤》卦上乾下巽，《巽》乃坤一索而得女。若《复》、《姤》为小父母，则《姤》有乾，《复》有坤，乾坤反系《复》、《姤》所生，而《震》、《巽》二卦，亦非出于乾坤，不知从何而来。且夫子《彖传》常言刚柔之变，惟《贲》尤详。曰柔来而文刚，分刚上而文柔。诸家即曰：《贲》自《泰》来，盖祖邵氏说也。然《贲》上艮下离，坤体得乾一刚而成《艮》。是谓分刚上而文柔。乾体得坤一柔而成离，是谓柔来而文刚。刚柔相文，出于乾坤之变。夫子之言如此，未闻其言《泰》变为《贲》也。且《杂卦》曰乾刚坤柔，自乾坤五六子，则刚柔相杂，故六十四卦，其刚皆出于乾，其柔皆出于坤。刚来下柔为《随》，柔进上行为《晋》，刚来而不穷，柔得位乎外为《涣》，皆刚柔之变也。且《随》上兑而下震，初上、二爻不变则为乾坤，变则坤之初居上而为兑，乾之上居初而为震，故曰刚下而下柔。《晋》上离而下坤，离坤卦在上，六五以柔而居君位，故曰柔进而上行。《涣》上巽而下坎，坎得乾之一阳而为中爻，今居二而得中，是谓来而不穷。巽得坤之一柔而为初爻，今居四而附五，是谓柔得位乎外而上同。然则凡卦二阴二阳，变于《临》、《遁》。三阴三阳，变于《泰》、《否》。夫子未尝言是，邵氏之徒言之也。诸家皆从其说，此吾所未晓也。

卦变

程子曰：卦之变，皆自乾坤。《随》刚来而下柔者，以卦变言之，乾之上来居坤之下，坤之初往居乾之上，阳来下于阴也。《蛊》刚上而柔下者，以卦变及二体之义而言，乾之初九上而为上九，坤之上六下而为初六也。由刚之上柔之下，变而艮巽，男虽少而居上，女虽长而居下，尊卑得正也。

《贲》柔来而文刚，分刚上而文柔，《传》云凡以柔居五者皆云柔进而上行。柔，居下者也，乃居尊位，是进而上也，非谓自下体而上也。卦之变，皆自乾坤。先儒不达，故谓《贲》本是《泰》卦，岂有乾坤重而为《泰》，又由《泰》而变之理？下离本乾中爻变而成离，上艮本坤上爻变而成艮。离在内，故云柔来。艮在上，故云刚上，非自下体而上也。乾坤变而成六子，八卦重而为六十四，皆由乾坤之变也。《咸》柔上而刚下者，在卦则柔爻上而刚爻下也。坤上爻与乾上爻交易而成《咸》，柔上变刚而成兑，刚下变柔而成艮，阴阳相交为男女交构之义。又兑女在上，艮男在下，亦柔上刚下也。《恒》刚上而柔下者，乾之初上居于四，坤之初下居于初，刚爻上而柔下也。乾初爻与坤初爻交易而成《恒》，二爻易处则成震巽，震上巽下亦刚上而柔下也。《益》损上益下，民说无疆，自上下下，其道大光者。阳下居初，阴上居四，为自上下下之义。《涣》刚来而不穷，柔得位乎外而上同者，谓九来居二，六上居四也。

王氏炎曰：《彖传》言刚柔、上下、往来者，《随》、《蛊》、《贲》、《咸》、《恒》、《损》、《益》、《涣》也，其卦皆三阴三阳，本具乾坤之体，而上下往来也。乾刚交柔而成震坎艮，坤柔交刚而成巽离兑，故言刚来刚下者，明乾刚在上而下交坤；言柔来柔下者，谓坤柔在上而下交乾也。若刚上之与柔上，则又乾刚在下而上交坤，坤柔在下而上交乾也。是盖本诸乾坤之爻，而互取之耳。至于《讼》与《无妄》，止言刚来、刚自外来者，盖其为卦皆四阳二阴，非乾坤上下之交者，故乾体居上不动，而所以为坎为震之刚者，皆自外来也。夫子于卦变之义，于此可见其两端焉。

王宗传曰：或云易家以《随》自《否》来，《蛊》自《泰》来，其义如何？曰非也。《乾》、《坤》重而为《泰》、《否》，故《随》、《蛊》无自《泰》、《否》而来之理。世儒惑于卦变，殊不知八卦成象，因而重之，而内外、上下、往来之义，已具备于其中。自八卦既重之后，又乌有所谓内外、上下、往来之义乎？

案云：王氏之说，最足以破卦变之支离，得易象之本旨。

戴东原曰：易象言上下往来者，后儒谓之卦变，言人人殊。江慎修先生云：《周易》以反对为次序，卦变当于反对取之。《否》反为《泰》，《泰》反为《否》，故曰大往小来，小往大来，是其例也。凡曰来曰下曰否者，自反卦之外卦来居内卦也。曰往曰上曰进曰升者，自反卦之内卦往居上卦也。

京氏分宫卦象次序说

周栎园《书影》曰：《京房易》六十四卦次序，今日占家所祖。虽未必合于伏羲文王之《易》，而亦自有其理。盖《易》以变为用者也。故首之以八卦，乾为天其下第二卦第一爻变，天风姤第三卦第二爻同变，天山遁第四卦第三爻同变，天地否第五卦第四爻同变，风地观第五卦第六爻同变，风地观至于五爻变而止矣。不可以更变，于是乎退而化焉。化即于五爻而复为第五卦矣，故隔一爻而后化。以其隔一爻也，而谓之游魂。山地剥第七卦承上卦而化其第四爻者也，火地晋第八卦则举下卦之全体，合同而化，以其下卦之复于本卦也，而谓之归魂。总而言之，到底不变者上爻也；一变而已者，五爻也；一变再化者，下四爻是也，盖亦莫非天地自然之数也。

辨正。按：此《火珠林》法也，以为后世占筮之用，则可以之解三圣作《易》之旨，则无当，不存可也。六十经卦变歌。罗氏典曰：《损》、《益》二卦，实自《泰》、《否》生出。《泰》之本卦，三与上互易而为《损》，《否》初与四易位而为《益》是也。朱子卦变益所载，言《泰》自《归妹》来，《否》自《渐》来，《噬嗑》自《益》来，《贲》自《损》与《既济》来，而《损》之损下益上，《益》之损上益下，《传》词实明其自《泰》、《否》者，乃复不在卦变之例，何也？

驳王辅嗣注易不取互卦之说观《彖词》、《爻词》、《文图》未尝不取互，观《序卦》、《杂卦》，孔子未尝不言互。

沈云：卦爻自二至四，自三至五，两体交互，合成一卦。如

《左传》陈筷筮遇《观》之《否》，自二至四，互成艮。晋献公筮遇《归妹》之《睽》，自三至五，互为坎，占法如是，必有所受之矣。

服虔云：离为火，秦嬴姓，水位，三至五，有坎象。水胜火，故为嬴败姬。且《爻词》以互体取象者甚多，不止《大壮》之五、六，虽注《易》之象，不无附会，而亦不可尽非也。王辅嗣不取互体，宋儒因之，遂为世所病。盖本卦不易也，之卦变易也，互卦交易也。

今案：《钦定周易述义》言互体者甚多，《折中》解《杂卦传》亦以中四象相交为十六事，十六事互成四卦。《屯》九五坎体，能润万物，是其膏也。陷阴互艮，止而不动，故《屯》。

熊朋来曰：密云不雨，自我西郊，《小畜》内卦互兑，故卦词言之。《小过》外卦互兑，故五爻言之。

胡炳文曰：坎为狐，《解》自初至五互重坎，上下三阴，故曰三狐。艮为鼠，《晋》中互艮，艮上一阳，故曰鼫鼠。陈云：《履》六三互离，离有暴躁之义，故咥人，凶。《述义》互离为目，互巽为股，遇兑毁折，故眇跛也。震九四，震遂泥，自三至五，互成坎。坎者陷也，陷阳阴中，失震之义，故遂泥。《谦》九三互震，为长子，文人也。故六五因之以侵伐。《豫》九四互坎，加忧，故疑焉。圣人教以勿疑。《序卦》若夫杂物撰德，辨是与非，则非其中爻不备。《述义》物谓八卦之物杂，谓自其中四爻，杂而互之，又撰成两卦之德也。是非者，时物之是非，皆于中爻辨之。正体则二为内卦之中，五为外卦之中，互体则三为内卦之中，四为外卦之中，故皆谓之中爻，要者总其理而贯通于心也。存亡者，天道之盈虚。吉凶者，人事之得失。观中爻则一卦居然可知，观《彖词》则六爻思亦过半矣。

熊朋来曰：《师》二至四爻，互震。故二为长子。《述义》、《泰》三至五，互震，故用师。《否》四互巽，故有命。五互艮，故休否。《萃》二至四互艮，故有庙。《涣》三至五，互艮，故有庙，《鼎》九三与五无应故耳。《萃》行二至四，互乾，三至五互兑。泽上于天，降而为雨，则膏泽得以下矣。《小畜》乾气升，故为云，巽风离日故不雨。二至四互兑，故云雨。三至五互离，故不雨。《泰》互兑，震雷泽，《归妹》，故云帝乙归妹。

杂卦

《大过》颠也，《姤》遇也，柔遇刚也。《渐》，女归待男行也。《颐》养正也，《既济》定也，《归妹》女之终也，《未济》男之穷也，《夬》决也，刚决柔也，君子道长，小人道忧也。

胡氏炳文曰：《本义》自《大过》以下，或疑其错简，以韵叶之，又似非误，愚窃以为杂物撰德，非其中爻不备，此盖指中四爻互卦为言也。《先天图》之左互《复》、《颐》、《既济》、《家人》、《归妹》、《睽》、《夬》、《乾》八卦，右互《姤》、《大过》、《未济》、《解》、《渐》、《蹇》、《剥》、《坤》八卦，此则于右取《姤》、《大过》、《未济》、《渐》四卦，于左取《颐》、《既济》、《归妹》、《夬》四卦，各举其半，可兼其馀矣。始于《乾》终于《夬》，《夬》之一阴决，尽则为《乾》也。

《钦定杂卦明义》四象相交为十六事图

⚌大阳

☰大阳交大阳互成乾

☱大阳交少阴互成夬

☲大阳交少阳互成睽

大阳交大阴互归妹

⚍少阴

少阴交大阳互家人

少阴交少阴互既济

少阴交少阳互成颐

少阴交大阴互成复

⚎少阳

少阳交大阳互成姤

少阳交少阴互大过

少阳交少阳互未济

少阳交大阴互成解

⚏大阴

大阴交大阳互成渐

大阴交少阴互成蹇

大阴交少阳互成剥

大阴交大阴互成坤

此互卦之根也，惟其方成四画时所互，有此十六卦，故六十四卦成后，以中爻互之，只此十六卦。即以六爻循环互之，只此十六卦。又以其中二画观之，则互《乾》、《坤》、《剥》、《复》、《大过》、《颐》、《姤》、《夬》者，皆中二爻为大阳、大阴者也。互《渐》、《归妹》、《解》、《蹇》、《睽》、《家人》、《既济》、《未济》者，皆中二爻为少阳少阴者也，故十六事归于四象而已。

十六卦互成四卦图

䷀　乾　互乾

䷁　乾　互坤

䷖ 剥 互坤

䷗ 复 互坤

䷛ 大过 互乾

䷚ 颐 互坤

䷫ 姤 互乾

䷪ 夬 互乾

䷴ 渐 互未济

䷵ 归妹 互既济

䷧ 解 互既济

䷦ 蹇 互未济

䷥ 睽 互既济

䷤ 家人 互未济

䷾ 既济 互未济

䷿ 未济 互既济

互乾、坤、既未济之十六卦，即诸卦之所互而成者也，故十六卦又只成乾、坤、既未济四卦，犹十六事之归于四象也。盖四象即乾、坤、既未济之具体，故以大阳三叠之即乾，以大阴三叠之即坤，以少阴三叠之即既济，以少阳三叠之即未济。乾、坤、既未济，纯乎易之道矣。故《序卦》、《杂卦》皆以生终始焉。

未济䷀ 大阳 既济䷁ 大阴

乾䷿少阳 坤䷾ 少阴

驳王弼五阳一阴则阴为主之说

程子上下篇义曰：卦五阴而一阳，则一阳为之主，故一阳之卦皆在上篇，《师》、《谦》、《豫》、《比》、《复》、《剥》也，其馀有坤者皆在下篇，《晋》、《明夷》、《萃》、《升》也。卦一阴五阳者，皆有乾也，又阳众而盛也，虽众阳说于一阴，《小畜》说之而已，非如一阳为众阴主也。王弼云：一阴为之主，非也。故一阴之卦，皆在上篇，《小畜》、《履》、《大有》、《同人》也。《折中》云：《小畜》以六四为成卦之主，而九五则主卦之主也。盖六四以一阴畜阳，故《彖传》曰柔得位而上下应之。九五与之合志，以成其畜，故《彖传》曰刚中而志行。《履》以六三为成卦之主，而九五则主卦之主也。盖六三以一柔履众阳之间，多危多惧，卦所以名《履》也。居尊位犹当以危惧存心，故九五曰贞履，而《彖传》曰刚中正履帝位而不疚。《同人》以六二九五为主，盖六二以一阴能同众阳，而九五与之应，故《彖》曰柔得中得位而应乎乾。《大有》以六五为主，盖六五以柔中居尊，能有众阳，故《彖传》曰柔得尊位大中而上下应之。《姤》以一阴生于下为义，则初六成卦之主也，然五阳皆有制阴之责，而惟二五尤甚，一则与之相切近以制之，一则居尊位以制之，故九二、九五为主卦之主。夬以一阴极于上为义，则上六成卦之主也，然五阳夬阴而五居其上，又尊位也，故九五为主卦之主。

龚氏焕曰：《易》之名卦，以阳为主，在阳长之卦，固主乎阳而言《复》、《巽》、《泰》、《壮》、《大有》在阴长之卦亦主乎阳而言，《姤》、《遁》、《否》、《观》、《剥》此四阴之卦不曰《小壮》而曰《观》也。

项安世曰：《同人》以一柔为主，徒柔不能以同于人，必以天德行之，故虽得位得中而必应乎乾，乃可谓之《同人》。至于利涉大川，则又曰乾行也，明非柔之所能办也。凡卦之以柔为主者皆然。《履》之六三，不能以自亨也，必曰应乎乾。是以履虎尾，不咥人，亨。《小畜》之六四，必曰刚中而志行，乃亨。《大有》之六五，不能以自亨也，必曰应乎天而时行，是以元亨。凡此者，皆柔为卦主，而其济也，必称乾焉，此乾之所以为大欤！

驳阳随阴之说

惠定宇曰：《随》者二月之卦，万物随阳而出，故上六欲待九五拘系之，执维之，明被阳化而阴随之也。

仲翔亦云：阴随阳，非阳随阴。《本义》谓刚随柔，恐未然。

李光地曰：《随》卦三四以阴随阳，故卦惟两爻言随，馀则阳爻言交言孚，阴爻言系而已。盖刚虽下柔，而阳无随阴之理。圣人于词义之间，其严如此。

俞玉吾曰：卦以阳爻为主，为主者不以随人，而阳亦不当随阴，故云交兑说也。

焦氏并曰兑亨利贞：人有喜悦，必见而在外。盖阳假阴之和柔以为用，喜悦非由于阴也喜乐属阳哀怨属阴。故二阴一阳，则阳为之主；二阳一阴，则阴非为主，但为阳之用耳。

案云：地有积湿，春气至则润升于上；人身有血，阳气盛则腴敷于色，此兑为泽为说之义。盖说虽缘阴，而所以用阴者阳也。

程子曰：兑柔在外，用柔也。巽柔在内，性柔也。故巽曰小亨，而兑则曰亨。离，丽也。

案云：据项氏齐氏说，则是阳丽于阴，而以为阴丽于阳者，非也。

《张子正蒙》云：阳陷于阴为坎，附于阴为火是也。巽，入也。

案云：从来说者皆以为一阴入于二阳之下，非也。盖一阴伏于内阳，必入而散之。阴性凝滞，必散而后与阳合德也。

赵女梅曰：一阴生于下，二阳巽之于上，卦以刚爻得名，阴生而巽之。

易经十二篇十翼者，上经彖一，下经彖一，上象一，下象一，上系一，下系一，上文言一，说卦一，序卦一，杂卦一。

晁说之曰：孔颖达谓辅嗣之意，《象》本释经，宜相附近，分爻之象词各附当爻，则费氏初变乱古制，时犹若今。《乾》卦《彖》、《象》，系卦之末欤？

戴东原曰：后儒多言《易》乱于费直，今以《汉书》考之，《艺文志》易经十二篇，孟梁施二家十二篇者，上下经二篇，十翼十篇也。

《儒林传》云：费直《易》无章句，徒以《彖》、《象》、《系词》之言解说上下经。盖费氏不自立章句，其解经即用十篇之言。而十二篇之目未尝改。后儒误读《儒林传》，辄咎费氏之解经，不察之甚也。

吕祖谦曰：前汉《六经》与《传》，皆别行。至后汉诸儒作注，始合经传为一。魏高贵乡公问博士淳于俊曰：今《彖》、《象》不连经文，而注合之，何也？俊对曰：郑康成合《彖》、《象》于《易》者，欲使学者寻省易事。孔子恐其与文王相乱，是以不合。则郑未注《六经》之前，《彖》、《象》不连经文矣。若费直已改经，王郑何又改哉？

郑康成曰：《连山》者，象山之出云，连连不绝。《归藏》者，万物莫不归藏于其中。《周易》者，言《易》道周普，无所不备。此说孔颖达驳之见折中。

洪文敏公曰：三《易》之名，一曰《连山》，二曰《归藏》，三曰《周易》，皆以两字为义。今人但称《周易》为《易》，非也。夏曰《连山》，其卦以纯艮为首，山上山下是名连山。云气出山，故名为连山。商曰《归藏》以纯坤为首，万物莫不归而藏其中，故名《归藏》。周曰《周易》，以纯乾为首，乾为天，天能周匝于四时，故名周为《易》也。太簇为人统，寅为人正，夏以十三月为正人统，人无为卦首之理，《艮》、《渐》正月，故《艮》为首。林钟为地统，未之冲丑，故为地正，商以十二月为正地统，故以坤为首。黄钟为天统，子为天正，周以十一月为正天统，故以乾为首。

按：此贾公彦《春官》疏，见太卜掌三易之法节。

上经三十下经三十四说

孔疏按：《乾凿度》云：孔子曰阳三阴四，位之正也。故《易》卦六十四，分为上下，而象阴阳也。阳道纯而奇，故上篇三十，所以象阳也。阴道不纯而耦，故下篇三十四，所以象阴也。

徐扬贡曰：上下经有三十、三十四之不同，以反对言之，各十八卦。上经反对五十二阳爻、五十六阴爻。下经反对五十六阳爻、五十二阴爻。上经以四正卦为主，与《先天图》四方之卦合。下经以四变卦为主，与先图四维之卦合。

履以和行节，胡炳文曰：上经自《乾》至《履》九卦，下经自《恒》至《损》、《益》亦九卦。上经《履》至《谦》五卦，下经《损》、《益》至《困》、《井》亦五卦。上经《谦》至《复》又九卦，下经《困》、《井》至《巽》又九卦，上下经对待，非偶然者。

《折中》御案云：《乾》与《咸》、《恒》对，《履》与《损》、《益》对，《谦》与《困》、《井》对，《复》与《巽》、《兑》对，每以下经两卦对上经一卦，凡十二卦，而二篇之数适齐矣。如此条则上下经各三十卦。《路史》发挥云：初夷、初乾、初离、初荦、初兑、初艮、初厘、初奭，此《归藏》之易也。喻文昭曰：夷即坤字，荦即坎字，厘即震字，奭即巽字，《归藏》本文。

愚按：古乾字作建，古坎字作欿，《诗》欿欿伐檀兮。又赣从贛，省声。贛读为坎，坎义为陷。《公羊传》蹇叔哭师，注曰：贛谏即《白虎通》之陷谏，贛，陷也。

爻词不专周公说

孔仲达曰：《周易·系词》凡有二说，一说《卦词爻词》并是文王所作，以《系词》云：易之兴也，其于中古乎？作易者，其有忧患乎？又曰：易之兴也，其当殷之末世、周之盛德耶？当文王与纣之事耶？一以为验：《爻词》多文王后事。

按：《升卦》六四王用亨于岐山。武王克商，始追文王。若《爻词》是文所作，不应云王用亨于岐山。又《明夷》六五箕子之明夷，武观兵后，箕子始被囚奴，文王不宜豫言。又《既济》九五《爻词》，说者皆云西邻谓文王，东邻谓纣。文武之时，纣南面，岂容自言己德胜殷？又欲统君之国，遂言东西相邻而已。《左传》韩宣子适鲁，见《易象》，曰：吾乃知周公之德，周公被流言，亦得为忧患也。其只言三圣，不言周公者，以父统子业也。

案：《礼稽命徵》曰：文王见礼坏乐崩，道孤无主，故说礼经三百，威仪三千。其三百三千，即周公所制。《周官》、《仪礼》明文王本有此意，周公述而成之，故系之文王。然则《易》之《爻词》，盖亦是文王本意，故《易纬》但称文王也。

沈果堂曰：《易》之爻词，在汉儒或以为文王作，或以为周公作，盖各有受之也。及唐孔氏《正义》，宋胡援《启蒙》，《系传》皆辨为周公作，非文王。近乃又有据陆氏《释文》所载，梁武解二说者，谓《乾》、《坤》《文言》，文王作之，而孔子传之。愚以为《屯》、《蒙》以下《爻词》，多主于周公。而《乾》、《坤》之《爻词》，则作于文王。故与其《彖词》并称文言。《乾》、《坤》《爻词》之《文言》，盖孔子之前已然也。是全《易》《爻词》之系，文王少而周公多，文王开其端，而周公卒其业，必举而归诸一人，安必能无所牴牾哉？

愚按：孔引《升》、《明夷》、《既济》三卦，以辨《爻词》非文王作，固已，但《易》所言帝王，皆系虚象。《泰》六五、《归妹》六五之帝乙，非成汤也，《随》上六王用亨于西山，《升》六四王用亨于岐山，亦非文王也。《随》卦上六，《折中》云王用亨于西山，明乎其所系者王也。《易》爻言王用亨者二，皆言王用，如此爻之人，以亨于山川上帝也。

薛嘉颖曰：王指五，《益》六二王用亨于帝，吉，亦可指王为文王乎？《明夷》六五箕子之明夷，刘向曰今《易》箕子作荄兹，冯厚垒曰箕字蜀才本作其字，亦非微箕之箕也。《既济》东邻西邻，只是泛说，不必显涉时事。若以为指殷周，无论文王，有所不可，即周公系爻词，亦岂宜有是言哉？据《史记・日者列传》伏羲作八卦，周文王演三百八十四爻，即专属文王，亦无不可。

大象词当别为一编说

陆元辅曰：严福元谓《象辞》凡上下二篇，夫子系卦之词，盖于文周《彖》、《象》之外，别取乎上下二象，合卦之义，以明君子用《易》之方，自成为孔子之《易》，其体非传而经，不在十翼之列。

愚按：自汉以来，俱以孔子《彖传》上下、《小象传》上下、《系词传》上下及《文言》、《说卦》、《序卦》、《杂卦传》为十翼。严氏独以孔子《大象词》亦自为经，不在十翼之列，与诸儒异也。

冯氏椅曰：凡《大象》皆别立一意，使人知用《易》之理。如《谦卦》裒多益寡，称物平施，使大小长短各得其平，非君子谦德之象，乃君子治一世使谦之象也。《彖》与六爻无此意。

中字不泥定二五说

李义杜曰：天下之道，正而已矣。天下之正，中而已矣。中正也者，所以贯天下之道也。《易》也者，易也。随时变易，以从道也。道也者，中正之谓也。古今之学《易》者，皆以阴阳各得其位为正，而二、五为中，一、三、四、上皆非中也。阳而之阴，阴而之阳，皆非正也。噫嘻！其然，岂其然哉？夫进退存亡，位不同也；吉凶悔吝，时不同也；盈虚消息，道不同也。胶于道，则有病于时；胶于时，则有病于位；胶于位，则有病于《易》。故圣人精意致用，变通随时，凡求其所谓中正者，从之而已。不然，其何以为《易》哉？

饶氏鲁曰：一爻有一爻之中，乾初以潜为中，二以见为中，三以惕为中，四以跃为中，五以飞为中，上以不亢为中。卦有方、有时、有位不同，圣人使之无不合于中。

正字不专主当位说

项安世曰：有以阴阳当位为正者，有以事理得中为正者，以刚处刚以柔处柔各当其位，此爻位之正也。刚以柔济之，柔以刚济之，使不失其正，此事理之正也。《大壮》之时义，其所谓利贞者，利守事理之正，而不以爻位言也。是故九二、九四、六五三爻，不当位而皆利。初九、九三、上六三爻，当位而皆不利。又于九二、九四《爻词》，明言贞吉。于九三、初九《爻词》，明言贞凶，厉。圣人犹恐其未明也，又以《小象》释之于九二，则曰九二贞吉，以中也。明言吉以中，而不以位也。于六五则曰位不当也，亦明无悔，在中而不在位也。《易》之时义，屡迁如此。

易氏祜曰：爻贵得位，《大壮》则以阳居阴为吉，盖虑其阳刚之过于壮也，故二与四皆言贞吉。王辅嗣曰：《谦卦》六爻，虽有失位、无应、乘刚、而皆无凶咎悔吝者，以谦为主也。

程子曰：《革》九四有孚改命吉，四非中正而至善，何也？曰惟其处柔也，故刚而不过，近而不逼，顺承中正之君，乃中正之人也。《易》之取义，无常也，随时而已。

李氏桢曰：《易》以九居五、六居二为当位，以六居五、九居二为不当位，而词多吉，盖君以刚健为体，而虚中为用，臣以柔顺为体，而刚中为用。君诚以虚中，行其刚健；臣诚以柔中，守其柔顺，则上下交而其志同矣，实《易》爻之通例。

《折中》比应之义，惟四与五比，二与五应为最重。然近而比者贵于柔顺小心，故刚不如柔之善。六四远而应者，贵于强毅有为，故柔不如刚之善。九二《易》以六四承九五者，凡十六卦；以九二应六五者，凡十六卦，皆吉。以九四承六五者凡十六卦，以六二应九五者凡十六卦，皆不吉。

王安石曰：刚柔者，立本者也。变通者，趋时者也。方其趋时，则位正当，而有凶咎。位不当，而无悔者，有矣。《大壮》之时，得中而处之以柔，能丧其很者也。

易经贞多训当，当皆读平说贞凶贞厉，或以为虽正亦凶，虽正亦厉，如是则正无益矣，岂不怠人为善之心乎？

王引之曰：贞之为言，丁也。丁，当也。《易·巽卦》卦丧其资斧，贞凶，贞，当也。《象》曰丧其资斧，正乎凶也。正亦当也。《彖传》凡言正位，正中也，皆谓位当中也。《尧典》以殷仲春，以殷仲秋，殷，当也。以正仲夏，以正仲冬，正，亦当也。《广韵》正，当也。

钱大昕曰：当值之当，与允当之当，今人分平、去二声，而孔子赞《易》，皆读平声，如位正当也，位不当也，皆与阳叶韵。

《学记》当其可之谓时。《乐记》此之谓大当。《史记》喜怒以当，凡得当之当，皆读平声。

乾统六十四卦说

丁易东曰：《易》，变易也，六十四卦，一乾而已矣。三百八十四爻，一初九之变也。大极动而生阳，乾之初九也；动极而静，乾之用九也。静而生阴，坤之初六也；静极而动，坤之用六也。大极之动，乾而已矣。动极而静，乃有坤焉。得乾之初九者，《复》也，变而为一阳者，六焉。得乾之初九与九二者，《临》也。变而为二阳者，十有五焉。得乾之初九以至九三者，《泰》也，变而为三阳者，二十焉。得乾之初九以至九四者，《大壮》也，变而为四阳者，十有五焉。得乾之初九以至九五者，《夬》也，变而为五阳者，六焉。自初九以至上九，则乾之全体也。变乾之初九而为《姤》，变乾之初九与九二则为《遁》，变乾之初九以至九三则为《否》，变乾之初九以至九四则为《观》，变乾之初九以至九五则为《剥》，变乾之初九以至上九则为《坤》；而一阴者五阳之卦也，二阴者四阳之卦也，三阴者三阳之卦也，四阴者二阳之卦也，五阴者一阳之卦也，六阳俱变则用六而为《坤》，六阴得变，则用九而复为《乾》，《乾》而《坤》，《坤》而《乾》，然则《乾》之一卦，非六十四卦之所由来与？初九一爻，非三百八十四爻之所自出与？

杨敬仲曰：道一而已矣，三才一万物，一万事，一万理。一坤者，乾之偶也。震、巽、坎、艮、离、兑，乾之变错者也，无二乾也。一言之谓之乾，两言之谓之坤，八言之谓之八卦；又别而言之，谓之六十四卦，又谓之三百八十四爻，又谓之万有一千五百二十，皆是物也。

周易异同商卷二

乾　☰乾下乾上。

乾：元亨，利贞。元，始也，长也，大也。惟始故长，惟长故大，今呼长兄为大兄。

项安世曰：乾始而四德在其中矣。以八卦言之，震其元也，巽则既出而将相见也，故为齐。离则其亨也，故曰相见。坤则既相见而将利之也，故为役。兑则其利也，乾则既说而将入于贞也，故为战。坎则其贞也，故为劳。艮则自贞而将出为元也，故为万物之所终始，合而言之曰大极，而八卦备矣，其乾之谓乎！

程子曰：元者万物之始，亨者万物之长，利者万物之遂，贞者万物之成。惟《乾》、《坤》有此四德，他卦则随事而变焉。故元专为善、大，利主于贞、固，亨贞之体，各称其事。又《解》、《大有》元亨，云元之在乾，为元始之义，为首出庶物之义，他卦则不能有此美，为善为大而已。朱子训元为大，未免与他卦混，不及程子分晰之精。

孔仲达曰：《子夏传》：元，始也；亨，通也；利，和也；贞，正也。言此卦之德，有纯阳之性，自然能以阳气始生万物，而得元始亨通，能使物性和谐，各有其利；又能使物坚固，贞正得终，此则自然，令物有此四种，使得其所，故谓之四德。利物足以和义，保合太和，此利训和之证。

朱氏霈曰：《子夏传》云：元，始；亨，通；利，和；贞，正。故先儒皆训为四德。惟朱子以为文王当日只是说大亨而利于正，不以分配四德。孔子见此四字好，始分作四件说。今观《文言》所引，即穆姜所释《随卦》语也。穆姜先孔子生十有馀年，则意四德之说，《周易》古义原如此。孔子与穆姜皆是引而用之耳。不知朱子何据而断以为文王本言乾道而利于正乎？元亨利贞，朱子训为《乾卦》占词，与他卦一律不作四德解。

愚按：穆姜解《随》元亨利贞，子服惠伯解黄裳元吉，皆以德为主，占次之。南蒯误以元吉为大吉，故惠伯驳之，训为善长。穆姜云：今我妇人而与于乱，不可谓元。不靖国家，不可谓亨。若改为妇人与于乱，不可谓大；不靖国家，不可谓通。似不成词。方氏孔炤曰：三男维乾坤，凡六卦，《彖》备四德，凡五见，《屯》、《随》、《临》、《无妄》是也。而《屯》首六子以承四德，故封建立焉。蔡子本曰：物不可以妄《随》，故必元亨利贞，而后无咎；亦不可以妄《革》，故必元亨利贞而后悔亡。就二说推之，人必元亨利贞四德，然后可谓之《无妄》。当险难之世，必元亨利贞，而后可以《济》、《屯》。居君人之位，必元亨利贞，而后可以有《临》。是他卦未尝作四德解。孔颖达《正义》就卦上说出元亨利贞，甚确。李光地曰：六爻所以发挥乾道者，以下卦言之，隐而未见，元也；出而文明，亨也；高而乾惕，贞也。以上卦言之，疑而未进，元也；作而未睹，亨也；不与时偕极，贞也。此于爻上说出元亨利贞，亦切。若但言占法，而不及四德，未免举其末，而遗其本也。

《折中》云：《易》之中有言亨小者矣，有言不可贞者矣。一时之通其亨，则小；惟有大者存焉，而后其亨，乃大也。是大在亨之先也。硁硁之固，固则罔正，惟有宜者存焉，而后可以固守，是宜在贞之先也。

初九：潜龙勿用。

马氏融曰：乾初九，建子之月，阳气始动于黄泉，故曰潜。后汉鲁恭引《易》曰：潜阳勿用，言十一月、冬至十二月小雪阳气潜藏，未得用事。虽煦嘘万物，养其根荄，而犹盛阴在上，地冻水冰，阳气否隔，闭而成冬，故曰履霜坚冰，阴始凝也。驯致其道，至坚冰也。言五月微阴初起，至十一月坚冰至也。又云：《易》十一月，君子以议狱缓死者，盖《乾》配甲而起于子，《上经》三十卦是阳生于子，而终于巳。《坤》配乙而起于丑。《下经》三十卦是阴生于午，而终于亥，至《中孚》而后阳气复生于子，故亦为十一月之卦。《乾》初九即《复》初九也，先王以至日闭关，商旅不行，后不省方，即潜龙勿用之意。

王氏弼曰：阴之为物，本乎卑弱，而后积著也，故取履霜以明其始。阳之为物，非基于始，以至于著者也，故以出处明之，则以初为潜。

王引之曰：用者，施行也。勿用者，无所施行也。《文言》曰：潜之为言，隐而未见，行而未成，是以君子弗用也，正谓君子不施行也。

孔疏云：圣人虽有龙德于此，惟有潜藏，勿可施用。引张氏说，以道未可行，故称勿用以戒之，其说是也。窃由是语推之，《师》上六小人勿用，言小人处上六之位，惟当自守，不宜有所施行也。有所施行，必至于乱邦也。解者谓小人勿用为用小人，非也。《颐》十年勿用，无攸利。言拂养正之道，则不能有所施行。解者以十年勿用为见弃，非也。《坎》六三入于坎窞，勿用，言进退皆阴，当静以俟，不可有所施行。解者以入坎勿用为不出行，非也。

九二：见龙在田。

孔仲达曰：田在地上，可营为有益之处，阳气发在地上，故云见在田。且初之与地，俱为地道。二在初上，故曰在田。诸儒以九二当太簇之月，阳气发见，则九三当建辰之月，九四为建午之月，九五为建申之月，为阴气始杀，不宜称飞龙在天。上九为建戌之月，群阴既盛，上九不得言与时偕极。于此时阳气仅存，何极之有。诸儒此说，于理稍乖。此乾之阳气渐生，似圣人渐出，宜据十一月之后，至建巳之月以来，此九二当据建丑、建寅之间，于时地之萌芽，初有出者，即是阳气发见之义，《乾卦》之象，其应然也。

九二：见龙在田，利见大人。

干氏宝曰：二为地上，在地之表，阳气将施，圣人将显，故曰利见大人。

朱氏霈曰：乾九二、九五，皆称利见大人。

荀慈明曰：大人谓天子，《易》通曰见大人，只是大人见犹《春秋》书龙见同。自褚氏、张氏同于郑康成之说，以为九二利见九五之大人。

孔仲达疏云：谓天下众庶，利见九二之大人。九五天子利见此居二之大人，又添出众庶一层，支离愈甚，故《程传》亦分作三层说。九二利见大君之德，以行其道，君亦利见大德之臣，以共成其功，天下利见大德之人，以被其泽。不知大人无二，非此大人见彼大人，亦非天子见大人也。以为盛德，则利于九二时见之。以为大业，则利于九五时见之。不必将此二爻歧为别解也。若王昭素之见大祖，则是一时通变之论，不可执此以释《易》也。

《朱子语类》云：见大人，君德也。《文言》两处言君德，龙德而隐者也，君子学以聚之节。却是要发明大人即是九二。

存异。惠定宇曰：《文言》见龙在田，利见大人，君德也。虞仲翔注阳始触阴，当升五为君，时舍于下，宜利天下。荀慈明论《易》以阳在下者，当上升坤五为君。阴在五者，当降居九二为臣。故仲翔注《易》与之同。《泰》六四，王弼注乾乐上复，坤乐下复，亦升降之义。《小畜》九二牵复吉，王注处乾之中，以升巽五。

按：《文言》乾九二，见龙在田，利见大人，君德也。《坤》六三，地道也，妻道也，臣道也。夫子亦以二属君，五属臣矣。

愚按：《文言》夫大人者，与天地合其德。荀慈明曰：与天合德，谓居五也。与地合德，谓居二也。本乎天者亲上，本乎地者亲下。

荀云：乾九二，本出乎乾，故曰本乎天而居坤上，故曰亲上。坤六五，本出乎坤，故曰本乎地。降乾居二，故曰亲下。

《杂卦》云：乾为君为父。又云：乾以君之。《文言》云：地道也，妻道也，臣道也。《系词》云：阳一君而二民，君子之道也。震坎艮三卦。

孟氏云：《易》乾为先王，为明君。坤为顺臣，为万民。

按：乾为君，不特九五是君德，并九二亦然。故文王系以大人。孔子曰：善世而不伐，德博而化。《易》曰见龙在田，利见大人，君德也。宽以居之，仁以行之，《易》曰：见龙在田，利见大人，君德也。坤为臣，不特六二是臣道，并六五亦然。

子服惠伯曰：黄，中之色也，裳下之饰也，中美为黄，下美为裳。乾为衣，君道也。坤为裳，臣道也。惠伯因南蒯不尽臣职，故专以臣道言之。《文言》云正位居体者，谓虽在尊位而居下体也。何氏楷曰：坤六三，或从王事，王指乾，与他卦以君位居五者不同。六爻无君位也。二五两爻，朱氏以德业分，不粘定以君臣讲，甚活，而今之训者，与他卦作一例，似未当。

九三：君子以终日乾乾句，**夕惕若，夤**句。

惠半农曰：古文《易》，君子以终日乾乾，夕惕若，夤，厉，无咎。《说文》：夤，敬，惕也。虞仲翔：《易》乾为敬，本此。《易》曰：夕惕若，夤。夤从夕从寅，夕惕之貌，因时而敬。故曰夕惕若。

惠定宇曰：此爻与二、四、五爻韵，古音十一真，以下与先通也。顾炎武撰《易音》以九四隔三爻与二五为韵，盖未考《说文》耳。

按：王弼、荀爽、《淮南子》、班固、张平子，俱以夕惕若厉为句，不知《文言》云虽危无咎矣，则厉字自当属下读，不当属上。潘岳《藉田赋》寐旦丕显，夕惕若栗。栗者，敬惧也。其义虽是，但不免改字之嫌。孔仲达以若为语助，朱子因之，绝句如此，则文义未全，且与二四爻韵不叶矣。惟孟喜及《说文》作夕惕若夤，则义理与音韵胥叶。字典乾又叶渠巾切，音勤。《易》乾叶元亨利贞，《魏邯郸子赋》，终日乾乾，与上卿叶。此处夤字，就本爻，则与乾叶，合二、四、五爻，则与田、人、渊、天叶，盖天古音汀，渊古音姻，田古音陈也。

孔云：王注云夕惕犹若厉者，言虽至于夕，犹怀惕惧，如未夕之前，当若厉也。

按：此卦九三所处之位，实有危厉。《文言》云虽危无咎，是实有危也。据上下文势，若字宜为语词。但诸儒并以若为如，如似有厉，是实无厉也，理恐未尽。

愚按：《诗》云实命不犹，其德不犹。《毛传》犹，若也。犹可训若，则若亦可训犹。故《左传》若犹未也。《礼记》犹若可以致其敬于鬼神，二字连用。君子终日乾乾，至夜则向晦，可以安息矣。乃其心不自安，犹且不忘恭敬者，盖以三居上而远五位，有危焉。重阳而不中德，有危焉。此最易得咎之时，故曰夕时怀忧惧也。《正义》因时而惕，因可忧之时也。但空空忧惧，何益于事？故必自朝至夕，勤谨恪恭，事皆无失，始免愆尤。此夕惕若夤，虽危可无咎矣。《文言》云居上位而不骄，正是夤字实功，夤字断不可少。

九四：或跃在渊，无咎。

李氏过曰：跃者将飞而习飞者也。

杜希元曰：以位言，九阳位，四阴位，阳主进，阴主退。以阳处阴，故进退未定也。以上下二体言，四、初离下体入上体，是为改革之际，亦进退未定也。《程传》：时行时止，不可恒也，故云或。

俞氏炎曰：《文言》上与进释跃字，下与退释在渊之义，无常无恒释或之义。

九五：飞龙在天，利见大人。

《程传》：圣人既得天位，则利见在下大德之人，与共成天下之事，天下因利见大德之君也。《本义》：若有其位，则为利见九二之大人也。

按：范仲淹曰：九二君之德，九五君之位，成德于其内，得位于其外。馀爻则因其进退安危之会言之，是六爻只就一人所处时地说。

朱氏霈曰：以为盛德，则利于九二时见之；以为大业，则利于九五时见之，其说近是。传义似未当。

贾谊《容经》云：亢龙往而不能返，故《易》曰有悔。潜龙入而不能出，故《易》曰勿用。龙之神也，其惟飞龙乎！

上九：亢龙有悔。

郭氏雍曰：九三过而惕，故无咎。上九过而亢，故有悔。然则龙德莫善于惕，而莫不善于亢也。

《述义》系以有悔，欲其知有悔也。亢龙剥体，穷上返下，有复通焉。如因悔而思改，复初而再潜，则不惟救目前之亢，并可基异日之飞。此时乘六龙所以御天也。

按：《汉书·梁商传》赞云：地居亢满，而能以谨厚自终。

卢杞《郭子仪碑》云：居亢无悔，其心益降。

宋张洎《议钱忠懿谥状》云：受宠若惊，居亢无悔。

《文言》云：知进退存亡而不失其正者，其惟圣人乎！圣人虽居上九，不至于亢，何悔之有？陈洪冠曰：上九剥体，穷上反下，有复道焉，故知悔。功高不赏，位高必危，名高则造物忌之，才高则流俗排之，此自然之理。倘更加以矜伐，能勿悔乎？曰有悔，冀其知有悔，而不贻后悔也。又解《文言》云：阳善动，动则有悔，不动仍无悔。曰动而有悔，欲其知有悔而戒动也。《洪范》曰用作凶，此之谓也。

薛云：无位无民无辅，时使然耳。岂可以动？是以动则有悔也。

《程传》云：惟圣人知进退存亡而无过，则不至于悔。

胡炳文曰：卦以内为贞，外为悔。乾上居外卦之终，曰有悔。坤三居内卦之终，曰可贞。特于乾坤发其凡，他卦则杂以示变也。

阳穷于巳，故乾上九曰亢龙有悔，穷之灾也。阴穷于亥，故坤上六曰龙战于野，其道穷也。

用九用六。

《左传注疏》以九八为《周易》之占法，七八为夏商之占法。先儒云：《周易》以变者占，故用九六，而不用七八。然则卦若不变，遂无所用其占乎？《内外传》又有遇八之词，何也？

徐养原曰：六爻皆变，谓之九六。六爻皆不变谓之七八。《左传》遇《艮》之八，《国语》遇《泰》之八，屯贞悔豫皆八是也。七八皆不变，然则《内外传》何以但言八而不言七？曰阳卦多阴，阴卦多阳，不独三画卦如此，六画之卦亦然。遇阳卦而六爻不变，谓之八。遇阴卦而六爻不变谓之七。《艮》、《豫》、《屯》，皆阳卦也。若三阴三阳之卦，则以内卦为主，内卦有《乾》、《坎》、《艮》、《震》，为阳卦。《巽》、《离》、《坤》、《兑》为阴卦。或以初爻为主，初爻阳为阳卦，初爻阴为阴卦。朱子《启蒙》卦变自《乾》至《谦》三十二卦，除《乾》之外，皆阴卦也。自《益》至《坤》三十二卦，除《坤》之外，皆阳卦也。《泰》及《艮》、《豫》、《屯》皆在后三十二卦中，非阳而何？屯泰艮是阳卦，在内，豫是阳卦，多阴。

初七初八。

《知新录》曰：《易》有七、八、九、六，而爻但系九、六者，举隅之义也。故发其例于《乾》、《坤》二卦曰用九用六，用其变也。亦有用其不变者。《春秋传》穆姜遇《艮》之八，《晋语》董因得《泰》之八是也。今即以《艮》言之，二体独变则名之六，馀爻皆变而二爻独不变则名之八。是以《乾》、《坤》亦有用七用八时也。《乾》爻皆变而初爻独不变曰初七，潜龙勿用是也。《坤》

爻皆变而初爻独不变曰初八，履霜坚冰至是也。占变者其常也，占不变者其反也，故圣人系之九、六。

欧阳永叔曰：《易》道占其变，故以其所占者名爻，不谓六爻皆九、六也，得之矣。

用九：见群龙无首，吉。

六爻皆九、六，惟《乾》、《坤》二卦如是，他卦所无，故特云用九用六。若但以一卦全变为说，则六十四卦皆可变矣。

王注：九，天之德也，能用天德，乃见群龙之义焉。夫以乾健而居人之首，物之所不与也。以柔顺而为不正，则佞邪之道也。故《乾》吉在无首，《坤》利在永贞。《正义》云：此一句见乾元能用天德也。九，天德也，若体乾元，圣人能用天德，则见群龙之义。群龙之义，以无首为吉也。九，天之德者，言六爻俱九，乃共成天德，非是一爻之九则为天德也。

用九，天德不可为首者，《疏》云：天德刚健，当以柔和接待于下，不可更怀尊刚为物之首也。

《文言》：乾元用九，天下治也。

王注：此一节，全以人事明之也。九，阳也。阳，刚直之物也。夫能全用刚直，放远善柔，非天下至理，未之能也。故乾元用九，则天下治也。

乾元用九，乃见天则。

王注：此一章全说天气以明之也。九，刚直之物。惟乾体能用之。用纯刚以观天，天则可见矣。《正义》曰：阳是刚先之物，能用此乾刚，惟天乃然。故云乃见天则。

大哉乾乎，刚健中正，纯粹精也，此乾之用九也。坤至柔而动也刚，至静而德方，此坤之用六也。刚健而又中正，柔静而又直方，惟乾坤能之。

坤用六，利永贞。

王注：用六之利，利永贞也。《正义》曰：用六利永贞者，此坤之六爻总词也。言坤之所用，用此众爻之六，六是柔顺，不可纯柔，故利在永贞。永，长也；贞，正也，既能用此柔顺，长守贞正，是以广大而终也。若不用永贞，则是柔而又圆，求安难矣。此永贞，即坤卦之下，安贞吉是也。《文言》坤至柔而动也刚，至静而德方。注：动之方直，不为邪也，柔而又圆，消之道也。

按：《左传》蔡墨云：坤之乾曰龙战于野，先儒依此解，故用九用六二爻，专主变坤变乾为说，似遗却作《经》本旨，天乾六阳皆变，则无九矣。坤六阴皆变，则无六矣。其将何以用之？窃意用字与变字不同，变是就占筮者说。蔡墨所言是已。用则就人而言，用九者体乾之圣人，用六者法坤之君子。《王注》、《孔疏》其疏解用字最为的当，由初至上，是就六爻时位而分列之，故词有吉有凶。用九用六则就乾坤之德而总言之，则曰吉曰利。如乾，刚德也，然不可纯刚而无柔，故在初则用潜，在二则用见，在三则用惕，在四则用跃，在五则用飞，在上则用退。防其亢而不至于悔，是六爻皆得其元也。坤，柔德也，然不可纯柔而无刚，故在初则辨之宜早，在二则直而且方，在三则含章可贞，在四则括囊无咎，在五则黄裳元吉，在上则承天时行，安于顺而不与之战，是六爻皆得其贞也。

《述义》云：先儒皆以用九用六为阳变阴、阴变阳，固属观象玩词，然乾元以阳为用，上亢幾无元矣。用久所以复之于元，坤阴以贞为体，上战幾无贞矣，用六所以永之于终。

《折中》云：《乾》虽不变，而用九之理自在，故乾元无端，即无首之妙也。《坤》虽不变，而用六之理自在，故《坤》贞能安，即永贞之道也。

焦氏并曰：阳为九用而不能用九，则亢。阴为六用而不能用六，则战。当群龙之时，虽有阳刚之德，然且俟时而动，居后而不居先，则能用九，而不为九用，故吉也。

张振渊曰：不曰乾爻用九而曰乾元用九，统六爻而归之元也。亢而用变，正是贞之极而归于元，乾之所以终始相因而无首也，故曰乾元用九，所以见乾道变化之则。

贾昌朝曰：用九见群龙无首吉，圣人用刚中之德，乃可决万幾，天下久盛，柔不可以济，然亢而遇刚，又不能久，独圣人外以刚决用事，内以谦恭应物，不敢自矜，为天下首，乃吉也。

李卓吾曰：见群龙则非一龙也，当群龙之时，难有阳刚天德，然不可为首。

《左传》云：元为祸始，《坤》卦云先迷失道，后顺得常。《坤》如此，《乾》之上九亦如此。

宋均曰：万物之始，莫能先之，不可先之；先之者凶，随之者吉。此可补《注疏》之阙，非刚变为柔之说也。又云：首者，先也。阳刚在我，俟时而动，居后而不居先，即乾刚亦宜如此。若云《乾》变为柔，则无刚矣。此义自上九亢龙已言之，若于此复言无刚，不重复乎？比上六，比之无首，凶。王注：无首后也。

附：亢之为言也，知进而不知退，知存而不知亡，知得而不知丧。其惟圣人乎，知进退存亡而不失其正者，其惟圣人乎！《正义》：上九所以亢龙有悔者，正由有此知进而不知退三事，若能三事备知，虽居上位，不至于亢也。

李鼎祚曰：再称圣人者，叹美用九，能知进退存亡而不失其正。

胡炳文曰：阳极则剥，《乾》上则亢，中不可过也。知其时将过乎中，而处之不失其正者，其惟圣人乎！贞者，正也，乾元之用所归宿也。《乾》之四德，始于元，至此又论圣人之体元而归于正，其意深矣！

《述义》：知之明，处之当，而皆不失其正，惟圣人能之。圣人体天德而不为首，无所为亢也。申亢义而以圣人之用终之，则用九之义在其中矣。

据此数解，元即是用九之道，贞即是用六之道。无首而不至于亢，此圣人之用九也。永终而不至于战，此君子之用六也。岂《乾》变《坤》、《坤》变《乾》之谓哉？

用九，天德不可为首也。

《程传》：用九，天德也。天德阳刚复用，刚而好先，则过矣。

《本义》言：阳刚不可为物先，故六阳皆变而吉。

《折中》：此不可为首，与不可为典要语势相似，非戒词也。若言恐用刚之太过，不可为先，则天德二字，是至纯至粹，无以复加之称，非若刚柔仁义倚于一偏者之谓，尚恐其用之大过，而不可为先，则非所以为天德矣。

程子尝曰：动静无端，阴阳无始，盖即不可为首之义。如所谓不可端倪，不可方物，亦此意。

谷氏家杰曰：一岁首春，一月首朔，似有首矣。然春即腊之底，朔即晦之极，浑浑全全，要之莫知所终，引之乌有其始，更无所谓首也。用九者，全体天德循环不已，圣人之御天者此也。

《述义》：六龙之德皆天德，本无首也。岁首春而春阳生于子，月首朔而朔气潜于始魄。用九者，全体天德循环不已，所谓动静无端，阴阳无始者也。故曰天德不可为首，即圣人时乘六龙以御天之能事。

存异。案：易《乾》为首，《象》云首出庶物，而云不可为首者何？项安世曰：凡卦以初爻为趾为尾，终爻为首，形至首而终也。故《易》中首字皆训为终。比之无首，无所终也。用九之无首，则以六爻尽变，不见其终也，此说虽异而可参。乾贞下起元，循环无端，故不知其所极也。

乾元用九，乃见天则。

王引之曰：《尔雅》：则，常也。天之常道，既健且刚，乾元用九，乃见其常。《左传》率彼天常，以乱天常。天则乃天之常也，解为法则者失之。

按：用九、用六二语，今本皆与上分为二节。一说上九亢龙有悔，用九见群龙无首吉。上六龙战于野，其血玄黄，用六利永贞，当合为一节。《易》全经三百八十四爻，若以二用别为一爻，则三百八十六爻矣。此说有见，曰亢曰战，但就六爻之极言之，故有是象。若论卦德，则《乾》健《坤》顺，安有至于亢与战者？

黄氏度曰：坎正北一阳，水也，是为生物之始。至巽四月，六阳《乾》成卦，而乾不居，恶其亢也。乾退居而北，居坎之后，以听坎之所为，是为乾知大始。离正南一阴，火也。是为成物之始，至乾十月，六阴坤成卦，而坤不居，不敢与乾敌也。坤退居离兑之间，以宿火卫金，而后物终成焉，是为坤作成物。夫乾恶其亢，而退居坎后，所谓见群龙无首吉也，所谓乾元用九乃见天则也，何悔之有？坤不敢与乾敌，而退居离兑之间，以宿火卫金，万物得成，所谓用上永贞，以大终也，何战之有？故观《乾》

《坤》之德，须于用九、用六见之，勿泥上九上六爻词也。

《文言》云：亢之为言也，知进而不知退，知存而不知亡，知得而不知丧，此解上九亢龙一语也。其惟圣人乎，知进退存亡而不失其正者，其惟圣人乎，此解用九天德一语也。《述义》谓申亢义而以圣人之用终之，则用九之义在其中矣。人云：《乾》上九则无妄，似当与上九亢龙有悔，用九见群龙无首吉合为一爻，其义乃备。先言悔而后言吉者，始论爻象，见如此则有悔；继论卦德，见如此则得吉也。《易》中诸卦，有先言厉后言吉者，有先言凶后言无咎者，与此文法一例。

《述义》云：乾上亢则无元矣，用九所以复于元；坤上战则无贞矣，用六所以永之于贞，得二爻相因之旨。

象曰：天行健。

武氏亿曰：《古今韵会》：乾古字作𨻰。传《易》者因转写作健，是健即𨻰字之转。圣人作《易》，皆以卦本名言之，不宜自变其例，是天行为一读，𨻰为一读，天行与坤象地势语正相比，而注家因文牵附，皆凿说也。

愚按：牛部犍为郡，犍音乾，𨻰音乾，见肉部。

《字典》阜部，健与𨻰同。

梅氏《字汇》云：揵与建同义，又犍音乾，《汉书》居高屋之上揵瓶是也。《说文》：乾，上出也，从乙；乙，物之达也。段玉裁曰：孔子云，乾，健也，健之义生于上出，上出为乾，下注则为湿，故乾与湿对，俗别其音，古无是也。倝声倝者，曰，始出倝倝也。《诗》卷发如虿。朱注：虿，毒尾虫也。尾末犍然，似发之曲上者。注：犍音乾，举也，发旁短发，不可敛者，曲上卷然，以为馀也。犍之上举，正与《说文》所云乾之上出同义，是犍亦与乾同也。乾为首，首出众体之上，犹天出万物之上也。故《诗传》作犍，《汉书》作揵，《字异》而音义同也。乾升坤降，故主上出。

何氏楷曰：健而无息之谓乾。《中庸》言至诚无息者，通之于天也。自强言不息，不言无息，学之为法天事耳。始于不息，终于无息，故《中庸》于无息之下而推原之曰不息则久。自强之法，何如曰主敬，君子庄敬日强。

游氏酢曰：至诚无息，天行健也。若文王之德之纯是也，未能无息而不息者，君子之自强也。若颜子三月不违仁是也。

《说文》：勥，迫也，从力强声。段云：迫者近也，所谓实逼处此也。勥与彊义别，彊者有力，勥者以力相逼迫也。凡用勉强，当用此字，今则用强彊，而勥彊废矣。

见龙在田，德施普也。

陆氏希声曰：阳气见于田，则生殖列于民；圣人见于世，则教化及于物，故曰德施普也。

梁氏寅曰：德施普，孟子所云正己而物正也，所谓德施，岂必博施济众乃谓之施乎？盖闻其风而兴起者，无非其德之施也。

终日乾乾，反复道也，或跃在渊，进无咎也。

咎与道叶，《唐韵正》四十有韵中之半，古与巧、小、篆、皓通为一韵，《书》：民弃不保，天降之咎。《小畜》复自道，何其咎！《离》初六履错之敬，以避咎也。黄离元吉，得中道也。《经》《传》如此用者甚多，非叶音也。

一说咎古高字，音槁，与道叶。

飞龙在天，大人造也。

朱武曹曰：刘向云：圣人在上位，则引其类而聚之于朝。《易》曰：飞龙在天，大人造也，师古注：圣人临位临御，则贤人君子皆来见也。此正与声气应求云龙风虎之义相应。自古帝王受命，必有名士辅佐，起于草泽之间者，其象盖如此。

彖曰：大哉乾元，万物资始，乃统天。

《述义》云：元者生气之始，物有气而后有形，故万物资乾元以为始，亨则元之长，利则元之遂，贞则元之成。贞复起元，而为物始，元气无所不贯，故曰统天。

蔡虚斋曰：各正保合，虽合言《乾》之利贞，然细分之，各正者利也，保合者贞也。

《文言》、本义》云：利者，生物之遂，物各得宜，不相妨害，非即此之各正性乎！命贞者，生物之成，实理具备，随在各足，非即此之保合太和乎！

林希元曰：各正性命，是利，保合太和是贞，向之资始于元，流形于亨者，今则各效法象，各成形质，而性命于是乎各正，既而愈敛愈固，生意蕴蓄而不渗漏，化机内蕴而不外见，则太和于是乎保合矣！

元者，善之长也。

《易见》云：朱子以诂经为学，其释《易·乾》之元曰元者，大也。仲尼以述古为学，其《翼》易乾之元曰元者，长也。夫圣贤之分，即系此矣。必曰元之为大，然则大哉乾元！宜为大哉，乾大也！凡六籍之称元者，其义皆取诸长，不谓大也。元后作民父母，言长民也。元首明哉，不谓大首也。元龟以大者前列，以其前列故元之，亦不谓大也。元年元日，非大年大日也。大之与元，相去千里。故周公之占爻也，别之为元吉、大吉。元吉者，以建极而言，此吉人之事，百福之宗。虽不必大，而可尚也。大吉者，以备福而言，此福人之事，群美所趋，虽非其至而已盛也。故《易》之占元吉者，十有三，《坤》五黄裳，顺以则也。《讼》五谋始，以中正也。《泰》帝归妹，《谦》降尊也。《履》视其旋，考不失也。《复》来不远，静以修也。《畜》牿童牛，惕致戒也。《离》丽黄牛，不过中也。《损》俭享而敬卜也。《益》初崧作五孚惠也。《井》养民也，《涣》散党也，皆谨身立德之谋，理据其胜，故曰元也。《易》之占，大吉者四，《家人》富家，为富而已；《升》则允升，为贵而已；《萃》位不当，为荣而已；《鼎》弦取新，为革而已。此皆受祉履祥之象，势集其丰，故曰大也。胡炳文曰：《易》卦之占，亨多元亨少；爻之占，吉多元吉少。元亨者，大善而亨。元吉者，大善而吉。人之行事，善多，大善千一，故以元为贵。

《文言》、《述义》：君子行此四德，而乾道在我。是君子即乾也，故曰乾，元亨利贞。

初　无易世之责，故世虽乱而不与易，无可见之行，故德虽盛而无成名。

二　虽非君位而德在焉，所以为大人，而世之人利见之也。

三　德为内，业为外，三四居其介，故皆曰进德修业。先知所至，而行以至之，则自动之微，而趣于善，故曰可与幾也。既知所终，而行以终之，则制事之宜，皆存于此，故曰可与存义也。

四　上下以位言，进退以时言。或者从时之义，圣人仕止久速，惟其时而已。

五　以声气言，五为声气应求之主；以水火言，五为流湿就燥之处；以风云言，五为龙飞虎变之会。

时，舍也；舍，止息也。出潜离隐，而止息于田也。

用九之上，加以乾元者，元，首也。元统天而归于贞，则终始无端，而不可为首，即用九之义也。圣人所以首出庶物，无为而治者，此也。

乾元者，乾之始资于物，而亨通无滞，是形气之发生也。利贞者，收敛归藏，是性情之中涵也。

隐而未见。

隐晦而不轻于表见，敦行而不侈，然自居其成。

学问，德之府也。宽仁，德之舆也。九二之君德如此，天下幸而见之，其利何如哉！

知其一不知其二，故亢。知之明，处之当，而皆不失其正，则惟圣人能之。圣人体天德而不为首，无所为亢也。申亢义而以圣人之用终之，则用九之义在其中矣。

《文言》《左传》穆姜曰：元，体之长也。又云：嘉德足以合礼。《孔疏》：身有美德，动与礼合，嘉德足以合礼也。

按：《传》云：上下皆有嘉德，似当以德字为是。嘉德解上嘉字，合礼解上合字。上三句文法一例，若上既说会下，又说合，不免复矣。其或有误字乎！

不易乎世，不成乎名。《述义》云：无易世之责，故世虽乱而不与易；无可见之行，故德虽盛而不成名。

蒋云：《程传》解不易乎道，谓守其道而不随世而变。

朱义曰：不变所守如此，则与下确乎不拔，复若作不能变俗说，则与潜隐之义切。此易字与天下无道某不与易之易同，盖道行则可移易风俗，道既不行，不能变俗，是以不能成名。既不能成名，则宜退遁而隐矣。

游氏酢曰：不易乎世者，用舍在我；不成乎名者，非誉不在物，故不见是而无闷。

龙德而正中者也。

项安世曰：称中正者，二事也，二五为中，阴阳当位为正。称正中者，一事也，但取其正得中位，非以当位言也。又曰：以在下卦，又非阳位，故不为中位，而为中德。《文言》两言君德，明非君位也。此又称龙德之中，明非龙位之中也。

蒋云：《程传》曰以龙德而处正中者也，在卦之正中，为得正中之义。此正中字与他卦正中字异，他卦九居五为居中得正，九居二为中，阳居阴位，为不正。中重于正中，则无不正，正未必中，此他卦二五爻之例。惟《乾》九二言其德，其位正合乎中，德已盛，施已溥，但未得君位耳，非他卦可比。

问：九二说圣人之德已备，何故九三又言进德修业，知至至之？曰：圣人是逐爻取象，此不是言修德节次，是言居地位节次。六爻皆是圣人之德，只所处之位不同。初爻言不易乎世，至潜龙也，已是说圣人德，只潜而未用耳。到九二却恰好其化已能及人矣，又正是臣位，所以处之而安。到九三居下卦之上，位已高了，那时节无可做，只得恐怕，进德修业，乾乾惕息，此便是伊周事业。九四位便乖，这处进退不由我了，或跃在渊。伊川谓渊者龙之所安，恐未然。田是平所在，纵有水浅。渊是深处，不可测。跃虽离乎行，而未至于飞。行尚以足，跃则不以足，一跳而起，足不踏地。跳，得便上天处，不得依旧在渊里，皆不可测。下离乎行，上近乎飞。上不在天，下不在田，中不在人，故或之。或之者，疑之也。不似九二安稳自在，此时进退不得，皆不由我，只听天矣。以圣人言之，便是舜历试、文王三分有二、汤武鸣条牧野时。

程子云：修辞立诚，不可不仔细理会。言能修省言辞，便是要立诚。若只修饰言辞，为心便是作伪。

俞氏炎曰：修谓修省，非修饰。

知至至之，可与幾也。

程子曰：知至至之，致知也。求知所至，而后至之。知之在先，故可与幾。所谓始条理者，知之事也。知终终之，力行也。既知所终，则力进而终之，守之在后，可与存义，所谓终条理者，圣之事也。此学之始终也，君子之学如是。

林希元曰：忠信所以进德，是忠信所以至之也。何也？凡有所进，必先有所至，忠信以至之，则善心日长，神智日开，道之壶奥，理之元妙，为吾所当至者，一时虽未能遽至，固已先得之矣，故可与幾。修辞立诚，所以居业，是修辞立诚，所以终之也。何也？居是居止，终是终身，居而止不移，居之所以终之也。修辞立诚以终之，则践履笃实，持守坚固，事理之宜，吾所当守者，可与存之而不失矣。

居上位而不骄。

蔡虚斋曰：九三居下之上，是亦有在其上者，则九三为在下位矣。亦有位初二在下者，则九三为在上位矣。若于初二必不兼言居上位，若于九五必不兼言在下位，此亦当知。

或之者，疑之也。

《程传》：或，疑词，随时而未可必也。

项安世曰：进退上下，不敢自必，相时而动，所谓自试也。大抵上下之爻，皆危疑之地，故三厉而四犹疑之。

蒋云：程、朱以或字为未定之词。案：《文言》明云或之者，疑之也；疑之故无咎。盖圣人到此时此位，居臣民之上，人君之下，位已逼于君，故不敢有固必之心。若有固必之心，则危而有咎矣。后世大臣世子居逼君之地，居之不怍，行之不疑，而卒致大咎者多矣。不知或字之义也。又云：九四之位已逼君，其进退之难，尤甚于九三，故或上或下，非有心于为邪，或进或退，非有意于离群。但看时之可否，时之可进而上，可退而下，皆随时之宜，初无恒无常，皆疑而未敢专必之词，皆释九四爻或字之义。

《述义》曰：惕者，平日戒惧之心。疑者，临时审慎之虑。审而后进，故无咎也。

按：先儒云：九三伊周地位，九四是文三分有二、汤鸣条、武坶野时，将即帝位，而犹未离臣位，故须详审。

九五：同声相应。

存异。《史记·伯夷传》云：同明相照，同类相求，云从龙，风从虎，圣人作而万物睹。《索隐》曰：以下并《系传》文。《正义》曰：此以上同明相照是《周易》乾词也。

上九：贵而无位。

陈云：贵贱以阴阳言，上九阳故贵。上在卦上，故高。《鼎》初六利出否，以从贵也，从阳也。

王注：高而无民，下无阴也。

薛云：民，阴类。《谦》《小象》曰：万民服也，《姤》九四曰：远民也，皆指阴爻。盖阴为阳之民。来氏知德：纯阳无阴，故曰无民是也。阳一君而二民，阴二君而一民。《剥》上九：君子曰舆，民所载也，指下五阴。

贤人在下位而无辅。

《本义》：贤人，谓九五以下；无辅，以上九过高志满，不求辅助之也。

《述义》：五在上位而为主，自四以下皆贤人。在下位而无辅，上爻居圣作之上，而无五之辅，动则有悔，则不宜动明矣。

惠云：贤人在下位，当谓九三，在下位而不忧，故云在位。

朱云：《本义》以贤人统指五爻，夫五为帝位，不宜更辅于人，如潜龙亦不宜出而辅人也。荀爽明云：上应三，三阳德正，故为贤人。别体在下，故云下位。两阳无应，故无辅。

孙退谷云：九三刚正之贤，在下卦而非正应，故云无辅。

无位无民无辅，时使然耳，岂可以动，是以动而有悔也。

见龙在田，时舍也。

《本义》言：未为时所用。《程传》：随时而止也，如此则与《井》卦初六井泥不食下也、旧井无禽时舍也无别矣。

王注：见龙在田，必以时之通舍也。《孔疏》：《经》但言舍，《注》必言时之通舍者，则辅嗣以通解舍，舍是通义也。如此方与天下文明、德施普也之言合。

按：孔子曰：《升》者十二月之卦，阳气升上，阴气欲乘，万物始通，故以通释舍。

顾炎武《易音》曰：舍，古音暑。惠半农曰：舍，读如田舍东郊之舍，若云未为时用，德施何由而普，天下安得文明也。

惠定宇曰：《史记·律书》二十八宿，日月所舍，舍者，舒气也。舍有舒义，故有舒音。《诗》：尔之安行，亦不遑舍。熊朋来读舒叶车盱，君子幾不如舍。舍音舒，叶上虞。此舍字亦当读舒，二出潜离隐时，当发舒。《正义》谓九二爻当艮丑寅之间，于时地之萌芽，初有出者，即是阳气发舒之义。

愚按：《白虎通》云：十二月之时，施气受化，诩张而后得芽。诩即舒也。《聘礼》发气盈容，郑注：发气，舍气也。舍气者，舒气也。

或跃在渊，自试也。乾道乃革者，九四离下乾而入上乾，是乾道改革之时。革者，革乾而跃也。

赵汝楳曰：凡飞者必先跃，所以作其飞冲之势。今鸟雏习飞，必先跳跃于巢，以自试其羽翰。四之跃，亦犹是也。此以试释跃。

乾元用九，天下治也。

《语类》：问乾元用九，天下治也。曰：九是天德健中，便自有顺用之则。天下治如下文乃见天则，天则便是天德。

吴氏澄曰：刚柔适中，天之则也。

谷家杰曰：则者有准而不过之意，用九者有变而无常之意。

乾元者，始而亨者也。

王念孙曰：元下当有亨字，因上乾元用九而误脱也。王弼注不为乾元，何以通物之始，是故始而亨者，必乾元也。则魏时乾元下已夺亨字。

利贞者，性情也。

胡炳文曰：《彖》曰性命，此曰性情，言性而不言命，非知性之本。言性而不言情，非知性之用。

俞氏炎曰：性言其静，情言其动。物之动极而至于收敛而归藏，则复其本体之象，又将为来春动而发用之地，故曰利贞者，性情也。元起于贞，贞下盖有元继焉。动生于静，静中盖有动存焉。若但言性而不言情，则止于贞，纯乎静不见贞下起元，静中有动之意也。

乾始句，**能以美利利天下。**

林希元曰：美字当亨字看，亨者嘉之会也。

薛云：美即亨也。

《正义》：乾始谓乾能始生万物，解元也。能以美利利天下，解利也。不言亨贞者，举始举利则连包亨贞也。

按：美即亨也，不言所利，即贞也。四德俱备，非不言也。《本义》利天下者，利也。不言所利者，贞也。

程子云：亨毒化育皆利也，不有其功，常久而不已者，贞也。《语类》云：不有其功，言化育之无迹处为贞。

俞氏炎曰：乾始即乾元也，元乃生物之始也。美即亨也，亨乃众美之会也。

林希元曰：乾以美利遍利天下，又收敛于力，不言所利，不其大与？盖万物归根复命之时，造化生物之功，不可复已。

韩琦云：须臾快慰，三农望敛，却神功，静若无，亦此意。

大哉乾乎节。

何氏楷曰：刚健中正，纯粹精者，此《乾》之大全卦也。及其散而有为，分布四出，而各有得焉，则爻也。六爻发挥，旁通情也，以爻为情，则卦之为性也明矣。

薛云：圣人以时设施，乘此六爻之德，以行天之道，但见惠泽旁流，如云之行，如雨之施，而天下自平矣。盖圣人之心，即乾元之心也。圣人之泽，即乾元之泽也，圣人其天矣乎！

乔氏中和曰：刚者元也，健者亨也，中者利也，贞者正也。元亨利贞，实以体之刚健中正也。《本义》云：纯者不杂于阴柔，粹者不杂于邪恶。盖刚健中正之至极，而精者又纯粹之至极也。

按：大哉二句，是承上乾元三节而总论之，刚健中正四字，是说四德之实。纯粹精三字，是赞四德之美。如此看方明晰，不然四德之外，又有七德矣。

行而未成。

《程传》：未成，未著也。朱子曰：事业未就也。

按：子曰不成乎名，《述义》云：无可见之行，故行虽盛而不成乎名，即以孔子所自言者解也，尤为明确。

《正义》曰：不成乎名者，言自隐默，不成就乎令名，使人知也，即《坤》四无誉之义。

九三重刚而不中。

虞氏翻曰：以乾接乾，故重刚，位非二中，故不中也。

按：《坎》《象》曰习坎，重险也。《离象》曰，重明以丽乎正。《巽象》曰，重巽以申命，则此重刚，是指两乾而言，非指三与九说也。

九四重刚而不中。

《本义》：九四非重刚，重字疑衍。

按：李鼎祚曰：三居下卦之上，四居上卦之下，俱非得中，故曰重刚而不中矣。澄曰：三居下乾之终，接上乾之始，四居上乾之始，接下乾之终，当重乾上下之际，故皆曰重刚。与天地合其德，先天而弗达。

荀慈明曰：与天合德，谓居五也。与地合德，谓居二也。与日月合其明。荀云：《坤》五之《乾》二成《离》，离为日。《乾》二之《坤》五为坎，坎为月。

孔仲达曰：若在天时之先行事，天乃在后不违，是天合圣人也。若夫天时之后行事，能顺奉上天，是大人合天也。

王宗传曰：先天而天弗违，时之未至，我则先乎天而为之，而天自不能违夫我。后天而奉天时，时之既至，我则后夫天而奉之，而我亦不能违夫天。盖大人即天也，天即大人也。

惠定宇曰：先天指内卦，后天指外卦，内外皆天，人无二天，故有先后之称。圣人神以知来，先天之义。知以藏住，后天之义。

圣人以此洗心，退藏于密。

按：时之未至，我则先乎天而为之者，如圣人作为律法，则日月之蚀食，星辰之差移，不能有易，所谓千岁之日，至可坐而致也。

亢之为言也。

孔云：言上九所以亢极有悔者，正由有此三事，三事备知，虽居上位不至于亢也。

其惟圣人乎。

李氏鼎祚曰：再称圣人者，叹美用九能知进退存亡而不失其正。

胡炳文曰：阳极则剥，乾上则亢，中不可过也。知时将过乎中，而处之不失其正，其惟圣人乎！贞者正也，乾元之用所归宿也。至此又论圣人之体乾而归于正，其意深矣。

按：《系词》劳谦，君子有终吉，继以上九亢龙有悔，朱子以为重出。《孔疏》：上既以谦德保位，此明无谦则有悔。王宗传曰：知圣人深予乎《谦》之九三，则知圣人深戒乎《乾》之上九。谦者亢之反也。谦以免亢，圣人所以居上而不失其正也。

周有贞曰：乾，健也。乾如何健，谓以阳唱阴，周流于静专动直之间，而略无停机也。静专包得艮止，动直包得震动，专直之间，有节宣限制，包得坎陷在内。坤，顺也，坤如何顺？谓以阴从乾，委曲于静翕动辟之间，而毫无拂戾也。静翕包得巽入，动辟包得兑说，翕辟之时，能随时附丽，包得离丽在内。六子得乾坤之一体，而不能相兼，然皆健顺，所分乾坤，六子未尝离也。

叶佩荪曰：乾坤相配，阳必不可无阴，而其德之相合者曰健顺，曰仁义。其不相得者，阳为正，阴为邪，阳为生，阴为杀。一合一离，岂果阴道之殊途欤？而其实固非有二也。盖阴性有定，而阴德无常，从阳则臧，独阴则否而已矣。何则？坤承乾之健以广生，而顺以名；辅阳之仁以制宜，而义以名。若离乎健以为顺，则所谓顺者下而不上，无含宏光大之力，而专遂其纵弛偷逸之私，故流于邪而不可谓顺。离乎仁以言义，则所谓义者，肃而不温，无厚德载物之功，而愈恣其深沉惨刻之用，故近于杀而不可谓义。是则阴之与阳，又幾于两敌相持，而必不可以并立者，由其纯任乎阴，第知牝之为牝，而不知利牝马之贞也。老子云：重为轻根，静为躁君。又曰：守其雌，守其黑。又曰：不敢为天下先，似有合于《坤卦》之义。故邵子云：老子得易之体，然舍《乾》而专效《坤》，则其弊有不可胜言者。盖《坤》之德，在于直内方外，黄中通理。今但欲以无为为顺，则是莫不顺于自强不息之为劳，而莫顺于逍遥自得之为乐也。故庄、列之徒，畅其宗风，以为学术之害，是岂可以无辨乎哉！

坤　䷁坤下坤上。

坤：元亨，利牝马之贞。

何云：《坤》所以从申者，阴起于午，至申三阴。坤三画皆阴，故从申也。

《述义》：凡阴无元，以阳为元，坤元即乾元也。坤含乾元，顺而亨之，其利普焉。是以顺乾为贞，故曰牝马，言顺健也。又云：乾元在坤，即是坤元，非有二元也。

俞氏炎曰：《坤》顺《乾》之健，故其占亦为元亨。北地马群，每十牝随一牡而行，不入他群，是为牝马之贞。《坤》道以阴从阳，其贞如牝马之从牡，则利。

郑维岳曰：坤配乾，坤之德即乾之德，乃柔顺以承之，而有终也。有终为健，故曰利牝马之贞。

蔡氏清曰：若徒曰至哉坤元，万物资生，则疑于与大哉乾元，万物资始者敌矣。今曰乃顺承天，非惟可以见坤道无成有终之理，而乾坤合德以共成生物之功者，亦于此见之。不然，乾有乾四德，坤有坤四德，而名实混矣。

龚氏焕曰：坤先迷后得，而亦有元亨者，坤之元亨承乾而已。故曰至哉坤元，乃顺承天。又曰德合无疆，品物咸亨。坤之所以能承乾之元亨以为元亨者，以其柔顺利贞也。

先迷句，**后得主利**句。

利字单顶得主言，吉字单承丧朋说。

西南得朋句，**东北丧朋，安贞吉**句。

《汉书·天文志》云：箕星为风，东北之星也。东北地事天位也。故《易》曰：东北丧朋。

孟康曰：日月五星，皆起牵牛，故为天位。坤在西南，纽于阳为地统，故为地事。丑，纽也。

按：文王卦位，艮在东北，乾在西北，坤在西南，三处相隔甚远。安能离本位而从乾阳乎？依孟说乃明确。盖坤在未方，虽是西南，而对宫在丑，则东北丑与未对宫，而与子则合宫。《周官·大司乐》奏黄钟，歌大吕，以子与丑合也。丑可与子合，则地可与天合矣。又以三才言之，天开于子，地辟于丑。以卜卦言之，土坤内卦为未，外卦为丑。以卦爻言之，乾初二系地道，初九为子，九二为丑。虞仲翔以九二为阳，始触阴。孔仲达曰：九二当建丑建寅之间，于时地之萌芽。初有出者，即是阳气发见之义。孔子曰：《升》者十二月之卦，阳气升上，阴气欲乘，万物始通。唐一行曰：自冬至后五日，乾精既复，乃大寒，地统之中，阳洽于万物根柢，而与萌芽俱升，木在地中之象。升气已违，则当惟而大之，故受之以《临》。崔氏憬曰：《屯》，刚柔始交而难生。《屯》者十二月卦也。阳始浸长而交于阴。刚柔始交，万物萌芽，有寒冰之难，故曰难生。可见丑宫，丑月乾坤始交，阳气上而阴气承，适有合于从阳之义也。

《本义》：以主利二字为句。吴澄《纂言》以利西南得朋、东北丧朋为句。朱子谓东北虽丧朋，然反之西南，则终有庆。乔中和以西南东北皆利方，得朋丧朋皆吉事，说俱未当。夫阳可为主，阴不可为主，即以主言，乾道主元，坤道主贞。谓坤主贞可也，谓坤主利，不可也。《蹇》、《解》二卦，一险在前，一难初解，义有取于安静，谓利西南可也。坤卦《彖词》，一以牝马为利，一以得主为利。义专重夫从阳。谓利西南，不可也。孔仲达曰：西南，坤位，阴也。今以阴诣阴，乃得朋，俱是阴类，不复吉也。犹人既怀阴柔之性，又向阴柔之方，是纯阴柔弱，故非吉也。东北丧朋，安贞吉者，以柔顺之道，往诣于阳，是丧失阴类，故得安静贞正之吉。以阴而兼有阳，如人臣离其党而入君之朝，女离其类而入夫之室也。朱氏霈曰：乾为坤主，坤先乾则迷失其道，而不利。后乾则得乾为主而利。是以利字属上句读。吴草庐属下谓得丧皆以利言，非也。

按：王辅嗣注：阴之为物，必离其党，之于反类而后安贞吉，是以末句单顶丧朋说。毛初龄曰：西南之所得者，不过朋耳，非主也。虽得之，有何利也？东北之所丧者，祇朋耳。虽丧之，有何害也？据九家易，汉后说易诸家，皆以先迷为句，后得主利为句。惟《程传》、《本义》俱以先迷后得断句，而以主利为句，此不惟与本文得主得朋两得字不合，且与《文言》后得主而有常矛盾矣。及注《文言》，又谓主下脱一利字，竟欲增此一字，以曲全主利之说。至元吴澄又以后得主断句，利字连下读，不知《文言》后得主而有常，含万物而化光，读之有句，按之有韵，倘于主下增利字，其能读乎？至于利西南得朋，东南得朋，尤乖戾之甚者。若然，则《象传》何不曰利西南得朋东北丧朋乎？

崔氏憬曰：安于承天之正，然后为安贞吉也。

熊朋来曰：或问《坤卦词》，西南得朋，东北丧朋，《象传》于得朋不过曰乃与类行，于丧朋则曰乃终有庆。丧朋何言乎庆也？曰：西南以阴就阴之朋，东北则去阴之朋而就阳之朋，如臣辞家而仕，女辞家而嫁，故为安贞吉，为得常，为有庆。汉上朱氏曰：得君者臣子之庆，得夫者女子之庆。

彖曰：至哉坤元，万物资生，乃顺承天。

大哉乾元，万物资始，子月也。十一月一阳始复之时，马季长曰：《乾》初九，建子之月，阳气潜萌于黄泉，故曰潜。扬雄曰：阳气潜萌于子宫，信无不在其中是也。至哉坤元，万物资生，丑月也。天开于子，地辟于丑。《北魏书·律历志》：十一月《未济》、《蹇》、《颐》、《中孚》、《复》，十二月《屯》、《谦》、《睽》、《升》、《临》，易《屯卦》，刚柔始交而难生。

崔憬注曰：十二月阳始浸长，而交于阴，刚柔始交，万物萌芽，有寒冰之难，故曰难生。屯者物之始生也。《乾凿度》：孔子曰：《升》者，十二月之卦也。阳气升上，阴气欲乘，万物始通。唐一行曰：自冬至后五日，乾精始复，乃大寒，地统之中，阳洽于万物根柢，而与萌芽俱升，木在地中之象。升气已达，则当推而大之，故受之以《临》。《白虎通》云：十二月之时，施气受化，诩张而后得芽。孔仲达曰：《乾》九二爻，当建丑建寅之间，于时地之萌芽，初有出者，即是阳气发见之义。

按：孔子云阳气升上，阴气欲乘，万物始通，正与万物资生，乃顺承天之言相合。

牝马地类，行地无疆。

《程传》：行地无疆，谓健也。乾健坤顺，坤亦健乎？曰：非健何以配乾，未有乾行，而坤止也。其动也刚，不害其为乾也。

西南得朋，乃与类行。东北丧朋，乃终有庆。

程子曰：东北丧朋，阴必从阳，然后乃终有庆也。又云：离其类而从阳，则能成生物之功，终有吉庆也。王申子曰：以阴从阴，犹与类行。以阴从阳，然后有庆。《本义》乃云：东北虽丧朋，然反之西南，则终有庆也。此说殊不可解。

地势坤，君子以厚德载物。

王注：地形不顺，其势顺。《正义》曰：地势方直，是不顺也。其势承天，是其顺也。

朱子曰：乾重卦，上下皆乾，不可言两天，昨日行，一天也，今日又行，亦一天也。其实一天，而行健不已，有重天之象。此所以为天行健。坤重卦，上下皆坤，不可言两地。地平则不见其顺，必其高下层层，有重地之象，此所以为地势坤。

问：地势犹言高下相因之势，以其顺且厚否？曰：高下相因，只是顺。若厚又是一个道理。然惟其厚，所以高下只管相因处，只见他底顺。若是薄底物，高下只管相因，则倾陷了，不能如此之无穷矣。惟其高下相因无穷，所以为至顺也。君子体之，惟至厚为能载物。

初六：履霜，坚冰至。

蔡氏渊曰：七、八、九、六者，阴阳之用数也。阳以进为用，故少于七而老于九。阴以退为用，故少于八而老于六。二十四，退也。

王伯厚曰：《乾》初九，《复》也，潜龙勿用，即闻问之义。《坤》初六，《姤》也，履霜坚冰，即女壮之戒。

《九家易》云：初六始《姤》，《姤》为五月盛夏，而言坚冰。五月阴气始生地中，言初生于微霜，终于坚冰也。以明渐顺至也。

《述义》云：六在坤初，阴始生也，五阴戌而霜降，六阴亥而冰坚。初阴生午，未有霜也。然阴气既萌，君子履之，而知地之下有霜兆焉，此即坚冰所由至也。

惠云《三国志·魏志》注引此文，其云：初六履霜者，乃许芝所引《易传》约爻象而为之词也。《易传》者，《易纬》也。汉司徒鲁恭引此象云：履霜坚冰，阴始凝也，未尝有初六履霜之语。盖郭京曾有是说，而朱子误信之耳。

六二：直方大。

《系词》云：夫《乾》，其静也专，其动也直，是以大生焉。故《九家易》以乾为直，乃《坤》六二。《文言》直不且与乾之德混乎？曰魏相阴阳月令奏云：中央之神黄帝，乘坤艮，执绳司下土。注：土为信，信者诚，诚者直，故为绳。由此观之，直因乾德，亦坤德也。《大雅》其绳则直，疏云营度位处，立绳正之，其绳既方正而直矣，然后缩版以载，是直由于方正故云。直其正也，方其义也。

案云：乾为圆，则坤为方，故曰至静而德方。若直与大，则乾德也。今六二得《坤》德之统，方固其质也，而始曰直，终曰大者，盖凡方之物，其始必以直为体。故数学有所谓线、面、体者，非线之直不能成面之方矣。

不习，无不利。

此句有三说：《本义》：不待学习而无不利。王弼注：不假营为而功自成。其说过高而无当。

《折中》云：顺天理之自然，无所增加造设于其间，故曰不习，无不利。习者，重习也，乃增加造设之意。不习，无不利，即所谓坤以简能者是也。若以不习为无籍之学，则所谓敬以直内、义以方外者，岂无所用其心哉！观此可知二说未当矣。又《述义》云：性本无为，因形有习耳。声目色物交而引，则性蔽而道不行，故曰性相近也，习相远也。克其人心，去其物累，顺性之动，而不染于习，则无往而不利矣，此复性之学也。其解尤与上直方二字相贯。盖人惟为习俗所染，斯存心不正，而不能直内；处事无义，而不能方外。若能正以直内，义以方外，而不染乎习，其行何往而不利哉！

六二直方。

存异。从来释《易》者，皆以直方大为坤之三德，是不尽然。

《孔疏》：至哉坤元，云至极也。但天亦至极，包笼于地，非但至极，又大于地。故乾言大哉，坤言至哉。

程子云：乾《彖》称大，故坤称至，至义差缓，不若大之盛也。圣人于尊卑之辨，谨严如此。

熊朋来曰：《郑氏古易》云：《坤》爻词履霜、直方、含章、括囊、黄裳、元黄，故《象传》、《文言》不释大字。康成注直也，方也，地之性。此爻得中气而在地上，自然之性，广生万物，故动直而且方，亦不释大字。疑大字衍，二说得之。窃谓当以郑本为是。盖以道理论《易》例，阳为大，阴为小，故有《大过》、《小过》、《大畜》、《小畜》之名。又《泰卦》小往大来，谓坤往居外卦，乾来居内卦也。《否》大往小来，谓乾往居外卦，坤来居内外也。孔子于乾曰大哉，于坤曰至哉，于乾曰大生，于坤曰广生，一字不肯稍假，若以大为坤德，是阴与阳无别矣。以文法论《易》卦，词多用韵，《乾》中四爻用真韵，故曰人夤渊天，四字皆韵也。《坤》六爻用阳韵，故霜方章囊裳黄，六字皆韵也。若如今夕惕若，则乾三爻无韵矣。直方大，则坤二爻无韵矣。孔子于《象》曰六二之动，直以方也，于《文言》曰直其正也，方其义也，于《彖词》曰坤至柔而动也刚，至静而德方。刚即六二所云直，方即六二所云方，三处俱不及大。若经果有大字，圣人释经岂有反将坤德遗漏者乎？

或曰：用六永终，以大终也，何也？曰：此大字一说大当作代，即无成而代有终之义。大与代，因同音而讹。

朱子《本义》云：初阴后阳故曰大终。《语类》云：阳为大，阴为小，阴皆变阳，所谓以大终也。

俞氏炎曰：坤体本小，变为乾，则其用大。故曰以大终也。据此数说，大属乾。说坤既变为乾，则大未变时，不得言大。又含宏光大，何也？曰：荀慈明曰：乾二居坤五为含，坤五居乾二为宏，坤初居乾四为光，乾四居坤初为大。此大字亦指乾说。

六三：含章。章美也。

《述义》：阳明阴晦，阴居乎阳，虽有章明之美，亦含而不露。坤以藏为道，阴以敛为道也。

蒋云：阴阳错综，然后成文。重阴独阴，安能成文？六三阴爻阳位，是阴中有阳，故曰含章。六五亦然，故曰文在中也。至上六则纯阴之极，故有嫌于无阳之戒。阴虽有美，阴含阳，故称有美，重阴独阴不可为美。六三犹未中，六阴居阳位，又居中，故曰美在其中，而畅于四支，比六三德为尤盛。

或从王事，无成。

蔡渊《易象意言》云：天数始于一，地数始于二，阴无首而从阳者也。先阳而动则迷，从阳之道则得，故曰先迷后得主，利。天数终于九，地数终于十。阳无终，代其终者地也，故曰地道无成而代有终也。

曰：柔顺者多不终，惟牝马能终之。

何氏楷曰：王指乾，与他卦以君位居五者不同，六爻无君位也。

薛嘉颖曰：《说卦》乾为君，又曰乾以君之。

六四：括囊无咎。

胡炳文曰：阳主进，阴主退，乾九三，阳居阳，故曰乾乾，主乎进也。坤六四，阴居阴，故曰括囊，主乎退也。

俞氏炎曰：咎致罪，誉致疑，惟能谨密如囊口之结括，则无咎无誉。孔疏：囊所以贮物，以譬心藏智也。闭其智而不用，故曰括囊。功不显物，故曰无誉。不与物忤，故曰无咎。

《述义》：默足以容，故无咎。然君子之处世也，避害易，逃名难。如或自智其计，而以括囊得誉，则誉即咎也。四以多惧，善于自藏，不惟无咎，得其誉而无之，是必有忘其囊之富，并不露其括之迹者矣，慎之至也。

六五：黄裳元吉。

王注：黄，中之色也。裳，下之饰也。坤为臣道，美尽于下，夫体无刚健，而能极物之情，通理者也。以柔顺之道，处于盛位，任夫文理者也。垂黄裳以获元吉，非用武者也。极阴之盛，不至疑阳，以文在中，美之至也。

盛位是臣之极贵者，与尊位别。

此爻人多训为君德，据《左传》子服惠伯驳南蒯之言，则作臣道为是。三爻或从王事。何楷曰：王指乾，与他卦以五位属君者不同，六爻无君道也。

王伯厚曰：程子谓五居尊位，羿、莽是也，犹可言也。妇居尊位，娲、武是也，非常之变，不可言也。

按：干宝云：柔居尊位，若周、霍之臣也。百官总己，专断万幾，虽情体信顺，而貌类僭疑，言必忠信，行必笃敬，然后可以无咎。此说为长。孔仲达《正义》云：坤为臣道，臣居尊位，是臣之极贵者。既有中和，黄又尽臣职，裳通达文理，故云美在其中。惠定宇曰：《九家易》曰：乾为衣，坤为裳，裳下之饰也。乾在上，坤在下，六五虽居尊位，宜居下体，故有黄裳之象。言五当降二也。以荀慈明之说推之，乾之九二，利居六五而为君。坤之六五，利居九二而为臣。今坤虚无阳，似五无居二之理，然《卦词》言先迷后得主，《彖词》言乃顺承天，是知乾坤二卦，得旁通也，荀说为有据矣。

《述义》：正位谓知君臣之大义，以正上下之名位。居体谓以臣道自居，而得为下之体。

黄裳元吉四字，时解多训为二德。据惠伯言，则当分三项讲。惠伯云：黄，中之色也。裳，下之饰也。元，善之长也。又云：中美为黄，君子黄中通理是已。下美则裳，正位居体是已。上美则元，美在其中，而畅于四支，发于事业是已。《疏》云：畅于四支，发于事业，外内俱善，是美与善同。夫子所云美之至，即惠伯所云善之极也。元训为善，乃与《文言》、《左传》合。程子训元为大，则与南蒯以为大吉同。又以黄裳句、元吉句，则六五只有二德，而无三德矣。

上六：龙战于野。

以爻辰言，上六爻辰在巳。郑康成主此解，谓巳属蛇，与龙同象，故说龙。

按：郑说非也。巳属四月，正是乾上九龙亢之时，阴微极矣。安敢与龙战，坤生于午，至上六则亥月矣。亥虽属阴，而中藏壬甲二天干，故称龙焉。侯氏行果曰：《坤》十月卦也，乾位西北，又当十月，阴穷于亥，穷阴薄阳，所以战也。故《说卦》曰战乎乾。

李氏开曰：说龙战则是乾来战，不以坤敌乾也。

《述义》解《说卦》云：至于西北，则阳自外来，而为主于内，阴恃已盛之势，而未肯听命，所以阴阳相薄。

项安世曰：《乾》西北之卦，阴盛阳微之时，阴凝于阳也。不然，《坤》之上六，何以言龙战于野乎？

《程传》：阴，从阳者也，然盛极则抗而争，六既极矣，复进不已，则必战，故云战于野，野谓进至于外也。孔疏：战于卦外，故曰于野。

王注：阴之为道，卑顺不盈，乃全其美盛而不已，固阳之地，阳所不堪，故战野。《正义》曰：固谓占固，阴去则阳来，阴乃盛而不去，占固此阳所生之地，故阳与之战。

存疑《程传》云：既战矣，必皆伤，故其血玄黄。《本义》：阴盛之极，至与阳争，两败俱伤，其象如此。

按：两败俱伤，则阳之讨阴，为不利矣，似非垂教之旨。郑氏樵曰：西北盛阴用事，而阴气盛矣，非至健莫能与争，故阴阳相薄，曰战乎乾，而乾位焉，战胜则阳气起矣。庄氏云：上六之爻，兼有天地杂气，所以上六被伤，其血元黄矣。二说得之。惟战胜则阳起，所以《剥》之后继以《复》、《临》、《泰》、《壮》，惟被伤者属上六，故《经文》只言血。坤为黑，土色黄。

用六：利永贞。象曰：用六，永贞，以大终也。

《述义》：贞即牝马之贞，要终于贞，所谓永贞也。

朱子云：《乾》吉在元首，《坤》利在永贞，只是说二用变卦，故于用九天德不可为首解云：阳刚不可为物先，故六爻皆变，则吉。于用六利永贞解云：阴柔不能固守，变而为阳，则永贞。信如其说，乾坤德皆有偏，必待变而始正。乾若不变，则纯阳而不吉。坤若不变，则纯阴而不利矣，何以为六十四卦之父母乎？

按：《说卦》立天之道曰阴与阳，立地之道曰柔与刚，三才皆以两而成。《书》云：沉潜刚克，高明柔克。注：沉潜谓地也。地亦有刚德，故出金石。高明谓天也，天亦有柔德，故不干时。天地岂偏于一德者？孔氏《正义》曰：用六利永贞者，此《坤卦》之总词也。言《坤》卦所用，用此众爻之六，六是柔顺，不可纯柔，故利在永贞。此永贞即《坤卦》之下，安贞吉是也。既能用此柔顺，长守贞正，所以广大而终也。初不主变卦说。

《折中》云：《坤》虽不变，而用六之理自在，故《坤》贞能安，即永贞之道也。

《述义》云：《坤》阴以贞为体，上战则无贞矣。用六所以永之于贞，人云贞即牝马之贞，要终于贞，所谓永贞也，亦不专主变卦说。

吴草庐曰：《乾》之九五，不惟刚健，而且中正，故为乾元之大。《坤》之六二，不惟柔顺，而且直方，故为坤元之至。何氏楷曰：乾道主元，故曰乾元用九。坤道主贞，故曰用六永贞。是以用九用六，即就乾坤本卦说也。或曰《象》云用六永贞，以大终也。

《语类》云：阳大阴小，阴皆变阳，故曰大终。若不变，何以云大？

按：陆振奇云：《坤》之元，即《乾》之元，故曰乃顺承天。又曰：承天时行《坤》之贞，亦非《坤》自为贞，故曰以大终。又曰：无成而代有终。

《述义》云：阳为大，阴为小，用六永贞，《坤》分体于

《乾》，以合《乾》为终。六分用于九，以合九为终，故曰大终。二说得之。又一说：大终之大，当作代，大与代音近而讹，即无成而代有终之意，其说亦可参。

坤至柔而动也刚。

吴氏澄曰：《坤》体中含乾阳，如人肺脏之藏气，故曰至柔；然其气机一动而辟之时，乾阳之气直上而出，莫能御之，故曰刚。刚即六二所谓直也，乾运转不已，而坤隤然不动，故曰至静也。然其生物之德，普遍四周，故曰方。方即六二所云方也。何氏楷曰：乾刚坤柔，定体也，坤固至柔矣，然乾之气一至坤，即能翕受而发生之，气机一动，不可止遏屈挠，此又柔中之刚矣。乾动坤静，定体也。坤固至静矣，及其乘乾之施，陶冶万类，各有定形，不可移易，此又静中之方矣。柔静者，体也；刚方者，用也。

崔氏憬曰：在天虽刚，亦有柔德。在地虽柔，亦有刚德。故《书》曰：沉潜刚克，高明柔克。

《述义》：阴阳以气言，刚柔以质言，仁义以德言。胡一桂曰：人负阴阳之气而有生，具刚柔之质而有形，具仁义之理而有性，莫不有三才之道焉。《系词》、《正义》曰：其立天之道有二种之气，曰成物之阴与施生之阳也。其立地之道有二种之气，曰顺承之气与持载之刚也。

案云：动刚释元亨也，气之发动而物生也。德方释利贞也，形之完就而物成也。方，常也。《本义》：方，谓生物有常。柔顺者，坤之本体，其刚其方，乃是乾为之主，而坤顺之以行止者，故继之曰后得主而有常，释先迷后得主也。

存异。《九家易》曰：坤一变而成震，阴动生阳，故动也刚。宋时临安僧昙莹云：动者谓爻之变也，坤不动则已，动则阳刚见焉。在初为《复》，在二为《师》，在三为《临》，自是以往，皆刚也。洪景庐以其言为善，而不知汉易已有是说。

按：《熊氏经说》云：或曰乾称大，坤称至，乾大生，坤广生。六二何以言大乎？曰易中凡言大者，皆阳也。阴变阳，则圣人喜而识之。坤六二重阴，动则为坤之师。本卦称六二之动，凡动皆阳也。

按：《说卦》曰立天之道曰阴与阳，立地之道曰柔与刚。

《正义》曰：天之道有二种之气，曰成物之阴与施生之阳也。地之道有二种之气，曰顺承之柔，与持载之刚也。《书》：沉潜刚克，高明柔克。注，沉潜谓地也，地出金石，是地亦有刚德。高明谓天也，天不干时，是天亦有柔德。此可为至柔而动刚，至静而德方之证，不必变为乾而始有刚也。愚按：此爻方论坤德，似不宜言及变卦。又坤可变乾，乾亦可变坤，似不宜以动专属阳也。

后得主而有常。

余芑舒曰：程子以主利为句，朱子因之，故以《文言》后得主为阙文。然《彖传》云后顺得常，与后得主而有常意正一律，似非阙文也。

含万物而化光。

孔广森曰：《易》言光大，言未光，义皆训广。六二地道光也，六三知光大也。于令升曰：位愈高，德愈广也。《屯》九五施未光也。虞仲翔曰：阳陷阴中，故未光。《萃》九五志未光也。虞云阳在坎中，故志未光，与《屯》五同。光天之下，光有天下，光被四表。

必有馀庆。

馀，众也，久也。《吕氏春秋》注：馀，多也。《周礼》孔晁注：馀，众也。《周礼》：馀子，即众子也，此训众者也。老子曰：修之于家，其德乃馀。修之于国，其德乃长。《广雅》：馀，长久也，此训久者也。

《诗》云：贻尔多福。多，众也。降尔遐福，遐，远也，即久字意。

其所由来者渐矣。

顾栋高曰：圣人常自叙其作《春秋》之旨，于《坤》之《文言》曰：臣弑其君，子弑其父，非一朝一夕之故，其所由来者渐矣，由辨之不早辨也。是故兵权不可窃，翚帅师、公子庆父帅师必书，郑公子归生帅师必书，谨其渐也。盟会不可专，公子遂盟，晋盟额戎必书，赵盾盟于衡雍，楚公子围会虢，亦谨其渐也。唐荆川曰：人臣至推其刃于君父，《春秋》书某国弑某君，某人弑某君者，是弑之成也，《春秋》之所痛也。人臣而窃其君会盟、征伐、刑杀之权，是弑之渐也，《春秋》之所辩也。

履霜坚冰至，盖言顺也。

顺字，朱子谓当作慎。按：《象传》驯致其道，至坚冰也。《九家易》驯犹顺也。言阳顺阴之性，至坚冰矣。孔疏驯犹狎，顺也，若鸟兽驯狎然，言顺其阴柔之道，习而不已，乃至坚冰也。程子云：明者知渐不可长，小积成大，辨之于早，不使顺长，故天下之恶无由而成，乃知霜冰之戒也。霜而至于冰，小恶而至于大，皆事势之顺长也。吕祖谦曰：盖言顺也，此一句尤可警，非心邪心，不可顺养将去；若顺将去，何所不至？惩治遏绝，正要人着力。据此数说，慎字不如顺字之警。

直，其正也。

《本义》：柔顺正固，坤之直也。《尔雅》：槛泉正出，郭注《公羊》作槛泉直出，直犹正也。

《史记·张良传》：直𡍼其履圯下，《索隐》注：直，正也。《诗》：其绳则直，《疏》：营度位处，皆先以绳正之，其绳既方正而直矣。

魏相云：中央黄帝，乘乾执绳司四方。注：土为信，信者诚，诚者直，故为绳，此直之所以为《坤》德也。

君子正以直内。

孔仲达曰：既云义以方外，即此应云正以直内，改云敬者，敬则能正也。

刘安世曰：敬是正字之误，古正字与政通，敬以直内，当作正以直内。

愚按：二说与时解不同，而刘尤胜。《尚书》：惟正之供，《楚语》引作惟正之恭。《礼记·深衣》篇云：负绳直抱者，以直其政，方其义也。故《易》曰六二之动，直以方也。郑康成注云：政或作正，此二字相通之证。正与直意义相贯。《书》云：平康正直。《诗》云：好是正直，《礼记》：直而勿有，郑注：直，正也。又《射义》云：内志正，外体直。《左传》：正直为正，正曲为直，杜注：正直正己心。孔疏：正直己心，是为正也。又下而无直，则何谓正矣。刘炫曰：无直心，何以谓之正？徐氏积曰：初见安定，头容少偏，安定忽厉声云：头容直，因自思不独头容直，心亦要直也。自此不敢有邪心。据此数说，可见直内之道，不外一正。故云正以直内也。以此卦言之，《坤》德主贞，贞者正也。六二爻居中正，故云直其正也。欲修其身者，先正其心，故君子立身，须法六二中正之理，以存其心，则内无不直矣。

《述义》云：直言其心体之正也，方言其制事之义也，君子之学，以敬为主，敬字若易为正字，亦通。邪曲之念不得萌于其心，则内不期直而自直矣。行之以义，偏诐之端，无所施于其事，则外不期方而自方矣。学之正，则不涉于邪。理之正，则不流于欲。若敬之一字，意义与直稍远，故书中只有正直，未有言敬直者。

钱大昕云：《论语》言敬二十一，皆于行事见之。专主内讲，亦似未括，或据朱子以夫子告仲弓敬恕是坤道。李舜臣谓乾尽一实，实则诚，故九二言诚。坤尽一虚，虚则生敬，故六二言敬，亦未确。《乾》九三君子以终日乾乾，夕惕若，夤。《说文》：夤，敬惕也。故虞仲翔八卦逸象以乾为敬。何氏楷曰：天行健，君子以自强不息。自强之法何如？曰主敬。君子庄敬日强，乾之朝乾夕惕，即《诗》所云圣敬日跻也，岂必虚乃生敬乎？况宋儒以主一无适训敬字，有主则中实，敬之与诚，非有二也。《艮》卦艮其止，止字晁氏以为止系背字之讹。此处敬以直内，敬字，刘氏以为敬系政字之讹。其解虽别，而于经旨实有发明，不然则上下不相联贯矣。

直方大，不习无不利，则不疑其所行也。

此处疑脱《易》曰二字。熊朋来云：上曰《易》曰履霜坚冰至，盖言慎也。下云《易》曰括囊无咎无誉，盖言谨也。《乾卦·文言》同。《易》曰见龙在天，利见大人，君德也。则此亦当有《易》曰二字，疑当作礙。《小畜》有所疑也，疑叶载与礙同，此亦当然。

阴疑于阳必战。

孔疏：为阳所疑，阳乃发动，欲除去此阴；阴既强盛，不肯退避，故必战。

案：此以疑字作猜疑解，未当。凡是阳疑于阴，非阴疑于阳也。朱子谓疑者均敌，而无大小之差，其说是也。《檀弓》疑汝于夫子，疑犹拟也。《李斯列传》上书言赵高之短曰：臣疑于君，无不忘国。妾疑于夫，无不危家。《管子》：内有疑妻之妾，此家乱也。外有疑相之臣，此国乱也。《说苑》：公云母以美妻疑妾。皆可为说。

为其兼于阳也。

《古文易》曰：为其兼于阳也。《九家易》曰：阴阳合居，故曰兼阳，谓上六坤行至亥下，有伏乾，阳者变化，以喻龙焉。荀爽曰：消息之位，坤在于亥下，有伏乾，故上六云龙战于阳，为其兼于阳，故称龙焉。阴阳相和，故曰天地之杂也。

干氏宝曰：阴在上六，十月之卦也，卦成于乾，乾体纯刚，不堪阴盛，故曰龙战。戌亥，乾之都也，故称龙焉。阴阳色杂，故称元黄。段玉裁曰：《易》龙战于野，战者，接也。壬位北方，阴极阳生，阳始于亥，乾位在亥。《文言》为其兼于阳，故称龙焉。许氏以亥壬合德，包孕阳气，至子而芽生矣。此说兼字统指坤卦全体说。

为其溓于阳也。此说溓字只就上六一爻说。

郑康成：《易》为其溓于阳也，注：溓读如群公溓之溓，古书篆作立心慊，与水相近，读者失之，故作慊。溓，杂也，阴谓此上六，阳谓今消息用事乾也，天地盈虚与时消息。上六在巳为蛇，得乾气杂似龙。

乾位六，坤位六，主一岁之消息，谓之十二消息。虞云：坤消自午至亥，乾息自子至巳。

按：辰爻初六未，初九子六二酉，九二寅六三亥，九三辰六四壬，九四午六五卯，乙丑申上六巳。上九戌《采薇》诗孔疏云：巳至四月，故消息为乾。

按：《左传》：《坤》之《剥》曰龙战于野，杜注：《坤》上六变《剥》，则上六是阳，故称龙。《尔雅》：十月为阳月。邢疏：阳生酉仲，阴生戌仲，是十月兼有阴阳。

屯　䷂震下坎上。

屯：元亨利贞，勿用有攸往，利建侯。费直本。

初九：磐桓，利居贞，利建侯。

六二：屯如邅如、乘马班如，匪寇昏媾，女子贞不字，十年乃字。

六三：即鹿无虞，惟入于林中，君子幾，不如舍，往吝。

六四：乘马班如，求昏媾，往吉，无不利。

九五：屯其膏，小贞吉，大贞凶。

上六：乘马班如，其血涟如。

《彖传》**屯：刚柔始交而难生，动乎险中，大亨贞，雷雨之动满盈，天造草昧，宜建侯而不宁。**

《象》**曰：云雷屯，君子以经纶。**

《象传》：**虽磐桓，志行正也。以贵下贱，大得民也。**

六二之难，乘刚也。十年乃字，反常也。

即鹿无虞，以从禽也。君子舍之，往吝穷也。

求而往，明也。

屯其膏，施未光也。

泣血涟如，何可长也？

诸卦仿此。

《屯》具震坎艮三卦，乾之三男，故云元亨利贞。

《彖》词但言利贞，不言元亨，以《坤》利牝马之贞，重在利贞，不重元亨也。

乾坤之后，继以《屯》《蒙》者，《屯》上坎下震，三至五互艮。《蒙》上艮下坎，二至四互震，三男继父母而任天地之事者也。

《屯》、《需》、《蹇》三卦，均有坎难，其象相似，何以别之？曰：屯是难方生之日，《彖》曰屯，刚柔始交而难生。程子曰天地生万物，屯，物之始，故继天地之后，阴阳不交则为《否》，始交而未畅则为《屯》。朱子曰乾坤始交而遇险陷，故其名为屯是也。《需》是难方盛之时，九三需于泥，已迫于险。六四需于血，已伤于险是也。《蹇》是难将息之时，故受之以《解》。吕大临曰：山上有水，水行不得其地，故蹇也。水行不得其地，犹君子之行不得于人。反求诸己而已。朱子曰：泽无水，困。处困之极，事无可为者，故只得致命遂志。若蹇则犹可进步，如山上之水，曲折多险阻，然后可行，故教人反身修德。又云：《屯》是阴阳未通之时，《蹇》是流行之中有塞滞，用则穷矣。蔡氏清曰：《屯》、《蹇》虽俱训难，而义差异，《困》亦不同。《屯》是起脚时之难，《蹇》是中间之难，《困》则终穷而难斯甚矣。

愚按：《屯》勿用有攸往者，以济屯之人少也。五屯膏，二乘刚，三无虞，上泣血，惟初、四两爻可以望济需贞吉者，下三阳上进，有不速之客三人来，故出自六也。蹇五朋来，二、三、四上，俱有济蹇之略，此难之所以解也。

《中孚》六日七分后，《复》卦用事。《复》六日七分后，《屯》卦用事。《北魏书·律历志》：十二月《屯》、《谦》、《临》、《睽》、《升》、《屯》内卦主冬至十一月节，外卦主小寒十二月节。

《九家易》云：云雨者兴养万物，今言屯者，十二月雷伏藏地中，未得动出，虽有云雨，非时长育，故言屯也。

十二月震雷在下，水气结而为云，故曰云雷屯。二月震雷在上，水气结而为雨，故云雷水泽《解》。

程子曰：阴阳相交乃成云雷，阴阳始交云雷相应而未成泽，故为《屯》。若已成泽则为《解》也。又动于险中，亦《屯》之义。阴阳不交则为《否》，始交而未畅则为《屯》，在时则天下屯难，未亨泰之时也。

元亨利贞。

王注：刚柔始交，是以《屯》也。不交则《否》，故《屯》乃大亨也，大亨则无险，故利贞。

勿用有攸往，利建侯。

《述义》：多难之世，安民为先。必以仁心达为仁政，因民所宜而静养之。慎勿急功好大，兴役行师。用民以有所往，又陷之于险也。区画山川，建邦设都，简亲贤以为佐使，各子其民，则兵革不兴，而王道四达矣。此治屯之利也。

刚柔始交而难生。

《说文》：屯，难也，象草木之物生，屯然而难，以求贯一。一，地也。尾曲[①]。崔憬曰：十二月阳始浸长而交乎阴，刚柔始交，万物萌芽，生于地中，有寒冰之难。故曰难生。

存异。惠云：荀爽曰：此本坎卦也，初六升二，九二降初，是刚柔始交。

按：《彖传》言动乎坎中，《象》、《小象》以贵下贱，先儒之说良然。

雷雨之动满盈。《左传》屯，固。比，合。《国语》屯，厚也。豫，乐也。窀穸。

孔疏：屯有二义，一难也，一盈也。上既以刚柔始交释屯难也，此又以雷雨二象释盈也。言雷雨二气初相交动，以生养万物，故得满盈，即是亨之义也。覆释亨者，以屯难之世，不宜亨通，恐亨义难晓，故特释之，取屯难义，则坎为险，上动乎险中是也。取亨通义，则坎为雨，震为动，此云雷雨之动是也。

案云：《程传》以动于亨中总释卦名，而以雷雨之动满盈一句释大亨贞，今观《屯》称云雷，《解》称雷雨，则屯之时犹未解也。夫子欲明元亨之义，故变云雷，称雷雨以见屯之必解，以观其动也，而屯之元亨可知矣。

宜建侯而不宁。

《字典》：而奴登切，音能。宜建侯而不宁。《释文》：郑读曰

---

①编者按：段注本原文作“屯，象草木之初生，屯然而难。从中贯一，屈曲之也。一，地也”。

能，能犹安也。宋祁《高帝纪》注云：古者能字皆作耐，此与柔远能迩之能同义。欲安其不宁者，故利建侯也。利宜也。

初九：磐桓句，**利居**句**贞。**

《杂卦》：《屯》见而不失其居。

《豫》震在外卦，利在行师，则可出征他国，而有攸往矣。

震在内卦，则有居处之象。《魏·管宁传》：般桓利居，高尚其事。《左传》：毕万筮仕于晋，遇《屯》之《比》，曰：足居之，卫繁之，足不能行。孔成子筮曰：弱足者，居皆谓屯，内卦震，初九利居也。

以贵下贱，大得民也。

孔疏：贵谓阳，贱谓阴，言初九之阳，在三阴之下，是以贵下贱。

愚按：荀慈明曰：此本坎卦也，初六升二，九二降初，九二阳为贵，初六阴为贱，乃以二而降居初，亦是以贵下贱之象。

志行正也。

《正音》：征与民叶。

颐，大正也，与贤、天叶。杂卦：颐，养正也，与颠叶。

初九：磐桓，利居贞。《左传》屯足者居。

《述义》：震木为桓，刚下为磐，磐桓，柱石也。大材在下而不动，元贞也。初本能贞，犹戒以居者，震性好动，故欲其静，申勿往之义也。得斯人而建之为侯，则息乱以静，化暴以谦，而其屯亨矣，故利也。《象》建侯，其事也；爻建侯，其人也。初居贞，五建之，士不求君，而君求士，各尽其道也。

六二：屯如邅如。

匪寇昏冓，冓重婚也。

屯，邅，《说文》作驙驙。马载重难行也。

六二中正，比初应五，欲去初而为所制，故屯如。欲就五而有所阻，故邅如。乘马者，九五也。震为马，坎乘之，故上三爻皆乘马也。多难之世，群雄并起，初近而强，五远而弱，二之从违，似难决然。圣人从义，不从势，故谓乘马班如者，非寇乃媾，明五之为正应也。二以重柔过于谨守，初既匪媾，五亦屯膏，均有疑焉。故守不字，居贞也，期以十年，久居之也，事久则定心。久则明，深信五之匪寇，而后字焉，难之也。

案：屯如、邅如，及贲如、皤如，皆当读断，盖两爻之自处者，如是也。乘马班如，及白马翰如，皆当连下匪寇昏冓读，言彼乘马者，非寇，乃吾之昏媾也。贲之白马翰如，谓初。此之乘马班如，谓五，言匪寇昏媾，不过指明其为正应，而可从耳。此卦下雷上云，雷声盘回，故言盘桓。邅如者，下卦也。云物班布，故言班如者，上卦也。四与上皆言乘马班如。五之为乘马班如，则于六二言之，此亦可备一说也。

女子贞不字，十年乃字。

张氏浚曰：女子贞不字，十年乃字，盖以二抱节守志于艰难之世。若伊尹在莘野，太公在渭滨，孔明在南阳，义不苟合，是为女贞。

存疑。六二爻，《本义》云：六二阴柔中正，有应于上，而乘初刚，故为所难，而邅回不进。初为贤明刚正之人，而为寇以侵逼于人，何也？曰：此自据二，以柔近刚而为义，更不许初之德如何也。易之取义如此。

九五：屯其膏。

注：初得民于下，众皆归之。辨正。

案云：卦者，旹也。爻者，位也。此圣经之明文，而诸儒所据以为说。然沿袭之久，每局于见之拘，遂流为说之误。何则，其所谓时者，一时也，所指为位者，一时之位也。如《屯》则定为多难之世，而凡卦之六位，皆处于斯世，而有事于《屯》者也。夫是以二为初所阻，五为初所逼，遂使一卦六爻，止为一时之用，而其说亦多驳杂，而不概于理，此谈经之蔽也。盖易之所谓时者，人人有之。如《屯》，则士有士之《屯》，穷居未达者是也。君臣有君臣之《屯》，志未就功未成者是也。甚而庶民商贾之贱，其不逢年而钝于市者，皆是也。圣人系词，可以包天下万世之无穷，岂为一时一事设哉？苟达此义，则初自为初之屯，德可有为而时未至也。二自为二之屯，道可有合，而时宜待也。五自为五之屯，泽未可远施，而为之宜以渐也。其馀三爻，义仿此。盖同在《屯》卦，则皆有《屯》象，异其所处之位，则各有处屯之理。中间以承乘比应取义者，亦虚象耳。故二之乘刚，但取多难之象。初不指初之为候也。五之屯膏，但取未通之象，亦不因初之为候也。今曰二为初阻，五为初逼，则初为卦之大梗，而《易》为衰世之书，岂圣人意哉！

项安世曰：《屯》不以九五为主者，建侯以为主，五本在高位，非建侯也。初九动乎险中，故为《济》《屯》之主。天造草昧，皆自下起，五能主事，则不屯矣。

六三：即鹿无虞。

孔疏：六三欲往从五，犹逐鹿也。

王注：五应在二，往必不从，何异无虞以从禽乎？《程传》：六三以柔居刚，柔既不能安屯，居刚而不中正，则妄动，虽贪于所求，既不足以自济，又无应援，将安之乎？朱子云：六三阴柔在下，而居阳位，阴不安于阴，则贪求妄行。又云：无正应，妄行取困，所以为即鹿无虞，陷入林中之象。

陈藻源曰：济世必有其具，拯溺必有其道，此万世不易者。三乏干济之才，徒以贪禄起见，卒至无所措手，其与妄马从禽，被陷林中者何异？昔者秦失其鹿，而天下共逐之。

按：以三为欲往从五，似于《屯》之卦义不切。陈氏以为贪禄，亦觉不合。窃意鹿字比天下说，即古人所云逐鹿中原，未知鹿死谁手之意。当《屯》之时，九五之尊未定，六三质虽柔弱，然阴居阳位，志复不降，当此之时，故欲往而至于五位，不无徼幸之想。如隗嚣、公孙述辈，亦跃马而称帝位是也。但己才庸弱，内无正人以引导，外无强援以辅佐，不惟不能济世之险，而自己且陷入于险矣，故示以往吝而舍吉。

《述义》：三当屯时，不思济民，而因以求利。又无正人以导之，徒陷于险而已。

君子幾，不如舍。

王注：幾，词也。孔疏：幾为语词，不为义也。凡幾微者，从无向有，其事未见，乃云幾。今即鹿无虞，是已成之事，事已显著，故不得为幾微之幾。

按：时解以幾字训为见幾而作之幾，观此可知其误。

幾音祈，与其同。月幾望，月其望也。幾圣人也，其圣人也。

存疑。朱子云：沙随盛称唐人《郭京易》好，近寄得来说鹿当作麓，《象词》当作即麓无虞，何以从禽也。问：郭据何书？曰：渠云曾得王辅嗣亲手与韩康伯注底《易》本，然难考据。

按：王与韩相去远，不得亲手与韩。

六四：乘马班如。

薛云：四柔顺近君，得乎上者也。特才弱不能上进，有乘马班如象，然与初阴阳相应，有婚媾之象，如使求其婚媾，资其才力，共往辅主，得贤治民，自吉无不利也。

《程传》：往与共辅阳刚中正之主。何氏楷曰：往者，往比五也。知己之不足求贤，而往济屯，可谓明也已矣。

蒋云：指从九五，凡退下为来，进上为往。

九五：屯其膏。

《述义》：九五坎体，能润万物，是其膏也。陷阴互艮，止而不动，六二不字，佐理无人，故屯其膏而不施，是二居贞，而五亦不求之也。夫六二阴也，九五阳也，阳大阴小，《易》之例也。小者受人之膏，守其贞静，不往求人，则身屯而道亨，故吉。大者施膏于人，亦守贞静，不求而往，则屯其道，因以屯其民，而险无由济矣，故凶。

又陈云：阳大阴小，《易》之例也。五爻变坤，则成《复》矣，小贞。五之复阳变阴，得阴阳之正，大贞。爻位皆阳，就不字言也。坎中当屯而陷于险中，仁恩虽布，而感叹不深，宜敬慎小心，渐修其废坠，徐振其纪纲，庶幾有济。若遽欲夷其大难，申具大权，将众志张皇，一朝无解，虽其事无不正，如处之不当，何哉？

《汉书·谷永传》：《易》屯，小贞，吉；大贞，凶。孟康曰：小贞，臣也。大贞，君也。遭屯难饥荒，君当开仓廪，振百姓，而反吝，则凶。臣吝啬，则吉。《论语》曰：出纳之吝，谓之有司。

五与初不相应，四弗求而二不字，佐理无人，虽有膏泽，不能光大其施者也。

上九：泣血涟如。

王注：处险难之极，下无应援，进无所适，虽比于五。五屯其膏，不与相得，居不获安，行无所适，困穷阨厄，无所安仰，故泣血涟如。

上入于险，才柔不济，乘马班如，退求三也。夫四应初，建侯者也，故劝之以往。五应二，不字者也，故戒之以贞。上应三，即鹿者也，则不可与共事矣，故泣血涟如。

《折中》：《屯》言何可长，《既济》言何可久，皆惕以悔悟，而不可迷溺之意。

段玉裁曰：涟当从《说文》作㦁。许云：㦁，泣下也。从心者，哀出于心也；从连者，不可止也。若涟则澜之或字，于义不合。

蒙　☶☵坎下艮上。

蒙。

《字典》：冖部，冡，莫红切，音蒙。《说文》：覆也，从冃从豕。《六书精蕴》云：冡，幼学未通也。养之以正，作圣胚胎也。

群生蛊蛊，有物则覆暗者，当求明也①。

杨万里曰：说者以蒙为蒙昧之义，非也。蒙犹屯也，屯者物之初，非物之戹。蒙者人之屯，非性之昧。勾而未舒曰屯，稚而未达曰蒙。

干氏宝曰：《蒙》于消息为、正月卦，正月之时，阳气上达，故蒙。《屯》为物之始，《蒙》为物之稚。

《杂卦》：《蒙》杂而著，一说杂当作稚。《序卦》：物稚不可不养也，故受之以《需》。

初筮告，再三渎。

存疑。孔疏：初筮则告者，童蒙既来求我，我当以初心所念所筮之义，一理而剖告之。若弃此初本之意，而犹豫狐疑，歧头别说，则童蒙之人闻之，亵渎而相乱，故不告也。

此以初筮再三训属蒙之人，说似不妥。郑康成注：弟子初问则告之以事义，不思其三隅相况以反解者，此勤师而功寡，学者之灾也。渎则不复告，欲令思而得之。《表记》引《易》初筮告，渎则不告。《正义》云：筮，问也。言童蒙初来问者，师则告之。若再三来问，是为亵渎。问既亵渎，师则不复告之。引者证无相亵渎之义也。二条属弟子说较妥。

愚按：二说比疏较妥，但弟子再三来问，有因于全不思索者，亦有由于不能骤解者，何尽拒而不告乎？

李氏光缙曰：《蒙》卦凡言三顺五之顺，顺以从人上之顺，顺以自治，皆行其所当然而率其所自然。初筮之心，赤子之心也，顺也；见金夫之心，乃二三之心，不顺也。六三以女而怀二三之

①编者按，段注：今字皆作蒙，蒙行而冡废矣。

心，则失其所以为蒙，而求我之心亡矣。勿取，即不告意。

杨氏时曰：坎为水，为渎。渎者，众水所归，烦杂混淆之意。人心有所混淆，不能如初之专一，则再三矣，故曰再三渎。

陈藻垣曰：初蒙承二，二发之故，告再指四，阳一阴二，二再则四矣。三指三也，三不有躬，循欲丧心，行不顺理，故不曰蒙，而曰女。四困蒙，犹远实，是为自亵，故渎蒙。自渎，告亦无益，故不告，三说得之。六五童蒙，吉，顺以巽，是以专一之心，来求我，安得不告。六三、六四循利忘义，是有二三之心，而不知求我，我虽告，安得而告之？

《述义》：其求我也，发于初心，一而不杂，是性之动也，则告之。若初心不专，二三其念，则欲动而性渎矣，渎故不告。

山下有险，险而止，蒙。

存疑。上险字只是水，下险字是不安之意。

蒙，亨，以亨行时中也。

何氏楷曰：凡二五在上下二卦之中，其爻位不正，而于时义有所取者，则曰时中。若下文所谓待其求而应之，待其初筮而告之，皆时之义也。得其时之中，故可亨。《蒙》以养正者，养其本然之贞也。《蒙》以能正，贞心尚存，养《蒙》者亦惟保护之，而使不失耳。后世不知《蒙》养之旨，哓哓然汩以言说，漓以知见，所谓凿其混沌者也，悲夫！

志应也。

《字汇》：应叶于容切，音雍。《庄子》：同类相从，同声相应。陆贾《新语》：事以类相从，声以音相应。

比五上下应也刚柔应也。

初六：发蒙，利用刑人。

《述义》：刑，型也，可为仪型之人也。不严而观摩，不怒而严惮。严惮则邪心息，观摩则善念生。于是气之拘者开，物之蔽者，拨桎梏日脱，而固有之天良，油然不能已矣。然必当其初而用之，及其时而发之，过此以往，习染已深，则于桎梏有吝而不说者矣，故教贵豫也。

李光缙曰：发《蒙》者，发其初心也。

陈云：发《蒙》以言教，尤以身教，语默作止，咸有仪型，发其锢蔽之胸，听其言而通者半，观其型而化者亦半，尚何虑梏亡哉！但宽以居之，亦须严以束之，不可任其所往，而使贻终身之吝耳。

九二：包蒙吉。

郑本：包蒙作彪蒙，彪者，彪以文之也。

《述义》：九二刚中，发蒙者也。蒙有易发，蒙亦有难发，故贵包。包者囿之使不轶于范，宽之使不苦其难，则悦而入之矣。《书》曰：敬敷五教，在宽是也。又有率教有不率教，必如纳妇，妇虽异姓，可以同室，礼以接之，诚以感之，则异同渐化矣。子曰：有教无类是也。李氏赞曰：六三勿用取女，不屑之教也。九二包蒙纳妇，有教无类也。陈藻垣曰：妇指六五，以妇之异姓，比人之异类。或曰纳妇是有教无类，如互乡童子墨者夷之之属。

子克家。

王申子曰：五，尊也，父也。二，卑也，子也。处卑而任尊者之事，子克家之象。此以应五言也。又罗慎垒云：子克家，对

《蒙》之九上言。《家人》之上九为严君，其五与三初为兄弟，则于上皆其子矣。故《蒙》之两阳爻，于二称子，盖隐然亦以上为父也。二至四互震，震为长子。

六三：勿用娶女。

王注：童蒙之时，阴求乎阳，晦求乎明。六三在下卦之上，上九在上卦之上，上不求三，而三求上，女而求男者也。女之为体，正位以待命者也。见金夫而求之，行在不慎，故勿用取女，而无攸利。

按：卦惟二阳，九二包蒙者也，上九系蒙者也。三比二而应上，果能比之应之，阴求阳，晦求明，则能自得师矣，何不利之有？窃意阳主义，阴主利，金夫二字，不必专指一爻，只作利看。六三阴柔，不中不正，下虽比二，而不肯受二之包。上虽应上，而不甘受上之击，是为下之不顺者，不知有义，惟利是从，如女见金夫不有躬者然，是不可教诲矣。

陈云：三阴柔不正，见利忘身，此诚自渎之甚者，如斯之人，发之不可，包之不能，击之亦无益，教亦何所施哉！吴起不奔母丧，曾子绝之，盖不待忘亲杀妻，而后知其人之无良也。有以金夫指九二者。

《折中》云：九二发蒙之主，若三能从之，正合《彖词》童蒙求我之义，不可谓之不顺。

朱注云：金夫盖以赂己而挑之，若鲁秋胡之为者，不粘爻象，其说虚活，当遵之。

《蒙》中互震坤，六三有震之动，无坤之顺，故曰有不顺。三与五皆互坤，五顺而三不顺者，五得中而三失位也。

《述义》云：人性皆善，无不可教，惟见利禄而忘身心者，必不可纳之门墙，彼将以其学为悦人求富之贵，教之适以长伪，终无利焉。

困蒙之义，独远实也。

来云：《蒙》《蹇》二卦，皆艮坎相综，《蹇》四曰当位实也，实字是指坎主之九五言，坎主居五，尤为当位，故不但以实言之。此实字指坎主之九二言，坎主居二，虽不当位，而犹必以实称之，此《传》例也。习坎称孚，《传》云不失其信，孚信所谓实也。《蒙》二之于五，有初筮之诚，无再三之渎，故云实艮与坎同在一卦，不得并以实称者，艮阳在外，不如坎在中之实。上九曰击蒙，不利为寇，明艮之刚，不中而过也。旧注概以实指阳刚，而不辨者，非。

上九：击蒙。

王注：处《蒙》之终，以刚居上，能击去童蒙，以发其昧者也。童蒙愿发，而己能击去之，合上下之顺，故莫不顺也。为之扞御，则物咸附之，若欲取之，则物咸叛矣。故不利为寇，利御寇也。

《正义》曰：所宜利为物御寇者，缘上下顺从故也，言此爻既能发去众蒙，以合上下之顺，又能为之御寇，故上下弥更顺从也。

坎为盗，《蒙》下卦是坎，渐中互坎，故俱云利用寇。

存异。马融本击蒙，击与系同，阳为阴所击，故《随卦》三言系。上九阳刚，四阴之所系望，故不利为寇，利御寇。

按：朴作教刑，为不率教者然也。此爻阳刚居卦之上，五与比而三与应，上下四阴俱顺从之，何须用刑以击乎？若无故而击，是为寇也，则不利。惟当扞御其外诱之攻，而保守其本然之善，斯无愧养正之道矣。马本虽异而可参。

苏氏濬曰：私欲之诱，甚于金夫。见解之障，甚于桎梏。名利之窃，引寇而攻其外。道德之窃，引寇而剽其中。犹山下之泉，溃决奔乱而莫之止也。夫水之源，其澄也易为力。水之流，其窒也难为功。故初言发蒙，不过开关启钥之力。上言击蒙，则有移山压卵之势矣。要之，学者求其在我，得其初心，则顺之固养也，御之亦养也。夜气之动，即为天真孩提之知，即为尧舜，而困可通，妇可纳，又何桎梏寇贼之足虑哉！

周易异同商卷三

需　☵乾下坎上。

需，郑读秀，宿留不进之意。

雯，需一作雯。王肃曰：云在天上，需。而字与天近，《解卦》，其人而且劓，今误作天。

《说文》：需，𩓣也，遇雨不进，止，𩓣也。从雨而声。《易》曰云上于天，需。徐锴曰：李阳水据《易》云上于天，谓当从天，然诸本皆作而，无从天者。

何云：需，待也。三阳上进而遇险阻，必待九五之援，而后可以效协济之能；九五正位而居尊，必待三阳之进，而后可以成利涉之绩，故曰需。

需：有（孚）光亨，贞吉，位乎天位，以正中也。

王注：谓五也。何云：五为天位，居上卦之中，故曰中。以阳居阳，故曰正。

《折中》：需之为义最广，其大者莫如王道之以久而成化，而不急于浅近之功。圣学之以实而成德，而不入于正助之弊。卦惟九五刚健，以居尊位，是能尽需之道者，故《彖传》特举此爻以尽《彖词》之义，而《大象传》又特取此爻以蔽需义之全。盖惟《屯》《蒙》之后，既治且教，而所谓休养生息，使之乐乐而利利，渐仁摩义，使之世变而风移者，其在于需乎！观《需》之卦，而不知此爻之义，但以诸爻之偏乎一义者概之，则《需》与《蹇》

《困》何异哉！

云上于天，需。君子以饮食宴乐。王肃本作云在天上，需。

卦当下刚上阴之时，而云饮食宴乐，何也?《记》曰：豢豕为酒，狱讼益繁。君子于饮食宴乐之时，恒若有险在前，需而后进，故能饮食不溽，宴乐不淫，所以玩占而思戒也。

《本义》云：事之当需者，无复更有为，为饮食宴乐，俟其自至，殆非君子立教之旨。薛氏云：云上于天，时而雨云密布，时而飘忽太虚，要皆不过顺其自然，而无一毫安排，急迫于其间，此《需》之义也。君子观此而知天下事变，皆非仓卒可图，要当素位而行，此心坦坦荡荡，率其日用饮食之常而已。君子安于日用之常，所以蓄其全力以待济天下之事。

《程传》：阴阳之气交感，而未成雨泽，犹君子蓄其才德，而未施于用也。君子观云上于天，需而为雨之象，怀其道德，安以待时，饮食以养其气体，宴乐以和其心志，所谓居《易》以俟命也。

谷氏家杰曰：云上于天，而后可以待雨。君子有为于前，而后可以待治，不然不幾于坐废乎！

《述义》：君子涉世，修其在己，俟其在天。凡一饮一食，无非俟命于天之具，是以安其身，而无所营作，乐其心而无所忧虑。饮食则素其位，宴乐则不愿乎外也！

按：数说皆通，而薛氏之解尤与《象词》不犯难行及敬慎不败之旨合。

初九：需于郊。

王注：居需之时，最远于难，能抑其进，以远于险。

许清奇曰：初上卦外象郊说，《需》之初，《同人》之上，皆取郊象。

九二：需于沙。

郑注：沙接水者，一说沙，碎石，衍在中也。虞翻曰：衍，流也。何云：流在中，无东西跳荡之患。又孔广森曰：需于沙，衍句在中也。

九三：需于泥。

荀氏爽曰：亲与坎接，故称泥。

六四：需于血。

薛云：四处坎之始，大臣当国难，而处杀伤之地，有需于血象。然柔正上承于五，得所资助而上升，有出自穴象。

存（义）异。《本义》：四爻坎体，入于险矣，故有需于血之象。然柔而得正，需而不进，故又为出自穴之象。

下卦三爻在坎之外，需而不进可也。四既入险，又云不进，似觉未安。

陈云：未陷而需，待时而进，可也。已陷而需，待时而出也。卫宁武从成公于晋，越范蠡从勾践于吴，而皆保其身以济其君，殆出自穴之象也。若一受夷伤，旋加躁急，是亦非素患难而行者。象曰需于血，顺以听也。惟能顺以安之，静而听之。数无可逃，吾无怨心；天未我厌，吾无幸心。身在血中而心在血外，出固出也，不出亦出也。此说似较本义为妥。

四入于穴，其所以能出者，顺也。上入于穴，其所以能出者，敬也。蒋云：九三已迫于险，以敬慎故不败。六四已伤于险，以柔而不竞，故出自穴。

九五：需于饮食，贞吉。

洪容参云：《易》乾坤之下六卦皆有坎，此圣人防患备险之意也。余谓童蒙，未出险者也；《讼》、《师》，方履险者也，戒之宜矣。若夫《需》者饮食之象，《比》者亲附之象，乃亦有险焉。盖斧斤寄鸩毒，每在衽席杯酒间，而诩诩笑语，未必非关弓下石者也，其戒尤不可不严焉。

来云：坎为水，酒象也。中满者，食象也。故需于酒食，困于酒食，皆有坎象。夫沙泥血穴之间，常情所畏，易于需者也。饮食宴衎，不思其反，能需者鲜矣。快意而进，失其贞固，能无咎乎？故中正如九五，犹告之曰贞，然后吉。

按：需有二训，一待也。坎为险难，故须待。《彖》曰需，须也，险在前也。刚健而不陷，其义不困穷矣是也。一养也，饮食者，人之所需以养也。《序卦传》云：物稚不可不养也，故受之以需者，饮食之道也。坎为酒食，故为养。《易》于《屯》之后次以《蒙》，《需》者，《蒙》教也。教之道，不可不正，故云《蒙》以养正，圣功也。《需》，养也，养之道不可不正，故云需于饮食，贞吉。杨万里曰：《乾》《坤》者，天地之太初；《屯》《蒙》者，人物之太初。有物必有养，故需以养之。养者生之源，亦争之端，争一生焉，小者讼，大者师，然则需于饮食，岂可不贞乎？

六四：需于血，出自穴。

《述义》：六四才弱，入险受伤，下应初九，求与共济，故需于血。拯灾者也，求人于忧伤之地，则心诚而礼卑，其所需者，必至矣。贤才汇进，大难自平，故血可去，而穴可出也。

九五：需于酒食，贞吉。

未得人所需者，人也。既得人所需者，治也。治不可欲速，需不可多事，五为需主，当速客之位，故需于酒食，养贤者也。笙簧酒醴，娱我嘉宾，以俟治化之成也。然安乐易起荒怠，故戒以贞。四需于穴，劳于求贤也。先天下之忧而忧也，五需酒食，逸于得人也，后天下之乐而乐也。

上六：入于穴。

位高险深，不需而进，犯难者也。故入于穴，幸与三为正应，三与初、二同德，故三人偕来焉。客为五来，非由上速，故为不速之客，变巽能恭，故敬之也。不敢失人之心，终必得人之力，故吉。凡临险者，贵其不陷，故乾之三爻皆需而不进，教守身也。入险者，贵其能出，故坎之三爻皆需乾而进，教用人也。

《本义》：以险居上是为当位，言不当位，未详。《程传》：阴宜在下而居上，是不当位也。

惠云：荀慈明以乾升坤降为说，后儒未之信也。今以《需》上六《象》言之，知汉学亦有不可废者。坎上为云穴者，云之所归宿也。上六举坎以降阳，故有入于穴之象。三人谓乾三爻也。云雨入地则下，三阳动而自至，乾升在上，上降居三，虽不当位，承阳有实，故无大失。此荀慈明说最合《爻象》之旨。

孔疏：内卦云来，异类亦云来。需上爻云来者，上六阴爻，下卦三阳来诣之，是非类而称来也。

存异。《需》内卦主雨水，正月节；外卦主惊蛰，二月节。罗云此卦之名需，旧注多谓以刚遇险而宜待，非也。观上四爻有出穴入穴之词，乃知坎体之二阴，其设险以御人，有川象。其凭险以自固，又为穴象也。此其为寇之道，盖以守隘胜，而不以迎敌胜者。寇而迎敌，则三阳并进，当如疾风，迅雷之不可遏矣。惟寇知迎敌之不可胜而入穴，以守其隘，则非待其出，而寇不可得也。故其道利用需。需者，逼近其穴以须之，必求得寇而后已也。如是以为需，则非往涉大川，不能以临寇穴；不临寇穴，而寇亦终不得矣，何功之有？故《象》称利涉大川，《传》言往有功也。乃知需者，往而须之，以求得寇，非却而须之，以求避寇也。险者不义而为寇，须于险者，以刚健行义，而求得寇，故曰刚健而不陷，其义不困穷矣。若如旧说所云，五之位乎天位者，寇实迫其左右矣。在乾体三阳之刚健，乃畏险不进，以保其身，岂知君臣之义哉！四与上凭险为难，处于难者，五也。五处于难，而初不犯难者，据川上之郊，以为二、三之援也。二需于沙，盖往近大川，而将涉矣。三需于泥，是涉川犯难，以临寇穴也。致寇者，犯其穴而使不得保，所以夺寇之魄，而速寇之出也。四需于血者，血杀之也，谓六四之为寇，至是自缚而降，靡然俯首，而待诛耳。三阳并进以逼己，四此时不出而负固，必死，出而角拒，逋窜亦死，所以束身而出自穴，以顺听乎王师之前也。需于饮食者，五以寇难未宁，在二与初、三诸臣，方于郊于沙于泥以需之，饮食之具留之，以待有功，不敢自为宴乐也。上入于穴者，寇以四为首，上为从，四已出穴，而顺听矣。上六于此时若亦出穴，而迎三阳之来以敬之，肉袒待罪，则必邀于宽法而不戮，故吉。

讼　䷅坎下乾上。

讼：有孚，窒惕，中吉。

生民之患，多起于讼，亦不能无讼。故贵有孚，不可为无情之词也。有孚矣，犹窒而忍之，欲其不讼也。将讼矣，犹惕而戒之，不可遽讼矣。不得已而讼，必半讼而中止焉。孔广森云：荀爽曰：阳来居二，而孚于五，故曰《讼》。有孚，则以孚字绝句。虞翻云：窒，塞也。惕，惧也。则窒一字为句，惕一字为句。

孔颖达曰：窒，塞也。惕，惧也。凡讼之体，不可妄兴，被物止塞而能惕惧，中道而止，乃得吉也。终凶者，讼不可长，若终竟讼事，虽从窒惕，亦有凶也。

胡氏瑗曰：已虽有信实，而为人之窒塞，亦须恐惧兢惧，而不能自安。又中道而止，则可以获吉也。

《述义》：九二居内卦而得中，刚实，故有孚。得中，故情窒而知惕，是以不终讼而吉也。三、四不克讼，所谓中吉也。上终朝三褫之，所谓终凶也。

上刚下险，险而健，讼。

孔疏：上刚谓乾也，下险谓坎也。犹人心怀险恶，性又刚健，是以讼也。《程传》：健而不险，不生讼。险而不健，不能讼。是以险健二字，俱属好讼者说，未免将健字看坏，今人谓讼棍为健讼，出此。窃意险属坎陷，指讼者说。健即乾刚，指听讼者说。

《述义》云：上刚听讼者也，下险讼者也。好讼固在下，下伺以险，而上制以健。徒健而不交孚，则交讼，而不能使民无讼，皆讼道也。此说较妥。下险而上制以健，听讼者，所谓听讼吾犹人也。至九五讼元吉，则好生之德，洽于民心，并能使民无讼矣。八卦中惟乾称健，健，德也，讼棍、讼师，可谓之刁，而不可称为健。

刚来而得中也。

石氏介曰：大凡柔则言上行，刚则言来。柔下刚上，定体也。刚来如《讼》、《无妄》、《涣》等，刚体本在上而来下，上行如《睽》、《鼎》、《噬嗑》等，柔体本在下，今居五位而上行。

王云：《彖传》言刚柔上下往来者八卦，《随》、《蛊》、《贲》、《咸》、《恒》、《损》、《益》、《涣》也，或曰柔下刚上，或曰刚上柔下，或止言上下，盖其为卦皆三阴三阳，本具乾坤之体，而上下往来也。至《讼》与《无妄》，只言刚来，刚自外来者，盖其为卦皆四阳二阴，非乾坤上下之交者，故乾体居上不动，而所以为坎为震之刚者，皆自外来也。

天与水违行。

孔疏：天道西转，而水东流。吴草庐曰：天行而上，水行而下，是违行也。

不利涉大川。

熊云：乾坎反对为《需》《讼》，一利一不利，何也？天与水违行，故不利也。

初六：不永所事。

胡炳文曰：初六不曰不永讼，而曰不永所事，何也？事之始，犹冀其不成讼也。又《需》九二是人不能不小有言，《讼》初六是己不能不小有言。

九二：不克讼。

刚为险主，二阴附之，故讼。五上卦，二下卦，二与五不应，故曰下讼上。

《本义》：上应九五。

按：以九对九，何应之有？若阴阳相应，则不致以下讼上矣。《程子》曰：二五相应之地，两刚不相与相讼者也。

五刚居尊，二不能敌，幸其得中，不敢怙终，故归而逋也。

惠云：王辅嗣以其邑二字连上为句，人三百户合下为句。康成注曰：小国之下大夫采地，方一成，其定税三百家，故三百户也。

一说一家好讼，百家受害。人三百户无眚，见安者之众也。

归逋窜也。

《字典》：窜，七外反，音翠。张载《七命》云：违世陆沉，避地独窜，有生之欢灭，资父之义废。

患至掇也。

掇，徒对切，音粹。与为下国缀旒之缀同。

元咺以臣讼君，王叔以大夫讼王，下不避上，其能免殃咎之及身哉！

六三：食旧德，贞句**，厉**句**，终吉。**

《述义》：坤之中爻变坎，为险，初三未变，犹然坤顺，是旧德也。坤为邑，二讼而逋，故丧之。三顺不讼，得其邑而食焉。以旧德而得食，故曰食旧德也。固守其顺，或受人侮，故虽贞而亦厉，要其终而计之，二逋四渝上褫，而己食德，其吉可知也。

阴以从阳为德，故以从上为食旧德。

陈云：《需》《讼》相综，六三旧在需四，需《象》又曰饮食宴乐，故食旧德。六在《需》四，阴爻阴位，故贞。综《讼》居三，阴爻阳位，故厉也。好讼者必无德。有德之人，守正而知惧，终身不讼者也。即不得已而从人证讼，亦能体圣人使无讼之心，安人息事，解怨排纷，则我不履听讼之庭，人亦不蹈入渊之险，迪吉不更多乎！曰无成，幸其能解讼也。

《象》云：讼不可成也。

徐氏幾曰：王事即讼事，无成即讼不可成。

坤之无成，地道也。《讼》之六三，何以必无成功乎？徐幾说是。

惠氏栋曰：爻位三为三公，曰食旧德，食父故禄也。侯氏果曰：三乘二负四，虽处两阳之间，其势可危，而柔不与较，终得其吉。

九四：不克讼。

龚氏焕曰：二以下讼上，其不克者势也。四以上讼下，其不克者理也。

项安世曰：凡爻言不克者，皆阳居阴位，《讼》九二、九四皆曰不克讼，《同人》九四曰弗克攻。惟其阳，故有讼有攻。惟其阴，故不克也。

九五：讼，元吉。

《述义》：九五，听讼者，《彖》所云大人也。以刚居尊，恐其听讼过严，而鲜矜恤之心，故系以元，用其长人之仁也。慈祥恺悌，得其情而哀矜，好生之德，洽于民心，则不犯于有司矣。天下无讼，人君之吉也。初不永，三不讼，二、四不克讼，五以元化，《讼》卦以讼名，非教讼也，教无讼也。

《折中》：《讼》以九五为主，盖诸爻讼者也。九五则听讼者也。《彖词》所云利见大人，尚中正也，指五而言之也。

上九：或锡之鞶带。

褫，荀爽、翟元本皆作拕，训为夺。《淮南子》：盗拕其衣，高注：拕，夺也。拕者，褫之假借字。

以告讦得官者，多不善终，观唐、宋可见。

师 ䷆坎下坤上。

师：四月卦，**贞，丈人吉**。否：九五；休否，大人吉。困：亨，贞，大人吉，无咎。

惠栋《九经古义》云：康成注丈之言长，能御众，有正人之德，以法度为人之长，吉而无咎。王弼曰：丈人，严庄之称也。栋按：《彖词》言能以众正，可以王矣，此有天下之词也。《易纬·乾凿度》：孔子曰：易有君人五号也，帝者，天称也；王者，美行也；天子者，爵号也；大君者，与上行异也；大人者，圣明德备也。变文以著名，题德以标操，历举五号，独不及丈人，知丈人非王者之称也。崔憬曰：《子夏传》作大人，谓王者之师，斯得之矣。

荀慈明曰：《彖》能以众正，可以王矣。谓二有中和之德，而据群阴上，居五位可以王矣。上六大君有命，荀云大君谓二，师旅已息，既上居五，当实有功，立国家也。

按：汉高祖、光武、唐太宗、宋太祖、明太祖，始则为将，终则为帝者，王本作大人，则指九二言。《子夏传》作大人，则指九五言，五爻之长子，指九二也。二爻之王，上爻之大君，则六五也。

吉，无咎。

《程传》：师以正为主，帅之者为丈人，则吉而无咎也。盖有吉而有咎者，有无咎而不吉者，吉且无咎，乃尽善矣也。

朱子云：吉无咎，谓如一件事自家做出来好，方得无咎。若做得不好，虽是好事，也终有咎。

易从云：曹操扫荡群雄，司马平定吴蜀，事则无咎，而于理不吉。武侯六出祁山，姜维九伐中原，于理虽吉，而于事未必无咎。曰吉人何咎，圣人之意深矣哉！

《折中》：《师》以九二、六五为主，盖九二在下，丈人也。六五在上，能用丈人者也。

刚中而应。

徐氏幾曰：为将之道，不刚则无威严，过刚则暴。有刚中之才而信任不专，亦不能成功，所以贵刚中而应也。

以此毒天下，而民从之。

《本义》：毒，害也。师旅之兴，不无害于天下。

夫师兴而害于天下，何以从乎？

王注：毒，役也。马注：毒，治也。惠氏栋曰：凡药之攻病者，谓之毒药，《周礼·医师》聚毒药是也。用师以除暴虐，犹用药以除疾病。王引之曰：《广雅》毒，安也。毒天下者，安天下也。孟子引《诗》云：王赫斯怒，爰整其旅，文王一怒，而安天下之民，武王一怒，而安天下之民，是其义。老子云：亭之毒之，亦谓平之安之也。

地中有水，师。君子以容民畜众。

薛云：水藏于地，犹兵寓于民，《师》之象也。

胡一桂曰：军藏于六乡，卿弗谓军将藏于六乡，弗谓将以搜狝苗狩。隐其军旅，芟舍治兵大阅之名，以比、闾、族、党、州、乡易其伍、两、卒、旅、师、军之名，以井邑、丘甸、都鄙讳其军马、甲士、步卒、军赋之名，以军位而设于教官之司徒，以军礼而掌于礼官之大宗伯，以军政而徇于刑官之士师，此正寓兵于农之意。况四时有田，则教兵不为不先；六卿皆将，则择将不为不豫，何待刻画兵号，示人以毒天下之具哉？故容民即以畜众，兵满天下，居然若无，所谓藏至险于大顺也。唐府兵似得井田之意，然井田寓兵于农，府兵寓农于兵耳。

熊朋来曰：或问《师》有北面领兵之象，《比》有南面临民之象，二卦自为反对，何取于《师》、《比》之名乎？古人寓兵于农，五家为比，居民之法，自比而始。五师为军，则军之法，至师而成。

胡炳文曰：《师》之容民畜众，井田法也。《比》之建国亲侯，封建法也。民不曰治而曰容，乐利之意多；众不曰用而曰畜，穷黩之意少。

初六：师出以律。失律即否臧之谓。

陆氏曰：戒不贞于《比》之初，莫如孚。戒不贞于《师》之初，莫如律。

陈云：出师之严，犹从律之不奸，彼莫敖乱次以济，子反遇险不整，取败之道也。否臧凶，戒之也。

胡云：以律不言吉，胜负未可知也。失律则言凶，师出时已立见也。

九二：在师中句，**吉，无咎。**三锡郑本作三赐，《礼记》：三赐不及车马。

《程传》：自古命将，阃外之事，得专制之，在师专制而得中道，则吉而无咎。盖恃专则失为下之道，不专则无成功之理，故得中为吉。

《述义》：大将居中，故曰中。军以九二之丈人，而使在军中，则命将得人，吉而无咎，可预卜矣。然将兵者，将也，将将者，君也。老成持事，谗谤易生，必为君者三锡宠命，使其威望足以镇服三军，且自信不疑，乃能益壮其猷也。孔仲达曰：以其成功，故王三加锡命，非也。功成锡命，是论功行赏之事，当如上六言之。此方在师中，似乎太早。《本义》以为二上应五为所宠任者，得之。

六三：师或舆尸，凶。

《本义》：舆尸谓司徒挠败，舆尸而归也。又五爻云若使君子任事，又使小人参之，则是使之舆尸而归，虽正亦不免于凶也。

按：《程传》解五爻云：任将授师之道，当以长子帅师，若以弟子众主之，则所为虽正亦凶也。自古任将不专致败者，如晋有林父邲之战，唐郭子仪相州之败是也。

蒋悌生曰：舆师《程传》训众主，《朱注》训挠败，但训作众主则与长子帅师为反对，其义尤切。

六四：师左次，无咎。

薛云：九二主将也，六四裨将也。四待二命，故左次无咎。

陈云：军行之法，右前左后，四应初，故左次。又乾先坤后，乾右坤左，《明夷》六四阴也，曰左腹。《丰》九三阳也，曰右肱。

又阳爻为右，阴爻为左，故《师》言左次。《明夷》为左股，皆隐爻也。《丰》九三阳爻故曰右。

六五：田有禽，利执言。

田有禽而执之，出师之贞也。择长子而帅之，任将之明也。《象》所谓师贞、丈人者，惟六五一爻足以当之。

陈云：五应二，二在地上，有田象，故乾九二曰在田。

《述义》：《比》禽在外，化外之民也，故失之。《师》禽在内，境内之寇也，故执之。

胡炳文曰：《师》、《比》五爻皆取田象，《师》之田有禽，以其害物也，而执之，王者之义。《比》之失前禽，以其背己也，而失之，王者之仁。

《折中》：坤田坎禽，变艮为执，又《比》卦坎为禽，坤为邑，又《井》初六井废不修故。坎禽在外，故无也。

陈云：《师》有禽，下卦坎也，《比》失禽，《屯》从禽，皆上卦坎也。《恒》卦象坎有飞鸟象，故四曰禽，《井》无禽，坎禽在外卦也。

长子帅师，弟子舆尸，贞凶。

按：坎中一爻实，外两爻虚，与《小过》同。

薛云：阃以内天子制之，五爻则命将之天子也。阃以外将军制之，二爻则师中之主将也。三四裨将也，中军也。初上末将也，前军也。九二锡命于五，故承天宠而吉。六四待命于二，故师左次而无咎。将不受命于君，则功不可成。偏裨不受命于上将，则战必至败。此初六有失律之凶，而六三有舆尸之祸也。且夫用兵行师之道，莫善于将兵，尤莫善于将将，是以得丈人难，而用丈人尤难。使一不当，虽有丈人，无能为矣。试观河曲之师，赵盾为将，而令出赵穿。邲之战，荀林父为将，而令出先縠。后世且有中人监军者，师安得不败乎！要而论之，师道之善，《彖传》利贞尽之矣。始则以正，行师而有律；终则以正，论利而有命，此其所以为王者之兵也。

六五：田有禽，利执言。

荀爽曰：田，猎也，谓二帅师禽五之利，度二之命，执行其言，故无咎。

蒋云：执言，《程传》奉词伐罪，朱子因上文田有禽训为搏执，以言字为语词，恐程说为密。况后世义兵之举，皆曰仗义执言，岂不明甚！

《述义》：蛮夷滑夏，理宜兴师，为民除害，如禽入田而执之，民之利也。利执而又利言者，明出师之义，修威让之词，申儆戒之令也。

熊朋来曰：或问《师》六五之爻词，何以指九二为长子？曰：二至四爻互震，故二为长子，三四为弟子。

按：卦有坤震二象者，皆曰行师，《豫》雷地豫，《复》地雷复，此本卦自有之象，《谦》卦三至五互震，《泰》三至五亦互震，故俱言行师。坤为众，震帅之，将军之象。

小人勿用。

《本义》：小人虽有功，亦不可使之得有封土，但以金帛可也。

案云：小人勿用，非既用而不封，亦非既封而不用，乃是从初不用。

所谓丈人吉、弟子凶者，自其出师之时而已然也。胡氏、林氏之说皆合卦意，但此处小人二字，又似所包者广，盖非专论在师立功之人，乃是谓乱定之后，建官惟贤，不可复用小人，恐为他日之乱本尔。如《解》卦难既平矣，又曰小人退；《既济》卦三年克之矣，又必曰小人勿用，皆此意也。

开国承家。

《程传》：承犹受也，诸侯开国，卿大夫受家，如无人承受之承。

《朱子语类》云：开国承家，小人勿用，旧时只作论功行赏之时，不可及小人。今思他既一例有功，如何不及他。看来开国承家一句是公共得底，未分别君子小人在。小人勿用，则是勿更用他，与之谋议经画耳，自定天下之后，一例论功行封，其所以用之在左右者，则邓禹、贾复、耿弇数人，他不与焉。此义方思量得如此，未曾改入本义，且记取。

比　䷇坤下坎上。

比：吉，原筮，元永贞，无咎。

何云：一阳居尊位，而五阴从之，如五家为比，而比长统之，故取名为《比》。

《程传》：人相亲比，必有其道。苟非其道，必有悔吝。故必推原占决其可比者而比之。筮谓占决卜度，非谓以蓍龟也。

《述义》：水附地，阴从阳，故曰比。原，再筮问也。刚在外卦，故曰原筮。五乾中，故为元，坤永贞也。初远而三应上，故不宁。成卦之次，上在五后，是后夫也。九五一阳居尊，众阴从之，是一人首出，而天下归心，吉可知也。欲保人比之吉，宜有比人之道，必再三自问，吾之元仁存于中者，能不息而永贞。发于外者，能执中无咎，则天德纯而王道备。疑贰之方，自革心而从化。顽梗之夫，亦势孤而自穷矣。来者自宁，后者自凶。吾惟筮吾之元，期于永贞无咎而已，此王者比人之道也。

朱云：原字本义训再，谓《蒙》之刚中，阳在下卦，初筮得之，不一则不专。《比》之刚中，阳在上卦，再筮乃得之，不再则不审。如此说，则凡阳在上卦者，皆可称原筮。何独《比》之一卦为然也？

案：原，究也，言当原究其性情，决筮其善恶。蜀才谓原究，筮道也。孔疏谓原穷比者之根本，决筮求比之情，以此而论，程传解作推原者近之。

彖曰：比，吉也。

王云：比，吉也，也字涉下文。比，辅也，而衍其比吉二字，当在下文原筮之上，不当在于比辅也之上。九五以刚居中，所以比而得吉。经文以刚中也，正释比吉之义，若下顺从也句，乃是释比字之义，非释吉字之义也。

象曰：地上有水，比。先王以建万国，亲诸侯。

比，四月卦。古者封诸侯以夏。《白虎通》云：封诸侯以夏何？阳气盛养，故封诸侯，盛养贤也。《子夏传》云：地得水而柔，水得地而流，故曰比。冯氏当可曰：地上之水，异源同流。畎浍相比，以比于川，九川相比，以比于海，如万国诸侯，大小相比，而方伯连帅，率之以比于天下也。

初六：有孚盈缶，终来有它，吉。

惠云：有孚盈缶，先王皆以孚为五。仲翔曰：坤器为缶，坎水流坤，故盈缶。司徒鲁恭曰：言甘雨满我之缶，诚来有它而吉也。五体坎，故曰甘雨。初在应外，而五之诚信，足以动之，所谓诚来有他而吉也。信及非应，故曰有它。《子夏传》：非应曰它。

附　《尔雅》：盎，谓之缶。

疏：孙炎云：瓦器。郭云：盆也。《易·离卦》九三：不鼓缶而歌，郑康成注：辰爻也，位近丑，丑上值弁星，似缶，则缶是乐器也。《坎卦·六四》：樽酒，簋贰，用缶。注云：爻辰在丑，丑上值斗，可以斟之象。斗上有建星，建星之形，似簋；贰，副也。建星上有弁星，弁星之形又如缶。天子大臣以王命出会诸侯，主国尊桪簋，副设元酒以缶，则缶又是酒器也。《比》卦初六爻有孚盈缶，注：六爻辰在木，上值东井，井之水，人所汲用缶，缶汲器。襄九年宋灾，《左传》曰：具绠缶，备水器。则缶是汲水之器也。然则缶是瓦器，可以节乐，如今击瓯。又可以盛水盛酒，即今之瓦盆也。

据此易中言缶者三，皆以爻辰取之，是实象，非空言也。

六二：比之自内，贞吉。

孔云易爻内外，亦不指定内卦外卦。此比之自内，乃谓外卦之五。五为群阴之主，二与五应，若有王者起而首先翼戴者，其志尤亲，故言内也。家人内也，内是亲亲之意，与外本内末内字同。六四外比之乃内卦之初，四与五最近，初去五最远，而四与初应，若功臣能外合诸方诸侯以勤王室者。初六志归九五，是贤者也。四比初以从五，故曰外比于贤，以从上也。惟六三虽亦从王，而为上六应爻所牵，若有异志，故伤。其比之匪人，后夫也，匪人也，前禽也，皆指上六而言。《比》卦大体四阴附一阳，独上爻一阴自殊于众偶，于国为后归之象，于禽为俟获之象，然为上六设戒，则天子当阳不用命者凶，为九五垂训，舍逆取顺，不勤远略，斯盛德之至矣。

六三：比之匪人。

存疑。《程传》：二之中正，而谓之匪人。随时取义，各不同也。

《本义》：阴柔不中正，乘承应皆阴所比，皆非其人之象。

按：六二比之自内，贞吉。《象》曰比之自内，不自失也。六四外比之，贞吉。《象》曰外比于贤，以从上也，则二、四不得谓之匪人。《朱子语类》云：初应四为比得其人，二应五，亦为比得其人。惟三乃应上，上为比之无首者，故为比之匪人也。此条专主上六言乃确。

赵氏彦肃曰：初比于五，先也。二应也，四承也，六三无是三者之义，将不能比五矣。比之匪人，犹言是比时之不正人也。三有二心于上六，则不得谓之比五矣。

《述义》：三不中正，而应上六之后夫，虽亦比五而有二心焉。不孚不贞，故曰匪人，《否》之害君子者也。比之匪人，党小人者也。不言占者，不为匪人谋也。

《折中》云：《易》中三之与上，取应义者绝少。上居事外，而与内当事之臣应，失清高之节矣。三居臣位，乃越五而应上，失勿二之心矣。

按：《中孚》九五为孚邦之主，六三乃越五而应上，故有或泣之象。《比》九五为比人之主，六三乃越五而应上，故有匪人之占。比之匪人，则无首之凶，不特在六，而亦在三，故以为伤。

《本义》：其占大凶，不言可知。

王肃本：比之匪人，凶。是古本有凶字。

九五：显比。

李光地曰：阴相比则私矣，显其比则公矣。

按：前禽有指上六言者，邱富国曰：舍逆谓舍上一阴，阴以乘阳为逆也。取顺谓取下四阴，阴以承阳为顺也。失上一阴故曰失前禽。

存异。又有指初爻言者。惠定宇曰：虞翻云背上六，故舍逆。据三阴，故取顺。不及初，故失前禽。二句各有取义。郭京以失前禽为舍逆取顺，今本误倒其句，非也。惠士奇曰：驱犹陆也，古文作去。《春秋传》曰：千乘三去，三面遮禽，独开前面，故失前禽。上在后，初在前，初不应五，故曰他。五不及初，故曰失人。皆知得之为得，而不知失之为得，失之乃所以得之也。故前禽虽失，初六终来，此之谓也。不宁者，不宁诸侯，谓诸侯之不来朝者，不宁方来，则莫不来矣。不来者惟上六耳，故六爻，上独凶。

九五：显比，王用三驱，失前禽。

何氏楷曰：驱所谓驱逆之车，驱出禽兽，使就田也。三驱者，先儒以为三面着人驱禽。必加三面者，禽惟有背己、向己、趋己，故左右及后皆有驱之。朱子曰：田猎之礼，置梅以为门，刈草以为长围。田猎者，自门驱而入，禽兽向我而出者，皆免。惟被驱而入者，皆获。故以前禽比去者不追，获者比来则取之。

邑人不诫。

薛云：《本义》谓不相警备以求必得。谨案：《折中》、《语类》只作有闻无声之意，尤为精切。盖言王者田猎近郊之处，略不惊扰耳。是以田猎喻王者皞皞气象，不见其迹如此。

胡炳文曰：《师》、《比》之五，皆取田象。《师》之田有禽，害物之禽也。《比》之失前禽，背己之禽也。在《师》则执之，王者之义也。在《比》则失之，王者之仁也。

陆振奇曰：《师》五利前禽之执，《比》五贵前禽之失。《师》欲其有名，《比》欲其无意也。

上六：比之无首，凶。

李光缙曰：上六一爻，自三言之，为匪人。自上言之，为后夫，罪在不赦。乃五之显者曰失前禽，何哉？比人者，不可无求比之心，故其来，贵前不贵后。而后者当诛。比于人者，不可有求人比之心，故其去，任失不任得，而前者可失。虽然，圣人所以待天下之比道亦大矣。宁而来者亲之，且建万国而侯焉。不宁而方来者俟之，且宽三面以容焉。其有终不来者，诛之而已，岂终听其逆而舍之哉！是知王者之比，不专在建万国，不专在用三驱，直比以刚健中正之道而已矣。故曰原筮，元永贞，吉。首字有指上六爻言者，《易》例，初为尾，故《遁》初六曰遁尾。上为首，故《既济》上六曰濡其首。此爻阴柔居上，无以比人，凶之道也。故《本义》云：以卦画之上下言之，则有无首之象。

蒋云：比之要道在乎初先，故初曰有他吉，上曰后夫凶。

有指下四爻言者，凡画卦内卦在先，外卦在后，此卦初、二、三、四在五之前，是首比者。上爻在五之后，是后比者。王氏弼曰：元首，后也。处卦之终，是后夫也。将合和亲，已犹在后，亲成则诛，是以凶也。《程传》：首犹始也，有其始而无其终者，或有矣，未有无其始而有其终也。杨氏向曰：首，初也。既无初，安得有终？

孔疏：无首，凶者，谓无能为头首。他人皆比，亲道已成，己独在后，众人所弃无所终者，既不能为比之初首，众人所弃，故无能与之共终也。有以九五爻言者，《述义》云：阳春，阴之首也。卦之四阴皆上比五，是为有首。上爻在五之上，不下比五，而其上无阳，是无首也。当比之时，人皆得主，己独无君，凶可知矣。乾无首而吉者，阳不自以为首，得君道也。比无首而凶者，阴不以阳为首，失臣道也。

按：乾为首，《象传》云首出庶物者，指九五一爻言。

唐鹤征曰：《萃》上说体，实有求萃之心，故吉。《比》上险体，绝无求比之心，故凶。

小畜　☴☰乾下巽上。

小畜：亨，密云不雨。四月卦

罗云：《小畜》以巽重乾，巽东南也。《象词》以巽之阴为密云，而云兴自西郊者，从反对之《履》卦取义。《履》之下卦兑，兑转而上则为巽，是犹泽气之阴湿上行，其变为密云之垂天也。诸家或谓卦中自二至四互兑，属西方，故曰西郊。取互体似不若取反对为确。《明夷》之上六曰初登于天，亦本《晋》之明出地上来，则知取反对者易所有，取互对者易所无也。

巽在下卦，则其柔为初六。初居小民，是无位也。居上卦则其柔为六四，四属大臣，是得位也。《涣象》称柔得位乎外，与此同。又《易》中六四承九五者，其外卦非巽即坎，但坎险而巽顺，顺则承五，阴则陷五，故坎体之六四，不称柔得位。巽上之六四，独称柔得位也。上下应之，上指五言，下指三与初言。柔得位而上下应之，曰《小畜》。《小畜》则大似不亨矣。然有不为所畜，以成其亨者。以二之与五言之，二健体而五巽体，其并为刚中以相与者，当小畜之时，二以健体上进而应，五之志行，五以巽体下入而应，二之志亦行，则知四之柔得位而上下应之，上之五应四，而其巽而刚中，则犹主乎应二也。《小畜》之畜时，特畜下耳。岂能上止五之志不行哉！且下之应之者，亦惟三与初而已。至于二之健而刚中，则独主于应五，而未尝应四，是《小畜》之畜，虽畜下也，亦并未能下止二之志，使不行矣。故概观于四之柔得位而上下应，似小能畜而大不亨，及究观于二五之健而巽，刚中而志行，大乃亨也。顾使小者竟能畜乎此卦，名《小畜》。而《彖词》曰亨，盖有见于能亨者而欲其亨也。

小畜。《释文》本又作蓄。

钱大昕曰：畜，郑注养也。《象传》云君子多识前言往行，以畜其德。《序卦》比必有所畜，物畜然后有礼。有《无妄》然后可畜，物畜然后可养。《释文》皆云本又作蓄。惟大畜《彖》有止健之文。此又《乾》、《艮》二卦之德，非释卦名。孔子说《易》未训畜为止。汉儒训聚训养，亦无止义，辅嗣注同，独孔氏《小畜》疏云：性又和顺，不能止畜在下之乾。又云：若阳之上升，阴能畜止。又云：小畜之义，惟当畜止在下之阳。盖疏家因《大畜》有能止健之文，遂类及于《小畜》，不知巽主入不主止。《大畜》艮在乾上，能畜而止之。《小畜》巽在乾上，能畜不能止，故有密云不雨之象。《大畜》可言止，《小畜》不可言止也。后儒沿《正义》之误，遂疑畜有止义，并孟子畜君何尤句亦训止矣。

密云不雨。

《述义》：乾气升，故为云。巽风离日，故不雨。兑在西，乾为郊，凡云自东而西者，多雨。自西而东者，多不雨。巽阴得位，止乾之进，小人当路以阻君子，似不亨矣。然阳众而得中，若能孚小人而用之，犹可以志行。譬之阴阳和，则能成雨也。今三乾气盛，是为密云。以不受阴畜，不能成雨。文王推原不雨之故，不责阴而责阳，故曰自我西郊，其心以为民不被泽，皆由己之德薄，不能孚化小人。盖引咎责躬，终欲积诚以动之也。

《乾卦》：云行雨施，品物流形。杨万里曰：云行雨施，气之亨也；品物流形，形之亨也。张清于曰：《彖》言云行雨施，品物流形，则云雨为乾之云雨。

按：《乾卦》云行雨施，天下平也。荀爽注曰：乾升于坤，而云行。坤降于乾，曰雨施。乾坤二卦，成雨相济，阴阳和均，而得其正，故曰天下平，此乾可称云之证。

小畜。

叶氏佩荪曰：《小畜》者，象阴阳之所以成雨也。《张子正蒙》云：阳为阴累，则相持为雨而降；阴为阳得，则飘扬为云而升，其说似矣。而按之圣人之《易》，觉有未尽者。何则？云本在下，湿润之气，阴道先迷，不能自起。必阳气下求，载之以上，然后如饼饎之蒸郁，涛澜之翻涌，以升而为云，此乾阳在下，而巽阴得位于上之象。盖天有气焉，以鼓之而行，非适然阴为阳得而飘扬自如也。天气愈上则愈刚，故云至虚空，则不能以复上，而皆弥漫布濩于其间，必阳气自下上涌而和于阴中，乃积润成水，而喷散淋漓以降为雨。盖阳德专以气运，又健而上行，及其著物成质，又能实而下陷云气，合而成雨，犹之刚柔交而成坎。此有孚挛如，而既雨既处之象，和之至也。若谓阳为阴累而相持为雨，则是阳之不得已而紧陷于阴，至争浔不息以坠，是天地之戾气也，何以酿太和而滋生化乎？

按：此说与《述义》及荀爽之说合。

邱光庭兼明《书》阴阳二气力均，则能为雨，或阴气少而阳气多，或阴气多而阳气少，皆不能为雨也。《小畜》不雨者，阴气少也，一阴五阳。《小过》不雨者，阳气少也，二阳四阴。

自我西郊。

《黄氏日抄》云：《小畜》西郊，程以西为阴方，云自西而东，不能成雨。朱以西郊为文王，自指政周。蔡节斋，朱学者也，亦以西为阴方，而近世徐古为作易传，附证明言此周之说为非。

杨升庵曰：云往东，一场空。

胡炳文曰：《大有》一阴在五，而有上下五阳，其势顺而易。《小畜》一阴在四，欲畜上下五阳，其势逆而难。何氏楷曰：坎为云雨，《小畜》中爻互兑，兑有坎之上半体，无坎之下半体，上有云而下无雨也。薛悟郇云：我指四互兑，属西方，故曰自我西郊。

胡安世曰：卦之主爻称我，《蒙彖》称我者，九二也。《小畜》称我者，六四也。《颐》初九所称之我，即上九也。《观》六三所称之我，即九五也。

按：《蒙卦》《本义》以我指九二，《观》六三：观我生进退，《语类》云观九五如何而为进退也，可为项说之证。若以此我字为文王自谓，则诸卦之我亦可尽指为文王乎？《小过》六五之爻，周公作也，其词曰密云不雨，自我西郊，公弋取彼在郊，又可指为文王否耶？

《小过》上互兑西，下互巽东，凡云自西而往东者，多不雨。以水生木泄其气故也。

薛云：《小过》卦象厚画之坎，坎为云雨，变兑坎象半见，故有云无雨。《小畜》、《小过》二卦皆互兑，故俱取西郊象。

彖曰：小畜，柔得位而上下应之，曰小畜。

来云：《小畜》卦与《履》相综，《履》三爻阴居阳，不得其位，往而为《小畜》之四，则得位矣。二五刚居中位，则阳有可为之势，可以伸其必为之志。阳性上行故曰志行，乃亨者，言阳为阴所畜，宜不亨矣。以健而巽，刚中而志行，则阳犹可亨也。往者阳往，施者阴施，言畜之未极，阳气犹上往，而阴不能止也。惟阳上往，所以阴泽不得施行而为雨。

孔疏：艮是阳卦，又能止物，能止乾之刚健，所畜者大，故曰《大畜》。巽是阴柔，性又和顺，不能畜在下之乾，惟能畜止九三，故云《小畜》。六四惟能畜其下九三，初九、九二犹不能拥畜，而言上下应之者，大判而言，上下五阳总应六四，故云上下应之，其四虽应何妨，总不能畜止刚健也。

必言自西郊者，若在国都，雨虽未落，犹有覆荫之施，不得云施未行。今言在西郊，出施未远也。《象》曰风行天上，《小畜》者，风为号令，若风行天下，则施附于物，不得云施未行。今风在天上，去物既远，无所施及，故曰风行天上也。风行天下，有气而无质，有声而无实，能畜物而不能久畜，小畜之象。

初九：复自道，何其咎，吉。

王注：处乾之始，以升巽初，四为己应，不距己者也。以阳升阴，复自其道，顺而无违，无所犯咎，得义之吉。

胡炳文曰：卦言畜，取止之义。爻言复，取进之义。《复》卦于六阴已极之时，喜阳之复生于下。《小畜》于一阴得位之时，喜阳之复升于上。

九二：牵复吉。

王注：处乾之中，以升巽五，五非畜极，非固己者也。虽不能若阴之无违，可牵以获复，是以吉也。《正义》：二欲往五，五非畜止之极，不闭固于己，自可牵连反覆于上而得吉。来云：初九乾体，居下得正，虽与四阴为正，应而能守正，不为四所畜，故有复自道之象。盖在下而畜于上之阴者，势也。不为阴所畜而复于上者，理也。阳不为阴畜，乃理之自吉者，故《象》曰其义吉也。

高云：当小人得位之时，或有咎君子之进者，爻曰何其咎，其气愤，其声厉，为君子劝驾也。若必不进，世道付之何人？

九二渐近于阴，若不能复矣。然九二刚中，则不过刚，而能守己，相时故亦复与初并，《复》有牵连而复之象。初九复自道者，以其刚正不为阴所畜，固不自失。九二刚中牵复，亦不自失也，言与初九同也。九三比阴，阴阳相悦，必苟合矣。为四畜止不行，故有舆脱辐之象。然三刚不中，锐于前进，四性入坚，于畜止不许前进。三反见制于四，不能正室，故反目。龚泉峰谓《易》及诸经无有以《复》为上进者，遂谓初二两爻阳刚为阴所畜，知幾不进，而自复其道。汇纂主此。然如此说，则《象传》所云向往者将安指耶？夫阳上薄阴，阴能固之，则然后蒸而为雨。今不敢畜止诸阳，初二犹得上进，下方向往，施岂得行，故密云而不能为雨，向往故也。然则《易》以进为复，盖阳主进，阴主退，阳本在上之物，故以上进为复。胡云峰曰：复于六阴之时，喜阳之复生于下，畜于一阴得位之时，喜阳之复升于上。传义所释是也。蒋云：《小畜》以一阴而畜五阳，又以巽顺而止，不能力制，故名《小畜》。《大畜》以二阴而固四阳，能以力制，故名《大畜》。观《小畜》初二阳爻，皆以上进而得吉。《大畜》初二阳爻，皆以不进为利可见。

按：此条分别清楚小大两卦，其义自异。或以《大畜》初二比例而取龚、王诸说者，似未确。

九三：舆脱辐。

陆氏曰：本作輹。晁氏曰：《说文》作輹，云车轴缚也。《易》舆脱輹。

项安世曰：辐无脱理，必轮破毂裂，而后脱也。舆下之輹，乃有脱时。车不行则脱之，恐与《大畜》、《大壮》同作輹字为长。顾炎武曰：古音辐音偪，不与目叶，当依先儒作輹。《左传》云：车脱其輹。注：輹，车下缚也。

六四：有孚，血去惕出，无咎。

四不能畜止初、二两阳，而但能畜止所比之三，故曰小畜。小所畜蓄而已。《大畜》则四能制初，五能制二，所畜者多，故云《大畜》。

《马本》血去作恤去。来云：六四近五，当畜其五者也。五居尊位，以阴畜之，未免伤害忧惧。四柔得正，乃能有孚诚信，以上合乎五之志，故有血去惕出之占。五阳皆实，一阴中虚，孚信，虚中之象也。

九五：有孚挛如，富以其邻。

王注：处得尊位，不疑于二，来而不拒，二牵已挛不为专固，有孚挛如之谓也。以阳居阳，处实者也，居盛处实，而不专固，富以其邻者也。

《象》曰：有孚挛如，不独富也。《正义》曰：不独富者，释挛如之义，所以攀援于二者，以其不独自专固于富，欲分与二也。《彖》云健而巽，刚中而志行，乃亨。薛云：卦德内则刚健，外则巽顺，卦体二五刚中用事，得行其志，此所以畜而亨也。

何云：自我西郊，施未行也。特未行耳，非不行也。观上九既雨既处，则《小畜》之亨可知矣。

存疑。薛云：邻，连也。四近五，故邻谓四。何氏楷曰：巽为近，利市三倍，富之象。以犹《春秋》以某师之以其邻，指四也。陈云：四五巽体，下畜三阳，有挛之象。

愚按：孚者九五一阳，与上下四阳相孚也。下三阳皆欲上进，上九一阳与五同德，同德则相孚矣。《易》例阳实阴虚，阳主实，故富有之谓大业。阴主虚，故《泰》六四翩翩不富，《升》上六消不富也，《无妄》六二未富也，《谦》六五不富以其邻也。此卦九五阳爻固富矣，然不独九五之富，并上下四阳皆富也。《书》曰：臣哉鄰哉，邻哉臣哉！则不独六四是邻，并上下四阳皆九五之邻也。王注专以二言，与《彖传》刚中志行之语相合，时讲专主四言，而遗却四阳，则将富字邻字俱错解矣。

下三阳，上一阳，五之左右，皆其邻也。

《程传》：《小畜》，众阳为阴所畜之时也。五以中正居尊位，而有孚信，则其类皆应之矣。故曰挛如，谓牵连相从也。五必援挽与之相济，是富以其邻也。五以居尊位之势，如富者推其财力，与邻比共之也。君子为小人所困，正人为群邪所厄，则在下者必攀援于上，期于同进。在上者必援引于下，与之戮力，非独推己力以及人也。固资在下之助，以成其功耳。

蒋云：九五居尊，势有可为，以九二同德为辅佐，当小人畜止之时，刚中志行，故有有孚挛如，富以其邻，小人不得畜止之象。

本卦虽以阴属阳，初二皆牵复吉，不为阴所畜。《象》曰：刚中而志行，乃亨，正在此爻，故亨。若旧注以三爻同力畜乾，则助小人以畜君子，阳岂得亨？非圣人作《易》之旨矣。一阴五阳，君子多于小人，所以初二、五皆不能畜。

象曰：有孚挛如，不独富也。

蒋云：此乃仁者散财以得民之象。盖一阴畜五阳，为君子变制于小人之时。一有君子在上，能散己财，博施济众，则众心归之，必得行其志愿，其吉可知。《程传》释邻为五阳，朱子以邻为四、上二爻，恐程说为长。

上九：既雨既处，尚德载。

《程传》：载，满也。《诗》：厥声载路。尚德载者，下三阳为德，此爻变坎，为与载者，指三阳而载之也。月幾望者，上卦巽错震，中爻兑，震东兑西，日月相望之象，言阴盛也。《易》言月幾望者三，皆对阳言，《中孚》，吉从阳，《归妹》言应阳，此则抗乎阳也。三阳有乾德，故曰君子。巽性进退不果，本疑惑之人，今变坎陷，终必疑君子之进。畜止而陷之，故征凶。

杨氏时曰：三阳下进，一阴畜之，不能固，故密云不雨。尚，往也，至上九则往极矣，故既处。夫阴阳和，则雨，而妇以顺为正。虽畜而至于雨，以是为正，则厉矣。月朔日以为明者也。望则与日敌，故幾望而不可过。君子至是，而犹征焉，则凶之道也。《小畜》以阴畜阳，为主其极，必疑阳，故戒之如此。

胡氏炳文曰：《小畜》上九，畜之极也，其占曰厉曰凶，承六四言也。《大有》上九，有之终也，其占吉无不利，承六五言也。《大有》一阴有众阳，故其终如彼。《小畜》一阴畜众阳，故其终如此。君臣大分，岂不明哉？

郑汝谐曰：《小畜》上九曰归贞厉，月幾望，言六四之畜阳。至上而为贞厉之妇，幾望之月也。若指上九而言，则上九阳也，不得言妇与月。高云：上九出九五之上，六四安得而畜之，是雨止之时，可与三阳同德共载而往矣。但六四之阴，虽不畜阳，而贞然犹危厉。其所以危厉者，以其居君之侧，如月与日相望，借日以为光，君子于此，岂可自庆而轻进乎？一阴在君侧，往必凶也。

月幾望。

虞注：幾，其也。见《集解》。王引之曰：今本其作近，盖后人所改。

按：虞注曰：坎月离日，兑西震东，日月相望，故月幾望。《归妹》六五月幾望，注同。是虞谓月与日相望，非但近于望而已。《小畜》释文，幾，徐音祈。正与君子幾不如舍之幾同。盖亦以为语词。

《诗》：汔可小康，《尔雅》作譏，《左传》注：汔，其也。《列子》：幾圣人也，犹言其圣人也。月幾望者，妇之制夫，犹如月在望时，盛极以敌日也。幾，辞也。《中孚》月既望，荀本作既。

月幾望。

王应麟曰：《小畜》上九月幾望，则凶，阴无阳也。《归妹》六五吉，阴应阳也。《中孚》六四无咎，阴从阳也。《小畜》上九，

《述义》云：月望于前，卦互兑，上弦也，故幾望。

陈云：上九变坎，为险，危厉之占也。坎为月，错离为日，在坎月之下，故幾望。又巽错震，中爻兑，震东兑西，亦日月相望之象也。

《归妹》六五，《述义》云：月望于乾，五变兑互巽，与兑夾乾，故幾望也。

陈云：月幾望者，两体震东兑西，中爻坎月离日，日月东西相望也。又，幾，近也。《纳甲图》乾象，盈甲为月之望，下卦兑为上弦，见丁象；变互巽为生魄，退辛象；兑巽夹乾左右，故曰幾望。

《中孚》六四，《述义》云：月望于乾，兑乾左，巽乾右，卦兼巽兑，皆与乾近，故幾望也。

陈云：《纳甲图》乾象盈甲为月之望，兑见丁，居乾左，为上弦。巽退辛居乾右，为生魄。本卦上巽下兑，皆与乾近，故幾望。又下体兑，中爻震，震东兑西，日月相对，亦幾望之义也。

履　䷉兑下乾上。

履：履虎尾，不咥人，亨，利贞。

存异。朱云：虞以坤为虎，艮为尾，震为履尾。朱克升以离为虎，三履二为履尾。苏轼以二为虎，三为履尾。既又以三为虎，四为履尾。唐凝庵以乾为虎，兑为履尾。来矣鲜以兑为虎，初二为履尾。此皆离合无据之说。惟《本义》以乾为虎，故上为虎之首，四为虎为尾，兑履乾之后，履虎之象。三之不中不正，履乾为受其咥，当矣。而九四亦曰履虎尾，则又不得不以九五为虎，而四履其后也。是其说犹有未能归一处。盖虎属金，为西方之兽，而乾与兑皆属金，则乾兑皆可为虎履，六三以一柔居五刚之间，其在下者，为我所践。其在上者，为我所蹑，上下环列，无非刚健，而以区区之一柔践之蹑之，有似于履虎尾者然。此足以破诸家之说，而可以释《传》义履字之疑。

王申子曰：《履》以六三成卦，三之象下迫于二阳之进，上蹑乎三阳之刚。

《本义》：《履》有所蹑而进之义也。以兑遇乾，和悦以蹑刚强之后，有履虎尾而不见伤之义。《语类》以《履》上乾下兑，以阴蹑阳，是随后也。

胡炳文曰：《程传》训履为践为藉，以上下论也。《本义》云有所蹑而进，以前后论也。又云《本义》于三之履虎尾，曰不中不正，以履乾，是以乾为虎，而三在其后也。于四之履虎尾，则亦不中不正，履九五之刚，是以九五为虎，而四在其后也。惠定宇亦依此说。

愚按：以四履五是以乾履乾，非以兑履乾也。于卦象奚当焉？《象》曰：上天下泽，《履》。君子以辨上下，则当以上履下为正，不当云以后蹑前也。

履虎尾，不咥人，亨。

《九家易》：虽践虎，不见咥噬。梁氏寅曰：履者践也。人之于礼，亦践行其天理者，故履为礼也。

《述义》：上为首，初为尾，上不开口，故不噬也。

李光地曰：旧说以履为践之义，取下二刚说。孔疏六三以阴柔履践九二之刚。又云六三阴柔在九二阳刚之上。朱子以履为践之义，取上三阳说。今从旧说者，以其兑为虎尾，谓初也。薛嘉颖曰：爻例近取诸身，初为趾，上为首。远取诸物，初为尾，上为角。卦气自下上也。惠氏栋曰：今言虎尾，故知尾谓初。

案：六三履下二阳，独以初爻言者，兽之反噬，在履其尾，初为尾位故也。《履》，柔履刚也，指下兑言，《夬》扬于王庭，柔乘五刚也，指上兑也。《归妹》无攸利，柔乘刚也，《易传》乘刚之危最甚。《履》以一阴安三阳之下者也，上承三阳而安，则下虽乘二阳之危，不为所伤矣，有履虎尾不咥人象。列子云虎之与人异类，而媚养己者，是有不咥人之象。

汉儒相传以兑为虎，郭璞《洞林》朱雀西扎，白虎东起，离为朱雀，兑为白虎。白虎西方宿，兑正西，故为虎也。

愚按：履者履其上，蹑者蹑其后。惟履其尾之上，故反噬。若但从其后而蹑之，何噬之有？且卦象，乾不为虎，爻例四不为尾。《彖》以应乾为亨，而注反以履乾为凶，俱属可疑。《书》云：心之忧危，若蹈虎尾，亦训践不训蹑。

朱子曰：履虎尾，《同人》于野之类，恐少一字。

咥，郑本作噬，音誓。潘岳《西征赋》：履虎尾而不噬，是其证。

说而应乎乾，是以履虎尾，不咥人，亨。

何氏楷曰：柔履刚者，就下体自上履下而言也。说而应乎乾者，就二体自下应上而言也。应者明其非履。虞翻云：明兑不履乾，故言应是也。又云：成卦之主在六三，卦之六二为地位，故曰履也。履者，践履也。六三不中不正，柔而志刚，以此履乾，必见伤害。观此二说，可知其非。

薛云卦德以兑说而顺应乎乾，下顺乎上，阴承乎阳，以此履行，其亨可知。

存异。**刚中正，履帝位而不疚，光明也。**

惠云：荀慈明本卦词不咥人下有利贞二字。《彖词》刚中正以下，乃释利贞之义。孔颖达谓此一句赞明履卦德义之义，于经无所释，盖未考《汉易》耳。

九二：履道坦坦，幽人贞吉。

《程传》：阳志上进，故有幽人之戒。

梁氏寅曰：行于道路，由中则平坦，从旁则崎险。九二以刚居中，是履道而得其平坦者也。持身如是，不轻自售，故为幽人贞吉。

履六三。

《彖》言不咥人，亨，六三卦主，与《彖词》相反，何也？曰：《彖》以本卦言之，兑，悦也。以悦履刚，故不咥。爻以互卦言之，三与二、四互而为离，离有燥暴之义，以之履刚，故咥人，凶。别爻不取互，而此爻取互者，履以后蹑前为象。六三在刚柔之际，上下之交也。若云以阴居阳为失位，则以之行礼，正合卑逊之义，《象传》何云志刚乎？

六三：眇能视。

耿南仲曰：视欲正，视而不正，则眇者也。行欲中，行而不中，则跛者也。《归妹》初九不中，则为跛。九二不正，则为眇。《履》六三不中又不正，故跛眇兼焉。《归妹》、《履》皆兑下也。

疏云：互离为日，互巽为股，遇兑毁折，亦跛眇之象。

履虎尾，咥人，凶。

吴氏澄曰：《象》通指一卦而言，则上九虎之首也。虎口实而合，故有不咥之象。此专据一爻而言，则三为兑之上画也，兑口虚而开，故有咥人之象。薛云：三当虎口，口虚而开，故被咥噬。虞氏翻云：既眇又跛，视步不能为位在虎口中是也。

武人为于大君。

薛云：三为卦主，以应乎乾，乃成卦之主也。然以爻德论之，不中不正，如眇跛然。幸其变柔为刚，用其阳刚之道，以有为于大君之廷，正所说谓说而应乎乾者，其终不见咥也，宜矣。大君指乾体九五，何氏楷曰：为如宣力四方汝为之为。《折中》云：王氏申子说得之，盖三非大君之位，且为于二字，语气亦不顺也。

愚按：兑口虚开，故噬。若变为乾，则口不开矣。

象曰：眇能视，不足以有明也。古能字作耐。

虞仲翔本作眇而视，跛而履。

按：《归妹》初二眇能视，跛能履。说吉说利，字当作能。谓虽眇而独能视，虽跛而独能履，此爻词所以无咎。此云不足以与明，不足以与行，则字当作而，谓以眇者而使之视，究不可与明，跛者而使之履，究不可与行，爻词所以言凶。

武人为于大君，志刚也。

武人为于大君者，其志上从九五之刚也。孙星衍曰：与乾上应，故曰志刚。

按：《程传》武人为于大君，武暴之人而居人上，肆其躁率而已，非能顺履而远到也。朱传又为刚武之人得志而肆暴之象，如秦政：项籍，岂能久也，是以此句作不好说。王氏申子云：武人用以有为于大君之事，则可折中取之，孙、薛二说可参。

陈云：三居人位，正居兑口，人在虎口之中，咥人之象也。乾健故武，阳大阴小，阴变为阳，大之象。

三之乾变纯阳，故曰志刚也。察察为明，未有能烛理者。悯悯而行，未有不偾事者。惟出其刚勇，效力戎行，虽不知致命遂志之道，或不无杀敌舍命之心乎！

《述义》：视不能明，行不能远，又居不当位，是以履虎尾而逢咥也。惟志从九五之刚，如以武人而受命于大君之事，则得悦而应乾之道矣。

《大有》九三：公用享于天子，小人弗克。苏秉国曰：变兑阴爻，小人之象。《述义》云：变兑为《睽》，小人弗克之象也。彼小人指变兑言，此武人指变乾言。

九四：履虎尾，愬愬，终吉。

《本义》：九四亦以不中不正履九五之刚。胡炳文曰：据朱传是以九五为虎，而四在其后也。

《述义》：三、四人位，同履虎尾，三志刚而应上，四居柔而顺初，履尾之末，故愬愬也。乾本能惕，四又多惧，防患周密，可以免害，故终吉也。

薛云：四与初敬应，下履虎尾，其危厉矣。然能持以敬慎之心，终免于危害。《子夏传》：愬愬，恐怕貌。《公羊传》：灵公望见赵盾，愬而再拜。注：知盾欲谏以敬怕之。惠云：愬愬，敬怕貌，是也。

《说文》马融皆作虩。《吕览》作愬，高诱读为虩，疑愬为古文虩。《本义》以九五为虎尾。

按：《彖》曰刚中正，履帝位而不疚，光明也。五居帝位，首出庶物，可以为尾乎？《象》曰上天下泽，《履》。君子以辨上下。盖必高始可履平也。若以兑泽至卑，履乾之至高，可以为《履》乎？《解》九四曰解而拇，拇指初。《大畜》九四童牛之牿，童牛指初。则此爻尾字当指初说为正。

九五：夬履，贞厉。

五与三虽不相应，状履之为卦，九五为主卦之主，六三为成卦之主，故二爻之相悦为甚。

钱大昕曰：上天下泽，天极其尊，泽较地而极卑，上下各安其位，而无觊觎之心，此守成极盛之象也。五居尊位，四阳辅之，刚中正，履帝位而不疚，具大有为之资，无自暇逸之心，宜利有攸往矣。而夬履之厉，圣人惕然戒之，何哉？阳健于上，阴悦于下，有将顺而无匡救。孔子所谓予无乐乎为君，惟其言而莫予违也。若是者，虽正亦危，况未必皆正乎！兑之义主乎悦，以一阴加二阳之上，二阳不能其君。而六三一阴独专之上，下相悦，悦且不解上，不知其跛且眇也，委以视履之柄。下亦不知其跛且眇也，矜其视履之能，力小任重，穷大失居，非干覆餗之愆，即致负乘之寇，不特自贻伊戚，且祸及国家，故于《象》有咥之戒，而于六三著咥人之凶。

上九：视履。

晁氏曰祥荀本作详，审也。

来矣鲜云：视履句，考祥其旋句，与素履、夬履一例视者，回视而详审也。祥，善也。三凶五厉，皆非善也。考其《履》之善，必皆天理之节文，人事之仪节，下文其旋是也。旋者周旋、折旋也，凡礼以义合而截然不可犯者，谓之方，犹人之步履周旋也。

以天合而怡然不可解者谓之圆，犹人之步履周旋也。礼虽有三千三百之多，不过周旋、折旋而已，考其善于周旋、折旋之间，则中规中矩矣，岂不无吉。

《述义》：旋，反也。元，仁也。返于初之素，则得其心之仁，则与天心合，而降祥必矣，故吉也。

初率其素，上旋其元，三用其五，五戒其夬，二坦而能贞，四危而知惧，亦可得《履》道之大凡矣。

项安世曰：《履》之六爻皆以履柔为吉，故九二为坦坦，九四为愬愬终吉，上九为其旋元吉，皆履柔也。二、四、六柔位，六三《爻词》本善终，以履刚为凶。初九、九五所履皆正，然初仅能无咎，五不免于厉，皆履刚也。初、三、九刚位，是故初则惧失其初心之正，而教之以保其素。五则惧其恃势位之正，而教之以谨其夬。盖刚者喜动而好决，任刚而行者，后多可悔之事也。

按：此《系词传》履以和行之言相发明。李氏宏甫曰：文王当殷之末造，身尝亲遭其咥矣，宜其亲切而有馀思焉。不然，胡为乎上天下泽，而即以履虎尾名其繇哉？又胡为言咥人凶象，则言不咥人亨哉？呜呼！当纣之时，欲为初之素履不得，欲为二之幽人不可，欲为上之其旋不可，然则眇视跛履，羑里以前事也，愬愬终吉，羑里以后事也。其旋元吉，则为西伯得专征伐以后事也，皆文王之卦也。

泰　䷊乾下坤上。

《字典》太部，《说文》太，滑也，一曰大也，通也。又二部太字，注太或省作太，亦作大。

泰，《字汇补》太，古文泰字。笺：天地交泰，故从二大。

经史太字，俱作大，如大极大初之类。又作泰，如《泰卦》、《泰誓》之类。

杨氏万里曰：《乾》《坤》，天地之泰初。《屯》《蒙》，人物之泰初。有物此有养，故《需》以养之，养者生之源，亦争之端。争一生焉，小者讼，大者师。《师》以除其恶，《比》以附其善，《畜》以生聚，《履》以辨治，而后致《泰》，岂一手一足之力哉！故曰古之无圣人，则人之类灭久矣！

小往大来。

刘氏牧曰：往来者以内外卦言之，自内而之外曰往，自外而复内曰来。

戴东原曰：《易·彖》言往来上下者，后儒谓之卦变，言人人殊。江慎修曰：《周易》以反对为次，卦变当于反卦取之，《否》反为《泰》，《泰》反为《否》，是其例也。凡曰来曰下曰反者，自反卦之外卦来居内卦也。曰往曰上曰进曰升者，自反卦之内卦往居上卦也。

初九：拔茅茹，以其汇，征吉。

《本义》云：郭璞《洞林》以汇字绝句，下卦仿此。

按：拔茅茹者，物象也。以其汇，征以其汇。贞者，人事也。朱子以汇字属上读，窃意当从下读，泰之时上下相交，君子利于征行，然非一己独行也，必与其类以同征，斯众正盈朝，然后能辅成天地之泰。否之时，君子利于贞守，然非一人独守也，必率其类以同贞，斯正气常伸，然后能挽回天地之否。刘氏向曰：贤人在上位，则引其类而聚之于朝；在下位，则思与其类而并进。王氏弼曰：茅之为物，拔其根而相牵引者也。三阳同志，俱志在外。初为类首，已举则从，若茅茹也。上顺而应，不相违拒，进皆得志，故以其汇，征吉。《程传》曰：汇，类也。贤者以其类进，同志以行其道，是以吉也。君子之进，必以其类，不惟在相先乐于为善，实乃相赖以济。又云：《泰》之时，则以同征为吉；《否》之时，则以同贞为亨。胡炳文曰：初以其汇，君子与君子为类也。三阳欲进，而以之者在初。四以其邻，小人与小人为类也。三阴欲复，而以之者在四。又云：《泰》之征吉，引其类，以有为《否》之贞吉，洁其身以有待。

泰：初九，拔茅茹。

初爻变巽。

《大过》初爻：藉用白茅，无咎，虞氏翻曰：巽柔白为茅。惠氏栋曰：巽之柔爻为草，又为白。《否》卦自三至五，互巽，故亦有茅象。《述义》：初阴巽体，故为茅。应四，艮，手，故为拔。

九二：包荒。

包如包蒙之包，翟氏元曰：荒，虚也。何云：此爻变离，离虚而容者，然用此包荒之道，非混同而无别也。又必明断以行之，有用冯河象。明以用之，有不遐遗象。公以处之，有朋亡象。如此则有以济包荒之量，而得尚乎中行矣。

陈云：三阳牵连而进，朋之象。故《咸》卦中爻成乾，四居乾之中，亦曰朋从。乾为天河，有冯河象。

象曰：拔茅贞吉，志在外也。此条在九二包荒前。

《述义》：志在外，谓应阴也，阴谓民也。君子在内，则思及于民也。

泰：九二，包荒。

存异。惠云：《释文》荒，郑读为康，虚也。

翟子元曰：五虚无阳，二上包之。

荀慈明曰：河出于乾，行乎地中，阳性欲升，阴性欲承，冯河而上，不用舟航，自地升天，道虽辽远，达不能止之。朋谓《坤》也，朋亡而下，二得上居五，而行中和矣。

愚按：郑、翟、荀三子之说，发明爻象，最为切当。朋亡者，即坤卦丧朋之义，六五离其朋类，而下居二，故有是象。《穀梁传》曰：谷不升谓之康，康是虚荒之名，故郑训康为虚。

九三：无平不陂。

处天地之将闭，平路之将陂，时将大变，世将大革，而居不失其正，动不失其应，艰而能息，不失其义，故无咎也。

王注：乾，本上也；坤，本下也，而得《泰》者，降与升也。三处天地之际，将复其所处。复其所处，则上守其尊，下守其卑，是故无平而不陂，无往而不复也。孔疏：九三处天地交泰之际，将各分复其所处，乾体初虽在下，今将复归于上，是初始平者，今将有险陂也。初始往者，今将有反复也。

据《象传》无往不复，天地际也，是举开首一语，则无往句宜在先，王注得之。《述义》：平陂坤势，往复乾行，乾惕故艰，坤德贞也。三当乾坤之交，无平不陂，而不可任其陂也。无往不复，而不可任其复也。必克艰其心，忧盛危明，贞固其守，防微杜渐，惟求君子之无咎，不必忧小人也。夫阴者，从阳者也。小人，食君子者也。恤而思防，转起疑忌。开诚布公，孚而化之，则小人受治而食于人，君子治人而食人，彼此受福矣。艰贞能留君子之往，其乎不忧小人之来，圣人所以平天地之憾也。

陆振奇曰：世运之否泰，天地之往来为之也。天地可交而不可际，天地交则下济上行，而世道开其治之始；天地际则此亢彼战，而世道开其乱之端。《象》曰无往不复，天地际也。

王注：天地将各分复之际。孔疏：三处天地交际之处，天体将上，地体将下，故往者将复，平者将陂。

六四：翩翩不富，以其邻。

《本义》：已过乎中，泰已极矣。故三阴翩然而下复，不待富，而其类从之，不待戒令，而信其占，为有小人合交以害正道，君子所当戒也。

王注：乾乐上复，坤乐下复，四处坤首，不固所居，见命则退，故云翩翩也。坤爻皆乐下已，退则从，故不待富而用其邻也。莫不与已同其志愿，故不待戒而自孚也。《孔疏》：邻谓五与六也，今已下复，众阴悉皆从之，故不待财赋而用其邻，不待六四之告诫，而六五、上六皆已孚信，由中心皆愿下复故也。

何云：此正阴阳交泰时也，翩翩群飞而下貌，阴虚阳实，凡言不富者，皆阴爻。邻指五上，四能挟其并居之邻相从而下者，以三阴皆欲求阳，故不待教戒而能以之下孚于阳也。

《折中》：传义皆以此爻为小人复来，然以《象传》上下交而其志同观之，则四五正当君相之位，下交之主，而《象》所云中心愿也，中以行愿者，正所谓志同也。《爻词》不富，与《谦》六五同，皆言其谦虚而不自满足也。

《姤》、《遁》、《否》，阴在下卦，训为小人可也。来曰：《否》上在上卦君相之位，岂可以小人当之？

六五：帝乙归妹。

《九家易》曰：五应于二，当下嫁二，妇人谓嫁曰归，故言帝乙归妹，谓下嫁二以中和相承，故无咎。

朱云：虞仲翔谓震为帝，坤藏乙，又震为长子，兑为少女，震为兄，兑为妹，合震与兑而归妹之象成，则知爻象实取义于互卦也，而六五为《坤》卦主，阴德不可大盛，故必归于阳，以受其祉。九二为《乾》卦主，阳刚不可无应，故必尚于阴，以大其光，女适男曰归，男就女曰尚。九二以中行往尚，六五以中行愿归。二爻所以交而成《泰》也。

《述义》云：三四易位，则成《归妹》，五以中行之主下应尚中之臣，降其尊以从阳，有帝乙归妹之象焉。

上六：城复于隍，勿用师。

《述义》：坤土外高，有城象焉，三阴下复，入于隍也。坤为众，震帅之行师也；三至五互震，坤为文，兑言之告命也。二至三互兑，坤为君，乾君之，自邑也。又顺乾无成，坤之贞也。圣人观象以为城复于隍，世运方否，而又以兵争，益之乱耳，故勿用师，为自邑告命焉。盖奋武不如修文，勤远不如治近，守其国邑，明其政教，所以得民即所以回天也。若安于顺乾之贞，不能有所转移，则可羞矣。泰否之际，虽曰天命，圣人终欲以人事挽之也。

按：城复于隍，其命乱也。此正是吝，故必治其国邑，明其政刑，示以所命之正，方可不至复隍，而免于吝。若任其隍之复，而不自邑告命，则泰必成否，何吝如之？吝指不告命言，非指告命言也。

上六：城复于隍。

《程传》:《泰》将终，民众不可用，方自亲近而告命之，虽使所告命者得其正，亦可羞吝。凡贞凶、贞吝有二义，有贞固守此则凶吝者，有虽得正亦凶吝者。此不云贞凶而云贞吝者，将《否》而乃告命为可羞吝，《否》不由于告命也。

《本义》:《泰》极将《否》，城复于隍之象，戒占者不可力争，但可自守，虽得其贞，亦不免于羞吝也。

愚按：虽得其正，亦可羞吝，其何以劝世之守正者乎？薛悟郇云：上处《泰》极，极则《否》来，如城之圮，而反于隍也。当此而求保之之道，勿用师，以有事于外，但严于治内，告以所命之正，庶有以端本反经，不致开复隍之渐矣。

《折中》:贞，常也。当此之时，只可告邑，未可治师。若守常而用师，则吝，非以告邑为可吝也。

胡炳文曰：《泰》上以阴柔处《泰》之终，故不能保《泰》而《泰》复为《否》。《否》上以阳刚处《否》之终，故卒能倾《否》而《否》复为《泰》。否泰反复，天乎人也。

来云：中四爻正阴阳交泰，所以说两愿字。《彖》所谓上下交而其志同，正在于此。若上与三虽成正应，然阴阳之际极不能交泰矣。故三阳之极曰无往不复，所以防城复于隍于其始。三阴之极曰城复于隍，所以表无往不复于其终。

刘定之曰:《泰》取天地上下相交之义，初与四来交，泰之始也。初言以其汇，四言以其邻。二与五相交，泰之中也。二言尚，五言归。三与上相交，泰之终也。故三言平，降两为陂，上言城，复而为隍，泰变为否。虽属天时，然曰其命乱，则咎归人矣。

否　䷋坤下乾上。

否之匪人。

沈雪友曰：朱注或疑之匪人三字衍文，按否之匪人，《彖》词与传相同，不应彼此俱误之者，变也。如《左传》遇观之否之类，言《泰》变而《否》，君子道长之时，变而为小人道长。传不特解其义，盖因《彖》下文已明，故略之也。

否。

冯氏椅曰：自《乾》《坤》之后，始涉人道。经涉六坎，险阻消，尝内有所《蓄》，外有所《履》，然后致《泰》，而《泰》之后，《否》即继之，以此见斯人之生立之难而丧之易，国家之兴成之难而败之易，天下之治致之难而乱之易，此序易者之深意也。

否，备鄙反，不通也。何云：与病痞之痞同义，天气上而不下，地气下而不上，二气不交而隔塞也。存异。《本义》或疑之匪人三字衍，由《比》六三而误也。《传》不特解其义，亦可见。

不利句，君子贞。

《正义》：小人道长，君子道消，故不利君子为贞也。此解固是。

愚按：《象》曰天地不交，《否》。《否》之所以不利也，君子以俭德避难，不可荣以禄，君子之所以贞也。初六，拔茅贞吉，志在君也。六二，大人否，亨，不乱群也。二爻正见君子之贞，处则以不利句，君子贞句，似亦可通。

君子以俭德避难，不可荣以禄。

陈藻垣曰：小人于名则忌之，于才则妬之，有德则害之，范滂诸公所以罹党人之祸也。修德而不以德自侈，斯避难而乃以德自全，至于倾陷无由，转而饵以爵禄，此小人之为尤巧者。然而道义治己，明哲保身，小人之富贵，视如坑阱，此所以为君子也。

《述义》云：夫能为不可荣之人者，乃能为不可辱之人也。俭德避难，不与害交，不可荣以禄。不与利交，法天地不交之象。

君子以俭德避难。

何氏楷曰：《书》云俭于听，可以养虚。俭于视，可以养神。俭于言，可以养气。俭于嫔御，可以养寿命。俭于心，可以出生死。

按：俭，检也，敛也。此俭字只是收敛，才知即括囊、无咎、无誉意，然其言可持身，故录之。

不可营以禄。

孔广森曰：虞注荣或作营，是古本作营。营，惑也。俭与敛同。敛德则匿迹销声，不求人知，遁世无闷，岂复营以爵禄乎？

孔疏乃谓以节俭为德，不可荣华其身以居禄位，陋矣。

《折中》云：《否》以六二、九五为主，盖否之时，上下不交，六二否亨，敛德避难者也。九五休否，变否为泰者也。然则六二成卦之主，而九五则主卦之主也。

按：初、二两爻，时解有主小人说者。据《象传》天地不交，《否》，君子以俭德避难，不可营以禄。圣人明以君子言矣。王云贞而不谄，程云否之时，则以同贞为亨，胡云守以正道，不可求进，正夫子所云俭德避难，不可营以禄者。其言与经相合，若云小人变为君子，能以爱君为念，盖有之矣，我未之见也。

否　☷☰坤下乾上。

初六：拔茅茹，以其汇，贞吉，亨。

《本义》：三阴在下，当否之时，小人连类而进之象。而初之恶，则未形也。故戒以贞则吉而亨。盖能如是，则变为君子矣。

王注：居《否》之初，处顺之始，为类之首者也。顺非健也，何可以征？处《否》之时，动则入邪，三阴同道，皆不可进，故拔茅以汇，身而不谄，则吉亨。

《程传》：《泰》与《否》皆取茅为象，以群阴群阳同在下，有牵连之象也。《泰》之时则以同征为吉，《否》之时则以同贞为亨。始以内君子外小人为《否》之义，复以初六《否》而在下为君子之道。《易》随时取义，变动无常，《否》之时在下者，君子也。《否》之三阴，上皆自应，在否绝之时，隔绝不相通，故无应义。初六能与其类，贞固其节，则处否之吉，而其道之亨也。当否而能进者，小人也。君子则伸道免祸而已。君子进退未尝不与其类同也。

《象》曰：君子以俭德避难，不可荣以禄。即此爻贞字之旨。

胡氏瑗曰：《否》之初是小人道长，君子不可用之时也。时既不可用，则当引类而退，守以正道，不可求进，然后得其吉，而复亨也。王宗传曰：初六与上，无相应之义。惟以其类，守吾正而已，吉亨惟泰时为然。《否》初六以其类贞，而六吉且亨者，诎身以伸道，故无往而不吉，亦无往而不亨也。吉谓免祸，亨谓伸道也。

案云：圣人虽许小人改过，恐无系以吉亨之理。《程传》及诸家作君子守道者近是。

愚按：《泰卦》上三阴爻皆属君子说，岂《否卦》下三爻皆是小人？《象》曰志在君也，不乱群也，是岂小人所能当耶？朱子从郭璞读以以其汇三字为句。据程子云：泰之时，则以同征为吉，否之时则以同贞为亨。王宗传云：以其类贞而吉且亨，则《泰》初九作拔茅茹句，以其汇征句，吉。《否》初六拔茅茹，以其汇，贞句，吉亨句，亦可。

苏秉国曰：《泰》初九以阳刚之才，处可为之时，则当行济世之道。《否》初六以阴柔之才，处难为之时，则当尽事君之沈，世之治乱，人为之也。贤者果皆有忧世之心，何忧世之不治乎？此《易》之大义也。

李光缙曰：圣人于《否》《泰》之初，皆欲得人以维之。《泰》之初曰拔茅茹，以其汇，协力以致治也。《否》之初曰拔茅茹，以其汇，协力以救乱也。可见世无盛衰，而不可一日无君子。君子之处世有盛衰，而不可一日忘天下。

象曰：拔茅贞吉，志在君也。

《程传》：君子固守其节，以处下者，非乐于独善不进也，以其道方否，不可进，故安之耳，心固未尝不在天下也。其志常在得君而进，以康济天下，故曰志在君。

郭氏雍曰：先儒有言居廊庙之上，则忧其民；处江湖之远，则忧其君。盖《泰》言志在外，《否》言志在君之意也。俭德避难，岂忘君者哉？

《述义》：志在君，以从乾为贞也。乾为君为父。

王氏弼曰：志在于君，故不苟进。

王宗传曰：时方《否》《蹇》，故汇守正于下，若反《否》而为《泰》，则亦如初九之以汇征矣，故初九之《象》曰志在外，初六之《象》曰志在君，以言行止，虽系乎时，而君子之志于君，亦无往而不在也。

案云：此爻《本义》主小人说，故欲其以爱君为念，然卦象虽分别大小，而爻间则皆系以君子之义。朱子答陈亮书云：就其不遇，犹善其身，以明大义于天下，使天下之人皆知道义之正而守之，以待上之使令，是亦所以报不报之恩，岂必进为而抚世哉！正此《象传》之意也。

愚按：《谦》卦初六，谦谦君子，用涉大川，吉。《观》卦初六，小人无咎，君子吝，则初六有指君子言者。

存疑。三阴在下，当否之时，小人连类而进之象，而初之恶则未形也，故戒其贞则吉而亨。盖能如是，则变为君子矣。

按：《姤》一阴羸豕孚蹢躅，其恶已见。《遁》二阴则恶渐长，而君子咸遁矣。何至《否》之初而其恶犹未形乎！且天地为《否》，山地为《剥》，《否》下卦之三阴，即《剥》下卦之三阴也。《剥》本乾卦，自《姤》生一阴，则《剥》其初九之阳矣。《遁》二阴，则《剥》其九二之阳矣。《否》三阴，则《剥》其九三之阳矣。故《剥》曰不利有攸往，《否》曰不利君子贞，皆为君子戒也。若初恶未形，小人变为君子，二阴柔中，正小人而能包容君子，则天地何以不交，圣人亦何必以俭德避难戒君子乎？

六二：包承，小人吉。

朱注以为小人承顺君子。

王宗传曰：六二当上下不交之时，五虽正应，无由而通，包承小人之常态也。乃若大人，则不以非道求合，身虽否而道亨，又岂务为包承之事，以杂乱于群流之中而不自知耶？

薛嘉颖曰：包，蓄也。盖有蓄其承顺之志以求交，包蓄得许多承顺乎上底意思，此惟妇寺之小人行之，乃得其本分，大人岂肯为此？小人如今跟班长进之类。

按：《观》初六童观，小人无咎，君子吝。《恒》六五恒其德，贞，妇人吉，夫子凶。此爻惟指妇寺辈言。故得其本分而吉，若在位之小人，而思顺悦其君，以求容安，得系以吉耶？

六三：包羞。

游氏酢曰：居下体之上位，浸显矣。当否之世，而不去忍耻冒处，故谓之包羞。

《述义》：三不中正，与四近而不相得，为所辱而羞焉。以互艮止包其羞，而不发小人之险者也。知耻而能改则吉。含怒而思迁则凶矣。故不言占，听其自择也。

郭氏雍曰：尸位素餐，所谓包羞者也。孔子曰邦无道穀，耻也，其六三之谓欤！

九四：有命无咎，畴离祉。

《述义》：泰之将否，自邑告命，至于既否，则无命矣。今否过中而将泰，故五出命，而四行之，盖告命于天下，不止自邑止也。九四以阳居阴，刚柔相济，故其命顺人心而无咎，天下皆从其命，此转否为泰之实政也。三阳同心以出命，阳祉阴也。三阴相率以从命，阴祉阳也。阴阳之畴相丽以受祉，则君子不往矣。

九五：休否。

其亡其亡，如系于包桑者，然包桑非系物之具。语意是恐其不固，非说其能固也。文法与驭朽索、涉春冰相似，故陆宣公奏议以苞桑与赘旒并言。

按：《宣公请罢兵状》云：于时海内大摇，物情幾去，天命莫保于寸晷，王威不出于一城，邦国之杌棿艰屯，绵绵联联，若苞桑缀旒，幸而不殊者屡矣，势之危窘，实足寒心。

上九：倾否，先否后喜。

《述义》：取所否者而尽倾之，其喜可知。然今虽喜，先之否也久矣。追念先否，则悼往事而图先事之防。否而复喜，则戒骄盈而毖后日之患，所谓先天下而忧，后天下而乐也。君切其亡之戒，臣存先否之心，否终泰来，忧危愈甚，深知平陂往复之理也。

同人　☰☲离下乾下。

同人于野，亨。

问：以乾字为伏羲之文、元亨利贞为文王之文固是，不知履虎尾、同人于野、亨之类又何如？

曰：此恐是少一字。

《述义》：乾，天也。离，虚明人心也。乾在离上，人心之天也。人不同而其心之天同。故欲同人者，贵同于野地与天际，曰野人与天际，曰于野不设藩篱，亦无畛域，吾心之天与天下之人合而为一，廓然四通，而事无不济矣。

服虔云：天在上，火炎上，同于天，天不可同，故曰同人。

《虞逸象》：乾为野，为郊，同人于野，同人于郊，即是应乾。

柔得位得中，而应乎乾，曰同人。

案：《传》义皆以乾为专指九五，然若专指二五之应，不得谓之同人于野矣。盖乾者，阳爻之通称，一阴虚中，与五阳相应，此卦所以为《同人》也。不言上下应者，盖阴阳居上体而为卦主，则可与上下应。如《比》、《小畜》、《大有》是也。若在下体则但言应而已，《蒙》、《师》、《履》及此卦是也。

乾坤其《易》之门耶，此乾坤通指六十四卦九六言，《巽》、《兑》、《姤》、《遁》俱以二五刚中而亨。

焦氏并曰：《同人》以一柔为主，徒柔不能以同乎人，必以天德行之，故虽得位得中，而必应乎乾，乃可谓之《同人》。至于利涉大川，则又曰乾行也，明非柔之所能辨也。凡卦之以柔为主者皆然。《履》之六三，不能以自亨也，必曰应乎乾，是以履虎尾，不咥人，亨。《小畜》之六四，不能以自亨也，必曰应乎天而时行，是以元亨。凡此皆柔为刚主，而其济也，必称乾焉。此乾之所以为大欤。

苏氏轼曰：大者皆见有于五，故曰《大有》。大者皆欲同于二，故曰《同人》。

同人曰，同人于野，亨，利涉大川，乾行也。朱注同人曰衍文也。

孔疏：称同人曰，犹言《同人卦》曰也。

王注：所以乃能同人于野，亨，利涉大川，非二之所能也。是九五乾之所行，故特曰同人曰。

按：乾在戌亥之郊，故云于野。乾有天河故云大川。此指主卦之九五言，若六二安得云野与大川也。

《正义》曰：故特曰同人曰者，谓卦之《彖词》，发首即叠卦名以释其义，则以例言之，此发首当云同人于野亨为之，别名同人曰者是其义有异。此同人卦名以六二为主，柔得位得中而应乎乾。故同人卦名系属六二，故称同人曰犹言《同人卦》曰也。同人于野，亨，利涉大川，虽是《同人》卦下之词，不关六二之义，故更叠同人于野亨之文，乃是乾之所行也。

言乾能行此德，非六二之所能也，故特云同人曰。乃云同人于野亨，与诸卦别也。

文明以健，中正而应，君子正也。

王注：行健不以武，而以文明用之。相应不以邪，而以中正通之，君子正也，故曰利君子贞。《正义》：此释君子贞也，此以二象明之，六二、九五，皆居中得正，是君子正道。若以威武而为健，邪僻而相应，非君子之正也。

惟君子为能通天下之志。

通即同也，桐生豫茂，桐生即通生也。《述义》：人心之同然者谓之志，君子以正道通之。正者感而通，初二上不正者化而通，三四，天下安得而不大同哉！

王注：君子以文明为德。《正义》：若非君子则用威武，今《彖》之下体为明，故《彖》言文明。又云：惟君子为能通天下之志，是君子用文明为德也。谓文理通明也。

《折中》上专以乾行释于野涉川者，但取刚健无私之义也，下释利贞，则并取明健中正之义。盖健德但主于无私而已，必也有文明在其先，而所知无不明。有中正在其后，而所与无不当。然后可以尽无私之义，而为君子之贞也。

时解以此节专属二爻言。二中正而五阳应之。

按：《述义》：乾覆坤故为野，乾健行故利涉。惠云：乾在西北之郊故云野，乾天有河故云大川。《春秋传》曰：河以通乾，出天苞。胡炳文曰：卦有乾体者，多言利涉大川，健故也。则此三句专主上体之乾卦言，岂六二所能乎？

王注云：行健不以武而以文明用之，相应不以邪而以中正通之，君子正也。此虽合二象说，然亦似以乾之九五为主。乾有刚健之德，而济以离之文明；乾居中正之德位，而应以二之中正，此二语亦岂六二所独乎？

《虞氏逸象》：乾为贤人，为君子，则乾亦可称君子也。惟君子为能通天下之志，五与二应，又与四阳同德，是举一卦而尽与之同，所谓通天下之志也。薛云：同人之道，利君子贞而已。正则能通其所可通，二初上并通其所不可通，三四《象》所谓通天下之志也。

初九：同人于门，无咎。象曰：出门同人，又谁咎也。

《述义》云：六二偶虚，初之门也。

李光地曰：言门则分别内外，故申其义曰出门同人也。居内之初，以同于外，出门之象。

李光缙曰：出门只是无私，系门以内是家，便心有所系。门以外是四方，便无系。

按：《象词》云同人于野，亨。孔疏：野是广远之处，借其野名喻其广远。凡卦初、上二爻在卦外，有郊野象。《需》初九需于郊，《同人》上九曰同人于郊，乾居西北之地，故言郊。郊外空阔，出门同人则与同郊野相近，故初无咎，上无悔。二、三、四、五则局于中，而六二偶虚，为初之门，则初在门之外，出乎外，则无咎。二在门之内，同于内，故咎。

《述义》：出门则于野之渐也，同所当同，谁其咎之？同于野为亨，同于宗为吝。

六二：同人于宗，吝。

《本义》：以应五为吝，《蒙》引俱书从之，似与《象》中正而应、得中应乾及同人之先以中直也之说不合，未有中正之应而可云私者。

郑陔如曰：初三为宗，二以近亲，未免有系，故吝。《小畜》六四成卦之主，而不免厉；《履》六三成卦之主，而不免凶；《同人》六二成卦之主，而不免吝，盖皆以九五为主卦之主也。

《述义》云：二本中正以与三，三为宗，故近而同之，所以类族，非有私也。然五居尊，其应也。既上应五，则当丧朋以从乾，而比于宗，虽无私而不当理，非君子贞也。二说得之。宗，党也。二下与初比，上与三比，与初三内卦同体，同在内卦，故云宗。二与五为正应，二虽为成卦之主，而五则为主卦之主，故必上应乎乾，则亨。若不专心于五，而分心于初三，则虽得位得中，而与乾行不应，亦不免于咎矣。

又，惠定宇曰：二应五，《象传》曰中正而应无取吝之道。按古文吝作遴，《说文》：遴，行难也。二为一卦之宗，而迫于三、四之刚，才济弱，不足以济，故有行难之象。此虽非正解，亦可以备一说。

九三：伏戎于莽。

惠云：三与上敌，四欲攻初，是在同人家而异德也，故五用师克之。

《折中》：三之所谓敌刚者，敌上也。四之乘墉，攻初也。盖既非应则不同，不同则有相攻相敌之象矣。《本义》以为争六二之应，而与九五相攻，似非卦意。

薛云：九三无应，以刚敌刚，不和甚矣。有升其高陵象。伏戎于莽，居下卦之上，故谓之陵。四亦无应，无应则不同，而相攻矣。居上攻下，有乘其墉象。

《程传》以墉指五，固未是。《本义》以墉指三，亦未确。

九五：同人先号咷。

薛云：五与二应，当同人之世，正所谓二人同心者也。未得则号咷，而求慕之诚。既得则笑乐，而契合之至。然惟二与五合，非大同之世也。当此三攻上，四攻初，不息其争，何以为大同之世？五为群阳之尊，有道以折服之，如用大师以相克者，然则群阳始而相争者，继而相遇矣。遇，合也。大师克相遇者，言其相胜以理，而后群阳不相违异也。

按：三之伏戎不兴，以有九五在，不敢兴也。四之乘墉弗攻，以有九五在，不敢攻也。九五刚健中正，德以怀之，威以震之，三与四曷敢为异而越厥志乎？

《述义》：《大有》，大有众也。《同人》，五阳名曰大。《师》，众之义也。九五刚健中正，应二文明，全乎君子之贞者也。以贞通天下之志，非一日之积也。当其未通，人心各异，虽大声疾呼，而不能合也，故先号咷。积而通矣，天下一心，不言而喻，故笑也。其志既通，则不特二之正应，舍宗从上，而且初出其门，三戎不兴，四墉弗乘，举一卦之大，众皆能与五以心相遇，此所谓于野之同天同大者也。利涉大川，岂待言哉？故《同人》之道，惟五足以尽之。

按：《本义》专指二五相应言，与同人于野之道不合。如此说四与初遇，则初与四同矣。三与上遇，则上与三同矣。二与五遇，则五与二同矣。六爻皆遇，是之谓大同。九五刚健中正，能使不相应者卒归于同，天下一家，以视二人同心，其利断金者，其气象之广狭岂不远哉！

《同人》者，同五阳也。若止应二一阴，不得谓之同。《大有》者，有五阳也，若止应五一阴，不得谓之大。

上九：同人于郊，无悔。

存疑。《本义》：居外无应，物莫与同，然亦可以无悔，故其象占如此。郊在野之外，未至于旷远，但荒僻无与同耳。

按：居外无应，物莫与同，则经文何以云同人于郊乎？

《折中》：于野曰：亨而于郊，仅曰无悔者，郊未如野之尤远，而大同之志未得也。以其无所苟同，故可无悔，以郊去野，尤有间其未为大同，故志犹未得。

薛云：止居卦外，心无系应，则所同者远矣。有同人于郊象，无系则公，无悔之进。

按：上与三不相应，故三伏戎而欲攻之，然三岁不兴，有九五积诚以通。大师相遇，则始虽不同，而终同矣，何得云荒僻无与同乎？窃谓此爻之义，须以九五比之，其义自明。九五为一卦之主，合六爻之不同者，卒归于同，则与同人于野之道正合，故亨。上九虽有阳刚之德，然其始异而终同，仅三而已，不能如五之大师相遇也。则与同人于野之道尚差，故但无悔。

《谦》六五利用侵伐，无不利，无不二字，甚广。故云征不服也。上六鸣谦，利用行师，征邑国。邑国二字，甚狭，故云未得也。

杨文焕曰：于宗不若于门，于门不若于郊，于郊不若于野，六爻有不能尽卦义者，《同人》是也。

周易异同商卷四

大有　☲☰乾下离上。

大有：元亨。

郑汝谐曰：阳为大，阴为小，一阴居尊，而为五阳所归，所有者大也。大非阴柔所能有也，必冲虚不自满者能有之，六五明体而虚中，所以为大有，所以为元亨。若直以大有为富有盛大，则失其义矣。

项安世曰：《同人》、《大有》二卦，皆以离之中爻为主，而以乾为应者也。《同人》离在下，以德为主，故曰应乎乾者，应其德也。《大有》离在上，以位为主，故曰应乎天而时行者，应其命也。《履》兑在下曰应乎乾，《大有》离在上曰应乎天，亦卦例也。

《折中》：《比》以九为五，视《大有》之六五为优矣。然《比》之应之者五阴也，则民应之象也。《大有》之应之者五阳也，则贤人之象也。贤人应之，所有孰大于是，故《比》但言无咎，《大有》则曰元亨。

《述义》：《同人》之离在下，人心也。《大有》之离在上，君心也。日光下照，庶类蕃昌，君心下交，贤才汇出，物之大与人之大者，君皆有之，故曰《大有》。杨文焕曰：于宗不若于门，于门不若于郊，于郊不若于野，六爻有不能尽卦义者，《同人》是也。

初九：无交害。

陆振奇曰：保终之道，慎于厥始，必有克艰于初，然后有天祐于终，故初曰大有，初九、上曰大有，上吉。独本责大有焉。

黄淳耀曰：以九居之初，是初心未变，无交故无害也。

《述义》：阳正在上，当大有之初，上无系应，故无交。不与其富盛，故亦无交之害也。夫六五交如，而初无交者，时位当然，非初之咎也。然或不安于无交，而有求心，自恃为无害，而有易心，则咎生焉。故教以艰，淡泊自矢，刻苦自励，故守无交之常，常切有害之惧，斯可无咎。

《明夷》之利艰贞，宜也，《大有》初九曰艰则无咎，《泰》六三艰贞无咎，《大壮》上六曰艰则吉，可见有壮不可恃也。

《噬嗑》六三利艰贞。

李光缙曰：大有之世，上下皆应于五，以事厥孚交如威如吉之君，五又应天时行，以享大有。上天吉无不利之祐，人主处此，所有可谓盛矣。然六五之有，不独六五能迓之，亦诸阳共致之，二之积中，三之用享，四之匪彭，皆艰而不害之道也。然后五得以孚威坐制之人，但见诸福骈集，不知其猷为见于君臣之协力者多矣。以是观之，君以柔中，臣以克艰，君有交如，臣无交害，始得共享大有之福。不然，凶咎至矣。乃知君益柔而臣益艰，此又圣人之微旨也。

王注：健不达中，为五所任，任重不危，致远不泥，故可以往而无咎。

《述义》：乾为舆，又为马，大车以载之象也。《大有》之时，诸阳上交，二与五应，则群贤遇合，二之责也。二以刚中之德，恢有容之量，多士汇征，包于度内，而又器使之，如大车以载物而有攸往也。

九三：公用享于天子。

三当大有之时，居下之上，公侯有国而富盛也。不善用之，则有适足为累，三刚正而上交用，所以有享于天子，不私其富盛，故所有者不为害也。小人自私而不以与人，则不知其所终矣。言用有之难也。

薛云：三居下之上，公侯象也。上有虚中下贤之君，九三刚而得正，德称其位，所以受燕享于天子。盖三能襄大有之治，然后可当此礼也，岂小人所能堪受乎？

九四：匪其彭，无咎。

彭，盛也。四居乾上而近五，势过盛矣。过盛则危。其彭也，乃其害也。离体能明，居柔善逊，故让而不有，以为非己之彭也。群策群力，匪其彭也。一归诸贤，嘉谟伟绩，匪其彭也。一归诸君，则功高不忌，权重不疑，故无咎。

六五：厥孚交如。

薛云：坎以中实为孚，离以中虚为孚，五以柔中居尊，能有上下之贤而交之，是盖有信以通其志者也。

上九：自天祐之。

《述义》：五下诸阳，皆臣也。待以友道，故交之。上在五上，无位者也，待以师道，故尚之，是五之孚，至上而愈笃矣。贤人者，天之心也。尚贤则顺乎天，故自天祐之也。

苏氏轼曰：易而无备，六五之顺也。厥孚交如，六五之信也。群阳归之，六五之尚贤也。郭氏雍曰：履信思顺，又以尚贤，六五之君，实尽此而言于上九者，盖言六五之吉，以此终也。故《象》曰大有之吉，则知此大有之吉，非止上九之吉也。胡炳文曰：《小畜》上九，畜之终也，其占曰厉，承六四言之。《大有》上九，有之终也，其占吉无不利，承六五言之也。《小畜》一阴畜众阳，故其终也如彼。《大有》一阴而众阳，故其终如此。盖五之厥孚，履信也，柔中思顺也，尚上九之一贤，尚贤也。

《折中》释传，朱义皆以履信思顺为上九之事，然《易》中以上爻终五爻之义甚多，如《师》大君有命，《离》王用出征，《解》公用射隼，皆非以上爻为王公也，指五爻终其义耳。

谦　䷎乾下坤上。

冯氏椅曰：一阳五阴之卦，其立象也，一阳在下卦者为《剥》《复》象，阳气之消长也。在中者为《师》《比》象，众之所归也。至三、四在二休之际，居上下之中，故以其自下而奋出于上者为《豫》。自上而退处于下者为《谦》。邱富国曰：凡卦以一阳为主者，《彖传》皆以刚言。《复》曰刚反，《豫》曰刚应，《师》、《比》曰刚中，《剥》曰刚变，《谦》不言刚者，《谦》无用于刚也。

《折中》传义释卦名，皆不取九三之义，实则成卦之主在于九三。夫子《彖传》所以不举者，因周公爻词与《彖词》同，则三为成卦之主，其义易见尔。

《述义》云：乾三入坤而为谦，故乾三为君子，谦三亦为君子。

虞仲翔曰：《谦》与《剥》综，《剥》上九下来之三，君子谓三，艮终万物，故君子有终。

孔疏：谦是善之至极，而不言无与利贞及吉者，元是物首也，利贞是干正也，于人既为谦退，何可为之首也，以谦下人，何以干正于物。《易经》之体有良吉理，可知而不言者，如《谦》卦之繇及乾九五利见大人，是吉理分明，故不云吉也。

彖曰：谦，亨，天道下济而光明。

项安世曰：九三乾也，降在下卦，是下济而光明也。陈云：《剥》上一阳居天位，来三成《谦》，故曰下济。艮阳外着，故光明。《复》下一阳居地位，往三成《谦》，故曰上行。移卦三往初来《复》，三往上来《剥》。

《正义》：坤居上体，是地道卑而上行。艮为阳，又为山，天之光明，是天道下济而光明也。

惠云：《剥》上九本乾也，九来居三，天道下济之象。坤六三居乾位，地道卑而上行也。济，程传作际，下济犹云下交也。亏马本作毁，义同。福，京本作富，富，福也。尊与撙同。撙节退让之意，光与广同。详见《系词传》谦尊而光句。

《程传》：济当作际，天之道以其气下际，故能化育万物，下际谓下交也。秦氏渊曰：下济而光明，艮也。艮有光明之象，故《艮》之《彖》曰：其道光明。阳止于上阴，不得而掩之，故光明。

地中有山，谦。

惠半农曰：天中有地，地中有山，地在山中，仅一点耳。山在地中，亦不过一坯土、一卷石而已，方存乎见少，又奚以自多？此《谦》之情、《谦》之象也。说者谓山至高而地至下，乃屈而止其下，非也。《象》曰地中不曰地下也。项云：地中有山，是实象，若云地下有山，则不可。

君子以裒多益寡。

裒字注疏训聚，其训迂滞难通。《本义》损高增卑，以适于平，亦《谦》之象。

按：孔晁《逸周书注》：谦，损也。裒或作掊，掊，减也。则字当以掊为正。

君子以捊多益寡，称物平施。

人有异作取训者，裒字一作捊。

郑荀董本俱同。虞翻曰：捊，取也。《程传》山而在地下，是高者下之，卑者上之，见抑高举下，损过益不及之义。以施于事，则裒取多者，增益寡者，称物之多寡以均其施与，使得其平也。

何氏楷曰：裒取己之多，以增益人之寡。

《义诲撮要》云：君子取有馀益不足，以贵平贱，则贵贱平矣。以财分人，则贫富平矣。以德分人，则贤不肖平矣。夫然始为有而不居，故谓之谦，非若世人心实自多而谬为恭敬之谓谦也。

又冯氏椅曰：凡文象皆别立一意，使人知用《易》之理，裒多益寡，称物平施，使大小长短各得其半，非君子谦德之象，乃君子治一世使谦之象也。《象》及六爻无此意。

《折中》：诸说皆说《谦》本义，惟冯氏以为推说，亦可相备。

初六：谦谦君子，利涉大川，吉。

钱大昕曰：《卦词》利涉大川，《需》、《讼》、《未济》指坎体而言，《益》、《中孚》指巽体而言，《谦》、《蛊》则中爻有坎，《同人》、《大有》则中爻有巽也。杂物撰德，非中爻不备，坤艮为《谦》，而初六之爻曰利涉大川，盖自是而上，则六二、九三、六四为坎也。

何氏楷曰：利涉大川，有取水木者，以卦体刳木为舟，以涉水也，《需》、《蛊》、《未济》、《谦》，或取中爻，或取卦变是也。熊朋来曰：涉川有主乾言者，《谦》伏《履》，外卦为乾也。

《述义》：初爻一变成离，文明君子也。坎大川，离虚舟，故利涉也。心不厌小，行不厌恭，卑以下人，人乐与之，用以涉险，亦可得吉，况其他乎？极言《谦》之亨也。

初六：谦谦君子。

荀氏爽曰：初最在下，故曰谦谦。

《述义》：以柔居下，谦而又谦，故曰谦谦。胡炳文曰：谦主九三，故与《卦词》俱言君子有终。初亦曰君子，何也？三居下卦之上，劳而能谦，在上之君子也。初居下卦之下，谦而又谦，在下之君子也。在上者尊而光，在下者卑而不可逾，皆所以为君子之终也。

利涉大川。

钱云：卦言利涉者，《需》、《讼》、《未济》指坎体而言，《谦》指坎巽而言。盖坎为水，有大川之象。巽为木，舟楫也。《谦》、《蛊》皆中爻有坎。

罗云：卦中两言鸣谦，上六之鸣，宣上德。六二之鸣，达下情也。二与五应，下比于初，于民最亲，其间阎贫乏不能自存，以仰望恩施者在，六二恳切敷陈，庶不壅于上闻矣。然鸣而不谦，激戆之过，上或不纳。鸣而能谦，则言者有体，听者易入，于民有益，于己无罪，吉之道也。

六二：鸣谦，贞吉。

《述义》：二承三而应五，深知三之劳也，而心服之。且欲五之知其劳也，又欲三之知己之报也，故鸣谦，乐道人之善而极言己之服善也。自言其谦，近于谄谀。二以得正，为国下贤，故其中心好之，不啻其口出也。诚于好善，天必祐之，故吉。

苏氏轼曰：雄鸣则雌应，鸣鹤在阴，故《易》以阴阳唱和寄之，于鸣谦之所以为谦者，三、六二其邻也，上六其配也，故皆和之而鸣于谦。

陈藻垣曰：《谦》、《豫》相综，故大象皆坎，与《小过》同，有飞鸟遗音之象，故《谦》曰鸣谦，《豫》曰鸣豫。中爻互震，震为善鸣。又为鹄为鼓居中得正，故贞，谦德实积于中，谦言自形于外也。

附**初六：鸣豫，凶。**

陈云：震善鸣，又坤错乾为言，皆鸣之象。又《豫》综《谦》，谦上即《豫》初也，故二爻皆言鸣，所谓《谦》轻而《豫》怠也。满则招损，故鸣豫之凶曰志穷。诚则必形，故鸣谦之志曰必得。

九三：劳谦，君子句**有终，吉。**

《折中》云：《谦》以九三为主，盖卦惟一阳得位，而居下体，谦之象也，故其爻词与卦同。《传》曰三多凶，惟此爻为最吉。

《谦》无《剥》综，九自上体降而居三，万民服也。阴为民，众阴归之，故曰万民服。

王注：上承下接，劳谦匪懈。疏以上下群阴皆来归服，事须引接，故疲劳也。邱云：凡卦以一阳为主者《彖传》皆以刚言。《谦》主九三而《彖》不言刚者，《谦》无须于刚也，用刚则不能谦矣。三有刚而不用，此其所以为谦也。吴用慎云诸儒皆以君子为句，然据初六谦谦君子，则此爻当以劳谦君子为句，《象传》明矣。

六四：无不利，㧑谦。

王注：处三之上，而用谦焉。是自上下下之义也，承五而用谦顺，则是上行之道也。尽乎奉上下下之道，故无不利。

《述义》：四乘刚，宜谦者也。重柔能谦者也，处圣主贤臣之间，德不及五，而功不及三，故无往而不㧑谦，亦无往而不利于㧑谦也。下济而光明，卑而上行，兼有之矣。

《折中》：无不利㧑谦，《本义》作两句，《程传》作一句，观夫子《象传》，则《程传》近是。

罗云：㧑与挥同。《大象》云君子以裒多益寡，称物平施。天下之寡待益者，至众且广，五之益寡，以称物为则，则随人各足。五之益寡，而称物以平施为则，则随地各足。此其散发财粟，㧑之中有则焉。四奉其则而不违，不敢不称物，不敢不平施，亦即不敢以不㧑。是五以㧑为则，而四即以㧑为谦也。二洞悉民情以鸣上，至言入而君泽施，其出天府之当以逮下者，必假手于近臣之四也。九三之谦易明，六五一爻并无谦字，则所谓不富者谓能不有其富以成谦也。六五尊为天子，富有四海，位之尊不可降，财之富则可损矣。裒多益寡，称物平施，则自损于富，以立《谦》之则矣。

六五：不富以其邻。

《述义》：五阴虚，故不富。坤为众，震帅之侵伐也。五以虚中之德，统群阴而任九三，不富以邻之象也。侵伐用三也，三互震，为长子丈人也，师贞而用丈人征伐之利也。抑不止用三而已，用执以制礼，用鸣以作乐，用卑牧以劝学，既有武功，又有文德，皆以邻之利也。《大有》六五以不自有，故能有人，《谦》之六五，以不自用，故能用人也。

六五。

谦以冲虚为本，则不以威武为尚，而五、上二爻，乃言征伐，何也？曰：《谦》与《豫》反对。《豫》卦利建侯行师，郑康成曰：震为雷，诸侯之象；坤为众，师役之象，故利建侯行师。邱富国曰：《屯》有震无坤，故言建侯，而不言行师。《谦》有坤无震，故言行师，而不言建侯。《豫》合《震》《坤》》《咸》卦，故《谦》兼之。据此二说，则五、上之言行师者，以坤卦在上故也。《坤》有师役之象，故上六云龙战于野，《复》之上六用行师，终以大败。《泰》之上六勿用师，自邑告命。《师》之《象》曰地中有水，《师》，君子以容民畜众。合五卦观之，可知《经》言行师之义矣。

《复》卦下为震，《豫》卦上为震，《谦》三至五互震，《师》二至五互震，凡卦有震者多言行师。以长。

上六：鸣谦，利用行师，征邑国。

陈藻垣曰：凡《易》中言邑国者，多皆指坤。《升》卦坤在上，故曰升虚邑。《晋》卦坤在内，故曰惟用伐邑。《泰》上六曰以其国自邑告命，《师》上六曰开国承家，《复》上六曰以其国君，皆上卦坤也。至《坎》二变坤曰邑人三百户，《益》中互坤曰为依迁国，夫下错也。《坤》曰告自邑，《涣》五变坤曰涣王居。此曰征邑国，皆因坤土也，居卦之上，以谦自鸣，此象未忘乎谦者也。

未忘乎谦，而以谦告人，则必不足于谦，而仍当以不谦者咎怀。于焉持以大力，去其矜心，必欲克己而复礼于理，庶幾得谦亨之志，而为有终之君子乎！

象曰：鸣谦，志未得也。

陈云：谓人不我知，而以谦自鸣，异乎不求人知，而谦词自露，故二曰中心得，上曰志未得也。坎为可震动，故行为征邑国，乃可用师。初涉川，行顺于谦也；二贞吉，言著于谦也；三民服，人感其谦也；四不违我，守其谦也；五不言谦，无谦之见存；上鸣谦，有谦之见存也。

解晋卦。

胡炳文曰：《谦》六五，伐不言邑，其伐也公。《既济》九三伐鬼方，其伐也大。《晋》上九伐邑，私而小矣。

愚按：五、上二爻亦然，又，六五君象，统御天下，四方有不服者则征之，所谓四征不庭也。上则取驭者小，故只云邑国。

利用寖伐王广本。

按：寖伐，犹云寝兵也。逆命者征之，不服则益增修其德而不急攻，如苗民逆命，益赞禹班师之类。《大雅》侵自阮疆，戴震读侵为寝，或古侵与寝通也。

上六：鸣谦，利用行师，征邑国。

《述义》：三震雷，上应之，故鸣也。上居顺极，内服于三，欲降以从之，而位反居上，故鸣谦，所以表己之心也。身为坤众而从震帅，亦有行师之象。五君位，侵伐及于天下，上臣位，故所征止于邑国也。

胡炳文曰：谦自禹征有苗，伯益伐之。六五不言谦，而曰利用侵伐者，亦以戒谦柔之过，不能自立者也。

象曰：鸣谦，志未得也。可用行师，征邑国也。

《折中》曰：《象传》意言上六之鸣谦，由其中心之志欲然，不自满足故也，是以虽可用行师，而但征其邑国。盖始终自治之意。

《述义》云：位处乎上，非其志之所安，故曰志未得。奉王命以出征，所征止乎邑国，而无敢侵伐，亦谦之义也。

豫　☳☷坤下震上。

豫，利建侯行师。

孔疏：纵恣宽暇之事，不可长行以经邦训俗，故不云元亨。逸豫非干正之道，故不云利贞。庄氏谓建侯即元亨，行师即利贞。按：《屯卦》元亨利贞，后别云利建侯，则建侯非元亨也。《折中》《谦》以九三为主卦，惟一阳得位而居下体，《谦》之象也，故爻词与卦同。《豫》以九四为主而居上位，卦之所由从《豫》者，故《象传》刚应而志行。

豫之时义大矣哉。

《正义》曰：凡于《彖》之末叹云大矣哉，凡十二卦。若《豫》、《旅》、《遁》、《姤》皆云时义。

按：《姤》卦注云：若言义者，于不尽于所见中有意谓者也。以此言之，则四卦卦各未尽其理，其中更有馀意，不可尽申，故总云义也。《随》卦则随时之义者，非但其中别有意义，又取随逐其时，故变云随时之义大矣哉。《睽》、《蹇》、《坎》此三卦皆云时用。

按：《睽》卦注云：睽离之时，非小人之所能用。《蹇》卦注亦云：非小人之所能用。此二卦言大矣哉，则是大人能用，故云大矣哉。其中更无馀义，惟大人能用，故云用，不云义也。《坎》卦时用，用与《睽》、《蹇》稍别，故注云：非用之常，用有时也。谓坎险之事，时之须用，利益乃大，与《睽》《蹇》时用文同而义异也。《解》之时，《革》之时，《颐》之时，《大过》之时，凡四卦直云时，不云义与用者。

按：《解》卦注难解之时，非治难时，故不言用。体尽于解，无有隐幽，故不言义。以此注推之，直云时者，寻卦之名，则其意已尽。中间更无馀义，故不言义。其卦名之事，事已行了，不须别有所用，故《解》、《蹇》及《颐》事已行了，不须言用。惟《大过》称时，注云君子有为之时，与《解》、《革》、《颐》其理稍别。《大过》是有用之时，亦直称时者，取《大过》之名，其意即尽，更无馀意，故直称时不云义，文略不云用也。

《述义》：乐由阳来，震雷发动之声也，故先王以之作乐也。德以乐彰，坤厚积累之功也，故先王以之崇德，言作一代之乐，以发扬祖考之德而尊崇之也。殷，盛也，盛祭至于荐上帝配祖考，由其顺动之德通于神明，故能以万国之豫为祖考之豫，而配乎上帝，豫孰大焉！

雷出地奋。

《汉书·五行志》：四以二月出，其卦曰《豫》，言万物随雷出地，皆逸豫也。

按：《豫》与《复》综，地雷《复》变雷地《豫》，《复》之初九，一阳自下卦而升上，故曰雷出地奋。

初六：鸣豫。

王注：乐极则悲，志穷则凶，《豫》何可鸣！

苏氏轼曰：所以为《豫》者四也，而初和之，故曰鸣，己无以自乐而恃其配以为乐，安得不凶？雌雄相应曰鸣。《述义》：四震雷，初应之，故鸣也。柔不中正，而上应九四之豫，是小人而有强援也，宠过其分，故不胜其豫而鸣。满无不损，骄无不危，当其鸣即可知其凶矣。

六二：介于石，不终日。矿于石，按：《韩诗外传》矿磏一作砎字，皆从石旁。

何云：众人之虑浅，故成而后渝，其觉也在事后。君子之识微，故不遑逸豫，其觉也在幾先。

大禹疏夷狄四项可谓知微知彰，不溺于豫者。

邱富国曰：《豫》诸爻以无所系应者为吉，《豫》初应四，而三五比四，皆有系者也，是以为凶为悔为疾。独六二阴静而中正，与四无系，特立于众阴之中，而无迟迟耽恋之意，故动静之间不失其正，吉可知矣。

《述义》：二上应五，为四所隔，宜求四也。守其中正，确乎不拔，故曰介于石也。心能有定，静则生明，于四之权势，决然去之，不俟终日，不溺于豫也。

六三：盱豫。

盱，《子夏传》作纡，是纡缓逍遥翱翔之意。姚信本作盱，云日始出也，引《诗》旴日始旦。

按：盱豫，昼乐也。冥豫，夜乐也。昼夜荒淫，岂有不悔。

朋盍簪荀爽作宗，惠云古簪字，训连。《士丧礼》簪衣于裳是也。韩非周人亡玉簪。始以为首饰称，盖秦汉间俗字，此簪字，晁氏依虞本作戠，戠音膱，聚会也。《禹贡》厥土赤埴，坟，郑木埴作戠，《疏》埴戠音，义同合也，黏也，皆聚合之义。京本作撍。

勿疑，朋盍簪。

王注：夫不信于物，物亦疑焉，故勿疑，朋合疾也。盍，合也。簪，疾也。孔疏：若能不疑于物，以信待之，则众阴群朋合聚而疾来也。

按：盍撍二字，王分二义，若依虞本晁说，则盍训合，簪训聚，二字只一义矣。

以簪括发，亦取聚意。《述义》：一阳横贯于五阴，以簪括发之象也，当以王引之之说为正。

王注：簪，疾也。盍，合也。郑注：速也。陆希声曰：撍古捷字，《埤苍》训速。《本义》两用其说，聚也。又疾也。然不若依晁氏作戠。王肃又祖感反，京作撍，《蜀才本》依京，义从郑。王引之曰：撍者正字，簪者借字也。《玉篇》：簪，侧林切，急疾也。《广韵》撍，连也。《集韵》撍，疾也。通作簪是也。撍之言寁也。不寁故也《尔雅》：寁，同捷速也。《释文》：寁，子感反，子感与祖感同，是撍即寁也。又通作憯。《墨子·明鬼》篇：鬼神之诛，若是之憯速也。《震》为决躁，故有急疾之象。而侯果乃云朋从大合，若以簪篸冠之固结也，如其说则《经》当云朋合，若簪其义始明，岂得径省其词而云朋盍簪乎？王应麟曰：簪，疾也。至侯果始有冠簪之训。晁景迁云：古者礼冠未有簪名。

《字典》手部撍字注，侧吟切，音簪，疾也。《京房易》：朋盍撍，今文作簪，疾也。《字典》：蚩部疌音捷，速也。宀部疌音昝，又音捷，《正韵》二十七感有疌字。

贞疾，恒不死。

王宗传曰：当逸豫之时，恣纵骄侈之欲，宜其死于安乐有馀也，然乘九四之刚，得以拂弼于己，故得不死。九四者，六五之法家拂士也。夫当豫之时而不为豫者，以正自守者也，六二是也。当豫之时而不得豫者，见正于人也，六五是也。此《豫》之六爻惟二六、二五所以不言豫焉。

上六，冥豫。

惠云：冥古瞑字，俗作眠。张目为盱，翕目为眠。上六冥豫，与六三盱豫反，一翕一张，皆不可长，故上成有可渝，无咎。《本义》以冥为昏冥，安得有渝，且无咎乎？

王伯厚曰：冥于豫而勉其有渝，开迁善之门也。冥于升而勉其不息，回进善之幾也。

随　䷐震下兑上。

随：刚来而下柔。

王注：为《随》而令大通利贞，得于时也。得时则天下随之矣。《随》之所施，惟在于时，时异而不随，否之道也。故随时之义大矣哉。《疏》可随则随。

《述义》：《随》之卦体，震刚来居于内，而下于兑柔之下，所谓以上下下，以贵下贱者也。卦德下动上说，动而以说行之，《随》道之善也。震出兑入，天之时也，出与俱出，入与俱入，所谓随时也。有元亨利贞之德也。而又无咎，则能随时。时者理之所在，当其可之谓也。君子之于天下，随乎时而无客心焉。其动其说，一随乎时，其义岂不大哉！逐时而用其利则大。《程传》：能大亨而得正，则为无咎。不能亨不能正，则非可随之道，岂能使天下随之乎？天下所随者，时也，故云天下随时。又云君子之道，随时而动，从宜适变，不可为典要，非造道之深，知幾达权者，不能与于此也，故赞之曰随时之义大矣哉！凡赞之者，欲人知其义之大，玩而识之也。此赞《随》时之义大，与《豫》等诸卦不同。诸卦时义是两事。

陈云：质易而丈白，易而赤，创制随时也。用之则行，舍之则藏，出处随时也。

按：泽中有雷，《随》。雷随时而出入也，君子以向晦入宴息，人随时而动静也。《本义》从王肃本亦通，但李光地云随是已往随人，而人来随我之义次之。

象曰：泽中有雷，随。

何云：雷春夏用事，《月令》仲秋雷始收声，兑为秋，又为泽，震伏兑下，故曰泽中有雷。

随。

王氏炎曰：《随》卦上兑而下震，初上二爻不变则为乾坤，变则坤之初居上而为兑，乾之上居初而为震，故曰刚来而下柔。

《程传》：《随》卦兑上震下，兑为说，震为动，说而动，动而说，皆随之义。女从人者也，以少女从长男，随之义也。又震为雷，兑为泽，雷震于泽中，泽随而动，《随》之象也。又以卦变言之，《随》自《否》来，乾之上九来居坤之下，坤之初六往居乾之上，阳来下于阴也，以阳下阴，阴必说随，为《随》之义也。

庄悌生曰：《程传》谓说而动，动而说，皆《随》之义。《朱子语录》云：但当言动而说，不当言说而动随，凡卦体卦德皆自内说出去。

王宗传曰：阳刚非在下之物也，今也得随之义来下于阴柔，则是以能以贵下贱，以上下下者也，物安得不随之乎？动而说，凡有所动而彼无不说之谓也，彼无不说，则亦无不随矣！

孔疏：震刚下于兑柔。

初九：官有渝，贞吉。

俞氏炎曰：《随》六爻专取相比相随，不取其应。初九震体，震以刚爻为主官也。官虽贵于有守，然处随之时，不可常守而不知变也。变者何？随时从权，不以主自居也，故曰官有渝。

薛云：阳为阴主，《易》道之常，今初以刚下柔，阳而随阴，是其变也。

按：随时从权，不以主自居，误得爻义，故《彖传》云随时之义大矣哉，或以初刚随二柔为说，非也。

出门交有功。

俞云：初九乃成卦之主爻，主不可以随人，故不言随而言交。九五为君位，君不可以随臣，故不言随而言孚。

又云：卦以阳爻为主，为主者固不当随人，而阳亦不当随阴。然以正从正，则随道之当然也。阳正阴邪，正即阳也。惠士奇曰：《节》下兑卦，兑为丣卯，为闭门，故九二有不出门庭之象。《随》下震卦，卯震为丣卯，为开门，故初九有出门交有功之象。

胡炳文曰：《同人》与《随》之初皆易系于私，故《同人》必出门而后可以无咎，《随》必出门而后可以有功。

陈云：初与四同德交象，交四因以交五，五多功故有辞否匪之类，获伸朋之庆。

按：刚不随柔，故上交四五，而不随于二三；柔当随刚，故六二上随四，而上六反系五。

六二：系小子，失丈夫。

《述义》：以刚从人谓之随，以柔从人谓之系。随则公，故无失；系则私，故有失。阳大阴小，故阳爻为丈夫，阴爻为小子。二当随时，柔而有私，舍初阳而从三阴，是系小子而失丈夫也。《书》曰：远耆德比顽童，此爻近之矣。

六三：系丈夫，失小子。

虞氏翻曰：阴随阳，三与上无应，上系于四。

《述义》云：三与四比，上系四阳，则下失二阴，是系大夫而失小子也。二系三则失初，故谓之弗兼与。三系四则失二，专志上巽，故曰志舍下。

沈果堂曰：二爻注以小子为初，丈夫为五，三爻注以小子为初，丈夫为四。

案：此卦以相随为义，与他卦应别。二之系小子，系三也；失丈夫，失初也。三之系丈夫，系四也；失小子，失二也。《易》以阳为大，阴为小，则丈夫当指阳爻，小子当指阴爻。且二爻皆以下随上，故皆曰系，初以阳故。言爻上反系五者，五居尊位故也。

九四：随有获。

虞云：获三也。

龚氏涣曰：《随卦》诸爻皆以阴阳相随为义，三四皆无正应，相比而相随者也。然六三上而从阳，理之正也。九四下为阴从，固守则凶，若心所孚信，在于道焉，以明自处，何咎之有？郭云：三随有求得，盖随人而有得者。四随有获，盖以得人，获为随也。

王氏弼曰：处说之初，下据二阴，三求系己，不距则获，故曰随有获也。居于臣地，履非其位，以擅其民，失于臣道，故曰贞凶。虽违常道，心存公诚，著信在道，以明其功，何咎之有？

李光地曰：三四以阴随阳，故卦惟两爻言随，馀则阳爻言交言孚，阴爻言系而已。盖刚虽下柔，而阴无随阴之理，阴为阳所下，又不可以随阳为言，圣人于词义之间，其严如此。

《本义》：九四以刚居上之下，与五同德，故其占随而有获。然势陵于五，故虽正而凶。

按：四而随五，安见有陵五之势乎？当以王注龚解为正。孚于嘉，吉。嘉，善也。所孚者善，则非诡随，盖兼上六之比，六二之应在其中也。

九五：孚于嘉，吉。

《夬》、《兑》二卦，九五与上六相比，故爻词不纯吉。惟此卦上欲系五，非五比上，故吉。若以上六为贤人，而五下之，吾闻上九为贤，未闻上六为贤也。与《颐》、《大有》又不同。

惠云：诸儒皆谓五孚于二，二弗兼与五，安得而孚之？嘉谓上，此卦三阴三阳，阴系于阳，故阴皆称系，二系初，三系四，上系五，随从之义，卦之所由名也。上系五者，《乾凿度》云：随者，二月之卦，万物随阳而出。《左传》随其出也，君必速出。故上六欲待九五拘系之，执维之，明被阳化而阴欲随之也。

仲翔亦云：随是阴随阳，非阳随阴。《本义》谓刚来随柔，恐未然。刚来随柔，专指初九一爻言，乃卦变，非正义也。

《折中》谓初刚随柔二，五刚随上柔，窃谓卦体以震刚下兑柔取象，六爻则以阴柔随阳刚为义，各不相蒙。

上六：拘系之。

王弼注：《随》之体，阴顺阳者也。

《述义》：爻皆上系，至五而极，上无所系，返而系五，位处危疑则从之，不可不专而结之，不可不固故拘系之。又从而维之，终身不改也。昔者文王三分有二，而拘系于纣，恪守侯度，祭其封内之山，其固结于神者，正以固结于君也。又云上穷于无所往，守正而已，拘系之，又从维之，守正之则也。《蹇》上六往蹇来硕，利见九五之大人，与此爻同。

附：**蹇：上六往蹇来硕，利见大人。**

御案云：《易》卦上与五虽相比，然无随从之义者，位在其上，故于象如事外之人，不与二、三、四同也。惟有时取尚贤之义，则必六五遇上九乃可，《大有》、《大畜》、《颐》、《鼎》之类是也。然《随》以九五遇上六，亦取尚贤之义，则以卦义刚来下柔故也，至于以上六遇九五，吉者绝少，而凶吝者多。盖以渐染于阴为刚中正之类累盛，《大过》、《咸》、《夬》、《兑》之类是也。惟是卦有利见大人之大，而以九五为义者，则上六与五相近，可以返而相从，《讼》、《巽》之《彖》以九五为大人矣，而上九以刚遇刚，则不相从也。《升·彖》亦言用见大人矣，而卦无九五，故言用见以别之。独《蹇》《萃》之《象》，以九五为大人，而遇之者上六也。以柔遇刚，则有相从之义，故《萃》则咨齐，求萃于五而无咎，《蹇》则来就于五而得吉。《蹇》之上优于《萃》者，聚极则散，难极则解也。

愚按：上与五虽相比，然无随从之义，则五、上二爻不得以随从为说矣。九五比上九，方有尚贤之象，九五比上六，不免比匪之伤，又不得以尚贤为词矣。上六与五相比，可以返而相从，但以刚遇刚，仍不相从，以柔遇刚，才始相从，此爻上穷于所往，返而从五，正与《萃》之求萃于五而无咎，《蹇》之来就于五而得吉一例，似当以《述义》之解为正。易《乾凿度》孔子曰：《随》上六乃从之，王用享于岐山，《随》者二月之卦。《随》德施行，藩决难解，万物随阳而出。故上六欲待九五拘系之，维持之，明阴被阳化，而阴欲随之也。

《北魏书·律历志》：二月《需》、《随》、《晋》、《解》、《大壮》五卦，藩决者，《大壮》也。难随者，《解》也。

蛊　䷑巽下艮上。

《释文》蛊一作故。果五切。

按：故，正字也；蛊，假字也。胡炳文曰：他卦皆曰往有功，此独曰往有事，蛊者事也。

王引之曰：训诂之体，一字兼有数义，《尔雅》曰：蛊，惑也。昭元年女惑男谓之蛊，此一义也。又训为事，《释文》曰：蛊，一作故。蛊之言故也。《尚书大传》曰：乃命五史书五帝之蛊事。蛊事犹故事也。《周官·占人》以八卦占筮之八故，郑注八故谓八事。《左传》习于郲娄之故，注：故，事也。蛊训为事，故大元有事，首以象《蛊》卦，此又一义也。一义各不相因，后儒褚氏孔氏不解训蛊为事之义，乃云蛊者惑也，物既惑乱，当须有事，故《序卦》云蛊者事也，谓物蛊必有事，非谓训蛊为事，是不达训诂之体矣。且如其说，则干父之蛊，亦将以为干亲之惑乱，其可乎？

王注：干父之事。

《姤》一作遘，则与柔遇刚之说合。蛊一作故，则与往有事之说合。乾一作健，方与天行健之说合。

愚按：《序卦》以喜随人者必有事，故受之以《蛊》。蛊者事也。王弼注蛊者有事而待能之时也，物既说随则待夫作制，以定其事也。孔疏干则能也。朱氏震曰：以喜必随，必有所事，臣事君，子事父，妇事夫，弟子事师，非乐于所事者，其肯随乎？《序卦》又云：有事然后可大，故受以《临》。临者大也。韩康伯曰：可大之业，由事而生。此非训蛊为事之明证乎？《蛊》之先为《随》，其后为《临》，初不专主已坏者，故伏生、扬雄、马融、王辅嗣但训为事言，自孔仲达引褚氏说始以损坏为解，后儒因将刚上柔下、《巽》而《蛊》俱作不好边说。如此则何为系以元亨乎？王弼注：上刚可以断制，下柔可以施令，既巽又止，不竞争也。有事而无竞争之患，故可以有为。《程传》下皆柔顺，在上者止齐安定之事，皆止于顺；则何蛊之不治，其道大善而亨也。愚谓巽为木，故利涉大川；巽为命，故先甲后甲。《艮》成终而又成始，故终则有始。振万物者莫如风，育万物者莫如山，故君子以振民育德。岂德不言卦乎？而云巽止非治蛊之道耶？

训诂之体，一字兼有数义。《畜》有聚、养、止、三义。《屯》有盈也、难也、物之始生也三义。《咸》有、感、逢、皆三义，《临》有大、近、迫三义，《观》有观也、示也二义。

《颜氏家训》曰：妇主中馈，惟事酒食、衣服之礼耳。国不可使预政，家不可使干蛊，如有聪明才智，识达古今，正当辅君子，劝其不足，必无牝鸡司晨，以致祸也。

陈恭愍公《小学集注》云：干犹主也，蛊，事也。牝鸡晨鸣，妇人预政，干蛊之喻也。妇人预政干蛊，则有败亡之祸矣。

故，一叶果五切，东方朔《客难》：悉力慕之，困于衣食，或失门户，使苏秦、张仪与仆并生于今之世，曾不得掌故。

按：《杂卦》：《丰》多故也，亲寡，《旅》也，故与《旅》叶，是上声。

李光地曰：诸爻皆言父母者，明所以与革不同之理，盖虽更始，而其绪承，非全然改革之比。

按：初，《象》曰意承考也，五，《象》曰承以德也，承继父母之事而为之，岂专是坏而无好乎？

《丰》多故也，亲寡《旅》也，则故亦有古音。

《述义》丰以盛大而多事。

又按：蛊训惑者，字与治通，《南史·后妃传》妖蛊外息，《易》冶容诲淫是也。训坏者，字与盬通。《鸨羽》诗：王事靡盬，孔疏：盬与蛊同，不坚牢也是。训事者，字与故通，《释文》：蛊一本作故是也。《易》感而遂通天下之故。《疏》：故，谓事故，言通天下万事也。是以明于天之道而察于民之故，《注》：故，事故也。《疏》使人明于忧患与故，注：故，事故也，并与万事也，言阳变化而察于民事也。又明于忧患与故，注：故，事故也。知以藏往，故明事故。孟子至于大故，又有故而去。疏：不幸遭其事故而告之。《汉书·礼乐志》公卿特以簿书不报为故，注：特，但也。故，谓大事也，言公卿但以文案簿书报答为事也。魏高堂隆曰：物故者，物，勿也；故，事也，言死者无有复能之事，皆可为证。惑也，坏也，事也，三义各不相蒙。《程传》云：蛊非训事，蛊乃有事也。项安世乃云：蛊不训事，事坏则万事生矣。事因坏而起，故以蛊为事之先。褚氏云：蛊者惑也，物既惑乱，终须损坏，当须有事也。混三义而为一，误矣。信如其言，则云以喜随人者，必有坏，故受之以《蛊》。蛊者坏也，坏而后可大，故受之以《临》，其可乎？

《杂卦》《随》无故也，《蛊》则饬也。韩氏康伯曰：随时之宜，不系于故也，《随》则有事，受之以《蛊》，饬整治也，《蛊》所以整治其事也。

先甲三日。

马氏融曰：十日之中独举甲者，蛊为造事之始，故举初以明事始也。《程传》：治蛊之道，如卦之才，则元亨而天下治矣。夫治乱者，苟能使尊卑上下之义正，在下者皆巽顺，在上者能止齐，安定之事皆止于顺，则何蛊之不治也，其道大善而亨也。

彖曰：刚上而柔下，巽而止，蛊。

王注：上刚可以断制，下柔可以施令，既巽人止，不竞争也。有事而无竞争之患，故可以有为也。

《正义》曰：此释《蛊卦》之名，并明称蛊之义也。以上刚能断制，下柔能施令，柔顺止静，故可以有为也。

元亨而天下治也。

卦名不吉者否，则不利君子贞矣。《剥》则不利有攸往矣，《蹇》则不利东北矣，《蛊》若果训坏乱之极，何独系以元亨乎？《书》云惟事事乃其有备，有备无患。下事字呆上事字，犹如有事之事，有事乎布之事，事乎兵之事，事乎农事之事，故一人有事于四方。

孔疏：蛊者事也，有事营为，则得亨通。

愚按：《蛊》元亨对《巽》小亨、《既济》小亨而言，蛊者开创之事，与一朝之规模，立纲陈纪，故其亨大；《巽》及《既济》，守成之事，革前此之弊政，补偏救坏，故其亨小。又《蛊》之内卦初巽也，创业垂统，其亨有不大乎？《巽》之外卦，重巽也，除旧更新，其亨有不小乎？

元，始也。《屯》曰元亨，天道草昧，君子懃懃，《蛊》曰元亨，皆以其为造事之始，故曰元。

蛊元亨而天下治也。

王注：有为而大亨，非天下治而何也？

利涉大川，往有事也。

注：蛊者有事而待能之时也，可以有为，其在此时矣。物已说随，则待夫作制，以定其事，进德修业，往则亨矣。

象曰：山下有风，蛊，君子以振民育德。

注：蛊者，有事而待能之时也，故君子以济民养德也。

《正义》曰：风能摇动散布润泽，君子能以恩泽下振于民，育养以德振民，象山下有风，育德，象山在上也。

朱子以巽而止三字，俱作不好看。

按：巽阳刚在中，象君子以申命行事。初爻进退，利武人之贞，二爻用史巫纷若，四爻田获之品，五爻先庚后庚，则巽非一于顺而无事者。《艮》阳则在上，万物之所以成终而成始，《彖》云。时止则止，时行则行，动静不失其时，则其道光明。《艮》非纯于止而不行者，此卦刚上可以断制，下柔可以施令，正是有为实际。山下有风，鼓动一林草木，故君子象之，以振民育德，乃俱作怠惰败坏训，殊不可解。

孔仲达《周易正义·叙》云：《蛊卦》先甲三日后甲三日，辅嗣注云甲者创制之令，若汉世之时，甲令乙令也。又云令洽乃诛，故后之三日。《巽卦》云先庚三日，后庚三日，注云申命令谓之庚，又云申、甲、庚皆申命之谓也。诸儒同于郑氏之记，以为甲者宣令之日，先之三者日而用辛也，欲取改新之义。后之三日而用丁也，取其丁宁之义。王氏注意本不如此，而又不顾其注，妄生异论。日用甲，用日之始也，甲为十干之始，若辛与丁，则非始矣。庚与赓同，续也，若用丁用癸，则非续矣。《本义》遵之未是。

龚氏涣曰：甲者十干之始，事之始也。故《蛊》云终则有始，如创业之君，新一代之法度也。庚者，十干之过中，事之当庚者也。故《巽》云无初有终，如中兴之主，革前朝之弊政也。甲为事始，故《蛊》于《彖》言之，庚为事终，故《巽》于外卦九五始言之。

存异。《卦气图》：蛊，三月卦也。故云先甲后甲。《巽》八月卦也，故云先庚后庚。

熊朋来曰：或曰三日者，三爻也。

孔广森曰：先甲三日者，内三爻甲子甲戌甲申。后甲三日者，外三爻甲午甲辰甲寅也。君子敬其事，则命日之始，故六甲皆吉。

《述义》：甲，乾也，纳乾甲也。先甲三日，先乾三卦也。先乾三卦为《震》，后乾三卦为《艮》，《艮》阳终则《震》阳始，乾行不息也。任天下之事者，用其震，动以符乾行，尽变巽止之习，则永无蛊矣。

初六：干父之蛊。

初《象》曰承以意，五《象》曰承以德，若以蛊作坏训，则当更而改之矣，何承之有？

前汉《刘向传》石显干尚书，注：干与管同。后汉《窦宪传》内干机蜜，注：干古与管通。

王注：处事之首，始见任者也。以柔巽之质，干父之事，能承先轨，堪其任者也。故曰有子任为事首，能堪其事，考乃无咎也。当事之首，是以危能堪其事，故无咎。

象曰：干父之蛊，意承考也。

王注：干事之首，时有损益，不可尽承，故承而已。《康诰》大伤厥考心，是父在亦称此。避干父之文，故变云考也。

附　**家人父父子子。**

朱注以上爻为父，下爻为子。

上九阳刚，父阳而子阴。《师》九二长子，六三弟子。

《折中》云：凡《易》取类上爻，有父之象，故《蛊》卦下五爻皆曰父母，至上则变其文也。

按：上一爻为父，则下五爻皆子。初有子象。《鼎》初得妾以其子，《中孚》九二鸣鹤在阴，其子和之，子指初也。二有子象，《蒙》九二子克家是也。五有子象，《明夷》箕子之明夷，蜀才作其。或以为指继体之君言，是也。《礼》七十曰老而传，父母既老，则以家事传之于子，故五爻皆有事，而上九独无事也。

孔氏《礼·疏》云：上九艮爻，艮为山，辰在戌，父老之象。《左传》：观国之光，此其代陈有国乎！非此其身，在其子孙。《记

·正义》云：内卦为己身，外卦为子孙，则六四亦有子孙。

九二：干母之蛊，不可贞。

王注：居于内中，宜干母事，故曰干母之蛊也。妇人之性，难可全正，宜屈己刚，既干曰顺，故曰不可贞也。孔疏：居内处中，干母事也。

《家人》六二注云：居内处中，履得其位。

杨氏时曰：或曰卦以五为君位，而可以言母乎？曰母者，阴尊之称，如《晋》二之称王母，《小过》六二之称遇其妣，皆谓六五也。

《恒》六五妇人吉，夫子凶。孔疏云：五居尊位，在震为夫，二居下体，在巽为妇。

愚按：或说有见，杨氏驳之未确。《家人》之卦，女正位乎内，谓六二也。男正位乎外，谓九五也。此卦二爻巽体，而处柔，故有母义。初三在卦内，而《经》称父者，系阳位也。四处阴爻，而亦称父者，在外卦，又艮体也。二处柔而又在内，非母而何？《晋》六二受兹介福，于其王母，王弼注云母者处内而成德者也。二履贞不回，则乃受兹介福于其王母也，是以王母指二爻言也。《小过》六二，过其祖，遇其妣，王注祖谓初也。妣者居内中，履中，而正者也。过初而履二位，故曰遇祖而遇其妣，是以妣指二爻言也。孔疏妣者母之称，六二居二履中，而得正位，故谓之妣。注疏之言，与《家人》之卦合，《蛊》卦六爻，初四、二、五、三、上皆不取应，初非干四之蛊，三非干上之蛊，何独于二而以为干五之蛊也？

九三：干父之蛊，小有悔。

五曰干父，则五取子象，不取君象。《象》曰承以德者，谓六五能承父之德，非谓九二能承五之德也。

刘氏弥邵曰：强以立事曰干，怠而委事曰裕。

胡炳文曰：干蛊之道以刚柔相济为尚，初六、六五柔而居刚，九二刚而居柔，皆可干蛊。不然，与其六四之过于柔而吝，不若九三之过于刚而悔也。

六五：干父之蛊，用誉。

《折中》云：《蛊》以六五为主，盖诸爻皆有事于干蛊者，至五而功始成，故诸爻皆有戒词，而五独曰用誉也。

郑维岳曰：子有干蛊之名，则过归于亲。干蛊而亲不失其令名，是用誉以干之也。故《象》不曰承敝而曰承德。

六四之裕，不事事者，五爻之干；能事事者。臣任国事，子任父事，均谓之干。若专主败失说，初何为承以意，五何为承以德乎？

上九：不事王侯，高尚其事。

孔疏：达而在上，不复以世事为心，但自尊其高慕，尚其清虚之事。《程传》贤人君子，不偶于时，而高洁自守，是此爻作隐遁之士看，如许由、四皓、严陵诸人是也。窃意不然，《表记》：子曰：事君，军旅不避难，朝廷不辞贱，处其位而不履其事，则乱也。故君使其臣，得志则慎虑而从之，否则熟虑而行之，终事而退，臣之厚也。《易》曰：不事王侯，高尚其事。郑注言臣致事，仕而去，不复事君也。君犹高尚其所为之事，言尊大其成功也。《正义》上九艮爻，艮为山，辰在戌，父老之象，是臣之致事也，故不事王侯，不得事君，君犹高尚其所为之事，引之者证臣之事君，终事而退，是臣之厚重也。据此则今之不事王侯，其始固王侯之臣，而勤劳于国事者也。石氏介曰：上在卦之终，事成也。在卦之上，而无所承，身退者也。张震渊曰：阳刚非遗世不事事之人，居《蛊》之终，则无事之时也。在卦之外，则不当事之人也。二条清楚。

临　䷒兑下坤上。

临：元亨利贞。

《序卦》有事而后可大，《临》者大也，《蛊》者事也。韩康伯云：可大之业，由事而生。二阳方长而盛大，所以次《蛊》。

刚中而应者，九二刚中，应乎六五之柔中也。

至于八月有凶。

陆振奇曰：八月七日，《本义》于《临》兼取《遁》、《观》二说，于后独取自《姤》至《复》一说。

按：日阳象，月阴象，少阴数八，少阳数七，故言八月七日，其说较捷。

何氏楷曰：八月之解不一，先儒皆谓《临》与《遁》，反自天正建子之月，一阳始生为《复》，二阳《临》，三阳《泰》，四阳《大壮》，五阳《夬》，六阳《乾》。至五月一阴始生，为《姤》，则二阴长而为《遁》，自《复》至《遁》，凡八月，二阳消矣。《观》、《临》之《彖》曰刚浸而长，《遁》传亦曰小利贞，浸而长也，《临》、《遁》反对似得之。然卦主《临》言，自《临》至《遁》，仅七月。其八月有凶，应于《复卦》言之，若以周正推《遁》为八月，则《复》当为正月。《语类》文王作卦词时，只用周正纪之，未可知也。文王未受命，何为遽改从周正耶？此其所以可疑者也。又谓夏正八月，于卦为《观》，自一阳《复》十一月，至《临》十二月，二阳浸长，逼四阴。当此之时，阳气方盛，至于八月建酉，卦为《观》，四阴浸长，逼二阳，则《临》之二阳至《观》危矣。故曰至于八月有凶。观《卦序》相承，《临》《观》反对，似若可信。然文王系《易》而从夏正，即朱子亦心疑之矣。或曰《豳风》亦用夏正，终未免附会。惟郑元云《临卦》斗建丑，而用事殷之正月也。蜀才亦云自建丑之月，至建申之月，凡历八月，则成《否》，《否》则天地不交，万物不通，是至于八月有凶，斯之谓也。唐孔氏亦从此说。愚初未以此为然，及读本传曰刚浸而长，又曰消不久也。《否》《泰》传皆有道长道消之文，于此卦互见之矣。文王殷人而从殷正，又何疑焉！

薛云自《姤》至《复》为七日，《复》阳息之卦，故言日。自《临》至《否》为八月，《否》阴消之卦，故言月。

临，刚浸而长，说而顺，刚中而应。

《折中》：刚浸而长，说而顺，刚中而应，皆释卦名也。盖刚浸而长，则阳道方亨；有悦顺之德，则人心和附；刚中而应，则上下交而志同，此其所以德泽及于天下，而足以有临也。此亦如《泰》之取义，兼交泰与消长两意，见正道之盛大，故夫子释之曰：临者大也。若但以临为凌逼小人义，则于卦爻之词多有所难通者。

《程传》二阳长于下而渐进也，下兑上坤，和悦而顺也。刚得中道而有应助，是以能大亨，而得正合天之道，刚正而和顺，天之道也。化育之功所以不息者，刚正和顺而已，以此临人临事临天下，莫不大亨而得正也。

初九：咸临。

《本义》：遍临四阴。

案：《咸》有遍义。《庄子》谓周遍咸三者，其义一也，九二以刚遍临四阴，象之与初之咸临同矣。

荀氏爽曰：阳当居五，阴当顺从，今尚在二，故云未顺命。

薛云：群阴在上，未肯顺命，非有刚中之德，无以使之感而从也。

初九：咸临，贞吉。

《述义》：咸，感也。初阳在下，前临四阴，无位而临人，不能强其服也，必有所以感之。初九刚正，故感以正。心正则人信，身正则人从。以正相感，临之贞也。人无不应，则吉矣。

九二：咸临，吉。

二初成德，故亦感临，而有不同者，初以正感，二以中感也。民受天地之中以生，以中相感，人无不应，则吉。执其中以用于民，则无不利矣。不言贞者，中则未有不正者也。《观》上二阳，中正以观天下，《临》下二阳，中正以感天下，位异而道同也。

陈藻垣曰：咸，感也，又皆也。《临》、《遁》旁通，《临》三之《遁》上成《咸》，故曰咸临。其训感者，谓初与四，二气感应也。其训皆者，谓二阳以大临小，外卦以上临下，故皆有咸临象，有感通之德，而无君临之权，则率为下之常，而守不倍之正。正其心，不为非道；正其身，不事攀援，卒至名成行立，信友获上，何吉如之！

九二：咸临，吉，无不利。

陈云：二五感应，人以五临二，故有此象。坤顺，利也，震行，亦利也。《临》，阳长利也，变《复》阳生，亦利。乘初同德，利也，应五和衷，亦利，故无不利。君臣相感，上下和衷，虽无临驭之权，亦在临民之位，可以为国家除弊政，可以为君相去奸邪，其时则开泰有机，其势则复治甚易，无往不宜矣。

咸临，吉，无不利，未顺命也。

《夬》九五《象》曰：中未光也。惟中未光，故必中行乃无咎。九二《象》曰：未顺命也，惟未顺命，故必咸临，乃得吉。

来云：卦惟二阳，故此二爻皆称咸临。

高云：未顺命者，四阴方盛，未顺阳之命也，所以必二阳咸临。周公之言吉利者，坚二阳上进之心也。孔子言未顺命者，坚二阳合德之心也。围成弗克，三家岂皆顺命乎？孔子尚不能以一阳服群阴，而况其他？

来云：以上临下，似未是。如云非一阳能临，乃二阳咸临，似妥。故戒占者以为必如是则吉，无不利也。巽为命，内卦互巽，未顺命之象。胡翼之以未为衍，任翼程以未为末，则不如《本义》之未详为能，阙疑耳。

《述义》云：二初同德，故亦咸临，而有不同者，初以正感，二以中感也。民受天地之中以生，以中相感，人无不应，故吉。执其中以用于民，则无不利矣。不言贞者，中则未有不正者也。《观》上二阳，中正以观天下，《临》下二阳，中正以感天下，位异而道同也。又云：咸者临之速者也，至者临之久也，知者临之明也，敦者临之诚也，甘者临之贼也。备陈之，而临之法戒昭矣。二阳进而临阴，临以德也；四阴下而临阳，临以位也。

蔡虚斋曰：初二咸临，以君子临小人。六三甘临，以小人临君子。六四至临，朋友之交。六五知临，君臣之义。上六敦临，大概言之。

六三：甘临。

王注：履非其位，居刚长之世，而以邪说临物，宜其无攸利也。若能尽忧其危，故修其道，刚不害正，故咎不长。

《折中》：以势为乐，故曰甘临。薛云：三，说之主也，然不中正，居下之上，以势临人，而以为甘。甘临之象，恣情势位，何利之有？

六四：至临，无咎。

王注：处顺应阳，不忌刚长，而乃应之，履得其位，尽其至者也。刚胜则柔危，柔不失正，乃得无咎也。

高云：以阴临阳，宜有咎也。然阴阳相应之至，故无咎。

虞氏翻曰：至，下也，谓下至初应。惠云：《说文》至，鸟飞从高下至地也。从一，一犹地，象形。至从一，初为地，在下，故至谓下。薛云：六四阴能顺阳，下至所应之初，如是则得柔顺之道，而无咎。

陈云：四当坤初，坤元曰至哉，亦至之象。又四居坤兑之交，地泽相比，盖临之亲者也，故曰至临。

六五：知临。

王注：处于尊位，履得其中，能纳刚以礼，用建其正不忌长，刚长而能任之，则聪明者竭其视听，知力者尽其谋能，大君之宜，如此而已。

《彖》云：刚中而应者，九二刚中应乎六中之柔中也。

《述义》：五以柔中应下刚中。

上六：敦临，吉。

王注：处坤之极，以敦而临者也。志在纳贤，以敦为德，虽在刚长，刚不害厚，故无咎。《疏》：虽在上卦之极，志意恒在于内之二阳，意在纳贤，故得吉。

上六坤土，人变艮土，故敦。

象曰：敦临之吉，志在内也。

《程传》：阴柔在下，上非能临者，宜有咎也。以其敦厚于顺刚，故吉。上居临之终，而不取极义，临无过极，故止为厚义。薛云：敦临所获益者，以其志在内卦之二阳。《九家易》阴以阳为主，故志在内也。

东坡曰：敦，益也；内，下也。六五已应九二矣，上九又从而附益之，故曰敦临。《复》之六四，已应初九矣，六五又从而附益之，故曰敦复，其义一也。

《焕》六三，志在外也，谓忘身以徇上。《师》上六，志在内也，谓顺刚而应下。上与四五同体，于初二不当应位，故但以志言之。

观　䷓坤下巽上。

《语类》：自上示下，曰观。自下观上，曰观。卦爻之《观》，去声，六爻之《观》，平声。

龙仁夫曰：观观两音，六十四卦，似无此例。只合依卦名读去声。魏了翁谓当皆作平声，观我生，观其生，大观在上，中正八观。

《本义》：此卦四阴长，而二阳消，正八月卦。而卦名《系词》更取他义，亦扶阳抑阴之义。《语类》问：《观卦》阴盛而不言凶咎，曰：此卦取义不同。盖阴虽盛于下，而九五之君乃当尊位，以阳为主，故只取为观于下之义，而不取阴盛之象也。

《姤》五能制姤，《遁》五能制遁，《否》五能体否，《观》五能下观，《姤》一阴，《遁》二阴，《否》三阴。

龚氏涣曰：《易》之卦名以阳为主，在阳长之卦，固主于阳而言，在阴长之卦，亦主于阳而言。主于阳而言者，所以扶阳也，此四阴之卦不曰《小壮》，而曰《观》也。冯氏椅曰：《观》《艮》之画，有门阙重叠之象，故取象于观。

观：盥而不荐。

凡祭祀数数盥手，一拜则掌附地，便又着洗。《语类》伊川云：人君正其表仪，以为下民之观，当庄严如始盥之初，勿使诚意少散，如既荐之后，某看观意思似不如此。《观》义是说圣人至德出治天下，自然而化，更不待用力，而天下莫不观感而化，故取义于盥，意谓积诚之至，但用盥涤，而不待乎荐享，有孚已自颙若，故曰下观而化也。此条见《朱子文集·论语禘自既灌》章。用之问盥而不荐，伊川以为灌鬯之初，诚敬犹存，至荐羞之后，精意懈怠。《本义》以为致其洁清，而不轻自用，其义不同。曰盥只是浣手，不是灌鬯。伊川承先儒之误，若云荐羞之后，诚意懈怠，则先王祭祀，只是灌鬯之初犹有诚意，及荐羞之后皆不成礼矣。

《述义》：二阳在上，建中表正，四阴仰而望之，故曰观下之观。上不以貌而以心，故上之示下，不以迹而以神，以迹示之，见者观焉，不见者不观也。隐微之内，相示以神，观天之神道，圣人以神道。则深宫穆处天下，皆见其心而天下服矣。此如宗庙之中，盥而未荐，默然无为，而诚敬所孚，人皆颙望。《中庸》云：君子不动而敬，不言而信，此之谓也。

朱井南曰：《本义》云盥谓将祭而洁手也，《程传》以为灌鬯，王弼注同或问谓其承先儒之误，然祭祀大典，岂一洁手而可以将诚乎，盖灌鬯之始，精意以享，纯以神交，而不以物将，讵必待牲羞币帛之荐，而后得为大观有耀乎？惟其盥而不荐，乃是无体之礼，上有孚而下观，天不言而四时成，圣人不言而万物睹，此物此志也，盥与灌通，《郊特牲》灌《论语》灌皆是。

愚按：祭之大节有四，一裸鬯，一荐腥，一荐熟，一馈食。裸郁鬯，所主在气，以神道事，所以尊之也。腥熟馈食，以人道事，所以亲之也。此处《彖》云先王以神道设教，故云盥而不荐，盖以自己之神与祖考之神接也。朱子云：圣人以神道设教，即盥而不荐之意。杨龟山曰：祭以精意为主，灌用郁鬯，贵气贞也。故祭有三重，向献之属，莫重于灌，以精意尤在乎此也。其解俱亮至荐熟以后，诚意虽云不散，然以人道事，究不如以神道事之尊也。《礼器》礼有以少为贵者，诸侯相朝，裸灌用郁鬯，无笾豆之荐。又曰君子曰礼之近人情者，非其至者也。郊血大飨，腥三献焖，一献熟。郑注近人情者亵，而远之者敬。孔此言礼以尊远为敬，近人情为亵。近人情者，若一献熟饱食也，既近人情，非是敬之至极。血于人为远，故郊荐血以为极敬也。沈氏括曰：腥焖以神道接之，馈食以人道接之。黄氏震曰：君子事其尊而远者，以意为主；事其卑而近者，以物为主。

按：灌，意也。荐，物也。观此数说，可知荐之不及灌矣。《本义》云：致其洁清而不轻自用，则其孚信在中，而禺然可仰。《语类》云：盥而不荐者，此是假象来说。荐是用事耳，盥是未用事之初。云不荐者，言常持得这诚敬，如盥之意，常存若荐，则是用出，用出则才毕便过耳，无复有初意矣。以用事未用事为别，似不清楚。

有孚颙若。

问：有孚颙若，承上文盥而不荐，盖致其洁清而不轻自用，则孚信在中，而颙然可仰，一说下之人信而仰之，二说孰长？《本义》曰：从后说则合得《彖》下观而化之义。问：前说似好。曰：当以《彖词》为主也。

象曰：风行地上，观。

《程传》：风行地上，与天下有风，皆为周遍庶物之象。而行于地上，遍触万物，则为《观》，经历观省之象也。行于天下，周遍四方，则为《姤》，施发命令之象也。

龚氏焕曰：天下有风《姤》，与风行地上《观》相似。《姤》曰施曰诰，自上而下，天下有风之象也。《观》曰省曰观，周历遍览，风行地上之象也。

大观在上，指上二爻；中正以观，指五二爻。

观天之神道。

王氏弼曰：统说《观》之为道，不以刑制使物，而以观感化物。神则无刑者也，不见天之使四时，而四时不忒；不见圣人使百姓，而百姓自服也。

虞氏翻曰：圣人退藏于密，以神明其德，故设而天下服矣。

吴氏澄曰：常人以言设教，则有声音。以身设教，则有形迹。圣人妙天道于不测，其应捷如影响，盖在所存者神，而所过者化也。

《述义》：上有精洁诚敬之德，颙然可仰，则在下者咸观感而化，言感神应之神也。神道者，可默契而不可名言，天有神道于穆而四时行，圣有神道笃恭而天下平，不言之教，无为而成，所谓不廌之孚也。

初六：童观。

《述义》：艮为男，故谓童。初阴在下，是草野之民，安于颛蒙，如童子不识不知，顺帝之则，何咎之有？若君子则必观政知德，观君观民也。今日之所以即昔日之所以。亦由之而不知，是可羞矣。又云：六爻之内三言君子，所望于君子大也。于时阴盛，阳一失道，势必成《剥》，故君子忧盛，危明，观小人而化之，乃无乎《剥》之咎也，其意深矣！

六二：窥观。

胡炳文曰：初位阳，故为童。二位阴，故为女童，观是茫然无所见，百姓日用而不知者也。窥观是所见者小，而不见全体，如仁者谓之仁，知者谓之知是也。

《述义》：艮为门，坤为阖户，闭门而观，故曰窥。

二五正应，能观五者，宜莫如二。二以阴柔不能进，而观光株守，于内以观外，乃女子之贞，非君子之所为也。

圣德溥博，王道荡平，拘儒浅识，蔽于一隅，而不见全体，不亦吝乎！

六三：观我生进退。

张振渊曰：士人所学既成，则进而观光，以翊圣明。其或才德未足，则退而修其所以进之之具焉，不苟且以赴功名，君子之为也。此以我字指本爻言。惠云：《语类》曰《观卦》九五为主，六三皆我生进退为观，九五何如而为进退也？此说与《本义》异也。项氏安曰：卦之主爻称我，《蒙》、《象》称我者，九二也。《小畜》称我者，六四也。《颐》初九所称之我，即上九也。《观》六三所称之我，即九五也。

《述义》：艮少男故称童，九二蒙师故称我。

六四：观国之光。

刘定之曰：九五大君，观己所为，以仪型天下。初居阳而去五远，所观不明，如童子。二居阴而去五远，所观不明，如女子。惟四得正而去五近，所观最明，故得观国之光，盖诸爻皆就五取义也。

《程传》：不指君之身而言国者，观天下之政化，则人君之道可见矣。

《本义》：利于朝觐仕进。

薛云：四近天子之光，由上能宾贤，故贤者来宾也。

尚上通。

九五：观我生，君子无咎。

薛云：九五中正以观天下者也，居此位者，但当观生平中正之德何如耳，玩占之君子，必有中正之德，足为四海之仪型，然后无咎。

阴为阳民，民指下四阴，观民为民所观也。

上九：观其生，君子无咎。

王注：不在其位，最处上极，高尚其志，为天下所观者也。

《程传》：上九不当位，是贤人。君子不在其位，而为天下所观者。

《本义》：上九阳刚居尊位之下，虽不当事任，而亦为下所观。上九《彖传》所谓大观在上者也。

《折中》：上九观其生，只是承九五之义而终言之。盖九五在君位，故曰我。上非君位，而但以君道论之，故曰其辞与九五无异者，正以见圣人省身察己，终始如一之心。

《折中》论卦位云：初为始进而未任事之人，上为既退而在事外之人，故谓之无位，然此但言其正例耳，若变例则如《泰》、《复》、《临》之初，《大有》、《大畜》、《观》、《颐》之上，皆得时而用事。盖以其为卦主故也。又论卦主云：《观》以九五、上九为主，《彖传》一所谓大观在上者也。李光地曰：因观之终而言其义，其词与九五同，五以爻义言之，以五为主也，故曰我。上以卦义言之，泛论为观之道，故曰其观道之终，德著于天下矣。然圣贤之心，不敢一日而忘修省，故必观其生平，谨终如始。

黄道周曰：观者观也，以己而观人，其名曰达观。因人以观己，其名曰反观。《传》曰反听之谓聪，内视之谓明，天下未有不观之己而能观之人者也。文之丞也，遹观厥成矣，而犹曰望道未见，何其密也。孔之圣也，如日月之代明矣，而犹曰内省不咎，何其切也。此观我生观其生，而君道师道所以并隆也。不然，童观者安于面墉之陋，窥观者自足于蔀屋之明，而曰吾以反观也，可乎哉？

《语类》云：观六爻一爻胜似一爻，盖所居之位愈高，则所见愈大也。

赵彦肃曰：大观在上，统论二阳，中正以观天下，独举九五。

按：上九一爻《传》义及王弼诸家，皆泛指贤人君子说，谓不在其位，而道德为天下所观仰者，是以此爻与五爻分作二人也，与《象传》大观在上之义不合，窃意不然。《折中》论卦位云：初定之云《观卦》，诸爻皆就五取义，今以其说推之，初六、六二以去五远，故曰童曰窥，六四一爻，以去五近，故观光宾王，六三《语类》以为观九五如何而为进退，是以三爻亦就五取义矣。上九一爻，《钦定汇纂》以为承九五之词而终言之，则上爻亦就五取义矣。《易》中以上爻终九五爻之义者甚多。如《大有》上九履信尚贤，非上九事，乃九五事。又《师》之大君有命，《离》之王用出征，《解》之公用射隼，皆非以上爻为王公也。《蒙》五爻而终其义尔，则处此以观其生，君子无咎，为九五之事，合两爻为一爻，指君德言，其义甚确。若如时解，六三但观自己，不观九五，既与四之观国之光不同。上九贵而无位，高而无民，则不可与九五相提并论矣。何以均谓之大观在上哉？

噬嗑　☲☳震下离上。

噬嗑：亨，利用狱。

《述义》：卦象颐四为梗，噬而嗑之，故《噬嗑》。互坎为陷，震坎艮皆木也，陷于三木，狱象也。天下之患，皆生于间，家国之内，谗邪间之，宇宙之内，顽梗间之，谗邪去而息。通，强梗去而政教通，故噬嗑者，论天下之大用也，而尤利用之以治狱。凡狱皆因两造不合而成，彼其所以不合者，必其有以间之，用其明威以去其间，则合而不争矣。

震动能断，离明能察，此二体之分而得嗑者也。雷合电而动以明章，电合雷而明以动章，此二体之合而得嗑者也，故亨也。其曰利用狱者，主六五言，用象得中，上行居尊，虽不当于刚中之位，而施于狱则利也。盖讼未成，利见刚中之主；狱已成，利用柔中之主。赵汝楳曰：《象》言利用狱，疑当以刚能断狱而圣人归之，六五之柔中，其哀矜惟良之义乎！

李氏舜臣曰：《噬嗑》震上离下，天地生物，有为造物之梗者，必用雷电击搏之。圣人治天下，有为民物之梗者，必用刑罚断制之。故《噬嗑》以去颐中之梗，雷电以去天地之梗，刑罚以去天下之梗也。

象曰：雷电噬嗑。

项世安曰：阴阳相噬而有声，则为雷，有光则为电，二物因噬而嗑，故曰雷电噬嗑。

张清子曰：雷电噬嗑，蔡邕石经本作电雷噬嗑。

《述义》不曰电雷而曰雷电，何也？《噬嗑》自下而上，电光掣而后雷应之，雷以从电也，故曰雷电噬嗑。

先王以明罚敕法。

薛氏暄曰：《噬嗑》、《贲》、《丰》、《旅》四卦，论用刑皆离火之用，以是见用法贵乎明。《噬嗑》、《丰》以火雷雷火交互为体，用法贵乎威明兼济。《贲》、《旅》以火山山火为体，用法贵乎明慎兼用。

陈云：卦内震外离，震则威之所及无优容，离则明之所及无冤抑。《易》于《噬嗑》、《贲》、《丰》、《旅》多言刑狱，皆以离震也。

初九：屦校灭趾。

李过曰：初罪小，用轻刑，小惩大诫也。上罪极，用重典，怙终贼刑也。

胡炳文曰：卦上离下震，初灭趾，不能如震之动。上灭耳，不能如离之明。又《系词传》一卦而兼二爻者，惟《噬嗑》与《解》，《解》难不可缓，故于上六乃待君子之动，《噬》恶不可缓，故于初六即言小人之惩。

姜氏宝曰：灭，没也。言屦校于足，而遮没其趾，伤没其趾之谓也。本义占者小伤而无咎。郭氏雍曰：初上灭字，或以为刑。独孔氏训没，校桎其足，桎大而没趾，何校械其首，械大而没耳也。或以灭耳为刖，灭鼻为劓，灭趾为剕者，非。剕刑重，故汉斩趾同于弃市，初九小刑，不当断趾也。

六二：噬肤，灭鼻，无咎。

《程传》：灭，没也。深入至灭其鼻也。刑刚暴之人，必须深痛而无咎也。

《本义》：以柔乘刚，故虽甚易，亦不免于伤灭其鼻，占者虽伤而终无咎也。

按：噬肤而至伤灭其鼻，肤系柔软之肉，何至鼻之伤，岂得云无咎乎？

薛云：灭鼻言噬而嗑之深也。灭字与灭趾灭耳同例。史言曹操佻易无威重，欢哭至以头没杯。

案：中没即灭，此灭字意。

焦氏竑曰：噬肤而掩灭其鼻是也。二在初上，有位而用刑者也。但初位在下易制，而象本刚强，故二用刑于初，用力深切，其象如噬肤至于灭没其鼻者然。

程云：灭，没也。噬深而肤没其鼻也。卦互艮为鼻，二爻变离，不见艮鼻，故曰灭。中正之人，治狱如噬肤然，无难理矣。

然用之于刚暴之徒，必彻底穷究，乃能尽得其情，故有灭鼻之象。曰无咎者，当深戒而痛惩之，非深文而罗致也。

《象》曰刚指初二乘之，其必深究之者，惟其为刚暴之人也。

六三：噬腊肉，遇毒。

《本义》：腊谓兽腊，全体骨而为之者，坚刚之物也。似于毒字不合，坚刚之肉，安见其必有毒耶？

薛云：《说文》毒，厚也。《周语》味厚实腊毒。惠氏楳曰：腊者肉，肉久称昔。

陈云：腊，《释文》训久。《汉书·五行志》味厚者有腊毒，注：腊，久也。何楷曰：腊肉，肉之陈久，大肥是也。

按：大上云得不义之财者，如食漏脯，非不暂饱，死亦及之。漏脯，肉之陈久而染屋上之煤灰者，故有毒。

六三：噬腊肉，遇毒，小吝，无咎。

三居位不当，故治人不治而有遇毒之吝。

肉久味变，故遇毒。此治陈狱而遇疑难也，或谤之，故小吝。三柔居刚，不竞不球，以求得其情，则沉冤雪而久系释，故无咎。朱注云同。

九四：噬乾胏，得金矢。

《子夏传》：胏作脯。

胡炳文曰：离为乾卦，故为乾胏腊肉。

《述义》：肉带骨，故曰胏。乾胏难噬，以喻用狱者，搏豪强治贵近也。惟官惟货兼有之焉，故贵刚不畏势也，又贵直不徇情也。四得金矢，能刚直矣。然结怨强御，恐有反覆，必其难慎，以求至当，因守其法而不为人所摇，斯国梗去而身名亦全，故吉也。

王肃《易注》云：四体离，阴卦，骨之象。骨在乾，肉脯之象。金矢所以获野禽，故食之反得金矢。君子于味必思其毒，于利必备其难。

杨升庵云：噬乾胏得金矢。王弼注金，刚也，矢，直也。《程子传》云：金取刚，矢取直，以九四阳德也。朱子《本义》乃引古之讼者，先入钧金束矢，而后听之。黄东发云：《周礼》出于王莽之世，未必尽皆周公之制。若先取金而后听其讼，此周兴、来俊臣之所不为，况周成之世乎？

坎中贯一阳，矢之象。

此爻正颐中之物，阳居坎之九四，金之象也。变坤错乾，亦金象，矢者，直也，中爻坎矢之象也。盖九四正居坎之中，坎得乾之中爻，为中男，故此爻有金象，有矢象。若六五变为乾，止有金象，无矢象矣，故止曰得黄金。

九四：噬乾胏，得金矢。

杨氏时曰：九四合一卦言之，则为间者，以爻言，则居近君之位，任除间之责者也。履象不噬人，六三噬人，《易》之取象不同类如此。王宗传曰：以一卦言之，则九四颐中之物也，所以为强梗者也。以六爻言之，则九四刚直之才也，所以去强梗者也。肉之附骨者，谓之胏，而又乾焉，亦最难噬者也。然三之于腊肉，则遇毒，而四于乾胏，则无足患者，刚柔之才异也。

邱富园曰：《噬嗑》惟四五两爻能尽治狱之道，《彖》以五之柔为主，故曰柔得中而上行，虽不当位，利用狱也。利用之言，独归之五，而他爻不与焉。爻则以四之刚为主，故曰噬乾胏，得金矢，利艰贞，吉。吉之言，独归之四，而他爻谓之无咎也。主柔而言，以仁为治狱之本。主刚而言，以威为治狱之仁。仁以寓其哀矜，威以惩其奸慝地，刚柔兼用，威爱迭施，治狱之道得矣。

何云：四在离体之下，火所乾者。骨而又乾，其坚至矣，卦中最难噬者，惟此一爻。

二、三、五皆阴爻，四爻爻阳刚，故䷔象肉象胏。

《折中》：九四承六五者，十六卦，不能皆吉，而凶者多。惟《豫》之四一阳而上下应，《噬嗑》之四一阳为用狱主，《丰》之四为动主而应乎明，《大壮》之壮至四而极，《未济》之未济至四而济，皆卦主也，故得吉利之词而免凶咎。

《程传》：九四居近君之位，当噬嗑之任者也。是其间愈大，而用刑愈深也。故云噬乾胏，胏之有联骨者，乾肉而兼骨，至坚难噬者也。噬至坚而得金矢，金取刚，矢取直。九四刚直，利在克艰其事而贞固，其守则吉也。九四刚而明体，阳而居柔，刚明则伤于果，故戒以知艰，居柔则守不固，故戒以坚贞，刚而不贞者有矣，凡失刚者，皆不贞也。在噬嗑四最为善。

六五：噬乾肉。

柔得中而上行，虽不当位，利用狱也。

《述义》：噬乾肉者，治已成之狱也。五得中，故称得黄金者，不用刚而用中也。

李氏过曰：九四以刚噬，六五以柔噬。以刚噬者有司执法之公，以柔噬者人君不忍之仁也。

上九：荷校灭耳，凶。

上明极而刚，中明至于苛察，刚至于暴戾，用重刑以示威，而无钦恤之心。自古酷吏未有能善终者，故受刑与用刑者皆凶。二治易而有功，三治难而无害，四守刚以伸法，五用中以恤刑，初用轻刑而寡过，上用重刑以罹灾，类观之，而用刑之道思过半矣。

贲　䷕离下艮上。

沈石帆云：刚为质，柔为文，《彖传》柔来而文刚，则以六二为主。所文者初九，九三分刚上而文柔，则以上九为主。所文者六四、六五，初居最下，其志未变，以质不以文，不受贲于二。二为坤体，为大舆，故曰舍车而徒。二贲于三，故曰贲其须，《传》言与上兴也。三受贲于二，故曰贲如濡如，濡润色也，又曰永贞吉。《传》曰终莫之陵，终之为言永也。陵有崇高之义，莫之陵即贞也，不以文胜质也。六四、六五受上之贲，去文反质，故言皤如。上九乾体，故曰马；以其质也，故曰白；以其文柔，故曰匪寇婚媾。与上并非正应，故曰当位疑也。五为地，为吝啬，为帛，丘园束帛，受贲而反其本也，故曰终吉。上九曰贲无咎，贲无色也。

贲：亨，小利有攸往。

惠云：郭宗谓贲亨，不利有攸往，今本不误作小。

案：郑康成曰：卦互体坎艮，艮止于上，险止于下，夹震在中，故不利大行，小有所之，则可矣。虞翻曰：小谓五，五失正，动得位，离体以刚文柔，故小利有攸往。郭改小利为不利，妄也。郭又云：刚柔交错，天文也。文明以止，人文也。注刚柔交错而成文焉，天之文也。今本脱刚柔交错一句。

案：此四字王弼释天文也一句之义，非经文也。虞翻注谓五利变之正，成巽体，离艮为星，离日坎月，巽为高，五天位，离为文明，日月星辰，高丽于上，故称天之文。玩虞义，全无以柔刚交错为天文之义，郭说非也。

蒋云：质，本也。文，末也。质，体也，文，用也。故质大而文小，刚柔质也，惟其相交，是以成立。无文不行，故小利有攸往。又云《小畜》以懿文德，《大畜》君子多识前言，以畜其德，分明以威仪文词为小，以忠行德信为大,《彖词》小字指文言。

小句，**利有攸往**句。

许氏清奇曰：小谓阴也，阳大阴小，阳质阴文。阳刚之人，诚至而文生，则阳得刚，阴助而离明于内，故亨。阴柔之人，文胜而能反质，则革薄从忠而艮止于外，故利往。是贲之卦，阳因亨而阴亦利也。

贲：柔来而文刚，故亨。分刚上而文柔，故小利有攸往。

《释文》引傅氏注：贲，古斑字，文章貌。

按：颁白，黑白杂也。《折中》：贲以六二、上九为文。《彖传》所云柔来而文刚，分刚上而文柔也。

《述义》：卦自泰来，坤上之阴入乾中而成离，柔来文刚。乾中之阳居坤上，而成艮，刚上文柔也。

王注：坤之上六来居二位，柔来文刚之义也。柔来文刚，居位得中，是以亨。乾之九二分居上位，分刚上而文柔之义也。刚上文柔不得中位，不若柔来文刚，故小利有攸往。孔疏：《泰卦》☰乾体在下，今分乾之九二上向文饰坤之上六，是分刚而文柔也。弃此九二之中，往居无位之地，弃善从恶，往无大利，故小利有攸往。又云：坤之上六，何以来居二位，不居于初、三，乾之九二，何以分居上位，不居于五者，乾性刚亢，故以己九二上居坤极；坤性柔顺，不为顺首，故以己上六下居乾之二位也。且若柔不居乾二，不成离刚不分居坤极，则不得文明以止故也。又阳本在上，阴本在下，应分刚而下，分柔而上，今乃分刚而上，分柔在下者，此本《泰卦》故也。天地交泰，则刚柔得交，若乾上坤下，则是天地否闭，刚柔不得交矣。故分刚而上，分柔而下也。邱富国曰：初与四应而相贲，二与三、五与上比而相贲。

陈藻垣曰：离以乾合坤，阳得阴助，而彰明于内，故亨。艮以坤遇乾，阴得阳助，而又止于外，故小利有攸往。

何氏楷曰：刚为质，柔为文，柔来文刚，是本先立矣，而文行焉，故亨。分刚上而文柔者，非以刚为文也，分刚尽居上，而柔始得成其文，不然无质之文，非文也。

张振渊曰：柔来文刚，是当质胜之馀而以文济之；刚上文柔，是当文胜之后而以质救之，二者皆以质为主。

案云：亨与小利有攸往，皆指文而言之，故柔来而文刚者，见刚当以柔济之，而后可通也。刚上文柔者，见柔当以刚节之，而柔之道，不可纯用以行也。何氏、张氏质文之说极明。

又按：刚上柔而曰分者，本于内之诚实，以为节文之则，乃是由中而分出者，故曰分也。

按：《损象》损刚益柔有时。

案：以刚为孚诚，柔为仪文，与此正同。

君子以明庶政，无敢折狱。

《程传》：折狱者，专用情实，有文饰则没其情矣。故无敢用文以折狱也。

何楷曰：《吕刑》云非佞折狱，惟良折狱。苟恃其明察，而缘饰以没其情，民且有含冤矣。言刻核者曰深文，言锻炼者曰文致。法曰文网，弄法曰舞文，治狱之冤，未多有不起于文者，此皆敢心误之也。

程敬承曰：《噬嗑卦》，离与震合，故《大象》言利用狱。此卦离在艮下，故《大象》无敢折狱，雷掊击山，重镇也。

初九：贲其趾，舍车而徒。

初舍车而徒，本无贲饰之心，然以卦象言之，四与初刚柔相应，则有贲象，故亦言贲。胡炳文曰：《大壮》初刚居刚，而健体不安于在下之分者也。《贲》初刚居刚，而明体能明于在下之分者也。

李光缙曰：凡车所以为行饰也，舍车而徒，则以行趾，而无事车马之饰矣。正所谓去文而从质也。

黄道周曰：初贲其趾，略其饰也。

来知德曰：《易》中言乘者，皆在上，言承者，皆在下。初在下，无乘之理，故有舍坎车而从震趾之象。当贲之初，人皆尚文，己独崇质，故有舍车而徒，以趾行之象，非谓贲饰其趾也。

贲其趾，程子作饰其行，训似未合。

按：《涣卦》九二涣奔其机，悔亡。《程传》云诸爻皆言涣，谓涣之时也。二在涣离之时，而居险中，其悔可知。若能奔就所安，则得悔亡也。六三在涣时，独有应与，无涣散之悔也。《剥》六三剥之无咎，谓剥时之无咎者也。皆以本卦所值之时训之，此皆处亦然，当以贲字为句。其趾二字为句，当贲之时，人皆饰其车，以相炫耀。己独安于徒步，而以趾行，其所以舍车而徒者，于义何居？盖从大夫之后，不可徒行，乘也者，君子之乘事也。

初居卦下而为民，于义不可乘车，则当循夫人之分而徒行矣。舍车而徒，即《履》初所云素履也。

王氏弼曰：在贲之始，以刚处下，居于无位，弃于不义，安夫徒步。孔疏云：弃不义之车，而从有义之徒步。《本义》云：舍非义之车，而安于徒步，其说虽正，然似于爻卦象义不切。李云：舍车而徒，则以趾行，而无事于车马之饰，所谓去文而从质也，此说得之，《象》所云义弗乘者。据此说，乃指上下之分言。有位之君子，义当乘车；无位之小民，义当徒步，故于义不得乘也。

《解》六四：负且乘，致寇至，可见小人不可乘君子之器也。

六二：贲其须。

《说文》：须，面毛也。《汉书》注：在颐曰须，在颔曰髯。《述义》云：三至上有颐象，二附之，故为须。二者柔来而文刚者也，柔之文刚，非有加于刚之外也，附刚而生，随刚而动，凡所以美仪容饰观瞻者，皆以贲刚，非以自贲，如人之贲其须，实以贲其颐也。是故文不虚行，必有其质，无质而强为文，非君子之文也。

薛云：六二以柔居离之中，承三而附于三之刚者，文必依质而立，循须必附颐而动，贲其须之象也。来氏知德曰：须不能自动，随颐而动，则须虽美，乃附于颐以为文者。

何云：文不附质，焉得为文，故二必贲其须以从三，五必贲于丘园以从上。

象曰：贲其须，与上兴也。

贲其须者，二以阴柔不能自振于下，幸其上承九三之刚，而相与兴起也。

沈氏一贲曰：与上兴，贲从阳也。

九三：贲如，濡如，永贞吉。

薛云：三以一刚介二柔，上下交贲，贲之盛也。然受物之饰，不可大过，故必长守其阳刚之正，则不为阴柔所溺，不至以灭质矣。何吉如之。

何氏楷曰：濡如犹《诗》云六辔如濡，谓所饰之文采鲜泽。《程传》云贲饰之盛，光彩润泽是也。

胡炳文曰：互坎有濡义，亦有陷义，《既济》、《未济》濡首濡尾，濡而陷者也。九三能守其贞，则二阴于我；二四有润泽之濡，我于彼不为陷溺之濡矣。

六四：贲如，皤如。

梁氏寅曰：六四在离明之外，为艮止之初，乃贲之极盛，而将返质素之时也。故曰贲如，皤如。

苏氏轼曰：六四爻当以白贲之义推之，四与初相贲者也。六柔初刚，以实心而求于初，不为虚饰。初曰贲趾，四曰皤如，初曰舍车，四曰白马，同一白贲之风而已。

存疑。《程传》：四与初正应相贲者也，本当贲如而为三所隔，故不获相贲而皤如。皤，白也，马在下而动者也，未获相贲，故云白马。其从正应之志如飞，故云翰如，匪为九三之寇仇所隔，则婚媾矣。

《本义》：四与初相贲者，乃为九三所隔而不得遂，故皤如，而其往来之心如飞翰之疾也，然九三刚正，非为寇者也，乃求婚媾耳，故其象如此。

辨正。案云：《程传》沿《注疏》之说，《本义》又沿《程传》之说，皆以为初、四相贲而为三所隔，故未得其贲而皤然也，然《朱子语类》六四白马翰如，言此爻无以贲饰，其马亦白也，言无饰之象，如此则已自其改其说矣。故以后诸儒皆以皤白为崇素返质之义，实于卦义为合。薛云：四与初应，刚柔相贲者也。初九、六五初以质素贲乎四，四以质素应乎初，入艮之初，其贲且止，而反质矣。故色尚皤，而有贲如皤如象。又有白马翰如象。《檀弓》殷人尚白，戎马乘翰。郑注：翰马，白色也。盖其阴阳相亲，是初不为我之寇，而实我之婚媾也，又何疑于初乎？四当应初之位也，当贲之时，返而从质，能无疑乎？

六四：当位疑也。

案云：易中凡两言如者，皆两端不定之词，故屯如邅如者，欲进而未径进也。此爻贲如皤如者，当贲之时，既外尚乎文饰，而下应初刚，又心崇乎质素，两端未能自决，《象传》谓之疑者此也。

晋如摧如，晋如愁如，萃如嗟如。

陈云：四比三应，初无所适从，所以疑也。然四文三，而又得初相助，故无尤。贲如既思致美，皤如又欲率真，此所以迟疑不决也。然于流俗波靡之中，有不同俗之人，与为同志，则相得益彰矣，复何尤哉！

《折中》：白马翰如，谓初九也，已有皤如之心，故知白马翰如而来者，匪寇也，乃已之婚媾也。

《本义》以寇指九三，似未确。

六五：贲于邱园。

《程传》：邱园，谓在外而近者，指上九也。李光地曰：上九艮主而在卦外山野之地，故曰邱园。荀氏爽曰：邱陵以为园圃，隐士之象。薛云：上居卦外，伏处邱园者也。五比上九之贤，而尊尚之，则以刚而文柔，有受贲于邱园之象。五以礼贤而有束帛之助聘，则情馀于文，虽或其物戋戋然细小，然礼薄意殷，贤乐为用，故吉。

何楷云：上阳刚处外，乃贤人隐邱园之外。据《彖传》刚来文柔，则六五乃上所贲者，爻曰贲于邱园，犹曰光贲于邱园也。

上九：白贲，无咎。

薛云：上九刚来，上文柔，成卦之主也。柔而以刚文之，则返于质矣，有白贲象。

惠云：白者五色之一，非无色也。《考工记》绘画之事后素，功画绘之事成于素，忠信之质成于礼，故曰白贲无咎。朱子谓白贲复于无色，似误。《解》、《杂卦》贲无色，语贲色不纯，非白非色，非谓贲无色也。无色则暗，安得白乎？贲无色者，犹《序卦》所云致饰亨则尽也。

象曰：白贲无咎，上得志也。

《程传》：上九为得志者，在上而文柔，成贲之功，六五之君又受其贲，故虽居无位之地，而实尸贲之功，为得志也。与他卦居极者异矣。

项安世曰：六二柔来而文刚，主内卦之文者也。内卦以文为文，故曰贲其须。须之丽于身，最为虚文也，然阳气不盛，不足以贲其须，故曰与上兴也。二与上交而成卦，二以上为主，犹须以阳主也，深明文之与质，未尝相离，故不言吉凶。上九分刚上而文柔，主外卦之文者也，外卦以质为文，故曰白贲无咎，文之初兴，必自质始，则白在众采文之先。文之既极，必以质终，则白在众采之后。白者，文之所以成始而成终，故曰上得志也。

剥　☶☷坤上艮上。

山附于地，剥。上以厚下安宅。《述义》：山者，刑形峙地，上根蟠地中，地中有山者本也言附于地则下朽饴而上倾圮，山将夷为地矣，故谓剥。下谓民也，宅谓君之所居也，民在下为君之基，犹地在下为山之基也。地基厚则山安于上，民基厚则君安于上，故居上者厚其下，所以安民之宅也。曰厚则植根深，而与附者异矣。曰安则高不危，而与剥者异矣。厚如坤之厚，安如山之安。

陈大士曰：《贲》受以《剥》，繁华之后，物力不支，而宇宙消耗。困穷之后，盗贼滋有，而人民流离。厚下安宅，此救剥要策也。

虞氏翻曰：山高绝于地，今附地者，明被剥矣。君当厚锡于下，然后得安其居。刘氏牧曰：山以地为基，厚其地则山保其高。君以民为本，厚其下则君安于上。

剥九月卦☶☷。

惠云：柔变刚也，刚谓乾也。卢氏曰：此本乾卦，群阴剥阳，故曰剥也。

蒋云：剥上一画阳，如床版盖之状。下五阴列两边，如床足之状，故诸爻象多取剥床为象。来云：艮为床为庐。

《述义》曰：君子之去小人也，明声其罪，与众弃之，用《夬》也。小人之害君子也，萋菲浸润，以浸蚀之，而不自知，用《剥》也。

陈云：《剥》一阳在上，五阴列下，故有宅象、庐象、床象。

初六：剥床以足，蔑贞凶。

一读剥床以足句，**蔑**句贞凶句。

《象》曰：剥床以足，以蔑下也。单释蔑字。

《述义》云：《剥》之为卦，纯坤剥纯乾也，上乾，庐也，阴所庇也。下乾，床也，阴所安也。初在下而先剥，是剥足也。剥足者，意不在于足也，欲剥床而先足，是剥床以足也。小人之害君子也，先于所忽而易摇者中伤之，使渐至于陷溺，亦犹是也。贞与桢同，床干也，足坏则干倾，是剥小以蔑大也。至于蔑贞，则床圮而剥者亦失所安，故君子与小人俱凶也。

六二。

沈云：剥自下而上，五与上近，剥阳者莫若五也，与五应者二也。今五无应于二，而顺于上，则二孤矣。故曰未有兴也。

剥床以辨，未有兴也。

《本义》言：未大盛，自是而辨，渐进而上，阴之盛也。

《程传》言：君子未有与，所以被剥而凶，不能自存。与犹助也，孤立无两之意，此爻是说小人，非说君子。孔疏：长此阴柔，削其正道，以此为德，则物之所弃，故《象》云未有与，言无人与助之也。

按：三说皆不明晰，薛嘉颖曰：六二中正，何以有凶，以其上无阳刚与应耳。阴不得阳为附，是以陷于群阴之中，而为剥阳耳。艮卦上下敌，初不相与也。孔疏爻又峙而不应。

何氏楷曰：得九五则有与，其卦为《观》，故大观在上，下观而化。得六五则未有与，其卦为《剥》，故小人道长。引类而升，变刚之恶，蔑贞之凶，皆以无与得之，益深惜《剥》之不能为《观》者，柔道偏胜，而无阳刚以制之也。此主二五无应说，方与卦义有合。

《述义》：二与上不相应，故云未有与。

六二：剥床以辨变坎☵，下坤☷。

朱注：辨，床干也。《述义》：辨，床陛也。

陈云：辨，床足、床身之间分辨处。又床干，又床陛，足笫间也。由初及二，徐至床足之上，床身之下，故曰剥床以辨。或曰床足床身之间有横木，似以分别上下者，故名辨，即床中横梘以盛草者之象。变坎一阳，横初之上，故以辨。事以辨而明，冤以辨而解，乃小人害正，或一言疏而坐之怨望，或一事失而诬其生平，甚至矫诏下狱，而使之无所可辨，亦无处置辨，能无蔑贞之凶乎！

剥床以肤。

床箦者，簟席也。

《述义》：层，床箦也。三当床身，四在其上而剥，故剥以肤也。肤者蒙床者也，蔽其上而阴饵之，惟此剥为最甚，不言灭贞者，肤灭则床无馀矣，贞不待言也。

存异。京房本：剥床以簠，谓祭器。

澹庵云：《易》于《坎》《剥》取象，簠簋以精意存焉。

愚按：剥床以簠，将伤及宗社，故云切近灾也。《涣》奔其机，则不丧匕鬯，故云得愿也。

六五：贯鱼。

陈云：六五变则为《巽》，巽为鱼。

《程传》：剥及君位，剥之极也，其凶可知，故更不言剥，而别设一义，以开小人迁喜之门。一阳在上，众阴有随阳之道，故发此义。

《述义》：阴长已极，再剥则无阳，圣人所不忍言也，故变词以系之。鱼与宫人，皆阴也，五阴尊，有柔中之德，能不剥阳，而顺以承之，其率诸阴也，有如贯鱼，其率以承阳也。如以宫人受宠，则阳利而已，与众阴亦无不利焉，剥之则皆凶。初、二、四顺之则无不利，三、五可以决所疑矣。

张振渊曰：遁阴方长，犹可制也，故曰畜臣妾，吉。剥阴已极，不可制也，故曰以宫人宠。畜阴之权在阳，则告阳以制阴之道；制阳之权在阴，则告阴以从阳之道，其委曲为君子谋也如此。

按：卦止一阳，众阴皆剥，惟三应乎上，而五承乎上，故一无咎，一无不利。

洪云：《易》卦所言，鱼皆指巽也，《姤卦》巽下乾上，故九二有鱼，九四无鱼。《井》内卦为巽，故二爻有射鲋之象，《中孚》外卦为巽，故曰豚鱼吉。《剥》五阴一阳，方一阳自下生，变乾为《姤》，其下三爻乃巽体也。二阴生而为《遁》，则六二、九三、九四乃巽体；三阴生而为《否》，则六三、九四、九五乃巽体；四阴生而为《观》，则上三爻乃巽体，至五阴为《剥》，则巽体始亡，故六五之《爻词》曰贯鱼，皆指下四爻皆从巽来，如鱼骈头而贯也。或曰《说卦》不言巽为鱼，今何以知之？曰以类而知之，《说卦》所不该者多矣，如坎艮不言中男少男，他可知也。

按：《姤卦》《述义》云：巽阴伏，故为鱼。虞翻逸象，巽为鱼。

硕果不食。

项安世曰：剥，烂也。复，反也。剥烂尽，复反生也。凡果烂而仁生，物烂而虫生，木叶烂而根生。

惠云：《剥》本乾也，乾为木果。上九艮也，艮为石，为果蓏，故云硕果。

粪坏烂而苗生，皆剥复之理也。

愚按：九月草木黄落，故曰剥。十月草木根生，故十月为亥，亥者荄也，胎也。

陆振奇曰：龙蛇蛰而身不生，草木落而根不枯，人之旦暮梏而夜气不息，可知天地之心，见于复而已；存于剥，不在于七日而已，在硕果之不食矣。

君子得舆。

陈氏植曰：以三与五而承于上，是为得舆。由初与二、四而极于上，是剥为庐。

薛语郇曰：君子指上九一阳，下载上为舆。坤为大舆，众阴承载一阳，如君子在车上之象。五阴为阳之民，故云民所载也。上覆下为庐，上九一阳下覆五阴，庐象。小人指众阴，小人剥阳，是直自剥其庐，失所覆庇矣。

黄道周曰：于阳曰床曰庐，谓其能安乎阴也。于阴则象之曰鱼曰宫人，谓其当顺乎阳也。曰蔑贞曰剥肤，危之也，所以严未然之防也。曰无咎曰无尤，幸之也，所以开反正之路也。

上九：硕果不食。

坤下三爻属阴，上三爻属阳。

卦气图十月，《艮》、《既济》、《噬嗑》、《大过》、《坤》，艮入坤，则动者静，故止。艮出坤，则折者生，故复。

程子曰：息训为生者，盖息则生矣，中无间断，硕果不食，则便为复也。又云：艮，止也，生也，止则便生，不止则不生，此艮所以终始万物者也。艮反为震，剥反为复。张子曰：《剥》之与《复》，不可容缓，须臾不复，则乾坤之道息矣，故既尽则生，更无先后之次也。

九月为《剥》，十月为《复》，九十二月戊乾亥，《易》曰战于乾，战者接也。十月之阳，乾也，十一月之阳，震也。坤上六，十月龙战于野，为其兼于阳也。项安世曰：剥烂尽，复反生也。凡果烂而仁生，物烂而虫生，木叶烂而根生，粪坏烂而苗生，皆《剥》《复》之理也。

注云：阳未尽而已复，则震虽生于子月，而实始于亥月。亥者，母孕长男也。子者，母生长男也。

按：一呼一吸为一息，前息未尽，而后息已生。三十日为月，晦至初一而为月朔。朱子发曰：《大过》十月，小雪气也，故曰枯杨生稊，枯杨生华，此即木叶烂而根生也。

《程传》或曰：阴阳之消，必待尽而后复生于下，此在下便有复生之义，何也？《夬》之上六，何以言终之有凶，曰上九居剥之极，只有一阳，阳无可尽之理，故明其有复生之义，见君子之道不可亡也。《夬》者，阳消阴，阴小人之道也，故但言其消亡也，何容更言却有复生之理乎！

《夬》尽则为纯乾，故《杂卦》终于《夬》。君子得舆，民所载也，阴阳盛极之时，其乱可知，乱极则自当思治，故众心愿载于君子，君子得舆也。《诗》匪风下泉，所以居变风之终也。理既如是，在卦亦象阳，阴宗阳为共载之象，阳一君而二民，故云民所载也。

小人剥庐，终不可用也。

项安世曰：《小象》皆叶韵，《剥》上九，《丰》九五，用字古，皆入志字韵，以字训用意者，用亦可作以与。王念孙曰：《剥》、《丰》两卦用字，顾炎武以为与上下韵不合。杨实宾读用为害，李安溪同卢弨弓取其说，然害与灾、尤、载、志、事五字，一属祭部，一属之部，亦不相近。且《易》言君子小人者，其事皆相反，君子得舆二句，亦取相反义。在君子则为民所载，在小人则终不可用；终不可用，则指剥庐言，非谓小人害君子也。右股为人所用，右股折则终不可用，故王弼曰虽有右股，不足用也。折股则害及股矣，何言终不可害乎？今按：用读为以，《苍颉篇》以，用也，用、与、以声近而义同，故用可读为以，犹集与就，声近义同，故集可读为就，戎与汝，声近义同，故戎可读为汝也。大元止测曰反弓马恨终不可以也，即用《象传》语，则《象传》用字之读为以明矣。《井》九三可用汲，《屈原传》引作可以汲。《吕刑》报虐以威，《论衡》引作报虐用威，《诗》勿以为笑，《荀子》引作勿用为笑，逝不以濯，《墨子》引作鲜不用濯，盖用可读为以，故与以通用也。《剥·象传》以、灾、尤、载、用为韵，《丰·象传》以、灾、志、事、用为韵，灾从巛声，尤古音颐，又古读载从哉声，哉从才声，志从㞢声，事从㞢省声，于古音并属之部，用读为以，于古音亦属之部，故与灾、尤、载、志、事、为韵也。

复　䷗震下坤下。

复：亨，出入无疾。

《本义》就古者说，去刚反之义远矣，其出入以度。《述义》

云出为外卦，入为内卦，硕果不食，入地复生，故亨也。真阳既复，出剥入复，而不为阴阳，故无疾，此于出入字顺。注疏出则阳长，出入生长也。若《程传》云复生于内，入也，长进于外，出也，则不免倒矣。且长进于外，又是刚长，不是刚反。

朋来无咎。

《汉书·五行志》：《复》，崩来无咎，自上下者为崩，厥应泰山之石，颠而下，《释文》：《京房易》朋来作崩来。

《语类》：《复卦》一阳方生，疑若未有朋也，然阳有刚长之道，自上阳始生而渐长，以至于极，则有朋来之道，而无咎也。

按：《彖》以刚反释亨字，动而以顺行释出入无疾、朋来无咎二句，以刚长释利有攸往句，则不得以渐长而至于极为朋来矣。当从《京传》作崩为是。《剥》之一阳在卦上，今穷上而反下，自上而陲于下，故曰崩。《剥》之一阳在卦外，今自外而反于内，故曰来。《姤》九五以杞包瓜，含章，有陨自天，《语类》云言能回造化，则阳气复自天而陨，陨与崩同。

反复其道，七日来复。

《剥》之一阳在外卦，五承而三应，是出无疾也。《复》之一阳在内卦，二比而四应，是入无疾也。

《述义》：乾坤坎离之外爻象三百六十，故一爻为一日。乾初变《姤》，七日成《剥》，阳失道也。必反而复其道，历坤六位，至七日而来复。

惠云：七日来复谓卦气起《中孚》，六日七分之后为复者，王辅嗣、郑康成也。谓过坤六位为復者，京君明、陆公纪也。谓五月一阴生、十一月一阳生者者，褚仲都也。《本义》取自《姤》至

《复》说。

按：沙随程氏曰：阳极于九，而少阴生于八，阴之数配月；阴极于六，而少阳复于七，阳之义配日，亦可备一说。《语类》七日八月只取七八之义是也。

《朱子文集》云：或问硕果不食，伊川谓阳无可尽之理，剥于上则生于下，虽是剥复相因之理，毕竟须由于坤，坤纯阴无阳，如此阳有断绝也，何以能生于复？曰：凡阴阳之生，一爻当一月，须是满三十日方满得那腔子，做得一卦成，今坤卦非是无阳，阳始生甚微，未有那腔子做一画不成，非是坤卦纯阴便无阳也。问十月何以为阳月。曰：《剥》尽为坤，《复》则一阳生也，《复》之一阳，不是顿然便生，乃是从《坤卦》中积来。且一月三十日以复之，一阳分作三十分，从小雪后便一日生一分，上面趱得一分，下面便生一分，到十一月半，一阳始成也。

乾坤十二画，一爻管一月䷁䷀。

七日来复。

《本义》：取自《姤》至《复》说，则七月矣。

孔氏《周易正义》序云：《复卦》七日来复，并《解》云七日，当为七月，谓阳气从五月建午而消，至十一月建子始复，所历七辰，故云七月。

今案：辅嗣注云阳气始剥尽至来复，时凡七日，刚是阳气剥尽后凡经七日始复，但阳虽建午始消，至建戌之月阳气犹在，何得称七月来复？故郑康成引《易纬》之说，建戌之月以阳气既尽，建亥之月阴用事，至建子之月阳气始生，隔此纯阴一卦，卦主六日七分，举其成数言之，而云七日来复。仲尼之纬分明，辅嗣之注若此，康成之说，遗迹可寻，而诸儒背之，其可通乎？

七日来复，天行也，利有攸往，刚长也。

薛温其曰：《易》以初爻为七日，举前卦而言也，《复》之七日来复，《震》、《既济》之七日得，皆气初爻。

邱富国曰：刚反言刚之一阳，穷上反下，而为复也。刚长言复之一阳，自下进上，为《临》为《泰》，以至为《乾》也。以其既去而来，反也，故亨。以其既反而渐长也，故利有攸往。刚反言方复之初，刚长言已复之后，《序卦》物不可以终，尽则剥，穷上反下，故受以《复》。张子曰：《剥》之与《复》不可容缓，须臾不复，则乾坤之道息矣，故适尽则生，更无先后之次也。

程子曰：《复》其见天地之心，皆谓至静能见天地之心，非也。复之卦下面一画，便是动也，安得谓之静？自古儒者皆言静见天地之心，惟某言动而见天地之心。俞氏炎曰：天地之心谓天地生万物之心也，天地生物之心，无乎不在，圣人于《剥》反为《复》，静极动初，见天地生物之心，未尝一日息，非谓惟《复卦》见天地之心也。或谓静为天地之心，非也。或又谓动为天地之心，亦非也。

苏氏舜钦曰：复其见天地之心乎，王弼解云《复》者反本之谓，天地以本为心，寂然至无，是其本也，故动息地中，乃天地之心见矣。予窃惑焉，夫《复》也者，以一阳始生而得名也，《彖》曰刚反，又曰刚长，安得谓寂然至无，即安得谓动息耶？《象》曰雷在地中，复。雷者阳物也，动物也，今在地中，则是有阳动之象也，辅弼昧举卦之体，乃以寂然至无为《复》，斯失之矣。又云冬至阴之《复》，夏至阳之《复》，又冬夏阴阳之不辨耶！

初九：不远复，无祇悔。

朱注：祗，抵也。陈云：祗，底也，至也。不至于悔也，心所发有不善，即止不动，不待失之远而始复，自不至于悔矣。不善之念皆止，是复于元善之初也，言莫大焉。祗，九家本作敍。

王引之曰：《广雅》敍，多也。无敍悔者，无多悔也，凡人知有不善，则必悔。知而复行，则又多一悔矣，今不远复者，知而不行，则但有不善之悔，而无复行之悔，故其悔无多也。

六二：休复，吉。

胡炳文曰：遁贵远，莫远于上九，而九五能比之，故曰嘉遁，遁之美者也。复贵不远，初九曰不远复，而六二能比之，复之美者也。

象曰：休复之吉，以下仁也。

下指初、二，指元，二五无应，而下比初，故曰下仁。

初克夫己，二资夫人，功不同而复同，故吉象。言仁者，硕剥之硕果，即复之初；复之初，即乾之元，故曰为仁也。

六三：频复，厉。

薛云：三与初稍远，且不中不正，其失频矣，然居内卦，与初同体，故有频复之义。

王应麟曰：柔而刚，则能过善；刚而柔，则能顺理。《复》之六三，柔而不中，勉为知之，刚而不得，故频复。《巽》之九三，刚而不中，勉为初之柔而屡失，故频巽。

朱云：六三频复，《传》以屡复屡失，夫震动于物内，不复则已，焉有屡复而屡失之理！

案：古本作嚬，郑康成本作卑，或谓颦当作颦戚之颦。颦去频从卑，省文耳。虞仲翔曰：颦，蹙也。三失位，故频复，厉。动而之正，故无咎。横渠子曰：所处非位，非颦蹙自危，不能无咎。

案：此作嚬蹙解，较优。

惠半农曰：此与《巽卦》频巽，皆当作为频颟之频。王弼曰：居下体之终，虽愈于上六之迷，已去复远矣，是以嚬也。内自讼，外嚬颟，悔过之深，故无咎。频训为数，《经传》所无，且屡失屡复，无常之人，安得无咎？频，古文颦，康成作颦，《玉篇》颦字下云《易》本作频也。

六四：中行独复。

孔疏：四处群阴之中，故曰中行。独自应初，故曰独复，以从道也。从道谓从初也。

郭氏雍曰：《剥》六三与《复》六四反对，其义相类，故《剥》取其失上下，《复》取其独复。

六五：敦复，无悔。

《述义》：五得中，故能复。坤德厚，故敦也。以其虚明，内守其中，自觉其失而复之。既复矣，又积之以至于厚，一复而不再失，故无悔也。初知之明，四守之固，常有体复之吉，永无频复之厉矣。

李氏简曰：初九阳刚君子之道也，相应相比者，复之易二与四是也。远而非应者，复之难，六五所以称敦复；敦复者，厚之至也。不与初应，本当不悔，以身能复，是以无咎。

邱富国曰：二曰待初无复，故曰下仁，曰从道。五不待初而复，故曰自考；考，成也。项安世曰：《临》以上六为敦临，《艮》

以上九为敦艮，皆取积厚之极。《复》于五即言敦复者，复之上爻，迷而不复，故复至五而极也。卦中复者五爻，初最在先，故言不远，五最在后，故言敦也。

上六：迷复，凶。

徐幾曰：位高而无下仁之美，刚远而无迁善之机，厚极而有难开之蔽，柔终而无改过之勇，皆迷极而不知复者也。《剥》上九艮所载，艮指下五阴言。《复》上六及君道，君指下初一阳言。

用行师，终有大败。

惠半农曰：一阳之卦，皆有行师征伐之象，独上六不利行师，远于初也。

愚按：《易》言征伐行师者，五卦皆以震坤取象。泰外卦坤，四至五互震。《复》内卦震，外卦坤，《豫》内卦坤，外卦震，《师》二至三互震，《谦》三至五互震，内外皆有坤，故皆言行师。《剥》亦一阳五阴之卦，而不言师者，以有坤而无震也。

坤为众，震为帅，有长子方可帅师，《比》不言师，以一阳居五位，是天子，又无震。

《述义》：君道在初，自二至五，无有不顺，上迷则反之矣，故曰反君道。

金氏贵亨曰：观《复》可以知仁，仁者，天地生物之心，于穆不已者也。《彖传》言《复》见天地之心，而六爻皆为仁之事，初不远复，颜子当之，乾道也，九得乾之初也。二休复下仁，冉闵之徒也。三频复，日月至耳。四独复，孟子生百年后，独能私淑夫子，以从道也。五敦复，坤道也，六五坤中爻也，其曾子之宏毅欤？上迷复，自暴自弃，不仁之甚也。

苏云：四已应初，而五复附益之，故曰敦复，五是五亦应初也，三与初同体，故亦复。阳一君而二民，君子之道也。

无妄　☰☳震下乾上。

赵氏彦肃曰：刚自外来，寄象尔，其实天所赋，我固有也。

《折中》：《彖》言刚来柔来，未有言自外来者，则王氏诸家谓指外卦乾体者，是以在卦为震得乾，最初之尽在人为，吾心得天最初之理，此所以为无妄也。

按：天理非由外铄我者，此特指卦象言之，见自乾来之意，赵氏之说是矣。

《史记》无妄作无望。问：若以无望即是愿望之望，非诚妄之妄，朱子曰：有所愿望即是妄，但望字说得浅，妄字深。

无妄之往，何之矣？

王注：居不可妄之时，而欲以不正有所往，将欲何之？孔疏：在无妄之世，欲有所往，何所之适矣？

《汉书·李通传》引郑注：妄之言望，人所望宜正行必有所望，行而无所望是失。

其正何可往也。

惠云：何氏楷曰：上九无妄行，有眚，即《象词》所云匪正，有眚，不利有攸往者。愚谓无妄之行，即《彖》所云无妄之往也。

按：《国策》云世有无望之福，亦有无望之祸，《史记》亦作无望，与郑注同。

天命不佑，行矣哉！

《程传》：逆天之命，而天不佑之，故不可以有行也。《程传》：往则悖于天理，天道所不佑，可行乎哉！

象曰：天下雷行，物与无妄。

武氏亿曰：《九家易》天下雷行，阳气普遍，无物不与，故曰物与也，是以物与绝句。又云：物受之以生，无有灾妄，故曰物与无妄也，是又以物与无妄连读也。虞翻曰：与谓举妄亡也，谓雷以动之，震为反生，万物出震，无亡者也，故曰物与无妄。王嗣注天下雷行，物皆不可以妄也，皆从《九家易》后一读。愚谓以《易》例推之，凡《象》释卦名，则卦皆另读，不应此独连为句，从《九家易》前读为是。

愚按：唐一行释《升卦》云自冬至后五日，乾精始复，乃大寒。地统之中，阳洽于万物根柢，而与萌芽俱升，木在地中之象，此物与二字之诣。虞训为举，王训为皆，俱非也。

按：《汉书·礼乐志》云：朱明盛长，旉与万物。瓒曰：夏为朱明。师古曰旉，古敷字，敷与，言开舒也。

先王以茂对时句**，育万物。**

薛云：对犹配也。

王注：茂，盛也。物皆不敢妄，然后万物乃得各全其性。对时育物，莫盛于斯也。

《正义》：茂，盛也。对，当也。言先王以此无妄盛德，当具无妄之时，养育万物。

案：诸卦之象，直言两象，即以卦名结之，若雷在地中，《复》。今无妄应云天下雷行，《无妄》，乃云物与《无妄》者，欲见万物皆无妄，故加物与二字也。《程传》：茂，盛也。茂对之为言，犹盛行永言之比，对时谓顺合天时天道，生万物各正其性命而不妄。王者体天道，使人物各得其宜，乃对时育物之道也。本义同。《述义》：雷以时行，而不妄行。先王育万物，亦体雷行及时之义。茂对，勉而对越之对。时者，顺合天时。育万物者，因材而笃。雷震于发生之时。故于震取时。乾元为资始之本，故于乾取育。

无妄。

沈石帆曰：大传知者观其《彖词》，则思过半矣。无妄六爻则全以彖词为主，《彖》曰元亨利贞，言元亨而利于贞，重在正也。初九以阳居阳，六二以阴居阴，正也。故初则吉而二则利也。六三以阴居阳，非正。阳，动也，阴，静也；行人，动也，邑人静也，是以或系之中，行人得而邑人灾也。九四以阳居阴，非正。初为乾体，为卦主，九四同法相应，故曰可贞无咎。可者仅可而有未尽之词，戒词也。九五以阳居阳，正也，是以有应。喜上九无妄之极，通于神明，而曰行有眚者，何也？以阳居阴，非正也。如公子伋之孝，荀息之忠，尾生之信，《象》曰无妄之行，穷之灾也，与节贞凶、其道穷也类也。

不耕获。

来知德曰：不耕获者，不方耕而即望其获也，何氏楷说亦同。不菑畲者，不方菑而即望其畲也。耕也，菑也，即明其道也。获也，畲也，即功也。不耕获，不菑畲，即明其道，不计其功也。观《小象》未富可见矣。

余范孙曰：问：不耕获不菑畲，《程子易传》爻词恐未明白，范窃谓无不耕获不菑畲之理，只是不于耕而计获之利，如程子所谓《爻词》移之以解《爻词》，则可。曰：《易传》爻象之词，虽若相及，而意实相通，特词有未足耳。《爻词》言当循理，《象》词言不计利，循理则不计利，计利非循理也。但考之经文，则《程传》与《来说》皆若有可疑者。若曰不耕而获，则多却而字，若曰不于耕而计获之利，则又须增数字方通。尝谓此爻乃自始至终都不常为，而偶然有得之意。耕获菑畬，举事之始终而言也。当无妄之世，事盖有如此者。若以义言，则圣人之无为而治，学者之不要人爵而人爵从之，皆是也。大抵此爻所谓《无妄》之福，而六三则所谓《无妄》之祸也。

王弼注不耕而获，不菑而畬，代终已成而不造也，不擅其美，乃尽臣道，故利有攸往，疏同。杨诚斋云：易传云初九动之始，六二动之继，是故初耕之，二获之。初菑之，二畬之。天下无不耕而获、不菑而畬者，其曰即述而不作之意。使有始之作之者，而无终之述之者，是耕而弗获，菑而弗畬也，其功为弗竟矣。六二之柔顺中正，是能获能畬者也，故利有攸往。未富者，因前人之为而不自多也。

六二：不耕获，不菑畬，则利有攸往。

陈氏植曰：伊川大意只谓不为获而耕，不为畬而菑。凡有所为而为者，皆计利之私心，即妄也。但《经文》中不如此下语，故《易传》中稍费言语。始谓不耕而获，不菑而畬，则必有谓不首造其事，则似以耕菑为私，意中谓耕则必有获，菑则必有畬，则以耕获菑畬为非私意。终谓既耕则必有获，既菑则必成畬，非必以获畬之富而为则，又似以获畬为私意，三说未免自相抵牾。林希元曰：田必耕而后获，必菑而后畬。其耕也，正以望获。其菑也，正以望畬，岂有不耕获不菑畬之理？

朱云：《程传》不首造其事，《本义》无所为于前，无所为于后，将道理通讲空了，乃禅学也。圣贤之学，进德修业，尽其理之当然；穷通得丧，听其人之自然。修身俟命，此正所谓无妄也。岂一点道理不尽，空空寂寂，谓之无妄哉？

愚按：此爻先儒有二说，一作不首事解，程子杨诚斋是即述而不作意，如此则当云获而不耕，畬而不菑矣。一作不图报解，即正谊不谋利意，如此则当云耕而不获，菑而不畬矣，俱于经文语意微拗。据《坊记》子曰礼之先币也，欲民之先事而后禄也，先财而后礼则民利，利犹贪也。无词而行情则民争，故君子于有馈者，弗能见则不视其馈。注：不视犹不纳也。《易》曰不耕获，不菑畬，凶，以此防民，民犹贵禄而贱行。郑康成注言：必先种之乃得获，若先菑乃得畬也。安有无事而取利者乎？孔颖达疏曰：《易·无妄》六二爻词，六二居中得位，合事九五，被六三所隔，不得往仕，是道之不行，虽食其禄，犹不耕而获割，不菑而畬田，无功得物，是其凶也。引之者证贪财之事，无事取利，正与首句先事后禄相反，则孔子《易》本作凶可知。郑氏注《礼》，不云《记》语，与今《易》不同，而直以无事取利训之，则其所传《易》本亦作凶字可知。《伐檀》云不稼不穑，胡取禾三百廛兮？不狩不猎，胡瞻尔庭有悬貆兮？《诗》以为棘刺，《易》以为凶，其理一也。若王弼本作则利有攸往，则字疑不字之讹。盖无功得禄，正《彖词》所云其匪正有眚，不利有攸往，何利之有；《未济》三爻云未济征凶，利涉大川；《本义》载：一说以为利上当有不字，窃恐此处亦然。

或疑六二居中得正，乃无妄者，何以为凶？曰：《否》之六二则包承矣，《观》之六二则窥观矣，《随》六二则系小子失丈夫矣；至于《剥》之六二剥床以辨，蔑贞凶，《颐》之六二颠颐拂经于邱颐，贞凶。以诸卦例之，九二岂必皆凶，六二岂能纯吉乎？

又《屯》之六二乘马班如，《象》曰六二之难，乘刚也。《震》之六二震来厉，亿丧贝。《象》曰震来厉，象刚也。二卦以柔乘刚，为不吉，此卦亦然，岂得无凶？

初九阳刚，阳近乎义，故无妄而吉。六二阴柔，阴近乎利，故有妄而凶。

《屯》六二屯如邅如。《同人》六二同人于宗，吝。

《咸》之六二居贞不凶。《屯》之六二乘刚有难。

咸之六二咸其腓，凶。《艮》六二艮其腓，不拯其随，其心不快。

象曰：不耕获，未富也。

《述义》：下震应乾，宜动者也。二若耕菑而勤，动则利有攸往。不耕不菑，则与震动之道悖，故凶。

富，实也。耕而获，菑而畬，有实功者方有实效。若不耕不菑，则无切实之功矣。其获其畬，俱凭空而得，何实之有？《易》以阳爻为实，阴爻为虚，《泰》六四翩翩不富，皆失实也。《丰》上六女承筐，无实，《象》曰上六无实，承虚筐也。此爻以阴居阴，故其象占如此，未富也，文法与未光也，未光大也一例。

又富字，古与福通。《郊特牲》云：富也者，福也。《诗》：何神不富。《毛传》富，福也。不耕而获，不菑而畬，虽有所得，未可以为福也，故《坊记》断以为凶。《颐》六二颠颐拂经于邱颐，征凶。王弼注：以此而往，未见其福也。此卦六三行人之得，邑人之灾，《程传》云：妄得之，得亦失之，称之未可以为得也，与此正同。

六三：无妄之灾。

王注：六三以阴处阳，行违谦顺，无妄之所以为灾也。牛者，稼穑之资也。三为不顺之行，故或系之牛，是有司之所以为获，彼人之所以为灾也。孔疏：三有不顺王事之行，故有司或系之牛制之，使不妄造。行人者，有司之义也，有司系得其牛，是行人制之得功。彼居三者，是处邑之人，僭为耕事，受其灾害，故曰行人之得，邑人之灾。

三多凶，九三犹有吉词，六三少有善者。

程子曰：三以阴柔而不中，正是为妄者也，邑人之灾也。又志应于上，欲也，亦妄也，在无妄之道，灾害也。人之妄动，由有欲也。妄动而得，亦必有失。纵使得其所利，其动而妄，失已大矣，况复凶悔随之乎！知者见妄之得，则知其失必与称也。故圣人因六三有妄之象，而明发其理，云无妄之灾，或系之牛，行人之得，邑人之灾，言如三之为妄，乃无妄之灾害也。设如所得，其失随至，如或系之牛，行人得之，以为有得，邑人失牛，是其灾也。借使邑系得马，则行人失马，乃是灾也。言有得则有失，未可以为得也，行人邑人，但言有得而有失，非以为彼己也。妄得之福，灾亦随之，妄得之得，失亦称之，固不足以为得也，人能知此，则不为妄动矣。

按：阳主义理，阴主制欲，则此卦四阳二阴，初、四、五阳也，阳明故无妄，六二、六三阴也，阴柔暗故有妄。初、四同德，五、二俱中，故无妄。惟六三与上九，俱不中不正而相应，故三灾而上眚。

六二妄而得禄，非真福也。《左传》无德而禄，殃也。故曰未富也。六二妄而得财，非真财也，故曰邑人灾也。

《象传》程子曰：行人得牛，乃邑人之灾也。有得则有失，何足以为得乎？

《述义》云：六爻之词，上下异义，下震应乾，宜行者也。耕菑则勤，动故吉。不耕菑则不勤，动故凶。三当行而勿止，故有灾。上乾互艮，四至二宜止者也，上当止而欲行，故有眚，皆不与天合故也。

程子解《丰》三爻云：三应上，上阴柔，又无位，而处震之终，二则止矣，不能动者也，他卦至终则极，震在终，则止。又云：动以天则无妄，动以人则妄矣。三居人位，所以动以人而不动以天者，岂能无妄？行人之得喻宜行，邑人之灾喻不宜止。

九四：可贞，无咎。

陈藻垣曰：三以柔居刚，喜于有为，未免惹灾。四以刚居柔，守其贞静，故可无咎。三四上皆非正，乃三灾上眚，惟四可贞。《洪范》曰：用静吉，用作凶，理信然也。

象曰：可贞无咎，固有之也。

陈云：固守而后有之也。

九五：无妄之疾，勿药有喜。

《折中》：《无妄》以初九、九五为主，盖初九阳动之始，如人诚心之初动者也。九五乾德之纯，如人至诚之无息也，故《彖》曰刚自外来而初为主于内，又曰刚中而应，指五也。

按：六三不中不正，有妄者也。有妄而得，非真得也。故曰邑人之灾。九五居中得正，无妄者也。无妄而疾，非其疾也，故曰勿药有喜。《注疏》此二爻明白。《杂卦》云：大畜，时也。无妄，灾也。灾字似专指九五之疾言，不兼六三在内。

胡炳文曰：文王羑里之囚，不殄厥愠，亦不陨厥问。周公流言之谤，公孙硕肤，德音不瑕，文周之疾，不药而自愈矣。

九五：无妄之疾。

孔疏：此假病象以喻人事，若尧汤之厄灾，非己招，但顺时修德，勿须治理，必欲除去，不劳烦天下，是有喜也。若己无罪，忽逢祸患，此乃自然之理，不须忧劳救护，亦恐反伤其性。

《述义》：五阳刚居尊，本无疾而有疾者，系于应也。有所系即性之累，但系于私者，妄疾也，当药之去其妄也。系于理者，无妄之疾也，故勿药，不以药生妄也。化其有意入于无心，应而不系，则勿乐有喜矣。

上九：无妄，行有眚，无攸利。

王注：处不可妄之极，惟宜静保其身而已，不可以有行也。六爻之词，上下异义，下震应乾，宜行者也。初往吉，二利往，皆行也。三当行而忽止，故有夫。上乾互艮，宜止者也。四可贞，五勿药，皆止也。上当止而欲行，故有眚，皆不与天合故也。

兰庭瑞曰：无妄之初，当动而动，故往则有吉。无妄之终，当静而动，故行则有眚。

《程传》：上九居卦之终，无妄之极者也，极而复行，违于理也。违于理则妄矣，故上九而行，则有灾眚，而无所利矣。

龚氏涣曰：或动或静，惟理是循，所以为无妄。上九居无妄之极，不可有行，若不循理而动，则反为妄矣，其有眚而不利也宜矣。

何氏楷曰：《象》所谓匪正行有眚者指此。

惠氏奇曰：无妄之行，即《彖传》所云无妄之往也，《本义》

谓上九非有妄也，恐未然。

愚按：上九属阳，似无妄，然因处卦之极，不当行而行，故有眚，与《乾》之上九亢龙有悔，穷之灾也同。

《中孚》上九居信之穷，故凶。《无妄》上九居无妄之极，故不利。

合全卦观之，中卦震处事之始，故三爻动者正吉，而止者凶。初九往吉行也，六二耕与菑，固勤动而有利，亦行也。若止而不耕不菑，安得复且畬哉？故《坊记》直断其凶。六三行人，行也故有得，邑人止也故有灾。二卦乾处卦之终，犹处事之终，故三爻静者吉，动者凶，九四可贞无咎。陈藻垣曰：四以刚居柔，守其贞静，无咎。《洪范》曰用静吉，理固然也。九五无妄之疾，勿药有喜，勿药即静镇之意。若用药试，则反扰动而不安矣。孔疏：此假病象以喻人事，如尧汤之厄灾，非己招，顺时修德，不须治理，必欲除去，不烦劳天下，是有喜也。上九无妄行，有眚，无攸利，其所以无攸利者，以其行也，若不行则无眚矣。

大畜　☶乾下艮上。

郑汝谐曰：畜有三义，以蕴畜言之，畜德也；以畜养言之，畜贤也；以畜止言之，畜健也。刚健笃实，辉光日新，此蕴畜之大者；养贤以及万民，此畜养之大者；乾，天下之至健，而四五能畜之，此畜止之大者。蒋云：《小畜》亦畜乾，但小畜以一阴而畜五阳，又以巽顺而止，不能力制。《大畜》则以二阴而畜四阳，能以力制，故名《大畜》。观《小畜》初二阳爻，皆以上进而得吉。《大畜》初二阳爻，皆以不进为利。又《彖词》不以健而止，而曰能止健，分别可见。

曰或疑乾行健，与上义不合。

愚按：《大畜》云能止健，大正也，《大畜》亦取畜止之义。

彖曰：大畜，刚健，笃实辉光，日新其德，刚上而尚贤。

惠云：郑以日新绝句，其德连下读。案：《汉书·礼乐志》辉光日新。《度尚碑》：令闻永崇，辉光日新。《文心雕龙》云：刚健笃实，辉光日新，《励志诗》：进德修业，辉光日新。从新字绝句，与下正、贤、天叶，宋儒改之，既不音且不词矣。

寉按：《三国志·管辂别传》刘邠问辂：《易》言刚健笃实，辉光日新，斯为同否也？辂曰：不同之名，朝旦为辉，日中为光。傅咸《易经诗》云：卑以自牧，谦尊而光，进德修业，既有典常。辉光日新，照于四方。小人勿用，君子道长。裴驷之上《三国志注表》：辉光日新，郁哉弥盛，《唐书·高骈传》：成都城讫功，筮之，得《大畜》。骈曰：畜者养也，济以刚健笃实，辉光日新，吉孰大焉？宋神宗《资治通鉴序》云：朕惟君子，多识前言往行，以畜其德，故能刚健笃实，辉光日新。又陈彭年《大宝箴》云：恭己御下，辉光日新，皆可为证。新王贤大四字为韵。其德刚上而尚贤，能止健，大正也。文法与《大有》、《彖词》其德刚健而文明一例。

象曰：大畜，刚健笃实

《困学纪闻》云：《大畜》为学，贵为文能止健，而后可以为学。文明以止，而后可以为文止者，笃实而已，不以笃实为本，则文不足以明理，学不足以成德。

《述义》：大畜乾刚健，艮笃实，辉光以笃实者畜，养其天德，止于天理，当然之极，故光华发越，其德日新而无穷，是所畜者大也。艮阳在外，有辉光象，乾健行，有日新象，卦体艮刚居上，尊尚在下三阳之贤，卦德乾健难制，艮能止之，尚贤则以人之正正己，止健则己之正正人，皆非大正者不能，故利贞也。

其德刚上而尚贤。

王注：谓上九也，处上而大通，刚来而不距，尚贤之谓也。孔疏：乾刚而上，上九不距，是贵尚贤也。

李鼎祚曰：乾为贤人，尚贤者，嘉尚下体之三阳也。

《程传》：刚上，阳居上也。阳刚居尊位之上，为尚贤之义。

薛家颖曰：艮上一阳，自下乾体升于上卦之上，而下三阳与之合德，阳阳刚之贤者也，尚而畜之，则其所畜养者大矣。

郭忠孝曰：《大有》，有贤之卦也，《大畜》，畜阳之卦也，故曰刚上尚贤。

能止健，大正也。

王弼云：尚贤制健。《疏》：健莫过于乾，而艮能止之，非也。大卦乾乎刚健中正，纯粹精也，人能止处于刚健中正之诚，非士贤不能。

《程传》：止居健上为能，止健之义，止乎健者，非大正则不能。

按：止健二字，有以制己之刚言者，何氏楷曰：下三阳之所可尚者，以其健也。然健而不知止，未免过于健。能止健，则精进者戒其大锐，杜猛者成其大刚，健而不过，乃得其正矣。有指御人之恶言者，陈洪冠云：止健者，上以师保而格君心之非，亦以清君侧之刚险者也。

愚按：何说于初、二两爻利己、脱輹相近，陈说于四、五两爻童牛之梏、豮豕之牙相近。然以之说爻则可，以之释《彖词》则差。以其于刚上尚贤之旨不合，且将健字看坏，如此则以艮制乾，而健非所健，不可谓贞矣。依程子说，止居健上为能止健，于义乃合。多识前言往行，以畜其德，则己之学问，止处于天德之上；刚上而尚贤，则因之贤才止处于天衢之上，其亨可知。

利涉大川，应乎天也，天可云应，不可云制。

王注：以制释止，非也。

《述义》所云以笃实畜养其天德，止于天理当然之极是也。

良马驰逐，而止处于天衢之上。

不家食，吉，养贤也。

梁氏寅曰：养贤亦取尚贤之义，但自刚上而言，则谓之尚贤，所以尽其礼也。自不家食而言，则谓之养贤，所以重其禄也。

利涉大川，应乎天也。此与《颐卦》不可涉大川，钱说可参看。

胡炳文曰：卦有乾体者，多曰利涉大川，健故也。惠云：先儒谓乾天有河，故云大川。《春秋纬》曰：河以通乾出天苞。

熊云：涉川有主乾而言，有主巽而言，《同人彖》曰利涉大川，以乾行也。《需》、《同人》、《蛊》、《大畜》《彖传》之意，多主乾。惟《益》、《涣》、《中孚》《彖传》主巽。若《爻词》则《谦》初六言用涉大川，《颐》六五言不可涉大川，上九言利涉大川，《未济》六三言利涉大川，《谦》伏《履》外卦，外为乾，《颐》伏《大过》乘巽，巽木也，六五之不可涉，外卦重遇巽也。《未济》六三变则乘巽木，且互乾也。

按：此卦应乎天也，指乾；《益》卦乘木舟虚也，指巽。

天在山中，大畜。

张清子曰：天在山中，畜其气也。薛云：自地以上皆天，一元之气所运，山含元气，特立地上，一切雷雨风云之气，天之所以发生万物者，靡不蕴畜于山之中，《大畜》之象也。

象曰：天在山中，大畜。

顾炎武曰：张湛注《列子》曰：自地以上皆天也，故曰天在山中。

来云：天者一气而已，气贯地中，天依乎地，地附于天，雷云皆自地出，故凡地上皆是天。

《述义》：天亦积气耳，六合之内，无处非地，则无处非天。山有雷雨云物，可升中于天，故曰天在山中。天至大也，山以静虚，止而畜之，故曰《大畜》。前言往行，有著见之迹，犹山也；德体渊默清虚，犹天也。因其言而默识其所以言，因其行而默识其所以行，则吾心之德，不外是德，畜于前言往行之中，犹天之在山中也。

《启蒙》附论云：天气朕兆于西北，至东南而下交于地，故《易》曰天下有风，《姤》也。故乾巽相对而为天网，坤功致役于西南，至东北而上交于天，故《易》曰天在山中，《大畜》也。故坤艮相对而为地，述义知其危而止其行，故不犯灾，灾谓艮山之阻。

初九：有厉，利己。

存疑。《程传》：《大畜》艮止畜乾也，故乾二爻皆取被止为义，艮三爻皆取止之为义，《本义》初九为六四所止。

九二：舆脱輹。

《程传》：二为六五所畜，止势不可进也。

如此说则乾反受制于艮矣，何以为天下之至健乎？

按：《蹇卦》，蹇，利西南，不利东北。王注：地平而山险，坤在西南，属地，故平而利。艮在东北，属山，故险而不利，是不特坎有险象，并艮亦有险象，故《蹇·彖》云见险而能止，知矣哉。又《需·彖》云：需，须也，险在前也，刚健而不陷其义，不困穷矣。王氏申子曰：《需》者，坎险在前，需而后进，惟刚则内有所主，故能需。蔡氏清曰：以刚遇险而不遽进，以陷于险者，盖阴柔不能宁耐。乾刚则沉毅不苟而能宁耐。所谓乾，天下之至健也，德行恒，《易》以知险。据此数说，可见初之已，二之脱，惟刚健而沉毅，故能不轻进而犯于灾。其止也，盖自止之，而非艮之所能止也。

初九遇四阴，九二遇五阴，以其与己不同德也，故止而不进。九三与上九，俱系阳刚，与己同德，故有良马逐之之象。

九三：良马逐。

王注：九三升于上九，而上九处天衢之亨，涂径大通，进无违距，可以驰骋，故曰良马逐。

《述义》：乾为良马，互震而动，故逐也。

来云：良马逐者，用功如良马追逐之速也，即九三终日乾乾意。闲，习也，舆者任重之物，卫者应变之物，君子以身任天下之重，必当用功于己，多识畜德，以德乐为车御，以仁义为干橹，涵养于未用之时，以待时而动，此曰闲舆卫之意也。

《汉书·五行志》：良马逐。逐，进也，言大臣得贤者，当显进其人。

六四：童牛之牿。

存疑。处艮之始，履得其位，能止健，初距不以角，豕牙横猾，刚暴难制之物，谓二也。

薛云：《易》凡言童，言小子，皆指初爻。

《程传》：初居最下，阳之微者，微而畜之，则易制，犹童牛而加牿。《本义》训五爻云：阳已进而止之，不若初之昌矣，然以柔居中而得尊位，是以得其机会而可制。

项云：初九在初，故称童牛。九二以刚居柔，无势，故称豮豕。

按：初九、九二，乾也。乾刚，上进之物，乾之健，谁能止之？四、五二爻以之训止恶则可。《程子》云：六四居大臣之位，能畜止上下之恶于未发之前，大喜之吉也。以之训止健则不可，物莫尊于上帝，其可以童牛豮豕乎？

乾阳为喜，坤阴为恶。比君子，马，阳物。比小人，豕、牛，阴物。乾为贤人，坤为小民，四、五两爻，义在止小民之恶，不在止贤人之进也。

《述义》：震艮合离为牛，自上至三有离象。艮少故童也。一阳横亘于其上，故象牿。自三至五互震震为决躁，故有豕象。陈藻垣云：六四变离，故称牛。据此二说，则童牛豮豕即指六四、六五言。牛，柔顺之物也，六四以阴居阴，故取象于童牛。豕，刚躁之物也，其质阴而性刚，六五以阴处阳，故取象于豮豕。其云童豕，则取象于艮之少，其告与牙，则取象于艮上一阳也。

《遁》二以阴居阴，故称黄牛，《姤》初以阴居阳，故称豕象。

童牛之告。

薛家颖曰：《说文》告，从口，从牛。牛触人，角着横木，所以告也。

按：《说文》及《九家易》俱作告。

按：此当从告为正。《费誓》今惟淫舍牿牛马，无敢伤牿，牿之伤，女则有常刑。孔注：牿，闲收也。是养牛之牢曰牿。与角着横木曰告者，音义各别。今本作牿误矣。柔顺之民则发其意于未发之先，六四之所以有告也。强梁之民则止其恶于已发之后，六五也，所以有止也。

六五：豶豕之互。

《字典》：木部梐韵。含梐者，交互其木，以为遮栏也。汉魏三公，门视行马。枑同梐，刘贡父曰今人谓驵獪为牙。本为之互，即主互市事也。又名杈子。

《述义》：《尔雅》：猪豮豮，故豮豕与童牛同义，皆言少也。牙，杙也，艮为止，木杙象也。豮豕善走，有牙以系之，则止矣。天下之民，散而未有纪也，圣人有以系之，制其田里，使恋其家；教之孝弟，使恋其亲，则重迁徙而畏犯法矣。

朱云：豮豕之牙，《程传》谓去其势，此本之《释文》豕去势曰豮。褚氏云：豮，除也，除其牙也。王辅嗣《易》略从之。孔疏谓豮之为除，《尔雅》无训。

案：《尔雅》豮豮，今人曰豵，谓犍猪也。胡翼之曰：豮豕者，豭豕而见豮者也，是豮为牝豕之名，即为豕除势之名。《程传》与王注两不相防也。孔仲达谓古字假借，豮豕义通。《尔雅》：豮大防，则豮是隄防之义，此豮其牙谓防止其牙也。其说凿矣。郑康成曰：牙互通。胡翼之曰：牙，杙也。按：海岱之间以杙系豕，谓之牙，与上爻童牛之牿同义。牿与杙一例。

孔广森曰：牙，郑读为互。按：《周礼·牛人》凡祭祀共其牛牲之互。郑司农云：互谓楅衡之属，猪豕之互，即此互也，梏以防牛抵触，互以禁豕放逸，古音牙如吾，与互相近，篆文形亦相似，隶楷之变，以互为牙，益易混乱。牛人互字，徐仙民亦音牙，《汉书·谷永传》百官盘亙，亙字或作牙。注盘亙，盘结而文亙也。亙或作牙言，如豕牙之盘曲，犬牙之相入也。

愚按：《史记·乐书》四畅交于中，张守节《正义》云：交，牙也。通畅交牙于中心，牙古亙字，此牙字与牙形相似之证。《诗》吁嗟乎驺虞，虞亦作才，与乎叶，祁父予王之爪牙与居叶，此互字牙音相近之证。

上九：何天之衢，亨。

毛西河曰：何荷通作，本经《噬嗑》有何校灭耳之文在。后儒引《经》又有《灵光殿赋》荷天衢以元亨之句。郑康成又明注曰艮为手，乾为首，而肩当首手之间，荷物处也，则分明是负荷之义。故康成又曰乾为天，艮为径路，此天衢也，则实言《大畜》三阳不家食而登天衢，于卦义、爻义两俱了然。《程传》解《爻词》则曰误加何字，解《象传》则又曰何以谓之天衢，至《本义》又曰何其通达之甚，皆惑于王辅嗣语助之注而误之者。张氏浚曰：刚在上为何，何谓胜其任。王宗传曰：刚上而尚贤，上九是也，以阳德居五之上，为五所尚，此所以有何天之衢之象。天衢，通显之地也，下之三阳，由己上进，故九三曰良马逐，又曰上合志也。此贤者之道，所以亨也，何如何校之何。《释文》曰：梁武帝读音贺是也，言以身任天下之责，当畜贤之时，为五所尚，主张贤路，贤者之得志，莫盛于斯也。吴氏澄曰：何作荷，其词犹言何天之休，何天之宠。《大畜》者，一阳止于外，而三阳畜藏于内，畜极则散，止极则行，故上九虽艮极，至畜之终，则不止而行也。

案：云刚止尚贤，惟上九一爻当之，且为艮主，是卦之主也。故取尚贤之义，则是贤路大通，卦所谓不家食者，此也。取艮主之义，则能应天止健，卦所谓涉大川者，此也。故天衢者喻其通，荷天之衢言其遇时之通，《杂卦》云大畜时也，正谓此也。

周易异同商卷五

颐　䷚震下艮上。

陈云：颐，口旁也，以口食物，上角不动，惟下角动。卦下震上艮，故象《颐》。《大象》离为目，故《观》，《观》五来初成《颐》，亦观颐之象。

观颐，观其所养也。

《述义》：观己之所养者，养性乎？抑养形乎？养性者，食道利用止，自饱其德，不必求于人也。养形者，食谷利用动，自劳其力，亦不可求于人也。

陆氏馀曰：观颐即考其善不善也，自求口实，即于己取之而已矣。

《折中》：陆说与《传》义异，盖云观其所养者，以求自养而已，与《彖传》尤合。

天地养万物。

薛云：地出乎震，万物得养而生；成言乎艮，万物得养而成，是以山止于上，雷动于下，《颐》之象也。

圣人养贤以及万民。

养贤谓六五尚上九之贤也，颐为养义，而六五又赖上九之贤以养人，故云圣人养贤以及万民。

山下有雷。

《述义》：雷声于震蛰于乾艮，艮东北，冬而未春之交也。山下有雷，阳气之缄藏者密，天地之所以养万物也，故为颐。《颐》，口象也，慎言语，防口之自内出者，所以养德；节饮食，防口之自外入者，所以养体。

蒋云：口实者，已出入之物也，此指言语、饮食也。《彖》词释曰观其所养也，自求口实，观其自养也可见。

初九：舍尔灵龟。

熊云：或问《颐》之《爻词》以龟虎对言，何也？曰：龟节食，虎节欲，所以自养也。《颐》中虚外实，有龟象，而何言虎也？《履》《革》之言虎，以兑居白虎之方也。《颐》上艮伏虎，又艮在《九家》言虎，亦艮伏兑尔。本爻变《颐》之《噬嗑》，有虎口而噬之象。

来云：初九阳刚，乃养人者也。但其位卑下，不能养人及民，又乃动体当颐养之初，正上止下动之时，惟知有口体之欲，所以可羞而不足贵。

惠云：《颐》有龟象，内阴外阳。阳象中，阴象体，而初在下，为伏龟。伏龟者，灵龟也，龟能食气，食气者神明而寿，故称灵龟。《颐》十一月之卦，其位在北。龟为元武，伏蛰伏之时，初阳在下似之。

项安世曰：《颐卦》惟有二阳，上九在上，谓之由颐，固为所养之主。初九在下，亦足为自养之贤，灵龟伏息而在下，初九之象也。朵颐在上而下垂，上九之象也。上九为卦之主，故称我，群阴从我而求养，固其所也。初九本无所求，乃亦仰而观我，有灵而不自保，有贵而不自珍，宜其凶也。初九本灵本贵，圣人以其为动之主，居卦之初，故深戒之，以明自养之道。

冯氏椅曰：《易》卦画将对者从中分，反对为义，非他卦取应之例也。三与四对，二与五对，初与上对，此说与项相发明。《中孚》《颐》初九与上九对，《大过》《小过》初六与上六对。郑汝谐曰：《颐》之上体皆吉，下体皆凶。上体止也，下体动也。在上而动，成养人者也，在下而动，求养于人者也。动而求养于人者，必累于口体之养，故虽以初之阳刚，未免动于欲，而观朵颐也。何楷曰：初与上，阳刚之德同，而吉凶异者，初为动之主，上为止之主，养道宜静故也。

《家语》：古之大夫有坐不廉，污垢，而退放之者，则曰簠簋不饰。注：簠簋，盖以龟形饰之，龟之不食，廉也。何孟春曰：鼎而饰以饕餮，贪之戒也；簠簋而饰以龟，廉之劝也。

舍尔灵龟《本义》朵，垂也。

郑注：朵，动也。按：颐，食物则动，郑注为切。

惠氏栋曰：《说卦》离为龟，取外刚内柔。《颐》初、上两阳而包四阴，《考工记》外骨龟属，故取象于龟。《损》二至上，《益》初至四，皆有《颐》象，故《损》之六五《益》之六二皆言龟，义或然也。

损䷨益䷩

六二：颠颐。

颠，倒也，如器盛物而倒倾也，鼎颠趾。

薛云：阳养道，以阳为实，六二阴虚，失其所以自养者也。且居动体，震下下为初九，阳刚所动，有颠颐象。上为上九，阳刚所动，故有拂经于邱颐象。

李光地曰：二五居中位，而反资上九无位之养，反于常道者也，故皆曰拂经。物各以类相从，初上与二，非应则非其类也。行而失类，是以致凶。

《述义》：经，颈也；邱，高也。人之食也，食于下则颠其首，食于上则拂其颈。六二阴柔不能自养，求养于阳。求初则颠首，以颐其卑；求上则拂经，以颐其高，而皆非其应，故往则有凶。内无资身之策，外无相知之素，靦面求人，徒辱身而无得，深戒之也。

六三：拂颐，贞。

三与上应，拂经于邱颐者也。躁动不中，贪得无厌，故凶。薛云：上为颐主，而三应之，宜得所养矣。然不中不正，居动之极，以此求上，必致乖忤，是违颐养之道者也。

颐六三。

《蒙》六三

案云：《易》例，阴爻居下体，而有求于上位者，皆凶。

按：《颐》卦下三爻皆以下求上，故凶。上三爻皆以上养下，故吉。

项安世曰：《拂颐贞》三字当连读，颐之《卦词》曰颐贞吉，三之《爻词》曰拂颐贞句，凶，卦中惟此一爻与卦义相反，故曰道大悖也。

王注：拂养正之义。孔疏：违养正之义，故曰拂颐贞吉，是以拂字作违训。其欲逐逐，有作寡欲少求说者。虎不再交，其于牝牡之欲则寡矣。

六三：拂颐贞句**，凶**。

存异。上九由颐，一卦之主，三与上为正应，求养于上，以得其正，而云拂颐之贞，何也？冯氏椅曰：《易》上下画同者，从中反对为象，非他卦相应之例。《颐》、《中孚》、《小过》、《大过》皆然。三与四对，二与五对，初与上对。据此说推之，初与上对，故上九有舍尔灵龟，观我朵颐之言。朵颐者，上也，非四也。时解以朵颐指四者非。三与四对，不与上对，今六三以与四比，情调意惬，不求上九之阳刚以养，而反求六四之阴以养，其可得乎？是违乎道之正者，故云十年勿用，道大悖也。

应远而比近，故《姤》九二有鱼，九四无鱼。《豫》六三盱豫于四，《随》六三仰系于四。

王注：履乎不正，以养于上，纳上以谄者也，拂养正之义。《正义》：履夫不正，以养上九，是自纳于上，以谄媚者也。违养正之义，故曰：拂颐贞，凶。

象曰：十年勿用，大道悖也。

以其养上以谄媚，则于正道大悖乱，故十年勿用，见弃也。

六四：颠颐，吉，虎视耽耽。

王注：以上养下，得颐之义，故曰颠颐吉也。下交不可以渎，故虎视耽耽，威而不猛，不恶而严。养德施贤，何可有利，故其欲逐逐，尚敦实也。修是二者，乃得其吉而无咎。

逐逐，《汉书》作浟浟，音迪。刘表作跾，云远也。

熊与何云：虎节欲，以其不再交也。

按：寡欲少求，则志高意远，故训远。

象曰：颠颐之吉，上施光也。

孔疏释颠颐之吉之义，上谓四也，下养于初，是上施也。能威而不猛，如虎视耽耽。又寡欲少求，其欲逐逐，能为此二者，是上之所为有光明也。六二身居下体，而又不养，所以凶。六四身居上体而应初阳，又能威严少欲，所以吉。

又有作多欲广求说者，虎食众物，其于饮食之欲，则多也。

薛云：六四居上，责当养人者也。二求初以养己，故颠颐则凶。四资初以养人，故颠颐而吉。但恐四之于初，求之不诚耳。果其下贤之心，专一无问，其象如虎视耽耽，其欲逐逐，然如是，则贤者得行其道，万民胥被其泽矣，何咎之有？

《象词》颠颐之吉者，四在上位，不必思自己出，然后谓之养人。盖四资初以施养道，则下之施即上之施，而光被于天下矣。

李光缙曰：二颠颐凶而四吉，何也？盖耽耽逐逐之心，用之徇人，则为人心。用之求贤，则为道心。蒋悌生曰：凡人物之嗜欲，莫甚于饮食以养生。大臣系天下之重，其所愿欲，亦莫甚于求天下之贤以养民。虎食六畜之肉以养其生，而六畜非常供之物，不可以易得。为虎之计，必须抖擻精神，专意伺察，以求外至之物，然后取而食之，应可以保其所欲，相逐而不绝。大臣资天下之贤以养民，而贤才隐处，不可以易致。为大臣者，必须明目达聪，搜罗延聘，然后得而用之，庶可以遂其所愿，相继而不穷。《爻词》借虎比喻所以覆解颠颐吉之义。颠，倒也，以下而仰望于上则顺，以上而反望于下为颠。此据文象而言，非不美之词，故直谓之吉也。四句只是一意，若如《传》说虎视作立威严其欲，又作一义，文义似不粘缀。又，《颐卦》正是养物养生之义，虎食彼之肉，益己之肉以养生，大臣取彼之才，益己之才以养民，于

《颐》卦义为合。

六四居上，而求在下阳明之贤，以赖其养，位虽颠倒，其义则吉也。

六五：拂经，居贞吉。

王注：以阴居阳，拂颐之义也，行则失类，故宜居贞也。无配于下而比于上，故可守贞从上，得颐之吉，虽得居贞之吉，处颐违谦，难未可涉。

拂经，居贞吉。

薛云：五居尊位，万民皆其所养者也。今比上而资无位之爻，以养人，异于常矣。有拂于经，然当艮止之时，则尚贤以养人，不失君道之正也。故占者守正则吉，涉川则凶。

许清奇曰：颐之卦，外实内虚，有舟象，木可涉川，以五阴柔无才，变巽为风，舟遇风，则不可涉矣。

上九：由颐，厉吉。

注：以阳处上，而履四阴，阴不能独为主，必宗于阳也。故莫不由之，以得所养，故曰由颐。为众阴之主，不可渎也，故厉乃吉。有似《家人》悔厉之义，贵而无位，是以厉也，高而有民，是以吉也。为养之主，物莫能违，故利涉大川也。

《正义》：为众阴之主，不可亵渎，严厉乃吉。

上九。

而不在君位，故厉。朱注谓位高未当，《乾》上九下五阳，故无民，《颐》上九下四阴，故有民。

由颐。

薛云：初阳在下，无养人之义。惟上九一爻，由此爻而成其为，为颐者也。然颐养万民，其责甚重，惟心存危厉，乃可获吉。如是则虽时有险阻，亦可以济，而不失其养矣。六五阴柔无才，变巽遇风，不可涉矣。上九阳刚有才，变坤为顺，则利涉矣。

六五：不可涉大川。上九：利涉大川。

何氏楷曰：凡《易》言利涉大川者，其象不一。取乾者以卦德，乾天下之至健，德行恒易，以知涉险也，《需》、《同人》、《大畜》是也。取水木者以卦体，刳木为舟，以涉水也，《涣》、《蛊》、《未济》、《谦》或取中爻，或取卦变是也。取中虚者，以卦象中虚，象舟也，《益》、《中孚》、《颐》是也。若《颐》之六五，不利涉，而上九利涉者，则各就本爻言，有刚柔之异耳。

益䷩中孚䷼颐䷚

六五：拂经，居贞吉，不可涉大川。

钱云：《易》《卦词》称利涉大川者七，不利涉者一。《爻词》称利涉者二，用涉者一。不可涉者，《需》、《讼》、《未济》，指坎体而言，《益》、《中孚》指巽体而言，《涣》指坎、巽而言。盖坎为水，有大川之象，而巽为木，木可为舟楫，以济川故。《益》之象曰，木道乃行；《中孚》之象曰，乘木舟虚；《涣》之象曰，乘木有功。又舟楫之利，实取诸《涣》，正合二体以取象也。《谦》、《蛊》则中爻有坎，《同人》、《大畜》则诸爻有巽，《颐》之反对，《大过》方有巽体，五去之远，所以言不可涉大川，上则变而之对卦，故云利涉大川。

又云：杂物撰德，非中爻不备，坤艮为谦，而初六之爻曰用涉大川，盖自是而上，则六二、九三、六四为坎也。

《大畜》利涉大川，胡炳文、熊朋来则指乾巽，可参看。

朱子曰：下三爻皆自养，上三爻皆养人，不能自求所养，而求人以养己，则凶。故下三爻皆凶。六四颠颐，因与初为正应，然赖初之养以养人，故虽颠亦吉。六五拂经，即是比于上，所以有拂经之义，然是赖上九之养以养人，所以居正而吉，但不能自养，所以不可涉大川也耳。

上九：由颐，厉，吉，利涉大川。

邱富国曰：阳实阴虚，实者养人，虚者求人之养，故四阴皆求养于阳者。然养之权在上，是二阳爻又以上为主，而初阳亦求养者也，故直于上九一爻称由颐焉。

大过　䷛巽下兑上。

大过：栋桡，利有攸往，亨。

《大过》以九六、九四为主，盖九二者刚中而不过者也，九四者栋而不桡者也。

司马光曰：大过，刚已过矣，只可济之以柔，不可济之以刚也。故大过之时，以居柔为吉，不以得位为美。龚氏焕曰：大过，阳已过矣，若复以阳居阳九三、九五，则愈过，故诸爻以阳居阳者皆凶，以阳居阴者皆吉，与大壮诸爻取义略同。

九二以阳居阴，无不利。九五以阳居阳，仅曰无咎而无誉。大过者，大过人之才能也。小过者，小过人之德行也。人所不及则谓之过，此与则过人远矣之过同，犹俗言至性过人，聪明过人也。

刚过而中，巽而说行。

朱氏震曰：刚过而中，所谓时中也。过非过于理也，以过为中也。犹之治疾，疾势沉痼，必攻之以瞑眩之药。自其治微疾之道视之，则谓之过；自药病相对言之，则谓之中。大过之时，君子过越常分以济弱，能达乎时中矣。

《语类》云：《易传》曰道无不中，无不常，圣人有小过无大过，看来亦不消如此说。圣人既说有大过，直有此事，虽云大过，亦是常理始得。

问：大过、小过，先生与伊川之说不同。曰：然。伊川此论，正如以反经合道为非相似，殊不知大过自有大过时节，小过自有小过时节。处大过之时，则当为大过之事；小过之时，则宜处小过之事。如尧舜之禅受，汤武之征诛，此便是大过之事；丧过乎哀，用过乎俭，此便是小过之事，只是在事虽是过，然适当其时，是合当如此做，便是合义。问：大过既栋桡，不是好了，又何如利有攸往？曰：看《彖词》可见，栋桡是以卦爻本末弱而言，卦体自不好了，却因刚过而中，巽而说行，如此所以利有攸往，乃亨也。

君子以独立不惧。

刘氏牧曰：用之则独立不惧，舍之则遁世无闷。

李氏简曰：君子进则大有为，独立不惧可也。或退而穷居，则坚贞不移，则遁世无闷可也，皆大过之事。

彖曰：大过，大者过也，栋桡，本末弱也。刚过而中，巽而

说行，利有攸往，乃亨。

《述义》：兑巽本皆柔卦，而以四刚爻合处于中䷛，是大者过也。云栋桡者，上下皆柔，本末皆弱，不能承中之坚实也。桡则不亨，而云亨者，卦体刚过而中，二五居两体之中，三四居一卦之中，则能以中而救其过。卦德巽而悦行，巽说皆柔道，刚大而以巽说行之，则刚能得柔之济，而不至于过矣。以是而行，乃得其亨也。处大过之时，举大事而不过乎理，则变而不失常，穷而不失正，故曰大过之时大矣哉。

按：《大壮》四阳在下，《遁》四阳在上，初与上俱不得中，惟《大过》四爻皆居一卦之中，故圣人以中称之。

《钦定卦主说》云：《大过》以九二、九四为主，盖九二刚中而不过者也，九四栋而不桡者也。

冯氏椅曰：《易》上下画同者从中分，反对为象，非他卦相应之例，《颐》、《中孚》、《小过》皆然，而此卦尤明。三与四对皆为栋象，上隆下桡也，二与五对皆为枯阳，此象上华下稊也。初与上对，初为藉用白茅之慎，上为过涉灭顶之凶也。

朱子发曰：大过十月，小雪气也，故曰枯杨生稊，枯杨生华。

胡炳文曰：巽为木，兑为泽，杨近泽之木，故以取象。

杨氏时曰：闻之蜀僧云：四爻之刚虽同为木，然或为稊，或为栋，栋负众榱，则木之强者也。杨为早凋，则木之弱者也。此卦本末皆弱，二近于本，五近于末，故为木之弱也。

案：云《大过》象栋者，虽有两爻，然大过宜隆，不宜桡，则四居上吉，三居下凶，宜矣。

初六：藉用白茅。

初柔在下，以承刚为事，故以藉用白茅为象。

《述义》：巽为茅，又为白，初在下，藉象也。凡物必有所藉，贵者藉用贱，刚者藉用柔，民柔而贱，邦之本也，人君之所藉也。不侮鳏寡，不废困穷，抚其民而用之，如藉用茅，则任虽重，而可胜贵务本也。钱一本曰：枯者近之而回生，桡者应之而隆起，是为藉茅之无咎也。

案云：任大事者必以小心为基，故圣人于初爻发义，用可重也，对栋为重物重任言。

九二：枯杨生稊。

蔡氏渊曰：阴阳相遇为应，此卦四阳居中，九五与九二俱阳，则非夫妇之象，故二必过五之阳而取上之兑阴，五必过二之阳而取初之巽阴。《随》六二、六三不取应而取比，故名随。此九二、九五不取应而取过，故名过。

惠云：互乾为老夫，兑为女妻。虞仲翔言：《大过》之爻，得过其应，二过五应上，故云过以相与也。

九三：栋桡，凶。

薛云：阳以阴为辅，但同体之初，相应之上，其质本弱，况九三过刚，果于自用，不受人辅，故《卦词》栋桡，以此爻当之。栋桡本末弱也，则须兼初上乃备。

九四：栋隆，吉，有它，吝。

它指上六，《子夏传》：非应曰它。

《述义》：四刚居柔，又与初应，是刚而不过，而能务本也，故吉。然与上爻同体，若舍初而悦上，则进退无据，而吝生矣。张振渊曰：卦惟二柔，四得初为藉己，成栋隆之吉，第过于慎，而上以灭顶自雄，圣人虑其误任也，故设有它之戒焉，其虑远矣。

《程传》：大过之时，非阳刚不能济，四以刚处柔，为得宜矣。若又与初六之柔相应，则过也。既刚柔得宜，而志复应阴，是有它也。或曰二比于初，无不利，四若应初，则吝，何也？曰：二得中而比于初，为以柔相济之义。四与初为正应，志相系者也，九既居四，刚柔得宜矣。复牵系于阴，以害其刚，则可吝也。

《本义》：以阳居阴，过而不过，故其象隆而占吉。然下应初六，以柔济之，则过于柔矣，故又戒以有他，则吝也。

王注：四应在初，用心不宏，故有他吝。

按：《子夏传》云，非应曰它。比初六有它吝，它指五也。此卦四与初应，安可谓之有它？当以《述义》及张氏之言为是。

钱一本释初六云：枯者近之而同生，桡者应之而隆起，是为藉茅之无咎也。亦以四应初为吉。故有它吝。言他者，皆非正应。

吴月慎曰：三四居卦之中，皆有栋象，三桡而四隆者，三以刚居刚，四以刚居柔，一也；三在下，四在上，二也；三于下卦为上实下虚，四于上卦为上虚下实，三也。

九五：枯杨生华，老妇得其士夫。

惠云：巽长女，为老妇。老妇谓初，士夫谓五。五过二应初，故云老妇得其士夫，枯杨生华之象也。

凡卦皆二应五，初应四，惟大过之象，无所不过，故二过应上，五过应初。兑少女，称女妻。巽长女，称老妇。圣人观象系词，故有是占，不然则过以相与之，语果何所谓耶？

存异。陈云：下卦巽错震，长男也，老夫之象；应爻兑，少女也，女妻之象。九五兑错艮，少男也，士夫之象；应爻巽为长女，老妇之象。

附。王注：二以九二处阴，能过其分而救其弱者也。上无其应，心无特吝，处过以此，无衰不济也，故能令枯杨更生稊，老夫更得其女妻，拯弱兴衰，莫过斯爻，故无不利也。老过则枯，少过则稚，以老分少，则稚者长；以稚女妻分老，则枯者荣，过以相与之谓也。大过至衰，而已至壮，以至壮女妻辅至衰，老夫应此义也。九五处得尊位，而以阳处阳，未能拯危。处得尊位，亦未有桡，故能生华，不能生稊；能得夫，不能得妻。处栋桡之世，而为无咎无吝，何可长哉？故生华不可久，士夫诚可丑也！

《正义》：《象》直云老夫女妻，不言枯杨生稊者，枯杨则是老夫，生稊则是女妻也。其意相似，故象略而不言。

按：二、五两爻，有以比言者，《传》义阳过之始，而比初阴，故二象如此。阳过之极，则比过极之阴，故五象如此。有以过应言者，蔡惠谓二过五而应上六，五过上而应初六。有以错卦言者，陈氏谓下卦巽错震为老夫，应上兑为少女。上卦兑错艮为士夫，应下巽为老妇，皆于本爻之外取象，似皆稍远。据王注、孔疏，则枯杨生稊，老夫得其女妻，即是喻九二以阳处阴之象。枯杨生稊，老妇得其士夫，即是喻九五以阳处阳之象，似更亲切。

初、五为阳爻，二为阴爻，初、二为地位，稊生木下，近地属阴。五、上为天位，华生木上，近天属阳。九老数也，故二、五两爻俱言枯，言老夫。阴数也，故二爻言女妻。五，阳数也，故五爻言士夫。若如旧说，自二至三互乾，故称老夫似已，然自三至五，亦互乾，而五爻又称士夫，何所指乎？

上六：过涉灭顶，凶，无咎。

案云：《程传》以为履险陷难之小人，《本义》以为杀身成仁之君子。注疏同。《本义》之说固较《程传》为长，然又有一说，以为大过之极，事无可为者。上六柔为说主，则是能从容随顺，而不为刚激，以益重其势，故虽处过，涉灭顶之凶就时势说不属君子讲。而无咎也。如东汉之季，范李之徒，适足推波助澜，非救时之道。况上六居天地之位，委蛇和顺，如申屠蟠、郭泰者，君子弗非也。此说一可备解。

大过尚阴柔，故初、上两爻俱无咎。上六无位，故亦不得以处位之杀身成仁为吉。

坎　䷜坎下坎上。

习坎。

蒋悌生曰：此《彖词》上当脱一坎字，作卦名。伏羲画卦时，只一单坎字，文王系爻，然后谓之习坎。夫子之《系词》，始释曰：习坎，重险也。若不加一坎字在上，似以习坎为卦名，八卦中何尝有习坎哉？沈作喆曰：习字上应有坎字，如井改邑不改井之例。

王注：坎，险陷之名也，习谓便习之。

《正义》曰：险难之事，非经便习，不可以行，故须便习于坎事，乃得用，故云习坎也。习有二义，一者重习也，谓上下俱坎，是重叠有险，险之重叠，乃成险之用也。一者人之行险，先须便习其事，乃可得通，故云习也。

有孚，维心亨。

王注：刚正在内，有孚之象。阳不外发而在乎内，心亨者也。

《正义》曰：若外阳内阴，则中心柔弱，不得亨通。今以阳在于内，阳能开通，故维其心之亨也。

行有尚。

王注：内亨外暗，内刚外顺，以此行险，行有尚也。《正义》曰：内阳故内亨，外阴故外暗，以亨通之性，而往诸阴晴之地，能通于险，故行可贵尚也。

按：《屯》动乎阴中，《蒙》险而止，《需》见险知止，《师》行险而顺，《蹇》见险而能止，因随辨说，因而不失其所解。险以动，动而免乎险。

习坎，有孚，维心，亨，行有尚。

《程传》：阳实阴虚，上下无据，一阳陷于二阴之中，故为坎陷之义。凡阳在上者，止之象。在中，陷之象。在下，动之象。

吴氏曰：阳陷阴中，所以为坎。中实有孚，所以处险。有孚则诚立，心亨则明通，心之体静而常明，如一阳藏于二阴中也。心之用，动而不息，如二阴中一阳之流行也。一阳者，流行之本体，二阴者，所在之分限。流而不逾限，动而静也；限之而安流，静而动也。有孚心亨之义，发于习坎，至矣哉！

水流而不盈，《师卦》行险而顺。节以行险，阳则行，险则陷。

龚氏焕曰：《坎卦》本以阳陷为义，至爻词则阴阳皆陷，不以阳陷于阴为义矣。二小得，五既平，是阳之陷为可出。初与三之入于坎窞，上之三岁不得，则阴之陷，反为甚。《易》卦爻取义不同，多如此。

《程传》：坎以刚中之才而往则有功，其可嘉尚。若止而不行，则常在坎中矣。坎以能行为功。

梁氏寅曰：流而不盈，时止则止也。盈而后进，时行则行也。

坎以能止为信，以能行为功。时止时行，其君子处险之道欤！

苏氏轼曰：坎，险也，水之所行，而非水也。惟水为能习行于险，其不直曰坎，而曰习坎，取于水也。程可久曰：习坎，重险也，北方于物为龟为蛇，于方为朔为北，于大元配元与冥，所以八纯卦中独冠其习。

郑汝谐曰：服习温习皆有重义。水虽至险，而习于水者，虽出入乎水，而不能溺。然则习乎险难者，斯为无人而不自得也。

胡炳文曰：他卦亨字，本例以为占。惟此则中实为有孚，心亨之象。盖他卦事之亨也，此心之亨也。阳实有孚之象，阳明心亨之象。

陆振奇曰：险不重，则平陂之势分，而趋避之情见，知者可得而远也。如《需》可以不陷，《蹇》可以能止，非真险也。习坎则远近无可避之地，知愚无自脱之人，而后天下之真豪杰出焉，其维心亨者乎！

吴氏曰：心之体，静而常明，如一阳于二阴中也。心之用，动而不息，如二阴中一阳之流行也。

彖曰：习坎，重险也。

注：坎以险为用，故特名曰重险，言习坎者，习乎重险也。

《正义》曰：言习坎者，习行重险。险，难也，若险难不重，不为至险，不须便习，亦可济也。今险难既重，是险之甚者，若不便习，不可济也。故注曰习坎者，习乎重险也。言人便习于坎，正是便习重险。

今本注疏作习重乎险者误。

《程子上下篇》义曰：震坎艮以卦言，则阳也，以爻言则皆始变征也，震之上艮之下，无阳。坎则阳陷，皆非盛也。惟习坎则阳上达矣，故为盛。离则二体上下皆阳与颐同，阴实丽焉，阳之盛也。或曰一体有坎，尚为阳陷，二体皆坎，反为阳盛，何也？曰一体有坎，阳为阴所陷，又重于阴也。二体皆坎，阳生于下，而达于上，又三体皆阳，可谓盛矣！二阳之卦，皆一阳生于下，而达于上，又二体皆阳，阳之盛也，皆在上篇《屯》《蒙》《颐》习坎也。

《序卦》：物不可以终过，故受之以坎。坎者陷也，陷必有所丽，故受之以离，离者丽也。

《述义》：大过者，以大过人之才，为大过人之事，非有养者不能。然物以中为贵，过而不已，必至于陷，以坎之阳中而节其过，则不过矣。物之陷者，必得所丽而陷乃出。坎虽陷而得中，以坎合离，则能用离之中，而得所丽，故《乾》《坤》为六十四卦之首，而《坎》《离》居六十四卦之中。盖握乾坤之枢，而变化不穷矣。又云：阳陷阴中曰坎，独坎曰习坎者，坎险非德，习于坎乃德也。中实故有孚，维，系也，尚，合也。凡人之生皆习坎也，性入于形，气拘物蔽，是内坎也。形入于世，境困时艰，是外险也。然拘蔽虽甚，而天性常存，艰阻虽多，而所性不易，是坎中有孚也。顾性本无为，能率性者心也，故人之习于坎者，必中实有主，以理收心之放，使不至陷溺而失其性，则四端之泉发，如泉之达，而内险出矣，故亨也。天下之性一也，我尽其性，必能尽人之性，如水之流，必有与之合者，则所行有尚，而外险亦平矣。有孚诚也，亨而有尚，自诚而明也，诚立而明通，圣人之心学也。

水流而不盈。

胡炳文曰：水字当误，流而不盈，行险而不失其信二句，皆指水言。

上坎，天险也。下坎，地险也。王公法无形之天险，而刑赏之威莫敢干犯；法有形之地险，而河山之峙莫敢窥伺。

象曰：水洊至。

王宗传曰：坎者，水之科也，故以水洊至为习坎之象。上坎既盈，至于下坎，此孟子所谓盈科后进、不舍昼夜之功也。君子德行，贵乎有常，而教事贵乎习熟，此不舍昼夜之功也。

九二：坎有险，求小得。

陈仁锡曰：求其小，不求其大，原不在大也。涓涓不已，流为江河矣。

《折中》：为学为治，俱自求小得始。

六三：来之坎，坎险且枕。

王中子曰：三进退皆险，则宁于可止之地，而暂息焉。且者聊尔之词，枕者息而未安之义，如此则不入于坎窞，其进而入，则坎深矣。勿者，禁止之词。

六四：樽酒簋贰。

毛云：《象》曰樽酒簋贰，此孔子所读者。贰，副也。郑康成曰：天于大臣，以王命出会诸侯，主国樽枨簋，副设元酒，而用缶。此自可据，而朱子以贰为益酒之贰，引《酒正》大祭三贰为证，则于簋贰为难通矣。于是引晁以道伪古本，以为先儒皆簋字作句，以贰字连下读，及详《象传》词，则明与孔子所读不合，乃又引晁氏据陆德明《释文》本原无贰字，所当删去，则不信孔子，而信晚近作伪之小儒，恐不可矣。据晁氏云：先儒多此读，考汉魏六朝，并无其人，惟《虞仲翔易》云礼有副樽，故贰用缶，则虽以贰字连下作说，而仍以贰字解樽于副，观其于《象传》仍不去贰字可验。且爻词多有韵者，坎自六二至上六，皆有韵文字，樽酒与用缶、自牖，三韵相叶。簋贰其读也，若曰樽酒簋，不惟孔子不然，文王演词亦岂其然？姜氏宝曰：观孔子《小象》，以樽酒簋贰为句，则晁氏之说，以贰用簋为句者非矣。

愚按：《诗》云陈馈八簋，每食四簋者丰也。《损卦》曷之用，二簋可用享。二簋应有时者，俭也。注一樽二簋，此云樽酒簋贰，文法一顺一逆，与吉日辰良迅雷风烈一例，似不得以簋字贰字分开读也。《程传》一樽之酒，贰簋之食，复以瓦缶为器，质之至也。

王注：处重险而履正，以柔居柔，履得其正。五亦得位，刚柔各得其所，不相犯位，皆无馀应以相承比。明信显著，不存外饰，处坎以斯，虽复一樽之酒，二簋之食，瓦缶之器，纳此至约，自进于牖，乃可羞于王公，故无咎。《象词》注刚柔相比而相亲，际之谓也。《疏》释樽酒簋贰义，所以一樽之酒，二簋之食，得进献者，以六四之柔与九二之刚，两相交际而相亲，故得以俭约而为礼也。

纳约自诱。

陆绩本按：天之牖民，与诱通，衡门诱君也。此言纳以俭约之道，以诱掖其君，故虽处险困，而无咎也。

象曰：樽酒簋贰，刚柔济也。

陈云：四柔与五相济，所谓君明而臣良也。樽酒本属礼器，来氏又训缶为乐器，恰好配说。

九五：坎不盈，祇既平。

《本义》：九五虽在坎中，然以阳刚居尊位，而时亦将出矣。似于爻词说水之旨不切。

又云：有中德而未大，似以未大为未满之词。

《折中》：如《程传》则不盈为未能盈科出险之义，与《象传》异矣。俞氏爻曰：坎不盈，以其流也。《象传》云水流而不盈是也，不盈则适至于既平，故无咎。何楷说同，当以此两说为正。盖不盈，水德也，有源之水，虽涓滴而不舍昼夜，虽盛大而不至盈溢，惟二五刚中之德似之，此所以始于小得而终于不盈也。

二以穴水言江之源，只于滥觞，河之初可以步涉。五以海水言，海有满日，不得为海。

《述义》：盈，高也。祇，适也。五变坤，坤为均，故平天下之险，皆起于盈。我欲自高，人谁肯卑？高卑反覆，无由平矣。能不盈者，莫如水。水无高于坎之理，适与之平而已。流而皆平，则无坎矣。五以刚中以主德，而纳群下之约言，所谓上善若水，虚怀若谷者，不骄泰而絜矩，圣人之治天下，平之而已矣。

陈仁锡曰：爻曰不盈，《象》曰未大，以五有中德，故不侈，然自大未大，明其所以不盈。

象曰：坎不盈，中未大也。

陈云：外卦中，中未尝自大也。禹奠怀养而不自满，假汤除昏德而若陨，深渊可以知未大之意矣。

按：祇，京房本作禔。禔，安也，所谓安澜之庆也。

上六。

按：坎上下四阴，而初、上不及三、四者，三、四二阴居于两阳之中，故无咎。初、上二阴在两阳之外，故有凶也。

《述义》：初入阴最深，上处阴最极，初云失道，拯于始。上云失道，拯于终。

离　☲离下离上。

离：利贞，亨，畜牝牛吉。

《述义》：离，丽也。火本无质，有所丽而火大生。心本无形，有所丽而神发。其所丽者，不可不正也。丽于理则正，丽于欲则邪。邪则昏而塞，正则明而通，故必贞乃亨，此省察之功也。能省察者，必本于涵养，顾涵养难也，无主则空，有执则滞。日言养而未知所养者，何物也？君子观象以为如畜牝牛，然坤为牛，顺也。离得坤中，故为牝牛，纯顺也。人心之养也，抟气致柔，约情致和，和柔合而成顺，日夜畜此纯而无间则静，止于顺无而非空，不言贞而自贞。动达其顺，有而不滞，不期亨而自亨，故吉也。坎实性之诚，离虚心之明，明必丽正，以心复性也，所谓明明德也。又必养顺以中，致和也，所谓止于至善也。

离，丽也。

项安世曰：日月丽乎天而成明，百谷草木丽乎土而成文，故离为文，又为明。齐梦龙曰：龟山杨氏曰火无常形，丽物而有形，最得本旨。人之生得水为精，得火为神，盖精所以为形，而神丽于形者也。天地，形之大者，日月丽天，百谷草木丽乎土，其神之发见而可见者尔。

朱子曰：水中虚明，则坎中之阳也。火中虚暗，则离中之阴也。

《折中》：项氏齐氏说：则是阳丽乎阴，而以为阴丽乎阳者，非矣。惟张子《正蒙》之说得之，《蒙》云阳陷于阴为水，附于阴为火。

《述义》：日月丽天，即五之天爻也。百谷草木丽乎土，即二之地爻也。阳在中则为阴所陷，阴在中则为阳所丽。六五之重明，明也矣，必丽六二之正，而后照临天下，成文明之化，是三才各有丽也。坎离为天地正交，故坎言天险地险，离言丽天丽土。熊朋来曰：或问坎水内明，离火外明，于《易》有诸？曰：有之，凡明者，皆阳也。坎二阴居外，一阳居内，故内明。离一阴居内，二阳在外，故外明。月受日光，其精坎也，其光离也，故亦外明。

按：震为雷，电即雷之光。艮为山，故《易》中有艮者，多言光。

象曰：明两作，离。

武氏亿云：虞翻曰两谓日月也，乾五之坤成坎，坤二之乾成离。离坎日月之象，故明两作，离也。此连卦名读。又云：日或以日与火为明，两作也。则又以明两作为句。愚谓此读宜以后说为安。六十四卦俱不当以卦名连文。孔疏以四字连训，非也。

愚按：《述义》以初九为日出之离，六二为日中之离，九四日在昃后，日入而火用事，则内卦为日，外卦属火。《说卦》云离为日，为火，或说以日与火为明两作，甚的。若虞氏以日与月诠两字，则月属坎，与离无干。

初九：履，句**错然，敬之，**句**无咎。**

《述义》：火性炎上，而初势未张，敬以持之，可以避咎。

王注：错然者，警惧之见也。处离之始，将进而盛，未在《既济》，故宜慎其所履，以敬为务，避其咎也。《正义》曰：履错然者，身处离初，将欲前进，其道未济，故其所履践恒错然，敬慎不敢自宁也。云错然是警惧之见者，是警怕之状，其心未宁，故错然也。

胡氏琼曰：错然者，敬之之见也。居离之初，如日之初生。于事之初，则当常错然警怕，以进德修业，所以得免于咎。

按：《诗》执爨踖踖，音错，叶硕，敬慎。见《乡党》踧踖如也。注：恭敬不宁之见，错疑与踖通。

初九：履错然。

《述义》云：在卦之初，日出之离也，朝日初出，群动交作，故履错然，言错乱也。然事物虽万，吾心则一，敬以束其明，使主一而无适，则肆应而其明不昏，故无咎。

六二：黄离，元吉。

《折中》：须以二、五两阳为主，而五尤为主。水之积满者，行也。离以二、五两阴为主，而二尤为主，火之方发者明也。

《述义》：二在卦中，日中之离也，以其得中，故曰黄离，所谓柔丽乎中正也。胡炳文曰：坎之刚中，九五分数多，故九五曰坎不盈。卦词释有孚，亦曰水流而不盈。离之中正，六二分数多，故卦词曰畜牝牛吉，而六二爻词亦曰黄离元吉。

愚按：震得乾初九、九四二爻，艮得乾九三、上九二爻，坎得乾九二、九五二爻，巽得坤初六、六四二爻，兑得坤六三、上六二爻，离得坤六二、六五二爻，卦之所重者中也，故上经以

《乾》、《坤》始，《坎》、《离》终。乾坎重九五，坤离重六二，以其得中而又得位也。

九三：日昃之离。

《恒》九二得中，过中则不恒矣，故九三云不恒其德，或承之羞。《离》六二得中，过中则不明矣，故九三云不鼓缶而歌，则大耋之嗟，凶。

《述义》：三在卦上，日昃之离也，不明其德，故哀乐失常，苟能缉熙光明，不知老之将至，无所谓日昃也，又何哀乐之有哉？

《说文》曰：日昃之离。

郑本不击缶而歌。

荀本则大耋之说嗟。

荀氏爽曰：初为日出，二为日中，三为日昃。

九四：突如其来如。

《述义》：日在昃后，是日入而火用事也。大明熄而薪火继，德不明而情欲生，不忍一念之贪，或徇一朝之忿，突如其来，焦火自焚，至于杀身丧名，而不顾也。

吴日慎云：坎性就下，下不已则入坎窞。离性炎上，上炎之盛，突如其来。坎陷欲之类也，离炎忿之类也。坎惟心亨，以刚中则不陷。离畜牝牛，以中顺则不突。

三四两爻。

何云：《彖》曰畜牝牛吉，故六爻皆以柔顺为正。初曰敬之，二曰黄离，五曰戚嗟，上曰获匪其丑，皆能伏其炎上之性者。惟三四两爻，以重刚处乎阴内，为阴所丽。三处下卦之尽，似日之过中，四处上卦之始，似火之猛，故皆凶。与坎之初上皆处乎阳外者同，正以坎水内景，离火外景故也。

坎尚刚，故《象》云行有尚。初上则柔，而不立矣。离尚柔，故《象》云畜牝牛。三四则刚而不暴矣。金水内景，内明外暗，故坎中二爻吉，外二爻凶。火日外景，外明内暗，故离初、上二爻吉，三、四两爻凶。

下卦二阳，初是日始出，故无咎。三是日将落，故凶。上卦二阳，四是火刚焯，故凶。上是火光明，故吉。

九四：突如其来如。

薛云：四入上离之始，刚而不中，故其燥烈之性，冲突而来，有不可禁御者，突如其来之象也。究竟气焰逼人，适以自焚其身，至于死期既至，成为灰烬而弃之矣。章氏演曰：明之于人，犹火之于木，火宿于木而能焚木，明本于人而能害人，顾用之何如耳！

六五：出涕沱若。

五居上卦之中，以顺德保其明体，则不即于昏矣。然不恃其明，常怀忧惧，有出涕沱戚嗟若象，忧惧则敬而无失，此所谓畜牝牛者也，故其占吉。六五忧惧之深明，不自恃其明，而可长离王公之位矣，是以云吉也。

《折中》：惟六五为得明德之正，三之歌嗟，四之突来，则明德昏而性情荡，忿欲仍而灾患至矣。能返之者，其惟哀悔之心乎！五有中德，而又适当昏极将明之候，故取象如此。三之嗟，乐欲而悲也。五之嗟，自怨自艾也。

《述义》：五在夜中，是次日之明将生也。人当夜半以后，良心复萌，故深悲其突来之焚，至于止涕，深惧有死焚之灾，至于戚嗟，是变离之刚猛，而用坎之忧泣也。难忍之忿，遇悲而惩，天陷之欲，遇惧则窒，故吉。

按：《同人》三、四、五爻由同而至于异，由异而卒返于同。《离卦》三、四、五爻，由明而至于昏，由昏而复返于明。

存疑。《本义》：以阴居尊，柔丽乎中，然不得其正，而迫于上下之阳，故忧惧如此，而后得吉。如此解似以五为懦弱之主，而四与上为刚强之臣矣。

按：迫于上下之阳而忧惧，则下卦六二亦岂非迫于二阳乎？何以不出涕而戚嗟耶？且上爻之阳，即承五爻而申言之，非有二也。薛云：柔丽于二刚之间，柔居中，所以养其明之体；刚居外，所以著其明之用。王用者，言王用此刚明之德也。上爻如《解》上称公之例，非以上为王公也，盖承五爻而终其义尔，如此《解》则合二爻而一爻矣，何迫之为？且《易》于离之六五皆云柔得中而上行，未有以为不得其正者。《本义》之说似非本旨，五爻承三、四说，盖深悔其平日刚暴之过，而惕然忧惧也。

五柔居中，故忧惧。上刚在外，故出征。

何氏楷曰：《易》无乐乎柔主也，而独离居外体者，每称焉。离下离上曰离，曰柔丽乎中正，故亨。乾上离下曰《大有》，曰柔得尊位，得中而上下应之曰《大有》。震下离上曰《噬嗑》，曰柔得中而上行。坤下离上曰《晋》，曰柔进而上行。兑下离上曰《睽》，曰柔进而上行。巽下离上曰《鼎》，曰柔进而上行。艮上离上曰《旅》，曰柔得乎外而顺乎刚。坎下离上曰《未济》，犹曰柔得中也。

《折中》云：上爻有蒙五爻而终其义者，如《师》之上曰大君有命，则因五之出师定乱，而至此则奏成功也。《离》之上曰王用出征，则因五之忧勤图治，而至此则除乱本也。皆蒙五爻之义，而语其成效如此。《易》中五、上二爻，此类甚多，亦非以其爻当王也。

又云：上九承四五之后，有重明之象，故在人心则为克己而尽其根株，在国家则为除乱而去其元恶。《诗》曰如火烈烈，则莫我敢过，此炎之义也。

存异。郑本《象》曰：六五之吉，丽王公也。

王肃本《象》曰：王用出征，以正邻也。获匪其丑，大有功也。

上九：王用出征。

薛云：上居卦终，离道已成，重明继照之时也。王者至是，始用刚明之德，讨罪以安天下。但见有嘉美之功，所折取者，惟在元恶之魁首；而所执获者，不及胁从之丑类。盖用威而得其至正，卒不失乎畜牝牛之道矣，无咎之道也。

征之为言，正也，王者正邦国之本，以明去昏而已矣。

《述义》：《离》不用刚，其上用之，以出征。《晋》不用刚，其上用之，以伐邑，盖变而通之以尽利，不可为典要也。

周易异同商卷六

上经首乾坤终坎离。

《读书记》云：《易解》一说谓坎离由乾坤再索而得，虽为中男中女，而实则嫡男嫡女也，此义甚妙。盖画卦者，自下而上必以中为尊位，故虽震之长男，巽之长女，不得与坎离争重。即以五行之理考之，五行虽均为天地之府，而不若水火之尤全。所以震巽皆处于本位，而坎离遂当以水火，彼先天乾南坤北之位，后天直以坎离居之，亦以坎欲离尽乾坤之用也。此与帝王传位于嫡何异？

荀爽《易传》云：乾起坎而终于离，坤起离而终于坎。离坎者，乾坤之象，而阴阳之府，故曰大明终始。微子以长子而为臣，纣以嫡子而为君，是长不及嫡也。

坎，陷也。离，丽也。

蔡氏渊曰：凡阳包阴，则是阴丽于阳，事之常也。☲，艮下震上为颐，颐养正也，言阴求养于阳正也，故曰养正。䷚，厚画之离兑下巽上为中孚，中孚，信也，言阴必震于阳，故曰信。䷼，双画之离凡阴包阳，则为阳陷于阴，过常之事也。☵大者为阳，巽下兑上则两阴包四阳，阳数过焉，故曰大过。䷛，厚画之坎小者为阴艮下震上则四阴包两阳，小者过焉，故曰小过。䷽，双画坎乾纯阳，坤纯阴，坎阴包阳，离阳包阴，足为四象，若震巽艮兑，则无此象矣。

坎离为乾坤二用说。

虞仲翔谓坎月离日，入在中宫，其处虚空者，此谓坎离为乾坤二用也。乾位六，坤位六，主一年之消息。坎戊离己，居中宫，旺四季，出乾入坤，流行于六位，消息之中，而消息独无二卦象，故云其处虚空也。《参同契》曰：天地设位，而易行乎其中矣。天地者，乾坤之象也。设位者，则阴阳配合之位也。乾坤各六。《易》谓坎离，日月。坎离者，乾坤二用。二用无爻位，周流行六虚。十二消息不见坎离象，《朱子语类》云《参同契》二用即乾坤用九用六，解谬。往来既不定，上下亦无常，是知坎离者，于五行为土，于五声为宫也。

按：视此说可见上经始乾坤，终坎离，而居六十四卦之中也。虞云：日月在天，成八卦，象三日。震象月出，庚八日。兑象月见，丁十五日。乾象月盈，甲壬十六日。巽象月退，辛二十三日。艮象月消，丙三十日。坤象月灭。乙癸晦月，朔旦则坎象，水流戊。日中则离象，火就已。龚氏涣曰：震巽木，乾兑金，坤艮土，而坎水离火独一者，水火阴阳之正，木金土阴阳之交，正者一而交者二也。

按：《乾》《坤》阴阳之纯，《坎》《离》阴阳之正，故居上篇。《震》《巽》《艮》《兑》，阴阳之交，故居下篇。

下经三十四卦说。

上经三十卦，下经多四卦，参差不齐，何也？史绳祖云：夫子分上下经，乾配甲而起于子，坤配乙而起于丑，故六十四卦历乾之甲子、泰之甲戌、噬嗑之甲申，至坎离凡三甲，而上经三十卦尽矣。又历咸之甲午、损之甲辰、震之甲寅，至节而周，凡六十卦为三百六十爻，一年之日周矣。乾为十一月之卦，而得甲子，节为十月之卦，而得癸亥，由是知上经三十卦，是阳起于子，而终于巳。下经三十卦，是阴生于午，而终于亥。自中孚而阳复生于子，故亦为十月之卦。自乾之起甲子，至节六十卦而终，是四其河图十五之数为三百六十爻；爻当一日，而为六十卦一年之候也。自《中孚》之起甲子，至《未济》四卦而终，是四其六子之数，凡二十四爻，而爻当一气，二十四气应一年之候也。《中孚》巽上兑下，《小过》震上艮下，併《既济》《未济》，坎离元体为六子，少阴少阳，六子之气，分布于四时，故四之以应二十四气耳。

附**履德之谦也节。**

《述义》云：孔子系《易传》，叙上下篇九卦。先儒以其卦推配上下经，皆相对。盖乾与咸坤对，履与损益对，谦与困井对，复与巽兑对，每以下篇两卦对上篇一卦，凡十二卦而两篇之数适齐矣。据此二说，则六十卦自节而终，各三十卦。又下经两卦对上经一卦，亦各三十卦。又乾坤至节六十卦，凡三百六十爻，当三百六十日，而六十四卦除乾坤坎离四卦，卦外三百六十爻，亦一爻当一日。乾坤坎离四卦二十四爻，当一气。孔仲达曰：按《乾凿度》孔子曰阳三阴四，位之正也。故易卦六十四分为上下，而象阴阳也。夫阳道纯而奇，故上篇三十，所以象阳也。阴道不纯而偶，故下篇三十四，所以法阴也。王伯厚曰：王昭素谓《序卦》云：离者，丽也，丽必有所感，故受之以咸。咸者，感也。凡十四字晁以道古易取此三句，增入正文，谓后人妄有上下经之辨。吴仁杰不取王晁之说，沙随程氏按《系词》曰：二篇之策，从韩康伯本。《述义》解《序卦》云：有男女然后有夫妇，夫妇咸也。天地开辟，万物化生，皆有成男成女之体。圣人明夫妇之义，以立人道，故不近受于坎离，而必远溯于天地，以明咸所由本也，观此则知王晁之非矣。

愚按：上经乾坤言天地气化之始也，下经咸恒言夫妇形化之始也。上经乾坤对峙天地之纯也，下经咸恒乾入坤中，坤包乾外，天地之交也。上经乾坤以天地之正者始，故坎离以水火之正者终。下经咸恒以乾坤之交者始，故既济未济亦以坎离之交者终。上经乾起甲子泰甲戌，噬嗑甲申至离三十卦，是阳起于子，而终于巳。下经咸起甲午损甲辰震甲寅至节三十卦，是阴生于午，而终于亥，六十卦共三百六十爻，象三百六十日。中孚四卦二十四爻，象二十四气，其为二篇审矣。蒋悌生曰：上经首乾坤，天地者万物之父母，以全体而言，纯乾纯坤对峙于上，有天地父母之象。下经首咸恒，乾交坤，乾入坤中，坤包乾外，有夫妇孕育之象。

按：咸、恒二卦，坤包乾也。咸䷞恒䷟损益二卦，乾包坤也，损䷨益䷩一云乾上爻与坤上爻交易而为咸，乾初爻与坤初爻交易而为恒，故咸恒有夫妇之象。

程子曰：咸柔上而刚下者，在卦则柔在上而刚在下也。柔上变刚而成兑，刚下交柔而成艮。阴阳相交，为男女交构之象。恒刚上而柔下者，乾之初上居于四，坤之四下居于初，刚上而柔下也，二爻易处则成震巽。

邱富国曰：咸二少相感，夫妇之始也，所以论交感之情，故以男下女上为义，婚姻之道成矣。恒二长相承，夫妇之终也，所以论处家之道，故以男尊女卑为义，居室之伦正矣。损虽二少，而男不下女，则咸感之义微。益虽上长而女居男上，则恒久之道悖，所以不首损益而首咸恒与。

何氏楷曰：咸言速心之德，通于虚也。不损不虚，惩忿窒欲，损之又损，致虚以复其为咸。恒言久心之德，凝于实也。不益不实，迁善改过，益之又益，充实以成其为恒。

郑氏汝谐曰：咸与恒，皆刚柔相应，咸不著义，恒则曰刚柔皆应。咸无心，恒有位也，有位而刚柔皆应，其理也。无心而刚柔皆应，其私也。能识时义之变易，斯可言易矣。

蔡氏渊曰：咸以神交，恒以神运，一滞于形，则咸恒之道不全矣。故其六爻相应得者，不过悔亡而已。夫子所以特言咸恒之道于释《彖》之下者，正以此耳。蒋云：咸以通体而观，以坤之虚纳乾之实，故云以虚受。

咸　☱艮下兑上。

咸，感也。

胡炳文曰：咸，感也。不曰感而曰咸，咸，皆也，无心之感也。无心于感者，无所不通也。邱云无心者不能感，故咸加心而为感。有心于感者，亦不能咸感。故感去心而为咸。咸，皆也。惟无容心于感，然后无所不感。

刘氏牧曰：卦以《咸》名，而《彖》以感释其义者，圣人之微旨，欲明感物之无心也。

按：《彖传》云：天地感而万物化生，圣人感人心而天下和平。此天地圣人之感，所以能皆也。无心于感，然后所不感也。若六爻虽刚柔相应，然囿于一偏，则不吉，所谓有心于感，而亦不能咸也。

止而说。

王申子曰：艮止不动，而意气自相和说，乃所谓感。不止而动，则是出于作为，非感也，故六爻皆欲其静。

咸其拇。

黄淳耀曰：志在外者，谓役于外感也。事物未足，而意见先萌，如拇虽动，而足未移，以喻心感而迹未应也。感之尚浅，欲进尽未能，故不言吉凶。

九二：咸其腓。

惠云：腓作肥，谓五也。尊五，故称肥。黄云：爻言居，而《象》言顺者，夫子恐人错认居字，未免恶动求静，故提出顺字言之。盖天下感应之理，本有自然之妙。惟顺其自然则静，固静动亦静矣。本体不害，言孰甚焉！

九三：咸其股，执其随。

《述义》：随指下二阴言，足之拇腓，乃随股者。初二者，三之随也。此爻有拇腓动而股亦因而动之象，是为阴柔所系，执于其随矣，非感之正也。

按：随九四：随有获，谓四得三之随也。此孰其随，谓三得二之随也。《程传》谓三随九四，未是。崔氏憬曰：二随于己，志在所随，故执其随，下比二也。李光地曰：凡言随者，皆以下随上之谓，以随卦之义，及艮二之词，观之可见。然则随之为义，取其雁行相从，崔氏之说似可从耳。薛云：三居艮极，止而不前。犹如股，然不能前进，待足以举。三之志在于二，以此《本义》亦主此一说，但崔氏谓二随三，《本义》谓三随二，其说不同。以安溪之说推之，崔为胜。往吝，崔氏憬曰：感上则失其正义，故往吝穷也。《象》曰：志在随人，所执下也。虞氏翻曰：志在于二，故所执下也。薛曰：志在随人之六二，其所执者在下而已。

憧憧往来，朋从尔思。

何氏楷曰：往而比五，来而比三，虞氏翻之外为往，之内为来是也。来知德曰：朋者思中爻三阳牵连也，九三、九四故曰朋。泰之三阳牵连亦曰朋。薛云：三、五皆九五、四之朋也，指其心而呼之曰尔心所思，但其朋类相与感而从之矣，岂能无所不通乎？又云：四心位不言心，心无不赅，不可以位言也。拇何必不动，所以动者此心。腓何必不行，所以行者此心。股何必不随，所以随者此心。脢何必不止，所以止者此心。口何必不言，所以言者此心。先儒谓咸为无心之感，无心何以感物乎？

九四：贞吉。

林希元曰：贞者施己之感，不必人之应也。惟不必人之应，则不私己之感，其应者感，其不应者亦感，无一人之不感，亦无一人之不应，故吉而悔亡。憧憧往来者，施己之感，不必人之应也。惟必人之应，则私。己之感应者，则感。不应者，则不感，而及其应之亦惟其感者，即应不感者，即不应矣。以憧憧往来，反观九四之贞，只是往来付之无心，益尽吾感之道，而人之应与否，皆所不计。若憧憧者，把往来放在心上，切切然不能放下矣。

存异。罗云：旧说谓四爻为心位者，非。五之爻词曰咸其脢，脢谓背肉。背与心平，人无背在上而心在下者，则不得以五为背而四为心矣。故四当指腰腹之间，承脢以为身者言，脾虽思虑伏心之下。身安其居，处之正为贞，贞则吉而悔亡。其既曰吉又曰悔亡者，明四之吉，非他悔亡，即所以为吉耳。朋从二句，则以发明不正之害，自四之身位为之，则五之心位将受之，固有不可以不贞者。憧憧动其心，使不得安之意，朋从象其往来之不绝也。尔字谓四，思则九五之为心主，居其上以宰四者也。盖九四刚不中正，又悦体为感之媒，必不安其居处之正，故其为客气所使，不能已于有所往者，在所属之下体，如拇与腓股，虽未尝遂行，而其居上为心主者，已先受之，而不得宁静，是为憧憧往来，朋从尔思也。夫四之不贞，则足以乱其心，如此天君乱而心益不治。至于动与凶会，其心有悔，则其身即为受悔之归矣。以此言之，处咸卦九四之身位以承五之心位者，固可以不贞乎？《折中》：义例云咸之九四当心位，心者感之君，则四卦主也。然九五当背位，为咸中之艮，感中之止，是谓动而能静，则五尤卦主也。

九五：咸其脢，无悔。

《述义》：脢，背肉也。前与心对，一身皆动，惟脢不动，是不能感物，而物亦不感者也。五在四上，刚而得中，成其外驰，而符止于内，故咸其脢，是有心于绝感也。夫有心于感，与有心于不感，皆非贞也。然有心于感，则必有悔。若有心于不感，则止于静，而可以无悔，所谓艮其背者，其庶幾乎，亦事心之一端也。罗云：五为君位，心为君象，五为全卦之主，则感之其身者，必有以制其心矣。乃爻词不曰制其心，而曰咸其脢，何也？五脏皆系于背，是心之系本在背者。脢为背肉，咸其脢，正以其制其心也。《易》中以背制心之法有二。如《艮》，言艮其背，此隐挈其心之系，以归于心之位也。故《大象》曰君子以思不去其位，然此可以制未感之心耳。若《咸》之憧憧往来，朋从尔思，则其心之既感，有艮其背，而犹不能定者，是又有借于咸其脢矣。

按：传曰咸其脢，志未也。未，不也。今人于憧憧往来，朋从尔思之时，其志注于背，以摇动其背肉曰不可。不可是能举心系而左右曳掣之也。则其视艮背以制心之法，为有力矣。使志未者无变志，则于朋役往来之不贞而致悔者，皆得以咸其脢而使之退听，故有以决其无悔也。唐大宗见铜人五脏皆系于背，命无笞背。

象曰：咸异脢，志末也。

存异。王弼注：脢者，心之上，口之下，进不能大感，退亦不为无志。其志浅末，故无悔而已。孔仲达曰：四已居体之中，为心神所感。五进在于四上，故所感在脢。脢已过心，故进不能大感，由在心上；退亦不为无志，志在浅末，故无悔而已。辅嗣以四为心神，上为辅颊，五在四上之间，故直云心之上、口之下也。明其浅于心神，厚于言语。梅氏《字汇》云：心之上，口之下，其膺膈之间乎！

按：《子夏传》在背曰脢，马融、郑元、许慎、王肃从之，义似可疑。盖背系止物，为人所不见，《艮卦》取义于止，于象为宜。若《咸》则取义于感，训为背肉，则与感义全不合。《艮卦》艮其限，列其夤。《玉篇》夤，背肉也。膂，背脊也。夤既为背肉，则脢似不宜与之同，《象传》，云咸其脢，志末也。背既无所感，安可谓之志乎？窃意当以注疏之说为是。但犹大概说，未曾确指其处。梅氏肺在心之上，胸在口之下，谓在膺膈之间者近之。膺者胸臆也，《中庸》云：得一善则拳拳服膺。注：膺，胸也。奉持之而著心胸之间，言能守也。孟子云：胸中正，则眸子瞭焉；胸中不正，则眸子眊焉。贾谊《鹏赋》云：鹏不能言，请对以臆。臆亦胸也。《考工记》以胸鸣者，相如赋云气吞云梦者，八九于其臆中，曾不蒂芥，则胸臆，亦非不能感者，但此心神为浅末耳。《楚辞·哀时命篇》惟烦懑而盈胸，《说文》：胸，膺也，从勹，凶声，《素问》云膻中者臣使之官，喜乐出焉。玉冰注：膻中，在胸中两乳间，是夫膻中为喜乐所出，有喜有乐，故亦可云志在胸中两乳间，则正是心之上、口之下矣。九五居中正之位，则胸中正矣。胸中正，则所感自正。视夫憧憧往来，朋从尔思者不同矣。故志虽浅末，而可无悔。《内经·脉要精徵论》曰：上附上，右外以候肺内，以候胸中。左外以候心内，以候膻中。医家说约注云：上附上关之上，寸位也。胸中，气管也；膻中，气海也。又陆氏佃曰：脢即喉中之梅核，今谓之三思，台动而迎饮食以嗌，有他思则咳，与辅颊舌相近，五上之比以此。脢与梅，形声相近。

上六：咸其辅颊舌。

虞本辅作酺，朱子云：咸上一画，如人口中，三画有腹背之象，下有人脚之象。艮上一画有头之象，中二阴有口之象，所以艮其辅，于五爻言之。

按：《履卦·象》说不咥人，六三又说咥人凶。吴草庐曰：《象》通推一卦而言，则上九虎之首也，虎口实而合，有不咥之象，若专指据一爻而言，则三为兑之上画也，兑口虚而开，有咥人之象。

象曰：滕口说也。

孔云：滕，竞兴也，所竞者，口无复心实。

按：《说文》：滕，水涌也，故以竞兴训之。郑本，滕口说也，又作媵，送也。咸道极薄，徒送口说，言语相感而已，不复有志于其间也。苏氏濬曰：咸之感也，虚而已矣，天地以虚而感物，圣人以虚而感人心。君子之虚，只是全得此心本体，不以意想，不以事胶而已。六爻之中，一言思，三言志，思何可废而至于朋从而非虚，志何可无而外而未而随人则非虚，故俱不言。

恒　☳☴巽下震上。

薛云君子所立者方，所制者义；立其体，义达其用，总之不外一中而已。初四未及中，三上过中，五以柔中为恒，不能制义，不如二刚中之善，故圣人于九二特著久中之旨，久于中，则恒矣。朱子曰：恒，古字像一只船，两头靠岸，可见澈头澈尾。邱富国曰：至静莫如山泽，而以为咸见，寂然不动，正感而遂通也。至变莫如风雷，而以为恒见，变化无常，非常久不已也。张云：雷风皆无形之物，何以云恒？然雷则春分出而秋分藏，风则春东夏南秋西冬北，其方固不易也。至不可恒而有恒，乃可谓恒也已。

初六：浚恒。

陈云：在下入，乃巽之性，故曰浚恒。在上动，乃震之性，故曰振恒。郑本浚恒。胡氏瑗曰：天下之事，欲求有济，在乎积日累久，而后有功。浚恒者，为学之始，欲亟至于周、孔。为治之始，欲化及乎尧舜。不能久积其事，而求常道之深，故于贞正之道，见其凶。孔子曰：欲速则不达是也。《折中》：胡说与传义于卦义尤切，孟子所云其进锐者，其退速也。

九二。

邱云：恒，中道也。中则能恒，不中则不恒矣。恒六爻无相应义，惟以二体取中，则恒之义见矣。初在下体之下，四在上体之下，皆不及乎恒者，故泥常而不知变，是以初浚恒，四无禽也。三在下体之上，上在上体之上，皆已过乎恒者，故好变而不知常，是以三不恒，上振恒也。惟二五得中，而五位刚爻，柔以柔中为恒，故不能制义，但为妇人之吉。二位柔爻，刚以刚中，为恒而居位不当，亦不能尽常中之义，故特言悔亡而已。恒之道，岂易言哉！九三，孔疏三居下卦之上，上卦之下，兼居三阳之中，又在不中之位，上不全尊，下不全卑，执心不定，德行无恒，故曰不恒其德。德既无恒，自相违错，则为羞辱承之。所羞非一，故曰或承之羞也。《象》曰不恒其德，无所容者，谓不恒之人，所往之处，皆不纳之，故无所容也。郑注：巽为进退，不恒其德之象，又互体兑，兑为毁折，后必有羞辱也。孔疏：羞辱必承而曰或者，或，常也，言羞辱当承之也。何以知或是常，《诗》如松柏之茂，无不尔或承，郑曰：或，常也。老子湛兮似或存，河上公注：或，常也。

按：朱竹垞《经义考》或字郑作咸，咸承之羞，是不一人。常承之羞，是不一日。《坎》为禽，《师》《比》《屯》，皆言禽。《井》虽有坎，而在外卦，故无禽。《恒·大象》虽坎，而内卦、外卦互卦俱无坎，故无禽。

象曰：禽，久非其位，安得禽也。

禽音穷，与容切，叶古东韵，与侵通。

位者所当止之处，即所谓道也。君子学以致其道，犹田以得禽也。久非其道，则流于邪僻而无用，要得禽乎？三是当恒而不恒，四是不当恒而恒。

恒其德，贞，妇人吉，夫子凶。

虞翻云：动正成乾，故恒其德。妇人谓初，巽为妇，终变成《益》。震四复初，阴得归阳，从一而终，故贞，妇人吉。

按：象妇人贞吉，贞字宜属妇。六五以柔中应九二之刚中，一于顺从臣下者也。夫君出令，夫道也。臣从令，妇道也。臣子忠顺如妇人之从一以终身，可获吉也。若君道犹天道，当以大义为断制。操纵予夺，制之自我，乃一于从臣，则偏听生奸，威权下替，岂不凶乎？从妇者，是妇人之为，以顺从为事，非从妇人也。

震为长子，虞氏翻曰：震，乾之子，而为巽大，故称夫子。

振恒，凶。张伦本作震，《说文》作榰。

王注曰：静为躁君，安为动主，上九处卦之上，居动之极，以此为极，无施而得也。

按：此爻就治功看，大臣当国好事纷，更因，喜功而反无大功。又有作学问说，谓初戒其穿凿，上戒其助者，亦通。

遁　䷠坤下离上。

遁：亨，小利贞。

遁亨，遁而亨也。刚当位而应，与时行也。

程子曰：阴柔方长，而至于大甚，君子尚有迟迟致力之道，不可大贞，而尚利小贞也。

《朱子易说》问遁小利贞，《本义》谓小人也。案：《易》中小字未有以为小人者，如小利有攸往，与小贞吉之类，皆大小之小也。《折中》小利贞之义，《传》义说各不同，据《易》例，则似《传》说为长。盖至于三阴之否，则直曰不利君子贞矣。遁犹未至于否，但当逊避以善处之，不可过甚以激成其变，故曰小利贞也。

《彖》曰遁亨，遁而亨也。刚当位而应，与时行也。王注：刚谓五也，当位而应二，非否亢也。遁不否亢，能与时行也。小利贞，浸而长者，阴道欲浸而长者，正道亦未全灭，故小利贞也。

《程传》小人道长之时，君子遁退，乃其道之亨也。君子遁藏，所以伸道也。此言处遁之道，自刚当位而应以下，则论时与卦方，尚有可为之理也。虽遁之时，君子处之，未有必遁之义。五以阳刚之德，处中正之位，又与下二阴以中正相应，虽阴长之时，如卦之方，尚当随时消息，苟可以致其力，无不至诚自尽，以扶持其道，未必于遁藏而不为，故曰与时行也。

此解于行合，若如时讲，时当遁而遁，则经当云刚失位而应，与时偕止矣。

遁，亨，小利贞。六月卦。

罗云：卦以君子远小人为遁，远之云者，能使近在咫尺，皆可作千里观也，岂必脱身远去，以为遁哉。旧说看遁字太泥，遂谓遁非人君之事。九五一爻，亦当主大臣言之，则误甚矣。又卦中以二阴为小人，其远之以成遁者，惟四阳之为君子者也。乃先儒之释爻词，谓初六遁而在后，尾之象。六二以中顺自守，人莫能解，必遁之志，小人亦主遁言，此卦义之所无者，尤不可不辨。

遁，亨，遁而亨也。刚当位而应，与时行也。

君子之于小人，以远之而成为遁，则宜刚与柔不应，不可以言亨矣。而《彖词》曰遁，亨者，明乎《遁》变为《否》，乃有上下不交，其志不通之象。若犹是《遁》而非《否》，则仍不得同于《否》之不亨，故知于遁言亨，以其遁之非否而亨也。不观于嘉《遁》之九五乎？如下卦二阴之为小人，二之浸长，其尤也，而在五之刚当位者，以中行正，固有合于远小人，不恶而严之道，则其同称为遁，未尝非远二，而其独称为嘉遁，又实未尝不应二矣。所以然者，以其有见于遁之时，非否之时，乃即因乎遁之时以行，亦非否之时之所行也。夫五之刚当位而应，与时行者，如此，则不至如《否》之上下不交，而其志不通矣，故《彖词》曰遁亨。

小利贞，浸而长也。遁之时义大矣哉！

胡氏瑗曰：君子所以不得大有为于世，而惟小利于贞者，盖以下之群阴浸长，而小人之党渐盛也。

朱氏震曰：二阴浸长，方之于否，不利君子贞，固有间矣。然不可大贞，利小贞而已。先儒谓居小官干事，其害未盛大，我志独行，盖遁非疾世避俗，长往不反之谓也。去留迟速，惟时而已，非不忘乎君，不离乎群，消息盈虚，循天而行者，岂能尽遁之时义乎？《程传》：当阴长之时，不可大贞，而尚利小贞者，盖阴长必以浸渐，不能遽盛。君子尚可小贞其道，所谓小利贞，扶持使未遂亡也。遁者阴之始长，君子知微，故当深戒，而圣人之意，未便遽已也，故有与时行、小利贞之戒，圣人之于天下，虽知道之将废，岂肯坐视其乱而不救，必区区致力于未极之间，强此之衰，艰彼之进，图其暂安；苟得为之，孔孟之所屑为也，王允、谢安之于汉晋是也。若有可变之道，可亨之理，更不假言也。此处遁时之道也，故圣人赞其时义大矣哉，或久或速，其义皆大也。

天下有山，遁。君子以远小人，不恶而严。

杨氏时曰：天下有山，其藏疾也，无所拒，然亦终莫之陵也。此君子远小人，不恶而严之象也。《折中》云：天下有山，以山喻小人，以天喻君子，似未切。盖天下有山，山之高峻，极于天也。

山之高峻者，未尝绝人，而自不可攀跻，故有不恶而严之象。

初六：遁尾，厉，勿用有攸往。

薛云：卦气从下生，故初爻居先，独《遁》取在后之义。按：王注《遁》之为义，避内而之外者也。在外者，先遁。初处最内，故尾其后。以初为后，盖因卦义而然也，故爻在外多吉，在内多凶。处遁之世，避者不可不早，初居尾位，遁而在后，危之道也。惟宜危行言逊，不可昧然以往。

六二：执之用黄牛之革。

六二以阴居阴，顺德也。二义中位，君子执守中顺之道，坚如用革束缚人，固不能解脱，易其所守。

按：此二爻有作小人训者，盖以阳爻为君子，以阴爻为小人也。但《姤》之初六曰系于金柅，系者圣人教君子系之，非小人自系也。《否》初六拔茅茹，注疏亦作君子说。苏秉国曰：《泰》初九以阳刚之才，处可为之时，则当行济世之道。《否》初六以阴柔之才，处难为之时，则当尽事君之忱。据此说推之，可见同是君子，而其才之刚柔，又自有别。此卦九三、九四、九五、上九，阳刚之君子也，故其《遁》以刚决为主。初六、六二，阴柔之君子也，故其《遁》以巽顺为上。

勿用有攸往，戒词也。初六性情迟缓，故不能速遁，而至于尾。恐其昧然以往，故教以勿用。莫之解脱，亦戒词也。二往虽柔顺，恐其少刚，执之而至于脱也，故劝以固志。九四、九五、上九，则不必劝戒矣。九三阳刚而亦有劝戒者，盖三与二比，又与初二同在内卦故也。

内卦属艮，有止留而不速去之象。

存异。《程传》：二与五为正应，虽在相违遁之时，二以中正顺应于五，五以中正亲合于二，其交自固。黄，中色。牛，顺物。革，坚固之物，二五以中正顺道相与，其执如固系之以牛革也。莫之胜说，言其交固不胜言也，此以说字作言说训。

吴氏绮曰：六二居人臣之位，任国家之责，不当遁者也，故六二不言遁。

龚氏涣曰：五爻皆言遁，惟六二不言者，二上与五虽当遁时，固结而不可遁者也。故有执用黄牛之革之象。《本义》谓其有必遁之志，似未必然。

又《易》言黄牛之革者，二革之初九在下无应，当革而不革者也，《遁》之六二居中有应，欲遁而不可遁者也。

孔氏仲达曰：处中居内，非遁之人也。既非遁之人，便为所遁之主，物皆弃己而逃，何以执固留之？惟有中和厚顺之道，可以固而安之也。能用此道，则无能胜己，解脱而去。此以胜字作去声读。

案云：此爻《传》义说亦不同。吴氏、龚氏则畅，《程传》之说谓六二为五正应，如肺腑之臣，义不可去。箕子所谓我不顾行遁也。孔氏则别为一说，谓其为羁縻善类，而不使去。执如《雅诗》执我仇仇之执，于经文执之两字语气亦自恰合也，故并存其说。

惠氏《易说》云：《遁》之未变而为《否》者，六二执之之固也。

焦氏竑曰：《剥》阴害阳，而取宫人之宠以顺上。《遁》阴驱阳，而取黄牛之革以留贤。《易》之扶阳抑阴每如此。

九三：系遁，有疾厉，畜臣妾，吉。

四、五、上，俱在外卦，故能遁。三与初、二同在内卦，故系。

王注：遁之为义，宜远小人，以阳附阴，系于所在，不能远害，亦已惫矣，宜其屈辱而危也。

系遁则不能去其疾害，至于困惫，是所谓厉也。

薛嘉颖曰：九三下比于二，为阴所系，有系遁之象。既系于阴，阴能害阳，故为有疾危之道也。君子此时，惟有退处于家，畜养臣妾，庶无疾惫而去。案：畜臣妾，谓退处于家也。抚御仆妾，居家之事。荀氏爽谓潜遁之世，但可居家养臣妾，不可治国之大事是也。

九四：好遁。

四与初应，情本相通，但九四乾刚之体，阴不能干，有好而能遁之象。《本义》：乾体刚健，有情好而能绝，以义制情，舍其所好，是惟君子能之。

王注：四处于外，而有应于内，君子好遁，故能舍之，小人系恋，是以否也。

《正义》：九四处在于外，而有应于内，处外即意欲远遁，应内则未能弃舍。若好遁，君子超然不顾，所以得吉。小人有所系恋，即不能遁，故曰小人否也。

九五：嘉遁，贞吉。

王注：遁而得正，反制于内。小人应命，率正其志，不恶而严，得正之吉，遁之嘉也。

《正义》：五居于外，得正居中，是遁而得正。二为己应，不敢违拒，从五之命，率正其志，遁而得正，反制于内，不恶而严，得正之吉。

陈云：五刚中，二柔应。君子尚有能为之势，小人犹有包承之心。

象曰：嘉遁，贞吉，以正志也。

《正义》曰：小人应命，不敢为邪，是五能正二之志，故成遁之美也。

四能绝初，故吉。五并能制二，故嘉。

传曰：志属二，正之者属五。五之远小人，以为遁者，即有以正小人之志。则小人将化为君子，岂不嘉哉？所以然者，五以刚当位，而不过刚，即能以刚应二之柔，而不绝柔。固有与时行，以行其贞耳。贞者，正也。五以贞应二，而无过正之行，二亦以贞应五，而无辨正之志。将见浸长之小人，其折于不恶而严之君子者，如地之以顺承天，臣妾之以忠事主，而五无不利矣，是为贞吉。

《姤》九五能制初阴，《遁》九五能制二阴。

《彖》之刚当位而应，与时行也；《象》之远小人，不恶而严，惟五爻足当之。

上九：肥遁。

王注：最处外极，无应于内，超然绝志，心无疑顾，忧患不能累，缯缴不能及，是以肥遁，无不利也。

上九：肥遁，无不利。

《子夏传》云：肥，饶裕也。《本义》从之。

惠云：吕氏音训肥。晁氏曰：陆希声曰本作飞，未知陆所据。愚按：姚宽《西溪丛话》云：《周易·遁卦》肥遁，无不利，肥字古作巷，与古蜚字相似，即今之飞字。后世遂改为肥字。九师道训云：遁而能飞，吉孰大焉。张平子《思元赋》：利飞遁以保名。注引《易》上九飞遁，无不利，谓去而迁也。曹子建《七启》云：飞遁离俗，是古《易》皆作飞遁，陆氏据以为说。王辅嗣注：此爻云缯缴不能及，似王本亦作飞也。《字汇》非部，巷，符非切，音肥，鸟名。《论语》云：色斯举矣。扬子《法言》云：鸿飞冥冥，弋人何慕焉。此遁之所以利于飞也。

颜师古《汉书注》蠢，古霏字。

大壮　䷡乾下震上。

初九：壮于趾，征凶，有孚。

《汉书》：安国壮趾注：壮，伤也。

朱云：易于孚不凶，而大壮言征凶，有孚，何也？苏紫溪曰：初九居下任壮，是轻举妄动，专以意气加人，而真诚之意或阙，故圣人教之以有孚，欲其积诚，以信于上也。《象》曰其孚穷，言其不能孚也，此所以戒之，以有孚也。

以壮于趾句，征凶句，有孚，前人解此俱昧。

陈云：初以阳处下，遽欲上进，恃势而不能度势，乘时而不能相时，所往必凶矣。然虽与四不应，犹幸与四同德，若能积其孚诚。信从于四，而与之同进，则彼方将有藩决之往，此亦可无壮趾之凶也。

象曰：壮于趾，其孚穷也。

陈云：初之孚四，非得已，以其穷于所往故也。

九二：贞吉。

项安世曰：有以事理得中为正者，有以阴阳得位为正者，以刚处刚，以柔处柔，此爻位之正也。柔以刚济之，刚以柔济之，此事理之正也。《大壮》之时义，所谓贞吉者，利守事理之正，不以爻位言也。故初九、九三、上六当位而皆不利，九二、九四、六五不当位而皆利。《象》于九二曰以中也，明正吉以中，而不以位也。于六五曰位不当，亦明无悔，在中不在位也。

九三：小人用壮，君子用罔。

蒋云：罔，无也。小人无忌惮，故肆其壮而不顾。君子而时中，则视其壮若无，有而不用也，此君子小人之别也。若如《传》义说君子与小人相去不远，下文羝羊触藩，羸其角，皆小人用壮之象也。《易》中言君子小人，乃善恶之分，若所谓君子有勇而无义为乱，小人有勇而无义为盗，此以位言，恐非此爻之义。惠云：罔，古本作网。京君明曰：壮，一也。小人用之，君子有而不用。刘长氏曰：罔，不也。君子尚德而不用壮，若固其壮，则危矣。来注同俞氏琰曰：孔子恐后世疑爻词有两用字，以为小人之用与君子同，故于《象传》特去其一。

《折中》曰：京氏诸家说用罔与《传》义异，以夫子《小象》文意参之，诸说近是。

《述义》：九三不中而得正，故兼有君子小人之象，罔，不也，谓不壮也。《大壮》叠兑，故诸爻皆羊象。三重刚，故为羝羊触藩，谓二阴也。阳在卦内，而阴蔽于外卦，藩象也。震为萑苇，为竹，亦藩象也。小人尚力，故以壮为用。君子尚德，故以不壮为用。若以居刚为贞，而仍欲用壮，则不惟损德，且必有厉。夫用壮则必陵物，而物不胜陵也。此如羝羊之触藩，徒自固其角耳，用壮终于不壮，则不如其用不壮也。

陈云：小人谓上阴也，三阳故君子，此言小人方用无礼之壮，以伺君子，而君子乃恃壮用罔，蔑视小人，则疏忽已甚，适阶之厉耳。盖小人阴藏机械，方设藩篱以自固，而君子轻以刚壮御之，不惟不能制小人，而反取困于小人，亦犹羝羊触藩，藩不可决而卒自败其角也。

九四：贞吉，悔亡，藩决不羸。

《述义》：震阳善动，宜有悔也。以其居柔得时义之正，故与二同其贞吉，而好动之悔，皆亡矣。三用刚而触，上六与之为敌，故藩不决而角羸。四居柔而不触，六五不与为难，故角不羸而藩决。险阻既平，则乾之轮輹愈壮，而其道益无阻矣。不用壮而愈壮，以是知用壮不如其用罔也。

附。康成云：《大壮》九三爻主正月，阴气犹在，故羝羊触藩，羸其角。九四主二月，阳气已壮，施生万物，而阴气渐复，不能为难，以障蔽阳气，故藩决难解也。

六五：丧羊于易，无悔。

《述义》：五即四所决之藩也，以阴蔽阳，宜有悔也。柔而得中，不与羊为难。又值四之不触也，故自决其藩，而丧羊于疆埸之间，任所之而无所私焉。人不用壮，而我亦不忌人之壮，畛域无分，而群才并进，无所谓蔽阳之悔矣，教阴使不为藩也。

象曰：丧羊于易，位不当也。

案云：位当位不当，《易》例多借爻位以发明其德，与时地之相当不相当也。此位不当不止谓以阴居阳，不任刚状而已，盖谓四阳已过矣，则五所处非当壮之位也，于是而以柔中处之，是谓丧羊于易。

附考六五、九二不正之说。

项安世曰，有以阴阳当位为正者，有以事理得中为正者，以刚处柔，以柔处柔九五、六二各当其位，此爻位之正也，刚以柔济之，柔以刚济之，六五、九二使不失其正，此事理之正也。《大壮》之时义，其所谓利贞者，利乎事理之正，不以爻位言也。是故九二、九四、六五不当位而皆利，初九、九三、九五当位而皆不利，《象》于九二则曰九二贞吉，以中也，明贞吉以中，而不以位也。于六五则曰位不当也，亦明无悔，在中而不在位也。

《述义》：他卦以位不当为悔，《大壮》柔可济刚，故以位不当为善。

上六：羝羊触藩，不能退。

此即《夬》之初九，壮于前趾，往不胜，为咎也。初在内卦下，为趾。三在内卦上，为角。

《述义》：上即三所触之藩也，三羸角而不能退，上质柔才弱，虽欲丧羊以三之触之也，乃固其藩以自防，而不能遂，皆由恃壮而有易心，故终无利焉。若知用壮之艰，而用罔焉，则吉矣。壮本刚盛，道宜柔克，二五不正，以其能柔，故吉而无悔。初三得正，以其动重刚，故凶而有厉，盖始终不欲用壮也。陈云：上因三触，思固其藩篱以自防，三即欲进，又不能遂也。

罗慎斋云：旧说以羝羊指上六，非也。大壮，大者壮也，上六阴爻，无壮象，安得有羊象也。惟九三之词曰贞厉，羝羊触藩，羸其角。羸者，不能退、不能遂也。所谓厉者，无攸利也，故知上六以下四句皆指九三言。

愚按：羝羊四语本承九三，然不言于九三，而言于上六者，盖六五一爻申说九四不羸之故，九四所以不羸者，以六五不与为难也。自决其藩，而任羊所之，故羊无所用其触。上六一爻申说九三所以羸角之故，九三所以羸角者，以上六与之为难也。自固其藩而不令羊进，故羊不得遂其触。五与上俱阴，但五得其中，故柔顺而不与阳敌。上不得中，故阴险而好与阳敌，此虽小人之狡诈可恶，然君子恃壮而有易心，致为小人所困，自己亦有咎焉，故告以艰则吉。

不能退者，上六曳之，使不得退也。不能遂者，上六拒之，使不得遂也。《易》中有承前言者，如《小畜》上九，妇贞厉，月幾望，妇与月承六四言也。《解》上六公射隼，公字承九四言也，《渐》上九鸿渐于陆，陆即九三之陆也。若如旧解以羝羊指上六，则羝牡羊也，上六阴爻，只可云牝，不可云羝；只可云牛不可云羊。下四阳为羊，上二阴为藩，藩在羊之前，故触。若指上六言，则卦已终，前无可往，无所为篱，又安有所为触耶？

《大畜》上九荷天之衢，言三阳不家食，而登天衢。天衢，高显之地也，下之三阳由已上达，故九三曰良马逐，又曰上合志也。

晋　䷢坤下离上。

九四居近君之位，处多惧之地，不中不正，进而不已，必有凌逼之嫌，能不危乎？进必有所伤，九四一爻当之，故曰厉也。上九不中不正，与九四同进，及于上，唯以自治，不嫌于过也，故曰惟用伐邑，厉，吉，无咎。此外若守此不变，以刚躁进，则伤之者至矣，故曰贞吝。贞者，常也。晋卦之所以利于用柔也。

俞氏炎曰:《晋》以日之进言，与《升》渐木之进不同。日出地上，其明进而盛,《升》渐虽进而无明盛之象。

《程传》:《晋》为进盛之时，大明在上，而下体顺附，诸侯承王之象也。上明下顺，君臣相得，在上而言，则进于明盛。在臣而言，则进升高显，受其先宠也。

罗云：康侯谓六二也，五为王，二为侯，其谓之康侯者，对九四言之也。坤顺得众，能安民，故曰康侯。五乘四应二，四为近臣，二为远臣，四曰晋如鼫鼠，贞厉，厉则危而不安。二曰受兹介福于其王母，受福则安而不危，故六二为康侯，用锡马蕃庶，昼日三接，此二之所以受福于王母也。五之大明为日，昼日三接，是为六五丽乎大明之实象也。《彖词》明出地上，以二体言，顺而丽乎大明，则专主二之于五言之。丽字有味，离，丽也，六五以一柔丽于二阳之间，为离之主，其《象》曰是为大明。而六二之顺体在下卦者，其位中正，乃能自别于外卦之二刚，而独丽于六五，是顺而丽乎大明也。只一丽字，而《彖》中锡马三接，与爻中受福王母之意，无不该括。柔进而上行，大明者柔，顺者亦柔，然则顺乎大明者，为以柔丽柔矣，是以二之于五相得无间，其象为康侯用锡马蕃庶，昼日三接也。项安世曰:《晋》好柔而恶刚，故九四、上九皆以厉言之，四以刚承五之柔则逼，二以柔丽五之柔则顺，故四危而二安也。《程传》：凡卦离在上者，柔居君位，多云柔进而上行。《噬嗑》、《睽》、《鼎》是也。项安世曰：三女之卦，独离柔在上为得尊位，大中而行之，故谓之上行。巽在六四，例谓之上合、上同；兑在上六，例谓之上穷，皆不得为上行也。

《折中》谓圣人以六五当康侯，似未确。

《屯》以初九为师，以九二为文人；《晋》以六二为康侯；

《谦》以九三为君子。

晋：康侯用锡马蕃庶。

蕃庶，惠定宇曰：《管子·侈靡篇》云六畜厄育，五谷遮熟，则蕃遮犹蕃育也。

苏氏曰：昼日三接，故曰晋，昼也。得其大首，故曰明夷，诛也。晋当文明之世，群后四朝而车服以庸，揖让之事也，明夷当昏乱之时，取彼凶残，而杀伐用张，征诛之事也。

君子以自昭明德。

昭，周作照，以为自照己身。老子曰：自知者明，用明以自照，为明德。

初六：晋如摧如，贞吉。

王注：处顺之初，应明之始，明顺之德，于斯将隆，进明退顺，不失其正，故晋如摧如，贞吉也。孔疏何氏曰：摧，退也，裕，宽也。初六处顺之初，应明之始，进则之明，退则处顺，进与退不失其正，故曰晋如摧如，贞吉也。《象》曰晋如摧如，独行正也，裕无咎，未受命也。独，专也，言进与退，专行其正也。裕无咎，未受命者，进之初，未得履位，未受锡命，故宜宽裕进德，乃得无咎。

六二：晋如愁如。

薛云：六二以中正和顺之德，遇文明之君，在上必求其进，六二不以为喜，反以为愁。盖志于功名富贵者，则以进为喜，以行道济时为心者，则以为忧，任大责重故也。当晋之时，势不可止，故亦以贞吉为戒。然与六五同德同气相求，不能不进，既得君而泽加民，必得重禄于其上。始之愁，先天下而忧；后受福，后天下而乐。其喜其乐，皆无与于己也。

六二：晋如愁如，贞吉。受兹介福，于其王母。

王注：进而无应，其德不昭，故曰晋如愁如。居中得位，履顺而正，贞字。不以无应而懈其志，处晦能致其诚者也。修德以斯，闻乎幽昧，得正之吉也。母者，处内而成德者也。鸣鹤在阴，则其子和之，立诚于阁，暗亦应之，故其初愁如，履贞不回，则必受兹介福，于其王母也。正义同。王母，诸儒皆指五言。

按：二与五不相应，故愁何得受福于五耶？窃意即指二爻言。《坤卦》以六二为主，乾为父，坤为母，《易》中六二一爻多主阴言，《家人》六二无攸遂，在中馈，女正位乎内也；《蛊卦》六二干母之蛊，不可贞；《小过》六二过其祖，遇其妣，注皆指本爻言之。《屯》六二女子贞，不字；《观》六二阚观，利女贞；《既济》六二妇丧其茀，同。

六三：众允，悔亡。

薛云：三居二阴之上，而近上体，为众所推，柔进而上行，而上达之象也。然三近四，而不相得，远五而不相应，宜有悔矣。以居坤上，其顺已极，又下阴同心，而上阳相应，众允之志上行也。故众皆信之，而五亦信焉。虽九四之媢嫉，而不能中伤，则其悔亡。

众允之志，上行也。

《述义》云：众允之者，其志皆欲上行，以上丽乎明主也。

薛云：臣人之志，未易遽通于上。众人信之，则其志亦上达而信于君矣。

九四：晋如鼫鼠。

陈云：中互艮，变亦艮，鼠象也。四阳大，故鼫。又坎为盗，错坎为盗，亦鼠象也。

胡炳文曰：坎为狐，解自初至五，互重坎，上下三阴，故曰三狐。艮为鼠，《晋》中互艮，艮上一阳，故曰鼫，石鼠。狐性疑，解当去其疑，鼠性贪，晋当去其贪。

来云：《广韵》鼫字与硕字同一类，二字从石，皆音石。《诗·硕鼠》刺贪，硕，大也。阳爻故曰大鼠，即《诗》之硕鼠无疑矣。四变艮为剥䷖

案云：此卦以爻词观之，则九四以一阳而近君，康侯之位也。参之爻义，反不然者，盖卦义所主在柔，则刚正与时义相反。当晋时，君居高位，而失静正之道，乖退让之常，贪而畏人，则非鼫鼠而何？贞厉者，成其以持禄保位为常，而不知进退之义也。

邱富国曰：晋，进也。柔进而上行也，故卦专主柔进为义，六爻四柔二刚，六五一柔自四而升，已进者也，故吉。下坤三柔皆欲进者，而九四以刚间之，故有鼫鼠象。龚云：初、二、三、五，柔之进，四、上，刚之进，阴吉而阳厉者，晋以柔进为善，刚强则躁矣。

六五：悔亡，失得勿恤。

《本义》以大明在上，而下皆顺从，故占者得之，则其悔亡。以悔亡属占者说，不属六五说，似不合。

王注：柔为明主，能不用察，不代下任也，故虽不当位，能

消其悔也。失得勿恤，各有其司，如斯以往，无不利也。孔疏：居不当位，悔也。柔得尊位，阴为明主，能不自用其明，以事委任于下，故得悔亡。既其事任下，委任责成，失之与得，不须忧恤，故曰得失勿恤也。能用斯道，所往皆吉，而无不利。

《程传》：六以柔居尊位，本当有悔，以大明而下皆附从，故其悔得亡也。下既同德顺附，当推诚委任，尽天下之才，通天下之志，勿复自任其明，恤其得失，如斯而往，则吉而无不利矣。六五大明之主，不患其不能明照，患其用明之过，至于察察，失委任之道，故戒以失得勿恤也。王肃本得失勿恤。蒋悌生曰：《程传》谓人君委任天下之才，不当自用明察，朱以为非。愚谓文王罔攸兼于庶狱庶慎。又云：文王罔敢知于兹，恐亦是《程传》之意。

上九：晋其角，惟用伐邑。

《程传》：伐邑，谓内自治也。人之自治，刚极则守道愈固，进极则迁善愈速。如上九者，以之自治，则虽伤于厉而吉，且无咎也。严厉非安和之道，而于自治则有功也。

王宗传曰：晋至于角，无所复进矣。惟能自反自克，而内自治焉，则知危厉自警，而获吉矣，此所以无刚进之咎也。

明夷　䷣离下坤上。

明夷：利艰贞。

孔疏：明入地中，《明夷》之象。施之于人，暗主在上，明臣在下，不敢显其才智，亦《明夷》之义也。

《述义》：明在地上，则无所掩。入地中，则有所掩，明掩故曰明夷。惟能掩而不能伤，此处明夷之善也。陈藻垣曰：明岂有时伤损？但出地则明，入地则暗，故以晦为明夷。不曰日入而曰明入者，见明之无息时也。

《杂卦》《晋》，昼也，《明夷》，昧也。

明入地中，明夷。君子以莅众，用晦而明。

何氏楷曰：晦其明，谓藏明于晦；晦而明，谓生明于晦。程子曰：六五若以君道言，义亦如是。人君有当用晦之时，亦外晦其明而内正其志也。

《述义》：明入地中，以明自入地者为象，故不曰夷明而曰明夷。出于地上之明，其明之所烛者远；入于地中之明，其明之所烛者微。君子以之莅众，用坤之晦，藏离之明，不察察以为明，而生众心之睽离，此莅众之善道也。《彖》曰晦其明，犹因时之艰也。《象》言莅众，则不必处患难。凡临民，君子皆不可无晦时之用。盖日进之明，用以自昭，沈幾之明，用以莅众。非明于察人而暗于反己者矣。莅众以离，昭坤之象。用晦而明，以坤藏离之象。

王注：莅众显明，蔽伪百姓者也，故以蒙养正，以明夷莅众。孔疏：藏明用晦，反得其明。

按：后儒以夷字兼作伤字，训谓自上六外，其馀五爻皆受伤者，因将此卦作极不好世界，如此则是君子所悲叹者。《象传》何以有取于明夷而用之乎？利艰贞，晦其明也，此尚可作患难解，若莅众用晦而明，岂可亦作处患难解乎？君子以莅众，此君子不特公卿大夫，并诸侯天子，皆在内，大概指临民者言也。《彖传》《象传》俱云明入地中，入字甚活，明为人所共见，则曰出；明为人所不见，则曰入。虽有见不见之殊，而于大阳之明，则毫无伤损也，故今日之入，复为明日之出，安得以伤训夷字乎？

又此卦六爻，后儒皆以商周之事实之，非也。《易》中爻词皆是空象，并无实事。若以文王、商纣、微子、箕子为言，毋论文王作爻词时事迹不合，即周公作爻词，亦岂宜以此为言耶？

《述义》云：初义不容留，故不食其食，二柔顺中正，故顺以则，九三虽与上六之阴相应，其志惟在于阳明之地，舍暗就明，是以大有得，获心意者，得意于远去也。明可夷不可息，箕子之贞，明之所以不息也。初登天，四国由之以照暗，后入地，则失坤顺之则，而明其息矣。只大概说为是，若以六二夷于左股，六四入于左腹，六五箕子之明夷为文王受囚之象，则当云夷明，不当云明夷矣。若以南狩之志乃大得也，为武王伐纣，悬首大白之象，则周公之立词，何其悖与？成汤之放桀南巢，惟有惭德者，岂不大相径庭耶？

初登于天，后入于地，《彖》《象》所云明入地中者，惟上六一爻，其馀初之行，二之拯，三之狩，四之出，皆出暗而就明者。六五之贞，则又因晦而生明者，有何伤哉？

初九：明夷于飞，垂其翼。

存疑。《本义》：飞而垂翼，见伤之象。占者行而不食，所占如不合时义，当然不得而避也。《程传》：初九明体而居明夷之初，见伤之始也。凡阳，上升者也，故取飞象。昏暗在上，伤阳之明，使不得上进，是于飞而伤其翼也。

辨正。王注：处卦之始，最远于难也。远难过甚，明夷远遁，绝迹匿形，不由轨路，故曰明夷于飞。怀惧而行，行不敢显，故曰垂其翼也。尚义而行，故曰君子于行也。志急于行，饥不遑食，故曰三日不食。殊类过甚，以斯适人，人必疑之，故曰有攸往，主人有言。

项安世曰：垂其翼，不言夷，未伤也。说者以垂其翼为伤翼，非也。敛翼而下飞者，避祸之象也。俞氏炎曰：当明夷之初，不敢高飞，遂垂敛其翼以向下。此见幾之明，不待难作而早避者也。夫知幾而早去，此君子独见，主人固不识也，岂得无言？叶氏采曰：明夷，伤犹未显，而君子于行，三日不食。盖见幾而去之速，处人所难，而不疑也。楚王反不设酒醴，而穆生去之，曰：不去，楚人将钳我于市。当时申生之贤，犹以为过。其后申公受胥靡之辱，至是欲去而不得矣。兰庭璠曰：阳刚之君子，居明夷之始，戢翼避祸，见幾先遁。据此数说，则飞而垂其翼者，属阳刚之君子说，《程传》属上六讲，误矣。

六二：明夷，夷于左股。

存疑。《程传》足者所以行也，股在胫足之上，于行之用为不甚切。左又非便用者，夷于左股，谓伤害其行，故而不甚切也。则亦必自勉有道，极用壮健之马，则获免之速，则吉矣。不壮，则被伤深矣。

《本义》：伤而未切，救之速，则免矣。

辨正。史氏澂曰：随时柔顺而不失其中正之则，故不至受伤之切，以及于难也。

按：六二柔顺，不为暗主所疑，谅不至于有伤。且四在外卦，近于暗矣，尚且出于门庭，而获心意，况初与上，去上最远，岂反受其伤乎？窃意初九明夷者，谓初爻当明夷之世；六二明夷者，谓二爻当明夷之世也。夷于左股，此一句属暗主说，当二之时，君德虽昏，而尚未甚，譬如日月之食，其始只蚀二三分也，然初虽未甚，其后必至全食而无光。君子当此，必虽早拯救之，斯可不至于全食矣。夷于左股，夷者，晦也，指昏昧之主说。用拯马壮吉，方属六二之臣说。

案云：上六为昏之主，六二为明之主，既为明主，岂可以不救昏为急？故此之夷于左股，与《丰》之往得疑疾同，用拯，马壮吉，与《丰》之有孚发若同也。

存异。**睇于左股。**睇与睇同。

六爻辰：初九子，九二寅，九三辰，九四午，九五申，上九戌。初六未，六二酉，六三亥，六四丑，六五卯，上六巳。

《释文》：夷于左股，子夏、郑元、陆绩俱作睇。

按：《内则》：不敢睇视。郑注：睇，倾视也。《易》曰明夷，睇于左股。孔疏：郑注云旁视为睇。六二爻辰在酉，酉在西方。又下体离，离为目，九三体互震，震东方，九三爻在辰，辰得巽气为股，此谓六二有明德，欲承九三，故云睇于左股。

按：此解有别夷字，既系睇字之省，训为旁视，而以左股属九三，则不必作伤训矣。

九三：明夷于南狩，得其大首，不可疾贞。

朱云：先儒以《彖传》有文王以之之词，遂以此卦为通，似周初之事，以初爻为大公伯夷，二爻为文王，三爻为武王，四爻为微子，六爻属纣，此皆泥而不通之说也。勿论二、四两爻，硬坐文王、微子，为穿凿附会，抑且《易》不可以占险，则劝戒之词为多，乃竟欲以南狩之举，为大白悬首之事，周公明系之爻，而孔子且称其志之得，益诞妄不可训矣。必欲求其事以实之，则冯文炘之说为近似，曰得其大首者，除君侧之元恶，文王之伐崇伐密，平、勃之诛诸吕，李、郭之除安史是也。不可疾贞者，人臣靖君侧之恶，嫌于逼上侵权，而不居之功。

存异。王注既诛其主，将正其民。民之迷也，其日固已久矣，宜化以渐，不可速正，故曰不可疾贞。《程传》：殷民至康，而曰馀风未殄，是渐渍之俗，不可遽革也。

六四：入于左股。

《述义》：坤为腹，互震为左，阴偶为门，互震故出也。

左腹，隐僻之处，至暗者也，此句擒暗主于出门，方指六四。

六五：箕子之明夷，利贞。

六五以阴居阳，又处卦中，故用晦而明，而明不可息。上六以阴居阴，又处卦外，故不明而晦，而后刚失。则。此爻时讲不属君道，一以箕子，是商之臣；二以上六纯暗，可言明夷。六五柔中，则不合也。

按：《象》曰明入地中，明夷。君子以莅众，用晦而明。

《述义》以为莅众不必处患难幾，临民君子，皆不可无晦明之用。《程传》云：以君道言，义亦如是。人君有当含晦之时，亦外晦其明，而内正其志也。则作君道讲亦通。经文、《彖词》、《彖传》俱云利艰贞，故以商之箕子实之。《爻词》、《象词》，省去艰字，但言贞字，则不必属商箕子说。六五之君，有柔中之德，故能用晦而明，其明不息也。阴不可息即贞下起元之意。

存异。**荄兹之明夷。**

《汉书·儒林传》：赵宾《说易》云：箕子者，荄兹也。《孟喜传》：箕子者，万物方荄兹也。根株孳萌。师古注荄音皆，古荄字，与箕音同。诗经皆喈偕与支韵通惠定宇曰：其古音该，故读为亥，亦作其。刘向曰：今易箕子作荄兹，荀爽据以为说。盖读箕为荄兹，其与亥与兹字异而音同义同。《淮南子》曰：爨其燧火。高诱注曰其萁音该备之该，该荄同物，故《三统历》曰：该阂于亥，孳明于子是也。五本坤也，坤终于亥。乾出于子，用晦而明，明不可息。爻辰乾初九在子。故曰其子之明夷。《明夷》反《晋》，《晋》，昼也，明夷，晦也。以十二辰言之，七日来复，则当子。以十日言之，自晦复明，则当旦，故昭五年《春秋传》卜楚邱论此卦，以为明夷当旦，亦此义也。马融不识七十子传易之大义，以《象》有箕子之文，遂以箕子当五位。五为君位，箕子臣也，而当君位，乖于《易》例，逆孰甚焉。

何孟春曰：《尧典》定中星以戌为昏，世俗称黄昏戌时是也。《说文》谓日死于戌，是日至戌方无光也。

按：旹，古时字，心所之谓之志，日所之谓之旹。日在亥方为亥旹，在子方为子旹，阳穷于戌亥，起于子丑。以一日言之，亥为今日明之终，子为次日明之始。《汉律历志》云：天统始施于子半，日萌色赤，地统受于丑初，日肇北而黄是也。亥子是两日交接之界，故曰亥子之贞，明不可息也。

其一音基，《诗》曰：子曰何其是也，故萁、箕、锠、期俱音基。期，周也，与该备之义合。《尔雅·释草》荄根注：别二名，俗呼韭根为荄。疏：凡草根一名荄。按：《汉书》计其县一名作计根县。又《五行志》：雷以八月复归于地，孕育根核，核与荄同，树之有根，犹墙之有基，故合言之，则曰根基。子与兹同，《诗》子兮子兮，郑注训为嗞兮嗞兮，《书》是有丕子之责，《礼记隐义》：诸侯病曰丕兹是也。焦循《孟子疏》云：亥，唐一作期，唐亥之为期，犹箕之为荄也。《字典》曰部皆俱之切，音箕。王弼注六五云。

明之所以不终于夷者，六五贞下起元，自晦而明之力也。如此看则六五为卦主矣。

最近于晦与难为比，险莫如兹，而在斯中犹暗不能没明，不可息正不虑危，故利贞也。焦氏循曰：弼解箕子乃用赵宾之说，孔颖达不能申明之。

六五：其子之明夷，利贞。蜀才本。

胡一桂曰：冯厚斋讲此节云：蜀才本作其字，此继统而当明扬之时之象，其指大君当明扬之时，而传之子，则其子亦为明夷矣。又谓文王作爻词，移置君象于上六，以初登于天，后入于地，况明夷之主，六五在下而承之，明夷之主之子之象也。子继明夷之治，利在于贞，明不可以复夷也。后世以其为箕，遂附会于文王纣事，甚至以爻词为周公作，而非文王。不知箕子之囚，在文王羑里之后，方演《易》时，箕子之明未夷也。李隆山深然其说。

愚按：《蛊卦》六五干父之蛊，指继体言。《家人》王假有家，上九是天子之父，则九五乃其子也。冯氏以此爻为上六明夷主之子，甚是。

《中孚》云：其子和之，此其子二字之证。

作《左传》其父析薪，其子弗克负荷。

《彖》云利艰贞，晦其明也。内难而能正其志，箕子以之。经文有艰字，难字可就患难讲。六五荄兹之明夷，利贞。《象》曰荄兹之贞，明不可息也。经文无艰字，难字则不必专就患难说。《彖》统全体，爻指一书，故取象不同，不可混为一。

上六。《盐铁论》文学引《易》曰：小人处盛位，虽高必崩，不盈其道，不恒其德，而能何有也？是以初登于天，后入于地。

家人　☲离下巽上。

家人：利女贞。五月卦。

王伯厚曰：家人《卦词》曰利女贞，男正易，女正难，《二南》之诗以化行闺门为极致，上九之象，曰反身之谓也，身正则家正矣。

家人有严君焉，父母之谓也。父父、子子、兄兄、弟弟、夫夫、妇妇，而家道正。

《本义》：上父，初子，五夫，四、二妇，五兄，三弟。《折中》：凡《易》取类，上爻有父之象，初爻有子之象，故《蛊》曰有子，《观》曰童观，《随》曰小子，《中孚》曰其子，皆指初爻也。

罗云：上爻有父之象，《观》、《蒙》可见，《蒙》惟上与二两阳爻，二云子克家，则上为父可知。《家人》一卦六爻，上为父，五为长子，四为长子妇，三为次子，二为次子妇，初为小子。故他卦以上下体为内外，而《家人》不然，中四爻，五与四为夫妇，同居外卦。五为外，四居五之下，则为内。三与二为夫妇，同居内卦。二为内，三居二之上，亦为内。上为严君，处卦之终，为外。初为小子，处卦之下，而不在中，亦为外也。又他卦，初、四、二、五多取相应，而《家人》不然。盖卦以初为小子，四为兄之妇，故不可以应言。其二、五亦不取相应之义者，以二为五之妇，则必以四为三之妇，三于五为弟，弟处三，而弟之妇处四，则内外失位矣。又他卦五上两爻，多以五为主，而《家人》不然，上为父，家人之主，所谓严君也。五虽君位，在天子必有父者，若以五为严君，置上于何地乎？否则一家二君矣，何以正家乎？家人有严君焉，此即专指上九之为卦主者言。严君之义，如《爻词》所称有孚威如，是已兼言母者。盖孔子因卦位所不备，而会全卦之意以补之耳。如上以五与三、初为之子，而成其为父，天下岂有无母之子哉？又二、四之为父，而能贞，亦必有母教内行，以佐为之父者。但孔子虽补出母，而仍因父之名曰严君，则有母特以佐父之为严君，而不疑于分父之权也。故家人不可无母象，宜通卦位之穷而补之。又必以父为主，此上九所以独成为卦主也。真西山曰：父母者，一家之君。严则家政举，不严则家政坏。然所谓严者，非猛暴之谓也。父尽父之道，子尽子之道，推之夫妇、兄弟，莫不尽其道。上下肃然，无或少紊，如此则家道正矣。卦体内离外巽，故言风自火出。君子观此卦之象，知天下之事，莫不由内而出。以家与国言，则国之治乱，自家而出。以身与家言，则家之正否，自身而出。故治国在于齐家，而齐家又在于反身也。

王申子曰：父道固主乎严，母道尤不可不严，犹国有尊严之君长也。无尊严，则孝敬衰，无君长则法度废，故《家人》之卦，大要以刚严为尚。劳曾三曰家人有严君焉，父母之谓也。父义母慈，母何以亦称严，盖母之不严，家之蠹也。渎上下之分，蔽子孙之过，乱内外之别，漫惟薄之仪，父虽严，有不能尽察者，必父母俱严，内外齐整，兄弟、夫妇之间，各尽其道，而家道正也，故曰家不难子有严父，而难子有严母。不难子有严母，而难子有顺父之严母。父所整敕，母奉以行，而后家道之正，无或有不正者。以之具严也，乃所以为顺也，故《象传》曰严君，而六四之传曰顺在位，苟或不顺，是二君也，其能治乎？

程子曰：人之处家，在骨肉父子之间，大约以情胜理，以恩夺义，惟刚正之人，则能不以私爱夺其正理，故家人之外，大要以刚为善。

初九：闲有家，悔亡。

王辅嗣云：凡教在初，而法在始。家渎而后严之，志变而后治之，则悔矣。伯厚曰：《蒙》之初曰发，《家人》之初曰闲。《颜氏家训》谓教子婴孩，教妇初来。

六二：无攸遂，在中馈。

郑注：二为阴爻，正位乎内。五为阳爻，正位乎外。犹妇人修明于内，丈夫修正于外，无专遂也。文体离，又互体坎，火在下，水在上，饪之象也，故云在中馈。《屯》六二女子贞不字，《观》六二窥观，利女贞，《既济》六二妇丧其茀，顺以巽也。

巽一音选，叶上变，《萃》六三，上巽也，亦叶上变。《渐》九五，顺以巽也，叶下愿。

九三：家人嗃嗃，悔厉，吉。

王注：以阳处阳，刚严者也。处下体之极，为一家之长者也。行与其慢，宁过乎恭；家与其渎，宁过乎严，是以虽嗃嗃悔厉，犹得其道。蒋云：《韵书》嗃，严也。《说文》嗃，严酷貌。《玉篇》嗃，严大之声也。字从口，当是切切然责问，聒聒不停之意。家人，家长主家事者，一家之中，农圃不治，则责诸仆。纺绩不修，则问之婢。以至仓庾钱谷，若子若弟，各有任其事者，皆所当责问也。既以事不理而受责，宜有悔而心不安。然既受责问，则必恪共乃职，所职既修，则和睦如故，所以终得吉也。若妇子惟务嘻笑，不思治事，以至怠荒，羞吝甚矣。

失家节也。

节音即，与上失叶，《蹇》五《象》以中节也，《鼎》上爻刚柔节也，与实叶，《未济》上《象》亦不知节也，与吉叶。

六四：富家，大吉。

来云：父子笃，兄弟睦，夫妇和，家之肥也。肥字即富字，若家庭之间，不孝不弟，无仁无义，纵金玉满堂，将何为哉？然则周公所谓富者，必有所指归，观孔子《小象》之顺在位可知矣。

鬼神害盈而福谦，京本福作富。《大戴礼》劳则富，卢注躬劳终富，《诗》何神不富，《毛传》富，福也。

罗云：《易》例阳实为富，阴虚为不富。六四阴爻，非能富其家者。辞曰富家大吉，谓六四之富其家，以大吉富之，无取乎多财也。所以然者，六四之顺在位，能佐所天之九五，以成交相爱之情，又能倡为妇于九三之六二，以安位乎内之义，此其以顺召祥而成家之大吉者，未能富其家以多财而已。富其家以实福矣，《郊特牲》富也者，福也。此为富家大吉也。旧解谓阴主利，能富其家，谓四之顺在位，能保守其富大吉，揆以《象》词利贞之意不合。巽在内卦，一阴居初而卑，在外卦，一阴居四而尊，故四为在位。《小畜》柔得位而上下应之，《涣》柔得位乎外，而上同是也。此爻明其顺在位，则知四之顺，虽与二同，而其为巽之主爻，而在位者，又独成为四之顺，不尽同于二也。蔡泽传曰：父慈子孝夫信，妇贞之家之福也。

九五：王假有家。

惠云：假五经文作徦，云：《易》王徦至也。周伯琦引《萃》卦云：王徦有庙，《传》写误为假。《语类》云，有家之有是虚字，非至于其家也。

九五：王假有家。假与格通，感，格也。

存异。陆绩注：假，工雅切。王引之曰：夏之为言假也，养之长之，假之仁也。《释名》：夏，假也。宽假万物，使生长也。天地温厚之气，盛于东南。《家人》外卦为巽位，在东南。九五体之，而有温厚之德，是以爱其家人而相宽假也，故《象》曰王假有家，交相爱也。

邱富国曰：《彖》以严正为义，五以相爱为义，何也？严以分言，正家之义也。爱以情言，假家之义也。假有盛格之义，故以相爱言之。任启运曰：《彖》以家人为主，治家如治天下，故主严。九五以君道为主，视天下如一家，故主爱。严以分言，故曰闲有家。爱以情言，故曰假有家。

程子曰：夫爱其助内，妇爱其刑家。龚氏焕曰：交相爱，则一家之父子兄弟长幼，莫不相爱，非但夫妇而已。愚按：父慈子孝，是父子交相爱也。兄友弟恭，是兄弟交相爱也。姑慈妇听，是姑妇交相爱也。

上九：有孚威如，终吉。

王注：家道可终，惟信与威。陈云：家道之终，必为之计长久，长久之道，以诚为本，以严为用。孚诚则一家上下不相欺，威严则一家礼法不敢纵，所以终吉也。

胡炳文曰：未有不严于身而严于家者，九三嗃嗃之严，有悔而吉。上九反身之严，终吉无悔。何云：下五爻未及正身之义。故于此爻足其意，探本之论。

上九：有孚威如，吉。

上九一爻，所谓严君也。威如即为严象，其曰有孚者，九阳实而有反身之功，其威生于言有物而行有恒也。上九能为父，则一家之中，兄兄、弟弟、夫夫、妇妇皆不愧为父之子与妇矣。九五一爻，虽以王家言，天子为天下之主，而天子之父，则以家人之谊，而为天子之主，此王者以孝治天下之道也。然则家人之卦主，不属上九者，非属上九而更参以九五者，亦非也。

睽　䷥兑下离上。

《六书故》：凡人喜怒必形于面目，故和为睦，乖为睽。陈云：睽，乖异也。《玉篇》：睽，目少精也。离目兑毁，故名睽，故《爻词》初见恶，三见舆，上见豕，皆取睽义也。卦象睽字，《字典》收入目部。胡炳文曰：《家人》离阴在二，巽阴在四，女正者也，《睽》则兑阴在三，离阴在五，女不正矣。女正家无不正，女不正则家之所由睽也。

按：《睽》卦自三至五，互成坎，故《爻词》多有坎象。初九为坎，马美脊，坎为盗，恶人象也。

六三坎为舆，为曳。

上九坎为豕，坎又为水，入于兑泽泥途之象。

阴曰鬼，两阴夹坎，舆坎又为隐伏，鬼一车之象，次矢弧象，坎为寇盗，坎男而乘兑女，故匪寇婚媾。

睽：小事吉。十二月卦。

程子曰：小事吉者，只是方睽之时，犹足以致小事之吉，不成终睽而已，须有济睽之道。赵汝楳曰：睽盖人情事势之适，然圣人自有御睽之方，小事吉者，就其睽异之中，有以善处之则，亦吉也。何氏楷曰：业已睽矣，不可以忿疾之心驱迫之也，惟不为已甚，徐徐转移，此合睽之善术也，故曰小事吉。小事犹言以柔为事，非大事不吉而小事吉之谓。《折中》：小事吉之义，以爻见恶人、遇巷、噬肤之类，观之则赵氏何氏之说是也。盖周旋委曲，就其易者为之，皆小事吉之义。又云：礼君臣宾主相见，皆由庭以升堂。巷者近宫垣之小径，故古人谓循墙而走，则谦卑之意也。谦逊谨密，巽以入之，亦小事吉之意。

初九：悔亡。

当睽之初，其睽未甚深，本同而忽异者，任之可也。本异而忽同者，容之可也。安静以俟之，宽和以接之，往者不追，来者不拒，若不见其睽者，夫惟不见其睽，而后可以合睽。

九二：遇主于巷。

蒋云：刚柔相应，乃《易》中大义。惟《睽卦》不然。程子曰：睽之时，阴阳相应之道衰，刚柔相戾之意胜，故初九与九四，乃以同德相遇，二与五为正应，九五遇元夫，亦曰遇。不惟爻词，而六三《小象》亦曰遇刚，则六三、上九本阴阳正应，若依他卦凡例，当云应刚，而亦依爻词曰遇刚。按《春秋》书法，盟会则有嘉礼，不能备礼，则书遇。盖当人心乖离之时，患难急遽之际，相求相合，不过欲宛转曲成其事，在礼虽苟简，而于情则甚切至，是道也，其项伯、子房鸿门之遇，与孔明适吴见孙将军之时乎？

按：《睽》卦所重不在应，《大过》卦所重不在正应，均系《易》之变例。

六三：见舆曳，其牛掣，其人而且劓。

惠云：《说文》：曳，臾曳也。束缚捽为曳，互坎为舆，多眚，互离为牛。马氏融：剠凿其额曰天。按：剠與黥同。虞氏翻：黥额为天是也。胡氏瑗曰：天当作而，篆文相类。《周礼·梓人》作其鳞之而，亦谓髡其鬓发。六三之艰戹于始，位不当也，终遇上九阳刚之助，则睽者合矣。《集韵》掣与觢通。《说文》：觢一角仰也。

《元史·李孟传》：其人耏且劓，兑为毁折，故有是象。

按：天泽履下体兑，故曰泽。《归妹》下体兑，故俱有眇视跛履之象。此卦下亦属兑，故有耏且劓象。

天字，马虞作黥面解，胡氏作耏发解，未详孰是。

九四：睽孤，遇元夫。

《正义》曰：元夫谓初九，处于卦始，故曰元。

四与三、五两阴，近而不相得，与初二、上、三阳远而不相应，故孤。

九五：厥宗噬肤。

惠云：宗，朱子读如同人于宗之宗，五以二为宗也。宗在庙门之内，古者得贤臣，则礼之于庙，谓之宗臣。死则飨之于庭，谓之宗礼，亦曰宗功。汉哀帝册免其舅丁明曰：朕惟噬肤之恩，未忍君之于臣，元首股肱本一体之亲，有肌肤之爱，故曰噬肤。又二至上有《噬嗑》象。噬肤者，言其往必合也，故曰厥宗噬肤，往有庆也。

《述义》云：二为五之正应，又互离，五之宗也，二变则成《噬嗑》，《噬嗑》之二曰噬肤，故《睽》二亦噬肤也。

上九：睽孤，见豕负涂。

薛云：《易》之取象，非凭虚造语。惠氏栋：载鬼一车，于礼为魂车，《仪礼·既夕》篇车，郑注云：今之魂车是也。

《述义》云：豕涂泥污己也，鬼车疑祟己也，先张疑射己也，后说疑误己也，皆以三为寇，故致此。其实匪寇，乃婚媾也。三至五象坎，坎为豕，入于兑泽，故负涂也。坎为车，又为隐伏，故载鬼也。坎为矢，又为盗，故云孤，又云寇也。

《汉书·诸侯王表序》：小者淫荒越法，大者睽孤横逆。注：睽孤，乖剌之意。

后说之弧。京房本后说之壶

《释文》云：本亦作壶。

惠士奇曰：昏礼设尊说，设通始，以为寇也，故先张之弧。匪寇乃昏媾也，故后说之壶。始则拒之如外寇，继则礼之如内宾。言始睽而终合也。定宇曰：大元云家无壶，妇承之姑。壶者家之礼法，故家无壶，妇无以承姑，妻无以事夫。上九、六三，婚媾之象，始以为寇，故张弧。后以为昏冓，故设壶。昏礼设尊于室，为内尊。又设于房中，东为外尊，此之谓设壶。

孔云：后说之壶，郑本及京、马、虞、翟皆然，说读为棁。虞翻曰：说犹置也，离为大腹，坎酒在中，壶之象也。惟今王氏注本与上句同作弧，字相似而误耳。《左传》狐骀《礼记》作壶。《周易》以变为占，上九《睽》之《归昧》也，上与三相应，三至五互坎，坎为豕，又为车轮，上爻变则为震，为大涂，坎豕在其下，若负之。然上为宗庙，故谓之鬼，故车在其下，若载之。然一车者，就坎数也。上体本离为戈兵，有矢之象，先张之弧，则弧矢为寇也。后设之壶，则壶矢为乐也。已变而成《归妹》，匪寇也，是昏媾矣。且上既变震，自三至五互而重之，雷雨作《解》，故曰遇雨之吉，群疑亡也。

周易异同商卷七

蹇　䷦艮下坎上。

吕大临曰：山上有水，行不得地，故蹇也。

薛云：爻象皆以往为蹇，然《彖传》曰往得中也，往有功也，则知非终不往之谓也。但必协力共济，不可轻身孤往，合《彖》利西南之义耳。《述义》解《蹇·彖》云，见险虽以能止为知，而《济》《蹇》则以能往为功，故往而西南，乃得中道。止而东北，其道乃穷。

在《解》时险难已解，故以来为中。在《蹇》时险难宜济，故以往为中。按：《屯》是难方生之日，又济《屯》无人，故勿用有攸往。《蹇》是难将息之时，又济险有人，故往有功也。往有功则难解矣，故受之以《解》。西南得朋，协力共济，故有功。东北丧朋，独有孤往，故不利。又朱子云：山上之泉，曲折多艰险，然犹可行，故蹇则犹可进步。

蹇：利西南，不利东北。

后天卦位坎艮震在东北，皆刚卦也。离坤兑在西南，皆柔卦也。《蹇》合坎水艮山，在于东北，有过刚之患焉，故利西南，尚往也。艮错西兑，坎错南离，水往交火，山往下泽，则刚柔得中，而攸往咸宜，故利。往得泉也。若止于东北，刚而不柔，水火不相济，山泽不通气，则其蹇愈甚矣。

案云：阳居东北，阴居西南，阳先阴后，阳进阴退，西南当为退后之位，东北当为进前之方。《蹇》当退而居后，不可进而居先，难既解矣，或可以有所往，故无不利。东北之交，然曰利西南者，终以退后自治为安也，其说与此解相发明。

利见大人。

《述义》：九五则中，九三刚正，皆大人也。下有险，利见在上之大人，以得主也。上有险，利见在下之大人，以求辅也。

当位贞吉，以正邦也。自二至上皆当位。

初六：往蹇，来誉。

来云：六非济蹇之才，初非济蹇之位，故进而往，则有蹇。退而来，则有誉。

张伦本：宜时也。郑康成本：宜待时也。

六二：王臣蹇蹇。

五，王也；二，臣也。外卦之坎王之蹇也，因二、五居卦中，故以两蹇言之。胡炳文曰：诸爻皆以往为蹇，圣人又虑天下皆不往，蹇无由出矣。二五君臣，复不往，当谁往乎？是以于二曰蹇蹇，于五曰大蹇。杨万里说同。

按：蹇一作謇，其字从言。《楚词》余固知謇謇之为患兮，忍而不能舍也。《汉书·龚遂传》引经义陈祸福蹇蹇无已，注蹇蹇，不阿顺之意也，《易》曰：王臣蹇蹇。《晋书·王豹传》豹闻王臣謇蹇，匪躬之故。北周长孙俭传：王臣謇謇，匪躬之故，盖谓爱公忘私，知无不为而已。魏杨阜传：见人主非，则触之，岂非所谓王臣謇謇，匪躬之故者哉！张普惠传：謇謇如也，谔谔如也。则作謇谔训，亦通。

九三：往蹇，来反。

孔仲达曰：九三与坎为邻，进则入险，故曰往蹇；来则得位，故曰来反。吴日慎云：九三刚正，为艮之主，所谓见险而能止者，故来而反，止于其所。

《本义》：反就二阴，得其所安。

案：《传》义以反为反就二阴，孔氏、吴氏则谓止于其所，以孔子象义观之，则《传》义理长，盖三为内卦之主故也。

王注为内卦之主，是内之所恃也。

陈云：国难孔亟，非一手足所支，三阳刚不中，有济蹇之才，无王臣之位，所谓无官守，无言责，而进退绰绰者，故独往必困。惟俯念二阴，足以同心，共济急反，而就之可也。

云来反而比于二也，二资三之刚明，三资二之巽顺，合之可以济蹇矣。

象曰：往蹇，来反，内喜之也。

陈云：内指二言，内喜之者，言喜得九三以共济也。二系忠臣，但才柔不能济蹇，思刚明之人以协助之，乃其本心，所以喜其反也。

六四：往蹇，来连。

连字有指三者，薛云：四居大臣之位，而无因孤往，徒陷蹇难耳。来而下连于三，借其阳刚之才，协力从事，何忧蹇之不济。所以下连九三者，以三处当其位，有是刚实之德，以济蹇也。

《本义》：反就九三，得其所安。

有指五言者，荀爽曰：蹇难之世，不安其所，是以往蹇也。

来连承五，则与至尊相连，故曰来连。沈氏谈曰：当位可济，而阴柔不能独济，来而承五，连于阳实，则得所愿。

案云：荀以来为承五是也。《易》例六四承九五，无不美者，况蹇有利见大人之文乎！若三则于五无承应之义，而为内卦之主，固不当与四并论也。

存异。孔云：连古字辇通。六四处进退之位，往就外卦，则成上之体坎，坎险，故其行蹇。来就内卦，则自三之五，互体成离，离为牝牛，辇所驾也，乃有乘车安行之象。

按：四虽阴柔，虽乘三承五，上下皆有阳刚之实，惟上连五而下连三，则蹇可济，似当兼说。

九五：大蹇，朋来。

朱子曰：处九五尊位，而居蹇之中，所以为大蹇，所谓遗大投艰于朕身。人君当此，则当屈群策，用群力，乃可济也。

传云：《蹇》九五得九三为朋来，《解》九四得九二为朋至。

云阳大阴小，大者阳也，即九五也，言九五之君蹇也。朋指三，即九五同德之阳，三与五同宫功异位者也。上六来硕，应乎三者也。六四来连，比乎三者也。三有刚实之才，惟二可以济蹇。然三与五非比非应，不能合于其五，惟二与五应，乃君臣同其患难者。馀四爻则不当其实者也，朋来合于二，以济蹇，则诸爻皆共济蹇矣。干宝曰：承上据四应二，众阴并至。

上六：往蹇，来硕，吉。

陈云：阴居阳上变巽，又失位，故往蹇。硕，大也，指九三。阳大，故硕。上九下与三应，故曰来硕，大人指五也。上引三见五，共成济蹇之功，造福于世者无穷，而己之享福亦无穷矣。薛云：上六才柔，往则有蹇，幸与九三应，来而从之，资其硕才，刚柔相济，故吉也。上来得三，则当与之往见九五也。来硕者，来就三也。见大人者，见九五也。若旧注来就九五，则利见大人为谁？且《象传》曰志在内，内指三言，若就九五，则志在外卦，不在内卦矣。侯氏果云：三为内主。

补。**初六往蹇。**

陈云：内爻之卦外曰往，外爻反内曰来。往来，进退之象也。本卦蹇字从足，故诸爻皆以往来言之。卦以见险而能止为义，凡往皆坎，凡来皆艮也。初失位应阴，四往历坎险，故往蹇。得艮止之，因来而承二；二多誉，故来誉。初本无来，犹上本无往，上曰往者，以不来为往。初曰来者，以不往为来也。

《萃》初六不与五应，四与三应，而引之以见九五之大人，《蹇》九三不与五应，上与三应，引之以见九五之大人。

附。**蹇解之蹇。**

《蹇卦》艮下坎上，见险而止，故诸爻皆蹇难之词。独六二有重言蹇蹇，说者以为六二与九五为正应，如臣之事君，当以身任国家之责，虽蹇之又蹇，必匪躬以济之，此解释文义之旨也。若寻绎爻画，则若有说焉。盖外卦一坎，诸爻所同，而自六二推之，上承九三六四，又为坎体，是一卦之中已有两坎也。䷜故重言之。《解》卦坎下震上，动而免乎险矣。六三将出险，乃有负乘致寇之咎。岂非上承九四六五，又为坎乎？坎为舆，为盗，既获出险，而复蹈焉。宜其可丑，而致戎也，是皆中爻之义云。

解　䷧坎下震下。

解：利西南。

解合震坎，东北之卦也，故利西南。蹇利西南，用离兑也。解利西南，用坤也。坤也者，万物皆致养焉。又坤厚，众民所聚也。大难既解，安民为先，故震往于坤，以役其众，教田制稼，尽地力以养民，则民忘其蹇矣。

熊朋来曰：或问《蹇》《解》自为反对，而《卦词》皆言利西南，何也？诸家泛以坤为说，不见得《蹇》《解》于坤有何相入处，曰下经《蹇》《解》，上经之《屯》《蒙》也。《屯》《蒙》与《蹇》《解》上下二卦往来，水雷屯，雷水解，山水蒙，水山蹇。《屯》《蒙》二卦接坤，又皆互坤屯䷂蒙䷃不必言西南，《蹇》《解》即《屯》《蒙》之上下卦。《易》位非互坤，亦非伏坤，是当以爻画求之，方见得《解》九四之入坤中䷆，《蹇》九三入坤中䷇，故皆言利西南也。九四动，则《解》之上卦为坤䷆，九三动则蹇之下卦为坤矣䷇。《坤·卦词》西南得朋，《蹇》《解》之爻词曰朋至朋来，即西南得朋也。《蹇》《解》之利西南，《彖》曰一日往得中，一日往得众，坤为众，得坤即得众也。得中谓二五，《蹇》之九三为九五之朋，《解》之九四为九二之朋，三四入坤，而二五得中，以主其朋。坎艮为《蹇》，震坎为《解》，利西南而得朋，三男以阳为朋也。吴曰慎曰：天下之难，由小人作群比如拇耶，媚如狐蛰，害如隼，解拇获狐，射隼而难解矣。故《解卦》以去小人为要义。

吴草庐曰：初三之阴，在地中，故象狐。上六之阴，在天险，故象隼。初在下，二解之甚易。上最上，四解之甚难，故于卦中乃获之也。

《述义》云：上六一爻，翰飞戾天，党阴而悖阳，五亦不能孚，故曰乘高墉以射焉。

解：利西南，无所往，其来复，吉。

蒋云：无所往三字一句，非《卦词》原经文，乃后人释利西南一句，信难解之。后但利于平易之地，他无所往也。后世传说，遂误写入经文中。何以知之？无所往，与有攸往一句正相反，不应一卦词中叠出，一也。若果作无所往之义，如传义所释之旨，亦当作勿用有攸往。或云不利有攸往，不应作无所往。无所往一句，非文王时文法。文王时语典重简质，至夫子时文词始敷畅。据六十四卦爻词中，无此等句法，二也。凡《彖词》释《卦词》，字字句句有著落，精密详明，无一字不释，岂有一句全不释者？知其非原卦词必矣！大意谓难解之后，但置民于简易之地，不当更有作为。惟复先王之旧而已，其间或有大节，当更解者，亦宜及时早为更定，不可延滞，以扰民也。

《程传》云：动乎险外，出乎险也。

林黄中曰：《蹇》止乎坎中，是以言利西南，不利东北。《解》动乎险外。是以但言西南之利，不言东北不利也。

《彖传》云利西南，往得众也，其来复吉，往有功也。

解：险以动，动而免于险。

虞仲翔曰：险坎动震，解，二月卦。雷以动之，雨以润之，物咸孚甲，万物出乎震，震出险上，故免乎险也。

解：解利西南，往得众也。

蒋云：《程传》曰：不言无所往者，省文尔。按：此乃《小象》之例，《彖》文则无省文例。

而百果草本皆甲坼。

郑注：皆读如解，解谓坼，呼皮曰甲，根曰宅，《字典》郑注：坼，呼也。陆德明音火讶切，盖即罅字，古文谓罅为呼也。

《汉书·高帝纪》衅鼓，应邵曰杀牲涂鼓，呼为衅，呼即罅字。《史记·滑稽传》然而不能傅合，疏：罅。《说文》罅，裂也，器物善裂也。

陈云：果实之皮微开。何云：蹇者难之方兴，解者难之方散。《蹇》之止于险下，固不若《屯》之动乎险中。而《屯》之动乎险中，又不如《解》之动乎险外也。

初六：无咎。

薛云：方解之初，固宜安静休息，初以阴柔，上顺阳刚，承二应四，就处解之道言之，当得无咎。

何氏楷曰：初能以阴下阳，尚知安分，故于义无咎。

陈云：初柔在下，位卑才弱，是小人之无为者，幸其应四之刚，于事固有所倚仗，于心实乐为顺承，不惟不敢作恶，终亦可迁于善。

曰无咎者，勉之也。

《象》曰《蒙》二曰刚柔接，美令子之克家也。《解》初曰刚柔际，勉小人之迁善也。

九二：田获三狐，得黄矢。

胡炳文曰：《解》自初至五，互重坎，上下三阴，故曰三狐。坎为狐。

《程传》：获谓能变化除去之。何云：解阴之难，不尚猛烈，惟潜化服之，使之顺从，而不为难，则不失利西南之义，所谓其来复吉者，此耳。

黄矢所以取狐，狐获则黄矢亦返矣。

薛云：二爻变坤为黄，互离为矢。小人既解，正道可行，有得黄矢之象，黄，中色；矢，直物，九二所以贞吉者，以二居中位，得中道也。

九四：解而拇，朋至，斯孚。

而，汝也。拇，足大指，处于最下，初象。不但曰拇，曰而拇者，见其为四之所亲也。

初本小人，而应四，柔从刚也，故无咎。与人，贵恕也。四本君子而应初，刚系柔也，故解拇克己，贵勇也。

任启运曰：《蹇》五得三，曰朋来。《解》四得二，曰朋至，九五得九三，九五得九二。皆阳也。

六五：君子维有解，吉。

薛云：五虽居尊得中，然与三阴同德，故为之占。戒曰：为君子计者，惟有能解难则吉耳。何以验君子之能解，以有所验于小人也。必小人尽远，而后君子解难之道始尽也。

六五：君子维有解，吉，有孚于小人。

《程传》：朱注皆云孚，验也。

郑汝谐曰：益之戒曰任贤勿贰，去邪勿疑，如使世之小人皆信上之所用者，必君子。而所解者，必小人。则必解心易虑，不复有抵巇投望，隙之望惟未孚于小人，所以犹有觊幸之心也。五，解之主也，以其阴柔，故有戒意。

案云：郑氏说有孚于小人，与《传》义异，而其理尤精。盖朋至斯孚者，君子信之也，有孚于小人者，小人亦信之也。君子信，故乐于为善。小人信，故化而不为恶。往往国家有举错，而小人未革心者，未信之也。信，则枉者直，而不仁者远矣。

《困学纪闻》云：君子道感，小人自化，故舜、汤举皋、伊，而不仁者远。子才云：《泰》，小人之道消，非消小人也，化小人为君子也。

上六：公用射隼于高墉之上。

此句隼字有指三言者，王注初为四应，二为五应，三不应上，失位，负乘处下体之上，故曰高墉。墉非隼之所处，高非三之所履，上六居动之上，为《解》之极，将解荒悖而除秽乱者也，故用射之。极而后动，成而后举，故获之而无不利也。

《程传》上居尊高之地，而非君位，故曰公。上居《解》极，解道已至，器已成也，故能射而获之，有指上言者。郑汝谐曰：所谓公者，非上六也，言公于此爻当用射隼之道也。隼指上之阴而言也。王申子曰：隼指上，以其柔邪谓之狐，以其阴鸷谓之隼，上以阴柔处震之极，而居一卦之上，是阴鸷而居高者。解之既极，尚何俟乎？故获之无不利，又为泛指者。

《述义》云：初能无咎，四已解拇，三之负乘，无能为也。惟上六一爻，翰飞戾天，党阴而悖阳，虽五不能孚也，故四乘高墉以射焉。吴澄曰：初最下，二解之甚易，上最上，四解之甚难。

案云：此言公用，乃《随》上、《离》上王用之例，皆非以本爻之位当王公也。郑氏王氏之说似可从，或以解终言之，而不指隼之为谁可，盖狐者邪，而穴于城内，在内之奸也。隼者鸷而翔于郊垧，化外之悍也。自二至五，所以解内难者至矣，于是而犹有外来之强猛，乘高墉以射之，动而有功矣。又云五以前所解者，但总名为小人耳，此则曰悖内乱外，乱之别也。在有虞则共嚾者，内乱也；三苗者，外乱也。

损　☶☱兑下艮上。

损益。

山下有泽，损。惩忿，有摧高之象，窒欲，有塞水之象。风雷益，迁善当如风之速，解過当如雷之决。

《损卦》损下益上，《益卦》损上益下，得名皆就下而不据上者。向秀云：明王之道，志在惠下，故取下谓之损，与下谓之益也。

损：有孚，元吉，无咎，可贞，利有攸往。

王注：损之为道，损下益上、损刚益柔者也。损下益上，非补不足也，损刚益柔，非长君子之道也。为损而可以获吉，其惟有孚乎！损而有孚，则元吉无咎而可正，利有攸往矣。损刚益柔，不以消刚损下，益上不以盈上，损刚而不为邪，益上而不为谄，则何咎而可正，虽不能拯济大难，以斯有往，物无拒也。二簋应有时者，至约之道，不可常，损刚益柔有时者，刚为德长，损之不可以为常也。损益盈虚，与时偕行者，自然之质，各定其分。短者不为不足，长者不为有馀，损益将何加焉，非道之常，故必与时偕行也。《益·彖》凡益之道，与时偕行者，益之为道，施未足也；满而益之，害之道也，故凡益之道，与时偕行也。

虞云：二簋应有时，时谓春秋也。《益》，正月，春也。《损》，七月，秋也。谓春秋祭祀，以时思之，君子以惩忿，惩当作懲。

郑注：澂，犹清也。蜀才本作登，乃澄之讹也。窒，郑本作懫，蜀才本作疗。蔡氏清曰：剥民奉君之义，只可用之卦名，其《卦词》有孚元吉，无咎，可贞，利有攸往，只承损字泛说，言损所当损，人人皆可用，不专指上之损下也。《益卦》利有攸往，利涉大川亦然，岂专为益下之事乎？

案云：蔡说极是，盖损益者，时也。时在当损，不得不损，惟以诚意为主而行之。又得乎大善之吉，则不但无咎，且可为常道，而利有攸往矣。举一端以明之，二簋薄祭，可享鬼神，推之凡事之当损者，一视此矣。又云：《程传》之义，施于《贲卦》则可，此卦所谓损者，乃谓时当节损，如家则称家有无、国则视凶丰为丰俭之类，故曰损而有孚，言时虽不得已而损，而以有孚行之，如祭祀虽不能备品，而以至诚将之也。刹为本，喻孚诚；柔为末，喻仪物。以孚诚之有馀，补仪物之不足，则虽二簋不嫌于简矣。

罗慎斋曰：《周易》中卦变说多牵强而不可从，然《损》《益》二卦，实自《泰》《否》生出。《泰》之本卦三与上互易而为《损》，《否》之本卦初与四易位而为《益》是也。朱子卦变图所载，言《泰》自《归妹》来，《否》自《渐》来，《噬嗑》自《益》来，《贲》自《损》与《既济》来，而《损》之损下益上，《益》之损上益下，《传词》实明其自《泰》《否》来者，乃复不在卦变之例，何也？

顾炎武曰：卦变之说，不始于孔子。周公于损三已言之，三人行，则损一人，一人行，则得其友。

《述义》云：《损》卦自《泰》变损下之刚以益上也，泰䷊损䷨爻尚刚而卦主内，内刚有损，故谓之损。

《益》卦自《否》变损上之刚以益下也。否䷋益䷩刚益于内，故谓之益。

以刚得柔，则为损。以柔得刚，则为益。

损下益下，其道上行。兑下艮上，山泽损。

苏氏轼曰：自阳为阴谓之损，自阴为阳谓之益。兑本乾也，受坤之施而为兑，则损下也。艮本坤也，受乾之施而为艮，则益上也。

薛云：卦名损者，损下乾体三画之阳，益上坤体三画之阴，是其道由下而上行也。

《折中》：上行与地道卑而上行同，下能益上，其道上行矣。

损刚益柔有时。

薛云：乾阳至三而盈极，坤阴至三而虚极，盈者时当损，虚者时当益。君子调济于损益盈虚之间，无非顺其时而与之偕行也。

君子以惩忿窒欲。

何氏楷曰：惩忿者以内卦言，乾体阳刚，躁而多忿，上六下而成兑，说则其忿消而不炽。窒欲以外卦言，坤体阴柔，迷而多欲，九三上而成艮，止则其欲遏而不淫。

初九：已事遄往。

孔疏：损之为道，损下益上，如人臣欲自损己益上，然各有职分，若废事而往，咎莫大焉。竟事速往，可得无咎。惠云：《正义》曰：已，竟也。《汉书·艺文志》：每一事已，已亦训竟。遄，速也。若废事而往，咎莫大焉。若事已不往，则为傲慢。竟事速往，乃得无咎。《本义》云：辍所为之事，训已为止，是废事也。

窃所未安。

九二：利贞，征凶，弗损益之。

林希元曰：九二在爻则为刚中，在人事则为志在自守，不肯妄进，此贞道也。故占者利于守贞，若征行则是变其所守，而得凶矣。夫自守而不妄进，宜若无益于上矣。然由是而启时君尊德乐道之心，止士大夫竞奔之习，其益于上不少，是不损乃所以益之也，严子陵高节可当此爻之一义。

《述义》云：初已其事，二贞乃利守其事，而不已也。初宜遄往，二征则凶，止其所而不往也。不已则弗损矣，不往则弗益矣。所以然者，初不中而二中也，初重刚则有馀，四重柔则不足，有馀则损，不足则益也。二五皆中矣，二刚居柔，五柔居刚，二非有馀，损之则不及。五非不足，益之则大过，故贞而不征，以守中也，其弗损也，乃所以善其益也。

六三：三人行，则损一人。

乾本三阳，以一与上，是三人而损一也。阳上阴下，适居应上，是得其友也。

顾炎武曰：卦变之说不始于孔子周公，于损三已言之，三人行则损一人，一人行则得其友，是六之变，皆出自乾坤，无所为自《复》《姤》《临》《遁》来者。按：《系词》释此爻之义云：天地组缊，万物化醇，男女媾精，万物化生，盖取《损》从《泰》来，乾之上爻与坤之上爻，互易其位，故有天地合、男女交之象。三人，内卦三爻也，动而变谓之行。内卦本乾，泰䷊一爻变而为阴，是损一人也。三与上应，以阴从阳，是得其友也。二则友，三则疑，夫妇之性也，以是推之，坤上爻与乾上爻交易而为咸䷞，乾初爻与坤初爻交易而为恒䷟，乾上爻与坤初爻交易而为《归妹》，坤上爻与乾初爻交易而为《渐》，故《渐》亦言女归，《咸》、《恒》有夫妇之道，盖取诸此。

六三：三人行，则损一人。

惠氏栋曰：一爻为一人，三则疑，谓旅行也。爻不能旅行，故称一人。

卦以损下益上为义，六三正卦所谓损者，于下卦三爻中而损一爻，是三人行，损其一人也。

人指爻言，一人，六三也。

六三：三人行，则损一人。

《折中》：损以损本卦上画，益上卦上画为义，则六三、上九为卦之主也。乾本三阳，以一与上，是三人而损一也。阳上阴下，适居应位，是一人而得友也。

一人行，则得其友。

三以刚爻上交，是一人行，则得其友。案：此即《彖传》所云其道上行也。孔疏：一人独行，则上九纳己无疑。惠氏栋：兑，朋友讲习，故为友。一人行得友，而成两。惟两所以致一，若参以三，则杂乱而生疑惑也。

《述义》云：三而损一，是两也。一而得友，亦两也。

罗云：此爻之词，即初爻所云酌损也。三人行，则损一人。此一人者，盖暗指上卦之六五耳。有损于六五者，不可明言，故为含蓄不尽之词，使上行者，反而自疑也。若下一人行之，一人乃特指自三而上之上九言之，如以《泰卦》之下卦三阳而合志上行，是为三人行，然在上之三阴，亦三人也。以健行之，三阳而上行，不将使不能敌刚之三阴皆下行乎，是三人上行，其志不以益上，而以损上矣。夫有损于上者，在四与上，犹不足言，特其中有所谓一人者，以柔居尊，非四与上之比，损之则为以臣代其君矣。于理有碍，故当用酌，但使三往居上，不为合志，并行之，谋此为三人之中，而使一人行也。一人行者，既使三往居上，而为上九，即能使上来居三，而为六三。于是五之得上九为得臣，而二之得六三即为得友矣。一人行，则得其友，是不为无损于上之一人，而亦仍自成为下之三人，而如未尝损矣。由是观之，则知卦之有损，正所以通泰之穷也。惟于泰之时，酌所以损之，但使三与上两爻，刚柔易位，大不必俱往，小不必俱来，而《泰》可不遂变为《否》矣。且损之象既成，上得臣而下得友，上下相安，亦不减于泰之时也。

六四：损其疾，使遄有喜。

六四重阴，又乘承皆阴，有偏柔之疾焉。故初遄往，以刚治之，四损其柔疾，以受刚之益，故疾愈而有喜也。

六五：或益之十朋之龟，弗克违。

五以柔中应二刚中，二不可损，五亦不求益也。上为成卦之主，受三之益，而推以与五，不期益而益之，故曰或也。损益相综，益之二即损五也，故其象同五。益由上二，益由初，皆言或者，俱非应也。

《家语》：弗损而益之。

上九：弗损，益之。

忧于咎，用正而吉，不制于柔，刚德遂长，故弗损。益之，无咎；可贞，利有攸往也。人有刚德，为物所归，故曰得臣。得臣则天下为一，故无家。

《孔疏》：无家者，光宅天下，无适一家也。

益　䷩震下巽上。

风雷益。

《正义》：《子夏传》云：雷以动之，风以散之，万物皆益。言必须雷动于前，风散于后，然后万物皆益，如二月启蛰之后，风以长物。风之为益，其在雷后，故云风雷益也。

蔡子静云：风动而百虫皆生，雷鸣而百草皆发，均有益物之义。万物皆趋生机，是有善则迁也。万物皆变化腐质，是以有过则改也。《折中》：雷动，阳气者也，故人心奋发，而勇于善者如之。风散，阴气者也，故人心荡涤，而消其恶者如之。

初九：利用为大作。

卦取益下，初者，下之下也。受益取大，则所以报上之益亦必大，故利用为大作。《折中》：益以损上卦下画、益下卦下画为义，则六四、初九成卦之主也。然损上益下者，君施之而臣受之，故九五、六二为主卦之主。

初九：利用为大作。益正月卦。

朱云：益之初九，既云利用大作，又言不任厚事，似涉矛盾。夫初为民位，纵获九四之益，只宜少有展布，贵能越俎而行大事。况六四近君得位，告公而从，迁国而利，尚有何事不可为而待分其职于草茅之贱乎？虞仲翔曰：大作，谓耕播耒耜之事。侯果曰：大作，谓耕植也，因悟《系词》所云斫木为耜，揉木为耒，耒耜之利以教天下，盖取诸《益》，即谓此初爻事也。以全象言，震巽之本互离，离为牛，而象耕。中三爻象坤土，艮手持耒，震足动耜，无非象耕。又震于卦为耕稼，于方为东，于时为正月，处益之始，居震之初，利之大者，无如耕植。若能不厚劳于下民，而夺明时于农，此则大吉无咎。

六二：或益之十朋之龟，弗克违，永贞吉。

《述义》：损益之道，以刚得柔，则为损。以柔得刚，则为益。益之二犹损之五也。虽皆得中，而其质本柔，故五望其元，六五或益之十朋之龟，弗克违，元吉。而二望其贞，欲五之以刚终也。

唐鹤征曰：损五元吉、益二永贞者，损五爻柔位刚，益二爻位俱柔，艮止不迁山泽损震动易变，风雷益必如坤之永贞，而后可常吉是也。

郭氏雍曰：或益之，人益之也。十朋之龟，弗克违，鬼神益之也。王用享于帝，吉，天益之也。天且弗违，况于人与鬼神乎？

按：或益之二句，指初爻言也。《述义》云：损五之益，由上。益二之益，由初。王用享于帝，吉，指五爻言也。卦主论云：益之二曰王用享于西山，固其应于五也。

益，《说文》：饶也。按：益从水，在器皿而益。何云：益之为水，即坎卦形加水于皿上，会意。

郑注引《尔雅》云：一曰神龟，四灵之一。二曰灵龟，天龟也。三曰挕龟，地与四方之龟也。四曰宝龟，所谓青黑绿者。五曰文龟，六曰筮龟，七曰山龟，八曰泽龟，九曰水龟，十曰火龟。《食货志》云：大贝四寸八分以上，一朋值二百六十文。壮贝三寸六分以上，朋直五十文。么贝二寸四分以上，朋直三十文。小贝一寸二分以上，朋直十文。各以二枚为一朋，不盈寸二分，漏度不得为朋。枚直三文，是为货贝，五品元龟，尺二寸，直比大贝十朋。公龟九寸以上，比壮贝十朋。侯龟七寸以上，比么贝十朋。子龟五寸以上，比小贝十朋。

王用享于帝，吉。

《易纬》孔子曰：益者正月之卦也，王用享于帝者，三王之郊，一用夏正也。

六二：或益之十朋之龟，弗克违。

郑维岳曰：王用享帝，言王用六二以享帝也。古人一德克享天心，又曰吁俊尊上帝。

惠云：按《折中》是。郑说随上升四，其义皆同。

六三：益之用凶事。

朱云：《周官》以委积待凶荒，以荒礼哀凶札。若作损上益下看，则凶事指救荒说为是。胡翼之引汲黯奉命视灾矫制发廪之事释此爻，为得其义。盖实心为民，酌中而行，故无罪悔，所谓告公用圭者。《周礼》：珍圭以征守，以恤凶荒，亦与《爻词》合也。

惠士奇曰：凶事而曰用圭，何也？凶礼有赗赙赠含，含者执璧，赗者执圭，将命所以告也。三多凶，故称凶事。

愚按：惠说虽有征据，然于益之卦义未切，不如朱说之精。

圭者符节也，三膺患难非常之事，追告于上，必以符节为信。胡氏瑗曰：执符瑞以告于公，明所益之事是也。

益用凶事，固有之也。

薛云：三处多凶之地，故有益用凶事之象。凶事之地，所以增益于人，无咎之道也。果能内积孚诚，外存中道，则遇非常之事，用圭以告于公，必见信而不疑也。

三本多凶之地，益以凶事，固视为己所固有也。视若固有，故能用心横虑，而不违其益。

六四：中行句，**告公**句，**从**句，**利用**句，**为依**句，**迁国。**

《程传》：为依，依附于上也。上依刚中之君，而致其益。《折中》：利用与六二，王用之用同。

薛云：卦所谓益下者，六四也。然居人臣之位，义无专主，凡有益下之事，必告于公。果循中道而行，则必见听而无违异矣。且上比九五之君，君信而利用之，则四为有所依矣。虽至迁国大事，何难经画万全乎？所以告公见从者，以其有益下之志也。

案云：三爻与损之六四相反对，损四受下之益者，益三受上之益者，然皆不言所益，而曰疾曰凶事何？盖三、四凶惧之地也，故其获益亦与他爻不同。在上位者，而知损四之义，则不以下之承奉为益，而能匡其过，能辅其不及者为益。在下位者，而知益三之义，则不以上恩荣为益，而遗之诸艰，投之多难者，乃益也。然在损四，则宜速以改过。在益三，则宜缓以抒诚，乃有以为受益之地也。

四爻亦与损三相反对，损三为卦之所损，以益上者，益四为卦之所损以益下者，故词义相类。损三无私交，而与上同德，乃可以益上。益四不专己，而与上同德，乃可以益下也。用，用六四也，与六二王用之用同。迁国，大事也，亦即卦所云利有攸往，利涉大川也。

六四：中行，告公，从。

惠云：三四之中行，为五告者，五告之。三者，五所信也。有孚。四者，五所依也。为依。三为三公，故称公。四为诸侯，故称国。蔡伯静、胡双湖谓三、四居一卦之中，故称中行，非也。乾之三四，独非一卦之中乎？《文言》谓之不中，何也？六十四卦称中行，惟二五耳。

九五：有孚惠心，勿问元吉。

《本义》：不问而元吉可知，是以勿问元吉，四字为句。

惠云：《折中》用吕祖谦之说，以勿问为句，言人君但诚心惠民，不须问民之感，如是然后元吉。

按：《象词》有孚惠心，勿问之矣，是以勿问为句。

勿问句**，元吉。**

《本义》：上有信以惠于下，则下亦有信以惠于上矣，勿问而元吉可知，如此则以勿问元吉属占者讲，四字宜在惠我德之下矣。

《程传》：人君有至诚惠益天下之心，其元吉不假言矣，故曰勿问之矣。说亦与《本义》同，似俱未妥。

崔氏憬曰：损上之时，一以损己为念，虽有孚惠心及下，终不言以彰己功，故曰有孚惠心。勿问，问犹言也。如是获元吉，且为下所信，而怀己德，故曰有孚惠我德。君虽不言，人惠其德，则我大得志也。张氏振渊曰：惠出于心，又何问焉？大得志，非以民之惠我为得志，以我足致民惠，我为得志也。

乾始能以美利利天下，不言所利，大矣哉！君道与天道一也。

偏，词也。

偏，孟喜本作遍，犹众词也。晁氏曰当作遍。

夬　☱乾下兑上。

夬《字典》又部　夬字注。

夬古卖切，音怪。快字从此音。《说文》：分，决也。《易·夬彖》：夬，决也，刚夬柔也。

《正韵》：古坏切，音会。《说文》分，决也，通作夬。《正字通》：夬，见《子集》又部，此重出应删。

按：《说文》夬从又，入又部，但今文夬从大，宜入大部，只可删又部夬字训注。按：又古与手通，分夬劈开，其字应从手。

泽上于天，夬。君子以施禄及下，居德明忌。

王注：泽上于天，夬之象也。泽上于天，必来下润，施禄及下之义。夬者，明法而决断之象也。忌，禁也。法明断严，不可以慢，故居德以明禁也。明而严，严而能施，健而能说，夬而能和，美之道也。《正义》曰：泽上于天，夬者，泽性润下，虽复泽上于天，决来润下，此事必然，故是夬之象也。君子以施禄及下，居德明忌者，忌，禁也，夬有二义。《象》则泽来润下，《彖》则明法决断，所以君子法此夬义，威惠兼施，虽复施禄及下，其在身居德，复须明其禁令，合于健而能说，决而能和，故曰君子以施禄及下，居德明忌也。明字今注疏本亦误作则。

《程传》：泽，水之聚也，而上于天，至高之处，故为夬象。君子观泽决于上，而注溉于下之象，则以施录及下，谓施其禄泽以及于下也。观其溃决之象，则以居德则忌，则约也，忌防也，谓约立防禁，有防禁则无溃决也。王弼作明忌，亦通。不云泽在天上，而云泽上于天，上于天则意不安，而有溃决之势。云在天上，乃安词也。

按：《系辞传》云：上古结绳而治，后世圣人易之以书契，百官以治，万民以察，盖取诸夬。《本义》：取明决意，夫书契者，所以治百官，而察万民者也。不明其法禁，何以决断事乎？夬有二义，故《象》以二义释之。施禄及下，则取施泽润下之义。泽润生民居德则忌，则取明法决断之义。盖取诸夬《王注》、《程传》分作两层，甚为明白。《本义》乃云居德则忌，未详何也。

《述义》：泽本在下，气腾而上于天，势必沛然下决而成雨，有夬之象。夬，三月之卦，正天子布德行惠之时。君子体之，知下之待禄于君，犹万物之得泽于天，于以施禄及下，亦若天泽之必降而后已。若居其德，惠积于上而不下究，如泽壅而不流，将成溃决，是乃所忌也。又李怀一曰：君子待小人之道，上则决之，下则养之，小人所以既畏其法，又怀其惠，惟吾之夬而无不如意。若居其德而不施，则必为已甚之乱，而忌之者至矣。

九二：惕号。

《述义》：九二刚中，夬而能和，惕即所谓有厉，号即所谓孚号也。

唐鹤征曰：初不宜壮，三与之应，四不当位，五与之比，名虽五阳，惟二主夬耳，焉得不惕而自厉？安得不号，而告之是也。

九二：惕号，莫夜有戎，勿恤。

《本义》读惕号句，莫夜有戎勿恤句。苏氏轼曰：莫夜，警也。有戎，勿恤，静也。

案云：此文辞有以惕号莫夜为句，有戎勿恤为句者，言莫夜人所忽也，而犹惕号，则所以警者、惧者、至矣。有戎，人所畏也，而莫之恤，则所以持重者至矣。夫惟无事而惕号，故有事而勿恤。史称终日钦钦，如对大敌，及临阵则志气安闲，若不欲战是也。按：以《象传》有戎勿恤证之，则苏读为长。

九三。

《程传》：爻词差错，安定胡瑗易其文曰：壮如頄，凶，独行遇雨若濡，有愠，君子夬夬，亦未安也。当云壮于頄，有凶，独行遇雨，君子夬夬，若濡有愠，无咎。愚按：二说俱不妥。惠定宇曰：三应上，故壮于頄。頄，上之象也，应上则有凶道矣。然五阳同欲夬上者也，故曰君子夬夬，一阴独与阳相遇，为阴所施，故遇雨也。虽为阴所濡，能愠不悦，得无咎也。又惠氏栋曰：上体兑，兑为雨泽，为兑所施，故遇雨。此说本之荀慈明、顾长如传义，安定伊川以为文义差错，辄移其文，未为得也。按：此以若濡连上遇雨说，有愠连下无咎说，其解独清。九三虽与上应，而其心则不与上比，故愠。所愠者，是小人，则其所与者必君子，故五阳同夬也。诸儒皆以善类愠九三，为说未当。

陆希声曰：当君子之世，而应小人，故外有沾污之嫌，内怀愠恨之心，然后获无咎，志有存焉。似亦以愠字属九三说。

郭氏雍曰：《大壮》与《夬》二卦，九三皆具君子、小人二义，故《大壮》曰小人用壮，君子用罔，而此曰壮于頄，有凶，君子夬夬是也。以小人用壮言之，则知壮于頄者，小人之事也。惟君子明夬夬之义，则终无咎矣。

君子夬夬，苋陆夬夬。

独三五言夬夬者，三应五比，恐有系累，故欲其决于夬也。九三壮頄健夬，不待言矣。文则欲其说而和，九五苋陆说和其所易也，爻则欲其健夬。

九四：臀无肤。

方应祥曰：牵羊之说，《本义》谓让羊使前，而随其后，则羊乃众君子之象。若就兑羊之象言之，则羊还是九四，羊性善触，不至羸角不已，圣人教以自牵其羊，抑其狠性，则可以无悔矣。是亦壮頄有凶之意。

陈云：牵羊者，教之使自制其刚很也。四以阳刚之才，欲不去小人，而居既不安，欲急去小人，而行又有碍，贪功之心胜，运用之才疏，惜不得牵羊之术以制耳。若能藩不使触，角不使羸，无复存竞进之心，乃可图渐进之效，然以性行遏躁，徒欲取快一时，虽有卓识之士为之计长虑远，反覆开陈，特无如明知其善，而不能用，何也？是故人情当畏惧之时，其受戒也易；豪杰值适意之日，则进说也难。

九五：苋陆夬夬，中行无咎。陆一作睦。

苋睦二字，诸解不一。《王注》：苋睦，草之柔脆者也。决之至易，故曰夬夬。《正义》：苋睦，木根草茎，刚下柔上也。马融、郑元、王肃皆云：苋睦，一名商陆，以苋陆为一。董遇云：苋，人苋也，陆，商陆也。以苋陆为二。朱子云苋，今马齿苋，陆商陆。

《述义》：苋，山羊也。陆，平地也。卦大体似兑，诸阳如群羊。然同志前进，以触上阴，而五与之比，常阴护之，不使触也。今则时势已极，五之志亦定矣，故任诸阳之进，而不为护。如纵苋于陆，而不为藩也。窃意当从虞氏之说。盖苋陆二字，有好处，亦有差处，故《象》云中未光，而爻则以夬夬中行戒之。项安世曰：当夬者，上六也，三应之，五比之，嫌其不能夬也，故皆以夬夬励之。张子曰：阳近于阴，不能无累，故必正其行，然后无咎。赵氏汝楳曰：他卦贵于中行，此爻乃止于无咎，其亦体兑之说，溺于上而使然乎！故于中为未光也。

案云：张子之说极是，盖因中未光，故贵于中行，非谓虽中行而犹未光也。

《程传》：《卦词》言夬夬，则于中行为无咎矣，数说近是。盖卦上体属兑，而卦大体亦似兑兑为说，苋睦二字，正与兑之和说相合。五最近上，势接则易饵，情昵则难断，则非和说为难，而健夬为难，故圣人于此，不徒尚夫说，而必欲其健而悦。不第贵夫和，而必欲其夬而和也。

《萃》九五元永贞，悔亡，必元永贞，然后悔亡；非是，则有悔亡。《夬》九五中行无咎，必中行，始可无咎；非是，则有咎也，《兑卦》九五孚于剥是也。上六无号，中终有凶，不键夬而徒和说，则有凶矣。

《述义》：上六不别立象，盖以终五爻之义也。

九五：苋陆夬夬。

仲翔曰：苋，说也。读从夫子苋尔而笑之苋，盖古《论语》莞作苋也。见释文陆，古文睦，见汉唐扶颂及严举碑，蜀才本作睦，睦，和也。苋，睦也。笑说见于面，与九三壮頄相反，所谓决而和也。

朱震曰：夬，三月清明气也，故曰苋陆夬夬，苋陆三四月生也。

中行无咎，中未光也。

张子曰：阳近于阴，不能无累，故必正其行，然后无咎。

上六：无号，终有凶。

蒋云：《易》为君子谋，不为小人谋。详味此爻，若如《传》义说，似为小人谋，恐只依《卦词》孚号有厉之意言。虽是五阳决去，一阴尚存，且居五阳之上，为君子之计，当显扬于众，若有危急之势，以决去之，苟或默然养祸，则其终必至凶患。唐五王不去武三思，卒为所杀，于此爻理义绝相类。

姤　☴巽下乾上。

（五月）**姤：女壮，勿用取女。**

李舜臣曰：咸所以取女吉者，以男下女，得婚姻正礼故也。姤以一阴遇五阳，女下于男，有女不正之象，故曰勿用取女。

《折中》：阴为主，即是壮，非一阴独当五阳之位谓。

天地相遇，品物咸章也。

《姤》以坤之初六变乾之初九，有天地相遇之象焉。来云：上五阳，天地也。下一阴，地也。天地相遇，止可曰资始资生。而曰咸章者，《姤》五月卦，万物相见乎离，品物在五月，皆章美也。刚遇中正，天下大行者。东坡云：刚者，二也。中正者，五也。阴之长，自九二之亡而后为《遁》，始无臣也。自九五之亡而后为《剥》，始无君也。《姤》之世，上有君，下有臣，君子欲其所为，无所不可也，故云姤之时义大矣哉。

后以施命诰四方。

惠云：郑王肃诰作诘，起一反止也，后汉司徒肃恭引此经曰：言君以夏至之日，施令止四方行者，所以助征阴也。《复·象》云先王以至日闭关，先儒皆谓二至之日。愚谓初六为卦主，系于金柅，其止之象乎。

初六：系于金柅。

王注：金者，坚刚之物；柅者，制动之主，谓九四也。初六处遇之始，以一柔而承五刚，体夫躁质，得遇而通，散而无主，自纵者也。柔之为物，不可以不牵。臣妾之道，不可以不贞，故必系于正应，乃得贞吉也。若不牵于一，而一有攸往则惟凶是见矣。羸豕，谓牝豕也，豭强而牝弱，故谓之羸豕也。孚犹务躁也，夫阴质而躁者恣者，羸豕特甚焉。言以不贞之阴，失其所牵，其为淫丑，若羸豕之孚，务蹢躅也。

《正义》：系于正应以从于四，则贞吉矣。若不系而往，则如羸豕之务躁，而蹢躅然也。

《象》曰：《正义》柔道牵者，阴柔之道，必须有所牵系也。本义牵训进未详，或即牵制之，使不得前进之意。《程传》：止之以金柅，而又系之，止之固也。固止使不得进，则阳刚贞正道，吉也。使之进往，则渐感而害于阳，是见凶也。羸豕孚蹢躅，圣人重为戒之，言阴虽其征，不可忽也。蹢躅，跳踯也，小人虽微弱之时，未尝无害君子之心，防其微，则无能为矣。《述义》：柅，杙也。乾为金，故曰金柅。巽下半坎象，故为豕。巽之究为躁卦，故蹢躅也。初六一阴，五阳一遇，则当制之，制之之道，不激不弛，系之而已。系于金柅，使其贞静自安，则吉。若不系而纵之使往，则其凶可见。往于二，则《遁》。往于三，则《否》；往于五，则

《剥》矣。

何氏楷曰：兑为坎之上半体，则巽为坎之下半体矣。

《本义》云：一阴始生，静正则吉，往进则凶，故以二义戒小人，使不害于君子，则有吉而无凶。是以吉凶二字，俱贴小人讲。窃意不然，圣人于小人恐无系以吉之理，以此爻与二爻观之，系于金柅，贞吉，即包有鱼无咎之意。一则制之，使不得动；一则制之，使不及外也。有攸往，见凶，即不利宾之意。纵之而使有往，则见凶。爱之而接于内，则不利也。当以上所引王注为主，系则吉，不系则凶，皆就君子说。据《述义》柅训杙，杙即豸，所以系羸豕者。据王注羸豕句，孚蹢躅，句，《程传》朱义则遗漏孚字，不识其为何义矣。以杙系豕曰豸，以绳系木曰杙。

九二：庖有鱼。

王注：初阴而穷下，故称鱼。不正之阴，处遇之始，不能逆近者也。初自乐来应己之厨，非为犯夺，故无咎也。

《正义》：庖有鱼者，初以不正之阴，处遇之始，不能逆于所近，故舍九四之正应，乐充九二之庖厨，故曰九二庖有鱼。《观》六四非康侯即宾士也，故利宾。《姤》初六非二正应，故不利宾。陆振声曰：不正之阴，与刚中之二相比，能包而有之，使其邪不及于外。胡炳文曰：包如包之包容于内而制之，使不得逸于外也。

按：寅宾出日之宾，诸摈，此宾字亦当读摈，谓以理相接纳，如宾客之相遇也。

《述义》：阳包阴，故为包。巽隐伏，故为鱼。《姤》一阴为主，四居应位，乃其宾也。初本应四，以先遇二，遂为所有，如包中有此鱼也。容之于内，而制之于外，故无咎。惟包之故，不利其及于宾。盖及于宾，则正应相合，阴势渐长，不可制矣。

九三：臀无肤。

《折中》：臀无肤之义与《夬》四同。其行次且，志欲制阴也。非其位任而欲制之，有危道焉，然于义则无咎。

《述义》：《夬》《姤》相综，《夬》三《夬》四，故象同。但《夬》三意在《夬》四上，《姤》四志在遇初，象同而情不同也。急欲遇初，而为二所阻，居则不安，行则有碍亦危甚矣。幸其刚正，不溺于邪，故不与二争，而亦不与初遇。虽有咎而不大也。

九四：庖无鱼起凶。

二有其鱼，故夬之也。无民而动，失应而作，足以凶也。

《正义》曰：庖无鱼者，二擅其应，故曰庖无鱼也。庖之无鱼，则是无民之义也。起，动也。凶起者，无民而动，失应而作，是以凶也。鲁昭公之时，无民久矣，而欲去季氏，所以卒罹其祸。洪容斋云：《姤》巽下乾上，巽为鱼，故九二有鱼，九四无鱼。

案云：四与初正应，当制阴之任者也。然不能制之，而为庖无鱼之象，何也？曰此与《夬》之九三同。当决阴制阴之任，而德非中正，故一则刚壮而怀愤怒，一则嫉恶而胥绝远，无庖包容之象，量无制服之方故也。又《象》曰：案云九四因与阴相遇，故恶而欲远之，正如《夬》九三壮頄之意，徒欲远之，而不能容之制之，此所以庖无鱼也。君子于小人，惟其能容，是以能制。不能容之，则彼自绝矣，欲以力制，不亦难乎？阴二君而一民，小人之道也。注：君为阳，民为阴。

《述义》：遇之为道，近者先得之。四虽应初，不如二之近，故二包有鱼，而四包无鱼。然知其不利宾，不当起矣。四不中不正，以为已之所有，起而求之，凶之道也。《彖词》曰勿用取女，安于无鱼，亦何凶哉？四与初虽正应，然视二为远，故二有鱼，而四无鱼也。阴为民象。

沈云：包有鱼，包，无鱼之包，应依注疏作庖，观《系词》包犧氏可见。

按：起者，起而与二争也。初已为二所得，三不与二争，故无咎。四与二争初，故凶。

九五：以杞包瓜。

沈云：杞以喻阳，瓜以喻阴。瓜蔓善缘，上及于杞，喻初爻之阴，寖及五也。包者容也，即泰卦九二包荒之意。九五有美在中，足以制阴，消慝其瓜，自天中陨，言小人去而国安也。薛云：九五默为控制，彼终有陨之日，盖陨自天也。九五居中履正，所以能含章，有陨自天，岂非天命使然乎？君子志在制阴，盖不敢违弃天命也。

李光缙曰：《夬》、《姤》俱一柔耳，《夬》之五，夬而又夬。《姤》之五，包而且含，何异施也。夬之不力，则不尽，望刚长也。制之徒以力，则不胜，惧其女壮也。然一则曰中行，一则曰中正，总见其夬所当夬，而非激含所当含，而非纵矣。

苏氏浚曰：以柔遇刚，甚无乐于有此遇也。夫岂可一日无顾，其遇之何如耳。以阴阳流行言，《复》为天根，阳会阴也，《姤》为月窟，阴含阳也。阴阳不遇，天地无以成含章之化，况世道哉！圣人之心，天地而已，谓阴之可与而不抑，固非谓可终绝而不遇，亦非女不可使壮，豕不可使蹢躅，何其峻；鱼可包，瓜可包，何其宏也。凛凛然有履霜坚冰之戒，而休休然有纳污藏垢之象，兹遇也，不亦谓善遇乎！

九五：以杞包瓜，含章，有陨自天。

来云：此爻变离，有文明章美之意。又居中，有包涵之意，故曰含章。有陨自天者，言人君之命令，自天而降下也。九五当遇之时，有中正之德，深居九重，本不与民相遇，故有以杞包瓜，含藏章美之象。然虽含藏中正之章美，不求与民相遇，及施命诰四方，如自天而降，亦如天下之风，无物不相遇也。《象》云志不舍命也。高云九二包鱼，一物之美也，以杞包瓜，则凡五月所有之美，皆相见乎离矣。九五阳刚中正，当五月之时，离明中天，无所不包，《彖》所谓天地相遇四句，正指九五也。

附异。王注：杞之为物，生于肥地者也。包瓜为物，系而不食者也。九五履得尊位，而不遇其应，得地而不遇其应，得地而不食，含章而未发，不遇其应，命未流行。然处得其所，体刚居中，志不舍命，不可倾陨，故曰有陨自天也。

《正义》：以杞匏瓜，《子夏传》作杞匏瓜。

中正故有美，无应故含章而不露。若非九五中正，则无美可含，故举爻位而言中正也。志不舍命者，虽命未流行，而居尊当位，志不舍命，故曰不可倾陨也。

马融云：杞，大木也，是为杞梓之杞，王注，杞之为物，生于肥地者，则为枸杞之杞。

《程传》：美实之在下者，瓜也。美而居下者，侧微之贤象也。

上九：姤其角，吝，无咎。

当遇之时，高亢过刚，不遇乎初，故有是象，吝也。然不近阴私，亦无咎矣。

《折中》：与阴遇者，时也。不与遇者，义也。

度能治之，则遇之，所以救时也，二、五是也。度不能治，则勿遇，所以守义也，三、上是也。三欲遇而不果，而无咎者，远小人，不至于见伤也。上虽遇而不容，亦无咎也，绝小人，不妨于过严也。

上九：姤其角。

王注：进之于极，无所复遇，遇角而已，故曰姤其角也。进而不遇，独恨而已，不与物争，其道无害，故无凶吝也。

《述义》：刚而在上，角之象也。穷上返下，故与初姤过于刚褊，如姤其角，触而不能容也。不能治阴而弃之，有吝道焉。然不与之遇，则无女壮之爱，虽吝而终无咎也。

萃　䷬坤下兑上。

萃。不与五应　不与五比

初求萃于五而不得，故号；三求萃于五而不得，故嗟；上求萃于五而不得，故咨，以其皆阴爻也。五者，天下之其主者也。所宜问之，以求萃者也。四者，初六之私应也，不宜问之，以求萃者也。《豫》之初六，以有应于九四，故凶。《中孚》初九，以无应于六四，故吉。《比》之初六，以比五，故有它吉。《萃》初六，以萃五，故往无咎。

《折中》：卦主论卦，以九五为主，而九四次之，卦为二阳而居高位，为众阴所萃也。

薛云：初、三两爻，皆欲萃五者也。然卦有利见大人之文，故并决之曰往无咎。

《折中》：《象》有利见大人之词，上爻正与《蹇卦》同例，故尚有积成求萃之理。李光地曰：九五二应而四承之，皆吉。上虽比近，与二、四异矣。然或以时义相从，故《蹇》、《萃》皆有从五之义。初与五虽非正应，然《屯》初、九五建以为侯，《比》初六终未有它吉，亦未始无相萃之道也。薛云：《比》、《萃》皆以阳统阴之卦。《比》卦九五一阳，一则比之情洽矣。《比》初六盈缶终来有它吉。

《萃》卦四、五二阳，二则萃之势分矣。所萃初六有孚不终，乃乱乃萃然观萃之《彖词》曰利见大人，亨，利贞，诸爻并不言贞，至五则曰元永贞，此明以大人之义与五也。诸爻含五其谁属哉？且《比》当众情既洽之后，《萃》则万物方聚之初，《比》言后夫督其归向之诚也，《萃》言大人，导以趋向之路也。当《萃》之初，趋向克一，是以爻中言孚，引其已萃者也。言号、言嗟、言咨，赍咨涕洟，其未萃而求萃者也。要其大人萃以正，则天下无不正之萃矣。非萃时所宜急讲哉！九二之孚是孚五，则初之孚亦是孚五矣。

存异。初六有孚不终，《传》义以初与四应，而为二、三所隔，故其孚不终。窃意不然，盖九五一卦之主也，可以言萃四臣也，非所宜萃，故经文五言萃，而四不言萃，初六欲孚于五者也。固见四为强援，又欲求之于四，而不专心于五，如是则失其所主，乃乱乃萃矣。若四之能舍初之私应，而懲天下之共主，至诚以号呼于五，五未有不纳者也，故一握为笑，勿以非应为忧恤，但往从五，则无咎。隗嚣先从光武，因有公孙述之援，又怀二三，是有孚不终。

九五为卦主，居尊位爻。

萃有位，四不为卦主，未居尊位，故曰位不当也。

薛云：四与初相应，四能绝去私党，如马而亡其匹。

萃亨。

《程传》萃下有亨字，羡文也。亨字自在下，利见大人，亨。与

《涣》不同，《涣》则先言卦才，《萃》乃先言卦义，《彖词》甚明。

项安世曰：卦名下无亨字，独王肃本有。王弼遂用其说，孔子《彖词》初不及此字。

龚云：假当作昭，假列祖之假，谓感格祖考所以为萃，《注》训至，非。

君子以除戎器。

《正义》：除者治也，人所聚会，不可无防备，故君子修治兵器，以戒备不虞也。按：《西京赋》君子以治戎器。刘勰《新论》君子以修戎器。《诗》修我甲兵，又修我车马，弓矢，戎兵。时儆云九月除道，谓修治道涂也。《荀本》君子以虑戎器，虑与录同，虑囚即录囚也。

初六：有孚不终。

《述义》五为萃主，而初与四应，始而有孚于四，继又欲有孚于五，故其孚不终。然四本正应，初若悔其不终，至于号泣专心，萃四握手之间，一笑契合，亦不忧其不孚五也。盖五与四相得，初非有求于四，因四以接见于五，则利见大人，而虑以正矣，何咎之有？

《折中》：握者，手所执持，以转移之机也。言能至诚恳切，则一和合之间，必有转移之喜，故曰一握为笑。

六二：引吉，无咎，孚乃利用禴。

《折中》：九五者，卦之大人也。六二应之，得见大人之义矣。然见大人者，聚必以正，故必待其引而从之，此引字是汲引之引，非援引之引。又《述义》二与五应，而内比于阴，牵引初三，以萃为五，以人事君之义也。夫二引初三，是人已孚也，引而萃五，是君臣孚也。人者神之主，人萃而神自悦矣。

孚乃利用禴。

范蜀才本作跃。按：乾九四或跃在渊，进无咎也。跃是上进意。

六三：萃如嗟如，无攸利，往无咎，小吝。

三与上不相应，求萃而不得，故嗟。能因四而往见五，可得所萃，而无咎矣。

俞云：三从四，四亦巽而受之，故无咎，所聚非正，故小吝。

象曰：往无咎，上巽也。《程传》以上为上六。

郑汝谐曰：上非上六，谓在上之阳也。虞氏翻曰：往之四，故上巽。

吴氏澄曰：与二阴萃于下，而上无应，故嗟叹不得志，虽无应而上比九四之阳，若能往而上求九四，则可无咎。

俞氏炎曰：三从四，四亦巽而受之，故无咎，所聚非正，故小吝。

九四：大吉，无咎。

《程传》曰：当萃之时，上比九五之君，得君臣之萃也。下比下体众阴，得下民之萃也。然以阳居阴，非正也。虽得上下之聚，必得大吉，然后为无咎也。大为周遍之义，无所不周，然后为大，无所不正，则为大吉，大吉则无咎也。夫上下之聚，固有不由正道而得者，非理枉道而得君者，自古多矣。非理枉道而得民者，盖亦有焉。如齐之陈桓、鲁之季氏是也，岂得为大吉乎？岂得为无咎乎？故九四必能大吉，然后为无咎也。项安世曰：无尊位而得众心，必大吉始可无咎。如《益》初九，在下位而任厚事，必元吉始可无咎。陈云：四近君之地，操聚物之权，功高则易伐，势盛则易盈，故必光大其心，宏大其度，萃天下之贤才以事君，而非以树党。萃天下美物以奉国，而非以营私。丰功伟烈，淡然忘之，以迪天下之吉，则庶乎无咎焉，难之也。四不当萃而萃，必大吉而始无咎，非大吉，则有咎矣。可见初爻不限定，以四为正应，当舍四而萃于五也。

象曰：大吉无咎，位不当也。

薛云：四非至尊之位，而有萃天下之责，位之不当，安能无咎？

《述义》：非萃之位，而有萃之责，故必大吉而后无咎。

九五：萃有位，无咎，匪孚，元永贞，悔亡。

四、五二阳，皆萃人者也。四引众阳而归之五，是五之萃，以有位也。然以位萃，不若以德萃。又必体乾之元，而永贞不渝，则与天地合德，万物皆萃，匪孚之悔自亡矣。陈云：五君位，得乾之中，故曰元。下卦坤，永贞者也。卦与《比》相似，《比》之《彖》曰原筮，元永贞，吉。九五以此而显比，故《萃》五亦如之，元永贞之德，乃萃人心之本也。有其德有其位，王天下其寡过乎！而犹有不信从者，何也？被化有远近，服教有先后，未可强也。惟是守此元善之道无间，而永不杂而贞，将德纯化洽，而匪孚之悔亡矣。

冯氏椅曰：《萃》与《比》下体坤顺同，上体水泽不相远，惟九四一爻有分权之象，故元永贞，吉，于五比下无分权者，故元永贞，言于象义各有在也。《履》九五，夬履，贞利，厉，位正当也。五为正当，故四为不当。

《述义》：五萃有位矣，而犹有匪孚，是萃之志未光大也。

象曰：萃有位，志未光也。

陈云：跟匪孚句来，是即尧舜犹病之心、伊尹纳沟之志也。惟有未光之心，乃可履帝位而不疚。

上六：赍咨涕洟，无咎。

方应祥曰：《比》上六以比最后而凶，《萃》上六亦以萃之最后而有未安，故忧惧如此，正所谓孤臣孽子也。

黄淳耀曰：上乃孤孽之臣子，萃极将散，而不得所萃，乃不得于君亲者。赍咨涕洟四字极言怨艾，求萃之情，故终得萃而无咎。唐鹤征曰：《比》上险，终绝无求比之心，故凶。《萃》上说体，实有求萃之心，故无咎。

象曰：赍咨涕洟，未安上也。

案云：上犹外也，虽在外，而不敢自安，如舜之耕历山，周公之处东国，必号泣哓哓，求萃于君上，而遂已也。

又《涣》卦案云：《涣》以离为义，故至卦终而遂远害，离去以避咎。《萃》以聚为义，故至卦终，而犹赍咨涕洟以求萃。

升　䷭巽下坤上。

升：用见大人。

张氏渊曰：尊爻无此人，故不言利见。安溪曰：卦无九五，其六五之升阶谓升进之人耳，故不曰利，而曰用，言用此人以见大人也。

《述义》云：刚柔俱进曰升，二阳相比之卦，《临》、《观》、《萃》、《升》是也，《临》刚在下，《观》刚在上，《萃》刚在上而下孚，《升》刚在下而上进，顾刚进而至三，而柔已居五，则主升运者，在柔也。阴柔不足于元亨，故系于元亨，勉之也，与《大有》同也。九二刚中，在下之大人也，五与之应，宜用见之顺而巽者，下贤之盛节也。能见大人，则勿用忧恤，凡事皆吉也。

沈棅友曰：用见大人，勿恤，大人谓九二，《乾》九二亦曰利见大人。

《荀氏易》谓大人为天子，非也。在九五为天子，在九二则德位兼隆之大人也。《否》卦，六二曰大人，否，亨，岂言天子乎？《升》初六柔以时升，而初当先遇二，如舜之登庸，四岳之荐也。存异荀慈明曰：二以刚居中，而来应五，故能大亨，上居其位也。大人谓升居五，见为大人。群阴有主，无所复忧，而有庆也。

虞氏翻曰：《象》云九二之孚，有喜也。升五得位，故有喜。又六五贞吉，升阶，大得志也。

荀云：阴正居中，为阳作阶，使之居五，己下居二，与阳相应，故吉而得志。又陈藻垣云：《蹇》《革》《萃》三卦，皆言利见，此言用。卦爻就已升者言，故不言利，而言用。《随》之上，《益》之二，《升》之四，皆此意。

顺而巽，刚中而应，是以元亨。

《程传》：二以刚中之德，应乎五。五以柔顺之德，应乎二。能顺而巽，其升以时，是以元亨也。《象》云误作大亨。

地中生木，升。

《乾凿度》孔子曰：升者，十二月之卦也。阳气升上，阴气欲承，万物始通。

唐一行曰：自冬至后五日，乾精始复，乃大寒。地统之中，阳洽于万物根柢，而与萌芽俱升，木在地中之象。升气已达，则当推而大之，故受之以《临》。

君子以顺德，积小以高大。

《本义》：王肃本作慎。今按：他书引此，亦皆作慎，意尤明白。

辨正。孙志祖曰：《升》卦巽下坤上，顺德，坤德也。若作慎，则与卦名不合。《诗》应侯顺德，《中庸》惟天之命，郑注引《易》曰君子以顺德，积小以成高大，可知郑本作顺矣。

《述义》：木始生于地中，甚小，积而不已，其高可以干霄，其大可以蔽日。夫木曰升，而人不见其升之迹者，以顺积致之耳。君子察焉，以顺其德之自然，谨小慎微，日积月累，以渐至于高明广大，皆因其固然之理也。顺德取坤象，高取巽象。

初六：允升，大吉。

何氏楷曰：初六巽主在下，犹水之根也，而得地气以滋之，其升也允矣。所以为升者，巽也。所以为巽者，初也，大吉孰如之！

《卦主论》云：《升》以六五为主，《彖传》曰柔以时升，六五升之最尊者也。然升者，必自下起。其卦以地中生木为象，则初六者，巽体之主，乃木之根也。故初六亦为成卦之主。

存异。惠定宇曰：允，《说文》作㝈。㝈，进也，从屮从本，允声。《说文》：屮为上出，本为疾趋，皆进之义。引易以㝈升，㝈升者，进升也。向南为进，反北为退，故卦曰南征吉，南征者，㝈升之谓也。俗误作允，训为当，当又训为信，失之。

《字典》屮部：㝈，全准切，音允，《说文》引《易》：㝈升大吉。

象曰：允升大吉，上合志也。

《九家易》与二阳允然合志。《孔疏》：上谓二、三也。

陈云：初阴在下，四不与应，疑不能升。然能逊顺以承阳，而二阳信之，故与之同升，所谓信友以获上也。

九二：孚乃用利用禴。

《折中》：升晋之时，以柔为吉，二刚而利者，以其中也。刚中而应，是见大人者也，故亦为升之利。

陈云：《萃》与《升》综，《萃》二以中虚孚五，而内比二阴，民也。将人以欢萃而神斯悦，遂以免蔽贤之诮；《升》二以中实孚五，而下絜初阴，将治道日升，而神亦悦，遂以免迫上之嫌。

存异。荀慈明曰：谓二刚居内，而来应五，故能大亨，上居尊位也。大人谓升居五。按：《萃》六二，孚乃利用禴。

《范蜀才本》禴作跃，此处若作跃，则与升卦名合。跃者，由下而进于上，自后而进于前也。

群阴有主，无所复忧，而有庆也。

《象》曰九二之孚，有喜也。虞云升五得位，故有喜。

九三：升虚邑。

《程传》：三以阳刚之才，正而且巽，上皆顺之，以是而升，如入无人之地，孰御哉？《本义》：阳实阴虚，而坤国邑之象。

马云：虚，邱也。晁氏曰：篆文无墟字，而邑为邱者，邱为虚，非空虚。马说得之。

按：《左传》封于大皞之墟，少皞之墟，颛顼之墟，墟即国邑也。《诗》升彼虚矣，《释文》：又，虚或作墟。

王用亨于岐山。

《折中》：《卦主说》云《随》之上，王用享于西山，因其係于五也。《益》之上，王用享于帝，因其应乎五也。《升》之四，王用享于岐山，因其承乎五也。皆德与时称，故王者简而用之，以答神明。又云卦义柔以时升，六四初爻上体，又位在巽坤之间，有南征之象，迫近五尊，有见大人之义，是爻之合卦义者，在巳者用之，以见大人则吉，为大人者用之，以享神明则宜，不曰西山曰岐山，避《彖词》南征之文。或云岐山在周西南。

存异。惠云：文王《爻词》皆据夏、商之制，《左传》引夏书惟彼陶唐，有此冀方。服注尧居冀方，虞夏因之，《禹贡》冀州治梁及岐，《尔雅》梁山，晋望也。诸侯四望，天子三望，梁山为晋望，梁岐皆冀之望，此所谓王谓夏后氏祭告山川者也。

《说文》：岐山，山有两岐，因以名焉。

陈藻垣曰：《释名》物两为岐，二入于五，坤上两圻，岐象也。故《随》上兑阴西则曰西山，王弼注兑主西方。此卦上坤两岐，则曰岐山。

卦本互兑，然以二升五为艮为山，兑象不见，故不言西山。

徐与乔曰：爻惟二、四不言升，二应五，四承五，其位不可升也。升则疑于五，以有逼上之嫌，故二曰孚，四曰顺。

薛云：六四以中正之德，升三公之位，《象》所云见大人者也。王者用之，以主祭于名山，神其享之矣。

按：上卦属坤，坤位西南，岐山亦在周西南，王用享于岐山，说岐山之利，即是说坤之利也。西南得朋。

六五居坤卦，亦有南征之象焉。

六四：王用享于岐山。亨，通也

王注：处升之际，下升而上，可纳而不可距也。距下之道，攘来自专，则殃咎至矣。若能不距，而纳顺物之情，以通众志，亨通也。则得吉而无咎矣。

王义处升之际，下体三爻皆来上升，可纳而不可距。

《述义》：四近于五，升则逼君，故不可升也。四重柔入坤顺，下顺天下之贤而升之。上顺君心，使升天下之贤，是己不升而使上与下皆升也。程子曰：四处大臣之位，上升其君之道，下升天下之贤，己则止其分焉。分虽止而德则升也，尽此道者，其惟文王乎！

《折中》：六四初爻上体，又位在巽坤之间，有南征之象，不曰西山而曰岐山，避《象词》南征之文。

六五：贞吉，升阶。

《大有》六五柔得尊位，岂亦不取君象乎？

李云：爻不取君象，故以此卦为无大人。但为臣位之极者，与《晋》、《渐》之五同。《折中》此说疑未确。

《程传》：阶所由而升也，任刚中，贤辅之而升，犹登进自阶，言有由而易也，指言九二正应。

又云：任贤才而能贞固，如是而升，可以致天下之治。君道之升，患无贤才之助耳，有助则犹自阶而升也。

陈云：六居五不正，而曰贞吉者，勉以贞而后吉也。坤为土，巽为高阶象也。互震为足，故升以治道言，允升于大猷是也。五以阴居阳位，所行或未尽合于正，然诚能去功利之私，所居心一本于正，而又虚中下贤，得人君之正道，将见初以允升，二以孚升，三升而无疑，四升而顺事，跻圣贤于一堂，庆明良于千载，大吉也，不犹升阶之易易乎？

上六：冥升，利于不息之贞。

石氏介曰：已在升极，是昧于升进之理，若能知时消息，但自消息，不更求进，乃利也。

薛嘉颖曰：升在卦之上，冥升不已，是失时升之义者也。岂知与时消息，人不能违，息则富消，消则不富，君子亦顺其时而已矣。

案：阳进阴退。荀氏爽曰：阴用事为消，阳用事为息，是也。阳实为富，阴消为不富，不息即消也。

李光地曰：《晋》之上刚，故亢而有角之象。《升》之上柔，故溺而有冥之象，当晋极而惟自治其私，当升极而惟固守其正，则高而不危，满而不溢，保终之道，莫过如此。

困　䷮坎下兑上。

困。

《本义》以贞句，大人吉句，与《彖词》不合。《述义》：然必正静自守之大人，乃能不改其常，而徐求其济。

困亨句，王注：困必通也，处困而不能自通者，小人也。

贞，大人吉，无咎。

《正义》曰：处困而能自通，必是履正体大之人，能济于困，然后得吉而无咎，故曰贞，大人吉，无咎也。

彖曰：贞，大人吉，以刚中也。

王注：处困而用刚，不失其中，履正而能体大者也。能正而不能大博，未能济困者也，故曰贞，在大人吉也。

《正义》：此就二五之爻释贞大人之义，刚则正直，所以能中，中而不偏，所以能大。

案：云困者所以动心忍性，因屈求伸，有必通之理也。然有惟守正之大人，则能进德于困，而得其所以通，岂小人所能乎？亦似以贞字连下读。

困。

项安世曰：《涣》、《节》正与《井》、《困》相反，《井》以木出水，故居塞而能通。《涣》则以水浮木，故通之极而至于散也。《节》以泽上之水，故居通而能塞。《困》为泽下之水，故塞之极而至于困也。

困，刚掩也。

注：坎刚为兑柔所掩。

有言不信，信读为伸。

上爻兑曰不掩，泽无水，困，故以示戒。

惠云：兑为刚卤，非柔也。

荀慈明谓二五为阴所掩，得之。朱古文困字

困而不失其所句，亨。

龚氏焕曰：卦以柔掩刚而为困，主乎阳而言也。而阴之困为尤甚初三上。《彖传》曰困而不失其所，亨，其惟君子乎！三阳爻之谓矣。

困而不失其所，故亨，惟君子能之。六三困于蒺藜，失其所矣，故曰非所困而困焉。按：此与艮其止、止其所之所同，即指道言。

君子以致命遂志。

《本义》：致命犹言授命，言持以与人，而莫之有也。夫己之命岂可持以与人？且似一死之外，别无馀事，其说近拘。程子曰：泽无水，困乏之象也。君子当穷困之时，既尽其防患之道，而不得免，则命也。当推致其命，以遂其志，知命之当然也。则穷塞祸患，不以动其心，行吾义而已。苟不知命，则恐惧于险难，陨获于穷戹，所守亡矣，安能遂其为善之志乎？郑汝谐曰：知其不可求而听其自至焉，致命也。在命者不可求，在志者则可遂，所谓从吾所好也。

冯当可曰：君子之处困也，命在天，则致之志，在我则遂之，以困而安于困者，命之致也。命而有不困者，志之遂也。何氏楷曰：致犹委也，人不信其命，则死生祸福，营为百端，居贞之志，何以得遂？今一委之命，则不以命二志者，且能以志立命。《后汉书》郎觊传《经》曰：困而不失其所，其惟君子。惟独贤圣之君，遭困遇险，能致命遂志，不失其道。

蔡氏清曰：《屯》《蹇》虽则训难，而义差异。困亦不同，《屯》是起脚时之难，《蹇》是中间之难，《困》则终穷而难，斯甚矣。

初六：臀困于株木。

案云：《诗》云：出自幽谷，迁于乔木。初不能自迁于乔木，而惟坐困。株木之下，则惟有入于幽谷而已。三阴皆非处困。

初在下，坐而困者也。三居进退之际，行而困者也。

《述义》：初与四应，不往助四，而欲自困。二力不能胜，故坐困于株木，且入于幽谷，三岁而不与四觌也。

九二：困于酒食。

《本义》：困于酒食，厌饫烦恼之意。酒食，人之所欲，然醉饱过宜，则是反为所困矣。九二有刚中之德，以处困时，虽无凶，而反困于得，其所欲之多，故其象如此。按：坎为水，主酒食。此卦不然，《象》曰泽无水困。困之得名，以其无水也。无水则无酒食矣。二以刚中之德，上下为象所掩，处穷困之时，而反醉饱过度乎！孟子云饿其体肤，困乏其身，则困与乏义近。

《程传》云：酒食，人所欲，而所以施惠也。二以刚中之体，而处困之时，君子安其所遇，虽穷戹艰难，无所动其心，不恤其为困也。所困者，惟困于所欲耳。君子之所欲者，泽天下之民，济天下之困也。二未得遂其效，施其惠，故为困于酒食也。此解较通。在困之时，利用至诚，如享祭祀。然其德自诚，既诚自能感通于上，自昔贤哲困于幽远，而德升闻，惟自守至诚而已。

六三：困于石。

《述义》：三不中正，志刚才弱，欲困四，而四坚如石，反为所困。欲据二，而坎如蒺藜不可据也。反于其宫，以求内助，而上六非应，又不得见。内外交困，凶可知也。

九四：来徐徐。

《折中》：来徐徐者，喻君子当困时，不欲上进也。困于金车者，招我以弓，不容不来也。如是则可羞吝矣。然上近九五之刚，五中直，乃卦所云大人者与之同德，终有亨道。

象曰：来徐徐，志在下也。虽不当位，有与也。

胡氏瑗曰：来徐者，舒缓不敢决进也。存疑。《程传》：四应于初，而隔于二，志在下求，故徐徐而来。虽居不当位，为未善，然其正应相与，故有终也。

按：初六困于株木，应之何益？求之何补？乃云有终乎？辨正苏氏浚曰：四与五同为上六所掩，进而见掩，岂君子直遂之时耶？惟沉潜以养其晦，从容以俟其幾，故五曰徐，四曰徐徐，志在下者，四位在上，而心则下也。然四、五合德，天下之事，终以舒徐济之，故曰有与，又曰有终。何氏楷曰：五为近比，则四之所与者。

薛云：四、五皆困于上六者，苟上行，愈见侵逼矣。故有来徐徐之象。《易》例自上而下曰来，往则逼近上六之阴，所以来徐徐，而志在下求也。

来徐，《子夏传》作荼荼，古荼与舒通。

存疑。初六，九四之正应。九四处位不当，不能济物，而初六方困于下，又为九二所隔，故其象如此。然邪不胜正，故其占虽为可吝，而必有终也。金车为九二象，未详，疑坎有轮象也。

《述义》：坎为车，兑为金，故曰金车。《礼》：金辂以赐同姓。四近臣，故曰乘金车。

王注：金车，谓二也。二刚以载者也，故谓之金车。徐徐者，疑惧之词也。志在于初，而隔于二，履不当位，威命不行，弃之则不能，欲往则畏二，故曰来徐徐，困于金车也。有应而不能济之，故曰吝也。然以阳居阴，履谦之道，量力而处，不与二争，虽不当位，物终与之，故曰有终也。志在下也，下谓初。

《程传》：四从而阻于二，故其来迟疑，而徐徐是因故困于金车也。

据此三说，则当曰往徐徐，不当曰来徐徐也。初六阴柔小人，其可谓之正乎？九二刚中君子，其可谓之邪乎？且四为上六所掩，自已不振受困，其尚能拯初乎？

九五：劓刖。

《荀本》作卼，臲卼，不安貌。

《释文》：劓刖，郑本作倪伌。

臲卼，《说文》作槷黜，不安也。

薛云：劓刖，只取上下不安之象，非真劓刖也。

《述义》：上六一阴在上，有如鼻欲去之象，则劓也。二阴在下，初六六三有如足欲去之，则刖也。赤绂谓九二也，诸侯之服也。五刚居中，亨困者也。故有志于劓上而刖下，二著赤绂，困于两阴初三，是困于赤绂也。卒之二五相遇，有君臣相得之说，惟夙夜之间，竭其诚敬，以畏天之威，回天之意，将神示默佑，故利用享祀。此君子亨困之道也。《传》义俱以劓刖，困于赤绂，属九五之阳于上下，说大不妥。此以赤绂指二，劓刖为欲除去上下二阴，乃通。

上六：困于葛藟。

《述义》：三柔牵而善附，上下应位也，故困于葛藟。五巽木而风高，上乃乘之，故又困于臲卼。兑口有言，故自讼曰曰字属悔悟之词是不可动，动必有悔，是能大有悔悟，变阴邪之习，而从阳以征，剥六五则不止无凶，而且获吉矣。劝改过也，合而观之，初与三小人也，自困者也。二与五君子也，亨困者也。四以离小人而有终，上以从君子而获吉。困与不困，岂不以人哉？吴日慎曰：困非自己致，而时势通达者，则当守其刚中之德，所谓困而不失其所享，其道主乎贞。若困自己之柔暗而致者，则当变其所为，以免于困，其道主乎悔。

薛云：上六处困之极，正所谓尚口乃穷者也。穷则缠绕而不自由，有困于葛藟象。因掩刚而为刚所困，故不安。动摇而不能安，有困于臲卼象，是其困由自取之也。苟能自思，曰我若以掩刚为事，动则得悔矣。尤悔之尤悔。由是惕然而有悔焉，改悔之悔。则改行从善，前日所为，尽弃而去之，可以获吉矣。

冯氏曰：九二之征吉，以进为征也。上六之征吉，以退为征也。

陈云：刚困不失其亨，柔困非悔不吉，曰动悔有悔，拳拳乎欲其悔也。二征凶，困不可动也。上征吉，困不可不动也，其上之时乎！

象曰：动悔有悔，吉行也。

何云：行者，柔变刚之谓。变刚则不掩刚矣，卦以三柔掩三刚为义，然刚为柔掩者，反吉。而柔掩刚者，凶特甚焉，则掩人只自掩也。因其动多尤悔，而自己改悔，故吉。徐氏幾曰：困已极矣，有悔则可出困，而征吉。困穷而通，其谓是矣。

陆希声曰：行而获吉，故曰变乃通也。吉字属上读。

田氏畴曰：行也二字，乃是解征吉之义。

《遁》二阴逼阳，而于六二则教之执。《困》三阴掩阳，而于上六则教之悔。《剥》五阴剥阳，而于六五则教之承，其为小人谋者，正为君子谋也。

补。　**困九二。**

沈云：二与五，刚中同德，能亨困者也。困于酒食，赐予之厚，朱绂方来，章服之荣也。必诚必敬，如承享祀，此济困之道也。惟刚为柔掩，又居险地，征行安得无凶？成败利钝，俱所不顾，大臣之道也。此爻义与《蹇》之六二相同，无咎者，即《蹇卦·象传》所谓中无尤也。

周易异同商卷八

井　䷯巽下坎上。

井：改邑不改井。五月卦。

郑康成曰：井以汲人，水无空竭，犹人君以政教养天下，惠泽无穷也。

《折中》：改邑不改井，解说多错文意，盖言所在之邑，其井皆无兵制，如诸葛孔明行军之处，千井齐甃者，以喻王政之行，国不异政，家不殊俗也。无丧无得，则言井无盈涸，以喻道之可久。往来井井，则言所及者多，以喻道之可大。此三句皆言井，在人事则王者养民之政是也。然井能及物，而汲之者器。政能养民，而行之者人。无器则水之功不能上行，无人则王者之泽不能下究，故汔至以下，又以汲井之事言之。困坎下兑上䷮井坎上巽下䷯。

《述义》：以水上水曰井，卦自困变离，困下卦互离，为市邑改而居上，井上卦互离，是改日中为市邑也。二五刚中市井之臣不变，是不改井也。三往四，四来三，而成井，是往来井井也。但人性贵于复初，而王道要于可久。若未成而遽辍其功，此如水汔至而未上，与繘未入井者同，而忽羸其瓶，人已皆失其养，则凶矣。

井：改邑不改井。

王世业曰：据《卦变图》，三阴三阳之卦皆自《泰》、《否》而来。《泰》上卦《坤》，《坤》为邑，故《泰》卦上六有自邑告命之词。今《井》卦上坎，则改邑矣。而下卦为巽，遂成《井》象。井是掇不动底，缘此卦自《既济》变出，初阳往二，二阴来初，故曰往来井井。《既济》是说初头之事，往来井井，则是永远之事，故井不改也。

汔至，亦未繘井，羸其瓶。

《语类》：汔至略作一句，亦未繘井，羸其瓶是一句，意至而止，便未及井，而瓶败，言功不成也。

蔡氏清曰：《井》以阳刚为泉，而初六则阴柔也，故为并泥，为旧井。井以上出为功，而初六则居下，故为不食，为无禽。据蔡说则初爻是枯井，而未有泉者。据来说则二爻是穴，虽出泉，而人尚未甃者。

改邑不改井，乃以刚中也。

《述义》：《井》、《困》相变，而二五之刚中不变。刚中者，泉之源，性之德，其体不易，其用不匮者也。

《井》以阳刚为泉，《鼎》以阳刚为实。

按：《序卦》困于上者必反下，故受之以《井》。

《述义》云：泽竭于上，源通于下，而穷者乃不穷矣。

薛云：卦言改邑不改井者，井体有常，在卦则为刚中之德。盖以刚居中，可久之道也，故云改邑不改井，乃以刚中也。

陈氏集成云：卦自《困》变，井困相系，《困》三进四成《井》。离为市邑，《困》互离在下，困☱离☳变井，则离改互于上节䷻，是改邑也。《易》例阴浊阳清，《困》三、四易《井》二、五，两阳不动，是不改井也。离火，起灭无常，故有或丧或得之象。互艮错兑，止之，故曰无。三往四近五，四乘三近二，故曰往来井井。

又卦自《泰》来，《泰》外坤为邑，初上居五，折坤成坎，故改邑。坎为水，水在坎中，有井象，故不改井。坎为通。往来井井。泰☰五☷初☵往谓初之五，来谓五之初也。

初六：旧井无禽。

崔氏憬曰：禽古擒字，禽，展禽犹获也。久废之井，无禽，以其时舍也。

钱启新曰：禽，辘轳也。翻飞似鸟之翼，故谓之禽。

惠云：一说井互离兑，兑为泽，离为鸟，鸟集于泽，不集于井，四不应初之象。

九二。

《仪礼》：鱼用鲋。注：鱼之小者。

刘邵七华：洞庭之鲋鱼，出于江岷。

陆佃曰：此鱼好旅行，以相即，谓之鲫；以相附，谓之鲋。即乃《博雅》所谓鲼鱼者是。《诗传》谓虾蟆者，非也。《井》以上出为功，而下射于鲋，失井之义。甕复敝漏，则上无汲引者矣。

《彖》言羸其瓶，此爻当之。《象传》无与以其所处者下，于泥近也。

九二：井谷射鲋。

张振渊曰：以井言，则为井谷之泉。仅下注于鲋，以汲井者言，则为敝壞之甕，水反漏于下也。

王注：溪谷出水，从上注下，水常射焉。井之为道，以下给上者也，而无应于上，反下与初，故曰井谷射鲋，鲋谓初也。

《正义》：九二上无其应，反下比初，施之于事，正似谷中之水，下注徹鲋，井而似谷，故曰井谷射鲋也。《程传》：溪谷之水，则旁出而就下，射注也。如谷之下，流注于鲋也。朱井南云：今溪壑中穴水出处，往往有小鱼，逆水而上，水与之激，若相射者然。如此则鲋在井外，可释井水无鱼之疑，时讲云井中有鲋，或以井水无鱼为疑。拟上四说，则所云射鲋者乃谷水，非井水也。《井卦》六爻，上三爻指井之已成者言，故曰甃曰收曰螟。下三爻指井之未成者言，初已枯之井也，旧虽有泉，而今则无泉，不可谓之井，出二出泉之穴也。泉从谷穴而出，虽可为井，但上卦四爻方始甃砌，此时尚未甃砌，则亦不得遽谓之井。三虽渫初之泥，而尚在甃下，则井制未成，故水虽可汲，而人犹未汲也。

据王解井句，谷射鲋句，若如今谓井中不鲋，《程传》或以为虾，或以为螟。按：《博雅》鲋，鲼也。《尔雅》翼其字从鲼，今之鲫字。陆佃曰：以鱼好旅行，以其相即谓之鲫，其相付谓之鲋。考《仪礼·士昏礼》：鱼用鲋，《疏》谓义取夫妇相依附，与陆说合。浔不鲋，又安得有谷乎。

九三：井渫不食。史记屈原列传渫作泄，用作以。

孔疏：井以上出为义，三犹在下体，木有成功，功既未成井，虽渫治，未食也。为我心恻，为犹使也，可用汲二下句，注：不可汲，三应上，故可用汲也。

胡炳文曰：井鼎九三皆在下，而未为时用，故俱不食。

案：不曰明王而曰王明，乃恻者祈祷之词，言王若明，则吾侪并受其福矣。

九四：并甃，无咎。

按：三虽渫初之泥，而不能甃。二之咎，则井之制，犹未成未甃，则虽能致内之洁，而不能御外之污，则井之道尚未备。

邱富国曰：三在内卦，渫井，内以致其洁；四在外卦，甃井外以御其污，盖不渫则污者不洁，不甃则洁者易污。

九五：井洌，寒泉，食。

惠云：初井泥，二井谷，三渫井，四甃井，至五而后可食，则九五为泉明矣。易氏祓曰：三与五皆泉之洁者，三居甃下，未汲之泉也，故不食。五出乎甃，已汲之泉也，故言食。

上六：井收句**，勿幕有孚，元吉。**

王注：处井上极，水已出井，井功大成，在此爻矣，故曰井收也。群下仰之以济，渊泉由之以通者也。幕犹覆也，不擅其有，不私其利，则物归之，往无穷矣，故曰勿幕有孚，元吉也。《正义》：凡物可收成者，则谓之收，如五谷之有收也。上六处井之极，井道大成，若能不自掩覆，与众共之，则为物所归，信能致其大功，而获元吉。今俗语以事既成为收功，岁大有曰收成好。

李氏迈曰：初井泥，二井谷，皆废井也。三井渫，则渫初之泥，四甃井，则甃二之谷，既渫且甃，井道全矣，故五井洌而泉寒，上井收而勿幕，功始及物，而井道大成矣。

《折中》：井爻下体，以井喻才德之士，汲之者，喻进用之君，上体则井喻德化之君，汲之者，喻被泽之众。

存异。虞氏翻曰：收谓以辘轳收繘。

鹿轳圆转之木，施繘于井，即以鹿轳收其繘也，晁说同。

按：王注与《象传》合，虞亦可参，《本义》训为汲取，则字书所无。

革 ䷰离下兑上。

革：水火相息，二女同居，其志不相得，曰革。

《述义》：革，上泽下火，坎离水火相济，阴阳之正交也。兑离皆阴，水火不相济，非水灭火，即火涸水，故相息。相息则水火之性革矣。《睽》、《革》皆二女同居，中上少下，序则不紊，但志不同行而为《睽》。少上中下，序则已紊，遂志不相得，而为《革》。卦所以名《革》也，小干以庚为革。庚者更也。巳日在庚之先，巳日乃孚者，孚在革先，则革而人信之矣。

革，三月卦。**水火相息。**

《折中》：二女同居之卦，多矣。独于《睽》、《革》言者，以其皆非长女也。凡家有长嫡，则有所统率而分定。其不同行不相得，而至乖离变易者，无长嫡而分不定之故也。

巳日乃孚。

龚氏涣曰：巳日者，已可革之时也。读已为以。

又有读幾者，朱云：巳日乃孚，诸家皆从王辅嗣说，以巳日为഼往之事，则文法主涩难通。张慎甫云：卦以离兑合体，后天卦位自离而坤而兑，离为夏，兑为秋，而坤居其中。夏火大燥，秋金大肃，使其中非坤土，上以蕴火之燥，下以温金之肃，则不成造化矣。巳正坤土也，故言巳日乃孚。任钧台曰：四方之位，西金北水，东木南火，皆遍相生，惟离火不能生西方金，而离中所藏之巳土，即坤德，此离与兑金之所以相孚也。

顾炎武曰：天地之化，过中则变。十干至戊己为中，至于巳，则过中而将变之时矣，故受之以庚。庚者更也，天下事当过中而将变之时然后革，则人信之矣。

初九：巩用黄牛之革。

薛云：二为离主，初与二比，资其中顺之德，以自固是也。不然，中位为二，何以黄牛之象乃在初乎？

陈云：以皮束物，曰巩；巩，固也。吕大临曰：初当革初，在下无位，比于六二，上无正应，虽有刚德，不当自任，惟结六二以自固，故巩用黄牛之革。六二居中柔顺，故曰黄牛，与进六二同义。

巳日革之，行有嘉也。

陈云：凡《易》中言嘉者，皆二与五应。《随》九五孚于嘉，《遁》九五嘉遁是也。

九三：征凶，贞厉，革言三就。

虞氏翻曰：将革而谋谓之言，革而行之谓之命。

王注：已处火极，上卦三爻虽体水性，皆从革者也。自四至上，从命而变，不敢有违，故曰革言三就。

《正义》：上卦三爻，水在火上，皆从革者也。自四至上，从命不违，则从革之言，三爻并成就不虚，其言实诚，故曰有孚也。

《述义》上兑为言，故曰革言。上有三爻，历三爻而后悦意流通，故曰三就。

吕氏大临曰：九三居下体之上，自初至三，遍行三爻，革之有渐，革道以成，故曰革言三就。至于三则民信之矣，故有孚。

按：先甲三日，先庚三日，田获三狐，田获三品，有作三爻解者。

《本义》：三居离，躁动，故有征凶、贞厉之戒，是以贞厉，属妄革说。龚氏涣曰：处当革之时，贞固自守，则厉。胡炳文曰：又恐其一于贞固，而失变革之义，则厉。是以贞厉，属不革说，似皆未当。

依注说，系以征凶，于义已足，何必更加贞厉？依龚说，二爻既说，巳日革之，何三爻又说贞固自守？

《程传》：九三以阳刚居下之上，又居离之上，而不得中，躁动于革者也。在下而躁于变革，以是而行，则有凶也。然居下之上，事苟当革，岂可不为，在乎守贞正而怀危惧。顺从公论，则可行之不疑，革言犹当革之，论就成也，合也。审察当革之言，至于三而皆合，则可信也。言重慎之，至能如是，则必得至当，乃有孚也。当革之时，若畏惧不明，为则失时为害，惟当慎重之至，不自恃其刚明，审稽公论，至于三就，而后革则无过矣。

此条以贞厉革言三就，俱作好边说，乃是。

贞，当也。当以危惧之心处之。

守贞正，一也；怀危惧，二也；从公论，三也。三者备，则革道可成而已，无征凶之咎，又有信从之美矣！

九四：悔亡，有孚改命，吉。

虞氏翻曰：将革而谋谓之言，革而行之谓之命。

《程传》：九为阳刚，革之才也。离下体而进上体，革之时也。居水火之际，革之势也。得近君之位，革之任也。下无系应，革之志也。以九居四，刚柔相济，革之用也。四既具此，可谓当革之时也。又云：四非中正而至善，何也？曰：惟其处柔也，故刚而不过，柔而不逼，顺承中正之君，乃中正之人也。

刘氏牧曰：成革之体，在斯一爻，且自初至三，则革道已成，故下三爻皆以革字著于爻词，至于四，则惟曰悔亡，有孚改命，吉也。

《述义》：五方虎变，而四言改命者，佐命之臣也。

大人虎变。

陈曰：五居兑中，兑履卦属西方白虎，七宿居之，故有虎象。于候为仲秋，正鸟兽毛毨之时，故变也。又兑错艮为虎，变震动，亦虎变象。

君子豹变。

豹虎类，此爻变乾从虎，从虎者，莫如豹，故虎曰变，豹亦曰变。又《禽虫述》云：虎生三子，二虎一豹。虎刚而豹柔，五爻体阳，上爻体阴，故分属之。

薛云：上六处革之终，而比于五，其君子蔚然有文，以佐助九五之君，其小人更其平日所向之非，以顺从九五之君。此以臣下言杨启新曰：九五首创之君，开天型范，耳目一新，若混沌初开，其文疏朗阔大。上六继体之君，润色鸿业，故其文渐深邃遒密。

小人革面，顺以从君也。

俞氏炎曰：小人居革之终，幡然向道，以顺从君，无不心悦诚服，或者乃云面革而心不革，非也。

王引之曰：《正义》云小人处之，但能变其颜貌容色，顺上而已。李鼎祚曰：兑为口，乾为首，今口在首上，面之象也。引之按《广雅》面乡也，乡与向同。革面者，改其所乡而乡君也。上六下应九三，则九三者，其所向也。然九三刚而不中，非所宜乡，不若乡九五之为得正，是以改其所乡，而乡九五也。《象》云顺以从君，则乡九五之谓矣。《夏官・撢人》使万氏和悦，而正王面。注曰：面犹乡也。使民之心，晓而正乡王。所谓小人革面，顺以从君也。不然，小人而但改其颜色容貌，则心犹未改，岂得遂谓之顺从乎？至口在首上而为面，则形体出于天性，又不可得而改变者也。《魏书・武帝纪》载汉献帝策命曰：远人革面，华夏充实。《文选》革面作回面，李善注引《勮秦美新》曰海外遐方，回面内乡。陆机《功臣颂》曰睹梭蝉蜕，悟主革面。顾悦之讼殷浩疏曰：仰惟皇威，群丑革面。《梁书・武帝纪》《齐玺书》曰革面回首，讴吟德泽，皆谓革乡为革面。愚按：《召诰》面稽天若，《正义》郑注，面犹迴向也，则面为向义。禹亦志意向天，考天心而顺安之，言能同于天心也。则面即属心说。《晋书・纪瞻传》六合革面，遐方来庭。《魏书・蒙逊表》纯风一鼓，殊方革面。

案云：所谓革面者，非但革其面，而革其心之谓，王道之行，则仁义成俗，而心亦无不革矣。不然，何必以为必世后仁乎？

程子云：小人昏愚难遇者，虽未能心化，亦革其面，以从上之教令。又云心虽纯于善道，其畏威而寡罪，则与人同也，故《折中》驳之。

其文斐也，说文。

鼎　☴巽下离上。

鼎：元吉，亨。

《程传》以卦才言也，如卦之才，可以致元亨也，止当云元亨。文羡吉字，卦方可以致元亨，未便有元吉也。《象・复》上云元亨，其义明矣。

《本义》：吉，衍文也。

案：井言养鼎，亦言养。然井在邑里之间，往来行汲，养民之象也。鼎在朝庙之中，燕飨则用之，养贤之象也。䷱，鼎象也。初虚，象足；五偶中虚，为耳；二、三、四奇，为腹；上为弦。足以承，腹以实，耳以行，弦以举，巽木离火，互乾金兑泽，烹饪之象也。乾故元巽而明，中而应刚，故亨也。圣人烹以享上帝，以养圣贤。

惠云：鼎言象者，王辅嗣曰：革既变矣，则制器立法以成之。古者六官之法皆称象。《春秋传》言象魏，《尚书》言象刑，古刑书皆铸之鼎，王孙满言铸鼎象物，百物而为之备，法象之义，莫著于鼎，故曰：鼎，象也。

鼎：元吉，亨。

《程传》：只当云元亨，文羡吉字。《彖传》止云元亨，其羡明矣。

君子以正位凝命。王注严凝之命　君子以正位拟命。

东坡曰：革所改命，而鼎所以凝之也。半农曰：荀子云兼并易能也，惟兼凝之难焉。秦并天下十二年而亡，能并之，而不能凝也。秦不郊天，是不亨帝也。焚书坑儒，是不养圣贤也。三代圣王亨上帝，亨圣贤，是乃所以凝之之道欤。

鼎颠趾，利出否。

《升庵经说》云：沈存中谓古鼎中有三足，皆空所容物者，所谓鬲也。煎和之法，常欲清在下体，在上则易熟而不偏烂。及升鼎，则浊滓皆归足中。《鼎卦》初爻鼎颠趾，利出否，谓浊否下，须先泻而灵之。九二阳爻，始为鼎有实。今按：沈之说得象意，可补易注之缺。就是义言，则初六洗鼎也，九四升鼎也，洗鼎而颠趾，则利。升鼎而折足，则凶。《折中》：《易》例初六应九四，少吉。盖以初六乃才德之卑，应四有援上之嫌，鸣豫咸拇是也。惟鼎之义，主于上养下，上之养下大贤，固所当养，小材亦所不遗，当此之时，虽其就上如颠趾，而固得去污秽，以自濯于洁清，虽其媒鬻也，如妾因得广嗣，续以荐身于嫔御，盛世所以无弃材才也。

《程传》：四近君，大臣之位，初在下之人，而相应乃上求于下，下从其上也。

得妾以其子。

陈云：巽为长女，位卑居下，妾象也。巽又综兑，兑为妾，故曰妾。初与四应，以阴从阳，是初得为四之妾也。巽变震，为长子，故有以其子之象。鼎重器，主器者莫若长子，则子又守宗庙，而为祭主者也。

颠趾而未曰悖者，意在出否也。四阳贵初与相应，欲出否以从之，亦取新之义也。

薛云：颠趾则非正立之鼎，同于得妾则非正室之妻，颠趾而利出否，同于得妾而利有子。得妾以其子，就颠趾出否上取义，何楷谓象中取象是也。孔疏：旧秽也，新贵也。弃秽从新，所以从贵。

薛云：趾当承鼎，颠而覆之，悖矣。而究其实，未为悖道也。以其利于出否，舍贱以从贵也。

九二：鼎有实，我仇有疾，不我能即，吉。

《述义》：九二刚中，在鼎之腹，故有实。仇，类也。疾与嫉同。二与三、四同为乾体，故曰仇。二与五应，以实奉五，而不及三、四，故其仇有嫉而害之者。然五中应刚，君臣之交固矣，二居巽为洁，又为高。志洁而行高，则嫉之者无隙可乘，不能即而害之，善保其所有之实，可以享帝养贤而及民，吉孰大焉。

惠云：我仇，《本义》从《程传》指初，愚谓仇，匹也。初不得言匹，二与五应，仇当指五。王辅嗣曰：有实之物，不可复加，益之则溢，反伤其实。五有乘刚之疾，不能即我，则我不溢而全其吉也。石守道从王说。

《豫》六五贞疾，乘刚也。

九三：鼎耳革，其行塞，雉膏不食，方雨亏悔，终吉。

《本义》谓三越五应上，又以三为耳，似俱不合。胡炳文曰：三与五不相遇，如鼎耳方变革，而不可举移，故其行不通。

《述义》：五为鼎耳，比四应初，独不取于三，故其耳革，谓变易其常也。举鼎以耳，耳不受铉，则其趾不动，故行塞也。离为雉，鼎烹之，故为膏。耳革行塞，腹中之雉膏，不为人食，其悔多矣。然互乾兑泽，上于天，降而成雨，则膏泽得以下究，而耳革行塞之悔皆亏矣。雉膏不食，故终吉也。

蒋云：阴阳二爻在鼎中，卦中当作水火看，二者备，然后可烹饪，阙一则不成烹饪。初与四，二与五，皆阴阳相应，水火既济，惟九三与上九皆阳而无应，故有耳革行塞，不食之象。然三有才而巽顺，九五明君而来求，故人有方雨亏悔终吉之象。悔亡无悔者，悔尽亡而无也。亏悔者，悔本有必亏之而后无，用力艰难之词也。

李椿年曰：雉膏不食，离明在上，而无应象。

鼎耳革。

《述义》：五与鼎耳比四应上，独不取于三，故其耳革，谓变易其常也。举鼎以耳，耳不受铉，则其趾不动，故行塞也。离为雉，鼎烹之，故为膏。耳革行塞，腹中之雉膏，不为人食，其悔多矣。然互乾二至四兑，三至五泽止于天，降而成雨，则膏泽得以下究，而耳革行塞之悔，皆亏矣。雉膏不食，故终吉也。

鼎耳革者，三与五失其相求之义也。

薛云：三上故应，三恃其刚，越五应上，殊不知鼎以耳行，五当鼎耳之位，今三越五而往，无耳其何以行？鼎耳变革，其行未有不窒塞者也。虽有雉膏之美在中，鼎不可移，孰能列鼎而食乎？如是难免于悔矣。然五为养贤之主，终与三合，上下和合，如将降雨之象。向者耳革行塞之悔，渐亏而亡之，所以终得其吉。

旧说以雉膏比德行之美，则膏字实指九三言，君子能为可用，不能使世之必我用，故井有渫，雉有膏，通塞所不计也。然德之所蕴，久无不彰，道之所同，终无不合，故井受王明之福，而鼎占方雨之悔。

胡炳文曰：井渫而不见食，雉膏而不得食，非不可食也，故《井》言王明受福，《鼎》言亏悔终吉。

一说以雉膏为禄位之美，则膏似指六五言。

按：陈椿年云：雉膏不食，离明在上，而无应象。则耳字雉膏字俱指五言，亦通。

《汉书·谷永传》：屯其膏。孟康注：膏所以润人饥肤，爵禄亦所以养人者。

鼎折足。

陈云：四阳已见其盈，初阴又值其颠，故足折而餗覆也。

四以大臣任重，公餗赖以维持，所宜兼求贤才以胜之，而乃下取初柔，其力微，其才弱，其量浅，未省不败乃公事者，所谓大臣误陛下，而大臣所用者，误大臣也，能无愧哉？

九四：鼎折足。

王氏弼曰：渥，沾濡之貌也。既覆公餗，体为沾濡，知小谋大，不胜其任，受其至辱，灾及其身，故曰其形渥，凶也。苏氏轼曰：鼎之量极于四，其上则耳矣。受实必有馀量，以为溢地也。溢则覆矣。朱氏震曰：其形渥，羞赧之象。泽流被面，沾濡其体也。

《折中》：四之得凶，诸家之说备矣。盖三阳为实，而四适当其盈也。盈则有倾覆之象矣。又应初为无辅，初已颠趾，故有折足之象。其形渥，从王氏说为是。《诗》曰渥赭曰渥丹，皆以颜貌言之。愧生于中，则颜发赤也。

《折中》：六四应初九，则有下贤之美。《屯》、《贲》之求婚媾，《颐》之虎视眈眈，是也。九四应初六，反以下交小人为累，若《解》之解拇、《鼎》之折足是也。

鼎黄耳，金铉，利贞。

铉，举鼎之木也。

《本义》：五虚中以应九二之坚刚，故其象如此。

或曰：金铉以上爻而言。

薛云：五居上体之中，尚上九之贤，如耳之虚受铉，铉之实贯耳，有鼎黄耳金铉，利贞象。

黄，中色。离得坤中画为黄。虞翻云离为黄是也。上九玉铉者，鼎为宝器，故铉饰以金玉。何氏楷曰：鼎岂有二，金玉异饰，何必金铉而饰以玉是也。

鼎重器，所以灵承国祚而和理人民者也。夫天下之器，不可无主，而付之于君。君又不可独任，而付之于臣。金铉玉铉，其公孤之佐乎！然非得五之黄耳，铉无所施矣。上有尚贤之君，而后下有弼直之臣，是故庶务理而鼎祚昌也。古今言鼎祚之隆者莫如成周。《洪范》休谟则曰：皇建有极，是黄耳之实也，君道也。《周官》岳诰则曰燮理寅宪，是金玉之铉也，臣道也。匪直此也，棫樸所养之士，济济然可付追琢金玉之任，下至兔罝之夫，亦可至腹心之选，而不至于行塞，则其鼎祚之隆固宜。

李光地曰：凡卦有养贤尚贤之义，而遇六五与上九者，皆以二爻之义当之。盖出乎君位之上，是尊尚之象，《大有》《颐》然。非虚中之主，则不能尚。非刚德之才，则不足尚。故《大有》《大畜》二五正应，然所谓尚贤，皆谓上九，不谓九二。况此卦自足至铉，皆有定象，则爻象所指明矣。

上九居鼎之极，铉之象也。以阳居阴，刚而能柔，故为玉铉。

陈云：上变震，为玉，互乾亦玉，故曰玉铉，人君听之，不嫌于刚直，故于五取金。人臣进谏，必济以温和，故于上取玉，能金能玉，则耳不塞，而实上行矣。

金铉利贞。

《折中》：胡氏一桂曰：《程传》及诸家，多以六五下应九二为金铉，《本义》从之，窃谓铉所以举鼎者也，必在耳上，方可扛鼎。九二在下，势不可用，或说指上九为优，然上九人自谓玉铉者金象，以九爻取玉象，以爻位刚柔相济取象，曰鼎黄耳，中以为实也。阳实阴虚，六五得言实者。京君明曰：阴虽虚纳于五阳位，故实六居五，故言实。李心传谓资九二之中，以为实，不思五不即二，何资之有？《士虞礼》皆设扃鼏陈之。注：今文扃作铉。

惠云：铉，古文作扃，见《仪礼》注。释文，铉，又音古冥反，疑古易作扃也。

《九经古义》云《说文》鼏以木横贯鼎耳而举之。《周礼》庙门容大鼏七个，今作扃，即《易》玉铉大吉也。又云：铉，举鼎也。《易》谓弦，《礼》谓之鼏。

按：《仪礼·士冠礼》曰设扃鼎，注云今文扃为弦，古文鼏为审。又《士婚礼》注云：扃所以扛鼎，鼏覆之，是扃为古文铉，许叔重乃以鼏当之，未详。

金铉利贞。

铉，键也。铉所以举鼎也，谓鼎扃也，以木横关鼎耳而举之，故谓之关键。颜师古以为鼎耳，误。《易》言黄牛金铉，则铉与耳非一物也明矣。段玉裁说。

上九：鼎玉铉，大吉，无不利。

王宗传曰：在鼎之上，受铉以举鼎者，耳也，六五之象也。在鼎之外，贯耳以举鼎者，铉也，上九之象也。

王申子曰：黄中色，谓五之中也。金刚德谓上之阳也。举一鼎者在乎耳。耳不虚中，则鼎虽有铉，而无所措。耳而无铉，则鼎虽有实，而无所施。故鼎之六五虚其中，以纳上九阳刚之助，而后一鼎之实，得以利及天下。犹鼎黄耳，而得金铉也，曰利贞，亦以阴居阳，而有此戒！

震　䷲震下震上。

震：亨，震来虩虩。

震来虩虩，释震字。笑言哑哑，释亨字。

蔡氏清曰：震来当震之来时也。以心言，谓事之可惧，而吾惧之也。其震惧之也，虩虩然，非震来而后虩虩也，虩虩所以状其震来也，震来虩虩，以心言。震惊百里，以事言。不丧匕鬯，不惧也，不惧由于能惧。余氏本曰：震惊百里，只是足笑言哑哑一句意，大意谓人平时若能恐惧，则可以致福。虽卒然祸变之来，亦无可畏也。杨启新曰：乾者自强而已矣，而曰惕震者，动而已矣。而曰惧惕之为强也，见惕之非惴慑也，惧之为动也，见惧之非惊恐也。

百里，成数也，亦止数也。震乃一阳二阴之卦。阳数九，阴数八，先天八卦位次推之，震居第四。一阳得四九三十六数，一阴得四八三十二数，再一阴再得四八三十二数，合计共得一百数，故震惊百里耳。

虞逸象震为百。

孔疏：先儒皆云雷之发声，闻乎百里，故古帝制国，公侯皆方百里，故以象焉。窃谓天之震雷，不应止闻百里。盖以古之启土百里为极，文王作繇在殷时，明长震于一国，故以百里言之也。鬯者，郑元之义，则为秬黍之酒，其气调畅，故谓之鬯。《诗传》则云鬯是香草。案王度记云：天子鬯，诸侯薰，大夫兰，以例而言之，则鬯是香草明矣，今特言匕鬯者。郑元云人君于祭祀之礼，尚牲荐鬯而已，其馀不足观也。

《曲礼》凡挚天子鬯。《彖》曰震，亨，震来虩虩，恐致福也。笑言哑哑，后有则也。初九《彖词》同孔疏，初九阳刚之德，为一卦之先，刚则不暗于幾，先则能有前识，故处震惊之始，能以恐惧自修而复吉也。

孔云：震来虩虩，恐致福者，威震之来，初虽恐惧，能因惧自修，所以致福也。笑言哑哑，后有则者，因前恐惧自修，未敢宽逸，致福之后，方有笑言，以曾经戒惧，不敢失则，必时然后言乐，然后笑，故曰笑言哑哑，后有则也。

出可以守宗庙、社稷，以为祭主也。

王注：明所以堪长子之义也，不丧匕鬯，则已出可以守宗庙。孔疏：已出谓君也，出谓君出巡狩等事也。君出，则长子留守宗庙社稷，《左传》君行则守。摄祭主之礼事也。惠云：王子雍曰：有灵而尊者，莫过于天。有灵而贵者，莫若于王。有声而威者，莫若于侯。是以天子当乾，诸侯用震，地不过一同，雷不过百里。政行百里，则匕鬯不失祭祀，国家大事不失，宗庙安矣。处则诸侯执其政，出则长子掌其祀。拟此则《彖传》当有不丧匕鬯四字。

又何氏楷曰：出者，长子继世而出也。如帝出乎震之出。张氏清子曰：出者，即《说卦》帝出乎震之谓，主者即《序卦》主器莫若长子之谓。若舜之烈风雷雨弗迷，可以出而嗣位矣。

朱注：出谓继世而主祀是也，或曰出即鬯字之误，非也。

于氏宝曰：祭礼荐陈甚多，特举匕鬯者，匕牲体，荐鬯酒，皆君所自亲也。

《述义》：震恐惧，故虩虩。震善鸣，故笑言。互艮故哑哑，有序也。互坎为棘，故为匕，为酒故为鬯。长子主祭，故执匕鬯也。

初九：震来虩虩。

孔疏：初九阳刚之德，为一卦之先刚，则不闻于幾先，则能有前识，故处震惊之始，能以恐惧自修，而获吉也。

石氏介曰：初九有阳刚之德，居《震》之始，是能先戒惧者，故《繇彖》所言，此爻当之。

《复》重在初，至上而迷。《震》重在初，至上而索。故云震不于其躬，于其邻。

六二：亿丧贝。

蒋云：亿，度也。事未至未著，而先谋度之谓德，此言反顾而惧其来，预度其势不敌，必丧吾所有，但当远避，不可当争过，则自复也。

陈云：贝，龟贝也。或曰贝，锦也。《书》云织贝。或曰贝，饰也。《诗》云：贝胄绶绶。

惠士奇曰：《周官》凡得货贿人民六畜者，委于朝，告于士，旬而举之。司市职凡得货贿六畜者，三日而举之。然则丧贝在市，未满三日，在朝未满十日，可识而获得焉。爻称七日，在旬之内，《书》曰无敢越逐祗复之时，王制也，故丧马丧茀丧贝，皆称勿逐。

程子解《丰》三爻云：丰之道，以明动相资，而成三应上，上阴柔，又无位，而处震之终。终则止矣，不能动者也。他卦至终而极，《震》至终而止，就此说推之，此六三所以苏苏，上六所以索索也。

六三：震苏苏，震行无眚。

杨氏启新曰：震而不行，徒震耳。行者，改图也。此恐惧所以修省也。

陈藻垣云：苏苏，散缓自失之貌，言内震将终，又遇艮止，神气焕散，退却不前，故有此象。乃三上承四，又得震体，故行。互坎多眚，三变不见坎象，故无眚。

一说苏，复也，生也。《诗》曰后来其苏是也。下初之震动将尽，上四之震动复生。下苏上苏，故曰苏苏。天下不患有忧惧之事，而患无修省之功，变故洊乘，三当重刚之位力将惫矣，而震以行之，则有备可以无患。事震有缓急，而心震无盛衰，是以持贝无失，而制事得宜也，何眚焉？

九四：震遂泥。

项安世曰：以一阳动于四阴之中，则震遂变为坎，震而遂陷于泥也。

《述义》云：九四震动，奋而上达，故遂互坎而陷。又遇艮止，故泥坎为水，变坤为土，水入土中，泥象，故《震》与《井》俱言泥。《睽》互坎，亦曰负涂。

《折中》卦中震字，虽以人心为主，然震之本象，则雷也。凡雷乘阳而动，然所乘之气不同，故邵子曰水雷元，火雷赫，土雷连，石雷霹。盖雷声有动而不能上达者，陷于阴也。此爻一阳动于四阴之中，故有震遂泥之象。

存异。荀本：震坠泥。

六五：震往来，厉，亿无丧，有事。

《程传》：五之动，上往则柔，不可居动之极，下来则犯刚，是往来皆危也。当君位为动之主，随宜应变，在中而已，故当亿度无丧，失其所有之事。

薛云：五处重震之中，往而比上，则非应。来而比四，则乘刚。《易》例自下而上为往，自上而下为来。王注：往则无应，来则乘刚是也。

《折中》：二丧贝而五无丧者，二居下位，所有者贝耳。五居尊，所守者则宗庙社稷也。贝可丧也，宗庙社稷可失守乎？故二以丧贝为中，五以无丧有事为中。

陈云：无丧即《象》所云不丧匕鬯也。《春秋》凡祭祀皆曰有事，五为祭主，固有事于宗庙社稷者也。有可丧，有不可丧，贝二之贝，可丧者也。五之有事，不可丧者也。厉者，恐惧之谓。亿者，修省之谓。二之亿在能丧，四之位在无丧。

虞氏翻曰：可以守宗庙社稷为祭主，故无丧有事也。

于其邻，虞翻曰：邻谓五。五爻震往来厉，乘刚也。

震遂泥。

震以二阳为主，初吉而四凶者，初得位，而四不得位也。雷动于下，阳气奋发，无所抑遏，初九似之。四以阳居阴，又自三至五互而为坎，坎者陷也。阳陷于阴，失震之义，故曰泥也。曰：《豫》之九四非互坎乎，以阳居阴，与九四同而独吉也者，何也？曰：此《豫》之主爻也，雷出地奋，发泄至矣，与洊雷故不同也。

艮　䷳艮下艮上。

艮其背，不获其身。

陈云：艮背者，定而能静，故其静也专。当其处于寂也，视听无所交，喜怒无所感，而其心块然太虚，与天地为一体，性合于形，而形之累者，化气固于理，而理之美亦忘。不获其身，非仅声色臭味之无所系也。盖无我者，正己之尽矣。静而能安，故其动也直，虽其行于庭也，视听有所交，喜怒有所感，而其中浑然太和，与造化为一机。物来则应，无所迎于其先，事去不留，无所将于其后，不见其人，非但爱憎毁誉之无所涉也。盖无外者，大同之量矣。然则艮背者静，固艮动亦艮也。

艮其背，述艮反躬，有背象。艮为门阙，有庭象，互震故行也。艮者，止也，止之义，以静合动。人身善动，惟背不动而合众体之动，故曰艮其背。

艮其背。

王注：背者，不见之物也。不见则自然能静止，静止而无所见，则不获其身矣。

《程传》曰：人之所以不能安其止者，动于欲也。欲牵于前，而求其止，不可得也，故艮之道，当艮其背，所见者在前，而背乃背之，是所不见也。止于所不见，则无欲以乱其心，而心得安。不获其身，不见其身也，谓忘我也，无我则止矣。行其庭，不见其人，庭除之间，至近也，在背则虽至近，不见则不交于物也。外物不接，内欲不萌，如是而止，乃得止之道，于止为无咎也。

郭忠孝曰：人之耳目口鼻，皆有欲也，惟背则无欲也。内欲不动，则外境不入，是以行其庭，不见其人也。

朱子曰：人四体皆动，惟背不动，取止之义。艮其背，不获其身，只是见道理，不见自家；行其庭，不见其人，只是见道理，不见个人也。

孙星衍曰：艮为门阙，今纯艮重其门阙，两门之间，庭中之象。《述义》云：止之义，以静合动，人身善动，惟背不动，而合众体之动，故曰艮其背。薛云：人之一身，皆系于背。《彖词》言艮其背，全体之止也。爻词言趾言腓言艮言辅，一体之止也。

兼山艮，君子以思不出其位。

董氏曰：两雷两风两火两水两泽，皆有相往来之理。惟两山并立，不相往来，此止之象也。

邱富国曰：凡人所为，所以易至于失位者，以其不能思也。思则心有所悟，知其所当止，而得所止也。

按：《书》云思作睿，子云思无邪，孟子云心之官则思，又云弗思耳矣，弗思甚也，皆将思字看好甚重。

案：思不出位，诸家皆作思欲不出其位，思字不甚重。今观《咸卦》云贞吉，往来悔亡，憧憧往来，朋从尔思，而夫子以何思何虑释之，则此思字中邱说，盖不可略。杂扰之思，动于欲者也。通微之思，浚于理者也。《大学》云安而后能虑，盖思不出位之说也。

《字汇》目部𥃩，古艮切，根去声，目不见也。《六书正讹》𥃩从目从反人，人反身，则无所见，今文作艮，按此解与《彖传》合。

艮其止。十月卦。

震艮俱以一阳为主，然震阳动于下，故四不为主，而初为主。艮阳止于上，故三不为主，而上为主。

晁氏曰：艮其止，只当依《卦词》作艮其背。项安世曰：古文背字作北，有讹为止之理。

𠦃古北字，从两人相背，故云不见其人。

上下敌应，不相与也。

《正义》曰：八纯卦皆六爻不应，独于此言者，谓此卦既止而不交，爻又峙而不应，与止义相叶，故兼取以明之也。

列其胂，厉薰心。

限，腰也。腰以下为阴，腰以上为阳，乃阴阳界限处。

王弼注：夤，当中脊之肉也。二至四有坎象☵。

惠云：夤当依郑氏作胂。《本义》云：夤，膂也。案：《玉篇》胂为脊肉，膂为脊骨，自是两义。薰，马言薰灼其心。按：《易》道未闻，以坎水薰灼人者，荀爽本云厉动心，互体注云三至五互震。有震，震为动，古动勳字每相乱。《乐记》欢以立动。注云动或为勳。杨启新曰：此爻是恶动以为静，而反至于动心者，夫心之与物，本相联属，则时止而止，时行而行，则事应于心，而心常泰然。有意绝物，则物终不可绝，而心终不可静矣。此与程子定性书道理相合。

沈楳友曰：夤，王弼李义夤膂也作脊肉，非也。当从《字典》训腰络为是。九三下体，非脊位也。上下判隔，则当危及心。心指六四，薰者自下而上也，《字典》夕部，夤，又腰络也，《易》艮其夤。

《述义》：限，人身分限处，即腰也。夤，腰络也。三在上下体间，故以为象。列，分裂也。时行时止，道贵变通，九三不中正，止非其所。恒九四田无禽，《象》曰：久非其位，安得禽也。如限隔身之上下，而判裂其夤，盖以止互动，三四五互震。而为坎所陷，二、三、四互坎。欲止不能，欲动不可，是以不安之甚，而危厉薰心也。

《传》云时止则止，时行则行，故《象词》先言艮其躬，次行其庭，盖静而不废动也。此卦六爻自三至五互震，宜动而行者也。乃便止而不动，故厉。

胡炳文曰：《震》所主在下，初九下之最下者也。九四虽亦震所主，而溺于四阴之中，有泥之象，故不如初之吉。艮所主在上，上九上之最上者也。九三虽亦艮所主，然界于四柔之中，有限之象，有列其夤之象，故不如上之吉。盖寂然不动者，心之体，如之何可以徇物？感而遂通者，心之用。如之何可以绝物？三过刚不中，确乎止而不能进退，以至上下隔绝，是绝物者也，惟见其危厉薰心而已。

折中薛云：凡人心属阳，体属阴。《咸卦》三阳居中，而九四尤中之中，故以四为心。此卦惟九三一阳居中，故以三为心。

又解四爻云：《咸》五居心上，故咸其脢者，背也。此爻亦居心上，则亦背之象也。不言艮其背者，盖不获其身者，忘也，若艮其身，则能止而未能忘也。未能忘，则此爻虽直背位，而德有未至，故次于不获其身，而曰艮其身也。愚按：《述义》云《咸》四心位，《艮》四亦然。不曰艮其心，而曰艮其身者，心不可见，而身者心之区宇也。观其身之止，则知其心之止矣。视听言动，身也。非礼勿视听言动，则心依于仁矣。盖心不囿于身，而身亦不离于心。身故不获者，身者所以广心之量，艮其身者，所以凝心之体也。当以此说为正。

沈棨友曰：《象》言艮其身心者，身之主也。能艮其身，则心之止见矣。

王注：中上称身。胡氏瑗曰：人之体，统而言之，则谓之一身；分而言之，则腰足以上谓之身。罗慎斋曰：三为限，即腰胯也。三居腰位，故居下体。四居心位，故居上体。《咸》九五咸其脢，脢字训为胸臆，或训为喉。梅之核，皆在口之中下，心之上，其训为背者，未确也。《艮》六五艮其身，胡训为腰以上，《述义》训为心之止，其以为次于背之艮者，亦可疑也。

《咸》九四王注云处上卦之初，应下卦之始，居体之中，在股之上，二体始相交感以通其志，心神始感者也。《艮》六四居体之中，在腰之上，非心而何？若以阴阳为说，则背阳也。五脏皆阴也，岂不可居阴爻乎？《明夷》六四获明夷之心，于出门庭，亦于四爻言心。

九三：艮其限，列其脢，厉薰心。

郭氏雍曰：艮者限也。限立而内外不逾，天命限之，内也，不可出；人欲限之，外也，不可入。

存异。罗云：欲艮其背者，必先艮其限，此要法也。因之脊骨峙然竖立，而有列其脢之象，则背已艮矣。厉者，身之不安，而危也。人为动物，乐散而恶敛，一旦艮其限，列其脢，使此身如束缚桎梏然，则其危而不安之意，必隐隐上蒸，以薰其心，故曰厉薰心。心体属火，薰之则热，必烦若而难耐，言此以明艮其背者，其用功伊始，未必遂快然于心也。久之至于不获其身，然后厉薰心者，皆息而心之快然者，可自得矣。此所以尤有资于上九之敦艮，以厚终也。上为厚终，则三为基始可知。以卦中惟三上两刚为艮主也，其必厚其终者，以九三艮其限，列其夤之始，不免于危厉薰心，非常情之所能忍，故必上九以敦艮者，固之而不摇于薰心之厉，以中辍也。旧说谓九三以不当止而止，故危厉熏心，而不如上九之吉，非也。

《象》曰艮其身，止诸躬也。王应麟曰：《艮》六四艮其身，《象》以躬释之，伛背为躬，艮背而不见面。朱文公诗云：反躬艮其背。

六四：艮其身，无悔。

罗云：三为限，即腰胯也。五于首为辅，则四位之处其间者，当属身言。统腰以上，首以下，而谓之身，此背之所附以立，亦即心之所借以居也。四以阴居阴，其位得正，能奉身以听命于心，即能从心以受制于背，故当三之艮限列夤，已得因之自固，而不乖于正也。是为艮其身之象，艮其身，则身之背既安，而身之心有托，上足以承元首，而不至于亵。下足以属限与腓，而不即于颓也，故无咎。按：艮背之法，莫要于三之艮其限，艮背之功，莫大于四之艮其身，说者既以三不当艮其限而非之。又以四为仅能艮其身而少之，不可解。

项安世曰：《彖》云艮其背，不获其身，行其庭，不见其人，无咎。惟六四一爻足以当之。

《述义》：屈身为躬，止诸躬，即艮背之义。

《彖》云无咎，爻云无悔，其义一也。岂得以《彖词》为上，《爻词》为次，而分为二哉？

王伯厚曰：《艮》六四，艮其身，《象》以躬释之。伛背为躬，见背而不见面。朱文公诗云：反躬艮其背。据此则艮背与艮躬无异。

六五：艮其辅。

龚氏涣曰：艮其辅，非不言也，言而有序，所以为艮也。

陈大士曰：咸其辅，可以为言戒焉。艮其辅，可以为言则焉。

《语类》云：《咸》、《艮》皆以人身取象，《艮》又差一位。

案云：《咸》以四为心，故五为背，而上为口。《艮》以三为心，故四为背，而五为口。其位皆缘心而变者也。二之腓兼股象，故与《咸》三俱言随。

愚按：朱子云《咸》下二画，有人脚象。中三画，有腹背象。上一画，如人口，故咸其辅，于上爻言之。艮下二画，亦有足象。上一画，有头象。中二阴，有口象。所以艮其辅，于五爻言之。

不同之故者，在五与上之象口。若心位，则《艮》与《咸》俱在四也。

上九：敦艮，吉。

项安世曰：九三当上下之交时，不可上而止，故危。上九当一卦之终时，可止而止，故吉。

《本义》云：以阳刚居止之极，敦厚于止者也。愚按：敦艮之吉，以厚终也。不言止极而曰厚终者，亦自有故。程子解艮体云：艮者，止也。不曰止者，艮山之象，有安重坚实之意，非止义可尽也。又解《临》卦上六云：上居临之终，而不取极义。《临》无过极，故为厚义。胡炳文曰：敦临敦复，皆取坤之象。艮山乃坤土而隆其上者也，其厚也弥固，故其象为敦。

《述义》云：厚释敦义，艮成终上又卦终，故曰以厚终。

渐　䷴艮下巽上。

渐正月卦：**女归吉。**

一说《乾》上爻与《坤》初爻交易而为《归妹》，《坤》上爻与《乾》初爻交易而为《渐》，故《渐》亦言女归。

胡氏瑗曰：天下万事，莫不有渐，然于女子尤须有渐，何则？女子处于闺门之内，必须男子之家问名、纳采、请期，以至于亲迎，其礼毕备，然后成礼，而正夫妇之道。郭氏雍曰：进之渐者，无如女之归。女归不以渐则奔也。渐则为归，速则为奔，故女归以渐为吉。

君子以居贤德，善风俗。王肃本

《王肃本》女归吉，利贞。《彖》曰渐之进也，女归吉，利贞也。

晋，进也，故加一之字以别于晋，女归之吉，在于贞，故《彖传》有利贞二字。《诗》迨冰未判，《笺》云水未散，正月中，以前也。《易·渐卦》云女归吉，《渐》正月卦，正与《诗》合。

按：正月雁北向，故六爻俱以鸿言。

九二：鸿渐于般。

薛云：般，马融谓山中之石。《程传》谓水滨之石。合依《程传》观，下九三称陆，陆乃高平之地，由水滨而进于陆，进以渐也。孔广森曰：般，先儒多训山石。按：渐之为义，循次而进，三爻止渐于陆，而二爻遽在山石之上，非其次也。汉武帝诏曰：鸿渐于般。孟康注：般，水涯堆也，其义为长。初渐于干，干，水涯也。二渐于水涯之堆，则高于水涯矣。《尔雅》：高平曰陆，则又高于水涯堆，此其次也。许氏《说文》称《易》孟氏古文也，而其书有般无磐，则古之《周易》作般，不作磐可知。

九三：鸿渐于陆。

王注：陆，高大之顶也。

此爻有以三为夫，四为妇者。

程氏以承曰：三以过刚之质，当渐进之时，惧其进而犯难也，故有戒词焉。征孕皆凶，言不可进也，利用御寇，言可止也。

《蹇》九三往蹇来反，孔疏进则入险，故曰往蹇，来则得位，故曰来反。此爻正与同义。

《述义》：三高于磐，故云陆。三四相比为夫妇，三上征则合卦二至四互坎。乾，故不复。四互离为大腹，故孕。三征则少男不成，故不育也。坎为盗，二至三互坎。故寇。艮止之，御之也。夫事变之来，当以镇定处之，九三重刚不止，而往征则已不复，而妇亦不孕育，身家俱失，故凶也。若不征而安于所止，待寇至而御之，则身家可保，故利也。兵端不自我起，敌加于己，不得已而应之，则必胜矣。

苏秉国曰：寇来，来则御，不往与为敌，此处难险所宜戒也。《屯》六三阴系无应，故往吝。《渐》九三阳刚无应，故征凶。

陈云：三在艮上，艮少男，故为夫。四在巽下，巽长女，故为妇。三变之《观》䷓，则艮夫往互于上，故不复。卦互离，三至五。离为大腹，孕象。变《观》，则巽体虽存，而离象已失，故不育。三以过刚之才，处险陷之地，二至三互坎。而又无应与之人，与上无应。犹复急躁以往，必至外有所固，而不得要其成。夫征不复。内有所坏，而不得抒其抱。惟宜谨慎自守，使寇无所乘，则利也。

《象词》阴为丑类，初、二、四皆阴，三居其中，曰夫征不复者，以离其群丑，而独进也。曰妇孕不育者，则失其动，而顺其之道矣。鸿止则相保御寇，象变坤，故顺。薛云：《蒙》《渐》皆言利御寇。《蒙》之上九变坤，故《象》曰上下顺。《渐》之九三变坤，故《象》曰顺相保也。

按：《本义》云：鸿，水鸟。陆非所安也，则《诗》何云鸿飞渐陆，上九又何云羽可为仪乎？窃意三为《艮卦》之主，鸿渐于陆，则得其所止，可无往矣。若恃其阳刚，而又欲往征于上上四则凶。利御寇者，教以不往之利也。《本义》以为过刚故可御寇，亦不确。

薛云：卦言女归，专明妇道。爻言鸿渐，专明臣道。今以六爻论之，初之无咎，下不援上也。三之御寇，退而自守也。四居上体之下，五居上体之中，其进愈高，然观四之象，《传》曰顺以巽。五之象，《传》曰得所愿。是皆待时而进，进必以正，未尝心竞功名者也。若夫二应九五之刚中，非素饱中者，上为万物仪表，非无用者，二志不在温饱，上志卓不可乱。士大夫之出处于此，当有取焉。据此解可见卦以渐进为名，故六爻皆以不急于进为义。三与上皆处卦极，而内卦之三为艮，艮者止也。上卦之三为巽，巽为进，又为退也，故三当渐而止于陆，上已至陵，又退而渐于陆焉。

存异。又有以三为妇，上为夫者。

九三：鸿渐于陆。

《折中》：此卦以女归为义，则必阴阳相应，乃与义合，故初之厉者无应也。初、初九、九四二之安者，有应也。六二、九五。三亦无应，九三、上九。而位愈高，则不止于厉而已。上九在卦外，不与三应，如夫征而不复，不顾其家也。三刚质失柔道，如妇有产孕，而不能养育，不恤其子也。

九三：鸿渐于陆。

案云：六爻皆有女归之义，独于三、五言妇者，以其既居高位，又为阳爻，疑其无归象也，故称妇焉。盖虽五位，亦时以臣道妻道言，各随其卦义而已。初以阴应阴，三以阳应阳，皆不合女之义，故各有凶厉之词。五应二，阴阳相求者也。然以二为女，则归于阳，故饮食衎衎而和也。以五为女，则归于二，为反类，故三岁不孕，而不和也。四则虽无应，而承五，亦得所归，可以无咎。上卦之终也，进之极也，以无应为宜。盖在家为保姆，在国为黎老，超然于进退之外者也。

杨氏简曰：夫征不复，上九不应，离群丑也。妇孕不育，九三失其所以为妇也。三不中，有失道之象，故凶。非正者，足以害我，故曰寇。虑三之失道，或亲于寇，而不能御也，故教之御寇，则我不失其正顺，而夫妇可以相保矣。

六四：鸿渐于木，或得其桷，无咎。

薛云：四乘九三之刚，处非所安，有鸿渐于木象。然巽顺得正，虽有乘刚之危，不无或得其桷，而栖之安矣。

鸿不木栖，然或得平柯如桷，则亦可以栖止。孔疏于木而遇，堪为桷之枝是也。

《折中》：房氏乔曰：进而渐于木，失所也。或得劲直之桷可容足而安。栖，谓上附于五，则无咎。

案云：六四亦无应者也，然六四承九五而皆吉者，以阴承阳，合于女归之义矣。顺以事上，高而不危，故有集木得桷之象。

六爻皆有女归之义，四虽无应，而承五，亦得所归，可以无咎。

九五：鸿渐于陵，妇三岁不孕。

《折中》：此卦之《爻词》与《归妹》同，不择阴爻阳爻，皆有妇象也。先儒见三五两阳爻皆言妇，故于三则以妇指四，注疏传义于五则以妇指二，传义今推爻意，盖三五皆取妇象，三无应者也。五虽有其应，而反其类者也。既取妇象，而所应者阴，是之谓反类。又有甚于无应者矣，故三犹孕也，但不育耳。五则三岁不孕，盖不相和合之甚者也。三过刚，故戒以御寇，恐其不能胜也。五有中正之德，故无戒词，而直以终莫之胜决之。

九五：鸿渐于陵。

《程传》：陵，高阜也。鸿之所止，最高处也，象君之位。梁氏寅曰：进得位，以自二至五、四爻言之。其位刚得中，以九五一爻言之。

王注：陵，次陆者也。进得中位，而隔于三，而四不得与其应合，故妇三岁不孕也。各履正而居中，六二、九五三、四不能久塞其涂者也。不过三岁，必得所愿矣。进以正邦，三年有成，成则道济，故不过三岁也。

《正义》曰：五进乎中位，处于尊高，故曰鸿渐于陵。五应在二，而隔于三四，不能于其应合，是二、五情意徒相感悦，而隔碍不交，故妇三岁不孕。然二与五合，各履正而居中，三四不能久塞，终得遂其所愿也。九五居尊得位，故曰进以正邦。三岁有成，则三四不敢塞其路，故曰不过三岁也。

《述义》：五居尊位，如鸿渐陵，与二应原相合也。三、四在中，艮以止之，坎以陷之，故臣不见信而不用，犹妇不见答而不孕也。三岁言其久也，正应必合，三、四终莫能胜焉，君臣遇合，而治化可成，故吉也。

李氏《折中》以《晋》《渐》《升》《困》五爻皆不取君象，《晋》以五为康侯，《渐》之九五则取妇象，《升》之九五谓用此人其见大人，《困》五爻是位高而益困者，以爻有劓刖二字耳，其说均似未确。故四卦皆取先儒之言君道者以正之。

上九：鸿渐于陆。

罗云：《尔雅》九达谓之逵，逵是通衢，非云路。此与三异者，三在干与磐之上，水岸之陆也。上在木与陵之外，山阿之陆也。鸿渐于陆，鸿四言，非谓上也。四进而归于上，其始发为鸿渐于木，其既至，为鸿渐于陆也。其羽可用为仪，亦指四言，非谓上也。羽者渐之象，仪者法则也。谓上之位为陆象，而四之鸿振羽而归之，其进可用为法则也。何以言之，四下比于九三之小子，而归于上，不为三所乱其守，利贞之义，以自立者，实为女归之准也。有妇如此，上之福也，岂不吉乎？朱云：胡翼之谓陆当读为逵字，逵，云也。按：卦义以巽女归艮男，磐、陆、陵皆艮山象，木亦山上之物。虞翻云：小水从山流下曰干，艮为山，为小径，坎水流下干，故鸿渐于干。地黄而下曰干。是干亦不离乎山也。若作云路，乾之九五，五是天，巽上居。则已上于天矣，居五上岂可以云路谓之。与卦之义奚切焉。况《尔雅·释言》九达谓之逵，旋于中逵。则无作云路解者。李文贞以陆为阿之讹，虽于音义适叶，然《说文》陆逵二字笔画相似，以为记录之误，犹或可从。至阿则与陆迥别矣，改字以释经，亦予所不取。《日知录》曰，安定改陆为逵，朱子从之，谓合韵，非也。《诗》仪字凡十见，皆音牛，何反不得与逵为韵，而云路亦非可翔之地，仍当作陆为是。渐至于陵而止矣，在彼中阿，在彼中陵，跻于九陵。不可以更进，故反而之陆。古之高士，不臣天子，不友诸侯，而未尝不践其土，食其毛也，其行高于人君，而其身则与一国之士偕焉而已，此所以居九五之上，而与九三同为陆象也。朱子发杨庭秀之说，得之。

李文贞改陆为阿。按《诗》：绵蛮黄鸟，止于邱阿。阿与下隅侧同，菁菁者峨，在彼中阿，在彼中阯，在彼中陵，则陵在阿之上，陵高而阿下，系小鸟所止之处，既已渐于陵，何反渐于阿乎？

上九：鸿渐于陆。高平曰陆，高垲曰坴，陆本作坴，小篆加阜作陸。

孔疏：上九与三皆处卦上，故并称陆。上九最居上极，是进处高洁，故曰鸿渐于陆也。其羽可用为仪者，然居无位之地，是不累于位者也。处高而能不以位自累，则其羽可用为物之仪表，可贵可法也。

杨庭秀曰：九三下卦之极，上九上卦之极，其进也，皆至高平之陆而止。九三之渐于陆也，自干而磐而陆，其进已上，虽平而高。上九之渐于陆，自木而陵而陆，其进为退，虽高而平也。上九之应在三，艮至三而止于陆。巽至三而退于陆，是以两爻俱言渐陆耳。自木而陵，而复至于陆，以退为进也，巽为进退。

朱子发曰：上所往进也，所退亦进也。渐至九五极矣，是以上反之三。乾之飞龙升之升阶。

孔云：上九与三同言陆者，渐外卦象，鸿之北向，内卦象。鸿之南来，艮位东北，三爻渐进而上向。巽有自北而南之象，巽位东南，三爻渐进以下应艮，有自南而北之象。鸿得陆而止，故一南一北，皆以陆为终也。《诗》之鸿飞遵陆。然而三凶而上吉，何也？《夏小正传》曰：雁以北方为居，南方之陆非安居也。故其占为夫征焉。宋人疑陆是逵之误，不知逵，古音馗，仪读俄，不得相为韵也。

凡卦内卦为北，外卦为南。渐则艮内而巽外。

来云：陆即三爻之陆，乃山巅平洁处也。本卦主于渐进，今进于上，则进之极，无地可进矣。巽性伏，又进退不果，故又退而渐于陆也。盖三乃上之正应，虽非阴阳相合，然皆刚明君子，故知进而又知退焉。仪者，仪则也。知进知退，惟圣人能之。今上能退于三，即蛊之志可则。盖百世之师也，故其羽可用为仪。曰羽者，就其鸿而言之，曰羽可仪，犹言人之言行可法则也。胡安定以陆作逵者，非。盖《易》到六爻极处即反，亢龙有悔，冥升利于不息之贞是也。

按：内艮卦阳，卦阳以进为进，故自干而磐而陆。外巽阴，卦阴以退为进，故木而陵而陆，阴主退，故坤不用八而用六，不用四而用二也。

归妹　䷵兑下震上。

归妹：征凶，无攸利。

六五天子之女，九二乃其夫，初九乃其娣，若六三则为夫所出，九四、上六皆在上卦，无娣象。

朱云：归妹卦体，虽以兑之少女归震长男，然六爻皆不言男象，但以六五爻为女君，其馀则皆为娣者也。六三为说之主，以说而动，故往为所贱，而大归以进其娣。初九以刚，虽居正下，善承其君，一反六三所为，故虽征而吉。九二以幽间自矢，不变其常，亦反六三之所为，故以征而利。曰跛曰眇，皆以娣位居偏而言也。九四见初二既归，有鉴于六三征而得贱之凶，故宁迟归有时，亦可谓知敝而能永终其志者矣。六居五虽为女君，而柔顺居中，不敢盛其车服，以让其娣，如月之幾望，而不欲满其望，保泰持盈，何吉如之！至上六出位，无归妇，故往无所利。《左传》晋献公筮嫁伯姬于秦，遇《归妹》之《睽》，正即此爻。所谓《归妹》之《睽》，犹无相也，故有征则凶。《卦词》征凶，无攸利，而《爻词》惟三与六当之。其馀皆得无咎，何也？盖动之说则凶，守其正则吉。圣人示人趋吉避凶之意，其旨深矣！此卦王辅嗣以五为君，二为正配。苏子瞻以在兑六三为君，初二为娣，在震六五为君，九四为娣。杨止庵以三为妹，九四归之，六五为主婚者。邱行可以五为归妹主，三为妹，初二为妹之娣媵。孙退谷以初为二之娣，四为二之匹，三为四之私。陆庸成以三为淫奔，上为弃妇。晁嵩山以二、四男从女，三、五从男。群言淆乱，莫知所统，致使卦义不明，故为私演之如此。

雷震于上，泽随而动；阳动于上，阴悦而从之，女从男之象。

象曰泽上有雷，《归妹》。

干宝曰：雷薄于泽，八月九月，归藏之时也。

归妹：征凶，无攸利。

惠士奇曰：《彖传》言归妹天地之大义，人之终始。先儒谓卦互坎离，坎月离日，阴阳之义配日月，故《归妹》为嫁娶之占。特以卦位不当，二、三、四、五皆失位，又三、五皆柔乘刚，故卦词曰征凶，无攸利。旧说谓卦名不曰《女归》而曰《归妹》，此女归不待男行，而自归之象。如此则《彖传》安得谓归妹天地之大义乎？盖《彖言》征凶，无攸利者，取义卦中而设戒以示人也。今以六爻观之，下三爻以娣言，娣之位以承嫡为主，如三之失正，不免斥之为须矣，此娣之当戒也。上三爻以妹言，妹之德以从阳为主。如上之无实则凶，无攸利矣。此妹所当戒也，故曰归妹，天地之大义也。

卦德兑说震动，妹少女之称，兑为少女，故知所归者为妹耳。

泽上有雷。

《本义》：雷动泽随，归妹之象。君子观其合之不正，知其终之有敝也。

《折中》：泽上有雷，不当以泽从雷取象，当以泽感雷取象。盖取于阴气先动，为归妹之义。

《述义》：泽上有雷，泽气上蒸，雷因以动，以阴感阳，有女悦男动之象。

按：以少女从长男，雷动泽随，不得谓之非正。以说而动，乃非正也。

《咸》兑上艮下，以艮为主，止而悦，男下女，故吉。《归妹》

震上兑下，以兑为主，说以动，柔乘刚，故凶。

君子以永终知敝。

王引之曰：《坊记》故言必虑其所终，而行必稽其所敝，终尽也，敝亦尽也。《汉书》枚乘上吴王书：今将极性命之寿，敝无穷之乐，究万乘之势。师古曰：敝，尽也。究，竟也。自始至终，方谓之尽，故言与行皆须虑到尽头处。《左传》国之祸难，谁知所敝。《易》曰君子以永终知敝，敝皆尽也。

按：《考工记》筑氏为削，欲新而无穷，敝尽而无恶。郑氏众曰：谓锋锷俱尽，不偏索也。康成曰：其金如一，虽至敝尽，无瑕恶也。《礼》云：虚坐尽后，食坐尽前。事物到尽头处，则终矣。君子观事之开头如此，即知事之尽头如彼。今则只知坏恶之解矣。

一言以蔽之，蔽犹尽也。惟此一言，足以尽。盖其义，三百篇未有若此言之明且尽者，是亦以尽训蔽也。

胡炳文曰：泽中有雷，雷随泽止。君子向晦宴息，取其止也。泽上有雷，雷随泽动，君子永终知敝，戒其动也。

初九：归妹以娣，跛能履。《鼎》初六得妾。

胡氏瑗曰：跛者，足之偏也。娣娣非正配，而能尽其道，以配君子，犹足之虽偏而能履地，而行不至于废也。正宫偏房，注以为阳刚之德，恐未然。初以爻言则不中娣。耿南仲曰：视欲正，视而不正，则眇者也。行欲中，行而不中，则跛者也。《归妹》初九不中，则为跛。九二不正，则为眇。《履》六三不中，又不正，故跛眇兼焉。《归妹》《履》皆兑卦，兑主毁折故也。

《述义》：六爻之义，五为所归之妹。二为妹之夫，四为妹之兄，三为不待嫁而先归之须。初为偕妹而归之娣。上六非妇非娣，为约婚而不成之女也。《归妹》以娣者四，归妹而以初为娣也。兑毁附于震足，故为跛。然二比而得于五，依倚而行，如跛者之能履也。《彖》征凶，而爻征吉者，非初说之偕妹而动，循理得正，故吉也。

五娣之主也，二娣之夫也。初承二，二承五曰相承。

《折中》：初在下。娣二。

《象》凡女之归，不待六礼备者为失礼。惟娣可以从归，而不嫌于失礼。少失偶者为失时，惟娣可以待年而不嫌于失时，故吉。

九二：眇能视。

王注：五爻云五配在九二。朱云：《爻词》于五之归，二曰吉，二之为五所归，亦曰利。

《述义》：二互离目，兑毁故眇，与五应而不溺于三之比，明及于远，故能视。互离遇震，恐其躁动，故勉以幽人之贞。盖自炫自媒者，士女之丑行，故女不可以悦动而归男，士亦不可以悦动而求女。幽间贞静，士与女皆当然也。

《折中》：阴五爻云女不待男求而自归，非正也。惟天子女则必求于夫家，而自求归焉，是《归妹》象之义，在他人则凶，天子则降尊屈贵而吉矣。六五居尊而下应九二，适合此象。

按：此爻先儒皆就女贤而配不良，与配不终者说。惟此属女之夫，讲说虽异，而亦可参。《泰卦》六五帝乙归妹，以中四爻互兑震，正与此卦同也。说者以为六五为坤卦主，阴德不可太盛，故必归于阳，以受其祉。九二为乾卦主，阳刚不可无应，故必尚于阴，以大其光。女适男曰归，男就女曰尚，故有夫妇之象。

六三：归妹以须，反归以娣。

上六不言归妹，以其未成妇也。九二不言归妹，以其为妹夫也。配不良，而配不终也。女乃是正妻，不当与娣妾为类。

薛云：三位稍高不应，为娣者也。然上无应与，有归妹以须之象，以其不中不正，终为其夫所遗，有反归以娣之象。归妹以须，言归妹而以须女从之也。

《史记正义》：须女四星，贱妾之称。女之卑者是也。

陆氏绩曰：在天文织女为贵，须女为贱。以其品言之，则曰须；以其分言之，则曰娣。三妾与初九娣字作嫡妻之妾者，微别。

《穀梁传》：妇人谓嫁曰归，反曰来归。注：反谓为夫家所遣。惠氏士奇曰：《春秋》曰来归，《易》曰反归，皆出也。自女家言之，曰来；自夫家言之，曰反。

胡炳文曰：初九在下，娣也。六三居下之上，非娣也。阴柔而不中正，又为兑说之主，无德之女人，无取之故，反归以娣也。

程子曰：六居三，不当位，德不正也。柔而乘刚，行不顺也。为说之主，以说求归，动非礼也。上无应，无受之者也。

案：须当从《本义》贱女之解为是。三不中正而无应，故取象于女之贱者。人不之娶，但反归而为娣也。

朱云：《本义》注谓自二至五，皆不当位，故言征凶，非也。《易》例莫贵于中，中则能正，故二五多善词，不得以阴居阳位，阳居阴位，概指为不当也。且本卦之六五、九二以为位不当，尤可说也，《爻词》于五之归二曰吉，于二之为五所归而亦不言凶，又何所据而见二五之征凶耶？按：征凶无攸利，《象词》特指六三之私归于九四言，则所称位不当者，谓六三耳。兑居下体之卦，凡八，《象传》于《履》于《临》于《兑》于《中孚》，其六三爻皆曰位不当也。大要以三位多凶，虽处以忧伤，而犹或不免。至以兑主之柔，而主于悦者，居之则将纵心佚志，而忘其危矣，故曰位不当也。今《归妹》之六三，以兑主之少女，上比于九四，震主之长男，而遂归之，其见为征凶者，即其位不当而可知，故何也？三主于悦，则必征。悦而处三之位，其征亦必凶也。

九四：归妹愆期。

陈云：上震为长男，兄也。下兑为少女，妹也。父母已老，长男用事。有震兄嫁兑妹象。《记》云幼从父兄。

《述义》诠《彖词》云：少女在内，长男在外，归其妹也。父母老而长男用事，阴阳交而少女成家，天地之大义也。《诠》四爻云：震为长男，妹之兄也。后天卦位，父母老而震用事于东，乃归兑于西，故愆期。然女归以渐，不嫌于迟，待其时而后归之，可也。

六五：帝乙归妹。

《述义》：外卦坤体，纳乙者也。变而为震，则帝出焉，故曰帝乙。五居四后是其妹也。

陈云：《泰》坤纳乙，三之四变震，震是所出也，故曰帝乙。又震主东方，位属甲乙。

妇人之性，大抵喜华而喜妒，今帝女下降，而其袂不良，节俭可知也。又以其良者与娣，不妬可知也。女德之盛，如月之幾望矣。以之配日而为女君，则崇节俭以敦风化，抚姪娣以广嗣，类家国之大幸也。

上六：女承筐无实。

《折中》：三不中不正，故反归而为娣。然亦惟下卦无应，有娣之象，从在上之同类而归也。上卦无应，则并无娣之象矣，故在四为愆期，在上为虚筐。

胡炳文曰：震有虚筐之象，兑羊象，上与三皆阴虚而无应，故有承筐无实、刲羊无血之象。《程传》以为女归之不终，《本义》以为约婚而不终。盖曰士曰女，未成夫妇也。先女而后士，罪在女也，故无攸利之占，与《彖词》同。

《述义》：柔无实德，故筐无物。而虚独言女者，卦为归妹设也。

丰　☳☲离下震上。

忧盛危明，圣王之事，而云勿忧者何？窃意忧字照昃字说，离三爻之日昃之离，不鼓缶而歌，则大耋之嗟，是日而昃，未有不忧者，但必值已昃之后而始忧，则已晚而无济于事矣。惟于日方中时图之，存忧盛危明之心，尽致治保邦之策，斯不至于昃矣。

朱云：王假之，此与《家人》、《萃》、《涣》、《卦词》作至字解不同，《家人》王假有家，《萃》、《涣》王假有庙，因下有家有庙，故作至。若《丰》而作王至之，则不成词矣。玩《彖词》王假之，尚大也。则假应作大字，《解》、《丰》何以大？王能大之，故尚大也。大则宜有盛满之忧，而勿忧也。王者常以日中为用，不至亏蚀，则光天之下，海隅出日，罔不率俾矣。姚信云：假，大也。《诗》曰假哉天命，又曰假哉王考，假哉假之，《易》与《诗》词同。

丰：亨，王假之，勿忧，宜日中。

陈洪冠曰：亨，通也。卦自《泰》变，二四易位成《丰》，故曰丰，亨。五，君位为王，下体离日，二又得中，故宜日中。或曰此卦离日在下，日已昃矣。惟四五动成《既济》，离，日中，当五君位，有王道日当中之象，言王者时际丰盛，不当如此之昃，而宜如彼之中也，义甚妥。民康物阜，丰所以亨也，圣王励精图治，未至于丰，则矢宵旰勤劳之志，一至于丰，又不无忧盛危明之心，然徒忧无益，必有保丰之道焉。震以省之，明以照之，缉熙敬畏，常如日之方中，则幽隐不萌其芽，蘖遐不生其蔽，累而满者，不至于溢，盛者不至于衰，其所以假之者，即其所以保之者矣。当时雍而敕时幾，处太和而忧艰大，其帝王保丰乎！孝武明皇，长驾远驭，治日以蔽，所以不免日昃之嗟也。

旁通卦《丰》，四往五来成《既济》。《既济》四往五来《丰》。

按：火地《晋》，离上坤下，明在地上也。地火《明夷》，坤上离下，明入地中也。与《丰》卦同。龚氏涣曰：《丰》卦与《明夷》相似，惟变九四一爻，丰其蔀，皆六五、上六二阴所为。上居丰极，始则蔽人之明，终以自蔽。与《明夷》上六相似。据龚说与陈氏所引，或说推之，《晋》，日出也。卯时日。离，日中也。午时日。丰，日昃也。未时日。《明夷》，日入也。酉时日。《尧典》中星以午言，《月令》中星以未言。说中说昃俱可。

彖曰：丰，大也。

王注：音阐大之大也。

《正义》曰：阐者宏广之言，凡物之大，具有二种者，一者自然之大，一者由人之阐宏使大。注言丰之为义，阐宏微细，通夫隐滞者也。既以阐宏微细为义，则丰之称，乃阐大之大，非自然之大，故音之也。

日中则昃。日中则稷　孟喜本。

陈云：卦本离日在下，中爻兑三至五属西。巽二至三又为入，日又西，故昃。

朱注：此又以发明《卦词》外意，言不可过也。据或说则正《卦词》中意。

薛云：二居下卦之中，日中之义也。不于日中而防其昃，则大其障蔽也，至于日中见斗而暗矣。

三处明极，日昃时也。且蔽于上六，有丰其沛象，日中见沬象。二以虚中，而为日中之防，内积其诚，感发君心，则吾道可行而吉。三所遇非其人，不免为其所伤，故又有折其右肱象。

四居一卦之中，亦日昃时也。又有丰其蔀，日中见沬象。然与初同德，初居明初，四居动初，四资初势，若齐等，有遇其夷主象。

五体震为丰之主，虚中下贤，资明为助，在下章美之才，有以来之。来指二。如此明动相资，有庆誉而吉矣。

何云：凡卦自上而下者，谓之来。此来字非各卦之来，乃招徕之来也。

上处丰之极，昃之甚者也。外虽崇高，内实昏昧，有丰其屋，蔀其家象。

月盈则食。日中则稷。

按：食，消也。与食言之食同。月十五六望而盈，至十七八则其光渐消矣，如此方与昃对。

初九。

胡炳文曰：初不言丰，初未至于丰也。凡卦取刚柔相应，惟以丰取明动相资。初之刚与四之刚，同德而相遇，虽两阳之势均敌，往而从之，非特无咎，且有尚矣。或曰十日为旬。

《述义》：初九虽非明主，以明之初应动之初，同德相配，故曰遇其配主。旬者十日，数之满也。时犹未过，上有同德之应，相遇以相成，虽遇盈满之时，可以无咎。况未盈满乎？此向进之明可以进于中者也，故曰往有尚。来知德曰：因宜日中句，《爻词》皆以日言，文王象丰而以一日象之，故曰勿忧，宜日中。周公象丰以十日象之，故曰虽旬无咎。十日为旬，以一月论，已一旬矣，正丰之时也。

损六五或益之，《本义》云柔顺居中，以居尊受天下之益。杨氏时曰：柔得尊位，虚己下人，则谦受益，时乃天道六五所履者，中所应者，明何以谓之暗？坤离震艮在上卦者，皆是六五，正或不中，中则未有不正者，故多吉词。

《临》六五知临，大君之宜，吉。

象曰：虽旬无咎，过旬灾也。

胡氏瑗曰：旬者，十日之期也。谓数之盈满也。言初与四，其德相符。虽居盈满盛大之时，可以无咎。

惠云：《本义》旬，均也，读从荀。《慈明本》古文旬均通。第按之《象词》，与均义不合。

《半农易说》云：四在震为主，故称主。初四敌应，故称配。敌应者，不相与，故称遇。往有尚，谓朝聘也。郑康成曰：初修礼往朝四，以匹敌，恩意待之，虽留十日，不为咎。正以旬日者，朝聘之礼，止于主国以为限。聘礼毕归，大礼日旬而稍；旬之外为非常。贾公彦曰：旬而稍者，宾客之道，十日为正。一旬之后，或逢凶灾，不得时反，则有稍礼。谓之稍者，留间稍稍给之，故曰非常。非常者，或逢凶变也。逢凶变，则有过旬之稍焉，凶变谓之灾，故曰过旬灾也。言筮者遇此爻则吉，以可暂留，而不可久处。苟无凶变，安得久安而不去乎？初体离为日，至四历三爻为一旬，三爻为一旬者，京君明曰初爻三日，二爻三日，三爻三日，各九日，馀有一日，名曰闰馀，则三爻为一旬也。

胡云峰曰：雷火震，震纳庚，离纳己，庚至己十日，为一旬。项安世曰：离纳己，震纳庚，自己逆数至庚为旬，自离初至震四，过庚复己，则为离之四，当有焚弃之灾，故曰过旬灾也。

六二：丰其蔀。

存异。《本义》：二上应六五之柔暗，故为丰蔀见斗之象。《程传》：五在正应之地，阴柔不正，非能动者，五才不足，应不足资，则独明不能成丰，故为丰其蔀，日中见斗，斗属阴而主运平象。五以阴柔，而当君位，二虽至明，中正之才，所遇乃柔暗不正之君，既不能下求于己，若往求之，则反得猜疑忌疾。

龚氏涣曰：丰其蔀蔽，皆六五、上六二阴所为，二丰其蔀，以五为应也。四丰其蔀，以承五也。

辨正。王注：二处明动之时，不能自丰，以光大之德，既处于内，而又以阴居阴，所丰在蔀，幽在无睹者也。郭氏雍曰：二为明王使，以阴居阴，上非正应，故有从暗之象。沈楳友曰：六五柔中应二，相动相资，安得为蔀明之主？《临》六五大君之宜吉，既云如临，岂柔昧乎。往得疑疾。

王注：处盛明而丰其蔀，故日中见斗，不能自发，故往得疑疾。然履中当位，处暗不邪，有孚者也，若词也。有孚可以发其志，不困于暗，故获吉也。孔疏：居中履正，处暗不邪，是有信者。有信以自发其志，不困于邪暗，则吉。赵汝楳曰：疾生于境之疑，孚发于志之信。按《程传》、《朱义》以疑字孚字俱指五之应爻说。王注、孔疏则作自疑自发讲，其解较胜。往犹行也，凡人心不明白，则所行多狐疑，所谓明不至，则疑生也。惟以中正自守，以发去其志之疑则吉。若指五说，则爻云来章有庆誉，吉。九二以为助，往必见纳，何疑之有？《晋》六二受兹介福，于其王母。王母谓六五也。《坤》、《谦》、《豫》、《复》等卦，皆是六五与六二相应。

九三：丰其沛。

三虽纯阳，而所应者上六之纯阴，故其象更甚于二四。

王弼曰：旆，幡幔，所以御盛光。《程传》、《本义》从之，而谓其暗更甚于蔀，非也。朱斗南云：《博雅》蔀舒蔀，鱼茅也。薛仁贵本作菩，小席也。惠云：菩古文蔀，《风俗通·山泽篇》：沛者，草木之通称。刘熙曰：沛者，水草相生之名。《左传》齐侯田于沛，《公羊传》草棘曰沛。《子夏传》作芾。《广韵》芾，草木翳会也。《博雅》：芾，茂也。是从沛、从芾皆是草木之蔽。卦体自上至二为坎，二四互巽，巽为草茅，则蔀沛俱当从草。虞仲翔以日蔽云中称蔀。日在云下称沛。王辅嗣读沛为旆，《释文》：沛一作旆，其说皆似不根。

《述义》：蔀，蔽也。巽草木，兼震蕃鲜象，如此则三日中文法一例，三蔀字芾意义亦一例矣。

九三：丰其沛，日中见沫。

案云：九三之蔽，又甚于二四者，爻取日中为昏义。二、三、四在一卦之中，而九三又在三爻之中也，且二应五为柔中之君，四应初为同德之助，三所应者，乃过中处极之阴，其蔽安德不甚哉？上六以其昏昏，使人昏昏，故九三虽处有刚明之才为之股肱，而不免于毁折，然于义为无咎者，守其刚正以事上，反己无怍，而众无尤也。

《述义》：凡卦下爻为足，三在下卦之上，故为股肱。互兑属右，兑毁折，故言折。《明夷》互震，故言左。他卦应爻贵阴阳相应，独《丰》三上不然，以柔掩刚故也。陈云：《易》例阴爻为左，阳爻为右，故《师》言左次，《明夷》言左腹，左股皆阴爻也。此阳爻故曰右。

九四：丰其蔀，日中见斗。

存疑。《本义》：当丰而遇暗主，下就同德，则吉也。

《程传》：四虽阳刚，为动之主，又得大臣之位，然以不中正，遇阴暗柔弱之主，岂能致丰大也？又云：五阴柔居尊，而震体无灵，虚中巽顺，下贤之象，下虽多贤，亦将何益？张子曰：近比于五，故亦云见斗。

辨正。王注：九四以阳居阴，故亦云丰蔀也，得初以发夷主，吉也。孔疏：以阳处阴暗，同于六二，但四应在初而同是阳，能相显发，而得其吉。郭氏雍曰：二丰蔀见斗，以重阳而非正应也。而有孚发若，吉者中正也。四非中正，而亦吉者，以应初而有遇也。有为之时，明动必相济，而后有成，故初谓四为配主，四谓初为夷主，迭称主者，明动相须，莫适为主，惟明者知求动以为主动者，知求明以为主故也。

象曰：丰其蔀，位不当也。

二四皆阴爻，故俱有丰蔀见斗象，而有不同者。二位当而体明，只须自发其蔀，四位不当，而体又暗，故必借初以发其蔀。

《述义》：四居不当位，丰蔀之象，由四成也。离体之外为幽不明行，震为行也。

项安世曰：四之蔀与斗，皆自指也，故行则遏明而得吉。自四之初故行。

孔仲达曰：位不当者，止谓以阳居阴，而位不当，所以丰蔀而暗然者也。

吴氏澄曰：丰蔀见斗，六二《爻词》已备，《象传》不释，而独九四致其详者，盖二象由九四而成，四为蔀，故二见斗。二爻之象同，而所重在四也。二之丰蔀，王注就本爻说。吴氏就四爻说，可见与六五无干。

遇其夷主，吉行也。

孔疏：以吉行连读，非也。《爻疏》云：据初适四，则以四为主，故曰遇其配主。自四之初，则以初为主，故曰遇其夷主。之与适，皆行也。项云：行则遇明而获吉，则当以行也。二字为句，《困》上六动悔有悔，吉行也。陆希声曰：行而获吉。田氏畴曰：诸家以吉行也三字为一句，非也。盖动悔有悔，吉，是句。行也是句。动悔有悔，之所以吉者，以能行而得之也。此处亦然《睽》九四厥孚交如，志行也。又说遇其夷主，吉，志行也。

六居二，以柔处柔，九居五，以刚处刚，此爻位之正也。九居二，以刚济柔。六居五，以柔济刚，此事理之正也。故云正或不中，中则未有不正者。

六五：来章，有庆誉，吉。

六位居柔，而爻则阳以视二之以阴居阴者，不同矣。故二曰蔀，而五曰章。《蛊》六五，《述义》云：六五以柔居刚，又能得中，故幹之用誉。《晋》六五以阴居阳，宜有悔，顺而丽明，故悔亡。

存疑。《程传》云：六五无虚己下贤之义，圣人设此义以立教耳。又云：阴柔居中，而震体无虚中，巽顺下贤之象，下虽多贤，亦将何益？盖非阳刚中正，不能致天下之丰也。《本义》云：质虽柔暗，若能来致天下之明，则有庆誉而吉矣。盖因其柔暗，而设此以开之。

《坤》六三含章可贞，蒋悌生曰：阴爻阳位，是阴中有阳，故曰含章。《述义》：阳明阴暗，阴居于阳，虽有章明之美，亦含而不露。

辨正。《折中》卦主说云：丰以六五为主，盖其《彖词》曰王假之，勿忧，宜日中。六五之位，则王位也。柔而居中，则日中之德也。又案云：五，君位也，《彖词》所云王假之者，在此位，则五乃卦主也。卦义所重在明以照天下，六五虽非明体，然下应六二，为文明之主，而有柔中之德，能资其章明以自助，则卦义所云勿忧，宜日中者，实与此爻义合。

《述义》：章明也，初、二、三皆明者也。六五虚中，能用人之明，故天下之明皆来合天下之明以为明，则民受其庆，而君得其誉，日中之宜，宜以此耳，安得不吉？

胡炳文曰：三爻称日中，皆有所蔽。六五不称日中，盖宜日中无蔽也。又云：五不言丰者，阴虚歉然，方赖在下之助，不知有其丰也。

何云：凡卦自上而下谓之来，此来字非各卦之来，乃招徕之徕也。又按：六五有应九二者，有应六二者，《易》、《坤》、《离》、《震》、《艮》及《谦》、《豫》、《复》、《晋》、《明夷》诸卦，皆无贬词，何独丰五内以为柔暗不正也？

上六：丰其屋。

离为宫，震为木，巽为高，故丰屋。震之蕃鲜，巽之草木，内外障蔽之，故蔀象。

《述义》：用人则明，自用则暗，五用人来章而有庆，故能保天下。上惟自用，丰屋而无人，故不能保其家。

黄道周曰：五虚中以下贤，则有庆誉之益。二至诚以发志，则成格君之功，故一日有孚，一日来章，此上下交孚以保其丰者也。初上交于四，则明得动以为资。四下求于初，则动得明以为益，故一曰夷主，一曰配主，此人已交孚以保其丰者也。大抵当丰之时，为君者，固必劳于求贤。为臣者，亦必切于求助。自恃其丰，而甘为阴柔之主者，非也。自恃其明，而不求同德之士者，亦非也，吁此可以得保丰之道矣。

又云：上六一爻，无日中之虑，故中必昃，而盈必食。始而伤人之明，使右股之折，终而伤己之明，致不觌之凶。岂非自恃其丰，以渝胥于败，而不自悟乎？

项云：丰卦以明为主，故下三爻皆明而无咎。上三爻皆暗以能求明，为吉。五不能求为凶。上六此所以宜日中也。

程子曰：丰之道，以明动相资而成。三应上，上阴柔，又无位，而处震之终，终则上矣，不能动者也。他卦至终则极，震至终则止。三无上之应，故不能成丰。李安溪云：他卦重在有应，惟《丰》不然者，丰盛大也。盛大而有应，则益其盈满之心。与九三应故丰其屋故以同德而不相应者，为足以相成也。

薛嘉颖曰：上处《丰》之极，昃之甚者也。外虽崇高，内实昏暗，有丰其屋、蔀其家之象。蔀蔽既深，势必绝物，有窥其屋，阒其无人，三岁不觌象。绝物则不复求明，汶汶终身，亦终必亡而已矣，凶之道也。窥其屋，阒其无人者，非人掩蔽其明，彼自闭藏以绝物也。

《述义》：自藏则非人之远己，乃己之远人也。四遇夷之主，九之上五应六二，皆有求明之意。上下自藏，则不求明矣。

惠云：《汉书》翔作祥。孟喜曰：天降下恶祥也。《春秋传》将有大祥国必亡。《五行志》有青白之眚，黑曰之祥，皆以恶征为祥。郑氏曰：眚生于己，祥自外来，天降恶征，故为祥也。

旅 ䷷艮下离上。

旅：小亨，旅贞吉。

阳大阴小，卦皆柔中，是用小也。旅人亲寡，故不可以自大。小其心而敛之，小其身而卑之，则自防密而待人周，故亨也。旅无定在，道无不在，所为皆正事，所居皆正处，所依皆正人，则可以安其身，并可以行其道，故吉也。

君子以明慎用刑。

朱子曰：《贲》与《旅》俱说刑狱事，但事艮与离之在内外，故其说反。《贲》止在外，明在内，故明政而不敢折狱。《旅》止在内，明在外，故明慎用刑，而无敢留狱。

孔疏云：上下二体，艮止离明，故君子象此以静止明察，审慎用刑，而不稽留狱讼。陈云：离继照故明，艮厚终故慎。旅之苦，留莫如狱。君子观象于旅得明慎之道焉。明则曲直无遁情，而济之以慎，则钦恤之义既尽。而元恶不致稽诛无得。以之释慎，则轻重无任意，而济之以明，则劝惩之义既彰。齐民俾我一日，而要囚不过旬，时系在狱者，亦若旅之暂寓而已，何呈淹留不决哉？

《易》言刑狱，未有不取诸离者。《噬嗑》动而明，明罚敕法之象也。《丰》明而动，折狱致刑之象也。《贲》明而止，无敢折狱之象也。《旅》止而明，明慎用刑之象也。狱起于《讼》，终于《中孚》，《贲》当听讼，初虽守《噬嗑》之法，犹未折狱，惧乘快之滥也。《旅》在《中孚》，议狱之先，虽得《丰》之情，犹用明慎，谨淹禁之失也。要之自《旅》以前，听讼也。《中孚》以后，则将无讼矣。

何氏楷曰：留狱犹言悬案，非留之于狱中。

薛云：《贲》《旅》皆离艮成体，刑罚以离明为主，而曰无敢，曰不留，其有取于艮止之意亦深矣。

初六：旅琐琐，斯其所取灾。

王注：最处下极，寄旅不得所安，而为斯卑贱之役，所以致灾，志穷且困。《正义》：琐琐者，细小卑贱之貌也。初六当旅之时，最处下极，是寄旅不得所安，而为斯卑贱之役。然则为斯卑贱劳役，由于处于穷下，故致此灾也。

志意穷困，自取此灾。

王伯厚《困学纪闻》云：唐郭京谓斯或作廝。愚按：《后汉书·左雄传》职斯禄薄。注：斯，贱也。不必改廝字。万希槐曰：斯即厮养卒之厮，贱为人役者。案云：《易》中初爻多取童稚、小子之义，在旅为童仆之象，王说是也。

《述义》：初阴小也，在下过于小矣。当旅之时，所谋浅近，所为鄙猥，则自轻而人轻之，故灾。

九二：旅即次，怀其资，得童仆，贞。

薛云少曰：童艮为少男，故曰童。长曰仆，艮为阍寺，故曰仆。

案云：云二得位得中，故曰即次怀资，下有初六比之，故得童仆。在初，则为童仆之琐琐者，自二视之，则为童仆之贞者，义不相害也。

九三：旅焚其次。

以旅与下者，下即童仆。当旅时，而与下之道，刻薄寡恩，直若旅人然，宜不得其心力。

案：六爻惟二三得位，故俱言即次。三过刚，故焚之。《述义》：三近离，故焚次。远初，故丧九四僮仆。

薛云：六二柔中，故吉。九三重刚，故凶。

九四：旅于处，得其资斧，我心不快。

九四虽异三之刚，而亦无柔中之善者也，故未得所安，有旅于处象。《释文》：资斧，众家皆作齐斧。

蒋云：凡卦爻阳刚皆胜阴柔，惟《旅》不然。二五皆以柔顺得吉，三上皆以阳刚致祸。九四虽得其处，姑安其身而已。以阳刚之才，欲设施事业，岂能尽遂其志哉！

九四：旅于处，得其资斧，我心不快。

案云：四居位非正，故不曰即次，而曰于处。在旅而处多惧之地，故虽得资，与六二同，而未免加斧以自防卫，其未忘戒心可知，安得快然而安乐乎？

六五：射雉，一矢亡，终以誉命。

五乘九四之刚，又以阴处阳，而旅于外，似有悔吝，而无誉命。然柔顺文明，处中中节，故终吉。《豫》六五贞疾，乘刚也。《噬嗑》六五，不当位也。

存疑。王弼曰：射雉，以一矢而复亡之，明虽有雉，不可终得矣。寄旅而进，虽处于文明之中，君子贵位，此位终不可得也。

辨正。程子曰：六五有文明柔顺之德，处得中道，而上下与之，处旅之至善者也。人之处旅，能合文明之道，可谓善矣。羁旅之人，动而或失则困辱。随之动而无失，然后为善。离为雉，文明之物，谓取则于文明之道必合。如射雉，一矢而亡之，发无不中，则终能致誉命也。誉，令闻也。命，福禄也。五居文明之位，有文明之德，故动必中，文明之道也。

王氏申子曰：一矢亡，言中之易也。

即一发而豝之意。

沈棨友曰：离为雉，为戈兵，故取象于射雉也。一矢亡，言中节也。以文明柔顺，而加以中节，誉命宜矣。《旅》虽不取君象，如诸侯朝会，义亦可通也。其下士大夫仕于他国者，亦然。

案云：古者士大夫出疆，则以贽行，而士执雉以相见，射雉而得，是进身有阶之象也。信于友，则有誉。获乎上，则有命。

象曰：终以誉命，上逮也。

其始旅于外，未获所安。其继获乎上，终以誉命。

《程传》：旅者困而未得所安之时也。终以誉命，终当致誉命也。已誉命，则非旅也。

《述义》：上逮，言获乎上也。

《卦主说》云：《旅》以六五为主，故《彖传》曰柔得中于外。又曰：止而丽乎明，五居外体，旅于外之象也。处中位，为离明之主，得中丽明之象也。

上九。

以旅之道在上，则视所居之位，如寄寓然，其无敬慎之心可知，故曰其义焚也。

吴幼清曰：上九一爻，变则成《小过》，则有飞鸟之象。范仲淹曰：初琐琐，卑以自辱者也。三焚次，而上焚巢，高而见疾者也。

蒋云：初六旅琐琐，黎侯寓于卫国、昭公寓于乾侯似之。刘先主客荆州，髀肉不消，未免泣下，所谓得其资斧，我心不快也。六二、六五二爻，晋公子重耳似之。

巽　☴巽下巽上。

孔仲达曰：巽者，卑顺之名。《说传》云：巽，入也。盖以巽为象风之卦。风行无所不入，故以巽入为训。若施于人事，能自卑巽者，亦无所不容。然巽之为义，以卑顺为体，以容人为义，故受巽名也。

蔡氏清曰：顺字解巽字不尽，潜心恳到，方为巽也。《程传》只说顺，然孔子不曰顺，而每举卦名曰巽。《小畜》健而巽，《益》动而巽，《中孚》巽而说，《蛊》巽而止，《鼎》巽而耳目聪明，《大过》说而巽行，《观》顺而巽，《升》巽而顺。是必巽字与顺字有辨矣。《大传》曰：巽，入也。又曰：巽，德之制也。又曰：巽称而隐。未尝只以顺字当之也。坤顺也，单训顺，与坤何别？《观》曰顺而巽，《升》巽而顺，明是二德。若云顺而顺，岂复成文。郭氏雍曰：巽，入也。能入故利有攸往，利见大人，是亦沈潜刚克之义欤。又《解》四爻云：六四志决于进，无初六之疑，则悔亡矣。是以有田获三品之功也。六四至柔，不当有田获之功，而此以顺乎刚得之。由是观之，则巽之为道，岂柔弱畏懦之谓哉？

赵氏汝楳曰：一阴生于下，二阳巽之于上，卦以刚爻得名，阴生而阳巽之。

何氏楷曰：凡巽之所以致亨，皆阳之为也。所谓申命，乃阳事也。有阳以巽之于上，故小亨。

案云：巽，入也。从来说者皆以为一阴入于二阳之下，非也。盖一阴伏于内，阳必入而散之。阴性凝滞，必散而后与阳合德也。其在造化，则吹浮云，散积阴者也。其在人心，则察幾微，穷隐慝者也。其在国家，则除奸慝，厘弊事者也。三者皆非入不能，卦之所以名巽者，以此亨之，所以小者。如《蛊》则坏极，而更新之，故其亨大。《巽》但修弊举废而已，观卦爻甲庚之义可见也。天下之事，既察知之，则必见之于行，故曰利攸往，非有刚德之人，不能济也，故又曰利见大人。随风巽者，《正义》云：雨风相随，故曰随风。风之随至，非是令初，故君子法之以申命行事。

重巽以申命。

《正义》曰：此卦以卑巽为名，以申命为义，故就二体上下皆巽，以明可以申命也。上巽能接乎下，下巽能奉乎上，上下皆巽命，乃得行，故曰重巽以申命也。

刚巽乎中正而志行。

《正义》曰：刚巽乎中正而志行者，须上下皆巽。若命所不从，则物所不与也。故又因二五之爻，刚而能巽，不失其中，所以志意得行，申其命令也。李舜臣曰：柔顺乎刚，刚巽乎中正者，所以为巽之体也。若徒以一阴潜伏谓之为巽，而不究乎阴画在二阳之下，有顺乎刚之象，阳画在二五之位，有巽乎中正之德，则巽之所以致亨者，不可得而见矣。利见大人者，盖指二五，以阳刚之画，居中正之位，而初、四二阴出而顺从之，乃所以为利也。按云：阴卦以阴为主者，惟《离》则然。巽二阳虽为《咸卦》之主，而不得为主卦之主。主卦之主，九五也，申命也，行事非居九五者不能，故《象》曰刚巽乎中正，而志行，指五也。

《折中》云：卦义是阴在内而阳入之，非阳在外而阴入之也。阴在内，而阳入之者，将以制之也。《巽》德之制也。制之者，将以齐齐乎巽。之也。刚以中正之德，为巽则能入而制之矣。

九二：巽在床下☴。

上二画阳象床版，下一画阴象床足。

薛云：初阴在下卦之下，四阴在上卦之下，床下指初四二阴也。《剥》卦下有五阴，故亦以床言。

用史巫纷若，吉。

《折中》：纷若者，喻申命之频烦，而行事之织悉也。

九二得中承五之命，而布之下，谆切申命，故有纷若之象。

《述义》：用史巫者，为其能以人之意通于神，又以神之意通于人也。二当申命行事之时，而介上下之交，故往复纷若，达民情，而宣君德，则五之建中表正者，达于天下，故吉也。

薛云：史。祝史，祭祀时为策书以告神者，巫，巫觋，祓禳时为歌舞以祷神者。命令之告人，似巫史之告神。《本义》：丁咛烦悉其词，以自通达是也。

存异。荀爽曰：史以书勋，巫以告庙。纷变若顺，征伐既毕，书勋告庙，当变而顺五，故曰用史巫纷若，吉。

巽：九二、上九。

沈云：床寝息之处，人之所安也。于床下而史巫纷若，申命行事，其无不敬可知矣。九二得中得正，故吉也。

上九不中不正，巽之过，未免优柔少断，不利于行，与二异矣。

风之为物，至未渐微，九三亦然，故九三则吝，而上九则凶也。

六四：悔亡，田获三品。

《述义》：互离为纲罟，为戈兵，田象也。巽利三倍，故多获。三品，上中下三杀也。内卦三爻分上中下，故曰三品。六四重阴，宜有悔也。柔正能巽，与初同德，而顺乎二三之刚，故能获其心，而上巽乎五。苏濬曰：田获三品狐，去小人也。田获三品，用君子也。

按：《解》卦三狐，指初、三、上之三阴爻言，五为君，不取狐象。《巽卦》三品，指内卦初爻之阴，二三爻之阳爻言。

六四：悔亡，田获三品。

王注：虽以柔遇刚，而依尊履正，以斯行令，必能获强暴、远不仁者也。

沈氏该曰：田获三品，令行之效也。田，除害也；获，得禽也。行君之令，而致之民，将以兴利除害也。害去利获，令行而功著，是以田获三品也。

案云：初与四能顺乎刚，是皆有行事之责者。初居重巽之下，犹有进退之疑。至四则居高位，上承九五，载缵武功，而田害悉去矣。

九五：贞吉，悔亡，先庚三日。

蔡氏渊曰：巽为号令，先甲后甲，先庚后庚，皆所以号令也。但《蛊》之巽，初卦也，为号令之始。《蛊》又为事，故系于《彖》。巽之巽，重巽也，申号令也，庚，更也，故系之上巽也焉。命令者，君之所出，故又以五言之。

惠氏栋曰：日在甲为早甲，庚从贝为续赓，古文早为鼂，续作赓也。乃赓载歌。赓，续也。甲者开其始，故曰终则有始。庚者续其终，故曰无初有终。

按：《象》曰随风巽，君子以申命行事。《正义》云：雨风相随，故曰随风。风之随至，非是令初，故君子法之，以申命行事。《蛊》是初令，如《姤》之后以施命诰四方也，故取甲。巽是后令，所谓申命以行事也，故取庚。

《述义》云：巽之不为蛊者，惟九五一爻，故《蛊》于卦言先后甲，《巽》于五言先后庚也。

孔广森曰：庚子、先庚三日庚戌、庚申，后庚三日，庚午、庚辰、庚寅也。蛊，事也。君子敬其事，则用事之始，故六甲皆吉。巽所以言庚者，《周易》以变为占，《蛊》之巽上五爻一变，故《巽》五《爻词》即承《蛊·彖词》而言之，自《蛊》六五至《巽》九五，环历六位，有甲乙丙丁戊己之象，是以七索而得庚矣。王恒斋曰：《蛊》言始，《巽》言终，此即甲庚分别之义。《蛊》中互震，甲之位也。《巽》中互艮，庚之位也。然《蛊》中亦互有兑，以《蛊》之所重在造始，故取震耳。先后三日，以内外卦各三爻而言。

熊朋来曰：或曰三日，三爻也。

张氏浚曰：《巽》孰为贞？先庚后庚，《巽》之贞也。先三日盖慎始而图其幾，后三日盖思终而考其成。慎始思终，权斯行矣。庚有制变之义，当以刚德为主。梁氏寅曰：五居尊位，乃命令之所从出也。入于理者深，而见于庚自刚次行者决。《巽》之道，斯尽矣。不然，优游牵制，其多思者，乃所以为累者也。曷足贵乎？

上九：巽在床下。

《程传》：资所有也，斧以断也，过巽而失其所有，丧资斧也。

王氏弼曰：处《巽》之极，极巽过甚，故曰巽在床下也。斧所以断者也，过巽失正，丧所以断，故曰丧其资斧。

不解资字。

薛云：上过中而处《巽》极，徒事深入，失厥断制，故有是象。在床下所以制阴，上有刚德，故词与九二同。但二得四，巽为木，上二阳如奇木上横，初阴如耦《孟氏易》巽为床不对峙，床象也。故《剥》亦以床言。

胡炳文曰：剥床是以阴剥阳，使阳不能安也。巽在床下，是以阴处阳，阴不能自安也。二上皆言巽在床下，然二不流于谄谀，故言用史巫纷若。上则过于柔懦，故丧其资斧。

《述义》：重巽，两床象，床下者隐伏之处，巽为伏二爻，退比于初，故象之。上居巽极，与三不应，穷无上穷也所往，反而偕四以巽五，故亦有此象。然二之巽床，比于初，以制事用柔，所以济刚，纯臣也。上之巽床，顺于五，以取容用柔，而并失刚，媚臣也。是以丧其资而不能行，丧其斧而不能断，虽以顺为正，有似于巽而丧厥守，以求人，未有不凶者，故巽以行权，非以行谄，君子宜慎辨焉。

象曰：巽在床下，上穷也。丧其资斧，正乎凶也。

《述义》：上亦巽在床下，所谓穷上而返下也。巽极无刚，于正道为凶，故曰正乎凶。

《渐》三、上二阳皆居二卦之上，故两言鸿渐于陆。《巽》初、四二阴皆居二卦之下，故两云巽在床下。

按：九二巽在床下，而言吉与无咎者，二得中而正，故用史巫纷若。上过中，故丧其资斧，吉凶不同耳。《折中》：资斧，古本作齐斧，为是今本承旅卦而误。《说卦》齐乎巽，齐斧者，所以齐物之斧也。

按：《昏义》为王后齐哀，一作资。是二字相通。此处则当训齐，齐物之斧，有刚断之义，巽床下，卑柔大过，则失其刚断矣。齐乎巽王引之曰：巽丧其资斧，贞凶。象曰丧其资斧，正乎凶也。贞凶者，当凶也。正乎凶者，正亦当也。《洛诰》我二人共贞；《马注》、《孔传》俱云贞当也；《楚词》摄提贞于孟冬兮，谓当孟冬之月也；《论语》其犹正墙面而立，谓当墙面而立也。浚恒，贞凶。胡瑗云：故于贞正之道，见其凶。

《汉书·王莽传》：司徒寻初发长安，亡其黄钺。杨素曰：此《经》所谓丧其齐斧者也。应劭曰：齐，利也，丧其利斧，言无以复断斩也。

兑　䷹兑下兑上。

《折中》云：兑之二阴，亦为成卦之主，而不得为主卦之主。

主卦之主，则二五也，故《彖传》曰刚中而柔外，说以利贞。

焦氏竑曰：人有喜悦，则见而在外。盖阳假阴之和柔以为用，喜悦非由于阴也。故二阴一阳，则阳为之主。二阳一阴，则阴非为主，但为阳之用耳。

案：地有积湿，春气至则润升于上。人身有血，阳气胜，则腴敷于色。此兑为泽为说之义。盖说虽为阴，而所以用阴者，阳也。人有柔和之质，而非以忠直之心行之，则失正而入于邪矣，故利贞。

龚氏焕曰：兑本以说之见于外而得名，然六爻之义，皆不取说之徇于外者。人之所说，苟能不徇乎外，则其见于外者，斯得其正而吉矣。

何氏楷曰：巽本以阴在下，为能巽也，而《彖传》乃云刚巽乎中正而志行，二五柔皆顺乎刚。初四兑本以阴在上，为能说也。而《彖传》乃言刚中而柔外，说以利贞。盖终主阳云尔。

蒋云：人当喜悦之时，刚则有节，柔则无度，故此卦初、二及四、五皆以阳刚而得吉。三、上皆以阴柔而致凶。说虽吉德，亦不宜过。若过说，施之君臣，则流于谄媚。施于父子兄弟，亦忘其谏诤。施之夫妇，则溺于私昵。施之朋友，则为善柔便辟，而非责善，皆不可。惟施于民，则无不可。民过说，则政治益隆。民益说，则邦本基固。或曰：朋友不可过说，《象词》乃以朋友讲习言，何也？曰：以讲明义理，为悦可也。以交际相悦，不可也。

彖曰：兑，说也。刚中而柔外，说以利贞，是以顺乎天而应乎人。

王注：说而违刚，则谄；刚而违说，则暴。刚中而柔外，所谓说以利贞也。孔疏：此就二、五以刚居中，上六、六三以柔处外释兑，亨，利贞之义也。外虽柔说，而内德刚正，则不畏邪谄。内虽刚正，而外迹柔说，则不忧侵暴。只为刚中而柔外，中外相济，故得说亨，而利贞也。顺乎天而应乎人者，天为刚德，而有柔克，是刚而不失其说也。今说以利贞是顺乎天也，人心悦于惠泽，能以惠泽说人，是下应乎人也。

蔡云：《巽》《兑》不取初、上之阴，而取二、五之阳者，《易》以阳为主，阳主生，《易》之道，生道也。

君子以朋友讲习。

兑为口，两兑则二人与言，故有朋友讲习之象。

初九：和兑，吉。九二：孚兑，吉。

《正义》：居兑之初，应不在四，无所私说，说之和也。说物以和，何往不吉？九二说不失中，有信者也。说而有信，则吉从之。然履失其位，有信而吉，乃得悔也，故曰孚兑，吉，悔亡也。吴氏澄曰：六爻惟初不比阴柔，说道之善，故曰和。

六三：来兑，凶。

《本义》：上无所应，反来就二阳以求说。

《折中》：三居内体，故曰来。然非来说于下二阳之谓也，为说之主，病在于悦。凡外物之可悦者，皆感之而来也。《正义》：三为阳位，阴来居之，是进来求说，故言来兑。而以不正来说，佞邪之道，故曰来兑，凶。《象》曰位不当者，由位不当，所以致凶也。

九四：商兑未宁，介疾有喜。

《本义》：四上承九五之中正，而下比六三之柔邪，故不能决。而商度所说，未能有定，然质本阳刚，故能介然守正，而疾恶柔邪也，如此则有喜矣。此本程传。

陈云：重兑之间，两口反复自问，故曰商兑。互巽为不果，亦商之象也。《坎》心痛，故疾。《震》笑言，故喜。四居两卦之中，故曰介上承五，下比三，所谓见道德而说，见纷华而亦说也。交战未胜，故商兑。人心惟危，故未定。觉其心之不安，自求其理之可安，则交战之疾，自不药而愈矣，喜孰大焉。此本《述义》。

注云：两头相连，中间间断，间断即隔绝之意。

王注：商，商量裁制之谓也。介，隔也，三为佞说，将近至尊，故四以刚德裁而隔之，匡内制外，是以未宁也。处于幾近，闲邪介疾，宜其有喜也。

孔疏：佞邪之人，国之疾也。三为佞说，四以刚德裁而隔之，使三不得进，匡内制外，未遑宁处，居近至尊，防邪隔疾，宜其有喜。

按：朱、陈二解，于理本通，可为学者自治之法，但似将上句看坏。又单就自己讲，与上五爻无关。依《王注》、《孔疏》，以疾字属之六三，将商字作裁制解，介字作隔绝训，则上句即可作好边看，深得大臣匡君错柱之道。《豫》六五耽于豫者也，得九四以防制之，故贞疾，恒不死。《兑》九五孚于剥，有厉者也，得九四以匡制之，故介疾有喜。《损》六四损其疾，使遄有喜，《象》曰损其疾，亦可喜也，谓初刚能损阴柔之疾，正与此爻象曰九四之喜有庆也同宫商角徵羽，商属金，故有裁制之义。

介训隔者，马融《长笛赋》是以间介无蹊，人迹罕到。注：间、介，一也。言山径隔绝，无蹊径也。

疾字朱子作嫉恶训。按：《折中》：《易》中疾字皆与喜对，故曰无妄之疾，勿药有喜。损其疾，使遄有喜。以此爻例之，则疾者谓疾病也，喜者谓病去也。三将为五之疾，四居其中，隔而绝之，则五不与三近，而五之疾去矣。岂不为国家之大喜乎？

九五：孚于剥，有厉。

《剥》九月卦，《兑》正秋，止一阳在《兑》之中终，正当九月。五与二不应，遂因上之柔外而孚之，故曰孚于剥。说之惑人，最为可惧。说之者，将以剥之也。五色令人盲，五声令人聋，而况艳斯煽剥乃心，冶斯媚剥乃国乎？二之孚，孚于中，故吉。五之孚，孚于外，故厉。陆振奇曰：有《夬》之厉，则凡事必行，而无所疑。有《剥》之厉，则无柔相近，而不之畏。愚按：《豫》六五贞涣，恒不死，有九四以制其豫也。《剥》九五孚于剥，有厉，有上六以引其说也。

象曰：孚于剥，位正当也。

《本义》：与《履》九五同。《小过》：九四往厉必戒，震体刚动，往有厉焉，故必致其戒惧。《程传》：戒孚于剥者，以五所处之位，正当戒也。当比阴柔，有相说之道，故戒在信之也。王氏申子曰：谓正当尊位，若孚上之柔说，则消剥于阳，必矣。

厉，有戒词也。《易》中凡言厉者，皆戒词。往厉必戒。

按：《履》卦九五夬履，贞厉，亦当作戒词训之。以五所处之位正当也。乾刚居尊位，六三兑阴，以悦应之，恐君日骄，而臣日谀，故戒其刚决也。

上六：引兑。

《述义》：三上二阴，皆可说，而人悦之者也。三在内卦，是悦之心在内，而招物使入，故曰来。上在外卦，是悦之物在外，而诱心使出，故曰引。

朱云：诸家皆以引兑为小人，以非道引诱九五，如此何不明著其凶字。按：上六以阴柔之质，退处兑后，初非有求悦之心，所嫌德非中正，故不能光大其道，而为他人所引，则相率而牵于私好之交耳。刘长民云：执德不固，见诱则从，故称引兑。此解得之，与《象》志未光也合。

李光地曰：来兑者，我感而物来。引兑者，物引而我去。孟子所谓物交物则引之，《乐记》所云物至而人化物也。

象曰：上六引兑，未光也。

《咸》四憧憧往来，未光大也。《夬》五中往无咎，中未光也。

《述义》：柔之力，未必能引人，而卒为所引者，皆其心之。未光者，为之也。

涣　䷺坎下巽上。

涣：亨，刚来而不穷，柔得位乎外，而上同。柔☴刚☵

王氏弼曰：二以刚柔居内，而不穷于险。四以柔得位乎外而与上同。内刚而无险，困之难，外顺而无违，逆之乘，是以亨也。薛云：卦体二以刚爻来居内卦，而不穷于险。在内有主，则有聚涣之本也。四以柔画位乎外卦，而上同九五，君臣相济，则有聚涣之资矣。涣而能聚，此所以亨。

下体坎险，二来险中，恃有刚德，不为所困。孔疏：不穷于险是也。

《程传》：巽顺于五，乃上同也。四、五君臣之位，当涣而比。

程子云：九来居二，六上居四。

《本义》：《卦变歌》《涣》自《渐》来终于是。

卦变本自《渐》体九来，居二而得中。六往居三，得九之位，而上同于四，故亨。陈藻垣曰：卦变自《否》，《否》四以乾刚来二成《涣》，故曰刚来。坎为通，故不穷。《否》二以坤柔往，四得位于外，卦之初而上近于五，同心共济，故曰上同。

林氏希元曰：柔得位乎外凡三阴三阳之卦皆自《否》来，而上同，是六四之柔得位于外卦，而上同九五。四五同德，斯足以济涣矣，故亨。《本义》已定。《语录》虽谓未稳，而未及更改。

按：三在内卦，不得为外。以六居三，则失位矣，不可云得。且四为阴爻，以阴居阴，何足以济涣哉？

《萃》、《涣》二卦，义反而意同。《萃》因民之聚，假庙以坚其归向之心，所以为怀保之道。《涣》因民之散，假庙以收其荡析之心，所以为招携之术。

王假有庙。

《萃》、《涣》二卦俱言庙者，《萃》䷬六爻通体象坎，坎为宫，二至四互艮，艮为门阙，下卦坤，阖户谓之坤，庙象也。《涣》䷺内卦是坎，坎为宫，三至五互艮，艮为门阙，有庙象。

孟氏易：艮为宫室，为宗庙，为社稷，为庐。

象曰：风行水上，涣。

陈云：以涣继兑水，遇兑秋以后，曰始涸，曰始冰，曰水泽腹坚，皆凝结之义。至东南巽风行于其上，则无不融液而泮释，故为《涣卦》。

初六：用拯马壮，吉。

《程传》：六爻独初不言涣者，离散之势，辨之宜早。方始而拯，则不至于涣也。马谓二也，二有阳刚之才，初与相比，以柔顺而托于刚中之才，以拯其涣，如得壮马以致远也。

九二：涣奔其机。

王注：机，承物者也，谓初也。《正义》：初承于二，故谓初为机。《程传》：先儒皆以五为机，非也。当涣离之时，二阳岂能同也？若能同则成，济涣之功当大，岂特悔亡而已。机者，俯德以为安者也。俯就下也，下初也，二与初虽非正应，而当涣离之时，两皆无与，以阴阳亲比相求，则相赖者也，故二目初为机，初谓二为马。二急就于初以为安，则能亡其悔矣。《本义》：则以机指二言，九奔而二机也。郭氏雍曰：九二之刚自外来而得中，得去危就安之义，故有奔其机之象。惟得中就安，故《象传》所以言不穷也。

愚按：古簋字作杭，涣奔其机，一本作假涣奔其簋，则机或系杭字之讹。簠簋者，宗庙之器。《彖词》王假有庙，致孝享也，《象》云先王以享于帝立庙，则作簋训亦通。

剥床以簋，害及宗庙也。涣奔其簋，借宗庙以安也。

六三：涣其躬，无悔。

案云：《易》中六三应上九，少有吉义。惟当涣时，则有应于上者，忘身狥上之象也。《蹇》之《彖》曰王臣蹇蹇，匪躬之故，亦以当蹇难之时，而与五相应，此爻之义同之。

象曰：涣其躬，志在外也。《本义》无注。

《程传》：志应乎上，在外也。与上相应，故其身得免于涣，而无悔。悔亡者，本有而得亡，无悔者，本无也。

《折中》：黄淳耀曰：外指天下言，惟躬之涣所以能济天下之涣。惟志在天下之涣，所以有躬之涣也。

《卦主论》云：涣以九五为主，盖收拾天下之散，非居尊不能也。然九二居内以固其本，六四承五以成其功，亦卦义之所事。

故《彖传》曰：刚来而不穷，柔得位乎外而上同。

六四：涣其群，元吉。

惠云：《程传》云天下涣散，而能使之群聚，可谓大善之吉也。

《本义》谓散其朋党，君子群而不党，群不可训为党也。盖本老泉未为得也。

《程传》：涣有群，匪夷所思，赞美之词也。邱，聚之大也。方涣散而能致其聚，其功甚大，其事甚难。其用至妙，夷，平常也，非平常之见所能思及也。

朱霈云：此爻诸家皆训散其朋党，以聚天下之公，非常人思虑所及。按之文理则粘合不上，盖上文既云涣其群，下又何得言如邱之聚？邱既聚象，则又何得言涣有邱耶？即曰散其群，以聚其公，亦曷由见其群是私有邱，便是公耶？至匪夷所思，尤为凑合无味。案：辅嗣《易略》逾乎险难，得位体巽，与初合志，故能散群之险，以光其道，然犹有邱墟匪夷之思。虽得先光志，所思不可忘也，说得何等得自然。孔疏尤为显易，庐氏曰：互体有艮，为山丘，有丘则非平易，故有匪夷之思焉。

九五：涣汗其大号句，王居无咎。

按：《汉书·胡广传》政令犹汗，往而不返，注引《易》曰：涣汗其大号，王居无咎。下句无涣字，王注亦不释涣。似古本无涣字。

王注：九五为涣之主，惟王居之，乃得无咎。《象》曰王居无咎，正位也。注：正位不可以假人，疏：正位者，释王居无咎之义。以九五是王之正位，若非王居之，则有咎矣。惠半农曰：王之位曰大宝，王之名曰大号，以一人临天下，言传涣号，万里奔走，故有涣汗之象。涣王居者，天子所居曰京。京，高也、大也象，故以正位训之。注以号为号令，居为居积，失之。

朱云：王居为正位，逖出为远害，玩夫子《小象》，自用非居积与惕出，不烦言而解矣。龚云：此与《萃》有位之义同。《本义》：以涣王居内，为涣其居积，然当涣散之时，必有为涣之主者，当从《小象》正位说。

上九：涣其血去逖出，无咎。象曰：涣其血去，远害也。

存疑。《程传》云：若如《象》文为涣其血，乃与屯其膏同也。义则不然，盖血字下脱去字，血去逖出，谓能远害，则无咎也。

朱义：上九以阳居涣极，能去乎涣，故其象占如此。逖当作惕，与《小畜》六四同。盖涣其血则去，涣其惕则出也。

辨正。项安世曰：上九《爻词》血与出韵叶。思泣血叶疾皆三字成句，不以血连去字也。卦中惟上九一爻去险最远，《小畜》之血去惕出，与此不同。此血已散，不假更去。又惕与逖，文义自殊。据《小象》言远害，则逖义甚明，不容作惕矣。又曰散其汗以去滞郁，散其血以远伤害。陈友文曰：坎为血卦，血指六三。逖远也，《小象》远害，正是以远释逖字。上虽与三应，然超然涣上，故涣散其血，舍之远去，去坎险之害，而得无咎也。朱子引《小畜》文改惕字，似未安。

钱一本去不复来，逖不复近，出不复入，其于坎血远而又远，何咎之有？

节 ䷻兑下坎上。

节：亨，刚柔分，而刚得中，苦节不可贞，其道穷也。

吴氏应国曰：中节则和，否则不和。稼穑作甘，以得中央之土也。火炎上，则苦，亦以焦枯之极也。刚得中而能节，则为九五之甘。柔失中而过节，则为上六之苦。故物得中则甘，失中则苦。

俞炎云：凡物过节则苦。味之过正，形之过劳，心之过思，皆谓之苦。节而苦，则非通行之道，故曰其道穷也。

说以行险，当位以节，中正以通。

案云：说以行险，先儒说义未明。盖节有阻塞难行之象，所谓险也。而其所以亨者，则以其有安适之善，而无拘迫之苦，所谓说也。林希元曰：九五阳刚居尊当位，以主节于上，而所节者得其中正，是可以通行于天下矣。

邱富国曰：《彖传》当位以节，故节之六爻，以当位为善，不当位为不善。

天地节而四时成。

何氏楷曰：天地之数六十，此卦适当六十卦三百六十爻，与一岁三百六十馀日相当。天以五运，地以六成，五日为候，三候一气，气六节而时成，节二十有四而四时成。冬后有春，刚节柔也。夏后有秋，柔节刚也。不然则大冬大夏而已，安得成四时乎？

君子以制数度，议德行。

《正义》曰：数度谓尊卑礼命之多少，德行谓人才堪任之优劣。君子象节以制其礼数等差，皆使有度，议人之德行任用，皆使得宜。

《折中》谓孔说于议字尤切，且得爱爵禄、惜名器之意。

初九：不出户庭，无咎。

王注：为节之初，将整离散，而立制度者也。故明于通塞，虑于险伪，不出户庭，慎密不出，然后事济而无失也。《正义》：《序》卦物不可以终涣，故受以《节》。涣，散也。节，止也。此卦承《涣》之后，初九居《节》之初，故曰将整离散而立法度也。初居《节》初，将立法度，宜其慎密，不出户庭。若不慎而泄，则民情奸险，应之以伪，故慎密不出，然后事济而无咎。

按：《系词传》乱之所生也，则言语以为阶，机事不密则害成，是以君子慎密而不出也。此在言语上说，不在出处上说。王注尤与圣言相合。

九二：不出门庭，凶。

王注：初已造之，至二宜宣其制矣，而故匿之，失时之极，则遂废矣，故不出门庭，则凶。按：二爻时讲皆主出处言，此独就法度讲，亦与《象》制数度、《系词》慎密不出之说合。

惠云：《随》下震卦，震为卯，卯为开门，故初九有出门之象。《节》下兑卦，兑为丣，丣为开门，故九二有不出门之象。然《节》象上坎下兑，坎为通，兑为塞，《老子》云塞其兑，通塞以时，故初当塞，二当通。二居中，与五应，知塞而不知通，故失时极。

陈云：卦四、五互艮，艮为门阙，户庭门庭所取象也。门在户外，户在门内，初应四，在艮内，故曰户。二应五，在艮外，故曰门。或曰户奇而门耦，初前为阳，阳奇，有户象。二前为阴，阴偶，偶有门象。震行而艮止之，故皆不出。中互下震上艮。然初在兑秋，否塞之时，不当出则不出，故无咎。二当震春，泰交之时，当出而不出则凶也。初九爻辰在子，九二爻辰在寅。

钱志立曰：泽所以钟水也，水始至，则当增其防以潴之，初之不出是也。水渐盛，当启其窦以泄之。二之不出，非也。二与初同道，则失其节矣。

陈云：初当潜位不出户庭，当止则止，故曰知通塞也。二当见位，不出户庭，不当止而止，故曰失时极也。极，至也，言失时之至也。

六三：不节若，则嗟若。

存疑。王注：以阴处阳，以柔处刚，违节之道，以致哀嗟，自己所致，无所怨咎，故曰无咎。《正义》：祸由自致，无所怨咎也。《本义》：此无咎与诸爻异，言无所归咎也。

辨正。张子曰：处非其位，失节也。然能嗟其不节，则亦无咎矣。王弼于此无咎，别立一解，只旧例亦可推行，但能嗟其不节，有补过之心，则亦无咎也。李彦章曰：《临》之六三，失临之道，而既忧之。《节》之六三，失节之道，而嗟若。皆得无咎。易以补过为善，无咎者，善补过也。

郑汝谐曰：进乘二阳，处泽之溢过乎中，而不节者，三也。知其不节，而能伤嗟以自悔，其谁咎之哉？丰氏寅初说同。

薛云：嗟则有改过之幾，固可望其能节矣。又谁得而咎之？愚按：《离》六五出涕沱若，戚嗟若，吉。彼以嗟若为吉，此以嗟若为无咎。文义正同。张氏诸说，亦可参。《述义》三互震，而知惧，故若有悔焉。频复之也，既复之，则可无咎。震无咎者存乎悔，此之谓也，文法与出门同人又谁咎也同，《复》六三频复厉无咎，《萃》上六赍咨涕洟无咎，文义皆同。

《解》四《象》自我致戎，又谁咎也？与此别，彼处爻无“无咎”二字。

六四：安节，亨。

孔疏：六四得位，而上顺乎五，是以得节之道。但能安行此节而不改变，则何往不通，故曰安节，亨。明六三以失位乘刚，故失节而招咎。六四以得位承阳，故安节而致亨。

九五：甘节，吉。

陆氏振奇曰：观下卦通塞二字，上卦甘苦二字，可以知节通道矣。通处味甘，塞处味苦。塞极必溃，故三受焉。甘失反苦，故上受焉。

《折中》曰：水之止者苦，积泽为卤是也。其流者甘，山下出泉是也。《比》甘雨满缶。五为坎主，水之源也，在井为洌，取其不泥也。在节为甘，取其不苦也。案云：下卦为泽为止，故初二皆曰不出。三则泽之止而溢也，上卦为水为流，故四曰安，而五曰甘，上则水之流而竭也。

上六：苦节，贞凶，悔亡。

王注：过节之中，以致亢极，苦节者也。以斯施人，物所不堪，正之凶也。以斯修身，行在无咎，故得悔亡。《正义》以苦节施人，是正道之凶。若以苦节修身，则俭约无妄，可得无悔。胡炳文曰：五位中，故曰甘。上位极，故为苦。

中孚 ䷼兑下巽上。

吴日慎云：豚鱼吉，盖信及豚鱼之吉，非豚鱼吉也。故在卦训不可以豚鱼吉三字为句，当以《中孚》豚鱼为句。《彖传》信及豚鱼，即《中孚》豚鱼也。

史绳《齐学斋呫哔》云：扬雄作《大元》以初卦准《中孚》，先儒以为卦起《中孚》，非也。《中孚》复起于甲子耳，夫六十四卦起于乾坤，何以言起于《中孚》乎？夫子分上下经，乾配甲而起于子，坤配乙而起于丑，欲六十四卦历《乾》之甲子，《泰》之甲戌，《噬嗑》之甲申至《坎》、《离》，凡三甲而《上经》三十卦尽矣。又历《咸》之甲午，《损》之甲辰，《震》之甲寅，至《节》而周，凡六十卦，为六六三百六十爻，一年之日周矣。而《中孚》、《小过》、《既济》、《未济》四卦，继《节》之后，谓《中孚》复起甲子，可也，谓卦起《中孚》，不可也。且《乾》为十一月之卦，而起甲子，《节》为十月之卦，而得癸亥，由是知《上经》三十卦，是阳生于子，而终于已。《下经》三十卦，是阴生于午，而终于亥。至《中孚》而阳气复生于子，故亦为十一月之卦，自《乾》之起甲子，至《节》六十卦而终，是四其河图十五之数，为三百六十爻，爻当一日，而为六十卦，一年之候也。自《中孚》之起甲子，至《未济》四卦而终，是四其六子之数，凡二十四爻，而爻当一气，二十四气，应一年之候也。《中孚》巽上兑下，《小过》震上艮下，并《既济》、《未济》，坎离无离体，为六子，少阳少阴，六子之气分布于四时，故四之以应二十四气耳。

按：《汉·鲁恭传》：易十一月，君子以议狱缓死，《魏书·律历志》：十一月《未济》、《蹇》、《颐》、《中孚》、《复》。惠氏云：冬至之卦，《复》也，其实起于《中孚》，七日而后复应，故扬子云《大元》准以为中，为六十四卦之首，《易稽览》篇亦云甲子卦气起《中孚》也。史氏以《中孚》为复起甲子，暗与《易纬稽览啚》合。

彖曰：中孚，柔在内而刚得中，说而巽孚句。乃化邦也句。王弼作如此读。

信及豚鱼。

郭本：豚鱼，吉，信及也。

《坎》以中实为孚，《离》以中虚为孚。《中孚》为厚卦之离，故名中孚。

朱云：豚鱼，泽中之物，似猪，俗谓江豚。泽将风，则浮水面以迎之，舟人称为风信是也。风无心而感，豚鱼无心而应，此足以明自然之信。若以豚鱼为二物，疑《易》无此例。如《姤》之包有鱼，《剥》之贯鱼，《井》之射鲋，《大畜》之豶豕，《睽》之豕负涂，《姤》之羸豕，未有不合而为一者也。俞玉润曰：及者比并之意，非施及之及也。谓人之不失信，比及于豚鱼之信，与《诗·序》德如羔羊类，此论甚精。

泽上有风，中孚。君子以议狱缓死。十一月卦，鲁恭传易，十一月，君子以议狱缓死。

尤西堂曰：圣人作《易》，其《大象》言刑者六，始于《讼》终于《中孚》。《讼》者，刑之始也。而《象》不言刑，但戒以作事谋始，欲其无讼，期于无刑。讼不可止，而后用刑，故继之以《噬嗑》，曰明罚敕法，《解》曰赦过宥罪，《丰》曰折狱致刑，《旅》曰明慎用刑，而不留狱，《中孚》曰议狱缓死，必终之以《中孚》者，讼之起也，以有孚窒，上以孚感，则下以孚应，故窒化而为孚，非尚德者能之乎？徐氏幾曰：《象》言刑狱五卦，《噬嗑》《丰》以其有离之明，震之威也。《贲》次《噬嗑》，《旅》次《丰》，离明不易震，皆反为艮矣。盖明贵无时不然，威则有时当止，至于《中孚》，则全体似离，互体有艮震，而又兑以议之，巽以缓之，圣人即《象》垂教，其忠厚恻怛之意，见于谨刑如此。

初九：虞吉，有他不燕。

《本义》：当中孚之初，上应九四，能度其可信而信之，则吉。《程传》：初与四为正应，四巽体而居正，与不正也。爻以谋始之义大，故不取相应之义，若用应，则非虞也。

荀氏爽曰：虞，安也。初应于四，宜自安。虞无意于四，则吉，故曰虞吉也。有意于四，则不安，故曰有他，不燕也。

项安世曰：《中孚》六爻皆不取外应，孚在其中，无待于外也。初九安处于下，不暇他求，何吉如之。苟变其志，动而求孚于四，则失其安也。按：荀、项两说是已。但愚尚有疑者，《易》例非应，则谓之他，未有以正应为他者。窃意当须浑说。胡炳文解《比卦》初六云：《大过》九四有它，吝。《中孚》初九有他，不燕，皆戒其有他向之心。惟《比》初六有它，吉，意外之吉也。此说将他字虚讲，似为得之。《檀弓》云或敢有他志，以辱君命。《诗》云之死矢靡他，《书》云断断兮无他技，《法言》云君子正而不他，他字概指私心异志言。此处言初九在下，须安于正理，则吉。若有私心异志，背于理，则不吉也，不必定指求孚于四说。

《比》初六有他吉，他指五也。《大过》栋挠有他吝，他指上也。皆不指正应。

象曰：初九虞吉，志未变也。

陈云：《中孚》之初，诚一不杂，所以志未变。有他，则变矣。

又冯氏椅曰：《颐》、《大过》、《中孚》、《小过》四卦，从中反对，不取相应，如初与上对，二与五对，三与上对，依此说推之，初九虞吉者，安心于下则吉也。有他不燕者，因与上对，而分心于上，则不安也。故必无应于四，无心于上，则吉。四为大臣，三善得四之援，故喜而歌。

按：云六四应初九，而义有取者，皆上不遇九五者也。六五如六四遇九五，则以从上为义，而应非所论，据此则四上承九五，而不与初应矣，初安得以四为正应，度其可信而信之则吉乎？

九二：鸣鹤在阴，其子和之。

二在重阴下，初亦在重阴下，故云和。若九五居重阴之上，不得云在阴矣。李光地曰：中有实德，则不务于远，故子和尔靡，皆以近者言之。

《本义》：九二《中孚》之实，而九五亦以《中孚》之实应之，故有鹤鸣子和，我爵尔靡之象。

按：《中孚》六爻不取外象应，且以九五为子，名不正言不顺矣。《程传》十字空说。

孔颖达曰：九二体刚，处于卦内，又在三四重阴之下，是不徇于外，自任其真者也。

苏氏轼曰：《中孚》必正而一，静而久，而初九、六四，王注取应。六三、上九有应而相求，皆非所谓正而一，静而久者也。惟九二端悫无求，而物自应焉。

郑氏汝谐曰：二独无应，若未信于人，而爻之最吉，莫二若也。自耀者其实丧，自晦者其德彰，无心于感物，而物无不感者，至诚之道也。二以刚履柔，其居得中，且伏于二阴之下，盖静晦而无求者。无求而物自应，故鹤鸣在阴，而其子和之者，感以天也。

惠定宇云：四绝类上，初宜安处于下，则吉。

按：《中孚》内有实德，不愿乎外，故安处于内，而不取于外之应。《小过》不宜上，宜下，上逆而下顺也，故安守乎下，而不取于上之应。

《释文》：靡本又作縻，吾与尔縻之者，盖相缱绻之义，《本义》靡与縻同。

九二：鸣鹤在阴。

张氏浚曰：二处二阴下，为在阴。其子和之谓初。初在二下，故云子。《家人》卦，《本义》上父初子，《折中》《蛊》曰有子。《观》曰童观，《随》曰小子，《渐》曰小子，皆指初爻。《鼎》：初六以其子。案：《易》例凡言子、言童者，皆初之象。故张氏以其子和之为初者，近是。好爵谓旨酒也，縻谓辞也。九二有刚中之实德，无应于上，而初与之同德，故有鹤鸣子和、好爵尔縻之象。言父子，明不出户庭也。言尔我，明不逾同类也。《诗》云鹤鸣于九皋，声闻于天，则居爽垲之地，而声及远矣。处于阴而子和，则不求远闻可知。又曰：我有旨酒，嘉宾式燕，以衎则同乐者，众矣。吾与尔縻，则惟二人同心而已。

君子实心实德，不务于远，而修于迩，故《系词》先言况其迩者乎！然后推广言之。

惠云：靡读为摩，与和叶，吾与尔劘，言相劘磋也。好爵犹好德，孟子谓之天爵，劘之者，师友之化，渐摩之功，与善人居，身日进于仁义也。

六三：得敌。

案云：诸爻独三上有应，有应者，动于外也，非中孚也。人心动于外，则忧乐皆系于物，鼓罢泣歌，喻其不能坦然自安。盖初九虞燕之反也。

《述义》：二和五，故得君。三越五而应上，得其与己匹敌者，而非孚主也，故鼓罢歌泣，哀乐不常，巽疑而不决也。能如四之亡其匹，而从其君，则中有主而孚道得矣。

《折中》：总论云三与上取应义者绝少，上居事外，而下应当事之人，失清高之节矣。三居臣位，而越五以应上，失勿二之心矣。初二潜德之士，故以不求孚于四、五为贞，三、四王家之臣，故以专孚心于九五为贞。

杨氏慎曰：罢音婆，叶歌。《易林》：搴裳涉水，深渍请罢，幸赖舟者，济脱无他。

按：《诗》：吉梦维何，惟熊惟罴，惟虺惟蛇。

何氏楷曰：兑为巫，或鼓或罢，或泣或歌，亦巫象。倏忽之间，变态如此。

《程传》：敌，对敌也。陈云：敌，匹也。胡炳文曰：六三与上九为应，故曰敌。六四与初九为配，故曰匹。陈云：《丰》初居明体，四居动体，相资者也，故其遇曰配。《中孚》三居兑极，上居信极，相亢者也，故所得曰敌。

存异。冯氏椅曰：《颐》、《大过》、《中孚》、《小过》四卦皆从中分，反对为象，非他卦相应之例也。初与上对，二与五对，三与四对。

按：敌字时解皆指上九，据此说推之，则指四言，亦可。三与四对，对即敌也。故或训为对，或训为匹。匹敌对敌。四为大臣，三与之比，故喜以为得敌。至于鼓歌，殊不知四为纯臣，只知有君上，不知有私交，故三虽欲与为歌以求悦于五，而四则绝其匹类而上也。据程、项、冯三说，六爻皆不取相应。

六四：月幾望。幾荀作既。

《述义》：比三而应初，其匹也。

薛云：四近君位，以阴承阳，阴受阳光，月幾望之象也。李光地曰：月受日之光，则盈而望，如四五之交孚。

按：《易》中六四应初九，而义有取者，皆上不遇九五者也。六四遇九五如《损卦》是。如六四遇九五，则以从上为义，而应非所论，《易》例皆然，而此爻尤明。盖孚不容于有二，况居大臣之位者乎！月幾望者，阴受阳光，承五之象也。马匹亡者，远初之象也。自坤卦牝马以得主为义，而其下曰东北丧朋。东北者，近君之位也，《中孚》之四，当之矣。

九五：有孚挛如。

郭氏雍曰：九五君位，足以感通天下。又无私应之累，故直曰有孚挛如而已。

《折中》：此爻是《象》所谓孚乃化邦者也。居下位者，中有实德，不迁于外而已，人君则以孚天下为实德，故必诚信固结于天下，然后无咎。

郑氏汝谐曰：二独无应，而爻之吉惟二。注云下应九二。

按：项安世、冯椅俱云：《中孚》一卦，不取相应，九五居尊为孚之主，则所孚者遍天下，不专九二也。九二之孚在初。九五之孚在四。又《易》例阴阳相配为应，此卦九五与九二，《讼》卦九二与九五，则不可以应言矣。六三与上九，初九与六四，乃相应。

《述义》：五不难于孚初，而难于孚三。初虞而三不常也。不难于孚二，而难于孚四，二和而四有疑也。

初卦在内，爻又在内，故中。上卦在外，爻又在外，故非中。

上九：翰音。

苏氏轼曰：翰音飞且鸣者也，处外而居上，非中孚之道。飞而求显，鸣而求信者也。故曰翰音登于天。章氏潢曰：二居兑泽，故曰在阴。上为巽风，故曰于天。五上天位。

小过 正月卦☶☳艮下震上。

《大过》有栋挠象，栋之用在中，故于三四言之。《小过》有飞鸟象，鸟之飞在翼，故于初上言之。

项安世曰：《小过》寅之初气也，斗方值艮，而震气上出，疑于过矣。然去卯不远，未为大过也。

龚氏涣曰：四阳之卦，有曰《大过》，四阴之卦，有曰《小过》者，阴可以言过，不可以言壮也。故《观卦》四阴不曰小壮而曰《观》也。然《大过》之四阳，过而居中。《小过》四阴，过而居外。亦崇阳抑阴之义。

蔡氏渊曰：凡阳包阴，则是阴丽乎阳，离外离丰也。事之常也。

震下艮上为《颐》。颐，养正也，言阴求养于阳，正也，故曰养正。兑下巽上为《中孚》，中孚，信也，言阴必丽乎阳，故曰信。与离同义。

凡阴包阳，则为阳陷于阴，过常之事也。大者为阳，巽下兑上，则两阴包四阳。阳数过焉，故曰大过。小者为阴，艮下震上，则四阴包两阳，阴数过焉，故曰小过。

崇阳抑阴之义。

《颐》为厚卦之离，《中孚》为重卦之离，《大过》为厚画之离，《坎》《小过》为重画之坎。

彖曰：小者，过而亨也。

王念孙曰：《小过》下当有亨字，《传》先举《经》文亨字，而后解之。如《遁》，《彖传》曰：遁，亨，遁而亨也。《既济》，《彖传》曰：既济，亨，小者亨也，是其例矣。《正义》曰：此释《小过》之名也，并明《小过》有亨德之义，则唐初小过下已脱亨字。

朱氏震曰：事有失之于前，矫其失必待小有所过，然后偏者归于中，谓之过者，比之于常，则过也。过反于中，则其用不穷，而亨矣，故曰小者过而亨也。

过以利贞，与时行也。

苏氏轼曰：《彖》之利贞，即《象》所云过乎恭俭与哀者，时当然也。

龚氏涣曰：道贵得中，过非所尚，然随时之宜，施当其可，则过乃所以为中也。

案云：四阳居中，则有栋梁之象。四阴居外，则有羽毛之象。

君子之任大事，则为天下栋梁。修细行，则为天下羽仪。此二卦取象之意，然以其阴阳皆过多也，故谓之《大过》、《小过》，事固有过以为中者，无嫌于过也。然必过而不失其中，乃归于无过，故栋则恶其大刚而折，大重而桡，故宜隆于上，不可挠于下也。羽则恶其柔而不立，轻而不戢，故宜就乎下，不可飏于上也。《大过》之《彖》曰刚过而中，不挠乎下，斯为刚之中矣。《小过》之《彖》曰柔得中，不宜上宜下，斯为柔之中矣。

柔得中，是以小事吉也。

项安世曰：《石经》是以可小事也，《彖词》脱可字，衍吉字。

有飞鸟之象焉。

程子曰：此一句不类《彖词》，盖解者之词误入《彖》中。

《折中》：飞鸟遗之音者，卦有飞鸟之象，卦示以兆如飞鸟之遗以音也。

君子以行过乎恭。

《程传》：君子之道，皆以济其不及。《大过》以济其大不及，《小过》以济其小不及，济所以亨也。

赵彦肃曰：恭俭哀多不及，过之而后中，过者过乎人也。行过乎恭，恭过于人也。丧过乎哀，哀过乎人也。用过乎俭，俭过乎人也。以世俗比之则过，以道理言之则中。

初六：飞鸟以凶。

王注：《小过》上逆下顺而应，在上卦进而之逆，无所措足，飞鸟之凶也。按：初在下，不宜上而应四，岂二在下，反可上而遇五乎？

案：《大过》象栋者二爻，《小过》象飞鸟者亦二爻。然《大过》宜隆，不宜挠。则四居上吉，五居下凶，宜矣。《小过》之鸟宜下，不宜上，初居下应吉，而反凶者，何也？盖屋之中栋，惟一而已，四之象独当之。鸟之翼，则有两，初与上之象，皆当之也。初于时则未过于位，则极下如鸟之正当栖宿者，乃不能自禁而飞，其凶也，岂非自取乎？

《述义》：二阳在内，鸟身也。四阴在外，鸟翼也。初上在其两端，翼之翰也。胡炳文曰：鸟飞不在翼而在翰。

鸟翰之力，过于鸟身，翰飞而上，鸟欲下而不能，是以之飞者，即以之凶也。初本下止以应四而上动，如人附势要以进身，或因之以罹患。上下之际，可不慎哉！惠定宇曰：上九上翔，宜凶。初九在下，宜吉。而凶者初应四，亦飞翔而不下来，故凶。

吴日慎云：初以柔居下而凶者，位虽卑，而志则上而不下，是以与上六同为飞鸟之象也。

六二：过其祖，遇其妣。

《程传》：遇，当也。适当臣位也。下遇字训当，上遇字亦应训当。不应一字两训。

《折中》：《卦主说》云：《小过》以二五为主，以其柔而得中，当过之时而不过也。

王注：过而得之，谓之遇。在小过而当位，过而得之之谓也。祖，始也，谓初也。妣者居内履中而正者也。过初而履二位，故曰过其祖而过其妣。过而不至于僭，尽于臣位而已，故曰不及其君，遇其臣，无咎。孔疏：妣者母之称，六二居二，履中而正，故谓之妣。《象》曰不及其君，臣不可过者，言臣不可自过其位也。

《程传》：阳在上者，父之象。尊于父者，祖之象。四在三上，故为祖。二与五居相应之地，志不从于三、四，故过四而遇五，是过其祖也。五阴而尊，祖妣之象。

惠定宇曰：王弼谓祖为初，非也。《本义》得之。愚按：以画卦先后言，上为终，初为始。以六爻阴阳言，一、三、五阳位，二、四、六阴位。王注似未为非。至《程传》以四为祖，五为妣。《本义》从之，亦觉可疑。祖尊于父，是已若谓妣又尊于祖，而居四上，则于事理名分俱不合。且《小过》一卦之义，以不宜上，而宜下为主。九三居下卦之上，上六居上卦之上，是不能下者，其凶宜矣。四居柔应初，不上而下，合小过之义。五爻阴至下交，如弋鸟然，不弋而飞，而弋穴，亦合宜下之义。初爻位居卑，而志高，上与四应，故凶。二爻居下履中，与五无应，故曰过其祖，遇其妣，不及其君，遇其臣，无咎。盖二，妻道，有妣象。又臣也，有臣象。以妻道自处臣道，所以不敢过己之位也。

《折中》：二无应于君者，不敢仰干于君。臣之象然，守柔居下，是臣节不失也。若过己位而上，与五遇，是仰干矣。六爻初三、五为阳，二、四、六为阴。《述义》小过当阴过之时，故有过阳之事。

愚按：初为阳爻，可过也。以必过而后当其位也。三、四之阳，不可过也。以过三、四即是上顺，非下顺也。《观》卦初六、六二，胡炳文曰：初位阳，故为童。二位阴，故为女。

吴日慎曰：六二柔顺中正而承阳，所谓下顺者也。若过三与四而遇五，则非承。虞氏翻曰：五阴在上，乘阳而失位，故不宜上。二阴在下，顺阳而得正，故宜下。

《折中》：义例云《小过》以二五为主，以其柔而得中，当过之时，而不过也。

二过初则适通得其本位，若过三、四则过其本位矣。与《经》下顺及弗过之言不合。

张氏振渊曰：祖妣只作阴阳象，阳亢而阴顺也。过祖过妣，是去阳而就阴，去亢而从顺。如此则不陵及其君，适当臣道之常矣。此说于祖妣二字，不必泥定一爻，只作虚象，最为圆活。

《程传》云：不及其君，遇其臣，谓上进而不陵及于君，适当臣道，则无咎也。遇，当也。愚谓遇其妣，遇字亦宜作当之训。谓二过初阳而适当妣位也。

立地之道曰柔与刚，初二地位下也，上五天位上也。初，阳位，故刚。二，阴位，故柔。二过初，即是阴过阳也。

《家人》云：女正位乎内，男正位乎外，谓六二无攸遂，在中馈，一爻在内卦也。故《蛊》六二幹母之蛊，不可贞。《晋》六二受兹介福，于其王母。此爻遇其妣，《注》、《疏》俱指二爻言之。若以妣居五，则是女正位乎外矣。

虞氏云：五阴在上，乘阳而失位，故不宜上，则以五为妣位者，当为虞氏所嗤也。

六五密云不雨，不宜上也。取彼在穴，是宜下也。

《既济》卦东邻西邻，若指文王与纣言，固与名分大悖。其指九五六二说，亦不免支离。当以王恒斋泛说之言为是。此爻祖妣当以张氏虚象之言为是。

虞氏翻云：分天象为三才，以地两之，立六画之数，是天数初三五，地数二四六，所谓刚柔杂居也。

九三：弗过句，防之句。

胡一桂曰：朱子谓弗过遇之，是两字为绝句。愚谓弗过防之，亦当两字为绝句。盖小过乃阴过之时，故四、三阳皆称弗过，是言阳弗能过也。防之，防阴也。二阴在下，有上进之势，故当防。

惠云：双湖说是也。弗过防之，谓三不能过五，而当防二也。弗过遇之，谓四弗能过五，而适遇之也。

愚按：吴日慎云以二阳言，九四居柔能下，故无咎。九三过刚居上，不能自防，故或戕之，此说似比胡解尤胜。

盖阳道主进，九三以阳居阳，又居下卦之上，不能下者也，高必危。故戒以弗亢有悔遇，言不可过于刚，又不可过于进，防之者，防其亢也。弗过于进，而防其亢，则有合于下顺之道也。若不防其亢，而居高凌物，则物莫之与，而伤之者至矣。故云从或而戕之，凶。诸儒以为防阴柔之害，似于卦象爻义俱不合。

陈云：三与上应，有灾眚者也，故有此象。凡人处世，所以免于祸害者，以其谨小慎微，无患而为之防也。若恃刚壮之气，不知善自防闲，则伤之者至矣。

九四：弗过遇之，往厉必戒。

王注：失位在下，弗能过者也。以其不能过，故得合于免咎之宜，故曰弗过遇之，遇，合也。

《述义》：居柔应初，不上而下，合小过之义焉。

吴日慎曰：九四居柔能下，故无咎。

愚按：阴主退，九四居柔，又在上卦之下，能下者也。以其四之柔，故有弗过之占，以其九之刚，故又有往厉之戒。往者，上进也。《小畜》密云不雨，尚往也，尚与上通。若不安于柔顺，而思上进，则厉。故必以上逆为戒，阳刚不可无用，而永以柔下为贞也。

九四：弗过遇之。

《述义》：居柔应初，不上而下，合小过之义焉。比而承五，又宜上行，五不可过，当思所以遇之，委曲启沃，期与相合可也。

吴日慎云：九四居柔能下，故无咎。姚氏舜牧曰：时当小过，宜下不宜上，阴至于五，过甚矣。其所居者尊位也，挟势自亢，泽不下究，云虽密而不雨，自我西郊故也，当此之时，欲沛膏泽于生民，必须下求岩穴之士以为辅，乃可耳，故戒以求助，抑以下贤。

六五：密云不雨。

案云：《小过》有飞鸟之象，而所恶者飞。盖飞则上而不下，违乎不宜上宜下之义也。云亦飞物也，降则下而为雨。密云不雨，是犹飞而未下也。五在上体，又居尊位，上而未下者也。故取密云不雨为象。云而不雨，则膏泽不下于民矣。以其虚中也，故能降心以从道，抑志以下交，如弋鸟然。不弋其飞者，而弋其在穴者。如此则合乎宜下之义，而云之飞者，不崇朝而为雨之润矣。此爻变鸟之象而为云者，以居尊位故也。

熊云：《小畜》内卦互兑，故《卦词》言之。《小过》外卦互兑，故五爻言之。

钱立志曰：《小过》所息者飞鸟也，鸟在穴而不飞，是下者也，故公弋取以为助。

上六：弗遇过之。

《折中》：时当过极，不能自守，与初六当时未过，而自飞以致凶者，稍别。

《述义》：卦以五为君，故四弗过而遇之。上在五之上，不遇而反过之，是阴之过已极，故曰已亢也。已上未为极，已亢则极矣。飞鸟离之，上逆之象，离犹罗也，谓罗于网。《诗》曰鸿则离之，离叶罗，此离字，过韵，过音平声，或说作过遇者非。

小过总论。

吴日慎云：以二阳言，九三过刚居上，不能自防，故或戕之。九四居柔能下，故无咎。五上皆以阴乘阳上，《象传》所谓上逆者也，曰已上，曰已亢。然上凶而五不然者，以其柔中也。六二柔顺中正，而承乎阳，所谓下顺者也。初以柔居下，而凶者，位虽卑，而志则上而不下，是以与上六同为飞鸟之象也。

李子思曰：阴阳之气流行于天地之间，或不能无过差，故圣人作《易》，于《大过》之后继之以《坎》、《离》，盖以阴阳之中而救大过之弊也。于《小过》之后继之以既未济，亦以阴阳之变，而救小过之弊也。

按：《小过》二爻居下承阳，故有合于下顺之象。若过三四而遇五，则是过阳，非承阳，不免上逆矣。

既济：亨句小句利贞句

《彖》曰：既济，亨，小者亨也。利贞，刚柔正而位当也。《释文》：亨小，绝句，以小连利贞者，非。以《彖传》观之可见。郭京曰：《彖》小者，亨也。亨小，正释小字。谷家杰曰：不曰小亨而曰亨小，言所亨者，其小事也。观此则知《本义》“亨小当作小亨”之说未确。

《折中》陆氏馀曰：国家当极盛时，纵有好处，却只是寻常事，所以说小者亨。此说得之。盖既济之时，自然事事亨通，然特其小者耳。圣人之制治保邦也，制度之立，纪纲之修，以为小。而精神之运，心术之动，以为大，故《屯》难之时，而大亨者，以其动乎中，不能安宁也。《既济》之时，而亨小者，以其已安已治，四达不悖也。《象》所谓言初吉终乱者，以此象。所以言思患豫防者，以此。蠡元亨与小亨道理同。

薛云：事之既成，则大事之亨已过矣。譬如日之既昃，不如日之方中，所以言小。卦云《既济》，而《彖》言亨小者，时当既济，不如方济之时。惟事之小者，尚有可得亨之也。

《述义》云：既济之亨，以六二阴小，得九五之阳刚而亨也。此亦可备一说。初吉，柔得中也。

《折中》：凡《易》义以刚中为善，而既未济则善柔中者，《既济》以内卦为主，至外卦则向乎《未济》矣。《未济》亦以内卦为主，至外卦则向乎《既济》矣。亦犹《泰》之善在二，《否》之善在五，终止则乱。张清子曰：卦云终乱，而《彖》曰终止则乱，非终之能乱也。于其终而有止心，所以乱也。

郭鹏海曰：既、未济之亨，皆以柔中，则敬慎胜也。《既济》之乱，以终止。《未济》之无攸利，以不续终，则克艰难也。

既济　䷾离下坎上。

水在火上，既济。君子以思患而豫防之。

龚氏焕曰：水上火下，虽相为用，然水决则火灭，火炎则水涸，相交之中，相害之机伏焉。故君子思患而豫防之，能防在乎豫，能豫在乎思。

初九：曳其轮，濡其尾，无咎。

李氏简曰：既济之初，以濡尾，而曳轮，见其用力之艰也，虽濡其尾，于义何咎？徐在汉曰：初当方济之始，而曳其济险之轮。控制在我，则事无不济，此所以濡其尾而无咎象，归重于曳其轮也。

《折衷》：曳轮者，有心于曳也。濡其尾者，非有心于濡也。当济之时，众皆竞济，故有濡尾之患，惟能曳其轮，则虽濡其尾，而可及止也。观夫子《象传》可见。此与《大过》过涉灭顶，凶，无咎，词意相同。《大过》之极，事无可为，上六居无位之地，又柔为悦主，则能柔顺委蛇，而不为过激，以益重其势，故虽处大过灭顶之凶，而无咎也。此爻亦然。当济之时，众皆竞进，初独临事而惧，不轻于进，有轮，故曳其象，虽其水之盛足以濡尾，而彼则安然无恙也。灭顶濡尾，皆指水势之盛大言。薛云：初以阳刚居下，能谨于始者也。当济之时，众皆竞济，初能临事而惧，不轻于进，有曳其轮象。盖艰难图始，惟当惕。然于濡尾之为，则不轻于备事，无咎之道也。

按：此以他人之濡尾为戒己，故曳其轮而不进，非先濡其尾，而后曳轮也。

六二：妇丧其茀，勿逐，七日得。《程传》卦有六位，七则变矣。七日得，谓时变也。

二居初上，可以行矣。然柔中而具明体，有深沉持重之识者也。待时而动，不苟于行，有妇丧其茀象。离为中女，妇象。茀，妇车之后蔽。《诗》云翟茀以朝。许氏清奇曰：妇丧其茀，则非礼而不苟于行，以其中德有应，时至则可，勿用外求，不久而自得茀以行矣。君臣相孚，何忧不济矣乎！曳轮丧茀，皆取不行象。

六二：妇丧其茀。《荀本》作绂，《董遇本》作并。

朱云：宋儒多作车茀解，案坎为轮，则茀亦车中之物。然不应舍车而专言茀，观初九曳其轮可见，且车上之茀，亦不一如蒲车藻车之类是也，又安能定此为妇人之车茀乎？盖茀与鬒通，首饰也。离为中女，而二当之。阴爻阴位，则妇也。坎为盗，故丧其茀。宋儒以前皆未有以茀为车茀者。

王子雍云：鬒，首饰。坎为盗，离为妇，丧其茀，邻于盗也。勿逐自復，履中道也。二五相应，故七日得。孔氏《正义》同。考茀，子夏作鬒，董遇作髢，马融作茀，皆准首饰说。惟郑康成作第，似指车第。然《集韵》笄谓之第，则第字从竹，亦首饰矣。

九三：高宗伐鬼方。

沈作喆曰：人君之德，高而可宗，则可以消隐慝矣。

陈云：宗，主也。三爻变震，为社稷主，错巽为高，故曰高宗。坎为车，震为马，离为甲胄戈兵，故伐。离在南，极南之国，多好鬼，故曰鬼方。或曰鬼方，北方国也。夏曰獯鬻，商曰鬼方，周曰玁狁。三与上应，坎为隐伏，鬼象。坎又居正北，故曰鬼方。

虞注：《既济》变从《泰》来，《泰》乾为高宗，坤阴为鬼，为方，三上之五，以乾入坤，有高宗伐鬼方象。

愚按：高，尊也。宗，主也。鬼，犹远也。九五居尊位，而为人主，命三以伐远方，非以三为高宗也。《程传》威武可及，而以救民为心，惟圣贤之君能之。若骋威武，忿不服，贪土地，则肆欲残民也，故戒不可用小人。圣人因九三当《既济》而用刚，故设为法戒之词以示人。罗云：此爻之词，惟小人二字指九三，馀皆陈戒于九五也。以为既济之时，宜防患，不宜喜功。昔者高宗之伐鬼方，三年克之，盖不胜其惫矣。今若九三之为小人者，慎勿用也。用之必穷兵于远，而国将受惫。乱由以生，在九五亦知之否乎！此说得之，《大有》九三，小人弗克。《大壮》九三，小人用壮，皆以九三为小人也。九五之主，开边衅以病民，皆三怂恿为之。

六四：繻有衣袽，终日戒。袽，《说文》作絮，敝絮也。《程传》繻当作濡，谓渗漏也。

朱云：繻，《王本》作濡。

案：濡，鲜美也。羔裘如濡袽，败敝也。濡转为袽，美易为恶，能无戒乎！《注》、《疏》作渗漏训之。

案：濡，渍也，又湿也。《诗》济盈不濡轨，《礼》濡肉齿决，本卦濡其首，濡其尾，皆不作渗漏训，盖谓渍湿其衣服，以塞漏舟也。

九五：东邻杀牛。

潘士藻曰：五以阳刚中正，当物大丰盛之时，故借东邻祭礼，以示警惧。东西者，彼此之词，不以五与二对言。

姚舜牧曰：人君当既济之时，享治平之盛，骄泰易萌，而诚敬必不足，故圣人借两邻以为训，享神者在诚不在物，保治者以实不以文，此盖教之以祈天保命之道。

《折中》：潘氏、姚氏之说皆是，当受报收功极炽而丰之时，而能行恭敬撙节退让明礼之事，此其所以受福也。与《泰》三于食有福同，皆就本爻设戒尔。若以西邻为六二，则受福为六二受福，《易》无此例。

《折中》云：东邻离也，外明而中虚，是诚不足也。西邻，坎也，外暗而中实，是诚有馀也。

郑康成《坊记》注：东邻为日出东方象，西邻为月出西方象。

王恒齐曰：《既济》九五，郑康成取互体坎离，离为日出东方，东邻象。坎为月出西方，西邻象。正互不明，且文王易不取先天。又郑《坊记》注云：离为牛，坎为豕，故禴祭受福，则以奢俭亵敬为训，断章取义，尤于本文本义不合。盖《易》只是个影子，只二、五两爻之阴阳便是东西，如《本义》轻轻拖过，便是求深则凿矣。

按：东邻云云，不言阴阳、君臣等分类，但泛说一个东西，盖不便显涉时事，自涉夸汰，故下东西字，影个阴阳，便不觉耳。今说象者，必要求东西确落，甚无谓也。

愚按《汉书·郊祀志》引此师古注：东邻谓商纣也，西邻谓周文王也。后儒遵之，不知《爻词》系文王所作，作《易》者，词多忧患。今明言纣不如己，岂復成词？只宜泛说为是。

象曰：东邻杀牛，不如西邻之时也。时，善也。

朱氏震曰：盛不如薄者，时也。五既济，无所进，盈则当虚，故曰不如西邻之禴祭。理无极而不反者，《既济》极矣，五以中正守之，能未至于反而已。

王氏申子曰：言人君处既济如未济，而后有受福之实。不然，虽极其丰盛，而济道衰矣。

张清子曰：既济之时，防其过盛，故丰不如约。

陈云：《泰》五曰以祉元吉，故二上之五，成《既济》，有实受其福之象。享神在诚，不在物。保济者，以实不以文。夫东邻杀牛，何其盛也。然治平已久，骄奢外萌，非所以祈天永命也。西邻禴祭，何其薄也，然昌炽已极，而能诚敬为心，撙节为礼，乃所以自天永命也。故夫明德馨而黍稷可荐，明信著而蘋藻可羞。神无常享，享于克诚，然则持盈以虚，保益以损，受福之大，吉孰如之。

按：秋而尝，万物告成，《既济》之象。春而礿，新物未备，是《未济》之象。王氏以上句属《既济》，下句属《未济》，陈氏以盈益属《既济》，虚损属《未济》，似于爻义有合。

存异孔云：九五爻辰在申，上值实沈之次。《礼》祭以孟月，荐以仲月。孟夏辰合于申，禴祭之月也。申又西方，故为西邻，变而之明夷，其辰在卯，则东邻矣。又上体既变成坤，坤为子、母、牛，故言杀牛。东邻者，据之卦也。卯西邻者，据本卦也。申凡阴而之阳者，多吉；六变九阳而之阴卯者，多凶，是以变爻不如未变者之福矣。郑君注《易》，恒以爻辰为说。爻辰者，初九子，九二寅，九三辰。九四午，九五申，上九戌。初六未，六二酉，六三亥，六四丑，六五卯，上六巳，与八卦纳辰之法异。

王辅嗣曰：禴，祭之薄者也，藻沚之毛，蘋蘩之菜，可荐于鬼神。

按：东方属春，春祭曰礿，西方属秋，秋祭曰蒸，与所云杀牛瀹祭之言不合。禴，《汉书·郊祀志》引作瀹，颜注：禴，煮新菜以祭。

未济　☲☵坎下离上。

未济：亨。

张清子曰：二卦皆有坎，坎在外，则内无险，故为《既济》。坎在内，则内有险，故为《未济》。

《正义》曰：《未济》者，未能济渡之名也。未济之时，小才得位，不能建功立德，拔难济险。若能执柔用中，委任贤哲，则未济有可济之理，所以得通。故曰未济亨。汔者，将尽之名，小才不能济难，事同小狐，虽能渡水，而无馀力，必须水尽方可涉川。未济登岸，而濡其尾，岂得有利。

彖曰：未济亨，柔得中也。

王注：以柔处中，不违刚也；能纳刚健，故得亨也。

小狐汔济，未出中也。

王注：小狐不能济大川，须汔然后乃能济。处未济之时，必刚健拔难，然后乃能济。汔乃能济，未出中也。《正义》：小狐汔涉川，所以必须水汔乃济。以其力薄，未能出险之中故也。小狐虽能济，而无馀力，将济而濡其尾，力竭于斯，不能续终，险难犹未足以济也。

干氏宝曰：汔《说文》作汽，水涸也，从水汽声。小狐力弱，汔乃可济。水未涸，而乃济之，故尾濡，而无所利。

薛云：未济有终济之理，故亨。然岂轻于济而得亨哉？譬如小狐必须水涸，而后可济。乃不能待时，竟至冒险而濡其尾，占者其无所利可知。

按：汔字，《朱义》训为汔，可小康之汔；《程传》训为仡，仡勇夫之仡，似皆不及注疏之妥。水汔方济，水未汔，则不轻于济者，此《象传》所云君子以慎也。

虽不当位，刚柔应也。

陈云：卦六爻，初、三、五以阴居阳，二、四、六以阳居阴，位皆不当。而初与四、二与五、三与上，刚柔各相为应也。初九、六四、六二、九五、九三、上六

蔡氏渊曰：既济之后必乱，故主在下卦而亨取二。未济之后必济，故主在上卦，而亨取五。

《述义》《既济》初吉，柔得中也。初指六二，居内卦方济之初，两能柔顺得中，思患预防，所以吉也。《未济》柔得中，指六五。阴居阳位，得中，既不柔弱无为，又不刚猛偾事，故亨。《既济》之亨已然之事，柔中之善于守成者也。《未济》之亨未然之事，柔中之善于拨乱者也。

象曰：君子以慎句**，辨物居方。**

孔疏：君子见未济之时，阳柔失正，故用慎为德。王注：辨物居方，令物各得其所也。

濡其尾，亦不知极也。

惠云：极犹终也。即《彖》所云濡其尾，无攸利，不续终也意。言不量其才力而进，以至濡其尾，亦不知其终之不济也。畏不能极。

朱云：王注谓不知纪极，《正义》曰进不知极，以没其身。又云不知纪极，《春秋传》语言无休已也。雷西仲曰：初六知始之欲济，而不知终之不能续，故曰不知极。极者，终穷之谓。

按：上九亦不知节也，与初《象》语意正同。初以不知纪极，濡其尾，而陷于坎。上以不知节止，濡其首，而伤于明。此《未济》之义，所以汔于穷也。义本明显，不知《传义》何以都不准此。

熊云：或问初六《小象》，亦不知极也。极本拯字，《本义》犹曰未详，何也？曰：古注明以拯救为解，且与下九二贞吉，中以行正也，叶韵作拯字，何疑。拯救即振救也，《左传》入于难，则振救之。《本义》极或恐是敬字，与下正叶。

九二：曳其轮，贞吉。

潘梦旂曰：九二刚中，力足以济者也。然身在坎中，未可以大用，故曳其车轮，不能前进，待时而动，乃为吉也。

案云：既济之时，初、二两爻犹未敢轻济，况未济乎？故此爻曳轮之戒，与《既济》同，而差一位者，时不同也。

吴氏澄曰：《未济》六爻皆位不当，而独于六三言之者，以六三才弱，而居下卦之上，《未济》由六三故也。

六三：未济，征凶，利涉大川。

《本义》或疑利字上当有不字。

赵汝梅曰：三居未济之终，过此则近于济矣。故特表以卦名也。

案云：《既济》之三刚也，故能济。《未济》之三柔也，故未能济。又，《既济》、《未济》两卦《爻词》，未有举卦名者，独此爻曰《未济》。盖他爻之既济未济者，时也，顺时以处之而已。

陈云：征，往也。巽错震行，故征。三多凶，故象之。坎为水，大川象。离中虚，舟象。舟行水上，又得巽风，而震行之，故利涉。独三言未济者，才之不足，则未济在已，不在时也。无能济之才，故征凶。有求济之心，故利涉。济川以舟楫，济世以贤才。三与上应，天下未尝无人。知所以涉川，则知所以济世矣。《既济》九三乘承皆阴，故戒用小人。《未济》六三乘承皆阳，故劝用君子。本爻属阴六，故未济征凶。然承比应三者，皆阳，故利涉大川。《本义》专以承言，义尚未备。

九四：贞吉，悔亡，震用伐鬼方。

陈际泰曰：高宗伐鬼方，既济乘富强之馀，故忧其惫。未济慎备陵夷之后，故庆其赏。既三之伐鬼方，大臣开边衅也。未四之伐鬼方，人主攘外寇也。既三如卫青、霍去病之征匈奴，未四如方叔、尹吉甫之伐猃狁。

陈云：既济之时，患以喜功侈好大之心，故克以三年，圣人忧其力之惫。《本义》以九居四，不正而有悔也，能勉而贞，则悔亡矣。

按：晋其角，惟用伐邑。邑者，己之私也，故可借作克去己私解。此鬼方，远方也。于自治意，似无当。

薛云：九四出坎入离，时正可为，而以不正行之，宜有悔也。惟勉行正道，则吉而悔亡。所以然者，四以刚明之才，辅虚中之主，奉命以讨不庭，成功而受上赏，皆贞而吉也。固得行其济时之志也。

《折中》：三四非君位，而既、未济徒以高宗之事言，盖《易》中有论时者，则不论其位也。

按：此说固是，但《谦》六五利用侵伐，指利用九三以征伐言。此九四贞吉，薛氏指大臣说，则五为高宗，而三、四乃其所命之将也。《述义》：既未济相综，《未济》之三即《既济》之四也，故俱言高宗。

六五：贞吉，无悔。

王注：以柔居尊，处文明之盛，为《未济》之主，故必贞而后得吉，吉乃得无悔也。夫以柔顺文明之质，居于尊位，付与具能，而不自役，使武以文，御刚以柔，诚君子之光也。付物以能，而不疑焉。物则竭力，功斯克矣，故曰有孚吉。《疏》有应于二，是能付物以能，而不自役。

上九：有孚于饮酒。

王注：《未济》之极，则反于《既济》。《既济》之道，所任者当也。所任者当，则可信之无疑，而己逸焉，故曰有孚于饮酒，无咎也。以其能信于物，故得逸豫，而不忧其事之废，若不受其事之废，而躭于乐之甚，则至于失节矣。由于有孚，失于是矣，故曰濡其首，有孚失是也。

陈云：坎为樽酒，又中实五上，为首，下应坎水，有孚于饮酒，是孚之至当者也。

《随》孚于嘉，嘉指九二；《兑》孚于剥，剥指上六；《既济》有孚于饮酒，酒指九二；《解》有孚于小人，指六三。《本义》以刚明居未济之极，将可以有为，而自信自养以俟命，无咎之道也。若纵而不返，如狐之涉水，而濡其首，则过于自信，而失其义矣。

按：上卦三爻，出险入明，是既济者，何得云未济之极；时正可以有为，何得云时将可以有为而自信自养以俟命乎？两有孚，属自信说，亦不妥。据王注，乃是承五爻而申言之。《彖》云未济，柔得中也。注以柔居尊，不违刚也。柔得中而不违刚，故能信任九二，而济道以成。有孚于饮酒，犹《需卦》九五之饮食宴乐也。若惟逸乐之从，而不信任九二，则孚之道失，而济难保矣。

刘氏牧曰：《既济》以柔居上，止则乱也。故濡其首，厉。《未济》以刚居上，穷则通矣，故饮酒无咎。

郑氏汝谐曰：《既济》出明而之险，故初吉终乱。《未济》出险而之明，故初乱络吉。

邱富国曰：内三爻坎，阴也，初濡尾，二曳轮，三征凶，皆未济之事也。外三爻离，明也，四有赏，五有孚，至饮酒无咎，则《未济》为《既济》矣。

何氏楷曰：《周易》始于乾，然《上经》以离终。《下经》、

《未济》之上卦，亦终于离，何也？离者，文明之卦。《系传》称包牺始作八卦，又结绳而为网罟，盖取诸离，气化自此开矣。圣人南面而听天下，向明而矢，亦取诸此。况周家乃以火德王者，此其所以殿之于《下经》之终，而与乾相为首尾也与！

项安世曰：坎离之交，谓之《既济》，此生生不穷之所自出也。而圣人犹以为有穷也，又分之为《未济》，此即《咸》感之后，继以《恒》久之义也。《泰》、《否》亦然盖情之交者，不可以久而无弊，故必以分之正者正之。

六十四卦始乾坤中坎离终既未济说。

造化所以为造 化者，天地水火而已。《易》卦虽八，而实惟四。风即天地气之吹嘘，而下交于地者也。山即地形之隆起，而上交于天者也。雷即火之郁于地中，而搏击奋发者也。泽即水之聚于地上，而布散滋润者也。先天以南北为经。而天地居之，体也。以东西为纬，而水火居之，用也。后天则以天地为体，而居四维，以水火为用，而居四正。雷者，火之方发，故动于春。乃火播其气，则王于夏矣。震离泽者，水之未收，故散于秋。及水归其根，则王于冬矣。兑火水火为天地之用，故居四正，以司时令也。天气始兆于西北，至东南巽方而下交于地，《易》所谓天下有风，《姤》。故乾巽相对而为天经。乾巽地功致役于西南，至东北而上交于天，艮方《易》所谓天在山中，《大畜》也，故坤艮相对而为地纪。天地为水火之体，故居四维以运枢轴也。天地水火，体用互根，所以生成万物，此先后天之妙也。若以卦画论之，则震即离也，一阴闭之于上，即为震☳。兑即坎也，一阳敷之于下，则为兑☱。巽即乾也，一阴行于下，则为巽☴。艮即坤也，一阳亘于上，则为艮

☶。是以六十四卦，始《乾》、《坤》，中《坎》、《离》，终《既》及《未济》，则知造化之道，天地水火尽之矣。龚氏焕解天地定位节云：定位以体言，通气相薄不相射。以用言，天地乾坤之定体，水火乾坤之大用。山泽之气，即水之气。雷风之气，即火之气。而水火之气，又天地之气也。

未济上九

《未济》至上，将变而为《既济》矣。恐其急近功而有所作为也，故曰有孚于饮酒，即《需》之九五酒食贞吉之义。又恐其溺于宴安也，故曰濡其首，有孚失是，慎终如始，即《彖》词小狐汔济，濡尾之戒也夫。

周易异同商卷九

上系辞传

史绳祖云：卑高以陈者，谓画卦之势，自下而上也。画卦自易之道也。下而陈列，至上则六爻之位自定而贵贱之位得矣。贵贱者，如第二爻为臣位在下，第五爻为君位在上也。孔子系《易》，首以乾坤，而定天地之尊卑。次遂发明画卦之体，故不曰高卑而曰卑高。

蔡云：二气消息，自下而上，故卦从下始。

一章

是故刚柔相摩。

《折中》相摩者，以一交一，如天与地交、水与火交、山与泽交、雷与风交是也。相荡者，以一交八，如天与地交矣，而与水火山泽风雷无不交是也。

吴氏澄曰：羲图左起震，而次以离，鼓之雷霆也。右起巽，而次以坎，润之风雨也。离为日，坎为月，艮山在西北，严凝之方为寒。兑泽在东南，温热之方为暑。左离次以兑者，日之运行为暑。右坎次以艮者，月之运行为寒也。

润之以云雨。《北魏书·刑罚志》　**日月违行。**姚信本。

乾以易知，坤以简能。

韩注：乾不为而善始，坤不劳而善成，故曰易简。

《正蒙》云：乾至健无体，为感速，故易知。坤至顺不烦，其施普，故简能。

乾知大始，坤作成物。　坤化成物，乾知泰始。王肃本

蔡氏渊曰：知者乾道，作者坤道。夫子于乾则曰知至至之，知终终之。乾能兼坤，故知与行，无不尽也。至于坤，则曰直其正也，方其义也。坤承乾而行者，故特言行之而已。程子谓乾是圣人之事，坤是学者之事。盖乾能尽知与行，而坤则但能行之而已，此所以为有间也。

朱注：知犹主也，乾主始物，而坤作成之。

《语类》云：知训管字不当，解作知见之知。

黄氏度曰：坎正北一阳，水也。是为生物之始。至巽巳月四月，六阳乾成卦，而乾不居，恶其亢也。乾退居西北，居坎之后，以听坎之所为，是为乾知太始。离正南一阴，火也。是为成物之始。至乾亥月十月，六阴坤成卦，而坤不居，不敢与乾并也。坤退居离兑之间，以宿火卫金，而后物终成焉。是为坤作成物。作言合金火之气，以造作之也。是故乾居西北，坤居西南。乾坎艮震巽离坤兑。

按：天一生水，坎。天三生木，震。而艮亦阳土生物者，是乾坎艮震皆以生物言也。地二生火，离。地四生金，兑。而坤亦阴土成物者，是巽离坤兑，皆以成物言也。兑居坤后者，物已成而杀刈，人已成而老死也。乾居兑后者，兑阴金不能生水，乾阳金始能生水，有乾而后有坎也。又《乐经》云：乾主立冬，坎主冬至，是乾又在坎先也。

可久则贤人之德。

注：天地易简，万物各载其形。圣人不为群生，各遂其业，德业既成，则入于形器，故以贤人目之。疏云：行天地之道，总天地之功，惟圣人能然。今云贤人者，圣人则隐迹藏用，事在无境。今云：可久可大，则是离无入有，贤人则事在有境，故可久可大，以贤人目之也。又解注云：圣人显仁藏用，惟见生养之功，不见其何以生养，是圣人用无为以及天下也。但初行德业，未成之时，不见其有为，是在于虚无。若德业既成，覆被于物，在于有境，是入于形器也。贤人之分，则见其所为，见其成功，本末皆有。德之与业，是所有形器，故以贤人目其德业。然则本其虚无元象谓之圣，据其成功事业谓之贤也。

天下之理得，而易成位乎其中矣。

按：第七章天地设位而易行乎其中矣。又十二章云乾坤成列，而易立乎其中矣文法与此正同。

惠云：《释文》马王本有易字。荀慈明曰：阳位成乎五，阴位成乎二。五为上中，二为下中，故曰成位乎其中。韩注成位况立象。此言成易之位，非言成人之位。《本义》谓易则易知，以下言人法乾坤之德。而以成位乎中，为圣人参天地之事。愚未敢信。此易字指乾坤，故云乾坤，其易之总耶！乾坤毁，则无以见易。天地设位，而易行乎其中矣。此易字指坎离，以坎离为乾坤二用也。

二章

圣人设卦观象，系词焉而明吉凶悔吝。

一本有悔吝二字。按下云：吉凶者，失得之象也；悔吝者，忧虞之象也。吉凶者，言乎其失得也；悔吝者，言乎其小疵也，是故辨吉凶者，存乎词。忧虞悔吝者，存乎介。吉凶悔吝生乎动者也，皆以四字并列。蔡氏渊曰：吉凶悔吝，具四象之义。悔者吉之未成也，吝者凶之未成也。犹少阴少阳未成乎阴阳也。则悔吝二字，似不可省。

疏云：设之卦象，则有吉凶，故下文云吉凶者，失得之象。悔吝者，忧虞之象；变化者，进退之象；刚柔者，昼夜之象，是施设其卦，有此诸象也。此设卦观象，总为下而言卦象爻象，有吉有凶。若不系词，其理未显，故系属吉凶之词于卦爻之下也。

刚柔相推而生变化。

疏云：八纯之卦，卦之与爻，其象既著，变化犹少。若刚柔二气相推，阴爻阳爻交变而为六十四卦，有三百八十四爻，委曲变化，事非一体，而生变化也。

云：《易》中言变化者，刚柔之爻穷皆变，变则化也。变者化之渐，化者变之成也。变在化之先，故为阳。化在变之后，故为阴。盖以先后为阴阳，非阳动而变，阴动而化也。

是故吉凶者，失得之象也。

疏云：《易》之诸卦，及爻不言吉者，义有数等。或吉凶据文可知，不须言吉凶者。若《乾》元亨利贞，及九五飞龙在天，利见大人之类。寻文考义，其吉可知，故不须言吉也。若《剥》，不利有攸往，《离》九四突如其来如，焚如、死如、弃如之类，据其爻词，其凶可知，故不言凶也。亦有爻处吉凶之间，吉凶未定，行善则吉，行恶则凶，吉凶未定，亦不言吉凶。如《乾》九三、

《屯》六二词是吉凶未定，亦不言吉凶也。又诸称无咎者，若不有善应则有咎，若有善应则无咎，此亦不定言吉凶也。诸称吉凶者，皆嫌其吉凶不明，故言吉凶以正之。若《坤》六五黄裳元吉，以阴居阳位，嫌其不吉，故言吉以明之。推此，馀可知也。亦有于事无嫌吉凶，灼然可知，而更明言吉凶者，若《剥》初六、六二是也。

悔吝者，忧虞之象也。

韩注：失得之微者，足以致忧虞而已，故曰悔吝。疏云：悔者，其事已过，意有追悔之也。吝者，当事之时，可轻鄙耻，故云吝也。吝既是小凶，则《易》之为书，亦有小吉，若无咎之类，善补过是也。此亦小吉，而不言者，《下经》备言之也。

变化者，进退之象也。

《正义》曰：万物之象，皆有阴阳之爻，或从始而上进，或居终而倒退。以其往复相推，或渐变而顿化，故云进退之象也。

刚柔者，昼夜之象也。

虞云：乾为昼，故辟户谓之乾。坤为夜，故阖户谓之坤。《正义》曰：昼则阳，日照临万物，生而坚刚，是昼之象也。夜则阴，润浸被万物，而皆柔弱，是夜之象也。《本义》：柔变而趋于刚者，退极而进也。刚化而趋于柔者，进极而退也。既变而刚，则昼而阳矣。既化而柔，则夜而阴矣。

是故君子所居而安者，易之序也。

疏云：上文吉凶，显其得失变化，明其进退，以此之故，君子观象，知其所处，故居可治之位，而安静居之，若居在乾之初九而安于勿用，若居在乾之九三而安于乾，乾是以所居而安者，在观易之位次序也。

存异。虞本**所居而安者，易之象也。所变而玩者，爻之词也。**

按：下有观象玩词句，则序宜作象。下有动则观变句，则乐宜作变。《礼记》不可以变，注：变，动也。

三章

彖也者，言乎象者也。爻也者，言乎变者也。

注：《彖》总一卦之义，爻各言其变也。虞云：八卦以象告，故言乎象也。爻有六画，九六变化，故言乎变也。

是故列贵贱者，存乎位。

注：爻之所处曰位，六位可贵贱也。齐犹辩也，即《彖》者言乎象也。辞，《爻词》也，即爻者言乎变也。

疏：以《彖》者言乎象，象有小大，故齐辩物之小大者，存乎卦。若《泰》则小往大来，《否》则大往小来之类是也。

忧悔吝者，存乎介。震无咎者，存乎悔。

介，纤介也。王弼曰：忧悔吝之时，其介不可慢也。震，动也。动而无咎，存乎悔过也。汪砥石曰：《易》凡言悔吝，即寓介之意。言无咎即寓悔之意。忧盱豫之悔，存乎进退之介也。忧，即鹿之吝，存乎往合之介也。震，甘临之无咎，存乎忧而悔也。震频复之无咎，存乎厉而悔也。邱富国曰：此章就吉凶悔吝上添入无咎说，是欲人于悔吝上著力，尤欲人于介上用力。善人知悔，则以善补过而无咎，虽未至吉，亦不至凶。若于悔吝之介忧之，则但有吉，并悔吝亦无矣。

是故卦有小大，词有险易。

韩注：其道光明，曰大。君子道消，曰小。之泰，则其词易。之否，则其词险。《语类》云：好底卦，便是大。不好底卦，便是小。如《复》如《泰》如《大有》如《夬》之类，是好底。如《损》如《困》如《小过》之类，是不好底。所以谓卦有小大，词有险易，大卦词易，小卦词险，即此可见。

潘梦旂曰：卦有小有大，因其消长而分。词有险有易，因其安危而别。辞者各指其所向。凶，则指其所避之方；吉，则指其所趋之所，以示乎人也。

易与天地准，故能弥纶天地之道。仰以观于天文，至**知鬼神之情状。**合为一节。

《汇纂》：易与天地准，与天地相似，范围天地之化而不过。此三句当为三节。冠首第二第三节不言易者，蒙第一节文义。

王引之曰：弥，遍也。纶，知也。纶当作论。古字多借纶为论。《屯》君子以经论，《中庸》经论天下之大经，《释文》并曰论，本亦作纶。《礼记》使其文足论而不息，《史记》作纶。《吕氏春秋·直谏篇》不可不论。《淮南子》以小明大，以近论远。注：论，知也。《说文》：纶，欲知之貌。义亦与论同。下文仰以观于天文节，知幽明之故，知死生之说，知鬼神之情状，正所谓遍知天下之道也。荀爽注曰：纶，迹也。亦谓踪迹而知之也。王训为缠，虞训为络，孔训弥纶为弥缝，皆失之。

原始反终，反当作及。

四章

知周乎万物，而道济天下，故不过。旁行而不流。一本作留**精气为物，游魂为变。**

郑注：精气谓七八也，游魂谓九六也。七八木火之数，九六金水之数。木火用事而物生。金水用事而物变。精气谓之神，游魂谓之鬼。木火生物，金水终物。朱注：阴精阳气，聚而成物，神之伸也。魂游魄降，散而为变，鬼之归也。

又苏氏轼曰：鬼常与体魄俱，故谓之物。神无适而不可，故谓之变。精气为魄，魄为鬼；志气为魂，魂为神。此与上二说不同。然以《祭义》，孔子曰：气也者，神之盛也。魄也者，鬼之盛也。观之亦似有理。气者，神之盛，指志气。魄，鬼之盛，指精气。《左传》：人生始化曰魄，既生，魄阳曰魂。

范围天地之化而不过。

《九家易》曰：范者，法也。围者，周也。言乾坤消息，法周天地，而不过于十二辰也。

孔疏：范谓模范，围谓周围，言圣人所作所为模范周围天地之化。

一阴一阳之谓道，继之者善也。

程氏承敬曰：此章承上章说来，上言弥纶天地之道，此则直指一阴一阳之谓道。上言神无方易无体，此则直指阴阳生生之谓易，阴阳不测之谓神。

邱富国曰：上章言易无体，此言生生之谓易，惟其生生，所以无体。上章言神无方，此言阴阳不测之谓神，惟其不测，所以无方。言易而以乾坤继之，乾坤毁则无以见易也。

韩注：道者无之称也。在阴为无阴，阴以之生。在阳为无阳，阳以之成，故曰一阴一阳也。

按：此解意是而词不甚明白。《穀梁·庄三年》独阴不生，独阳不生，独天不生。《传》疏曰：《易》云一阴一阳之谓道。王弼云：一阴一阳者，或谓之阴，或谓之阳，不可定名也。夫为阴则不能为阳，为柔则不能为刚，惟不阴不阳，然后为阴阳之宗。不刚不柔，然后为刚柔之主。故无方无体，非阴非阳，始得谓之道，谓之神也。此条以或字释一字两在，故不测，即末句所云阴阳不测之谓神也。

《述义》：一阴一阳，有对待之体，有交易之用，有迭运之机，有互藏之妙，所谓道也。

《汇纂》：继字精确，天以此理全付于人，而人受之。但谓之付则主于天地而言，谓之受则主于人而言。惟谓之继则见得大人承接之意，而付与受，两义皆在其中矣。

故君子之道鲜矣。

《释文》：鲜，尽也。王宗传曰：君子者，具仁知之成名，得道之大全也。徐氏在汉曰：一阴一阳，无时而不生生，是之谓易。成此一阴一阳生生之象，是之谓乾。成此一阴一阳之法，是之谓坤。极一阴一阳生生之数，而知乘，是之谓占。通一阴一阳之变，是之谓事。一阴一阳，变化不穷，果孰使之然哉？盖神之所为也。

五章

夫乾，其静也专。

范云：易之广大，具于乾坤。夫乾，阳也，其静也专一不杂，故其动也直遂不挠。所以然者，乾阳而健，健则气机充实，无所不到，是以大生焉。坤，阴也，其静也翕聚无遗，故其动也发见无隐。所以然者。坤阴而顺，顺则气机旁达，无处不流，是以广生焉。吴氏澄曰：翕谓合，而气之专者，藏于此。辟谓开，而气之直者出于此。

韩康伯曰：乾统天，首物为变化之元，通乎形外者也。坤则顺，以承阳，功尽乎己，用止乎形者也。故乾以专直言乎其材，坤以翕辟言乎其形。

夫《易》广矣大矣，节**夫乾，其静也专，其动也直，是以大生焉。**

《本义》：乾一而实，故以质言，而曰大。坤二而虚，故以量言，而曰广。《语类》云：天是一个浑沦底物，虽包乎地之外，而气则迸出乎地之中。地虽一块物，在天之中，其中实虚，容得天之气迸上来。大生是浑沦无所不包，广生是广阔能容受得那天之气。专则只是一物，直去翕辟则是两个。翕则翕辟，则辟是奇耦之形也。乾尽奇，便见得其静也专，其动也直。坤尽耦，便见得其静也翕，其动也辟。

广变化配四时。

虞云：变通趣时，谓十二月消息也。《泰》《大壮》《夬》配春，《乾》《姤》《遁》配夏，《否》《观》《剥》配秋，《坤》《复》《临》配冬，谓十二月消息相变通，而周于四时也。

案云：此节是承上节广矣大矣，而推言天地之所以广大者，一由于易简，故下节遂言广大配天地，而结归于易简也。静专动直，是毫无私曲，形容易字最尽。静翕动辟是毫无作为，形容简字最尽。易在直处见，坦白而无险阻之谓也，其本则从专字来。简从辟处见，开塞而无阻塞之谓也，其本则自翕中来。

易其至乎。

案云：此与下章申君子所居而安者一节之义，得易理于心之谓德，成易理于事之谓业。圣人犹然，况学者乎？谷氏家杰曰：此章以存诚用易，尊德性也。下章以拟议用易，道问学也。

知崇礼卑。

韩云：极知之崇，象天高而统物；备礼之用，象地广而载物也。《本义》同。

知崇体卑。

范蜀才本礼作体。《语类》知识贵乎高明，践履贵乎笃实。知既高明，须著实，著实做去。

据此解，则作体字亦通。君子之知易也，高明故德崇，其体易也。笃实，故业广。

六章

圣人有以见天下之赜。

《本义》：赜，杂乱也，象卦之象，如《说卦》所列者。

朱子曰：赜，杂乱也。古无此字，只是啧字。今从臣，亦是口之义，与《左传》啧有烦言之啧同，是口里说话多，杂乱底意思。所以下文说不可恶。先儒多以啧为至妙之意，若如此说，何以谓之不可恶。

《述义》解此节云：易有象有爻，象者，何形天下无形之理也？爻者何穷天下无形之事也？无形则合而不见，故曰赜，赜中深处也。极深斯有以见天下之赜，形容者物之状，宜者物之理，拟以象之，肖其状即以尽其理，而无形者有形矣。又解探赜索隐云，理藏于内曰赜，探者入而取之，伏于幽曰隐。索者寻而得之，赜在内而犹未深也。深则探之不及也。又解极天下之赜者存乎卦云，卦即象也，穷幽隐之理而著之卦象，故曰极。三处解释甚明。《经》云探赜索隐，钩深致远，则赜字自与隐深远一类，不得训为杂乱。若杂乱则须整顿，不必探取矣。

孔疏：赜谓幽深难见，圣人有其神妙，以能见天下深赜之至理也。其解探赜，《索隐》云，探谓窥探求取，赜谓幽深难见。卜筮则能阈探幽昧之理，故云探赜也。其解虽近，但训为幽深，则与下隐字深字重复，不若理藏于内，隐而不见之训为的确也。朱子以下有恶字，故训杂乱。然恶字荀慈明本作亚，注：亚，次也。则不可以恶言矣。

吴氏澄曰：不以《彖》对爻言，而以《象》对爻言者，文王未系《彖词》之先，重卦之名谓之象。六十四象。《象》先于《彖》，则《彖》在其中。象也者，言乎象者也。立象以尽意，八卦以示告。

拟之而后言。

陆绩姚信本拟并作仪，仪，度也。凡举事必先度之也，《诗》：我仪图之。

君子居其室。

汪砥之曰：居室照在阴看，《中孚》者，诚积于中，在阴居室，正当慎独以修言行，而进于诚。

蔡氏渊曰：居其室，即在阴之义。出其言，即鸣之义。千里之外应之，即和之义，感应者，心也。言者心之声，行者心之迹。言行，乃感应之枢机也。

七章

劳谦，君子有终吉。

杨万里曰：人之谦与傲，系其德之厚与薄。德厚者，无盈色。德薄者，无卑词。如钟磬然，愈厚者声愈缓，薄者反是。故有劳有功，而不伐不德，惟至厚者能之。其德愈盛，而其礼愈恭矣。厚之至也

亢龙有悔。

《本义》：释乾上九爻义，当属文言，此盖重出。

孔颖达曰：上既以谦德保位，此明无谦则有悔，故引乾之上九有悔，证骄亢不谦也。

王氏宗传曰：知圣人深予乎谦之九三，则知圣人深戒乎乾之上九。何也？亢者，谦之反也。九三致恭存位，上九则贵而无位。九三万民服，上九则高而无民。九三能以功下人，上九则在下位而无辅。此九三所以谦而有终，上九所以亢而有悔也。

据孔王二说，则非重出。

不出户庭，无咎。

蔡氏渊曰：不言，则是非不形。人之招祸，惟言为甚。故言所当节也，密于言语，即不出户庭之意。

吴氏澄曰：此《爻词》所象慎动之节，而夫子以发言之词释之。程子曰：在人所节，惟言与行。节于言，则行可知，言当在

先也。

言行，君子之枢机。

枢，户。枢机，门阃也。《公羊传》注：妻事夫，枢机之内，谓阃以内也。《广雅》：机，柴也。柴与梱同。枢为户，枢所以利转；机为门梱，所以止扉，故谓之枢机。枢机为门户之要，犹言行为君子之要。

按：《汉书·石显传》：自宣帝时，久筦枢机。刘向封事，王氏筦执枢机。明德马皇后云：先帝慎防舅氏，不令在枢机之位。《汉书·冯异传》：并据枢机。《九成宫铭》，握机蹈矩，皆指门户言。机与畿通，《诗》薄送我畿，注：畿，门限也。昌黎诗：白石为门畿，即此。惟作户枢门梱说，方与上居其室合，以二者，皆空中物也。若作弩机训，则与室字无关矣。

夫茅之为物薄，而用可重也。

案云：此句须对卦义看，卦取栋为义者，任重者也。茅之视栋为物薄矣，然栋虽任重，而犹有挠之患，故当大事者，每忧其倾坠也。若藉茅于地，则虽重物，而不忧其倾坠矣。岂非物薄，而用可重乎？自古图大事，必以小心为基。故《大过》之时义，虽用刚，而以初爻之柔为基者，此也。

上慢下暴，盗思伐之矣。不威小，不惩大。

慢字对下文慢藏观之，则当为上亵慢其名器，而在下之小人得肆其残暴之义，方与伐字相应。盖夺者祸止其身也，伐者祸及国家也。慢藏诲盗，以喻上慢下暴，盗思伐之。冶容诲淫，以喻小人而乘君子之器，盗思夺之。

冶容诲淫。

冶字费解，当作蠱，《正韵》蠱一音古者切，音冶，媚也。马融《广成颂》开古蠱，注：蠱与冶通。《史记·货殖传》休则掘塚，作巧奸冶，徐广曰：冶一作蠱，是古二字相通也。《南史·后妃传》专贞内表，妖蠱外息，乃可以辅兴君德，燮理阴教。此处盖言媚悦之容，方与《左传》女惑男谓之蠱相合。

公用射隼于高墉之上，获之，无不利。

一说射隼上脱弓矢二字，子曰弓矢者，器也，是解弓矢二字。若《经》无弓矢，则下藏器于身，成器而动，语俱落空矣。

八章、九章

天一地二，天三地四，天五地六，天七地八，天九地十。

韩本错简。

八章大衍之数五十，至再扐而后挂，下接天数五，地数五，至行鬼神也，又接乾之策二百一十有六，至可与佑神矣。

十章

天一地二，天九地十，至子曰：夫《易》何为者也。

考正。《本义》：天一地二章，本在第十章之首。程子曰：宜在此，今从之。

《语类》：天一至地十，连天数五至行鬼神也为一节。是论河图五十有五之数，大衍之数五十至再扐而后挂，接乾之策至可与佑神矣为一节，是论大衍之数。今其文间断差错，不相连接，舛误甚明。

吴草庐曰：《汉书·律历志》引此章天一地二，天三地四，至行鬼神也，六十四字相接，则是班固时此简犹未错也。

姚氏大史老云：天一地二，天九地十，班固《律历志》及卫元嵩《元包运蓍篇》：俱在天数五地数五之上。

谢梅庄曰：《图》、《书》宜并出于既画卦后，而《系词传》中自天一地二以至天地之数五十有五二节，言河图之数，而不及洛书者，河图五十五，洛书四十五，共百数。蓍草一丛百茎，其数符天有馀，五十有五。地不足，四十五。分天有馀补地不足，图书皆五十，天包乎地，用河图五十，而洛书五十自该，故下节云大衍之数五十。用蓍求卦，从图书来，何疑。

按：下文凡三百有六十，当期之日。

《述义》云：凡期岁以二十四气计之，则三百六十六日而不足，以十二月朔计之，则三百五十四日而有馀，故《折中》之为三百六十日，大衍之数数以一百为极。此处亦然。以河图五十五计之，则有馀，以洛书四十五计之，则不足，故《折中》之为五十。后文云河出图，洛出书，圣人则之，未有取图而遗书者。大衍之数五十，盖合图书言之，非专论河图也。

归奇于扐以象闰。

段玉裁曰：凡数之馀，皆曰扐。《王制》祭用数之扐，丧用三年之扐，郑皆以数之什一，扐、仂，盖同字。

五位相得而各有合。

《诗》：天作之合，《述义》：合，配也。钱氏以十干配合之义训之，最为的当。

孔疏：天一与地六相得，合为水。地二与天七相得，合为火。天三与地八相得，合为木。地四与天九相得，合为金。天五与地十相得，合为土。

龚氏焕曰：五位相得之说，当从孔氏。盖既谓之五位相得，则是指一、六居北，二、七居南，三、八居东，四、九居西，五、十居中而言。若朱子云：一与二，三与四，五与六，七与八，九与十，各以奇耦为类，而自相得，则不见其用。不若孔氏之的也。

《述义》云：如十干之甲乙木，丙丁火，戊己土，庚辛金，壬癸水，是两相得也。十干之甲与己合，乙与庚合，丙与辛合，丁与壬合，戊与癸合，是两相合也。李云：甲乾乙坤相得，合木，故甲乙在东。

案云：龚氏之意谓相得者，言四方相次，如一三七九二四六八是也。相合者，言四方相交，如一六二七三八四九是也。此说极合图意。盖相得者，是二气之迭运，四时之顺播，所以成变化者此也。有合者，是动静之互根，阴阳之互藏，所以行鬼神者此也。

钱大昕曰：十干配合之说，本于《易·系词》及《左传》，火水纪也，而《汉书·五行志》衍其词尤详。云：天以一生水，地以二生火，天以三生木，地以四生金，天以五生土，五位皆以五相合。一得五而成六，二得五而成七，三得五而成八，四得五而成九，五得五而成十。而阴阳易位，然则水之六数，火七，木八，金九，土十，故水以天一为地二牡，木以天三为土十牡，土以天五为水六牡，火以天七为金四牡，金以天九为地八牡。阳奇为牡，阴耦为妃，故曰水，火之牡也。火，水妃也。

今按：水一为火，二牡者，壬与丁合也。天一壬水地二丁火。木三为土十牡者，甲与已合也。天三甲木地十巳土。土五为水。五六天地之中

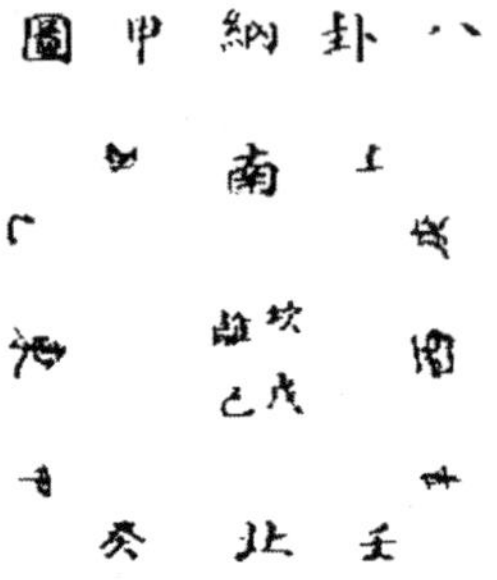

合。六牡者戊与癸合也。九三戊土地六癸水。火七为金四牡者，丙与辛合也。天七丙火地四辛金。金九为木八牡者，庚与乙合也。天九庚金地八乙木。此谓五位相得，而各有合。

李云：甲乾乙坤，相得合木，故甲乙在东。丙艮丁兑，相得合火，故丙丁在南。戊坎巳离，相得合土，故戊己居中。庚震辛巽，相得合金，故庚辛在西。天壬地癸，相得合水，故壬癸在北。

按：得者同类相得，如兄弟之宜。甲三与乙八相得，以其俱属木也。丙七与丁二相得，以其俱属火也。庚九与辛四相得，以其俱属金也。壬一与癸六相得，以其俱属水也。戊五与己十相得，以其俱属土也。合者异类相合，以如夫妇之配。甲与己相合，故巳土为甲木之妃也。庚与乙相合，以乙木为庚金之妃也。丙与辛相合，以辛金为丙火之妃也。壬与丁相合，以丁火为壬水之妃也。戊与癸相合，以癸水为戊土之妃也。白文而字明有两义，惟钱说得之。

一二三四五六，生数以五而成甲乙丙丁戊己，妃亦以五而成。

乾之策二百一十有六，坤之策百四十有四，凡三百有六十，当期之日。

《述义》：蓍策三变皆奇，为老阳，而过揲之数九太阳九其四而为三十六，十有八变皆奇，积为二百一十有六，如遇乾而画皆老阳者，此数也。三变皆耦为老阴，而过揲之数六太阴六其四而为二十四，十有八变皆耦，积之为百四十有四，如遇坤而画皆老阴者，此数也。合二卦之策，凡三百六十日，当周一岁之日数。每期岁以二十四气计，则三百六十六日而不足，以十二月朔计，则三百五十四日而有馀。《折中》之为三百六十四也。合上下《经》二篇计之，阳爻一百九十二，因每爻三十六策，得六千九百一十二策。阴爻一百九十二，因每爻二十四策，得四千六百八策。为万有一千五百二十，当万物之数者，举盈数而言之也。抑此论九六老数也，若以七八少数推之，少阳过揲之策七太阳七其数而为二十有八。少阴过揲之策八少阴八其四而为三十有二。如乾坤皆少，其合亦三百有六十。少阳一百六十二　少阴一百九十八二篇皆少其合，亦万有一千五百二十。传言二老而不言二少者，犹卦爻以九六名爻，而不言七八。九六纯阴纯阳，七八阴阳相杂，乾坤可以该六子，九六可以该七八也。四六二十四，六四亦二十四，四七二十八，七四亦二十八，四八三十二，八四亦三十二，四九三十六，九四亦三十六。

朱子曰：大凡易数皆六十，三十六老阳对二十四老阴，三十二少阴对二十八少阳，皆六十也。十甲十二辰亦凑到六十也。五钟律声十二律亦积为六十也。以此知天地之数，皆至六十为节。

四营而成易。

四营谓分二、挂一、揲四、归奇也。奇耦始分，而老少未定，故曰易三变，斯老少定，而成画。十有八变，斯内外备而成卦。八卦而小成，则六十四为大成也。由小成而大成，是引而伸之也。六十四卦，变为四千九十六卦，是触类而长之也。乾之策二百一十有六，坤之策百四十有四，凡三百有六十，当期之日。

孔仲达：《周礼·校人疏》云：天一生水，北方。地二生火，南方。天三生木，东方。地四生金，西方。天五生土，中央。是谓阳无匹，阴无耦。又地六成水，北方。天七成火，南方。地八成木，东方。天九成金，西方。地十成土，中央。是谓阳有匹，阴有耦。龟取生数一二三四五，蓍取成数六七八九十。若然东方南方生长之方，故七为少阳，八为少阴。西方北方成熟之方，故九为老阳，六为老阴。不取十者，中央配四方故也。是以易之六爻卦画七八爻称九六也，七八九六既配四方，故九六皆以四乘之，乾之六爻以四乘九，四九三十六，六爻故二百一十六，是为乾之策也。坤之六爻以四乘六，四六二十四，六爻故百十有四，是为坤之策也。

《折中》：过揲为正策凡三百有六日，当一期之日数，挂扐为馀策。乾策十三合六爻七十八，坤策二十五合六爻百五十。凡二百一十有八，当一章之月数。二篇之策为全策阳爻百九十二，得六千九百一十二。阴爻百九十二，得四千六百零八。凡万有一千五百二十，当闰馀之总数。岁者，正数也。太阳主之。闰者，馀数也，太阴主之。故《尧典》始而启正四时，曰日中日永日短，以太阳为主。终曰以闰月定四时成岁，以太阴为主。蓍策正数三百有六日，当一期之日。盖日周天而为一期，故为大阳所主也。其馀数二百一十有八，当一章之月，盖气朔分齐而为一章，故为太阴所主也。其全数万有一千五百二十，当闰馀之总数，盖三十二月而闰一月，其辰万有一千五百二十，三十二年而闰一年，其日万有一千五百二十，此则日月正馀会终蓍卦齐同之数也。百年三万六十日。

三十六者，九个四也，故曰九。二十四者，六个四也，故曰六。二十八者，七个四也，故曰七。三十二者，八个四也，故曰八。

《述义》云：每期岁以二十四气计之，则三百六十六日而不足。以十二月朔计之，则三百五十四日而有馀。折中之为三百六十也。合上下《经》二篇计之，阳爻一百九十二，因每爻三十六策，得六千九百一十二策。阴爻一百九十二，因每爻二十四策，得四千六百八策。合之为万有一千五百二十，言万物之数者，举盈数而言也。然此论老，九六老数也，若以七八少数论之，少阳过揲之数七其四，而为二十有八，少阴过揲之数八其四，而为三十有二。如乾坤皆少，其合亦三百有六十，二篇皆少，其合亦万有一千五百二十。《传》言二老而不言二少者，犹卦爻以九六名爻，而不言七八。九六纯阴纯阳，七八阴阳相杂，乾坤可以包六子，九六可以该七八也。

是故四营而成易。

孔疏：营，度也。谓曰度，经营蓍策，乃成易之一变也。

《述义》：四营谓分二、挂一、揲四、归奇也。奇耦始分，而老少未定，故曰易三变，斯老少定而成画；十有八变，斯内外备而成卦。八卦为小成，则六十四卦为大成也。

子曰：知变化之道者。

龚氏焕曰：此承上文成变化而行鬼神言也。盖河图之数，体也，故曰所以成变化而行鬼神。大衍之数，用也，故曰知变化之道者，其知神之所为。成变化所以行鬼神，故知变化之道，则知神之所为。

大衍之数五十，其用四十有九。

陈云：河图中有天五地十之数，天五，五个一也，数始于一，而终于十，则此五个一自涵五个十之数。圣人则而衍之，谓五为生数，有衍母之义，十为成数，有衍子之义，举此母数之一衍之，以至于子数。子曰：小衍则为一，其十推尽，此极数之五，皆衍之，以极于子数，曰大衍则为五其十，故蓍策之数以五十为度焉。

来尔绳曰：天地之数五十有五，虚其中金木水火土五数，便是五十。又虚天一，故用四十有九。或曰参天两地便是虚去天一之数，只用天三地二，而每位各衍之为十，又五为生数之极，十为成数之极，以五乘十，以十乘五，亦为五十。或曰数始于一，成于五，小衍之成十，大衍之成五十，大衍之数五十。天一奇地二，力天三地四，息天五地六，翕天七地八，必天九地十。

孔疏：京房云五十者谓十日、十二辰、二十八宿也。凡五十，其一不用者，天之生气，将欲以虚来实，故用四十九焉。马季长云：易有太极，谓北辰也。太极生两仪，两仪生日月，日月生四时，四时生五行，五行生十二月，十二月生二十四气。北辰居位一不用不动，其馀四十九转运而用也。荀爽云：卦各有六爻，六八四十八，加乾坤二用，凡有五十。乾初九潜龙勿用，故用四十九也。郑康成曰：天地之数五十有五，以五行气通图虚五，凡五行减五，大衍又减一，故四十九也。姚信董遇云：天地之数五十有五者，其六以象六画之数，故减之而用四十九。但五十之数，义有多家，各有其说，未知孰是。

今案：王弼云演天地之策，所赖者五十。据王弼此说，其意盖与诸儒不同。万物之策，万有一千五百二十，其用此策，推演天地之数，惟用五十策也。一谓自然所须策者，惟用五十，就五十策中，其所用揲蓍者，惟用四十有九。其一不用，以其虚无，非所用也，故不数之。顾欢同王弼此说，故顾欢云：立此五十策数以数神，神虽非数，因数而显，故虚其一数以明不可言之义。来尔绳曰：天地之数五十有五，虚其中金木水火土五数，便是五十。又虚天一，故用四十有九。此说与郑康成说同。

愚按：易有太极是生两仪，太极一也，两仪二也，四象三也，共成七数，合之八卦之数，八六四十八，则为天地五十有五之数也。

郑康成说朱子曰：大衍之数五十，以天地之数五十有五，除去金木水火土五数，并天一，便是四十有九，此一说也。数家之说，虽各不同，某自谓此说，却分晓。参天两地，则是已虚了天一之数，只用天三对地二。又五是生数之极，十是成数之极，以五乘十，是五十。以十乘五，亦是五十，此一说也。又数始于一，成于五，小衍之，而成五十。此又是一说。

孔仲达曰：参为奇数之始，二为耦数之始。

董铢问曰：天地之数五十有五，而大衍之数五十，何也？窃谓天地所以为数，不过五而已。五者数之祖也。盖参天两地，三阳而二阴，三二各阴阳错，而数之所以为数，五也。是故三其三，三其二，而为老阴老阳之数，两其三，一其二，而为少阴之数，两其二，一其三，而为少阳之数，皆五数也。河图自天一至地十，积数凡五十有五，而其五十者，则皆因五而后得。如一得五而成六。故五虚中，若无所为，而实五十之所以为五十也。洛书四十有五，而其四十者，亦皆因五而后得。一六共宗，而为太阳之位。四九同道，而为太阴之位。二七共明，而为少阳之位。三八成友，而为少阴之位。即是观之河图洛书，皆五居中而为数宗祖，大衍之数，五十者，即此五数衍而乘之，各极其十，则合为五十也。是故五数散布于外为五十，而为河图之数。散布于外为四十，而为洛书之数。衍而极之，为五十，而为大衍之数，皆自此五数始耳。是以于五行为土，于五常为信，水火木金，不得土，不得土不能各成一气。仁义礼智不实有之，亦不能各成一德。此所以为数之宗。而蓍揲之法，必衍而极于五十，以见于用也。不知是否曰此说是。

《汉书·律历志》：其数以易大衍之数五十，其用四十九，成阳六爻，得周流六虚之象也。孟康曰以四十九，成阳六爻，为乾，乾之策数二百一十六，以成六爻，是为周流六虚之象也。

陆氏秉曰：天一地二，天三地四，天五地六，天七地八，天九地十，合之共成五十有五，故《系词》云凡天地之数五十有五，此只云五十，盖脱文也。大衍之数五十有五，其用只四十有九，馀六。馀六者，盖揲蓍之时，除去六爻之画不算耳。

沈作喆曰：陆氏五十有五之说是也，其言六虚非也，生数始于一，终于五。天地之化显诸仁，藏诸用，盖一与五，秘而不露耳。老子云有则为之祖，无则为之用，故当其无，有大衍之用也。与来尔绳、董铢说同。分而为二以象两，掛一以象三，揲之以四以象四时，是所用者二三四而一与五不用也。

王恒齐曰：宋咸云太极生两仪，则阳一阴二，衍而为三。两仪生四象，则大阳一，少阴二，少阳三，大阴四，衍而为十四象生八卦，则乾一、兑二、离三、震四、巽五、坎六、艮七、坤八，衍为三十六，通大极之一、两仪之三、四象之十八、卦之三十六。则其数五十，此说亦好。但大衍之数承上天地之数来，尚是说，先天河图，未便径数到生卦处，至用后方始逐旋见得。如分二者两仪也，揲四者四象也，归奇于扐，卦乃出焉。卦数虽该在五十中，但次第未便如此，恐巧而伤理。《语类》云：四象之数，前日间推，只自三画未成时已具此数，盖大阳居一而涵九，少阴居二而含八，少阳居三而含七，大阴居四而含六，不待揲蓍而后有也。揲蓍归奇之数，乃是凑着此数。过揲之数，又是凑着归奇之数耳。

归奇于扐以象闰。

虞氏翻曰：奇所挂一策，扐所揲之馀，不一则二，不三则四也。取奇以归扐，以闰月定四时成岁，故归奇于扐，以象闰也。

郭忠孝曰：奇者所挂之一也，扐者左右手所揲之馀也。祭用数之扐，扐馀也得左右手两揲之馀，实于前以奇归之也。归奇，象闰也。《系词》言归奇于扐，则奇与扐为二事。又言再扐复挂，则扐与奇亦二事。由是知《正义》误以奇为扐，又误以左右手揲为再扐也。凡蓍揲第一变必挂一者，谓不挂一则无变，所馀皆得五也。惟挂一则所馀非五则九，故能变第二揲，虽不挂，亦有四八之变，盖不必挂也。

案云：以归奇为归挂一之奇。自虞翻已有此说，且玩《经》文语气，归奇于扐，奇与扐自是两物，两归并一处尔。孔疏以扐象闰，张郭以挂象闰，今折其中，则挂扐皆当并以象闰。以天道论之，气盈朔虚，必并为一法。以筮仪论之，挂与扐必并在一处。以《经》文考之，曰归奇于扐，曰再扐后挂，则象闰者，当并挂与扐明矣。

按：朱注奇所揲四数之馀也，扐，勒于左手中三指之两间也，似不如虞、郭二说之清楚。

归奇于扐以象闰。

张氏浚曰：归奇于扐以象闰，何也？大衍用四十有九，老阳馀数十有三，老阴馀数二十有五，合之为三十有八。少阳馀数二十有一，少阴馀数十有七，合之亦为三十有八。乘以六爻之位，则二百十有八也。凡衍于算者，率以二百二十八为求闰之法，盖自然之纪如此。

四营而成易，十有八变而成卦。

《东坡易解》云：四营而成易、十有八变而成卦者，四营为一变，三变为一爻，六爻为十八变也。三变之馀，四数之，得九为老阳，得六为老阴，得七为少阳，得八为少阴，故乾之策二百一十有六，坤之策百四十有四，取老而言也。凡九、六为老，七、八为少，其说未之闻也。或曰：阳极于九，其次则七也。极者为老，其次则少，则阴当老于十而少于八也。曰：阴不可加于阳，故十不用。十不用犹当老于八而少于六也。则又曰：阳顺而上，其成数极于九。阴逆而下，其成数极于六。自下而上，阴阳均也。夫稚于子午而壮于巳亥，始于复姤而终于乾坤者，阴犹阳也。曷尝有进阳而退阴与顺逆之别乎？且夫自然而然者，天地且不能知，而圣人参之为九。阴偶一画得二分，两之为六，三男之卦得七分，三女之卦得八分，此数恰合，但亦在象上看，不是用处。沈括谓老阳九揲而得，故其数九。九四三十六，九为阳。少阴八揲而得，故其数八。八四三十二，八为阴。少阳七揲而得，故其数七。七四二十八，七为阳。老阴六揲而得，故其数六。六四二十四，六为阴。此于乾用九坤用六之意方合。正与四十有九之为用者相符。依此计之，挂扐之数亦合。凡三变皆奇者，则参其三而为九。三变皆偶者，则参其两而为六。两偶一奇者，则两其两偶为四，参其一奇为三，而合之为七。两奇一偶者，则参其两奇为六，两其一偶为二，而合之为八也。如此乃见七八九六之实数。

揲之以四以象四时，一四为阳四，二四为阴八，三四为阳十二，四四为阴十六，五四为阳二十，六四为阴廿四，七四为阳廿八，八四为阴三十二，九四为阳三十六。

以言者尚其辞。

《困学纪闻》云：修词立其诚，故易以辞为重。《上系》终于默而成之，养其诚也。《下系》终于六辞，验其诚不诚也。

王仁圃曰：易有四道，辞变象占，辞本首重，占乃后验。喻文昭曰：《程子易传序》谓吉凶消长之理，进退存亡之道备于辞。推辞考卦，可以知变，象与占，在其中矣，未有不得其辞而能通其意者也。朱子则谓《易》只是为卜筮而作，上古之时，民心昧然，不知吉凶之所在，故圣人作《易》教之卜筮。初但有占而无爻，往往不待辞而后见吉凶。至文王周公方作象、爻之词，使人得此爻者，便观此词之吉凶。孔子恐人不知所以然，故又逐爻解之，圣人作《易》，非专为说道以教人也。故其词必根于象数，则程子尚辞，《本义》尚占，固判然矣。但程子固谓有理而后有象，有象而后有数。理无形也，因象以明理。理见乎辞者也，则可因辞以观象。若乃寻流遂末，术家所尚，非儒者之务，故此云辞本首重，占乃后验也。

黄氏日抄云：伊川先生始作《易传》，以明圣人之道，谓《易》有圣人之道四焉，以言者尚其辞，以动者尚其变，以制器者尚其象，以卜筮者尚其占。吉凶消长之理，进退存亡之道备乎辞。推辞考卦，可以知变。而象与占在其中，故其为《传》专主于辞发理。时则有若康节先生，才奇学博，探赜造化，又别求易于辞之外，谓今之易，后天之易也，而有先天之易焉。用以推占事务，无不可以前知，自是二说并兴。言理学者，宗伊川。言数学者，宗康节。同名为易，而莫能相一。至朱子作《易本义》，作《易启蒙》，乃兼二说，谓易本为卜筮而作，康节《先天图》得作易之原。谓伊川言理甚备，于象数犹有阙。其辞义精核，多足以发伊川所未及。《易》至朱子，信乎其复旧而明且备也。然吉者必其合于理，凶悔吝者必其违乎理。因理为训，使各知所趋避。自文王、孔子已然，不特伊川也。伊川奋自千载之后，《易》之以卜者今无其法，以制器者今无其事，以动者而变，今具存乎卦之爻，遂于四者之中，专主乎词以明理，岂非时之宜而易之要也哉！若康节先天之说，则《易》之书，本无有也，学必如康节而后可言先天之《易》，学必如朱子而后可兼释先天之图，《易》虽占以卜筮，而未尝闻以推步，后世纳甲，飞伏卦气，凡推步之术，无一不倚《易》为说，而《易》实无之。康节以《易》言数，虽迥出汉人之上，然学者亦未易躐等。若以理言易，则日用常行，无往非易，此宜审所当务者也。

马贵舆曰：伊川之易，精于义理，而略于卜筮象数，此固先儒之说。然愚以为易之卜筮象数，岂出于义理之外？盖有此理，则有此象，有此数，而卜筮之说，其所为趋吉避凶，惠迪从逆云者，又未尝不一出于义理。平日本诸践履，则观象玩词，此义理也。一旦谋及卜筮，则观变玩占，亦此义理也，固不必歧而二之也。

王伯源曰：程子言易谓得其义，则象数在其中。朱子以为先见象数，方说得理。不然，事无实际，则虚理易差。然义理象数，一以贯之，乃为尽善。

易有圣人之道四焉。圣人，一本作君子。

虞氏翻曰：以言者尚其辞，圣人之情见乎辞，系辞焉以尽言也。动则玩其占，故尚其占者也。何氏楷曰：此章与第二章观象玩词，观变玩占相应。

是以君子将有为也。

《本义》：此尚辞尚占之事。

案云：此节是释动则观其变而玩其占之意，又起下章所谓蓍之德也，蓍以知来，故曰遂知来物。

参伍以变。

《本义》：此尚象之事，变则象之未定者也。

案云：此节是释居则观其象而玩其辞之意，又起下章所谓卦之德，六爻之义也。卦爻以藏往，故曰遂成天地之文，遂定天下之象。成文谓八卦也，雷风水火山泽之象具，而天地之文成矣。定象谓六爻也，内外上下贵贱之位立，而天下之象定矣。参伍错综，亦是互文，总以见卦爻阴阳互相参错尔。

姚信本：遂成天地之爻，按爻象动乎内，吉凶见乎外，爻象以情言，则作爻字亦通。爻也者，言乎变者也。

易无思也节。

案：此节是总蓍卦爻之德而赞之。《本义》：以至精为尚词尚占，至变为尚象尚变，而《易》说以至精为变占，至变为象词，盖本第二章居则观象玩词，动则观变玩占而来，当从此说。

子曰：易有圣人之道四焉者，此之谓也。

蔡云：上章四营成易，至显道神德行，则辞变象占四者俱有，但未及枚举而明言耳，故此章详之。

参伍以变。

陈藻垣曰：参即三，伍即五，谓三扐而象五岁也。变者四营甫毕之一变也，错谓左右旁通，如乾错坤之类，综谓上下反对，如震综艮之类，数指十二营三变之数，文指阴阳老少之文，象指卦爻动静之象，此尚象之事。变则象之未定者也，四营成易，是为一变，多寡所由分矣。有参伍之法，参者先考左手所馀幾策。而将以参合于后。伍者又考右手所馀幾策，而因以比伍于前。一先一后，更相考核，或四五之寡，或八九之多，皆辨之不差矣。

三变成爻，必有其数，此时老少已定矣。又有错综之法，将三变以奇之策，合左右交而错之，以叙其奇耦。总而絜之，观阴阳之低昂，以定其七八九六之数。然参伍以变，特一变而未成爻也。通之三变，而皆用此参伍，或纯乎奇耦，而老阴老阳之画成；或杂乎奇耦，而少阴少阳之画成。阳者天之文，阴者地之文，即此变通之中，宛然天经地纬，灿然而成章矣。错综其数，特一爻而未成卦也，极之十有八变，而皆用此错综，或九六多而以少为动，老为静。或七八多而以老为动，少为静。而天下事物动静，即此极数之中，遂一定而不可易矣。此非象变之理，圆神不滞，极天下之至变，方且滞于阴阳，胶于动静，孰能成文定象如此也哉？

“参伍以变”四句。

或问：参伍以变，错综其数，变数象之所系，先后义未明，何也？曰：夫子之言，曲无不中，今且举其一二以明之。如《涣》云刚来而不穷，柔得位乎外而上同，所谓参以变也。《卦变歌》涣自渐来终于是，九来居二而得中，六往居三，得九之位，而上同于五。《贲》云：柔来而文刚分，刚上而文柔，所谓伍以变也。如揲蓍之法，分二之后，置左揲右，复自右揲左，左右者所谓错其数也。置揲而复揲置者，所谓综其数也。故通其上下往来之变，则于《贲》遂成天之文，《涣》遂成水之文，极其归奇之数，则得十二者，遂定老阳之象，得二十四者，遂定老阴之象，得二十者遂定少阳之象，得十六者遂定少阴之象也。

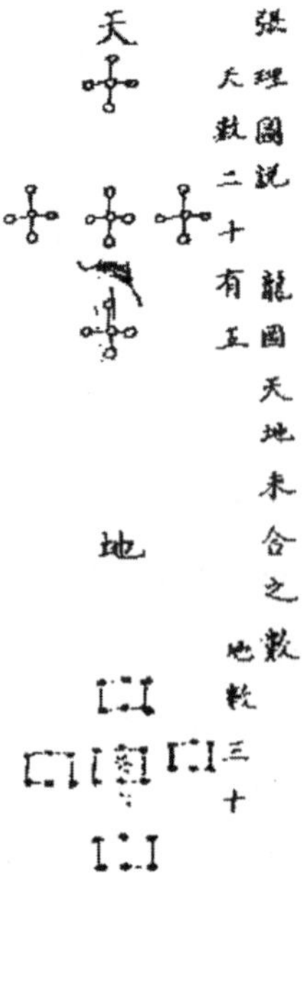

通其变遂成天地之爻。姚信本

上位天数也，天数中于五，分为五位。五五二十有五。积一三五七九，亦得二十五，为五焉。五位纵横见三，纵横见五，《序》言中贯三五九，包下位，地数也。地数中于六，亦分为五位，五六凡三十。积二四六八十，亦得之五者，此也。

上位象也，合一三五为参天。偶二四为两地，积之凡十五，五行之生数也。即前象上五位，上五去四得一。下五去三得二。右五去二得三，左五去一得四，惟中五不动。《序言》天一居上为道之宗者，此也。

按：《志》：合二始以定刚柔，一者阳之始，二者阴之始。今此图其上○者，一之象也。下• •者--之象，其中者象五行也。左上○大阳为火之象，右上○少阴为金之象，左下○少阳，为木之象，右下○大阴为水之象。土者冲气居中，以运四方，右○○○三才之象，卦之所以画三。左旁•—•—•—•四时之象，蓍之所以揲四，是上象一二三四者，蓍数卦爻之体也。

《序言》十分而为六形，地之象也，下位形也，九八七六，金木水火之成数。中见地十，土之成数也。即前象下五位，以中央六分间，置一在上，六而成七；置二在左，六而成八；置三在右，六而成九，惟下六不配，而自为六。《序言》六分而成四象，地六不配者，此也。

此即前图一二三四生数阳天之象内图也。动而右旋，六七八九，成数阴地之形也，外图。静而正位。是故一转居北，而与六合。二转居南，而与七合。三转居东，而与八合。四转居西，而与九合。五十居中，而为天地运行之枢纽。《大传》言错综其数者，盖指此而言。错者变而互之，一左一右，三四往来是也。综者絜之，一

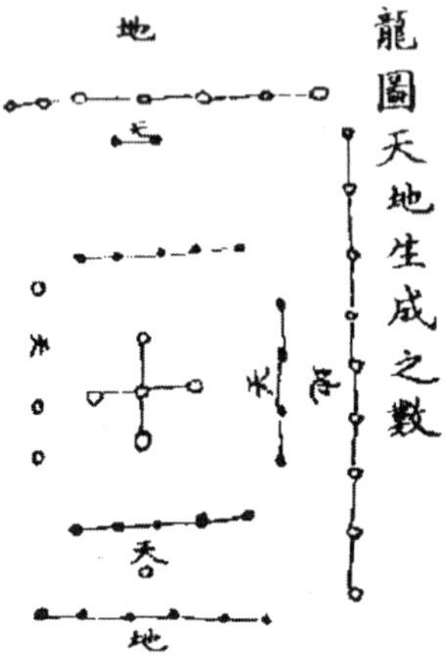

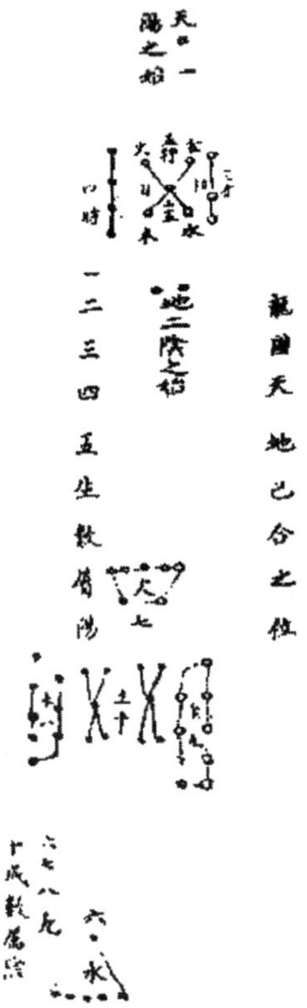

低一昂，一二下上是也。分作二层看之，则天动地静，上下之义昭然矣。

参伍以变。

《述义》云：天地之数，函于参，中于伍，参以三相参，伍以五相伍，错综以顺逆相错，上下相综。

惠定宇云：参伍，刘歆读为三五，谓三才五行也。《淮南·泰簇训》曰：帝王莅政设教，必用参伍，亦谓天地人及五行。

《本义》：音曹参之参，案：《韩非子》有同异之言，以是知朋党之分，偶三五之验，以责陈言之实，而《本义》引作参伍，用杨倞之注，读参为参错之参，非韩非本书古参字，皆读为三。《史记》引《周书》曰：必参而伍之，亦谓参卿伍大夫。

《周礼》：陈其参，置其伍。《正义》曰：参，三也。伍，五也。或三或五，以相参合，以相改变，略举三五，诸数皆然也。

参伍别解。

《汉书·司马迁传》说名家云：控名责实，参伍不失。晋灼曰：引名责实，参错交互，明知事情。《赵广汉传》：善为钩拒以得事情，钩拒者，设欲知马价，须先问狗，已向羊，又问牛，然后及马。参伍其价，以类相准，则知马之贵贱，不失实矣。《翼奉传》辰疏而时精，其效同功，必参伍观之，然后可知。《说文》：五者互也，阴阳交互于天地间也。

按：《周礼》：以参互考日成。《说文》训五为互，晋灼以参错交互训之，则参为参错之义，五为交互之义，不必拘拘作数目解也。

陆贾《新语》：天垂象，见吉凶，圣人则之。天出善道，圣人得之。

易有太极，是生两仪。《正义》：两仪，天地也。不言天地，而言两仪者，指其形体与下四象相对，故曰两仪，谓两体容仪也。韩注：夫有必始于无，故大气生两仪也。太极者，无称之称，不可得而名，取有之所极，况之太极者也。邵子以为说横图。钱大昕曰：易有太极，是生两仪，有易而后有太极，非太极在天地之先也。韩康伯谓有生于无，语出老子。濂溪谓无极而太极，又言太极本无极。盖用韩说无极二字，亦见老子，复归于无极六经未有也。陆子静疑太极非濂溪作。又谓极训中，不训至。合于汉儒古义，较朱似胜。

两仪生四象，四象生八卦。朱竹垞驳无极说见经义考。

《正义》曰：两仪生四象者，谓金木水火秉天地而有，故云两仪生四象。土则分王四季，又与地为一类，故惟云四象也。四象生八卦者，谓震木离火兑金坎水各主一时，又巽同震木、乾同兑金，加以坤艮之土，为八卦也。惠定宇曰：震春离夏，兑秋坎冬，为四正。巽东南，坤西南，乾西北，艮东北，为四交。此四正四交，以时言之为四时，以象言之，为四象。而八卦出乎其中，不曰时而曰象者，八卦以象生也。孔子曰：易始于太极，太极分而为二，故生天地。天地有春夏秋冬之节，故生四时。邵子以阴阳刚柔为四象四时各有阴阳刚柔之分，故生八卦。其散布用事也，震主于春，为二月。巽散于东南，为四月。离长于南，为五月。坤长于西南，为六月。兑收于西，为八月。乾制于西北，为十月。艮终始于东北，为十二月。八卦之气，终则四正四交之分明，生长收藏之道备，然则两仪为天地，四象为四时，实本于先汉诸儒，确不可易也。

阮芸台曰：天地所共之极，舍北极别无所谓极也。《尔雅》曰：北极谓之北辰。《易》云：易有太极，虞翻注曰：太极，太一也。郑康成注《乾凿度》曰：大一者，北辰之神名。郑说虽为太极行九宫之法，然太极即太一，太一即北辰，北辰即北极，则固古说也。孔子云：易有太极，是生两仪，两仪生四象，四象生八卦。然则八卦本于四时，四时本于天地，天地本于太极。孔子之言，节节明显，而后儒舍其实而求其虚，何也？实者何，天地之实象也。《书》曰：在璿玑玉衡，以齐七政。此即浑天以北极定天地之仪，与《周髀》相通，天员地亦员，见《大戴礼》曾子《天员篇》亦孔子言也。天地共以北极为枢，天之所转，即地之所系，其为极心之中同也。非太极不生两仪，两仪谓天地，地员居中而不坠，天旋包之而有常。两仪生四象，四象谓四时。四象生八卦，则因四方以定八卦之位也。震木春，雷火夏，兑金秋，坎水冬。

愚按：马氏融曰：易有太极，谓北辰也。太极生两仪，两仪生日月，日月生四时，四时生五行，五行生十二月，十二月生二十四气。北辰居位不动，其馀四十九转运而周也。阮氏之说本此。

又河图一六居下，坎主冬也。二七居上，离六日七分图以震兑坎主夏。三八居左，震主春也离为一正。四九居右，兑主秋也。纳甲壬癸居北，丙丁居南，甲乙居东，庚辛居西，《说卦》帝出乎震，相见乎离，说言乎兑，劳乎坎，验之方位皆合。后文法象莫大乎天地，承两仪言；变通莫大乎四时，承四象言也。

又李氏惇曰：易有太极，是生两仪，所谓由一以生二也。两仪生四象，所谓由二以生四也。四象生八卦，所谓由四以生八也。八卦上复生八卦，所谓因而重之，爻在其中也。易之太极，所谓一画以开天，而其下变动，皆由此生。未尝以为混混沌沌，莫可名状之物也。周子于太极上更添出无极，则大费解。邵子云：道为太极，心为太极，则将曰易有道，易有心乎？是知易之太极，与宋儒所言之太极，自不相当也。

按：虞翻曰：太极，太一也。宋咸曰太极者，太一也。太极生两仪，则阳一阴二，衍而为三，自太极之一，两仪之三，合为大衍之数五十。《礼运》：夫礼必本于太一。孔疏：极大曰太，未分曰一。陈祥道曰：以形之始言，谓之太初。以数之始言，谓之太一。郑维岳曰：《系词》所云乾坤，多指奇耦二画言，三画六画皆此二画所生，而坤又乾之所生，乾者一而已，一者太极也。

王弼曰：衍天地之数者，五十也。其用四十有九，则其一不用也。不用而用以之道，非数而数以之成，斯易之太极也。

朱子《蓍卦考误》曰：五十之内去其一，合同未分，是象太一也。以四十九策分置左右两手，左手象天，右手象地，是象两仪也。

吴氏澄曰：衍母之一，数之所起，故大衍五十之数，去其一而不用，所用者四十有九，其数七七，盖以一一为体，七七为用也。此皆与李氏之说相发明。画卦则以一画开天，筮卦则以一数为体。

又徐氏在汉曰：同一乾坤也，以其一神谓之太极，以其两化谓之两仪。奇参耦中，乾体而有坎象；耦参奇中，坤体而有离象，故谓之四象。乾体而有坎象，则震艮之体成矣。坤体而有离象，则巽兑之形成矣，故谓之八卦。

震坎艮本坤卦也，乾入于下为震，入于中为坎，入于上为艮。巽离兑本乾卦也，坤入于下为巽，入于中为离，入于上为兑。

按：三说俱佳，比宋儒之说为胜。而李氏之说，于易有二字尤合。盖有易而后有太极，非有太极而后有易也。丁易东曰：六十四卦，一乾而已矣。三百八十四爻，一初九之变也。数始于一，耦者奇之耦也。奇是一个一，耦是两个一。十是十个一，百是百个一，推之千万亿秭，莫不皆然。此一画开天，所以一乾而变成六十四卦也。若如诸说，《经文》何不云太极生两仪，两仪生四象，四象生八卦，八卦而成易乎？

乾有不与坤对者，则为太极。天统乎地，犹君统乎臣，父统乎子，夫统乎妻，乾所以统六十四卦，初九所以统七百八十四爻也。乾有与坤对者，则为两仪。一有不与二对者，大衍五十，虚天一而不用，以其为数之体。一画所以开天也，故谓之太一。太一即太极，一有与二对者，则为奇耦，而谓之两仪。

伏羲画卦，由一画而三画，由三画而六画，至于两阳画而为太阳，两阴画而为太阴，一阳伏一阴画之下而为少阴，一阴伏一阳画之下而为少阳，则于《经》未之言也。一卦而成两卦，乾坤两卦而成八卦，至于八卦生十六卦，十六卦生三十二卦，三十二卦生六十四卦，则于《经》未之言也。

邵子曰：两仪天地之祖也，太极分而为二，先得一为一，复得一为二。一二谓两仪，四象谓阴阳刚柔，有阴阳而后可以生天，有刚柔然后可以生地。立功之本，于斯为极。郑维岳曰：《系词传》中乾坤多指奇耦二画言，三画六画皆此二画之所生。而坤又乾之所生，乾者一而已，一者太极也。

按：邵子以阴阳刚柔为四象，正与《说卦》立天之道曰阴与阳，立地之道曰柔与刚，分阴分阳，迭用柔刚，故易六位而成章合。《启蒙》云：两仪之上各生一奇一耦，而为二画者四，是为四象。此说似觉可疑。大阳一，二，少阴，二，⚍，少阳三，⚎，太阴四，⚏。易之为书，广大悉备，有天道焉，有地道焉，有人道焉。卦之三爻取象三才，未有只二画者。易有太极，所谓一画开天也。一奇一耦，所谓是生两仪也。一奇画而生阳刚二象，一耦画而生阴柔二象，所谓两仪生四象也。太阳太刚则成乾，太阴太柔则成坤。少阳少阴少柔少刚则主震，坎艮巽离兑所谓四象生八卦也。

是故筮之德圆而神。

六爻之义易以工一本作工。易以功。又作功。

王注：圆者运而不穷，方者止而有分。言蓍以圆象神，卦以方象知也。惟变所适，无数不周，故曰神。卦列爻分，各有其体，故曰方也。

疏：神以知来，是来无方也。知以藏往，是往有常也。物既有常，犹方之有止数。方谓处所，既有处所，则是止而有常。且物方者，著地则安。其卦既成，更不移动，亦是止而有定，故卦称方也。

圣人以此洗心。

先儒及《石经》皆作先心，谓知来也。

王云：先犹导也，此谓蓍卦六爻也。圣人以此先心者，心所欲至，而卜筮先知，若为之前导，然犹言是兴神物，以前民用也。

按：洗马即先马，先马犹前马。古先字与西通，故洒一作洗。《昏义》：男先于女，先谓引导也。《书》：和怿先后迷民。注：先，悉荐反，谓相导也。

《述义》：圣人体备蓍卦爻三者之德，以洗濯其心，愈洗愈退，愈退愈藏，愈藏愈密。发而为用，则以物我一体之心与民同其忧患，故圣心之神可以知来，其知可以藏往。其谁能为此哉？盖聪明旁烛，足以通天下之志，不蓍而得也；睿智内涵，足以定天下之业，不卦而知也；神武应机，足以断天下之疑，不爻而能也，盖古圣之心易如此。

是故阖户谓之坤，辟户谓之乾节。

《述义》：造化流行，有静有动，即万物出入之户也。静而气机收敛，如户斯阖，阴气用事，故谓之坤。动而气机发生，如户斯辟，阳气用事，故谓之乾。一阖一辟，阴阳变易谓之变。阖辟往来，流转无穷谓之通。及其生物，气聚而可见谓之象。体立而有形谓之器。圣人法天地而制之为筮，以分二象乾之辟，揲馀复合，象坤之阖。既合复分，又以象辟，是谓蓍之变。分合之中，有往来不穷之妙，是谓蓍之通。见为奇耦而阴阳以定，是谓蓍之变。形为老少，而卦爻以定，是谓蓍之器。蓍，数也，数行理著，故曰法。法既立矣，利用出入，民咸用之，鼓舞于趋避，而不知其所以然，故曰神。阖辟变通，见象形器，是天道也。制用之法，咸用之神，是民故也。

是故法象莫大于天地。

法谓地之理，象谓天之文。易之奇耦，天地之法象也。老少纯杂，变通之四时也。阴阳往来，日月之县象著明也。易无乎不在，而天地四时日月，其莫大者也。然非富贵之位，则易之道不行。非圣人之作，则易之用不备。非蓍龟之神，则易之理不显。

有蓍龟以定吉凶，而失得之报明，成亹亹而趋避之机决，皆圣人之大业也。

天生神物，谓蓍龟也。天地变化，谓四时也。天垂象见吉凶，谓日月也。

河出图，洛出书，圣人则之。

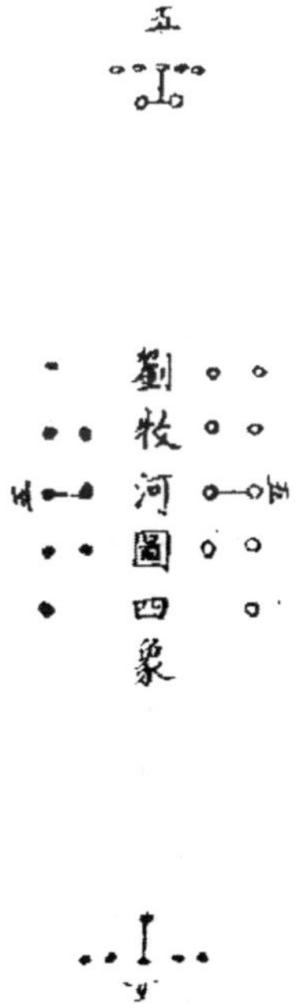

五合一成六而居北，为水。五合三成八，居东，而为木。五合二成七，居南，而为火。五合四成九，居西，而为金。河图四象，不言中宫，与五十者，内外周回，皆五十也。外图皆五，内图一二三四，合而为十。

熊朋来曰：洛书即是河图，中天数二十有五图，《顾命》《论语》《礼运》：但言河出马图，皆不言洛书者，洛书在河图中也。上官氏尝以河图衍为十图，其第五图即洛书。天数二十有五。第六图即地数三十。天数二十五，自然金火易位。地数三十，自然水土易位。天数图自然缺十，故洛书言畴，则自一至九。地数图自然缺一，故洛书言用，则自二至十。邵子所谓阴无一阳，无十也。《易系》天一地二节言河图：数也参伍以变句，言洛书：数也，参者参而数之，伍者伍而数之，错者交而互之，综者总而絜之，即洛书之数，而易用之，以变易所以成天地之文，定天地之象者也，故曰河出图，洛出书。圣人则之，《易》中盖兼取于图、书矣。后儒直以《易》为河图，《范》为洛书，遂使图、书体用二致。谓伏羲得其图，大禹得其书，指《洪范》中幾十字为龟文，固哉，其言图、书也！

《钦定启蒙·附论》云：或曰河图洛书出于两时，分为两象，今以一图括之，可乎？曰十中涵九，故数终于十，而位止于九。此天地自然之纪，图、书所以相经纬，而未尝相杂也。胡氏煦曰：《汉书》谓伏羲则龙马以作易，大禹则龟书以作范。不知二图皆出于伏羲，无洛书之分，必无以显河图浑沦之体。无河图之合，必无以显洛书四达之用，故孔子并说归易中洛书果属作《范》之具，孔子犹缀言于《易》，非误乎？

非有十者以为之经，则九之体无以立。非有九者以为之纬，则十之用无以行。不知图、书之本为一者，则亦不知其所以二矣。

按：十者立其体，九者妙其用，故天数缺十，地数缺一，皆九也。

谢梅庄曰：孔安国诸家，于河出图，洛出书，圣人则之，皆谓伏羲则之以画卦，而《系词上传》云：易有太极，是生两仪，两仪生四象，四象生八卦。《下传》云：昔者包牺氏之王天下也，仰则观象于天，俯则观法于地，观鸟兽之文，与地之宜，近取诸身，远取诸物。《说卦传》：观变于阴阳而立卦。又云：兼三才而两之，故易六画而成卦。并不言则图书，而言则之者，则之用蓍以求卦耳。河图其象，同阴阳互为根；阴包阳，阳包阴，动则顺而生，静则对而克。喜动而恶静，象天。洛书其象方，阴阳有定位，阳居正，阴居耦，静则对而生，动则逆而克。喜静而恶动，象地。图书宜并出于既画卦后，《系词传》中自天一地二以至天地之数五十有五二节，此河图之数而不及洛书者。河图五十五，洛书四十五，共百点。蓍草一丛百茎，其数符天有馀，地不足，分天有馀，补地不足。啚书皆五十，天包乎地。用河图五十，而洛书五十自该，故下节云大衍之数五十，用蓍求卦，从图书来何疑！

按：上天也生神物，圣人则之。注与疏以为蓍龟。下云易者四象所以示也，注疏以为七八九六俱是筮卦之事。

史称黄帝迎日推策，所谓策者，盖即神蓍也。推衍策数以候日月，故曰迎日推策，是黄帝有蓍矣。

郑注谓蓍策之数，《连山》三十六，《归藏》四十五，不足信。但《易》称《周易》，而《连山》、《归藏》必别有书，如《左传》所载《爻词》，若用龟蓍求卦。舜言龟筮协从，自帝世以来，其法宜无不同。

箕子曰：谋及卜筮，则《连山》、《归藏》皆用筮矣。六十四卦方可筮，则卦重自伏羲可知，但首艮首坤，其次序则不同耳。

《汉书》：立功成器，以为天下利。

陆贾《新语》：天垂象，见吉凶，圣人则之。天出善道，圣人得之，易有四象。

惠云：四象者，失得之象，忧虞之象，进退之象，昼夜之象。圣人设卦观象，系词焉而明吉凶。系词焉，所以示也。定之以吉凶，所以断也。

天一地二四章总解

此四章俱是赞圣人蓍卦之妙。河图之数，体也，大衍之数，用也。

知变化之道者，其知神之所为乎？《本义》变化之道，即上文数法是也。

龚氏焕曰：此承上文成变化而行鬼神言也。盖河图之数，体也，故曰所以成变化而行鬼神。大衍之数，用也，故曰知变化之道者其知神之所为。谷氏家杰曰：神之所为，是因图数之神以赞衍法之神，见其亦如天地之成变化而行鬼神也。指蓍法之变化为神，非承数法而并赞其神也。

以言者尚其词。是以君子将有为也。

朱义：此尚辞尚占之事。

案云：此节是释动则观其变而玩其占之意，又起下章所谓蓍之德也。蓍以知来，故曰遂知来物。

参伍以变。

《本义》：此尚象之事，变则象之未定者也。

案云：此节是释居则观其象而玩其词之意。又起下章所谓卦之德方以知也。六爻之义也，卦爻以藏往，故曰遂成天地之文，遂定天下之象。成文谓八卦也，雷风水火之象具，而天地之文成矣。定象谓六爻也，内外上下贵贱之位立，而天下之象定矣。

探赜索隐至**圣人则之。**

天生神物，谓蓍龟也。圣人则之者，用蓍龟以卜筮也。天地变化，四时也。圣人效之者，即上所云知变化之道，其知神之所为乎！大衍之数，皆本河图之数也。天垂象见吉凶，日月也。圣人象之者，即上文定天下之吉凶，成天下之亹亹也。河出图，洛出书，象数也。圣人则之者，圣人以图书之数为大衍之数，揲蓍以求卦。谢梅庄之说备矣。

《易》曰：自天祐之，吉，无不利。子曰：祐者，助也。天之所助者，顺也。人之所助者，信也。履信思乎顺，又以尚贤也，是以自天祐之，吉，无不利也。

《本义》释《大有》上九爻义，然在此无所属，或恐是错简，宜在第八章之末作易者其知盗乎后。

侯氏行果曰：此引《大有》上九辞以证之也。《大有》上九履信思顺，自天祐之，言人能依四象所示，《系词》所告，则天及人皆共祐之，吉，无不利者也。何氏楷曰：取《大有》上九《爻词》以结上文，居则观其象而玩词，动则观变而玩占，则孜孜尚贤之意也。是以自天祐之，吉，无不利也。与第二章自天祐之语遥应，非错简也。

朱氏震曰：圣人明于天之道，而察于民之故，合天人者也。

案云：何氏说是，然即是用第二章结语之意，非遥应也。

《正义》曰：自天祐之，吉，无不利者，言人于此《易》之四象所以示、《系词》所以告、吉凶所以断而行之，行则鬼神无不祐助，无所不利，故引易之《大有》上九《爻词》以证之。

按：第二章云：君子居则观其象而玩其词，动则观其变而玩其占，是以自天祐之，吉，无不利，则夫子所云吉者，总象、词、变、占四者而言。七章八章所谓居则观象玩词也。拟议以成其变化。九章十章兴神物以前民用，所谓动则观变玩占也。

此一节则总结之，朱子以为宜在八章末。孔疏专指此章说，似俱未该。

立象以尽意。

朱子曰：立象尽意，是观奇耦二画，包含变化，无有穷尽。

崔氏憬曰：言伏羲仰观俯察，而立八卦之象，设卦谓因而重之为六十四卦。情伪尽在其中矣。《折中》取崔说。

乾坤其易之缊耶？

《本义》：易之所有，阴阳而已。凡阳皆乾，阴皆坤。卦画定位，则二者成列，而易之体立。乾坤毁谓卦画不立。

《述义》主此说，乾坤，九六也。

胡氏瑗曰：此言大易之道，本始于天地。天地设立，阴阳之端，万物之理，万事之情，以至寒暑往来，日月运行，皆由乾坤之所生，故乾坤成，而易道变化，建立乎其中矣！若乾坤毁弃，则无以见易之用。易既毁，则无以见乾坤之用。如是乾坤或幾乎息矣！张子曰：乾坤，天地也。易，造化也。

案云：此及形而上节，皆是就造化人事说。以见圣人立象设卦之所自来，未是说卦画蓍变。夫象以下方是说圣人立象、设卦、系词之意。

是故夫象，圣人有以见天下之赜。

陆氏绩曰：此明说立象尽意，设卦尽情伪之意也。

案云：上文化裁推行，是泛说天地间道理，故曰谓之变，谓之通。此化裁推行，是说易书中所具，故曰存乎变，存乎通。言就易道之变处，见得圣人化裁之妙。就易道之通处，见得圣人推行之善也。作易之圣，观乾坤之器而立象，推其变通之用，而作辞，功固盛矣。虽然，象足以尽意，而有画前之易，故贵默而成之也。词足以尽言，而有言外之意，故贵不言而信也。此则所谓神而明之，而不专在乎观玩也。德行谓有得于易简之理。

下系辞传

八卦成列，象在其中矣。因而重之，爻在其中矣。

郑氏曰：卦始于三画，未有爻也，因而重之，其体有上下，其位有内外，其时有初终，其序有先后，而爻在其中矣。

虞氏翻曰：刚柔相推而生变化，故变在其中矣。系《彖》、

《象》九六之词，故动在其中，鼓天下之动者，存乎辞者也。

案：吉凶悔吝，生乎动者也。此是覆说《系词》而动在其中之意。凡天下之吉凶悔吝，皆生于人事之动，故《易》中有吉凶悔吝之词，而动在其中。

吉凶者，贞胜者也。

《本义》：贞，正也，常也。物以其所正为常者也。天下之动，其变无穷，然顺理则吉，逆理则凶，则其所正而常者，亦一理而已矣。

高氏萃曰：天常示人以易，地常示人以简，虽阴不能以无愆，阳不能以无伏，而贞观之理，常自若也。日明乎昼，月明乎夜，虽中不能以无昃，盈不能以无失，而贞明之理，常自若也。天下之动，进退存亡，不可一例，然顺理则裕，从欲惟危，同一揆也。

案：爻也者效，此是结吉凶悔吝生于动而贞夫一之义。象也者像，此是结刚柔变通而归于易简之意。

爻象动于内，吉凶见乎外。

《本义》：内谓蓍卦之内，外谓蓍卦之外。

案：爻象者，动而无形，故云内。吉凶者，显而有象，故云外，非专以蓍筮言也。吉凶之遇，参差不齐，然以常理为胜，而天下之动可一者，以刚柔变化，不离乾坤。乾易坤简，而天下之理得故也。爻象动乎内四句，又总而结言之。

天地之大德曰生。

案云：天地一节，《本义》原属此章，然诸儒多言宜为下章之首。盖下章所取十三卦，无非理财、正辞、禁非之事，其说可从也。

圣人之大宝曰位。

王氏宗传曰：圣人所以配天地，而王天下者，亦有仁义而已矣。仁，德之用也；义，所以辅仁也。理财如所谓作网罟以佃渔、作耒耜以耕耨、致民聚货以交易之类是也。正辞如所谓易结绳以书契、百官以治、万民以察是也。禁民为非，如所谓重门击柝、以待暴客、剡矢弦弧以威天下是也。

项安世曰：圣人之仁，即天地之生。大宝曰位，即崇高莫大乎富贵也。自此以下，以包牺氏神农氏黄帝尧舜氏实之，皆圣人之富贵者也。

何以守位曰仁。

李心传曰：蔡邕云以仁守位，以财聚人，则汉以下已用此仁字矣。

古者包牺氏之王天下也。

朱氏震曰：自此以下，明备物致用，立成器以为天下利者，无非有取于《易》，皆仁也。曰王天下者，明守位也。

申子曰：伏羲氏继天立极，画八卦以前民用，后之圣人相继而作，制为相生相养之道，皆所以广天地生成之德，自网罟至书契是也。

作结绳盖取诸离。

孔疏：诸儒象卦制器，皆取卦之爻象之体。韩氏之意，宜取卦名，因以制器。

案：上系云以制器者尚其象，则取象不取名也。韩氏乃取名不取象，于义未善。

观鸟兽之文与地之宜。

陆氏绩曰：谓朱鸟、元武、苍龙、白虎四方二十八宿经纬之文。《荀本》地上有天字，非也。

扬子云曰：龙虎之文，龟鸟之文，是鸟兽者，即天文之龙虎龟鸟也。二十八宿，左青龙右白虎，前朱雀后元武。地之宜如《周礼·大司徒》辨五土之物生，一曰山林，其动物宜毛物，其植物宜皂物是也。鸟兽句顶仰以观于天文，地宜句顶俯以察于地理，近取诸身，远取诸物，方是草木禽兽之物。

《本义》：王昭素曰与地之宜句，诸本多有天字，非也。

作结绳而为网罟。

孔仲达曰：今伏羲结绳而为网罟，王念孙曰作字涉上文作八卦而衍，结绳而为网罟，文义已明，加一作字，则赘矣。下文斫木为耜，揉木为耒，若云作斫木作揉木，其可乎？盖取诸《夬》，盖取诸《离》，此言圣人爻象有合于卦也，非因卦而始制器也。

阳一君而二民，阴二君而一民，三画卦也。三与五同功，三节六画卦也。

《折中》：古者网罗所致曰离，《诗》曰鱼网之设，鸿则离之。又曰有免爰爰，雉离于罗。二体皆离，上下网罗之象。

《述义》：《离》取中虚，而物丽之义。离为目，互巽为绳，两目相连，结绳为之网罟象也。

斫木为耜，揉木为耒。

二体皆木，上入下动，中爻坤土，木入土而动，耒耜之象。

蔡氏渊曰：耜，耒首也，斫木之锐而为之。耒柄也，揉木使曲而为之。

吴氏澄曰：《益卦》上巽二阳，象耒之自地上而入下。震一阳，象耜之自地下而动也。

日中为市。

《本义》：日中为市，上明而下动，又借噬为市，嗑为合也。

《述义》：震为大涂，又为足，致民之象。坎水艮山，百货所出，聚货之象。一刚一柔相间，有相交相易之象。艮止坎归，各得其所之象。中互坎☵艮☶。

黄帝尧舜垂衣裳而天下治。

衣六幅，《乾》六奇之象。裳十有二幅，《坤》六耦之象。六耦共十二画。

舟揖之利以济不通。

木在水上，风行而震动，舟楫之象也。

《本义》：致远以利天下。疑衍。

何氏楷曰：近而可以济不通，远而可以致远，均之为天下利矣。取诸《涣》者，其象巽木在坎水之上，故《彖》曰利涉大川，《传》曰乘木有功。

服牛乘马。

《本义》：下动上悦。

《折中》：外说内动，象牛马之奔于前，而车动于后也。牛马动而车随之，车动而人随。

重门击柝。

阖户谓之坤，互艮又为门，故为重门。

俞氏炎曰：坤为辟户，重门之象也。震动而有声之木，击柝之象也。

斫木为杵。

邱富国曰：上震为木，下艮为土，震木上动，艮土下止，杵臼治米之象。

上栋下宇。

震之一阳在上卦之下，而承二阴上栋之象，乾阳在下而相比，宇之象。

孔仲达论重卦始伏牺云：孔安国《书序》：古者包牺氏之王天下也，始画八卦，造书契以代结绳之政，又曰伏牺神农黄帝之书，谓之三坟。

易之以书契。

乾兑皆金，乾为言，兑为决，金以镌言，决事书契之象。吴氏澄曰：十三卦之制，以画卦始，以书契终，盖万世文字之祖也。

是故易也者，象也。象也者，像也。

干氏宝曰：言是故又总结上义也。崔氏憬曰：上明取象以制器之义，故以此重释。

案云：凡章首皆不用是故字，曰是故者，承上结下之词也。吴草庐说同。

阳卦多阴。阳卦奇。

《本义》：凡阳卦皆五画，阴卦皆四画。

《折中》：言阳卦主奇，阴卦主耦也。须如韩康伯注乃与下文相应。

古今言《易》者，以阳为君子，阴为小人。盖以为善恶淑慝之称焉。岂知阴阳不可相无，如有君不可无民，乌有善恶之分哉！惟其君之道一而有统，则民之众翕然从令，岂非君子之道乎？若君之道二而多门，则民之卑各行其私，岂非小人之道乎？《复》、《师》、《谦》、《豫》、《比》一阳为主，皆君子之道也。《姤》、《履》、《夬》一阴为主，皆小人之道也。以其例推而广之，凡阳之居内而得时者皆为主，《临》、《泰》之类是也。阴在内而得时者皆为主，《遯》、《否》之类是也。阳居内而先阴者正，阴在内而先阳者邪，《随》、《蠱》、《渐》、《归妹》之类是也。或不取内外，而取上下，以为贵贱。或不取先后而取尊卑，以为倡随。或以阴六二为臣道，而以顺阳为美。或以阴六五为君道，而能应阳为善。要之其尊阳之意，则一而已矣。阳道不可以有二，故曰理之一。

易曰憧憧往来。

孔疏：此一之道为可尚，结成前文，阳卦以一为君，是君子之道也。

案云：以下十一爻，其义皆统于咸之四。夫阴阳并行，而以阳为君，则所以归其权于君者一矣。动静相循，而以静为主，则所以专其事于主者一矣。何则？理一故也，故曰天下之动贞夫一。

同归而殊途，一致而百虑。

韩康伯注云：夫少则得，多则惑。涂虽殊，其归则同。虑虽百，其致不二。苟识其要，不在博求，一以贯之，不虑而尽矣。

戴逵《放达非道论》云：途虽殊，而其归可观也。

《后汉书·王充传》论云：才爽其分，则一毫以华。用审其道，则殊途同会。又云：戴黄屋，服絺衣，丰薄不齐，而致化则一。宥公族，黥国储，宽惨巨隔，而防非必同。此其分流而同源，百虑而一致者也。《北史·孝文帝》论云：躬揽大政，一日万幾，殊途同归，一致百虑。又《循吏传序》云：虽为政以德，理实殊途，百虑一致，在斯而已。

《论语》：攻乎异端。何晏注：攻，治也。善道有统，故殊途而同归。异端，不同归也。邢疏：殊途同归，是《易·下系》文也。四术为教，是殊途也，皆以去邪归正是同归也。

予一以贯之，何注云：善有元，事有会，天下殊途而同归，百虑而一致，知其元则众善举矣，故不待多识，而一知之。邢疏：天下殊途而同归，百虑而一致，《周易·下系词》文也。

《字典》：归字注引《周易》殊途而同归，归者指归也。

《史记·礼书》汉武帝制诏御史曰：盖受命而王，各有所由兴，殊路而同归。《平准书》天子曰：朕闻五帝之教不相复而治，禹汤之法不同道而王，所由殊路，而建德一也。

晋刘毅陈九品八损疏云：是以三仁殊涂而同归，四子异行而均义。

唐陆宣公《请罢兵状》云：夫理有必然，则殊涂归于同辙；言有至当，则异代应如合符。

日往则月来，月往则日来节。

朱子曰：日往则月来一段，乃承上文。憧憧而言往来，皆人之所不可无，但憧憧则不可。

尺蠖之屈，以求伸也节　龙蛇之蛰，以全身也。

孔颖达曰：覆明上往来相感，屈信相须。尺蠖之虫，初行必屈，言信必须诎也。龙蛇初蛰，是静也，以此存身，言动必须静也。圣人用精粹微妙之义，入于神化，寂然不动，乃能致其所用，先静后动，是动因静而来也。利己之用，安静其身，可以增崇其德，此亦先静而后动，动亦由静而来也。

吴氏源曰：人皆知伸之利，而不知屈之所以利也，故以尺蠖龙蛇明之。专言屈之利以示人，正欲人养静以一动，无感以应感也。

过此以往节。

朱子曰：精义入神，利用安身，只是如此做将去，虽至穷神知化地位，亦只是德盛仁熟之所致，何思何虑之有？蔡氏清曰：未之或知者，不容于有思、不容于有为也。其始有待于思为，则曰精义利用，其终无待于思为，则曰穷神知化。

《易》曰困于石十节。

叶良佩曰：下十爻皆承《咸》九四而言，吴一源曰：《咸》后十爻，皆发明理之贞一，而不必憧憧耳。往来屈信，无二致也。天地所以成造化，圣人所以参造化，推之事事物物，莫不皆然。故知动静一致，则能藏器而时动。知小大一致，则能谨小以无咎。知安危一致，则能危以保其安。知显微一理，则能见幾而作，不远而复。知损益一致，则能损而得友。彼非所困而困，非所据而据，忽小而恶积，求益而成敝，皆昧于屈信之理，以取凶耳。

非所困而困焉。

《正义》曰：《困》之六三，履非其地，欲上干于四，而四自应初，不纳于己，是困于九四之石也。三又乘二，二是阳刚，非己所乘，是下据于九二之蒺藜也。三又无应，是入于宫，不见其妻也。子曰：非所困谓九四也，若六三不往犯之，非六三之所困，而六三强往干之，而取困焉。名必辱者，以向上而取进，故以声名言之。非所据，谓九二也，若三能卑下九二，则九二不为其害。今六三强往凌之，是非所据而据。身必危者，下无安身之处，故以身言。

《述义》云：卦以刚见揜为困，而爻以柔掩刚为危。

公用射隼于高墉之上。

射隼上疑脱弓矢二字。子曰：弓矢者，器也。射之者，人也。君子藏器于身，又云成器而动，皆释弓矢二字。

其殆庶幾乎。

《本义》：殆，危也。

按：以殆训危，义不可晓。颜子庶幾近道，有何可危？

韩注：失之于幾，故有不善。《正义》曰：上章言知幾是圣人之德。此节论夫人惟庶于幾，故引颜氏之子以明之也。圣人知幾，颜子亚圣，未能知幾，但殆近庶慕而已，故云其殆庶幾乎！又以殆为辞，有不善未尝不知者。若知幾之人本无不善。吾之无见以颜子未能知幾，故有不善。不近于幾之人，既有不善未能自知其恶。

以颜子以其近幾，故有不善未尝不知，知之未尝复行也。项安世曰：于微而知其彰，于柔而知其刚，盖由用心之精，烛理之明故也。欲进此者，当自颜子始。毫厘之过，萌于方寸，可谓微矣，而吾已了然见之；可谓柔矣，而吾已崭然绝之。此爻文意与上爻相关照。

危者安其位者也。保亦恃也。

孔氏仲达曰：所以今有倾危者，由前安乐于其位，自以为安，故致今日危也。所以今日灭亡者，由前保有其存，恒以为存，故今致灭亡也。所以今有祸乱者，由前自恃有其治也，恒以为治，故今致祸乱也。是故君子今虽获安，心恒不忘倾危之事；国虽存，心恒不忘灭亡之事；政虽治，心恒不忘祸乱之事。心恒畏，恒畏，怕其将灭亡，乃系于包桑之固也。

按：陆宣公奏议云：于时海内，大摇物情，幾去天命，莫保于寸晷。王威不出于一城，邦国之杌棿难屯。绵绵联联，若苞桑缀旒，幸而不绝者，虚矣。势之危窘，实为寒心，据此则系于苞桑，与上其亡其亡是一意，文法与涉春冰驭朽索同。

力小而任重。

不威小，不惩大，小惩而大诫，此小人之福也。

小一作少，方与上知小而谋大，小字不复。

张氏浚曰：自昔居台鼎之任，德、力、知三者一有所阙，则弗能胜其事，而况诸不足者乎？有德而无知，则不足以应变。有知而无力，则不足以镇浮。若夫德之不立，虽有知力，亦无以感格天人，而措天下于治矣。

吉之先见者也。

《本义》：此释《豫》六二爻义，《汉书》吉之之间有凶字。

孔疏：直云吉，不云凶者，凡豫知前幾，皆向吉而背凶，违凶而就吉，无复有凶，故特云吉也。诸本或有凶字，其定本则无。

项安世曰：谄者本以求福，而祸常基于谄渎者，本以交驩，而怨常起于渎。《易》言知幾，而孔子以不谄不渎明之，此真所谓知幾者矣。欲进此道，惟存察之密，疆界分明者能之，此所以必归之于介如石者与！

天地絪缊。地天泰。

陈云：《损》自《泰》来，以未成卦言。下乾为天，上坤为地，以乾第三爻交坤上一爻而为《损》。有天地絪缊之象，以既成卦言，上坤变艮，为少男，下乾变巽，为少女，有男女构精之象。致一犹言专一也。天地男女皆以两而一，观《损》卦六三去异己不使间吾之一，斯友同己而合成吾之一，是即天地致一而化醇，男女致一而化生也，故泽山为《咸》，山泽为《损》，《咸》一致，《损》致一；致其一，则一致矣。

天地絪缊，万物化醇。

侯行果曰：此明物情相感，当上法絪缊化醇致一之道。

王恒齐曰：《系词》释《损》三云天地絪缊，万物化醇，男女构精，万物化生。盖取《损》自《泰》来，乾之上爻与坤之上爻，互易其位，故有天地合、男女交之象。以是推之，坤上爻与乾上爻互易而成《咸》，乾初爻与坤初爻交易而为《恒》，乾上爻与坤初爻交易而为《归妹》，坤上爻与乾初爻交易而为《渐》，故《渐》亦言女归，《咸》、《恒》有夫妇之象，盖取诸此。

罗慎斋曰：《泰》之本卦三与上易位而为《损》，《否》之本卦初与四易位而为《益》。

按：《诗》或群或友，《毛传》三曰群二曰友，《正义》云《周语》兽三为群，故二曰友，友视于群，其数宜少。《易·损》卦六三云一人行则得其友，兽亦然，故二曰友，三曰群。谓自初以上，皆称群，不必谓三也。

孔疏云：天地细缊，至立心勿恒，凶，此第九节也。以前章利用安身，以崇德也，安身之道，在于得一，若已能得一，则可以安身，故此节明得一之事也。

君子安其身而后动。

《正义》曰：此明致一之道，致一者，在身之谓，若己之为得，则万事得。若己之为失，则万事失也。欲行于天下，先任其身之一，故先须安静其身而后动，和易其心而后语，定其交而后求也。

案云：自《咸》九四以下十一爻，皆发明爻也者效天下之动之义，而原其理于一也。盖此心此理，一致同归，本不容以有二，故首以《咸》之四爻，而以致一恒心两爻终焉。

乾坤其易之门邪。

《本义》诸卦刚柔之体，皆以乾坤合德而成，故曰易之门。

其称名也，杂而不越。

《九家易》曰：名谓卦名，阴阳虽杂，而卦象各有次第，故不相逾越。

《本义》：衰世之意，盖指文王与纣之时。

《述义》：名，卦名也。或举义，《乾》、《坤》之属是也；或假物，《井》、《鼎》之属是也；或指事，《讼》、《师》之属是也，可谓杂矣，然于体撰通德，未尝有越也。但如《噬嗑》，如《明夷》，如《蹇》，如《困》之类是也。非上古淳质之时，思虑所及，盖世变风移，情伪日滋，非是不足以尽之，故考其类，而知为衰世之意。

夫易彰往而察来。其词曲而中。

《述义》：其词偏曲，而合于中。平声。

案：彰往察来二句，承首节伏羲画卦言，开而当名辨物二句，承次节文王卦名言，而因及于辞也。彰往察来，即上体天地之撰，微显阐幽，即前通神明之德，当名即前称名，杂而不越也。命名之后，又复辨卦中所具之物，以系之辞，而断其占，则所谓《彖》也。文王因卦画而为之名辞，故曰开；而有画无文，《易》道未开也。

按：皇帝臣苍颉始制字，而书契始兴，则前此未有文字可知。故伏羲虽重卦，而六十四卦只有画而无名，若有名则有字矣。

易之兴也，其于中古乎？

吴氏澄曰：羲皇之世，有画而已。三画之卦，虽有名，而六画之卦未有名。文王始名六画之卦，而系之以辞，易道幾微，至此而复兴也。卦名及辞，前此未有也，故不云述而云作。作《易》者，云其有忧患乎？盖于名卦而知其有忧患也。下文举九卦之名，以见其忧患之意。

存异。虞氏翻曰：兴易者谓庖牺也，系以皇帝尧舜为后世圣人，庖牺为中古，则伏羲以前为上古。

作《易》者其有忧患乎？

谷家杰曰：忧患二字，以忧患天下言，乃吉凶同患意。民志未通，务未成，圣人切切然，为天下忧患之，于是作《易》，故《易》皆处忧患之道。何氏楷曰：圣人之忧患者，忧患天下之迷复也，乃其处困，又何忧患焉？

是故履德之基三节。

项氏安世曰：此章亦论《彖》词，凡《彖》辞之体，皆先释卦名，次言两卦之体，末推卦用，故此章之序亦然以为观象者之法也。胡炳文曰：《上经》自《乾》至《履》九卦，《下经》自《恒》至《损》、《益》亦九卦。《上经》《履》至《谦》五卦，《下经》《益》至《困》《井》亦五卦。《上经》《谦》至《復》又九卦，《下经》《井》至《巽》又九卦。《上经》自《復》而后八卦，而为《下经》之《恒》，《下经》自《巽》而《未济》亦八卦，复为《上经》之《乾》，《上、下经》对待，非偶然者。

《折中》云：乾与《咸》《恒》对，《履》与《损》《益》对，《谦》与《困》《井》对，《復》与《巽》《兑》对，每以下篇两卦对上篇一卦，凡十二卦上下各三十卦，而二篇之数适齐矣。然十二卦之中，又止取九卦者，《乾》《咸》其始也，《兑》其终也，略其终始，而取其中间之卦，以著阴阳消息盛衰之渐，故止于九。《咸》《恒》《损》《益》《困》《井》《兑》，皆以两卦当一卦，如此则《上经》三十，《下经》亦三十矣。《乾》《恒》《履》《损》《益》《谦》《困》《井》《復》《巽》。

徐扬贡曰：九卦虽偶举，亦可以见文王之心焉。对待凡十卦，置《乾》不言，《乾》为君，文王常存事君之小心，而不知其有君民之德也。九卦上下体，无离文王，晦其明者也。然互卦有离焉，未尝不明也。

愚按：天道至大，非止一义可了。又《乾》为纯刚，非处忧患之道，故置乾不言也。

谦，德之柄也。

干氏宝曰：柄所以持物，谦所以持礼者也。

困，德之辨也。

郑氏康成曰：辨，别也。君子固穷，小人则滥，德于是别也。

巽，德之制也。

《朱子语类》：问：巽何以为德之制，曰：巽为资斧，巽多作断制之象，盖巽之为义，非顺所能尽，乃顺而能入之义，是入细直彻到底，不只是到面子上，如此方能断得杀，若不见得尽，如何可以行权。

谦，尊而光。损，德之修也。

《述义》：和者兑之说，至者乾之健，虽与物无乖，而行必造其至也。

王云：尊读撙节退让之撙，尊之言损也，小也。

《逸周书》：谦，损也。《韩诗外传》：谦者，抑事而损者也。

光之言广也，大也。尊而光者，小而大，卑而不可逾者，卑而高也。刘勰《新论·诫盈篇》未有谦尊而不光，骄盈而不斃者也。以谦尊对骄淫，则读尊为撙，可知尊与退让同义。故《书传》多以尊让连文，《儒行》其尊让有如此者。《乡饮酒》、《聘礼》所以致尊让也。《管子·五辅篇》：夫人必知礼，然后恭敬；恭敬，然后尊让；尊让，然后少长、贵贱不相逾。《淮南·大族篇》：恭俭撙让者，礼之为也。尊与撙同，尊让即撙节退让也。《说文》无撙字，古人多借尊为之。《后汉书·光武十王传赞》沛献撙节，楚英流放，李贤注曰：尊，音楚本反。《礼记》曰恭敬尊节是也。或通作缚。《荀子·不苟篇》：恭敬缚以畏事人。杨倞注曰：缚与撙同，绌与黜同，谓自撙节贬损。又通作僔。《荀子·仲尼篇》：恭敬而僔。注：僔与撙同。

復，小而辨于物。

虞注：阳始见，故小。乾阳物，坤阴物也。以乾居坤，故称别物。韩注曰：微而辨之，不远復也。王云：以阳居阴之卦多矣，何独于《复》言别物？韩取别嫌明微之义则是。辨于物之小，非小而辨于物矣。

按：小谓一身也。对天下国家言之，则身为小矣。辨读为遍。古字辨与遍通。《复》初九《传》曰：不远之复，以修身也。所修在一身，盖亦小矣。然身修而后家齐，家齐而后国治，国治而后天下平。万事之大，无不由此而遍及，故曰《复》小而遍于物。

《大戴礼·子张入官篇》：情迩而畅乎达，察一而阅乎多，一物治而万物不乱者，以身为本者也，是其义也。

恒，杂而不厌。

《字典》辵部　迊子答切，同匝，周也，从反出而帀也，《正韵》俗讹作匝。

王云：杂当为匝，帀，周也，一终之谓也。《恒》之为卦，终始相巡，而无已时，故帀而不厌。《恒·彖》曰：利有攸往，终则有始。

襄二十九年《左传》曰：复而不厌，杜注曰：常日新，复犹匝也。古字杂与帀通。《吕氏春秋·圜道篇》：圜周复杂，无所稽留。高注曰：杂犹匝也。《淮南·诠言》训以数杂之寿，忧天下之乱。高注：杂，匝也。人生自子至亥为匝。《左传》是谓一终，一星终也。一终犹一匝。

益，长裕而不设。

陆九渊曰：设者，侈张也。有侈大不诚实之意，如是则非所以为益也。

李氏惇曰：郑康成注：设，大也。《考工记》中其茎，设其后。注：从中却横大之也。此盖日进无疆，不为锐进之意。

井，居其所而迁。

注：改邑不改井，井所居不移，而能迁其施也。《正义》云：迁其润泽，施惠于外。陆九渊曰：井居其所而迁，如君子不以道徇人，故曰居其所；而博施济众，无有不及，故曰迁。《述义》：居其所，言水在井中。迁则水之汲而及物也。

巽称而隐。

项安世曰：《九家易》：巽为扬，为鹳。杨子曰：巽以扬之。巽称而隐，称即扬也。

据此则称当读平声，扬与隐反对。

范围天地之化。

陈师凯曰：范，模也。围，匡郭也。圣人范围天地之化，盖参赞之极功能，使造化囿于圣人精神心术之中，如物之得其模范匡郭，而不过也。

易之为书也，不可远，为道也屡迁。

项安世曰：此章专论易之爻辞，易之为书，不可远，为道也屡迁二句，一章大指。自变动不居至惟变所适，言屡迁也。自出入以度至道不虚行，言不可远也。惟其屡迁，故虚而无常，不可为典要。惟其不可远，故有度有方，有典有常，而不可虚。方其率之也，则谓之辞。及其行之也，则谓之道。辞之所指，即道之所迁也。人能循其不可远之理，则屡迁之道得矣。

吴日慎曰：不可为典要，变无方也。既有典常，理有定也。故曰易者，变易也，不易也。

其出入以度，外内使知惧。

《本义》：此句未详，疑有脱误。潘梦旂曰：《易》虽不可为典要，而其出入往来，皆有法度，而非妄动也；故卦之外内，皆足以使人知惧。

《述义》出为外卦，入为内卦。出入内外，无不示以法度，使知所畏惧。

又明于忧患与故。

韩注：故，事故也。虞云：神以知来，故明忧患；知以藏往，故明事故。

易之为书也，原始要终，以为质也。

吴氏澄曰：质谓卦之体质，文王注卦义之始，要卦义之终，以为卦之体质，各名其卦而系《彖词》也。此章言六爻，而六爻统于《彖》，故先说《彖》，乃言六爻也。

噫，亦要存亡吉凶，则居可知矣。知者观其《彖词》，则思过半矣。

吴氏澄曰：章首第一句，说《彖》，第二句总言六爻。此一节又总言六爻，而归重于《彖》，盖为结语相始终。

其出入以度。

陈云：度即下所云典常也，在阴阳消息上见，如《需》、《坎》出《乾》入《讼》，水天《需》，天水《讼》。则《乾》出《坎》入，然《需》乃乾宫第六卦，故以坎重乾，是乾为主，《讼》乃坎宫第一卦，故以乾重坎，是坎为主也。《咸》《兑》出《艮》入《损》，则《艮》出《兑》入，然《咸》乃艮宫第二卦，故以兑重艮，是艮为主。《损》乃兑宫第七卦，故以艮重兑，是兑为主也。此错综以卦之出入为度也。《复》阴入阳出，变而为《剥》，阳出阴入，见《剥》极必《复》之度焉。《泰》阴入阳出，反而为《否》，阳出阴入，见《泰》极则《否》之度焉。由《复》而《临》而《泰》而《大壮》而《夬》，而乾，阳日出不已。由《姤》而《遯》而《否》而《观》而《剥》而《坤》，阴日出不已。阳出则阴入，阴出则阳入，于此见盛衰环转之度焉。《观》五入四出成《晋》，《晋》四入三出成《艮》，《艮》三入二出成《蒙》，《蒙》二入初出成《颐》，《颐》上入五出成《屯》，《屯》五入四出成《震》，《震》四入三出成《明夷》，《明夷》三入二出成《临》，则仍为《观》之综，而凡爻之渐次而为出入者，其法度皆如此。《泰》三出上入成《损》，《损》二出五入成《益》，《益》初出四入成《否》，则又为《泰》之综，而凡爻之隔位而为出入者，其法度皆如此。至《乾》初变《姤》，则阳出而阴入。《坤》初变《复》，则阴出而阳入。凡三百八十四爻，皆有阴阳倚伏，互为其根之法度焉。凡此者，或外卦入，或内卦出，或一爻出外卦，入内卦。圣人就卦爻之出入而为之辞，吉则言吉，凶则言凶，悔吝则言悔吝，亦皆因其自然之度，使人外而应世，内而修身，皆知所恐惧，此易之数也。

外内使知惧。

虞氏翻曰：出乾为外，入坤为内，日行一度，故出入以度，谓六十卦，除坎离震兑四卦。三百六十爻。爻当一日，法日月之行度也。出阳知生，入阴知死，故使知惧。

则非其中爻不备。

钱云：《系词》杂物撰德，辨是与非，则非其中爻不备。中爻者，谓二、三、四及三、四、五也。如坤坎为《师》，而六五之爻曰长子帅师，以正应九二而言，盖指二至四为震也☳。坤艮为《谦》，而初六之爻曰用涉大川，盖自是而上，则六二、九三、六四为坎也☵。《归妹》之六五曰帝乙，《归妹》以下配九二而言，盖指震也☳。而《泰》之六五亦曰帝乙归妹，固亦下配九二，而九三、六四、六五盖震体云☳，他皆类此。《蹇》外卦属坎，六二上承九三，六四又为坎体，故云蹇蹇。《解》内卦是坎，六、三、四上承九四、六五又为坎，故云致寇。

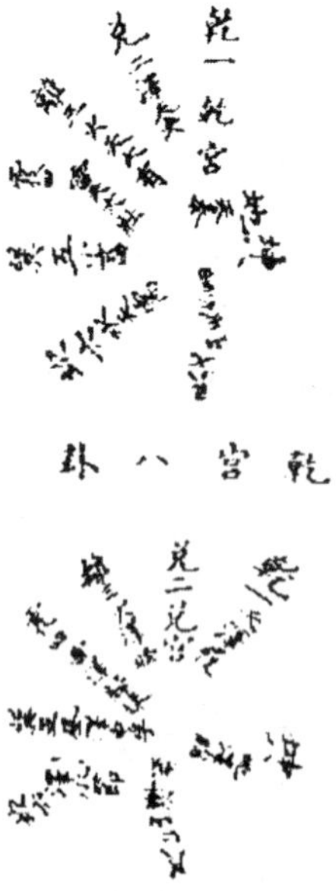

惠云：六爻之卦，拟议变化于六爻之中，初不可以内外三爻之卦拘也，故《贲》之三上下皆阳也，而圣人系之以濡如之词，岂非有取于坎象与䷕。《晋》之四下乘二阴也，而圣人系之以鼫鼠之象，岂非有取于艮象与？至于《屯》之三入于林中，是兼上下二阴而取也。《复》之四曰独复中行，是兼上下四阴而取也。屯䷂复䷗。

王氏《康成易注序》：郑康成学贾氏易，为注九卷，多论互体。以互体求《易》，左氏以来有之。风地观䷓，自三至四有艮，故云山岳则配天。凡卦爻二至四，三至五，两体交互，各成一卦，是谓一卦合四卦。惟乾坤无互体，盖纯乎阳，纯乎阴也。馀六子之卦，皆有互体。坎之六画，其互体含艮震，而艮震之互体亦含坎艮䷳震䷲。离之六画，其互体含兑巽，而兑巽之互体亦含离兑䷹巽䷸。三阳巽离卦之体，互自相含。三阴卦之体，亦互自相含也。王弼尚名理，识互卦，然注《睽》六二曰始虽受困，终获刚助。《睽》自初至五成困，坎水泽䷮此用互体也。王弼注《比》六四之类，或用康成之说，钟会著论力排互论，而荀颉难之。

京房谓二至四为互体，三至五为约象。

二与四同功而异位。

许氏衡曰：二与四皆阴位也。四虽六四得正，而犹有不中之累。况不得九四其正乎？二虽九二不正，而犹有得中之美，况正而得中六二者乎？四近君之位也，二远君之位也，其势又不同，此二之所以多誉，四之所以多惧也。二中位，阴阳处之皆为得中。中者不偏不倚，无过不及之谓，其才若此，故于时义为易合。时义既合，则吉可断矣。一说近也二字，系注语误入经文。

四之位近君，多惧之地也。以柔居之，则有顺从之美。以刚居之，则有僭逼之嫌，然又须居五者阴耶，六五阳耶？九五以阴六四承阳九五，则得于君而势顺；以阳九四承阴六五，则得于君而势逆。势顺则无不可也，势逆则尤忌。上行而凶，咎必至。以阳九四承阳九五以阴六四承阴六五皆不得于君也。有才而不正九四则贵于寡欲，故乾之诸四多得免咎；无才而得正六四则贵乎有应初九，故艮之诸四皆以有应为优，无应为劣。独坤之诸四能以柔顺处之，虽无应，亦皆免咎，此又随时之义也。

《述义》：三与四皆阴而同功，然位不同。二与五远，而恒相应。四与五近，而恒相逼，故多惧。柔不能以自立，二远则宜有不利，而其归得以无咎者，以用柔而居下卦之中也。三与五皆阳而同功，以位不同，故三以贱而多凶，不若五以贵而亨其功也。盖三以柔六三居之，则危。以刚九三居之，稍克胜任，亦以重刚而不中，位使然也。至于五以刚九五居之，固得尊位大中；以柔六五居之，乃有处谦居柔，以贵下贱之美，是则所谓多功也。

易之为书也，广大悉备。

《述义》：三才之卦，三才各一而已。一而不两，则独而无对，故必兼而两之，以为六画也。六画既成，始有变动。六虚周流，刚柔相推，阴阳相交，故曰爻。爻有上下贵贱等级，故曰物。物错杂而彬彬，初刚二柔，三刚四柔，五刚六柔，间杂而居，故曰文不当，谓以刚居柔，以柔居刚也。

道有变动，故曰爻。

陆氏续曰：天道有昼夜，日月之变。地道有刚柔，燥湿之变。人道有行止，动静吉凶，善恶之变。圣人设爻，以效三者之变动，故谓之爻者也。

李氏简曰：一则无变无动，兼而两之阴阳，阴变阳，阳变阴。刚柔，柔变刚，刚变柔。故三才之道，皆有变动，以其道有变动，故名其画曰爻。爻者，傚也，言六爻能傚天下之动也。

文不当，故吉凶生焉。

《本义》：不当，谓爻不当位。

汪氏咸池曰：文既相杂，岂能皆当，故有以刚居柔，以柔居刚，而位未当者；亦有以柔居柔，以刚居刚，而位未必皆当者，则吉凶于是乎生矣。

何氏楷曰：不当者，非专指阳成阴位，阴居阳位也。卦情若淑，或以不当为吉；卦情若慝，反以当位为凶，要在随时变易，得其当而已。

吴氏曰以时义之得为当，时义之失为不当，不以位论。

若夫杂物撰德。

李光地曰：初、上二爻，事外者也。中、四爻，事中者也。易者吉凶生大业之书，故惟此四爻者，于卦之义极相当对，发卦之蕴者，必于是而始备也。若初上二爻，非无时位，然以时言之，则为事之将然；及其既往，以位言之。则为人之为未遇，与其已退，往往在于咎誉事为之外，而于本卦截然之分限，盖有不相当值者。圣人于此，或发其未然之戒与其过中之防，或示其始进之基与其持盈之道。虽一一根于卦义，而实出于卦之前后旁外以周旋之。故卦有初、上二爻而后时变穷，有中四爻而后时义备。

《读书记》曰：凡卦爻二至四，三至五，两体交互，各成一卦。先儒谓之互体，其说已见于左氏陈侯筮遇《观》之《否》，曰风为天于土上，山也。注自二至四，有艮象，艮为山是也。然夫子未尝及之，后人以杂物撰德三语当之，非也。其所论二与四，三与五同功而异位，特就两爻相较言之。初何尝有互体之说？新安王炎尝问张南轩曰：伊川令学者先看王辅嗣、胡翼之、王介甫三家易，何也？南轩曰：三家不论互体故耳。案：王辅嗣云：互体不足，遂及卦变，卦变不足，推致五行，一失其原。巧愈滋甚，纵或相值，义无所取。

夫乾，天下之至健也。

蔡氏清曰：天下之至健，天下之至顺，犹《中庸》云天下至诚，天下至圣相似，皆以人言。君子行此四德者，故曰乾元亨利贞，此天下之至健者也。安贞之吉，应地无疆，此天下之至顺者也。

《述义》：此以乾坤之德言之，人心之险，至难知也。惟中心易直者能说其情，而有以平其险也。人事之阻，至难治也，惟行事简静者能察其机，而有以通其阻也。

又云：吉凶悔吝，易情之险阻也。将判以下，人情之险阻也。非体乾坤之易简者，其孰能知之。

能悦诸心，能研诸虑。

谷氏家杰曰：能悦诸心，能研诸虑，二能字应下成能之能，见此理人人共有，惟圣人能悦能研耳。

是故变化云为，吉事有祥。

何氏楷曰：凡人事之与吉逢者，其先必有祥兆，天人相应，志一之动气也。圣人作易，正以迪人于吉，故独以吉事言之，与吉之先见同义。

《述义》：变化谓易之阴阳，云为谓人之言动，以易中变化之理，用之于云为，则事皆吉而有祥。或有所象之事，则能知器之形，而可以制器。或有所占之事，则能知未来之吉凶，而可以知来。易之变动，欲人行其所利，如利贞之类，然不免吉凶殊分者，由情而迁也。爱恶者，时所生，如《泰》则通，《否》则隔也。远近者，位所限，如《蒙》之远实，《比》之比匪也。情伪者，德所发，如《泰》之光大，《否》之包羞也。爱恶之情显，故生吉凶。远近之迹疑，故生悔吝。情伪之积深，故生利害。然惟近而不相得者，则有凶。有害有悔有吝，远则无是矣，皆所谓吉凶以情迁也。

爱恶相攻而吉凶生。

李光缙曰：非以彼此相得为爱相攻，彼此不相得为恶相攻也。既云相得，则不得谓之相攻矣。相攻，言相胜也。凡诸卦之情，善胜恶，则吉生。恶胜善，则凶生。如《复》《临》《大壮》诸卦，阳明盛而阴衰微，便是爱相攻而吉生。如《姤》《遁》《否》《剥》诸卦，阴明盛而阳衰微，便是恶相攻而凶生。相取言相求也，以私情相求，故谓之相取。远近之位所限，如《蒙》之远实，《比》之比匪，《随》之系小子，《观》之童观也。情相感，言相感应也。情相感，是天理之公相交合者，如《中孚》九二鹤鸣之子和之之类。伪相感，是人欲之私相合者，如《比》六三、上六阴柔相比之类。

凡易之情，近而不相得则凶。

李光缙曰：近不相得，又自乘爻承爻言。易中惟乘爻承爻取义多端，故复申之以此。

《述义》：以象告者示人以意，以情言者究尽其理，刚柔杂居，当位不当位，而吉凶见矣。易之变动，欲人行其所利，如利贞之类，然不免吉凶殊涂者，由情而迁也。爱恶者，时所生，如《泰》则交、《否》则隔也。远近者，位所限，如《蒙》之远实、《比》之比匪也。情伪者，德所发，如《泰》之光大、《否》之包羞也。然惟近而不相得者，则有凶、有害、有悔、有吝，远则无是也，皆所谓吉凶以情迁也。凶害悔吝，则易情之险阻也。将判以下，则人情之险阻也。非体乾坤之易简者，孰能知之，故曰易简而天下之理得。

《汇纂》：易之情，其有远近者，固从爻位而生。若爱恶情伪，则从何处生来。须知《易》爻吉凶，皆于时德位三字上取。时随卦义而变，时变则有爱恶矣。如《泰》之时则交，《否》之时则隔，《比》之时则和，《讼》之时则争。是爱恶相攻者，由于时也。位逐六爻而异位，异则有远近矣。如《比》之内比，《观》之观光者，近也。《蒙》之困蒙，《复》之迷复者，远也。是远近相取者，由于位也。德由刚柔当否而别，德别则有情伪矣。如《同人》五之号咷，《豫》二之介石，以中正也。《同人》三之伏戎，《豫》三之盱豫，以不中正也，是情伪相感者，由于德也。是三者皆吉凶悔吝之机，然其发动，则因彼此之相交而起，所谓彼此之交者，比也，应也，非比应则无所云相攻相取相感也。攻取感皆以比应言，故下独举近而不相得以见例。近而相得相爱者也，相取者也，以情相感者也，善之善者也。不相得者而远，则虽恶而不能攻也，不近而不能相取也。虽伪而不相感也，善之次也。宜相得者而远，则虽爱而不能相亲也，不近而不能相取也，虽有情，而无以相感也。惟近而不相得，则以恶相攻，以近相取，以伪相感，人事之险阻备矣。大者则凶，极其恶之情者也。《同人》三之敌刚是也。

次者则害，防其伪之端者也。《兑》之介疾，孚剥是也。轻者，犹不免于悔吝。如《豫》《萃》之三，虽以近而从四，然以非同类，而曰悔曰吝者，此也。《易》者教人知险知阻，故特举此条以见例，馀者可以三隅反也。故观易者，须先知时、位、德、比、应五字，又须知时、位、德之当否，皆于比应上发动其义，莫备于此章矣。

将叛者其词惭。

《本义》：卦爻之词，亦犹是也。

何氏楷曰：上下篇为系辞作传，故以论辞终焉。

薛云：《易》之吉凶以情迁，是以圣人系之以辞，以各象其爻之情。试观天下之人，将叛者其辞惭，心疑者其辞枝；吉人之词寡，躁人之词多；诬善之人其词游，失其守者其词屈。圣人准此六者之词以系爻，如化工肖物，直使人因爻之词以见爻之情而已矣。

张振渊曰：此节即人之词以情迁者，验《易》之词以情迁也。

吴氏澄曰：此篇之首泛言词变象占四道，而末句归重于词，且以本于圣人之情。至此卒章，凡三节，其中亦言四道，而首末皆言象、爻之词，末又本于易之情以终系词之传。盖惟圣人之情，能知易之情，而系易之词也，是为一篇始终之脉络云。

陈藻垣曰：此章作两大节看，自首节至占事知来，言圣人易简而涵，作易之本，无卜筮而知吉凶。设位三节，言圣人作易，以成天地之能，使人由卜筮以知吉凶。末则以人之言词，发明上文吉凶以情迁之旨也。又云：《渐》三所系将叛者之辞，《睽》上所系中心疑者之辞，《临》二所系吉人之辞，《睽》三所系躁人之辞，《中孚》三所系诬善人之词，《节》三所系失其守者之词。

周易异同商卷十

说卦传

昔者圣人之作易也。

孔仲达曰：案《说卦》云昔者圣人之作易也，幽赞于神明而生蓍。凡言作者，创造之谓也。神农以后便是述修，不得谓之作也。则幽赞用蓍，谓伏羲矣。故《乾凿度》云：垂皇策者羲。《上系》论筮词云：四营而成易，十有八变而成卦。既言圣人作易，十八变成卦，明用蓍在六爻之后，非三画之时，伏羲用蓍即伏羲已重卦矣。又云：易有圣人之道四焉，此四事皆在六爻之后，何者？三画之时，未有《彖繇》，不得有尚其词。因而重之，始有变动。三画不动，不得有尚其变。蓍起六爻之后，三画不得云尚其占。制器尚象，亦非三画之时，今伏羲结绳而为网罟，则是制器，明伏羲已重卦矣。

幽赞于神明而生蓍。

苏氏轼曰：介绍以传命谓之赞。天地鬼神，不能与人接也，故以蓍龟为之介绍。项安世曰：生蓍谓创立用蓍之法也，神不能言，以蓍言之，所以赞神出命，故谓之幽赞神明，即大衍所谓佑神也。龚氏焕曰：项氏生蓍之说，与《本义》不同，以下文倚数立卦生爻观之，似当以项氏之说为正。卢氏曰：圣人观察天地变化之道，而立乾坤等卦。又就卦中刚柔二画，或上或下，微细阐发出来，故曰发挥于刚柔而生爻。何氏楷曰：穷、极、至皆造极之义，性者理之原，理穷则逢其原，故穷理所以尽性。命者性之原，性尽则逢其原，故尽性所以至命，只是一事。圣人谓羲、文、周公。《乾凿度》曰：垂皇策者羲，则自伏羲时已用蓍卦爻词，至文王、周公始系也。孔仲达曰：以此圣人深知神明之道，而生用蓍求卦之法。何氏楷曰：圣人谓羲、文、周公。《乾凿度》曰：垂皇策者羲，则自伏羲时已用蓍矣。

参天两地而倚数。

疏云：马融、王肃等解此，皆依《系词》云天数五，地数五，五位相得而各有合。以为五位相合，以阴从阳。天得三合，谓一三与五也，地得两合，谓二与四也。郑元亦云：天地之数满于十，乃参之以天，两之以地，而倚托大衍之数五十也。必三之以天，两之以地者，天三覆，地两载，欲极于数，庶得吉凶之审也。韩注则云：参，奇也；两，耦也。七、九阳数，六、八阴数。盖以七、九为奇，天数也。六、八为耦，地数也。专就揲蓍时言，故取奇于天，取耦于地，而立七、八、九、六之数也。其以参两为目，奇耦者，盖古之奇耦，亦以参两言之，且以两是耦数之始，参是奇数之初故也。不以一目奇者，以三中含两，取一以包两之义。明天有包地之德阳有包阴之义，故天举其多，地言其少也。大衍之数，虚天一。

存异。陈藻垣曰：马融、王肃等解此节依《系词》云：天数五，地数五，五位相得而各有合，以为五位相合，以阴从阳。天得参合，谓一与三与五也。一与六合，三与八合，五与十合。地得两合，谓二与四也。二与七合，四与九合。郑康成亦谓天地之数，备于十，乃参之于天，三十。两之于地，二十。而倚托大衍之数五十也。其意盖以大衍之数五十，其用四十有九，明用蓍法耳，故并存之。若虞注谓分天象为三才，以地两之，乃成六画之数，是乾数初、三、五，坤数二四，所谓刚柔杂居也，不可泥。

幽赞于神明而生蓍，参天两地而倚数。

《述义》云：幽赞犹云默相，生蓍谓生蓍揲之法。参天两地者，天圆地方，奇以象员。员者一而含三，阳用其全，故凡奇者，其数三。偶以象方，方者一而□四，阴用其半，故凡耦者，其数二。七、九为奇，天数也。六、八为耦，地数也。皆倚此而起，故揲之三变，凡三奇者，参其奇而为九。三耦者，参其两而为六。两奇一耦，则参其两奇以为六，两其一耦以为二，而合之为八。两偶一奇，则两其两偶以为四，参其一奇以为三，而合之为七，所谓倚数也。此即董铢之说而变通之。

《折中》云：参天两地，以方员径围定之，亦其大致耳。实则径一者不止围三，非定准也。以理言之，则张氏所谓以一包两者是也。盖天能兼地，故一并二以成三也。以筭言之，则孔氏所谓两为耦数之始，三为奇数之始者是。盖以一乘一，以一除一，皆不可变，故乘除之数，起于三与两也。以象言之，则圆者错置三点，求心而规之即成。凡方者错置二点，折角而矩之即成。统而言之，皆数也，故参天两地者，数之原也。其用于筮法，则为七八九六者。盖以理言之，则参两之数，皆统之以三，故三三为九，三二为六。一三二二为七，一二二三为八也。以筭言之，奇数起于一三，成于九七。耦数起于二四，成于八六，故以其成数配阴阳也。以象言之，凡员者以六而包一，虚其中，则六也。实其中，则七也。凡方者以八而包一，实其中，则九也。虚其中，则八也。

阳员阴方，阳实阴虚，故惟七员而实为盛阳，惟八方而虚卦之德方以知。为壮阴。九虽实而积方，则阳将变而为阴矣。八虽虚而积员，员者以六包。则阴将变而为阳矣。其数皆从参两中出，故曰倚数。

江慎修曰：先儒以天员地方，员围三，方围四解之，未安。径一不止围三，则数未密合，地之德方，而形本员，则不可谓方。愚谓大传以五奇数为天，耦数为地。观河啚第二层，一与三即是参天，三者三其一也。二与四即是两地，四者两其二也。外层成数右旋，九与七是参天，三九二十七也。八与六是两地，二八一十六也。洛书一三七九是参天，二四八六是两地。凡数不外乎乘除，天数以三行，地数以二行，为乘除之原，故曰参天而倚数。

陈旸《礼记解》云：男娶以三十，则参天之阳数，女嫁以二十，则耦地之阴数，是知参天两地而倚数者，盖蓍之时，用大衍五十之数，分之则天数三十，故用参天，地数三十，故云两地也。

《汉书·律历志》皆参天两地之法也。孟康注：三三而九，二三而六，参两之义也。

蔡氏渊曰：河图之数，自一至十，一三五七九为阳，二四六八十为阴。一者阳之始，--者阴之始，圣人取一以画一乾，取二以画--坤。造化之道，气有二而行有五，一三五七九者，阳之行也，二四六八十者，阴之行也。二非五则不能变化，五非二则不能自行，故圣人总天之五数得二十有五，总地之五数得三十，盖言阴阳之所以变化而行鬼神者，在于五也。天数一，一中有三，以象言之，则员者径一围三；地数二，二中有两，以象言之，则方者径一围四。此天地之所以分也，纵而数之，一中有三，横而数之，一中有四。三之中各有四，四之中各有三，此天数之数，所以同十二也，故四十八者，以十二约之而为四。存一以为体，分三以为用，四九三十六天数。故天数体一而用三，有二以为体，分二以为用故也，故地数体二而用两也。四六二十四地数。

观变于阴阳而立卦。

韩注：卦，象也。蓍，数也。卦则雷风相薄，山泽通气，拟象阴阳变化之体。蓍则错综天地，参两之数，蓍极数以定象，卦备象以画数，故蓍曰参天两地而倚数，卦曰观变于阴阳也。

孔疏：卦则雷风相薄，山泽通气，拟象阴阳变化之体者，此言六十四卦，非小成之八卦也。伏羲初画八卦，以震象雷，巽象风，艮象山，兑象泽，八卦未重，则雷风各异，山泽不通，于阴阳变化之理，未为周备，故此下云八卦相错，数往者顺，知来者逆。

汪云：八卦相错变化，理备于往，则顺而知之，于来则逆而数之是也。

立天之道曰阴与阳。

韩注：在天成象，在地成形，阴阳者言其气，刚柔者言其形。变化始于气象，而后成形，万物资始于天，成形于地，故天曰阴阳，地曰柔刚也。

孔疏：立天之道有二种之气，曰成形之阴与施生之阳也。立地之道有二种之形，曰顺承之柔，与持载之刚也。

胡一桂曰：人负阴阳之气而有生，肖刚柔之质而有形，具仁义之理而成性，莫不有三才之道焉。仁义之道立，即所谓阴阳合德，刚柔有体，以顺性命之理也。

陈藻垣曰：乾象三才，以坤两之，故成六画。卦初、三、五为阳位，二、四、六为阴位，故曰分天之道，阴阳迭运，静专与动直合也。地之道柔刚成质，静翕与动辟合也。人之道仁义并用，慈爱与裁制合也。初刚与二柔相间，一地之刚柔交错。三刚与四柔相间，一人之仁义相济。五刚与上柔相间，一天之阴阳迭运。

納甲圖

天地定位，引见《困学纪闻》。虞翻曰：乾坤五贵二贱，故定位。艮兑同气相求，故通气。震巽同声相应，故相薄。坎戊离己，三十日一会于壬，故不相射。坤消从午至亥卦气，故顺乾息，自子至已故逆。王伯厚曰：此盖用纳甲卦气之说。

按：天定位于五，地定位于二，天地之位必六爻而始定，三画之卦尚未定也。虞氏以五贵二贱，为天地定位，与孔疏重卦之说合。《上系》易简之理得，而易成位乎其中矣。

荀慈明曰：阳位成位乎五，阴位成乎二。五为上中，二为下中，故曰成位乎其中。黄东发曰：天地定位，山泽通气，雷风相薄，水火不相射，邵子以为此先天之卦位也。于是尽变易中离南坎北之说与凡震东方卦、兑西方卦之说，而以乾南坤北，伏羲先天之卦位，以离为东，以坎为西，兑巽为东南、西南，震、艮为东北、西北易之。此章果有是位置之意否耶？惠半农曰：道家创为先天后天图，以先天为伏羲卦，后天为文王卦，非也。即以乾坤二卦言之，乾为寒为冰，南非寒冰之地，曷为而移为南？坤为土，土旺四季在中央。西南者，中央土也，曷为而移之北乎？且天地定位，定位者，天尊地卑，而乾坤定。卑高以陈，而贵贱位也。如道家言先天乾在南，后天在西北。先天坤在北，后天在西南，是天地无定位矣。又北极在上，南极在下，是天在下，地在上也，谓之定位，可乎？是道家之说，妄也。庄子曰：至阴肃肃，至阳赫赫。肃肃出乎天，赫赫发乎地。两者交通成和而物生焉。乾位西北，故至阴出乎天。坤位西南，故至阳发乎地。《周礼》亦云：天产作阴德，地产作阳德者，以此。钱大昕曰：八卦方位，震东方，巽东南，离南方，乾西北，坎北方，艮东北，见于《说卦传》。坤兑次于离后兑前，则坤西南，兑西方，可知也。伏羲始作八卦，以木德王。《传》云帝出乎震，谓伏羲也。然则《说卦》所言方位，出于伏羲所定，万世无可变易之理，而后儒私造先天一图，托于伏羲，欲驾文王而上之，颠倒甚矣。推其意，以为乾坤，父母之卦，而列于四隅，与巽艮相对，于心不安，必改为乾上坤下，乃顺乎人情耳。曾不思四正四维，均在乎面，本无上下之分，若以天地之形势言之，则北高而南下，以朝廷之定分言之，则君之南面者，位在北，臣之北面者，位在南。乾南坤北，正与尊卑高下相反。吾不知其定位何在也？《月令》以中央土列季夏之后，此坤位西南之明证。而乾位西北之义，尤非后人所能识。盖阴阳往来之理，验于四时，播于十二消息卦。圣人扶阳而抑阴，故有纯阳无纯阴，十月纯坤之卦，又当西北极阴之乡，惟纯乾可以制之，故《尔雅·释天》：十月为阳，而于坤之上六有龙战之象，于《传》言战乎乾，又云阴阳相薄，相薄而阳必胜，非纯阳不能。此乾位西北之义也。李氏惇曰：乾南坤北之说，此后人以意为之，非有本也。何以知乾当为南，坤当为北乎？邵子以天地定位节为伏羲八卦，帝出乎震为文王八卦。谨案：文王之易，即就伏羲八卦而系之词，非有二也。《说卦》天地定位二节，明八卦之象，雷以动之二节，明八卦之用。帝出乎震二节，明八卦之位。神也者，申明八卦之用。理本一贯，不得截然分作两图。至动万物者，莫疾乎雷六句，即就雷以动之而申其义。水火不相逮三句，即就山泽通气而申其义。其不言天地者，六子之用，皆乾坤之用也。邵子于前二节以为明伏羲八卦，后二节明文王八卦，所谓大道以多歧亡羊者矣。

按：《乾》、《坤》二卦，上经之首也。《乾》九五定位于上卦，《坤》六二定位于下卦，所谓天尊地卑，乾坤定矣。《震》《巽》《艮》兑，下经之首也，山泽为《咸》，故通气。雷风为《恒》，故相薄。《坎》《离》《未济》，下经之终也。《未济》辨物居方，水火各居其所，故不相射。自《乾》《坤》至《未济》，六十四卦，次序不乱，数往者顺也，以此六十四卦为占筮之用，知来者逆也。《易》主占筮，故逆数也。

韩康伯曰：《易》八卦相错变化，理备于往，则顺。而知之于来，则逆，而数之作易以逆睹将来，以前民用。朱子《本义》以上四句属单卦，八卦相错句方属重卦，说则上四句正孔疏所谓乾坤不交，水火异处者，于义似不甚当。

《正义》曰：此一节就卦象明重卦之意，《易》以乾坤象天地，艮兑象山泽，震巽象雷风，坎离象水火。若使乾坤不交，三画卦。水火异处，则庶类无生成之用，品类无变化之理，所以因而重之，六画卦。令八卦相错，则天地人事莫不备矣，故云天地泰否定位而合德，山泽异体而通气，雷风恒益各动而相薄，水火不相入而相资。既八卦之用，变化如此，故圣人重卦，合八卦相错乾坤震巽坎离艮兑莫不交互而相重，以象天地雷风水火山泽天与地观水火山泽，六卦相交。莫不交错，则易之爻卦与天地等，成性命之理，吉凶之数，既往之事，将来之机，备在爻卦之中矣。故《易》之为用，人欲数知既往之事者，《易》则顺后而知之。人欲数知将来之事者，《易》则逆前而知之。是故圣人用此易道，以逆数知来事也。

按：上章释六画成卦之义，此章释八卦相错之义，朱子以此节为先天之图，则天地定位三句，皆系对宫，而不相交于八卦，相错一语，全无着落矣。又以定位节属圆图，数往节属横图。传说《汇纂》谓与邵子《本义》各自为说，则亦不能归于画一矣。依韩孔二说作重卦，乃于八卦相错句，有合上文，通气相薄不相射，亦有关照天地定位，似有上下之分。然乾卦五爻定位于上，坤卦二爻定位于下，而乾升坤降，故坤六五可降而居二，坤卦六二可升而居五，是为合德，而地天之泰，天地之否，亦自重卦而始见得，则未始不相错也。

数往者顺，知来者逆，是故易逆数也。

李氏惇曰：邵子谓数往者顺，若顺天而行，是左旋也，皆已生之卦也，故云数往也。知来者逆，若逆天而行，是右旋也，故云知来也，故夫易之数逆而成矣。此一节直解图意，若逆知四时之谓也。

案：画卦之次，一生二，二生四，四生八，因八卦重之而得六十四。一齐都有，无所谓已生之卦，数往者顺，谓教以往之事则顺序；知来者逆，谓知未来之事则逆近未生之卦也。且如其说，则六十四卦当有一半顺数，一半逆数，下云是故易逆数也，不遗却一半耶？且云此一节直解图意，岂是图在孔子前已有乎？窃谓数往者顺，以既成之卦言。八卦成列，因而重之，不假人力，安能排？所谓顺也知来者逆，以占筮之事言，象事知器，占事知来，豫知吉凶悔吝，所谓道也，是故易逆数也，明易为知来之书也。必欲强以图牵之，不可通已。

《述义》：卦以藏往，往者已过而易知，故曰数往者顺。蓍以知来，来者未形而难见，故曰知来者逆。《易》之有数，皆以知来，故曰《易》，逆数也。

杨氏慎曰：天下之事，数往者顺泛说，知来者逆，易为知来作，此句方归到易。故其数逆数也。往者顺，盖因下句而并举之，非为易有数往之顺数也。安石此解妙契经义。

王廷相曰：数往者顺，谓数已往之事则顺序知来者逆，谓知未来之事则逆迎，是故《易》逆数，谓易乃卜筮以前民用，非逆数而何哉？与邵子图无涉。

顾炎武《日知录》曰：数往者顺，造化人事之迹，有常而事验，顺以考之于前也。知来者逆，变化云为之动，日新而不穷，逆以推之于后也。圣人神以知来，知以藏往，作为易书以前民用，所设者未然之占，所期者未至之事，是以谓之逆数。

三说俱以数往二句就凡事说，是故易方著易说，分别较清。

刘汝佳曰：天地间一理也，圣人因其理而画为卦以象之，因其象而著为变以占之。象者，体也象事知器，因其已然者也。占，用者也，占事知来。占其未然者也。已然者为往，往则有顺之之义焉。未然者为来，来则有逆之之义焉。如象天而画为乾，象地而画为坤画卦，象雷风而画为震巽，象水火而画为坎离，象山泽而画为艮兑，此皆观变于阴阳而立卦，发挥于刚柔而生爻者也。不谓之数往者顺乎？如筮卦筮得《乾》而知元亨利贞，筮得《坤》而知元亨利牝马之贞，筮得《震》而知震来虩虩、笑言哑哑，筮得《巽》而知利有攸往、利见大人，以至《坎》《离》《艮》《兑》莫不皆然，此皆通神明之德，类万物之情者也。不谓之知来者逆乎？夫其顺数已往，正所以逆推将来也。孔子曰：殷因于夏礼，所损益可知。周因于殷礼，所损益可知也，数往者顺也。其或继之，虽百世可知也，知来者逆也，故曰《易》，逆数也。若如邵子之说，则是羲、文之易，已判而为二，而又以离震兑乾为数已生之卦，巽坎艮坤为推未生之卦，殆不免强孔子之书，以就己之说矣。

愚按：天地定位节，以八卦相错句为主，承第二章，故易六位而成章说，当以孔疏重卦之说为正。此章以知来者逆句为主，承第首章幽赞于神明而生蓍说，当以刘氏汝佳李氏惇及《述义》之言为主。

《字典》辵部逆字注：《说文》逆，迎也。《诗》以逆暑，《书》尔尚敬逆天命，《春秋》祭公来逆王后于纪。又《玉篇》度也，谓先事而度之也。《论语》不逆诈，易《说卦》知来者逆，是故易逆数也。迎字注近，憎韵，逆也，迓也，《正韵》：凡物来而接之则平声。物未来而往迓之则去声。《诗》亲迎于渭，又逆数也。《史记·五帝纪》迎日推气，注逆数之也。日月朔望，未来而推之，故曰迎日。据此则迎逆二字互训，逆数犹迎数也。

雷以动之节。

陈云：自动至恒，物之出机，自止至终，物之入机出无……

尚书疑义

尚书疑义——答曾业民太守问

羲和四岳

羲和六事之职，说本马融，而原本《国语》南正司天，北正司地之说。唐虞以前，历法未详。圣人法天，以出治民事，与土工皆以时集，故授时为首务。康成所谓尧育重黎之后，羲氏和氏使掌旧职，天地之官是也。而据马融羲氏掌天官，和氏掌地官，四子掌四时之说，遂以成周六官之名当之。又谓其主方兵之事，是为四岳，舛矣。《国语》少皞氏之衰，颛顼受之，命南正重司天，以属神，火正黎司地，以属民。而《史记·天官》书云：昔之传天数者，高辛氏之前，重、黎，唐虞、羲、和，夏昆吾，殷商巫咸，周史佚、苌宏。是羲、和同为治历之官。所谓司天者，司日月星晨之行。所谓司地者，司列土之分，星及月令之物候耳。又分其官出居四极之地，使测日出入之方位，以验其次舍所在。《左氏传》称：少皞氏纪官司分、至、启、闭。凡四分掌四时之序，即亦可以四时名官，与成周建六官以统邦政，绝不相蒙。羲、和，官也；曰仲、曰叔，羲、和二官之副也。古者因官命氏，太史畴人之属尤多。世当其官，故姓谱有羲氏和氏，而遂以仲叔为羲和四子，岂唐虞以前治天文者为一家之私学邪？此亦汉儒之陋矣。两家父子备六官又领方岳，尤不应偏重如此。至朱子又合四岳为一人，说本苏氏《古史》。据《史记》黄帝置左右大监，监于万国。《通典》黄帝立四监以治万国。《王制》分天下以为左右，曰二伯。郑注：殷之州长曰伯，八州八伯属于左右二伯正。唐虞十二牧属于四岳之制。周之兴，陕以东周公主之，陕以西召公主之。厥后康王之诰，太保率西方诸侯。毕公率东方诸侯。是唐虞四岳，犹黄帝遗制，历殷、周仍而不废，朱子盖未深考耳。《左氏传》许太岳之胤，齐、许、申、向，姜姓之国，皆太岳之后。《国语》以齐为伯夷之后，太岳、东岳也。疑其时伯夷当掌东岳，治水巽位、皆大事，兼咨四岳，不应稷、契辈人一无所与。疑四岳多九官分领，亦若周召分陕之类。《虞书》简括，固可以义类求之，史臣记四岳之荐鲧，云佥曰。孔传：佥，皆也，使为一人不得云佥，其辞巽位则云岳曰，尧未得舜以前，其意惟属四岳。岳既辞而后广咨廷臣，故有师锡之文。尧于四岳亦必历试之，而历考之，岂能泛然一问而已。史臣或云佥曰，或云岳曰，义蕴无穷。朱子以巽位四人为疑，恐失之。

郑氏以月正元日为改尧正

郑氏尧正建丑，舜正建子，而以月正元日为改尧正。王肃以殷周始改正。夏以前皆建寅，而马融训《甘誓》三正云：建子、建丑、建寅是夏前已有三正之名矣。孔传训三正，天地人之正道。郑氏亦同，孔传今文《太誓》：今商王受，乃用妇人之言，自绝于天，毁坏其三正。马融亦云，三正，天地人，与此训异。

今就《尧典》中星四仲观之，正与《夏小正》合，为尧正建寅确据。《五礼通考》：尧、舜、禹相嬗未尝改正。《论语》行夏时者，对殷周言之，其说极允。案：伏生《尚书大传》：周以至动，殷以萌、夏以牙。物有三变，天有三统，土有三王。三统者，三正也。若循连环，终则又始。此郑说所本。而其实《大传》明言夏、殷、周三王，不及唐、虞以前，《史记》古历建正作于孟春。《索隐》云：黄帝调历以前，皆建寅为正。惟黄帝及殷、周建子为正历法，颛顼以斗杓建寅为历元，其时必改黄帝之正，《索隐》之言未为无据。因考历元必起冬至，以一阳之始生也。《春秋》四传质疑所谓建子之月春气之微，建寅之月春气之著。夏正纪其著以利民用，周正达其微以察天纪。故今泰西历法以冬至后三日为岁首，犹黄帝造历遗意。疑殷正建丑亦若今西法，又逾冬至一节候耳。案：古文《尚书》惟元祀，十有二月乙丑，惟三祀，十有二月朔。蔡传云：商以建丑为正，故以十二月为正，谓改正朔不改月次也。据刘歆三统宪太甲元年，十二月乙丑朔旦冬至，至朔同日，历家以为历元正，谓建子月也。《春秋》书春王周正月，周正建子，即以冬至阳生为春，不独改月次，并改春秋节序矣。秦及汉初之建亥，直以十月为岁首。盖秦时已用夏时纪岁，惟岁十月为正，以自巽于三代耳。《索隐》不著丑正，最得治历本义。郑氏尧正建丑，舜正建子，允为臆说矣。

咨二十有二人

二十有二人，马、郑均不数稷、契、皋陶。郑并不数四岳，以为稷、契、皋陶皆居旧官。岂居旧官者遂无亮工之责邪？近高邮王氏引之，以二十有二人为三十有二人，四岳九官十二牧，益以殳、斨、伯与三人，朱、虎、熊、罴四人。吴氏仁杰，《两汉刊误补遗》殳、斨二人，伯与一人，故加暨字以别之。与让于稷契暨皋陶同文，朱虎熊罴四人故连文称之，与让于夔龙同文。

直改经文以就其说，亦恐未安，疑此当以蔡传为正。而蔡氏合四岳为一人则非也。四岳多九官兼之，伯夷之掌太岳是其明证。疑稷、契、皋陶必有兼掌四岳者，以连四岳十二牧为文，故其名皆隐焉。殳、斨以下未尝命官，则亦不过九官之佐而已，不宜在亮工之列也。

《大禹谟》文义最精，今通以为伪书

《大禹谟》一篇，《尚书正义》序引郑述《古文尚书》有其篇名，正以郑述《古文尚书》十六篇与梅赜本异，遂以今所传者为伪。案：《礼记·缁衣》正义引郑云，后禹摄位，三苗又在洞庭逆命，禹又诛之。郑不注《古文尚书》而引禹征有苗，今具见《大禹谟》篇。自宋以来，疑《古文尚书》者，始于陈氏振孙《尚书说》，吴氏棫《书稗传》至《朱子语录》，直斥以为伪。元吴氏澄《书纂言》，专录《今文尚书》二十八篇，则近儒专治《今文尚书》所本也。明杨氏鹭《尚书考异》始叙《古文尚书》为皇甫谧伪作。国朝阎氏若璩《尚书古文疏证》辩证益详。自是治《尚书》者，专习今文而古文之伪益明矣。《太誓》一篇又杂采《史记》、《尚书大传》及《诗》正义、《周礼》疏所引集成之，如王氏鸣盛《尚书后案》，孙氏星衍，《尚书古今文注疏》皆然。江氏声《尚书集注音疏》，采辑《尚书逸文》，可考见者，各附于百篇之次。诸子传记所引《太誓》尤繁，皆以类编次之。惠氏栋《古文尚书考》，又专取《古文尚书》，推求文义所考，考证皆极明确。王氏鸣盛以古文成于王肃、皇甫谧。王氏楙竑以为成于王肃、束晳、皇甫谧。惠氏直以为成于梅赜。今案诸家所征引，可疑者亦有数端。《汉书·儒林传》孔氏有《古文尚书》，安国以今文字读之，逸书得十馀篇。司马迁亦从安国问，故迁书多古文说。诸家辩证，梅赜古文多援《史记》。而《史记》称：帝尧放勋，帝舜名曰重华，夏禹名曰文命，皆出《古文尚书》，其疑一也。朱子疑书叙晋宋人作，其文实亦浅陋，而马、郑、王皆有注。《五子之歌》叙云：须于洛汭，作《五子之歌》。郑注避乱于洛汭。郑述孔氏《古文尚书》，增多十六篇。《五子之歌》第六必与叙文相应。《尚书后案》引《逸周书》，夏之五子忘伯禹之命，用胥作乱，遂凶厥国。《潜夫论》，启子太康、仲康，兄弟五人，皆有昏德，是谓五观，据以为《五子之歌》，记五子淫乐致亡之事，此又与郑注异，其疑二也。汉孔衍上言祖故临淮太守安国，得古文科斗《尚书》、《孝经》、《论语》，莫有能言者，安国为改今文，读而训传其义，又撰次《孔子家语》。时刘向方撰《别录》，以古文时所未施，不纪于《别录》，衍上书请加论定。据此，则安国实有训传。汉儒传经章句训诂，递相师授，其有异义，又别为一家。如《汉书·儒林传》称：夏侯胜兄子建，师事胜，又事欧阳高，左右采获，与《尚书》相出入，牵引以次章句，具文饰说，遂名小夏侯氏。安国传《尚书》古文，岂独无章句训诂，《尚书后案》取证传记，论安国实无《尚书传》，独不引衍此书，其疑三也。《后汉书·孔僖传》自安国以下，世传《古文尚书》，连丛子亦载，孔大夫与僖子季彦问答云：先圣遗训壁出古文，临淮传义吾家，世世独修之。据此安国传义具存其家。

因考《今文尚书》，有欧阳、大小夏侯三家并立于学。武帝时，《古文尚书》始出，惟藏秘府，未立于学。孔安国以今文读之，私相传授而已。刘向以中古文校欧阳、大小夏侯三家，脱简三，脱字数十，文字异者七百有馀。中古文者，即秘府所藏之古文也。东汉杜林又得漆书《古文尚书》，贾逵、马融、康成为作传注。郑氏书赞云：欧阳氏朱其失义，疾此蔽冒，是传《今文尚书》者，脱误为多，赖得古文订正之。马、郑所传皆古文也，而所注惟依伏生今文二十九篇。《逸书》无注。马融所谓逸十六篇，绝无师说是也。东汉之世，治《尚书》者专习古文。《刘陶列传》推三家尚书及古文，是正文字七百馀事，为之训诂，名曰《中文尚书》，合今古文为一，然亦不及《逸书》也。案：《中文尚书》，刘陶创为之名，与刘向所谓中古文异。盖汉世传经，最重师法，自孔安国得古文尚书，传之都尉朝，胶东庸生胡常、徐敖、王璜、涂恽，历西汉传注散逸，是以杜林、卫宏以下皆不敢加注。孔安国传之行于今，诚有可疑者。然古今文异字异义，见于孔颖达《尚书正义》，叙者已至十馀。当时诸儒传授讲诵亦多散见他文。《魏志》王肃善贾、马之学，不好郑氏，采合异同，为尚书解，列于学官。孔颖达称其与孔传合，自汉世古文、今文传授各别，《隋书·经籍志》言陈、梁所讲有孔、郑二家，齐代惟传郑义。至隋，孔、郑并行，而郑氏益微。以郑氏专注今文，遂以今文属之，其实郑所受尚书皆古文也。案：《臧氏经义杂记》称《论衡》引《金滕》天大雷雨以风，当此之时，周公死。成王狐疑于葬，天大雷雨动怒示变，以彰圣功。古文家以管、蔡流言，王意狐疑周公，周公奔楚，故天雷雨以悟成王。其以成王葬周公，感雷雨而葬以天子之礼者，《今文尚书》之说也。《尚书大传》、《洪范》、五行传、何休注公羊，皆用今文说。惟《史记周鲁公世家》兼引之。《汉书·儒林传》称司马迁书载《尧典》、《禹贡》、《洪范》、《微子》、《金滕》多古文说，今可考见者，惟此郑注。《金滕》亦古文说，安国传古文章句训诂多异，今文必有师承，此亦一证也。西汉之季，刘向校定古今文，说《尚书》者多依古文，与今文已混为一，独以《逸书》多出十六篇者为古文耳。至晋梅赜奏上孔安国传，增多二十五篇，于是始以孔传为古文，郑注为今文。据《汉书》称，古文者凡三，一为孔氏《古文尚书》，安国以今文读之，因以起其家。案：周秦传经，以史籀大篆。汉世传经以隶，《古文尚书》盖仓颉古文也，安国以隶古写定之。故梅赜奏上《古文尚书》，皆以隶，至唐明皇令卫包改古文从今文，则今字也。《隋书·经籍志》有今字尚书十四卷，与隶古并行，明皇颁行《今文尚书》，而隶古始废矣。一为张霸百两篇，分析二十九篇，以为数十，又采左氏传书叙为作首尾，成帝时以能古文徵。一为杜林漆书《古文尚书》一卷。张霸百两篇以中书校之，非是当时已知其伪。然《汉书》明言采左氏传书叙，是书叙当出其时，而亦采及传记。近儒疑《古文尚书》者，霸实倡为之，杜林漆书，王氏谓即孔氏古文。孔氏古文已定为隶古，漆书传授必更有异同。《后汉书·儒林传》称杜林传《古文尚书》，同郡贾逵为之作训，马融作传，康成注解。是贾、马、郑三家传习《古文尚书》，实受之杜林。惜诸儒拘守家法，专意讨论古今文异义，而于《逸书》传授异同略无著录，至今遂为疑案。《太誓》出于本始，《武成》亡于建武，见于刘歆、马融、郑氏所述。而近儒王氏引之以伏生今文二十九篇，故有《太誓》

引据多端，是并汉儒所论述，亦无从得其确据，考古者于何徵之？综而论之，孔氏古文十六篇，见于郑氏所述，杜林漆书仅云一卷，不详篇数。张霸则百篇具备，而小夏侯氏又颇有采获牵引，是六籍之殽乱，莫甚于《书》。而自汉时皆存秘府，晋时距汉未久，岂遂一无留遗？《四库全书提要》谓梅赜之书，确非孔氏原本，而采掇佚经，其旨不悖于圣人，无可废之理，允为定论。必谓王肃、梅赜摹仿传记遗言，造为《古文尚书》二十五篇。又据梅赜所上与郑述书目异，因言汩作九，共伪造为难，故别从其易者，举其文义辞而辟之，则亦攻古文者之过也。

愿而恭

皋陶论九德，郑注即《洪范》之三德，宽、柔、扰。三者，柔克愿乱直三者，正直简刚强三者。刚克惟扰，而毅一语稍失次序。其实宽、柔、愿、乱、扰五者为一类，直、简、刚、强四者为一类。刚柔相济以成德也，来书疑愿者必恭，非刚柔相资之义。此据《说文》愿，谨也；恭，肃也。以谨训愿，亦近恭意，据《礼器》七介以相见也，不然则已慤。三辞三让而至，不然则已蹙。郑注：慤蹙愿貌，言愿慤无文也。《易·系辞》：礼言恭，《曲礼》：恭敬撙节退让以明礼。疏引郑义在貌为恭，在心为敬。《释名》：恭，拱也。自拱持也。是恭者礼之著愿，而济之以恭，盖文质相宣之义。注家但以谨愿恭恪释之，殊未分晓。

既载壶口，治梁及岐。既修太原，至于岳阳

既载壶口，实为禹治河之首功。《水经注》引《淮南子》：龙门未辟，吕梁未凿，河出孟门之上，大溢，逆流，无有邱陵，高阜灭之，名曰洪水，大禹疏通，谓之孟门。孟门即龙门之上口也。又引《魏土地记》：梁山北有龙门山，大禹所凿，导河积石，疏决梁山，谓斯处也。朱子亦谓：水出孟门之上，一派滚入关陕，一派滚入河东，当时情事正是如此。其入关陕者，必夺洛渭而横溢。其出河东者，必挟汾水以交奔。而仍同注于华阴，是以当时帝都河患尤甚。禹受命治水，首凿龙门以平帝都之患，无可疑者。程大昌《禹贡论》：河至慈州文城县孟门山，是为入龙门。至绛州汾水合河之上，是为出龙门口。中间地势险甚，河率破山而行，两岸悉有镌凿痕迹，自汉儒皆以为禹凿之，以过河流。吕祖谦书说：壶口，龙门之上，禹凿之行水，此用工之最大者。朱子谓禹治水当于下游经营，经始壶口凿龙门，未敢深信，殆亦未尝细究当日河势，不于龙门巨扼凿而通之，以纳河流，亦无可为下游施治之地也。梁岐二山，汉儒皆以为在雍州。宋晁氏据《水经注》，以为吕梁、狐岐二山。蔡传宗之，既与治河无涉，又错出太原、岳阳之间，于治汾亦纷乱无序。因考《水经注》，善无水西流，历吕梁之山为吕梁洪，又引司马彪云：吕梁在离石西，今于县西，历山寻河乃无过，应在离石北以东二百馀里，是郦道元已不能知吕梁所在。阎氏若璩云：离石，今永宁州，无所谓河流，土人以河曲县天桥峡当吕梁山，又无所谓千仞巨石，又南去离石四百馀里，皆与《水经注》不合。今则直以永宁州之谷积山当吕梁山矣。详玩《水经注》引《淮南子》：龙门未辟，吕梁未凿，是吕梁自在龙门之下。《禹贡锥指》即据以为梁山。盖梁山北接龙门山，《水经注》所谓疏决梁山，即凿吕梁之证。而于善无水西历离石之吕梁，又引河流激荡，巨石千仞为辞。道元好奇，兼采异说，承误至今，薛季宣书古文训梁山在河上，岐山在渭上。禹先治壶口通梁岐水道，则冀州上游河患已去。林之奇《尚书解》河出孟门之上，横流别出，东之壶口，南之梁山，西之岐山，皆垫于水。禹之壶口之西辟孟门，而始事于壶口，于梁山之北辟龙门，而终事于梁山，而具余功又及岐山焉。一役而施功，同时不可分言于二州，故独言于冀。黄度《尚书说》直谓：梁至岐，禹贡皆属冀。孔传云在雍州，据汉言也。梁山晋望本属冀州，岐山，岐水所出西界雍州。黄氏于禹贡雍州，雍岐，既旅之文，亦不一考陋矣。王氏《书稗疏》：梁即少梁，在今韩城县，以梁山得名，为汾水入河处。岐即虎祁宫，在今绛州，南音转为岐，以地得名，为浍水入汾处，谓治汾下游也，此于义为长。然冀州河患方剧，不应详于汾而略于河。就经义求之，薛氏、林氏二家之说允矣。而薛氏以梁岐分治河渭，林氏以壶口、梁岐为一役则又失之。既载壶口，河流毕注龙门，河以西洛、渭诸水循故道入河，梁岐之间数百里为河水淤垫者，皆治之。河以东汾水循故道入河，太原、岳阳之间亦数百里为河水淤垫者皆治之。而帝都以无河患矣，此禹受命治水之始功也。冀州不言疆域，尊帝都也。汉儒遂以冀州既载断句，既与馀州异议，又使壶口二字横亘其中，无所附属。至宋苏氏《书传》，毛氏《禹贡指南》始正句读，无可易者，凡此类汉儒以意诂经，文义失之，不可从也。

蔡传狐岐山在介休

《一统志》狐岐山，在孝义县西，旧属介休。来书以蔡传狐岐山在介休，而顾氏《方舆纪要》云：狐岐山在孝义西北八十里，介休又在孝义东南百馀里，因以蔡传为疑。案：后魏置永安县在灵石县东三十里，贞观元年改为孝义，宋熙宁五年省孝义入介休，元祐元年复置。是唐以前孝义故城在介休东南。《元和志》孝义县本汉兹氏县地，魏移中阳县于今县理。晋永嘉后，省入隰城。《括地志》中阳故城在隰城县南，据此则孝义又在汾水以西。因考后魏太和十七年，分隰城县地置永安县，在汾水东，其时中阳已废，入隰城，唐改永安为孝义，遂移治中阳故城。盖自唐徙置孝义汾水西，西北接介休县境，当在今县南百馀里外，其徙今治疑在金元以后。蔡传自据宋世地理言之耳。

衡漳恒卫

禹疏九河当值漳水以东。《水经注》论九河故渎，元城县北有沙邱堰，自堰以北，馆陶，瘿陶，贝邱，鬲般、广川、信都、东光、河间，乐成以东城池并存，川渎多亡。《汉书·地理志》魏郡邺故大河在东北入海，即禹河也。是今彰德东北，皆《禹贡》大陆之地，九河所由分也。禹凿龙门，河流直注潼关而东。朱子以为禹治水当始于九河下游，经文于既载壶口，下直叙至于衡漳，疑禹疏九河自横障始。曾氏旼谓地形南北为纵，东西为横，河北流而漳东注，故曰横漳。王氏书义谓：禹时大河夺漳水，以地道求之，漳水故道，为河流所漫侵溢大陆。故禹治河必先疏通漳水故道。《史记·河渠书》河东北迳邺县东，至列入斥章县界合漳水，是为北过绛水。斥章故城在今曲周县东。《汉书·地理志》漳水东至阜城入大河。而《史记·赵世家》惠文王二十一年，徙漳水武平西。二十七年徙漳水武平南。武平故城在今文安县北，是禹河未徙以前，漳水与河水相出入。《水经》所谓漳水过阜城，又东北与虖沱河会，正指此。盖汉时河徙千乘遂为漳水经流矣。班氏谓禹河自魏郡邺东北入海，河间、天津之交诸水入海，故渎必多。今略就《水经》推之，易水东过東州县，南入于海，東州在今河间县境。涞水东过东平舒县北，入于海。漳水东北过东平舒县南，入于海。东平舒为今静海县。清河东北过南皮县，又迳浮阳县，又过漂榆邑入于海，浮阳为今沧州，《魏土地记》云：高城县东北一百里北尽漂榆，高城为今盐山县，漂榆邑境当在今青县静海之间。是时河徙东南，夺漯水出千乘，故诸水仍循故道分注沧津之间入海。《史记》载禹酾二渠以引其流北载之高地。其一为漯川，自黎阳大伾山东北流至千乘入海。其一为河之经流，东北迳邺县东至列入斥章合漳水。所谓北载之高地，即漳水东北出天津者，古徒骇河之故道也。此二渠为禹所釃，中间九河必因诸水故渎而疏通之。非徒以杀河势，亦使冀北诸水全注于河，不至壅积为害。渤海地势东逶于海，断无数百里汙下之地无一入海故道，而九河皆待禹凿之理，禹之导河北行，亦籍冀北诸水冲奔而下，使河身不为沙淤而已。汉以后九河故迹日益漂塞，大河经流展转奔溃，曰千乘口，在今高苑县北。曰无棣口，在今庆云县南。曰陷河口，在今乐陵县北，即笃马河也，有古黄河堤。曰独流口，在今静海县北。并东注渤海数百里之地，疑皆九河故渎也。至金昌明五年，河决阳武，注寿张，分为二派。北派由北清河至利津入海，南派由南清河合泗水至清河县入淮。元至元中开会通河，而后河势始全南徙。冀北诸水遂合漳水以并注于天津。上游分合，迁徙不常，而入海则犹禹河故道也。故曰，恒卫既从禹导河出章武以北，即今天津县，诸水从之，以东北流，举恒以概沙滋以北诸水，今为会同河。举卫以概正定以南诸水，今为子牙河。《水经注》二水合流互受，通称恒水。合滱卫水，合滹沱而流始盛。禹功始恒卫，故举以为名耳。无庸以滱、滹沱源长为疑也。案：禹导河分三停，始凿龙门纳河流于巨石之中，使上流不至泛滥。继至横漳相度河势，而因冀北诸水故渎疏为九河，而后导河之经流使北出章武。九河皆在兖州，故以至于横漳叙其程功之始，而于兖州曰九河既导，导河之功尽于横漳以东也，恒、卫之从，在九河既导之后，所以次于田赋之下者、明与至于卫漳，非一时之役也。《禹贡》则壤成赋，必俟水土既平，通为九等之差，蔡传以衡卫大陆成功，在田赋之后，失之。

蔡传引地志淄水东至博昌县入济

《水经》淄水出泰山莱芜县原山，齐乘一名岳阳山，在今淄川县南七十里。《元和志》莱芜故城在溜川东南六十里，又东北径临淄县东，又东过利县东，齐乘在安乐西北二十里，今为博兴县之利城镇，在博兴东四十里。又东北入于海。郦道元注：淄水入马车渎，乱流东北径琅槐故城南，又东北径马井城，又东北至皮邱沈入于海。《地理风俗记》博昌东北八十里，有琅槐乡，故县也，在今乐安县东北一百一十里。而《水经》叙济水东北过利县西，又东北过甲下邑入于河，又东北入海。郦道元注济水至甲下邑南，东历琅槐故城北。琅槐一城淄水出其南，济水出其北，相距当约数十里。《元和志》千乘县北有青邱，齐乘。清水泊，即古青邱。疑《水经注》皮邱沈即此，在今乐安县东北，南接寿光。《一统志》淄水径寿光县东北，合清水泊入海，犹《水经注》故道也。《史记·河渠书》于齐通淄济之间，言战国以后开渠溉田，淄济之通自此始也。《汉书·地理志》淄水由博昌入济，正指此渠。《尚书后案》据以为淄水自利县东至博昌入泲而止，恐失之。《通典》济水，王莽末，旱渠涸。今清河实荷泽汶水合流，而曰济河，盖因旧名。《元和志》济水皆袭旧名，如郓州之须昌，济水之长清，庐县，齐州之临济、章邱，淄州之济阳，高苑，青州之博昌。诸县界中并有济水，实非济也。其后不经博昌，而改从棣州之蒲台入海。《禹贡锥指》:《水经》所谓济者，荥阳以下所引之河水，自荥泽塞为平地，河南已无济矣。《通典》所述，盖今大清河也，又引黄氏说济水最南，漯水在中，河水最北。今小清所经历城、章印、邹平、长山、新城、高苑、博兴、乐安诸县，皆古经济水所行，大清所经，自历城以上至东阿，皆济水故道。自历城东北至济阳、齐东、青城诸县皆古漯水所经。蒲台以北，则故河水所经。盖宋时河尝行漯渎，及河去则大清兼行，河、漯二渎其小清所行，则断为济水故道也。桑钦水经已在济水断流之后，小清河发源泺水，亦时有枯竭，淄、济之不相通久矣。《水经》济水东北过甲下邑入于河。郦道元驳之，以为河水枝津注济，非济入河，则又汉以后河水夺漯由千乘入海。故自博昌以下，溢流入济，此皆可以因时推见者也。蔡氏据地志以释《禹贡》不独非禹时之淄济，亦非汉以后之淄济矣。今小清河发源章邱分水岭，泺水直由泺口注大清河，又与宋时清河故渎异。其入海处曰小清河口，则犹济渎也。距清水泊六七里。

三江

三江之说大略有三。其一，徐坚《初学记》引郑康成《书》注，左合汉为北江，右会彭蠡为南江，岷江居其中为中江。书称东为中江者。明岷江至彭蠡与南北江合，始得称中也。苏氏《书传》，程氏《禹贡论》主之。而林氏《尚书解》中江、北江，禹时彭蠡之下有此二江，不能指定其处。元胡士行《尚书详解》彭蠡水派为三以入海。董鼎《书传辑录纂注》：禹平水时，彭蠡下有三江，后合为一。案：贾公彦《周礼疏》江至寻阳而合为一，东行至扬徐分为三入海，为诸说所本。此三家者，皆依郑义，而下穷江之委，此又一说也。盛宏之《荆州记》江出岷山至楚都遂广十里，名为南江。至寻阳分为九道，东会于彭蠡，经芜湖名为中江。东北至南徐州名为北江。徐铉注《说文》亦主其说，又中分江为三，此又一说也。明杨慎《丹铅录》据《山海经》岷山大江所出，崃山中江所出，崌山北江所出，以为《禹贡》之三江，纪其原以及其委，当于上流寻讨，又上溯江之源，此又一说也。其一《汉书·地理志》吴县下云：南江在南，东入海。毗陵县下云：江在北，东入海。芜湖县下云中江，出西南至阳羡入海。《水经》江水东至石城县，分为二，其一东北流，又过毘陵县北为北江。南江南与贵长池水合，东南径宣城之临城县南，又东与桐水合，在今德庆州。又东北为长渎历湖口，长渎为今太湖，东则松江出焉，江水奇分谓之三江口。又东径馀姚县故城南，东入于海。案：《地理志》石城下云：分江水首受江，东至馀姚入海。郦道元注引郭景纯曰：三江者，岷江、松江、浙江也。水经不著中江，而叙江水历湖口，东则松江出焉，并与《汉志》合。王氏《书义》主之，孔传彭蠡江分为三，入震泽遂为北江而入海。

孔颖达申引其义云：自彭蠡江分为三入震泽，自震泽复分为三入海。案：此于古今水道皆不合。于地志三江下又分三江，此又一说也。《书稗疏》据《国语》越王句践起师逆之江，又泝江以袭吴。又吴王军于江北，越王军于江南，皆谓松江，中松音近。自太湖导流东北，行七十里，歧为二。其东北流入海者，名娄江，即松江正流也。其东南流纳蚬湖水入海，东江也，即地志之南江矣。案：王氏引《地志》，而与《地志》石城分江水，东至馀姚入海者不合。于《地志》三江增入东江而去浙江，此又一说也。其一，《水经注》引庾杲之《扬都赋》。注：今太湖东注为松江，下七十里有水口分流，东北入海为娄江，南东入海为东江，与松江而三也。张守节《史记正义》引顾夷《吴地记》松江东北行七十里，得三江口，东北入海为娄江，东南入海为东江，并松江为三江。而云一江西南上七十里至太湖名曰松江，古笠泽江也。一江东南上七十里白蚬湖名曰上江，亦曰东江。一江东北下三百馀里入海名曰下江，亦曰娄江。案：《黄氏日抄》言，至吴松不见所谓东娄二江者，考之《吴志》有白蚬江，笠泽江，意者即古所谓三江邪？白蚬江即东江，笠泽江即吴松江。黄氏于松江外举笠泽江尤误，东江久经湮塞，今黄浦江下游犹东江故道也，娄江今名刘家河。薛氏《书古文训》、蔡氏《书传》主之，韦昭《国语注》，三江吴松江、钱塘江、浦阳江，此又一说也。黄氏《尚书说》引《吴越春秋》浙江、浦阳江，亦名浣江，经萧山县西南入钱塘江，剡江今名曹娥江，三江会于会稽东北，其入海处亦名三江口。此又一说也。国朝诸儒，胡氏《禹贡锥指》、程氏《九江考》主郑氏说；全氏《经史问答》主郭璞说，考证均极精核。仪征阮文达公考定南江，以浙江为岷江，分流为贵池县，即古石城，东会太湖，过吴江石门，出仁和县临平半山之西南，为今楼塘，折而南，北由馀姚入海。北魏时石门仁和流塞，唐初筑海塘以捍潮，其流始绝，惟北新关闸口一线清流，犹是浙江故道。浙江者，乃岷山导江之委，今富阳江乃《水经》之浙江，冒浙江之名。案：《说文》江水东至会稽山阴，为浙江，正阮氏所本。阚骃《十三州志》江水至会稽与浙江合，《水经注》江水自石城东出为南江，历馀杭县与浙江合，则皆以渐江为浙江也。因以东迤北会于汇为迤，而注于震泽。中江别由高淳过五坝至宜兴入海。自杨行密筑五堰其流亦绝。案：阮氏此论正与《汉书·地理志》合，而以之释《禹贡》，则于经文为倒置矣。顾氏《日知录》以北会于汇为指国固城石臼等湖，庶与经文无忤。尤足发明郭璞之说。《禹贡锥指》引明颜邦宪《广通坝考》，即所谓五堰也。西有固城、石臼、丹阳、南湖，受宣歙广德，即《水经注》所谓桐水。及大江水，东连三塔，长荡、剡溪、震泽，中有三五里高阜。春秋时，吴王阖庐伐楚，用伍员计，开渠运粮，今尚名胥溪，及傍有伍牙山土音员为牙，西有固城邑遗址，吴所筑以拒楚者也。自是湖流相通，东南连两浙，西入大江。《汉志》中江出芜湖县西南，盖指吴所开者，为《禹贡》三江故道。据《史记·河渠书》东方通沟江淮之间，于吴则通三江，五湖通江于淮，即夫差所开之邗沟；通湖于江，即阖庐所开之胥溪，石城分江水亦是此类。古大江与震泽元不相通也。顾氏《日知录》三江既入一事，震泽底定一事，二语不相蒙。案：《吴地记》之释三江自据松江言之。薛氏、蔡氏引以释《禹贡》，徒以三江，震泽二语相蒙成文耳。鄙意亦谓三江与导汉之北江，导江之中江不相蒙。江汉合而势力均，又别出彭蠡一江。《禹贡》因文见义，明三江之交会也，当依郑氏说。三江，即《职方》之三江，《汉志》所谓扬州川也，当依郭璞说。诸家必引北江、中江，以附会三江，而聚讼纷然矣。

九江

九江之说，大略有四。其一，《孔安国传》江于此州分为九道。《史记》予登庐山观禹疏九江。《地理志》庐江郡寻阳，《禹贡》九江在东南合为大江。应劭注：江自浔阳分为九。《浔阳地记》九江一曰乌白江，二曰蜯江，三曰乌江，四曰嘉靡江，五曰畎江。案：《水经注》江日东经轪县故城，南对五洲，江中有五洲相接，汉轪县，即今蕲水县。《寰宇记》畎江五阜洲在黄梅县南一百十里，疑畎江为轪江之以县名耳，一名五州江。六曰源江，七曰廪江，八曰提江，九曰箘江。张须元《缘江图》：一曰三里江，二曰五洲江，三曰嘉靡江，四曰乌上江，五曰白蚌江，六曰乌白江，七曰箘江，八曰沙提江。九曰廪江。参差随水长短，始于鄂陵，终于江口，会于桑落洲，皆谓江水岐流耳。而贾躭云：江有八洲，与江为九，则又一说也。其一，孔颖达《正义》引郑注，九江从小溪所出，各自别源，非大江也。

《水经》九江地在下隽县西北。案：《元和志》鄂州唐年县下隽故城在县西南一百六里，因隽水为名。唐年故城在崇阳县西四十里，隽水即陆水，入江处名陆口。《书稗疏》引以为隽水入江为九江之始。案：《水经》江水又东至下隽县，北澧水，沅水，资水，合东流注之。湘水从南来注之，又湘水又北过下隽县西，微水从东来注之，是洞庭汇诸水入江，故在下隽县西北。桑钦意主洞庭，即九江地，为宋以前训九江者之特解。王氏引以为九江之始，非桑钦意也。鄂陵以东至东陵，案：《水经》东陵地在庐江金兰县西北，今庐江县有东陵乡，皆古九江之地，通谓入江诸水也。其一，《太康地记·九江》引刘歆云：湖汉九水入彭蠡泽也，自汉以来之训诂不越此三者。其一则蔡传引胡氏旦以洞庭为九江，晁氏书说主之，曾氏旼因据沅、渐、无、辰、叙、酉、湘、资、澧九水合洞庭东注于江，是为九江。《朱子语录》又以潇、蒸二水易无、澧二水。程氏《禹贡论》及元金氏《尚书表注》、吴氏《书纂言》皆主其说。《禹贡锥指》发明甚晰。案：傅氏《禹贡集解》云说者不求九江于洞庭合流之上，而求之合流之下，何不以江、汉、九江、沱、潜、云梦比次其地势而观之乎？此语最合经旨。据寻阳九江为训，是于江汉朝宗之中，横出九江，又上泝沱、潜、云梦，并文义失之矣。因考秦置九江郡在楚故都寿春，寿春今之寿州，汉为淮南国都六，今六安州北有故六城，王莽时改豫章郡为九江郡，以刘歆指湖汉九水为九江，于是九江之名始移置江以南，东晋割庐江之寻阳、武昌之柴桑立浔阳郡。隋又移九江之名于浔阳，汉以来训诂原本于此。而九江所以名郡，故在寿春，无从考证其原始。近见陶文毅公《洞庭湖志》序，言楚故都江陵曰郢中，其后迁徙，如鄢郢，如郊郢，皆以郢名。《史记》考烈王二十二年东徙寿春，命曰郢，洞庭为附近国都之薮。郢徙而九江亦随以徙洞庭。九江在故都南三百馀里间，则侨置，亦当在寿春稍南。如今六安州境，即其地已。此论极为精确。据《山海经》洞庭之山，沅澧之风，交潇湘之浦，是在九江之间。《楚地记》巴陵潇湘之渊在九江之间，实为洞庭名九江之证，刘歆名彭蠡为湖汉九水。又据《禹贡》导漾之文，以洞庭入江，名九江，彭蠡汇汉，故名湖汉九水。《地理志》以贡水最大，移湖汉之名被之，失其旨矣。九江名历千馀年，至陶氏始推知其由，可谓发前人之覆。案：程氏《禹贡论》经自岷江以外，无得名江者，汉水之大，几与江，捋其未入江也，只得名汉，不得名江，安有小水望江未至，而得名江。九江、三江皆主大江言之，近儒多主其说。然《书》言禹主名山川，洞庭三苗地，沅湘诸水或尚未有主名，禹以诸水同入于江，故以九江统之，正见经文之简括。《禹贡论》太湖一湖而名五湖，昭馀祁一泽而名九泽，九江亦只是一派。傅氏寅亦谓九江不可以数求，必欲求九江之名以实之，则沅也、湘也、资也、澧也、汩也、微也。案：《水经注》湘沅微澧四水同注洞庭北，北会大江，名之五渚，微水经下隽谓之麋湖口，即今新祥河口，渐也，原出石门县澧山至武陵沙洋埂入湖，派也，即龙阳县之后江，水与源出辰阳之辰水别。湽也，源出安化县大芙蓉山至湘阴县之青山下小青口入湖，其枝流东入湘，入曰临湽口。皆直注洞庭者，辰、无、酉、叙之入沅，距洞庭三四百里，不足当九江之目矣。

荥波

荥波，马、郑，王本皆作荥播。马云泽名，郑云沇水溢出河为泽，今塞为平地。荥阳民犹谓其处为荥泽。孔传荥泽波水已成潴遏，释荥为泽，释波为水，与马、郑异。《正义》以波浪释之，非孔意也。颜师古据《职方》荥、雒、波、溠四水分荥波为二。蔡传又引《尔雅》水自洛出为波，及《山海经》娄涿之山波水出其阴，北流注于谷以证之。阎氏若璩辩证甚晰，蒙请更据《说文》、《水经注》推论荥播命名之由，以补阎氏之阙。《水经注》于洛水又东，门水出焉，下云《尔雅》所谓洛别为波也。又于穀水下云：穀水又东，波水注之。《山海经》曰涿娄之山，波水出其阴，谓之白荅水，北流注于穀。《陕州志》引《水经注》洛水自上洛县东北分为二枝渠。东北出为门水，又东北历华阳之山，又东北历陕，谓之鸿关，水又北径宏农故城注于河，是以宏农河当门水也。《元和志》灵宝县有宏农水。《寰宇记》宏农水经朱阳县南，东北径灵宝县西入于河。朱阳故城在今灵宝县南，均不言其出于洛也，盖亦附会《尔雅》成文耳。穀水东合涧水，通谓之涧水。注引刘澂之云：新安有涧水，源出县北，又东波水注之。波水入穀，当在新安东南。今灵宝、新安相距二百馀里，两出波水，而其源流皆无可考。《书稗疏》波、陂字通。《国策》彭蠡之波，即彭蠡之陂。《汉书·江都易王传》：雷波，即雷陂。《诸侯王表》波汉，即陂汉。皆谓泽陂也。荥波即荥陂，播亦陂之假借字。案：《说文》潘水在河南荥泽。《水经注》引《晋地道记》济自大伾入河，南泆为荥泽。《尚书》荥波即潴。阚骃曰：嶓，泽名也。吕忱曰：嶓水在荥阳，谓是水也。昔大禹遏其淫水，而于荥阳下引河，以通淮泗。郑注《周礼》其浸波溠，波读为播。引《禹贡》荥播，即都据此。波、播、嶓、潘音近，通称皆指荥泽言之。郦道元所谓遏其淫水，即障遏为泽之意，而于荥阳下引河，即《汉志》所谓狼荡渠，首受济者是也。案：《后汉书·明帝记》修汴渠。注云：即蒗荡渠也。《元和志》大业三年，更名通济渠。《战国策》苏秦说魏王：大王之地，东有鸿沟蒗荡渠。即鸿沟首受河处。《史记正义》引张华以为鸿沟秦凿。据《战国策》魏时已有之，而荥泽之导为川，当在周初，《穆天子传》浮于荥水，亦谓之荥渎，即荥泽下之济川也。《禹贡》溢为荥，又东出陶邱，旧说皆以为溢出地中，道元所述与《职方》合，据周后言也。合之为荥波，析之则潴为陂曰波，引流以通淮泗曰荥。《职方》于川言荥，于浸言波实一水耳。扬州泽薮曰具区浸，曰五湖，亦同此例。阎氏证为荥播而非波，古今文异字，非经所系也。

因桓是来逾于沔入于渭

《汉书·地理志》蜀郡下云：《禹贡》桓水出蜀山西南，行羌中入南海。《水经》桓水出蜀郡岷山西南，行羌中入于南海。郑注和夷，和上夷所居之地。和读曰桓。案：《晋地道记》古梁州之地，自桓水以南为夷，书所谓和夷底绩也，亦主郑说。而注西倾山，在陇西临洮，桓是陇坂，名其道盘桓旋曲而上，故名曰桓。是今其下民俗谓坂曲为盘也。案：郑读桓是为桓氏，据《说文·氏部》，巴蜀名山，岸胁之自旁，著欲落坠者曰氏。《阜部》，秦谓陵，阪曰阺。应劭曰：天水有大坂名曰陇坻。韦昭曰：坻，音若是之是，阺、坻、氏字通。郦道元据马融、王肃说，治西倾山惟因桓水，是来别无他道。因言岷山西倾俱有桓水，而取今白水当之。案：郭璞注《尔雅》白水出蜀郡，在今梓潼白水县，从临洮之西倾山来，经沓中东流过阴平至汉寿县入潜。道元云：桓水自西倾至葭萌入于西汉，即郑氏所谓潜水也。自宋以来，皆主其说。《书稗疏》郑谓桓是为陇阪名者，盖谓桓是为盘氏，即后魏武阳县所治盘隄县之山。《元和志》盘隄山在盘隄县东南七十三里，今在阶州东南三十里，羌水所经也。西倾山北之国，皆逾山至盘隄之下，是郑不以桓为水名，而义本无歧。汉时白水本不名桓也。《水经》潜水注引郑说，汉别为潜，其穴本小，水积成泽流与汉合，禹自汉疏通，即为西汉水也。沔水注东北流得献水口。庾仲邕云：是水南至关城合西汉水，漾水注。庾仲邕言，汉水自武遂川南入蔓葛谷，越野牛迳至关城，合西汉水。又云：汉水又西南迳关城北，又西南迳通谷。通谷水出东北通溪，上承漾水西南流，为西汉水。关城即今阳平关，在宁羌西北八十里，东至沔县一百七十里。通谷在宁羌金牛驿西三十里。通谷水自宁羌西至广元入西汉，即《禹贡》之潜也。故郑注以西汉为潜。郭璞《尔雅音义》有水从沔阳县南流，至梓潼、汉寿入大穴中，通峒山下西南潜出，一名沔水。旧俗云：即《禹贡》潜也。《括地志》潜水一名复水，今名龙门水，源出绵谷县东龙门大石穴下，郭璞所谓通峒山，即《水经注》所谓通谷，通溪也。《舆地纪胜》朝天程入谷十五里有石洞三，皆指此，在今广元县北。据此，则通谷之水由宁羌西出广元，实为汉水，别出流入嘉陵江，故通西汉水，谓之潜。道元所述西倾自葭萌，葭萌故城在今昭化县南。入于西汉，沿此入漾，属于褒水，以灌于斜川。而北达于渭水，于浮潜逾沔入渭之文极为分晓。二汉同入江，水道本通。而由潜入沔取径捷，而水多洑流，故言逾以表之。褒斜道中绝水百馀里而言入者，傅氏寅云：上言逾沔可以该下而省文，最得经旨。蒙意，《禹贡》九州贡道言入者二，夹右碣石入于河，及此入于渭，均自陆行登舟而入。《说文》入内也，内入也，自外而入也。玩入字义本自分明，不必蒙上。《禹贡锥指》引秦监禄凿融江之斗河为喻，禹因地制贡，岂如后世开渠利漕以劳民力，胡氏此说失之。

导山

导岍及岐至敷浅原，孔传以为治山通水。王氏《书义》导涧谷之水而纳之川。傅氏《禹贡集解》畎浍之水，不胜其纪，故即山以表之。而苏氏《书传》以此皆随山之事，即郑氏所谓随州中之山而登之，以望观所当治者，规其形而度其功也。导者，犹循行之谓。《史记》：道九山，《索隐》云：岍壶口底柱太行，西倾熊耳嶓冢内方岷山。马融云：三条，北条岍，中条西倾，南条嶓冢。郑云：四列，岍阴列西倾，次阴列嶓冢，次阳列岷山，正阳列大势自北而南，而循行之道，皆自西而东，每导一山，东西错出，中间或逾数水，如析城在王屋之东，而列前，鸟鼠在朱圉之西而列后。故知大势主于测望，不必循山远近以求之。《书稗疏》列九山之目，一岍为首，而属荆岐，二壶口雷首为首，而属太岳底柱，意谓壶口在北而东径太岳，雷首在南，而东径底柱。三析城为首，而属王屋太行，意谓析城南出王屋而东径太行。四恒山为首，而属碣石。五西倾为首，东朱圉，东北鸟鼠，而属太华。六熊耳为首，东方外，东南桐柏而属陪尾。七嶓冢为首，而属荆山。八内方为首，而属大别。九岷山为首，而属衡山。恒山去碣石千馀里，岷山至衡山三千馀里，中无所纪，详近而略远也。蒙意马氏所谓北条者，皆主于治河道，皆自西而东，而河以北诸水亦兼治之。禹功始壶口，故壶口以上不复记。郑氏谓之阴列。马氏所谓中条者，西倾治洮朱圉鸟鼠，治渭熊耳外方，治洛兼治伊桐柏陪尾，治淮兼治泗，郑氏谓之次阴列。马氏所谓南条者，嶓冢内方治汉，郑氏谓之次阳列。岷山衡山治江，郑氏谓之正阳列。随山在此奠，高山大川亦在此，周书禹平水土，主名山川，用山以纪川，用大川以纪小川，即奠定之义。九江湘江为大，故登衡山以测望之，知此则知辰、无、酉、叙专入沅水，不足当九江之目。禹之导江，彭蠡、震泽皆有事焉。九江尤重叠言之，固知洞庭必属于江。当时登陟准望，至今犹可得其循行之次第。蔡传既正孔氏荆山之脉逾河而为壶口，雷首之非，而于南条之山又别分南北二枝，以推其脉络之所自来，亦自相矛盾矣。

咸则三壤成赋中邦

《禹贡》田赋九等，与今绝异，来书据以为疑，不知天时地利数百年而一变，禹亦岂能以此立万世之程哉。略就史传所载征之。秦引泾水为渠，并北山东注洛，关中遂为沃野。讫于东汉，河西尤号殷实，人文之起亦滋懋焉。唐书称扬州租调以钱，岭南以米，安南以丝，益州罗绸绫绢，关中菽麦，常贱租庸资课皆以米。开元十六年，诏江南以布代租。《宋史》至道二年，陈靖为劝农使上言：天下土田，江淮、湖湘、浙右、陇蜀、河东等处，道里迥远，虽加劝督，未能遽获其利。唐宋以前，雍州田犹居上，扬州田犹居下。此其证也。推求古今形势，泾渭，雍州巨川也。汉唐用以通漕，漆、沮、汧、洛并号名川，足资灌溉，今陂堰故迹已无可寻，水源亦因以日涸，海滨斥卤，至汉犹然。唐人通番舶市易，而地利日饶，闽粤沃土不减江、浙。江、浙承宋季公田之弊，税额增重，物产亦遂甲于天下，是故天时地利相因，亦以盈虚，自然之势也。夏氏撰《尚书详解》、《禹贡田赋》，所以异同，盖地有广狭，民有多少，赋税之总数自有不同。洪水初平，荡析离居者犹未复业，必有偏聚之处，是以地力有辟不辟，人功有修不修也。孔传于荆州云：田第八，赋第三，人功修，其言允矣，而义未尽也。兖与荆扬皆为濒海卤地，而北方地势高燥，又有逆河容纳诸水，故其土不至为涂泥，而田亦处中下，赋独列九等者。受河患为剧，地狭而人民少也。荆逾岭而属之海，地势与扬埒而稍处上游，故田下中，而赋乃越青、徐、雍而处三等。盖南郡襄阳、南阳地界中原，以赋入准之而得此数，非能使三苗之地，悉勤耕作以充赋也。扬梁皆古蛮夷之国，而扬为大梁地，历春秋时尚无以国名者，秦末乃有巴蜀之称。云南牂牁诸郡，汉以后始渐通，上推至禹时当亦无甚异于周之初也。四川殷富，实始秦时，而自元置行省，课税一十一万六千五百馀而已。国朝税则轻于他省，当亦沿明之旧。古今事局屡变，而因革损益必有所承，无能聚改乎其故，蒙尝论国家颁行定律，推而溯之，汉唐以前以考知三代之遗，犹可十得一二，正谓此也。往年至武冈，偏历三门硖口诸瑶洞，地势广衍，土田肥沃，课税犹准苗瑶，下则更历数百年以后，必尚有因仍变更之处。荆湖以南粮额，至宋而遂倍于唐时，则承马殷之遗也，安能旷越四千馀年之久，持今例以准之禹而求其通哉？

盘庚新邑

《书·序》自契至成汤八迁，汤始居亳，从先王居。疏引郑氏云：亳今河南偃师县，有汤亭。《地理志》偃师尸乡，成汤所都。又云：盘庚五迁治亳殷。疏引郑氏云：治于亳之殷地，商自徙此，改号曰殷亳，今偃师是也。阎氏《尚书疏证》谓汤都穀熟，不迁偃师。冯氏景驳正阎氏，谓盘庚所迁景亳，景亳，北亳也，其说确不可易。《书稗疏》又以今安阳洹水南之故殷城当之，而以汤都亳在今咸宁。引《说文》亳，京兆杜陵亭为证，亦有据依，因取诸家之说参考之。《括地志》宋州穀熟县西南三十五里南，亳故城，汤都也。宋州北五十里，大蒙城为景亳，汤所盟地，因景山为名。河南偃师为西亳，帝喾及汤所都。皇甫谧云：蒙、北亳也。穀熟，南亳也。偃师，西亳也，是谓三亳。因考殷商所徙都，多假亳为名，而《史记·六国表》：禹兴西羌，汤起于亳，周之王也以丰镐，明皆在西也。《秦世家》宁公二年，伐荡社，三年，与亳战。徐广云：荡社，一作汤杜，言汤邑在杜陵之界，正与《说文》杜陵亳亭合。疑汤居亳即此，而以帝喾故都名之，故曰：从先王居。《竹书纪年》帝癸十五年，商侯履迁于亳。二十一年征有洛，克之。孔传洛水北，今河南城。在今洛阳县东北。二十六年灭温。杜预注《左传》河内温县，在今怀庆府温县西南。二十八年昆吾伐商。杜注《左传》，古昆吾之墟在濮阳城中，今开州西南有濮阳城，城中有昆吾台，亦曰昆吾城。商会诸侯于景亳。杜注《左传》，河南巩县西南有汤亭，或云亳，即偃师。《汇纂》偃师县南二十里有景山。《寰宇记》景山在缑氏县东北八里。缑氏故城在今偃师县南。又云：应天府楚邱县北三十八里有景山，《括地志》所谓蒙城景亳，因景山得名者也。今商邱县北五十里有大蒙城，即北亳蒙也，遂取韦。杜注《左传》，东郡白马县东南有韦城，白马故城在今滑县东，又东南有古韦城。二十九年取顾。杜注《左传》，齐地，今东昌府范县东南五十里有顾地。三十年征昆吾，三十一年自陑征夏邑，《孔传》陑在河曲之南。杜注《左传》，河曲，在河东蒲坂县南，今蒲州东南有蒲坂故城。以地道求之，汤自亳征有洛及昆吾，皆循河而东，尽有河南地。然后西出河曲以伐安邑。故特书自陑以表之。《书·序》亦云：伐桀升自陑。《孔传》出其不意，义正如此。《竹书》述汤会诸侯于景亳，以图韦、顾。昆吾则景亳，即蒙亳无疑，在今商邱东北。案：《水经注》汳水东径贯城东，俗谓之薄城。阚骃《十三州志》以为贯城在蒙县西北。《春秋》僖公二年盟于贯。杜预以为贳也，云贳贯字相似，汳水又东径故城北，俗谓之小蒙城。又东径大蒙城北，即蒙亳也。所谓景亳，为此亳矣。阚骃曰汤都也。《长发》诗："韦顾既伐，昆吾夏桀。"实一时事，汤西出河曲伐夏，是以桀仍从东南出，韦顾昆吾之交，以奔三朡。《孔传》云：今定陶也。此《竹书纪年》叙汤事始末，可推见者。《元和志》古穀城亦汤都，谓之南亳。在今商邱县西南。《水经注》今梁国有二亳，南亳在穀熟，北亳在蒙。崔骃曰：汤冢在济阳薄县北。皇览曰：薄城北郭东三里有汤冢，据《孟子》汤居亳与葛为邻，《寰宇记》亳城在穀熟西南，与宁陵葛县相去八十里，是谓南亳，汤都也。《汉书·地理志》偃师西乡，殷汤所都。晋太康《地道记》尸乡南有亳，阪东有桐城。《孔传》契父帝喾都亳，汤自商邱迁焉，是谓西亳，亦汤都也。《书稗疏》以《说文》专系亳于京兆，杜陵亳名当始于此。盖契初封太华之北，在今咸宁。《书·序》从先王居，谓契也。然《史记》明言契封于商，汤始居亳。《括地志》商州东八十里。商洛县，本商邑，契所封。《水经注》

契封商在太华之阳。皇甫谧、阚骃并以为上洛商县也，是契封国，本不名亳，《稗疏》失之。其谓盘庚迁北蒙曰殷，亦曰亳殷，在今安阳北。语本《竹书》，而援束皙以《书·序》盘庚治亳殷为始。宅殷在邺南三十里，引《史记·项羽纪》洹水南殷墟上，今安阳有殷与亳，异。因考《括地志》云：故殷城在相州内黄县东南十三里，河甲所都，故名殷城，《通·地理通释》安阳县河甲城在洹水南岸，《一统志》临漳县西南有亳城，名亳城集。今彰德府为古相州河甲都，相亳殷故城所由，名与盘庚无与。案：《寰宇记》古亳城在垣曲县西北十五里。《荀子》契元王生昭明，居于砥石，《世本》昭明居砥石，或曰即砥柱也。今垣曲县正值砥柱之东。疑昭明所居亦称亳城。《水经注》引服虔，谓之倚亳城。《水经注》朱沟水又东径殷城北郭。《缘生述征记》曰：河之北岸，河内怀县有殷城。昔刘聪以郭默为殷州刺史治此。《竹书纪年》，帝芒三十三年，商侯迁于殷。《世本》作子亥迁殷。《纪年》亦于子亥甲微以后称殷侯。《史记·殷本纪》冥子振，振子微，则子亥者，振字也。疑子亥迁殷在今河内。《国语》上甲微能帅契者也，商人报焉。据《竹书》有易之君，杀子亥，殷立甲微，假师于河伯，以伐有易，灭之。是子亥失国于有易。而上甲微复兴，故兼殷商之称矣。其后汤都亳仍从契号曰商。盘庚，都北蒙，从上甲微号曰殷。《孔传》亳，殷之别名。郑注亳之殷地，均失之。《书稗疏》汤居亳，即今咸宁之亳，其后灭有洛，始据偃师。据《诗》："景员惟河"，偃师濒河，而景山在偃师南，正指此景亳者，因景山为名也。乃会诸侯于北蒙，亦称景亳。《竹书》盘庚十四年，自奄迁于北蒙，曰殷，此为盘庚迁殷之确据。商邱相土所居，本商旧都。《竹书》孔甲九年，殷侯复归于商邱。据《史记》孔甲子帝皋，帝皋子帝发，帝发子弟履癸，是为桀。报丙子主壬，主壬子主癸，主癸子天乙，是为成汤。孔甲九年之殷侯必在主癸以上，其居商邱久矣。而言汤始居亳，知必展转以迁于戚宁之亳，即有亳称，而后命商邱以南亳，命偃师以景亳，其迁偃师在克有洛以后，《稗疏》所言至允。及盘庚都北蒙，谓之北亳，偃师遂为西亳。案：《孔疏》亳是大名，殷是亳内别名。故殷社谓之亳社，以申明传意非也。汤都亳五迁，皆以亳名，犹楚都郢及徙寿春、徙陈皆以郢名。《始皇本纪》游至郢陈，是秦初犹连郢陈为名。殷社名亳社者，以殷都通名亳故耳。冯氏据《竹书》为说，无可易者，而因盘庚迁殷之文，谓即上甲微旧迹。因而复号曰殷，则又非也。殷自在河内，汤复契号曰商，不必从契都，上洛之商县也。杜注《左传》，殷墟，朝歌也。朝歌今淇县，纣都朝歌，遂亦谓之殷墟。《元和志》縠熟西北，至宋州五十七里。《史记正义》宋州北五十里大蒙城，为景薄，北亳与南亳相距一百七里，汤会诸侯于此。盘庚始定都焉，故曰新邑。商世五迁皆沿河。至盘庚迁都北蒙，而后去河稍远。郑氏以为亳殷今偃师。偃师成汤旧都，不得云新邑矣。

父师少师

《书疏》引马融：箕子，纣之诸父。又引郑氏：父师者，三公也，时箕子为之。少师者，太师之佐孤卿也，时比干为之。而《史记》述太师、少师事凡三，《殷本纪》，微子数谏不听，乃与太师、少师谋遂去。比干强谏，纣剖比干观其心。箕子佯狂为奴，纣又囚之。太师、少师乃持其乐器奔周。《周本纪》纣杀比干，囚箕子，太师疵、少师彊抱其乐器奔周。《宋微子世家》箕子佯狂为奴，比干见箕子谏不听而为奴，直言谏纣，纣杀比干，刳视其心。于是太师、少师乃劝微子去，遂行。《汉书·儒林传》称司马迁书载《尧典》，《禹贡》、《洪范》、《微子》、《金縢》诸篇，多古文说，是以父师为太师疵，少师为少师彊者，古文说也。孙氏以郑不从《史记》者，《论语·微子》篇文，微子去，在囚箕子、杀比干之前。马融亦云：微子见纣无道，早去之。《汉书·五行志》禹治洪水，赐雒书，法而陈之，降及于殷，箕子在父师位而典之。疑此为今文说。孔安国传古文不应与《史记》异义。《史记·本纪》叙微子去在前，《世家》叙微子去在后。去者，盖就国于微，微子不忍见纣之亡，而保微以全宗祀，此宜在前。案：元胡氏炳文《四书通》、《史记·周本纪》、《宋世家》纪此事前后皆不同，惟殷纪以为微子先去，比干乃谏而死。然后箕子佯狂为奴者近是。然与夫子之言前后又不同。史所书者事之实此之实，此所记者，以事之难易为先后。□比干，囚箕子，武王遂率诸侯伐纣，微子于此时避而就国，则非义矣。《世家》盖兼采异说，而以父师为太师疵，少师为少师（強）彊，则其说实本之安国，朱氏《尚书古文辩》殷人尚质，箕子语兄之子必呼其名，惟出于疵之口，故称微子曰王子。案：《史记》微子，纣之庶兄。箕子，纣亲戚。比干，亦纣亲戚。《索隐》云：马融、王肃，并以箕子为纣之诸父。班氏《古今人表》亦书太师疵，少师（強）彊，微子与箕子、比干同为王子，同仕于王朝。箕子亦有封国，则竟弃之。各行其心之不忍而已。微子之去，似亦未宜取决于箕子、比干也。

告予颠隮

《孔传》训颠为陨，训隮为坠。据《尔雅》颠，顶也。跻，登升也。是颠隮二字，俱有升义。颠之反为陨，隮之反为坠，犹治之反为乱，而乱亦训治，义以相反而相成者也。王肃训隮为隮沟壑，疏引《左传·昭十三年》，隮于沟壑之文以证之。今本作挤，杜注：挤，坠也。孔意，王肃本当作隮耳。王逸《楚词》注，自上下曰颠。隮之训坠，亦有自上下之义。然考《说文》，乱，不治也。从乙𤔔，乙，治之也。跻、登也。《商书》曰：予颠隮，隮乃跻之或体，许意，乱，本不治，而乱必求治之。故亦训治，其引《书》颠跻，但云登也，无坠义。《古本尚书》："告予颠隮"，作隮，"我乃颠隮"，作陨。疑古注因下颠陨并训，陨坠又通作颠隮耳。颠脐犹若已至颠坠而掖而起之，故微子望其指告正与下“我乃颠陨”一语相呼应。《孔传》：告我殷邦，颠陨脐坠。马融云恐陨坠于非义，于文义皆不能协矣。

《太誓》

国朝诸儒辩证《古文尚书》之伪至矣，于《太誓》尤多可疑者。《书·序》疏引刘向《别录》，武帝末，民有得《太誓》于壁内，献之。又引后汉房宏说，宣帝本始元年，河内女子坏老子屋得古文《太誓》三篇。又引马融《书传序》，《太誓》后得。案，其文似若浅露，经传所引《太誓》，《太誓》并无此文。又引郑康成《书论》民间得《太誓》，即今文《太誓》，散见于《尚书大传》及《史记》、《汉书》者。而王氏引之据《史记·儒林传》伏生求其书，亡数十篇，独得二十九篇。二十九篇者，伏生本书也。孔颖达以为二十八篇，益以后出之，《太誓》为二十九篇，徒惑于《太誓》后得之言耳。《周本纪》称武王作《太誓》，董仲舒对策亦引之，颜师古注今文《太誓》之词，此在武帝初，民间未献《太誓》也。《汉书·艺文志》大小夏侯章句二十九篇解。故二十九篇，大小夏侯同出伏生解，故与经文数适相符，则是伏生所传书实有《太誓》也。马融所引《太誓》五事，皆见梅赜《古今尚书》。自郑康成以下并云其书散亡，赵岐云：古尚书百二十篇之《太誓》，诸传记引《太誓》，皆古《太誓》也。臧氏琳援此谓《尚书太誓》有三，盖今文《太誓》。古文《太誓》之外，尚有《逸书》《太誓》也。《汉书·艺文志》载欧阳《尚书》三十一卷，已分《太誓》为三。郑注《古文尚书》，又分《盘庚》为三。《顾命》、《康王之诰》为二。案：《书疏》称郑注于伏生二十九篇之内，分出《盘庚》二篇，《康王之诰》一篇，又《太誓》二篇，为三十四篇，知《太誓》二篇已分于欧阳尚书之三十一卷矣。今所传《今文尚书》篇简无多，江氏声杂采传记，《太誓》之文析为三篇，合今古文为一，是即今文《太誓》，脱简亦必多矣。阎氏《尚书疏证》于来书所疑《太誓》之文，均有纠正。要之，《古文尚书》晚出东晋，多可疑者。阎氏以文义求之，犹末也。赵岐注《孟子》“书曰：天降下民”，云尚书逸篇，其言“王曰，无畏宁尔也，非敌百姓也”，不云引书，意或孟子叙述之辞，无嫌与古文《太誓》异义矣。

庸蜀羌髳微庐彭濮

孔传《牧誓》。八国，羌在西，蜀叟髳微在巴蜀，庐彭在西北，庸濮在江汉之南，皆略举大势言之。疏以西南夷，蜀名为大，故传据蜀说西蜀叟者，蜀夷名叟者也。羌在蜀西，髳微在巴蜀，汉巴郡治江州县，为今重庆府治。在蜀东，庐彭在西北，东蜀之西北也。以杜预诸家之说求之，多不合。杜注《左传》，庐，楚邑，今襄阳中庐县。中庐故城在今南漳县西南，远在巴郡之东。苏氏《书传》，彭属武阳，有彭亡武阳。今四川眉州故城在彭山县东北，其地有彭亡山，又尚在蜀郡之西。又杜注濮今建宁郡，南有濮夷。《汇纂》建宁郡在云南北，盖极言其所至也。张衡《蜀都赋》，于东则左绵巴中百濮所充。韦昭注《国语》，楚蚡冒始建濮。濮，南阳之国，是濮夷绵亘西南，所在有之，故曰百濮。《蜀志》建兴三年，改益州郡为建宁郡，今云南曲靖府，治味县，今南宁县。《唐书》为乌蛮，白蛮地，通谓之西南夷。《舆地广记》江陵府建宁县，乾德三年置。熙宁六年省入石首，元祐元年复置，今故城在石首县东南。以江氏永之精博而引宋置之建宁县。以当杜注《左传》之建宁郡舛矣。《括地志》房州竹山县及金州，古庸国也。竹山为晋上庸郡，房州今房县，为晋新城郡。金州今陕西兴安府，为晋魏兴郡，皆隶梁州，来书据《孔传》庸濮在江汉之南，而以金竹山居江汉间为疑，通两国言之，则亦可云，一在汉之南，一在江之南也。《闽本尚书》江汉之南作江汉之西，江汉未合皆可云西，要只约略言之耳。《史记正义》引《括地志》，竹山县及金州古庸国，益州及巴利等州，皆古蜀国。陇右岷洮丛等州以西，羌也。姚府以南，古髳国之地，今云南姚安府定远县为唐髳州，戎府以南，古微庐彭三国之地，有微州，今大姚县北有唐废微州。濮在楚西南，就唐时州道指证，较为明确。

惟有道曾孙周王发

《史记》西人道西伯，盖受命之年称王，而断虞芮之讼，说本《绵》诗。于太王，称古公，于虞芮质成，称文王。《毛传》天下闻之而归者四十馀国。文王诗序亦云：文王受命作周也。《郑笺》受天命而有天下，制立周邦，汉儒说诗皆然。《尚书大传》，文王受命一年，断虞芮之质，七年而崩。郑注《洛诰》，文王、武王皆受命七年而崩。《汉书·律历志》引刘歆《三统世经》，文王受命九年而崩，再期大祥而伐纣。故《书·序》曰：惟十有一年，武王伐纣，《太誓》八百诸侯会，还归，二年，乃遂伐纣克殷，以箕子归，十三年也。自文王受命至此十三年，郑以武王承文王年数不改元也。《古文尚书·武成》："我文考文王，诞膺天命，以抚方夏。"惟九年。《逸周书》文传解，文王受命之九年，召太子发。《史记》武王自称太子发，言奉文王以伐，不敢自专。《白虎通》天子之子，称太子。《尚书》曰太子发。郑注《礼记》：文王世子言君王，则在受命之后。疏言文王称王，在灭崇后。《史记正义》为原其说，曰归西伯者四十馀国，尊西伯为王。自汉以来，皆主文王受命称王，惟七年九年异耳。《周书程典解》文王合六州之侯，奉劝于商诸侯逆诸文王。文王弗忍，乃作程典。论语三分天下有其二，以服事殷。宋儒因据以辩证，称王之非三代侯国之君臣，原与后世异，稷、契皆受封唐虞，历传数百千年，而有天下，其奉为天子，奉朝贡而已，予夺废置不必由之。是以三代之兴，必改正朔，易服色，以明一王之制，示天下以法守也。惟其为诸侯所归也。因而，临制之圣人论文王至德，正以不急于革商而终守侯服，最为明证。案：诗书言文王受命谓受命为西伯，专征伐，而王业以成。《太誓》之纪年，自据其为西伯专征伐，时通言之曰天命者，文辞也。《朱子语录》或谓文王固守臣节不称王，则三分天下有二，亦为不可，是朱子亦疑文王受命称王矣。而以三分有二为疑，则又失之。诸侯归周非文王所得辞，而既专征伐讨有罪，如伐密伐崇，亦势有不能已也。据《史记》武王代纣始称文王。案《中庸》武王末受命，周公成文武之德，追王太王王季，不言文王，知文王之追王必先在伐殷时。以是知武王亦先称王，无疑也。《泰誓》之数纣也，曰独夫纣，奉天以讨有罪，称王以明其受命于天也，称兵以临之，明为独夫以斥之，犹曰君臣之义然哉？夫至忍于放逐其君，而不忍于称王，是亦名不正而言不顺者也，微独周也，殷汤亦然。汤誓已明称予一人矣。《白虎通》天子自谓一人，引《尚书》曰：予一人，知三代皆然。其述众言曰：我后者，亳众谓汤也。汉儒顾指谓桀以汤未有天下，不得名后，于文王受命，则以称王附会之，于汤又曲为之辞，盖两失之矣。

《洪范》五事配五行

郑康成顺五事，此数本诸阴阳，人相见之次也。苏氏《书传》因之以推五行次第，故五事不必与五行相应。蔡传徒疑康成，貌曰木，言曰金，视曰火，听曰水，思心曰土，与五行次第不相应耳。林氏《尚书解》五行自为五行，五事自为五事。诸儒以五行配五事，只是附会。因考《汉书·五行志·序》董仲舒治《公羊春秋》，始推阴阳。刘向治《穀梁春秋》，数其祸福，传以《洪范》，与仲舒错，至向子歆治《左氏春秋》，言五行传又各不同，其说皆本于《尚书大传》。而据班氏所叙，则亦人自为说矣。班氏盖折衷诸说，著《五行志》，历代史志皆因之。郑注《尚书大传》

引古《尚书》说，又与《今文尚书》欧阳说异。由五行推之，人身五藏之发，以分隶之，五常说，皆有所本，而实无当于经义。蔡传又废诸说，别为五行配合，则亦宋儒好异之过也。

王省惟岁，卿士惟月，师尹惟日

马融训王省惟岁，言王者所省职，如岁兼四时也。以此推之，卿士如月统于岁，师尹如日统于月。蔡传据庶徵休咎言，似稍拘而难通。郑注《月令》，日月之行。一岁十二会，因其会而分之，观斗所建，以命四时。孙氏引之云：欲知日行，以月行与日会于十二次测之；欲知会于何次，以斗建知之。故曰庶民惟星，测星以定日，测日所会之十二次以定月，明有所统也。王氏充耘《读书管见》，王省惟岁以下错简，当为五。纪传文上言岁日月，下言庶民，惟星终之，以日月之行有冬有夏，其为历数，可知日冬行南陆，而夏行北陆，月冬行北陆，而夏行南陆。故长短相反而成岁。春秋共行南北之间，昼夜适均。故但言冬月而不言春秋，玩此岁月日星并举，正合五纪之文。以时无易，时既易，与庶徵休咎相应，错简于此，亦可以备一说。

《金縢》疑义

《书稗疏》辩《金縢》疑义申经旨，以正诸儒之失，其说无可易者。林氏《尚书解》引《礼》大夫出国为坛，向国而哭，为无庙也。宗子在他国，庶子无爵而居，为坛以祭，为不可以入庙也。周公坛墠以告三王，亦若是也，为吴氏所本。穆卜当依郑说，就文王之庙卜，戚我先王，当依孔传，戚，近也。支子不祭，入庙而戚近先王，所不安也。此所以为坛墠之由。孔传复失其义，自以为功，当依《史记》，作质，言以身为质也。来书又以予仁若考一节为嫌于诬鬼神，此又旧说所未及者，因考《周官》太祝六祈，曰类、曰造、曰禬、曰禜、曰攻、曰说。郑注，攻、说以辞责之，攻若鸣鼓，女祝亦有招梗、禬，禳之事，以除疾殃。郑注梗御未至除灾害曰禬，却变异曰禳。周公坛墠以告三王，盖兼祈卜行之。蒙意太祝之功，郑氏所谓以辞责之者也，太祝之说，达鬼神之情状，诱之使歆令，其流为巫觋祭义。所谓谕其志意，以其慌惚，以与神明交，其求鬼神也，曰于彼乎，于此乎。周公以多材多艺为能，顺鬼神，义正如此。《盘庚》迁殷告谕臣民，推明高后与其祖父之心。所以相告相语，断弃之而降以罪，疾其言，曲尽情态。林氏谓至理之所在，极其理，而推之可以知鬼神之情状者此也。圣人积诚以交于神明，制为祈禳攻说之礼，以和鬼神，必非苟焉而已，何疑于周公之请代武王者哉？孙氏《尚书古今文注疏》事鬼神者，谓生而主其祀事，非谓死而事之，言我多材艺，能事鬼神，乃元孙武王岂不多材艺，岂不能事鬼神乎，不训岂不与尊旨正同，然谓周公主祀事于礼悖矣，此亦曲为之辞。

乃其速由文王作罚

今王《太誓》离逷其王父母弟，《牧誓》昏弃厥遗王父母弟不迪，《微子》吾家耄逊于荒。今皆无从考证其事迹。而即微子之去，箕子之奴，族属疏戚，无能自安者。纣之不孝、不友，习为残忍，至今可以推见。故重民彝之典，严群饮之诛，为殷之敝俗言也。所谓刑乱国用重典者也。《尚书古今文注疏》据《左氏传》，僖三十三年，引《康诰》父不慈，子不孝，兄不友，弟不恭，不相及也。昭二十年引《康诰》，父子兄弟罪不相及，均指此，谓此元恶大憝，父子兄弟不相和睦，不于我政，人得罪者，言不相连坐也，曰乃其速由，乃其自召罪訧，不可旁及亲。《后汉·王符传》引《书》文王作罚，刑兹无赦，知此乃其速由自为句，于经旨颇为迂回。今《康诰》之文分父子兄弟言之，明罪各有所属也。而总之以民彝大泯，辞无不相连坐之义。周世忠厚之基，以宗盟推本，懿亲为始，故曰文王作罚，盖亦周法然也。

用牲于郊社，于新邑

《逸周书·作雒解》，设丘兆于南郊，以祀上帝，配以后稷，又云建太社于国中，正指周公营洛之事。孔传用牲告，立郊位于天，以后稷配，故二牛告，立社稷之位，用太牢。郑注《洛诰》明禋，六典成，祭于明堂，复禋于文武之庙，告成洛邑。周公摄位，郊飨，朝觐之礼皆摄行焉。《诗·小序》：《清庙》祀文王也，周公既成洛邑，朝诸侯，率以祀文王。维天之命太平，告文王也。郑笺并以为居摄五年事，《戴记》周公朝诸侯，于明堂之位，负斧依南向而立。明堂可以朝诸侯，于祭何疑。汉儒传经，当有所本，《诗·序》：《烈文》成王即政，诸侯助祭也。郑笺以朝飨之礼祭于祖考，告嗣位，则此烝祭。周公致政于洛，成王就行烝祭之礼，以会诸侯，与《烈文》诗正相应。盖周公之居摄，圣人之权也，亦会其时，周礼未定，承商世兄终弟及之常，天下不以为疑。而其始也，一闻流言而避居东，其终居摄七年，黜殷营洛处之，不疑其权也，抑亦其所以为正也与。

多士迁殷顽民

《汉书·地理志》河南郡河南县注云：故郏鄏地，周成王迁九鼎，营以为都，是为王城，至平王居之。洛阳县注云：周公迁殷民是为成周。郑注涧水东瀍水西，召公所卜处，名曰王城，今河南县是也，瀍水东既成名，曰成周，今洛阳县是也。《史记》敬王四年，入居成周，《公羊传》：成周者何？东周也，案：《史记》考王封弟揭于河南，为西周公。再传分封于巩为东周公，成周遂为王都。至赧王时，东西周自为国，赧王旋亦徙就西周，于是成周亦为东周。当时营建成周以处殷民，与王城并峙，知周公经营之广远矣。盖汤放桀南巢，黜夏命，遂屋夏社，不君故都也。武王因纣之自焚，即殷墟以封武庚，仍号曰殷，视汤为厚矣，数年而遂畔，于是诛武庚，而封微子于宋，以绍殷后。《大诰·书序》曰：周公相成王黜殷，盖至是始黜殷号也，其故字世族从武庚为乱，应致罚者。周公为营成周以处之，非徒以销反侧，亦所以奠安之，周之所以为忠厚也。《书稗疏》比事臣我，多逊攸服，奔走臣我，多逊。逊，顺也。移自遐逖，而臣于宗周为畿内之百姓，服奔走于五百里之内为顺而易也。卫史鱼言成王分鲁公以殷民六族：条氏、徐氏、萧氏、索氏、长勺氏、尾勺氏，分康叔以殷民七族：陶氏，施氏、繁氏、锜氏、樊氏、饥氏、终葵氏，皆使之有职事法则，此可推求传记以知其略者。顾氏《春秋氏族表》周武氏有氏无姓，疑即武庚之后。来书以《盘庚》迁殷之难与此之易为疑，则亦不知迁殷者安土重迁之世臣，而迁洛者免罚之畔党也。

蔡传《祭仲之命》当在《康诰》之后

《书》序百篇，《蔡仲之命》次《冏命》，郑仍而不改。孔传移次《君奭》篇第，倒乱未易。推求而考，《书·序》孔传三监：管、蔡、商。《尚书大传》武王杀纣，继公子禄父，使管叔、蔡叔监禄父。《史记·管蔡世家》，封叔鲜于管，叔度于蔡，二人相纣子武庚，治殷馀民。《汉书·地理志》周既灭殷，分其畿内为三国，邶以封纣子武庚，鄘，管叔尹之，卫，蔡叔尹之，以监殷民，谓之三监。惟《周书·作雒解》，立王子禄父守商祀，建管叔于东，建霍叔于殷。二年攻殷，王子禄父北奔，管叔经而卒。乃囚管叔于郭凌，数霍叔而不及蔡叔耳。郑氏始以管叔，蔡叔，霍叔为武庚监于殷国，《蔡仲之命》篇首与郑合，而孔氏自以管、蔡、商训三监与所传《古文尚书》，亦自相诋娸矣。《康诰·书序》，成王既伐管叔、蔡叔，以殷馀民封康叔，后蔡仲当继封，并蔡仲篇首之文亦不求合，尤为疏误。

三亳阪尹

三亳阪尹，郑注汤旧都之民，服文王者分为三邑，其长居险，故云阪尹。盖东成皋南轘辕西降谷也。《汉书·地理志》成皋故虎牢或曰制，今开封府汜水县西有虎牢城。《后汉·郡国志》缑氏有轘辕关，今河南府偃师县东南轘辕山有故关城。《汉书》元鼎三年，徙函谷关于新安。《郡国志》榖城有函谷关。榖城在洛阳县西北，今新安县东北，有汉故函谷关。《水经注》所谓散关也。郑云降谷即此，武王即位之二年，观兵孟津，又二年伐殷，渡孟津，孟津以西必早为周地。轘辕、成皋、函谷实近距亳都左右，与孟津犄角。郑意以此三险当三亳之名，于文王时事为近，微卢以夷服，置君，三亳以边险置尹，圣人疆理天下，岂能越此。《书稗疏》夷，微，卢烝皆国名。《春秋传》纪人伐夷，杜注：夷国在城阳壮武县。壮武故城在今即墨，西汉东海有承县，即今峄县是也。承故音烝，微庐纪西夷，烝纪东三亳，殷之故都也。阪者，安邑之阪，夏之故都也。武王定天下于二代之墟，立王官以尹之，所以安辑之也。皆指武王时事，言于义亦优。

《顾命》

《顾命》一篇，盖周公定礼乐，典章大备，至今犹见古礼之严重，而经文简括，就文牵合多生疑窦。今略就来书所疑疏证之，一逆子钊南门之外，孔传将正太子之尊，故出于路寝门外，更新逆门外，所以殊之。蔡传引吕氏说，入自端门，考汉殿门曰端门，左右曰掖门。薛综云：应门即中门也，疑此即两观，《考工记》补注，所谓应门即雉也。宋皇城门曰端门，则古皋门也，亦有左右掖，孔意出诸路寝门，无因出之而复迎之，于礼未安。蔡训端门尤非事实，江氏声因以康王出使在外，比反而迎之。孙氏引《史记》二公率诸侯以太子钊见于先王庙，言南门者，庙门也。据《虞书》受终文祖，受命神宗，知即位必告庙。二公盖于成王崩之次日，奉太子告先君之丧于庙，以正大统。告庙还，乃由中门。郑注《周礼》，左宗庙，右社稷。云：库门内雉门外，则南门者，雉门也。左右两观为阙，故亦为中门，尊意以为退哭于宫。秦氏《五礼通考》亦有此说。案，郑注《周礼》，六寝六宫。六寝者，路寝一，小寝五。路寝治事，小寝以时燕息妇人，谓寝曰宫。先郑训六宫，后五，前一，是王二寝，后亦二寝，而燕寝皆五，《玉藻》，退适路寝听政，使人视大夫，大夫退，然后适小寝释服。郑注，小寝，燕寝也。内则适子，庶子见于外寝，郑注，外寝，君燕寝也。明君燕寝以别于后。君为外寝，则后为内寝。《考工记》内有九室九嫔居之，外有九室九卿朝焉。郑注，内路寝之里，外路寝之表，盖路门外为治朝，治朝者，正朝也。左右室为朝堂，而九嫔之居，自当在王寝以后。《公羊春秋传》西宫者何？小寝也。《汉书·五行志》董仲舒以为西宫小寝。《左氏》以为西宫者，公宫也。东宫太子所居，以是推之，太子居宜当小寝之东，无因更出路门，知此为告庙还迎之礼矣。一麻冕苏氏讥其非礼而为之说，云太保使太史奉册授王于次，诸侯入哭于路寝，而见王于次。朱子以天子诸侯之礼，与士庶人不同，其言是也。受册即位，岂能以丧服即事于次，苏氏之言礼诞也。案：郑樵《通志》述汉仪大敛毕，三公奏《尚书·顾命》，太子即日即位柩前，群臣吉服入会如仪，此礼当有所本。孔传训缀衣为幄帐，前设于庭，为成王发命，此设于扆者。郑注《礼记》，斧依，斧文屏风。《尔雅》：屏谓之树。李巡云以垣当门，蔽曰树，知扆为路门内屏而张幄焉，必康王易冕服于此，至是称王，明既殡乃即位也。朱子以麻冕黼裳祭服，顾命用之，以继统事于宗庙非也。其时受册告殡宫对越先王，宜以祭服，此为受册之礼，在既殡以后。一庶邦侯甸男卫。郑注，周公制礼，至此积三十年，再巡狩馀六年，侯甸男要服正朝，要服国远，即事遣之。

卫服前冬来，以王有疾留之，盖以诸侯出庙门俟，王出在应门之内，连太保降收句为文耳。蒙意《康王之诰》，以诸侯出庙门俟句为始，朝庙之礼，略而不书，故以此明之。庙门者，宗庙之门。南门，雉门也。毕门，路门也。注家合而一之，而经旨晦矣。案：《古文尚书》伊尹奉嗣王祗见厥祖。孔传，即位奠殡而告。疑此见祖为既葬谒庙改元，故称元祀。《书·序》康王既尸，天子遂诰诸侯。孔云主天子之位号，是亦据改元言之。春秋于公卒之次年书即位，盖改元之礼，必有所承，不自春秋始矣。《左氏传》天子七月而葬，同轨毕至，成王之崩，以四月七月而葬，至明年改元，诸侯皆在，宜也。郑氏以卫服前冬来留之，疑非事实。《尚书大传》武王崩，成王嗣立，明年六月既葬，周公冠成王而朝于祖，以见诸侯。正与此合。《齐书》萧琛议嗣君，即位庙见，亦引只见厥祖之文，且云二汉嗣位，并皆谒庙，文存汉史，今不详其为何时，而驳徐孝嗣之言，卒哭之后亲奉时祭，即是庙见，则亦为既葬改元言之也。知此为朝祖见诸侯之礼在既葬以后。《春秋》书卒书葬为先君正其终，书即位为嗣君，正其始，顾命之礼，莫大于是。注家并为一时之事，于是苏氏引叔向辞币之言，以为非礼。叶氏梦得，吕氏祖谦又以为礼之变，是时周兴四十年，周公制礼，王业大备，召公、毕公受顾命之重，何取乎礼之变而行之？用此知受册谒祖见诸侯，盖亦周礼然矣。案：《论语》何必高宗，古之人皆然，知谅阴为殷以前之礼，使为周礼，则鲁犹世守之，圣人必不云尔也。周公摄政，以成王幼，其后分职六官，冢宰不复专国政事，一统于王，故自康王以后，谅阴之礼遂废。

爰始淫为劓刵椓黥

《通考》引丁谧论肉刑作于蚩尤之世，尧舜以放流代之。禹承舜禅，与尧同治，汤武之王独将奚取？《吕刑》之云，即叔向所谓三辟之兴，皆叔世也，与来书所疑正同。今案，《虞书》三言五刑，马、郑皆训墨、劓、剕、宫、大辟，其命皋陶以五刑五流并论，知非代以放流矣。《吕刑》书序训夏赎刑，故郑注《周礼》，即以大辟二百，宫辟三百，剕辟五百，劓、墨各千，当夏刑。《周礼》五刑各五百，所谓世轻世重者也。三代损益不甚相远，五刑之设，必起自唐虞以前。盖圣人甚爱生民之命而亟教之耻，凡有罪者，皆从役圜土，先以明刑耻之，而施职事，其重者，桎梏役诸司空，又其重者，五刑，墨，守门，劓，守关，宫，守内，刖，守囿，各以所能役使之。凡以恤其生而全生民之用也，而亦表示之，以导民之耻，故曰象以典型。汉文帝之除肉刑，仁政也。而固与三代异治，三代教先于刑，民之犯法而丽刑者，固无几也，非所论于汉唐以后之天下矣。至谓四凶之诛不在五刑之列，此亦古制然也。《戴礼》刑不上大夫，郑注，轻重不在刑《书》。鲧、三苗皆有国之君，窜之、殛之而已，不能施以五刑也。马融训五流，谓在八本，如汉法，戚属有罪，徙九真。郑云其轻者，或放流之，四罪是也。正据《虞书》四罪言之，而以为轻非也，当从马训。当八议之科，徒流缘始，秦世发谪，历汉亦间数行之，不著为令。文帝除肉刑，当以城旦、舂及笞而已，建初七年，始诏囚减死戍边。而晋张裴论五刑曰枭，曰斩，曰弃市，曰髡作，曰赎。则减死者戍边，仍不在五刑之列也。隋承齐周之制，始有徒流之名，徒者髡作，流者谪补兵。盖与《虞书》五流又别。郑以流宥鞭扑赎合五刑，当周制九刑，恐亦失之。《吕刑》之云五虐之刑，则文义本自分晓，而注家皆失之，其言盖谓蚩尤始乱，继以苗顽民俗日敝，曰延及于平民，曰民兴胥渐不能，专谓苗民也。制以刑者，制之以立威，《墨子》书引五虐之刑曰法，作五杀之刑曰法，盖溯立法之源如是也，此当为黄帝征蚩尤以后事矣。《周书》刑，乱国用重典，因苗民之弗善而制刑。五刑之名以起，淫谓浸淫，变本加厉之辞也。罚重者，必鬻狱断，制五刑而以夺货行之，上古皆然矣，郑氏据《国语》，少昊氏之衰，九黎乱德。释此语当有所本。曰皇帝哀矜，曰皇帝清问下民，则因用刑之过，而立之程式，而先绝远苗民，清其习染之汙，乃遂明刑以示之准，故曰：士制百姓于刑之中，因五刑而制之，中正之则者也。五刑之属二百三百，其源又出于此。郑训皇帝哀矜为颛顼之事，皇帝清问下民为尧事，孔皆训为尧，而明言取监于伯夷之播刑，固不得谓唐虞皆无之，周始有之也。如郑、孔说，三苗自其民，颛顼又从而遏绝之，是滋虐也。且彼三苗之滥刑，何损益颛顼尧舜之治，而劳敷陈其五刑之制，又更遵用之哉！

臣妾逋逃诱臣妾

《粜誓》臣妾，郑注：斯役之属。孔疏：役人贱者曰臣妾。古人或以妇女从军。案：何休注《公羊》，刈草为防者曰斯，汲水桨者曰役，养马者曰扈，炊享者曰养，并不主妇女言、郑意斯役之属，谓在军给役，下无馀刑。郑训尽奴其妻子使在军，给斯役。疑此说经传无可征。孙氏据《墨子》备城门篇，守法五十步，丈夫十人；丁女二十人，老小十人，因言古军中有丁女。此论城守，战国兵家言耳，不可以释经。郑训无敢越逐，恐其乱行列，蔡传并以此二节为严部伍之事，诚然则所谓斯役者，即古兵车馀子二十五人，合甲士步卒百人，当有法整齐，岂能听其逃越，不禁逋逃而禁越逐，亦非情事。林氏《尚书解》以此为坚壁清野之事，于文义又多牵强。《书稗疏》此为避兵入保者言也，避兵者与征战之士旁午交错于道，马牛臣妾有迷失者，不许军士越逐，其有至营者，不得穿营伍求之。故禁民亦弗逐，而令收得者还之。案：《书·序》“徐夷并兴，东郊不开”，则所侵犯之境，人民奔避事当有然者。誓者军中申戒之辞，后云三郊三遂，乃责供亿军兴，故通鲁人言之，以上但戒军士。杜乃护，敜乃阱，亦戒军士。郑云：山林之田，春穿地为阱，设柞鄂其中，则穿护当在山僻，军行司险藩塞阻路而止行者，阱护之防不责之牧人，而罪百姓必不然矣，注家于此都未分晓，宜并臣妾，而以为军中斯养也。

诗疑义

诗疑义——答曾挚民观察问

使至得惠书，知读书遂已卒业，不鄙前说之妄，仍思一质所疑，如鄙人之疏漏，何足以辱清问，略就平昔所疑与足下合者，发明其义，及可为申引与足下之说相参证者，条具于后以备省览。

王事靡盬。靡盬字疑出当时方言。《说文》盬，河东盐池。周自齐辨鱼盐之利，海盐始行，而中国所食皆池盐。《周官·盐人》供苦盐、散盐、形盐。杜子春读苦为盬，谓出盐直用，不炼治。郑司农云：散盐湅治者。《史记·货殖传》注，盬盐，河东大盬，散盐，东海煮水为盐，则汉以后情事也。以此推之，形盐必炼治尤精者，故下总云：凡齐事煮盬，以待戒令。疏谓盬出盐池，今之颗盐是周时以盐未炼治者为盬，亦假借作苦字。《汉书》，器用盬恶，犹云苦恶。毛传不攻致，不坚固两训申引。不炼治之义字训盬，取义同。毛公去古未远，训诂精覈，而取义多迂回。孔疏以为盬、蛊字义同，则训诂与义两失之，殆误。窃疑盬已有苦意。靡盬者，盖未成盬，谓卤也。《尔雅》滷矜，咸苦也。郭璞注：卤，苦地。《广雅》矜作䕸。《释文》作龄，亦卤也。《说文》天生曰卤，人生曰盐。《淮南·地形训》，练苦成咸。是卤生地，古皆名苦靡盬，犹今人言莫名苦况也。古人字训，多因本训申引为义。《春秋左氏传》楚子伏已而盬其脑。杜注，盬，唼也。亦谓盬，颗盐，耐人唼师，故申引作唼义。朱子于训诂之学不甚推求，靡盬字，亦无从别立一解，勉从毛义尔。

雅诗四言啴啴。毛公字训各异。《四牡》云喘息之貌，《采芑》

云众也，《崧高》云喜乐也，《常武》云盛也。各就当时情事立训。朱子乃合众盛二字释之，而于《四牡》劳使臣之诗，啴啴骆马，亦云众盛，于义舛矣。《说文》，啴啴，喘息也。一曰喜也。《乐记》其乐心感者，其声啴以缓。康成注，啴，宽绰貌。啴，盖笑之馀声。《采芑》，戎车啴啴。毛训为众，下云如霆如雷，是啴啴亦壮其声，戎车行有声。《崧高》之"徒御"《常武》之"王旅"，不可以声言也，故郑笺一训安舒，一训闲暇有馀力，皆申引毛义而又失之。凡人众盛常若有声，毁毁然甚急，而又舒以长。喘息者，亦气急而音舒，是喘息为啴啴之本训，又转训为喜，皆从音辩之。四诗本同义。毛传申引言之尔。近陈氏启源《毛诗稽古篇》以谓毛公释经义各有当，训解亦殊，则是望文生义，不必依据古训也，殆不然矣。

罩罩汕汕，自当依《说文》叠字，然毛传亦有本。《尔雅》：罺，谓之汕。郭注：今之撩罟。郑笺亦云樔者，撩罟。《尔雅》：篧，谓之罩。郭注：捕鱼笼。说文作籗，罩鱼器也，或省作篧，《孔疏》云：罩以竹为之，无竹则以荆，故谓之楚篧，是罩、汕本实字而虚用之。《说文》樔，泽中守草楼，是壅草泽畔，蓄鱼其中为罺，亦名汕者。取鱼能游，与《说文》汕，鱼游水貌，义正相通，亦不必遂废旧说。烝然罩罩，烝然汕汕，犹言鱼之众，以罩覆之，以汕而恣其游也。

雍州有二薮，其水皆名漆沮。《尔雅》：周曰焦获。郭璞注：今扶风池阳县瓠中。《水经注》：沮水东注郑渠，渠首上承泾水，所谓瓠口也。《元和郡县志》焦获泽，亦名瓠口，即所谓郑白二渠是也。在今泾阳县，属汉左冯翊。《尔雅》秦曰杨陓。郭璞注：在今扶风汧县西、《周官·职方氏》其泽薮曰弦蒲，即此。《水经注》汧水出汧县蒲谷乡，决为弦蒲薮。《括地志》漆水源出岐州普润县东南岐山漆溪。《元和志》普润县在汉为漆县，在今麟游县西，城西有漆水。灉水，出凤翔县灉山，即古沮水。东南过岐山武功，漆水入焉，正所谓岐阳。《春秋左氏传》成王有岐阳之蒐。石鼓文，言宣王田猎事亦在岐阳。其次篇即言渔于汧水，属汉左扶风。古田猎皆于薮泽，而岐阳又实周较猎地。诗言漆沮亦多主扶风言之。《周官》山林动物毛。郑注：缛毛者。原隰动物裸。郑注：浅毛者。此诗下云：瞻彼中原，郑笺作中原之野，是鹿者，原兽也。《左氏传》麃泽有介麇焉，张衡《西京赋》效获麑麃，乾池涤薮。鹿居原薮，历有明证。《毛传》漆沮之水，麀鹿所生。朱子据为麀鹿最多之处，皆就诗为训，举其地言之，非谓鹿生水中也。鹿食九种草，多系蒿属，蒿盖香草，故卢辨云：鹿能别良草，未可附会毛义，而以鹿水居食荓，以易郑氏藾萧之训也。按：蒿种皆生泽中，故云食野之苹，食野之蒿，食野之芩，诗文本自分明。苹生水中，采蘩诗于沼于沚，于涧之中，采蘋诗南涧之滨，不得云野矣。

诗纪月者，如七月流火，四月维夏，夏正也。六月凄凄，二月初吉，十月之交。汉儒多主周正。朱子言夏正者，用苏氏说。陈氏启源谓民间纪物候用夏正，朝廷大政令必以周正纪月，此亦一义也。而六月二月之必为周正，亦无可推求，惟十月之交以历法推之，则《揅经室集》据梁虞刿，隋张胄元，唐傅仁、均一行，元郭守敬，并推定此日食在幽王六年十月。建酉，辛卯朔日，入食限，大衍术，日食议云。《小雅·十月之交》，虞刿以术求之，在周幽王六年，授时术议云，幽王六年十月辛卯朔，泛交十四日五千七百九分，入食限，其为周正，确不可易。据此，则孔疏依郑笺以《十月之交》为刺历王诗者，亦误。有饛簋飧，郑笺，喻古者天子施予之恩于天下厚，本出毛义，欧阳氏、苏氏皆谓先王之世，侯国富足。吕氏《诗》、严氏《诗缉》从之。陈氏启源疑此赋而非兴也。按，《诗》取兴最广，凡无端发慨者皆兴也。杜子美忆昔二首："稻米流脂粟米白，公私仓廪皆丰实，九州道路无豺虎，远行不劳吉日出。"正脱胎此诗。毛传义主，馈饩故以匕为载鼎实。《说文》匕相与比叙，所以用取饭。《玉篇》：匙也。鼎牢以匕为词，义亦迂矣。其云如砥，贡赋均平，如矢，赏罚不偏，《诗》何尝无此义哉？而义特广，语亦特妙。毛义以五、六、七章皆喻官司，虚列而无实用。今玩其文义，首三章言东人之困于役，而以东人之子一章为之枢纽，以讥在位者。下三章即承此意反复言之，以为望天之见恤，于义反浅。朱子之说本于欧阳氏，恐亦好奇之过也。

郑笺，先祖匪人之训，孔颖达已疑之。朱子承用其说，诚所未能。王肃以四月行役，六月未得归。□一时之祭，我先祖独非人乎！王何忍不恤我，使我不得修子道。《孔疏》以序不言征役驳之。近人之说则王船山以为匪人者，犹非他人也。《頍弁》诗兄弟匪他，义与此同，或谓之他，或谓之人，皆疏远不相及之词，犹言："父母生我，胡俾我瘉"也。陈氏启源引郑笺《节南山》诗："昊天不佣，昊天不惠，昊天不平"，《巧言》诗："昊天已威，昊天泰朊"，皆以昊天断句，不佣、不惠、不平皆指尹氏已威，泰朊皆指王。此诗义正同，犹云先祖乎，我独非人乎，何忍使我遭此乱？阮氏元云：仁者，人也。虞夏商书无仁字，《诗》惟"洵美且仁"及此，古字人、仁通。先祖匪人，犹言先祖岂不仁。三说均较郑义为长。

《文王·序》言：文王受命作周，盖述文王受命作周之原，以为陈戒之辞，专美文王，自不得泛及武王。因考文王之什，专言文王者三。《文王》、《思齐》、《灵台》，《灵台》美文王。据《孟子》《棫朴》、《旱麓》，皆无专指。言太王兼及文王一，《绵》言太王、王兼及文王一，

《皇矣》言文王兼及武王二，《大明》、《文王有声》、《下武》言“成王之孚”，以文义求之，当为成王以后之诗，如曰“昭哉嗣服”，曰“绳其祖武”，皆为成王言之，曰孚者，孚于武王之世德，作，求也。盖周之世德与其受命之远，本隆于二代，而文王尤所以开周者，岂必如后世歌咏祖德彙举不远乎？至古公亶父、笃公刘或以字，或以名。王肃云，公号刘名。毛传，亶父字，或殷以名言质也，年本云：商以前无讳礼。尧、舜、禹皆名。汤名履，则汤乃其字。此则古今之异，未可据后世典礼以通之者矣，汉宣帝尊武帝庙为太宗。夏侯胜议武帝无德泽于民，不宜为立庙、乐，其词甚悖，当时亦但劾其非毁诏书，此亦古今之异。

姜源履武之说，惟船山先生之论至精。“克禋克祀”，为修郊媒之祀，《毛传》甚明。帝高辛氏之帝也，不言喾。郑笺亦谓为高辛氏之世妃。《史记》作帝喾妃，语出《世本》，而稷为喾元妃子，又尧兄，证之经传皆不合，船山以谓高辛者，帝挚也，姜源挚妃，后稷挚子，帝挚无道，诸侯伐而废之，迎尧而立曰：“上帝不宁。”言天不佑高辛而宁之也。曰“不康禋祀”，宗社危也。曰“居然生子”，恰于不康不宁，大乱之际而免身也。挚既失国，姜源不能保有其子，而置之隘巷，或自隘巷收送之平林。平林者，诸侯之国也。《逸周书》曰：奉孤以专命，谋主必畏其威，而疑其前事，挟德而责，日疏位均而争，平林以亡，即论奉稷事。伐者，国为人所伐，诗盖言会有伐平林者，平林以亡，不遑收恤，又捐稷于寒冰，逮夫乱之稍定，乃始收养之。天下渐平，尧已定位，稷始受有邰之封。此后稷历多艰以得全之实也。牛羊腓字，鸟覆翼之状，其无人收养，修辞之道然也。稷出高辛，历夏犹存，当为挚子，喾在位七十年，年百五岁。稷为元子，其生亦已五六十年，而及禹时犹存。即生当帝尧初即位时，盖已逾百岁。若为喾子，于情事尤忤，独可疑者，周立姜嫄之庙有先妣之乐，而从不一及稷父，即挚为不道，夏后氏亦郊鲧矣，不宜以义废亲。如康成所据，《纬书》又非无因者。魏氏训子为卵，亦有所本。《北史》高句丽之先夫馀王尝得河伯女，生一卵大如五升，后有一男破而出，既长，字之曰朱蒙，以是揣后稷，亦如此，所未敢深信矣。

毛公诗自名训故传，多可推见古先训诂之遗，与《说文》相表里。又其传经为最古，故治诗者不能不依据《毛传》，而于毛义之迂迴及小序之不可通者，又可涵泳诗词而自得之。按，汉儒传经，皆重师法，各以训诂为义，经文亦多互异，诗序诚有所本，传授亦多歧矣。诗序《清庙》祀文王也，疑此序本文。周公既成洛邑，朝诸侯，率以祀文王焉。疑此汉儒释序之文，传经者，附会为序本文。周公摄政之说，所据《金滕》、《洛诰》二书，《戴记·明堂位》则多汉人窜入。方氏苞据为刘歆之徒变易圣经者，事或然也。郑笺：《清庙》成洛邑，居摄五年，时《维天之命》告太平，六年制礼作乐，《烈文》成王即政，则七年致政时也。是又以诗附会明堂位之文，详绎《洛诰》之文。戊辰王在新邑，烝祭岁，文王骍牛一，武王骍牛一，明言成王烝祭矣，禋于文王，武王，则周公受秬鬯，明禋之命，行祭告之礼．王氏据《金滕》不于庙而于坛，为支子不当祭云，此亦当为坛墠。

周公营洛定周礼而受册诰，书义甚明，篇终十有二月，纪月也．七年，纪年也。汉儒据复辟明农为摄政之迹，据七年为摄政之期，于是康成以文王卒，明年成王生，十年立。王肃以成王生十三年，立七年，即政年二十岁，异说纷起矣。周公位冢宰，武王崩，而周公居摄，古礼也。郑氏注《金滕》免丧居摄，强经以从异说，康成往往有此。二叔流言，周公居东，于时三监尚未叛也。《史记》叙述甚明，成王感天变而迎之，则抑不知居东二年中，成王幼不能践阼，摄政者，谁也？蔡传谓周公居雒七年而薨。周公营洛自在伐奄以后，武王之崩，年九十三，周公是时当亦已逾九十，则此七年自当为成王即位之七年，不当更为营洛后之七年，周初六卿未立，专政者冢宰也，亦何取乎摄天子之位以行政哉。戴记成王幼之文，因《金縢》孺子而推衍之，详绎《金縢》，实不见所谓不能践阼者，王氏训《洛诰》孺子在洛有事之百工，周公遣往迎王者，亦不能并指为成王也。以经证经，知周公居摄，为汉儒附会之说审矣。宋儒能辨之，而不能辨汉儒所以附会之由，故多因仍从其说尔。

赵氏翼论《朱子集传》，以为宋人著述如欧阳氏说《春秋》，苏氏说《易》，王氏经义字说，皆自成一家言。朱子注诗亦是如此，原非欲尽废诸家之说，独伸己见，以为万世之准也。后世尊用朱子经说，颁之学堂，专以取士。故人皆得伺间抵隙以攻之。然鄙人于此窃有世运升降之感焉。汉儒治经专尚家法，传经而持异议为违弃家法。宋儒出，始尽废汉儒之说，以求胜于理。历宋至元习其说无敢异同者，于时诸儒最号纯实。而观其经说，推衍先儒之论而已。至明而始持异议，国朝诸儒因之，表章汉学以求宋，而视宋元诸儒之纯实或不逮焉。是故学必衷诸一，王者一道德，同风俗，先自学校始，经说之繁，抑亦学校之衰也。霞老恪守朱程之学，蒙不愿效之，而亦窃愧其不如。孔子曰：德之不修，学之不讲。学以讲而始明，顾时相往复以取切磋之益，而不必专求异朱子。霞老读书立身多可法者，其治经一循宋元之贻矩，彼所谓豪杰之士，而吾与君其犹相趋于风会者，因附论之，以资参辨。

乡党义

乡党义——答吴南屏舍人

恂恂如也

嵩焘案：《说文》逡，复也。复，往来也。竣，止也。止亦是逡巡之义。《广雅》懔、浚、竣者皆训敬。《方言》：禀，浚，敬也。逡、浚、竣三字同义，敬则自然。逡巡不敢自由，恂恂亦即竣竣。《说文》，旬遍也。十日为旬，亦有往来义。恂从旬，而《说文》训信，正谓往来有常，十日为旬，乃旬本义。天行十日一周，故训遍。叚以十日为旬，为遍中之一义，恐失之。《乡党》首三段记圣人之言容，恂恂亦言容也，与下便便相对。《史记》：竣竣如鄙人，口不能道辞，正是欲言而复逡巡，故《广雅》通训恂恂为敬也。若温恭则辞令亦善矣。王肃之云望文生义，恐亦非确训。

色勃如也

嵩焘案：《说文》：孛，㚘孛也。从宋，从子。人色也，故从子。《论语》曰：色孛如也。勃，排也，从力，孛声。是勃如之勃，本作孛，谓色盛作勃，非也。《汗简》：艴，蒲役切，见古《论语》，《说文》引《论语》多据孔安国古文，此并引鲁论，盖以孛为本字。

没阶趋进

嵩焘案：《经义杂记》，《释文》作“没阶趋”，云一本作“没阶趍进”，误。《史记·孔子世家》作“没阶趋进”。《仪礼·聘礼》注引《论语》同，《曲礼》帷薄之外不趋。《正义》引《论语》、《仪礼·士相见礼》。疏引《论语》，并有进字。自两汉至唐初，皆作“没阶趋进”，趋进者，趋前之谓也。旧有此字，非误。《校勘记》亦引孙念祖云：《说文》引此文，亦有进字。今案：《史记》、《说文》及《礼》疏所引“趋进”、“翼如”自据“君召使摈”之文。臧氏引《史记》“没阶趋进”，殆误记《聘礼》：“下阶，发气怡焉。再三举足又趋。”郑引孔子“没阶趋进”。《皇侃疏》本亦作“没阶趋进”。臧氏训为趋前与下复其位相应，趋进者，正《集注》所谓趋就位也。单言趋，文义反不明。《释文》径作“没阶趋”者，非也。

鞠躬如也

嵩焘案：《群经音辨》：鞠，穷，容谨也，音弓。郑康成说《礼》，孔子之执圭，鞠，穷如也。据《尔雅》：鞠，穷也。又鞠，盈也。郭注引《诗》“降此鞠讻”，《毛传》：鞠，盈也。《说文》：穷，极也，鞠之训盈，亦穷极之义。郑注《周礼》信圭，信当作身。陈氏《礼书》身伸而躬屈。《说文》：“躳，从吕，从身，俗从弓身”，又“弓，穷也。以近穷远者，象形”。是躬自具敛曲之意。鞠固不训为曲也，鞠穷通作鞠躬，本训穷极。穷极则自然俯屈。古义但训容谨也。

狐貉之厚以居

嵩焘案：古兽一种异名，一名异种，不可穷纪。《论语》连狐貉为文。《尔雅》云：貍狐，貒貈。郭注“貈子貆，今江东呼貉为玦貗”。郑氏《诗》笺云貉子貆。《说文》“貈似狐，善睡兽也。从豸，舟声”。《论语》曰“狐貈之厚以居”。《释文》于“与衣狐貉者立”，云依字，当作貈。《汗简·豖部》貉下云：貉见古《论语》貈，下云：貉，古《论语》，明古《论语》，明古《论语》知《鲁论》作貉，而古论别作貉，作貈。《说文》内下引《尔雅》貍狐貒貈，作狐狸貛貉，知貈貉实是一字。而许云舟声，所不能详。依字则貈从舟，不当为下洛切。郑注《周礼》貆，貒也。《广雅》貒，貛也。《楚辞·九思》：貒貉兮蟫蟫。《淮南·修务》训貛貉为曲穴。《齐俗》训貆貉得埵防，皆连貉为文。《集韻》貛貒貆同字。所谓貉者，即貛也。《尔雅》狼牡，貛牝狼。而《说文》云：貛，野豕也。郭注《尔雅》，貒，豚也，一名貛。李时珍《本草》因分貒为猪貛，貛为狗貛，疑《说文》通貑为貛，《豕部》貑豕属。郭注《山海经》亦作貆豬，貛自为狐属，非野豕类。《尔雅》、《释文》于郭注貈子貆，雌者，名貗，云貈当作貉。《字林》云：雌貈是貈貉，自分雌雄。《说文》夺貉为貈，遂并貈读为下洛切耳，尊意以《说文》豻次貈，貉次豻。疑豻貉一物。许引《论语》，当本在豻下作狐豻。据二徐本豻下貂，貂下貉。郑注《周礼》、《礼记》并云豻，胡犬也，正与《说文》合。《玉藻》：麛裘青豻褎，《周礼》：巾车之犬複，鹿複，然複、豻複，并为丧车之饰，豻盖浅青毛，非所谓狐貉之厚者也。

乡人傩，《释文》鲁读傩为献，盖献有娑音，其义不可晓。

嵩焘案：《周礼》司尊彝献尊，郑司农云：献读为牺，又献酌。郑司农云：献作凤羽，婆娑然。故谓娑，尊也，明堂位，周献豆。郑云：献，疏刻之疏，云献音娑娑，是希疏之义，是经文叚献为娑音，皆，训婆娑。傩字音义见于《毛诗传》者，一云行有节度，一云傩然，盛貌。《周礼·方相氏》狂夫四人，蒙熊皮，黄金四目，元衣朱裳，执戈扬盾，率百隶，时傩。《博物志》亦载汉仪，傩立桃人苇索，盖亦有人殷物盛之义。郑注《周礼》：难谓执兵以相难却也。非盛施之，亦无以相难却。据《说文》禳磔禳祀，除厉鬼。古者燧人荣子所造，此是本字通作裼。《郊特牲》乡人裼，注，裼或为献或为傩，并以音转叚借为之。郑于《郊特牲》，汁献涚于醆酒，云献当读为莎，齐语声之误。郑志张逸问答，牺读为沙，或有作献者，齐人之声误耳。《释文》傩，鲁读为献，疑此《齐论》与《鲁论》合读为献者，《齐论》也。字亦不必从献，臧氏引此云，《鲁论语》作乡人献。段氏又改《说文》禓作禓，以就献声，恐皆失之。

东首

嵩焘案：毛氏奇龄云：《玉藻》：君子居，恒当户；寝，恒东首。惟大礼易衽，如昏礼御衽于奥，则北趾而南首是也。老者更卧如曲，礼少事长上，请衽何趾，《内则》子妇事舅姑亦请衽何趾是也。若君视疾，则《论语》与《仪礼》及《丧大记》皆云寝东首，以室制，尊西，君入，入室必在奥与屋漏之间，负西而向东，故当东首以示面君之意。此论至确，记者，亦就圣人服食起居泛记之，以明礼而已，不必圣人独异于人也。

必有寝衣

嵩焘案：《说文》：被，寝衣，长一身有半，衾大被。孔安国云：寝衣，今之被也。郑云：今小卧被是也。古训实如此。《广雅》：寝衣衾韐，被也。《释名》：被，所以被覆人，衾，广也。其下广大如厂，受人也。《广韵》：韦，柔皮。据此则韐者，皮被。江氏言，衣必有袂。《白虎通》：衣，隐也；裳，幛也。《说文》：衣、依也。象覆二人之形。段氏云：覆二人，则贵贱皆覆，并无衣必有袂之文。被名寝衣，犹之车帷亦名帷裳，无足深求。程子疑错简在“齐必有明衣布”之下。盖以寝衣为被，则必“有”字难通，毛氏遂谓寝衣所同，长身过半，则夫子所独，而加“必有”于寝衣之上，于义仍未煦也。疑上言当暑，次言衣裘，此通寒暑言之。谓虽当暑，亦必有寝衣，其制并同，至冬复加耳，此等处古训甚明，似未宜以意拟之。

不撤姜食

嵩焘案：《檀弓》：丧有疾，食肉饮酒必有草木之滋焉，以为姜桂之谓也。《玉藻》：膳于君，有荤。注：荤，姜及辛采也。《士相见礼》：夜侍坐，问夜膳荤，注：荤，辛物，葱薤之属，食之以止卧，是古人食必用辛物以和之于姜，独云不撤者，饭羹醯酱之属，食毕撤之，而姜不撤，亦居常然也。不通斋必变食为言，孔意不撤则斋时亦然，故有荤而不臭之训，恐非经义也。

又案：姚氏《九经说》，古者有庋食之阁，天子左达五，右达五，公侯伯于房中五，大夫于阁三，士于坫一。凡食毕，鼎食则撤，于造脯醢荤菜则不撤，庋以备时。食所不优尊者也。孔子以为葱韭之属，气皆浊，不若姜之清，则所庋姜而已。虽常庋而亦辛苦，善散气，故不多食以卫生也。

割不正不食

嵩焘案：江氏引《少牢馈食礼》少仪二条，以明割肉之法，疑未尽《曲礼》，凡食左殽右胾。郑注：殽骨体，胾切肉。殽在俎，胾在豆。《少牢馈食礼》：升羊豕皆右胖，不升髀，其以次登俎者，曰肩，曰臂，曰臑，曰膊，曰骼，曰正脊，曰脡脊，曰横脊，曰短胁，曰正胁，曰代胁，此俎实也。《少仪》细者为脍，大者为轩。麋鹿鱼为菹，麕为辟，鸡、野豕为轩，兔为宛脾，此豆实也。治肉之法，皆有明文，当于礼为正否者，非正与不得其酱不食，同旨。据《说文》：裂肉曰隋，切肉曰脔，大脔曰胾，薄切曰牒，细切曰脍，干曰脯，脯曰脩，脯挺曰朐，无骨腊曰脯。《释文》：脯加姜桂曰腶脩，《正字通》脩条，割而干之也。其不以割切为义者。《说文》肉酱曰醢，有骨醢曰臡肉，羹曰臛。《少仪》凡羞有湇者不齐。郑注湇，汁也。肉则炮封之，刳之，实枣于具腹中粢餈。捣珍取牛豕麋鹿之肉，必脄熟出之。郑注：脄脊侧肉，此分体烹，渍取牛肉薄切之，必绝其理，此细切渍。熬捶之，屑桂与姜洒诸上，干而食之。此火干，《说文》：爨干，煎也，燔爇也，炮毛炙肉也，炙炮肉也。《诗毛传》毛曰。炮，加火曰燔，炕火曰炙，《正义》炕，举也，以物贯之，而举于火上。郑注《礼运》炮裹烧之。燔加于火上，炙贯之火上。而此云爨，今之火脯。是炙法凡四，炮全体，燔、炙、爨，皆分体燔炙之，甚者炙——取牛羊豕之肉小切之，与稻米合以为饵煎之，此屑肉和米为粉。疑古肉食无专取方正者，《说文》：割，剥也。《尔雅》：割，裂也，似亦与切异义。《礼运》体其犬豕牛羊。《郑注》分别骨肉之贵贱以为众俎，是古割牲皆有正数，《邢昺疏》之云，确不可易。

阙里

嵩焘案：阎氏四书释地阙里，见《汉书·梅福传》东后，后始盛称之。盖缘鲁恭王徙鲁，于孔子所居里造宫室，有双阙焉。人因名孔子所居，世曰阙里。《宋氏四书释地辨证》引《新序》云：孔子，在州里笃行孝道，居——阙党。阙党之子弟，渔畋分有亲者，得多孝以化之也。此阙党正是孔子所居，即曲阜之阙里。里党对文为异，散文则通，其命名之意不能深究。嵩焘窃意《尔雅》“观谓之阙”，《白虎通》云：“阙者，所以饰门别尊卑也。”何休注《公羊传》，“天子外阙两观，诸侯内阙一观”。郭璞云：“宫门双阙”，盖谓天子设于雉门两旁，故雉门亦谓之阙门。此制必三代以前皆有之。《左氏传》命伯禽而封于少皞之墟，《都邑考》，曲阜，故少皞都也。历商为奄国。《括地志》兖州，曲阜县。奄里即奄国，鲁为少皞之墟，又为奄墟。疑孔子所居之里，必是旧朝治所，其遗阙犹有存者，因名之阙党，尊意以鲁朝治易为民居，疑非事实，乞以鄙说参证之。

毛诗馀义

毛诗馀义

《传》曰："诵《诗》三百，授之以政，不达；使于四方，不能专对，虽多亦奚以为?"盖《诗》之用广矣。而其于盛衰兴废得失之原，察之世变，征之人事，其词婉，其义深。夫子盖删而述之，以垂经世之大用。变雅诗人处人事之穷，而于君臣朋友之间，反复推求以通其意，情深而文明，悱恻而芬芳。君子读之，悲忧慨慕，不能自已。嵩焘自岭南告归，舟中酷热，日取《毛诗训故传》讽咏吟哦，即其词以求其义，因其时以测其变，颇有所发明，以谂当世贤人君子，知取则焉。

焯莹谨案：局本文集"而其于盛衰"句无"而"字，"察之"作"准之"，"征之人事"句在"准之"句上，"处之人事之穷"至"以通其意"二十一字作"涵濡文武之教泽，感念时政之日非，推论本原，究知其情状，斟酌体要，""慨慕"作"奋发"，"岭南告归"，无"告"字，"舟中酷热"至"训故传"十一字，作"左右自随者，仅有《毛诗训故传》，舟中苦热，""讽咏"，作"讽诵"，"以测其变"句，"以"作"而"，今并依《艺文志》写之，以《佚书》之辑，所以补《艺文》之残阙，而其叙之纪诸图经者，异时所自手定者也。局本一据依草本，或后此更有改窜，或草于图已前，皆不可知，故不复用，谨条其异同于此，惟结局"当世"原作"当时"，则从文集改焉。

案：《诗小序》以《小雅》尽废于宣王之世，故郑康成叙《诗》"变雅"始于《六月》，宣王之勤兵至矣。其修复文武法度，在共和行政十四年。即位之初，犹有中兴之望焉。王子晋之谏灵王曰："自我先生厉、宣、幽、平而贪天祸，至于今未已。"终宣王之世，作戎车，战千亩，料民太原，一务于兵，而兵益不竞。而诗人铺张扬诩之词为多，至是而周德滋衰矣。

"有严有翼，共武之服"，军律之简以肃也；"戎车既安，如轾如轩"，师行之整以暇也。猃狁整居焦穫，连屯于京畿旁邑，四出侵扰，而犹能整军御之。其容舒而不迫，其词曼而不嚣，是以犹能相持四十馀年，以不失西京之旧也。

王国六军用车千乘。《采芑》之车三千，康成以为羡卒尽起，意者，兼兴诸侯之师，倾国以事征讨乎？故曰"征伐猃狁，蛮荆来威"，一折猃狁之锋，而威令行于天下，僻远如荆蛮，胥慑服矣。此一劳永逸之长计也。其时戎狄内侵，无举倾国之师南征荆蛮之理，《小序》："《六月》北伐"，"《采芑》南征"，约为之辞尔，非诗之本旨也。

宣王会诸侯于东都，而赋《车攻》，周室之不振于兹，决矣。秦庄公伐戎以后，少却者数年，嗣是伐太原戎、条戎、奔戎，皆败。又战千亩，败于姜氏之戎。宣王之武功熸焉，一会东都，遽自震曰；"允矣君子，展也大成"。其外之庞然自大者，其中必枵耀，此车马旗旌自信为大成无疑也。宣王之张皇文饰，一泄而无馀矣。一传之后，沦西京于畎戎，岂有爽哉？

漆、沮二水流经岐山北，盖即岐阳较猎之地，宣王蒐军讲武以诘戎兵，尤所属心，故西周之世惟宣王用兵为勤。其时周室积弱之势成矣，宣王奋起自强，而欲以兵求逞，一发而不知戢。其诗曰"发彼小豝，殪此大兕"，雄心见矣。内忧戎狄之见逼，经营挞伐，以为保邦之基，于此有隐心焉，而惜其炫饰之已多也，是以谓之"变雅"也。

案：雍州有二漆、沮。在汉冯翊者，漆水之名为洛所掩。而沮有二源，在汉扶风者，沮水之名又为漆所掩。而漆亦有二源。《水经》以漆水属之扶风，沮水属之冯翊，各举其一水言之：《禹贡》“漆沮既从”，又东过漆、沮，冯翊之漆、沮也；《诗》“自土沮漆”，“猗与漆沮”，扶风之漆、沮也。郦道元于《水经》“漆水”已不能辨，而于沮水东径北原浊谷水入焉，据以为漆水，今略就漆、沮二水可指证者，分疏之。《水经》：“沮水出直路县，东过祋祤县北，东入于洛。”直路，故城在今中部县，而汉祋祤县兼有今宜君县地，正沮水东径宜君县、北入洛之道，而《水经注》所云“沮水南合铜官水，东注郑渠浊水入焉”。又“南屈更名石川水”者，是又一沮也。道元以浊水为漆水，至宋乐史《寰宇记》始据铜官川水为漆水，近志皆承其说。其合沮水东南径白水县南，东入于洛者，即郦道元所谓“浊水东合沮水，分为二”，一水东出，即沮水，循郑渠东北注于洛者是也。其南注富平石川河者，即郦道元所谓“一水东南出”，即漆水。南屈更名石川水，西与白渠枝渠合，南入于渭者是也。程大昌《吕雍录》以石川河当《禹贡》漆、沮，此所谓冯翊之漆、沮也。《水经》“漆水出扶风杜阳县俞山，东北入于渭”，《说文》“漆水出杜阳县岐山”，阚骃《十三州志》：“漆水出杜阳县岐山北桼溪，谓之桼渠。”杜阳为麟游县，郦道元《水经注》：“雍州东南流与杜水合，左会漆水”。水出杜阳县之漆溪，谓之漆渠，漆渠南流，大栾水注之，即故岐水也，是一漆也。杜阳为今麟游县，正今武亭川水源，胡氏渭以阚骃、郦道元所述有“南流合岐水”之文，疑与《水经》、《说文》为二水，殆失之。《汉书·地理志》“漆水出漆县西”，《元和志》“漆水在新平县西九里，北流注入泾”，今麟游县东南亦有漆水，与此异。《寰宇记》“漆县，今邠州所治县西，有白土川，东北注泾水，为汉之漆水，新平县即汉漆县故城，在今麟游县西”，是又一漆也。胡氏渭以二漆水中必有一沮水，康氏海以永寿之漠谷水当沮水，船山王氏据郦道元“渭水左会左阳水，世名之西水，南流注雝水，又与东水合”，以西水当沮水。《通鉴》武亭川注：川在漆、沮交会处。即今武功县东武亭口，此所谓扶风之漆、沮也。孔颖达疏以“扶风之漆、沮”释《绵》，而以“漆、沮在泾水之东，一名洛水”，释此诗。陈氏启源据《左传》“成王岐阳之蒐”，其后石鼓文出，自宣王亦在岐阳，实周家较猎之场，最为有据。

共和行政十四年，厉王死于彘，迎立宣王，《鸿雁》之作，必于是时矣。郑笺：“坏灭之国，征民起屋舍，筑墙壁。”承大乱之后，宫室颓圮，葺而新之，是以其辞哀而心亦惧。呜呼！观于《绵》之百堵皆兴，而知盛衰兴废之机，若是其相远也。彼其先事而兴，趋功以忘其劳，君民相与欢欣鼓舞，以求祀世之安，其心若不知有危亡之惧焉。而震发扬诩无自靡也，其词亦未倖及安居之乐焉。而宽裕昭融无自瘵也，乃以是为基命之资，率百姓以与之更始。《鸿雁》之诗曰：“虽则劬劳，其究安宅。”苟幸一日之休息，抑何媮乎？曰“惟此愚人，谓我宣骄”，其骄气已动于中。而曰此吾之劬身以利国家也，抑何猥乎？宣王之业之所以终隳也。君子审声知音，而以知政莫之能易矣，身居乱世，心念盛时，文物仪容，深长思之，滋不忘也。共和行政十四年，厉王废居于彘，朝觐之礼久废。宣王初政，犹有发扬蹈厉之气焉。乍见庭燎之光，聆其鸾声，望其旂，西京盛时威仪具在，目睹承平之礼乐，而幸典章制度之犹存，身亲乱后之衣冠，而觉气象规模之非旧。《庭燎》之诗，意馀于词，而固不胜其慰望之情也，故曰深于情者，可与言诗。比俗之人，处乱而惛然，与为波靡居安，而熺然以诵升平，乌足与知此矣。

讹言之兴，俗之敝也，尤政之蠹也。“胥动以浮言”，则盘庚忧之。“民之讹言，宁莫之惩”，则诗人刺之。而终之曰：“我友敬矣，谗言其兴”，咎及同官之不敬，盖所以成乎讹言。有与倡之，有与和之，在官相怨者之力居多，各敬其事，即有讹言，无与扢扬，亦将自息。诗人善体物情如此。自宋以来，庶人之议胜，乃崇奖讹言，以持朝廷之权，挠官吏之柄。《诗》、《书》之微言大义，能辨之者鲜矣。

求才于声闻，足以尽天下之才乎？鹤之声远矣，而非托身于九皋，容有障蔽其声焉，以不得上彻。鱼之游也无声，浮于渚而可见也，潜于渊则益伏而不见。夫且欲见之不能，而能循声，以得其美刺乎？故夫王者之求才，视所以树之而已矣。树檀而得檀之荫焉，树萚与榖而得萚与榖之用焉。试之以事，程之以功，使足以副吾用。取石于山，其用不匮也，要以各效其功能。夫治天下国家，犹治一物也，假人之延誉以饰器，而器必窳；蹑人之虚声以求才，而才必荒。《鹤鸣》之诗，其可与言求才也矣！

案：《毛传》："萚，落也。榖，恶木也。"《说文》"榖"与"楮"互训，《广雅》："榖，楮也，"郭璞《山海经传》："榖，楮也，皮作纸。"《史记》索隐注："榖，木名，皮可为纸。"《汉书》颜师古注："桑榖即今之楮树。"陶宏景云"楮，即構树也"，是榖与楮、構三者一也。《酉阳杂俎》："構，榖田久废必生構，叶有瓣曰楮，无曰構。"日华子《本草》："皮斑者楮，皮白者榖。"则又一物而别为三。陆玑云："幽州谓之桑榖，荆、扬谓之榖，中州谓之楮。"则又谓三者之名以地别。毛公"萚"、"榖"异训，以文义求之，萚亦当为木名，王引之引《广雅》："梬，枣萚也。"《士丧礼》："决用正王棘，若檡棘。"郑注："王棘与檡棘皆可以为决。"萚疑当读为檡。又案《玉篇》："檡，梬枣也。"《说文》："梬枣似沛。"《汉书》颜注："今之梬枣也。"船山云即今牛奶柿。

古无叛民，叛者，叛而他属，无偾起以干君者，至厉王而以民废君。古无怨民，怨者，怨为暴而已，无以从公怨者，至宣王而以卫士怨君。韩婴之言曰："一仞之墙，民不能逾；百仞之山，童子登游焉，凌迟故也。"宣王四十一年，无岁不勤兵役，司右之勇力，虎贲之虎士，旅贲之介士，备宿卫者，皆从征讨，无宁处焉。至于爪牙胥怨，民之困而不堪命者，多矣。兵不戢，则愈不能竞，周乃并其爪牙，怨散销沮，以趋于尽，畎戎乘之，西周以倾。周之弱，宣王求逞于兵之雄，心弱之也。

白驹之好贤至矣！然而情不能挚而德衰焉，为有不足于贤比而推焉，以生其淫佚之思也。其词曰："慎尔优游，勉尔遁思。"曷为而优游乎？其有适于优游之宜，委心以息其忧患也。曷为而遁思乎？其有迫于遁思之故，全身以成乎独往也。于是而其心遐矣。其心遐者，虽为永朝永夕之留，而无以生其缱绻。白驹之长逝而不返也，夫其激之者也。

周之所以积弱，无他，民散故也。天下者，民之积也。积天下之民以奉一君，而成乎积弱，非独民与君离怨而不相恤，民与民亦自为泮涣而不相亲也。故天下之势积重，而莫弱于散。周先王十五世勤恤，而收之者数传，而一散不可复纪。此何故哉？《黄鸟》之诗言之尽矣。曰："不我肯穀"，以善相成，而民亲矣。曰："不可与明"，其次相与无隐情，而民亲矣。可与明，则固可相奖以趋于善。不可与明，而此理之是非，此心之得失，无可告语。虽其亲暱，交相构之，以成乎风气，而其势亦必不可相处矣。

《黄鸟》之民散矣，《我行其野》重有人伦之变焉。故《黄鸟》犹思以善相成，所以望犹奢也。至于室家弃而不养，而后天性之爱斸而人道泯。诗人穷其情曰："亦祇以异"，以此求异，人心之存几何哉？故夫君子道其常而已。惟其常也，而人弗能及，乃以成君子之异。异乎人道之常，以求自表著于是乎？蔑人理，乱天经，而不顾夫诚，若是其异也则亦何不幸，而身与之为缘也。

《斯干》考室而托之梦，《无羊》考牧而亦托之梦，宣王之志荒矣。夫人之欲盈而荡焉，则心魂亦与俱驰。宣王以为此室也，传之子孙而无穷期，此牧之成可长期繁庶耳。宣王以是起其骄心，其牧人亦以是生其佚志，视《鸿雁》劬劳之时亦侈矣哉！於虖！宣王宣骄之心蕴于中也夙矣。至是而君臣相与矜其盛，而忘其忧。读《斯干》、《无羊》之诗，君子知周德之所以衰也。

忠信孝弟，以是定万世之程；政教禁令，以示一王之准。昭昭然正告天下，期使知所从而已。小人之为国也，利用民迷，若驱鸟兽而纳诸罟获陷阱之中。高之下之，抑之扬之，惟吾之玩弄而使之疑于所从，其终惘惘焉。泛滥淫佚，以群趋于乱，一夫倡之，万夫和之，由其迷也。自秦任法吏，矫虔天下，民之受其迷者二千馀年。《节南山》之诗曰："俾民不迷。"王者之政，务此而已。

"弗躬弗亲"，喜怒刑赏，一听之人，夫谁信之？其卒也，威福下移，群邪思逞，终承其敝者民耳，故曰："不自为政，卒劳百姓。"於虖！观政者，观其亲政与否，而贤否得失可知矣。琐琐之姻亚，而得朊仕，怙权而耽安逸，一念之私成之，悬法律以束缚天下。琐琐之记室，胥吏胜于姻亚几何，而委而任之，以坐受其成。胥天下无一亲政者，或嗾之前，或推之后，耳目手足，皆为虚器，政之日婾，百姓之日以困穷，夫孰使之然矣？

祸莫大于不知耻辱，莫大于无恒。不知耻者之必出于无恒也，俄焉触之而怒盈焉，俄然感之而喜溢焉。炀之以所䜣，俛而合焉；投之以所惎，俛而离焉。夫且不自知其声音笑貌之何为，乌知耻哉？"方茂尔恶，相尔矛矣。既夷既怿，如相酬矣"，小人相与，乍水乍火，喜怒无常，瞬息百变，故曰"无小人殆"。

"好言自口，莠言自口"，讹言之反复，岂有常哉？然所以成乎讹言，正以好言之亦出诸其口也。虽其诬善，而比附事理以成文焉。虽其蔽贤，而推引物情以立质焉。小人惑之，君子亦原其言而谅之，使尽为鸱鸮之音，则人知避之矣。知其好言、莠言之同为反复，言愈近是，贻害天下国家亦愈无穷。审音辨微，即以其言断之而有馀，故曰“不知言，无以知人也”。

虽当危乱之朝，曷尝不求人贤而用之？而贤者处末流，终无能有所发摅，骤焉而进矣，进焉而有寂无闻矣。诗人为之词曰“彼求我则，好不我得，执我仇仇，亦不我力”。呜呼！国家危乱之时，以虚声求人而无择也，以虚文应事而无适也，视天下理乱休戚忽若迫焉，忽若淡而忘焉，朝野相循以成乎醉梦，诗人之言尽之矣。阪田之苗而有菀，其特者置身确硗之中，而犹有以自立也。既任之事，既受之成行也，而或挠之成也，而或毁之，引之绪而无与申之，矫之罔而无与正之，故曰“天之抓我”，位与事皆为抓而已，虽有人贤，奚裨哉？

佌佌之屋，以庇其身而已，蔌蔌之穀，以丰其积而已，苟庇其身，则皆佌佌之屋也；苟丰其积，则皆蔌蔌之穀也，民焉有不困穷者哉？世乱方兴，贵贱无定程，贤愚无适守，攀援纠纷，交相觊觎，佌佌之屋遍于国中，蔌蔌之穀繁于陇畔。嘻，其殆矣！

诗人之忧讹言至矣。曰“无罪无辜，谗口嚣嚣”，即讹言也。而追究其由来，则成于一二人之“噂沓背憎”。噂噂无信实，言之诐也。沓沓无礼义，行之婾也。彼于人无能显为异同也，背憎而已矣。讹言之兴，此曹尸之，于小民何尤哉？

人君之进贤也，慎之于始，以使励其节，而后君臣之道立；要之于终，以使竭其才，而后君臣之谊明，惟其重也。乱愈棘，政愈烦，进退人才日轻，而事乃愈坏。夫试之事，而功过昭然，而旋加诸膝，旋坠诸渊，君子犹谓其遽，而顾徒取之人言哉！诗曰："听言则答，谮言则退。"以此行政，政必荒，以此求才，才必绌矣。

衰乱之朝，言尚巧而恶忠，行尚通而恶介。君令之，臣违之，则罪抵其鎛。一人行之，众人反之，则怨集其躬。是以居反复之朝，偭出偭入，偭从偭违，萃盈廷之精神才力，以成乎反复也。"惟曰于仕，孔棘且殆"，而以求免于乱世，乌测其所至哉？

幽王之世，人知其必亡矣。伯阳甫言之尤切。郑桓公为周司徒，至寄帑虢鄶，以求免于难。其时人心散乱已久，皇父之作都于向，正大夫离居而不肯迁于王都，皆为逃死计耳。君德已昏，而无可效之忠；人心先失，而无可作之气。《十月》之诗，人黾勉从事；《雨无正》之诗，人惟躬是瘁，自靖焉而已。多藏之三事，处休之凡百君子，一惟室家之私营，而无与同忧，不亡奚待焉？

听言可以为美政乎？曰伊尹之言允矣："有言逆于汝心，必求诸道；有言逊于汝志，必求诸非道。"《诗》、《书》所陈听言之义，皆主从谏言之。曰稽于众，政有所疑，则于众稽之；曰好问则裕，心有所未达，则于人问之，非泛然取人之言而听之也。舜之戒禹曰：无稽之言勿听，勿询之谋勿庸，圣人之听言审矣。《小旻》之诗曰："谋臧不从，不臧复用"，中无适主，而相奖以听言，所必至之弊也。议论之流而争胜，无轨于道者，故曰议论多者，其国必倾。非议论之倾之致，其议论者之失道，而浮动之言附和以逞，君子亦与为悁急，相推相激，而以求胜也。"我视谋犹，亦孔之卬"，诚知其病也，庶几可与听言矣！

《诗》、《书》所陈，圣贤所戒，无相奖以言者。圣门言语之科，专取其与宾客言，周知两国之情势，洞悉使事之体要，而以言文之，汉诏以使绝国，与将相并论，犹此义也。非是，无取于言。《皋陶》、《益稷》之谟，伊尹、周公之训，所重岂在言哉？士大夫之竞于言也，至宋而极，日取天下之得失利病以证其言，而身不撄其责，其言用，而言以昌；其言不用，而名益以显。国势之盛衰，民生之利弊，事机之缓急，成功之利钝，无与于其始也，无要于其终也。夫岂不洋洋言之，而于国何赖？“发言盈廷，谁敢执其咎”，诵是诗，而无内疚于心，非君子之所民知也。

以言命官专其责，以息盈廷之争，隋唐以来不得已之制也。其以谏为名，将使引君当道，匡正其失，弥缝其阙，固非泛泛焉以言责之。言之嚣也，始于宋，自韩、范、文、富、欧阳论之劾之，而皆有名，而天下之大政总于两府，贤者闻谤而洁身以去，不肖者，窟穴其中，言及而贬谪随之。乃至王安石之僻、秦桧之横，私引谏官，排击异己，善类乃为之一空，而廷臣水火之互相争，国政兴革之交相胜，浸寻以至于亡，其效亦可睹矣。流风相煽，以为名高，惟其言之出而无择焉。毛举细故，以资其搏击；博采流言，以益其泛滥。擵摭天下之利病，以肊揣其盈虚，曲徇人心之恩怨，以私致其货贿，求有益于国计民生，盖千百而无一也。诗人之言曰：“哀哉为犹”，洵哉其可哀矣！

传曰：“天下有道，则行有枝叶；天下无道，则言有枝叶。”言之引而日长以销靡，人才有馀矣。国有政，行之而知其当否焉；民有俗，察之而知其利病焉。

校订朱子家礼

校订朱子家礼本序

秦溪杨氏言朱子服母丧，参酌古今，成丧、葬、祭礼，又推之于冠婚，名曰《家礼》。既成一行，童窃以逃，先生易箦，其书始出行于世。而观朱子跋张敬夫所辑《三家礼范》言：“尝欲因司马氏之书，参考诸家，裁订增损，使览者得提其要以及其详，而不惮其行之难。顾以衰病，不能及并，不一及《家礼》。”琼山邱氏尊用《家礼》，别为订正，刊行之，其引元应氏《家礼》辨以为非朱子手编，即据《礼范》跋为说，未为无征。

国朝白田王氏笃信朱子，亦言《家礼》非朱子之书。嵩焘窃求王氏之说，徒以朱子文集未语及《家礼》，因谓《家礼》序亦后人依仿《礼范》跋为之，则疑有未安者，意或《家礼》始成遂亡去，不复省录耳。黄勉斋、李公晦、陈北溪诸贤皆身及朱子之门，其云是书失而复出，必非虚语。故如勉斋说，其后颇有增损，未及更定，则可谓非朱子之书，则不可也。盖《礼经》之亡，至秦而极，时所尚独法令，蔑视先王之礼，若弁髦然，又禁民不得藏书，是以律令颇有存者。今可见者，唐律意犹三代之遗，历代相承，因时损益。圣人精义之学，往往而在，而礼文顾阙焉。汉世儒者乃取《礼经》之遗，推明其意，转相传受，其仪文度数，散见于诸传记，亦得汇次之，以稍推行于后世二千馀年，天下相为法守，独康成郑氏及朱子之书耳。《家礼》一书，其大端一依《司马氏书仪》，而多本之郑氏，其于宗法所以系其族，行之尤力，言之尤详，诚欲敦本善俗，以蕲复乎古，舍是奚由哉？然三代之礼之言宗法，所以严事宗庙祭而已，冠婚之礼为之父兄者主之，于宗法无所系，则颇疑三代典礼之仅存，于今日皆杂以郑氏之说，朱子又以意推衍之。自宋以来，代详礼制，而于品官家礼，犹守朱子之遗说，其文或繁或略，民间所尊尚，但知有朱子《家礼》，不知其他，其间为今世所遵行者，盖亦十无二三也。嵩焘读《家礼》之书，反而求之礼意，以推知古今因革之宜而达其变，稍仿秦溪杨氏《家礼》附注之例，发明所以异同，条次于后，以靳合乎人心之安，而通乎事变之会，使人不敢疑礼之难行，以乐从事于复古。邱氏所订《家礼》为今世通行本，颇删削原文，参以己意，而益其繁，亦疑其增损之或未尽当。今一还朱子之旧，而疏通所疑，参稽讨论，要于可行，俟言礼之君子择焉。西河毛氏《家礼》辩证求异，朱子至上，訾《仪礼》以为出于秦之末世，其言或有过者，弗敢从也。湘阴郭嵩焘序于养知书屋之西轩。

朱子家礼原序

凡礼有本有文，自其施于家者言之，则名分之守，爱敬之实，其本也。冠婚丧祭，仪章度数者，其文也。其本者，有家日用之常体，固不可以一日而不修；其文，又皆所以纪纲人道之始终，虽其行之有时，施之有所，然非讲之素明，习之素熟，则其临事之际，亦无以合宜而应节，是亦不可以一日而不讲且习焉者也。三代之际，礼经备矣，然其存于今者，宫庐器服之制，出入起居之节，皆已不宜于世。世之君子虽或酌以古今之变，更为一时之法，然亦或详或略，无所折衷。至或遗其本而务其末，缓于实而急于文。自有志好礼之士，犹或不能举其要，而困于贫窭者，尤患其终不能有以及于礼也。熹之愚，盖两病焉。是以尝独究观古今之籍，因其大体之不可变者，而少加损益于其间，以为一家之书。大抵谨名分、崇爱敬，以为之本。至其施行之际，则又略浮文、敦本实，以窃自附于孔子从先进之遗意。诚愿得与同志之士熟讲而勉行之。庶几古人所以修身齐家之道，谨终追远之心，犹可以复见，而于国家所以崇化导民之意，亦或有小补云。

校订朱子家礼卷一

通礼此篇所著，皆所谓有家日用之常礼，不可一日而不修者。

祠堂此章本合在《祭礼篇》，今以报本反始之心，尊祖敬宗之意，实有家名分之守，所以开业传世之本也。故特著此，冠于篇端，使览者知所以先立乎其大者，而《凡后篇》周旋升降出入向背之曲折，亦有所据以考焉。然古之庙制不见于经，且今士庶人之贱，亦有所不得为者，故特以祠堂名之，而其制度亦多用俗礼云。

君子将营宫室，先立祠堂于正寝之东。祠堂之制，三间外为中门，中门外为两阶，皆三级。东曰阼阶，西曰西阶，阶下随地广狭，以屋覆之，令可容家众叙立。又为遗书衣物祭器库及神厨于其东缭。以周垣别为外门，常加扃闭。若家贫地狭则止为一间，不立厨库，而东西壁下置立两柜，西藏遗书衣物，东藏祭器亦可。正寝谓前堂也，地狭则于厅事之东亦可。凡祠堂所在之宅，宗子世守之，不得分析。凡屋之制，不问何向背，但以前为南后为北，左为东右为西。后皆仿此。

案原注，祠堂之制，三间外为中门，中门外为两阶三级，又为遗书衣物祭器库及神庖于其东。今人宗祠皆别建，而家各有寝堂，以奉先世遗主，四代以上祧藏宗祠。无建祠堂于所居旁者，古今俗尚异，宜即宫室之制，随时变易，不相沿袭，亦不能强今人以求合古宫室之制也。

为四龛，以奉先世神主。祠堂之内，以近北一架为四龛，每龛内置一桌，大宗及继高祖之小宗，则高祖居西，曾祖次之，祖次之，父次之；继曾祖之小宗，则不敢祭高祖，而虚其西龛一；继祖之小宗，则不敢祭曾祖，而虚其西龛二；继祢之小宗，则不敢祭祖，而虚其西龛三。若大宗世数未满，则亦虚其西龛，如小宗之制。神主皆藏于椟中，置于卓上，南向，龛外各垂小帘，帘外设香卓于堂中，置香炉，香合于其上，两阶之间又设香卓，亦如之。非嫡长子则不敢祭其父。若与嫡长同居，则死而后，其子孙为立祠堂于私室，且随所继世数为龛，俟其出而异居，乃备其制若生，而异居，则豫于其地立斋以居，如祠堂之制，死则因以为祠堂。

旁亲之无后者，以其班祔。伯叔祖父母祔于高祖。伯叔父母祔于曾祖。妻，若兄弟，若兄弟之妻，祔于祖。子侄祔于父。皆西向，主椟并如正位。侄之父自立祠堂，则迁而从之。程子曰：无服之殇，不祭。下殇之祭，终父母之身；中殇之祭，终兄弟之身；长殇之祭，终兄弟之子之身。成人而无后者，其祭终兄弟之孙之身，此皆以义起者也。

案《祭义》：祀先贤于西学。《特牲》《少牢礼》：主位奥西，东面，先儒皆以为神道尚右。然《祭义》：建国之神位，右社稷，左宗庙。郑康成注云：周人尚左，是以宗庙之礼，左昭右穆，一以左为先。朱子谓宗庙同堂异室，以右为尚，始于汉儒。自明帝遗诏不别立庙，因有同堂异室之制。《唐书》言庙制以右为首，仍守汉儒之说。《明史·礼志》：初立四庙，高祖居中，曾祖昭，居东第一；祖穆，居西第一；祢昭居东第二。其后庙制皆依以为准。

朱子之言已稍变通古法，然明以后亦无此制矣。

《大清通礼》载品官家庙：一品以下，五间；四品以下，三间，并中为堂，堂北设四座，左为昭，右为穆，高祖常为昭，曾祖常为穆，其祔位但以板书，男统于东，女统于西。稽之古礼，准之今制，皆无以西为上之文。汉儒因仪礼，主位奥西，遂为神道尚右之说。案《曲礼》：为人子者，居不主奥。郑注：不敢当尊处，室中西南隅谓之奥。凡尊处，长者居之，事神于室，犹居室也。奥居西，故东面不得为神道尚右之义。《司马书仪》并用此制，以东西为次，无复昭穆之序。《明史》正之，极允。

又案《说文》：祔，后死者合食于先祖。经传言：祔者，未立庙而合食于祖。《丧服小记》：庶子不祭殇与无后，殇与无后者，从祖祔食，则岁时祭，而殇与无后，有祔食之文，从祖者，从其昭穆之序也。古宗庙之制，昭常为昭，穆常为穆，以昭穆统群子姓，不相紊也。而孙可以从祖，兄弟不相从祔食以昭穆，皆有专庙祔食者，从而为之。祭尊可以统卑，卑不可以统尊，兄弟同尊不相统也。《家礼》祠堂之制，奉四世之主于一堂，而以西为上。既无昭穆之分，又非专庙可以有正位旁位之别，而兄弟祔食者，越祖父以上，从曾祖，准诸以西为上之文。是祔食者之位，逾两世而加诸其上，非所安矣。由今之制，行今之礼，伯叔祖父母，从祖为班；伯叔父母，从父为班。在龛正列，祭则准祔食之礼旁列，无俟沿古昭穆之常，以乱尊卑之序也。

置祭田。初立祠堂，则计见田。每龛取其二十之一以为祭田，亲尽则以为墓田。后凡正位、祔者皆仿此。宗子主之，以给祭用。上世初未置田，则合墓下子孙之田计数而割之，皆立约闻官。不得典卖。

案《王制》：大夫士有田则祭，无田则荐。孟子故曰：惟士无田则亦不祭。三代所谓田，即禄也。卿以下之有圭田，又禄食之等，所以专奉祭祀者也。大夫三庙，而圭田以五十亩为率，未尝准依庙制多寡之数以为之田。后世宗庙之祭有祫无禘，每龛为置祭田，于文亦略繁矣，似当云计见田取十之一为祭田。

具祭器。床席倚卓盥盆火炉酒食之器，随其合用之数，皆具贮于库中，而封锁之，不得它用。无库则贮于柜中，不可贮者，列于外门之内。

主人晨谒于大门之内。主人谓宗子，主祠堂之祭者。晨谒，深衣，焚香再拜。

出入必告。主人主妇近出，则入大门瞻礼，而行归亦如之。经宿而归，则焚香再拜。远出经旬以上，则再拜焚香，告云："某将适某所，敢告"，又再拜而行。归亦如之，但告云："某今日归自某所，敢见。"经月而归，则开中门，立于阶下，再拜，升自阼阶，焚香告毕，再拜，降，复位，再拜。馀人亦然，但不开中门。凡主妇，谓主人之妻。凡升降，惟主人由阼阶，主妇及馀人虽尊长亦由西阶。凡拜，男子再拜，则妇人四拜，谓之侠拜。其男女相答拜亦然。

案《士相见礼》：出迎于门外，再拜。宾奉贽，入门左。主人再拜受，宾再拜送贽，出。主人送于门外，再拜。是凡相见皆再拜。《少仪》：妇人吉事，肃拜。肃拜无再拜之等。故与男子相见，先拜，俟男子拜，又拜，谓之侠拜。《士冠礼》：冠者，取脯见于母，母拜受，子拜送母，又拜。郑注：妇人于丈夫，虽其子犹侠拜是也。《士昏礼》：舅姑既没，妇入三月奠菜，妇拜扱地。郑注：妇人扱地，犹男子稽首。似凡入庙，则男女拜同。朱子以男子再拜，妇人四拜释侠拜之文，恐误。

正至朔望则参。正至朔望前一日，洒扫斋宿。厥明，夙兴，开门，轴帘，每龛设新果一大盘，于卓上每位设茶盏托、酒盏盘各一。于神主椟前设束茅聚沙。于香卓前别设一卓。于阼阶上置酒注盏盘一于其上，酒一瓶于其西，盥盆帨巾各二于阼阶下。东南有台架者，在西，为主人亲属所盥，无者在东，为执事者所盥，巾皆在北。主人以下盛服入门就位。主人北面于阼阶下，主妇北面于西阶下。主人有母，则特位于主妇之前。主人有诸父诸兄，则特位于主人之右少前，重行西上。有诸母姑嫂姊，则特位于主妇之左少前，重行东上。诸弟在主人之右少退，子孙外执事者在主人之后，重行西上。主人弟之妻及诸妹在主妇之左少退，子孙妇女内执事者在主妇之后，重行东上。立定，主人盥帨，升，启椟，奉诸考神主置于椟前。主妇盥帨，升，奉诸妣神主置于考东。次出祔主，亦如之。命长子长妇或长女盥帨，升，分出诸祔主之卑者，亦如之。皆毕，主妇以下先降，复位。主人诣香卓前，降神，焚香，再拜。执事者盥帨，升，开瓶实酒于注，一人奉注，诣主人之右，一人执盏盘，诣主人之左。主人跪，执事者皆跪。主人受注，斟酒，反注，取盏盘奉之，左执盘，右执盏，酹于茅上。俯伏，兴，少退，再拜，降，复位，与在位者皆再拜参神。主人升，执注斟酒，先正位，次祔位，次命长子斟诸祔位之卑者。主妇升，执茶盏，执事者执汤瓶随之，点茶如前，命长妇或长女亦如之。子妇执事者先降，复位。主人主妇分立于香卓之前东西，再拜，降，复位。与在位者皆再拜，辞神而退。冬至则祭始祖毕，行礼如上仪。望日不设酒不出主，主人点茶，长子佐之，先降，主人立于香卓之南，再拜，乃降，馀如上仪。準《礼》，舅没则姑老不预于祭。又曰支子不祭。故今专以世嫡宗子夫妇为主人主妇，其有母及诸父母兄嫂者，则设特位于前如此。凡言盛服者，有官则幞头公服带靴笏。进士则幞头襴衫带。处士则幞头皂衫带。无官者通用帽子衫带。又不能具，则或深衣或凉衫。有官者亦通服帽子以下，但不为盛服。妇人则假髻，大衣长裙。女在室者冠子背子，众妾假髻背子。

俗节则献以时食。节如清明、寒食、重午、中元、重阳之类。凡乡俗所尚者，食如角黍。凡其节之所尚者，荐以大盘，间以蔬果，礼如正至朔日之仪。

案：古今异尚，时节亦微有参差。今时俗节，正旦、上元、重午、中秋，宜具酒食，率家人上供。中元荐新，礼同。冬至祭始祖宗祠，无宗祠亦祭于寝。清明、寒食展墓不拘日。馀月朔、望，供香酒，皆公服。早晚供香，常服，遣子弟为之，可也。

有事则告。如正至、朔日之仪，但献茶酒，再拜讫，主妇先降，复位。主人立于香卓之南，祝执版立于主人之左，跪读之。毕，兴。主人再拜，降，复位。馀并同。告授官，祝版云："维年岁月朔日，子孝某某官某，敢昭告于皇某亲某官封谥府君，皇某亲某封某氏，某以某月某日蒙恩授某官，奉承先训，获霑禄位，馀庆所及，不胜感慕。谨以酒果，用伸虔告。谨告。"贬降，则言："贬某官，荒坠先训，惶恐无地，谨告。"若弟子，则言某之某某，馀同。告追赠，则止告所赠之龛。别设香卓于龛前，又设一卓于其东，置净水、粉盏、刷子、砚、墨、笔于其上，馀并同。但祝版云："奉某月某日制书，赠皇某亲某官，皇某亲某封某，奉承先训，窃位于朝，祗奉恩庆，有此褒赠，禄不及养，摧咽难胜，谨告。"若因事特赠，则别为文，以叙其意。告毕，再拜，主人进，奉主置卓上。执事者洗去旧字，别涂以粉。俟干，命善书者改题所赠官封，陷中不改。洗水以洒祠堂之四壁。主人奉主置故处，乃降，复位，后同。主人生嫡长子，则满月而见，如上仪，但不用祝。主人立于香卓之前，告曰："某之妇某氏以某月某日生子名某，敢见。”告毕，立于香卓东南，西向。主妇抱子进，立于两阶之间，再拜。主人乃降，复位，后同。冠婚别见本篇。凡言祝版者，用版长一尺，高五寸，以纸书文，黏于其上，毕，则揭而焚之。其首尾皆如前，但于皇高祖考、皇高祖妣，自称孝玄孙；于皇曾祖考、皇曾祖妣，自称孝曾孙；于皇祖考、皇祖妣，自称孝孙；于皇考、皇妣，自称孝子。有官封谥，则皆称之，无则以生时行第称号加于府君之上，妣曰某氏夫人，凡自称非宗子不言孝。告事之祝，四龛共为一版。自称以其最尊者为主，止告正位，不告祔位，茶酒则并设之。

或有水火盗贼，则先救祠堂，迁神主、遗书，次及祭器，然后及家财。易世，则改题神主而递迁之。改题递迁礼，见丧礼《大祥》章。大宗之家，始祖亲尽则藏其主于墓所。而大宗犹主其墓田，以奉其墓祭，岁率宗人一祭之，百世不改。其第二世以下祖亲尽，及小宗之家高祖亲尽，则迁其主而埋之，其墓田则诸位迭掌，而岁率其子孙一祭之，亦百世不改也。

案：《仪礼》：士冠礼于庙行之，婚礼告于庙，丧礼祖于庙。古命士以上皆有庙，冠婚燕飨，无不于庙者。《家礼》首列祠堂之制，盖凡礼之行，总摄于庙。君子所以正其家，以严事宗庙为始，揭之篇首，明《家礼》之所从出也。礼制，大夫三庙，适士二庙，官师之为中士、下士者，一庙。历代因之。庙制，各视其品，自五庙至一庙，皆以世代为准。程子始创定四代之祭，云：自天子以至于庶人，五服皆至高祖。服既如是，祭祀亦须如是。虽或三庙二庙一庙，或祭寝不害祭及高祖。《唐书·礼乐志》品官四庙三庙二庙一庙皆以室为别。而考《唐书·王珪》：既贵不营私庙，至为法司所劾。其后会昌五年，诏京师不许群臣作私庙。是唐时士大夫家庙皆别建之，无建立居室之旁者，人各为祖，家各为庙，是以始之。不营庙者，劾之，其营庙者，又从而禁之，世变之流极亦可推考，而知其故矣。宋制，私庙辄假敕书以行，或赐祭器。其所谓家庙，实皆别于居室。后世宗法既废，士大夫崛起草茅，致通显一再传而或泯焉。官无世守，田无永业，故虽士大夫皆于寝堂奉先世神主，从未闻有居室之东建立家庙者。世家旧族创建祠堂，辄醵金为之，以取同宗合族之义，其祠堂所祀，或始祖，阖祖之子孙属焉，或支祖，分支以下之子孙属焉。所属之子孙，四世以上，神主当祧者，皆奉以入祠，而各视其昭穆，以祔食于左右。尝疑宗祠之祀始祖者，若古之太祖庙，凡祔主之藏于夹室，皆得列祀于龛，通大夫士庶人无有毁主及埋主于墓之事。此宗祠之制，所为通古庙制之变，充类以尽其义者也。一二守礼之家，间有立宗子以主祀事者，而固不以宗法系之三代以上，宗子之制不行于今，义无可系也。窃以为，《家礼》祠堂之文，当为寝堂各奉四世之主，为四椟合祀于一龛，左昭右穆，高祖常为昭，曾祖常为穆，朝夕朔望岁时，及行告祭之礼，大夫士之为家长者，主之，兄弟异居，长者奉事神主，其馀为虚位，以告于寝，可也。

又案：《宋史·礼志》两制礼官议平章事立四庙，枢密使及东宫长保以下立三庙，馀官祭于寝。凡得立庙者，使适子袭封主祭。朝廷既难尽推袭封之恩，而有庙者之子孙，或官微不足以主祭事，竟不行。其后诸臣立庙者，率以诏书行之。是以《家礼》但言祠堂不言庙，而其所谓祠堂者，即庙制也。宋制，盖犹准古礼，而不能通其变，所云袭爵主祭，则自王公及民爵五等之袭封，尊始受爵者为太祖，以下准四世亲尽，则祧之义藏主于夹室。而昆弟之能自起其家者，各视所出之祖祢为小宗，不能立庙，则各以其昭穆祔食，自非五等之封有爵可袭者，不足与议庙制也。当依《宋志》馀官祭寝之文，设四世神主于寝堂，亲尽则祧其主于宗祠之夹室。

又案：自唐《开元礼》、宋《政和礼》并颁行民间，明以来有会典，其仪制大同小异。而民间行礼，各从乡俗，互有参差。《王制》：君子行礼，不求变俗，祭祀之礼，居丧之服，哭泣之位，皆如其国之故，谨修其法而审行之。法者，一朝之大法，礼所不能违，其行礼之仪节，各因其俗，审行之而已。《家礼》有事于祠堂，皆有主妇点茶之文，盖亦当时礼俗如此。《开元礼》无之，《司马书仪》始详及主妇，明《会典》因之，而当时固无行者，虚存其仪而已。

司马氏居家杂仪

此章本在婚礼之后，今案此乃家居平日之事，所以正伦理，笃恩爱者，其本皆在于此，必能行此，然后其仪章度数有可观焉。不然，则节文虽具，而本实无取，君子所不贵也。故亦列于首篇，使览者知所先焉。

凡为家长，必谨守礼法，以御群子弟及家众。分之以职，授之以事，而责其成功。制财用之节，量入以为出。称家之有无，以给上下之衣食及吉凶之费，皆有品节，而莫不均壹。裁省冗费，禁止奢华，常须稍存盈馀，以备不虞。

凡诸卑幼，事无大小，毋得专行。必咨禀于家长。

凡为子为妇者，毋得蓄私财、俸禄及田宅，所入尽归之父母舅姑。当用则请而用之，不敢私假，不敢私与。

凡子事父母，妇事舅姑。天欲明，咸起，盥，漱栉，总具冠带。昧爽，适父母舅姑之所省问。父母舅姑起，子供药物。妇具晨羞。供具毕，乃退，各从其事。将食，妇请所欲于家长，退具而供之。尊长举筯，子妇乃各退就食。丈夫妇人各设食于他所，依长幼而坐。其饮食必均壹。幼子又食于他所，亦依长幼席地而坐。男坐于左，女坐于右。及夕食，亦如之。既夜，父母舅姑将

寝，则安置而退。居闲无事，则侍于父母舅姑之所，容貌必恭，执事必谨，言语应对，必下气怡声，出入起居，必谨扶卫之，不敢涕唾喧呼于父母舅姑之侧。父母舅姑不命之坐，不敢坐。不命之退，不敢退。

凡子受父母之命，必籍记而佩之，时省而速行之。事毕，则返命焉；或所命有不可行者，则和色柔声，具是非利害而白之，待父母之许，然后改之，若不许，苟于事无大害者，亦当曲从。若以父母之命为非而直行己志，虽所执皆是，犹为不顺之子，况未必是乎！

凡父母有过，下气怡色柔声以谏。谏若不入，起敬起孝，悦则复谏；不悦，与其得罪于乡党州闾，宁熟谏。父母怒不悦而挞之，流血不敢疾怨，起敬起孝。

凡为人子弟者，不敢以贵富加于父兄宗族。

凡为人子者，出必告，反必面。有宾客，不敢坐于正厅。升降不敢由东阶，上下马不敢当厅，凡事不敢自拟于其父。

凡父母舅姑有疾，子妇无故不离侧。亲调尝药饵而供之。父母有疾，子色不满容，不戏笑，不宴游，舍置馀事，专以迎医检方合药为务。疾已，复初。

凡子事父母，父母所爱亦当爱之，所敬亦当敬之，至于犬马尽然，而况于人乎。

凡子事父母，乐其心不违其志，乐其耳目，安其寝处，以其饮食忠养之，幼事长，贱事贵，皆仿此。

凡子妇未敬未孝，不可遽有憎疾，姑教之，若不可教，然后怒之，若不可怒，然后笞之，屡笞而终不改，子放妇出，然亦不明言其犯礼也。

凡为宫室，必辨内外，深宫固门，内外不共井，不共浴室，不共厕。男治外事，女治内事，男子昼无故不处私室，妇人无故不窥中门。男子夜行以烛，妇人有故出中门，必拥蔽其面。男仆非有缮修及有大故，不入中门，入中门，妇人必避之，不可避，亦必以袖遮其面。女仆无故不出中门，有故出中门，亦必拥蔽其面。铃下苍头，但主通内外之言，传致内外之物，毋得辄升堂室，辄入庖厨。

凡卑幼于尊长，晨亦省问，夜亦安置。坐而尊长过之，则起。出遇尊长于途，则下马。不见尊长经再宿以上，则再拜。

凡受女婿及外甥拜，立而扶之。外孙则立而受之可也。

凡节序及非时家宴，上寿于家长。卑幼盛服序立，如朔望之仪。

凡子始生，若为之求乳母，必择良家妇人稍温谨者。子能食，食教以右手。子能言，教之自名及唱喏万福安置。稍有知，则教之以恭敬尊长。有不识尊卑长幼者，则严诃禁之。六岁教之数与方名，男子始习书字，女子始习女工之小者。七岁男女不同席、不共食，始诵《孝经》、《论语》，虽女子亦宜诵之。自七岁以下谓之孺子，早寝晏起，食无时。八岁出入门户及即席饮食，必后长者，始教之以谦让，男子诵《尚书》，女子不出中门。九岁，男子诵《春秋》及诸史，始为之讲解，使晓义理，女子亦为之讲解《论语》、《孝经》及《列女传》《女戒》之类，略晓大意。十岁，男子出就外傅，居宿于外，博观群书。凡所读书，必择其精要者而读之，其异端非圣贤之书传，宜禁之，勿使妄观，以惑乱其志。女子则教以婉娩听从，及女工之大者。

凡内外仆妾，鸡初鸣咸起，栉总盥漱衣服。男仆洒扫厅事及庭。铃下苍头洒扫中庭。女仆洒扫堂室，设倚卓，陈盥漱栉靧之具，主父主母既起，则拂床襞衾，侍立左右，以备使令。退而具

饮食，得闲则浣濯纫缝，先公后私。及夜，则复拂床展衾。当昼，内外仆妾惟主人之命，各从其事，以供百役。

凡男仆，有忠信可任者，重其禄，能干家事次之。其专务欺诈，背公徇私，屡为盗窃，弄权犯上者，逐之。

凡女仆，年满不愿留者，纵之，勤旧少过者，资而嫁之。其两面二舌，饰虚造谗，离间骨肉者，逐之。屡为盗窃者，逐之。放荡不谨者，逐之。有离叛之志者，逐之。

案《司马氏书仪》：婚礼后有居家杂仪，丧礼后有居丧杂仪，《家礼》移居家杂仪于通礼后，盖通礼祠堂之制为朱子所创，述意以司马氏居家杂仪通论居家之法，当属之通礼耳。旧刻《家礼》五卷，后有秦溪杨氏附录引北溪陈氏之言，嘉定辛未岁过温陵，先生季子敬之，倅郡出示《家礼》一编。是《家礼》原刻，本分卷，当如是。邱氏本析为八卷，丧礼自成服，虞祭以下为三卷，杂仪附卷后，别为一卷。《四库全书》目录亦载《家礼》八卷，殆即邱氏本也。嵩焘窃谓《家礼》首详通礼，专论祠堂之制，以古人行礼皆于庙，后世庙制不详，而士大夫家得立祠堂，以为行礼之本，《家礼》于此为尤重焉。其居家杂仪，合尊长卑幼，而各示之防，以为日用常行之则，实礼之所自出。苟能如是，则凡礼之行，皆实也；不能如是，虽有是四礼者为之范围，亦具文而已矣。朱子列之通礼，诚为有见。今一依旧本定为五卷，而后朱子原书脉络轻重，粲然复明。盖所谓通礼者，实以下四礼之纲也。

校订朱子家礼卷二

冠礼

冠

男子年十五至二十皆可冠。司马公曰：古者，二十而冠，所以责成人之礼。盖将责为人子、为人弟、为人臣、为人少者之行于其人，故其礼不可以不重也。近世以来，人情轻薄，过十岁而总角者少矣——彼责以四者之行，岂知之哉？往往自幼至长，愚骙若一，由不知成人之道故也！今虽未能遽革，且自十五以上，俟其能通《孝经》《论语》，粗知礼义，然后冠之，其亦可也。

必父母无期以上丧，始可行之。大功未葬，亦不可行。

前期三日主人告于祠堂。古礼筮日，今不能然，但正月内择一日可也。主人谓冠者之祖父，自为继高祖之宗子者，若非宗子，则必继高祖之宗子主之。有故，则命其次宗子。若其父自主之，祝版云："某之子某，若某之某亲之子某，年渐长成，将以某月某日加冠于其首。"若族人以宗子之命自冠其子，其祝版亦以宗子为主，曰："使介子某……"若宗子已孤而自冠，则亦自为主人，祝版云："某将以某月某日加冠于首。"

案郑注《士冠礼》云：主人将冠者之父兄也。其注：若孤子，则父兄戒宿。云父、兄，诸父、诸兄。其注《士婚礼》宗子无父母命之，亲皆没，己躬命之。支子则称其宗，弟称其兄，云宗子嫡长子也，支子庶昆弟也。康成于此为能深明礼意，宗子者，统大宗小宗，而为之名，苟为嫡长子，则宗子也。冠婚之礼，为父兄者主之，然而婚礼，人道之始，以承宗庙祭祀。所承祭祀之亲无为之主，自命焉，可也。身为嫡子，而犹有庶兄，则以兄命，行之仪礼，弟称其兄。兄者，庶长子。郑氏以为宗子母弟，则非也。其自为主，惟父兄之无与为主也。至于冠礼之行，加之冠，而责以成人之道，无自为主者。《大戴记·公符篇》：公冠，自为主，明惟天子诸候得自主而叙。成王冠，周公命祝雍祝王。《春秋襄九年》晋悼公命季武子为冠具，则固以宗臣治其事。所自为主者，升降由阼，及醴宾之仪而已。《仪礼》：孤子冠，诸父诸兄戒宿。凡在父兄之列者，主之可也。合士冠、士婚二礼，以求其义，而知其所以异同，皆有精义存焉。虽三代冠礼，主之以父兄而已。生晚近之世，而欲援古大宗之法，以总其事于宗子，又为宗子自为主之说，以况宗子于君。案：下冠者，见于尊长，条云：若非宗子之子，则先见宗子及诸尊于父者于堂，乃就私室见于父母及馀亲。堂者，寝堂，即行冠礼之处也。父母及馀亲皆当在堂。何以拜宗子于堂，而拜父母私室？是谓父母及馀亲皆在室，而一委其事于宗子，亦失亲疏之等矣。《家礼》于此用意美矣，而《士冠礼》之文具在，固不如是之烦重也。

又案：古人行礼皆于庙。《士冠礼》：筮于庙门东为期，于庙门外而终冠事，无告庙之文。《士婚礼》：若舅姑既没，妇入三月乃奠菜。冠礼，孤子亦不告于祢，盖冠者，常事也。年二十则已成人矣。父兄为之加冠，因以成人之道责之，其义系于冠者，无俟告庙也。后世严事宗庙，不能逮古，而谒告之礼常勤。既冠，而父兄率以见于庙，以告成人之礼，此礼不可少者。前期三日告于祠堂，是亦为渎也。《士冠礼》：筮日筮宾。后世求日与宾，皆择而用之，不用筮。此当云以及冠之年，择春秋佳日为之。如年十二夙成能应有司试，则为之加冠。稚弱不胜事，则以次递推至二十，自年十二以上皆可冠。前期三日戒宾，赞者、执事者，皆宿戒，具器物，咸备无缺，而去告于祠堂之文，于礼为允。案《士冠礼》：三加辞以岁之正，以月之令。故《后汉书》：凡加元服，皆以正月。盖三代年月日成数皆通计之，逾岁而至正月，则以岁计，逾月而至朔，则以月计。二十之年，以见岁为期，至于正月而已见岁矣。故可冠也。鲁襄公九年冠于卫成公之庙，在冬十二月，襄公年十二而冠，盈十二月之期，亦犹十二年也。冠不拘于二十，则冠礼之行，亦不拘于岁首，故当以春秋佳日为之。《政和五礼新仪》言诹日。《司马书仪》言筮日。均无择日正月之文。《家礼》沿《仪礼》之文，谓但于正月内择一日，则亦未知古今礼制之原有参差也。

戒宾。古礼筮宾，今不能然，但择朋友贤而有礼者一人可也。是日，主人深衣诣其门所，戒者出见如常仪，啜茶毕，戒者起，言曰："某有子某，若某之某亲有子某，将加冠于其首，愿吾子之教之也。"对曰："某不敏，恐不能供事以病吾子。敢辞。"戒者曰："愿吾子之终教之也。"对曰："吾子重有命，某敢不从。"地远则书初请之辞为书，遣子弟致之所。戒者辞，使者固请，乃许，而复书曰："吾子有命，某敢不从。"若宗子自冠，则戒辞，但曰："某将加冠于首。"后同。

前一日宿宾。遣子弟以书致辞曰："来日某将加冠于子某，若某亲某子某之首。吾子将涖之，敢宿。某上某人。"答书曰："某敢不夙兴，某上某人。"若宗子自冠，则辞之所改，如其戒宾。

陈设设盥帨于厅事，如祠堂之仪，以帟幕为房于厅事之东北，

或厅前，无两阶，则以垩画而分之，后仿此。

案：古宫室之制，门及升堂之阶，皆分东西，门，以阑分之。升堂之阶，则左右各为级，主人位东，故东阶曰阼阶；宾位西，故西阶曰宾阶。而自庙寝堂东西皆有房，冠义重，冠故行之于庙。今之寝堂，犹庙制也，而无东西阶，其升降一以东为尊，张幕为房，画灰为东西阶。强古礼以行之于今，而不达其义，则亦具文而已矣。

厥明，夙兴，陈冠服。有官者公服、带、靴、笏，无官者襕衫、带、靴，通用皂衫、深衣、大带、履、栉、箒掠，皆以卓子陈于房中东领，北上。酒注、盏盘亦以卓子陈于服北。襆头、帽子、冠并巾，各以一盘盛之，蒙以帕，以卓子陈于西阶下。执事者一人守之，长子则布席于阼阶上之东少北，西向；众子则少西，南向。宗子自冠则如长子之席，少南。

主人以下序立。主人以下，盛服就位。主人阼阶下，少东，西向。子弟亲戚童仆在其后，重行西向北上。择子弟亲戚习礼者一人为傧，立于门外，西向，将冠者双紒，四禩衫、勒帛、采履，在房中，南向。若非宗子之子，则其父立于主人之右，尊则少进，卑则少退。宗子自冠，则服如将冠者，而就主人之位。

宾至，主人迎入升堂。宾自择其子弟亲戚习礼者为赞。冠者俱盛服至门外，东向立。赞者在右，少退。傧者入告主人，主人出门左，西向再拜。宾答拜主人，揖赞者。赞者报揖主人，遂揖而行。宾赞从之入门，分庭而行，揖让而至阶，又揖让而升。主人由阼阶先升，少东西向。宾由西阶，继升，少西东向。赞者盥帨，由西阶升，立于房中，西向。傧者筵于东序，少北西向。将冠者出房，南向。若非宗子之子，则其父从出。迎宾入，从主人，后宾而升，立于主人之右，如前。

案《仪礼》：宿宾宿赞冠者一人。郑注：其不宿者为众宾，后言醴宾，酬宾赞者，皆与赞冠者为介。郑注赞者，皆与众宾也，介宾之辅以赞为之。凡赞者皆宾，而与其中，主赞冠者一人，固主人之党也。当为主人亲属。《家礼》于赞冠者一人之文，未能详审，竟似奠缅、栉、笄。加冠弁皆宾党为之，无与主党之事，去情事远矣。据《仪礼》，宾加冠，赞者卒冠；宾加皮弁、爵弁，赞者卒纮。故云：赞冠者所以辅宾，其中又有执冠者，则众宾之为赞者也。《仪礼》之文具在，知所云宾"自择习礼者为赞"，非经旨也。

宾揖将冠者，就席，为加冠巾。□冠者适房，服深衣纳履出。宾揖。将冠者出房，立于席右，向席。赞者取栉𦅗掠，置于席左，兴，立于将冠者之左。宾揖将冠者，即席西向跪。赞者即席，如其向跪，进为之栉，合纷，施掠。宾降，主人亦降，宾盥毕，主人揖，升复位。执事者以冠巾盘进，宾降一等受冠笄，执之正容，徐诣将冠者前，向之祝曰："吉月令日，始加元服，弃尔幼志，顺尔成德，寿考维祺，以介景福。"乃跪加之。赞者以巾跪进，宾受，加之，兴，复位，揖。冠者适房，释四襆衫，服深衣，加大带，纳履出房，正容南向，立良久。若宗子自冠，则宾揖之就席，宾降盥毕，主人不降，馀并同。

再加帽子，服皂衫革带，系鞋。宾揖。冠者即席，跪。执事者以帽子盘进，宾降二等受之，执以诣冠者前，祝之曰："吉月令辰，乃申尔服，谨尔威仪，淑顺尔德，眉寿万年，享受胡福。"乃跪加之，兴，复位，揖。冠者适房，释深衣，服皂衫革带，系鞋，出房立。

三加襆头，公服革带，纳靴执笏。若襕衫，纳靴。礼如再加，惟执事者以襆头盘进，宾降没阶受之，祝辞曰："以岁之正，以月之令，咸加尔服，兄弟具在，以成厥德，黄耇无疆，受天之庆。”赞者彻帽，宾乃加襆头。执事者受帽，彻栉入于房，馀并同。

案《士冠礼》：初加缁布冠，冠者适房，服元端爵韠，再加皮弁。冠者适房，服素帻素韠，三加爵弁，服纁裳、袜韐，三代冠服，皆有等。自元端而上，施于朝祭者，皆礼服也。士服三等，冠者三加，皆用之。故曰责成人之礼，汉魏诸志不详冠仪，《隋书·礼仪志》叙后齐皇帝加元服，著空顶介帻以出，太尉奉黑介帻加讫，遂加冕。皇太子初加进贤三梁冠，再加远游冠。《开元礼》皇帝冠，脱空顶帻，遂加冕。其皇太子冠，初加缁布，次加远游冠，三加冕。并与隋制同。惟后齐太子冠，再加而止，其皇帝冠，惟一加。历宋明，皆然。后齐以黑介帻易空顶帻，而后加冕。据《隋书·礼仪志》，通天冠、远游冠、三梁冠、进贤冠，皆黑介帻，武弁、平巾帻似凡冠弁，皆有帻，是仍一加也。《政和五礼》：品官冠子仪，初加折上巾，案《宋史·舆服志》：幞头一名折上巾，再加二梁冠。案《宋史·舆服志》：进贤冠，自七梁至二梁，凡七等。二加平冕；庶人子冠仪，初加帽，再加折上巾，是宋制，庶人冠二加。《明史·礼志》品官冠礼，初加缁布冠，再加进贤冠，三加爵弁；庶人冠，一仍《家礼》。《大戴礼·公冠》：四加元冕。先儒据以为诸候以上冠礼。而自汉以来，无遵行者，或皇太子二加，或庶人二加，隆杀之等，又各有参差。而据《仪礼》之文求之，天子之元子，犹士也。是士冠礼，上赅天子之元子，下赅庶人，缁布冠，犹存古制，用以示冠服之所由，始实即元冠也。深衣不施之礼服，故冠礼无深衣。朱子所谓深衣，盖宋世常服也。皂衫襕衫，皆深衣之属。皂衫，亦谓之帽衫，襕衫施横襕于腰，以象裳有辟积，为进士国子生州县生之服，幞头则通王公及一命之士，皆服之。庶人幞头，不得高去二寸五分，皆常服也。明世幞头有展角，为公服。而襕衫专为生员之服，又与宋制异。《明史·礼志》：庶人婚礼，得用九品仪制，冠礼用幞头，与《仪礼》正合。琼山邱氏以幞头有官者公服，不可用，拟改用平定巾，平定巾为士庶人之通服，足当仪礼。初加之元端，三加而后用此，殆非礼意。三代士服，上通于天子，天子之元子冠礼，与士同。而士服朝祭及助祭于公，亦各有等，故得有三加之仪。明制，品官官服定为三等，曰朝服，曰公服，曰常服，而为士者，不与品官之列，惟礼会公服而已，即所谓襕衫是也。今冠服，全与古别，自士以下，公服略同品官之常服。窃谓冠礼当用士冠服，一加而止，上自品官，下至庶人，一以士礼行之。其有恩荫及应袭世爵者，视其应用之冠服为品官之等，先加常服，再加公服，三加朝服，斯为不悖于礼。其祝辞当仿沈约《冠子祝文》，自申其戒命，自士以下亦一祝而止。《通典》载后汉何休《冠仪约制》，但用《仪礼》始加祝辞，一加冠。何邵公深于礼者，所定《冠仪约制》为最简而易行。《政和五礼》区品官庶人为二，品官三加，庶人再加，已乖《仪礼》之旨，至以当时便服施之始冠，惟据《仪礼》三加之文，而失其义，于礼亦为亵矣。案《士冠》记三加弥尊，谕其志也。冠义三加弥尊，加有成也。爵弁尊于皮弁，皮弁尊于元端。故曰弥尊，要之，皆士服也。秦汉而后，士服无三等之分，而于冠礼取巾、帽、亵服，以足三之数，恐礼意不如是也。近世士大夫家子弟，襁褓中已袭冠带，甚者蟒服袭裘，冠礼废，而越分逾等失教多矣。君子急正冠礼之义，以明圣人制礼所以责成人之道，固不必拘《士冠礼》之文，以求强合于古也。

又案《士冠礼》记天子之元子犹士也。《大戴记·公符篇》，其礼与士同，而称公元端与皮弁皆韠，朝服素韠，公冠四加元冕。注云四，当为三。据《士冠礼》：缁布冠、爵韠、皮弁、素韠、爵弁、靺韐。《大戴记》元端、皮弁、元冕，实止三加。《家语·冠颂》云元端与皮弁异。朝服素韠与《大戴记》之文微有不同，而义更明显。盖元端、皮弁，天子下及士服并同，惟自大夫以上冕服，各以其等，公加元冕，则天子衮冕，其义止于三加而已。孔疏沿《大戴记》之文，于冠义云：天子当五加衮冕。《大戴记》明言天子儗焉，安得有五加之礼也？《大戴记》载：《成王祝辞》《孝昭冠辞》文皆约周公之命祝雍，且曰达而勿多也。天子诸侯不以五加四加为等，明矣。《大戴记》注不详其名。王氏《困学纪闻》据为后周卢辩，其定四加为三加，最为有见。周公冠成王，仅一加祝辞。汉世诸帝加元服，当并用此礼。何休《冠仪约制》：宾一祝冠者，跪加冠，其仪甚约，犹汉制之可推见者，合诸经传之文，以深求其义，殆无以易此矣。

乃醮。长子，则傧者改席于堂中间少西，南向。众子则仍故席。赞者酌酒于房中，出房立于冠者之左。宾揖，冠者就席右，南向。乃取酒诣席前北向，祝之曰："旨酒既清，嘉荐令芳，拜受祭之，以定尔祥，承天之休，寿考不忘。"冠者再拜，升席，南向，受盏。宾复位，东向答拜。冠者进席前，跪祭酒，兴，就席末，跪，啐酒，兴，降席，授赞者盏，南向再拜。宾东向答拜。冠者遂拜赞者。赞者宾左，东向少退，答拜。

宾字冠者。宾降阶东向。主人降阶西向。冠者降自西阶，少东，南向。宾字之曰："礼仪既备，令月吉日，昭告尔字，爰字孔嘉，髦士攸宜，宜之于嘏，永受保之，曰伯某父。"仲叔季唯所当。冠者对曰："某虽不敏，敢不夙夜祗奉。"宾或别作辞，命以字之之意亦可。

出就次。宾请退。主人请礼宾，宾出就次。

主人以冠者见于祠堂。如祠堂章内生子而见之仪，但改告辞曰："某之子某，若某亲某之子某，今日冠毕，敢见。"冠者进，立于两阶间，再拜，馀并同。若宗子自冠，则改辞曰："某今日冠毕敢见。"遂再拜，降，复位，馀并同。若冠者私室有曾祖、祖以下祠堂，则各因其宗子而见；自为继曾祖以下之宗则自见。

冠者见于尊长。父母堂中南面坐，诸叔父兄在东序，诸叔父南向，诸兄西向，诸妇女在西序，诸叔母姑南向，诸姊嫂东向。冠者北向拜父母，父母为之起。同居有尊长，则父母以冠者诣其室拜之，尊长为之起。还就东西序，每列再拜应答，拜者答拜。若非宗子之子，则先见宗子及诸尊于父者于堂，乃就私室见于父母及馀亲。若宗子自冠，有母则见于母如仪，族人宗之者皆来见于堂上，宗子西向拜其尊长，每列再拜，受卑幼者拜。

乃礼宾。主人以酒馔延宾，及摈赞者。酬之以币，而拜谢之。币多少随宜，宾赞有差。

冠者遂出，见于乡先生及父之执友。冠者拜，先生执友皆答拜。若有诲之，则对如对宾之辞，且拜之，先生执友不答拜。

案：历代史志皆详冠礼。《政和五礼》始下及品官及庶人冠仪。然自唐以来，士大夫罕行此礼者。《柳河东集》言：近有孙昌允者行冠礼，荐笏造朝告于卿士曰："某子冠毕。"应之者怃然，京兆尹郑叔佛然曳笏，却立曰："何豫我邪?"庭中皆大笑。是唐时士大夫偶一行此，已为笑。当时《司马书仪》虽具其礼，终亦未能通行。盖古者教士之法，无一不谨于礼。冠者，礼之始也，升降揖让之节，于是详焉。故曰：责成人之礼也。使夫为子弟者，知有责成人之义，正士大夫家所宜考求者，于成教劝学之意，亦有助焉，非漫然加之冠服，以使视为具文也。

又案：《春秋左传》襄九年，晋悼公问公年曰："十二年矣，是谓一终，一星终也。君可以冠矣。"《司马书仪》：年十二至二十皆可冠。程子云：十二年，非可责成人之时，虽天子诸候必二十而冠。朱子又因程子之说变通之，以年十五至二十为断。《明史·礼志》：庶人冠，皆准而行之。今科举之制，行之已久，士大夫子弟年十二皆已出应有司试为生员，势不能不为之加冠，宜断以年十二至二十加成人之服，告于祖而冠之，不使童子得僭冠服。俾自少而知礼仪之不可越，揣度子弟可以应试而为之加冠，酌古今之宜，准人情之安，约文申义，正其仪于始冠之日，此则士大夫之家皆可以行之者也。

笄

女子许嫁笄。年十五，虽未许嫁亦笄。

母为主。宗子主妇，则于中堂。非宗子而与宗子同居，则于私室。与宗子不同居，则如上仪。

前期三日戒宾，一日宿宾。宾亦择亲姻妇女之贤而有礼者为之。以笺纸书其辞，使人致之。辞如冠礼，但“子”作“女”，“冠”作“笄”，“吾子”作“某亲或某封”。凡妇人自称于己之尊长，则曰儿，卑幼则以属于夫党。尊长则曰新妇，卑幼则曰老妇，非亲戚而往来者，各以其党为称，后仿此。

陈设。如冠礼，但于中堂布席，如众子之位。

厥明，陈服。如冠礼，但用背子冠笄。

序立。主妇如主人之位，将笄者双紒衫于房中南面。

宾至，主妇迎入升堂。如冠礼，但不用赞者，主妇升自阼阶。

宾为将笄者加冠笄，适房服背子。略如冠礼，但祝用始加之辞，不能则省。

乃醮。如冠礼，辞亦同。

乃字。如冠礼，但改祝辞髦士为女士。

笄者见于尊长。

乃礼宾，皆如冠仪。

案：古者，宾祭之礼，妇人皆与进退揖让之仪，酬酢之节，皆所有事焉，而《仪礼》不详女子笄而字之文。以凡为女子，无责成人之义。其笄也居室之常仪，不应其母戒宾宿宾以为之主也。秦汉以来，妇人无外事，一以敛约谨饬为义，何为侈而大之，以同于冠礼？疑《家礼》甫成即失，朱子卒后，其书始出。度原书必不如是之繁，容有门人子弟增加傅益，并失朱子本旨者，证之《礼经》，所弗能达者，盖多也。

校订朱子家礼卷三

昏礼

议昏

男子年十六至三十，女子年十四至二十。司马公曰：古者，男三十而娶，女二十而嫁。今令文，男年十五，女年十三以上，并听昏嫁。今为此说，所以参古今之道，酌礼令之中，顺天地之理，合人情之宜也。

身及主昏者无期以上丧，乃可议昏。大功未葬，亦不可主昏。凡主昏如冠礼主人之法，但宗子自昏，则以族人之长为主。

必先使媒氏往来通言，俟女氏许之，然后纳采。司马公曰：凡议昏姻，当先察其婿与妇之性行，及家法何如，勿苟慕其富贵。婿苟贤矣，今虽贫贱，安知异时不富贵乎？苟为不肖，今虽富盛，安知异时不贫贱乎？妇者，家之所由盛衰也，苟慕其一时之富贵而娶之，彼挟其富贵，鲜有不轻其夫而傲其舅姑，养成骄妒之性，异日为患，庸有极乎？借使因妇财以致富，依妇势以取贵，苟有丈夫之志气者，能无愧乎？又世俗好于襁褓童幼之时轻许为昏，亦有指腹为昏者，及其既长，或不肖无赖，或身有恶疾，或家贫冻馁，或丧服相仍，或从宦远方，遂至弃信负约，速狱致讼者，多矣。是以先祖太尉尝曰："吾家男女，必俟既长然后议昏，既通书，不数月必成昏，故终身无此悔，乃子孙所当法也。"

纳采纳其采择之礼，即今世俗所谓言定也。

主人具书。主人即主昏者，书用笺纸，如世俗之礼。若族人之子，则其父具书告于宗子。

案《士昏礼》：纳采、问名同日。郑注《仪礼》：纳其采择之礼。《释文》：采，择也。《说文》：采，辨也。辨别即是择义。郑氏云：昏必由媒，交结设绍介，所以养廉耻。《仪礼》之云纳采，盖既择而用雁为挚以示信，今旗人犹行此礼。《家礼》增入议昏一层，纳采、问名，皆议昏中事，似不得有主人具书之仪。纳采者，男下于女，阳求阴之义也。问名，则女氏许之。纳吉，则男氏亦从而许之。昏礼之前三礼，议昏应有情事。古从皆以礼将之，今一以属之媒氏。《家礼》略去问名、纳吉，惟用纳采、纳币，以从简便。而纳采告于祠堂，纳币不告。琼山邱氏又于纳币增告于祠堂一节，又以问名并入纳采，以纳吉请征并入纳币，以备六礼之目。疑《仪礼》纳采、问名、纳吉、请期皆用雁，以挚相见，惟纳征用束帛、俪皮，即《周礼·媒氏》所谓入币纯帛无过五两者是也。是纳征为始昏之正礼，郑注：征，成也。纳币以成昏礼。古礼亦谓之纳币。春秋庄公二十二年，公如齐，纳币是也。今俗谓之定聘。与纳采之初议昏者，自别似昏礼前三者，当从略，而以纳征为始，宜告庙以行事。《仪礼》纳采、问名自属议昏时事，邱氏于纳采用羊酒果合，亦并失《家礼》之意矣。案：《春秋》文二年，公子遂如齐，纳币。成八年，宋公使公孙寿来纳币。《左传》皆许之为礼，而成八年传云：宋华元来聘，聘其姬也。此在纳币前，即纳采、问名之属，而经惟书纳币，盖昏礼以纳币而成其事，为尤重也。

夙兴，奉以告于祠堂。如告冠仪。祝版云：“某之子，若亲某之某亲之子某，年已长成，未有伉俪，已议娶某官某郡姓名之女。今日纳采，不胜感怆。”若宗子自昏，则自告。

乃使子弟为使者如女氏，女氏主人出见使者。使者盛服如女氏。女氏亦宗子为主人，盛服出见使者。非宗子之女，则其父位于主人之右，尊则少进，卑则少退。啜茶毕，使者起，致辞曰：“吾子有惠，贶室某也，某之某亲某官，有先人之礼，使某请纳采。”从者以书进，使者以书授主人。主人对曰：“某之子若妹侄孙，蠢愚又弗能教。吾子命之，某不敢辞。”北向再拜。使者避不答拜。使者请退，俟命，出就次。若许嫁者于主人为姑姊，则不云“蠢愚又弗能教”，馀辞并同。

遂奉书以告于祠堂。如婿家之仪，祝版云：“某之第几女，若某亲某之第几女，年渐长成，已许嫁某官某郡姓名之子若某亲某，今日纳采，不胜感怆。”

出，以复书授使者，遂礼之。主人出，延使者升堂，授以复书。使者受之，请退。主人请礼宾，乃以酒馔礼使者。使者至是始与主人交拜揖，如常日宾客之礼。其从者亦礼之别室，皆酬以币。

使者复命婿氏，主人复以告于祠堂。不用祝。

案《仪礼》：孤子冠，诸父诸兄皆可为之主，昏礼则无父母命之，无母兄命之，无为之主，则自命之。盖昏者，人道之始，以承事宗庙。孤子所承事者，祢庙也，母与兄皆与于祢庙之祭者也。是以诸父诸兄不能为之主，而惟母与兄主之，此圣人制礼之精意也。《家礼》于冠昏二者并以宗子主其事，宗子之法以所出之宗，统其族属，非能尽一族之冠者、昏者而经理之也。既以宗子主冠昏，又谓宗子自昏，以族人之长为主，不知所谓族人者，五服之族属乎，抑悉一族之人，皆可为之主乎？准之人情，则不顺。征之《仪礼》，则无其文，疑昏礼惟当以父兄主之，宗子与庶子同也。

纳币古礼有问名、纳吉，今不能尽用，止用纳采、纳币以从简便。

纳币。币用色缯，贫富随宜，少不过两，多不逾十。今人更用钗钏、羊酒、果实之属亦可。

具书，遣使如女氏。女氏受书，复书，礼宾。使者复命。并同纳采之仪。礼如纳采，但不告庙。使者致辞改采为币，从者以书、币进，使者以书授主人，主人对曰："吾子顺先典，贶某重礼，某不敢辞，敢不承命？"乃受书，执事者受币。主人再拜，使者避之，复进请命。主人授以复书。馀并同。

案：《士昏礼》自纳采、问名、纳吉、纳征、请期，皆于庙，而不详告庙之文。古人行礼于庙，有事而后告，常事不皆告也。《昏义》先嫁三月教于公宫，教成祭之，是女子嫁应祭所出之祖，士教于祢庙，则亦祭祢也。《司马书仪》纳采一告庙。《宋史·礼志》亲迎日告庙。《明史》亦同。琼山邱氏于纳征日补增告庙之文，似于礼为烦，以实求之，纳征以成昏礼。《春秋》屡书之，实为昏礼之正义。邱氏之补增告庙是也。而纳采为始，择昏不应有告庙之文。古礼之存于今者，盖微也。其节文之详略，不必尽同于今，而六礼之行于庙者，则固无告庙之文也。证之《书仪》，准之人情，移告庙之文于纳征之日后，有制礼者所必不能违矣。

又案：秦溪杨氏言亲迎前请期一节，有不可得而略者。《穀梁·庄二十二年传》，礼有纳采，有问名，有纳征，有告期，四者备而后娶。历代史志并具六礼。窃意纳征以成昏礼，六礼之行，自纳征始，其纳采、问名、纳吉三者，自汉以来，无复此文，大率媒氏之通辞者而已。而请期自为一礼，春秋庄二十二年冬，公如齐纳币；二十四年夏，公如齐逆女；文二年冬，公子遂如齐纳币，四年夏，逆妇姜于齐；成八年夏，宋公使公孙寿来纳币，九年二月，伯姬归于宋，并相距三年二年之久，其不能以请期之礼并于纳币，明矣。疑《家礼》并六礼为三，而增议昏一节，当以前三者并入议昏，而分别纳币、请期、亲迎为三礼，庶为得之。

亲迎近则迎于其家，远则迎于其馆。

前期一日，女氏使人张陈其婿之室。世俗谓之铺房，然所张陈者，但氈褥帐幔帷幙应用之物，其衣服锁之箧笥，不必陈也。司马温公曰：文中子曰，夫昏姻者，所以合二姓之好，上以事宗庙，下以继后世也。今世俗之贪鄙者，将娶妇，先问资装之厚薄。将嫁女，先问聘财之多少。至于立契约云某物若干，某物若干，以求售其女者。亦有既嫁而复欺绐负约者，是乃驵侩卖婢鬻奴之法，岂得谓之士大夫昏姻哉？其舅姑既被欺绐，则残虐其妇，以摅其忿。由是爱其女者，务厚其资装，以悦其舅姑，殊不知彼贪鄙之人不可盈厌，资装既竭，则安用汝女哉？于是质其女以责货于女氏，货有尽而责无穷，故昏姻之家往往终为仇雠矣。是以世俗生男则喜，生女则戚，至有不举其女者，用此故也。然则议昏姻而及于财者，皆勿与为昏姻可也。

案《士昏礼》：妇至，主人揖，妇人媵布席于奥，其后姆授巾，御衽于奥，媵衽良席在东，皆有枕席衽之属。媵司之则，女氏所具也。而从者在其后，无前期张陈其室之事。《士昏礼》：陈鼎设洗，自寝门外，以至尊于室中及房户之东，皆婿家初昏陈之。先期张陈婿室，相习为奢，乃俗礼之失。《司马氏书仪》方明古礼，以正世俗，逾越之渐而于此，乃以世俗所用不可废为辞，相沿至今，日趋骄靡，而不可禁矣。

厥明，婿家设位于室中。设倚卓子两，位东，西相向，蔬果盘盏匕筯如宾客之礼，酒壶在东位之后，又以卓子置合卺一于其南。又南北设二盥盆勺于室东隅，右设酒壶盏注于室外或别室，以饮从者。卺音谨，以小匏一判而两之。

女家设次于外。

初昏，婿盛服。世俗，新婿带花胜，以拥蔽其面，殊失丈夫之容体，勿用可也。

主人告于祠堂。如纳采仪，祝版云："某之子某若某亲之子某，将以今日亲迎于某官某郡某氏，不胜感怆。"若宗子自昏，则自告。

遂醮其子而命之迎。先以卓子设酒注盘盏于堂上。主人盛服坐于堂之东序，西向。设婿席于其西北，南向。婿升自西阶，立于席西，南向。赞者取盏斟酒，执之诣婿席前，再拜，升，婿南向受盏，跪祭酒，兴，就席末，跪，啐酒，兴，降席，授赞者盏，又再拜，进诣父坐前，东向跪。父命之曰："往迎尔相，承我宗事，勉率以敬，若则有常。"婿曰："诺，惟恐不堪，不敢忘命。"俯伏，兴，出。非宗子之子，则宗子告于祠堂，而其父醮于私室如仪，但改宗事为家事。

婿出，乘马。以二烛前导。

至女家，俟于次。婿下马，于大门外入，俟于次。

女家主人告于祠堂。如纳采仪，祝版云："某之第几女若某亲某之第几女，将以今日归于某官某郡姓名，不胜感怆。"

案《昏义》：先嫁三月，教于公宫，教成祭之，牲用鱼，芼之以蘋藻。据《昏义》，以先嫁三月为辞，是告期当在亲迎三月之前，所谓教成者，三月期尽，而妇道伊始，故曰：明妇顺也。《士昏礼》女子出嫁亦于庙，疑教成之祭，当在亲迎之期告庙而后出就车也，纳征则女氏主人告庙亲迎，则女自行教成之祭而后出。证之《礼经》，准之人情，所必不可易者。婿俟于次，而主人告庙，非所详也。

遂醮其女而命之。女盛饰，姆相之，立于室外，南向。父坐东序，东向。设女席于母之东北，南向。赞者醮以酒，如婿礼。姆导女出于母左。父起命之曰："敬之戒之，夙夜无违尔舅姑之命。"母送至西阶上，为之整冠敛帔，命之曰："勉之敬之，夙夜无违尔闺门之礼。"诸母、姑、嫂、姊送至于中门之内，为之整裙衫，申以父母之命曰："谨听尔父母之言，夙夜无愆。"非宗子之女，则宗子告于祠堂，而其父醮于私室如仪。

主人出迎，婿入奠雁。主人迎婿于门外，揖让以入，婿执雁以从，至于厅事。主人升自阼阶，立，西向。婿升自西阶，北向，跪，置雁于地。主人侍者受之。婿俯伏，兴，再拜。主人不答拜。若族人之女，则其父从主人出迎，立于其右，尊则少进，卑则少退。凡贽用生雁，左首以生色缯交络之，无则刻木为之，取其顺阴阳往来之义。程子曰：取其不再偶也。

姆奉女出，登车。姆奉女出中门，婿揖之，降自西阶，主人不降。婿遂出，女从之。婿举轿帘以俟。姆辞曰："未教，不足与为礼也。"女乃登车。

婿乘马先妇车。妇车亦以二烛前导。

至其家，导妇以入。婿至家，立于厅事，俟妇下车，揖之，导以入。

婿妇交拜。妇从者布婿席于东方，婿从者布妇席于西方。婿盥于南，妇从者沃之，进帨。妇盥于北，婿从者沃之，进帨。婿揖妇，就席，妇拜，婿答拜。

就坐饮食毕，婿出。婿揖妇，就坐，婿东妇西。从者斟酒设馔。婿妇祭酒，举肴，又斟酒。婿揖妇，举饮不祭，无肴，又取卺分置婿妇之前，斟酒，婿揖妇，举饮不祭，无肴。婿出就他室，姆与妇留室中，彻馔置室外，设席。婿从者馂妇之馀，妇从者馂婿之馀。

复入，脱服，烛出。婿脱服，妇从者受之。妇脱服，婿从者受之。司马公曰：古诗云，结发为夫妇，言自少年束发即为夫妇。犹李广言结发与匈奴战也。今世俗昏姻乃有结发之礼，谬误可笑，勿用可也。

主人礼宾。男宾于外厅，女宾于中堂。

案《士昏礼》记：凡行事必用昏昕，受诸祢庙。是昏礼告庙当用昕，似不必连醮子为文。《开元礼》及《宋史·礼志》并以质明告庙，《书仪》因有妇始入见祖祢之文，遂去告庙一节。窃以为皆过也。《开元礼》太子纳妃册妃前一日，有司以特牲告庙，是前期亦可告庙，非但亲迎之昕而已，其用昏阴事也。妇出入以昏，惟婿之从，虽尊长不敢即见焉，亦所以远耻也。质明见舅姑而修子妇之仪，三月庙见，而后成妇，所以为谨昏礼之始也。古者，命士以上，父子异宫，昏礼醮子而命之迎，其时当在昏暮，父退适于寝，妇入合卺成礼。赞者主之，舅姑不与于事也。后世婚礼，不必以昏而祖祢，神主皆奉于寝，故当依旧仪，先谒祖，寻常出入，有事必告，为子纳妇，而率以告，礼之必不可易者也。既告而后合卺成礼，而见舅姑，以修妇道也。合卺成礼而后成其为妇，亦礼之必不可易者也。《家礼》叙主人礼宾于婿入脱服之后，男宾于外厅，女宾于中堂，舅姑为之喋喋中夕，而子妇自成昏礼，置舅姑不问，循古礼之末以求之，而不达其义，遂成乖舛。案《士昏礼》：质明，赞见妇于舅姑，舅姑醴妇，妇馈舅姑特豚，舅姑飨妇以一献之礼。而后，舅飨送者，姑飨妇人送者。《家礼》妇入自行合卺之礼，而舅姑为之礼宾。于古礼及今制通行之礼，皆有不能安者。今江南俗，始昏日舅姑皆避，一使御媵之贱者赞合卺之仪，以屈折新婿为笑谑，妇乘夫阴干阳，皆原于此。君子急正婚姻之礼，以立人道之防，其于古礼诚有不能不加变通者矣。

妇见舅姑

明日夙兴，妇见于舅姑。妇夙兴，盛服俟见。舅姑坐于堂上，东西相向，各置卓子于前。家人男女少于舅姑者，立于两序，如冠礼之叙。妇进，立于阼阶下，北面拜舅，升，奠贽币于卓上，舅抚之，侍者以入。妇降，又拜毕，诣西阶下，北面拜姑，升，奠贽币，姑举以授侍者，妇降，又拜。若非宗子之子而与宗子同居，则先行此礼于舅姑之私室，与宗子不同居，则如上仪。

舅姑礼之。如父母醮子之仪。

妇见于诸尊长。妇既受礼，降自西阶。同居有尊于舅姑者，则舅姑以妇见于其室，如见舅姑之礼，还拜诸尊于两序，如冠礼，无贽。小郎小姑皆相拜。非宗子之子而与宗子同居，则既受礼，诣其堂上拜之，如舅姑礼，而还见于两序。其宗子及尊长不同居，则庙见而后往。

若冢妇，则馈于舅姑。是日食时，妇家具盛馔酒壶，妇从者设蔬果卓子于堂上舅姑之前，设盥盘于阼阶东南，帨架在东。舅姑就坐，妇盥，升自西阶，洗盏斟酒置舅卓子上，降，俟舅饮毕，又拜，遂献姑，进酒，姑受饮毕，妇降拜，遂执馔升，荐于舅姑之前，侍立姑后，以俟卒食，彻饭。侍者彻馀馔，分置别室。妇就馂姑之馀，妇从者馂舅之馀。婿从者又馂妇之馀。非宗子之子，则于私室如仪。

舅姑飨之。如礼妇之仪，礼毕，舅姑先降自西阶，妇降自阼阶。

案：始昏见舅姑，四拜成礼而已。质明贽笲枣栗腶修以见，而后始亲盥馈之仪。《仪礼》见舅姑有醴妇之文，又有妇馈舅姑之文，又有舅姑飨妇之文，其馈舅姑飨妇，皆特杀用俎，《昏义》厥明飨妇为馈飨，皆用牲，不能一日并举也。《书仪》《家礼》并存其文，而令妇家具盛馔馈舅姑，舅姑随飨之，其礼亦稍从简矣。而升降拜奠之文，古今礼异，则亦但循其末，而无复成妇礼，明妇顺，以明著代之遗意。案《士昏礼》：质明，见舅姑，舅席于阼，姑席于房外，南面。妇自门入，升自西阶。古者，命士以上，父子皆异宫，所谓西阶，及阼，及房外，即舅姑寝室之堂也。其馈舅姑于室而飨，妇仍于舅姑之堂，一以承事，舅姑为义而已。今云与宗子同居，则见舅姑及馈，皆于私室。不与宗子同居，则于堂。是堂专以奉宗子，不与宗子同居者，乃使舅姑出就堂，以成礼，殆非所以明妇顺也。疑馈舅姑，当并于腶修枣栗，而飨妇之仪，从略可也。

庙见

三日，主人以妇见于祠堂。古者三月而庙见，今以其太远，改用三日，如子冠而见之仪。告辞曰："子某之妇某氏敢见。"馀并同。

案《士昏记》：妇入三月，然后祭行。郑注：三月之后，于祭乃行，谓助祭也。《曾子问》：女未庙见而死，不祔于皇姑，归葬于女氏之党。《春秋》：宣五年，齐高固及子叔姬来。《左传》云：反马也。杜注：礼送女，留其送马，三月庙见，遣使反马。古人谨昏礼之始，未至三月庙见，不成乎妇。《曾子问》：娶妇之家，三日不举乐，思嗣亲也。嗣亲以承宗庙之事，故三月庙见而称来妇。《士昏记》：妇入三月，而后祭行，谓四时常祭，通三月成数为言。《昏礼》：质明见舅姑，舅姑既没，三月乃奠菜。舅姑存者，朝夕盥馈，皆有事焉。既没，奠菜必三月者，示三月而后成妇也。今昏礼无反马之文，士大夫家有寝无庙，四时祭享主妇不亲馈献。依古昏礼行之，是终身无行祭之日也。是以《司马氏书仪》亲迎导妇入，先设香酒脯醢，舅姑率以见祖祢。《家礼》定为三日庙见。《明史》明日见宗庙，次见舅姑。均之于《士昏礼》三月庙见之文，不能无少变通，而《司马氏书仪》最为允矣。

婿见妇之父母

明日，婿往见妇之父母。妇父迎送揖让如客礼。拜即跪而扶之。入见妇母，妇母阖门左扉，立于门内，婿拜于门外，皆有币。妇父非宗子即先见宗子夫妇，不用币，如上仪，然后见妇之父母。

案《士昏记》：若不亲迎，则妇入三月，然后婿见，以亲迎奠雁，再拜，已与妇父相见，故更无就见妇父之文。《家礼》于庙见之次日加婿见妇父母之仪，今俗亦相沿通行之。婿与妻之父母皆服缌，故相见，但用宾礼，而义系于妻之父母，而为之拜见，亦事尊者之礼也。宗法以系族，不能并女氏之党，而皆系之以其宗。《家礼》于冠昏二者，一以宗子为义，窃有疑焉。乃谓见妻之父母，亦先见其宗子，义所不能属，情所不能联。圣人制礼，所必不然矣。

次见妇党诸亲。不用币，妇女相见如上仪。

妇家礼婿如常仪。亲迎之夕，不当见妇母及诸亲，及设酒馔，以妇未见舅姑故也。

案《曾子问》：取妇之家，三日不举乐，思嗣亲也。《周礼》：小胥正乐县之位，王宫县，诸侯轩县，大夫判县，士特县。自命士以上拜食皆用乐，是以君子无故，不去琴瑟。取妇三日不举乐者，思嗣亲，不敢用乐也。《郊特牲》：昏礼不用乐，幽阴之义也。则如《乡饮酒》之工歌三终，闲歌三终，合乐三终，《乡射》之笙入合乐。《燕礼》之工歌笙入闲歌。《大射》之歌，《鹿鸣》三终。《燕礼》记之纳宾奏《肆夏》，升，堂下管笙，入，合乐，出，奏《陔》。《仲尼燕居》亦谓之大飨。《士昏礼》不详燕宾之仪，云不用乐，惟据合卺成礼言之。《诗小序·关雎》：风天下以正夫妇。《桃夭》之诗：男女以正，婚姻以时。《摽有梅》：男女及时也，《何彼秾矣》则为王姬下嫁之诗，似《鹊巢》言“之子于归”，亦婚姻之诗也。是以《仪礼》、《弦歌》、《周南》、《召南》谓之房中之乐，《小雅》之《车辖》思得淑女以配君子，亦犹婚姻之义也。《曾子问》言不举乐，《郊特牲》言不用乐，各据一端言之，疑昏礼燕宾当用乐，《诗》固曰：妻子好合，如鼓瑟琴。今之乐，非犹古之乐也，为子取妇而燕乐以成之，固亦不悖于礼矣。

校订朱子家礼卷四

丧礼

初终

疾病迁居正寝。凡疾病迁居正寝，内外安静，以俟气绝。男子不绝于妇人之手，妇人不绝于男子之手。

案《士丧礼》：死于适室。郑注：适室，正寝之室也。《既夕》记：士处适寝，寝东首于北墉下。《丧大记》：寝东首于北牖下，废床。郑注：人始生在地，去床，庶其生气反。时犹在属纩之前也。《开元礼》、《政和五礼》改为气绝废床寝于地，而申正寝之义。云有疾，斋于正寝。《春秋》庄公三十二年《穀梁传》：寝疾居正寝，以斋终也。士大夫寝皆有内外，外寝者，治事之所，斋则居之。《玉藻》将适君所，宿斋戒，居外寝是也，天子诸侯谓之路寝。《既夕》记：疾者，斋居外寝，以示斋戒。盖初疾已然。《春秋》惟庄公、宣公、成公书薨于路寝，僖公三十三年薨于小寝，文公十八年薨于台下，襄公三十一年薨于楚宫，定公十五年薨于高寝。《穀梁》并谓之非正，然自始疾居此，疾病不能复迁，《春秋》谨书之，虽非正，而固无贬辞。自《司马氏书仪》始，有迁居正寝之文。《家礼》因之。《明会典》遂亦因之，则是其始疾不能居正寝，至病且死，其子孙乃强起迁之。稽之《礼经》，实无其文。琼山邱氏竟谓正寝为所居正厅，厅即堂也。《士丧礼》小敛始偰尸于堂，迁居正厅，以俟属纩，尤为悖礼。就《大丧记》之文求之，废床在属纩之前，而但云废床，不云寝于地，则废床，非去床也。《尔雅·释诂》：废，舍也。盖古人寝皆当牖。《既夕》记设床笫，当牖，迁尸，即床而奠。《丧大记》：始死，迁尸于床，谓浴床也，迁尸于床，谓之正尸。郑注《丧大记》：正尸者，迁尸牖下，南首也。《既夕》记云当牖。盖以当牖为正，故子坐于东方，夫人坐于西方，以为哭尸于室之位。其云废床者，谓移置寝疾之床于北墉下，以凭设浴床、袭床，当南牖为始死迁尸之地也。东首则床不易向，曰北墉下则稍远墉，使可容左右持体，所迁者，床也，于病者无所转侧，经义分明，注家以意乱之，遂成聚讼矣。

既绝乃哭。

复。侍者一人，以死者之上服尝经衣者，左执领，右执要，升屋中霤，北面，招以衣，三呼曰：某人复。毕，卷衣降覆尸上。男女哭擗无数。上服谓有官则公服，无官则襕衫、皂衫、深衣，妇人大袖背子。呼某人者，从生时之号。

案《士丧礼》：复者升自前东荣，中屋，北面，招以衣，曰："皋，某复。"三，降衣于前，受用箧，以衣尸。复者降自后西荣。《丧大记》：御者差沐于堂上，甸人取所彻庙之西北厞薪，用爨之。孔疏谓正寝为庙，神之也，何取此薪而用之示主人已死，此堂无复用也。升东荣，降西荣，彻西北厞为薪，古人重死事，掘中霤以浴，毁灶以缀足，毁宗躐行以出，一切无所顾惜，复之升屋彻厞，亦犹是也。今复礼已废不行，升屋而呼，尤为骇众，遣族属子弟一人，取死者常服之衣，环寝室而呼之，而加衣于尸上，则亦郑氏招魂复魄之义也。

立丧主。凡主人，谓长子，无则长孙承重，以奉馈奠。其与宾客为礼，则同居之亲，且尊者主之。

主妇。谓亡者之妻，无则主丧者之妻。

护丧。以子弟知礼能干者为之。凡丧事皆禀之。

司书司货。以子弟或吏仆为之。

乃易服不食。妻子妇妾，皆去冠及上服，被发。男子扱上衽，徒跣。馀有服者皆去华饰。为人后者为本生父母，及女子已嫁者，皆不被发徒跣。诸子三日不食，期九月之丧，三不食；五月三月之丧，再不食；亲戚邻里为糜粥以食之，尊长强之，少食可也。扱上衽，谓插衣前襟之带。华饰谓锦绣红紫金玉珠翠之类。

治棺。护丧命匠择木为棺，油杉为上，柏次之，土杉为下，其制方直，头大足小。仅取容身，勿令高大及为虚檐高足。内外皆用灰漆，内仍用沥青镕泻，厚半寸以上，炼熟秫米灰，铺其底，厚四寸许，加七星版底，四隅各钉大铁环，动则以大索贯而举之。司马公曰：棺欲厚，然太厚则重而难以致远，又不必高大占地，使圹中宽易致摧毁，宜深戒之。椁虽圣人所制，自古用之，然板木岁久，终归腐烂，徒使圹中宽大不能牢固，不若不用之为愈也。孔子葬鲤，有棺而无椁。又许贫者还葬而无椁。今不欲用，非为贫也，乃欲保安亡者耳。程子曰：杂书有松脂入地千年为茯苓，万年为琥珀之说。盖物莫久于此，故以涂棺，古人已有用之者。

讣告于亲戚僚友。护丧、司书为之发书。若无，则主人自讣，亲戚不讣僚友，自馀书问悉停，以书来吊者，并须卒哭后答之。

沐浴　袭　奠　为位　饭含

执事者设帏及床，迁尸掘坎。执事者以帏幛卧，内侍者设床于尸床前，纵置之，施箦去荐，设席枕，迁尸其上，南首，覆以衾，掘坎于屏处洁地。

案《既夕》记设床当牖。《丧大记》含一床，袭一床，迁尸于堂，又一床。似古人浴、含、袭，皆易床，以浴床襢弟于袭为不宜也。今人礼皆从杀，一就寝床行之，亦免迁尸之烦。《士丧礼》：甸人掘坎于阶间为垼于西墙下，煮潘于垼，弃渜濯于坎，巾、柶、鬈、蚤，亦皆埋于坎。皆所以重死事也。曾子之丧浴于爨室，不别为垼，孔门大贤于丧礼亦已从简。是设床、迁尸、掘坎诸事，无当附身、附棺之大者，繁简从所便焉，可也。

陈袭衣。以卓子陈于堂前东壁下，西领，南上。幅巾一，充耳二，用白纩如枣核大，所以塞耳者也。幎目，帛方尺二寸，所以覆面者也。握手，用帛，长尺二寸，广五寸，所以裹手者也。深衣一，大带一，履二，袍袄、汗衫、袴、袜、勒帛裹肚之类，随所用之多少。

沐浴饭含之具。以卓子陈于堂前西壁下，南上。钱三实于小箱，米二升以新水淅，令精，实于碗。栉一，沐巾一，浴巾二，上下体各用其一也。

案：以钱三为含具，盖宋世通行之礼，而钱用铜铅和沙，不宜以纳死者之口中。今含具当各从所便，富者以珠玉，贫不能具，则以米实之可也。

乃沐浴。侍者以汤入，主人以下皆出帷外，北面。侍者沐发，栉之，晞以巾，撮为髻，抗衾而浴。拭以巾，剪爪。其沐浴馀水、巾栉，弃于坎而埋之。

袭。侍者设袭床于帏外。施荐席褥枕。先置大带、深衣、袍、袄、汗衫、袴、袜、勒帛、裹肚之类于其上，遂举以入。置浴床之西，迁尸其上。悉去病时衣及复衣，易以新衣，但未着幅巾、深衣、履。

徙尸床置堂中间。卑幼则各于室中间，馀言堂者仿此。

案《司马氏书仪》：别置袭床于浴床之西，迁尸于其上，移置堂中间，而注云取其容男女夹床哭位也。据《士丧礼》陈袭事于房中，既小敛而后奉尸侇于堂，大敛奉尸敛于棺，殡于西阶之上。故大敛之床当两楹间，所以正尸于中堂者，为奉之以敛于棺也。男女夹哭室中与在殡皆然，甫袭而奉尸于堂，以便男女之夹哭，似失礼意。

乃设奠。执事者以卓子置脯醢，升自阼阶。祝盥手，洗盏，斟酒，奠于尸东，当肩巾之。祝以亲戚为之。

案《士丧礼》：既复，遂设奠脯醢醴酒，即床而奠，当腢用吉器。《檀弓》所谓始死之奠，其馀阁者是也，故袭礼不别设奠，始陈袭事于房中，既浴，加鬠笄，设明衣裳，乃含，而后掩，瑱，设幎目，屦，綦。乃袭三称。设韐、带，搢笏。设决，设握。浴、含、袭三事一时并行。《司马书仪》先设尸床，次设袭床，始袭明衣，即移床置堂中间，设奠，乃含，而后卒袭，是一袭也。而袭明衣于室，袭深衣于堂中间，又为设奠，于《士丧礼》之文未合，而仪益加繁，不能施之于今，明矣。

主人以下为位而哭。主人坐于床东，奠北。众男应服三年者，坐其下，皆藉以藁。同姓期功以下，各以服次坐于其后，皆西面南上。尊行以长幼坐于床东北壁下，南向西上，藉以席荐。主妇，众妇女，坐于床西，藉以藁。同姓妇女以服为次，坐于其后，皆东向南上，尊行以长幼坐于床西北壁下，南向东上，藉以席荐。妾婢立于妇女之后，别设帏以障内外。异姓之亲，丈夫坐于帷外之东，北向西上，妇人坐于帷外之西，北向东上，皆藉以席，以服为行，无服在后。若内丧，则同姓丈夫尊卑坐于帷外之东，北向西上，异姓丈夫坐于帷外之西，北向东上。三年之丧，夜则寝于尸旁，藉藁枕块。痛羸者藉以草荐可也。期以下寝于侧近，男女异室，外亲归家可也。

乃饭含。主人哭尽哀，左袒，自前扱于腰之右，盥手执箱以入。侍者一人，插匙于米盌，执以从，置于尸西，以幎巾入。彻枕、覆面，主人就尸东，由足而西，床上坐，东面举巾，以匙抄米实于尸口之右，并实一钱，又于左，于中亦如之。主人袭所袒衣，复位。

侍者卒袭，覆以衾。加幅巾、充耳，设幎目，纳履，乃袭深衣，结大带，设握手，乃覆以衾。

案《士丧礼》：冒，缁质长与手齐，䞓杀掩足。郑注：上曰质，下曰杀。《丧大记》：君锦冒黼杀，缀旁七；大夫元冒黼杀，缀旁五；士缁冒䞓杀，缀旁三。则质通名冒，郑氏谓先以杀韬足而上，后以质韬首而下，齐手。既袭，设冒，櫜之。西河毛氏谓其包筲捆捃无头面手足，可以想象直是一肉囊，所讥甚允。《书仪》、《家礼》均废不用。今法，加敛于明衣之上，用子绵为之，子绵有口，如囊，叠七层，恢而大之，凡七始囊，两手两足，裁绢宽寸约而束之手指，毕具而后，自下櫜而上，而出两足于外，又自上而下，而出首及两手于外，亦以绢束之，而后櫜其首而出其面于外。《仪礼》所谓掩练帛长五尺而析其末者也。今一以子绵连属为之，使其经久而筋骨不解，亦送死之道所宜尽心者，盖先敛而后加袭也。

灵座　魂帛　铭旌

置灵座，设魂帛。设椸于尸南，覆以帕。置倚卓其前，结白绢为魂帛，置倚上。设香炉、香合、珓杯、注酒、果于卓子上。侍者朝夕设栉頮奉养之具，皆如平生。司马公曰：古者，凿木为重，以主其神。今令式亦有之，然士民之家未尝识也。故用束帛依神，谓之魂帛，亦古礼之遗意也。世俗皆画影置于魂帛之后。

男子生时有画像，用之犹无所谓。至于妇人，生时深居闺门，出则乘辎軿，拥蔽其面，既死，岂可使画工直入深室，揭掩面之帛，执笔訾相，画其容貌？此殊为非礼。又世俗或用冠帽衣履装饰如人状，此尤鄙俚不可从也。

设铭旌。以绛帛为铭旌，广终幅，三品以上九尺，五品以上八尺，六品以下七尺。书曰："某官某公之柩"，无官即随其生时所称。以竹为杠，如其长，倚于灵座之右。

案《士丧礼》：为铭，各以其物。亡，则以缁长半幅，䞓末长终幅，广三寸，书铭于末，曰："某氏某之柩。"各以其物者，即《司常》所供之铭旌：王建大常，诸侯建旗，孤卿建旃，大夫、士建物是也。缁䞓末之铭，实今制所由仿，而䞓末倍于缁，以书铭而虚其首象旌，大夫士以上与士之无物者，皆可以其旗识之，置重木于庭，而取铭置于重，重，所以树铭旌，以表柩也。《荀子》书其名置于其重，语极明晓。揭死者之官谥、姓氏而置之重，故重即为神之所依。古者，栖神必以饮食，重县，二鬲，殡设二筐，葬用苞筲瓮甒，皆同此义，所以为依神者，为铭旌之置其上也。杨氏复云士大夫无主者，束帛依神，是又以束帛代主。在礼，未殡而遗体待敛，神无所依为之重，而置铭以依之。既殡而待葬死者之遗体，在殡神固依焉。故既殡而取铭置于肂，既启而又置于重。《檀弓》：殷主缀重，谓虞主也，缀主与置铭一也。疑尸在殡，表以铭旌，固不待束帛以依神也。此礼今通用之，证之《礼经》，未见所依。

不作佛事。司马公曰：世俗信浮屠，诳诱于始死及七七日、百日、期年、再期、除丧，饭僧设道场。或作水陆大会，写经造像，修建塔庙，云为死者，灭弥天罪恶，必生天堂，受种种快乐，不为者必入地狱，锉烧舂磨，受无边波吒之苦。殊不知人生含气血，知痛痒，或剪爪剃发从而烧斫之已不知苦，况于死者，形神相离，形则入于黄壤，朽腐消灭与木石等。神则飘若风火，不知何之。借使锉烧舂磨，岂复知之？且浮屠所谓天堂地狱者，计亦以劝善而惩恶也。苟不以至公行之，虽鬼可得而治乎？是以唐庐州刺史李丹与妹书曰："天堂无则已，有则君子登；地狱无则已，有则小人入。"世人亲死而祷浮屠，是不以其亲为君子，而为积恶有罪之小人也。何待其亲之不厚哉！就使其亲实积恶有罪，岂赂浮屠所能免乎？此则中智所共知，而举世滔滔信奉之，何其易惑而难晓也？甚者至有倾家破产然后已，与其如此，曷若早卖田营墓而葬之乎？彼天堂地狱若果有之，当与天地俱生。自佛法未入中国之前，人死而复生者亦有矣，何故无一人误入地狱，见阎罗等十王者耶？不学者固不足言，读书知古者亦可以少悟矣！

执友亲厚之人至是入哭可也。主人未成服而来哭者，当服深衣，临尸哭尽哀，出拜灵座，上香再拜，遂吊主人，相向哭尽哀。主人以哭对，无辞。

小敛袒，括发，免，髽，奠，代哭。

厥明。谓死之明日。

执事者陈小敛衣衾。以卓陈于堂东北壁下，据死者所有之衣，随宜用之，若多则不必尽用也。衾用复者。绞，横者三，纵者一，皆以细布或彩一幅而析其两头为三，横者取足以周身相结，纵者取足以掩首至足，而结于身中。

设奠。设卓子于阼阶东南，置奠馔及盏注于其上，巾之。设盥盆帨巾各二于馔东，其东有台者，祝所盥也，其西无台者，执事者所盥也。别以卓子设洁涤盆、新拭巾于其东，所以洗盏拭盏也。此一节至遣奠并同。

具括发麻，免布，髽麻。括发，谓麻绳撮髻，又以布为头䋣也。免，谓裂布，自项向前交于额上，却绕髻如著掠头也。髽，亦用麻绳撮髻，竹木为簪也。设之皆于别室。

设小敛床、布绞、衾衣。设小敛床，施荐席褥，于西阶之西，铺绞衣，举之升自西阶，置于尸南。先布绞之横者三于下，以备周身相结。乃布纵者一于上，以备掩首及足也。衣或颠或倒，但取正方，唯上衣不倒。

乃迁袭奠。执事者迁置灵座西南，俟设新奠乃去之。后凡奠，皆放此。

遂小敛。侍者盥手，举尸。男女共扶助之，迁于小敛床上。先去枕，而舒绢，叠衣，以藉其首，仍卷两端以补两肩空处，又卷衣夹其两胫，取其正方，然后以馀衣掩尸。左衽不纽，裹之以衾而未结以绞，未掩其面。盖孝子犹俟其复生，欲时见其面故也。敛毕则覆以衾。

主人主妇凭尸哭擗。主人西向凭尸哭擗。主妇东向亦如之。凡子于父母，凭之。父母于子，夫于妻，执之。妇于舅姑，奉之。舅于妇，抚之，于昆弟，执之。凡凭尸，父母先，妻子后。

袒，括发，免，髽于别室。男子斩衰者，袒，括发。齐衰以下至同五世祖者，皆袒，免，于别室。妇人髽于别室。

还迁尸床于堂中。执事者彻袭床，迁尸其处。哭者复位，尊长坐，卑幼立。

乃奠。祝帅执事者盥手，举馔，升自阼阶，至灵座前，祝焚香，洗盏，斟酒，奠之。卑幼者皆再拜，侍者巾之。

主人以下哭尽哀，乃代哭不绝声。

大敛

厥明。小敛之明日，死之第三日也。司马公曰：礼曰，三日而敛者，俟其复生也。三日而不生，则亦不生矣。故以三日为之礼也。今贫者丧具，或未办，或漆棺未乾，虽过三日亦无伤也。世俗以阴阳拘忌，择日而敛，盛暑之际，至有汗出虫流，岂不悖哉！

执事者陈大敛衣衾。以卓子陈于堂东壁下，衣无常数，衾用有绵者。

设奠具。如小敛之仪。

举棺入，置于堂中少西。执事者先迁灵座及小敛奠于旁侧。役者举棺以入，置于床西，承以两凳，若卑幼则于别室。役者出，侍者先置衾于棺中，垂其裔于四外。司马公曰：周人殡于西阶之上，今堂室异制，或狭小，故但于堂中少西而已。今世俗多殡于僧舍，无人守视，往往以年月未利，逾数十年不葬，或为盗贼所发，或为僧所弃，不孝之罪孰大于此？

案《士丧礼》：小敛布席于户内，下莞上簟，所谓小敛床也，设床第于两楹之间，大敛床也。《士丧礼》：小敛衣十九称，大敛三十称，皆有绞衾。先布十九称，三十称之衣于绞衾之上，使平而后迁尸其上。盖古人衬棺以藉尸者，皆用衣，故朋友亦相为襚，小敛十九称之衣，布之绞衾者，在敛床；大敛三十称之衣，布之绞衾者，当即在棺内。小敛之俟尸于堂，以就大敛也，后世以蜃灰衬棺，加七星板其上。《左传·昭二十五年》：楄柎所以藉干。杜预注：楄柎，棺中笭床也。笭床即七星板之遗，古人亦已用之。颜之推《家训·终制篇》：松棺二寸，床上惟施七星板。隋唐以后，乃通名七星板矣。庶襚之纳于棺中者，用以填塞空处，而不用以为敛衣，故大小敛只存其名，而不必施敛床。敛床者，迁尸以就敛也。《家礼》径以入棺，当大敛之仪，故不更设敛床。邱氏《仪节》又增设大敛床一节，是亦不达古今丧礼之变矣。

乃大敛。侍者与子孙妇女俱盥手，掩首，结绞，共举尸，纳于棺中，实生时所落发齿及所剪爪于棺角，又揣其空缺处卷衣塞之，务令充实不可摇动。谨勿以金玉珍玩置棺中，启盗贼心。收衾，先掩足，次掩首，次掩左，次掩右，令棺中平满。主人主妇凭哭尽哀，妇人退入幕中。乃召匠加盖，下钉，彻床，覆柩以衣。祝取铭旌，设跗于柩东，复设灵座于故处，留妇人两人守之。司马公曰：凡动尸举柩，哭擗无算。然敛殡之际，亦当辍哭临视，务令安固，不可但哭而已。按古者大敛而殡，既大敛，则累墼涂之，今或漆棺未乾，又南方土多蝼蚁，不可涂殡，故从其便。

设灵床于柩东。床帐、荐席、屏枕、衣被之属，皆如平生时。

乃设奠如小敛之仪。

主人以下各归丧次。中门之外，择朴陋之室，为丈夫丧次。斩衰，寝苫枕块，不脱绖带，不与人共席坐，非时见乎母也，不及中门。齐衰，寝席。大功以下，异居者既殡而归，居宿于外，三月而复寝。妇人次于中门之内别室，或居殡侧，去帷帐衾褥之华丽者，不得辄至男子丧次。

止代哭者。

案：今京师丧礼，吊者至，皆有助哭者，即本《仪礼》代哭之义。详玩《士丧礼》之文，《小敛·奠·送宾》下云：乃代哭，不以官。盖小敛后，继以大敛，遂奉尸入棺加盖，慎终之义，于是为巨，人子之哀，其亲亦于是为至。隐而敛奠，及宾襚，其仪加繁，皆所宜尽心者，为之代哭以助哀云。不以官者，官盖有司执事之称，凡与于敛奠之事者，皆官也。《周礼·挈壶氏》：凡丧，县壶以代哭者，以刻漏记之为时。盖无几也。郑注《礼》：防其以死伤生，使之更哭。似失经旨，而遂谓人君以官，士贱以亲疏为之，恐尤非代哭之本意。《士丧礼》亦无止代哭者之文，可以推知其义也。

成服

厥明。大敛之明日，死之第四日也。

五服之人各服其服入，就位，然后朝哭相吊如仪。

案：始死而笄纚，小敛而括发，苴绖、散带，成服而衰杖绞带，始居丧次未成服以前不居丧，次坐夹尸而已，成服而后设奠，有哭位宾吊者，亦皆即位，《开元礼》有子孙就祖父及诸父前跪哭，皆抚哭尽哀，就祖母诸母前哭亦如之，女子亦如男子之仪。《政和五礼》《明会典》并同，即《家礼》所谓朝哭相吊也。《仪礼》始死拜宾，即朝哭相吊之义。五服之人各服其服，以相吊哭，于礼无征，今世亦罕行之者。

其服之制，一曰斩衰三年。斩，不缉也。衣裳皆用极粗生布，旁及下际皆不缉也。裳，前三幅，后四幅，缝内向，前后不连，每幅作三𫄧。𫄧，谓屈其两边相著而空其中也。衣长过腰，足以掩裳上际，缝外向。背有负版，用布方尺八寸，缀于领下垂之。前当心有衰，用布长六寸广四寸，缀于左衿之前。左右有辟领，各用布方八寸，屈其两头，相著为广四寸，缀于领下，在负版两旁各搀负版一寸。两腋下有衽，各用布三尺五寸，上下各留一尺。正方一尺之外，上于左旁裁入六寸，下于右旁裁入六寸，便于尽处相望斜裁，却以两方左右相沓缀于衣两旁，垂之向下，状如燕尾，以掩裳旁际也。冠比衣裳用布稍细，纸糊为材，广三寸，长足跨顶，前后裹以布，为三𫄧，皆向右纵缝之。用麻绳一条，从额上约之，至顶后交过前，各至耳结之以为武。屈冠两头入武内，向外反屈之，缝于武。武之馀绳垂下为缨，结于颐下。首绖以有子麻为之，其围九寸，麻本在左，从额前向右围之，从顶过后，以其末加于本上，又以绳为缨以固之，如冠之制。腰绖大七寸有馀，两股相交，两头结之，各存麻本，散垂三尺，其交结处两旁各缀细绳系之。绞带用有子麻绳一条，大半腰绖，中屈之为两股，各一尺馀，乃合之，其大如绖，围腰从左，过后至前，乃以其右端穿两股间而反插于右，在绖之下。其杖用竹，高齐心，本在下。屦亦粗麻为之。妇人则用极粗生布为大袖长裙、盖头，皆不缉，布头帮，竹钗，麻屦。众则以背子代大袖。凡妇人皆不杖。其正服则子为父也。其加服则嫡孙父卒为祖，若曾高祖承重者也，父为嫡子，当为后者也。其义服则妇为舅也。夫承重则从服也。为人后者为所后父也，为所后祖承重也，夫为人后则妻从服也。妻为夫也。妾为君也。

今制己子为母为继母为慈母，谓生母卒父命他妾养己者为养母，谓自幼过房与人庶子为其所生母，适孙父卒为祖母，若高曾祖母承重者，女在室及嫁反在室者为父母，妇为姑，夫承重则从服，庶子之妻为夫之所生母。妇为人后者，为其所后母及为高曾祖母承重者。

二曰齐衰三年。齐，缉也。其衣裳冠制并如斩衰，但用次等粗生布，缉其旁及下际。冠以下为武及缨。首绖以无子麻为之，大七寸馀，本在右，末系本下，布缨。腰绖大五寸馀。绞带以布为之，而屈其右端尺馀。丈以桐为之，上圆下方。妇人服同斩衰，但布用次等为异。后皆仿此。其正服则子为母也。士之庶子为其母同，而为父后则降也。其加服则嫡孙父卒为祖母，若曾高祖母承重者也，母为嫡子，当为后者也。其义服则妇为姑也，夫承重则从服也，为继母也。为慈母，谓庶子无母而父命他妾之无子者慈己也，继母，为长子也，妾为君之长子也。

齐衰杖期。服制同上，但又用次等生布。其正服则嫡孙父卒祖在，为祖母也。其服降则为嫁母出母也。其义服则为父卒继母嫁而已从之者也，夫为妻也。子为父后则为出母嫁母无服，继母出则无服也。

今制己适子众子为庶母嫁母出母，妇适子众子之妻为夫之庶母。

齐衰不杖期。服制同上，但不杖，又用次等生布。其正服则为祖父母，女虽适人不降也，庶子之子为父之母，而为祖后则不服也，为伯叔父也，为兄弟也，为众子男女也，为兄弟之子也，为姑姊妹女在室及适人而无夫与子者也，妇人无夫与子者，为其兄弟姊妹及兄弟之子也，妾为其子也。其加服则为嫡孙，若曾元孙当为后者也，女适人者为兄弟之为父后者也。其降服则嫁母出母为其子，虽为父后犹服也，妾为其父母也。其义服则继母嫁母为前夫之子从己者也，为伯叔母也，为夫兄弟之子也，继父同居父子皆无大功之亲者也，妾为女君也，妾为君之众子也，舅姑为嫡妇也。

今制己父为嫡长子妇母为嫡长子继母为长子及众子慈母为长子及众子妾为夫之长子及所生母

齐衰五月。服制同上。其正服则为曾祖父母，女适人者，不降也。

齐衰三月。服制同上。其正服，则为高祖父母，女适人者不降也。其义服，则继父不同居者，谓始同今异，或虽同居而继父有子，已有大功以上亲者也，其元不同居者则不服。

三曰大功九月。服制同上，但用稍粗熟布，无负版、衰、辟领，首绖五寸馀，腰绖四寸馀。其正服，则为从父兄弟姊妹，谓伯叔父之子也，为众孙男女也。其义服，则为众子妇也，为兄弟子之妇也，为夫之祖父母伯叔，父母兄弟子之妇也，夫为人后者其妻为本生舅姑也。

四曰小功五月。服制同上，但用稍熟细布，冠左缝，首绖四寸馀，腰绖三寸馀。其正服，则为从祖祖父、从祖祖姑，谓祖之兄弟姊妹也，为兄弟之孙，为从祖父、从祖姑，谓从祖祖父之子、父之从父兄弟姊妹也，为从父兄弟之子也，为从祖兄弟姊妹，谓从祖父之子，所谓再从兄弟姊妹者也，为外祖父母，谓母之父母也，为舅谓母之兄弟也，为甥也，为从母，谓母之姊妹也，为姊妹之子也，为同母异父之兄弟姊妹也。其义服，则为从祖祖母也，为夫兄弟之孙也，为从祖母也，为夫从兄弟之子也，为夫之姑姊妹适人者不降也，女为兄弟侄之妻，已适人亦不降也，为娣姒妇，谓兄弟之妻相名，长妇谓次妇曰娣妇，娣妇谓长妇曰姒妇也，庶子为嫡母之父母兄弟姊妹，嫡母死则不服也，母出则为继母之父母兄弟姊妹也，为庶母慈己者，谓庶母之乳养己者也，为嫡孙若曾元孙之当为后者之妇，其姑在则否也，为兄弟之妻也，为夫之兄弟也。

五曰缌麻三月。服制同上，但用极细熟布，首绖三寸，腰绖二寸，并用熟麻，缨亦如之。其正服，则为族曾祖父、族曾祖姑，谓曾祖之兄弟姊妹也，为兄弟之曾孙也，为族祖父、族祖姑，谓族曾祖父之子也，为从父兄弟之孙也，为族父、族姑，谓族祖父之子也，为从祖兄弟之子也，为族兄弟姊妹，谓族父之子，所谓三从兄弟姊妹也，为曾孙、元孙也，为外孙也，为从母兄弟姊妹，谓从母之子也，为外兄弟，谓姑之子也，为内兄弟，谓舅之子也。其降服，则庶子为父后者为其母，而为其母之父母兄弟姊妹则无服也。其义服，则为族曾祖母也，为夫兄弟之曾孙也，为族祖母也，为夫从兄弟之孙也，为族母也，为夫从祖兄弟之子也，为庶孙之妇也，士为庶母谓父妾之有子者也，为乳母也，为婿也，为妻之父母，妻亡而别娶亦同，即妻之亲母，虽嫁出犹服也，为夫之曾祖高祖也，为夫之从祖祖父母也，为兄弟孙之妇也，为夫兄弟孙之妇也，为夫之从祖父母也，为从父兄弟子之妇也，为夫从兄弟子之妇也，为夫从父兄弟之妻也，为夫之从父姊妹适人者不降也，为夫之外祖父母也，为夫之从母及舅也，为外孙妇也，女为姊妹之子妇也，为甥妇也。

凡为殇服，以次降一等。凡年十九至十六为长殇，十五至十二为中殇，十一至八岁为下殇。应服期者，长殇降服大功九月，中殇七月，下殇小功五月。应服大功以下，以次降等。不满八岁为无服之殇，哭之以日，易月，生未三月则不哭也。男子已娶女子许嫁皆不为殇。

凡男为人后，女适人者，为其私亲皆降一等，私亲之为之也亦然。女适人者降服，未满被出则服其本服，已除则不复服也。凡妇服夫党当丧而出，则除之。凡妾为其私亲则如众人。

成服之日，主人及兄弟始食粥。诸子食粥，妻妾及期九月，疏食饮水，不食菜果，五月、三月者饮酒食肉，不与宴乐，自是无故不出，若以丧事及不得已而出入，则乘朴马、布鞍、素轿、布帘。

案《闲传》：父母之丧，既殡食粥。又云斩衰三日不食，齐衰二日不食，大功三不食，小功缌麻再不食。士与敛一不食。《问丧》亲始死，水浆不入口，三日不举火，邻里为之糜粥，以饮食之，所以极状其哀痛之节，而不必尽人皆然。《家礼》始死易服不食，成服主人及兄弟始食粥，著此为训。有不能胜丧者矣，宜通作丧在殡以前皆食粥。案：《闲传》：齐衰之丧，蔬食水饮。无食粥之文，亦未宜通限兄弟三日始食粥。

凡重丧未除而遭轻丧，则制其服而哭之，月朔设位，服其服而哭之。既毕，返重服。其除之也，亦服轻服，若除重丧而轻服未除，则服轻服以终其馀日。

朝夕哭奠上食

朝奠。每日晨起，主人以下皆服其服入就位。尊长坐哭，卑者立哭，侍者设盥栉之具于灵床侧，奉魂帛出就灵座，然后朝奠。执事者设蔬果、脯醢。祝盥手，焚香，斟酒。主人以下再拜，哭尽哀。

食时上食。如朝奠仪。

案：古人日皆再食。赵岐注《孟子》：朝食曰饔，夕曰飧。《毛诗·小雅传》：孰食曰饔。《魏风传》：孰食曰飧。孰食犹常食也。《说文》：饔，孰食也，飧，餔也。《吕氏春秋》：旦至食，食至日昳，昳至餔，餔至下晡，下晡至日夕。《玉篇》：餔，日加申时食也。至食时而上，通谓之朝，至餔时而下，通谓之夕，日惟二食而已，故以朝夕统之。《杂记》：朝奠日出，夕奠逮日。郑注：阴阳交接，庶几遇之，然则朝奠视食时稍先，夕奠视餔时稍后，日仍二食，象生时也。《说文》：餯，昼食也。《广韵》：日西食曰餯。今俗谓日夕为晌，犹餯之遗语也。昼食为餯而不必为常食。《家礼》于朝夕奠之外增食时上食，似非礼制，近人日或三食，听从其便可也。

夕奠。如朝奠仪。毕，主人以下奉魂帛入，就灵床哭尽哀。

哭无时。朝夕之间，哀至则哭于丧次。

朔日则于朝奠设馔。馔用肉鱼面米食羹饭各一器，礼如朝奠之仪。

有新物则荐之。如上食仪。

案《士丧礼》：朝夕奠有笾豆俎，朔月奠用特豚、鱼腊，陈三鼎，黍稷用瓦敦，谓之殷奠。《士丧记》云朔月燕养馈羞汤沐之馔如他日，是朝夕奠无不设馔者。《家礼》朔日朝奠设馔，似非殷奠之义。《玉藻》：诸侯食特牲三俎，朔月少牢，五俎四簋，朝夕同牢，簋俎并同，亦不应于朝奠加盛。

又案：《士丧礼》大敛殡遂行朝夕奠。《通礼》定为大敛翌日，盖谓殡日已逾朝奠之期也，明日初祭，又明日大祭，陈馔筵羊酒，具楮币。一品筵十席，羊五，楮二万八千；二品筵八席，羊四，楮二万四千；三品筵六席，楮二万；四品筵五席，楮万六千，均羊三；五品筵五席，楮万二千；六品、七品筵三席，楮万，均羊二。今俗先葬二三日受吊，于其中一日家奠，而无初祭、大祭之分，亦与《通礼》在朝夕奠一日后者有异。古礼，丧在殡奠而不祭，朔日用特豚、鱼腊鼎谓之殷奠，虞卒哭而后名祭。今制盛馔备礼，以荐于殡，而达人子之心，于古礼不必尽合，又移而行之将葬受吊之时，则亦非《通礼》之本制矣。

吊 奠 赙

凡吊皆素服。幞头衫带皆以白生绢为之。

奠用香茶烛酒果。有状或用食物即别为文。

赙用钱帛。有状惟亲友分厚者有之。

案《士丧礼》：始死，襚，先葬一日赗奠赙赠，书赗于方，书遣于策，葬日读。赗，古者丧礼赠赙隆于后世。《杂记》：诸侯使人吊，其次含、襚、赗、临。《士丧礼》：赗以马，奠以羊，赙以货财，赠则制币及明器之纳于圹者，盖车马货财皆以助葬，赠即所谓书遣于策，以送葬也。奠致之柩前，亦若诸侯相吊之临，而此四者，均于将葬时行之。今俗，以葬前二三日受吊，固亦有所本矣。《周礼·小行人》：国札丧，则令赙补之；祸烖，则令哀吊之。皆治其事。故而掌客云：凡礼宾客，札丧杀礼，祸烖杀礼，遭主国之丧，不受飨食，受牲礼，飨食者，三飨三食之，以礼接者也，牲牢固亦无所缺，宾客吊者，饩食当如常礼，而杀其仪。今俗，具柬召宾客，于吊者亦失助丧之义，此所不可行也。

具刺通名。宾主皆有官则具门状，否则名，纸题其阴面，先使人通之，与礼物俱入。

入哭奠讫，乃吊而退。既通名，丧家炷火然烛，布席，皆哭，以俟护丧出迎。宾入，至厅事，进揖曰："窃闻某人倾背，不胜惊怛，敢请入酹，并伸慰意。"护丧引宾入，至灵座前哭尽哀，再拜，焚香，跪，酹茶酒，俯伏，兴。护丧止哭者，祝跪读祭文，奠赙状于宾之右，毕，兴。宾主皆哭尽哀。宾再拜。主人哭，出，西向，稽颡再拜。宾亦哭，东向答拜，进曰："不意凶变，某亲某官，奄忽倾背，伏惟哀慕，何以堪处。"主人对曰："某罪逆深重，祸延某亲，伏蒙奠酹，并赐临慰，不胜哀感。"又再拜。宾答拜，又相向哭尽哀。宾先止，宽譬主人曰："修短有数，痛毒奈何，愿抑孝思，俯从礼制。"乃揖而出。主人哭而入。护丧送至厅事，茶汤而退。主人以下止哭。若亡者官尊，即云薨逝；稍尊即云捐馆。生者官尊则云奄弃荣养，存亡俱无官即云色养。若尊长拜宾，礼亦同此。

闻丧　奔丧

始闻亲丧哭。亲谓父母也。以哭答使者，又哭尽哀，问故。

易服。裂布为四脚，白布衫，绳带，麻屦。

遂行。日行百里，不以夜行，虽哀戚，犹辟害也。

道中哀至则哭。哭避市邑喧繁之处。司马公曰：今人奔丧及从柩行者，遇城邑则哭，过则止，是饰诈之道也。

望其州境，其县境，其城，其家皆哭。家不在城，则望其乡哭。

入门诣柩前再拜，再变服，就位哭。初变服如初丧，柩东西面，坐哭尽哀，又变服如小敛，亦如之。

后四日成服。与家人相吊。宾至，拜之如初。

若未得行则为位不奠。设椅子一枚，以代尸柩，左右前后设位，哭无仪，但不设奠。若丧侧无子孙，则此中设奠如仪。

变服。亦以闻后之第四日。

在道至家皆如上仪。若丧侧无子孙，则在道朝夕为位，设奠，至家但不变服，其相吊拜宾如仪。

若既葬，则先之墓哭拜。之墓者，望墓哭，拜如在家之仪。未成服者，变服于墓，归家诣灵座前哭拜。四日成服如仪。已成服者亦然，但不变服。

齐衰以下闻丧为位而哭。尊长于正堂，卑幼于别室。司马公曰：今人皆择日举哀。几悲哀之至，在初闻丧即当哭之，何暇择日？但法令有不得于州县公廨举哀之文，则在官者当哭于僧舍，其它皆哭于本家可也。

若奔丧，则至家成服。奔丧者释去华盛之服，装办即行，既至齐衰，望乡而哭。大功望门而哭，小功以下至门而哭。入门诣柩前哭，再拜成服，就位哭吊如仪。

若不奔丧，则四日成服。不奔丧者，齐衰三日，中朝夕为位会哭。四日之朝成服，亦如之。大功以下始闻丧为位，会哭，四日成服，亦如之。皆每月朔为位会哭，月数既满，次月之朔乃为位会哭而除之。其间哀至，则哭可也。

治葬

三月而葬，前期择地之可葬者。司马公曰：古者天子七月，诸侯五月，大夫三月，士逾月而葬。今五服年月，敕王公以下皆三月而葬。然世俗信葬师之说，既择年月日时，又择山水形势，以为子孙贫富贵贱、贤愚寿夭，尽系于此，而其为术又多不同，争论纷纭，无时可决，至有终身不葬，或累世不葬，或子孙衰替，忘失处所，遂弃捐不葬者。正使殡葬实能致人祸福，为子孙者亦岂忍使其亲臭腐暴露，而自求其利耶？悖礼伤义，无过于此！然孝子之心，虑患深远，恐浅则为人所扣，深则湿润速朽，故必求土厚水深之地而葬之，所以不可不择也。或曰：家贫乡远，不能归葬，则如之何？公曰：子游问丧具，夫子曰：称家之有亡。子游曰：有亡恶乎齐？夫子曰：有，无过礼，苟亡矣，敛手足形，还葬悬棺而窆，人岂有非之者哉？昔廉范千里负丧，郭平自卖营墓，岂待丰富然后葬其亲哉？在礼未葬，不变服，食粥，居庐，寝苫枕块。盖闵亲之未有所归，故寝食不安。奈何舍之出游，食稻衣锦，不知其何以为心。世人又有游宦没于远方，子孙火焚其柩，收烬归葬者。夫孝子爱亲之肌体，故敛而藏之，残毁它人之尸，在律犹严。况子孙乃悖谬如此！其始盖出于羌胡之俗，浸染中华，行之既久，习以为常。见者恬然曾莫之怪，岂不哀哉！延陵季子适齐，其子死，葬于嬴博之间。孔子以为合礼。必也不能归葬，葬于其地，可也。岂不犹愈于焚之哉？程子曰：卜其宅兆，卜其地之美恶也。非阴阳家所谓祸福也。地之美，则其神灵安，其子孙盛。若培壅其根，而枝叶茂，理固然矣。地之恶者，则反是。然则曷谓地之美者？土色之光润，草木之茂盛，乃其验也。

父祖子孙同气，彼安则此安，彼危则此危，亦其理也。而拘忌者，惑以择地之方位，决日之吉凶，不亦泥乎？甚者，不以奉先为计，而专以利后为虑，尤非孝子安厝之用心也！惟五患者，不得不谨，须使它日不为道路，不为城郭，不为沟池，不为贵势所夺，不为耕犁所及也。一本云所谓五患者，沟渠、道路、避村落、远井窖。

择日，开茔域，祠后土。主人既朝哭，帅执事者，于所得地掘兆，四隅外其壤掘中南，其壤各立一标，当南向立两标。择远亲或宾客一人，告后土。祝帅执事者，设位于中标之左，南向，设盏，注酒、果、脯醢于其前，又设盥盆、帨巾二于其东西，其东有台架，告者所盥，其西无者，执事者所盥也。告者吉服入，立于神位之前，北向，执事者在其后，东上，皆再拜。告者与执事者皆盥帨。执事者一人取酒注，西向跪，一人取盏，东向跪。告者斟酒，反注，取盏，酹于神位前，俯伏，兴，少退，立。祝执版立于告者之左，东向跪，读之曰："维某年岁月朔日，某官姓名，敢告于后土氏之神，今为某官姓名，营建宅兆，神其保佑，俾无后艰。谨以清酌脯醢，祗荐于神，尚飨。"讫，复位。告者再拜。祝及执事者皆再拜，彻出。主人若归，则灵座前哭，再拜，后仿此。

遂穿圹。司马公曰：今人葬有二法，有穿地直下为圹，而悬棺以窆者。有凿隧道旁穿土室，而攛柩于其中者。按古者唯天子得为隧道，其它皆直下为圹，而悬棺以窆。今当以此为法，其穿地宜狭而深。狭则不崩损，深则盗难近也。

作灰隔。穿圹既毕，先布炭末于圹底，筑实，厚二三寸，然后布石灰、细沙、黄土拌匀者于其上，灰三分，二者各一可也。筑实，厚二三寸。别用薄板为灰隔，如椁之状，内以沥清涂之，厚三寸许。中取容椁，墙高于棺四寸许，置于灰上。乃于四旁旋下四物，亦以薄板隔之，炭末居外，三物居内，如底之厚。筑之既实，则旋抽其板，近上复下炭灰等而筑之，及墙之平而止。盖既不用椁，则无以容沥清，故为此制。又炭御木根，辟水蚁，石灰得沙而实，得土而黏，岁久结为金石，蝼蚁盗贼皆不能进也。程子曰：古人之葬欲比化者，不使土亲肤。今奇玩之物保藏固密，以防损污，况亲之遗骨，当如何哉？世俗浅识，惟欲不见而已，又有求速化之说者，是岂知必诚必信之义，且非欲求其不化也。未化之间，保藏当如是耶？

刻志石。用石二片，其一为盖，刻云："有宋某官某公之墓。"无官则书其字曰："某甫。"其一为底，刻云："有宋某官某公，讳某，字某，某州某县人，考讳某，某官，母氏某，封某，某年月日生，叙历官迁次某年月日，终某年月日，葬于某乡某里某处，娶某氏某人之女，子男某，某官，女适某官某人妇人。"夫在，则盖云："有宋某官，姓名某，封某氏之墓。"无封则云："妻。"夫无官，则书夫之姓名。夫亡，则云："某官某公某封某氏。"夫无官，则云："某君某甫妻某氏。"其底叙年若干，适某氏，因夫子致封号。无则否。葬之日，以二石字面相向，而以铁束束之，埋之圹前近地面三四尺间，盖虑异时陵谷变迁，或误为人所动，而此石先见，则人有知其姓名者，庶能为掩之也。

造明器。刻木为车马仆从侍女，各执奉养之物，象平生而小，准令五品、六品三十事，七品、八品二十事，非京朝官十五事。

案《士丧礼》：明器有茵苞筲瓮瓶，皆以实物者而屦以木桁，又有用器、役器、燕器之等，用器：弓矢耒耜敦杅盘匜；役器：甲胄干笮；燕器：杖笠翣，又有乐器，大夫以上有祭器。《家礼》似别以车马仆从执平生奉养之物为明器，《开元礼》辅车后次明器舆，次下帐舆，次米舆，次酒脯醢舆，次苞牲舆，次食舆，即

《家礼》所本，与《仪礼》所陈器，似有参差，疑古刍灵明器各是一事，明器亦不待执也。古者葬用明器，祭用尸，皆以生道事之之义，汉世乃有瘗钱，以致盗发者。今俗葬法惟取坚实，去明器之属不用，其明器之象平生者与楮镪同焚。案《封演闻见记》，古者，享祀鬼神有圭璧币帛，事毕，则埋之。魏晋以来，始有纸钱，即今焚楮之制所由仿。朱子云：苞筲之属，亦古人不忍死其亲之意，然实非有用之物，脯肉腐败而生虫蚁，尤为非便，虽不用可也，疑古人殡用熬黍、稷各二筐，葬用笣筲瓮甒，所重似尤在此。明器从葬，徒使附棺之土不能加实，《司马氏书仪》创为便房之制，以板塞其门，是墓旁别开一洞，以实明器，日久将为蛇虺狐狸之窟穴，亦恐非宜。魏晋以后，送死之明器焚之墓上，其义似较优于古，《明会典》犹存明器之文，而民俗已罕行之矣。

下帐。谓床帐茵席倚卓之类，亦象平生而小。

苞。竹掩三，以盛遣奠余脯。

筲。竹器五，以盛五穀。

甖。瓷器三，以盛酒脯醢。司马公曰：自明器以下，俟实土及半，乃于其旁穿便房以贮之。愚按此虽古人不忍死其亲之意，然实非有用之物，且脯肉腐败生虫聚蚁，尤为非便，虽不用可也。

大舆。古者柳车制度甚详，今不能然，但从俗为之，取其牢固平稳而已。其法用两长杠，杠上加伏兔，附杠处为圆凿。别作小方床以载柩，足高二寸，旁立两柱，柱外施圆枘，令入凿中，长出其外。枘凿之间须极圆滑，以膏涂之，使其上下之际柩尝适平。两柱近上，更为方凿，加横扃，扃两头出柱外者，更加小扃，杠两头施横杠，横杠上施短杠，短杠上或更加小杠，仍多作新麻大索以备札缚。此皆切要实用不可阙者。但如此制而以衣覆棺，亦足以少华。道路或更欲加饰，则以竹为之格，以彩结之，上如撮蕉亭，施帷幔，四角垂流苏而已，然亦不可太高，恐多罣碍，不须太华，徒为观美。若道路远，决不可为此虚饰，但多用油单裹柩，以防雨水而已。

翣。以木为筐，如扇而方，两角广二尺，高二尺四寸，衣以白布，柄长五尺。黼翣画黼。黻翣画黻。画翣画云气。其绿皆为云气，皆画以紫。

作主。程子曰：作主用栗。趺方四寸，厚寸二分，凿之洞底，以受主身。身高尺二寸，博三寸，厚寸二分，剡上五分为圆首，寸之下勒前为颔而判之，四分居前，八分居后，颔下陷中长六寸，广一寸，深四分。合之，植于趺下，齐窍，其旁以通，中圆径四分，居三寸六分之下，下距趺面七寸二分。以粉涂其前面。司马公曰：府君夫人共为一椟。

迁柩　朝祖　奠　赙　陈器　祖奠

发引前一日，因朝奠以迁柩告。设馔如朝奠。祝斟酒讫，北面跪，告曰："今以吉辰迁柩，敢告。"俯伏，兴。主人以下哭尽哀，再拜。盖古有启殡之奠，今既不涂殡，则其礼无所施，然又不可全无节文，故为此礼也。

奉柩朝于祖。将迁柩，役者入，妇人退避。主人及众主人辑杖立视。祝以箱奉魂帛前行，诣祠堂前。执事者奉奠及倚卓次之，铭旌次之。役者举柩次之。主人以下从哭。男子由右，妇人由左，重服在前，轻服在后，各为叙，侍者在末，无服之亲男居男右，女居女左，皆次主人主妇之后。妇人皆盖头。至祠堂前，执事者先布席，役者致柩于其上，北首而出。妇人去盖头。祝帅执事者设灵座及奠于柩西，东向。主人以下就位立，哭尽哀，止。此礼盖象平生将出必辞尊者也。

遂迁于厅事。执事者设帷于厅事。役者入。妇人退避。祝奉魂帛导柩，右旋。主人以下男女哭从，如前诣厅事。执事者布席。役者置柩于席上，南首而出。祝设灵座位及奠于柩前，南向。主人以下就位坐哭，藉以荐席。

乃代哭。如未殓之前，以至发引。

亲宾致奠赙。如初丧礼。

案《士丧礼》，始死有吊敛，有襚、朝夕哭，有临。将葬，有赗，有奠，有赙，有赠襚，以助敛赗赙，以助葬赠，以送葬而纳之圹。反哭又有吊，盖自三代皆重宾礼。《左氏传》：天子七月而葬，同轨毕至；诸侯五月，同盟至；大夫三月，同位至；士逾月，外姻至。并以会葬为义。至汉时犹有以父丧会葬车数百两，著之史策以为荣者。《士丧礼》书赗于方，书遣于策，柩将行而读赗，所以荣宾至也。后世但有吊赙，无襚、无赠，以敛之用襚，葬之用赠，不能无异于古，故也。案《士丧礼》：吊者至，致命，主人哭，拜，稽颡。宾出，主人拜送，拜者，主人也，宾不拜。赗用马，奠币柩左，奠用羊，赙用货财，奠而陈之而已，皆不拜。此古今礼之不能从同者。《既夕礼》：迁祖之明日，请祖期，又明日，请葬期，为日较宽，以俟赗赠者之各致其礼。今人既祖遂行遣奠，发引行柩，率以一日讫事。是凡赙奠宜在祖奠之前，《既夕礼》之有赗奠赙赠古礼，当然非后世所能行也。

陈器。方相在前，役夫为之，冠服如道士，执戈扬盾，四品以上四目为方相，以下两目为魌头。次明器下帐苞筲罂，以床舁之，次铭旌，去跗执之，次灵车，以奉魂帛香火，次大舆，舆旁有翣，使人执之。

案《檀弓》，周人墙置翣，柩车之帷谓之墙。椁亦谓之墙。柩行以翣饰车，葬以饰椁。《周礼》御仆大祭祀相盥，大丧持翣。郑

注：御仆，侍御于尊者之名，相盥者，奉盘授巾。则持翣者，持以饰柩而已。郑云持之者，夹蜃车。《家礼》承之，谓舆旁使人执翣。《礼》文固不如是也。

日晡时设祖奠。馔如朝奠。祝斟酒，讫，北向跪，告曰："永迁之礼，灵辰不留，今奉柩车，式遵祖道。"俯伏，兴，馀如朝夕奠仪。司马公曰：若柩自它所归葬，则行日但设朝奠哭而行，至葬乃备。此及下，遣奠礼。

遣奠

厥明迁柩就舆。舆夫纳大舆于中庭，脱柱上横扃。执事者彻祖奠。祝北向跪，告曰："今迁柩就舆，敢告。"遂迁灵座置旁侧。妇人退避。役夫迁柩就舆，乃施扃加楔，以索维之，令极牢实。主人从柩哭降，视载。妇人哭于帷中。载毕，祝帅执事者迁灵座于柩前，南向。

乃设遣奠。馔如朝奠，有脯，唯妇人不在。奠毕，执事者彻脯纳苞中，置舁床上，遂彻奠。

祝，奉魂帛升车，焚香。别以箱盛主，置帛后。至是妇人乃盖头出帷，降阶立哭。守舍者哭，辞尽哀，再拜而归。尊长则不拜。

发引

柩行。方相等前导，如陈器之叙。

主人以下男女哭，步从。如朝祖之叙。出门则以白幕夹障之。

尊长次之，无服之亲又次之，宾客又次之。皆乘车马。亲宾或先待于墓所，或出郭哭拜，辞归。

亲宾设幄于郭外道旁，驻柩而奠。如在家之仪。

涂中遇哀则哭。若墓远，则每舍设灵座于柩前，朝夕哭奠。食时上食，夜则主人兄弟皆宿柩旁，亲戚共守卫之。

及墓　下棺　祠后土　题木主　成坟

未至，执事者先设灵幄。在墓道西，南向，有倚卓。

亲宾次。在灵幄前十数步，男东女西为次，北与灵幄相直，皆南向。

妇人幄。在灵幄后，圹右。

方相至。以戈擊圹四隅。

明器等至。陈于圹东南，北上。

灵车至。祝奉魂帛就幄，座主箱亦置帛后。

遂设奠而退。酒果脯醢。

柩至。执事者先布席于圹前，柩至，脱载，置席上，北首。执事者取铭旌，去杠，置柩上。

主人男女各就位哭。主人诸丈夫立于圹东，西向。主妇诸妇女立于圹西幄内，东向。皆北上，如在涂之仪。

宾客拜辞而归。主人拜之，宾答拜。

乃窆。先用木杠横于灰隔之上，乃用索四条穿柩底环，不结而下之，置杠上，则抽索去之。别摺细布若生绢兜柩底而下之，更不抽出，但截其馀弃之。若柩无环，即用索兜柩底两头放下，至杠上乃去索，用布如前。大凡下柩，最须详审，用力不可误，有倾坠动摇，主人兄弟宜辍哭亲临视之。已下，再整柩衣铭旌，令平正。

主人赠。玄六纁四，各长丈八尺，主人奉置柩旁，再拜稽颡。在位者皆哭尽哀。家贫或不能具此数，则玄纁各一可也。其馀金玉宝玩并不得入圹，以为亡者之累。

加灰隔内外盖。先度灰隔大小，制薄板一片，旁距四墙，取令吻合。至是加于柩上，更以油灰弥之。然后旋旋少灌沥清于其上，令其速凝，而不透板，约以厚三寸许，乃加外盖。

案《士丧礼》，筮宅井椁献材于殡门外，主人遍视之，献素献成亦如之。《既夕礼》：藏器于旁加见。藏苞筲于旁加折，却之加抗席，覆之加抗木，实土三。疑明器苞筲之属皆藏之椁中，而别加见，以间隔明器于内，苞筲于外。谓之见者，谓其高稍出于棺而可见也，折横覆之，当加之见。上外加抗木，当即椁之外。盖《丧大记》云：棺椁之间，君容柷，大夫容壶，士容甒。《郑注·礼器》：壶大石，瓦甒五斗。似椁中空，以藏明器，不忍使其棺之亲于土也，而木材日久必殒。自春秋时，亦有用石椁者，汉世或以圹砖易之。《司马书仪》：柩入圹，以砖塞圹门。疑即以砖为椁之义。《开元》《政和礼》均不详椁制，而《通典》云唐制诸葬不得以石为棺椁，是唐制仍用木椁，而《开元礼》不详，盖当时已罕用者。《书仪》以砖塞圹门，知唐宋以来，皆用砖圹也。近城南外晋及齐梁诸圹砖，人多采以为研，遂至古冢掘发无遗，以此推之，圹砖之为害，亦烈矣。西河毛氏、昆山徐氏并以唐宋言礼者，不及椁制为讥，疑朱子葬法极精，后世无以逾此者，未可厚议也。

实以灰。三物拌匀者居下，炭末居上，各倍于底及四旁之厚，以酒洒而蹑实之，恐震柩中，故未敢筑，但多用之以俟其实尔。

乃实土而渐筑之。下土，每尺许即轻手筑之，勿令震动柩中。

祠后土于墓左。如前仪，祝版前同，但云："今为某官封谥窆兹幽宅。"后同。

藏明器等。实土及半，乃藏明器下帐苞筲罂于便房，以版塞其门。

下志石。墓在平地，则于圹内近南先布砖一重，置其上，又以砖四围之，而覆其上。若墓在山侧峻处，则于圹南数尺间掘地，深四五尺，依此法埋之。

复实以土，而坚筑之。下土亦以尺许为準，但须密杵坚筑。

题主。执事者设卓子于灵座东南，西向。置砚笔，对卓置盥盆帨巾如前。主人立于其前，北向。祝盥手，出主，卧置卓上，使善书者盥手，西向立，先题陷中。父则曰："宋故某官某公讳某字某第几神主。"粉面曰："皇考某官封谥府君神主。"其下左旁曰："孝子某奉祀。"母则曰："宋故某封某氏讳某字某第几神主。"粉面曰："皇妣某封某氏神主"，旁亦如之。无官封则以生时所称为号，题毕，祝奉置灵座而藏魂帛于箱中，以置其后。炷香，斟酒，执版，出于主人之右，跪读之云："孤子某敢昭告于皇考某官封谥府君，形归窀穸，神返室堂，神主既成，伏惟尊灵，舍旧从新，是凭是依。"毕，怀之，兴，复位。主人再拜，哭尽哀，止。母丧称哀子，后仿此。

祝奉神主升车。魂帛箱在其后。

执事者彻灵座，遂行。主人以下哭，从如来仪。至墓门，尊长乘车马。去墓百步许，卑幼亦乘车马。但留子弟一人监视实土，以至成坟。

坟高四尺，立小石碑于其前，亦高四尺，趺高尺许。司马公曰：按令式，坟碑石兽大小多寡，虽各有品数。然葬者当为无穷之规。后世见此等物，安知其中不多藏金玉邪？是皆无益于亡者，而反有害。故令式又有贵得同贱，贱不得同贵之文。然则不若不用之为愈也。今按孔子防墓之封，其崇四尺，故取以为法。用司马公说，别立小碑，但石须阔尺以上，其厚居三之二，圭首而刻其面，如志之盖，乃略述其世系名字行实，而刻于其左，转及后右而周焉。妇人则俟夫葬，乃立面，如夫之志盖之刻云。

案《檀弓》：公室视丰碑，三家视桓楹。郑注：丰碑，斫大木为之，形如石碑，于椁前后四角树之；桓楹，斫之形如大楹耳，四植谓之桓。皆穿中为鹿卢，下棺以繂。天子六繂、四碑；诸侯四繂、二碑；大夫二繂、二碑；士二繂、无碑。其注《聘礼》云：宫必有碑，所以识日景，引阴阳也。凡碑引物者，宗庙则丽牲焉，其材，宫庙以石，窆用木。是葬，竖木引索以下棺，假借为碑名。徐铉云：古宗庙立碑以系牲，后人因于其上纪功德。《释名》：碑，被也。本王莽时所造施辘轳，以绳引棺，臣子追述君父之功美书其上，后人因焉。东汉之季，其风始盛，疑古窆但斫木为碑，王莽时乃改用石，因而竖之墓上。汉季蔡邕辈以文人为之，其名始显也。案：秦刻石泰山琅琊，但名刻石，不名碑。齐王俭云：石志不出礼典，起宋元嘉颜延年为王琳石志。是志石之设，又在晋宋以后。案：汉夏侯婴送葬东都门外，掘地得石椁，有铭，似志铭，由来已久，但刻之椁上，别无志石耳。盖古葬者，不封不树，藁而掩之而已，三代乃有封树，汉始有碑，宋始有石志，后世送死之义，较详于古，此亦古今之礼之不能以强同者。

反哭

主人以下奉灵车，在涂徐行哭。其反如疑为亲在彼，哀至则哭。

至家哭。望门即哭。

祝奉神主入置于灵座。执事者先设灵座于故处。祝奉神主入就位，椟之，并出魂帛箱置主后。

主人以下哭于厅事。主人以下及门哭，入，升自西阶，哭于厅事。妇人先入，哭于堂。

遂诣灵座前哭。尽哀，止。

有吊者，拜之如初。谓宾客之亲密者，既归，待反哭而复吊。《檀弓》曰：反哭之吊也，哀之至也。反而亡焉，失之矣，于是为甚。

案《士丧礼》，主人受吊，惟始死及反哭时。《檀弓》所谓反哭之吊也，哀之至也。详味《仪礼》之文，反哭受吊，遂适殡宫，殡宫在西阶上，柩所存处，即奉主于此。主人升自西阶，从主以升也，因于阶间哭踊，受吊，惟其为哀之至，是以吊也。遂适殡宫，谓主入设，又就其位而哭，曰如启位，即《既夕礼》告启期升自西阶，东面北上之位也。《既夕礼》云：如启位，《士虞礼》云如反哭位，义正相承，既奉主以适殡宫，退，就位，而虞祭以行。《仪礼》之文，至为明晰，郑氏误会遂适殡宫之词，因谓反哭于祖庙，而以殡宫当寝，是时主方入设，何由悉主人主妇于庙受吊哉?《家礼》叙有吊者于诣灵座前哭之，下似亦与郑注《礼仪》之文不甚符合，而于情事为少顺矣。

期九月之丧者，饮酒食肉，不与宴乐。小功以下，大功异居者，可以归。

虞祭葬之日，日中而虞。或墓远，则但不出是日，可也。若去家经宿以上，则初虞于所馆行之。郑氏曰：骨肉归于土，魂气则无所不之。孝子故为其彷徨，三祭以安之。

案《郑注·仪礼》，虞，安也。骨肉归于土，精气无所不之，孝子为其彷徨，三祭以安之。《檀弓》：葬日虞，不忍一日离也，送形而往，迎精而归，急求所以安之。是以《檀弓》云主人视虞牲，有司以几筵舍奠于墓左，反日中而虞，主人归，治虞事。墓左之奠，有司摄焉，主人不亲也。然《丧服小记》云：父母之丧偕，先葬者不虞祔，待后事。又云：既葬而不报虞，主人皆冠，及虞则皆免。郑云有故不得疾虞，是父母之丧，虞祭并行，而凡有故者，既葬反哭，而犹可以不疾虞也。《丧服小记》又云：远葬者比反哭皆冠，及郊而后免。远葬不言时日，而云比反哭，皆冠，及郊而后免，则固不于经宿之馆行虞祭之礼也。《家礼》以墓远，则初虞再虞，皆于所馆行之，惟三虞至家乃行。求之《礼经》，殆未然也。

主人以下皆沐浴。或已晚不暇，即略自澡洁可也。

执事者陈器，具馔。盥盆帨巾各二，置于东西阶，南上。东盆有台、巾，有架，西者无之。凡丧礼皆仿此。酒瓶并架一于灵座东南，置卓子于其东，设注子及盘盏于其上，火炉汤瓶于灵座西南，置卓子于其西，设祝版于其上，设蔬果盘盏于灵座前卓上，匕筯居内当中，酒盏在其西，醋楪居其东，果居外，蔬居果内，实酒于瓶，设香案于堂中，炷火于香炉，束茅聚沙于香案前。具馔如朝奠，陈于堂门外之东。

祝出神主于座，主人以下皆入哭。主人及兄弟倚杖于室外，及与祭者皆入哭于灵座前。其位皆北面，以服为列，重者居前，轻者居后，尊长坐，卑幼立，丈夫处东，西上，妇人处西，东上。逐行各以长幼为序。侍者在后。

降神。祝止哭者。主人降自西阶，盥手帨手，诣灵座前，焚香，再拜。执事者皆盥帨，一人开酒实于注，西面跪，以注授主人，主人跪受，一人奉卓上盘盏，东面跪于主人之左，主人斟酒于盏，以注授执事者，左手取盘盏，右手执盏，酹之茅上，以盘盏授执事者，俯伏，兴，少退，再退，复位。

祝进馔。执事者佐之。其设之序，如朝奠。

初献。主人进诣注子卓前，执注北向立。执事者一人取灵座前盘盏，立于主人之左。主人斟酒，反注于卓子上，与执事者俱诣灵座前，北向立。主人跪，执事者亦跪，进盘盏，主人受盏，三祭于茅束上，俯伏，兴，执事者受盏，奉诣灵座前，奠于故处。祝执版出于主人之右，西向跪读之，云："日月不居，奄及初虞，夙兴夜处，哀慕不宁，谨以洁牲柔毛，粢盛醴齐，哀荐祫事，尚飨。"祝兴。主人哭，再拜，复位，哭止。牲用豕，则曰刚鬣，不用牲，则曰清酌，庶羞祫合也，欲其合于先祖也。

亚献。主妇为之，礼如初，但不读祝，四拜。

终献。亲宾一人，或男或女，为之礼，如亚献。

侑食。执事者执注就添盏中酒。

主人以下皆出，祝阖门。主人立于门东，西向。卑幼丈夫在其后，重行北上。主妇立于门西，东向。卑幼妇女亦如之。尊长休于它所，如食间。

案《家礼》，凡祭三献侑食，有阖门及启门之文。盖用《仪礼》祭毕，阖户牖。郑注：鬼神尚居幽暗。所以为厌饫也，因以设馔西北隅，当室之白为阳厌，尸未入之前为阴厌。宋制犹沿此说，以阖门当厌祭，证之《仪礼》，殆不然也。《士虞礼》：祝，告利成，尸谡，祝前尸，出户，祝反，入，彻，设于西北隅，如其设也。几在南厞用席，祝荐席，彻入于房，祝自执其俎出。赞阖牖户，宾出，主人出，主当奥西，设馔西北隅，则非祭也。几在馔前，又以席蔽之，则非以饫神也，彻馔西北隅，彻荐席于房，祝自以其俎出已彻之馔，而以饫神又非事也。赞阖牖户，而主人遂降以出，以云饫神，又非义也。古人祭必有尸，有尸而后有献酬，始祭，荐菹、醢，设鼎、俎，设敦，设铏，祝祝辞毕，而后迎尸，《郊特牲》所谓直祭祝于主者，此也，所谓诏祝于室者，亦此也。郑氏于此谓之厌祭。祭毕而馂，馂而彻，彻而俎皆出，安得复有厌祭乎？《特牲礼》：佐食彻尸荐俎，敦设于西北隅，几在南厞，用筵，纳一尊。佐食阖牖户降。堂下俎，毕出。有司彻礼，卒馂，有司官彻馈馔于室中西北隅，南面，如馈之设。右几厞用席，纳一尊于室中，司宫阖牖户，妇人乃彻，彻室中之馔。敖继公云：尊者之盛馔，未可遽彻去，故改设于此，为近得之，而义未尽。凡祭有侑俎，有阼俎，有主妇俎、祝俎、佐食俎、宾俎，皆各执以出，而有司受归之，彻荐俎敦，若馔，设于室西北隅，意若归之于神，阖牖户者，祭毕，阖之以安神也。有司彻礼，妇人彻室中之馔，即此改设之馔，有司皆退，而后妇人彻之，其不足当厌祭之饫神，亦明矣。自汉以来，祭祀奠献皆不为尸，本不得有厌祭，而祭之为义，以子孙之精气上交祖父之神，而合气于漠，安得有阖门以求饫神之理？后有议礼之君子知郑注阴厌阳厌之误，即知阖门之礼之非所以事神矣。今制，庙祭，妇人不与，惟丧礼有阖门之仪，以待妇女酹奠，似为得之。

祝启门，主人以下入哭辞神。祝进当门，北向噫歆，告启门三，乃启门。主人以下入，就位。执事者点茶。祝立于主人之右，西向，告利成。敛主，匣之，置故处。主人以下哭，再拜，尽哀止，出就次。执事者彻。

祝埋魂帛。祝取魂帛，帅执事者埋于屏处洁地。

案《既夕礼》，甸人抗重，出自道，道左倚之，是柩行而重止于道。《杂记》：重既虞而埋之。郑注：就所倚处埋之。孔疏：埋于祖庙门外之东，即所倚之道左也。《士丧礼》：取铭置于重，重者，所以植铭旌也。《檀弓》：重有主道焉，为其书名于旌，即主道也。司马氏创为魂帛之制，以代重。疑非古义，重用木为之，又有县鬲、疏布、苇席、系軡之属，既虞而埋之庙门外，以示严也，魂帛以依神，而别埋之屏处，义无所取。今人埋之柩旁，以既立主以依神，则魂帛可以附柩而藏于土，似为得之。

罢朝夕奠。朝夕哭，哀至哭，如初。

遇柔日再虞。乙丁巳辛癸为柔日，其礼如初虞，惟前期一日陈器具馔，厥明夙兴，设蔬果酒馔，质明行事。祝出神主于座，祝辞改初虞为再虞，祫事为虞事为异。若墓远途中遇柔日，则亦于所馆行之。

遇刚日三虞。甲丙戊庚壬为刚日，其礼如再虞，惟改再虞为三虞，虞事为成事。若墓远途中遇刚日，且阙之，须至家乃可行此祭。

案《少牢礼》，日用丁巳，古人祭礼，皆用柔日，求之于阴也。三虞所以用刚日，为卒哭而祔，祔用柔日，故先日虞，卒哭，以待明日之祔。《檀弓》所谓比至于祔，必于是日也接，不忍一日未有所归也。虞者，求也，三虞而毕事，又反而求之阳也。《士虞记》：三虞卒哭，他用刚日，《正韵》云：他，彼之称也，此之别也。他用刚日，连上三虞卒哭为文，而别而异之。《士虞记》又云：死三日而殡，三月而葬，遂卒哭。将旦而祔，则荐。亦正申足此义，言三虞遂卒哭，卒哭之明日而祔，如不即祔，则俟祔而卒哭。《丧服小记》：报葬者报虞，三月而后卒哭。是以三虞卒哭同日，其葬未及三月，则三虞卒哭异日。《士虞记》：他用刚日，亦如初。与上三虞卒哭自分两义，亦如初者，其礼并同也。郑注《仪礼》：庚日三虞，壬日卒哭。直分为二。《开元礼》循用至今，证之经义，而固知其不然矣。

卒哭

《檀弓》曰：卒哭曰成事。是日也，以吉祭易丧祭。故此祭渐用吉礼。

案《既夕礼》，既葬，犹朝夕哭，不奠。三虞，卒哭。明日以其班祔。遂罢朝夕哭。《檀弓》云：丧事有进而无退，虞祭行而后以神道事之。三虞，卒哭，遂祔于庙。所以即远也。僖三十三年，《左传》：卒哭而祔，祔而作主，特祀于主，烝尝禘于庙。特祀者，小祥大祥之祭，四时常祭，及荐新则同于祖庙。《说文》：祔，后死者合食于先祖。谓先祔，食于祖庙三年，丧毕而后迁庙。《士虞礼》明日以其班祔，祔，非祭名也。三虞之祭，急先安之，以待祔也。自汉以来，卒哭而不祔庙，朝夕之奠，至禫祭而始，罢三虞之祭，无所施反哭，一虞以安主，通礼之变，以合时之宜，取足以达人子之心焉，可矣。而卒哭之期，必以百日，于此罢朝夕哭。《开元礼》：禫祭而后祔庙。案《春秋》，禘祭而后迁庙。《公羊》《穀梁》均谓之毁庙，《穀梁》亦谓之坏庙，不得以祔为名。《开元礼》亦承郑注而误。无卒哭祔祭之文，最合三代以后之丧制。《司马书仪》援郑注《仪礼》，祔已复于寝之文，增卒哭后一祭，今制犹循用之。揆之礼制，窃有未安，士大夫家无有行此礼者，则亦非情之所安也。

又案《政和礼》，百日卒哭，系之朝夕奠之后，而云自卒哭后朝一哭，夕一哭。《仪礼》：反哭，犹朝夕哭，不奠，三虞，卒哭而祔，遂罢朝夕哭。谓之卒哭者，朝夕常哭之节，至是而毕也。士三月葬，遂卒哭。宋制以百日为期，与《丧服小记》三月而后卒哭之文正合。徐氏乾学非之殆误也，然《政和礼》以《仪礼》朝夕哭不奠之节，系之卒哭之后，却非礼意。案《士丧礼》，先罢朝夕奠，而后罢朝夕哭，谓之卒哭。《政和礼》云：自卒哭后，朝一哭，夕一哭，则是卒哭，然后有朝夕哭也。而自汉终三年之丧，奉主于寝，不能废朝夕之奠，于《仪礼》之文势亦不能尽求合，独于卒哭一节，变易经文，导中人为过时之哭。古人哭皆为位，后世不为位，又何为必要之以朝夕哉？百日卒哭，自当在既葬虞祭之后。既卒哭，则朝夕常哭之节可以除矣。自此至终，丧有所感发则哭。案：古人哭，必为位，在丧侇尸，则哭无时。既殡而朝夕奠哭奠，然后即位也。既虞而罢朝夕奠，虞祭行而以神道事之，故无朝夕进食之文。卒哭而罢朝夕哭，卒哭祔庙，不复为位也。有吊者，则亦为位以哭。宋制以百日卒哭，而仍奉主于寝，至除丧乃祔，则既卒哭，朝夕进食，奠而不哭，可也。

三虞后遇刚日卒哭，前期一日陈器具馔。并同虞祭，惟更设玄酒瓶一于酒瓶之西。

厥明夙兴，设蔬果酒馔。并同虞祭，惟更取井花水充元酒。

质明，祝出主。同再虞。

主人以下皆入哭，降神。并同虞祭。

主人主妇进馔。主人奉鱼肉，主妇盥帨，奉面米食。主人奉羹，主妇奉饭以进，如虞祭之设。

初献。并同虞祭，惟祝执版出于主人之左，东向跪读为异词，并同虞祭，但改三虞为卒哭，哀荐成事下云："来日隮祔于祖考，某官府君尚飨。"案此云祖考，谓亡者之祖考也。

亚献，终献，侑食，阖门，启门，辞神。并同虞祭，唯祝西阶上东面告利成。

自是朝夕之间哀至不哭。犹朝夕哭。

主人兄弟蔬食水饮，不食菜果，寝席枕木。

祔

《檀弓》曰：殷既练而祔，周卒哭而祔。孔子善殷。注曰：期而神之人情，然殷礼既亡，其本末不可考，今三虞卒哭，皆用周礼次第，则此不得独从殷礼。

卒哭，明日而祔，卒哭之祭既彻，即陈器具馔。器如卒哭，唯陈之于祠堂。堂狭即于厅事，随便。设亡者祖考妣位于中，南向西上。设亡者位于其东南，西向。母丧则不设祖考位。酒瓶、玄酒瓶于阼阶上，火炉汤瓶于西阶上。具馔如卒哭而三分。母丧则两分，祖妣二人以上则以亲者。《杂记》曰：男子祔于王父则配，女子祔于王母则不配。注云：有事于尊者，可以及卑。有事于卑者，不敢援尊也。

厥明，夙兴，设蔬果酒馔。并同卒哭。

质明，主人以下哭于灵座前。主人兄弟皆倚杖于阶下，入哭尽哀，止。案：此谓继祖宗子之丧，其世嫡当为后者主丧，乃用此礼。若丧主非宗子，则皆以亡者继祖之宗主此祔祭。《礼注》云：祔于祖庙，宜使尊者为之。

诣祠堂，奉神主出置于座。祝轴帘，启椟，奉所祔祖考之主置于座内。执事者奉祖妣之主置于座，西上。若在它所，则置于西阶上卓子上，然后启椟。若丧主非宗子而与继祖之宗异居，则宗子为告于祖，而设虚位以祭。祭讫，除之。

还奉新主入祠堂，置于座。主人以下还诣灵座所，哭。祝奉主椟诣祠堂西阶上卓子上。主人以下哭从，如从柩之叙，至门止哭。祝启椟，出主，如前仪。若丧主非宗子，则唯丧主、主妇以下还迎。

叙立。若宗子自为丧主，则叙立如虞祭之仪。若丧主非宗子，则宗子、宗妇分立两阶之下，丧主在宗子之右，丧主妇在宗子妇之左，长则居前，少则居后，馀亦如虞祭之仪。

参神。在位者皆再拜，参祖考妣。

降神。若宗子自为丧主，则丧主行之。若丧主非宗子，则宗子行之。并同卒哭。

祝进馔。并同虞祭。

初献。若宗子自为丧主，则丧主行之。若丧主非宗子，则宗子行之。并同卒哭，但酌献先诣祖考妣前。祝版云："孝子某谨以洁牲柔毛，粢盛醴齐，适于皇某考某官府君，隮祔孙某官，尚飨。”皆不哭。内丧则云：“皇某妣某封某氏，跻祔孙妇某封某氏。”次诣亡者前，若宗子自为丧主，则祝版云：“荐祔事于先考，某官府君适于皇某考某官府君，尚飨。”若丧主非宗子，则随宗子所称，若亡者于宗子为卑幼，则宗子不拜。

亚献，终献。若宗子自为丧主，则主妇为亚献，亲宾为终献。若丧主非宗子，则丧主为亚献，主妇为终献，并同卒哭及初献仪，惟不读祝。

侑食，阖门，启门，辞神。并同卒哭，但不哭。

祝奉主各还故处。祝先纳祖考妣神主于龛中匣之，次纳亡者神主西阶卓子上匣之，奉之反于灵座。出门，主人以下哭，从如来仪。尽哀止。若丧主非宗子，则哭而先行，宗子亦哭送之，尽哀止。若祭于它所，则祖考妣之主，亦如新主纳之。

案《说文》：祔，后死者合食于先祖。盖自虞祭行罢朝夕奠，而遂祔主于祖庙。春秋文二年《左传》：卒哭而祔，祔而作主，特祀于主，烝尝禘于庙。特牲者，练祥之祭，四时常祭及荐新则同于祖庙，故谓之合食。郑注《既夕礼》：祔，卒哭之明日祭，名祔，犹属也，祭昭穆之次而属之。其注《士虞礼》：凡祔已，复于寝。练而后迁庙。据《檀弓》，殷练而祔，周卒哭而祔。祔或于练，或于卒哭而迁庙，必禫祭除丧以后。案：《春秋》闵二年，吉禘于庄公文，二年大事于太庙，跻僖公。范宁注《穀梁传》，杜预注《左传》并云：三年丧毕，致新死者之主于庙，庙之远主当迁入祧，因是大祭以审昭穆，谓之禘。而《穀梁传》于文二年作僖公主，云作主坏庙。有时日于练焉，坏庙。周衰，礼废，诸儒各据所闻为说，证之《礼经》，容有未合者。郑此注用《穀梁》说，《公羊传》云虞主用桑，练主用栗，用栗者，藏主也，藏主，即祔庙之主，盖所述者殷礼。古者大夫三庙，士一庙，皆专主大夫，一昭一穆。新死者之主，各以昭穆祔食，除丧而祭行，奉主以正庙位，而祧所祔之主。东汉以后，庙制无专主，同堂异室，以序昭穆，除丧奉主于庙，乃谓之祔。故后世升祔之文，于古为迁庙，名同而义亦异矣。郑注《礼经》多援汉制为训，而于卒哭而祔一节，但以祭言之，而创为祭毕复主于寝之说，以求略存古礼之遗意。《开元》《政和》诸书皆依用其说，于卒哭之明日增一祔祭，而《仪礼》之所谓祔者，固非但以祭名也，祔各以其昭穆，而唐宋以后之祔祭，乃并祖考而合祭之。揆之《礼》意，殆不然也。今士大夫之家，无行此礼者，亦以非人情之所安故也。三年而后祔，则卒哭之祔不行焉，可矣。案陆氏九渊居母丧：卒哭，祔，遂彻几筵。朱子引《仪礼》注告之九渊，不从。陆氏之行古礼，是也，而庙制及居丧之礼，皆与古参差，而独于其几筵三年之供，变今制以从古，猝然彻之，则亦忍矣。

小祥郑氏云祥吉也。

期而小祥。自丧至此，不计闰，凡十三月。古者卜日而祭，今止用初忌，以从简易。大祥仿此。

前期一日主人以下沐浴，陈器，具馔。主人帅众丈夫洒扫，涤濯。主妇帅众妇女涤釜鼎，具祭馔。他皆如卒哭之礼。

设次，陈练服。丈夫妇女设次于别所，置练服于其中。男子以练服为冠，去首绖、负版、辟领、衰。妇人截长裙，不令曳地，应服期者改吉服，然犹尽其月，不服金珠锦绣红紫。唯为妻者犹服禫，尽十五月而除。

厥明，夙兴，设蔬果、酒馔。并同卒哭。

质明，祝出主，主人以下入哭。皆如卒哭，但主人倚杖于门外，与期亲各服其服而入。若已除服者来与祭，亦释去华盛之服，皆哭尽哀止。

乃出就次，易服复入，哭。祝止之。

降神。如卒哭。

三献。如卒哭之仪，祝版云："日月不居，奄及小祥，夙兴夜处，小心畏忌，不惰其身，哀慕不宁，敢用洁牲柔毛，粢盛醴齐，荐此常事，尚飨。"

侑食，阖门，启门，辞神。皆如卒哭之仪。

止朝夕哭。惟朔望未除服者会哭。其遭丧以来，亲戚之未尝相见者，虽已除服，犹哭尽哀，然后叙拜。

始食菜果。

大祥

再期而大祥。自丧至此，不计闰，凡二十五月。亦止用第二忌日祭。

前期一日沐浴，陈器，具馔。皆如小详。

设次，陈禫服。司马公曰：丈夫垂脚黪纱幞头，黪巾衫，布裹角带，未大祥闲假以出谒者。妇人冠，梳假髻，以鹅黄青碧皁白为衣履，其金珠红绣皆不可用也。

告迁于祠堂。以酒果告，如朔日之仪。无亲尽之祖，则祝版而云云。告讫，改题神主，如加赠之仪。递迁而西，虚东一龛，以俟新主。若有亲尽之祖，其为别子也，则祝版云云。告毕而迁于墓所，不埋。其支子也，而族人有亲未尽者，则祝版云云。告毕，迁于最长之房，使主其祭，其馀改题递迁如前。若亲皆已尽，则祝版云云。告毕，埋于两阶之间，其馀改题递迁如前。

案《士虞记》：又期而大祥，中月而禫。是月也，吉祭犹未配。《春秋》文二年大事于太庙，《公羊传》大事者何？大祫也。

大祫者何？合祭也。禫后合祭，而后迁庙，未合祭以前，荐新，常祭，犹祔食祖庙，不正其为以某妃配之文也。《开元》《政和》礼并先禫，后祔。《司马书仪》始有大祥迁影堂，彻灵座之文，似于礼制未安。

厥明行事，皆如小祥之仪。惟祝版改小祥曰大祥，常事曰祥事。

毕，祝奉神主入于祠堂。主人以下哭，从如祔之序。至祠堂前，哭止。

彻灵座，断杖，弃之屏处。

奉迁主埋于墓侧。祥祭后，陈器具馔，如朔日之仪。用卓子陈厅事上，质明，主人奉安亲尽之主于卓子上。

案《朱子语类》，天子诸侯有太庙夹室，则祧主藏于其中，士人家无此，祧主无可置处。《礼记》说藏于两阶间，今不得已，只藏于墓所。疑三代传国，皆数百载，庙止于四，而以二祧庙统昭穆之主，岁一合食于祖庙，而高祖以上二世仍主祧庙之祀。《祭法》所谓远庙为祧，有二祧，享尝乃止是也。其官师一庙，则王考无庙而祭之。以此推之，则大夫三庙，皇考一庙，当为祧。适士二庙，王考一庙，当为祧太祖之庙，藏祧主于夹室。王考皇考之庙，当藏祧主于庙寝，官师之一庙者，犹得正王考之祭，则王考以上主岁当一祫。可知三代仕皆世官，官皆世禄，其传或数十世，故祭止于所亲。而天子诸侯以下，各以贵贱之等分隆杀。后世士大夫之家，传至十馀世者，亦鲜矣。自天子以下，四亲庙之祭，皆统于一庙，而奉所祧主以埋之，于义亦所未安矣。故尝论唐宋以后之庙制，士大夫各祀所出之祖，其义颇近于祧庙，而四亲之祀，或祭于寝，或祭于所立之私庙。其私庙之制，又近于继别之宗，久亦当为祧庙，此宗祠之制所以济。三代以后，庙祀之穷，而仍寓宗法于所出之祖，以统一姓之昭穆，而通其变者也。《程子》四代之祭，已与祭法之文不能符合，古今礼制之变，诚有不能强同者，而于祧主之为毁庙者，犹依仿古制行之，至不得已而埋之墓所，未敢据以为安也。

又案晋永和中，尚书郎徐禅议："迁主，藏之石室，有祷则祭坛墠。"遣禅至会稽，访处士虞喜，曰："汉代韦元成等以毁主瘗于园，魏朝议者曰应埋两阶间。若今别室而祭，不如永藏。"唐永徽中礼部尚书议迁主，万国宗飨，有所从来，一朝瘗埋，事不允惬。案晋博士范宣欲别立庙宇，方之埋藏，颇协情理，然事无典故，亦未足依。宜奉神主藏太庙西夹室。汉儒瘗主之议，实本练用栗主，而埋桑主之说。《公羊传》：用栗者，藏主也。《穀梁传》：桑主于虞，吉主于练。《檀弓》：殷练而祔。虞主练主之制，自属殷礼，既虞，而仍奉主于寝，故为桑主以依神，既练埋之，证之《礼经》，无迁主毁瘗之文，韦元成直谓毁主当瘗于园，殊失礼意。

始饮酒食肉，而复寝。

禫郑氏曰：澹澹然平安之意。

大祥之后，中月而禫。间一月也。自丧至此，不计闰，凡二十七月。

前一月下旬卜日。下旬之首，择来月三旬各一日，或丁或亥，设卓子于祠堂门外，置香炉、香合、杯珓、盘子于其上，西向。主人禫服，西向。众主人次之，少退，北上。子孙在其后，重行北上。执事者北向，东上。主人炷香熏珓，命以上旬之日曰："某将以来月某日，祗荐禫事于先考某官府君，尚飨。"即以珓掷于盘，以一俯一仰为吉，不吉更命中旬之日，又不吉则用下旬之日。主人乃入祠堂本龛前，再拜。在位者，皆再拜。主人焚香。祝执辞立于主人之左，跪告曰："孝子某将以来月某日，祇荐禫事于先考某官府君，卜既得吉，敢告。"主人再拜，降，与在位者皆再拜。祝阖门，退。若不得吉，则不用"卜既得吉"一句。

前期一日，沐浴，设位，陈器具馔。设神位于灵座故处，他如大祥之仪。

厥明行事，皆如大祥之仪。但主人以下诣祠堂。祝奉主椟，置于西阶卓子上，出主置于座。主人以下皆哭尽哀。三献不哭，改祝版"大祥"为"禫祭"，"祥事"为"禫事"。至辞神，乃哭，尽哀。送神主至祠堂，不哭。

案《闲传》：三年之丧，再期也。古人计日皆以见日为期，年月亦如之，及期之月，则已期矣。及再期之月，则再期矣。孝子之心，不忍遽除也。尽此再期之月为禫，故曰中月而禫，中月者，日有迟早，故通名之，中以日之有馀，补孝子之心之不足，至于中月而已三年矣。《杂记》期之丧，内除三年之丧，外除服之有禫，孝子之心，迫不得已，而姑缓之。既禫而后，因祭以迁庙，谓之吉祭。《杂记》：禫而饮酒，吉祭而复寝，未至吉祭，虽逾禫月不复寝也。《司马书仪》以大祥迁庙复寝，则是服除，而孝子之心亦毕矣，而以其馀服为禫，何为者也？自汉以来，禫以三月为期，而《开元》《政和》诸礼并先禫后祔。《家礼》用《书仪》，而与《政和礼》之为时制者，显有参差。今制，无迁庙之文，即以禫祭为升祔之祭。案《说文》：祔，从祖合食。卒哭而祔，斯谓之从祖合食，至于迁庙而以昭穆为叙，不得云祔食。若士大夫寝堂奉祀四代神主于龛，乃所谓祔也。升祔而后，除丧，除丧而后，复寝，后有议礼者，无以易此矣。

司马氏居丧杂仪

《檀弓》曰：始死，充充如有穷；既殡，瞿瞿如有求而弗得；既葬，皇皇如有望而弗至。练而慨然，祥而廓然。颜丁善居丧：始死，皇皇如有求弗得；及殡，望望焉如有从而弗及；既葬，慨焉如不及其反而息。

《杂记》：孔子曰：少连，大连善居丧，三日不怠，三月不懈，期悲哀，三年忧。

《丧服四制》曰：仁者可以观其爱焉，知者可以观其理焉，强者可以观其志焉。礼以治之，义以正之。孝子、弟弟、贞妇，皆可得而察焉。

《曲礼》曰：居丧未葬，读丧礼。既葬，读祭礼。丧复常，读乐章。

《檀弓》曰：大功废业，或曰：大功诵可也。

《杂记》：三年之丧，言而不语，对而不问。

《丧大记》：父母之丧，非丧事不言。既葬，与人立，君言王事，不言国事。大夫士言公事，不言家事。

《檀弓》：高子皋执亲之丧，未尝见齿。

《杂记》：疏衰之丧既葬，人请见之则见，不请见人。小功，请见人可也。又：凡丧，小功以上，非虞祔练祥无沐浴。

《曲礼》：头有创则沐，身有疡则浴。

《丧服四制》：百官备，百物具，不言而事行者，扶而起。言而后事行者，杖而起。身自执事而后行者，面垢而已。凡此，皆古礼，今之贤孝君子必有能尽之者，自馀相时量力而行之，可也。

校订朱子家礼卷五

祭礼

四时祭

时祭用仲月前旬卜日。孟春下旬之首，择仲月三旬各一日，或丁或亥。主人盛服立于祠堂中门外，西向。兄弟立于主人之南，少退，北上。子孙立于主人之后，重行，西向，北上。置卓子于主人之前，设香炉、香合、杯珓及盘于其上。主人搢笏，焚香，薰珓，而命以上旬之日，曰："某将以来月某日诹此岁事，适其祖考，尚飨。"即以珓掷于盘，以一俯一仰为吉。不吉更卜中旬之日，又不吉则不复卜，而直用下旬之日。既得日，祝开中门，主人以下北向立，如朔望之位，皆再拜。主人升，焚香再拜。祝执辞跪于主人之左，读曰："孝孙某将以来月某日，祗荐岁事于祖考，卜既得吉，敢告。"用下旬日则不言卜。既得吉，主人再拜，降，复位，与在位者皆再拜。祝阖门，主人以下复西向位。执事者立于门西，皆东面，北上。祝立于主人之右，命执事者曰："孝孙某将以来月某日，荐岁事于祖考。"有司具修，执事者应曰："诺。"乃退。

案：《王制》详天子诸侯宗庙四时之祭，不及大夫，而统言大夫士宗庙之祭，有田则祭，无田则荐。三代大夫士皆有世禄，所谓田者，世禄也，子孙世守之，则宗庙之祭，可以无废，其初试为大夫不及授田，即不得立庙，无庙则无祭，岁时奉祀于寝，但有荐而已。据《周礼》大司马中夏享礿，中冬享烝，似三代祭礼皆用中月，而《月令》言孟冬大饮烝。郑注《王制》遂谓祭以首时，荐以中月。《春秋》桓五年《左传》始杀而尝，闭蛰而烝。杜注始杀建酉之月，闭蛰建亥之月。据夏正言之，而尝以仲月，烝以孟月，不限以时。《续汉书·祭祀志·四时祭》：春以正月，夏以四月，秋以七月，冬以十月。疑三代祭祀筮日无常月，至汉始有定制耳。《王制》：春荐韭，夏荐麦，秋荐黍，冬荐稻。《月令》：季秋之月，以犬尝稻。似稻熟以季秋，若今晚稻之类。天子诸侯宗庙亦有荐新，庶人无祭，但荐新而已。麦熟以四月，稻熟以七月，疑荐新正当以孟月。《家礼》为士大夫通行之礼，四时之祭，犹古，荐新当于寝行之。《士丧礼》：有荐新，如朔奠。是士礼亦荐，荐用特豚鱼腊三鼎，亦与祭同，惟礼稍杀耳。祭礼合用之器，合用之人，视荐为繁，士大夫之家有不能通行者矣。

前期三日斋戒。前期三日，主人帅众丈夫致斋于外。主妇帅众妇女致斋于内。沐浴更衣，饮酒不得至乱，食肉不得茹荤。不吊丧，不听乐，凡凶秽之事皆不得与。

前一日设位陈器。主人帅众丈夫深衣，及执事洒扫正寝，洗拭倚卓，务令蠲洁。设高祖考妣位于堂西，北壁下，南向，考西妣东，各用一倚一卓而合之。曾祖考妣，祖考妣，考妣，以次而东，皆如高祖之位。世各为位，不属祔位，皆于东序西向北上，或两序相向，其尊者居西，妻以下则于阶下。设香案于堂中，置香炉、香合于其上。束茅聚沙于香案前及逐位前地上。设酒架于东阶上，别置卓子于其东，设酒注、酹酒盏一，盘一，受胙盘一，匕一，巾一，茶合、茶筅、茶盏、托、盐楪、醋瓶于其上。火炉、汤瓶、香匙、火筯于西阶上，别置卓子于其西，设祝版于其上。

设盥盆、帨巾各二于阼阶下之东西，其西者有台架，又设陈馔大床于其东。

省牲，涤器，具馔。主人帅众丈夫深衣，省牲，莅杀。主妇帅众妇女背子，涤濯祭器，洁釜鼎，具祭馔。每位果一品，菜蔬及脯醢各三品，肉鱼馒头糕各一盘，羹饭各椀，肝各一串，肉各二串，务令精洁。未祭之前，勿令人先食及为猫犬虫鼠所汙。

厥明，夙兴，设蔬果酒馔。主人以下深衣，及执事者俱诣祭所，盥手，设果楪于逐位卓子南端，蔬菜脯醢相间次之，设盏盘、醋楪于北端，盏西，楪东，匙筯居中，设元酒及酒各一瓶于架上。元酒，其日取井花水，充在酒之西。炽炭于炉，实水于瓶。主妇背子炊煖祭馔，皆令极热，以合盛出，置东阶下大床上。

质明，奉主就位。主人以下各盛服，盥手，帨手，诣祠堂前，众丈夫叙立，如告日之仪。主妇西阶下，北向立。主人有母，则特位于主妇之前，诸伯叔母诸姑继之，嫂及弟妇姊妹在主妇之左，年分长于主母主妇者，皆少进，子孙妇女内执事者，在主妇之后，重行，皆北向东上。立定，主人升自阼阶，搢笏，焚香，出笏，告曰："孝孙某，今以仲春之月，有事于皇高祖考某官府君，皇高祖妣某封某氏，皇曾祖考某官府君，皇曾祖妣某封某氏，皇祖考某官府君，皇祖妣某封某氏，皇考某官府君，皇妣某封某氏，以某亲某官府君，某亲某封某氏祔食。敢请神主出就正寝，恭伸奠献。"告辞，春夏秋冬，各随其时。祖考有无官爵封谥，皆如题主之文，祔食谓旁亲无后者，及卑幼先亡者，无即不言。告讫，搢笏，敛椟，正位、祔位各置一笥，各以执事者一人捧之。主人出笏前导，主妇从后，卑幼在后。至正寝，置于西阶卓子上。主人搢笏，启椟，奉诸考神主出就位。主妇盥帨，升，奉诸妣神主，亦如之。其祔位则子弟一人奉之。既毕，主人以下皆降，复位。

案：《家礼》言立祠堂正寝之东，即《礼经》左宗庙之遗意。祠堂亦庙制也，正寝为所居室之前堂，似未宜舍庙而致祭于寝。据《特牲礼》：祝筵几于室中东面。《少牢礼》：司宫筵于奥，祝设几于筵上。似凡祭，皆于庙寝，而《王制》言祭有特，有祫。春秋文二年，大事于太庙，《公羊》《穀梁》并云禘祭毁庙之主，陈于太祖，未毁庙之主皆升，合食于太祖。《曾子问》云庙无虚主，惟祫祭于祖，为无主。祠堂之制，为四龛，以奉先世。神主祭则设几筵于堂，而奉主于筵。盖古者事神于室，而今于堂，此礼之不相袭者也。古者，五庙三庙皆特祭，祫祭则于祖庙，今奉群主于一庙，则惟祫祭而已，此礼之可以相袭者也。是以《曾子问》庙无二主之言，不能行于今，而其庙无虚主之言，则亦不能戾于古。《家礼》四时祭皆奉主于正寝，则是庙主常虚，而祭礼一行之于寝，亦近于亵，此所不能安也。

参神。主人以下叙立，如祠堂之仪，立定，再拜。若尊长老疾者，休于他所。

降神。主人升，搢笏，焚香，出笏，少退立。执事一人开酒取巾，拭瓶口，实酒于注，一人取东阶卓上盘盏，立于主人之左，一人执注立于主人之右。主人搢笏，跪，奉盘盏者亦跪，进盘盏，主人受之，执注者亦跪，斟酒于盏，主人左手执盘，右手执盏，灌于茅上，以盘盏授执事者，出笏，俯伏，兴，再拜，降复位。

案：灌地降神之说，起于《白虎通》康成注，《礼》于《小宰》之赞祼将云：酌郁鬯以献尸，谓之祼。祼之言灌也，明不为饮主，于《郊特牲》之灌用鬯臭，云：灌以圭瓒，酌鬯献尸。于《甸师》之共萧茅，云以缩酒。缩酒，泲酒也。于《郊特牲》之缩酌用茅。云藉之以茅，缩去滓酒。既泲，则斟之，以实尊彝。其注《禹贡》：包匭菁茅。亦云给宗庙缩酒，一準《礼经》之文以为说。盖《周礼·鬯人》共秬鬯，《郁人》和郁鬯以实彝，所以施之裸献者。《甸师》祭祀共萧茅，萧以为焫萧合馨香之用，茅以缩酒，其用各别。《说文》：莤礼，祭束茅加于裸圭，而灌鬯酒，是为莤。象神歆之也。《春秋传》曰：尔贡包茅不入，王祭不共，无以莤酒。《伐木》诗：有酒湑我。毛传：湑，莤之也。疏引《释文》：莤，谓以茅泲之，而去其糟。是莤酒者，明其用缩酒者；著其义，泲之使清而已。郑氏兴注《周礼》：束茅立之祭前，沃酒其上，酒渗其下，若神饮之，故谓之缩。孔氏安国注《论语》：灌者，酌郁金，灌以降神。是灌神之说，传自汉儒，乃始合灌与缩酒为一。《司马书仪》：此礼今难行于士民之家，但用焚香酹酒以代之，其说至允。然《白虎通》及孔氏安国所云灌地降神者，郁鬯也，《说文》并据束茅言之，而犹用鬯酒以灌，是所重固在鬯也，疑当仍仿《书仪》酹酒而已，因以郁金和之，以发其气。案《周礼》固有郁人、鬯人之分，郑注：鬯酿秬为酒，郁，郁金香草，宜以和鬯。《王制》天子赐之瓒，然后为鬯，《书》用赉尔秬鬯一卣，《诗》：厘尔圭瓒，秬鬯一卣，盖裸献用鬯，必天子之赐乃得为之。《大行人》：上公再裸而酢，侯伯一裸而酢，子男一裸不酢。凡大国之孤以下无裸，似裸礼惟天子诸侯有之。裸用圭瓒，而后为鬯，其始献之礼，以香草和之，自天子下至庶人，同也。《白虎通》《广雅》并云天子祭以鬯，诸侯以熏，大夫以茝兰，士以萧，庶人以艾。天子用郁和鬯，故专以鬯言之，其馀所用薰兰萧艾之香草不同，而煮酒以和之，则同。朱子以为郁鬯非士大夫所得僭是也，而不知郁鬯二者，其用各别，经义实自分明也。盖束茅缩酒语出汉儒，非《礼经》之意，而郁鬯之为始献，实原周人尚臭之义，其事为有所本也。

进馔。主人升，主妇从之，执事者一人以盘奉鱼肉，一人以盘奉米面食，一人以盘奉羹饭从，升，至高祖位前。主人搢笏，奉肉，奠于盘盏之南。主妇奉面食，奠于肉西。主人奉鱼，奠于醋楪之南。主妇奉米食，奠于鱼东。主人奉羹，奠于醋楪之东。主妇奉饭，奠于盘盏之西。主人出笏，以次设诸正位，使诸子弟妇女各设祔位。皆毕，主人以下皆降，复位。

初献。主人升，诣高祖位前。执事者一人执酒注，立于其右。冬月即先煖之。主人搢笏，奉高祖考盘盏位前东向立。执事者西向，斟酒于盏，主人奉之，奠于故处。次奉高祖妣盘盏，亦如之。出笏，位前北向立。执事者二人奉高祖考妣盘盏立于主人之左右。主人搢笏，跪。执事者亦跪。主人受高祖考盘盏，右手取盏，祭之茅上，以盘盏授执事者，反之故处，受高祖妣盘盏，亦如之。出笏，俯伏，兴，少退，立。执事者炙肝于炉，以楪盛之。兄弟之长一人奉之，奠于高祖考妣前匙筯之南。祝取版立于主人之左，跪读曰："维年岁月朔日，孝元孙某官某敢昭告于皇高祖考某官府君、皇高祖妣某封某氏'气序流易，时维仲春，追感岁时，不胜永慕，敢以洁牲柔毛，粢盛醴齐，祗荐岁事，以某亲某官府君、某亲某封某氏祔食，尚飨。'"毕，兴。曾祖前称孝曾孙，祖前称孝孙，考前称孝子，改"不胜永慕"为"昊天罔极"。凡祔者，伯叔祖父祔于高祖，伯叔父祔于曾祖，兄弟祔于祖，子行祔于考，馀皆仿此，如本位无，即不言以某亲祔食。祖考无官及改夏秋冬字皆已见上。主人再拜，退，诣诸位，献祝如初。每逐位读祝毕，即兄弟众男之不为亚终献者，以次分诣本位所祔之位，酌献如仪，但不读祝。献毕，皆降复位。执事者以他器彻酒及肝，置盏故处。

亚献。主妇为之，诸妇女奉炙肉及分献，如初献仪，但不读祝。

终献。兄弟之长或长男或亲宾为之。众子弟奉炙肉及分献，如亚献仪。

侑食。主人升，搢笏，执注，就斟诸位之酒，皆满，立于香案之东南。主妇升，扱匙饭中，西柄，正筯，立于香案之西南。皆北向，再拜，降复位。

阖门。主人以下皆出。祝，阖门，无门处即降帘可也。主人立于门东，西向，众丈夫在其后。主妇立于门西，东向，众妇女在其后。如有尊长，则少休于他所。此所谓厌也。

启门。祝声三噫歆，乃启门。主人以下皆入。其尊长先休于它所者以入，就位。主人主妇奉茶，分进于考妣之前祔位，使诸子弟妇女进之。

受胙。执事者设席于香案前。主人就席，北面。祝，诣高祖考前，举酒盘盏，诣主人之右。主人跪，祝亦跪，主人搢笏，受盘盏，祭酒，啐酒。祝取匙并盘，抄取诸位之饭各少许，奉以诣主人之左，嘏于主人曰："祖考命工祝，承致多福于汝孝孙，使汝受禄于天，宜稼于田，眉寿永年，勿替引之。"主人置酒于席前，出笏，俯伏，兴，再拜，搢笏，跪，受饭尝之，实于左袂，挂袂于季指。取酒啐饮。执事者受盏，自右置注旁，受饭，自左亦如之。主人执笏，俯伏，兴，立于东阶上，西向。祝，立于西阶上，东向，告利成，降，复位，与在位者皆再拜。主人不拜，降复位。

辞神。主人以下皆再拜。

纳主。主人主妇皆升，各奉主纳于椟。主人以笥敛椟，奉归祠堂，如来仪。

彻。主妇还，监彻酒之在盏注它器中者，皆入于瓶，缄封之，所谓福酒。果蔬肉食并传于燕器，主妇监涤祭器而藏之。

馂。是日，主人监分祭胙品，取少许置于合，并酒皆封之，遣仆执书归胙于亲友。遂设席，男女异处，尊行自为一列，南面。

自堂中东西分首，若止一人，则当中而坐，其馀以次相对，分东西向。尊者一人先就坐，众男叙立，世为一行，以东为上，皆再拜。子弟之尊者一人少进立，执事者一人执注，立于其右，一人执盘盏，立于其左。献者搢笏，跪。弟献则尊者起立，于子侄，则坐受注斟酒，反注受盏，祝曰："祀事既成，祖考嘉飨，伏愿某亲，备膺五福，保族宜家。"授执盏者，置于尊者之前。长者出笏，尊者举酒，毕，长者俯伏，兴，退复位，与众男皆再拜。尊者命取注及长者之盏置于前，自斟之，祝曰："祀事既成，五福之庆，与汝曹共之。"命执事者以次就位，斟酒皆遍长者进跪，受饮毕，俯伏，兴，退立。众男进揖，退立，饮。长者与众男皆再拜。诸妇女献女尊长于内，如众男之仪，但不跪。既毕，乃就坐，荐肉食。诸妇女诣堂前献男尊长寿。男尊长酢之如仪。众男诣中堂献女尊长寿，女尊长酢之如仪。乃就坐，荐面食。内外执事者各献内外尊长寿如仪，而不酢，遂就斟，在坐者遍俟，皆举，乃再拜退。遂荐米食，然后泛行酒，间以祭馔，不足则以他酒他馔益之。将罢，主人颁胙于外仆。主妇颁胙于内执事者。遍及微贱，其日皆尽，受者皆再拜，乃彻席。

凡祭，主于尽爱敬之诚而已。贫则称家之有无，疾则量筋力而行之。财力可及者，自当如仪。

初祖惟继始祖之宗得祭。

冬至祭始祖。程子曰：此厥初生民之祖也。冬至一阳之始，故象其类而祭之。

案《礼》，宗庙皆四时祭，冬至祭天，以祖配之，则以祖配天，而祀之于郊所，祭天也。诸侯以下，固有不得行矣。《程子》创为冬至祀始祖之说，沿至于今。士庶以下皆得立宗祠，以祀始祖，而敬宗收族之义，即行于报本追远之中。自《程子》一言发其端，而言礼者，得有所据，依以为建立宗祠之本，斯所谓仁之至，义之尽也。据《王制》，四时之祭，有祫，有禘。先祖之祭，正不必别异。今俗，立始祖庙，始祖以下，皆得祔祭，立先祖庙，先祖以下，皆得祔祭。琼山邱氏乃谓合族同居者，当行立春一祭，而冬至之祭，可不行，既乖《程子》本意，立春一祭，于《礼》亦无征也。

又案三代始祖之祭，皆始有国者，其终为天子，由有国以立之基，故奉以为始祖。大夫士无世官，不得有始祖，而三代宗法，通及士庶人，天子诸侯之子封国及为大夫，谓之别子，士庶以下别立族姓，亦别子也。别子为祖，自祖以上或限于势位，若诸侯不敢祖天子，大夫不敢祖诸侯，是也。或穷于所承受，若始迁祖是也，始迁祖以前派别不可详，而姓氏无所系，不得立宗。是以别子为祖者，别立族姓，谓之大宗，自祖以下支分派别，谓之小宗。《大传》言：别子为祖，继别为宗。实通士庶人言之，三代宗法，所由立也。《内则》若富，具二牲献其贤者，于宗子夫妇皆斋而宗敬焉，终事而后，敢私祭。所谓支子，又通大宗小宗言之，惟宗子得主所宗之祭，私祭则其祖祢也。无始祖先祖之祭，则宗法无由立七庙、五庙、三庙之分庙制之等也，其得上祭，所宗之祖，则同《程子》始祖先祖之祭，仁至义尽之言也。求之于《礼》，实不能越朱子谓王朝之大夫自上世至后世，皆不变其初来姓号，即所谓别立族姓者，《礼》《家》沿别子为祖之义，以崛起为公卿者，子孙得奉之为始祖，于义舛矣。

前期三日斋戒。如时祭之仪。

前期一日设位。主人众丈夫深衣，帅执事者洒扫祠堂，涤濯器具，设神位于堂中间北壁下，设屏风于其后，食床于其前。

陈器。设火炉于堂中，设炊烹之具于东阶下盥东，炙具在其南，束茅以下并同时祭。主妇众妇女背子，帅执事者涤濯祭器，洁釜鼎，具果楪六，盘三，杅六，小盘三，盏盘匙筯各二，脂盘一，酒注、酹酒盘盏一，受胙盘匙一。案：此本合用古祭器，今恐私家或不能办，且用今器以从简便。神位用蒲荐加草席，皆有缘，或用紫褥，皆长五尺，阔二尺有半。屏风如枕屏之制，足以围席三面。食床以版为面，长五尺，阔三尺馀，四围亦以版，高一尺二寸，二寸之下乃施版，面皆黑漆。

具馔。晡时杀牲，主人亲割，毛血为一盘，首、心、肝、肺为一盘，脂杂以蒿为一盘，皆腥之，左胖不用，右胖前足为三段，脊为三段，胁为三条，后足为三段，去近窍一节不用，凡十一体。饭米一杅，置于一盘。蔬果各六品。切肝一小盘。切肉一小盘。

厥明，夙兴，设蔬果酒馔。主人深衣，帅执事者设元酒瓶及酒瓶于架上，酒注、酹酒盘盏、受胙盘匙各一于东阶卓子上。祝版及脂盘于西阶卓子上，匙筯各一于食床北端之东西，相去二尺五寸，盘盏各一于筯西，果子在食床南端，蔬在其北。毛血腥盘切肝肉皆陈于阶下馔床上。米实阶下炊具中。十一体实烹具中，以火爨而熟之。盘一，杅六，置馔床上。

质明，盛服就位。如时祭仪。

降神，参神。主人盥，升，奉脂盘诣堂中炉前，跪告曰："孝孙某今以冬至，有事于皇始祖考，皇始祖妣，敢请尊灵降居神位，恭伸奠献。"遂燎脂于炉炭上，俯伏，兴，少退，立，再拜。执事者开酒，主人跪，酹如时祭之仪。

进馔。主人升，诣神位前。执事者奉毛血腥肉以进。主人受，设之于蔬北西上。执事者出熟肉，置于盘，奉以进。主人受，设之腥盘之东。执事者以杅二盛饭，杅二盛肉湆不和者，又以杅二盛肉湆以菜者，奉以进。主人受，设之，饭在盏西，太羹在盏东，铏羹在太羹东。皆降，复位。

初献。如时祭之仪，但主人既俯伏兴，兄弟炙肝加盐，实于小盘，以从祝，辞曰："维年岁月朔日，孝孙姓名，敢昭告于皇初祖考，皇初祖妣，今以仲冬阳至之始，追惟报本，礼不敢忘，谨以洁牲柔毛，粢盛醴齐，祗荐岁事。尚飨。"

亚献。如时祭之仪，但众妇炙肉加盐以从。

终献。如时祭及上仪。

侑食，阖门，启门，受胙，辞神，彻，馂。并如时祭之仪。

先祖继始祖高祖之宗得祭。继始祖之宗，则自初祖而下，继高祖之宗，则自先祖而下。

立春祭先祖。程子曰：初祖以下，高祖以上之祖也。立春生物之始，故象其类而祭之。

案《内则》：终事而后敢私祭。是始祖先祖之祭，宗子主之，亦以四时祭礼，有祧有祔。《礼经》言之綦详，而无埋主之文，疑自士庶人以上，皆有祧主。天子诸侯祧主于太庙之夹室，大夫三庙，当于皇考庙之后寝，士一庙，当于祢庙之后寝，庶人祭寝略与士同，始祖先祖之祭，略与大夫以上之祫祭同。《程子》析为冬至立春二祭，以义制礼，不必悉依于古，然古之所谓始祖，盖有国有家者之始也，故当奉之为太祖，而祫祭合食群祖，亦于太祖庙。后世族姓源流多无可纪，从其可纪者以为始祖，则始祖群祖之祭，同出于追远之意，而无可奉之以为太祖者，故尝疑近世宗祠之制，若古祧庙其祭若古祫祭而祀其所出之祖，则其下之子姓咸属焉，犹古宗法之遗也。岁以冬至气始，合而祀之，不必别为先祖之祭，其四代之祭，以时荐新，各于其寝，有事则告。推求

《家礼》之意，以上合古礼，下不远于今之制，殆无以易此。

前三日斋戒。如祭初祖之仪。

前一日设位陈器。如祭初祖之仪，但设祖考神位于堂中之西，祖妣神位于堂中之东。蔬果楪各十二，大盘六，小盘六，馀并同。

具馔。如祭初祖之仪，但毛血为一盘，首心为一盘，肝肺为一盘，脂膋为一盘，切肝两小盘，切肉四小盘，馀并同。

厥明夙兴，设蔬果酒馔。如祭初祖之仪，但每位匙筯各一，盘盏各二，置阶下馔床上，馀并同。

质明，盛服就位，降神参神。如祭初祖之仪，但告辞改始祖为先祖。

进馔。如祭初祖之仪，但先诣祖考位，奉毛血首心、前足上二节、脊三节、后足上一节，次诣祖妣位奉肝肺、前足一节、胁三节、后足下一节，馀并同。

初献。如祭初祖之仪，但献两位，各俯伏，兴，当中少立。兄弟炙肝两小盘以从。祝词改“初祖”为“先祖”，“仲冬阳至”为“立春生物”。馀并同。

亚献，终献。如祭初祖之仪，但从炙肉各二小盘。

侑食，阖门，启门，受胙，辞神，彻，馂。并如祭初祖仪。

祢继祢之宗以上皆得祭，惟支子不祭。

季秋祭祢。程子曰：季秋成物之始，亦象其类而祭之。

案《孝经》：郊祀后稷以配天，宗祀文王于明堂，以配上帝。《月令》：季秋大飨帝。先儒遂以大飨明堂当之。《程子》季秋祭祢，义原于此，然考古礼，无专祭祢之文。《商书》云：典祀无丰于昵。昵，即祢也。《王制》：天子诸侯将出，造乎祢，出造乎所亲。庙所谓出必告也，非典祀所系，抑古庙制皆有专主，士一庙但祢而已，祖以上主皆祧。自唐以后，庙制皆同堂异室，故《家礼》时祭并及四代，而于季秋专主祭祢之文，是丰于昵也。《程子》準古明堂大飨之义，以季秋祭祢当之，似较始祖之祭为尤僭。四世之主同列一堂，而于祢独增季秋一祭，于礼似有未安。

前一月下旬卜日。如时祭之仪，惟告辞改“孝孙”为“孝子”，又改“祖考妣”为“考妣”。若母在，则止云“皇考”，告于本龛之前。馀并同。

前三日斋戒，前一日设位陈器。如时祭之仪，但止于正寝，合设两位于堂中西上，香案以下并同。

具馔。如时祭之仪二分。

厥明，夙兴，设蔬果酒馔。如时祭之仪。

质明，盛服，诣祠堂，奉神主出就正寝。如时祭于正寝之仪，但告辞云：“孝子某，今以季秋成物之始，有事于皇考某官府君，妣某封某氏。”

参神，降神，进馔，初献。并如时祭之仪，但祝辞曰：“今以季秋成物之始，感时追慕，昊天罔极。”馀同。

亚献，终献，侑食，阖门，启门，受胙，辞神，纳主，彻，馂。并如时祭之仪。

忌日

前一日斋戒。如祭祢之仪。

设位。如祭祢之仪，但止设一位。

陈器。如祭祢之仪。

具馔。如祭祢之仪一分。

厥明，夙兴，设蔬果酒馔。如祭祢之仪。

质明，主人以下变服。祢则主人兄弟黪纱幞头，黪布衫，布裹，角带。祖以上则黪纱衫。旁亲则皂纱衫。主妇特髻去饰，白大衣，淡黄帔。馀人皆去华盛之服。

诣祠堂，奉神主出就正寝。如祭祢之仪，但告词云："今以某亲某官府君远讳之辰，敢请神主出就正寝，恭伸追慕。"馀并同。

参神，降神，进馔，初献。如祭祢之仪，但祝词云："岁序流易，讳日复临，追远感时，不胜永慕。"考妣改"不胜永慕"为"昊天罔极"。旁亲云："讳日复临，不胜感怆。"若考妣则祝，兴，主人以下哭尽哀。馀并同。

亚献，终献，侑食，阖门，启门，辞神，纳主，彻馔。注：如祭祢之仪。

是日不饮酒，不食肉，不听乐，黪巾素服素带以居，夕寝于外。

墓祭

三日上旬择日，前一日斋戒。如家祭之仪。

具馔。墓上每分如时祭之品，更设鱼肉米面食各一大盘，以祀后土。

厥明，洒扫。主人深衣，帅执事者诣墓所，再拜，奉行茔域内外，环绕哀省三周。其有草棘，即用刀斧钼斩芟夷。洒扫讫，复位再拜。又除地于墓左，以祭后土。

布席陈馔。用新洁席陈于墓前，设馔如家祭之仪。

参神，降神，初献。如家祭之仪，但祝辞云："某亲某官府君之墓，气序流易，雨露既濡，瞻扫封茔，不胜感慕。"馀并同。

亚献，终献。并以子弟亲宾为之。

辞神，乃彻，遂祭后土，布席，陈馔。四盘于席南端，设盘盏匙筯于其北，馀并同上。

降神，参神，三献。同上，但祝词云："某官姓名，敢昭告于后土之神，某恭修岁事于某亲某官府君之墓，惟时保佑，实赖神休，敢以酒馔，敬伸奠献，尚飨。"

辞神，乃彻而退。

案：古无墓祭，然曾子言椎牛祭墓，孟子言东郭墦间之祭，盖自春秋战国，已相沿为俗矣。汉兴，因事祭墓，遂为盛典。东汉之初，光武令功臣王常、冯异、吴汉等过家上冢，知当时上冢已成通俗，假诏命以荣之。唐开元时，寒食上冢，编入五礼，遂为常式。今制，上坟常祭，祭筵羊只，照定例减半。而《通礼》载拜扫以寒食霜降为期，其仪惟具酒馔，盖即本之《家礼》。以春秋祭扫，通群祖之墓言之，必依常祭供具，其力亦有不及，以时行坟域，眂封树，除翦荆棘，具酒馔拜谒而已，其乡会试得科第授官及封诰，焚黄，乃斟酌典礼行之，使其诚足以上达而礼足以取备，所当参考，以尽其义者也。

大学章句质疑

大学章句质疑序

朱子辑《四书》，首列《大学》，为于其中分经传，所以谓经者，孔子之言，尊之以冠于《论语》之前。自言于《大学》用功最久，见于《或问》。其《答门人书》：“《中庸》前人论说多，时有差舛，驳杂不易，不如《大学》从未有著录，是以编次《大学》，因程子考订之本，更加纂辑，使章句相为附属。”盖非独详其文义而已，躬行而实有得焉，足以穷其节目而究其精微也。元世定为科举甲令，学者尊其说八百馀年。

其要义所系尤在格物致知一传，攻之者亦用是为射者之的。姚江之说行，聚讼纷纷，讫明之终，其说交胜。而朱子切己之学，循序渐进之功，于学者为有据依，老师大儒，笃信谨守，无敢失坠。

雍乾之交，朴学日昌，博闻强力，实事求是，凡言性理者屏不得与于学，于是风气又一变矣。乃至并《大学》、《中庸》之书蔑视之，以为《礼运》、《学记》之支言绪论。要其义蕴之闳深，研之而愈出，析之而愈精，郑注《礼记》之文具在，视章句所发明，岂足校其毫厘分寸哉！

嵩焘于朱子之书沉潜有年，而知圣人尽性以尽人物之性，统于明德、新民二者，而其道一裕之学，学者致知、诚意，极于修身止矣。致知之道广而具于心者约，诚意之功严而尽天之事固无不包也。格物者，致知之事也。物者何？心身家国天下是也。格物之事何？所以正之修之齐之治之平之者是也。格者，至也。穷极物之理而不遗。格者，又明有所止也。揆度物之情而不逾其则，知此，则《大学》一书完具无缺。数百年辨争盖皆求之于外，而于中之要领有未究也。用其书以求朱子之学，深味而力行之可也；强《大学》之书以从朱子，比类而附之，循章以求之，则亦徒见其陵越而已。当朱子时，陆子寿氏谓《论语》、《孟子集注》纯实精洁传世之书，而疑《大学》、《中庸》章句为未至。嵩焘心契其说，而谓朱子之言理后人无能有易也，而求之过密，析之过纷，可以言学而不可以释经。稍因朱子章句就经以求其义，而后此经之微言大谊以明，即朱子之言惟其所以附丽之而精神愈出。尊经也，亦即所以尊朱子也。

时光绪十六年夏六月朔日，湘阴郭嵩焘自序。

大学章句质疑后序

郭筠仙先生为《大学章句质疑》既有年，先谦始得受读卒业。谨推其义而为之说曰：《大学》一书，圣功王道备矣，而其要莫先致知，知止也，知所先后也，皆知之事也。知止然后见圣功无不贯，知先后然后见王道无速成，是故明乎天下国家之必本于修身，而治乱厚薄之几可以立决。此知先后即知本也。明乎诚意为明德、新民之要，知其所当止而反求之，而圣德之宣昭，至于使民怀而不能忘，畏而不敢欺，故曰诚者非自成己而已也，所以成物也。至诚而不动者，未之有也。此知止亦即知本也。知止所以得道，而知先后已近之矣。明德新民其为物一也，既曰物有本末，即曰知所先后，是致知在格物也，格，即格其本末也。物格而后知至，故知本即为知之至也，推吾身心以达之家国天下，必好恶得其正而不可有辟，而其行政用人所以同民好恶者，则德本财末足以该之。此君子所谓絜矩之道也，格者，度也。《文选·芜城赋》：格高五岳。李注引《苍颉篇》云：格，量度也。絜，亦度也。郑注：絜，犹结也；挈也。君子有絜法之道，谓当执而行之。又云：絜矩之道，善持其所有，以恕于人耳。郑云：絜，犹结也。挈也者，《释名》：挈，结也，结束也，束持之也。明挈、结非有二义，并取同声字为训，总谓执持其矩耳。朱注：絜，度也，《或问》何谓言絜之为度也？曰：此庄子所谓絜之百围之木；贾子所谓度长絜大者也。愚按：絜训麻一耑，无持度意。郑、朱二说皆读絜为挈。《曲礼》，《释文》：挈又作絜。挈，壶氏注挈读如絜发之絜，是挈、絜字通。《说文》：挈，县（悬）持也，持此者可以度彼，故挈又引申训为度。郑云：善，持其所有以恕于人，亦持己度物之意，二说元可通。格物与絜矩无二义也，通天下之人情而剂其平，即以操天下之物理而无所遁，而岂有他也哉？

自魏世考正石经，以为此书序次倒乱，宋儒各加论定，而朱子《章句》为学者所宗，其补致知格物，传开示入道之门，用心至勤，而缘此聚讼者亦滋纷，循经以求之，然后知其理已具也。《章句》释物有本末，曰明德为本，新民为末，是所谓物者显属之明德新民矣，而舍此以言格物何谓也？其释格物曰物犹事也，是固即事穷理之义而补传之言曰：即凡天下之物，莫不因其已知之理而益穷之，以求至乎其极，世之学者疑其言浩渺无涯涘。今夫先王以礼治天下，大之极于郊社宗庙之崇，而微之通乎箕帚乾糇之故，可谓繁赜而无算矣，而其要惟在因人情而为之制，是大人格物之学也。外是而言格物，非大人所以为学也。明乎此，奚以补传为哉？

凡读古书，因其条理而为之节目而已，不当以已意与乎其间。如章句所云，殆犹以已意与其间者也。先生此书还古本之旧观，息数百年之辨争，使大义粲然复明于世，为功于学术治道甚钜。先谦深味其旨，复有见于格物絜矩相通之理，稍著其义于简末，几附先生之书以不朽，或于圣贤垂训之意不无一当云。

光绪十六年岁次庚寅秋七月，长沙馆后学王先谦顿首谨叙。

大学章句质疑

案：魏正始中，诏虞松等考正五经，刻之于石。《大学》原本序次最为倒乱，于义无取。程子以《大学》为有错简，盖亦有由来矣。明道移“克明德”至“止于信”，于“则近道矣”下，移“听讼”节于“节南山”节下，至伊川始定为今本，而于“此谓知本”、“此谓知之至也”二语犹莫知所属。朱子别为章句，于经文两言“此谓知本”，以其一为衍文，学者至今宗之。

其后董氏槐移“知止”以下二节于“听讼”节下，为传四章，以释“致知格物”。叶氏梦鼎、王氏相、车氏清臣及方正学先生皆主之。崔氏铣但移“诚意”章于“听讼”章后为“诚意”传，馀并从古本。王氏馀英《四书求是》主之，皆各以其意改定经文。

秦氏笃辉则以“知止”以下为“致知”传，“诚意”以下为“诚意”传。黄氏晟又以“致知在格物”，为“致知”传，“诚意”以下四节为“诚意”传，“淇澳”二节极言“致知诚意”之效，《康诰》四节释“明”，《盘铭》四节释“新”，《邦畿》三节释“止”，“听讼”节释“新民”，本于“明德”。安溪李文贞公《大学古文说》直以首章总论大意而归重格物之指，次章申释意之义，所见又各不同。

要之，《大学》本无经传之分，而“致知”、“诚意”二者实为入学之要义，经文别分两节详论之，而先于篇首略举其大要，当以安溪之说为断，而仍以开章四节为通论《大学》之要，而于“知止”两节先透出“致知诚意”之相因，以明《大学》之本，章旨极为完密，无庸纷纷改易经文以从己意也。

子程子曰："《大学》，孔氏之遗书，而初学入德之门也。于今可见古人为学次第者，独赖此篇之存，而《论》、《孟》次之。学者必由是而学焉，则庶乎其不差矣。"

案：《论》、《孟》是圣贤立教大旨，修己治人之术赅备其中，《大学》自是一篇整段工夫，子思之传圣学，具见于此，以是见为学次第可也。似未宜与《论》、《孟》比校次第，疑朱子录此当节去"而《论》、《孟》次之"五字。

又案：《汉书·艺文志》曾子十八篇，今《大戴记·曾子立事篇》至《曾子天圆篇》凡十篇，皆记曾子之言而以曾子名篇。《小戴记·曾子问》一篇则记曾子问于孔子之言。《孝经》开端言"孔子居，曾子侍"。及《大戴记·王言》一篇，盖皆记曾子问孔子之言。《艺文志》所载曾子十八篇大率此类。《大学》诚意章引曾子之言，馀惟两引孔子之言，而不详作者之名。贾逵云：子思穷居于宋，作《大学》以经之，《中庸》以纬之。《圣门通考》云：周威烈王三十一年，子思作《中庸》，传《大学》。是皆谓《大学》子思作也。程子云"《大学》，孔氏之遗书"极允，朱子分经传而以曾子传孔子之言为经，门人述曾子之言为传，似属以意拟之。

又案：《史记》威烈王二十四年崩，上距孔子之卒七十七年。《孔子世家》载子思年六十二，子思之生尚在伯鱼未卒之前，下及威烈王之世已五十六年，而威烈王又并无三十一年，《圣门通考》之言殆误。《阙里考》载子思年八十二，鲁穆公之立上距孔子之卒七十年，实当威烈王之十六年。子思得及穆公之世，其年不止于六十二明矣。《通鉴》于安王二十五年载子思对卫君之词，又距威烈王之世二十五年，上距孔子之卒百二年矣。又于显王三十三年引子思对孟子之言，恐皆失考。

大学之道，在明明德，在亲民，在止于至善。

程子曰："亲，当作新。大学者，大人之学也。"案：大学自对小学言之，即《王制》天子辟雍、诸侯泮宫之学也。三代立教必于学，而天子之学谓之大学。《释文》大，旧音泰者是也。太学者成人之学。章句云：大人之学，似此学以人为名，恐非圣人所以发明三代立教之旨。明，明之也。明德者，人之所得乎天而虚灵不昧，以具众理而应万事者也。但为气禀所拘，人欲所蔽，则有时而昏然，其本体之明则有未尝息者，故学者当因其所发而遂明之，以复其初也。新者，革其旧之谓也。言既自明其明德，又当推以及人，使之亦有以去其旧染之污也。止者，必至于是而不迁之意。至善，则事理当然之极也。言明明德，新民，皆当止于至善之地而不迁，盖必其有以尽夫天理之极而无一毫人欲之私也。此三者，大学之纲领也。

案：《中庸》成己，仁也；成物，知也。《论语》为之不厌，诲人不倦。《孟子》学不厌，知也；教不倦，仁也。并与《大学》明德、新民同指。《中庸》成己成物而以时措之宜言之，《大学》明德、新民而以止于至善言之，则圣人立教以定万世之程，所以为圣学之极功，经纶大经之达德也。于此见三代立学之精义，非若后世苟且以兴起人才为事者，疑"止于至善"一语不得与"明德"、"新民"同为大学之纲领。

知止而后有定，定而后能静，静而后能安，安而后能虑，虑而后能得。案："有定"一"有"字与下数"能"字有别。盖能知止便有个结实归宿处，一眼觑定，更无旁骛。所以能静能安能虑者，惟其有定也。有定是实有于心，静也安也虑也，只是一个气。赶下工夫，全在"有定"，上合下便能静能安能虑，三者别无功夫在。

止者，所当止之地，即至善之所在也。知之则志有定向。静，谓心不妄动。安，谓所处而安。虑，谓处事精详。得，谓得其所止。

案："止于至善"兼"明德""新民"说，此云"知止"则专主"明德"言之。盖成己，仁也，成物，知也。圣人之成物亦只是成己分内事，知"明德"之所止，即"新民"亦在其中矣。或问：兼言"明德""新民"似未能分晰。

又案："知止"之"知"即下"致知"之"知"。大学功夫归重诚意，然非致知，则意之诚或流于偏而不足以尽道。大学开端说个知止，而推言始终本末之序，始提出明明德于天下，穷究到致知诚意，以显明德新民之实功，大义微言毕具于此，孟子言知言养气，其论伯夷之隘，柳下惠之不恭，即从知言推出，于此体察入微，乃见圣功之有本。大学于致知诚意二者两言，此谓知本，正是一串工夫，章内知止、知所先后与下知本，皆吃紧归到致知上，所以致知二字尤大学之首功也。

物有本末，事有终始。知所先后，则近道矣。

"明德"为本，"新民"为末。"知止"为始，"能得"为终。本始所先，末终所后，此结上文两节之意。

案：此"物"字即"格物"之"物"，此"知"字即"致知"之"知"。明德也，民也，所谓物也。所以明之，新之，则事也。修身以下，明明德之事也。齐家以上，新民之事也。知止者，所以致其知也。知所先后，亦即知止中事。知止，字重，知所先后，字轻。此节申明上义，正见知止归重明明德。上能明其德，则所以新民者举而措之而已。德者，本也。格物致知诚意正心以修其身，始事也，民末也。齐家治国平天下，终事也。有本而后有末，能始而后能终，故知止者，知所以明明德而止矣。下云壹是皆以修身为本，即知所先后之谓也。

古之欲明明德于天下者，先治其国。欲治其国者，先齐其家。欲齐其家者，先修其身。欲修其身者，先正其心。欲正其心者，先诚其意。欲诚其意者，先致其知。致知在格物。案：致知，知字即是知止之知。能致其知，则能知至善之所止矣。致知、知止即《中庸》明善工夫，为圣学第一要义。云格物者，致知之功也。物如天生蒸民，有物有则之物，所以谓之格物，即究物之所以为则者，以为之程也。知之至者，亦不过乎物也。

明明德于于下者，使天下之人皆有以明其明德也。心者，身之所主也。诚，实也。意者，心之所发也。实其心之所发，欲其必自慊而无自欺也。致，推极也。知，犹识也。推极吾之知识，欲其所知无不尽也。格，至也。物，犹事也。穷至事物之理，欲其极处无不到也。此八者，《大学》之条目也。

案：郑注以致知在格物，别为一节。格物即是致知，故直曰在而不曰先。自诚意章以下，首言所谓修身在正其心，齐家治国诸章并同此例，疑此云致知在格物而结之。以此谓知本，此谓知之至也，即朱子所补格物致知一章之义，经文本自无缺也。致知、诚意两项并重，致知属知，诚意属行。《大学》首言欲诚其意，先致其知，即《中庸》明善诚身之意，非明无以为诚也。朱子以格物致知为入道之门，务使人从事问学，理明义足，充积于心，自有以审乎善恶之归，以为诚意之资，《中庸》之以博学审问慎思明辨为择善之功者，亦此义也。然诚意致知两项工夫却是并进，不能划分先后，故云致知在格物，即结之以此，谓知之至也，云所谓诚其意即结之。以故，君子必诚其意，径直析分两章，不更相为联属，于此正见圣贤教人吃紧用工处。其言致知处浅而略，言诚意处深而详。盖致知之理易明，而诚意之功难尽。诚意者又为圣学之基也，必致知乃能诚意，尤必诚意乃能致其知，大学之精蕴正须熟读深思而自得之。

物格而后知至。知至而后意诚。意诚而后心正。心正而后身修。身修而后家齐。家齐而后国治。国治而后天下平。案：朱子引胡安定云：知至故能知言，意诚故能养气。二语甚精，圣贤大本领知言、养气而已。知言者，穷理之极致；养气者，立诚之全功。致知、诚意其始事也。致知、诚意，体用兼资，内外交养，是知行并进功夫。

物格者，物理之极处无不到也。知至者，吾心之所知无不尽也。知既尽则意可得而实矣。意既实则心可得而正矣。修身以上，明明德之事也。齐家以上，新民之事也。物格知至，则知所止矣。意诚以下则皆得所止之序也。

案：格物即所以致知，并非格物之外又别有致知工夫。故曰致知在格物。格物二字已足尽致知之义，包括《中庸》博学、审问、慎思、明辨四项在内，乃其所谓物者非引外物以为诚意正心之资也。在身曰意，曰心，推而暨之曰家、曰国、曰天下皆物也。意、心身所以自治与家国天下所以待治之理，推而至于名物度数，因革损益，穷究其所以然而尽其所当然，皆有一定不移之程度。是之谓格。《尔雅·释诂》：格，至也。此格字本义。须是穷究到至处，引申为度，格凡物到至处，亦各有其限量。格字兼此二义。致知所以在格物者，极吾知之量不能逾乎物之则也。致知即知止之义。又案诚意之下，接言正心，此是圣功大段归宿处，所以显致知之用。盖此正字即《中庸》之所谓中，发之则为中节之和，其工夫全在诚意。而意之既诚，停停当当，不失其正，则皆致知之功也。圣人从心所欲，不逾矩，正心之谓也。刘蕺山于此言莫精于意，莫粗于心，岂非孟浪。

自天子以至于庶人，壹是皆以修身为本。

壹是，一切也。正心以上，皆所以修身也。齐家以下，则举此而错之耳。

案：《左氏传》："今无乃壹之。"杜注："壹，同也。"《三年问》，"百王之所壹也"。孔疏："壹，谓齐同。"三年之丧，百王所同。壹是犹同是。壹是皆者，急词也。凡词急则累言之。

其本乱而末治者，否矣。其所厚者薄，而其所薄者厚，未之有也。

本，谓身也。所厚，谓家也。此两节结上文两节之意。

案：孔疏其所厚者薄而其所薄者厚，覆说本乱末治之事。本，所厚也。治末者，治之薄而终乃归于厚。前由本末推出始终，是以等言。此由本末推出厚薄，是以分言。皆归重在本字上。章句"所厚，谓家也"，恐失之。

又案：知本，即知所先后。谓之知本，又知止工夫归宿处也。格物致知，极家国天下之理一归本于修身。故曰明明德于天下，家国天下之推暨无穷，皆所以自明其明德也。此知之所以至，由于知本而已。知本者，致知之极功也。

右经一章，盖孔子之言，而曾子述之。其传十章，则曾子之意，而门人记之也。案此当云右第一章，首明大学之旨，归本诚意致知，而先释致知之义。

案《大学》欲诚其意者，先致其知，下即紧接致知在格物一语，以申致知之义。又紧接所谓诚其意者一语，以申诚意之义。致知诚意是圣学吃紧下手处，微有知行先后之分，而工夫却是合一。致知之始事，即在知止，家国天下之理同而身其本也。诚意之始事，即在止于至善，家国天下之事同而修身其本也。《大学》致知诚意两项功夫，澈上澈下，包举无遗。其言诚意，详；言致知，略。然致知在格物一语，实足尽其量。物者，尽夫意，心身家国天下之事言之也。西山真氏《大学衍义》，琼山邱氏《大学衍义补》，皆格物中事也，而经旨包涵远矣，故当以致知在格物，至此为释致知之义。

所谓诚其意者，毋自欺也。如恶恶臭，如好好色。此之谓自谦，故君子必慎其独也。案：船山云：欺之为义，谓因其弱而陵夺之，非掩盖和哄之谓。盖心知有善，而不善者硬地入据其中，而善之在心者反退而听命，是之谓欺。非是哄骗这心之善去为不善。且如人世哄骗也，须乘着人昏弱而后行之不顾。故凡自欺者，皆气之歉而馁者也。诚其意者，须是自强不息，自强则自不受欺，非能事事物物察看其欺之动于意，而禁止之也。

诚其意者，自修之首也。毋者，禁止之辞。自欺云者，知为善以去恶，而心之所发有未实也。(谦)〔慊〕，快也，足也。独者，人所不知而己所独知之地也。言欲自修者知为善以去其恶，则当实用其力，而禁止其自欺。使其恶恶则如恶恶臭，好善则如好好色，皆务决去而求必得之，以自快足于己，不可徒苟且以徇外而为人也。然其实与不实，盖有他人所不及知而已独知之者，故必谨之于此，以审其几焉。

案：毋自欺者，是诚意入手工夫。自慊，是诚意归根气象。澈始澈终只是一个慎独工夫，到诚意已是全体发见，心随理动，一气透发出来，更无客感纷驰掺入其中。如恶恶臭，如好好色，归并到一条路上，一发而全体俱见。两如字形容得气象如此，工夫只在毋自欺上，此处更著不得工夫。恶恶臭，好好色，全是从心款中发出，自然十分满足，是以谓之自慊。

小人闲居为不善，无所不至，见君子而后厌然，掩其不善而著其善。人之视己，如见其肺肝然，则何益矣？此谓诚于中，形于外，故君子必慎其独也。

闲居，独处也。厌然，消沮闭藏之貌。此言小人阴为不善而阳欲掩之，则是非不知善之当为与恶之当去也，但不能实用其力，以至此耳。然欲掩其恶，而卒不可掩，欲诈为善，而卒不可诈，则亦何益之有哉？此君子所以重以为戒而必谨其独也。案：无所不至，即《中庸》之无忌惮。掩其不善而著其善，即《中庸》之的然，而日亡。《论语》小人求诸人一语，已说得煞尽。只求诸人，一味向外探讨，便可以无所不至。

案：如恶恶臭，如好好色。此心自然快足，不待表著于外。然君子成己成物之学，内外一致，表里通徹，稍有矜心作意于其间，则内有不足于心，即外有不能自掩于人。此节从外反勘，借小人作个影子，以见诚意之功，内省自毖，稍驰向外不得，语类云闲居训独处最妙。君子独处必慎，小人独处必闲。闲便是放肆，但无慎独一段工夫，便谓之不善，其极也可以无所不至，但一向外粉饰则意之发已漓其本人，即不知其不善有何益处？此云如见其肺肝，务使之鞭辟近里，为诚意者，先断其自饰之路，非以是穷极小人之底蕴也。

又案：小人只是学中之小人，如言女为君子儒，无为小人儒。只求诸人便是小人，掩其不善而著其善，即求诸人之实证，一念疏懈便是为不善，至于放其心而不知求，便是无所不至。其源只坐无慎独一段工夫。圣人直截断之为小人，即此足见吾道之大。闲只争此一念之动，若放僻邪侈之小人，并掩著之，一念无之矣，圣人亦岂屑与较论哉？

曾子曰："十目所视，十手所指，其严乎？"

引此以明上文之意。言虽幽独之中而其善恶之不可掩如此，可畏之甚也。

案：曾子曰以下承上慎独言之，是另提起说。《中庸》莫见乎隐，莫显乎微，说得亲切。此云十目所视，十手所指，更说得警竦。独中一念之动，自视昭然，便若十目之环集而视。独中一私之起，自指了然，便若十手之环集而指。一严字中兼含有戒慎恐惧意，此为独中之实境。诚意下手切实工夫尽于此十一字中。《大学》自为诚意者，揭示慎独之方，原不为小人说法，疑章句之意未合经旨。

富润屋，德润身，心广体胖，故君子必诚其意。

胖，安舒也。言富则能润屋矣，德则能润身矣，故心无愧怍则广大宽平而体常舒泰，德之润者然也。盖善之实于中而形于外者如此，故又言此以结之。

案：心广体胖自是诚意之效。置心广大之中，更无偏私之累，已是正心大段规模。盖诚意者，尽性之功；正心者，定性之谊。程子所谓："静亦定，动亦定，廓然大公，物来顺应"，即《大学》所谓正心，而其功全在诚意。《大学》之要，至诚意而极矣。故曰必诚其意为圣功揭示第一要义，不可轻易看过。

《诗》云：瞻彼淇澳，菉竹猗猗。有斐君子，如切如磋，如琢如磨。瑟兮僩兮，赫兮喧兮。有斐君子，终不可諠兮！如切如磋者，道学也；如琢如磨者，自修也；瑟兮僩兮者，恂慄也；赫兮喧兮者，威仪也；有斐君子，终不可諠兮者，道盛德至善，民之不能忘也。

《诗·卫风·淇澳》之篇。淇，水名。澳，隈也。猗猗，美盛貌。兴也。斐，文貌。切，以刀锯。琢，以椎凿。皆裁物使成形质也。磋以鑢鍚，磨以沙石，皆治物使其滑泽也。治骨角者既切而复磋之，治玉石者既琢而复磨之，皆言其治之有绪而益致其精也。瑟，严密之貌。僩，武毅之貌。赫喧，宣著盛大之貌。諠，忘也。道，言也。学谓讲习讨论之事。自修者，省察克治之功。恂慄，战惧也。威，可畏也。仪，可象也。引《诗》而释之，以明明明德者之止于至善。道学自修，言其所以得之之由。恂慄、威仪，言其德容表里之盛，卒乃指其实而叹美之也。

案：诚意大指，上文已尽。此复申引诚中形外之义，以见其始之功内尽于己，而其后之推及于人，莫非盛德至善之扬诩，惟其诚之积者不可掩也。由诚意之诚中形外，推阐到尽处即为圣功王道之全。明德新民之所以止于至善者必归本于诚意二字所以为大学之统宗。

又案：恂慄、威仪，均以外著者言之。恂慄如正颜色，望之俨然。威仪如动容貌，气象充然有馀。恂慄者，精神之内固者也。威仪者，光辉之外发者也。恂慄、威仪，一时并见，章句德容表里之盛，语极明晓。

《诗》云："于戏！前王不忘！"君子贤其贤而亲其亲，小人乐其乐而利其利，此以没世不忘也。

《诗·周颂·烈王》之篇。于戏，叹辞。前王，谓文、武也。君子，谓其后贤，后王。小人，谓后民也。此言前王所以新民者止于至善，能使天下后世无一物不得其所，所以既没世而人思慕之，愈久而不忘也。此两节咏叹淫泆，其味深长，当熟玩之。

案：此承上不能忘而咏叹言之。圣人明德新民推及于无穷，所以为善之至也。以下乃实指明德新民之止于至善处，以明诚意之功之必贯乎其全，于是而有歉焉，则亦不得为诚矣。故曰：诚意者，圣功澈始澈终之事也。

《康诰》曰："克明德。"

《康诰》，《周书》。克，能也。

《太甲》曰："顾諟天之明命。"

《太甲》，《商书》。顾，谓常目在之也。諟，犹此也。或曰：审也。天之明命，即天之所以与我，而我之所以为德者也。常目在之，则无时不明矣。

《帝典》曰："克明峻德。"

《帝典》，《尧典》，《虞书》。峻，大也。

皆自明也。

结所引书，皆自明己德之意。

案：此发明诚意工夫。而所谓明德、新民以止于至善者，皆统摄在诚意中。故曰：诚意者，圣学之极功也。明德、新民，总而言之，明德则致知、诚意、正心、修身之事皆是也。新民则齐家、治国、平天下之事皆是也。《大学》所重惟在致知、诚意。疑明德、新民以止于至善，正不必分章释之。

汤之《盘铭》曰："苟日新，日日新，又日新。"

盘，沐浴之盘也。铭，名其器以自警之辞也。苟，诚也。汤以人之洗濯其心以去恶，如沐浴其身以去垢，故铭其盘。言诚能一日有以涤其旧染之污而自新，则当因其已新者而日日新之，又日新之，不可略有间断也。案：《说文》：槃，承槃也。《内则》：进盥，少者奉槃，长者奉水。《特牲礼》：尸盥匜水，实于槃中。盖凡盥以匜沃水，以槃承之。故曰承槃。承槃，盥器，日必用之。《说文》：沐，濯发也。浴，洒身也。沐发洒身不必日日为之，似与铭辞无当。据《内则》五日燂汤请浴，三日具沐，是沐浴之槃不如盥器之为日日新也。孔疏云：沐浴之槃，恐失之。

《康诰》曰："作新民。"

鼓之舞之之谓作，言振起其自新之民也。

诗曰："周虽旧邦，其命维新。"

《诗·大雅·文王》之篇，言周国虽旧，至于文王，能新其德以及于民，而始受天命也。

是故，君子无所不用其极。

自新、新民，皆欲止于至善也。

案：诚意之功至矣。曰自明者，实体于心以务尽其诚之功。曰无所不用其极者，穷尽其理以求满乎诚之量至于诚意，而明德新民之所以止于至善者，皆能有以融会于心而措正施行无稍差失。《大学》发明致知诚意之功，尤归重诚意，致知以诚意，圣功备矣。

诗云："邦畿千里，惟民所止。"

《诗·商颂·玄鸟》之篇。邦畿，王者之都也。止，居也。言物各有所当止处也。

《诗》云："缗蛮黄鸟，止于丘隅。"子曰："于止，知其所止，可以人而不如鸟乎？"

《诗·小雅·缗蛮》之篇，缗蛮，鸟声。丘隅，岑蔚之处。子曰以下，孔子说《诗》之辞，言人当知所当止之处也。案：《说文》：绵，联微也。《毛诗传》：绵蛮，小鸟貌。似毛、许同训，绵蛮但训细微而已。《景福殿赋》：绵蛮黮雰。李善注引薛君曰：绵蛮，文貌。《古诗·许由箕山歌》：甘瓜施兮，叶绵蛮。疑但状其绵密，不当为文采也。自刘氏彝始训为鸟声，章句因之，非古义也。

案：惟民所止，极乎道之广，昭然为人所共由，而必有所当止。止于丘隅，通乎道之细，确然为人所必尽，而各有所当止，故于此下引夫子之言，以申知止之义，鸟之得所止也，惟其知耳，此诚身之必由于明善也。

《诗》云："穆穆文王，於缉熙敬止！"为人君，止于仁；为人臣，止于敬；为人子，止于孝；为人父，止于慈；与国人交，止于信。

《诗·文王》之篇。穆穆，深远之意。於，叹美辞。缉，继续也。熙，光明也。敬止，言其无不敬而安所止也。引此而言圣人之止，无非至善。五者，乃其目之大者也。学者于此究其精微之蕴，而又推类以尽其馀，则于天下之事皆有以知其所止而无疑矣。

案：《周颂》："于缉熙，单厥心。"又，"夙夜敬止。""日就月将，学有缉熙于光明。"诗意以敬止为体，缉熙则其功用之所至也。玩此下止于仁、止于敬等语，似缉熙敬止当并为圣学工夫，未宜分别功效言之。

子曰："听讼，吾犹人也。必也使无讼乎！"无情者不得尽其

辞。大畏民志，此谓知本。案：此借圣人之言听讼，以明明德新民贯通一理之旨，而申知本之义。《大学》两言知本，致知诚意二者并缴归到知本上，意味深长。

犹人，不异于人也。情，实也。引夫子之言而言圣人能使无实之人不敢尽其虚诞之辞。盖我之明德既明，自然有以畏服民之心志，故讼不待听而自无也。观于此言，可以知本末之先后矣。案：章句之分释明明德，释新民，释止于至善，为三章，以列于诚意之前，使学者晓然于纲领条目之分，于经旨亦自无忤。惟分听讼章以为释本末，似经文开端便言本末终始之有先后，即续言壹是皆以修身为本，又终之此谓知本，而此复言此谓知本，其非专释本末明矣。证之以经义，似有未安。

案：以上由诚中形外而推言明德新民之止于至善，以见诚意之贯乎圣功之全。末复引圣人之言以申足前意，言明德之至者，自足以新民，皆其诚之不可掩者也。无情者一语，发明圣人所谓无讼之旨，以追出一本字。首章言致知而以知本结之，此章言诚意亦以知本结之，正见致知诚意皆圣学之本，其功本自同贯，而诚意之要旨必归于知本，所以致知又为诚意之基也。新民之功至无讼而极矣。使天下皆有为善之乐，而惮于为恶，以几至于无讼，则是上下之交相与以诚。故新民者，一诚之感通者也。知本所以立诚也，明德新民之事，至于意诚而无馀蕴矣。

右传之首章至六章释诚意。案：此当云右第二章释诚意。

所谓修身在正其心者，身有所忿懥，则不得其正；有所恐惧，则不得其正；有所好乐，则不得其正；有所忧患，则不得其正。

程子曰："身有之身当作心。"忿懥，怒也。盖是四者，皆心之用而人所不能无者。然一有之而不能察，则欲动情胜，而其用之所行，或不能不失其正矣。案：圣功尽于致知诚意，正心以上别无功夫，故接释正心修身之意。

案：忿懥恐惧好乐忧患四者，皆感于外而心应之。所感者身也，身有所感而心必觉焉。乃以心效身之用，而得失之权一操之于心，故心不能离身以为用。要使其心不受役于身，而喜怒哀乐一依于心以为则。盖性功先裕于心，然后能返情于性，而心之发一皆其性之存，曰忿懥、曰恐惧、曰好乐、曰忧患，皆感之身而心随以流者也，此诚意后必无之心。《大学》特举以示身心之紧相关，而凡身之中理与否，皆心司其权也。所谓身有所忿懥，明所感者身也。程子云：身当作心。不知心正，必无妄感，即身验心而功愈密矣。

又案：孟子言不动心，功夫在持其志。持其志者，必有事焉而弗忘是也。《大学》之正心，即孟子之不动心，持其志，无暴其气，本是诚意界限中语，而持志而使之定，即是正心，正心诚意自是一串工夫。程子云非是要无忿懥，四者只是不以动其心，学者未到不动处，须是执持其志。程子也是看定诚意正心，工夫一串，而喜怒哀乐之交感，此心不为之动，则自属正心境地，稍一为之动，即怒而至于忿懥，喜而至于好乐。心已受其不正之感，故忿懥四者，皆心之流而溢焉者也。张子韶以四者为血气，看得太粗。章句云皆心之用而人所不能无，又似于此四者分际未尽分晰。

心不在焉，视而不见，听而不闻，食而不知其味。

心有不存，则无以检其身，是以君子必察乎此，而敬以直之，然后此心常存而身无不修也。

案：《尔雅》："在，存也。"《玉篇》："在，察也。"惟常存也，而后有以察其心之用。《大学》言正心修身，专就情之发处，大概指点未尝著实说到工夫上，而惟以心不在三字显正心之用。所谓在者，必有事焉而忘之谓也。耳目口体，身之用也，而听命于心，故容貌颜色辞气各有待尽之功，而一皆其心之运。心在，而耳目口体皆受治矣。平时心无所主，而喜怒哀乐之发，心遂从之而流。从而流者，情也。情动而气乘之以荡，则喜怒哀乐之理，固有所不及察矣。心不在云者，正惟其心之无所存故也。此节正申足上意。视则有见也，听则有闻也，食则有味也，心不存而耳目口体皆失其用。则夫喜怒哀乐之失其用心，固为情所夺而尽漓其本，谓之不在焉可也。经义紧相发明，旧注都未分晓。

此谓修身在正其心。

案：《大学》于正心说得似粗，所以姚江言：《大学》之道，诚意而已矣。蕺山刘氏因谓意为心之所存，心为意之所发，而云莫粗于心，莫微于意，却将存发字义亦并翻覆言之，而直以心为粗迹。须知正心要如孟子之尽心知性，大体已是浑融，而工夫全在直养，不害诚意，是逐事逐物细致工夫，正心是全体发见，正心一是正字，直是停停当当，持守在此。程子论未发之中，惟敬而无失，最尽可与此义参看。《大学析言》曰：致知诚意正心修身。《中庸》统言曰：中和无二道也。案：致知诚意，圣功已尽，正心以上无工夫可言，惟就应人接物语默动静检点到纯一处，语至浅而体验至深。

右传之七章，释正心修身。此亦承上章以起下章。盖意诚则真无恶而实有善矣，所以能存是心以检其身。然或但知诚意，而不能密察此心之存否，则又无以直内而修身也。案：此当云右第三章，释正心修身。

所谓齐其家在修其身者，人之其所亲爱而辟焉，之其所贱恶而辟焉，之其所畏敬而辟焉，之其所哀矜而辟焉，之其所敖惰而辟焉。故好而知其恶，恶而知其美者，天下鲜矣。案：好知其恶，一好字；恶知其恶，一恶字，即跟上四辟字来。盖好恶之情一偏，而于其美恶遂有所不及察也。其言曰天下鲜矣，通常人之情言之。

人，谓众人。之，犹于也。辟，犹偏也。五者在人本有当然之则，然常人之情，惟其所向而不加察焉，则必陷于一偏而身不修矣。案：辟，唐《石经》作譬。抚本《郑注考异》云：唐石经本、明嘉靖本、山鼎井本所据本此。岳本、十行以来本，俱作譬。其作辟者，依释文所改也。注：譬，犹喻也。皆仍未改。据郑注：譬，犹喻也，并不云辟读为譬。则似经文辟字本作譬。辟，犹喻者，于其所亲爱而取而自喻于心，而不更知其他也，于章句训偏字义为近。

案：自修身以下，皆以应人接物，存之心而发之容色者言之。盖君子成己成物之学，即以语言动作为显仁藏用之资，终日与人相接，而喜怒之感于心，因事而迁，容色随之以变，而惟家人之相近习者，施之尤便，发之尤真。极人世爱憎忧喜之情，施之于家者，反而内勘其身，而后施受之宜，自有以默喻于心，而不能不慎于其所发。曰人之其所，即常人共有之情，以为君子反身之资，情之易忽者，乃道之所寓而存焉者也。案：修身齐家工夫十分完密，岂容有偏，但心以为可以，如此施之便是辟。

又案：敖惰二字，非君子所宜有，然此自为施之家者言之。船山云：敖者，敖亢自尊而卑人。惰者，适意自便而简人。敖，必相与为礼，始见如扶杖而受卑幼之拜是已。惰，则闲居治事，未与为礼时皆然，虽过吾前不为改容也。亲爱等十字，其类有五，而要为十义。亲者，相洽相近；爱，则有护惜之意。畏者，畏其威。敬者，敬其仪。畏，存乎人；敬，尽于已。哀，则因其有所丧而悼之；矜，则因其未足以成而怜之。贱，以待庸陋。恶，以待顽恶。或以人别，或以事别，近取之家，自不乏此十种。经文极其所施于家之情，以待君子之自省。贱恶敖惰等字，正不必看坏。

故谚有之曰："人莫知其子之恶，莫知其苗之硕。"

谚，俗语也。溺爱者不明，贪得者无厌，是则偏之为害，而家之所以不齐也。

案：经言好而知恶，恶而知美，而引知子之恶，知苗之硕为证。大概说人情一有所辟，便蔽于一偏而不自知。此等处并无工夫，不能说好知恶，恶知美，即可云修身，即可云为修身齐家之功。亲爱五者之不使流于辟，只是检点外面容色，所以为修身上事。《论语》：“动容貌，斯远暴慢矣。正颜色，斯近信矣。出辞气，斯远鄙倍矣。”须是于容色上操持十分完密，乃可无亲爱五者之辟。

此谓身不修不可以齐其家。

右传之八章，释修身齐家。案：此当云：右第四章，释修身齐家。

所谓治国必先齐其家者，其家不可教而能教人者，无之。故君子不出家而成教于国。孝者，所以事君也；弟者，所以事长也；慈者，所以使众也。

身修，则家可教矣。孝、悌、慈，所以修身而教于家者也。然而国之所以事君、事长、使众之道，不外乎此，此所以家齐于上，而教成于下也。

案：《玉篇》：齐，整也。齐，便有整齐严肃之意。治，谓事得其理。齐家治国皆须有教。教成于家者，无他，孝、弟、慈而已矣。尽一家之人统于是三者，而其条理节目亦须逐渐涵濡，如语言行动，必依于理，自是成教之本。教成于身而父子兄弟尊卑上下之则，由家以推之国，无二理也。故曰：不出家而成教于国。《大学》之所以齐其家者，固自有事功在也。

《康诰》曰：“如保赤子。”心诚求之，虽不中不远矣。未有学养子而后嫁者也。

此引《书》而释之。又明立教之本，不假强为，在识其端而推广之耳。

案：或问程子：有言赤子未能自言其意，为之母者，慈爱之心出于至诚，所以求其意者，自不至于相远。民能自言其意，而使之者反不能无失于心，则以本无慈爱之实，于此有不察耳。语自深切，而专承慈以使众为说，却自未尽《大学》引《康诰》之词。自谓父子兄弟、尊卑上下，所处各有攸宜，以至诚行乎其间，而孝、弟、慈之谊油然自生于其心，是鞭辟入里语。《康诰》自言保民，《大学》自言教家。未有学养子而后嫁，只是即事指点，如孝弟岂能悬一父兄为式，而使学为孝弟，使众岂能悬一百姓为式，而使学为慈。明其理以发其本心之诚，自动于不容已。章句识其端而推广之，最得经旨。

一家仁，一国兴仁；一家让，一国兴让；一人贪戾，一国作乱。其机如此。此谓一言偾事，一人定国。

一人，谓君也。机，发动所由也。偾，覆败也。此言教成于国之效。

案：或问：仁让言家，贪戾言人，何也？曰：善必积而后成，恶虽小而可惧，古人之深戒也。盖仁让之行，必自其身积之，而后被于一家；贪戾之成，亦必自其家受之，而后及于一国。记者错举以成文耳。

又案：机者，发动所由，发于此而动于彼，所谓圣人之运量也。周子言几是运量至神处。一家仁让，乃教之成于一家；一国仁让，乃教之成于一国。各有条理节目，而鼓之舞之，以尽其运量之用者，所谓机也。其机如此，只操在一人身上。圣人范围天地，曲成万物之功用，只在机之发动处，著实不差。《中庸》发而皆中节，节是圣人之机。周子之言几为能实见此理。《大学》于治国章发明一机字，尽古今天下治乱之数，皆是如此。先儒但以感应之理言之，非也。

尧、舜率天下以仁，而民从之。桀、纣率天下以暴，而民从之。其所令反其所好，而民不从。是故君子有诸己而后求诸人，无诸己而后非诸人。所藏乎身不恕，而能喻诸人者，未之有也。

此又承上文一人定国而言。有善于己，然后可以责人之善；

无恶于己，然后可以正人之恶。皆推己以及人，所谓恕也。不如是，则所令反其所好，而民不从矣。喻，晓也。

案：求诸人，非诸人，便是治国大头脑。五礼之施，五刑之设，皆由此出。《大学》吃紧于此说个有诸己、无诸己，乃见修身齐家治国次第工夫，一毫假借不得，所求诸人未必若善之实有诸己，所非诸人未必若不善之实无诸己，而其所以求之人者，要皆自己，而推所以非之人者，亦皆自己，而推斯以为成己成物，内外合一之理。治国之道，只在教民为善，禁民为不善，即桀纣亦然。其所教民者，善也，而其所以帅民，则暴也，天下皆知之而皆见之，则亦靡然从之。乃或身固不修，而亦无暴政之及人，则其教民为善，禁民为不善者，固亦欲人之共喻，曰所藏乎身不恕，是其藏之身者，固隐而难见也，而无本以为之推，则所谓不恕者，民固度知其不然也。于何知之？于所好知之。尧舜帅天下以仁，诚好之也。故好恶之生于其心，天下国家之本也。

故治国在齐其家。

通结上文。

《诗》云："桃之夭夭，其叶蓁蓁。之子于归，宜其家人。"宜其家人，而后可以教国人。

《诗》，《周南·桃夭》之篇。夭夭，少好貌。蓁蓁，美盛貌。兴也。之子，犹言是子，此指女子之嫁者言也。妇人谓嫁曰归。宜，犹善也。

《诗》云："宜兄宜弟。"宜兄宜弟，而后可以教国人。

《诗》，《小雅·蓼萧》篇。

《诗》云："其仪不忒，正是四国。"其为父子兄弟足法，而后民法之也。

《诗》，《曹风·鸤鸠》篇。忒，差。

此谓治国在齐其家。

此三引《诗》，皆以咏叹上文之事，而又结之如此，其味深长，最宜潜玩。

案：藏身之恕不恕，家之人知之，国之人自无不知，家与国皆待治于身者也。而家人之亲，所以喻之者易入，而所藏尤有不能掩也，故其效必先见于家。上文所藏不恕，专为治国者言之，乃以治国在齐其家作结，而三引《诗》以发明家国相通之理，正惟教之行，必自亲而近者始也。

右传之九章，释齐家治国。案：此当云右第五章，释齐家治国。

所谓平天下在治其国者，上老老而民兴孝，上长长而民兴弟，上恤孤而民不倍：是以君子有絜矩之道也。

老老，所谓老吾老也。兴，谓有所感发而兴起也。孤者，幼而无父之称。絜，度也。矩，所以为方也。言此三者，上行下效，捷于影响，所谓家齐而国治也。亦可以见人心之所同，而不可使有一夫之不获矣。是以君子必当因其所同，推以度物，使彼我之间各得分愿，则上下四旁，均齐方正，而天下平矣。

案：《荀子》："五寸之矩，尽天下之方。"《周髀算经》："圆出于方，方出于矩。平矩以正绳，偃矩以望高，覆矩以测深，卧矩以知远，环矩以为圆，合矩以为方。"家絜矩盖即句股测量之义，长短远近高下皆可絜而知之。絜矩亦从恕上推出，然恕只是推己及人，至于平天下，各君其国，各子其民，不能尽由己推去，直须度量人情之好恶，准人而推之己。《大学》于治国章说个"机"字，说个"恕"字，专就己之发动处言之。于平天下章说个"絜矩"字，则是就人之适宜处言之。平天下无他，平人之好恶而无馀义矣。平其好而后无有作好，平其恶而后无有作恶。絜矩者，矩操于身，尽天下之好恶以絜矩之，而自行其裁成辅相之宜。老老长长恤孤身之矩也，一国之人心同，天下之人心亦同，故曰明德于天下，明其所同具之心而已。

所恶于上，毋以使下；所恶于下，毋以事上；所恶于前，毋以先后；所恶于后，毋以从前；所恶于右，毋以交于左；所恶于左，毋以交于右。此之谓絜矩之道。

此覆解上文絜矩二字之义。如不欲上之无礼于我，则必以此度下之心，而亦不敢以此无礼使之。不欲下之不忠于我，则必以此度上之心，而亦不敢以此不忠事之。至于前后左右，无不皆然。则身之所处，上下四旁，长短广狭，彼此如一，而无不方矣。彼同有是心而兴起焉者，又岂有一夫之不获哉？所操者约，而所及者广，此平天下之要道也。故章内之意，皆自此而推之。

案：絜矩之道，须是以此度彼，使各得其分，非但如恕字之推此一心，以度之人而已。人之相处，上下前后左右，六者足以尽之，而上下使之相安，前后使之相准，左右使之相交。尽天下之人，范围于矩之中，自须有纪纲法度明示之，则使人不能逾。故夫上下前后左右之各适其宜，无他，礼而已矣。《大学》齐家治国平天下，皆统之于性功，专就性情好恶上立论，而于治国章言教，平天下章更不及政教字，而惟约其义于絜矩二字之中。上下前后左右尽人有个相处之法，圣人之以规矩法度整齐天下，亦即出乎其间，未可仅以推己度物之义囫囵看过。

《诗》云："乐只君子，民之父母。"民之所好好之，民之所恶恶之，此之谓民之父母。

《诗·小雅·南山有台》之篇。只，语助辞。言能絜矩，而以民心为己心，则是爱民如子，而民爱之如父母矣。

案：《大学》自诚意正心修身，以至齐家治国，皆从好恶发动处体验。至平天下而后，推出民之所好，民之所恶，以显絜矩之用。实见得心意之动而与民物相接，尽于好恶二字中。圣人云己欲立而立人，己欲达而达人，二语最尽立人达人，必所好也，非是必所恶也。絜好恶之矩于心，而用以整齐天下之好恶，使各当其分，推至诸侯之国，土地辟，养老尊贤而有庆；田野荒芜，遗老失贤而有让。一准民之好恶行之。曰所好，曰所恶，即矩之所由出也。圣人以通天下之志而称物平施，岂区区求民之所好，求民之所恶，逐物以徇之哉？

《诗》云："节彼南山，维石岩岩。赫赫师尹，民具尔瞻。"有国者不可以不慎，辟则为天下僇矣。

《诗·小雅·节南山》之篇。节，截然高大貌。师尹，周大师尹氏也。具，俱也。辟，偏也。言在上者，人所瞻仰，不可不谨。若不能絜矩而好恶徇于一己之偏，则身弑国亡，为天下之大僇矣。

《诗》云："殷之未丧师，克配上帝。仪监于殷，峻命不易。"道得众则得国，失众则失国。案：以上通言絜矩之道，而引民之好恶以发明之，而终以得失验其功。

《诗·文王》篇。师，众也。配，对也。配上帝，言其为天下君而对乎上帝也。监，视也。峻，大也。不易，言难保也。道，言也。引《诗》而言此，以结上文两节之意。有天下者，能存此心而不失，则所以絜矩而与民同欲者，自不能已矣。

案：平天下者，在平天下之好恶，而固以治国为本。近治其国，政教皆实及乎民，则好恶之征尤近，而其发也尤严。好恶之矩之存于心者，不能絜之于民，则有流于辟者矣。好恶顺于民，则得其众，辟则失其众。国之兴亡，恒必由之。承上好恶之义，两引《诗》以申明之，正见天下之本在国，而好恶之近，切于民者，所以为絜矩之方也。

又案：以上言絜矩之道，而通论民之好恶，以为絜矩之端，而两引《诗》，以有国者为证。是故，君子以下，专就治国者理财、用人两大政，反覆发明其义，以是推之天下，即所谓絜矩之方也。盖财者，天下国家所资以为用，而人者治国平天下之本也。民之好恶之所系，尤莫切于此二者。治国之道无他，裕民生，厚民性而已矣。裕民生，非能尽取民生而裕之也。耕敛酌其宜，取与定其经，而民生自裕。厚民性，非能尽取民性而厚之也。严贤不善之别，明义利之防，而民性自厚。以是推之，天下所好恶同也。定井田之制，申庠序之教，立一王之大法，以整齐天下之诸侯，用是以命有德，讨有罪，皆是义也。《大学》专论治国之要，而首揭絜矩二字以发明之，学者推求其义而自得之可也。

是故君子先慎乎德。有德此有人，有人此有土，有土此有财，有财此有用。

先慎乎德，承上文不可不谨而言。德，即所谓明德。有人，谓得众。有土，谓得国。有国，则不患无财用矣。

案：德者，好恶之矩之存于心，所以莅政而絜之民，乃得众之本也。故曰有德此有人，言民心归之，而后能保有其人也。保有其人，斯能保有其土，而土地之辟，田野之治，亦须使民得遂其利，乐而后能效其用。有国者之以财为务，惟其用之不可缺也。《周礼》以九赋敛财，以九式均节财用，均节财用者，即《王制》量入为出之义，以一国之财资一国之用。《曲礼》：“年谷不登，君膳不祭肺，马不食谷。”《玉藻》：“年不顺成，君衣布搢本，土功不兴。”《王制》又以三年之通制，国用以济民食，酌盈剂虚，亦有常式。所谓有财此有用者，常赋之入，自足取给国用，而不虞其乏也。

德者，本也；财者，末也。

本上文而言。

外本内末，争民施夺。

人君以德为外，以财为内，则是争斗其民而施之以劫夺之教也。盖财者，人之所同欲，不能絜矩而欲专之，则民亦起而争夺矣。案：外者，外视之，忽而不营。内者，内守之，求而不已。郑注：外，疏也。内，亲也。只说得仿佛。章句以德为外，以财为内，又似别有一番位置。德以为本，而财自生，所谓末也。若专意在财字上经营，则将起而与民争，而施其夺民之政。争民施夺，是内末二字归宿处。

案：下言财聚民散，财散民聚，似争民施夺一语专属君言，小民衣食之计不逮赋敛之供，其情则近于争，其迹则比于夺。郑注：施其劫夺之情，施者君所施于民也。孔疏：亲财疏德，则争利之人皆施劫夺之情，恐非郑义。《四书异同商》引《货殖传》“最下者与之争”，正是此争字注脚。《长杨赋》“裕民之与夺民也”，正是此夺字注脚。

是故财聚则民散，财散则民聚。

外本内末，故财聚。争民施夺，故民散。反是，则有德而有人矣。

案：财聚民散，财散民聚，是承上文而推广言之，非复释上文语。财生于土而成于人。一国土地山川所入之数，自足养一国之人，而国用亦于是取资焉。取之逾其制，而后国有聚财。财聚于上，则民必有不能遂其生者，于是去田里而逐其末，而民散于野，困诛求而转徙，而民散于国。上无聚财之君，则民力之有馀者，自足以待凶荒。藏富于民，即财散于民矣。民各安其田里，自然聚而不散。二语通论一国之大势，以见财与民聚散之源。下文货悖而入，始言聚财之害，民散而国随之以敝，亦岂能保有其财哉。

是故言悖而出者，亦悖而入；货悖而入者，亦悖而出。

悖，逆也。此以言之出入，明货之出入也。自先慎乎德以下至此，又因财货以明能絜矩与不能者之得失也。

《康诰》曰："惟命不于常。"道善则得之，不善则失之矣。

道，言也。因上文引《文王》诗之意而申言之，其丁宁反覆之意益深切矣。

案：上言得众得国，失众失国，承上好恶，此言善则得之，不善则失之。承上货悖而入，亦悖而出，上就民心言，此就君德言。天命之得失，存乎善与不善，善即所慎之德也。下文接引《楚书》舅犯之言，以明散财之义，言有国者之所宝，不在财而在善，引起《秦誓》之言一个臣，而归本于君心之好恶。明分两事，而实融成一义，直贯下忠信以得之，骄泰以失之。章内凡三言，得失各自为结束，而文气实紧相呼应。

《楚书》曰："楚国无以为宝，惟善以为宝。"

《楚书》，《楚语》。言：不宝金玉而宝善人也。

舅犯曰："亡人无以为宝，仁亲以为宝。"

舅犯，晋文公舅狐偃，字子犯。亡人，文公时为公子，出亡在外也。仁，爱也。事见《檀弓》。此两节又明不外本而内末之意。

案：郑注《檀弓》：仁亲，亲行仁义。此云仁亲，谓亲爱仁道也。《晋语》丧人无亲信，仁以为亲，不仁不信，将何以长利。似皆训仁为仁道。《左传》亲仁善，邻国之宝也。句法正同仁亲，字义当训行仁，而能知所亲爱，不专训为爱亲也。

《秦誓》曰："若有一个臣，断断兮无他技，其心休休焉，其如有容焉。人之有技，若己有之；人之彦圣，其心好之，不啻若自其口出：实能容之，以能保我子孙黎民，尚亦有利哉！人之有技，媢嫉以恶之；人之彦圣，而违之，俾不通：实不能容，以不

能保我子孙黎民，亦曰殆哉！”

《秦誓》，《周书》。断断，诚一之貌。彦，美士也。圣，通明也。尚，庶几也。媢，忌也。违，拂戾也。殆，危也。

案：彦，当为喭。《尚书正义》引《论语》：由也喭，作谚。《说文》：谚，传言也。《玉篇》、《广韵》：喭，并与唁同。《文心雕龙》：谚者，直语也。丧言为不及文，故吊亦称谚。疑由也喭，正谓其语言直率。传所引谚之言直率，相传之言也。人之彦圣，谓人传许以为通明。其心好之，不啻自其口出。言人相传许之言闻而好之，不啻出诸其口。违之俾不通，言人相传许之言必阻遏之，使不得达也。郑注：彦或作盘。释诂，盘，乐也。郑氏所见本或作盘圣，盖亦乐道人之善之意。

又案：媢，《尚书》作冒。《说文》：冒，冢而前也。《玉篇》：冒，覆也。冒，盖覆蔽之意。王氏引之云：恶，当为证。《说文》：证，相毁也。言疾人之有善而谗毁之。《左传》：“合左师畏而恶之。”“费无极比而恶之。”皆谓谗毁之也。《四书异同商》以蔽冒、疾害、谗毁分为三意，甚允。《汉书·张禹传》：“数毁恶之。”《袁盎传》：“虽恶君，上不复信。”《邹阳传》：“胜等疾阳，恶之孝王。”“又恶之于燕王，恶之于中山。”李善《文选注》：“恶，谓谗短也。”孔疏：“掩藏媢妒疾，以憎恶之”，则恶与媢疾字复。

唯仁人放流之，迸诸四夷，不与同中国。此谓唯仁人为能爱人，能恶人。

迸，犹逐也。言有此媢疾之人，妨贤而病国，则仁人必深恶而痛绝之，以其至公无私，故能得好恶之正如此也。

见贤而不能举，举而不能先，命也；见不善而不能退，退而不能远，过也。

命，郑氏云：“当作慢。”程子云：“当作怠。”未详孰是。若此者，知所爱恶矣，而未能尽爱恶之道，盖君子而未仁者也。

好人之所恶，恶人之所好，是谓拂人之性，菑必逮夫身。

拂，逆也。好善而恶恶，人之性也。至于拂人之性，则不仁之甚者也。自《秦誓》至此，又皆以申言好恶公私之极，以明上文所引《南山有台》、《节南山》之意。

案：《秦誓》刻画两种人，所以有利于国及病国者，无他，能容与不能容而已矣。有国者于不能容之人放而远之，则其能容可知。能容则贤者日益进，不肖者日益远，故此下汇举三项人，以立好恶之准，使有国者知所法戒。好恶一得其正，则所好者，必天下之公好；所恶者，必天下之公恶。如是而后能尽天下之善，以从其好；尽天下之不善，以从其恶，而国治矣。反是则乱，乱之既成，而灾及乎身。一好恶之反，足以致之，为其好恶之被及于民者大也。《大学》言好恶，而引《秦誓》以为好恶示之程，是其所好所恶，一皆以用人为急，而自古贤不善之分，亦无有逾于此者。此治国平天下必由之理，所以为絜矩之极则也。

是故君子有大道，必忠信以得之，骄泰以失之。案：以上通言理财用人之义，而引有国者之好恶以证实之，而终以得失验其学。

君子，以位言之。道，谓居其位而修己治人之术。发己自尽为忠，循物无违，谓信。骄者，矜高。泰者，侈肆。此因上所引《文王》、《康诰》之意而言。章内三言得失，而语益加切，盖至此而天理存亡之几决矣。

案：平天下章，三言得失。首言絜矩，而推出好恶之义，以见得失之在人；次言理财端本慎德，以见得失之由己；次言用人，而归结到好恶上，以见得失之生于其心。而此节提明君子有大道，自是总结中一段文义。所谓道者，非虚言其理也，即上理财、用人两事中骨干，所以施之皆宜，措之皆当，直是全幅本领充积于心，一并发透出来，存之为德，行之为好恶，只是一个忠信，则所谓大道者无他，忠信而已矣。忠如天地生物，巨细灵蠢，全数包含在内，遇发生处，元气自然鼓动，一齐与发生，信如四时之各有其序，万物之各有其体，著实还他个自然，推排不动。德者本，财者末。实实推见一本末，自尽其所当慎者，经常变不违。能好人，能恶人。实实发出一好恶，自尽其所应能者，历久暂不违。以之理财，而财得其理；以之用人，而人得其用。得者，明是实有所得。双峰饶氏云忠信则得善之道，骄泰则失善之道，析忠信与道为二。所谓道者，究是何物？如孔疏所云：孝弟仁义之大道，岂非梦梦。

又案：骄泰二字，不是泛说，实是于理财用人上看出不善底蕴。有财而不知保，必先有泰然自侈之心，而因取与无节，以成乎骄。有人而不能用，必先有骄视万物之心，而因进退惟意，以成乎泰。人君之恶多端，未有不成于骄泰者，而理财用人之失，尽于骄泰二字中，而无馀蕴矣。

生财有大道，生之者众，食之者寡，为之者疾，用之者舒，则财恒足矣。

吕氏曰：国无游民，则生者众矣。朝无幸位，则食者寡矣。不夺农时，则为之疾矣。量入为出，则用之舒矣。愚按：此因有土有财而言，以明足国之道，在乎务本而节用。非必外本内末，而后财可聚也。自此以至终篇皆一意也。

案：有国者以理财用人为要义，无古今，一也。《洪范》八政惟祀与宾二者，上交鬼神，外接诸侯。其曰食曰货，则首重理财。曰司空，曰司徒，曰司寇，曰师，则总归用人。《大学》于平天下章发其义，而一以聚财为戒。盖有以察乎有国者之用心，莫不以理财为急，其用之有丰有俭，而皆务富国，以为行政之本。箕子之言，必以食货为首政者，诚重之也。故于理财，先示之戒，而于章末特明生财之有道，以申足理财之意。《洪范》之曰食，曰货，亦但就有国者自有之食货而经理之，非求多于食货之数也。是乃圣人体察人情之至节，宣天地之宜，为有天下国家者曲示裁成辅相之用。此大道字，紧承上是故君子有大道言之。雪川倪氏以两大道字相为较论，无当经旨。

仁者以财发身，不仁者以身发财。

发，犹起也。仁者，散财以得民；不仁者，亡身以殖货。

案：以财发身，不当以得民为训。身者，所以莅政也。《王制》民安其居，乐其事，劝功然后兴学。《孟子》“春省耕而补不足，秋省敛而助不给”，皆以财兴发其事业。发身者，以身措理之也。有财此有用，便是以财发身归宿处。《易》言聚人者财，理财者义。盖即《大学》言财用之旨。

未有上好仁而下不好义者也，未有好义其事不终者也，未有府库财非其财者也。

上好仁，以爱其下，则下好义，以忠其上，所以事必有终，而府库之财无悖出之患也。

孟献子曰：“畜马乘不察于鸡豚，伐冰之家不畜牛羊，百乘之家不畜聚敛之臣。与其有聚敛之臣，宁有盗臣。”此谓国不以利为利，以义为利也。

孟献子，鲁之贤大夫仲孙蔑也。畜马乘，士初试为大夫者也。伐冰之家，卿大夫以上，丧祭用冰者也。百乘之家，有采地者也。君子宁亡己之财，而不忍伤民之力。故宁有盗臣，而不畜聚敛之臣。此谓以下，释献子之言也。

案：《左传·襄二十五年》：“惟卿备百邑。”杜注：“此一乘之邑，非四井之邑。”孔疏引《司马法》成方十里，具革车一乘。

此一乘之邑，方十里也。《坊记》孔疏引《司马法》："四邑为邱，出马一匹，四邱为甸，出长毂一乘。"而云据《司马法》之文，车甲马牛皆计地令民自出。郑注《小司徒》甸之言乘也。甸方八里，旁加一里，则方十里为一成。又引《司马法》亩百为大夫，三为屋，屋三为井，井十为通，三十家马一匹。通十为成，百井，三百家，革车一乘。《易·讼》卦，其邑人三百户。《正义》引郑注：小国，下大夫之制。《论语》骈邑三百。郑注云此齐下大夫之制，以此准之，则下大夫采地一成者，得有马乘。《坊记》家富不过百乘，百乘当得采地。百里，采地之至大者。朱子章句以畜马乘为士初试为大夫，百乘之家为有采地，恐未然也。

长国家而务财用者，必自小人矣。彼为善之，小人之使为国家，菑害并至。虽有善者，亦无如之何矣！此谓国不以利为利，以义为利也。

彼为善之，此句上下疑有阙文误字。自，由也。言小人导之也。此一节深明以利为利之害，而重言以结之，其丁宁之意切矣。

案：《大学》诚意章，首清小人之界，是学问大关键。平天下章，终极小人之害，是工夫大归宿。与《中庸》发端分别君子小人，而终推言小人之道同旨。盖君子小人之辨，学者皆能知之，而意之发动处，有不及持者，而小人之途径遂于是分。故致知中之君子小人所见浅，诚意中之君子小人所争甚微也。此《大学》始条理之事也。至于治国平天下，既自正其君德，又须得人以辅之。凡以治民而已。民各求所以自利，君亦求所以自利。利者，君与民相交之大者也，而能利国者之为善，又古今之通情也。故防贤病国之小人易知，而言利之小人难知。此《大学》终条理之事也。圣人深察古今之变，究知人情之宜，而急正小人之防，所以异于周末诸子言治天下之术者也。

又案：此章末段言生财之道，而仍缴回言利之害，以深致戒。而于言利者，正其名曰聚敛之臣，曰小人，则又合用人理财而并为之说。圣人深究人情之变，以立万世之防。家国天下，其理一也。两举不以利为利，以义为利之言，意味深长。

右传之十章释治国平天下。此章之义，务在与民同好恶，而不专其利，皆推广絜矩之意也。能如是，则亲贤乐利，各得其所，而天下平矣。案：此当云右第六章，释治国平天下。

朱子章句改定《大学》古本，而补格物致知一传，以发明圣功之要，盖明善诚身，条理次第，躬行实践，深喻于心，确然有以观其会通，而知其旨要。此亦足见圣贤授受之精微，循端竟委，莫能逾越，而经而理之，综而别之，使以类从。昭示学者，循章以求其义，而尤以格物致知为圣学之基。以圣经有所未详，补明其功，朱子之用心勤矣。嵩焘少读是书，求之诸儒传记，或有异同，则亦窃以补经为疑，其后与闻先儒讲学之遗，知学以渐而几，而理以推而明，圣人下学上达之功，其本必在致知，又深以谓朱子补传为最有功于学者。读之既久，而后知《大学》一书于致知诚意二者实已反复推明，穷竟其义，无复馀蕴。又窃疑章句之书，纲领条目之分疏，未足以贯通圣经之全，而或失之纤曲。老病无能，学殖荒落，终无能有所进益，稍以所见附之章句，而推陈其说，以还圣经之旧。于诸儒之说之有当者，亦间有采录，至于姚江良知之学，知行合一，其于致知诚意二者之功混而同之，惝恍恣睢，以失所据，固无取焉尔。嵩焘谨记。

中庸章句质疑

中庸章句质疑序

《汉书·艺文志》:《中庸说》二篇,颜师古注《礼记·中庸》一篇,盖此之流。《中庸》附之于《礼》,子思著书之本旨。《汉书》别录之,必尚在《礼记》百三十一篇之外。《隋书·经籍志》有宋戴颙《中庸传》二卷,梁武帝《中庸疏》一卷,《中庸义》五卷,实始为《中庸》解义与《礼记》本别行。宋仁宗时范文正公取以授张子而其书始显,其后司马温公为《中庸大学解义》,又为《广义》,犹循《礼记》次序,编《大学》之前。《大学》一书,程子始表章之,而温公实发其端。《中庸》一书则自汉以来儒者多能明其义,而其辨之明而析之精,亦始自程子,而朱子所以阐发疏通之,其功尤深,而其旨盖尤微矣。

嵩焘少读是书,亦时有疑义,君臣父子兄弟夫妇朋友之为达道,尽人所知也。知、仁、勇之为达德,尽人所能言也。然何以行之一生,知安行数者之分,为达德言也。所以行之又何义也。《中庸》于此三者言之鲜矣。《章句》又稍分次第,而于勇之一德,若有忽视焉,则益疑所谓达德不当复有参差也。涉历世故,积岁已多,值世变之殷烦,考古人之成迹,乃知圣人开物成务所为过化存神者,非有异术也。知足以知之,仁足以裕之,勇足以行之,而积诚以循乎自然之节,为时措之宜,则几于化矣。故夫知仁勇者,所以为行道之资也。知此而《中庸》全书之言必可瞭然无疑也。圣人之道,其迹存乎名物象数之末,而其精究乎天人。精者未易以言传也,循乎名物象数而得其秩叙之节而礼行焉。又益以讲习讨论之功而学兴焉。其传之人而见之于其书者，名物象数之迹而已。积累之久而得其精微，于是而成德之君子用其躬行实践之效，以鼓舞整齐天下而人知圣贤之可学，而至奋起而赓续之。而天下之言学者，纷然出于一途，一不由此，谓之杂学。既久而其说寖微，又返而求之名物象数，以是为实学，天下又靡然从之以成乎风会，循实以求之，考求名物象数其制行必皆卓绝，言性理者兼综博览，通知古今之变，亦岂不由学问之深哉！而各据其一端以相胜，亦皆足以自成其说，以务张其所学，其倡为是言者，实亦有转移天下之力而君子之为学求得于心而已。必能不从乎风会以与为波流，而后可言自立。朱子《中庸章句·序言》与《石氏辑略》并行，又为《或问》以通其说，辑略者采辑二程子与程门诸贤所为《中庸》之说也。章句一宗程子而其言亦有异同。嵩焘所疑又与章句微有异同，百川学海大小曲折，随其流衍渐至于海而已。读《中庸》者能知知、仁、勇三者之所以行，其于圣贤成己成物之功亦足窥其崖略矣。

光绪十有六年夏六月朔日湘阴郭嵩焘自序。

中庸章句质疑卷一

中者，不偏不倚、无过不及之名。庸，平常也。

子程子曰："不偏之谓中，不易之谓庸。中者，天下之正道；庸者，天下之定理。"此篇乃孔门传授心法，子思恐其久而差也，故笔之于书，以授孟子。案：《孔丛子》称，孟子亲受业子思。《史记·孟子列传》，受业子思之门人。《孟氏谱》孟子生于定王三十七年，卒于赧王二十六年，年八十四。《史记》载定王二十六年崩，距赧王二十六年一百五十五年。《三迁志》孟子生于烈王四年，乃合年八十四之文，上距孔子之卒一百九年，亦与孟子所称百有馀岁之言合。《史记》称子思年六十二，而叙颜渊之卒在哀公十四年，时伯鱼已前卒，子思生久矣，与孟子之生旷远不相及。《通鉴》显王三十三年有子思对孟子之言，距孔子卒百四十年。《文献通考》载子思子亦著其文，恐属伪托。

其书始言一理，中散为万事，末复合为一理，"放之则弥六合，卷之则退藏于密"，其味无穷，皆实学也。善读者玩索而有得焉，则终身用之，有不能尽者矣。

案：《易·系辞》："天下同归而殊途，一致而百虑。"盖道有其大原，而殽而为人事，粲而为事功，极变化纷纭之致而各异，其途径同归者，同适于道而已矣。故云同归殊途而不云万殊而归于一本，以既散而为万殊，则亦无从复纳万殊而归之一也。《系辞》之言所以与异端万法归宗之说判若天渊，不容假借。《中庸》只是一理贯澈，天下事澈始澈终不越慎独，而德必依于知、仁、勇，功必要于诚，合成己成物以为行道之实。疑程子传授心法之言，徒资姚江口实，而所云末复合为一理。又疑一理散为万事，无复合于一理之旨。此程子之言之犹有间者也。

天命之谓性，率性之谓道，修道之谓教。

命，犹令也。性，即理也。天以阴阳五行，化生万物，气以成形，而理亦赋焉，犹命令也。于是人物之生，因各得其所赋之理，以为健顺五常之德，所谓性也。案：健顺五常之德，人所赋之理也，似于物无与。率，循也。道，犹路也。人物各循其性之自然，则其日用事物之间，莫不各有当行之路，是则所谓道也。案：注意日用事物之间当行之路，是仍以道属之人而不通属之物。人物之循其自然者，犹之性也，所谓生之谓性也。修，品节之也。性道虽同，而气禀或异，故不能无过不及之差，圣人因人物之所当行者而品节之，案：人固有其当行者，圣人尽人性以尽物性，亦尽乎人之行乎物者而已，物无所谓当行者也。注依程子兼人物说，疑圣人之教，所以立人道也，未可兼物言之。以为法于天下，则谓之教，若礼、乐、刑、政之属是也。盖人之所以为人，道之所以为道，圣人之所以为教，原其所自，无一不本于天而备于我。学者知之，则其于学，知所用力而自不能已矣。故子思于此首发明之，读者所宜深体而默识也。盖人之所以为人下依《船山章句》，谓元本如此，今世所传乃《祝氏附录》。

案：言天命固是人物统综。程子以上二语兼人物言之，盖谓《中庸》尽人性以尽物性，体物不遗道体，元自如此。然《中庸》吃紧在慎独，而推本性之原于天，以见人之所以与天地同量者，其原固无二也，性含万善者也。道者，仁义礼智信，性之德也。性丽于道而原于天，以待体于人，则人自效其成能，而物无与，注以人物各循其自然，而谓之道。疑所谓自然者，天道之无为者也。率乎性而为道，圣人尽性之功也，人道也。天既命于人而有性，而凝之以为道，则此道字不必虚属之天。率性者，人道之有事乎率也，非循其自然之谓也。

又案：注言品节之者，谓裁其太过，辅其不及，以使出于中，所以品节之必有其实。第二十章以亲亲之杀，尊贤之等为礼所生，即孟子所谓“礼之实，节文斯二者是也”。郑注过与不及俱失乎中，惟礼能为之中正，此品节之义，故圣人修道之教，立一中以尽天理之节文，礼而已矣，政刑者皆统于礼之中。《中庸》说道尽大而实，以礼为之宗主，二十七章以下始极言之。

道也者，不可须臾离也，可离非道也。是故君子戒慎乎其所不睹，恐惧乎其所不闻。

道者，日用事物当行之理，皆性之德而具于心，无物不有，无时不然，所以不可须臾离也。若其可离，则为外物而非道矣。是以君子之心常存敬畏，虽不见闻，亦不敢忽，所以存天理之本然，而不使离于须臾之顷也。

案：朱子于《大学》补格物致知一章，于《中庸》之慎独分存养省察二义，皆得之身体力行，为学者指示入德之方，使有所据以自致其功。姚江王氏极力攻之，而卒无以相胜也。然圣人之言包涵万有，于审端用力之初，揭示其精微，以待学者之自得之，初不必繁为之节目，委曲详备，示人以不遗。《中庸》之慎独，即《大学》之诚意也，非诚意则致知格物皆徇外为人者也，工夫吃紧全在此慎独二字。又为诚意吃紧工夫戒慎恐惧，写出慎独一段精神，正示人亲切下手处，推至圣人之至诚，澈上澈下工夫不越慎独。心意之诚未有不发之于外者，几微之积未有不成之于钜者，故慎独二字工夫至密，操存却至约。朱子于此分存养省察二义，加一倍提撕，最有功于学者。而以经旨求之，所谓慎独者，直是常惺惺法工夫更无间断，于几之动而更加省察，乃为初学入手工夫，疑于慎独全体反有未尽。

又案：道不可离，即慎独之谓也。日与民物相接，或能不远乎道，而无慎独之功，则离道之日常多，而不离者无几时矣。离之于独居，慎之于临事，是外合也。外合者，心不属，终与道离矣。道也者，以身体之而固焉，一与身离而遂不可以为道。戒慎恐惧，所以体道之功也。戒慎恐惧，一念之不离，即道不离，非谓道为一物，戒慎恐惧又为一物，于戒慎恐慌惧之外，别求所谓道也。

莫见乎隐，莫显乎微，故君子慎其独也。

隐，暗处也。微，细事也。独者，人所不知而己所独知之地也。言幽暗之中，细微之事，迹虽未形而几则已动，人虽不知而己独知之，则是天下之事无有著见明显而过于此者。是以君子既常戒惧，而于此尤加谨焉。所以遏人欲于将萌，而不使其潜滋暗长于隐微之中，以至离道之远也。

案：莫见乎隐，莫显乎微，是慎独体验亲切语，终日临事，小有过差，或忽而不觉，惟独中先几之动，一念之起，直是善恶分明，耿耿不能自昧，所谓见者独中之见也，所谓显者独中之显也，须是独中一念之起，毫无过差，而后临事乃始分明。章句人虽不知而己独知之，于此推勘入细，《大学》诚于中，形于外，推阐向外言慎独之验，《中庸》莫见乎隐，莫显乎微，收敛向内，乃实实指出慎独之功。

喜怒哀乐之未发，谓之中；发而皆中节，谓之和。中也者，天下之大本也；和也者，天下之达道也。

喜、怒、哀、乐，情也。其未发，则性也，无所偏倚，故谓之中。发皆中节，情之正也，无所乖戾，故谓之和。大本者，天命之性，天下之理皆由此出，道之体也。达道者，循性之谓，天下古今之所共由，道之用也。此言性情之德，以明道不可离之意。

案：中和之具于人心者，原是人人皆备，然未发之中，发皆中节之和，何人体会得此由慎独之极功。圣人成德，有以立其本，而举天下以偕之。达道，乃尽中和之义。其未发也，未尝不和，然喜怒哀乐之未形，则和之理含于心，只可谓之中，发皆中节，亦中之至矣。而纳民物于一中，与为酬错而不逾其则，气象何等和。和者，中之发也。中和二字，直作两项分析，不得大本者，自尽其性，孟子所谓反身而诚者是也。达道者，尽人之性。下文所谓非自成己而已，所以成物也，合外内之道也。中和原是性情之德，却须是有慎独工夫，乃能见之。仁义礼智信，实言其德，人所同具者也。中和者，虚拟其状，惟圣人有此极诣，似未可概之人人也。又案：天命之性，率性之道，推明性道之本于天，所以原其始。未发之中，已发之和，实指性道之切于人，所以要其终。道藏于性而显于情，人心、道心之分，由其情之动而危微之几判焉。返情于性，而使情之蓄于心者，息息皆依于中，然后情与道一，故慎独者返情于性之功也。章句大本者天命之性，达道者率性之道，疑与《中庸》之道尚有未尽。

又案：程子答苏氏昞云：只喜怒哀乐未发便是中。但以中为在中之义，欲使人人尽知有此中，然当时程门诸贤反复辨论，讫无归趣。如：吕与叔云：于未发之前求见乎所谓中者而执之。于是引《孟子》赤子之心为中。又因《论语》回也，其庶乎，屡空。惟空然后见乎中。杨中立云：未发时以心验之，则中之义自见，并直切讨求一个中字，愈成乖异。其后李延平教人体会喜怒哀乐未发时气象，而云于外则谓之和，在中则谓之善，直认中作性善，盖犹吕与叔所云中即性也，程子固早辨其非矣。《中庸》分明言喜怒哀乐但就情言之，诸贤必引而归之性，正谓性者，人之同然，中和亦人所同然，故取以相证。中所以为大本，和所以为达道，原是人人同有，此中和所以成乎乖异者，忘却慎独一段工夫，径认中和二字为下手工夫，于经旨终未分明。程子云敬而无失，便是喜怒哀乐未发谓之中，此语澈上澈下，自学者所以求中，推至于圣人，不能越此，程子此言固非仅据在中之义以言中矣。

致中和，天地位焉，万物育焉。

致，推而极之也。位者，安其所也。育者，遂其生也。自戒惧而约之，以至于至静之中，无所偏倚，而其守不失，则极其中而天地位矣。自谨独而精之，以至于应物之处，无少差谬，而无适不然，则极其和而万物育矣。盖天地万物，本吾一体，吾之心正，则天地之心亦正矣；吾之气顺，则天地之气亦顺矣。故其效验至于如此。案：天地位，万物育，尽有工夫节目尽于致中和一致字中。圣人尽人物之性以赞化育，皆所以自尽其性也，疑此以功用言，不当以效验言也。此学问之极功、圣人之能事，初非有待于外，而修道之教，亦在其中矣。是其一体一用，虽有动静之殊，然必其体立而后用有以行，则其实亦非有两事也。案：致中以位天地而属之体，致和以育万物而属之用，盖由认煞上文大本达道，截然分中和为二事，疑此云致中和，存发一致，体用兼资，不能析分为二，而于天地之位，万物之育，一皆圣人之功用，更不容有体用动静之别。故于此合而言之，以结上文之意。案：天地位，万物育，以圣人之功用言之。下言诚者，非自成己而已也，所以成物也。尽物之性以赞天地之化育，则与天地参矣，圣人之功用至此始尽，道备于戒慎恐惧，而功极于位天地育万物，中庸大旨如是而已。

案：《说文》致，送诣也，由此致彼之谓。致，引申为极致之义。疑所谓致中和者，推而致之民物，如尧之授时，禹之敷土奠山川，益之烈山泽，稷之教稼，周公之驱猛兽，须有事功。由其喜怒哀乐之内事其心者，有以建中和之极而后发之于事功，一皆其中和之德之所洋溢。《中庸》尽人达天之学，内圣外王之功，并于首章尽之。朱子言位天地育万物，当以事论，不当专以理言，允矣。乃其所谓心正气顺者，犹之言理也。圣人亦须是得位，乃能建中和之极，穷而在下，明其道焉可矣，固无从致其功也。位天地育万物，圣人之功也，致中和正谓所以致其功。以致言学，以位育言效验，于义终未能曙然。案：朱子记延平问答云：致字如致师之致。又云《中庸》先言慎独，然后及中和。人固有无所喜怒哀乐之时，然谓之未发则不可，言无主也。延平此说，分明朱子自以所见不同，不得致思，而悔当时未能领悟，延平实见得到。

又案：章句析中和为二，乃朱子吃紧用功语，《或问》亦已详辨之。究其实中和二字微有体用之分，而但就喜怒哀乐之情以未发已发言之，则体用本自合一，不能划分为二。子思举此二字，形容道体，其实即中庸之道也。以戒惧致中，以慎独致和。朱子自有此一段涵养省察工夫，而于操存处言中，发动处言和，工夫自是兼进。朱子直自道其所学，不必求合经旨，至于致中以位天地，致和以育万物，看成天地静而万物动，天地为体，而万物为用，又为之说曰初非有待于外。《中庸》固言成己仁也，成物知也，性之德也，合外内之道也，于此正见圣学之全功，无庸强生分别。

右第一章。子思述所传之意以立言：首明道之本原出于天而不可易，其实体备于己而不可离，次言存养省察之要，终言圣神功化之极。盖欲学者于此，反求诸身而自得之，以去夫外诱之私，而充其本然之善，杨氏所谓一篇之体要是也。其下十章盖子思引夫子之言，以终此章之义。

仲尼曰："君子中庸，小人反中庸。

中庸者，不偏不倚，无过不及，而平常之理，乃天命所当然，精微之极致也。惟君子为能体之，小人反是。

案：首章总括全章大要，接下便揭出中庸字，略举三项人以证之，时中者，君子；反中庸者，小人；馀皆凡民之鲜能者也。

圣学工夫首先画分君子、小人，鲜能之民，皆可入道，惟小人则必屏而绝之。游定夫以居之似忠信，行之似廉洁，释小人之中庸。窃疑乡愿乱德，小人畔道，各出一途，不相为训。中庸日用常行之理，工夫何等严密，及至发用，自然到好处，无有几微出入，是何等正大。小人无此一段工夫，而径情肆志，自以为是，是以谓之无忌惮。

君子之中庸也，君子而时中；小人之中庸也，小人而无忌惮也。"案：无忌惮，只是无戒惧恐惧一段工夫，独中之知觉全然不省，而于此理之离合得失，辨析毫芒者，无所体于其心，则其所存所发，一皆出于意念之私，而敬畏之意不生，是凡所为皆妄也，不必私欲横决，而后谓之无忌惮也。

王肃本作"小人之反中庸也"，程子亦以为然，今从之。君子之所以为中庸者，以其有君子之德，而又能随时以处中也。小人之所以反中庸者，以其有小人之心，而又无所忌惮也。案：能体中庸之道，即为君子，无忌惮即为小人。经义紧贴说，下不必析分为二义，无戒慎恐惧之心，便是无忌惮也。盖中无定体，随时而在，是乃平常之理也。君子知其在我，故能戒谨不睹、恐惧不闻，而无时不中，小人不知有此，则肆欲妄行，而无所忌惮矣。

案：章句从王肃本作小人之反中庸也。郑注小人之中庸也，谓自以为中庸。《或问》云诸说皆谓小人实反中庸，而不自知其非，乃自以为中庸，居之不疑，所以为无忌惮。小人情状固有若此，但以文势考之，且当略举大端，以明别君子小人之趋向，未当遽及此意之精微也。窃疑此中庸但据日用常行言之，小人反中庸为无戒惧恐惧一段工夫，而肆意妄行，以为民生日用取适时宜焉可矣，何必君子之中庸？是以谓之小人，是以谓之无忌惮。故夫役志从时，随遇而宜，而戒慎恐惧之念不生于心，皆所谓小人之无忌惮者也。反中庸亦非是径与君子为敌，正不必承上两句而平解之。

又案：无忌惮之小人与鲜能之民与下索隐行怪，截然分三种人，民之鲜能大概言之，下文贤知之过，愚不肖之不及，又从鲜能之民中拣出两种，向上者则由行乎中庸之道，而气质行诣有所偏重，以成乎过与不及也。索隐行怪直是穷幽极微如佛老，又从性道上推入元杳去究，其实皆民之鲜能者也。中庸发端先清君子小人之界，斩斩截截断定反中庸者为小人。盖君子中庸原是性，道分内事，尽智愚贤不肖不能逾越，过与不及，亦在此道上分别浅深，其显然违异乎中庸者，必小人也。游氏以乡愿当之，如汉张禹、胡广之为小人，自是戒慎恐惧工夫全然欠缺，乃至申商之为术，杨墨之为学，各据以为道，而大远于中庸。孟子必严而辨之，而后圣学乃出于一，中庸发端急正君子小人之防，所以明卫道之旨也。

右第二章。

此下十章，皆论中庸以释首章之义。文虽不属，而意实相承也。变和言庸者，游氏曰：“以性情言之，则曰中和；以德行言之，则曰中庸是也。”然中庸之中，实兼中和之义。

子曰：“中庸其至矣乎！民鲜能久矣！”

过则失中，不及则未至，故惟中庸之德为至。然亦人所同得，初无难事，但世教衰，民不兴行，故鲜能之，今已久矣。《论语》无能字。

右第三章。

子曰：“道之不行也，我知之矣，知者过之，愚者不及也；道之不明也，我知之矣，贤者过之，不肖者不及也。

道者，天理之当然，中而已矣。知愚贤不肖之过不及，则生禀之异而失其中也。知者知之过，既以道为不足行；愚者不及知，又不知所以行，此道之所以常不行也。贤者行之过，既以道为不足知；不肖者不及行，又不求所以知，此道之所以常不明也。

案：此云过不及，犹师也过，商也不及，由也兼人，求也退。皆致力于中庸之道者，其过不及专就气禀言之，极之知愚贤不肖以尽其等量耳。道之不行，所谓习矣而不察焉者也，道之不明所谓行之而不著焉者也。故曰人莫不饮食也，莫不饮食者，犹言尽知愚贤不肖莫不知求道也。章句知者以道为不足行也，愚者又不知所以行，贤者以道为不足知也，不肖者又不求所以知，全似与道无涉，恐非经旨。

又案：《或问》谓知者之过，测度深微，揣摩事变，能知君子之所不必知；贤者之过，刻意尚行，惊世骇俗，能行君子之所不必行，是推究其极语深微者，亦道中必历之境；事变者，亦道中必察之情，测度揣摩直是徇外为人，不能说到过刻意尚行，即至徐积之孝，屈然之忠，圣人亦未忍以过加之，只如《论语集注》子张才高意广，便是过，子夏笃信谨守便是不及，过与不及均是向道之资，过近狂，不及近狷。故曰不得中行而与之，必也狂狷乎。中行而外，只有过、不及两途，如颜子便近中行，琴张、曾皙、牧皮，孟子之所谓狂者，终不足与行道。通观孔孟之言，足知所云过与不及之旨趣矣。

又案：仁义礼智之五德，子臣弟友之五常，但有不及，岂能有过？凡矫激以为名者，皆其实行有未至也。此云过者，只是躐等速成，中庸之道，其事不越喜怒哀乐，其功不外戒慎恐惧，推至圣人之至诚，无以逾此。圣人固曰下学而上达，贤知之过，盖知有上达而不知有下学，如陆、王之学，言心性，遗践履而矜捷悟，只此便是过。

人莫不饮食也，鲜能知未也。"

道不可离，人自不察，是以有过不及之弊。

右第四章。

子曰："道其不行矣夫！"

由不明，故不行。

案：行者所以尽道，明者，所以立教，修道之谓教，故一以行道为本，此章又于前三章之后，作一小结束。

右第五章。此章承上章而举其不行之端，以起下章之意。

子曰："舜其大知也与！舜好问而好察迩言，隐恶而扬善，执其两端，用其中于民，其斯以为舜乎！"

舜之所以为大知者，以其不自用而取诸人也。迩言者，浅近之言，犹必察焉，其无遗善可知。然于其言之未善者则隐而不宣，其善者则播而不匿，其广大光明又如此，则人孰不乐告以善哉。两端，谓众论不同之极致。盖凡物皆有两端。如大小厚薄之类，于善之中又执其两端，而量度以取中，然后用之，则其择之审而行之至矣。然非在我之权度精切不差，何以与此。此知之所以无过不及，而道之所以行也。案：第四章言过不及，分别明行两义，而终以道其不行一语结之，是仍归重在行上。自此下六章，揭出知仁勇三项工夫，以为行道之本，似不必更承上文明行两义为说。

案：《中庸》一书以慎独为主，以知仁勇三达德为纲，以至诚为归宿，大段分两截，由慎独以贯乎知仁勇之全，此所以成德也。始条理者，圣之事也，由知仁勇以合乎至诚之撰，此所以尽神也。终条理者，智之事也，故《中庸》发端便言慎独，而以内省不疚终之。中间前半篇实指知仁勇之用，后半篇推言至诚之功，而自此以下六章分次知仁勇三者之德，举舜、颜子、子路以证之。要只略举以见义，以俟学者引申之而推知其所以然。其引舜、颜子、子路为证，亦但发明知仁勇审端用力之功，而不著其用，此《中庸》所以为反己自尽之学，其所为内圣外王，尽人合天者，不越求之于喜怒哀乐，知如舜，仁如颜子，勇如子路，其周详敬畏之心，无大小安勉一也。

右第六章。

子曰："人皆曰予知，驱而纳诸罟擭陷阱之中，而莫之知辟也。人皆曰予知，择乎中庸而不能期月守也。"

罟，网也。擭，机槛也。陷阱，坑坎也，皆所以掩取禽兽者也。择乎中庸，辨别众理，以求所谓中庸，即上章好问用中之事也。期月，匝一月也。言知祸而不知辟，以况能择而不能守，皆不得为知也。案：驱而纳诸罟擭陷阱之中，孰驱之？嗜欲驱之也。不能择乎善，即沉溺乎嗜欲而不自知矣。疑罟陷阱以譬嗜欲之陷溺，非以知祸而不知辟取譬也。

案：孔疏禽兽为人所驱，人为嗜欲所驱极是，而云入罪祸之中而不知辟，则似多一转折。游定夫云甘心物役，自投于苟贱不廉之地，是犹纳之罟擭陷阱而不知辟也。吕伯恭云不能择乎中庸，便是纳诸罟擭陷阱之中。郭立之云蔽于所利而昧于至理，是非汨乱，吉凶混淆，趋于危亡之途，日以泯泯，醉生梦死，曾不自悟，则是所谓罟擭陷阱者，即嗜欲之所以驱人而陷之者也。两义自分浅深，驱而纳诸罟擭陷阱之中，是冥行者也，不能择乎中庸者也，知择矣又不知守，皆不得为知，明知之大用必依乎中庸，非徒役耳之聪明以为知也。

右第七章。承上章大知而言，又举不明之端，以起下章也。

子曰："回之为人也，择乎中庸，得一善则拳拳服膺而弗失之矣。"案：《释名》：人，仁也。古人，仁字通。疑此为人当作为仁。

回，孔子弟子颜渊名。拳拳，奉持之貌。服，犹著也。膺，胸也。奉持而著之心胸之间，言能守也。颜子盖真知之，故能择能守如此，此行之所以无过不及，而道之所以明也。

案：颜渊问仁。子曰：克己复礼为仁。择乎中庸得一善，复礼之功也。明足以察几，故能择；健足以致决，故得之而能守。颜子成就一个仁字，只是守得定。横渠言，拳拳服膺，出于勉强，至于中礼，乃从容。要知拳拳服膺是身心合一工夫，语原澈上澈下，中庸言仁，亦但就为仁工夫言之，即事指点，不分安勉。

右第八章。

子曰："天下国家可均也，爵禄可辞也，白刃可蹈也，中庸不可能也。"

均，平治也。三者亦知仁勇之事，天下之至难也。然皆倚于一偏，故资之近而力能勉者，皆足以能之。至于中庸，虽若易能，然非义精仁熟，而无一毫人欲之私者，不能及也。三者难而易，中庸易而难，此民之所以鲜能也。

案：此中庸即承上择乎中庸言之，以明知仁勇三者，皆须从中庸出，否则虽极天下难能之事，固不足与于道，为于戒慎恐惧。发之其有本者，工夫固未尽也，中庸分言三达德，而仁者尤行道之本也，故以此列于言仁之后，以明知仁勇之三达德，皆依乎中庸以行之也。

右第九章。亦承上章以启下章。

子路问强。

子路，孔子弟子仲由也。子路好勇，故问强。

子曰："南方之强与？北方之强与？抑而强与？

抑，语辞。而，汝也。

宽柔以教，不报无道，南方之强也，君子居之。

宽柔以教，谓含容巽顺以诲人之不及也。不报无道，谓横逆之来，直受之而不报也。南方风气柔弱，故以含忍之力胜人为强，君子之道也。

衽金革，死而不厌，北方之强也，而强者居之。

衽，席也。金，戈兵之属。革，甲胄之属。北方风气刚劲，故以果敢之力胜人为强，强者之事也。

故君子和而不流，强哉矫！中立而不倚，强哉矫！国有道，不变塞焉，强哉矫！国无道，至死不变，强哉矫！"

此四者，汝之所当强也。矫，强貌。《诗》曰"矫矫虎臣"是也。倚，偏著也。塞，未达也。国有道，不变未达之所守；国无道，不变平生之所守也。此则所谓中庸之不可能者，非有以自胜其人欲之私，不能择而守也。君子之强，孰大于是。夫子以是告子路者，所以抑其血气之刚，而进之以德义之勇也。

案：上文言知言仁，并就工夫上说。此言勇，但就气象上说，而工夫自在。其分叙三达德，专就圣人论舜与颜子，与所以告子路者，指点其功用，而三者之全神毕见。盖三者之成德，即中庸之道之所以行也。

右第十章。

子曰："素隐行怪，后世有述焉，吾弗为之矣。

素，按《汉书》当代索，盖字之误也。索隐行怪，言深求隐僻之理，而过为诡异之行也。然以其足以欺世而盗名，故后世或有称述之者。此知之过而不择乎善，行之过而不用其中，不当强而强者也，圣人岂为之哉！

案：君子之道费而隐，隐亦道中自有之境，其弊只在索，如老子以深为根，以约为纪，而求之于玄之又玄。其行之也，曰不为天下先，曰知其雄，守其雌，知其白，守其黑，只此便是索隐行怪。经云过、云不及，并于道有见者。疑此正为老子言之，曰后世有述者，周末老子之道方盛行于时故也。

又案：知仁勇之为达德也，中庸也。周末诸子皆于道有所述而不足于中庸。其为孔氏之学者于道又多有未至，叙此于言勇之后，亦见勇之必依于中庸，而过不及皆不得谓之勇也。

君子遵道而行，半途而废，吾弗能已矣。

遵道而行，则能择乎善矣；半途而废，则力之不足也。此其知虽足以及之，而行有不逮，当强而不强者也。已，止也。圣人于此，非勉焉而不敢废。盖至诚无息，自有所不能止也。

君子依乎中庸，遁世不见知而不悔，唯圣者能之。”

不为索隐行怪，则依乎中庸而已；不能半涂而废，是以遁世不见知而不悔也。此中庸之成德，知之尽、仁之至、不赖勇而裕如者，案：自第六章以下，分叙知仁勇三者，每章后补出一义，以申足上意而各别为一章。此章正申足勇字之义，反屈勇于知仁之下，疑失之。正吾夫子之事，而犹不自居也，故曰唯圣者能之而已。

案：遁世不见知而不悔，与上后世有述相对，正君子慎独之学足己而无待于外，下学上达，只此一义工夫。原兼知仁勇三者而一力向前，更无旁及，直写得勇字，气象如此，此所以能任道。章句不赖勇而裕如，恐非经旨。

又案：凡言仁知，皆主成德言之。独《中庸》之云知仁勇，专言行道之功。朱子所谓三者废其一，无以造道而成德者是也。《论语》两言知者不惑，仁者不忧，勇者不惧，并先知后仁。疑古元有是语，《中庸》特为发其指趣，明此三者所以任道。知仁之发用处便是勇，三者缺一不可，岂能薄视一勇字。

右第十一章。子思所引夫子之言，以明首章之义者止此。盖此篇大旨，以知仁勇三达德为入道之门，故于篇首，即以大舜、颜渊、子路之事明之。舜，知也；颜渊，仁也；子路，勇也。三者废其一，则无以造道而成德矣。余见第二十章。

君子之道费而隐。

费，用之广也。隐，体之微也。

案：此言中庸之道，事备于民生日用，而功极于神化。尽天下之事，皆莫能外，而天地不足以尽其量。此章承上分举知仁勇三达德之旨而实指中庸之道，澈始澈终体段已具。盖道一也，此谓之中庸者，道固有其至当，神圣之旨自在寻常日用之间也，故于此发明中庸之道之大凡。横渠云：夫妇可以与知与能，故曰费；圣人有所不知、不能是隐也。此只以费隐二字显中庸之道之用，后章更推广言之。章句专据费隐二字论中庸，恐未然。

夫妇之愚，可以与知焉，及其至也，虽圣人亦有所不知焉；夫妇之不肖，可以能行焉，及其至也，虽圣人亦有所不能焉。天地之大也，人犹有所憾。故君子语大，天下莫能载焉；语小，天下莫能破焉。

君子之道，近自夫妇居室之间，远而至于圣人天地之所不能尽，其大无外，其小无内，可谓费矣。然其理之所以然，则隐而莫之见也。盖可知可能者，道中之一事，及其至而圣人不知不能，则举全体而言，圣人固有所不能尽也。侯氏曰："圣人所不知，如孔子问礼问官之类；所不能，如孔子不得位、尧舜病博施之类。"愚谓人所憾于天地，如覆载生成之偏及寒暑灾祥之不得其正者。

案：及其至，是推究知能之至。问官问礼存乎仪文度数之末者，必非其至者也。道蕴无穷，圣人正自推阐不尽，如禹之拜昌言，武王之访洪范，受丹书。圣人所知所能，尽容日进，是则所谓不知不能非不足以尽道之精微也。曲折变化，即此证彼，有知其理而不能达其事者，推究到至处，圣人亦容有不知不能也。必谓道中之知能，圣人已自尽得其所，不知不能惟在仪文之末，于两至字之义恐有未尽。

又案：语大语小，别是一义，不宜与上文牵合，上言体道之功。语大语小，所以状道之全体，天地民物包举其中而万物一太极，物物一太极，一皆元气之弥纶，而不能于此析分其本末，惟其然而君子体之以为中庸之道，而万事万物举不能违矣。

《诗》云："鸢飞戾天，鱼跃于渊。"言其上下察也。

《诗·大雅·旱麓》之篇。鸢，鸱类。戾，至也。察，著也。子思引此诗，以明化育流行，上下昭著，莫非此理之用，所谓费也。然其所以然者，则非见闻所及，所谓隐也。故程子曰："此一节，子思吃紧为人处，活泼泼地，读者其致思焉。"

案：上下察，言君子所以体道之功。天不可穷，而即鸢之飞以知天之高；渊不可穷，而即鱼之跃以知渊之深。天与鸢不相待也，而鸢适戾于天，则若天之有以极乎鸢之飞；渊与鱼不相待也，而鱼适跃于渊，则若渊之有以纵乎鱼之跃。君子体之，即事以悟道，审几以致功，而无往非道之流行。曰上下察者，体物不遗也。

君子之道，造端乎夫妇；及其至也，察乎天地。

结上文。

案：造端乎夫妇，犹云造端乎夫妇之知能也。夫妇之愚不肖亦皆有其知能，就知能之所及而扩而充之，由所知以推极其不知，由所行以推极其所不能行，而道即于是凝焉。曰造端者，审端致力之功也。《或问》引《易》首乾坤，《诗》始《关雎》为说，不如孔疏所云"起于夫妇所知所行"为合经义也。

右第十二章。子思之言，盖以申明首章道不可离之意也。其下八章，杂引孔子之言以明之。

子曰："道不远人。人之为道而远人，不可以为道。

道者，率性而已，固众人之所能知能行者也，故常不远于人。若为道者，厌其卑近，以为不足为，而反务为高远难行之事，则非所以为道矣。

案：此言中庸之道取之一身而具足。体道之君子岂远求哉？

求之人之身而已。道不远人四字，紧承上章说，下造端夫妇，就人之与能言之。道不远人，就道之成能言之。所谓为道而远人者，非是骛为高远，于身之切要处未尝致力，是自远于人也。远人则道无所丽，又何以为道乎？故子思于此吃紧示人求道之方，以明前章所谓知能者，惟当取则于一身，而不待外求也。

《诗》云：'伐柯伐柯，其则不远。'执柯以伐柯，睨而视之，犹以为远。故君子以人治人，改而止。

《诗·豳风·伐柯》之篇。柯，斧柄。则，法也。睨，邪视也。言人执柯伐木以为柯者，彼柯长短之法，在此柯耳。然犹有彼此之别，故伐者视之，犹以为远也。若以人治人，则所以为人之道，各在当人之身，初无彼此之别。故君子之治人也，即以其人之道，还治其人之身。其人能改，即止不治。盖责之以其所能知能行，非欲其远人以为道也。张子所谓"以众人望人则易从"是也。

案：以人治人，人字与上人之为道而远人，人字正相呼应，皆据人之身心言之。项氏安世云：以人治人，谓修道者以人之道治人之形，使改其不合乎人者，以合乎人。忠恕违道以下，则以人治人之目也。所见甚允。人之所以为人者，身心之则也。以吾身心之则自治其身心，使改而依其自然之则，推而至于圣人，无以逾此。曰止者，修道之方即此已尽，非谓即止而不治也。郑注于此云：不责以人所不能。以上下文义求之，不应于此参入治人一节。

又案：圣人尽其性以尽人之性。己欲立而立人，己欲达而达人，未尝有责人之心，而其所以治人者，亦未尝不以自治之心望之。《中庸》固曰非自成己而已也，所以成物也。疑经旨但重取则之不远，以为不责人所以不能，恐非成己仁也，成物知也之义。

忠恕违道不远，施诸己而不愿，亦勿施于人。

尽己之心为忠，推己及人为恕。违，去也，如《春秋传》“齐师违穀七里”之违。言自此至彼，相去不远，非背而去之之谓也。道，即其不远人者是也。施诸己而不愿，亦勿施于人，忠恕之事也。以己之心度人之心未尝不同，则道之不远于人者可见。故己之所不欲，则勿以施之于人，亦不远人以为道之事。张子所谓“以爱己之心爱人则尽仁”是也。

案：忠所以成己，恕所以成物，忠恕二字，澈上澈下。《论语》：“夫子之道忠恕而已矣。”忠恕，即道也。此云违道不远者，谓中庸之道亦惟以忠恕为途径也。吕氏大临云：“忠恕不可以为道，而道非忠恕不行”，离忠恕与道为二，非也。施诸己而不愿，亦勿施诸人，又专就恕言之。程子所谓“忠者体，恕者用”，恕者，所以行乎忠也。此章盖据人伦日用，言修道之方，故特申明恕字之义，以见道之所以行也。

又案：以人治人，取则于一身。忠恕违道不远，推言体道之心，君子之道，推言修道之事，总以明道之不远人而已。横渠“以众人望人，以爱己之心爱人，以责人之心责己”，析分为三，而皆以人己对待言之。是所谓道不远人者，皆向外而寻求，无与君子体道之实功矣。

君子之道四，丘未能一焉：所求乎子，以事父未能也；所求乎臣，以事君未能也；所求乎弟，以事兄未能也；所求乎朋友，先施之未能也。庸德之行，庸言之谨，有所不足，不敢不勉，有馀不敢尽；言顾行，行顾言，君子胡不慥慥尔！”

求，犹责也。道不远人，凡己之所以责人者，皆道之所当然也，故反之以自责而自修焉。庸，平常也。行者，践其实；谨者，择其可。德不足而勉，则行益力；言有馀而讱，则谨益至。谨之至则言顾行矣，行之力则行顾言矣。慥慥，笃实貌。言君子之言行如此，岂不慥慥乎，赞美之也。凡此皆不远人以为道之事，张子所谓“以责人之心责己则尽道”是也。

案：人所以自尽之，实子臣弟友而已，行乎子臣弟友之间，言行而已。此道所以不远人，取则一身而无待外求者也。而言行之发必依于忠恕，忠恕者，慎独之功之默而存焉者也。疑上章论中庸之道之体段，此章论中庸之发用，正是一气说下，不宜于此析分为三事，反令经旨立义参差。

右第十三章。道不远人者，夫妇所能，丘未能一者，圣人所不能，皆费也。而其所以然者，则至隐存焉。下章放此。案：君子之道，人皆与知与能，费也。及其至，圣人亦有不知不能，隐也。前章举费隐二字以明道之体，并非中庸大义所存，而以此下八章并承费隐立说，疑失之。

君子素其位而行，不愿乎其外。案：郑注素隐行怪云：读素为攻，其所傃之傃于此云素，皆读为傃。傃训为向。《诗》如彼溯风。《毛传》亦训为乡。郑意盖谓心意专向在此也。素位、素隐不宜异训。《朱子集注》素，见在也。素训见在，则素其位三字为不文。

素，犹见在也。言君子但因见在所居之位，而为其所当为。无慕乎其外之心也。

素富贵，行乎富贵；素贫贱，行乎贫贱；素夷狄，行乎夷狄；素患难，行乎患难；君子无入而不自得焉。

此言素其位而行也。

案：此言君子处境之方，亦体道之实功也。不愿乎其外，是找足上语章旨，重在一行字。富贵贫贱夷狄患难各有其当行者，行之而不逾其则，即所以为中庸。愿外者，人我彼己之见有眩于外而夺其所守。船山王氏所谓“素位而行，事之尽乎道也。不愿乎外，心之远乎非道也”。不愿乎其外，始终含有慎独意。

在上位不陵下，在下位不援上，正己而不求于人，则无怨。

上不怨天，下不尤人。

此言不愿乎其外也。

故君子居易以俟命，小人行险以侥幸。

易，平地也。居易，素位而行也。俟命，不愿乎外也。侥，求也。幸，谓所不当得而得者。

子曰："射有似乎君子；失诸正鹄，反求诸其身。"

画布曰正，栖皮曰鹄，皆侯之中，射之的也。子思引此孔子之言，以结上文之意。

右第十四章。子思之言也。凡章首无"子曰"字者放此。

君子之道，辟如行远必自迩，辟如登高必自卑。

辟，譬同。

《诗》曰："妻子好合，如鼓瑟琴；兄弟既翕，和乐且耽；宜尔室家，乐尔妻帑。"

《诗·小雅·常棣》之篇。鼓瑟琴，和也。翕，亦合也。耽，亦乐也。帑，子孙也。

子曰："父母其顺矣乎！"

夫子诵此诗而赞之曰：人能和于妻子，宜于兄弟如此，则父母其安乐之矣。子思引《诗》及此语，以明行远自迩、登高自卑之意。

右第十五章。

案：由处境而推言尽伦之事，行远自迩，登高自卑，即下学上达义，《中庸》体道之功尽此二语。而君子所以尽伦，一皆其中和之德之所弥纶，积之有渐，发之有源，即妻子兄弟而可征。父母之顺，盖道莫大于明伦，故于此发明行远自迩，登高自卑之义。其实道不远人，以下三章皆此义，下章推至以圣人为天子而兴礼乐，皆以孝言之，又从此章推出。

子曰：“鬼神之为德，其盛矣乎！

程子曰：“鬼神，天地之功用，而造化之迹也。”张子曰：“鬼神者，二气之良能也。”谓以以二气言，则鬼者阴之灵也，神者阳之灵也。以一气言，则至而伸者为神，反而归者为鬼，其实一物而已。为德，犹言性情功效。

案：前三章已尽人事之要，此章特显出一诚字，而借鬼神以明之。鬼神之体物不遗，即天地之诚也。天地之气播而为阴阳，显其功用于鬼神。明夫气之至而伸者为神，反而归者为鬼，则总司万物之生化者鬼神也。所以然者，天地之诚也。诚者，运于无形之中而实积之者也。鬼神体物不遗，则诚至矣。曰盛德者，诚之至也。使天下之人以下言祭祀之礼积天下之诚以通乎鬼神，惟鬼神之诚不可虚致，而载天下之人心以俱出，故曰诚之不可掩。经旨分明，旧注似皆失之。

视之而弗见，听之而弗闻，体物而不可遗。

鬼神无形与声，然物之终始，莫非阴阳合散之所为，是其为物之体，而物所不能遗也。其言体物，犹《易》所谓干事。

使天下之人齐明盛服，以承祭祀。洋洋乎！如在其上，如在其左右。

齐之为言齐也，所以齐不齐而致其齐也。明，犹洁也。洋洋，流动充满之意。能使人畏敬奉承，而发见昭著如此，乃其体物而不可遗之验也。孔子曰：“其气发扬于上，为昭明焄蒿凄怆。此百物之精神也，神之著也”，正谓此尔。

案：此言人心之诚交于鬼神，极之天下之人，皆此一诚之感通，深者见深，浅者见浅，而固不可遗。诗曰：“昊天曰明，及尔出王；昊天曰旦，及尔游衍。”推究诚之至，盖无往而非鬼神之所在，亦足以见天地之功用必依于鬼神而为一，诚之积也。经意直发明诚字气象如此，非泛言鬼神之盛也。

《诗》曰：‘神之格思，不可度思！矧可射思！’

《诗·大雅·抑》之篇。格，来也。矧，况也。射，厌也。言厌怠而不敬也。思，语辞。

夫微之显，诚之不可掩如此夫。”

诚者，真实无妄之谓。阴阳合散，无非实者，故其发见之不可掩如此。

案：此章就鬼神之德显出一诚字，中庸体道之功至于诚而至矣。故此章为《中庸》前半篇中一大结束。以后但推阐言之，前十六章言工夫，后三章言发用，前十六章是体，后三章是用。

右第十六章。不见不闻，隐也。体物如在，则亦费矣。此前三章，以其费之小者而言。此后三章，以其费之大者而言。此一章，兼费隐、包小大而言。

案：第十二章言君子之道费而隐。夫妇与知与能，费也。圣人有所弗知弗能，则隐也。但借以形容中庸之道之体，费隐二字固无当于中庸之微言大义也。章句云前三章言费之小，后三章言费之大，此章兼费隐，包小大，注定费字立说，又于费字分小大，恐未然也。

子曰：“舜其大孝也与！德为圣人，尊为天子，富有四海之内。宗庙飨之，子孙保之。

子孙，谓虞思、陈胡公之属。

案：中庸，内圣外王之学，尽人达天之功，非徒虚言其理也，必明著之事焉。故至于诚而中庸之德备矣。推而达之天下，必以圣人居天子之位而后中庸之道行。此下三章推言圣人起而为天子制作礼乐，乃所以建中和之极也。故知首章之云致中和必非虚言其理也。

又案：此下三章言为天子制礼作乐，乃中庸之德之至极处。而皆以孝言之，此见圣人之功用，推及于天下，要只尽其家庭行习之常，由父母之顺，以推至天下之大顺，岂有二道哉。故圣人之有天下，只视为继志述事之当然；天下之视圣人之有天下，亦惟曰能孝而已。此道之必以卑迩为程，而中庸之名所以立也。

故大德必得其位，必得其禄，必得其名，必得其寿。

舜年百有十岁。

故天之生物，必因其材而笃焉。故栽者培之，倾者覆之。

材，质也。笃，厚也。栽，植也。气至而滋息为培，气反而游散则覆。

《诗》曰：'嘉乐君子，宪宪令德！宜民宜人，受禄于天；保佑命之，自天申之！'

《诗·大雅·假乐》之篇。假，当依此作嘉。宪，当依《诗》作显。申，重也。

故大德者，必受命。"

受命者，受天命为天子也。

右第十七章。

此由庸行之常，推之以极其至，见道之用广也。而其所以然者，则为体微矣。后二章亦此意。

案：此言圣人起为天子，以引起下文制礼事。盖自古有天下，莫隆于舜，定一代之礼乐，以垂法万世；莫盛于周，而成之者武王周公也。《中庸》特借以明圣人之功用。于此言费言隐，未免视之过泥，求之过深。

子曰："无忧者其惟文王乎！以王季为父，以武王为子，父作之，子述之。

此言文王之事。《书》言"王季其勤王家"，盖其所作，亦积功累仁之事也。

“武王缵大王、王季、文王之绪，壹戎衣而有天下”，身不失天下之显名。尊为天子，富有四海之内。宗庙飨之，子孙保之。

此言武王之事。缵，继也。大王，王季之父也。《书》云：“太王肇基王迹。”《诗》云：“至于太王，实始翦商。”绪，业也。戎衣，甲胄之属。壹戎衣，《武成》文，言一著戎衣以伐纣也。

案：道之在人，有过不及。圣人制礼以裁其过，补其不及。故夫中也者，非能虚拟之以为中也，必实有所持焉。而因奉之以为修道之教无他，礼而已矣。《中庸》推言圣人起为天子制作礼乐，范围天下，以偕之道，然后圣人之功用以尽。前言舜、颜子、子路，此言舜、武王、周公，皆实征之人事，以证道之所以行与其所以推暨于天下。先儒多以为论次舜与武王、周公，如侯师圣所云：“舜之中庸、武王之中庸、周公之中庸”，大失经旨。

武王末受命，周公成文武之德，追王大王、王季，上祀先公以天子之礼。斯礼也，达乎诸侯大夫，及士庶人。父为大夫，子为士；葬以大夫，祭以士。父为士，子为大夫；葬以士，祭以大夫。期之丧达乎大夫，三年之丧达乎天子，父母之丧无贵贱一也。”

此言周公之事。末，犹老也。追王，盖推文武之意，以及乎王迹之所起也。先公，组绀以上至后稷也。上祀先公以天子之礼，又推大王、王季之意，以及于无穷也。制为礼法，以及天下，使葬用死者之爵，祭用生者之禄。丧服自期以下，诸侯绝，大夫降，而父母之丧，上下同之，推己以及人也。案孔疏：三年之丧，父母适子并妻。王氏《稗疏》云：三年之丧，固不尽于父母，诸侯于天子，大夫士于国君，嫡孙承重为祖父母，继立者为先君，父为嫡长子，天子为后。太甲宅忧，服仲王之丧，为叔父也。《春秋传》：王一岁而有三年之丧二焉。谓后与世子也。故曰达乎天子。然其饮食居处，衣服之制则有差杀，故仅曰达父母之丧。哭踊倚庐，苴麻饣粥，则天子与庶人无别，故曰无贵践一也。经文三年之丧、父母之丧明析为两项，语意亦自分轻重。章句于此似未分明。

右第十八章。

子曰："武王、周公，其达孝矣乎！

达，通也。承上章而言武王、周公之孝，乃天下之人通谓之孝，犹孟子之言达尊也。

案：大孝，就一身之运量言之，舜起匹夫为天子，极报享之隆，故曰大。达孝就一身之推暨于天下言之，武王、周公制定礼乐，使天下皆有以致其孝思，故曰达。蔡氏渊云："舜天道，武王、周公人道，舜，性之者也，故曰大孝。武王、周公反之者也，故曰达孝。"强生分别，无当经旨。

夫孝者：善继人之志，善述人之事者也。

上章言武王缵大王、王季、文王之绪以有天下，而周公成文、武之德以追崇其先祖，此继志述事之大者也。下文又以其所制祭祀之礼，通于上下者言之。

春秋修其祖庙，陈其宗器，设其裳衣，荐其时食。

祖庙：天子七，诸侯五，大夫三，適士二，官师一。宗器，先世所藏之重器；若周之赤刀、大训、天球、河图之属也。裳衣，先祖之遗衣服，祭则设之以授尸也。时食，四时之食，各有其物，如春行羔、豚、膳、膏、香之类是也。

案：上言丧祭之礼达于士庶人，此专言祭祀之推广孝思。仁至义尽，则就王者之事其先祖言之。《祭统》三昭三穆与太祖之庙而七，《礼》惟太祖之庙称祖庙，举祖庙以赅群庙及祢也。适士、官师无祖庙。知此经所云修其祖庙为自致其孝思，不通诸侯以下言也。

宗庙之礼，所以序昭穆也；序爵，所以辩贵贱也；序事，所

以辨贤也；旅酬下为上，所以逮贱也；燕毛，所以序齿也。

宗庙之次：左为昭，右为穆，而子孙亦以为序。有事于太庙，则子姓、兄弟、群昭、群穆咸在而不失其伦焉。爵，公、侯、卿、大夫也。事，宗祝有司之职事也。旅，众也。酬，导饮也。旅酬之礼，宾弟子、兄弟之子各举觯于其长，而众相酬。盖宗庙之中，以有事为荣，故逮及贱者，使亦得以申敬也。燕毛，祭毕而燕，则以毛发之色别长幼，为坐次也。齿，年数也。

案：《稗疏》云：在太庙则以大宗序同姓，在群庙则以小宗序所出之子孙。上言祖庙，据太庙言之。此言宗庙，通太祖以下各以宗序者言之。言祖庙举尊以赅卑，言宗庙以明昭穆，通论祭礼而各有取义。章句专属之太庙，似于义未备。

又案：公卿大夫有常位，宗祝有司有常职，如太宰赞鬯，宗伯莅祼，所事皆其职任，不待临时授事。其供戒具荐羞眡涤濯，盖宗伯宰夫之属之为士者。射义有泽宫，选士之文，以射选之，不得云序事。疑经云“宗庙之礼，所以序昭穆”以下四端并此一语推出。郑注引《文王世子》：“宗庙之中以爵为位，崇德也。宗人授事以官，尊贤也。”正此经序爵序事之义。《周礼·司士》：“凡祭祀呼昭穆而进之，帅其属割牲羞俎豆。”《周礼》详祭祀之文，不及宗族子姓，惟此一节足为此经序事之证。皆士之骏奔在庙者也。《文王世子》亦云：“宗庙之中如外朝之位”，宗人授事以爵以官，是序事之中兼有序爵之义。职任稍重，在宗庙则为辨贵贱也，并当据公族言之。

践其位，行其礼，奏其乐，敬其所尊，爱其所亲，事死如事生，事亡如事存，孝之至也。

践，犹履也。其，指先王也。所尊所亲，先王之祖考、子孙、臣庶也。始死谓之死，既葬则曰反而亡焉，皆指先王也。此结上文两节，皆继志述事之意也。

郊社之礼，所以事上帝也；宗庙之礼，所以祀乎其先也。明乎郊社之礼、禘尝之义，治国其如示诸掌乎。”

郊，祀天。社，祭地。不言后土者，省文也。禘，天子宗庙之大祭，追祭太祖之所自出于太庙，而以太祖配之也。尝，秋祭也。四时皆祭，举其一耳。礼必有义，对举之，互文也。示，与视同，视诸掌，言易见也。此与《论语》文意大同小异，记有详略耳。

案：《乐记》：“礼有报，乐有反。”礼之有报，尤莫隆于祭。万物之熙熙以生，由天之施其气以有形，而因其有性。禽兽知顺其性而已，不知所以为报也，是故有子而不知有父。圣人教民以孝，以反报其亲，而因制为祭祀之礼，合神于漠，极报本追远之诚，而后仁孝之心自然而忾于天下。于是严之以祫禘，合食于祖，而追溯其祖之所自出。又重之以郊社，大报天而返始，而幽明格，天人感应之理通，斯以为圣人之德之至。游定夫但据“圣人为能飨帝，孝子为能飨亲”，以谓可以通于天下国家，于义未尽。

右第十九章。案：周之有天下，成于武王、周公，故以文王无忧引起之。而下二节分叙武王、周公之事而以达孝一语赞美作结，以下乃详言祭礼而推及郊社。盖圣人制礼莫严于祭，至于郊则圣人之所以告成功，大报天而反始，是乃圣人之功用，所以达乎天而为德之至也。疑此一章当合前章为一。

案：《中庸》一篇分两截。读自第二章至此为一截，是《中庸》大体段。后一截乃推发其精蕴，以中庸之道言之则诚为体，知仁勇为用；以其事言之，则第十章以前分序知仁勇之功为体，十一章以下由君子之体道推极圣人之制礼作乐为用。前半篇多以事言，后半篇多以理言；前半篇是整段说，后半篇是错综变化说。要之，前半篇大端已尽，后半篇层层推勘入细，又所以为中庸之体也。

又案:《汉书·艺文志》礼类《中庸说》二篇,疑即此经而无从究知其分篇之旨。朱子订为三十三章而析分三截,其所定《石氏辑略》二卷,并前二截为一卷。盖以第二十章以上皆明费隐之旨,故属之上篇。细玩经旨,首标《中庸》之名,而推出知仁勇三者为行道之资,极之舜、文、武、周公之有天下,制礼以成化,以明中庸之大用。次显知仁勇之德,而推出一诚字为凝道之本,极之仲尼之配天,以明中庸之全功。当分十九章以上为一截,所以发明广大之用,二十章以下为一截,所以穷极精微之蕴。章法分明,熟玩深思,当自得之。

中庸章句质疑卷二

哀公问政。

哀公，鲁君，名蒋。

子曰："文武之政，布在方策。其人存，则其政举；其人亡，则其政息。

方，版也。策，简也。息，犹灭也。有是君，有是臣，则有是政矣。

人道敏政，地道敏树。夫政也者，蒲卢也。

敏，速也。蒲卢，沈括以为蒲苇是也。以人立政，犹以地种树，其成速矣，而蒲苇又易生之物，其成尤速也。言人存政举，其易如此。

故为政在人，取人以身，修身以道，修道以仁。

此承上文人道敏政而言也。为政在人，《家语》作"为政在于得人"，语意尤备。人，谓贤臣。身，指君身。道者，天下之达道。仁者，天地生物之心，而人得以生者，所谓元者善之长也。言人君为政，在于得人，而取人之则，又在修身。能仁其身，则有君有臣，而政无不举矣。

案：为政在人，即上其人存则其政举之人，归重在君身上。言其人者，谓若有文武之人存也。取人以身，人字即贴文武说，言取效文武之政，非徒以其政也，以身体之而已。上章善继人之志，善述人之事，与此取人以身之人字文义正同。为政在人，取人以身二语，紧承上文说，下郑注："在于得贤人也"，全章无此义。游定夫因谓“为政之要，主乎治人”，人道不远，取诸其身，于人上添一治字，其失愈远。谭氏惟寅云：“政自人道始。身即人也，求人之理当近取于吾身。”稍胜旧注，然于章旨仍未合也。

仁者，人也，亲亲为大；义者，宜也，尊贤为大。亲亲之杀，尊贤之等，礼所生也。

人，指人身而言。具此生理，自然便有恻怛慈爱之意，深体味之，可见宜者，分别事理，各有所宜也。礼，则节文斯二者而已。

案：天下之达道五。道原不外于人伦，然人伦为道之所自行而不得遂据之以为道。道者，身所必由之术也，只下仁义便是。乃仁义之用必以礼为之节文，而身之所以修，事事为之品节，而非虚存其理，则所谓道者礼而已，仁则心之凝乎天理者也。倪氏思云“自身上说归心”，上语甚允。仁自是万善之本，故下直接云仁者，人也。人道所以立也，义与仁并立，只是行而宜之。下节正申足修身以道，修道以仁二语之义。此道字与达道之道异。彼通言，此专言也。此仁字与三达德之仁异。彼以用言，此以体言也。

在下位不获乎上，民不可得而治矣！

郑氏曰：“此句在下，误，重在此。”

故君子不可以不修身！思修身，不可以不事亲；思事亲，不可以不知人；思知人，不可以不知天。”

为政在人，取人以身，故不可以不修身。修身以道，修道以仁，故思修身不可以不事亲。欲尽亲亲之仁，必由尊贤之义，故又当知人。亲亲之杀，尊贤之等，皆天理也。故又当知天。

案：不可以不修身，修身以道之谓也。不可以不事亲，修道以仁之谓也。语意紧承亲亲为大句，亦以启下，五者所以为天下之达道也。引人释仁，又引而归之亲亲，从天性自然之爱体贴仁字，实际是乃人道之所以立也。知人者，知人道之当然者也。仁者，天性自然之爱，亲亲者，天伦自然之仁，是乃天命之所以行也。知天者，知天道之本然者也。游定夫云："知人者可与言理，知天者可与言性"，差为近之。

天下之达道五，所以行之者三：曰君臣也，父子也，夫妇也，昆弟也，朋友之交也；五者天下之达道也。知、仁、勇三者，天下之达德也，所以行之者，一也。

达道者，天下古今所共由之路，即《书》所谓五典，孟子所谓"父子有亲、君臣有义、夫妇有别、长幼有序、朋友有信"是也。知，所以知此也；仁所以体此也；勇，所以强此也。谓之达德者，天下古今所同得之理也，一则诚而已矣。案：所以行之者一，与及其知之一，及其成功一，同旨，皆据其归宿处为言。知之一，成功一者，言所知所行途径不同而其要归则一。所以行之者一，言行之发用不同而其致功则一。盖惟知仁勇为行道之资，工夫归宿在此，无二致也。程子引诚字以释一字，恐并文义失之。达道之五，通言之九经为天下国家。专言之亦是五伦中推出，盖重言以申明之。达道虽人所共由，然无是三德，则无以行之；达德虽人所同得，然一有不诚，则人欲间之，而德非其德矣。程子曰："所谓诚者，止是诚实此三者。三者之外，更别无诚。"

案上举仁义礼以明修身之要，此举知仁勇以示修身之功，是另提起说。《中庸》以知仁勇三达德为纲，至此始发明其功用。顾氏无常云"知能知之，仁能守之，又须是勇始得，不勇当不得大事"，数语最尽。程子所谓"择之在乎知，守之在乎仁，断之在乎勇"，亦是此意。处置一事，徹首徹尾见得分明，无少疑滞，此之谓知。《论语》所谓"知者不惑"是也。既知事理曲折矣，又须至诚恻怛以行之，私意不存，后患不顾，此之谓仁。《论语》所谓

"仁者不忧"是也。然或量不足以御烦，力不足以及远，皆于养气之功有未至，勇者配道义而无馁者也。《论语》所谓"勇者不惧"是也。知仁勇三者徹上徹下直是阙一事不得所以行之者一也。言所行大小、经权、常变皆恃三者以行，莫能易也。疑此章先叙知仁勇之用，后言诚之功，各有次第，不得以本文一字影射下诚字为说。

或生而知之，或学而知之，或困而知之，及其知之一也；或安而行之，或利而行之，或勉强而行之，及其成功一也。

知之者之所知，行之者之所行，谓达道也。以其分而言：则所以知者知也，所以行者仁也，所以至于知之成功而一者勇也。以其等而言：则生知安行者知也，学知利行者仁也，困知勉行者勇也。盖人性虽无不善，而气禀有不同者，故闻道有蚤莫，行道有难易，然能自强不息，则其至一也。吕氏曰："所入之涂虽异，而所至之域则同，此所以为中庸。若乃企生知安行之资为不可幾及，轻困知勉行谓不能有成，此道之所以不明不行也。"

案：生安、学利、困勉，立此三义以示人求知仁勇之方。知仁勇三者各有知行之别，如求明理即知中之知，求胜私即仁中之知，求养气即勇中之知。行字更是显易，据理以行知也，秉公以处仁也，以全力任之勇也。章句以其分而言，以其等而言，似说得惝怳无归宿。自横渠及吕与叔、游定夫、杨中立、侯师圣诸儒并将勇字看得太轻，致有此等分别。经文明言知仁勇三者，天下之达德，如何轻易低昂。张、吕诸儒以生知、安行属仁，尤为倒乱经文，知仁勇三者，不能分轻重，惟吕东莱一人见及之耳。

子曰："好学近乎知，力行近乎仁，知耻近乎勇。

"子曰"二字衍文。此言未及乎达德而求以入德之事。通上文三知为知，三行为仁，则此三近者，勇之次也。案：上以其分而言是一义，以其等而言，又是一义。此言三知为知，三行为仁，三近勇之次，又是一义。而于勇下又增一次字，殆亦游移无定论矣。

吕氏曰："愚者自是而不求，自私者殉人欲而亡反，懦者甘为人下而不辞。故好学非知，然足以破愚；力行非仁，然足以忘私；知耻非勇，然足以起懦。"

案：经意归重在困勉上，盖生知安行尧舜性之之事，学知利行，汤武反之之事，更不消说。故以下专发明困知勉行之实功，曰近知、曰近仁、曰近勇，言求至于知仁勇于此为不远也，正是圣人指点亲切语。困勉之知，舍好学无馀事矣，推而至于圣人亦不越好学以为知。困勉之仁，舍力行无馀事矣，推而至于圣人，亦不越力行以为仁。困勉之勇，舍知耻无馀事矣，推而至于圣人亦不越知耻以为勇。武王耻一人之横行，伊尹耻一夫之不获，所以成其勇也。语原徹上徹下，章句于此云勇之次，又更看下一层，所以言未及乎达德，而求以入德之事，意以三达德主成德言之，似失中庸之旨。

又案：章首文武之政至蒲卢也，为圣人告哀公语，以下子思引申之。好学三句又引圣人之言，子曰二字非衍文。《家语》传自王肃，盖杂引传记为之，其与《戴记》所录时有异同，亦足互相取证，而据此经，全文并以为告哀公之辞，则又《家语》之失也。

知斯三者，则知所以修身；知所以修身，则知所以治人；知所以治人，则知所以治天下国家矣。"

斯三者，指三近而言。人者，对已之称。天下国家，则尽乎人矣。言此以结上文修身之意，起下文九经之端也。

案：礼以节文仁义而行乎五伦之中，修身者，修此而已，而修道之功必资于知仁勇，求知仁勇之备于其身，所以为修身之方也。上言不可以不修身，此言知斯三者，则知所以修身，文气紧相呼应，即此以知知仁勇三者以致功言，而非以成德言也。

凡为天下国家有九经，曰：修身也，尊贤也，亲亲也，敬大臣也，体群臣也，子庶民也，来百工也。案：孔疏来百工，谓招来百工。王氏引之云：来，读如劳来之来，谓劝勉之也。疑来当读如釐。《少牢礼》：来女孝孙。郑注，来，读曰釐。《诗》贻我来牟。《汉书·刘向传》作贻我釐辫。《广韵》釐，理也。《周颂》王釐尔成。郑笺：釐，理也。扬雄文地理作地釐。是釐并通为理，《书》"允厘百工"，传云，釐，治也。后云釐降二女，亦即釐治下降之义。《史记》允釐作信饬，徐广云：饬古勑字。《说文》：勑，劳勑也。劳来之来，当作勑，是釐亦劳勑之意，而古字来釐实通也。柔远人也，怀诸侯也。

经，常也。体，谓设以身处其他而察其心也。子，如父母之爱其子也。柔远人，所谓无忘宾旅者也。此列九经之目也。吕氏曰："天下国家之本在身，故修身为九经之本。然必亲师取友，然后修身之道进，故尊贤次之。道之所进，莫先其家，故亲亲次之。由家以及朝廷，故敬大臣、体群臣次之。由朝廷以及其国，故子庶民，来百工次之。由其国以及天下，故柔远人、怀诸侯次之。此九经之序也。"视群臣犹吾四体，视百姓犹吾子，此视臣视民之别也。

修身则道立，尊贤则不惑，亲亲则诸父昆弟不怨，敬大臣则不眩，体群臣则士之报礼重，子庶民则百姓劝，来百工则财用足，柔远人则四方归之，怀诸侯则天下畏之。

此言九经之效也。道立，谓道成于已而可为民表，所谓皇建其有极是也。不惑，谓不疑于理。不眩，谓不迷于事。敬大臣则信任专，而小臣不得以间之，故临事而不眩也，来百工则通功易事，农末相资，故财用足。柔远人则天下之旅皆悦而愿出于其途，故四方归。怀诸侯则德之所施者博，而威之所制者广矣，故曰天下畏之。

案：章句云柔远人则天下之旅皆悦而愿出于其途，极允。船山谓旅者，他国之使修好邻国而假道，又如失位之寓公与出亡之羁臣皆旅也。当时礼际极重一言一动之得失，所以待之者即异，故须嘉善而矜不能，言不能者亦当以其漂泊而矜之也。列远人于诸侯之上，其非聘使可知。送往者，过此而他逝者也。迎来者，来就本国者也。郑注谓蕃国之诸侯，失之。

齐明盛服，非礼不动，所以修身也；去谗远色，贱货而贵德，所以劝贤也；尊其位，重其禄，同其好恶，所以劝亲亲也；官盛任使，所以劝大臣也；忠信重禄，所以劝士也；时使薄敛；所以劝百姓也；日省月试，既禀称事，所以劝百工也；送往迎来，嘉善而矜不能，所以柔远人也；继绝世，举废国，治乱持危，朝聘以时，厚往而薄来，所以怀诸侯也。

此言九经之事也。官盛任使，谓官属众盛，足任使令也。盖大臣不当亲细事，故所以优之者如此。忠信重禄，谓待之诚而养之厚，盖以身体之，而知其所赖乎上者如此也。既，读曰饩，饩禀，稍食也。称事，如《周礼·槁人职》曰“考其弓弩，以上下其食”是也。往则为之授节以送之，来则丰其委积以迎之。朝，谓诸侯见于天子。聘，谓诸侯使大夫来献。《王制》：“比年一小聘，三年一大聘，五年一朝。”厚往薄来，谓燕赐厚而纳贡薄。

案：官盛任使，如周礼六卿各率其属而掌邦治，其所属之贤否，惟所以任使，官盛，若六卿之属三百。任使，若尚书之任简乃僚是也。官盛者，崇其体；任使者，重其权。与下忠信重禄，皆分两事说。

又案：《说文》：气，馈客之刍米，气或为槩。《聘礼》：归，饔饩五牢。郑注：牲杀曰饔，生曰饩。《说文》：饔，熟食也。《诗》毛传：有母之尸饔，云孰食曰饔。疑《仪礼》言饔饩兼致生孰牲牢米禾薪刍生者皆曰饩也。《左传》桓十年齐人饩诸侯，是饩者专为馈食宾客之辞。《廪人》稍食，郑注：禄，廪也。又专言九谷，似既不当为饩，饩又不当训为稍食也。《说文》：既，小食也。既、廪二事，廪如廪人所颁稍食。既如外饔所共师役献赐脯肉之事。廪者，常也。既者小食，其暂也。

凡为天下国家有九经，所以行之者一也。

一者，诚也。一有不诚，则是九者皆为虚文矣，此九经之实也。

案：所以行之者一也，覆说前文，言由修身以达之天下国家，皆须知仁勇三者全力运去，缺一不可。所以行之，即承所以行之者三为言。一者，犹言一以是行之，通知仁勇而并用之之辞也。上云达道，通言之。此云为天下国家，专言之。亦是从上五伦中推出。

凡事豫则立，不豫则废。言前定则不跲，事前定则不困，行前定则不疚，道前定则不穷。

凡事，指达道达德九经之属。豫，素定也。跲，踬也。疚，病也。此承上文，言凡事皆欲先立乎诚。如下文所推是也。案：凡事，通言之。所谓豫者，正知仁勇三者之达德也。章句以凡事通指达道、达德九经之属，似未分晰。

案：凡事豫则立以下，发明所以求知仁勇之实功，正困勉之事也。张子所谓精义入神者，豫而已矣，正此豫字。真诠精义者，明善之功。入神者，诚身之效。明善诚身所以为豫，而知仁勇三者则所以明善诚身之准也。凡事豫则立紧承上所以行之者一为言，言知仁勇三者不可缺一，而其功当早豫之于先，是加一倍提振。语求所以为知仁勇者无他，明善诚身而已矣。道前定则不穷，明善诚身之谓也。言前定、行前定、事前定三语，引起一道字。言前定如展喜犒师受命展禽；行前定如齐桓公作内政寄军令；事前定如季文子求遭丧之礼以行。皆主一事言之，以见道之当素定也。

又案：事如俎豆之事，军旅之事，行则其身之所行习也。子产为命，先之以讨论修饰，亦是言前定。曹刿所云忠之属也，可以一战，亦是事前定。季文子三思后行，亦是行前定。三者统于道而各有所宜，但求所以豫定之则固足以无悔，至于道之前定，随所用而施之而自不穷矣。

在下位不获乎上，民不可得而治矣；获乎上有道：不信乎朋友，不获乎上矣；信乎朋友有道：不顺乎亲，不信乎朋友矣；顺乎亲有道：反诸身不诚，不顺乎亲矣；诚身有道：不明乎善，不诚乎身矣。

此又以在下位者，推言素定之意。反诸身不诚，谓反求诸身而所存所发，未能真实而无妄也。不明乎善，谓未能察于人心天命之本然，而真知至善之所在也。

案：《中庸》下半篇发明诚字之用，皆据成德言之，而发端言诚，先推出诚字原由曰明善。程子所谓义理之精微无可名，但以善名之。明善之功即下博学、审问、慎思、明辨、笃行是也。于此明即于此诚，疑此节引成语但归重在明善诚身上。又案在下位节，与孟子所引略同，疑古有是语而子思引之，不必夫子之言也。于获上信朋友之义无取，引此以揭出明善诚身之说，而申上前定之旨。亦见居下位而欲获上，治民必原本，明善诚身，道之存乎人，无二致也。章句旨归重诚字，独于此补出明善一层，盖圣功之本，自上知以下，皆必由明而诚，为困勉者示之程也。

诚者，天之道也；诚之者，人之道也。诚者不勉而中，不思而得，从容中道，圣人也。诚之者，择善而固执之者也。

此承上文诚身而言。诚者，真实无亡之谓，天理之本然也。

诚之者，未能真实无妄，而欲其真实无妄之谓，人事之当然也。圣人之德，浑然天理，真实无妄，不待思勉，而从容中道，则亦天之道也，未至于圣，则不能无人欲之私，而其为德不能皆实，故未能不思而得，则必择善，然后可以明善；未能不勉而中，则必固执，然后可以诚身，此则所谓人之道也。不思而得，生知也。不勉而中，安行也。择善，学知以下之事。固执，利行以下之事也。

案：诚者，天道之自然。诚之者，人道之当然，圣人尽人以合天，则亦诚之者也。而圣功之极，动中自然与天合德，至于学知利行之成德，则亦诚者天之道也。章旨归重在困勉上，特以诚者诚之者两项为求，诚者指点安勉之，分以见天道人道之所以行，皆归宿在诚字上，文气一直赶下，择善固执兼含有学利困勉两义。章句学知以下之事，利行以下之事尚有赅括。

又案：诚者，天之道，自是说天地化育流行之功；诚之者，人之道，则人之所以合天也。圣人生知安行，亦犹行人之道也。下云诚者，乃言圣人尽人合天与天道之自然同其功用。自馀以下皆可反身以几于诚，非诚则人道不足以立天，人之归宿一诚而已。尽人合天，人道之极功也，诚之至也。两诚者、两诚之者，分中有合，合中有分，当熟玩深思而自得之。

博学之，审问之，慎思之，明辨之，笃行之。

此诚之之目也。学、问、思、辨，所以择善而为知，学而知也。笃行，所以固执而为仁，利而行也。程子曰："五者废其一，非学也。"

案：此下专言困勉之功，五者之事，非直学知利行不能舍此而他求，即生知安行之圣人岂遂学可以不博问，可以不审思，可以不慎辨，可以不明行，可以不笃学乎？五者圣功之所必有事也。

困知勉行之从事五者，所以为圣功之基也。以下层层推阐，字字提振，专为困知勉行者，实指出下学入手工夫。章句以诚之之目，专属学知利行，似推困勉于诚之外，大失经旨。

又案：中庸以知仁勇为纲，以诚字为归宿，知仁勇是发用工夫，诚字是本。始终离一诚字，不得知仁勇之极功，惟其诚也，所以为诚，亦即在知仁勇上显出。择善者择此而已，固执者执此而已。择善固执，微分体用，然择善亦自有行在，固执亦自有所学，所问、所思、所辨在五者之目，却不必分承择善固执言之。盖此五者正兼指所择所执之实功也。择善固执者，求诚之方，诚者体道之撰，知仁勇三者则存诚之实也，诚所以为知仁勇之府也。章句以择善为知，固执为仁，于三达德中退除一勇字，又析知仁而二之，疑非经旨。

又案：以下实指困勉之功，一层紧一层。盖生知安行，尧舜性之者也；学知利行，汤武反之者也。圣人立教，专为困勉者指出下学切要工夫，学知利行以上，更不须与指证。

有弗学，学之弗能，弗措也；有弗问，问之弗知，弗措也；有弗思，思之弗得，弗措也；有弗辨，辨之弗明，弗措也；有弗行，行之弗笃，弗措也；人一能之，己百之，人十能之，己千之。

君子之学，不为则已，为则必要其成，故常百倍其功。此困而知，勉而行者也，勇之事也。

案：章句以上节属学知利行，此节属困知勉行。寻求经义，只是一气说下，一层紧一层，于中析分两义，经旨反无归宿。而又以困知勉行属勇之事，是直就知仁勇中分别轻重次第，与《中庸》之言三达德相背戾矣。《中庸》固谓知仁勇之德积诚而实有之者也，积诚以发其志与气，而知日以生，仁日以裕，勇日以充，所言皆进德之功也。章句恐失之。

果能此道矣，虽愚必明，虽柔必强。

明者择善之功，强者固执之效。吕氏曰："君子所以学者，为能变化气质而已。德胜气质，则愚者可进于明，柔者可进于强；不能胜之，则虽有志于学，亦愚不能明，柔不能立而已矣。盖均善而无恶者，性也，人所同也；昏明强弱之禀不齐者，才也，人所异也。诚之者所以反其同而变其异也。夫以不美之质，求变而美，非百倍其功，不足以致之。今以卤莽灭裂之学，或作或辍，以变其不美之质，及不能变，则曰天质不美，非学所能变。是果于自弃，其为不仁甚矣！"

案：虽愚必明，虽柔必强，缴还知仁勇三项，亦见求诚之功，所以裕知仁勇之用也。明者知之发，强者勇之充，然非有守则强亦无所致其功，是强者亦即仁之显也，直与上好学近乎知，力行近乎仁，知耻近乎勇三语相应，言能致其困勉之功，则愚可使知，柔可使勇，举知勇仁在其中矣，旧注均似未悉。

右第二十章。

此引孔子之言，以继大舜、文武、周公之绪。明其所传之一致，举而措之，亦犹是耳。盖包费隐，兼小大，以终十二章之意。章内语诚精详，而所谓诚者，实此篇之枢纽也。又按：《孔子家语》，亦载此章，而其文尤详。"成功一也"之下，有"公曰：子之言美矣！至矣！寡人实固，不足以成之也。"故其下复以"子曰"起答辞。今无此问辞，而有"子曰"二字，盖子思删其繁文以附于篇，而所删有不尽者，今当为衍文也。"博学之"以下，《家语》无之，意彼有阙文，抑此或子思所补也欤？王肃撰《家语》，并以此经为告哀公之辞，因其中复出子曰字，乃增入哀公一问以通之，而自博学之以下，《家语》独缺。疑此经专为困勉者指示下手工夫，博学之以下，层层提挈，语语鞭辟，正子思吃紧为人处。《家语》乃从节删，亦足见王氏于道之未有闻也。

案：《中庸》始末二章，极言圣人功化之神而归本于慎独工夫，彻上彻下更无馀义。此章透彻发明知仁勇三达德之旨而归本于诚，又为慎独工夫归宿处。全章脉络毕注于此，前后各章随事指证，只以发明此三章之旨要而已。

又案：《中庸》引舜文武周公以明道之功用，非赞美文武周公之能行道也。自此章以前论知仁勇三者之功用，自此章以后论诚字体段，而此一章实指知仁勇三者之事归宿到一诚字，实后半篇所以发端而为全书之枢纽。其言诚分出安勉两项工夫，而归重到困知、勉行上，于学者审端致力之功尤为深切著明。盖全书发明《中庸》大义，惟此一章则实指其下手用功处也。疑无兼费隐，包小大以终十二章之旨。

自诚明，谓之性；自明诚，谓之教。诚则明矣，明则诚矣。

自，由也。德无不实而明无不照者，圣人之德。所性而有者也，天道也。先明乎善，而后能实其善者，贤人之学，由教而入者也，人道也。诚则无不明矣，明则可以至于诚矣。

案：此下反复发明一诚字，承上诚者、诚之者两义以辨其始所从入而终之归于一致，以见困知、勉行之功尽人可以自致，其至于诚一也。谓之性者，圣人与天合德，创制显庸一依天理以为之则，而道皆其性。谓之教者，仁义之名立而礼以生，圣人用之以为教人，皆得知其所以然，以求复其性。性者，圣人所以自尽；教者，圣人所以尽人之性也。二语已尽《中庸》一书之旨要。

右第二十一章。子思承上章夫子天道、人道之意而立言也。案：上章天道，言天道之自然者也。人道，言人道之当然者也。两诚者字尽有别，上诚者是天道之自然，下诚者是圣人所以体天道之自然。其实圣人所性与其所以教，皆人道也，疑此下发明一诚字，不必承天道人道为说。自此以下十二章，皆子思之言，以反覆推明此章之意。

唯天下至诚，为能尽其性；能尽其性，则能尽人之性；能尽人之性，则能尽物之性；能尽物之性，则可以赞天地之化育；可以赞天地之化育，则可以与天地参矣。

天下至诚，谓圣人之德之实，天下莫能加也。尽其性者，德无不实，故无人欲之私，而天命之在我者，察之由之，巨细精粗，无毫发之不尽也。人物之性，亦我之性，但以所赋形气不同而有异耳。能尽之者，谓知之无不明而处之无不当也。赞，犹助也。与天地参，谓与天地并立为三也。此自诚而明者之事也。

右第二十二章。言天道也。

案：章句以此章以下十二章分承天道人道言之，疑《中庸》所谓诚者天之道也，诚之者人之道也，以天道人道显诚之用，明天人之理，皆依诚而行，圣人尽人以合天，正所以立人道之极也。《中庸》发明诚之功用，以推极于天，未尝显示天道人道之别，章句疑有未悉。

其次致曲，曲能有诚，诚则形，形则著，著则明，明则动，动则变，变则化，唯天下至诚为能化。

其次，通大贤以下凡诚有未至者而言也。致，推致也。曲，一偏也。形者，积中而发外。著，则又加显矣。明，则又有光辉发越之盛也。动者，诚能动物。变者，物从而变。化，则有不知其所以然者。盖人之性无不同，而气则有异，故惟圣人能举其性之全体而尽之。其次则必自其善端发见之偏，而悉推致之，以各造其极也。曲无不致，则德无不实，而形、著、动、变之功，自不能已。积而至于能化，则其至诚之妙，亦不异于圣人矣。案：明则动以下，兼尽人之性尽物之性言之。亦见圣人尽人物之性皆尽性分内事，故曰成己仁也，成物知也，合内外之道也。

案：致曲工夫尽细，所以言曲能有诚。与孟子以四端征性自有别，盖四端者，偶尔发动之几，而非真实无妄之全体也，偶尔发动之几可以扩而充之，亦由其所发动者未尝非全体之一隅，而孟子之意则因人失其性已久，且就发动处体验，使之反而自悟，故只就其端引之。此云致曲，则全体已见得亲切，而以致曲二字显出诚之者一段工夫。郑注："曲，犹小小之事也。"大误。程子亦谓：曲，偏曲之谓，非大道也。然则曲能有诚，岂亦偏曲之诚而非大道之诚乎？顾氏无常云："曲之为言，与直对立，自学而反之，是为致曲。"《易》"反复其道"，《论语》"克己复礼为仁"，《孟子》"汤武反之也"，皆至曲之谓。郭氏忠孝云："致曲者，曲尽之也。"陈氏知柔云："致如学以致其道之致，所谓委蛇曲折而入乎道也，小德川流亦是致曲之意。"谭氏惟寅云："致其委曲以求本性之实理，既非生而知之，直造径达，容有所未能，专心致志，委曲以求之，求得本性，因而诚之，使有诸己则亦与诚者无以异矣。"均以曲字为用功语。盖圣人发端已见全体，其次则须曲折以尽其义。龟山直以学问思辨笃行五者为致曲，致曲者，存诚之极功，似未可以一偏尽之也。

右第二十三章。言人道也。

至诚之道，可以前知。国家将兴，必有祯祥；国家将亡，必有妖孽；见乎蓍龟，动乎四体。祸福将至：善，必先知之；不善，必先知之。故至诚如神。

祯祥者，福之兆；妖孽者，祸之萌。蓍，所以筮。龟，所以卜。四体，谓动作威仪之间，如执玉高卑，其容俯仰之类。凡此皆理之先见者也，然惟诚之至极，而无一毫私伪留于心目之间者，乃能有以察其几焉。

案：此据天道自然之征以证圣人之前知。所谓诚则明者，明之动于自然者也。祯祥、妖孽之应，蓍龟、四体之兆，由鬼神之诚，体物而不可遗，自然征见，因应不爽。盖大化之流行气而已，而理以宰乎气，得其理则气亦从而顺，失其理则气亦从而逆，气之为顺为逆必征诸象，有象而后数以滋焉，人之因乎象与数以推测而知之者几也。而气之感而必通，则诚也。天，积气者也，积气以行乎诚，则理之运行也。祯祥、妖孽、蓍龟、四体，气之征而实理之显也，故知祸福之至亦知之于其善不善之微而已。圣人于理上见得十分亲切，而惠迪吉从逆凶之理自足于心，达之天下，则司天之权以行赏罚，约之一身，亦有以实见乎天人感召之微，以辨吉凶，诚无弗至而明无弗充。前知者，知之以理而无余蕴矣。全章皆以天道之自然者言之。至诚如神，乃言至诚之明，显微著见，与天道之自然者同也。

右第二十四章。言天道也。案：此章申上诚则明之义，善不善之动几也。先知者，诚也。周子曰：诚无为，几善恶。如神者，研几之极功也。诚，斯通也。

诚者自成也，而道自道也。

言诚者物之所以自成，而道者人之所当自行也。案：自成成字与下成己成物相应，圣人成物之功亦只完得成己分量而已。孟子云“万物皆备于我，反身而诚”。统人物而归之身，故曰自。自成者，圣人尽性之极功也。章句诚者物之所以自成，似作自然之自看，疑非也。诚以心言，本也；道以理言，用也。

案：此承上发明诚之功用，所以成己成物，皆其性之自尽者也。诚，体物而立道，依人伦而行，而固不假物以为功，故诚者隐微之自毖，而道者戒慎恐惧之所自行也。曰自成曰自道，盖以道之全体为身之全体而敛而归之己。成己者自我成之，成物者，亦自我成之，惟其诚之积而充焉。而物有未成，即其诚犹有间也。是故诚者性功之发也，仁知所资以为用也，仁知有定体而丽于诚以效其实用，诚无定守而依仁知以显其成能。一诚立而成己成物，皆性功自然必至之程矣。

诚者物之终始，不诚无物。是故君子诚之为贵。

天下之物，皆实理之所为。故必得是理，然后有是物。所得之理既尽，则是物亦尽而无有矣。案：诚与物相为终始，诚有间则物有虚。无物者，物虽存而理固虚也。疑是物亦尽而无有句未极圆融。故人之心一有不实，则虽有所为，亦如无有，而君子必以诚为贵也。盖人之心能无不实，乃为有以自成，而道之在我者，亦无不行矣。案：此物字包括甚广，人伦日用及所应之人、所接之事皆物也。终始者，无尽之辞。诚积于心，体物不遗，始终条理秩序分明而所行皆实。诚有间，即物为虚矣。子臣弟友，诚不行焉，皆虚文也。耳目口鼻，诚不著焉，皆虚器也。曰不诚无物，尽辞也。实则有，而虚则无也。

诚者非自成己而已也，所以成物也。成己，仁也；成物，知也。性之德也，合外内之道也，故时措之宜也。

诚虽所以成己，然既有以自成，则自然及物，而道亦行于彼矣。仁者体之存，知者用之发，是皆吾性之固有，而无内外之殊。既得于己，则见于事者，以时措之，而皆得其宜也。

案：成己成物，皆圣人性分内事，故曰合内外之道。成己成物皆所以自成也，然成己有成己之功，成物有成物之功，条理秩序随事而具。时措之宜者，于此措之己而宜，于此措之物而宜也。盖必有礼而为之节文，而后措则正而施则行，诚之行乎仁知，而措之宜者，礼为之也。旧注于此一语均未分明。

右第二十五章。言人道也。案：此章申上明则诚之义。诚者，虚器也。道亦虚为之名也，而物非道不成，道非诚不立。是故，诚者致虚而载之实。自成者，所以为积诚之资也，惟其明也。

故至诚无息。案：船山云：天不可见，由其博厚高明悠久而生物不测，知其诚之不贰。至诚之所存者，非夫人之易知，由其博厚、高明悠久见于所征者，知其诚之不息。此自用而察识其体，曰故至诚无息。故字须涵咏始见。疑前章言诚已尽，此章补出不息字。不息者，诚之无间者也。天地所以为至诚，惟其不息而已，圣人之诚至于不息而后可以配天。

既无虚假，自无间断。

案：此承上章极言至诚之功用，以见圣人之合德于天，惟其诚之不息也。上章据至诚之致功者言之，此章据至诚之成德者言之。

不息则久，久则征。

久，常于中也。征，验于外也。

案：二十三章所谓诚则形，形而著，著则明，明则动，动则变，变则化者，盖于此征字中位天地育万物，即至诚之所谓征也。悠远、博厚、高明，极形容征字气象，更无甚次第。

征则悠远，悠远则博厚，博厚则高明。

此皆以其验于外者言之。郑氏所谓“至诚之德，著于四方”者是也。存诸中者既久，则验于外者益悠远而无穷矣。悠远，故其积也广博而深厚；博厚，故其发也高大而光明。

博厚，所以载物也；高明，所以覆物也；悠久，所以成物也。

悠久，即悠远，兼内外而言之也。本以悠远致高厚，而高厚又悠久也。此言圣人与天地同用。

案：悠久所以成物，即下其为物不贰，则其生物不测。意贰犹间也，不贰，所以为不息，不息所以为悠久也。至诚之以悠久成物，如孟子所谓“民日迁善而不知为之者”，圣人之所以“上下与天地同流也”。悠久与博厚、高明，更无先后次第。经意征则悠远，悠远则博厚，博高则高明，言既征则可以百世以俟圣人，既征之悠远须是大小久暂，无少疏间而极乎博厚，人皆可以喻之而无从企及，而极夫高明直是一气赶出语。章句以悠远至高厚疑未安。

博厚配地，高明配天，悠久无疆。

此言圣人与天地同体。

如此者，不见而章，不动而变，无为而成。

见，犹示也。不见而章，以配地而言也；不动而变，以配天而言也。无为而成，以无疆而言也。

案：如此者兼上博厚高明悠久言之。章也、变也、成也三语，自分深浅。章以见于身者言之，变以动于物者言之，成以化成天下言之。不见、不动、无为，闇然自修于己而无待于外，积盛之所以充盈也。似不分承上文配地、配天、无疆三事为说。

天地之道，可一言而尽也：其为物不贰，则其生物不测。

此以下，复以天地明至诚无息之功用。天地之道，可一言而尽，不过曰诚而已。不贰，所以诚也。诚故不息，而生物之多，有莫知其所以然者。

天地之道：博也，厚也，高也，明也，悠也，久也。

言天地之道，诚一不贰，故能各极其盛，而有下文生物之功。

今夫天，斯昭昭之多，及其无穷也，日月星辰系焉，万物覆焉。今夫地，一撮土之多，及其广厚，载华岳而不重，振河海而不泄，万物载焉。今夫山，一卷石之多，及其广大，草木生之，禽兽居之，宝藏兴焉。今夫水，一勺之多，及其不测，鼋鼍、蛟龙、鱼鳖生焉，货财殖焉。

昭昭，犹耿耿，小明也。此指其一处而言之。及其无穷，犹十二章及其至也之意，盖举全体而言也。振，收也。卷，区也。此四条，皆以发明由其不贰不息以致盛大而能生物之意。然天地山川，实非由积累而后大，读者不以辞害意可也。

案：龟山云："天之无穷，昭昭之积也。地之广厚，撮土之积也。山之广大，卷石之积也。水之不测，一勺之积也。"沈氏清臣云："天不息，故无穷。地不息，故广厚。山自卷石不息，故广大。水自一勺不息，故不测。”似皆谓天地山川以不息积成，疑经旨殊不尔。盖天以明为用，一隙之明推而至于不可穷极，无二物也，惟其不息而已，正释上文不贰则生物不测之意。圣人诚自成而道自道，非有异也，推而至于配地配天以达于无疆，亦惟其不息而已。不息是全体，随大小而见之，昭昭、一撮、卷石、一勺皆全体也。旧注均未能体会。

《诗》云：“维天之命，于穆不已！”盖曰天之所以为天也。“于乎不显！文王之德之纯！”盖曰文王之所以为文也，纯亦不已。

《诗·周颂·维天之命》篇。于，叹词。穆，深远也。不显，犹言岂不显也。纯，纯一不杂也。引此以明至诚无息之意。程子曰：“天道之已，文王纯于天道，亦不已。纯则无二无杂，不已则无间断先后。”

右第二十六章。言天道也。案：此章极言至诚之功用，推至于不贰不已，为后半篇中一小结束。下章乃归重到其人上，以引起仲尼不贰不已，又微分体用，天以高明为体，地以博厚为体，圣人之于道则致一也，不贰者，诚之体也。不已，所以为悠久也，诚之用也。

大哉圣人之道！

包下文两节而言。

案：此章言圣人至诚无息，制之为礼以纲纪乎人伦，而使人由之以复其性。君子于是有崇礼之功。《中庸》一书大端言礼之精意，所以裁其过，辅其不及，以复其性之善而归于中。第二十章以下极论中庸工夫，发端便说出礼所生也，至此章乃要归于崇礼，后复申言居下者之不足以制礼，而引圣人祖述宪章以立人道之极。宪章者，即二十八章所谓吾学周礼者也。章旨趋重到崇礼而推致性功之极，以为凝道之本，足尽《中庸》全书之要旨。

洋洋乎！发育万物，峻极于天。

峻，高大也。此言道之极于至大而无外也。

优优大哉！礼仪三百，威仪三千。

优优，充足有馀之意。礼仪，经礼也。威仪，曲礼也。此言道之入于至小而无间也。

案：发育万物，即曲成万物之意。峻极于天，即范围天地之意。先明道之功用而后据礼以实之。孔疏《周礼》三百六十四官，礼仪三百，举成数。《稗疏》云："礼仪者，周官之典也。威仪者，五礼之仪也。"五礼以配五刑，五刑之属三千五，礼亦然。谓之威仪者，以进退容止为本，异于周官治教，政刑之以事不以文也。礼仪威仪已是大极于无外，小至于无间，此所云圣人之道，礼而已，似未宜以两节分大小言之。

待其人而后行。

总结上两节。

案：待其人而后行，上赅舜、文、武、周公，下赅仲尼。有舜文武周公之至德，以广道于天下，而道以行。有仲尼之至德以体道于一身，而道以凝焉。此章大旨以引起仲尼。仲尼之时与位不足以作礼乐，而斟酌典礼，损益三代，自存乎其言，所以为为下不倍也。居上不骄者，舜文武周公之事。为下不倍者，孔子之事也。

故曰苟不至德，至道不凝焉。

至德，谓其人。至道指上两节而言也。凝，聚也，成也。

故君子尊德性而道问学，致广大而尽精微，极高明而道中庸。温故而知新，敦厚以崇礼。

尊者，恭敬奉侍之意。德性者，吾所受于天之正理。道，由也。温，犹燖温之温，谓故学之矣，复时习之也。敦，加厚也。尊德性，所以存心而极乎道体之大也；道问学，所以致知而尽乎道体之细也。二者修德凝道之大端也。不以一毫私意自蔽，不以一毫私欲自累，涵泳乎其所已知，敦笃乎其所已能，此皆存心之属也。析理则不使有毫厘之差，处事则不使有过不及之谬，理义则日知其所未知，节文则日谨其所未谨，此皆致知之属也。案：此言修德凝道之功，上三句所以修德，下二句所以凝道，以存心致知析分到底，于经旨似有未达。盖非存心无以致知，而存心者又不可以不致知。故此五句，大小相资，首尾相应，圣贤所示入德之方，莫详于此，学者宜尽心焉。

案：此五句宜分两截读而归重敦厚以崇礼一句。上三句所以显至德之实，下二句乃所以明凝道之功也。尊德性是本体，故章句存心说道问学是工夫。故章句主致知说下二句一气滚下，直追出道中庸一语。广大精微高明皆极乎道之量，而后知中庸之为道之极致也。故者，礼制之遗；新者，所以损益之数。正承上道问学为言。所谓礼仪三百，威仪三千，待其人而后行者，即温故知新之要旨也。工夫全摄入道问学三字内，君子所以自治其性功，必有以尽乎中庸而措之咸宜，而其约己反求，惟在通乎古今之故而得其损益之宜，乃能敦厚其心以崇礼。此一“以”字与上四“而”字亦有别，章句并分承存心、致知二者言之，疑非经旨。

又案：孔疏此节言君子尽道当须勤学，于此归重到问学，最合经旨。退谷孙氏《明辨录》云：“道问学是尊德性工夫。德性在我正须从道问学内探讨出天理来存养，广大精微高明中庸皆德性中所有，致之尽之极之道之，皆道问学以尊此德性者也。”所谓尊者，固必有尊之之实，非但奉持而已。道，犹路也。领吾德性以趋乎中庸，则问学之功也。中庸于此节两“道”字尽著力，非有问学以道之即德性无所倚附发明，非道之以中庸，则是广大精微高明亦将流为贤知之过而不自知也，切紧工夫在道问学。疏义近之。

又案：梨洲黄氏言象山之学以尊德性为宗，紫阳之学以道问学为宗，两家意见不同在此，其言似是而义实有未尽。象山之学在先立乎其大，引孟子之言立乎大，不为小者所夺。朱子言为学以存主为先，亦数引程子之言，“不得以天下万物挠己，己立后自能了得天下万物”，并是以尊德性为第一要义，非是则道问学亦只记诵而已。德性、问学两事岂能截分为二，而朱子《答项平父书》“子静所说专是尊德性事，而某平日所论却是道问学为多”，自是一时举似之言，后儒径将此二语看成两橛，大失《中庸》本旨。此三语一气赶下，尊德性是主脑，舍尊德性无所谓问学工夫，却全在道问学三字上，一直归宿到道，《中庸》下二语乃显出问学之实功，又一直归宿到礼字上。礼仪威仪一皆圣人之道之流行，待其人者待其能道问学而已矣。

是故居上不骄，为下不倍，国有道其言足以兴，国无道其默足以容。《诗》曰：“既明且哲，以保其身”，其此之谓与！

兴，谓兴起在位也。《诗·大雅·烝民》之篇。

案：此据凝道之君子言之，自非圣人有天下不足以议礼而成参天地赞化育之功，而三代之衰道在仲尼，《中庸》于三十章举仲尼以示人道之极，而于此先就凝道之君子明其所以自处，崇礼者行乎上下，有道无道之交，无非至诚之不息，以时措之宜也。陈氏亮云：“兴如绥之，斯来动之，斯和容如，磨而不磷，涅而不缁，《易》言不易乎世，不成乎名，乐则行之，忧则违之。”所谓默也，龙德而隐者也。

又案：郑注：“兴，谓兴起在位也。”孔疏：“其言足以兴成其国。兴。谓出谋发虑。”是孔氏已异郑义。疑居上不骄，为下不倍，以位言有道无道，则通所处之时言之。言者道之显也，言行即道行矣。其言足以兴，盖闻其风而兴起，所谓百世以俟圣人而不惑也。国有道以下，专承为下不倍句言之。

右第二十七章。言人道也。

子曰：“愚而好自用，贱而好自专，生乎今之世，反古之道。如此者，灾及其身者也。”

以上孔子之言，子思引之。反，复也。

非天子，不议礼，不制度，不考文。

此以下，子思之言。礼，亲疏贵贱相接之体也。度，品制。文，书名。

案：郑注：礼，人所服行也。礼如冠、昏、丧、祭之礼，自天子达于士庶人。孔疏：行同伦，覆上不论礼。伦，道也。议礼与下作礼乐并无二义。制度者，礼中之节目。考文者，质文损益之别，见于文字如《博古图》商器款识多与周异，《或问》所引“秦以小篆、隶书为法”者是也。二者皆礼之所以行也，故下节以行同伦终之。

今天下车同轨，书同文，行同伦。

今，子思自谓当时也。轨，辙迹之度。伦，次序之体。三者皆同，言天下一统也。

案：车同轨，制度中之一事。《或问》：“周人尚舆制作之法领于《冬官》，其广六尺六寸，至秦然后车以六尺为制。”《左氏传》“同轨皆至”，正谓四海之内，政令所及。古语“闭门造车，出而合辙”，其法之同也。周衰，制度留贻，容有坏乱，而车制更无参差也。

虽有其位，苟无其德，不敢作礼乐焉；虽有其德，苟无其位，亦不敢作礼乐焉。

郑氏曰：“言作礼乐者，必圣人在天子之位。”

子曰："吾说夏礼，杞不足征也；吾学殷礼，有宋存焉；吾学周礼，今用之，吾从周。"

此又引孔子之言。杞，夏之后。征，证也。宋，殷之后。三代之礼，孔子皆尝学之而能言其意；但夏礼既不可考证，殷礼虽存，又非当世之法，惟周礼乃时王之制，今日所用。孔子既不得位，则从周而已。

案：阎氏《四书释地》、《孔子世家》末言子思困于宋作《中庸》，《论语》杞、宋皆不足征。《中庸》易其文曰"有宋存焉"，为宋讳也。且尔时杞亡而宋独存，亦与情事合。疑此引圣人之言，合《论语》两章而稍易其旧文耳。

右第二十八章。承上章为下不倍而言，亦人道也。

案：此章承上章言凝道之君子而不得位，则以身存道为守先待后之资。盖《中庸》之道随地自尽其所为，位天地育万物之功必推中和之德以致之民物，是以圣人有天下而后可以制作礼乐。此《中庸》后半篇所以错综变化言之以尽其义也。

王天下有三重焉，其寡过矣乎！

吕氏曰："三重，谓议礼、制度、考文。惟天子得以行之，则国不异政，家不殊俗，而人得寡过矣。"

案：前章累举议礼、制度、考文三者，而后但云作礼乐，是制度、考文亦是议礼中事。前章已明据天子言之，此复指为王天下者之三重，而以寡过为言，亦与前章文义无关。疑吕氏之说非也。姚氏景星《中庸集说》云："征以时言，一重也；尊以位言，二重也；善以德言，三重也。言王天下者合德位时以建中和之极，而百姓会归奉礼以几于寡过。"盖承上言圣人制作礼乐兼备德、位、时三者而后可以有誉于天下，上焉者无其时，而下焉者无其位，故君子以下极言圣人之德之备，而后可以得位乘时，损益古今，建中以制礼，动而为道，行而为法，言而为则，无他，礼而已矣。故曰动容周旋中礼者，盛德之至也。

又案：《朱子语类》以前章有位无德，不敢作礼乐为不自用。有德无位不敢作礼乐为不自专。孔子不从夏商为不反古，是德、位、时三重。两章反复申明，皆是此义。此章明言王天下者，故尤归重到德字上，凝道之君子，惟其德之足以凝焉而已。

上焉者虽善无征，无征不信，不信民弗从；下焉者虽善不尊，不尊不信，不信民弗从。

上焉者，谓时王以前，如夏、商之礼虽善，而皆不可考。下焉者，谓圣人在下，如孔子虽善于礼，而不在尊位也。

故君子之道：本诸身，征诸庶民，考诸三王而不谬，建诸天地而不悖，质诸鬼神而无疑，百世以俟圣人而不惑。

此君子，指王天下者而言。其道，即议礼、制度、考文之事也。本诸身，有其德也。征诸庶民，验其所信从也。建，立也，立于此而参于彼也。天地者，道也。鬼神者，造化之迹也。百世以俟圣人而不惑，所谓圣人复起，不易吾言者也。

案：考诸三王，前有所承，百世以俟圣人，后有所授，继往所以开来也。建诸天地，高明博厚，法其体，质诸鬼神，诚效其能，明体所以达用也。《乐记》“明则有礼乐，幽则有鬼神”，阴阳造化显著其功用而可以取正。曰质者，圣人所以体阴阳之撰而通神明之德者也。下节知天知人，承此二语言之，以著其功用也。

质诸鬼神而无疑，知天也；百世以俟圣人而不惑，知人也。

知天知人知其理也。

是故君子动而世为天下道，行而世为天下法，言而世为天下则。远之则有望，近之而不厌。

动兼言行而言，道兼法则而言。法，法度也。则，准则也。

案：动以其见诸身者言之，行以其措诸事者言之。动、行、言析分三事，似未可以动兼言、行为说。

案：动、行、言三者与下见而民莫不敬，言而民莫不信，行而民莫不说正同。动即见也。《四书异同商》引《都人士》诗，“其容不改，出言有章，行归于周”。《左氏传》“动作有文，言语有章，作事可法”，皆以动字与言行平列。动，谓动作威仪，不得兼言行。《孟子》“动容周旋中礼”，正据威仪言之。礼者，人之所由，道，由也。下章言见，亦谓仪容之发见。动、言、行三者，不得并则为二也。

《诗》曰：“在彼无恶，在此无射，庶几夙夜，以永终誉。”君子未有不如此而蚤有誉于天下者也。

《诗·周颂·振鹭》之篇。射，厌也。所谓此者，指本诸身以下六事而言。案：未有不如此，正承上动、言、行三者，皆本诸身之实德也。征诸庶民以下，极言圣人之功用，盖不但有誉于天下而已，疑此当云指动、言、行三者而言。

右第二十九章。承上章居上不骄而言，亦人道也。

仲尼祖述尧舜，宪章文武，上律天时，下袭水土。

祖述者，远宗其道。宪章者，近守其法。律天时者，法其自然之运。袭水土者，因其一定之理。皆兼内外该本末而言也。

案：此章举仲尼以立人道之极，《中庸》一书归宿在此。舜、文、武、周公之行乎中庸也，兼德、位、时以行之者也。仲尼有其德而时、位不足以行，于是备中庸之德于一身，以垂教万世。故前章备言时、位而于德之征至于质之鬼神，俟之百世，亦惟征之动与行与言而已，此仲尼之德所以不假时、位而与天地参者也。

辟如天地之无不持载，无不覆帱；辟如四时之错行，如日月之代明。

错，犹迭也。此言圣人之德。案：刘光南云：“无不持载，承博也厚也来，无不覆帱，承高也明也，来，错行、代明，承悠也久也来。”

案：船山云：“天覆地载，四时之行，日月之明，只是天道，其所以能括此道而统之，分为道而各纪之，则章句所谓所以不害不悖，所以并育并行，乃德也。故祖述宪章上律下袭者，道也。其为斟酌帝王律天袭地之统纪以咸宜而不息者，德也。其统之也如无不覆载之咸备无缺，四时之具以成岁，日月之昱乎昼夜，仲尼敦化之德也。其纪之也，如天所覆、地所载之品汇，各成四时之各正其序，日月之各行其陆，仲尼川流之德也。《中庸》始乎道而极乎德，前后所言皆道也。《哀公问政》一章，推明知、仁、勇为行道之德而一本于诚，至二十七章而复言君子凝此成己成物之至道，本于尊德性道问学之德，至此而后，言圣人备此尽人物、参天地、博厚、高明、悠久之道，本于川流敦化之德。末章一归本于德而始推德之所自入，以明致中和而以位以育之本，终赞德之所极，以著静存动，察尽性致命之功。”船山此论于《中庸》一书数德字实能显出其义。章句于此云：言圣人之德，推勘至细不可忽略。

万物并育而不相害，道并行而不相悖，小德川流，大德敦化，此天地之所以为大也。

悖，犹背也。天覆地载，万物并育于其间而不相害，四时日月，错行代明而不相悖。所以不害不悖者，小德之川流；所以并育并行者，大德之敦化。小德者，全体之分；大德者，万殊之本。川流者，如川之流，脉络分明而往不息也。敦化者，敦厚其化，根本盛大而出无穷也。此言天地之道，以见上文取譬之意也。案：万物并育而不相害，道并行而不相悖，皆道之散见者，所谓小德之川流。其所以然之理，行乎至诚之不息，则大德之敦化也。小德、大德皆并于此两语中。

右第三十章。言天道也。

唯天下至圣，为能聪明睿知，足以有临也；宽裕温柔，足以有容也；发强刚毅，足以有执也；齐庄中正，足以有敬也；文理密察，足以有别也。

聪明睿知，生知之质。临，谓居上而临下也。其下四者，乃仁义礼知之德。文，文章也。理，条理也。密，详细也。察，明辨也。

案：章句以此下二章承上章小德川流，大德敦化而言，正所以发明仲尼之德之至也。川流，据发动处言之，圣人之功用也。敦化，据存主处言之，圣人之蕴藏也。功用不可测而施之而无不通，故曰至圣蕴藏不可知而存之而固不贰，故曰至诚。

又案：有临有容有执有敬有别，各据一端言之，不分深浅。杨中立独以聪明睿知为人君之德。游定夫亦以此为圣之德，而以下四者分属之仁义礼知。章句因之而易圣之德为生知。案：安溪李文贞公以聪明睿知、文理密察并属知，如四时之有冬，贯乎一岁之终始，亦未免曲为之说。疑五者皆德之发。知仁勇所以行道之德也。有临，知也。有容，仁也。有执，勇也。齐庄中正，言其外之有仪。文理密察，言其中之有制。有敬者，行乎知仁勇而莅之愈严。有别者，通乎知仁勇而辨之愈晰。溥博渊泉，兼是数者之德，而息之深深，达之亹亹。时出者，即所谓动容周旋中礼者也。仲尼无制礼之时位而身自备礼，其成己成物之功一也。由敬信说以至凡有血气莫不尊亲，所以为成物之至功也。

溥博渊泉，而时出之。

溥博，周遍而广阔也。渊泉，静深而有本也。出，发见也。言五者之德，充积于中，而以时发见于外也。

溥博如天，渊泉如渊。见而民莫不敬，言而民莫不信，行而民莫不说。

言其充积极其盛，而发见当其可也。

案：见即动也。言威仪动作之见于外也。莫不敬，则世为天下道矣。莫不信，则世为天下则矣。莫不说，则世为天下法矣。敬也、信也、说也，自其时出而动于人言之。道也、法也、则也，自其本诸身而征于人言之。

是以声名洋溢乎中国，施及蛮貊；舟车所至，人力所通；天之所覆，地之所载，日月所照，霜露所队；凡有血气者，莫不尊亲，故曰配天。

舟车所至以下，盖极言之。配天，言其德之所及，广大如天也。

右第三十一章。承上章而言小德之川流，亦天道也。

唯天下至诚，为能经纶天下之大经，立天下之大本，知天地之化育。夫焉有所倚？

经、纶，皆治丝之事。经者，理其绪而分之；纶者，比其类而合之也。经，常也。大经者，五品之人伦。大本者，所性之全体也。唯圣人之德，极诚无妄，故于人伦各尽其当然之实，而皆可以为天下后世法，所谓经纶之也。其于所性之全体，无一毫人欲之伪以杂之，而天下之道千变万化，皆由此出，所谓立之也。其于天地之化育，则亦其极诚无妄者有默契焉，非但闻见之知而已。此皆至诚无妄，自然之功用，夫岂有所倚著于物而后能哉。

案：中庸以德、位、时显至诚之功用，至于仲尼定《礼》、赞《易》、修《春秋》，纪纲万世，原本性功，原始反终，与天地准，不假时、位而成己成物，内足于心，其所以位天地，育万物者，固不待著于事功而自明其理，以教天下万世，疑此焉有所倚，为仲尼之至诚言之。尧舜倚五礼以敷教，倚羲和以授时，仲尼弗能逮也。此德之藏，所以为至也。

肫肫其仁！渊渊其渊！浩浩其天！

肫肫，恳至貌，以经纶而言也。渊渊，静深貌，以立本而言也。浩浩，广大貌，以知化而言也。其渊其天，则非特知之而已。

案：船山云："前言如天如渊，兼德与形体言。天者，青霄之谓。渊者，深泽之谓。指天、渊之形体以拟其德之相肖也。此言其渊、其天，则以德言。化育之广大，即谓之天。有本之静深，即谓之渊。非指青霄、深泽而为言也。前云溥博，即此其天者也。云渊泉，即此其渊者也。此云渊渊，即如渊之谓也。云浩浩，即如天之谓也。"章句煞认三其字，其说本于游氏，圣人之教，理一分殊，天自天也，渊自渊也，至诚自至诚也。于如渊如天之上更立一境，游定夫此说恐不可从。

苟不固聪明圣知达天德者，其孰能知之？案此一语为《中庸》全书之结束。

固，犹实也。郑氏曰："唯圣人能知圣人也。"

案：达天德则有以穷性之原，而立诚之体乃以知化育，而立本以经纶大经，盖经纶立本知化。圣人之化无所倚，而肫肫渊渊浩浩，行乎至诚之不息，圣人敦化之德也，而一立其本于诚。章首惟天下至诚成德之极诣，末言达天德存诚之实功。圣人所显所藏，神化不测，而惟天德之依，于性自然，效其成能，蕴之为性，发之为诚，知此者之必原于达天德，所以明尽人合天之诣之不离乎性功也。惟能知之，是以能行之。郑注"惟圣人能知圣人"，又别求一知圣人者，疑非经旨。

又案：小德川流，德之随处发见者也，故其感动神。大德敦化，德之自藏宥密者也，故其存主微。感动神则动作语言自然成化，无往非成己成物之功。存主微则过化存神莫知所由，自有其不贰不测之妙。曰："孰能知之？"至诚尽性至命之功，统于诚以敦化，不可以形迹求也。

右第三十二章。承上章而言大德之教化，亦天道也。

前章言至圣之德，此章言至诚之道。然至诚之道，非至圣不能知，至圣之德，非至诚不能为，则亦非二物矣。此篇言圣人天道之极致，至此而无以加矣。案：至圣、至诚皆据圣人之德言之，以其见于外而措之为德业者言之，故谓之圣，以其蕴于中而涵之为性功者言之，故谓之诚。其以见言行为征而以无所倚为用，盖承上章而发明仲尼之德如此，为《中庸》一书归宿处，此引游氏之言，析至圣、至诚为二，疑未安。

《诗》曰："衣锦尚絅。"恶其文之著也。故君子之道，暗然而日章；小人之道，的然而日亡。君子之道，淡而不厌，简而文，温而理，知远之近，知风之自，知微之显，可与入德矣。

前章言圣人之德，极其德矣。此复自下学立心之始言之，而下文又推之以至其极也。《诗·国风·卫·硕人》、《郑》之《丰》，皆作"衣锦褧衣"。褧絅同，禅衣也。尚，加也，古之学者为己，故其立心如此。尚絅故暗然，衣锦故有日章之实。淡、简、温，絅之袭于外也，不厌而文且理焉，锦之美在中也。小人反是，则暴于外而无实以继之，是以的然而日亡也。远之近，见于彼者由于此也。风之自，著乎外者本乎内也。微之显，有诸内者形诸外也。有为己之心，而又知此三者，则知所谨而可入德矣。故下文引《诗》言谨独之事。

案：《中庸》末章与首章相应，首章言其全体，末章则其细密工夫也。《中庸》开端便揭出慎独字，以后更不申序，到此始显出慎独之全功，曰暗然者，慎独之实体也。曰淡曰简曰温，慎独之德之随处呈露也。曰知远之近，知风之自，知微之显，则慎独切实下手工夫。知民勤民，威及天下，平之征于远，不在赏与怒之施，而一皆其德之显，则求之于己而戒慎恐惧之心自生。知敬信劝威为德之符，而由其风之动也，则不睹不闻之中而几生焉，道凝而心以裕。知相在无言之存乎微而潜之必昭人不见而已，固见德之必显天下，仰之则固，不逾隐微之地，自缮其性功，知者知所以致力之方也。

又案：暗然日章是此章之要旨，亦即《中庸》一书之要旨。曰拳拳服膺；曰遁世不见，知而不悔，曰庸德之行，庸言之谨；曰素其位而行；曰必自迩，必自卑，而总摄之曰慎独：皆所谓暗然者也。曰诚之不可掩；曰诚则形；曰不息则久，久则征；曰不见而章，不动而变，无为而成；曰远之则有望，近之则不厌；曰见而民莫不敬，言而民莫不信，行而民莫不说：皆所谓暗然而日章者也。

又案：《中庸》发端而先清君子小人之界，至此复举君子小人对言之，首言无忌惮，是小人全幅本领，此言的然日亡是小人一生归宿，所以明其始终分别处。盖中庸之道人皆与知与能，其行之有过不及，虽狂简近道者可以裁之，使归于中庸者也。其馀，皆民之鲜能也，所谓小人者则其不可入道者也。游定夫举乡愿当之，然乡愿乱德，小人畔道，途径各别，总由无慎独一段工夫。虽其表著于外，厌然自饰，亦必不足与持久。曰的然者，惟其足以致流俗之誉也，故直判之为小人，盖同为鲜能之民而立心制行独为有害于道者。

《诗》云："潜虽伏矣，亦孔之昭！"故君子内省不疚，无恶于志。君子之所不可及者，其唯人之所不见乎。

《诗·小雅·正月》之篇。承上文言"莫见乎隐、莫显乎微"也。疚，病也。无恶于志，犹言无愧于心，此君子谨独之事也。

案：《中庸》慎独，兼有《大学》正心诚意功夫。盖慎独者，性功也。统乎性之全体者，心也。而心之存主谓之志，志蕴于心，显别乎善与恶之两境，而皎然不能以自欺，则以心涵性而持养弗失。章句所云存养正心之谓也。心发为意而得于存养之后，则于意之发固已有所择矣，而几微念欲之私随意而动，则反而系之于心，而性之本体已漓其故。章句所云省察诚意之谓也。二者相资，而其几尤莫切于意之发。内省者，于其意之发而省之，而皆可以无疚，则其志慊，斯以无恶于其心矣。《大学》所谓意诚而后心正，此也。章句如此言慎独之事，盖慎独者，正心诚意所有事也。

《诗》云："相在尔室，尚不愧于屋漏。"故君子不动而敬，不言而信。

《诗·大雅·抑》之篇。相，视也。屋漏，室西北隅也。承上文又言君子之戒谨恐惧，无时不然，不待言动而后敬信，则为己之功益加密矣。故下文引《诗》并言其效。

案：上节慎独之实功，此节慎独之极诣。无疚之心不待内省，而其志常凝则性依于心以自效其德。不动之敬，敬之周乎动静者也；不言之信，信之澈乎表里者也。如此浑身全是理，存之为中，发之为和，以行乎至诚之不息，斯为性功之极至也。

《诗》曰："奏假无言，时靡有争。"是故君子不赏而民劝，不怒而民威于鈇钺。

《诗·商颂·烈祖》之篇。奏，进也。承上文而遂及其效，言进而感格于神明之际，极其诚敬，无有言说而人自化之也。威，畏也。鈇，莝斫刀也。钺，斧也。

案：此下两引《诗》，渐推向外，所谓微之显也。时靡有争，昭然于诚意之孚。明则动也，百辟其刑，肃然于德化之神。变则化也，皆合内外之道也。

《诗》曰："不显惟德！百辟其刑之。"是故君子笃恭而天下平。

《诗·周颂·烈文》之篇。不显，说见二十六章，此借引以为幽深玄远之意。案：《中庸》推隐以之显，无幽深元远之义，此引《诗》“不显惟德”与二十六章“于乎不显”同旨。不显，犹《书》之言丕显。以不显为义而推之幽深元远，疑非《中庸》之旨。承上文言天子有不显之德，而诸侯法之，则其德愈深而效愈远矣。笃，厚也。笃恭，言不显其敬也。笃恭而天下平，乃圣人至德渊微，自然之应，中庸之极功也。

案：郑注：不显，言显也。章句于前“于乎不显”，云犹言岂不显也，甚合经旨。惟其显，故百辟诸侯皆刑法之。幽深元远之德，则亦无从取法矣。《中庸》明言微之显，似不必于此更说向微处。恭者，德之发也。笃恭，德发而深厚。孔疏“儒行笃行而不倦”云：笃，犹纯也，纯壹之行。笃恭者，敬之纯一不已者也。章句亦以不显其敬为言，均似未安。

又案，《中庸》一书不言敬慎独者，敬之实也。程子云敬而无失最尽至篇终，乃以笃恭而天下平作结，以发明其归趣，故知敬者澈上澈下之词也。笃恭者，始终一于慎独，正不必深看。

《诗》云：“予怀明德，不大声以色。”子曰：“声色之于以化民，末也。”《诗》曰：“德輶如毛”，毛犹有伦。“上天之载，无声无臭”，至矣！

《诗·大雅·皇矣》之篇。引之以明上文。所谓不显之德者，正以其不大声与色也。又引孔子之言，以为声色乃化民之末务，今但言不大之而已，则犹有声色者存，是未足以形容不显之妙。不若《烝民》之诗所言“德輶如毛”则庶乎可以形容矣。而又自以为谓之毛，则犹有可比者，是亦未尽其妙。不若《文王》之诗所言“上天之载，无声无臭”，然后乃为不显之至尔。盖声臭有气无形，在物最为微妙，而犹曰无之，故惟此可以形容不显笃恭之妙。案：此总结全章之义，非为形容不显笃恭之妙。非此德之外，又别有是三等，然后为至也。

案末节承上二节言德之化民有浅深，仍缴归到慎独上。慎独者澈始澈终之义也。声色即赏与怒之发，德即敬信之存，无声无臭，则于穆不已，而但见为笃恭者也。船山云："诚者所以行德"，敬者所以居德，无声无臭，居德之地也。无妄之谓诚，无妄者行焉而见其无妄也。无声无臭，无有妄之可名也。故诚天行也，天道也。敬天载也，天德也，君子以诚行知仁勇而以敬居诚，圣功极矣。此中庸一书归结至慎独之旨，故仅谓圣人与天合德，无声无臭而人自化，犹未尽中庸之旨趣也。章句但以为形容不显笃恭之妙，虽于义为赘矣。

右第三十三章。子思因前章极致之言，反求其本，复自下学为己谨独之事，推而言之，以驯致乎笃恭而天下平之盛。又赞其妙，至于无声无臭而后已焉。盖举一篇之要而约言之，其反复丁宁示人之意，至深切矣，学者其可不尽心乎！

右《中庸章句质疑》，大端一依章句而辨证其所疑。盖朱子表章《中庸》之功至矣。汉以来儒者传注旨趣各不同，自程子出而后圣学之精微有以知其本末条理之所在。昭示学者使知所从入，朱子承而修明之，一皆其践履体验之馀，默契于心，观其会通，其于理道之渊微，文辞之曲折，直自道其所得，以与经旨相发明。夫圣人之言，贤人传之而固不能无异同，子思亲受圣人之传，千有馀年，而后程、朱氏兴，朱子于此一循程子之说，以推暨其所未尽，由其传之也远，则于所私淑而体味之有得者，为能近取而资之深，所以笃信如此，诚慎之也。嵩焘于朱子之学无能窥见万一，颇窃疑章句之书求之过密如谓十二章以下承费隐言，二十一章以下承天道人道言之类，析之过纷如谓戒慎恐惧，致中以位天地，慎独致和，以育万物，及生安、学利、困勉三者，以其分言，以其等言之类，更涉世变，参考人事，恍然有悟，知仁勇三达德之旨，即体以为用，随所浅深而莫能外，益疑章句薄视勇之一德，为非经旨如谓不赖勇而裕，如及三近者，勇之次也，及困而知，勉而行者，勇之事也之类。沉潜反覆，十载于兹，乃于子思立言之旨粗有证明，独憾生朱子后七百馀年，无从执经一质所疑，稍取所记录附诸章句之后，常若以其身亲侍左右与诸儒辨证一堂之上，以自考其得失，非敢于朱子故有纵违，庶以疏通经义，使承学之士择焉。嵩焘谨记。

《中庸章句质疑》卷下终。

郭嵩焘全集

十三

集部一

书信

岳麓書社·长沙

全书总目录

本册说明

本册收录郭嵩焘道光二十年十月至光绪十七年三月的书信，共435件。

据《郭嵩焘日记》记载，郭嵩焘的一生曾写下并寄发了大量的信件。这些书信，是他生平活动的直接记录，也是他思想的真实流露，具有较高的史料价值，为其著作的重要部分。郭氏去世以后，王先谦所整理刊刻的《养知书屋遗集》中，书信仅62件，被置入《文集》之卷九至卷十三，只占了很小的一个部分。本册即是在《养知书屋遗集·文集》书信部分的基础上，广泛辑佚，认真考订，整理编辑而成。

自《郭嵩焘全集》的编辑工作启动以后，我们即将发掘与收集郭嵩焘书信的集外文、未刊稿，作为首要的工作。在这五年之中，我们认真阅读自清末以来有关郭嵩焘的各类著作，广泛地查阅各种书刊，走访和联系了湖南图书馆、湖南省博物馆、长沙市博物馆、岳阳市图书馆及中国社会科学院近代史研究所图书馆、云南省图书馆、山东省图书馆，并与郭嵩焘的后裔，与海峡彼岸台湾的学者，与英国国家档案馆取得了联系。特别需要指出的是，英国国家档案馆通过查检馆藏档案，为我们提供了郭嵩焘在担任清朝首任驻英国公使时写给英国外交大臣等人的信件34通，较大地充实了他在英国外交活动的内容。在有关单位与学者的热心帮助和大力支持下，我们终于获得了郭嵩焘书信的大量集外文和未刊稿，共计373件，其中未刊稿154件。这些辑佚书信，特别是新发现的未刊信件，其中不少尚不为研究者所知，迄今未曾得到利用。这极大地丰富和充实了郭嵩焘著作的内容，对于深入了解和研究郭嵩焘及其时代，具有非常重要的学术价值。在此之后，我们对这大批的辑佚稿件，进行了认真的鉴别和考证；由于大多信件（包括原《养知书屋遗集·文集》中的62通书信）未署时间，又尽可能地考定其撰写的年、月。同一信件，凡发现有原件者，即按照古籍整理的通行原则，收录原件，而将其他抄件或刊行件作为参考和校订；凡没有发现原件者，则择善而从，原则上收录较早刊行者。各辑佚信件的来源及其时间考订，我们均在其脚注中说明。在考证工作中，我们力图以科学的态度，严格认真，谨慎从事，决不臆断和轻率结论，以求无负古人、取信来者。

本册的编辑整理，取消了郭嵩焘书信在原《养知书屋遗集·文集》中的卷次，一律按各书信撰写的时间顺序编次。凡经考定年、月，未知日期的，置于该月之末；已考定年份、未知月份的，置于该年之末；而年份都不能确定者，则置于全卷之末。对于不能确定年份的信件，其编排亦大致以撰写的时间为序。至于各篇书信的标题，因各书信的称呼不一，此次均据其内容改拟或加拟统一的标题，以保持全书的一致。本册的辑佚和整理编辑工作，由梁小进负责。湖南省博物馆刘涛整理校点了该馆收藏的郭嵩焘未刊信件14通，亦经梁小进审阅，并考定撰写时间，分别编入相应的部分。

目　录

书信

道光三十年

咸丰三年

咸丰六年

咸丰七年

咸丰八年

咸丰九年

咸丰十年

咸丰十一年

同治元年

同治二年

同治三年

同治四年

同治五年

同治六年

同治七年

同治八年

同治九年

同治十年

同治十一年

同治十三年

光绪元年

光绪二年

光绪三年

光绪四年

光绪五年

光绪六年

光绪七年

光绪八年

光绪九年

光绪十年

光绪十一年

光绪十二年

光绪十三年

光绪十四年

光绪十五年

光绪十六年

光绪十七年

年代不详

道光二十年

致刘蓉[1] 十月二十六日

霞仙仁兄大人阁下：

入京以来两致书，作书之夕为十月廿一日，抵浙之二日也。始谓可以由马驿递归，继乃知不能，盖学政关防固不比他官也。当转致京师，复由京师寄归，果尔则此书到日不晓何时矣。一信之寄，乃大不易如此，思之黯然。此行之误，至今乃益悔也。廿六日弟杞又记。左右，得翼臣已去王菽原方伯署中读书，此事大可喜，阁下想早闻之矣！杞再顿首。阁下一书耳。未审起居佳胜，比尝窃计，当仍似昨二年光景，不复能住省垣。

南陔之欢有逾于曩昔，此时可念。愿阁下尽爱日之心，同既翕之乐。杞之望此，邈若河山。且使老亲不能奉甘旨以乐天年，昆季不能备束修以希闻道。数年以来，愧兹二者，是以不敢自惜，冀幸稍有所当，即谋归息，以补数年未尽之心。而人事乖忤，莫能遂意，以书易米，无当于经营；得车代足，不辞于奔走。遂使董生之帷不下，班超之笔终投。曩者旅食京师，至于数月，既无从得馆，每虑春明试后，或至不能回里。

适八月杪罗罗村学士有督学浙江之行。杞思得以笔墨自效，兼可作山水之游，偶与同乡张君容之言及，窃不自揆，遂邀延聘。时同人多有劝阻者，杞亦寻悔，而不欲中变乃行。

---

①据湖南省博物馆藏原件辑，原未署时间，此据本函内容考定。

自九月八日出都，至月之十九日始抵浙江。千里独游，去友朋之乐，远室家之念，乃心眷顾，悲不自胜。又按试之期，当以明正，密迩会试，诚宜再走京师，又惧空劳往返，致费行赀，计尚不能自决。枚叔之游梁苑，或至弃官；吴质之念生平，宜多愁思矣。

浙江濒海之地，既多风雨，兼苦潮湿，天气较南方差暖，深冬尚御绵衣，白鸟宵飞而扑人，书虫缘窗而啮纸，皆南方所未经见者，未审夏秋之交竟复何如。

维别之后，虽复闲暇，而书卷终荒，又忧愁不去心，日则忽忽以思，夜或不能成寐。远维昔贤远游之戒，近感万物迁化之言，藐是流离，无益于身，无闻于世，斯可惌耳。计方出京时，涤生谓杞曰："君出固自佳，然过此以往，多恐不能读书矣。"比闻斯语，飒然以思，凄然以悲，而眷眷此心终不能无望于一二相知之贤者。

今年以来，阁下用功何如？计旧岁面晤时，言且不欲多读书，每玩斯语，终不谓然。杞意谓五经者，堂奥也；四子书先儒语录者，门户也；廿一史者，墙壁窗牖也；诸子百家者，则又箱房客厅之属也。不泛览群书以博其趣，深求夫古今之故以尽其变，通观夫贤圣之蕴以会其源，则虽入门户，究无遮阑归宿，或有心明其理而不能措之事，验之当世者，恐亦非学问之道也。杞性愚鲁，或有所观览，终不能记忆。念惟阁下具强记之性，秉独见之明，又实有兼人之勇，终当为古今第一流人物，甚不愿阁下之小其局而自固也。

涤生夏秋之交大病，几死者屡矣，顾幸而得生。每念及此，真可寒心。阁下体气当益加壮。杞自去年来，精神且日减，又校文苦事，每恐不能胜任也。附呈数语，恕不宣备。

弟先杞顿首

道光二十三年

致刘蓉[1] 六月二十八日

霞仙仁兄大人阁下：

去秋省城一晤尊叔，比行装已发，以高云亭言辄就省视，且约旬日之间宜复来。逮归，而小女病作，迟延至十月初乃能来，当缮信一函，遣人走尊叔处，则已行矣。因更缮一信，并交朴庵舅就托云亭寄来，且约今年正月来试书院，可遂相见。朴庵舅言，从瑶华道人处值公差李姓者，谋来尊庑勾当公事，遂持以相属，不审得邀览及否？足下纵不能来，亦宜有报章，日久以冀，渺不复闻，将前书遂中沉耶，抑别有所取戾于左右也。

近闻尊邑府试，示期六月一日，遣人走瑶华道人处探问消息，而亦不可得。今见曾伯竹泉先生，乃悉足下戢影家园，义不应试，杞窃惑焉。迹足下之所为，必非以宗清净务高蹈而已，盖犹欲以有为也。今舍科目无以自效，君子处世亦行其所得行，望而去之，或恐未允。

又闻近者足下方患病，顷复报痊。向者云亭亦言足下体气大异畴曩，读书积寸而有沈湎之忧，朝眠晏食益以罢软之病。足下积劳于学，而杞丛忧于身，二者不同，实均斯疾。若杞近状，抑

①据湖南省博物馆藏原件辑，原未署年份，此据本函内容考定。

又难言。性本疏拙，为世所訾，饥寒荐臻，不可休息，良无洗耳。抗节之义，又有蒲柳先衰之姿。仰屋高眠而积尘盈几，炎景蒸郁而重茧被躯。以是自揆，傥匪宜耶。

自去秋归自浙西，即承方伯之召，且及一年矣，所得无菽水之供，时或不给。比年大歉，数米而炊，故交零落，转益怆怀。云亭瘁况有逾于昔，拙斋羁游，仅足朝食，朴庵多难，抑又过之。人事萧条，置怀成痗。

东南构祸，未闻底定，郡邑邱墟，旗旍途靡。将军数出，而不闻善战善守之谋；征调屡岁，而不得一兵一卒之用。前者乍浦失陷，攻而不守，复捣上海，连摧二城，顷又退出。大江扼要之区，时有夷船游弋，亦莫敢谁何。在事诸君，惟闻扼腕，闻江南北属思者，惟林少翁一人，而天心未能即回，抑亦廷臣任事者不善调停之过也。

今年水势略缓，惟湖北荆、襄数郡漂荡实多，亦颇波及沅湘诸邑。闻省城南北二乡并形荒歉，以近揆远，约皆同之。足下所居，盖福地也。闻尧皆先生仍然讲学，罗山茧足于荒山，足下肥遁于邱园，同声斯应，足资研说。至于惩忿窒欲之功、穷理尽性之学，勉焉以至于纯。足下所能，杞匪关以得，不克有所资益。抑窃见古人行事，务践其实，其平生得力，盖各有其独知之妙。放而推之，蔑不由此。材力所限，固无强焉。愿足下充其所造，力求为有用之学。

涤兄向寓书，谕以惜阴如金、守身如玉之语，并属告之足下。抚躬内省，愧此良言。比得周君书农同寓，亦多有所资益，特以体气虚薄，不能劳剧，日月坐荒，遂成老大，斯可悲也。冀臣以诸弟三四辈，家居授学，顽钝类我，靡有成就。方之足下诸弟林立，擢秀一堂，足使乃兄心愧。今年二弟、三弟当就小试，足下仍能一来否？

暑日方长，鸣蝉在树，温风始至，颓云不飞。念岁月之侵寻，感生平于畴昔。远忆足下，庶同斯境。如或秋风匹马，重践前言，延伫之情，固匪一日。即游踪告倦，眷彼檠阿，冥鸿在天，沉鱼出水，亦当宣示一二，以慰悬悬。

太老伯大人颐养康娱，老伯大人福履绥佳，足下居有室家之欢，出有田园之乐。鄙人朝夕之供，告罄于蔬笋；定省之礼，远间于年岁。惶惶内愧，何以能人。顷见曾二淳叔，询知有便可达尊处，附呈一二，用申积悰。伏候侍安，诸希亮察。

如弟郭先杞顿首上　六月廿八日灯下

道光二十五年

致刘蓉[1] 二月十二日

霞仙仁兄大人阁下：

去夏有书数部并信，托同年欧阳小岑转寄，嗣兹以后，遂阙书问。盖每折弁至，不过一二日即已南返，或时不及知，或必致家书，少有倦色。则私自宽譬，以为且俟他月，忽不自意，遂更年载。

去秋涤兄有书奉寄，属为弟附笔奉告无恙，良谓弟兄皆非健者，究所祝愿，恒在于斯。既涤兄有书，弟即不以书往，而是拳拳者当藉是以稍慰。续又接兄长沙六月一书，盖彼此终岁通相告语者，率不过一二书。道里迂回，既难经达，而又牵于人事之胶加，错于道途之流徙，即有陈述恧焉，退令我兄所以垂望之意，曾不逮其一二，又益滋惧。是以思愈勤而书愈怠，意亦有由也。

往昔始相值时，三人者，即并以古道相勗，以为成名之地，则亦多途。性之所近在孝道，于文博取而精出之，偶有撰述，则务游扬其辞，以求合于古。

自丁酉以来，始之差勤泛滥焉而不知所归，其义要于为名而已。既兄与涤兄力明正学，抉除文字浮嚣之习，躬圣道而力践之，

①据湖南省博物馆藏原件辑，原未署年份，此据本函内容考定。

每窃自愧。既又自念古人所谓文者，亦岂逐流讨来，凡猥拉杂者之所能哉。故弟近者之功，在务扩充其器识，以和养其知趣，其于大学之事，亦颇与闻。入德之门，虽未能涉履其涯略，然窃以谓学者之于器识，若盂之受水焉，与道相辅而行者也。执一隅之说，慎守而弗失，足以寡过而已。推而广之，庸有隔阂焉。其识稍卓，然有以异于人者，其成也亦必远矣。故弟尝自病其识之陋，窃计以为非读书则亦不能尽乎事之变，以求乎理之正。

自昨岁以来，若《近思录》、《大学衍义》、《史记》、昌黎先生之文，循次而读焉，既识浅力薄，羸弱之躯，不足以深思。又方有试事，不能不旁及科举之业，以是亦不无迁就。要其志趣，常在于是。其于立身行己，要亦将守其大者，严义利之辨，履下学之方，终吾身焉尔矣。其终有进焉，亦未可知。其凡所为敝，敝焉涉其粗者，尚止于是。敬以告知我兄，其或因是而诱进焉，亦皆兄之赐也。

涤兄气量伏一世，读书审事，具有卓识，好学深思，文行交进。以弟观之，此间殆无其匹，我兄勉之。使二君者卓然树立于世，弟方左鞭弭右，櫜鞬周旋其间，即又何馁矣。涤兄之子名纪泽，昨岁初读数书，日课三数十字，而颇能强记。冯树堂兄课读，极有法度，顷已彬彬，能陈说诸古人孝友事，极可爱悦。

侄儿今亦五岁矣，已与之识字否？诸弟辈有应试者否？舍弟意城，年少初学，遂登贤书，恐未足为幸。曩观其意趣，尚欲取法我兄者，而懒惰无比，乃适肖弟，幸时辱赐之书，俾有取则焉。

弟去夏考取教习，今冬或可补缺。以室家之故，百烦父亲简料，不能不别谋馆地，榜后决且归家。或六、七月科试，犹可小图一晤。

自昨岁与涤兄同寓，益罄前欢，独恨我兄不同斯乐。如弟精力驽蹇，四方驰迈，求与两兄同居，能复几时哉。每念之，为之于邑岁一寄书，四岁乃及一晤，阔疏至此，又岂所意料耶！惟祝保息，千万自玉，馀图面罄。

如弟郭先杞顿首　二月十二日

道光二十六年

致刘蓉[1] 五月十一日

霞仙仁兄大人阁下：

今三月归至新化，始得读正月书，又闻意城弟道兄读书之勤、持躬之密，既久益笃，体气亦坐是稍羸。书中又言由新化陆行不百里，可纡曲一达曾庑。反复卒读，如共晤言。追思五载之别，情景犹昨，又未尝不叹人事之推移、年光之迅速。百岁几何，求若曩者之相聚，盖其难矣。

都中之行，涤兄曾有是言。昨岁以书奉约，亦窃料其事之易行，亦庶几借此以续酉年之欢。兄意徒以道里之艰、旅费之烦，不欲以累涤兄。然弟窃计所费尚亦无几，京师人物之薮，固当一至，亦得以周览阅历，以周知人情世务之变，山川风物之宜。兄倘有意乎？则十二月过敝庐稍息，庶遂同行，此亦私愿之所冀幸者也。

旧岁就馆新化，老母方卧病且剧，遂迟不欲行。会少间，乃陆行并同趋赴新化，老母方谆谆以归度岁为属。新化去湘阴且八百里，又十二月初一日乃到馆所，势不可以归，乃决计春间一归省。

三月之季还抵里，适闻同年陈岱云兄方出守吉安，已有约邀

①据湖南省博物馆藏原件辑，原未署年份，此据本函内容考定。

令同行。岱兄与涤兄情好至笃，君子人也，其视弟尤肫肫焉。既有约，则遂同以来。而新化李寅庵明府老成笃实，视弟亦厚。归省之日，衣服行李并留署中，亦不可以不辞而去。乃与家君言，命意臣往代，而专人随去取行李，躬自屏当，随岱兄渡江而西，计家居不旬日耳。欲作书报闻，实不暇及。

四月初一日至省，十八日行抵江西省垣，稍留六日遂行。月之一日至吉安，岱兄即于是日接篆甫也。诸遗老宾客，若今岱兄之交好，则直家人兄弟无异，此身岂能无营，即是亦息壤矣。然初至之日，笔墨酬应，日有所事。贱躯不胜劳，每一用心，则隔膜间时或作痛。自今岁以来，惟以公事为课，不尝及所业矣。蒲柳之姿，未秋思陨，如何如何。

兄近以何业，诸兄弟皆能读书有得否？虽不尝通书问，苟有他便，尚望以书寄省，书明落蓬桥吉安府陈宅，伊必能寄递，犹冀宣示一二为望。

旧岁扩庵兄言老伯寄言，命询瓦棺一器。当即归询窑户，则此物所在多有，价亦廉，但其物颇赘，不易致耳，可否询之老伯，以俟后命。本日适岱兄有人还家，急作此奉呈，不多及。即请太老伯大人万福，老伯、伯母大人福安，夫人阃安，侄晚辈均吉，念念。

如弟郭先杞叩头上　五月十一日沥于吉安郡署

致曾国藩[①]

涤生仁兄大人阁下：

---

①据湖南图书馆藏原件辑，原未署时间，此据本函内容考定。

秋中三致书，想次第毕达。十月至长沙，会有新化之行迫，不及以书告知。新化去湘阴且八百里，宜迂道一过里门，比归而母亲则病甚，乃留视疾，会少闲乃行，以十二月初一日至新化。

新化固僻地，又贫且瘠。弟之来也，所职则书记，束修则百二十金。雷太守、夏明府二君之荐，意颇不欲，而无辞以谢，既来，是亦颇休暇。惟官居寂寞，近念老亲，远思良友，有怀不忘，故无欢绪。又以疲羸之躯，涉山冈之险，始至之日，即与病相守，曩时强健善啖之风，今日颇觉其异。卧念左右诙嘲之言，何可得也。

岷兄之归，所至为弟传讯。至新化不数日，得筱翁一书，未几小筠、小皋至，邹君资山亦至，盖专以弟故远相就者。已书复筱翁，约正月就邵阳一行。其在新城，则曾春皋丈与香海而二。香海馆城南陈氏，故常得相见。十月长沙见所致树兄书，乃知热毒竟以祝由科而愈。果尔，则是祝由科者，君子医也，顷遂痊否？

《二程遗书》读既竟，遂读何书？澄侯、温甫以何业？两弟质性匪常，当不似弟之旷玩。去年在京时，即知彼日之不可再，人生多是过后悔耳。陆行至新化，无有书籍，与黄学博借《大学衍义》、《五代史》一读，心气屡痛，不可用以纪时日而已。

霞兄自七月中寄去两书，遂无从致问，亦前得其书二，嗣亦无复来告，道湘乡问之，无知其详者，未知此归能一见否也。前书约共赴都，恐不必能如约。弟亦思明秋先意城而行，其遂能与否，亦惟所适而已。

一嫂想安善，身体差强否？小侄读书何如？澄侯、温甫两弟大人均安，侄女俱无恙。

弟郭先杞谨启

致曾国藩[①]

涤生仁兄大人阁下：

七月奉呈一书，值霞兄亦有书奉呈，以过厚未将去，比时澄侯、温甫已定北来之局，谓可亲呈也，会弟归湘阴，未检付。原约两弟道湘阴，必过我，我且有要物奉寄，既而两弟皆不至，日夜抱此书引领以俟，颇生怨望。昨日复来长沙，访知两弟皆已去，即将此书并一嫂所需金线封好，思托陈季牧兄转寄，而又有李姓者求书往京师。所不并给渠者，以渠行迟、折弁行速，欲使兄得先数日寓目也。

李姓者名华，弟同邑人，有至亲为之先容，以达于弟，又欲因弟以达于兄，谓傥至京师，尚求有以位置之。弟意李华者，杜工部盖尝谓其醉歌风格老正，欲使之一托昌黎以成其业。迨观其人，则犹未免为乡人也，深悔为杜少陵所误。然昌黎不云乎，今天下皆习熟时伪，工于语言，识形势，善候人意，是以有取于□山人之朴。或者朴亦有可取之道乎？而□山人卒无闻于时，则是昌黎虽取之，世人终弃之也。适察其人极诚实，能□一□为佳。太史公曰“岂非命哉”，昌黎公曰“命可造也”，斯理也，弟又以是史公。

岷樵兄见示数诗，逼人太甚，彼之才俊，固尔兄之助成之也，亦可谓奇，而法其在李翱、张籍之间乎？树兄家居极用功，归后乃未得一见。约霞兄十月初至长沙，弟且来一见，未审果能来否也。一嫂服药有效，想日强矣。侄儿读书尚佳，少给食别物，以

---

①据湖南图书馆藏原件辑，原未署时间，此据本函内容考定。

健脾□铺之为要。另有一书奉呈。兹不多及，即请时安，合潭万福，为祝为念。

弟郭先杞谨启

致曾国藩[①]

涤生仁兄大人阁下：

去岁五致书，亦三得我兄书，敬谂一切。十月所赐书，今正月乃达，始于是时得升学士之信，而岱兄吉安之信，则不闻知。方去新化时，家母尚病床间，三月以暇归省，岱兄适先半月过敝庐而南，乃急之省，就谋所事。旋归料检，而是时书箧行縢并在新化。

意丞家居，课三舍生读，无他营也。谋之家君，新化以意丞代行，而别遣人将行李至省。五月随陈年伯母便赴江右，而弟实襆被与岱兄先行，以三舍弟偕。四月初八日，由省陆行，今十八日已达江右，先后家居不及旬馀。欲作书告之，而常未有暇，亦探知折弁行固无日，而岱兄至江右，即有望奉达，可附寄也。岱兄既至，寻检其书箧，得兄去年十二月致树兄一书，述及去秋霞兄一信，迄今未到，展视大骇。此一去七月，传至弟，澄、温两弟尚无北行之说，谓当别寄也。后两弟且行，谓必道湘阴，弟则挟此书以归。已而久待不至，会再赴长沙，即以此书属季牧转寄。今所言如是，则何也。因忆去秋有吴姓姻也，其亲戚有随人赴京者，弟亦有书附达，岂是人将书往，固迟不行，遂迨今兹耶。惭悚奚如矣。

①据湖南图书馆藏原件辑，原未署时间，此据本函内容考定。

去十月之书，言所患热毒，有工祝申科者视而获痊。顷书尚言未愈，且重发耶，抑前所愈者固未尽可，遂因至今耶？比服何药？医者何人？弟意银花、玉竹合为膏，数数服之，当无不可也。

霞兄正月一至长沙，有妹方出阁，小住可二十日，至则以书招弟往。两弟固在新化，翊丞往住十馀日，树兄亦在，决意不欲来京师。大致谓不以累兄而已。闻树兄劝之甚勤，终不允也。弟今年北行宜稍□，且欲邀与同车，所费固亦无多，行作书与约耳。旦夕以私意祝兄得学政，其有是耶，且并至矣。

岱兄言李竹屋有南归之说，树兄恰踵接而来，甚善。泽侄去冬读《诗》已半，何速也。杏生比大沉潜，所读书及所识典故，都能背诵三四字，期亦有佳者，俱足爱也。致树兄书有达彭丽生语，当作书告之。家母曩言，承赐阿膏，属必以书谢。近者体气较往岁为佳，可报慰。一嫂体气想亦益善，初至江西，以霞兄一信，且欲自明，不及待岱兄书往也。澄侯、温甫两弟台大人读书为乐，式好无邮，想念无似。

弟郭先杞谨上

道光二十九年

致曾国藩[①]

璞山乃大有志于学，湘乡邑运之佳如此。本日赴河查各团灾民，四鼓乃归。王君过此，留半日待弟归，作书草布数语，精力竭矣。

致刘蓉[②]

霞仙仁兄大人阁下：

自兄去后，半室为虚。吾兄弟过止舍门，未尝不流连顾望，忽乎若思范乎若迷。盖耳不闻清论，而口所欲言者无与证明，所为，不能释然者亦明。见吾两人交好，义兼师友，非复今人之所知也。

比连得两书，其后一书由梁四带来，知由湘潭换船前进，凡百安善，深以为慰。涤兄太老伯竟尔溘逝，闻之惊悼。人生体受归全，福寿兼至，如此老者，盖亦千万人一人而已！正无足恨者。惟涤兄祖孙相知爱，恐不无悲痛耳。

新宁小鬼遂至戕官据城，值此荒歉之日，何以堪之？其起事

①据罗正钧《王壮武公年谱》卷上“道光二十九年”辑。

②据湖南省博物馆藏原件辑，原未署时间，此据本函内容考定。

由，署事万公贪黩，因系诸食鸦片烟者以诈财，众愤而击之，而诸乘衅者遂敢抗兵称逆为暴，若此参之，肉其足食乎！呜呼！如万公者，戮尸以谢百姓可也！以入昭忠祠觍矣！

敝邑工赈各节颇难措手。以为费不足，而主事者又不能力肩身任，出之以至诚恺恻，恐难必其完善也。弟初满百日，尚未敢与知，若置之不问，则有乖初志，从而附之，又惧无以善其后。且从公则失私，明岁馆地竟不能赴省一谋，是坐困也。

湘乡脩金迄未奉到。彼来，则云皋之二十金当以奉还。彼如不来，是徒捐云皋之二十金以饷吾，使吾得虚名而云皋受实祸，则恽太守阶之厉也。瓦具代钱数千耳，尊前行赀非裕，必给还何也？前日开行后，不一二时，树堂即至，如相背然，何一见之悭也。冬寒，惟侍奉万福，眷属清平，凡百珍摄，不尽千一。

弟嵩焘百叩

道光三十年

复曾国藩[①]

涤翁夫子大人阁下：

西清家叔归，奉赐书，惟承感泣。伏承以去秋先慈之丧，颁悬挽幛，又赐之联语，以光耀先灵而勉谕不孝等，伏读感怆，如何可言。重以大故之频，仍过颁厚赙，以周其阙乏，俾终先人之事，所谓念故人之贫而自忘其身之约者与。

寄示三疏，博大精纯，体用兼具，海内之人莫不传诵日讲。十四条治平之望，明良之会方阶于是，而议格不行，所关殆非浅小。然台端声望隆隆，圣明所知，天下士夫所共瞻属，正当蓄道储略，深求当世之要，究观事物之宜，以待事权之至，不宜悻悻于一言之陈，以馁其志，急而与之，深言中听，以惊疑之。贾生见沮于绛、灌，讵非时为之乎？

陈作梅前有来书，云方侧身门墙，以希尺寸之益。此君志趣清远，体性纯实，宜若可与有成，而辱身裂名，逌造物者之深忌？寻思其故，莫可究识。嵩焘负罪取戾，戕及其亲。作梅酷毒其身，遂恐忧能伤人，不复可长世矣。

承允为先人墓文，甚感。先人之善，非小子所敢论断，盖死

---

①据湖南省博物馆藏原件辑，原未署时间，此据本函内容考定。

之日，众论归之，无有遗议。荷有道一言，俾先人行事略存梗概，以扬于后世，其为感激，当复何涯。先子遗言命合葬，当谋祔殡，以终先人之志。今卜吉将成，愿有铭，亦欲急得尊文，以张先人之名，庶几稍塞不孝等一日之哀。

嵩焘又有所甚悲者，新天子推恩海内，凡位于朝者皆得赠封其亲。嵩焘独以殃咎之积，不获使先人上邀朝廷之旷典，以荣其生。兼闻告假人员例不准请封，嵩焘适先以告假出都，恐封典亦不可得。窃独思念告假有常期，而丁忧以猝至，一日丁忧，即为丁忧人。天子仁孝，必不忍推论其始之为告假，以吝其追封之典。嵩焘丁忧之期，去恩诏之颁尚百有馀日，可否援丁忧请封之例，以褒荣所生。曾托阶平、子佩两兄代为办理，或另须具呈，小有花费，皆求垫办。倘获邀幸万一，则先人尺寸之荣，皆仁者之赐。

嵩焘今岁滥主昭潭讲席，自秋以前，家居之日为多。贱躯数经患难，日以羸惫，而家人及儿子辈疾病相寻，不知所遭之何境也。闻今岁复举一女，生育亦繁矣。纪泽颖悟日生，想已渐知文事。前蒙赐寄刘氏家传、墓铭及《孟子要略》各三分，西清家叔、赵振卿各据其一，其一以致霞兄，遂无一存，人便犹望惠寄一分为祷。毒苦馀生，无状足述，专肃陈谢。伏惟道躬万福、潭属以次安善。不宣。

制郭嵩焘谨启

咸丰三年

致左宗棠[1]正月

季高仁兄大人阁下：

十一日已决计送至湘阴，会客至，言送者方属于道，天寒且雨，稍一迟回，而台从已远去矣。千里之别，不及奉诣一叙。委撰祭文，属稿甫就，亦未及呈达，负疚于心，其曷有极。

北省兵燹之馀，整饬抚绥，诸资硕画，而封疆之警、防御之烦，尤至艰巨。想贤者为之，必有殊猷伟绩，一新残毁之耳目也。日来纷传南昌现已被围，人心震动，而侦探仍复缺。然备豫之方蹈常规，故簿书期会之外，不肯举行一事，徒使吾辈气塞心灰而已。

庄寄渔明府有调桃源之说，湘阴代理为郑君毓诚，其人长者，闻且不如庄君之明爽。庄君诚不免仁柔之过，然四乡之人所共爱戴。湘阴尚号安静，无巨奸大憝窟穴藏伏，须一搏击者，小小之慝，但得一整饬而扫除之，不必武健严酷之为也。且代理之员而责以兴利除弊，无经营趋避之私，其亦难矣。或恐来者之不如，今则更无以善其后。以兵差重累之馀，漕事方兴，而遽见调遣，又代理者薪水之资皆责之本任，往来差务亦本任当之，无尺寸之

---

①据湖南省博物馆藏原件辑，原未署时间，此据本函内容考定。

过，而畀以邱山之累。顷庄君为涤翁言之而自谓也。凡诸大宪皆知其枉，徒以制军之命，不敢有所更易，似宜缕陈制军速函，一更前命。湘阴本无意外之虑，昨者捕戮数人，人心一震。诱掖裁成，如庄君者已属贤吏，似不宜别有更动。揆之人心，验之事势，诸所未安，不敢不以告。制军明通公溥，无必无固，仍恃老兄斟酌赞成之耳。

任、甘二姓请给匾额，前已申文上达，通邑皆知，似宜请之制军颂发四字，饬县赏给为妥。

嘉禾土匪勾串滋事，耒阳唐苹州禀请发兵，中丞与涤翁酌商，遣调楚勇、湘勇千人，并札张润农合兵剿办，未知贼踪究复何似？弟方拟一回县，讹言既张，警报旋至，乃复暂止下游，信息幸时时达知，诸不详罄。即请勋安。

嵩焘百拜上

咸丰六年

致王鑫[①]十月十一日

璞山仁兄大人阁下：

数年之别，时事日益艰剧。侧闻阁下宣勤阃寄，威望日隆，为之心快。近从朋好处述悉阁下之行卓卓，又窃睹其文词，虽不多而精实纯穆，确然有以自信者，乃信数年造道之深，非独战功卓著已也。

江西大局几不可支，先事无险阻之防，临难无干城之倚，六城之失若陨箨然。洎涤帅调集各军图功，既失之后，而坚城厚饷资贼固守之计，已无复可措手矣。故今日论兵事，当以城守为第一义，安得如谙者数辈落落然参布天下，斡旋世局，康济时屯，其犹有望乎？季老大力包举无遗，有贞固之气，所以能济大事，间有抬扛，亦其小节而已。处今之时，此乐又岂易得哉！出入讽议者，鄙人靡事不为者，季老与阁下将毋笑其狂不可及耶！以来使之便，略布一一。即请勋安。

嵩焘顿首　十一日灯下[②]

---

①据台湾湖南同乡会编《湖南文献》第三期《近代湘贤手札真迹》辑，1971 年元月出版。原未署年、月，此据本函内容考定。

②下签“十月十八日未刻到，羊楼司”。

咸丰七年

致曾国藩[1] 闰五月二十九日

涤兄大人阁下：

至省后，从逸斋处见钞寄上谕，惟圣君之明，委曲肫挚，使人感动。亦惟圣知圣，乃足当之。逸斋言，使者在尊府微闻启节当在出月初旬内。而昨方子白来城，又言濒行时曾奉面谕，谓当一道省垣。此鄙心所欲，以上请未敢遽渎者。比年援江之师计三万馀，瑞、临两军饷需尚取之湖南，吉安则南翁自为之主，而军火之应付、军饷之筹措，仍恃湖南为之调处。江楚唇齿相依，宜使其气常通，不宜有所隔阂，且援江诸军不遗馀力者，大都为老兄一人耳。季高诚粗浅，然窥其勤勤之意，未尝不倚注老兄。由省赴江右，不过绕道数十里，稍与诸公委蛇，使两省之气得以常通，裨益大局不少。其间更有可筹议者，到省之日当再酌耳。

湖北近耗，有贼万馀横出蕲水，传者谓李寉人罗田一败所致。胡中丞以廿四日出省剿办，而所部仅张文焕新募一军。比有乞援湖南之信，已札佘星元以所部二千馀人移屯岳州，以规进取。李迪庵驻九江，鲍春霆驻广济，皆在下游。黄州以上乃无一兵。武昌之局，从不顾及根本，一有警报相对茫然，数年来同此一辙。

---

①据上海图书馆历史文献研究所编《历史文献》第六辑辑，上海古籍出版社 2004 年 2 月出版。原未署年、月，此据本函内容考定。

吉安盼沅浦弟甚殷，当可由家赴营，温公则宜与麾下偕行。霞公出处众望所属，日来当已定局，即不远出，亦当相送长沙。弟俟探定麾下所经，再谋驰谒。逸斋方以明日赴浏阳，弟亦归矣。

日来见广东郭蔼江太守，名志髙，瘦黑英挺，真带勇才也。以服阕入都，留之不可，幸存其人以备他日命将之选。致霞兄书并家谱序例一本求转交。本意欲求大序一首，而琐琐未敢过渎，故竟不言。凌问樵言有急足赴湘乡，灯下草此，不能详。敬敏行安，并请潭府均安。不尽。

嵩焘顿首　廿九日三鼓

复赵焕联[1] 九月初十日

玉班仁兄同年大人麾下：

一别三年，旌麾所莅，逖听风声，时以欢跃。前晤沅浦弟，盛述大军纪律严肃，守如山屹，战若风发，他将帅无其比，为神王者久之。数欲以书通讯，念军务烦劳，未敢渎也。顷奉赐书，乃蒙盛注勤勤，兼以北行，资斧之旅渥渥颁厚赐，拜嘉增感，抚臆滋惭。

吉安军事隳于一人，不知凤鸟之为鸺鸡也。藉非诸君子并力维持，大局几难设想，岂徒以护江右人民，吾楚边圉受荫良多。沅浦定期初八赴吉，省城尚须耽延二三日，彼军望旧帅之至如望岁，足为庆慰。惟南公为江帅所纠，殊可怪愕。以十馀县不复存问之土地，张空拳，起一旅之师，艰苦经营，而以非罪苛责之，

---

①据柳诒徵编《陶风楼藏咸同名贤手札》辑，1930年影印出版，原未署年、月，此据本函内容考定。

不论赏罚失实也，即其为心亦不良矣。

涤帅终制之说，昨复有廷寄传谕，意在速之出山，其势固不能久安耳。弟春间已定北行之局，迟延至今，始及来省，起咨行期，当在十月内。专复，即申谢悃，敬请勋安。

年愚弟郭嵩焘顿首　初十①

①后签“七年九月廿一日到”。

咸丰八年

复曾国藩[①]三月十一日

涤兄大人阁下[②]：

三月十一日敬奉赐书，钦悉一切。旧岁闻与霞兄有僦屋读书之约，深悔此行之自外，未知往约能竟践否？到京之日，闻旧存书籍并为漱老运去，知必能辇至湖南。漱老购书几万卷，旧板为多，可为一时之豪。《皇朝文献通考》存幼丹处，何以在江西时未闻幼丹一语？及俟见陈心泉同年一问之。柳斋尚气谊，然诺为近于侠，故尝一往不顾，以及于死。梧协不足责也。翰臣前辈与柳斋至好，而使与梧协比，不一阻之，此又难知也。其门下士汇得三四百金，同年同乡各二三百金，大约可合致千金之数。

王荫□仁兄在京，求助于诸年好，曾于他处会所一□□□□恻然，至今未枉过，亦不知其寓处，惟闻其家窘乏无食而已。

□现馆福□修师家，二三日辄一相过从，往返至洽。此虽恬远，而未忘世道。若在康熙、雍正之世，大臣固当引致之近要，今非其时矣。钱辛伯侍御去年湖南副考官保奏陈雀翁，奉旨严谴，交大学士、九卿议处，仍回原衙门行走，论者亦相与谓其保及枢垣

①据柳诒徵编《陶风楼藏咸同名贤手札》辑，1930 年影印出版，原未署年份，此据本函内容考定。

②下签“咸丰八年四月十五日到”。

为失体。京师气象凋耗，而相与掩饰为欢，酒食宴会，转胜往时，文昌、燕喜诸处，无日不音乐，无日不有绿呢轿排列门首。

夷船至天津，已调兵二千往防。石逆驻军广丰，浙江戒严。固始被围两月，至今方解。皖、豫之交，捻匪与粤匪会合，动逾数万。闻徐、颖一带数百里无人烟，乱离景况，方亟于斯。金可翁未来，系黄陂馆无人经手，旧项闻还去数十金，息钱已截止。

近寿蘅致书各外官，米捐已得二百馀金。柯堂四十金顷始寄到。湖广馆近为清宴之所，亦有须收拾者。各处捐项若尽到，尽有赢馀也。惟长郡馆无可想方，百金之款且可听之。弟一身作客，尚自绰然，京师本销金之地，近时销化愈速，乃觅得一馆居之。惟精力虚耗，日甚一日，目不耐视，心不耐想，黄昏后便当静坐，种种老态俱至。幸当时未以家累自随，小住一二年再作区处。婚姻之说，已属意城与霞兄定约，仍候霞兄示期可也。

沅公声名远震京师，然恐此后所任益隆，尔公尔侯，逸豫无期矣。屋后地自以改卜为妥，太老伯葬所，龙砂俱走而不留，尤为非宜。趁家居时能并谋栖葬为尤妥。京师奏请起复者，先后数人。何小宋请赴广东办理夷务，弟谓夷务万无可办，可无以相累也。信内情事，见霞兄可一语之，或即寄呈一览亦可。折弁□□□□□，不能多述。即请潭府万安不尽。

嵩焘叩头上　三月十一日午

致胡林翼[①] 七月

咏之宫保老前辈大人阁下：

前由折弁肃呈一缄，计蒙赐览。迪帅由黄安小驻省垣，会师

①据湖南图书馆藏原件辑，原未署时间，此据本函内容考定。

进讨，东征大局规画万全，悉资伟略。皖北政散民流，祸乱已成，迪师之至如时雨然，当易收荡定之功。皖抚新易，民气亦为之一振，此贼之平，其有日乎。惟兖、豫吏治江河斯下，捻匪汇聚蒙、颍之交，攻之急，即北走豫界，东及兖境，两省将承其敝。

朝廷政无大失，独中外所倚任，得之一二，失之三四，恐酿乱无穷期也。顷时天津夷务，诸王主之于内，一二任事之臣眩惑于外，所允之多者，至五十馀条。随复遣使东行，人言籍籍，谓且悔前约，而朝廷故严秘，至密谕谓语及者当追问所自来，而道途之口已无不知之。奉使者亦知其难任也，相与推委迁延。事端数变，识者颇谓非宜。

晚意夷人之至天津，志在恫喝而已，非有所愤激呈憾于我。□明白剖析，允其所可行者，绝其所不可行者，坚以持之，则彼之气亦沮，所谓折冲尊俎、不待致武者也。此夷情也。夷人船坚炮利，利于海外，不利于内江，又其众不逾二千，非可陆战者也。我军先后已逾万数，坚壁持之，彼不受抚，则必嚣，而后用我之所长，乘彼之隙，一再创之，使曲常在彼、直常在我。此军机也。而当事于此二者惛然不知，徒务反复，以授夷人之胁责。诸臣误国之咎可胜言哉！

夷款最巨者，汉口以下准给口岸三处，而诸王所欲悔变，则在入京建立夷馆一事。盖自五口通商，夷事已无可为，此议成而患遂烈矣，苟幸二三十年无事已耳。卞宝书一小臣，自天津至京，即时召见。段承实一随带司员，主款夷者，特加四品卿衔，为正使。二君小人之尤者，宠视如此，所谓小人道长者乎！晚入京以来，目见耳闻，多所感激。台端肩重任、负时望，与国同休戚，内痺外攘之切，于是焉寄，故不敢以众人所讳者秘之，左右利害权衡，兼冀早豫耳。

涤帅闻以六月七日驰赴浙江，浙人在京者额手称庆。许司空师请以浙事委之，未蒙俞可，以先有和帅之命故也。和、同两帅非可倚以有成者，所恃台端与南省月有协济，得以一力治军事，无虞饷糈之缺，扫荡廓清，独立一军，为足自便耳。肃启，敬请勋安。外信三件，求饬转交为感。

晚嵩焘谨启

再启者：前缄缮就十馀日，以警报时至，迟久未发。十七日，夷船驰抵津门海口，幸拦江诸县悉备与炮垒，对守数日，尚无动息。本日，制军驰赴北塘，与之会议，将来准听入京一通聘，或可不至用兵也。主战则事无了期，主款亦须俟事竣乃可撤防，殊增闷苦。以天津送来营之后专请递呈。临缄瞻企无已。

晚嵩焘再启

致左宗棠①十二月

初三日，再召对养心殿西暖阁。温谕移时，问曰："汝可识左？"曰："自小相识。"上曰："自然有书信来往？"曰："有信来往。"曰："汝寄左书，可以吾意谕知，当出为我办事，左所以不肯出，系何原故，想系功名心淡。"曰："左亦自度秉性刚直，不能与世合。在湖南办事，与抚臣骆性情契合，彼此亦不肯相离。"上曰："左才干是怎样？"曰："左才极大，料事明白，无不了之事，人品尤其端正。"曰："左年多少岁？"曰："四十七岁。"上曰："再过两年，五十岁，精力衰矣，趁此时年力尚强，可以一出

①据湖南省博物馆藏原件辑，系残阙件。原未署时间及受函人，此据本函内容及咸丰九年正月郭嵩焘《致左宗棠》一函考定。

任事也，莫自己（遭踏）〔糟蹋〕，须得一劝劝他。”曰：“臣也曾劝过他，他只因性刚，不能随同，故不敢出，数年来，却日日在省办事。现在湖南四路征剿，贵州、广西筹兵筹饷，多系左之力。”上曰：“闻渠意想会试？”曰：“有此语。”曰：“左何必以进士为荣，文章报国与建功立业所得孰多？他有如许才，也须得一出办事方好。”曰：“左为人是豪杰，每言及天下事，感激奋发。皇上天恩，如能用他，他亦万无不出之理。”上乃及他事。

右谨抄录传谕。圣言尚多，略记大概如此。字句之间，未必能十分吻合，然非圣人所语及者，未敢稍附会一语。

咸丰九年

复左宗棠[1] 正月

季高仁兄大人阁下：

正月六日易弁至，奉书，敬谂壹是。涤帅腊杪一折，规画援皖方略，其意似欲移驻饶州，以皖南自任。南安之失，都中竟无知者，若南赣一带贼氛方炽，涤军似不宜轻移。军情缓急，旦夕百变，办一处了一处，俾无后患。乃惟皖北酿祸方深，李昭受、苗沛霖、张隆、李永各拥众数千，与克帅约降，骄蹇不奉约束。袁午翁驻军宿州，与为犄角，又为克帅参劾，奉旨来京供职。其倾迪帅则曰拘守安庆，其劾午翁则曰拘守宿州，豪无展布。然则必各军拥之以安坐定远，然后为有展布，然吾不知其意之何属也。然而克帅屡疏劾德兴阿不能动，一劾午帅而遂去之，则又有气运存焉，不尽关乎人力也。

颍、寿之间捻匪屯聚动十馀万，去冬偶分数千人掠曹、单及济宁，转而西陷睢州、杞县十馀城，至陈州之周家口，所掠车马运载以万数计。贼至则相为震恐，贼去则报肃清，论保举。□然自以为功，彼数千之众如此，偶而分军径趋河南、山东，何以御之，此非彼中大吏肉食者之所忧也。试问此数十万之捻匪将遂坐

①据湖南省博物馆藏原件辑，原未署时间，此据本函内容考定。

守颍、寿之交，力耕以自给乎？吾固知其不能也。故今日之患莫大于皖北之捻匪，鄙人日夜念此，仰天为虑，非捻匪之必不可制，为主兵者及河南、山东之无以待之也。

上海夷船声言回广东打仗，悉数开行。四使者惟明公系添派，已令回京，馀皆驻苏，候夷船至再议。夷务逾办逾坏，理势两穷，此后益难着手。

僧邸旦夕赴天津防堵，已有奏调偕行之说。此行避军务，而仍□我军务，以视涤公幕府境地，又相去天壤，岂能有裨万一。直道而行，不可则止，以此八字自持而已。

今岁又开恩榜，吾省三年三行乡举，人才求之不竭，究于国何益。前传谕一节，以相喻不言为妙。匆匆奉此，即请勋安，景翁亲家馆地想仍旧，并念。

嵩焘顿首

致曾国藩[①] 三月十五日

涤兄大人阁下：

入春未一奉书，劳碌可想。前闻凯章一军移剿景镇[②]，大营亦有东向之说，嗣是江西军事讫无闻见。惟计南安失陷，上游事势日棘，景镇以东自宜从缓。适见官钦使来咨，南安股匪驶入郴属之桂阳、桂东、兴宁等处，然则宁、赣一带所受残者多矣。湖南兵事益殷，盖二月杪事。此间惟见湖北一咨，莫测其深也。

---

①据柳诒徵编《陶风楼藏咸同名贤手札》辑，1930 年影印出版，原未署年份，此据本函内容考定。

②下签“五月十六日到”。

湖南任兵事者，分隶江西、湖北、广西、贵州，急切不能回援。老成宿将留省者无多，缓急无可恃。寇氛所至，郡县无议守者。极以为念，亦未知江西南路馀孽已清否。此时大势，如掩土障堤，此掩彼溢，奔命不暇，所在皆然。嵩焘以正月四日为僧邸奏赴天津，廿六日随同启行，驻营大沽海口。僧邸贤劳忠实，事必躬亲，精神肆应，夜以继日，用之不竭，其坚忍耐苦，有非人所能受者。国家柱石犹见斯人。左右从事奔走劳苦，亦过他营。厕身众人之中，与时俛仰，即有才识，亦不过任一事、效一职，为众人之为而已。鄙人钝拙，自审非宜，恃僧邸勤恳，凡在参议，相视如家人，其情意为可感耳。

海口炮台坚实，东、西岸各三，相属为营。近西岸又增二营为护，出河一面，皆为炮门，置夹墙上，加盖，蔽实土，以防炮炸弹，扼守有馀。河面不甚宽，加用木筏拦江，两岸炮台夹守，似亦百全之势。惟夷人来去不可知，终非了局耳。

捻匪已有扰及豫东之势，河北无重兵，有警尚须兼顾。袁太仆又为伊帅所揭，致僧邸书云“尔营中文员过多”。事或有之，而訾以侵冒，殆非实也。胜帅招服捻匪数起，未知究可恃否。李仪曹已蒙奏调，其人志在任事，而在实际，想一见知之。作梅虽在京师，无奏调之例。去冬意城语及，故不加怂恿。其志诚不乐仕进，然其人佳处尽多，授以事，任以官，无不可者，不必先事一奏，反落形迹也。

比得京信，乃闻滥及贱名，此心所至愿，然有去腊陈司马一节，则万不宜有此。岂奉抄一书，尚未尘览耶？或幸得乞归，仍当诣营相视。少荃又有调赴皖营之举，似以留此为宜。临书匆匆，敬颂勋安。沅公是否已来营，至念。

嵩焘百拜谨启　三月十五

复龙汝霖[1] 三月十八日

皞臣仁弟大人阁下：

日前奉手示，并《谭烈妇传状》二篇，将欲使仆为文，而先以此震慑之，益令鄙人口呿舌挢，执笔不能下。百忙中翦焗为之，精力懈弛，格浅语促，想见老人齿牙缺落、言□支离情状也。幸有以开益此老，勿语之。介弟必入馆选，君幸少留。

候义、壬秋、梦汉合璧一堂，与君兄弟人中四俊。文中四豪，几欲令老人剪发为之执鞭也。淳斋、简堂各有见委之件，因谭烈妇文牵连命□，人老为文不自羞。君又其于此老何也。为淳斋作《张烈妇传》，竟不一依节略，并烦老弟酌定代交。淳斋去尊馆不远，或交徐季蘅、黄小岱转付亦可。

来员一二日即回营，有信乞交之。并求专人至张竹汀兄处一问，恐有他信寄我。即请馆安。

南岳老人嵩焘顿首　三月十八日灯下

复左宗棠[2] 四月初五日

季高老兄亲家大人阁下：

三月十一日得正月廿八日赐书，荷蒙训示周详，伏读感领。

弟之北行，求匿迹朝市，非求任事者。寻常闭门，不与人交接，往返至交，乃多为世非，叹负奇异，与世参差。顾念天下事，非迂拙偏急所能堪，求归者屡矣。陈尚书论事，上前泛言及之，

①②据湖南省博物馆藏原件辑，原未署年份，此据本函内容考定。

遂有南斋之命，此岂鄙人之所及量者。

公卿不荐士久矣。拘迂直拙如鄙人者，与今世尤相背驰，尚书之荐，无济世用，而陈义则甚高。君子之行义，苟有名之可居，则亦不得故违焉。事之不属，才之不济，固亦命耳。

来书示以量而后入，殆有难以施之今日者也。国家用人自有次第，圣明知遇登进，尤赖今之军营差遣，直赘旒耳。如弟自问理繁驭众，奔走应对，弛张开阖，尤非所宜。故尝自念内进一阶、外守一郡，有职分可循，尽吾事焉足矣。其不然，委蛇进退，稍濡时日，犹当引身乞休，遂吾初服。天下事亦有可以入而后量者，老兄知弟之深，必不以此訾叹也。

正月中，僧邸赴防天津，所请派随员滥及贱名，得一观防海机宜，亦鄙心所愿。往尝陈请添造水师，僧邸不谓然也。测量海口情形，乃深服僧邸之言。盖直沽河深不逾丈许，而湾环如旋螺，左右岸皆潮滩，每潮至，骤高丈许，时多烈风。夷船入内江，必乘风潮。我军桨力且不能施，势必不足以御之。入口二十里为大沽，始有市肆，河广六十丈，扼江以守有馀。两岸各为炮台三座，而以营垒环之，沿江开炮门，四围浚濠，深广各二丈。炮台各置万斤炮三尊，并当江流曲处迎击，云每演试炮子尝掠水至数十丈外。炮台上下为拦江之具，其前铁龙角三层，次铁链三，次木筏二，可谓完固周密，无少罅漏。僧邸贤劳忠实，勤于治事，精神四应，巨细必躬亲之。国家柱石，当世无比，以防一海口，宜无可虑者。惟夷人始终未尝求战，中国乃（旁皇）〔傍徨〕反复，以诱致之。

去岁主和诸公遗误一至此。故谓夷务至今日，剿抚之势两穷。其或交兵以战，彼之来去无常，而我力有尽，且自广东以达盛京，海疆诸要害，谁与守者。必主剿也，胜败之机两失。论者但知以战为是，而言和为非，遂为公论所从出。主款诸公又徒为恇怯而已。盖自南宋诸君子议论繁多，至今得失不能办，汉唐控御夷狄之规模，所以为后世所不能及也。僧邸治海防主战，他非所宜，知所以云能者，事理固如是耳。

比见官揆帅咨文，南安股匪拦入郴、桂之交，何以御之，实增忧念，泳帅欲僧邸拨调黑龙江兵，此间加调一千，旦夕可到。当须一奏请耳，求告知。即请勋安，并求转赐意、直两弟一阅。

嵩焘顿首上　四月初五日灯下

致左宗棠[1] 八月十一日

季高老兄亲家大人阁下：

数月未奉尊书，前后寄上数缄，有由驿递呈者，未知均达览否？极念。宝庆之役乃奏奇捷，远人快慰尤深。前接王定甫书，言楚事甚急，而中丞入告之文，规画井井有条不紊，必然办贼无疑，知皆出武侯之赞画。吾楚得此一战，或足绝外人之觊觎，以贻十数年之安乎！

此间五月廿五日之捷，为二十年未有之快举，得其火轮船三只、舢板船二只、万斤内外大洋炮十馀尊，一切情形具详前缄中，想同一快。

英、佛两夷已回上海，尚有英船三只游驶各海口，测量水势，探询道里，处心积虑，必图一报复。僧邸之力自足以敌之，惟夷船之来无时，而防师不可撤，虑难与持久耳。

泳帅书言景老患病颇剧，而意书未言及，想已渐愈。折便幸

[1]据湖南省博物馆藏原件辑，原未署年份，此据本函内容考定。

宣示一二。

弟在营习笔墨之役，奔走伺应，渐近外吏。海防恐无了期，日长炎炎，念少佳趣，欲脱然以去，又无以为辞，老兄何以教之。

宝郡馀匪窜往何处，秀峰揆帅豫请涤帅移防夔、巫之间。已奉俞允。而涤军八月尚在江右，未卜行止何如。湖南于蜀、鄂消息易通，幸示知。即请勋安，有便幸相闻。不胜钦企。

嵩焘顿首　八月十一日

致肃顺[1]

日前传谕，令举目前所宜行者，辄举一端以对。昨闻朗亭少农言，司农公极意经营理财之法，旁求博采，其志甚锐，此诚国家之福。晚来得来示，令补论盐法。鄙人于此能通知其意，而未习其事，附上一议，未必能洞中窾要，要所能行者，亦略具于此矣。为转达，是荷。

名心叩

致肃顺[2]

海商课税与变通盐法两事，曾为子鹤尚书言其略，僧邸问筹饷之术，亦以此告之。朗亭少农以山西潞盐抽税有成效，欲举以为法。仆谓朝廷设法，当揽其大纲，设卡抽税既苦苛烦，而盐之出无穷，卡之设有限，亦不足尽盐之利，此各省督抚权宜筹饷之

①②据黄濬《花随人圣庵摭忆》辑，上海书店出版社 1998 年 8 月出版，原未署时间，此据本函内容考定。

计，非可著为常法者也。

鄙意征收场课，先从两淮试行。盖江淮被兵日久，引课已虚，事宜变通，由部奏定章程，择一运司驰往，即可迅速举行创法之始，为求详审，以后恐难补救。行之有效，然后推行各省，庶无与阻难者，少农极以谓然。惟少农之意，欲特派大员办理。窃计此等原一运司可了之事，在任得其人而已，不必过计也。申夫、杏农足胜此任，惟恐职位未能及之。蒙所知者二人，曰升用道黄冕，曰候选运司金安清。金君颇多訾议者，然其才气实足干事，吾知任以理财而已。见小而谨守者，可与治民，不可与治财。意有所见，故附及之，不必有所推荐也，并以达之司农公，枉召不能赴，歉歉。

名心叩

咸丰十年

致曾国藩[1] 五月十一日

涤兄大帅大人阁下：

五月九日行次樊城，闻已拜江督之命。京师闻人言，有以督师一席陈言于上者，早度巨任之及其身。事端既剧，必贤者起承其艰。所谓大乱则大贤任之，小乱则小贤任之。苏、常之乱不小矣，惟老兄任此宜也。

前闻衢、严告警，玉山之路已塞，而由徽、宁以达广德，贼踪稍净。未知近者事局之变，又复何如？若浙江、皖南之路尚通，嘉、湖完固，则贼之据苏亦进退失据，无能远图。犹可联络皖、浙，合谋并力，以图规复苏、常，扼丹阳而守之。不尔则由皖南节节进攻，调江西之师，责使坚守所复之地，外为此军声援，内固江西门户。和帅旧部存者几何？皖南之师尚有可用者，进取之方，先期部署之，略当有成算在心，规画全局，必以入告。时事艰危至此，惟有慷慨自许，以任君父之忧而已。

长洲相公以乡里之急兼起高叟襄办，可谓生平盛举，惜乎其不早计也。张殿臣军门有幕友曰陈克家者，朴茂能文，未知其人尚存否？潘文恭公子曰增玮，任刑部郎中，与谈二三次，颇有胆

---

①据上海图书馆历史文献研究所编《历史文献》第六辑辑，上海古籍出版社 2004 年 2 月出版。原未署年份，此据本函内容考定。

识，苏州之诛潮勇乃其主谋。宋雪帆司空近保之赴浙，未蒙俞允也。若因以招致苏人之敢事者，似可一奏调之。沅弟已回营数年，辞总统之任，为不欲任其烦也，今势恐不可辞。凯章观察至，分左右二军统之，似尤易于整饬。季弟一军当仍隶咏帅麾下。大营既行，则征皖之师顿分其半，不复能规进取。画疆自守，其力或能任之。

大局所系，使人茫然莫知所计。嵩焘之归，本计十月赴营祝寿，作数日之谈。既闻督师东征，则此后相距日远，难于诣谒，拟至鄂垣留行李院署，迎谒行辕，谨先以一书奉闻。次青曾否赴浙？仙屏南旋后，何日回营？幕府诸贤一仍旧否？嵩焘为寄云前辈留谈一日，今明日可以开行，下旬计可抵鄂。敬敏勋安。不尽驰企。

嵩焘谨启　五月十一日①

致曾国藩② 五月二十四日

涤帅大人阁下：

前书告诣营，谓可一承德教，又稔知作梅、尚斋、筱荃、少荃诸君子并随东征，当作三日之谈。抵武昌，遂定计与壬秋偕行，忽接咏芝宫保信，传示意城之言，寒家老孟光病且笃，殆不可治。以情以义，不能不一归视，壬秋遂东而吾道南矣。

水师三营一折，至文也。其言忠恳深挚，大局无以逾此。窃

①后签署“咸丰十年五月廿三日到”、“第七号”、“不复”。

②据柳诒徵编《陶风楼藏咸同名贤手札》辑，1930年影印出版，原未署年份，此据本函内容考定。

计下河一营当径归袁帅节制，轻身赴徐州，此时似无此办法。然急肃清皖南、驻军宁国，扼东坝守之，则芜湖、震泽两营一举两备，声势自相首尾，东南全局尽归掌握。大功之来，庶几有望乎！浙东诸郡，如绍兴、宁波财赋之区，不减下河，保全杭州以图浙东，尤今日之要务。然苟无水师，兵力虽足，犹未可图也，又适成缓不济急之势矣，如何如何！

嵩焘山东之役与其告归，壬秋能具言之，然壬秋知势不知理、知小人权术之用，不知圣贤之大用。凡所以责鄙人，皆自谓亘天地万世不悔者也。夷祸日深，小臣数年所持，不幸而其言渐验。凡吾所言，非示弱也，道也。以道御之，以言折之，而固可不战也。其终战焉，而胜与负两无悔也。

中国与西夷交接二十馀年，至今懵然莫知其指要，犹为国有人乎！京师知者独鄙人耳。又奉命居大帅幕府，与闻机要，以其所知，反复陈之而不见省录，此天也。顷道保定，鲍筱山观察为言今年僧邸方力主和。嵩焘以二语断之曰：去年无战法，今年无和法。何谓无战法？彼不求战，我何苦而战；何谓无和法？彼不受和，我何为而求和。请传语申甫，细味吾言。国家与夷人相接，始终出一辙，所谓舍康庄而由荆棘者也。寿臣制府所由，一荆棘也；僧邸所由，又一荆棘也；辛阶前辈所由，又一荆棘也。吾将振拔之荆棘之中，而哗然不信。洎今乃多有诵服吾言者，则途径已四塞，无复可由，此天也。

天津之役，人皆分美及鄙人，而独引以为忧，知僧邸之深恶异己也，而以言争之。凡此者皆自谓亘天地万世不悔者也。取咎僧邸以是，故详具之，用明其理而已。凡人显晦，时也；穷达，命也，无足计者。而僧邸方有重名于世，独不幸为所纠，天之穷鄙人也又益甚焉。世乱法烦，诸邸方用事，无故入人罪者多矣，是以超然怀远，引之思宁，讳其名一去而终不悔也。朝廷不能以职司督我，朋友不能以事任责我，其蒙叟所谓天全者乎？

霞兄（幕）〔募〕勇已定局否？高叟、次青旦夕当启行，有能提辛酉之纲者乎？嵩焘或时赴营，以一钱献一言，亦未可知。敬颂勋安不尽。少荃当已赴淮矣，并问①。

嵩焘谨启　五月廿四日汉阳舟次②

致曾国藩③ 八月初一日

涤兄大帅大人阁下④：

前奉赐书，匆匆上复数语，由省差带交籞门中丞递呈，计邀崇鉴。近意城书言两江节制已奉真除，并拜大将之命，闻者莫不庆幸，冀东南底定之有日也。

闻沉谋内运，以经营皖南为恢复之基，鄙心尤以欢慰。用兵十年，将帅争攻城掠野之功，封疆为苟且侥幸之计，未有能自立不拔之基，通筹全局以规进取者。今自江以东与贼相持，惟皖南差可有为，而非扼重兵、简贤吏，使吾民有可据依，则亦汎乎若寄，无可恃以为土地人民之固。皖南绾吴越之枢，有山川之险，扼鲁阳五堰之冲，则芜湖、太湖两处水师可以次第修治，遂为今日四战必争之地。而伟画所及，用以为兴复之初基，为必不可缓之举。

---

①下签“六月初一日”。

②下签“自复”、“六月三日复”。

③据柳诒徵编《陶风楼藏咸同名贤手札》辑，1930年影印出版，原未署年份，此据本函内容考定。

④此函首页下签“初四”；“初九复，抄折底，初十寄胡宫保递”。

邹公让任筹饷之役，精细诚笃，罕有伦比。前岁选得峡江知县，为䶮门中丞奏留，渠亦素无求仕之志也。意城欲乞奏调赴江西，随同黼堂、筱泉筹备饷需，必资其力。峡江本隶江西，援䶮门中丞之奏，饬令赴省，随营差委，宜无不邀俞允者。邹君遂得专心一力，供左右之驱策，其为裨益必多，知蒙允而行之无疑也。

中丞赴蜀，奏请季公会办，此圣人初意，其兵力又厚，楚、蜀将同恃以无虞，必改而西辕矣。大军之行，必恃此为攻剿之资，仍当一请之，否则霞兄此行恐遂不可已。天下大局所系属，非多得强毅敢为之才，与之共功名，则军气不振，将与天地气数争胜，顾不能使贤者回心易虑，以从所命乎。霞兄之出，非其意，尤非隐居相往还之意，独恐势不可耳。

前承垂询之言，匆匆奉复，有未尽者。鲍筱山精干能文，自僧邸以下幸视之汉员，效力者莫能及也。鄙人久察其中深排抵，攘斥无恕辞。今春以丧赴告，道保定时一唁问之，盖交际之常，亦同以探询天津近事，致咏帅书述其言，以征实耳，非有意乎其人而比附之也。至萧铭卣，一懦夫，年老掌教福山书院。当时以府及县保荐，采虚名以资坐镇。若张太守健封、谢大令会清、吕进士文凤、杨孝廉成林，并萧之比而任事之专过之。

李湘棻之毁局也，诸人坐视不敢发一言，又隐忍掩护，以求保无事，此其过也。而八日内收得税银五千馀，又避李湘棻之难，悉舆而致之省垣，其功有不可泯者。匡少宰、杜司空举萧君少日文字之过，肆意诋毁，贾相国和之，遂有查讯诸绅之诏。攻子美者意不在子美也。东抚又庸才，乐鼓奸民浮动之气，以摧折诸绅，久之乃悉捕诸奸，又兴罗致之狱，旁及无辜而宽有罪弗诛。而鄙人规画山东全局乃溃败决裂，自海滨以逮诸郡县，民心嚣然，以摧沮善气、崇长奸回，而不复可收拾。此诚私心所痛悼者。台端尚欲薮罪萧君之一身，以贾相之波，甚哉事之曲直、理之是非未易明也。

凡论义者，必辨其心迹，究其始终；论事者，视其功过当否而已矣。李湘棻倡众毁局无所得，诸官绅亦皆避匿，独萧君以老留守护之致毙。论者不咎湘棻，而咎萧君少年行事之不类，天下贸贸焉莫之能辨，岂可以君子而亦有是言哉？国家功罪是非尚无甚翻覆，即僧邸之劾鄙人，诸公贵人多知其谬，独山东大局因是毁坏，而使诸绅被无妄之灾。鄙心深有恫焉，审知吾道之必不可行也，而遂浩然以归，故以是责鄙人可也，以之责诸绅不可也，盖自壬秋不能明矣，此又鄙人所以一去不顾耳。

前奉咏帅书，欲以幕府相处，复书言君子去官而馆食，于义亦无甚害，徒以圣人勤勤垂问，及政府之意，皆疑小臣劳侍从之事，而有所期幸于军旅。苟不自揣量而强从事焉，则天下之人疑有所利，而出处进退之无据，是重贻訾笑也。必遂不复相往返省视，则众人之见而非鄙心所安。欲以职事起任焉，是又鄙心所惧而非君子爱人以德之义也。僻处深山，外间事无多见闻，故不复详及，而以所宜复者具言之，不自觉其琐琐。敬叩勋安，不尽。

嵩焘谨启　八月初一日①

复胡林翼② 十二月初八日

使至，奉十一月十二日赐书，惶悚失次。其后数行力疾书，

①下签“九，初三到”，“自复”。
②据梅英杰《胡文忠公年谱》卷三“咸丰十年”辑，光绪三十一年三月梅氏抱冰堂刊行。

词旨悱恻，益见其心之勤而道之隆也。召询使者台状，虽疾不以弛其劳，敬念无似。作梅兄旦夕至，日想康复为祝。

嵩焘始念当以秋、冬诣营，会意城徙家沙坪，就近地谋居，久未有定。内人久病日笃，摒挡琐务，皆躬亲之，贱躯又益病，是以愆期耳。过蒙书问之临存，聘使之枉逮，恢闳以绵密，恺恻以芬芳。君子之取人为善，不计其人之能任之也，而固畀之。而嵩焘之受之，不任其职而被之也，不称其宜，是重滋鄙心之愧，而使贻山林傲謇之讥也。敬乞少假时日，俟吾行之徜徉焉。上全君子之谊，下遂小人之私，不亦休乎？

桐城援皖，百战却之，多、李之为名将，足胜此也。皖南之力，绌于皖北，贼势又苦散漫。奉来谕，言与祁门声息相隔，已近浃旬，深以悬系。徽州沦陷，遂失平吴之关键。建德普军溃，祁门一军亦失所屏蔽。一将之关系，诚匪轻哉！陈镇军能急扼建德，为祁门犄角，使高叟得专意饶、景以通豫章，庶免孤军之坐困。

江西兵事方殷，无可恃以自立，非势不便、力不足，无人故也。既更大乱七八年，大府循常格，容容保位。南赣有可练之兵，而莫之练也；盐茶大利，有可筹之饷，而莫之筹也。南昌之武宁、义宁，赣州之兴国，南安之南康，屡保危城抗大敌，未闻奖擢一人、甄拔一士，一遇小警，相与茫然，莫知所措。前闻张椒云方伯议裁各局，日与办事诸君为忤。君子甚疾夫小言之乱道，为俗吏者之沽名，戋戋之义，妇孺之仁，而阴以济其悁急。此嵩焘所以扼腕于山东海上之行也。涤公节制三吴，仅此江西后路之凭借，而无能深恃，何所据以为匡济之资乎？此所可叹耳。

尝论公之忠亮精纯似陶桓公，涤帅之惇笃淳实似张魏公。魏公志趣专而主锐进，涤帅阅历深而务持重。其同者，能使人感其诚，而乐为之用；能使人服其量，而群奉之以为依归。而成败之绩，一因乎人。任吴玠、刘子羽而功以成，任赵哲、吕祉而事以沮。独恃其知人善任，以系天下安危之望，非能纵横以自强。杜弢困周颢于寻水城，桓公趋救之，以开中兴之业。涤帅之势，重于周颢；公之威望，盛于桓公之屯沔江，必能遣一旅之师，攘除大憝，通南北两军之气，以收会师进讨之功。僻远深山，翘首以望。

承赐资斧百金，虑及嵩焘之缺为行费，盛谊滋深。然自湘阴水程可径达蕲水，行不过二百馀里，安事此繁费乎？即有他适，取给军中，无忧缺乏。势未能即行，而縻盛德之赐，尤所不敢安也。谨因使奉还，以明不敢妄费之义。赴营之约，谊不可负。心固迫也，而势多违；义弥隆也，而情滋恧，谨卜之异日而已。

顷接意城信，知建德、浮梁各城皆已克复，祁门军势稍振，为之庆慰。左军初出，支巨寇能数有功，涤帅不可无此强佐。兹尤足喜，兼闻钧体已康复，而畏风、罢乏虚证略具，是犹寇已灭而专恃调和元气，厚集其势以补益之，易以有功。惟此时关系尤不可忽略耳。

十二月初八日嵩焘拜状

复胡林翼[①]

十六日奉手诏，知渭春与众争留昌营[②]甚力，直引萧辅臣为前

①据梅英杰《胡文忠公年谱》卷三“咸丰十年”辑，光绪三十一年三月梅氏抱冰堂刊行。

②下胡林翼批：“本应留，惟天命所属，扬州地利，应顾耳。然无饷则竟不能行。蜀乱以来，鄂中月亏十万以外。”

车之鉴，所见亦深有道理。前者台座允发昌营随都将军，此不得已之苦衷也。旨意不可违，淮阳不可不顾，都公不可不去，步军别无可拨之营，因都欲昌营，是以允之。究而论之，都公此行无补于淮、扬，而有损于鄂，乃显而易见者也。其隐而不可知者，则在彼时彼地，贼情强弱之不同，都、昌利害因之而各异。虽曰不可悬拟，然而利三害七，可得而预计耳。

近来庙堂指踪发军，往往不计兵之多寡，饷之有无；又不知兵之已行，饷源出自何处；兵之已至，克与强寇足相抵当与否，皆在所不计。而惟日事督催，踵习相行，且七八年矣。而阃外大臣本公忠体国之意，分宵衣旰食之忧，遂不暇熟审其成败而遵旨筹发，惟恐或后焉。即成行者冒昧疾趋，驰赴公家之难，或初利而终钝，或一蹶而再振，或幸而克全其旅，或不幸而覆没其军，如此类者，未尝不可屈指数耳。是以淮南、皖北与夫大江之南，致有今日不可收拾之患，而庙算犹是也。而阃外主兵大臣明知之而不忍违之，亦犹是也。

（使星）〔星使〕就道，君命在门，不能不设法应酬以令其去，又不能不设法以全其军，是在我公之权衡矣。抑或由六安而寿州、而定远，与凤阳之师相为联络，不遽至天长、六合，亦不与寇锋相当，俟巨股援贼上犯之后，或仍回旗与楚军收夹击之效，或再相机而抵天、六，是亦全军之一法。然此皆就昌营发去后言之耳。若能陈奏俾都马、昌步皆不去，则所全于都、昌者大，而鄂、皖之军亦多收马步三千之利，是国荃与渭春之见相符合者也。

咸丰十一年

复胡林翼[1] 正月十六日

腊月十日使还，奉肃一缄，谢所以不敢拜命之义，计蒙赐鉴。正月四日，奉读寄示意城一书，敬悉移节太湖，兼顾安庆，而以途次雨雪勤劳，旧恙稍作，敬系无已。以大势揆之，必由阳虚而后风寒易侵，宜重投附桂。作梅从行调卫，必得宜也。

贼势倾注皖南，各军亦以全力争之，必能自固。皖南、建德复失，南北道梗。祁门大势，前阻坚城，旁掣群盗，咫尺无所措手足，心甚虑之。籥公西行有日，楚军从者万人，空虚之忧，所关甚巨。意城自揣力弗能给，浩然辞归，兄弟唱随，锄犁之间与人无患，贫非病也。

顷得沅浦书，宣示德意，欲以朝命被之。鄙人反复思之，深惧以是动朝廷之疑，启士大夫憎兹之口，上累盛德，下乖鄙怀。朝廷风尚，古今异宜。冯唐之论魏尚，耿育之讼陈汤，直言正辞，理人之屈，无所疑者，谊之盛也，汉以后无闻。王旦之言寇准，张俊之用赵开，高位巨任加于贤者，一时取合，事之盛也，宋以后无闻。

嵩焘名微位下，无功资之积，言之幸而见听，不过以府道效

①据梅英杰《胡文忠公年谱》卷三“咸丰十年”辑，光绪三十一年三月梅氏抱冰堂刊行。

用而已。度麾下趋公奔走，所少者必非若嵩焘等辈一二府道也。若日以是荣其身而已，量非所以赐待之心。而近时士大夫徒见干进取者，多方以诡合，以是疑鄙人而因以推测盛怀，妄谓君子之亦党，则所损必多，是以承沅浦之言，感激旁皇。既愧无以仰副廑注，而尤虑麾下或未深筹而遽行之，则虽百喙，无以自解于天下。惟有凿坯而遁，追段干氏之遗踪而已。用敢径以鄙意渎陈，伏求垂谅。

雨势数月不止，岁事可忧。涉冬以来，弥多疾病。欲俟天气和暖，谋一二月之暇，敬诣大营，少纾数年积悃。山居讲授，颇有相从一二人。年未至老，而两眼昏眵，心力耗竭，举念多忘，天下之所以见畀，略可知矣。惜乎早不获从公游也！区区愚忱，冀得上达，不自觉其言之烦琐。

正月十六日

复曾国藩[①]正月十六日

涤生大帅亲家大人阁下[②]：

腊中奉□□□□谅蒙赐鉴。正月四日领读手书，益悉大营近状，庆慰无已。惟闻建德再陷，皖江南北又复中梗，咏帅谓宜虚此为贼之尾闾，此实卧榻之旁、肘腋之患，未可弃也。幸愿以其“挺经”授之诸大将，四路挺之，能得挺之一诀，孙吴兵法尽于是矣。国家柱石之寄，贤者忠勤之谊，无他，挺而已耳。

①据柳诒徵编《陶风楼藏咸同名贤手札》辑，1930年影印出版，原未署年、月，此据本函内容考定。

②此函首页钤“咸丰十一年二月初五日到”条戳，签“自复”。

南老变通盐法之议，意在假朝命与粤东相挺。盐者大利所在，自汉以来，用之以佐军兴之急，筹饷舍此亦无他法。要以常情论之，苟为贤者，总盐场之利权，日视其侵私渗漏，宜有以变通之，以求自尽其利；苟为非贤，则亦袭常蹈故，相与网利而已矣。舍其利弗营，而授人之据以为利，此殆贤者所难。石卿制军借行粤盐欲稍损其规费，已为所持，故曰挺人者人恒挺之。来书虑其事之不果成，甚当，而南老持此议以求发舒。彼老于事，知权变，有气力，盍早允之？淮引之停十年，湘南所食川、粤各私，利归于奸猾。若奏称湖北现行川盐，较有章程，湘南距粤较近，饬派时、南两君就近转输，以敌各私，稍收其利，其辞未尝不公，其理未尝不顺也。

沅浦寄示复奏夷船助剿一折，大哉言乎！自国家办理夷务二十馀年，无见及此者。所称允其助剿、缓其师期，岂惟其词之美而义之完哉，其势固然也。旧岁两奉书论此，与今所见稍殊。君子之为言也，不必尽出于诚，要之古人控御夷狄之大略，必由信义。世衰道敝，言愈庞，计愈左，而祸亦熸焉，自汉以来皆然也。廷臣当危难时，交章抗议，阻乘舆之出，迨事定而又为保塞，为幸陕之谋。持论者雷同，藉藉相诩以忧国之忧，不知两者皆失之。远夷之扰中国有其情，中国所以应之有其势，有其理，昭然易辨。□□□□辟，无自立辟。彼其来也，乘愤以求逞，避之可也，其受和以行，还都可也。诸邸为内主浩然撕状纸以去，遂若不返顾者，涿州牧为计之失亦烈矣哉！

江西兵事日棘，饷源多可虑者。各军能不至饥罢，则固可袒腹以挺之，所忧独在饥乏耳。高叟一军尚可战，扫清腹地，固必恃此。非急攘贼而远之，则饷路不能通，为患终无已也。深山僻处，闻见无多，曷胜驰系。敬叩勋安，不尽。

嵩焘谨启　十六日

复叶云岩[1] 正月二十一日

云岩仁兄大人阁下：

正月十六日奉手书，盖十一月内折弁带南者。弟以十月寄上一书，并各知好凡为信二十馀。总交兵部大堂陈宅分送，尊信又由宋雪帆先生转送。引疾后，本不宜与朝贵通书问，以都城更历危险，私心悬念，欲一问诸公近状耳。又恐诸公出京者多，故汇寄陈宅分致之，带尊信南来者正此折弁也。

详览书辞，似弟信尚未蒙收阅，所询诸人行踪凡十馀，亦未蒙一语，及其他二十馀信，亦无一人见复者，念之茫然。京寓艰难情形，不问可知，能稍摒挡出都，则赴湖北应宫保之招，实为上策。塘务觅一代者，不必计较旧本。此等处当断行之，盘费或须百许金，仍可信知近状仍时求示悉一二为祷作梅设法寄京也。

天津夷患，由上次办理乖方，以长其骄。前岁僧邸违背诏旨，诈称乡勇诱夷船深入击之，以增其愤，至去岁而固无可为。鄙人数言夷人满万，至天津，万非僧邸所能御，实见之明而虑之审也。前岁与僧邸反复辨论，触其忌怒，未尝一为阁下道其事。盖夷务曲折，举京师无人能知其要领，独鄙人能见及一二而已，以告僧邸，愦愦不能省悟，至好如皞臣、眉生、碧湄，恺切与言，略无知者。是以鄙人于夷务不甚谈论，为知此者实无人也。

两朝圣人于此知之明、虑之隐，日求所以控制之略，在廷诸

---

①据陶湘编《昭代名人尺牍小传续集》卷十七辑，原未署时间，此据本函及《郭嵩焘日记》“咸丰十一年正月”内容考定。

臣瞢然莫知所应。当国事者恇惧而已矣，主议论者愤争而已矣。独有区区一小臣能仰体圣人之心，旁皇太息，而无所施其斡旋之力。来书所谓无人谅哉，是言无人者，无深识远虑、宏济艰难之人，非无大声疾呼、以战为名之人也。

阁下于夷务亦未通晓，而来书所言有万不可不一辩者。其曰廷臣主事大将不能奏功。廷臣所主何事，弟不能知，而天津防兵万数千人，縻饷数百万，炮台功程之坚固，炮之多，一举而尽失之，不责主兵者而责廷臣，冤矣。其曰僧邸伏地雷北塘，令夷人自入陷阱，为百姓所告。此弟所目悉，北塘市镇千馀户，有一炮台甚小，不能守，僧邸伏地雷四尊其中，此特戏具耳。李湘棻所制，不过支销经费而已。即此地雷真能伤人，夷人悉数攒入，数丈之地，所伤能有几人，而遽为制夷之胜算乎？

其曰廷议让北塘令夷人盘踞，此尤不然。前岁御史某公奏称北塘宜设防，自是议者纷纷以北塘为言。僧邸置之不理，以北塘本难设防故也。由大沽以北达临榆，南达海丰、盐山，永平、天津两郡界中，凡为海口十馀，山海关以北、山东海丰以南且勿论。区区以守北塘为言，所见已狭，又以北塘之失归过廷议，则尤诬矣。

夷务始终无知者不足怪，海防一失，辱国殃民，乃使都城震惊、乘舆出狩。臣子宜如何痛心，而犹以战为功，推崇僧邸，曲诬朝廷百姓，以成其说，谬悠之公论，且将下诬万世。此弟所尤为感慨悲叹者也。

君子之论事也，深明存亡得失之幾；众人之论事也，但睹成败；今并成败不论，而一意归过朝廷，此何说也。主战可也，诬朝廷不可也。国家用兵筹饷，若何经营；流离奔避，若何艰苦，而忍曲诬之乎！阁下幸存弟说于心，而徐考夷事之本末，僧邸两年防堵之得失，而后持此以断群言之是非，所见必有大过于今日者。乃遂遍语所知，以略明两朝圣人之深略，为天下臣民留忠孝之心，不胜大幸。

弟归后，杜门谢客，养病读书，却诸使之聘，有以自存。手此，敬问台安。惟兄不责其言之直激、有语时事者，并以告之。

嵩焘顿首

复李续宜[1] 五月初十日

希庵节帅大人阁下：

前奉复书，辞意优渥，伏读增感。顷专弁至，载领教缄，深愧迂疏，劳大贤眷注。循诵往复，感悚难名。

蒙赐示各营情形，并谂咏之宫保旧恙已渐就痊，东南事局所系，喜天心之犹未离也。贼势持重而巧于乘虚。大军迎遏贼锋，左右驰骛，江汉濒危复安，军力甚劳。乐平、浮梁之警，赖左军以收摧陷廓清之效。江西吉、瑞沦失，无与支柱。浔城当长江冲要，涤帅及厚庵军门、雪芹方伯不能不力争。贼遂徜徉武宁、义宁之间，伏而不动，彼其意必阴谋诡伺，乘隙以求拦入。

微闻鄂垣守备甚虚，揆帅意俟有警去而避之。鄙心甚以惶惑，窃以为今日之要务，在力求守城之方而重其诛赏。庆道里之远近可以发兵救援，而为之期限以责其坚守，孰与贼至而空城与之，而后竭力以图收复哉！彼留数千人而足以牵缀我师，又纷纭四出，此兵力之所以常不给也。论者知官兵利于战而贼利于守，然非郡县各自为守，则守者常在贼而战之无所施，即战屡捷，而此得彼失，终亦无益，故曰今日之要务城守而已。鄂垣根本重地，岂可

①据佚名编《道咸同光名人手札》第一集辑，原未署年份，此据本函内容考定。

徒以边境防剿为计而委之不顾。

伏闻大军旦夕规取黄州，此最近事之枢要。黄州复，江路通，咏之宫保当回驻鄂垣，重根本之防，居中调度。今方与天地气数争胜，坚忍以俟之，弗能遽也。麾下与涤帅、宫保鼎足峙立，所谓三杰也，皆尽其用，天其或者尚有意东南，而试诸君子坚忍之性乎？

嵩焘疾病颓废，重以家累，自度稍有益于麾下，决不敢重违大君子之命，自取疏外，欲强扶病一行，恐适足以上累求贤之雅谊。若曰以郭隗为之招而已，则麾下师武臣力俊乂云腾，虽百隗无所增益。惟祝恢宏博大，负天下之重，以苏世庇民，瞻仰何已。承赐路费二百金，谨因使奉还，惟有心感。肃复，敬请勋安。

期嵩焘顿启　五月初十日

再启者：

前书缮交尊使，而意在坚守与山人相持，不欲以一书返命。既三日，解譬百端，终不应也，见两将军而益知大帅之军令矣。嵩焘去夏自京师归，即约一诣宫保，而趋祁门视涤帅。比归而人事乖忤，又苦疾病，每思前约，深以咎心诣营本志也。

一舟之费，千里之程，犹能自达，过蒙聘币，非所敢承。谫薄无能，自知已审力不能施击刺，才不能任驰驱，于军旅何有哉。每承尊命，震荡惶惧，罔知所措。以使者之不欲行也，谨邮书奉达，区区之私。厚赐二百金，寄交意城舍弟，觅便奉还。伏求鉴谅。闲云来去，无能预为期约，诣营求教，谨俟他日。载请勋安。

期嵩焘又启　五月十三日

致毛鸿宾[1] 五月十五日

寄云老前辈大人阁下：

去夏叩谒崇阶，渥蒙宠宴，奖掖殷拳，饫德何已。敬承福星临莅，天佑楚邦，实简名贤，弥纶绥辑，畅宣仁化，承风仰德，距踊称庆。而未敢以书陈贺者，盖自昨岁引归，栖幽处潜，见闻猥浅，不宜以书牍上烦聪听，居隐之义然也。区区之心，无时不瞻望节麾，而随瘠毂以周旋也。猥蒙使命枉临，恭奉赐书，情词缱绻，往复循诵，感悚交并。

伏惟莅政之初，整纲肃理，发皇观听，遐迩之人，谈新政而喜溢神扬，斯自盛量朴素所蓄也。嵩焘京居三载，向所见闻，随时改易，及归而闭门却扫，军情、吏治，缓急得失，益难悬拟。大抵两楚之政，规模气象较胜他省者，惟不以例文为蒙饰，而事之虚实、人之贤佞，虽有出入，而犹不甚相掩也。大贤措施，因旧而益新之，为功易而为名益远。圣贤所以宏济艰难者，非有奇绝诡异之行也，事得其理而已。以赐书之意勤勤，敢具论之。

承谕令诣省就谒，嵩焘亦亟求一承望颜色，稍申积悃。独自念迂直之性，多致怨谤，虑一至省而他日之设施，有所举措劝惩，人以为出于鄙私，适足为盛德之累，以故不赴省，而忽至为耳日所集故耳。稍缓时日，以便诣求训诱，庶足自伸其念，慕之忱而人不以嫌为嫌。区区愚忱，不敢自匿于长者之前，谅荷鉴原。来使亟求返命，略布所怀，不能宣备。肃启。恭敏崇喜，敬请勋安。

侍期郭嵩焘谨启　五月十五日

---

①据山东省图书馆藏原件辑，原未署年份，此据本函内容考定。

复毛鸿宾[①] 八月十三日

寄云老前辈大人阁下：

初九日领奉赐书，敬谨循诵，始悉龙驭升遐之信，痛哭无已。即拟速装赴省，随同会垣耄老奉迎哀诏。旋闻初十日遂已哭临，未及往会，谨于私室恭设香案，叩头北望，哀号而已。时局艰危，重遭大丧，国事奈何！天下奈何！而以十载忧勤惕厉之君，乃使浮海七万里之夷虏上惊乘舆，仓皇北狩，忧伤郁愤，以至大渐，心尤痛之。未知天下后世置僧邸功罪何等也。数承召命，感悚交并，谨当以日内趋诣省垣，恭聆德教。先肃陈复，敬叩勋安。

晚期嵩焘谨启　十三日

复毛鸿宾[②] 十一月初六日

寄云老前辈大人阁下：

昨自益阳回，接奉廿二日赐书，奖藉之词至深以渥，伏读感悚。正拟肃缄奉复，再领教缄，以酌议茶税一节，命赴省筹商。仰见卓识深心，防微慎始，博采刍荛之至意。嵩焘愚昧，无所知识，所微有见者，已具南坡廉访及意城先后两缄中，度此意已上澈崇鉴。伟画所及，广揽曲包，区区愚虑，无能裨补万一。惟是台命勤勤，不敢不一诣省，冀荷上承训诲。匹夫匹妇一得之微，必使各罄所知，以极事理之变者。此贤达之用心，而自古致治理

①据太平天国历史博物馆编《清咸同年间名人函札》辑，中国档案出版社1992年5月出版。原件未署年、月，此系原编者考定。

②据山东省图书馆藏原件辑，原未署年、月，此据本函内容考定。

者之盛轨也。亦不敢不仰体德意，束装一行。冀使士民属观听者群知询事考言之盛节，不遗细微如此，凡有奇谋硕画，皆务贡献之辕下。斯民之福，君子之光，嵩焘敢不勉承？顷日已晡，拟初七日早启行，傍晚当可抵省。石卿制府至长沙，亦急谋一奉谒也。敬请勋安。

晚期嵩焘谨启　初六

致毛鸿宾[1] 十一月二十八日

寄云老前辈大人阁下：

日前诣省，渥领训诲，兼饫盛筵，匆遽回乡，念之耿耿。严寒雨雪，伏承道体康祜，钦祝无已。比闻贼踪扰及浦市西南重地，密迩辰州，防兵空虚，倍深悬念。台端沉谋伟画，烛事几先，必操全算，以收荡平之效。荩劳在抱，瞻系尤深。

洋税一节，湖南但能注定“茶厘照旧征收”一语，馀非所能与议，出奏之说，思之未见其宜。一切章程似须由江督酌定，鄂中自不敢有参差。承示总理洋务所复揆帅一咨，含混支离，于地势、商情、事理都无通晓。彼实无主见，听外间之自为处理而已。如咨中“逢关纳税，遇卡抽厘”二语，至于三四见。又云“不与和约条例相背”，语言闪灼，莫能得其要领，与揆帅原咨如盲者相遇于途，指东画西，互相赓和，两俱无所见也。和约条例，但载明正税、子税二条，税之彼，税之此，则惟中国于通商之处设关征之，洋人不代为谋也。此当由江、楚两督行之，有何条例之背

①据太平天国历史博物馆编《清咸同年间名人函札》辑，中国档案出版社 1992 年 5 月出版。原件未署年、月，此系原编者考定。

与不背乎？所不背者，正税、子税以外不复再征而已。至于“逢关纳税，遇卡抽厘”，则只可行之内地商民，施之洋人，于理不顺，于势亦不能。此惟须与洋人画分清晰，以防其包庇。咨中屡据为言，洋人之狎侮中国亦宜矣。

涤公于洋务素非通晓，见其两奏两咨，光明正大，情理兼到，此非别有神妙过人之识，亦明其理而已，鄙意此事终当由涤公主之。前与揆帅办论一节，似当委曲以告涤公，及与洋人交接之始，一画定之。晚眼病尚未全愈。手叩勋安。诸不详缕。

晚期嵩焘谨启　二十八日

致毛鸿宾①

去年二月，夷船初至汉镇，咏之宫保即以设关征税为言。官相再四迟难，不敢具奏，坐失事机，深为可惜。阅夷人两次照会，其气甚亢。聂家市收税恰与子口税相符，其云多收则湖北倒口之重征耳。挽回洋税，势所必不能事后之补救，往往难于事前。天下事大抵然也。聂家市征收茶税，即在早、晚间，似宜先期奏明，以省枝节。日前，曾为意城言之，此无他，辨驳不过叙述积年办理章程而已，意城即可具稿也。是否有当？求酌之。敬请寄云老前辈大人勋安。

侍嵩焘谨上

①据山东省图书馆藏原件辑，原未署时间，此据本函内容考定。

复邓小芸

奉书，殷拳恳挚，如获晤言，兼承以室家之戚颁赐挽联，追亡悼存，悱恻芬芳，伏读增感。

大集循诵一过，深温绵密，长或数千言，少或百馀，声容笑貌，曲折毕肖。其于忠孝节义有关世教之大者，与其生平友朋骨肉之戚，缠绵恺恻，言之娓娓，尤使读者唏嘘哽咽，不能自已。吾楚治古文之学者，自顷数十年，皆奉君家法为依归，宜君得之深如此。而其性情之款笃，意旨之绸缪，则又君之得天独厚，加于人人者也。

赐制谱《序》，精纯博厚。次谟公一节之小异，前书蒙论及之，且述以为家教，又著其义于《序》。甚哉，君之乐善之诚也！而吾家子姓靡焉日趋于虚浮，无有能念先世之彝训以相董率者，以是重自愧赧。而君家世之繁昌，读书能有成立者相望以起，岂惟孝友淳懿之风蕴之已厚，其所以为教，严肃而婉至，为可深长思也。

舜卿《夜谈追录》一卷，硐东先生论诗之微旨略具于是，舜卿以见示，因携其副本以归，未尝以序文相属也。五年以来，书籍散乱，不复可寻。其家草本当尚存，如以付梓，而使鄙人以一序发明之，虽驽劣懒废，言之无文，固所不敢辞耳。

复吴又桓

前岁自山东旋都，始知福星临莅吾湘，为快慰者久之。比归，数闻意城称述盛业，谓楚以南治行卓卓，未有及者。自古诗人为政风流，从容设施，立声名者有矣。盘根错节，通明强固若老兄，诗人之政尤古今人所难也。伏处深山，不敢僭通书问。乃荷赐书，注问勤勤，意隆语挚，伏读增感。又知受代有期，而殷殷然以一日在事，不敢弛劳为念。贤哉，文与意之交美也！钦服钦服。

仆疾病蹉跎，凡百荒废。生平非尽无志者，一再试之，而知天下事之难与吾道之不易求合。徒坐视其败坏，无益于人世而增此心之隐痛，则何如引身以退，使天下之是非得失不复留于吾心，吾之所养不较多哉！所以自守迂拙，固如是也。来书奖藉，所不敢承。要之君子之进退，审时量己，求当于义。古今人所处，当亦不甚相远耳。

复易笏山

奉书喜慰，前闻奉檄南归召募，论者谓足下议论伏一世，而少谙练，当留幕府，不当任为将帅。兄意不然。兵者，用人之新气而已。士苟才与志足以有为，则遂为之。幕府治文书，逶迤议论，何足以羁天下士也！故于足下之募勇，私窃庆幸，既可以观足下之发摅，亦念时事艰危，人才难得，身虽隐退，而固愿同志者之联翩以起也。

来书所论办事非难，得人为难，及化畛域为最要之说，精确明澈，洞中窾要。足下识解超卓，锐于任事，亦略知其底蕴矣，独于主用蜀人之说，疑其志疏言轻，而视事太易，不可不一发明之。来书所谓用蜀人而收其人心、资其向导者是也。知勇豪杰之士，急收而用之，所至与其人民士绅联络。凡道途之险夷，贼踪之聚散，非居其地者莫能悉也。开诚布公，招徕俊杰，此之谓用蜀人。未闻行数千里之地，略无凭藉，随所至召募，而可创立一军，恃以转战者。韩信驱市人使战，亦未闻度井陉召募而自诩为能用赵人者也。足下之言曰："善用楚人者多矣，而皆不愿用蜀人。"若故以此示异者，此又非也。楚人、蜀人，一也，此自在用之者。而召募之勇与营伍异，非有所系属，与之久习，不足恃也。廉颇曰："我思用赵人。"颇，赵人也，与楚人自不相习。不得于楚，而思用赵，颇言固非虚也。自颇犹难之，足下何易言哉！

方今召募之勇盈数十万，武夫无籍者，奉尺一之符发兵，自名勇敢作气势，所在皆是也。吾辈既已为之，则斡旋世运、宏济艰难之责，分任于此身。圣人不得已而用之，吾辈不得已而身亲之。沉谋密虑，去矜与名，持之以贞固而行之以恻怛，君子之道所由异于武夫之为也。李次青再起视师，通城贼退，次青与刘镇军各以克复驰报。吾甚惜次青自待之薄，虑其终不足以立事。愿足下勉之。

正月一书，不复能记忆，其时方劝足下诣皖，谓蜀乱且甚于皖，是不以为轻也。足下方从一县令间关入蜀，无事可办，难易更非所较。要之，川陕天下根本，所关甚重。乘贼之方起，急扑灭之，速则所办较易，迟则所处倍难。此时蜀事尚较江、皖为甚易，足下所述，前书之言乃适相反，或有之，亦义各有所取耳。

复张竹汀

奉书具论刑部事宜，所陈三弊，精确明畅，深中机要。善哉，足下之言。能及此者罕矣。

仆常以谓天下之大患，在士大夫之无识。自汉崔实、荀悦袭申韩之论，以严为尚，论治者多主其说。肃尚书因之，以求起积弊于衰靡之世，于是一变为操切之政。而其是非得失，与古今所以救弊扶衰之宜，士大夫莫能辨也。任司寇者，承风扬波，效指抝奔走，求如汉时持廷尉之平者，无有人焉。相习久，而亦遂视为固然。

去岁，东抚动以小故连章举劾，王壬秋因咎我曰：“朝廷望君为鹰鹯，而君海上不劾一人，所以败也。”予曰：“此乃所以为筠仙也。壬秋何足以知之！”凡仁与勇生于识，故三达德以知为先。足下之言，庶几近之。芝生尚书尚为近情理。有何疑惧！即阻于上台，力争之可也。虽然，足下之言及此，则吾恐功名富贵之途，难乎其言通利也。可叹可叹！上陈尚书一缄，略论此事，试取观之，必于足下之意有合也。

致陈孚恩

奉赐书，恭悉回銮之请，已有转机，阁下造膝之言，所以启沃圣心者至矣。某窃窥朝廷之意，谂知内忧外讧艰难之状，而兼为廷臣议论所持。塞外之行，观望迁延，用心至隐。阁下一言而消释圣心之疑，乃使人君举动得有所据依，以解于天下后世。大臣谋国之忠，通古今理势之大而运量于一心，非持一端之议论者所能及也。

时事至今日，转移非易。肃尚书之才美矣，其用心在起积弊而振兴之，亦可谓勤矣。某在京三年，推求国家致弊之由，在以例文相涂饰，而事皆内溃。非宽之失，颟顸之失也。宽者，宣圣之明训，国家积累之至仁，乌可轻议哉！今一切以为宽而以严治之，究所举发者，仍然例文之涂饰也，于所事之利病原委与所以救弊者，未尝讲也。是以诏狱日繁，而锢弊滋甚，徒使武夫悍卒乘势罔利以凌藉搢绅，明世之稗政见矣。某窃独忧之。向者之宽，与今日之严，其为颟顸一也。颟顸而宽，犹足养和平以为维系人心之本；颟顸而出之以严，而弊不可胜言矣。毋亦稍宽假以例文，以求理财行政之实效，天下事其犹可为乎？

故某以为省繁刑而崇实政，为今日之急务。阁下倘谓然否？自古豪杰有为之才，所以运量天下者，岂有他术哉！以诚应物，以实行政而已。窃观今日司农之理财，每创一制，多类诬罔百姓而诱取其财者。数变章程，以相眩惑。以此经国，未敢信谓善策也。因阁下之言，略论及之。不自知其愚陋，伏增惶悚。

致易笏山

昨复一书，颇有陈说。盖足下所患，信心太过，视事太易，任人太轻，而新进喜事之言太易入也。仆心实隐虑之。近得玉班书，言与足下形迹甚疏，而其遇事自用，人皆用以为疑。壬秋盖尝主是说矣，意者有中于壬秋之言，而思一试之战阵耶？

往在京师，尝以壬秋学识过人语之，足下意不谓然也。以壬秋之才之学，与之往返谈论，为益甚多，其有偏颇处，择而从焉，非为害也。至于军旅大事，当择老成谙练、深悉机宜者，就而求益。而足下之于壬秋，论学则远之，论事则反亲而信之。称此而求，则吾弟所以取法于人，与其所以用人者，吾虑其背道而驰也。君子之学，必远乎流俗，而必不可远道。壬秋力求绝俗，而无一不与道忤，往往有甘同流俗之见以畔道者。是足下但论文章，友之可也，师之可也，至与辨人才之优绌，语事理之是非，其言一入，如饮狂药，将使东西迷方，玄黄异色，颠沛蹉失而不可追悔，独奈何反用其言以自求迷乱哉！

吾之望于足下大矣，恐一任事而先失众人之望，故剀切言之。

严陵之告君房，犹有怀仁辅义、阿谀取容之戒。仆局外人，于足下谌谌不倦如此，亦窃比古人之义，实恃足下好善取友，乐闻尽言，一肆其狂瞽之论。不罪不罪！

复方子听

奉书，美哉文也！其识趣之高远，当于古人求之，非复今人所有，即仆亦不料足下所诣，精进如是也。

西夷本末，粤人多能知之，以久习而知其情伪耳。仆则衡之以理，审之以天下之大势，而其情亦莫能遁焉，所由与粤人异也。

来书论西夷之祸，原本好利，至精至当。岂惟万历之稗政，钩求珍异，以有澳门之留哉！非李督之污纵，亦未敢轻视中国；非琦、耆二相之贪私，夷祸犹少戢也。利者，合公私上下而奔趋之，良可悼叹。然是说也，根本之论，而非救时之策也。譬之病痛者，曰食积然也，由是而禁其食，而病益烈。至于交关互市，遍于中土，其为病也大矣，不必其亡人国也。逼处相陵，以哜人之胾，庸有瘳乎！

夷人初至天津，中国之体外夷之情，事机之成败得失，理势之强弱，所关甚大，君子之所从容审量，精思秘运，以绥定天下于无形者。至前岁而斡旋之略已无所施，托之语言以求挽回一二大者；不效，则相与画定章程，以要之久远。此仆之所见及也。京师论者，咎仆以议和。笑应之曰："宋、金，和也，有遣使朝聘之烦，有岁币之扰。诸君亦知战为何事，和为何名乎?"世人所见大都如此，可笑也。

足下所见伟矣，其论汉、唐之事，则多未允。自古夷狄盛强，未有不为中国患者，因时审势以应之可矣。班孟坚《匈奴传赞》

论此甚详，后世无能易此者也。武帝用王恢计，伏兵马邑以要匈奴，而谋泄，匈奴侵暴益甚，此为失矣。而因是以城朔方，取河南地为障塞，岁出兵击匈奴，使之远遁，则亦若天之启之。至宣帝时而呼韩邪以降，终汉之世无边患。以文帝之每饭不忘匈奴，使处武帝之后，规模必更远，则使光武当武帝之时，起陇西、上郡、云中至右北平侵掠无已，亦岂能闭关绝约，从容养息，以安保无事哉？北单于求和亲，臧宫、马武上书请诛，光武却之是也，而犹博考廷臣，议酬答之宜。以光武之明圣，处就款之虏，详慎如此，此则非后世之所能及也。唐氏初起，臣事突厥，史多讳言之。便桥之盟，群臣皆欲进战，太宗以为为国之遭，安静为务，彼或惧而修德。结怨于我，为患不细。今我卷甲韬戈，啖以玉帛，凶顽骄恣，必自此始，破之必矣。其后四年，遂灭突厥。帝王之神略，操纵在心，此为难及。太宗之失，乃在北灭薛延陀，西定高昌、吐谷浑，东征高句骊，专务穷兵威远耳。然贞观之世，吐蕃服顺，终为唐患，得失亦可见矣。因足下论述四君优劣，聊一言之。

尝论中国之控御夷狄，太上以德，周武王、成王是也。后世无能行之，其次以略，汉唐之事是也。其次以威，汉武帝于匈奴，唐太宗于突厥诸国是也，其次以恩，汉之于西域，唐之于回纥、吐蕃，北宋之于契丹是也。而信与义贯乎四者之中而不能外。光武之为君，三代后无能及者。其抚单于、却西域都护之请，则亦时会之适然耳。举光武以为后世法可也，而遂以为筹边之全策，则犹经生之论，而非通达古今时势之言也。秦皇之北筑长城，功莫伟焉。彼所以乱天下者多矣，岂蒙恬之为罪哉！贾山、庄忌，小儒之言，君子不取也。

所著《绥边征实》，以砭南宋以来士大夫习为虚词，而数千年是非得失、利病治乱之实迹，遂无知者。物穷则变，变则通。朝廷无人，则草野著书者之事。事有成败，理有得失，不相掩也。今天下能辨此者，舍我而谁哉？亭林大儒，岂能方比。要以一事之特见，即为大儒之言，不必尽从。处极弱之势，无可据之理，又于外夷情形懵然不知考究，而思以诈胜。仆再三陈辨，则怀憾而力倾之。僧邸所为，延夷祸于无穷，岂徒曰羁縻之而得、邀击之而遂失哉！君子立身处世，以识为本。司马德操之言曰："儒生俗吏，不谙时务。"俗吏无论也，读书而不为儒生之见所囿，则识远矣。愿足下勉之！

以劳生回粤之便，取来书所言一复论之，恃相知深，不我笑耳。

复嵇月生

奉书，并谂堂上窀穸之事，诸已就理。寄示土色，温润坚细，上上吉征。此由足下仁孝之感，亦太夫人之至德厚福，以庇荫后人于无穷也。兼承弄璋之喜，为鼎门大庆，尤足告慰太夫人在天之灵，无任欣忭。

友朋枉书，多相勉以进取，独足下之言，以退为义，而谕以固守。甚哉，君子之爱人以德也！人相饰以文之谓"贲"。夫子筮《易》，得"贲"而愀然曰："贲非正色也。"故夫以仕进得失相勖勉者，贲如濡如之美观也。初九以阳居下，其占为"舍车而徒"，夫子系之曰："义弗乘也"，不受贲者也。足下知此义矣。

抑仆之所处，非敢以退为义也，其"观"之三爻乎？曰："观我生进退。"退不失时，进不失志，未敢庶几君子之道，而心窃向往之。时事益艰，今之时非古之时也，吾辈正不知所以自处。所可自审者，此而已。

致罗研生

书局采访，茫无端倪。仆心烦且杂，不能专一斯事。欲乞先生主持局务，以全神运量之。有可搜罗，不厌询求之数、书牍之烦。人知先生之心勤勤也，则将有不惮远阻而来告者。故欲以采访事属之先生，以惟先生能勤勤耳。其战功大略，必征实于奏报。顷谋汇集各家奏稿，录存副本，已足尽其大概。营中采访，无以逾此。伯宜赴营，留意搜求可也，随带书手，无所取斯。

前书谓南老以争论体例之故，愤然长往。南老不如是之褊也，然由斯言以思，则鄙人之药石也。庄生之言曰："辩也者，有不见也。"是非之彰也，道之所以亏也。我不见南老之用心而相为是非也，南老亦不见我之用心而相为是非也。故曰："大辩不言"，履乎其域而自知也，应乎其节而自定也。吾与南老，皆外也，然且乘人而斗其捷，则道之靡也。无尊崇有道之心，而以语言求胜，则心之累也。反复先生之言，以悚以惧。请得一以书局之事属之先生，不参末议，比诸卫武公之悔过。邓君相吾当寿九十有二，或即以此征之。

致吴敏树

省垣相见，所怀多未尽，而语言文字之间干冒已多，尤乖亲贤服善、乐求教益之鄙心，至今念之悚然。别后惟道体清嘉为祝。

《忠义录》成书体例，言者互异。鄙见所及，约有二端。一则表章湖南人物，为后代史氏之征也。募兵讨贼，肇始孙坚。南宋有两河义旅，而李显忠之流起为将帅，功绩所被，无足甄者。中叶多故，以一省之人才物力经营数千里，枝柱天下，实今日创举，求之史册，盖所未闻。著录是编，存其梗概，用备国史采择，亦使湖南忠义之风流被天下，传示无穷。此其所见一也。一则著书必求征实。湖南事迹近而易征，博考约取，证以所知，以求征实而不敢旁及也。古今人事，各有是非，至于军旅，专论功过，是非亦在所略。而施之奏牍者，其辞异焉，得之传闻者，其辞又异焉。鄙人见闻所及，方成之撰徐观察传，以田镇之失蔽罪唐方伯；王子寿撰唐方伯传，以方伯死事蔽罪豫章；沈广策撰江忠烈传，以庐州之陷蔽罪吴文节，此皆名能古文，有行后之资，所传故交，所叙近事，而其辞失实如此。向军门贻误楚、粤事机，而楚、粤之人歌颂至今。曾节相水师功在东南数省，前古所未有，而知者寥寥。至于论人才则颠倒于爱憎，语战功则参差于始末。编辑是录，有惧心焉。而乡里之考校，其事犹详，奏报之稽查，其文犹具。欲别纂《湖南名宦功忠录》一书，已虑搜罗之无术，是用不敢旁及他省，广述战功，所守硁硁，志卑道隘，以为无当考证，则无取乎铺陈。此其所见二也。去岁与公辨论此事，而鄙志所存，尚未及宣述。别后私自循省，甚愧以行潦之量，阻江河之流注，敢敬及之。

设局之初，专主采访，为时既久，益知其难。顷始谋汇集各家奏疏，录存副本，以备检查。敬乞台从贲临，商定采访简明之法，俾同事得所依循，不胜感祷。意城前述尊旨，谓不乐居省垣。果尔，则岳州一府采访编纂专属之公，一切归并府城，厘局所隶四属，均求函商办理，无庸移知省局。或来省主持调度，或专任岳州一府，惟公择而从焉。鄙心犹望时时一亲教益，以开茅塞，瞻仰如何！

复毛鸿宾

承谕悉上海近耗，思之茫然。时事溃决至此，岂复能有斡旋补救之术耶！薛君一身不足塞责。即如通商条款所载道光二十一年五口通商之始添设子口税一条，进口子税归海口完纳，出口子税归第一口完纳。据今总理衙门咨称，则第一口发给运照而已，最后子口乃得征税。所谓最后子口，据长江而言则上海也。尽长江之利，网而归之上海，此其出于薛君之谋，不问可知。所定报单、运照款式，委曲烦重，皆缘以为利；归并上海，不能不多设防维，以使之有所趋重。不知利源统归上海，而以报单、运照责之各卡，于势既有不顺，于情亦所不甘。

从前九江、芜湖例设钞关，尚可以虚文相为粉饰。今之卡局官绅，会办较为认真，虚文所不屑也。必求其实，则夷人之横肆内地，商民之互相偷漏，能胜诘乎？薛君但顾目前之利而不知其害。嵩焘拟疏稍发其覆，其意则尤以皖、鄂两省军饷之艰难，征收洋税利源稍厚，两省大吏义当引嫌。老前辈以公义言之，事行则皖、鄂无穷之利也，不行亦不失已。两省与吾楚相为唇齿，利害共之，亦未尝非自谋之道。至今昔事体，微有不同，立言亦当稍异。

前疏无存稿，不甚能记忆，别以一片发明之，呈求酌画。大端不能越前疏所言，其宜斟酌修饰之处，敬候伟识裁定之。嵩焘亦得私承教益，为尤幸也。

致沈兆霖

去腊赐书，六月始由咏之宫保递到。缠绵悱恻，读之感喟。兼蒙赐寄五言长篇，沉郁而有超迈之气，起法在李翰林犹为高唱，不多得也；中间叙次感慨，波澜壮阔，与书中所言相表里。阁下所见之精卓，人无及者。往在京师，值夷务之初起，辨论至二三年，惟阁下言之独允也。

天下事，一理而已。理得而后揣之以情，揆之以势，乃以平天下之险阻而无难。汉、唐以来，控御夷狄之规模有得有失，而理、势、情三者必稍能辨其大概，然后可以制一时之胜而图数十年之安。南宋以后，议论胜而士大夫之气嚣，此道遂绝于天下数百年。天下大势之功效，亦略可睹矣。

阁下之言曰："一诚可使豚鱼格。"根本之言也，而大略出其中。岂惟制夷然哉，以宰天下，以育群生，胥是道耳！昔贤谓天下解事人少。天津之役，山东之行，伤心久矣。君子之所谓解事者，是非得失之几；世俗之所谓解事者，祸福荣辱之末。与世俗人相处，足以消弭道心，锢蔽知识。某之于此不可一日居也，久矣。因阁下之言，聊敢一发其略耳。

某于涤生、咏之两公，旧交至谊，值所处艰难险阻，义当一往视。而窥宫保之意，必欲以仕进相强，遂忍不一往。比宫保之病方剧，时事益艰，深为天下忧之。

南楚偏隅，乃为今日四战之冲，人才销于外，财力耗于内，比年旱潦交至，殆哉岌岌，而在东南犹为四境安全，江、广搢绅之家避兵者纷集。阁下必遣子侄辈谋一家居，附省百里倚山处尽可为谋。其果为安土，则所不敢知也。

澄怀诸公，牢落可念。王丞相新亭之言，正须为诸公进一解耳。

复何镜海

承示近日读《易》以穷天人之变，读《论语》以求性道之归。论学论治，备于是矣。因《易》而及老氏，又旁及诸道家言，诵其精妙，不异儒宗，又引老氏与《论语》并称，此足下贤智之过也。老氏之清静不为物先，能使人徼功喜事乐杀之念冥然不留于心，然其为术在于测天人之机，与物相轧，而阴以求胜。善用之则为子房之超然物表，不善用之则为何晏、王衍之清谈，辟睨一切，以机智相竞。去夏曾录取老氏粹语，得数十条，多可为治心应事之助。其于圣学未尝无合者，其本原固不同也。

《黄庭经》、《参同契》，曾读之而不得其解。友人陈季牧最好《参同契》，谓实约《周易》之旨以成书。间举以问季牧，曰："房中八家之密旨也。"予曰："若然，则神仙家流也，与老氏清静之旨异矣。而附之《周易》，吾弗知也。"自王弼以老氏之旨注《易》，后遂有程大昌《周易通言》，此正吾儒之所宜辨者。不观其大旨，而但取语言之近似者，以为得《易》之辞，以为合于孔氏"以约"之义，吾未见《周易》、孔氏之学可以合于老氏者也。

复毛鸿宾[①]

晚郭嵩焘谨启寄云老前辈大人阁下：

---

①据山东省图书馆藏原件辑，原未署时间，此据本函内容考定。

领奉赐书，殷拳恳笃，伏读增感。敬承以军事艰繁，闵念先后在事者之动于忠孝，思有以阐扬幽烈，勒为成书，垂示无穷。所以厉人心而奖薄俗者，既见敦本善世之大用，而值节麾初莅，四方征讨，征调烦殷，乃能搜求武勇之略，措念记载之文，深心伟抱，从容暇豫。网罗之雅，运量之神，于兹并见。嵩焘习见乡里崛起之英，发名成业，思纪录之久矣。赖盛德广运，官给笔札，使司编校之役，非惟湘楚之灵，发扬蹈厉，承被光辉，而使积年耿耿之私忧，仰蒙指画周详，得少发摅。尤鄙心所为感激奋兴、闻命神驰者也。

承谕举派采访。就军事本末论之，始起成军者新宁，其后则平江，而湘勇之起为最盛。镇筸、常宁、绥宁、桂东等处，各立军号，其余奋起立功名者，无地无之，采访虑难遍及。宝庆有邓伯昭瑶，岳州有吴南屏敏树，此二郡采访、编录，任之两学博有馀。其它州县，各举其地士绅一二人，就近采访。求先颁一通札，下饬各府，所举士绅，候嵩焘等再缄属之。惟此录之编，意在表章殉节诸贤，而其实总汇楚军之大全。始事倡义诸公及今时任军旅战伐者，事实、官阀是否宜别录其通籍显达，稍涉军事及滇、黔各省令长以下殉回、苗之难者，是否宜附录。此当斟酌札饬，使知所采访之宜者也。诸贤出身本末及有奇节可纪，并采访所宜详，而诸战功，仍以见之奏牍者为证据。如张制军、骆节使、曾督帅、胡宫保及劳制军、刘中丞及前李文恭、罗文僖诸奏疏，宜悉求之其家录之官册，以为编采叙录之本，推求征显阐扬之深意，以表扬遗烈。

发潜德之幽光，赞教忠之盛谊，非嵩焘之才所能逮，而实嵩焘之心所不能自已者也。谨当趋诣铃辕，上求训示，俾知所从事。先具其大略，渎麈台览，求以此意属时卿方伯、南坡观察共酌定之。其编次章程，容候嵩焘等斟酌妥善，条具事例，呈求教定。使楚人士叨承福庇，观感奋发，保世滋永，感汴如何。肃启，陈复。敬请勋安。

侍期嵩焘谨启

同治元年

致曾国藩[①] 五月初七日

涤生宫保中堂亲家阁下：

三月六日奉尘一函，计蒙赐鉴。时方归家，至今未获旋省，懒废可知。意城递示各件，敬承大军肃清江淮，远近知威，国家资其保乂，生民赖其福庇，非只一邦之荣、一时之庆而已。朝政清明，人心思治，斡旋世运，需之元老，或者戡乱之有期耶。

粤厘，特举也，而实正办。彤公廉谨，然无任事之力，无审机之才，又气局稍褊，不能用人。广东厘务积弊太深，会城黄雾四塞，自非豪杰特识则艮其限、列其夤，而危在薰心，蒙窃虑之。原疏派员会办，当为主谋赞画，岂谓〔仅资〕差委者耶！璞山循良之吏，责之理财，非所能任。玉班小心事友生，方任军旅，中丞必乞留之。筱泉差强人意，然江西厘务皆所经理，令其舍赣南而趋粤东，颇谓韩愈可惜。蒙前虑南老之惮于远行，以书询之，慨然自许，而大营讫未闻知，此意城之过也。湖南非此老一行，无可任者。

近年粤私浸灌全楚，而厘课转逊，盖乐昌为粤东地，游民转运，四散绕越，莫可阻遏。宜章、临武所设陆卡，十防其三，而

①据柳诒徵编《陶风楼藏咸同名贤手札》校补，1930 年影印出版。年份据本函内容考定。

已屡生事端，此所谓穷于地势者也。当谋归并韶关汇征。郴州所设各卡，皆可裁撤。故粤厘行而湖南盐厘首承其利，所必任之南老者，此其一要略矣，且如晏公，亦岂能倚之以集事哉！粤中总局委员曰华廷杰，曰梁山谷，揽事已久，去冬又令各商包征，先纳资为质，〔督抚共之，所以难处。〕相与网利，有归商者，有归员绅者。（福）〔佛〕山厘务，一聚众而即停废，晏公处此，其不至眩惑惶乱，未可知也。绅商之盘结，如四川臬司俞文诏亦包征之一户，此当一切停罢，其强者以法绳之，虑非温良濡润可以征相感孚者也。

用才各有所宜。利者，儒生所耻言。汉武用孔仅、桑弘羊，皆贾人，斯为英雄之大略。君子虽为利，不能不轨于正，要取其才，足以集事。鄙人所访悉三人：一曰伍崇曜，广东大绅必得引用一人，罗椒老、龙南老非其选也，苏更老不为商民所服。伍君亦在总局，与椒老齐列（福）〔佛〕山大镇，可以取决一言。其人亦知事体，此必当援引者也。一曰吴昌寿，闻颇清廉持正，带勇有名，人尚惮之，任广州府亦有惠爱，可资坐镇。一曰罗勋，声名颇下，任广东都转，盐课旷越前后，而己亦取盈焉，人皆訾议之。然自道员以下，才具尚未有能及此君者，资其计画，亦必有益。谨拟疏一通，办法与创始事端皆略及之。

言官之失其职久矣。攸县厘务为余梅臣所持。去冬邹公计甫往办理，余君倡议罢市，中丞曾密捕之，乃为道长所纠，以邹公为殃民。粤东之富饶，百倍余君者有之，而罔利尤甚，以贿言官坏其事。有如鄙人在山东，发二百年之锢弊，平情审处，岁为国家筹课百馀万。敝衣徒步，严寒海上，手足皲裂，艰苦厘定，一李湘棻足以倾毁之，后虽能者亦无所施其力。刘晏之言利，身死而人以为宜。大臣如寿阳、常熟诸公，不考古，不知今，哆口张目，为商贾争锱铢之利，以相诋毁，使不得申其气，鄙心窃独虑之。窃揆晏公之才智，未必及鄙人。粤中官商之阻难，不止一文煜，自非南老之精强，谁与任此者乎？鄙人所尝任咎者，故念之独深。僧邸以不候山东巡抚商议停妥为擅专，王壬秋比附文煜，奉此一语为罪状。煌煌诏旨亦隐蔑之，人心安得有是非哉。是否有可采处，伏乞钧裁。

少荃中丞以夷务为忧，求助鄙人。其第二函与何伯会谈，颇自快幸，固知少荃识力过人，自能知其窾要，无忧此也。然中丞自守大帅军令，愤然作气，巧中机会，此有天焉。何酋以礼相接，诸夷知之，不复敢相凌侮矣。其所以□者，何酋上海未一与当事相见，以中丞之能自守也，即邀与议大计，可皃可皃。自念生平周旋应接，有愧此公多也。必谓夷人所行，惟当顺从以求其安，岂通论哉。特事有理有势，而行之必以其几，此则众人之所忽，而豪杰有为者之所争也。周子言诚、神、几，谓之圣人。诚者本也，神者用也，几者介乎动静之间。大而治国平天下，小而处置一事，皆有几者存其间，顺之而得，逆之而失。其初甚微，其流而为功效，相去判然。近年见此理差明，故曰几，善恶判之以几而已。

庆公去闽，继之者必耆公。恶固有二，有刚有柔，耆公兼之。江西所屈抑幼丹中丞，闻吴昌寿又其在粤所屈抑者，以是知其贤。南老寄示钧书，微有所见，不敢自闷，谨具言之。粤盐改归淮引，此必不行，徒费笔墨何为者？少荃中丞信，言定海岱山海盐已运至安庆。此时江路渐通，但用火轮船七八只，南运岱山盐，北运淮盐，开官局湖南，招商领运，天下之利孰有逾于此者？正以总揽利权，不拘成例，轻重在心，行之无忤。第五琦、刘晏所以能尽利者，唐世制度视今为宽也。据粤盐引地而举淮盐为科，则目前之利不可知，将来之累无穷。尊旨谓为不便，伟矣。

君子之道，必协人情，未有非人情而可强行者也。沅浦所谓刘晏转运之法，得岱山盐而可行之裕如，乞速筹之。商城相国自陈衰老无能，乞简料盐课以求裕国，燮理阴阳之大猷，不越乎此。空山一老，无求于世，智谋计术，亦复同之。国家人才如此，中堂笑之乎，亦许之乎？手肃，敬叩钧安。

〔嵩焘谨启　五月初七日〕①

致毛鸿宾② 七月十三日

晚郭嵩焘谨启寄云老前辈大人阁下：

领奉赐书，敬知前缄已尘钧览。勤勤垂注之意，溢于言表，语重心长，深愧疏顽，无能负荷万一。伏读循思，惟有感悚，恭谂禔躬笃祜，勋绩绥时，钦祝无量。前蒙赐书粗箑，以琐屑之求，不敢径渎尊严，而随蒙颁示楷法，俾得上窥晋贤遗则，既感鉴临之宠，益深钦佩之忱。

暑雨过多，兼未秋已凉，西水恐致泛滥。近江低田早稻幸登，而当秋获之时，雨势沉绵，必有防于收割。山中谷出较迟，雨寒尤为累也，冀幸仰叨福庇，及早开晴，犹可不至饥馁。承钧谕，以及早乞归为戒，实感盛谊。惟自度精力短乏，官卑望浅，万不足以有为。时事日艰，以庸才守无足重轻之职，徒资非笑，固不如早自审量之为愈也。谨肃陈复，敬敏勋安。

晚嵩焘谨启　七月十三日

---

①据柳诒徵编《陶风楼藏咸同名贤手札》同函，此处下签“廿七发”，钤“第十八号”、“同治元年五月廿一日到”条戳。

②据山东省图书馆藏原件辑，原未署年份，此据本函内容考定。

致毛鸿宾[1] 八月二十四日

寄云老前辈大人阁下：

濒行奉上一书，计蒙赐鉴。以与荷汀观察约至县城相候，未获一诣省垣，恭承训诲，实痗于心。敬谂道躬多祜，勋望益隆，钦祝无量。晚以初二日由县开舟，十四日行抵安庆，力请相国为之开缺，自揣才力不足任事，疾病侵寻，精气日耗，值艰难征战之秋，无斡旋经纬之略，逶迤进退焉所用之。相国言且住一月后再议，能遂辞归，亦当在冬杪矣。

近事颇为人所贼，似当委曲以感孚之。曾为义、丹两公发明，关系大局之义。嘱其斡旋，未知近作何状，于心先有所蔽，故所处失当如此。念之至深，肃此上达，敬请勋安。外信二件求赐转交。

晚嵩焘谨启　八月二十四日

致毛鸿宾[2] 秋

敬禀者：窃嵩焘叩别台晖，瞬逾数月，道安庆时，曾肃缄上陈，计邀崇鉴。抵任以来，人事倥偬，久缺书报，翘瞻节钺，钦企何如！敬谂福履康和，勋猷炳焕，庆祝无量。

东南军事，入秋以后，波浪叠兴。沅浦方伯一军屡挫强寇，幸保无事。贼遂以全力注之宁国。鲍军饥病之馀，驻守郡城尚二

①②据太平天国历史博物馆编《清咸同年间名人函札》辑，中国档案出版社 1992 年 5 月出版。原件未署年份，此系原编者考定。

万人，而南陵、湾沚、西河饷道所经，皆无重兵扼守，致沿江转运为贼所截，挽粮于万山之中，以供日食。贼遂分股上扰，直达黟县、祁门。鲍军坐困孤城，兵力四路策应，实虞不给。

忠逆复由浦口北渡，含山、巢县并致沦陷，北达庐州，西窥桐城，变幻皆不可测。苗练勾结僧邸，与楚军相持；节相方调希帅各军分防庐江、无为，固安庆之门户，乃以寿州、正阳二城还之苗练，塞僧邸倾轧之心。彼间兵饷两乏，左支右捂，艰难万状，念之痗心。

希帅抵家日浅，两奉廷旨催促赴皖，朝廷亦念安危之局，所属不能不资倚任。窃窥希帅之意，假期以内恐未必能迅速就道。达川方伯新募三千人，全恃钧力主持，近得安庆书，尚无抵皖消息，计此时必已成军东发。贼势时有消长，不可端倪。度近时兵力，实视贼为强，又主兵者皆一时豪杰，数千里与为犄角，同道相济，用兵以来无此气象；而贼势猜嫌散漫，益以骄侈，无久存之理，此皆人事之可信者。事变百端歧出，不能不听之天。

前沅浦方伯之守雨花台，专恃洋枪之利。以洋枪佳者视土枪远至数十步，又出火速，土枪以二出抵洋枪三出，故常不及。贼据苏州后，每战以洋枪队冲锋，无能当其利者。鲍军在宁国屡有挫失，季帅围龙游、汤溪两城，战久无功，皆坐无洋枪之故。

嵩焘现方为季帅制洋枪千杆，以贼所恃者洋枪，非此固不足以制之。此攻剿利器，广东贼亦多习此。湖南似亦稍需预备此物，择诸营稍强能耐战者，每营练习二百人，得洋枪队千人，纵横驰击，可当数千人之用。其洋药、铜帽之属，视土枪所费逾倍，然以千人当数千之众，所益固已多矣。自明中叶，西洋炮火始入中国，久而其用遂繁，其精利者为洋枪。楚军近已习用之，岂天之杀运然耶。

上海一隅之地，贼争于内，诸夷亦相与讹索于外，颇难与处。少荃中丞精强绝人，精神才力肆应有馀，用兵、筹饷二者，皆手自经理之。大含细入无微不烛，接待夷人尤有法度。江浙官民之视夷人，一味顺承而已，其奸民怙夷人之势，以与官抗。常胜军以中国兵勇为外人所据，至五千人之多，月费七万馀金，其洋兵经费又数万金，不胜其累。中丞承疲敝之后，事事予以限制，补救甚巨。近因白齐文滋扰，酌减至千馀人，一切与洋人交涉始渐具条理。初议遣常胜军赴援金陵，意欲借其力以通九洑洲江路，为雨花台声援；亦因此军屯驻松江，无军册可稽，藉是一清厘之，且试其攻剿之能。而英人隐与阻难，白齐文遂恣行其狡猾，致殴掠杨道坊，闭城称乱。中丞徐与英人议除之。此军积弊乃渐可寻求，亦所谓因难见巧者。

东南各军惟此间兵气稍固，厘捐月二十馀万以充军实，尚可自给。诸将帅屡经大敌，力战获胜，其气日强，但令皖南稍可支持，江浙各军必能会合进讨，一收荡平之效。

十年军旅，惟节相所处独难，负任愈重，其力之所及，日远且艰，兵单饷匮，何以处之？

嵩焘晚得一官，精力苦乏，漕员在今为闲曹，稍遂疏懒之性，而周旋酬应，生非所习，疏缺已多。每念承事左右，饫闻德教，从容谈论，优游之雅不可再得，怅惘何言！次山方伯已回澧任？近事种种，未究何如，瞻望乡关，有怀莫释，日久无暇，又不敢以笺牍之役属之友朋。匆匆奉此，诸不详罄。敬叩钧安。

嵩焘谨禀

致周寿山

去腊荣行时奉上两缄，计蒙赐鉴，亦得赐留一缄，读之尤拳拳也。桂午回益后，音问契阔，无从探公近状，惟就希帅节麾所历，以臆度公之贤劳而已。庐围方急，颍、寿之防尤关大局。公志在总统诸军，为一面之寄，而闻抵鄂之初即移居节署，然则仍受幕府之任耳。日来部署机宜，缓急轻重，以何为先？深山伏处，讫无见闻，念想实深。

希帅去鄂，鄙心固有歉焉，谓舍鄂而固无以为图皖之资也。咏之宫保经营缔造之艰难，尤为可念。朝廷新政焕然，尤加意求贤，直是从大处落墨，百馀年所未有也。独虑其操之太迫，求之太骤，左右大臣又未能有学识、知大体，沉毅坚忍，足以相济，补所不逮，恐有不效而无以持其后，一以为喜，又一以为忧。往者涤生节相次师九江，喟然于忠烈之逝，谓忠烈在则全皖之势振而事机可乘，念此而悲痛益深。今日人心思治之迫，任贤之专，而咏之宫保不留及此时，一发摅其志事，此又天下所同悲者也。

时事艰危，凡百为忧。事机之衰旺不足论也，所忧多在根本。寄帅诚笃开朗，君子人也，方伯以精细廉明佐之。去冬至省，常引以为庆幸。今春再至，则人心多至乖异。推求其故，由江味根、王若农两参，蔽于忌者之一言而阴行之。远则高叟为之愤怒，近则诸公多不谓可。吾谓此两君者本非纯德，而一以勇闻，方恃以御外侮；一能者，管理军装，勤俭有济实用，人所称诵。罪状未明，而持之过急，遂足以失人心。

尝论天下事只坐一“幾”字。非徒大政之行、大变之生，知幾之君子所必争也，一事之成毁、一言之从违，与夫人心一日之向背，皆有幾焉。幾一滞而百端为之壅塞。周子屡言幾，诚哉其知天人之变而妙理势之通者也。叔向之语齐婴：“虽吾宫室，今亦季世耳。”得不危且惧乎！与公久别，昨冬数日宴谈，见公志趣之雄迈，持守之严毅，明足以断事，而刚足以折物，私窃服膺，谓公数年精进又若是。区区犹有虑者：气太锐，力太果，而于幾有未暇审焉。《周易》，忧患之书也，而动必以幾。公所从事，皆贤者无有忧患而致然与？然而乱日棘，兵兴日繁，则亦君子忧患之时矣。愿公更深思鄙言。

仆闭关两载，有终焉之志，以中丞编纂《忠义录》，属与其议，以是时一至省垣，稍涉酬应，非其好也。忠义采访尚无端倪，欲先汇集各营奏疏以为底本，曾托果臣信知阎丹初廉使，借抄宫保疏稿，至今无信，恳公催取寄抄，期以一月蒇事，即奉还。去冬见交宫保尺牍五本，以眼疾未能卒业，其删削盈帙，起宫保九原，定当心肯。世人或有轻议，当存此以待后世之审定。

又，省城建立宫保专祠，屡与南老商酌，意欲鄙人谋之节相、希帅，筹备建祠之费。鄙意二公于箴言书院已有资助，不欲重烦之。宫保所部各军类皆楚人，每营派费若干，尚易集事。湖北专祠，官绅当并力兴建。湖南则取之宫保旧部，能少有所寄，即可据以兴工。乞公速以此说问之丹初廉使，能早定局为佳，此尤公义所不得辞者。前商卜居之说，由公见好，深厚鄙人，亦有乐于其山水之环互，姑一谋之。公出，则亦无赞是议者。此时移居之力亦乏，俟之异日可也。

宫保家事，非难处者，公求之过深，失之反远。别后两书，微言及之。顷果臣言斯干里当家者迭用旧人，而益损其工价，蒙窃惑焉。宫保亲族，怀利心而不相亲附，然无能侵夺为恶，得一当家者即处之裕如。相彼旧人，能胜此乎？当家者非其人，而益疏远亲族，日与其骨肉至戚树怨以相难，虑非所以计长久也。宫保亲属数人，不当忧贫，而饕餮无馀思，见小利而忘远虑，舍本务而多为外防。公以一人才力之所及，毅然行之不疑，此仆所以疑公于审几之义多未讲也。辱公于斯千里家事强留与议，微窥见其节要，闻果臣之言，有歉于心，故终一言之。

作梅有母丧，未知其行踪所至。反复为之计，亦穷于思虑。冒险归视，似未为宜。宫保惠款，此时有所需用，乞留意应付之。

复潘伯寅

顷唐义渠方伯递到赐书，盖由江蓉舫中翰带至武昌者。循诵往复，蔚矣其文，缱绻绸缪，循循善诱，感愧何已！嵩焘节行志事，两无所成，槁木其形，支离其德，谓宜贤达所见屏弃，乃蒙盛谊勤勤，若闵其愚而奖进其所不及，嵩焘岂敢自匿于知己之前哉！

汉世重高行，至宋而犹有隐士之征。近数百年，无闻斯举廉洁退让、世守高节者，世亦不甚贵之。嵩焘仕效一官，名闻于朝，固非隐者。居京师三年，默察当世之事势，深求古人之行谊，常用怃然。内自循省，古人成一事、立一名，摧之折之，困之辱之，艰难持久而后效，气挫而志愈坚，道诎而心愈隐，劳不成绩，忠不见录而行愈安，凡此者，皆非浅薄所能及也。往者亦信君子之道，志乎古必戾乎今；苟行之而心安，斯可矣，成败毁誉在所不计。然既当事，则事有所不可择，名有所不可居。为大臣者，躬自任之，无所于悔。

嵩焘区区一官，进而在位，无益于邱山，退而野处，无损于培塿，何为俯仰逶迤，丛询纳尤以不得自适哉！先皇于小臣知遇至深，苟被召命，义无可辞。今此愿毕矣。湘乡相国视师久，嵩焘常在戎幕，而不一奏请，知非鄙意之所存也。江忠烈、罗忠节皆生平至交，令与武夫游客，营营求进，何遽不富贵？必俟垂老退休，起而应人之求，知者之所笑，抑亦愚者之所訾也。

来书较论所从之优劣。君子之出处，内断之心，而外揆之义。姜肱、袁闳避陈蕃之辟，杨龟山应蔡京之征，君子不以为忤。为仁由己，而由人哉？僧邸负时誉，为流俗人所趋仰。居幕府屈辱，而得失之大者数有谏争，于道未有砭也。其终也，不以不得于僧邸而怀去志。胡文忠病时，自忧不起，遂欲以鄂事相属；随同办理皖鄂军务一疏，其引也。嵩焘谋往一视其疾，闻此中止，盖自揣才力不足以继文忠，又望浅名微，人所不服。要之此数者皆末也，我固不得往也。未有豪杰自爱，诱之以美利而遽冀非分之获，舍己以从者也。

自念生平去就，或毁之，或誉之，而皆无当于鄙心。既已通籍，为人臣子，艰苦患难岂得辞哉！值其时，处其地，惟所自致而已矣。老病侵寻，精力日减，环视天下，达冒显仕接踵相望，奚所不足而欲以鄙人附益之？天下之乱，积成于无识。故为才者有矣，而学难；学矣，而识难。且欲养吾志焉，为仕为隐，惟天所命。魏桓、申屠蟠、林逋之所得于心，吾不知其际也，然且不欲以是为程。因赐书之意谆谆，一发其所志。王定甫尝疑鄙人轻有所就。鄙人所谓荐之不起、招之不至者，乌有是哉！时相见，求并告之。

致邓伯昭

初春至省，闻从者旦夕将至，延颈企踵，私窃慰幸，庶几承望颜色，一摅数年积臆，与闻名论，以自广大。嗣见李宣伯，始知近解旆郡城，省游已停轸矣。爱而不见，我劳如何！

筹捐之局，延续无已，而多使有道君子任告贷之劳。念公与公让之勤贤，益怃然于国事之艰难也。往与江忠烈公崎岖瑞昌山中，忠烈叹曰："诚乱世耶？乃使吾辈一二书生困惫至此！"每思此言，为之愧歉。公之与百姓争求锱铢之利，以益军食，其艰烦亦有类此者。敬述忠烈之言，冀公之有以自广焉。

仆疾病无状，中丞以编辑《忠义录》，强起一与其议，窃幸得从公与南屏、研生诸公后，搜求奇节卓行，征事述文，既可陪侍德教，抑亦无妨于隐退之义，不复敢辞。日盼从者屈临，得闻载笔纪言之略，使鄙心有所依循。昨宣伯来，怅公枉驾之尚无期日也。

湖南之治团防莫先于宝庆，其成军也莫先于新宁，人才之多、战功之伟又皆肇基忠烈。是录中可纪者，宝庆其最盛者也。公方筹办捐输，不能久离郡城，意欲即以宝庆一府采访编纂悉属之公，所属州县采访事迹，均求缄商办理，由各学及厘局径解郡城，以俟审定，分三等录存：文武官战没及殉节者皆为立传，绅民死难者、兵勇阵亡者为存名，仍以事为类，其有事迹者附载其本名下。有所撰录，仍乞随时寄示，俾奉为程式。表章乡里节义，想尤公精神所注属者也。

致阎丹初

武昌一奉教言，忽忽两载。世事浮云，变幻百端，犹幸名贤得位，天下属心。朝廷新政焕然，拨乱反正之机，宜在今日。下风倾首，以日为年。侍屏迹深山，疾病无状。寄云中丞编辑《忠义录》，强起一与其议。此不急之务，逸民可以任之。顷谋汇寄各家奏疏，录存副本，以备检察。咏之宫保疏稿，阁下为任开雕之役，仆意欲求赐一副本。尊处写手必不能多，能将原稿寄南，分别缮写，刻期一月，可以蒇事，计阁下必能垂情俯从也。

又，宫保湖南专祠，至今未能兴建。南坡方伯欲恳节相及希庵中丞代为设措。仆意二公于箴言书院已有资助，不宜重烦之，拟令宫保所隶旧部派费三四千金，能少有所寄，即可据以兴工。各营将官，湖南不能周知，谨备公启一缄，求阁下分别散发其籍隶湖南及为宫保所识拔者，求赐提挈，派以成数，由阁下汇收赐寄。宫保陟降之所凭依，南省士民，同感大德。义渠方伯并乞以此意商之。

复李眉生

奉赐书，详哉其言之，读之感慰。往得尊札，多不过十二行，今乃至五十馀行。其少也简括，其多也恢闳，施之鄙人，不简傲如此，足见近者之习勤而乐繁剧也，喜慰何可言！

军事近益佳，所闻皆喜耗也。节相常言此时事局，一二城之克复不足为喜，一二战之获胜不足为功。今所喜者，非徒谓战胜之威，喜军势渐强，贼势日渐消靡。此盖世运转移之机，天心仁爱之寄。贤圣豪杰躬际其时，承天之佑，以起而有功，在军者皆当寅畏小心以持之。老弟以谓何如？

申甫精核之才，坚忍之力，兄所心服。诚如尊示，前书以夷务相拟，必遭其愤怒，再过一二年，而又必心折吾言之诚如是也。少荃中丞以海道假我，其意盖以夷务为忧。此无足忧也，少荃才学识力，自足了之。兄之不愿海道，非谓海道之烦难也。如弟所陈，固不足为畏。今时天下之烦，有如此百倍者，使兄欲以功名自见，就之可也。如兄所处，虽非海道，岂可就哉！生平之志不在申韩，而出言行事终不越是，以今仕宦，欲求多于申韩而亦不可得，故不愿也。

竹浯前相见长沙，欲俟院试后始行，将谋束脩之脯，以丰居者之积仓，以备行者之裹粮。兄无以夺之。顷意城来言，竹浯近有书寄我，渠归时遗之，惟闻其将赴营而已。何时启程，是否一道长沙，未见其书，不能悉也，三数日内当赴省探之。作梅闻丁母忧。寿珊赴左营，顷尚在皖耶？心泉守安庆，偲老在军，宜可常见。桐云信言当告归，节相能留之否？安庆一城，德星聚是，健羡何如！经甫昨信言当由淮安北行，便道安庆，未知已定计否？闻淮安方有兵警，往亦当暂留耳。馀详节相函者不赘及。

再，所示粤厘当派本地大绅，此事实不然。彼商民之出资，岂以私其乡人哉！如罗椒老，儒者坐论有馀，其识见亦不能远出丁伊老之上。此皆可为地方矜式，于此事亦无所用之。伍紫联，（福）〔佛〕山第一商户，断不可不引用，非徒以为粤中大绅而已。粤中厘务，十馀年官绅商民相与网利，去冬忽令巨商先纳资若干包征，散商听从开报。诸散商亦无有心愿者。然而官商相与力持，非有力量者莫能夺之。

又，广东盐厘是大宗，巨商孔广荣等于制府为门人，遂力庇之，故盐利动归商人，而盐厘迄今未一举行。钦派大臣办理，不独为东饷，即为国家经费计，亦未有以易此也。此时正一好机会，民气虽强，而所收者商贾之利，与穷民无与。不轨之顽民，一诛便了，不足深虑。惟以事势揆之，决非晏公之所能胜任耳。节相奏派各员，惟取与晏公水乳，此虽顺人情，处平常之事犹虑非宜，以晏公原无甚远识，以水济水，古人所戒，况欲以一二人识力，厌伏官商之嚣嚣者乎！举事必须量才，黄南老足以当此矣。为节相论此甚详，并附呈一稿，老弟试熟思之，必有以愚言为然者。恐节相不欲反复陈请，仍求较量得失之计，以此说上陈之。

致刘蓉

去腊意城递到赐书，敬承以黄门之私戚，慰谕绸缪，渥颁厚赙，用示拳拳之谊。拊膺扪臆，感愧交深。

前承圣恩勤求岳牧，特畀阁下开藩蜀土，资以旬宣保障之任。侧闻彼间吏治之不修久矣，名贤得位，天下属心。朝廷新政焕然，将以风示在位，振厉官常，以为戡乱保邦之本，非徒快兄此行，引领蜀乱之有瘳也。闻受命以来，勤人事，广人才，孳孳焉惟日之不足，盛德大业，富有日新。言者谓蜀人诵籲公之德，比诸甘棠之归召公，尤见我兄左右宣导之力也。

仆屏迹深山，疾病无状。中丞编纂《忠义录》，强起一与其议。此吾事也，不敢辞，而成书体例，言者互异，有必待兄与节相与季高中丞之酌定者。俟采访略有端倪，当先撰例言，寄求指驳。自去秋以来，以此故三至省垣。追念前岁匿迹之深，大旆西行，缺为一送，无以自解于心。颇思一诣各营，遂溯江而西，幸一承望颜色。往返之期，刻以四月。公私蹙蹙，怀此于心，未敢定也。

龙山之局，非鄙心所欲，以居高山久，惮于登陟，且避地以僻不以险，恃吾无可欲者，不恃吾之能自保也。惟处故乡，必不可图存。合一邑之人皆仰望之，穷其所至，而皆在人耳目。古人避地必出国都，非躬涉乱离，不能知也。比于蕉溪、版溪之间，有所经营，而力弗能逮。兄能有意乎？是则合谋之，庶期有成耳。

萧濬川方伯湖南专祠，至今未能兴建。弟数以为言，而苦无款可筹。拟令所部各军派费一二千金，庶可据以兴工。伏乞分饬各营，力为提挈，早赐汇收拨寄，尤所企祷。又黄子春专祠，漏载本籍及湖南两项，本籍似尤不可少，能设法补叙否？漏斋先生护尊眷入蜀，想已抵省。一切安善为祝。

致龙皞臣

一别三年，思仰何已。老病闲废，久绝人事，云泥之忆，阔别霄壤，无由通问。蜀庄沉冥，古有成例，度无我疵。奉赐书，乃蒙念我勤勤，在远不遗，非夫贤者之乐道忘势，岂暇及空山一老，寻烟相问？取读之，窃自愧，益自壮。世事浮云，变幻百端，追思往昔纵谈，留连慨叹，一变复有今日。朝廷新政焕然，尤加意求贤，直是能见其大意者。国家中兴之业，可复见耶？

西夷之祸，自谓能见及之而痛言之。京师留心世务有学识如君者固不多得，而无能一发其愦愦，其他则又何说。窃独深念古人之言与其行事始末，自南宋以来，控御夷狄之道，绝于天下者七百馀年。老朽不才，直欲目空古人，非直当世之不足与议而已。然君政行卓卓，乃独能自行其所学，声名之洋溢，自北而南，而时一贯汼山人之耳。盖曾子曰：“上失其道，民散久矣。”念君治行所以动民之歌诵如是，益慨然于天下治乱之原，而吏治之偷敝，至今为可悼叹也。

闻忽作引归之计，鄙意窃谓非宜。非乐君之久仕也，而不乐君之速归。君解人，当自悟之。所望于君者，西琉璜、潞党、黄芪，时一赐惠，愈多愈感。“多病所需惟药物”，他无所望。南方无石琉璜，近年西产犹不易觅，故乞之。

君琴丈补冀宁道，当时相见。子寿近状何如？如齿及，为道相思。

复罗小溪

奉正月十三日书，所言精微透辟，深中机要，读之宝贵。默数天下人才，见见闻闻，识力能及此者殆无多人，循诵往复，倾服无已。

承垂念贱状，渥颁盛惠，冲情挚谊，敢不钦承！惟念阁下方在闲，非甚优裕，时事艰危，鄙人衣食天地间，无所裨益，尤不宜以有用之资赡及顽朽，是以承命惶悚，而不敢以区区冒阁下之大惠也。

来书论王、薛诸公，直探本原，可谓名论。江浙之祸，久在意中，所恃江南一军而已。相持十年，胜败之数必有所归。一军败而二省数千里之地土崩瓦解，然且处堂而嬉，般乐怠傲，无挟自恃。论者讶其祸之速，自蒙观之，相持十年，祸已迟矣。自江浙归者，多言事棘时，民团之气转愤，兵勇溃者，官吏逃者，所在截杀之。盖吏治民心之与为凋丧久矣，贤者不能堪，王、薛何论焉！薛尤猥下，江浙乃谓之能，此鄙人所以忧江浙之陷溺将无已时也。

小园中丞所守一郡，无当轻重，次青代其位而名以裂，中丞之生乃幸全，此天也，以是归咎江浙之全局，岂通论哉！

天下之事尚非无可为，为之而必非无效，而人才之生实乏。涤生节相再出，事日难而人才日绌。季高中丞奏调各军，姑取其一来以壮军势。沉毅戡乱之才，故知其不易致也。

荫渠艰难可念，此深有得于黄老之术，以笃实为体而以坚忍为用。文景以治承平之天下，荫渠以处乱国，无子房之大用，而平阳之清静固庶几焉。荫渠之学为与黄老默契，未易几也。粃糠一切，若何晏、王衍，而谓之黄老，鄙人固弗知之矣。

九峰作郡守颇有名，节相亦屡疏荐之。周子论人善恶有二：曰刚善，曰柔善；曰刚恶，曰柔恶。九峰兼之，而才实陋，所在足以误人家国。其得志以逞，节相与有过焉，亦国家之运为之也。

吾楚籲公去后，岌岌不可终日，寄云中丞稍振发昭苏之。其人诚笃君子也，近有一二事，蔽于忌者之言，颇用忧之。吾楚士绅有强名，然自涤公、季公外，无敢与官抗者，一则奉旨办理团防，一则主谋幕府，非绅士也。馀则籲公能用之。一二能者，办事持正有气力，非若江浙以势力把持，顾私不顾公也。而自仓廉使以下，久怀不平，以此一二事者阴嗾之。以兆之朕，于事无害，而几固微矣。鄙人近数年颇有悟于《周易》言几之旨，以为道非诚不立，非几不行，事之大小，天下之治乱，皆有几者行其间，天也，固人也。

来书言吏治之敝，岂惟一省然哉！乱天下之源在此。拨乱而反之正，舍此固无可图。功将如罗、李十数辈，饷盈巨万，以治盗可也，而吏治不修，长乱终无已时。故求将急矣，而求吏尤运以全神。治盗急矣，而治吏必举为先务。程子言作新人才难，变化人才易。养之恤之，教化之整齐之，宽而假之，诱而进之任之，贤者十年之功，庶有裨乎？楚、粤犹可为也，江、皖则已不可为矣。霞公之治蜀，所谓吾见其进，未见其止者也。两贤相与，蜀当无忧。

仆更涉世故，本乏材用，默念道消道长之机，以审其进退去就，决然无可疑者。人事之是非，事机之得失，悠悠今古，谁与论之？君子研几于心，观事于理，以俟千古之有知者。读书躬耕，吾事也。中丞以《忠义录》相属，而不乐久居省垣，以与酬应。年逾四十，一事无成，精神不足以自运其才，学问不足以自调其气，无能有为，审矣！阁下精神识量，远出尘表，必能建立大猷，以光时誉，愿幸勉之。

久不谈时事，与朋友书，尤用戒毖。以来书议论高伟，私窃服膺，稍一宣畅其说，亦以仰答谕问。非阁下，亦乌足与论此者哉！

笏存廉使，耳其名久矣，而无由一见。京师与元卿侍御交好，文章气节，独出冠时，有云前后两赵者，尝私想见其节概。人才实难，见闻所及，辄心奉之。因阁下言，聊一述平昔所闻，以见心知之有素也。手肃，奉谢盛赐，所以不敢承之意，度蒙俯谅。

复王纶霞

一别二十六年，世事浮云，变幻百端。奉赐书，如见长爪仙人谈五百馀年故事也，而其忧时闵乱之旨，感事述情之言，尤见贤者所以用心，与其制行之表表，非复流俗所能庶几，钦服何已。

永郡厘务得长才经理，必有成效。世乱军繁，穷极搜括，无古今一也。今之厘务，与汉之算缗、唐之除官钱、宋之经制头子钱异名而同实。而自汉、唐之末，所以取之民者，名目繁多而常苦不给，载之史册，可考也。今一总其成于厘务，无扰于民，无害于农，而并无损于商。乱世不得已之稗政，斯为稍愈。而湖南行之较优于他省者，为得刘晏引用士人之意，实收实报，除去烦苛，为能用人而不用法故也。俗儒不考古，不知今，影响訾謷，蒙窃悼之。老病闲废，宜为高论，而所言如是者，所以嫉世儒之好议论而无学识，为奸商莠民设淫辞而导之逞也。其有缺者，乃在任事不尽得人，阁下言之是也。其将有闻鄙言而神王者乎？

《忠义录》一书，中丞强起相属，不敢辞。此事编纂非难，而采访为难。尚恳阁下督催同郡诸公，不厌网罗散佚，搜讨幽微，先任其难。

近岁常苦目疾，去冬患此尤剧，废酬应者数月。台晖咫尺，有缺音敬，枉劳惠问，又未获以时裁答。略陈前状，冀荷鉴原。临书惟有惶悚。

致朱石翘

久未奉书，侧闻蜀中士绅歌诵盛德，比诸召伯之甘棠，所过辄留惠爱。为蜀民庆，亦贤者高世之风所在必有树立，尤为老兄慰也。春间承以朝命简授浙江都转，浙事之艰难，亦所谓盘根错节以试利器者，不足为虑。惟粤中龃龉者又复共事一方，当何术以远之？而随闻籲帅已有奏留之说。蜀事尽可为，视浙固霄壤也。

子翼名士，以全部援浙而留之湖南，身赴广南乞军粮，已得请矣，闻颇以风月流连忘反。所部有纳降者三千人，屡聚众相誓为乱，已捕得一二人，以待其至。省城惴惴相视。此行为累必多，心窃忧之。江浙沉陷已深，廓清无期，不能戡乱而以生乱，讵非人谋之失耶？

弟顷以圣恩简授苏松粮道。十年不欲为官，自揣精力弗能堪也，垂老乃被此命，其于鄙心亦稍舛矣。以此官虚无土地人民，若辞之，是谓我避艰险也。且姑往就事焉，徐图以病乞归耳。家居三载，觉此心稍近书理，意图有所撰述，而忽舍之而去，以从事无谓之周旋，勉供无益之奔走，天也何尤！

蜀事传闻异辞，以理揣之，合诸名贤以治一蜀，必能澄汰人才，勤求吏事，和众安民，攘除寇乱，盗贼固不足平耳。一切幸时以相闻为祷。

致刘蓉

今年在长沙凡三奉书，想蒙赐鉴。自蜀来信者，言大小之政，一决之诸葛公。甄综人物，修理法度，斐然成章，然贤劳亦至矣。想念何如！

嵩焘初意，谋以春和一诣安庆，须溯江为成都之游。夏秋长日，足以了此夙愿。以入春苦雨，空山兀坐，至不能出门。节相屡以信邀，令李竹浯偕往。复谋以五月启行，而李少荃中丞忽有简放实缺之请，圣恩遂以苏松道缺畀之。欲勉就官，则乖本志以枉其身，而无裨时用，于心为忤。欲遂辞之，则苏、松无土地，无人民，人知其艰难也，徒以为避难辞险，而无可托以为名，于义亦为歉焉。使符纷下，敦迫就道。且赴安庆一行，徐图免此官以归。

鄙人非无意于世者，而不能委曲以事人。涉世数年，誉者或过其实，毁者亦损其真，得失颇自知之。可以为知县，而断不可以为府道。史称王安石屡辞馆阁之命，及知制诰，遂不复辞。近沈幼丹中丞亦略似之。士亦各行其志耳。幼丹被命为道而不起，岂非至光明磊落者哉？安石之辞馆职，以有所挟而要也，则君子所必不屑为。幼丹决然以辞，无他望也。后人效之，则断不可。内揆之心，外度之义，无可言者。君子之立身成名，固各有命存焉。少荃贸焉有此一荐，用之以取笑乐，则亦吾命之为之。使此十年中精力稍足自给，能任军旅、效奔走，亦奚似今日耶？废吾读书有用之日月，以俯仰从人，名业无成，心迹交屈，此所不能甘耳。老兄谓吾进退之际宜何以自处，幸一教之。

《忠义录》一书，不难于编纂，而难于采访。在局数月，规模略定，而颇苦于采访之难其人，顷已属之罗研生。将来不作官，亦决不可就馆，与闻人事。境地所置，随时异宜，吾心自然之义不可诬也。

有复懿叔一书，求转交。此老精神尚如昔，而广敷渺矣。古来才大难为用，今犹惜之。匆匆奉报，一切时事不能详，亦不暇问也。

致曾国荃

奉（别）〔到〕五月二十九日赐书，过蒙垂注殷拳。以忝附同寮，渥加宠饰，奖藉之殷，期许之雅，有逾涯量。拊膺扪臆，惭感交深。

少荃中丞欲见以一官历练，其意甚厚，而自揣非所能堪。假令精神稍足自给，则此十年中已立功勋、致通显，何求弗获？必俟衰老且病，蹑人之迹而从之，贸贸焉自以为荣，知者所弗尚，抑亦愚者所弗为也。吾楚人才之在今日，盛矣！苟能军无不将帅者，苟能事无不轩冕者。空山一老，从容谈笑，抵掌卿相，自视亦颇不薄，奚必竭楚泽之蒲以为莚，罄湘山之竹以为楗哉？且君子之仕也，行其道也。道足以济世，摩顶为之而不为过；道足以自靖，鞠躬将之而不为迂。使此命出自朝廷，无可言者。少荃中丞果视鄙人之才为足以定乱，鄙人之望为足以匡时否也？松柏在山而草不殖，爝火向日而光不耀。江南之乱已亟，而文谋武略汇聚一时。尽鄙人之知虑，无裨于邱山；效鄙人之才能，无加于走卒。徒使与诸贤齐列，效其分寸毫厘，其无当也审矣！

来书谓鄙人稍能通知事务，可以赞益中丞，是也。然兄所知，知其理而已。天下藉藉，与为义愤而无当于理，则鄙人为优。既更历何、薛二公之迁就，重以吴公之阿谀，岂复能裁之以礼，以使范我驰驱哉？自南宋以来，议论猥繁，而控御夷狄之道绝于天下者五百馀年。贤者惟知引身以避之而已。中堂负天下之重，且不欲与之交涉，鄙人空山偃蹇，何为强与其事，以滋天下非笑？诸国领事微甚，亦与督抚均礼，其视道员，草芥耳。何所求于今之世，涉海以营一官，资夷人之菲薄？如必以仕宦相迫，上者募千人为一军，附大营自效，其次中堂左右品棋谈笑，馀非所能堪也。因来书之意勤勤，故略及之。

金陵之围甚锐，其要在通运道，宿重兵后路。日盼大功之成，使吾辈得所倚恃以自休息。瞻仰如何！

致陈懿叔

七月二日奉到二月十五日赐书，计别十五年，中间仅一通书问。乱后人事反覆，虽探之怡珊，亦多不能详其踪迹。近始知以广敷先生遗事，由黔入蜀，一就吾霞老，而遂得尊书。具承别后垂注之勤，与其志事之所存。《春秋》绝学，遂已成书，盛德大业，至矣哉！而勤勤著书之旨，未尝少懈，于《易》，于《诗》，于《大学》，于《中庸》，皆欲有所撰述。恨不时从游，一揽所业，承其绪言馀论，开广心意，致终身孤陋无成，为悒悒耳。

蒙于经义，所得为浅，然窃以为治经当求通圣人之志，而非通其文，则志固无由通。文、周之演《易》，推阴阳消长之数，以知人事进退得失之宜，其旨微，其辞深。圣人赞之，赞此而已。史称《费氏易》惟具本经，而取彖、象诸传疏通经旨，此汉儒传

《易》正轨。宋儒知孟、京诸家《易》之误，而谓文、周有文、周之《易》，孔子有孔子之《易》，此其蔽也。无孔子《易传》，则亦何所据以知《易》之精微乎？来书欲取小象指点周公爻辞，其微妙处所不能知，然即此而见先生之妙于言《易》也。

蒙尝笑古经生多不达圣贤立言之妙。《中庸》以知、仁、勇三者为入德之方，"哀公问政"章总著之，推阐无馀蕴矣，而后结之曰："虽愚必明，虽柔必强。"明者知也，强者勇也，举知与勇，而仁在其中矣。不能曰"虽私必公"也。此行文之妙也。夫妇之愚，可以与知；夫妇之不肖，可以能行。而后结之曰："君子之道，造端乎夫妇。"造端于夫妇之知能也。此行文之妙也。昌黎因文悟道，只是能知得文章深处。蒙尝惜昌黎能辨古书正伪，而不以之释经。先生以所悟于文之妙而通之于经，以嘉惠来学，功过昌黎矣。蒙于《易》、《中庸》皆颇有所讲说。朱子编次《四子书》，得圣贤之意为多，而于《中庸》则多自述其所得，于圣人之微言妙绪，时有出入。欲为《质疑》一书，附诸朱子之后，不敢求异先儒也。

其颇自任者，则《绥边征实》一书，取秦汉以来中外相制之宜，辨证其得失，而不必以成败为是非。其于经世致远之略，粗有发明。自南宋以来，议论多而控御夷狄之道绝于天下者五百馀年。"征实"者，以砭南宋后虚文无实之弊也。此书出，后世必有信吾之说以求利济于天下者。此鄙人之志事也。然皆粗具规模于心，而未能成书，以腹笥太俭，又义理之蕴于心者尚未为充实，欲更读书十年，乃成书耳。顷以圣恩简授苏松道缺，使符纷下，敦迫就道。天下惟官不可为，而苏、松无土地，无人民，虚具一官而已。两朝圣人遇我厚，不可以避难辞险，义当一往，稍平即归。十年读书之约又成虚愿，颇自惜也。

士之立名，亦各有分。霞老入蜀，蜀之利也，而霞老亦会其时以发其名业。使在江皖，则事难而功不能半。鄙人复何为哉？南斋供奉三年，在职仅逾四月，奉使海上，与诸贵人相交接，盖有不可以理喻，不可以诚感者。其受任如此，其事功显易如此，而卒为所龁龁，此自国运使然，而鄙人读《易》而内自省，亦颇有悟于吉凶悔吝之理。仕进之志，因是遂绝。霞老所言，粗得其概而未究知其深也。及得诏命，又复不能自释。盖京居三年，亲见显皇之忧勤与所以眷顾小臣之意，终不敢有忘。徒梗朝命，而于义无可居，于心无可解，则固不能执一节以终焉。鄙人之不及古人，亦未始不在此也。

鹤丈遂有关外之行。大臣中无此精明，亦无此勤恳，而知者绝少，鄙心私独痛之。广敷先生遗著，有成书可刊行者否？为其嗣君报捐，所费当不甚丰。近世纳赀为官，犹掇之也，何难若是？高以下基，请姑自小官始，无遽为其难者。怡珊初任清泉而政声卓然，为之喜而不寐。独其体弱多病，而又重以家累，深用系念。幸当事俱知其政声，可不至寂寞耳。

年来于诗文辄欲废之，而求者日众，酬应之文，岁有所作。以启行在即，又家无写手，略上一二艺，伏求教益。闻方谋为湖南之游，怡珊亦屡思迎养，此愿必遂。或幸及早告归，得相从数月，一摅数年积臆，此生之幸。

致曾国藩

奉三月十一日赐书，敬领一切。意城旋示悉巢、含以下，东达维扬，次第肃清。沅老之力，几于开辟洪荒，使斯民再睹天日，庆忭何已。近事之佳者，北则捻势渐衰，楚军之援颍者威声渐远，可以徐敛方张之氛而沃荡之；南则左军所向克捷，日忧其深入无援，而幼丹中丞能以一军为之后劲，少荃赴沪后，亦可由松江以通湖州之气。鲍军与季公专意规复宁国，北出芜湖，以通江路，南出广德，扼浙江之冲。事势日益艰难，而自军兴以来，气机之团聚，盖未有逾于是时者。区区愚虑，但念兵力之分布过远而策应颇难，城池之恢复日多而留防匪易。捻匪屯聚南阳、信阳，其势必阑入楚境，以掣诸军之力。鄂省所以自卫者，蒙有歉焉。一以为喜，又一以为惧。

议复朱御史一疏，委曲详尽，尤得体要，计已上邀俞允。韶阳，盐河总汇。课之郴、桂四散之地，势逆而难；课之韶阳，事易而顺。非独以筹粤饷，即湖南盐课，亦舍此无办法。此疏行，湖南东征一局自可增饷。凡事创始为最要关键，稗政急行，后难补救，幸预筹之。南老欣然任此，如以属之，必使会同办理，乃为有济。前年文藩司帮办夷务，与督臣会衔，即其例也。

承谕《忠义录》事例，适如鄙心所欲言。中丞初为是议，往复商辨，以谓事无终讫，而多烦费。今但当网罗搜讨，不当设局。尊谕所及，尤征远量。鄙人初意则以楚人忠义之风，流被天下，当稍存其事迹，以备他日国史取证。去夏编辑《江忠烈行状》、《罗忠节年谱》，所校正增加，盖十之五六。以彼子姓、门人传之尚不及详，知史氏之失征者多也。欲及吾身录所见闻，以存信史，或亦穷而在下者之事。中堂肇基楚军，南阳父老以为言之谦也。至谓是书早计，则传者忠义，非传绥寇方略，南山可移，忠义不可毁，无忧诒笑也。以先后为次第，用备遗忘。奉此二语为是书事例，固足息纷纷者之辩矣。

惠甫论洋税事，阅之怃然，此难以口舌争也。彼所据为事，要皆圣贤豪杰所为发愤而慨叹者。前书之辨，盖虑朝廷下督抚议，所见不宜参差。既不交议，则是辨争皆赘也。欧阳公云：且须放此人出一头地。

苦雨数日，山中拾薪尚待披蓑，积闷不可言状。本意入夏稍暖，趁饷船一诣营，而久为雨梗，至今尚未获赴省。积年淫潦伤农事，念之悸心。少荃中丞奏调之议，万求谕止之。顽钝褊迫如鄙人，岂复能堪世用？而繁为之词，以虚名相耀，只益恧耳。先皇于小臣眷顾特厚，观我生进退，犹以俟其时焉，今此志毕矣。且言固各有当，古人云："觌面不如闻名"，以言世人逐声影者众也。恭邸于鄙人相习久，其相视，语言容貌无异人者。强誉之以为贤哲，不足取听，或疑荐者之有私，是于中丞犹为累也。康节语富郑公："公招未必来，不招或自至。"闲云踪迹，谋一就视中丞，无不可者。即有荐达，是直阻山人之行而速其遁耳。因书，敢敬及之。

致曾国藩

六月十六日连奉钧札。由长沙还家，稍稍料检，以便启程。自惟精力短乏，无可成就，此由天限之，不可以人力扶掖。近年以来，尤畏官人。在长沙惟时与中丞往返，馀多不相见。强颜以事官人，其不相习明矣。少荃中丞岂能度外容此野逸？与其共事而有参差，何如先期而自审量。此官之不可就，前缄已略陈其梗概，俟到皖时再候钧示，以取进止。

昨在长沙，闻江西拆毁西洋教堂一案，幼丹中丞挺身任之，至谓此二百年养士之报。蒙心惑焉。国家办理夷务二十馀年，大抵始以欺谩，而终反受其陵践，其原坐不知事理。天下藉藉，相为气愤，皆出南宋后议论。历汉、唐千馀年以及南宋，事实无能一加考究，此其蔽也。《传》曰："惟礼可以已乱。"奈何自处于无礼，以长乱而助之披猖乎！至于寇乱之生，由一二奸顽煽诱。愚民无知，相聚以逞，遂至不可禁制。所欲拆毁教堂者，无识之儒生耳。其附和以逞，则愚民乘势抄掠为利。民数聚则气嚣，气嚣则法废。造意不同，而其足以致乱一也。君子不屑徇愚民之情以干誉，故法常伸而民气以肃。欲以此意告之幼丹中丞，视其举国如酲，非疏贱之言所能发其覆也。

中堂辖有全吴，措置有未善，他日上烦调处，恐徒损威重而终无善法以相折服。夷人之与中国交涉者，一曰商，一曰教，一曰兵，三者相倚以行，而各异用。罗马教主地属法兰西，凡行教者，皆法兰西人也。其人甚卑微，无足齿数。然至屈抑其教，必求以兵胁之。兵不得商人之助其费，不敢擅发也，既发兵，则教与商俱退听焉，故夷人之兵亦不易发。酝酿之久，激使一逞，必出兵费求和而后已。世人愦愦，不加察耳。

中丞办理湘潭、衡阳两案，直令各县赔修，人颇以为疑。嵩焘谓充类至此，而尽发之中丞，两县犹可以情自求解脱，发之夷人，则中丞亦且俯受而无可置辩。此岂不为光明正大乎？有示稿一通，录呈钧鉴。江西发端已误，势难转旋，要使幼丹中丞通知夷人之情与约束吾民之法，轻重缓急，洞然于心，庶不至激成事端，以增国家之忧。《传》所谓"度德量力"，易知也，所谓"征辞察有罪"，则不专论势之强弱，而论理之是非。愿熟筹之。衡阳吏敝民嚣，伏莽充斥，言者痗心。吾省蕴祸方深，若此类尚多，私心之忧，又有甚者。

朗亭尚书奏征解江西、湖广漕粮。体察湖南情形，实有难行者，而不能不为国家一筹其略。湖北据民情为言，已觉其偏。江西乃力陈洋船之不宜借，则于事为远矣。主忧臣辱，非臣子气矜为名之时。幼丹中丞敦悫严毅，君子人也，而不能不蔽于所不知。为中丞代撰一疏，所谓臣子之心发于不能已者。未知有当事理否？并呈钧览。

蒙赐递少荃中丞一书，复缄当由轮船转达，附呈上。嵩焘虽有官，未敢就也，又同年旧好，私缄问遗，故仍启而不禀。如以为失官人之体，即恳属眉生弟为更定之。

沅公进军过勇，适多将军有陕西之役，未知以何军助攻金陵？深用系念。

致李鸿章

六月十六日敬奉赐缄。猥以愚陋之资，过蒙擢拔，使与被朝命之荣，持节巡漕。举之牛口之下，加之百姓之上，在古贤者犹以为荣。嵩焘何人，宠邀异数，知深能浅，雅量陶成，拊臆扪心，惟增感悚。然区区愚忱，有不敢不以上达者。

凡治事以才，而运才以气。嵩焘之才，人知其不足矣。多病迍邅，精气销耗，至于旦所经营，未晡已忘，心所注措，出言屡误。两事并集，缓急只益其仓皇；群宾在门，迎饯亦为之颠倒。值时事艰难之际，自揣疲苶，终无裨益，是以决计引退，期于内不失己，外不失人。今年且老矣，奚取于世而怀观望？此精力之乏，不足与任事者一也。

赋性褊迫，少所容纳。一言忤意，抵脰求胜；一事乖方，椎心自激。史称许慈、胡潜好为忿争，初以辞义相难，终以刀杖相屈。此在浅薄，往往同之。又嫉恶太深，立言太快，以之自守，差为无害于人，岂足以综人物之参差，揽倚伏之要最？此质性之隘，不足与处世者二也。

往者尝奉使命，治事海上矣，以为朝廷忧思急遽，岂复能有所择以为名？而任事太深则同官侧目，立言太峻则群小惊疑，卒至名实交膘，心迹两晦。私心自计，位下名微，进退绰如，可以从吾所好。故袁闳与陈蕃异势，其位定也；魏舒与张咏异情，其事殊也。显晦者，君子之时；所以制显晦之用者，君子之道。嵩焘之所以自处，则亦审矣。此志事之分，不足与审几者三也。

人之才质，各有所限。束发受书，以为天下事皆可意为裁量，惟兵事变化呼吸，所不敢任耳。今之仕宦，大率与兵事终始。参军、长史，既异古职；制置、转运，尽为闲曹。无一旅之师以相颉颃，则亦焉用此匏瓜之系为哉？嵩焘惟自知其不足，是以在军五年，涉仕十稔，不敢求进一阶，兼摄一职。岂有就枯之禾，反希荣于霜露；垂秃之鹫，乃争饰于毛羽？此才品之异，不足与共功者四也。

兼是四者，焉所取斯？诚恐大人荐言之雅，徒累虚声；知赏之深，或乖时用。用敢直陈所志，冀荷矜全。谨当请示中堂，乞情解职，再行具详上达耳。

致曾国荃

奉书，荷蒙注问殷拳，伏读感领。比闻大军转战而东，扫荡廓清，如卷秋箨。十年晦昧之区，重睹天日。开辟之功，规模宏远，军兴以来所未有也。愿益持之以谦，守之以固，慎司其发而时有以作新其气，经纬天地，斡旋世宙，惟公大德乃能堪之，钦仰何已！

厚庵军门三疏乞假，莫测其意所向，声望为之稍减。乃悟足下前言，盖有以窥见其深。时事方艰，宜如何委曲联属之，以尽其用，此则在节相将将之略矣。

议复朱御史疏，未识批答云何？果行此，楚军饷食犹可筹办一二，但未卜办理顺利何如耳。

复严正基

阔违崇教，十有三年。甲寅之秋道江口，闻杖履经此路北行，相距仅两日。丁巳入都，去悬车之期亦止逾日。德容咫尺，乃尔乖违。积年思仰，亦未尝以一书稍自陈述，懒废可知。顷奉赐函，乃蒙长者拳拳之意，在远不遗，致以黄门之私戚，上尘盛注，绸缪慰问。奉书循诵，为愧为惶。伏念长者声名在天下，功德及民生，投老抽簪，身荣道泰，天下之人想望风采，较其出处，以为难能。若嵩焘者，名不足举一事，官不足任一职，节行名业，两无所托，反蒙盛德褒嘉，达观昭旷之外，加之善诱。嵩焘何足以当之！

居京师三年，默察当时之事势，深求古人之行迹，自维谫薄，未易庶几。凡事之希乎古者，未有不戾乎今者也。古人成一名、立一事，艰难挫折，迟久而后成，气挫而志愈坚，道诎而心愈隐，劳不成绩、忠不见录而行愈安：凡此者，皆非嵩焘所能及也。知其不足而求以遂其志，苟且自适，岂敢希踪圣达哉！天下之才有矣，而学难；学矣，而识难。天下之乱，由大臣之无识酿成之。冀稍读书观理，期有所得，与一二知者辨论其所以然，此则嵩焘心愿之所存也，因长者垂爱之深而略及之。

秋农不赴浙江之召，非徒庭闱之养，道固然也。天下之乱百出不穷，而人之才必各有以自效。吾楚豪杰，激扬跌宕，老成具在，自足任之。君子之仕，待其自致。秋农识远而年方长，其才自足树立，不以此时汲汲也。

同治二年

致曾国藩[1] 四月初二日

宫保中堂阁下：

廿五日递呈一缄，计蒙钧鉴。皖事甚急，深所系怀，而幼荃言贼势固不甚悍，诸将自无健者，无能一纵兵击之，中丞亦尝疑中堂用兵专主守为非宜。窃计贼众之渡江者，动十馀万人，非能纵横驰骤，以求广地也。自江以南，贼势日就衰靡，而汲汲谋北渡者，彼将自度能守，则转巢、庐之米以实金陵；不能守，则开通道路，以为北窜之地。诚令处处邀击之，使其党日散、其气日馁，即举金陵之众北渡，而心胆先震，可以虚弦下也。纵之使飏，则其势转炽。故当气势方张之寇，利用守；遇骤发之奸与垂尽之虏，利用剿。且诸将受成于人者也，日张寇势而戒使勿战，则亦且蹴缩恇惑，闻敌而自慑。诸葛公所谓“论安言计，动引圣人”，毋亦圣人之过与？

江味根始留广西，廷议是之。其后改令赴皖，谕旨乃相诘问，责令仍守前议，近接王少鹤信云尔。盖亦征以乡里之急，参与密勿。味根亦遂因此不能遽来。希帅闻以此月由家启节，计日内当可达皖。此三月之留，似亦稍乖贤者赴公之义。

---

①据柳诒徵编《陶风楼藏咸同名贤手札》辑，1930年影印出版，原未署年份，此据本函内容考定。

江苏漕务急待清厘，情形与江西、湖北迥别。以他省之漕，弊在浮收而已，江苏之漕所以浮收，则弊在大户之折收。以江苏大户之众多，其力足以陵压州县，州县不敢校也，一切浮费，皆取给于小户，其源实由于额征过重，民弗能堪，积渐以成大户之把持。但禁浮收而不急除浮额，恐不足以除弊，而适足以滋乱。且江西、湖北所以能即奏即办者，折征耳，江苏则须启运。启运之浮费，岂折征所可并论哉。言者谓江西、湖北一办启运，则州县皆无所措手足，是江、鄂之禁除浮费，亦只权宜一时之计，而非经久之谋矣。

近以采办京米，稍谋节省津、通剥费，无不动色相争者，谓此间办法极于请旨而已。彼不能与诏旨抗，而能留难沙船，不使受兑。故征漕之有浮收，可以其力禁之；州县运漕之有浮费，不能以其力禁之。仓场经纪冯景亭中允，于漕务利病知之最悉，而其论漕折则颇主于顾惜大户此所谓漕折州县之私折也。既以均赋为言，而又欲取则大户，跻小户以与之等，州县更安所措其手足？无君子莫治小人，无小人莫养君子。今将立法制，垂久远，而必取州县之吏，束缚之，困苦之，亦非与民求安之道也。

景老拟上折稿二通，并云去岁有□□□□[①]，并书奉呈，而无禀报，乞一问之。谨呈钧览。其论浮额之弊，委曲详明，至矣尽矣；其论浮收，则原详所已言者。景老尚能节取之其所，惟陈意似报灾告冤之词，非陈奏之义。中丞谓此举重大，当由中堂主稿，故先以鄙见所及上陈之，用备采择。改冲归营一节，景老谓宜缓办，所言亦允。要之此举须合全局筹之，当使数十年后，守其法而无弊，非徒以快一时之意也。解呈饷银六万、又黄道转托呈缴公项银一千。京米局实拨

①此处四字系原稿漫漶不清。

二万。鄙意此二万可分饷雨花台大营。沅公开府浙江。缮书至此，闻此喜报，庆忭何已。手肃，敬叩钧安。

嵩焘谨启　四月初二日[①]

复毛鸿宾[②] 四月初四日

郭嵩焘谨上中丞大人阁下：

汤斐斋大令南归，奉呈一缄，谅蒙钧鉴。顷拜赐缄，敬承垂注勤勤，在远不遗，伏读增感。遣援江、皖之师，宏通广博，照摄无遗，廷议亦所服膺。惟味根军门东行一节，似尚有诏谕止，未知竟能成行否？

承谕购觅洋枪并询及洋炮，此间军火有广造、洋造之分，大率皆自香港来。洋枪之精者价值极昂，亦不易觅，广枪颇多有之洋枪购买中国者亦皆下品，洋人所不用也。从前水师所用洋炮皆广造也。近见们尔思庄来福炮，精妙无比，托至其国购觅始能得之。此间洋枪可觅，洋炮到者甚稀，不易觅致。其屯聚处则在香港，俟得便购觅洋枪适用者，再谨寄呈耳。敬叩勋安。匆匆肃复一二，诸不详罄。

嵩焘谨肃　四月初四日

复曾国荃[③] 七月十七日

沅浦中丞大人阁下：

---

①下钤“同治二年四月十三日到”条戳。

②据太平天国历史博物馆编《清咸同年间名人函札》辑，中国档案出版社1992年5月出版。原未署年份，此系原编者考定。

③据清抄本《郭中丞寄沅帅函》辑，原未署年、月，此据本函内容考定。

王、彭两副将至，奉到赐书，知抵泰后奉上四缄，已尘览者二缄，而尊缄由杨子慕转递者，至今亦未奉到也。

盐务与金眉生商定一法，为包江西口岸之计。公前所不敢任者，径由此间招商人任之，大约主持其事者即王子鉴。另缄呈览郑令。运销官盐为利无几，而护照之转鬻者，商人颇窃窃议之。嵩焘前详中堂，欲乞护照总归运司颁发，以杜浮议而清流弊，盖初不知此身之将去也。此说宜姑缓之，而在大营必思得一长策，可以坐收商贾之利而不可与争利。眉生之计，行当移运盐之委员为设局督销、把持口岸之委员。前函务求转恳中堂从速办理。

把持口岸之妙，其功易于平日之缉私，而效过之，苦诸公不加深究，视以为难耳。各场私盐之为害，至于不可穷诘，非得上游一二营竟无可施手。前接尊缄，欲请厚庵军门枉就一商，此所不敢望，而盼水师之至，则有甚饥渴。嵩焘八月内必得启行，水师即随鄙人为行止，一二月口粮犹能任之，务求速商之厚帅，或于李质堂所部太湖水师内，现当攻剿吃紧之时，恐不能分拨，即能，拨十号以下来此，亦所至感。饬拨一二营来泰，使鄙人得稍有所凭恃，犹可及时整饬一二事。多拨则泗源沟一带亦可分布，少则请派一营，以备内江之需。

詹、李诸营有意坏乱盐法，李营尤甚。昨于邵伯镇获其私盐十馀船，一面咨明，一面即提其盐入官。明知此举必不能得李营之欢，然一任其纵横，略无节制，盐法将至不可收拾。其咨文缄信反复开说，不敢稍存意气，而办法不能不直截。孑然一身，四顾茫然，官场之积习已深，既无腹心之助，所部水陆数百人以收受盐枭陋规为事，无可恃者，此可为一叹耳。

承示采办军米一节，谨当为尽力。现小有所经营，不能过求裨益。要之此心，无日不念大营之缺乏，思备壶浆一日之需，与江南父老同致其忱悃也。手此，先复一二，敬请勋安。

嵩焘谨启　十七日

致毛鸿宾[1] 七月二十三日

寄云老前辈大人阁下：

夏间奉呈一缄，计蒙钧鉴。前承移督两粤，欢喜踊跃，知朝廷倚畀之隆，与两粤之人受福储庆，奉扬仁风，遐迩忻忻，相为庆告。奚况夙承荫庇，久沐德晖，明良契受，与有荣施，其为欢忭，更复何言。所眷眷者楚南慈云之护，垂辉邻壤，瞻望旌麾，若婴孺之靡所凭依。而嵩焘宦迹乖违，不获与湖湘父老扶杖攀辕，一伸别悃，拊臆扪思，倍深驰恋。闻行旆尚须小驻，以待新集之勇训练成军。奉读陈奏广东情形一疏，指陈利病，则洞入症结；研精条理，则妙合枢机。时事艰难，补救之宜，措施缓急先后之序，权衡在心，有符烛照。而老成谋国勤上之谊，一出之肫诚，艰烦困敝，身任之不疑，无几微激切之意动于辞色，允为当世仅见之名疏，不独区区之私服膺而已。

嵩焘忽奉恩命权摄粤抚，惶悚旁皇，莫知所措。独幸随侍铃辕，得一切叨聆训迪，以有所依循，深惬二十馀年奉教之心。始意由江赴粤，一帆风利，犹可追随幕府，附骥而驰千里。而再奉寄谕，饬令径取海道。圣谕煌煌，不敢违越，或上海得遇便船，不致延候。当可先达海南，属櫜负弩，敬迓前驺，曷胜慰幸。专肃申贺，敬叩钧禧。

治侍嵩焘谨启　七月廿三日

---

①据山东省图书馆藏原件辑，原未署年份，此据本函内容考定。

致曾国荃[1]七月

沅浦大帅大人阁下：

十四日交来差赍复一函，计尘崇览。尊处饷需支绌，金眉生目睹情形，来此屡言之。嵩焘到任一月以来，固无时不思为金陵一军稍谋接济。

眉生谈及外间商情，有一节略可筹画者。拟将江西一岸包定，承运六万引。从前额定小引每四百斤，江西通省引地约十九万引，折足千斤一引，只七万馀引。今领至六万引，已得十分之八。商力不为不尽其成本须鸠资四十馀万两。各口岸销价，能照上年秋冬三十五、六两光景，则每引可提馀利六两，归公充饷，商所乐从。计六万引可得银三十六万两，在尊处可为一大宗，而旧有应完之安庆厘金四十八万两，亦由该商一手包定。

至泰州之课厘，每引五六两，江西之厘金五两，又不下六七十万两，皆有此大宗商人可恃，不比零星散贩毫无把握。此于裕饷、恤商、整顿口岸之法面面俱到，与南老、篪轩命意皆合。特三十五两一引，提出六两归公，下馀只有二十九两，而合计成本总须二十六两左右。商人可望馀利不足十分之二，亦觉太苦，难于持久。必得于成本中稍求轻减之法，以示体恤。

各处之厘不可减，而未始不可缓。所谓缓者，不过缓于过安庆之时，而到岸首先提还，所争者只一两月工夫。而以第二批完第一批，第三批完第二批，辘轳转输，互相挹注，于厘金并无出入，而商人有此腾挪，便可放心大胆，踊跃从事。计第一批厘金

---

①据清抄本《郭中丞寄沅帅函》辑，原未署时间，此据本函内容考定。

所缓者八万两，而一年中额外充公之饷，可以提至三十馀万，额内应完之课厘又可包定数十万。于公诚为大益，在商人则以四十四万之实本，一年两次承运，由官给利十六七万，已足慰其本愿。目前固为江西一岸、金陵一军急切图之，若试行有效，推而至于湖北，则全纲皆振，所得于额外充公者又可增多，于皖营饷需或不无稍有裨益。

嵩焘本拟为先盐后厘之法，凡运引至一千二千以上者，其资本为巨，其贸易亦为结实可靠，给与照单，准其运盐至口岸销售后，再行完纳厘捐，以示招徕大商维持盐法之意，且可令该商以所应完之厘捐多运引盐，以冀其畅销。今得商人包运江西口岸，则凡运赴江西之盐，一例缓厘，办理尤属简便。此与收复引地口岸，正属一气举办之事。应如何派员设立官局督销之处，俟定议后由中堂酌派办理。八月内必得定局，以便及秋产旺时各路盐销稍多之际，赶紧试运也。专此奉商，敬请勋安。

嵩焘顿首

致曾国藩[①] 八月二十六日

宫保中堂阁下：

泰州濒行，由杨弁带呈 缄并各件，想尘钧览。沅公约相见浦口，为留两日，应办各事宜俱已缕陈之。饷需支绌已久，而沅公增兵动辄逾万，其气概超出一世，可喜，而其拮据情形亦未尝不可虑也。前缄未竟之意，谨条析上陈，用备省览。

---

①据柳诒徵编《陶风楼藏咸同名贤手札》辑，1930 年影印出版，原未署年份，此据本函内容考定。

江北筹饷，有大举，有小就。何谓大举，以江北之兵而立二限制是也。江北之兵三，曰豫胜营，曰扬营，曰水师红单船。豫胜营月饷，有淮北饷盐四万包，淮南免厘盐一万包，粮台帮饷二千两，东沟及通江集捐厘五卡。扬营月饷十万，取之盐课、厘捐、里下河州县钱粮，都将军赏号及马草各捐在外。水师月饷四万，取之厘盐及沿江厘捐，向与镇营合队南台者也。红单船饷缺船敝，人怀归志，筹一月之饷遣之，无不立应者。豫胜营不知其深浅，而据泰州数营经略淮扬，富公伟爽，有英雄之威，惜其老且病伤，似可仍留帮办。不独江北大局所系，即盐务、厘务二者亦大可经营。此所谓大举者也。责成运司设法督销，粮台二万之外尽解安庆，多少必有所获，则亦小就耳。

南老驻汉口督销，乃盐务最大关系处。沅公贸焉一奏，致令南老无以自处，此外尚无替人。汉、黄、武昌三处口岸，争还淮盐引地。地势、事情无一不顺，所难者独办军之人耳。川盐有价每引万五千觔，合银三百。二月中，汉口盐价□□川盐场价亦减至一百八十觔。然以觔计，犹合价。二十馀年来，川盐场价日昂，尽有馀地可以伸缩，故必杜绝川私，而后可以保价。王子鉴谓得收回三处引地，即可仿照西岸饷盐例，兼筹楚岸。前详专候批饬。淮运司暂缓厘捐，必得速行为望。

作梅言希帅一军，必得金逸亭观察督带，此未为知言。观察前办营务，亦假希帅声威，以联属诸将。今成、萧诸军各当一面，将使观察奔走调停、导扬诸军之意乎。即使径办盐之俞副将瑞隆及杨守钟琛，均称其名位已极，无复远志，所部能战者不过万人，中堂可以收为己用。

其通江集五卡，则以六合防师为名，为都将军所遗误。扬营约二万人，朝廷资之以防北窜，而自镇江克复以后，扬州即为腹地，竟无人考究。去岁贼窜江浦、浦口，扰及天长、六合，无一兵迎击。洎入扬境，始一出队，饥疲之贼无敢抗者，相与飞章报捷而已。今兹临淮之营又无一兵赴援，久乃迫于公议，以二千人稍为应付。此军何所取义，吾弗能知也。往知向帅一军多立家室，以谓非宜。扬营则自队长以上，各营田产、缮宫室，行商居贾，倚势牟利。泗源沟行栈二十馀，大率营员为之。无他闲废，久而志淫气靡，怠极而骄，情势所必然也。

此时似当经营江北，以为扼苗逆之计。诸将中，深沉有智略、可以独当一面，而现处势地又尚可量移者，独有杨厚庵军门。令以水师以统诸军乎？此二者固必不可斯之效矣，则将使观察别立一军，与湘勇相参错，又非中堂所以倚任观察之心也。寄帅募勇八千，凯章一人统带，深恐力有弗胜，得观察分领之，则两美也。赴皖无甚益，赴粤以较有益，曷不举而让之寄帅，以成其美乎？

理泰葛雇觅兵船，蔡总兵国祥，往闻其船多系收买旧船所更造，并非兵船，云每船所值不过四五万金而已，此则专意愚弄中国以网利耳。廿九日□□。不知其居心何若，以义睹之，殆非善也。其始授意赫德以成此举，一切皆为我谋，徐万出理泰葛之名，而擅有其军，若犹可以情理喻也，亦无用此深谋矣。

自有洋务三十年，无若少帅之控制适宜者。故论少帅之精能，筹兵筹饷，犹有能及者。惟此为独擅，尤所服膺。然以大势揆之，三四十年后，少帅亦且穷于术，彼皆怀利而至，求者无已时。而来者无穷尽，骤有奸猾起其中，能遂晏然乎？往岁京师哓哓□□守，鄙人独觉此事易了，今稍相安矣。鄙心独有大忧，天下有道，处之得法，可二十年相保耳。闻粤中劫于积威，情形又非此间之比。搔首长吁，憾吾生之晚，使七八年前为之，天下岂遽至是乎！

粤事近稍访求之，如厘捐包抽一节，木捐为叶翰林，鱼捐为潘编修，猪捐为梁侍读，大率皆此类之。比事端之业胜可徐理也。

纪纲之废弛，人心风俗之沦陷，安所施其伐毛洗髓之功。二十年大吏之薰陶积累如是，闻官绅有交通外人，居权要挟制者，亦有为外人所恶、无地容生者，天下岂复有此溷浊之场乎？

希帅病势闻渐次痊可，未知确否？喜望之至。其亲兵中有尽先都司曹有升、尽先守备黄隆瑞，无甚关紧要。嵩焘欲调之赴粤，如书寄希帅时，求代一言，能速遣之赴粤，为尤感也，比至上海候轮船之便，手此。敬叩钧安。

嵩焘谨启　八月廿六日①

致毛鸿宾② 十月二十九日

任松楼信，当由刘晓沧专弁赴湖南，家信并恽中丞、赵玉斑共四信，并求转交专弁，年内可以往返。拟并带衣一二袭也。顷（件）与胡莲舫、李筱荃商之，均以谓然。斟酌分局督办之员，无如屠道者，此厘务一大宗，急须清厘整饬。求会札吴藩司会同前派各员，督办总局，屠道督办分局，并咨留陶令，札饬颜守回湖南。白沙一厂，另斟酌一人。名单及条陈一件，求饬发为祷。敬请寄云老前辈大人勋安。将军演炮，例有馈送，求一口知。

侍嵩焘顿首　廿九

①下签“廿三复”、“十七”。

②据山东省图书馆藏原件辑，原未署年、月，此据本函内容考定。

致毛鸿宾[①] 十月

各折稿谨读悉，妥惬之至。酌保各员及丁日昌另片，均为得体，读之钦服，谨于丁日昌片内添入“质朴精练”四字，亦道其实耳。前蒙垂询顺德馆席，竟不记申复，亦可见其精神之疏忽。顺德凤山书院，已属首府函定周秩卿，尽可据以回复树生前辈也。敬请寄云老前辈大人勋安。

侍嵩焘顿首

致毛鸿宾[②] 十一月十六日

昨夜为镇江协饷拟复一折，并将广东大概情形就便一言之，似属万不可少之文，求核正缮发。京米一层，趁此便约略一言，能并厘捐各折一并发递，为尤妥也。韶州水陆各营，计中、左、右三营，炮船四十八号；前、后二营，把总朱向善管带，炮船八号。劲勇二百馀已批撤，功勇五百五十馀、义勇五十馀，共陆勇八百馀名，宜先撤之。敬请寄云老前辈大人台安。

侍嵩焘顿首　十六

致毛鸿宾[③] 十二月十九日

折弁准于廿日赍行。老前辈处谢恩折计已缮就，今日务祈发下。考语折当亦已缮就，乞同发下也。敬请寄云老前辈大人辰安。

---

①②③据山东省图书馆藏原件辑，原未署时间，此据本函内容考定。

侍嵩焘顿首　十九日

致毛鸿宾[1] 十二月二十三日

此事节目烦多，彤、莘二老原奏已不能昭晰，所以方请盐课全数拨解藩库，部议转将积欠之二百馀万提解部库，亦由原奏立言未能详澈，有以致之。兵粮有旧欠，有新支与新拨，亦应较量分明。藩司详文立言颇极爽快，而于此等处全未分晓。昨夜谨就原稿斟酌，不自觉其言之长冗，呈请核定。似必如此，文义乃周备也。

侍嵩焘谨上　廿三早

致毛鸿宾[2]

此次奏报军情折内，就便夹一片，申明前任督抚劝捐一节，请饬部颁发部监照一千张、从九一千张。其馀各项职衔，尚有咸丰年间用存之照，可以填用，暂无庸请求赶于此次附片奏明为要。敬请寄云老前辈大人勋安。

侍嵩焘顿首

致毛鸿宾[3] 初七日

今日正为此事奉诣一谈，该会印各件，欣快无已。鄙意思派

①③据山东省图书馆藏原件辑，原未署年、月，此据本函内容考定。

②据山东省图书馆藏原件辑，原未署时间，此据本函内容考定。

亲兵一二百人同往，庶昭核实。已与晓沧言之，未知昨日李守曾述及此否？温军门处，须令候聂牧等信，聂牧行时并拟公致陈月梅一信，托其照料。即请才叔缮就为感。并须约定时日，已于信内注明矣。敬请寄云老前辈大人台安。

侍嵩焘顿首　初七夜

致毛鸿宾[1] 初八日

今日麟副将等均言，水师在虎门者数千人，此行尚应听温军门指挥。水陆约会亦多曲折，楚军仍以不去为妥。惟须饬黄廷彪等早去办理耳。顷已催其启行，恐尚有二三日工夫。敬请寄云老前辈大人台安。

侍嵩焘顿首　初八

致毛鸿宾[2] 初九日

白沙厂径札前江西福安县陈令朴接办，又，番禺县专差送茭塘司赤冈乡，求老前辈酌之。史道原案，年内似须据实复奏，未便过迟，并求赐酌，其查盐务事宜两手折，藩司开缺一禀，或将原禀送还，或另批示。尊处如何办理，祈示知，以免参差。捡赐一阅为感。敬请寄云老前辈大人台安。

侍嵩焘顿首　初九

①②据山东省图书馆藏原件辑，原未署年、月，此据本函内容考定。

致毛鸿宾[1] 初九日

部议不准直隶开办厘捐，乃欲分广东之厘捐，以协济直隶。此时直隶全境肃清，反欲于用兵省分裒分其食以自肥。虽所求无多，而情、势二者俱不能允。昨偶议及直隶协饷，愤然于心，因与荫渠一争口舌之功，呈求赐阅，仍乞发还为恳。敬请寄云老前辈大人勋安。

侍嵩焘顿首　初九

复毛鸿宾[2] 初十日

手示敬悉，尤见老前辈廑怀大局，急切经营之意。惟连阳赴阳春路途甚远，专恃此军救援，亦不相及之势。卓副将屡以饷缺为词，恐必须筹饷经济之，乃可望其进兵。似仍以方、卓两军调拨赴援，较为妥善。伏求酌之。示稿已酌增一二语。复请寄云老前辈大人台安。

侍嵩焘顿首　初十

致毛鸿宾[3] 十一日

两稿均疏畅，语亦扼要。稍斟酌数处，呈求鉴定。高澜一股，恐非温希帅所能胜任愉快，似仍须设法往捕。东莞巡船，此等处却尚可用，而又未必能听调遣。奏折只好如此立言耳。大稿两件

①②③据山东省图书馆藏原件辑，原未署年、月，此据本函内容考定。

谨奉上，以便发缮。敬请寄云老前辈大人勋安。

侍嵩焘顿首　十一

致毛鸿宾[1]十二日

阳春告急之书纷至沓来，焦灼万状。昨奉台示，究竟如何办理，祈示知。日间接奉廷寄，系属何事？王少鹤顷寄到一缄，属呈台览。附上。敬请寄云老前辈台安。

嵩焘顿首　十二

①据山东省图书馆藏原件辑，原未署年、月，此据本函内容考定。

同治三年

致毛鸿宾[①] 正月十四日

十一月廿九日发递各折，顷已奉到寄谕，谨先呈钧览，仍祈发下，以便缮咨。似今日亦并奉有寄件，未悉何事，谨并奉问。敬请寄云老前辈大人勋安。

侍嵩焘顿首　十四

致毛鸿宾[②] 正月二十七日

此次奏稿，自应行知卓副将，方耀一军万不可叙入，不独非所以调处两将之道，亦并非今日情事。鄙意阳春、阳江剿办客匪事宜，即可就便奏明，责成卓副将办理，蒋、侯各营并归节制，以一事权。办法似应如此，非只鼓励卓副将一人而已。抚剿兼施，迭奉寄谕，似亦不可不一关照。列衔之处，似只可照常办理。伏候酌之。停止京米一节，藩司昨已上详，似应察此，须具奏为要。敬请寄云老前辈大人勋安。

侍嵩焘顿首　廿七日

①②据山东省图书馆藏原件辑，原未署年、月，此据本函内容考定。

致毛鸿宾[1] 二月初十日

顷传见廖、沈二人，已定罗伯宜偕沈玉遂赴乐昌造船。左孟辛尚欲倚之，以办理诸事，故不以此任之。恳帅札饬办理，以免迁延时日。顷接部文，蒋璞山升四川臬司，李星衢升运司。致王少鹤一信，附缴立言，只能如此。老前辈即自陈复，亦只能如此立言。幸赐详阅。敬请寄云老前辈大人台安。

侍嵩焘顿首　初十

致毛鸿宾[2] 二月十一日

……[3]住下斜街，而不记其门户东西，其官则太常寺正堂也。罗、沈昨与约，札令赴乐昌，仿照湖南三板船只制造二十号，配齐勇目、管驾，来省听候差遣。仍求赐酌办理。

侍嵩焘顿首　十一日

致毛鸿宾[4] 二月二十六日

张星耀参案，据司道揭参详文咨部，不必具奏，以免多一层痕迹。由司道详保，由司道详参，均系通其语，并无指控事实，部中亦不能据以议处。陈莳松之言如此，似实有见地。附奏一片，似可无庸发递，一切再容面罄。敬请寄云老前辈大人勋安。

---

①②据山东省图书馆藏原件辑，原未署年、月，此据本函内容考定。

③底稿原阙。

④据山东省图书馆藏原件辑，原未署年份，此据本函内容考定。

侍嵩焘顿首　二月廿六日

本日接奉寄谕，请求赐一览。谕旨要件，均求先一见示为祷。

致毛鸿宾[①] 三月初三日

适接季帅信，凯章既已奏调，必有旨催，势不可留。此间急应早为筹备，请速办稿，札饬刘晓沧暂驻乐昌，所部之勇万不可撤遣，仍听募足三千之数。沈副将所造战船，亦即归其统带。仍各以私缄强留之，明日即发急足带下，以便回信。敬请寄云老前辈大人夕安，并候赐示。

嵩焘顿首　上巳夜

致毛鸿宾[②] 三月初十日

昨日张大令麟定来见，尚言贼匪已至瑞金，言嘉应州团事甚悉，见解颇佳，所以言亦有条理。与方副将共事多次，亦极相洽。张其翰，李学恂采芹学使之子，二名本所素知。询问其翰，其父也已催令回家。渠在省就馆，已送致盘费，催令启行矣。赶集团众，帮同堵御。渠亦不辞。乃照办，欲扎交其带去。谨呈核。顷闻奉有六百里廷寄，大约亦为此项军务，先求发下一阅。敬请寄云老前辈大人勋安。

侍嵩焘顿首　初十

①据山东省图书馆藏原件辑，原未署年份，此据本函内容考定。
②据山东省图书馆藏原件辑，原未署年、月，此据本函内容考定。

致毛鸿宾[1]三月二十七日

晨起大病，几至殒命，半日始就苏息，至今尚觉委顿也。吴少村处，闻今日复枉驾劝之，是否尚可挽回？月报内附入一片，呈求赐酌，是否可以附入？缘其间情节，由驿奏报军情，多不能叙入故也。由月折内淡淡言之，似尚可行。卢包厂札整饬一节，似不可少。厘局诸公言，司事不开报，例由委员自请。此次拟派三数司事一往，似亦可行。敬请寄云老前辈大人勋安。

侍嵩焘顿首　廿七

致毛鸿宾[2]四月初三日

顷司道来见，颇以郑绍忠添募二营，忧饷糈之无措。鄙见尤以允其添募为非宜。谨略言其概。郑绍忠一降人，初意原只允其做官，而不允其带勇。其后挟勇以请，始允留五百人。既而委员点验，又加至千人，一至信宜尚未见有一贼。而铺张不实之辞，以请添兵，而又允之。是并不责以功效而一味听从，以长其骄慢之习。其不宜一也。

此间旧例，一投诚而即带勇，一带勇而即加增，范十挺、侯勉忠皆至三千馀人，其实仍不过千馀。郑绍忠之请，亦积习使然也。不稍示以限制，纵有贤将，亦将视此为得计，日趋于坏，何况中材。其不宜二也。

---

①据山东省图书馆藏原件辑，原未署年、月，此据本函内容考定。

②据山东省图书馆藏原件辑，原未署年份，此据本函内容考定。

若谓恃此以代卓兴，则尤非计。方、卓两军早宜裁撤，使稍有馀力清其积欠，俾之按照楚军营制另募一军，未尝不可用。所以不能有为，坐积欠不能清耳。两君人才尽可爱，徒以历任处置失宜，养成其骄气，既久而积欠日多，遂至不受调遣。今不能撤遣其军，而乃欲别恃新勇，愈失旧将之心，而亦未必即得新勇之力。数月以后，新勇又有欠饷，得以借口，徒自贻累而已。其不宜三也。

至于客匪情形，尤显然易见。阳春新兴之能自守，岂文武吏之能胜此哉？方副将之论，极有见地。阅黄亦泰公启，情见乎辞矣。惜史守、卓副将辈未足以及之。蒙尝忧客匪，本不为大患，而办理种种歧误，不激成大乱不止。徒以战剿言之，卓兴七千人，侯勉忠三千馀人，功效如此，谓郑绍忠添募二千人，遂能了此，此所不敢知也。兵愈多，则心志愈不能齐，且恐有损无益。其不宜四也。

必以郑绍忠为美才，益思所以作育之。窃观蒋守、张令之言如涂涂，附用其言，以行军政，未有不引人才而使之日坏者。似宜令郑绍忠以一军稍立功效，俟北路有警，饬令开立数营，以一面寄之。当使此意出之自上，不能惟所自请，以踵前事之失。愚昧之见，是否有当？伏乞钧裁。

侍嵩焘再拜上言　四月初三日

致毛鸿宾[1] 四月初五日

嘉应绅士来禀，宁化已报失守，边防日形吃紧。方军急切不

①据山东省图书馆藏原件辑，原未署年、月，此据本函内容考定。

能开行，郑绍忠既允添募五百人，似可渐令移扎肇郡，以为东行之计。此股贼势，将来必费周章也。接黄南坡信，内有转上尊处一函，又抄寄各稿一本，皆经阅悉之件。以来书殷殷，属并转呈一阅，用谨附上。敬请寄云老前辈大人勋安。

侍嵩焘顿首　初五日

复陆心源[1] 六月二十一日

存斋仁兄大人阁下：

奉书并编辑《湖州志》，典要详核。稍一研诵，犹想见挥麈清谈，相对娓娓，神倾意豁时也。去粤后仅一奉书，亦一作答，嗣是音问阙然。然闻阁下在粤收求遗书，有甚饥渴，尤心向之。

去冬北行道扬州，传闻从者周行名都大聚，博访藏书之家，正以时至扬，四出探询，踪迹邈然。高人韵事，迥出尘外，求之愈远，思之愈殷。顷书示悉，藏书之富逾于天禄，岂惟书城坐拥，有万户之荣；亦见名山世业，高千古之誉。即是之谓不朽矣。

此间议论，求速阁下之行而无复馀意。即其下石纷纷，亦无足轻重。弟日效汲长孺之高卧，并不必求治事，寻常酬应亦几欲废之。坐待秋风起时，归求莼鲈耳。手此奉谢。敬颂台安。

弟嵩焘顿首　六月廿一日

谦柬过施，谨奉璧，惟增惶悚。

---

①据上海图书馆历史文献研究所编《历史文献》第九辑辑，上海古籍出版社 2005 年 11 月出版。原未署年份，此据本函内容考定。

致毛鸿宾[①]七月二十五日

本日藩、臬两司会议，派沈副将办理铁冈一案。星渠言已回明，属由侍拟稿会印，一面饬知沈副将先将军火应用之件，赶于今日预备，以便明日启行。谨并上陈。福体今日想益康复，钦念无已。敬请寄云老前辈大人勋安！

侍嵩焘顿首

致毛鸿宾[②]八月十六日

寄云老前辈大人阁下：

□前，敬知一切。松楼（幕）〔募〕勇及其本志，前虽议□□，以筱荃不以为然，遂未赞成。其事尊旨自为松楼所感，但虑缓不及急耳。闻松楼日来尚病，刻亦想已就愈。头场卷顷始誊毕，必后三场完竣，恐便廿三四以后□□加添誊录生，势亦须赶缮……

侍嵩焘顿首　十六申刻

致毛鸿宾[③]九月初三日

昨传曾副将与商，即令陈得贵等分募五百人，归其统带，不必另札。札办团练诸绅，始终不离此数人。春间设立省团局，史、

①据山东省图书馆藏原件辑，原未署时间，此据本函内容考定。

②③据山东省图书馆藏原件辑，原未署年、月，此据本函内容考定。

梁、李诸公皆经会衔移照。此时在局任事者，奎垣一人而已。潘、沈本不肯任事，梁则一味张罗。李星衢方托之筹饷，不宜更以团练纷其心。筹思两日，未见其益，但行一文，相为应付，似不必多此一举。若必欲行此则军务一切，多未会衔，即由老前辈处酌量行止可也。

侍嵩焘顿首　初三

华林寺绅士借饷办事处，而名之为团练，名实不称，应作为绅饷局。原件因已用印，销之。

致奕䜣[1] 十一月二十五日

钦命三品顶戴署理广东巡抚部院郭为咨呈事：

照得本署部院于同治三年十一月二十五日附片具奏一件。再，臣于同治三年八月二十九日接准统办三口通商大臣崇厚专弁杨保安，由轮船递到总理各国事务衙门咨交和国条约一本。九月初六日，由兵部火票递到议政王军机大臣字寄，七月二十九日奉上谕：着派郭将上年与荷兰国所立条约妥为互换，等因。钦此。并由总理各国事务衙门递到换约礼节事宜各件。

适和国公使研大何文照会请订互换日期，当经照复，订期九月二十日在省城西关华林寺公所对阅互换。臣校其钞录副本并非原约，与互换之义未符，嘱令取回原本，另行订期办理，一面函商三口通商大臣，查明历来办理各国换约事宜是否必须原本互换，抑果如研大何文之言，听从钞录副本原本，通融互换。

①据中国第一历史档案馆藏硃批奏折辑，03-9650-037。

十一月十二日接准崇厚函复，当时议立条约，彼此盖印画押，议明一年后将所执原本互换。该公使现在所请未合向章，应俟赍到原本并缀用和国君主国宝蜡饼，方可换给等语。其立议正与臣向砜大何文辩论之意相合。复经照会砜大何文去后。兹于二十日接准回文，声明已经遵照行文该国，请奏君主定夺等语。除备录砜大何文照会咨送军机处并总理各国事务衙门备查外，应先将荷兰国公使砜大何文商议换约情形附片陈奏，仰慰宸廑。伏祈圣鉴训示。谨奏。等因。除咨呈总理各国事务衙门暨三口通商大臣查照外，相应咨呈。

为此咨呈议政王军机大臣，谨请查照施行。须至咨呈者，计粘抄砜大和文照会一纸。

右咨呈议政王军机大臣。

同治三年十一月二十五日

附：

荷兰国公使砜大何文照会

照会事：

同治三年十一月十四日，接到大清钦命广东部院大臣郭十一月十二日函。据称大和国互换条约情节，已接准三口通商大臣崇厚十月二十日函，称本大臣查上年天津议立和国条约二本，当时彼此盖印画押，各执一本，议明一年后两国将所执原本定期互换。今大和国公使未将所立原本赍到，意欲将另缮和文一本互换，殊与向章不合，应请俟大和国公使赍到前立盖印画押原本并缀用和大和国大君主国宝蜡饼，方可互换。等情。今贵部院大臣将前来合照会本大臣，务要奏明本国大君主，迅将前在天津定立条约原本刻日缀用国宝蜡饼，由贵大臣赍来省会，以凭核对互换施行。兹本大臣已经行文到本国，将贵部院大臣照会请奏君主御览定夺。为此照会贵部院大臣，请俟本大臣接到上谕，刻日赴到贵署，方可施行。复候时祉。至照会者。

复毛鸿宾①

寄云老前辈大人阁下：

奉赐书，谕悉一切，敬服无已。此时只好如此办理。南、嘉两处筹防止半年之久，临警若毫无足恃者，此则粤事之因循，多出意外，而固在人意中也。唐紫藩禀留湘勇之说，未卜如何。批示千馀之勇远扎□□，则亦非计，只可由唐道调遣，使与邓军相为犄角。唐、邓尚有条理，必能□□。附城炮台，只有保极、拱极、耆定三台可以兴工，专用土工，不用石工，则所费亦无几。土工临时亦可修□，先事预筹，则必以石工为可经久也。澄公但修□而不筑墙之说，似万万不可。

任松楼志在有为，时有拊髀之叹，其少可用，其志可嘉。嵩焘为之规画，而亦苦无策。炮船又急切不能完工，防江亦一要务也。筱荃始规贼必不入粤，继又言入粤必无妨碍，闻之令人心壮。但反复思之，未敢信此语之确有把握耳。敬请勋安，不尽思仰。中秋日占一课，不能自决，求徐远翁为我决之。至感。

侍嵩焘顿首

①据山东省图书馆藏原件辑，原未署时间，此据本函内容考定。

致毛鸿宾[①] 初六日

去岁募勇赴粤，京师似不免烦言，少鹤信盖屡及之。故募勇一节，不可无此一奏，实亦此间事势然也。是否有当？仍乞钧裁。即请寄云老前辈大人夕安。

侍嵩焘顿首　初六夜

致毛鸿宾[②] 十四日

北江一案保举，核定人数，由此月月报折请奖，拟明后日发递。其叙奖均不甚优，人数亦少。惟叶永元声名极好，当为北江绅士之巨擘，由鄙意从优给奖。未知可否？呈求核定。敬请寄云老前辈大人勋安！

侍嵩焘顿首　十四

致毛鸿宾[③] 初一日

顷将军言，旗员翻译官仍留防御一层，文武并用。折内添翻译官以府经历、县丞升用；旗员愿就武职，以防御升用，求酌之。告示今日似宜发下，连前四张，先发文廿道更妥。或能先缮就十五道，即先发下为祷。敬请寄云老前辈大人台安。

侍嵩焘顿首　初一

①②③据山东省图书馆藏原件辑，原未署年、月，此据本函内容考定。

致毛鸿宾[1] 十五日

昨童道在侍处酌议，尚颇以自任。已与言明三郡海口情形，皆可一查，或补给一札为妥。谨拟一稿呈核。琼州绅士云太史济茂尚有才具，去冬在省曾与言琼属各口当属其经理，渠虽未允，一未固辞。童道意欲带去空白照会、谕札一二道，如可开办，则云太史等辈可以临时给札；如不必开办，带去空白之件仍可缴回。所言似亦有理，祈并酌定。敬请寄云老前辈大人台安。

侍嵩焘顿首　十五

致毛鸿宾[2] 二十九日

厘捐告示一通，仁至义尽，鄙意抄发六七张，交左孟辛带去，察看情形办理。东江盐厘太轻，去岁西江埠商曾经具呈，请一例开办，以昭公允。时以一切碍难着手，批驳之。兹拟仿照连阳江白、土各厂之例，分归各卡办理。体察情形，颇觉有利无弊。恳帅将各稿由内缮办，交左孟辛等迅速查明核办。俟开办后，以交代如有窒碍，即从缓商量故也。再行饬发厘局。敬请寄云老前辈大人勋安。

侍嵩焘顿首　廿九

昨询覆章，立言不甚妥帖。然通体全无妨碍，可以保其无他。议东江情形，淡淡着笔，或不至有梗塞。惟各件须早缮发，并暂

---

①②据山东省图书馆藏原件辑，原未署年、月，此据本函内容考定。

勿宣示，以免外间谣传。

廿九日再叩

致毛鸿宾[①]

顷接家信，言任松楼携带营官五员、哨官九十员，已至长沙。彭雪芹以此一举私费至万馀金，盖欠饷十四月之久，雪芹一概给清，以速其行，似若无颜更回皖者。意城之意，欲令松楼招三百人，以易刘晓沧之五百人，又已资松楼两月行资，共千四百馀金。似此局面，九十馀人无可再止之理。且俟松楼至，再与晓沧计议耳。承赐荐赵越，询其家世，知在省城居住已十馀年，家眷均在此。且留此试用之，仍须为荐与一地，以去省城为宜耳。涤帅函件呈上，祈赐收。黄南叟禀折二扣，恳随便发还一折。又，前王少鹤一信，尚未具复。此次折便，拟以一函复之，原信并求发下为恳。敬请寄云老前辈大人夕安。

侍嵩焘顿首

致毛鸿宾[②]十六日

寄云老前辈大人阁下：

昨呈一缄，想蒙赐览。贼势似逼南雄，而南雄一路，究较嘉应为可恃。迭据凤道禀，翟镇方有出境迎剿之议，嘉应是其辖地，何不即令翟镇驻扎，督办沿边防堵，以一事权？唐道处先发给银

①据山东省图书馆藏原件辑，原未署时间，此据本函内容考定。
②据山东省图书馆藏原件辑，原未署年、月，此据本函内容考定。

一万，自属正办。存留备急之物，此等即为急需也。鄙意南、嘉同时告急，不能不一入告，即应责成方副将防堵�门岭要隘，而饬翟镇会同吴守督办嘉、惠防务，责成潘其泰、郑绍忠防堵南雄要隘，而饬唐道会同卫镇督办韶、南防务。东、北两江之防，即饬任镇督办，所有各路巡船概归节制，听从挑选调拨。此水陆防务大致情形，不能不即速分派者。伏乞酌之。嘉应巨匪温亚乔，即温流民四，原禀特未及申叙，折稿疑此为两人，恐稍误也。王少鹤信附呈，祈检收。敬请勋安！

侍嵩焘顿首　十六

致毛鸿宾[1] 二十四日

昨托小荃往劝少村，今日又邀司道同往，适库仁龛言当一往相劝，又以托之。外间都言与侍抵牾，实亦莫知开罪之由也。捡阅部咨骆制军奏奉上谕与保应熊等保案，未免相忤，乃并王给谏奏刑部章程四条一并奏驳之。敬呈阅定后，求即日发下。核定。小荃言邱已丁忧，当开除其名。俞君降补，似为平允。谨并奉告，未知可否？敬请寄云老前辈大人勋安。

侍嵩焘顿首　廿四

折稿三件，祈并求阅定，即赐发下。赐核定。筱荃言邱玉珊现丁忧，俞增光现派差使，人品、声名却实是坏，专以赌为生。供奔走，应再酌。而徐良梅、江肇恩诸君声名实为最坏。吴少村决计引退，故并未与商议。筱荃言少村一席，须早定局。少村一

---

①据山东省图书馆藏原件辑，原未署年、月，此据本函内容考定。

切搁下为不相宜也，与之酌议，渠亦以蒋璞翁为然，言少村或升或真病，渠义无可辞。今少村自退，渠居其位，为不安也。敬请寄云老前辈大人勋安。

侍嵩焘顿首　廿四

致毛鸿宾[1] 十六日

折稿极为妥实，中有一二处酌商者。如“过于要好”似稍着迹，谨易“使才使气”四字。陶昌培网利实不少，拿问后，久乃查抄，必有浪散之处，似不必为之解释。马逢亨报捐，京饷乃办。此案主□朝廷亦未尝不望其报捐。此层似亦须申叙。鄙见如此，谨各于稿内注明，伏求钧酌。敬请寄云老前辈大人勋安。

侍嵩焘顿首　十六夜

致毛鸿宾[2] 十一日

洋货行至，竟不敢过问，洋人积威之渐如此。顷为齐令言之，渠已允诺。谨拟稿呈核，一切办法，已属齐令回禀，想已上达矣。厘捐奏稿附呈。敬请寄云老前辈大人台安。

侍嵩焘顿首　十一

致毛鸿宾[3] 初三日

昨承面谕一节，遣巡捕传谕冯令，伊极怀感激，求并列名留

①②③据山东省图书馆藏原件辑，原未署年、月，此据本函内容考定。

省。能另片并留陶安卿为尤妙。凡皆良实贞谅之选，不随俗波靡者。敬祈酌之。李巡捕开呈手折一扣，由臣嵩焘携带赴粤办理文案。见其谨慎详密、遇事留心，派充巡捕，已阅一年之久，即乞留省云云。当可行也。敬请寄云老前辈大人勋安。

侍嵩焘顿首　初三日灯下

同治四年

致毛鸿宾[1] 正月十四日

滇饷又奉旨拨解，外间筹饷之方，京师极力牵掣之，拨解又复纷烦。今之官吏殆不可为矣。接到南信一件，十二月廿日发递，言近事略详，特呈一览，并乞交去手□□至祷。闽事颇有谣传，贼氛日炽，尚未易了结也。寄谕一道，谨缴上。敬请寄云老前辈大人勋安。

侍嵩焘顿首　十四

致陆心源[2] 四月十九日

张令兴烈、冒令澄曾数差委之，喜其质实，谓可以为良吏。先后委缺，观所行为，乃更出鄙人期望之上，故于此二人爱之尤至。闻张令之耗，为之悒悒者数日。兹附去挽联一付，奠敬百金，请附寄翁源，略将鄙意。贵同乡尚可稍为张罗，使其眷属早获成行。容与张秋粟言之，北路军事方急，翁源一案不获严办，天心殆不可问矣。

---

①据山东省图书馆藏原件辑，原未署年、月，此据本函内容考定。

②据上海图书馆历史文献研究所编《历史文献》第九辑辑，上海古籍出版社 2005 年 11 月出版。原未署年、月，此据本函内容考定。

十九日

复陆心源[1]四月二十三日

存斋仁兄大人阁下：

别后系念甚殷。顷方箴翁见示手书数行，述及翁源之变，读之骇愕。随于语次接张令一禀，乃其由县率领曾、刁二弁前赴六里乡地方，剿办长宁窜匪时所发也。始据长宁宋令移咨，窜匪二千馀人，拦入翁源境内，起营滋扰。张令探查，聚匪仅只百馀人，乃募二百人以行，适遇大股，勇皆溃散，曾弁因伤被掳，张令亦为所戕害，情形约略如此。

该令官声甚佳，以勇于任事致死非命，为之洒涕。此股贼匪究不知所自来，应请阁下迅速分饬连平、龙门、从化各县，会同长宁县四面兜拿，并考究其巢穴实在何处？逆首系何姓名？能知其乡匪名目并其踪迹，即恳咨商任镇军派兵剿洗，期于痛歼之，以泄神人之愤。弟已函知崑军门及惠州府，属其严切查办。此时尚未悉其详，未便遽行调拨，临时办理则千馀里公牍往返，必至多需时日，务恳阁下体察情形，就近与任镇军会商。弟亦以此意函致之，容后补具公牍可也。

至张令身后景况并其眷属行止，仍恳阁下加意顾视，随时见示一二，并派留韶妥员一人，前赴翁源一为照料，不胜企盼。手此，敬问台安。

愚弟嵩焘顿首　四月廿三夜

---

①据上海图书馆历史文献研究所编《历史文献》第九辑辑，上海古籍出版社2005年11月出版。原未署年、月，此据本函内容考定。

复王柏心[1] 四月二十五日

子寿仁兄大人阁下：

两辱惠书，深邀奖注。尘劳冗猬，裁答久稽。欣惟起处胜恒，行道有福，兼承文光益耀，延誉大隆。纂志彝陵，如椽独运。省伪之书一正，藏山之业弥雄。泰斗遥瞻，莫名倾慕。

嵩焘山臞野逸，谬领封疆，任重才铨，与时俱惕。南中土风犷悍，弃礼如遗，吏治之难，诚符尊论。履事三岁，颇欲振其疲玩，导其秀良，俾士习渐砺于公忠，凌暴不行于乡里。而积重难返，虚欲独存，近负斯民，远惭知己。

此间军务，其西境高、罗所属乡团至为勤奋，逋恶就歼，各城既收，稍可休复；其东境毗连闽疆，漳郡踞寇时出伺我惠、潮，李方伯福泰现督大军驻之，谅能自固。闽军昨有上海应调援师，驶入厦门，声势较盛。漳匪力穷，必将弃疾邻界。顷已筹派一军，迅即东行，迎头堵剿，以期搤吭拊背，无令披昌。所苦广民财耗气浮，澄清有待勉焉而已。

饶柳夫明府饬赴新宁本任，已阅数月，尚以合浦交代羁滞庐州，至今未及一见。齿芬所被，必为良材。令亲梅君逋累，鄙心深悉其冤。其人实失之拘谨，一时人言群为无根讥刺，以倾陷之。粤俗是非曲直，早失其平，无可置辩。州县交代，轇輵多端，极力为之清理，而固非时日所能了结。已屡告所司早为之所，无使流离，以副雅廑。手覆，敬颂著安并叩侍祺康豫，永□期颐，诸惟心照不宣。

---

①据湖南王氏藏《道咸同光名人手札》辑。

愚弟郭嵩焘顿首　乙丑四月二十五日

致陆心源[1] 五月初三日

存斋仁兄大人阁下：

昨准南抚咨，鲍军门调赴甘肃营勇，内有降众数千人，称变于咸宁，连陷崇阳、通城，有阑入江西之势。恐其意必谋与此贼合并，而至今未据江抚咨报。又闻娄镇军所部霆营赴赣州索饷。霆营本无纪律，又收降卒过多，终必为累。尊处当一知照王钤峰观察，各路情形，时一报闻。

翁源一案，有言利陂塘涂姓勾结长宁贼匪滋扰。弟正虑长宁游匪此拿彼窜，无可跟究，既有主名，则此案办法较有端倪，总须从严从速，丝毫不可含糊。谌游击管带营兵二百人，恐不足了此重案，已咨会任镇军拨勇剿捕。此间旧俗，每办匪乡，必有耆老数辈，携同妇女，搪抵承认缴匪，官民相为粉饰。此次戕官重案，遇有此等，皆执而诛之。《记》曰："臣弑君，子弑父，凡在宫者，杀无赦。"更无可矜恤也。

新任莫令东奎，老吏而多瞻顾，不足恃以办事，仍须阁下与沈辅之兄极力督率之，从严整顿一次，此县尚犹可为；稍与优容，以后直无可措手矣。鄙意须得辅之兄亲往督办仍须多觅地方公正绅士，帮同拿办，以痛剿为义，请阁下体察情形，一会商之。寄帅曾否改由湖南，恐瑞、临一带未必能畅行也。手此，奉即台安。

弟嵩焘顿首　五月初三日

揖臣、辅之两兄均此奉览。

---

[1] 据湖南图书馆藏原件辑，原未署年份，此据本函内容考定。

致陆心源[1] 五月十八日

存斋仁兄大人阁下：

日来闻镇平失陷，度此贼必不至内窜，必将横出江西之长宁，以趋南雄，就商中堂迅调郑绍忠一军，先期驰赴南雄。昨见会札，仍以赴防镇平，跟踪追赴南雄为辞。鄙心已疑其后时。

适又闻鲍军叛卒有由安仁扰及永新之说，旋又闻抵桂阳，韶防日形紧迫。而尊处及南雄至今无一字告急，岂尚未有警信耶？鲍军叛卒情形，由湖南急足言之，似不虚也。任松楼一军兵力太单，只可据营稳守，不可迎战。弟已函告之。谌游击于军事亦为谙练，若有急须召募，则谌可以开募一营，任亦可以加增。卫揖臣宿将，韶郡城守事宜可一以委之。

去岁添募水师三营，藉巡缉为名，其实专为东、北两江防堵之计。顷询张副将，此船但可抵罾山，不能至平石，而自宜章以下，所谓单双船者，殆以数千计。当令该船开泊乐昌以下，而以舢板十馀号扼守缯山，则江路必可无恐，南雄城河亦当调拨舢板十馀号扼守。张副将尚不如王镇军之稳练，若急须设防，并邀王镇军一商。弟亦以此意谕之张副将。续修舢板十号、小巡船二十号，所需口粮，应一并由韶厂发给，以资简便而昭画一，当另具文行知。各路军情，务须探明，随时示悉，是为至要。手此，敬请台安。

嵩焘顿首　五月十八夜

---

①据湖南图书馆藏原件辑，原未署年份，此据本函内容考定。

复陆心源[1]五月二十日

存斋仁兄大人阁下：

昨闻乐昌警信，具达一函，乃得阁下公函，报鲍军溃卒扰近粤界之耗。此起剽悍，骤不及防。计自京口称乱，扰越四省，为期不过月馀，亦何迅速乃尔。宜阁下侦探之不能相及也。乐昌距韶咫尺，防务一切，讫无准备，心甚虑之。松楼一军似须赶紧调赴韶州，以资堵剿。已商知中堂，饬令体察情形，先行移驻韶郡。军情紧急，能早布署一日，有一日之益。先由阁下酌量，即传此书之意，移请照办可也。

松楼兵力太单，闻其分扎四营，相距太远，即留驻南雄，亦须令附城驻扎，使声息足以相顾乃佳。贼在乐昌，水师尚适用。已饬王镇军揀派战船二十号，先驻连阳江口。如贼势西窜，即扼连江截击之。韶郡情形稍紧，亦可就近驰援。王、沈水师二营，仍由阁下与松楼体察情形，调拨防剿，已将此意函告之。省城相距太远，不能为遥制也。谌恩荣饬令开募二千人并松楼添募之勇，未知就近可以召募否？军装器械能为预备否？并须及早筹画为要。

调郑绍忠一军赴南雄，早与中堂言之而不见允。昨闻乐昌之信，竭力指陈，犹以贼窜嘉应为虑。东江兵勇四万馀，并此一军亦不肯抽调，竟将南韶度外置之今早仍与辩论，使人气闷，真不可解。手此，敬问勋祺。一切祈与揖臣兄商之，不另函也。

嵩焘顿首　五月廿日辰刻

---

[1] 据上海图书馆历史文献研究所编《历史文献》第九辑辑，上海古籍出版社2005年11月出版。原未署年份，此据本函内容考定。

有晓谕鲍军溃勇谕文六百张，请阁下分发各营及各县，于该溃勇屯聚之处多为散布张贴，或投入该溃勇营盘，总以大声疾呼，广为宣示为义。松楼一军曾否移驻韶郡？如有需添募之处，请告松楼，尽可添募，但须以先求营官为要。有营官，则添募多少惟所酌量办理可也。手此，即问存斋仁兄大人勋祺。

嵩焘顿首　廿二日夜

复夏献云[①] 五月二十六日

芝岑仁兄大人阁下：

两奉赐书，渥蒙垂注殷勤，并谂去冬一缄已尘台览。辱齿芬之远逮，倍心篆之交萦。敬谂履祉绥和、凡百遂心，钦祝无量。

僧邸战殁曹州，关系大局。直东事势倥偬，宵旰为增忧劳。湘乡接统其军，均非其所素习，进退从心或恐难之。想念时局之艰难，为之怃然，不安于心。闽匪久屯上杭、永定之交，鲍军叛卒又扰于乐昌，深忧与此贼合并，将至不可收拾。鲍军剽悍能战，而历来不知有纪律，所过滋扰，人皆苦之。接湖北来信，直以不愿西行，反戈回驰月馀之久，蹂躏四省数千里之地，迅疾如风雨。兵犹火也，念之为增忧惧。

□翘都转久住京师，运司出缺几遍，而不一及之。吁帅之言，为朝廷所深信，恐旦夕未能释然也。甘事闻尚有转机，嘉关告陷，未卜能迅复否？鹤丈近有来信否？此间折弁往返动须百馀日之久，见报总在三月以后，一切都不能详。

吴仲帅留淮，而此缺未开，亦未闻有代者。此间应清理之事

①据佚名编《道咸同光名人手札》第一集辑，原未署年份，此据本函内容考定。

颇多，有之急盼其来，庶使此邦完善之区振茂昭苏，日有起色，此邦之福，亦微生之幸。手此，敬请台安。

愚弟嵩焘顿首　五月廿六日

致陆心源[1] 五月二十六日

存斋仁兄大人阁下：

乐昌股匪似为无定之游氛，依依焉无所之，属齐仲炎占其兆，曰："抚之吉，剿则非旦夕所得了。"前颁发示谕六百张，谋所以解散之，而其受抚与否，则固无从得其要领。

有耒阳钟燧民通守，最精于医，薄游岭南，自愿奉檄直入贼营，乃使一往觇之。如可以数言解散，免滋四路之蹂躏，所保全实多；或其流荡无归，一二桀骜者拥之以狂逞，则亦可窥彼虚实，伺其懈，纵兵击之，总以速了为义。积久而势益横，党益众，或遂与大股合并，办法愈难。钟君至韶，当小留一二日，审察贼情，而后敢深入，一切办法亦求阁下熟计而谕行之，不能拘守一格，或须直入贼营，需用数十百金之间，亦烦阁下体量而照给之。手此奉达。即请台安。

嵩焘顿首　廿六日

复陆心源[2] 闰五月初三日

存斋仁兄大人阁下：

①②据上海图书馆历史文献研究所编《历史文献》第九辑辑，上海古籍出版社 2005 年 11 月出版。原未署年份，此据本函内容考定。

接五月廿九日手书，具知一切。此贼绕出南安而窜崇义，或如侦者之言，由桂阳阑入江境耶？贼营有检点、指挥诸伪号，又假太平忠义名目，始终必与康逆一股会合。能追蹑而夹击之，使渐次骇散，以稍戢其鸮张之气，裨益大局不少。

屡据各营禀报，但称康逆股匪，似侍逆一股实已扑灭，惟李世贤投河身死，则尚未知其确否也。康逆大股久踞武平、镇平之交，江、闽各军三面环合，若于潮、嘉两属无所顾恋，则必乘间西窜南、韶一带，仍不免烦攻剿之力，现饬朱参将国雄、梁游击琼各募勇一千，仍令前赴南雄。如康逆别无窜动之意，则横出江西之长宁邀击之，堵剿兼施，遂围逼之，以蹙其势，不使再至狂逞。岂惟大局之幸，即吾粤边防亦可暂资休息。所盼韶关厘税，日见畅旺，俾军饷有所取给，斯所至望耳。

侯勉忠将兵非所长，已令停募，饬归卫镇军节制，殆徐公之意，以参、游等官不宜归巡道节制，遂并会办二字亦不一载。向来会札之件，具文会印，一看其事由而已，从不细究文义，故竟未一览及此等处也。请径询之中堂，当得其说。

张澍林赴韶，附致翁源张令奠分百金、挽联一付，奉托转递。翁源信甫发，而张令眷属已至省垣，来书于张澍林带去各件并不一提及，仍希补告为望。此请台安。

愚弟嵩焘顿首　闰五月初三日

致郭松林、杨鼎勋[1] 闰五月二十六日

子美、少铭仁兄大人阁下：

---

①据散原老人旧藏《郭筠仙侍郎书札》辑，台北故宫博物院1979年影印出版，原未署年份，此据本函内容考定。

两具公牍，敬迓前驺，想已上邀台鉴。此间军事，距大营为近，缓急机宜当能澄幾审势，规画大局，盘视而迅击之，如疾风之扫秋箨，威烨旁达，遐迩瞻依。

依计大军由云霄进发，三日可达潮州，韩江一水上溯嘉应，计程亦不过六七日。眷望霓旌，当已荣临粤界。贼势屯踞镇平，江、闽边境渐已合围，惟西路由平远以达长宁，尚无重兵。鄙意当俟大军到后，通筹部署。康军已驻松源，自东逶北，兵力尚厚。大军当专任平远一路，南路委之方、邓各军，庶于少荃宫保奏防江、楚边界之议适相符合。而机局更紧，冀幸凭仗声威，立收荡平之效。闽、粤之人歌咏成功，与世无极。

粤军精悍善战，将弁亦多能者，独苦无纪纲法度，每深惜之。大军会合进攻，仍望辅其所不及而赞益其所不能，使之有所观感奋兴，尤深企祷。

近闻季高宫保奏请大军北剿捻逆，此自初闻曹州之警，京师戒严，而未悉以后事势，故有是议。其于地势之宜、军情之因利乘便，皆有所未详。此时淮勇北渡者已万馀人，大军当留为东南之保障，季公之议且姑置之。军食所需，前已委员航海转运，以期不至阙乏，兼属惠潮张道妥为照料。吴春帆观察现在嘉应，一切当与小湖兄商办，期使各军联络，相与以蒇成功也。敬请勋安。小湖兄均此未另。

愚弟嵩焘顿首　闰月廿六日

致陆心源[1]六月初二日

存斋仁兄大人阁下：

前书想已入览，粤东军政不修久矣。吾辈纵无裨于时，断不可更贻后人之累，以负此心。任松楼之驻南雄，吾方望其立功成名，开粤东之风气。五月之警，深虑其兵力过单，难以应敌，而忽以千人分防韶郡，其不能揣量事势军情亦略可见矣。昨准楚抚咨，该叛卒之入楚者万馀人，刘晓沧以二千人破之安仁，陈俊臣以三千人破之桂阳，歼其精悍略尽。其窜乐昌，颇窘蹙。松楼亦二千人，而不能一收截击之功，心颇歉然。

顷与曾质民谈及军务，似其所见在松楼之上，商遣赴松楼处帮办，而其实欲以此军畀之。松楼在水师十馀年，素不习步战，仍当使督办水师耳。若两君意见尚相投契，即以续准开募之千人归曾君召募，言守备之后营亦拨归曾君，各得千五百人。已与曾君言明，仍乞阁下从中调处。万不可听从曾君回籍，乞留意。吾于公事从不以徇私情，军务关系尤巨，先求内信之心，不敢效诸公之所为也。

顷有条陈事宜者，其间两条交涉韶州军事，尤有关于阁下，录奉一阅，亦稍助修省之功。黄君与侯君声望略同，不易得其力，驾御用之可也。张君已屡函言之，君子之道，能弗取阿谀之言，则其守定，能弗受左右近习之蔽，则其见明，能此者难矣。吾辈安可不一自勉，幸秘存之。谌恩荣千人，拟挑存五百，另雇募五

---

①据上海图书馆历史文献研究所编《历史文献》第九辑辑，上海古籍出版社 2005 年 11 月出版。原未署年份，此据本函内容考定。

百人。以恐前募者之不能得力也，一与商妥办理为要。

尊处将官如谌恩荣、张惟贵高出一切，缓急必尚可恃。但须以实心实力与为考究，使诸君有以自效。所望于阁下者，如是而已。此间积习，舍公事以徇一己之私，私之至乃舍一身以徇人。阁下若偶涉此习，非吾之所敢望也。以曾君之便，略奉数语，以当面谈。即请勋安。

嵩焘顿首　六月初二日

复陆心源[1] 六月初七日

存斋仁兄大人阁下：

奉书，知前函已达。益见勤求积弊，加意整饬之义。循诵再三，钦佩无已。

张承恩为左孟辛所保。弟因派赴北江管带彰信军水师，偶加询考，毁言日至。所以叠次询及，正欲阁下详考其行径，以定去留之计，不欲遽以弟意撤之。如果以认真致遭疑谤，则弟所日夜求之士大夫而不可得者，岂可令其终受冤屈。阁下试验已久，又称左右亦皆衔之，必非以人言为爱憎者，所有此项护厂巡船，应即饬张承恩管带并传语该弁。渠官虽微，而名姓已上达。好处不至辜负，坏处亦断不能掩饰也。

所述张副将、乔委员情形，则亦颇不能悉合，盖阁下所传者仍系左右及委员等陈诉之词，故互有参差，其论张承恩得失，则尤非张副将所能参与也。吾于大小人才，未尝不加考究，虽用舍

①据上海图书馆历史文献研究所编《历史文献》第九辑辑，上海古籍出版社 2005 年 11 月出版。原未署年份，此据本函内容考定。

黜陟，反复百端，而此心固自湛然。山谷诗云，“本心如明月”，利欲食之，既日月有食之者，而不以私自食，故能常明。诸葛公所谓“吾心如秤，不能随人轻重，不善者嫉之，不必于我有忤，善者爱而护之，不必于我有恩”。愿阁下亦时以为念，久之而此心乃日进于光明矣。

广东人才不乏，却为十数年来当事诸公晦蒙否塞，反复沉锢，坏尽无数人才。另单所示，万方一概，念之怃然。此等力量，贤人君子且犹难之，安可责之。悠悠积弊之久，深入腠理，自非豪杰大有为之才，弥纶斡旋，需以岁月，未易求效。于今事事在末流上，湔拂一二分，勉强支梧已万分支绌，自家本原上一层工夫未著力去干，终不济事。因书略述鄙见所及，以期互有发明。此达，即颂台安。

愚弟嵩焘顿首　六月七日

致张寿泉[①] 六月初八日

寿泉仁兄大人阁下：

日昨遣巡捕崔成贵由海道走迎郭、杨两军门，甫行而闻此军已由厦门回苏。季老此等处置，几于老悖，不复可以人理论。湖南尚有委员往接，并已筹饷待寄。季老一举，而遗数省无穷之累，竟莫测其意境之所在。所有崔成贵带去信件，即饬留交尊处，觅汕头船便寄上海道转交。计公文二角、信二件，均须留，寄其信封，内一件下“外□□四件”五字，请代涂去。并饬该巡捕迅速

①据散原老人旧藏《郭筠仙侍郎书札》辑，台北故宫博物院 1979 年影印出版，原未署年份，此据本函内容考定。

回省销差，带去各件一并带回，惟信件须一寄达，以明此间相望之殷耳。恳即以此意详告该巡捕，早饬回省。粤□军务恐尚未有了期也。手此，敬请台安。

嵩焘顿首　六月初八日

致丁日昌[①] 六月初八日

雨生仁兄大人阁下：

昨呈一函，想蒙赐鉴。弟于子美、少铭两军门，望之至殷，约之至夙，意谓贼势西窜，此军必由粤境跟追，早属惠潮道张寿泉储峙军食，以俟其至，并妥为迎护照料。嗣接段小湖信，言须粤中公牍，以定行止，即星夜具咨移之，另专足赍信往迎，前后三辈，军米及支应委员亦已早抵潮州。

忽闻左帅有奏调此军北剿捻逆之信，又以一书与左帅，辨证得失，请仍由潮州进发，各函均未达览。得小湖廿六日厦门回信，美帅已前赴上海，铭帅亦旦夕行矣。此军自初奉派援闽，鄙人即决计邀其赴粤，初以分军为请，继以便道入粤为期，始终不得一望见其麾节，真非意想所及。

左帅会江浙各军入闽剿贼，仍假苏军之力，数千里浮海转战，以收廓清之功。由闽达粤，比邻相接，而迫以浮海南归，竟以朝命督之，若惟恐其一入粤境，使此贼速了者，竟莫测其所以用心。而前后具报军情，随时咨报，独此一节，隐秘为之，至今未一咨示折稿，尤使人念之茫然。省城相距过远，一切无所闻。李星衢近在咫尺，坐视此军之去，漠然不以为意。处功名之地，君子之

①据黄濬《花随人圣庵摭忆》辑，上海书店出版社1998年8月出版。

所甚难，自古然也。

粤军精悍能战，将弁亦多佳者，而苦于积习太深，纪纲法度一切废弛，公亦当能知其详。郑、林两军先后挫衄，伤亡奔溃，尚待招集。卓军移驻兴宁，遂至一散而归，省垣亦不相过问。此时所恃，一不知兵之督办，一无纪律之方军，恐难遽以澄清责之。

小湖谓粤事急，此军仍可复来，此所不敢以请于伯帅者。特以私商之阁下，求赐酌画，如小湖之议尚属可行，再以上达于伯帅。筱翁委员来粤迎致此军，日昨始赴潮州。左帅此举，辜数省之望，遗累无穷，深所不解。手此敬请勋安，即乞复示一一。

愚弟嵩焘顿首　六月初八日灯下

致李瀚章[①] 六月十二日

筱翁大公祖亲家同年大人阁下：

初一日寄呈一缄，方以月馀未奉赐书，企盼甚殷，初十日乃奉台教，指示周详，伏读感荷。

苏军始援闽，即有咨请分赴汕头之议，公所知也。嗣数与杨少铭通问以赴粤为期，而贼势北窜镇平。日久不闻苏军消息，得段小湖信乃言，三寄信星衢询进止之宜，而不得还报。急会商制府由海道咨催赴粤，委员专办供应转粟输之，又前后发使二辈往迎。忽得吴春帆信谓，左帅有奏调此军北剿捻逆之说，又专函商请先赴粤会剿。顷各使回言，苏军已于闰月十七日由厦门回沪矣。小湖致啸篔书直谓左帅实敦迫之，虑苏军之分其功。左帅贤者，

---

①据太平天国历史博物馆编《清咸同年间名人函札》辑，中国档案出版社 1992 年 5 月出版。原未署年份，此系原编者考定。

或不应有此，而实不晓其命意之所在。

此贼残窜之馀，其党自相携贰，无甚固志，原可一鼓荡平之，而尚非闽、粤各军所能逮。左帅此举关系大局，江、楚与承其累，不独遗憾粤人而已。

粤俗强悍，将弁兵勇足任征战，直苦积弊太深，群相与视为罔利营私之具，纪纲法度荡无一存。有自军来者，言各营周旋督辕及用事诸公情状，为之浩叹。弟始至，粗定营制，欲稍湔除其积习。西河急自撤其藩篱，益务为虚浮，流荡波靡而不知止，至今思之，耿耿于心。人言水师三营及曾镇一营为尚可恃，不知此数营者；鄙人精神犹稍能贯注规模，乃自迥异。天生忠孝若江忠烈，四维忠节、五壮烈者几人？即其有之，亦视曾、左诸公为之主持，而乐有以自效躬豪杰之任。戡定大乱，力肩艰巨，而曰吾惟安坐以徇人之私，而事固已治矣。诚如是，则乾坤毁而道息，吾粤固可以久安长治，区区之忧宜为过虑。

方营三千人平远一溃，骤增至五千，近则已逾九千。郑营甫增至五千，镇平一溃无馀，乃急转五千人之饷馈之。卓营索积欠二十万以行，由老隆移扎兴宁，竟自散归；星衢为之斡旋，仍报留驻兴宁，散归者已补募足额矣。相与同心比德，舍天下之事并舍其身以徇人。近得春帆信，皇皇然忧其不足以自支，鄙人固早知有今日。八七次保奖，致奉严旨诘责，而终不出方、郑两营，翟营无列入者。各案汇奖，至今积压，苦口言之，殊亦漠然。

故相和平耐劳，于弟亦无牴牾。谓必优于前政，而误暗力柔，过信宵小之言；而力持其所见，不可开谕，左右近习乃得意为低昂。初至诸事就商，而皆格不行，军事持见尤坚。似其左右循习，故事据以为利，深恐事权之旁假，直谓此口事何可使人干预？遂亦深中其言。鄙性拙直，近于军事不复措意，事有可行径行之，亦不就商，稍觉爽利。惟心念东江军事如丝益棼，得一邀天幸，为壑于邻国，相与拱手以颂无事，乐与人同；其有忧者，任贪猾以御乌集之军，蝇营狗苟，终古一辙，以求徼幸，讵可常乎？此则鄙心所为异于人之耳。旦夕求去，此不乐郁郁久居，无所顾忌，故略为公一畅言之。

此邦是非曲直，有万不可解者。鄙人之于治盗亦稍尽心矣，去年以来，参案数见，比潘濂舫直谓近来捕务废驰，较前更甚，似从前并无此等奏案。办理平粜亦公所知，刘云生于此颇竭心力，无故毁厂，积怨刘君而诟詈之，百思不解其故。士绅之诈，百姓之愚，两造其极。以诈行其负气专利之私，而以愚鼓其浮动之气。诗人之言曰：譬彼舟流，莫知所届。自非豪杰，大有为之。才贞胜于一身，以转移人心风俗，谁堪此滔滔者！与之为波靡，与之为无畦町，至此而始恍然。于德之不立，而才之不充，不能苟且以谢吾责也。

蒙相成达观，拥旌节以谈元风吾，知有愧而已。许副将来粤，饬由海道赴潮，与巡捕同行至香港候船；闻苏军已前回沪，怅然而返。居此日久，已给与路费二十元。若甚有不自安者，盖可尚也。敬请勋安。不尽。

治年姻愚弟嵩焘顿首　六月十二夜

复李瀚章[1] 七月十一日

筱荃亲家仁兄同年大人阁下：

---

①据太平天国历史博物馆编《清咸同年间名人函札》辑，中国档案出版社1992年5月出版。原未署年份，此系原编者考定。

初七日接奉六月二十日赐书，伏读钦感。子美、少铭两军为左帅逼使回苏，而据段小湖信，三次函询星衢就商进止，而不得还报。弟以子美、少铭两君将至，寓书春帆，言两君本素识兵，力又尚可倚恃，惟虑与粤军不协，弟当亲一视师镇抚而联络之。春帆回信乃盛推星衢办理精妥，而尼弟之行，为之茫然不解所谓。或各军忧弟之推求为游辞，以护其私，星衢、春帆均乐顾惜情面者，相与结欢诸君耳。老兄试思之，亦可以见军事之大概矣。官绅劝弟出省者颇多，弟以不敢与闻军事多方避之。而默察此间事势，非拼此一身与贼相搏，亦竟无他法。现尚未与督辕商之。

微闻镇平踞逆已有窜动之势，东起福建之永定，西至江西之长宁，将帅林立，兵力甚厚，无可飞越。兴宁、长乐、龙川一带，贼势延蔓数百里，即有窜扰江、楚之意，亦须横出连手，以达韶南，或径出始兴，乃可他窜，若竟深入腹地，则亦惟所蹂躏而已。察看大势，此贼一图狂遥，粤必先承其敝，其势亦岂能与澄老安坐省城晏处超然？此鄙心所为终日怀思筹铅刀一割之计，而自苦其迂钝也。

岘帅赴江，弟决其必取道粤东，以路较直捷，而赣南防堵情形及地势险要，亦可略加考究。弟亦急思得一见，与会筹合剿机宜。其取道永、衡以出醴陵，似属未安。闻尚当一道省垣，乞公略与商议，如何合江、粤诸军之力会剿此贼。岘帅能一出视师，则弟尤有所托倚，一张其气。

俊臣约，贼入粤境，渠即率所部由乐昌进剿，可谓识力兼到。吾楚防兵陈、赵、王、刘四军不过万馀人，而气象胜于粤军四万馀人，倍屣而无算。

来书谆嘱忍耐维持，极佩高谊，而不知无所谓忍耐也，坐废而已矣；无所谓维持也，攘怨而已矣。此又宦境别一苦趣也。饷需支绌万状，星衢但知挥霍，澄老恰与同味，而一有筹饷事宜，又多从旁瞻顾牵制，颇甚苦之。牙帖苦为寄帅所持，澄帅持之不甚力，而亦多为议论。鄙人力主开办，数日已获数万金矣。政府诸公日持高论，阻挠厘务，而云、贵、甘肃、直隶指拨粤厘皆应付之。乃于秋间添拨京饷二十万，内厘金五万，为具一稿陈复，澄帅又瞻顾不行，真可谓中外一德者矣。恐此诸公未必能收荡平之效，惘然而已。手此，敬请勋安。

家书一件祈速饬送。志城归家，欲令意城暂一来此也。次青兄均此请安。

七月十一日夜三鼓治姻年愚弟嵩焘顿首

致李瀚章[①] 七月二十四日

筱荃仁兄亲家同年大人阁下：

七月十二日奉上一缄，时以东江军事日棘，颇思一出视师，而未敢发也。已而闻长乐告陷，惠州戒解，城中居民搬徙一空，盗贼乘风肆起，乃谋驻扎惠州，稍资坐镇。竟以是大触澄公之忌，盛气相陵，茫然不晓所谓。此间积习之深，至穷于疏理，亦公所知，乃至欲废弃万事，一意徇人之私！初意所期许盖不如此。人才每下愈况，岂惟当世之忧，抑亦吾道之不幸也！褊急如鄙人，何能久与周旋？决计自劾以去，归承教训不遵矣。

高碧湄自江西来就，意在托身为仕进之阶。文笔一时无两，人亦伉爽，公在江西当具知之。年长而阅历亦深，志在用世，不

---

①据太平天国历史博物馆编《清咸同年间名人函札》辑，中国档案出版社 1992 年 5 月出版。原未署年份，此系原编者考定。

乐为名士。弟初致之澄公，俾习章奏，澄公已订请矣；嗣闻曾就故国肃慎氏馆，拒之，弟乃招致署中。高君自知来意之不易，遂欲得大贤为依归，屡乞一专以行。弟方以平贼自任，固留相助。今吾志既遏不伸，高君之志乃益郁，而求逞俟吾归计一定，高君即先赋涉湘之篇，乞公为吾湘添一干吏。次青亦当能具言之。使澄公当时不为浮言所夺，必能稍有赞益，不至相与靡靡，以趋于穷奇，而区区下情，亦得借以稍通，不忧中隔。船山先生有言：士之交友，识暗而力柔者绝之可也。于澄公益信。敬请台安。

姻年治愚弟嵩焘顿首　七月二十四日灯下三鼓

复李瀚章[1] 八月二十一日

筱荃仁兄亲家同年大人阁下：

奉八月初三日赐书，所以训诲之甚勤且挚，其深透处一皆阅历有得之言，味之无穷。出省视师之局经营数月矣，省城得将官二：一曰蔡国祥，一曰关镇国，令各募两营为二千人；冯军门部将二：一曰关志松，一曰邓金胜，拟各募一营为千人。营员可调者四：一曰肇庆协副将杨青山，一曰韶南镇标中军游击谌恩荣，一曰三江协副将刘成元，一曰督标后营参将张寅，似此数君者吾皆能用之。日前诸公何有何无且姑听其所为，吾以二千之众自当一路，颇谓有馀。

会长乐失陷，惠州戒严，始昌斯议，而大为澄帅诟病。志城当能语其略。乃至令惠州协标都司赖国恩募勇二千，会同文武办

①据太平天国历史博物馆编《清咸同年间名人函札》辑，中国档案出版社 1992 年 5 月出版。原未署年份，此系原编者考定。

理惠防。吾见之大愕，幸为昆静山所阻。鄙人自是浩然有归志。适闻澄帅二十六日递有密件，乃遂具疏上之。粤事终无办法，得早退为幸。年来所窍自信一二贤士大夫之有心者，州县之勤于政理者，尚微有所倚恃，然而此调亦孤矣。

近访有会匪一案，亦自乡团发之，其险已甚。闻湖南会匪到处皆然，必得从严惩办。此间好乱，殆出天性，亦尝非恃会然耶。有翁源人巫桐者，拦舆具控，详问之，具述民间冤苦之状。三二百人以下之户，生杀皆听命强族，家有千钱无敢固藏者。问以所居乡独然耶？曰通邑皆如此，而县官不问。近省盗案频仍，一二匪乡公行劫掠。而徐子远持之于上谳，局持之于下求。如公在粤时之办理顺适，已不可得。

箴老温厚伉爽，苦于用人太不考究，力反公前政，委权书吏，名曰挨委，而疑窦丛生，一时弃材多为所简拔。有并不关白者，不得已明定章程，力与持之。公所举王禧昭曾汇次多人商之澄帅，答言生平以此为戒，请勿复为。此搁置五月，见习详王君又赴任永安矣。询以两缺皆挨委、候委者，且至千人，何以连及王君？曰此补委班。乃直告使撤委。此皆君子人也，徒使鄙人多受无名之怨，言之痗心。又商澄帅之明日有贵德者，具履历呈递，并述及治行。问何意？曰中堂命也。鄙人见闻苦隘暗于知人，惟尚肯留心，而所遇多如此，是用茫然。默察此间事局，实非谫劣所能补救。其求退也出于至性，独以澄老小心抑抑，鄙人孟浪之言恐致波及，问心深挹不安。

长乐克复，招降粤人略尽，知汪逆必不能久停。又康国器败之松源，汪逆亦受伤甚惫。高果臣又败之岩下，席研香又败之东石，镇平遂已收复。闻汪逆尚数万人窜逸江西之长宁，吾楚边防增剧。然以贼势论之，直可以一战荡平，粤军不能不任其咎。江、楚各军尚多健将，庶几公与岘庄一竟此功。鄙人方筹归计，托庇治下，优游自适此信仅可与志城一阅，万求勿以示人，仍乞火之。家书一件，志城如已归，请径寄其家。敬请勋安。次青兄并致候。

治年姻愚弟嵩焘顿首　八月二十一日

致郭家镛[1] 九月初五日

……[2]常君自都来，带到各件，诸费清神，敬谢。所汇协成乾库银三十金，当即如数兑讫。报捐盐大使，鄙心不甚谓然，以近日候补班动辄数百千人，饥饿不能出门者十常八九，以为赡家之资，恐非所期。又近见截取举人，已及庚子科，相距二十馀年，捐班无花样，而求补缺，恐更难于截取也。生平不乐以资入官，故其论如此，然亦不敢强止。公如必须代挪二三百金，即向委员姚君言之，往协成乾拨兑。吾义所不容辞，稍可以止则，且保此一举人，以图上进，无遽抛弃之也。

广东钞票捐，尚不及滇捐之廉，且亦不乐径为公办此，故遂不复考求。浙运杨石泉、淮运丁雨生，皆大贤之资。石泉湘人，雨生于鄙人至交。淮、浙两处情形，当不甚远。置身捐班之中，旅进旅退，承候意旨，窃颇以为苦，士亦各行其志已耳。手此，敬问旅安。

侄嵩焘便呈　九月初五日灯下

---

①据散原老人旧藏《郭筠仙侍郎书札》辑，台北故宫博物院 1979 年影印出版，原系残阙件，无受函人，亦未署年份，此据本函内容考定。

②以上阙。

复李瀚章[1] 九月二十八日

筱荃仁兄大公祖亲家同年大人阁下：

孙小云带到赐书，敬知一切。粤中艰窘情形，公所谂悉，藤簰军火之需，谨当报命耳。

贼由龙南回窜，屯踞连平之上坪，西界翁源，北距始兴，均在百里以内。察看此贼大势，终以始兴、南雄为去路。终兴江口以下，已饬水师分段设防，贼必不能飞渡；始兴至南雄江路百馀里，均可褰裳而涉。江西防兵甚厚，岘庄中丞又有视师南安之说。湖南桂阳一带亦驻重兵，恐其绕由仁化、乳源，以窜临武、蓝山。鄙意此贼终贻楚、粤之患，能在粤了之，使免蔓延，犹为上策。若移陈俊臣、王绶卿、刘晓沧三军扼浈江而守，防贼偷渡，与南雄、始兴两处防兵相为联络，直接江西大庾岭，而以赵玉班全军驻扎仁化为各军后援，则贼之去路已穷，井鱼槛兽，成擒必矣。

任松楼驻防南雄，曾质民驻防始兴，其始兴江口以下水师分归张澍霖、王春晓管带，皆楚人也，陈俊臣之力皆足以联络之。专以楚防言之，计无逾于是者。弟所以不敢一发此议，内顾粤军无可倚恃，而所在伏莽蠢动，久踞粤境，为患益深。久思咨商会剿之义，宁使粤独承其敝，为东南一清此残孽，而迟久不敢言，终令区区除乱之愚忱郁塞，无由自达，念之怆然。

顷据左帅咨，饬高果臣、刘楚臣两军门、康友之观察入粤会剿。果师已率所部前驻长宁，康、刘两军病者逾半，尚未能会筹

---

①据太平天国历史博物馆编《清咸同年间名人函札》辑，中国档案出版社 1992 年 5 月出版。原未署年份，此系原编者考定。

堵剿。粤中略有生机，而仍未敢深恃，特以此义贡之阁下。水陆扼防之宜，想具知之。与其远守楚边数千里之地，而终不得要领，宁进前扼贼，截其去路，取势甚紧，而收功甚大，明者必能抉择。若更派晓沧一军渡浈江而南，会同剿办，则更有益于粤，粤人亦必不敢以截贼去路归怨于公。能得此贼速了，鄙人归卧燕山，梦寝亦甘。

前件奉严旨谕留，论者遂以乞病为大不宜，不知鄙人志在求去，非以倾人也。终久得去，适获我心，其不得去，则亦君父之命耳，于心无尤。前后两公犹不失为贤者，正恐后来者每下愈况，天下岂有两政并出，而能有裨于民生国计者哉！鄙人虑之审矣。霞老竟以微故去官，人皆惋惜，我独欣然。喜吾道之不孤，得是以为之先路也。

小儿姻事，得伯宫保书，以就婚金陵为言，此亦鄙人初志。因侯相视师外出，此议遂辍。侯相屡枉书，但谕以彼此相会长沙，又不一言其详，致两俱相持。其实，两家各有为难之处，亦颇不易定计，稍求其便，仍惟就婚金陵一说耳。小儿躯羸柔弱，或由内江赴金陵，或由海道仅遣一二仆辈挟之行，颇不能放心。又须废书数月，成婚后仍须归家，既不能独立门户，令与意城、志城同居，则所住屋皆无多，亦多不便，念念讫无良策。与公忝附姻末，幸乞一代筹之，不胜感祷。家书一件，祈饬妥交。敬请勋安。

治姻年愚弟嵩焘顿首　九月二十八日

复李瀚章[1] 十月十五日

筱荃仁兄大公祖同年亲家大人阁下：

奉书极荷垂教之勤，伏读钦感。封疆主兵者责在调度而已，原不必身临前敌。岘庄老于军旅，能任劳彼，各行其志耳。弟前出省之议，则以粤东军务玩废不可名状，惘惘然与人为呓语以相涂饰，于心实有不安，非敢以言兵也，免耻也。既相为牴牾而浩然求去，因得一自湔洒。虽以激直犯朝廷之忌，于心固稍适，然不如前者愧咎之集。

公书以东、北两江之异，宜重勉鄙人一行，可谓达于理而未察于事者也。彼其尼吾东行，其心果何为哉？人有护持其甘蔗者，或旁睨之，则攘袂以愤争，惟恐分其蔗也。今日东枝之蔗不可食，而北枝可食，其攘袂以争，必更剧于前矣。君子忧事之不治，朝夕以欷歔，岂犹夫人之心？计较一蔗之得失者，必争而得之焉，只益其愧而已。此其所以不屑为也。

前书欲乞移边防各军进扎始兴江口以东，亦以此时南雄兵力已厚，窜江之路层层布置，无虞冲突。惟由始兴窜楚途径较多，兵力亦较单，不如扼江为守，蹙之一隅，防堵为有把握，军情地势昭著易见。而自始兴江上下，水陆各军皆楚军也，俊臣诸公亦易与联络，以求互相策应，度公必能规画全局，一力断行之。现在驻扎始兴，仅曾挚民一军千人，其清化司一路，则尚属空虚。此贼已有就灭之势，不在区区收一战之效，而在一举荡平之。鄙

①据太平天国历史博物馆编《清咸同年间名人函札》辑，中国档案出版社 1992 年 5 月出版。原未署年份，此系原编者考定。

心钦钦，惟恐此贼之旁窜。所见与人固别，公谓何如？

顷以大病十馀日，诸证已退，勉强外出，而尚不能进饮食，疲惫可叹。仕宦日久，意趣日益萧条，毋亦所处境地固不同耶？日闻霞老罢归之信，私心窃喜，庶为鄙人之前导。碧湄不在遽求仕宦，闻劳湘舲将入都，意求接办岳卡一席，以自试其才。或以此试之数月何如？季老辞督办之命，知必不能入粤也。敬请勋安。

姻年治愚弟嵩焘顿首　十月十五日

外，李辅堂信一件、家信二件，祈饬交为祷。

再，少荃宫保督师河南之命，奉旨垂问勤勤，知朝廷重视军事倍甚于疆寄。雨生抚苏，此间传其力辞恩命。少帅复奏，亦以资格稍浅言之，此当为松岩地耳。豫患方长，曾侯亦极忧之。吏治军政之偷敝极矣。朝廷倚任季札，或恐未足堪之。以浮寄之军，转数千里代筹之饷，甚念少帅所处之艰。何日启行，驻节何处，马步各军有无续募，公处竹报时通，幸以时宣示一二，以慰悬企。幼荃练马队七千，驰骋中原，别开一格。曾侯知人善任，弟亦心觉幼荃为能胜之，公言谦也。北方马队较之步队为易驱策，但须饷足耳。再请勋安。

弟嵩焘再顿首

致某人[①] 十月

再，顷得龙芝生信，以修理会馆属为资助。会馆兴修未逾十

---

①据散原老人旧藏《郭筠仙侍郎书札》辑，台北故宫博物院1979年影印出版。因系附笺，原未署时间，亦无受函人，此据本笺内容考定。

年，旧时工程改而更张之，则亦力所能及，未卜所云修理者何也。芝生谋继湘乡之盛业，急欲有为，其意尚可嘉。为奉寄百金。往时在京，议定阁下管理公项，至今当援以为例，故以奉交。又，同乡团拜会百金，则例款也。

郡人宦粤者仅一张寿荃，公函容转寄达，此外间有一二候补者，多穷困不能自存，无可设措。年来京官日有增加，弟处多不相闻问。旧交中如谭文卿、黄晓岱、黄翰仙、龙芝生、李篁仙、皮小舲、李云舫、毕莼斋、黄子襄、张平叔、黄艺圃、刘琴舫十二人，各致菲敬二十金，祈饬转交。此外或有相知，为弟所不记忆者，并乞以时报问，旧交中独有遗忘，则甚不可也。外奉致五十金，略备薪炭之需。祈赐莞收。再请台安。

年愚弟嵩焘再顿首

复李瀚章[①] 十一月十三日

筱荃仁兄亲家大人同年阁下：

奉十月二十二日赐书，敬知一切。孙大令采办军火早已购齐，而言濒行时军需总局令加购洋枪一二千枝，大咨所未及也，亦即饬局给价购办。黄参将为鲍帅购办军火，亦谨依照大咨办理。

吾粤为天下诟病，以从前盛时全不一顾大局，荣华富贵历任享用，乃使吾身受报。今日思稍补救其失，而力已早不支矣。楚南贫乏，距粤甚远，而出入一切稍能核实，用兵常数万，转战常数省，岂粤所敢望哉！两年以来，坐视此间梦梦焉。日搜括所有，

①据太平天国历史博物馆编《清咸同年间名人函札》辑，中国档案出版社 1992 年 5 月出版。原未署年份，此系原编者考定。

用之不知惜，亦不知忧，独以身为诸公敛怨，锱铢取之以供，不知谁何之钻刺，实用茫然。

粤故沃区，历来咨其骄侈，一无支拨，乘其穷也，而督责之报亦惨矣。楚，贫国也，同一苛求。本年两次拨饷，独不一及江西，而两及粤。尊书以粤、鄂、江南与楚并论为怪，殆犹疏于考据者矣。直隶奏办厘金，廷议驳斥，而转粤东六千馀里之厘金以饷直隶，又何说也？

始兴防堵情形，深所未解。粤以郑绍忠、曾夔堂、任松楼、曾挚民四营专防北江，皆良将也。鄙人亦颇主张之，未可厚非。始兴江口之宜防，亦屡函告存斋，并远丐楚军会办，此吾志也。惟未尝一动，公文以历来军务鄙人会商而已，不别著议论。凡百公牍皆出亲裁，独军务付之幕胥，全不省览。七月以后，则并不一会商，此人所共知。十月二十八日，奉左帅复奏谕旨，始于星衢及各营将禀牍推求指斥，毫无假借，而仍懒于会商。前后大致情形如此。窃观今日之大老所以用心有二：一则以邻为壑，丐其速去；一则宁竭资奉之，丐其投诚。此外一付之悠悠。

尊书以谦让见讥，意者知公之能而让之，其不能者不让也。人有馁其弟者，而处朋友特丰。或问之，曰：兄弟一家，在我犹在弟也；惟朋友有分财之义。斯义近之矣。人方西向而让，贼又东向而驰。或悬一扁，两客往贺，相与争论。主人谢曰：吾扁尚未挂。可谓善于解争。今此贼也，其亦善于解让乎？公闻之为喷饭否？

贼窜嘉应，值秋收后资粮尚丰，小作停顿，官兵稍集，又将舍而之他。闽防无隙可乘，惠、潮各属蹂躏必深，尤恐其乘南、韶之虚，仍循故道西窜。前商楚军移防始兴之说，正恐将来仍须取计于此，截其窜楚之路。

承谕驻韶一节，于义未安。前议出驻惠州，兵力犹聚惠州，扼东江之冲，犹能控制全局；今兵益散、财益殚，贼处腹地，而吾绕出韶州以防边自效，图功益难。公所以为宜者，所恃楚军耳。鄙意固思用粤人，所尤耿耿内运之心者，汰方、卓两营，别求一二将弁，鼓其方新之气而用之，稍示以约束。《易》曰：倾否，先否后喜。诸公尚在否，何以倾？额兵积弊愈加考究，而愈无可施治。募民为勇，操纵在我，假朝廷成命，持赏罚之权，纪纲具在，非遂不可为。

诸公气习由酝酿而成，教猱升木，有任其咎者，公得毋求之已深乎？然而事势之流极已深，人心之抗玩亦日甚。毛帅初至，大有为之时也，过是而渐难矣，至去秋而愈难矣，至今秋而虽贤者犹难矣。其竟不能转移，天也，非人也。人之所以泯泯焉，趋而日下者，皆天也。如鄙人才力浅薄，同道求济，未必有功。两年以来，多所乖忤，而事益坏，吾之志气亦渐靡矣。张横渠言：士君子处治朝则德日进，处乱朝则德日退。每览斯言，为之慨叹。与为波靡，而德之退也甚矣；嚣嚣然有所不屑，德之退也尤甚矣。天下只此人才，同城并处，左枝右梧，又制度之流极为之耳。鄙人但有胡文忠之才与志，及其人才之盛，无不可自立一帜。数者既皆不逮，重以衰疾，惟有善自引退而已。纵无霞老前导，亦当冥行而索之。

江南近事，闻侯相有复奏之件，而未知其详。折稿乞一寄览。顷已由侯相抄寄，义正词婉，他人笔力总不能及。其家眷行止，至今尚无确信，儿辈姻事当徐议之。《楚南文征》之刻，此间当凑致千金，外间派捐一二处，都未寄到，足知其艰难也。手此，敬请勋安。

姻年治愚弟嵩焘顿首　十一月十三夜

外寄次青、辅堂及家信三件，祈赐即递。

致李瀚章[1] 十一月二十八日

筱荃大公祖仁兄亲家同年大人阁下：

十九日奉复一函，想蒙赐览。左帅入粤以后，诮责科派，愤懑相视，相与唯诺听受而已。弟自闻嘉应失陷，度江、闽各军不能不先顾东、北两路，粤军稍集西路，而南路最为空虚。郑副将素为粤人倚恃，调防南路月馀尚未到防。鄙人愤然檄杨副将青山招集冯萃亭军门旧部三千人，名为别开一军，而实欲倚之，以图自效。

洎接左帅复奏星衢片稿原稿并抄览，出省之局不复能辞，事至无可如何，而后起承其敝已早料及此矣。星衢与方镇所部均数千、万人，星衢以散而无用，方镇以整而无实，月糜饷糈十馀万，而不能资以一筹战守，深可叹憾。

经乱以来，各省事局为之小变，独粤省一循承平之旧，靡焉莫知其非。鄙心所尤为俯仰太息者也。拟俟新军稍集，即由惠州驰赴各营相度地势，或西驻兴、长，或南驻言岭关，一筹控扼之计。闻楚军能任战者，以王绶卿及锐字两营为最。鄙意粤事如有迁延，当咨请各军并力注之，幸公为允所请也。曾挚民一军亦拟檄调从征，即作为亲兵护卫。粤东患气方深，如鄙人者亦岂终能安坐听之？今日之视师，亦图稍习兵事，增长阅历，天下事岂不在人为哉！固不当以顽钝自废耳。

---

①据太平天国历史博物馆编《清咸同年间名人函札》辑，中国档案出版社1992年5月出版。原未署年份，此系原编者考定。

今年屡患咯血，心气亦时举发，遂恐自今益老不堪事矣。秋间谋出省时，留志城在署照料，今贸焉一出，仍须意城来粤，庶署内有所倚恃。所以急图为儿子完姻，正以操持需人，上房添一家眷，亦不至虞寂寞。而侯相必以送粤为戒，此议遂至停罢。顷将家眷移置内堂外一小院中，而后启行，乃悟侯相之优游，固不知鄙人情状乃尔。宜其持之坚也，明年姻事尤未易定期矣。匆匆手此，敬请勋安。

年姻治愚弟嵩焘顿首　十一月二十八夜

家信一件，求专饬速递为恳。

再，早间接春霆军门十七日来书，驻会昌十馀日，尚以设立转运粮台相要约，并无移营之说。西北之防为江、楚大局计，非为粤计也，渠盖未能知。此间闻其有入粤之信，即解银一万两，前后委员四辈迎护照料，相距过远，筹商非易。此路地方之瘠苦，民情之变幻，又公所知也，必俟米粮充积，而后就食之。直开此西北一路，以听贼之纵横旁窜，岂非劫运未终，假手诸公以延此贼之生耶？接信后仍急函促之，一面知照军需局添派委员照料，并敬以告公，楚边防务尚须加意。鲍公此行，真使人茫然莫知所谓。

二十九日又顿首

致杨紫云[①] 十一月二十九日

紫云四兄大人阁下：

---

①据散原老人旧藏《郭筠仙侍郎书札》辑，台北故宫博物院1979年影印出版，原未署年份，此据本函内容考定。

前函想已达览。邓参将赴韶，已函催回省，二三日内尚恐未必能赶到。开募经费，先饬局发银一万两，委员领解。新定营制，成军后先起小口粮每日一百，按程赴省点验，而后起大口粮。此次发银稍多者，以路途较远，各将弁或须预支薪粮，宽为筹备，馀存者仍留支大口粮也。旗帜、号衣照章制备，各勇及将弁自备军械，听从携带。其帐棚、抬枪等事，应俟赴省给领，以省解运之烦。各营勇目均须赴廉招集。

冯军门旧部所派营官，能亲往，遣派哨弁开招，尤为妥善，万不可就近召募。各标员弁从征者，亦请少带。凡事所谆谆致属者，实欲求得劲旅一二营，以利攻剿，亦略开粤东之风气。兵事方长，又重以桑梓之谊，诸君子立功显名，正须一筹根本之至计耳。即颂勋祺，不尽。

弟嵩焘顿首　十一月廿九日

复李瀚章[1] 十二月十六日

筱荃仁兄亲家同年大人阁下：

十一月十九、二十九两日连奉寄两书，想蒙赐览。顷读十一月二十六日惠书，敬知一切。军情缓急，旦夕百变，两人者处千里之外，商所以应变之方，悬揣而臆度之，天亦不肯轻泄其机，以赴吾两人之期会也。一叹！

贼情有可识，有不可识。可识者，由连、和屡窜定、龙不可得，乘虚而踞嘉应。其时始兴、龙川两路皆空虚，而始兴以北江、

①据太平天国历史博物馆编《清咸同年间名人函札》辑，中国档案出版社1992年5月出版。原未署年份，此系原编者考定。

楚重兵屯聚，未易窜越，惟由龙川达嘉应可以纵横驰骋，此可识者也。不可识者，由嘉应径出汀州窥抚、建，各军皆在其后，无一兵拦截，其势可忧；而据城自守，以待官兵之四集，若不甚介意者，此不可识者也。就其可识而知，粤军各择善地以处，并无剿贼之意；就其不可识而知，贼力之已疲，而志之不在远矣。

左帅闽防已固。高军门进扎葵岭，为贼所袭，伤数百人，汪逆用兵可谓健者。南路之防宜粤军任之，而曾镇驻水车、郑副将驻新塘，偏处西南一隅，而水南、西洋一带百馀里，东达潮州，南达丰顺、揭阳，尚无一兵；西北由相公亭出大柘、石正，路路空虚，惟所窜逸，专以属之鲍军门，而席、鲍两军驻扎会昌之麻洲二十馀日，至今尚未到防。顷接鲍春霆信，已于初十日行抵平远，日内当可移扎大柘、石正一带，以进次相公亭也。二十二日。

前函以楚防未宜遽撤，正以此路空虚，循连、和旧路以犯江，楚亦不能不预防也。弟已檄饬杨副将寿山招集冯军门旧部三千，益以曾丞纪凤三千，而选本标抬枪队三百人为亲兵，躬自率之，以当一面。军事如此，吾辈岂能坐视？故相暗于处事，信小人而疑君子，万不可与有为，且姑以一军自效，至于成败利钝，非臣之明所能逆睹也。

左帅诃斥粤人不少假借，即私函往复，无所不用其诋诃。鄙人亦视粤人无一不足诋诃者，而藐躬独所不任，受悠悠之怨谤，处之怡然。左帅非悠悠者，尤所不愿受古人亡羊补牢之喻，亦姑求所以自治耳。何迟晚之？足云虽不得羊而牢不可毁。折柳藩圃，自竭其愚，遑计人世之毁誉得失哉！

左帅现由平和至大埔，云至三河坝审度形势，遂谋驻节汀州。以朝廷之意在防北窜江、闽，故当以北路为重耳。其督责粤军颇厉威严，在事诸公皆若迅雷之震耳，数十年梦寝沉酣亦稍为之回薄，于事局大有裨益。要之吾粤积患已深，而蕴孽无穷，乱必不可弭。其遂假手此老，一收斡旋转移之力，以稍遏乱萌，则又天之为之矣。

霞老闻有留任之说。昨奉寄谕，郑中丞以户部侍郎结衔，度抚鄂者必赵公也。弟方以霞老之归引为同调，所私不遂，而实允符天下之公议，故为可喜。吾楚专受邻邦之累，黔边既费支持，而征饷转急，似江、粤东路之防亦尚须留意。各省俱雪，而粤自十二月以来郁热二十馀日，至不能着绵衣，真奇景也。敬请勋安。不尽。

姻年治愚弟嵩焘顿首　十二月十六日

家信一件，即饬转递为恳。

致瑞麟[1] 十二日

东江折件似于军情、贼势及现筹办法均未能详，谨于总叙处酌改二十馀行，以中堂初报军情，以稍从详实为佳也。李元顺、吴国泰似不能不一核参以责后效，西江两片稍稍表章地方官实政，以各该州县剿办各起股匪多可嘉奖，非有粉饰铺张。敬求中堂酌定之。

晚嵩焘顿首　十二日

改定各稿恐有错字，仍祈饬陆道一核之。

---

①据上海图书馆历史文献研究所编《历史文献》第九辑辑，上海古籍出版社2005年11月出版。原未署年、月。

致郭家镛

奉书，懿然有道之言，伏读钦感，而于情事容有未详者，不敢不一竭其愚。

在粤三年，所得惟养廉及韶关经费，外无别款。岁用万馀金，取给经费；养廉数千，所馀无多。至于仆从规费，已多裁革，馈遗一无所受，此人所共知。侄之节省，由于性生。出客公服，间有添补；居常衣服，一袭家居之旧，未尝更制。日食上下一例，玩好什物，除置买书籍外，未尝浪费一文。以故所存尚二万金。黄莘翁言粤抚万不敷用。彼用度自丰，不为训。去岁费至万馀金，岁租已过一千，可以传遗子孙。住屋亦尽够，而地势迫隘，架屋山唇，若巢然，当前去水，一泻数十丈，万不可久居。意城为置饶姓一庄，原为屋基，而惮于营造，吾甚怨之。议合三四年之力，筹备二千金，置一住屋，及吾身为之。其地基直十丈，横不过十馀丈，较之意城见住屋，合塘基计之，横直皆短数丈。试问从何起造大屋？身为督抚，岁支养廉良亦不薄，何嫌何疑，而畏人訾议？一身服食起居，而多怀顾忌，罔道干誉，此吾所素耻。居官居乡，一以直道行之，所信此心此理而已，不顾人喜怨。非敢为崛强也，性自定尔。

往在军中数年，未尝添置升斗之田，而人动曰所获盈万，吾弗辨也。每岁资助亲友较多于存与，不以人议吾之富遂怀顾忌也。近年劳、李居室，吾倾囊置备其地基，力亦弗给。彼尚无所瞻顾，而吾十丈之屋乃反怀瞻顾乎？必自谢曰："吾无一钱。"左季高、在军日以此为言。沈幼丹江抚归装四万金，而以（买）〔卖〕字为生。皆为此语，吾弗屑也。老叔之意美矣，而情事则非。他日来乡，当自悉耳。

义学之设，意亦良美，然约以千金，则断不敷，取效于一蒙师之力，则又断无此易事。盖设学必建立学馆，创始已难，而子弟所取法者，父兄之德艺耳。吾族身列胶庠者多矣，果何一为足取法者哉？先生所训者空言，父兄所行者实事，其不足相胜明矣。吾家所守硁硁，亦恃诸弟皆贤耳。子侄辈已兢兢不敢保其往，自计三四年后，无所效用于世，当遂博求后进贤者教育之，贫者资以衣食，富者亦取其脩金焉，庶几有兴起者。环顾族人，尚未敢有振兴之望也。捐宗祠银一千，苦无所交纳。年来田屋绝昂，未易置买庄业，欲置一试馆亦不可得。若用以设义学，则此一款预备久矣，惟所以命之。侄意求一经理此费者，尚无其人，敢遂望有济耶！

致某人[①] 初五日

闻大埔朱令有殉难之说，似应候探查实信，一并陈奏。优叙朱令及任都司，以彰节烈之风，而发明镇平、平远失守情形，稍宽庞、吴之罪，乃为正办。吴守等禀报太涉虚诬，若据以入告，是受其欺，而资人以口实，亦不足以示劝。请阁下以此意回明。军事方长，恐以后事事受人比勘，无以自立，所关尤剧。愚见如此，幸酌之。

初五日夜　名心印

---

①据上海图书馆历史文献研究所编《历史文献》第九辑辑，上海古籍出版社 2005 年 11 月出版。原未署年、月及受函人。

致某人[1] 十二日

昨日会客至夕，尊稿晚次乃得一读，疏畅而能简要，言之有物，殊不易得。此次营务处之设，弟与制军亦嘉赖之，不独军务得资赞画也。大稿间有酌商处，条具于后：

片奏前半，援古证今，议论笔力均极佳。后半，说到办法，尚不能担力。所称防堵则灭贼无期，当合群力以扫除，亦未妥。粤中自办防堵，江西自是群力驱除，粤中实不能效驱除之力，于人无责也。此时直须责令分兵绕出南路，责令援粤，要说得切实，不宜影响。江西分兵援粤，当先发给口粮，恐借此迟延，故须一提。至入粤以后，万无指望江西协济之理，或迫不得已，又另有一番说法。此时言之，反令据为口实，以阻其赴援之心。又牵连及湖南，徒滋议论，无益于事。

臣在湖南一层，前奏已详言之，不必重叙。另片方言坠马，便请留营效力，其中枪坠马，何以能生？受伤后，何以能效力？均未能详，于陈奏非宜。且果中枪坠马，自须免议，如其不然，例应革拿，不宜先自坏其纪纲也。且浑含说为妥。正折叙东江事，著笔稍空。郑梦玉、常秀并未接仗，而叙其战迹，尤失之诬。当就各处禀件约略言之，使情节不甚相远，亦不至相背为妥。“忠正”二字，于文为不祥，易之。

南雄防剿，除地方团勇外，共得四营。唐子藩前信以楚勇不肯出力，深以为恨，而屡次禀报均叙其战功。昨遣其家人赴省来

①据上海图书馆历史文献研究所编《历史文献》第九辑辑，上海古籍出版社 2005 年 11 月出版。原未署年、月及受函人。

见，问之，则廿一等日之战皆楚勇打头仗，叙述甚详，且称贼实无能，阵斩至数千人，获者数十，多系饥疲之民，纵遣过半，随亦解围而去。今称郑绍忠以三千人击退数万之众，则失之诬，而无以服诸将之心，或请以都司补用，或保花翎，特示鼓励，均可相安。双保似太过，战事方长，日后或遇大战，立大功，又将何以处之，御将之道亦非宜也。祈再以此意回明制军。以幕友一言悉改成例，列巡抚后衔，弟从不以介意。自揣于军事非长，不敢不与闻，而亦不敢列名，照旧列后衔可也。

名心印　十二辰刻

致毛鸿宾[①] 十九日

昨闻藩司等言及韶、连各属搜山一案，检查旧卷，道光十四年以前无可考。就各详禀论之，似此案原始未久，而公筹经费又止十三四两年，馀皆由各属捐办。今捡各案呈览。敬请寄云老前辈大人台安。

侍嵩焘顿首　十九日

致毛鸿宾 十九日

顷萧国香来见，言前督抚札饬办理嘉应州捐务，因劝解长乐斗案，黄公已前去任，应补行一札，以凭遵办，并请饬发功牌数百张。该州多系零星小户，捐功牌者为多也。侍拟札饬吴守督办，

①以下二十五函，均系据山东省图书馆藏原件辑，原未署年、月或年、月、日。据各函内容考证，均系作于同治二年九月至同治四年三月之间，故置于此。

添派嘉应绅士宋蕙谦会同办理。求老前辈饬发功牌四五百张，札稿少顷即呈核也。此请寄云老前辈大人勋安。

侍嵩焘顿首　十九

致毛鸿宾十二日

信件谨另缮就，祈赐递。厘捐告示须并交左孟辛，似不必发局，恐其无端张贴，为无谓也。敬请寄云老前辈大人台安。

嵩焘顿首　十二

致毛鸿宾二十一日

适奉诣，以台从尚未回辕，遂未投帖。番禺捐事阻滞特甚，闻盐务总商沈光国运司单开沈晴午，捐单沈延禧，想即是此一人。现有被控案件，缉私经费是其一手经理。派捐一万。在渠原不为多，迄未定局。或藉此一饬运司，从严处罚，以厉其馀，乞一查之。诸容面罄。敬请寄云老前辈大人台安。

嵩焘顿首 廿一

致毛鸿宾

顷接有京信数行，奉上台览。尊处另有他信否？当悉其详也。十月廿一日拜发一折，另有旨，而未蒙枢府抄发。似须候奉上谕发行然否？并求示悉。京信阅后，仍乞发还为感。敬请寄云老前辈大人台安。

侍嵩焘顿首

致毛鸿宾十九日

适筱荃来商南、韶一节。以资格论，屠道居首，冯道次之，齐道又次之。以劳迹论，屠道迭次出差，似尚微有劳迹。以整顿关务论，则诸人者皆有不足，而以屠道才具为略长。正拟奉商，筱荃来述尊命，似诸道中以杜、冯二人为科甲出身，杜未引见，冯则无辞以谢之。去岁委史护道赴肇庆，外间颇有异议，故不能不稍加酌量。应如何办理？统希示复，以凭札饬。敬请寄云老前辈大人台安。

侍嵩焘顿首　十九日

致毛鸿宾十二日

石龙局是否已定议，应请补札吴桂芬帮办。凯章禀溃勇情形，当已阅悉，似不可不一陈奏，禀参各员亦须照办。沈玉（邃）〔遂〕撤勇，似及早裁撤为妥。前夜奉有寄谕一道，未知何事，祈饬捡付一阅为恳。敬请寄云老前辈大人勋安。

侍嵩焘顿首　十二

致毛鸿宾二十五日

凯章亦以纳降了事，使人郁闷。两粤军事之不振，坐此一弊，非独为匪者。无所警惩，所纳之降众，亦费资遣之力；所招之降将，亦烦位置之方。楚军乃又成此一局，非意所及也。据方子箴观察来□所谓李幅者，即李幅右，自隐其下一字耳。原□谨呈览。

敬请寄云老前辈大人勋安。

侍嵩焘顿首　廿五日

致毛鸿宾十五日

顷归，询问京米告示，昨日已发行，因即将尊旨指示各处，一律改正发刊。俟刊成，颁发各县，亦无妨碍也。冯令请颁发关防，侍已批准。缘渠亲赴四乡劝捐，有须出示及发给谕单者，办法原各不同也。嘉、潮有警，交代势难急催。刘晓沧力保狄守办理北江捐输，未知可行否？水东一局，即派候补从九刘家柱，而以李桂能副之，伏求照办。敬请寄云老前辈大人台安。

侍嵩焘顿首　十五

致毛鸿宾

顷李筱荃送到捐输局清折，尚存有部照七百馀张，可以填用。此折似可缓奏。手此奉复。敬请寄云老前辈大人勋安。

侍嵩焘谨肃

致毛鸿宾

北江水陆各勇不甚可恃，人皆能言之，独在官者不知耳。顷接杨副将禀报，为之怃然，应即饬令捕斩首恶数辈，以警其馀。此辈有心为匪，耳目颇周，原禀竟不敢发出，并批语亦只混言之。另以一缄告知老前辈，如何批发，敬求示悉，以免两歧。敬请寄云老前辈大人台安。

侍嵩焘顿首

致毛鸿宾二十日

才叔所拟示稿，总嫌太文，日内困于酬应，竟未能细阅。明日当稍谢客，拟就呈核。三营及府厅两县，问之巡捕，历任或请或不请，特请老前辈示，以凭照办。如可不请，尤为简便。敬请寄云老前辈大人台安。

侍嵩焘顿首　廿日

致毛鸿宾二十一日

昨夜三鼓后，拟就示稿一通，援笔立就，语语沁入心脾，才叔稿中所谓言出至诚，或非虚语，呈候核定发行。史守札内，应并饬令清厘，恩开各县客民产业。目今虽云抚绥，究竟所以抚绥安插之法，尚毫无踪影。清厘旧产，或给还，或变价，即为抚绥根本，而又不能出示晓谕。持此立论，只好令委员会同地方官，邀集绅士，委曲开导，使自定计，未知以为然否？或前札之外，另给一札亦可。才叔原稿并缴上。敬请寄云老前辈大人辰安。

侍嵩焘顿首　廿一日辰刻

三营及府厅两县是否应请，惟候尊示照办。各官尚有烦费，似以不请为妥，求示之。

致毛鸿宾 十八日

闻适有腹疾，系念之至，拟一趋候，未知能赐见否？复罗领事札大致如此，其于情事有未合处，乞交徐远翁斟酌。其着议论处，则可不删节也。又，此间绅士力言官给牙帖可以照行，以商民于此亦有取便之处。拟上告示一稿呈阅，如以为可行，当即会衔谕饬办理也。敬请寄云老前辈大人勋安。诸事尚须一见商议，先当专足代诣奉询。

侍嵩焘顿首　十八日

致毛鸿宾

适已略言其颠末，平时素称慎秘，故一切皆不肯露，惟言两心相照，暂不相来往周旋也。既如此云云，自以勿再往，勿提为妥。谨以奉告。敬请勋安。

名心叩

致毛鸿宾

有札龄副将一件，似应由老前辈处行查为妥。此等处，不一惩办，则兵制尽废矣。鄙意必得严参一次，以厉其馀。求酌示为祷。

侍再启

致毛鸿宾二十五日

昨日奉到四百里寄谕一道，度非军务。意者十五日见示之言，奉旨查复耶？祈先发下恭阅为祷。敬请寄云老前辈大人辰安。

侍嵩焘顿首　廿五辰刻

致毛鸿宾二十五日

晨起至夕，宾客络绎。赐示折稿，妄以鄙意申明办理之法，谨呈钧核。以一二日即须发，先行呈上信稿，俟酌定后再呈。敬请寄云老前辈大人勋安。

侍嵩焘顿首　廿五

复毛鸿宾二十四日

适奉呈一缄，谅邀崇鉴。承赐示两稿，鄙意尚有一二处微须补入者，俟详细拟呈核定。一切容面罄。敬请寄云老前辈大人勋安。

侍嵩焘顿首　廿四

致毛鸿宾十九日

申叙吴少村揭报澄海县片稿，谨呈上。此等似不妨据实言之，片尾或应请处，亦祈赐酌，总以月内附折奏明为妥。敬请寄云老前辈大人台安。

侍嵩焘顿首　十九

致毛鸿宾十九日

广东有《海防汇览》一书，老前辈所得者，即此书耶？求发下一览为感。敬请寄云老前辈大人辰安。

侍嵩焘顿首　十九日

二套廿四本，当日照发。

致毛鸿宾二十日

折稿均极圆到，谨以钧谕酌增数处，似亦情事之必不可少者。复总理衙门一书，似专为应付来缄起见，而于情事之曲折未能一为申叙。又一意周旋洋人，其于此案原委归宿处反无着落。承谕斟酌以求合立言之体，不揣冒昧辄僭易之，求赐核定缮发。咨吏部履历文书一件，求汇封。即请寄云老前辈大人名安。

嵩焘顿首　廿夜

致毛鸿宾十一日

函复总理衙门稿件，交内签押缮清呈核，乃误以笺纸书之，并函封皆具。盖误以誊稿为缮正也。既已缮正，亦不必更饬另缮，转致迟延。其间情节及语言未周妥处，即求就笺函改定另缮为祷。总理衙门属先为筹口，再以洋行欠款清抵。此层断不能不一申辩，此外不过叙明其大概而已。原函并缴上。敬请寄云老前辈大人勋安。

侍嵩焘顿首　十一辰刻

致毛鸿宾十五日

片稿一件呈上，书手甚劣，故尔迟迟，亦未暇一检点，乞赐酌定为祷。敬请寄云老前辈大人勋安。

侍嵩焘顿首　十五夜

致毛鸿宾初二日

本日，李应棠来言，手艺人等亦须分别，如帽店、鞋店均有厘捐，特标手艺人等，恐致藉口云云。又，金玉等店一味狡展，其洋货一项，以防洋人包庇之故，至今未敢议及，蒙不谓然也。告示张贴一二道，便可开办，仍饬局赶办检字小告示百馀道，发给未经开办之行户。此三节并于稿上改定，呈候察核。敬叩夕安。

侍嵩焘顿首　初二日灯下

同治五年

复李瀚章[1] 二月初八日

筱荃大公祖亲家同年大人：

正月十日寄呈一缄，想蒙赐鉴。奉正月十四日书，垂教甚勤，感领感领。出省之议，谋之两年，非敢谓能军也，坐视诸公醉卧覆舟之中无有省悟，思一发其覆耳。甫成军，期以初十日启行，初八日闻此贼遂已肃清矣。令得前行，至龙川、东江一带，土匪犹可一办。天之于鄙人多方遏抑之，凡所以开粤之乱也。

高军门过黄陂，为土匪截其辎重几尽，伤数百人并参将以下多员，星衢委员数辈责以徼匪。众安中镇，黄姓焚掠数十村；约期攻城，亦责以徼匪。顷以军务告竣寓书左帅，嘱就近拨兵查办。左帅复书言，李方伯假手地方官索兵费。今李方伯尚在，吾何所措手乎？云云，读之慨然。杨副将一军委办铁冈土匪，梅小岩同行，责令捆缴年老、残废者二人，四日始进攻，但馀空村及土墙数百座而已。在此三年，发愤办匪乡，至五六次办理如出一辙，每思此，气为之郁。民情吏治相与有成，欲无危乱不可得矣。

左帅至粤，横绝一世，得其咨函十馀，惟闻诟詈之声。其居粤境两月，于各州县无稍苛扰，并犒军银二万亦却之；而以其兵

①据太平天国历史博物馆编《清咸同年间名人函札》辑，中国档案出版社 1992 年 5 月出版。原件未署年、月，此系原编者考定。

米之馀，放嘉应州赈一千石、镇平八百五十石，一切磊落出之。其所谓豪杰，吾且怨且感且敬之，而尤愧之。其论粤东筹饷事宜，举蒋湘泉至粤督办，已奉谕旨。鄙人冀幸得所付托，洒然洁身以去，中心悦而诚服之，不以为忤。

鄂中大兵云集，鲍帅亦当由江赴鄂。捻匪之势如流水，未尝久停，终须窜扰河南。鄙意复河东总督之旧，裁河南巡抚，而以总督兼辖山东，任之左帅，徙少帅督两湖，而令侯相复江督之任，仍驻徐州，责成三公会办，即此贼可了。枢府诸公未遑远略，此举固无望矣，此贼亦无遽了之期矣。李子和高出前数公，终竟何裨？或其量稍宽，不似鄙人之愤郁耳。

兆宝岩升任黔藩，继之者何人？黔事坏乱已极，然较甘、滇为尚可措手。甘、滇贼少于黔，要为有本之乱，黔真无理取闹矣。粤处海外，见闻甚隘，即江南事亦尝逾数月始略一闻之。有便，祈时示悉一二。敬请勋安。

姻年治愚弟嵩焘顿首　二月初八日

刊修《楚南文征》，由新泰厚汇寄千金，另函呈达。沅浦、辅堂、景老三信并家信，祈即饬转递为感。

复李瀚章[1] 四月初八日

筱荃仁兄大公祖亲家同年大人阁下：

奉读三月初六日赐书，敬悉大举援黔，次第调发，规模闳远。

---

①据太平天国历史博物馆编《清咸同年间名人函札》辑，中国档案出版社 1992 年 5 月出版。原未署年份，此系原编者考定。

肩艰巨而任之，感业所就，既深钦服，益重以滋愧赧。

刘省三军门入鄂，攻克黄陂，已见邸报。军门蹑贼光、固，而幼荃亲家遂已扑灭张总愚一股。曾侯规画全局，高掌远蹠，以制此贼有馀。而君家一门群从，经纬天地，光华日月。盛哉，古无有也！

前岁过安庆，曾侯为言南北用兵不同，以楚勇肃清东南，当以淮勇平定中原，惟少荃宫保为能任之。当时服其远见，亦竟不料前后数年间运量经营，悉符所言。左帅自诩胜于曾侯，岂惟德量之不相及哉！此等大处，非所庶几，而其廓然以天下为心，总揽英贤以规远大，如左帅者尚未能窥其墙墉，而妄欲陵跨之，殆所谓不知量者也。

沅公抵鄂，壁垒一新，鄂事当保无虞。官相之明，似稍胜于此公，久与处，益知其暗。粤之不幸，尤鄙人之不幸也。左帅蓄意相倾，犹可忍；既相倾矣，又肆用其陵暴，且至与此公比而倾我。此则人事之变，而天理亦于是乎梏亡？方有陈复之件，本思极意一驳斥之，为其嫌于交倾也，竟不复陈奏，略以一书相诘问，遍告同人，以求共白。谨抄呈尊览，亦以见世路之险，而仕官之不可久居。左帅终为厚我矣，湘泉月杪抵任，五月中当可成行，相见有日，钦企何如。敬请勋安。

库仁龛五月中旬可以过省。崔柏轩有子曰瑄，候补湖南，似尚知向上，无气习，能一拂拭之否？

姻年治愚弟嵩焘顿首　四月八日夜

家信一件，求速饬妥送舍弟辈照收。《楚南文征》捐款一千，已早由新泰厚汇寄，求告知李辅堂。

复陆心源[1]四月初十日

存斋仁兄大人阁下：

奉诵惠书，知已安抵韶石，凡百绥宜，欣慰无量。原捐一文，深明出入之数，洞悉古今之宜，世俗（之）〔所〕[2]骇，有识者犹能辨之，至其立意主于教忠，则知者尤鲜矣。圣人所甚恶乎聚敛者，敛民之不足而聚之内府，以恣其浪费。隋炀帝、唐德宗、明神宗皆是也。所筹者兵，所放者饷，忧思殚心，惟日不足，而儒者张大言以乱之，为商贾富民争锱铢之利，以倡逆而导之背上，人有穷老（□□）〔多故〕[3]，而告贷其子者。旁观论者曰，是而子劬心力、勤稼穑之所积也，奚以告贷为乎？呜乎！悖矣。

陆贽之言散财，为德宗言之，以节人主之欲，忠之盛也。后世儒生以议论相高为之名，曰“爱民”，曰“顾本计”，曰“培养元气”，而置天下治乱于不顾。所呶呶然据以为言者，期于为富民悋此一钱之出纳而已，天下以是尊其言而高其义，是高背上倡乱之义也。自宋以后，时局屡变，理财之法亦屡有变通，而儒者坚持一说，以为名高。苟为君子，忍以是怼其君父乎？故曰：微言绝而大道隐，虚言之张，微（臣）〔言〕[4]之所以绝也。此古今之通蔽也，此义也，鄙人存之于心，亦惟阁下可与言耳。

翁源六里乡一案，办理差为透澈，曾丞处事极有条理，不独御勇之长而已。该县磜下周陂一带，匪徒充斥，趁此时兵力一加

---

①据上海图书馆历史文献研究所编《历史文献》第九辑辑，上海古籍出版社 2005 年 11 月出版。原未署年份，此据本函内容考定。

②③④据佚名《清代名人书札》同函校正。

捕剿，可以贻地方数年之安。鄙人五月交卸，犹可睹其成功耳。手复，敬颂勋祺。

愚弟嵩焘顿首　四月初十日①

致总署②五月十五日

往时江、浙两省置备升得利、安帖乐二船，所费不赀。涤生中堂置备威理密轮船，犹费至八万元。少荃宫保所置之高桥轮船为最廉矣，而皆已损坏。故购买轮船，不如新制之合用。此间香港、黄浦两处，皆有洋人船厂，惟机轮须求之西洋，略与议之，四万元足敷应用，拟先制备二船，以为之基，盖近日所筹画者如此。因查日本与西洋构患，二三年间置造轮船至数十百号之多，而中国无之。嵩焘请一详论其得失。

窃以为中国之大患三，一曰散，一曰文，一曰私。是三者皆原于猜嫌之过甚，而终归于虚浮。何谓散？《周官》一书，理财之法，皆取之商贾，而民不以为苛者，市廛之间、闾里之政，皆官为之经理故也。窃见西洋领事之设，意犹近之。中国以法律治天下，而情意阻隔，人心疑异。即以商情论，粤东富绅无不私置轮船者，而深避其名，互相隐饰。惟与洋人私立合约，倚附营利而已，官不能过问也，乃相率比和洋人，以为藏身之固而行其私。防禁愈严，骪法亦愈甚，上下相为猜忌，而势愈孤。自古中外之不相及，所争整散之分耳。当其盛时，法度修明，群思效用。及

①后署“四月十九到”。

②据中国第一档案馆藏总理各国事务衙门同治六年三月初二日呈《同治五年五月十五日广东巡抚郭嵩焘信函摘录清单》辑，03—9431—024。

其敝也，民散而无纪，兵嚣而不竞，而祸乱乘之以生。自唐以来，中国不能自有其民，其散久矣。

何谓文?《记》曰：形而上者谓之道，形而下者谓之器。圣人所重者道也，所薄者器也。至于后世并不一，习其器而虚以其道，相高而文胜焉。古人之文，著见于今日，于其时势利病奚若？得失奚若？准以今之时势，得失利病奚若？儒者不能辨也。而奉其文而尊守之，震荡洋溢，据以为道之所存，于是议论盈天下，引之愈长而不可止息。人相务为虚浮，官吏行文书相督相禁，而不知何者之为情实；士大夫尚议论相推相奖，而不知何者之为事功。洋人乃悉窥见其底蕴，事事以实核之，而发其覆，而不能以虚言解也。则文之弊也。

何谓私？窃见洋官来中国者，知尽其职而已，不必为己益也；知利其国而已，不必为己私也。中国不然，官与民交相菲薄，中与外互相诋谋，同官积为猜嫌，同志亦相倾轧。营私则联结一气，顾公则阻遏百端，乃至兴一利、除一弊，皆各以其私乱之，卒相与因循瞻顾，涂饰耳目，而莫知其非。只此一心之用，洋人以私其国，中国以私其身，此尤可虑者矣。是三者，非民之无良，而官吏之尽不类也。御之以猜嫌，而导之以虚浮，积重之势然也。

国家创法二百馀年，以通德类情，而防弊之所极，行之久而渐离其故，遂成积重之势，此岂可易议变通者。嵩焘以为，当因洋人之所利，顺其势而利导之。如轮船之为利，天下之所知也。天津、上海之沙船，宁波之钓船，闽、浙之红单船，沿海贸易以成殷富。近年各口通商，轮船所至，专擅其利，上海沙船失业者遂至十之五六，仕宦商旅及游客之来往海上者，无不雇坐轮船。内地舟车之利，所耗不止，逾半锱铢皆纳之洋人。各省官置轮船，力弗能给也，而又禁使商民不得私置，是代洋人禁制中国，以不得分其利也。鄙意当仿宋、元遗制，稍加变通，于通商各口设立市舶司，由督抚择本地士绅为之，达其名于部，令海关量给经费，三年一更置，而授以官。凡商民制造轮船，司其籍而稽其贸易之盈虚，其赴各国贸易者，由市舶司给照，而移知各国领事加勘合焉。凡与洋人贸易交涉事宜，悉听理处，大者以白于督抚，而课税仍责之监督，市舶司不得干豫，营私者罪之。其馀出海各船，皆听稽察，从前文武各官稽查海船出入旧例悉罢除之，去官吏烦苛之政，而稍通以情。司海船修废之籍，而务课以实，而后中国商民以渐服官之约束，乃可推类以及洋人。其兴修铁道、铁线之属，皆责成中国商民主之，而于所过关津市镇卸载货物，依课则征税。闻南海伍氏借修花旗铁道银一百万，为花旗商民所推重。若一切由中国商民主持，则洋人之助工者，亦伍氏帮修铁道之类也。洋人所谓保其自主之权，危词也，固亦中国之实情，计无有逾于是者。故各省官置轮船，一时之利也，可以议行，而使商民得公置轮船永远无穷之利也。一切皆可以是推行，官商各船运载货物沿海畅行，以使洋人不得专其利，其有裨于国家之经费亦必多矣。

抑嵩焘犹有言者。洋人之于中国，其初本无深患，由中国士大夫不明事要，以议论激成之，沿至于今。其患固已成矣，二三十年后，且不知所终。届非先使吾民与各国商民交错纷纭，分据其胜，亦别无自强之术。寻常与款接，尤须坦然示之以诚，曲示周旋，与过怀疑忌二者皆蔽也。赏论与洋人相处，在先使之相服，凡洋人所要求，可允者允之，不可允者毅然拒之，此人所共知也。然而，可不可之间，其辨固已微矣，自非深识远见、周知天下之故，鲜不罔惑者，其大要在有以服其心。而处国家艰难措置之时，尤在于大力任之。推求一事之始终，博览天下之利病，知彼意之所必至，而豫为之防。度吾力之所可行，而先善其用，则存乎王爷大人之神断，而非众多之议论所能参与者。

元至元中，设市舶都转运使于杭、泉二州，官自具船给本，入番贸易，诸番就官船卖买者，依例抽分。嵩焘以为官置轮船，非徒用以捕盗而已，并准沿海运货，皆由舶司经理，而纳税一如商民。以轮船岁用甚巨，经费或不时给，则流弊滋多，听使与商民贸易，岁核其所入，开支薪工及修葺之费，而以其赢馀归官另款存储之。此可考求元制而酌量辨理者。凡轮船修废及支销赢馀之数，由各省督抚开具清折，岁终一具奏，使朝廷得相比校，以知其经理之当否，而加考核诘问，甚者检举市舶司功罪，以定黜陟，不归部报销，免致日久相沿为奸利，而后其法乃可以经久。

致夏献云[①] 五月二十六日

芝岑仁兄大人阁下：

屡奉尊书，所以垂注甚勤，铭感何已。左帅蓄意相倾，不遗馀力，意者许了文此席，不忍相负耳。于左帅为薄，而使鄙人得免官入都，以稍释其忧怀，固为厚幸。所微不解者，蒋公赴闽，左帅教之力反前政，其左右亦皆云然。然睹其所反，惟取鄙人所委任加之屏弃，及免厘捐数事而已，以此取决数日之间，果有当焉否耶？

海关一节，则左帅所特奏者。鄙人甫定稿，交澄帅，而阅蒋公抚粤之信，因将前稿撤还，谓当留俟蒋公之经营耳。澄帅屡以为请，弟谓正折为海关解说，办法全在两片，吾既去位，则所解

①据佚名编《道咸同光名人手札》第一集辑，原未署年份，此据本函内容考定。

说可以不必，而其所筹办者，又非吾所能主持，不如留俟蒋公。顷蒋公至，澄帅录示吾稿，即日具衔上之。吾亦为之愕然，而于两片办法能行与否，又所不敢知矣。是其所谓反吾前政者，终亦莫究其指归。

人生大率可怜虫□哉！澄帅善良人也，坐太无识解，其幕友徐灏，专意网利，教之猜忌，渠一听其指挥。洎参去其幕友而后，□言乃能稍入致，吾去位，遂至欷歔慨慕，失所凭依，仍从吾求幕友，即日延致之。盖吾所以相待，实亦不能望之俊人耳。濒行各疏，乃天下之至文，且姑由吾存其说，不敢望能行也。手此。敬请台安。

愚弟嵩焘顿首　五月二十六日三水舟次

留别诗四首奉呈，略明鄙志，所谓有慨叹而无怨悱者也。

致李瀚章[1] 六月初一日

筱荃大公祖仁兄同年大人阁下：

四月二十六日寄呈一函，想蒙赐览。初闻捻逆逼近清江，大军皆在北路，声势阻隔，刘仲良新有小挫，军气不固，极为东事危之。近知又有西趋寿州之信，得以其间调兵缮守，以备不虞，江淮当可安枕。甘肃省城变出意外，厚庵宫保名将也，而规模稍狭，以处兵饷两难、叛乱相寻之地，疑其处置微有未协。闻林远村出城后，设法安抚叛卒，终以无事。恐厚庵此席必有变更，此

①据太平天国历史博物馆编《清咸同年间名人函札》辑，中国档案出版社 1992 年 5 月出版。原未署年份，此系原编者考定。

间传闻多属恍佛，竟亦不得其详也。

保岩、次青两方伯援黔之师何时启行？此举关系甚巨，企盼捷音，以慰群望。

弟初四日交卸，二十日启行，适西江水涨，迅疾如箭；由省至佛山，顶流而上，日行或数里，舟行迟滞，无若此者。六月一日乃达英德。为南老借居庄屋一所，前已专函言之，特嘱意城为之照料。弟现乞假四月，归家暂息，道省时犹可一畅谈留别诗四章，谨先呈教。东事近有信息，仍乞由驿驰示，俾稍得其略。禹生现尚在省，旦夕可以赴潮。手此，敬请勋安。诸容面罄。

治年姻愚弟嵩焘顿首　六月一日英德舟次

家信一件，求速饬妥交。

致李瀚章[1] 七月二十二日

筱荃大公祖仁兄同年亲家大人阁下：

省城一再奉教，仍觉所怀未尽。日来酷热稍纾，而恒旸不雨，乡居十馀日，竟不能开种菜蔬。楚民以杂粮为生，芜歉必所不免。

蒋公新政有骇听者二事：一保举一二员，至檄饬司道查其劣迹详办；一前后获犯未经讯结者数十人，皆纵遣之。粤东友人书未知确否。而左君与人书，极称蒋君盛德，谓必有益于粤，而以鄙人訾其倾轧，忧蒋君之不能永誉。详其语意，盖疑鄙人有所訾毁也。彼蒋君者，何足当吾之訾毁？而欲使含忍为左君讳过，则

①据太平天国历史博物馆编《清咸同年间名人函札》辑，中国档案出版社1992年5月出版。原未署年份，此系原编者考定。

固不能。隋广、梁温不能以施之臣民，李林甫、秦桧不肯以施之同类，而左君毅然任之，乃欲用其强很，既快其欲，又护其名。自汉以来千馀年，独一王莽耳。左君之道其能久哉！

前为公述及李仁、孔祥二人，乞加录用。李仁为护衣箱行李，孔祥以家乡旧仆星散，相从山中摘瓜为食，凡十馀日。两人纯笃贞谅而能慎秘，不负其主，用敢致之台端，其他求荐者不敢荐也。兹特遣其叩谒，用效奔走。李仁善书，能对折，在弟处初派签押，继兼门稿。孔祥跟班，继派其照料签押房，亦能书。

附呈五彩洋纱帐料二件、大花洋毯一铺、东莞玻璃罩灯一对，碧玉副头茄楠手珠一串送世兄。孟尝君云："视吾家罕有者。"公从粤来，一切皆其馀也，是区区者或尚公家所罕有乎？一叹！匆匆手此，敬请勋安。

外致宫保、幼荃兄、沅浦、岘庄四函，又粤信三函，共七件，祈加封粘钉为要。

姻年治愚弟嵩焘顿首　七月二十二日

复李瀚章[1]八月二十日

筱荃大公祖仁兄亲家同年大人阁下：

二十日奉读中秋日复书，领悉一切。相侯经营中原，所任诚巨，然其气亦殊自馁，闻其病而深虑之。方今负天下之重，独有相侯及尊家宫保。宫保才气沛然，远胜侯相，而德望足以函天下。与之处，多不能适人意，而终谅然不可及。则侯相远矣，自其北

①据太平天国历史博物馆编《清咸同年间名人函札》辑，中国档案出版社1992年5月出版。原未署年份，此系原编者考定。

行，若甚蹙蹙，不复能广其心，以云灭贼诚不可预期，但祝其康健无恙，即天下之福。

黄县请假，则固偏然存也，楚人好谣，于兹益信。左君五年之期，当是奏件云尔。尊家宫保于此事内运之心盖三年矣，侯相又以数万金购办轮船机器，闻至今此厂尚虚设，仍需求之外人。此君心粗气豪，力为其亢，殆恐闽督一席为他人觊觎；谋且据之五年，又将以此庇及蒋君。吾当拭目以观其成。

斗河船已于十八日抵省，猥以区区上渎聪听，使少待三数日，亦免专足一行，奉书为增感悚。

兹有要件密告者：弟所居大贤都四甲，张星楼、易墨村曾任江西南丰县，公当知之，与张君皆诚笃君子。皆住五甲，距敝居不盈十里。昨两君来谈，近两年采硝之风，明犯例禁，尚不为异，而形迹多可疑者。以办硝必湘乡人，所寓居必铁铺，即长沙一县已有四十八厂之多，他县可知。因考知徐寿衡家对门亦有一厂，张、易两君所开甚详，恳饬县迅速设法至大砂冲，将屯留之铁铺罗遇文与硝客张桂山一并缉讯，必可得其要领。所称淳化都龙飞岭总办处及沙坪陶家大屋及乌鸦坝等处，亦可次第查办此数处轻重在总办。又云去岁河西有因熬硝赴县呈控者，县差至乡得钱数串，含糊禀复，而熬硝如故。其立言但谓数日即行，尚非屯留，不知采硝已毕，又复他去，并无所为屯留也。张、易两君既不乐出名指控，又计县署必不足了此事，特以商之。鄙人欲乞公出示，严禁熬硝私贩，责成团保严查，屯留者同罪。而先以访闻查办此案，并先传县商议，期于必获此犯，求得其端倪。若止营利而已，则亦无足深求。手此，敬请勋安。

张星楼、易墨村开呈一单，并代呈览。

嵩焘顿首　八月二十日夜

复赵焕联[①]九月初十日

玉班仁兄同年大人阁下：

七月道省垣，筱荃中丞谋假阁下声威坐镇，复设城守一营，知贤者多劳，求遂偃息山中，人固不之许也。嗣奉赐书，忻谂台从已定赴省之局，不独省垣众望咸孚，即僻处乡村，亦得凭仗声灵，以图安寝，何快如之。

比想大旆已安抵省门，月内弟亦谋赴湘潭、宁乡省墓，取道省垣，小驻数日，藉亲教益。归后新筑一家居，广不盈亩，而土木之役五月未息，心甚苦之。一切俟赴省面承雅教，可以畅谈，不多及也。手复，敬颂勋安。住长沙北乡罗汉庄寒婆塘。

年愚弟嵩焘顿首　九月初十日

致李瀚章[②]十月十四日

筱荃大公祖亲家同年大人阁下：

昨自县城归，舍侄传述尊命，知曾拜海螯之赐，过蒙记注，饫惠已深，伏增感谢。

蒋君直纠韶关陋规，而为陆道请免议处，其意专以是相倾耳。而云每年合计二万五千八百馀两，则弟所知实无此数。弟初至粤到任，节寿一无所受。后因节下互相问遗，酬应繁多，国朝令节，

---

①据柳诒徵编《陶风楼藏咸同名贤手札》辑，1930年影印出版，原未署年份，此据本函内容考定。

②据太平天国历史博物馆编《清咸同年间名人函札》辑，中国档案出版社1992年5月出版。原未署年份，此系原编者考定。

官民所同，不能废也，独寿礼始终裁革。每月韶关津贴一千，随礼一百，非是则养廉不逮四千，实不能给火食；每年贡费二千正，拆房工食一千，以及幕友修金，游客资助，总在万金以外，于何取给，踌躇再四而后受之。其后逾年查知，仆从辈尚有月规三百元，一时仆从驱逐殆尽，即为此也。合计亦实不逮二万，未知蒋君何所据云，然岂并武营书吏合计耶？

蒋君以勇起家，无需此区区，后将何以为继？朝廷若准所得之数，赔缴三四成尚可竭力任之，若如蒋君虚拟之数，则罄所入不能赔及三成。鄙人于此尚可稍一自明，若竟置之不问，则为臣子者愧咎何有穷期？左君与刘克庵书，防鄙人入都诋毁蒋君，忧其不永誉。蒋君遂用是相倾，意在遏吾之进取耳。不知鄙人早为黄鹄之举也。祸福是非，只好听之。诏旨云何，尊处当能备知，求一示悉为要。

前在省会，澄侯、玉班、俊臣一时并集。弟谓时局艰难，人心思逞，小人有党，而君子之势日孤，正气亦日消靡，欲谋与诸公寓禁奸之法于乡团，行友助之谊于同志，而苦于推行之无术。募勇巡城亦苦难，其人以五百人一营，玉班、俊臣所不乐任，又决非一二营官之力所能胜任。意中仅一曾挚民，曾屡以上闻而久不至省，无由推陈。及此禁止采硝一示，乡间顷皆知之，裨益地方不少。以此辈屯聚，勿论为匪与否，而奸窃之案已屡见，乡人甚以此举颂明断也。

续建专祠，人只知胡、李、萧三公，不知曾温甫、曾季衡、刘峙衡、张凯章皆有专祠。前寓荷花池，察看李忠武、王壮武两祠，地势尽宽，可仿正祠式，分立三龛，而于右边客厅建立一祠，亦用同堂异室之法，分立三龛，庶所费不多，而以前奉旨建立专祠者均无所遗。黄子春亦有专祠之请，未审兼及湖南否？乞一查之。曾与求忠书院董事成静斋议及，静斋甚以谓然。务恳先将建祠公费钱三千缗，发给董事丁、成、萧诸君，以凭先定砖木，明春即可开工。其三千金之数可以略缓，诸君意在交卸，求忠书院公费发典生息，故谋以此附益之。弟以于事不宜，诸君亦无异议。所有三千缗公费，恳即赐一分示，及时给领，不胜感祷。手此，敬请勋安。

治年姻愚弟嵩焘顿首　十月十四日

致周寿山一信，应从何处寄交，祈赐妥寄为祷。

致李瀚章[①] 十一月十八日

筱荃大公祖亲家同年大人阁下：

日来颇为酬应所苦，久未奉书，而人事变迁已甚，山中迟久乃始闻之。曾、刘一时并解兵务，与鄙人之归先后相望，颇以忻慰。读曾侯辞职一疏，成功盛美，悉让不居，惟其有之，充然沛然，故可不居，汉唐以来无能为此言者。霞老之疏，鄙人之缄汲汲自明，其心亦稍隘矣。亦惟莅仕数年，所得止此，而人或不相谅。于心诚有所甚歉，岂惟其道之未充哉？亦所处之地然也。

左君遍致友朋书，极力表彰蒋君，以发鄙人之短，且忧及鄙人入都訾议蒋君。义山诗云："不知腐鼠成滋味，猜意饥鸾竟未休。"人心世事如此，能无浩叹？屈原哀楚之将亡，征其由曰："兰芷变而不芳兮，荃蕙化而为茅。"左君行径，岂独友朋道丧而已！小人道长，天且翼进之，为君子者果安所侧身哉！曾侯以左君相逼过甚，日谋引避之，何论区区吾终隐矣。乞病疏伏求代进，

①据太平天国历史博物馆编《清咸同年间名人函札》辑，中国档案出版社 1992 年 5 月出版。原件未署年、月，此系原编者考定。

谨具呈上达，遣足赍呈。

委选《文选》，李、杜五言诗读本。《文选》分类颇涉繁猥，令辄就年代编次之。各家诗佳者尚多，陶诗尤多，凡不入《文选》者皆不录。李、杜诗宜选若干首，宜多宜少，尚求赐示，以凭抉择。

昨在县小住两日，议修县志，稍已定局，大抵集费难耳。鄙意修志精神命脉全在采访，先定采访数人分赴各乡，资以薪食，不甚烦费而事集，秉笔者经而理之，修饰而润色之，此易事矣。手此，敬请勋安。

治年姻愚弟嵩焘顿首　十八日

复汪啸庵浙江人师一信并寄留别诗数章，请由折便寄京，并恳交代巡捕取回信，便不至遗失。又致曾中堂信，祈加封妥寄。

再，弟前带回洋枪八箱，计一百数十杆，拟起存军需局备各营之需，而以报捐军火为志城捐足知府一官；以俟机会使以一官自效。意城与弟皆不乐仕进，才亦不逮志城。志城喜事过于乃兄矣，而无仕进之阶。弟于友朋时为招隐之词，独察志城之才志，似有不宜终隐者，亦颇为天下惜此才也。是否可行，并求酌示。

弟再顿

再，罗小溪枉过，自陈母老不求仕进，但求光复一官，又不乐居捐复之名，愿以捐复费用充饷效力自赎。公能一达之宫保否？且言进谒时不敢以此意上陈，求为转达。小溪才力有馀，其人亦尚知向善，筹饷尤能。宫保出总师干，如小溪等辈亦可储以备用，兼可饬令报捐军饷，将来开复仍视其劳绩何如，并非滥图保奖者。倘蒙赐允，幸以相闻，以凭转告之。

弟再顿

复李瀚章[①] 十二月初二日

筱荃大公祖亲家同年大人阁下：

领奉赐复一书，承示种切，感荷无似。宫保出省督师，湘乡遂奉回任之命，盖亦曲加体恤之意。湘乡恳辞复任可也，而请另简帅臣，以宫保为不可离江督本任，如来书所云则又不免失词矣。中原征讨方烦，非宫保亦无可任此者，然非兼地方则军务无可施手，此事甚明，何以另简帅臣为哉？未卜奉旨云何，其势固亦无从照准耳。

啸庵先生已入枢垣，前书万不宜寄达。此等议论施之冷京官无害也，枢府重地通书犹赘，何况议论？万恳赐检原书发还。致湘乡一书，则所述情节与今时绝不相蒙，盖犹得之数月以前者，并恳发还。此书恐已发行。此又须另缮寄也。本意二十八日即专函领回各书，以数日室人病势危笃，弟亦以失睡致疾，迟至数日之久，计折弁当尚未启行也。敬请勋安。不尽。

治年姻愚弟嵩焘顿首　腊月初二夜

唐先生关书，已承李宣伯兄寄到转交矣，并此申谢。

致曾国荃

奉书，讽味嘘唏。岂惟公所处之难，以侯相功崇德广，宜无

①据太平天国历史博物馆编《清咸同年间名人函札》辑，中国档案出版社 1992 年 5 月出版。原未署年份，此系原编者考定。

间然，朝廷眷顾稍疏，群小遽从而揶揄之，此可悟任事之难，而君子之于仕宦，悴心为已多也。始闻侯相议守沙河、贾鲁河，因取舆图视之。以七八百里之地，遮蔽东北两面饶沃完善之区，使不得驰骋，而令公与鲍公从容与淮、皖各军收挞伐之效。贼势方急，而以缓应之；贼情苦散，而以整御之。唐、宋以来主兵事者无此规模气象。

僧邸引运河之水以灌冯官屯，计工数百里，其时李开方残贼数百人，无敢议其迂远者，则文宗初基，东南糜烂，天下岌岌，朝廷怀恐惧之意而出之以端简，百官慑于大难之骤兴，瞻顾却立而抑不敢肆其嚣嚣。金陵之功甫成，士大夫谓自是可以长享无事，而议论嚣然。言路之气日张，时事亦愈棘矣。

常论宋儒发明圣学至精密，独有一事与圣道大反，数百年无能省悟。圣人之立教，曰“慎言”，曰“其言也讱”，曰“古者言之不出”，曰“巧言乱德”，曰“言无实不祥”，无相奖以言者。尧舜之授禹曰：“惟精惟一，允执厥中。”内自毖于一心，而不敢及于天下之得失。而即继之曰：“无稽之言弗听。”是自圣贤之治天下与其所以自治者，无不以言为大戒。宋儒顾不然，凡有言者皆善也，乃至劾欧阳公，劾富郑公、文潞公，皆谓之直臣矣；凡事皆可言也，乃至采宫禁之传闻，陈鄙夫之猥陋，皆谓之善谏矣。历观言路得失，其间贤愚错出。人才勿论也，较其功过与其利病，敢直断之曰：自宋以来，乱天下者言官也。废言官而后可与言治。颇有源流考证数十条。窃譬之一家：有家督，有百执事，有役耕之农，有书记教读，而为之家主者，一切漫无考究，而专责一二人以言，其家必乱。一家之微，犹足以乱，况天下乎？谏臣之有专官，隋、唐不得已之政也。其以谏为名，犹曰所匡正者君德也。为之名曰通言路，所通者主德之蔽也，民情之隐也。岂若自宋以来，纵言官之嚣，贿赂恩怨，惟其所陈。既有罪矣，犹群相与力护之，以是为通言路。人心之蔽，岂有穷哉！故曰：“知德者鲜”矣。自有宋大儒不能辨，故曰：“民鲜能久矣。”

唐、宋之言官虽嚣，尚无敢及兵政。南渡以后，张复仇之议，推陈兵事，自诸大儒倡之。有明至今承其风，持兵事之短长尤急。末流之世，无知道之君子正其议而息其辩，覆辙相寻，终以不悟。西夷之专求实用，由中国虚文无实，相推相激以赞成之，亦岂非天道然哉！

汉邹衍五德相嬗之说，上古以来，一姓代兴，各有崇尚，以成风俗，盖亦自然之理。区区假五行之说，索之于微，此邹衍之陋也。自汉、唐迄今，政教人心，交相为胜，吾总其要曰名利。西汉务利，东汉务名；唐人务利，宋人务名；元人务利，明人务名。二者不偏废也，要各有其专胜。好名胜者气必强，其流也揽权怙党，而终归于无忌惮。好利胜者量必容，其流也倚势营私，而终归于不知耻。是说也，吾于数年前及见之，曾以告胡文忠公，自谓笃论。故明人以气胜，得志则生杀予夺泰然任之，无敢议其非。本朝以度胜，得志则利弊贤否泛然听之，亦无敢议其非。一代之朝局成，而天心亦定。终明之世，居位者大率负强使气，杰魁人也。

本朝则贤者优容，不肖诡随，非是则群以为怪愕，而天亦常假手不肖以倾去之，使不得发摅。稍能持正议务名实，振厉纪纲，考揽人才，辄曰是无度量。吾抑不知所谓度量者，将用以何为也？司马德操之言曰：“识时务者为俊杰。”吾则以不为风气所染为俊杰。虽讲学治经亦然。宋明之语录，本朝之经说，皆风气之为也。君子未尝不为之，而固非道之所存矣。自非深识特立之君子，介然无与于风气之会，乌足与论时务哉！

二百年督抚同城之大患，发其覆者，惟公与我两人。而公正言直色以陈之，封疆之责，臣子之义，两协其宜。其申明义利之辨以正人禽之界，发挥公私之分以存是非之公，烛九幽之迷惑，立人道之大防，沛然任之而无疑，进退利病更无足论。前书所以相戒者，望公忍辱负重，为国家任艰巨。《易》曰："君子安其身而后动，定其交而后求。"鄙人之于粤，所谓莫之与而伤之者至也，是亦一义也。是道也，胡文忠以之。

值主少国疑之际，枢府无可倚毗之大臣，举朝无可主张之公论，岂惟无同志之援，亦并无气类之应。君子于此，怀忠而无可与诉，禆益家国生民而无可与协心以求共济，则亦勉自效焉，姑使此道自我而粗明，大乱自我而粗定。庄生之言曰："汝慎无撄人心"，处末世者之所同哀也，是又一义也。是道也，相侯以之。

若以言乎道之贞，则君子之于小人，苟可潜移默化，以使之轨于正，固宜劝诱而匡正之。不尔，则劾去之。其援系已深，显正其事以告之君父而求自靖焉，一身之得失勿之计也。即所纠所斥之去留显晦，亦勿之计焉可也。所默证者吾心，所共信者斯理，又何疑乎？使言官醉饱以嬉，条论人才之贤否，如令盲者居越而辨楚水之清浊，聋者居蜀而察秦曲之抑扬。朝廷既曲从之，士大夫亦允誉之。同官切身之利害，一有所陈，朝廷既深疑之，士大夫亦交毁之。庄生之言曰："高言不止于众人之心。"至言不出，俗言胜也。非鄙人无与发公之深微者。历事久而知古今是非曲直，蔽于闻见者多矣。或身受其利病，疾首蹙额，而莫知其所由，其源流本末，无能推知而辨论者。辄因公书，一推论及之，幸恕其狂愚。

同治六年

致李瀚章[1] 二月初十日

筱荃大公祖亲家同年大人阁下：

昨得易昀陔书，知少荃宫保新拜鄂督之命，事势人心与天眷适巧相应，方深慰庆。顷复承公移节苏门，而以其间权摄鄂篆，得使全楚蒙被福荫。岂惟贤才际会之隆，朝廷宠眷优渥萃于一门，所以酌量褒崇，以示委任之厚且深，亦极古今之殊荣矣。所耿耿者，文通赋别之旨，黯然与春水而俱长耳。

蕴斋中丞抵省当在夏中，尚可数月侍奉教言，拟及此一二月内谋一诣省，少叙别悰。以虑蕴斋中丞到后，在公治装倥偬，在鄙人亦多增一应酬之烦也。

鄂中军务得鲍军门一捷，捻势又复西趋。沅公志在灭贼，鄂疆苟幸无事，非其志之所存也，于此颇怀恼憾。赖公与之周旋，同道求济，为鄂中一大转机。鄙人窃计霞老眷顾久衰，曲虽在乔，终必与之同罢。

沅公殆不免陕西之行。友朋遇合之盛，今古所难。沅公箕斗入命，于人益多牴牾，尤非能享清福者。公谓何如？闻周寿山开藩粤东，曾否见有明文？闽藩另简何人？岂令王朗青到任耶？手

---

①据太平天国历史博物馆编《清咸同年间名人函札》辑，中国档案出版社 1992 年 5 月出版。原件未署年、月，此系原编者考定。

肃，敬贺荣禧。不尽驰仰。

治年姻愚弟嵩焘顿首　初十日

再，张参将惟贵来言，公赴鄂时必带武弁数员，意求自效。该参将胆气过人，亦尚知事体，受伤至数十处，遍体斑斓，而亦尚能骑射，可否准令随侍赴鄂之处，伏候尊裁。又，庄惕甫、崔春圃两世兄，皆故人之子，年力正强，思有以自立，其景状亦殊窘甚，乞公有以湔拂之。去冬道省，庄君曾与一面，崔君则始终未及见之。而颇为之一言，盖亦拳拳不忘故人之谊，恐公去后益无由自达，不如陈贻珊才望稍著，不至忧沦落也。李宣伯是否随同赴鄂？不尔，尚求一转荐之蕴斋中丞为祷。

致幼荃亲家一书，乞附竹报转递。外复曾侯及沅伯、霞老三书，求赐发递。霞老行止究未知何如，尚有京信二件，欲附折差便带。谢恩折当已启行。一二月内是否尚有月折，求示悉。再请勋安。

嵩焘再顿首

复李瀚章[①] 二月十三日

筱荃大公祖亲家同年大人阁下：

初十日恭闻晋权鄂督之喜，即经肃缄申贺，以附致各缄昨下午始能专足递呈。顷奉行知并荷赐书，知嵩焘有重任两淮之命，此自本职也。朝廷权衡录用，不使沦废，感激天恩，何有涯涘。

---

①据太平天国历史博物馆编《清咸同年间名人函札》辑，中国档案出版社1992年5月出版。原未署年份，此系原编者考定。

然嵩焘出处定于去岁乞病一呈，不俟今日旧仆数辈枉临劝驾，言圣心眷注方隆，但起任事仍当晋秩封圻。封圻之与使符有何异哉？两淮专制一方，又沃区也，力求整顿，国家经费禆益必多；即使从容坐啸，诗酒酬应，身名俱泰焉。往而不自得，顾耿耿初心不敢自负耳。三四年后病躯稍可自支，当谋归老京师，今方病惫，非其时也。

左季高以闽督而挤粤抚，犹掇之也，假而以甘督而倾一运司，则直发蒙振落矣。徒乱朝廷之纪纲，亦复何谓幸获宽容，不遭搏击，毋亦为所窃笑乎？谨具呈一通，求赐奏请开缺，伏祈鉴谅。

读宫保片奏，慨然以艰大自任，英雄伟量，其心如揭。天生李晟，以为唐世，足知此语意味深长。常笑左季高引陆贾之言，以今之督抚当一将之任，不知督抚之初设皆主兵者也，至今日而已屡易其局。约而论之，总督主兵而巡抚实主吏与民。左君自负明辩，而于古事、今事都不一加考究，实多可笑者。即所疏陈制造轮船为御夷之计，而自称与浙江巡抚、广东巡抚商议，则亦未知沿海事宜尚有钦差大臣在也。外海防御又专属之总督，远则有直隶、山东、江南，广东亦尚有总督主之，左君漫不加讨论。何怪八次枉书，直以广东军事贻误归狱鄙人，而责其诿过耶。又以蒋君与宫保并论。

广东来书言新政亟行，官民思念鄙人尤深。吾深耻其言。虽甚不肖，何至与蒋君校长挈短，以是相推许，辱于诟谇矣。今诵人之贤而曰：尔固优于盗跖。为荣乎，为辱乎？嵩焘愚劣，以是表异而犹耻之，而视宫保与此一例。其为辱也，奚以加焉！左君徒欲援是以倾鄙人，而语言乖戾已甚张。乖厓之讽寇公曰不学无术，寇公学问未必亚于左君。其不学也，未闻君子之道故也，左君一生成就大率如此。因读此奏而有感于心，聊一及之。

意城昨在此言，匆遽未及函贺，谋与鄙人同赴省叙别。既奉行知，扶病赴省亦所未安，或于江次奉候谒见。意城、志城则听其自诣省耳。手肃。奉复，敬请勋安。

嵩焘顿首　二月十三日

复李瀚章[1] 二月十五日

〔筱荃大公祖亲家同年大人阁下〕：

奉读复书，蔚然有道之言，讽味沉吟，意俱与长。其于鄙人乞病之请，略无疑阻。士之贵乎知己，非徒以知其意向而已；必其知道也，而后人与己之意向沛然一轨于正。公之于此伟矣，殆非时俗所能庶几也。

所论沅公得失及与处轻重之宜，卓识渊抱，盖两兼之。定计不带武员，所见尤精审。李希庵初任鄂抚，官相奏请以兵事归抚，而以饷事、吏事自任。识者笑之，谓与国家制度适相背也，而公持论亦云然。官相求以济其私，公之为此言也，廓然一出于大公。虽使褊心者居此，犹将化其意见之私，以相与有成。况若沅公豪杰俊伟，以天下国家为心，而非专己以自足者。以是益知公在鄂必有益沅公，而益虑沅公之蹇蹇，将与霞老俱西，恐不及久饫此福利也。

沅公请处一疏，尊意以为无层次，尤允。“急脉缓受”四字，地舆家秘诀，而天道之精，征圣贤之裁成辅相，举无逾于此。君子得之以治事而事成，亦省多少烦恼。此公之盛诣，鄙人与沅公

---

①据太平天国历史博物馆编《清咸同年间名人函札》校补，中国档案出版社 1992 年 5 月出版。

皆所望尘不及者也。

京信久已缮就，去人仓卒，不及缄交，数日内送呈。鄂事复棘，尤为沅公虑之。孟子云：莫非命也？一笑。〔敬请勋安。

嵩焘顿首　二月十五日〕

致李瀚章[①] 二月十七日

筱荃大公祖亲家同年大人阁下：

昨书奉谢盛谊，谅蒙赐鉴。顷得友人书，传言鄂境捻势愈炽，远近惶扰，汉镇商人亦多徙避。楚俗固多谣，然鄂中军事之棘，恐亦未尽无因也。

去秋在省谋捐洋枪八大箱，为志城捐足知府，因雨，非急切之务未即查照办理。此时台麾将发，应如何报捐之处，于湘于鄂，总以得用为宜，意在就便附案汇奏较为爽利耳，乞公酌示。

湘乡以通商大臣事宜推之丁禹生，奉旨云何？似无藩司兼带钦差之理，即幸邀准，洋人亦必不甚关会，徒伤国体。京信三件，祈饬折弁分投为感已交张竹屋分送。手肃，敬请勋安。

治年姻愚弟嵩焘顿首　二月十七日夜

复曾国藩[②] 五月十八日

涤生宫太保通侯中堂阁下：

①据太平天国历史博物馆编《清咸同年间名人函札》辑，中国档案出版社 1992 年 5 月出版。原未署年份，此系原编者考定。

②据柳诒徵编《陶风楼藏咸同名贤手札》辑，1930 年影印出版，原未署年份，此据本函内容考定。

五月十六日奉到四月九日赐书，历来驿递无此迟者。敬谂道履康娱，凡百绥谧。栗诚天花，履险为平，尤深庆慰。劼刚三月一至省垣，询其东行之期，云须静候钧示，计当俟秋中矣。

日前楼底之警，距尊府甚远，然亦不免惊扰。方谋专足诣视，旋亦殄除。霞兄以此暂居省垣。自鄂以下，旱势方隆，沅公运蹇可念。然犹幸为鄂民也，使在湖南，乱必由之，颇时以为忧。意城告归以后，有识者多怀隐虑，年未富强之基，亦稍隳矣。而当事相与恬然。天下之患，使皆流俗所及知，则人知备之矣。惟流俗相与恬嬉，而患气日深而不觉，此所以可叹也！

辞削商籍一事，朝廷必加苛求，仍赏假一月，拟假满再辞。以方今愿充商者尚多有之，无烦蹇蹇老臣，宜如何善处之法，乞公一详示。左君在漳州，初拜督办三省军务之命，合广东督抚而并倾之。其言曰天下安注意相，天下危注意将。今之所谓将者，即督抚是也。广东军务方兴，诸事废弛，必得李某任两广总督、蒋某任广东巡抚，方能望有起色。都门信言，朝廷疑子文不任疆事，以太冲求之甚坚，不得已应之。其后两保皆以便言之蒋君幕友言，左君录寄折稿，蒋大喜，即日刊刻广东巡抚封条，以必得为期。此两保皆交通左君幕府，吴、夏诸公赞成之。折稿皆私寄蒋，鄙人未及见也。最后一折，直谓广东军务专以骗饷为事，毫无筹画。臣驻军大埔，距潮郡为近。询问潮州厘捐，每年仅得三万，以潮州之富饶，使果办理得法，每月尚不止三万，就潮州一处论之，广东厘捐办理不善，大概可知。此折犹为丧心病狂，盖以瑞君一书相构，肆其淫诬，并潮郡情形亦颠倒以济其讥也。非得蒋某经理万不能有补益，请饬蒋某前赴广东办理军务，兼筹军饷。前后两折稿，所在有之，公岂未及见耶？

鄙人致憾左君，又非徒以其相倾也，乃在事前无端之陵藉，与事后无穷之推宕。如此两折之排挤，而曰实未劾及鄙人，此犹其羞恶之良所发端，规以自解而已，于义无害也。而必多方诬及鄙人。春间致筱荃一书，盛称蒋君功德，以为非鄙人所敢望。人皆以为笑。吾谓左君之服膺蒋君宜也，所不可解者，左为巡抚，蒋浙藩也，朝夕与处，又用其力克复一省城、四府城、十馀县，非惟没其功，又摧折之、辱詈之。蒋君屡致鄙人书，深怀怨怼。已而左为闽督，相距二千里，漳州一保，乃遂信之深如此。蒋君至广东，为鄙人言生平受左君挫折至多，始犹相与争胜，继乃一力周旋之，勿论其他。其赴闽也，定浙饷每月二十万，供给年馀之久，皆以每月十二日起解，未尝一日后期，安得而不保哉？即蒋君所言观之，左君之前后矛盾、轻重失伦，居心果何等也！

沅公甚感左君报德之厚，枉书亦略及之，岂知其为心之私哉！甘事固难于鄂，鄂所资于彼暂也，彼所资于鄂常也，且□[1]甚感官相之一劾。以朝廷眷公之深，左君一加齮龁，言者纷纷，至今攻揭不已。粤东使者至其营十馀辈，每见必呼贱名而诟之，且言归语汝抚，放贼入粤者，乃渠亲家，贼至闽，我赴闽剿办，今又赴粤剿办，汝抚亦知之否？

昨赴岳州迎候霞老，闻吴退庵在左君营，终日诟公，兼及鄙人。举以询之南屏，南屏云退庵言在营日两食，与左君同席，未尝一饭忘公，动至狂诟。其于鄙人，似尚从未减。吾谓左君豪杰，惟曾公足当一诟，我岂不受其诟？正当反诟之。左君之诟，曾公以怨报德，我则直讨有罪耳。

公与解释旧嫌，以济公家之急，此盛德事也，附会左君以咎鄙人，则过矣。左君曰吾未尝相倾，彼罪自应逐耳。公亦曰左君未尝相倾，汝罪自应逐耳。是知燕之当伐，而不悟伐燕而取之者

---

①此处一字漫漶不清。

齐也，所谓知其一而不知其二者也。霞兄疑鄙人性褊，多与左君较量。复书云，莲知大师道已成，或问大师亦动心否，应曰他无所动心，惟闻放榜不自持耳，盖以应举被放而逃于佛者也。鄙人亦惟恶闻左君之名，疑公之断斯狱也，未得其允，谨抄录全案附呈，顷查来往信函太多，情形亦太可憾，阅之只增愤懑，故不缴。以备处断。其于左君之凶横，亦可略得其梗概，并求一并告之沅公。敬请勋安，不尽。

嵩焘谨启　五月十八日

致李瀚章[1] 五月十八日

筱荃大公祖同年亲家大人阁下：

日前节麾遄发，未获一趋送江干，以践宿约，至今为歉。新政宏敷，万流仰化，正思肃缄申贺，而尺书枉临，曲赐垂念，盥薇庄诵，感领何涯。敬承福星临莅，气祲潜销，以前驺鼓吹之迎，谱清路铙歌之曲，固知德晖所荫，满地归依，而尚不料捷音之速如此。

沅公已回省垣，和衷求济，益必多。闻鄂中旱势方隆，比德敷仁，以迓天庥，当遂已获甘霖。寇乱未即荡平，岁功本计所关尢巨，心甚念之。沅公以事多忤意，日怀引退之思。要其所行实无疚悔，乞公一广其意，使无怀悒悒。幼荃亲家器识恢闳，夙所服膺，时危异人出，宏济艰难，宜所属心。鄂中乃得一相见，此景尤可念也。弟疾病馀生，无心仕进，谨候假满恳辞耳。敬叩勋

①据太平天国历史博物馆编《清咸同年间名人函札》辑，中国档案出版社 1992 年 5 月出版。原未署年份，此系原编者考定。

禧。不尽瞻企。

治年姻愚弟嵩焘顿首　五月十八日

复李瀚章[1] 六月初十日

筱荃大公祖亲家同年大人阁下：

奉到五月二十八赐书，承示悉一切，感荷无涘。宫保移节归德，翼蔽河南，扼曹、单之冲，以规进取，其措施赫然，在在皆有精悍之气。所谓天生李晟，以为唐室，非偶然也。幼兄自当移军归德，大帅身临前敌，无可休息之理。近闻疏请郭军门帮办三省军务信否？二刘英英，能为之下耶？秦捻久驻同、朝，谓当渡河扰及蒲中，而忽西窜兴平，贼踪狂骋，未易测识。

得库仁龛书，与刘寿卿军门极相得，以是屡获捷。仁龛何以留陕？其详未闻。沅公撤其湖北粮台，是否有关利病？沅公此行急图有为，而所历皆屯蹇，其归志甚决，能得间引退亦殊佳。朝廷终怀歉然，未有不相倚信而能图功者也。

此间言侯相召值枢密，楚人喜谣，盖因大拜之命而附益之。协揆属之瀞帅，亦允叶人心。粤俗以强陵弱，以众暴寡，瀞公贤矣，而气习未除。弟在粤见其屡陈粤事，横生议论，颇不谓然。昨麓溪诵其疏争坟山一案，援引例文，力求一遂其私。此后官地一惟有势者侵据，小民侧足而立矣。苟可负强以便一日之私，则遂毅然为之而不顾天下之利病，此所谓小人。粤之君子乃安行之，风俗之颓敝可想。

---

①据太平天国历史博物馆编《清咸同年间名人函札》辑，中国档案出版社 1992 年 5 月出版。原未署年份，此系原编者考定。

少村、星衢之所趋合，鄙人之所维持，蒋君之所摧败决裂，皆以此世无知道之君子。鄙人志事谁与办之？运司一缺，朝廷两次赏假，人皆谓不宜再有迁延。又有言少村请示马谷初，谷初云：官可辞，降补一官不可辞，辞则重朝廷之疑。用此为劝吾，谓出处者君子所以自审。少村请示谷初，则其心之惶惑多矣。弟自去冬乞病，不敢遽定此生进退，此一二年无可求仕，即以此被朝廷严谴，而吾所以自处者固如是，无所于悔。禀牍呈览，本应别具一禀，以例应由湖南出奏，固可省此烦文也。北省得雨已透，欣快之至，此尤福荫之大者，贺之。敬请勋安。

治年姻愚弟嵩焘谨启　六月初十日

复李瀚章[①] 八月初八日

筱荃大公祖亲家同年大人阁下：

奉赐书，得知山东近日军情，欣感无似。湘乡相国言，少帅谋及此时蹙贼濒海一隅，扼胶莱河为守，此地势军情所必争者。少帅雄才大略，斯能任之。尊书言贼窜近即墨，则又已循海而南，近距胶州，能于胶南横遏之，得一二大捷，即此贼无复逋逃之地，阱兽之势成矣。此又视天心悔祸何如耳。幼荃亲家近驻何所？淮、徐之间必宿重兵，以为胶西后应，亦以防其奔突。幼公能遂驻防，尤为扼要。

承论续假一件立言失当，所见极伟，韫帅亦深以为疑。已另稿呈递。始意以盛气行之，即谴责所不顾，而终乖体要，故为非

---

①据太平天国历史博物馆编《清咸同年间名人函札》辑，中国档案出版社 1992 年 5 月出版。原未署年份，此系原编者考定。

宜。后稿力陈病状，足以上邀俞允，无复他虑。蒙垂念勤勤，稍一及之。

南省秋热，临闱尤甚，未审北省何如？重湖之隔，风气稍异，代主监临不为烦劳否？调赴山东一军，曹军门尚有书相求代为乞免，观其意亦虑提军远出无可凭恃。已将原函寄达沅帅斟酌行之，期以通军情而求济实用而已，亦不敢妄参一议。

吾邑有傅丙照者，举孝廉方正，应廷试以州判分发湖北。其人诚笃君子，为乡里所推服，与鄙人少同学，知其为人恐不足以趋时，敢以附闻，无使饥饿于公之土地。稍试以事，必能始终诚悫，不至上负委任。山东军事日夕得有捷报，尚求赐示一二，以慰悬望。敬请勋安。

治年姻愚弟嵩焘顿首　八月八日

复李瀚章[1] 九月十一日

筱荃大公祖亲家同年大人阁下：

九月十一日于明府递到赐书，得以稍知近事，感荷无已。前得省信言，贼越胶莱河而南至海州，江淮震动，恐遂扰及通、泰。承录示宫保折件，自清浦而西逶北运河之防尚固，里下河一带自可无虞。侯相意防北窜，谋撤运河之防以守黄耳。然当时议守运河，原谋蹙贼运东，贼既越胶莱河，又复移守胶莱，始终设为藩篱，以使不得任意奔冲。军情利钝，不可预期，办法终无以逾此。势不能及贼之方逞，开而纵之，宫保折件持论极正。

---

①据太平天国历史博物馆编《清咸同年间名人函札》辑，中国档案出版社 1992 年 5 月出版。原未署年份，此系原编者考定。

此间亦以胶莱之防蔽罪潘琴轩，据宫保所陈齐军一疏于戴庙，再疏于潍西，不与较论功过，而事迹显然。其言曰："无论贼窜何处，责望悉归于臣。"读之益滋慨叹。使左季高处此，不知若何愤怒矣。秩璜非军旅才。丹初精细，秩璜脱略，两君相承，适得其反，尤虑非宜。朝廷于此等处全不一加讨论，所关亦岂浅哉！

蒋生骛名已甚，乃欲托之笔墨，以自状其忠悃。黄麓生为习笔墨，诗笔浅俗亦肖黄君。左季高专意作伪，其所成就大都此种。外间传言瑞君与将军、都统、监督联名揭其十款。中有一款逼毙巡捕蔡书台，则粤中早有书见告，闻之怆然。粤俗强陵弱、众暴寡视为固然，蒋生无故拥兵数千，肆行强暴，未尝不可震慑粤人。惜其倒行逆施，一以无道济之耳。左季高附会揄扬，规以自解，终竟何益？

韫帅屡函邀意城为助，亦以湘乡数有蠢动深怀戒心。其命意措词皆无愧贤者，霞老又一力钩致之省垣，鄙意终谓非宜。局务无兼摄之理，前之兼摄，则以各局皆所创造，因仍管理。前后用人数百，亲故亦多有之，从未滋生事端；偶有过犯，亦无宽假，较之徐云衢、章子农加厚亲族者固为胜之。所以传于此名，则由胡听泉以私意撤去一人，意城力持之，卒得因其人适与有旧，以是訾议横生。天下毁誉是非，不足凭者多矣，但一任事，无可免者。庄生知之，所以遁世而远去。承垂谕及之。敬请勋安。一切心谢。不尽。

治年姻愚弟嵩焘顿首　九月十一日

同治七年

复李瀚章[1] 正月十六日

筱泉大公祖亲家同年大人阁下：

去腊领奉赐书，以岁除未敢附邮呈答，开春又闻拜开府浙江之命；而东捻巨股遂为老宫保神勇芟夷净尽。敷天大庆，德门光耀，旷越古今，非为一时功阀而已。丁禹生擢抚江苏，有得人之庆。朝廷用人如奕棋，有引一二子而全局精神俱振，故为胜著琼哉，弗可及矣。浙江新造之邦，得贤者抚绥安辑，培养元气，裨益宏多。独移福星东照，使吾楚人涵濡盛德，不获永朝永夕，稍申絷维之忱，念之为怅悒耳。

秦捻入晋，有谓扰及隰、霍，有谓已南趋怀庆者，移淮军蹙而击之，当有馀裕。而闻左君亦已赴晋，前岁入粤，由鄙人奏请，乃使粤东至今承其乱。今舍弃甘事而以赴晋讨贼为言，正恐无益而有损耳。

由舍弟处发回洋枪价值，为之恧然。此件本自为讨贼之用，既不获一行其志，遂以助公讨贼，岂求售者哉？而蒙数千里枉使发交，用谨存之而已。

年伯母大人初临鄂署，又须为浙海之游，板舆侍亲，极人世

---

①据太平天国历史博物馆编《清咸同年间名人函札》辑，中国档案出版社 1992 年 5 月出版。原未署年份，此系原编者考定。

天伦至乐，然亦跋涉可念矣。启节当以何日？惟增瞻企。手肃，敬叩勋禧。不尽。

治年姻愚弟嵩焘顿首　新正十六日

复曾国藩[①] 正月十七日

涤生宫太保通侯中堂阁下：

去腊九日奉一书，开春微闻东捻巨股已戮□□[②]，未得其详。顷奉腊月二十日赐书，敷天大庆，一瞬得之，尤出望外。奉□□京师肘掖之忧，度可移军西讨，不知少荃宫保履鄂任耶？抑仍西行耶？投诚二万馀人，其中贼目必多，张已巨憝□□漏网□□□□否？枭匪闻□□□□必出荫帅。朝廷于功臣不轻废弃，荫帅获谴，为官相地耳，岂知官相之必不足任军旅哉！人世悠悠之毁誉，以召乱国家，如此类者，可胜慨也！

楚运日就衰靡，然固不当数及蒋君。蒋君废于粤，必复起用于陕、于滇。明季将帅之遗风，惟蒋君得之。始与观风提藩库银三千充赏，其后裁韶关公费，竟视藩、运两库为内府矣。其后韶关赢馀皆充犒赏，入私橐。尝谕蒋君行径惟董卓、朱温近之，是非□矣，又不足谕也。此所谓应运而生者，天下之运，虽楚运岂能废之。荫渠、厚庵等辈一再□忍，而急自远引矣。颇为国家惜此才也。

军机章京致韫帅书，举公复奏预筹换约一疏，与瑞、将并论，谓俱无新义，而盛称沈君引浙人胡兴墉之言。英、法两国方与普鲁斯构兵，自顾不暇，换约必无枝节，弛关税二三成与之，无不

①据柳诒徵编《陶风楼藏咸同名贤手札》辑，1930年影印出版，原未署年份，此据本函内容考定。

②此处二字，系原稿漫漶不清，下同，不另作注。

欣然受约者。谓其言颇有可采，吾为之茫然，换约有何枝节哉！枝节皆吾人自生耳，何与英、法事。普鲁斯，英国附庸，构兵与□□□换约事。咸丰十年之乱，怡、郑诸王持议亦欲弛开关税与之。吾尝叹其言。西洋通商数十国，商民自输税耳，英、法何所利而弛之。今各关收税皆用洋人，正恐二三十年后洋人将自为之，亦何禁夫税之弛哉？沈君故无学识，袭用其说无害也。政府十年中两发此议，终必不悟，所知所见如此，以主持天下大政，欲无危辞得乎？读公疏稿，圣人复起无以易斯言矣。而引与瑞、蒋并论，以此主试董、贾诸公，幸生斯世，得附四等末为幸，敢望三等前五名哉！

大疏有曰中国王大臣为百姓请命，不患无辞，美笑至矣。又重申之曰：中无所惧，后无可悔。孟子处滕事之急，而所以为谋，不过曰君子创业垂统，为可继而已。苟通此义，强敌在境，刀镬在前，坦然视之可也。吾人处事，苟当于理，于圣贤何让？当独难一二为俗人言耳。微有缺者，让中国亿万小民与彼为仇立论，此正数十年来中外诸公所用以为藏身之秘术者。中国小民何知远计哉，洋人弄而玩之，夺其利而又歆之，稍厚其资，受其雇役，靡然以从。据此为言，适为洋人所笑，而中外诸公至今无能省悟，惜哉无是可也。

承垂询八股良师，能为圆熟之文者，有矣，未见有夭矫挺拔者，近时后生惟彭丽生之子号稷初者，甲子举人，笔力清矫，吾甚爱之。能精师道尤难。今岁小儿即自课之前，在粤东设专经之学，颇著成效，颇思用此法推行之乡里，适会中丞谋以岳麓相属，私幸此愿之一酬。而何贞老力阻之，翁玉甫、刘子迎诸公从而和之，而益阳人以胡文忠公遗言，求一主讲箴言书院，已允之矣。沅甫疑鄙人有所利于一馆，枉书阻之，遂已力辞。

□□志事终遏不行，傥亦有数存耶，因书琐及。敬颂钧安。

嵩焘谨启　正月十七日

劼刚世兄均安。栗诚馆师，江浙似□□□□□之乡里□□难也。

复曾国藩[①] 二月十八日

涤生宫太保通侯中堂阁下：

顷得省信，知山东境肃清，重拜世爵之命，庆慰何已。惟闻张逆扰及畿南，少帅奉严旨□□□□，然则前者豫军怀庆之捷，歼贼万人，为已涉录张耶？少帅北行，自须荡平此贼，乃能赴□矣，□□疆吏无论及者。

次山、幼丹两公及霞兄既皆排去之，乾坤于是乎息，人言亦稍止矣。山西恐有连名控告之举，赵君愦□□□□□□若此，此或公论然耶？谷初赴闽，寿山、桐云两君可以复庆生成。其前之稍留，则由沈幼丹一力保全之。幼丹慨然以船务自命，贤者诚不可测，而其保全寿山、桐云，以与吴仲仙忤，则固其胜人处也。

孙竹堂观察赴京后，两次枉书，当以一函复之。南省折弁，往返必须二月，恐致参差，仍恳由折臣递京，较为妥速。以枢府有取于沈幼丹之言，谋弛关税二三成，又出洋人要求之外。反复思之，不达其义，略似鄙意戒其无别生枝节而已。前书以日记一则为不能忘情横目之民，盖孔子曰：吾非斯人之徒与，而谁与横

---

①据柳诒徵编《陶风楼藏咸同名贤手札》辑，1930年影印出版，原未署年份，此据本函内容考定。

目之民，皆吾与也。而惟一二当事横目之民，不敢辨知其情性。日记一则，盖无所不狎侮，是将有意横目之民而先自闭其门，即以是谓之忘情可也。

同乡有黄伦秩者，尚有办事之才，志趣亦佳，为吴仲仙所赏识。昨书来，言数年未一试之□事，□稍留意察之，无使遂沉沦为幸。筱帅经营黔事，伟举也，而所任用太远。意城家居两年，恰与相避，甫出而遂有所论劾，以是大相忤。赖以赴浙和解之，久恐益成嫌隙矣。而筱帅家运之隆，当世固无与抗者。山居苦湿，家人辈多患疾病，志城病足，三月不能出门，恐成锢疾。霞兄见能超出一世，而所养益充，良为畏友。疾病颓唐，愧不能逮耳。敬叩钧安。劼刚兄均此奉候。

嵩焘谨启　二月十八日

致郭柏荫[1] 四月二十五日

远堂老前辈大人阁下：

沪城一别，九载于兹。自粤东乞归，闭门却扫，谢绝人事，不复奉书上讯起居。伏承厚德含宏、道昌业广，朝廷加之倚畀，人士闻而归依，属在帡幪，信殷鼓舞。

嵩焘心忧湖南之乱久矣，综其本末，约有三端。军兴以来，荷戈从军者无虑数十万人，骄横毒很，习与性成，其势不复能终安田亩。强者思逞，贫者乐祸，相与眈眈虎视，有变生肘腋不测之忧。此致乱之端一也。东南数省更莅兵戈，受祸为深，惟独吾

①据散原老人旧藏《郭筠仙侍郎书札》辑，台北故宫博物院1979年影印出版，原未署年份，此据本函内容考定。

楚承乱日浅，而乘时徼幸、窃取功名富贵，井邑相望，视若固然。《易》曰：“天地盈虚，与时消息。”岂有戕贼东南生命而加厚吾楚，以使久享之理。此致乱之端二也。湖南功名之盛，人皆知之矣。而数十万人中，而起材官、蹶张洊、跻高官大爵，极之数千人而止。数千人之中，拥厚资、广蓄田宅，极之数十百人而止，其馀有被提、镇虚名而为饿莩者矣。至于殷实之家告困于诛求，商贩之业逃死于科敛，朘膏及髓，坐致倾覆。重以水旱频仍，民气凋枯，盖十室之邑绝粒者而九。古人有言，民穷则易与为非。吾楚之穷岁益增剧，此致乱之端三也。

顷年以来，根本之地尤可忧者又有三焉。则吏治之敝坏、人心之偷薄、风教之陵夷，有莫知所终竟者矣。嵩焘尝论吾楚民气之强，自昔已然，不自今日始也，视上所以整齐变化之而已。道光之季，朱石翘都转令湘乡，所诛戮近千人，而后湘乡强悍之气一变而为忠义。魁荫亭廉使守宝庆，所诛戮数千人，而后宝庆强悍之气一变而为忠义。二君当承平日久、吏道否塞、上下蒙蔽之时，独能力引绅士，求通官民之气，遂使奸民无所容，安坐骚除，指挥有馀。骆文忠所用以转移吏治、振兴士气，以赞成中兴之业，而自致其声名比高于衡、霍，历久而士民思之不能忘。岂有他术哉？亦惟曰通上下之情而已。

故大圣贤之论治与史册所著为循吏，必以求通民情为要义。而在吾楚，且时将恃以防壅蔽之渐，而杜奸乱之萌，常使民气疏通，以不至积成疮痏。而当骆文忠时，一二贪污之吏，大惧官民之气通，不利其所为，创为绅士跋扈之说，以致其私憾。仓少坪廉使至倡言之京师，遂乃达之朝廷、传之天下。湖南士绅侧足而立，人怀自危之心。然承骆文忠之旧，规模具在，但见其裨益循良、为功地方，无能有以相屈也。

近年州县恣为睢盱，绅士一切退听，而盗贼始横行矣。去岁湘潭之变，啸聚称乱，为日已久，而县官不知。今兹益阳之变，屯驻三官桥三月，居民逃徙一空，距县才及二十里，而县官不知。绅士有所举发，则以为铺张乱民，经团绅捆送，又力与徇庇。其势殆不尽驱使，乱而不止。今大军萃于黔南，饷粮困于供亿，省城无大枝劲旅足以防乱。益阳称兵十馀日，仅恃李廷章观察数百人，相为枝拒，使贼势愈横，号召日众，各州县伏莽蠢然思动，尚不可穷纪。地方官能有以待变者，吾闻其语，未见其人。湖南大势之可忧，盖亦不始于今日。

再四思维，惟有仰恳台端，移咨郭子美军门，就所部各营拣派良将二人，一由荆州出常德，（以）〔一〕由湘阴出益阳。及今为之，分派二营已足，讫功稍迟，则须增多数营。若竟听其勾结四出，岂惟湖南之忧哉！正恐荆、汉之交构患无已，用力增多，为费增剧。曾以此意言之韫帅，韫帅意颇难之。盖出之韫帅，义近乞援，咨、奏两难置议；出之台端，则本属辖疆，惟所措置，而兵力无须添募，征调只在近邻。联唇齿之忧，既可以剿为堵，援恤邻之义，无嫌借主为宾，使湖南有所恃以无忧，即韫帅亦乐相与有成而无忤矣。

嵩焘尝论方今救敝之道，在严以治乱民，而宽以安善，其于吾楚尤为要言。使在官者能移其姑息土匪之仁，以勤求民隐；能移其猜忌士绅之义，以防闲乱民。则伏莽虽多，终不及善良之众；乱民潜逞，岂能逃官法之严，而使数年之间渐积至此。此天也，非人也。南事惟筱荃制帅能悉其详，闻归期尚早，他日尚求以此函呈览。至祷。敬请勋安。

晚嵩焘顿启　四月二十五日

复李瀚章[1] 五月二十六日

筱荃大公祖亲家同年大人阁下：

春间奉呈一缄，度东行取道里门，必稍有濡延，不奉书者数月。枉赐一书，由巡捕展转寄交，月前始获领读。怅云山之迢递，增意绪之萦回。伏想新政宏骞，德猷丕焕，敦庞裕大，盛美日增，钦祝何涘。

少荃宫保驻节临清，倚黄、运二河为险，蹙贼张秋十馀县之地，当可一筹扫荡。朝廷于北路军务责效甚严，而于各省封域画疆为守者，似又稍从宽假，亦不能不以平贼之任期之少荃宫保一人耳。幼帅一军比驻何处？战守机宜计多可听者，务祈以时宣示一二，发皇耳目。省三军门情形何如？鲍春霆之避左君，省三之避陈国瑞，所避不同，而其情一也。似此精悍耐战之将，亦未宜置之闲散。

弟家居三载，疾病为多，今岁常数月不一履阈，方知古人目不窥园，未足为奇。年伯母寿辰，僻处深山，竟不获知，昨省城传抄寿文乃始知之，愧悚何已。浙江湖山之盛，随侍板舆，骏业隆施，承欢尤厚。曾否奉侍入浙？敬以为念。手此，敬叩勋禧。无任驰仰。

姻年治愚弟嵩焘顿首　五月二十六日

外复屠啸篑信，恳交府县递寄为祷。

---

①据太平天国历史博物馆编《清咸同年间名人函札》辑，中国档案出版社 1992 年 5 月出版。原未署年份，此系原编者考定。

同治八年

复李瀚章[1] 四月十二日

筱荃大公祖同年亲家大人阁下：

奉赐书，知去冬寄上一函已达台览。春间接屠啸筼观察函件，省人云由谭文卿廉访寄到，而不知所自来，至是始知由尊处转递，钦感无已。伏谂道躬绥鬯，勋绩光昭，惟增庆祝。

弟以沅浦宫保议修通志，数至省垣，深为所累。现已定议次青住局主持，分派编纂，大致略定，可以归卧东山矣。自去秋七月一雨，至今未已，甚或连日夜倾注，盖非徒转一年之雨纳之此数月中，直竭数年之雨矣，将来必有奇旱、奇荒。而伏匪益繁，不可按抑。天下之乱十馀年，吾楚受祸独浅，功名富贵相望以起，骄盈之习、奢汰之风日甚一日，断无满而不溢之理，此机早见及之。近浙友周瀛士力劝为避地之计，且约代营西湖一庄，傥可托庇宇下，受一廛而为氓乎？数千里远适，岂易为计者，公将何以教之？

援黔之军以次克复镇远、施秉。黄少昆、邓星陔两观察各率所部横出黄平，以通川、楚之气，至黄飘遇伏，两军存者仅及数百人，统帅歼焉，罗伯宜亦与其难。席营荣军门骁将也，领军前

①据太平天国历史博物馆编《清咸同年间名人函札》辑，中国档案出版社 1992 年 5 月出版。原未署年份，此系原编者考定。

进，至今无信，大局为之震动。黔事未易了之。日思诣鄂一谒中堂，以苦雨尤惮出门，当缓图之。手此，敬请勋安。

治年姻愚弟嵩焘顿首　四月十二日

外复屠啸篔信，祈转交。

复金安清[1] 六月十六日

眉生仁兄大人阁下：

六月望日奉赐书，知已安次夏口，甚慰，翘企□次。步韵诗，斐然名作。每览阁下之诗，和平温雅，虽怀感激而出之，含蓄深沉，非徒心气之舒也，事功福泽于此征之。雨生大文，未蒙抄览，所述数端，切而要矣。

自宋以来，诸儒之所崇奖，以为救时之言者，文而已矣，能行与否不问也。于是尽人皆得托以为名，此□数百年无能撮者。尊意以身非谏官为疑。谏官之有条陈，亦岂其职应然哉，任之言而嚣然，言之无择也。此皆末世之事也。

承代筹出处，深求鄙人之旨趣，不能不一尽其说。前在粤东，以经营黔事为心，其说有二。粤东沃土也，人思得之，黔事则皆避之若□。鄙人困于同城之扼，推肥就硗，乞与张公对调。于吾之所以自处有甚适者，而于义亦正无忤，而又有筹饷局之数十万金惟所取携。自揣吾力固足以任之，屡思具折上陈，而濡忍不敢发者，正以提拨筹饷局三十万金出之朝命，为顺出之，自请则虽极意分明，而固无以自解矣。高碧湄在粤，亦稍悉其情事，可具

---

[1] 据黄氏忆江南馆《清代名人翰墨（二）》辑，民国影印本。原未署年、月，此据本函内容考定。

问之。

昨在省致爵相书，语及黔事，以谓天下之乱起于粤西，坐吏治不修耳。迄今二十馀年，吏治之颓废如故也，朝廷亦直不一省问。黔事亦然，任一贤抚而有馀裕矣。川、楚两路用兵，可以自为保全疆界之计，于黔事无益。□得一贤抚为之，川、楚但专助饷而不必助兵，其用兵讨乱，实效甘□易与为功，此其大较也。至于以苗攻苗，则又治苗之一端，随时相为之，非鄙论所系。爵相疑鄙人此论为□使主张行此，甚非鄙人之用心也。

尊书又更展转经营，以求一当，取左君所以待蒋君者邀之，爵相拟鄙人而兴起之。曾枢元之在黔，何遽不若鄙人之在粤哉。果有此，是爵相于鄙人为失人也，而爵相所以失已亦实甚。顷闻阁下此言为之废食，诚耻之也，务乞以此意达知爵相，勿有所疑。君子爱人以德，所感者德也。以诬上行私为感，则蒋君辈优为之，无误鄙人之攘臂以□矣。子美军门亦与闻斯议，并求告之。

所示避地皖、浙为非宜，极为有见。然鄙人之为此议，数年于兹矣，颇自信见几之早，亦审知吾楚风土人心浮薄猥陋，思就皖南淳厚之地居之，此亦无悖于义。而数千里挈家远徙，是岂易言者。阁下亦疑是言也不必有成，属勿复言之，敬闻命矣。凡事皆有定命，不待人力经营，可以公告之人者犹赘也，矧其不可语人者乎！罗萑辈庸才也，所见猥下，尤不足以当明问。匆匆手此，略布所怀，敬请台安。

愚弟嵩焘顿首　十六日辰刻

致金安清[1] 七月初八日

眉生仁兄大人阁下：

前奉赐书，以尊旨所述有不可于义者，仓卒以书奉报，其言颇戆，而于事理仍有未明。嵩焘经营黔事，惟在粤时为宜，以去粤适黔，人知其无所利也，而又有筹饷局之数十万金，为巡抚私储。其间罚款亦三十馀万金，使在蒋君，皆私橐也。挈以入黔，无敢议者。在鄙人可以逃同城之厄，而有推肥就硗之名。黔事得三十万金，益之以洋枪二千，自度必可以了之，亦会其时地然也。至于今日而无可言矣。

自古贤人君子建功业一时，大率以兢业成之。胡文忠之肃清湖北，相国曾公之底定江南，岂敢自信能然哉？事势所迫，积诚以通之，其成与否天也。未有以营求得之，而能有所树立者。为其怀私利以求进，其道已先丧于己，而气亦为之不昌。贤者弗能堪也。此亦天理之必不能泯者也。

鄙人于黔事尤非所习，而曰吾之力足以平黔数十年之乱，非狂则愚。使朝廷今日果有此命，犹将迟回审顾，度吾力所弗能胜，而□□之况，可枉道营私，以希幸万一之获乎？且君子所求者道也，众人所求者利也。今之所营求，为道乎？为利乎？为道则必无求仕之理，为利则取颠连困苦、人思避而去之之地，而褰裳新之，亦惑之甚者矣。

嵩焘自少淡于荣进，自蒙左君见倾，慨然念自汉以来人心之险，仕宦之不可与久居。大率如是，亦不自今始也。以义断之，

[1]据湖南图书馆藏原件辑，原未署年份，此据本函内容考定。

直不当复与左君同朝而仕。来书忧左君之不能相容，则又过也。彼以一念之私，动于倾轧，其心不自安也。见人必深自解说，所以多方又致鄙人之过，非有所致怨鄙人也，求自解说而已。鄙人始终以朋友之义责之，于彼生平操舍大节及其所树功绩，未尝一语发其私。彼虽强不肯承过，而神明之内咎也久矣。即与之同官而仕、同城而处无嫌也。独区区之心，默察天下之大势，与朝廷所以用人，不乐求仕也，尤不乐与左君比肩而仕。俟之圣人亲政之日，与左君不幸物故后，再议之耳。

因前书意有未尽，聊一发明之。时事可慨者甚多，不暇多述，即是书亦可见其大凡。敬请台安。

弟嵩焘顿首　七月初八日

致曾国藩[1] 九月二十二日

涤生宫太保通侯中堂阁下：

七月有新刻信笺交折弁递呈，稍一濡延，而折弁行矣，坐是数月不一通问。谂亲家夫人病目，竟未全愈，北行途次有稚孙之戚，又厄于火，懊恼可知。去岁，有日者言今年行度，未易求生。闻其病而心虑之，竟以是消除灾厄。人生极怫意之遭，由天道相为乘除，而惟□福厚者常得其赢，是亦足破涕为笑矣。

闻河北一带五月后始得雨，杂粮晚熟，或稍补麦收之阙。吏治遂已斐然，发扬（踢）〔惕〕厉之功，比诸疏凿。程子言“作新人才难，变化人才易”。惟公德望足以作新人才。至于变化一时

①据柳诒徵编《陶风楼藏咸同名贤手札》辑，1930年影印出版，原未署年份，此据本函内容考定。

之风气，区区愚陋，犹能及之，未有为其事而无其功者也。吾楚水荒频仍，伙匪益繁，人心风俗日趋而下，可忧实多，而其本原尤在于此。

申甫始至，吾谓其于吏治必能有所振兴，反更道之使靡。国家纪纲法度废弛已久，人心迷而不复，几无足以为善者，自非强毅有气势，则益相习而玩之，欲求整饬无由，故尝以是悼惜。申甫识解志趣绝远于人，又甚廉而恕大体，几于尽善。而发用处太远，一曰自信太过，流为景气；二曰君子、小人界限不能分明；三曰听言行事，喜从小处用聪明而遗其大。至于小□出入，人所用为訾□者，不足为申甫病也。往尝为人道其廉介，群以为笑，及其西归，数肩行李，买舟以行，乃始释然。其生平固未尝以行迹自饰者，嵩焘于申甫知之独深，情之亦独至，曾为一序赠其行，呈求教削。

见劼刚与易畇陔书，言黄晓岱又将逞志于意城。明以前言路劫持朝政，而权奸用之以锄善类；近世言路毛举细故，而豪猾用之以申泄私愤，其贻害天下同□□[1]趋愈下矣。吾楚一切已成强弩之末，意城此出，殆犹蛇足。在事诸公各持一心，不相贯属，此后功效可知。而楚绅久为天下诟病，申甫在此数与吾辨争，曾详请厘务改用委员，以示裁抑。吾曾问申甫，楚绅同恶于公。申甫沉吟久之，曰实亦无如法事，吾在此年馀，亦从无干求请托，然吾恶其气太强。即筱荃自命亦以能听，意城郁归为要秘。盖国人之相构者亦多矣，李黼堂昆仲已有烦言，筱荃遂据此数公之言为公论□。颇以是卜楚运之衰而必决，知其不复可与有为。私意□乞公调赴直隶，使得善全而退。意城办事稍能持其大纲，季弟志城亦精悍能干事，皆良材也，竟不获为世用，且欲令

---

①此处两字系原稿破损不清。

意城善去此地为佳耳。

粤士有桂孝廉文灿者，言曾有人推荐之公，求一书往谒。其人直谅多闻，视丁果臣为能，通知经术，恃公之作成之。当时允别以一书为之道意，用敢附达。彭丽生顷函，言公曾以第五女公子托其择婿，顷知李次青次媳物〔故〕，其次子年十六，去岁已能入学，不失为快婿，属先询悉其可否，乃敢为之媒说。其初娶未知谁氏，似完姻未久，又视寒家远至百馀里。二者亲家夫人不以为嫌，即无不相安者。伏候酌示。

豚儿已连举二子，旦夕又当分娩，惟苦无乳。长者尤多病，已满二岁而不能语言学步，并不能饮食。次者乃反胜之。劼刚夫人多病，宜为置篷室，以广嗣育，却不宜求之北道，仍求之家乡为妥。新刻信笺十匣、广东水笔二十支，寄劼刚、栗诚用之。外寄方存之信并书二种，祈转交直隶候补府张保泰旧尝受业□□□[①]惠廉，通西洋语言文字。祈稍留意。两生均极老实，有亏累也。作梅久不通问，未知已抵直隶否？祈示知。手肃，敬请钧安。

嵩焘谨上　九月廿二日

大小屏联可赐张挂者，求书赐二三种，不嫌多也。

①此处三字系原稿漫漶不清。

同治九年

致张自牧[①] 十月十五日

顷曾谦山先生之侄世兄来言，其族人属求曾沅甫宫保一事，确是实情，但求衡山县撤回陈世永云系保举都司一札，并不敢有他请，此事尚易处理。衡山郭明府当所熟识，恳迅以一书告之，恐稍缓由中丞札撤查办，则枝节多矣。据曾世兄言，所抄抢者均系愚弱小户，仅足衣食，稍有声势，渠亦不敢过问，乡民情形真可怜，念团练办理稍不得法，曾信一件附览。必至于此，是以可惧。敬请台安。昨屡扰并谢。

期嵩焘顿首　立冬日

致张自牧[②] 十月十五日

衡信甚妥，似由驿递为是，曾君持投不须也。后尾请加一行，云此系弟代为排解之法，若由上游札撤查办，则事体较大矣。闻陈世永在乡抄抢至百馀家之多，皆在湘潭界内。将来尚恐酿成大故也。两行并小注一行，恳酌添入如何？

期嵩焘顿首　立冬夜

---

①②据上海图书馆历史文献研究所编《历史文献》第十一辑辑，上海科学技术文献出版社 2007 年 4 月出版。原未署年份，此据本函内容考定。

此起似不隶符介臣部下，以由托名向姓团练自卫故也。兼告知符君，固无防碍，并可以从中处理，自属有益。

同治十年

致张自牧[①] 二月十七日

眉生信并手卷，楹联二卷，乞交来足妥带。聚星叠雪韵，想由尊处送下，并缴。明日赵家坪午刻成主，巳刻前往想不迟，是日吊客计亦无多也。即请力臣姻丈大人台安。

嵩焘顿首　十七

致刘蓉[②] 七月二十一日

霞兄大人阁下：

久不奉书，想嘉乐岂弟，福履绥宜，祷祝无量。时事滔滔，江河日下，广东近又有烧毁教堂之案。无可言者。弟省居却扫，所能谢者，衣冠酬应，其他疾病医药，亲友周旋，日为所苦，无术以谢免之。

六月内两手各生一疔，几至委顿。长沙令君王湛翁精于外科，赖其力以免，而疾痛疴养，常不去身。医者谓其肝郁已甚，盖自一身一家推而至于天下，无之而非郁者，宜其然也。自去岁曾晴江归后，地事无一议及。罗小溪夏间荐一场舆，曹尚志住此月馀，

---

①据《中和月刊》第五卷二期辑，1944 年出版。原未署年、月，此据本函内容考定。
②据湖南图书馆藏原件辑，原未署年、月，此据本函内容考定。

其眼力视鄙人等耳，遂亦听其去。曾君约七月来此，未知尊家改葬事宜已就绪，应专足往接否？不能不静候尊信，以定行止，用特专函奉询，地事讫无踪影，实所日夜咎心者。乞赐示知。若所事已毕，即乞派一妥工送其赴省。

舒兰生孝廉开呈一八字，请一推之。兰生为舒伯鲁之子，文笔器宇皆上品，其家仅一老母，外无次丁，选婿若此，亦殊难之，乞斟酌见示。朱铁桥之弟名宗济者，曾闻伯固言之。顷查并未来省赴试。专此，敬请道安，伯固昆仲以次均安。

弟嵩焘顿首　廿一夜

致张自牧[1] 八月初一日

铜山、阳湖建立合祠，最为允协，祀名宦应归题本，应开呈事实清册，建祠更为快便也。容拟一呈稿，公酌之。盐议巧合，或者盐利尚可兴乎？志诚处日内尚无赴乡之便，大约院考时必一来省，可以面商。镐丞事过费盛心，极感。钟君昨夜语未尽，大约别项差使尽可办，收支恐未宜也。少崑亦然，又以不甚细致之故。复请力翁姻丈大人台安。

嵩焘顿首　八月朔

致欧阳兆熊[2] 十一月二十一日

筱岑仁兄同年大人阁下：

去秋之别，谓是卜居皖南，躬往经营，行将归也。已而闻买

---

①据《北京师范大学图书馆藏近代名人手迹》辑，原未署年份，此据本函内容考定。

②据湖南图书馆藏原件辑，原未署年份，此据本函内容考定。

宅金陵，长为寓公，彼中足士大夫遨游，知公之不复思乡矣。

吾楚时事日非，无可言说。近者言路力倾中垒而去之，而观所条列，虚诬谬戾，不值一噱。如武冈围城、道州有贼，及以龙、益称乱，归罪陈少海之激变，又泛及张力臣百端苛求。吾楚士绅，不独任事为罪，即死节卓卓、一家忠孝，亦当以法坐之。在官所徇庇者土匪，官路所搏击者忠勤，楚其殆矣。未知此议发自何人，征信谁氏之口？金眉老最善侦伺，当已俱得之，乞询示。

朱香荪所著《潜园杂俎》，想早及见，今辄以一帧奉寄，能知此义，于治楚之道思过半矣。湘人引领以盼涂公之至，于视省运如此，虑虽有贤者，未必能果来也。

喻师母去岁已寄到讣文弟与赵玉班合寄百金，邹公让十金，余亦无几□。一分，时以为俟归奉校。顷喻世兄复有寄函，乃并付上。石似梅为眉老姨侄，未易才也。手此，敬请台安。

年愚弟嵩焘顿首　冬月廿一日

《城南书院碑记》二分，并呈教。

致张自牧[1]

手示谨悉。盗贼横行，在地方官一转移间而已，处处留兵防守，力岂能给？常德人心未定，留兵他去，失所凭依，则又非他处可比也。命录答香荪诗，兼以一诗奉呈，祈教削。敬请力翁姻丈大人台安。

嵩焘顿首　廿一

①据《北京师范大学图书馆藏近代名人手迹》辑，原未署年、月，待考。

致张自牧[①]

吴陶村在益阳来书言，谣言及伪示重见叠出，无一夜敢安寝，凡在馆者，群怀改图之心，可以想见益阳大概情形。闻陆、王两公盼金逸庭甚迫，又专足促之，吾亦盼之甚迫。诸公之意在藉是以挤排绅士，吾则谓得一明白之人，取效一言之间，可以立收底定之功，而希望金君之犹有一隙之明也。与诸君之心绝异，而固足以相成。

章障本出次青之意，萧障亦约列名，惟篁仙日在赌局中，以一片往询，尚无回信也。复请力翁姻丈大人台安。

嵩焘顿首　廿二夜

致张自牧[②]

来示领悉。符武陵处收回前荐之人，而荐陈源，斯为极厚，倘亦乃父为善之报耶。谢谢不尽。萧、章两处公障，或并篁仙为四人。往问未回信，故未奉告。次青前专及章太守，已为购呢八尺当改用金字，初意两人即用洋布字。萧障则乞由公处办理。章障当称愚侄，萧障则侍生可也。明早准走谈，张稿并领到。力翁姻丈大人台安。

嵩焘顿首　廿五

①②据《北京师范大学图书馆藏近代名人手迹》辑，原未署年、月，待考。

致张自牧[①]

昨闻宁乡有警，或曰益阳。顷见益阳信，廿二日南溪股匪放火起事，廿三日至沧水铺系官路，廿四日至泉市即泉交河，官兵与接仗，毙贼十馀人，贼匪逃散无踪，不知去向云云，真乃奇闻。尊处当得其详，祈示悉一二。敬请力翁姻丈大人台安。

嵩焘顿首　廿七

复张自牧[②]

力翁姻丈大人阁下：

奉示并益阳公信，立言至为华妙。适谈君来此问讯，即以交之。惟二云处见时，务一告之。恐益阳令君语及，瞠目不知所谓也。眼痛略服表散，静养一二日自愈。嵩焘日来亦患伤风，初一五忠祠必应一到。子寿赴乡，何日可以回家？日来苦雨，到乡亦只枯坐耳。府文并领。复请台安。

嵩焘顿首　廿八

---

①据上海图书馆历史文献研究所编《历史文献》第十一辑辑，上海科学技术文献出版社2007年4月出版。原未署年、月，待考。

②据《北京师范大学图书馆藏近代名人手迹》辑，原未署年、月，待考。

同治十一年

致王文韶[1] 二月十九日

夔石大公祖大人阁下：

久未诣教为歉。家居五载，未尝与人一通讯问。库仁庵都护屡枉书，亦未一复之。顷因为诸公索取书籍，因牵连寄达五信，敬恳赐饬加封转递，不胜感祷。外间传言丁秩璜中丞升授两江，未知确否？琐渎清神，心谢不尽。敬请台安。

治愚弟嵩焘顿启　十九

致张自牧[2] 九月三十日

局（开）〔关〕祠地，须商量一办法，即会同朱宇翁就协署议定。鄙意筹定基地，当签派董事八人，有须向各营筹费之处，即由董事共函。总须基地购定，乃可筹议一切也。顷思尊处西席，妹郎以下有一先生可以延聘，名易筱亭，天分绝高，而善谈论，必得此乃可资其驾御也。敬请力翁姻丈大人台安。

嵩焘顿首　九月三十日

---

①据黄氏忆江南馆《清代名人翰墨（二）》辑，民国影印本。原未署年、月，此据本函内容考定。

②据《北京师范大学图书馆藏近代名人手迹》辑，原未署年份，此据本函内容考定。

致张自牧[1]

力臣姻丈大人阁下：

前奉续大诗，并承递到廉丞关件，感佩感佩！本尚有应奉告事宜，再领专函，弥深忻慰。夏间，凌问樵以添修号舍呈稿就商，颇为改订数语。其时中丞及方伯均有设法添加号舍之议，谓当及时呈递，嗣询问樵，则云众论宜俟之乡试后，此时为日较舒。筹费开办可以徐图集事，且先邀其一准以为之基。此一事也。

三公祠之建，至今未闻营造，原议酌提厘税，区区之数，无难筹画，应托首府催问。潘恭毅本有专祠，即以阳湖恽公当三公之数，尤符公论，似潘公一祠，无庸更改。中丞必以奏案为词，即以恽公神牌纳置潘公原祠，改标门榜。此又一事也。

盐务两案，于号舍及上林、斗姥两处工程，皆有关系。鄙人濒行，寓书观察裴公，谓虞芮相持不决之款，提充公费最为宜当。岂可曲折附会，以遂奸人之私计？如果公论以为宜然，即可由首府一力主之。次青于此亦极踊跃，未审究竟云何？此又一事也。

至所议都讲名目，似都讲者，总持讲说之意，可以高足弟子为之，而非弟子之名必以其名为嫌。或曰副院，或曰襄讲，均属创立名目。各书院本有监院，专掌院事，今院事一归董事，而两舍斋生各立一人为之经理，即以监院名目畀之，亦无不可。熊雨胪先生八十寿辰，欧阳公七十寿辰，必应入分。可以数人公致一幛，不必入屏分。乡居原可稍省官场酬应，欧阳公良吏，尚有书味，又新得廉丞一关，必不可阙略，并乞临时为达鄙忱，不及陪

①据云南省图书馆藏原件辑，原未署年、月，此据本函内容考定。

贺也。

俞鹤皋家有何事？讫无闻知，若其太夫人，必得入一分。夫人以下，或又无讣告，则可从省矣。来书未详，无凭置对。朱香荪帮款，筠山为之经画，未识有无成数？必欲为江南之游，似可与魏温云商议，能于盐务谋得一小馆，以为啖饭之资，不虑遨游当事，穷于所遇，庶为计之得。家信一件，并求饬送。敬请台安。

嵩焘顿首　廿三

同治十三年

致张自牧[①]十月二十一日

向来检点诸事多以迫蹙成之，此次收检行李十馀日一切竟不能了，只好舟中为之，苦不可耐，亦由精力衰颓，志趣乖忤，一切出之勉强故也。昨晤李仲云，熊雨翁已归，贺麓翁尚无来省之信，九老之局竟不可成。辞行三日，尚未能了，落得省事。

惠生扇前月赴县专足送上，夏子常扇不记送去与否，遍寻不可得，并饬周仆自往清理。敬请力翁姻丈大人台安。昨信甫就，会以客至，相率出门，未及送呈。

嵩焘顿首　廿一日

致张自牧[②]十月二十二日

本日登舟，舟人以购办什物尚未齐全，耽延半日，明日得南风即行，如系北风，仍可一赴九老之约。

尚有一事奉托，吴聘廷居省月馀，专候靖州住处，恐成虚愿，

---

①据上海图书馆历史文献研究所编《历史文献》第十一辑辑，上海科学技术文献出版社2007年4月出版。原未署年、月，此据本函内容考定。

②据上海图书馆历史文献研究所编《历史文献》第十一辑辑，上海科学技术文献出版社2007年4月出版。原未署时间，此据本函内容考定。

然其情状亦苦矣，务请荐与一小馆，使不至流离失所，或并托之惠人太尊，以一小席位置之，故家子弟不能为生，亦殊可念。不胜感祷。敬请台安。

嵩焘顿首

复张自牧[1] 十月二十二日

力臣姻丈大人阁下：

昨夜奉手示，适值宾客盈坐，未及奉答。日来天气晴霁，南风且暖，欲及风神之未觉，悄然以行，赶速料理，遂以今日未刻登舟。舟人稍有整饰，随即开行。

九老之约，恕不及赴。文正祠落成，明年二月及归看牡丹耳。手复，敬请台安。子寿、宇恬诸公往辞，均未晤，并求致意。

嵩焘顿首

致某人[2] 十一月二十三日

谅者应恳以鄙人此说告知春皋观察，开谕两家，各还其控诉之文。“在碱治碱，在尖治尖”二语，上游既有定见，观察公亦可据此立案矣。两家相持，多缘一批为断，竭尖人之力，不能屈碱人。子寿乃欲以一人之力屈淮南公局，殆亦不思之甚矣。并乞以此说告之。

---

①据《中和月刊》第五卷二期辑，1944 年出版。原未署时间，此据本函内容考定。

②据《北京师范大学图书馆藏近代名人手迹》辑，原未署受函人及年、月，此据本函内容考定。

悄然北行，沿途迎候，竟如在官。炮船护送纷纷，江南加派小轮船护送清江，诸多烦费，兼恐入城一关，不能简便。初意悄然入城，看此情形，万不能行。盘川深恐不足，亦殊非初愿也。手此，敬请台安。

嵩焘顿首　廿三夜草鞋夹舟次

光绪元年

致刘坤一[1] 四月

去腊入都，敬闻荣督两江之命，以手加额，颂朝廷之明，贤者得位乘时，名业之流传方盛也。江南吏民相谓，以稳实精炼，度越前型。嵩焘闻而忻快飞扬，不自知其身之沦贱也。

自分家居养疾，读书自娱，无进取仕宦之心。去岁蒙恩内召，踌躇数月，乃始成行。实以滥承疆寄，未一叩谒天颜，臣子之心，有不能自已者。意谓京师小住月馀，尚可告归。甫及一月，而有闽臬之命，欲遂决然以去，虑有不安贫贱之嫌，勉强扶病一行。三数月后，病体或不能支，仍即乞归耳。月之十三日，由天津航海抵沪，守候福建轮船。船价昂贵，数倍他处，以闽地穷瘠，仅一船来往，运载货物，用以居奇。耽延多日，耗费滋甚。闽官之不可为，随事皆然，足为一慨。

都司熊天保，向在李伯相处充当护卫，嵩焘曾识之，为言于梅小岩方伯，求一小差使。顷至沪相候，求随赴闽，岂非怪诞。幸隶麾下，恩施旁薄，尚能荫及。因以一书代其恳求。敬叩钧安不尽。

福建属吏郭嵩焘谨上

---

①据罗惇曧《宾退随笔》“郭嵩焘与刘坤一书”条辑，其首云：“珏生尚藏有郭筠仙致江督刘岘庄书，盖自粤抚落职后，内召授闽臬时作。”原未署时间，此据本函内容考定。

致沈葆桢[①]五月

属吏郭嵩焘谨禀大人阁下：

阔违钧教，岁月已多。大人德望孚于朝野，功迹迈于华彝，累积日深，名业滋昌。而其意量之闳通、识议之雄伟，浥之莫穷其涯，而要务当于理，行之莫窥其蕴，而皆可期于成，犹有非世俗之人所及知者。《传》曰："凡民可与乐成，难与图始。"造端宏大，则益相与惊疑，而能会其旨者尤难。

大人于是起而任之，力求创始之功，而开古今未有之局，此其功非一时之利，则其事之成，亦必非一时之积也。坚力以持之，徐而俟之。非坚则中挠，非徐俟之亦恐急遽偾盈，始锐而终怠。凡大人所为，负天下之重，其得力在此。嵩焘私心窃叹以为不可及亦在此。

合肥（伯）〔相〕国言，同志之难，惟大人与丁雨生中丞，言论风采，高出一时。嵩焘盖亦尝有志焉。家居十年，默察天时人事，纷纭而未有所定，反求之本原之地，诚有未尽者。京师人才阘冗，言论益嚣，独文相国精实可深谈。嵩焘微闻六条之议，证之相国，退以所见为书上之。已而丁雨生中丞至，得读大人及合肥伯相诸议，其精力足以叱咤风云、出入神鬼，而其忧危迫切之心，逾于贾生之痛哭。生人之气犹赖以存，不必皆行于今，苟或起而行之，收效必远且巨。乃叹三君子之在今日，如太华三峰高插天际，使人得所仰止焉，殆尤非世俗之所能知也。

---

①据佚名编《道咸同光名人手札》第一集辑，原未署受函人及时间，此据本函内容考定。

嵩焘以多病偃蹇之身，更历仕宦，旷官溺职，为时诟讥。自为左君所倾，慨然念仕宦之不可为，至交报施之理之不可恃，闭门读书，绝意人世。去夏蒙恩内召，旁皇数月，莫知为计，终以权任封疆数年，始终未一入觐，臣子之义，有不能自安者。勉强扶病一行，幸一瞻望天颜。小住月馀，仍即乞归。会遭鼎湖之痛，事局又复一变，甫及一月，猥以一官效力珂乡。适当左君过化存神之地，追念生平所以相处，梦魂震荡，为之不安。耿耿愚忱，诚不敢更有尝试，而于义固不可辞，谨俟三数月，幸获免于罪戾，当自审察病躯能胜与否，洁身以归，以不复至取诟友朋，贻笑天下。

京师谒文相国，询及左君相待之谊，竟穷于作答。退语刘云生比部，具言罗楙生尚书及潘莲舫，皆有论劾左君四疏。相倾不已而辞愈厉，相构愈急乃始去位，文相力也。文相无一日之雅，故而相待如此，心尤愧之。大人视此为尚可以求仕乎？

本意到省后，乞假一渡台叩谒钧颜，藉纾二十年积臆，而蒙两院饬令赴任，摒挡一切，讫无馀暇。中丞现已定期赴台，五月中旬或假他事以便就亲训诲，无任钦迟。手肃奉达，附呈履历。敬叩崇安。老病颓唐，不能端楷，伏祈垂鉴。

嵩焘谨禀

敬再禀者：

自奉闽臬之命，当即肃函上申迁延。至抵闽以后，人事日益倥偬，方具禀陈告一二，而蒙赐书之先达，惭惶感激，殆不可为怀。如嵩焘之愚顽，所至牴牾，重为友朋屏弃。钧意且若引而进之，奖藉而策勉之。嵩焘自视此出如骈拇技指、附赘悬疣，出于性而无能为益于身，侈于德而固无所用之。自始入都，而即怀退休之志，不敢有变也。晋谒有期，诸容面罄。手肃报谢，再叩钧颜。

嵩焘谨再禀

复沈葆桢[1] 六月初七日

大人阁下：

前肃禀缄递呈，随闻天眷忠勤，晋督两江，东南柱石，中外倾心，翕然若斗山之在仰，咸遂所望，无有异辞。正思续禀陈贺，重荷褒答勤勤，谦冲纯笃，溢于辞表，而视圣恩之及，□□如畏，志量闳深，浥之无穷。

嗣读陈谢一疏，引天下之重，以身任焉而不疑，而不欲居其荣宠，比于南城之辞开府，当阳之避武功。朝廷倚畀之隆，大臣贞亮之节，并足延辉往牒、流颂来今。

顷奉中丞书，知台事略已戡定，不至多烦兵力，庆慰无量。台湾入版图二百年，渐次开垦，讫今日而蒇成功，亦天时地利蓄泄自然之理，而豪杰伟人乘时以起，缔造艰难，建不拔之基。以嵩焘愚意度之，南由牡丹诸社以达埤南，北径水沙连以达奇莱，因其闲旷之地建立郡县，资之拊蓄，环台声势足以自相联络，此所能行者也。悉生番土地人民约束整齐，使驯服衣冠法度，此恐非所能行者也。

约计台番种类凡三，奉法令，纳饷课，得自比于齐民，曰"熟番"；知官长之尊而不服政教，致贡献之意而不立课程，曰

---

①据佚名编《道咸同光名人手札》第一集辑，原未署受函人及年、月，此据本函内容考定。

“生番”；雕题凿齿，裸居而猿行，语言嗜好不相通者，曰“野番”。“熟番”与内地人民相若也，然其居处饮食、耕耘生聚仍自为种落，与厅县居民截然不相混杂。湖南沅、靖之苗民，永、宝之瑶民，改土归流百馀年，有学额，有乡试额，而至今聚处村寨，不乐易籍为民。盖自天地有生以来，种类各别，不能强也。窃以为开辟郡县，仍须审量村、社以立法程，分别民、番以定课则。其“野番”屯聚之处，与之约法，以示羁縻，但令无嗜杀而已。其土地人民，此时尚不足与经营也。大率中国之与外夷势不相及者百端，而理财其尤巨者也。

粤海关以一口擅东西洋之利，额课八十万，浸寻而及上海，侵寻而遍及各口，侵寻而及汉镇。洋人为司榷务，岁入尚二百万，而民税仍在此外。两粤盐课任之埠商。粤西四十五县埠，商人无承运者，以三万金统归之桂全一埠，而积欠累累。嵩焘力主官运，以陶大令庆仍督销，一岁收银二十七万。甫去位，桂全埠商求之盐政，遂蠲以与之。即所亲莅二端，可知大凡矣。台湾地利可经理者曰煤、曰盐、曰硝磺，度其为利不能多，而以支给台饷有馀，要在委任得人耳。嵩焘苦病，稚子亦病，烦闷万状。手肃，敬叩福禧，无任钦企。

属吏郭嵩焘谨禀　初七日

谨遵命不具手本。

致沈葆桢[1] 七月初四日

大人阁下：

---

①据佚名编《道咸同光名人手札》第一集辑，原未署受函人及年、月，此据本函内容考定。

月前肃禀陈贺，计蒙钧鉴。见六月十三日邸钞，圣心笃眷老成，温辞慰勉，且有来京陛见之谕，旦夕可以奉到批折。私心冀幸旌麾内渡，瞻望清尘，一摅二十年积臆。谨当橐鞬緌首，江次奉迓前驺。

厦门电线一案，制军以奉总署诘问，深痗于心，颇以丁守为诟病。嵩焘检阅全卷，丁守仓卒奉委与议买价，期限迫促，遂为所持。事几之失，非止一端，不足为丁守深咎。惟据制军一言，具禀各宪，将军又与批发，未免失之过急耳。洋人一与定议，无可翻异，制军或亦有激言之。嵩焘已具言此语万不宜宣露，惟当设法去其把持之私。制军因属为理处，而原与定议之蒂礼也远避至东洋，仅与美领事戴兰俤会议一次。初甚鸮张，而后亦颇帖服，徒以载立合同，又有每年三万之约，俾据以为辞，势须多费唇舌。

开工期近，兴、泉士绅呈诉纷纷，而讫不能一与定议。洋人以玩弄行其胁持，徒使在官者为百姓任咎，心甚愧之。嵩焘亦知此事为人所不愿与闻，而恰以其时服官斯土，无所逃咎，亦好以一身任其诟怨，以求斡旋于万一。务求大人稍以温言慰藉制军，使各泯其嫌隙，尢任大幸。

曾沅浦宫保以丁晓沧中和，湖北候补道。为有才略，能耐劳，属转求调至台湾。两函及之，不敢不一上陈。县丞谈显永，随侍有年，诣辕叩谒，求有以位置之，稳实耐辛苦，或尚庶几。敬叩钧安。

嵩焘谨禀　初四夜

复某人[1] 七月初七日

敬禀者：

初六夜三鼓，接读钧示，敬领一切。日间，司徒伯芬函示灌口情形，即经商派郭令永庆驰往查办，并拨全福营勇五十名监工弹压，并催发告示。仍由嵩焘加给郭令一札，俾传谕绅耆，追查所示物件，并捆送滋事之凶手。旋据委员陈世烈禀称：灌口在正迎会，一时麕集多人，殴伤工役，肆行抢毁。幸值古游击路过，随勇二十人从中弹压，被抢银钱物件追回过半云云。

此事嵩焘奉札经理，与戴领事、蒂公司会议两次，照会一次，稍通关键。此后司徒道、丁守能力任之，嵩焘为核办告示缄札而已。

初与蒂公司会议，语悉诏诲民情之强悍，必不能无事，故当赶速定议以凭，及早布署。蒂公司故作疑难，直至开工前二日始行定议。即经扎派委员随同照料，并谕以每至一乡，先传集绅耆，示以扎件，俾晓然于此项电线不能中止，惟求与民间田墓庐舍无所防碍，以幸相安无事。并屡扎饬各府州县加意开导，是以泉州府属之汹汹倡议拦阻，亦皆听从具结。此嵩焘一心之默运，蒂公司所不能知者也。

自城门杭口以西叠次偷窃电线，均由局随时扎县查办。嵩焘以县差赴乡一意需索，其于正案要犯多不相闻问，必得委员留守查办。郭令奉扎为查办杭口电线，而至今尚未启行。告示催发而

[1]据佚名编《道咸同光名人手札》第一集辑，原未署受函人及年、月，此据本函内容考定。

不能无转折，委员催行而不能无迁延，此中国办事之曲折，蒂公司所不能知者也。

至于此次安设电线，民间惊于创见，不能急切晓然，是以奸民以偷窃为利，平民亦以见其偷窃为乐，操之愈急则抗拒愈坚。现发告示但务委婉劝导，以求相安，不肯遽加以急言厉色。即屡次偷窃电线，亦但务查明窃犯，捕获惩处，不能苛责地保，概施以严法峻刑。盖知安设电线本非民情所愿，而地方风气顽犷，动辄械斗，官法不能禁止，当徐徐以理服之，不宜急急以威折之。恐民心愤而思逞，于所安设之电线为害必多，必俟理足而后可以施，此又处置此事之机要，蒂公司所不能知者也。

现在议约已定，一切由通商局办理，嵩焘可以不与闻，而念念为之顾虑，事事为之筹画。蒂公司所云视为寻常、毫不着意者，恐非然也。惟丁守办事勤能，而于机要处不甚能领会，如公衔、告示，值制军盛怒时，再四言之，迨经定议，绝口不一语及，直逾二十日之久，始以求之台端。一切应机处理者多至后时。嵩焘之懒病无能，则更不论也。敬请大人钧安。

嵩焘谨禀　初七日

复龙汝霖[1] 八月初九日

皞臣仁兄大人阁下：

奉读赐书，知前书已达台览。来书所陈，与鄙人所持之论各有注属。顷蒙详示其底蕴，乃始废然三叹。知末世之人心浸积以

---

①据湖南省博物馆编《馆藏百位湘籍名人手迹》辑，岳麓书社2006年12月出版。原未署年份，此据本函内容考定。

成风俗，随所向而必至于乖舛，君子之道无可几幸于今日也。此间摧折绅民以伸官气，多可怪诧者；彼间又倒乱官吏之是非以顺民气，殊途同归，以趋于乱。皖人应运而生，楚人不幸值其扼。

安远之行，诚出望外，所以不留省者，虑君之揭控耳。高阳公不能发明君子之用心以晓譬之，致有此一波折。盘根错节，乃知利器。僻远小县，民气常纯，实易于抚绥，无以瘠苦为虑而轻怀去志。弟亦拟设法为之疏通，惟忍辱乃能负重。官无崇卑，时无古今，其义一也。

弟本以无才，淡于荣进，老病颓唐，汲汲顾景，生平所欲论次者稍思一整理之，无复他愿。顷蒙圣恩，内召一行作吏，此事遂废。自度于时万不能有补益，譬诸草木，臭味差池，其来已久。天津所争，皆关安危至计。以僧邸之贤而不能容，终至参劾。粤东所处之境，所行之政，颇自谓前无古人。数十百年号称贤能一朱梓臣先生而已，其所树立尚可考见，吾固不敢让之。以左相三十年至交，全力挤去之乃已。年老气衰，与诸公逶迤进退，吾何为乎？徒以天恩高厚，不敢不一赴召，后诸贤而出，先诸贤而归。

京师小住月馀，即乞赐环，从吾所好。蒋君病喘数年，闻命而愈，沿江张罗至三万七千金。而弟今年病体益惫，近又添头昏足痛诸证，此亦可以知天意矣。

叔绩遗著十三本呈上，诗文集似尚完。《读书偶识》仅得七卷，不当用甲乙为次。鬼方碑释文甚奇，未可訾议。手此，敬请台安。

弟嵩焘顿首　八月初九夜

致沈葆桢[1] 八月十一日

大人阁下：

十一日领奉自马江发递公文并颁示船政奏稿一通，伏读悚惧，感激旁皇，至无所容。伏念明公经时之略、致远之才，跨越一时。而其约己省身、内自歉然，专务引过以纳之一身，而归美于人，德量之阔涵自然，忾于天下。

嵩焘自道其与人为善之常，若不知其溢美者，而以眇然微贱之身，扬厉而矜宠之，遂举三山之重加之鳌首，使之仰天喘息，无所施其手足。拊臆扪思，何以能堪。其中微自信者，肫挚之忱，困辱至老而不悔。天津陈谏僧邸，至于上书十三，以激其怒。左君以强很济其偏私，四折相倾，亦由其在浙江直陈其过而规切之，怀愤以求一逞。乡里故人剌臂相戒，家国人民自若也，期相与悠悠。老病馀生，倦而求退，自顾颓然。而公乃以一言发其覆，天下之人所共訾矣，笑以为大愚，不知明公何取于斯而表而揭之。

自为左君所倾，茫然无以为解，郁郁不自聊。盖嵩焘在官数年，上不求知于君父，下不求谅于吾民，所耿耿自信者，生平至交为能相谅而已。左君相交亦久且笃，其与尽力尤独多。左君如此相处，狂歌以叫屈，原谁与听之？会丁禹生中丞至，慨然以嵩焘之去相为叹惋，其言深中肺腑，当时霍然以起，若沉痾之去其身也，以至感激之至。今乃以衰老之年，自甘沦退，蒙公撷取人世之所厌弃，而扬之于朝。只此一语，足以沦肌浃髓矣。前后之

---

①据佚名编《道咸同光名人手札》第一集辑，原未署受函人及年、月，此据本函内容考定。

云，则公所以自发，其盛德非嵩焘所敢承也。即日受代发行，公私料捡，多烦区处。感公分外之褒嘉，聊一陈其愚悃。手肃，申谢。敬叩钧安。

嵩焘谨禀　十一日灯下

敬再禀者：

船政创始左君，而实朝命也，不归左君节制，无所引避。钦奉行知奏稿并列左衔，深以怃然。赖有海外之役，不至与为缘，不尔将径据此义疏辞，安能以垂老之年，重供左君之抑扬哉！既感明公厚爱，于所不乐承者，亦不敢默而不言。伏求鉴谅。再叩崇安。

嵩焘谨再禀

复沈葆桢[1] 八月十四日

径禀者：

顷奉赐示大稿，精当之至。禹帅于此局尤宜，裨益必多。稿内谨拟一语，未知有当否？嵩焘例应谢恩，而总署仅传知出使一节，其改官一节未奉行知，无凭据以立言。伯相处当补寄一书，十七日送至尊府汇封。昨十一日钦奉照会，感悚无地，即肃禀陈谢。世兄不肯代递，遂谨由驿递呈。累日思念奖励之过、语言之重，无能负荷，只益旁皇。敬叩钧安。

本日入闱点名，已定议委定佑廷观察接署。嵩焘谨候定君择

①据佚名编《道咸同光名人手札》第一集辑，原未署受函人及年、月，此据本函内容考定。

期交卸，大约启行当在九月耳。

嵩焘谨禀　十四日灯下

致沈葆桢[①] 八月十六日

大人阁下：

本日由督辕传示廿九日寄谕，饬令即速交卸，起程北上。内云：已有旨，着开缺以侍郎候补。势不能及时谢恩，务求饬折弁少候，十八日早准可缮就，附轮船北行。以署中无写手，明日始能请人代缮也。致合肥相国缄件，敬求汇寄。琐渎惟增感悚。敬叩钧安。

嵩焘谨禀　十六日灯下

致沈葆桢[②] 八月十八日

大人阁下：

折件只好托伯相代递，敬乞饬递天津行辕并伯相及总署公二角。奉廿九日寄谕，饬即交卸北上。一二日内即须交卸，惟筹送家眷及料捡一切，恐尚非旬日所能了。署中并无亲属能堪事者，否则先附此次轮船北行，实为爽便。手肃。奉渎无任惶悚。敬叩钧安。

嵩焘谨禀　十八日夜刻

---

①②据佚名编《道咸同光名人手札》第一集辑，原未署受函人及年、月，此据本函内容考定。

致沈葆桢[①] 八月二十三日

幼丹尚书同年大人阁下：

昨蒙附递天津信件，感谢之至。比日已交卸，捡理数日，即可成行。而上海轮船来去皆有期限，装载货物，常至充积，更无隙地，意欲求借琛航船一行。需用煤炭，当在千金以外，谨当自备。应如何支付之处，大局自有定章，并求准允开示。如蒙俯允，即求一赐谕知以凭，数日后料理就绪，即先诣马江，筹商一切。手肃，奉恳。敬叩钧安。

嵩焘谨启　廿三日

复沈葆桢[②] 八月二十九日

幼丹尚书同年大人阁下：

顷奉赐书，具纫垂注之盛心，感荷无涘。然鄙意所求琛航者，以曾入内江，谙知水性。昨询济安船，亦能知之，足惬所愿，不敢更有所求。节麾赴江南，亦当在此月内，用船略多，乞再备用。敬请台安。附申谢悃，不尽。

嵩焘顿首谨启　廿九

致沈葆桢[③] 九月十三日

幼丹尚书大人阁下：

---

①②③据佚名编《道咸同光名人手札》第一集辑，原未署年、月，此据本函内容考定。

初三日开行，敬承赐谕，匆遽奉复，并汇呈分致陈世兄等件，以使者催促，不能分别加封，致上劳台从之布署，念之只增惶悚。

开行后，阻风两日，六日乃至三沙。初八日风势稍平，放船出大洋，三日抵沪。家人呕吐狼藉，即嵩焘亦困卧两日不能起。七万里之行从此始，而已颠顿至此，为之茫然。冯竹渔观察出示天津信，知禹生中丞初六日由运河南行，运河似较驿道稍多三数日。先属由江派一小轮船至清浦，又派一轮船至瓜洲口相候，此月杪当可抵沪，函约驺从至沪交替。闻之不胜欣慰。禹生中丞初有请假回籍就医之请，继又有山东就医之请，至是始定计东下。

江南父老引领以盼节麾之至，即惟允，无不乐留候马江。所应支受之件，亦可径携至沪，月杪即可会晤也。滇案似尚未有端绪，惟见八月廿八日上谕，宣示六部堂官听从往还，及总署陈奏体制二者而已。嵩焘三数日即可赴津，家眷仍附轮船赴鄂。感激私衷，陈谢不尽。敬叩钧安。

嵩焘谨启　十三日

刘保三同年廷鉴现充大关差使，求一叩谒，属为先容。

致威妥玛[1] 十月二十七日

大清国钦差出使大臣郭嵩焘谨奉书大英国钦察威公使大人阁下：

春间承望颜色，奄忽至今，企想高风，有逾饥渴。嵩焘顷奉命出使大国，由闽泛海至津，询知贵大臣已赴上海，为怅悒久之。此行必与贵大臣一晤叙，而未卜返旆何时。恐谕旨催促启行，交

---

①据汪荣祖《走向世界的挫折——郭嵩焘与道咸同光时代》第十六章辑，岳麓书社2000年出版。原未署时间，此据本函内容考定。威妥玛系英国公使。

互海上，与大舟歧左。在京师久候，又虑津河冰合，岁内不能出洋。敢以书道意，应于何处相见，伏候示知。敬颂台安。

嵩焘顿首

致沈葆桢[1]十一月初二日

幼丹尚书同年大人阁下：

上海肃谢一函，想蒙赐览。敬谂旌麾扬历，循海而东，士民获所归依，朝廷倚为柱石，东南环海数千里，翘首以望治平，逖听胪欢，同声祝祷。

嵩焘以奉迅速来京之命，倥偬北行，至津门。合肥相国传述枢府之意，谓可从缓，留住行辕，遂至逾月。相国以河冰将合，料理回保定。嵩焘亦遂入都，猥蒙圣恩，执事中枢兼总署行走。以颓唐老病之身，昕夕奔驰，敛手画诺，无补毫末，重以愧赧。

伏读名论租界事宜一书，四明公所事宜二书，义正辞严，作作生铓，不可逼视，而要务以理胜之，故能批郤导窾，自处于有馀。总署诸公同声叹服。海外之役，须俟滇案定议之后，而方相持，未知所□。议论方长，以悻悻匹夫一朝之愤，逞志一二人，而贻国家无穷之累。

彼之蓄意开通云南一口有年矣，乃使据以相挟，一一遂所请，而本案尚穷于处断。至以年近六十之衰翁，蹀躞数万里之外，而无可多名。封疆大吏不明洋务，为祸之烈如此。

王少樵在此相候，颇苦闲寂，无所施其才，意欲从上海机器局求一小差使。明年出洋，从行与否，亦便于酌商。少帆论事极

①据佚名编《道咸同光名人手札》第一集辑，原未署年份，此据本函内容考定。

有见解，人亦沉静可喜，而苦无可委任之事。闻自南洋以达红海，五月以后，商船相戒避其酷热。过五月不能成行，尚须俟之秋凉。少帆家计亦不可无馆，此间势不能多致薪水，敢乞台端暂一位置之。

湖南总商呈折一扣，所言似皆关系大局，非为私计。其间惟规复引地一条，未易核办，馀皆可备省览，用敢为之代呈。补帆中丞物故，闻之痗心。其赴台湾，嵩焘实力赞之，尤引以为内疚。所差自慰者，饰终之典备极宠荣，人生以此，亦复何憾！禹生承其后，必更有一番规模，然其得民心，正恐骤不能逮耳。手肃。敬叩福禧，无任驰仰。

嵩焘顿首　冬月初二日

复沈葆桢[1] 十三日

幼丹尚书同年大人阁下：

日前，王少樵南归，奉上一函，计蒙赐鉴。顷领台函，渥承殷殷垂注之盛心，兼谂幕府初开，权衡万汇，贤劳鞅掌，无间昕夕。生平服勤茹苦，伟抱所蓄，非求逸者。任大事巨、经纬百端，要须从容处画，以简应之，使心气沛然有馀。

方今负天下之重，坚强质实，遗大投艰，力足以济之，而其德望又实足以厌服人心，惟公足当斯语。准备三十年，劳苦维持世局，使获与当世民人同受庇荫，无任顶祝。江北群盗，由饥民苦水患、奸人构之。前岁贸焉一逞，馀党未尽捕获，所在潜伏，玩法既久，遂至披猖，难可以德化言也。稍假州县权宜，督使捕

①据佚名编《道咸同光名人手札》第一集辑，原未署年、月，待考。

盗，期于有犯必惩，不苛以文法。州县之职行，盗风亦稍息矣。去岁北行，惟山东不忧盗，推求其故，以曾与严办、稍知畏法耳。

滇案须俟格维纳到滇查明乃能定议，恐非一二月所能了。嵩焘老病无能，分应为国远投四裔，以御魑魅，深虑滇案枝节繁生，将有进退维谷之势。租界免捐，为害甚巨。嵩焘数语赫总税司，各国相与网中国之利可也，阻遏中国自有之利，则大不可。赫君至今未议。上盖有难以立言者，恐以后更无可补救，求及早一为处理而不可得，知复如何。手肃。敬请台安。

嵩焘谨启　十三夜

光绪二年

复沈葆桢[1]正月初十日

幼丹尚书同年大人阁下：

除日奉读赐书，兼蒙宠颁炭资，深感勤勤垂注之盛心，眷德勤施，至周以渥，服膺曷已。敬谛履端笃祜，播閤宣猷，伏增祝祷。

嵩焘一官逶迤，自庆洋务粗有所见，思稍尽斡旋之力。窃以为控御之方，在去猜嫌之见，而以礼自守，以制其鸮张之气；求因应之宜，而力争先着，以杜其要挟之心。《传》曰：凡事豫则立。而与外人相接，理不壮即气不充。京师士大夫务为虚㤭、横生议论，不一考求事理，视前二十年之见解无以易也。

方今各口通商十六，内达汉江，洋人实绾其利权；沿海机器局及学馆，洋人实司其训课。谓宜视彼所长而效法之，视彼之足为利病者而求所以御之。一切内自毙焉，而引以为耻，未尝不可及时图功。故曰物耻足以振之、国耻足以兴之，殆未易一二。为今时士大夫言也。

滇案本易理处，徒为议论所持，濡延至今。倭人近与朝鲜构难，其蓄谋已久，理处较难。而所以自处之道，固有未尽者。租界免厘，为患甚巨。赫总税司议上数万言，通中外筹之，大致合

①据佚名编《道咸同光名人手札》第一集辑，原未署年份，此据本函内容考定。

华商与洋商捐税为一例，合各国通商条约为一例，合各口商务、政务及词讼为一例。而析分此三者，疏陈其利病，各为四议。上者不能行，则行其次者。其论至精，所见亦至深远；然行之一不得当，则利在外人而国家适承其敝。鄙意外而通商各省、内而驻京各国公使，均应知照会议，其间亦尽有各国不愿行者，必俟询谋佥同，而后酌择其可行之。此尤宜及早会商者。

滇案或有牴牾，则前者贸然允之，今者又将贸然行之。鄙人所不敢知也。彼土人才实胜中国，为能养之而使尽其学，用之而使尽其诚也。

武穴之煤厂、兴国之铁矿肇始，湖北为天下倡，近始具奏，喜慰无量。而睹鄂抚分解海防经费一咨，宣述盛意，以北洋方造办兵船，推以与之，廓然昭示大公，而又切当情事，使防海纷纭之议至今乃有归宿处，斯为明通。公溥之量，无愧古之贤者，为之额手称庆。禹生抚闽，岘庄督粤，殆亦沿海一时之盛矣。手肃，申谢。敬叩崇安，无任驰仰。

嵩焘顿启　正月初十日

外致段培元二信，求饬交周臣海太史，寄上一书，附呈。

致奕䜣[1] 三月

窃嵩焘近闻有人劾奏去冬条陈滇案情形，以为嵩焘出使西洋，将至误国，纷纷传说，似非虚语。嵩焘疾病昏愚，万不足仰副朝命，然于人臣致身之义，闻之熟矣！祸福险夷生死，无所动于心，

[1]据朱克敬《挹秀山房丛书》之《鹏言杂录》辑，清光绪十年长沙刻本。原未署时间，此据本函内容考定。

自度不至辱国。而据所陈，反覆循思，有甚皇然于心者，何也？辱国与否，出之使臣，此所能自主者也；辱国与否，出之他国，所以待使臣者所不能自主者也。浸令滇案日久，致有参差，终须衔命以行，其主君或漫不为礼，或视他国使臣礼数情谊有弗逮焉，是辱使臣也，辱使臣即为辱国。此实嵩焘夙夜忧惧，而莫知所自处者也。

国家办理洋务三十馀年，士大夫议论争持至于今不息，所据为至德要道，曰攘夷狄而已矣。不知与我构难，可攘；与我交接往来，无得而攘也。远在边徼，可攘；深入腹地，居处游历，漫无限制，无得而攘也。狙伺鼠伏，其变不测，可攘；以通商为名，所守者条约，所托者信义，要在准理度势，杜其觊觎，防其要挟而已，无得而攘也。我朝建国之初，通书日本，罢兵息民，沿海数千里解甲安寝，定于一言。康熙二十八年，遣使俄罗斯，而雅克萨、尼布楚两城之边界定，以是消弭边患二百年。当时书问皆用敌体，断自宸衷，此圣人之德量所以包罗天地、度越古今，宜为后世所宜法也。

西洋之患与前史所载争战情形，又绝不同。推原启衅之由：一误于□□□，再误于□□□。两次用兵，贸焉构难，抢攘横决，以有今日。诸臣之才力与其志愿，高出一世，而卒致此误者，惟不知洋务之过也。而自通商以来，十四口出入税则渐增至一千二百馀万，皆洋人为司会计；沿海练兵、制器及学习语言文字，皆洋人为司训课。其于中国富强之计理当嫉忌也，而反为之经营；理当抵忤也，而反助之教练。盖其环伺中国，观衅而动，久蓄蚕食虎噬之心，而故为无诈无虞之状，中国强则辅而翼之，弱则狎而侮之。故今日与洋人交涉，其势有甚迫而不能缓其机，有甚危而不可谓之安者，惟恃朝廷忍心抑志急求西法之善者，力起行之。

盖西洋各国，穷地利，极人工，互相仿效。俄罗斯国王察罕汗，至变服就荷兰，以习水师，而后群趋于富强。今其势已逼而至中国，上海租界安设电报，黑龙江以东开通铁路，天地之机既泄，曲畅旁通而固不可遏抑，不待智者而后知也。且三代建国所以久长无他，能疏通民气而已矣。西洋立法亦然，所兴之利，与民共之；所行之政，与民同之，中国不能尽仿而行也。及此时设法经理，以与民同利，期使利权操之中国，地方官与百姓自相保护，穷海万里之地声息毕通，如在咫尺，民气无扞格之虞，三代有道之长，何难再见于今日。

嵩焘初奉总署行走之命，具疏陈其梗概，盖亦通知古今事势之变，深究天下利病之源，有非儒生俗吏所能辨知其得失者。窃以为经理洋务，大要有三：一曰去猜嫌之心，而审事理之宜；二曰泯迟难之意，而求控制之术；三曰化拘挛之见，而立富强之基。熟思深计中国制胜之机，当预筹而审处之，行之以果决，持之以坚忍。此固不待委曲周旋，而揆事度情应之而有馀；不待改弦更张，积久渐进行之，而必有效也。

至于滇南一案，地方措置失宜，有不能为之曲护者。我朝列圣抚临中外，一视同仁。乾隆二十九年西疆乌什之叛，由办事大臣苏诚激变，苏诚已戕于贼，犹禁锢其子孙不准仕进。嘉庆二十五年回疆之变，由参赞大臣斌静肇衅，经回民控诉，立与褫递。道光二十九年云南汉、回仇杀，道员罗天池办理乖方，总督贺长龄撤任降调。二十九年甘肃诱杀番民，总督琦善逮问遣戍，内地民回及所隶属之回番各部犹不肯任听。地方稍有冤杀，统辖大员失于觉察，立行谴责，廓然一示以大公，海宇人民统归覆焘，略无歧视。

嵩焘陈奏滇案情形，不敢援引成案，请与严谴；亦谓控御外人，朝廷自有机宜，不欲显揭岑毓英之罪，使无可解免，稍被以展转贻误之失，以待朝廷权衡处办。持事理之平而驯伏远人桀骜之气，一时士大夫訾毁，有所不敢顾。明知夷性贪婪，议处一岑毓英，未必遂厌其欲。但此事中国之曲在疆臣办事粗疏，若既将疆臣议处，而彼犹妄肆要求，则其曲在彼。与之决裂，我即有辞，即召会各国共评，彼亦难逃公论。区区之心，实在于此，初非不足于岑毓英也。追闻人言藉藉，诮让百端，亦遂自悔其愚。开春以来，闭门却扫，谢绝交游，以求自远于人。至今相距四月之久，犹有窥探刺取，据为罪案，上揭之君父之前者。

窃度岑毓英，天资忠直，而不学无术，与蒋益澧等。蒋益澧在粤东巡抚任内，派勇看守内城，经瑞麟参奏，人无异言。岑毓英以毙一洋人之故，嵩焘平情上请，致蒙一时之诟讥，历久而无能相谅。往尝语曾文正公，天下事万变，惟当以常道处之。今人之视洋务，惊忧骇愕，莫测所为，而其实只是一理。凡事一折衷以理，顺者应之，逆者拒之，须使心目中无有洋人之见存而随之以为轻重，即所处裕如矣。曾文正亦以嵩焘为知言。今以一马加理无足重轻之洋人，如何被戕情形，亦漫不加考察，而相与据为岑毓英之功，人心之不平，日起而相激，欲无召衅启侮难矣。

西法以邦交为重，万国公法言之至详。马加理在西洋仅一微员，在滇南却为戕毙使臣之案，士大夫安坐讥评，果能摧折洋人之气否乎？一时纷纭之议论，诚有不足据以为信者。而既以误国之名加之嵩焘，不独不敢求谅朝廷，即反之区区微忱，亦实不能自谅。以当时一念，悬悬之馀，犯众人之计谋，为朝廷宽一日忧，遂使声名隳坏，莫能自解。上负朝廷委任之重，下烦廷臣咎责之严，尚须何颜立于人世，而又以辱国重情，上动君父之疑，别且进退狼狈，无所措其手足。

朝命尊严，欲据情辞免而不敢；恶声丛集，欲强颜供职而不能。惟有披沥下忱，听候指示，可否容嵩焘自陈衰病，求另简派使臣以重职守，庶朝廷有馀地以相处，嵩焘亦得退归田里，休养馀年，以蕲免于罪戾。不胜悚息待命之至。

复陈士杰[①] 四月初六日

俊臣仁兄大人阁下：

腊杪奉呈一函，旋领赐书，备荷殷拳之至意。京居倥偬百端，重以疾病懒废，久未奉报。顷复蒙枉书，兼寄到《玉函山房〔辑〕佚书》、《嫏嬛秘轴》，逾于琼瑶之锡，感荷实深。初意奉价托购数部，缘友人尚有觅此者，可以分饷。兼闻高密单校官维宪《读诗记》亦名著也，方欲并觅数部，适怀乞病引退之思，恐不及留候，未敢奉托。顷承开示书价，应俟此次假满后再行斟酌办理。

弟奉使西洋，留候滇案定议乃始启行。稍有疏陈，求以理自伸，为控制洋人之要术。自谓至妙，而议格不行，乃使衮衮诸公引为刺讥，始悟办理洋务三十年，明其义者甚少。以眇眇之身蹀躞数万里之外，与人周旋，深恐公私两累，无以自解于天下后世。本以疾病颓唐，万难支持，不能不一上陈。荷蒙圣恩宽与假期，以资养息，俟稍缓察看病情再定行止。

《玉函山房》一书，欲备价奉寄，恐致上违盛意，应俟五月以后，或暑热不能出京，再行奉托一切耳。手此奉谢，敬请台安，不尽驰系。

愚弟嵩焘顿首　初六

①据湖南省博物馆藏原件辑，原未署年、月，此据本函内容考定。

致沈葆桢[①] 八月初一日

幼丹尚书同年大人阁下：

数月未奉书，而贤勤之量溢于观听，措施之雅具于章奏，企仰仁风，钦钦在抱。伏承福履康和、德猷崇畅，祷祝无量。

嵩焘衰退之躯，分宜求退，亦度今时洋务必不可干涉，决意引而去之。七疏自陈病状，坚请放归田里，而不蒙报可。以微臣乞退之坚也，忽传旨召对，温谕勤勤，反复宣慰，不敢复申前请。适会合肥伯相烟台会议已有端倪，洋人邀请行期。去秋九月浮海而北，今又当以是时浮海而南矣。艰烦丛脞，所不敢辞，而内无所倚，外无可援，孤寄一身数万里之外，在洋人不过邀求谢过而已。国家责望多端，又过于所任，念之茫然。

王少樵相从数月，原许出洋再与期约。其还闽也，又为函致禹生中丞位置一馆，乞公传语叩之。如能乘槎西行，榜后驰至上海相候，恰相当也。总署议薪太薄，蒙亦未与计议，大约朋友月费二十金耳。五十不从力征，古有明训，年近六十而有七万里之役，亦惟薄德为能称之。敬请台安，不尽驰仰。

嵩焘顿启　八月朔

致沈葆桢[②] 九月二十九日

幼丹尚书同年大人阁下：

八月奉上一函，想蒙赐鉴。其时出使章程犹未定也。以王少

①②据佚名编《道咸同光名人手札》第一集辑，原未署年份，此据本函内容考定。

樵原与有约，恐道上海仓猝，不能合并，求先由尊处达知。已而次第厘定章程，随员人数定限四名，人月支二百金。嵩焘奏调已得四人，其非职官不在奏调之列者亦四五人，副使刘云生亦自带二人，统俟上海定局。

少樵从行，亦应派充随员，钧荐最先，不敢违也。惟昨得禹生中丞信，言已为少樵位置一席，远游之心或恐倦而中止耳。上海铁路之议，伯相意已允之，台端致总署书，最为得其窾要。与洋人周旋，止有一直截办法，反复避就，自等岐误，罕能知此义者。嵩焘区区，一不得自申，身辱名隳，颠沛百端，亦命矣夫。手此。敬请台安，无任驰企。

嵩焘顿启　九月廿九夜天津舟次

致夏献云[1] 九月二十九日

芝岑大公祖大人阁下：

久不通问，思仰无穷。敬谉禔躬笃庆、亮绩绥时，钦祝尤深。嵩焘疾病衰颓，远役七万里，本非所能堪，又益加之颠沛，徒以圣恩慰勉，不敢固辞。韩愈出使藩□，当时贤士大夫犹谓可惜。嵩焘年加于昌黎，事艰于当日，而横被乡人口语，至于鸣鼓以攻、聚众狂逞。

自维寡行薄德，天将厌之，使无以自主于人世，拊臆扪思，惟增伤悼。然闻黄□波构此奇变，三书院生监聚之以起，似皆有名姓可稽，此时不与惩治，恐导乱之机将在旦夕。右桐肆毒鄙人，因事生端，多出人情意计之外。逆侄昌猷适与符合，仰赖台端申

①据佚名编《道咸同光名人手札》第一集辑，原未署年份，此据本函内容考定。

明大义，曲加训诫，惟深铭谢。手此，敬请台安，不尽。

治愚弟嵩焘顿首　九月廿九日天津舟次

复沈葆桢[1] 十月初五日

幼丹尚书同年大人阁下：

天津奉呈一函，谓由上海信局寄上较为便速。舟次吴淞，奉九月初五日赐书，敬领一是。承示气喘一节，年老气衰，不任烦劳，稍有拂意，气即因之上逆。嵩焘近十年老态已是如此，似未宜以喘论。禹生中丞近亦以病乞退。此皆为国柱石，肩任烦巨，精力又方强，处荣观而心超然。

嵩焘乃以老病之身，奔走七万里，自京师士大夫下及乡里父老，相与痛诋之，更不复以人数。英使且以谢过为辞，陵逼百端。衰年颠沛乃至此极，公将何以教之。

默察天下人心，洋患恐未有已也。黎莼斋刺史意图考究洋务，慨然请行，乃以参赞一席处之，催其迅速来沪，乞公速觅代者，以凭交卸启行。小樵能丁数日内至沪为佳，一经开行，则虚此一番奔驰矣。极念之。敬请台安。

嵩焘顿启　十月初五夜

复沈葆桢[2] 十月十五日

幼丹尚书同年大人阁下：

昨奉复教，敬领一是。嵩焘抵沪旬日，倥偬百端。洋人一意

①②据佚名编《道咸同光名人手札》第一集辑，原未署年份，此据本函内容考定。

催促，鄙意亦深苦酬应之烦，乃定英公司轮船，赶于十八日开行。所调办理文案委员至今未到，一切躬自料理，精力实苦不支。

欧阳（伯）元述为同年欧阳晓岑之孙，工书善绘，兼谙文事，办事亦极稳练，现办大桥厘局，以嵩焘七万里之行，走送上海，意图进谒崇辕，丐书先容。适有咨达各件交其投递。又，候补府严锡康，一门风雅，清慎温纯。嵩焘旧与相识，顷始以知府到省，亦求稍赐温霁，不以俗吏视之。海天茫茫，怅然遂行，留此为别，不尽依依。手肃。敬叩崇安。

嵩焘谨启　十月十五日

致德尔贝[①] 十二月初九日

径启者：

本大臣等现于昨晚八点钟行抵贵京邸寓，急思趋聆雅教。应请贵爵大臣酌示，何时得暇，以凭诣见，不胜欣盼。专此，敬颂台祺。

名另具

致德尔贝[②] 十二月十一日

大清国钦差大臣署理礼部左堂郭，为照会事：

照得本大臣及副使刘，奉本国大皇帝命，因上年云南蛮允地方有戕毙马翻译官一案，经贵国钦差大臣威与本国钦差大臣大学士直隶总督一等伯李在烟台会议妥结。本国大皇帝于此案深加惋

①②据英国国家档案馆藏原件辑，F. O，17-768。德尔贝系英国外部丞相。下同。

惜。本大臣敬奉国书，前诣贵国陈达此意，并饬即作为公使在贵国都城驻札。兹于中国光绪二年十二月初八日即西历一千八百七十七年正月二十一日行抵伦敦，相应照会贵大臣，即恳据情奏请觐见之期，以凭敬谨呈递国书。须至照会者。

右照会大英总理各国事务伯爵丞相德。

光绪三年

致德尔贝[1]正月十二日

大清钦差大臣署礼部左堂郭，为照会事：

照得南洋新嘉坡各处地方，中国商民贸易繁盛，流寓至十馀万人，自应照章设立领事。该处绅士胡璇泽，素称公正，能了事，拟即派为领事。附近槟榔屿等处地方，亦应体察情形，查明办理。由本大臣具奏请旨，一切查照各国事例施行。相应照会贵爵，可否委派胡璇泽充当新嘉坡领事之处，即烦核复，以凭转饬遵办。须至照会者。

右照会大英钦命外部衙门伯爵丞相德。

致方子听[2]二月初六日

子听仁弟同年大人阁下：

两过上海，并承数百里枉顾，问劳勤勤，感念无已。此次出洋，公私倥偬百端，勉强枝梧，至废寝食。金□管才叔，皆枉过上海，不独不能稍致殷勤，并求一清谈不可得。积痗于心，莫能自解，于阁下亦然。

---

①据英国国家档案馆藏原件辑，F. O，17-768。

②据湖南省博物馆藏原件辑，原未署年份，此据本函内容考定。

登舟后一病至今，盖上海十日耗竭精力过甚，年老气衰，时息收摄，不能及也。上海患眼痛，已而鼻隼痛甚，已而耳痛，心气痛，已而齿痛，尽五官之用，一一患苦之，数月未已，衰惫可知。

阁下在官，力求整饬，为益地方，度可留署一二年。小岩方伯北行，少仲同年继之，尤为至交夙好，必能一力成全，俾地方均受其益。

子箴前辈冬月回扬，见邸钞，以奉迅速赴任之旨，即于腊间启行，未审眷属偕入川否？恐须稍俟春间溯江而西。仰□是否随任，抑尚留扬。八世叔当就养奉贤官署，体气想益康娱，至以为念。

此间天气较暖，而日苦雾雨，间之以雪。阛阓之盛，宫室之美，极天下之大观。政教修明，人心风俗亦甚和厚，其富强已极，而尚为方新之机，未宜忽视。

湖南风气日益颓敝，万难冀幸久安。江、浙两省何地可以寓居，兄颇思为避地之计。大抵天下之治乱，以人心风俗为先。楚风之敝极矣，骆文忠去后十馀年，遂至江河日下，言之怃然。正恐万方一概，难为托足之地耳。手谢，敬颂升安，无任驰思。

年愚兄嵩焘顿首　二月初六日

八世叔前求化名，请禀。

致李鸿章三月[①]

二月初八日寄上第三信，想尘钧鉴。

此间政教风俗，气象日新。推求其立国本末，其始君民争政，交相屠戮，大乱数十百年，至若尔日而后定，初非有至德善教累积之久也。百馀年来，其官民相与讲求国政，白其君行之，蒸蒸日臻于上理，至今君主以贤明称。人心风俗，进而益善。计其富强之业，实始自乾隆以后。火轮船创始乾隆，初未甚以为利也。至嘉庆六年，始用以行海内。又因其法创为火轮车，起自嘉庆十八年。其后益讲求电气之学，由吸铁机器转递书信，至道光十八年始设电报于其国都，渐推而远，同治四年乃达印度。自道光二十年与中国构兵，火轮船遂至粤东。咸丰十年再构兵，而电报径由印度至上海矣。其开创才数十年，乘中国之衰敝，七万里一瞬而至，然亦足见天地之气机一发不可遏。中国士大夫自怙其私，以求遏抑天地之机，未有能胜者也。

来此数月，实见火轮车之便利，三四百里往返仅及半日。其地士绅力以中国宜修造火轮车相就劝勉，且谓英国富强实基于此。其始亦相与疑阻，即以初抵伦敦，苏士阿摩登海口言之；往来车运，用马三万馀匹，虑妨其生计也。迨车路开通，用马乃至六七万匹，盖以道途便利，贸易日繁，火轮车止出一道，相距数十里以下来就火轮车者，用马逾多也。

去冬道上海，见格致书院藏一火轮车道图，由印度直通云南，一出临安以东趋广州，一出楚雄以北趋四川以达汉口；又由广州

①据《罪言存略》同函校补。

循岭以出湖南而会于汉口，乃由南京至镇江，东出上海，又东出宁波，北出天津，以达京师。见之怪咋，谓云南甫通商，即筹及火轮车路也。及来伦敦，得此图，知已出自十馀年前。凡其蓄意之所至，无不至也。

印度火轮车才及阿萨密，其通中国，分山南北两道：北道由阿萨密直抵依拉袜底河；南道绕出缅甸，折而东北，以会于依拉袜底河而达蛮允。大率云南通商一二年后，两处铁路所必兴修者。日本公使见语云；“天地自然之利，西人能发出之。彼为其难，吾为其易。岂宜更自坐废！中国土地之广，人民之众，各国所心羡也。闻至今一无振作，极为可惜！”嵩焘赧然，无以为答。

前岁入都，本意推求古今事宜，辨其异同得失。自隋、唐之世与西洋通商，已历千数百年，因鸦片烟之禁而构难，以次增加各海口，内达长江，其势日逼，其患日深。宜究明其本末，条具其所以致富强之实而发明其用心，而后中国所以自处与其所以处人者，皆可以知其节要。谋勒为一书，上之总署，颁行天下学校，以解士大夫之惑。朝廷所以周旋远人之心，固自有其远者大者，当使臣民喻知之，以为此义明，即国家亿世之长基可操券而定也。道天津，亦尝为中堂陈之。及至京师，折于喧嚣之议论，噤不得发。

窃谓中国人心有万不可解者。西洋为害之烈，莫甚于鸦片烟。英国士绅亦自耻其以害人者为构衅中国之具也，力谋所以禁绝之。中国士大夫甘心陷溺，恬不为悔。数十年国家之耻，耗竭财力，毒害生民，无一人引为疚心。钟表玩具，家皆有之；呢绒洋布之属，遍及穷荒僻壤。江浙风俗，至于舍国家钱币而专行使洋钱，且昂其价，漠然无知其非者。一闻修造铁路、电报，痛心疾首，群起阻难，至有以见洋人机器为公愤者。曾劼刚以家讳乘坐南京小轮船至长沙，官绅起而大哗，数年不息。是甘心承人之害以使朘吾之脂膏，而挟全力自塞其利源。蒙不知其何心也！

办理洋务三十年，疆吏全无知晓，而以挟持朝廷曰公论，朝廷亦因而奖饰之曰公论。呜呼！天下之民气郁塞壅遏，无能上达久矣，而用其鸱张无识之气，鼓动游民，以求一逞，官吏又从而导引之。宋之弱，明之亡，皆此嚣张无识者为之也。嵩焘，楚人也，生长愚顽之乡，又未一习商贾，与洋人相近。盖尝读书观理，历考古今事变而得之。于举世哗笑之中，求所以为保邦制国之经，以自立于不敝。沛然言之，略无顾忌，而始终一不相谅。窜身七万里之外，未及两月，一参再参，亦遂幡然自悔其初心，不敢复有陈论。而见闻所及，有必应陈之中堂者：

日本在英国学习技艺二百馀人，各海口皆有之，而在伦敦者九十人。嵩焘所见二十馀人，皆能英语。有名长冈良芝助者，故诸侯也，自治一国，今降为世爵，亦在此学习律法。其户部尚书恩娄叶欧摹，至奉使讲求经制出入，谋尽仿效行之。所立电报信局，亦在伦敦学习有成即设局办理。而学兵法者甚少。盖兵者，末也，各种创制皆立国之本也。中堂方主兵，故专意考求兵法。愚见所及，各省营制万无可整顿之理，募勇又非能常也。西洋此数十年中无忧构兵，直可以理势决者。考求伦敦募兵之法，皆先使读书、通知兵法，而后入选。遣医士相其血脉胆气筋骨坚强，而后教之跳跃，次第尽枪炮技艺之能事，乃编入伍，其根柢厚矣。此岂中国所能行者！一身之技，无能及远，正虑殚千金以学屠龙，技成无所用之。

嵩焘欲令李丹崖携带出洋之官学生，改习相度煤铁及炼冶诸法，及兴修铁路及电学，以求实用。仍饬各省督抚多选少年才俊，资其费用，先至天津、上海、福建各机器局考求仪式，通知语言文字，而后遣赴外洋，各就才质所近，分途研习。各机器局亦当添设教师二三人，以待来者。但须一引其端，庶冀人心之知所趋向也。此间有斯谛文森者，亦言各国铁路多所创造，尤勤勤焉劝中国之急为之。谨将所拟节略上呈。抑嵩焘之意，以为事事须洋人为之，必不可常也，当先令中国人通晓其法。挨及国隶阿非利加，其修造铁路，先遣人赴英国练习，而后依仿行之。此最可法。伏乞钧示，以凭与李丹崖会商办理。

窃以为方今治国之要，其应行者多端，而莫切于急图内治以立富强之基。如此二者，可以立国千年而不敝，其为利之远且大者不具论也，其浅而易见者有二利。中国幅员逾万里，邮传远者数十日乃达，声气常苦隔绝。二者行万里犹庭户也，骤有水旱盗贼，朝发夕闻，则无虑有奸民窃发称乱者，此一利也。中国官民之势悬隔太甚，又益相与掩蔽朝廷耳目，以便其私，是以民气常郁结不得上达。二者行，富民皆得自效以供国家之用，即群怀踊跃之心，而道路所经，如人身血脉自然流通，政治美恶无能自掩，则无虑有贪吏遏抑民气为奸利者，此又一利也。三代盛时，不过曰吏效其职、民输其情而已，其道固无以加此也。

论者徒谓洋人机器所至，有害地方风水。其说大谬。修造铁路、电报必于驿道，皆平地面为之，无所凿毁。至于机器开煤，吸水以求深也，煤质愈深愈佳。中国开煤务旁通，洋人开煤务深入。同一开采，浅深一也，有何妨碍？即以湖南地产言之，铁矿多在宝庆，煤矿多在衡州，而科名人物以此二郡为独盛。湘潭石潭产煤，世家巨族多出其地。湘乡产煤无处无之，功名爵禄尤称极盛。世人一哄之议论，无与发其蒙者，何不近据事实征之？中国百姓，自为之而自利之，无故群起而相阻难。数十年后，洋人所至逐渐兴修，其势足以相制，其利又足以啖奸豪滋事者，役使之以为用，则使权利一归于洋人，而中国无以自立。《传》曰：“天之生此民也，使先知觉后知，使先觉觉后觉也。”先知先觉之任，必朝廷大臣任之。是以政教明则士大夫之议论自息，亦在朝廷断行之而已。

至于国家根本大计，度今之时，量今之力，有难以一二举行者。而切要者数端，无关根本大计，而要为诸政之所从出。不先务此，虽有良法美意日起以图功，亦终归于无济。

一曰禁止鸦片烟。原鸦片烟之禁实自雍正时，其始供药品而已。赖政教修明，官吏奉法，民间无敢吸食者。至道光中，其风始炽。嵩焘少时尚未闻此，于时物力丰厚，家给人足，百姓守法惟谨。迨后鸦片烟之害兴，而世风日变，水旱盗贼相承以起。即今日洋祸之烈，实始自禁鸦片烟。而金田贼首，亦因海防散勇啸聚山谷，驯至大乱。是此鸦片烟不独戕贼民生，耗竭财力，实亦为导乱之原。洋人至今引为大咎，中国反习而安之。窃以为鸦片烟之害不除，诸事一无可为。而求其禁止之方，有至简而易行者。其法在先官而后民，先士子而后及于百姓。一用劝导之术，而以刑罚济其穷。其用法亦惟动其廉耻之心而激使自立。宽以二十年之期，必可保其禁绝，不至稍有贻患。嵩焘前折已详言之，无可易者。此一事也。

一曰开垦江浙荒土。初闻洋人惟务商贾之利，于农田不甚经营也，至是始知其不然。其通商专务富民，所税茶、酒及烟数者而已，馀皆无税。岁计商贾赢馀而估其所获之利，约八十分取一。住房、器物，计租取税，略如中国之户税。岁入三百（磅）〔镑〕以下者不税。其所得宝星及他表记泐之用器有税。畜犬以上有税，并出常税之外。国家经制所入，一取之地税。其勤地力至矣。往见陈文恭公巡抚陕西、河南，专意农事，兴修水利溉田，在湖南教民耕种，诸法悉备，可为知本计者。江浙经乱后，距今十二三年，荒秽之田未垦者仍多。百姓惮于疏辟之勤而自惜其力，州县苦于奏销之累而并没其名，荒者听其芜莱，垦者亦相为隐匿。宜亦户部所应经营，督抚所应劝导者。此又一事也。

一曰喀什噶尔之地宜割与雅谷刊。氐、羌数叛酒泉，光武仍其君长，赐以印绶。吐谷浑徙浩亹河，郭元振请即其所置之。边要密迩，义取羁縻，无所顾惜。至于汉建校尉，唐置都护，远逾万里，近或数千，降胡杂虏，因叛袭封以为故事，无足比论。惟喀什噶尔之地逼近安集延，其势不能筑葱岭为长城以遮遏之。浩罕诸部并于俄罗斯，回部馀民乘喀什噶尔之乱袭据其地，犹慑中国之威而思托为附庸。去岁威妥玛代为之请。嵩焘谓当俯顺其心，与为约誓，令缴还各城。但得一镇守乌鲁木齐之大臣，信义威望足以相服，可保百年无事。若徒恃兵力攻取，旷日持久，耗费无已。幸而克捷，而回部馀民必走投俄罗斯以相比附，构兵纵掠，终岁骚动，徒使俄人乘间坐享其利而中国承其敝，未知所以善其后也。夫经国者务筹久远，主兵者惟取进攻，是以弃地之议不能出之将帅也，惟恃朝廷权衡缓急轻重，秉成算以宣示机宜，而后将帅之威伸而朝廷之恩乃深入远人之心，使之俯首而听约束。故以谓威妥玛之代请，实机会之不可失者。此又一事也。

一曰伊犁一城宜与俄人定约，以垂久远。英、俄两国势是相敌，而英人务拓地以兴利，俄人务袭土以开疆。无端乘乱袭据伊犁，此其志在掠地而已。窃度新疆事定，令俄人交付伊犁一城，必尚多烦议论。西洋公法，无乘乱据人土地之例。势且要求兵费，责以收赎，而非有巨款足厌其心，知其必不能允也。故莫如反其道而行之，不责其减价而赎之我，而责其准所赎价交易而鬻之彼。如日本库页一荒岛，犹欲全据之，必不肯轻易退还伊犁明矣。与其含胡悬宕以生其戎心，莫如明与定约，画疆分界，可保数十年之安。必不得已，收回黑龙江以西地与之互易，亦尚有名可据。此又一事也。

一曰停止各省厘捐。嵩焘于厘捐筹饷，知之甚明，行之甚力。湖南开办厘捐，实一力赞成之。在粤东陈复厘捐情形，援古证今，自谓能得其要领。然凡为筹捐，以筹饷也，原非国家经制。军务告竣十馀年，迄今不议停止，则非事矣。且法久则弊生，各省本无急需，相与视为闲款，不甚措意，是以办理日久，收数日微，骤有军务，筹画饷糈，踵事循章，习为故常，将更无可施力，尤两敝之道也。前岁因滇案议停租界厘捐，是专为洋人免厘，何异驱鱼而致之渊，驱雀而纳之丛？不独有失民商之心，其伤国体实甚。意谓宜及时停免各省厘捐，租界免厘一节自应删除，并与立约，因事筹饷不在此例。而如福建之茶、浙江之丝及凡物产之在其地者，应收土税以备地方之用，不与厘捐同免。此皆可据理以求胜者。旧时茶税每箱八两，五口通商骤减至二两五钱。曾与赫总税司言之，渠意亦谓如此各省自有之利尚可设法另议，无并土税不准完纳之理。中国自有之利，操纵宜出之朝廷。蒙于此事极有不安于心者。此又一事也。

嵩焘本奉使海外，凡中外交涉事件，稍有所见，例得上闻，怀欲陈之久矣。徒念京师蒙被口语，侧身天地，至无所容，朝廷亦不能不采纳人言。加之贱简，又甫出洋，屡见参案，更不敢有所陈论，自取愆尤。独念中堂为国重臣，中外得失利病所关，宜廑盛虑。区区所陈，准时度势，略举其切要者措之而得行之，又至简而易，非徒为高远难行之言，以自快其议论者。

往与宝相论今时洋务，中堂能见其大，丁禹生能致其精，沈幼丹能尽其实，其馀在位诸公，竟无知者。宝相笑谓嵩焘既精且大。嵩焘答言：岂惟不敢望精且大，生平学问皆在虚处，无致实之功，其距幼丹尚远；虽然，考古证今，知其大要，由汉、唐推之三代经国怀远之略，与今日所以异同损益之宜，独有以知其深。窃以为南宋以来，此义绝于天下者七百馀年，此则区区所独自信，而无敢多让者也。惟中堂采择上陈，推而行之，所以裨益国家必多矣。

致德尔贝[①] 四月二十五日

大清钦差大臣署理礼部左堂郭，为咨会事：

照得本大臣准本国总理各国事务衙门咨称，具奏镇江关岸有太古行趸船一只，在该关所准之地停泊，嗣因于该处不便，经理船厅饬令趸船移泊。该行不遵，复由常镇道移会贵国领事官，饬令移泊。领事官未经照饬，又曾转禀贵国驻京大臣核示，亦未照饬。应由本大臣咨请贵衙门，按照中国官所指办理，饬令该船移泊等因。为此咨会贵伯爵，即请转饬太古行，将趸船遵照移泊，深为公便。须至咨者。

右咨大英钦命总理各国事务衙门伯爵丞相德。

致德尔贝[②] 五月初五日

大清钦差大臣署理礼部左堂郭，为咨会事：

照得本大臣日来见新报内称：印度孟买来信，因阿密尔之请，派沙敖充贵国驻札大臣，前赴喀什噶尔等因。自系出节制印度大

①②据英国国家档案馆藏原件辑，F. O，17-768。

臣之意，本大臣于此窃疑与万国公法微有不合。查喀什噶尔本中国辖地，设立办事大臣。前因中国内乱，兵饷匮乏之时，阿密尔乘势攘取其地，遂使关外十馀年扰乱无已，百姓深受残害。近年内乱既平，中国方谋经理关外诸地，喀什噶尔应在中国收复之列，并无允准自立一国明文。现在中国正当用兵规复，而贵国特派大臣驻扎，则似意在帮同立国，与中国用兵之意适相违左。本大臣心甚疑惑，恐节制印度大臣但凭阿密尔文移，据喀什噶尔为所立国之名，遣使驻扎，无相防碍。

本大臣以为，喀什噶尔本属中国地名，为阿密尔占踞一时，中国例应收复，并非无故构兵。而贵国遣使驻扎，体制亦觉稍替。阿密尔本属浩罕部落，尤不应以侵占中国地方，借据为名。此等关系实亦重大，不得不一陈论。相应咨请贵伯爵，转照节制印度大臣，再加斟酌，收回驻扎喀什噶尔名目，深为公便。须至咨者。

右咨大英钦命总理各国事务衙门伯爵丞相德。

复沈葆桢[①] 五月十二日

幼丹尚书同年大人阁下：

领读二月杪赐书，敬知前上各函均达尊览，欣慰无似。承示道躬尚能起应繁剧，国家柱石，天与维持，尤深顶祝。

嵩焘行年六十矣，本以羸病之躯偃蹇数万里，自问无一可者，其于国事丝毫无补，则固在人意计中也。近有禁止洋烟一疏，允为当今要务。其办法层节，允有其扼要者，尚待补陈，但得朝廷一意示禁，即亦无难办理耳。

①据佚名编《道咸同光名人手札》第一集辑，原未署年份，此据本函内容考定。

圜法至江浙一毁无馀，通官民行使洋钱，使洋商得操其奇赢，以罔市利，至今且百年而不知所变计。至伦，敦始知其利权一操之国家，南至澳大利洲，东至香港，行用银洋、铜洋，一由其国家颁发，无能作伪者，其立法善矣。而其本原尤在鼓铸之精，乃议由上海设立洋银局，略仿洋元形式而易其花样，编列字号，暂时颁行江、浙两省。每元申水四分，稍有搀和，准其更换。归招商局承办，以招商局一切仿用西法，诸事为有条理，不至滋生巧伪。并荐一制造洋银机器之洋商，与唐景星酌议。曾函告合肥伯相，由南北洋主持。果能行之有常，度数十年以后必可遍及天下，而为利亦巨矣。

上海格致书院告成两年，嵩焘曾一往观，仅得一楼，亦不甚宏敞，颇疑其无谓。伦敦博物院所在有之，分门别类，群聚考求，为学问所从出，新奇繁富，穷于思议。其地博物院愿推行其法于中国，新式机器皆乐运往。得密思盘一书，详言之，初谓房屋嘱由上海建造，慨然许之。及与会谈，乃知其运置物事不能计利，所计利者在估房屋费二万磅，一切均由承办。以非嵩焘本意，不敢置议，谨将其来函抄上，并抄寄合肥伯相一分，听候酌示办理。

喀什噶尔为雅谷刊袭据，各国皆与定约，听从立国。中国不能知也。近有使者曰赛尔德来伦敦，数于公会见之。其人绝魁梧，亦有能名，英人颇引重之，亦派使前往。嵩焘乃据新报所言，一加诘问，至今未接复文，似闻颇难于作答，有暂停遣之议，而颇急思为中国调处，数遣人陈说此义。嵩焘以为无径弃地之理，问以调处之法，亦尚未有端绪也。俄、土交兵，战事方长，而俄人志在兼并，无岁不拓土开疆，可畏之甚。

镇江一案，本易理处，无故发回淮军，恐又成拖延之势。孙琴西学问文章一时无两，其在官廑心民事，所见到处，卓立不回，不减古人，惟于洋务直隔数十重。烟瘴自南宋以来七百年，愦愦至今，北宋以前议论行事绝异。而读书愈多，此义锢蔽亦愈深，无如何也。手此。敬请台安。

嵩焘谨启　五月十二日

复德尔贝[1]六月初二日

照复事：

接准七月初七日贵伯爵来文，内称中国与喀什噶尔交兵，应需调停之处，帮助立成光荣久远之局，并据开示章程三条。本大臣深感贵伯爵息兵安民之盛心，然中国与喀什噶尔构兵情节，有不能不为贵伯爵一言之者。

查中国西域地方，有东、西八城之分，每城所辖城堡，共计不下数十百处，吐鲁番以东不在其内。雅古刊自称阿密尔，乘中国多事之时，占踞各城，其势不能不图收复。本大臣前次照会言之已详。兹承贵伯爵示悉调停之意，本大臣尚有应须明白申言者。

第一条，所言极为明晓，而其中有云阿密尔所据之国，可以全归管属。本大臣直不能为此言。西域东、西两部，地方五六千里，而东四城北通乌鲁木齐，南连前后藏，尤为中国必不可少之关键。窃计库车逼近乌鲁木齐，和阗毗连西藏，必应于此划分疆界。阿密尔得之不足为要害，中国收复此地，西路声气始能相通，应由阿密尔交还各城，始有可议和之端。

第二条，划清界限，应由督兵大臣左中堂审度情形，与阿密尔立约，以先定疆界为第一要义。阿密尔乘中国扰乱，踞有数千

[1]据英国国家档案馆藏原件辑，F. O，17-768。

里之地，自属得之分外，而于中国实有关系地方，必先允准退还，左中堂始有办法。此一定不移之理也。

第三条，彼此相助。本大臣于此有应分别言之者。其一，天山南北两路扰乱已十馀年，有由阿密尔占踞，亦有由本处叛乱，然大率皆回教也。阿密尔既愿意输诚息兵，划清疆界，其北路叛回亦应一例招抚，以息兵端。此等大抵借阿密尔为名，必应责成解散，庶几一举而干戈可息，免致仍留后累。其一，阿密尔所归依，全恃贵国为之保护。中国亦愿领贵国盛意，以图永远相安。威公使去岁在京师屡言及此，中国国家未尝接允，本大臣何敢自信能邀朝廷允准？而此心实愿得贵国国家担承，庶使阿密尔不致复生异心，中国所有边界，嗣后亦可图保全，无虞侵扰。是以据本大臣之意，情可议和息兵，以图得贵国一语之担承。此所示第三条尚应分作两款声叙者也。

本大臣于关外情形，本未能详知，又无携来中国案卷可以查考，略就所知一二缕晰言之。亦感贵伯爵盛心，不得不按照来指，叙述鄙见，转烦斟酌示复，以凭据以奏闻中国国家，应否准行，听候处办。为此照复贵伯爵，查照示复施行。须至照会者。

右照会大英钦命总理各国事务衙门伯爵丞相德。

致德尔贝[1] 六月初二日

径启者：

昨准贵伯爵照会，内称：适有喀什噶尔之公使前来贵国，有求和之见，拟有章程三条。其中叙述威公使之言，谓与本大臣私

---

①据英国国家档案馆藏原件辑，F. O，17-768。原阙时间，此据本函内容考定。

谈，北京可以允准。此语不能不致辩。威公使于喀什噶尔一事，屡次言及本大臣，谓果出贵伯爵之意，由贵国国家担承，须由阿密尔缴还中国关系各城，始可据以立言。并无先料中国国家允准之说。

兹另备照复一通，申明与威公使商议四条情形。如果贵国为中国与喀什噶尔调停，以息兵端，应请由贵伯爵担承，本大臣始能据以入奏。若如威公使之言，本大臣奉使在外，万无私行议和之理。一切由中国国家权衡，亦非本大臣所能与闻也。合并函达此意，即请日安。

郭嵩焘顿首

致德尔贝[1] 六月初四日

大清钦差大臣署理礼部左堂郭，为照会事：

本年二月内，据华商周复顺、帮商何楚材禀称：光绪元年十月十九日，领运淮盐五百引计四千包，雇张万和红船装运，湾泊彭泽县狮子山地方，夜被太古洋行惇信轮船冲碎，立时船、盐尽没，并溺毙水手二名。当控彭泽县勘验明确，绘图通禀，蒙督盐宪两江总督部堂沈札饬上海道，照会上海领事并经禀控。

贵国上海按察司衙门奉传质讯，断令惇信轮船赔偿，并经复讯数次，估值盐船实价。讵惇信轮船声言回本国上控，不遵断结。事阅两年之久，展转拖延，禀求本大臣咨明贵国船部，查该惇信船主是否控告，并请咨催核复，饬惇信船主迅缴赔偿，给领完案，以省拖累等情。据此当于二月二十三日即西历四月初六日面达贵

①据英国国家档案馆藏原件辑，F. O，17-768。

伯爵，本拟即日另备照会查办，维时马格里误听坦文之言，谓事已了结，赔款即可给领。本大臣当以传说之言殊难凭信，复经函询上海道。复称尚无赔偿消息。

查惇信船主既称回本国上控，自系在梭末耳色得衙门呈控，应请贵伯爵迅赐查明见覆，并查该船主于何时具控，如何批饬办理，一并示知，以凭转饬该华商周复顺等遵照。为此照会贵伯爵，请烦查明示复施行。须至照会者。

右照会大英钦命总理各国事务衙门伯爵丞相德。

致总署[①] 六月初十日

郭嵩焘谨启中堂、王爷大人阁下：

五月初十日寄呈第六信，想邀钧鉴。自奉二月廿四日谕书，已逾两月之久，其时伦敦所发第一信亦尚未到京，嗣是呈递各缄讫未一奉还谕，伏增惶悚。

烟台所定条约，至今无承允明文。屡见议院绅士请颁示格维纳访查蛮允情形，外部答以威妥玛尚有条论，宜一并刊布，嗣云前案皆已付刊，日内即可颁示，然闻此又已月馀矣。其语甚秘，或云议院以舍正案不办，而苛索多端，为不合理，或云英商以所议条约为无益。昨见德国新报有允停厘金之说，议院又据以询外部，大约两说皆有之。征询之威妥玛，言所议无他，惟发明两国所以为利益而已。以事理揆之，外部力护威妥玛，绝无翻异之心，所以迟久不颁示，正以防议论也。各口通商并已开办，商人亦无

---

①据中国社会科学院近代史研究所图书馆藏《郭嵩焘致总署函》辑，未刊稿。原未署年份，此据本函内容考定。

从立异，议院所持正论也，然不甚开，义可保其必无他说，办法全在中国。

西洋以通商为义，保护商民是其本意，所恃以理析之、以情喻之，使其无可据以相难，则亦相与俯首而听约束。停免厘捐，实为今日要义。然在赫德初议时，通饬各省会议，就每岁厘捐所入设法筹补，有加惠百姓之名，而于国计仍无亏折，如茶税每箱八两三钱，通商骤减至二两五钱，洋烟土税仅及英国十之一二，皆所应议增者。议绅布妥麻见语，以英国酒税岁入三千馀万，因告以中国烟土税不过数百万，布妥麻亦愕然以为太少。庶为得之，万无由德国勉强相持之理。此间外部从无一言语及，然观德使换约相持一年，此间《烟台条约》不明示允，唯亦近一年，是其交通作难，无可疑者。

闻威妥玛濒行告傅磊斯，与中国办事惟有蛮干之一法。嵩焘常怃然思之，各口通商三十馀年，其初定章程各国商民一不归地方管束，大端已无可施手。一切专恃条约为凭，条约中应行事宜，大都西洋法度也，中国法度一不能行之。洋商又从未尝定立一章程，与洋人共资信守。每遇一事，张皇失措，展转以就万国公法，而万国公使亦但言其理而已。各国律例已有参差，又并无能通知者，即能通达洋情，应付如法，而一无可据之章程，其势必多费议论。

镇江趸船一案所以久不能决者，由无章程之可据也。赫德微引申其义，关道亦无能据以求胜，而函属金登幹，谓但据中国应有之权言之，不可与论事理。此事由赫君主持。嵩焘不能不依行，是以两次照会，并将全案录送，一据此情言之。稍与威妥玛论及，痛诋赫君之失，以为蓄意护过。嵩焘亦痛驳之。及见外部侍郎□得敦一如威妥玛之言，每见其丞相德尔比，必先召威妥玛使通语。嵩焘本不善驳辨，又多为威妥玛所格，愤苦百端，其大累处在不能通知洋语□。固知此事一给回准单，更无办法，赫君于此微近取巧□。纵能以理折之，而威妥玛、傅磊斯两处相持，必成延宕之局，以太□洋商于此固可泰然处之，无从与之诘难也。

调处喀什噶尔一节，第四条因关外事，不能详知，不敢不求周密；第五条则虑喀什噶尔先为之，不可不预计，而又不敢明言，合并陈明。此间多为言者。嵩焘略就大势论之，并补陈禁止洋烟事宜，谨缮稿呈达，并求饬章京加封递进。嵩焘之愚，以为通商事局一成而不可易，宜派员分赴西洋学习各国律法，另编《通商则例》一书。每处一事，由南、北两洋核议，编入《则例》，颁示各国公使，而后遇事有案可援、有例可议，各海口办理交涉事宜庶不至以冥行暗索，滋生事端，实为经久之要义。愚见所及，辄以上陈，未知有当万一否？敬敏钧安。

嵩焘谨启　六月初十日

再，此次所具折，本约与刘京卿谢恩折一同发递，因缮函未就，而所附公司船即日开行，是以稍迟。适奉四月初二日批折，已列兵部左侍郎衔；四月内上海寄到邸钞，早奉上谕，而讫今未准行知，不敢谢恩，遂亦不敢改易官衔。

据刘京卿家信称，三月内已蒙咨示各节，而闻眉江公司船行次红海口，触礁沉溺，其在上海开行，恰当二、四月之交。有此错忤，是嵩焘奉旨议处一节，必应听候部议，一切求赐谕知。文报局委员黄惠和颇不堪事，已函属唐道察看另委。再敏钧安。

嵩焘谨再启　六月十二日

附呈抄录折稿二件、片稿一件、信稿一件、照会稿一件、外部来文三件。

致德尔贝[1] 六月二十一日

径启者：

叠奉复文，感谢无已。承示议准上兵船三名，应开具名单，并于月底上船出巡。当即飞函法京，告知李、日两监督。顷始得其回信，以现往科鲁苏地方游看，势难赶月底料理上船事宜，先将名单开上。计刘步蟾、林泰曾、蒋超英三人，皆曾在福州水师船学习有年，并保有都司、守备官职。应如何上船以资历练之处，当依照来文，俟下月再行听候办理也。此请日安。

计开上名单另纸一件。

郭嵩焘顿首

致总署[2] 七月初十日

郭嵩焘谨启中堂、王爷大人阁下：

七月初一日递呈第八信，旋于初三日接奉四月二十九日钧谕，渥承海慰勤勤，详明周至，伏增感领。赐寄英字八号，已由眉江公司船沉失，曾饬递送文报局查明，呈请补发。是以嵩焘补缺上谕至今未能奉到行知。昨始据寄谕谢恩，想不至为冒昧。

承谕云生前往德国，随带人员暂由此间匀拨。云生原带刘孚翊足充文案，其亲戚张君来投，足充支应，此间参赞一员、翻译

---

①据英国国家档案馆藏原件辑，F. O，17-768。

②据中国社会科学院近代史研究所图书馆藏《郭嵩焘致总署函》辑，未刊稿。原未署年份，此据本函内容考定。

三员，可以听从调用。以云生初至，有应办事件，宜资襄助，不如此间久住，规模已定，尽可拨用数月，以俟接替。一切应行事宜，嵩焘仍就所知详细言之，不敢稍存歧视。

日前见新报议说，询及《烟台条约》，外部答以由印度核议，必为洋药厘税言之，当经肃缄报闻。后数日，闻商会接有上海洋商公呈，求得观之，似又有翻异，而所允开口岸皆已开办，其得利者安然处之，其稍留中国自处之地，必欲倾毁之而后已。始知外部之迟久不决及德使之争，皆若与商人此呈巧相呼应，恐尚不免滋生议论。

唐道廷枢承受旗昌洋行轮船公栈，曾得其一缄，方服其魄力之大，而颇闻旗昌轮船多已朽蚀，所费过烦。嗣是屡书询以事，一无还报。顷见新报，力诋合肥伯相之失计，谓招商局无能自支，所言似极有关系。洋人网中国之利多矣，近年内江轮船通行无滞，并小民舟车之利夺而有之。招商局稍分其势，自属正办。唐道廷枢愿力宏大，求之太骤，又于此多失考求，一有蹉失，诸事更无振兴之望，闻之痗心。

嵩焘于洋务无所知晓，而稍能观其大势，以知其节要。出洋以后，推求本末之宜，窃以为与洋人交涉，万不能意揣求合也，必应参核西律、纂辑《通商则例》一书，以使有所依循。英国律书求得一二种，皆推论律意，无专条，其条例散见诸书中，凡数十百种。闻法国颇有专例，当托李道凤苞购之。各国律法微有参差，而大端则同，皆可援据也。中外交涉日繁，不明示之准则，则是非得失终无一定，万不足与持久。至于考求西法之实，则固有难言者。西洋立国二千年，以中国托始轩辕推之，盖犹在殷周之世，而一洲数千万里之地，立国十馀，大者不过二千里，民气易通，政教风俗犹为近古，非中国所能及也。

福建船政局、上海机器局稍为循用西法之基，而相去尚远。嵩焘窃独以为，天下之要务莫急于禁止鸦片烟，而先以开修铁路为推行西法之本。盖鸦片烟为害之烈，人皆知之，而推原祸始，则虽士大夫罕有能明言者。用此以激发天下之人心，而作新其志气，使人心风俗焕然改观，乃可以生其奋发有为之气，而天地之气机随之以转。鸦片烟一日不禁，凡事一无可为，此当然之理也。

西洋创用机器，最后乃推及气轮船以及铁路，然自二者之利开，遂以横行海外，而趋极于富强。数十年间，北尽俄罗斯，东达日本，其机一发而不可遏，此亦足为悚惧者矣。而嵩焘以是为推行之本，则尤有说。中国官民之势，太苦悬隔，即为士者之与工商，其势亦旷远不相及，贵贱之分，上下之等，判若天渊。则欺蔽之计常深，而奸伪滋生不可端倪。各种机器，自民为之，力常不及，自官为之，则亦徒支经费而已。招商局创置轮船，最为善举，而以行海为义，其势必归并一局。惟兴修铁路可以募民力为之，各视其力之所及、商贾贸易之所趋，远或数百里，近或数十里。富者集资兴修而因属之，以为永业，安坐而分其利。渐次推广，由一府达及一省，即数千里之地声息毕通，为益国家甚巨。惟此之为利甚速，而行之又至便也，故可以为推行之本。据新报之言，招商局一不能支，一切无可置议。以中国人心计较近利，又多所顾虑，不能如西洋之精且坚也。

俄人攻土耳其，东、西两军并进，而精神全注西路，规取土京。已而东军屡败，遂并力西向，既过丹牛浦，又越巴尔刊山而南，踞有伯里费拉、罗瓦斯各城。土人险阻尽失，谓必不能支，旋邀俄军于伯里费拉大破之，俄军陷没者八千人，又袭之罗瓦斯，大破之，于是全军退还山北，而留据希普喀及海恩布尔、噶斯两山口，并此数日内事也。日来议者有两说，土国巴尔刊山北重镇四，东曰希里斯得亚，曰路就克，曰虚木拉，西曰维定。俄军由中路希斯得瓦直趋土京，颇谓非计，方谋增兵十馀万，分攻四城，而扼据山路，使之不能相顾，此一说也。新报又言，俄国力请于奥国，由色尔非亚进兵。盖色尔非亚与鲁美尼亚相连，并土耳其属国也。俄人攻土耳其，假道鲁美尼亚，奥国曾与定约不入色尔非亚境地，以色尔非亚毗连奥国，道出土国之南山，路较为平坦。俄人欲连合二国，并结希腊以攻土人，此又一说也。以大势揆之，俄人利在得地，必由黑海以收取土耳其北境，似前说为近。其事虑非数月所能了也。

西洋合纵连横之势，每有交兵，常合数国之力，或相解散，或相堵御。英人不利俄人由黑海以出马摩拿海峡，所以护土耳其甚力，屡合德、法诸国抵据俄军，使不得逞。此次法国内政方有变更，民情汹惑，其意亦不乐勤远务。奥国志在保固边陲而已，其力亦稍弱，不足以攖强敌。而德、俄之交方固，英国不能独力与为抵难也，因约不与闻战事，而以保护土京为约，土京有急，仍须往援，日前水陆各军时有调赴摩尔他者。默察土国兵力犹强，与其公使周旋，所言亦多诚实，似尚无忧倾覆，否则英国及希腊将环起争利而瓜分之，亦必然之势也。其大致情形当不越此。

与外部辨论各节，其理皆足以相胜，多恐迟延不能刻期核复。询之日本公使，相处正同，然遇有相持未能取决，一往辨说，稍折于理，间亦有改从者。而嵩焘实苦不通西洋语言文字，由翻译传达，万不能畅其说，是以出使尤以能通语言为第一要义。

云生性情乖戾，人皆能言之。嵩焘独喜其有任事之力，议论识解亦稍异人，文笔又复优长，极力提挈之。相处数月，一意矜己自大，欺陵暴虐，穷于思议，而于洋务实无知晓。闻其改使德国，心窃虑之。赫总税司荐与一博琅，日与讲说德国情形，勤勤不倦，间与一谈，亦极有见解。云生前生积累之厚，有万非嵩焘所能及者，得此可无忧也。承赐汇银二次，云生已全领到，嵩焘亦领及三分之二，尚足以资应用。专肃陈复。敬敏钧安。

嵩焘谨启　七月初十日

两发电报，一由总税司一依中国字例递呈，均想递到。租界免厘，似应稍缓，口岸已开，固无妨也。

致德尔贝[1] 七月十六日

大清钦差大臣兵部左堂郭，为照会事：

照得本大臣前因贵国世爵夏弗斯百里等来劝中国禁吸鸦片烟，当经据情奏请中国国家设法禁止官民吸食。钦奉上谕：自鸦片烟贩入中国，贻害无穷，现闻西洋设立公会，劝禁栽种、贩运，实为善举。即着郭嵩焘与英国官员妥为筹商等因。

查中国吸食鸦片烟，原有例禁，自未开禁以前，人民久经吸食。迨咸丰九年开禁，听从贩运，每年收税不过二百万两。税则本轻，又加偷漏，缘以前私贩早成惯习。是以各关税务司于稽查鸦片烟一项尤极烦难，而中国人民吸食日多，近年栽种罂粟亦日广，其势不能不由中国自行禁止栽种、吸食。据本大臣之意揣之，中国办理得法，必可徐图禁绝。

相应照会贵伯爵，应请转商印度各部，渐次改种五谷，庶冀鸦片烟贩运日少，以存两国和好、相与保护人民之至意。为此照会贵伯爵，请烦查照转商办理施行。须至照会者。

---

①据英国国家档案馆藏原件辑，F. O，17–768。

右照会大英钦命总理各国事务衙门伯爵丞相德。

致德尔贝[1]八月初八日

大清钦差大臣兵部左堂郭，为照会事：

前准贵伯爵七月二十四日复文，已蒙收阅镇江趸船集案二本。本大臣深望贵伯爵查明该案情形，即行见复，距今日久，盼望实深。节次准总理衙门来文，内开接准两江总督部堂文，称趸船一案应请催令该船迅速移泊。所以本大臣再行备文，与贵伯爵查照。

查本大臣月前面晤威大臣谈论此节，威大臣之意，以为中国总税务司曾请律师剖断，律师之意与中国之见不同。本大臣细加查考，并无其事。近今始得贵国著名律师之言，本大臣深觉其公允，应将另本集案及与律师问答各一本送阅，贵伯爵可于此见律师之意与中国国家之见正同。盖完结此案，全照各国自保河道之权，并非用万国公法及各处不同之私法。总理衙门通融暂行发给准单，原恃本大臣奉商贵伯爵，转饬驻京署理钦差大臣不必固执成见，帮助商人，令其不移。本大臣深知贵伯爵考明各情后，可使皆知中国毫无过为之情，而贵国自有一准公平和好之见。此案一经完结，冀望以后交接各情，更资妥善而免争持。相应照会贵伯爵查考各情及律师所引公律，迅速核议见复施行。须至照会者。

右照会大英钦命总理各国事务衙门伯爵丞相德。

①据英国国家档案馆藏原件辑，F. O，17-768。

致沈葆桢[①]九月初三日

幼丹尚书同年大人阁下：

近月凡四奉书，盖其怨郁之气无可陈诉，时一为公发之，又南北洋交涉各国事务，与公使时有连，所陈论一二，大者不敢不以上达。

近得何金寿参案，其诋毁乃益加烈，朝廷一一见之施行，由李兰生从中主持之故。副使刘锡鸿近月鸮张愈甚耳，谓蔑视国家制度而取效洋人，是为无君。初闻骇愕，继乃知其与何金寿适相应和，以图倾轧，灭绝人理，固已久矣。久之，其门人刘和伯始具述其京师受命刘云生亦径以告知参赞李兰生，令相攻揭。其出京一切皆未携备，惟携备折件，亦出李兰生之意。刘君语言狂悖矜张，诚知其不足信，此由其热中强很。微窥李兰生意旨，以为朝廷之意固然，是以京师奉旨之日立时畔异，至是始知其蓄谋之狡且深也。

李兰生当国二十年，日思比附人言，以取重名于时，于刘君何责。而嵩焘乃独为诟毁之归，举世皆清我独浊，众人皆醒我独醉。以身之汶汶，受物之察察，公于此将哀之乎？抑笑之乎？刘君为嵩焘所提挈，远适七万里，与同性命，而一意立异树敌，攻击不遗馀力。竟不意天地间有此一种厉气，鬼嗥于室，狐啸于梁，自非万分蹇运，何以遇此！只好竭力求退，于刘君构陷情形，亦不能不一自明，谨将折稿一通录呈台览。数月为禁止洋烟及建造上海博物院，颇力以自任，今当一切忏除，求得遁之上九而篮之

①据佚名编《道咸同光名人手札》第一集辑，原未署年份，此据本函内容考定。

矣。敬请台安。

年愚弟嵩焘顿启　九月初三日

致德尔贝[①]九月二十八日

大清钦差大臣兵部左堂郭，为照会事：

照得九月二十日接准贵伯爵来文，称镇江趸船一案，立即核议等因。本大臣深望贵伯爵持平核议，庶免彼此争持。距今日久，尚未接准议复。诚恐本国国家责备本大臣，以为在此数月，未能完结，何以自解。譬如贵国公使在中国移请总理衙门商办此等案件，若耽延多月，必至盛气相凌，以为诧异。所以本大臣不得不备文催请，相应照会贵伯爵，即烦查照前文，迅速核议见复，盼望实深。须至照会者。

右照会大英钦命总理各国事务衙门伯爵丞相德。

致德尔贝[②]十月初六日

大清钦差大臣兵部左堂郭，为照会事：

窃照本大臣于本年二月间奏请补颁副使衔名国书。顷间承准总理衙门来咨，钦奉上谕：刘副使已改派德国公使，并颁给本大臣驻扎贵国国书一封。刘副使即于日内前赴德国，所有本大臣领到国书，应请据情奏明，示定觐见呈递日期。兹将国书一通照录送阅。为此照会贵伯爵，请烦查照示复施行。须至照会者。

右照会大英钦命总理各国事务衙门伯爵丞相德。

---

①②据英国国家档案馆藏原件辑，F. O，17-768。

致德尔贝[①] 十月初

径启者：

太古趸船一案，经迭次照会贵伯爵，亦恃贵国律法公恕持平，是以甚愿将一切案由详细上达，而从未一指陈其事理，以相烦渎。日前，与威公使辨论此案。据威公使言，中国与西商交涉事宜，惟能按照条约办理，不得援引西洋律法，闻之甚为惊异，不能不一缕晰言之。

查中国律法较各国为严，是以南京初定通商条约，即议定洋商财产、词讼一归领事经理，不由中国地方官管辖。因之每遇案件，两国律法宽严迥异，不能持平，彼此均有难言之隐。各国驻京公使但责中国以按例惩办，而中国所有律法无一能行之通商口岸，又未知各国律法应如何办理。遇事据条约为言，中国即一切不得过问，所以通商愈久而情意愈隔，其源实在于此。

本大臣前在总理衙门，尝论中外交接以求通情意为先，又实见贵国国家办事均有条理，尤愿奉使贵国，亲睹其政教风俗之盛，闻威公使此言未免使此心失望。盖通商条约所载，仅通商一节事理而已，其馀交涉繁多，概未列入通商条约。如中国应行管辖地方及江河道路，原属自有之权利，若因条约载及洋商财产，词讼由领事官经理，遂并中国管辖之江河道路概置不论，而一准洋商财产论之。则此条约之一言，举一切交接事宜皆得平空援引，随事争持，而尽弃中国自有之权利，想亦贵国所必不肯出此者也。

中国待洋商实较本地商民加厚数倍，如镇江趸船，经理船厅

---

①据英国国家档案馆藏原件辑，F. O，17-768。

及工部局查明有碍驳岸，令其暂行移泊，经历一年之久，领事官概置不答，始由总税务司回明总理衙门，檄令镇江关停止趸船准单。旋经领事官申陈，驻京公使专据条约为言，务保全洋商财产，于是仍发给准单，而饬本大臣照会贵伯爵核议。亦知贵国办事公平，御前律例大臣持议向无偏倚，又恃本大臣奉使贵国，一切情意足以上达，以求折服该商之心，不愿因此小事致与驻京公使意见参差。

本大臣窃计，镇江驳岸应如何修理之法，亦须趸船暂行移泊，乃能估工。现在镇江河口之东为华生吨、旗昌等洋行趸船停泊之地，太古趸船或上或下移泊一时，尚非甚难。而中国管辖之河道，应有估工修理之责，自应准照各国船务章程办理。又，同治七年定立《引水章程》第十款内载：凡遇船只停泊，按照理船厅所指之处，如有不遵，暂停发单等语。此项《引水章程》，亦各国领事、商人所共见。是此次停止太古趸船准单，实系依照《引水章程》办理，尤不得专据保全洋商财产之一言，置大端关系于不问。

本大臣深知律例大臣必能按照律法核议，惟据威公使言，中国不能援引各国律法。诚恐此言一经传播，或至据以为信，则中国律法既不能行，各国通行律法又不得援引，中国实亦无自处之道。本大臣于此实怀焦急之私，不能不据情[illegible]言，统希裁夺。此请台安。

郭嵩焘顿首

致德尔贝[①]十月二十三日

大清钦差大臣兵部左堂郭，为照会事：

前准贵伯爵本月十九日来文，欣悉镇江趸船一案集本，已蒙转交御前律师之手，想诸律师持平核议，定然早为陈明。本大臣叠次照会文件，未经论及营造者，以事理而论，中国于此应有自主之权，因在中国彼此争执，本大臣亦难自信，于是延请贵国著名营造司秉公查论，并将印成集案二本，转交贺克朔阿伯乃希查核。盖两位精通江河道路，持论必能透澈，故将所答印成一本送阅。足见所论趸船移泊，核与中国官宪意见相同。相应照会贵伯爵，请烦查照，迅赐议复施行。须至照会者。

右照会大英钦命总理各国事务衙门伯爵丞相德。

致德尔贝[②]十月二十九日

大清钦差大臣兵部左堂郭，为照复事：

十一月二十九日，准贵伯爵照会，内称惋惜云南之案可以作为全结等语。本大臣不胜欣幸。窃查十一月十五日本大臣面晤贵伯爵，以前次呈递国书，奉大君主面谕，当即有书回复大皇帝。本大臣当将此语奏明本国。九月内接到本国总理衙门询及前语，本大臣亦知复书出自大君主之意，非本大臣所能催请。即威公使所定《烟台条约》，距今一年有馀，尚未议准。本大臣亦断不能过问，是以未经照录本国总理衙门来文，照会贵伯爵。惟于往晤时，

①②据英国国家档案馆藏原件辑，F. O，17-768。

以私意询问，亦缘奉到本国总理衙门来文已历三月，必须问明回报。

兹承贵伯爵勤勤见示之意，俱已领悉，即照来文咨复本国总理衙门，查照合行照复，并将日前所见新报略为申论，并送核议。即烦贵伯爵查（烦）〔照〕施行。须至照会者。

右照会大英钦命总理各国事务衙门伯爵丞相德。

致德尔贝[①] 十月二十九日

径启者：

近见新报，总教师及世爵议绅有《论烟台条约》一书，又有《商会议驳条约》一书，持论各异，贵伯爵自有权衡，非本大臣所敢与闻。然本大臣奉使贵国，专为陈谢烟台议结一案，是于此节实切己关系之一事，亦不敢不一略陈所见。

查商会所以怀疑者，以《天津条约》并未载有厘金一项，遂谓《烟台条约》增出名目。不知中国厘金本非正课，原属筹办军饷一时权宜之计。所以各处厘金专在中国商民抽收，而洋商运货到各口岸，仅一纳子口税，各关卡并不查问。将来军务告竣，中国商民厘金亦应逐渐议撤。《烟台条约》先免租界厘金，每年中国厘金已短收数十万两，何以反谓中国增加税项。

至于鸦片烟土一项，税则本轻，厘金仍应照旧抽收。威公使议准税、厘并征，亦因租界厘局裁撤鸦片烟土一项，不能不归税务司并征。向来厘金皆与正税相准，一切照旧办理，略无出入。商会于此既多怀疑端，则威大臣所定《烟台条约》第二端、第三

①据英国国家档案馆藏原件辑，F. O，17-768。原阙时间，此据本函内容考定。

端，原在昭雪滇案之外或一切照旧办理。于通商事宜概无庸更改，则所议添开四口，及起卸货物六口均应一并停免，中国亦无不乐从，否则据此为疑，未免有失。威公使会议条约之本旨，多愧不能通知语言，无由面述此意，用并以一书陈达。此请台安。

郭嵩焘顿首

复德尔贝[①] 十一月初四日

径复者：

本月初八日[②]接奉贵伯爵来函，十二日礼拜三，在温色尔行宫呈递国书，并已领悉。届期当赴柏林登轮车客厅听候，所有往来时刻，当谨候来示照行，专此奉复。即请台安。

郭嵩焘顿首

致德尔贝[③] 十一月初六日

大清钦差大臣兵部左堂郭，为照复事：

本月初八日，准贵伯爵照会，太古行惇信轮船撞沉盐船一案，据上海署领事九月二十七日禀复，经上海按察司所定数目，业已赔偿等因。本大臣日内接据上海道来禀，所述情节亦正相同，不胜感谢之至。相应照复贵伯爵，请烦查照可也。须至照会者。

右照会大英钦命总理各国事务衙门伯爵丞相德。

---

①③据英国国家档案馆藏原件辑，F. O，17-768。

②此系公历12月8日，下同。

致德尔贝[1] 十一月二十九日

大清钦差大臣兵部左堂郭，为照会事：

一千八百七十七年七月二十三日，准贵伯爵照会，新加坡设立领事情形，嗣后出有空缺之时，该处中国领事官当否常设，不能遽定等因。当经照咨本国总理衙门查照。顷奉咨复，以中国在贵国初设领事，据贵伯爵复文，一似中国常设领事，不能自主者。查各国在中国设立领事，一经驻京公使照会，立即分行知照。若中国设立领事，止能暂设，不能常设，似非持平之道，饬令本大臣声明此义。

查各国公例，互相设立领事官，保护本国人民，调处争讼等事，中国本无办过成案。现经遣派公使驻扎贵国，自应一切仿照公例办理。原定和约中国无遣派领事明文，亦并无遣派公使驻扎明文。是此二条，应通准作一例，不宜歧视。本大臣尚有应行请示者，中国办理通商事件，万不能及各国之周密，而寓居各国人民稽查弹压，亦义所不容辞。本大臣去冬取道新加坡，与胡璇泽谈悉该处情形，是以商请贵伯爵派充领事。

近数月内，新金山寓居中国人民屡有辨论，见之新报。本大臣未便一过问者，以该处情形本无知晓，未宜造次。似亦须得一领事驻扎，一切利病足资转达，不至听由该处寓居人民之辨争，于事实较顺利。

本大臣既经充使贵国，所有应行事宜，不能不一奉商。相应照会贵伯爵，请烦查照见复施行。须至照会者。

---

①据英国国家档案馆藏原件辑，F. O，17-794。

右照会大英钦命总理各国事务衙门伯爵丞相德。

致德尔贝[①] 十一月二十九日

大清钦差大臣兵部左堂郭，为照会事：

照得一千八百七十七年七月二十三日，准贵伯爵照复，新加坡设立领事一案，即经本大臣据实具奏，由本国总理衙门核议。所有新设新加坡领事，遴委中国绅士胡璇泽承充，即作为新加坡领事官。除饬胡璇泽遵照外，相应照会贵伯爵，请烦查照施行。须至照会者。

右照会大英钦命总理各国事务衙门伯爵丞相德。

致德尔贝[②] 十二月初七日

大清钦差大臣兵部左堂郭，为照会事：

照得一千八百七十七年十二月二十九日，接准本国总理衙门咨开，奏奉谕旨，新加坡设立领事，遴委该处绅士胡璇泽承充，应即作为新加坡领事官。所办各事，申报出使大臣主裁。行文到本大臣，颁给胡璇泽作为赴任文凭，应请贵伯爵据情具奏，发给执照，并请咨会驻扎新加坡总督知照，俾领事官胡璇泽即行赴任视事。相应照会贵伯爵，请烦查照施行。须至照会者。

右照会大英钦命总理各国事务衙门伯爵丞相德。

①②据英国国家档案馆藏原件辑，F. O，17-794。

致德尔贝[1]十二月

径启者：

昨准照复，指示一切，不胜感谢。正在钞录文凭，照请贵伯爵查核，发给执照，以凭新设领事官遵照赴任，并希裁夺施行。此颂日安。

郭嵩焘顿首

致总署[2]十二月初八日

郭嵩焘谨启中堂、王爷大人阁下：

十月十七日寄呈第十五书，想蒙钧鉴。嗣奉九月廿三日十五号、十月初二日十六号两次谕书，敬承训诲殷拳，指证事理，俾有遵循，伏增感领。谨将奉诲事件逐条陈复。

一、外部照复新嘉坡领事，嵩焘初亦为怪，继思万国公法言设立领事，必须所往国君准行，若无和约明言，他国即可不准。领事官驻扎其国检查节次，通商条约皆无其文，是外部照复所称，尚无不合者，犹据通例言之于此，竟不能加辨斥。顷奉钧谕，自不能不一与辨论，然仍须依据条约立言，略示此次辨论即为补订条约之据。其间引及新金山领事，则以夏、秋数月之间。

新金山华民呈递书信外部，屡见新报。缘往时华民岁纳口税十二施令每五施令抵一洋圆，近忽加至三磅合银十两有奇，初至亦先纳税

---

①据英国国家档案馆藏原件辑，F. O，17-794。原件阙时间，此据本函内容考定。

②据中国社会科学院近代史研究所图书馆藏《郭嵩焘致总署函》辑。

十磅，大率采金利厚，华民至者岁数千人，为重税以苦之。嵩焘于此竟无从一与理论，以新金山情事本非所知，英人亦谋自擅其权利，未易与议。而嵩焘所处职任，又不能避而不言，及是一附论之，未知当否？

一、左中堂责英人调处喀什噶尔，似未达其意。俄古柏初请通商印度，以阴求援。英人亦资之技，拒俄人，为印度屏蔽，以西洋公法有保护小国之义。英、俄相与通商，形格势禁，可以稍纾俄人窥伺印度之患。英人初并阿富汗，旋复使立国，亦此意也。俄古柏既没，亦知其无能为，不复申论。英人局外调处，中国自可审度形势，以制其进退，绰然处之有馀。俄人同在局中，助我□助古里碑，皆宜深虑。左中堂才气陵驾一世，其立言恐未尽合也。

一、洋药厘税并征，外部尚无议准明文，未宜操之过急，诚为至论。即商人未奉外部宣示条约，一经明辨，多方抵拒，尤于事体非宜。外部托辞印度复文，印度托辞振饥，展转推延。又以俄、土交兵，英国议政院会议频仍，诸事皆从缓。意大里〔利〕条约订自今年为止，十一月廿八日为西历正月一日，旧约应销毁，亦以此故展缓一年，已见新报。以事理揣之，彼不能翻案，则洋药厘税并征之议亦必不能翻异。多延时日，必所不能必耳。

一、镇江趸船一案。十一月初八日，其外部旁思茀得告言，御前律师议复已到，日内即可照会，月馀无信。前晤威妥玛询之，乃言所议甚不合吾意。金登幹至是亦知威妥玛相持之力。西洋遣派公使，专经理通商事件，惟中国与日本一皆交涉本国，动须知照驻京公使，藉为延宕之计，于中国似尤多一猜疑。至其接待礼仪，优于酬应而严于辨论、隆于世爵议绅及诸局馆，而简于当事任者，外部礼制尤为严谨。盖西洋以通商为经国大政，驻扎公使常三十馀国，其规模已素定也。

一、西路军饷商借汇丰洋行五百万两，此间已见新报，议论纷繁。西洋借款皆立股分，集资为之，经手之洋行坐收其馀利。此次定议股分息银八厘，英人已相与传播，指为息银之最优者，而新报仍多所刺讥。日本办理此等事件，常较中国为得法。以西洋诸事动辄据为成例，恐此后不能议减也。

一、俄、土交兵，关系欧洲大局，英人尤怀切己之虑，皆东土耳其要地。噶尔斯、爱策鲁日并为俄人所踞，而仍以全力注西路，已分兵逾巴尔铿山，行雪中八日顷闻巴尔铿山要隘曰希布喀，土军四万人驻守。俄人分军行雪中，抄出其后，四万人尽为所俘，土京为之大震，踞倭尔塔尼一城。土王缄请五国议和，惟英人受其书，转达俄国外部，而尚无议和款目。

一、割地则土势日削，或听俄船出入马海，则君士但丁都城，俄人日逼临之，皆危道也。英人已定正月十七开会堂，言者皆谓其有动兵之议，土势或犹能自支，则相与保护之，其不能支，亦欲分割土境以通印度之气，而谋保守苏尔士江路，亦英人大势所必争也。

嵩焘体气近益不支，至连数夜不能成寐，才力短绌，心境尤苦迫促，诚不足堪事任，只增惶惧而已。敬敏钧安。

嵩焘谨启　腊月初八日

附呈钞折四件。

再，近闻英国船厂造小兵船□十，入水不过数尺，专为宜昌通商之用，由其国家营办，兼闻法国营造亦同。盖春间初开宜昌口岸，人民小有牴牾，延至秋后，江水已不能畅行，因约明年开办。新报曾言及之，而遂创造此等小兵船，其意盖谓无事用心转运百货，有事则用以战，其制造民厂且有献转船上滩之计者。西洋君民上下并力一心，以求进取，非中国所能及也，计惟有以礼自处之一法。

李兰生尚书于滇案持之过坚，而凡交涉洋务，一持正论，不务究知其本末。刘京卿亦因其言，一意毁谪嵩焘，以求规合尚书意旨，自登舟时已为其门人辈历历言之。而英人每语及滇案，至今心怀不平，见之照会者已数次，终使其蓄意愈深、为害愈烈，此嵩焘议论滇案时所心忧其必然者也。屈原曰“任重名之”，何益李兰生尚书专务一身之声名，而使国家承其累？诚哉其无益也。嵩焘既有所闻，不敢不以上陈。

嵩焘谨再启

光绪四年

致德尔贝[①]正月十一日

大清钦差大臣兵部左堂郭，为照复事：

二月初六日，准贵伯爵来文，核议镇江趸船一案。本大臣窃思贵国御前律师之意，与本大臣前所达知贵伯爵各律师之意，似尚符合，曷胜欣悦。贵伯爵于趸船一案，不厌精详，细心核议，本大臣允宜鸣谢。惜贵伯爵以本国税关撤回准单一节，为不顾友谊之办法，本大臣更当一言。

镇江江岸专为现在保护洋商租界起见，欲令太古行趸船挪移，察看经镇江关道照会领事官及施翻译数次，所烦太古行一时挪移之力。而执意不肯听从，以致停给准单。向查太古行轮船前既能用小船移运客人，虽撤准单，亦可以之上下货物，核与他项无趸船之轮船无异。维时本大臣尚未奉使出洋，无凭知照贵国。中国原本保护通商口岸生意起见，并无不顾友谊之心。迨后本国总理衙门奏奉谕旨，令本大臣照请贵伯爵核议，即先将准单发还太古行。诚知贵国律法一切持平，而其始终关顾两国交谊之意，实亦委曲周详，毫无过为。

兹准来文，应即咨呈本国总理衙门。其于将来应行保全通商

---

①据英国国家档案馆藏原件辑，F. O，17-794。

口岸事宜，务必查照来文，尽心核办，以答贵伯爵勤勤属付之意。相应照复贵伯爵，请烦查照施行。须至照会者。

右照会大英钦命总理各国事务衙门伯爵丞相德。

致总署[①] 正月十三日

郭嵩焘谨启中堂、王爷大人阁下：

腊月九日寄呈第十六书，想蒙钧鉴。除夕接奉十月三十日谕旨一通，正月八日续奉冬月六日谕书，渥承训诲周详，烛及幽微，曷胜感悚。所有应行陈复事宜，谨条具上陈。

一、镇江趸船一案，威妥玛全力相持，征色发声，经其律例大臣议准，犹复压至两月，再经照催乃得之。而其气势乃若甚自馁者，至相见不作一语。其外部侍郎旁斯苐得告言，此迁延日久，实由议论纷歧，君主一时不能取决。嵩焘以谓无他纷歧，直苦威公使持意见太过。旁斯苐得笑曰诚然。威妥玛顷奉其君主命，回驻中国，求稍以礼接之，西洋以此为礼，威妥玛为苦，□□□尤力。预饬天津、上海两口炮台声炮以伺其船之入，此后当不至有要挟。

一、烟台条款，日前丹拿函告，闻之印度部员，印度复文已至，昨日新报议绅马克斯求尔德催询烟台和约，印度部侍郎哈米勒顿答言即日缮具。印度复文交议，未知所议云何，即有出入，嵩焘亦当据事与争。洋烟为害中国，议绅持此论者颇多，惟虑印度主议或有异同，更须烦辨驳之力耳。英商具呈外部，嵩焘前次照会已辨论及之，复文言已领的当，并核议。此件似记未录呈，以其言无关紧要也。其所争尤在厘税一项，不以免厘为言，而以示一定数为

①据中国社会科学院近代史研究所图书馆藏《郭嵩焘致总署函》辑。

言。沿江督抚能辨此，则亦经国之要义也。巴兰得持议免厘，系高一层着笔，非洋商本旨。

一、奉谕行知，奏请饬下各国使臣抄送日记。原为办理洋务要义，而于此尤蒙盛意勤勤，为嵩焘解释人言、委曲周至，敢不钦承。而嵩焘自七月后为刘云生积郁过甚，遂成不寐之证，精神日益委顿，所行之数十年者多至旷缺，尤惮于考求一切事理，谨当以时清捡录呈。刘云生闻何翰林参案，喜动颜色，常举以示参赞等，急谋编送日记，于是日夜闭门撰次，随撰随抄，从员深以为苦。伏读大咨，岂所编送专在煦初前辈耶？似闻所言都无事实，而群谓其论述若逼真者，其文美矣，直苦其心术不可测量耳！

一、嵩焘论劾刘云生，是生平最伤心处，亦知朝廷于此处置颇难，而心度其一切了无防碍。署任钦差并不呈递国书，俟能胜任乃与实授，尤可以为考核人才之资。屡见德国新报于钦差多所贬刺，心疑西洋处待中国人时有加礼，何为至此？顷张倅斯柏归，具述刘云生矜张自大、一意争论礼数。以西洋公使凡分三班，头等一班，二等一班，署任公使一班，一切皆有限制，而绝无所贬抑。刘云生语李道凤苞，今日始知朝廷所派二等公使，使我屈辱至此。此间有谛盘生者，德国人也，其弟酌尔池充当德国议绅，马格里为求得一书，托之刘云生，因致送礼物，一切丐为关说。酌尔池为言国例不可改，愿以他日办事顺适为望，勿以礼数为争。刘云生不能悟也，奉使以后，日与嵩焘争礼数，亦只能听之，而渠泰然自得也□。盖其平日稍习史事，以意气陵出外人，相夸为盛美，而不知其所处时地无所用之人。洋人常自处以礼，一切顺从之，而旁人为不平，日本公使犹有烦言。

嵩焘尤有甚疑者，换约一节，惟当论辨巴使之得失，此外不宜置辞，已具语之参赞。刘云生急求处理，修约事归膺督抚酬庸之典，屡为参赞随员公言之，于是四处营求。闻前使中国罗多麦云，其外部议有条约，遂多方催取之，黎参赞屡书见告，亦以为怪，其行径尤多可笑。盖用其骄泰之资，以求诡合之术，未有不召侮者。嵩焘不屑与争去留，惟用刘云生之言自矢，不愿与同充使而已，李凤苞接代一说，不知何以刊入《申报》？李凤苞适在德国，由其公馆告知，遂遽以语刘云生，又生一风波矣。谨当以早赐销差为请耳。

一、派充西洋各口领事，西洋一切以画押为凭，领事文凭亦由其君之画押。宜有文凭。向例文员有部凭、武员有札付，应设各口领事，似宜由衙门刊刻文凭，以由出使某国公使大臣咨达，衙门奏奉谕旨饬派为辞，各国领事次第添派。此项文凭，必宜预备，前录上谕简派。新加坡领事，照会其外部为凭，复文称已知照，属部应准承充，仍须中国国家颁给文凭西洋例，公使以承递国书为据，领事以下以文凭为据，敕书专授使臣，接任可以从省□，已函示胡领事璇泽，俟其权充稍有功效，为补请文凭，应俟察看情形，再行咨呈办理。

一、俄、土战事已允议和，俄兵且入君士但丁国都，英兵骤不及发，惟议和章程仍须五大国会议。其间赔缴兵费准以地抵偿，及准俄船出入马摩拿海峡，尚未知所议何如，然土耳其大势恐益不可支矣！

嵩焘自愧病身，处此无补毫末，日夜疚心。报销册已经核算，缘须届时发清各款，乃能归并，未能如上海支款可以立时造报也。敬敏钧安。

嵩焘谨启　正月十三日

复总署[1] 二月初五日

郭嵩焘谨启中堂、王爷大人阁下：

正月十三日寄呈第十七书，想蒙钧鉴。旋于三十日接奉去腊初四日赐谕，渥承训诲精详，眷逮周委，钦感莫名。所有应陈各事，谨条列上呈。

一、趸船议准照会，当即先由电报达知，迨具缄后，金登干并取来往照会，由电报详告赫德税司，计并先邀钧览。初疑发回准单多一周折，往复辨论，始知赫德于此固为有见。盖西洋律法有不能逾越者，理愈足即立言亦愈顺也。威妥玛始终争持，与其外部一函论理，终无以易。刘云生力诋嵩焘不至外部攘争，又语金登干此事当蠲钱营干，渠当与任之。金登干答以无可花钱处，亦足证其不明事理，而用心之多回曲矣。

一、金登干所称照准《烟台条约》之文，想即去年十月内至外部询知议准条约情形。旋得其照会，称滇案作为全结，嗣见新报载会商呈驳平安会绅议论，又以一函辨论之，均经录呈钧览。开春，会绅马克斯求尔得催取印度复文，已发交矣，至今未闻议准刊发，度亦不能有所翻驳，而迁延观变，以俟德国换约议准与否，亦势所应然。钧谕各国缔文，忽而相亲，忽而相忌，其于中国则合以相谋，至为精核。《汉书》赵充国以先零罕汗能解仇作约，策其到秋变必起，请遣使行边，兵豫为备。盖其部落自为雄长相攻击，至侵扰中国边界，常相约并心一力，以求便利。此自古皆然，诚亦各有其党也。而西洋各国，亦自相与结交，以为立

[1]据中国社会科学院近代史研究所图书馆藏《郭嵩焘致总署函》辑。

国之资，势均则互相忌交，固则亦互相援。英之与法，俄之与德，又各自为党，皆其立国之势所必应然者也。

一、俄、土和约已定，仍须各国会议。初约奥京会议，俄人不允，改约巴顿巴丹，又改约德京。和约内出入马摩拿海峡，俄人亦不敢自主，盖知为各国所必争也。东土耳其割三大城与俄，其西鲁美里亚、色尔非亚、孟得尼克洛已各立国矣，又别立布加里亚一国，土耳其疆界已划出其大半。俄人又议留兵五万，助布加里亚经营立国，以二年为期。其西南境玻斯里亚、赫尔噶非拉又割以与奥，土耳其所部无几，恐遂为俄之属国矣。数日内约德京会议俄、土和约，俄人谓专属之土固者，却不复宣示。英人必欲出示其全约，相持方急。英、俄两国争胜，各不相下，而英人持理较直，气亦较壮。犹赖英人水陆并发，急求决战。俄人初约尚奢，坐是从减，非然则俄兼土有馀，即允立国，亦等服役之藩属而已。询之英人所费已千数百万磅，此间物力丰矣，而烦费亦实太剧也。

一、湖北殴伤教士一案，其外部已有照会，亦随以一文复之。江夏县指为到彼说书，恐非事实。洋人说书，有礼拜堂，有会堂，非如京师说书演鼓儿词，支帐大路旁，环坐听讲。马厂非说书之地，武童演习弓马，尤非说书之时。又于其间编造地保排解，护送州县。幕友办案惯习如此，施之洋人，徒资其口实而已。故尝以谓办理洋案，须是直捷了当，粉饰愈工，纷歧愈甚。详阅传署公使开报事由，江夏县非不尽力查办，而多未得其事要。苟知其事要，惩责一二人亦足服其心矣。考试恃众滋事，最为各省恶习。据洋人所查访，兴国、大冶有籍贯，西仓街有住址，尽易推求，要使地方官事理晓然于心，亦免滋生事故。

往时潮洲人禁不听洋人入城，屡奉谕旨办理，潮人持之益坚。嵩焘委张道铣署理惠潮道，授以方略，会商在城绅士，已听洋人入城矣。蒋叔起时权潮州守，先闭门不与洋人相见。于是洋人住三日，不肯出城，郡人大哗，张道乃强送之登舟，因复诉之驻京公使，奉旨派总督往办。嵩焘檄张道延请在郡巨绅，资送来省面议凡十馀人，至则授以通商条约，告之曰：条约所不载，据事折之有馀；条约所载，均奉朝命开办，不可有违。彼能以炮船攻击省城，岂不能攻击郡城？必不听令入城，请以一语奉约。即炮船至，城守诸君任之，官不与闻；既战，赔缴兵费，诸君任之，官不与闻。比李星衢至，遂无一人抗拒者。其时，嵩焘已去官矣，议饬按年呈缴报销册，由支应委员造具。嵩焘但责以查照日用流水簿按款开列，款目有归并银数，丝毫略无出入。支应委员姚岳望廉明修整，亦精课算；文案委员李荆门精细练达，均属最为得力之员，令其会同核办。嵩焘平生介介，在官筹画军饷，节省浮费逾数百万，而未尝滥使公家一钱，皆委员等所稔知，亦相与凛凛自守。

西洋用款尤多可笑者，广东人在此滋生事端，已经再见。其刑官辄呈报公使，延请讼师代之质讯，兼请听审。略考西洋讼师，凡二等，一曰巴立希得尔，一曰梭立西多尔，梭立希多尔供奔走探刺。延请讼师，必经其手，轻者十馀磅，事端重大或百馀磅，并编入税则，计所入数纳税五六十分之一。

前广东勒麻尔一案，水手滋事至十馀人，闻其力尚能延请讼师。嵩焘为派员听审，以托所识律师略里斯。凡不经梭立希多尔，即不得取钱，亦以滋事之水手无可矜惜，不乐与理处也，要亦无名用款之一端也。

一、英人好善乐施，闻中国西北旱灾，相约助振，数日间议论凡六七见，因以一书登列新报谢之。继此又三四见，大率议论有三，一叙述灾荒情形，一讥刺官吏，恰有河南参案据为口实。威妥玛信亦言国家振济银两多入官吏私橐，阅之怃然，实恐不能免此也。是以致谢一书，略与表明，亦卿以自解耳。一言中国不肯修造火轮车路，以致转运艰难，无由接济。其间惟教主会议两段议论关系尤巨，十馀日新报见所运往中国者已逾万金。谨将致谢一书及教主会议录呈钧览。

一、福建筹借洋款议单，去年四月达知该行主嘉甸，允即查追，八月内告言已有回信，应即缴还。旋见新报载，司事收系香港，嗣是无信。十月蒙录示丁禹生中丞疏稿，谓已从福建理处矣。月前，嘉甸忽偕香港总办克希克来见，言福建议单，其管事巴得尔森以交香港总办，去夏又以交威妥玛，经调回总办及福建经手之回多尔质问，令向威公使取呈，威公使答以应候检查，已逾半月矣，不敢不先以告。始知嘉甸于此大费周折，亦因嵩焘告言，一经照会外部，则颜面俱失，私托一查，颇怀感激之意。其事亦本未告闻也。去秋丁中丞与巴得尔森会议，正当嘉甸追问之时，是以略无抗阻，否则径须赎取。办理洋务，此等滥费太多，于事绝不宜□。使四五千金可以赎取，葆芝岑亦早为之矣。而威妥玛于此一意留难，留信待发以候之，又逾多日。此来深为所苦，再据十五日，威妥玛情形始知，嘉甸调回克希克，取交议单，了此一案，省事实亦不少。威妥玛此次回中国，构怨亦恐未已也。谨并附陈。以为英商交谪，专就嵩焘发泄也。谨另具咨呈达。

一、嵩焘出洋，日为副使所窘苦。刘云生之意，尤深忮嵩焘之加其上。其时德、法公使相见，均以遣派公使至其国为望，使刘云生稍可倚任，当具函陈之，三者交受其益，实亦情顺而理安也。反复筹思，不敢据以为言，仍请补颁国书。盖西洋尤重诚信，刘云生生平语言虚浮无实，京师已早疑之。如谓鲍花潭出重金延聘，李子和屡次邀请，并许为张罗，皆无事实，如此类甚多，久与处，益觉其虚憍之气不可耐，不必其相陵藉也。初意始终保全之，凡诸悖慢皆置不校，至七月以后，而必不可恕矣。

居伦敦逾年，见美国两换公使，瑞典、葡萄均一换公使，米利加小国，去来尤频，久者二三十年，速者数月，不以为异。暂署公使不递国书，不加升阶，诸事从简，当时乞朝廷处理，一以公义行之。又自度愚忱，固不能上达，此等委曲，不敢列之函报，以重取咎。

顷闻朝廷以简派已定，不乐更易审尔，则嵩焘之不宜留决矣，且勿论其他也。赴德数月，传递文报多次，并加一咨，兼咨各公事，一无还报。黎参赞偶一通信，亦多方避之。自京师转眼相视如仇敌，七月以后亦直与之绝，是中国遣派两公使，而两树之仇也，安得不为笑天下？古人有言曰：容恶保奸，谓之不祥。嵩焘审知其为奸恶，而与之相保，则亦不祥也，嵩焘之病，人皆知之，陈请销差，亦时以苦，必无滞期之处。是以与刘云生万无两立之势。

琐屑上陈，伏增惶悚。敬敏钧安。

嵩焘谨启　二月初五日

附呈抄折三件，外报销册及福建议单公文二角。

致德尔贝[①] 二月初九日

大清钦差大臣兵部左堂郭，为照复事：

三月初五日接准贵伯爵照会，并抄示傅署公使与本国总理衙门全案情形。接阅之馀，深为心歉。

查此案前准本国总理衙门咨开，准湖广督部堂咨复，此案拿获滋事武童程茂楼等八人，由贵国代理领事带同卫牧师等逐一辨

①据英国国家档案馆藏原件辑，F. O，17-794。

认。据认，程茂楼、程亨祥二人，系当日逞凶之人，张鸿甲、王生大俱认在场吆喝，经地方官枷杖惩处等语。嗣接傅署公使照复，仍以逞凶为首人等未经到案究办为言，当由本国总理衙门奏奉谕旨，饬湖广总督妥速办结，并行文到本大臣。

准此，查傅署公使之意，重在滋事正凶惩一儆百。然当考试聚集之时，蜂拥滋事，事出仓卒，其时未必定有首犯倡率。即据辨认程茂楼、程亨祥二人在场逞凶，自无难澈底根究。当时实情，亦不比考试时人众聚集，动至鼓噪，地方官时有顾碍。此时正可访查推考，使不能有所遁饰。除咨呈本国总理衙门，飞咨湖广督部堂遵照谕旨迅速核办外，相应照复贵伯爵，请烦查照施行。须至照会者。

右照会大英钦命总理各国事务衙门伯爵丞相德。

致李鸿章[①] 二月

宫太保伯中堂阁下：

正月十三日寄呈第十八书，想蒙钧鉴。春冰方泮，计羲御已回析津。闻去冬雪泽甚溥，幸及麦收，苏困嘘枯，稍纾振救之仁，无任盼祷。

得南中书，去秋仅及中稔，采办米石，飞檄四至，民食为之腾涌，恐今春以后将至荒歉。默计去年大势，水旱交作，殆亦历来所未闻也。造端遣使，便遘奇荒。俄、土交兵，大局震动，诸事尤多瞻顾，诚不意嵩焘蹇运所值竟尔。

①据散原老人旧藏《郭筠仙侍郎书札》辑，台北故宫博物院 1979 年影印出版，原未署时间，此据本函内容考定。

去岁七月以后不复言事，十月以后亦不复与人诘难。然有一事，不能不仰望之中堂。此次挈刘云生同行，作恶太剧，受害尤深。政府诸公一力护持，诚不屑与计校得失，然其势万无并立之理。诸公蓄意相难，京师千磨百折，必使其气遏抑不得伸。又假手刘云生之无赖以摧辱之，纵使贻笑远人，方为之顾惜保全。嵩焘必不可与处矣，俟奉十月再请销差批折，当竭力投劾以行，义无还顾，务乞中堂先为达知此意。

李丹崖、张听帆前后自德国回，具述刘云生之颠沛，柏琅亦厌苦之，自谓办理换约，必邀督抚之命，汲汲营谋钻刺，以求诡合。此人行径真奇，非独豺虺，直鬼蜮耳。知人真不易也。而一意矜张自大，外示横暴。彼人一相处以礼，曲与顺从。刘云生固自以为得计。前在中国充当参赞名吉斯者，语李丹崖，德国最隆重中国人物，自见中国派来官学生多员，明指官学生，其意固尚有在。谓中国人才如此，群怀轻薄之心。卞长胜声名尤下，丹崖考问其实，则一意矜张自大而已，与刘云生可谓同心同德。前函述叙朱耀彩行径，顷询之丹崖，言启尔船主专务以德化人，为丹崖言，卞长胜等三人前在威利斯哈芬船，至为所不齿。寓书启尔船主，谓不当以兵官视之，而颇以为凡教人当先养其廉耻。渠虽不善，我自以善视之，使自知爱惜，庶几日有进益。以后情事，丹崖不能知也。

近日考知斯邦达陆营情事，尤多异闻。杨得名眷一女人，与之约婚，为营官所禁。刘芳圃又与邻女奸生一女。闻丹崖言，益伤中国人心风俗之敝，殆不复可挽救。盖自三代以来，兴教化数千年矣。福建船厂官学生最为沉潜向学，可望有成，由沈幼丹收召世家子弟，纳之官厂，又于其间择其才品佳者出洋就学，资以厚糈，其年皆始及冠，而已屡保至五品以上。其根柢厚矣，其奖励勤矣，然欲其有稗益国家，则恐不能，何也？中国学馆、营制规模制度全未之讲，彼数十人者，学幸有成，不能遽授以官、任以事也，又无学馆足以处之，使传授所学，极其量不过挟所艺自矜独得之奇，以罔利而已。其所得精微处，尚欲秘之，不轻易示人。生世六十年，阅历中国人心风俗，而决知其必然矣，果有何裨益耶！又况营弁起微贱，未闻有礼义教化，宜其不足恃也。已告丹崖，以所闻并系传言，未必有信据。细加访求，似此行径，自应呈请撤回，万不宜有虚饰。先以所闻于丹崖者据实陈之。

窃以为中国之要务，莫急于整理学校，不能遽仿西洋之崇尚实学，而人心风俗之源必基于此。其课之等差，与其董戒之大义，必应讲求之，亦非甚高远难行，必待贤且能者而后能为之也。学校既修，始可甄别人才，分门立课，相助讲习，而导使世家子弟出洋受学。学成而还，则以所艺互相讲授，其仕进之阶与文武小吏试用之法，亦须于此添立一途，以求济实用。

日本在伦敦百馀人，国家所遣不逮五分之一，馀皆自求学艺者也。彼诚有以诱进而奖劝之也。窃度中国情形，距此尚远。老病馀生，尚思于乡里间立一小学，用课家人子弟。中堂亦当为天地爱惜此一人才，无令抑郁挫折以死，以快见忌者之心。武昌殴击教士，适得外部文，言之愤愤，尚引滇案为据。为之闷□，尚待细译。敬叩钧安。

嵩焘谨启

复周家楣[1] 二月

筱棠仁兄大人阁下：

---

①据散原老人旧藏《郭筠仙侍郎书札》辑，台北故宫博物院1979年影印出版，原未署时间，此据本函内容考定。

正月十三日奉上一书，想尘台览。接奉十二月初四日缄件，于节次销差情事无一语示及，固知刘云生一意邀取名誉、广通声气，盘踞方深，其语言又足以惑人，万非嵩焘自陈之言所能取信，亦直不屑与计校进退，惟能引身避之。

窃度今日出充各国公使，跛躃侏儒皆能胜任有馀，即有富、韩明哲之才，无所用之。盖充使驻扎三十馀国，其礼接有时，其行动有数，无庆贺拜揖之虚文，无馈遗之私交；所办事件又各有其国例，要在考求援引，知其节要而已，亦并无所欺蒙。刘云生在德国，颇多贬刺之言。然其接待公使，自有通礼，必不至以无礼相加。朝廷不与撤还，德人亦决不相驱逐，是以尽人皆可充当者此也。

有浩斯者，曾充驻京参赞，李丹崖与相识。丹崖至德国，浩斯告言，德人最推重中国，此次多人至德国，乃反生其轻简之心，其言谓官学生，而其大指固亦有在。其间卞长胜声名最下，丹崖考其故，则一意矜张自大而已，自称官品与李相同，高出监督两等。与刘云生可谓同心同德。刘云生语丹崖，今日始知朝廷派我充当上等公使，真是下不去。西洋表周旋，所重术也。刚行□□直济，降而以老练之气。奡然自命为有见，居之不疑，求之古人，惟王巨君之作伪近之，盖小人凶狡之尤者也。

数月以来，积郁成疾，夜苦不寐。日来偶拾书箧，得去夏销假折稿，愤怒之气，一唾而为血块，知其受害深矣。去岁，威妥玛出京，嵩焘闻即上书总署，谓应派员与议，总署不敢应。会嵩焘假期将满，毅然自请一行，刘云生亦极怂恿之，乃具一疏，略陈洋务梗概，召所与往还至交八九人与议去就大端，且告以本意求退而已。今事且迫，求退又不能，固当以身任之。而洋务交涉日深，即被谤日甚，先以一疏开陈大义，而后可任也。此又别是一去就，当与一相质证。刘云生力争宜出不宜具疏，问何说，曰政府诸公所厌闻。嵩焘谓政府自厌闻，吾自宜一陈，谕刘云生公争之。次日又至，争之，语以不具疏即不销差。刘云生言情可不销差，不宜具疏，已而又以书论之。当时亦莫测其所见，曲意从之，于是再展假而奉旨开缺矣。

由今思之，徒以约当随员，恐嵩焘得罪政府，连累及渠耳，其阴谋如此。是时人心汹汹，嵩焘义当出任，至伦敦，始知其时威妥玛请战，英廷痛斥之，威计窘，求幼帅赴沪，为幼帅所拒，于是邀请赫得展转属之伯相。使当出京之初销假与议，所益必多，此亦嵩焘所能测量者也。不解前生积何冤孽，得一刘云生，冤矣苦矣！今其势必不与并立，俟奉二次销差批折仍不放行，当榜刘生之罪，正告之天下，而自请撤参矣！手此，敬请台安。

愚弟嵩焘顿首

阁下于刘必相知好，请代一请之，附呈疏稿及致总署书，亦略得其行径也。

致沙里斯百里[①] 三月十三日

大清钦差大臣兵部左堂郭，为照会事：

一千八百七十八年四月初十日，接准本国总理衙门来文。一千八百七十六年，福建厦门商人怡记行枪毙渔户王小加、庄薄二名一案，据厦门领事官申报驻京公使，称放枪之安陀乌，系南亚美利加八惹牙国人，领事官不能管辖。叠经本国总理衙门照会驻

①据英国国家档案馆藏原件辑，F. O，17-794。沙里斯百里系英国外部丞相。下同。

京公使，以案内应行拿获之安陀鸟，原系英国怡记行雇用之人，怡记行不能不归领事官管辖，应饬行主交出归案讯办。距今两年，经照会多次，至不接收公文。兴泉永道照会厦门领事官，亦不接收，彼此相持。傅署公使因遣其翻译官至本国总理衙门，以此案应咨回本国为言。

现由本国总理衙门知会本大臣，推求傅署公使如何呈报贵侯爵，及此案究应如何办结之处，报明本国总理衙门核办。为此照会贵侯爵，请烦查明傅署公使呈报此案情形，核示施行。须至照会者。

右照会大英钦命总理各国事务衙门侯爵丞相沙。

致沙里斯百里[①] 三月二十日

大清钦差大臣兵部左堂郭，为恭录照会事：

四月二十日，接准本国总理衙门咨开，钦奉上谕：出使英国钦差大臣兵部左侍郎郭嵩焘，着兼充出使法国钦差大臣。钦此。相应恭录咨会，钦遵等因。到本大臣，准此，除俟奉到国书，即当启程前往法国呈递外，相应先行照会贵侯爵，请烦查照施行。须至照会者。

右照会大英钦命总理各国事务衙门侯爵丞相沙。

①据英国国家档案馆藏原件辑，F. O，17-794。

复黎召民[1]三月

召民仁兄大人阁下：

津门一奉□□□到《开平矿务章程》，敬知诸公□□大方，创开利源，钦佩无量。其中有酌议一二节，呈之伯相，乞共筹之。教言，忽忽西行，至今书问阔绝。盖自前岁奉召回京，日在诟辱忧闵之中，所见事理洞澈于心，多一阵诉，即加一屈辱。役身数万里，比诸窜流更有何词说，哓渎贤者之听，是以生平至好都无一字往还。兼以刘云生相为贼伤，怀郁尤深，而苦不足以语人。非独生平往返不应，互相矛戟，而由嵩焘力保挈以同行，乃独遭其反噬，则亦有不能自明者矣。

隐忍数月，至闻何金寿参案，益肆鸮张，公行指诟。其自京师奉旨之日，一谒政府，仰承李兰生鼻息，立时畔异，挟劲弓毒矢以相随，竟莫测其心境之所至。此岂独嵩焘区区之不幸哉！鬼嗥于城，狐啸于市，天地之否塞已极矣！

贵乡多君子于刘云生深相贬刺，嵩焘独以刚直目之。其高亢似狂，其沉鸷似勇，其论说纵横似有学识。久与处而后知其险贼过人，乃至编造日记，探刺总署诸公之意，游移避就，以求诡合，一意排击。嵩焘而济之以侃直之辞，而后恍然知向日所施之嵩焘者，皆此和平诚实如刘云生之欺诬夸诈，大言自饰，西洋所最以为耻者也。

嵩焘挈刘云生同行，作恶大剧，受害太深，其忍于相戕，可云心很矣。而以区区晚进，呵斥诟诬，相视如属吏，漫无顾忌，

---

①据散原老人旧藏《郭筠仙侍郎书札》辑，台北故宫博物院1979年影印出版，原未署时间，此据本函内容考定。

虽其胆大无耻，自信奥援可恃，然亦何遽至此！隐忍数月，自闻何金寿参案，益肆鸮张，无一事不令人发指，无一语不令人痛切心骨。于是审知其人之凶悖，于充当公使尤为非宜，略举其一二实书，正告之朝廷，而至今安然无恙。

柏林一城，相奖以中国人才。哆口张目，夸张变诈以相矜尚，相距仅及咫尺。彼果非耶，嵩焘固不宜与同列；彼果是耶，嵩焘之不宜一日居此，尤灼灼明矣。穷极四海之内，通求之古今，万无此人情。绝不意中国初次遣使，即适遇此种暴戾之气。假使嵩焘在当时不至贱简已甚，刘云生虽狂毒，何至此哉！此其规时诡合，尤为小人凶悖之尤者也。用敢缕具下情，私告之左右，与刘云生万无并立之理。刘云生志在偷窃富贵，嵩焘志在销差，各如所愿，处理何亏直捷爽快，当再一陈请之。敬请台安。

愚弟嵩焘顿首

致曾劼刚及丁韪良二咨，祈饬转交为祷。

致李鸿章[①] 三月

……[②]则授以通商条约，告之曰：条约所不载，据事折之可也；条约所载，均奉朝命，不可有违。彼能以炮船攻击省城，岂不能攻击郡城？必不听令入城，请以一语奉约，即炮船至城时，诸君任之，官不与闻；既战，赔缴兵费，诸君任之，官不与闻。

①据散原老人旧藏《郭筠仙侍郎书札》辑，台北故宫博物院1979年影印出版，原未署时间，此据本函内容考定。

②以上阙。

比李星衢至，遂无一人抗拒者。其时嵩焘已去官矣。此之谓事要。

一、奉饬按年呈缴报销册，由支应委员造具。嵩焘责以按照日用流水簿，按款开列款目，有归并银数，丝毫略无出入。支应委员姚岳望，廉明整饬，亦精课算；文案委员李荆门，精细练达，均系得力之员，令其会同核办。嵩焘生平在官，未尝滥使公家一钱。在广东三年，除整顿厘税、捐输正款，随事经营筹画，支应军饷四五百万，节省浮费亦一二百万。历任提用藩库杂款相沿，稿件涂销无数，始终未开支分文，皆有案卷可稽，是以委员亦皆懔懔，无敢不核实者。因报造一申言之。名微量小，过求自明。譬之窭人，得一絮衣，遂自以为奇服之好也。伏求涵鉴。

一、福建筹备洋款议单，去年四月达知，该行主嘉定自诣陈谢，并允即速追问。八月内告言，已有回信，应即缴还议单。旋见《新报》，言渣甸洋行司事，因福建借款收系香港监牢。嗣是无信。十月十三日，接奉录示丁禹生中丞咨稿，谓已从福建理处矣。顷嘉定携同香港总办克希克来见，缴回议单，且谢迟延之咎，具言福建管事巴得尔森以交香港总办。去夏，威妥玛至上海，又转以交之。因调取总办及福建经手议单之回多尔，回伦敦质问，始由威使检交。回多尔因病不敢来见。因及去岁初闻此语，为之大愕，迨经究问，始知其中尚有情节。嵩焘亦不乐穷诘之，但称此当与委员文丞分任其咎。始悟去秋丁禹生中丞与巴得尔森会议，正当嘉定追问之时，故一无抗阻，否则终须赎取。使四五千金可以赎取，葆芝岑早为之矣。嘉定于此大费周折。盖其事本无所闻，又以嵩焘告言，一经照会外部，则颜面俱失，用特以私相告，亦颇怀感激之意。谨另具咨呈达。

一、嵩焘出洋，日为副使所窘苦。刘云生之意，尤深忮嵩焘之加其上。其时德、法公使相见，均以遣派公使至其国为望。使刘云生稍可倚任，当具函陈之，是以三者交受其益，抑亦情顺而理安矣。反复筹思，不敢为此言，仍请补颁国书，盖西洋尤重诚信。刘云生生平语言虚浮无实，京师已饫闻之，徒以契好，不加深究，又其纵横附会之辞亦多有可听者。久与处而后，深窥其底蕴，凡善作伪而居之不疑，最易惑人，而必不足与持久。如谓鲍花潭出重金延聘，李子和屡次邀请，并许为张罗，皆无事实。如此类甚多。初意始终保全之，凡诸陵践，悉置不校。至七月以后，而必不可恕矣。

居伦敦逾年，见美国两换公使，瑞典、葡萄牙均一换公使，弥利坚诸小国去来尤频，久者二三十年，速者数月，不以为异。署理公使不递国书，不加升阶，朝会与接见外部，其礼从同，为所办事固同也。但以暂署为言，则诸事皆可从简。当时以所持者公义，一听朝廷处理，又自度愚忱，固不能上达。此等委曲，不敢列之函报，以重取咎。顷闻朝廷以简派已定，不乐更易，审尔则嵩焘之不宜留决矣，且勿论其他也。

其初传递文报，皆加一咨，并咨公事，一无还报。黎莼斋每一通信，必加意避之京师，转眼相视如仇敌。七月以后亦直与之绝。是中国遣派两公使，以两树之仇也，又况其劣迹太多。嵩焘近者至呕血块，受其害尤深。若与并立，势将声其罪以告之，天下为笑且无穷。古人有言曰：容恶保奸，谓之不祥。嵩焘愚鄙不肖固矣，必强使为不祥，则固有所不能忍。其诸情事，叙述已多，亦不乐更发其覆也。谨当引身避之而已。琐屑上陈，不敢逃罪。敬叩钧安。

嵩焘谨启

致沙里斯百里[1] 四月二十日

大清钦差大臣兵部左堂郭，为照会事：

前经照会福建莆田县乌丘地方怡记行雇工枪毙渔户二命一案，本大臣尚有须将一切情由据实剖达者。

查中国与贵国律例，相去太远，以致遇事相形办理，多不能持平。而其中杀人抵命一节，则各国律例大略相同。本大臣每观贵国刑司问案定罪，深佩其矜惜人命，而又曲体事情，为得明慎用刑之义。领事官行之中国各口，则亦不能尽合。以领事官职在保护本国人民，遇有人命重案，其中词证、见证，牵涉中外，更多参差。

略举数端言之，如杀人，以当场见证为凭。领事官问案，常以中国自充人证，不足凭信，至展转别求一见证。此一端也。中国刑例，原有故杀及误杀之分，科罪各别。西例但属误杀，立时开释，常致互相争持。此一端也。通商条约第十六款，英国人民有犯事者，由英官惩办；第十七款，英国民人与中国民人互相控告，由地方官与领事官会同审办。以理言之，两国律法轻重悬殊，各自惩办其人民，其事已有参差，而惩办自用各国律法，会同审讯，则凡交涉案件皆然。寻常争讼，犹须会同人命重案，更可知领事官以交牵涉人命，难于科罪，辄据英国人民犯事为言，不敢会审。此又一端也。

溯查通商以来，英国与中国民人交涉案件烦多，如一千八百六十四年，英国轮船麦葛利轰毙渔船水手二名并岸上民人二名，

---

①据英国国家档案馆藏原件辑，F. O，17-794。

以由香港质讯时见证未到，将船主偏敦释放。一千八百七十四年，英人茀士在成山头戕毙民人元中昭、殴伤人民王智，又以当场见证为不确，而别引见证，将茀士开释。其他事出有因，戕毙多命者，尚当别论。而为轮船撞击民船，沉毙多命，亦已数见其间。澳顺轮船撞沉中国福星轮船，淹毙职官二十四员、客民三十八人，经过领事官麦华陀断令澳顺轮船给各被难家属恤银一万一千两，至今亦不照断给缴。其故皆由中西律例争差太远，以致每遇案件，彼此均怀猜疑避就之见，常致酿成事端。如此次枪毙渔户一案，照西例非本国民人领事官即不得质讯，应由中国自讯。检查通商条约，并未载明此例，则中国亦穷于办理之法。又系英国恰记行雇工，中国既不能向该行捕系，又不能照中国律法处办。领事官一经推托，则无论关系中国人命多少，皆不能有讯办之一日。是以本大臣急望贵侯爵明示一章程，不独此案可以查照办理，即后遇此等案件，彼此两国均有持循，亦不至多费唇舌矣。相应照会贵侯爵，读烦查照核议，示复施行。须至照会者。

右照会大英钦命总理各国事务衙门侯爵丞相沙。

复舒春舫、周家楣、吴蕙吟、文华甫[①]

六月二十二日

春舫、筱棠、蕙吟、华甫仁兄大人阁下：

四月五日寄上一函，想尘台览。春间购得《条约集成》一书，为各国交涉通例，以卷帙太繁，未得人便，延阁多时。顷奉各堂

①据中国社会科学院近代史研究所图书馆藏《郭嵩焘致总署函》辑，未刊稿。原未署年份，此据本函内容考定。

函谕，述及俄使出都一节。此由左中堂未谙西洋律法，以致上烦总署，是以前书宜早寄呈。

西洋交送人犯，皆先定立条约。前在伦敦见英、法新定条约十七款，并言所犯情节应交送者。及来巴黎，法人言两国知照交送人犯，岁常二十馀起，法国应时交出，英国无一送交者。以法律，他国罪犯避至本国，应即交还；英律必归刑司研讯得实，乃交还，两国各依其律行之，亦不相比校也，至今岁始另立条约。至于各国交战，事宜有助此国、有保护彼国、有两不相闻三者之分。而收纳逃亡，皆所不禁，其有斩杀，皆在临阵时，一经投弃兵械，即不得加害，所捕虏俟军事毕遣还之。是以各国条约无索交他国人犯之文，以为西律所应保护者也。其律法如此，而其情又在。伺间乘便，以规取所利，索之愈急，亦愈假之为收拾人心之资，故知其非宜也。

屡见新报，塔什干调兵运致枪炮，并言现兵二万，以守有馀，以之进攻则不足，盖通伊犁各城言之也。近复闻俄兵三路进至布哈尔。布哈尔为回部大国，附近塔什干当葱岭西南，俄人久思并之，蚕食终无已时。《俄土和约》甫经各国议定，即见新报。俄都致电信塔什干，所有预备交战事宜均即撤罢，心疑俄、土战事所损多，宜怀戒心。然其国专务兼并，附近回部恐难安枕。

柏灵都城公定《俄土和约》，凡立自主之国三，曰鲁美尼亚，曰色尔维亚，曰孟得尼克洛，皆土部自立为属国，至是乃听自主；另立之国一，曰布加里亚，尽巴尔铿山为界。巴尔铿山听土国设炮台，扼险以守，此英国保护土国之一端也。分地者四，玻斯里亚、赫尔戈非拉二部割分奥国，德萨里、意稗勒斯附近希腊之地割分希腊，附近但牛浦地割分鲁美尼亚。而俄国所分东土耳其地三部，曰嘎尔斯，曰阿尔达罕，曰巴鲁目。巴鲁目海口为各国公同通商之地，不立税则。赔缴兵费一切免之，此又保护土国之一端也。而英国顾与土国别立私约，以地中海东一岛曰赛布拉斯交英国管辖，为保护土国之计，俄人但有侵陵，即合力拒之。其岛长约五百里，广一百七十里，地肥沃，英人得之，兼可保护苏尔士江。《俄土和约》议定，乃稍稍宣布，诸国皆大惊而无以难之。土人方恃以立国，倾心以相结纳。人皆服英相毕根士之雄略，始议调印度兵万人，外部德尔比争之不能得，遂辞去。议者颇谓其非计，至是移印度之兵受地，瞬息而至，可谓算无遗策，有保全人国之名，而终自享其利。毕根士之名以是大振。是役也，五大国及俄、土丞相、外部并至，会议至一月之久，亦西洋之盛举也。会议条约在德国，应由柏灵寄呈。嵩焘谨一述其大略，求代呈达各堂。

闻德使巴兰德三、四月内忽催换约，条列多款，已乃戛然出京，以时日计之，正当开春。刘京卿物议沸腾，次第传达京师，巴使遂乘之以逞。尤奇者，三月内其外部忽照会换约事已了，刘京卿偃然据以为功。未几巴使出京，得电报往询，又答以秋、冬间再换，竟似有意相侮弄西洋人从无此举动。德国之欲结好中国，甚于英、法，德人谛盘生亦屡言之。不幸得一刘京卿，肆行其狂谬，贻误天下大局，亦使德人承其累。使朝廷稍垂听鄙言，李监督之才力承办有馀，德人亦必感悦，歌诵神明，其于换约不待烦言而定矣。今虽审斥刘京卿而诛殛之，能湔此耻乎？此志士仁人所为慨叹而流涕也！

去岁八月具劾刘京卿，随员姚岳望力请从缓，宜俟其至德国偾事，劾之未晚。嵩焘以谓是在伦敦狂悖妄为，于事应劾，一至德国，同为公使，无相劾之理，且今日出使西洋，万无意外之变，以云有益，贤者犹难之，以云苟求无事而已，奴隶走卒胜任有馀，何偾事之有？姚君曰：不然，天下之恶一也，令稍有善气之存，必不畔公如此之剧，其忍于畔公，是其恶气充塞，丧心失志，安往而不颠越？此可立待也。公本无圣眷，窃观政府之意，亦极相薄视，徒据任性妄为，为言而无偾事实迹，且疑以私愤相倾，前闻刘京卿西席致书，劝勿与嵩焘校，并事实亦颠倒矣。必置不理。嵩焘谓凡事尽所宜言，朝廷见信与否所不敢计，然既如此，不能不先自为计，以求引而避之。此销差一疏所由并上也。其后，十月再有论劾姚君，争之尤力，谓区区滥费，朝廷本不介意，刘京卿憸壬小人，在都蓄意相倾，倚托至深，此何足动之。出使诸公且群据此以相咎，恐徒自累。刘京卿甫行而劣迹日著，一两月间屡见新报，而嵩焘已自誓刘京卿至德国后不复论列其得失，无由上陈，乃使与德国积忤日深，赫总税司又以劾及柏郎为大怨，经年以来姚君所言一一符合。坐视刘京卿启侮召辱，上累国家，嵩焘覥然与之同列，心尤耻之。

顷接黎参赞禀缄及前李监督禀报合肥伯相一稿，附呈台览。黎参赞及张随员斯楠，由嵩焘奉各堂命遣令随赴柏灵，并非此二人本意。张随员见奎翻译等多人继至，请还伦敦不允。两书求调还，嵩焘不乐与争也，遮留三月之久，乃得乞还。黎参赞亦屡请还，不允，至巴黎始一调之。刘京卿一意罗致，树党相倾，是岂足与校哉！

顷黎参赞得薛福成书，责以不当随赴柏灵，持义甚正。黎参赞因附一禀自陈，嵩焘于此绝无所校也。薛君与李监督均为刘京卿奏派参赞，其与黎参赞结纳尤至，许以保充公使，而所言如此，亦略见刘京卿暴戾之气，群畏而避恶之。李监督屡至柏灵，具悉其状，尤怀远避之心。各堂于此用其夤缘欺饰之词，曲意庇之，不独启衅远人，即随从人员亦有轻朝廷而羞当世之惧，于此两书可以具得其梗概。至于嵩焘之不能堪事，则固自知之审矣。

德国克鹿卜为合肥伯相制造枪炮，交易甚巨，屡函约游其爱森厂，不果往。制送合肥伯相火轮车式，专为嵩焘运至伦敦一观，又亲至伦敦枉邀。感其诚意，一往视之，刘京卿在本国不一约，而远约嵩焘，大奇，询以本国钦差曾否来游，答云不敢相邀。嵩焘稍与解说，意亦谓然。西洋见中国人至，从无轻视，其轻视者自刘京卿始，可叹可叹。往返五日，受寒病泄，委顿二十馀日，心膈板痛尤甚，无日不在病中，稍一劳顿，尤苦不支。亦自念愚直，喜尽言而不达时务，动辄为咎，又不能饰词矫说，违失本心，以求谐悦。是以一切不敢轻率上陈，以重取语言之咎。因奉寄《条约集成》一书，稍自明其所以决计求退之由，亦以见区区愚忱，决非挟愤以倾人者，期使诸公一释其疑，无他意也。一切并求代为回明各堂，无任感祷。敬请台安。

愚弟嵩焘顿首　六月廿二日

外致李壬叔一信，求饬交。

致沙里斯百里[①] 七月十一日

大清钦差大臣兵部左堂郭，为照会事：

照得前礼拜五日，与贵侯爵申述《烟台条约》一节，具悉贵侯爵之意，要系按照条约，会商各国，定妥再行核办，实属正论。本大臣在此两年，所以不遽催问，亦知必系此意。惟因耽延日久，屡准本国总理衙门函询，本大臣深愧两年之内未能将中国情形详悉达知。尤恐贵侯爵过于虑及中国有欲难阻印度买卖之心，是以面为贵侯爵叙述各情，想邀洞鉴。《烟台条约》内所应会商各国两

---

①据英国国家档案馆藏原件辑，F. O，17-794。

款，其一租界免厘，中国已经开办一年有馀；其一洋药厘、税并征，应由贵国主持。本大臣甚愿贵侯爵会商各国，迅速核准，并望将过虑之意化除此见，以期彼此持平办理。本大臣不胜盼望之至。所有详细情形，另行具文奉达。为此照会贵侯爵，请烦查照核复。须至照会者。

右照会大英钦命总理各国事务侯爵丞相沙。

附：说帖

说帖七月十一日

本月初二日，本大臣在外部衙门晤议，允将《烟台条约》一案情形开明奉阅，用特条列论之。

《烟台条约》所以未行议准之故，据本大臣所闻，系因应与各国商酌二款，各国尚未接应。第一款为租界免厘，第二款为鸦片厘、税并征。本大臣应与贵侯爵提明，约内中国应办之事，业经开办十六个月零；而英国全权大臣约内答应之事，英国国家尚未议准。查约内载，李中堂具奏奉旨之后，中国应办之款，限六个月内举行，以后奉旨开办，一一如约。当时两国全权大臣互立条约，中国如约而行，实不料贵国迁延如此之久。总之约内有益于外国之事，中国无不一一照行，即租界免厘，德国公使巴兰德刻期催办，迄今亦已开办年馀。其馀他国与此款有关系者，应请贵侯爵通行照会，俾早定局。至于鸦片抽厘一事，系由贵国专主，与他国无涉，宜由贵国办理。

中国国家抽征印度烟厘，实非由保护土烟起见。中国深知鸦片之害，虽行禁止，无如积弊已深，吸食者众，不能操之太急。然禁种罂粟，上谕实已通行各省，一例遵办。无论此时办有几分成效，而禁种罂粟一节，实为中国第一要紧事件。吸食鸦片，损坏人民，栽种罂粟，更为耗败土地。若疑为保护内地土烟，中国国家实无此意。

栽种罂粟，有妨谷麦。近来被荒各省，皆因栽种罂粟占地太广，以有用之土田种此害人之罂粟。丰年民食已多不足，一遇荒歉之年，便至饿莩流离，穷于为计。此其为害之深，国家岂忍更相保护？

中国土烟与印度洋烟相较，中国所出，断难与印度相抵。因中国罂粟所制之烟，远逊印度，故惟贫人吸食。即使印度之烟全免厘税，此等贫人亦难吸食洋烟也。而有赀能吸食洋烟者，则以吸食土烟为耻。

中国非冀条约议准重加厘税，以绝洋烟也，使能设法禁绝洋烟，国家岂不乐为，而其势实有所不能。即禁止栽种罂粟为第一紧要事件，亦非一时所能见效。中国土烟、洋烟各处一例加征厘税，从未于此分别轻重。其议洋药厘、税并征，不过杜绝偷漏而已。本大臣可保其决无他意。

总理衙门通行中国出使各国钦差咨文内，有详论厘金之事。前已面送一分。内论中国解说和约条款之法，及中国应办事宜，应享权利。中国办事甚有将就各国之处，然亦难强其所不能，使之束手不能办事。国中如有急需，不能不设法抽厘。在中国之意，以为洋商缴纳子口半税，即可免厘，而华商不能普免，实为厚待洋商之意。《天津条约》原有准华商请领半税单之文，亦不得谓华商不领半税单即为违背条约。

贵国意思究系如何，务请明示。中国意思，本大臣于此分别道达。如应商酌解明，亦请明示，本大臣即当照办，俾两国共明彼此之意。

致沈桂芬[1] 七月二十二日

年晚生郭嵩焘谨启宫保中堂阁下：

四月初五日寄呈一函，想蒙钧鉴。嗣是一病。六月二十六日抄李中堂传示电报，知嵩焘销差之请，仰荷大德成全，俾遂所愿。两年积怨，为之稍纾。

嗣奉五月十四日公函，知因刘锡鸿揭参，其议早定。嵩焘本意不与刘锡鸿争功名进退，所参语言轻重，亦不屑推求。自顾病躯，幸及早引避，全身而退。以一念之愚，负天下诟谤，诚心之所甘也，使朝廷怀疑忌之心，一二新进狂躁，乘隙邀取富贵，凌辱卖弄之以为快，此尚可一日居哉！或疑嵩焘销差，有意作难，此诚不谙洋务之言也。西洋所欲结好者，朝廷即其所欲倚重者，朝廷信任之人而已。假使其人议论足以动听，学问足以取重，而不足资以办事，则亦疑而不信，为其语言无可凭恃也。嵩焘学问议论，中堂知其不逮矣。又况遣派公使，其权操之国家，西洋交接相守以礼，无敢干与者，朝更暮改，来去频仍，彼固漠然视之。

刘锡鸿凌践嵩焘，穷凶极恶，人人惊骇。随员、翻译相与矜闵，而亦未尝不相轻简。彼其相从数万里，所求者富贵耳。刘锡鸿一意反噬，欺凌诬蔑，以求富贵，而得衙门宠眷维持。凡奉奖藉安慰之词，其随员皆以夸示于人，伦敦皆见及之。随员、翻译何所倚恃，而务为忠孝节义，屡书言刘锡鸿坏乱人心风俗，万不敢为虚语。其所带随员仆从，乘其狂悖，妄自尊大，不究下情，浪游无忌，屡滋事端，又其馀事也。区区老病之身，供人荼毒，诚亦无足深惜，

---

[1]据中国社会科学院近代史研究所藏《郭嵩焘伦敦致总署函札》辑，未刊稿。

所以力求销差，审知刘锡鸿援系方深。揆情度势，舍此而无可以自存也。

然区区愚忱，尚有欲一贡之中堂者。刘锡鸿行径诡变，尤莫甚于攘取，何子莪随员孙君，为托身自固之计，中堂试俯察其心术，可以涣然冰释矣。黎参赞庶昌言中堂传示之词，皆由孙君转述。刘锡鸿凶暴性成，有所求则弭伏，得志则恣睢，善言温谕亦不足取听，而只以益其骄。即参赞随员，亦莫不云然也。中堂之言极其量庇荫一刘锡鸿而已，亦坦然可共喻也。刘锡鸿传达之言，则有不可穷诘者矣。彼其诪张为幻，诚有非所能测量者也。

嵩焘忝附谱末三十馀年，屡蒙中堂鉴其愚直，湔拂提挈，度外优容。刘锡鸿无一日之雅，故能掩而凌驾嵩焘之上，自附以为奥援。闻黎参赞之言，恐惧数月，今幸销差有日，海阔天空，无所疑避。如嵩焘之狂直，中堂教诲之可也，责饬之可也，甚则参揭之，无不惟命。今且荷承威德，雍容以退，尤感生成之厚谊。古人所谓同类相求，无不可尽意者，惟必不可容纳小人，以为道躬之累。而又上累及国家，以生平承受刘锡鸿之累过多，今亲见其以所施之嵩焘，忽又转而施之中堂，于此关系至巨，不敢不以上陈。窃度此月内，奉旨东归，岁杪入都，一切尚容缕达。手肃，敬叩钧安。

嵩焘谨启　七月二十二日

刘锡鸿在德国情形，就所闻开具清折，奉呈邸堂，亦可略得其梗概。

复总署[1]九月初一日

郭嵩焘谨启中堂、王爷大人阁下：

顷日奉到六月初六、六月十六两次谕函并各咨件，伏承训诲周详，虑微见远，策励兼施，祇增惶感。其时已前奉电报，劼刚通侯接办使事，既快嵩焘得以愚顽全身而退，尤幸使事之得人，朝廷亦资引重，以属餍西人之心，一举而众善咸备。所有奉谕办理事件，谨分别陈覆。

一、新加坡领事俸薪，应奏请再行核议，似由嵩焘具折为允。以始为节省经费之议，实出嵩焘谬妄，致新加坡开办数月，经费至今无着，不独无以尽人之力。国家经制自有通例，嵩焘乃于其中自生歧误，尤不足以昭示大信，以服人心。胡璇泽已详请派委文案一员，其人本习洋语，无需翻译，谨并于折中叙明，伏求鉴核。

一、莺头鸟一案，本意借此申理旧案、定立章程，既经允准销差，一切不及筹画，本案正文反致虚悬。嵩焘颇以怀疚，是以权为议结之法，呈求核办。西洋律法，非立意谋毙人命，无拟抵之文，其罪止于收系数月，而于抚恤死者之家，各量情事为之，则固西洋通例也。凡与西洋交涉人命，只有此一办法，是虽权行议结，而实当用此以为成式。历观前案所戕毙者，均属穷苦小民，依此办理，尤为允洽，庶几稍省议论之烦矣。

一、丁稚璜制军遣人至印度游历考览，极是伟举。去岁至甲

[1]据中国社会科学院近代史研究所图书馆藏《郭嵩焘致总署函》辑，未刊稿。原未署年份，此据本函内容考定。

敦武学馆，见所藏中国地图大小百馀幅，其京城地图稍令马格里译之，城外数十里村庄纤细毕具。各国设立地理会，凡有游历，皆先取其图模绘之。今年春，英人斯丹吕考求阿非利加尼罗江上源，出入番地，挟矛矢相攻击，卒穷极数千里之地，尽悉其源流分合。斯丹吕为新报馆一帮事，至倾国官绅延致之，地理会大太子为之诵言嘉美之。嵩焘亦在坐，其重如此。贝德禄所言川、滇情形，此间已早见其书，特未知稚璜制军所遣之黄茂材果能胜此否也。

一、武昌殴伤教士一案。昨接筱荃制军书，属向外部关说，其意不欲以是谴及武昌县。其实此事件无谴及地方官之理，复书属其善为支展。嵩焘见英国外部必与申说，而办法仍在中国，亦允稍缓设法，为之调处。惟虑威妥玛回京后，重起波澜，但能稍与将迎，无甚激怒之，一二月后或能理处耳。

一、英国捐振，前接少荃中堂书，属向外部申谢。当经复书，言并钧旨陈达。以助振者交邻之义，而申谢者告领之情，于礼不可废也。英国善会繁多，嵩焘亦时有捐助。近代模江冲沉一船，溺者六百人，相与醵金恤其家。嵩焘时在巴黎，得苏格兰新报，直以义责。嵩焘言英国能救中国之灾，中国钦差于此岂能不一捐助，乃急输金钱十磅。凡此等捐款，向皆取之俸薪，未尝开支公款，然惟英国最多，法国不常有也。

一、参赞黎庶昌禀抄柏灵片奏，在四月内，不应六月中尚未到京。刘锡鸿诪张为幻，不可端倪，岂托为此说，以诱致黎参赞耶？然以附之入告之文，亦足见其胆大妄为矣！

一、吉林所报俄国水陆各军赴海参崴，与英国兵船会战，系属托词。英国添调兵船赴香港，并保护各口商民，防俄师出黑龙江袭取香港也。近时《俄土和约》经柏灵会议，至今纷纭未定，以俄兵未退，土国所允行者亦多未交付，希腊邀求割地，亦尚未经议准。即奥国所受玻斯里亚二大部，民人久相抗拒，攻战方急。而阿富汗回部屏藩印度，旧约不得与俄国交通，忽闻俄人遣使驻扎其地，英人亦遣使往，阿富汗拒不纳，盖久为俄人所诱也。英、俄地大势均，积不相能，阿富汗倚附俄国，则印度之防亟，尤英人所必争，恐此数年内两国必有交兵之势，而俄人以蚕食为本计，则亦秦人囊括并吞之心也。

一、威妥玛前定八月内西历九月启程赴京，约嵩焘在巴黎相候，展转迁延，行踪至为诡密。以闻巴兰德亦将至，不能不留俟一晤，守候至十馀日，巴兰德乃先至。数日往返辨论，其词颇倨，自言回国请示，得知本国国家立意甚坚，无可推移，以《天津条约》虽兼华商、洋商言之，而洋商实已照行，华商中国子民，不能责以违约。巴兰德言，已准总理衙门照会行知各省，而抗不执行，其违约久矣。嵩焘因谓此德国换约事，吾不与闻，不宜以此延误《烟台条约》，应划分办理。巴兰德言亦可划分，亦可合并。嵩焘谓合并即是有意作难。巴兰德言有一密语奉告，不必外传，旁斯弗德言英国国家极愿早结，无有疑难，洋药厘税必能照准，惟租界免捐交涉各国，英国不能主持。嵩焘谓苟非有意作难，何不能主持之有？威妥玛则每言必至愤激，但能以情导之而已，不能以理屈也。

至巴兰德论刘锡鸿贬斥无馀，其贻误大情形，至是益信而有征。嵩焘七月廿二日一疏，诚虑朝廷为其虚侨之言所蔽惑，而不及考其事状，谨并录次巴兰德问答之言，上呈钧鉴。其他辨论极繁，以久未载日记，一切须由翻译编次。急切回伦敦，不能即时录呈。要其大端，扼要处亦无以逾此。

嵩焘衰病侵寻，才力短乏，既经奉使出洋，稍可以自效涓埃，亦幸勉竭愚忱，以期裨益大局，消弭衅端。而为刘锡鸿困辱摧伤，悲愤填膺，万念灰绝。去年七月以后，浸成不寐之证，至今二月，呕血盈盂，始稍能安寝，而心气销耗尽矣！自惟薄德，招致诟侮，无不可忍受，而一挟其媒孽构陷之私，深文巧诋，其处心积虑，穷于思议。而在嵩焘，固万无可以久居西洋之理，即其矜张谬妄、偾事启侮，觍然与之同列，亦不能不内怀愧疚。

读御史欧阳云一疏，指为互相攻揭。嵩焘不肖，何至与刘锡鸿量长絜短？此生羞辱，更复何穷！兼闻论列嵩焘至十款之多，于伦敦所揭三大罪外，又复编造多端，天理人心，沦丧斯尽，尤为斯道之忧！嵩焘区区所内自咎者，三年以来，欲使士大夫稍明洋务，言之直切，亦以身任其事，必求一通其蔽而解其纷，而终无能而有所启发，而诟谤遍天下。耿耿愚忱，旦夕告归，始终于此。求稍有济益，以不负此心。自令脱离使事，谨当结口卷舌，不复语及洋务矣。敬敂钧安。

嵩焘谨启　九月初一日

致朱克敬[①] 九月初五日

香荪仁兄大人阁下：

六月十五日奉致公缄一件，想尘签记。往常论近日考求洋务三人，合肥伯相能见其大，沈尚书能得其实，丁中丞能致其精。吾于合肥及幼丹、禹生诸君无能为役，精神才力，穷极推求，亦万不能逮，独所及见透顶第一义，则亦有诸公所未及者。颇自谓所见载记以来，规模气象，凡分三等，议论亦因之而变。三代所

①据《中和月刊》第一卷十二期辑，1940年出版。原未署年份，此据本函内容考定。

尚，德、礼而已，诵诗读书，可以想象得之。秦汉以后，气象一变，务功利，争形势，随国势之强弱而皆有以自立。南宋以后，气象又一变，尽天下之大，靡靡焉以议论争胜，国强则务为陵竞，弱则枵然无以自处。既于此辨知天下之得失矣，又益考求三代以来保邦制国之经，及儒先之论说是非之当否，沛然无所疑于其心，而后体察各国之情伪，与其所见为利病避就者，以辨证古今之异同。三十年来，自信于此确有所得。孟子曰："当今之世，舍我其谁也。"诚亦无所多让。

前后广东、福建处置洋务十馀事，皆一时指目为烦难无可措手者，应弦赴节，屡收其效，妄意天下只是一理。京师略据所见陈之，阻遏百端，无能一达其说，而遂以招天下之大诟，而处置洋务，颠倒歧误，终其所言无一不验者。是以谤毁遍天下，而吾心泰然。自谓考诸三王而不谬，俟诸百世圣人而不惑。然其所以犯骂讥笑侮而不悔者，求有益国家也，非无端自取其声名而毁灭之以为快也。终无裨益，可以止矣。

录寄总署日记一帙，自属觇国之义，原不应以付刊。既已刊布，又因一言而中悔，以贻笑远近，所损尤多。抑不知七万里远行，果求有益国家耶？将视区区此身投诸四裔，以御魑魅，苟取挫辱之而已。士大夫济济盈廷，莫能辨也。当国者亦一付之公论而抑扬之。然则此行为高谈节义者树之的，使相与彀弓拾矢，猎取声名以为笑耳。

八月中已陈请销差，近复有自陈一疏，谨录呈。度乡人必有相为惋惜，或更相诮让，祈以是晓譬之。近事有奉告者。《烟台条约》，至今未议准。口岸已开，而洋烟征税一节，各关无敢置问者，以德国修约，相持方急，英人安处以待之。月前有平安会绅来见，致赞颂之词，答复数语，该绅以列之新报，于是英国公会见新报者直责外部，以不允《烟台条约》为不合公法，上书诘之。此间人心风俗务守礼如此，以中国视之，能无愧叹？两件并录呈。即颂道安。

愚弟嵩焘顿首　九月初五日

此两稿并乞转交意城、海老、樾老，求问安。抄呈折稿，祈交性老、研老、宇翁、力翁、皞臣、壬秋公阅之。其两稿，非有知者不足相示也。

致沙里斯百里[1] 九月初六日

大清钦差大臣兵部左堂郭，为照会事：

本年四月内，准本国总理衙门来文，一千八百七十六年，福建厦门商人怡记行雇工安陀鸟枪毙渔户王小加、庄薄二名一案，经本大臣照会贵侯爵，查明傅署公使如何呈报此案情形示复。旋准复称：本国现在查核日久，未准复到。嗣经本大臣缕述中西律法轻重悬殊，办理案件多致参差，请明示一章程，亦未尚示复。

兹查安陀鸟既非英国人民，自不能由领事交出，而王小加等因小故戕毙二命，其情实堪悯恻，应由怡记行主量给其家抚恤银两，以凭暂行完结此案。其安陀鸟一名，应俟到案后再行核办。已据情咨明本国总理衙门，转咨福建督部堂，札饬兴泉永道会同厦门领事官酌量情形，令怡记行量给王小加、庄薄等二家眷属抚恤银两，暂将此案议结。应请贵侯爵饬知驻京公使，转饬厦门领事官，会商兴泉永道妥为办理完结，以省文移。为此照会贵侯爵，

---

①据英国国家档案馆藏原件辑，F. O，17-794。

请烦查照施行。须至照会者。

右照会大英钦命总理各国事务衙门侯爵丞相沙。

致扫尔斯伯里[①]九月十九日

中国钦差收到扫尔斯伯里侯讣文，甚为伤悼，因闻骇腮公贵妃、英国及爱尔兰公主阿里斯君主之第一女仙逝，望贵侯爵赶速于君主前道达本大臣吊慰之意。若非北京相距遥远及寄信之难，中国皇上亦必饬令本大臣代为致唁也。

致沙里斯百里[②]十月初八日

大清钦差大臣兵部左堂郭，为照会事：

窃照前派胡璇泽充当新加坡领事一案，于一千八百七十八年正月十五日接准德伯爵来文，已转咨理藩院札饬新加坡总督，暂认胡璇泽为中国驻扎新加坡领事官，一面等候该员文凭。至本国君主敕书，须待本部接到胡领事文凭之后，方能发给等因。当经本大臣咨请本国总理衙门颁给，以资信守在案。

兹准本国总理衙门将应给胡领事文凭咨送前来，用特送阅，即请贵侯爵查照前文，奏请颁给君主敕书一道，并将文凭一并咨还本大臣，以凭发给新加坡胡领事祗领，俾资信守。相应照会贵侯爵，请烦查照示复施行。须至照会者。

---

①据黎庶昌《西洋杂志》辑，岳麓书社 1981 年 6 月出版。原未署时间，此据本函内容考定。扫尔斯伯里系英国侯爵。

②据英国国家档案馆藏原件辑，F. O，17-794。

右照会大英钦命总理各国事务侯爵丞相沙。

致沙里斯百里[①] 十月初八日

大清钦差大臣兵部左堂郭，为照会事：

现据英属啯哆利埠广利、泰源隆、永祥、泰巽成、泰昌源、信宜栈等商人暨工作人等联名禀称，窃商等籍隶中国，在亚美利加洲英属件尼地省之啯哆利埠，或贩卖货物，或受雇工作，业已有年。今春，闻新议事官有苛派华人税银之议，满拟本处谣言，断无是事。查英国人在我中国，既无收税银之事，岂中国人在英国有收税银之理。及至六月间，所闻已确，并议定每人收税银每年四十大元，不过管啯哆利官长尚未签字。商等即赶紧往见，面请免签。据云：此事由件尼地总督作主，如无谕来停止，不能不签。商等旋由电报告知件尼地总督，据复云：俟有禀到日，须质讯后方能定夺。商等遂延请状师立巴臣作禀，于八月初四日寄往件尼地，尚未奉到批复。昨十一日，有带领官差前来催收税银者，其言税银谓之忒士银，手持忒士纸，声称奉宪代皇家收取，每人按年纳忒士银四十大元，分四季取。如不照纳，下一礼拜即来搬取货物，以便充公等语。本埠新闻纸亦如此说。商等刻尚推挨未付，而工作者已有被东人扣银代纳。此例一行，在商等蝇头微利，已属不支。工作穷民实难为继，且有游手之人，日食尚难，亦令照纳，势更难行。现在群情汹汹，恐激事端。大局攸关，沥情上禀，伏乞俯赐保护，得遂生业。商等不望英国格外优待，但求与待各国视同一例，实为幸甚等情。到本大臣。

---

①据英国国家档案馆藏原件辑，F. O，17-794。

据此，正在咨达间，适接出使美、日、秘鲁大臣陈来函，转据该商人等禀同前，由商请本大臣转咨免派前来。查贵国所属优待各国人民，从无歧视。该广利、泰源隆等商，或有与此地方不相宜之处，亦应据事理论，未宜概加以苛敛。计布利比时科仑里亚总督亦必商之藩部尚书，查照通行章程，设法禁止。本大臣亦不能不据情照会贵侯爵，请烦查照转咨藩部尚书，照饬布利比时科仑里亚总督，核饬免派，以安民业，望切施行。须至照会者。

右照会大英钦命总理各国事务侯爵丞相沙。

致沙里斯百里[①] 十月二十五日

大清钦差大臣兵部左堂郭，为照会事：

现准闽浙督部堂何、福州将军庆、福建抚部院吴咨开，乌石山毁拆教堂一案，其原起于一千八百五十年，牧师温敦租住道山观左边前后房屋二进，又添租右边房屋，又添租小地一块，均系按年缴纳租价。一千八百六十六年，牧师胡约翰承受民人黄祥陞盗卖文昌宫官地一块，经绅董周丰元禀控，侯官县讯断，限期立约，二十年退还，亦系按年缴纳租价。陆续在所租房屋地基改建教堂楼房，民人均不敢阻止。一千八百七十一年以后，渐次编篱圈占山地，旋复加筑垣墙。一千八百七十七年夏间，经绅董林应霖等禀控，前抚部院丁因与领事官星察理酌商，以乌石山关系省城来脉，阖省绅民均不愿建造楼房，议将近年盖造电线局地基对换，略贴修理之费。星领事、胡牧师均各欣然，云须请示本国公会教首办理。迨经催问，据星领事复称，公会回信，不愿对换，

①据英国国家档案馆藏原件辑，F. O，17-794。

仍须候外部大臣议复，再行核办。至本年夏间，胡牧师又于圈占公地建造房屋，复经绅董林应霖等禀控，札饬福州府延守督同厅县勘丈。胡牧师与绅民争哄，各不相下，致有焚毁教堂之事。咨商本大臣照会贵侯爵，据事申论，免致为胡教师一面之词所蔽惑等因。准此。

本大臣昨见新报，闻乌石山又出拆毁教堂事故，不胜焦灼。兹准福建督部堂、将军、抚部院会咨，及抄录各案由，始知控案已历多年，胡牧师今年添造房屋，自不免有错误。按各国律例，凡属限平近理，而于胡牧师时有怨言，应请商知公会教首，稍为调易他处，以服人心。合将福建送到图说一张附送察核，相应照会贵侯爵，请烦查照详加核议，以昭大公，望切施行。须至照会者。

附送福建图说一张。

右照会大英钦命总理各国事务侯爵丞相沙。

致奕䜣[1] 十一月初六日

王爷中堂大人阁下：

十月十三日呈上一函，想蒙钧鉴。日来办理事件有应上陈者，谨按款缕晰言之。

一、威妥玛已于十月廿一日启行，先日来见，云取道印度，留住二十馀日，正月可以抵上海，二月进京。巴兰德前在巴黎，亦云二月准回京，是两相期约也。嵩焘诘以《烟台条约》究应如

①据《近代史资料》总88号辑，1996年5月出版。原件藏辽宁省博物馆，原未署年份，此据本函内容考定。

何归结，请示其略。威云：有两法，其一定立子口税处所，凡属洋货，一概免厘；其一毁弃《烟台条约》，一照旧条约办理。郭大人照会外部，言各国受益处皆已行，中国受益处至今不行，只好将所受益处一并退还。嵩焘谓：此二说均是准照各国通行条约，无不可行者。嵩焘却亦有二语奉约，其一，洋药厘税由威大人定议，必得照行；其一子口税必归海关征收。威云：原定所遇第一关卡征收子口税。嵩焘谓：是固然，然关卡有定，所通商各口四达，交通水陆纷歧，就卡征收实两不便。威云：到处有厘卡。嵩焘谓：厘卡、关税截然两道。北路天津、牛庄、烟台并无厘税所在，添设子口一卡，实亦不易，且方为免厘之议，亦不能据为常法。威云：中国厘税万不能免，我尔能知其详。不过洋货免厘载在条约，决须照行。嵩焘谓：厘金迫不得已之计，终久须停。威云：此事尽易商量，非难了之事。惟虑所议支梧，全无归宿处，使人无凭处办。察看巴兰德情形，意在免厘，而威妥玛仍只据洋货为言，应如何办理之处，似须先有定见，而后可以随机应之。谨详录其临行所言，上备鉴裁。凡此皆其扼要处，其他议论尚繁，非关要义，不足详述。

一、乌石山焚毁教堂一案。十月初十日准福建来咨，以此事尽有理可据，即行照会外部。正值发信之期，因录照会原稿呈核并函复福建。此间翻译每译一稿动需数日，细阅乌石山图说，实为关系紧要之件，稽捡来文所叙，清理其岁月与其事由，并此次启衅始末，详加签注，一据公律为断。附译洋文，与所译照会一同递送。但令外间办理得法，必不至为所持。以教士之权虽盛，而公例不能逾越，亦足免外部之袒护也。仍具公牍咨呈备案。

一、北美利加之北有英国属地，统名曰布利比时科仑里亚，其海口曰喊哆利埠，中国亦有在此营商者。近年美国金山与华人忤，屡滋事端，于是迁往咸哆利者日多，英人不愿也。适会澳大利洲之魁英斯有加华人身税之议，乃亦定每人征四十元，广利、泰巽成等诸商先发电报诉知。诣外部探询，言此事属之藩部，未闻其详。已乃得其联名一呈，急与照会外部，得其复文，经转咨藩部核办。

西洋通商各口设立领事，经理商务，其事顺而易。中国在日本者尚为近之，其在西洋，专为保护工作游民而已，而屯聚华民日多，亦须有领事经理。既以繁费为忧，又于地方情形终苦无从探悉。澳大利洲总督哲尔威斯夏间回伦敦，言英国所属四大部皆设总督，苏士阿尔得里多总督实兼统之，其地旷土尤多，甚愿招致中国人开垦，与魁英斯壤地相接，而无至者。与商设立领事，哲尔威斯欣然以为宜。嵩焘亦竟未敢举办也。英四属地华民为多，仅新加坡一处设立领事而已，所应办理事件正复不少。

一、古巴招工事宜，英国禁买黑奴会凡三至公馆，宣诵议论，其前二次均经详悉上陈。昨廿九日其会尚书格尔理及参赞斯得尔治、费得候斯、温非尔得、吉洛茀二十人至，先呈递吉洛菲辨论中国所定条约十四款。斯得尔治因宣诵所拟十款，乞中国国家照行，并谓此事早心虑之，故不惮再三陈说。

温非尔得自言，十年前在议政院已力陈古巴招工宜设法禁止。近数年，澳门幸已禁止招工出洋。此次又复开禁，是以心尤急迫。嵩焘言：情形却有不同，往年招工掠买而已。此次却是明定招工章程。温非尔得言：既准招工，即不能防其掠买。嵩焘谓：澳门为葡萄牙占住，中国不能稽查，此等仍须各国一体示禁。近数年停止招工亦多，赖各国禁止之力。温非尔得言：中国何以不直截禁止。嵩焘谓：中国生齿日繁，出洋谋生，国家亦不肯示禁，其实中国人承工自食其力。古巴招工，藉其力以制造居积，实亦两得其益。而日人必设诡计，虐使而苛待之，陷人困阨危苦之中。居心不良，亦何至此。

吉洛茀言，斯得尔治所拟十款办法，最是要紧。嵩焘谓：初见吉洛茀议论透澈之至，却愁章程已定，翻异为难，及见斯得尔治十款，准此以立言，或冀补救一二分，皆出诸君之惠，中国实是不知此等情节，如所言古巴招工会章程酷毒如此，中国竟不能知。吉洛茀言：陈钦差在古巴深知之，其记载甚详，字字皆系实情。嵩焘因问：总领事报单言，古巴新起一会，是否即招工会，抑别一会？吉洛茀言：招工会是一千八百七十年前，英国禁买黑奴，日人因创为招工之议，设会经理，是为官局，而所用章程仍然掠买黑奴之章程也。其会内副尚书意麦尔斯尤凶险，造恶多端，章程多出其手。此次设立之会，又系各制造甘蔗厂主持，是为私局，而其根源实出一气。因自言在古巴充当领事三十三年，一意救护，中国人亦多资其力以谋生者。此次邀集大众见钦差，皆私约会，不敢声张。以古巴招工会诡诈百出，恐又预为防备之计，所以钦差欲刊刻辨论十四款，我等但请钦差至中国刊刻，不在此刊刻，即是此意。闻钦差旦夕回国，务求主持此议施行，稍有疑难，以一书径达，本会必能为尽力。

查英国禁买黑奴，办理六七十年，费至数百万，主持者国家，而经营、筹画、积资竭力以为之者，实此会也。于议论古巴招工事，颇心服其为善之勇，用心之专。谨将译出二纸并原文寄呈，可否由衙门径饬出使日国大臣照会外部，补叙条约中未详明者及删除同类等字样，并函知驻英使臣，请其外部知照英国驻日公使，为订正条约之一助，似所关条约亦不小也。西洋各国风俗人心，以日斯巴牙为最坏，俪秋能知其详，而于定议条约时竟未一加辨正，何也？

一、俄土和约议论纷繁。顷英相毕根士由在梅尔公会宣言：国家事，君与执政大臣主之，岂他人所能参与？俄土公约定限九个月内一体照行，今甫及九月，俄军在君士但丁者已退，在格力布里者亦退，不为不遵。各国执政大臣公定条约自是重大，而人辄谓此约必有翻异。但有一国翻异，请我国议院准我执词以诘之。又或以印度为忧。俄国距印度远，中隔沙漠数千里，彼能来，我亦能拒之。惟东土耳其距印度最为直捷，于此必应保护。嵩焘闻此言，深服其语担斤两。次日，德、法诸国新报，皆诵其言有力量，俄人亦遂气折，暂不翻异此约。而印度、阿富汗已于廿六日分三路进兵，北路古鲁目已夺获克戛巴底亚炮台，中路基伯尔已夺获阿里莫斯颉得炮台并即廿六日事，已见电报。俄人若助阿富汗，战事恐未已也。敬叩钧安！

嵩焘谨启　十一月初六日

附呈钞折三件、洋文二件。

复刘瑞芬[①] 十一月初六日

芝田仁兄大人阁下：

秋间奉书申贺荣喜，想登签室。顺读惠函，渥承勤勤垂注之盛心，为增感荷。敬谂道隆政溥，茀庆蕃臻，钦祝何已。

嵩焘以衰病之年，为七万里之役，无补丝毫，而所遭遇穷奇，为今古见闻所未有。八月内两见《申报》调侃甚至，嵩焘于此素

①据赵一生、王翼奇主编《香书轩秘藏名人书翰》上册辑，浙江古籍出版社2005年出版。原未署年份，此据本函内容考定。

所不介意也。于吴子让为同年，道上海并不与一见。得此两段议论，追求数月，顷稍探知刘锡鸿相构之深。

其一，茶会，西洋礼也。居此两年，赴茶会太多，稍一报之。侍人相随西洋，甫至而外部德尔比夫人首先就见，嗣是求见者日众，有专设茶会邀所亲妇女就见者。凡茶会，大者万人，小者亦数百千人，主人惟立门首一迎。至是亦令侍人立楼门后，迎所识妇女，均见之新报，《申报》乃增入“入坐欢宴”等语。久乃闻刘锡鸿见此等新报，译送总署而加函载入“握手为礼”、“入坐欢宴”，肆意丑诋，《申报》直承刘锡鸿信语而为之词耳。其一，古得曼画相一段议论，伦敦全无踪影。古得曼本为刘锡鸿作画，马格里为之关说，求得照相为底本。画既成，始至其作画处，相对修饰。其造作言语相刺讥，吾不能知，而伦敦数十新报无此段议论，《申报》从何传述？已由马格里两发电报诘之，并马格里及古得曼辨辞，《申报》尚在枝梧，殊为可憾。而刘锡鸿实惯作此等伎俩，翻译博郎屡造作言语，刻入伦敦新报，此报必其所为。此二者亦必得一理落也。

武弁、供事二成安家银两，均系按月整支，前得褚心斋观察详报，为畸零之数，未免镠辖。顷闻曾侯已出洋，腊月可至巴黎，所有安家银两，应整支至十二月初七日为止。特此奉恳。敬请台安。大衔谨璧。

愚弟嵩焘顿首　十一月初六日

致沈葆桢十一月①

书缄往复，思仰无穷。敬谂福躬近益康和，东南保障，天意实呵护之。冬寒日臻，诸想佳善，祷祝无量。

嵩焘此行，有类悬的以资弹射，于心亦无咎悔。独于办理洋务机宜，颇谓粗有所见，而终一不能自达，且至援引无赖，逼处凭陵，挟戈矛求逞。非独薄德无能，以自贻戚。人心之变幻，不足生其廉耻而发其蒙塞，然且曰：是固可以邀一时之名，以希无穷之获也。然则人世尚可与共居，而艰难尚可与求共济耶？用是毅然求退，谨引避之而已。

窃论今时办理洋务，一曰求制胜之术。其大本大原处不敢遽言也，稍清理其节目，以求所以自立，涂饰一时耳目，固亦有乘机立断之方，有循序渐进之略，期之三年五年以达数十年之久。吾曹心力犹及为之，然非有力求振兴之资，震荡昭苏，扩充积累，终亦无济。二曰了事。一切政教风俗皆不敢言变更，而苟幸一时之无事，则所以了事之方，熟思而审处之，勤求而力行之，亦迫不容缓矣。其大要亦有三：分别功过以为用人之程，讨论得失以为制事之准，熟览中外情势以为应付之方，如是而后可与言了事。三曰敷衍。事至而不暇深求其理，物来而不及逆制其萌，几于坐困矣。如是，则且随宜敷衍。然而情伪利病之间，缓急轻重之势稍有不明，则愈敷衍而愈至坐困。所谓敷衍者，审事以处之，度情以应之，使无求逞而已，非待召衅启侮、陵跞要挟而后与言敷衍也。嵩焘于是三者，亦常勉行之而勉言之，自谓有效矣，而挤

①据《罪言存略》同函校补。

排缘于所昵，诟辱积于盈廷，必使其志事倾毁无馀而后已！

古礼废亡，学术不明，其所由来者久矣。嵩焘读书涉世垂四十年，实见人才、国势关系本原大计，莫急于学。而自秦、汉以来，学校之不修，二千馀年流极败坏，以至今日。《周官》成均教国子之法统于大司乐，所陈之物象、所肄之仪法，由本朝上推至历代，旁及四夷，校其升降隆杀。其于礼、乐二者，明其体而达其用，穷其源而析其流，尽古今之变而备人事之宜，此其大经矣。而其为教，本之于心曰六德，被之于身曰六行，施之于事曰六艺，又皆有其浅深次第之用，而一要之于成。汉武帝广厉学官，著为功令，一以利诱进之，于是三代学校之制荡焉无存。其高者务为虚文，而于本之心、被之身者既有所不暇。及其下者，于古人游于艺之文又一皆薄视之，以为无与于大道而不屑为，是以终日读书为学而不知其何事，意以为苟习为虚文以取科名富贵，即学之事毕矣。

至泰西而见三代学校之制犹有一二存者，大抵规模整肃，讨论精详，而一皆致之实用，不为虚文。宜先就通商口岸开设学馆，求为征实致用之学。略举其义，一曰分堂以立为学之程，二曰计时以示用功之准，三曰明定规则以使有依循，四曰分别去留以使知劝戒。行之有效，渐次推广至各省以达县、乡，期以广益学校之制，通其变而济其穷。

体察天下大势，与西洋交涉已成终古不易之局。彼方一切取成于学，逼处环伺，以相诘难，而我贸贸焉无以应之，实亦吾辈之大耻。往与何愿船部郎论洋务，深中肯綮，问以曾涉历洋务乎，曰："未也。经史传记、先儒百家之言昭著灿列，奚待涉历而知之！"嵩焘惊叹其言，以为极古今之变，不越此理而已，苟通其理，万事万物无弗通者。其后周旋士大夫，见所言能征之实，其于读书观理所得必多矣。是以办理洋务四十年，知者绝少；无他，不学故也。此实今时之要务，而未可一日视为缓图者也。

至于嵩焘之遭诟谤，尤以两湖为甚。惟其所见愈狭，而所持之论乃愈坚。曾文正在天津，诚有过者，乃在不明立科条，分别从教者之良莠，以使百姓与教民两无猜嫌。至其办理教案，则亦天理人情之至矣，而津人毁之，湖南人尤相与毁之。询以津事始末，无能知者。道之不明，而意气之激以不得其平，则亦何词不可逞，何罪不可诬哉！如曾文正功德在天下，立身制行卓卓如是，而犹为议论所集，于嵩焘何有？虽然，文正公为天下了事，声名之美恶不当复顾。嵩焘并无了事之权，徒欲发明其义，为天下任谤，以使在事者有所借手以行其意，而终以不相谅。悠悠终古，谁与明之？文正公处于不能退之势，则以进为义；嵩焘处于不能进之处，则以退为义，各行其心之所安而已。

病体益衰，精力短乏，尤不堪事任。外度之世，内度之身，自计已审。若徒以人言而已，生世不过百年，百年以后，此身与言者之口俱尽，功名无显于时，道德无闻于身，谁复能举其姓名者？区区一时之毁誉，其犹飘风，须臾变灭，良亦无足计耳。

致奕䜣[1] 十二月初三日

王爷中堂大人阁下：

十一月初六日寄呈一函，想蒙钧鉴。比因崇宫保由马赛登程，先期至巴黎迎候。凡留住七日，恭询道体康娱，致和履福，钦祝

①据《近代史资料》总第88号辑，中国社会科学出版社1996年5月出版。原件藏辽宁省博物馆，原未署年份，此据本函内容考定。

无量。适有应咨呈事件，谨将近事有关系者，条列上陈，伏求赐复。

一、威妥玛濒行，与言《烟台条约》，以两事相要。内洋药厘捐，威妥玛曾面允，每箱统加至七十两为度。经函告合肥伯相，其子口税应就各海关征收，往复辨论，亦无异言。察看情形，洋货免厘载在条约，势须照行，宜先定计与议，以求补编得半之术。英国公论，深以《烟台条约》久未议准为咎。十一月内开会堂，十日筹商阿富汗兵费，议绅尚言及之。闻巴兰德至伦敦，英国外部亦催其及早定议。巴兰德在巴黎面告嵩焘：《烟台条约》不能由英国专断。此其前后情事之明证也。

一、英、俄两国积衅日深，各怀联合中国之意。每见沙遒斯白里，必申论中英两国交谊宜日加厚而訾毁俄人，甚至伦敦新报屡言：中俄之交合，则印度孤悬，其势益危，宜及中、俄之有事也，急连中国之交，相为犄角，以拒俄人。言之若甚迫切者。威妥玛曾告言：中、英两国应于中亚细亚泰西名西域一带地方为中亚细亚另立条约，枝拒俄人。嵩焘不敢应也。泰西情势大抵相同，以英人之欲比附中国，窃度俄人之心当亦不远。而俄国新报反盛言：伊犁关系中亚细亚全局，万不能还之中国，或者甚为之词，以为见好中国之资，亦未可知。阴观相其用心，各自有归宿处。一切情形已告崇宫保崇宫保此行气象光昌，海行四十馀日未遇风，福兮尤不可及。仰赖国家神灵，其中极有转旋之机，必能发摅至计，宣播朝廷西眷之意，指挥定议，良以私庆。

一、福建乌石山教案两次照会，两次晤谈，均极情理之平。初见外部侍郎旁思苐得，言见来文，情理极明，与驻京公使及领事及水师提督亦皆有呈报。问水师提督呈报何为？曰：初起事时，恐致伤毙人命，由领事、关会、水师救护，不能不先呈报。问所办情节当有参差？曰：然。然本国交涉事务，一依公律办理，必不庇护；一教士体察情形，移换教堂一节，必应照行。次见沙酒斯白理，所言尤详，谨另录呈。窃计此案大端，办法无以逾此。致何小宋制军书详言之，并呈钧览。

一、美国前伯理玺天德忽与其公使来见，告言当一游历中国。语以中土风俗质朴，不如此间繁盛无可游者。曰：闻其地山水佳胜，当一开廓眼界。语以有山川而无制造。曰：中土立国五千年，政教礼乐开各国之先，必应一游览，以互证其得失。当由印度以达西贡，至安南，然后前诣中国，乃逾日本涉太平洋而归。盖此伯理玺天德游历欧罗巴各国，已逾两年，时谋编览九瀛之胜，其势不能遏也。因语以上海、天津皆有机器局可一游，李中堂亦必能款接。京师可游者二处，一天文台，一太学。太学大成门有石鼓文字，其旧者传自西周至宇文周而已，坏其一鼓，四千年法物也。此外皆不能游历。历代古迹多在佛寺、道观，尚可一游。伯理玺天德闻之甚喜，退语其公使诺阿业：中国太后垂帘，圣躬尚在冲龄，不能为接见之理，一切均与言明。应请俟美国驻京公使通报，先遣材官问劳，即用洋文约其至总理衙门一饭，请各国公使奉陪，用长方桌陈设。王爷居中，伯理玺天德居右，威妥玛居左，馀皆以次叙坐。次日派一章京陪同，一诣太学及观象台，以后俟其告行　送劳而已。嵩焘并以此意函告合肥伯相及上海道，接待之礼，大致略同，惟入海口声炮二十一，犹接国王之礼也。应否如此办理，伏候钧酌。其公使诺阿业询具伯理玺天德行期并录呈。

一、巴黎大会，中国陈设货物亦值数十万，约售及十分之八。惟胡雪岩绸缎各物估值太昂，才售及一二成。嵩焘往观五次，纵横陈设数十里。各国承办大会者，既夜而入，将晡而归，精者罗列案端，或护以玻璃，粗者一委之地，夜不收藏，亦无门阑，亦不留人看守，由其国家派巡捕数千人昼夜川巡，寸缕尺木一无遗失。宁波绅士孙稼承办营造工程，亦运置货物，乃于大会散罢之后，被窃于其旅寓。嵩焘未至巴黎。已来公馆具呈，急与照会外部，得其复文。以情事论之，疑由其工匠所为，非关外盗。然英、法两国盗贼无敢公行窃掠，而其术艺常通神，有非所能测量者，只能催取外部查办而已，来往文件并录呈。

一、英兵由印度分三路进取阿富汗，其北路统将罗伯斯亦宿将也。既攻得古鲁目炮台，进击稗窪尔山，阿富汗兵溃，尽得其军火聚粮，遂进至舍得尔嘎尔登，距喀布洛都城八十英里。阿富汗王避至巴尔克，盖由布哈尔通俄之路也。当俄、土相持时，俄人遣使勾通阿富汗以窥印度。英人调兵舰六艘，越黑龙江口以窥扼底苇克斯。其地煤产甚丰，俄人用以贩运，南洋亦设船厂，其中踞为重镇。前吉林将军咨称海参崴者，即其地也。而阿富汗终以是承其敝，英人谋置为印度之外藩计，当另立条约，防拒俄人，不必夺踞其地也。

一、嵩焘规模狭隘，自守硁硁，非实见为裨益国家，不敢举办。奉使两年，阅历所及，一应章程，及随从各员有应准情度事，呈备案者多，惭语言无足取重，应俟曾劼刚到后妥筹会咨，期稍尽其愚而已。馀详公牍，不更烦渎。敬敏钧安！

嵩焘谨启　十二月初三日

附呈钞折七件。

光绪五年

致奕䜣[1] 正月初四日

王爷中堂大人阁下：

腊月初三日寄呈一缄，想蒙钧鉴。献岁发春，敬谂福履康和，德猷绥动，祷祝无量。

曾劼刚述及福建乌石山案，闻日来伦敦教会投诉外部甚力，外部以嵩焘待论尚正，拒不允，教会为之哗然。情节尚多委曲，未易就绪。此等关键，全在各地方办理得法，如良御总六辔以行其操纵之权，虽有泛驾，犹受驭也。此间但能明其理而已，其权力固不足取胜。即外部据律法为言，而其应行与否，一授其权于公使及领事等，不为之遥制。询及镇江趸船亦至，今尚未移徙，此可见其大概。似地方办理诸事，常先示之准绳、法度，使是非功过不能相掩，庶几分数明而后有以折服外人之心，以不敢相抗。此今日所宜急筹者也。

崇宫保至俄，录示国书，俄人据以为二等公使，云当发电报探问，已见此间新报。西洋公使所以有三等之分者，一曰安邦萨多尔，一曰米尼斯得。而米尼斯得又分两等，一曰米尼斯得布来宜波登什尔里布。来宜，译言权也；波登什尔里犹秉权行事之意。一曰米尼斯得勒西登得勒，西登得译言驻扎也。英、法两国公使

---

①据《近代史资料》总第88号辑，中国社会科学出版社1996年5月出版。原件藏辽宁省博物馆，原未署年份，此据本函内容考定。

名册，于二等公使皆译曰全权之大臣。盖凡充公使者，皆有议论处置之权也。

俄人于泰西最称诡变，因遂据以相难。顷见新报言，新疆事有两节最关紧要，其一言哈吉目刊都拉领所部由茀尔克纳进入喀什噶尔。哈吉目刊都拉即前与古里贝争立者也，并为俄人所收纳。若果有是，则是俄人暗助之也。其一言伊犁交界，俄官已会晤塔尔巴哈台参赞大臣，告知俄国派兵一队至塔尔巴哈台保护俄民，以俄商有在塔尔巴哈台被戕者。似此俄人构衅方长，新疆后患恐未有已。

英人用兵阿富汗，另刻小图，于西域各国地势界划分明。印度属部喀什密尔，其王尚存，英人欲令兼并基得拉尔，逾越雪山，以求与俄人相持。其地距叶尔羌一岭之隔，英、俄两国接境，仅布哈尔沙漠之地间之，而布哈尔又贫弱，不能自立。新疆相与枝柱，所关殆非细也。谨呈小图一分，用备考览。基发久为俄并，各国不允其兼并也。故不界入俄地，而以伊犁属之，俄尤堪愤惋。

嵩焘在巴黎与劼刚一见外部瓦定敦，即回伦敦料理，随于开春四日抵伦敦，移交一切。初五日一船未能赶上，当候至十九日，由马赛启行。病躯虚惫已极，急求调理，约须四五月后始能趋承钧教。此次奏报交卸，附片陈明。上海无文案相随，不另具折也。敬敏钧安！

嵩焘谨启　正月初四日

英君主及其相毕根斯由均有见属之言，不能不上达。附呈日记两则并他照会三件，共呈折三扣。

致奕䜣[1] 三月十五日

王爷中堂大人阁下：

正月初四日由伦敦寄呈一缄，想蒙钧鉴。嵩焘交卸后，以初十日回巴黎，十三日赴马赛，又由马赛赴类布勒斯，凡行海道四十六日乃抵上海。长途苦病，尚须小驻数日，以资养息。所有应行咨报事件，谨备公牍上陈，仍将大概情形按款申列，伏候采择。

一、英国君主与其相臣毕根斯由属令陈达之言，并已开呈清折。曾劼刚行抵伦敦，会同往见外部沙酒斯白里。沙酒斯言，钦差此行，使人歉然，未知接任者尚能赶上钦差否？语以曾侯精明强干，倍胜前任。沙酒斯言：如此实所深愿，请钦差回国，以本国国家之意达知朝廷，中、英两国必应交好。答以君主与毕根斯由所言，并同已达知本国总理衙门奏闻大皇帝。今承清论，仍当据以上达，总期两国同心合力，彼此相为卫护。沙酒斯言：甚喜闻此。嗣是始与劼刚相问劳。

泰西诸国之意类然，得其意可以驯而服之，否则日至乖忤。嵩焘诚知讥贬洋人为时论所归，生平处置洋务，多所辨争，亦尽可发摅洋人之无礼，以明其制胜之由．藉自表暴，邀取声誉。然念使臣之职在审求敌国情势，以为交际应付之资，其要专取了事而已，未宜掩取以为名，终自取辱，上贻朝廷忧。非独区区职分，应示国家远大之规，自强之术皆基于此，足以甘使此身任谤而不敢隐情。惜已取饰语言之末，以掩没其真情，贻误大局，无可追

[1] 据《近代史资料》总第88号辑，中国社会科学出版社1996年5月出版。原件藏辽宁省博物馆，原未署年份，此据本函内容考定。

悔。伏求垂谅。

一、劼刚遣派张倅斯栒护送，传达语言，亦稍有备办事件藉资料理，所领盘费金洋一千六百磅，并由张倅支销，略分四款开报，在伦敦移交。两年日用簿据并存交劼刚。此次张倅经手细数，亦令呈交劼刚，以凭造报。通计随员相从东归，姚丞岳望一人，劼刚极意留之，不肯从，馀皆仍旧。

一、此次道西贡，始知法人夺踞安南嘉定诸部，尽有湄江以南地，即古占城国也。又越湄江以北六百馀里，共计一千八百馀里，几割安南之半。中国人民流寓安南故地三十万，而在西贡堤岸贸易工作四万馀人。法人定为口税三等，岁收已至三十万圆；下户岁纳五圆，其力常不能及，则捕系之充当苦工，常有抑药自裁者。嵩焘在西贡亲见捕系百馀人，询之西贡商民，无不蹙额相告。因查公使之设，上通国家之好，以导其疑滞，下联民商之情，以防其苛虐。如西贡逼近中国，而人民被毒如此。嵩焘见闻所及，不敢以业经销差，坐视不理。本应函商劼刚咨办，而又恐往返陈达，多延时日。经由嵩焘陈请，饬派领事，于是为顺而据此以与其外部议论，亦较为得力。其足任西贡领事，以候选道陈桂士为最，本经陈俪秋太常调赴古巴，力辞不敢往。西贡事势略同，而经理较易，道里亦较近。俟开办已有端倪，候选知县温宗彦可以继之。温宗彦现经合肥伯相派赴新加坡，措集招商局股分，其人亦有才干。本处绅商殷实练达者二人，一曰道衔候选知府张霈霖，一曰道衔颜宗贤，然皆商民也，与所订各国条约不符，恐反为法人所持，似可饬令帮办，以资得力。已另函劼刚斟酌奏派。

一、昨道香港，英使威妥玛已赴福建。窃度威使与丁禹生中丞交好，此行必易完结。上海见英领事达文波乃言：始滋事时，可以即时定议，日久变生，必不易了。旋复闻议定赔款六千两，尚可勉强定局，而其副刑事司默挖特自福建回，云正刑司弗琳史又将继往，未知究竟如何？大抵西洋办事，一断以律，而在中国往往违越律法。其驻京公使与其领事报知本国，多以危辞相訹，谓非是不能与中国相处，积久而遂习为故常。嵩焘于此稍能知其底蕴，常与揭出之，惟知其所以相难，足以遇事从容以解，无有迟疑改变。凡此皆嵩焘交涉之件，用敢缕陈。敬敏钧安！

嵩焘谨启　三月十五日

附呈手折一扣，仅据现在大势言之，以保护琉球立国自主为第一要，不足与争朝贡也。

再启者：顷由新加坡至上海，沿途听闻，叙述刘锡鸿议论，奇虽变幻，莫可穷诘。新加坡领事府述刘锡鸿之言：人谓我由郭某保举，此大谬。我在广东办理街团系郭某保举，此行奉特旨由相廷采访声名，勉强丐我一行，与郭某何涉？我在德国办理换约一切，均已料妥，德人悉皆折服。总理衙门恇怯无能，不敢与换，我实在无法，是以决计回京。至西贡，益自夸其折服德人之能。及至香港，闻其语，称出洋两年，深知洋人情形，必得一与决战，而总理衙门不敢，郭某则惟事叩头而已。于是李若农诸君叹服其言，以为胆识绝人。已而官绅自粤来见，述其议论，亦屡变易，谓此行专受郭某欺陵，亦举伦敦所指数三大罪，捏造多少问答之辞，言之略无愧怍。既又闻其归家后，群责以郭某相待厚人皆知之，指斥愈多，则理愈歉。刘锡鸿大省悟，方复咎嵩焘之欺陵以自解。比至上海，皆能知其狂悖，无与言者。

李勉林观察，故在天津识之，稍询其颠末。首举甲敦炮台披洋衣以对，又言嵩焘诬以吸食洋烟。勉林观察谓，刘京卿矜张傲戾，视嵩焘蔑然。区区愚拙之性，自少受先人训诫，一主于诚实，仕官三十馀年，未敢稍变所守，上以对越朝廷，下以监示中外，惟此愚直之一念，坦然行之不疑。刘京卿熟知京师谤讪之言与一切贱简之状，谓可以一逞其暴，但论嵩焘庸愚，不能堪事，分宜早退，以免久妨贤路，嵩焘亦所乐受。而必挟其虚诬媒孽，妄以相倾，陷人心风俗，流极败坏至于此，极可为寒心。

嵩焘疾病衰颓，屈身数万里之外，与刘京卿等辈为伍，从未敢引以为辱。刘京卿一部员，为嵩焘所引援，立求畔异以为名，遂至抗言，耻与嵩焘共事，是则今日比肩充使，皆刘京卿辱也。仰承钧命，艰难屈抑皆所不辞，而使为京师士大夫所耻，并为同事所耻，嵩焘之辱更何辞以自湔洗，终使郁郁以死为万世大戮，将谁与明其冤者？衰病昏迷，无可投诉。伏乞仁恩早赐放还，俾稍免于罪戾，无任百叩以请。再敂钧安！

嵩焘谨再启

再，顷接京信，叙述刘京卿春间编致所知书，称嵩焘迁就卑恭，大失使臣之体，实不愿与共事，惟求撤还。以是物论益哗，当事亦颇为其言所惑等语，阅之骇愕。刘京卿陵轹数月之久，初不测其用心，至七月杪，诸随员述悉其构陷之情。其据为嵩焘罪状凡三事，如柏金宫殿听音乐及见巴西国主，皆在五、六月以后。春间周旋，多属世爵议绅，以礼相接，偶与外部辨论一二事，尚由嵩焘格外推求，迁就卑恭，于何施之？自念生平，周旋应接，尤所短绌，一为进谀之词，已先嗫嚅，不能出诸其口，是以从未尝与人款曲。西洋语言文字略无知晓，辨说酬应，皆资传达，随员、翻译同所监视。

嵩焘以素所不习之卑恭，施之语言不通之地，刘京卿于此正须匡正维持，何以所诟怨专在屈充参赞一事，咆哮忿戾专在住房及行路后先诸小节？而于此等关系自春间已达之京师，嵩焘至今乃获闻知。京居日浅，本无知交关切，迟久乃得一二穷友告知其略。窃计此何关轻重而忘弃旧谊，刘锡鸿瞪目不能语，又复极口称究谓受欺陵太甚。勉林观察谓，此不类郭某为人，刘锡鸿遂亦嗒然自失。凡此反复变诈，更迭诬捏，层出不穷，而其历诋总理衙门，尤足以惑世诬民，乱天下之听。所闻皆出自其乡人，语语可以指证，用敢据实直陈。

至编造谣言列之《申报》，曾由伦敦咨呈一切情形。上海经英领事达文波盘诘再三，力为陈请，似其根源出自刘锡鸿，即其老谋诡谲，亦无能曲辨，良亦天下之乱民也。接合肥伯相书，谓其心术险诈，耻与为缘，仅复其一函，其后两函一置不答，深忧其怀怨憾，造作谣言。其词若有甚畏者，亦足证其为人矣。

嵩焘谨再启

复沈葆桢[①] 三月二十日

幼丹尚书同年大人阁下：

初五日抵上海，领读赐函，知方有入觐之行，北□[②]用弭节朝□[③]，想望风采。海程较邮程为便利，计期亦省四之三，自以取道沪渎为宜。惟据美署使何天爵言，其前伯理玺天德已抵新加坡，安南、暹罗约须耽延十馀日，闰月下旬可抵上海。极盼旌麾至上

①据柳诒徵编《陶风楼藏咸同名贤手札》辑，1930年影印出版，原未署年份，此据本函内容考定。

②③此处一字系原稿漫漶不清。

海会晤，或前或后，或趁便一尽地方之谊，均祈赐酌。

嵩焘交卸折内声明乞假三月，回籍就医，已奉俞允。乘坐轮船赴汉口，沿途停泊皆有程期，势不能奉诣一见，惟望□□俞允。见东洋电报，日本废琉球为县，上海议论纷如聚讼。嵩焘寓书合肥（伯）〔相〕国，筹所以自处之计，本不欲达之总署。会接张鲁生信，其意若甚窘迫，乃径上之总署，以为舍此更无他法。或日本不容，奈何？曰此为自处计耳。然求所以制胜日本，亦必如此，而后可以步骤相及，先令使臣论之，俟得其还报，另简大臣会同各国公使，与商保护琉球之法。各国以为日本是也，吾又何求以为是？非一切属之公论，日本岂能独抗？此所谓化私为公者也。

或曰总署不允，奈何？曰总署不允，岂惟区区，虽圣人焉用哉？此无他故，恐以免琉球贡为示弱耳。琉球且不能保其国，于贡何有？试自揣度，能却日本之争，而复琉球之旧乎？其有不能，非独无以对琉球也。两公使置身日本，何以自处？凡处天下事，当于仄路中求宽路，当展转而据于蒺藜。光武之报西域曰：东西南北自存也。何等光明正大。此等皆南北洋绝大交涉，不敢不录呈大教。西贡之设领事，日本之废琉球，皆与嵩焘无涉，疾病衰颓，求退之不遑，而妄筹及此，亦自行其愚而已。敬请台安。

年愚弟嵩焘顿首　三月廿日

致奕䜣[①] 四月初十日

王爷中堂大人阁下：

---

①据《近代史资料》总第88号辑，中国社会科学出版社1996年5月出版。原件藏辽宁省博物馆，原未署年份，此据本函内容考定。

上海濒行，领奉三月二十日钧谕，顷复奉闰月十六日钧谕。荷温慈之下逮，恍提面之亲承。其间垂谕一二端，有应陈复者，不敢不缕具梗概，推求事势之宜，以冀上备采择。

一、球案办法，以上海议论纷繁，皆力主用兵。窃度沿海地方粗谙洋务，所见犹如此，恐益滋人言之嚣，以眩惑听闻。勿论兵事利钝不可知也。琉球近在日本肘掖，中国之力无能远庇。一胜不足以为功，而徒恣其鹗张，则其势已先穷，故以为折冲俎豆之效，宜在此等，不足与逞兵威也。当时为蠲免琉球朝贡之议，以此廷臣所不敢置议，蹇蹇愚直之心，未敢稍怀瞻顾，诚谓能宣布此议，即一切办法裕如也。其令驻日公使传谕，其外部但假使臣之权，俾有词以自安。而与日廷争辩，保护琉球自立国，必另简大臣为之。

日本于此遣使中国，其心尤为狡诈。盖此事宜辨之日廷，中国无可置辩。彼其意专在延宕时日，以遂其废易琉球之谋，且藉以觇中国动静。宜急派使臣前赴日本，并饬其公使回国会办。各国公使之驻日者皆吾助也。何子峨星使函称：日人阻遏琉球朝贡，各国皆不谓然。然以朝贡为言，各国能持公论而不能为助，以保护琉球为言，则此义载之万国公法，必皆欣然乐从。日本以取效西洋为义，断不敢违西洋公义以求逞，而吾所据之理绰然有馀，亦足以昭示各国而明所以。兴灭国，继绝世，廓然一出于公，无所私利于其间。似此关系大局，尤为深切著明。前书未敢尽言，而为北南洋大臣言之甚详。审幾度势，计无出于此者，而尤宜速不宜缓。

幼丹制军以为，争之必启兵端，让之则得步进步，亦启兵端。嵩焘区区愚忱，谓此利在急争，无可让之理。此而可让，今日以施之琉球者，异时即以施之高丽，能堪数让乎？或谓日本狡强，未易与谋。窃又谓：以势与论利病，诚不易；以理与论得失，吾自处于有馀，而彼所持皆不足以自名。先儒言：惟无欲能制有欲。以彼狼吞鼠窃眈眈之欲当吾至公，而必縻矣。天下事孰有纵横可以尽意若此者乎？又何兵端之足与启乎？所耿耿私忧者，事机一去，徒启戎心，难与善其后耳。在上海时，急切为南北洋大臣屡陈之，诚见事机之迫而不容暂缓也。日本必为中国大患，其关键尤在高丽，今之逞志琉球，其嚆矢也。琉球臣事中国五百馀年，坐是见忮。日本保护琉球立国，宜中国主其议，无可诿之责。周子曰：动而未形，有无之间几也。此其关系之尤巨者也。

一、乌石山正案已完结。其移换教堂一节，英国外部曾言必应照办，而至今持议未决。大率福建仅据易地为言，而教民之意则通所侵占乌石山地，取偿于所移建之处。似当清量原租之地若干，侵占之地若干，以为之准则，而在乌石山于积年所侵占之地必应追还，则所移换之处，万不能加多于所原租之地。所为与更换者，正以掩饰其侵占之迹，以免追地之辱，所保全实多。与洋人论事，无可据之势，全恃所持之理有以折之，而仍据情以动之，凡此所谓动之以情者也。嵩焘于闽事议论端委无所闻知，窃度洋人所持必不出此。荷蒙垂谕，敢据所见上陈。

一、所领盘费应由嵩焘开报。出洋时但有船费、赏费二款。此次由伦敦而巴黎，而马赛，计程二千数百里，中间均小有停留，又增加路用车费一款。嵩焘与随从眷属分两路启行，由张斯栒、姚岳望分别经理。于此又划分两款，是以上海咨呈分列四款开报。其间细目繁琐，有难以详载者，如船价由马格里经手，出洋时按二成折扣，马格里仅折及一成半。出洋时携带行李并免船价，马格里又分别增加粗重器物，照货物核算，衣箱细软照行李核算。及至巴黎，劼刚遣归一仆妇，又加给船价，此款最为简便而已不胜其烦。路用车价尤为繁猥，是以但具总数。其马格里、张斯栒经手清单，并合呈交劼刚处存验。至张斯栒支领俸薪及往返船价，另为一款，自应由劼刚开报。

嵩焘所支英磅，历次汇价约自三两三钱有奇至五钱为度。劼刚所汇六钱有奇，汇价又有参差。劼刚移送一千六百磅，未据声明提取。嵩焘移交之款及由所汇现银内拨付，应合银数若干，亦由劼刚开报。嵩焘咨呈文件大致如此，并非敢以路用细数概归劼刚造报。盖嵩焘所支者英磅，仅能据磅数开报。一切用款应核销者，银数必应由劼刚汇入岁销册内开报。沿途私用细数，张斯栒另具清单，由嵩焘归还。上海起程一切费用，文报局委员黄惠和另具清单，亦由嵩焘归还。咨销四款，张斯栒经手者三款，姚岳望经手者一款，均在未抵上海之前。大率嵩焘舟车费用，似无由劼刚造报之理，其发给张斯栒四百磅，劼刚并有咨札兼饬贴补路用所不足。嵩焘无从备办公牍，谨将原咨始末情事缕析上陈，求赐垂鉴。

嵩焘上海稍资休息，其请假三月一片亦应听候谕旨，遂至耽延一月之久。嗣是所过，不敢稍停，亦实苦精力不能支持，稍一酬应，便至委顿。抵家后，举发胃气旧证，至十馀日不能饮食，深惧衰老日增，精气销耗，遂为废人。承谕不俟假满，早日束装。极垂注之殷拳至不忘，其愚贱引重　言，逾于山丘，荣华光宠，感激何涯。惟自揣抵家一月，医药之效未闻，而旧疾之发转剧，正恐此后两月未满假之前，未必遽能蠲涤烦疴霍然病已。应求稍赐宽假，俾得于假期中从容调理，以冀稍延犬马之生，得效涓埃之报。感荷生成大德，倍深于湔拂擢拔之荣，以蒙示谕，勤勤不敢以疾病休沐，妄自疏外。扶病缕陈，干冒尊严，伏增惶悚。敬敏钧安！

嵩焘谨启　四月初十日

复姚彦嘉四月[①]

奉手示，知已由家而金陵，而又返家。幼帅所论，皆在意中，而非鄙心之所存也。鄙人区区，与阁下所守实远不同。阁下无官守，无职司，泛然同于流俗，于国家之休戚固无与也；所知洋务，亦但得之见闻，而非有深识远虑，通知古今之变而究观其始终。

鄙人常论办理洋务之节要三：上焉者力求富强之术，殚思竭虑，与之驰骋，行之一日而可收效数年数十年之后，当事者不乐为也，其势亦必不能。何也？凡为富强，必有其本。人心风俗政教之积，其本也。以今日之人心风俗而求富强，果有当焉否耶？贤如幼帅，于此亦未能深察也。其次则用今之法，行今之政，苟取循分自尽而已，则亦必求知所以循分自尽者为何事，而行之何先。如今日吏治之瞀乱，欲无整饬，得乎？民生之凋弊，欲无存恤，得乎？吏事固必求理矣，民气固必求通矣，朝廷持是以课之疆吏，疆吏持是以课之所司，钦钦焉求所以治国而理民，悉洋务一切废罢不讲，而洋务自理。何也？吾之所为，诚有以服其心也。洋人之与吾民，亦类也，未有能自理其民而不能理洋务者也。苟求富强，其用有大于是者矣，而亦必以是为之程，此则尽吾人之才智而皆可希冀者也。其下则并此不能为。吏治之偷敝如故也，民气之壅塞如故也，而彼眈眈环视之洋人，亦必求所以应之。应之维何？曰理而已矣。审吾所据之理，必有道以通之。审彼所据之理，必有辞以折之。常使理足于己，而后感之以诚，守之以信，明之以公，竭一人之力，控制指麾而无不如意，则亦可以求数十

①据《罪言存略》同函校补。

百年之安。

能是三者，浅深各有所得，而其效立见。不能是三者，则万无以自立。鄙人知之明，守之定，而悯士大夫之狂惑昏迷，日趋于危乱而莫之恤也，正辞而明谕之，意曰：苟令在位者知之，则所以安民弭乱之术，举而措之裕如也。吾心所据之理有馀，安坐以应人之变而必无有困辱折挠，若以前之为者，此可以理决也。尽如今人所持茫昧之“公义”，一变而五口，再变而十三口，再变而浸淫二十馀口，深入长江三千馀里，置官四川、云南，环中国而踞其要害。阁下试思之，能堪此“公义”之三辱四辱乎？

阁下相从海外，日见吾所辨争，而幸有当者，何尝稍有假借，以不得申其志？而从未敢怀轻视之心，以吾心实见其不可轻视。而考览其学校、风俗，益惧然内自怀愧。身为大臣，读书观理且六十年，事任所属，智虑所及，于国家安危利害，所关尤剧。南宋以来，无知此义者。由北宋以前，上推至唐、至汉，议论奚若？事功奚若？与今日所以为异同又奚若？在位者不知考求，无论士民。鄙心常引以为大咎。阁下乃欲使我嗫嚅伈伣，苟顺士大夫之意，以訾诟洋人为容悦，疑误天下。非惟不屑为也，实亦不忍。疾病归家，闭门却扫，不见一人，即来书所示抑扬反复，规合时论，以免疑谤，亦并无所用之！

湖南又有殴击洋人之案。自办理洋务四十年，每一阻拒洋人，则开一衅端。至于广东禁使入城，而洋祸乃烈；云南禁使入关，因而狙击之，而中外遣使之局乃成。抑思洋人之游历也有条约，其指名游历也有照会，一切假朝命行之，而至今相承不悟，是以义愤阻拒洋人，而先已违背诏旨。夫且无以自解，又何辞以解于洋人？则亦在官者积惯成习，不明事理之过也。如昨洋人至湖南，以鬻书为名。书非货也，而既云鬻书，则亦与通商为例。湖南非通商口岸，当据条约禁使不得停留。鬻书游历，非所禁也。京师重地，驻扎各国公使。云南通商后，环中国万馀里之地来往出入，若坦途然。湖南何所据以为名，而禁之不使至？

洋人行教者遍天下，一着中国衣冠，便无禁阻。德国里士叨分矿学书，尽湖南六十三州县矿产皆详著之，是不惟游历，且到处推求考验，无知禁阻者。是何足当一笑！但使在位者稍明此理，即民心帖然矣。惟其淆然无所统一也，是以相与哗然，卒莫辨其是非得失之所在。

来书谓常郡人闻西洋好处则大怒，一闻诟诃则喜，谓夷狄应尔。引此为喻，是将使天下之人长此终古，一无省悟。试即今时事局思之，果有益乎？果无益乎？三代盛时，圣人政教所及，中土一隅而已，湖南、江浙，皆蛮夷也。至汉而南达交阯，东径乐浪，皆为郡县，而匈奴、乌桓、西羌为戎狄。历元至本朝，匈奴、西羌故地尽隶版图，而朝鲜、安南又为要荒属国。是所谓戎狄者，但据礼乐政教所及言之。其不服中国礼乐政教而以寇抄为事，谓之夷狄，为其倏盛倏衰，环起以立国者，宜以中国为宗也，非谓尽地球纵横九万里皆为夷狄，独中土一隅，不问其政教风俗何若，可以陵驾而出其上也。今人与奴隶、盗贼同席坐则惭且怒，审知其非奴隶、盗贼也，即惭与怒立释。故于此辨之必明，乃得所以自处与处人之道。阁下据此为俯顺人心之证，蒙不敢谓然也。

西洋为祸之烈，莫如洋烟，而相与以行教为事。二者迥异，而固中国人心所深恶者。蒙以为泰西之教，其精微处远不逮中国圣人，故足以惑庸愚，而不能以惑上智。士大夫诚恶之，惟当禁吾民使不从教。为家长者，约束其家；为乡长者，约束其乡。其权在我，于彼传教之人不足校也。至于洋烟之为害，其宜禁也决矣。不独民俗之穷，人心风俗之敝，始于洋烟。自西洋通商中国千馀年，其国势日益强，通商之国亦日益多，从未尝以无理求逞。道光之季与中国构难，其祸实原于此，此所谓乱本也。士大夫语及洋人则大憾，见洋人机器所以致富强者则益憾，独于洋烟甘心吸嗜，岂尽民之无良哉？在官者狃于所习，蔽于所闻，全无开导督禁之方故也。

曩在京师，吴江相国相戒不谈洋务，而鄙人之谈如故。至于谤讟刺讥遍于士大夫，汹汹然不可向迩，鄙人之谈如故。诚见洋祸已成，与中国交接往来，亦遂为一定之局，冀幸多得一人通晓洋务，即少生一衅端。圣躬冲龄，政在大臣，瞻顾尤多，遇有洋务，亦可少一喧嚣争哄，以滋朝廷之游移。在我之理常伸，在彼之气自馁。宋、明之季之议论，在当时已为不揣情势，施之今日，尤为不伦。诚当引以为鉴戒，不当反据以相崇奖，误国贻羞而不知悟也。身当其任，不能不虑及大局，以求所以自效。一日去位，与耕牧为伍，亦直无足与谈。请阁下勿疑。

刘锡鸿一诪张为幻之小人，何足与校！然其中消息绝大，以于鄙人戕贼太甚。所营求者声名富贵也，至于贻误大局，而始终有以自立，即鄙人万无可以自立之势。疾病衰颓，尚复何求？冷暖痛痒，虽至戚关念勤勤，不能尽相喻也。

复张自牧[①] 七月二十八日

昨日始奉回批，十四日由总署发行，以为至速。奉示知已见《申报》，神速如此，亦一奇也。思贤讲舍应属明年之局，岁内未必能开办也。复请力翁姻丈大人台安。

---

①据《北京师范大学图书馆藏近代名人手迹》辑，原未署年、月，此据本函内容考定。

嵩焘顿首　廿八

致张自牧[①]八月

昨议添改各节，并经改定呈核。仲云、鲁英诸处，所识无多，应邀入者，并求酌定。宇恬云已约定，仍须一往定议，此事必须位望素著者为之倡也。子寿所议，已照缴公费，交宇恬独存，另立一簿加载。《应行事宜》六条，并交宇恬处，暇时并乞一往观之。鄙意即以九月初一日为立社之期，船山先日也。正月廿一日屈子生日，为公阅。先一年用款，凡集会日，皆设小祭燕叙，未知以谓然否？敬请台安。今日热气蒸人，幸尚有风，然闱中亦良苦矣。

嵩焘顿首

致张自牧[②]十一月初八日

偶捡书箧，得醴陵各家诗七种，盖癸酉秋始有续编《耆旧集》之议，送备采择者。次年入都，不及待开局，久亦遂忘之。今赶送上，想皆已采录矣。如已采录，即请发还。若留备采，则《醒痴园杂录》及张海峰诗仍乞采录。复见□□[③]以醒痴书法，亦尤佳，而海峰诗本仍以还诸其家为宜也。其间《人琴志韵》竟有□□□[④]一绝，想亦不易得之品也。

前日赴乡，而学使见过，尚有意瞤亡耶？其校经条规始终不闻奉商，想亦只奉行具文而已。成庵卿先生究竟位置何处，亦须

①据湖南图书馆藏原件辑，原未署时间，此据本函内容考定。
②据湖南图书馆藏原件辑，原未署年、月，此据本函内容考定。
③④此处系原件模糊不清。

一议及。力翁姻丈大人日安。

嵩焘顿首　初八

复张自牧[①]十一月二十三日

下午诣韫老一谈，以此老意致勤勤，屡有招饮之约，便服周旋，迟之又久，懒废亦可知也。肯甫明晚之局未卜何处，关系公饯及中丞等处，则尤须早至。此间庖人除海菜一二种外，均未预备，其势必不能及，只好从省而已。既云未刻来此，应请先至候之。

朗轩先生曾孙闻杨子介言，尊意方谋提挈之，极善。志局多添一人亦无妨。惟前荐翰舟时，函称当以此次添派十人，截止其数，嗣后决不添人。张东墅即将此函交委员备案，此议万不便发之，鄙人从旁怂恿则无不可也。西乔子日前尚来此，穷困极矣。来函褴褛如丐，岂罩面布衣亦付质库耶亦吸烟，而全不能自立，能有救之之术，极所感盼。馀俟面谈。不尽。

嵩焘顿首复　廿三夜

致黄瑜[②]十一月

子寿：

诗呈上。天寒日短，日为酬应所苦，甚乖谢客之本旨也。闻新学使已至，昨缄致右铭，托询肯甫行期，并谋一邀叙也。适闻

①据上海图书馆历史文献研究所编《历史文献》第十一辑辑，上海科学技术文献出版社2007年4月出版。原未署年、月，此据本函内容考定。

②据《北京师范大学图书馆藏近代名人手迹》辑，原未署时间，此据本函内容考定。

沈幼丹制军初六日物故，为之心摧。今时求此人固不易得也，一切局势又当一小变矣。接任当为吴子健，闻香荪之言，小宋殆无望也。

嵩焘顿首

致李玉阶[1] 十二月初九日

闻新政整顿保甲及禁烟二节，引手加额，以谓深谋硕画，于当务之急能究察其本原而推行以渐，可云盛举。适黄杭生铨部枉过，述及乡里盗风日炽，乃稍推论其节要，属晋谒时陈达。顷晤铨部，似于所言有未能详者。

军兴以来，节次举办团练保甲，利害常参半。其见之公牍，敷陈推衍，不必皆实。论者遂谓团练保甲具文，于事无所裨益。蒙意不然。国家设官，与民兴利除弊一责之官，而团练保甲必另设局经理，无他，在官例案繁多，牵制百端，非一新其耳目，无由推行尽利也。是以团练保甲之设，其大端在通民气而已。其为益百姓，则在行之直捷，无中梗者。凡立法一视其意志所向。骆文忠举办团练，意在清土匪。其时土匪窃发之案四出，应时扑灭。而团练亦稍为累，或时假练总之势，苛扰乡民。黄兰丞承办保甲，定立章程数十款。鄙人告言：章程愈密，恐为扰愈甚。其后常见近邑小吏借所立章程增加规费，则以章程繁密，已失立法直捷之旨。所虑多端，反成具文，遂使志意所向，亦多不能自达者。蒙以为今日举办保甲，在防禁盗贼。请一以治盗为义，见盗即办，以是督率州县，疏通民气：凡有盗案皆得上闻，凡有盗犯皆得捕

①据《郭嵩焘日记》光绪五年“十二月初九日”条考定。

治。惩办一二人，即各县之仰望如天日之照临，其谁不响应？曾文正在长沙，诛戮不过数十人，而远近为之震慑。风声所树，其效立见。

窃度今日事势，与咸丰初稍异。承平日久，官民之势相距悬绝。骆文忠常俯就之，以能周知民隐，考求吏治。军兴以来，官绅并当事任，非复往时悬隔。所以郁结阻遏以成乎否塞者，则吏治为之也。近十年来，士绅稍贤能自给，群怀引避之心。而风气既成，无业失志者率希图一差使，以游食为生，亦非复往时振发有为之气。诚以保甲为名，刊发章程，涂饰耳目，士绅多能为之。必欲整齐风俗，除盗安民，则所关乡里祸福，动须诘责州县，使之从令，决非士绅之所敢任也。贤者利国不一其用，务在求治；制事不变其法，务在因时。故今日举办保甲，因其旧制而通利之，因其所用之人，委任而责成功。台端一言之转移而固有馀裕矣。

盛锡吾太守精明强干，经理保甲，一循黄兰丞旧章，而以坐办为名，所颁关防存之臬署，则具文而已。应添派道员督办，专责以捕治盗贼，而于长、善两县为尤急。稍因旧章，联络各乡绅士，以保甲之法部勒之。其外府州县，但一责以捕盗，使自督率其绅民，不更为之立法。以长、善两县差务殷繁，无暇与绅民相接，省会要区，非力加整饬不足以资表示。是以保甲一局，可以专任其事。反复筹思，无逾裴樾岑观察者，为其耐劳吃苦，一切能加体察，而其品望又足孚信于人。各乡绅民闻其专主治盗也，必争归之，盖盗贼之横行、差役之扰累，乡民疚心久矣。凡此皆官能任之，士绅虽贤，必所不能任，即曰求通民情而已。宗族乡里之言，容有毁誉爱憎，未尽可据。以裴观察之勤恳，重之以委任，其收效必百倍于绅士。

乡间鸦片烟馆尤为盗贼之源，治盗亦必自治烟馆始，度裴观察之力皆优为之。谨摅所见，以上赞高深。窃以为台端求治勤勤，军情吏事，询之营务处，求通民情之大略，询之保甲局，裨益必，多矣！

致李鸿章

十月中领奉钧缄，慰谕殷拳，伏读增感。以方闭门养疴，谢免人事，未敢以乡里琐屑之言，上尘听览，数月不一通报，跂仰滋深。

顷由伦敦录示使俄条约，并知英、法各国日相与讥嘲訾笑。地山于洋务本无知晓。京师就询使法情形，无能一言其窾要。巴黎相见，一意矜张，庞然自大。询及往使方略，漫无筹画，但云伊犁重地，岂能不收回。颇心讶其言之易。朝廷以当艰烦之任，而收折冲尊俎之效，早度其无所成，而固不料其昏诞一至于此。通观十六条中，地山勉强相持者四字，曰官不代赔。此语亦具有原委，地山所见，固止此也。馀则一听俄人之恣肆，直举天下全势倾而与之，并捐及蒙古地方，听俄商贸易，不与收税，为所欲得者伊犁一城，其他利病非所计也。而霍尔果斯河近距伊犁城，其西屯卡相望，伊犁河北流割分三之二，又南绕出特克斯河，横截天山之北，其南库车、拜城，皆得反临而拊其背，南北两路为之中梗，又北侵塔尔巴哈台之境，伊犁一城孤悬而属之中国，试问地山何以为守？且不但此也，伊犁人民听入俄籍，是不有其人也；俄人听置房产，是不有其地也。即所收回伊犁一城，亦全操之俄人掌握以坐受其制。嘉峪关以西非复中国所能抚御，又开南北两道，尽踞中国形胜扼塞，以攘取商民之利，恣其纵横出入。地山何所急迫而倾泻为之？四十年办理洋务，同此一轨，而地山之自取辱，贻害国家尤甚。

尝论使臣之职，在保护人民及所属地。辨论维持，尤在国体。何子峩之驻扎日本，反至废琉球为县，鄙心深用为疑。此其于轻重缓急之机，必有乖违失其理者，或高而抗，或卑而俯，其失均也。嵩焘在上海闻日本之耗，即上言总署，请先明谕使臣，至其外部辨论，使有以自处。盖琉球废，使臣进退两穷，无可自立之势，得此始有名可居。然后加派使臣，专理琉球一事，准照万国公法存立小国之义，会同各国驻日公使议之，必能使之折服。即有抗拒，中国亦足以自解说，以无疚于心，而申大义于天下。前后两上书言之，计无加于是者。望轻言微，不蒙采录，顷复有愚见私贡之中堂，请以尊旨商之总署，或幸一邀听纳。

欧州四大国，英、法为邻，俄、德为邻，应以两公使兼摄，记在伦敦曾为中堂言之。使臣专主两国交涉事宜，事端大小轻重，但以常道处之，无庸震矜于其间。西洋治行学问必务求实，非可以虚名假借。朝廷一以了事为义，则人才自见。窃度今日使才，尚无能及李丹崖者。使当时幸用此言，必无今日之辱。仍当及此时迅派李丹崖兼充驻俄公使，谕以中国注意收回伊犁，而顷议订条约诸未妥善，不能照准。伊犁地方应暂听俄兵驻扎，从缓计议。近来喀什噶尔曾经通商，自应变通办理。应由甘督与俄国督兵大臣会商，勘核具奏。并谕左相，以南北两路新复各城善后章程均未定议，应暂归甘肃节制，以一事权。

窃以为收回伊犁事宜，必应与左相深筹熟计，俾无遗悔。定虑于事前则易为言，补救于事后则难为力。其与俄人计议，一责之使臣。李丹崖随机应变，亦倘有馀。伊犁或弃或否，朝廷内断之于心，俾使臣资之以为准则。此时挽回补救，视未经订约以前难易悬绝，然尚非无可措手者，在朝廷权衡处置而已。

往在伦敦，论使臣赴俄当径取道伊犁，览察山川形胜以知其节要，乃能置议。南北两路边界屯卡，经乱以来毁弃殆尽，无藩篱之隔。疆界远近，尚待推察，自非通知古今之变，熟筹控制之宜，具有深心学识，良未易当此任。即不然，亦当一赴甘肃，与左相计议，以为应付之准，断非可贸然一行，取决茫昧之中者。又英、法两国皆值换约之期，而相与坐视，不一置议，其意俟俄人定约后踵起以行，其要挟之术尤非中国所能胜也。是不独为辱而已，且至贻祸无穷。

闻左相意主用兵，并请驻扎哈密，以资调度。左相疆臣主兵，正不可无此议。京师言者据之以为名，东征日本，西拒俄人，驰骋议论，借助声势。嵩焘以为兵者不得已而用之，苟可以已，用兵何为？自古用兵，先审曲直。无故授人口实，遂激其怒以求逞，在我已属无名。推极于用兵，亦当竭情尽虑，先为之程，以蓄积其势，审求事变，坚持一意，以理自处。圣贤之当事任，无以易此。近复闻廷旨议处，而饬九卿翰詹科道会议。嵩焘乞病以来，于时事无所省问，未知究竟何如，或亦周咨博采之一义。然窃以此宜断自朝廷，无所资于人言之喧哄。今时士大夫知洋务者绝少，纷纭无据之言，徒足眩惑听闻，以资外人非笑，于事毫无裨益。

生平于洋务，不敢及其大者远者，所以存之于心，宣之于言，惟在了事。衰病日深，气索心灰，近患目疾尤剧，并读书之功亦废，何敢妄及时事，以炫其愚？耿耿愚忱，不自揆度，夙蒙中堂谬许为知言，如古井波澜，有搅其中，辄激而动。亦幸中堂维持启道，垂鉴鄙言，采择陈之，无任瞻跂。

光绪六年

致张自牧[1]五月

梅花石刻领到，老笔可以屈铁，似拓本墨太浓，当以蝉翼拓为佳。佐卿归信无所闻。周子端午日生，周氏家祭如此。原定忌日，当依禹田之议，然恐是时天气太热，且俟是日定议，或嫌其热，以后改作五月十五，尚无不可也仿展端午之例，改作初七，原未甚妥。尊体想全愈。敬问。

嵩焘顿首

致张自牧[2]七月十四日

十九日之局，何以不早见示？昨右铭来此，已与约十五日便饭，兼请张东墅、吴云谷、邹少松三人，已知会矣。并作一局，亦只八人，否则十九日亦可不重入分也。

鲁英属有此约，而屡辞之，示不敢当也，或因次青就便一叙，亦可不辞。鄙人除看地外，无非暇日不外出也。鲍春霆今日谒曾祠，该处有人照料否？是否有公局一请之，乞查示。

嵩焘顿首　十四

---

①据《中和月刊》第五卷二期辑，1944 年出版。原未署时间，此据本函内容考定。
②据湖南图书馆藏原件辑，原未署年、月，此据本函内容考定。

致朱克敬[1]九月二十一日

劼刚八月十七日电报，尚在设法经营，前云回伦敦之说恐未确。劼刚大抵游戏神通，语语陵空，欲并哈什噶尔弃之，而托之于谣言，以希枢府之一寤。此计万不能行之今日，即行亦无益。鄙人往岁乘英人之请而羁縻之，以为俄人外蔽，于时俄古柏尚未倚附俄人也。今白彦虎已恃俄人为生，一经用兵，俄人必使立国。中国即能行之，亦徒使归心俄人而已，且能立国，亦与俄约事无涉也。

左相慨然入京。朝廷意在主战，枢府诸公，特借之以为自全声名身家之计，并非恃以了事。江华瑶民滋事，驻防官兵已见仗，报称互有杀伤，其实败仗也。龙山警信，尚无确报。时事可忧方长也。抄件呈览，览后仍请发还为要。

嵩焘顿首　廿一日

致刘坤一[2]十一月十八日

岘庄尚书大人阁下：

数月未上笺牍，企念德晖，钦驰何已。顷回湘阴经营支祠，闻裴樾岑观察奉檄撤委，举国为之惊愕。迨至省探问，知公于此持论甚正。然窃以为天下有治人无治法，国朝以来，关税比校之例，法之至敝者也。地大物博，无可稽核，而后以术牢笼之，亦

①据《中和月刊》第一卷十二期辑，1940年出版。原未署年、月，此据本函内容考定。
②据散原老人旧藏《郭筠仙侍郎书札》辑，台北故宫博物院1979年影印出版。原未署年份，此据本函内容考定。

必其先本有赢馀，徐徐扬其波，以导之灌注，而继之以赏罚，其法乃可行也。

孙琴西用此术以整顿厘务，鄙心不敢谓然。厘务者，一时权宜之政，弛张轻重在人，苟以私利抉而去之可也，何待比校，其非私利，而以比校绳之，其贤者亦不过挪后移前、补苴粉饰，否则操切以病民而已，故曰法之至敝也。

自古治天下国家，端本用人。如裴观察之人才，以今观之，诚未见其比。其尤超绝一世处，在诚实无粉饰。其初莅事，更换一二局员，而人心皆振。其中郭春元为李仲云至亲，人所不敢动者。莅事数月，销数稍滞，一皆据实呈报总局。存票三张，意欲藉以收回衡、宝引地，所见之偏，而所筹之过，当诚有可议，要之其心，则无他也。自八月一莅辰、常，亲督巡船、缉私各局，积弊为向来所甚秘者，一皆穷发其覆，销路因之大畅。顷至县城，往岁所销五票内外，今亦已逾五票。使其莅事二三年，裨益必巨。销路甫畅而遽彻差，此所谓天也，非人也。

抑嵩焘尤有感者，自曾文正开设督销一局，更历多人，至今谈者以叶介堂耿直认真，实为之冠。而裴樾岑之实事求是、精微恳挚，则又过之。而奉明文彻差者，前有叶君，后有裴君。末流之世，贤人君子必不得一行其志，或亦天道宜然。而裴君之彻，出自神断，乃使鄙人旁皇叹息，虑天下事之遂终无可为也。以公之精纯耿介，又交涉故乡利病而有此举。生民安所托命？天下之是非得失又将谁与平之？

嵩焘愚直，不宜于世，又生长寒微，一二亲故颠沛穷困，间有陈达，于督销局则绝无位置庇护。未能痛自刮除。至于熟观天下之理，考览人才，辨其高下，以深求事物之当否，则尝以自信而无敢有多让。用敢一贡其愚于左右，如能□留裴君办理，实楚以南盐法之幸。即不能，亦当仍留主持，于事局必大有裨益。以现时西商之气过张，一二楚商无敢比抗，恐此后楚人之气将益衰微，全局且至壅隔，非所仰望于明公者也。会与李次青兄论及，觑缕上陈。敬请台安。

姻愚弟嵩焘顿首　冬月十八日

致朱克敬[1]十二月十八日

接曾宫保信，但述病情及议论大局，而余佐卿信颇详近事。俄事就此了局，未尝非国家之幸，然所费亦多矣。使早行鄙言，俄船未至中国，并无丝毫之费也。凡此皆非在位诸公所能知。特奉上一览，并曾宫保奏件。奏件计阁下当抄存，乞明日抄就发还。信二件，即交去足带下。以初得此即须作复，今日拟并送樾公一览也。此请香老尊兄有道日安。

嵩焘顿首　十八

复曾国荃

日前见《申报》，聆悉督师山海关之命，旁皇顾望，以为所处有甚难者。盖以义言之，君父之忧，臣子所不容避，如公至性耿耿，闻召而必赴。而以事言之，则此次用兵全失机要，理与势二者两无可居，而以守山海关为名，则视关外为瓯脱也。京师诸公侥幸一战，驰骋议论以为戏耳。顷由玉阶中丞递到赐书并折片各件，部署一切，详审精密，具见老臣谋国之忠；而审时度势，语

①据《中和月刊》第一卷十二期辑，1940年出版。原未署年、月，此据本函内容考定。

皆征实，无一字虚假，知其练事之深也。循诵书辞，温厚谦抑，蔼然有道之言，挹之而无穷，味之而弥深。公于军务，高矣显矣，临望远矣，非游、夏所能赞辞。垂询刍荛，惟有悚惕。谨略就目前洋务，贡其所知之一二，上备省览。

俄人于中国情势，知之稔矣。一战而获利无穷，一日不战，必不能定议，是以调集水陆各军，几于竭情为之。往时天津会集各国之师，汽轮不逾十艘，今据《申报》，已至三四十艘。珲春俄兵至者万人，厚集其势，以求一逞，而立言且以保全和好为义，托之各国，求免崇地山之罪，反若出于恭顺者。此所谓兵机也。中国不能辨，而借助廷臣哗嚣之辞，谓可以虚声慑之。征兵转饷，取办临时。有识者皆知忧之，而廷臣竟无一知者。曹刿之策齐也，先问何以战，而闻鲁君察狱以情之言，乃曰："忠之属也，可以一战。"于是而知左氏之知兵也。知兵必知学。悲哉！士大夫之无学也。嵩焘谨献呈四策，无当公之高深也，而亦可备一说。

往在伦敦，闻西洋构兵中国，皆先经画。辽河口即所谓大孤港也，德使巴兰德屡请通商于此，据谓中国泊船第一海口，其外即旅港，实为渤海之门户，扼截南北要冲，一二大汽轮船据守有馀。嵩焘两为合肥伯相陈之，而不敢献议据守，审知轮船兵力之不足也。应先期会商英、法两国，托以保护中国民商，先据此口，再声明中国万不乐与俄人构衅，不忍民商之受害也。如此，各国幸从，则中国随同各国与俄人分据其要害，而使南北两路海道不至阻截，或有万一之幸。此一说也。

吉林、黑龙江并设将军，为辽东藩蔽，所属城皆关系紧要，岂能不规画防守？政府诸公不遑计也。试问俄兵至山海关，天下事尚堪问乎？应先与合肥伯相会奏：辽东，国家根本重地，三姓、宁古塔并吉林外蔽。须先相度地势轻重、所以筹防之策，与交兵后或胜或负应付之方，预计其利病得失，明示机宜，俾知所以自处，免至临事周章，贻误日深。此又一说也。

山海关诚为京师门户，然边墙处处可毁而入，水陆之防又繁。奉天之筹及金州厅、熊岳、盖平是矣，而锦州之大小凌河及宁远河尤关形胜。自关以西，永平、天津海口鳞次，北塘一口则庚申之变英人所从取道也。窃度俄人大势，必扼辽河以阻截南北海道，而驻兵珲春侵扰松花江。或至挫衄，而后扰及各海口。盖平、熊岳良非今日要防，以逼近通商口岸，与各国同其利害者，俄人不敢逞也。嵩焘意谓宜多求通悉俄国语言文字及其情势，近则求之天津、上海，远则求之哈克图、库伦，仍须兼通汉文者。俄兵所至，必遣使诘其来意，兼备相机转圜之用。此又一说也。

节次与西洋定立条约，皆一交兵即增加数倍，元气因之大伤。谓更涉四十馀年，当知所鉴戒矣。政府诸公亦多能辨之。徒劫于纷嚣之议论，张皇四顾，变而加厉。嵩焘所以独排群议而不顾者，非能勇也。生平读书观理，颇能窥知三代政教源流本末，汉、唐以后规模局势，得失安在？所以终能自立者安在？下视南宋以下诸贤之议论，犹蚊蚋之集于污渠，不屑较量也。是以屡上言洋务当以了事为义，不当以生衅构兵为名。公与合肥伯相元功宿将，为时柱石，与衮衮诸公无事嚣争、有警卷席而逃者，所处不同。不与俄人相接，则亦非力所及也。或竟与对垒，当延致各国领事，明与之约，决不交兵。崇地山所定条约，斟酌可与者毅然与之，以一身为天下任谤，而所保全绝大。天下万世之声名，任诸悠悠者取之，无足措意。此又一说也。

此四说皆人所不敢言，而顾言之无忌者，蹇蹇老臣，常有取于张江陵之言：愿身化为稿荐，任人溲溺其上，终教人凭以安寝而已。

抑嵩焘尤有虑者。近年竭天下全力以供左军，俄衅一开，四处征调，左军饷源遂断，而合肥伯相一军取给江南厘饷，既交兵，各国必停互市，厘饷亦缺。鲍军无指定之饷，一意向前，不顾后虑，新募市井游民，无复纪律，尤惧无以善其后。此次回家所见，风俗人心，已成江河日下之势。十馀年酝酿，功效乃见于今日。吏治罢敝，盗贼横行，士民犯上无等，官吏一切纵之，专意苛害良民。玉帅稍求整饬，而积习已深，不能骤变也。稍有知者，群怀忧乱之心，即各省大势，亦皆略同。公试念今时事局，可更开边衅乎？无故遣使往议，而遽愤然以兵相临，自处已属无名。

顷见抄传劼刚电报云："俄国外部言：据万国公法，条约尽容改订，而遽重罪使臣，增兵设防，实所未闻，不能不怀憾。"嵩焘春间一疏已前陈之，其时俄船尚无至者，急发电报往谕，犹可遏其狡谋，而苦为政府所格。不特此也，往在伦敦函诉英、法共一公使，俄、德亦当共一公使。诚令李丹崖出使俄国，何至有此辱？亦使刘锡鸿凶悖，译署稍能裁之以正，不过相假借，嵩焘老病馀生，捐弃海外，亦不至乞归。使俄一役，劼刚任之有馀。凡此皆关俄事机要，无知辨者矣。

京师极口诟詈崇地山，所言良是。劼刚则竟谓无错处，彼诚能知其甘苦。然竟谓崇地山无过，则不可也。在西洋两年，每因事诣外部，具　公牍，翻译动逾数日，仍须出所识英人斟酌，证其讹缺。所议事必先与翻译反复申论，使其领悟，犹时有误传者。崇地山之精细，自不能及鄙人。俄人据伊犁后，岁常遣十馀辈采道里形势，笔之于书，举国传诵之。妇人孺子，皆能言其山川险要。地山茫然未有知也。俄人又蓄意甚坚，持论甚强，以地山辈当之，其气先折，其言亦馁，取辱固宜。

窃度今时能不为崇地山者，劼刚及李丹崖外尚无其人。陈俪秋与西班牙在京师定立古巴条约，已为洋人所笑。出洋年馀，尚未能一赴西班牙都城。何子莪出使日本，坐使其废灭琉球。两君名知洋务，而刚柔轻重一失其理，遂至辱国，皆与地山为类，今亦无能辨此者。地山贸焉任之，士大夫贸焉讥之，其谬同也。必欲追究其由来，则左相之宜任咎也决矣。

收还伊犁，与从前缴还定海、缴还宁波及广东省城，情形绝异。彼所据一城，与其国土悬绝不相属，一缴还而无馀事矣。伊犁直西一路北径塔尔巴哈台，南极天山，约长千五百里，而距所设屯卡约五百里，哈萨克、布鲁特属部辖地又约数百里，今皆并入于俄。是此千五百里分界之地，画疆定壤，头绪纷烦，非左相无能任者。俄人在京师，但以给还兵费为言，所持独此而已，并不能他有所求。左相既欲取还伊犁以为功，又不乐居赎取之名，乃以诿之朝廷，而不复考求情势之当否、事理之顺逆，方且侈然主战，用其骄溢之气鼓动一时议论，以攘取天下之大名。朝廷亦遂深恃之，以为砥柱西土有馀也。窃虑俄兵一动，喀什噶尔三面当兵，左军已不能支，遑论其他。一念务名之私，贻害天下国家，泰然不以为悔，以是为忠，吾决不取。言者集矢合肥伯相，而歌诵左相弗衰。历代史册毁誉失实者多矣，能辨知其是非得失，尤难其人，无古今一也。

周子之言幾微矣，曰动而未形、有无之间，幾也。莅事之初，有审幾之明；及事变之歧出，又有赴幾之智。一得其幾而万险胥平；一失其幾，丛脞百出，咫尺皆荆棘也。天下万事尽然。西洋相逼日深，不容稍有虚假，是以为祸尤烈。《易》曰：“君子上交不谄，下交不渎，其知幾乎！”往尝读《易》而疑之：幾者动之微，不谄与渎，奚以云知幾也？及今阅历世故，而后知圣人立言之精也。就上交言之，莫尊于朝廷；就下交言之，莫远于海外。

惟无谄与渎，而后旷观极览，超然富贵声名之外，而深究其机宜，故曰："知微知彰，知柔知刚。"知幾者无他，知此而已矣。

王荆公用兵西夏，伊川言之痛切，至谓今日即取人一城一国，有何功名？盖当北宋盛时，竭韩、范之力，犹不足取胜银、夏一隅，兵力之敝乏久矣。伊川不忍直言，惟务息事安民，而以无端动兵为大戒，此所谓知几也。西洋辽远，本无穷兵之心，而因事求利，日构日深。斡旋之机，允宜夙豫，视公与合肥伯相审量出之而已。

嵩焘老病颓唐，眷念时事，私忧窃叹，未尝稍释。因书一竭其愚忱，亦以发明中外相接事宜，其理不能越此。至于此身艰难屈抑，浩然有以自得，求勿疑其有所怨郁也。

光绪七年

致张自牧[①] 三月二十日

各柬想经具送府县，县局何不知会寿兄，即定廿四或廿六七接连一请。先生十九、廿一两日均未赶到，开馆想须廿五。曾宫保尚约永丰相候。上馆一二日后，即须赴湘乡，接连一请，以凭附骥为尤佳也。西公请有裴公，自未便改期，横直诸人皆未必肯到，只好听之。敬请力翁姻丈大人台安。

嵩焘顿首　廿日

复刘坤一[②] 五月初六日

岘庄尚书亲家大人阁下：

春间领读复谕，敬荷拳注之盛心，乃以衰朽馀生，复蒙甄录，登之荐剡。大臣公忠体国，无嫌阿好，而嵩焘自度与今世周旋，犹凿枘不相入也。遭时窃位，谬致通显，政府诸公亦皆生平故旧，深知嵩焘为人，非求容悦者，必不肯轻亵朝廷之命，委曲求济。区区鄙志所存，亦有以窥知其用心，不能屈而相从，则终自亢耳。是以言不用而道不行，一皆其所自取，于政府诸公无与也。

---

①据《北京师范大学图书馆藏近代名人手迹》辑，原未署年、月，此据本函内容考定。

②据湖南图书馆藏原件辑，原未署年份，此据本函内容考定。

劼刚处置洋务可云能者，亦因崇地山之冥顽，以见其斡旋之力，所以因难见巧，无他，彼诚有理路可寻也，苟无理路，虽百劼刚何益。往在伦敦两年，处置约十馀事，难易大小诚有辨，要其寻求理路一也。自揣劼刚所为，亦能勉为之。独其窥探政府，以制其操纵之权，巨细请命，以求免咎，展转归功，以阴自托。其于国家利病，已多不能自遂，其意见其前后书牍甚详，此则别是一种智慧。嵩焘更历千亿劫，不能及也。

尝疑劼刚气太盛、心太亢，不宜仕官，至是始知其能。一代朝局，相习成典，由今日上推至宋、明，人物相承，以成乎运会，各有自然之程度，违失其程度，所至皆龃龉也；得其程度，纵横陵跞，无不可者。是以洋务非难，周旋政府为难。洋务者，据理为之，高下在心，以了事为义，而无馀虑矣。劼刚于此为知，求通其症结，故曰能也。

王壬秋高才能文，而性喜毁，罕所褒誉。其编湘军纪事，往往于关系大端略而不书，而乐取乡里琐闻，自标新异，致乱是非。劼刚全力资之，供其倒颠恣肆，良足惘然。屡从李次青处见所奉赐书，深识远虑，所关至巨。吾楚文献之征，及今犹可搜求，过是益苓落矣。所需经费，任之台端，转似一家私言，又万不能重申前议，续求蠲助，经诸君再四筹商，谋稍规复衡、宝引地，以固湘岸藩篱，而于楚军纪事经费亦可稍资筹画。嵩焘于其利病得失不能知也，而固能知其体要。

曾文正公初议引岸章程，嵩焘上言规复引地未易言也，且先规复口岸。盖口岸商贾辐辏之区，能以官法约束之，则基本先立。所清理者商贾营运而已，一切肩挑负贩固不待深求也。距今二十年，终无以易此言。数为裴樾岑言之，而商民群怀观望，樾岑亦茫然莫知为计。樾岑去而盐务遂无可为，惟其廉洁勤恳，于今时诚不易得。去秋巡历辰、常各属，清厘宿逋，自缉私盐数起，沉之江，销路为之大畅者数月，今又沉滞矣。而以缉获私盐责之巡船，用为课程。此宗江西稗政，徒为苛扰，涂饰耳目，不知设局督销，权衡缓急轻重，以求民商之便，其责果何属也。窃以为此等稗政宜速除之，自曾文正创为督销之名，而缉私已为馀事，此所当因时制宜者也。

凡理财与治民，尤在因势而利导之。诸君所议，务为简约之法，导民以从我，而听其机势之自至。古人有言曰：难得而易失者，时也。审今之时，度今之势，行之而有益于官者，必远且长。公于此亦可稍贻乡里日食之利，故敢一详其得失，以备采择。又闻言者以为任督销之责，必与官商相制，其言尤为失当。使果无资于官力，则匣费以次递加，允为无名；使果有资于官力，而先与之抵牾，是戈矛水火交集。吾前以求济事难矣。

至于盐法要义，尤重恤商。督销之设，举商民身家之计，悉取而经理之。《周礼》司市司货之官，独此为得其遗意。所贵廉谨自好。商人高下出入，一无所施其技，安取乎其相制也？又有为便商之说者，谓宜裁免浮费。此又与往时岸商迥别。往时岸商，借端征派，名目繁多，今则每盐一票，酌取其馀利以济公用。而盐务腥膻之地，人心所趋属，承其惠者要止此馀利耳，存留愈多，愈资浪费。窃以为盐务大利所在，专务推广导销，此外旁文剩义一置勿论可也。公意倘谓然否？

去岁思贤讲舍浮议纷繁，幸荷大力维持，使已成之局不至终毁。讲舍一区，劼刚属其僚婿余佐卿居之，急切难于迁徙，至三月杪始能开馆。诸君以嵩焘首发此议，属其经理，亦藉以屏去家累，与诸生弦诵相闻。谨并上陈，用摅廑系。

舍侄庆藩，以知府候补浙江，藉差归省，便道上谒尊严，以求开广知识。其才本足以希幸科名，而弃而求仕，智虑所及，见闻所资，于事理尚能窥见其窾要，又稍研习洋务，于其文字语言亦能知其一二，独苦宦海浮沉，难为求效之地耳。倘蒙诱进训迪，询以事而课以言，必能有所发明。手肃，敬请台安。

姻愚弟嵩焘顿启　五月初六日

再，裕时卿方伯生平行谊，非甚纯备，而在湖南，实为有芳迹而得民心，惟其通晓事理而又能尽意周旋，滞者通之，纷者理之，委曲以求当于人心。其才诚罕取者，而于办理督销尤宜。京居八九年，几至断炊。近见其与次青、笠臣书，急思得一督销差委，为自效之计。各省此席有需人处，求赐记存，必有裨于事局。

又，冒通守沅以铺张太甚罢官，而其才实能了事。任湘阴三年，为人所指目，究其在官，百废具举，既久而人怀思之。其兄澄尤精细详审，废置诚可惜，而无能一与湔拂。惟督销取便民商，无系于资格，无关于铨补，犹可求得其才而任使之。

窃意湖南一省，以粤私交攻，粤私较广，年亦较深，而措办为易，惟无牵掣故也。永州为衡州外薮，自国朝盛时，沦弃于粤私久矣。此次经营，尤以永州为门户，但以督销为义，专意规复口岸，其他更不深求。如冒守之才略，分委永州督销，必能准情度势，设法疏通。大端办法，先务择人，此可由总局主持，要亦筹画之一端也。再请台安。

嵩焘再顿

复陈士杰[1] 七月初十日

俊臣仁兄大人阁下：

夏间奉到赐书，久拟裁笺奉复，更荷尺书之询注，倍增寸念之悚惶。伏承福履增绥，勋猷丕焕，引瞻牙戟，曷罄欢忻。

嵩焘老病日臻，闭门却扫。往岁于曾文正祠旁建置思贤讲舍，今始行开讲，选子弟纯谨好学者二十人，与之讲论读书经世之方，稍存学校规模。君子在官则忧朝廷，居乡则忧学校，或以挽回人心风俗之万一，嵩焘亦籍以读书求益，消壮心、遣馀年。

承书函及，惟有愧赧。赐寄曾栗诚奠分，其世兄重伯寄陈函谨奉上。重伯年十五能通经史，旁及说文勾股之学，兼习练世务，言中外情势颇能窥见要领。京师求此等见解固不可得，而得之童年子弟，岂惟文正公及栗诚为能有后而已，吾楚后来之秀殆无过此者。

沅浦宫保早思以病求退，其次君思诚又继符卿而逝，积功累仁，连折丧其贤嗣，可云至酷。其学问见识，倍增磨砺，超出一时，生平功业良为有本，政府诸公无知之者，所以乞退之意，似亦非尽为病体求得一休息也。傅倅辱蒙垂念，惟增铭感。敬请台安。

愚弟期郭嵩焘顿首　七月初十日

[1]据湖南省博物馆藏原件辑，原未署年份，此据本函内容考定。

致但少郇[①]

少郇大公祖大人阁下：

日前承谕及各情，怃然于心。以票事起讫无可掩饰，先须清还票号汇款，以次及承票各户，嵩焘素持此论，汇款过多，各家呈缴引票更无款可以发给也。奉尊谕与所闻情形，相距悬绝。谂知虚浮过甚，不屑置问，至是召询饶智元及其管事诸人，令将呈缴府署清折开示一通，指问其中款目，则皆茫然不知。因问开此折者谁也，曰："饶花亭。"问："饶花亭羁系县署，何以能开此折？"曰："惟饶花亭知其原委，他人不知也。"令其呈验底簿，则深相隐匿，不肯出示，因逐款指令清查，凡五六日之久，始获开呈两折，证诸票号汇款及太和清缴之款，及张自牧解款，乃皆吻合。

盖饶智元之意，以为中丞有意庇护之，可以多开多领。饶花亭乘其机，与票号朋比，尽取来往各数列入其中，以图私分暗成。人心险诈百出，竟至于此！不悟以此意贻累于人，终自取累，其势亦万无了结之日。诘以第二批解款，曰："董月楼一手经理，店人无知者。"嵩焘谓二十二万之解款，非小故也，董月楼何人，而取携自便乎！书函字据岂一无可推求？久乃查知，由张处解鄂局太和实无底簿，亦自解湘局六万及欠解之二万，因取原开清折，令指明呈解。湘局六万款目，则又茫然不知。久乃查知，簿据缴款并未计及。其意以为各家应自具领，不与渠事也。

圣人尝曰："今之愚也，诈而已矣。"嵩焘为下一转语，今之

①据湖南省博物馆藏原件辑，原未署时间，此据本函内容考定。

诈也，愚而已矣，太和之谓也。太和自有应领之款，听从清理各家而始终自求迷误，其情究可矜闵。愚见所及，谨并缕陈。伏候监察。再请台安。

期嵩焘再顿首

光绪八年

复张自牧[1] 正月初八日

顷接桂阳专足送到一信，稍留住一日，约初十日复信回益。承允寄林贞伯中丞信，求即日发下，以凭汇复。桂鸬信并呈览，览后仍乞发下，以便回信。又抄送周仲甫先生名宦事迹，当汇字尊处，俟发信后开局思贤讲舍，再行付抄。即请笠翁姻丈大人台安。

嵩焘顿首　初八

致左宗棠[2] 正月十九日

季高宫太保通侯中堂阁下：

顷□驺从南旋，重亲教益，虽复老态有增，而精神意度一如畴曩，元老壮猷，人天倚赖，实为家国无穷之庆。江南春早，瞻迓霓旌，神光炳曜。木铎起而千里应，惠风和而万卉昌。声晖所被，星日昭回，吏肃民熙，无烦诰令。云天在仰，为罄依迟。

嵩焘疾病衰颓，闭门却扫，罕接人事。值□帷之暂驻，实履舄之交驰，尤觉所怀未能倾吐。自一戊辰、己巳之交，修辑县志，

①据《中和月刊》第五卷二期辑，1944 年出版。原未署年、月，此据本函内容考定。
②据湖南图书馆藏原件辑，原未署年份，此据本函内容考定。

始约同志数人，捐集采访之费，嵩焘独任纂修。书成，停废数年，未及付刊。又奉诏入都，顷年始清理各稿，授之梓人。大率所采访者多在癸酉以前，其后续加搜采，截至己卯，推考征求所不及，盖十常四五也，亦无多呈报者。以是遗脱苦多，亦由嵩焘学行文艺未足孚信于人，然相与简视之，然颇自信，事必征诸实，言必衷诸理，讨论异同，推求本末，未尝敢以私意附会，有所轻重高下。编定刊布，皆身任之。名为官修，实亦一家之私言也。亦颇有推许，以为历来县志所未有。要以文论，固亦自知其不逮，敬乞中堂俯赐鉴定。叙次或有失当，并详示其可否，俾有所资取，准则重加刊削，无任感祷。以罗允吉世兄东行之便，略布所怀，不能详罄。敬敏钧安。

嵩焘谨启　正月十九日灯下

致张自牧[1] 二月十三日

涂中丞奉到廿四日上谕，专为宣召沅老来京陛见，似闻阎丹初、卞诵生均先奉宣召之旨，丹初随放缺也。十五日能否成行？寄筱公县志一部，能为代递否？适书至此，奉尊示具知一切。惟察诸写手颇乏通品，必责以正韵，恐有不逮。格式纸务请再给十张，以凭多缮。刘若华领纸廿张，六七日尚未缴上，其势非多雇缮不行也。敬颂台安。

嵩焘顿首　十三

①据《中和月刊》第五卷二期辑，1944 年出版。原未署年、月，此据本函内容考定。

致赵焕联[①] 十一月二十九日

玉班仁兄同年大人阁下：

奉读赐书，猥以舍弟之丧，渥承慰唁，感悼奚如[②]。弟自今岁以来，疾病纠缠，人事惨变，几无生趣之想。舍侄虎宣本定十月□日赴都，乃以小病先一日物故。甫及一月，而有□弟之戚，又于其间丧一侄女、一女婿，女婿在浙候补，侄女则罗研生之媳也。并以太和倒闭，积存一空，所遇乖舛，百端拂郁，家运销落，乃备具于一岁之中。特至好关垂，一缕陈之。时事艰难，所忧方巨，虽与身无与，而见闻所及，未能恝然，非老年所能堪也。

复张自牧[③] 初七日

力臣姻丈大人阁下：

奉书，详及一切。然闻致青馀、春晓两书并不一及所事，竹湘汇寄三万之说，青馀又尚茫无闻知，于是人皆谓阁下但传好语，而隐匿其所忌恶者，其言为不足信。鄙人亦为之茫然。

就事言之，恪靖之乱，不独盐务无所知晓，直是不达世情。人言指目竹溪、莼农两君，恐非尽虚，而窃疑阁下于此亦太失之贪，而未得防患之术。盐票骤加至三百张，湘岸之八十张，岂谓长沙、常德两府足以承销，亦恃宝、衡各处可以分设督销局经理？发端

---

①秦孝仪藏湘贤手札残页，转录自郭廷以编定《郭嵩焘先生年谱》下册“光绪八年”，台湾中央研究院近代史研究所专刊。

②下残阙若干字。

③据湖南图书馆藏《郭嵩焘杂纂》手书原件辑，原未署时间，此据本函内容考定。

即须抉破此语，阁下乃谋为借销此盐之说□，于是加捐增引纷至于恪靖之前，一一皆采纳之。

辰州属系专岸，以淮盐无路疏销，川盐全占淮盐引地，不复运至辰州。于是辰州遂成畅岸，专岸之票展转改为通岸，讦讼纷纭，至数岁而始定。恪靖始至，又复增加辰州专岸引票。此所急应申诉者，阁下乃以势必不行相诳，及闻谭心可言捐款亦已兑收，何有不行之理，顷缄又言扬商谋具呈，已属从缓举办。是以人疑阁下事事与竹、莼勾通，尤恐无以自解。此鄙人所疑为失之贪而未得防患之法者也。

前致阁下书，以恪靖原奏全属虚浮，无一扼要语，稍开示立言之方，而言之未详，亦并不知下游谣谤之言充塞宇宙，及各种私秘情形，是以重拟八条，属舫仙转寄。中有云：盐商相为专利，播散谣言，诚所不免。所一意断行者，但求于国课有益，不复顾及商人窥伺之隐，盖为谣言发也。鄙人始终所顾者大局，恪靖吾楚人望，亦不能不保全之，亦知舫仙于此甚歉于心，而固不能不假之以达于恪靖，以鄙人于义不当与闻左事也。

至于鄙人生平，不敢怀营利之心，于去取之义，内质之心，以求无愧。去岁权摄思贤讲席，亦多致友朋干修，以示分惠之义，实因鄙家衣食稍给，不应再居馆席，生平自砭多此类也。去岁稍与知衡、宝事，是以阁下濒行，重申前议，以为分给诸君子之计。烦费过多，决不承领。其后由舍侄分给四张，又因阁下再四催即起咨，以为此局已大定，倾筐倒箧，为舍侄稍助解款。又因起运例，借宇田万金，而事势终属悬宕。

春晓日以具呈控告为辞，延今不能起咨，急盼竹湘一款汇到，径由鄙人为清理解款。已乃青馀说明，窃怪阁下所言全无左证，坐使诸人颠沛流离，即鄙人一身浩浩落落，亦从旁深受其累，且复议论交谪，谓与阁下同谋。坐是一至汉镇，并舟而归。生平于声名无所顾念，独此之承累，为无谓耳。

恪靖收复引地，增加额票，本属要举，徒以其颠倒悖乱，愈出愈奇，至于卤莽灭裂不可收拾，则亦诸公之过也。尤奇者，于应收之口岸概改为专岸，而于向不运盐之偏僻地方，商人不肯承运者，又禁止不准请设专岸。然则加增之三百票，直欲干没其捐费，而已不知阁下与竹、莼诸公作何计议，此中更有何利益？乞示知。鄙人私计，尤有不能不责望于阁下之处理者，另开申述，如阁下不急代为之计，亦只能自言之恪靖，无所顾忌也。即请台安。

嵩焘顿首　初七夜

致曾国荃[1]

宫保见解气度，涵纳万有，声望又冠绝当时，虽有桀骜横肆之才，亦皆俯首听命。今时诸公尚皆良谨，宫保又能熟谙人情，约己宏道，使人人输写心意，无或敢示异同。故凡下令，必如流水之源，吏尚民从，上下无阻，风行草偃之效，取是一日而有馀，非复时人所能赞仰。然嵩焘在粤所行三事，有足上备考核者。

一、城防局备盗。甫至粤一二月间，城市被劫者三，治盗即能严急，而风俗相习，不能骤迫，乃设局专司关栅，不借百姓之力，不派百姓一钱。惟司关栅者责成各街雇募，遇有盗劫，各关栅皆闭，违者罪之。而饬局员惟以求通民情为主，凡事一无壅蔽，

---

①据湖南图书馆藏《郭嵩焘杂纂》手书原件辑。原系残件，未署受信人及时间，此据本函内容考定。

竭数日之力，修治关栅，自是两年无盗患。左相令蒋湘泉力反前政，独于此局所用绅员都无更改，良以利病关系至近之故。闻此数年章程亦稍变矣。

一、东、西、北三江巡船，嵩焘用心至深，收效至远。在仕时，巡船皆雇用民船，省河红单船二十只，租价月或二三百金，所费已巨万。东江为以□治盗之议，收养盗船二十只，给以炮火、军粮，又积欠累累，于是公行劫掠，行旅苦之。嵩焘一年之间改造长江船式，仿用其营规，募勇防江，收买省河红单船，每船数百金，不过一两月租价。而后三江及省河水师皆为官船，盗风亦遂大戢。人知嵩焘创立水师，而不知月饷实裁省从前之半。

蒋湘泉至，仍其法不变，而□□营官，四处征调。瑞澄泉继之，尽改用营兵，而积弊渐多，盗风日炽。嵩焘当时经营之苦心，遂无知者，惟收买红单船，饬尚参将宗懋为之。尚君现任总兵，可以考问。

一、广西四十九悬埠，令桂临埠商承当，包课三万金，埠商积欠不解。盐法本督辕主政，非嵩焘所能置议。会奉有筹饷之命，而陶安卿郡丞庆仍为文正公奏派来粤，乃令开局梧州，总办四十九悬埠官运，岁收盐课至三十万。瑞澄泉漠然不知也。蒋湘泉至，立罢官运，展转数年，仍成悬埠，乃取嵩焘□法为之，而收数争差甚远。则以陶安卿之精力，扫除一切，非人所及故也。

去粤十有七年，证以所闻，似此三者遗规略在，而情事则固殊矣，故敢为宫保一详陈之。大抵粤东地利丰饶，民气强悍，非粤西之比，行之得法，利国便民，而可坐致富强。独同官及司道以下同志之符为极难耳。故必如宫保盛德大业，足以压服人心，而后能行之无忤。自古贤人君子定安国家、利益生民，原自通达平允，与人无忤，而人实不能容，足知德望之在人，为尤不可少也。极知浅薄，无赞高深，略举三事可以经营有效者，以见一斑。

同乡候补中善良之士，有不能不待庇荫，谨另单开具呈览。敬敏勋安。

嵩焘谨呈

郭寿鋆，湘阴县生员，极正派，亦极忠厚。意求充当辕下巡捕。以县丞候补才四五年，已得有卓委劳绩，如南海、东莞等县丞缺，能委署一二年，亦足稍清积累，俾不至虞饥寒。

张誉，广州汉军协标候补把总，张南屏大令之世兄。张南屏函托转求派充巡捕，云武巡捕本四人，张振轩携带二人赴天津，本存有巡捕二缺，用敢转求。张南屏在长沙可云良吏，近今不多见。武员末弁栽培较易，以张南屏勤勤之托，用敢一言。

唐庆春，候补从九，人极诚朴。其父懋瓒，为湘阴老宿，一官远宦，无可倚恃。求稍赐垂注。

易达钺，候补从九，长沙人，人亦勤干。

桂浩亭学博文耀，南海县举人，已补学官缺，留省充当书院监院，为陈兰浦先生高足弟子。或已回任，仍乞以监院调省，于书院亦有益。

朱佛宜郡丞陶楷，善化人，候补似已近十年。其人又尚明畅，人海中能自表见，正自不易。外家与有亲谊，故知其人，却无一面之识，应求量才录用。计其委署，必亦已到班也。

聂缉庆顷回湖南，余恂为余星堂先生曾孙，并求记存。

冒浙存太守澄，江苏人，有干事之才，公牍文字尤长，在今时实不多得。一家数十口，罢官，景况困迫万状。因冒小山开呈一手折，能俾其兄弟稍能得所，所以保全之大矣。

徐德度，江西人，徐柳桥先生世兄。工书，在官亦有政声，以事罣吏议，遂流寓广州，求一赐提挈。

阮长庚，广西平南县知县，浙江人。为孙阆青之外甥。余佐卿开有一条，属转呈。其意亦求一馆地，以求免于冻馁。佐卿交到一纸并呈。

冯泰松，江苏人，向有声誉，二十年老州县也。为言路所纠奏，已力与洗刷，然已由之解任矣，并闻列其名以备考察。

光绪九年

致瞿鸿禨[①] 十一月二十八日

子玖仁弟大人阁下：

适诣谈，值公出相左。明日杨宅陪吊，仍须出门，午后当一奉诣，幸相候也。如亦以事出门，即乞下午枉临寒舍，非面叙不能罄也。逸吾营葬已逾月，未知回省否？兄赴县十馀日，昨日乃得回省。即颂台安。

嵩焘顿首　廿八

复瞿鸿禨[②] 十二月初一日

子玖仁弟大人阁下：

奉书并见示《会典》。当时具奏绝奇，圣人为正其义，然未议处亦未著为令，则亦知人情之不能强齐也。讫今百二十馀年，未闻有例禁，阁下到馆已至大祥，距服官不远，尤无害于义，关件仍送上。早起吴云谷过谈，久乃去。乘空一饭，而人客踵至，至晚始毕。关件宜早送，竟无暇拾上。傅青老为述尊旨，鄙意左相数千里关订，岂可自我中格之。

---

①②据上海图书馆历史文献研究所编《历史文献》第七辑辑，上海古籍出版社 2004 年 7 月出版。原未署年、月，此据本函内容考定。

示及陈伯平书，持论与其志趣皆能绝远于人，道也进乎技矣。操心虑患以成德，庸有量乎！然而多言不若无言之愈也。伯平将谓今日之纪纲优于乾嘉以前。吾不敢知也，所见终未莹耳。要其所以为朋友勖勉，则亦古人之所尚矣。阁下信而行之，义也，其赴江南实亦于义无忤。复颂台安。《会典》及《陈书》并缴还。

愚兄嵩焘顿首　朔日夜

复朱克敬[1] 十二月二十二日

瞑庵先生老兄阁下：

前日奉示移居诗，谨次一首，未及录呈。顷复读大诗，佳处全在吐属名隽，此关天事，非人力所及也。圣贤之大训，夷狄之所不能知，而行事往往近似，中土直弁髦视之矣。只如足食足兵而使民信，外邦实力营求，中土则食不足而浪用，兵不足而妄举，以伪相饰，以欺相蒙，尽民信而锄之使尽。

填塞海口之说，沿海行之，浪费何益。各江海口利在疏通，徒拂天地之性，以资外人一笑。岂无知其非者，而不敢言，殆尤可叹！拙诗暴虎一联，曲尽今时兵政，诗则不足观也。但求招勇，无兵械，无食，直徒手博耳。敬颂道安。

弟嵩焘顿首　廿二夜

接李次青信，雪帅至粤，即饬巡捕，洋人来见，概不准传报。至于开门、回拜等事，尤所不能。此言一出，二十馀日无一洋人通问。沙面一案，亦不一论及。似诸领事皆出省，领府尽空出。初谓法人

---

①据《中和月刊》第一卷十二期辑，1940年出版。原未署年份，此据本函内容考定。

讹索兵费，英人必乘是时索赔房费。今见诸公多行无礼，正恐为祸尚不止此。琼州极为可虑，枢府尽取一切不谙洋务之人，属以海防，只取困惫而已。数年前在京，即知高阳必误国，今始验也。

弟又顿首

致瞿鸿禨[①] 二十日

子玖仁弟大人阁下：

自信学问及文章不能望君及益吾，近岁尤衰钝，惮于构思，尊公墓铭迟久未能下笔，旦夕服阕北行，又不敢竟违所属。日昨谢客两日，略了一二酬应文字。奉上尊公墓铭一篇，未知有当万一否？仍乞一加绳削为感。即颂时安。

兄嵩焘顿首　廿日

致李鸿章

二月递呈一缄，思蒙钧鉴。前闻有督办滇、粤三省军务之命，知越南事必益棘，而不能测其详。《申报》屡及法兵调发情形，似挟全力注之，盖越南在其掌握久矣。西法凡用兵交涉各国利病，必先期定议，或相助或否，权度其宜，无敢擅发。其利病专属一国，诸国不得与闻。越南交涉专在中国，而始终未一考求万国公法，以筹自处之方。凡驻扎各国公使，以通好而已，有小议论，例得参决。至所关大故，必专遣使议之，不以烦公使，盖所议有

①据上海图书馆历史文献研究所编《历史文献》第七辑辑，上海古籍出版社2004年7月出版。原未署年、月，此据本函内容考定。

成与否，从违去就之机，取决一时，不使公使为其难，所以全交也。嵩焘于日本及法夷皆请遣使往议，盖亦西法然也。

法人之欲通商云南，蓄意已深，而谋开通越南之东京，以取捷径，其意又不欲明言，借事生端，以与越南构衅。越南不达其本旨，贸然应之，其告急中国之辞，法人能探知其详，中国又无以应也。法人自度其力足以兼并越南而无后患，先收取其东京，创开铁路以逼云南，不待交兵、会议而通商之局已成，法人筹之熟矣。往时西人滋扰中国，用兵不满万人。其侵据越南西贡，才及千人。而闻此次调兵万五千人之多，非但规取东京而已，沿富良江而西以至。保胜为越南一巨镇，久为刘永福所据，皆将袭而有之，以收其利，而留为屯防之兵，以与中国相持。至是而中国之大患乃成。

嵩焘十馀年来干冒众人议论，以求处置西人之方，诚知二十年后必有承其累者，及早为之，或可预消其萌而杀其势。以彼上下一心，揣摩天下大势而觊其利，诚无意于中国土地。而因利乘便，或更激而成之，以恣其毒，亦人人意中所共窥及者也。

窃以为处置西洋，始终无战法。彼其意在通商，即以通商应之。暂缓越南之议，先与驻京公使明言通商章程，使电报本国，仍由朝廷遣专使巴黎，定云南通商之局，而由中堂发使西贡，调停解说，平越、法之争。事经数变而所处愈难，及今与议，方之去秋疏陈时，其难不啻百倍。然与其征兵转饷以从危，曷若预探其情而发其覆，以理持之。

孙子曰："未战而庙算胜者，得算多也。故曰不战而屈人之兵。"又曰："知己知彼。"法人之意在通商，而我必迫之使出于战，是无算也。彼发兵万五千人，军伍器械备具于平日，而用兵之费动至数百千万，取给不穷。今欲悉索敝赋，召募无业游食之民以与相持，是不知彼也。用兵三十馀年，聚而为勇，散而为盗，蔓延天下，隐患方深。重以水旱频仍，吏治偷敝，盗贼满野，民不聊生。而于是时急开边衅，募勇以资防堵，旷日逾时，而耗敝不可支矣。幸而得解，旋募而旋散之，所募之勇游荡无所归，乘饥困之民以逞，是导乱也，其弊又坐不知己。其精微者不敢言，略言其粗者，则亦岌岌无自立之势矣。

中堂国家柱石，受命不辞，义之正也。然其职在主战，责成疆吏有馀，奈何以一将之任，使奔走万里之外，一以兵戎相见，一切议论举无可施！西法为将者任战而已，进退机宜，主之国家，权衡缓急轻重，以顾全大局，主之公使。窃窥法人之意，未必遽犯云南。中堂拥此数万之众，安所施其力而用其谋？兼滇、粤三省情形，迥不相同。云南通商蒙自去岁正月已见文报，是其心意久注，所必争者。粤西土薄民浮，西洋固不措意。至于粤东，沿海通商，即与诸国会议，准其封口，亦决不至率尔相侵。

沅甫宫保宿将知兵，留意民生国计，于洋务尤能观其深，自议海防经年，绝未一铺张入告，嵩焘以是服其量。而闻诸人言，枢府以滇督擐甲厉兵，而粤督处之泰然，数有訾议，是以属中堂以专征之任。又述京师议论，所以属之中堂，仍以议和，非求战也。其意若以为中堂专主和者。天下大事坏败决裂，皆坐无识。诚不意办理洋务五十年，士大夫所见终止于是，可慨也。要知天下大计，岂能听诸无识之一二人颠倒迷惑，而不一疏理其节目，条议其得失，务定诸任事之初，以求无悔于后！

审量枢府之意，非必乐出于战，正坐南宋以来以战为名高，有所蔽而不悟耳。伏乞中堂定计于事先，无俟其敝而始求补救之术。以滇事任之滇督；檄粤兵且无出关，专务保疆自固；揭法人之隐，正名通商，先为朝廷解其惑，函告法国公使，俾相就会议。

达观昭旷之外，坦然以诚相喻。外间知洋务者稍优于京师，皆知以战为不宜，较南宋时议论固稍异矣，正不必枢府主战者之果为名高也。然闻云南又有戕毙教主之案，高阳必援引岑公，为取快一时之计，则亦终无如何矣。故曰天也，人力且安施哉！

嵩焘屡怀欲陈，而计中堂所见实已知其深，无待鄙言，言之亦只以为罪。莅旬逾月，终不能自默，实以所忧者大，故言之愈切，惟有惶悚。

复李元度

腊月初八日寄呈一缄，数日乃奉尊缄，略悉彼中情事。又数日复奉雪帅缄，言之益详，而于尊缄所叙数事，不能无疑，亦以见公于洋务终未有明也。

赵充国策西羌为患中国，必先解仇合约，结联他种，与汉相拒。西洋节次构兵皆然。独法人侵扰越南，以求通商滇境，最为英人所忌。粤东愚民焚毁沙面洋房，英人至今隐忍不言。彼诚不乐与法人相比以构患中国，而忧中国之反激之，以是竟不一置议。西洋以行商为国计，其势必不能竟已也，将俟法人通商事定，苛索兵费，彼亦乘之以索赔房费。来书谓其不能交出凶犯，遂亦无词，此大误也。彼所谓凶犯，过失杀人而已，以中国律论之，拟罪不过流徒。振帅据以难英人，鄙心为之失笑。在官者如此，蚩蚩之民何论焉！

雪帅屏绝洋人，不与一见，粤人颇以失望。以粤中奸民狂逞，而士大夫类能谙悉洋情。各口通商几十馀国，其构衅者法人耳，犹恃各国主持公议，而于其中经营调处斡旋之法。雪帅一律拒之，则是为法人合党联交，使聚而谋我。负一时之盛气，乃使其理反不足自申，诚为非计。西洋之入中国，诚为天地一大变。其气机甚远，得其道而顺用之，亦足为中国之利。而五十年来办理洋务，日趋歧左，正坐一二贤者高视阔论，专习南宋以后嚣张之习。由北宋以前上推至汉唐，规模事迹且不暇讨论，无论三代。是以其局愈蹙，其势亦愈穷。贤如雪帅，亦为此种议论所蔽惑，无暇达观昭旷之外。

嵩焘于此急言遽论，略无瞻顾，非能独犯清议也。三代圣人抚绥中外，宽之以情，隆之以礼，其言具在，而在今日尤为安危利病之大几。《易》曰："君子居其室，出其言，善则千里之外应之，不善则千里之外违之。"其应与违，皆吾民也，犹能相为反覆。洋人眈眈环视，其应也尤捷，其动而有违也遂亦无可补救。以言乎远则相距数万里，以言乎近则咫尺也。君子于此知敬慎焉。故曰：枢机之发，荣辱之主也。窃虑雪帅气太盛，语太轻，此所以关荣辱乃在天下国家。深愿在事诸公之熟筹而深计之也。

光绪十年

致朱克敬[1] 正月三十日

笠臣得扬州信，左相赏假四月，皖抚裕署督篆，皖藩卢署抚篆。赏假而不令开缺，又另派署，高阳戏弄左公亦太剧矣，要皆其自取耳。此老专意委屈人，其胸中不能受丝毫委屈，恐遂不复能支矣。世事必别有一番变局。吾楚省运太坏，亦不知作何究竟？初二日约右铭、力臣诸人小集，日在愁闷中，藉此一谈，未知可一来会谈否？或稍晴暖，当可一行，不敢强也。敬颂暝庵先生道安。

弟嵩焘顿首　晦日

致陈宝箴[2] 闰五月初五日

右铭大公祖大人阁下：

奉别遂已数月，跂念德晖，思仰无穷。前王益吾、瞿子玖两君言之庞公，属阁下以营务，庞公欣然，亟欲延致之。嵩焘笑谓，此不可以屈就也。但以朝命临之，有所凭恃，以任事即必不能辞

①据《中和月刊》第一卷十二期辑，1940年出版。原未署年、月，此据本函内容考定。
②据上海图书馆历史文献研究所编《历史文献》第五辑辑，上海科学技术文献出版社2001年8月出版。原未署年份，此据本函内容考定。

矣。雪芹宫保函属代邀阁下赴粤，宜告以此义，而甚不乐有此远行与谋无谓之军务，使湘人失所倚望，遂径以回籍辞之。

初四日见上谕，又适闻云谷署长沅道，一日得两喜信，以告暝庵，谓此省运将复之机也。急盼驺从施湘，以慰国人望岁之意。四月十七日天津定约，逾日而有会办南北洋及福建海防之命。又以兵部侍郎征召刘省山，各海口且议增兵，茫然莫晓所谓。顷接合肥傅相信，始知定约后言路交起，争持朝廷，委己以听，办理之术愈穷。其气甚馁，盖事任所属，虑有反复，无可为计也。法酋在津声称回军取台湾，是以有合办福建海防之命。盖法人此次成约太易，必稍谙习洋务始能知其曲折。京师言者直谓其情见势诎，可以折箠收服之，其昏谬如此。

嵩焘尝论宋人崇奖言路，延至于今千年，使宋、明两朝急入于乱亡，有百损而无一益，利病得失，彰著史册而无知者。至今日而猖狂恣睢、暗无天日矣。荀子所谓奸言并至，尝试之说锋起，则亦听言者之过也。法人志在通商，蒙自得所欲而止。今更激之，迫使索赔兵费，甚或占踞土地，其害终有所止。西洋之患至深且远，不在目前。而使兵竭于外，财殚于中，不察事势之缓急，不问国计之盈虚，竭力以求自敝，供言者之一快，鄙心窃独伤之。往时廖仲山疏劾李相，逾月简放河南学政，今编修梁君钦辰疏劾尤力云可斩者六，逾旬简放徽宁道，用以招致言者速乱之术也，而亦足伤老臣之心。枢府才皆猥下，谁与明之？

自通商以来，研求古今得失以知洋务本末，能规见其大，原不易言。至于粗谙洋情，所在多有，独京师无之，是何也？富贵利达之念胜有所甚蔽焉，至言要义不能入也。《诗》曰“彼昏不知，益醉日富”。所以醉者，富贵利达之念中之也。意旨之所尚，厚赏之招靡，然以求得所欲，而据以为直言敢谏，岂复有人心廉耻之存哉！此所尤危惧者也。

刘康侯霞老二世兄自海外归，谋赴都引见，而费无从出。往见左相，左相问“洋人可与战乎”？对曰“可”。左相大乐，即挚以入京。雪芹宫保亦有五可战、五不可和一疏。谚有之曰一团糟。如左相者，将合群糟以成一糟。念之浩叹。

雪帅枉函见托，宜告闻懒废至今。闻伯严伯严久病，近始愈。弟亦久病两月，惟不如伯严之剧耳。有专足，即日成行，聊一发所欲言。敬请台安。

愚弟嵩焘顿首　闰五日

复瞿鸿禨[①] 闰五月十一日

子玖老弟大人阁下：

承示右铭观察函，并所撰太夫人墓铭，叙次极有声色。拟节去数语，未知有当否？顷得研仙信，已谋得住宅三数处，然其屋似微小，又未知有无山场树木，经营亦大不易，要不能不一谋耳。已回信详询之。即颂著安。

愚兄嵩焘顿首　十一

复瞿鸿禨[②] 闰五月二十日

手示领悉，电报昨由重伯送阅，并据英国电报“华兵四千人，法兵七百人，众寡不敌败退”。所云“杀千馀人”，恐亦非实。要

①②据上海图书馆历史文献研究所编《历史文献》第七辑辑，上海古籍出版社2004年7月出版。原未署年、月，此据本函内容考定。

之此等胜败，都无足为欣戚也。天津定约明言中兵撤回边境。荀子云："约结已定，虽睹利败，不欺其与。"况此并无所谓利败耶！朝臣无一读书有识者，真无如何也！复颂子玖仁弟大人台安。

兄嵩焘顿首　廿

复瞿鸿禨[①] 七月二十八日

子玖仁弟大人阁下：

适读大文，老笔非鄙人所及。委题二图，各得长句一首。精力短乏，不乐构思，岁常不一作，机调皆滞，辞不能达意，气又不能举其辞，然却实含无数感激，亦变雅诗人之旨也。楹联一首求书，去岁求书扇一柄，亦须得一赐还也。敬颂台安。

愚兄嵩焘顿首　廿八

致瞿鸿禨[②] 八月二十八日

子玖仁弟大人阁下：

日稍开晴，闻荣行尚未定期，计日内必诣中丞辞行。有两事须一上陈者，潘琴帅巡抚广西而使莅湘数月，实为湖南之累。以湖南防军既遗资雪芹宫保数营，又尽挈以西行，所存独龚云浦一营耳。洋枪一营操练多年，尽调以去，于鄙心尤为歉然。

此时军械虚乏，洋枪尤为难得。昨晤龚云浦，询悉其军皆用洋枪，盖皆其所自置，凡屡遣人赴上海购办，即此足见其能。此

①②据上海图书馆历史文献研究所编《历史文献》第七辑辑，上海古籍出版社2004年7月出版。原未署年、月，此据本函内容考定。

一军万不可遣令外出。沅、靖一带，伏匪充斥，盗贼满野，岌岌忧乱，必得驻军弹压。闻卞诵帅欲调此军驻防田镇，岂谓法夷遂至上犯田镇耶？信然，则尚有何办法？鄙人敢断称法夷无扰及鄂疆之理，是谓以有用之军，置之无用空虚之地现闻杨厚庵宫保帮办江南军务，下游兵力已厚，田镇设防尤为无谓。此军一经调动，以防夷为名，即鄂省可以征调，不能为我用矣。

此次中外诸公合谋开衅，关系绝大，然法夷终不过通商及苛索兵费而止。或稍侵扰琼、台，即各国亦将生心，为患且无穷。要其害皆不及湖南，而沿海以达滇、粤，募通至数百营，岂能与久持？所在顽民之思逞者尤多，所忧不在颛臾而在萧墙之内。请中丞收回成命，严切责成龚云浦清查伏匪，无庸调赴岳州，并加意考求吏治，湖南大局之幸。

又昨会议徐寿蘅陈奏一件，察卞诵帅之意直不欲举办，以今日商情事势言之，亦必无多裨益，能邀鄂督奏免，省事安民实为上策。若尚须应付朝旨，则东征局开自湖南原属五成，嗣经曾文正奏免，仍留二成，今此二成已归入正款，即依东征局旧例，亦只得三成。徐寿蘅此折周详恳挚，上谕尤仁至义尽。所供给者左相一军，与东征事例相符。而合四省举办，湖南尤应为之倡。或以商人规避取巧，必更换买洋票以相搪抵。商人计较锱铢，稍能巧避，无不竭力为之。而所换买洋票则固由关道主持其事，鄂督一语分示，无敢妄行者。即汉口办理厘务，委员稍明事要，与领事明定章程，以属之税务司，其弊即可禁绝。今徒欲使厘局设法羁縻，所谓不揣其本而齐其末者也。今议三成，仅捐出口货而宽免入口货，如此则直无捐可筹。以湖南出口货，煤铁而已，其捐能几何哉？此甚不可也。鄙人以病谢免酬应，不及面告之中丞，幸以此二义详陈之，无任企祷。

嵩焘顿首　廿八

致瞿鸿禨[①] 九月初二日

子玖仁弟大人阁下：

昨枉顾，失迓为歉。何日荣行？天气大晴，想可得南风利济也。致曾宫保信书就呈上。见《申报》，淮北票捐发还七成，欧阳静山领款从中扣存，寒家一款，亦静山所乐允，信内亦略及之。今日有小事，未能奉诣。为瞑叟便致一信，先奉收存。敬颂行安。

愚兄嵩焘顿首　初二

致瞿鸿禨[②] 九月初三日

子玖仁弟大人阁下：

顷谈甚畅，天气过热，恐有风雨，初六开行为宜。明日能否枉过？无他酬应，似亦可不入城也。罗研生、吴南屏两家诗文集呈上。南屏诗不如文，又刻有小品数种，今但存诗一部。外惟《潘经峰集》二缄，黄汉皋《四书异同商》一套检呈，并稍成完书者，其已有传者，不更呈缴。大率吴、罗两公似宜一谋补传。

呈上食品数种，稍备舟中佐餐之需，及新化竹器二种，希饬收。敬颂行安。

愚兄嵩焘顿首　初三

顷左家报称，癸叟浙江信甚恶，亦早虑及此也。

---

①②据上海图书馆历史文献研究所编《历史文献》第七辑辑，上海古籍出版社 2004 年 7 月出版。原未署年、月，此据本函内容考定。

致李鸿章

去腊二十六日接奉钧缄，知前两缄并蒙赐鉴。所以屡渎尊严，诚知中堂所处之难，而群言淆乱，终恃中堂一语折衷。区区愚忱，深望排群议而障狂澜，使天下蒙其帱荫，利赖无穷。继见《申报》偻计法兵调至越南二万馀人。彼其所费侈矣，未易与平议也。自是不敢复有言。

往在京师陈说恭邸：洋患至今日，无可补救，急求应付之方，可以尊国体、安边圉，为中国之利，其大要在知所务而已。是故与洋人周旋，可以理喻，而不可以力诎；可以情遣，而尤不可以坐置不理。

窃论中国之大患二，一曰寇乱，一曰水旱灾荒。自粤逆荡平，水陆防兵气势完固，应变有馀，则无忧盗贼之窃发也。威毅曾公倡赈山西，天下响应，救灾恤邻之义远及西洋，转输络绎。去岁直东水灾，相承为例，互相扶持，则无忧水旱之频仍也。今时所患独在西洋，而西洋行事，其发谋常在数年数十年之前，而后乘衅以求逞，犹不遽言兵也。挟其所争之势，曲折比附以为名，常使其气足以自伸，以求必得所欲。是以先事有预筹之略，临变有必审之几。以彼之强，每一用兵，迟回审顾，久而后发，则知其志之犹有所慑，而名足与相维也，故可以理喻也。

《汉书·西域传》称其利贾市，争分铢，商贾车船行旁国。历今二千馀年，诸国疆域日廓，兵力日强，而一以贾市为利，未尝称乱中国。自唐防边之费，惟收西域胡商之税以供四镇。至宋迄明，因有市舶司之设，中国亦岁收其利。通市之久，遂以广开口岸，声息毕通。顷数十年，汽轮车船夺天地造化之奇，横行江海，无与为敌。而究其意之所极，贾市为利而已。其阴谋广虑囊括四海，而其造端必以通商。迎其机而利导之，即祸有所止，而所得之奇巧转而为我用，故可以情遣也。嵩焘实见办理洋务无可开衅之理。国势之盈诎、兵力之强弱非所论也，但无洋祸，寇乱饥荒皆不足惧，一有西洋之衅，则此二者之忧乃倍于平时。兵竭于外，财殚于中，未有能善其后者。其中苛索兵费，以求通商，仍不越初议，而国体所伤实多。相持过久，则必有失地之虞。凡此事理之显见，苦言者不能知耳。

近有二事，稍心通其意，当为中堂一陈之。见劼刚上总署书，力诋李丹崖之言让出北宁、兴化二城，其持议甚正。丹崖于此，诚未曙然。然法人何以为此言？假令中国竟允其请，法人将遂卷甲以退乎？抑更端以求逞乎？其必求开通蒙自决矣，是徒自为反覆也。盖法人之心逆知中国之必不能见允，而姑试言之以观其衅。劼刚与丹崖皆在其玩弄计数之中，未易以得失论也。

上海英领事上言江督，请代守舟山，恪靖置不答。或曰此英人之诡谋，不答宜也。或曰此意在保护商民，中国又与国也，西法有相代守之义，不答非宜。然中国外海三岛，以琼州、台湾为最要，舟山距法兵甚远，英人何为虑及之？彼其意盖曰滇、粤之兵相持久，琼州孤悬海外，法人将谋袭夺之；日本蓄意台湾久矣，亦必乘势以动，用以相警觉云尔。使二国而果出此，英人亦将挟有舟山以争胜。凡彼之言，皆通筹熟计以预为之程者也。与洋人相处，无推诚之心则扞格必多，无审几之明则迷惑滋甚。此不必其意之果然，然能知此，乃得所以相处之义。

劼刚又上中堂书，发八难以推明主战之说，其言足以歆动今时士大夫，而于中外情势盖全失之。今不暇究论其他，其云法人议论参差，怠于持久，反复申说，所言皆是也。法人君党凡三，民党亦三，议论视他国尤繁。然至于用兵，先由议院定议，尽一国之臣民皆无异言，而后筹定兵费，以为调兵之数，或增调，或旷日迟久，则又再筹。《申报》所载始筹八百万法郎，继又筹二千万法郎，皆国人公定之，无所谓参差也。且凡所言挈短量长，皆以势论。其视今日固优于道光盛时，今之将帅果优于杨果勇、僧忠武？劼刚侈然言之，一二主兵者亦泰然任之，斯亦足以廉顽立懦矣。然而洋务之兴且五十年，其情之所由起，与其力之所终极，一断以理而折冲有馀，奚以势论哉？劼刚意在规合时人之论，以求一日之名耳。出使通好，于职司不当主战，而其言如此。南洋同主洋务，其立异又如此。于是中堂之心乃愈隐，而所处亦愈穷矣。

然劼刚亦有恳切之言，而枢府不能辨。见其电报类编，去岁四月电寄总署，言自前岁四月陈办公牍，无一复者，燕会公使，亦不知会。其言以为诸所议论，出自公使之意，非朝廷本旨而峻拒之，请另遣使与议。此则法人初发议时所必应调处者，万国公法发明其义甚详。所争中朝属国，彼犹专使就中国辨议，而漠不为应，即此已足激成其怒。西洋相交，有春秋列国之风，使命所系尤重。国家一切简视之，苟取应付而已，此所以失也。

自有洋务以来，士大夫高视阔论，以考求洋情为耻，见有知洋务者，又虚为之名曰："此足应时须矣"，阳誉之而心益薄视之。然就嵩焘所见，凡名为知洋务者，粗知其情势而已，无通知其本末者。由三代递推至秦汉以下，利病奚若？所以为异同奚若？经史传记之言具在，观其会通以辨其得失，而后知两汉承三代以后之规模一变，唐宋规模又一变，元明以来规模又一变，而外人所以凭陵中国，局势亦变而日奇。嵩焘请为之说曰：夷狄之民，与吾民同也，趋利避害同，喜谀恶直同，舍逆取顺同，求达其志而不乐阻遏其气同。贤者以理折衷，可以利之顺之，亦未尝不可直言之因而阻遏之。取足于理，强者亦可使退听。吾民之于官吏父兄也，即有屈抑，忍受而已，不能忍受，谓之乱民。夷狄弱者，奴隶也，鞭之挞之可也；强者义视友朋，但能以理相处，一有藐屈，偾然而起，祸福荣辱立见。是故洋务者，治国平天下之一端也，其所以为用各异，而其用同。能教化整齐其民，以控御夷狄固沛然有馀矣。

嵩焘非能知洋务者，独知其理耳。法人滋扰越南以求通商蒙自，诚使用兵而遂止其通商，为之可也；用兵而耗敝国家，多偿兵费，终以通商，何为也哉？此非势也，理也。抑使用兵而能保全越南，为之可也；用兵以速其亡，有可持之议论而不能宣也，有可乘之事机而不能赴也，贸然构衅以为名高而不顾其后，何为也哉？此非势也，亦理也。嵩焘所以谓无可开衅之理是也。尤以谓今日之大患，不在西洋而在募勇之太多。彼其注意在云南。严云南边防，以粤西辅之，而调集水陆之师扼守琼州，以防意外之变，此所不可缓者。耗敝财力以穷海防，适足资洋人之一噱。

闻鄂督急治江防，增修炮台，为戏而已矣。如信以为宜防，非独不明洋情也，亦未达兵略。知其无益而用以相涂饰，亦岂大臣之用心哉！盐法至今日，坏乱极矣。增引愈多，私销愈充，官盐愈滞。于此增加盐价以事江防，又两敝之术也。是未用兵而民商先困。两年以来，富商大贾倾毁无馀，利害之及民者如此，即国家可知，苦言者皆不能知耳。至今越南大局全坏，人心亦渐知悔祸矣，急以此时敛兵滇境，发使诘问倾覆越南之意，滇督任之，俟相往复而后上闻，专使议之，幸不终出于战，然非滇督所能任也，要其义固不越此。

嵩焘坚持此义三十馀年，无有掩饰瞻顾。所言本末，皆得之读书观理，与今之谈洋务者异也。骂讥笑侮，一切听之，惟中堂为能垂谅。窃独以为洋务当通筹全局，非可枝枝节节，苟幸目前，即有胜负，不足为忧喜。用敢竭尽其底蕴言之，但能知此，亦足息群言之嚣，而不至贻事后之悔矣。

致李鸿章

前递呈一缄，畅论洋务本末，计当上达钧鉴。顷庞省三中丞宣述尊旨，以洋患日棘，命嵩焘以所知备陈方略，承命惶悚。如嵩焘之愚直无所知晓，何足以上塞明问！晋臣卞壶之言：“诸公高语宏通，而壶专执鄙吝。”今中外诸公力张挞伐之威。销沮惶惧，嵩焘一人而已，宜为时论所不容。中堂独有意乎其言，俯赐垂问。谨汇次前后情事，期解一时之纷，而不必遂见施行。略相发明，以备一义。

去腊奉钧谕，桑台既失，议撤北宁之防，于体势全失，此不可之甚者。然用中国之兵以守北宁，果何以善其后？均之失体也，宜择其轻者就之，求所以自处。谓当敛兵滇、粤边境，固守疆圉，无勤远略。诣商潘琴轩中丞，并录呈寄复彭雪芹宫保、李次青二书专言粤防者，互证其得失。琴轩中丞以为将来归宿应如此，此时非所宜言。会见《申报》，法兵调至者二万馀人。度其所费已多，尤未易置议也，遂亦不敢复有言。

迨及北宁失守，粤军全溃，远近惶然。钧谕虑其乘胜苛索兵费，此岂待深计哉！极法人兵力之所及，征求兵费、择地通商而已。急与料处，赔费必多。不及此时为之，将恐有失地之忧，而赔费弥甚。嵩焘前书陈论其要略，谓当敛兵保境，发使诘问法酋所以倾毁越南之意，中朝使臣在法都极力斡旋，未蒙宣示本旨，今当一与核议，以全两国大局。俟相往复，而后上闻，简派专使议之。军事百变，缓急轻重相距悬绝，而遣使与议，始终止此一义。至于今日，而索赔兵费决矣。然自我发之，犹可据理以相争，其气或可稍杀；自彼发之，则一言出而已无可改移。使滇督能明此义，力与维持，尚足稍全国体于既毁之后，而固知其不能也。朝廷一取虚憍之气以与经营洋务，不务拣求人才。办理洋务五十年，诚不宜有此。

往与左相书，辨其“一劳永逸”之说，以为值水旱频仍、民穷财竭之时而倡为此论，以急开边衅歆动朝廷。西洋积强已数百年，而慎言战，创定万国公法以互相禁制，每一用兵，或数年，或十数年，必分胜负乃已，故可以理折，而不可以力争也。御之得其道，足与共享其逸，一劳则恐永不能逸。左相老臣，在军借用洋款千馀万，创设船局及机器，縻之洋人者亦数百万，于洋务为最习，而有此言，非其智之不足也，趋时之念胜也。謇謇老臣，但知据理为言而已，不知有趋时也。其戒左相位高望崇，为国柱石，总揽天下全局，与言官不当事任有别，则亦恳切之至矣。惟其知之明，是以忧之深而言之切。

耿耿私忧，尤以为此次与法人构衅，各国皆深咎法人，而相推相激，乃使各国以中国挫衄为快。又见中国兵力如此，国体全失，各国环伺生心，所忧方大。而今日切近之患，尤在募勇太多，縻费太剧，耗竭已穷之财力以供喜事邀功者一言之快。自营办海防，西商提取存款，名都巨贾倾毁无馀，东南困敝尤甚。吏治不修，盗贼满野，将何以为善后之计哉？

夙闻在官议论，以为二十年后必有洋祸，幸及中堂元功硕德，主持大计，犹足息人言之嚣，深忧此后边衅一开，祸必烈于往昔。诚不意当中堂之身，而使衰病馀生料及二十年后者竟亲见之。滥居总署数月，而知洋务决不宜与闻，诚忧所处之难也。伏处穷荒，每一念及时事，发愤太息，四顾茫然。荷承中堂下问，聊一发其所怀，无任悚息。

致彭玉麟

腊月二十五日接奉冬月二十八日赐书，筹画精详，神谋独运，而其忧深思远，力求实济，尤徵平昔蕴蓄之闳深，非复今人所能庶几。然嵩焘独有深忧者，法人滋扰越南，以求通商滇境，当事不务探求其情，以理开谕之，贸焉与之构兵，而于地势军情，又多不能考究，不独急沿海之防，且更督及江防。闻鄂省亦议建筑炮台，徒霸上之儿戏而已。以势度之，云南边境必不能免侵扰，其馀各省海防皆为虚设，独琼州一岛孤悬海外，极可危惧。为其径西一面数百里，与越南仅隔一海港。法人轮船出入安阳口，东距儋州，隔海相望，其南由昌化、感恩以达崖州，并界越南。南定既为法人所踞，自神符海口以北，轮船肆行无阻。粤东无一轮船之可恃，孤守琼州海口，其势已难持久，又况兵力分守各海口，尚虞不给。法人踞有越南，必谋袭琼州以为辅车相依之势，粤东边事乃大坏。嵩焘以为方今要务，在严守琼州。宜急咨北洋大臣添派铁甲兵船防护，而厚集兵力以应之。

尊云据探报，宣泰之役有日本兵数千人，疑所传之非实。嵩焘于此，尤怀深惧。盖日本蓄意台湾久矣，与法人合谋，资之兵力。心知法人踞有越南，与中国相持，其患必及琼州，于时日本亦必乘法人之求逞，经营台湾。去腊英领事照会江督，请以兵助守舟山，恪靖置不答。英人之心，犹日本之心也。恪靖于洋务全不一考求应付之方，似此关键，所争非细。

麾下居省调度，各海口均有责成，似以琼州为尤急。而其地瘴气为人所畏，儋耳以南瘴气更甚，万非老年所堪。惟宜遣将命师，未宜自恃忠勇，亲临前敌。虎门炮台向称天险，既经用兵，增炮设防势不容缓。然香港数十里，港路两岸皆属英人。英人不与合谋，法人必不能越香港以犯虎门。似虎门以内之重重设防，尚可从缓。

值民穷财乏之时，开此衅端，本谓非宜。滇、粤三省，增加新募之勇各数十营，沿海皆奉旨设防，乃至内江增筑炮台，上及鄂省之田家镇。窃疑枢府诸公非独不知洋情也，实亦未睹行军之要略。嵩焘区区日夜忧惧，揣度洋祸必及滇境。若更有牴牾，琼州、台湾、定海必承其害。各国环起相陵，且至无以自立。尤以为内地切近之患，不在洋人，而在招勇之太多，诚忧饷项之无从取给也。法人尚在迟回，能稍委曲以求纾近祸，犹可稍养滇南之威，导使通商，以餍其欲。

窃论洋患已成，圣人生于今日，亦无能攘而去之。其机要全在应付之当否。诚得其要，可保数百年无事，否则其祸亦立见。办理洋务五十年，仅见前岁用兵朝鲜，最得机要，馀皆失之。以为振帅必深明此义，而于法人之扰越南，迷乱已甚，鄙心尤用茫然。默察枢府之心，必不肯遣使一与平议。既蓄意求决一战，亦必考求洋情以审量战事之始终，非可懵然倾天下以图一逞也。

嵩焘于此亦有数说。一曰敛兵保胜以固滇南门户。以法夷深忌刘永福，保胜为所旧踞之地，借其力以遮遏法人，而驻重兵蒙自，为与议通商善后之计。一曰固守滇、粤边界。镇南、保胜两关以北皆中国边境，所应设防，慎无轻言出关。即粤东虎门亦然。所用以拒敌者，必在第一层关隘也。一曰严守琼州、台湾，以防意外之变。西洋用兵，不轻涉险。刘永福不能固守，其患专在滇南；刘永福能固守，则患必旁及，此亦必然之势。一曰拣练精兵以济实用。西洋侵扰中国，凡数用兵，其终皆索赔兵费、通商而止。今亦犹是也，而情势则远不同。能力扼边要，一关足以制其深入，即自守有馀，不能则急与议息兵。是以虎门设防，用兵贵合不贵分。若枝枝节节为之，终至退守一城，则必有失地之患。盖中国通商口岸已无可再增，而乘积敝之馀，用其积轻之势，可以无所顾忌，此又必然之势也。

孙武之言战也，曰知己知彼。所谓知彼者，知其国势之强弱，知其人才之能否，知其势之所极与其计画之所从出，而后可以总揽全局，以决胜负之机。韩信攻赵，知广武君之计用与不用。魏武知袁绍之不能袭许，又知刘表之不能袭邺，则可谓知其深矣。知敌之深，乃益有馀地以自处。西洋之患亟矣！中外诸公懵焉莫测其所由，先无以自处。主战愈力，自处愈穷。一将之能，而偃然恃以为安；一战之胜，而嘎然据以为喜。以当小敌不足，况若西洋之气方盛而势方强者乎！彼固无求倾中国之心，何为激之使狂逞也？

今时独合肥伯相能知洋务，而以位高望重，不敢与枢府异同，遂为议论所持。嵩焘自问读书观理，稍能窥知三代圣人控制夷狄之大用，伏处田野，无所顾畏，于此屡具疏言之，亦以直陈之麾下，幸冀有所采纳。不敢自外，诚无任惶悚激切之至。

致曾国荃

月前递呈二书，想蒙赐览。其时适奉全权大臣之命，而观所颁诏旨，但欲逼使一战而已，一切强制以不得有为。私心忧疑，谋遂具疏论之，又念前屡具疏，由南、北洋转进，今事势丛脞如此，南、北洋处危疑之地，值盘错之时，嵩焘所陈，又似比合南、北洋之旨，以折群议之非，于义未宜代进。拊膺踌躇之日多矣，略为恪靖发其义，知其负强使气，不可以庄语，稍以平易出之，未敢显著纠正其失。

古人有言曰："目短于自见，故以镜鉴形；智短于自知，故以道正己。"身失道，则无以知迷惑。今时士大夫无知道者，循声附影，希望朝廷意旨以求诡合，顽然自托于敢言，日趋于迷惑而不知悟。度其用心，岂果有见于今日兵力之强，足资一战，而必不可不一示威外人乎？希时道谀而已矣。尝记宋儒刘元甫之言，仕有三耻：相时而为道，希俗而为功，饰义而为名。古之君子以为耻，今之君子矜张自肆，泰然任之。学术之不明，人才风俗之偷，天下之敝所由基也。

初谓法人必扰及琼、台诸岛，顷接鄂信，福建马尾已交兵。船厂，轮船之所集也。是其故有三：一、毁灭机器根本之地；一、福建租界在南台，于各国商局无损；一、天津始定简明条约，即有专办福建海防之命，彼亦寻声而至耳。充法人之志，驻兵以胁求通商、苛索兵费而止，即诸言事者亦谓无甚害也。而当民穷财殚之时，黩兵无已，国家何以堪之！

自顷数年，商贾任贸迁者倾毁无馀，富室存储，俱至荡然，而又毁及招商一局，尽长江数百里利源举以委之洋人，中国不复过问，岂复有能自立之势？傅相于此具有苦心，然亦失计甚矣。朝廷任信少年，希图荣利，一二狂瞽之言以疏忌大臣，其害遂至不可究诘。非愚直如老臣，不敢言亦不能言。而无由痛哭陈辞，以幸当时之一悟，至于今日，而遂无可言矣。

光绪十一年

复凌问樵[1]四月初八日

问樵仁兄大人阁下：

奉诵惠书，勤勤焉以振捐馀款为念。弟前为鹤皋言之，馀款多，应归善局存积；少则输之善化学宫，以去岁万寿圣节朝贺典礼由善化学宫承办。阁下与鹤皋先后出力，又皆善化人也。已而闻归并育婴堂，领去之簿未收回者颇多，然亦陆续有缴捐者，恐一时未能遽了清也。军事贤劳，似此细微犹廑盛虑，足征精神内运，在远不遗，敬佩无量。

伏审德威所播，绥来动和，道泰身荣，惟深祝祷。陈诒生驾部云，与阁下知交二十馀年，其世兄名守枢，谋事江南，恳阁下提挈，而属嵩焘托之沅浦宫保。弟以宫保倦于干求，未宜更扰之。阁下留效奔走，良所甚愿，或另荐与一善地，俾有以自效，必能殚思程功，以图报称。是以承诒生之意，仍求之阁下，而为补其书中未尽之义。

赞周意在就试京兆，此时当已成行。原不应羁留一馆以损其志，宫保亦以此为言。中法和议略成，而条约参差，恐未易就绪。其中底蕴，知者亦少，宜其多生事端也。敬请台安。

---

①据散原老人旧藏《郭筠仙侍郎书札》辑，台北故宫博物院 1979 年影印出版，原未署年、月，此据本函内容考定。

愚弟嵩焘顿首　初八

复瞿鸿禨[①] 十月初六日

子玖仁弟大人阁下：

前承典学浙江之信，名邦盛业，庆慰无量。两奉赐书，兼荷渥颁珍食，值征轺旁午之时，百吏环趋，部署勤劬，而远及空山一叟，垂注殷殷，分其治事之心，非独情谊之隆，精力沛然，肆应靡遗，足征福泽所及之远，老怀弥以增愧耳。东南坛坫，阁下与益吾分踞其胜，扶质立干，飞翘振英，庶几乾嘉人文之盛，再见今日。国祚昌明，征兆于是，岂惟吾楚乡邦之庆而已。秋闱后补试馀存各郡，冬寒告臻，诸想佳善，惟深钦祝。

嵩焘自四月屏迹乡庄，秋中始能一归，旋赴攸经营卜居之计。龙研仙为置一宅，极不合法，当别筹之。喜其民俗纯厚，于朴拙之性为最宜，而栖徙亦良不易。吾楚历事已深人心，亦略知公谊，诚令骆相及恽次山中丞尚在，即无曾文正公绥定东南之略，用以自保诚亦有馀。而十馀年来造乱方未有已，识者皆心忧之。

海防御营以后，寇盗横行，省城竟漠不闻。昨道湘潭，先夕盗劫县城二家，伤十馀人，毙二人。至攸亦然，相距亦仅数日。衡山樟树港冯小航所遇盗踪几奇，冯君有智术，当时掩获一人，讯知琼州彻勇数十人合谋行劫，县研得其状，责而释之，惊问何意？曰以盗上闻，驳诘百端，徒取累耳。又不敢久羁，以生后患。诚不意十馀年来，吏治偷敝至此。朝廷不问之大吏，而苛求州县，

①据上海图书馆历史文献研究所编《历史文献》第七辑辑，上海古籍出版社2004年7月出版。原未署年份，此据本函内容考定。

庸有当乎！嵩焘尝论用兵之议，耗敝财力，以自生衅，此亦一端也。窃观今人议论仍踵前失，而益务发皇之。因记陆务观述青城山上官道人，年九十，见人辄笑而不言。一日见之丈人观道院，忽自言养生之术曰：为国家致太和，与长生不老，皆非常人所能，且当守国使不乱，以待奇才之出；卫生使不夭，以须异人之至。不乱不夭，皆不待异术，惟谨而已。放翁大喜，从而叩之。又复自承喑不能言矣。彼其所见，高出南宋诸君子之上，庶几知本者，宜其不乐有言也。

富强者，秦汉以来所称太平之盛轨也。勤求吏治，抚辑人民，实为太平之基。惟此之为谨，而后能守国使不乱。以耀兵为强，以朘削为富，鄙心终有疑焉。疑此之为其于谓富强者有济与否？未可知也。譬之为家，聚群子弟之无行者，不责之立身守约，而责之求富，其言虽工，果足信乎？鄙人所为旁皇四顾，闻富强之说而益滋惧也。环顾一时人才，可与言此者，亦无多矣。

寄示《汉事会最》，搜采二京掌故，为类书之别种，谨当钞存一分，以便寄交舍侄。昨得其南京来信，汉口所患，尚未全退，欲及冬寒时一归休养，未知究竟如何？顷自攸赴县，过家小住，闻子濬兄言，有赴浙便足，略书奉谢。敬颂台安。

愚兄嵩焘顿首　十月初六日

致瞿鸿禨[①] 十一月十三日

子玖仁弟大人阁下：

---

①据上海图书馆历史文献研究所编《历史文献》第七辑辑，上海古籍出版社2004年7月出版。原未署年份，此据本函内容考定。

前呈一函，想蒙惠览。秋闱后即须按临补试各郡，襜帷所莅，清风遐扬，多士景从，业光道泰，钦祝无量。

嵩焘避地乡居，偶以事一还省寓，仍屏除酬应，从无车马往还，耳目为之一清。顷以冬至宗祠祀事，一诣县城，年老气衰，奔走为劳。周升为意城十馀年旧人，其才力尚堪效驱策，屡求一书走投铃下。以知末世人才难得，而营营者苦烦，不欲相扰也。乃复求得李佐周一书，佐周于意城为至密，亦久习其人，顷以附舟东下，道湘阴仍固求一言为质，念其已俶装赴浙，为略言之。意城曾荐随刘岘庄江南，尚能料理公事，然得隶身节署，于身为有光，不敢校事，处以跟班亦足以偿所愿。

益吾《东华录》书板已赎还，原刷一纲销售不及百金，存置文公祠，尽为蚁蚀。益吾取京二十部，仅凑得六部，亦未给价。鄙人为张罗刷费二百五十金，无从归款，与朱宇田谋补刷一纲，分给入股者，而为王菊生所持，股银未交，先取书板封存。人言王菊生之护法胜于金刚也，一笑。致阎季蓉一书祈饬交。匆匆不及详述。敬请台安。

愚兄嵩焘顿首　冬月十三夜

复朱克敬[1] 初七日

瞑庵先生尊兄阁下：

承惠虾蕨，人间至味。去岁阎相值军机，首裁堂餐而食烧饼。弟谓京师烧饼天下至味也，阎相其知味者乎。特未知伯夷当日孤竹近海之区，亦曾觅有此虾否？古人知味，或不减阎相也，一笑。

---

①据《中和月刊》第一卷十二期辑，1940年出版。原未署年、月，此据本函内容考定。

次江所至，足以致人欣慕。闻正月八日子寿香缘及盐道，三人齐赴田家镇，致武汉人心皇皇。如来示所云，子寿岂竟留守耶？手此奉谢。敬颂道安。

弟嵩焘顿首　初七

致李鸿章

海军之设，恪靖发其端，李次青实助成之。观其立言之旨，徒欲见威于敌，魏相所谓骄兵也。窃以为北、南两洋兼综防务，控制有馀。而凡沿海要害之地，有形势所必争，有一时愤怒所专及。其必争者，固将度其力可以求逞，而乘我之敝，以便利争之。非其时亦必不敢轻发。其专及者，因衅构难，无有常主。大抵西洋负强争胜，怀乐战之心，而用兵具有节度，非若前明倭寇豕突狼奔，宜备为之防。且中国情形与西洋大异，西洋民气定而用法简，久练愈精；中国用兵，用其剽悍方生之气而已。设防于不相应之敌，耀兵于无可用武之时，徒为戏耳。恪靖所谓重臣，谁能当之？北、南两洋，居其位而任其责，威望诚无及者。将假重臣之名，去官守而领一军，则益无所凭；恃枢廷定议为居中驭外之计，简调多员以实京师，又诸一二求富贵者蒙蔽阿比为之。并与原议乖异，甚为国家惜此经费也。

至于裁兵之说，凡有识者莫不谓然。然自江浙乱后，兵籍已无存，然且不能多裁。二十年来，有为以勇补兵之说者，有为加饷练兵之说者，议论纷纭，多格不行，其行者成效亦略可睹矣。近乃为汰勇用兵之说，为省现军之饷以厚养旗兵之说。其终兵、勇并议裁减，以今时势论之，殆速乱之术也。国家设兵，以卫民而已。往时长江盗贼充斥，自创立水师，小河支港所在戒严，长江劫案反少。日顷沿海散归之勇，游集为患。近省城乡，劫案四出，视若固然。江行必有师船驻扎，乃敢停泊。曾文正初设水师之意，在防洋船得入。洋船不能敌也，而用以缉盗，以保长江之险，使寇乱不敢生，东南大势恃以无恐，为功甚大。恪靖议裁兵而不敢议及长江水师，彼诚知之稔也。次青并请长江尽改轮船，岂谓此数轮船者遂可抵拒洋人耶？洋船并无扰及长江之时，而先委弃数千里之地以听盗贼出没。儒生一隅之见，妄议更张，贻误国家，蒙尤惜之。

陆放翁记青城山上有道人年九十，自称病喑，见人笑而不言。一日见之丈人观道院，忽自言养生之术云："为天下致太平与长生不老，皆非常人所能。且当守国使不乱，以待奇才之出；卫生使不夭，以须异人之至。不乱不夭，皆不待异术，惟谨而已。"放翁大喜，就而叩之，又自承喑不能言矣。彼其所见，实远出南宋诸君子之上，庶几知本者，宜其不乐有言也。

富强者，秦汉以来所称太平之盛轨也，行之固有本矣，渐而积之固有基矣。振厉朝纲，勤求吏治，其本也；和辑人民，需以岁月，汲汲求得贤人用之，其基也。未闻处衰敝之俗，行操切之政，而可以致富强者。严北洋之防以拱卫神京，中堂之事也。以次增置兵舰，广求人才，以应天下之变，亦自裕如。而多为之名，分其权势，又设海军署京师以遥制之，徒资纷扰，终无裨益。其甚可忧者，以节饷为名，尽取天下额兵与其留防之勇一律裁减，使相与敛手以趋寒饿。历朝盛时所不能行而行之今日，人心岌岌然，且曰将以是求富强也，自古至今，未之或闻。

蹇蹇老臣，旁皇四顾，私忧窃叹。欲遂伏阙痛切陈之，天高路远，衰病馀生，无由自达。欲乞中堂急先保全长江水师，为东南留一线之生机。其有馀力能造轮船，为之可也。必先毁弃数十年之成效，营求茫无踪影之富强以为名高，此不可之甚者也。程子云："论学便要明理，论治便须识体。"窃观今之言事者，皆不明理、不识体者也。盖亦人才衰敝之徵，万不能不及此时一图补救耳。

复张自牧[1]

手示领悉。数日以来，思一过校经堂，稍为理处，而苦于路太远，每日以事出门不能远及也。顷咨老见过，所言正同，深以为慰。左长卿廿六日卜葬。前询陆恒斋云，当以七月朔赴馆，不至再展期也。瓮叟、云谷会宴暝庵处，谨当奉陪。日期惟所示，鄙人暇不暇勿论也。惠甫闻当归家，已有信否？复请笠翁姻丈大人台安。

期嵩焘顿首

①据《北京师范大学图书馆藏近代名人手迹》辑，原未署时间，此据本函内容考定。

光绪十二年

复瞿鸿机[1] 五月十三日

子玖仁弟大人阁下：

奉读惠书，知去冬一缄已达台览。值使车历碌之秋，垂念空山一叟，远劳存问，铭感滋深。敬承履祜含宏，充实光辉，存教翼道，发皇观听，引詹裔霭，弥切颂私。

屡观《申报》所述，意在厉威严，力矫末世偷敝之风，纳之轨则，允为匡时之大用，足以廉顽立懦，畏严而期于寡过，然浙人颇有议其用刑之过者。自秦汉以来，礼教沦失，国家盛时整齐严肃，官吏奉法，惟能使刑罚修明而已。衰舛之世，人心玩惕，小人敢于为非，而不耻服刑，士大夫轻于犯义，而不任受法，于是一切务为宽假，人心风俗顽敝滋甚。学校者，人心风俗之源也，但观刑之能用与否，可以知世变矣。闻浙人之言，恐足以乱一时之听。意者严察弊而慎用刑，常使诱掖奖劝之意，多于所督责者，或亦励学之一义乎？

嵩焘去腊偶因客至，触门限倾跌，伤额及臂，委顿两月有馀。二月中赴讲舍，乃始出门，精神意趣，愈益索然，早知此必不敢应讲舍之聘。比年湘中人文自不乏，旧时高才生，率得乙科以去，

---

①据《中和月刊》第六卷第一期辑，原未署年份，此据本函内容考定。

新入数人，亦多美才。惟自乾隆以来，训诂考订之学已成百馀年风尚。薄视宋儒之言性理者，立身制行无肯措意。汉世经学昌而人才盛，国朝经学昌，而雍乾以前敦厚纯穆之风亦遂日以沦替矣。吾楚更数年，幸及江浙人才学问如嘉道时，徒恐科名不逮耳。风气之嚣陵，人心之浇薄，其源皆在士大夫，则亦吾辈之咎也。

已新刻《皇朝三通》，承允惠寄一部，感荷无极。《汉事会最》录存副本，似尚不足付刊，原本讹误满纸，亦未易编校，俟便寄上。周自庵前辈《思益堂日札》二十卷，前四卷经，五、六二卷史，馀多国朝掌故及杂记。初与李黼堂约醵金为刻之，及取视，论经史多浅近，无所发明。意欲摘取数十条并入杂记中，不更标列经史，可以删存其半。属海如世兄为之编次，与《思益堂诗集》并行，当由阁下与王益吾兄校订付刊。并缄商益吾，俟得回信照办，或径可寄交益吾审订也。敬请台安。

愚兄嵩焘顿首　五月十三日

示及周仆为意城旧人，获蒙嘘植，皆出盛德。兄亦深苦其渎求也。

再，阎季蓉门人杨汝襄、熙春兄弟，以季蓉之命来见，因留之斋中，令考试额课，以次叙补。其弟以多病告归，汝襄独留。其用工甚苦，日夕不肯少休，而苦天分稍低。每见其论著，征引浩博而意不能举其辞，多为所习子书所累。然其心锲而不舍，终必有成。以季蓉之意勤勤，故以奉告。乞转致季蓉为望。杨生盖性老之族孙也。再颂台安。

嵩焘再顿

复瞿鸿机[1]七月初一日

子玖仁弟大人阁下：

领奉赐书并惠寄《皇朝三通》全部，感领实深。寒家旧藏《三通》及《续三通》，独缺此种。蒙惠补所未备，尤惬鄙怀。

前五月奉寄一缄，略述所闻浙人议论，大率地方风气强弱，近水者多文，近山者多朴。文胜则为诪张，朴胜则为顽犷，顽犷易治，而诪张者难矫而正之。所历试诸郡皆文胜之地也，流传及远，以为过严，而所在士论翕然，则意所振发昭苏，必皆足以廉顽立懦，严于一人一事，而风教所被，承其益者为多，诸所传闻皆诪张无实之言也。人文之胜，应试者之多，尤莫如宁、绍，再东益简陋矣。甚喜所至能服教从化，为尤慰也。

海军之议自湘人发之，所谓儒生不谙事势之言也。中土用兵与泰西异，泰西用兵，教之有其本，习之有其程，君臣上下，并心一力，以讲武为事，风俗成而人心亦定矣，是以其兵练而愈精。中土用兵，用其方新之气而已，汉唐以来二千年尽然，顿兵久则惰而衰，无警而以练兵为名，则轻而剽为戏而已矣。又国家体制不以兵权假人，有征讨之事，乃出重臣领兵。令尽沿海数千里之地授之一人，俾土方略，谁堪任此者？而设海军署京师，沿海形势与在军之声息，旷隔不相闻，遥领节制，为涂饰耳目之具，轻重缓急，无施而可，此何为者也？言者亦知其烦费，而于古今事变、中外情势与所以治军保国之经举莫能辨，冥行擿涂，纷纷藉

[1]据上海图书馆历史文献研究所编《历史文献》第七辑辑，上海古籍出版社 2004 年 7 月出版。原未署年份，此据本函内容考定。

藉，以趋惶乱，所忧实大。

比见邸钞亲政之诏，益用怃然，正恐其中尚有隐曲，非独圣躬正当典学之时，即兴献失所禀承何以自处。窃度廷臣无能为迎养宫中之请者，国是将益纷歧。东南旱潦相寻，民食虚耗。就吾湘论，正月一雨，至五月而江水不涨，盖衡、永以上，西至宝庆，皆苦旱。六月以后亢阳奇热，谷价一千二三未为昂也。乡间准河斛一千一，而开仓即罄，不可遏止。寒家比岁皆有存馀，今岁乃立罄。或携筐行数里，求斗石之谷不可得。于时未有荒征，而盖藏之虚乏如此，士习民风日益嚣陵顽然，莫知其非，而搢绅有势者又各相为龁龁，近一二月事故尤繁。

湘中声名最佳者朱禹田、周笠西。笠西为左文襄胞侄之女媒说，本正义也。而有黄姓者，以与有旧说，伪造书信，广布谣言，一时物论从风而靡，集矢笠西，笠西遂亦为之惶惑，援公论为名，收还庚帖，黄姓乘势具控臬辕，其主讼者实一异宗之生员，健讼者也。至开具横单，尽列省绅数十人，凡附会谣言者曰正绅，而周笠西为劣绅。肆口品目，终归县讯，一皆虚诬，竟相与以谣言为公论。周笠西为时大诟，黄姓生员者讫不一加究责。朱禹田为成静斋任过，重加大府匣费，为众商所揭，由督销局彻其总商，另札委数人，而所加匣费大府不与宽免，仍然相持。成静斋之名以大毁，禹田亦以傅会任咎。此外则黄子寿京控多所牵引，大率奔利如赴敌，造谣如流水，弱者群起蹂践，强者无敢讥评，人心风俗之敝，诚莫甚于今日。拊循其民则多瘠冈诏之忧也，起视其士大夫，则方兴为寇仇之征也，欲救正而不得，欲避去而无由。以阁下同乡井，汇举近事，以发一慨。

嵩焘精力日益消耗，讲舍章程粗立，裨益无多。文正祠新定董事四人，比告禹田就便提出此款，交并经理，以省枝节。手此申谢，敬请台安。

愚兄嵩焘顿首　七月朔日

致瞿鸿禨[①] 七月初六日

子玖仁弟大人阁下：

三月奉谢一书，并《汉事会最》四函，由傅青老转递，并属信件，当先附寄，想尘台览。溽暑烦蒸，倍甚往岁，敬诵福履清驾为祝。

顷胡子政归，述悉贤劳之迹，适符所闻。言者谓其勤严，其实宽、严二者之相济，非有分也，认真则严矣，认真而体量人情，斟酌事理，即谓之宽。观所设施，实兼斯义，初或泛驾，不甘约束，久遂翕然服教畏威，无复遗议，亦由其公廉明恕，有以餍人之心也。用此以经世，宰物平理，天下亦岂能有加哉！

湘人武功于今为盛，乃复得阁下与益吾同时司文学之任，照耀东南。而阁下方行矩步，彬彬然大雅宏达之才矣。星使南临，大波生于湘上，似所陈奏非一牵引及六七小吏无一为暴者，其事又至微至隐，无少关系。不知因何有此文，即如庄子者，前后五六年，专持意气，而不当事理，官绅侧足。前岁以禁赛神激变，于心亦不自安。

病假至逾一年，两请开缺，岁馀不出房户，朝廷曲意慰留之，京师亦无一言。去冬销假后，幡然易其所为，于士绅亦颇相款接，而于此时力攻之，且谓其回任后所行多失，则亦过失之诬矣。其

---

①据上海图书馆历史文献研究所编《历史文献》第七辑辑，上海古籍出版社 2004 年 7 月出版。原未署年、月，此据本函内容考定。

论劾但少村独以厘务，湘中厘捐立法至善，流极败坏以至今日，而犹远胜他省。但公呈验簿册，经理五年，长收至四十馀万，群訾言者之失实，通计所言，无关民生国计之豪末，而受累者正复不少。龚云浦尤丁其厄，以营制绳，带勇者必多出入，如箕斗册一节，湘军开募从不知此名目，亦可笑也。世谓湘、皖盛衰之分，皖人互相维持，湘人互相倾挤，此次归狱龚君，亦其一证。

傅青老溘逝，与意城病状微异，而急遽同。意城神气已先萧索，青老强健尚未减也，又善谋生之术。于此益叹衰老之年之不足恃，既伤逝者，亦自惧也。李芋生刺史于竹湘为姻亲，从其家检出《汉事会最》一书，云可交其从弟李华庭带呈。华庭世家子，而以勇略著闻。咸丰七年始从彭雪芹宫保为哨官，历保至副将，借补芜湖营水师守备，以芜湖会馆公事陵犯魏召堂，言之宫保，落其职。光绪三年又从刘毅斋关外数年，开复原官，历游江浙，意欲得一差自效。芋生刺史托求一言之静澜中丞，令管带一小营，必尚能得其力也。敬请台安。

愚兄嵩焘顿首　六日

光绪十三年

致瞿鸿禨[①] 三月二十日

子玖仁弟大人阁下：

领奉台缄，猥以衰老七十之年，渥蒙记注殷拳，宠颁珍贶。集庄史为联，乃适得生平读书旨趣，虽不能至，心向往之。仰荷名语之褒嘉，厚谊荣施，光被无穷。敬谂轺轩所莅，业光道泰，誉望益隆，无任钦忭。

嵩焘顷岁以来，起居服食尚幸如旧，而精气销敝已甚，寻常酬酢或至惝怳失次，忘其所为，良由衰疾使然，抑亦治心养气之功多有未逮，遂并耳目手足不相管摄。杜子美所谓静求元精理，浩荡难倚赖。衰惫之俗皆然也。

颇笑今时士大夫攘斥夷狄，不遗馀力，迨闻有富强之说，又争言西法，一切谋仿行之。近日规复钱法之议，通饬各省购用机器，广开鼓铸，其言美矣，而不知非力所及也。鼓铸停废六七十年矣，往时州县杂款尽解藩库，不入奏销，岁费十馀万金，可以得数万缗之用。即有烦费，而力足取给。自道光以来，州县正款且有亏缺，何论杂款？藩库无可支销，并鼓铸之费无所出，且以六觔馀之铜铸钱一千，铜价已逾一千之数，铸钱者一局，销毁者

①据上海图书馆历史文献研究所编《历史文献》第七辑辑，上海古籍出版社 2004 年 7 月出版。原未署年份，此据本函内容考定。

尽一省，所用之铜器皆优为之，是以数十年来民间所行用皆私铸也。

蒙尝论钱法之敝，无甚于中国，安南、高丽犹将胜之。以彼尚有银条相权为用，而所行使之鹅眼钱犹一例也。方今民穷财殚，所急者钱谷二者而已。而钱法由国家制之，当使费钱一千，可得二千之用，然后出钱多，圜法自然流通，亦足以胜私铸之利，使其权一操之国家，未易轻言规复旧制也。当十钱用以支饷，三十馀年尽改而为制钱，每年应支之饷且及十倍，力果能给乎，否乎？

今言富强者，动曰急行西法，抑知西人所以富强，果安在乎？彼其制备机器，动数十万金，数年之间无有利也。其规模已定，流行已广，而后计息，多亦不过分厘，所以为利者，由是以远，百年、数百年，利源为独长也。而自始计息时先取一成之利输之国家，所以为公私两利。窃譬之一家，然必其父兄督率其子弟，勤俭务正业，而后可以为兴家创业之基。其为之有效，守之有常，犹不可保要使不为放辟邪侈，则亦足以保家。富强者，秦汉以来，郅治之盛轨，优游驯致数十百年，幸而及之，未有人心风俗流极败坏，而可与言富强者也。今之诋斥西人，与其言富强者，皆眩于一日之闻见，随之以转移，所以为言不同而蔽同也。因见《申报》而有感于一身衰惫之征，聊为阁下一言之。

《汉事会最》一书，检置箧中，待便寄还。癸叟夫人赴浙，嵩焘久居讲舍，濒行始知之，茫然不复记忆。盖凡事之颓废，大率如此，当存之傅青老处，以凭附寄。近以半月失睡，眼疾大作，昏蒙尤甚。三四十年来，于此颇加保护，虽至老病，不甚为累。前冬目力大减，不复能辨小书，至是昏痛加剧，即此一书亦数息乃成。老景逼人，可畏之甚。手此申谢。敬请台安。

愚兄嵩焘顿首　三月廿日

复瞿鸿机[1]十二月初三日

子玖仁弟大人阁下：

领奉惠书，并辱藤杖、茶菊之赐，欣感无既。自少病目，苦乏精力，近益昏耗，而步履犹强。比日微患筋掣，立久则气不舒，而纠结作痛，殆将扶杖矣。远承拳注之盛心，所以资老者乃适当其时，挚谊关垂，感通神明，岂胜佩仰。敬谂履绥多豫，文教滋昌，撷英振华，藻耀湖山，逖听风声，惟增欢抃。

承论河务，前后所见皆极精确，而于事未尽。自汉置河堤使者，但使巡堤，或久或暂，一视其人之能否，不为常员。河工之烦费，自设河督始，是以两汉堤官领于所隶之郡而已，堤决河徙，乃专使人治之。窃谓河督可裁，而以黄河北决，裁及东河一督，则昨事也。河南属境隶之东河，江南属境隶之南河，以专任河督为义。则自北决后，东河当兼治山东，而踵常蹈故为之，东河岁支犹八十万金，其决而南，仍岁修治之，功诚有未尽也。以故所在虚浮，漫及二千馀丈。至论今日情事，则急在疏浚，万无可言堵塞之理。

嵩焘四致沅帅书、两致合肥傅相书、三致劼侯书，以为朝廷必宜先饬南北洋大臣、东豫两抚及河督，通筹全局。距今四月，未闻有此。而欲使江、豫士民通力合作，以补国家经费之不及，则更无望于今之枢府诸公也。为颂生中丞拟一疏稿，据称已入告，亦徒为虚文。

---

①据上海图书馆历史文献研究所编《历史文献》第七辑辑，上海古籍出版社 2004 年 7 月出版。原未署年份，此据本函内容考定。

时事敝坏日甚，湖南此数年中始闻有盗案，近则四乡劫掠风行，至相与言家蓄钱二十千，便坏性命之忧。城防勇营亦屡犯窃，不独浙事然也。入秋不雨，讫今数月，省垣井泉均至涸竭。农田最重冬耕，春且近，尚不能开犁，四民皆至穷困，莫知所为生计。每一思之，食不知味，而寝不安席也。录上疏稿一通及最后致傅相一信，无能有裨时局，略见鄙心之惶急而已。敬请台安，附申谢悃不尽。

愚兄嵩焘顿首　腊月初三夜

复李鸿章

领奉十月十四日钧谕，所以训诲而开启之者甚至。经纬光华，全局在心，所言皆中窾要。抑嵩焘区区之意，尚有应须发明者。河决郑州，不东趋归、陈，而南出汝、颍，足征祥符、兰仪之交，屡经河决，地势增高，然以较之河身高下之势又迥别。贾鲁河近接中牟、尉氏，可以引河使东行。荥泽以下，河道距兰仪远至百馀里。《申报》言自决口，东望尽成山阜，是开浚旧河，工费实为增剧。贾鲁所以别开一河，正惟地势稍下，易于引流也。

历古治河，或役民夫，或调旁郡军校，原可参用，而尤莫便于今之勇营。盖队伍相连，则人数有准；哨弁相习，则董率有程。而又无征发之烦、资遣之费，因其月饷，量给米盐之需，工费可省数倍。近年湖南一应大工役，皆用营勇，费省而成功亦速。河工所以为国家漏卮，直以尘涌坌集，莫可端倪，易资侵牟。调用营勇，尤为救弊之术。

至严、施诸善士积年捐赈，累数十百万，略无凭借，所恃勤廉足资倚信而已。河势南趋，江南必承其害。里下河为江南完善之区，财赋所汇。闻严、施诸善士力任工役，可以分泄水势，奋起助工，救灾纾难，宜有同心。

使当郑口初决之时，急切为之，早一日有一日之效，及今则已迟矣。诚知浚河之工，糜费过甚，然黄河北决且四十年，南北两道，河身均已淤塞，水势至无所归，即令泛溢入江，终须开通一河，引使归海，此亦理势之无可易者也。及今为之，糜费一万，有一万之工程；糜费百万，有百万之工程。徒以堵塞决口为义，所估六百万之帑金一掷无馀，果何术以善其后？

抑嵩焘之意，尤以今时办事，如凿生铁，处处抵滞，事事虚诬。最服膺濂溪周子之言几，几一转而全局皆活。曾文正公之用兵，横行绝迹；中堂承之，以成中兴之业，皆善用几者也。河员积习，濡染太深。河工捐例开，相与指发河南，预蓄其攘夺之势。此岂足与整理者！但幸一见谕旨，恺恻详明，通筹全局，合数省官民之力以图补救，奖劝而振兴之，即机势为之一转。大抵积重者难反，祸不亟，时不迫，即欲反无由。祸亟时迫，而犹踵常蹈故为之，斯所可忧者大矣。

初闻河决，夺淮南趋，以为河南之患为轻，江南之患为重，谓朝廷当先饬两洋大臣、东豫两抚通筹会议，而枢府无能见及此。其意专注决口，谓幸苟且成一日之功。自汉以来治河，随其流徙而为堤堰，溃决而加修筑，才力相悬，功效略等，一塞决口而无馀义矣。是以禹功历二千年，至战国之季，堤防兴，言治河者但能为苟且。贤者为之，足保数十百年无溃决之患，其要终不过识水性而道使畅行，准之禹功，一皆苟且而已。诚令苟且成功，尚复何求？今自铜瓦厢决后，黄河失修二十馀年，恣使泛滥游衍，欲苟且邀一日之功而不得。

钧谕借洋款、延西士，要言不烦。日为友人言，河患遂成，必展转丐之洋人，以求疏泄推荡之术。此时尚不敢著之私论，况敢昌言于朝乎！鄙论借用西洋机器，即隐寓此义。今方治海防、修战舰，谋所以攘斥之，谁与任此者？西人目笑存之久矣，苦知者少耳。无已，惟有目前救急之一法：就南运河东堤各坝，顺其趋下之势，测量地势洼下处，多开引河，以杀水势，而引洪泽湖之水注之射阳湖，径直入海。两岸排桩，各为遥堤，以资捍御。劝民徙避，多为馀地，听其流衍。其害终归里下河，而固当早为之所，以求保全善地。即此办法，非得外饷二三百万不足以集事。沅帅惧以是重朝廷之忧，不敢上请。中堂傥能一与筹画乎？嵩焘地势、河务都无考览，意有所迫，憯焉上陈，不自知其觍缕。

康熙中，命于清端公开下河海口以疏水。时靳文襄公为河道总督，疏陈下河卑于海潮五尺，疏海口，引潮内侵。已而治下河，竟无功。是下河不足以泄洪泽湖之水，况重之以河水乎？因中外持论，并以旧河故道已淤，淮水之出清口者，即开通碎石河已难为力，万不能坐听春来雨水之漫溢，仅能出此下策。顷闻洪湖加涨，迫不得已，仍开碎石河。不敢望能疏泄洪泽之水，然固胜于出下河也。然及入春桃汛，是否不至泛滥，固所不敢知矣。

致李鸿章

中秋领奉钧答，忧勤悱恻之忱，为国为身，盱衡千载，庶几圣者之任。伏承德躬康裕，福庆骈蕃，敬祝无量。

十馀日来，闻郑州河决，泛及淮、泗，仅见两次蠲赈，谕旨不及河事，心窃忧惧。曾沅甫宫保自清浦商定分疏桃源成子河、清河、碎石河，以泄洪湖之漫溢，为淮扬十馀县计，亦稍纾一时之患，而无关治河要义。即洪泽一湖，受河之激荡，亦恐非两小引河所能杀其势。

嵩焘以为：河之通淮久矣，然必使与淮分流。黄河全力注淮，则夺淮以与黄，而别导淮南行，为忧河势之增溢也。深求历古治河之法，必不肯使河并淮，又更激而南趋，以成并江之势。此实古今之奇变，兼值国是艰难，财力凋敝之时，果何术以善其后？窃意朝廷当博求方略，引取天下能治水者，通全局筹之。规画地势高下及工役之繁省，或仍导使北流，或引归旧河故道，并须开通一河，使河身足以有容，而后堵口可塞而功可成。

顷见谕旨（须）〔颁〕发帑金二百万，兼饬陈佑铭诸君随同经理，为之稍慰。然窥其大旨，皆未能总揽全河形势，深筹熟计，以求导河使顺轨安流者也。就目前利病言之，亦决不能迁就敷衍，为苟且一时之计。鄙心所为旁皇顾念，未能稍释者也。因笑张香涛尚书任晋抚，疏陈身在一隅，而怀经营八表之志。嵩焘蹇蹇小臣，引疾家居，而远忧黄河，皆为越分，然灾变所极，时会所趋，深虑江河合并，常忧及数十百年之后者，遂恐于今日见之。滔天之患，尤资砥柱。急盼中堂通筹大局，力主其议而董其成。前复沅甫宫保书，录呈钧览，傥有一二足资采择施行否？

比年东南水溢，一雨常至数月，旋又继以亢旱。黄河泛滥，山东永定、滹沱各河冲决频仍，所在为灾。言者谓阴气过盛之征。窃观近日朝政，专务迎合傅会，以水济水，是阴象也。言事者务为操切刻薄，而纪纲废弛已久，无能有所整饬，而益趋于靡敝，相与为销沮闭藏而已，是阴气也。

十馀年来，屡下求言之诏，而言者并未一及国政民生之利病，专取厘捐小节、禁侵渔禁滥费，一人言之，群起而附和之，相与视为莫大之经猷。所以为贫富强弱者何在，所以维持人心风俗者何在，茫然莫能辨也。凡皆阴盛之征也，而黄河之大灾以成。所盼朝廷震动恪恭，躬行俭约，而示天下以敦厚博大，多求贤能有节操者，与图治理，以稍期斡旋万一，无任私祝。

致曾国荃

前承节麾北发，入觐京师，适以尊府有宜奉慰者，握笔踌躇，不敢陈达。旋奉钧缄，则启节已多日矣。忽闻扬州接奉谕旨，即时返旆，相与疑讶。会见《申报》，河南郑州河决，关系江淮大局，度必倚公营办。十馀日来，仅见两次蠲赈，谕旨不一及河事，心疑朝廷视等黄河北决，委山东数郡听其决荡，则恐复有尧时怀山襄陵之患，径思具疏陈论。顷复奉到谕示河决情形，并饬淮、徐两道分疏支河，引漫水出扬庄，复黄河故道。具见荩谋硕画，规画两淮大势，舍此更无他法。

汉唐千馀年，黄河与济相出入，河决不越山东之境。至宋而南趋与淮合。历元而遂以全淮受河，而别引淮入洪泽湖，开清口以济运。自是河决多在开封数百里间，漫地益广，大势亦日益南趋，诚忧南汇入江，将至不可施救。窃计此次河灾之羡溢，治河之难，百倍往时。堵塞决口，逼河归故道，其功专。今黄河故道已淤，所决之口距故道绝远，其决而北，泛滥直隶、山东数百里，入大清河，日久漫口积淤，堵使北趋，正恐未易施功，当遂因其势导使复故道。是堵口与疏浚故河，一役而兼有二者之工。又值国家艰难之日，经费从何取给?

嵩焘所欲陈奏者三端，与宫保所筹正相符合，而微有引申。凡治河决先杀水势，必多开支河，而淮南北皆盐场地，仅云梯关入海一道可以引流。嵩焘以为从下游导淮入扬庄，不如从上游多开引河导河复故道。此当循求贾鲁河遗迹，引河出郑州南，仍由兰仪下游归旧黄河。其行河经流不能远出贾鲁之故迹，治法亦略相等。黄河大工，烦费为多，而事势所逼，不能不审量全局，以希数十年之底定，此治河之正义也。

自汉治河，尝博求能知河者，详考其利病，非能专望之在官者也。役夫堡民，或能知之，令更相推举。湘、淮各军之在防者，发以治河，可得一二万人，稍省工费，即择遣偏裨督工。河员故习，视堤工为利薮，惟当以此汰治之，而令南、北两洋大臣董理节制。历代治河，尝发旁郡军校为之，动至十馀万人。左文襄亦屡用所部营勇开浚河道，其明效也。此一义也。

伏读谕旨，两次颁发帑金四十万，赈济灾民。江南诸善士亦争为之，其用心至勤。然黄河之为患，与他水旱绝异，为其一泻千里，惟所驰突，决口不塞，即成灾之区一日百变，故当以河为急，而招集被灾之民，以工代赈。亦以此次疏浚旧黄河，开通引河，所在皆有工役，不比前时专力堵塞一口也。严佑之、陈竹坪诸君力大愿宏，罕能及者，当并使助办开河各工，令随所在分别男妇工作赈济，亦可收一举两得之效。此一义也。二者又治河之馀义也。

嵩焘尤以为比年水旱频仍，民穷财殚，所在四民，皆失其义。司农经国计者，惟务操切苛敛，知有度支一库而已，不知其他。京师营造方烦，糜费百端。言事诸臣亦务为富强之说，润饰太平。增水军，复制钱，诬罔朝廷，倍增经费。而天亦即应之以奇变。淮水之壅为洪泽湖，原仅可资一时之利，决非经久之计，岂能复令黄流漫入！使当道光盛时竭人力为之，经费犹可营措也，今更非其时矣。

嵩焘以为宫保当至诚恻怛，宣示在事各官，誓心自励，视汉武临宣防故事，将军以下皆自负土填河，为民请命，以答天变。

迂拙之论，知亦无当时宜耳。

再，重伯自金陵回，言黄流合注安徽淮、颍以南。伯寅、叔平两尚书疏请导河流出巢湖，及开灌口宣泄入江，意在稍纾水势，使不至全力注淮扬，以免里下河专承其害。河势泛入安徽，淮、颍各水皆为所夺，其南入淝水，亦势所必至。所急应筹画者，正在力遏其入江之势，决无引而导之使急入江之理。且亦不足阻使不入洪泽湖，淮扬之难终不能纾。

五代周显德中略唐淮南，谋引战舰自淮入江，阻北神堰，不得渡，因凿淮城西老鹳河以通其道，由鹳河出山阳渎以入江，谓之灌口。盖北神堰以障江入淮，是时黄河故道犹为淮水，故可引淮从鹳河出山阳渎以通江。又意主济师，原不计水势利害。今水道地势亦屡有变更，以大势论之，引淮入江，未为甚害也，引黄河挟淮以入江，则害不可胜言矣。邗沟一水，何以堪之！其害亦必先及里下河，此尤不可之甚者也。

西洋疏河机器皆资水为用，其无水处用何机器，未能考求，窃意此等当求西人之善治水者一与计议。苏尔士河到处有刮沙船，岁一周巡，推沙入海。使黄河得此，亦可稍省堵筑之力。西人长处，在始烦费而后一切便利省约。开河浚深，万不能外机器，此亦今时工役之急应讲求者矣。

致曾国荃

前呈一缄论河工事宜，想蒙钧鉴。窃意朝廷当明谕南北两督、豫东两抚及河督，通筹全局，审量地势高下、工役繁省，或仍导使北流，或引归旧河故道。先定大计，而后可施堵筑之功。河流漫溢，山东本无河道，积久加淤，河身高出平地以丈计，决而南趋，就下之势遏塞已难，又并无故道之可复，是直激水而挽使逆行，深虑颁发帑金二百万，责成堵塞决口，万无可以收功之理。若议导使北流，必先开一引河。而河流已漫及淮、颍，山东引河势不能旦夕蒇功，遂恐涨入洪泽湖，江南北受害必剧，仍须从决口开一引河引归黄河故道，稍杀其入淮之势。以今日大势计之，非令南北分疏二河，竟无可以施治，是以用力多而成功尤不易也。

汉平当言：考经义，治水有"决河深川，无堤防壅塞"之文，宜博求能浚川疏河者。其时贾让三策，以徙地与河为上策，多穿漕渠、分杀水怒为中策，缮治故堤为最下策，而亦不能为疏浚河身之议。盖自战国赵、魏及齐，濒河自保，各为障蔽，而堤防以兴，禹时疏瀹之功全失。河身日益增高，堤防随而加增，是以有激荡迁徙之患。每徙一口，积久皆淤，即欲决开一河，工力苦无所施。历代名臣多为浚河之论，而亦终无有能行者。

孟子谓水由地中行。黄河一水，积三千年横行地上。嵩焘前书寻求贾鲁河遗迹，以自汉治河，但有堵塞，独贾鲁之疏白茅以通刘庄村，实为创举。追论当日情形，与今事势正同。其时河决白茅北行，贾鲁陈二议：北塞决口以制横溃，其功省；疏、塞并举，挽河东行复故道，其功费甚大。丞相托克托韪其后议，因自北茅开通一河，行四百六十四里，至凹里入旧黄河。计四百六十馀里中，因旧水故道疏通之者十之九，别开一河相接引十之一，谓之生地。生地深约二丈馀，旧水故道不过数尺，是有事于疏者也。旧河故道，仍专用堤防而已。是时河决未久，故道犹可循也。据史所载，至正十一年四月开工，十一月工竣，其工七月耳。

今河已南，决无力挽使北行，不急引其流，将使挟淮并江，以成滔天之患，殆难为善后计也。故以事局论之，全力注淮，无从挽救，则穷于势；国家靡敝，民穷财殚，则困于力。天时人事之交相厄，极可危之局也。而以时势论之，往时河决，苦于疏浚之力无所施；今日河决，更苦于堵塞之功无所用。大势所迫，不能不先筹开决之方，而缓计堵筑之术。盖用人力以疏河，非神禹莫能为；而用机器以疏河，西洋能知水性者皆能任之，其功费亦略相等，而其势较顺，为功亦足以持久。伏乞宫保博访西人之能者，一与计议。

国家之力，万不足以胜此，必借民力以分任之。论者徒曰开捐而已，此用术以诱民财者也，非借民力者也。江南善士严佑之、施少卿、陈竹坪等七八人力筹捐赈，十馀年不倦，为能有坚识定力，不避艰阻。宫保以一纸书召之，与筹商大计。施一方之赈，能救活者几何？黄河之流徙，又非他水旱比也。今日注于此，越日又注而之他，流注无常所，则施赈之力必有时而穷。宜较量地势，分段以开引河，因即以工代赈，酌给开工之费，而听从募捐代赈，仍按照所捐之数，准依河工例给与奖叙。如此，较之河工各员必能迅速取效，其用费亦必稍有实际，可以少助国家之急，而济经费之穷。

河势以伏汛为最剧，自今至明年五月，犹及贾鲁治河之期。及今施工，下游用营勇；而于开封、兰仪一带开引河以归旧河故道，即募被灾之民。用工代赈，勤日夜为之，期使刻期底定，东南大局庶可无虞。

致曾纪泽

连奉两缄详论河事，想尘台览。自度生平，于河务茫如也，又非职思所属，诚不宜越位远忧。然于古今运会之所趋，事变之相因而成，与夫国家得失利病之数，颇谓能窥见其大要。窃睹近时行政，处处扺窒，事事虚诬。在事者承迎观望，仰窥朝廷意之所向以求免过，无敢异同。

郑州决口之不能遽塞，人皆知之，而无能建言疏浚，以为朝廷之意在堵塞决口而已，经费又苦不给，恐言出而将任过。以大势言之，河日趋而南，直灌洪泽湖，浸成入江之势，非急开通一河，使水有归，无从导使入海，即决口亦必不能堵塞。纵令泛滥入江，终须引使别流归海。及今为之，幸而有成，使河身有所归，为功甚大。不幸而至泛溢，终须竭数年之力为之。非能徒以堵塞决口为义，虚縻国帑，一掷无馀。此鄙心所为长顾远虑，怀忧而不能释也。

河决以来，距今四月。河南七八县，黄水一过，全注淮、颍，安徽漫地视河南数倍。将来患害所及，尤以江南为最重。朝廷应先饬南、北洋两督及东、豫两抚通筹合办，急求引河入海之路。目前大势尤在江南，乃至议开成子、碎石二河，亦苦于经费，无从筹画，竟至中辍。疆吏不敢以请，枢府亦并不一筹及之。颁发赈款，调拨帑项，全注河南。窃以为今日治河之法，但能急筹出路，其抚恤灾民，但能以工代赈。而全局所系，尤在朝廷通筹熟计，合数省官民之力以图补救，未宜专恃河南支销经费，挽使逆流，侥幸以求一效，而置大局不问也。日夕引领以望，未闻有通筹全局之善策。鄙心之忧，其何能已！

湖南厘捐，较之各省最为核实，但少村观察办理尤有计划。以一成二分之支销，为部议所持。此数月内，裁并节省，略符部议。因请之中丞，立一定规，以厘捐收数有赢绌，而用款一成不易，俾不至任意高下，亦力求核实之一义。仍乞台端俯赐鉴别，力持公议，庶使办事者不至惊忧畏顾，侧足而立，所以保全厘务，为惠甚大，想亦台端所乐为主持者也。

窃论国家财赋所入，积弊环生，独厘捐一项收数为巨，弊亦较轻。所用一二士绅，稽查估勘。锱铢取之民商，其势非多得数人不能任一局之事。亦惟人多，耳目昭彰，可以杜弊。局员董率之，总局主之，公行干没者数十年无有也。湖南所以优于他省，正以创立章程多出自贱兄弟，法周意密，流弊为最少也。各省外局用款不入报销，湖南一概列入。一为部议所持，惟知裁减士绅以求节省，人数愈少，收数愈绌，亦势所必至也。

十馀年来，御史言事专注厘务，防侵牟，省费用，章疏至数十上。一二士绅为地方效奔走，经营饷糈，月得数金之薪食，此何关国计毫末，而待御史痛心疾首言之！部臣亦遂据为要义至计，而湖南报销反视他省为多。天下事颠倒纷纭，一无实际，大率如此，此实心任事者之所尤为寒心者也。但公以嵩焘为能究知其本末，属为一言，以冀台端之鉴谅，诚不胜区区祷祝之意，并乞一为阁相言之。

光绪十四年

致瞿鸿禨[①]十二月二十八日

子玖仁弟大人阁下：

日思诣谈，以有须酬应处，当需一日工夫。十馀日来微患腰痛，不为嫌也。廿五日已命舆出门会客，至出，见腰痛大作，至不能举步，数人扶拥乃能反入内室。向无此证，老态逼人，可悲之甚。闻院署接电报，十四日贞度门火延烧太和门，是何祥也？为之心悸。忽忽已至岁除，酱肘味似佳，送上一具，稍助辛盘。腰痛内外兼治，日已轻减，并谨奉闻。敬请台安。

愚兄嵩焘顿首　廿八

致曾国荃

去腊呈寄一函，想蒙赐鉴。献岁发春，伏惟道履康和，受福无疆。大钧斡运，物阜民绥，万类同欣，岂胜佩仰。

去岁初闻黄河南徙，漫入洪泽湖，即度决口未易堵塞，水势所归，江南将独任其难，以为数百万之帑金，当从下游疏浚，不当虚掷之决口。商之颂生中丞，为拟疏稿一通，略言其要。当时

①据上海图书馆历史文献研究所编《历史文献》第七辑辑，上海古籍出版社 2004 年 7 月出版。原未署年、月，此据本函内容考定。

中丞虑与廷旨参差，未及允行。逾月枉过，言此疏关系颇巨，不能不缮递。

嗣闻张屺堂廉访有开浚斗龙港之议。中丞扬人，谙知地势，言丁溪闸万不能容纳黄水，曾有书辨论及之。嵩焘因查康熙中于清端公请开下河泄淮水，时靳文襄公任河督，疏陈下河海口低于海潮三尺，即有疏浚，徒资海水倒灌，其后工竟无成。是用以泄淮且不足，况重之以黄流乎？斗龙港海外积沙涌起，闸水蓄泄有时，不虞填壅，黄流挟沙以行，入海之势不畅，则沙愈停滞，恐不足资宣泄。似以顺淮水之势，专注射阳湖为要。总之，黄流无入海之道，其势不能不趋注里下河。下河地势洼下，一经泛滥，受害必剧。

禹分四渎而水治。历二千馀年而河合济，又千馀年而合淮，遂以一河横贯四渎，竭天下财力以事堤防，势常岌岌。今又且千年矣，必且挟淮入江。自顷数十年，水患频仍，江路浮沙成岛屿者日众，大抵江沙增涨，水无所容，岁有泛滥。黄河又更相逼而南。天时地势之变迁，将不知所底止。

窃疑禹治河，北载之高地。水性就下，不能载使高也，当为浚之使深，而北出碣石，其地最下，则河之入海益迅疾而无停沙。计禹当时必有推沙浚深之法，以能安轨顺流，二千年无河患。更历春秋、战国，而其法全失。至齐桓公始有曲防之禁，其时为襄王元年。又四十九年，至定王四年而河徙。知曲防兴，河势纡回，沙多停壅，禹迹遂堙。春秋、战国数百年中，人道之大变者也，而天地之气亦为之震荡而不得所归，坐使中原濒海受河之地尽为沙卤，渐趋而及东南，阅数百千年而必一变，鄙心所尤为旁皇慨叹，不能自已者也。

中丞去腊相见，亦力主开浚河道之说，云当再一陈之。嵩焘谓如此必先急筹经费，台端所不敢陈请者，当代为剖析。中丞言此须待其自请。值国事艰难之际，当事者亦各具苦心，又不敢力肩其任，固不如事外陈论得失为可以尽意也。其如何措辞，未蒙枉示，并以奉告。

三代以前事，无可考览。周世典籍具在，推求其时情事，犹可窥见其大概。春秋昭公元年，当景王之四年，王使刘定公劳赵孟于颍，馆于洛汭。洛汭为洛水入河处，而言纂禹功以大庇民，盖距定王四年河徙六十年，禹功必犹有可循者，故刘定公及之。《禹贡》叙河至华阴折而东，径东千数百里，始折而北以注渤海。春秋诸国为曲防，而河乃回曲迫蹙，濒河必有承其害者。刘定公以大庇民为言，必尚有兴革之宜，假霸主之命，取决于诸国，督使行之。当时未经明言，历代注疏家无能推测其旨要，发明刘定公之所以为纂禹功者，而禹功遂终不可复矣。

光绪十五年

致瞿鸿禨[①] 正月初六日

子玖仁弟大人阁下：

日间奉诣，未获承望颜色。以刘希陶约饭，至晚方归。领诵手书，兼拜珍肴之赐，盛谊勤勤，不敢辞。腰痛腊月中起至廿日外，恶痛数日又已转平，并慰。

明日以丁次谷回浙江，为之饯行，兼约壬秋、希陶、佐周诸君一谈。适领盛筵，为增光耀。计此日当无他酬应，可否枉过，同一属餍，无任盼祷。敬贺年禧，附申谢悃不尽。

愚兄嵩焘顿首　初六夜

致瞿鸿禨[②] 正月初八日

闻节后启程，未卜定期何日。前次回京，谢免赆仪，并行期亦不及知。区区薄意，谨先奉上，求勿见却，至祷。委书旧作扇面，并赋二诗为别，颓唐之笔，用博一笑。落句霄韵，无理而实

①据上海图书馆历史文献研究所编《历史文献》第七辑辑，上海古籍出版社 2004 年 7 月出版。原未署年、月，此据本函内容考定。

②据《中和月刊》第六卷第一期《超览楼藏耆贤书札》辑，原未署年、月，此据本函内容考定。

有意，言此二三年中外言事者，只如泥窟中作怒蛙之声，急望向高处立，明处说，一发其梦梦耳。敬颂行安。

愚兄嵩焘顿首　初八

致瞿鸿机[1]四月二十六日

子玖仁弟大人阁下：

送别行麾，一帆风利，山川间隔，思想为劳。旋闻入觐天颜，垂问殷勤，文衡资其藻鉴，睿赏启其俊心，光辅国家，润色鸿业，亦自雅量素所蓄也。历春涉夏，为日已多，敬谂履禧崇邕，瀛祜绥嘉，惟深祝祷。

嵩焘自二月底一病，展转益为医药所误，不能步履，不食者二十馀日，日至危殆。陈右铭廉访力排众议，为之主方，诸证以次消退。距今又及一月，喉枯声嘶，痰结气短，尚未尽解，恐精气遂以衰颓矣。舍弟史传承允俯赐照料，藩侄欲乞成文后录示一通，尤怀感激。

湘中阴雨连月，入夏已深，犹袭重棉。而闻江南北亢旱，至今缺雨。皖东振捐相续，公私敝乏，深用忧念。薛叔耘廉访讫无南来之信。太原中丞亦言诸事须整理者，专待其至，或言长沙贫国地小，不能回旋，廉访且谋他徙。顷间孙觳廷方伯无疾考终，能得廉访接受此缺，庶几吏事可资清理，但虑湘人无此福耳。

新政和平宽裕，一洗从前刻薄操切之习，以得声誉。前政意在整顿，而不达人情，不明事理，多寄耳目以求外事，好详而不

①据上海图书馆历史文献研究所编《历史文献》第七辑辑，上海古籍出版社 2004 年 7 月出版。原未署年份，此据本函内容考定。

知要，并所详亦只得其怳佛。往闻吴竹如先生与人论学，谓所言如击鼓，只是敲边，不曾得鼓声。意盖如此整顿，则为烦苛宽和，又一切无所察纳，吏治之偷薾同也。最服膺程子之言，论学便要明理，论治便须识体，明理尽矣。程子又提出一体字，是必理已分明，又须审量人己之交，轻重缓急之宜，务使家国天下之规模、人民事物之分量受成于心，行焉而得，措焉而宜。在位者用是以考求人才，其庶几矣。

春闱榜放，湘人与其选者，知名之士为多，固知伯寅尚书主试，甄拔人才必盛，未有无其本而能致用者，凡事皆然也。劼侯函召顺孙就试京师，沅浦宫保又派轮船护送。鄙意以为幸领乡试北行为有名，今此何名？鄙病既未甚霍然，孙妇又病甚，而执意成行，又以其舅氏勤勤之意，不欲阻之。京师人文渊薮，稍令开拓见闻，未为无益。但乞训诲优加，俾知所趋向，不至驰骛外观、流为旷达，即所施济厚矣。临书无任感祷，敬请台安。

愚兄嵩焘顿首　四月廿六日

致李鸿章

前奉五月赐缄，以孙本谋日谋北行，带呈一书，而事局屡变，凡三易书，致所急待上陈者反更濡延。伏处荒山，见闻疏陋，独于天时人事，深观默相，粗能辨知其因革缓急之宜。窃独以为中堂创兴铁路，试行之津、通数百里为深得机要。盖泰西富强之业，非中国所能骤期也，而固不可不通其义而引其端。所兴造者数百里之地，经费犹可取给也。行旅往来，日无停轨，计尚可得一二厘之息，庶冀远近知其便利，仿而行之，渐次推广。

泰西铁路，公司通及十馀国，皆渐积以成，而行之一段即收一段之利，公司皆得为之，分任其功而总计其息。所收贷税，各国自有经理，而铁路通任之公司。未闻一举营治数千里，估费数千万，示期八年，为此无端厓之计画者。然且曰是将以求富强也，乌在其为富强哉？自取穷困而已矣。数千里之远，宜开铁路几道？车几辆？添设栈行几所？均未暇计。北道诸水湍疾，泥沙俱下，水涨则车路尽没，又浮沙不受杵，按里估费，参差百出，势难画一。均所弗论，独就创修经费论之，惟借贷洋款为最可恃，而泰西计息以六厘为率，千万之息，月须六万，三千万之数，计息八年，已逾千万。

泰西集股之法，按股品息而已，然在本国，至五六厘已为厚息。今且未知所收利息几何，而先坐耗千馀万之息，从何取赢以求善其后乎？数千里之地，百货之转输、商贾之贸迁，可偻指计也。造端宏大，浮费百出，重以委员薪水之糜费，任事者之中饱，所借洋款无从筹给，势将以所修之铁路准折之洋人，为累将至无穷。

香帅大言炎炎，读者心折。嵩焘视其文，无一语可为据依。横渠论学，分别闻见之知、心性之知。虽圣人何尝不假闻见以益其知，而闻见之知，终是隔膜。香帅于闻见之知粗为近之，惜其于事理未达者多也。京师士大夫于津通铁路訾议甚力，而于香帅一疏折而服之，无敢议及者。且勿论其他，四十里之通州，曰“密迩神京”，卢沟桥距京尤近，反不为逼乎？天津通商口岸，汉口之通商独无虑乎？见小而忘大，虑近而失远，人言愦愦如此，良可笑叹。要知其可虑者，固皆无足虑者也。

嵩焘所虑者，独谓国家物力未足以堪之。将谋为富强之计，所费过巨，收效尤难，非经国之义也。泰西富强，具有本末。所置一切机器，恃以利用致远，则末中之末也。今将习其末而徐探其本，但宜小试，而决不宜大举。故谓津通铁路惟中堂能断行之，亦惟中堂能知其妙用，非沿海言洋务者所能辨也。香帅铁路之议，以三千馀里为程，筹备经费，勘估道路，事前之烦费已不可胜计，其势亦决不能行。幸而八年之久，铁路告成，事变且益繁多。未睹其利而先见其害，又可预计而决知其然也。中堂于此宜熟思审处，未宜傅会成之。

陆务观在蜀，于丈人观道院见青城山道人，言为国家致太平与长生不老皆不易言，且当守国使不乱，以待奇才之出，卫生使不夭，以须异人之至，不乱不夭，不得异术，惟谨而已。每思此言，而知有宋人才皆未见及此。窃论富强者，三代以下，太平之盛轨也。今时风俗颓敝，盗贼肆行，水旱频仍，官民交困，岌岌忧乱之不遑，而轻言富强乎？国于天地，必有与立。岂有百姓困穷而国家自求富强之理？

西人以通商为义，本无仇害中国之心。五六十年来，枢府诸公不一研求事理，考览人才，悬一防堵之名，莫辨其缓急轻重，一责以防剿，虚求之而虚应之。一转盼间，又悬一富强之名，索之杳茫冥昧之中以意揣其然，何为者也？前书论吴清卿一疏，自谓有见而多未达其旨。窃以为天下大政，总之枢府。枢府得其人即万事理，如不得其人，各以所存之志，所处之时与地，求自靖焉可也。

读海军衙门奏驳香帅各条，至为精透，亦见香帅所言之失实也。如此可云考求西法，而顾未能考求中国之情势，知其利而不知所以利。嵩焘以为轮船、电报，必宜通行，铁路暂必不能行。无已则小试之，徐徐推广之，庶无大失也。故深以谓香帅此疏为乱天下之本，苦京师诸公鲜知此义者，颠倒惶惑，议论纷歧，贻误国家，心窃悼之！

曾重伯告知薛叔芸曾以嵩焘《使西记程》入告，仰蒙圣人垂询，颇用为疑。此书略载海道情形，于洋务得失无所发明，未知叔芸何取于是？徐思之，书中论处置洋务事宜，略有二三段，多朝廷所未闻。叔芸用是以相启沃，于此益知叔芸有心人也。其书进呈与否，于嵩焘无所加损。初议至西洋每月当成日记一册，呈达总署，可以讨论西洋事宜，竭所知为之。得何金寿一参，一切蠲弃，不复编录，此却可惜耳！

光绪十六年

致瞿鸿机正月初五日

〔子玖仁弟大人阁下：

去夏劼刚通侯命孙本谋就北闱试，奉上一缄，以事迁延，涉冬乃行。鄙意殊不然，前缄亦未致书。逾月再奉赐书并示有感五律，浑含坚卓，托慨遥深，汇陈时事，与所以垂戒，能举其大，为得少陵之神，言者谓当时自许稷契之旨具见于诗，固非虚语。

嵩焘有与傅相论铁路书，回书谓所言深中其意，而以所谓干路者为不易行。往年数与傅相论海防机宜，尚记其一缄云："无与主持国是，虽处局中，如在局外，但能自就其知力所及，仿行西法，储养一二人才而已。"每思此言，为之慨叹。远近论者以是蔽过傅相，亦岂足尽傅相之心哉！尝笑〕① 自古言经国之计，能尽古今之变，述明哲之规，而不能审量当时事势，与其才力能行与否，言之愈精，其去事理愈远。曩读船山书辟申韩之说，极论诸葛公不当用此为治。窃疑诸葛公生扰攘之世，值群雄并起争逐之时，仓猝以就功名，所自命者管、乐，而其量固远矣，岂能以三代王政期之？其后从政粤东，稍求自试，辨知其轻重缓急。涉历二十馀年以来，见诸言事者毛举多端，为综核名实之说，而后慨然

①据《中和月刊》第六卷第一期《超览楼藏耆贤书札》同函校补。

叹息。

思船山之言，盖亲见万历以后头会箕敛，用操切之术以求挽虚诬锢蔽之习，繁刑峻法，愈益不当其罪，坐使人心解散，国计消靡，以讫于乱，是以言之痛切如此。处末流之世，纪纲法度废弛久矣，人心变幻百出，日益不可穷诘。于此当益勤求吏治，培养国脉，静以俟之，宽以容之，力求保国安民，使不至困乱无告，则犹可庶几也。袭世俗之见，剽窃一二古人之言，目击时事之日非，立言陈计，谓可稍图补救，尤君子之所慎也。

家居却扫，不闻时政得失。惟自数年前广开言路，穷极厘捐之弊，屡烦诏旨督责，窃独以为国家人才之乏，一至于此，良可浩叹。国家经费所入，自初盛时常留有馀，以示宽假，取足以养欲给求。承平日久，侵冒日多，各关课税及钱粮正供所入，浮收常倍于经制，至有数倍而不止者。通计国家取民之经，惟厘捐侵耗最少，如四川之夔州、江南之五河，委员所得常一二万，为厘差之至优者，然岁收至三四十万，是犹二十分之一也。其间贪黩亏挪，由督抚用人之失当，岂章程之咎哉！要之厘捐之亏挪，准校经制常入之侵耗，相距甚远，而收数固为至多，国家岂患少此岁入二十分之赢馀，以资人之生计，而使各效其力？

且厘捐之起，本由乾隆以后商人营建会馆，筹画公款，取之甚约而不劳，积之甚厚而有继。自顷军兴，遂用其法以筹饷，实为历古未有之创举。唐刘士安转运江淮，所任使多求人士有干能者，史称其通壅滞，任才能，富国而不劳于民。夫苟以常法行之，所在皆壅滞也。刘士安绾利权，惟在引用士人，广储耳目，使远近之气常通，是以获美利而人无厌苦。彼其所职在转运，犹国家经制也，而不惜烦费以求举所职，国家终以享其利。

厘捐为军兴以来一时权宜之计，不领于经费，又皆亲见其倚办军需，收荡平克复之功，裨益国家甚厚。言事者不知何所忮忌，悉力攻毁之？每下一苛求督责之令，则弊端日增而收数亦日减，当事者群怀苛刻以绳其下，人心懔懔自危，相与粉饰掩护以求寡过，所在巡丁役夫横行而无忌，此区区十馀年所目悉而心伤者。

枢部大臣生长承平之世，积资以至高位，本末得失，宜所不能知。部书利用报销之名，为网利之资。言事者从而助之，将悉人士月得数缗数十缗之薪食攘而夺之，以求快于心，使天下侧足而立。故尝以谓发此议者，非言官之罪，吾辈不明学术不达事理持议论者之罪也。

王壬秋博学多能，每与言此，辄为举司马德操之言："儒生俗吏，不达时务。"俗吏，一时在官者；儒生，则君辈也。究其旨，多出于忮忌之私，以为吾不屑为此，天下亦安用此曹为也？甚或因其亲戚子弟营谋未遂，愤嫉而为此言也。试思以厘捐归藩司，以保甲归臬司，以督销归盐道，所省局员薪俸而已。此其支销，皆可数纪。归并各署，势将假手书役，其为侵冒，岂可胜言！自古治天下，大计在急通民情。至于筹饷，下及民商，尤须体量商情，使人信从，而后欺蒙偷漏之弊少。局员专司其事，研求体察，决去壅蔽，犹虞不及。司道大员职任繁重，日行公牍已费搘挡，又深居官府，属吏已罕见其面，奔走给使令者，门役耳，书差耳。令有不便，且至无所控诉，而又使之持筹握算，与商民争锱铢之利，其势诚有不便，是自塞其利源也，所伤政体亦实甚。

本朝立国规模，与前代异。前代州县皆有库储，如南漕一款，皆存留州县备用者也；一切主之自官，百姓纳课税，供使役，官民常多隔阂。国朝州县多资绅民之力，即列入祀典，坛庙亦多归民修，官民之气常通，是以深仁厚泽，洽于人心，亦由民气易以上达故也。厘捐引用士绅，本刘士安成法，良亦国家风会使然。

历观前代史册，军兴用烦，为筹饷之计，设法征求，多立名目，其法较今厘捐为烦，而所取亦未必加丰。乃至焦头烂额，转徙逃亡，怨咨载路。盖州县之横征，差役之苛求，壅蔽深而侵牟者多也。

厘捐之兴三十馀年，大乱已平，相仍不废，诚由各省有留防之军，有协拨之饷，不能不资取给，实亦其用法简便，民商习而安焉，不如前代之扰乱不可以终日也。设局用一委员，日与商民相见，稽核既周，交纳尤便。所以能去壅滞，良由此也。奈何吝一委员之薪食，假手书役以益其壅滞，为此纤啬之计乎？无已，则并各局裁撤之，不能利国，而犹足以便民，以各保其私利。若仍存厘捐、督销之名，而尽去其实，决知所收远不能逮今日，徒使商民困于书役，流离耗敝，相与怨咨，以从前代之稗政，其失计也甚矣。

至于盐务之有督销，尤与厘捐迥异。厘捐局用有常，而收数赢绌不齐，少一支销，即多一解款。盐务专以所销引数为程，国课在其中，局用杂款亦在其中。取之商人所得之赢馀，随所销额引缴纳。多销一引，即多得一引之经费；少销一引，亦只能计引完课，不能以所收之经费填补额课也。是以厘捐、督销局用同取之商民，而督销局用尤与国家经制毫不相涉。必裁去局员，谁与任督销之责者？徒为商人省此经费，商人固不愿受也。

曾文正公初议招商举行票引，嵩焘时为运司，上言：盐务以引地为纲领，军兴以来，两湖引地由川、粤各私占踞，从何收复？今当先为收复口岸之计，如各府县城及各市镇商贾汇聚之所，必有销盐市肆，多或数十百处，少亦数处，督使销行引盐，此易辨而知也。但使口岸不能屯积私盐，即票引可期畅行，而引地自复，惟须所在以一官督之。文正公复书极以谓然，惟云“收复口岸”

四字未能见之公牍，当仿其意行之。此督销局之名所由起也。凡经设立督销局，皆行引盐，无局者皆私盐也，始终不能外“收复口岸”一语，而所设局苦少。嵩焘屡言之督销局总办，并以开局经费为虑，不敢多设。通计湖南分局不过十馀，湖北、江西各设三四局而已。窃谓司农经国计者，正当责成督销，不惜小费，加意经理，何以专为商人惜此经费，以取坐困？今但责以裁局员、减薪水，抑不知此经费果国家经制乎？抑出自销行额引之商人乎？盐务，国家大利，当细心体察，挈其要领，鼓舞商人为之。见小惜费，经营一家生计且犹不足，而可以言国家大计乎？嵩焘任运司一月，时引票尚未举行，即各场灶并利行私。稍与清理，一月收及三十馀万，加于盛时额课。故凡国家所恃以理财者，急求择人而已，未闻朝出一令，夕发一议，束缚办事者之手足，而能稍有裨益者也。

嵩焘自以无才，不敢过求仕宦。去岁一病数月，精力日颓，于人事无所介意。而自初通籍，已历四朝，身在江湖，而常系心君国之重。欲以此意上陈，以非职分所及，不敢自贡其愚。同时在事诸君子，又未宜以一隅之见，妄有干渎，特私以质之阁下。枢府如孙、许两公及翁尚书、潘侍郎、曾侍郎，皆知言者，乞以此说详陈之，以希万一之有斡旋补救。其诸在下持议论者，尤不可不使知此义也。

愚兄嵩焘顿首　开春五日〕①

〔开春三日，闻张香帅复奏各局不宜归并情形，奉旨申饬，鄂中因议裁并，又适见御史德荫陈奏厘金积弊，慨然太息，以为朝廷崇奖言路，毛举琐屑，皆坐不知事理耳，使稍知事理，亦必不

①据《中和月刊》第六卷第一期《超览楼藏耆贤书札》同函校补。

轻易议论矣。略就所知，发明其本末，欲藉阁下之力，晓譬当官及诸言事者，推求古今事实，一考其原而解其惑。庶幸京师之大，稍有一二知者，以不至疑误天下，相与为颠倒惶乱。

书成数日，尚未发行。奉惠书兼承宠赐鹿筋，为老年补益筋骨，循诵感慰，而益怃然于时局之纠纷。深念圣明在上，无与畅宣其德意，匡赞其所宜施行者，恐徒滋外间之疑，粉饰虚诬，倒行逆施，其所关系尤巨，为之旁皇，不能自释。邵小村精细持平，于吏治民生随事考求，在今时为可宝贵。其去也深为吾楚惜。此长吏当时以高抟九小德出入，而大端精干能任事。新廉使亦明爽，方幸吾湘有振兴之望，事变相仍，使人心痗。

富平公为黎文肃所深斥，于楚人怨疚甚，至不能有容。枢府于此傥有意否？闻其人善心计，大致悃愊无为，朝廷方深向用，盖亦时尚然也。附祀立传已历两年，似尚未经分派纂修。未知陆蔚庭兄何时可以旋京，承示黄仲弢太史所议，似其门第太高，颇怀齐大非偶之疑，其在家应由鄙人主之，今远在京师，应由曾劼侯主持，非鄙人所能遥度。

去冬陈程初为议李质堂之女，唐鲁英为议汪晋卿之妹，并以此语答之。亦缄示顺孙，京师恐未易久居，可以回南酌议。其赴京甚乖鄙意，吾人所处惟能读书，应科举，不宜有他营。闻在京，劼侯日课以书及文，兼使习洋文，亦只能听之。所事乞商之劼侯，稍有所需，鄙人为之筹备可也。王益吾属速刊存各种，嵩焘不敢应也。为其言之勤，先以《礼记质疑》四本，丐其审定再议之，不虞遂已发钞。益吾主讲思贤讲舍，志在搜刻各种书籍，嵩焘亦为赞成之，此举颇近无名，又须累我数百金，以贻覆瓿之笑。手复奉谢，再请台安。

嵩焘再顿首上

附录致傅相及黎莼斋两缄及前岁所为铁路前后议，共文四篇，用博一笑。〕①

复瞿鸿禨② 三月初三日

子玖仁弟大人阁下：

领奉赐书，知去冬一缄已达台览。敬承春和播恺，泽霈教孚，符采炳耀，良深佩仰。寄示《越辅采风录》序，纯实渊懿，季蓉所长，其于时文工力尤深，自道其所得，有味乎其言之然，在季蓉则可，以概今世之言时文者，恐有未允也。经义之始，犹今之经解，而专就四子书发其义蕴，要亦经学之一端也，似未宜歧分。以采风为名，当不专主经义，以文试士，随所试谓之文焉可也。

阁下识解超绝一世，所学与才亦足以达之，当自述其所见。季蓉所见不必与阁下合，鄙人所见又未必与季蓉合，是转益歧而纷也。谨就原本起结二段微加修饰，中间因季蓉之言时文，推广言之，以自发其所见，以文论不逮季蓉之峻洁，以所见论又与季蓉略有异同，终未知有当否？仍乞与季蓉兄共审定之。

黄河南徙，鄙心之忧有独切者。禹治水，别济于河，分行四渎，而水之顺流者二千馀年。历汉而河合济，历宋而河合淮，乱四渎之经，而河患日剧，大率数十年而一小变，千数百年而一大变，其势日趋而南，必变而合江，混四渎为一。比年以来，江路积淤成洲，无处无之，华容之南，洲宽广至一二百里。自道光辛

①据《中和月刊》第六卷第一期《超览楼藏耆贤书札》同函校补。

②据上海图书馆历史文献研究所编《历史文献》第七辑辑，上海古籍出版社2004年7月出版。原未署年份，此据本函内容考定。

卯讫今六十年，水患频仍，由积淤日甚，水无所泄故也。往闻胡文忠言塘角测水，道光中深至二十五丈，未见底也。今使人测之，仅及一十二丈，今又二十馀年矣。江路涨变，不可端倪，又迫河患，则恐复有尧时怀山襄陵之忧。默察天时人事，交乘并集，外间吏治风俗民情，皆至岌岌不可终日。蹇蹇老臣，搔首四顾，无与同忧，自闵其愚而已。

前稿以浚河为义，兼资营勇士绅，以佐经费之不及，而其大旨在刮除河员积习，使不得参与。自明六七百年，言治河者专主堵筑，利其无可穷诘也，一掷数百万，相与视为国家漏卮。及此时稍易其涂辙，以求实际，正惟堵筑之无可施也。明知其无可施功，而开支经费，上下相蒙，诚不解其何意？

见河南冬月信，工次委员三百馀人，而投效者未已，募难民十营，以工代振，人给月饷三两，始一开募，并制备器具，支销三十馀万两。自星使以下，皆建行馆工次。是时大工尚未开办，已支销三百馀万两，而所征秫料仅及三分之一。来示东人不利堵塞决口，焚其秫料，此似传者之过。初征秫料一责之州县不给价，遂至焚毁官署，并已征之料焚之。豫东界连五六县皆然。嗣经豫抚明定价值，其事遂寝。豫东民气强悍，然无敢与官抗者，大吏不能研考下情，州县乘之为虐，而因激使狂逞，则亦始终条理之有未悉也。河南来信，隐约言之如此。

卞公擢闽督，太原仍履旧任，皆今世所谓贤者。窃观天下大势，吏治之敝，民俗之偷，日益加甚，又益之以穷困，重之以盗贼，日夜忧其将乱。虽有贤者，安所施之？湘人官京师者，大都眊乱，不明事理。如阳湖恽公、景东刘公号称贤能，德化李公亦能勤求吏治民隐，前后劾去者三人，皆良吏也。蒋寿山一疏本属无稽，而所牵引皆无恶德亦无几微关系民生国计，其乘舆至朝房，谁见之而谁知之？两年乞休并不一接见属吏，朝祭大典皆废，不知何所倚畀。资其以治，只此已足，不待更摘其要义，而观其所言，乃似灶下妪谈乡里是非，使人不耐。又于其中龂龁湘人，不顾苔岑之谊，其愚谬如此。前书谓其言不酬，诚哉其无可酬也。枢府似亦偏于湘人加之遏抑，太原行政，亦注意在此，横被湘人以跋扈之名，力反骆文忠之政，正未知湘人何负于国家，为京师所不容。则亦由湘人官京师者，是非得失全无分晓故也。

太原精敏绝人，护官甚力，当时官人交口颂之，过后又相与訾议，发其阴私。其用意在屈抑士绅，而徇庇属吏，纵容盗贼，至使吏治民风日益败坏，至今相为祖述，鄙心极为忧之。衰病颓唐，更无馀望，惟望得一良吏，稍纾数年之乱而已。顺孙侥幸一衿，渥蒙奖藉，特饬录书院甄别文求季蓉兄教削，并乞致恳。敬请台安。

愚兄嵩焘顿首　三月三日

复陈子濬[1] 四月十三日

子濬仁弟阁下：

奉诵惠书，并蒙寄赐多珍。茸片一匣，烦费过重，非所敢承，馀珍拜领，敬谢大惠。

往在京师，多颂言吾湘人才之盛，常用叹惋。以为是数公者各挟其才量，自致云霄之上，非有能显用而预期之者。抱负愈宏，仕进愈难，惟所蕴蓄未易求知世人，而世人所希，尚亦未尝一问其学问之奚若也。毅斋宫太保，实自奋迹于功名，能知阁下之贤

①据《剑闲斋师门问答》辑，民国石印本。原未署年、月，此据本函内容考定。

而录存之，是所得已优厚也。

读来书，颇怀曲江感遇之思与昌黎闵己之叹。任昔名贤已无能自广，奚况今日。要之皆外物之馀华者也，不足以妨学道之心。兄所著经说一二种，王益吾在江南选刻《续经解》，已征求及之，不敢应也。昨岁回家，延主思贤讲席，重申前议，因检《礼记质疑》三、四卷，属其审定。不虞径取以付梓，甚参鄙人素志，而必不能不踵成之，徒多一番检校而已。

湘中纷传俄人扰边，《申报》未谓及之。果有是，毅帅岂能安居。近始询知俄人照会总署，以朝鲜不禁驻防兵之滋扰，欲乞俄人保护。因痛论中土蒙蔽情形，宜急知省改。总署相与张皇，遂谓俄势又将蠢动。此由不知洋务事宜，惶惑至此，于事无足虑也。而其立言，未尝不切中中国隐患，然窃恐风气已成，未易转移也，并乞之以告毅帅。即颂时安，附申谢悃。

愚兄嵩焘顿首　十三日

复瞿鸿禨[1] 七月二十七日

子玖仁弟大人阁下：

七月廿（八）〔六〕日，朱菊生带到尊缄，兼拜橘饼、杏仁之赐。过蒙垂念。衰年病肺，多资甘润，用示存恤之意，佩惠良深。时正患鼻疽，调治失宜，遂至困惫。盖自夏徂秋，更历三月有馀，始能出门。两年病证皆出意表，而精力愈益耗敝矣。伏念仁贤蕴抱，恢拓闳远，颐养天和，为时桢干，翘瞻霄汉，弥切怀思。

---

①据上海图书馆历史文献研究所编《历史文献》第七辑辑，上海古籍出版社 2004 年 7 月出版。原未署年、月，此据本函内容考定。

嵩焘生平志在用世，不苟自恕，妄希古人，持难进易退之节，亦自谂负性蹇拙，不利时用，宜自韬敛，未敢一规进取。然于国计民生，钦钦在抱，校其分寸得失，俯仰一室，无可告言，常自激发。比年疾病繁多，老至耄及，此志遂灰。顾瞻时局，吏治、人心、风俗皆有江河日下之势，天变乘之以生。

吾湘顷年入冬不寒，阴晴风雨，一日数变，无有收藏敛固之气，至今寒暑表尚在五十度，民气萧索，财力殚敝，莫保其生。水旱之灾，层出叠见，而犹相与征利，多为无名之费，耿耿此心，气愈隳而忧亦愈添也。夏、秋以来，老成雕谢，吾湘尤甚。劼侯岳岳，方在耆年，相从并逝，同志相知若潘司空亦仅及中寿，只益惘惘。岘云复起，差用忻慰。非快二公车服之荣，朝廷于此审情度势，廓然示以大公，当出圣虑之权衡，天下臣民所同欢庆。

益吾祭酒在江南续编经解，征取拙著经说。以初意成书后尚思精求博览，稍希进益，忽忽三十馀年，无能一加整理，并往时所见大都忽忘，无复省录，谂知其不足存，不敢应也。今岁祭酒主讲思贤讲舍，以刻书自叙，稍为筹备经费，偶从索阅《礼记》数卷，属以审定，遂径付刊，其势不能中止，甫成《礼记质疑》一种，《大学》、《中庸》二种，寄呈四部，敬俟鉴核。寿蘅侍郎、冶秋兄乞各代致一部，并望有所开益。敬请台安。

愚兄嵩焘顿首　廿七日

致李鸿章

去腊领奉钧缄，仰窥经国之远谟，受成于心，无与发明，而后知大臣经纬天地，具有本末，訾议之与其铺张傅会之，均无当于高深之旨。

鄂中新政，稍闻其略。于湘事专主开采煤铁，购置机器，而急行轮船，凿通宝庆滩河，以资转运。又欲为两湖总建书院，依仿广雅规模。其发扬蹈厉，为能有豪杰之风，而所行亦实切要便民。独其为富强之计，则固未尝就中外情势参稽互证，以辨其缓急轻重之宜也。

泰西富强之业，资之民商，而其治国之经，务用其技巧通致数万里货物，遍及南洋诸岛屿，权衡出入之数，期使其国所出之产，销路多而及远。其人民趋事兴工，日增富实，无有穷困不自存者。国家用其全力护持之，岁计其所需以为取民之制。大兵大役，皆百姓任之，而取裁于议政院。其国家与其人民交相维系，并心一力，以利为程。所以为富强者，民商厚积其势以拱卫国家，国大者数千里，小者一二百里，莫不皆然。

中国官民之气隔阂太甚。言富强者，视以为国家之本计，与百姓无涉；百姓又各怀挟私意，觎其利而侵冒之。其持议论者，又各讼言其不利而阻挠之，一闻集股开办，远近闻风者皆得挟一说以起而与为难矣。数十年来举行矿务讫无成效，盖由此也。要之，国家大计，必先立其本。其见为富强之效者，末也。本者何？纪纲法度、人心风俗是也。无其本而言富强，只益其侵耗而已。贤者于此固当慎之。

湖南山地本无官业，尺寸皆有主者。果为利所在，百姓尽能经营，无待官与开采。其开采而复得佳矿，兼须吸水，则必用机器。凡用机器，必西人为之，中人多不能尽其法。此时宜广开西学馆，使稍服习其业，知其所以为利，庶冀人心所趋，自求之而自通之，日久必能收其效。盖所用机器，亦须各就地势利用何等机器，层累以求。贸焉而以机器往，愚者惊扰，即有知者，亦莫辨其所以为用，遂恐虚縻无实。即此末中之一事，亦自有其本存焉。而百姓之为利，与所以求利国家，又自有本末次第。

今将尽天下矿产而开通之，如明万历时遣使四出，其利病得失诚有不同，而为扰民一也。自公为之，徒资烦费；自商人集股为之，则亦商人之利而已。富强之说，果何赖乎？且以西法为名，一切务为泰侈。士民失业者，亦皆引领以望，环集以求薪食。为利多少不能计，而所用常数倍，又不能如泰西人之持久也。山薮自然之利，皆王政所先。汉唐盛时，亦尝究心于此。其后听民为之。如泰西制法之新奇，国家用以兴修水利，创置器械推行之各省，俟民之择而从焉可也，不足上烦大府之经画。

抑又有甚异者，轮船之为便利，天下所共知也。愚劣如湘人，亦习焉而知其利。是以十年以前，阻难在士绅；十年以来，阻难专在官。凡三次呈请，涂公一阻之，卞公再阻之。前岁以中堂传示夔帅之意，嵩焘始一任之，闻者皆各欣然，甫一集议，集资至二万馀。李黼堂以一书阻难，其言绝迂，夔帅不谓然也。嵩焘恶其为鸮音，急避之。亦以每岁行轮不过七八月，湖路上下滩，水率深四五尺，水落则一二尺，夏、秋水涨，亦或数丈，而未可常恃。内湖行轮，只能以吃水四五尺为度，其势不能运货，即人数亦不能多。既有异议，良亦不乐任此。去腊以朝命，又一议及之，具呈重申前议。在事者犹据李黼堂之言为定论力持之，亦不悟行否当察看民情、地势，不能以臆断也。

尝笑轮船至内湖，府、道以上，凡有行必调取轮船，独不准百姓置造，然且曰将以顺民情也。问何以知民情？所据者独一不达时务之李黼堂。岂具呈之数十人皆非民耶？亦皆非其情耶？五十年办理洋务，在官所见如此，而谓西法可行，富强可期，殆非所敢知也。内湖轮船终须开办，固亦不待阻禁矣，独惜嵩焘之力不能任此耳。

致黎莼斋

奉别十年，中间一再通问，云天旷隔，怀想百端，倾写无由。阁下两次持节海东，遗经传记，搜求古本，讨论宏富。大雅闳达，好古多能，莫与伦比。而亦见古籍之流传，荒弃之中土而存留海外，足资稽考。盖有司失其官而学在四夷，已早发尼宣之叹。伯言目论之士，乌足知之！近所辑刻几何？幸求惠赐刊本，发皇耳目。通使各国十五六年，诚无多裨益，而搢绅士大夫纷呶嘷呓，渐以醒寤，议论日平。外人亦日弛其猜防要挟之术，以通情好。此其转移无形之中，今人不能尽喻也。而独阁下表章载籍，颂扬赞美，溢于观听。比绩量功，冠绝一时。

尝论阴阳消长之机，否泰治乱，交互乘除，自古为然。方始命使时，迫于外人之求请，非国家本怀也，而实中外交涉机之所自开。嵩焘疏庸迂拙，无所知晓，而自西洋肇乱广南，考求其本末，证以古今事局，又益寝馈三代及周、秦以来流极变通之势，常若有所省悟。下视汉唐二千馀年，苟能推知利病得失之所在，以求安国庇民，必其于圣贤言论与其所以存心有合者也，其乱也反是。故自未通籍以前，即自信能知洋务，以语诸人，动见诋毁。

兵凶战危，圣人不得已用之。自唐以前史册所录，皆谏止用兵，无言战者。南宋诸君子奖成此一段议论，哆口扬目，祸人家国，懵然莫知其非。追思构衅之初，宣宗忧勤惕厉，所以戒谕在事诸臣，真所谓圣人之量也，当时诸臣无能体会。其后天津之役，盈廷哗然，以战为名，文宗独以战为非宜。嵩焘时官京师，获读谕旨，尤服圣人之仁。窃意其时枢府大臣，稍能谙知洋务，安坐绥定之有馀，而非文宗深谋远识，处以静镇，一时在廷虚憍之气，延祸生民，尚不知所究竟。此又千百年后读史者所不能明，而小臣于所目悉稍辨知之。故于开端奉使西洋，颇谓朝廷用人为不虚。区区才力，亦尚能堪之。而于其时力举一刘锡鸿充当随员，枢府遽以副使任之，一意傅会京师议论，以嵩焘为的，自负能攘斥夷狄，深文周内，以相龁龁。不独区区一生愿力无所施用，乃使仰天欷歔，发愤呕血，志气为之销靡，才智聪明亦为之遏塞。自古平陂倚伏之几，相乘迭见，诚有然者，而未若刘锡鸿发之暴而施之悖谬，至于此也。

出使者，今人所薄视，自以不屑为者也，而亦竟有假之以为名，以投时好。正恐道光以前之人心，尚未有此。使当时在廷诸公稍悉洋务能如今日，则刘锡鸿之言尚不足以惑众。使阁下阅历之深、见理之明能如今日，亦必有以匡正之，使不至增长其顽悖。于此又见天人感应之机，所伏至微，所发至烈。而在廷纷扰之辨争，波动风靡，其初峻拒之，其后又眩乱颠倒而争趋之，俛从俛违，反覆变幻，以此处中外之交，终知无有会同翕伏之望也。

抑又闻君子之行道也，必有以振厉天下之人心而使之服，柔和生人之气而使之驯，而后不疑于所行。自宋以来，尽人能文章、善议论，无论为君子、为小人，与其有知无知，皆能用其一隅之见，校论短长，攻剖是非，不能辨也。辨之愈力，攻之者亦愈横，是以君子闻恶声至则避之。避之者，所以静生人之气而存养此心之太和也。嵩焘不敢一二与人辨，则惟有卷怀以退，安身以崇德，以求没齿无闻焉已耳。

去秋与傅相论铁路事宜，傅相以为知言，而谓所见正亦如此，京师皆以是蔽过傅相，此又以见任事之难。而大臣为国经谋远计，攻击之与其铺张附和之，一皆失其本旨，而其议论混淆，是非倒乱，终使所事无一能成。如今日铁路，虚糜已甚，亦岂能有成功之望哉！天下之事，眩惑于议论，而终以耗国病民，盖常有之。得一办事之才诚不易矣，办事而又能解事之尤难也。

致某人

西人富强之业，诚不越矿务及汽轮舟车数者，然其致富强固自有在。审知彼我情势之异，而又有其可以通行者，使缓急轻重之理先得于吾心，而后可与考求西法。

即以湖南矿产言之，所在皆民业，无官山。湘水以西，由湘潭、湘乡以达衡、宝，径西至沅、靖；湘水以东，由醴、攸以达郴、桂，煤铁各矿，无地无之。矿户多于西洋以数十倍计，恰无以是致富者，亦有虚糜数百千缗，不得矿产，或阻水而止。天地自然之利，百姓皆能经营，不必官为督率。若径由官开采，则将强夺民业，烦扰百端，百姓岂能顺从，而在官者之烦费又不知所纪极，为利无几，而所损耗必愈多。若仍督民为之，则亦百姓之利而已，国家何恃以为富强之基乎？中国与西洋情势相距绝远，不能悉数，请一言其略。

凡矿产，愈深愈佳。西洋开矿，常至四五十人，必借机器以济人力之穷。其用无他，用以吸水、用以转运而已。开矿取土，皆人力也，是以机器有利无弊。用机器愈精，则资人力愈多。此中国之人相与蔽惑，深言极论而莫能喻者也。中国言地学者最重山脉，争执甚坚，而人心之忮刻百出不穷，士绅有势力则忮忌加甚。故凡矿户自治其私，亦皆习而安之。一闻有集股开办，万目睽睽，必不能容，悉力倾之而后已，以保全山脉为言，亦律法所必禁也。士绅既假律法以相难，在工执役者又相与乘势侵冒，耗散滋多。一经委员主办，视为公家之利，恣意侵蚀，益无所惜。

此又中国之人相为猜忌诬罔，深言极论而莫能喻者也。人情习于故常而震于所创见，西洋亦然，而但有能开利源，国家必力助成之，委曲使人共喻，人亦不疑其专利也。获利既厚，输税国家亦常丰。中国不然。其初尽力阻挠，而官不问。及稍得利，群起而争为之，互相侵夺，官亦不问。西洋用以裕民富国，中国为之，徒滋百姓之矫诬以坏乱风俗。此又中国之人相为臆揣冥行，深言极论而莫能喻者也。

西洋为利，如矿务专主一事，则专任之。舟车行远，及开设汇行，若古之交子务、会子务，自国家下及民商，通任之公司。其初各以其力，视都会所在，行之一二百里。推行渐广，道路渐通，力不足以相摄也，乃置公司领之，国家亦时有所收受，或补所未备。公司通计其资本，相与品息。即国家钱币制造出入，一由公司总其成，交互维持，不相疑忌，无书吏之勾稽，无工役之侵牟。此又中国之人相为眩惑猜疑，深言极论而莫能喻者也。

凡此中外情势之异，由来久远，以成风俗，未易强同。而其间有必应引其端而资其利，可以便民，可以备乱，可以通远近之气，而又行之甚易，历久而必无弊，则轮船、电报是也。往时绅民相与阻难，近十馀年，阻难专在官。然窃见在官来往上下必以轮船，湘人仕外者亦然，而独严禁绅民制造。然则西洋汲汲以求便民，中国适与相反。所用以仿行西法以求富强者，未知果何义也？

窃论富强者，秦汉以来治平之盛轨，常数百年一见，其源由政教修明，风俗纯厚，百姓家给人足，乐于趋公，以成国家磐固之基，而后富强可言也。施行本末，具有次第。然不待取法西洋，而端本足民，则西洋与中国同也。国于天地，必有与立，亦岂有百姓困穷而国家自求富强之理？今言富强者，一视为国家本计，与百姓无与。抑不知西洋之富专在民，不在国家也。数百年来开通海道，尽诸岛国之利括取之，其基已厚矣，而治矿务日益精，五金出产之利、制备器具日益丰，又创为汽轮舟车，驰行数万里以利转运，觑天下之利以为利，故能富也。中国舟车之利不出其域中，而又禁百姓使不得有兴造，用其锱铢搜取之财力，强开铁路于尘沙数千里无可筑基之地，以通南北数府县之气，未知其利果安在也？其烦费过多，开通道路过远，终必不能望有成功，且勿论矣。

光绪十七年

致刘坤一[1] 三月

岘庄尚书大人阁下：

昨呈一缄，由京师递达，想蒙赐鉴。计京师酬应可二十日，当能启节南行，父老欣欣瞻望风采。旧是龙蟠虎踞之地，别来湖上十年，恰逢草长莺飞之时，又值江南三月。德辉在仰，钦跂何涯。

嵩焘自别京师，十有六年，与台端先后三四年耳，未知气象规模今复何如，正恐见闻所及，重有今昔之感。西使久处京师，相与淡然忘之。一时风气所趋，又竞为仿行西法之说，不至更虞抵牾。而闻傅相处置高丽情形，未免过失机宜，虑其年老气衰、精神管摄不及。又自恃才智，笼驾一切，稍有乖忤，不自省度以求变通，一意遂非自怙。乃以一时之意气，滋属国之怨望，启强邻之雄心。不能不谓之措置乖方，贻患无穷，甚为傅相危之。往时遇有洋务得失，常相与辨论，近亦不复有言矣，所言亦常后时，正苦补救无术耳。

欧阳同知萼为同年欧阳晓岑之从孙，年少而才气沛然有馀。杨彦槼督销湖北，倚任甚至，乃以武穴大局畀之，亦颇著成效。

---

①据散原老人旧藏《郭筠仙侍郎书札》辑，台北故宫博物院 1979 年影印出版。原未署时间，此据本函内容考定。

而以资望稍浅，省城相与忌之，径至撤换。彦槷改派德安长江埠一局，其心惴惴，欲一叩谒台端，以求自固，乞一书为先容。嵩焘亦素喜其才气，甚望其有以自达其志，用敢一为上陈。敬请台安。

姻愚弟嵩焘顿首

年代不详

复黄曙轩

奉手书，笃实谦抑，感佩良深。指示各节，均有心得，足补鄙见之缺。

古人置重，所以依神，由来盖久。周主撤重。周卒哭而祔，祔而作主，无取于重。殷练而祔，因有虞主、练主之分。所谓殷主缀重者，虞主也。古人依神皆以饮食。重用二鬲，殡用二筐，葬用筲、瓮、甒，皆以盛饮食。置铭于重，以表柩，亦以依神也铭与主皆书官、谥、姓字其上，即神之所依也。

《周礼·司常》："大丧，供铭旌"，即王建太常、诸侯建旗之属。《士丧礼》："为铭各以其物，亡则以缁长半幅，赪末，长终幅。"郑注："半幅一尺，终幅二尺。"故下云：竹杠长三尺。《广雅》："天子杠高九仞，诸侯七仞，大夫五仞，士三仞。"《周礼·疏》引《士丧礼》云："死者以尺易仞。"然据《士丧礼》："为铭各以其物，亡则以缁、赪末。"郑注因曰："无旌，不命之士也"朱高安之说亦本之郑氏，自在孤、卿建旜，大夫、士建物之外，不当据此谓士所建之物止于三尺。古礼残缺多矣，儒者各以意拟之，恐有未尽然者。自汉以来，无建旗为铭之制，一以裁帛为之，而各视其品为长短之度。《家礼》之言，即今制所由仿，与古之为铭旌者固异，又未宜比而同之。

居丧之礼，不饮酒食肉。《檀弓》推及于行吊，与《丧大记》

士与于敛者一，不食同义。盖与于哭泣之哀，则亦为之废食，所以为仁之至也。然亦云：丧有疾，食肉饮酒；七十衰麻在身，饮酒食肉。圣人亦自准量人情以为之制。《周礼·掌客》：札丧杀礼，而受牲礼如故。宾客之牲牢不以丧废，是亦具酒食也。窃疑周恭叔为程子主客，应给酒与否，当自酌之，不当以关白丧主如少年群饮为欢，自不当与。若年老或病，得酒为解风寒，又岂宜吝而不与哉！程亦不当计及人之为恶与否。此缘程子守礼法太过，以有此耳。《经》言行吊，而不言所以待行吊者，哀与礼亦各自尽其义焉而已。《周礼·酒人》有礼酒、饮酒之分，其四饮之物，皆酒类也。似古者酒亦有常供，不必燕飨为欢始用酒。

祭祀之期，见之《周礼》者：中夏享礿，中冬享蒸，皆用仲月。《祭义》言春"雨露既濡"，秋"霜露既降"，亦当在仲月。《晏子春秋》：天子至士，皆祭以首时。郑注《王制》因谓祭以孟月，荐以仲月。服虔注《左传》：人君用孟月，人臣用仲月。又云祭天以孟月，祭宗庙以仲月。其说亦纷纭而未有定。而荐新之礼宜在孟月，如四月麦熟，七月稻熟，故自汉时祭皆用孟月，亦无大夫、士以下用仲月之文。今大夫家祭，或用冬至，则仲月也，亦或用十月。而荐新以七月，则通品官以下及庶人皆同。

凡《礼经》言宗庙之祭，皆为天子、诸侯言之。《仪礼》特牲、少牢二礼，详士、大夫家祭之仪。证之《礼经》，士祭，祢而已；大夫祭，及曾祖而已。而《经》言长兄弟、众兄弟及群子弟均与旅酬之事，其仪甚盛，未知祢祭之果能通行乎？否乎？自汉以来则有不能通行者矣。士无世官，田无永业，自非五等世袭，凡品官之子孙皆庶人也。《王制》：庶人祭于寝。祭于寝者，荐而已矣。惟宗祠之合族者为有祭。古今情事之异，宜有然者。即《左传》所载：昭元年十二月，晋烝；四年十月，顺祀先公。祭期已无一定。郑、服之说，但以意拟之，至今千馀年，亦未尝一著为令，亦以非人情所安故也。

裸献之用郁鬯，以始献和香味以示敬。《王制》：天子赐之瓒，然后为鬯。《书》："赉尔秬鬯一卣。"《诗》："厘尔圭瓒，秬鬯一卣。"皆以明天子之赐。然《周礼》固有郁人、鬯人之分。郑注：筑郁金煮之，以和鬯酒。郑司农：郁，草名。《白虎通》、《广雅》并云：天子祭以鬯，诸侯以薰，大夫以茝兰，士以萧，庶人以艾。天子之异，在别为裸献之鬯酒。其和郁金以煮之，下及庶人皆然。惟薰、兰、萧、艾，所用之香草不同耳。蒙窃以为：灌者，裸献。灌地降神，《礼》无明文，而灌酒之必和以香草，汉世诸儒犹能言之。据《周礼·大行人》：上公再裸而酢，侯伯一裸而酢，子男一裸不酢，凡大国之孤以下无裸。似裸礼惟天子、诸侯有之，盖凡裸必有圭瓒，其礼严，而祭礼之始献以香草和之，自天子以至庶人同也。颇疑朱子之言有未尽者，《礼经》及汉儒之言具在，可复按也。

忌日之祭，于《礼》有之，而生日无闻。凡祭必有配，生日或父或母，当以何主之？假而母生以季秋，将屈父以从母乎？抑使生皆春、夏，将废季秋之祭以从春、夏乎今人生、忌日皆有祭，从俗可也，据以为礼则不可。朱子著《家礼》，固非一家之私书也，此恐不可为训。古今异宜，而礼俗必当有辨。以阁下好学深思，谨就来书所疑，以鄙见发明之。伏候指示。

复黄运藩

三代学校之留贻，更历春秋、战国而荡然无复存矣。孔、孟于其时急起修明之，是以三代学校，至孔子而一变，为其道不能行之天下，则与其门弟子私相讨论。太史公言适鲁观孔子庙堂，车服、礼器、三代法物具备。及《戴记》所载，论三代礼教甚详，而一纳之于学，以为化民成俗之本。《中庸》所谓成己仁也，成物知也，性之德也。此孔、孟之所以为学也。至汉而又一变。太史公言读功令至“广厉学官之路”，为之废书而叹。但悬学校之名，导之仕进而已，无所谓学也。学校之变，尽此二者。

章句之儒，各有发明。宋儒出而言理独精，培养人才亦独盛，其功在学校，而于学校不足言变也。孔子实始以身任师道，无与为敌者。孟子兴，而有杨、墨；宋儒出，而有朱、陆异同。显树之敌以争胜，至今日而标立汉学、宋学之名。假实事求是之说，推求度数、训诂，以攻击程、朱，而宋学亦微矣，并不能与为敌。要其实，则所谓记问之学也，亦不足言变也。

复张自牧[1] 初二日

折件用白折书之，未免费力，一二日当为函致。两书并阅悉。上林寺交代，何须西扶到省。前事已过，人知其冤，西扶来去可以自由，正不须公与鄙人耽承交代。如必到省，亦可听之，惟此时或尚须求他利益，则可不必也。

期嵩焘顿首复　初二

---

①据上海图书馆历史文献研究所编《历史文献》第十一辑辑，上海科学技术文献出版社2007年4月出版。

致张自牧[1]二十九日

仲云昨日兼有信见示，所恃一河东公，尚须令其自为进退，而不敢令使之。夫子与封人，皆天之人也。察看当事情形，殆天之命之以速湖南之乱者，非人力所能为也。各件仍奉缴，馀俟面罄。

期嵩焘顿首　廿八

再，瞿景伊属求一领差事赴贵州。窃意此等差事于渠亦相宜，多令一二熟人充当声息，亦较相通。其勤惰仍由巡街委员稽查，略无宽假。诸大府之意力求隔阂，吾意乃力求通，何必以拒绝相知为高哉。妙在此，昔为人所不争，鄙人于诸公亦正欲以劳苦课之。

廿九夜　再顿首

复张自牧[2]十五日

日昨往乡看地三日，以为台旆已前行矣。昨晚专足奉诣，知尚未成行。顷奉书，伟兄挚怀，佩仰无已。陈、高两公信切中情事。奉行故事，无恤民保邦之实意，所在同之。上以此倡，下以此效，而行之多为粉饰而已。北平所抄一信，竟不可不一陈之当事，不必能有益，亦使略知民间疾苦而已。明早荣行，诸事当须料检。嵩焘昨傍晚始自乡归，风吹日晒两三日，竟患虚火喉痛，即不奉诣。敬请行安。

①②据上海图书馆历史文献研究所编《历史文献》第十一辑辑，上海科学技术文献出版社 2007 年 4 月出版。

期嵩焘顿首　十五

北平、齐川两信并缴，李信望当陈付龙游击并代谢。

复张自牧[1] 二十二日

数日未奉教言，廷营前议想已定妥。吴聘廷函称，同寓石、向二君委办江西捐输，永州又委赵、周两君，意颇欲沿以为请，特为转达。据称但有差委，远近所不计也。求事纷纷，鄙人已不胜其累，妙在从未荐去几人，而求者日益加多。台端更可想见。

兹有数人来言守栅事，有辞差者，有因事撤差者，必求代递一名，听候斟酌，请别纸录呈，祈俟机会安置之。敬请台安。

期嵩焘顿首　廿二

又，王壬秋所荐之钟君，求转催。其人尚倜傥，可任奔走。

尊示领悉，此时均须有定名，而又不能尽语诸人，权且如此定局，俟后或有宜分给者，尽可腾挪也。字号听从编立，诚如所示，于第二字号未免乖忤，然此时尚只意想为之，原不能为定准，要丁事势固为极顺也。复请台安。

心叩

①据上海图书馆历史文献研究所编《历史文献》第十一辑辑，上海科学技术文献出版社2007年4月出版。

致张自牧[1]十四日

舫仙所言，请向善化公一讨论之，果有此事，当穷究党与，一与严处，未宜泛视。乡间此风已成惯习，若复城市通行，不复能立国矣。此亦士民之通忧也。十八日当具蔬食三四品以相佐，益不能专任肴馔，厨工本亦不精良也。禊诗册叶未蒙发下，无以报命。复请台安。

期嵩焘顿首　十四

致张自牧[2]初九日

移居五日，而有征兰之喜。十一月分娩，必主富贵声名，英物无疑，亦足见新宅之吉祥矣。此次以小恙将养多日，似向来所未有。新雨晴凉，宜可出门。手此，敬贺大喜。

嵩焘顿首　初九

致张自牧[3]初二日

左大嫂初疑王款之无着，及闻镇军南来，则忧尊处一款之无着。罗小溪则惟以王款为忧，鄙意亦谓然。昨公所言，则群疑可以尽释矣。罗信呈览。左大嫂既不赴衡，衡州存款自以提省为妥。岁内即汇齐各款，候小溪到省料理何如？敬请力翁姻丈大人台安。

---

①据上海图书馆历史文献研究所编《历史文献》第十一辑辑，上海科学技术文献出版社 2007 年 4 月出版。

②③据《中和月刊》第五卷二期辑，1944 年出版。

嵩焘顿首　初二

复张自牧[1]二十一日

适正专足诣尊处，奉示具知一切。弥之寓居文正祠，似黄杭生亦尚寓此，为其嗜烟也，不便列入单内。敝处仆人极生笨，应由尊处及宇田知会为宜。既以见委，只好明日饬令一行。今日乃皆外出，无在家者。复请台安。

期嵩焘顿首　二十一

致张自牧[2]二十二日

力翁姻丈大人阁下：

匆匆赴乡，尊府两次庆典，均未能随班称贺，心歉无已。数日前蒙枉示黎方伯一书，甚感曲成之谊。然此举出之曾中丞则为顺理成章，若由方伯要请，既穷于措辞之法，兼恐其中或多阻滞，未知当日曾寄中丞一函否？若并函寄，则办理歧出，若并未函寄，窃疑此举之未尽妥协也。乞再斟酌补寄一书，或犹可赶上也。方伯处鄙人亦可函商矣。此举乃出鄙意，意城不谓然也，须得办理自然合拍为佳。

张立之明府有子之丧，一往唁之，次日即料理赴乡，未知曾开堂及讣告亲友否。若有公分可入，乞为留意，乡居僻左，无从备办一切也。与子寿同游数日，地学之高，时无及者，对之有愧为人子之叹。黄氏积累之厚，非偶然也。此请台安。

---

①②据《中和月刊》第五卷二期辑，1944 年出版。

嵩焘顿首

日来传闻神鼎山聚有数百人，顷有来告者，言实止数十人，支帐搭棚于山罅，问之称平江寿福山人，语言惝怳，寺僧通知地方，持短棍逐去之。而傅右衡家距邓军门训诰甚近，言邓军门寄回洋枪火药甚多，数日前有穴其屋壁悉窃其洋枪火药以去。乡人颇相惊怪，究未知作何举动。前云易君委札即日可以发下，出门日久，曾否定局，江督接任何人？已有信否？乞一告知为祷。

嵩焘再顿首　二十二夜

致张自牧[1] 十四日

明日是否成行，县志托便递送督辕，想尚可行，须奉示复乃封呈耳。宇恬改期十七，明日如不能行，即须留赏牡丹，略缓一两日，当亦无妨。天气过热，日内必尚有大风，俟之十八九，风色稍定亦佳。若得顺风，一帆便到，所争正不在此一两日也。

嵩焘顿首　十四

复张自牧[2] 初五日

手示领悉。俄事除《申报》无所闻，换约以一年为期，不及早处理，期满必有事故，此时但多张声势而已。陇西三子前日下午至此，询之似已来省数日，具言汝南入都门行装甚富云带百五十金，为于公所资助此语尤谬，有向于公理落之言。吾力劝之，以为同

①②据《中和月刊》第五卷二期辑，1944 年出版。

在患难中，不宜相构。昨下午于公至，询之，则三人者未及见尊示上云然，然则踪迹亦殊诡异矣。此复，即请台安。

名心印　五日

复张自牧[1] 二十一日

台示领悉，一切谨依尊旨办理。请客我所喜也，昨西公处，樾老与区区两人而已，笑谓樾公："我两人每请必到，可谓护法善神矣!"省费亦我所喜也。每请客必三，三宾古礼也。敬请力翁姻丈大人台安。

嵩焘顿首复　廿一

致张自牧[2] 十二日

承赐佳面，拜领，谢谢。昨已约次青早饭后同诣尊处。乡间望雨甚急，顷间亦似微有雨意，明日或雨，则亦不能往送也。此谢。敬请力翁姻丈大人台安。

嵩焘顿首　十二

致张自牧[3] 二十八日

张晓亭参将惟贵，曾从在粤充当营官，明白稳实，遍体伤痕，有勇而能知方。特属一诣台端谒见，乞能饬一见介老，有需用之处，可以保其必能得力也。即请力翁姻丈大人台安。

嵩焘顿首　廿八

---

①②③据《北京师范大学图书馆藏近代名人手迹》辑。

致张自牧[①]二十四日

日前询知，成观察，宁乡人，补陕西延榆绥道，前书秦巩道者，误也。改书一签，恳并由督销局封递。仲云廿七日之约，想同此日，人客必多，请帖应否璧谢似凡喜事不退帖，乞示知。

以臂痛甚剧，不耐久坐。香荪处便服一谈，则无妨也。拟今日奉诣，以午后香荪处可以一会，遂懒不出门耳。力翁姻丈大人台安。

嵩焘顿首　廿四

复张自牧[②]二十六日

奉诵手示，始悉取事之略。行府之件，与其意旨适反，压阁宜也。诸君即有留难，即有冤屈，都无关轻重。中丞此举，稍可挽回敝俗之一二，竟非始愿所及，此则所宜祝颂者也，于诸君郁郁之私何有哉？岘公诗后忽附一诗，殊为蛇足。复请台安。

心叩　廿六

致张自牧[③]二十二日

廿日赴乡，留上一函。原约往返须四五日，道遇龙研仙，以

---

①据《北京师范大学图书馆藏近代名人手迹》辑。

②据湖南图书馆藏原件辑。

③据上海图书馆历史文献研究所编《历史文献》第十一辑辑，上海科学技术文献出版社2007年4月出版。

葬期三十日，须刘小山为之营度，不能不从其请。在木马田一宿即归，甫渡河，风雨交作，不免仓皇。求饬钞录之件仍须领回，但得一指正为幸，不敢过有烦渎也。曾劼侯稿想经录存，原件发还为要折。即请笠翁姻丈大人台安。

嵩焘顿首　廿二日

致张自牧[1]十七日

昨语及子寿所论一事，似义和公之意，微出于忮，子寿之动气宜也。淮南公局之议，似属正办，多著议论反觉其隘，不如径以大度处之。孙观察稍申公论，以平子寿之气，而杜后来之生事，实为两得其平，务乞以尊意一劝子寿为祷。《礼记》二卷，求检还以凭收检，《申报》五纸附缴。敬请力翁姻丈大人台安。

嵩焘顿首　十七

致张自牧[2]二十七日

此举本为蛇足，瞻顾太多，中无适主，只足偾事而已。前在□城见于桐轩，气色甚不佳，观其所为，倒行逆施，又甚于其所谓气色者。曾极意开导之，属其将指事底蕴检点宣示，以息人言，加罚一二人以平众怒，了处有馀。而渠一意委过，而反甚其辞，以是决知其必为祸也。潘公又以此附益之，必致溃决无疑。桐轩

---

①据上海图书馆历史文献研究所编《历史文献》第十一辑辑，上海科学技术文献出版社2007年4月出版。

②据上海图书馆历史文献研究所编《历史文献》第十一辑辑，上海科学技术文献出版社2007年4月出版。原未署年、月。

何词以求免乎！可叹！

曦臣夏间来省，求位置其子，吾以谢除酬应辞之。后由丽思塘转致一书，求救生局务并及左右，似曾以奉告，此次并无来信。樾岑如改章程，磊石一局不能不付之曦臣，如尚仍旧，言之亦无益，请公为设法送达可也。

嵩焘顿首　廿七夜

复张自牧[1] 二十八日

晚归，奉手示，并蒙惠赐珍品多种，感悚曷任。黄君所论皆有见地原函二件并缴，其论席营之庸医，何以持见之坚，而又盘踞之深如此，此亦一奇闻也。黔事既可，将来筹撤营勇愈为紧急，殆非细事。逼岁始归，酬应两日，所应料检诸事尚未顾及，明后日拟不出门。附呈广燕二匣、麂肘一蹄，并乞莞存。即请力臣姻丈大人台安。

嵩焘顿首　廿八夜

复张自牧[2] 二十九日

手示领悉。此事须得九商联名呈请，非一信所能为力。其事亦属顺理成章，不致干驳也。昨见运司转行盐政札，专为振项，不及海防，其云以半给直隶、山东，一半留江，振淮、徐一带。兼以利歆江督，并无招商另充之说。现交四岸会议，亦须数月乃

①②据上海图书馆历史文献研究所编《历史文献》第十一辑辑，上海科学技术文献出版社 2007 年 4 月出版。

能奏复也。饶生诪张为幻、专意诓人，而终自承其累。张同奥两家须托其知交一言，尚斋不肯专断，托亦无益也。复请台安。腿疾未愈，又患耳痛，气血虚损，亦恐墓有客感也。

名心顿首　廿九

复张自牧[①] 立春日

手示敬悉。昨日回家，今日以立春当祀祖先，未能出门，明日准奉诣一谈。岚生于此差却相宜，公函推荐一节乞酌之，附名所不敢辞也。家居断绝衣冠酬应，而亲友之枉临者不绝于门，外无一事，日日皆暇时也。复请力翁姻丈大人台安。

嵩焘顿首

岚生信并缴还。立春日。

复张自牧[②] 二十三日

来函可谓痛切。传闻之辞，容有过当者，然如照崐处即有过责之言，亦无妨也。此事实扰民，念之怖心。曹君为小溪荐，至称其诚实两字却不错，未知其服法何如，此为第一次试用，承赐护票，感泐不尽。王湛翁处当遣人往求药。首县事烦不敢奉请也。复请力翁姻丈大人台安。

嵩焘顿首　廿三

---

①②据上海图书馆历史文献研究所编《历史文献》第十一辑辑，上海科学技术文献出版社 2007 年 4 月出版。

致张自牧[1]

昨夜，刘朗山参戎言陈俊臣并未到省，前□□[2]者其世兄也。当时力驳其误，朗山即亦无词。奉手示，则朗山之言为确，鄙人之驳之者乃道听途说也。士大夫之论事，儒者之言道，大率如此。势力胜者遂□[3]劫持，一切语言，若吾之于朗山是也。

筱帅求退之说，未闻语及，或是心慑太原之故，其阴险实亦可畏。《正学编》前二本，易叔辉求去手录，兹将后二本付上，俟叔辉录出，可以更换。《离骚》无专本，必欲此，俟录出《正学编》，再捡上耳。复请力翁姻丈大人日安。

嵩焘顿首

致张自牧[4]

顷见唐蓬洲大令，所言皆根本至计，颇觉闻所未闻，得此于今日良不易。十馀年来，惟见麻竹师与此两人。禁烟公社章程，即往印刷，社、会听从尊意酌定，快则廿三日，亦无不可。瞿春陔是否有此好，如无此等嗜好，瞿子玖亦可一邀之。须先示知以凭与约，再往邀耳。本日裴公枉过，语及文正祠，当减收经费。而鄙人以无议此之权，未与论和，未知曾商及否？

嵩焘顿首

---

①④据湖南图书馆原件辑。

②③此处系原件残破所阙。

致张自牧[1]

右公已说明，无须再说，惟不宜掩其实情耳。前后两人但为持平之论，每于要紧处曲为之辞，竟不解其何意。征公则陨越愈多矣。昨仲公言河阳尚为有才，此次声名之坏，倍甚前尹，而訾其前宽假而后操切不合人心，难免考试时不生事端。此则仲公所见陋处，非君子所宜言。河阳惟体贴仲公之意太过，以有此颠沛。在省来见，颇以正言开譬之，属其考求底蕴，据实晓谕，即群邪伏矣。竟并此亦不肯为，专意含糊迁就，以图迎合其究也。先被其指斥，谚曰君子乐得群訾，岂徒然哉。早间外墙有一揭帖，称于赃万馀，潘赃三千，其风至今未息，皆两人阶之属也，于彼顽民何责焉，复为可憾。

心叩

致张自牧[2]

三文精细微至，大含元气，细入无间。说帖尤为透辟。惟章程第一条说得太体面，只可为本岸章程，不足昭示大公。两件即存留敝处商呈，稍有酌加，务令醒目，字字结实无虚浮，未知有当否？

鄙意觉此议稍为顺理成章，视前事有难易之分，造端宏大，令天下指目，尤非宜也。然即此亦不宜太迟延，使此意或有知者，多生议论，必至为累，未知何如。

名心叩

---

①②据上海图书馆历史文献研究所编《历史文献》第十一辑辑，上海科学技术文献出版社 2007 年 4 月出版。

致朱克敬[①] 十六日

十三日自乡归，一赴陶少云之约。谢客三日，稍获清理笔墨一二事。《湘军篇》第二卷，略就鄙人所知订正。世谓耳闻不如目见，凡所订正，皆目见也。独苦无记忆，多所遗忘耳。篇中列次贱名者，皆刊削之。以弟生平气怯避事，而又援之以为名，必为鬼神所忌。且公此书均经鄙人校勘，稍涉私意，其气必不昌，反使他日壬秋据为口实。区区于数公本末，为稍能发明其用心，正以无私，故能然也。当能鉴及此意。香翁尊兄有道日安。

弟嵩焘顿首　十六

致朱克敬[②] 二十二日

大诗寄慨无穷，谨次韵呈教。前诗本不能佳，然自觉悲感深至。凡有所作，过蒙奖许逾量，而于所注意处，一见辄能抉出之，知言自所长也。区区之心，尤不能无知己之感。道光盛时不论，即天津之役，僧亲王为将，竭天下全力以守一口，而其效如此，竟不解今时诸贤是何肺腑！高阳误国殃民，殆不知所究竟也。

名心顿首　廿二

致朱克敬[③] 二十九日

笠臣诗忧谗畏讥，强辞自解，壬秋一以尖利出之，攻击不遗

---

①②③据《中和月刊》第一卷十二期辑，1940年出版。

馀力，亦稍失诗人忠厚之旨。鄙人亦拟四章，首咏张，次咏幕府同谋诸公，次咏左，终求补救之术不可得。诗不能工，或不失为正音也，呈求教削。

连接肃毅、威毅两信，语及时事，感慨系之。据肃毅信，前折恪靖并未代递，若已代奏，肃毅必先知之。其中情节，外间尚一无所知。李兰生之意，竟欲东讨日本、西击法郎西，直不知其意欲何为。当国二十年，乃有此昏谬，覆国亡家有馀。徒与一二无知少年肆口狂论，自名清流，而使元勋宿将慨然流涕，以求引避，能不寒心？

湖北标兵之变，穷于办法。涂朗轩之不堪重寄，人皆知之，苦政府不能知耳。时事如此，天象如此，而方欲精兵求逞，自非丧心病狂，何以有此！特奉上一阅，仍祈发还。

弟嵩焘顿首　廿九

致朱克敬[1] 初九日

劼刚信及电报乃公缄，寄其姊妹亲戚传观，鄙人亦但一寓目而已。黎信呈上。随员中颇有受恩者，然但一二次八行问安，不敢及公事。惟莼斋间月必一枉书，无稍忌避。两年中亦各以一信复之，以此求当于今之人，必无幸也。莼斋亦文正公旧人，劼刚待之甚薄，徒以能直谏耳。阅其书亦可得其大概。复颂道安。

嵩焘顿首　初九

①据《中和月刊》第一卷十二期辑，1940年出版。

复朱克敬[1]

赐示次江各文，与陈伯严书，所见尤卓。大抵文章能寻向上第一义，自能回绝一世。各文皆非今人有也。日记无从抄起。自蒙何君劾论，亦不复措意于此，故所考证多不深，日记酬应小节目而已。日斯巴尼亚即西班牙日斯音合为西，巴尼音合为班。那威即今瑞典，本与瑞典为二国，今合为一。丹即《瀛寰志略》之嗹国，西洋知有丹，不知有嗹也。此音之误。

嵩焘顿首

下午客至如麻，顷客散，乃得奉复数字。

致陈湜[2]二十四日

舫仙仁兄大人阁下：

昨适信正专足送呈，子异诸人必欲添入二条，因并录上，交来使带呈。属录呈呈稿及章程。此件初稿曾经奉阅，前夕始稍增减数条，由子瀞转交子异诸君核定，即行呈递。恐十月后武闱关防宜赶廿八日递进，特录一稿奉交带湘乡，呈示姚、曾诸公，并乞详加斟酌，有应增减者，请即日示下。后添私造轮船处罚，小集收多，有观望而闻人言，有一二人为语云，且虽此局开成，吾自造一船，此将有利与否，不可知，故不入股。正为近世人心太不可问，不能不严为之防也。即请台安。

---

①据《中和月刊》第一卷十二期辑，1940 年出版。

②据湖南图书馆藏原件辑。

弟嵩焘顿首　廿四辰刻

重伯开示姚心镜、陈敬轩、刘牧庭、刘良臣四人，阁下皆知之，否则还集二三千，即时□公□海否？

复陈湜[①] 初六日

昨蒙枉顾，恰值外出，未及迎候为歉。前月十三日奉呈一书，而还言台从正以是日回湘乡，可云奇忤。兹仍呈上前书，一切听候斟酌，日内出门，再诣谈耳。所患痔疾，当不为苦。承示及舍侄一节，但公约今日枉商，容奉报。即请舫仙仁兄大人台安。

嵩焘顿首　初六

致陈湜[②] 二十一日

昨函想经鉴悉，是否可以转达？似仍以从速为佳。管带济川轮船之杨司马来省，以赴寿星街，未获一见。据□人言，其明年即回江南，务请转告。少留，仍须谋一见。所议制造小轮船，必得开办，不可中止。杨道台似号子楼，记忆不清，并求开示。特请舫仙仁兄大人台安。

弟嵩焘顿首　廿一

①②据湖南图书馆藏原件辑。

致陈湜[①] 初九日

舫仙仁兄大人阁下：

闻尊体日增康适，欣慰之至。兼承诏命入觐，急待调养就痊，凉秋成行为最宜也。日思奉诏一谈，以方谢客，深恐劳扰。顷得袁予文信并《五君咏》，各为排律五十韵。盖傅青馀、黄子寿、张笠臣并贱兄弟。谨并代陈。敬颂台安。

弟嵩焘顿首　初九

复陈湜[②] 二十八日

舫仙仁兄大人阁下：

奉书并颁赐上药珍品，乃以一病，多蒙良友之扶助，感激良深。此物实不易办，粤东制造尤精，足以乱真，或曰以芦之长短辨之。尊赐出自旧藏，而在箧中气色常新，收拾尤为得法，未知何术能然也。手此申谢，敬请台安。

愚弟嵩焘顿首　廿八

折稿已经意城拟就，想已送呈。

致陈湜[③] 十三日

舫仙仁兄大人阁下：

多病倥偬，疏废百端。去腊有持售狗宝一器，尊意谋与子寿

---

①②③据湖南图书馆藏原件辑。

分销。逾数日，子寿发还，时岁已逼矣，因属暂存敝处。尊处或全留，或分受，或竟无需存留，一惟台命。以此物需用无多，可无汲汲也。是以濡延至今，兹谨送上，祈酌示为祷。敬请台安。

愚弟期嵩焘顿首　十三

复日京[①] 七月十六日

日京先生阁下：

月前由省递到赐书，所以奖藉之甚至，非所敢承。而自少承先生之风范，则知敬慕之。其后奔走在外三十年，益闻先生学业进而不已，而时获读所为古文辞，卓然有以高出乎流俗，不懈而进于古。徒以懒废无能，不敢自通于有道之前，就正其所业。荷蒙挚爱勤勤，忘其丑劣，取平日一得之能，张而大之，一言而逾九鼎之重，力弗克胜也宜矣。

嵩焘体羸多病，读书仅及中人，又无师友之助，为时文喜求□[②]古人。每举圣经，折衷明以来经义得失，容有不惬于心者，窃独自负为之，无成辄弃去。益泛滥于诗古文，知其义，随亦弃之。凡先生所述，鄙人生平遭遇见谓宜然者，亦未尝不自信，谓能然而终画焉，无能一窥古人之堂奥。先生之言，信其始而未究其终者也。

窃尝以为文者君子之道，所资以行远者也，而非道之所存。《传》曰："无本不立，无文不行。"唐宋以来为文者多矣，而知立其本盖鲜焉，然其文之至而信于天下、传于后世，其于道也必有

①据散原老人旧藏《郭筠仙侍郎书札》辑，台北故宫博物院1979年影印出版。
②此处一字系原稿破损不清。

以见其大原，而曲折以尽事理之变。求之道而文或有至有不至，未有文之至而无与于道者也。

道者，本之身，措之事，静焉而心有以存，动焉而行有以之行。而成也资乎才，动而宜也，存乎识。更事以来，所见天下贤人豪杰，皆才足以济事者也，识则容有未逮焉。君子之道，莫切于穷经，而学莫先于广识。嵩焘盖尝有志于是焉，尤苦精神才力不足以相副，要以是尽吾事，以行吾之志，终身由之可矣。其他亦非所敢望也。有《读〈论语〉〈孟子〉》文二篇，辄敢录尘清览，有以纠其失，而增益其所未至焉。敬颂道安。

弟嵩焘顿首　七月十六日

复叔起[①]十一日

叔起仁兄大人阁下：

奉示，领悉一切。馆事昨已与鹤侪方伯言之。足下高节，吾辈所宜留意者，必有以报命。还家在即，略致菲敬一缄，用备来往舟楫之需。赓廷兄能枉教，不以菲薄为嫌，又不苛责以礼节。当谨延致之耳。此请箬安。

弟嵩焘顿首　十一日

致李济湘[②]初四日

意城初二归家，约初六日来此。今日天气恐雨，吾兄未必能

①据佚名辑《清代名人墨迹》辑，民国影印本。

②据《北京师范大学图书馆藏近代名人手迹》辑。

赴桃洞，如须会谈，即请初六午刻赴舍便饭为望。石帆老兄大人日安。

嵩焘顿首　初四

复周柱坤[1]

考求西洋情事，间有出入，而固为详备，斯其能纯心世务者，后四条常语耳。而峻洁简书，能举其要，无一矜张语，故为难能可贵。

办理洋务五十年，士大夫无一能知洋情者，良由枢廷不务求知有以奖成之。自秦汉以来，惟宋世人才最盛，语言动作皆有本原，是以贤奸能否之分较然，其不相掩。末世工于作伪，一切皆无底蕴，即有直言敢谏，一皆窥探朝廷意旨，择可言而后言之。其不知洋务，岂人才昏蔽如是哉？坐不知耳。人心所趋，濡染渐渍，以成风尚。能了洋务者，反为当世所贱简，此枢廷经国计者之过也，窃尝论之。

法人之构祸安南，求通云南也。其求通云南，心忮英人之通商腾越也。英人通商腾越，由云南狙杀一马加理。马加理者，一小卒，威妥玛遣令迎取，由缅甸入关者。枢廷据以为云南莫大之功，屈转搪抵，赔兵费，开口岸，倾怀天下而不顾，方谋借其力以拒法人。京师靡然，以为国家柱石，可恃以鞭挞西洋。所为如此，尚何条陈当官之有，请为作一转语。人人谈洋务，人人不知，诚有知者不忍谈也。

---

[1]据周守道编《达道斋名人手札》辑，民国二十一年壬申夏日，湘鄂印刷公司代印于长沙。

致瞿鸿禨[1]二月十五日

己卯春自海外假归，会有狙击洋人入城一案，议论汹汹，竞谓鄙人与约来南。略刻书疏数通，以资晓谕，见者心折，自是无有异议，既久亦忘之矣。顷马眉叔索此书重刷数部，所论中外情势，亦尚未能观其通而尽其变，而大致固已了然。奉寄二册，请子玖老弟大人察收，并乞分致冶秋一册。

愚兄嵩焘顿首　二月望日

复瞿鸿禨[2]二十四日

子玖仁弟大人阁下：

奉手示并集《汉书》联并诗，感荷荣宠之至。大诗浑灏流转，然一扇面恐不足容之，请化《秋兴》八首为《诸侯》五首。第一章《忠良策》当改为《防边策》，结联与八首结联意微复，当云"今日司农愁仰屋，仓皇征调费经营"。第二章起句"楼船横海日喧豗，玉帐牙旗次第开"，与首章大将连营意复，当云"冥冥炎海钓龙台，一簇楼船付劫灰"。第三章《登庸》，第四首《汝南》，第五首《清浅蓬莱》，如此似较遒紧。感事诗但举其一二大者，不必尽时事毕陈之也。二章似闻当无已闻。鄙见附达，未知有当高深否？手谢。敬颂台安。

嵩焘顿首　廿四夜

①②据上海图书馆历史文献研究所编《历史文献》第七辑辑，上海古籍出版社 2004 年 7 月出版。

致瞿鸿机[1] 二十八日

起句高调，胜前十倍。此五诗几欲追踪诸将五首，玩后二章语意，当以感事留别为题，前八诗之三章，当另存，置之此间，精神反至散漫。如此五诗搏结有力，字字深稳，允为名作，鄙人与被其光华矣。略拟易数字，仍乞酌之。即颂子玖仁弟大人台安。

愚兄嵩焘顿首　廿八

复瞿鸿机[2] 二十八日

子玖仁弟大人阁下：

承示俞霍老寿文，一意灌输，苍老坚实，绝去蹊径，此境颇不易到。惟篇中“时时与姊嬉戏中庭”及下“欧击”字，微欠妥协。“嬉戏”或作“欢笑”、“欧击”或作“争夺”，或云“时时与姊环坐欢笑”，则兼有太夫人在内。祈酌之。复颂台安。

兄嵩焘顿首　廿八

复瞿鸿机[3]

子玖仁弟大人阁下：

奉诵手示，并惠楠木书厨，视旧购精致而又坚厚，似系定制，于书室极为得用，拜赐多矣。昨益吾处见德公手柬，知此举成于

---

①②③据上海图书馆历史文献研究所编《历史文献》第七辑辑，上海古籍出版社 2004 年 7 月出版。

阁下及益吾。以为省居十馀年未有，此美政也。右铭志在有为，但能奏派，无不乐从，大约五月内回湖南，当在奉旨后矣。手此申谢。复颂台安。

兄嵩焘顿首

致陈子濬[①] 初四日

来示具悉。《伊卿先生行述》已见交两分，均存。五六年来，此等酬应之文日积日多，正惟人事烦冗，求一日清坐不可得，非关有意延缓也。复颂日佳。

嵩焘顿首　初四

致陈子濬[②] 二十日

昨见香荪，知陈伯严已来省，急思一见之。既经赴乡，俟回省请一见示为要。各家诗文稿亦即拴出奉交。县志无全录文目之理，当是指所著书名目言之。其文稿亦多发去钞写，大约此月内可以完工。《六书院考》钞写仅及两本，似太少，兹又付去两本，幸转交并属不宜太缓也。子濬、汝梅两先生均安。

嵩焘顿首　廿日

致某人[③] 初三日

守备罗云翰，长沙人，安详稳实。游击龙炽应，安化人，却

①②据《剑闲斋师门问答》辑，民国石印本。
③据《北京师范大学图书馆藏近代名人手迹》辑。

又较有才具。或如昨所言，现成十长缺，补给一分，或随带西行，以便沿途伺应，并饬前诣察看。以两人并至，故饬一同叩谒耳。敬请台安。

期嵩焘顿首　初三日

致某人[①]

冒小山此禀，入情入理。其中惟注销花翎一层，稍有防碍，须稚泉观察为之设法。其馀皆可见之公牍，无待迟疑者也。既经被议，所捐花翎应行撤销，由总局径禀山西咨部，亦属顺理成章之事。须阁下为之转达稚泉观察，无论如何办理，他处万不能据为口实也。

心叩

原件自系录送尊处，仍奉还。

致某人[②]

再，润泉世兄来粤，询悉道躬康裕，倍胜从前，钦慰无量。且述其道镇江，尚与仁山同年相见焦山，眷怀欢福，益用神驰。俞君署潮阳，才气尚足有为，足纾廑注。谨因书奉呈日金，略备薪炭之需，祈赐莞收。再叩钧安。

嵩焘谨再启

①据《北京师范大学图书馆藏近代名人手迹》辑。
②据散原老人旧藏《郭筠仙侍郎书札》辑，台北故宫博物院1979年影印出版。

致某人①

昨闻方伯允程花楼募勇六十名，已窃怪其无名，以成一军不足，以之自卫未免过多。今日复闻钱、周二事，以为办理军务纷乱如此，将来恐不复可问，已函达中丞力言之，不暇瞻顾一切也。手示领悉，看此情形，不能不令意城一来矣。

名心叩

①据《北京师范大学图书馆藏近代名人手迹》辑。

郭嵩焘全集

十四

集部二

诗集
联语
文集

岳麓書社·长沙

傷寒大全卷十四

全书总目录

本册说明

本册与下册收录郭嵩焘集部著作诗词、联语和文集，并附子部著作《庄子评注》、《管子评注》以及《郭嵩焘年表》。

郭嵩焘是一位知识渊博的学者，又是一位诗人。他曾写作了大量诗词、联语，撰写了很多文章，并于生前对其进行过整理。郭嵩焘逝世以后，其诗文由王先谦整理，编辑成《养知书屋文集》二十八卷（含书信五卷）和《养知书屋诗集》十五卷，于光绪十八年刊行问世。1984 年，岳麓书社将之合编为一册，名曰《郭嵩焘诗文集》，由杨坚整理校点后，重新排印出版。《郭嵩焘全集》诗文部分即系以《养知书屋文集》和《养知书屋诗集》为底本，广泛辑佚，重新编次，并增加联语部分；《庄子评注》、《管子评注》系子部著作，因篇幅过小，不能单独成册，亦编入集部。

由于种种原因，郭嵩焘所撰写的不少诗文，未能收入王先谦编辑的《养知书屋文集》和《诗集》，而 1984 年出版的《郭嵩焘诗文集》也未能进行辑佚方面的工作。几年以来，我们在有关部门单位与各界人士的大力支持下，自清末以来的各类报刊书籍和公私收藏中，收集郭嵩焘集外的诗文和未刊诗文共 487 件，其中诗作 3 篇、联语 444 幅、文 40 篇，从而进一步充实了《郭嵩焘全集·集部》的内容。

本书的编辑，按诗、联、文的顺序编次，而将子部著作置于其后。诗集仍依原《养知书屋诗集》的卷次，为十五卷，后附辑佚之件。联语部分则将原《郭嵩焘日记》咸丰六年（1856）部分“附录之二”所收联语编入，辑佚件系于其后，不分卷。文集亦依原《养知书屋文集》卷次，但因其第九至十三卷为书信部分，已抽出置于书信分册，则将后面各卷及辑佚之文依次递补，共二十六卷。此外，文集某些卷次中的篇什，系郭嵩焘为其几种经史著作所撰的序言，已为本书有关分册所收录，为避免重复，亦从各卷中抽出。所有这些变动，均在其相关之处作注说明。

本册为诗词、联语和文集之一，收入诗集十五卷、联语 444 幅、文集十卷，系由周敏之、梁小进整理。在本册的编辑整理过程中，我们吸收了杨坚编辑《郭嵩焘诗文集》的一些成果。

目　录

诗集

卷二

卷三

卷四

卷五

卷六

卷七

卷八

卷九

卷十

卷十一

卷十二

卷十三

卷十四

卷十五

联语

文集

卷一

卷二

卷三

卷四

卷五

卷六

卷七

卷八

卷九

卷十

卷十一

卷十二

卷十三

卷十四

卷十五

卷十六

卷十七

卷十八

卷十九

卷二十

卷二十一

卷二十二

卷二十三

卷二十四

卷二十五

子部

年表

诗　集

自序

予自三十六七以来，遂废诗文之业，盖谓今之为诗文者，徒玩具耳，无当于身心，无裨于世教，君子固不屑为也。洎引疾归田，深惟古人立言之义，颇思有所撰述，而又被命出山，乃使吾心所郁蓄，曾不得一究所业以质之后世，泯焉以终身。拊心自惜，其何能已。将行，乃取甲寅以前所录存古今体诗九卷，属之仲毅、叔和两弟，与景乔、研生两诗老共点定之，存吾诗二三卷于世。其他文散帙未选录者，约为四束，纳之篋中，异时或金玉之，粪土之，以待千秋万世之审定，不必汲汲自表著也。时壬戌秋七月十有八日，玉池山农郭嵩焘自识。

卷一

晓行

山光辨树影，江势散风涛。晓色趁人至，幽怀随所遭。墟烟敛丛薄，村路出蓬蒿。莽莽万家梦，焉知车马劳！

黄陂道中阻雨，酬邓庭枏孝廉

十日尘土眼干枯，飒然一雨毛骨苏。平原突若海水立，盘旋微见蛟龙趋。我时苦湿转穷疾，仓皇走觅酒家炉。燎衣爇火坐小阁，寒声谡谡鸣庭梧。茅檐下注如泼墨，中有云气随模糊。君诗方成出示我，相与命酒穷追摹。孤灯依壁黯欲堕，犹闻林气翻菰蒲。夜谈尽漏车响铎，宿雾卷尽啼檐乌。晴天阊阖万里动，惟见晓雾低平芜。春风吹园杂花远，高车大马从欢娱。岂知溅雨入顽骨，拥褐坐对供嘲呼。江山青空日月白，胜游能几身羁孤。还将诗句斗强健，挥毫洒壁聊须臾。

平原道中

山榆叶响乱鸦翻，古市微寒昼掩门。寂寞无人言相士，满天风雨入平原。

大风行，同杨性农和孙芝房

黑云压地如扬幡，驱逐万怪跄踉奔。白日无光昼阴惨，狂嘘毒瘴霾乾坤。幕天匝地气不泄，咆哮撞击驰平原。百围窍穴号一噫，势若横海千波翻。我车掀轮马折胫，槃姗顿蹶投荒村。林声肃肃闻人语，老翁扶杖调鸡豚。怪我颜色何惨变，款客入户风支门。仆夫僵手崛强立，意似倦苦愁轮辕。烧灯呼茗救寒饿，涤肠荡胃苏残魂。须臾雾散群山静，啼鸟唤客看朝暾。

过黄村

浮云薄暮有高心，归鸟投虚乱入林。斜日满村门尽掩，柳花飞处晚烟深。

游龙泉寺

古寺森乔木，炎云翳景光。颓阳惨不骄，振襟生微凉。入门风谡谡，长松间修篁。洒然落幽响，飞鸟鸣且翔。虚堂漏白日，清影回长廊。园花过宿雨，晴景烘馀香。高楼涉飞梯，矫首青天长。萧条蒲苇秋，积水平茫茫。层城郁人气，幽想落清湘。归途振衣尘，浩歌怀沧浪。

陶然亭遇雨

城西惬幽契，飞盖游以盘。斯亭敞晴构，缭宇回长阑。高松四罗列，凛凛生夏寒。清风飒然至，浩若江回澜。迢迢西山云，屈曲苍龙蟠。飞雨荡长空，万派走惊湍。初疑雷摆石，砰磕落高滩。纵琤万木杪，侧注如跳丸。箫鼓群飞扬，奔泉洒长峦。翩然众仙下，杂珮摇琮珊。驱车整归装，敛衽追清欢。奔云蓄馀怒，飞霰浩漫漫。泥涂蹇我躬，恻怆行路难。

得家书

离家如过雨，忆家如留云。突出无端倪，万绪徒纷纷。书来忽心注，杂想已风分。所思迅若忘，一见定百闻。虑散还复叹，独鸟思其群。南陔夙所慕，奔走意何云？变迁在时序，一雨群花欣。我何委泥涂，念此如重醺。

荒田不盈亩，衣食岁有须。雨旸及春晚，稻苗亦已苏。入夏江淮溢，势迸沟浍趋。高者未及收，卑者为具区。东南昔开垦，地势争江湖。辛苦供蛟鼍，或以饱鹈凫。惨闻瓠子决，更苦流民图。告哀人不闻，悲歌亦何迂！幸及高原熟，稍免全家呼。逝从隐园隐，老守愚公愚。

生男多欢喜，生女多哀怜。昨夜梦为蛇，兆见大人占。堕地云抱子，居然一女先。开书心展转，喜定泪反潸。自我去乡井，亲老意凄然。旦夕念抱孙，庶以慰拳拳。低徊应共惜，妇女喜或添。有酒知还贺，银灯照华筵。他年见阿爷，行解乞花钿。何当学乌哺，飞归堕尔前。

黎丈吉云侍御见示近作，戏赠

文人好誉讵为病，只君一意皆天成。向人崛曲自伟论，语有独造心怦怦。繁星夜嘒灯照席，绕阶顾步参河横。宁甘屈塞向人世，天马仰空时一鸣。

太华三峰削空秀，意境傀怪谁能攀？试摩绝顶造诸险，忽若平澹通天关。霹雳出手不为异，旁人愕视疑神奸。岧嶤此境到岂易，嗟我欲往愁空还。

野人来往不计日，仰见日月知朝昏。寻常一控青丝辔，时复逃归横木门。空山謦咳亦罕得，焉有美论同倾翻。见君飞动背君叹，眼前相值宜高言。

秋蝉

落叶不可抱，苦吟哀岂知。淡烟浮暝色，残雨咽枯枝。霜信惊还速，乡书达每迟。并伤憔悴眼，何事与秋期？

金松茹《烹茶图》

松涛卷雪天风干，秋气透骨森肌寒。庭阴漠漠虫鸟静，茶烟袅袅蛟螭蟠。我始逢君已心渴，竹里飞泉如乳泼。品茶但取旗枪新，洗耳不闻丝竹聒。隆崖杰阁撑青空，飘飘两腋生微风。明朝张渭觞李白，应夸韩叟知卢仝。

晏云唐和坡老岐亭诗至数章，人多诵之，用其韵以赠

晴光荡天海，冻色荧露汁。惊蝉抱秋鸣，老兔滃云湿。幽眺快千寻，古欢怀一得。心勤山水赴，趣夺风雨急。疏箔动银虾，暖香温宝鸭。竹响杂清湍，松阴筛翠幂。手试烟煤明，坐对霜林赤。四壁闪空青，满庭积虚白。醉舞每堕髻，豪挥犹岸帻。木落见峰攒，石咽闻泉泣。模糊月弦堕，指点花阴缺。低昂足晨夕，错杂忘主客。友祢已忘年，和陶共编集。

雨晴出游，用岐亭韵

纵横玉局游，倾倒金壶汁。寒嘘日色薄，晴漾苔痕湿。清酣赴今赏，眩惑迷前得。云驰旌旆翻，风戛筝弦急。过树响山禽，叉鱼观水鸭。苍崖缀霜华，绀林拥烟幂。桑果殿秋红，埴坟通岭

赤。平池菱实熟，积陇棉花白。弹棋每席地，沽酒或脱帻。日晕海棠羞，露泫芙蓉泣。百眺足千欢，四美无一缺。山川狎游主，鱼鸟趣吟客。归来得暝契，触眼峰峦集。

仍用岐亭韵述别

日出东井间，五纬因相汁。是时冬寒臻，霜积檐溜湿。林卧及初沍，敛退分所得。帆趋心迸蹑，舰突水争急。倏聚如虫虾，迅散若凫鸭。波光动菰蒲，人影隔帘幂。桥通龙脊寒，霞落鱼尾赤。终风卷日下，急浪回天白。惊顾喜而咍，颓然整我帻。长虹宝剑舞，白昼馋蛟泣。我生寡见闻，及归收废缺。矶矶已穷年，纷纷仍上客。世事愁沮洳，吁嗟百忧集。

除夜寄怀曾伯涵兄、刘孟容兄

悠悠迫残年，蹙蹙悲短景。低檐烂明星，人声腾夜永。残炉拥商陆，投闲得佳境。阴阳暗相薄，天风岂能静。聊以酬岁时，中宵醉酩酊。怅忻忽而半，如机巧相引。感时物则然，于人岂蠢蠢。念兹平生友，飘泊各蓬梗。曾君志方强，高轩奉朝请。寒风揽我襟，对语一瓯茗。探怀出新制，孤松削秀挺。倏来去亦迅，敲石散一瞬。刘子走荒山，茧足那能骋？纳眼无今人，见古始光炯。近时韩伯林，归庐事幽屏。精心窥圣奥，持律方严紧。交吕既轩渠，友范亦修整。曩游忆衡峰，飞步思巧逞。斗健轻千磴，缒险有诸岭。常闻禹穴奇，踏崖勤睐审。苔裂滃苍云，石罍流寒沈。雷硠泉墨泼，注荡山翠饮。钩心事摆磨，启窾生虚噤。于时各少年，腾踔真自幸。去岁举于乡，独上浮春艇。矫矫曾君行，离离动鞭影。突发若争锋，两骑相蔚炳。我足蹶不前，故人已台省。葭依且旦夕，缁污共衣衽。刘生方苦吟，汲水依故井。以书来慰藉，藉席得安寝。假归及冬寒，踊跃晴天迥。飘风起訇哮，吹散鞅与靷。挥手就我庐，及兹息踵顶。今冬复追及，昨事都俄顷。或为行霄鹗，或作号秋蚓。而我方瞿瞿，愁寒抱孤枕。亦欲学藏弢，兴涩懒未肯。惟有默寻思，惝恍难为谂。兰膏煎长明，竹火响虚警。鸡声无远近，相助搅清冷。瓮盎屡前陈，妻孥意或领。古人去家室，离怀苦不拯。安能长今夕，不寐心耿耿。

入都示仲毅、叔和两弟

远行意先伤，待晓夜无寐。古壁黯孤灯，人影忽在地。凄切此时心，慷慨平生志。畴昔公家徵，临风振冠珥。壮图有乖互，兹意渐失坠。连岁疲尘劳，奔走令魂悸。萧条闻夜雨，相对各憔悴。

仆夫促晓发，出门意迟迟。迟迟心有属，相顾且须斯。昔别虽云悲，岁月犹可期。今别岂殊昔，难言归几时。远游自特达，所忧斗与箕。寒日方杲杲，众星犹离离。且当从此去，艰苦当君贻。四方君不免，无用还相思。

老亲念行役，暗泣倚幽闼。首先问归期，不复计穷达。功名夙所存，私爱岂能夺。以此室家情，怅彼江湖阔。雨雪行霏霏，木叶黄已脱。浮云随游子，淹忽共天末。堂前树萱苏，手冻不可拔。祝君洁洗腆，慰我长饥渴。

前年京国归，所历多邅迍。升堂问诸弟，痛哭婴烦冤。哀此人事变，夺我骨肉恩。始别湿行裾，今归号寝门。拭泪语两弟，守耕虑无烦。一顷或难谋，一椽苟相存。斯言君傥忆，何为复走奔？穷年席不暖，欲挂声先吞。存者有别离，亡者将何言！

哭萧韶

韶死京师，属后事董君张翼，且言仆者某所好，能以诗哭某，使人闻某死哀之，即目瞑矣。洎仆来京师，韶死五月，曾不知。闻董君言，哀而哭之，以终其意。

君其腰脚顽，投身恣腾踔。三年行次且，九死添飘泊。假君臀无肤，终然苦束缚。或者全其生，腾空逞虚度。始余年十六，诵诗知大略。如彼鸟乌乌，强作鸡膊膊。觥春洒滂霈，猎缍恬锋锷。角险交砰硠，乘酣迅穿凿。哦山力每疲，涴壁心或怍。君时独见咋，就我相要约。出其所为诗，结构存斟酌。溪湍蹙漭沆，峰峦擘秀削。引今能导窾，控古每批郤。前疑烛九幽，往往发其幕。真机引敷柔，老气森喷薄。唱酬两弟昆，后先相煜爚。余时虱其间，交与为然诺。戈盾或分驰，旗鼓得掎角。神鬼斗槎枒，垠崖事镵斮。蹑峰矜矫捷，解衣肆磅礴。或惊翔两雕，实则君一鹗。前年贡成均，逶迤向京洛。予同忝嘉招，崎岖双马跃。一接势俱挫，独前气亦索。予力持以归，君方顾而愕。驰驱吾分耳，生死固磊落。观其竦两肩，儽傯神先弱。终知投魑魅，曾不自察觉。迍邅信天穷，作孽不可活。槁老犹飘零，其犹风陨箨。盖棺事则已，蹇冤罚亦虐。只今弟与昆，何以慰酬酢？款款同年生，生死君所托。丘茔惨遗属，风沙渺河朔。沉魄闪磷飞，酸骨归茧络。终投獠蛊邻，差免狐狸攫。只兹夙所癖，到死犹咀嚼。遗言为悲怆，隐恸入沉着。衔冤首阳高，渍泪桑乾涸。招魂系之辞，山鬼啼幽壑。交情雅道尽，持以付冥漠。一诗相始终，书空自扪摸。

秋夜曲，效温飞卿体

鸣机轧轧风淅淅，流苏轻卷芙蓉色。明星飞影入罘罳，帘波不动虾须直。钩阑秋草暗黏霜，玉妃手捉寒免匿。辘轳双挽虎牵丝，湿银注井啼促织。网轩不隔笛声飞，倚户遥闻声太息。南邻夜饮欢乐多，冰糟雪腕奈愁何！

次韵李仲芳孝廉

读君嵚崎之短句，使我瑟缩不可当。离离钟鼎郁古趣，冉冉兰芷生殊香。跌宕湖山日照灼，激昂天地云飞扬。狂歌一曲足君意，瑟瑟清风来四旁。

示从弟象文

我拙将毋木石顽，子才真可破天悭。一斑窥豹文犹隐，万弩回牛力岂孱。不合经营三亩外，可容位置二刘间。旧游能说吴中事，烟雨迷离万笏山。

哭李春和

天意竟如何，斯人已逝波。几年悲道路，一夕渺山河。死诀浮云滞，生伤梦雨多。别时犹慷慨，归日已蹉跎。

早岁声名共，频年契阔深。偏君能特达，何处不招寻。夜泛鱼龙水，春归鸟雀林。生平咏兰句，初意竟销沉。往题其画兰句云：升沉莫更从人说，多恐同心不似君。

落木残秋意，风摇晚更喧。极知伤早慧，不敢问烦冤。伏枕谙愁思，抛书渍泪痕。别离沾袖意，今日向谁论。

南湖洲阻风

舟行向阳曦，云景眷清晓。寒江卷宿雾，野色薄晴昊。奔风何自来，溅浪浮空淼。颓云杂波涛，四散如飞鸟。挽舟向孤墟，远出乔木杪。秋杉隐篷背，人烟散林表。苍茫湖外山，戢戢峰峦小。浮天有远浪，避地得孤岛。散发江之湄，诛茅听风筱。

沅江杂感

大泽沉吟客思回，漫天风絮却飞来。荒城早暝连山暗，苦雨馀花入夏开。一剑买牛须早计，六钧射鼠自粗才。为寻招屈亭边路，断石荒凉没草莱。

渚苹涧芷不须论，断岸年年过水痕。江路饱经谙港汊，石桥环住见墙垣。一星渔火溪西夜，千点鸥波雨后村。天静月明人万里，酒瓶欹侧待谁温。

近水浮家不自聊，十年民气半枯凋。竹枅土锉流离屋，木酪蒿羹黯惨宵。坏壁雨多春出菌，废田草长暖抽苗。狂夫尽有雄豪梦，梦驾长鲸控海潮。

晴湖酿作晚春寒，伏枕南园景又残。小苑棠梨纷委架，他乡风雨剩凭阑。尽教公论推龙尾，肯信浮名值鼠肝。问讯故园新长竹，何时归斩钓鱼竿。

昼长

昼长剩觉客情孤，细雨纤纤乍有无。密树安巢闻啄鹊，破窗缀网看悬蛛。劳心远道人何处，刻意新诗貌已癯。强作东坡留滞语，经营身计一生迂。

寄怀

转逐流光日拂衣，萧萧短鬓几时归。客情似水常东注，乡梦如云尽夜飞。上架残花蝴蝶长，到门新涨鳜鱼肥。应知此景都看过，日日墙阴下落晖。

晚登岳阳楼值雪

大雪满天地，高楼生暮寒。波涛春浩渺，城郭夜弥漫。留滞逢多难，艰危博一官。东风吹客眼，三度倚栏看。

祷风石头关武侯庙

南下江陵水，出没云涛堆。东望武昌城，隐见吴王台。魏帝剪群雄，虎视江之隈。长波驾巨舰，荡荡旌旗开。周瑜及黄盖，岂乏经纶才。反复议战守，成功亦难哉。卧龙初崛起，定策自西来。沙虫与鱼鳖，一举成寒灰。深谋莫测识，后世存疑猜。沉沉观风垒，夜半驱云雷。天人感召微，此理良恢恢。何必祈祷功，划然神鬼回。今我复拙谋，颠倒成凶灾。汹波负两足，浩浩相喧豗。舟人劝祷祀，酾酒跻崔嵬。吾道恶私营，苟便非良媒。武侯英雄人，遗迹犹榛莱。不应杯酒间，窈窕趋尘埃。定心无一营，竟日留徘徊。须臾风力转，扬帆着高桅。舟人咋有神，亦足供欢咍。古人事茫昧，遗民为兴哀。悲欢两无施，孤坐倾尊罍。

河南道中

二十馀年感慨多，自嗟精力已销磨。高城鼓角东临汴，落日风沙北控河。久贱略增人阅历，苦晴偏值雨滂沱。诏书南下求民隐，揽辔从容一浩歌。

雨

终日雨不止，仆夫饥更啼。两年深苦旱，一雨复含凄。河广不可厉，夜深何处栖。茫茫遂春晚，犹及麦禾齐。

二月八日雪宿兰仪

万户流亡更几存，平沙无路问河源。居民小市留人住，野屋西风捣雪翻。终日忍饥才一食，十年扱履向何门。旌旗飞动关山远，破帽轻軺共主恩。

赵州桥

土室无光辉，村庐得八九。石桥平侹侹，高树蒙槐柳。速邮冻犀睆，狎浪馋蛟走。到今万轮蹄，摧折亦俱朽。连年暵旱忧，焦伤到藜莠。盘餐供草豆，果腹非适口。客厨问丰味，荠菁间黄韭。罗列始一盂，吞拏极众手。人餐榷百钱，累累校尊缶。箕敛与头会，一例欲谁咎。刻剥供官仓，生成尔何有。道途向昏黑，天地积埃垢。鄙夫得一饱，平生能数否？区区为身谋，所忧愧升斗。干风号野屋，揽涕更搔首。

隆兴寺

百丈金银阙，庄严上曙光。祇园仍六代，遗碣自先皇。楼阁春云护，松篁晓日凉。游观半天下，心折此徬徨。

北河展杨忠愍公墓

明祚婴多故，构难盛奇躅。杨公磊落人，曰岂事沟渎。生平褫两奸，高论排钧轴。整冠伏青蒲，引分甘折辱。激昂壮士肝，不救苍生哭。委身向西市，遗冢兹山曲。巍峨一抔土，自古禁樵牧。沧桑有更变，荆棘日丛簇。穹碑溜寒泉，剥落亦孔速。展拜蓬块间，迥立天地肃。钤山自邃美，未要污采录。寥寥古贤心，名声积简牍。岂必忧变迁，高下随林谷。浩歌激古烈，高视薄今宙。恻怆松筠居，疏烟挂乔木。

汤阴岳鄂王庙

城上风竿散晚鸦，鄂王遗烈隐吹笳。故园父老依青帐，绝塞衣冠望翠华。北伐朝廷空有诏，中原鼙鼓已无家。黄龙落日应回首，异代乡关寝殿斜。

唐丈太常二图守平乐时防江华瑶警作

五原学舍图

圣贤久寂寞，夙暮用訾省。闳宫亦群游，堂奥丛榛梗。小辩饰螃蜞，龙言杂蛙黾。各师心得贤，何从别燕郢。桓桓太常公，约辔无浪骋。平生闽洛交，洞古发光炯。直穷圣心源，砭驳归峻整。窈冥回斡力，足以伏顽犷。借公襄密勿，经纶得要领。何况侏僪人，近接旄麾秉。郁林古荒郡，竟西蓄石岭。置官尹䶉猱，鞭挞尚鸷猛。峒獠杂伍伯，分屯散连永。楚人哄一斗，欃枪沸东井。绵连皆曼俗，其势善虚警。我公示约束，椎结气先屏。一言戢祸萌，定策在俄顷。此诚可渐摩，如苗实含颖。遂通比景南，彯撇精庐影。想见陶淑心，造意无人境。政成高其翔，暮年映台省。奉常汉职司，廷议容骨鲠。岂徒慕丁桓，庶睹崇魏丙。羽干事难论，悬楹驾文杏。吁嗟五臣世，夔也抱清耿。独令守钟悬，至今为齿冷。衰颜日蹉跎，正学为赘瘿。壮公崇道术，遇事取自靖。图形起苍梧，肃拜瞻邴邴。作诗激颓顽，持用祝噎哽。

十月戎行图

苍梧国小荒百蛮，昆仑障天通天关。昭潭老守有道力，气压万猛安如山。临贺城边夜吹角，云梢摩荡朱陵间。楚人轰呼粤人舞，岂免同类为貆貗。楼船将军下浯水，斩刈不肯遗草菅。此曹习捷斗身力，自古用法同軏闲。鸣条圣人舞干羽，不闻垂拱忧苗顽。飞章走马到山寨，百酋罗拜弓弯环。堑山堙谷扼要害，一洗伏莽无留奸。飞鸢堕水人径绝，巉天万岭何由攀。桄榔月黑霜没峤，悬崖蹑鞚温且闲。书生胆智乃能尔，老气宜却熊罴孱。古来攘外先靖内，品类得理谁敢干。邑道有猾问长吏，指挥鞭挞无后艰。前年边海困小寇，征兵转饷车班班。汉家戎事倚卫霍，徒闻龚遂蒙诏还。瑶人日久厌兵革，黄肩倒挂无人弯。用思州邑得人效，边氓都士俱欢颜。先生义勇出道德，今之图画何都娴。终南射猎身欲老，殿上奏策时犹悭。愿持此议效辅采，天高听远无由扳。

陈三兄太史源兖属和悼亡诗

陈君有良匹，婉娩匪一朝。百疴殄其躬，悼念不自聊。请陈所悲哽，用代巫咸招。去秋事反覆，朝日值元枵。遘厉殷床席，沉湎错昏宵。扁卢万其口，莫能究根苗。蹇蹇房闼间，生死久所要。刀圭难为施，刲肉相和调。疾者霍然失，观者神沮消。正昼鬼伯泣，郁郁惨不骄。华颜无复光，朝露委先雕。喟予感斯烈，厥生无所徼。则知圣哲心，千仞凌嶕峣。古人骨惨淡，一一飞磷熛。日月老鞭笞，声名死阒寥。彼惟忠烈资，传之众口嚣。区区体魄馀，何必期松乔。陈君勿复悲，命分各有繇。妇人饱糠籺，所职则纤幺。当其钊刃时，感激输膏肯。苍皇走雷霆，瑟缩失贲要。丈夫顾盼间，俯仰轻尘霄。腰下鸣佩玉，头上冠金貂。委蛇不职事，泛若苹蓬藨。断吭未云报，死骨空湫漻。岂伊餔微躬，营身友鸋鹩。炯然彼妇心，不受众口漂。群勉事此意，万一犹可徼。庶毋靦厥室，琐琐丛讥嘲。奈何费晷景，日夕以慆慆。感叹陈斯章，有采视刍荛。

次韵王兄子寿比部《雨过曾伯涵学士饮》

车轮窨地轨复摧，落叶雨急当空箍。层城郁郁填华屋，一夫抵掌千人咍。腐儒衰晚谬朝籍，或恐侈泰生凶灾。深瓶贮水泄云雾，吐纳万有舒两腮。雨尘洒面阅绅隽，裹足入户仍凿坯。偶乘款段踏朝鼓，泥污（满）〔颟〕顸何来哉！曾君老屋隐城麓，留君一笑芳尊开。磨刀霍霍向葵笋，倾罍泻瓫争喧豗。法曹下直自嘲谩，堂上一诺颠春雷。平生读律心语口，昏垫岂为吾民哀。闭门高歌出金石，东邻夜愕西家猜。百年风雅路榛梗，及时汉道方宏恢。我生贫贱众所易，一月枉顾能千回。未觉蟛蜞殊蟹足，强呼章举齐豹胎。人生分寸各有执，讵可校量腓与脢。营营一饱争鸡鹜，万足攒聚驱还来。誓除人事从君隐，有田不归如此杯。

卷二

出都杂感

东望悠悠一怆颜，浪游强似故乡还。清秋落寞衣冠别，白日深沉虎豹关。错毂惊沙连雨雪，谯门晓角梦云山。淮南米价无劳问，尽放长涂数日闲。

碣石盘陀突骑横，高秋海上耀绥旌。似闻使者持金节，早见司农计水衡。万里岛夷浮水至，一星参伐傍霄明。旅獒不入王都贡，坐见烟尘四海清。

虎车鲛鞢拜恩殊，大旆飞扬夹道驱。但论勤劳输陆贾，谁能谈笑似吴瑜。转输先见愁飞粟，赆赕微闻再剖符。终是圣明天子事，和戎魏绛岂疏虞。

高城断角晓来喧，藐是流离不复论。枚叔只应思茂苑，张骞翻见出河源。防秋士马西风惨，横海蛟鼍白昼昏。磨盾从戎真自许，好谈形势向鲛门。

两麦全虚草半黄，行边积水野茫茫。竹花木酪寻常见，麦曲山芎自在尝。压屋蓬蒿老憔悴，依人灯火照苍凉。雨声细数消残夜，早听当关报晓霜。

梁山风雨夜深愁，岁晏因人复远游。寸草孤云谁共托，浊河清济只同流。樯帆东下无留浪，云梦南迤又数州。眼见孬葵洗凉露，苦思苴菽向残秋。

三间瓦屋枕湖阴，白日看云忆故林。家法只今思酪乳，人生到处有商参。武安路隔蘅芜梦，上谷霜沈木叶砧。冶卓豉黎谁得似，翩翩书记走陈琳。

西山相伴向时容，落日寒云更几重。一语和凝知范质，十年任叔忆黎逢。春池树老云翻鹊，秋雨寒多苇化蛩。未免平生知己泪，高梁河畔水淙淙。

声名天半郁飞腾，阊阖晴开路几层。岂料左川一归客，又从东道试行縢。海南翠羽夷通舶，梦里黄河马踏冰。多少关山征戍苦，凄凉古驿对寒灯。

长年多病奈秋何，尽入梁鸿《五噫歌》。杨柳官程诸郡隔，菊花天气夕阳多。关河略界唐封远，越嶲虚传汉节过。准拟看潮东海畔，楼船无数正横戈。

圣湖东畔若耶溪，道路传闻尚鼓鼙。白日昭昭如我待，行云眷眷傍人低。长杨洒落留新著，古寺招寻记旧题。独下翻空黄鹄侣，明朝终见隔云泥。

百年景味寸心迟，浪迹登楼此日悲。人去人来如昨梦，秋风秋雨失归期。往时醉草三千牍，愁里歌思十二时。破帽疲驴吾有意，钓竿携挂五湖湄。

丰乐镇书壁六首

壁间诗六首，盖悼亡之作。末署牧庄，意其字也，姓氏里居不可详。西夷内犯，略其家，其妻投水以死。诗辞婉咽，恻恻动人。既读哀之，依韵以墨其后，庶来者之有知与。

三年沧海有奔鲸，烽火喧阗彻夜惊。复道金缯归浩劫，枉从狐鼠乞残生。鲁连无语摧梁使，季布何心续虏盟。欲袖铁椎椎晋鄙，从谁改将信陵兵？

百丈飞船上海涛，诏书专下拥旌旄。烟沙隔水千军卧，弦管连营一曲操。老将云间歌敕勒，宗臣江畔泣离骚。杜陵偃蹇干时策，泪洒将军大食刀。

消息天涯怯浪传，晴云晓日照楼船。金戈铁甲纵横地，坠舄遗钗黯淡天。丽质半随尘土尽，捐生差胜长官贤。出山波浪嗟何恶，太息涓涓涧下泉。

嵯峨铜柱倚榑桑，海水东流路更长。烈火烟埃人散乱，空城荆棘雨淋浪。数行旌旆尘生海，几处衣裾泪掩霜。饱载西施凭一舸，更谁持戟画岩疆？

去住云山寄远身，至今遗句尚酸辛。望夫欲化何山石，蹈海翻沉五岛春。谁续人间将尽命，尚迟天末未归人。当时将卒俱轻死，坐见唐虞道返醇。

萧条宋玉有微词，一赋秋霖万代悲。自古成仁有如此，卓哉女子尔何知。森严门限谁摧坏，流落家人几别离。今日当关戈甲偃，补牢虽晚未嫌迟。

齐河驿

连山郁盘纡，远势纷参错。朝宗弭节趋，万岭兹回薄。重门启阴闳，修涂入巉削。祁祁鹿走林，委委蛇赴壑。凭陵泰岱尊，势压天一握。中原低落日，青苍入寥廓。北趋齐鲁道，渺渺见城郭。荡潏层云颠，星斗向空落。山游试艰险，岩句待镌凿。

夜宿章夏

岚光淡秋阴，暝色薄西崦。崖华卧石延，野火寒烟闪。盘盘径乔基，历历度冈隒。齿齿蹴熊狐，眈眈突獯猃。惊疑撼厚豁，森木互磨飐。缺月吐还吞，残云翳复敛。涉险诚乃劬，凭危岂云慊。宵分暗明烛，屋脊露崇巘。故园阻江湖，老屋围桑棎。依违旅程愆，寤寐归期践。问言傥何之，山云窃所觇。

奉高城楼望岱

岳势东趋海，凭陵万里天。云霄一握近，日月两峰悬。暝色孤城雨，秋阴老树烟。向来飞动意，托兴渺苍颠。

远势南楼峙，诸山拱此门。济河遥会合，齐鲁入藩垣。黄睡秦碑古，东封汉畤存。因缘窥艮岳，遗石尚雄尊。

合沓灵宫树，千秋望翠华。晴天出雷雨，阴壑闳龙蛇。想象金衔肃，流传石碣斜。青珪天子事，分遣使臣车。

海上干戈动，凭临向晚愁。风云会诸岭，鹰隼下深秋。言访徂徕宅，虚传博望游。无心问归隐，迴立为淹留。

谒岱庙二十二韵

神秀开重閟，昭回重一方。之罘形起伏，海甸势悠扬。夹陛钩陈外，崇丘骀荡旁。云烟辉阁道，日月动宫墙。丹瓦朝涵露，颓林夜掩霜。千年森桧柏，一径表松篁。山石阶前古，莓苔雨后光。苍藤斜鸟没，画壁老蛟翔。秩祀非常典，分封自古皇。上清通户牖，至德配馨香。策简邀天顾，昭函补乐章。洪钟闻叩叩，猛虡列趪趪。石鼎消烟久，风幢引纛长。流传馀旧碣，展拜肃斜阳。王者昭恭俭，天威久肃将。告成兼赫奕，传语诵琳琅。容易千秋事，虚无七二王。徒闻颂功德，何以绍羲黄。九殿螭龙气，群山雁鹜行。循廊寻结构，动魄凛趋跄。巨镇全分鲁，凉飙已转商。难忘凭绝顶，倚杖叩穹苍。

金山寺阁望焦山

何人挟山堕江中？江波不动苍烟空。飞帆走逐二千里，半醉起踏蛟龙宫。丹霞翠阜晃相射，石级倒挂垂天虹。飞楼跨空望东海，沧波怒卷号长风。焦侯隐处有遗迹，杳杳孤嶂攒青枫。欲求中泠一勺水，洗眼看日扶桑东。汹涛隔断盘陀石，惟见碧硐流奔洪。南屏北固落天外，云气往往相交通。尘缘梦想孰非幻，一笑归逐南飞鸿。

定香亭雪，用东坡聚星堂雪韵赋禁体

峭风过树搜败叶，昨日苦寒今日雪。正愁酒冷炉火暗，莫惜井冻瓶弦绝。官鼓初沉鸦雀集，屏风对亚桑竹折。微灯闪座翳还吐，积霰飘帷明复灭。侧势斜冲危槛入，湿烟徐漾回风掣。泉源走石峭生棱，薜荔侵墙寒点缬。西湖半落水浮杯，东阁重开云散屑。海烽照耀旌旆愁，世事飘转风花瞥。醉时欢赏醒时叹，古人胜事今人说。汝南号令传呼急，冻手觽沙冷如铁。

水西门春眺，效温飞卿体

浮桥野涨平如掌，狎波一叶飞轻桨。流莺啼晓柳花眠，湖上晴多风跌荡。游丝金铃相背过，玉鞭梢动春枝响。垂虹倒吸白浪飞，细尘扑地迎人上。碧草如烟暖岸沙，河豚出水芦芽长。南村春起蚕方眠，袅袅桑条三百丈。

六和塔

海门江一束，孤塔领群峰。城郭遥浮水，云山入倚筇。潮声过渚石，暝色赴崖钟。欲访栖霞寺，寒烟深几重。

金华试院双柏歌

堂前古柏两苍龙，来自缥缈之云峰。欹檐偃盖立突兀，老干戛铁鸣琤摐。深山大壑愁荒远，来与世人同偃蹇。百丈雷霆箫鼓夕，两株霜雪蓬莱苑。阴风搅地白昼昏，万钧一石支孤根。虬螭郁怒崖窟裂，鹰隼搏击云涛翻。栎园不为斧斤计，荆氏已作高门楣。安知对立奇峥嵘，苍茫自阅人间世。

沈隐侯八咏楼

清眺展芳辰，晴光发妍媚。绝磴缘城阴，飞甍落云背。奔飙危槛入，澙日苍崖坠。城荒虾菜贱，江阔帆樯萃。人民几销歇，山水馀恣肆。沈侯有遗构，攀登入幽邃。萧条八咏楼，声迹千年闷。荣名累贤达，今我固憔悴。

衢州夜雨

西北浮云东去长，孤城四月雨浪浪。高穹黯淡平陂白，夏麦漂流春草黄。半夜风涛沉鼓角，扁舟江浦梦潇湘。干戈愁疾俱难遣，酒醒三更泪数行。

严先生祠

桐江清且漪，水激山盘陀。沿流展幽祠，遗迹山之阿。崖花动水叶，涧竹鸣风柯。惨淡中原争，严冰渡滹沱。独持三尺竿，垂钓清江波。展足动星辰，高视收关河。迢迢富春渚，夜月空烟萝。寒泉荐丛兰，清池冒园荷。江流无还期，幽处浮云多。徘徊千载间，淹忽伤如何！

钓台

钓台高出云，下有浮云宿。寒泉浸苍藓，微雨鸣修竹。绝磴五千盘，转壁三百曲。崖回纵腾掉，江折困纤束。峨峨子陵台，俯视群峰伏。一气走青苍，万岭互渟蓄。坚寒太古石，峭瘦万年木。日月逼巉嵌，霜雪渍危蹙。荡空生微霭，俯仰媚幽独。一笑桐庐江，泼醅涨新渌。

罗学使文俊《纺车课读图》

泉亭老屋交长藤，湖波黏天暑日蒸。凉飔飒沓生秋绫，揽图注视回栏凭。方冠博带坐横肱，飞雨洒壁风摇灯。谁欤纺者发鬅鬙，起喟而叹泪相仍。少孤左右无监丞，孤帏黯对相恤矜。茹蘖不苦寒咬冰，辛勤夜课简与缯。苟有弗率心兢兢，一朝奋若绦解鹰。百二十人巡殿升，排头觿觿摩觚棱。胪句一诺风雷腾，如晋楚视曹邾滕。出冠其曹犹超乘，轩然持节秋波澄。秦关陇栈车輘輘，历海又见南溟鹏。挈纲提网贤俊登，有蔚而起日烝烝。沍阴涸日秋光凝，羲和欲挽无长绳。窈窈深谷还为陵，晨羞夕膳嗟何曾。作图示后匪漫称，促筵命盏洒如渑。老气尚欲层霄凌，我少贫贱鲜所能。归求浅水理寒罾，念此腾踏气复增。孤寒与古为师承，高张远厉此其征。我为起拜手拊膺，题诗着纸成嵚嶒，俾顽者立懦者兴。

送王荣泽之荆州

霜露侵人鬓，天涯有别离。江平流日急，天远度云迟。归梦人千里，狂歌酒一卮。扁舟吾道在，长路且逶迤。

东阁梧桐树，三年对苦哦。寒鸦啼野日，落叶下庭柯。禹穴探云得，荆台听雨多。迟留成古意，聊欲托高歌。

波浪鱼龙狎，莼鲈得及秋。停云日东望，一舸独西游。落木寒蝉晚，回风去鸟愁。因君问耆旧，早晚发荆州。

生事悲行役，深吟不放闲。望君江上棹，相忆雨中山。秋水生孤艇，浮云礴故关。吾行亦无定，潦倒笑尘颜。

于役辰州，为王太学题《潇湘话别图》，送其归江南

枫叶微黄柳半青，晚来离思满江亭。乱山如马随君楫，秋雨秋风过洞庭。

桐荫堂前老树枝，石栏冰碗伴题诗。寒窗夜雨听萧瑟，他日思君是此时。

清湘水接大江流，黯淡云山渺欲愁。归去天涯最相忆，芒鞋采药入辰州。

赠周荇农兄赴吕观察幕

小园三载日，此别万重云。幕府何年免，寒暄去后分。片帆风有待，长夜雨多闻。惟有飘零泪，含凄一送君。

访陈慧基常德兼晤吴登书

三年两入桃溪水，布袜青鞋一访君。偶向江干踏黄叶，却来湖上话归云。雨馀人去蒹葭远，霜过寒生雁鹜分。往日游尘问吴质，水流风散不堪闻。

清浪滩

洪湍激槎杈，百折无一却。颠风压已伏，怪石闷犹攫。老蛟徙长河，风雷郁相搏。贯穿万山穴，飞洒出岩壑。千年落蛮徼，禹功失疏凿。鞭之不肯回，恣意森喷薄。奔洪挟巨块，闷怒向我落。艘头立轩昂，千夫失挥霍。山腰有悬构，梯空入巉削。闻滩不知险，羡彼山头雀。

桀滩

前滩猛交拒，后滩汹复抵。众险争一门，湍疾不容指。何年始疏瀹，万壑为披靡。蛟龙不敢藏，夜半风雷徙。化为槎枒石，破散落蛮水。但闻咆哮声，蓄怒今未已。掀波乘长风，渟毒何逦迤！喧豗一寸隘，旋溜奔如驶。突出阻重关，斗进湔飞雨。转舵贪流光，从尔泛清泚。

横石滩

四山晴无云，湔雨散飞瀑。滩头得横石，水势始一束。孤湍斗众险，嵯峨郁相触。轰如万马奔，扼若九蛟伏。我舟落盘涡，山险在神速。戛摩攒万戟，逼仄才一蹴。长河利石菑，移尔宣房曲。空此恣蟠屈，设险势亦促。浩荡天地间，无用侧吾足。

九溪滩

侵晨闻澎湃，哀湍浩犹泻。九溪多毒淫，积石变红赭。峻壁踏江翻，飞崖截云下。眈眈虎狼居，寂寂鱼龙夜。马侯屯兵地，溪水日潇洒。天吴为扫尘，驱石如驱马。遗鞭堕山涧，忽已成松槚。至今变滩声，撞击不相假，云霾入黟黮，喷薄胡为者？空令过者愁，挥泪动盈把。

书《陶园诗集》后

吾于楚南士，一一评骘之。老辈窥欧九，生平识邓芝。颇闻张大令，气压李西涯。今日亲风雅，披吟一系思。

阮亭师杜甫，秀水近昌黎。遗响先生在，高才李白齐。诸人皆俎豆，此集尚涂泥。述古吾曹事，扪思一怆凄。

遗稿归残劫，收罗付后贤。只今为感惜，不及手亲编。朴拙怜吾楚，沉埋竟百年。两周吾邑彦，残集近流传。

次韵徐朝彝

西风吹雨响潺潺，江上怀人为怆颜。九死犹闻斯老在，三年不见尺书还。见愁淮海烽传火，一卧江关雪满山。读罢君诗成一痛，短衣飘泊尚人间。

夜闻邻舍吹箫

初月隐庭树，寒箫听转哀。微风殷地发，千峡散波回。人语低南屋，松阴绕废台。王褒落蛮徼，欲赋已无才。

寄呈罗学使浙江兼简幕中诸子

顽星堕地如流矢，与我周旋二十年。近觅南湖堪隐几，曾游东海掉行船。浮生出入风尘里，数载惊皇矢石前。今日西湖秋正满，一尊相属水如天。

定香亭畔野梅开，雪后提壶日日来。无数苍颜对红叶，不辞短发劝深杯。白鱼鱍鱍冲波上，翠羽关关拂树回。欲假滩声达沧海，知予霜冷伴猿哀。

消息经年到敝庐，南楼踪迹近何如？桑榆未老人归后，橘柚新黄雁落初。逋客未妨千里远，乱峰还拥一城居。蛮烟瘴雨吾生惯，桐木山头好著书。

寄唐孝廉治江南

句曲神仙宅，唐衢旧结庐。从来一书剑，翻去事樵渔。浅水生秋稻，西风落野蔬。饥人妨耳热，一饱已无馀。

道在《潜夫论》，流传复几人。偶随沧海使，东与圣湖邻。戎马尘蒙路，关河涕满巾。西曹一书记，潦倒笑陈遵。

鹰隼秋逾鸷，人前忽此翁。谁能衰白日，直取古人风。乌帽飞扬入，深衣睥睨雄。凭抒江海眼，渺渺过沙虫。

两载愁西虏，悬军碣石开。虎狼深内地，鱼鸟上边台。阮瑀陈留长，张充禹穴回。仓皇兼矢石，次第望归来。

时论分工拙，滔滔只一流。偏君能感激，馀子日啁啾。海日云常惨，江城树易秋。三年心耿耿，持此欲何求。

人事兼疏懒，虚闻弱冠年。寸心如落木，八口望归田。倦马眠秋雨，饥乌下暝烟。因书传别泪，早晚报秦川。谓李君应垣。

沅江晚泊

残霞半没月半生，舟人系缆望江城。城外人家隐深树，历历风光旧游处。三年江上送残晖，城郭犹是人民非。张君退老曹君死，予发萧萧亦如此。当时惟有望诸君，白头意气凌风云。共指城头江水白，人去人来如一日。潇潇风雨马王滩，苦忆江湖行路难。欲识此心无住着，试看云山绕江郭。

卷三

与方重

季孙可仕贫，沈犹闻往教。圣哲固有殊，与世随屈挠。方君虽小吏，浪放靡所校。屑屑资沅间，重鞯踏两鞘。奇顽我自负，恂愁谁比较？谓当分道驱，骧步各超踔。翻然见贤我，曰性所好乐。初疑不羁人，示坦去硗礉。徐徐探其原，受材如庾窖。作诗吐胸臆，往往困搜敲。及观所蹈履，触处见乖拗。峨冠习软媚，婉娈争自效。睢盱张两眸，高视肆腾趠。持此咄流辈，曷足烦筵珓。君看磊落才，几能辞泞淖？与予稍周旋，心亲匪外貌。作歌颇张大，风雨出飞齁。声律予未谐，稍识牛鸣窌。堂坳芥浮水，置杯浅则胶。海鲸鬣如山，敝笱谁能罩？奔攘较骁懦，相视一哄闹。世人浪窥测，有如管觑豹。终当遂飞鸣，一别随响爆。他日能思君，更放山阴棹。

胡云璈《屺瞻图》

日月行天蚁旋磨，皇皇圣哲相代作。与君生世安得闲，徒用苦心悲坎坷。丈夫不学纵横术，掇拾卿相疗寒饿。何为俯首尘埃间，雪鬓飘萧老宾佐？九疑巉天洞庭险，惊沙屡碾车尘过。岂如君住若耶溪，禹穴梅林对高卧。马挝画地响飕飕，笑指軏闲困刍莝。与君同是天涯人，一生苦累浮名播。营求短绠汲深泉，有似避道游蓬堁。空留白云照崖谷，日暮凄烟生土锉。吁嗟弧矢生之初，岁月奔腾今老大。古来贤俊尽栖皇，顾我形容堪笑唾。归舟理榜要自慰，倒囊倾盎还一挫。君归奉母三十年，无忧隐几青毡破。薄饷宁辞鱼菽乏，晴春兼理桑麻课。捧槃贡匕一欢笑，从教万事付顽惰。吾诗虽俚语非谩，收藏勿被尘泥涴。

寄呈陆方伯建瀛

昔游越嶲间，西师难初构。灌门事反复，熛至帆樯凑。转深掠崖山，石火裂穹岫。更闻闽与粤，万舶奔飞溜。昭昭睹天狼，有弧不及彀。须防章武郡，在国屏藩旧。廪廪河东公，屹立慑强寇。至尊屡诏问，动色观敷奏。尧皋古贤圣，在法无并育。张皇中兴业，岂不资介胄。健者扶其纲，豁若清宇宙。以此受圣知，出入旄麾骤。日吾忝北征，爟火息边堠。较然智勇姿，许与由邂逅。难为立谈际，胸膈廓岩窦。追观公子贤，出群有飞鹫。万人伏劲气，玉立清且瘦。阿翁怀蹇蹇，百物俱在囿。疮痍虽小殄，庶事亦孔疚。予志诚区区，生平事悠谬。三年营一饱，败甑无宿留。犹思理戈殳，琐琐效奔走。古来有蕰孽，始几戒深狃。庶资排斡力，忧来豁甍瞀。别颜无几申，梦想更节候。作诗寄慨慷，聊用助清侑。

水晶阁

天半岧嶤眼，频来阁上看。一身嗟老大，万景逼高寒。村树低晴坞，城烟暗晚峦。携尊独来往，犹剩酒怀宽。

形胜此无匹，山川旧有名。轩楹孤客影，烟火万家声。宿鸟谙农事，春游见物情。滔滔东逝水，俯仰愧浮生。

送陈霖，即题其《山居图》

去年风雪看梅日，尊酒逢君暮雨间。今日梨花春更晚，一鞭残照出梅山。

小队旌旗愿或偿，男儿未老鬓先苍。水城山郭看何似？烟雨江南是故乡。

黄山断处接宣州，种竹栽菘忆旧游。一卧沧江惊梦醒，故山吾亦有菟裘。

余秋恬《捕鱼图》

春江水暖鳜鱼肥，日暮收船放网归。欲觅苍崖深处泊，鹭鸶惊起满江飞。

东风杨柳软谁如，浅漾春波绿映裾。记得富春江上过，画栏红袖买鲥鱼。

高平离感

浪迹江湖外，深居玩岁华。瘴添穹岫雨，阶卧浅丛花。驿树深翻鸟，岩藤曲庇蛇。蛮荒冬意薄，始信隔天涯。

石柱嵯峨立，依依似客闲。江通资邵水，云杂汉瑶山。岁晏松篁里，心摧雾雨间。翻思理归楫，东下问潺湲。

海内南村老，峥嵘一草堂。山川人共古，松桂晚逾苍。天意留耆旧，斯文恐散亡。流连诗老宅，眷眷引杯长。

东郭承熙寺，云山得数过。遗樟侵雾雨，古殿蔓藤萝。皂盖冬游少，苍山暮景多。栖禅踪迹在，流滞满关河。

处处柽松古，山山橘柚香。夷蛮皆宿虑，风雨且殊方。廊庙才非少，诗书愿易偿。小臣千万里，长此奉尧汤。

天半家山泪，源源到眼来。卧床思病母，百念委寒灰。城郭低迷晚，云烟寂历开。生儿求识字，所得竟何哉？

细数生平事，吾谋匪自今。升沉天地远，去住雪霜深。岩壑随人影，松杉入谷音。昔贤有忧患，恐惧失初心。

游北塔，呈李春暄明府

雪霁天宇旷，杲日薄林坰。信步北城游，微风语塔铃。循涂豁层览，飞空耸亭亭。藻崖发云构，烛罅洞风櫺。丹碧峭填眼，恍怫导百灵。暄晨睨海日，晡夕动天星。北流压莽旷，伏地走奔霆。维山迤南冈，蹙石排高青。飒然游瞩心，庶此殷窈冥。晚归搴寒梅，层云送馀馨。翩如凌紫虚，兀兀梦魂醒。李侯有馀兴，呼酒倒空瓶。醉语破幽险，洒笔濡寒厅。

顾希元兰花障子

顾荣扫壁延幽意，细雨疏帘冉冉香。浅浥松醪斟满盏，卧闻兰气袭虚堂。小池幽壑花微动，明月空山草半荒。芳泽无多人已去，扁舟昨夜泛潇湘。

欧阳纪馈干豆炙卵

腐儒缺粗粝，糁藿救啼饥。岂知饫馆餐，退食饱委蛇。近江取鲂鳜，啜水充糟醨。职事百无营，卧起穷酣嬉。又累抱关吏，分惠到齑糜。干豆杂鸡团，规矩方员施。自云亲燔炙，点抹脂与饴。譬如嫫女颜，涂刻成蛾眉。朽株苟先容，树功在离奇。人言肉食鄙，肉食岂无宜？沾丐虽馀腥，犹足充鼎鼐。我独爱其真，罗列施堇葵。淮南实奇腐，斯味颇称之。但愁得二卵，或匪干城姿。计较生年穷，饱食岂素期。脍炙在人口，惟有倾囊诗。陶潜昔乞食，思以冥报贻。辱赠心悢悢，寄谢琼瑰辞。

书事

冬十一月日建丑，夜半冲风穿户牖。雷声腾腾落何处，搜搅四壁惊电走。訇然雨雪如波涛，狞虬虓虎怒相吼。敛襟起立怯窥眮，却坐使我沉叹久。去年冬雷走砰磅，今年雷雹一尺强。年年岁岁雷惊耳，阴阳失御理乖常。不然蛟龙失窟穴，碾山掠海奔踉跄。五行志异有传说，小儒琐屑稽灾祥。岂知苍穹回斡力，声势蟠腾天北极。风雷簸荡沧溟深，东海穷夷惨无色。两年穷墺盛杀气，地轴倒转天轮侧。即今一怒焉可得，不尔岂令霜雪逼。狂夫觅纸书岁时，庙堂补阙天得知。

岁暮寄唐治

朔风日回薄，霜雪来无时。志士多慨慷，常与忧患期。穷年气弥厉，怀方守茅茨。激扬思古人，其道犹埙篪。叔末多浇讹，斯事遂陵夷。波荡岂一朝，达者怀其悲。襄城古遗直，风裁良独持。当时悻直风，翩如凤来仪。强梁为褫气，至今想遗规。岂闻官府居，贱士同鹿麋。褊心懒群策，所职惟委蛇。希风篚篋间，御法如茧丝。瓻大瓶罂小，所施岂无宜。经术苟不尊，言者为诋諆。凡世之所能，君也顾而嗤。独眼睇飞沈，百怪供指撝。唇吻含风霜，牙角磨蛟螭。锄奸疾抉背，神鬼如列眉。要能视症结，磨刃抵其疵。徒言感激多，岂免为孤羁。古道今复沦，缣帛连縢帷。君又弥缝之，晚出称经师。囊括诸家言，不令当鼓旗。亦时发墨守，九幽烛前疑。方今庙堂士，谁复如尔为？凡君之所能，世亦顾而嘻。噫我结交初，与俗固参差。东观浙江涛，西联长安骑。堂堂幕府开，濯濯岁寒姿。于时众宾席，昂藏卧老罴。倾身与之言，坌涌忘津涯。从兹得窾要，投分抽肝脾。移榻就周璆，乞书从贾逵。庭前两桂树，冻雨溜苍枝。摩挲感生意，悬知有乖离。海鲸狎波涛，碣石罗旌麾。抗愤真吾徒，忍蹈锋镝危。有如沧洲渠，决而东西之。我车整秋涂，万岭高嵚巇。起踣逢愁霖，愧色在颏颐。君为脂其辖，朱提出累累。昨旬书始来，告归迫寒曦。焉知策疲骀，踏蹴愁冰澌。寄惠百篇诗，哀艳天葩披。又作乐府歌，意勤语葳蕤。纡馀盎春云，澹宕澄秋陂。徒兹见称异，未免视毛皮。夫子实至性，为心固崛奇。不殊豸触邪，一角光觺觺。狞风走尘沙，蔓草缠岩坻。幸免荷戈戟，归还就东菑。暂息饥渴忧，柴门枳棘篱。妻拏熨酒缸，洗盏储饘饨。鸣瑟铿清筝，开怀焉肯辞。悲君老秃翁，膝下无雏儿。麒麟不虚生，蛰蛩起蹑跜。晚实昌且繁，语吾无愧词。谁知天下士，义不系其私。岂是儿女谋，得仗声名垂。黄鹄虽微禽，侧眼在天陲。排阊叩九阍，六龙何逶迤。天门高嵯峨，罗列斗与箕。阴风肆咆哮，涕下如绠縻。群嬉集旁睨，指摘以盱睢。明时忧惨淡，古道无纷歧。悠悠四海心，斯意其谁知。别来江头月，往复成盈亏。愿言驻君颜，庶以昌吾诗。

龚迺训画蝉

蟪蛄游草苴，蠛蠓集丛薄。秋蝉尔何为，翩然向寥廓。鶊鹒呼与言：予力能尔托，霜风振林樾，且忍共帷幕。老蝉不职事，垂头但唯诺。顾尔虫豸微，神物今萧索。来仪古盛时，锵鸣及飞跃。搏拊铿九韶，因缘窥五柞。自从笙球寂，百物俱沦落。蚊螯竞凌越，虮蝇快嚵嚼。两者无一谐，孤悬抱巉崿。拍张咫尺地，槁死黏枯箨。馀声徒满听，窸窣山衔郭。画师为此画，老气郁盘礴。世人逐声响，巨眼见挥霍。怆然为诗歌，聊助一笑谑。

龚迺训画梅

诗人爱梅为梅役，净扫晴窗配寒石。偶然作态出横枝，屈铁盘虬才一尺。亭亭霜雪压崖谷，气骨乃有诗人格。前年天竺西湖寺，断冰挂树留行迹。富春江上更千株，一角寒山晃晴壁。攀香摘艳醉不辞，坠鸟惊猿皆辟易。岂知好梅出心性，三年梦冷酒怀窄。龚生何处得此本，曲干斜枝纷委积。得无好事吐心胸，移入孤山风雨夕。埋藏尘土照幽骨，抚卷摩挲三叹惜。我诗才薄易语言，未免尘埃劳掎摭。苦将寒瘦斗奇古，不分清癯着山泽。岂如酤酒溪桥路，暮雪疲驴寻短策。区区诗画何足珍，还视此梅应眼白。请君藏此莫浪传，花时携饮江上宅。

文昌阁看荷花，限韵同易堂俊、萧贡淮、嵇谠作二首

炎蒸郁盛夏，群动皆求息。吾侪磊落人，造意清旷域。城东有遗构，飞栋实崱屴。五年城土眯，万事风电逼。往往旧经游，屈盘在胸臆。今晨二三子，走约除荆棘。秋荷复烂漫，落景衔翕

赩。清风如故人，倐然来旧识。芬芳为君发，亭亭照幽色。搴荷溜寒醪，修筒纾以直。交姿舞长泖，流波去如织。披离出晚秀，幽艳见深植。泛觞孤芳里，痛饮真自得。名池沁微馨，天水净如拭。悠悠玉池云，浸影湖波黑。尘踪久惝恍，竟日欢游陟。凄清风露下，滟滟冰轮侧。

北游崆峒山，问道无消息。念昔已荒遐，厥心有畛域。存留古日月，到今飞崭岦。羲和困鞭箠，反畏高穹逼。呜呼贤圣资，腾轩犹在臆。浮生固多涂，为闲繁荆棘。曹刘虽小道，名声死赫赩。洞深无虚响，象外资远识。斯文异轨径，如女有正色。濂溪妙荷理，中通而外直。天然发韶艳，芬郁谁镂织。杂处污泥间，濯濯媚幽植。文辞岂关道，深造期有得。诸君气方锐，如镜光新拭。吾师老聃训，知白善守黑。冥心会渊妙，卓立困跻陟。微风荡幽馥，惆怅金樽侧。

七夕饮陈嵘宅，以“乞巧迎秋”为韵四首

脱略酒徒衣短裾，来往城西夸健倔。楚国山川足慷慨，琐屑声名归宋屈。君家咫尺祝融峰，剥枣烹葵许分乞。空嗟寂寞著书人，郑虔老死扬雄吃。

昨夜西风涨湖泖，明星挂户秋愁搅。泳飞亭畔又今宵，夜半横天看参昴。鹊声嘍啨鸠自笑，世眼纷纷论拙巧。狂夫烂醉杯茗间，风露徐沾襟袖饱。

枇杷叶老鹈鴂鸣，梧桐一片摧秋声。望湘坊西孤月白，压缸酒熟黄茅城。书生胆气困庭户，深檐烧烛能眼明。何时跨马亲秋

猕，腰鞬服弩千军迎。

雁峰鸣雁号清秋，白云招隐苍岩幽。浪倚才名拓金戟，酣歌起上澄湘楼。高尊大杓助浪藉，百榼一泻酒涛流。明朝人事谁复料，南浮更鼓湘江舟。

陈隆钧画蝉

世上貂蝉着满身，疏林矮屋谁相亲。昼长无人声满树，濯濯杨柳风吹尘。书生念汝清难得，致汝云霄恐无力。安能横飞效时用，老抱枯枝空叹息。

长沙阻风，戏与宋炽昌及族叔家墉两秀才

狂夫役人事，挽棹向秋霖。自感穷愁耳，偏伤迟暮心。十年忧水潦，一雨遂侵寻。更入扁舟夜，浪浪泪满襟。

困卧湘江晚，颠风狎二豪。今晨怒辞去，独耳听刁骚。旧约沧洲远，空伤旅泊劳。天心浩荡荡，垂戒示秋涛。

送张广文归武陵

薄宦栖迟岁月深，西风一棹下江浔。湖云湘水参差梦，社燕征鸿断续音。君去蓬蒿深满径，好凭渊涧照归心。武陵秋涨渔庄晚，昨岁扁舟傍苦吟。

泛舟南湖至百花洲

涵虚亭畔夕阳斜，浅水浮舟亦有涯。四月南风吹百草，一湖晴涨绕千家。楼台婀娜春馀柳，亭沼凄迷暖后花。更上芳洲寻菜

圃，烟蓑稳着钓鱼槎。

鹭洲呈陈三兄太守

一洲藏曲折，两水会沦漪。古木青天远，沧江白日迟。孤城云欲暗，高阁草潜滋。更入弦歌耳，泠风度讲帷。

陈太守源兖招同邓孝廉蔚春饮，邓君有诗，次韵三首

章贡回流绕郭深，故人行榹有清音。居然寂寞山林逸，来证萧疏涧壑心。丛桂戛风声朴簌，刺桐障日影萧森。为君重谱湖阴曲，汲井烹蔬忆故岑。

使君高唱已先声，能事风流近老成。一夕清尊秋后景，三人明月夜深情。青山合着诗人共，华发偏寻倦客生。独有忧时云汉意，来朝课雨出重城。

朝朝击鼓更烹鲜，老便官衙莫问年。小阁微云三亩竹，清池流水半弓莲。一灯笑语征遗事，十日衣裾更小延。愿得将军从事褶，横驰宝铰看星缠。

青原山

青原盘盘天所开，郁葱旷奥气佳哉。山门洞豁发幽境，晃荡烟雾藏楼台。丛林大嶂松竹暗，一览数步千崔嵬。回栏跨空两山峙，奔湍洒落寒云堆。天风转静人语寂，鸟声自喜泉声哀。榜书丽伟照崖谷，凛凛正气排云雷。当时读书志岂异，亦有山水供谈诙。匡山震裂黄冠陨，兴废万变成寒灰。空留遗迹发吟叹，逝波

不见东流回。名山大壑矗犹昔，追求往事无由陪。冲风来吹雨洒地，为我尘躅清浮埃。寒亭片石难久憩，布袜青鞋归去来。

送邓孝廉蔚春南归兼讯赵广文璘

炎蒸浩行役，汗雨如流沈。翻然戒归途，十步九踔踸。长河驾高浪，盛夏寒凄凛。扁舟不容席，醉卧酣午枕。更道主人贤，供给增酒品。掉头不肯顾，落落风吹衽。君家听松泉，清冽足瓢饮。淖田逢薄旱，我稼亦丰稔。吟哦一室间，快意有高廪。杜韩圣云徂，风雅道斯寝。窥钻向文字，有类鱼含淰。嗟予虽强事，貌饰匪天禀。不如理荒寒，语言缀苏荏。空山蓄古木，闭户事镌锓。为吾谢赵公，雕镂毋已甚。须眉两老迂，执经待研审。

蒋毓丰太守诗册

万言摩壁龙螭窟，千嶂梯空虎豹关。能事流传使君笔，边声激宕郁林山。意亲风雅馀强健，梦落沧洲一往还。品画论诗两奇绝，久沦吾道失跻攀。

送汪太史廷儒使毕还朝

人才如木藏山川，大中梁柱小桷椽。古来选举妙求实，取诸两郑二刘间。国朝贡士归一法，整齐民志非偶然。斯途尚存乡举意，未可据古分愚贤。吾师船山遗老说，玄黄剖判今古悬。要祛弇鄙崇儒雅，寓文于道无颇偏。古皇造士有精意，规取法外操衡权。本原苟得文岂异，政用秀野呈媸妍。故知用法在人耳，意有独到非心传。使君文章有根柢，特假一障乘轺軿。豫章旧是人文薮，有类空气含潭渊。精搜密课到深处，察君道谊宁戋戋。才人作技妙天下，诗画点缀皆清鲜。郑虔三绝君得二，寓彼小道其神全。自言山中有老母，明年归饮惠山泉。三年操笔治文事，不惜归耕下瀵田。嗟予无能效奔走，亦有泛驾从靰鞯。抱能未展苦窒阂，俯仰世事空云烟。只如文章一小伎，国家垂法二百年。后生靡靡求声律，江河直下穷洄沿。谁能探本笃经术，断潢无潦终涓涓。多惭任远暗闻道，从君卒业南山颠。

陈太守《落叶哀蝉图》

君不见汉宫图，低昂殿阙今古无？离宫三百又六十，东跨沧海求蓬壶。一朝秋风入帏薄，还倚宝瑟伤名姝。盛衰哀乐岂足计，轮台一悔终区区。殿前铜人高岌岌，再传已见埋榛芜。钟鸣落叶曲空在，有泪不注昆明湖。陈君郁郁复何事，只有愁叹无欢娱。闭门三日雨洒榻，我独觉子形骸孤。东城缓步西城饮，醉归满壁逃鼪鼯。哀蝉挂枝风响户，起踏落叶空庭隅。不见庄生齐物论，鼓盆示达多矫诬。奉倩徒伤漆园傲，曾参妙识斯吾徒。生人知慧具心性，百年一尽无贤愚。莫论阴雨相黾勉，指观物化同噫吁。披图恻恻寄哀怨，倾觞一酌聊须臾。

猛虎滩

猛虎不在山，入水神先窘。咆哮殷地裂，作剧堪一哂。谽谺负两臂，凹中一石陨。钩牙类抵鐻，贪逐才见朕。觑王导江汉，自东有恒准。西流恣回薄，呼吸百川尽。樏橇功安施，疏排谢不敏。凭陵委异物，万古含瘾胗。尺寸污泥中，逼仄离蚁蚓。翻愁腹中过，甘作机上忍。安能削根株，浩荡通梏箘。眈眈岂尔能，天地有域畛。

夹沙滩

滩流渐纡徐，狂险百不逮。尺波复汹汹，水与石相制。粗沙入大冶，东尽长川逝。上岩蟠积铁，危压若瘤缀。水源绝干号，欻见天地闭。汹湍走石罅，逗挠奔更锐。拳然一顽物，放溜实借势。大哉江海性，鱼龙森备卫。一物不为梗，自古无淹滞。荒遐失开凿，此水日凌替。吁嗟沙砾场，我舟岂利济。周道尚舒夷，攒聚纷猥细。蹇衣起何适，堤防误一蹶。道途有沮洳，恐自巢燧世。匪予独怅惘，凡百慎壅蔽。

江树

江树当春日，生成不自疑。泄云高处荫，竦干众中奇。积霰身难任，皇天意肯移。摧残增道力，此物亦良规。

奉简陈信州五首

生事甘贫役，知深遂道途。道卑无磊落，世隘任崎岖。暝色山窥席，归帆雪满湖。王符高论在，或许续《潜夫》。

世道嗟沦替，由来匪一朝。但持宽大意，常使怨愁消。论事杯频把，怀人发半雕。寒江波浪阔，还棹酒船遥。

几日沧江别，三年薄宦心。澄清才必展，宵小谤防深。风紧残宵角，天横傍晓参。嘉名常照我，不必感升沉。

日月还移岁，烟霜故满天。只知清似水，空惜直如弦。曲示生成大，无嫌雨露偏。小夫轻道义，知识古人贤。

落日催归楫，微流带浅滩。风多常作瘴，冬久苦无寒。远道非今日，多忧竟百端。不眠心炯炯，江月夜迷漫。

卷四

新郑寄李明经兄应垣三首

今日云山隔，城楼望眼深。虎牢天壮阔，鲔穴地萧森。五载浮沉梦，孤云去住心，穷途真自分，虚费短长吟。

别久心犹昨，愁吟又一时。沙平风蹴地，河冻水流澌。托迹宽飘荡，传声慰别离。旧谙疏懒性，不责报书迟。

世事馀挥涕，空留肮脏身。日知忧患久，道与圣贤邻。万族皆求益，吾心得返醇。与君期此志，同道莫淹沦。

送陈源豫南归

浑河浩扬旌，白日照行色。东临溟渤深，吹袂回风恻。旅役亦多门，蹈困无独息。阿兄古君子，朝参列清职。室家有雕丧，哽咽在胸臆。君行护归旐，趣道风霜逼。鸣呼骨肉情，急难何由得。古之贤达人，树立必岌嶷。书家游艺资，在圣贻典式。钟张有浩气，万弩回笔力。雷雨根青冥，松柏挺正直。君时与盘礴，往往帻濡墨。于时所尊事，足以树奇特。吾耽草圣意，未习古法则。波澜颇见委，巾箧常充塞。冥想见挥毫，俊气资远识。去君如决骤，感念废餐食。要当润鸿都，岂独资篆刻。南宫试今法，规程苦逼仄。安能逐君翔，使我生羽翼。

送王待聘归湘乡兼寄曾九弟国荃

燕山九月交，冲风起高埃。君行复蹇滞，雨急寒云摧。起酤燕市酒，掉臂归去来。玉泉不解饥，归饮湘山隈。古之求仕人，实资驾御才。不尔衣逢掖，触境生愁猜。山林迹未扫，肯遗蒿与莱？告归虽云促，抚迹良恢恢。念君蹇初临，颜色如泼灰。吾徒慎出处，甚于女求媒。得非狂简资，斐然无所裁。徐徐究其原，所得实艰哉。皇天陶万汇，婀娜呈良材。大小各有程，基始于根荄。枉劳尺寸间，取效规徂徕。君看曲辕栎，颇亦劳滋培。嵬柯与大叶，顾免斤斧灾。丈夫志四方，忍为别离哀！得归不犹愈，且往无徘徊。滞留我何营？白石西山颓。车尘高于顶，两耳过风雷。恐惧所得微，未足偿嘲诙。曾家好昆季，荃也抱奇瑰。终须贡天衢，载起黄金台。吾侪坐自愧，声名相喧豗。幸因达区区，孤怀为君开。

大艑行，效张文昌体

大艑峨峨高百尺，画槛牙樯半天赤。凫雏起没蒋芽肥，江风吹船人到稀。巡漕使者何曾见，争持华靡邀深眷。年年科敛公使钱，弃旧翻新水中变。催科力敝今何有，公私巧尽翻覆手。官仓入少糜费多，奈此峨峨大艑何！

靖海县

水程无百里，江郭带千家。板屋编疏柳，秋场缀晚瓜。傍村喧鸟雀，近市觅鱼虾。河海兹输委，能浮八月槎。

河西堡遇雨

小市人停薄笨车，隔江云起暗村墟。从惊一雨喧阗外，忽忆平生浪泊馀。万里湖湘半蝼蚁，十年沟浍困龙鱼。得逃灾网违南潦，腾踏泥涂计未疏。

法源寺

阛阓云烟近，仍存祇树园。江山自唐代，碑版照空门。殿草含风细，园花过雨繁。坐阑钟响定，催上月黄昏。

异代惊人眼，森严禁篽长。春云低户影，晴日驻炉香。金碧殷寥廓，貂珰忽散亡。纷纷事祠祷，吾欲问穹苍。

送吴英樾之官浙江

忆昔往返南湖里，穿渠绕槛皆流水。春鸠啼晓桑叶暗，终日抱书深屋里。州门捶鼓急征士，晴湖水涨孤舟起。十年许与有深契，出同忧患入同喜。君今崛起朝明光，便殿奏策声飞扬。承明述作岂屑意，拂袖看海东扶桑。峨冠大旆动朝日，出门一笑天风长。空残四海习凿齿，白昼看云还忆乡。

昔我南寻会稽穴，越中岩壑恣奇绝。松篁岭际白云飞，湖上楼台互明灭。三年不唤湖西渡，石埭南屏竞传说。携归一片镜湖石，似剩梅林涧边雪。喧然一雨四海惊，海波东挟吴山倾。横流荡潏安所憩，禹迹半汩扬与荆。莲汀荻港不复辨，万泊泥潦无人耕。君行钱王射潮处，试抉利剑屠长鲸。

楼船将军前岁来，涤闽荡粤却复回。灌门一夜千樯集，瞑驾白浪高崔嵬。岛夷贡纳阻一水，崖山荡荡谁所开。岂无牧令驱除力，征兵十道何有哉！海门烽火诸城逼，当官惨淡无颜色。庙堂深意且招徕，逡巡恣彼窥门阈。雕弓锁甲足侯要，小邦亦古子男国。万一天纲有雕瘵，君须走马前杀贼。

天下求治见治难，郡邑得理天下安。越中流亡小家屋，越人言之心胆寒。赋穷官困两俱敝，使符泛滥谁敢宽？潭潭大度称大府，讵舍正道崇欺谩！嗟君一官百寮底，巨石压顶徒为耳。丈夫作强人间世，沧溟动地日千里。低颜敛版期自效，志节虽存能复几？一言持赠君当思：饥时且饮西湖水。

我行且歌南山粲，眼看邑子日璀璨。玉笋山人有道气，新组垂腰不及旰。陇西公子裼裘来，高文典册雄江汉。年华未满名俱盛，有如江海百川灌。念昔角逐如云龙，飘然独蹑云海踪。看君眉宇有俊气，太阿山匣能藏锋。上书贡策岂吾分，寸蒿敢许希长松？明年春涨拓湖渌，酒酣忆我南高峰。

纪事

我车南迈薄炎日，镕冶天地相薰炙。安能雷雨入我肠，烦促湔除百忧失。道旁父老叹息言，指示二麦无半存。决渠不能补地裂，干风号野水枯源。自冬不雨已五月，虽有莱芜今亦没。不省朝廷有遗政，衰贱无由叩天阙。借问驱马来何方，使车贡士搜穷乡。岂无旱干与水溢，曷不持此贡庙堂？闻言惝恍靦无色，补阙拾遗非我职。况今宵旰忧烝黎，沛然下诏皆宽德。恒旸僭及暑雨后，青天荡荡今何有！阴阳乖互匪常数，谁阶之厉君知否？吁嗟主圣臣须良，旱涝岂足忧尧汤。我甘废置归田里，谁能持此报天子。

王君《读书图》，陆员外钟汉属作

天河夜净秋耿耿，小楼如瓮栖寒影。巍冠大带多忧虞，谁能玩此须臾景？才名得似杜陵人，抱书不出动经旬。蓬蒿尺深灯火暗，高歌见骇东家邻。陆生持论有边幅，颇道君文似贾服。承明肯滥未渠登，乃使吾徒司著录。老罴卧病文斑斑，我识刘祯非等闲刘茀元学正。读书用世政须此，莫倚著述藏名山。

送陈星焕之官保定

骐骥据地鸣，所志在行远。但甘为人役，亦不计虞孤。皇皇百里寄，岂曰资踽踠。莫言趋走拙，有触皆矛盾。匪躬宁计资，在事惟蹇蹇。冠幭虽貌饰，要与发忧悃。斯民匪奸顽，与之以息偃。簿书谁能去，达者宜知本。勉哉宽作程，寄慰予缱绻。

送李孝廉庆清归湘潭

隼鸷见羁绁，抢地不逾咫。因循谋饮啄，未要矜爪觜。嗟君亦人豪，奇穷所向是。一第四十强，谓足资生理。仍然困寒饿，小得不丰己。自携所著书，痛饮游都市。持此尚安归，攘讻速菑耳。喟予与同道，相顾徒汗泚。驰函发荐口，有往遘谗毁。坐令子术穷，讵非吾道耻！圣贤惜小节，斤斤防视指。胡不稍贬抑，而自持傲诡。终然不见容，告别无淹晷。艰难召猜嫌，动辄集疣痏。丈夫不谐众，归即营耕耜。为生固多途，无为浪悲喜。

为洪君题其大父吴兴守《著书图》

圣贤揭日月，馀众随丘墟。士生无百年，曷不早著书。吴兴老使君，拙宦百不如。生平一寸心，六经手耘锄。博采经济资，泛滥晁董馀。龂龂陈水利，足备河渠疏。惜哉不一试，高冢丛烟芜。名孙抱遗经，默契著书初。崇冈郁松桂，尚想子云居。世俗急荣名，空腹如瓠壶。徒闻磊落士，皓首笺虫鱼。虽得一命荣，讵使心胆舒！斯人不世生，终为圣者徒。茫然觍禄食，抚臆为欷歔。先人有遗著，卒业归敝庐。

与周大令琛

周侯有能事，众许文章伯。高轩日峨峨，别我忽有适。苦辞拙奔走，谬谓著朝籍。令宰虽微曹，役人匪人役。谁使伺声息，在事靡所益。疵瑕恣求取，尘埃困（据）〔拮〕摭。峥嵘百里任，众口所交责。平生志区区，见枉在胸膈。谅哉君之言，所得过畴昔。士方厌糠籺，自处介如石。有得遂委蛇，顾步罕所择。岂无尺寸效，足以纾吾策。弃之不肯顾，汲汲求恩泽。世情予久练，颇亦谙计画。见好当有询，再拜请前席。

奉赠唐太常丈

关闽阒音尘，少贱暗闻道。颇窥曩圣书，哤然事幽讨。自睹太常公，寤寐契羲皞。孔周有缵述，经天日杲杲。新安极波澜，途派开浩渺。异世稍诋娸，众水奔潢潦。诸老盛文章，后生失咨考。先生表绝学，力障狂澜倒。裒为一家言，划若风电扫。历官三十年，名迹日彫槁。及归理残缺，日月再清昊。平生疏瀹功，亮节贯华皓。用将契伊吕，舍则师柭颢。风图嗟冥远，抚迹增哀愀。吾徒谬一第，曷以尽怀抱？觍颜效时趋，高论收人表。申伏有高年，作诗致祝祷。

赠刘刺史衡

刘侯生世非常俦，十年浪迹幽并游。割鲜呼酒倡家楼，轰然麾笛间名讴。掀须一笑回青眸，倒装归典骕骦裘。忽携尺棰挟双辀，走看沧海连天浮。津门峨峨拥戈矛，驰矛荡决被短褠。穷夷退驶兵始休，君亦释褐海东头。致身三辅古诸侯，闭门一卧空三秋。使车召对还相收，滥惠有似鱼含钩。故人意气高嵩丘，五载一见相绸缪。长弓挂壁剑脱韝，纵横自笑犹昔不？我身甫掖希鲁邹，熬文煎字谁相雠？男儿手挽军门枹，一鼓坐致车前驺。安能抱书声咿嚘，较量得失宜君优。虽然列职非昔侔，郡县亦与君国忧，请崇干羽脱兜鍪。纷纷流辈为身谋，看君岳立追前修，名声万口腾九州。高谈得酒如泉流，佶屈往复奔我喉，付君一讽宫商酬。

送吴开煦之山西

群雅之才一百六，多在君家伯仲间。可怜郁郁好怀抱，世路悠悠值等闲。四塞天低连雨雪，二陵秋老共云山。请看潘岳《西征赋》，衰草寒花满路斑。

青枫江上忆归田，郡邑萧条十四年。楚老相逢谈近事，川流何意竟滔天。鱼龙不碍江湖阔，燕雀终忧巢室悬。几日洞庭虾菜兴，不容张翰有归船。

徬徨将子出郊垌，望望孤云度井陉。万里青杨通崄塞，九秋黄叶满汾亭。朝廷已知弱翁政，子去方受桓荣经。仲容三载独不见，为予问讯老槐厅。

书赵广文璘诗集，即送其南归三首

长夜耽高咏，晖晖落野星。生涯随老马，时节近秋萤。浪迹头将白，耽诗眼并青。铜官江上雨，还忆子云亭。

门户支何术，嗟哉力岂能。世情谙似梦，归兴冷于冰。江岸梅丛萼，山庄月半棱。多谋防损性，往事固宜惩。

万代荒诗境，艰难出坦途。小时徒眤眤，众目已瞿瞿。君试劚蓬累，吾将踞灶觚。斯谋疏又拙，视古或同符。

戏作三首

汉王好道想蓬壶，眼前即是未为迂。黄金可成河可塞，但问君王有意无。

祁祁采药蓬莱去，跨凤骖鸾各不同。东方小儿只一笑，踏翻雷电泰山宫。

文成五利本同师，互相诽薄得非痴。君但不求服食者，逶迤汉殿欲何为?

赠陈庆覃侍御丈二首

今代乘骢马，流传复几人？庙堂归直笔，歌咏着闲身。垂柳尘侵道，馀花雨洗春。白头沾酒盏，诗笔动如神。

岳岳苏廷槐、陈庆镛辈，清时有谏书。何期鹰隼击，翻惜蕙兰锄。挟策思前席，凌云属子虚。愿闻征贾谊，不必薄相如。

戏简李如崑

李侯索诗如索逋，三日五日穷追呼。迂儒巧逃文字网，失身恐被铅黄污。常时雕镌及虫鸟，见人掩蔽如狌鼯。先生好事不暇择，掇拾泥滓收康瓠。阿城善书颇过我，为君抉取韩与苏。二君自古巧言语，数纸亦足充君娱。奈何诛求不肯息，岂有异嗜如齐竽。秋风扬沙走别我，知君厌寂思江湖。乡心天外落鸿雁，诗思水底翻菰蒲。枉劳索书置不理，未免额蹙心郁纡。吁嗟诗文直小道，杜陵虽圣身羁孤。琢磨心性出苦语，与众异趣宁非迂！故人拙计委见录，笃嗜不舍真吾徒。当时一别深怅惘，杳杳落日低平芜。作诗寄谢敢忘好，愿更报我投琼瑜。

桂太守超万招饮闲园

东游闻阖城，蓄意窥骢马。使君老闻道，所至望陶冶。生平见贤心，再拜亲风雅。闲园促张宴，展席松阴下。园池俱磊落，草木实疏野。云烟积石滃，雷雨飞湍泻。先生沧浪咏，感激何潇洒。井税春陵期，风雨襄阳厦。何曾得少闲，民物不相舍。端应为吾辈，得间侍尊斝。出其所为诗，戢戢多如把。斯文韦白徒，润色及民社。始知贤达意，树立非苟且。秋风理黄菊，就觅吴淞鲊。为公谱佳政，醉后一披写。

奉赠陆中丞丈建瀛

吾楚江汉隅，大贤实间发。往往立声名，屹起偃溟渤。自古经济才，致身必斧钺。万人安磐石，八表翼宫阙。中丞柱石资，名迹两硉矹。朝廷须重臣，苍然下秋鹘。江淮岁雕瘵，水涝忧荡汩。繁华久为祟，为生固矻矻。中间寇乱兴，诛敛力尤竭。官民少苏息，必在安耕垡。兵食二者间，何以应仓卒？公才水注海，得救万夫渴。好才出心性，夙昔见风骨。颇愧诗家流，感事多激越。长江一帆水，磨淬古日月。凭公静波浪，一饱吴淞鳜。

奉赠太子太保李一丈四十韵

南纪沧溟阔，中台象纬高。几人扶日月？万里肃旌旄。开府吾乡彦，勋名旷代遭。庙堂咨兵牧，风俗润夔皋。铜浦江浮象，钟陵海断鳌。封疆连石臂，措置等秋毫。潏荡蛟螭窟，恢张虎豹韬。大名陶侃甓，异数吕虔刀。旱涝疮痍众，恩威抚驭劳。宣防鱼屡沸，郡国雁空嗷。农政资宽敛，官箴急补牢。九州通贡赋，八政列盐漕。扬海交诸路，帆樯拥万艘。纡回行郡邑，宵小突波涛。堤堡兼工役，河淮领水曹。弊深难偻指，事急类吹毛。五蠹奸偷惯，孤罴许与豪。经纶归胜算，节制服同袍。转念疆场警，须崇颇牧褒。岛夷虽弭伏，舶市尚喧嚣。约法辞番马，陈书戒旅獒。流波防靡荡，异物况腥臊。黠鼠潜窥伺，游鲸且遁逃。吴宫栽茉莉，汉苑树葡萄。要使三韩伏，群瞻九命叨。艰难储智略，筹画润脂膏。馀事亲风雅，流传被俊髦。斯文光郢汉，间气得庄骚。并卷波涛入，兼同橐籥操。再传偕却固，继起赞轩陶。国典隆师保，家恩献酒羔。侯门双戟阙，王母八琅璈。望楚云千嶂，游吴水半篙。低徊沾奖掖，感激出蓬蒿。春雉容窥镜，秋鹰臂解绦。提携先阮瑀，去住感黄滔。剑拂长虹动，云骞巨翮翱。飞腾勤藻翰，倾倒近醇醪。雨雪天行晚，关河首重搔。射堂陪赋笔，挥洒上旌翱。

与黄太史彭年

老弟从容尺五天，声名端不减时贤。名山古迹还来访，落日沧波好放船。忽忆紫宸天半路，却归黄鹄阁中眠。庙堂有意用匡孔，准办乘槎朝日边。

王符近有《潜夫论》，与子同为磊落人。几日沉酣向杯底，一时分散各江滨。凫鹥乱下沙汀晚，虾莱忘归郢水春。惭愧螺洲诗老宅，早抽簪笏挂松筠。

唐方伯树义《梦研斋诗》

金陵已破汀州摧，桂林孱王安在哉？当时君臣势仓卒，崎岖片土燃馀灰。尚书皇皇抱此研，干戈羽檄相劘挨。百年精气耿未灭，泄云喷墨高峨嵬。流传到今二百载，紫石割断苍云堆。巍冠大颡梦相授，阿翁醉眼增疑猜。故知忠臣一寸血，荡决楚粤尘沙来。要今濡染入公手，一洗往日千悲哀。嗟哉越巂今边锁，狐豕奔突声相豗。圣心虚伫责内治，意在破格求伊莱。国家深仁被六合，跌宕万里寰区开。可怜英奇兀艰运，平世旌纛褒庸才。事有至难在人耳，一柱尚足支倾颓。书生感激百无补，手摩目注空徘徊。古人往矣此心在，愤激欲挽东流回。飞章草檄洒英翰，高鍪大箭图云台。题诗取证语非谩，愧乏健笔相追陪。

王立《望云思亲图》

人生当作五湖游，安能终老荒山丘。亦有张骞傅介子，立功绝域生封侯。忽独看云向江水，老亲在堂身万里。径思归饭百瓮菹，暮归养亲朝负耜。十年奔走轻风尘，嗟我亦是支离人。高车大马徒碌碌，一生长愧白头亲。

奉赠陶观察樑

大名天下归陶侃，往往流传到腐儒。细忆生平多雅故，惯闻感激出穷途。一朝掌故斯文系，两宋诗歌旷代无。耆旧襄阳纷属眼，竞思投袂起江湖。

西山晴爽俯朝轩，断角疏帘半掩门。几日楼台曾对雪，百年江汉数开尊。黄楼赤壁寻陈迹，画省青藜续旧恩。间道逢迎真忝窃，梅花东阁负晴暄。

唐方伯席上赋赠朱侍御琦

南流汇荆郢，诸使承符节。主持文章地，许与必雄杰。桂林实英伟，斯文有圭臬。东堂初集议，声名冠朝列。我皇勤治化，庶事多内决。逶迤纪纲地，不得挂喉舌。维时三御史，闾里艳传说。每疏抗时论，奸饕气为折。累然值薄谴，吏议类排讦。君亦请告归，洒落风尘别。箧中百卷诗，老笔屈强铁。新词摩屈宋，高论抵轩颉。弥缝章句间，穷老事苴缀。宛陵老词翰，许君过往哲。霹雳贯摧动，渊潭蓄澄澈。君又受以虚，鉴裁及蹇拙。国朝盛词藻，流被必才哲。乾嘉逮今日，文气稍衰苶。往往边隅地，名俊郁奇谲。屈伸谁之为？正气有蓄泄。大贤所经事，有感常激烈。君诗乃一隅，开读犹凛冽。承颜一欢慰，每进归峻洁。山川晚对酒，江汉寒生雪。赖倚高堂会，慰我心菀结。

王比部柏心举消寒会，得八人，仆与黄太史前后至，并因比部阑入，为赋此诗

严冬江汉水，风力日骄横。乘陵及草木，交拄如争竞。城中

扃门户，霜霰日腾映。中有好事人，促席发高咏。王君走告我，支离颇自圣。同时作者七，矧接才华盛。闯然入其户，起坐相宾敬。低颜奉杯盏，尽醉岂辞命。叩门黄郎至，皤然往使聘。哆口疏眉厖，危坐容色正。磊落斯文徒，从容一堂并。江天照几席，俯仰入莹净。矗石撑山棱，铺池叠水镜。疏寒澈肌骨，出语皆傲劲。主人不猜忌，反更相幸庆。喟吾与数君，川谷逐游泳。发挥酒茗内，刻削吐天性。遂恐平生游，斯景后难更。勉率成此诗，惟馀语瘦硬。

姚氏园

平生泉石癖，殊嗜入骨髓。但闻好林园，每至辄淹晷。汉源山水交，华栋相比倚。姚园数里间，晃荡如结绮。勤思不一到，默默欲何俟？今晨天宇旷，老兴森然起。欹冠款壁入，重门颇历抵。紫房入云气，飞构欹山峙。逶迤镜堂空，荡荡天浮水。甃石铿泉声，庭风散花蕊。领略心口间，雕镂毋已侈。人身天地寓，山水亦寄尔。王侯与显宦，高拱华屋里。讵忍终朝游，眩惑迷所使。恐惧丝篁音，浊乱泉石耳。临观久惝恍，酒尽吾归矣。留诗纪岁月，行迹异悲喜。

赠王比部兼怀曾伯涵侍郎

百卷斯文在，三年闭户尊。此身馀感激，随事有田园。野岸江流稳，春山石气暄。扬雄著书宅，尚拟候柴门。

向日南丰老，斯文得数过。一春梅信远，二月雨声多。薄酩消愁未？新诗奈别何。楚风君有意，同为挽流波。

我爱梅花宅，槎杈阁外春。经冬寒着叶，老干瘦如人。君至能倾顾，诗成觉有神。并将流滞意，江汉与垂纶。

次韵陈六兄学受兼呈令弟溥

微生困蹇拙，顾影无妖奼。觑覰文字内，坦步得雄跨。狶膏利行轴，力薄车屡御。嵚崎不谐众，巉岏焉税驾？桂林实诡俗，佶曲论皇霸。语奇众谓迂，拜疏乞休假。漾舟江汉旁，冠杖惊绕舍。从游两陈子，才俱桂林亚。小陈锐觜吻，飞辩江河泻。大陈淬锋棱，貌温气逾下。弛张肆捭阖，边幅隘区夏。初闻类湎蘖，徐味逾啖蔗。作歌谬推许，险语逼嵩华。子房书生耳，未足当叱咤。回军角矛盾，抵间无虚罅。嬴秦觑六国，纵横出权诈。养由妙射理，见射不见靶。技也近乎道，浅语君勿诧。

次韵夏广文成业三首

风尘仍久客，江汉固多才。入世身犹寄，逢人眼暂开。林园消岁月，泉石泻尊罍。未可随樗散，偷闲作弃材。

日月回江浦，风云满汉皋。鹤楼天下壮，鸟路望中高。巨舰皆豪贾，多钱愧尔曹。悠悠城下客，觅食意徒劳。

夏子勇成癖，题诗兴肯慵！近江开屋壁，高卧狎鱼龙。莫纵青冥眼，孤蟠霜雪胸。雄篇真窃忝，结屋倚云峰。

再答夏广文

天下多闲日，吾徒自薄才。山川荆地古，江汉禹功开。浩荡人如海，招携酒满罍。春鹰惜毛羽，故故示雄材。

蔼园山半路，野色薄林皋。石瘦莓苔小，风微燕雀高。古来经战伐，往事说孙曹。亦笑闲花草，题诗今古劳。

向晚忽不乐，当春生意慵。悠悠梦里鸟，落落人中龙。试插乾坤脚，高罗星斗胸。临风一长喝，孤鹤起西峰。

卷五

桂阳道中寄萧石渠师三首

一片孤云去鸟迟，几年杯酒日斜时。剧谈多少听忘倦，多病浮沉鬓已丝。桂水郴山今夕梦，雨帘风柝晚春诗。著书岁月真长计，付与声名涧壑期。

得失从谁较尺寻，飘然扶杖又岩岑。浮云远近沧洲别，列岫参差薄暮心。峭壁嘘烟风出谷，孤灯黯树屋依林。山榴花有离披态，一雨沉埋到夏深。

一尊落日古城边，远道依稀似去年。怪石凭山终碍路，积湍涨雨欲漫田。思家梦醒仍荒野，对酒愁多入晚天。东下洞庭看水涨，归来准伴白鸥眠。

八面山

一峰出云复入云，一峰云半忽中分。峰峰直下莫研诘，惟有云气相氤氲。蛟龙乘阴吐苦雾，猿猱冒险颠幽曛。沉埋万古绝人径，飞鸟反顾思其群。嗟我以身试奇险，万一下堕谁复闻？既生为人具性命，嗜好与世无莸薰。天梯难攀命奇蹇，安用乘风御气离垢氛！

邓章远席上遇雨兼示令侄悦三

春风吹园杂花开，主人宴客倾尊罍。牵衣蹑屐走入户，呼觞一饮三百杯。乡邻颇讶客不速，骑墙瞷壁纷惊猜。醉翁亭畔饶花石，丛柯密蕊知谁栽？招邀好事发妍咏，墙角烂洒如泼醅。喧然一雨助狼藉，平檐疾卷荒山雷。须臾着树已披靡，花光乱入云涛堆。各言斯景足欢笑，使我顾念成徘徊。方春锄镭疾耕作，涨云泄雾无由开。渠沟浚瀹江海灌，恐陷淫潦成凶灾。解衣税驾一偃息，承檐注盏交喧豗。君家诸郎尽玉立，出拜冉冉争来陪。书裙洒扇醉眼愕，倒冠据案相搪挨。浮生浪迹岂有定，巉途峻阪车轮摧。不如君家饮美酒，闭门卧榻生青苔。绕阶花红复烂漫，万事着眼如浮埃。嗟予未暇从诸阮，为书醉语留山隈。

与邓君

五十老称寿，于古有定名。君年四十耳，去老多馀程。玄鬓无半缟，两颊须未盈。阶前三小儿，长者发初青。少者盈尺长，眉目朗含清。幸及君盛年，教养使有成。疏通诗书义，罗列簪与缨。君行卧高阁，捻髭手巨觥。吾亦捧君觞，醉君东西楹。奈何始强仕，以寿私自营？出笺索题句，云以和管笙。嗟予亦三十，曾未为重轻。周孔所不遑，常惧德业倾。作诗虽云佳，未足扬子声。浮沉与荣悴，计较乡里称。圣哲参两间，固异比俗情。恐惧文字微，浪费匪为荣。乘酣吐胸臆，老兴谁当赓？从此至耆耋，恢恢以全生。长无忘此诗，善鸣假之鸣。

病风寄示仲毅

衡阳去桂东，水峭山嶒崎。其里千有馀，艰哉驱以驰。微官乏职守，在家恒苦饥。得餐膏吾唇，讵惜精力疲。春气非常乖，旦暮变滂曦。郁蒸作呕哕，流滑行险攲。瘴厉忽侵身，胀若盏与卮。痛痒关吾肤，爪甲不停披。尪然累胁胯，举体无所施。嗟风挠万物，搜搅当春时。土膏不甲坼，顽然中人肌。我实羸瘦躯，矗立枯树枝。形模顿乖异，肩肩而支离。予季视我肥，泫涕初临歧。恐复梦相值，体干旋参差。微生凛多艰，感叹以歔欷。犹恐名实乖，重令贤达呰。

陈以岩《饲鹤图》

陈君好奇入骨髓，卧起桐阴一床水。白鹤可驯更饲之，青田俊翮双飞起。戛蒸湖山寄旷浪，饮啄低昂深屋里。苍颜白发老相对，瘦石长松淡如此。问君心意竟何属，道巾羽服桐阴底。我方注籍蓬莱峰，神仙官府聊复尔。稽康本自乏仙骨，盘囊索食讵非耻？借君道箓饱钻研，跨鹤排云出泥滓。

别雷大令嵙

桂东实岩区，水悍山矶硉。我来亦何为，蹴踏螭虎窟。巉天荒万岫，何路许飞越？奔腾雾雨际，稍休得请谒。开筵沾我唇，渥水晞我发。吐辞相赓谐，戢戢比鹈鹕。羁留日遂繁，屋角见残月。今晨车脂辖，祖席促晓发。掇拾闻见馀，别语粗恍惚。此邦民瑶杂，岩穴互出没。洪荒未疏剔，剽悍类鹰鹯。问君挟何术，以与为楗橛？吾言吾有道，御蹇戒排突。常使民气交，如车倚辕轭。周防示之程，不以利欲汩。深山断还往，坦步无冠袜。吾爱其瘠硗，终岁饱糠籺。但欲陈土风，感叹忧至骨。小邑几家居，大半堂前卒。磨牙舐民膏，有类蛇与蝎。斡排操之急，如以薪救暍。遣除谅不能，含哕只兀兀。语君此无难，剪伐在株橛。上古胥史流，所职惟耕垡。谁能遣归农，旷土可斸掘。纵警弛群踶，得不颠且蹶？予叨论思地，无补时政阙。君无自贬抑，显显罗麾钺。幸先平其理，济水利簰筏。尤防败乃群，不惮施挞伐。所历诚优优，亦足慰饥渴。吾甘孱拙资，归老茹藜蕨。

江行戏作

江湍风复逆，悍急不容舟。苦累楫与篙，力争千里流。顽然无挫挠，抗愤恣所投。怪此百雷霆，穷冬舞玄虬。蛟龙怒何事，水底穷捕搜。狭路蹇相寻，忽如伺仇雠。偶贪江一折，张帆趋上游。拍手招天风，宁能困我不？神鬼笑一噫，汝穷皆自求。寒饿岂不佳，曷不安林丘？舟车何罪辜，顿簸不自由。轴折舷亦敝，斯实谁之尤？汝究安所得，束缚成羁囚。尚不疾追悔，逆天以取仇！反风拒所向，突若排戈矛。舟人久惝恍，谓予胡不休。此风为谁欤？君幸默自筹。茫然久无对，吾道诚淹留。幸今及陈力，逢人乞锄耰。舍汝江与湖，忘吾乐与忧。无求与无怨，于身岂不优？悠悠何适从，神鬼岂与谋。嗟吾与此风，万古一浮沤。苍茫堕惊魂，欹枕吹寒飕。招魂饮之酒，聊可尽此瓯。

耒阳县

春风春水送吹嘘，江上孤城落照馀。漠漠衡阳天尽处，潇潇江浦雁来初。清渠放溜添朝雨，野火兼星出晚墟。酤酒提壶人世事，杜公亭畔略踟蹰。

叶大令梅花画册

梅花如幽人，清澹不容攀。翛然坐我碧溪上，淡云寒雪飞晴山。君家松阳山水隅，饱看孤山五百株。断桥流水幽绝处，对花写影争清癯。四明姚叟天下奇，就中梅格颇支离。西湖天远梦不到，明月掩映空山枝。洞庭风满春波注，长帆峨峨向江路。为君欢笑来何迟，故园梅花今满树。

与戚天保、庄心庠、任瑛、黄淳熙、雷蔚、叶维藩六明府会饮怡园三首

人生属有役，欢会谅难常。暂聚复几时，共此灯烛光。有酒且酌斟，清宴陈高堂。名园负城阴，楼阁相低昂。奔走官吏徒，呼道走倾觞。宵严官鼓沉，惨惨天飞霜。举头看星斗，秋露沾衣裳。停杯莫尽醉，万事空茫茫。

我家洞庭隈，天水互迢遰。江流失故道，泛滥无宁岁。大户生蓬蒿，小户逃租税。设官为民牧，实资长久计。民气郁不扬，恐惧成灾沴。属望君等贤，所忧亦不细。遐哉两汉治，无使久沦替。

英英衡阳伯，议论奇亦颇。语余贤令尹，计数无一可。极口同年生，夙许今皆果。贤人负声誉，所至常嵬峨。提携令名去，造意与时左。我方抱锄犁，闭户营瓜蓏。趁今倒芳尊，墙菊纷婀娜。酒尽天南征，载理衡阳舵。

赠刘一兄蓉

八载一相逢，岁月讵程限？苍然颜发变，寂寂当杯盏。蹉跎遽三十，俗荣未挂眼。穷居积诟忤，因缘登讼版。逼仄使人忧，先生一笑莞。平生师孔孟，涉念先愧赧。兀兀陈蔡间。仰屋思狂简。小夫浪悲喜，方寸起岩栈。廓然吾何有，六籍敝编刬。先生

真有道，万事无择拣。庞闳外坦易，缜密中瑟僩。庙堂求内治，世士功名绾。蹇予独怀私，相顾泪潸潸。抚时起慨叹，沦身在崎屵。欹枕看骞腾，寒空飞𪄯𪄯。山林自尊宠，诗书方论撰。别颜始一展，促驾当高岘。寒江堕晓月，磊落星如戋。山川辱照临，见忆勤修柬。

寄赠毛广文英卓

冥鸿息寥廓，岂曰稻粱谋。低心营饮啄，已足异常流。毛君手一经，闭户事雕锼。学徒日三五，讲论孔与周。束脩虽少致，不能润吟喉。乡里颇奔走，屑屑从之游。屈潭水清涟，微雨可方舟。秋尽溪窦间，丛竹晚修修。书来索题字，盛意谁能酬？钟张世罕觏，俗笔萦蚓蚭。诗以导吾忧，庶用慰绸缪。

匡绍笺《西村止宿图》

乱山围户水当门，醉觅田家老瓦盆。明日天涯谁问讯？白云黄叶满西村。

江南天尽万峰环，世事浮云值等闲。剩觅天台老藤杖，阖闾祠畔买青山。

潭州别仲毅三首

小泊潭州郭，乖离一梦间。帆边风满树，江上雾沉山。侍从人争羡，驰驱自不闲。春风鸩鹊观，簪笔望来还。

世事原多感，生谋岂谓难。古人同卤莽，今我忽悲叹。妄想真无赖，何时托饱餐？只应身自幸，浩荡极游观。

闻说韶阳郡，横行盗贼多。虎狼防窜入，烽燧恐传讹。此辈终乘间，微生愿荷戈。无劳相忆苦，投袂事如何？

永兴驿次馆人韵

古驿微云向晚天，此身与世两悠然。小桥山郭斜通水，细雨人家趁种田。乡国几时断消息，故人天际已联翩。多惭旅馆逢迎者，吟罢高眠六十年。

汉水湘云递雁声图，为夏观察廷樾作

人生踪迹秋飞鸿，亦有兄弟西复东。故山泉石解相笑，不见老屋欹霜蓬。使君五马一马骢，大受伟烈今隆隆。儿童牵挽不忍释，所至欢惠如春风。汉阳太守人中龙，声名两两摩苍穹。楚歌楚舞互相羡，夹江为郡开鸿蒙。古来兄弟亦有此，颍滨逸叟儋州翁。君家金紫满朝列，又与二子殊穷通。不须云水怅迢递，断幅已见秋山重。渺然潇湘过朝雨，尺波夜涨吴王宫。嗟予兄弟苦流散，萧疏落叶凄梧桐。无能忝窃天家禄，又此惨废成疲癃。干戈水潦乘时疹，斡运元化资群公。阿兄复持东海节，往看落日蓬莱峰。大邦齐楚实鼎峙，遂开节钺交衡嵩。为凭雁语递沧海，摩崖作颂书岌巄。

赴湘潭，赵广文璘枉赠，次韵奉答

春江水涨拍天流，乘兴扁舟汗漫游。送别偶然停履屐，开尊何意傲公侯。湘波直下三千折，诗律须输一百筹。远辱传笺相赠答，云回风动黯江洲。

再次嵇谱见赠

早岁期君第一流，中年谐笑得天游。大儿不数孔文举，短咏谁过沈隐侯。一水浮沉通晚泊，众星明灭静宵筹。回头却笑天边月，独伴征帆卅六洲。

闻振清樾生及仲毅弟会次前韵，往复至百馀首，作此讯之

长羡诸君嵇阮流，闭门日与古人游。岂知旷荡乾坤霸，让作牢愁草莽侯。颇忆旧山留饮榻，为凭归梦递诗筹。奇篇不遣慰饥渴，试觅鲤鱼江上洲。

书叹

去年七月半月雨，草死田中谷埋土。今年一雨二百日，鱼鳖哀号杂人语。江声侧灌风倒吹，千门万户无晨炊。滔滔一例四海沸，书生顾步心怀悲。

三日不得粥一瓯，沟壑死骨横如丘。典男鬻妻作朝哺，一家小弱尽不留。手持衾裯易一食，恐惧诃禁有惭色。听饱卷还三叹嗟，不忍乘危取贱值。

使君行灾履灾处，出入泥涂忘沮洳。绸缪发粟兼劝输，既夕议成朝拜疏。天行失御阴干阳，雨声潇潇夜复长。雨声未已哭声作，倾囊往哺无储粱。

东方曼倩歌

武皇开边八千里，联翩卫霍乘风起。上书待诏东方生，跌宕

诙谐聊自喜。西山王母种蟠桃，千年一实难重遭。扪天一啖堕尘世，秋霜满鬓风（飏风）〔飕飕〕①。醉入仙宫踏雷雨，老作狡狯尚如此。侏儒且饱臣苦饥，胡不归言汉天子？

岸花亭小集和陈刺史

湘水来经卅六湾，振衣长啸叩禅关。暮云江浦高低树，细雨淮南大小山。泛泛凫鸥孤棹外，沉沉钟鼓一楼间。盛唐遗迹花飞尽，杨柳津亭尚耐攀。

断雁依依却座听，闲阶来往惜修翎。极天草树冬来尽，长日云山阁外青。照水忽惊生白发，闭门未拟著元经。同君一曲潇潇雨，莫对芳尊笑独醒。

《召伯甘棠图》题赠朱大令孙诒②

岐阳陕右周所都，二千年事馀榛芜。秦松汉柏亦已尽，甘棠之树犹完株。传闻召亭一支在，花繁叶密根本粗。泄雾涛汹渭水黑，排风势偃蒙山孤。何人一见叹奇绝，凿石写相留山隅。空堂雷雨走晴霁，尺幅霜雪来崎岖。偶然柯干落吾手，岭猿山鸟争欢呼。蓬茅不敢污神物，持配使君青毯毹。岂为封植得嘉树，使君固是斯人徒。已宽租税安闾井，更刮盗贼穷萑苻。兴廉立儒讲孝弟，尽化愁叹为欢娱。大贤举事量百世，亦如此树无雕枯。兵焚火蚀长在眼，人意所惜神为扶。邵陵儒生颇好古，援引召伯言非诬。陋邦感化尚名邑，况乃身使民气苏。要令致理到圣处，持赠

①按字书无“飏”字，有“飕”字，音灱。“飕飕”，风吹貌。“飏风”，疑误。
②原为“贻”，据文义改为“诒”。

有意非关诀。春风桑柘起相笑，愿奢操约徒区区。请君无忘此诗意，万有一失如此图。

宋司马翔凤罢官归江南

少小挟书策，颇怀高世名。微躯应世纷，往往见老成。先生五经笥，谈笑四座惊。置身山岳峻，落笔江河倾。爱其所著诗，众雅会咸韺。赠书三月读，虚箧俄充盈。往者大兴公，招贤每连觥。奖擢必时杰，罗列皆公卿。岳岳汤黄流，秋堂共短檠。才名三十年，稍舒头上缨。向来师友间，感激流英声。时衰耆旧贱，道阻骅骝轻。侧足班行内，长歌激纵横。时无太傅贤，薄宦信枯荣。后贤相炫赫，老气徒钬铮。忽棹湘江船，长啸沧浪清。吴淞美秋鲙，洞庭垂霜橙。告归恐后时，扬帆秋水生。枉驾草堂濒，抱书卧空楹。萧条复三十，空负后来英。虚怀济时愿，永念休官情。他日忆山堂，留证江鸥盟。

卷六

雨

薄暝蒸秋炎，四野奔云集。微风颠我舟，万阜与拱揖。沉昏远山失，散落飞雨入。戛摩樯帆直，擎踏波涛立。茫茫江雾白，岸火时吸翕。

秋柳词，同陈懿叔作

倡条冶叶倚秋深，分付哀蝉断续吟。暮雨青苍无限意，凄凉犹是故园心。

章台往迹讵堪论！剩与斜阳断客魂。一角寒山天外影，昏鸦落叶满闲门。

雨霁望岳

夜雨朝复霁，悠然云海间。苍苍万里日，楚楚一城山。岩壑宜餐术，松篁好闭关。李侯煨芋处，绝境渺孤攀。

夜行

气肃秋天夜，风寒独客身。江心迟出雾，山火远随人。鼓柝荒村寂，松杉老屋邻。宿鸦翻树起，颇怪客来频。

夜宿三元宫

遥夜江山静，丛林桧柏幽。星云依绝壁，泉后带残秋。殿壁灯微暗，阶池水细流。道人知客意，置酒对林丘。

接龙桥

朱明峰断郁岧峣，磴路梯空有石桥。天尽白云归涧壑，秋深黄叶下烟霄。衡阳王气终茫昧，宋代风流久寂寥。薄暮疏林风响竹，似闻天乐奏钧韶。

玉板桥

寻山兼得水源长，路转南冈出北冈。塔寺倾颓依断壑，石泉洒落度飞梁。高岩地僻留仙迹，古壁苔深聚佛光。斜日西林聊徙倚，疏云暮霭转青苍。

宝胜寺

古刹非今日，凄凉有断垣。天晴泉挂壁，寺小佛当门。入户星辰大，留人鸟雀喧。栖禅三百寺，问讯几能存？

铁佛寺

岭上斜阳挂疏木，老僧将佛卧空谷。客来撞鼓还击钟，扫阶延坐莓苔绿。指观佛殿已倾颓，莫惜禅房自拘束。门前士女去如云，花果照山红簇簇。空阶纳首涂泥地，大箔输钱鼎然烛。老僧收钱起款客，还买泥芹烧苦竹。信知一饱为私营，苦说空山能避俗。浮生变幻安足论，回首苍岩响飞瀑。

九仙岭

高岩积长阴，赤日下平地。霏微见城郭，指点入苍翠。奇峰翼我前，矫若星离次。逌然绝行径，烟雾转深邃。松根走石上，夹道落寒吹。坚苍无婀娜，霜雪死憔悴。风雷怒干号，仰面凄已悸。天浮一握近，石压两崖坠。吾甘婴奇险，前步请身试。

观音岩

祝融山半路，众壑已奔会。划然天地回，欻吸岩谷大。嵌空出窍穴，滃壁作湍濑。气苏云雾底，势压星日外。万古高台寺，逼侧斯山最。时有放歌人，两髁没蓬艾。群山汹吾前，浩若江河沛。孤悬绝翔走，远色赴烟霭。何时觅幽处？卜筑依松桧。

会仙桥

众石抵群巇，山色如积铁。巨灵赌一擘，苍岩怒中裂。划落大峰西，夜半风雷掣。孤撑太古石，倒劈无根穴。何人驾高桥？梯空颇巉绝。飞登足垂外，十步九杌陧。不知日月尊，何路容飞辙？犹存嵚崎势，空使苔藓啮。自非轩辕集，欲往谁能决。

祝融峰

群山拱一尊，屹立互亏蔽。交通鬼神秘，闪倏天地闭。因缘涉其颠，忽悟疏泄势。嵯峨万龙虎，东与长川逝。五峰虽矫特，前立若环卫。紫盖折而西，控扼当一睥。虞周及邃古，假物用牲币。奔腾云雾合，澒洞天人际。至今走巫祝，斯事已旒缀。惟馀好事人，登览出晴霁。盘陀山上石，撑拒有根柢。风雷与顿撼，川岳增迢递。高步观日台，轩然豁蒙翳。

上封寺

云外迢峣境，登临所见稀。山川雄气势，草木失光辉。石壁泉鸣谷，岩房雾湿衣。登封何代寺，驾鹤傥来归。

观日台

晓气生残夜，钟声出上方。海山天远大，楼观日苍凉。霞泛千山曙，风严八月霜。参旗捎太白，东望意何长。

丹霞寺

颓林破瓦散如星，古寺岩扉白日扃。冻雀踏枝翻落叶，细泉走壁挂秋屏。几人破帽愁寒雨，何处空山觅伏苓？寺下老僧无世事，拾薪烧笋坐谈经。

方广寺

群山西趋如注射，幽人缓步得追跨。巉天万岫烟雾荒，涨日千岩风瀑下。奔腾幽赏到溪谷，曲折繁阴乱松柘。异境稀逢桧柏幽，兹山偶荷樵苏赦。岩回古寺石栏转，风动疏林霜竹亚。短垣欹侧缭山川，往日丹青盛台榭。老僧呼火照碑题，古屋生云眠石罅。粗饭来供灯烛暗，寒泉细泻星河夜。木鱼报晓凛霜凄，竹杖看山及秋暇。人生欢会已难再，岁月峥嵘宁少借。此景生平犹可追，丈夫万事谁能谢？

晚谒二贤祠呈刘霞仙

竹柏阶堂肃，林泉节候淹。昔贤留一宿，落日尚重檐。山杂莓苔古，云归洞壑严。秋堂馀静味，石濑夜渐渐。

往昔经过处，追寻漫自夸。雨添幽涧水，秋倚晚丛花。问道能无意，归山或有涯。星河天炯炯，今夕照长嗟。

洗衲石

半山苍翠浸寒天，一掬清泠落晚泉。坐倚风岩平侹侹，稳倾湍濑细涓涓。白云久驻盘陀石，落日来参布衲禅。乞与一杯归问法，秋潭惊起老龙眠。

石镜潭

山如削玉水湔珠，潭上云烟出画图。石濑注溪三四尺，野榆夹涧万千株。寺坛幢影风鸦散，岩壁松声水鹤孤。此景人间应少见，便将石镜拟蓬壶。

黑沙潭

高岩下奔湍，漻日暗深谷。天风四飞扬，数里见悬瀑。咆哮湔沫喷，浩渺澄潭蹙。既放乃渟洄，激使奔腾速。巉削两岩张，注深九溟伏。见石不见湫，动与龙抵触。海师择胜处，迥压天地肃。交加万木阴，隐隐云气覆。七十二峰间，缭窅斯岩独。端须百斛泉，聊遣尘心沃。垂瓶取深咽，清寒不敢掬。

自莲花峰南行，午憩东林禅寺

空山晓雾埋荒蹊，起踏涧石湔尘泥。鸡鸣上树日初出，修竹挺挺长松萋。盘旋到寺已停午，蹬路上与云霄齐。山深烟重浩一碧，苍翠不辨查与梨。十年江海寄旷浪，走折屐齿无常栖。铿然笙筑感我耳，肯放石溜鸣寒溪。诸君皇皇复过我，念欲汲引无阶梯。径思归田刈蓬艾，力薄不任荒山犁。徒言买山学归隐，空囊百索眉还低。岂如偷闲事游览，走送落日穷崖西。犹愁别后空行迹，寒泉白日馀酸凄。君看苍苔溜寒雪，道旁古木争留题。猿猱导客有深意，有暇弗厌勤攀跻。

水帘洞

冲风夺微雨，石径渍馀润。沉阴岩磴滑，扪探云壁峻。寒溪递顽石，离立如森刃。交飞百道泉，赴壑走云阵。朱陵泰古洞，壁削八千仞。奇踪天地闷，飞沫风雷趁。奔腾九河翻，皎洁孤月印。仙人垂空帘，端坐但一瞬。杳冥金石奏，晃荡云霞衬。犹疑丹灶水，阴风扇馀烬。

谒衡岳庙

南方朱鸟如云翔，祝融矗立天一方。穹峦复嶂莫研诘，划然天地随低昂。五峰控列次相及，紫盖西折如腾骧。升岩坐石久屏息，扪壁不敢窥穹苍。高檐大栋倚巀嵲，侧身下瞷千尺强。当阶荐醴钟鼓作，危柯古壁交青黄。究荒留滞易节候，远随南雁辞秋霜。偶然拄杖看朝日，倚岫睨海云飘扬。蛮风毒雾苦未习，山川信美非吾乡。朝廷致理有变革，吾侪流落难具详。金编玉简盛文字，念此欲究愁冥茫。山深路远起何适？回首人间忧患长。

晓至南台寺

岭上松声处处闻，南台曙色近秋分。高崖放溜千年雪，古寺藏山四壁云。塔院晓风钟暗度，石林晴日草微薰。药岩醉硐非吾分，且欲南寻岣嵝文。

山行杂咏

历历山川景，平生实饱谙。五峰犹梦里，一舸落天南。岭石斑斓古，岩泉净碧涵。林鸦能唤客，幽处试跻探。

胜地黄庭观，升仙万古坛。松杉晴似雨，岩壑昼常寒。宿药留风灶，飞泉挂石栏。高台纷落叶，斜日白漫漫。

台观参差过，林园取次分。寒岩烟吐日，古壁石生云。岁晚馀花见，天晴细草薰。盘陀空谷晓，竟欲绝尘氛。

三百栖禅寺，云山胜业开。楼台天影过，橘柚雨声来。汲水泉鸣涧，烹茶雪满罍。丛林无半亩，欹侧坐莓苔。

颇爱云居谷，平分水竹清。群峰当一角，半里似孤城。岭树笼云小，溪沙漾日明。还登高阜望，原海尽东倾。

阴洞风雷转，奔湍日夜号。岩深天隐闷，雨急树刁骚。江汉频年溢，鱼龙八月高。防君沧海去，增长作波涛。

闻道秦时树，多生岩石间。我来寻桧柏，遗憾满云山。寂历疏林晚，坡陀积石顽。终存太古意，白日照苍颜。

到处题名石，呤呀似断碑。登临前代迹，寥落几人知？雾雨苍岩冷，林泉皓首期。遗文传岣嵝，指点到今疑。

栖真云母石，上有列仙居。摵摵朱陵鹤，喁喁碧涧鱼。残僧萧寺卧，瘦骨老松如。倘遇西园逸，相从问道书。

凿石能开屋，依岩好种田。桑麻围碧岫，鸡犬上青天。晚稻秋风熟，高歌白日眠。人间浑未识，莫遣此诗传。

槎枒山上石，往往似奇峰。古桐禽巢穴，深岩鹿养茸。泉疏开辟水，阴合浅深松。颇识朱明气，吾将策短筇。

万海林前路，残秋树未雕。山川忽异县，松桂得干霄。涧水宵鸣壁，溪云晓渡桥。道人供笋蕨，相对发飘萧。

地僻耽幽意，时清托放歌。星河低户入，雾雨暮山多。说法龙能听，惊秋雁肯过。南轩讲堂在，石径闭松萝。

风日延清景，江山得胜游。阴晴云屡变，分合水交流。异态峰峦晚，新凉寺观秋。吾谋自迂左，投老事林丘。

夜与陈懿叔谈山水佳处

苍岩白石悟平生，一笑人间万事轻。草木自馀秋后意，山川留证远来情。杖藜古道寒云色，拨火秋堂细雨声。商略此时清味在，依然参斗夜深横。

且随猿鹤寄烟霞，野菊山矾作晚花。亦觉青山非世故，偶逢修竹即吾家。寒宵风雨来煨芋，明日园林学种瓜。一啜清甘诗满听，为君重瀹紫溪茶。

杨大令《归田图》

平生耽静已成癖，径欲归山买泉石。依然袍裤走尘沙，空有云山随履屐。吾侪正当置丘壑，使君岂意耽穷僻。衡山嵯峨七十二，坐对飞泉挂岩壁。长使声名塞溪谷，安用琴尊狎烟碛。谢安自不忘东山，几闻造次收朝籍。世人侈口谈广受，老死山崖究何益。昨宵草木变秋声，半榻云烟飞屋脊。达人心远不吾欺，扰扰人寰空咄咄。嗟予窃禄岂辞晚，岁月奔腾赌一掷。寒梅老屋甫成林，别后苔痕应几尺。人生穷达要有数，未必归田定良策。南高峰头望沧海，咫尺孤云渺遗迹。衡山李（沁）〔泌〕知此意，相呼岩下栽松柏。

示石笏、淳溪两道人

天半云山眼，秋来但忆归。怜君如落叶，送我忽斜晖。野鹤翻岩树，山泉隐石扉。羁人妨雨雪，非肯故相违。

淳溪《拈花图》

临水登山亦有因，此生宜与道流亲。拈花一笑知何着，着在维摩病里身。

书鹤傭诗后兼示西枝

吾乡两僧少，鹤傭与西枝。西枝静温雅，濯濯琼瑶姿。鹤傭稍俊发，玉立而修眉。扬声哦楚风，清飙荡涟漪。吾怜吴伯翼，烂醉多文词。老苍无事业，诗律穷清奇。寒风手一编，偃蹇披我帷。开卷读复哦，寒花擢江蓠。鹤师听涛居，春波荡湖湄。置身兰芷间，芳忻以纷蕤。嗟予废声律，卧疾愁寒曦。僧徒匪俗观，有来触吾悲。方今与朝列，多及壮盛时。安能冠其颠，论列于丹墀？君看齐贯辈，穷年守茅茨。作诗虽云佳，无异蚓窍吹。虽然清净中，澄观湛秋池。敷馀众妙生，澹淹朝华披。问道得其征，约取而博施。吾言颇乖俗，还与两僧期。

为高处士寅亮题《雪韵楼诗》

冬寒貂裘被时杰，嗟君破帽当冰雪。日晚鸠房栖比翼，嗟君独榻长呜咽。布衾夜拥寒如铁，探丸起死空留诀。一家只惜少君贤，十载能全老莱节。将雏转侧失鸳鸿，方春恍佛闻鹈鴂。空许遗编凌谢鲍，谁忍忘情效庄列？西风吹雪花漫天，冒险远泛潇湘船。欲语回头泪迸泉，为君起舞歌扣舷。强颜作达以为贤，收藏付与佳诗传，垂名照世无穷年。吾言虽俚君谓然，世事变幻空云烟！

将赴宁乡，先柬齐大令德五三首

落日沩江北，青天岳岭西。溪桥浮木过，村树避檐低。农务茅茨急，山程棘刺迷。迟回宽望眼，相就勉扶藜。

谈笑经时别，忧欢触绪多。风雷松响涧，雾雨蔓垂坡。衰白为官好，浮华阅世过。阿戎才潦倒，幕府意如何？

苏晋持斋律，扬雄述酒箴。客情妨盛馔，旅食任浮萍。晚韭舒苗白，香芹过雨青。东轩堪一饱，回驾促春星。

访廖大令宗元不遇

闻君扫榻古城隅，颇忆城西酒可沽。乘兴暂停云外骑，望尘还想日南皃。涨溪残溜随消长，过树疏星乍有无。他日相思愁不浅，江天无地访潜夫。

谭处士《海上钓鳌图》

蓬莱郁郁金银台，赤日照耀丹霞开，六鳌浮海驾山来。持竿引纶海涛起，排荡八溟天万里，安期羡门今已矣！我思斩蛟西海头，出门仗剑还独游，寒雨飒飒枯树秋。

卷七

九日，嵇樾生招饮吴氏大观楼，以乐天“一年年觉惜重阳”句为韵，赋诗七首

黄茅城头低落日，寒烟败柳秋萧瑟。高楼倒晌长江流，微云净洗青天出。生平万事委黄埃，对酒舒怀百无一。为君起覆杯中渌，擘阮调筝竹林逸。

晴秋白日清且妍，玉池莲花高插天。湖波涨晚晃相射，盘旋下有蛟龙渊。径思理罾下洲渚，刈蒿束弩相周旋。颠风催秋岁行尽，失计昨岁还明年。

嵇君才名三十年，题诗自诩笔如椽。朝菹列厨饭百瓮，夜榻支壁分半毡。三时不乏鲑菜约，一饱得课瓜芋田。吾方晞发向江水，欲觅稽山棹酒船。

鸡鸣上树声喔喔，白日苦短岁还邈。楼头片月皓已升，星斗插檐天一握。江湖徂秋雨失时，边关健儿夜吹角。低徊酒盏照悲叹，万家昏梦无人觉。

危楼迥出蓬蒿宅，湖波照槛平如席。茱萸压鬓满秋霜，回首风尘几两屐。人事长随东水逝，丘山零落空嗟惜。归来自笑长卿居，尘土污人家四壁。

铁城西接莫耶峰，烟昏雾暗藏妖烽。昆仑天关动杀气，潇湘日晕围三重初四日日晕。庙堂尊宿无筹策，壮士抚剑奔群龙。焉知浮沉酒杯里，当筵醉卧欹长松。

曾君当世一凤凰，五疏直上鸣朝阳。剧谈伟状倚梦寐，四年不见心为伤。芦沟桥头作重九，临别见许崔李行。洒泪江皋望南斗，空残天禄校书郎。

次韵赵广文璘四首

三十堪头白，劳劳亦未休。一帆黄叶落，三日晚风愁。窥水无高鹭，耕山有病牛。湖田少良岁，萧瑟故园秋。

赵子巧言语，著书成一经。秋风茅屋叹，夜雨草堂灵。奔走赪鱼尾，飞腾落雁翎。高才百无补，期子在沧溟。

桂林兵事急，日月羽书来。大将星辰上，孤槎水石隈。寒天催短景，高卧想奇才。铜柱功名在，多年没草莱。

生世如鸥鸟，年年水上浮。壮夫多感激，诸子日咿嚘。近岸烟生树，当山日隐楼。弟兄嗟异地，飘泊又潭州。

杨千户载福二图

画虎

秋河暗空星斗大，旷野萧条豺虎卧。尘埃涨天行路稀，掠耳但怪腥风过。西方狻猊亦能飞，破胆伏地无光辉。书生不能徒手搏，拂衣归采南山薇。

山水老屋

山头种树屋底竹，编茅自号幽人谷。云深谷暗独行游，朝呼齑盐暮饭粥。吁嗟此乐吾弗如，裹粮负剑无闲居。请君洗甲呼铁骑，待上长卿校猎书。

次韵庞大令作人《感事》兼呈庄司马心庠

两载栖皇忧世变，一尊谈笑见交情。人才安见今非古？世事徐观险亦平。当道委蛇无远略，书生感激累狂名。似闻六月休兵甲，早晚秋风起旆旌。

玉节牙麾据上游，孤帆江浦且迟留。天回星斗皆南拱，水散蒸潇向北流。千里揭竿残破胆，十年煨芋肯埋头。纷纷幕府归帑意，莫认功成范蠡舟。

移居

风尘澒洞已三年，岩壑崄岈自一天。万岫高低云惨惨，一椽开辟草芊芊。诸军霸上真儿戏，此膝隆中或苟全。夜半鼓鼙惊枕席，更愁无地着安眠。

胡刺史镛招饮东园

时事艰危国论深，壮心低就酒杯斟。西风鼓角孤城远，细雨荼蘼小苑阴。大邑名贤心洒落，清春雅集夜萧森。何缘料理平生事？一卧沧江鬓发侵。

仓太守景恬见示先世手册

叠架琳琅趁晚筵，故家遗墨喜重编。清渠照槛泉含雨，幽阁生云树拂天。少日趋庭事秋蚓，三年倚壁着枯蝉。破书堆屋尘生几，回首家山亦怆然。

奉观仓悔谷先生所临各家书

欧、颜、虞、褚世无有，百年却见雍丘叟，脱帽淋漓墨污首。使君南来歌楚风，百书装橐一马骢，指点遗迹春灯红。幽花堕檐月照屋，乞与云烟堆半幅，归拥残毡卧空谷。

嵇樾生牡丹画幅

金丘众据无卓锥，峨冠见诟尘生髭。发狂吐韵自倾倒，万事天定非人为。君看浮云动寥廓，起灭沧海无还期。春风吹荡繁华梦，名葩大蕊纷葳蕤。时来丽色自矜宠，不见妖萼攒霜枝。我生念此良自足，委弃世事从酣嬉。僮奴诽怪此何意，力虽短诎能嵚崎。曷不偷闲美衣食，呼吸富贵聊逶迤？书生穷腐例到骨，蹇劣未要黄金羁。横流沧海阅人代，方寸五岳生巉巇。偶然舐笔慑狐兔，要收鬼魅供鞭笞。遂令好事纷传诵，疑此神勇当貔貔。文章戏耳安足录，以心役物无已痴。不如浮云看世事，忍饥坐啸荒山陂。功名百事不挂眼，聊此醉梦穷寒曦。根株判断窃名号，一日感激千崛奇。洒图醉语君勿哂，攘攘天地空号悲。

丁伊辅学士邀同罗研生陪曾侍郎游岳麓寺

乱云拥路寺藏门，来共山翁倒酒樽。孤阁晚晴千嶂小，六朝残雪五松尊。望穷城郭连江雾，秋尽溪潭落涨痕。话旧名山陪驻节，寺钟斋火亘黄昏。

岳麓山屈子祠

楚臣馀憾到江村，一径烟芜昼掩门。遗构山川仍故国，满庭兰芷黯归魂。惊鸦坠叶随高下，暮岭孤云自吐吞。乱后楼台知几在，坏墙销尽旧题痕。

萍乡道中书感三首

江西西望接吴京，吴楚同连险要争。细雨孤城今日过，秋风华发昨宵生。衡庐异地连天尽，章贡交流到海平。盗贼纵横遽如此，凭谁省识亚夫营。

海南雾雨涨高秋，十载沈霾万国愁。小邑炊烟朝惨戚，凄风鼓角夜刁飕。中原积贮知何似？内府缗钱要细筹。鼍愤龙颠莫渠问，本来沧海已横流。

三年忧患愧生存，已办微躯付灌园。六月戎行尘惨淡，几人书剑气腾骞。丛榈障日歆山阁，败苇浮波暗水村。宿草师门馀涕泪喻风光庶子师，重来斗酒与招魂。

羊头岭周氏庄

大旆高车日又曛，数家茅屋半山分。林深路隐偏宜夜，雨尽天低不断云。村酿聊供瓜果会，官程犹肃鹳鹅军。当垆莫怪将军少，新制扬雄校猎文。

感事五首

天下兵常斗，书生道固穷。徐扬云不定，楚粤水兼通。阵色朝昏变，兵端今古同。钟山足形胜，滚滚水流东。

世乱非今日，兵骄亦有年。国家存法令，将卒苦周旋。岂足防关险，空能扰市廛。健儿冠被好，不必校鸢肩。

万国提封远，诸州控卫多。句当皆犷骑，部分足雕戈。但幸蜗居稳，终如蚁附何。暮途思猛士，萧瑟《大风歌》。

古法租庸绝，长途驿传烦。搜求穷小邑，诛敛遂多门。领县纷无色，征兵转益繁。乱离有今日，本末莫轻论。

主圣臣非佞，民劳法未疏。徒言才蹇缺，竟使国空虚。盗贼轻弓矢，朝廷用簿书。尽除执法吏，昭洗万方初。

临江道中寄示仲毅、叔和

万里羁孤两楚囚，六年梦醒此来游。丁未春与仲毅卜珓陶然亭，并得楚囚之兆。安危竟系江淮局，歌哭何关畎亩忧？兄弟飘零三地泪，干戈经历两年秋。阿城犹滞归田约，夜雨潇潇古戍楼。仲毅时在武昌。

十年偃蹇校书郎，鸣镝弯弓赴敌场。险路更添三日雨，炎天浑似九秋凉。乱馀身已非全物，死去魂应识故乡。枹鼓已援形势异，一时处分恐仓皇。

奉呈江廉使忠源三首

觅得疲驴试短衣，尺书屡召敢频违。此生戎马真非分，半夜星辰尚合围。天尽山川皆北拱，秋深鸿雁渐南飞。壮心自触城头角，落木郊原景更非。

民望君恩日正浓，书生持节要从容。旄头翼翼皆虓虎，扇羽飞飞起卧龙。要识土田归禹甸，谁令戈甲满尧封。蔽江雨檄纷驰下，早晚澄清望倚筇。

自是疏狂托圣朝，敢将羽翼附云霄。六州吴楚交兵气，八月江淮断海潮。长路干戈天荡荡，十年鬓发影萧萧。朝廷记录吾何敢，已办扬雄作《解嘲》。

瑞昌县

山城剩有数家居，黯黯人烟暮雨馀。霜信渐催衡岳雁，兵烽愁及武昌鱼。经秋草木都非旧，近寇村庐半已虚。拟欲上书先痛哭，可无颇牧备边储。

乌石

连峰递层阴，闷壑淹晚景。逶迤下平陆，山势始一骋。林峦赴远色，桧柏交清影。溪流晃晴沙，照日光炯炯。中有数家居，林卧狎岩隐。荒哉云雾窟，实接兵尘警。始信天地间，逼仄积榛梗。自非沉昏士，谁能越人境？我家玉池颠，芋栗亦时稔。惊风吹浮埃，危世难高枕。横流得一障，誓往从箕颍。

九日

岁岁兹辰泛菊觞，今馀泪雨洒衣裳。蕲黄形胜馀回合，江汉波涛接混茫。万里秋风催短发，三年转战又重阳。茱萸酒尽天涯会，回首干戈道路长。

汉川别江岷樵一兄、邹叔绩三兄三首

桑弧甫能弦，奔走历燕越。廿年朋好间，惨惨忧离别。艰难见我友，门户有旌节。生平伊吕志，斟酌孙吴诀。转战荆扬间，尘土生巾发。我时负弩趋，戈戟互出没。从来罴虎士，用急戒颠蹶。端持活国心，蓄锐恣飙发。旄麾虽众建，未足资挞伐。荷负良独艰，感念忧至骨。

吾友邹叔子，满腹藏诗书。探箧得韬钤，荷戈走江湖。厥初忧伏莽，其微实土苴。万事堕冥冥，转进增艰劬。时危烈士耻，颇亦效驰驱。故应干戈力，驱迫到穷儒。皇仁无苛烦，万姓犹昭苏。波山且利涉，有往轻崎岖。湘岩故息壤，吾甘死耘锄。

微生如雁鹜，友朋视性命。避乱狎幽栖，高卧息群竞。自枉曾侯召，偃蹇赴锋刃。晚随二公游，夙昔有深敬。短衣不掩骭，罢惫岂能称！微灯照昏花，归驾风雨劲。不能终执戟，扫荡妖氛净。苍然暮色至，华发满明镜。

与海量

前岁曾留海公榻，园蔬厨果敞岩扉。三年忽忽干戈满，一别茫茫信使稀。风雨重来谈夙约，云山留待解朝衣。萧疏鬓发君休问，新自吴蒙帐下归。

黄翰周芭蕉画幅

大叶粗根只自肥，朔风吹雪晚晖晖。江边旧记蕉云阁，细草寒莎冷铁衣。

覆鹿茫茫一梦过，秋风木叶洞庭波。中原豺虎骄横甚，洒泪残灯忆枕戈。

画里斜阳白发生，西窗添得晚来情。何时净扫阶前石，来听潇潇夜雨声？

次韵周太学开锡

蹉跎三十百无成，乞取残年望治平。半世声名殷浩在，几人惭愧褚渊生？暑馀被甲东征怨，夜半看天北斗横。尽括脂膏供转饷，为君重唱羽林行。

感事四首

汉家稗政固多端，祸起黄巾一局残。江路经年犹燕处，钟山终古失龙蟠。枕戈有暇筹防御，厝火何人策治安？君看烽烟传小警，长途飞檄浩漫漫。

诏书宽大惜黎元，谁识军兴耗费烦？经国要谙《盐铁论》，拜官先失政刑源。锥刀析利徒为扰，闾里输忠未敢论。他日庙谟诛卜式，论才终愧汉公孙。

娓娓徒令有识嗟，老儒端委足疵瑕。三年烽火馀孤愤，万里车书尚一家。长使斯人在帷幄，谁令奇祸暂萌芽？神功圣德依然在，劫火昆明会有涯。

斗米招邀足祸胎，衣冠涂炭有馀哀。婴城苏峻原无策，临敌王恢亦是才。要识奔堤缘蚁穴，岂闻下诏觅龙媒。景阳钟动千官集，未信人贤没草莱。

避地

避地逾三载，开门对一峰。曙晴风动竹，夜冷月窥松。薇蕨甘长计，蓬蒿属老农。春醪吾独抚，岩下水淙淙。

哭江中丞

剖竹连圻总有名，结缨犹是老书生。江淮草木无完垒，朝野衣冠有哭声。七叶两京麾北顾，九州一柱竟南倾。孤臣闲退今华发，日倚柴门涕泗横。

周氏媛山水图歌

我闻荆关范巨妙山水，绝笔林峦森万里。米家泼墨出新意，疾鹰掠地长风起。往时文采赵王孙，流传墨妙管夫人。画阁珠闱五百载，丹青重展沧浪春。丛山峨峨开半幅，翠竹丹枫深结屋。石泉落涧松亭幽，寂无人声风响谷。时危惨澹纷旌旄，白日倒影苍崖高。莫放青山通世眼，逝将去汝埋蓬蒿。

辰山道中

衣冠今日厄，山水去程赊。负耜从为客，披榛即是家。岭云朝暮雨，驿树浅深花。自古伤沦落，青门亦种瓜。

卷八

邵南

破晓寒生雨渐酣，偶逢小市亦停骖。千畦护稻牛归栅，半港张罾蛤满篮。尘镜晓光泉瀌瀌，鬓丝秋影柳毵毵。三年踪迹浑无奈，又逐游尘入邵南。

与李孝廉仲芳

十年见子长安陌，车如鸡栖棰三尺。哦诗缓步尘埃间，可怜为人好风格。于今憔悴城东逸，老作濂溪池畔客。掩关坐阁日沉阶，莲风柳浪参差碧。学徒八九校章句，涴笔铅黄纷满席。方冠大履坐无箕，三晨晏起私自责。县尹求贤肯造礼，邻舍惊窥骑屋脊。白头老母时苦饥，颇致俸馀供菽麦。登登鼙鼓急公会，纵横抗坐请筹策。衣无纨繻出无马，泥雨半沾头上帻。国家万事堕冥昧，干戈水潦日沉迫。千官不救涂炭忧，一身直苦乾坤窄。世人颠倒更相笑，吾侪愚贱属有役。君看襆被走尘土，何似归山买泉石。

爱莲池

濂溪祠下水平池，惆怅伊人寄远思。曲槛微风花似海，孤亭流水雨如丝。新秋云物空遗宇，异代弦歌忆往时。咫尺馀音通謦咳，从游未觉此生迟。

偕彭洋中、冯卓怀、邓瑔、邹骧迪四孝廉游双清寺，遂至五台庵方丈小酌

千岩上晓日，漾舟云水净。孤亭俯崔嵬，众壑纷趋迎。双流道所经，秋近波浪盛。危矶砥要处，澄潭递水镜。石边花木古，坚瘦使人敬。循椒得遗刹，一水相洄泳。空庭寂无响，松栝光照映。点缀蔬茗间，幽赏那能更。钟声出树远，竹力戛风劲。回薄天地心，悠然挂斗柄。素心聊为期，物外讨幽夐。

入新化

负郭人家屋数椽，依然淳朴古山川。尘飞箭洒三年梦，瓜熟蒲荒六月天。往迹销沉云外树，故交沦散雨馀烟。沱江不比资江水，回首将军下濑船。

过游孝廉淳世饮酒罢见赠，次韵三首

暮雨度城阴，秋草暗庭宇。丛阴卧阶石，恍佛天尺五。修修南窗竹，月出风动户。故畦禾黍肥，远戍关山苦。多忧怆行吟，益尔毛发古。

白云起南山，颇忆猿鹤侣。乘时屠酤尊，得道鱼盐举。萧条觅饮处，清座陈佳醑。人心异凉燠，世途多龃龉。长夜把君诗，高歌散烦暑。

国风十五篇，哀音极苌楚。萧然锋镝心，复此历年所。榷缗算船轺，讵谓丝毫补？开怀著罪言，展转巾箧贮。秋山何处深，庶往隔尘土。

书李孝廉洽《都城杂志》后

回首人间白发生，玉台新咏剧关情。可怜一觉繁华梦，犹记当年薄倖名。乱后关山怜往迹，病馀弦管失欢声。秋风旧识芦沟水，百转千回绕帝城。

过邹广文孔搢罗洪山庄

与君患难还同役，真见情怀似古人。一棹白头游宦迹，半山黄叶著书身。舟车榷算无闲土，鼙鼓惊喧有战尘。欲为鱼虾留庾翼，烟蓑归钓洞庭春。

洋溪道中寄题邹孝廉《野鹅山居图》

十年闻说野鹅居，万木萧森见画图。小驻云山如宿约，满溪粳稻接平芜。岚光晃荡时明灭，尘事喧阗定有无。渐恐官程侵涧路近闻官驿改由洋溪入溆浦，幽栖何地著《潜夫》？

十里山

石级攀援尽日劳，晚寻村路出蓬蒿。墙垣地僻鸡豚狎，草树秋深雉兔豪。夜久星河窥户近，晴多沙石挟滩高。惊涛一枕愁无寐，斗觉霜华上鬓毛。

黄板桥

秋风万里数江程，犹剩资湘一水清。黄板桥南旧茅屋，夜凉支枕听滩声。

半山

山市人家水一坳，晚兰抽箭菊含苞。微风渐起疏林杪，落日犹衔野竹梢。万国衣冠避戎刀，故园门巷满蟏蛸。半山尚有前朝宅，已办扶藜伴结茅。

飞鹅潭

飞鹅潭上水鲜澄，直下潇湘万里腾。梦里忽随东去浪，千帆斜日过巴陵。

马蹄界

匹马山川界，羁人岁月淹。藤萝秋在壁，星斗夜平檐。世变纵横出，吾行出处兼。重歌归去引，此意愧陶潜。

小雨旅次，青蝇满帷，孤灯无寐，怃然成咏

西风落叶洒征衣，驿树经秋减旧围。暮雨村墟贪客过，饥乌庭院背人飞。病怜儿女娇容损，梦觅干戈隙路归。何事青蝇剧相吊，故山心事十年违。

石子坳

数家成小聚，独树表孤岩。泉细阶除过，云深洞壑缄。晨霜雕鬓发，夜雨响松杉。黄独秋来盛，归求木柄镵。

首望山高处

川原回合接林垌，旧垒如闻战血腥。断角颓垣尘漠漠，夕阳

荒冢草星星。青山一发江南北，黄叶千家酒醉醒。危世生才终已矣，安排吾道付沉冥。

邓小渠约展王处士治模墓

不独知交惜此君，郡人犹解重遗文。他乡烽火参军檄，隔岁蓬蒿处士坟。山径饱添秋后雨，客愁低挂断空云。西城预想伤心路，日暮啼鸦不忍闻。

晓渡资江

舣舟城西旁，侵晓气萧瑟。微风水际生，荡漾海东日。霜严草木靡，水缩沙渚出。哀湍激顽石，入耳神凄栗。万军呼号惨，视此雷霆疾。嚣然尘海内，争夺无时毕。旰食忧黎元，征行弃家室。缊裘犯星露，敢惜微贱质！凄凉扣舷歌，萧索采芝术。微生竟何成，感叹还自失。

送葆刺史亨移守常德

使君手笏是甘棠，家世从来魏杜行。古郭旌旗兼地远，秋风笳鼓接天长。昨宵灯火来今雨，一棹云山正夕阳。努力时危要英杰，风尘吾已鬓眉苍。

潇湘九水接江回，浩荡卢循信去来。五马欲寻渔父洞，万军犹拥定王台。忧时贾谊无馀策，谕蜀相如自薄才。聊共酒尊宽笑语，城头吹角夜还哀。

资胜岩

枨触闲愁到酒边，孤岩来扫古苔眠。泉潭晃荡云藏路，洞壑低昂竹扫天。细雨孤城斜度鸟，夕阳古寺乱鸣蝉。眼中旌节诸君在，且作题名万岭颠。

仙院

去城五里近，逶迤平野隘。阴峰障层坂，修篁递虚籁。盘陀古仙人，垒石作营砦。挺如奇鹰立，侧若飞龙挂。回旋首盘髻，端直躬秉玠。炯炯轩图阵，肃肃羲分卦。梯架般倕工，皴点营邱画。划空岩敞穴，滃罅泉引派。岷藩有遗迹，洒石如披薤。至今杂苔藓，斑驳成壁疥。荒山阒人踪，灵境辟何代？真仙去无迹，遗此恣荒怪。宾然呼石兄，勉就老颠拜。

与邓上舍绎

周诗盖三百，感愤寄所宣。阮公酒自污，繁章美清筵。子昂困小吏，乃有《感遇》篇。人生能几何？踡屈天地间。杞人仰苍昊，危坐烦忧煎。蟾蜍蚀明月，里鼓声喧阗。诗流多古风，感激身迍邅。梁鸿歌《五噫》，班史录其贤。

谁闻鲁连高，佶屈掉长舌。田嬴两戏耳，投闲取高节。桃椎本窭人，赍志就岩穴。蓬蒿肃轩盖，虚声颇忝窃。仙人王子晋，蹑云履芳洁。俯视尘埃间，万古一蠓蠛。发声醒群听，清风洒兰雪。

里音盛蛙黾，聒耳亦云猥。孤吟耿幽怨，对面隔山海。登高望川岳，日夕浮云改。长鲸负鳞鬣，旌旆光璀璀。一怒湮九州，尧民彼何罪？苍葭晞白露，寸心渺千载。短歌歌明月，光景岂长待。

昔我游衡山，幽栖荫岩樾。故人就煨芋，对影珊珊骨。出门一骧首，英风偃溟渤。沉霾塞旷野，寒空照妖孛。白衣领元甲，再起楼船卒。租庸减常调，民力嗟犹竭。吾哀征夫饥，当餐觍茹蕨。长卿晚谕蜀，齿冷心屼屼。萧飒首飞蓬，仕隐何时决？

微风荡林木，肃肃和且敦。坐起晞予发，振袂生朝暾。卷卷西来云，忽如款我门。出门走从君，卧舍如荒村。掉笔垂空文，浩若九河翻。多才安所施？以膏自煎燔。凉秋飒然至，飞雨洒南轩。桂实黄已殒，聊为倒芳尊。

桂花树下饮酒至夕

少年爱花随处家，只道岁月来无涯。眼看生意年年谢，花开花落成长嗟。退思堂前五株桂，烂漫又着秋来花。今年花事计数尽，得醉莫惜啼昏鸦。绛云漫空送飞霰，浓香泛浥披晴霞。试拣繁枝挂鹦鹉，翠蕤云帔纷交加。金晓嵩携挂鹦鹉枝上。屈原《离骚》揽芳芷，不见古干攒仙葩。嗟予笃嗜不论命，婀娜相对无疵瑕。自怜岁岁花经眼，把盏更削秋园瓜。蛮方相待留手迹，移栽两树新萌芽。明年花开应更盛，坐视日月如转车。盛衰荣落复谁料，只恐两鬓摧霜华。馀芳堕地坐客散，耿耿白日西南斜。

武冈邸舍开户见云山，感而有作

南村旧有云山作，一揽云烟万壑哀。今日风流诸老尽，名山几席待谁来？晓窗涧壑通微径，晴日松篁拱废台。揽胜怀人终古意，不辞相对日千杯。

旋岩晚步，遂至明公寺

高林隐斜晖，日色亦未晚。溪桥得微步，意行无近远。青苍岩际树，坏寺出晴巘。适逢浮云起，忽与飞鸦返。皇天无雨泽，冬阳肆骄蹇。但见旋岩溪，寒榛蔽枯堰。军乏急诛求，田荒费疏垦。要知岁丰薄，固是安危本。我亦蓬块间，荷锸亲露畹。艰虞触所历，顾步增缱绻。

蓼溪

自拣松枝挂酒壶，此情觉与世人殊。溪桥小驿阴初合，野草斜阳淡欲无。石硐分滩翻水碓，岩泉通笕入山厨。小留莫讶西风急，浩荡乾坤一杖扶。

高沙樟树歌

高沙市后古樟树，负雪崔嵬立官路。赪铁平穿蛇虺根，苍藤半卷蛟龙雾。两株盘郁寻丈地，轮囷萧撼岂天意！云气横通石屋山，泉源倒灌钟沧寺。哑哑枝上啼寒乌，侵晨举翮声相呼。高柯大叶荫巢窟，停蓄百怪张通衢。山川突兀有更变，人世荆棘多艰虞。干戈盗贼斗未已，忧见巨干成枯株。梗楠万木沧江入，爇火燎空照愁泣。君不见潇湘野客樟树边，暝踏泥沙望云立。

九日游袁氏园

去年重阳瑞昌县，万马咆空待酣战。旌旗漫山烟雾愁，狂呼下掣如雷电。短衣归来才一梦，风尘万事沧桑变。堪悲不及去年人，崩崖泻泪长河溅。

名园静与松山对，寒日生林乍明晦。白云一片忽飞来，密柚长藤杳何代。淮湖戈戟浩如海，狂歌纵饮浮生内。嵯峨二石空庭幽，谁能持此镇横溃？园有巨石二。

少年爱花乞花栽，菊花红紫高崔嵬。黄茅城头一壶酒，白日倒映青林开。重台雪萼不复见，数枝丛委矜凡材。墙根薄倚照憔悴，明日风雨空尘埃。

皇天高高不得语，指挥日月驱寒暑。短垣丛藿号鸢鸱，细路黄蒿窜狐鼠。洪波扬天秋雨急，东下淮徐控强楚。弯弓上马不得飞，低眉自恨奈何许！

回溪东出岩台峰，十里一堠连长烽。捷书日报道里静，晴秋白昼黄粱春。滇南官铜缺鼓铸，川楚谷贱还伤农。空持一身在旷野，暝弃万事倾千钟。

寄李洽，时病盲

严冬十月霜风紧，蒲苇半折枯干贾。念君晏坐枫树林，屋破仍愁风雨窘。少年豪宕斗身健，垂杨䩞鞚无停轸。载酒时经游侠场，结交但指《箜篌引》。蓬莱故人在天末，有似碧汉排银笋。晚蒙博士慰沈沦，短鬓单衣真一哂。要持诗律调宫角，颇见笔势穷蚴蚓。黄金到手只愁空，时覆瓶罂倒仓囷。干戈连岁黯吴楚，书生搏击惭秋隼。硐东老死南村荒，眼看耆旧风流尽。故应闭目向时人，奔走谁能校工蠢！萧斋无人三日卧，起见日月当空陨。羲和失御暗昏昼，呵壁扪天还自闵。圣贤寂寞古所叹，病商穷左犹可忍。且羞鼓箧学支离，肯为雨立嘲陛楯。得失从人辨泾渭，往来信步无畦畛。君不见张籍乐府杜钦经，当日贤豪徒泯泯。

喜闻官兵复武昌

楚境纵横半九州，沉沦何止汉樊忧。顿收鄂岳经营地，重睹关河战伐秋。万里孤军成创局，三吴全势要深筹。腐儒荒徼宣威德，喜极翻成涕泗流。

寄朱太守三兄孙诒

三年身世已蹉跎，楚雨吴云恨若何。领郡旌麾向边远，沿江鼓角入秋多。荆衡渐达中原路，资邵微生别后波。此后澄清须报可，独渐孤枕傍雕戈。

十月一日

蛮方秋尽瘴云蒸，此日吟游忆昔曾。烟雨楼台霜后柳，湖桥歌管夜深灯。葑枯水浅寻苏堰，草蔓垣颓拜宋陵。历历山川戎马隔，梦回清山冷如冰。

出南城郭外微雨忽霁，望云山

峭风吹雨城南路，七一峰头有晚曛。石鼎寒融秦代雪，香炉晴挂楚天云。望边钟磬冰霜路，愁里烟尘郢鄂军。安得卢侯相接引，高通呼吸九霄闻。

赤竹铺

赤竹古时驿，赪松到处山。冻云依日薄，攲石傍人顽。莱菔冬逾大，柴荆晚亦闲。无才甘贱役，终岁有跻攀。

岐塘

雨雪云山色，岐塘此日寒。墟烟通驿小，岭瘴入冬残。异俗烽兼警，孤亭酒半阑。老来才更尽，真作畏途看。

独游西岩寺

层岩递落日，孤壑闻疏钟。寻声苍翠间，晚寺烟蒙蒙。清溪转回岩，入户响已空。徘徊树间月，渐度西南峰。山僧欢客至，起立支枯筇。白云何自来？卷舒为君容。参差寺楼上，落木寒山重。离离挂天星，独与故园同。我来竟何营？愧此避俗翁。空堂亦不静，谡谡鸣松风。

与陈尉观峡口置防处

晴秋万里接烟尘，下马来看战垒新。水蹙泉潭深澹滟，天开山石峭嶙峋。因缘飞鸟投青壁，传说神鱼涌赤鳞。形胜古来容易有，老罴当道定何人。

陆广文协恭见和硖口诗，即赠

峥嵘硖石题诗处，幽涧寒云寄兴孤。谁共歌吟山寂历，却看林壑路盘纡。所思远道张衡赋，何处扁舟范蠡湖。惆怅湘西秋柳色，夕阳多似故山无。

鹰

朔鹰呼云下云端，刮食鸡兔无留餐。收绦着鞲意有俟，主人养鹰如养士。皤皤毛血洒平芜，庖厨三时一物无。罻罗虚张溪壑满，金眸铁爪谁相伴。鹰乎自猎毛骨奇，何不反顾为鸠时。

洞口山东北至林家溪

岩呀谷狠各殊状，划断青苍列横嶂。撑突时扪开辟石，沉阴不断朝昏瘴。何年疏凿出林野，晴秋日气川峦涨。谷风嘘云送馀暖，草木漫山犹健壮。礰䃯穴壁鸦翻洞，梯空架屋颇开创。蛮童丱妇走蓬沓，支墙一榻茶烟飏。槿葵壶蓏丛（锁）〔琐〕碎，点缀巉岩作屏障。苍松离立一俯仰，云烟半扫青天上。飞猱导客才一线，断石悬崖屹相向。安得神工挥巨手，移置潇湘阻平旷。白石当关虎豹气，苍根倒偃鼋鼍浪。穷荒幽閟独何事，天与荒寒定难量。洪湖流浪岂天意，层丘立马东南望。涧泉山湫如响答，欲问行藏穷得丧。谁能襆被走尘土，一身辗转丛讥谤。拂衣还耕江上宅，日暮门横山一桁。

黄金洞

洞门始开凿，绝径辟榛茸。高穹一摩荡，蓊萄尘雾拥。唅呀太古石，陡削巨灵捧。翩如压我顶，屹立山丘重。飘飖无根株，垂天状腾涌。狞风撼庨豁，崖崿森欲动。下临寒涧深，嵌窦走呼汹。金沙光细碎，草木寒凄竦。山川蓄宝气，淘浪无停踵。物利水泉丰，云构飞甍耸。百年烟尘清，九土山河拱。吾行觅幽处，采掇芝田种。

空明溪

清溪可盘游，山势稍疏散。风吹积石下，天趁回岩断。脱险峥嵘颠，画步青冥半。长松偃涛濑，丛木列帷幔。奔腾万山伏，掩闪平如案。转壁见高张，再起殷寥汉。自古要荒地，但取狐狸窜。乾坤一黪黩，侵夺乘衰乱。曦阳失照灼，阴森蓄丛雚。地势使之然，使我长喟惋。冥鸿唳层空，神鹍翔汗漫。岂无沉冥士，抚景寄遐玩。饭牛有奇逸，侧耳南山粲。

马鞍砦

客行入危途，径仄山壅遏。冥冥烟雾深，青苍见松栝。修柯排阴森，乾坤失清豁。俯身蒙密内，挂足青冥末。风凄水泉栗，路暝蓬麻夺。柴荆掩欢笑，薯蓣丐存活。岂知江汉人，烽火照喧聒。昊天敛寒曦，霜雪示回斡。阻深陵阪穷，摧动柯叶脱。中原含格斗，丰岁死饥渴。扪攀白日晚，仰空书咄咄。

铁山庙

连阴蔽层阪，溪尽松风转。溟蒙出寺幽，突兀压崖浅。捎檐树疏密，穿槛云舒卷。风林散寒箨，日色递晴巘。危阶殷残钟，坏碣卧丛藓。幽房烧笋蕨，旧俗种椒荈。年丰有馀粮，饱食到鸡犬。穷荒事歌谣，蓬沓相婉娈。端资神灵雨，得及岁功蒇。铃铙山雾滞，幢帜溪风善。古来寇乱兴，饥俘忧不免。用知旋斡力，庶规妖氛殄。泛祀有祷禳，何必稽令典？周旋蛮徼俗，倚岩寄遐缅。

龙王宫

玄云出石窦，陡削天所限。两岩对高撑，一径通巉岏。鸟翔怯窥觑，拍壁飞珴珴。奔号犀牛峡，百渎司管键。岂必神龙蟠，腾掉出朽栈。扪窥犬迹石，未半已卧喘。尺寸崖壁间，窃据双目睅。侥幸亲豚羔，巍峨被冠冕。盘陀竿幡直，倚附林壑显。凄恻望衡湘，沉沦迫江沔。昭昭天地肃，引涕岩泉泫。

三门

群峰如修蛇，逼仄天一握。势尽西南蟠，回崖抱林角。传闻古石窦，门限森荦礐。潜蛟一腾踊，散石如飞雹。至今崖塘水，荡涤出顽浊。峰峦类攒聚，一一排剑矟。峒市集荒诡，獠俗多踳驳。壅蔽崇奸顽，昏蒙笑礼乐。想见古皇心，巡方陟乔岳。蛮方限陋俗，冥昧谁复觉？羲燧开辟功，予怀寄绵邈。亦有山间人，抱耒栖醇朴。

水口寺楼

楚封疆塞三千里，禹迹关河十二州。遗寺荒凉深硐路，乱峰曲折小滩流。两朝犹剩冯唐鬓，去国同悲王粲楼。等是蛮方心迹异，一尊权为看山留。

卷九

江口见月

客途七见月圆时，半转星河觉夜迟。秋尽寒生天万里，蛮溪留照鬓成丝。

闻严丈方伯正基还溆浦，适前二日过江口

猿啼鸦噪瘴烟昏，闻道先生返故园。孤驿小桥前日过，白须黄绶两朝恩。匡时戎马方驰传，落日蓬蒿独掩门。两载容颜非复昔，凄凉身世更谁论？

饮萧氏园示萧秀才

群山西来势奔蹙，两岩高张暗深谷。墟烟忽散林麓明，隐隐斜阳挂疏木。奔湍转石万壑雷，断壁倒插青天开。登高却望来时路，惟见积巘低浮埃。丹丘白壁一回首，走觅园池泛尊酒。纵横兰菊照罍罍，惆怅星河暗刁斗。庞眉拄杖疑隐沦，吾亦黄衫白氎巾。驰传相如君莫笑，时危安用蓬蒿人。

石龙桥

曲槛飞楼隐石渠，一溪环合数家居。南桥烟雨通新市，北宋风云拱废墟。落木邮亭闻唳鹤，夕阳溪阁照叉鱼。为耽野兴成疏放，折竹编篱护涧蔬。

桥亭野望

野桥官路草离离，已是霜寒涨落时。断雁忽随云聚散，澹烟微露岭参差。高牙大舸沧洲别，幽涧深林皓首期。溪畔老松君看取，蛮天留护岁寒枝。

新市

新市桥边柳十围，岁晚地僻行人稀。渚鱼园笋随意长，谷鸟溪云相伴飞。荒村酒贱少滋味，野塞日薄无光辉。潇湘洞庭兵满眼，青眼高歌何处归？

偶步尹氏园

晴云不断楚天长，三尺柴门一草堂。古驿疏烟乍明灭，寒蔬小圃半青黄。闭门芋栗供生计，落日松杉似故乡。郡邑嗷嗷少生理，亭阴酒罢转凄凉。

闻雁

雁声不度泽南州，古戍西风听更愁。寂寂江天明月夜，来时应识秣陵秋。

下山峒

绝壁回峦着处迷，西风吹我一攀跻。山从过硖行时断，云傍飞鸦去路低。采药峒獠收露草，安槽水磨响晴溪。更乘落日登高岭，怅望川原多鼓鼙。

奉寄夏方伯廷樾三首

三年盗贼气殊骄，江汉重适疹疠消。想得欢呼迎节钺，定应疾苦问刍荛。唐封府卫兵虚耗，汉诏循良语寂寥。二十年来能辨此，庙堂端拱听箫韶。

桥山泪洒鼎湖寒，蕴孽浔梧已揭竿。薄海旌旗云浩浩，秋原星斗夜漫漫。上游宣抚仍清望，他日疆藩或小安。犹幸留贻楚南老，誓师江表涕汍澜。

军费宁论日万金，依然恻怛恤民深。孤云南动潇湘阔，皎日东驰沧海沉。白骨荆榛今日泪，青山松桂向时心。为惭书札催行色，华发萧条已满簪。

硖口官阁后同观古柏树歌

忆昨豫章之树官路栽，提笔惨惨悲风来。天关肃穆白日静，此柏矗立何雄哉。穹檐大廨那致此？自倚天地穷崎嵬。积铁高摧太古雪，崩柯怒卷晴天雷。我携硖口一片石，扫阶坐阁倾金罍。罢筵惨淡树照席，起绕百匝生愁猜。念昔屯军九驹岭，斩刈草木穷蒿莱。寸根平地竟舍此，石壁倒射苍烟开。到今郁塞风雨夕，馀氛尚偃云涛堆。干戈争夺亦何有，但见古干丛秋苔。苍鹰老鹳惨相顾，回风飒沓吹浮埃。我生飘飖亦无定，到处转侧寒蓬哀。搜求奇古到泉石，植杖走遍荒山隈。惊看此树重吟赏，每至欲去还徘徊。古人嗟怨今人笑，天寒日暮伤雄材。

硖口题壁

断云幽壑自闲闲，曳杖行吟天地间。万里烟霜供独往，九秋烽火梦生还。疏通涓滴蛮夷水，划断昏霾楚粤山。欲试摩岩中兴笔，西风吹鬓已成斑。硖口为瑶洞总水口，过洞即粤界也。是时粤西大乱，而瑶洞内多富民，饷捐并谕及之。

鸱鸮

连山昏曀西南隅，鸱鸮夜半啼乌乌。今晨居然在屋角，啄檐堕瓦相轰呼。阴风惨栗随声至，墙壁颠顿尘沙俱。跳踉喧聒尔何有，自经丧乱多忧虞。桀鸮使群如使雏，亦有孤处张睢盱。专持怪产蕃此地，栖栖拍拍音响粗。翅翎丰满两眼枯，有肉不足污庖厨。梁间腐鼠岂足吓，高声大嗅矜尔愚。天网恢恢终岂渝，且听瞬息延微躯。儿童持竿走复驱，绕剔藋莽穷根株。挟弓规尔要害处，绝肮断脰徒区区。

山行杂诗

兵气关河外，秋声水石间。客程天浩荡，异俗地盘环。井臼家家杵，云烟处处山。寒鸦恋丛薄，日晚亦飞还。

云木山阴合，禅宫着处家。塔高延晚日，溪缩晃晴沙。石溜藤低叶，崖霜菊泫花。风铃回殿阁，凄恻入鸣笳。

晴久看山色，昏沉半带烟。涧禽偎岸小，崖石聚苔圆。暄日林岚气，冷风桧柏天。奇温差慰我，衣薄久无棉。

天地一时小明方以智题硖口句，真看硖气严。斯人山磊魄，遗句石锼镵。驿路荒榛合，山亭落日衔。攀登今古意，数往读书岩。方公隐居处名读书岩。

簌簌辛夷质，荣华自一时。秋风小摇落，此物亦披离。栋桷群材谢，丘山众目疑。低昂榛栗小，委弃故无辞。

南荒群壑水，曲折赴寒江。宿鸭翻云碓，潜鱼守石矼。生平希礼乐，梦寐到旌幢。老向云山里，逢人问酒缸。

鼓角残秋泪，风云壮士怀。山川连粤嶲，消息断江淮。碍石通微径，披林得小斋。九州皆禹迹，岁晚积阴霾。

流涕忧王室，凭高望眼灰。吕蒙楼橹密，陶侃米船回。江远还移幕，天清数举杯。捷音频及我，昨日尺书来。

岭瘴朝昏色，山邮远近程。石楠欹谷影，风栝散滩声。小屋荒寒暮，孤村黯澹晴。岩花无意绪，眷眷道旁情。

行传日纷纷，川原取次分。石欹穿地树，溪暗度山云。万物违常理，连峰入晚曛。子规冬日有，孤客最先闻。

众山犹拱北，一嶂自回东。开辟崭崭石，晨昏漠漠风。洞鸱毛羽怪，岩獠语言通。世事惭何补，飘零瘴雾中。

府藏穷铢两，军储急釜钟。去年曾告贷，丰岁转伤农。粳稻村村屋，尘霾夕夕烽。要荒勤贡赋，此地亦尧封。

地僻多藏孽，民顽少习儒。边隅疏礼乐，世变益艰虞。张鲁能轻汉，卢循数起吴。循良共天下，今日委泥涂。

符檄纷纷下，村庐亦苦喧。自多逋薮孽，谁照覆盆冤？刈苇山姜陨，蒙云谷树昏。萌芽始何处，斯事信难论。

俗尚蛮夷陋，人声市井嚣。侵攘一钱重，谈笑五陵豪。很石岩难小，颓林树易高。那持经国计，故故析锥刀。

形胜巴黔合，江山鼎朗分。戈铤湖外雪，烽火岭南云。杜预平吴策，湘东檄景文。楼船过汉水，遗孽尚纷纭。

盗贼时兴灭，传闻果是非。须防山易撼，莫倚箭能飞。川楚防维重，淮扬贡赋稀。万方皆率土，端在总戎机。

三年江浦别，又过石城秋。远道忧通塞，闲身任去留。山连笳鼓动，云卷旆旌愁。自古龙蟠地，沧江黯澹流。

兵戈多往迹，草木落寒声。古日依崖薄，残钟度水清。岩台通岭路，箬蓼纪溪名。亦愧知途马，关山忽一鸣。

远闻杜陵叟，江海尚飘零。感激非身事，迁流自客星。风霜侵发白，松竹入冬青。皂帽何人记，云边望阙廷。

雉

旧闻相见礼，执雉慎周防。沾被三时荐，低摧百尺翔。山林愁易觅，毛羽或相妨。野味谙吾性，频添陆贾装。

鹿

颇亦友麋鹿，呦呦出远林。庖厨无择物，山涧有哀音。避地千人眼，瞻天万里心。君王冬狩好，赐获遍朝簪。

橙

故故香橙实，登盘霜露晞。分房供客馔，引弹落人衣。采摘群獠献，生成一物微。洞庭嘉橘贡，玉食两年违。

笋

瘴岭丛生竹，分餐笋味甘。助鲜金豉入，脱绷玉婴含。汩没知全节，丰腴戒过贪。往年虾菜伴，此味在江南。

至日赴新宁途中作

隆阴夺岁序，风日常惨凄。我携微阳来，远度扶江西。连山覆寒云，草木黯天低。阴森丛莽内，老鹳作人啼。似省江汉地，童稚惊鼓鼙。榆柳避野色，当春不能稊。今年冬久晴，日暮见虹霓。正当一阳始，严冬砉寒溪。消息况于人，庶睹苏群黎。寻思双阙迥，待漏闻天鸡。冕旒朝紫宸，仙仗豹尾齐。朝衫随班行，炉烟拂金猊。自始忧寇乱，归来理荒畦。屑屑尘埃间，奔走无常栖。仰视头上日，寒暄互推挤。祁寒属运分，亦自有端倪。端如乱源萌，忽忽至颠隮。生意苟芽孽，枯荄润芳荑。二三老大臣，安敢忘提撕。予怀实耿介，所历甘涂泥。抚景三叹息，攀崖还杖藜。

展江中丞故居，感赋六首

行役艰难际，凄凉哭寝门。山川馀寂历，旂旐尽飞翻。落日青林屋，孤云老树村。乱离仍靡定，洒泪问乾坤。

向日声名大，清时寇乱深。风云孤泪落，江海一星沉。异域蛟龙匣，凄风桧柏林。史臣千载笔，牢落故园心。

舒、庐未可弃，一死抵张巡。世乱才须惜，人亡国亦屯。孤军成束缚，馁寇最酸辛。三十年来事，谁与秉国钧？

凛凛龙城叟，专征羽檄飞。军威回众望，天意变危机。本谓援陶侃，翻成任费袆。楼船尽乘胜，稳载毅魂归。

白女王珪母，升堂泪总垂。诸昆能继续，多难复旌麾。感激平生事，声名异代悲。孤雏复奇伟，身后见留贻。

驻马寒云色，孤飞亦不还。林园通德里，雨雪少延山。朴拙文章契，依违幕府班。怀贤兼感旧，吟望惨尘颜。

感怀三首

蛮村一冬尽，危世百端难。雪片迎人舞，梅花笑客寒。药炉添况味，酒盏入悲酸。两膝通宵冷，真知骨髓干。

归梦愔愔地，离愁漠漠天。为谁终岁病？长只寸心悬。聚散从人付，流离自古然。为生真孟浪，无补到中年。

八口齑盐拙，孤身道路长。自从忧战伐，不敢问行藏。好直才难见，多忧性总戕。无穷家国事，一倍涕淋浪。

戏示曾衍澧、刘卓汉、罗联芳三绝句

曾侯磊落人中豪，处置万事如鸿毛。有时独坐碧山静，月落未落霜天高。

刘生善酒真酒龙，酒酣谈笑更从容。毡冠布履冷澈骨，独抱梅花过一冬。

罗君得谤十年深，我往招之出碧岑。食粟本同天下责，莫负希文画粥心。

黄桥戏示李亮南

李氏好昆季，得天无矫饰。和柔相温煦，自我一家则。老耀性勤勤，从我走荆棘。峥嵘冰雪场，勉苦无难色。老滋百无嗜，得酒生羽翼。饮如长河水，倒注溪涧仄。又颇识老亮，笑面谢边幅。终朝抱瓮饮，相对静默默。掀然酒力作，发言无少息。攲斜行步内，霶霈开胸臆。为人绝短小，须发乱如织。跄踉舍我去，使我心长忆。今朝苦寒冷，长路忧转侧。就君求酒倾，冉冉日西匿。火微瓶响寂，风静炉烟直。岸巾孤盏旁，聊欲观酒德。

桃花坪早行值雪

料峭馀寒昨夜生，窗前折竹过风声。断云丘垄行边晓，飞雪关山着处明。槲叶人家丰岁意，梅花官路去年情。书生报国无戎马，惭愧穷荒识姓名。

晴

微雪昨宵尽，长途晓日生。蛮天四时瘴，边地一冬晴。枫栝沾寒色，滩碁杂远声。孤怀增耿耿，忧国寸心明。

旧视蓬莱草，冠裘值晚冬。雪消东省竹，晴对掖门松。破帽愁荒徼，危楼望积烽。奔驰多病地，尽减旧时容。

重游双清亭二首

霜雪频移岁，江山复此亭。涨馀沙浅白，愁外树深青。鸟雀寒声寂，鱼龙夜气腥。沧浪遗咏在，扶棹远来听。

东山云欲晚，孤坐对岧峣。天地馀回合，星河与动摇。水痕全露石，梅信暗通桥。竟日忧时意，苍然鬓发雕。

展陈参政祠

两杉留得乾坤在，一宿依然栋宇新。南渡文章馀独步，蛮荒草木泣孤臣。青衫牢落前朝地，白日栖皇万里身。诗老已亡人事变，遗祠古驿倍伤神。

黑田古杉歌，追和南村诗老作

邵陵之东两古杉，柯干磊魄留坚黬。誓披冰雪挂岩谷，高藤老叶天所芟。大枝蟠拏瘦蛟舞，小枝屈曲生铁嵌。春雷劈山势戛厉，冻火烧野光燔燄。荣枯生悴独无与，矗立天地森锋铦。留贻两千阅尘世，来往此驿纷邮签。孤臣黯立气凄竦，烈士却顾神森严。我来资江一留宿，短后策蹇驰两衔。巍峨尚负尧年雪，枯瘦恍对秦时髯。简斋草堂在东序，下马入户肃观瞻。中原万里两诗在，曾为此树亲题缄。至今萧飒风雨夜，如听戛击鸣韶咸。南村诗老复晚出，其时海宇方熙恬。号召吟徒斗长句，造化惝怳愁镌劖。我无苏黄老健笔，寄读欲和惭鄙弇。呜呼诗老已沦谢，危言高论谁能镵？干戈格斗江海沸，古人虽往今当鉴。南村表幽寓感愤，世俗颇亦丛讥谗。我思草堂当配食，视古赓唱相和諴。杉乎镇立无摧朽，有来瞻视山岩岩。

长塘铺

市灯初恍佛，驿树故分明。醉宿今宵酒，愁延去日程。稀星开阘影，荒柝短长更。楚境犹多事，闲愁傍枕生。

永丰道中

吾家湘北接资流，二水中分笑浪游。历落山川乡国梦，参差烟雨市门楼。鱼罾鸭栅江流稳，牙帐戈船雪夜愁。投老惟思理烟艇，世情萧瑟付沧洲。

永丰过赵司马焕联、刘孝廉象恒、朱博士蓂

乱后始相见，岁暮风日好。我通西南贡，溪洞得幽讨。诸君

亦栖皇，努力尽怀抱。要求匪素性，齿牙怪翻倒。三年民气荒，沟壑有浮殍。求助闾里馀，军费盖微杪。英英老宗伯，应天才不小。赫然诛寇乱，视师出江表。奔走及吾辈，刍茭征草草。古人所未经，岂曰非恒道。栋桡而鼎沸，乌兔群生扰。譬若父兄然，服劳不宿饱。苟能赢厥家，忍听坐而槁。嗟生虽已微，此义智者晓。不见征戍人，感激涂肝脑。戈矛日皤皤，气势近坚老。诸君睹功成，豁若秋电扫。刈萎与铲豆，吾当杂佣保。

过湘潭

南瞻桂海接炎洲，北望烽烟照石头。一步一伤今楚国，三年三过古潭州。三年来并以腊杪过此。山低晚照连天尽，水落寒沙带雪流。今日筹兵功不细，孤臣畎亩敢忘忧。

有感

钧天阊阖晚烟重，乔木森森故国容。退食经纶温室树，早朝霜露景阳钟。平时黄霸应多凤，终古华歆共一龙。眼看尧封荆棘满，从知归计为云峰。

纪异

月临于亥日在房，焚巫不雨乃恒旸。嘎然水啸波扬扬，喷起一落三尺强，蹄涔之水皆腾骧。是时无风日色黄，势涌而上如探汤。起资达湘难具量，证以所见非渺茫。五行纪异以类详，水动而顺德之常，厥微无乃阴干阳？汹波东汨徐与扬，有水不得施舟航。感而上腾气滂滂，吾亦衡流而方羊。《洪范》曰咎僭蒙狂，何以征之德否臧，敷陈五行备其纲。请君视此知时康，不用琐屑稽灾祥。

重宿檀木岭五首

英英岭上云，肃肃岭头屋。屋深云去来，但讶徂年速。鸟飞鸣向人，颇亦勤客宿。岁晚小休憩，肆意馀豚犊。

二月喧寇至，烈火雷霆声。阴风荡四林，窣窣柯叶鸣。严霜理归驾，岭树无复荣。乱离身几何，对之难为情。

圣哲律天时，夷险有独立。敝裘曳行路，侵夜风霰入。檐丝罥槁叶，颇作枯虫泣。龙蛇岁寒逼，道屈身亦蛰。

喈喈鹊喧晨，哑哑乌噪晚。鸣雕厉霜雪，忧尔毛发损。沉昏导鸺鹠，郁塞天听远。寒鸡颇三号，戒旦当起饭。

短垣蔽众草，寒燠递相鲜。重芽翼一柱，飒飒风动天。不恃排斡力，风雨徒茫然。冯唐知悟主，艰哉颇牧贤。

喜嵇谠至

岁月行知尽，山林未厌深。终留吾谷在，数枉故人临。莴苣岩园熟，菖蒲石涧阴。归求神鼎社，斟酌此时心。

重感

玉帐牙旗任守边，重闻江汉日骚然。威名盘薄皆虚假，乱世驰驱亦苟全。百战初还唐土地，连圻中梗楚山川。铜鞮争唱襄阳乐，岂念危城下纸鸢。

黄渌西、冯树棠招饮连日

连日故人意，招邀到酒尊。客程松表路，春信柳摇村。消息荆湖阻，关山雨雪繁。谁知今夕梦，乐事有田园。

会合诗一首，奉和曾少司马

微生觍朝禄，守拙归田里。结友贤哲徒，涉念每自喜。谐谈契性命，此外均敝屣。浮名漫推许，力薄宁办此。与世相背趋，放浪安所止。欲持微贱躯，为人负弩矢。髀肉虽丰硕，其实易与耳。群盗乃相欺，狰狞剧豺豕。濁秽大江流，妖氛涨清泚。我公才杰立，目奋髯张紫。长幢驾巨砲，水立江翻底。蛮头排如鼋，气夺鼓声死。稍收版图旧，遂穷日星纪。刘侯纷两巾，山川供顾指。高拱论成功，先幾颇预拟。疏虞误小寇，夜半斫云垒。长才赌一戏，手搏而角抵。嚣然避其锋，踵决足忘履。涛头踏小艇，危步帻堕水。呰謷与诙笑，相与利吻觜。尽以人力胜，一杵天可倚。空山眠睡足，吾亦拂衣起。旁人相告言，贸贸然来矣。慷慨谈世务，几不攘询痏。卧龙世交谪，眇眇况小子。迂儒浪愁叹，汉祚固多祉。艰难纪会合，高论谅非侈。人事如转圜，谁能究终始？顾惟蹇劣姿，野哉硁硁鄙。群材斐然集，内省为愧耻。从容雅歌会，顾与陈阮齿。老颜行鬑鬑，吾衰日可俟。大弨可榜檠，薄器徒窳呰。

再和会合诗，奉答刘孟容兄

东西楚连疆，中间亦千里。闻来杂疑信，乍见各悲喜。艰途蹇行步，奔蹶两芒屣。形容五石瓠，适用无彼此。日月转两丸，跳荡无时止。区区挟其身，砉若弓注矢。希倖千载名，此念真妄耳。大小笑鹍鹦，知顽判龙豕。谬许良与平，语重颜为泚。承平习雅步，噂沓拖朱紫。老塞无婞婟，汩没沉冥底。上书蒙颔可，终然饥欲死。皤腹理朝簪，为时植纲纪。寇攘始炰烋，赫赫丛视指。谷空风有隧，诵《诗》工比拟。颇闻兵家言，树壁务坚垒。厉阶今为梗，机动防罅抵。时危异人出，嚣嚣尚书履。民劳可小汔，监民曷监水？鲁连诎田巴，不在矜爪觜。屯师若归市，远近长城倚。高穹有回斡，目睹疮痍起。成功在本务，此义盖微矣。一挫岂逆料，指摘成疣痏。我思伏青蒲，芒鞋见天子。敷陈本原论，为民介繁祉。世俗睹一隅，庬言相哆侈。内攘而外瘴，端自求贤始。区区校得失，见小圣所鄙。一夫使横行，要亦吾辈耻。鄱湖百川汇，水激石齿齿。仁含与义正，澄清且徐俟。君诗幸张大，吾亦效衰呰。

得王比部柏心消息却寄

江汉频年着钓槎，春来还发渚宫花。他乡远讯今无恙，劳世浮生古有涯。辽左管宁犹避地，侍中何点早还家。廿年乐府新声在，留得烟尘涴鬓华。

船具诗有序

张少尉德坚、李秀才文鹤《船具十咏》，盖陆鲁望、皮袭美所赋渔具、茶具之属，而所举间有未典。舟居多暇，稍补正其名，为赋十章。

篷

泛泛乌篷稳，江湖奈尔何。行藏依荻苇，出没杂鼋鼍。醉倚窥天小，欹眠听雨多。浮生何处着？分付与沧波。

帆

待纵青冥力，吹嘘值等闲。涛声两岸雪，云影一船山。得势仍高举，回风或引还。牙樯与锦缆，前路好追攀。

篙

洒落云霄志，翛然寄此生。江湖依直道，水石激孤撑。挥弄原乖性，提携岂近名？通津甘引避，苦作急流争。

桨

劲楫资飞动，由来集众工。剪流龙掣海，掠水燕分风。老气升沉定，洄波宛转通。兰桡兼桂棹，采斫楚山空。

橹

大艑横江下，腾骞若有神。长材旋转捷，危柁比依亲。飘瞥操全力，咿哑满要津。劳薪君未免，才地亦嶙峋。

樯

群工持缓急，植立乃无为。大海风涛涌，高帆雷雨垂。斯时肩远大，端拱济艰危。收泊神功敛，天然不用奇。

缆

系缆沧江上，思君挺节初。孤桩原有系，直性已无馀。绕指神操纵，忘机信卷舒。利行非尔事，安坐送吹嘘。

百丈

襞积群资用，艰难各效能。九州多沸郁，百丈且飞腾。苛索愁空柚，纠纷急引绳。仍防中断绝，长路总凌兢。

碇

亦知形蠢蠢，未敢惧推挤。万斛排风定，孤根插水齐。潜身相系属，甘分委涂泥。抵触从人厌，无缘去角圭。

柁

舳舻天下巨，孤柁寄微权。控驭云涛色，掀腾涨海天。如何全局系，翻使众工先？寄语操舟者，斯谋恐未然。

题罗研生同年《苍松老屋图》

松堂老人邓夫子，屋后松声三十里。石潭亦有学士家，老屋峨峨松树底。松枝盘拏二百年，两家人物今谁贤？名山秘笈世无有，楚老风流相后先。西山葱郁昭潭路，故家千里春阴暮。声名塞天居闭门，路人但指苍松树。松下芝兰阶下草，百年作计君家早。黄金为室白玉堂，不如君家松荫长。

梅根居士寄示《桂井寻秋》诗，次韵奉答

吾乡诗老代有作，各纫兰佩搴芳荪。穹岩大嶂闳声响，亦有万古荒山猿。诗家祖述周孔业，导水远溯昆仑源。诵《诗》观政有本学，肯随万古涛澜掀。七言流别况微眇君近选《七言流别集》，自唐讫明，十有八卷，名家踵出谁讨论？向壁造书肆浏览，谈笑却看鼋鼍奔。昌黎雄放困軏勒，有似骏马服短辕。后来声调强赓续，鱼水

吸呷相吐吞。我老无能百事废，把卷才哦心已烦。升堂入室曹刘百，茫昧讵辨谁家门。干戈离乱将一纪，世事春梦寻无痕。孤臣独醒久自放，安用揽揆倾芳尊。猿公好事付吟啸，有手饥溺无能援。空山偃仰发深喟，与君但未乘高轩。千龄万代君诗在，嗟予卷舌终何言。

再题罗研生同年《苍松老屋图》，时在章门水师作

君家老松作奇语，幻入诗人三寸楮。纷纷题赞皆老苍，我亦龙钟为起舞。高柯偃蹇不谐俗，肯使低颜入庭户。此松开辟已槎枒，此屋亦是高曾矩。东邻西舍尽乔木，日夜摧落寻斤斧。知君老抱松根卧，饱看溟蒙变烟雨。屋中图史塞墙壁，屋外江湖惨鼙鼓。一朝蒲轮应嘉召，满眼飘萧赤白羽。酒罢掀髭说乡井，恍怫柯干亲摩抚。我思往观怯行步，梦寐云涛涌堂庑。松毛尺寸异枞桧，松耶枞耶劳训诂。频蒙羽书索朽句，提笔敢与诸老伍。偶然照镜老颜至，始称苍髯貌奇古。不嫌唐突君家松，大笔镌镵谁敢侮？紫塘乌石盛人物，聊此纪载存风土。后来卜筑名绿漪，竹韵松声枭相拄。遗楹尚守堂构旧，旁霤亦借云烟补。问君老屋旧何有，藓藏碑版尘蒙釜。斑斓照壁周秦器，朴拙传世井田谱。请君安巢宿松顶，磊砢岂合尘埃处。承家簪组付儿辈，湖山自署一廛主。

生平作诗多散佚，不自存录。丙辰夏，将谋入都，乃稍检录之，得诗九卷，以示罗研生同年。研生乃检行箧，为补录三诗于后，则皆稿本所不存者也。盖自三十六七以前，岁常得诗数十首，而失佚为多。自是以后，并诗亦不多作矣。才力浅薄，重以荒废，讫无一成。阅研生补录各诗，为之怃然。嵩焘记。

卷十

次韵笙阶叔移居四律

洪荒开辟始何年，此洞山川尚浑然。穴鼠犹存前代社，刻鱼须用古时筵。陇间放溜疑朝雨，屋角留云当晚烟。合与儿童陈俎豆，怜君一宅已三迁。

我携太古一藤枝，编就重重麂眼篱。折竹玑琤听雪夜，分桃烂漫送春时。半生礼乐游方外，两载衣冠落海涯。归日更持家具徙，此心憎爱两难知。时方由周磜岭徙居沙坪。

贫薄移家只旧书，道南道北两家居。隔墙笑语为邻好，半岭松篁画界初。博士渊源宜懒惰，庄生游处得清虚。愿从房琯论兵法，来往宜乘小犊牛。

行踪契合到庭鸦，朝与眠云晚看霞。荐草依然侍中席，悬樽须是故侯瓜。寒春书牍千诗好，雨夜吟哦一笑哗。病眼支离犹强合，须防盲左笑浮夸。时方病眼。

奉酬沈朗亭尚书

涉世不谐用，千金艺屠龙。蹇驾非良乘，前阻岧峣峰。故庐许归卧，谢病巢去松。手提三寸锥，凿石开鸿蒙。仰屋见北斗，列宿躔南东。彗星如长蛇，横亘天市中。此物含芒曜，灾祥理难通。岩夏雨多寒，披云鹿裘重。山花晚狼藉，倒地残枝红。野实蔓枯藤，萧索无春容。瘴雾错昏旦，种溉难为功。敢辞筋力疲，告归苦遽匆。丹极下仙仗，回望涕沾胸。汹波偃溟渤，列燧黯云梦。介士死格斗，健马横奔冲。尚书领朝班，殿陛起清风。汝商感相马，陈思泣惊鸿。唐世犹盛强，肃代尘屡蒙。端借杨李徒，深识考所终。盗贼乘患气，剽发剧屯蜂。旌旆从逋逃，畿郊满军锋。千帆达辽海，万乘浮空峒。瓮山俯昆明，出没荆棘丛。衣冠散如雨，抚念忧心忡。昔夏樱桃熟，颁赐银丝笼。峨冠班侍从，禄食养阘茸。声名数诸老，掩映文采重。念旧出妙语，持赠醇醪浓。涉江肯借问，高轩枉过从。君看一亩居，犹胜万户封。

和研生次韵东坡《岐下岁暮寄子由》

老病精力疲，药物强扶佐。旌麾出走卒，仕宦论钱货。抚时从百感，身贱忧逾大。饱食无所营，瓶盎墙头卧。君诗翩然至，翕翕风生座。我心辘轳转，万事入研磨。今年梁上燕，何处明年过？遗山有苦语，千载聊一和。

年光历少壮，微分速与迟。二十所历长，四十苦莫追。强语亦达观，吾年岂有涯。未知后来年，视今几何时？手种芭蕉叶，秋枯春更肥。莎鸡床下鸣，恻恻徂年悲。君看长江水，去与崖岸辞。烈士心逾壮，穷途年已衰。

大道尚逶迤，一龙复一蛇。海棕叶如云，屋小阴交遮。声名徒为累，勤思将如何？不如君家宴，兄弟声腾哗。前年星斗野，挥军扬马挝。今年见彗星，屋角光横斜。皇天与世人，所行尽蹉跎。君诗一家则，犹足相矜夸。

得杨仪曹书并惠大集，却寄一首

乱离早岁已悬车，尺简频来慰索居。白首喜同招隐计，黄巾终解著书庐。君家太尉留清节，臣里相如赋《子虚》。持赠一编千古意，秋林风雨渺愁予。

大行皇帝挽词

一棁崆峒驾，濡河即鼎湖。翠华天北极，黄屋海东隅。寂寞含章殿，仓皇负扆图。兵端登阼始，虚望补桑榆。

海外条支国，周旋总祸胎。深谋无魏相，诈敌有王恢。荒服羁縻远，先皇驾御才。即今玄圃狩，谁挽六龙回？

异谶轩辕纪，旄头彗紫微。早忧侵帝座，犹望转戎机。今日讴思永，前星物望归。纷纭齐赵势，咫尺见天威。

宿昔袁安泪，攀号阻涧阿。壮士消铁骑，老眼泣铜驼。道路人逢少，江淮鬼哭多。吞声还引望，重整旧山河。

胡恕皆中丞招饮[①]，次研生韵

寒山古木对高台，雅集平泉夕照开。园接城阴风雨过，楼含岳色渡江来。三年西掖长春树，一梦南柯万古槐。世事浮云真变幻，且将酩酊尽馀杯。

---

①原为“隐”，据文义改为“饮”。

意城四十生日

昔我年四十，贺者颇在门。予曰噫何贺，但贺惊我魂。盛年三十毕，渐复老皤皤。五十始为寿，在礼有常尊。四十缩其枢，少壮无复论。又不以寿名，后轾而前轩。但见岁月驰，一纵不可扪。今日复何日，有酒盈君樽。蹑我四十期，迅疾如追奔。君才故嶷嶷，性复博而敦。磐桓位处下，居贞以启屯。指麾大将旗，寄身逍遥园。渊默而雷声，万口交腾喧。我病方悬车，茅檐负晴暄，坐视天下溺，无能引手援。被服越丝裘，耻为一身温。两端持赠君，风动花光翻。黄绵组织成，温暖如朝暾。被覆万家屋，为君涤忧烦。大猷须黼黻，开府罗幢幡。斯事傥可为，犹能效飞鶱。世人颇相羡，吾家好弟昆。季也共贤劳，在事无停辕。鬓发改前颜，绯紫沾微恩。回顾少壮时，梦过寻无痕。裁纨与为襦，裂缯与为裈。堂上有二老，堂下有诸孙。遘乱逊荒野，庭帏无复存。三家复分居，各各勤墉垣。为龙与为蛇，丘壑同蜷蜒。吾衰老可鄙，心塞眼复昏。与世多乖违，问道迷津源。陶潜《诫子书》，殷勤陈与樊。惜哉非达观，语言徒为繁。颇遭杜甫讥，此理当可原。等为四十年，吾子愚且豚。君有三贤少，艺兰搴芳荪。长女归祁祁，职事修蘋蘩。我百不如君，一笑任乾坤。倾觞膏我唇，且得饫盘飧。窃喜复窃叹，问我无能言，揽衣披君身，百岁期勿谖。

辛酉元旦

往岁朝元侍从班，炉烟晴旭护龙颜。銮舆星动鸡翘冷，禁籞春移豹尾闲。水绕滦河天北极，潮回榆塞海西还。茅檐偎火寒犹剧，冻雨周庐万里山。

重感

艰难话旧易沾巾，高卧渊明亦部民。十载断断轩盖别，八州凛凛绣衣巡。山阳有诏征张敞，河内无人借寇恂。病卧沧江呼不醒，夜寒风雪沍微春。

感事辛酉十一月十一日作

茫茫祸福本无涯，夹陛躬桓自一家。已报汉廷诛贝瑗，终疑晋法坐张华。西陵羽卫真匆遽，东市衣冠谁叹嗟？怙乱持权同一尽，追思人事始萌芽。

由粤东假归述怀留别四首

浩劫东南未息兵，遭时我亦忝专城。知民疾苦真惭位，与世乖违敢近名！扫叶文书勤拂拭，断齑心事剧分明。三年尺寸曾何补？孤负深宵对短檠。

世事江河日夜流，古人先我有深忧。输琛西海犹唐典，鼓棹南宫但越讴。犀首直须无事饮，鸢肩岂信有功侯。六条行部吾安放，虚拥旄麾学督邮。

积雨翻成曀曀阴，刺桐拂槛影萧森。粤台溯洞龙蛇窟，虞苑销沉草木林。无纵诡随民病亟，是何濡滞主恩深。谁言肺附戈矛起，惭愧平生取友心。

衰迟闻道未名家，生世波澜岂有涯。新涨光阴过小麦，故山梦寐见秋瓜。人才丘壑违尘轨，归计沧江理钓槎。满眼疮痍心未展，更馀情思寄蒹葭。

述怀

深山镇日掩柴荆，渐觉幽居万事轻。宿雾都归云际暝，积寒敢望雨馀晴。忧时心识反骚意，悯乱诗成变雅声。才力无多垂老病，不须买药更逃名。

题曾劼刚《归朴斋诗钞》，并以为别，即效其体

十洲天外一帆驰，踪迹同君两崛奇。万国梯航成创局，数篇云海发新诗。罪原在我功何补，壮不如人老更悲。要识国家根本计，殷勤付托怅临歧。

卧云居士六十诗日本末松谦澄之父

榑桑回望接鸿蒙，杖履从容鹤发翁。削简南山留篆碧，种桃西海衬云红。郎君万里娱亲意，文字千秋寿世功。方丈蓬莱原咫尺，晴霞指点日生东。

题胡桂因女史遗像

黄巾扰攘乱初生，猿鹤沙虫泪并倾。德象女师图画在，椒兰芬拂一门清。

杈宅苍梧守桂丛，画堂明烛记江东。洞庭水阔双凫远，回首三年一梦中。

家山重叠似磨笄，绰楔门间剩旧题。一树棠梨春欲尽，凄凉风雨杜鹃啼。

烈妇张徐氏诗

东海有贤媛，出为张氏妇。妇道心自知，妇节凛无负。一朝姑病百无瘳，割背回生底死求。姑亡夫又病咯血，重剜臂肉悄相投。经年侍病痛彻髓，割臂在身痛无几。忍痛和药人不知，一尺宝刀藏袖里。吁嗟一身血肉能几何？一割再割割已多。为姑为夫身岂惜，但憾无力回沉疴。终拚一死随夫去，白日昭昭照人世。

酬黄小鲁廉访见赠

岂有名声动海瀛，残编亦比拥书城。经营杞菊延年酒，梦想朝廷进善旌。道敝抗怀犹在古，吾衰与世已忘情。病馀万念都消尽，渐觉心神彻底清。

江汉名宗冠楚芳，文章次第数班扬。纪群世好金兰契，颜谢家声裔叶光。不厌纷华罗棨戟，依然寂寞守缣缃。芳公垂念江湖逸，莫把羸骖误上襄。

为彭葆初题其尊人筱航太守遗诗

一别昭陵十四年，瞿塘秋涨有归船。可怜白首才为郡，重过黄垆哭逝川。期望后贤千载业，凄凉遗句万人传。甘棠手笏留贻在，感旧怀贤倍怆然。

题《东山十八景》画册有序

王式杜太守为意城作《东山十八景》图册。东山者，咸丰初元，恪靖侯左公与余兄弟同避寇地也。其后意城出应军幕，余亦以荐备官岭表，自分此生不得复至东山。无何，竟归。抚时序之迁流，感人生之变幻，乃取旧图摹而刻之，以示不忘故丘之意。

东山

时危安石起东山，何因驱向东山去？东山峨峨高插天，随光温石两无预。世人下隔万重云，遥指先生高卧处。

韵弦林

平生不省筝琶耳，泠然坐听松入风。雄声散落四飞扬，独抱古干撑晴空。龙抟虎啸莫渠问，悲吟相对惟老翁。

西岭

屋前瀌瀌水平畦，屋后嵯峨有西岭。落晖相送歌采薇，为君宝此桑榆景。华歆为龙冲飞去，隔岭松篁两幽静。

眺湘崖

湘流百里入溟蒙，鹘没天低才一发。可怜芳草满汀洲，愿照余徽托明月。千载灵均同一哭，荃蕙为茅兰芷歇。

檀湾

树檀百尺空自长，伐檀为轮屈复强。一夜西风卷秋箨，檀树枯倒成荒凉。嗟尔为轮驰绝域，峨峨松柏在山冈。檀树湾种松千株，而檀无一存矣。

粟坡

农夫废耕操戈矛，腐儒投笔拥八驺。纷纷旌节岂尔容，归来负耒驱春牛。粟坡种粟不盈斗，无人肯随沮溺耰。

回风峡

阴风刮地惨复雄，峨柯大叶一扫空。两崖高张怒相勒，浮天一障高衡嵩。狂歌何处叫屈原，白昼惨惨悲回风。

周礤

十二万年有此礤，谁与居者忽着我。高岩大嶂奇峥嵘，终日掩关天上坐。遗山一生计已妄，牛奋箕张空自琐。周礤岭为予结庐之地，托始道光庚戌，与季高为山居结邻之约。咸丰二年壬子，避粤寇之乱，遂徙家焉。患难相依而富贵相轧，古今人情类然耶？

天上峰

一峰中耸如张拳，一峰方平四周圆。陵压众峰出其上，茫昧便与天周旋。青天荡荡有氛祲，亏蔽日月生云烟。

邀月磴

长恐山高蔽明月，此山与月妙吞吐。手栽松桧作屏嶂，高处又借云阴补。三人相对饮复歌，或是吾家棠棣谱。

虾蟆石

朝鸦暮鹊鸣以时，虾蟆阁阁满春陂。岂如此石卧深涧，有口不问官与私。天假尔鸣尔自忖，朝夕喧聒终何为？

鸣玉濑

君子之行鸣佩玉，莹心澈骨无由邪。水耶石耶声何来，犹夷荡漾生咨嗟。竦身肃听若有悟，骚情诗思初萌芽。

涛涧

江河导源同一水，远势尚须论万里。急流一线作势争，人前咫尺风涛起。乘危斗险骇流俗，坐对喧豗真梦耳。

新园坳

有竹数竿石一握，三尺短墙抱林角。野蔬薯芋稍点缀，鸟语人声同剥啄。巢父安巢得此意，为农为圃两请学。新园坳治庄以处农人，远望之若巢然，遂名之园巢云。

南冈

飞廊跨空敞轩牖，一握孤亭傍高柳。文山青原读书处，馀意谁收千载后？安得南冈有此景，着我其间差不负！式杜太守《南冈册》，为飞梁跨水，作长廊，着草亭其右，风景尤佳。道光丙午，客吉州，游青原山长溪，仿佛似之。东山无此景也。

印泉

肘悬斗印身行阵，飒飒西风吹短鬓。投戈归来枕石卧，独守清池一方印。注坡拔薤如搴旗，俯身捷下八千仞。屋右壁开方池灌园，其下斗绝，菖蒲悬岩际，可俯身掇取也。

云谷

邵陵小傍云山住邵州云山，以云名，衡山云洞妙回互祝融峰顶，山右尽处，怪石委积，多窍穴，名曰云洞。岂如吾家有云谷，雨云朝起晴云暮。朝暮看云百态新，人心如云险尤怖。

藤花坞

琉珠岭上万年藤，中有云气随飞腾。花开簇簇压人顶，石磴侧滑山藏棱。移载南国安可得，崛强当道多凭陵。

泛舟吕仙亭阻风，留宿阁上

青鞋布袜游山好，急雨颠风放棹豪。幕阜云深城树暗，洞庭天远寺楼高。终成酩酊亡何饮，漫拟沉冥有托逃。一片君山无处所，汀沙春晚涨蒹蒿。是日望君山不见。历春涉夏，湖水未涨时，青草迷漫而已。

干戈身世共谁论？清夜悲歌对酒尊。边楚江湖雄右臂，乱山风雨走中原。丹丘老屋尘嚣远，白发残灯笑语温。夜半惊涛喧户牖，揽衣高啸起开门。

九江楼

翠巘朱楼载酒过，酒光晴泛洞庭波。江流九派黄陵远，客感三春白发多。沙涨簇船成旅泊，岚烟团雨下庭柯。凭君传语西征骑，如此湖山奈远何！时吴退庵从军甘肃。

约南屏相见岳州城，喜而有作

归路渊明北渚云，攀岩话旧远呼君。名山天岳游难倦，好酒巴陵饮易醺。六代风骚馀此老，百家榛梗起斯文。杖藜问道来何暮，试扫高楼坐夕曛。

霞老约为君山之游，兼约研生、南屏两君同会

谢病卧南冈，举足不逾阈。空阶积雨滑，纵横满荆棘。门喧

尺书至，起坐向曛黑。回旋身已轻，倏忽生羽翼。秦关满豺虎，磨牙攫人食。委符仍绾兵，十步九欹侧。去雁无来踪，于何问消息？忽忽江汉流，白日照行色。风涛落吾耳，似挟神鬼力。道深溟渤偃，义肃旌竿直。何必君山游，层云荡胸臆。走书告吴罗，此意炯应识。真成五老会闻朱铁桥观察亦同归，於时岂易得。滠湖接渚宫，一水限南北。莫倚橘柚实，坐待霜露逼近吴退庵栽橘君山数百株。

与研老泛舟洞庭湖，谋迎候霞仙中丞岳阳楼下

南望磊石戍，连山如云屯。西眺涔阳江，九派洪涛奔。天水莽四围，白日凄已昏。长波动忽裂，势偃千舟吞。犹恐天地隘，倒挟银河翻。禹功不及远，导湘汨其源。演迤复渟涵，流漫归无垠。水哉圣所叹，行游阻南辕。钧天张广乐，重华逮皇轩。帝子渺扬舲，流水空潺湲。馀音澹久歇，穷荒复谁论。明登岳阳楼，凭轩睇归幡。扬波远安极，落日歆金盆。斯游亦潇洒，归语湘山猿谓何贞老。编诗失楚风，吾道岂云尊。离骚二十五，别派成专门。君行撷幽兰，吾亦搴芳荪。莽苍成一梦，卷舌将何言。

泛舟君山

夜半千艘争一哄，扬帆坐待东风送。横江波浪蹙天浮，一握君山寒不动。万古苍根蟠水府，何年丹巘出云栋。苍茫烟雨九江楼，抗手仙梯蹑飞鞚。谁言洞庭八百里，一线奔涛走岩缝。秦皇赭树卧枯杈，轩猿遗台积寒霿。但馀柳毅传书井，古篆莓苔闷烟洞。旧惜神丛两刹荒君山旧有四寺，今存二寺耳，新移橘树千株种。湘君祠庙亦久废，至今楚老犹馀痛。经过三十一年事，回首前程杳如梦。故人枉约观春涨，坐看觥船溜寒瓮吴南老具酒相款。半醉凭阑悲发秃，五年悬组压腰重。归来万事付一笑，聊与湖山试吟弄。

诸君才力更横绝，俊语雄篇杂嘲讽。可怜荒寺无人到，古木空堂闻鸟哢。庄周玩世自非材，孔鲋藏书妙无用。请书此语镌巉岩，莫谩流传防骇众。

东轩观雷劈古松歌

东轩屋高七尺强，枯松半段立负墙。承檐偃霤才自庇，无复风雨蛟龙翔。云涛喷薄外漩涌，节砢硉兀中坚苍。其生不知何年代，或恐盘踞先秦皇。火燔不死雷轰裂，此岂人力能提防。摩云捎汉出枝叶，亦恐上逼星辰旁。丰隆挟私走礌硠，砰磕自试争夺场。公然霹雳寻汝至，岩谷摆荡垠横僵。摧排弃置沟中断，那复垂顾栋与梁。山颓干折亘精气，夜半吐焰千尺长。息亭道人取置云雾里，兀立天地开洪荒。我来四月寒飙厉，微霰洒空天雨霜。斗惊螭臂拆地出，百怪冰炭交我肠。汝身奔霆岂及料，汝才斤斧谁能偿？摩挲万古渺一息，坐视毅豹齐彭殇。丛刍乱叶浪自舞，高下红紫相低昂。盛衰荣落不到眼，磊魂成就名山藏。洞庭广漠天水混，一气与汝终老无何乡。

小泊湘阴城下

卅六湾头水，依依绕郭流。市桥烟隐岸，江路雨随舟。村社家家燕，春耕树树鸠。寺楼同寂寞诗僧鹤慵，居伏波祠，亡久矣，空忆旧时游。

白鱼圻塔

无数临江塔，迢遥送落晖。江通黄牯市，山尽白鱼圻。野水连湖渡，晴云带雨归。乱鸦飞又过，南去款岩扉。

磊石山

洞庭春涨接烟芜，磊石平浮岛屿孤。暮雨归帆过北渚，断云古戍是南湖。青草湖一名南湖，即磊石湖也。屈潭鼓枻歌悲咽，湘浦扬舲梦有无。一候停云赋《招隐》，扁舟仍喜故人俱。

泊舟芦林潭，与研老散步洲上

黯黯芦林夜泊船，平沙月上水如天。资湘流派全成泽，烟火人家趁种田。近年湖田多泛耕，无常农。身世弃捐同苦李，文章论荐赋《甘泉》。凭君一话沧洲隐，五十蹉跎近暮年。

崇胜寺僧惠君山茶

团龙碾凤充官焙，晴窗煮茗颠春雷。岂如小园新雨足，旗枪摘试云腴胎。鬵源双井不易得，洞庭君山才咫尺。传闻寝庙荐新时，玉碗浓浮琼乳碧。乃知人间第一春，惯供宝鼎紫茸茵。却怪清泠一勺水，肯馈跂石眠云人。人言君山之茶清且厚，北港虽清不容漱。寺僧杂揉出新意，别有云芽浮雪窦。我有园茶五百丛，正焙外焙一扫空。生平不识《茶经》与《茶录》，头白归来桑苎翁。妍媸万变不挂眼，沙溪北苑原同产。一瓯饮罢诗先成，乞师更授梁园简。

二妃墓

满湖烟雨隔黄陵，斑竹青竹几废兴。两地一丘同恍佛，二春孤树记攀登。墓头一树最奇古。年年雨过沙痕涨，片片云飞水气蒸。合着哀猿添守户，空山苦雾长寒藤。

崇胜寺

崇胜前朝寺，阴阴屋半间。云光多在水，雨气半沉山。岩畔苔钟涩寺外有咸淳四年钟，墙阴铁瓮斑阶下铁瓮二，嘉熙四年“孟府十人”制。时孟忠襄为京湖制置使兼知岳州，十人或其僚属也。惟馀今古憾，把酒对孱颜。

洞庭君祠

空山一雨过，春水九江生。湖外此祠古，门前北渚平。扁舟昨日泊，尊酒故人情。寂寂园林晚，幽禽三两声。

舒仲和属题其尊人苏桥先生《宦迹图》四册

牛山种树图

登山课种一事无，去官犹作种树图。使君心与东山月，夜夜留照城南隅。四十年来已陈迹，牛山巇嵲沙埋戟。只有濡须水拍天，落日盘陀丘钓石。

濠洲郡楼晓眺图

淮濠叠浪作飞雨，白云绵亘东西鲁。高楼眺晚秋满城，日暮归来踏官鼓。楚州形胜争战多，百年安堵苍陵歌。于今临淮真负险，奈此防秋兵马何！

骑驴赴亳州任图

翰林马瘦车帷单，僮奴喧笑得改官。岂知朱幡今作牧，疲驴破帽偎春寒。亳州自古豪侠地，问俗微行有深意。春鸠唤耕蚕已眠，忍遣旍旗风雨至。

夜月渡洪湖图

洪湖旧是支祁窟，官捕盗艇互出没。汉家兴废须臾间，赤眉黄巾两飘忽。我知此辈雄椎埋，两粤吏治嗟尤乖。嵩焘在粤，一以治盗为急。薛宣朱晖今已矣，小儒不用丛讥排。

张紫联《树萱种竹图》

与君同儁南宫试，二十一年成底事？颇记当时《侍庆录》同榜生各记父母生辰，名曰《侍庆录》，两老齐年荷天赐。君惟一母最康强，相看并是家庭瑞。我始南归感风露，羡君又奉板舆至。名儿戢戢生已多，我才一丁君过二。参差玉立多文词，趋跄更慰衰年意。看君树萱种竹园，愉色婉容生有自。吁嗟萱草一寸心，春晖照槛森成阴。春阴漠漠看成竹，清风已满琅玕林。今君又领百城长，正待舞彩冠横簪。要令郢曲舆人诵，谱入笙歌华黍音。我愿萱草常青春常好，玉笏孙枝抽又早。参天拂云助君笑，甘棠种遍湘南道。善政娱亲尤可乐，男儿五十未全老。便教再过五十春，此乐人间应更少。图成题咏已纷纷，为君欢笑又怜君。何似玉池老翁手种一竿竹，拄笏饱看南山云。

邹见岳太仆《嘉靖壬戌会试朱卷》诗，为邹资山作

前年曾过洋溪宿，访君太仆前朝屋。高门大栋三百年，更馀试纸森成束。古书斑驳人所珍，解卷残馀岂容读！延祐省试《石鼓赋》，宝祐《礼部题名录》，断简零缣出灰烬，照耀琼笈装玉轴。何况君家世德今煌煌，展卷云霞纷满目。君不见汉廷对策专求贤，议郎博士征连翩？阳嘉试格法一变，崔胡论驳无乃偏？公府端门

取两试，用舍一出朝廷权。李唐乃有糊名法，用之礼部实自景德年。后来又设誊录院，祥符以后试法繁如煎。皇庆关防用朱笔，检察直欲穷潜渊！虽然用法日纤密，东坡上议足使心爽然。明世三场仍古法，四方才俊纷盈前。安石经义为对偶，归唐变化始王钱。嘉靖四十一年正当中晚际，文字颇亦争新妍。想当七篇五篇快挥洒，万人惊看笔如椽。其间诏诰不着笔，定制本不苛求全。长条印记犹满幅，试官正杂扰攘如云烟。是科峥嵘两榜首，长洲状元申文定公太仓王文肃公声名久。其馀二百九十人，无复名字知谁某。考官略记丁士美，董张两吴名俱朽。当时解牒今何在？嵯峨一卷千载后。流传端赖后人贤，此物君家真世守。吁嗟帖括始自唐以来，汩没男儿好身手。君家太仆实权奇，文气尚挟蛟蛇走。请君宝此朱蓝本，贻留犹胜古罍卣。君不见野鹅山下读书堂，人物科名世安有？兼谓公让、叔绩。

寄金眉生都转

故人天末题诗处，剩水残山尚浙西。深屋云随风叶落，寒冬天与海潮低。此才岂分埋蓬艾，晚岁犹闻厌鼓鼙。予发萧萧今老矣，为君诗句一含凄。

题裕时卿《晚凉看洗马图》

高柳簇溪松枕石，人间无此好风日。林阴八骏已收缰，孤负龙媒渥洼出。可怜西凉白羽挥，马嘶不骋功已微。试问铺张远征赋，何如拂袖南山归？

卷十一

东林上人晚赴慈云庵，阻之不可，不遇寺僧而归，有诗寄兴，奉和

山石盘陀径路微，问师何处款岩扉？为寻坏衲黄昏至，惊起栖鸦窸窣飞。灯火看人成冷淡，水云与佛妙因依。人生晚出终成笑，薄暮东皋吾亦归。

次韵罗研生舟行堕水

生世如泛舟，飘浮无时舣。君岂倦于勤，临流思纳履？曰以息吾机，浩荡乾坤里。又此悟文境，波属而云委。较量鸢蝼食，鱼鳖正同耳。精气沦九渊，翘立为萑苇。盘跚踏涛头，犹胜骑箕尾。坦坦君自适，旁观骇且泚。长河千里泻，洄流尚弥弥。颇忆髯苏诗，嗜好蛇蚓比。卅年积尘垢，复此一湔洗。近岁为《文征》，征人盍征鬼？《离骚》二十五，《六经》同一揆。先哲有流遗，后起不旋跬。一举付洪流，此志宁遽弛。遂使人贤尽，讵免神鬼耻。君言江海大，聊欲窥津涘。我诗方入神，轩然大波起。

次韵罗研生大风雨初度

顽星堕地走，乃在湘江隈。大哉天壤间，吾与君俱来。倏忽鬓发白，未耄已先颓。长松郁孤冈，徒为风雨摧。鼎鼎少壮年，所得亦何哉？始嬉团枣栗，涉壮营锱钗。中疲属物役，簦笠与芒鞋。琼华荐芳馨，幽涧束薪柴。各自适其用，作剧走婴孩。投老

谢冠珮，闭户颠瓶罍。豪强贵人骂，肯顾手中杯。曹刘非吾与，况与君辈偕。群儿意气扬，骑马踏天街。安知梅根叟，把笔泻奇瑰。方朔但敖弄，袁淑杂俳谐。目睎唐虞风，栽松使舞阶。惜哉荐不遇，乃使吾愿乖。今年岁在辰，六十守烟霾。蛟龙咄老朽，倾水与磨揩。一笑君勿尔，即尔亦复佳。

次韵罗研生仰天庵

藏诗东林寺，我尝笑香山。区区文字孽，愿君委道边！陶潜旷达人，避世或云偏。不见古城阛，村竖犁为田？人言天一耳，君乃有二天。独于尘壤间，自号紫髯仙。观书挟朗月，走笔摇奔泉。偶憩仰天庵，面山俯层轩。焉知千岁上，不是此山禅。攲松故偃蹇，幽游争婵娟。寥寥天地外，相与两悠然。征南纪功碑，苦将姓字镌。至今岘山石，无人与高悬。成佛犹妄想，谢孟更谁先？莫惜言如山，今人久弃捐。意气有时尽，此心谁为传？仰天天故尔，起灭空云烟。

次韵罗研生登万楼

汉家中兴将，图画在云台。悲君老秃翁，昂藏何自来？先圣有遗经，云汉森昭回。后生困俗学，沉氛郁不开。九河圣所凿，堙塞渤海涯。何况传注家，墨守或中颓。（毁）〔殷〕勤习所闻，积学如积财。贵人有诮居士者，曰："君学如散钱。"居士笑曰："苟有钱，不忧无贯钱之缗。君等持空缗，其如无钱何哉！"借问万楼下，岸花谁所栽？颇忆觞月图，在坐皆雄恢。陈侯性磊块，马生语奇侅。意城曾作《万楼觞月图》，陈懿叔、马梅初皆有记。当时万楼《记》，风月斗心裁。往迹渺难寻，坏壁罥蛛煤。登临复此老，揽古须儒才。逝将往从游，一日肠九回。高踪更惝恍，山隈又水隈。

苦雨四首

涉秋乃霪雨，春阳飒已至。百有八旬尽，此意犹酣恣。雨师挟颓云，翻覆真能事。土膏安所施，排荡沟渠累。管窥暗昼景，讵辨星辰次！岩岩鬼神居，云雾互亏蔽。沈昏遂终古，恐惧高穹坠。

名都欢会宴，华屋列高衢。交筵盛官府，清酌酣笙竽。重檐隔雨声，四角悬流苏。微风不得入，谈宴多欢娱。盈虚消息理，旋转在斯须。冬雨久滂沱，天河困倾输。恐复深耕日，沃土成焦枯。贵人事欢欣，世事方艰虞。语此但一笑，君言良已迂。

岛夷有要约，朝野气徒结。阴谋展时日，濡忍用此诀。冥行四十年，国耻谁与雪？建武运中兴，北庭请诣阙。班掾议酬答，稿草并论列。岂无应对才，发言能屈铁。空复俟明年，气索智亦竭。今年行已矣，明年更何说？

我思在何所？山深水复阻。筑室完我墉，凭陵更狐鼠。东南兵始戢，蓼辛犹在茹。交口诵升平，人人尽伊吕。刘向条灾异，鉴往如列炬。转石与拔山，持论徒毛举。老鸱喜风霾，屋角作人语。雨多有时尽，雨尽奈何许！

和金眉生都转谈津门旧事感赋二首

片云飞堕楚山孤，尽有游谈佐庙谟。白日当关骄卧虎，西风横笛感啼鸪。树榆何必输安国，细柳宁闻任亚夫？历代规模谁得失，空传怀疏起雄图。

麒麟高阁妙图形，端拱甘泉接万灵。兵甲再施元圣略，车书一轨百年型。仁庙两次用兵雅克萨城，以抚辑俄罗斯，而东北无边警者一百五十馀年。宋明局势真旋踵，董贾经纶欲哄廷。原诗“季世儒臣书不读，堂餐钳得口如瓶”，此专为当事言之。大臣无经国之远猷，盈庭哄然，朝纲日紊，非徒以病国也，其去道也滋远。宋明以来，无有能辨知此义者矣。莫对青山谈世事，与君烂醉倒空瓶。

和眉生见赠四首

湘江咫尺寄双鱼，岂谓忠言亦近谀。垂老欲寻莲社约，乞归传写草堂图。高轩雨过松篁暗，老屋苔封径路纡。剪韭摘葵差不恶，无忘原宪守桑枢。

钧天阊阖有高风，楚老惟求矩矱同。梦里山川云似盖，眼前旌节月悬弓。人才奔凑千途进，世局喧阗一曲终。意气凌人真作剧，抟沙斗草走村童。

张骞持节出河源，一见端应胜万言。空使徐严夸论策，几闻颇牧静边藩？幅员茫昧成窥井，风雨栖迟好闭门。百尺高松无恙在，只应长对阮公论。

十年心迹白鸥知，且喜江湖暮景迟。陶令罢官犹有宅，左思招隐更无诗。元精耿耿真同抱，白日昭昭寖已驰。独去独来无所系，期君携酒菊花时。

和李申甫饮朱氏园

有生苦局促，如鸟处篰中。掉弄文字间，散为万里风。入门或望气，佳哉郁葱葱。宁知老病兼，颓然已成翁。故人奉简书，来藩川岳雄。命酒集宾从，杂沓虎与龙。松高梅正肥，城西访朱公。泛滥瓜茗场，相对老更恭。高台瞷落日，飞雨洒晴空。得非诗人唾，呼吸与天通。置身蓬莱颠，砉然脱樊笼。何必冠履游，贝阙与珠宫。世人怒相觑，眈视炯双瞳。金章谢不御，妒怒宁为功。举头天宇阔，星月光朣胧。芥蒂蝼蚁争，岂足挂心胸！老兵充节使，旄麾贱如蓬。君归峨眉西，我思扶桑东。铙板各停敲，歌阕曲亦终。蔑弃朋友义，吾道乃真穷。

和周昌辅游岳麓

山意真如人意幽，幽人无事喜山游。江边城郭平浮水，天外烟云散满丘。双涧泉声猿出听，六朝松影鹤归求。寄云阁烬高台圮，一种苍凉望里收。

讲堂秋近昼常阴，碧藓苍岩望转深。北宋文章开此地，南台风雨落千寻。萧森宜养松篁气，寂历谁参涧壑心。一读君诗动遐想，白云飞鸟约归林。

与吴莱庭

下濑船从鸟道回，三年怀抱为君开。人才消息资谈柄，世事浮沉付酒杯。斜日孤帆罗子国，秋风落木粤王台。故山猿鹤应相笑，又过游仙一梦来。

九日次意城韵

人世从容岁月宽，年年九日尽馀欢。粉墙薜荔风翻动，酒盏茱萸露滴干。万木萧萧催老易，千峰磊磊欲登难。惟馀杜老悲秋句，雨霁山窗倚笑看。

次韵意城书感六首

老矣扬雄吃，无劳作《解嘲》。心通天地始，道合鬼神交。时论迷钟缶，生涯付瓨筲。薜萝真在眼，万事与捐抛。

天下安危理，非关笑貌为。卷舒吾道在，得失此心知。牛掣舆谁曳？羊亡路更歧。白头归誓墓，此意问羲之。

令弟才难得，生平幕府居。几闻宣室召，空惜谷城书。望日违辰极，凌云属《子虚》。归休小山隐，丛桂已萧疏。

《小雅》忧谗谮，嗟哉草草劳。有鱼惭剑铗，无鹿食苹蒿。雨暗天难晓，江寒石易高。庄生《齐物论》，万籁听风挠。

晨昏鸦鹊噪，奈此唧啾何。老屋烟尘暗，残年风雨多。荆榛天地塞，魑魅户庭过。孱楚何由竞，深深此汨罗。

夙昔思夷惠，悠悠千载风。断鳌犹震荡，飞鸟入溟蒙。忧患升沉共，诪张今古同。健儿夸独出谓左季高，莫更问桓躬。

龙树棠见示梦亡儿诗，次韵四首

老年多感强忘情，无用西河泪雨倾。且死要儿扶杖履，放教绝壁试飞行。

记君风雨过从时，剪烛西窗细品诗。追逐宋唐参一席，三年孤负好心期。

故箧遗衾尚泪痕，馀恩感激到庭阍。陈夫人仁善有恩，亡九年矣。残年独洒思儿泪，暮雨凄风更断魂。

万树风干天正寒，壶觞坐对起悲叹。为来诗句发。伤心遗稿飘零在，落日空庭似梦看。

赠黄昌期军门

小队元戎过草堂，九年别泪尚沾裳。东南半壁手开拓，旌节长江气莽苍。雨急江湖增浩渺，吾衰身世已沧桑。无忘车笠平生约，岁岁迟君压酒囊。

次韵罗小溪见赠

吾衰有底用？多病更颓然。落落人间世，悠悠头上天。疏通乌兔气，茫昧燧巢年。今古鸡虫哄，还归一炬烟。

羲爻阳且去，留与万人观。世路崤函险，吾心泰岱安。地忧穿处侧，天笑补时完。一梦庄周蝶，前期堕渺漫。

钧天阊阖远，何路贡愚忱？嘍啨纷纷口，冰霜寸寸心。世情肝胆贱，山径薜萝深。四坐无言说，遐哉正始音。

元龙江海意，忧国夙心殚。气盛当之靡，言深听者寒。衣冠真寂寞，谈笑总艰难。剩买耶溪剑，归来掩户看。

轩辕遗律吕，古响发瑶琴。自失和平听，空伤迟暮心。海山千里隔，风雨一灯深。莫笑文章贱，犹能字一金。

万国化为水，蛟鼋亦坎坷。炊烟隔水断，野哭入秋多。郁塞高天暗，祈禳九土傩。与君真避世，净契结烟萝。

题白兰岩诗集

与君同榜廿年前，看遍琳瑯满壁鲜。十载旄麾欢再至，一尊谈笑感华颠。醉吟乌帽秋风里，梦醒黄花夕照边。剩欲题诗夸老健，乐天心迹古今贤。

金眉生用东坡《竹枝歌》韵枉寄

洞庭连江春水深，隔江云树横孤岑。美人抱瑟寄遐想，终日燕坐青枫林。澄江落日荡空碧，微波欲动回风及。一曲沧浪流水怨，三春环珮空山泣。武关一去车阗阗，鸿沟无地望中原。楚歌哀怨古如此，鸟啼花落空年年。阊阖回环天咫尺，窗开幔卷浮岚入。蕙兰千畦香草丽，蒸潇九道江流直。悠悠四顾竟何人，世事烟云合几秦？楚国蒙庄终漆吏，汉廷遗老征蒲轮。高岩积溜作危咽，干将莫耶愁缺折。等持方枘求圆凿，肯弃长镵寻短铗。万劫浮云过太虚，飞飞雁鹜相追呼。读书埋头老一世，拔剑直视雄千夫。却思身世无穷事，高冢骐麟空洒涕。小儒有口雾漫天，大梦无踪风掠地。千年明月照愁多，相看发短冠峨峨。张仪骨朽秦宫烬，至今凄恻楚人歌。

书夏贵溪真迹后

东桥文章有经纬，当官亦具雄直气。贵溪强直天下闻，乃使倾心事中贵。当时意气横九州，堕车岂暇前身谋。流传尺书落吾楚，颉颃何李诗家流。丹徒学士工点画，上睨平原溯流派。入朝龋龁水火争，下笔纵横风雨快。才名早岁真能贤，未及西苑辞归年。手敕银章成底事，腰舆入阁谁为怜？此书当在贵溪始入相时。其后再入相，益骄，无复此书之旨趣矣。

题李辅堂《三山归棹图》

海上三山不可到，对君图画眼为开。浙东烟雨浮岚出，世外人天礼佛来。别我游悰如梦寐，撩人云气杂楼台。山川解说吾能听，相就狂倾三百杯。

送张笠臣赴黔南

紫衣长史领牙旗，自许功高迹更奇。二万人军云在幕，三千里路雨如丝。春深江发蛮夷涨，日落山衔猿狖悲。此去安危须熟计，萧条时事愧吾衰。

赠越南使臣阮懦夫侍郎

扶桑铜柱上朝暾，保障关南海气昏。蜡屐湖湘消几两，渐看风景近中原。

群阮风流笔粲花去岁阮君思僩奉使过湖南，于君为宗人，诗笔绝高，年年使节走天涯。纵横王会图中见，天下车书自一家。

副使范晦叔鸿胪

平陵万户范明友，家世衣冠盛海壖。记取岸花樯燕意，洞庭东下水如天。

喜看瑞物应升平，驯象南来万里程。二十九年逢缅使，白头重此话沧瀛。道光癸卯在辰州，见缅甸国贡象。至是谈产象地，遂泛及五印度。

副使陈直之光禄

光禄崎岖石陇关，此行未觉道途难。太行山色黄河水，落日平原立马看。

贺监归来乞镜湖，世南病臂倩人扶。数行写赠瑯琊帖，风雨江天见忆无？承诸君索书，诗意因及之。

杨海琴以所藏《春明忆旧图》摹赠杨性农

人生踪迹如流水，到处渟洄不自持。历历生平尘外梦，萧萧朋旧卷中诗。酒阑云散无留影，月白山青又此时。谏草堂前相见地，摩挲图画鬓成丝。

张笠臣邀同海琴诸君小集，海琴有诗，笠臣见示和作，并邀同作

瓦盆盛酒卧莓苔，仰首长天眼倦开。黄菊招邀成小集，青山供养到顽才。一楼风月无何有，六客田园归去来。蔬笋到公真有味，愿从日日倒千杯。

朱香荪用前韵见赠，奉答一首

眉目生尘面着苔，百年怀抱为谁开？使君风义自千古，今日衣冠无此才。挂壁长弓壮士卧，戛枝枯叶朔风来。寒天欲至头先白，通饮狂呼三百杯。

张笠臣用前韵赠石似梅，感赋一首

剑匣埋藏铁锈苔，亘天虹气豁然开。眼中蛮触悠悠世，壁上枝梧碌碌才。小会壶觞销岁暮，诸君谈笑挟风来。霜寒日短吾何事，如此湖山付酒杯。

杨海琴七叠韵枉赠，奉答一首

汉碣秦碑万古苔，穷岩拨剔野云开。发抒金石沉雄气，润色湖山跌宕才。暮雪骑驴弃官去，晓风呼鹤载诗来。吾衰万事嗟沦落，补缀残书续玉杯。

次韵刘史亭见赠

群书罗满腹，自我一家风。落木萧萧景，寒蛩款款忠。世途纷万变，老眼望诸公。子面如吾面，区区校异同。

次韵周昌辅五十初度

暮景衰颓过五旬，看君次第及兹辰。风霜天气寒犹未，姜桂生平老更辛。得失渐回孤枕梦，荣枯已悟百年身。石榴消息寒梅觉昌辅生日以五月，余和此诗在十一月，归计从容酒数巡时昌辅将自长沙告归。

题曾达舟《慈航归庆图》

一官笑插尘中脚，拂衣更羡归田乐。归田奉母乐更无，去住京华事如昨。初离母出为人后，耿耿七年酬一诺。辛勤三十有二载，已见鱼衔空泣索。慈乌两哺赖孤雏，头白生乌终有托。长安春风十二度，开门欢笑云垂幕。碧蒲草放尊前舞，紫藤花开灯下酌。偶然思乡理归艇，片帆黄鹄矶头落。去时兵火白漫天，归日江枫红映郭。慈颜一笑十年梦，白鸥重践江湖约。嗣母坟头宿草深，当时对语今冥漠。馀年风景倍珍惜，区区令仆功名薄。健笔雄文纪归庆，画图再见荆关作。可怜至性照区宇，长使清风动寥廓。嗟予旧宅耕（川）〔心〕堂，蓬蒿塞门苔满阁。有禄不及沾亲唇，廿载微官甘迹削。几时归守先人垄，狂谋拙计难为药。已乖宿愿倒瓶罍，却惭微尚同丘壑。自比青蒿倚长松，岂殊河伯夸海若。待君百年谱家庆，重写颓唐供笑噱。

刘笏堂赴官滇南到长沙，属题《芹苋图》，赋赠即以为别

一别章江十六年，南征又放洞庭船。弦歌东海人归矣君由浙江改官，雨雪西山梦惘然。旧德孤琴长在壁，贫家野苋欲成田。清风谱入筹边咏，回首松楸万里天。

朱香荪馈岁柽辞兼有诗，次韵一首

鲰生暗闻道，罔识今古鉴。贬心就时趋，面涩气先惮。径思抱黄犊，远与巢许伴。文章轩颉契，心性云山恋。坐看沮洳场，深陵变高岸。子来自龙山，尘沙犹在面。华筵征盛侣，短烛张清宴。峥嵘葵藿肠，隅坐叨属餍。新诗脱手出，经史困征敛。荣观不挂眼，奇赏独心羡。发声群响戢，万目眩窥瞰。世人但惊怖，咫尺犹河汉。岁寒冰雪积，对语凉燠变。经冬菘芥软，近水鱼虾贱。独食腹常廉，肯费一钱滥。敝裘宁掩膝，（促）〔捉〕襟肘已见。吾徒忝温饱，岂免鬼神讪。尝疑混沌天，愚贤未剖判。积金有倾覆，过眼激奔电。区区幸终纳，此物亦首颔。

次韵朱香荪见赠

椒醑延春酒，兰釭照夜灯。歌吟《楚风补》，杖履孔堂升。陋

俗偕为客，儒林各树朋。迂疏有同嗜，矫捷让群能。国步更夷险，人贤几废兴。桓谭宁背主，嵇绍肯为丞。殿阁晴霞拥，江湖皓月澄。九门通爟火，一梦阻觚棱。薄宦轻蹻屣，奇踪托买缯。文章通性命，意气各骞腾。往哲精常接，狂呼势欲应。艰难几诸葛，留滞一徐陵。子道兼骚雅，人言半爱憎。纷攘甘闭眼，忠愤每填膺。冠佩骄嬉惯，闾阎祸乱仍。忧危如我迫，披豁向谁曾。烂醉茵频吐，倾谈几更凭。先鞭防祖逖，长啸共孙登。阔达言无忌，摧残气倍增。世人闻大笑，扰扰似苍蝇。

次韵刘史亭见赠

身世嗟衰凤，文章感获麟。名声真窃忝，谈笑已通神。旧业图书富，清时榆柳新。山川通地络，元会入经辰。故事编陶岳，东堂会郗诜。九江神禹绩，七泽帝轩巡。润色人文盛，钩稽道里均。长材宁小就，妄意拯斯民。竟作江湖隐，空令岁月沦。潜蛟舞幽壑，斥鷃委荒榛。晚食看尘甑，寒溪有钓缗。新诗陵鲍谢，高论极周秦。战伐嗟频岁，玄黄忽下堙。萧条颜闵业，踊跃钓屠伦。一意趋浇薄，何时返朴淳？功名途便捷，盗贼势纷纶。戢影潇湘地，寻幽涧谷春。江苹风动合，岩薜雨沾匀。剪韭犹含本，烹鱼莫损鳞。自然饶野逸，未要领簪绅。夙昔栖皇志，吁嗟老大身。怀悲人岂喻，避俗世谁亲？吾道宜忧患，生涯任屈伸。滔滔流益靡，暧暧醉非醇。省识浮生理，消除一切因。篇成君倘笑，已自堕根尘。

次韵张辛伯见赠二首

将军脱剑橐弓后，为扫东山卧谢安。楚岫云寒三户雨，蜀江风涨五湖澜。据鞍顾盼犹思赵，结驷纵横枉挟韩。一笑钓台高百尺，白头何意起投竿！

高天象纬笔曾干，厅壁松槐解笑韩。岂分声名动寥廓，尽馀诗句洗悲酸。一官偃蹇消时用，万轴沈酣郁古欢。回首钧天成一梦，依稀仙乐拥鸣銮。

张笠臣招同南屏、研生、笏山、友石、香荪、史亭上巳日絜园修禊

禊事永和二千载，风流身物尽虫沙。疏帘细雨今宵酒，大醉豪吟好事家。胜会成尘天隐雾，残春如梦树交花。叨陪诸老承平集，点缀湖山似永嘉。

百年人物存公论，未审遗山野史亭。弦管歌呼无此乐，沧浪清浊问谁醒？眼前变幻浮云白，楼上峰峦过雨青。太史贤人应入奏，莫惊谈笑动天星。

罗研生见示陈岱云所撰其尊人沛林先生九十双寿序

当年弦管盛称觞，屏幛今馀翰墨香。展尽春云含婀娜，坐深孤月照悲凉。旧游莲社头空白，老屋松围影更苍。把笔升堂犹昨梦，谁言人世已沧桑。

絜园展禊分韵得“山”字

名园欢嘉招，何必远尘寰。即事展幽禊，清尊理馀闲。高楼瞷落日，掩映隔江山。暮色悬星斗，浮云与飞攀。妍辰一瞬尽，呼酒赌穷悭。微暄榛莽骄，积雨虫黾顽。扶持芍药花，墙阴晚斑斓。春意郁不骋，当阶困茅菅。吾曹自幽赏，相视老且孱。绅缨

已沦贱，尚欲忧时艰。东南天柱坼，埃风涨河关。人亡国亦瘁，肯更哀痌瘝！霹雳走晴昼，神鬼丛嘲讪。及此春山青，泫视泪潸潸。俄顷心百变，宿雾霾烟鬟。险怪匿不露，貌婉神亦娴。尚怜一池水，积溜鸣淙潺。流觞不及浮，千沫与回环。吴叟祢三让，屈末乱周班吴南老居末座。不如老梅根，贾勇云梯扳。研老年七十，平步登楼。杨侯笔横扫，诘曲走貙獌。孙君妙写生，狼藉蒲与茼。瞑翁兀不动，龙蛇隐华鬟。香荪常逾月不栉发。白乐天诗："华鬟斗薮龙蛇动。"故以戏之。联翩十一人，衰发各成斑。写图留胜揽，科首杂巾纶。一一磊落姿，方寸藏神奸。我独甘不肖，无乃肆欺谩。张子亮为诸公小像，皆肖；独嵩焘一人不肖。主人馔多珍，异格类散颁。熊膰关东来，爪短毛般般。江鱼惯饱食，煦沫口常圜。兔肥鸦鸠黑，盘炙惟红殷。芼以葵与藿，羹糁罗纷斒。良会古难逢，不愿乞归还。晦明乖常理，倏见弦月弯。走隶头如鼋，哆口嗤吴蛮。岂复能解味，欢欣寄人颜。馀惠沾烨胞，逸事喧鄽阛。我家水竹丛，卅六清湘湾。自趋省中居，无术补忧患。笑语讵相温，寸步千函镮。且复欢此饮，万虑从刊删。

吴南屏见示"篴部韵"诗册，时湘乡相国薨已逾月矣

当春冻雨倾如篴，天河倒翻日车摧。君胡为者抱书至，惨惨凶问相寻来。昭忠祠畔相向哭初闻侯相之丧，与沅甫宫保会哭昭忠祠下，又见新火更檀槐。大江澎湃走万里，泪眼东注争喧豗。三年东游具舟楫，竟负宿约成暌乖。闭门一榻坐深瓮，瘴雾塞天风滚灰。潇湘洞庭苦迫蹙，大穴一淤四郡灾。蓬蒿尺深障我屋，宁待烈火燔荒莱。君持道力胜流俗，笑掷傀儡弃村孩。高帆驾浪狎蛟鳄，矮杖拨路空虎豺。石城铁瓮忽到眼，屹立无恙何雄哉！西湖春鸟唤

人去，扁舟何处空疑猜。岂知诗句斗清险，一瞬白日西山隤。陶侃忠诚晚更厉，幢幡宝盖纷含哀。君看九江楼下水，远连江海屯风霾。长沙城西两载别，衰发满头霜雪皑。世间万事谁料得，重湖一水春浮杯。划然乾坤有创局，回忆此老洪荒开。更待君诗纪终始，灵星配祀追封郃。

题张笠臣《无知知斋诗》册

人世悲忻掣电过，只馀诗笔郁嵯峨。群峰黔楚争奇出黔游诗尤胜，胜事林园避谤多。我亦入山寻偃蹇，晚来飞雨走滂沱。朗吟君句风涛里，鬓发萧骚奈老何。

苦雨，次吴南屏韵

山川无日照，五月凛深秋。惨惨江湖雨，沉沉天地愁。云霾看更郁，神鬼独何求？三尺阶除水，儿童与拍浮。

郡国萧条极，蛟鼍卷浪来。穷搜雷电入，倒挟海山摧。巨涨流难稳，狂澜势肯回。岩居纷万感，呜咽涧泉哀。

浇俗多冤狱，推求寸寸悲。覆盆光岂照，掩袂涕长垂。异兆蛇盘大臬使署近有蛇异。或言久雨当为冤狱之征，高墉蚁穴隳。吾庐同岌岌，危栋傥能支？

《楞严》虚妄性，吾欲问房融。骚屑宁天意？沟防惜水功。沱潜诸道塞，廛市一舟通。莫共深源论，凄迷云雾中。

彭丽生题《食笋斋遗诗》，次韵奉酬

百昌历物候，气与天地新。老死无还期，嗟嗟今古人。碣石沦海中，沧溟复扬尘。一瞬少年尽，安知来去因？

五载西河悲，尘土长在面。君亦失娇女，节烈穷始见。吾人顽铁姿，神锋出冶炼。君诗自矜宠，凿楹伤往卷。

题埙侄《读书秋树根图》诗

忆昔读书方少年，一官初就已归田。青灯白发嗟予老，玉检金泥望汝贤。万卷荒山成坐拥，故家乔木久参天。遗经旧德堪传付，衰病逢秋只醉眠。

赠张子恒

浮云西北有旌麾，早岁声名岂浪垂。饱看山川万里眼，退归林壑一囊诗。平生绝艺差无负子恒自许堪舆之学，言生平三绝：艺诗不如督兵，督兵不如看地，衰病从君已悔迟与恒老三十年相知。往事不须重感喟，世途行步总欹危。

吴南屏《君山骑驴图》

驷马高车有倾覆，何如湖上稳骑驴。功名事业不挂眼，寂寞萧闲坐读书。细雨披榛寻断碣，秋风欹帽看叉鱼。归休尘土劳犹剧，准办从君赋遂初。

意城赋长句调吴南老，次韵

人声鸦雀同一喧，聒耳惟嫌居近市。挝门忽枉重九至，草木欢笑尽为此。西风展尽青天云，万里晴空扫尘滓。人生此景岂能数，衰病无欢聊一喜。城东走踏定王台，蓬蒿尺深行没履。天心一阁落天外，隔江山翠平浮几。苍颜白袷坐相压，谈笑声落酒杯里。长绳不放日轮侧，人心何时肯知止。世人都为重九忙，有似附膻走群蚁。茱萸压帽并成歌，簪巾漉酒纷含泚。蹇足登高早罢遣，咫尺乖离真梦耳！及兹叨陪梓湖老，哦诗不成宁免耻。黄花偃蹇避佳节，一笑顽钝如我尔。南山悠然陶令逝，千载诗魂呼不起。直道菊花不须开，潦倒于今怜子美。污墙涴壁复何惜，付与时人供诮毁。君山白云望久倦，五日足抵河清俟。

卷十二

九日邀同吴南屏、邹咨山、龙皞臣、周桂坞、石似梅、张笠臣、黄子寿、张子恒及意城登定王台、天心阁，归饮养知书屋

二十四年无此会，白头携酒话重阳。风流十客八登阁，老病三秋一举觞。近以病，常历时不宴客。坏草遗台今日梦，杖藜簪鬓少年狂。黄花迟暮诗翁健，胜事招寻到草堂。

吴南屏有诗索和，重赋一首

重九登临称赋诗，江天楼阁好栖迟。清尊白日严城晚，高咏西风落木时。隔水峰峦争偃蹇，经秋云物有推移。应添图画潇湘里，倒跨乌驴醉帽攲。

次韵杨性农见赠

洞庭始波清入诗，盼君佳句来何迟？西湖秋雁忽归处，老圃黄花待放时。地迥楼光云不断，望深窗影日频移。新诗枉赠岂易得，闭户高吟一枕攲。

大湖以南几能诗？极盛乾嘉生悔迟。夕日蹉跎行复老，数公潇洒喜同时。从容杖屦重阳会，留滞江湖一棹移。三日待君成怅望，隔江惟见数峰攲。

白兰岩所藏钱竹初《潇湘揽胜图》

两踏潇湘万里程，水光山色远随人。岂知一百年前客，为写重湖天际春。丹嶂送寒连雨雪比日大雪，白头容我卧松筠。乞公健笔摹岚景，更挈新诗镌翠珉。

冯树棠《重游万川图》

蜀道蚕丛在天上，使君来去有扁舟。清尊昨日黄花约，破帽西风白帝秋。记否儿童迎杖屦，依然谈笑接林丘。新欢旧泽都堪纪，却负恬园一度游。时朱雨恬有恬园看菊之约，树棠先期为此行。

腊月二十九日和香荪诗老作

羲燧云徂道未湮，发书相对日犹频。残年催送楼头雨，妙意参求云外人。吾党斐然狂简意，先生何许葛怀民。养贤为国空成帐，地上区区虮虱臣。

和龙皞臣《闻蝉》

饱谙蝉意味，坐对日苍凉。天地一声肃，楼台万柳长。杳冥通碧落，惨淡梦黄粱。吟啸耽高洁，无劳臂引螗。

树木千章暑，山川一雨凉。阴浓栖影悄，风急咽声长。秋气沾微物，天心饫早粱。居高空自远，尘世转蜣螂。

和龙皞臣《苦旱》诗，时雨三日，民间意犹未厌也

滔滔三日雨，未敢信为霖。城郭霾云久，山川隐雾深。迎神司命曲，望岁老农心。旱潦愁兼至，民劳力岂任！

冻馁高低屋，喧嚣大小黉。安危资谢傅，穷老惜虞卿。自笑身将隐，谁能见未萌。平生饥溺意，虚愿竟何成。

题王立斋《琴鹤图》

蜀栈吴船去不回，江山弦管楚人哀。秋风我有莼鲈约，薄宦君随琴鹤来。六月炎蒸愁旱色，孤松盘薄见雄才。刀圭比似经纶手，老病忧时为眼开。

再和皞臣《闻蝉》

盛夏鸣初急，不知秋已凉。孤高真自苦，哀怨为谁长？谬托高衢荫，宁求俭岁粱。发声频汝伺，身后有螳螂。

题袁守愚诗集

袁君诗笔一家则，俊语流传中晚唐。万古文章有根柢，九州人物满轩廊。相期无限古今事，坐对新秋风雨凉。莫漫诗篇夸盛业，嗟予潦倒鬓毛苍。

《石笋山房诗》为吴称三作

石笋高高青插天，青山如带枕林泉。流云冠盖高阳里君家昆仲八人，细雨溪桥好畤田。三绝郑虔犹薄宦，一官元亮已华颠。何时载酒溪潭石，醉踏明兰寺阁眠？

蒋金门《洞庭晓泛图》

洞庭一泻八百里，万楫千樯何处寻。同是江湖飞鸟过，似闻风雨老龙吟。汀洲兰芷为谁歇，云梦烟波如此深。击汰侵晨无限感，浮云傥有济时心。

蒋仲友《梅溪垂钓图》

梅花万树香成海，记泊桐庐江上舟。百尺钓台终古在，一泓寒水接天流。秋风澧浦鱼还出，晚树溪桥景更幽。开径蒋生经世意，垂纶江汉傥来求。

彭雪芹宫保枉诗，次韵四首

兄事爰丝吾自愧，升堂捧杖许齐年。吾与君同岁生。担当世事公方健，衰鬓萧疏已皓然。

揽胜探奇妙独游，岳屏孤障一天秋。四山风雨重阳至，黄叶飞飞怕打头。

浮云披豁对吾真，等是江湖澹沱人。沧海横流尘劫在，自锄散术养闲身。

丛菊斑斓绿作堆，柴扉自闭少人开。短挝挝壁传书至，庭鸟惊猜骑使来。

久迟雪芹宫保不至，度湘阴必可一见，而已由间道回省，惘然成咏，却寄一首

隔岁旌麾快一临，岩城秋望郁萧森。来随风雨黄花晚，行踏江湖青草深。载酒正谋要路饮，归云岂有近人心。寒冬煨芋衡山远，湘浦烟波何处寻？

题韩魏公遗像

搢笏垂绅端拱立，恍如定策两朝时。行边落落招讨使，新法纷纷条例司。自昔贤奸多反覆，斯人进退系安危。深惭褊性输公量，文采风流亦我师。

次韵龙皞臣《北征留别湘中亲友》

君出吾方隐，都非壮盛时。江湖终浩荡，天地有推移。剩着支离叟，空伤昨暮儿。宵长眠睡少，为问夜何其？

岩壁繁松桂，蹉跎笑白头。十年真卤莽，一梦抵王侯。厌逐衣冠虱，平浮江海鸥。商山能力致，携尔话丹丘。

闻说骊山道，开通柞棫劳。残灰埋琐闼，俭德式绨袍。旧日陪霄汉，繁霜杂鬓毛。匡衡容抗疏，感激一悲号。

两载龙蛇厄，摧残及此辰。酒尊犹恍佛，高冢已嶙峋。同尽丘藏貉，非时道泣麟。期人宁复得，四顾黯伤神。两年以来，曾文正公、刘中丞及何贞老、王子寿、吴南屏一时俱逝。

古音嗟寂寞，哀怨楚人些。风雨高张梦，江山屈宋家。重来看禁柳，痛饮失秋瓜。指顾疮痍起，吾怀傥有涯？

朝野艰虞际，含凄赋北征。故人垂老别，春水隔年生。身世馀悲愤，行藏孰使令？因君寄遐想，孤雁远天声。

题陈东涣《船斋诗草》

武陵春水桃花发，消得诗人万古愁。书剑江湖孤客泪，棠梨风雨郡城楼。世途迫促无青眼，文字流传剩白头。枉赠名篇堪一笑，此身到处有诗留。

同张笠臣送别彭雪芹宫保

春江飞雨花漫漫，官桡击鼓夜已阑。城鸦惊翻灯火出，平桥晚涨浮阑干。三年逢君一握手，破柱龙蛇怒犹吼。怪君归寻阊阖梦，插屋捎檐横北斗。君言台阁鸳鸯集，苦念山林猿鹤友。声名塞天身入瓮，所得区区亦何有！峥嵘七十二芙蓉，东风潋滟峰头酒。归卧湖山恰两年，野花山鸟日欣然。夜半挝门诏书至，枳篱欹侧草葱芊。可怜春晚蘼芜碧，月明照见幽人迹。门前萝薜动旌麾，天上星辰依履舄。长江浩瀚水犀军，磊落人间第一勋。白衣宰相山中起，绛节神仙海外闻。太白楼头今古月，楚王宫边朝暮云。洞庭春水一回顾，出处行藏从此异。醉墨怒扫梅花生，狂歌试泛沧浪去。留滞周南惭旧史，庞眉衰鬓衣冠伟。弃官舟楫隆准公，烂醉归休赤松里。文章窔奥强窥探，语言泛滥无涯涘。维摩静对无言师，目光照灼星日垂。世间臧否不挂眼，汹波自息沧江湄。江枫摇摇舞风叶，愁心远寄山千叠。叨陪二子睹雄句，酒尊更喜才华接。坐看万事等云烟，一灯相对俱华颠。今夜梦君何处宿，江南江北水浮天。

周句赓《修竹图》

万竹琅玕风满林，翛然自契太初心。独舒吟啸壶觞畔，谱入云山韶濩音。葛褋芒鞋随处称，碧莎斑石坐来深。平生食笋愁回首，夜鹤凄凉万壑阴。

送曾劼刚北上

鸾旗承荫灿门庭，凤诏衔恩赴阙廷。云伴三千馀里白，山留七十二峰青。省中应识元超石，天上长悬傅说星。延阁道山藏典诰，待君写定礼堂经。

西域河源自汉通，手提铅椠辟鸿蒙。梯航山海条支俗，谈笑戈矛定远功。东下洞庭秋在水，北归台阁晚生风。圣朝垂问江湖逸，老病支离一秃翁。

书赠黄子寿

世人泛泛掠声影，独抱遗瑟求古音。疏越朱弦听者鲜，幽泉白石坐来深。鬼神上下希微意，鱼鸟游翔澹沱心。惭愧吾生暗闻道，炎天携酒话槐阴。

尊公追忆五年前，四海论心一宛园。朗抱秋霜眉发古，清尊夜月笑谈温。人间毁誉非吾料，物外依迟为道存。仍世称贤差不忝，骑驴时一款君门。

胡理轩《洞庭秋泛图》

苍茫九派洞庭流，草树风烟尽带秋。远水寒芦查浦戍，断山斜日岳阳楼。鱼龙出没愁天小，笳鼓喧腾蹴地浮。我亦白头征召出，月明沧海弄扁舟。时嵩焘奉诏北行。

周步瀛《拈花图》

将军射虎入虎穴，投獓归来两鬓丝。一棹旌旗刘尚垒，九溪风雨武乡祠。雷霆水底惊翻眼，身世花前笑解颐。葛袷芒鞋犹旧识，为君挥汗一题诗。

劳文毅公《挑经图》

鹤瘦云归无处寻，偶欹禅杖卧榕阴。便教踪迹尘寰满，留与讴思沧海深。华屋山丘真亦幻，生涯瓶钵昔犹今。汉廷游戏东方朔，三十年前证此心。予年二十，识公京师。

中秋日，王壬秋邀同张笠臣过朱香荪饮

凉秋天气雨连旬，小院清尊景复新。意外忽逢今夕会，坐中谁数去年人？去岁中秋夕会饮易笏山宅，予与香荪与焉。迷漫云汉蟾蜍影，吟啸湖山虮虱臣。试就朱云作豪语，柴门欹侧锁松筠。

题吴云谷《樊篱固守图》

两城对立依唇齿，高树旌旗却敌时。汉宋规模谁讨论，襄樊形胜故雄奇。明时寇准资边锁，晚岁杨朱泣路岐。江汉遗民怀往迹，岘山重刻使君碑。

重阳日会饮絜园，限韵赋诗，分得“阳”字

雨暗秋堂觉酒香，天留佳节看人忙。摘瓜擘蟹林园晚，掠草呼鹰天地黄。十客高楼成一梦前岁登高天心阁，与者十人，百年清会几重阳。尽馀诗老看山兴，吞吐云烟自笑狂。杨海琴观察以游岳麓山不与会。

题杨性农《越裳片羽》诗册

闭户著书谁过问？新诗寄自使臣槎。江边冠盖纷诸阮，海外车书正一家。铜柱岩荒生蔓草，石盘山远踏梅花。征题纪胜翻成帐，醉倚阑干北斗斜。

渡河至峒峿驿阻雪

忽忽峒峿一日雪，此身真觉隔天涯。河流冰合天沉水，野色云寒风卷沙。短日奔驰四千里，荒村寥落两三家。故园梅信还相忆，此景真宜小阁花。

朵城夜雪，早发书壁

客途小憩即为家，土锉绳床愿已奢。清梦未酣惊犬吠里犬自相啮耳，寒衾重拥怯啼鸦。宦情冷落看霜柳，天意酣迷舞雪花。候吏不烦迎送远，此身终合老烟霞。

车中望泰山二首

大岘东蒙相拱揖，居高始觉势雄尊。驱车石磴雷霆斗，弭节云关日月昏。上阙碧霞遗迹邈，东封黄腄古碑存。欲凌日观窥沧海，尘世迷漫谁与论？

泰山徂徕两先生，对立岩岩万古名。尊王发微春秋学，进贤去奸雅颂情。澒洞烟尘成古昔，盘陀山石小纵横。暮年应召真无谓，我亦栖皇赋《北征》。

德州途次感作

未央宫漏夜沈沈，禁籞森严列羽林。元祐规模宁有憾，桓荣车服竟何心。鲲移九泽沧溟渴，龙去三山烟雾深。啼鸟野花犹在眼，尘霾白日作重阴。

方存之述其尊人鹤栖先生遗训曰“到处留心皆学问”，属曾文正公书之，邀同人作诗

世德清芬传妙语，名贤遗墨即良箴。先生学问非流俗，遇事研穷极古今。郁郁关山千里梦，萧萧风雨廿年心。白头作宦犹强健，愧我重来老病侵。

题吴春海《望云就日图》

矞云捧日黄人守，东方醉起窥户牖。依稀尺五城南天，万里桥边一回首。老亲白发春明游，望阙趋庭忍久留。探怀自试朝阳凤，一鸣已惊天地秋。海中蛟鼍怒如鼓，手版插腰走尘土。举头四顾吾何营，归随白鸥卧烟雨。

题潘伯寅《补柳图》

风流三相昔贤无，六百年中万柳株。晚出待公传咏事，春来飞絮满烟芜。廉卢冯阮浮云过，亭馆池台夕照孤。最好西窗听夜雨，凉秋更作《补荷图》。

题李艺渊所藏华亭姚简叔允在所画《浔阳琵琶图》

白公声名高蹇蹇，一谪江州岂云远。《琵琶》自为儿女悲，安肯一官相婉娩！画中几点浔阳山，如在元和贞元间。凭谁唤起匡

州梦？且读公诗一解颜。

题刘拙庵大令《拙存诗集》

见君丞相屯师处，数卷新诗笔有芒。白首一官遭搏击，西湖十载寄清狂。犹怜书卷平生事，往看风涛万丈强。时将从军台湾。短后腰韃嗟老矣，才名横海傥能偿。

题画梅扇赠钟小溪

夭桃花发春三月，婀娜枝含澹沱风。持赠与君同一笑，江南春雨白头翁。

潘伯寅枉诗，次韵奉答

周汉历唐遗事在，昭昭史册待谁看？八方戎貉怀柔易，一哄蚊虻剖析难。扫榻清风为我至，当心白日照人寒。语公归计宜春晚，园竹新成斩钓竿。

书易实甫《雪鸿小草》

而翁词赋有根柢，风雅湖湘巨笔操。骥子凤雏非世有，尘天人海见文豪。卷中城郭山川古，眼底楼台日月高。年少已闻惊长老，岂徒期望托《诗》、《骚》。

题陈小舫所藏王兰渚恕《墨凤图》

凤麟为瑞世莫知，鉏商获麟圣为悲。凤巢阿阁闻古语，圣不及见还嗟咨。天风琅琅海云起，知凤者谁王处士。九苞五采徒传疑，淋漓泼墨神哉技。君家雏凤飞鸣多，子黻孙佩冠峨峨。老凤神姿见图画，再拜展读三摩挲。梧桐百尺枝磊砢，览辉时翔今亦颇。鹆鸡满天翔且高，但笑凤皇不如我。

次韵周荇农见赠

百忙抽得一身闲，车马尘埃且闭关。病骥埋头今日贱，焦螟生世古来艰。一丸溟渤汹时塞，九鼎神奸铸后删。谁道庄生惊一吓，退居材与不材间。

寸步人间抵万巇，一言犹见凤鸣岐。大文星斗平生仰，微分松蒿契合奇。毁誉三人成聚讼，是非前史有传疑。汉家事业皆陈迹，谁问昆明试水嬉？

题白兰岩诗集

新诗到眼酒方酣，聊抵西窗一夕谈。世味荣华消底事，一尘持向老禅参。

暮景清苍似乐天，更馀书画晚妍然。伤心朋旧雕零尽，管取声名九十年。

次韵黄再同见赠

晚风蚊蚋集污渠，坏草侵墙槲叶疏。万颗蜂房真赘设，一泓蚁穴与沧胥。细观物理成翻覆，谁道人言有毁誉。努力艰难君傥属，吾归料理读残书。

严伯雅《万里看山图》

我老诗怀似冰雪，不堪锥凿只荒寒。离离山嶂蟠龙起，纳纳乾坤立马看。晚岁朱幡重把晤，秋风黄叶满长安。海西更出鹍鹏外，笑赌沧溟掷钓竿。

严伯雅《东皋负土图》

大关赈粜贤司马，一门群从亲风雅。桄榔暗天人吏悲，遗棺归葬桐乡社。起冢砻碑今古哀，眼前陈迹皆浮埃。只馀华屋山丘句，寸翰能挽西山隤？人生百年尽朝露，秋风萧飒垄头树。披图我亦感平生，见君历历伤心处。

息柯居士《寿芝图》为林初老人作生日

梦芝巧构芝缘室，霍然一笑病已失。息柯妙写芝情性，持与东坡作生日。我识紫芝元鲁山，挂冠自脱尘埃间。定王台畔一尊酒，问君此去何时还？笑指台边砖上字，“其乐未央”更何事。采芝一曲商山翁，还就息柯参此意。

《钟馗图》为裕时卿作

终南进士须眉古，画笔王（濛）〔蒙〕亦有神。昧谷幽都雄气势，朱衣乌帽好腰身。直须五日菖蒲剑，一扫千门澒洞尘。莫遣两峰图鬼趣，提防此老见生嗔。

送卫濂士还美国

大地回环一水涵，乘槎历斗助清谈。尘中世界原同趣，天外波涛定饱谙。碧海秋深风正稳，黄花别晚酒初酣。君归皓首吾方出，此意凭谁一笑参？

次韵方子箴都转见赠

本无志愿到公侯，敢说中朝第一流？王会来同天北极，圣恩许作海西游。衰颜吟啸龙蛇窟，故国江山鹦鹉洲。一过高轩酬唱盛时周荇农、林颖叔皆有和赠之作，黄花开遍帝城秋。

题《幽阱雪鸿》画册，冯竹儒属为其尊人尹平司马作

郑虔画师严谴日，王诜丹青亦遭斥。妙笔流传丛棘中，无此奇冤起罗织。吁嗟叔子岂鸩人，谪仙讵屑永王璘！家奴告变用汉律，上书自理丞相嗔。适意圜扉无不可，妍花几丛山一朵。日长天暗问何为，濡墨解衣盘礴裸。瀚海波涛西极流，圣恩许作祁连游。关门柳色沙碛草，剩稿残笺何处收？惟馀羁累十二幅，眼前万事都非故。赵武孤儿掩泪看，想见泥鸿留爪处。柳州文笔古来奇，烽火遗棺尤苦悲。更图《万里寻亲》册，谱入《蓼莪》明发诗。

日本百武参赞枉诗，奉答兼示上野公使

卅二国成一都会时充使伦敦三十二国，寥寥相对海东人。蓬莱方丈天同远，剑珮星辰景更新。客里琴尊欢入夜，雨馀花柳暗回春。参军诗笔能惊坐，又为征轺浣别尘。时西德佐使方回巴里。

昭君怨，和董韫卿尚书

汉宫何缘嫁娉婷，泪珠飞堕鸳鸯屏。丰容靓饰不自媚，莫怨远弃单于庭。琵琶自按新声谱，俗耳讥评类胡语。黄云落日试回看，始信此声弹更苦。空房晓雾生帘栊，繁华转眼烛散风。尘海汹奔等闲度，比似玉砌号秋虫。谈笑江山赌一快，季布何心斩樊哙。终军班超名塞天，一样风沙愁出塞。倾心图画望承恩，争妍妒宠亦多门。君恩自浅妾命薄，区区画师何足言！

移居

客行四万八千里，忽忽移居咫尺间。天地容身无碍小，人禽争食只求顽。九衢车马奔成海，万户云烟叠似山。小作迁家高处住，支窗容我一开颜。

早起见雪喜而有作

细碎风声昨夜闻，晓寒轻幌缀冰纹。鸠呼日出朝烟湿，鹊踏枝翻细雨纷。忽忆妙高峰顶雪，招来岳麓寺前云。殊方岁晚真无奈，取次颠狂借酒醺。

金眉生寄示《魏忠节公遗书石刻》

玄黄倒置明事亟，缇骑横驰石人泣。茄花委鬼何自来？内椓外讧殆哉岌！就中左、魏六君子，奇冤塞天天欲死。堂堂遗墨三百年，蟠郁犹挟风雷起。汉明朝局反覆同，高拱禅与奄寺雄。祖龙擅势祸真烈，磨洗天下为沙虫。一夫荼毒万方病，陵夷至明嗟已甚。远蒙石刻怆遗言，藏形灭名差自圣。“我不负国还负家”，摩挲此语三叹嗟。且更负身负良友，反求不得无讥哗。

卷十三

绿奇女史催妆辞

去年相见试新茶，曲折阑干第几家？正是清明时节近，春风开遍碧桃花。

千点明灯照画堂，玉箫能引凤求凰。藐姑冰雪珊珊影，一奏霓裳梦渺茫。

窥墙宋玉已三年，不放游骢拾翠钿。芝草琅玕环玉砌，羽林华胄艳神仙。

深春放作十分晴，青鸟窥窗缓步迎。八尺红毹千叠锦，天香缭绕似花城。

乘龙夫婿世间无，青锁楼台白马驹。记过浣纱溪畔路，尽揄铁网网珊瑚。

一帆东海赋移时，杨柳烟丝踠地垂。贻赠瑶华聊一笑，银瓶索酒怅归迟。

哭谢麟伯

毕竟前贤畏后生，英年早识老成名。斯文崔魏渊源意，并世徐陈许与情。一面无缘人已逝，流言有憾事难明。楚才太息雕零甚，白首穷荒只自惊。

赠长崎道志

护军冠玉陈平似，绝胜人才东海隅。为问西来青鸟使，闲窥朱牖识君无？

题希斯园林

轩廊回合水平池，石洞幽深境转奇。忽忆莲花峰下路，参天松桧出岩时。

朱香荪为刘韫斋中丞作《绿野引春图》

留春才见惜春情，几度春归白发生。正倚斗山勤颂祷，放教风日展清明。湖湘韵事新图出，鼓吹讴思旧部荣。我亦生逢三月暮，海天吟望数归程。

喜袁予文至

兄事袁丝吾岂敢，频蒙佳句到蓬庐。君犹希幸张三品，我欲追寻汉二疏。世上纷呶聚蚊蚋，眼前嘻笑到禽鱼。炎天风雨洒然至，好伴清谈摘晚蔬。

酬朱香荪

疾风厉百草，哀鸟鸣相遭。物化自推移，默识心昭昭。羲皇古已沦，用法纷牛毛。人心如放豚，既纵谁能招？斯文起忧患，哀怨馀《庄》、《骚》。箝遯钳吾口，无使心魂焦。

微才蒙记录，逶迤厕冠履。亦悲古贤达，屑屑东山起。江河浩瀚流，吐纳沧瀛水。吾随与西注，意与乘桴比。诚不如老农，趋田勤举趾。夜半波涛立，喧豗犹在耳。

大旱汾晋枯，沴气弥畿甸。江湖雨滔滔，生命泥沙贱。谁能挽勺水，救彼燎原焰？端资回斡力，千钧引一线。闻知匪吾任，此理穷必变。及衰退耕野，属眼今时彦。庶几起疲癃，杖棰吾请先。

香苏枉赠《春灯话旧图》，奉和五绝句

一帆天外数归程，惭愧区区犬马诚。欲问钓矶何处是，只馀愁病玉溪生。

归休名字从人贱，散乱琴书闭户尊。榆柳解随斜日影，招呼杖履到柴门。病中谢绝酬应，惟一二故人日夕过谈而已。

雨草风花屋角稠，愁春心更比春愁。趁将春晚勤栽竹，与世同称潇洒侯。

不用迟留待赐茶，春畦欹侧种胡麻。雨窗话旧灯初灺，图画衰翁望更赊。

知己已难知德鲜，寥寥今古更无人。平生风义朱云在，肯顾荒山老病身。

次韵朱香荪始自海外归见赠

投荒已分无归日，何意生还入玉门。身后宜留公论在，箧中犹剩谏书存。訾謷万口随潮涌，寂寞孤怀借酒温。脱足耦耕心自决，安危得失待谁论？

刚拚同伤阳德孤，金车困更甚泥涂。尽容握龊称尊宿，岂分朝廷用老儒。半亩林园资干济，故山风雨隐樵苏。有苗共鲧皆凶族，万古持平是典谟。

次韵朱香荪见赠

佳句频贻慰赐还，同忧同病两身闲。幽花媚户沉冥老，坏草侵垣次第删。人共青山争远蹈，天留白日照衰颜。故人健在身无事，瀹茗焚香自掩关。

题袁予文《三友图》

图为罗汉三：一长眉，一伏虎，一布袋和尚也。

五百应真中健者，流传十八取三人。眉长委地不计世，腹大着袋好藏身。吾何畏者足当虎，视若无焉能使驯。于世无争亦无惧，只应摩诘与传神。

黄子寿五十寿辰

传家簪绂灿盈庭，高论名言自一经。东阁琴尊头早白，西园冠盖眼终青。山川如梦看冬尽，雨雪初停待酒醒。更欲消愁向何处，梅花相约水边亭。

陈右铭于长安市中得高碧湄为李眉生书册属题

石钟山人海鹤姿，妙语脱口为新诗。只今一官百僚底，殿阁论思及者谁。长安贵人夸翰墨，妍姿巧出簪花格。李侯虎视角两雄，羊欣、道护今安得？使君声名高塞天，掇拾留贻五百年。纷纷世眼忌文字，珍重堤防万口传。

张笠臣邀同傅青馀、李次青、邓弥之、黄子寿、黄小麓、黄杭生定王台修禊

吾衰废吟咏，谢病归故居。朝廷闵誓苦，指笑还吴书。追欢上巳辰，宾从接襟裾。尚羡登临美，谁言世味疏。崇台焕新构，缅怀盛汉初。地狭无回旋，适意即吾庐。偃仰万花丛，当春齐吐舒。浮云蔽高天，飞雨洒前除。虽无风日朗，足极视听娱。招携尘物表，岂异逃空虚。泛波流觞心，俯槛窥寒渠。希古无良轸，四顾渺愁余。慎勿笑老蹇，语拙意有馀。

题丁禹生《苍茫独立图》小照

今我何为思海阳，遗经不作古人亡。老师祭酒吾安放？伊陟巫贤君岂忘。形影自将心磊块，风云百变天苍茫。望公再起调元化，甘守锄犁老故乡。

题向修梅《秦人室诗册》

生平自许浣花翁，遭际文章亦颇同。丧乱幸非玄肃世，恬嬉犹是庆光风。家馀桑竹秦时宅，气杂幽燕乱后功。野史亭荒孤愤在，遗山原不为诗穷。

奉送陈右铭之官河北

朝野艰虞际，真嗟学术疏。望深才数出，事急愿非虚。磊落廷臣荐，飞腾使者车。收功楹栋远，谁解诵《迂书》。用涑水《迂书》语。

怀魏川原壮，疆圻命数齐。唐封尊节使，汉诏领河堤。行旆秋方盛，晴轺日向西。讴思湘楚地，翘首失攀跻。

君才堪国计，我老谢朝簪。敛迹悠悠世，伤时寸寸心。云山梁苑古，风雨楚江深。更有依迟意，高原鹤在阴。兼谓公子伯严。

题张寄农《太虚独鹤图》为其父铁南学博作

高人生世能遗世，万古寥天一鹤飞。往迹云烟何处梦，夕阳城郭几时归？君家旧业青毡在，官舍连山绿树围。为感遗言入图画，太虚尘世两忘机。

龙潭山

小雨愔愔酿薄寒，龙潭烟雨隐云端。积阴峦气浮天远，应迹仙踪入世宽。远道开山新建节，清秋景物剩凭栏。老僧一掬忧时泪，去日还嗟来日难。

十月九日曾太傅祠集同人为展九会

古来佳节独重九，展九可至一月后。吾衰世事百无营，但对黄花尚酣酒。伐鼓戒期急征召，揄裳纵横十六叟。浩园颇亦似衰翁，狼（籍）〔藉〕残荷与枯柳。晴冬三月无雨泽，骄气蒸腾到藜莠。鳙池水浅不受钓，枉使庄周校升斗。犹怜丛桂小山幽，馀香交柯逗窗牖。江夏黄公信尊宿，文场割据声名久。论年尚欲长熊侯，八十精神能抖擞。七十以上得七人，过六十者两黄耇。五十者五四十一，瞑翁斯文若莹琇。少年文章能屈铁，晚出争雄一子玖。屈指九百五十年，十五人中数谁某。故应合作千岁宴，如陈一堂古彝卣。李侯避席去不顾，留此阙典将谁咎？湖湘韵事岂易得，飞函促召纷驰走。傅君语言妙天下，宙纵宇横曰宇寿。老夫绝迹城市游，自笑形容已衰丑。曳杖连骑更遭骂，犹能扫苔持敝帚。杨邹二老富闻见，古贤此乐能同否？二卿理深袁藻速，朱黄才量江河受。周侯衣冠更奇古，呼石为兄菊为友。强我作主同张侯，要揽众山归培塿。欢娱天地无尽藏，约束壶觞期善取。识君等是济时彦，各弃轩冕就林阜。安西都护驻疏勒，鸡林雨雪屯兵守。宣仁临朝哲皇幼，章蔡济济纡簪绶。千官抗论政事堂，可惜书成无覆瓿。宁知丰镐图王会，涤除凶暴惟忠厚。弛张要出戈鋋外，岂屑功人与功狗。张侯妙著《瀛海论》，奇气郁勃蛟龙吼。古音领悟遗弦指，至理参详在瓦缶。强持谰语聒后生，有似鸿荒经辟剖。还登高台望八极，烟雾溟蒙杂尘垢。眼前崧华起方寸，湘乡益阳今安有？遗祠数得名贤集，长抱茱萸开笑口。胜游晚景急追欢，绕阶虫鸟鸣相偶。欲作云山千岁图，惜无前辈荆关手。韩苏若在斗奇句，定去俗书摩蝌蚪。世间良会能有几？万事一过徒为负。湘江云麓久见招，坐对青山嗟白首。盛衰转眼谁料得，要与作诗传不朽。

次韵熊鹤村催诗，用东坡尖叉韵

才回春信雨廉纤，疏影寒窗夜气严。待品名花梁苑酒，又添微雪谢家盐。急催深敛存孤赏，细蕊幽芳称短檐。今日定知开满树，看君欢喜上眉尖。

朝来城上有归鸦，选胜园林走钿车。何似衰翁双鬓雪，独移远树早春花。断桥残雨调莺地，短竹疏篱放鹤家。铁石广平吾自笑，旗亭赌唱手交叉。

意城招同诸君颐园修禊

名园佳节有流觞，晞发临轩日载阳。旧雨留人松石外坐中熊鹤村、袁予文、傅青馀诸老皆旧好，罗瀛桥、任芝田、李佐周则并数年不相见也，春风坐我笑歌旁。病依杖履陪游健，暖入池台注酒香。一会一图叨屡与壬申修禊絜园，庚辰修禊葵园，张笠臣方伯并有图，争传韵事楚江长。

九日东山作

常年九日天心阁，携榼倾觞各尽欢。南涧荆榛来拄杖，东山风雨剩凭栏。林深烟树疏逾落，秋尽江天晚更寒。正忆絜园高会处，衰年盛集两逢难。

次韵朱香荪见赠

好友无多衰病在，萧疏鬓发感平生。倾心许与一言重，过眼云烟万事轻。细雨松葵成小摘，深秋猿鹤作寒声。与君岁晚存贞性，霄汉高悬野老名。

题陈骏声舜邻《芳草堂诗集》

短日频惊老景催，悠然怀抱向谁开？千诗照壁欢投刺，一笑巡檐索举杯。醉眼翻花欹枕卧，朔风吹雪送春来。元和大历今安有，盼望风骚起逸才。

次韵黄笏堂见赠

衰病无端伤岁晚，新诗读罢欲凌虚。饱探李贺囊中句，竟屈梁鸿庑下居。万壑枯松盘海鹘，满篷寒雪卧溪渔。知君病足情相似，待试奇方泰始书。

正月二十一日浩园小住，为屈子作生日

沾丐芳馨屈子乡，生时原系楚兴亡。一尊潋潋寒将尽，万卉萋萋日载阳。倚托风骚哀怨在，发挥谣俗事功长。诸君等是逢衰晚，相对萧疏鬓发苍。

清明日，朱禹田邀集萱圃赏牡丹，次张笠臣《龙华岭》韵

萱圃春深雾雨来，牡丹池馆兴悠哉。绛帷覆槛娇云堕，宝靥生潮紫海回。寒食清明随意过，秾花细柳簇团开。输君高咏龙华岭，倾注床头百瓮醅。

江南春嶂拥云鬟，一棹烟波缥缈间。湖外岚光存想像，雨馀花影涨洄湲。奇如草木犹堪敬，圣到诗书只待删。文字嬉游真一梦，万峰回首是东山。

谒屈公祠，有怀李次青

生长江潭屈子乡，罗渊疑冢久荒凉。一筇白发寻遗迹，万壑苍烟隔夕阳。长佩高冠《骚》意在，《抽思》、《惜诵》楚风长。昌江独揽湘流胜，洄溯蒹葭水一方。

何塘晚泊

何塘四月行人稀，时见鹧鸪江上飞。晚舟急挟风雨至，山花落尽杨柳肥。人家惯作临水住，万顷沧波无限树。年年水高出树颠，天长路远人何处？凤皇旧是轩辕台，只今埋没青草堆。何塘阻水不得渡，寒烟苦雨生悲哀。

河伯潭《说文》：长沙汨罗渊，屈原所沉水即此。

酹酒澄潭吊屈原，一江曲折出罗源。奔腾九派湘江水《水经注》以湘水统洞庭、九江，宜分九派；汨、罗二水，并自为一派，汨没千秋楚客魂。《庄子》："与齐俱入，与汩偕出。"郭象注："回沍而涌出者，汩也。"汨罗渊盖楚人所以哀屈原，不得为水名。《说文》可证。河伯罢官从置汛，人家依水自成村。《水经》溳水分明在，终古贻讥郦道元。汨罗渊实为罗水。今自小江口以西，溳水南出挽船步，罗水北出半步滩，二水时有分合，而凡今汨水所经行，一皆罗水故道也。道元《水经注》混而一之，夺汨水之名以与溳水，而罗水之名遂隐矣。

磊石山

青草湖南十里山，嵯峨磊石一湖间。《水经》郦注真成误青草山即今青山，郦道元以磊石当之，误，别录唐贤足解颜洞庭原名青草。唐贤分为南、北两湖，盖为《水经注》误也。晚岁江湖空偃蹇，晴天雷雨失跻攀时阻雨，不及登山。九江云梦原同泽，输与湘君着髻鬟。

自夹洲出豪河作有序

《梁书·王僧辨传》：陆纳袭湘州，诏僧辨等讨纳，纳遣其将吴藏等据车轮洲。僧辨军至，陆纳夹岩为城，前断水势。僧辨作连城逼之，水、步竞出，大战于车轮，陷其二城。贼大败，归保长沙。胡三省《通鉴》注：车轮据湘水之要，而不详其地。明世志乘，已称洲圮于水，而皆据以为在湘阴县北。是时陆纳初踞湘州，其力不能及远，自县以北，濒湖旷野，非可据以守。独今武西、湾河二渚，正塞湘江口两岸，可以连营相保。二洲相夹如车轮。僧辨破陆纳于此，无可疑者。至今洲因存未圮也。舟行有悟车轮之义，固诗以记之。后之考求舆地者览焉。

五渚中间二渚邻，两洲真是夹车轮。前朝战绩风云古，斜日苍波天地春。陋俗谁能传楚乘，图经无地纪湘滨。几家烟树溟蒙里，怀古苍茫迹未湮。

赵公桥《隋书》：罗有汨水、汨水。人知此水出鸭子湖，不知为汨水之委也。

昌江水接碧湘流，万古汨津据上游。曲港纵横成聚落，夕阳明灭到林丘。《隋书》疆域谁能纪，野录山川傥见收。愧负平生怀古意，五湖烟雨一扁舟。

琴棋淖

《水经注》："磊石山西北对青草湖，西对县城口。"今琴棋望北鲇鱼洲，南受柴蚌湖水，流径琴棋望，为鲇鱼洲口，当即郦道元所谓县城口也。巴陵吴舍人谓"琴棋望"为"城基望"，其言殆确不可易。

罗益湘西地接连，经营开辟此山川。峥嵘磊石成孤立，摇荡湖波隔一天。四月馀寒侵细雨，半篙小泊称轻船。城基尽与湖争地，忍导横流误力田。乾隆中，抚臣倡为斸地与水，荡毁园田，洊及上游百数十里，为祸亦烈矣。

送曾沅甫宫保赴广东

铜柱扶桑照晓暾，重分节钺岭南尊。孤忠九宇心同运，百战元勋今几存？诏起江湖符众望，感深山海亦天恩。谁窥吐纳乾坤意，周汉规模待细论。

清茗疏窗语入微，旧游如梦看云飞。高帆远浦风生树，盛夏轻凉雨湿衣。吾道岂容为世贬，深谈同党向人稀。多惭从领安怀旨，一奏骊歌鼓瑟希。

次韵周昌辅六十初度

文章巧妙互钩联，一堕尘嚣与物迁。龙象人天无尽眼，鸡虫身世有穷年。两三兄弟存亡感，六十光阴老健缘与君皆兄弟三人，皆存其二，皆逾六十。去去江南何所事，湖光山色发新妍。

无题

引路凭盐走钿车，绮窗重叠碧纱糊。墙东宋玉长窥女，陌上罗敷怅有夫。黄鹄清池长共戏，青蝇白璧稔成污。倾城倾国都能料，臣里佳人旷代无。

玉佩回旋月半弓，镜台留照影朣胧。雀来燕室宁容汝，鸩为鸠媒最恼公。晓露气浮蕉叶白，夕阳光借柘枝红。牵萝补屋怜秋尽，细碎帘栊昨夜风。

闿阖天高梦亦疑，何缘舒翼更张箕。疾风晕月原先兆，宿雨成霓傥自知。堂后生萱看似雾，江南折柳泪连丝。无多残烛催春晓，花信荼蘼待几时？

东海潮生万口囮，欲通情愫隔微波。花妨风妒持铃护，月受尘蒙借镜磨。一线江流争岳鄂，九州山势起岷峨。相思枉费愁千斛，惨惨秋云薄似罗。

次韵朱香荪和张笠臣作

注瓦原知胜注金，人生忧患古来深。浮云变没纷纷口，冻雨销磨寸寸心。《五噫》崔巍瞻近阙，《九歌》哀怨托微吟。多君薄俗论交谊，自抱孤怀片月沉。

戏柬龙树棠

生平守拙勤盐齑，日食两瓯兼醪醨。亲友嗷嗷交口啼，愧乏智力相提携。世途千径驰轮蹄，苦思荐引无阶梯。树棠老人手一犁，终日吟哦声惨凄。一身屈曲茅屋低，满壁墨沈污涂泥。中有光气腾虹霓，诗成万目纷睽睽。只愁酒瓮无标题，误倒酱瓿餐醯鸡。向人苦索买酒赀，日持一榼随小奚，腹大如瓠比滑稽。冬寒日短冰流澌，我亦困卧伤孤栖。古来豕虱与濡需，王侯蝼蚁理亦齐。我愿与为无町畦，或时责望或排挤。门前石路深成蹊，顾视颜面愁冻梨。空负志愿忧穷黎，闾里咄咄丛诃诋。君胡为者抱瓠蠡，酒馨无力倾千椑。赠君四千罗朱提，斗杓斜挂屋檐西，仰天放饮穷酣嬉。安得糟丘淄寒溪，一醉万事同昏迷，觽沙鬓发如鹈鹕。

邓湘皋先生所藏《双砚图》，邓子柔属题

漳河澄泥水流赭，砚材留得铜台瓦。还陪染翰中书堂，当涂岁月去如泻。后百馀载剡溪翁，题诗远揽峨眉雄。一片琳腴经几劫，紫府传赐亲题封。两宋人文渺陈迹，西陵东川才咫尺。端须健笔如修椽，裔云堕手光凝碧。玉蟾一滴蒸彤霞，拓本流传好事

家。临川韵事南村得，隽语着纸如盘蜗。嗟予生晚成衰叹，眼看醇古变浇散。磨砖凿石视此图，夜半长虹烛霄汉。南村且喜得名孙，范氏传研今犹存。壁间隐隐作声响，高车驷马属谁门。

次韵周昌辅

万国珪璋极拱辰，衰颜虚望翠华春。石城铜柱功犹在，聂壹王恢祸有因。向日楼台今匪昔，浮云身世梦耶真？谁言六十非强健，犹及瀛洲跨鹤巡。

定王台与贺礼耕、杨砥皆同游作

荒台寂寂二千年，小憩秋堂倦欲眠。落叶苦争风定势，断云犹恋雨馀天。抚琴自笑成游癖，荷锸惟应伴酒颠。石槛欹斜苔径滑，可容张袖一回旋？

酬朱香荪

驱车未省适谁门？向日摊书借小温。松顶惊寒回鹤梦，梅梢沃雪净花魂。校量臧获原同失，侥幸荆凡或两存。把诵新诗愁薄暮，满江烟雨水天昏。

喜陈右铭来湘，瞑庵有诗，次韵

坐深茵几尽回温，一室盘旋为道存。急彻皋比明圣学，同归田里是天恩。寒窗风雨围炉乐，深巷蓬蒿闭户尊。好事朱云真健者，抗心孤诣莫轻论。

次韵酬陈右铭

煨芋寒宵土锉温，浮云变灭此心存。几人白首蹉跎老，一棹清江浩荡恩。开径衣冠尘外集，还山松菊别来尊。黄粱梦醒酒初熟，毁誉纷纷何足论！

瞑庵五叠韵见示，道为东坡作生日，次韵要之

满斟浊酒待春温，老辈无多气谊存。枉过门庭原好事，深衔杯斝亦承恩。一庐稳卧蓬蒿长，半榻招延杖履尊。屈就东坡作生日，世间得失不须论。

再次前韵酬陈右铭见赠

冬晴几莫辨寒温，忽悟新诗敝箧存。恕醉陶潜自知谬，贪奇杜甫少留恩。长庆中，唐扶御史《游岳麓寺》诗云："两诗物色采拾尽，壁间杜甫真少恩。"盖用杜公道林、岳麓诗"物色分留与老夫"句意。耽吟才尽输三日，闵乱心孤寄一尊。且喜贤人德星聚，纪群交谊待重论。

为东坡作生日，与瞑庵同作

慈仁寺里五株松，酹酒松阴踏晓钟。北宋风流犹在眼，西园冠盖已无踪。戊午岁，沈文忠公邀集慈仁寺，为东坡作生日。祁文端公、许仁山阁学、杨滨石编修皆已物故，存者潘伯寅尚书与仆耳。镜中霁雪怜空影慈仁寺楼悬巨镜，收西山雪景如画，湖外闲云记旧容。玉局仙人知此意，直须一醉倒千钟。

次韵朱瞑庵《闻边报有感》

倏忽烟尘万事非，晨星几点故人稀。走丸峻阪时难再，画策云台愿已违。符节边关森禁旅，钩陈天阙动危机。深宵北斗巡檐望，风露中庭湿满衣。

卷十四

陈右铭次瞑庵“非”字韵诗见示，和答

宣圣犹云吾道非，琦怀孤赏似公稀。平时言论忧虞惯，少日心情老大违。万国槊匜留隐患，百年仕宦有深机。从知此意陶潜识，一笑相逢各拂衣。

和朱瞑庵《岁暮杂感》

草茅衣食总承恩，得失兴衰莫要论。霹雳一声群失箸，更谁剪纸与招魂？

久晴天气莫言寒，想像旌旗狩木兰。容易邀功轻甲胄，伏波横海托名难。

黄云捧日是何祥？春气微茫莫具详。但道颠风吹一过，楂梨李柰尽闻香。

喜雪，和陈右铭

夜窗作寒响，穿瓮发晨光。起见溟蒙中，夭矫万龙翔。野性喜放浪，对景恣欢狂。举头望沧海，转顾成凄凉。冬阳骄玄冥，天行亦改常。水边芦苇丛，残根抱枯螀。鹜鸧啄虾腹，宿草犹争芳。遗孕于其中，或恐成蝻蝗。小儒利喉舌，谬意稽灾祥。雕残念民瘼，举目成羸尪。日落黄赤气，吐焰霾重阊。彗星复西见，

屋角腾精铓。颉颃作气势，言官口飞霜。堂廉孰云尊，击射满鸳凰。杯水覆堂坳，驾海有浮糠。逼仄乾坤内，千官集微茫。昊苍鼓狂雪，飞洒填池隍。康衢戛寒玉，石滑虞颠僵。扪天力排斡，万怪森我肠。禹汤去已远，举步皆榛荒。旦暮春水生，欲济川无梁。公诗屑琼瑶，洗耳听鸣篁。

和朱暝庵《岁暮杂感》

齐桓霸者事，极盛会冠裳。雷雨移沧海，旌旗照碧湖。主书无计相，分国有孱王。谁掬灵均泪，抽思赋《九章》?

暑过雷霆敛，天心善养威。军谋山作势，阵法石成围。进退盈虚理，安危倚伏机。但持长史节，西海万心归。

哆口谈兵事，廷谋似履空。室中酣醉舞，霸上戏儿童。世变烟云幻，军威鼓角雄。西山寻许迈，感激笑言同。

和张笠臣《人日对雪》

一冬晴暖气全收，片片飞花恰转眸。试就鹈鹕谈冷暖，莫凭蟪蛄问春秋。数番荡漾真无奈，半舞低昂如有求。抖擞精神作人日，果然天意为神州。

次韵袁绶瑜《饮集玉池别墅》

文物江湖落眼青，晴秋九叠敞湘屏。西京以往终三古，北斗之南见一星。玉椟依然完楚璞，琼筐何计贡燕廷。匏瓜荧惑凭谁测？手把锄犁著食经。

万木萧疏天地秋，眼前世事有迁流。纵横下濑楼船势，想像瀛洲方丈游。百尺岩扉留藓印，十年宫漏冷莲筹。阮脩自分疏狂甚，尽有馀钱挂杖头。

曾随冠佩入容台，阊阖云烟迤逦开。伏枥骅骝思野草，骄人鸦雀满宫槐。九门诛荡佳哉气，一梦归休甚矣衰。难得一堂英俊集，犹能顾盼示雄材。

一尊相对感浮生，人世微窥倚伏情。啸傲山林馀此老，平章礼乐赖群英。酒醒鼓角沉沉夜，梦冷旗常赫赫名。倚赖新诗销块垒，梅花一笛落江城。

次韵李瀑仙为炎儿举行冠礼

薄俗依然礼乐尊，古贤已往道犹存。敢凭崔液夸龙翰，且学庞公隐鹿门。笋箨覆云才上帻，梅花袭月正临轩。东园霜雪堪娱客，自挈筠笼采芥孙。

肯容愚狷上书干，神武门前许挂冠。归就儿童陈制度，懒防人世有讥弹。当筵弦管群英会，窥户云烟列岫攒。荐笏造朝真一笑，礼容输与柳州看。

垂老犹馀肮脏身，阿戎才调半卿伦。清名胡质除初服，上坐陈咸领搢绅。谓胡子威、陈伯严为宾。一酌尊罍看静肃，百年雅颂见温纯。缥裳缁缅纷陈列，不废疏狂漉酒巾。

苍茫天意系斯文，曾踏沧瀛万里云。昨岁归帆湖外路，几人持节岭南军。年衰冠佩犹存古，才尽风骚正倚君。史笔同时须料理，网罗散轶证前闻。

赵吟篁、李瀑仙先后邀为贾公祠之游不赴，奉柬

踊跃平生山水游，如今举步便含愁。全昏海气东南日，独领江云西北楼。胜会只宜名士集，故人频枉尺书投。豪吟烂醉惭无与，一笑春花负白头。

殷少侨以诗为予贺生日，奉答一首

生年六十七春秋，浩荡身如不系舟。妙论一为知者道，故人千里快哉游。虎狼强敌方乘衅，虮虱微臣似缀旒。忧患已多才更尽，养生何术借前筹?

答周荔樵《题食笋斋诗后》见赠

六十衰翁两鬓华，齿牙缺落语言差。传经继业惭衰族，把笔能文号小家。成就百篇才弱冠，消沉万古一长嗟。留题妙句增衰涕，尚有馀情寄九遐。

周定轩初赴书局二首

七星挂户夜移杓，鼓角沉沉隐丽谯。赌酒能谋良夜醉，耽吟肯放积愁消。掀腾沧海三山暗，宽大朝廷万口嚣。世事迁流才更尽，一尊花鸟伴无聊。

前辈文章岂易能，遗编光气尚嵚嶒。九州稿耜存兼爱，一体绸缪赖服膺。计数郑兴同学重，提防周顗有司绳。时李次青以承修《通志》久未成书，致有责言。千秋论定归青史，记取轩窗把笔曾。

和李瀑仙《贾太傅祠作》

汉志曾传贾谊书，盛时相顾叹沦胥。蓬蒿路涨阶前井，风雨春深江上闾。杖履林泉三日集，棠梨院落一家居。相看揽古寻陈迹，卧病荒村胜会疏。

山谷江安偶住亭书《琴操》墨迹，为黄子润作

元符三年，山谷自戎州放还，至江安度岁。明年为建中靖国元年，荣州祖元大师追送至江安绵水驿，因用旧题赋此君轩诗韵赠之，此其诗跋也。诗见山谷别集。而跋云："予旧得东坡所作《醉翁操》善本。"此脱"予旧得"三字，末书"建中靖国元年正月辛未江安水次偶住亭书此。"脱年月，增多"山谷"二字。东坡与山谷同时自儋州放还，建中靖国元年卒于常州。山谷在江安数有题东坡大字跋，盖是时东坡尚在，而文字流传，宝重如此。《琴操》善本，必东坡书。《江安志》云："山谷与江安令石谅游偶住亭，书《琴操》。是山谷亦曾书《琴操》也。元师居荣州嘉祐寺，善琴，兼工书法。当时此跋及诗并刻石。此君轩此跋，或别为人书之。山谷书法，折出筋骨，非后人所能摸拟也。子润世兄出此帖索题，因成一律。光绪十年甲申春三月。

坡老眉州望宋州，渟洄只共一江流。醉翁琴曲空山冷，玉局仙人何处游？写韵薰风馀老衲，锁江明月入孤舟。空馀遗墨龙蛇动，槁木寥荒又几秋！

次韵魏弼峰见赠二首

白日当天照九衢，读书不受古人诬。时艰文学论盐铁，生计人家树薤榆。采掇鞠藭同纩挟，绸缪风雨待茅诛。鲁连台畔遗踪

在，画策无劳折简呼。

尺简朝来有报章，谬持衰朽入褒扬。井鱼失水泉之竭，谷鸟鸣春日载阳。刀布纷纷勤蔀屋，松筠肃肃绕书堂。即今鼛鼓征多士，稚羽齐随老翮翔。

次韵陈伯涛《二贤咏》一首，即题其《裒碧斋集》

斯文圣所珍，嘘光烛两仪。颓风际末运，触眼归陵夷。约心就辞翰，尺泽困修鲵。梦寐契周孔，讵足拯时危。绝俗耻苟同，徒为世诟訾。君才应嘉会，臭味无差池。奋飞滞凡翮，吾年嗟已衰。谬附诗人笔，殷勤托馀辉。咎责满群口，犹希旷代知。圣哲垂遗言，坦坦吾何疑。末四语答来诗之意。

赠王益吾还京

采采瑶华奈远何！菰庐咫尺饱经过。大师祭酒如君少，异籍盘盂校古多。长路秋风生白发，中原落日见黄河。禁庭正待绚丝结，盼望骊驹白玉珂。

历尽沧溟四万程，汉唐遗迹入盱衡。只馀茫昧沧桑憾，谁辨虚诬史传名？开国规模凭讨论，误人学术只纵横。圣明苦问江湖逸，一掬袁安泪早倾。

为瞿子玖题其大父鲁青先生《自济图》

乾坤浮水身一叶，万事空馀电光掣。神徂圣往经几世，谁使忧时发牙舌。先生咳唾已冥漠，差喜此生无欠缺。回头却忆少年事，历壮讫老才转瞥。终持白发沉冥影，熙攘人寰校工拙。百骸九窍递君臣，彼我相役原无别。自写生平《自济图》，经纶一身有稷契。先生生长承平际，水潦干戈已芽孽。手无斧柯排斡力，肩项从人夸巀嵲。岂无尘劫起微沫，太阿竟受群哮折。龙蛇踏蹙天发机，应声有似蕤宾铁。达观昭旷刓亡人，一手一足宁为烈。请看浮查着海浪，信行不与坤轴裂。天开地辟万化生，要自以身为圭臬。济身乃以济天下，贤圣自古无留诀。文孙善继知此意，呵叱尘嚣吹一吷。要识绸缪达一体，莫枉彭阳见夷节。吾衰宁复规远大，身计所争惟餔啜。先生三影相护惜，谐谈解颐信奇谲。世上形容千万变，营营簪组满朝列。

为瞿子玖题其祖母《课子图》

绛纱摇摇灯烛光，咿唔读书声满堂。大儿峥嵘出头角，小者身才二尺强。我识石云年二五，听橘园开踏秋雨。四年始获一升堂，若翁春风见眉宇。一别长沙十载馀，名家继起登贤书。应官听鼓铜驼陌，追随仲子连簪裾。草玄归来茅屋底，文孙读书有根柢。城南问字得蹄筌，已见门户罗旌棨。昨来示我《课子图》，芦帘半卷瞯晴湖。天吴紫凤杂文褓，纵横几榻纷走趋。老母执经上头坐，乃翁游戏丹青涴。竟将此身寄汗漫，诗书付与清闺课。忆初相识卌三年，此图更在卌年前。弟兄龙虎同一尽，最小尹县今华颠。文孙声名在天禄，清风玉立森森竹。回念艰难授经日，盛衰人间一转毂。莫言海录珊瑚钩，但防富贵从欺偷。还朝阐述遗经意，远慰空山风雨秋。

赠瞿子玖还京

一水蒹葭澈底清，暮云南浦送君行。江声鼓角风移棹，树影楼台雨暗成。华盖一星天阙迥，晴秋八月海潮生。楼船昨日沧溟路，惆怅图南万里程。

周汉规模望里遥，只今炎海憾难消。旌旗反覆三城戍，殿陛仓皇万口嚣。尽有戎机归节制，宁无清问逮刍荛。还朝早作苞桑计，咳唾风云落九霄。

姚桂轩八十求诗

相识茫茫三十年，数回相见各华颠。多君八十身逾健，顾我衰颓老可怜。黄竹戛风秋满壑，青山隐几雾漫天。文忠幕府传书在，白发依然手一编。

次韵朱香荪九日诗

烟尘澒洞干戈际，朋旧凋零老病身。九日壶觞虚故事，百年天地着闲人。黄花避雨开无奈，白发经秋感又新。君看旧时高会地，道旁古木尽为薪。

吾曹共有斯文任，记取千钧一发身。露重霜繁秋在地，鼠张狐啸昼迷人。园花似客年年见，世事如棋局局新。堪笑焦桐惊入听，宁知格磔是劳薪。

朱香荪移居次韵

浮世苍茫一叶身，有同大海着微尘。较量荣辱原多事，准备安闲作幸人。暴虎岂闻徒手搏，截鲸专待九河湮。时举行填塞海口之策。移居蒋诩真堪羡，开径先求二仲邻。

息柯居士山水小幅，为任筱棠作

息柯书画妙天下，心折蓬心入品题。谁道寄身山水窟，晴窗春景写浯溪。

佳话扬州修禊图息柯有诗，絜园胜集愿终虚。絜园修禊为图未成。云林妙迹今无有，冻雨荒丘浯上庐。

熊鹤村见示立春日和周笠樵诗，次韵

夜雨先春黯小楼十九日亥时立春，是夕大雨，衰年空剩酒盈瓯。尽多素翰粘丹壁，更著青词伴白头。雾里看花才眼过，睡馀起草有诗投。来诗云枕上和之，原稿一览即还。三年一韵纷酬答，我亦颓唐佐醉讴。

鹤村再示与笠樵叠韵诗

西北迢迢雄楚楼，曾陪风雪斗清瓯。丁未武昌度岁，寓居雄楚楼，与彭畏三、王子寿、夏崇山诸君为消寒会。今情往迹浑残梦，明月夜光真暗投。不惯读书杨大眼，枉劳问事贾长头。诸君各抱阳春曲，惭愧咿嚘下里讴。

湖海元龙百尺楼，评量人物奠金瓯。良规历历心攻上，失意闲闲手戟投。聊共人前磨盾鼻，谁言天上落旄头。君诗排荡沧溟阔，比似雍门倚瑟讴。来诗有“海天何日鲸波靖”之句，用益其意。

纸有馀幅， 再附一诗

虚堂支木便成楼君于前厅支木为客室，棋在楸枰酒在瓯。老骥当风马须避，春鹦求友鸟争投。年华转眼熟羊胛，兴趣成痴过虎头。闻说诗牌终日斗，吾衰无力伴闲讴。

鹤村见和一诗，已而有书换取前稿，次韵答之

卧听风铎响高楼，准备晨餐粥一瓯。剥啄到门喧客至，玑珠在握有书投。千篇迅疾无停腕，一字推敲喝打头。矍铄精神真寿相，两诗留作百年讴。

鹤村见示和诗及笠樵和诗争奇斗捷，二三日得诗十七章，书此以当和诗之跋

十二阑干最上楼，群仙烂醉碧霞瓯。谈锋粟海金身现，电影壶天玉女投。细雨年光消盏底，梅花香意在枝头。江淹才尽休重赋，一曲笙璈万口讴。

鹤村[①]再叠韵见答，申言以戒之

流连晚景夕阳楼，节乐真思一击瓯。陈诗疏：缶，瓦器，所以节乐，犹今之击瓯。颠倒暮朝令狙喜，较量胜负为丛投。要将山岳销胸次，莫使龙蛇起笔头。雕琢肺肝连日夕，语君持律戒酣讴。

鹤村以岁事拂意罢吟，更次前韵以广其意

早岁声名赵倚楼，诗成万首酒千瓯。狂吟世上惊疑惯，随分人前冷暖投。来日大难愁眼底，好春容易到眉头。宦家酒价饶君醉，准办商声次第讴。

---

①原为“轩”，据文义改为“村”。

鹤村又见示和陈伯严诗，再次一首

妙想空蒙结蜃楼，吸川为酒海为瓯。君诗笑比功成际，王会须穷天尽头。尽有雄豪排闼入伯严、吴少阶并有和作，茫无归宿望门投。鹤老逢人索和，每和必有报章。岁除不敢清闲过，腊鼓声中击钵讴。

除夕诗至次日元旦递送，仍附一诗

纸阁芦帘称小楼，椒花酿酒满浮瓯。岁除耽句全家笑，正旦怀诗伴刺投。原诗中二联更互用韵，因并效之。永忆云霄开雉尾，问谁声望属龙头？和章持送还重和，比似尧衢击壤讴。

鹤村改订前诗，鄙意不谓然，即答

是谁横笛出高楼？吹得梅花落酒瓯。历历飞仙遥共语，双双杂佩恍来投。试吟改句疑胶口，恰比参禅悟指头。棘句钩章徒自累，不如旷放野人讴。

次韵熊鹤村《偕王雁峰妙高峰观涨》

避水人家尽上楼，当春荡漾海浮瓯。凫鹥拍浪千帆过，星斗扪天一杵投。耆老社中双老健，妙高峰顶最高头。分明写尽流民景，一曲于芳取次讴。

寄朱次江武昌

湖南鱼稻不中饱，放棹翻为江汉行。贤主嘉宾真契合，短歌长铗小纵横。梦回亲舍江云隔，酒醒扁舟春水生。吾道正孤时事亟，凄凉怀抱向谁倾？

次韵子瀞留别四诗

凿坯荷锸非吾事，出口惟闻金石歌。衰世一官宁我恋，畏途千里奈君何！皇天淫溢成霖潦，坏壁因缘长蔚莪。时事日艰门祚薄，吾衰况更发毛皤。

日日提壶到酒杯，不堪烟雨暗楼台。甘同人世昏昏醉，谁挟江湖滚滚来？交董有心求尽语，依刘何地解怜才！高言至论防轻出，只合曹腾笑口开。

蓬莱风引一帆归，世外山川所见稀。民物分明消长理，天人倚仗盛衰几。暮云西岭心长往，白石南山事恐非。君去正须婴世岗，海鸥吾与共忘机。

高论唐虞逮宋明，依稀犹见古人情。岂闻流转尘中事，但采虚诬世上名。且喜孔融归北海，尽容傅奕赋东征。飘零老辈嗟予在，春草春波送远行。

次韵王益吾祭酒见寄

一鄣乘秋照夕烽，十年梦断景阳钟。铄金漂沫嚣嚣口，衔石沉渊耿耿胸。大略怀柔资盛治，先幾控纳想高宗。圣恩罢战兵戎息，岳色湖光一倍浓。

次韵熊鹤村见寄

万户鳞鳞拱北楼，城随江涨似浮瓯。豪吟若水奔腾泻，使笔如椽取次投。世事只须吹剑首，天文新喜落旄头。新诗五十巩珠叠，要放歌喉百首讴。

即事一首答熊鹤村

翠袖红妆尽倚楼，佳肴胜会佐清瓯。上官侃侃三章约，下策汹汹一炬投。民事弛张须审势，世风欹侧岂回头！往时骆相曾申禁，三载欢欣万口讴。

程定甫先生《秋夜读书图》，次王益吾韵

尝闻诸半山，禹皋读何书？意者心藏知，古今互乘除。雕凿散真璞，在初固有馀。轩皇昆仑游，南望遗玄珠。得之自象罔，祖行乃康衢。先生抱经史，早暮以勤劬。渍薄吐雄辞，有如翻水车。东观典秘籍，名与张蔡俱。郁塞经济资，或乖当世需。往迹证同好，博弃巾箧储。感激读书愿，趋跄圣哲徒。李侯唱高咏，神契匪貌誉。庭柯涨秋气，宿潦积洿渠。常怀疏瀹心，私抱徒区区。长鲸弄牙角，掉海偃瓯吴。读书不适用，不如手一壶。哆口陈危言，徒为史传诬。独调伶伦音，岂假观听娱。感君希古志，百密无一疏。随身砚常渍，涓涓吐玉蜍。想望诸贤趣，精神聚一图。追仰吾无从，空嗟尘土污。

次韵朱香荪《感事》一首

履霜集霰岂无征，积涝经秋更沸腾。水北水南浑避世，山花山鸟自为朋。远游雷雨宜高厉，赌酒池渑听代兴。党祸林宗差不与，未堪圣绪托云礽。

颜贞女诗

煌煌明伦教，开诸古圣哲。流传五千年，大义星日揭。逶迤

迨末俗，视若风一掣。往往闾里间，妇女含贞烈。岂非习尚然，郁积成奇绝。异哉颜氏女，闻者倍凄切。将巢翼已摧，未并蒂先折。慷慨适张门，笄鬘抵褵结。上有翁与姑，双鬓如沃雪。有弟病且废，有妹森成列。朝炊米待漉，暮爨釜不热。锱铢指端力，涓滴眼中血。弟死母妹继，翁亦随沦灭。孑身与排斡，补绽乾坤裂。立嗣主翁丧，角丱为孤孽。又抚一弱息，三影相颃颉。辛勤斗室间，麻缕资拾掇。纺车杂刀尺，书声助呜咽。似续门户计，傫然与提挈。磨砻一寸心，百炼坚同铁。其年未耆艾，其门无绰楔。一朝霜露委，自完冰玉洁。此意果何为？万众无言说。先王遗学校，为人示涂辙。模楷在人身，造端自名节。至今为弁髦，人世互生蠥。如马失羁衔，驰突信蹄趹。又如浊水泥，虫鱼互相啮。遗弃名与义，相与为泄泄。伊川饿死小，留为妇女诀。使其心不昧，而后能朝徹。根柢一以固，自尔敷芽蘖。幸生圣贤后，此身敢磨涅？端须持尺寸，权量及琐屑。宁为世俗訾，或幸资补缀。颜氏忍贫苦，但以一言决。诸父曰汝学，稍稍供饮醊。又赖文与李，生死为表揭。其初持一意，纠纷抵唇舌。终然死不死，骨朽心犹杰。将为斯道闲，用此固扃鐍。上晞三光明，下弥九土缺。

柳贞女诗

昔年尝读归氏熙甫文，守贞非礼述所闻。圣经前典未著录，愤起蹈义何纷纷。世风愈降节愈厉，独与天地留芳芬。回观世人尽驰骛，判若气味殊莸薰。人心趋向各有态，我思其理终茫昧。彼为诚难莫督责，岂假轻重相权概。士夫以身为律度，举头咫尺圣贤在。阴阳贱贵古岂然，课以节行终不逮。或云生长闺阁间，见闻不颇心幽闲。截耳割鼻亦何忍，勇气直压贲育孱。吞针明志更奇绝，牙舌支拄口不关。神力回针跃出口，直身兀坐安如山。壮夫就义暂非久，问此仓卒能致否？良由此义见之明，舍是无宁飞与走。李侯作记告学士，读此能不心怀咎！我诗差可与表闾，周家贞媛身姓柳。

左恪靖侯挽词

国运迍邅日，臣心况瘁时。功成文武并，道大古今疑。劲气同官慑，深谋圣主知。老臣经国计，生死系安危。

西法争新巧，深机在远交。甘、闽归缔造，朝野互讥嘲。不忍须臾愤，翻随议论淆。多防经术误，远略责包茅。

触眼伤沉浊，谁言古道存！攀援真有术，排斥亦多门。直以功勋旧，无烦气谊敦。荒山馀老泪，酹酒与招魂。

熊鹤村拟乡试题文，以省城水道为言，俞鹤皋以左恪靖有此议，其实议此者鄙人也。鹤村欲改正之，鄙人以为无庸也，诗以订之

恍惚生平明远楼，挥毫一泻酒千瓯。导川神禹金函简，说法生公石点头。等是洪钟雷鼓响，浑忘明月夜光投。正须丞相声名大，留待他年筑者讴。

次韵答王君豫，时为其远祖山长先生题黄九烟所书“人在缑山”小帧

征君年少伟容仪，春色昆仑欲上眉。剩水残山湖外路，回风往日郢中辞。只言文酒相娱乐，谁信沧桑有乱离。二百馀年遗像

佚，萧条杜老不同时。

熊鹤村约为九日之会，次答奉寄

高卧元龙百尺楼，指挥群彦走传瓯。参差避地浮江去，多少携尊款户投。九日黄花消醉眼，一笻白发学遨头。茱萸留待明年健，准办商声岁岁讴。

九日寄熊鹤村

往日鸳湖烟雨楼，西风一棹酒平瓯。岂知白首惊秋尽丙辰九月与周弢甫泛舟鸳湖，登烟雨楼，有“寒芦旅雁惊秋尽”之句，今三十年矣，独往青山策杖投。生世几逢开笑口，狂吟且喜领词头。前身王豹齐髡识，赢得河西尽善讴。

乙酉榜放，所得皆知名之士，喜赋二律

南金东箭不论价，尽入珊瑚铁网中。五色云霞添语隽，一时冠盖属文雄。平心试辨淄渑味，巨眼能酬翰墨功。往日知名今并在，笑谈珠玉散天风。

旧家新望人争羡，忽忆青衫年少时。策杖东山云在壑，治经南海水归陂。眼中群彦看逾盛，乱后斯文足起衰。我老惭无经国计，早筹方略济时危。

龚蔼人方伯枉赠四律，奉答

同是风尘肮脏身，倾谈自许性情亲。蒙庄矻矻妨污我，邓禹纷纷解笑人。落木号风愁向夜，残星伴月冷侵晨。觚棱路迥沧溟阔，一棹莼鲈作外臣。

南山鸟笑北山罗，蟪蛄声闻旷野多。但见岷峨埋积雾，谁能砥柱障颓波？挈提北斗虚无哭，想像西京画一歌。去去昆仑逾万里，虚空云气望来过。

紫霞亲拜幔亭君，玉节金符称领军。葵藿倾心为皎日，旌旗过眼是浮云。徐宁不待有无辨，裴寂何烦皂白分。韶石无言湘水咽，辨章吾亦欲云云。

清泉白石有心期，莫怪生平富贵迟。君去定舒重整翼，吾衰争笑折残枝。漫调宫徵知谁赏？高论唐虞亦自疑。风雨鸡鸣长在耳，时吟佳句寄遥思。

为友人题《竹石图》

潇洒平生水竹居，一瓯清茗一床书。半林春雨生幽草，万事浮云过太虚。喜见芝兰随杖履，分甘泉石老樵渔。多惭谢傅东山意，轩冕栖皇计已疏。

卷十五

次韵答周小崧枉赠二首

冻雨寒梅绝世姿，长留古艳照轩墀。学官祭酒真相似，诗兴扬州属阿谁？骑马出门心蹙蹙，啼鸦催曙梦夔夔。潇湘半卷青天上，正是长吟抱膝时。

隐约文章虎豹斑，高辞冷署绝跻攀。语端粲粲金华殿，门下森森玉笋班。笑我蹉跎三郑后，凭谁位置二刘间？一编私乘蒙嘉许，比似《西铭》足砭顽。

《花底》用杜公韵

江上蒙蒙雨，阶前艳艳花。浅深迷宿雾，早晚怯晴霞。金粉宜装屋，官盐曲引车。风光容易过，聚散似抟沙。

《柳边》用杜公韵

不道春光暮，仍馀柳色新。依依湖上路，袅袅汉南春。眠起成三影，轻狂信一身。章台飞絮尽，攀折为何人？

笠云、寄禅召饮上林寺，次西枝韵

晓风剑佩集台鸳，回顾觚棱尚眼前。物化渐酣蝴蝶梦，书丛谁辨蠹鱼仙。一堂尊宿指头月，万境澄空水影天。小劫尘生人几在？举觞相对数星躔。

次韵王壬秋碧浪湖看月遇雨小步还城行

夜艇踏雷雨，岂曰非胜游。衰病无远怀，浅渚怯行舟。往叨沧海使，旷览穷遐幽。激电扬飞涛，何止挟两虬。梦魂堕虚漭，烂漫不可收。掇拾破碎馀，一息今淹留。碧湖霭烟树，凉意已先秋。倾觞阻宵卧，急柝喧曙楼。从来远公社，不杂无怀讴。稍异谢客心，行止两清悠。新诗督深罚，才竭从无由。

书夏芝岑《岳游草》

往年曾作衡岳游，扪萝剔藓穷遐搜。祝融峰头观日出，云海荡漾天地秋。雷堂岣嵝望咫尺，岩壑一变纷蟠蟉。只今梦寐水帘洞，各言石底藏蛟虬。三十九年真一梦，岩扃谷秘寻无由。陡然新诗落吾手，已觉笑傲陵沧洲。历历生平游览迹，假君隽笔为雕锼。夜窗展读灯火暗，敲铿万树风飕飕。灵根短松万年种，梯山未可人力求。苍龙舒鬣才一寸，持赠足抵千琳璆。阴岩长养证妙句，至人抱独归林丘。一事傲君犹缺典，方广烧芋三日留。龙潭喷薄才一瞬，俯视烟雾霾九州。古木列嶂苍筤谷，便思架屋循崖幽。其馀胜迹尚四五，锦囊正待奚童留。老矣犹能陪健步，得暇再鼓衡阳舟。

和夏芝岑赋别诗韵

销沉蝶梦岂知年，松作波涛柳作烟。一棹秋风湖外路，数峰别意雨馀天。星移物变高原水，地远心孤下隰田。禄入齐婴亲旧尽，自矜掩豆有豚肩。

绛节油幢奉诏书，湖湘万户满清誉。资沅九水归王会，屯卫千年壮国储。忆读君诗游岳始，自盟臣节服官初。叨陪侍从承明地，燕雀翻飞忆旧庐。戊午、己未之交，嵩焘供奉南斋，而君直枢庐。

忽忽江湖白发生，笑夸将作是秋卿。纵横穿筑怜萧纬，醒醉权量似顾荣。揽胜西京馀结构，引流东涧妙回萦。定王贾谊俱陈迹，遗爱亭台称此行。

升平人物聚星堂，西海蟠桃东海桑。宦迹迷离蜥马地，世途倾侧斗鸡场。重征璧币资观听，暂驻烟云好卷藏。碧藓紫苔行处迹，编诗长为《谷风》伤。

和唐懋陔《陟慕台》诗

北斗明灯俯仰观，夜深霜露照凭阑。浮云自恋逍遥谷，爱日终沉黯澹滩。死有二方能载德，生闻一善为加餐。杯棬零落桑榆晚，绕膝长留白发难。

廿年教养一身兼，我亦摊书学负檐。化鹤无踪空雨泣，梦鸡有兆感星占。先太夫人以己酉告终。残年老屋霜帏冷，故里馀魂风木瞻。长羡高台秋望好，娟娟凉露湿明蟾。

九日柬熊鹤村

几年零落山阳笛，无复重阳对酒尊。咸、同以来，吴南屏、罗研生、张笠臣岁一为重九之会，今不复举行矣。半角楼台非世好，一家笑语为谁温。秋风生树川原改，晴瘴成烟天地昏。为报南邻诗老在，愿邀诗句到柴门。

熊鹤村偕陈伯严、曾重伯诸君为重九之会，各枉新诗，再叠前韵

要识湖湘老宿尊，一堂名彦畅高言。偶然问讯诗篇富，重荷淋漓笑语温。樽酒正酣添兴味，寺钟初动报黄昏。朝来剥啄蒙新什，莫误张罗雀在门。

笠云、寄禅开碧湖吟社，为作展重九之会；邀熊鹤村不至，叠前韵枉诗，次韵奉答

重开九日菊花尊，莲社曾闻长老言。我亦鲫鱼甘受饵王雁峰有诗云："长沙近事君知否？碧浪湖边多鲫鱼"，君如鸥鸟独辞温。将军筑室花光绕陈程初镇军构屋三楹，杂植花木，古寺临江水气昏。诗老自夸游岳遍鹤村诗句，岂知柰苑有沙门。

鹤村再枉诗， 和答

老僧传语尽虚言，吾道由来闭户尊。谁信樽罍关去就，竟随节候异凉温。客原错杂心疑厌，语不分明眼欲昏。此会年年须一举，长邀车马到山门。

碧浪湖为展重九会

晴秋敛尽碧湖水，千载醉魂扶不起。马王园地莲社开，寒烟远泛暮山紫。重阳迟我十日觞，尚馀故事展重阳。荻花枫叶愁无奈，独雁叫空天雨霜。褒衣大袑集舒慢，高僧韵士各雄盼。长鲸吸川酒味薄，布置樱笋杂苣苋。飞雨忽来秋草萋，向时野水今成蹊。天荒地坼斗龙虎，斗觉庭院生清凄。振衣起作孙登啸，穷荒日月开蚓窍。万古芬芳兰芷地，挈提尊罍托年少。世间无地无茱

萸，但须一杖青藜扶。将军构屋真息壤，借问有酒何处沽。王郎妙语谁能识，碧湖便可名金鲫。南邻诗老掉头去约熊鹤村不至，钓竿鱼尾不相值。

陈伯严、涂次蘅邀陪碧浪湖修禊，分韵得“条”字

出郊便觉马蹄骄，胜景良辰许见招。唤雨鹧鸪啼木末，迎暄翡翠集兰苕。万殊趋舍从人悟，百感沉冥借酒消。为问海棠花事过，尽输冶叶与倡条。

六月三日王壬秋集饮碧浪湖

去年六月开绀宇，欲往从之心惮暑。去年六月十五日始开碧浪湖诗社，以暑热不赴。今年六月暑更添，重邀策杖寻烟渚。王生好事狎炎热，为扫碧湖延胜侣。自矜矫健利爪觜，岂顾衰病残腰膂。凄迷莫辨兰蕙丛，寂寞独就菰芦语。诗翁禅伯恣雄放，绛阙琼楼怅深阻。青天荡荡颠风雷，万众奔趋浑汗雨。踏翻河海地折轴，掉弄星辰天倚杵。我与世人同扰攘，烦毒迷乱无处所。故遣清风散蒸郁，涤除瘴雾见岛屿。蛟龙挟势助陵轹，鱼鸟忘机淡容与。吾侪览胜聊一快，诗酒酣娱心自许。漫山亭榭荒紫微，踏路歌词连白纻。莫嗟霸图已馀烬，急标诗帜名张楚。长使山僧供茗荈，分偕野老依桑苎。世上纷纭求一饱，有似空堂走饥鼠。其间取舍各异趣，揣量刚柔随吐茹。何如美酒大肉坐相邀，得间胜会时一举。凉燠须臾岂人力，得失涓微浸成巨。细观物理有顿渐，闲愁杂虑纷千绪。盲语冥行谁解辨，且愿徐行待持炬。眼中数子无猜嫌，戢戢游行似鲂鲊。一尊数会见情亲，料量笋蕨到苏苣。久雨正喜池水溢，汲泉烧竹纷可煮。更得家庖荐珍膳，倾壶倒榼谁能拒。新亭早晚铿钟铙，故宫远近委禾黍。何时命乐中岛亭，更翻一曲霓裳

序。时壬秋方议筑小亭湖墩。

侯桂舲《疏勒望云图》

安西万里道重开，翊运先收颇牧才。狼燧烟从沙际出，龙堆云自地中来。望穷葱岭心常恋，衣寄蒲犁手自裁。今日三山风景丽，板舆新度钓龙台。

九日登浩园高阁，喜鹤村诗老至，戏作

百年三万六千日，几日能逢笑口开？剩取衰颜酬令节，强登高阁劝衔杯。西风不遣黄花放近年九日菊尚未花，短日还输白发催。正拟狂吟无住着，恰逢诗老杖藜来。

九日陪熊鹤村登浩园楼，次鹤村韵

行天日月古来忙，小驻高楼憩影旁。胜日园游探曲折，衰年力健斗清狂。秋移物色归华发，老掬心肝付锦囊。君自豪吟吾自懒，未容鸥鹭逐鹓皇。

易芝生喜其孙补博士员，次韵

充闾喜气烂生光，天半云霞日载阳。始试诸生何武帛，微闻三日令君香。孙枝披拂梧桐荫，稚萼联翩杜若芳。潇洒陆机陈世德，更排阊阖听霓裳。

戏和熊鹤村

负土填河路几千，远劳心力恐徒然。功参冕弁归神禹，书纪河渠忆史迁。苦累诗翁搔短发，无烦蹇驾控雕鞯。转移气运期君相，诗酒盟须我辈联。

酬周昌辅见赠

儒生筋骨长峥嵘，身罹偃蹇心常亨。拥书坐啸万人敌，有似插戟连雄城。斗闻谈笑风雷生，耆英九老传卢贞。香山九老，惟卢贞年未七十。六十年少气方锐，例随虫鸟春秋鸣。神仙中有许飞琼，笑呼阿浑为老兵。梦入昆仑通姓字，人间仿佛闻咸韺。三月三日天宇清，使来远缔山水盟。百年驹隙谁长健，碧醪白堕须频倾。白日西落随长庚，野草青青原隰平。俯视圆方但扰攘，梦想觚棱怀旧京。发函伸纸眼忽明，夜半短榻欹长檠。抗手群仙齐接引，鸾翔凤翥纷来迎。辽天一粟浮沧瀛，万口纷呶水火争。黄流揭天入淮甸，过眼世事鸿毛轻。小园屋角啼仓鹒，为我计数游春程。频搔短发自叹息，故人几在心还惊。朝夕嘤喈鸟雀营，人生得寿聊自荣。重枉诗篇祝难老，数纸磊落堆箱籝。窃比淮南招隐句，幸不贻笑钟山英。更拟入山扪石壁，长镵斸地寻黄精。

春日小集萱圃

十年一瞬笑浮生，岁岁花前倒玉罂。尺素招邀晨共夕，牡丹时节雨初晴。窥帘燕影分斜照，入馔鱼肪试小烹。一夜乾坤消变态，犹馀檐溜滴残声。

周啸虹画兰置贾太傅故宅

九畹幽香入楚辞，萧条屈贾有同悲。旧时迁谪今欢宴，为写丛兰伴紫芝。

戏寄禅兼送其回衡山

四大皆空空不来，馋僧也要吃清斋。一诗恰换一斗米，四饼添装四担柴。大雪漫天成幂罗，枯藤拄地即根荄。闻师早晚衡山去，饱咏山园日夕佳。

喜刘希陶至枉诗奉答

寒天雨雪背人忙，岂比湘累赋涉湘。兔册无心骄范质，牛衣有泪笑王章。期程早报灯花喜，诗笔能回弩簳强。郁塞尘寰欣一见，予怀渺渺楚江长。

同嗟卤莽世人忙，浊者江流清者湘。事业敢期唐李郭，生年不及汉明章。坚顽似石能攻错，质干如弓要挽强。一笑诙谈何处有，青天荡荡白云长。

戏书小像

傲慢疏慵不失真，惟馀老态托传神。流传百代千龄后，定识人间有此人。

世人欲杀定为才，迂拙频遭反噬来。学问半通官半显，一生怀抱几曾开。

小除夕和刘希陶

喜君同作支离叟，生性疏慵与世乖。忧世我真惭有道，忘机君更契无怀。廿年梦冷澄观阁往与杨海琴、吴南屏、罗研生诸公岁时集饮荒园澄观阁。十六七年间，存者无几人矣，一雨寒生养性斋。拌醉小年人不至，白头萧索倚闲阶。

朱暝庵馈菜

雪后园蔬味更长，两瓯分惠到山庄。留侯辟谷专修静，却为商山一饭忙。

凌波仙子园林富菠波菜，白衣山人霜雪肥黄芽白。七十人间一稀物，如君养老古尤稀。

元日雪，用“乖”字韵

飞霰半空惊鹤舞，颠风一夜笑龙乖。漫天寒景随元日，何处人间有好怀？青眼看山登快阁，白头倚醉赋高斋。凭谁就问袁安卧，雨暗柴门草没阶。

周渭臣赠裘

去年长沙三尺雪，今年雪深地为裂。年年风雪苦欺凌，衾寒裘敝冷似铁。将军远出芦葭河，白狼赤雁珍奇多。渠搜君长献裘服，寒芒射影愁羲娥。吉光玄华各有适，照耀翠葆辉雕戈。将军校猎祁连道，雪花如掌白皜皜。披裘跃马须眉张，气压风霜向晴昊。直揭丹心捧日月，还庭浩荡烟尘扫。无才冻卧湘江滨，谁念荒山有遗老。尺书远自榆关来，紫茸艳毳云霞开。平睨乾坤纳两手，已觉襟袖春阳回。梵音羌羯尊舍利，西塞山高不到地。狨猕腾攫毛尾长，缀缉珍裘荣远赐。将军书法兼柳颜，诗笔长河汇百川。谁云嗜好杂蚯蚓，不与人世争媸妍。频蒙矜宠到顽钝，欲就朽干施雕镌。咫尺威风挟惠气，盖覆万里穹庐天。筋骨犹强幸胜此，准备撑支三十年。

奉答丁次谷示别

踏路飞黄自有神，江湖吾道在垂纶。未妨嵇阮论中隐，且放巢由作外臣。湘浦一帆连雨雪，江南千里梦菰莼。贾生汲黯原同愤，各有情怀说积薪。

便欲湘江泛钓舟，深山猿鹤恐贻羞。荆苕放渡通黄浦，松桂还家见白头。宦迹浮沉终自惜，世情清浊只同流。飘零朋旧衰迟感，望望青天我欲愁。

书西枝诗册

莲社招寻五十年，攒眉犹恋远公贤。上林功德声闻在，下界尘器色相圆。生世尽销无量劫，低心且就小乘禅。峨嵋道者言非妄，诗酒随宜了俗缘。

病后示西枝

六尘混浊终何事，一世腥臊了不知。日月旋螺堆满额，真成万古天人师。

病后维摩才悟道，诗成拾得当参禅。归休道力要坚定，稳坐蒲团七十年。

书西枝所藏诗册后

浮屠文畅喜文章，一序昌黎妙颂扬。六凿天人同扰攘，廿年朋旧半荒凉。尽馀宝笈琳瑯在，长伴斋厨蔬笋香。等是乾坤沤泡影，无劳与世较低昂。

易铁樵为陈右铭廉访作丛竹扇面，属题句

数从野竹上青霄，拂槛捎云亦自聊。明月不堪来照影，琅玕细碎可怜宵。

梅花幽女竹高士，寒暑因依各有宜。（条）〔涤〕荡尘嚣谁领得？黄昏风雨乍来时。

陈程初《禊园图》

碧湖东畔会春园，当时冠盖如云屯。千年霸图久销歇，禊亭晚建今犹存。将军意气若雷电，点缀湖山事游宴。画图迹相馀旖旎，草木精神尽雄健。江南草长莺乱飞，马王池台今是非？夕阳一片萧疏景，惟见琳宫横紫微。

《湘江送别图》为王夔石制军作

昔别湘江岁月长，重来冠盖有辉光。滇池倏忽旌麾远，楚泽留贻兰茝香。忧国寸心寒日照，乘边万里惠风翔。凉秋风雨潇潇意，满道讴思蔽芾棠。

两番旌节十年留，遗爱依然恋节楼。俗敝谁云民有猰，望深忍听鲁无鸠。东南旱涝方连岁，中外梯航尚隐忧。却羡碧鸡金马路，茫茫吾道在沧洲。

次韵周荔樵所藏乡先生手迹，用唐陶山、黄虎痴唱和原韵

湖湘老辈盛辞宗，翰墨流传一笑逢。难得弟兄鸾凤侣，旷怀

今古虎龙从。老夫尘土迷双目，满屋蓬蒿卧一冬。犹喜妙高遗像在，便应题作石船峰。王船山先生以隐石船山为名。予始创修船山先生祠于妙高峰。

置酒无缘会未央，飘然一棹水天长。忽惊琲玉倾班管，早积缣缃满绛囊。二隽名高王秘监，一时语妙贾君房。徒伤小谢先朝露，谁为挥戈返鲁阳？

重题《碧湘老屋图》，为陈淀生观察作

城南高咏满琳琅，三十年前事渺茫。往迹追思真梦寐，故园经乱已沧桑。蓬蒿旧径迷黄叶，风雨寒秋涨碧湘。几日趋庭重选韵，相看君亦鬓毛苍。

题王夔石《湘江送别图》

南极星辰丽，中天雨露新。前旄移洱海，行旆黯江津。煦育谋非细，恩威动若神。弦歌声在耳，随地见经纶。

十载旌幢驻，承迎两度期。云山如有恋，花柳若为私。桡鼓催何急，襜帷去转迟。知公情眷眷，风雨满江湄。

薄宦嗟沦滞，虚传清白箴。无才甘废置，将老信浮沉。曲荷吹嘘力，难为去住心。昆明天万里，目极塞云深。

为李幼梅题所藏越南贡使阮恂叔诗札册

比景日南汉郡县，谁传铜柱界夷华？百年琛赆来重译，前代车书自一家。尽有诗篇辉孔翠，竟教沧海斗鱼虾。五年不见朝正

使，狼藉春风踯躅花。

李侯示我箧中书，珍重琳琅廿载馀。玳冒珠玑无复见，占城真腊久成墟。岂惟辞翰嗟沦落，坐见衣冠付扫除。白雉朱戟何处是？空伤万里指南车。

素蕉《小绿天庵图》诗

素蕉自有种蕉（僻）〔癖〕，雨打疏窗妙悟禅。书画同源姿绝世，芭蕉一例绿漫天。休持大小豪芒辨，尽许清奇世俗传。花草四时参妙谛，茅庵一榻望悠然。

题张悟庄《禅悟图》

参军主簿古幕职，往时僚属今宾师。何为团蒲坐一室，喜怒无言双眼垂。参寥雪窦不并世，相看失笑君为谁。坐上孤罴山岳立，膝前八骏风雪驰。岂有人间蔬笋气，来到邺下芙蓉池。君言静中有妙语，玉麈无尘谈笑麾。此心回向真实地，故应玩世无磷淄。何用人前弄狡狯，遗珠成米沙作糜。只知芸生满天地，涵养万类生春曦。是愿非痴痴亦颇，较量古佛成半痴。我时澄心观道箓，暮年结想沧洲期。桐帽棕鞋谢朝迹，竟欲采掇商山芝。世人扰攘复何有，一身所得惟诟疵。鲲鲵之沈渊为一，太冲莫朕空汝为。看君挂席上南斗，远随骢驾穷荒陲。白亭楼头吾欲卧，西山爽气朝支颐。

酬杨蓬海

羲娥驰飙轮，动与衰老会。揽镜照颓颜，畸行苦无对。惟有病相寻，转侧同寤寐。谁能力驱除，一扫横天彗？君亦病支离，顽躯资取譬。叩门走问讯，惊喧鸟雀避。不受簪笏迷，啖果得回味。芝兰委穷谷，义重荃蘅愧。据榻睨严武，奚论崔苏辈。例得病君子，蹇步当前队。举头望酒星，终古瞢腾醉。

张叔平见寄《黄花井歌》，遥和

仁寿宫中泉似醴，探源穷根要见底。岂如老平游兴健，飞行插脚烟雾里。传闻鼍池蜕骨禅，奇幻乃今见龙焉。问龙乞水归贮瓮，酿作百斛真珠涎。海山神人水底出，井花作缬香横溢。为言治病先治心，淘洗一世无留疾。寄身水国菰蒲秋，携酒日上城南楼。潇湘洞庭连海阔，万念填膺醉即休。老随形影周旋久，酒尊翻倒心语口。探丸亦解起沉疴，手与心违常八九。谁似老平篮孱前，洞天二酉开盘筵。搜奇揽古恣雄快，插天万岫看如拳。但言山水莫言仕，平睨青天一杵倚。道山藏书探且读，头衔自署蓬莱史。忽闻盛迹前朝传，井碑题作黄花泉。拄杖敲铿酣一掬，广寒醉舞仙乎仙。白日不动苍崖高，到此已是人中豪。登山力健记年少，当风一笠垂两髦。武陵持比南兰陵，郁金琥珀价斗增。逸境桃源试雄俊，登台烂醉还呼鹰。海上仙人邀徐市，却望三山几千里。为言黄花在人境，酒徒狼藉仙人喜。紫阳花草新宫铭，至今笔墨馀芳馨。黄花市上长沙有此市长沙酒，与君合作三高亭。

夏至有序

春病阳陷，历百二十日。药日换而病日添，殆将应少微之占矣。夏至无睡，枕上有作。

三年三病转沉冥，一榻萧然拥药瓶。画栋迟留过乳燕，候虫次第见流萤。宵添一线愁长夜，卧比枯禅守《内径》。不道中台无分入，凭人指点少微星。

枕上作

命在须臾病已深，医家首难祸侵寻。强持残骨侵晨起，要识坚强笃老心。

苦忆儿时将母情，廿馀年事记分明。撩人夜半成惊叹，阿母床头咳嗽声。太夫人病咳二十年，予适同此证。

三人同瘦命偏长，共道吾家兄弟强。儿辈尚能规进取，莫忘先世有书香。

三十生儿终二十，留遗都是后来缘。早筹地下相逢日，累尔相望过廿年。

及见曾文正公、刘孟容中丞岁丙申，笑谈都与圣贤邻。两公名业各千古，孤负江湖老病身。

覆瓿文章心自疑，枉蒙知己力维持。稍分经纬留人世，已是春蚕丝尽时。

身世看成驹隙过，殷勤良友系怀多。祝宗祈死非为达，不奈磨难病祟何。

补遗

和答金伯生枉赠四首之二录求皞臣仁兄大人灿正[①]

钧天阊阖有高风，楚老惟求矩矱同。梦里山川云似盖，眼前旌节月悬弓。人才奔辏千途进，世局喧阗一曲终。意气凌人真作剧，搏沙斗草走村童。

张骞持节出河源，一见端应胜万言。空使徐严夸论策，几闻颇牧靖边藩。朝堂茫昧真窥井，风雨栖迟好闭门。百尺高松无恙在，只应长对阮公论。

九日风雨，追思去岁天心阁之游，怆然于怀，漫成一首，录奉洁园主人大教[②]

去年此日天心阁，醉插茱萸共九人。计数存亡馀涕泪，时梓湖老人物故。可堪出处各风尘。龙皞臣赴京师，何镜海赴广东，易笏山赴贵州，予亦避居玉玲禅院。逃禅远就蕉寒景，揽镜频惊老病身。墙畔酒尊无恙在，寒林秋雨黯伤神。[③]

东坡生日，奉同絜园先生作[④]

慈仁寺里五株松，酹酒松阴踏晓钟。北宋风流犹在眼，西园

---

①辑自龙永宁《从绅士到革命家——我的祖父龙璋》，荣宝斋出版社 2011 年 3 月出版。
②据云南省图书馆藏原件辑。
③下书“郭嵩焘录稿”。
④据云南省图书馆藏原件辑。下注“玉池老人嵩焘呈稿”。

冠盖已无踪。咸丰戊午，沈文肃公作生日，祁文端师、许仁山阁学、杨滨石编修先后俱逝。今存者潘伯寅尚书及仆，皆去南斋久矣。镜中霁雪原空影，慈仁寺楼悬巨镜，收西山雪景如画。海上晴云照夕烽。玉局仙人知此意，直须一醉倒千钟。

联　语

五言联一百四十九首[①]

邦以民为本；德者福之基。

天阙象纬逼；气溟海岳深。

把臂有多日；荡胸生层云。

修竹不受暑；灵芝冠众芳。

迹藉台观旧；兴含沧浪深。

挂席钓川涨；长歌激屋梁[②]。

阆风入辙迹；毕景遗炎蒸。

外物慕张邴；论文到崔苏。

精微穿溟津；凝融为漪澜陆鲁望句。

精灵畏雕镂；冰雪净聪明。

---

①此“五言联”以下至“二十言联”，原系湖南人民出版社1980年版《郭嵩焘日记》“咸丰六年”附录之二，现移至此。

②此处旁注又作“回帆觊赏延”。

遣辞必中律；奉诏令参谋。

蕴真惬所遇；下笔如有神。

作歌挹胜事；拄策忘前期。

时危挹佳士[①]；心清闻妙香。

天水相与永；林园有馀滋陶渊明句。

事与云水白；意钟老柏青。

真骨老岩嶂；侧身望川梁。

奋舌动天意；开颜喜名贤。

经纶皆新语；事业只浊醪[②]。

雄笔映千古[③]；老气横九州。

群书一万卷；独步四十年。

---

①此处旁注又作“林昏罢幽磬”。
②此处旁注又作“磊落见异人”。
③此处旁注又作“家声盖六合”。

清心听鸣镝；高义薄层云[①]。

飒爽动秋骨；去住损春心[②]。

清诗近道要；痛饮真吾师。

微月映皓鹤；清晖回群鸥。

长风驾高浪[③]；茂林延疏光。

盛论岩中趣；博采世上名[④]。

亲近唯几杖；峻极逾昆仑。

道广存箕颍；陛列森咎夔鲁望句。

萧条游侠窟；咽漱元和津。

兴趣江湖迥；苍茫云雾浮。

追琢山岳锐；保爱金石坚。

---

①此处旁注又作“见道发新硎”、“壮笔过飞泉”。
②此处旁注又作“洒落辞幽人”。
③此处旁注又作“逸气感清识”。
④此处旁注又作“由来席上珍”。

世传闾邱笔；醉操云峤篇。

夜看丰城气；晚登单父台。

时下莱芜郭；庶作梁甫吟。

如何有奇怪[1]；但取不磷淄。

青松寒不落；威凤高其翔。

从来多古意；弥年逐清泉[2]。

文章千古事；忠孝一生心。

丹梯近幽意；白日悬高名李白句。

数杯资好事；衰俗凛生风。

蕴藉异时辈；洒落惟清秋。

议论有余地；雕镌出小诗。

①此处旁注又作“所得乃清旷”。
②此处旁注又作“绝代有佳人”。

药饵驻修轸[①]；图画在云台。

有才继骚雅；何事忝簪裾[②]。

时观锦水钓[③]；高咏宝剑篇。

安排用庄叟；真怯笑扬雄[④]。

时议归前烈；徐步视小园。

俯遵周孔辙；宜膺将相图。

新欢继明烛[⑤]；扬论展寸心。

颇牧齐教化[⑥]；贤豪赞经纶。

雷雨蔚含蓄；水木湛清华大谢句。

紫骝随剑几；香饭兼苞芦。

拂拭乌皮几；隐映银丝笼。

---

①此处旁注又作“出尘”、“轨躅”，“声容剧河汉”，“陆鲁望句”。

②此处旁注又作“在德非馨香”。

③此处旁注又作“载闻大易义”。

④此处旁注又作“忽如携葛彊”。

⑤此处旁注又作“幽人有独步”。

⑥此处旁注又作“离骚纪日月，鲁望句”。

密观贞观体；晓达兵家流。

剑池石壁仄；华岳金天晶。

高怀见物理；小心事友生。

宗匠集精选；锺律俨高悬。

高名入竹帛；听履上星辰。

朋知限游寓[①]；痛饮信行藏。

秀气通星斗；盛才冠岩廊。

范云堪结友；匡衡常引经。

剡溪蕴秀异；岘首试考槃。

鲜鲫银丝脍；呼鹰皂枥林。

俯遵周孔辙；次补孟荀垣。

身犹缚禅寂；志已清风尘。

①此处旁注又作“诵诗浑游衍，盛名富事业”。

得尽所历妙；各满深望还。

晚节嬉游简；斯文忧患馀。

根源旧宫拗；怅望好林泉。

耻为达人诮；诵得老夫诗。

欲问姚花宿；伫闻粳稻香。

独立游夏上；长啸宇宙间。

洒落君臣契；播扬尧舜风。

忘机对芳草[1]；执热濯清风。

学古穷篆籀；酌茗烦瓯惆。

开怀展橱簏；纵步凌陶甄。

合到清凉域；尝著道德篇。

润聚金碧气；汹若溟渤宽。

---

①此处旁注又作“披书向残雪，鲁望句”。

诗书敦夙好；山水有清音。

美人抱瑶瑟；志士采紫芝。

善知应触类；利器当秋毫。

流云吐华月；剖石呈清琪。

把臂有多日；会心真罕俦。

浊醪有妙理；开怀无愧辞。

达人贵自我；君子慎厥初。

委讲缀道论；诞曜应辰明。

惠物辞所赏；养德乃入神。

处顺故无累；蕴真谁为传。

遗思在元夜；令德唱高言。

恒充俄顷用；谁谓古今殊。

明月澄清景；春风扇微和。

忘归属兰杜；虚寂在川岑。

照灼烂霄汉；窈窕究天人。

极目有极览；中饮顾昔心[①]。

悟物思远托[②]；游情无近寻。

实禀生民秀；可为达士模。

萧散得遗虑[③]；卓荦观群书。

义心多苦调；清意溢素襟。

诗书敦夙好；山水含清晖。

松柏有本性；膏泽多丰年。

既览古今事；是谓仁智居。

谷幽光未显；虑淡物自轻。

①此处旁注又作“妍谈既愉心”。
②此处旁注又作“知言有诚贯”。
③此处旁注又作“徘徊践落景”。

丹青著明哲[①]；俯仰生荣华。

亮怀璠玙美[②]；谁谓形迹拘。

渺与庐霍绝；问以瑶华音。

怀新道转迥；积久德逾宣。

将穷山海迹[③]；愿保金石躯。

群贤济宏绩；高步超常伦。

贞观邱壑美；款曲洲渚言。

崇情符远迹；蓄宝每希声。

结庐在人境；舒文广国华。

远想出宏域[④]；景行彼高松。

齐心同所愿；寡立非择方。

---

①此处旁注又作“山泽多藏育”。
②此处旁注又作“但营身意遂”。
③此处旁注又作“将循陈甘迹”。
④此处旁注又作“莹情无馀滓”。

叠嶂易成响；小儒安足为。

轻云暖松杞；华屋富徐陈。

论物靡浮说；精理亦道心。

结念属霄汉；委怀在琴书。

赏心非徒设；欲辩已忘言。

饮德方觉饱；亮节难为音。

急觞荡幽默；灵境信淹留。

王刘美竹润；裴李春兰馨。

清高金茎露；正直朱丝弦。

文包旧史善；学蔚醇儒姿。

独步才超古；馀波德照邻。

岳净秀擢削；海寒光陆离。

桐江钓明月；笠泽卧孤云。

静思琼版字；闲洗铁筇衣。

浊醪有妙理；异书[1]敦古欢。

枕当高树稳；茶试远泉甘。

揽芷纫予佩；为弦系君桐。

箧藏征隐诏；囊佩摄生篇。

幡条玉龙扣；檐幂金乌踆。

蜂供和饵蜜；人寄买溪钱。

虚堂惬云性；大壑酣泉音。

揲策先占国；持竿不钓名。

灵谈依宝箓；仙蕴密雕函。

兰叶骚人佩；莼丝内史羹。

地符苞海岳；天籁逸弦匏。

①此处旁注又作“开卷”。

相与观所尚；时还读我书。

着签分水味；列品谱花名。

求人须任目；结交贵知心。

宛偕昆阆比；动与尊罍并。

洞澈随深浅，沆颧安是非。

观古论得失[①]；浪迹无媸妍。

忘机对芳草；努力爱春华。

在心良已叙；倾耳无希声。

努力崇明德；随时爱景光。

酌言岂终始；怀抱观古今。

福谦在纯约；怀禄寄芳荃。

偶与张邴合；心念山泽居。

---

①此处旁注又作“服理辨昭昧”。

六言联三十六首

子孙才，族将大；兄弟睦，家之肥。[①]

齐天地于一指；吐霧霈乎寸心。

唯令德为不朽；非精诚其焉通[②]。

齐疾舒于寒燠；泯规矩之员方。

勒五营使按部；总六服以收贤。

履老氏之常足；追晋贾而同尘。

仰南斗以斟酌；濯明月于涟漪。

苟竭心于所事；经终古而常然[③]。

跱游极于浮柱；临皋隰之沃流。

听朔管之秋引；屑琼蕊以朝餐。

泯空色以合迹；识苦乐之异宜。

---

①上有眉批："六言"。
②此处旁注又作"操末迹犹必然、苟余情其信芳"。
③此处旁注又作"固应绳其必当"。

腾众车使径待；苟能实其必荣。

率品物其如素；聿中和为庶几[1]。

散幽经以验物；眇众虑而为言。

悬明月以自照；溘埃风余上征[2]。

践神区其既远；峤高举而大兴。

识前修之所淑；任自然以为资。

立片言以居要；由力行而近仁[3]。

赞舞操，奏均曲；振民隐，脩国章。

弥亿年，嘉祥阜；调元气，洪德施。

芳酒登，鸣琴荐；器车出，泽马来。

上下和，草木茂；径路绝，风云通。

①此处旁注又作“朋精粹而为徒”。
②此处旁注又作“飘游云于太清”。
③此处旁注又作“乃先民之所程”。

览荀卿，采萧相；经通谷，陵景山。

览荀卿，采萧相；经通谷，陵景山。

斟洪范，酌典宪；扬缉熙，考休徵。

会平原，酌清酤；发引和，校鸣葭。

量寸旬，嘉珍御；掩群雅，众怀欣。

扇遗风，播芳烈；解严颜，擢幽情。

箫籁鸣，士遗倦；泉源涌，川效珍。

班玉觞，倚金较；沐兰泽，含若芳。

劳逸齐，捐俗虑[1]；声响寂，与神游。

开圣贤，辅不逮；陈金石，观所恒。[2]

旷世谁得古意；白云依旧青山。

雨余烟霭远近；物外平生往还。

①此处旁注又作“班宪度”。
②上有眉批：“六言”。

浮英华，湛道德；搜川渎，降烟煴[①]。

乐府无过李白；风神不减张苍。

七言联一百五十一首

室中贮玉何妨小；局外评花总羡卿。

梅影清高桂影瘦；仙心淡远佛心尊。

雪泥谁忍飞鸿迹；芸阁微分睡鸭香。

珊宝五光烘瑞日；暖芝三秀护慈云。

俊乃更娇娇更俊；卿须怜我我怜卿。

宝气光原因夜显；莲心苦或为情多。

琴心妙解文园意；仙掌长留汉苑春。

檀阴似盖留云住；香气如花贮露清。

此生初饮庐山水；十年闲看辋川图。

①此处旁注又作“扬缉熙、考休徵”。

楼台四望烟云合；草木一溪文字香。

淳于饮一石亦醉；邹忌修八尺有馀。

兴来落笔作大句；日与佳客陈清尊。

排空峭石生银笋；过雨奇山挂赤霞。

淳朴自是期颐具；正直原因造化功。

绣衣春当霄汉立；彩服日向庭闱趋。[1]

此身长是沧浪客；自言不作封禅书。

琴倚洞庭秋石瘦；盘烧天竺春笋肥。

欲笺小品投殷浩；未就丹砂愧葛洪。

自拂烟霞安笔格；独开封检试砂床。

南寻禹穴见李白；闲就蓬山访洛公。

组绶任垂三品石；佩环从落四公泉。

---

①上有眉批："七言"。

金门若召羊元保；下泽真思马少游。

月苗杯举存三洞；云蕊函开扣九章。

江上云烟烘米画①；淮南笺奏入班书②。

一掬阳泉堪作雨；数铢秋石欲成霜。

有时品水搜岩溜；终日焚香礼洞云。

封题玉洞虚无奏；检点霜坛沆瀣杯。

得闲散步调黄牯；好与裁书谢白鸥。

西都宾问曾成赋；东海人求近著书。

更拟结茅临水次；时来倚树看云生。

芝台晓用金铛煮；星度闲将玉铃量。

坐深古石流云气；酿得秋泉似玉容。

时翻贝叶添新藏；闲插松枝护小泉。

---

①此处旁注又作“枚叔文章穷海势”。

②此联湖南省博物馆藏有手书原件，并题款。

偶题小句逢人问；借与青山尽日看。

合在深岩齐散术；自求沧海点流萍。

来依古洞千年鹤；但钓寒江半尺鲈。

已甘茅洞三君食；欲买桐江一朵山。

微雨过泉鱼出窦；冷云依树鹤归巢。

溪山自是清凉国；松竹合封潇洒侯。

松林兰若秋风晚；落花游丝春昼长。

语言太隽难为赏；心迹所便唯是真。

上客归来倾四座①；丈夫垂名动万年。

未试囊中餐玉法；安知车载钓璜谿。

近来海内为长句；何处青山着老翁。

谁向空山弄明月；更开幽室养丹砂。

---

①此处旁注又作“人生行事归有道”。

凭仗诗人收艾纳；招呼明月到芳尊。

定心肯为微物起；青眼聊因美酒横。

汤盘孔鼎有著述；玉堂金殿要论思。

世事徐观真梦寐；佛灯初上报黄昏。

致身福地何萧爽；卓立天骨森开张。

草木亦蒙铨品力，典型犹见老成人。

竟日淹留佳客坐；晴窗检点白云篇。

时复长篇书小草；却寻流水出东门。

吏情更觉沧洲远，花气浑如百和香。

当世更无书可读；古人我得酒之传。

甫也诸侯老宾客；俨然天竺古先生。

独携天上小团月；自拨床头一瓮云。

莫放闲过急闻道；直应天授与诗情。

若对青山谈世事；待招黄鹤度云岑。

心清自觉官曹简；诗罢还随驿使来。

云生涧户衣裳润；窗近花阴笔砚香。

风流岂落正始后；发源谁似柳州深。

诸人谁出仲卿右；一座想为相如倾。

贵甚竹书开汲冢；喜于沧海得遗珠[①]。

半生与世未尝合[②]；妙意所寄谁能量。

书难尽信何如默；意取独适无外求。

莲社旧容元亮酒；藤溪多负子猷船。

授简如闻数枚叔；老屋高眠称陆云。

名姓定知书小录；物色无端生暮愁[③]。

①此处旁注又作“才得此砚来临洮”。
②此处旁注又作“妄翳无根嗟自种”。
③此处旁注又作“物色生态能几时”。

尊酒风流有今夕；玉堂人物记升平。

银烛对谈辞馆夜；雪梅同诉浙江春。

喧寂两闲差有味；醉醒一致本无言。

神倾意豁真佳士；窗明几洁凝幽香。

复道诸山得银瓮；几时高议排金门。

自是君身有仙骨①；安得健步移远梅。

会是排风有毛质；常思仙仗过崆峒②。

逢迎少壮非吾道③；独立苍茫自咏诗。

近闻下诏喧都邑；但见元气常调和。

吏情更觉沧洲远；诗卷长留天地间④。

诸生颇尽新知乐；春日兼蒙喧暖扶。

---

①此处旁注又作“会将白发倚庭树”。
②此处旁注又作“且脱剑佩休徘徊”。
③此处旁注又作“侧身天地一怀古”。
④此处旁注又作“花气浑如百和香”。

征起适遇风云会；济世宜引英俊人①。

欻见骐𩣡出东壁；亦如角鹰下朔云。

奇祥异瑞争来送；玉节金符岂易量②。

清觞异味情屡极；祝融元冥气或交③。

凭仗诗人收艾纳；偶随樵父采都梁。

政用疏通合典则；始觉屏障生光辉。

省郎京尹必俯拾；后汉今周喜再昌。

授钺筑坛闻意旨；颓纲漏网期弥纶。

将军下笔开生面；宫女开函近御筵。

愿见北地傅介子；重闻西方止观经④。

临江节士安足数⑤；南极老人应寿昌。

---

①此处旁注又作“经济实藉英雄姿”。
②此处旁注又作“肥肉大酒徒相要、轻纨细绮相追飞。”
③此处旁注又作“军符侯印取岂迟”。
④此处旁注又作“更讨衡阳董炼师”。
⑤此处旁注又作“东鲁儒生传旧学、汉官威仪重昭洗、云肆先生分气调”。

金钟大镛在东序[1]；横笛短箫悲远天。

洪河怒涛过轻舸；冰壶玉衡悬清秋。

落日初霞闪余映[2]；高谈雄辩惊四筵。

快剑长戟森相向；清辞丽句必为邻。

后来况接才华盛；久客多枉友朋书。

揽环结佩相终始；赤霄元圃须往来[3]。

因君一话故山事陆鲁望句；缘云拟住最高峰。

为分科斗亲铅椠；乞取艅艎作钓舟。

白云自占东西岭；碧简应雕次第仙。

请君放笔为直干；问予何事栖碧山。

许年不唱龙津第；好句端如绿绮琴。

承平旧物霓裳谱；乐府新声绿绮裘。

---

①此处旁注又作“高吟大醉无虚日”。
②此处旁注又作“罢酒酣歌拓金戟”。
③此处旁注又作“悬圃寻河知有无”。

只缘大事存遗稿；每恨奇探负盛年。

流年又见东风菜；胜事仍余绿野堂。

虚劳裴相求白傅；枉却坡诗说右丞。

初疑陶轮比运甓；旧向韦编悟括囊。

共知祭酒传家学；争信谯元有素风[①]。

已知杨秉余清节；却为汤俅赋碧云。

北斗泰山初未减[②]；绿波春草若为情。

空令姓字喧时辈；迥立阊阖生长风。

从昔邱园昌晚节；争教诗垒策奇勋。

剩著笺毫授辞客；欲回天地入扁舟。

秋香旧入骚人赋；神理终归晚节昌。

---

①此处旁注又作"来伴涪翁刺钓船"。
②此处旁注又作"白璧明珠惊照座"。

治朝例有高年敬；晚节今传好事家。

百年遗[①]老有存者；一代名家不数人。

且从少傅论中隐；未害渊明是晋人。

百年人物存公论；万古文章有坦途。

自惊白鬓先潘岳；曾见青山养伯龄。

孙况小疵良未害；子云寂寞将谁亲。

密侯勋业君自识[②]；薛收文志谁所传。

小草不妨怀远志；深居谁得似禅关。

那得冰壶贮秋月；愿吹野水添金杯[③]。

安得清江变醇酹；且看锦树烘残春[④]。

佛土休将人境比；烟景独觉苏门多。

①此字旁注又作“故”。
②此处旁注又作“李相书龛心所慕”。
③此联湖南省图书馆藏有手书原件，其下联“杯”作“盃”。
④此处旁注又作“可以避世如武陵”。

莫道琴工有师法；已从诗境得天游。

读书略破五千卷；此墨足支三十年。

一邱一壑都堪老；同病同忧只有君。

袖中正有活国手[①]；言外惊闻正始音。

昂藏自有林壑态；芥蒂一洗平生胸[②]。

静坐且留观众妙；白头谁解记开元。

纪瑞定谁增旧谱；通家犹得似南阳。

世外元无种香国；残年细读洗心经。

闻道旧传言外意；他时记籍社中人。

巨源不入竹林选；李白岂是蓬蒿人。[③]

神明自足还旧观；酒尊聊喜似承平。

---

①此处旁注又作“世间曾有华陀帖”。

②此处旁注又作“图画独在羲皇时”。

③此上有眉批：“七言”。

梁苑笺毫皆俊品；吴儿洲渚记仙家。

诗怀抖擞争春事；酒味清醇似主人。

未妨子美依严武；正倚渊明识漫郎。

远胜闭门亲细冗；不妨观海见包容。

青山满前掩书坐；远水生春载酒过①。

小窗虚明淡相对；秋山平远寂无言。

留诗便与香泉约；载酒且作凌云游②。

座中上客有柱史③；天下几人画古松。

只应芳树知人意；惟有青山不世情。

南楼风景有诸子；北宋④草堂⑤才几人。

①此处旁注又作“旷世相感为道存”。
②此处旁注又作“多暇日陪沅马游”。
③此处旁注又作“江边何处无芳草”。
④此字旁注又作“宗”。
⑤此字旁注又作“书”。

莫对青山谈世事；从知①芳草②隔天涯。

水竹渐知盘谷近；画图聊得辋川游。

云为画本装山景；禅是诗家切玉刀。

山水阴晴盘谷序；楼台远近辋川图。

天末海门横北固；烟中沙岸是西具。③

八言联七十七首

山水有灵，亦惊知己；性情所到，未能忘言。

津交萦带，岱析耸砺；蔓矫张弦，蕉标建常。

利用安身，以崇德也；涤除元览，能无疵乎。

约文申义，敷畅厥指；因物造端，即为成规。④

芸若充庭，馨烈弥茂；丝桐练响，舞咏方滋。

---

①此处旁注又作“为谁”。

②此字旁注又作“隔”。

③辑自曾永玲《中国清代第一位驻外公使——郭嵩焘大传》，辽宁人民出版社 1989 年版。

④此上有眉批：“八言”。

应变知微，探赜赏要；修诗贲道，称图立言。

勉志含宏，余日恬荡；检容授节，流风徘徊。

澡身沧浪，岂云能补；大雅宏达，于兹为群。

弥皋被冈，茂叶荫蔚；修日朗月，光阴往来。

谁谓言精，致在赏意；悬然天得，不谋成心。

朗密调均，球锺愈畅[1]；盘桓毓养，琴德最优。

比响联辞，波属云委；序论正俗，山盈川冲。

蹈德咏仁，从善如水；收朋勤诲，重士逾山。

触石吐云，长扬缓骛；植林为苑，异色同荣。

殷勤陈篇，精采相授；翔集遐宇，去就有方。

仰挹元流，俯宏时务；外施简惠，内树宽明。

与道翱翔，潜山隐几；宅心醰粹，曜野映云。

---

①此处旁注又作“贞夷粹温，铿气弥锐”。

率礼蹈和，称诗纳顺；沈机先务，深略纬文。

定迹深栖，明诗表旨；藏用元默，遗物识心。

宏往纳来，雄图既溢；收精注耳，幽关洞开。

春煦秋阴，骛骤相及；宵盘昼憩，俯仰如神。

矜容爱仪，独与道息；沉思旁讯，勗增尔虔。

观象洞元，日月其迈；殊向别趣，图书之渊。

惩躁雪烦，控弦简发；应变合度，指会规翔。

从风发荣，精曜潜颖；随事造曲，音容选和。

双情交映，焕若列宿；中流相忘，穆如清风。

傲世忘荣，有欣永日；劝德畏戒，爰考休徵。

寝威盛容，同规易简；随色象类，统和天人。

吉士思秋，发音在咏；至人遗物，流耀含英。

赴曲随流，唱引万变；陶化染学，精感一言。

抚弦安歌，浊醪夕引；开荣洒泽，流景外婮。

显仁翼明，取与时适；肆义芳讯，名节无愆。

询道求中，容与自玩；澄心善照，光耀洪流。

跨世陵时，琢磨令范；深文峻宪，节理人情。

淑旂绥章，会同有绎；崇牙树羽，畯假无言。

遹骏有声，赤芾金舄；敦琢其旅，朱英绿縢。

昭明有融，及河乔岳；柔嘉维则，有枪葱珩。

俾臧俾嘉，式是百辟；允文允武，揉此万邦。

德音孔胶，参髦斯士；景命有仆，时迈其邦。

簟茀错衡，万邦为宪；继山乔岳，三寿作朋。

旅力方刚，寿胥与试；福禄来下，乐且有仪。

如山如河，寿胥与试；为酒为醴，乐且有仪。

秉心塞渊，威仪是力；令德寿岂，福禄攸同。

四方于宣，有秩斯祜；百禄是总，其会如林。

有冯有翼，有孝有德；不竞不絿，不刚不柔。

其崇如墉，其比如栉；莫高匪山，莫后匪泉。

秉心宣猷，文武是宪；永言配命，福禄如茨。

来旬来宣，值其鹭翿；载色载笑，称彼兕觥。

言韔其弓，四鍭如树；或授之几，百禄是遒。

来游来歌，微我弗顾；有严有翼，视民不恌。

舍矢既均，如飞如翰；醽酒有衍，为龙为光。

玉佩琼琚，以近有德；钩膺鞗革，曰求厥章。

承筐是将，德音来括；醽酒有萸，髦士攸宜。

穆如清风，宣昭义问；彼有旨酒，敬慎威仪。

贻我来麰，既备乃事①；焉得谖草，以慰其心。

---

①此处旁注又作“浸彼苞蓍，及尔斯所；樵彼桑薪，言示之事”。

笙磬同音，既备乃奏；驷铁孔阜，克壮其犹。

饮酒孔嘉，莫远具尔；德音是茂，自西徂东[1]。

象服是宜，无恒安处；羔裘如膏，克广德心。

织文鸟章，烝我髦士；簟茀鱼服，貊其德音。

风雨攸除，台笠缁撮；日月方奥，约軝错衡。

无贰无虞，与子偕作；既敬既戒，俾躬处休。

有壬有林，诒尔多福[2]；既齐既稷，迄用康年。

民言无嘉，远犹辰告；天命匪解，德音莫（远）〔违〕。

三星在隅，夙夜匪懈；四牡孔阜，左右陈行。

霖雨其濛，陟则在巘；明星有烂，於昭于天。

不识不知，遹为尔德；来咨来茹，实获我心。

五亩栽蔬，五亩种竹；半日静坐，半日读书。

---

①此处旁注又作“代食维好，有闻无声”。
②此处旁注又作“矢其文德”。

膏泽所涵，取资①川岳；夷雅之体，无待韦弦。

流景扬辉，不隔微物；逾绳越契，独存绪言。

穷理尽微，照邻殆庶；图事揆策，动必研几。

恣意所存，极命草木；与道大适②，保界山河。

为民轨仪，施和必节；与志迁化，询道求中③。

研精覃思，开卷独得；秉理照物，抚事弥深。

初涉艺文，升堂睹奥；宏敷理体，程巧致功④。

菲言厚行，和理日济；振景拔迹，宏义有归。

清风徐来，炳海表岱；明月独举，披帙散襟。

栖跱⑤高深⑥，出入日月；怀抱渊伟，原本山川。

---

①此字旁注又作“实宏”。
②此处旁注又作“厥庸孔肆”。
③此处旁注又作“盈量知归”。
④此处旁注又作“念功简劳”。
⑤此处旁注又作“翔栖”。
⑥此处四字旁注又作“栖游峻深”。

静如秋山，藏用元默；焕若列宿，与时节宣。①

九言联二首

孝友睦姻，任恤曰六行；康乐和亲，安平为一书。

集秦汉碑铭，皆古文字；守祖宗基业，是大吉祥。

十二言联

众口铄坚金，谁知烈士丹心苦；
大江浣明月，长照忠臣白骨寒。

十三言联

断杵教佳儿，入侍金銮，出纡银印；
牵裾别慈母，云沉南浦，月冷西湖。

十五言联

舆图一帙，唐律一编，辛苦著书逾七载；
筹笔暂停，棋声暂歇，等闲告别便千秋。

二十言联

归路三千指故乡，记否黄鹤晴川，曾上高楼持使节；
去年重九作生日，岂料只鸡斗酒，独来古寺吊诗魂。

①此联据湖南省博物馆藏原件辑。

自署书屋①

无补清时，终老书丛原宿志；
偶谈瀛海，重摊诗卷纪前游。

题思贤讲舍②

笺注训诂，六经于易尤尊，阐羲文周孔之道，汉宋诸儒俱退听；

节义词章，终身以道为准，继濂洛关闽而起，元明两代一先生。

题王船山画像③

濂溪混然，其道莫窥；阐扬文令，是曰先知。
二百馀年，星月昭垂；私心之契，瞻世之师。

储芳堂堂联④

汾颖四千里渊源，粤水吴山，胞泽流传人物盛；
湖湘三百年家世，祖功宗德，贻谋尤靠子孙贤。

题长沙开福寺方丈室⑤

华藏庄严，并是众心感现；

---

①辑自吴恭亨《对联话》，岳麓书社 2003 年版第 62 页。
②辑自《王船山学术讨论集》下“附录”《王船山史迹访问记》。
③辑自《王船山学术讨论集》下“附录”《王船山史迹访问记》。
④辑自郭道西《湘阴郭氏家族史全书·家族谱牒》。
⑤据湖南省长沙市开福寺存原迹辑。

恒沙世界，无非诸佛总持。

题玉笥山屈子祠前厅①

骚可为经，绰然雅颂并传，俨向尼山承笔削；
风原阙楚，补以沅湘诸什，不劳太史采遒轩。

题玉笥山屈子祠中厅②

哀郢矢孤忠，三百篇中，独宗变雅开新格；
怀沙沉此地，两千年后，唯有滩声似旧时。

题天台国清寺③

尘世任人忙，流水春风，却笑桃花误刘阮；
天台从此入，名山福地，长留衣钵继丰寒。

赠子通仁兄④

含咀梅兰，斟酌彝鼎；
□排启闾，该覈衡璇。

赠龙汝霖⑤

永怀天人趣；
极揽今古情。

①据湖南省汨罗市屈子祠存原迹辑。
②据湖南省汨罗市屈子祠存原迹辑。
③辑自易仲威《湖湘名联集萃》，中国文联出版社2000年出版第259页。
④辑自《中国湘菜大典》，中国轻工业出版社2008年版第131页。
⑤辑自龙永宁《从绅士到革命家——我的祖父龙璋》，荣宝斋出版社2011年版。

赠又江尊人[①]

时随竹阴迁坐；
日引兰气怀人。

寿某人冬月十一日生日[②]

十一月十一日；
八千春八千秋。

赠古虞一兄[③]

齐天地于一指；
吐雺霈乎寸心。

赠云庵世兄[④]

江上云烟烘米画；
淮南笺奏入班书。

赠芑庵二兄[⑤]

排空峭石坐银笋；
过雨奇峰挂赤霞。

---

①据长沙市博物馆藏原件辑。
②辑自吴恭亨《对联话》，岳麓书社2003年版第138、155页。
③据西泠印社拍卖有限公司2010年春季拍卖会中国书画古代作品专场原件辑。
④辑自《湖南图书馆藏字画选》（北京图书馆出版社2004年版）第114页。
⑤据长沙市博物馆藏原件辑。

赠古虞尊兄①

试向诸生选何武；
不辞中路伺渊明。

赠艾卿尊兄②

风亭对竹酬孤峭；
雪径寻梅认暗香。

赠维允仁兄③

静如秋山，藏用元默；
焕若列宿，与时节宣。

赠懋亭世兄④

宫商大和，声不失序；
辉光相照，鉴必穷源。

挽周太宜人⑤

剧谈军幕识吴蒙，判袂几时，犹欣怀桔；
近有荐书征贾谊，绝裾何意？遽陨慈萱。

---

①据中国嘉德国际拍卖有限公司嘉德四季第十五及第十六期拍卖会·中国书画(六)专场原件辑。

②据西泠印社拍卖有限公司2011年春季拍卖会近现代名人手迹暨纪念辛亥革命专场原件辑。

③据福建东南拍卖有限公司2010年秋季拍卖会中国书法专场原件辑。

④据上海鸿生拍卖有限公司2008年秋季拍卖会·东伊顺藏古今名家墨迹专场原件辑。

⑤原载湖南人民出版社1980年版《郭嵩焘日记》“咸丰六年”附录之二，现移至此。

挽曾国藩①

论交谊在师友之间，兼亲与长，论事功在唐宋之上，兼德与言，朝野同悲惟我最；

其始出以夺情为疑，实赞其行，其练兵以水师为著，实发其议，艰难未与负公多。

挽左孝威②

乃翁为当代奇才，记往时闾里过从，已看头角峥嵘，笑语相呼小诸葛；

群彦皆后来健得，喜频岁连翩竞爽，讵料功名泡幻，凄凉同付大槐安。

挽左宗棠③

世须才，才亦须世；
公负我，我不负公。

挽左宗棠④

平生自许武乡侯，比绩量功，拓地为多，扫荡廓清一万里；
交谊宁忘孤愤子，乘车戴笠，相逢如旧，契阔死生五十年。

---

①辑自薛福成《庸庵笔记》69—70 页。
②辑自易仲威《湖湘名联集萃》，中国文联出版社 2000 年版第 260 页。
③辑自吴恭亨《对联话》，岳麓书社 2003 年版第 138、155 页。
④辑自清末刊《左文襄公荣哀录·挽联》。

挽彭玉麟[1]

收吴楚六千里，肃清江路之功，水师创立书生手；
开国家三百年，驰驱名场之局，亮节能邀圣主知。

挽曾国荃[2]

东南底定，晋督八州，继文正公规模，保障江淮三十稔；
骨肉交亲，同声一哭，读柱石臣恩诏，表章功阀九重心。

①辑自清末刊《彭刚直公荣哀录·挽联》。
②辑自清末刊《曾忠襄公荣哀录·挽联》。

文　集

卷一

宋儒订正古《易》考

汉儒传《易》，费氏为得其正。郑康成氏注《费氏易》，其传最显。然析传附经，实始郑氏。迨王辅嗣《易注》出，尽取彖、象之辞系诸卦、爻之下，则又因郑注而变易自汉以来相传之本。唐《正义》行，《易》注专宗王氏，汉学尽废。李鼎祚《周易集解》所录三十五家，汉得九家，仍用王氏本，采录其注释之文，以存其义，学者遂不知有《周易》古本。宋熙宁中，吕大防考订旧文，作《周易古经》二卷，嗣是晁说之有《录古周易》，薛季宣有《古文周易》，程迥有《古周易考》，李焘有《周易古经》，吴仁杰有《古周易》，所述各有异同。其后吕伯恭氏订正《古周易》，分上、下经二卷，十翼十卷，通十二卷，为之音训。朱子《本义》即取以为式，以还古本《周易》之旧。宋儒考古之勤，信非唐贤所能及也。

《易》之为书，象、数而已矣。观变于阴阳而生象，参天两地而倚数，是故数之用存乎象中。圣人彖、传，发明象、数之义，专就阴阳、往来、上下言之，足以尽《易》之变矣。汉儒言《易》，各为创说，义外求象，象外求数，而于圣人所以消息阴阳之用，以察人事之宜而尽万物之变，曾不一及焉。是故汉儒传经之功，惟《易》多失其义。王伯厚氏搜辑康成氏《易》说为《郑氏易》，异文古训，稍见于篇，而尤有取于互体之义。虞仲翔氏明

《易》消息，其取象亦多以互体，足以备《易》象之一义。二家之书，终不可废。《易》经秦火，独为完书。汉儒既未尽究其义，又改易其篇第，然则治经者喜新奇而趋简便，盖亦自汉然也。

释“六宗”

姚氏《经说》叙述《虞书》“六宗”之义数十家，俞氏《类稿》又以古文、今文说明之，大抵据《周官》及《戴记》之书为证。其诸持异说者，又各以意拟之，而无证据。禋者，祀天之名也。或杂引地祇、山川，于义无取。伏生之说，最先举天地四时为言，义近矣，而不能言四时何神，又并天地言之，终为无据。姚氏于此，据《虞书》之“六府”以释“六宗”，实胜他说。要此六者，著之人事，云“宗”非也，亦与禋祀无当。盖自汉儒传经，喜立异说。“六宗”虞礼，无所因依，各持一义以资其傅会，遂至纷纭不可穷纪。

杜氏《通典》谓唐虞设官，详于天而略于人，三代以还，专详人事。其命祀亦然。禋祀者，日月星辰之附丽于天者也。羲和治历，首明中星，以定四时成岁，举鸟、火、虚、昴与日月并尊，由始治历时测日长短，与中星相应，准此以为民极，故谓之“六宗”。夏殷以后，改易正朔，历法稍变，星度之行又有岁差，率积七十年有奇而差一度，不能据一中星为准，是以“六宗”之祀，历夏已废不举，惟独《虞书》存其名。其后《月令》之言“天宗”，《祭法》之言“幽宗”、“雩宗”，其名亦本于此，谓日星雨旸之丽于天者也。卢氏植径以“天宗”释“六宗”则非，以“六宗”虞礼，历法所由准也，是以《虞书》首明日月星辰授时之政，而后言禋于“六宗”，可以推见其义。历数千年，诸儒无能辨者，斯亦可谓习焉不察者矣。

《鸿范》朝鲜本增多五十二字辨

孙氏承泽《鸿范集义》“八曰师”下，有“食曰生，货曰节，祀曰敬，司空曰时，司徒曰德，司寇曰慎，宾曰礼，师曰律。生乃蕃，节乃裕，敬乃和，时乃悦，德乃化，慎乃仁，礼乃嘉，律乃有功”五十二字，云朝鲜本有此，仁山金氏谓为箕子所传。玩其文义，蒙上“五行”、“五事”而为之衍其义。然“五行”天地之数，“五事”人身之象，数可推而著之于用，象可准而纳之于德。“八政”皆实行也，无待侈陈。宋余焘欲移“王省惟岁”以下附之“四，五纪”，以释岁月日星辰之义。其后贺成大又于此强分经、传，以“五行”为禹之经，“水曰润下”云云则箕子之传也；“五事”为禹之经，“貌曰恭”云云则箕子之传也；“八政”但有经，因移“惟辟作福”至“民用僭忒”为之传；“五纪”亦但有经，因移“王省惟岁”至“则以风雨”为之传；又移“敛时五福”至“其作汝用咎”为“五福”之传，移“惟时厥庶民”颠倒其文为“六极”之传；皆用其一隅之见，以窥测圣经，然犹就《鸿范》之文颠倒比合为之。孙氏直增入五十二字，而托之箕子。箕子陈《鸿范》而“九畴”之义明，岂假文以自见者，又于此不传之武王而私传之朝鲜，亦太失之诬矣。孙氏《尚书集解》多采仁山金氏之说。金氏《尚书表注》窜改经文以就己意，往往有之，孙氏因附会及之耳。

《春秋》始隐公说

《史记·十二诸侯年表》：鲁惠公之立，当平王之三年；隐公之立，当平王之四十九年。周室东迁，而王者之迹熄，《春秋》于是乎托始，则曷为不始于惠公？曰：此圣人所以存周也。平王之初，晋、郑懿亲夹辅王室。郑武公、卫武公皆入为周卿士，犹有兴周之望焉。《小雅》之衰，降而为《风》，忧时闵乱之心存乎歌咏，采诗之官不废，王者之政犹有所托以行于诸侯。至于平王之季，晋乱相仍，以成乎篡夺。郑庄狡焉思逞，志不在周。《雅》既亡矣，《风》诗亦缺而弗采。孟子固曰："《诗》亡然后《春秋》作。"《诗》之亡也，平王之末世也。《周语》王子晋之言曰"昔我先王厉、宣、幽、平而贪天祸"，所以著西周之亡之终于平王也。其于东迁之始，未忍绝也。故曰：《春秋》始隐公者，圣人所以存周也。

《春秋》奉一王之大法以正诸侯。周之东迁，天下无王，而霸者犹明此义，则亦进而与之，为天下诸侯之犹有取正也。宋儒之言《春秋》尊王黜霸者，非也。"其事则齐桓、晋文，其文则史"，孟子之言允矣。假令平王即位之初，修明王政，以复西周之旧，三代之礼乐赖以不废，而霸功不兴，圣人于此有深望焉。托始隐公者，明周之无可望也，圣人伤万世之心也。无《春秋》，则二百四十二年中弑君三十六，亡国五十二，隐而不明，而三代之所以趋于战国，其迹皆无可考。圣人一取而裁正之，故曰"《春秋》，天子之事"，所据以正天下之诸侯者，周法也。《公羊传》曰："王者孰谓？谓文王也。"得其旨矣。泰山孙氏言"《春秋》之作，为天下无王也，非为隐公也"，最为得《春秋》之义，而于托始隐公之说无所发明。予故备论之，以明始隐公者，圣人所以作《春秋》之旨也。

《周官》“九两系民”说

《周官》：“九两系邦国之民。”“两”者，比而合之，联而属之。圣人知民之情，散而无纪，群而无序，无纪则乱，无序则争，使相与比合联属，以自为理。制为封建，使各君其地。“牧”者，诸侯之任牧民者也。六官之“长”，各以其职属民观象读法，以作其役。民知其为贵者，顺而从之。大司乐及师氏、保氏，任教国子，皆“师”也。成均之法，凡有德者有道者使教焉，则“儒”也。是四者，制之国家者也。“宗”法者，士大夫之各系属其家者也。“主”者，宾之对也。凡坐而制人以资其衣食，皆谓之主。国有六职，百工与居一焉。轮、舆、皋、桌之属，皆任为主。《史记·货殖传》：行贾之地，名之都会，铁冶鼓铸，或役僮千人。是二者，任之士民者也。“吏”则比闾族党之能属其民者。“友”如以文会友。老聃在孔氏前，已有徒众。孔氏之徒至三千人。子华使齐，冉子请粟，任之义也。“薮”者，虞衡作山泽之材薮，牧养蕃鸟兽皆是也。是三者，任之有司及有学行与其任之地，皆使自相联属者也。谓之“得民”，盖实分有其民，而使知所因依，以尽其力。道有三：养之，教之，董而治之，期使人人自相亲，亦使人人自相理。

周、秦之交，无与系民，民乃起而为盗。于是国家制为法令，禁使不得相聚。而为盗者笼致天下之民，亦各有其术焉。禁之愈严，其趋愈众。民之群分而类聚也，亦天地自然之机也。

分民以与天下共之，使自为聚，而后民气深固而不可摇。圣人观人心之通以达人情之变。呜呼，微矣！

读《论语》二则

往读《论语》“父在观其志，父没观其行，三年无改于父之道，可谓孝矣”，求之不得其义。父之道果是耶，终身无改可也，何必三年？果非耶，知而改之，善述人之事者也，何待三年？及历观汉、唐以来之治，讫于今日，喟然曰：“呜呼！是言也，尽万世之变而无以逾焉者也。”三代之制，传于今者鲜矣。由汉、唐以下，沿而行之，可以知其所授。由汉、唐而上，追而溯之，可以知其所承。嗣君初立，颁诏天下，推恩大赦，谓之新政。其大臣为先世废黜者，起用之，倚信者，罢之。下至一州一县之长，无论孰为贤否，凡所至必务力反前政以为名。左氏于《春秋》卫文公、晋悼公具其事，《史记·秦纪》著录尤详，知此东周以后皆然矣。圣人亦知后世王者，其道不足与持久也，善政少而不肖之政常多，不能以无改也，而以是微动其不忍之心，曰：苟无急求相胜而已，则忠厚之留于人心已多，而天下之政亦不至畸轻畸重以急骛于纷也。他日又曰：“孟庄子之孝也，其他可能也，其不改父之臣与父之政，是难能也。”可以知其立言之旨矣。

故曰“父在观其志”，志吾定也；曰“父没观其行”，行吾自足也。志定，则为美为恶，固已辨而知之；行自足，则为得为失，皆将化而裁之。而惟其心不忍于其父而依之以为道，善者显而庸焉，不善默而存焉，尽此而已矣。至于三年而行已著，改不改又无论矣。汲汲焉以改父之道为名，彼诚忍也与哉！而人相与由之，习而安焉，无或疑也，盖数千年于兹也。求以明圣人之教，其奚能也！

孟子曰："圣人，人伦之至也"；"舜尽事亲之道而瞽瞍厎豫，天下之为父子者定。"圣人躬行之，与其著之事与言，其道一也。

孔子值卫出公时，以正名为先。自春秋以来二千年无达其义者，则亦终未知夫所正者何名也。哀公二年，卫灵公卒，出公即位。晋赵鞅纳世子蒯聩于戚。卫石曼姑帅师围戚。公羊为之说曰："石曼姑受命灵公立辄，曼姑之义可以拒蒯聩，不以父命辞王父命也。"穀梁为之说曰："纳者何？内弗受也，以辄不受父之命，受之王父也。信父而辞王父，则是不尊王父也。其弗受，以尊王父也。"是时所争者卫也，辄君卫，则蒯聩不得入，蒯聩入卫，则辄不得为君。而辄之立，灵公实命之。赵鞅纳蒯聩，亦不能正其名，而以计入之于戚。是以当时论者并以蒯聩为不当入，而于辄有恕辞焉。

王者创业垂统，以下逮诸侯，道其常而已。不幸而出于变，反复相寻以求其安，必积之久而后定。惟圣人为能制权。天时人事之穷，以道贞胜，而有以通其变，后世守之为常法，圣人于其时创而行之，则权道也。然则圣人之言正名，无他，正父子之名而已。一正父子之名，则蒯聩之入，为父之受养于子，而非以交兵；即迎蒯聩而立之，亦为子之奉父，而非以争国。肃宗监国灵武，而奉上皇入居南内，天下晏然不疑。圣人为之，必更有反经合道，以兴起人心者。

出公十二年，蒯聩终入卫，而辄奔鲁。蒯聩旋亦失国，公子班师、公子起更起为君，卫国大乱，凡四年，而出公复入。则使孔子之道行，正父子之名以昭示天下，而天下之为君臣者亦定。故曰"人伦之至"，凡为人伦者于是取则也。惜乎子路不知问，而夫子之云正名者，并其事与言而皆莫能详焉，亦后儒之所宜深思隐叹者矣。

释“三归”

包咸《论语注》以“三归”为一娶三姓。《史记·管子传》注、《汉书》颜师古注、《国策》鲍彪注皆用其说。《说苑》以为台名。至金仁山氏始据以为算法，固为近之，而不能详其义。此盖管子“九府轻重”之法，当就《管子》书求之。

《山至数》篇曰：“则民之三有归于上矣。”“三归”之名，实本于此。因考《管子》书，制国之用，在谷与币，相准以为之经，而以正盐筴综而纬之，以次及金铁竹箭、羽毛齿革、皮干筋角，凡天财所生，地利所在，皆量其出入之数，导民趋而赴之，下至北郭屦缕。唐园之微，亦使得专其利。《国准》篇曰：“无用之壤，藏民之赢。”其视尺寸之土之有馀隙，皆其利之所从生也。故观《管子》书，多设法以罔民利，而其实使民歆其利，国家因而取赢焉。《轻重乙》篇曰：“与民量其重，计其赢，民得其十，君得其三。”尽此而已矣。其《地圆》篇量物之宜，《度地》篇去物之害，又此《轻重》诸篇之本计也。所谓“谨守其山林菹泽草(菜)〔莱〕①”，举一国轻重之势，分数明而权衡无或爽，所以为天下才。其书所载计民之利而归之公，有十倍百倍侈大言之者，而以三为率，《轻重》诸篇屡见焉。是所谓“三归”者，市租之常例之归之公者也。桓公既霸，遂以赏管仲。《汉书·地理志、食货志》并云桓公用管仲，设轻重以富民，身在陪臣，而取“三归”。其言较然明显。《韩非子》云：“使子有‘三归’之家”，《说苑》作赏之“市租”。“三归”之为“市租”，汉世儒者犹能明之，此

①据“四部丛刊”及“四部备要”本《管子·轻重甲篇》改。

一证也。《晏子春秋》“辞‘三归’之赏”而云“厚受赏以伤国民之义”，其取之民无疑也，此又一证也。

读《孟子》

孟子曰:“人不足与适也,政不足〔与〕[①]间也，惟大人为能格君心之非。”夫使其君昵比匪人,亟行乱政,坐视而莫之救,而曰格其心之非,君心之非,乌从辨之？然且曰:誉望足以弭其邪心,容止足以销其逸志。彼其用人行政,彰彰者如是，而何誉望、容止之足以相慑哉!

呜呼，孟子之言至矣！君心之非，非能虚拟其然也，必实有所存。汉武帝之用桑弘羊、孔僅而行均输之政也，征讨、巡行、宫室之取给也；唐德宗之用窦参、裴延龄而建琼林、大盈二库也，所好利也；宋神宗之用王安石行新法也，志不忘幽燕也。辨君心之非者，亦辨之所用之人、所行之政而已矣。神宗初立，文潞公方为宰相，上以理财为急，责宰相以养兵备边，留意节财，潞公不能辨也。毕仲游上书温公：安石以兴作之说动人主，患财之不足也，为今之策，当大举天下之计，深明出入之数，以诸路所积之钱谷一归地官，使天子晓然知天下之馀于财。温公不能辨也。明道程子自安石用事，未尝一语及于功利。夫神宗之言功利，则亦当世之急务矣。太宗谋任曹翰取幽燕，赵普沮之，则急储封桩以待子孙之兴，然卒无益。神宗之心犹是也，贤如程子，不能辨也。

夫能辨知其心之非而格之，人与政之得失皆可言也；不能辨

①据《十三经注疏·孟子》本及本集中《〈魏郑公谏录校注〉序》校补。

知其心之非而格之，人与政之得失无可言也。无能胜其私与欲而持之也益坚，未有幸而听焉者也。神宗之心，贤者之心也。其所为非，易格也。然且不能。彼伊、周之赞成君德者何如哉！

卷二

论士

《周官》“六职”，无士之名。四民之有士，肇始管子。管子尽一国之民，各勤所职，趋事赴功，因而别异之，无使有厖杂焉。此管子之权也。古无有以士名者。自公卿、大夫之子，下及庶人，皆入学。至于成人，而学之成不成固已定矣。其能为士者，与其耕者、工者，各以所能自养。其有禄于朝，则有上士、中士、下士之等，其次则任为府史。制行尤高，其志尤隐。舜、伊尹之耕，傅说之工，吕尚之屠且渔，膠鬲、管夷吾、孙叔敖之贾，皆任为士者也。至汉犹然。路温舒、卜式、王尊牧羊，公孙弘、承宫牧豕，兒宽为都养，朱买臣艾薪，匡衡佣作，卫飒、侯瑾、郑均并为佣，梁鸿、任春、刘茂以精力致养，严光耕钓，台佟、韩康卖药，第五访佣耕，王君公侩牛，徐穉耕稼，申屠蟠为漆工。或历仕至公相，或怀道守节，有隐见之分，而皆不辞贱役，所资以为养然也。

唐世尚文，人争以文自异，而士重。宋儒讲明性理之学，托名愈高，而士愈重。于是士之数视农、工、商三者常相倍焉。人亦相与异视之，为之名曰：重士。其所谓士，正《周官》所谓闲民也。士愈多，人才愈乏，风俗愈偷。故夫士者，国之蠹也。然且不能自养，而资人以养，于国家奚赖焉！然自士之名立，遂有峨冠博带，从容雅步，终其身为士者。讫于战国，遂以养士之名倾天下。后世之云重士者，皆用其名以倾天下者也，而士之实乃终隐矣。

辨霸

汉宣帝之言曰：“汉本霸道杂。”而董仲舒、贾谊之徒推陈王道，后之立论者托之以为名高，徒曰王、霸之分，以其心而已。三代王者建邦分国，传数千年，公卿皆有世禄，以治其民，上下之分截然，因为之制其田里，修其庠序，使为之民者各有以遂其养而驯其教，诸侯相侵伐者董而正之，暴虐者诛之，一以道绥辑天下，颁其礼乐制度，以整齐天下之耳目而和戢其心思。天下诸侯，各君其国，各子其民，以奉一王之大法，不敢有所违反，是以天下统于一而无不得其平。周之衰，天下无王，而霸者出焉，假王命以临天下之诸侯，使之上奉王章，下守侯服，以不敢一逞其志。《春秋》之作，推原霸者之功，以正当时之诸侯，盖伤天下之无王也，圣人之不得已也。故曰：西周灭而王道终，战国兴而霸道绝。先王之制度既已荡废无存，天下交骛于功利。游说之士，诡变反复，交相倾轧。风俗人心，败坏不可收拾五六百年。是以东周之兴而王者不可复作，德有至有不至也。

降及战国，霸者之事功，天下举莫能辨焉。霸者之不可复作也，则时为之也。《表记》之言曰：“至道以王，义道以霸，考道以为无失。”合仁与义之谓道。霸者不知有仁，而犹有义之存焉。义立而天下诸侯从而受理，得之则治，不得则乱。孟子曰：“五霸假之”，犹有仁义之可假也。至于战国，更无仁义之可假矣。考道者，行合乎义，而天下以待其裁成，纳首而听命焉。秦、汉以来，贤君令辟，皆所谓考道无失者也，循乎霸者之迹以蕲当乎义者也，皆时为之也。诸葛公自许管、乐，崛起西蜀一隅之地，迁就草创，与吴、魏争衡。其得为管、乐也，诸葛公所几幸而不敢自必者也。程子断以为王佐，允矣。若诸葛公者，身处三代，则王佐也。后儒乃以西蜀新造之邦，责诸葛公以行王政，不当以管、乐自程，不亦傎乎！

驳魏禧论岳鄂王朱仙镇班师事

魏禧论鄂王郾城不当班师，以为与其死于奸臣，孰若死于敌；避专制之罪名，何如弃二帝、败国家、涂炭生民之祸之酷。明人议论，大率如此。是将使克敌张国威以希不世之功，而先教之据兵抗命，自比于逆乱。天下亦岂有躬逆乱之迹以求幸立功名者乎？虽甚愚缪，亦知所处。而以之责鄂王，舛矣！

鄂王始出，从留守宗公，自靖康之世，与金人会战十三四年。绍兴四年，张魏公会师江上，令鄂王屯襄阳以窥中原。于时有可为之机，而屡胜屡败，终以无成。洎魏公去，赵忠简亦罢相，专任秦桧主和议，事已无可为矣。绍兴十年，金人分四道入寇，东西三京并失，河南郡县无几存者。鄂王所复一郾城，无当安危轻重之数。于时诸将胜负相乘，所在有之。鄂王亦失其将杨再兴、王兰、高林。而谓于其时可以独力规复中原，是于天下大势懵然无所知也。《高宗本纪》称：鄂王奉诏班师，自郾城还，军皆溃。徐梦莘《三朝北盟会编》皆当时耳目所悉，言之尤详。鄂王本传铺张甚至，则明世重修《宋史》，取诸稗官小说无稽之言，意为之辞耳。

南宋之世，战与和相资以为用者也。得势而规进取，以厉将帅之心，审机而求息兵，以柔敌人之气，各因其时而已。规进取者用其新机，能行之建炎之世。绍兴以后，南北之局已成，而气亦稍熸矣。各怀息兵之心，其势必终归于和。徒以秦桧之奸邪，力主其议，为诸贤口实，群起而争之。叫呼盈庭，积渐以成风气，用其说为名高。魏禧果见以为鄂王与金人交兵十馀年，必俟四道入寇之时，孤恃郾城一战，席卷以取中原乎？当时和议成，诸将皆解兵柄。鄂王为秦桧所尤忌，以至冤死。明人所为慨慕流连，为鄂王计者，正悲其冤耳。如魏禧之论，将使鄂王为左良玉，为高杰，桧执而诛之固有名矣，孰冤之哉！然且为之辞曰：渊圣即还，必无复辟之理。将以是歆动高宗，使决于战，意谓高宗虑渊圣之复辟，遏抑将帅以成金人之乱。明人议论之乖谬，尤无甚于此者。抑思高宗之世，为何如世？高宗之为君，为何如君？徒以柔弱之资，慑于金人之凶焰，观望周章，其心未尝一日安也。及选立太祖之后为嗣，而得孝宗，急议内禅，视去天子之位，若去荆棘而就衽席一日之安。不考当时之事势，不察人情之顺逆，深文周纳，以诬异代之君父，岂惟其文章学术之驳，用心亦已酷矣。

魏禧习纵横之言，持论多悖理，其论鄂王，则专袭明人之议论，蔽于所闻见，以厚诬古人，贻误后世，不足当有识之一笑矣。

与朱石翘观察论宗祠飨堂

承询今制士大夫家庙有寝堂，有飨堂，飨堂陈主宜如何？据《礼》：宗庙之祭皆于室，迎尸而行朝践乃于堂，既毕，延尸入室，遂行馈食之礼。《仪礼·特牲、少牢》，馈食礼也，皆在室，故凡祭铺筵设，同几而不移主。东汉以后，为同堂异室之制，庙无专主；四时之祭，以合食为义，乃有飨堂。然其世次有定，陈设有数，非若今宗祠之制，合族而祀之一堂也。

尝论宗法之收族，以庙祀为准。主始祖之祭，为百世不迁之宗，则收其百世之族；主高祖以上之祭，为五世则迁之宗，则收其五世之族。无庙祀则宗法无所系。《礼经》言庙制甚备，惟天子得立祧庙以藏其迁主，诸侯以下无之。而庙制止于七，士则一庙而已。宗法通士、庶人言之，大宗、小宗，各主其祀，不以世次为限，是宗法与庙制相背者多也。程子论家祭通及四代，又言冬至祭始祖，立春祭先祖。先祖者，通高祖以上言之。历今数百年，士大夫皆得祭其始祖，用程子之说也。

窃疑古庙制有定，而所祀之祖不限于庙，如大夫三庙，士一庙，而《大传》言大夫、士干袷及其高祖。观宗子之家，尽一族之人皆得附焉，固必有所以收其族者，而《礼经》不详。唐制：士大夫不能立庙，听祀于寝。由是因寝以及宗，因一家以及一族，而宗祠之制兴。礼之因时以制宜也，亦渐积自然之势也。所祀始祖，则始祖以下祧主入焉；所祀支祖，则支祖以下祧主入焉。而凡子姓之所自出，各以义属之。通古今之变而济礼数之穷，庙祀缺而犹举，宗法废而仍存，尽士大夫之家皆有庙以藏其祧主，程子之言所以为精义之学也。

《周官》守祧专主祧，庙为诸庙，宗伯所掌，其属皆有事焉。而祧庙无常祭，岁一合食始祖而已，记《礼》者无所征。先儒因谓昭穆之祧主，藏之文武夹室。诚然，则文武世室之不祧者反为祧庙也。《祭法》之言，“远庙为祧”。四世亲尽，通谓之远也。惟天子立祧庙，诸侯以下，藏主太庙夹室可知。圣人制礼，辨爵禄，严等威，不可逾越。天子、诸侯之庙制，程子乃以通之于庶人，而上及始祖，尽人皆得有合食始祖之祭，而不谓之僭者，报本之义，追远之诚，使一族之子姓有所系，而应迁之主有所归，人情之大顺也。而固不得立飨堂，为尽始祖以下合食飨堂，位次无所施也。

是以庙制止于四，天子、诸侯、大夫、士之等辨焉。而今士、庶人通行之庙制变而为合食，而飨堂立焉，而士大夫之家不必行。此又古今礼制之为宜为称，非能强而同之者矣。

与吴南屏舍人论罗水出巴陵

昨论罗水出巴陵，阁下颇以为疑，因属检方志以资讨论。今犹名其地曰罗内，盖北斗岭周环罗列，山水纵横四出，会于罗内，西出关王桥，径南至三江口以达剑滩，水源始盛，又西至黄谷市，为驿道所经，置水驿。《水道提纲》所谓"北得伏井驿一水"者，即此罗水也。行百有馀里，至小江口，入潰水。《水经注》混汨、罗为一，又别潰水为二，而云湘水北会东町口潰水也。

盖自汉以前图经完备，郦道元据以注《水经》，东南诸水，曲折毕具，而讹脱疏漏盖亦多也。其时南北道梗，目验无从，湘水以东，惟汨水之名最著，郦氏因之牵合潰、罗二水为之说。《说文》："潰水出豫章艾县，西入湘。"而"汨"下云："长沙汨罗渊也，屈原所沉水。"今名之屈潭，实罗水经行处，至此汇为渊，楚人名之汨罗渊，所以哀屈原也。罗、潰二水，旋分旋合，而潰水最大，遂并以汨水之名被之。《隋书·地理志》"罗"下云："有湄水、汨水。"湄水源出白鹤山，曲折纳诸小水至湄湾，遂得湄水之名，北出新市赵公桥，径西出东町口，今名兔耳港。潰水自出泥沙港，《水经注》谓之汨口。罗水又北去小江口，《水经注》谓之罗口。三水分潰，注洞庭，其间经行曲折，错综经纬，皆可考按而知也。

古罗城环带三水，而汨、罗二水久经混合。《隋书》独著湄水之名，为他记载所不录，最为有功。潰水源盛，并夺湄水经流，湄水亦北入潰，盖六代分扰时，水源之失次者多也。然罗、湄二水源各百数十里，岂能并没其名。故尝论《水经注》混罗为汨，以东町口属之潰水，遂失湄水之委；又并汨、罗为一，而夺汨水之名以与潰，并失罗水之源。而《水经》所谓潰水者，至今不复能举其名。承讹袭谬，遂以终古。

要之，罗县以罗水为名，湖湘间一巨川也，而言水道者不一及之，由《水经注》不能叙其源流分合，沉没至数千年，亦考古者之一憾也。今幸阁下指示罗源所自出，得有据依，鄙心益以自信，因并论次潰、湄二水，与罗水相发明。伏候裁正。

与李次青方伯论吴有汉昌郡无吴昌郡

奉读惠示《平江志·沿革》："黄龙元年改汉昌县为吴昌，置吴昌郡。"自承旧志为说。证之《吴志》，吴昌未置郡也。后汉刘昭《郡国志》长沙郡下无汉昌、浏阳二县名。始见《吴志》周瑜、鲁肃、吕蒙三传。其后吴改汉昌为吴昌，故知汉昌汉置。而浏阳莫知所从始，《唐书》径谓吴分长沙，置浏阳县。

方曹公自荆州东下，军败北还，吴、蜀争荆州，而长沙先为蜀得，吴但踞有长沙之下隽、浏阳、汉昌三县，并南郡之州陵，为周瑜奉邑以拒蜀。安得于是时分长沙地置浏阳？以事求之，建安十四年吴平荆州，所得南郡、江夏二郡，而蜀分得长沙、零陵、桂阳、武陵四郡。汉昌、浏阳近距豫章郡，为吴所必争；下隽濒江，与巴丘相属。因并南郡之州陵为周瑜奉邑，使夹江为守。瑜卒，鲁肃代领其军，奉邑四县属焉，而以程普领南郡太守。其年以南郡归蜀，普还领江夏郡。十五年，置汉昌郡，以鲁肃为太守，即以下隽等四县隶之汉昌郡。二十年，先主定益州，与吴分荆州，割湘水为界：南郡、零陵、武陵属蜀，江夏、长沙、桂阳属吴。二十二年，肃卒，吕蒙领汉昌太守。二十四年，蒙袭取荆州，拜南郡太守。自是汉昌郡之名不见于传。推求当日情事，吴、蜀争荆州，恃下隽、汉昌等县翼蔽东南，为南郡襟带，与蜀相持，立汉昌郡以统摄之。吕蒙卒用其地以袭取荆州。是汉昌一郡，孙氏君臣阴谋秘计日取荆州而玩之股掌中者也。既并有荆州，州陵仍当还之南郡，下隽、浏阳、汉昌仍当还之长沙。计其时必已罢汉昌郡，距黄龙元年改汉昌县为吴昌，远至十年之久。《晋书》以下州郡志即缘吴立县之旧，不宜黄龙以后重有置吴昌郡事也。此可以读史而得其大要者。

言地志者不务考求本末，徒以汉昌、浏阳见之《吴志》，遂以为吴置；又因汉昌、吴昌之异名，谓汉昌汉置，而不能辨知其为何时。《汉书》：延禧五年，艾县贼焚烧长沙郡县，踞临湘，遣太常冯绲为车骑将军讨平之。是时州郡盗贼数起，绲以艾西南距临湘、西距罗并四五百里，因析临湘东境置浏阳，析罗东境置汉昌，以资控御。值汉末造，史并略之。方志铺张故实，多失之诬，而沿革大政，史家或详或略，皆有端绪可寻，未宜牵率傅会，承讹袭谬，疑误后人。望更审而正之。

与王益吾祭酒论汉武帝纪元元鼎以上五元皆追改

承示李佐周述南屏吴氏之言："汉武帝纪元皆从后追改"，颇以为疑。往闻南屏言之，而未有论述，当时亦未一详考。以事求之，南屏之言不诬也。

文帝十六年用新垣平之言改元，以诏行之。武帝立，纪元建元，为天下创始，而无诏。其后元光、元朔、元狩、元鼎，以至元封，始一见诏书，以登封泰山，与士大夫更始。当时盖隐其事。班史仍之，不一详著其由。流传二千馀年，无由辨而知之。

今略可考见者：元狩元年，当武帝之十九年，诏书亦有“涤除天下，与之更始”之文，似当为改元言之。而《郊祀志》载是年有司言：“元宜以天命，不宜以一二数。一元曰‘建’，二元以长星曰‘光’，（令）〔今〕① 郊得一角兽曰‘狩’”，而不及改元事。疑是年改元，如文帝、景帝中元、后元之比。有司建言天瑞，当时未即行也。《终军传》：“从上幸雍，获白麟，一角五蹄。”军因言：宜昭令日，改定告元。上异之，由是改元为元狩。亦从后追为之辞。至（二）〔三〕② 十一年，改元元封，乃用有司以“狩”纪元之议，又得终军证其义，合之前后各元，适得六年之数，因以六年一元追纪前事，而增入元朔一元，以元朔二年卫青出云中，收河南地，置朔方郡，为始用兵匈奴，功最，纪元以表之，而先一年，以合六年之数。应劭、颜师古注全失其义。元鼎四年，得宝鼎汾阴后土祠旁，作《宝鼎之歌》，亦先四年，以合六年之数。以是知其追改无疑也。班史：元鼎元年得鼎汾水上。《郊祀志》及《史记·封禅书》皆不载，由后人因纪元附益之。

《郊祀志》，得宝鼎及封禅及太初改元，皆有赞飨辞。其以元鼎纪元，尤天瑞之显见者。班史亦皆约略言之，以传疑后世，待人之自悟。注家全失其义，读史者遂亦不加深考。南屏于此发二千年之覆，亦见班《书》叙事高简，未易与人以窥寻也。

---

①据《汉书·郊祀志》校改。

②元封元年为汉武帝第三十一年。

文中子论

《唐书·艺文志》录王通《中说》，其书自唐已传。而杜淹叙《文中子世家》，言所著书都为八十卷。薛收为其碣铭，亦称其续《诗》《书》，正礼乐，修《元经》，赞《易》，皆不及其《中说》，以是疑《中说》伪托，并文中子亦无其人。其书引唐世名臣杜如晦、房玄龄、魏徵之徒皆其门人，多可疑者。然杨炯为《王勃集》序，明称为文中子之孙。而文中子之弟王绩以高节名，其《述论》亦言文中子讲道白牛之溪，门人程氏、薛氏退省于松下，论《易》。薛收、杜淹为文中子门人，见之诸家论著，诚无可疑。薛收以大业十三年归唐，正当文中子卒年。杜淹大业末为御史中丞，年辈远在文中子上。薛收碣铭载文中子卒年三十二。《中说·立命篇》贾琼称文中子年十五为人师，陈留王孝逸白首北面。是其年尚不逮颜渊，而当孔子志学之年，其学固已成矣。此又可疑也。

观文中子书，一依附孔子。薛收亦云：周道竭而孔子兴，隋风丧而夫子出。今其书独《元经》在，起晋惠帝太熙之初，讫于陈亡，以拟《春秋》，视扬雄《太玄》、《法言》而尤僭矣。《隋书》无传，意其广己造大，门人私相标异，不必为当时所重，亦以其年未及壮，道未充而业未光也。

《中说》之成，由其子福畤为之。其言亦必文中子所著录，而福畤加之傅会。如云杨素言政而不及化，苏夔言声而不及雅，李德林言文而不及理，语自可味。而言杨素、苏夔、李德林请见而有忧色，则福畤之傅会也。自宋阮逸表章是书，晁公武、洪容斋、王深宁各据史传以证其诬，洪氏遂以《中说》出自阮逸。程子独谓其中格言有过荀、扬，而疑其为隐君子，世人得其议论，附会成书。就杜淹、薛收所述，征之文中子才高而志充，动自比孔子，至欲缀辑六代策命颂赞之文以续《诗》、《书》。《诗》、《书》非可续者，则所见之颠也。其隐居教授，议论流传，足成一家之言。盖文中子既卒数十年，《中说》始出。王福畤、王勃仍世能文，重相炫饰。福畤所述关朗之占《易》，唐太宗之论礼乐，及《中说》之传自杜淹，而以《隋书》不为立传，录王绩与陈叔达书，归咎长孙无忌之怨王珪。陈叔达撰《隋书》，王绩从借《隋纪》，云亡兄芮城著《隋书》未终毕。芮城者，文中子之兄也。叔达答书亦及文中子《元经》，似不为其门人，亦与所录王绩书差异。当唐初元，文学未甚显也，言理者亦阙焉。福畤及勃世有大名，可以惟所附益。凡言房玄龄、魏徵诸人之假借倚托者，皆其类也。

卷三[①]

王实丞《四书疑言》序

《汉书·儒林传》，博士讲授，独有《五经》。赵邠卿言文帝广游学之路，《论语》、《孟子》，皆置博士，旋亦罢。盖《五经》之文，深博无涯涘，诸儒得以所传受为家法。《论语》、《孟子》，质直简易，是以何平叔注《论语》，集孔、马诸儒之说，及赵注《孟子》，大都即文以明义而已。名物训诂，庸有略焉。及朱子《集注》出，而后圣贤微言大义，有以究其实而观其深。故尝以谓诸经传注，列在学官，历世不能易，而其义蕴之精纯、阐发之完密，无有若朱子《四书注》者。然吾观朱子书与张南轩商定《论语解》，所纠百数十事，反复辩证，互有从违。圣贤之言，各随所领悟以求得其意旨，原不能强同。善夫东谷郑氏之言曰："二程、横渠、杨、谢诸公，发明《论语》之义至矣，谓有功《论语》则可，谓《论语》之义备见于诸公之书则不可。"是以西山真氏论郑氏之学出于伊洛，而持说颇异，盖朱子当时与共学，异同如此。国朝乾、嘉以来，标立汉学、宋学之名，以所得训诂古义寻求义理之所归，其言深当经旨，多所发明。而用是以求胜程、朱之说，凡

①本卷原《〈礼记质疑〉自序》、《〈大学章句质疑〉序》、《〈中庸章句质疑〉序》三篇，因收在《郭嵩焘全集》第三册、第二册《礼记质疑》、《大学章句质疑》、《中庸章句质疑》中略去。

所著论，直以《大学》、《中庸》还之《戴记》，不名《四子书》。然自汉贾逵氏以《中庸》、《大学》并出子思，其言与《论语》、《孟子》足以相证，而义亦足相成。《汉志》载《曾子》十八篇，今见之《大戴记》者，未若《中庸》、《大学》之纯粹也。则以《四子书》名经，犁然有当于人心，数百年莫能废矣。

王君实丞为《四书疑言》十卷，专求之义理，以所疑于朱子之说，积数十年之精力，穷思博览，章求其旨，句探其义，以蕲合于圣贤之言。假令生朱子之世，质疑请益，其未有合者，朱子必更发明之，以畅其义，其有合者，亦必欣然受而纳之。此理之在人心，析之而愈精，研之而愈出。故凡事造始之难，循其途径、依其义类而扩充之，所得或加于前，虽朱子亦以是望之后之人。必挟是以求胜，非僭则妄。而遂谓一切守儒先之说，不待反求诸心，是亦惑也。

大江自蕲、黄折而西，以受湖、汉九水。其间山水瑰特，舒翕渟洄，涵而后肆，而一收揽四至之奇，取足于内，无假外求，旁薄乎人文，演迤乎学士大夫之心。是以江西学者，治经与文务心得，耻为随同之言，争新立异，以矜所尚，岂非其山水之藏，泄之有不尽者乎？实丞所疑，近人亦多言之，既无依仿，亦不复有所引避。意在证明经旨，而异同有弗计焉。傥亦所谓内自足而无资于其外者耶？即其言以求通朱子之学，亦足互相备也。时光绪九年岁次癸未夏六月。

王氏校定衢本《郡斋读书志》序

《隋书·经籍志》为《簿录篇》附史部，推原班史、刘向《别录》，剖析条流，推寻事迹，以为古史司典籍目录类然，而讥晋、宋以来荀勖之《四部》、王俭之《七志》、阮孝绪之《七录》，但记书名，不能辨其流别。今《别录》久佚不传，惟郑氏《三礼目录》稍存其说，所以条其篇目，撮其指要，使一书大义粲然著明，所从来远矣。至宋而传者寖繁，尤以晁氏《郡斋读书志》最先，叙释亦最精。据《宋史·艺文志》，当时衢、袁二本并行。国朝《四库全书》所收独袁本，而称衢本不可复见，盖袁本康熙中刻之海宁陈氏，衢本无重刻者。至嘉庆中，吴县汪氏始得旧抄衢本，经黄氏荛圃、李氏芗沚校定，刊行于世。王益吾祭酒兼得衢、袁二本，又博采诸家所藏及旧抄本，校其异同，辨其讹误，字疏句别，推求晁氏著论之旨，以证诸本之得失，可云用心勤而致力专者也。

自乾隆盛时表章《六籍》，老师大儒，承风兴起，为实事求是之学。其间专门名家言考据者又约有三途：曰训诂，研审文字，辨析毫芒；曰考证，循求典册，穷极流别；曰雠校，搜罗古籍，参差离合。三者同源异用，而各极其能。百馀年来，古本流传，往往间出。诸儒讨论之功，于是为盛。汪氏此本，校勘之精，几无遗义。益吾又荟萃诸本，逐条疏证，汇为一书，遂若诸本之错陈于前，而于七八百年之后，起昭德先生相对一堂，参稽商榷。此其雠校之能，而训诂、考证之功兼至，诚亦是书之幸。亦以见一书之微，校之有不厌，而研之有不穷，既资多识之助，而凡读书稽古者，于此亦将知所取法焉尔。光绪十年春二月。

《魏郑公谏录校注》序

王益吾祭酒检刻其弟礼吾所为《魏郑公谏录校注》五卷，又以其馀力为《魏文贞公故事拾遗》三卷、《年谱》一卷；四库馆所收翟氏《续录》二卷，采之《永乐大典》者，并加校注。祭酒又以所为《新旧唐书合注魏公本传》附焉，以属嵩焘校订，而谨叙其略曰：

古昔圣贤之训，皆先行后言，以为言有馀而常不使其尽。独至陈谏其君之辞，又欲其尽而不使有馀。而舜、禹之相诫，乃曰“无稽之言勿听，弗询之谋勿庸”，于其臣进谏之言顾反有择焉。《诗》、《书》传记历时三代之隆，君臣交儆，都咈一堂，其义深而挚，其言舒而婉，后世诤臣强谏之风，或有过之，则尝疑古今人之得失不必尽同。宋、明以来，进言于其君者，条列而毕陈焉，又何文之繁而义之备也。及观《魏郑公谏录》一百三十事，一事之微，一言一动之发，皆推致其心之所存而防其流极。虑微而慎始，即事而研幾，无有泛引旁及者。尽人事之变，归本君身，督之严，而馀皆居以宽焉。博德厚施，含宏光大，不使有苛求督责臣民之心。于权万纪、李仁发之告讦，以为无所肃厉，徒损圣明。于侯君集之案，房玄龄、王珪以为两人国家重臣，非有阿私，假令错谬有实，未足亏损国家，穷鞫若虚，失委大臣之体。于太宗亲纳表奏，以为乖大体。于太宗疑高丽觇国虚实，以为朝廷所行善，此等固当取则，所行不善，拒之何益？诸所言责难人主之一心，务去其猜防褊狭之私，坦然相喻以诚。孟子曰：“惟大人为能格君心之非。”若郑公者，可谓格君之非者也。而孟子固曰：“人不足与适，政不足与间”，则疑君心之非，常出用人行政之外，将日举性命之精微，求得其非而格之。而不知夫君人者，尽人与事而系之一身，所行与所用之人，即其心之见端也。格君心之非，格之于所见端而已。百司庶事之损益，偏方一隅之利病，国计之盈虚，政令之缓急，所司各有职焉，君子不屑意也。

程子论郑公能正君而不能养德，真文忠公亦谓郑公论事多，论心少。彼人主之心与其所谓德者，岂能虚悬而臆度之哉？程子之言伟矣，而于事情固远。此宋、明诸臣进言于其君者，文之繁，义之备，而于君德之修与否，终无能有裨益也。读《魏郑公谏录》，可以为人臣之进谏者示之程而立之准，而君人者循是而取则焉，亦可以知求言之要略矣。祭酒与其弟汲汲表章，刊而传之，岂徒心慕郑公之贤，历千馀年而其精神意量，蕴之心而沛然施之天下，犹得窥求其本末。其自宋、明以来条陈政要，以搏击攻射为名，皆所谓无稽之言、弗询之谋，舜、禹之所不事也。言事而未究古今之变，语人而莫睹贤奸之分，其文愈繁，其义愈备，准以郑公《谏录》，知其举无当于谏臣之义也。故言格君心之非者，历秦、汉二千馀年，郑公一人而已。祭酒兄弟独能窥知此义，所见超出今人，诚未易涯量。礼吾不幸早逝，如祭酒者，得君而行其志，抑亦千载一会者也。嵩焘并叙而论之，以俟知者。时光绪九年，岁在癸未夏四月。

《鲜虞中山国事表》、《疆域图说》序

春秋列国见之传记者，至战国而尽亡，而《战国策》独著中山。《史记·赵世家》："献侯十年，中山武公初立。"后惠文王三年，灭中山。前后百二十年，与燕、赵交兵争胜，为强国。及周显王四十六年，燕、韩、宋相与称王，中山与焉。凡王中山三十年，而立国本末莫能详。其地则春秋之鲜虞也，变名中山，亦未知何时。略可纪者，春秋、战国之交，一亡于楚，再举于魏，其终入赵为赵地，六国遂亦相踵而并于秦。战国所以盛衰，中山若隐为之枢辖。而错处六国之间，纵横捭阖，交相控引，争衡天下如中山者，抑亦当时得失之林也。证诸赵武灵王之言："中山北有

燕，东有胡，西有林胡、楼烦、秦、韩之边”，其时大势所趋，与诸国所以为重轻，略具于是，而于赵尤甚。

自春秋之季，晋已奄有胡地，灭肥，灭鼓。独鲜虞与晋相持垂四十年，遂取晋之棘、蒲。肥、鼓诸国之地，鲜虞必夺而有之，直东径薄洛水，以介齐、赵。三国分晋，中山南境全与赵邻，又折而西以达滹沱。而时方与韩、魏攻灭知氏，废晋而擅其地。楚得以其间北侵中山，而走其君。此当在楚惠王、简王之世。至赵献侯始立中山武公，以与燕、魏相保。观《吕氏春秋》所载西周桓公问太史屠黍之言，则或桓公因中山之亡，请于赵而立其子。徐广云：中山武公为西周桓公之子。殆非无据也。

是时，魏文侯因楚之灭鲜虞而不能有其地，谋掩取之以自广。《战国策》之云中山复立者，当遂以魏女妻中山武公而定其位，于是始有中山之名。其后魏终灭之，而燕、赵亦终复之，盖战国之势始成，中山之存亡，燕、赵之所以为利病也。赵武灵王反复以规并中山为心，得之以临燕、齐而广胡地，惟赵为能制其胜。史迁《赵世家》详及中山所以始终，岂非当时大势然哉？

今京师西引太行，临御中原。中山故地，所谓燕南赵北者，遂为四达之衢，车马辐辏。二千馀年，人事迁流，形胜时有变易。而当战国纷争之日，中山倔强其间，久而不倾，其故有可思者。

益吾祭酒试诸生太学，以中山疆域为问，而博征周、秦诸书，条其国事，推求时日；又为《中山疆域图说》，以测知其四境所至。虽其一事之微，穷端竟委，包举闳大，有裨掌故。近阳湖张氏《国策释地》以鲍注据《汉志》中山国说战国之中山为失其实，歙程氏《国策地名考》又疑鲜虞、中山为非一姓。追求春秋、战国时事，中山数有废兴，其言皆可信，而于楚攻中山，则无能置一议。盖古书之缺略者多也。嵩焘因序而论之，以备一义。揽古今之要略以知形势之扼塞，于此或有取焉。时光绪九年，岁在癸未夏四月。

《绥边征实》序

尧、舜、三代封域可考见者，盖莫远于唐，莫狭于周。古之有天下，因朝会之国奠定之而已。其不与朝会者，王者不相强也，而屏之为夷狄，非有划然中外之分也。司马迁言黄帝北逐荤粥，《匈奴传》又称“其先夏后氏之苗裔，曰淳维”。乐彦《括地志》[①]：“汤放桀于鸣条，其子獯鬻避居北野，中国谓之匈奴。”獯鬻即荤粥，其原始于黄帝时，桀子亦君其国。历周，又为猃狁。懿王时，猃狁侵暴及泾阳，遂为夷狄深入中国之始。战国之世，燕、赵世有边患。赵筑长城，自代至阴山下，傍高阙为塞。燕亦筑长城，自造阳至襄平。秦并天下，筑长城，渡河，盖亦循燕、赵之旧，而西北因河为塞。自是以后，中国地逾万里，而边防战守之略益繁矣。

善夫班氏之论曰：“圣王制御蛮夷，来则惩而御之，去则备而守之，其慕义贡献则接之以礼，羁縻不绝，而常使曲在彼。”自唐刘贶述武指驳班氏之失，以谓详而未尽。后世儒者袭用其说，务为夸诞，而后汉、唐控御夷狄之大略绝于天下者七百馀年。新莽时，严尤论御匈奴无得上策者，周得中策，汉得下策，秦无策焉。刘贶反之，以为周得上策，秦得中策，汉得下策。周世猃狁未至强盛，畎戎之难，平王东迁，遂丧成周，安得有策哉！持论者徒

①或作《括地谱》，郭焯莹编《郭氏佚书六种》，于是篇末签注云：“《括地谱》，局本《文集》作《括地志》，此从《艺文志》。”

曰间隔华夷，无穷兵而已。然不欲穷之于秦、汉强盛之时，而乃欲穷之于靖康、绍兴积弱之日，此又何说也？班氏之言曰：“搢绅之儒则守和亲，介胄之士则言征伐。”董仲舒大儒，魏相名臣，皆搢绅之儒也。南宋之初，言战者一出于搢绅，而韩世忠、岳飞之流，犹龂龂然能以战自效。继是而文吏高谈战略，武夫将帅屏息待命，神沮气丧，功实乖矣。是以宋、明之世，议论多可观者，而要务力反班氏之言，常使曲在我。晋太始中，西河郭钦请及平吴之威，徙南匈奴杂胡塞外，最为要略。盖汉之失计，莫甚于处匈奴西河、美稷。平吴之初，谋臣武士之略，其机可用也，过此而固不能矣。唐世因之，令回鹘屯沙苑，留族太原，列舍云、朔间而不知惩。书生之言，竞其虚而不务详其实，持其末而不务竞其原。于是论次秦、汉以来下讫于明边防战守之宜，著其得失。其于历代成败之迹，折衷一是，不系功过，而兴衰治乱之大原，因是可以推见。命曰《绥边征实》，“征实”者，所以砭南宋以后虚文无实之弊也。后有君子，以览观焉。

《史书纲领》序

长沙余苹皋辑《史书纲领》若干卷，以与秀水朱氏《经义考》总经、史之大全，而体例各别。盖经有定名，经之流，小学训诂而已，其源亦出于《尔雅》。汉以来，儒者之书，皆述经义者也。史者，有作有述。史之源《尚书》、《春秋》，又皆列之于经。故史例由后起，而上包经及诸子之用，下该私家著述。《易》者，史之著于卜筮者也，其流为阴阳家，为术数、方伎家。《诗》者，采之郡国，编之乐，外史掌之，大司乐藏之，其流为辞赋家。《礼》者，史之典章也，朝仪、政教具焉，其流为名家、法家。是以极史之源流本末，凡七略、五部之藏，皆可撮而括之史。苹皋为《史书纲领》，书序及凡例，录之必详，意盖曰：凡述经无例，而史有例，前人之所采择而著录者皆例也。信然，则取例于史，无取例于经。《禹贡》之志地，《春秋》之纪事，经也。孔、曾、思、孟之书，子也。而著之《论》、《孟》，亦经也。诏令、奏议、职官、仪注及政典之书附之史，史之流也。以《史书纲领》名篇，附之经、附之子者，未宜以史例之，而凡史之流分派别，又无可系之“纲领”也。约之史以正其纲，通之传记、广之地志以挈其领，其于史之体例，不既繁征而具备矣乎？

是书之列四门，是也。其子目之取诸《别录》及诸史艺文、经籍志者，吾犹病其通经及诸子别籍而皆隶之史也。《经义考》之不及小学，非缺也。小学亦经之流也。苹皋取法《经义考》以存史家之纲领，亦无泛及其流焉可也。时光绪五年夏五月。

《罪言存略》小引

嵩焘年二十而烟禁兴，天下纷然议海防。明年，定海失守。又明年，和议成。又五年而有《金陵条约》。又十二年而有《天津条约》。又二年，定约于京师。又十七年而有《烟台条约》。凡三十八年，事变繁矣。当庚子、辛丑间，亲见浙江海防之失，相与愤然言战守机宜，自谓忠义之气不可遏抑。癸卯馆辰州，见张晓峰太守，语禁烟事本末，恍然悟自古边患之兴，皆由措理失宜，无可易者。嗣是读书观史，乃稍能窥知其节要而辨正其得失。久之，益见南宋以后之议论，与北宋以前判然为二，然自是成败利钝之迹亦略可睹矣。间语洋务，则往往摘发于事前，而其后皆验。于是有谓嵩焘能知洋务者。其时于泰西政教风俗、所以致富强，茫无所知，所持独理而已。癸亥秋，权抚粤东，就所知与处断事理之当否，则凡洋人所要求，皆可以理格之，其所抗阻，又皆可以礼通之。乃稍以自信。退而语诸人，一皆扞格而不能入，矜张傲睨而不能与深求。盖南宋以来诸儒之议论，锢蔽于人心七八百年，未易骤化也。衰病颓唐，出使海外，群怀世人欲杀之心，两湖人士指斥尤力，亦竟不知所持何义，所据以为罪者何事。至摘取其一二言，深文周内，傅会以申其说，取快流俗。窃论洋人之入中国，为患已深，夫岂虚骄之议论、嚣张之意气所能攘而斥之者！但幸多得一二人通知其情伪，谙习其利病，即多一应变之术，端拱而坐收其效，以使奔走效顺有馀，非徒以保全国体、利安生民而已。

奉使两年，处置事理盖繁，要皆一时一事之利，无当安危大计。稍检奏议、书说详论洋务机宜数通，刊而存之，为夫乡里士大夫群据以为罪言，命曰《罪言存略》，质诸一二至好，以通其蔽而广其益，亦不敢望诸人人能喻知此理也。时己卯夏六月。

《十家骈文汇编》序

文章缘始，取资根柢。品事类情，理体毕呈。流派区分，轨辙斯异。寻求两汉之作，树干为骨，错综经纬，辅之以辞，非博揽无以厚其藏，非精思无以析其理。异制繁兴，摛辞无二。六代波流，渐趋繁缛，遂乃排比为工，陶染为富。至唐四杰出，华赡丰靡，无复馀蕴。杨雄氏已言："今之学者，非但为之华藻，又从而绣其鞶帨。"盖世愈降而文亦愈靡矣。昌黎氏起而振之，抗两汉而原本《六经》，创为"古文"之名。六代文体，判分为二。夫诚有涵濡《六经》之功，斯为美矣。而舍铅华以求倩盼，去纂组而习委它，劳逸差分，丰约殊旨，俗学虚枵，波荡以从之，则矫之于古者，抑亦转而就衰之征乎？

国朝文治昌明，旷越前代。骈俪之文，跨徐、庾而追潘、陆。陶冶性情，杼柚尺素为不乏矣。全椒吴氏八家骈文之选，萃一代之俊雄，汇斯文之渊海，牢笼百态，藻绘群伦，鼓铎以齐声容，膏馥足资津逮。其所甄录，渊源师友。前徽未沫，或叹遗珠；来轸方遒，多能踵武。益吾祭酒继之有《十家骈文》之刻，以此诸贤，方轨前哲，鳞翼附凑，风云回薄，未易低昂。综其辞翰，弥复罩然。发思古之幽情，摅承平之雅奏。燥湿殊节，同倚徽弦之张；方圆并施，推本椎轮之始。所谓礼堂法器，见者神倾，正始元音，闻之意远者也。

祭酒精力智能，陵趠今古。于经辑《续经解》若干卷、《南菁书院丛书》若干卷，于古文辑《续古文辞类纂》若干卷，又以其馀力辑刻此编。九方堙之识骏足，无取判其骊皇；钟子期之辨琴音，岂待言其抗坠。但以致远之资，质文兼综；中声之契，愚知同欣。量古为程，取则不远。追思冠年与周荇农侍郎、孙芝房侍读同为骈俪之文，二子者，高驾远跡，蹑迹古人，自具形制。每惭蹇步，莫或肖之。今所缺者芝房之文，而所存亦极一时之隽矣。比诸子桓之感应、刘，都为一集；亦取彦和之论庄、宋，先标六观。岂徒体性之陶镕，实亦心声之酬献也矣。光绪十有五年，岁次己丑夏五月。

卷四

《江忠烈公遗集》序

《江忠烈公遗集》初刻之宝庆，再刻之成都，于其诗文已有增加。继又求得其书稿一通与其诗文之佚者，公子芾生又刻之长沙。嵩焘为序，其略曰：

古仁圣贤人未尝有意立言诏后世，而文辞之散见，当于理而切于事，则世固尊信之而传守之。其德广而名盛者，传之逾远，求之逾殷，岂惟其文之重哉。其精气流行天地间而寓之文字，人心于是为有凭依以求其人，千载之上，低徊慨慕，如或遇之。忠烈公始以科举就有司程式，自负奇气，以事功志节相高，诚不屑与诸文士校论得失长短。及其论事成败，辨人才高下，援据古今，指陈要奥，其文章意趣自足以达其才而尽其变，虽在当时居游谈宴，未尝不重其文也。既出任军旅，支拄危疆，劳苦功高，于其文也固不暇，而间出其文若诗，同时名能文者相顾瞪眙，莫敢与抗，盖其浩然刚大之气，倾口出之，称心言之，无意为文，而文固至矣。然当其时，固不甚惜，名篇妙句，为时传诵，就求其作，出其草败簏中，则已毁而弃之，或竟忘其事。洎今二三十年，其诗文往往佚而复出。呜乎，是岂有意以言诏后世者与！其尊信而传守之者，非以其人与？吾又以思夫忠烈公之薨，才旦暮间事耳，其遗文求之难如此，而人之贵爱之又如此。后此而千百年，精气固常存于人心，而想像以求得之者，又岂有穷也。

《罗忠节公遗集》序

罗忠节公所著书曰《西铭讲义》、《姚江学辨》、《人极衍义》、《读孟子札记》、《周易附说》、《小学韵语》，总若干卷，刊行于世。其为诗古文辞凡八卷，嵩焘为之编次校定，既卒业而序，其略曰：

古之君子，不求尽乎事之变也，治其身而已；不期当乎言之文也，明其理而已。自《诗》、《书》六艺之文，君臣父子兄弟朋友之谊，天地民物事为之著，政教之繁，皆其身之内自足焉，而穷理以居之，是以修之身而无歉，著之文而不疑于其心，施之家国天下而无待外求，传之后世而俟人之取则焉。古之君子，待其身之重也如此。

公以武功立名天下，卒殉国难。其视天下之事，衋然而如伤；其思以一身奠安天下，泰然而自任；而其深究夫治乱之原，轻重缓急之势，充然若有以自得也。盖公之学出于《西铭》，博求乎仁之体而得其理一分殊之用，研之精而辨之晰，而其为道又在乎严理欲之防而明义利之辨，其于富贵贫贱祸福死生，泊然无足动其心者。而自其少时艰难困苦，独处荒山之中，而世变之烦赜，民生之疾苦，无不返之于身以求其变通屈伸之理，其言语动静又一皆本之以敬而达之以诚，反复夫陆、王之辨，以为其流必至于放诞。此其心之所存，造次细微，立言之旨无或逾焉者也。

公既以书生视师，其时若李忠武、王壮烈及今李希庵中丞，皆故从公游，明天人性命之旨，体仁义中正之实，起为将帅，功成身显，诚所谓古今事局之变者，而公之自命以劳定国，以死勤事，固其生平身负天下之重有如此也。吾故论次其文，以明夫学者道德之归，文学事功之盛，系乎其身之自重。后有君子，以览而兴焉。

姚桂轩《论语衍义》序

往读昌黎韩氏《论语笔解》，兼录李习之说。二公者，未尝为传注之学，而往复从事于《论语》，权衡讽味，参较出入，以取证人事得失，各摅所见，辨其异同。于以知古人为学求益之勤，有如是也。老友姚桂轩，手所录《论语衍义》示予，章为之说，句为之疏，博采史传，引申其义，以求合《论语》旨趣，而辑存胡文忠公遗说实居其半焉。

方文忠公治军皖、鄂之交，练兵筹饷，日不暇给，而读书自课甚严，夜与桂轩会讲《论语》，亦有专程，未尝稍辍。及自英山移营宿松，二百馀里间，日夕支帐为邸舍，辄烧烛席地以讲。一日病甚，不能食饮，左右请稍息，笑曰："是口不能食而犹能语言，耳亦犹有闻，岂以病而废学哉!"呜乎！文忠公晚年进德之勇，务自砥砺于学，有非儒生艰苦所能及者。尝自言读书有得，临政处事及与文武将吏叙论军理曲折，涣然于心目间，获益良非浅。其于《论语》之精微，诚非昌黎若习之掉弄文字、研讨故实所能窥见其用心，而其为言浅深巨细，互有发明，尤足开广学者之志气而振荡其精神，使顽者廉而懦者亦与有立也。桂轩汇辑所衍说，都为八卷，以属嵩焘序而传之。

嵩焘尝撰次文忠公行述，于其读书取益，犹愧知之未悉，因序桂轩是书附著之。天下之大，治理之艰，非夫不学无术、懵然挟私以自圣者几幸其有合也。文忠公之功烈成就，卓卓具有本末，而其微言大义多寓于是篇，吾又以知桂轩之贤之过人远也。

重刻瞿唐来氏《周易集注》序

圣人序《易》，专论贞、悔两象，而以刚柔、上下、往来明消息盈虚之理，故《易》之为象必寓于卦画。自汉孟氏以卦候阴阳言《易》，而《易》沦为术数之学。康成传《费氏易》而论卦气爻辰所值，犹孟氏之支流也。隋唐以后，王《注》行而汉学微，至宋而又有图象之说。治《易》者各据所学，相为刺讥。而汉儒言象仅存者：郑氏之互体、虞氏之消息、荀氏之升降，各明一义而因爻命象，引而伸之，触类而长之，固亦无以逾此矣。

明瞿唐来氏伏居讲《易》，冥心独悟，比附卦爻，以求其义，其于错综升降之说，亦兼取邵子图象发明之，而其言《易》象，曰中爻，即郑氏之互体也；曰错，曰综，曰爻变，即虞氏之旁通也；曰占中，即荀氏之逸象也。曰卦情，曰卦画，曰大象，则圣人言之详矣，而汉儒言象者顾反略焉。来氏汇集诸家之言，旁推交通，曲尽其变。其于《易》之取象，不既兼全而大备矣乎。

夫《易》者何？阴阳而已矣。圣人错综阴阳之数，以尽事物之变。用舍、进退、动静、语默、得丧、穷通，因乎时义以消息天地之大用，而四时鬼神莫能违焉，所以前民用而吉凶与之同患，圣人之神固然也，而必于象与数示之机。汉儒言象，皆有所受，而取义固殊。蒙尝疑虞氏之《易》，凡文与字皆依象而立，疑若矜心作意于其间，而于圣人情见乎辞之旨，反有所不达。来氏辨虞氏卦变之非，而推衍其爻词之尽于象者益详且密。其取与舍，固自成一家之言，而于近世儒者发挥《易》象之说，亦足以畅其义而广其辞，诚为有裨于学者。刘馨室观察以吾楚于此书流传未广，刻之长沙。盖古言《易》者明理则废象，取象则失辞。来氏兼述之。循是而求焉，以窥《易》之精蕴而推知汉学之源流，有不能舍象以求义者，斯亦《易》学之津梁也。

毛西原《杜诗心会》序

自古诗人托物起兴，皆意有所郁结，不得发摅，而托之诗歌以写其缠绵哀怨之旨。唐杜甫氏出，指事类情，推陈始末，天下利病得失，生民之休戚，亲故之离合，身世之荣悴悲欣，言之必达其志，虑之必穷其变，然后诗之蕴乃旁推交通，曲尽而无遗。当时论者以为集诗家之大成，无有异议。顾或以其忠爱之谊，寻章摘句，附会而迁就之，读杜诗者转累于笺注之烦，茫然莫得其指归。明高氏棅、胡氏应麟、王氏世贞乃专取其律法音节，会其微妙，开示学者。国初，新城王文简以诗学倡天下，考论杜诗，标其新异，摘其繁累，意尤美焉。嗣后五家评本出，学者循其说以求杜诗之义，浅者见浅，深者见深，犁然各有以当其意。巴陵毛西原又稍以意折衷之，简杜诗之善者为四卷，悉采诸家之说，证以己见，而辨论其不合者，命曰《杜诗心会》。夫通其辞而不达其意者有矣，未有求达其意而先不能究其辞者也。自唐以来，诗人推宗杜甫氏，以至今日，而其义例之精，变化之妙，章章而比之，字字而析之，辨之久而其精日出，宜西原所得之深也。

往者山阳潘德舆尝述朱子之言：读李诗如士人治本经，不宜有去取。杜诗之原于风雅，发于性情之正，读者皆能望其崖略，而其深亦未易引而尽也。西原之于杜诗，未知视彦辅所论何如，要其持论之详，与其辨证诸家得失，最有裨益于学者。为之序其略而广其传焉。

是编稿本得之门人熊秋白农部，秋白又得之吴南屏学博，皆西原至交，因并记之。

代刘韫斋中丞重刻《李中丞遗集》序

李瀛仙先生遗集重刻于湖南者，予至楚之明年，得受而读之，病其芜杂无伦序，盖先生奏疏既无传本，其《居易草堂诗集》，先生之子刻之施南，亦多散佚，掇拾而刊存之，倒乱失次宜矣。予惟先生宦迹，所至有声，在湖南屡疏题请分闱，士民感之至今，其于先生遗著，有宜宝贵而珍惜之者，乃更为整齐编次，期使先生精气散见于文字间，有所托以行远，以永楚人之思。

始予初至，楚人士以故督学通政钱公立朝大节，负时重望，在湖南尤久，训士有程度，请祀之名宦。先生又固有专祠，岁时奉祀。乡里先进，莅仕湖南者无几，而树立表表，为士人宗仰，若二先生者，庶几可以无忝。自惟梼昧，于二先生无能为役，而通政钱公之祠名宦，相距九十年，至是始得请。今又取先生遗集校定之。窃私自幸倚附乡里之末，得所窥仰，又益以是重予心之愧咎矣。

李舜卿《夜谈追录》序

新化欧阳磵东先生以诗名天下，其论诗尤精。邓丈南村、左舍人仲基数称述之。李君舜卿述其语加详，与先生论诗有所会悟，辄笔存之，总得若干条，命曰《夜谈追录》。

自宋欧阳氏有《六一诗话》之作，以所得于诗之精诣，求古人之离合，以取证天下后世。嗣是严羽《沧浪诗话》、张戒《岁寒堂诗话》、叶适《石林诗话》，类能考六义之要，有所发明。明以来至今，苟能诗必有论述，往往纯疵互见，甚者议论驰骋，为名骛声气，君子病焉。其得之山林枯槁憔悴专一之士，传者盖无几也。先生于诗，穷极渊微，偶有论断，必求通古人之辞而达之以意，证之以理，较其得失，析其毫厘，多人所未发者，而皆其心领神会之馀，洒然有以自得，不一求著于人，非所心许而笃好者莫得而闻也，傥所谓山林枯槁憔悴专一者耶？舜卿以所闻于先生之言，网罗搜辑，存其梗概，此岂为名骛声气者，亦庶几六义之要，因是而粗明，犹先生之志也。

予以咸丰乙卯见舜卿新化，手是编相示，劝其付梓，以公诸人。时舜卿病眚，未及为而卒。卒后八年，其犹子宣伯卒成其志刊行之，而属予序其略。呜乎！硐东先生晚年闭门绝交游，予初有知，艳其名，相去数百里，就见无由。及见舜卿，开亮卓伟，绝远于俗，独喜述先生为人，以得闻其言论志行，追念往复，怆然于心。岂惟先生高世之迹，欲一恍佛舜卿之流风馀韵，而固不可得也。

《古微堂诗集》序

默深先生喜经世之略，其为学淹博贯通，无所不窥，而务出己意，耻蹈袭前人。人知其以经济名世，不知其能诗，而先生之诗顾最夥。游山诗山水草木之奇丽，云烟之变幻，滃然喷起于纸上，奇情诡趣，奔赴交会。盖先生之心，平视唐宋以来作者，负才以与之角，将以极古今文字之变，自发其嵚嵜历落之气。每有所作，奇古峭厉，倏忽变化，不可端倪。又深入佛理，清转华妙，超悟尘表。而其脉络之输委，文辞之映合，一出于温纯质实，无有幽深扞格，使人疑眩者。其于古诗人冲夷秀旷，宏逸入神，诚有不足，然岂先生之所屑意哉！

先生所著书流传海内，人知宝贵之，而其诗之奇伟，无能言者。邹君季深藏其全稿，嵩焘以为宜梓而行之，以公诸世。季深欣然以付梓人，而属序于予。天地之生才无穷，而文章之变日新月盛，有非古人所能限者，此亦以见斯文之广大，而豪杰伟人出于其间，随所得之大小浅深，树立榘榘，以自殊异。诗可以观，其谓是矣。

《张叔容遗稿》序

张玉夫大令之死，有贤子曰叔容，气英英然，年甚少，而才博志广，浩无涯涘。诗古文辞靡不学，学之而试为，靡不工。内自韬匿，独好为深湛之思，不务发摅于人。既卒，其父友太常左君梓其遗文传之，盖其时年十九耳。其才尽于帖括诗赋之文，而意恒忽忽不乐。其所乐为诗、古文又无多。其见于他文者，往往感激奋发，蹑古人之迹而从之，而汲汲忧其不逮，其志盖可哀也。

吾楚近十馀年，为经学、辞章，多得之年少，有所成立。其出自孤寒，艰难郁结，崭然以起，则望其成尤昌以大。而及吾之身，多才早逝若叔容者，数数见焉，岂不悲耶！其悲之，则其文之仅存者，为足宝而传焉无疑也。叔容之文，经义、诗赋为多，皆应试体也。其文演迤涵肆，以能有所变化，不拘于格调，而自视欿然，若不足尽其意者，以为其道卑，学者所弗尚。予校其遗集，得所为古文四、诗数十百首，序而归诸太常，犹叔容遗志也。

饶月樵《五十三松草堂诗集》序

道光十五年应乡举长沙，识饶君月樵试院中，伟然魁顾，议论雄俊，心奇之，相与道姓名别去。其后数见所为诗，致声通殷勤，而终不相见，盖至今三十有二年，而余亦已老矣。君长于余又十四年，老益穷，避乱游巴蜀，倦而归，访予山中。入门，相视久之，笑曰："君非饶月樵者耶？何为而至此？"益相与大笑。急出其诗。读之，若泻水于平地，随方曲折流注，不可遏止；若筝、琶、管、籥会奏于一堂，铿锵浏亮而音不穷也。

古诗人若杜甫、陆游，至蜀而诗益奇。君住白帝城月馀，值大雨初霁，月出，步江上，望滟滪堆上有石臼二，涵水满其中，与月相射，状如狮子两目，蹲立而望月者。大喜欢呼，谓自有滟滪堆，未一发此景。然则山水怪瑰杰特，出奇无穷，固有蕴焉而待泄者与？更千百年，游者无有寝馈玩悦于斯，以俟其时而发焉，得之浅与得之深，而因以独见者为工与？观君所得于山水之娱，即其诗可知也。君言生平诗逾万，毁于兵，近存者又数千。其为之勤如此。夫苟为之不已，又益务发其所独见，其奇有必至者。杜甫、陆游以蜀之山水发其奇，岂不以是也哉？君于诗几矣，更三十年再与相见，将益赏君之奇也。

陈文泉诗集序

陈文泉大令与余同岁生，又同举于乡，同成进士。君故善为帖括之文，操纸笔趋有司程式，张目以顾，精悍之气不可一世。既得官县令以去，十年，余循江西东游，君适以服阕，重相见吴中。于时金陵、镇江陷于贼，矢石声相闻。与君携酒沧浪亭上，苍茫四顾，相与慨叹。手其诗出示，向固未见君之为此也。酒酣，纵论古今诗人得失，举似高常侍五十以诗名，若君之才，为之益勤且多，即古人不难到，无以年力自程限。别去三年，而闻君之丧。又十三年，君子椿寿哀辑君所为《诚求斋诗存》，将授之梓人，则犹余十五年前所点定也。盖君既补官奉贤，有案牍之繁，其于诗也，诚不暇以为。而观其生平，精气凝然，甚完以固，得一官效其志业，将求有表见于时，又进于所谓诗之为者。而遽夺其年，使其才一有不尽而茹志以终也。悲夫！

抑又思古诗人之作，尝发于伤时闵乱，悲忧怨郁，无聊不平，有所不通，一决于诗。君性和夷，其力能自给，无慊于心。大军围金陵，制使者驻兵常州，有藩篱之固。吴中酒食歌舞，嬉笑燕乐。即吾与君，视沧浪亭若不胜其忧，人见者皆笑谓迂。更三四年，江浙糜烂几尽。合淝相国时抚吴，凭海以守。奉贤与松江所属诸邑独完。君于其时幸存，发愤流涕，不容自已，所为诗当益工，而君已不及见祸乱之成。读君诗而欿然于所存之无多也，余重为君悲之。

彭晓航遗集序

道光戊戌，始识晓航先生京师。其诗、古文雄出一时，而谦退自下，其言惇笃务情实，曾文正公尝许君能胜天下事。既老无所遇，就邵阳学官以归。其后每见，则文益工。新化邓湘皋先生尤重君文，表章先贤遗迹，辄属君纪其事于石。已而骆文忠公檄君从赴蜀，一守潼川，遽卒。其子葆初哀辑君诗文，曰《古香山馆存稿》，凡十二卷，刊而传之。

余惟古之能文者，皆蓄道德，有治行、事业可纪述，彼其蕴于中闳深杰特，其发之于文以自摅其所得，光气固不可淹没。君熟知古今利病之能，言事必洞烛其原，而行之以诚笃。一试于潼川凋敝之馀，而民俗蒸蒸，若还复乎古初，与闻先正之风规，人自为幸。而功未讫于成，泽未覃于远，终君之才与志，施者不能十一。其诗、古文积之数十年，郁其光以待泄者，固亦天道人事自然之符哉！

君为文喜低回前哲遗言轶行，沉潜往复，若不胜其情。忽忽三十年，情事一如目前。读君文而自伤老惫，益愈为君悲，则又未知是集之流传，后人慨慕追思，视君向者之于古人复何如也。

张小野《梦因阁诗集》序

吾友王太常之言曰："凡人心感物而动，凝而为天地，淆而为事物，荡而为忧乐哀思，敛而为性情文章，议论有不能宣者，惟诗能通之。"其言伟矣。然非博览古今之事变，周知民物之情伪，以自理其性情，而纳之温厚和平，则诗之为道，人皆得托焉以宣其郁，而流极于泛滥淫泆，而风教以微。

沅陵张小野，与吾少同举于乡，而小野方充是科选拔贡生，文采风流伏一世。与之交，情深而文明，悱恻而芬芳，盖有得于诗人之深者，而未尝甚肆力于诗。已而小野官中书，数年，用外简选授广东和平县，历治巨邑，越海至南澳，声迹烂然起矣。以目疾乞归，遂病盲。掌教虞溪书院，与诸生论文讲艺，耳聆口授，若不知其盲，予固已奇之。既乃汇次所为诗寄予，属序而刊之，则其平生足迹交游，及意所感触，怨郁而不自得者，一皆寓于是，以蕲合于诗人之旨。其性情之温厚，得于天者然耶？呜乎，天将以其盲也，故使自放焉而托之以宣其郁也？

孔子论诗，以达于政、专对四方为义。夫必古今之事变熟于中，而政以通焉；民物之情伪衷于要，而言以昌焉。唐宋以来，诗人之滥而诗教之微，为其貌强而词袭，不学而以戾于古也。小野善词令，政成有声，方及中岁而病废。夫孰知其反而托之诗，日进于业以有传也？吾是以重悲其志也。

熊云渠先生时文序

自明以帖括取士，悉天下之聪明才智，习为对偶声律之文，猎取科名。一二豪杰伟人研穷经史，泰然有悟于身心性命之旨，以窥人情物理、治乱得失之原，及其生平忠孝大节昭著，呈露文字之间，思之而其人若揭，味之而其旨弥深。而其间侥幸一日之获，迷惑惝恍，以求所谓对偶声律，无与于文章之本末者，亦时有焉。

晚近数十年，文字之道日微，迷惑惝恍盈天下，苟能为对偶声律，齿未毁而出取科名，犹掇之也，世亦莫相非者。熊云渠先生治帖括之学六十年，自吾为童子时，先资政公数为言：先生年稍先，立名尤早。盖先公甫就学，而先生已屡试冠其曹，名藉甚。而卒困于省试。洎吾通籍归，先生犹逐队童子军也。其子侄多已成名，则禁制先生使不得与试。先先闻试期至，旁皇顾望，或抱其文以泣。年八十矣，志气不以少衰。今年春，录次其所为应试文示吾曰："是果不足于今人耶？虽然，吾无待于今而犹有望于后也。子为我序而传之！"读其文，其义法往往近于古人，其对偶声律，视世之猎取科名者亦未有以让也。国家取士之途，至今日而尤宽矣，岁附入学籍者几三千人，取径于对偶声律，其道相若也，独蹇其遇于先生，岂其义法犹近于古人，宜独远于今人若是耶？使夫后之读先生之文者，以为义法远于今人，悼叹而嗟惜之，则亦司文柄者之过也。

卷五

重刻《夏忠靖公集》序

吾湘人文，至宋始显。四库全书所录《同文馆唱和集》、《邓绅伯集》，世无传本。明忠靖夏公集，传至于今四百馀年。国初，学博詹屺望士懿刻藏其家，今亦无存。访之公裔孙辉南，得其本，凡六卷，后附《遗事》一卷，盖明刻本相承如此，而诗为多，杂文独有赞、颂及表一通，大都应制之文，而一出之和平冲夷，想见盛世雍熙之化，从容涵濡，纳之太和，其意充然有馀也。

公历相太宗、仁宗、宣宗，于时政多所参决。史称其掌户部，详定赋役诸制，建白三十馀事。其后益请裁冗食，平赋役，严盐法、钱钞之禁，广屯种以给边苏民，赈饥浙西，奏免召耕淤田，弛其利与民，及会议不当用兵沙漠，并关天下大计，而其章疏皆不可见。独《河渠志》载其治水一疏，亦略而不详，而于吴淞上下游水势及疏瀹之宜，能举其要而规其大。盖公于国计民生，周知博览，穷尽端委，期使其利溉之天下，被之无穷，不自以其文炫耀于世。略可见者，身际太平之世，导扬盛美，涵泳性情，用示休和而已。至其措之政事，垂之宪章，廓然一视为天下之公，于身若无所与，是以其文暗焉而不章。其斯为国之元臣，与同休戚利病而无假于其名者也。而使后之人流连慨慕，求公政术之施，因文考事，仿佛其用心不可得，亦岂非人心之公之终有未慊者乎？

既求得公遗集，谋遂刊而存之，以广其传，而益怃然于其时优游夷愉之风。以太宗之厉，威严督责，无所宽假，而其风益厚，滋培酝酿为有由焉。呜乎！是可观也矣。时光绪八年，岁在壬午秋九月。

夏忠靖公《立身训》跋后

《夏忠靖公集》六卷，刻于康熙四十四年。教谕詹公求之监利夏士英家，得所为《百忍赞》、《立身训》二篇，附之杂著中，盖明刻本所无也。其《立身训》二十六条，随所见录之，明通婉挚，具有本末，实开薛、胡诸公语录之先声。詹公于此通为一篇，于文为不类。今稍条析分列，附诸《遗事》之后。

《明史》传赞，于公及忠定蹇公，推本太祖树人之效。考其政绩，仅一治水吴淞，馀无卓卓可纪者。独管度支二十馀年，外周台省，内参机要，随事纳忠，退而恂恂若无所与言者，谓其与文贞杨公尤持大体。方太祖、太宗相继以严急为治，公弥缝匡救，以德量绥辑天下。卒用其力，以成仁、宣之治。含宏光大，保合太和。其在朝，闻一善必采纳之，有小过为之掩护，以能兴起一时人才，养成敦庞博大之气。呜呼！此公之成绩，史无可书，而天下之蒙泽乃为深且远也。

所为《立身训》，皆其体之身心，验之民物，深造而自得者，而一以约己容人为心，其言浅近而可思。别录为一卷，期使学者览之得所启发，而亦以推知公学问渊源之所自。光绪八年冬十有二月。

重刻《安愚斋文集》序

嵩焘校刊忠靖夏公集成，顾念国朝人文，远过明代，就所知者，若蒋天植之棻、朱子昭之宣、王朗川之钛、徐遯斋世佐、张百川廷禄、曾南坡过唐、陈同甫觉民、周褐梔嘉缃、黎素盦彬、杨木盦先铎、张子任学尹、左仲基宗植，皆得读其诗文，以为难能。而二百年来，湘人能文者独推徐遯斋及周半帆先生。遯斋文雄奇奔放，不可一世，刊行者至六十卷之多。先生书味盎然，平澹安愉，志和而音雅。吾尝以湘人之文，遯斋及先生擅名一时，而仲基为之后劲；湘人之诗，晚得吴伯翼淮、李枚生杭，最其杰出者，而先生为之先声。是以湘人语文章之盛，无过先生。

先生与其弟默耕，笃志古学，皆仕为知县，号称儒吏。而先生翛然尘俗之表，年未五十，以母丧去官，遂不复仕，用经术讲授乡里。是时府县初立书院，多求大师耆德为之都讲，书币相属于庭，于是先生之名日盛，而文亦日充然有得也。

君子之学，无间穷通得丧，其中诚有快然自足者。推而达之于人，与所以自淑其身，各视其境之所值。均之寓也，必有得于所寓之外。尽人世之所营营，无足以累其心，而后有以希乎古而蕲至于久远，虽其得志行道，极富贵之娱，亦岂有加于毫末哉！而视人世之殊荣，超然无所屑意，彼诚有足于其心者也。故予于先生之文，尤有取重焉。

始先生之文刻藏其家，其孙昌辅征君谔枝又搜得其遗稿若干篇，意或先生之所删削，而文固各有意旨可观。仲基尝为之审订，以授嵩焘，谋更刊行之，至是并以授之梓人。盖先生遗文流传且百年，为时矜尚，而所存止此。诗文小道，固若是难哉！仲基既卒，吾湘能文之士益衰落矣，此又可叹也。时光绪八年，岁在壬午秋九月。

唐壳慎公《省身日课》序

道光甲辰、乙巳间，谒镜海先生京师，见所著《省身日课》，因论君子“三戒”之义。与时盛衰者气也，其心驰骛三者之中，不与时盛衰也，惟克治深者，其初若拒坚敌，以强力胜之，久而涣然能辨其非，又久而夷然无所撄于其心，默自省念，七十年于此三者幸知免也。当时以先生道充学裕，必有殊异，而所言平易如此。退而读其《日课》之文，乃知先生之学之积，惟在日用行习之间，辨之明而守之严，虽极语默之微，辞受取与之节，以道权衡，较其毫厘分寸，一有出入，即于事有违，而心之获戾滋多。曰“省身”云尔者，极万事万物之变，皆约而反之一身。其析义之精与其审事之当，自先生视之，一皆切近于吾身，而天下事物之待理者，求之一身而固无待于外也。宋、明以来语录之书，皆各有其心得，而理道本无二，趋行亦皆有涂辙无纷歧，故常若其言之有因袭。先生用以省身，由其体验所及，与所读书应事交相印证，以是居之安而资之深，自然溉于人心。深求其立言之旨，益信其言之切而味之深也。

是书始刻之金陵，凡四卷，板毁于兵。晚年续编九卷。其孙绳武、绍武检其遗稿，又汇次为一卷，通为十四卷，授之梓。盖自兵燹之馀，流离转徙之中，皆其省身之实功，无间于须臾，至属纩而后已。生平所著书甚多，而勤一生之心力以自证其所得，其为学之笃与其德之所由成，皆于是书征之。绍武兄弟搜辑审订，使其书终以有传，稍存先生学行之梗概，裨益后学，亦可谓有后也矣。丁亥夏五月。

刘荩臣尚书疏稿序

章奏之有专书，实始《陆宣公奏议》，历宋而著录日繁。然《汉书·艺文志》已有议奏三十九篇、奏事二十篇附之《春秋》家，议奏十八篇附之《论语》家。盖《春秋》记事，《论语》记言，班氏准古左史、右史之例，就秦汉间进奏之文分录之，所由来远矣。

自前代疏议存者，皆以历官年次为程，亦或因事为类，大都议论居多，其施之事者，亦但详其措置之方，而不必尽具成效。故云贵总督刘公奏稿若干卷，起官云南巡抚时，前后十馀年，所言多用兵方略及战功显著者。盖公以诸生，起一旅从讨贼，转战川、陕、滇、黔。其立功，川、陕最著，以统于疆吏，不能著之章奏，其章奏实始云南。故其陈述兵事，伟矣，而在公则技馀也。

《明史》称谭襄敏公沉毅知兵，朝廷倚以办贼，始终兵事垂三十年，所著奏议曰《闽稿》，曰《蜀稿》，曰《蓟辽稿》，多陈论兵事之文。公所为奏议近之。然襄敏官台守及浙江右参政，为时无几，其事迹多在抚闽以后。公积功至巡抚，贼势已就平矣，故其战迹不列之章奏者为多，而章奏所入反少。要其所述，一皆行军实迹，而功效亦以见焉，则犹班史《春秋》记事之遗也。

家君绍臣观察裒辑其奏稿，授之梓人，而属李幼梅观察以编次校勘之役。即其所陈兵事，省括事机之缓急，测量地势之险易，应幾观变，以赴事功，所为发扬蹈厉，赞成中兴之业者，亦略具乎其中。嵩焘论次其大旨，著之于篇，俾览者详焉。时光绪十有四年，岁在戊子春正月。

《汪氏遗书》序

汪铁珊太守辑其先世诗文著述，起明万历之世，讫我朝道光、咸丰间，汇为巨册，题曰《汪氏遗书》，刻成以示嵩焘，序而行之。

窃惟国家敦庞博大，积累深厚，莫盛于雍、乾之世。人才蔚然，抉经史之奥，集文学之成，翕聚吴越千里间。汪氏于时亦称最盛。上湖先生主东南坛坫，曾裒辑其高祖然明先生逮下三世梅坡、毅亭、云尺、沤亭诸先生遗诗，为《春星堂集》十卷，并所著书八种付之梓。迨道光初年，裔孙水亭先生复搜集上湖先生遗著及历代诗文杂说，刊于珠江。于是汪氏家集遂盛行于世。夫世运有盛衰，故家望族，流传远近，旋盛旋衰，又有厚薄之等。科名仕宦积至三四世，斯已难矣；文章著述，累数世以集名海内，与科名相耀，又倍难焉。汪氏为歙巨族，仍世仕宦有闻。其迁浙之杭州，实始然明先生。一传至徵五先生，顺治戊子科举人，丁丑成进士，仕至湖广按察使。厥后相继掇科第，入词馆。毅亭、云尺、沤亭三先生以兄弟同中康熙庚子乙科，云尺以第三人及第，尤为士林佳话。上湖先生刻其先世遗诗，历数传而水亭先生继之，又历数传而太守于劫灰之馀搜罗先绪，附以群从诗集约二十馀种，刻为《汪氏遗书》，而见于序目、散佚待续者尚十馀种。积八九世之留贻，更历两朝三百馀年之久而勿替，足见汪氏积累之厚。屡经兵燹，而世泽之流传，先灵之呵护，转增多于旧刻。太守绍述之心，勤而益笃，尤人世之难能也。

抑尤有异者：自梅坡先生以逮上湖先生，生当极盛之时，优游愉夷，歌咏升平，志和而音雅，于事宜然。然明先生处明万历之末，国势日蹙，可忧者多矣，而澹定冲和，流连诗酒，志意有馀。所交游若陈眉公、董思白、黄贞父，皆著人名德，相从湖山，觞咏之会，穷极欢娱。岂其沉冥衰叔之世，和光同尘，于时事有不屑意者耶？不然，则是其志广意闳，游心万物之表，其量之所及固远也。传流数百年，而世泽且未有涯，岂无自而然哉！世会之升降，系乎人心。使贤者怀轻世肆志之意，极所处之艰虞而与人相适，与时相忘，此亦足征世变矣。时光绪十有二年，岁次丙戌秋九月。

祁阳陈氏《清芬录》序

祁阳陈文肃公，一代名臣。其由庶吉士授编修，在乾隆元年。历岁戊辰，遂以吏部尚书为协办大学士，总理军机，相距才十有三年。扬历中外，功施烂然。公之才望，所以宣力国家，诚不易几，而高宗之明圣，于公为有深契，尽一时艰巨之任，畀之而不疑，盖亦极古今遭逢之盛矣。其后子孙之繁衍，科名仕宦百馀年相接续，一本文肃公之世泽。流风馀韵，延美于奕世。仲英太守奉母丧，营葬祁阳，裒辑其先世序、传、志、铭，推原本枝，始自文肃公，外不旁及，命曰《清芬录》，用陆士衡之文，以志世德也。如伯言之干略、幼节之忠贞，史传所纪，世德孰与比隆哉！文肃公其近之矣。

明世司马晰著《涑水源流集略》，去司马文正公已十七世，备载其系籍及诸纪述，然其传固远矣，又益展转异籍。太守亦寄籍顺天，而上距文肃公四世，其家世又皆有行义可纪，是其所述录为近，而历数传以承，其休风又更显而文也。嵩焘为述其略，以表其家世之光荣，昭示无穷。时光绪十有六年，岁在庚寅冬十有二月。

黄海华先生《玩灵集》遗诗序

诗内原于性情，外通于政事。情感物而机应焉，而文之以言辞；声成文而音生焉，而申之以咏叹。皇古以前文无传，传者独古歌谣，犹可推见其世以知其治。是以文字之原，肇始于诗。《周官》以乐德、乐语教国子，兴导讽诵，诗之节也。盖自周世文盛之时，莅身课政，以诗为衡，美恶贞淫，于是见焉，而因以为法戒，则诗者，为学始终条理之事也。由汉以来，学士大夫下至委巷草野，莫不能诗。世愈变，文愈焕，而辞愈滥，得乎性情之挚者盖少，通知古今治乱之原以措之事，抑又少焉。然则诗教愈昌，而所以名诗之旨，或将愈远而愈晦矣乎？

海华先生，两湖诗人之杰出者也。始游京师，官国子助教，以诗名京师。嗣为同知湖南，南士能诗者无敢与先生比并，则以诗名湖南。其后官宝庆，官永州，屡摄县事，典郡，凡为利于民者靡弗举也，为病于吾民者靡弗厘而正也。于是又益称先生能吏，不徒为诗者。夫苟知诗之旨，则康成氏所云源流清浊之所处，风化气泽之所及，一依于诗。讫于异世，诵而闻者犹辨知之。妍媸得失之在身，形之为咏歌，沿之为兴革。谓诗与政之有歧分焉，非知诗者也。先生诗手自审订刊行者若干卷，人知贵而重之矣。晚年以老乞休，大吏重倚君，不允所请。先生因吏为隐，徜徉容与又十馀年，裒辑所为诗四卷，曰《玩灵集》，以自寓其意。

嵩焘识先生久矣，自海外归，尊酒唱和，得数与焉。读其诗，惓怀朋旧，感伤时事，无苟作者，而一出于性情之正，所言皆有以内得于心，曲折以尽其意，其旁薄郁结，又若极其才力所极而内自毖焉，常任意馀其辞。即嵩焘崎岖海外，言之若甚有不适者，每为旁皇兴起，不能自已。然则先生为人，与其行政之美，其自得于诗也深矣。嗣君幼海刺史谨踵刻之，附先生前集之后。嵩焘为发明诗之为道之所由成，以见古今诗人弥纶天地而不敝者，其必有合于是者也。光绪十有四年，岁在戊子春二月。

《小琅环园诗集》序

咸丰丁未，嵩焘以进士入翰林，于时年二十九，所与偕就馆选，往往齿少于予。嘉定张君东墅，年尤少，文尤高。其家固饶也，东墅罄所有挥霍无所惜，益自豪于诗酒。其为诗瑰奇绮丽，渊乎其若思，沛乎其无穷。予既多其才而壮其志气，又快君履境之丰，足以发其文，以为若东墅者，天之所笃厚者也。

已而兵事起，天下扰乱。东墅以知府待缺湖南，所为诗益多，名亦益盛，而稍稍忧贫，虽甚豪，其心意常若有郁结，不得发摅。既屡典大郡，得尽其志。东墅一意孤行，沉敏有制，凡诸举措，视事当否，不顾上官喜怒。益务为延揽，高才秀士，括而有之，与为磨砺。赡给亲旧无依者，一竭其心力所至，无丝毫顾虑。以是贫日甚，而其志意亦稍摧落矣。

晚乃晋阶为观察使，居邸舍，厨供或时缺乏，而所资养及推食以食常数十百人，亦或相对不能举餐。东墅夷然不为念，与人为质剂，有得则征歌命酒，号召宾客，赋诗极欢。既尽，亦辄已，终不知有人世忧患事。

君既不得于时，视今世所为固不屑意，益自愤，而诗益进为闳肆沉郁，自负一时作者。方君少时，知君者谓宜贵显，有名于世，虽君亦不自度其迍邅若此也。然使君驰骋功名之会，不必能积久以自得于诗。抑稍持盈而取约焉，自处充然有馀，不为贫累也。而君自适其意，无择于人，无挠于物，日契契焉取人之艰厄孤嫠以私之己，而忘其身之劳与所施之有穷也。庄生之言曰：其为人也太多，其自为也太少。是岂有乐于忧思匡维，终其身而无悔耶？吾诚以是悲之。惟其不鹜于竞驰，以自得于所好，此君之所以贤而诗之所以独至也与？

东墅既卒，江夏黄海华都转、义宁陈右铭观察及其门人瞿子玖学士相与醵归君之丧。武进刘咏如太守独任刊君遗诗。然则君穷于时而将有不穷于后世，终以得之友朋之力，君其可以无憾！

言灵笙《琴源山房遗诗》序

吾楚诗人莫盛于潭。即吾三十年所习于潭亦独多，而与言灵笙孝廉生同时，游同方，独不得见而读其诗。孝廉殇十馀年，其子树勋为吾治水师韶州，挟其遗稿丐予校定，始得受而读之。其平生重交游气谊，言诗专主东坡。七言古变化流丽，为得于东坡之深者。五言清深婉约，气局稍别。诗存者无多，而于家庭朋友之际，情深而文明，悱恻而芬芳，非独其诗淡远可诵，其于人也亦贤矣。

闻诸康成郑氏之言曰：《伐木》废则朋友缺，《南山有台》废则为国之基坠，《谷风》之诗作而天下俗薄，朋友道绝焉。诗教之盛衰，系于朋友其尤巨哉！至于《桑柔》而世益降，词益危。推究其极，曰“朋友以谮，不胥以谷”。于是贤士大夫岌岌无以安于其时，而进退维谷矣。汉唐以来，当其盛而敦庞博厚之意多，值其衰而噍杀粗厉之音作，其得失有不爽者。诗人心忧其失道也，以是惩而戒之。《沔水》之言曰：“我友敬矣，谗言其兴。”谗言者，无实之言也。君子失敬而谗言作，朋友之道苦，《诗》之教微矣。末世贤者，处朋友之交，闻此亦知愧矣。吾读《诗》，求盛衰理乱之原，深有悟于朋友之义，抑亦《诗》教之大者也。

孝廉既穷困不得志于时，郁郁以殇，而睹其诗，独于交游离合死生之感，愀乎其有思也，罿乎其有望也，无有刺讥讽谏忧时愤世以乱和平之听者。《传》曰：在心为志，发言为诗。孝廉诗如是，志可知矣。其斯有得于温柔敦厚之遗者，与序而行之，亦为世之处朋友者劝焉。

赵振卿《一鹤山房诗抄》序

望溪方氏有言："诗虽小道，然其本于性质、别于遭遇而达之，学诵者非尽志以终世，不能企其成。"同年友赵君振卿好为诗，用力绝勤。道光甲辰，游京师，出其诗数百首示予。予告之曰："古人之文，始之甚难，而终之以易。子之少作，未足存也。"数日，再过予，示所为诗，则前数百首者无一存，而为之益勤，诗亦益工。荀子之言曰："术正，而心顺之。"振卿幡然舍其所业以蹑乎古，气充而力裕，才博而志昌，吾甚畏之。反复乎其诗，犹夷动荡，久而愈不可厌也。

其后振卿主讲吾邑仰高书院，倡和稍密，每有所作，则夸示予，而督予为之甚力，其自存诗盖莫多于是时。乱后，予居山中，时时念君诗当益多，谋一读之以觇所进，不可得，而君亦旋卒。既卒九年，君弟君靖搜辑遗稿，属予校定。其死前数日尚有诗及予。伤哉！君且死，不我忘也。其亦所谓尽志以终力，以庶几有成者与？

君少致力元、白，后稍及子瞻、放翁，未尝故为高远。其绝远流俗艳薄之为，一轨于正，以能自达于古，自甲辰始。呜呼！是诗之存，乃徒得之十年之间，奔走流离，以自道其湮郁。吾是以重悲君。

《小邓尉梅花园诗文集》序

往在长沙，邓禹民太守数示所为诗，五言长律至千言者累数篇，喜其闳丽而流动自然。与论诗人比兴之旨，禹民心折予言，请为弟子，予弗敢承也。间岁，予陈臬闽中。禹民摄篆永绥，以忧归，则以书来曰："守官引嫌，不敢修及门之礼，私尊所闻而已。今居里中，得自申其志，修业而请益。"予考宋儒仕宦而求师多矣，即朱子从学延平，亦在莅仕之后。今人以施之举主及有所受恩，而耻言问学。诗，于道微也，如予浅陋，无所窥仰，禹民且求之勤，屈而相从，予固已伟之。

洎予自海外归，禹民之卒久矣。今岁壬午夏，其子仲韩哀辑所为诗文，谋刊行之，属序于予。

自周之衰，士大夫赋诗赠劳，以文辞相高。圣门学者，尤重言诗，自政事语言以至起居动作，一泽之诗，以为其意悱恻芬芳，而其言婉而多风，感人者尤深也。禹民政事才，一试之永绥，而怀感至今。读其诗，友朋故旧殷勤之谊，其哀无端而思无穷，斯其发于情者诚为有本也。观其于予缠绵笃实之意，即其诗可知矣。其古文及骈俪诸体，皆若深造自得，能尽其意之所欲言，不可概之一艺。呜乎，若禹民者，所谓见其进未见其止者耶！时光绪八年夏六月。

赵吟篁学博《归里吟》序

往与宁乡赵振卿同举于乡，又同北行，相与赠答为欢。时随园诗犹盛行，予独喜昌黎之言，以为“字向纸上皆轩昂”者，文家之妙谛也，而振卿固守随园家法，予数规之，题其诗稿三律，末云：“君试芟蓬累，予将据灶觚。斯谋疏又拙，视古或同符。”振卿则大韪予言。后七八年，振卿主讲吾邑仰高书院，出其诗，名篇杰作，逌然异于曩昔之为，予固惊其力之勤而进之速也。而其弟吟篁、搢卿，相为唱和，亦数得之振卿集中。又三四年，予为曾文正公转饷宁乡，见振卿，年才四十，庞然衰老，相顾感叹，嗣是不复见。而吟篁兄弟乃稍相过从道故。

今年春，吟篁以永绥学博满任，考绩长沙，出示其《醉吟阁诗》一卷，命曰《归里吟》，属为之序。盖自赴官六年，始得一道里门，其距振卿之卒三十有二年矣。弟搢卿尚健在，然亦穷老。而君诗优游和愉，充然自得，若有以内足于心。昔白乐天尝自号醉吟先生，史称其下偶俗好，至数千篇。君舟行未及两月，积诗七八十篇，其自署醉吟阁，意将以偶俗好也。予独悲振卿之诗进而日工，而其年不及待以有传，而犹得诸弟之赓续之。而若吾弟意城、蛰存，诗文皆幸有成，比年先后俱逝，而吾独以衰病之身，精意销耗，学殖日荒，追忆生平旧游，有如梦寐。读君诗而益愀然以思，蘧然以重自伤也。时光绪十年春二月。

赵吟篁《醉吟阁诗集》序

乙酉秋，赵君吟篁自永顺学官任满回长沙，类辑途次所为诗曰《归里吟》，予既序而刊行之矣。逾年，引疾，而携其《醉吟阁诗集》二十卷，卷各为集，谋尽付刊，曰：“永顺僻远，吾就刻工长沙，去官以存吾诗。”以属嵩焘总而序之。

吾观古人执一艺以名世，其先皆有陵跞万物、牢笼百态之心，视一世人无当吾意，乃折而敛其心于所执之艺，乐之以终身。及其为之，穷日夜，废寝食，审所艺之程度，较其分寸毫厘，犁然以求合于心。虽其饥寒之迫身，欣忧愉戚之环集吾前，举不足为心累，而益用之为嬉娱，以寄其萧闲旷远之思。古诗人有积于其心，感而触焉，托之吟咏以自见，大抵然也。吟篁之于诗，亦既乐之终身，其所得之浅深，吾诚有不能知，而至弃官以营其诗，以求幸有传焉，非其萧闲旷远，游心万物之表，以博其趣于一艺者耶？君子之求道，与其居官任事而役役于得丧荣辱，若甚有所系恋，不能自脱于心，彼其自视，曾不如一艺之为，是谓浮慕而外假。夫浮慕而外假，则是终身由之而不知其域也。闻吟篁之风，其亦瞿然有动于心矣夫？时光绪十有二年，岁在丙戌夏四月。

《剑水诗抄》序

尝爱《左氏传》论谋帅之要，曰说礼乐，敦《诗》、《书》，而以为《诗》、《书》，义之府也。盖凡心意所发，涵濡浸溉，原本德义，循乎道之序而极乎言之文，则《诗》义备矣。范史称祭征虏在军旅不忘俎豆，对酒设乐，雅歌投壶，当时未知其文章何若，而雍容闲雅，儒将之风，其意量固闳也。

宁乡周渭臣军门，提督关陇，列棨陈书，覃思吟咏，被服造次必于儒者。军兴以来，湘人起文学任将帅，肩项相望。一时武健强力，多知折节读书。军行所至，闻弦歌之声。周氏，世儒也。

君少值寇乱废学，徒步从军，转战两湖间，蹑粤而西，历黔、蜀、秦、陇，功日以高，位日以崇。入蜀，登剑阁，僚佐从赋诗。君俯首四顾，览山川之雄峻，倚柱击剑作豪语。诸兄桐峰孝廉惊曰："此天籁也！试为之，必以诗名。"君闻亦自奋，日取古人诗读之，循章析义，校其音节格律，遇山水名胜，辄一发摅。既久，益工。秦陇故边险，旷览古今形胜，益发其沉雄激越之气。于是诗愈多，名亦愈盛。间录其《剑水诗抄》，属嵩焘审定。夫节士之言慷慨，边塞之音壮厉，其所处异也，而亦各随其功名树立震发其志气。阴山《敕勒》之歌，华林笳鼓之奏，激宕一时，踔踯千古，而他文不具见，将非婴时多故，腰弓横槊，乘陵荡决，良不屑与缀文之士俯仰沉吟，挈量尺寸者乎？昔吴主使吕蒙、蒋钦就学，皆当贵盛时，终以干略称。湘中诸将多杰出特立之才，亦由其能济之以问学也。而若君之豪荡感激，根原《雅》、《颂》，漱其芳润而含茹之，上巉岩，绝大漠，穷极乎轨域，游扬乎藻翰，则亦幸际中兴之盛，控御万里，民夷绥辑，有以导其和平之旨，而发其怀古之情。迹其遭遇与其年寿之悠长，又非诸将之所及也。

君所居宁、潭之交曰靳江，世传靳尚墓在焉。然靳氏当怀王顷、襄之世，由郢徙寿春、徙陈，无因至湘以南，其名又无足比附。《长沙志》亦名之建江。君以江源自岳分，逶迤至潭，最高者罗仙山，矗立如剑脊，为易名曰剑江。然吾观君提一剑从戎，略地数千里，划然若剑之利，始为诗又自剑阁，则是江也，君得专其名而人莫与争。既取以名集，剑水之名亦于是乎始。夫岂不以其人哉！

蛰存《萝华山馆遗集》序

《传》曰："诵《诗》三百，授之以政不达，使于四方不能专对，虽多奚为！"然则《诗》之义，上通于政教而下尽人事之变，酌其行之宜而劝惩立焉，极其言之文而情伪通焉，盖非徒敷文玩辞理性情而已。有唐诗人如杜甫、元结、白居易，用其忠国爱民之心，经纬物变，牢笼百态，犹有《诗》教之遗焉。

吾弟蛰存，自少通敏，喜立事。凡人世美恶贞淫，欣忧愉戚，必务剖析条理之，不与时相汩混。其于友朋故旧，困穷厄艰，一引而纳之其身，情相恤而惠相周也。而其为言极事理之曲折，昭德塞违，以即乎人心之安，虽有忿争纠纷，得君言立解。是以终身汲汲赴人之急，不自宽假。人以是贤君之为，而益叹美其才。君尤自负其诗，每有作，反复驰骤，昭宣鬯朗，一如其为人。敷陈利病，罔弗达也。指发幽微，罔弗应也。圣人之言，诗通于政而给于言，君又用其所得于心者，形为咏歌，衍为言论，所以推行，固有本末乎！其致之用也，犹圣人之旨也。

顾念吾兄弟三人，皆稍能读书求有用之学。吾性卞急，于时多忤。意城稍能通方矣，而怀敛退之心，履贞介之节，终不肯一自试其用。君独以才自喜，乐以其心与力推而致之于人，而亦终身望见仕宦戛戛然去之。其施也不遐，其欲以公之人，终亦阏而不流。情性固然耶？无亦有不达其志而因以自沮耶？当同治之初，天下蒸蒸向治，道固昌矣。君于是时，亦思奋而求效。夫君子之于世，固求有以自达。折冲尊俎与其效命疆场等耳。不能达而强之政，既从政矣，而固多方遏抑之，使不得达，君子诚惧乎此也。《诗》曰："终其永怀，又窘阴雨。"君惟知之，而终不以一试，其斯可与言《诗》矣乎!

君所为诗无定本，既卒，其子龙允、寅伯检君遗箧，裒得若干首，而择其文之可传者附焉，谋梓以行于世。吾悲夫圣人言《诗》之意未足概于今之人也，是以重为君悲也。时光绪十年，岁在甲申冬十有一月。

卷六[1]

彭笙陔《明史论略》序

自唐刘知幾著《史通》，辨史法得失，而史论兴。所论者，史法也，其间政治醇浇之分，人物贤奸之辨，史固备录之。读史者循而求得之，无俟著录。若东阳葛氏《涉史随笔》，崇安胡氏《读史管见》，或因古人之事，传以己意，或逞一己之辨，求胜前人，是非褒贬，多失其平。自明以来，论说益繁，大率不外此二者。独船山王氏《通鉴论》、《宋论》，通古今之变，尽事理之宜，其论事与人，务穷析其精微，而其言不过乎则。嵩焘尝欲综论元、明二代之史，以附船山之后，而未敢遽也。

新化彭笙陔著《明史论略》六卷，首论十六帝以挈其纲，次举一代大经大典，或比而合之，或分而列之，以曲尽其义类。通论八十馀篇，彰往而察来，微显而阐幽，要一出之和平，不为诡激峭深之论，而其言凿凿，足以尽事变而资法戒，庶几史论之贯通有根柢者。尝论明季之乱，基于嘉靖，为其摧折士大夫之气过深，而怙私自蔽持之过力，有骄盈之心而无震动恪恭之意，贼盗水旱不上闻而恩不下究，然自谓能以力屈服一世之人心，此明之所以侵寻涣散以趋于危亡也。彭君于有明一代事迹，受成于心，

---

①本卷原《〈校订朱子家礼〉序》一篇，因收在《郭嵩焘全集》第二册《校订朱子家礼》中略去。

断制权衡，不差尺寸，因附论明世兴亡之机，弁之简端，以见怙私自蔽发于人主一日之心，而贻祸数十年之后，无可收拾，有如影响，其取类广大而为戒深也。后有览者，可以思焉。

丁冠西《中西闻见录选编》序

《周礼》小行人掌邦国之礼籍，其民利害，与其礼俗政教之顺逆，及有暴乱札凶与康乐和亲安平，各为一书，每国辨异之，以周知天下之故。而内史掌读四方之事书，外史掌四方之志，又一系其事于史官。其于诸国之纪录，至周备矣。于是设为怀方氏以致四方之民，为合方氏以达四方之道路，为训方氏以道四方之政事与其上下之志。所以通其财利、同其好善者，求之不厌其详，引而导之不嫌其曲至也。而又有土训道地图以昭地事，道地慝以辨地物；诵训道方志以诏观事，道方慝以诏辟忌。凡国之封域与其物产，及其政教人民之美可法而恶可为劝惩者，莫不编为成书，垂示天下，无有能逃于闻见之外，以自宽假者。

近欧洲诸国得此意以为日报。沿海书馆仿行其法，杂取民间轶事傅会传播，以广异闻。冠西先生汇集日报之善者，辑为《中西闻见录》一书，萃日报为月报。甫十馀月而罢。自以搜讨之勤，而惧流传之不能广也，又汇集其善者，为《中西闻见录选编》，而以所得推步之方、博物之旨附列其中。

夫西学之借根方，代传为东方法，中国人所谓立天元也。西人用之，锲而不已，其法日新，而中国至今为绝学。冠西主讲同文馆，始用以为教，汲汲焉勤诲而不倦。自明季利玛窦倡西学于中国，近伟勒亚力所著书尤精，冠西遂讲明而传习之。三人者相望数百年，号为博览，而冠西之功尤伟矣。是编乃其著书之一种，观所著录，未尝不以所学诏之人人，而其大旨要归于劝善规过，用心之勤笃如此。戴圣之言曰："其为人也壮不撰述，老不传授，亦可谓无艺之民矣。"冠西贤哉，抑何所艺之精而教之详且尽也！嵩焘老病衰残，因冠西追思戴氏"无艺"之言，自以愧悚，为扬其义于简端，昭示天下学者，俾知西学之渊源，皆三代之教之所有事。而冠西之为人，为足任道艺相勖之资，为尤难能也。

张叔平重刻《万卷读馀》序

临泉康镜溪先生《家塾蒙求》五卷，张叔平刻之京师，易其名曰《万卷读馀》。其书分纪天、地、人、物，所录次皆寻常可知者，以教家子弟初学者然也。于天兼及推步；于地并详历代沿革；凡礼乐、政刑，下至宫室、服食、器用之微，一一著其原始而统之于人；经史典籍及国朝职官与前代同异备具焉。又略取《北溪字义》性情之属，推广至伦类，列人部之首。

自刘向《说苑》、《新序》详载古先闻人行谊，以资博览、昭法戒，而崔豹《古今注》、郭义恭《广志》多纪事物，为成学治异闻者取资焉。其后徐坚《初学记》、王应麟《小学绀珠》以教始学者，所录益博而泛，无由一观其要。夫学之始，必辨知夫天地万物之宜，古今贤否之别，然后反之于身心，道之于礼义，其心易顺以入。世之学者，骛于博而略于常，穷于所难知而忽于所习知，至有读书取科名、为声律之文，而成夏不辨其世，并凉不测其方，往往耳目近易，茫然若未有闻。是书也，子弟初学所宜。有事推其极，考古以知事，观物以审宜，自少逮老，莫能越也。非夫揽万卷之全以知教学之方，奚以能约且要如是哉！

书成于乾隆三十四年，刻于嘉庆七年，而传本绝少。道光六年再刻之金陵。同治七年又刻之汉阳。至叔平四刻矣。金陵再刻之年，叔平始生，已有“万卷书屋”之名。叔平既易名《万卷读馀》，及求得是刻，欣欣而乐。一书之流传，其必非偶然也，故附著之。光绪二年夏六月。

跋《万卷读馀·人部》第三卷后

案人仪类自孔子下专纪两庑从祀诸贤，是以欧阳氏修、司马氏光、王氏守仁皆不嫌重出，而所载极有可疑者。如颜无繇、曾点、孔鲤、孟孙激从祀崇圣祠同在嘉靖九年，今不列孟孙激而列孔忠，孔忠自在先贤之列，不入崇圣祠也。同时程珦、朱松、蔡元定同祀崇圣祠。万历二十二年增入周辅成。国朝雍正二年增入张迪。孟子弟子乐正克、公都子、万章、公孙丑并从祀，并见孟子书，皆所宜载。七十馀贤，惟载见之《论语》者。蘧瑗、林放实居两序之首，《论语》载其事特详，而顾遗之。孔氏颖达、刘氏敞、朱氏光庭、吕氏希哲、游氏酢、李氏燔始终未议从祀，刘向入而复罢，而列之正录。伏生、高堂生、毛氏苌、孔氏安国、蔡氏沈、何氏基、王氏栢、陈氏献章、胡氏居仁从祀久，而列之附录。诸葛氏亮、范氏仲淹、陈氏浩、罗氏钦顺并雍正以前从祀，至不一列其名。此其去取有不可知者。其崇圣祠增祀孟皮，先贤增祀公孙侨、公明仪，先儒增祀毛氏亨、许氏慎、陆氏贽、韩氏琦、谢氏良佐、袁氏燮、李氏纲、文氏天祥、陆氏秀夫、方氏孝孺、曹氏端、吕氏坤、吕氏柟、刘氏宗周、黄氏道周、孙氏奇逢，并在道光以后，所不及编列矣。是书人物不及国朝，而以两庑从祀为之纲。陆氏陇其从祀在雍正二年，亦所宜载。其后汤氏斌、张氏履祥、陆氏世仪，先后从祀者四人。

学校大典，天下学者所矜式，既专次为一类，其详略有未可苟者。因重刻是书，为补正之如此。

龙皞丞《坚白斋遗集》序

闻之《易》曰："修辞立其诚。"非特辞之修而应以诚也，忠信之积，立诚于先，而传之辞以究其指归，校其分寸毫厘，以明人事之得失及古今制度损益、人才高下，准诸圣人之经，以求当于吾心所得之理，循乎道之序，以应乎事之宜。古之云修辞，如是而已。

龙君皞丞，少与湘潭王壬秋，武冈邓弥之、葆之倡为古学，摈弃今世为诗文者，推源汉、魏，以上溯周、秦。壬秋、弥之各极其才力所致，变化开阖，出入神鬼，而君幽渺淡泊，深自敛抑，其才气纳之冲虚，颓然若相忘于人世，而诸君皆折节下之，语其文以为非今世有也。然君志节卓荦，见于行，施于有政，发扬蹈厉，颉颃古人，所至有光气，非若枯槁寂寞之为者。久与之处，及考之生平，沉潜乎经术，涵泳乎性情，一由其积累深厚，安而行之，无有矫饰矜张于其间，则宜其文高古纯懿称其人也。所谓立其诚者非耶？

君诗古今体皆五书，而文独长于论事，所存稿皆其自定。病且亟，授嵩焘为序。君既殁，而诗文存者益贵重，于是为合而序之，属君弟雱生、芝生与君子璋刊行。

楚以南固多奇杰非常之材，而文学犹暗弗彰。自顷二十年，人文蔚兴，日新月异，实君与壬秋、弥之诸君发其端，而君颇独以吏事自效。既病痺归乡，两足重著不移四五年，而君固不废学，尤孜孜以奖掖后进为心。充君之才，极君之志，文章道德之归，诚无有过之者也。读其诗与文，想见其人，而知有以主乎其先者。古之君子所以传至于今，为修辞者示之准，其道如是，读君文者可以自得焉。

谭荔仙《四照堂诗集》序

诗上原于道德，下周乎民俗，其旨深，其音雅。而古今诗人闵乱忧危，哀伤怨郁，愤惋凄厉，则其词往往多工。诗之作也，其衰叔之世乎？

今天下之诗，盖莫盛于湘潭，尤杰者曰王壬秋、蔡与循。其言诗取潘、陆、谢、鲍为准则，历诋韩、苏以降，以蕲复古。予以为诗之废兴，时也，李、杜兴而王、杨、卢、骆之体屈，苏、梅作而温、李之响废，元好问力诋苏、黄而虞、揭衍其流，何景明上疑李、杜而王、蔡乃昌其教。诗之盛于潭也，固宜。

谭君荔仙，潭人之能诗者，邮其《四照堂集》示予。其生平游览及与一时贤士大夫游，必寓之诗，而淋漓感激，因事称情，不专主潘、陆、谢、鲍之为也。要之怨怒哀思，政散民流，乱世之音皆无有也。意者时虽急而固不终于乱与？虽然，曹植、陶潜、杜甫之忧谗畏讥，愤世疾俗，其视潘、陆、谢、鲍之时抑何如也？诗之与时相盛衰，吾又终疑之，谭君能一言之以开予否也？

陈右铭观察赠别诗序

有地千馀里，大川巨防，周秦及汉唐瑰观胜迹，抚临而纳之宇下，又于其时行治河堤，考览禹迹，以究知历代疏防得失，为天子奠安元元，游观适于心目，功业施于国家。右铭观察被诏分巡河北漳、卫、怀之地，实兼得之。

夫水之性犹民也，大禹顺之。战国以还，堤而防之，久之而激荡横溢，尽失其性。能者敝精为之，制一时而已。从而顺之，其道无由。观察所治河，实当济派东流入河处。济水湍悍，既入而河势益横，遂为兖、冀诸州受河患之始。其北漳、卫二水皆大川，泛滥于渤海，岁潦则流溢，浩瀚弥迤，旱又无所资以宣泄。自魏时从荥阳下引河为鸿沟，通曹、卫，而渠引漳水溉邺以富河内，多在今观察所治地。水性迁移，而陵谷高下之势亦随以变，循故道求之，不可得也。善治民者防其害，以有董劝之方；善治水者收其利，以有蓄泄之术。望古以证今，因利而善道。观察往历辰、沅，通民情，兴水利，为有儒者之效。吾见其所治益大而功益盛，由河北诸州以溉之天下无穷也。

嵩焘既前为序以赠观察之行，而导楚人之思，张君笠臣又相率为诗歌褒美，敷陈赓飏而推大之。嵩焘亦为诗以附诸君之后，又推其意，叙之简端。亦以明夫诗之作，盖非徒为讴歌颂祷之私也。

赵君靖《悔初集》序

往与赵振卿同年以诗相切劘，间出其弟君靖诗商订得失，每得吾言，委弃己意以从所指授，更为之无稍吝。与其兄振卿蹑迹古作者，穷追力践，俛焉日有孳孳，吾甚畏之，而与君靖始终不及一见。咸丰戊午、己未间，吾居京师，君靖馆予家，与吾弟意城唱和尤勤。振卿已前卒，而吾老病废诗，私念君靖久处乡里，憔悴专一，其所为必有大过人者，而固不一求读其诗，考知其进境为何如，则予之颓放亦可知矣。

其后君靖举壬戌乡试，选授慈利学官。学官职清简，慈利当澧水上源，溇水自西会于城下，亦山水环聚处也，君靖于此意甚娱，诗亦益多。

未几，君靖死，其兄斐卿出其诗曰《悔初集》者，属序而刊行之。余尝语振卿："古人云：诗皆有馀于诗之外，其志气郁结，终已不得发摅，一寄之于诗。及其成名，则必尝致精以尽其变，侵寻渐渍以研其幾，而后可以诣深造微，从容自得。昌黎之言曰：用功深者，其收名也远。"振卿甚韪余言，一日尽捐弃去其旧作，充然自悟。观君靖所以自名其集及自述其存诗之旨，犹振卿意也。

赵氏一门群从皆能诗。振卿出入苏、陆之间，无意与古人较长，自然卓出于时。君靖诗比和事实，驰骋议论不及振卿之超逸，而沉实过之。二人者，乃皆不及中寿，以使各尽其所长，诚亦吾楚诗人之厄，非赵氏之私痛已也。然读君靖诗，穷极妍巧，而不越求之质实，则亦足尽诗人之能事矣。

熊鹤村"瓯"字叠韵百首序

唐以前和诗各为韵，自皮袭美、陆鲁望始用本韵相酬答，然载之《松陵唱和集》者，亦不专用本韵也。至宋而争险斗捷，出奇无穷。苏、黄出而更唱迭和为极诣矣，至后乃编次为《坡门酬唱集》，谓观此立尽和诗之能事也。其多者，元冯海粟与中峰僧《梅花百咏》，至各叠"春"字韵七律一百首。大抵和韵之作，相持校胜，险怪百出，所谓乘人以掩取其巧者也。

鹤村先生偶饮黄午楼宅，即席得"瓯"字韵诗。旋过絜园饮，追诵之，又叠一诗。自是同人间有和作，先生亦辄答之，而亦不与人争胜。两年之中，自吟自叠，积至一百馀首，分两次刊行，首曰五十叠，次曰百叠，而所作仍未有已也。

文人之心，各极其巧，后来者辄思掩前人而胜之。诗至杜公百韵，止矣，近潘少伯至数百韵，以一诗为一卷。和诗至冯氏《百咏》，止矣，而先生叠至百馀而未有已。此亦见天地之机，引之而不穷，泄之而日出，以为如是而遂已者，君子弗尚也。是诗也，可以为先生引年之资，可以论文，可以语道，先生傥谓然乎？

李鹿苹《竹石山房遗诗》序

李鹿苹学博《竹石山房遗诗》一卷，皆其司榷澧阳与同时诸君唱酬之作，为其子所录存者。鹿苹为人，嗜酒高旷，不以绳尺自检。所居梓木洞万山中，翛然人境之外。吾与今相国左公避乱山中，实自鹿苹发之。其后部使者骆文忠公督治民团及筹积谷，亦多出鹿苹之力。嗣是以筹饷从公十馀年，所为诗皆出自羁旅奔走劳悴中。久之，忽若有不乐者，竟辞去，盖其洒落尘埃之表，不乐拘系驰骋，其素性然也。

鹿苹既卒八年，其子始谋汇其诗刻存之，并检得其大父及其世父、从兄所为各体诗，合得数首，附刻以行。其诗虽多，而其精神意趣，留贻文字之间，皆可以仿佛得其为人。爰缀数语简端，稍具其始末，以谂来者。

金眉生《烟雨寻鸥图卷》序

嘉兴鸳鸯湖上故有烟雨楼，吴越时钱氏所建，下瞰湖波，迷漫千里，荡若无际，于雨景尤宜。余往来嘉兴，再登其上。始年二十，时客游，极山水之胜，与句容唐鲁泉、长安李薇生画壁为诗，慷慨酣嬉，沉雄壮厉，不可一世。丙辰，再游阳湖，周弢甫与焉。于时镇江陷贼四年，王师急征讨，鼓鼙之声相闻。两人者凭阑欷歔，无复向者登临赋诗之乐。前后十馀年间，江山之观未始有异，而人事变于外，忧乐应于心。山川草木亦如是寓焉而发其悲忧愉佚之情，未有爽焉者。

金眉生都转以所作《烟雨寻鸥图》征序于予。同治乙丑，王少鹤通政来自京师，眉生招同陈芰裳太史泛舟为鸳湖之游，相与寻烟雨楼故址，少鹤为赋“木兰花慢”词，芰裳、眉生继之，因为图以纪盛。盖与余丙辰之游相距又十年，所谓烟雨楼者，蔓草荒芜，不可复寻。三人者以高才负时重望，而诎于仕宦，其于身世之际，凄凉感叹，殆过于予。而观所为词，抚景流连，其词甚悲，而意反若有馀。乱离之后，诚不意复有今日。追思往事，遂如梦寐。而江山吟啸，犹及此三数人者一时健在。三君子之情，与予及弢甫向者之情，固未始不同也。

往者相国曾公与巴陵吴南屏舍人游莫愁湖，赋诗有云：“黄金可成河可塞，惟有好怀不易开。”曾公以身负天下之重，终日忧而不见有可乐，即欲寻求古人遗迹，从容凭吊，亦有不能。然则三君子萧闲放适，自得于湖山之外，以悲以喜，惟意所向，且有非曾公所能及者。读三君子之辞，使我神游三茅五茸之间，凄然以思，而益慨然以叹也。

津市《吴氏支谱》序

澧州吴氏，其传自宋、元之交，至明时乃贵盛。凡历三百馀年，有迁居澧之津市者，曰廷章。传又百馀年，繁衍殷厚，自湖以南言望族，以津市吴氏、安福蒋氏称首，盖澧产也。

《禹贡》叙澧九江之前。唐以来有湖南北之名，而澧实隶湖北。国朝澧别为州，始改隶湖南。尝疑洞庭一湖之泛滥，盖在宋、元之世。澧水入湖，渟滀涵肆，而流乃盛。人文物望，亦加隆焉。津市，澧水之冲。吴氏之兴，亦资物望，诚非偶然。

莱庭观察修辑《吴氏支谱》，断自廷章之迁。津市者，譬诸水储之薮泽，输之溟渤，极流滥之盛。而推其源所自出，洪纤广狭，各有其流派，汇而纳之一川。川之广博，其流必长。引其源而导之，疏瀹之功于是乎始。莱庭有志于族谱，而先辑其支谱以明其派别，其亦疏瀹之始功乎！

吾独嘉乎吴氏之在津市者，有施济之功，有簪绂之荣，家给人足，礼让蒸蒸。莱庭莅仕有政声，且贵显矣，而遽归以勤其德于乡，以和辑其族人。其约取近支之可推寻者而谱其实，犹亲亲之义也。亲亲，仁也，推而达之无穷，独一谱也欤哉！

《苏氏族谱》序

湘阴邑郡城之北，地广二百馀里，为望县。历宋迄今，人文亦稍具矣，而列名史传者无几人焉。明弘治间，有以孝廉旌于朝者，得附名《孝义传》，实惟苏氏。故苏氏于邑为望族，科名孝友，相嬗不绝。而历传数百年，谱法未具。少泉孝廉始创谱法，取旧谱草本辑而新之，而征序于予。

予惟苏氏得姓于司寇苏公，著见于《尚书》。凡姓氏肇始经传者，莫苏氏若也。于汉、于唐曰武功，于宋曰眉山，焜耀乎古今，发皇乎观听。今是谱也，不侈征于远，而详实于近。所述谱法，有足观者。其益务董率族之人修孝义。君之实行，延史册之休，扬前人之烈，苏氏之宗之益光且大也有日矣。予又拭目俟之。

营盘洲《张氏族谱》序

营盘洲张氏自鄂徙居湘阴，实当康熙之初。其时保赋围尚未兴修，所治洲土而已。乾隆十一年，保赋围成，为城河西岸保障，而营盘洲适当围之东北隅。故张氏虽寄籍，而于保赋围受业为最先，围民莫有及者。自康熙以来，煦濡涵育百馀年之久，围地广衍，而土益沃，物产繁多，易丰以殖，于是张氏遂为盛族。道光之季，保赋围屡圮于水，浸废不修。张氏数百人凋丧零落，或徙他所。淮西上舍闵其族人之将散而不可纪也，稍因旧谱之遗，自始迁祖以来讫于今兹，接续编辑之，而征序于予。

予惟天时地利，兴废不常，而惟其人焉以相维持于不敝。上舍以其敬宗收族之意，起疲敝之馀，辑其族属之可纪者，使其散者得比而同之，远者得联而合之，其用意亦勤矣。予故序次张氏迁徙之由，与上舍所以修辑是谱之意，弁诸简端，亦使张氏族人闻此知所兴起焉。

安化《梁氏族谱》序

世族之传，由来久远，而自唐两税行，士夫受田无永业，转徙者多，著籍累世数百年，盖不恒有也。其间流传久者，家法必稍修明焉，人才亦必常赓续以生，而有以维持之。安化梁氏，自宋南渡初由湘乡徙居安化，历今七百馀年。所传族谱，入国朝凡三修，推大以保合其族人，至精以约，亦足以见家法之渊源有自来也。

《氏族略》称平王封秦仲支子于夏阳，为梁伯。《春秋》于僖公十九年言梁并于秦。然则梁立国数十年耳。《东观汉记》言梁与秦同祖，出自伯翳。《汉书》臣瓒注：秦并梁后，始为夏阳。《氏族略》所言封秦仲支子于夏阳者，疑非事实。而《左氏传》桓公三年有梁宏；庄公二十八年有梁五；闵公二年有梁馀子养；僖公六年有梁由靡；僖公三十三年有梁宏，又下及文公之世，上距桓公八十馀年，是又一梁宏也；文公八年有梁益耳，为晋之梁氏；桓公九年有梁子，为鲁之梁氏。《家语》：梁鳣，齐人，为齐之梁氏。梁氏之族，著见《春秋》者甚繁，不必尽为嬴氏。《后汉书·梁统传》云，晋大夫梁益耳即其先也，而历次其五世祖子都生桥，桥生溥，溥生延，并无河兴名。汉世因秦郡为封国，或称国。《地理志》亦无名迪国者。《功臣表》独有合阳侯梁喜，未著河兴封迪国侯事。范史详梁统先世，推原晋大夫梁益耳，其他不能详也。乃欲于二千馀年之后，一家之谱，比而次之，而以安定梁氏附诸齐人梁鳣之后，使学士大夫疑惑，非所以传信也。

梁氏以始迁安化御史府君为初祖，而追溯潭州府君先有赐第长沙，潭州以上，世次不能明，阙之可矣。《周礼》：小史掌邦国之志，奠世系，辨昭穆。夫不能为昭穆之辨，则于世次何系焉！历代源流，详其始末于序，以志受姓之由，反本追始，君子将有取于斯义。而隐约其词，著之于表，非谱法所宜。梁氏之谱之传为家法者，善矣，其备具祀田、义田，以见故家缔造之艰难，诏子孙世守之，用意良厚。嵩焘因讨论梁氏之散见《春秋》史传者，明世次之非一源而纪载之不容远及也。梁氏多贤，其将有采于吾言也夫。

《萧氏族谱》序

予家居，喜闻乡人谈述家世。其传世四五百年，辄相与惊叹其久远以为难，而其间盛衰递嬗，历年久而生聚保惠以无替其家风者，盖尤难也。城东萧氏祠，少时数游观，其地甚狭隘，而岁时祭祀整肃有规度，里人称其旧家。其后征求世族，推知乡先辈之遗烈。

萧氏当明之世，科名仕宦，有明德者固繁也。而其迁湘，实在宋、元之交，历今且六百年，可不谓久远者乎？夫世家巨族相为废兴，固亦有气运存焉，而能相保相守，读书治生业，自处于不可废而将有重兴之机，使人拭目俟之，则亦存乎其人而已。萧氏故有谱，入国朝凡三修。新吾上舍又汇集其家丁口，纂而续之，征序于予。

尝窃以为谱之作，陈家世，表人物，而要常使孝弟礼让之风维持于弗敝。萧氏传世之久如是，其必有当乎斯义也。循而守之，昌而大之，余滋有望焉。

《巢氏族谱》序

郑樵《通志》有《谱图略》，而若刘孝标《世说注》所引诸家谱甚备。历唐，谱牒尤盛，已无有能纪录者。盖谱者，一家之私书也，故其传绝稀。欧阳氏谱、苏氏谱编之文集，至今举以为式，然二家之谱各有义例，世俗能知而辨之者亦无几焉。予编次族谱，颇发明其义。

日，巢君湘夫来言曰：“吾巢氏之谱修于嘉庆某年，族长者谋续纂之，将求君家谱为式，俾吾族之人有循焉。”予曰：“远哉！君之为族也，其有巢氏之苗胄乎？凡为谱必有据依，以记其家世之所由。殷之封国，有巢伯国于吴楚间，所谓居鄛城也。许由亦号巢父。汉章帝时有太常巢堪。受姓命氏之原旧矣，而传者少，迄今为单族。”湘夫言其家自明洪武时有璜琪、璜道者，由江西万载徙家于湘，世为儒，补博士弟子员者数十人。近颇以武功显，有举武进士名坊者，有为副将日升、参戎端南者。五百馀年之族姓，旧家罕能及之。

然则巢氏之谱，不待追溯久远而谂为吾邑之望族也。谱者，收族者也。族愈大，流传愈远。纪载之当否，传疑传信，受之后人。刘氏《世说注》所引，今读之，诸家源流本末，犹若身际其时，与之周旋。至于修百世之业，存一家之言，谱法宜并详焉。湘夫往，以是语族之人。谱牒之盛，亦孰有逾于是者哉！

《罗氏族谱》序

湘阴，古罗国。罗始国于宜城西，为楚所逼，徙之枝江，又南徙之湘。汨水东北流，经故城西，谓之汨罗。故罗小国，而东西流蔓千馀里，后遂并于楚。历秦、汉，其苗裔无传。

宋以来，吉水罗氏独显。往与湘乡罗忠节公语，道其家世，谓自湖以南诸罗氏，皆原本吉水，从族望也。予曾大母，故韩湾罗氏。先中宪公始生，犹及罗氏盛时。曾大母父位宏公，有善行，资产岁入巨万，推与无倦，曰：“吾与赢于资，宁赢于施。”后子孙稍贫，或他徙，韩湾罗氏遂微。

位宏公玄孙麓山，以学行有名，慨然念其家以时盛衰，而族谱未辑，因其先人化池公遗本编纂之。自高祖位宏公以上，推溯之，得十馀世，中间或佚其名。其家世之由来无可考见，博求湘人之同氏者，得其地曰罗家山、罗家岺、罗家坊者数十，而罗氏之族才数家，因言曰：“吾罗之盛于昔而微于今也，流传旧矣。其古罗国之遗乎？”予因考杜预《左氏注》，罗在宜城县西山中，后徙枝江，而南漳县南亦有罗国故城。颜师古《急就篇注》：罗在今房州。盖江汉之间数百里，为罗国城者四。今平江县南亦有罗子城，与湘阴故罗川城相望数十里。世远年湮，各以所闻指目之，即其地有难详者。又古者以官命族，《周礼·夏官》有罗氏，所称芒氏始为罗是也。颜注《史记》：汨水在罗，今平江也。而汨水西入江，故有汨罗（山）〔江〕。夫彝亦有罗江，皆楚南地，亦可以地为氏。罗之为族大矣，然为国氏可征信，盖楚熊姓之支属也。楚之有罗，其源固远矣哉！

麓山之为谱也，推原受姓之由，而录其所可纪者，以为始祖先世，善言美行，勤勤著之，无滥无遗。其于谱法为能得其通，而其用心亦勤矣。予因历征罗之系国与其命官以为族者，相为引伸之。其谱义法之精，麓山言之盖详，无俟予之张而大之也。

募修上林寺小引

佛法入中国垂三千年，所言明心见性之旨，与吾道相为异同，今之僧众罕有传焉，独其所为戒律，其徒固世守之，有非吾儒所能及者。彼教中神通衍为北宗，其于生死来去，神鬼怪秘，诚若有以尽其变，为人所敬信，则今喇嘛僧是也。为僧众者，因缘附会，舍其真实而求权应，而南宗之传亦微。要其象教之设，与禅真之所栖止，盛衰兴废，历时百变，固尝有人焉持其后，教以延而弗绝。

上林寺者，唐戒灵禅师演法之所也。递传至康熙初，懋功禅师实昌其绪，而布政使郎公因其寺基恢廓而崇大之，遂为会垣名刹，十方接引，饭僧常数百人。而其后侵寻为刊刻官书之所，僧寮阒然，莫庇其生，寺亦颓废逾半，多治为民居。剑州李公来为布政使，檄书吏还诸寺僧。于是西枝和尚实住持斯寺，感李公之加惠，重启法门，建戒律。既乃顾瞻寺宇，喟然曰："是寺重修于郎公又二百年，敝坏不治，且日蹙矣。佛殿之存者，栋桷摧朽，架木枝柱之，又十馀年于兹。今传次在予，而令是寺及予身而圮，无以赞益李公之德而永其延，厥咎滋大。"谋博徵同志，式宏佛教，葺而新之，属嵩焘为之引。

异时会垣上林、泐潭、开福三寺，为僧众聚集之区，居者有所安，行者有所庇，法教普焉，志愿宏焉。泐潭、开福寺基仅存，独上林寺犹为丛林，不宜更就倾颓，使戒灵一钵之传，迄今而就荒也。夫彼教所以觉悟愚民，常有所偏胜。晋、梁以来，释、老代兴，乃今而俱衰微，则耶稣之强民以崇事者兴焉。佛之教，日引召其徒修而行之，其传有所归，而其流有所止。使人知其为教犹不逾乎心性，以无急折而入于耶稣也，傥亦吾儒之志也与！

卷七[1]

重刻《历代循吏传》序

雍正初，高安朱文端公、漳浦蔡文勤公有史传三编之刻，曰《名儒》，曰《名臣》，曰《循吏》，其《循吏传》则南靖张君福昶所编也，并录始于汉讫元而止，时明史未有成书，不及录也。上元徐君子元重刻所编《循吏传》，而取《明史·循吏》补所未备，亦仿原书，每传系以论发明之，而属嵩焘审定。

窃惟迁史传循吏，叙述孙叔敖、子产、公仪休诸人，皆列国名卿也。班史承之，列龚黄循吏。东汉以后，官较崇而名迹较著，皆自为传。终身沦滞郡县，始以循吏名焉。汉宣帝之言曰："与我共天下者，其良二千石乎！"积县而为郡，积郡而为天下，为天子分任牧民之责，一言一动，百姓身受其利病，无能避而去之，其与民之亲也，是非得失无以掩人之耳目，是以自古得民心者，尤莫多于郡县之吏。春秋列国，犹今郡县也。迁史之传循吏，以为其意专主于爱民约己，以敦化善俗，为益者大也，后世无以加焉。唐、宋之世，莅仕必经宰县，循迹为多，而以功绩昭著史册，一州一邑之蒙其泽，未足盈称其量也，是以传循吏者其名或不显，其事又皆平易近人，非有奇技异能，读史者无所感发兴起。南靖

[1]本卷原《〈周易释例〉序》、《〈湘阴县图志〉序例》二篇，因收在《郭嵩焘全集》第一、六册《周易释例》、《湘阴县图志》中略去。

张君尽取历代书史循吏传，简汰修饰，多所芟节，而于一二功迹显见，位至列卿宰辅而遗爱犹存夫一郡一邑，皆录入之。其所增损，不能尽明其义例，而尤多所脱遗。要其用意，凡有疵瑕不足为劝戒，悉屏不录，盖亦崇实务完之义也。

徐君以诸生从军，游宦吾楚，心有得于是书，重刊行之，而增益《明史·循吏》。其志趣之所存，将蹑古人而从之，而以是示之准，非苟焉以文著录者。然吾观明之有天下，惩元之弊，急通民情，郡县吏贤否，百姓皆能以上达，朝廷亦因之为黜陟。循吏著在国史，亦用此以为常例，有保留至二十年、三十年，以类附名者尤繁，饰名要誉，或不免焉，非有实政不足录也。而若周文襄之抚吴、朱恭简之督粤、黄忠襄之按交阯、林恭肃之宣政江西，皆所谓遗爱在人者也。至于况钟之任苏州、林锦之莅广东佥事，宜在循吏，以名显自为传。而儒林中若吕柟、邵宝、潘府、唐伯元，在官政绩并表表著显于时，宜以次录入。呜呼，吏道之敝久矣！循是以求之，推以及人，而拊循绥定之，由一县一郡溉之天下，以莅中国而抚四夷可也，富强云乎哉！嵩焘为加厘正，附诸历代循吏之后，以成徐君之志，而上窥文端、文勤二公之用心，庶以无愧云。光绪十年甲申岁冬十月。

重修《南岳志》序

往读《尔雅·释山》，首列九山，而后乃云霍山为南岳，茫然莫喻其义。道家因有黄帝省方，建灊霍为南岳之说。及读弘农太守《尔雅叙》，称其书兴于中古，隆于汉氏。始悟武帝元封五年登灊天柱山，命曰南岳，因增益《尔雅》之文，以实其义，又更易“河南华，河西岳”二语，使与五岳参差。推索其由来，自楚考烈王徙都寿春，仍名之郢，乃移衡山之名于六，移九江之名于寿春。是以秦时名《禹贡》衡山曰湘山，而名灊霍山曰衡山，盖袭楚之旧名也。武帝承之，径名灊霍为南岳，此足证《尔雅》传流承误之由。历汉至宋且千年，用事泰山，嵩、华地近，亦加礼焉。独衡山晦于周、秦之交五百馀年，讫唐正名五岳，终以道阻南服，登封之典，旷远不能及。山之蕴蓄，沉蒙郁塞之久，犹有待而弗彰。迨夫南宋之世，祭告之礼独隆于南岳，领祠禄者数十百人，则其时五岳皆为异域，惟衡山存耳。山灵之显晦各以其时，而自唐、宋以来，高人隐逸及仕宦之迁谪者，登临慨叹，著于歌咏，于衡为盛，将非其山阻旷闳深，重峰叠嶂，有足资羁人之惋喟，发思古之幽情者与？

自顷同治十二年，衡山庙殿毁于火。（粤）〔越〕六年，为光绪五年，平江李次青方伯独任修复之功，往返经营，又五年告成。乃历览其名胜古迹，研考方志与人文物产之丽于兹山者，重辑《南岳志》，编次为十四类，厘为二十六卷。体大而物博，例严而辞雅，衡山扶舆磅薄，蓄积以有待者，至是尽泄其奇。

夫山之有专志，实始南北朝及唐，盖多出道流栖真者之所为。宋、明以后，踵为之益多。衡山志代有专书，而讫无传于世，岂果南方僻陋，无与张而大之？固疑其文犹有未厌人心者也。当顺治初元，船山王氏纂辑《莲峰志》，为衡山之一峰，其事典则，其文雅驯。凡历二百二十年，威毅伯曾公刊行王氏《遗书》，其书始显。又二十年，次青《衡山志》成，尽揽七十二峰之胜，而其体例犹受成船山。《莲峰志》载朱张祠、嘉会堂，船山经营成之。《莲峰志》之作，犹以朱、张二先生也。次青亦经营庙殿，以成此志。盖自船山发其端，而次青总其成。此岂为无因而偶合者！郦道元《水经注》自谓山水有灵，亦惊知己。次青为功衡山尤大。

而若衡之为山，晦于秦，显于南宋，而大昌于今日。世运之变迁，人文之升降，若隐系于其中。岂惟兹山之灵异，沛然伸于知己，餍饫乎吾楚，而甄觃无穷，亦将有资于来叶也。时光绪九年，岁次癸未秋七月。

《湖南疆域驿传总纂》序

《周官》职方氏掌天下之地，大小相维，远近相属，而县师掌郊野地域，司险掌山川道路，又分隶之邦国，总而会之，以周知天下广轮之数，为之节与传以通达于四方，出内皆有期日。综计道里，传达使节，实亦王政之大经。秦、汉以后，邮政益详。至元世设水陆二驿，于是水程与陆程，赢缩复有参差。又设通远铺，置铺兵传递文书。盖古传递之置，各于其国而已，其法常疏而不密。天下一统，开疆拓土，远及万里，极郡县之地，错之综之，经之纬之，按数而稽，计里而至，法日密而纪录日繁。要皆官行文书，由各州县自记其道里所至，司之典吏，存之官府。

悭硿蒋君汇辑今湖南七十四厅、州、县之地，类编而分次之，为目三：一曰接壤限行路途，一曰铺递程途，一曰湖南四至水路程途，则极十八省方位道里，袤广远近，皆若列眉。是所记者，湖南一省之地域，而通之各省，亦皆得其道里之大凡焉。《周官》所谓周知山林川泽之阻，以达其道路，为法亦尽于是矣。虽为官书，而使家置一编，以为考览地势之助，亦学者所宜尽心者也。

黎肇琨《读史法戒论》序

庄子言《春秋》经世，圣人议而不辨。著其事之美恶是非，显微阐幽，昭示无穷，所谓议也。历代史书之有论赞，则辨之所由生也。至于辨，而褒贬刺讥，更无圣人为之折衷，庸有不得其平者矣。

自唐世已多论述古事之文，而未有成书。宋儒著录始繁，然大抵沿《通鉴》立论，或专及一代之事。盖《春秋》以前，《诗》、《书》所载，圣人有不及详，固非后世所能论定也。国朝王船山先生《通鉴论》出，尽古今之变，达人事之宜，通德类情，易简以知险阻，指论明确，粹然一出于正，使后人无复可以置议。故尝以谓读船山《通鉴论》，历代史论可以废。黎肇琨通守乃更追溯轩辕之世，通举概论，为《读史法戒录》①，一因旧史之文，阐明其义，不为新奇可喜之言，而要使其事迹昭然，显著之天下，人人知所以去其非以就其是，戒其有不当于理者以归于善。在通守之意，期令数千年贤奸忠佞，熟读深思，辨知其由来，以定此生之蕲向，受成于心，不必以其文求暴于人。而凡天下之为学者，因是书考览史事，以推明其得失，所守约而所得已多，固亦览古之一助也。

梧冈《姚氏宗谱》序

《传》曰："天子建德，因生以赐姓，胙之土而命之氏。"姓氏之分，所从来远矣。生人之初，莫知其派别也。有德者出焉，天子既授之官，又知其后必大以衍，赐之姓以纪其原始。其后以国，以官，以谥，以字，相嬗以别其族，谓之氏。姓必有所受命，而氏以滋生自为之纪。《说文》："舜居姚虚，因以为姓。"姚者，舜

①此处按本文标题，当作《读史法戒论》。

所生也。《左氏传》称陈胡公立，周赐之姓，又推本“舜居妫汭”之文，以妫为之姓。是以《传》称陈曰“有妫”。而伍员述少康之生，虞思妻之二姚。盖舜之族，周以前为姚姓，周以后为妫姓，受命天子以为姓，又知舜之德所及者远，而姓可以重立也。传及战国、秦、汉，三代神明之裔历久益微，而族姓之废久矣。又益相衍为氏，其以姓传者罕有闻焉。然则姚氏受姓之由，其源流固尤远哉！

国朝姚氏在江以南尤为望族，科名学术，布列辉映。吾友彦嘉通守，居阳湖之梧冈，其家独微甚。自明嘉靖时曰冕者，始迁自苏。五传曰云林，始为姚氏谱。又六七传曰兆之，曰道舆，实重修焉。道舆即彦嘉之父也。彦嘉之言曰：“姚氏居梧冈历十五六传，著籍三百馀人，以耕读世其家，无显仕亦无赢资。吾父积德累学数十年，有声乡里，所以留贻姚氏子孙，独世谱存耳。推其传次之绵长，以知先人之泽；观其世业之敦朴，以知子姓之微。今将续而纂之，以继述先人之志。愿赐之序，俾先人之为姚氏久远计者，赖有闻也。”

尝论世家门第之相矜尚，递盛递衰，更一代而数变，而惟勤力以守诗书之业，暗然无闻于时，其传也常久。自口分永业之制废，农失其职多矣。《周官》六职，农、工、商与王公、士大夫各勤其职，以效其能。民之秀者上应士大夫之选，无专以士名者。历唐而诗赋兴，而士重。历宋益以道学，而士愈重。士愈重，而士之实日微以亡，积久而士之失职愈甚。二者失其职，而民俗不可言矣。若姚氏者，岂惟一家元气之存，国家所由以治安，于兹有赖焉。彦嘉益以是勉其宗人无废先世之志业，姚氏之日延以昌也，可无疑也。夫处江南科名仕宦之乡，传数百年世守士农之业，杰然与诸旧家相望，固必有人焉峙立其间以重其家。然则姚氏之有立，亦岂不存乎其人哉！

槠山《刘氏族谱》序

自汉州郡有户籍，晋世南徙，乃立侨人之名，而主客户之分，至唐始详。其后寄籍日多，一依民户均税，其名亦废。然则自晋以前民常聚，晋以后其民亦日散。予观诸家谱牒，综其世次，罕及明以前者，盖一经乱而流亡转徙，莫能纪者多也。

槠山刘氏，自宋初占籍湘乡，距今九百馀年，聚族万馀人。咸丰丙辰，孟容中丞始辑为族谱，合诸房记载流传，参伍异同，辨其得失，以推知族属远近，条而合之，犁然各得其序。又摭其茔兆可纪者，寻求地道，剪剔荆莽，搜得其碑碣累百数十所，分领之各房，俾其子孙世守焉。于是刘氏子姓知敬宗合族之为益于家，向时尊卑相渎，强弱相陵，皆各勉循以分，无敢违越。孟容中丞因集其族之贤且能者，创立家规，约束整齐之，彬彬然称望族焉。及今二十馀年，又补辑子姓之滋生者，合著之谱。生日益繁，家法亦日益修。

予惟三代王者，殚其心以有事于民政盖详也，其制尤莫备于周。二千馀年，澌灭以尽，无一可行于后世。独其所谓宗法者，自始受姓而立为宗，一传而有继别之宗，顺而下之，尽于五世之宗，各以其亲属焉而统于大宗，更千百世，如缕之析而益纷，而引其绪，未尝紊也。故自唐、宋以来，世家巨族犹能以宗法属其族人。苏氏洵之言曰："始为大夫，而后可以为大宗，其馀则否。惟小宗之法可施于天下。"此未达《礼》意也。古之族姓，其传皆数百千年，而仕为大夫，得别立族。后世族姓之传，多者二三百年，少者百数十年，而为大夫者，其力不足以庇远，无能别立一宗，非有宗法之维系，则为大夫以下讫庶人，一皆散而无纪。是以宗子之法，不能尽行于今，而各以其宗法联属其族姓，则亦贤士大夫之责也。《周礼》“九两”系民，一曰宗以族得民。得民者，尽一族之人而皆可以情联之，以义正之者也。吾于孟容中丞之治族谱，见《周礼》之遗意焉。三代民政犹有可以行之今日者，此也。

中丞嗣子伯固续修谱成，求序于予。刘氏之传且千年，而始有谱，今未及三十年，已有能续而纂之。凡事莫难于创始，而法之良者，必曲当人心之公而人利从焉，独斯谱然哉！时光绪七年秋七月。

《闵氏族谱》序

三代世官世禄之制废而族姓兴。一朝门阀之始终与国运维系，常推一二贤且显者以为族望，其间圣贤之裔为尤尊。唐初考定天下谱牒，第次九等，首宗室，以及贵戚、功臣，而推及圣贤之裔，以加于庶姓之上。要其所为贵族者，一时之荣也，而惟列在圣贤，有常尊焉，是以其族不必显而常贵。闵氏之迁湘阴，当明洪武时。上推至江西之南昌，又上推至陇西，又上推至鲁，展转流徙二千馀年，而其为闵子之裔，世次犹可纪，则以历代功令，褒崇圣贤之后，所以维持之者久且远也。

门人闵君新吾，以其兄养吾所辑族谱属序于予。予惟族姓之流传，失其旧者多矣。闵氏以闵子之裔，有所据依以讨论世派，则夫上溯先人之德业，而思所以承之之艰，因以垂裕而延后，操之有本，行之有恒，又更易于齐民也。一乡一邑之良，德泽涵濡而民俗兴起，其量犹足远及数十百年，矧夫圣贤传绪之久，推而衍之以至无穷。闻闵子之风，油然生其孝弟之心与其贞介之节，当时敦庞博大之气，仿佛遇之，二千年如一日也。为之子孙者，其能无深长思耶？予既嘉新吾之请，又益推知闵氏之籍湘阴且五百年，士食旧德，农服先畴，历久无为非者，故为之书，以诏示其后之人，无忘所以存教而保世以滋大也。

《李氏家谱》序

吾湘李氏，为邑望族，居城南者尤显，号南城李氏，与吾家世为姻媾。自吾少时及见其家名德长者，大抵务为俭约，善权量出入，饶资财。雍、乾以来，百馀年中称极盛。凡邑旧家相错居，独吾家与李氏世居城，传系三百馀年。其始徙皆自江西吉水，李氏当嘉靖时，吾家当万历时，先后四十馀年。两家子姓都不甚繁衍，而各粗给衣食。咸丰初，粤寇起，人事变迁多矣。芋生刺史始用军资知沔阳州，应擢知府，会以母丧去官，不复仕，一用其所学，循求典礼，准古今之宜。兴教劝工，勤恤其家。学有程，婚丧有费，使人各得其所安。而推原所出之祖，奉其三代庙祀之，又推原始迁之祖，为公祠。于是反复推求，迁湘实有二支，分居城乡。更历国乱，日久遂不相闻。芋生复求得其宗派，合辑为《李氏家谱》。

尝窃以谓族姓之传，由来盖远。春秋时世族各有端绪，而李氏实始见《国策》：魏有李克，赵有李兑、李牧，皆莫详所自始。郑樵《氏族略》叙李氏以官为氏，自皋陶为大理，实姓理氏，其后乃为李氏。然皋陶当唐、虞之世，为士主刑。箕子陈洪范，称司寇，是司寇始自殷时。周为秋官，秦易名廷尉，汉景帝时改廷尉为大理。自周以前无理刑之名，安得皋陶以官为氏？《唐书·宰相世系表》叙赵郡李氏六族，李牧以前数世皆有名迹，馀并起自汉、晋以下，武阳、姑臧二族乃为国宗。其他赐姓及冒国姓者尤繁。是自唐族姓之盛，尤莫著于李。凡言姓者，必出神明之裔，而观李氏诸家谱，无托名唐氏者，将非支派不可知。近出帝系，宜取征实，然则远者之未易征，宜附托者之众也。

芋生之为家谱，断自迁湘始，而迁湘之别为二支，失传二百馀年，并收而合之，整其纷而理其绪，条其流而汇其源，可谓笃于亲亲之谊者也。因念李氏传世之远，至芋生而后其家规模大立，郁积之久而豪杰伟人生焉。追思少时与芋生二兄春浦交厚，及见其尊人与诸长老，纯朴敦穆，愉怡安雅，又足知其积累之深且长也。嵩焘既与李氏久习，又快芋生发名成业，表章其家世，足以为一邑之光，故乐为之序。

板桥《周氏族谱》序

《周礼》：小史奠系世。郑康成氏以为系者，帝系；世者，世本。盖姓氏之原，实始黄帝。散布为世家名族，条分派别，皆有端绪。周世以亲亲为义，小史奠其世籍，故族姓之盛莫著于周。秦并东、西周，子孙存者为周氏，则周之为世，所谓神明之适裔耶？自汉以来，世本无可征，于是一变为族望。爰及晋、宋，崇尚门第，而谱学兴焉。刘孝标注《世说》，载诸家谱甚备，然要皆有名迹者，其家人文才望称盛，即谱之著录加详。是故谱者，谱其族望而已，即三代世本皆然也。

周晓丹观察治粮储广东，以书丐序其家谱，云：板桥周氏，徙自庐陵，为吴南郡太守之裔。南郡之子都乡侯，实徙庐陵。庐陵之周出自南郡，远有端绪可寻。而自明成化时曰仕广者，自江右徙益阳。至万历中，有官重庆知府曰朝聘，始录其世系为谱略，自广仕[①]公以上无征，断自迁益祖始。再传得庐陵旧谱，乃稍能叙其家世。凡八传曰大猷，康熙中拔贡，始次为板桥周氏谱，盖距迁益时二百馀年矣。再传至泽州府同知曰思洛，续修于乾隆乙卯。又再传赵州知州曰兼杰，三修于嘉庆庚辰。已而莱州知府曰林，四修于咸丰戊午。迄今庚寅，观察议重修，属某某董其事。盖自其迁益，二百馀年而后有谱，历六十馀年而一修，至于四修、五修，则仅及三十年。岂不由人文日盛，著录亦以日详乎？而主修者必皆其族之望，是不惟其名迹，人乐诵而传之，其家世之钟萃成于此数人，所以光其族姓，昭示其子孙，固必托之文辞，以表暴著见于天下。观察发名成业，无有穷极，是谱之传也必远矣。嵩焘区区，曷足道扬其休美哉！

《神鼎法嗣谱》序

佛法至菩提多罗而法印遍及东西土，至黄梅而法派又分南北二宗，世嗣纷歧，南宗曹溪之传为盛，北宗微矣。曹溪一传而衍为二派，曰怀让，曰青原。怀让一传为马祖，其传尤盛。自是有五宗之名。马祖一传至百丈，为沩仰宗；再传至黄蘗，为临济宗；三传至雪峰，益衍为云门宗、法眼宗。青原一派，传者独曹洞宗。昔黄蘗语临济："吾宗至汝，大兴于世。"传至今，临济宗为尤盛。临济之宗又益歧分，为法嗣曰兴化，曰风穴，曰南院，曰首山，曰汾阳，曰石霜，曰黄龙，曰禾山，曰报恩。吾湘神鼎洪諲禅师，为临济五传法嗣。是故湖以南宗派繁多，神鼎亦其一宗也，至于

①广仕：上句作"仕广"。

今七百馀年矣。

夫印道者心，衍道者法。心契乎渊微之境，千圣之音响感通，寐寤犹一堂也；法周乎天人之界，一脉之流传空虚，謦咳犹同气也。蒙庄之言曰："指穷于为薪，火传也，不知其尽也。"道无尽，递衍之为法遂亦无尽。遍十方三界天人之果参诸佛，所以参者法也。何名佛心？清净是。何名法心？光明是。光明普照，法之所由衍以昌也。

光绪戊子之年，化成、松云、敏机诸长老先后住持神鼎，相续修辑法嗣谱。诸佛法谛，本无参别，递相付授，各有契悟，是名禅宗，是名参别。洪諲禅师之言曰："三界惟心，万法惟识。惟识能通，惟通能印。但以法论，是无分别。以法嗣论，是有分别。"辑是谱者，历二十八传，上溯开山之始，下讫无穷。其为分别，自法乎？自心乎？其自坐朽床说法之枯淡僧乎？既举其世次，又与参之佛谛以为序。时光绪十有四年冬有一月。

书《海国图志》后

邵阳魏氏所辑《海国图志》，初为六十卷，盖当道光二十二年和议初定之时。① 至咸丰二年，又取诸家论述及海防以来章奏，汇为一百卷。魏氏著论，独篇首筹边四论。其诸国沿革、形胜，皆取证元、明以来记载及泰西人论述，而于广东构兵情形见之章奏者，亦皆不录，示不敢及时事之义。盖自汉武帝通西域，皆由玉门关以达葱岭，无出海道者。历唐始有市舶，以通西蕃易市，而

①此误。《海国图志》初为五十卷，成于道光二十三年；后扩充为六十卷，时为道光二十七年。

终莫辨其疆域远近分合。元时招徕诸国贡献，记载始繁。讫明，倭夷沿海为寇，而战事起。然其讨论各国风土，多得之传闻恍佛。而如《坤舆图记》、《职方外纪》传自泰西，人亦稍得其实。近时泰西游历所及，皆有著录，益精且博矣。魏氏此书，征引浩繁，亦间有参差失实。要其大旨在考览形势，通知洋情，以为应敌制胜之资。其论以互市议款及师夷人长技以制夷，言之始通商之日，无不笑且骇者，历十馀年而其言皆验。读书多而见事明，反复相寻，而理势之所趋，终必循其径而至焉，此亦自然之数也，而其议论乃以卓绝天下，亦岂非学问之效然与！

然当时构衅，以禁烟之故，所忌者英吉利，遂欲联合俄罗斯、佛兰西、弥利坚以规海攻之法，则犹囿于一时之见，而未能通筹全局，以规洋情之离合浅深。至论朝鲜、琉球与海防无涉，不著之于篇，又乌知今日之边患尤在俄罗斯，琉球且折而入于日本，朝鲜介处俄、倭之间，尤为大势所必争也哉？《传》曰：“知己知彼。”知彼者，知其情之所注与势之所极，以考求其强弱之由，而推极其顺逆得失之机；知己者，知吾所以应之，不独胜负之数决之己也，缓急轻重，一随其时与事之宜，内审之心，以静持之。夫非有异术也，明理而已矣。魏氏之言曰：“同一御敌，而知其形与不知其形，利害相百焉。同一款敌，而知其情与不知其情，利害相百焉。”诚为至论。及观泰西人论中国船步：辽河小孤山为最，镇海次之，福山又次之，以为水深无礁石，又四山环合，不受风涛之险。及论旅顺口：渤海数千里门户，中间通舟仅及数十里，两艘扼之，可以断其出入之路。泰西人构患天津，必先守旅顺口。此中国形势之显见者，泰西人知之，中国顾反不知，抑又何也？

书江统《徙戎论》后

案江统《徙戎论》称汉马援领陇西太守，讨叛羌，徙其种居弘农河东空地；魏武帝徙成都氐于秦川；正始中，使匈奴部落散居并州六部，允为失计。自汉武帝处匈奴浑邪王降众于边五郡，迨建武中而单于降，处之西河、美稷，日徙而内属。郭钦所谓西北诸郡尽为戎居，内及京兆、魏郡、弘农。盖错居内地者三四百年。既久，益为民害，杀长吏不能问。是郭钦所论及平吴之功、谋臣猛将之略，尽徙塞内诸胡于边地，窃恐其力未足以及之。如其说，尽使种人各还故地，将临以兵威，分道迫遣乎？抑尽属之长吏乎？诸胡嚣然，乘势为乱，刘渊、石勒之起，必已在太康之世矣。

江统著论，在惠帝之九年，抑更非其时也。圣人之治天下，有靖乱之道，而无防乱之方。晋武之世，卫瓘、和峤、何曾、索靖之徒皆知其必乱，但令朝政清明，百官奉职，若刘渊等辈，以一都尉任之有馀。徒见群胡之逞而谋为徙戎之计，自速其乱而已矣。世无知道之君子，谁与明之！

书《经韵楼集·明世宗非礼九论》后

段懋堂氏《明世宗非礼九论》引《公羊传》僖元年：“继弑君，子不言即位。此非子也，其称子何？臣子一例也。”僖二十八年：“卫子卒。卫子者何？卫侯郑之弟叔武也。”成十五年：“仲婴齐卒，为兄后也。曷为谓之仲婴齐？为人后者，为之子也。”而为之申其义曰：“为人后者为之子，此千古为后之礼经也。”

段氏之言允矣。君、父，道一也。其始奉之为君，而后承其统，则固有子道焉。有虞氏之宗尧，义在所必宗也。公羊氏深于礼，臣、子之大分，有可例言者也。殷世兄弟叔侄之迭相承，不详其庙制。必以世代为昭穆，兄弟叔侄紊乱失次多矣。先儒于此，无论及者。《丧服小记》之文曰："王者禘其祖之所自出，以其祖配之，而立四庙。庶子王亦如之。"于是殷商之庙次可得言矣。四庙者，四亲庙也。王者有承统，无承嗣，统所系，即昭穆所系也。曰庶子王者，兼兄弟叔侄之相继为君者言也。庙制无可增，则君不能以世次为昭穆，礼之穷而有必变而通焉者也。公羊言继为君者一以子道例之，礼之变而义之正也。其服丧必三年，犹之子道也。

王者之承统，所承者祖宗之统也。先君之统绝，而为庶子者皆得承而续之，代相续而昭穆之分明焉。《左氏传》曰："子不先父食。"以子道明臣道，其义本无二也。必以为之后者为之子，通乎君道，则将谓僖公，闵公之子，又义之所不许也。段氏欲明统绪之相承，舍君臣之大分而据为父子之私亲，是未为善言《公羊》者也。

君臣父子不能以伯叔名，此名之无可假者。世宗奉孝宗为皇伯、武宗为皇兄，悖礼之甚者也。宋世为濮议者，奉濮王为皇叔，亦悖礼之甚者也。援汉世通行之例，追谥所生曰皇，所生母曰后，为之立后以奉祀焉，无可称名者也。两朝议礼诸臣不达此义，持论愈嚣，悖礼愈甚。段氏从而救正之，曰：为人后之礼行，而乱臣贼子知惧。然责以君臣之分，而义无可辞矣，竟以父子之伦被之，正恐仁人孝子之心有不能安者也。

《名贤手札》跋后

自古风会气运之成，盖莫不由人焉。曾文正公以道德风义倡天下，名贤硕德蔚起湖湘间，电发飚举，斯亦千载一时之会也。校其事功，则辉润六合；挹其言论，则霶霈寸心。子瀞居父丧，辑刻诸贤与其父往还手札。兵事之始终，人才之隐见，本末粗具，焕乎可观。盖曾文正公善诙谈，胡文忠公益之以谐谑；恪靖左侯独喜自负，尝自署“葛亮”，洎意城治军事，相与谓之“老亮”、“新亮”。周寿山中丞丁巳病武昌，〔不省人事，嵩焘适北行，觇视之，相持痛哭，既愈，言当时〕自顾身为僧，而嵩焘为南岳老僧，（相见痛哭；既愈，言其状）〔若有数百年之别者〕，[1] 于是胡文忠公又谓嵩焘“南岳长老”。[2]

曾文正公名知人，而胡文忠公汲善立贤，惟日不足。将非仁为己任，道远弥厉者乎？胡文忠公尝谓骆文忠公：“萧何举曹参，诸葛公举费祎、董允。古人经世宏务，非独私其身而已，盍早图之！”其勤勤于嵩焘，意盖有所属也。夫用舍之端，君子所以存其诚也；审己量力，以全吾素，于心自慊也，而益重悲胡文忠公之用心。功名之际，各视其志意所存，诚亦有幸不幸。而如诸贤宏兼济之量，以纾倒悬之（会）〔忧〕[3]，功足以成，言足以兴。岂易言哉！岂易言哉！〔甲申夏六月嵩焘谨跋〕[4]

---

①②据刘志盛编《湖南历代名家书法精粹》（湖南人民出版社 1997 年版）同跋手迹校改。

③“会”《湖南历代名家书法精粹》作“忧”。

④据《湖南历代名家书法精粹》所刊同跋手迹补。

《史略便蒙》序

长沙唐陶山先生《读史蒙求》，约四言为文，盖取唐李瀚《蒙求》之义，而专系之史。喜其取便初学，而文辞典赡，贯穿全史，亦足为考古之一助。《隋书·经籍志》“杂史”有吉文甫《十五代略》一卷，注云：起庖羲至晋。又有《童悟》十二卷，约全史以为养蒙之资。所从来远矣。《宋史》别立“史钞”一类，大抵论述事要，参以论断。其间有《南史摭实韵句》三卷，则韵文也。至明赵南星《史韵》二卷，起汉至元，顾正谊《诗史》十五卷，又上溯《史记》，而皆鲜传本。《读史蒙求》一书，几于上掩前贤矣。

吾邑黄鸣阁先生博通史传，为《史略便蒙》八卷，上穷皇古，下讫元、明，亦颇著其废兴得失之迹，缀以韵语。其指陈事类，分别部居，未若《读史蒙求》之综核，而考览兴亡，规画大势，殆复过之。先生素有强记之名，世谓之“书厨”。读此，亦足知其记诵之博与其用心之勤矣。

《学颜篇》序

李君晴寰为《颜子汇编》三卷。上卷，颜子及孔子以下语颜子之言，见于《论语》及诸经者亦稍有所发明；中卷，诸儒说；下卷，历代追崇典礼。其杂见于《庄》、《列》者不录，尚为严谨有法度。因考《四子书》，以《大学》属曾子，《中庸》属子思子，而颜子无书。《汉书·艺文志》有《曾子》十八篇，《隋书·经籍志》、《唐书·艺文志》有《曾子》二卷，晁公武《读书志》有《曾子》二卷、《子思子》七卷，书皆不传。宋汪晫又辑《曾子》一卷十二篇、《子思子》一卷九篇，《孝经》、《大学》、《中庸》分篇，皆别为标目。而颜子之言惟张氏栻稍有采辑，名《希颜录》。明初陶宗仪始辑有《颜子》九篇。其后平江徐达左又为《颜子编》。嘉兴高阳又有增辑，为《颜子鼎编》。明季张星又有《颜子绎》，分内篇、外篇，大抵因庄子“心斋”、“坐忘”之说，以附会姚江之学而已。而以《颜子》名篇，则犹《汉志》著录《曾子》，以是为颜子之书也。

颜子之言，见于载记者无多。相距二千年，以末俗浅学，搜辑附会，成一家之言，亦见其诬矣。张氏《希颜录》世无传本。观李君所述，汇集经、传及诸儒之言，以求颜子学所从入而想望其气象，不妄立篇目，则亦希颜之学也。乃取周子之言，名之曰《学颜编》，盖不欲李君效明人立论，妄以己见强合圣贤之旨也。

《诵芬书屋文集》序

予年十七，与同年生吴君西乔读书仰高书院。西乔为文劲悍，锋芒逼人，予心畏之。西乔亦独以予为畏友。其年，予补弟子员。西乔报罢，发愤归，键户读书。逾年，见其文，大惊。西乔曰：“吾比年出入于《史》、《汉》，沉潜于诸子百家之文，自谓有得也。”予闻内惭，乃益研精覃虑，伏而读，仰而思，得文二十馀篇。西乔见之，亦大惊，持示钟君情田。情田叹曰：“百年无此作矣。”情田，邑名宿，老于文律，于人鲜所许可。闻之，亦窃自喜。予年未冠，邑人士谬谓能时文，由西乔、情田两君发之也。予与西乔先后成进士，情田独抑郁以终。老而幕游，益肆力于诗古文辞，其卒也，又后西乔。予悲二君之才，显晦出处不同，而其诗与文皆有以自立，又一皆未竟其施，终其所就，未始不同也。

情田殁数年，嗣君仰禔裒辑所为古文辞曰《诵芬书屋集》者示（子）〔予〕，属为之序。悲夫！情田足不出里巷，其所考订阐扬，多关系一邑人文风化，其文有不可泯者。而予独念少时与情田相见，讨论文事，未尝不以古人相许与。二十年来，士之能文蕲进于古者益无多矣，岂独乾嘉盛时不可见，即吾一身而世运之升降殊焉。序其文而益怀老成凋谢之悲也。

《瓶莲馆诗草》序

吾乡易氏，于吾家为世姻，有以德行才望著闻于时者，曰又村先生。先生有孙曰曙霞，才而早世。其妻吴氏，亦吾家世姻也，贤而有礼法，自曙霞之卒，彻环瑱弗御，屏铅华弗饰，常间至吾家，望而心敬其人。又因以叹曙霞之才，不及见其成立，为足悲也。

今年夏，曙霞之父曰仪臣裒辑曙霞所为诗古文辞若干篇付诸梓，而以其诗曰《瓶莲馆遗草》者寄示予。予受而读之，情词绵婉，往往拟古而肖其形，于是又知曙霞之能诗也。曙霞生十馀年，积学能文，卓然思有以自立。观其所为《励志诗》，殆有意乎瑰奇卓绝之行，不欲以流俗自苟者。区区诗文之业，犹不足以尽曙霞之量，而曙霞不幸死矣。其所为诗止于是，其存是数十章者，果足以存曙霞之为人耶？

呜呼！士生世而才，不数然也。才矣，而或有成有不成。年寿之不齐，则命也。苗而不秀者，有以夫！有以夫！曙霞之生，予不及与之言，其卒也，予固将张之，况其有见于诗古文者耶！独以曙霞之才，而仅得此区区数十章者以传也。呜呼，其重足悲也夫！

《吟香阁遗诗》序

易生砺仲，与亡儿同入学籍，意相得也。闻其读书有常课，每得一书，日记其所诵习，校其多少尺寸以自程督，工金石篆刻，寻求古义，厘正文体，一皆循流溯源，深造而自得之。亡儿既卒，检所求刻石未讫事者大小二十馀，尽刻而还诸其家，曰："吾不忍负逝者之托。"集中哭亡儿诗，所谓"拳石累累记姓名"者是也。

予既喜砺仲之厚于行而敏于学，以为今日所难，而其于朋友之交，生死不渝如此，以是益有意乎其人。始终不及一见，而砺仲死矣。其生长于亡儿两岁，其卒也又后一年。病瘵才五六月，读书日程终守不懈，至病不能支乃已，距其死十馀日耳。

后又数年，砺仲从弟淑子馆予，出所为诗曰《吟香阁草》者见示，亦皆有老成之风。年虽少而读书砺行不以自恕，所成就宜然。吾独悲夫砺仲者，志意所存，莫究其所终极，而其才固必有成。其所为诗，寓情叙事，摅写胸臆，非欲区区托此以传者。然而其志未就，其艺未成，而不幸已死，则此遗诗数百篇者，固皆其精神意趣之所存，不可得而泯也。老病颓唐，思维后起之秀摧残剥落之惨，忽不自知衰泪之涔涔也。

《鸿爪诗存》序

肇昆自黔归，手一帙示余，皆其从军所莅及感事述怀之作也。豪情壮语，杂以悲愤。然玩其辞，虽处羁旅艰难，而洒然有以自得于心。其于兵事倥偬、人民流离之情状，若独有深忧者。读其诗、究其心而贤之，而视其身穷且老无所憾，独憾不得借手以奠安生民，于是又知其必有以自见于世也。肇昆少豪于酒，所为诗多纵肆。涉世既久，而气益敛，语益深。今其所为，盖皆得之艰苦阅历之馀者也。士非奇穷困厄，固无以成其才，岂独诗也欤哉！

《款冬禅室诗抄》序

鹤傭隐于僧，激昂伉爽，不事小节，与西枝皆以年少能诗有声。老友吴柡台尤善鹤慵[①]，授以诗法。偶有所作，雄直豪迈，意气岸然，人不知其僧也。呜呼！使二僧者生长富贵诗书，得名师友陶成其所学，岂非佳士哉！西枝耽禅悦，罕与人接。鹤慵周旋士大夫，下至屠贩，务尽其欢，气日益豪，诗亦日益工。年三十死矣。且死，以诗授吾弟志城曰：“惟公为能传我。”志城乃属序而存之。吾既喜二僧之多文词，而益悲夫鹤慵者早死，不尽其才，为可惜也。

《会合联吟集》序

咸丰四年，湘乡曾公督师东下，嵩焘与霞仙刘公从行。至岳州，刘公留赞军务，而嵩焘归，治饷湖南。其冬，水师溃于湖口。曾公间道走江西，收辑馀军。嵩焘驰赴豫章相见，曾公喜甚，为会合诗一篇，属嵩焘与刘公和之。已而在营者皆有和作，积久得百馀篇，乃汇存之，以志一时之盛焉。

---

①鹤慵：本文首句作“鹤傭”，其余各处作“鹤慵”。《诗集》卷六有《书鹤傭诗后兼示西枝》一诗，则题目与诗句中均作“鹤傭”。又《湘阴县图志》对《款冬禅室诗抄》有著录，其作者亦作“鹤傭”。

附:《会合吟诗》小引①

咸丰三年冬，少司马曾公奉命治水师东征，嵩焘与孟容朝夕在事。明年春下岳州，相将至湖外。孟容从征，而嵩焘归营，饷糈资郘之间。其年冬十二月，水师挫于湖口，间道驰至南昌，相见营次，公喜甚，赋三百馀言，命曰《会合篇》。嵩焘与孟容各和一篇，吴子序太史，何敬之水部，李次青、汪少逸两司马，陈季牧、罗伯宜两太令相继为之。自是凡在营者苟能诗，争和以献，流传寖广，章牍遂繁。异方之士，以所见闻，比次其韵，赋诗导意，又得若干篇。凡共得诗六十馀篇。友朋传钞，散亡者又十之一二。今年春，发故簏检存之，盖曾公起忧中视师，在事六年，所为诗独此而已。诸君子才杰知勇，为人豪角立一时，往往因事寓情，有当比与之义，言存志显，不可废也。于是录其所藏，都为一集，不加抉择，后之览者得征焉。丁巳夏五月，湘阴郭嵩焘谨识。

《三礼通释》序

先王制礼，所以经纬人伦，宣昭政化，而寓其用于仪文度数之繁。自朝庙宴飨之大，器用服食之微，皆为之取象于天，因财于地，类别人物，节理性情。其精意流行于人心，而其繁缛之文、广博之用，散见《礼经》。

自汉诸儒，各以所传授为传注。郑氏之学出于马融，而与融

---

①辑自《会合联吟集》，咸丰七年六月养知书屋刊。以此与上文同述一事，而纪述较详，故附录于此。

异义。其注《周官》，多存杜子春、郑兴、郑众三家注，而于卫宏、贾逵《礼》说，亦兼采焉。故郑氏于《礼》集其成，又考正《礼》图，存古遗制，为功甚伟。魏王肃喜贾、马之说，多与郑异。晋董景道又依郑义，著《礼通论》。其后贺玚、皇侃、熊安生之《义疏》，沈重之《礼义》，褚辉之《礼疏》，于诸儒互有发明。迨唐贾公彦《仪礼》、《周礼》二疏，孔颖达《礼记》疏，表章郑学，号为详明。而诸家之书行世者亦鲜，言《礼》者独宗郑氏。

其合《三礼》著论者，则宋何承天《礼论》、梁崔灵恩《三礼义宗》、北魏刘献之《三礼大义》、隋元延明《三礼宗略》、唐王恭《三礼义证》。至宋陈祥道《礼书》，始攻驳郑氏。朱子有志于考订《礼经》，撰《仪礼经传通解》，多存其大体，制度品物，非所详也。其丧、祭二礼，以属黄氏斡为《续通解》。杨氏复继之，为《仪礼图解》，而后礼制稍备焉。

盖自郑氏为《礼》图，而《隋经籍志》有《三礼图》九卷，云郑玄及阮（湛）〔谌〕[①] 等撰；《唐志》有张镒《三礼图》九卷，夏侯伏朗《三礼图》十二卷。宋初聂崇义采唐张镒等旧图凡六册，考正《三礼图》，朱子讥其非古制。然当时张昭、尹拙等已有驳正。其后陆佃撰《礼象》十五卷，取秘府所藏古遗器改订旧图。《明史》著录者，有刘绩《三礼图》、王应电《周礼图说》。二家之义，古人传经皆有图，而礼制尤兼图为说，考古者鉴焉。去古日远，而诸儒订正同异乃更加详，亦岂非考证久而益精与？然自陈祥道撰《礼书》一百五十卷，解释名物，更绘其象，而后《三礼》之书，与图合行，实唐、宋以来言《礼》者之总略。

侯官林芗谿教授博学多通，尤邃于《三礼》，为《三礼通释》

①据《隋书·经籍志》校改。

二百八十卷，穷天地之纪，述人道之用，因礼书制度仪文，诸儒所辨证者，参合比引，究其旨归。书例略依陈氏《礼书》，而持论各别，为图者五十卷，兼取宋以来图说，旁采林之奇、郑景炎、项安世、王廷相诸家分图，使足与经相考订，而于国朝诸儒万氏斯大、张氏尔岐、江氏永、凌氏廷堪、任氏启运、林氏乔荫、任氏大椿所著录，凡于《礼》有发明，广为采摭，而于其师陈氏寿祺授受渊源，订定尤至，一以表章郑学为义，参考诸儒之说，纠正其失。盖《三礼》之学，至国朝而极盛。教授研精郑学，以所心得辨析诸家同异，以汇成《三礼》之全，斯可谓宏达精揽者也。咸丰二年，教授以其书进呈，赐官，讫十馀年，未授之梓。毛寄云尚书商为刊行之，稍得读其论略，窥见其著书之旨。《汉书·艺文志》："帝王质文，世有损益。至周，曲为之防，事为之制。"班氏之论伟矣，而非礼之原也。三代王者之治，无一不依于礼，将使习其器而通其意，用其文以致其情，神而化之，使民宜之。战国诸侯逾越制度，灭去其籍，独赖一二儒者网罗散佚，搜辑遗闻，诵而传之，而后王者制礼之精意，代有人焉维持于不敝，虽有缺略，而其存固已多矣。教授是书，继陈氏《礼书》而起，又岂徒以表章郑学云尔哉！

新会陈氏模刻《殿板二十四史》序

班固《汉书·艺文志》一依刘氏《七略》，自《世本》、《楚汉春秋》、太史公以下九家，附《六艺略·春秋》之后。《隋书·经籍志》始列经、史各门，又别史为十三门，推原马、班，次及历代，以为正史。然自隋以前，皆以《东观汉纪》与《汉书》相次，《后汉书·郡国志》已著《三史》之目。至唐，始类次为

《十三史》，以《后汉书》列正史，而《东观汉纪》遂以无传。《宋史》著录，合唐、五代，益以南、北《史》，有十七史之名。明嘉靖中，南京国子监校刊史书，仍用十七史旧板，补修其缺而已。《宋史》板取之广东，辽、金二史无板，购求善本模刻。延至万历时，复有北监二十一史之刻，盖成书之难如此。

乾隆四年，《明史》成，诏刻之武英殿，因遂刊定二十一史。又敕刘昫《旧唐书》并列正史，为二十三史，考证监本及汲古阁本之误，旁采载记，与本史相发明，证其讹缺。后三十七年，诏开四库馆，搜辑遗书，又因《永乐大典》所辑薛居正《旧五代史》编次成书，用武英殿聚珍本附之二十三史，为二十四史。而后历代史书之传流，至是始极其盛。

其二十三史板旧藏国子监，历久残毁。道光四年，重修辽、金、元三史。后十六年，又因御史言补修全史。朝廷表章经史之意，期使内府善本流行天下，以资考证，终以庋藏官学，卷帙过繁，流传甚少。既更兵乱，故家世族书籍散亡。初印完善之本，尤罕觏之。新会陈伟南虞部得旧本京师，谋广其传，独任剞劂之役，重加摹刻。凡六年，书成。嵩焘览而善焉。自《东观汉纪》著之正史，六百馀年，而其书历唐已亡。《旧唐书》赖有沈氏刻本，犹为完备。《旧五代史》一百五十卷，乃散见《永乐大典》。条系排纂，还其篇第，仿南、北《史》之例，与诸史并行。国家宏纲大业，施之典册，旷越前古。

虞部居海以南荒远之区，犹得因秘府旧本，刊而行之，加惠来学。较之《宋史》板为监本所取资，其为功尤巨，其用力尤勤。追思列代右文之盛轨，纲维群史，存其厓略，考订而修明之，固将有证古知今，感激奋兴，起赞中兴之业，敷文以光治化者出于其间。斯尤虞部模刻是书之深旨也夫！

姚舸丞《地理元合会通》序

褚先生补《史记》，言占家有五行、堪舆、丛辰、建除、天(文)〔人〕①、太一，各据所学为吉凶。而《汉书·艺文志》、《堪舆金匮》入之五行，《宫宅地形》入之形法，实为后世言理气形势之祖法。班氏之言曰："形与气相首尾，亦有有其气而无其形，有其形而无其气，此精微之独异也。"晋以后葬书，无以逾此。然阴阳五行之书类次数十家，而后无传者，岂其学不逮杨、曾之流耶？其时人事胜而假吉凶为小数，世犹不甚贵之。自《青囊》、《都天玉尺》之书出，术家衍而传之，其辞惝怳迷离，伏而不宣，而其术或小验。于是倚托附会，争鸣于世，坏大以为小，削远以为近，而堪舆之书，持一说以求胜，至繁而不可纪。

尝论天地之气，融而为山川，结而为土石，迨其形既成，而气之鼓荡其中者，相依而不能舍，如帷灯然，东西南北见之，皆知其灯也，而在东者曰，是不宜西；在西者曰，是不宜东。所言皆有见也，而纷纭之说以生。各守其师说，据以为见，则术益析而言益歧。吾友姚舸丞习于其术，乃悉取诸家之言所以损益异同，指陈其事例而推竟其源流，命曰《元合会通》。元者，纵；合者，横。其说各有所胜，扞格不相入，而要之归本五行。故曰：五行为主；人取诸五行者也。舸丞会而通之，通其所以为异同者，则其相敌也而皆可收之以为辅，而诸家之迷离惝怳，相与守之为要秘者，舸丞一一为之发其覆而抉其藩。舸丞得是书行之，不言堪舆可也。读舸丞是书，又更以其堪天而舆地者会通是书之中，其

①据《史记·日者列传》改。

庶几有所得矣乎！

《韩斋文集》跋

昔欧阳公少时得韩文公文于汉东李氏，读而好之。后官京师，与尹师鲁、穆伯长倡为古文之会。东坡谓自汉以来，道丧文敝，独韩文公起布衣，谈笑而麾之，天下靡然从风，故自宋言古文者宗韩氏。公自述所为文曰明道，而要之于仁义，而载之于气。予独爱公之奇趣。东坡亦尝言：退之，仙人尔，游戏于斯文。惟坡公为知公之奇趣，其源亦自庄、马来也。

绣山观察居京师，好友多文，天趣盎然。尤喜韩公之文而思效之，因以“韩”名其斋。其恢宏近道，得公性情固多耶？惜乎其年之不遐，未足究其所学也。然而自宋以来，法韩公之文而得其奇趣者，盖亦无几矣，憾不及与观察一论之。

《广东武乡试录》前序

同治三年，岁次甲子，钦奉谕旨举行正科乡试。文闱事竣，旋届武场。臣郭嵩焘以署广东巡抚职膺主试，谨会同监临两广总督臣毛鸿宾，率同监箭官广州协副将臣龄山、外提调布政使臣李瀚章、外监试按察使臣李福泰、内提调督粮道臣郭祥瑞、内监试候补知府臣袁泳锡、进学政臣王泑，所录民籍武生暨捐武职、武监共三千七百四名，旗籍武生七十五名，并将军臣瑞麟录送满洲汉军前锋领催马甲六十一名，按次校阅马步箭及各技勇。外场既毕，扃试内场，点写《武经》。择其技勇之尤者取中六十五名，敬谨开列姓名，并录《武经》一节，恭呈御览。臣例得飏言简端。

窃维汉时去古未远，文武无分途，而建元时选六郡良家子给羽林、期门，赵充国、甘延寿、冯奉世之流皆以起家。材武之选，由是起矣。至唐长安时，始置武举。宋初因之，而未有定制。熙宁时，乃建武学，以外舍、内舍、上舍第其优劣，而试科举焉。然郭子仪以武举异等，补右卫长史。狄青亦试武举，以三班差使擢秦州刺史，累功除枢密使。南宋隆兴时，侍御史胡沂言：武举中选，率领榷酤。中书舍人蒋芾请以武举置军中。洪适且谓武举以文墨进，杂于卒伍，非便。其时文武分任，而犹同阶迁转，试武举者率以知兵书、射策为能，而薄视武艺，至诏文、武两举同时扃试贡院，以防其改习，颇失分途选举之本意。元世文、武益分，总把、百户、千户一以军功承袭，而铨除任之吏部。兵部司屯牧而已。文武资阶犹互用也。明初复武举之制。成化中，定武科乡、会试，视文科例。吏、兵两部分司选事。垂至于今五百馀年，而文、武截然分为二，将帅之选，多萃于兹，盖材武之所从出也。

广东雄控南维，海涵山负，瑰奇伟杰之士焜耀史册。郑严、何遗起汉初，名善将兵，封侯，首列《百粤先贤志》。六代、隋、唐，冯宝、侯安都、麦铁杖、陈元光之流，号称骁杰。宋、明以来，人才益伟，而以武举起家，前明陈策、高为礦，贞果强栗，大节炳焉。自明以前试武举策略，其试武艺，独以弓马。今制为加精密，而于司马之法、孙吴之书，惟取成诵，使运用之妙自谙于其心，而不复督以文事，尤为能得其实。山川雄博之气，清淑而纯懿者为文，怪诡而奇特者为武。岭南盖兼其胜，而亦岂非国家陶成作兴之为功欤？

凡在试者，本之忠孝，益之干略，雄武骏深以厉其气，雍容超迈以畅其机，淡泊恬静以达其廉，质直好义以敦其节，畀之军旅而事功立，任之将帅而才望孚，乃以称名于当世，乃以取重于科名。臣既率诸中试者望阙谢恩，序立而正告之，遂谨书为是录序，期无负朝廷讲武兴贤之盛典云尔。

维时官斯土者，镇守广州等处将军臣瑞麟、提督广东全省水师军务臣温贤、太子少保提督广东全省陆路军务喀勒春巴图鲁臣昆寿、镇守广州等处左翼满洲副都统臣库克吉泰、镇守广州等处右翼汉军副都统臣海春、二品顶戴奉宸苑卿督理粤海关税务暂行革职留任臣毓清、两广都转盐运使司盐运使臣方濬颐、分巡南韶连兵备道臣唐启荫、分巡惠潮嘉兵备道臣凤安、护理分巡肇罗道即补知府臣史朴、分巡高廉兵备道臣英秀、分巡雷琼兵备道臣孙观，例得备书。署广东巡抚三品顶戴臣郭嵩焘谨序。

卷八[1]

重刻《李中丞遗集》跋后

中丞刘公谋重刻李瀛仙先生遗集，以属嵩焘校定。为稍第其篇目，芟其繁复，汇次为三卷。先生为政，一本爱人，温惠慈良，自然忾于人心；为诗文，求适意而已，一不用以为名，无有崭绝奇异可惊喜者。然其于家庭骨肉之交、君国之际，缠绵往复，其心常若有馀。所为今体诗，往往类唐白文公《长庆集》之为，盖深于情者也。嵩焘窃有疑者：先生生极盛之时，上被圣明知遇，言足以达其志，行足以慊其心，又其时中外当事任者，蓄道德、能文章，有师友见闻之益，宜若可以肆志而忘忧者。而先生思念田园之乐，永怀不忘，视其功名事业之成否，举无足系其心，而若惴然不可终日。《漫兴》一诗，尤怀交道陵夷之感。岂仕宦固不可为，而朋友交际之难，虽盛世贤者固亦有不可恃耶？读先生之文以求先生之心，其感叹欷歔，又乌能自已也。

潘伯寅《直庐唱和诗》跋

伯寅侍郎见示《直庐唱和诗》，起癸酉十一月，讫甲戌十二

---

①本卷原《〈毛诗馀义〉自序》、《书〈中庸章句质疑〉后》二篇，因收在《郭嵩焘全集》第二册《毛诗馀义》、《中庸章句质疑》中略去。

月。其诗多寄兴盆梅，感叹流连，意馀于词，盖犹寓李空同氏悲歌泣孝宗之旨。侍郎自咸丰丙辰以翰林院侍读入直南斋，至是三十年矣。

当乾隆盛时，天子崇尚文学，南斋唱和无虚日。入直久者，多至宰辅，清贵无与比焉。自顷数十年，祁文端师历官宰相，沈文忠历官尚书，皆直南斋二十馀年，以学问文章名天下。侍郎年益富，名益高，积二十年始至侍郎，以科场磨勘罣部议。毅皇帝知其枉，复命以编修入直。恩遇之隆，视前贤或过之。而一官偃蹇，不得发摅，二十年中两遭鼎湖之变，更寇乱仓皇，悼痛有不能自胜者，未尝不叹侍郎受恩之渥而遭时之穷也。

嵩焘陪直南斋二年，与侍郎追谈乾隆时盛事，相与感慨系之。今者人才之盛，唱和之勤，视往昔无多让。顾念人事之悠悠，变故之纷纭，嵩焘读是诗，怆然以思，愀然以悲，无能自已，况侍郎之躬历其境者耶！名位之遭际不足论也，而如侍郎志节才望，当乾隆之盛，其树立必已多，盖又不能无世运升降之感也矣。

冒小山《枕戈录》跋

冒小山通守以官乳源时所治公牍、文告及咏怀、碑记之作编为二卷，题曰《枕戈录》。盖其尊人春山先生故令乳源，讨罗坑乱民，戕焉。手加刃者，邱何也。事平，邱何夤缘为县役。君兄哲斋副转令番禺，廉得其实。至是，君复摄乳源事，乃捕邱何并其党五人诛之，距春山先生死事时十有七年矣。君兄弟枕戈以求报父仇，劬劳隐忍，历久以有成，盖其难也。君既诛邱何等，乳源之人积愤于邱何，而快君之为能攘除凶慝，以苏民困，又益慑君之威，无敢阻遏君令者。用是政化大行，奸贪屏息，赋役以时。

观君所条示以与民约，养之教之，董而正之，今世无有也。于古循吏之为，或庶几焉。而一以枕戈为义，盖忠孝之积于心而沛然以施于有政，视士民之感激歌吟无足介吾意，而徒幸父仇之借手以报复。吾以是壮君之志业而益悲其心也。

国家用法，仁恕旷越前古。历时久而姑息因循中于士大夫之心，乃遂宽纵有罪，纵使为厉于民，莫之禁遏，以驯至于大乱。有能讨凶恶之民，正其罪诛之，而遂戴之为慈父母矣。使夫为民父母者，用刑杀以取民之悦，此亦古今之变也。而惟不忍人之相戕，俾一格于律令，以养人心之仁，而杀人以为暴者无能逞焉，乃推吾仁以逮及有罪，而日移其为暴之心，求逞志于良民。民气郁而不扬，而从乱滋甚，视吾民之自为暴以相杀，又岂国家之律令然哉！

《周礼》复仇之说，其义详于《戴记》，盖三代之遗也。其时各君其国，各私其刑赏，王者有不能行之于诸侯，故听民自相仇，以济王政之穷。昌黎河东柳氏复仇之议，非《周官》本意也，愤于有司者不能为民理其平，有激而云然也。邱何身犯大逆十馀年，无能捕而戮之。君幸能自复仇，已足多矣。而其事为申国家之法令以讨有罪。以君之私，则复仇为重；以天下之公，则国家所期于良有司之事，未有急于是者也。世但多君之复仇，而于君治行卓卓，罔能究其本末。嵩焘以是推论之，俾司民牧者知所勉焉。

跋黄德堂《修竹堂记》后

黄德堂司马以道州何子贞先生所撰《修竹堂记》属跋其后。盖自其母蒋太宜人守节抚孤，劬劳教诲，茹荼若甘，以讫于成，于此堂乎基之。而终见其子之贤，树立伟伟，扬太夫人之名于朝，显荣褒大，以隆其报，亦于此堂乎成之。昔欧阳公为韩公《昼锦堂记》，值韩公贵盛时，荣其一时之遇，而终以泽被生民、功施社稷相勖勉。德堂谒选京师，当出为县令。其官有崇卑，而遇有显晦，然其为泽之被而功之施则同也。夫荣于一家一身者有限，而泽于天下无穷。德堂将扬其母之施以达之一县，积渐以延于一郡若一行省，无以为一身之荣，而曰："吾母之劬劳教诲，将有其大者远者。使吾之泽在人，而吾母之心固甚慰，而名固亦甚远也。"则此修竹堂也，其不益光且显耶！

跋吴南屏《鹤茗堂记》后

近岁南屏老人因其弟退庵旧所建君山九江楼，益饰以寺观亭堂之属，择山胜处为之。于是君山之胜甲吾楚，江以南名刹无以远过此。鹤茗堂其一也。今读所为《记》，恻然悯寺僧供茶之苦，思所以拯救之，而以望之来游者。唐孙可之书何易于开成、会昌间，诏重茶榷。易于划去诏书，焚之，不为下。观察使以易于挺身为民，亦不问也。是时唐政稗乱已甚，而犹有是，安知今日必无贤令尹者起而行之，而上官亦遂嘉而许之乎？南屏，今世之高尚者，而惓惓当世利病，虽小而不遗，然则所为游观之美，其尚有得于湖山风月烟水之外者夫？

书龙禹门《苏秦论》后

太史公《苏秦传》，称其知有过人者，而以为张仪之行甚于苏秦，而秦独蒙恶声，由仪震暴其短，以扶其说，成其衡道。史公优苏秦而绌张仪，两传中反复言之，亦以苏秦合纵之说为当时要务，心契其言也。文以管仲之攘楚、苏秦之拒秦相提并较，确是正论。自宋以来，苏氏之论六国，实守此义。史公论苏秦，谓其学长于权变。岂惟苏秦游说然哉？战国之君，一皆习于权变。是以苏秦合纵，秦兵不敢窥函谷关者十五年，而齐、魏急起败约，以权变相济为用，未有能守者也。苏秦始出，本在用秦。秦不能用，乃始为合纵之说以游赵。其力固不足敌秦矣，而又激怒张仪入秦，以证其言。岂惟其心与管仲异，所处之时亦异也。通观苏秦之始终，而知明允之《权书》、颍滨之《六国论》，皆未究知当日之情事者也。

跋彭丽生书蒋艺林《追尊定陶濮兴献议》后

追崇之礼，始自周公追王太王、王季，亦以周有天下之规模，实始自太王也。是以两汉开创，未闻追崇之典。隋、唐以后，其礼特隆。至宋而人臣一命之荣，皆得赠封其祖、父。古今异宜，原不能概以三代之典礼施之后代。其截然不可易者，四庙之制，非私亲所能上干。天子有继统，无继宗。《戴记·大传》之文详之曰："王者禘其祖之所自出，而立四庙。庶子王亦如之。""庶子王"者，即宋英宗、明世宗之以外藩继统者也。自汉以来，治经者多能为其精，而不能为其通。宋、明两朝，诸儒之辨争多可笑者，其原亦由康成之注《礼》，于"庶子王"已误解，无能发明其义矣。今世出继之子，例得追封其本生。天子虽尊，独非人子乎？苟明此义，一切纷纷之议论皆可从删矣。

书李生《闺训》后

老友李缦卿以其次子《闺训》遗著见示，盖其初娶时所录，以为刑于之基者也。其拳拳于孝友惇睦之谊、节俭之风，而尤以自重为义。所谓妇德者，尽此而已。而防微杜渐，举世人所陷溺沉锢、莫知其非者，一一遏其流而发其覆，岂徒以教家哉！士大夫立身制行，得失之机，贤愚之分，未有不由于是者也。而当其为《闺训》时，年甫及冠，初应试为弟子员。生质之美，学道之有得于心，求之今日，盖尤难也。而遽奄忽以死，其妻亦幸成其志以死。览其文而悲其用心之勤，又益以叹夫天之生夫人也，不幸而早死，以不得观其成，又岂独李氏之私痛已也。

《郑母陈夫人家传》跋后

陶斋郑君出示其母郑夫人家传，乌程施君文也。叙事简老。会稽赵君为之书。赵君以书名当世，善为波折，而含隶意，似宋人张即之，其源固出于北海，可传也。夫人年不及中岁，劬劳黾勉，以勤其家，而善赞其夫，以应人急难不倦。其德之丰而所历之境之悴，有足感人者。其年又不长，以食报子孙，固宜。陶斋斐然温雅，喜宾接文士，赴朋友之急若营其身之私，必措之安完乃已。君子之处世，求有益于人。人与人相比，而仁之道立焉。夫人之贤，其知之矣。若陶斋者，亦岂非所谓贤豪君子人耶？

《德范词源》册跋后

乾隆三十年，尹文端公自江南入相，随园绘存其像及其留别诗为一册。时庄滋圃先生方抚吴，是冬亦内召，为跋其后，并绘像于册。其后嘉庆四年，册归文端公子雨林将军。王梦楼先生为署册端，曰《德范词源》。将军以传其弟蕉园中丞。又十四年癸酉，中丞官苏藩，补绘随园及梦楼先生二像，续又绘孙渊如、张问陶、查丙堂三先生像，而自以其小像附焉。咸丰六年，兰岩观察得此册京师，求得祁文端师一诗，珍藏之。又十有六年，嵩焘至长沙，见此册，从观察丐得，俾老友汪啸霞钩摹上石，并附刻观察及嵩焘二像。

当乾隆盛时，随园与文端公江南文酒之宴，至今犹想见其遗风。历四十八年，一时尊宿名德若王梦楼、孙渊如、张船山诸先生，得并留像其间，使人仿佛其仪容，兴尚友之思。赖观察之能收藏，而嵩焘为发其议，得摹刻以传；两人者例得厕名其后，盖距文端公去江南之日一百十有八年矣。流传久而向慕者将愈深。王右军云："后之视今，亦犹今之视昔。"览斯册者，其益有感于吾文也夫！时同治十有一年壬申春二月。

跋《晋任城太守孙夫人碑》

《隶释》载《汉广陵属国侯夫人碑》，世尢传本。妇人碑铭见之石刻拓本，以江氏所得此碑称首。隶法稍变汉人之遒紧而为骏爽。乾、嘉诸老辈考证最详。朱朗斋氏定八年为泰始八年。武虚谷氏定孙父为魏侍中孙邕，其说确不可易。而于任城称太守，据

《后汉·郡国志》、《晋书·地志》及《魏书·任城王彰传》，以为任城，王国，宜云内史，则犹考之未审。《后汉书·光武十王传》：章帝元和元年，分东平国，封东平王忠弟尚为任城王，食任城、亢父、樊三县。魏黄初三年，立鄢陵公彰为任城王。五年，改封任城县。太和六年，复改封任城国，食五县。而《彭城王传》称：黄初五年，诏改封诸王为县王。《明帝纪》又称：太和六年，诏改封诸侯王，皆以郡为国。任城本东平属县，既立国而食三县。魏文帝以猜忌削诸王国邑，乃有县王之称。是任城仍为县，隶东平。至明帝复以郡为国，而食五县，则又增加二县，而《地志》未详。晋立任城国，一仍魏制，削所加县。《晋书·任城王陵传》：泰始元年封北海王；三年，转封任城王。是以武氏暨洪稚存氏、李墨庄氏、方半荼氏并疑任城未尝以郡名，而谓太守亦王国通称。考《晋书·武帝纪》：泰始元年，封皇从叔陵为北海王；咸宁三年，徙封北海王陵为任城王。泰始建号十年，至咸宁三年，晋氏立国已十三年。自汉以来，凡侯国皆为县，凡王国皆为郡。此十三年中，任城为郡，宜矣。《任城王陵传》"三年"上脱"咸宁"二字，证之《本纪》自明，诸老未详考耳。

《碑》云："闻为吏部尚书，多用老成。先帝旧臣，举之不疑，必不忘君。既而果举君为侍中。"此与《魏志·卢毓传》适合。《毓传》云："入为侍中，旋以毓为吏部尚书，使自选代。毓举阮武、孙邕。武帝于是用邕。"邕三为侍中，由毓选代也。"闻"下泐三字，当为："闻卢毓擢为吏部尚书"，而字画繁简不类。谛审之，似是"闻子家方为吏部尚书"。子家，毓字也。《魏志》谓卢毓自选代，而《碑》谓其举邕侍中，而夫人早度及之，知卢毓与孙邕雅故相招引，各就其所见知为言，即此一事也。武氏并据吏部尚书为邕所莅官，误矣。此皆明著之史传，为诸老所未审。伯峄出示其家藏，因更一补订之。

再跋《晋任城太守孙夫人碑》后

予既为伯峄跋所藏《晋任城太守孙夫人碑》，碑字疑义，（六）〔亦〕略为疏证。黄氏释文，《金石志》已著录，又更历诸老辈审定。赵味辛氏、何子贞氏补订尤多。何氏于文义精审独至。嵩焘所见，亦时稍有异同。

“其先与齐同姓”：“先”字左旁形迹尚可辨。

“纯静不二”：“二”字甚明显。

“昔臧武仲先犯，齐庄不令与己邑。今我乃犯尊而蒙优诏”：正以辞魏文帝之命，为犯尊也。作“不犯尊”者误。

“此为同寮，故夫人启告”：“启”字形迹宛然，而“告”字模糊。

“孤直”：“直”字上横“十”作“宀”者，裂文。“直”下一字泐。再下，“容”字略可辨。以文义求之，宜当为“孤直不容”。

“有见机意”：假“机”为“機”，字体宛然。与下“夫人止父令留”紧相接。黄氏释文作“宜”，洪氏审定作“寡”，于文皆不可通。

“先帝旧臣，举之不疑”：“疑”字尚可辨，作“绝”者误。

“次第有常度”：洪氏校出一“次”字。赵氏校出一“美”字。“次”下，“第”字宛然。“度”上，“常”字中直已泐，作“美”者误。

“相帅孝友”：“友”字一画尚存。

“齐肃之训”：“齐”字左旁尚完好，作“不”者误。

“乃发叹曰”：是“发”字，非“为”字。谛审碑文，“乃”

字不误。何氏谓：其嗣子叹词，非“乃为”字。不知文义自上“嗣子迅追惟”云云，直贯至“齐肃之训”，乃因以发叹也。

“于是乃追而述之”：“述”字甚明显。皆所宜补正者。

玩铭辞“忉忉遗疏，辟踊靡及，何以告哀”之文，则此碑文，嗣子迅所述也。故于夫人之父及夫，皆不名。诸老考证，皆未及之。要皆可以文义推测而知者也。

跋欧阳伯元《李少温三坟记》

唐人多工篆法，而李监阳冰名最著，亦常自负李斯以下一人。然其书多杂隶文俗体。其纂《字统》三十卷，偶以隶体，于篆文时有出入，不尽合六书之义。欧阳伯元自少工篆、隶，研精六书之学，得阳冰《三坟记》旧拓本，临摹一通，能得其严整遒逸之趣，而于“艺”不从“艸”、于“引”不从“已”，亦稍寓救正之意。因考阳冰所书《栖先茔记》、《三坟记》，并刻于大历二年。其卜葬凤栖原，并云岁摄提格，是当在宝应元年壬寅也。《记》云：“乃贞阳卜，而袝大坟。”即谓所栖凤栖原之坟。李季卿既为《栖先茔记》，以表其父之墓；又为《三坟记》以纪其诸兄仕履行实。两碑皆出邵权名。《栖先茔记》云：“建茔霸陵。”此《记》云：“霸陵故茔，葬不违禁，害于而家。”其栖葬一皆邵权主之。是其前葬是否袝霸陵不可知，而此三坟之为袝葬凤栖原，则无疑也。王良常氏据为前后二事，恐非。此《记》称“阳冰书”，《栖先茔记》称“从子阳冰书”，则阳冰为先侍郎从子，于曜卿等则兄弟行也。王良常以《三坟记》为从子阳冰篆书，亦误。因跋伯元此书，附著之如此。

跋李果仙所藏《褚书兰亭》

刘悚《嘉话录》:《兰亭叙》武德四年入秦府，贞观十年赐太子诸王。而何延之《兰亭始末记》称：太宗命汤普澈、冯承素、诸葛贞、赵模各临搨以赐近臣；当时褚遂良、欧阳询各有临搨，世遂以定武本为欧临，颍上本为褚临。是世所传《兰亭》皆临本也。然自隋开皇间，《兰亭》已有刻本。太宗始求得其真迹，而不言刻石何时。疑贞观十年搨赐之本，即太宗所得《兰亭》真迹勒之石者。诸臣名能书，皆有搨本，有临本。而何子楚谓欧阳询搨本为夺真，勒石禁中，盖又别本也。是自《兰亭》初出时已有三本，而诸臣临本，欧、褚为最著。孙氏《闲者轩帖考》称欧阳墨迹世不传。嘉兴项氏旧有褚临本；又有大中祥符中苏耆藏本，米老所谓三本之一也。又有赐高士廉绢本，藏江南顾氏，皆褚摹真迹。然则褚书流传于世亦有三本，而收藏家源流皆可推溯而知之。

宋、元以来，临本又数百家，而米襄阳、赵吴兴最著。又有米摹褚本。宋理宗所收至一百一十七刻，刻非一石，刻石者亦非一家书。元大德间，钱塘钱氏刻十种《兰亭》，笔法各别，亦不能定其为何人之临本矣。孙氏所录褚本凡三，其佳者大率襄阳书也。

果仙所藏褚临《兰亭》本，据方方素一跋，当即苏耆所藏本。纸墨极旧，而笔法收敛，不类褚书之矫变。疑元人所临而托之褚书，以炫世者。然其精神意趣，犹奕奕然具有生气，固亦非今世人所能拟似也。

跋僧寄凡集方外帖

唐世自贞观、永徽之际，虞世南、褚遂良尤工书，时人宗其书迹，自后罕继者。而《虞世南传》谓其学书于浮屠智永，究其法。有唐一代书法，智永实开之先。而吾湘人最重怀素书，拓本盛行于时。世谓张长史草圣，今传者不逮怀素远甚。自后名僧间出，而鲜以工书闻者。寄凡上人裒辑元、明以来诸僧法书，得数十家，积数年资力，泐之石。国初诸尊宿为前明遗老隐于僧者，所收存为多。

往读昌黎《高闲上人序》，称其书比张旭。闲书固不传，赖昌黎是文，使闲名与旭并重。寄凡既辑诸僧书，刊而传之，又求当世能文者记之。使高闲当日有若一寄凡者，其书必且大显。明僧有《古今禅葆集》之刻，表章僧诗为盛。寄凡之为此，其用心尤勤而为功尤巨。僧门六艺之传，其遂将以是为法派哉！

跋吴称三所藏徐星伯收辑诸家尺牍册

汉、魏碑皆隶书，今体书惟施之尺牍。《汉书·陈遵传》：与人尺牍，皆藏以为荣。《魏志》：胡昭、钟繇、邯郸淳、卫觊、韦诞善史书；尺牍之迹，为时楷则。今所传魏、晋人法帖，其源实肇于两汉。欧阳公《集古录》所谓法帖者，率皆叙睽离，通讯问，施于家人朋友之间，不过数行而已。其初皆非用意，使人骤见惊绝。徐而视之，其意态愈无穷尽。至于高文典册，何尝用此。故夫魏、晋人尺牍之妙，正在无意间，而文亦特渊古。

大兴徐星伯先生所藏诸家尺牍，若李氏申耆、魏氏默深商订地学，罗氏茗香治算经，包氏慎伯、沈氏子敦、宋氏于庭于经史杂学时有考证，要皆以无意出之。性情意趣，自然具见。其书与文可玩味，诚不逮古人，而持论必征诸实，随事指陈，有可想见国朝一家之学，为古人所不逮者。称三学博得此册藏之。凡诸君所为书札，初非有待人世今日之传。而传之久，益重。更历久远，安知不有好事者，因学博之藏，辑之为十八帖？天下事无意而流传久盛，若此类者，盖可思也。然亦岂不存乎其人哉！

跋王君豫所藏黄九烟为王山长书“人在缑山”手帧

黄景虞本湘潭周氏，从官江南，养于黄氏，遂冒其姓。崇祯中，官主事，不终职，归葬其亲，返湘潭。曰秣陵者，从其仕履江南籍也。癸未为崇祯之十六年。王山长先生举康熙十八年鸿博科，行辈后景虞。其以王子晋相况，知是时年尚少也。康熙二十四年，先生官澄海知县。七夕，得巨木海中，曰灵槎也，作《灵槎赋》，用其木为楼，颜曰“浮槎”。其后澄海人即祀之槎中。观景虞书中，想见先生清超旷远，有自来也。邑人罗研生得此书，以归君豫。君豫为先生支裔，意甚重之。景虞自少有书名。潭人辑自其七岁所为书刻之，名《周郎帖》，而隶法罕传。是书当兵戈扰攘之时，展转流传，历二百馀年，仍为王氏所藏，亦潭中一佳话也。君豫因属书其后以志之。

日本郑永宁译侍读学士福羽美静《鉴古钟说》跋后

郑氏译《古钟说》，凡八图。为钟者六，皆出自土间。以唐时纪载，类此名曰宝铎，相沿谓之铎。郑氏据屋代翁说，谓之扁钟。其高尺许，或至五尺。形微扁，有乳。有带，镂为文。其上有悬旋，而无舌无柄，不为铎明矣。因考《周礼》："凫氏为钟，两栾谓之铣。"郑注："钟口两角。"《说文》亦曰："钟两角谓之铣。"云两角，是古钟皆扁也。孔氏疏云："应律之钟不圜，故有两角。"应律之钟，即磬师所击之编钟也，质小，编而悬之，以协十二律。然古钟无不应律者。《春秋·传》：景王铸无射之钟，随其质大小而皆可以律协之。是以其制各异，而微近扁，古钟皆然也。屋代氏之言允矣。郑氏精博好古，为译而传之，证之《周官》书而益知其信而有征也。

意城书刻家集跋后

少时侍先光禄公，与惺斋广文、高杜亭太学及陈萃田丈，以诗唱和，或一日数作，或竟日不一作。暇或出游，提诗以归，已而尽屏去，不自收拾。嵩焘亦懵然不知其可宝贵也。稍长，见大父遗迹及叔祖葵臣公诗，则知珍惜矣。而光禄公尤喜诵本生大父遗句，以为超逸过人。亦颇手录之，成帙。既以人事奔走，又更兵乱，转徙流离，遗失无存。吾弟意城稍有录藏，顾独完，以是遗泽之仅存也，惧久而有湮佚，乃手书刊之。呜呼！饮杯棬而凄恻增唏，谓犹先人之遗也，况声容意趣之存于文字间者耶！吾兄弟庶幸宝藏之，以贻后之人。

跋亡儿遗稿后

咸丰八年，余以翰林入直南斋，寓居海淀澄怀园直庐。故名食笋斋，祁文端师为署书。其后归自粤东，所居左偏有竹千竿。治隙地为斋，取文端师书揭之。亡儿读书其中，意甚乐其清幽也，书画小章，皆用食笋斋为名。所录存诗数十篇，其馀残稿零落，为稍搜次之，得诗二卷，题曰“食笋斋”，从亡儿志也。亡儿年二十，书、画、篆、隶，下至镌刻，汲汲为之，而为诗尤勤，意将托一艺以传者，而天骤夺之年。如亡儿沉潜多艺，能自炫暴，无夭折之征，今且死矣，诗与文之传不传，何足深计！而且为搜辑而刊行之，亦亡儿志也。时同治庚午仲秋。

书城南书院经费册端

城南书院自道光初移建妙高峰下，以次建立文庙、文昌阁、南轩张子祠，规制大备。其后陈尧农先生掌院事，又建二贤祠，祀陈子良、屈子平，及前后五忠祠。惟文庙在书院左，馀祠并建之妙高峰。凡为经费二：曰岁修经费，董事司之；曰祭祀经费，斋长司之。更乱以来，各祠倾坏不治，书院斋堂亦多毁漏。而园土之隶于祭祀费者，或至失业，无复记录。

同治九年，嵩焘谬领讲席，言之中丞刘公、方伯王公，聿新各祠。讲堂、斋舍之剥落者，葺而理之。又于南轩祠旁隙地，建立王船山先生祠，期以乡里先贤开示学者，知所归向。于是成静斋孝廉董院事，罗小园为斋长，并心一力，勾稽簿录，规复园土之被侵者，汇土田之数，课其租入，靡敢抗延。而书院旧基在天心阁下，多私造为民居。估其价，折而赎之。书院规模，犁然一新。岁增经制钱数百贯。嵩焘乃属小园总记岁修、祭祀二者之费，籍而存之。凡田若干，屋庐若干，园土若干，通计出入赢缩，第其篇目，都为一册，俾后之人有所循守。册凡三：一付董事，一付斋长，一留院长处，互相交受，以资稽察。考岁时修理，按籍以求经费之所出，永无使有废坠。祭祀典礼仪式，亦备列焉。凡为院长，以文章道德相资益而已。经费出入之数，有司之者，院长不宜问。董事若李仲云、成静斋，斋长若罗小园，相与考正清厘，无惮劳怨。三子者之用心与力勤矣。嵩焘遭遇其会，开而行之，与闻其末。呜乎！无道德文章之益以资于人，而校量出入，虞经费之有缺，所谓舍本而徇末者耶？夫本与末，相须也。苟知其相须，而为院长者，与董事以下，各务举其职焉，书院之日积而盛，其犹有望与！

卷九[1]

送朱肯甫学使还朝序

士敝于俗学久矣，其所习务外为美观，而检治其身与心，无有也；其所为学，役聪明驰骋文字之间，而通知古今治乱之源与民物所以相维系，无有也。师儒用之以为教，有司循之以为政，贤且能者敷张文饰以为容悦，以成乎矫诬浮敝之天下。学之不修，岂小故哉！

朱公肯甫视学湖南，心有悯焉。轨士于正，发奸摘伏无所容假。遴才于学，一艺之长必甄录之。其将行也，倡立校经堂，谋尽除一切课试之法，选取高才之士向学者环集而董劝之，磨砻乎世事，沉酣乎经术，务以兴贤育才、整齐学校[2]为心。自宋以来，尽敛天下才俊纳之于学，于古所为一道德、同风俗者，若将近之。终其所以为教，课试之以文而已。其间老师大儒，自以所学为教，启佑人才、风俗，渐摩变革，常称盛焉，即今书院之制也。

国家当乾隆盛时，诏天下尽立书院，辅学校之不足，规制大备，可云极盛。独怪其时圣人在上，人文蔚兴，在廷在位者类能通经致用，而无能考求宋贤遗规，胥人士而达之古，一取科举程

---

①光绪壬辰刊《养知书屋文集》原卷九至十三为信札，现已抽出编入《郭嵩焘全集》书信册。本卷为原卷十四，兹依次递改。

②“学校”二字，光绪三年餐霞馆辑挹秀山房丛书之《晦鸣录》卷一同序作“导化”。

式被之书院，视若帖括取科名外无有学问者。仪征阮文达公于浙建立诂经精舍，于粤建立学海堂，一时人士渐知有朴学。直省大吏稍稍仿效行之。〔然〕其为法，〔仍虚立之名〕①，但月一课试，非有优游餍饫之功、涵濡讲习之益，是以人才终无由上希乎古。

忆始受学，数十年间习闻湖南督学贤者祁文端公、刘韫斋中丞、张海门侍读，而于其中厉威严，有课士之实功，独昆明钱公。且及百年，而后得公，又益为之兴学。观其意，将谋进湖南人士远希有宋盛时，不止若阮文达公于浙于粤之为者。衰老且病，于时事无所关与，莫能出一言相赞益。于其将行，窃愿有言。诚惧夫后之人不达公立法之本指，仍取资课试之法，相奖为具文而终导之于利禄也，于是乎书。

送陈右铭赴任河北道序

闻之《记》曰：知、仁、勇三者，天下之达德。夫此三者各有执以成名，而谓之达德，何哉？德者，载道以行者也。其必皆有足于己，而后沛然行乎道而不疑。故夫执一端以为应事之准，诚若异于流俗，而其轻重缓急得失之间，有过不及之差，则亦无由推而放之，以应乎时措之宜。三代以上人才所以盛，学素修而行素豫故也。

吾始闻陈君右铭之贤，就而与之言，则所知多他人所不知。及历之事，又见其渊然悱恻之发，求当于物而后已，其行之也，甚果以决。久之，而君所治事，群湖南之人信而服之。又久之，承望君之名，则亦莫不顺而从之。所谓知、仁、勇三者，学素修

---

①据餐霞馆辑挹秀山房丛书之《晦鸣录》卷一同序补。光绪三年，长沙刊。

而行素豫也。聆其言，侃侃然以达。察其行，熙熙然以和。坦乎其心而不怍也，充乎其气而不慑也。

光绪庚辰之春，诏求人才，大臣多以其名应。于是特命分巡河北，行治河堤数百里，任重而位尊，名高而眷深。而君习湖南久，其行也，心若有不自释。湖南之人亦茫然于君之将去此也。天下之需人急矣，非独湖南之人为然，由河北以至天下皆然。而观于今之人，知者几何？仁且勇者几何？苟得其人，必良吏也，而能至者鲜。能至而未备，要之于道，必未有闻焉耳。学之不修，德之不足违于天下，民将安赖？而君之去人远矣，则宜湖南之人流连咏慕，旁皇太息于君之行也。然天子方知君，且知君之德于湖南也，堪大臣之任，以拯斯民之厄。湖南之人将终受庇焉。于其行，为之序以期之。

送钟夏卿归龙山序

同治十年冬，朱香荪少尉介余见龙山钟秀才夏卿。视其貌，若甚朴者。少尉病盲去官，钟君具舟楫送之长沙。逾年，又送其母、妻以来。往返常数千里，不知其身之劳而奔走之为无名也。余既耸然异之。当咸丰十年，广西贼石达开自楚窜蜀，道龙山。龙山令委其城以遁。少尉独与钟君及黄君伯海、饶君藻汀乘城以守，削竹为兵，乡人用牛车转粟入城以为食。少尉日与钟君三数人谈笑击鼓，刳木发火，与贼炮声相应，据陴指望以自壮。会援师稍稍集，贼亦竟去。少尉以此名闻湖湘间，而卒不得晋一阶。钟君与其邑人守城者，亦绝口不一言劳。余闻益悲。

自古贤人节士多出于乱世。艰难足以成其志业，事变足以发其才气，朝廷又为悬旌赏之典、不次之擢以激劝之，是以草野奇杰之士争自奋起于其间。而吾所见，一二志节自负，独处观变，不干荣进，亦往往有之。窃疑天下之才，挹之而日出，蕴之而日深，亦与世为无穷也。而亦有文章质行不著于外，而所蓄甚奇而不可测者。其用之足以感金石、质鬼神；寻常居处，混然无以异于常人。此古豪杰伟人汲汲以求人才，惟恐不一得之，而知之又惟恐其有不尽也。若钟君者，不得少尉，一乡里人耳。得少尉自任守城，钟君相与以一节周旋，始终不渝，然后吾人皆知有钟君之贤，而钟君自视犹常人也。吾又以知天下之人才，惟能朴也，而后可与当大事、临大难而不变所守。钟君者，其真所谓朴者耶？呜呼，斯其所以贤也。今世达官贵人所谓才者，皆其趋跄应对适意者也。见一朴者，必推而远之曰：此不胜事也。彼适意之果能胜事与否，吾不敢知，而朴者之胜事，则固达官贵人之所不能知也。末世之人才，所以终无复古之望与？

少尉又言：钟君为人，所不可意，虽甚贵显有名，一不与相接。然则钟君者，非人之能远之，钟君又自远也。

岁十一月，天寒风慄，坚冰在途，钟君浩然将归龙山。吾无辞以留之，而为之说以赠其行，且以告夫当世有用人之责者，一讲明乎斯义也。

相国曾公六十寿序代

相国曾公领畿辅之三年，实惟同治九年，吏法民绥，家弦户讴。朝廷以公六十生辰，颁瑞玉而赐鳌焉。于是中外百司执事，下讫民庶，皆曰：“公为国家柱石，以覆育生民，至于今十有八年。疑公寿已及耋。今睹天子之诏，实始六十，所以保乂我皇家，其永有赖！”相与鞠跽歌吟，风驰雷动，万口欢腾。如冕者，何能出一辞以赞扬公之盛德哉！

虽然，冕之获私于公，有不能已于言者。冕官江南，闻公入翰林，天下称其学行，以为文学侍从之选无逾公。已而冕以事被逮京师，谒公邸第，则望益崇，学益进，知为理学名臣矣。及粤寇起，公以忧归，有诏起公于家治军旅，慨然以澄清天下为己任，而后知其豪杰伟人。冕于公，盖进而益窥其深。而自咸丰初元，左景乔舍人自京师归，述公言，谓冕可属大事。冕闻甚惊，以为侍公日浅，何遽相期待如此？其后数以兵事见公，从容语冕："往昔就逮京师，人言汹汹，闻者相顾瞤眙，而君言笑怡然，以知君气定而神完也。"至是始悟左舍人之言原出于是。冕与沅甫宫保以师出袁州，解吉安之围。公时在南昌，喜甚。后尝谓冕："君何自赏识吾沅甫？"冕答言："沅甫国士，不难知。正不知沅甫何自赏识及冕？"公阔达知人，一时贤士甄别无遗，而冕以一见获公知。自顾衰颓，从公兄弟间规画天下大局，望见崖略，蒙一言以自壮，于公之私义不能忘，而亦确知天下毁誉是非无足介意者。此所得于公之深也。

史称张苍年九十为汉名相，文潞公平章军国重事，年八十四，至使夷狄望见之，惊为天人，然其功业文章皆无闻。公体性坚强，年寿上过二公，令称寿方始，无足为异。而自汉置丞相二千馀年，德业文章兼备一身，未有若公之盛者也。冕幸获以其私率先乡人，发扬蹈厉，赓导盛业，将以上继《崧高》、《生民》诸诗，传美无穷，乃歌以侑觞曰：

圣清万祀，中挺名世，披山涤川，反乱为治。万邦是宪，天子是毗，载张其阀，风示四夷。以跻仁寿，薄海一轨，公寿初基，恂恂甲子。尊罍既设，钟鼓既陈，帝赉尔年，百祀千春。

曾宫保五十寿序

尧舜三代之隆，至于今日，刑赏董劝同也，九官、十二牧，中外相制同也，而奚以独隆哉？其必曰，刑赏当焉而已矣，九官、十二牧尽其才焉而已矣。后世建官立政，既鲜有当，而政日益烦，才日益少。然当其盛也，政不皆下究，而犹有能道其情者焉，才不皆上试，而犹有能达其用者焉。其衰且乱也反是。若吾宫保肃毅伯曾公，起一旅与贼相搏，立名天下，其才未尝上试而自达其用，岂非值国家之中盛然耶？

咸丰之初，天下盖岌岌矣。寇发广西一隅之地，驰突数千里，所过城邑为墟。枢府莫能发一谋，疆吏莫能效一战。太傅文正公起家讨贼乡里，选士厉兵，收召豪杰，转战江西。会贼大至，江西郡县皆陷。公别起一军出吉安，尽复其城，江西卒完。文正公再出视师，一倚公办贼。公规画天下大计，以金陵江海之冲，贼势所专重，而安庆为肩项，江苏、浙江，其臂之自捍卫者也，其势必先取安庆，安庆下，而后以一路出浙江，一路出苏州以缀贼势，金陵可以搤而取之。文正公用其议平贼，公亦以难自任，独当贼冲，连克安庆、金陵。中兴之功，于是为最。朝廷懋赏酬庸，锡之爵，命抚临大邦。而公进不求汲引，劳不待甄录，自用其才能，奋起艰危之中，为国家削平大难，尽挈东南已失之疆土，还之朝廷，成功亦伟矣。

始公从文正公观所部诸将，私语人曰："彼其才任数千人、万人足矣。吾自度犹可庶几。"或问万人之才尚有加乎？曰："部勒之以法而仁义之以道，存乎其人而已。"于是人知公之志不可一世，而未遽信其才也。及出，以所新集兵三千，当韦正数万方张之巨寇，落其角距。圜居方止若磐石，而变动出入若鬼神。贼望见其旌麾，皆悚慄。遂以能兵闻天下。于是人知公才可大任，而犹未知其量之广也。既克金陵，论功行赏，公退然自抑，若不有其功，拜疏乞急假曰："吾以兵事自效。兵事毕，吾志遂矣。官非吾志也。"久之，上念公劳，命抚湖北。公以湖北贼屡炽，度不可辞。比出，破贼黄、光间，又乞急假以归。盖公自以功高，忌者多，宜引避，不一屑屑与之校。其自分艰巨无所辞，而名位不敢有所恋。进退久速，受成于心，处之绰然。而当其先，功有与成，名有与立，无不可达之志。其后志虽就，而于心若有甚拂者，诚亦时之为哉！而公之所以自得于其心，此其志固甚大而量固甚远也。

嵩焘以为国家之所以待功臣，与功臣所以自待，当各尽其宜。公之功，天下共见，而其心有不乐求谅者。诚得贤圣之臣，佐天子考揽人才，固必有以深鉴其隐微，知其才之殊杰，延而进之，以与共理天下。士之求自遂其志，诚有不得已耳。为天下者，宁使士之志不尽得所安，而要使其才皆足以自达。苟才足以自达，而志亦毕矣。士毕其志，而国家之治亦隆矣。是岂独公才之不可卒抑，觇国者亦于是有望焉。

癸酉八月，值公五十寿辰，家人子弟谋举觞于家称庆。古者士大夫五十称老，朝廷以礼荣之。孰使公甘老于家，不一蒙天子顾问？起视天下之变日出不穷，而人才之待以应变者谁也？然则公其厚自爱，无遂颓然以老而自放焉，抑亦天下之公愿也。

李玉阶中丞六十寿序

自古天下统于州，由州而道，而行省，名益尊，任益重，其位则古牧伯，其职专制所属府县刑赏予夺。吏有弗获其职，民有弗遂其养，则责望归之。是以历明至今，建置巡抚四五百年，功实名望卓卓可纪，曾不数人。

德化李公之抚湖南，始至，求民疾苦，劾吏之不法者，一以正己率属为先。至于期年，政洽民和。人谓曰："公莅仕吾楚且二十年，习于其俗，士民亦习公之化而安之有素也，无足异者。独念吾楚隩隈之区，江湖之阻，其地垅塽而稠巖；其人质直而椎鲁，御之得其道，披心沥腹，争自琢磨以效乎上，不得其道，亦易以为乱。近时骆文忠公革正民俗，奖厉人才，号称极盛。其道无他，求通民情而严邪正公私之辨而已。是其所行，常道也，而吾楚之人且谓百数十年来莫贤骆公。吏化其德，民驯其教。而骆公容容然一循其常，未尝有殊尤之迹，与其震发昭苏之所以兴起人心者，则亦曰习之久而民安之若素也。骆公卒以是名高天下，树功绩而驯至将相。今公之习楚人安之也，与骆公同。其于邪正公私之分，辨之必明，持之必坚，与骆公同。则其久于其任，上承朝廷倚畀，而为功名道德之归，微公孰与继骆公？亦孰与振吾楚之疲茶，以复希往日之风动？是则更数百年无几见，而两得之二十年之中，庶几大慰民望乎，可不谓盛与？"

夫时有隆污，俗有险易。君子以道贞时，以化善俗。揆诸昔贤达趣舍之旨，无不异域同符。要之，端好恶之源，必无屈法以徇俗；慎枢机之发，必无逆情以干时。以是推而放之天下，皆是也。其于专制一方，诚宜优游浃洽，自求之而自趣之，有馀裕矣。今年二月，值公六十揽揆之辰，属吏及四方在仕者多为诗歌以致祝祷。吾楚士民，既深沐公之化而讴思之无穷也，则益思为颂言以献，而属嵩焘序其意。乃敬述公之所以治吾楚者，昭示邦之人，而系其辞以为寿。辞曰：

洞庭之流，拱岳舒波，万众熙熙，蹈仁履和。蹈仁维何？平我刑政。履和维何？剔谀崇正。兴威服教，其量百年，岁周六旬，声施四埏。笙镛在堂，歌诗在列，我为颂辞，以章有德。

秦星樵六十寿序

同治癸亥之秋，嵩焘奉命权抚粤东。其冬，王渔庄学使归，相见慰劳，言三月来吏事之兴起多也。问之，曰："粤东吏治之敝久矣。始至高州，闻新使者勤习吏事，相与肃然。及至雷，至琼，至廉，所闻皆然，实始坐堂皇、理案牍。"则亦相与怃然。

久之，而闻澄迈令秦星樵先生在官能举其职，始终一节，不随人俯仰。澄迈为琼州近郡治之邑，远处海外，多瘴厉，而视琼属诸邑为最优。以其人之安君也，欲令久于其化，不与更调。于是益究知先生初选得巫山训导，以忧未赴官，服阕，权大邑县教谕。会滇回阑入县境，大邑令闻变，仓皇无措，以先生才能干济，一以城守事任之。寇攻城急，先生登陴固守，设方略御之，遂以功选授澄迈令，于时年甫及三十，知其治行为有本也。会奉内召之命，始终不获一见，而益心仪其为人。越三十有三年，少樵邑丞来湘阴，文明而畅朗，清俭而勤谨，邑人啧啧诵其贤。询知其为先生令嗣。先生由澄迈调补新宁，以忧去官，遂不仕。至是奉先生就养官舍。而闻其精气完固，举止矍铄，一如往时。信乎磊落英多，介繁祉以洊臻乎大年也。

夫人生膺受之福，各视所积之厚薄以为量。譬若器之容受然：纳之瓮盎之中，倾而注之槃盂则溢矣；纳之斗甬之中，转而灌之瓮盎则又溢矣。先生治一学，举一邑之急难而托命焉。治一邑，举一邑之所以为教、所以为养，通古今之宜而就理焉。此其心沛乎其有给，而其量廓乎其有容。顺而施之，光而大之，以荫庇其子孙而昌明其世业，繁衍广博、焜燿绵远无疑也。今年九月，为先生六十寿辰，邑人感于少樵令丞之为惠于民而有裨于一邑之政，又益推知先生之贤，为能启其后而昌其年也，以嵩焘官粤，与先生有同官之雅，求为序其略，以为介嘏之资。《南山》之诗曰："乐只君子，遐不黄耇。乐只君子，保艾尔后。"人世之至荣极乐，无以加此矣。先生其亦欣然而晋一觞乎？

罗研生七十寿序

天地之文，莫奇于山川，莫变于金石草木百物之生，而泄天地之精英，震荡锵洋，其流益远，莫盛于人。是以山川草木，凡物之生，终古未有易也，独其于人，递盛递衰，递推递衍，更代而兴，若循环然。天地之生才，至于人，其力亦有所穷，而常有一二巨儒名德，起而承天地之运，以开之先，则天亦遂畀之以老寿聪强，使之博通厚积，迟久以导人之信从。故曰：天地之道，贞胜者也。倡所学于十馀郡千里之地，既自为之，又表章其乡之先达，诏后进为之，穷老而不倦，是之谓贞胜。

湘潭罗研生先生，自少通训诂、舆地之学，闭门研讨。楚之人以先生所为无所资于今，无过问者。而先生为之益勤，行亦益高。天下识与不识，得所著书，以为德清胡氏、休宁戴氏之精博，先生视之固无多让。先生喟然曰："楚人士孤哉！屈原以孤芳而文，吾以孤行而学。"于是推述元、明以来能文之士八百有馀家，裒而辑之，为《楚南文征》，曰："楚之文如是，吾道其终不孤也。"曩者道光之季，新化邓湘皋先生为《沅湘耆旧集》，论述明季遗老义烈事尤详。大儒若船山王氏，亦至是始显。其后粤寇起，太傅曾文正公倡义旅东南，云集景从，震动天下，论者以为邓先生实兆其机于十数年之前。自顷数十年，楚人相尚以朴学，后生晚进，才智辈兴，则又将以先生是书开楚南文教之先。

山自岷山西南行，逾岭，旁薄郁结，为衡山、九疑之崇深，九江之澔汗，雄奇甲天下。其人磊落而英多，静直而廉深，亦时挺生于其间，而衣冠之盛、文章学问之流传，不逮吴越远甚。闻之先达之言曰："吴越喜标榜，而楚人尚挤排。"人文之不相若，诚有由哉！先生与邓先生，先后二十馀年，用其所学以振兴其乡之人。意者天地之气郁之久而将泄，天且迟回审顾，而以魁杰寿耇授之先生，董而率之。夫天下之事成之艰而其流常广博以悠远，敬告楚之人：苟无相摧阻遏抑焉，其可矣。

先生七十之年，戒无以寿言相颂扬。嵩焘以为先生之学之成，有关吾楚盛衰，则愿先生之年引之而愈长，循之而愈远，以及见楚之文大昌于天下也。先生闻之，又安能不忻然以喜也！

冯树堂六十寿序

道光甲辰，识树堂京师，言貌敦庞，持古义，游处者严惮之。当是时，相国曾文正公为翰林，有声而固贫。树堂馆新城陈尚书。一日，辞就曾公。尚书留不可，曰："当吾世而有若曾公兼经师、人师之望，得从之游，足矣。"其后建宁陈侍御上封事，不报。侍御名能强谏，数言事，辄梗。树堂徒步诣侍御，言："君名高，而忌者日重。及今归，朝廷重君行，久必起用君，足以风示天下。失今不归，他日求好归不得。"侍御不能用。未几，竟罢去。用是树堂之名高京师。兴国陈秋门给谏尝语嵩焘："楚北人才不足与比方楚以南，有由然矣。南士游京师者，类能任事，务实行，以文章气节相高。人心习尚如此，欲无兴，得乎?”嵩焘曰：“道光之季，新化邓湘皋先生表章吾楚先贤节烈，闻者感奋以兴。树堂首以节义立名京师。邓先生以文，树堂以行，率先楚人，扬其风。人士翕然宗之。二君之功，不尤烈与!”

君既用曾公荐，选官四川万县知县，擢知府，治行益高，名益昌。大府交荐君可倚任，而君浩然归矣。自兵事起，曾公提义旅东南，楚人奋起，事业功名，震动天下。天下盖心忮之，谓是遭时际会，凭借者厚。而秋门给谏独先知其然。吾观树堂一二轶事，卓然不惑于流俗，孤行一意，以自致于友朋讲习交游出处之地。《记》曰：“天降时雨，山川出云。”夫云触石而起，而滃然勃然，漫塞山谷，弥纶宇宙，而后乃能雾霈乎天下。树堂之始从曾公，将非触石而起者哉?一时同游，褒衣峨冠，出入生死，效功于时。树堂顾独不与功名之会，老而健在，读书务农，为善于乡。幾发于先而功隐，德盛于时而名微，吾见树堂之寿以康而受祜方长也。

乡人士以君六十之辰，跻堂介椒。而嵩焘于君为姻媾，交尤深，知之尤详，为诵言其有关吾楚风会之大者，以示邦之人加敬礼焉。孰使吾与君乐肥遁而甘幽隐，优游迟暮之年，赓酬相勉，亦岂非天也哉!

易搢臣六十寿序

吾友天下士三十年，其人廉以直，其言也必诤，与之交，必肃而严；其人坦以闳，其言也必达，与之交，必博而裕；其人忠以良，其言也纯挚悱恻，与之交，必能穷达一心而终始不渝。因其与人交而有以知其立身大节，与其终所成就。未有弃人伦，捐亲故，爱憎反覆，以意高下，而可卓然自命为豪杰者也。

咸丰戊午之岁，识笏山京师。恢奇自喜，善饮而豪。初亦未甚奇之。其后数与游，多闻直谅之言，其自谓朋友之际，披肝沥胆，豁然无有疑滞也。已而挟所艺就谒王子怀先生之门，相从古寺中，遗外世俗，又若不知前此之磊块，酣嬉恣肆者。吾以是贤其为人，而乐与交焉。

笏山既提一旅从孟容中丞转战陕、蜀，困而归，以一官自试黔中，乃就嵩焘言曰："先生知佩绅者。抑知佩绅之粗有成立，以从诸君子，不至陨越，吾兄之教然也"，则益述其兄搢臣先生艰难扶持，以养以教，以尽事畜丧祭之义，以不遗其弟内顾忧，而又以其道义文章，交相辅以有成也。吾既以贤笏山，因笏山而稍与闻其家世，又益以贤其兄也。笏山将莅仕黔中，念不得与其兄游居，而其兄年且六十，谋所以寿其兄，为文张而大之，以昭示天下，慰兄弟之思，而以属之嵩焘。呜呼！观笏山所以自尽朋友之间，其于兄弟可知矣。观其所以自尽兄弟之交，其于在官之措施树立又可知矣。彼违亲叛友以为名者，独非人也与哉？而曰：吾以矫然求异于世。天下奚贵有是人焉！述笏山兄弟之风，亦求有以宏示夫斯人也。

唐曦臣六十寿序

余年十八，读书岳麓山，得交唐君曦臣。是时，曦臣年二十六，貌恂恂，若不足于言，而与之论辨事理，多微中，同舍生皆目为长者。其后别去，或十馀年一见，或间岁数月一见。见则恳恳劳问，如始相见时。盖三四十年之间，人事变迁多矣，独君与人交，自少迨长，其情常若有馀，无损益于其初，庶几敦笃有常之君子也。

朋友道废久矣！道钧则以名相耀，势并则以利相比。苟可龂龁以为名，欺卖以为利，不复能保其亲故与其生平。口哆目张，无择而噬，好则人，怒则兽，弱肉而强俎，党私而炫交，今世所谓贤豪者不免焉。求如君伏幽履潜，无炫于名利之私，以自尽于伦纪之地，终其身无所改易。呜呼，将天之啬其遇而丰其性耶？此君年寿之所以引而日长也。

自吾始识君，家故饶。其后兄弟析居，子孙益繁衍。日食或不时给，而君益强健善步。余修邑志，讨论山川会合，君出入冈岭，穷涉险阻，循流溯源，策杖徒行，无间寒暑，诸年少或愧不如。吾既感君朋友始终之谊，又幸君之老健，治事能勤以敏，于君六十生辰，率先君之乡人，考德振辞，以侑一觞，而为之歌曰：

罗湘合流，有贤人居，暗然一室，左图右书。我初识君，温温言笑，既久逾恭，在心匪貌。甲子是周，倏焉老苍，端悫诚一，不渝其常。尊罍既陈，鼓钟载考，作为诗歌，用锡难老。

黄叔涛六十寿序

闻古君子之为学也，内以事其身心，而外以备天下国家之用。自科举之法行，士矻矻焉日敝于制艺，以庶几乎一得。天地之大，万物之繁，茫乎其未有知，阒乎其未有闻也。其恬退知好学，又或竭情毕志于词章训诂，其视人世之利病，漠然无所动于其心。即偶骛于义，而见之不明，则无复伦序，行之弗笃，则趋避迁就之意生，而终于自阏。《传》曰：“成己，仁也。成物，知也。性之德也。”学术之不明于天下而人才日绌，则亦何怪其然哉！

龙山黄叔涛先生，读书为弟子员，慨然思立事功以见其学，慨之天下。而所以行之一乡一邑，自少逮老，追古人之义而从之，无所疑于其心。道光己酉，岁歉，君倡建四门社仓，又与弟凤喈蠲所受田，置义庄以备饥。其后戊辰，饥甚，所储田谷不足给，则告邻郡转米平粜，而治粥以食饥者，至夜分不辍。粤逆石达开扰四川、湖北之交，陷来凤。龙山与来凤二城相望也。君与在城文武官治守具，储刍豆，皆取办。贼围龙山四月，不得逞，竟解围去。时君有从弟元龄，亦在围中，年少负才气，能任事。君请于龙山令曰："吾年逾五十，老不堪事，不如元龄才。即有缓急，犹可备国家尺寸之用"，则悉以其功归之。元龄由是奉檄立一军，晋秩道员，以忠义终。郡守张公廉知其情，曰："是固以让功为义，然其劳不可泯。"竟叙君功，晋盐提举阶。君配晏宜人，性和婉，能赞夫以义，蓄诸子尤有礼法。君仿刘蕺山先生《人谱》，著《证人图说》，曰：若是则为人，否则不足为人。宜人亦杂采《列女传》，取贤与节可为法者，训其妇若女，亦皆以孝谨称。

呜呼！先王之教废，士能自治其心者鲜矣。而功利之溺于人心，其流且及妇人女子，相与浸淫渐渍，惟是之务，使夫不肖者纵情而不知返，贤者亦贸焉无能自信其心，而日求得之以为荣，而所以内毖其心，以求立乎己而有以施泽乎人，曾无有及之者焉。黄氏自其祖若父行义于乡，无求仕进为荣者。君又务饰之以学，夫妇相与唱随，以畅其志而大其施，岂徒以致寿考如是哉！黄氏之业益闳以远，而吾道将赖之以有明也，庶几其有望矣。

今岁十有二月，为君六十之辰。宜人实与齐年。君弟凤喈，乞予一言为寿。凤喈司训吾邑，其神粹以恬，其识闳以深，所言必无溢美，因著其植身行善之大者，归之为其乡里劝。福禄之隆，则君自有之，无俟予之赞颂焉。君其以是欣然而进一觞也！

杨玉川八十寿序

嵩焘少侍先公，见所与游处耆宿长老，敦厚质朴，其言多若讷者，私计先进名德宜如是。稍长，见玉川杨先生，貌和而心夷，气温而词雅，就与之言，曲尽事理之变，如读欧阳氏、曾氏之文，甚详以要，有馀味也，乃恍然以知吾邑之古处，若先生者，是有君子之风焉。其后戊申、己酉之交，岁大祲，治赈县城，与先生居游最久，遇事调理井井，虽甚烦剧，从容取办，沛然有馀，于是又私计：邑之人敏干能治事，无若先生才者。已而兵事起，今相国曾公敛民兵征讨，十六七年始定。嵩焘久在外，先生家居，不常见，而年已老矣。

方楚军起时，人负才气，蹶张以起就功名，相望于道。杨氏于邑为巨姓，仕宦凭借尤厚。使先生幸而壮，抵掌驰驱，借助声势，以效于时，谁敢望者？即老而与时逶迤，精神才力亦足以显用于世。而先生退处寂寞之滨，徜徉自适，与世无所希合。因思十六七年来所历事变与友朋离合，翕张开合，阴阳水火日交于前，莫可端倪。庄生之言曰："汝慎无撄人心。"人心偾骄而不可系，燕处超然，其何撄焉！然后知先生韬声戢影，怡神养和，以求所以自适其适，年寿乌得而不长也。

从弟蟠西为先生子婿，来告先生八十寿辰。而从叔燮廷先生亦以是时年七十。皤然两老，相对垂暮之年，视其子姓日昌以炽，诚亦人生之大幸。而嵩焘亦忽忽年逾五十。回忆少时侍诸长老，退辄摹效其仪容言论以为笑乐，今皆不可见矣。人世茫茫，谁堪托以不朽者？先生独长视久生，及今日而犹幸老成之存，又安得不举觞以相庆也！

杨紫楼八十寿序

少时见里中长老耆寿繁祉，其出而仕于时，必有以自达其材，退而以诗书泽其躬，俛焉日有孳孳，耄而不衰，以为生人年岁与学相成宜如是。及长，更涉世变，见当世大人名德益多，英耆俊伟若龙螭，文章浩瀚若江河。少时所见，乡里湫溢，爽然若有失者。卒其淡泊纯实，以至老寿，出处趋舍无累于心，而意量常有馀，终亦不能一二数也。将非时会所趋，三四十年间推移变化，宜有然耶？

长沙杨紫楼先生，以笃老之年，秉杰魁之资，自少常有志用世矣，困于无资力以进。既诎而为学官，而兵事起，一时才智奋起就功名，先生漠然去之，一不屑意。嵩焘为故相国曾文正公治饷邵州，识先生，时权学事武冈，集学诸生命之曰："天下汹汹，将士裹创、忍饥寒，捍卫疆宇，此岂吾曹安食时乎！归语父兄州里：急输军，无后时！"先生故煦煦然仁，爱人不忍伤其财。闻其言，大服。嵩焘尤以是重先生能持大体。其后十馀年，相见长沙。先生年七十馀，与其夫人重谐花烛，乡人啧啧诵先生之福，称其为人。而是时先生冢嗣鹿（生）〔笙〕太守摄广西太平府事，有能声；次君鹏海都转，举于乡。储欢蕴庆，焜燿闾里，而先生绚履策杖，徒步往来，人见者谓其高世士，而不知其年之已髦而受祜之尤隆也。国家重熙累洽，敦庞博大，莫盛于乾隆之世。及吾身所见闻，其气体充然，其议论遒然，其行事浑然，端且厚而久不渝，使之年必上及乾隆盛时，然则异时乡里老人从容尊酒，流连世故，追语数十年以前事，安能不使人深长以思也。

今岁癸酉七月，先生实寿八十。鹿笙昆仲称庆于家，谋所以娱先生，属嵩焘序而张之。夫十日十二子相配，数极于六十。而人事一变，又三分之，二十年而一小变。先生貌完神固，其年与天地长久，更历人世之变且未有已。回思乾隆时事，犹能言其恍佛。倘遂能一变而复先生及见之盛时乎？敬告邦人士大夫：援考古事，论说乞言，奉先生于学而养之，犹将有裨于百年之风化，以歆起一时之人心也夫！

李选臣先生七十寿序

余少从先大夫受学，粗习句读。年十一，出从学善化李选臣先生。先生督课严甚，而处人接物，贞夷粹温，甚悦而和，与先大夫尤相善也。其后与先生相见，辄益老，而精神意态愈益充然。同治三年，余时权抚广东，吾弟志城自楚来，言先生晚有篷室，举一子，而与其夫人相继殁，独抚其子以居，数年，子又殇，先生累然矜也，而年已逾七十。日尝进吾弟诏之曰："吾穷独无闻，而有门人若而兄者，为文纪吾之生平，以为吾寿，其可以无悔。"吾闻其言而心伤之。

往年太常唐公宦京师，生子而殇，年亦七十矣。往视慰问，因论喜怒哀乐中和之旨，而言："人之有情，流而为喜怒哀乐，生之心而达之伦常日用，盖自有甚不得已者。圣人制为礼以节之，而人纪因之以立，事功由之以兴，情以不流，而性以各正。节者，所以止其流也。始吾哀焉，一往而不知其故，而心为之动摇。乃反而求之天人之故，以窥阴阳消长祸福死生之原，而知理与数并立而各致其用，大造之流行乃弥纶以成其变化。人之喜怒哀乐于其间者，有所溺而蔽焉，而天命为之不行，而生理几绝。惟穷理可以养心。君子所自节其情者，理也。非是，则衰老如吾，乌可一日以生！”其后唐公卒举数子，年几九十。乃知圣贤之学，养性以制情，其所得有深焉者。追思唐公之言，年寿之所以长，精神意量之所以运焉而不穷，盖有自来也。

先生所处之境，视唐公而尤艰，则其所以自养，期使其境不可以累心，亦宜视唐公而加慎。穷通祸福定之天，子孙之繁昌与否听之数，而吾喜怒哀乐发之心、准之理而为之节者，惟人能主之。敬述唐公之言为先生寿，幸先生年岁之日长而犹有望于将来也。

周翰臣双寿序

天之气化，万有不齐，而敦厚者常寿，慈祥者常福。勤劳俭约相为黾勉，其家常昌炽繁衍以有馀裕。何则？天之道，不翕聚则不能发摅，敛之固所以振发之。必丰斯三者，约取而慎守之，其于天地之物，用而不过，乃所以有常，留其有馀以承天之庥也。

翰臣学博自少居贫，奔走衣食，而志必循其事，行必践其言，无一语之虚诳为人指摘者。与人交，更历久远，不渝其素，可不谓诚笃矣乎？始长，自砥于学，食饮衣服或不时，其妻子相聚一堂，起居言笑，䜣䜣如也。其后举于乡，稍以馆谷自赡矣，诸子益成立，能事其家，而一无加于前，起居言笑，秩秩如也。遇人无贤愚，一承以和，未尝有所爱憎毁誉。田夫牧竖，相为均礼，意若与之相忘，可不谓慈祥矣乎？德配戴宜人，实为从姑之女，吾家之所自出也。贤明有礼法，治家井井，劬劳作苦，历险夷荣悴如一日。而尤力务于俭，布衣粝食，节缩赢馀，周济缺乏。君亦赖以忘其贫，衎衎雍雍，白首相庄。人相与谓周氏之勤与俭，足以为法乡党，而因以知其积庆之长也。今年二月，君与宜人同寿六十，适选得保靖学官，将之任，而先称觞。嵩焘汇次君生平，而序其所以得寿之由，因为之歌以侑觞。其辞曰：

夫子木铎，周甲之年，寿与福并，厉劳奖贤。厥福维康，隆隆斯起，委蛇河山，厥寿伊始。任众熙熙，混然和同，不磷不缁，有守在中。钟鼓既陈，琴瑟既御，播之声诗，以永嘉誉。

王静山七十寿序

古之学者，四十而服官莅政，七十而致仕。其行道以时，其受禄以节，故其致身也舒徐而不迫，充周而不穷。既以施之事业，沛之民物，而退而自养其馀力以休其天年，泊然与世相忘。朝廷为之备三雍之教，修养老之仪，岁举燕、飨、食、饮、射之礼，优之学而加敬焉。此古之仕者所以既老而其身安，其道益荣，雍雍乎引年修治之盛典也。

蒲城王静山都转宦粤二十年，督漕而兵民兼惠，榷盐而在官在商两利其和。人谓君生长古冯翊，天文次东井，地当洛、渭之交。故相国文恪公于君为族兄。山川之渟峙，人物之蓄泄，敦庞博厚，多古遗风焉。而君在粤两遭大乱，皆起仓卒，踣城掠野，纷呼叫呶。君从容设方略，集民兵，转库藏，使饷有继，乱以终定。又益疑君长者，而临难有定守，贞亮宽裕，其施有馀。值时方艰，兵革未息，君虽老，其将益起大用，以效于时乎？已而以起解京饷未先报，闻部议镌职。嵩焘与寄云尚书为请于朝，还其官，议格不行，而是时君年亦七十矣。会陕回乱，阻于兵，不得归，僦室禺山之阳，日召宾从游素馨斜，访南汉遗迹，跻白云之颠，酌虎跑之泉，流连凭眺。人见者，指相告曰："此旧都转运使大夫王公也。"

在《礼》有致仕之老，养于学，达于诸侯。历代史书著养老仪式，皆于明堂太学，州郡之礼不具。士大夫致位闲居，无几杖膳羞之奉以饰之珍具，无记善乞言之司以著之惇史。意者礼犹有阙与?

君之致仕，有齮龁之者，非其本志，而适当其年。其惇大纯穆，年耆学明，则又视汉李躬、元魏尉元无多让焉。官斯土者，优之以国老，朝夕礼于其庐，以考道而善俗，亦其宜也。

《行苇》之诗曰:“酌以大斗，以祈黄耇。”序以是诗，养老乞言，成其福禄。岁十有二月，届君生辰，治酒宴宾客。嵩焘不获修适馔省醴之文，左右将事，命工人进歌是诗以侑觞，可乎?谨序。

卷十

送李申甫方伯西归序

同乎俗者违乎道，由乎道者忤乎俗，古今类然也。夫使其道不容于天下，憔悴枯槁，终老牖下，而其心泰然有馀，舍俗以从道可也。而或事任所集，名望所归，百姓环而待治，趋走之吏数百千人，刑赏出其喜怒，舒敛由其操舍，以道则格而不入，以俗则荡而无归，是果何从哉？古之君子求尽乎道者，尽乎理之宜焉而已。宜于己，弗宜于人，非道也。张乖崖讽寇平仲以“不学无术”。术者，路也，左焉右焉而皆有以自达者也。极天下之艰难险阻以求其通，察人心之曲折纠纷以尽其变，行乎刚毅而自遂其刚毅焉，行乎廉让而自遂其廉让焉。君子惟得乎此，是以其道用之而不穷，而介焉不与俗相混。

虽然，君子于此，非有人之见者存也。庄生之言曰：“形莫若就，心莫若和”，“就不欲入，和不欲出”。入焉而将与物靡，出焉而将与世戾。如是而悬一俗以较其从违，其去道也滋远。君子之求尽乎道，求所以自尽而已。尽乎道而身安，而俗亦随之以化，如是而后全也。

申甫方伯来藩吾楚，三年[1]，遭谤以行。人曰：“方伯由乎道

①光绪三年餐霞馆辑挹秀山房丛书之《晦鸣录》卷一同序作“期年”。

以远于俗，不容而去，宜也。”夫为君子者，苟无悖于道焉，斯已矣，俗之宜不宜弗论也。而心乎天下国家，又有进于是者焉。方伯行矣。古者朋友之别，以言相赠处。嵩焘窃愿以是为献，要诸方伯之再出而有以一宏斯言也。

送陈右铭廉访序

国家席承平之业，高官美仕，一出于科举。讫于军兴，崇奖武功。负剑提戈，收一战之效，名尤高，仕尤显。其间用科举之资，赴功名之会，驯至封疆节钺，肩项相望。而亦有志节声名，人望所归，几显用矣，而邅回郁塞，若或沮之，施焉而未闳，耀焉而未光。若吾右铭廉访，天下想望其为人，而又重惜其遇也。

廉访始就乡举，值粤寇起，集团兵捍卫乡里，克复义宁州城，于是言者皆以谓廉访知兵。其后金陵馀寇窜据江西，擒其酋，蹑贼广东，蹙平之，益用武功以知府需次湖南，与平贵州苗乱，擢道员。盖廉访积资至监司，一以平贼功，而固未尝习孙吴之书，总将帅之任。其自视经营天下，蓄之方寸而发于事业，以曲当于人心，固自其素定也。艰难盘错，应机立断，独喜自负。沈文肃公巡抚江南，奇其才，事有疑，必咨而后行。曾文正公尤许其有济时之略。嵩焘自海外归，始相见，甚欢。每过，抵掌谈论，以澄清自期，视人世显荣富贵夷然不以屑意，于是益信其才之宏而蓄之远也。简授河北道，擢浙江臬司。闻其在河北创置治经书院，修沁河诸坝以资蓄泄，杀黄河之势，在浙治盗尤有声。谓若廉访，可为有救时之具，而尝惜吾湘未一与被其泽。而廉访居湘久，尤与湘人习。既解官，就家长沙，以为心所适也。

因念数十年来，新建夏公需次湖南，最称贤能，惠施至今，湘人多能道之。廉访后夏公二十馀年，名声又偃其上，皆江西人也。夏公一任盐法道，未久迁官。廉访于省城未有职任，其政绩多在辰沅。而湘人啧啧称道，乃在绥宁治匪一事。盖数十百年犷悍嚣陵之气，官吏束手无策，廉访就其地求得干才一二人，授方略，令各清其族，捕治数十人，不逾月而民气为之一变，至今帖然诵廉访之遗爱也。

尝与廉访论从政所宜，以为莫易湖南，今遂稍申其志，其于吾湘设施必益宏远，为其心所宿契，而湘人信服之尤深也。及河决郑州，高阳李公任治河，奏起廉访。至则不任受事，独居幕府备议论。既治河有成绩，而李公去，亦遂戛然以归。河南巡抚倪公追叙其劳，为枢府所持。廉访诚自远于荣利，而人亦因其自远而远之。以此叹当国大臣无审量天下大势、考揽人才之知略，一用其绳尺苛求小节，播弃非常杰出之才，无与扬诩昭苏之，斯亦天下之大忧也！

今天子亲政，稍用疆臣之言，征求有名绩者，将加之简畀，而廉访首膺是选，庶冀朝廷遂及时用之，俾其蕴蓄得一发摅，必有以济时之艰危而使生人受其福。夫豪杰伟人，乘国家危急之日，以功业著，此必待其功之成而始见也。而先事之筹防，与人才之所资以备用，必存乎当国者用心之明而通，公而普。则所祷祝以求，又不独在廉访，而在一二能知廉访者，固将于廉访之此行卜之也。

刘韫斋中丞八十寿序

自古贤圣过人之才，非能甚异乎人也，固必有当于人之心，而其心亦自以得当于天下，行焉而不疑。其于人也，无不达之情。

人之承事左右，与其瞻视数千里之外，亦各自输其情，塙然若有所资以为信。以施之政，则和以平；以验之物，则诚以信。非有钩距发摘之术，而无敢玩以事；非有崖岸峻绝之行，而无敢干以私。所以为大过人者，岂待自矜饰、绝远于人，以求异哉！

韫斋先生始视学湖南，甄才而拔尤，黜浮而崇实，人心翕然知所归矣。未几，奉命来抚，承花县骆文忠公、阳湖恽公、合淝李公之后，吏事修明，人民乐业，益务为宽裕敦博，绥之安而动之和。于时东南兵事底定，而贵州苗乱且三十年，湖南屡发兵讨之，殚财用，烦征调。先生至，为易置将帅，委任而责成功。以其馀闲，拓贡院基地，葺岳麓、城南两书院之刓敝者而新之。士欢于学，民讴于衢，幸得有所倚恃以睎成平之业。而忽蒙内召之命，先生笑曰："吾安湘人，湘亦不吾疚也。且老而求息焉！"卜筑以家于湘，迨今二十年，志虑日聪，精气日强，见者相望以为人瑞，而尤快道德之光华荫庇湘人之日长也。

自军兴以来，湖南以一隅之力支拄天下，前创后因，循途践辙，诛锄荒薉，纳之太和，至先生而始讫其成。然骆文忠公之功忾于湖南，涵濡酝酿十有馀年，惟能久耳。先生无久道之化，无盘错之施，独以其德量开诚布公，餍饫人心，历久而不能渝。其视先生，流寓为旅人与其在官，皆若父兄师保之相亲相慕，倾心倒意，毕陈于前。先生亦自忘其崇高，抑然以与为欢洽也。独怪先生德器凝然，守之定，行之安，不与时为浮湛，为朝廷倚信，而一夺于人言，再中于飞语。上意姑以应言者之口，未遽相弃也，而先生之志亦稍损矣。使用其二十年之精力，绥辑湖南而煦噢之，盗贼屏息，民俗纯厚，可计数定也。意者损益盈虚，与时消息，绥定天下之功，成于湖南者必不可长保耶？而先生得以其宽闲之年，为颐养之资，顾视湖南人民之欣戚，朝夕见闻，用相慰荐。

湘人延颈跂踵，以祝难老，亦先生之所闻而欣快者也。

先生质厚温雅，喜怒不形于色，扬历中外四十年，无姬媵之侍，无货币之储，退休于所莅官之地，门人集资置田宅，相协厥居。圣人言君子之戒三，综先生生平，无一之累其心焉。哲孙湘士、理卿，同岁举于乡。继起蒸蒸，有光门阀。而湘人咏歌颂祷，独谓其两历湖南，讫其去官，始终一节，于身无隐情，于人无愧辞，通德类情，以成乎亹亹，为有不可忘者在也。荀子曰："平易近人，人必亲之。"人知先生德量不可及，而所以大过人者，重关洞开，明目达聪，无有障蔽，其尤在平易乎？

嵩焘忝为后进，去处进退亦略相同。始归自粤东，适先生莅湘，日或一再就见，先生坦然无所疑，嵩焘亦未尝以形迹自疏外。吏民见者，亦知先生相与之诚，无有异议。及退而旅居，嵩焘奉使海外，于先生七十之寿，未一跻堂称祝。今岁丁亥，为先生八十寿辰，嵩焘亦年七十矣。韦韝鞠𦜯，进一觞为寿，良亦一时盛事。于是首为颂辞，以道湘人之忱。其辞曰：

涉湘典学，激扬后尘，再徯来苏，华毂朱轮。公来熙熙，业光道泰，一言委官，百城失赖。振湮疏滞，肇始骆公，公会其成，畅宣德风。披诚纳物，谁怼谁忮，利口兴讹，蜚言害治。诏令还朝，公曰予休，不忍湘人，偕钓偕游。二纪留骖，八旬晋斝，舆颂巷歌，以介纯嘏。岂惟年寿，保界山河，比德量功，孰与公多！愿祝期颐，添筹益算，敬致颂辞，协声笙琯。

王夔石尚书六十寿序

国家德化，涵濡扬诩，卢牟六合，必有俊乂耆耇，体元宏化，用其敦庞博大之气，煦妪吾民，登之衽席。而其始端覆育衍渥，常厚积之一隅，而恢而大之，演而肆之，以广霈于天下。故其笃棐之施，能使一省数千里之地咀含餍饫，昭示之象则。于是其发也光，而其推行之也益远而无穷。

夔石尚书始以部郎观察湖北，名为干济才，历一二阶，开府湖南。值军事大定，湖南援师四集，专力贵州苗匪，而东南岁苦水旱饥馑。尚书抚湘之年而苗乱平。岁功有歉，常转而为丰穰。盗贼或有窃发，安坐骚除，不烦挞伐。湘人以谓承借尚书之福荫，嬉游饱食，以幸无事。而尚书所以拊循其民人，布濩而噢咻之，惟惧有伤。其于士，诱进敦勉，惟惧其声名有不达。绵及八九年，休烈液洽，群生沾被，浸渍优游，历之久，乃以序功而庆成也。天子嘉其政之成，谓宜公其泽天下，不宜私之一方，召使内直枢密。以太夫人年高，不乐久留京师。又数年，终念湘人之习其教也，复还之湘。湘人闻而大欢，伺其至，扶老携幼，序立迎迓，瞻望辉光，额手自壮。逾年，擢任云贵总督。方尚书之再至，适当乡比之期。其擢滇督，又于是秋重开庆榜。湘人惊走相告，惟恐尚书之不留监临，意怅怅若有失也。盖自十馀年相奖为严急，屏违人情，使不得达。尚书念就举之士或数百里、千里担簦以至，为广列舍以应之。以是欢然交欣，颂其仁。

夫子之言政也，曰恭宽信敏惠，而言君德，曰宽以居之，仁以行之。是故水之积也厚，而万钧之重载焉；山之衍也博，斯万木之林植焉。故曰："平易近人，人必归之。"要其所以能自达者，明也。明则举错当而赏罚理。举错赏罚，圣人所以整齐天下以使从化者也。岂曰以威民哉，而其德威，见而畏之。惟其明也如是，乃以成宽仁之用。言者徒曰国家承平久，万事堕坏，非严莫能理。夫苟政教修明，人心震厉，用严而严行焉，可也。至于纪纲废坠之久，则恐奸猾者骫法巧遁，常得自脱，而善良之株及者多也。

不达其理，而欲以严胜之，本末舛逆，首尾横决，未有能善其用者也。

尚书之治湘，奉朝廷之休懿，沛嘉祥之隆施，不闻有所击掊摧抑，而一导之和平，使沉沦暗晦得耀乎光明。是以湘之人愉愉熙熙，忘其长官之尊而相视以家人父子。尚书亦以其人之乐而安之，顾慕流连，增缱绻焉，虽连兼圻，为天子保边万里之外，不以为荣，而以捐弃湘人为戚。于时尚书亦年六十矣，值其揽揆之辰，嵩焘率先湘人，为之导其美旨而永其意思，以明湘人忠爱之忱，上契尚书顾复恩勤之谊。他日内赞丝纶，持载区夏，亦惟博恩广施，庞洪光大，绥之来而动之和，以翊赞万年有道之丕丕基。天寿平格，保乂休和，以至耄期，犹将盥手而上引年之颂也。

松锡侯廉访五十寿序

往在京师，闻之文文忠公：士大夫强记之性，无若锡侯先生。在吏部与语中外官仕履，举数至数十百人，无爽者。事有疑难，案考故实，疏析其节目，聆其言，心意为开，其才又足济事也。嵩焘闻而心仪其人。奉使海外，无由一见。比归，闻观察四川，绾盐茶之利六年，屡权按察使，剔弊穷奸，疏滞道壅，端见而委输，关开而节解，以馀力所及，正纲纪之司，泯同官之嫌，隐若以一身系全蜀之重。节使丁公，倚任尤专。追思文忠公之言，益心向往之。其按察湖南也，民相颂于途，官吏相庆于室，曰：是固能举其职。及至，始见廓达开朗，貌温而气良，意勤而语当。退而喜，张其说以示人。既数日，挹其言论，考其行事，果有以餍人之心也。

圣人治天下，极其用，曰知，曰仁，曰勇，是以谓之达德。

惟知也，见之明；惟仁也，守之定；惟勇也，行之决。而或终身由于其途，而行焉不著，习焉不察，惟不知故也。故曰知德者鲜矣。知之而守吾心之诚然，以行之不疑，而德乃备。谓之达德者，达之天下而无不宜也。往时骆文忠公抚湖南，汲汲求民疾苦，以验知吏治之修废。有闻焉，必究；有见焉，必咨。于时吏治蒸蒸，百姓乂安。言者谓庶几上及雍、乾盛时。观其所为，无异人者，而其在官，人恃以安。兵革繁兴，警报日闻，若有倚赖以无恐。其故何也？平易近人，而人归之。圣人之德所以达乎天下，惟平易而已矣。国家承平久，万事弛易。论者遂欲反之以严急。于弛易之后，法益敝，政益嚣，未有能胜者也。骆文忠公顾以平易胜之。百姓无隐情，官吏无废事，使人得举其职，而知仁勇三者备焉，则尤知之大者也。

先生之言发乎上而上信，令施于下而下从，惟其所为协乎事之宜而即乎人心之安。众人孑孑，以不得有为，顾独为之裕如。然则修骆文忠公之业，以慰湘人之望，非先生之属而谁属哉？骆文忠公之至湖南，年裁五十，垂二十年而以四川总督入相。先生之来，年与骆文忠公等。湘人延领跂踵，仰晞朝廷知人之明，谓幸有所托命，而尤快先生之年之未有艾也。今岁八月，先生五十寿辰，嵩焘率先湘人，贡一言为祝，而引申知仁勇三达德之义，济之以平易，以明立治之有本，昭示湘之人。尤冀先生美成在久，如骆文忠时，官民欣欣，敦励慰勉，重睹湖湘交泰之盛也。

曾沅甫宫保六十寿序

沅甫宫保以勋望忠勤，为天子节度岭南东西之地。期年，政通而人和，威行而德孚。天子嘉其绩而优其年，诏解所职，开六十之筵京邸。朝之搢绅及外藩大吏，下逮所莅官属，桊韝鞠𦞦，相望称庆。嵩焘敬诵所知，为之序曰：

公以书生，提一旅之师，从其兄文正公转战江南北，挈两行省巨郡名城数十，还之朝廷，功无与多者。莅晋，值三年洊饥，民相食，公私扫地无馀。公设方略，以情告哀，天下响应，禀之粟，委积而输之，所活数百万人，德无与厚。然观公意，欿然不以自足，而视天下之生有不遂者多也。圣贤以其心仁天下，政教之所及，兵刑之所加，一皆其仁之流行，因时污隆，与物有宜，用以理其变而济其穷。人之有所不得与，皆物之情也。圣贤，达物之情而已。常处于有馀，故能以仁覆天下。质文损益，刑赏尊亲之用，措焉而皆正，施焉而皆行，其功与德之所暨，若无以异于人，而涵而纳之一心，哀怒惨舒，沛然一出于仁，此其所挟持固大而量固远也，于此可以观公之深矣。

曩者尝问公战阵之方，公曰："圣人治天下，诚立而物应焉。所以应者，习之素也。非所习而德有未充，信有未孚，其应也或爽。吾治军数万人，为将领者数十，皆吾习也。将与军又各相习，数万人犹一身也。时有缓急，气有强弱盈歉，节宣之宜，在吾一人。稍歉焉则馁，盈则益骄。馁与骄，败征也。常使有以昌其气，而固而存之，无令暴发。吾谨持吾气，仁、廉、信、勇，内求之一心，以应无穷。左之右之，参伍变化，而其应如响，故吾所以治军，反己存诚之学也。"嵩焘常以其言胜荀卿氏之言兵。

前岁俄罗斯败约，诏公卫畿辅。公减兵节饷，度事始终，无调发之烦。已而督粤，又值法兰西败约，朝廷责海防益急。公部署诸将，足以任守，不侈召募。在廷嚣然，以为议。公曰："凡战有数。其动也为机，其发也为情。审其情之所终极，以察其幾之动，则得应敌之术。法人之视越南，机上肉耳，而诵言通商滇南，其情固有所止也。诚欲任战，秣马厉兵以援越南可也。其将观变而动焉，则姑静以俟时。召募多而兵食难给，只以扰民，国家反承其害。有明之季，临政、莅民皆具文也，治兵尤甚。所言不诚无物，吾知用吾诚而已。”嵩焘闻之，作而言曰：“凡事之来，众人昧于幾先，而君子以为忧。极之天下之人，靡靡焉群趋以为名，而君子泰然无与于其心。古也谓之通识，今也谓之违众。国家理乱兴衰，天也，而受成于人。人心之所趋，天莫之易也，故曰人定胜天。于公又将何云！”虽然，愿公之无改于仁而益厉以诚也。《传》曰：仁者寿。又曰：诚则悠久无疆。寿者通乎天；悠久无疆，终有以孚于人。通于天者，性不易也，而身应其效；孚于人者，理不爽也，子孙将益享其隆。公于此乐之终身，可以无厌。嵩焘用制为《归来》之曲，赓之以《载驰》，举酒和歌，敬为公寿。其辞曰：

乾坤曷毁，纲维自人，公身之系，在国与民。维南有衡，公宅其隩，提携日月，光明覆焘。万众轩舞，公漠不知，中含芬芳，人谁与窥！桂华泫露，有馨空谷，祝公归来，花香酒熟。公车载驰，无俾公归，龙旗九斿，天子是依。卉服岛居，来践我闼，西邻责言，左右回斡。先哲有云，得全者昌，隐然长城，鹭振鹰扬。诏征秋觐，路车乘马，公行无迟，来锡纯嘏。

李筱荃尚书六十寿序

国家敦庞博大，乂安无外，必有元功硕辅，恢张门阀，为国屏翰。汉之平、韦，唐之裴、苏，奋迹中叶，比响联声，蔚为名族，功施烂然。至国朝而昆山徐氏、太仓王氏、桐城张氏之门望辉映一时，际昌熙之运，赴功名之会，弛张趋舍，希世宏务。顾未有挺不朽之业，树非常之功，文武兼资，匡时斡运，若今合淝之盛者。

今合淝尚书李公，实为相国肃毅伯之兄。起家文学，兄弟任将帅，高官厚秩，萃于一堂，子侄相继为翰林，而太夫人固健在，光荣显耀，实迈今古。所辖两行省三千馀里之地，与肃毅伯南北相望，岳立巍巍，天下仰之为宗臣。而楚人之倚公也，饮食有祝，居游有讴。编户外民，怨怒窘穷，悲忧困郁，无所得直，恃公申理。朝廷亦知楚人之有利赖也，畀之重，任之久且专。虽公之视楚人，一若其子弟家人之效奔走而供指使者，忘其尊而近之戚之，人亦忘公之尊而相与归附之，于是公之任两湖，前后十有六年矣。庚辰秋七月，为公六十揽揆之辰，嵩焘忝为部民，习公之政，而乐导指楚人之所以相维系者，以永其祝祷之思，而为之辞曰：

国有重臣，连圻并建，不宁惟楚，万邦是宪。析疆限域，时政纠纷，视所兼辖，理乱弗闻。惟公勋绩，人倚为重，氓獠万里，瞻依与共。公身之系，天下安危，载歌纯嘏，以歆其私。

陈隽臣中丞暨颜夫人六十双寿序

往在京师，陈秋门侍御为嵩焘言：两楚之兴，其在湖南乎？其人质直好义。后十馀年，东南寇发。曾文正公出视师，豪杰相望以起。将相名臣，震耀一时。侍御之言皆验。而于其间树立伟伟，若杰出人世功名之外，以求自达其志，如衡阳彭公及我桂阳陈公，名尤盛，迹尤奇。

彭公位望志节高天下，不有其禄其名，而躬其劳，以大耀其施于世。幅巾深衣，若将终身然。公独以养母之故，高官美仕，让而不居，而以一军周旋乡里间二十年，晚乃奉身以出。其于彭公，始终之际若有不同，要以人生大节，始于事亲，终于事君，求所以内慊于心而无炫于其外，其本原固同。而公出处进退，揆之古人致身之义，为尤得其正。

始公与彭公从文正公长沙，而公实官户部，出文正公门，受知尤深。公亦毅然思得当以报，外简军实，内修营政，荐引人贤，量能而授之职，隐若负天下之重。文正公督师东下，公以母老，不任军旅。文正公因计曰："湖南吾根本，内有粤寇之忧，兵力常分。君家边粤，为吾治一军捍粤边。"卒以卫其家，以卫湖南，贼终不得窥越湖南尺寸地。文正公至皖，奏起公。朝廷即就授皖臬。是时彭公已洊历巡抚、侍郎，为大将，公漠然不顾也。其既卒终母养，后文正公之卒三年，公年亦逾五十矣。世既高彭公之行，而以公夷然不为一官计，谓必与彭公后先。公奋曰："吾养亲之事毕，则吾此身君身也。"既出八年，遂巡抚浙江。越明年，政洽以成，礼缛威燀，人民太和。

公与其夫人皆寿六十，哲嗣复心世兄适举于乡，福庆萃于一门，咏歌播于九衢。计公为善之报，又有非彭公所能及者。其治行之施于官，德惠之逮于家，与其夫人之为妇而孝而慈，以赞公而达之政，而扬诩于所亲，乡之人与在官者皆能知之而能言之。嵩焘独著公进退大节，以为与彭公各出其心之安，而皆致其极。性命之通，天人之符，亦各有隐相应感者以成其志。孔子之言，在邦必达，在家必达，而推其原于质直好义。侍御之言，亦岂有能易者哉！

癸未之春，朋酒跻堂，锵锵有容，举尊上寿。嵩焘为之道扬盛美，率先乡之人，歌以侑觞。其辞曰：

皇路夔夔，八风载之，乘云排阊，舐天若饴。翼生不飞，钟铿不纽，解弢弛悬，归勤吾母。有愉于家，有劳于边，在心无眩，固扃重键。饮棬讫养，扬軨就路，旌麾四罗，纲维节度。皤皤黄发，左冕右袆，庭趋若云，鞶帙交辉。笙匏在堂，尊罍在户，我为声诗，以介纯嘏。

梅小岩中丞六十寿序

李幼枚观察以小岩中丞六十揽揆之辰来告，而求一言为寿。嵩焘因诘曰："朋友故旧之交，以情合也。属吏于长官，以势合。势在而群趋之；势所不及，则淡而忘焉。中丞去官里居之日久矣，子之请何为者?"则曰："中丞不在官，故得以寿言进。使其在官，将求一言为寿而不得也。中丞之视东河，与其在粤、在江南，所不及知。其抚浙三年，辅耀始终承事。每岁朝及生日，预戒所部，无得蠲所职、诣行省为贺，而以严檄行之，无敢违者。属吏有欲陈献，甚微约，不敢遽，将俟见，先明其无私请。比见，终不能举其辞，而中丞诙谐谈笑，与人无城府，固无厉声遽色之加人也。"

嵩焘闻而叹曰："是其所以孚信于人，而不敢以私干，非一日之积也。吾侄庆藩司榷宁波，归言中丞校阅宁波，鄞令知其不乐奢靡，所陈设皆古玩具、名人书画，甚雅洁。中丞闻所治舍朴无华也，喜甚。既入，诧曰：'是费滋甚，吾无以堪之。'亟出，就宿舟中。宁波人啧啧以为未始有也。往在京师，中丞官吏部，嵩焘闻知其名，就与见。车裘俭敝，洒然不为意。每出，櫜笔，叠纸为方寸册，有闻辄录之。甚喜其留意经世之务，即小可以知巨。及同官粤东，益服其勤能。即治一事，捕一盗，躬率健者数十人以行，左右莫知所向。既至，下马立指曰：'某所治某事，捕某盗。'手握佩刀，超而入。所发必中，无有歧失。嵩焘尝与言：

‘少时闻于清端公轶事，辄心向往之，以为苟得忍劳苦，以清名世，若斯足矣。及读清端公传，惘然以为未足。贤人君子之生世，天地民物将托命焉。其道之行，则公吾之所学，以使斯民被其泽；其不能行，怀清履洁，奉身而退，以不濡其迹。故常重视其身，一事有不足立，一名有不足居。’盖吾与中丞所以交勉如此。二人者，于道亦几行矣，而终敛迹以退，亦幸无悖于始终去就之义。独于圣人所谓求其志者，犹或庶几，所谓行义以达其道，固有所未尽也。则以叹君子处身之难，而持一节以表见于世，无愧古人，良亦未易期也。”

幼枚观察所述中丞轶事，虽起于清端公于今日，不能过。而感其一节之清，流连咏慕；及退居之时，颂言为寿，以志其敬仰之私。吾以是贤幼枚，而中丞之贤用是以益光。其不自苟如此，即行政可知；不轻取人如此，即恤民可知。休休焉太和翔洽于其心，年寿之长而行之积有馀矣！《诗》曰：“乐只君子，邦家之光。”夫苟有以自立，身虽退，岂不为国之光乎？因书以序。

傅青馀廉访七十寿序

君子之出处进退，求达其志而已，无欣戚于其间。然当危难之时，水旱盗贼之警，一日履其位则忧集于吾身，而咎责无能自恕。穷居之感叹悲悯，蠹然未有忘于心，而责任不及之，则俯仰可以自适。君子所以为欣戚，又有以异人者。乃幸以宽闲无事之日，从容乐易，葆其天年，天下之人相视以为儒者之效有征矣，终使其泽不被于天下，而道以郁不申，为朝廷惜。而君子用之以纾其忧，游其心广大之域，道虽塞而行之固亨，焉往而不达其志哉！

青馀先生与嵩焘同岁生，其通籍为翰林，后嵩焘七年，而历仕之夙且久，实先八九年。嵩焘少习辞章之学，洎壮，治经史，不能专。先生专精小学，审正古音，著书行世。曾文正公治军长沙，嵩焘经画创立水师及水陆各营制度，而不敢任将兵。先生提一军搏战汝、颍之交，功绩烂然。其后嵩焘归自海外，先生以河南按察使罢官，假寓长沙，相见甚欢。综论两人出就隐见多同者，而涂径不分，轨迹各别，要其志事所就，各从其分量而已。是以先生树立伟伟，视嵩焘为多，而亦终不能以固其位，将非其所挟持，有与众异趣者乎？而同声之契，啸歌之适，与先生有相会意言之表者。

道、咸之交，三四十年间相竞以武功，起布衣，位开府、特进，肩相摩踵相蹑也。而以翰林序功授编修，不与散馆之试，独先生及嵩焘及稚璜丁公三人。丁公年稍次，最贵显，而独早逝。嵩焘与先生才不足以希时应变，道不足以经邦宏务，独留其衰老之身，徜徉容与，与时相忘。拊心自问，异数所被，差幸无负。先生兼习道家致虚守一之说，凝神摄气，以求长生。嵩焘纵浪大化中，幸与俱存，其行义不敢望先生，犹或勉而企焉，以其衰病馀生，比寿而齐年乎？

光绪十有二年七月，值先生寿辰，德配刘夫人适先一年九月生。嗣君竹湘司马，谋以其时开七秩之觞，预为先生祝。先生之德博矣。夫人贤孝仁明，有闻姻党，亦习道家言，吐纳服气。夫妇相与唱随，有高世之风。嵩焘于此尤不敢望先生之福。然而乡之人以嵩焘与先生道相若，年相比，功名志节亦幸相次，皆曰：为先生寿，莫嵩焘宜。嵩焘亦自喜出处进退之节、忧时之心，有一二与先生同者。然则以炽昌眉寿祝先生，诚不如达其志之有馀量也。《传》曰：“道不同，不相为谋。”人贤代作，来轸方遒，鼓钟相闻，存乎神契。寿先生，亦所以自寿也。

刘彦丞牧伯六十双寿序

历汉至唐、宋，授官任职千馀年，皆重内而轻外。然其起家必隶于县，数转而为县宰，公卿大臣之选由是出焉。明以来，外吏之任稍重矣，而内与外旷然若门户之差分，不相为出入。百馀年间，行取御史之例既除，州县转官至台省，常历数世无一人。终使人才厄于奔走，无由自达。用人之不古若，诚有由然哉！

刘彦丞明府以进士令湖南二十馀年，所至有声。嵩焘始见之长沙，其气温而和，其言质而达。与语为政之略，常以广学校、敦教化为先，而在江华治行尤伟。江华地半隶瑶。民、瑶违言，则哄而交兵，焚掠无虚岁。明府至，立科条，戒无相侵。民、瑶奉约，颟若画一，如是三四年。更调他邑，而难又作，闻其还辄罢。凡三至，三平民、瑶之乱，讫十馀年无有事者。其言以为"民、瑶各怙其私，瑶未易以理喻也，民亦岂易喻哉！吾惟平吾心，示之以不欺而行之以不扰，使皆有以相信，则易化也。"嵩焘闻而深味其言。

光绪十二年，由巴陵调补长沙，患胥吏之为扰，度县十都，都数十团，萃数团之力募勇一人，贡之县，得百人，部勒而训练之，拣湘人任为将帅有廉名者，资之董率，获盗无算。乱民为会称首，积数十年不获，亦捕得数人，散其党，纳所受标布凡数百，属境大安。嵩焘初闻是令而疑之。明府笑曰："诚不免累乡人，然固有乐其便者。有事辄走县乞差勇以往，冬防得盗比有功。用其乡人治一乡之事，而以官法行之，视胥吏之扰为轻，而事亦易集也。"已而其效果大著。嵩焘则益深味其言。

今年四月，明府与其夫人合开六秩之觞，于是嵩焘为祝辞以晋，曰：

观君所为，亦至平易之论也。今人为峻厉严急，以取声名，固不乐效之。太史公创为《循吏传》，自宰相、百司以下，苟尽心于民，则以循吏归之。其他文类皆新奇可喜，独传循吏，一出之平实。如君之为，当两汉之世，推考治状，征拜九（乡）〔卿〕，良亦无忝，然而此风固微矣。独其轶行传之人口，登诸荐剡。今且任为武冈州牧。君之年与其政行名业俱永无穷，而夫人之贤亦实足以赞成之。则此之为荣，又视高官厚禄无足与以当此者也。嵩焘引疾家居，无宾客交游之欢，而同城牧令之贤者，若张子遇、张南屏、唐蓬洲、严少韩及今善化令孙彦臣，更相契好。明府往来之意尤勤。观其所尚，而足以知其人。因汇次其祝辞，引申平日相许与之言，即以为明府寿。

韩宝臣五十双寿序

得百里之地而君之，土田、版籍、人民受成而听治焉。顺于心则一邑之人喜，不顺于心则一邑之人惧。好恶惟所施，是非曲直惟所命，县尹之得所为于时，任专而权重矣。然上之由郡累而积焉，以达于部使者，若累九重之基；下之士民之环伺，各隐其情以相试，若窥千仞之渊。承乎上者日危，而接乎下者之为蔽日多也，是以县尹在今日为尤难举其职。

邑侯宝臣明府始莅湘，邑之人皆曰："侯，名进士，有《诗》、《书》之泽，其治行必异于今人。"或又曰："文学、政事之分久矣。今世仕宦多以资选。选者自度其所能，以求一试，名与实相应。得之科举者，名实常不相应也，则疑于政有未达也。"既久，又曰："侯，慈惠廉静人也。望其容，粹然以和；聆其言，温然以简。居京师时，家世仕宦。侍尊公官黄陂，年少处丰而无矜情。值粤寇之乱，尊公募勇与贼搏，坠马，伤焉。明府掖以驰，艰难颠沛，旦夕不自保。未几，奉讳归，贫益甚，而亦无挫志。见者相与叹息，知其蕴负之深也。而容貌辞气，粥粥焉若安于乡里朴拙之习，不知有人世周旋。此其意量为何如哉！"如是再逾年，益晓然于明府之存心厚而用财博。与人处，泛施曲应，惧恐不当其意，无丝毫计较于其间，以是重自累。盖自其少时，拯患济困，常忘其身之穷以赴之。（常）〔尝〕岁暮，邻有鬻女者。明府闻，持三十金偿所鬻女，又分所食米资给之。前母李太夫人有从孙女将嫁，不能备奁具。明府适以负（责）〔债〕无可偿，营办屡日，以应逋者，罄取以畀之。家人相与怪问，应曰："前母氏之亲，婚嫁相周，吾事也。敢惮烦苦自爱乎！"故其在官，视所当为，烦费不惜。以困难告者，竭情为之计，若营其私，无有厌也。德配施宜人，并心一德，以勤其家。在官九年，禄入不足赡其家，宜人亦安其素，教督其子女，常若居贫时，不以随官请也。

今年四月，为明府五十寿辰，宜人亦适与齐年。邑人谋所以寿明府者，并著宜人之德，制屏以张之，属嵩焘为之辞。今之仕者常患贫，追时好以取世资，蓄所有自封。审乎去取之分，严于纳交之节，未数数然也。推施宾客亲旧，殚所有公之于人，不以自私，抑又难焉。明府任通道，惠政为多。在湘阴，临民莅政，一行以慈。下之民隐无不达，为上者亦多其惠足以及人。推而行之，于今世县尹之所难者，明府一处之夷然。嵩焘尤多其能厚所施而轻视利，以感孚上下之交，无弗顺而安焉。宜人之德，又实有以成其志以宜其家。为举其略以昭示邑之人，俾无忘明府之惠。明府之视邑之人，亦将有惓然不能忘者也。

李次青六十寿序

儒者负文武才略，其志意又伟远，尝欲为天子牧民戡乱，赫然著大勋劳，顾或时势交阻，颠踣困穷，卒不得一行其志，此殆非天之所以厚之也。其或性情冲夷，脱然荣利之外，而事会牵迫，遂至驰驱戎马，膺至艰大任，虽天下乂安，名位昌显，而鞅掌王事，仍不得一日少休，此似天之厚之，而实非所以厚之也。若平江李君次青，天之所以处之，殆厚矣哉！

君少负干才，又勤苦力学，多知古今沿革损益之宜，慷慨激昂，喜任事。从张振之府丞莅奉天，揽边关形胜，陪都锁钥之重。以关东天下根本，朴厚纯古，蓄积至深，而东南民气凋敝，悍健椎埋为奸，乱机数动，慨然怀澄清天下之思。会曾文正视师长沙，君上兵事数千言而隐其名。文正公大韪之，求其人不可得，笑语君曰："是非李君莫办矣！"遂留参军事。甫出师，岳州水陆诸营未集，而贼大至。陆军溃。文正公简料水师，退保长沙，自以召募成军且一年，不足资一战，拊膺太息。君奋曰："无忧！军虽溃，而塔智亭、罗罗山幸未与。杨厚庵、彭雪芹治水军，足可倚恃。"指左右侍立诸将弁曰："此一辈人支持天下有馀。"于时侍者黄昌期、鲍春霆，方以武弁为亲兵也。文正公亦恃君言为壮。其后塔忠武、罗忠节立功名天下，而百战以殄巨寇，肃清海表，卒出此数君之力。天下尤以此服君之知人。

君在军久，亦思奋起立功名，不乐以文章自见。创立平江勇营，以兵事始终。然诸军卷甲急趋，乘贼之懈，君辄不与。而艰难困厄，危苦支柱，居常以身任之。今肃毅伯合淝相国尝论君，谓为李广数奇。君亦以数保孤城，抗遏强敌，名闻天下，皆指望之以为不可及云。一为按察使，两为布政使，晚出平贵州苗寨，功尤巨。而君一切弃置不顾，浩然解组以归。塔忠武亦尝谓君有儒略，当以文章高天下。君在贵州军营，集国朝名臣耆旧事迹，为《国朝先正事略》，识者谓为一代人物朝章典故所系。而其文高雅纯悫，比之欧阳文忠公《五代史记》，亦无愧焉。文正公学行武功，震耀一时。君从事最久，受知亦最深，规模气象，仿佛近之，亦惟其文之足自显著以扬于无穷也。

今年秋，为君六十寿辰。太夫人方健在，君引《礼》“不称老”之义，却乡人祝祷之词。嵩焘独谓君以六十之年，奉亲致养，为生人之至欢，而太夫人之视君，少而立文名，壮而以事功显，忽忽六十，而以优游林泉文史自娱以娱其亲，则尤古今人传为盛美懿行，称述无穷者，安可以无纪也！嵩焘亦获从文正公游，自兵事起，几三十年，今存者独李伯相、杨督部、彭侍郎，落落数人，而或出或处，名迹各异。君独以栖迟林麓，奉亲著书，极孝友文章之乐，为诸公所不能逮，然则天之所以处君者诚厚哉！夫君既善以自处，而天所以待之者又甚厚无穷，则其所以流传今之人，固不仅在区区事功之末也已。

萧廉泉七十寿序

古之君子，得一官自效，必有洒然求达其志之心，而后能审量民生之疾苦、事之当否，推而行焉，以无歉乎其志。然至一官而累而上焉者数辈，一事而综而议焉者又数辈，势积重而权益轻，扞格参差，所不能自达者多矣。而其志之所存，苟见为得失出入，系乎民与事者大也，争焉而必得。所请不得，则浩然归耳。是视其身之遭逢利达为傥然之应，诚有不屑意也。而惟贤者为能自达其志。

萧廉泉先生以拔贡朝考得教谕，会兵事起，治民团，会官兵克复吉安郡城，保知县，选得江南砀山县，调补仪征、江宁，莅仕江南三十年。承大乱之后，曾文正公以勤约风示在位，广求民瘼，稍蠲文法烦苛之旧。先生亦于是时兴教立学，诛锄奸宄，所至皆能其官。江宁陷贼久，田皆荒秽，曾文正公请示限抵征。会限满，户部责征急。先生乞减旧额二成纾民力，凡再上请，奉谕旨允行。其后仪征有略人者，观察使捕得男妇七人，皆论死。先生争之不可，叹曰："吾为邑，使民抵法骈死，不当其罪，是吾职有旷也。"即日谢病归。江南言吏贤能者推先生，而重惜其去。观先生所为，非有赫赫之名、奇特诡异之行，而事必衷诸心，行必践诸言。苟为民利，曲折反复不为沮；苟为其心之安，荣辱祸福不为慑。以云得志而尽所欲为，未也，而亦岂不足以达其志哉！

夫郁于前而昌于后，天道之常然；厚于积而霈于施，人事之必应。先生自少以孝闻乡里，侍父疾，望色察声，揆度阴阳，久遂通知医术。厚于兄弟子侄，推肥就硗，一无校量。夫人早逝，遂不复娶。孝友之风，蒸于家庭。生平佩服儒素，志意充然有馀。与人恂恂，无疾言遽色，而遇事持大体。有所辨论，终亦无屈挠也。是以在官与其在乡，每举一事，能任其难而持其终，而未尝有系恋于其心。小虞观察莅仕湖南，先生引退数年矣，言者谓先生积之厚而施之不遐，用其志以行之一官，终其所事，郁而不申，固将以是贻之小虞观察，昌其荣于无穷，而益以大其施乎？

今岁七月，为先生七十寿辰。观察谋所以娱其亲，求得一言为寿。庐陵萧氏富贵荣显，衣冠相袭。观察致身通显，延庆于有家，未足餍先生之心也。尽先生所欲达其志者，观察缵述而推行之，以霈其泽于人民而施及国家；先生老寿繁祉，扶杖观政，闻弦歌而知雅化，属吏士民，跻堂称觥，薰然太和，回思今日以推及服官行政之年，悠然以思，欣然以乐，年寿亦将引之而愈长也。请以是言为之券，可乎？

李芋生六十寿序

尝读老氏书，玩其旨意，言治天下皆寄也，其本在养身。其后庄周氏益闳其义而大畅于文，大抵重言道德，极之玄妙虑无，故曰："道之真以治生，其土苴以治天下。"儒者讥之。然而圣人固曰："成己，仁也，成物，知也；性之德也，合外内之道也。"圣人之成物，亦尽夫成己之量而无馀蕴矣，而固将有事焉。仁义礼智，隶之名物象数，而精义生于其中，初非虚扬之以为名。为道德之说者，将使精神专一，动合自然，赡足万物，究纷纭蕃变之情而心不劳，充虚极静笃之功而用不匮，如是谓之神全。神全而握天下之枢以应无穷，视治天下固绪馀也。汉留侯、李邺侯出入功名之际，卢牟六合，荣观超然，用是术也。

吾友李君芋生，少负奇志，值东南寇乱，橐笔走数千里，从威毅伯曾公金陵。曾公奇之，稍优以事，俾尽其智量。事皆办。既以知县待铨，宜更得优保。君谢曰："吾才力自度可一州一县，过是，非吾分也。"遂辞去。应部选，分发湖北，所至以能显，屡举循良第一，擢兴国州，调沔阳州。事有丛脞，必以属君，旋至旋理。其功著江、汉间，尤在开柴林河。先是沱、潜诸水注洪湖，多积淤，水涨，辄决堤坏田庐。大府议开洪性河泄水。君相度地势，步量河身远近，以开柴林河为便。诸在事者力持之。大府惑于群议，又重倚君，戒君无拂众。君曰："某能治其易以幸有功，不能治其难。"为具图以进，且曰："不尔，某请退避贤者。"大府强以付君。数月，果大治，竟数岁无水患，功多而力省。君适以忧去官，遂不复出。

嵩焘长于君十年，故与君兄春浦善。君又与吾弟志诚善，至渥也，独谓君才能胜事。及官兴国，寄所为《周易问答》，言阴阳消长之原、刚柔进退之宜。非独经旨之深也，其于道也，庶几有得矣。疑君在官久，任事多艰巨，何以能此？君曰："道家修命修性之旨，命可立而性可明也。吾修性而得朗彻，在官而即事以明性，不废学也。"既罢归，相见益亲。而观其德日益光，其言亦日益油然自足于其心，于人世毁誉荣辱，诚无足以介其意。观其才智无所不通，所持若不可测量，而用之甚简。

在汉，文、景之治天下，为后世所不及：顺情以制法，因物以就功。无他，简而已矣。夫惟其心之通于理而物不足以累之，斯所以为简也。君之出处进退，诚有得于是。其心且渊然而未有尽，盖古有道者流也。故夫引之而不尽者，心之精也；敛之而愈深者，性之发也。心足以应万变，而性足以成一纯，视其所以养之而已。圣贤言性，功极之博厚高明而悠久，惟得所养也。故曰上寿养性，岂惟其道之裕而用之神哉，年寿之长，可决知也。嵩焘之才不足以知君，于君五十寿辰，敬述所闻，发明君之志事，以谂世之知道者，其将有得于君之深者乎！

朱禹田六十寿序

生物之钥司于天。爱物成物之权，散寄于圣贤豪杰。立功所以与德并重。所谓功者，有益于人而非利己也。修孝弟于家，敦任恤于乡里，使一乡之人蒙其福惠，即是之谓功。此其说尝征之吾友朱禹田都转。禹田少业儒，通学籍为名诸生。道、咸之间，江湖岁潦，民困于食。禹田转百货居积为贾，曰：“是可以利民，吾亦得取赢以赡吾家。”久之，利大雠，辄分其羡以散友朋亲族及道路之穷饿者。如是数年，人高其义。僻壤无知愚氓素不知有贵宦显仕，而闻禹田名，无不额手诵其贤。禹田赈人之急、急人之难虽甚豪，而废居居邑，伺贵贱，亦常倍蓰。常言居财如治国，务审时。而知人善任，所识拔即百工执役，亦罗致之。善因事征，伺其取舍然诺，与其才所能堪，委任而责成功，往往得所任。

今曾文正公督两江，规复盐政，分楚岸行引，专立湘岸。禹田力任其难，湘岸商贾云集，积岁销常及引额，视他省为最。文正公起一旅之师，戡定东南。朝廷念其功，诏所在立祠。而湖南为文正公生长地，禹田一意营度，极园林祠宇之胜，而于其旁为讲舍，延诸生俊秀者弦诵其中。此其意非徒饰美观、耀勋名而已，盖欲远近游者仰瞻栋宇，想见文正公为人，而俾师儒讲习优游，扬公之风，以明先生之道，薰陶乡里，转移士习民风。其立志之宏、为谋之远，岂寻常乡闾善士所能企哉！

今年某月日为禹田六十寿辰，同人谋所以庆之，而属余为之词。余惟人之生也，寒衣而饥食，倦息而渴饮，积日累月，增而弗已，虽大耋期颐可渐而致，苟非躬至行有厚施于斯世，未足以云庆也。今观禹田所为，利乐其乡人而维持人心风俗于不敝，其所施已如此，使渐而增至于大耄期颐，其有功于世也，将更无涯量。然则今日同人之所以庆之，固大异世俗谀颂之恒习，而诚有不可已者。余故摭其生平志事为之序。禹田釂而览焉，其不以余言为亹乎？

郭嵩焘全集

十五

集部三 文集

子部 庄子评注 管子评注

年表 郭嵩焘年表

岳麓書社·长沙

全书总目录

本册说明

本册为《郭嵩焘全集·集部三》，收入郭嵩焘文集之二及《庄子评注》、《管子评注》，末附郭嵩焘年表。

本册的文集为卷十一至卷二十六部分，共十六卷，其中卷二十四至二十六为增补之文，共计40篇。其编次基本上以各文撰写的时间为序，难以确定写作时间的编入卷二十五。卷二十六为清末养知书屋刊行的《玉池老人自述》，篇幅较长，系郭嵩焘于光绪十五年始撰，光绪十七年其去世前三个月完成，当为他最后的著作，因而单独编为一卷。此外，本册所辑佚的一些文章，与底本所收相同，但内容出入甚大。因此，本册将此辑佚之件附录于底本所收同文之后，以资鉴别。有的辑佚之文，附有他人所撰写的序、跋，虽非郭氏本人所作，但对于了解郭氏著作具有重要作用，我们亦将之附录其后。

《庄子评注》，原为郭氏佚著，系辑自郭嵩焘之侄郭庆藩所著《庄子集释》（光绪二十三年长沙思贤讲舍刊刻），计184条。这些条文，均系郭庆藩《庄子集释》一书中，注明了“先世父云”的部分，原为郭庆藩自郭嵩焘《庄子评注》一书中所辑。《管子评注》，辑自清末学者颜昌峣所著《管子校释》（岳麓书社1996年版）和任凯南辑《读管札记——郭嵩焘遗稿》二书，共计272条。据颜氏《管子校释·例言》说：“湘阴郭氏大痴素观本著，批注颇多，并录其先德养知先生嵩焘《读管笔记》于书眉，几全采用，称郭云、小郭云以别之。”计辑录238条。可知此部分郭嵩焘评注《管子》的文字，系郭氏后人郭大痴录自郭嵩焘《读管笔记》一书，自当是郭嵩焘本人的著作。《读管札记——郭嵩焘遗稿》，系任凯南辑录郭嵩焘读《管子》的心得，集聚汇编，发表于武汉大学《文哲季刊》1930年第2、3、4期和1931年第1、2期，共辑录郭嵩焘关于《管子》的评注222条，可视为郭嵩焘《管子》研究著作的问世。这两种郭嵩焘研读《管子》的札记，共为460条，经剔除其中完全重复的条文，实录272条。

本册的文集部分，系杨锡贵、周敏之整理校点；《庄子评注》、《管子评注》系邓谷泉整理校点。集后所附《郭嵩焘年表》，系杨锡贵编撰。在本册的编辑整理过程中，我们吸收了杨坚编辑《郭嵩焘诗文集》的一些成果。

卷十一

吴梅轩先生双寿序

天生豪杰畸人，将以有为于时，故常笃厚之，使之杰出卓立，异于比世之人，畀之困厄忧虞，进无可据，退至无以容其生，而后有以发其志而厉其才。其始也，惟其身之谋而常不足，其终之成，家国生民隐然系诸其心，措而理之，若趣其私，施之天下有广狭，溉之人而名业兴焉。有及其身，有久而逮其子孙，而其心蕲于世有济，一不以自私所用，以有为于时，同也。

云谷观察叙述尊公所以起家，故吴越间望族也，自其曾祖，三世为儒，贫益甚。尊公弃儒而贾，去越而徙楚之兴山，无能一日赡其生。其徙兴山，所亲沈君实召之。兴山硗地，沈业亦中隳。尊公至，沈亦旋逝。因其业居积，大赢。为长育其诸子，殖田宅、有室家。于是括所有财帛累巨万，籍而归之沈氏，孑身去之。益称贷理其业，则又大赢。兴山之人以义归之，益高其才，有所矜式。事任其资，役董其成。凡有兴造，咨而后行。观尊公之为，始为身谋也，而若终其身役役以为人，而身顾反后焉。所谓豪杰畸人，天畀以有为于时，非耶？

云谷观察莅楚二十年，接其貌，温然以肃；聆其言，介然以和。所至慈惠爱人，而人怀之。然其语人，兢兢焉惧未有以上副尊公之言也。其言曰：“在邑而得一邑之欢心，在行省若郡而得行省若郡之欢心，是可以为养矣。”绎其言，思其人，求以济世者也，不私己者也。癸未之岁，尊公寿七十有九，而太夫人实以其年冬十有一月寿七十。太夫人之佐尊公起家也，力勤而恕物，约己而厚施。其课诸子，笃于慈而敦于教。观察兄弟砺学砥行，以利赖于有家，成于太夫人之教尤多。将非尊公启佑之勤，迈德其身以延及其子孙，观察受之，而有以益沛其施而昌其业乎？然则尊公之有为于时，用是而益光矣。观察集诸寅属及湘人之能文者，乞言以为寿。嵩焘于是序而广之，导扬宾从，跻堂介嘏，而声之以诗。其辞曰：

天回地游，人参其中，孰纲维是？勤施自躬。形貌斯异，息声与通，扶颠持危，以讫天功。令德孔扬，兴山之里，挽鹿担簦，自浙来徙。有唱而随，如宫叶徵，涵濡太和，黻佩笄緌。跻登崇龄，雍容琴瑟，鼓钟在堂，尊彝在室。千门同声，庆欢流溢，言施于家，咨经诹律。桀桀令嗣，观政于湘，文高行美，于时有光。望云怀思，敬告嘉祥，我为颂辞，日永天长。

周筱松先生八十寿序

筱松先生司铎吾邑之九年，年八十矣。其容粹以和，其言简以当。其与人也，温雅清夷，使人自亲之，而岩岸有不事也。其处事也，廉直易良，当于理而止，而峭急有不居也。邑人语先生，皆曰盛德长者。而先生以大耋之年，精神完固，耳目聪强。人见者谓五六十以上人，矍铄轩渠有不逮也。先生亦自忘其笃老，读书歌吟，精力沛然有馀，不知其有倦斁也。

尝论人生才志之所极，各视其量以为程。其量恢恢乎有容，斯所及者远，而所涵蓄为尤大，虽极崇高富贵，其心终若不自慊而常欿然，视所受于天者未有能尽也，是故忧虞之意多，而欢欣愉快之时少。至终其身困穷抑厄，或积一生之勤苦，博一官、效一职以自慰其读书求志之心，而泰然有以自得，于人世无所动其歆羡。二者之于天下，未数数然也。夫居大受之地而𠢎然以惧，与小有所就而敛然以自抑，是皆内有以自求于心而无累于物。道之隆杀固殊焉，而为量一也。

先生早有文誉，年四十，始仕为学官。其选授湘阴训导，盖已逾七十之年，不可谓非郁塞，而终无怫于其心。安于其所处，顺于其所受，悦怿纡馀，养其天和以葆其真，年寿又乌得而不长也？邑人以先生揽揆之辰，跻堂介嘏，谋为文以张之，而以属之嵩焘。湖南山水之雄秀莫大于衡，而酃之丽于衡，自汉为巨邑。山益奇，水益厚。其水之酿为酒浆，曰醽醁，朝会祭祀用之，二千年于兹矣。近乃移之绍兴，而酃酒废不用。物之盛衰固有时，而山水之精英，不钟于物则钟于人。先生晚遇固非丰，而诸子入成均，登黉序，下逮孙、曾，以诗书世其业，而其次君遂以同知筮仕浙江。蔚起蒸蒸，将于是乎在。嵩焘为述先生高亮之节，和雅之度，与其所以保世而延年者，盖渊乎其心之宏而量之远也。先生于此将举以自慰，而亦邑人所以献祝先生之旨也。

韩六皆七十寿序

韩君陛臣奉其尊人六皆先生之命来言曰："吾父年七十，戒诸子无侈宾客为寿，而言：'吾不意笃老以至于今。思吾七十以前侍吾父，及上事吾祖父，以逭吾为童孺，犹昨日也。人事之变幻如飘风，而世运如转毂，倏焉已失其故。而观古昔贤人，道德事功，负声垂辉，震耀耳目，灿见于文字之间，是则历时无穷。惟文之为功，为能至寿以久。吾足迹不出里巷，而事功未有闻。独于吾心，观古人之行，怦怦然若有契而合也。诚得能文者导吾之心，使吾诵而乐之，则吾寿庶以深长，而吾之志亦以一申也。’其言如是，幸愿先生张而赐之文，为吾父光华。”

嵩焘闻而肃然，敛容以思。忆吾年始及冠，见先生之祖霞蔚公，颀然长身岳立，道乾隆盛时事，娓娓忘倦。其时天下熙熙，物阜民殷，凡有技能，各任其职。霞蔚公遂以致富，其名迹藉甚闾里间。六七十年，已非复向时繁昌之风。先生长予五龄耳。追慨今昔，当时亦已惘然，憾不及见乾嘉盛时。会兵事起，予从曾文正公治兵，出入江、皖，卒以平贼，而予仕、隐讫未有定。终奉使海西数万里外，乡里故旧，旷若隔生。而闻先生积行累善，嗣其祖父之业，创造益繁。偶出城北门，渡江而西，所立石磴，及招渡以济，皆曰，是先生之为也。益服其家世广习为善，而先生能卒成之。既又与先生之家为姻亲，陛臣执礼来见，则与予始见君祖时，加于先生之年且逾倍。于是益怃然于今昔之感，而予亦老且衰矣。

先生积善以享大年，躬履康强，为足以发名成业，贻之子孙，此可尚也。人寿极于百年。由七十之年推至于百年，视所已历之岁月，其数犹及半，所行善方长。年命有至不至，秉于性者然也，而固亦受成于所行。然则先生之寿，引之而未有艾，而附之文字以传者，尤视其善行所积，使人慨慕流连，与年俱永。吾虽老蹇，回视数十年名德长者，能稍得其心迹之所存，以表而张之，无所于让。先生之欲托之文字自见者，予又奚能以不文辞哉！更历二三十年，或幸留其身以俟见先生之期颐，尚当援笔摅辞，发皇先生之事业，增益其家庆也。

张菉潭七十寿序

士大夫居官而无益于国，居乡而无益于邻里，是与林之鹤、渊之鱼、深山之木石无异，虽寿千百，亦奚以为！生而有益于人，虽一乡一邑，所施不远，而乡邑之人望其寿考期颐，以长享其利济，其爱而祝之也，乃不容已。常宁张封翁菉潭先生，少负干才，厚于行谊。其施之家庭，爱护其弟之瘖者，伺欢承色，以喻其意，数十年不倦。推惠其宗，营建宗祠，编辑族谱以联合之，勤力而竭其资经营不惜也。而卒用其才，恢宏先绪，积家为巨富。邑有事，群疑劫劫，曰：以咨张君。有所兴作，相顾莫敢发，曰：以属张君。方咸丰己未间，广西贼发，蹂躏遍东南，忽分军踔数千里，间道走桂阳，旁略常宁。常宁民惊惧迁徙，张皇四突。君为县令，画策趣民团练，自召联乡兵，捕斩内地奸猾，扼守诸要隘。贼侦知有备，又失内应，绕他道去。而邑旁地田禾被轹揠，秋稼登场什不得三四，民以苦饥。君独出数百万钱，佐令赈恤。其他抚存灾民之过境者，及推鬻以食滇黔之疲军、晋豫之饥民，又不可胜纪也。

尝怪世人以贫富相耀，起居服食，奢靡是求，而视利之所在，豪争巧夺，视同气若行路，姻族友不啻越秦，坐睨其罹盗贼水火而不之救。其视人也若遗，而人之视之也，亦若疾疢之在其身也。则亦不知其席丰履厚者之果何乐也？若君者，一乡一邑之人，固已群享其利济矣，则所谓寿考期颐者，在君固若澹然之相值，而乡邑之人且愿以是长得之君而冀享其利济，其爱而祝之也，自有亮谌恳切，出于不容已者矣。今年某月日，为封翁若干寿辰，令嗣超堂乞言于嵩焘，因具道其所以为寿者，以诏乡之人，跻堂陈觥，导扬无穷之庥烈。

刘新楼先生七十寿序

刘定甫观察始莅湖南，与相见，其容温然以和，其行事肫然以挚。及数聆其言，蔼然意深以长也。窃怪观察贤者，以进士试官农曹，积阶资，外擢监司，内转九卿，可安步得之，而汲汲以蠲助军需求外补，去康庄而践歧途，以求沦滞，良为非计。徐叩之，黯然曰："吾家积世累善，至吾父励学数十年，求科举不得，今与吾母皆年七十矣。吾官京师，贫不得致养，幸一摄职，及吾父母身见之以为荣也。"嵩焘有慨乎其言。已而观察奉母讳归。及再莅湖南，摄盐法道事，始获迎养其封翁新楼先生。凡从观察游者，望见封翁容貌，承其言论，若高山巨川，渟泫涵肆，包孕无穷，知其蕴蓄之深、充养之闳。观察所以成德而自达其才，由封翁之累积然也。及甄其生平所为，则以《五经》教授其乡，积勤至终身无倦。乡里有善举，必董其成。即有违言，必化其争。乡人语封翁，皆曰善人长者。古人蓄德隐行，暗然不以章于身，而食报于其子孙。若此者，未有或爽者也。

顾独区区以为国家承明制极，天下之人才求仕者一出于进士，而以六部总天下之政。进士始试官，分隶六部为多，使明习国家典章制度，以勤其事而练其才。其途既隘，其任之也尤重以专。而常积数十年之劳，不能一补官。盖自嘉庆、道光以来，捐例数开，需次者倍焉。累资而不获一转，积渐以有然也。遂使进士阶资，反以捐自效，岂国家之制然哉！而以销磨人才，使其志业不得发摅，而所以荣显其亲者，虽得仕而亦无阶以求禄养，则人才于此亦必隐受其患矣。吾于观察而益为之怃然也。然终以是得一日之禄以养其亲，且使封翁之为善一乡者，广其德于一省。数十州县之地，皆知有封翁之厚德而果获美报也。

《传》曰："孝始于事亲，中于事君，终于立身。"立身者，得美名以荣其亲，而一资于事君，以有所借为名。君子之道，期足以事君而已，不能自必受禄之丰与约、莅官之通与塞也。若观察者，其犹在丰约通塞之间乎？其于美名所及以荣其亲，而固无馀量矣。今年十月，封翁实盈八秩之期。湘之人乐观察之勤于民而惠于政也，推所以戴观察者，晋而颂封翁之德于无穷。嵩焘既谂知观察之贤，又饫闻封翁所以教家而裕后，为足资吾湘人观感也，因奉是言为寿，其亦欣然而侑一觞乎！

区云甫先生七十寿序

士大夫读书求仕，得一官自效，试之政而通，措之民而宜，同官之长与所莅士民之望治者，掞张乎治行，涵泳乎道德，相与怀风爱而载去思，而顾望望焉去之，怀止足之分而甘泉石之娱，又用其累积之仁，为之子者赓而续之，以延其家绪，此岂非人生之至荣，而守道君子不可期之异数乎？

区云甫先生与其弟穆臣同举于乡，以《五经》教授乡里，最有名。咸丰四年，粤东大乱，六十馀州县同时并发，连陷城邑。大吏岌岌保一省城，且数困。数十里外，道路梗塞不通。于是民团大起，任讨贼，卒收廓清之功者，士绅力也。先生亦以克复顺德城，保知县，莅仕江西馀干、上饶二县四年。政成名立矣，而以忧归，遂不复出。大吏屡促之起，不应也。迹先生历官两县，皆不能满二年，问何以得民之深。先生曰："吾敢有他哉？惟不以为利而已矣。州县常规，无甚害于民，可受也，而吾受之，庸非利乎？吾视为利而远之，不知其常规也。日坐堂皇，断决民事，或尽数十起，不敢自信无枉也，而不忍留狱以累民。馀干吴、张两姓民争湖地，十馀年不决，聚众戕杀以为常。始至县，闻且筑垒治炮相攻。急出不意，压其垒，谕以祸福。传集两姓勘治之，莫相指证。乃谕张姓得湖田，吴姓得鱼利，皆大欢罢讼。此非有难也，相顾惮其难以求便耳。吾惟不以自逸而已矣。”审若是，先生之视一官，诚无所私于其身。而凡吾民之疾苦皆其疾苦也，则宜其一试而去不顾也。

自汉设官，重牧令之任。晋制：不经宰县，不得入为台郎。唐、宋承其制，宰相大臣，皆起县令。士有历官之荣，而贤能易以上达。中外之势相维，求仕者之心亦乐引以自重。至明而县令一官沉滞为多，至数百年无名史册、历显仕者。其有顾恋而不能去，必皆为利者耳。君子之乐行其道以被泽于民，于此盖有嗛焉。吏道之敝，人才之靡焉莫由自振，斯亦古今得失之林哉！吾尤以是重慨于先生之为治也。

先生家居十馀年，肆力于善。凡有兴造，于己焉先；凡有施济，于己焉任。顺德巨邑，贵族相望，而区氏之名以大振，诸子科第相联起矣。祝三大令以进士官湖南知县。先生虽隐退，而其家隆焉日盛以昌。而后知先生之留贻以有待乎其后，益深以远也。今岁六月，为先生七十寿辰。乡人官湖南者，以先生与吾弟意城为甲辰同年，求得一言为寿。先生之官非尊也，而所施已闳；历官之年非久也，而所积已厚。然则年寿之长与其子孙之博大昌明，先生固自有以取之矣。为书其略，以侑一觞云。

常南庚亲家七十寿序

嵩焘少时，追随乡里父老，大都沉厚而端悫，简默而严重。其语言色笑虽甚可亲，而使人敛抑以自肃，望之常若有道者。其年岁亦多至耆耇。衣冠盛会，梨颜白发，盈集几榻。稍长，而老辈遗风，日陵替矣。三四十年，追念少时所接，旷然若古人见诸梦寐。世运之衰，人心之日趋于浇薄，渐靡以有然也。而或一二得之，其人必大异乎今世之为，而其年亦优且永。若南庚先生者，非其人哉？

先生故城居，而吾家积世城居。为婚媾，见先生，恂恂长者。读书不遂，遂弃而贾，因以起其家。性慈厚愉呴，乏者周之，与共财者均之。或时计校毫厘利害，默不应，徐曰："苟利焉，公之可也。苟见害焉，一以畀我。"故虽用权量尺寸，操奇赢，而常怀宏济广博之心，不屑锱铢之计。人知者谓先生士夫，有志行，非商旅人也。里闬小民，亦莫不爱而敬之，曰："是有德者也。"而先生一不以为名。凡所施济，无大小，求有实益于人，暗然不一著之言论。嵩焘躬涉仕宦，家居日浅。洎以病乞归，先生年逾六十，嗣君健吾，乡举得官有年矣。与之谈，辞约而气夷，貌温而情挚。恍然悟老成敦厚之风，少时所习见者，今犹得一遇之。天道之留贻，固常积于人心。厚者得之以修身善世而葆其年，存乎其人而已。

今年二月，为先生七十生辰，以将为其孙完姻也，谢诸祝嘏者，俟诸冬十月重闱腶脩之献而介觞焉。是其积之厚而年之长，而又极家庭福庆之隆，为不可及也。夫九江、云梦之泽，吐纳诸水而总汇于湘。吾尝博考图经，得入湖之水九焉。湘阴实湘水之归墟，所受之水凡五。西入者资水，东入者汨水、罗水、湄水。盖湘水揽九江之全，湘阴又揽湘水之全。大川巨浸之钟滀，固将有人焉赓续以承其盛。英奇杰士，经纬区宙者，是其应也。即耆宿温博，得天之厚若先生者，蔚起于其间以荫庇其子孙，施显无穷，是亦天运之将昌，而山水之渟洄以有待者，将于是一发其奇也。先生其亦欣然而进一觞乎？

衡唐三叔大人六十寿序

自少见宗人名德长者，多隐居不仕。仕矣，而康健以至老寿，无有也。人或曰：郭氏挹湖湘之秀，而磅礴郁结、演迤涵肆有弗逮焉。族父衡唐先生，官澧州学五年，年六十，宗人谋为颂言，寿之澧阳官舍。嵩焘适自海外得请假归，宜为文。

窃维人世盛衰之征，与其盈虚损益之数，其事不可端倪，而理常相因。吾宗盛时，家给人足，负才角立争胜。而族王父存门公敦厚沉博，意常有馀，年几九十，任桑植县学，不赴。衡唐先生承家以起，仍为学官。夫不求丰于物而守之约者，其施必丰，此理之常也。而吾宗蜿蟺扶舆，垂三百年，讫于今日，仕宦稍显，门祚反益衰微。席丰厚之业以无忧衣食，率不过十二三；颓堕委靡，不自振立，常逾半焉。盛衰之理，有难言者。

衡唐先生志充而神定，气温而语和。值咸丰初元之乱，转饷佐军，不弛其劳。与人无亲疏贵贱，皆礼下之。有求，必竭其情。所谓名德而仕宦老寿者耶？数十年间，宗老耆德，凋零徂谢。衡唐先生年已周甲，嵩焘亦六十有二矣。追念吾宗所以盛衰，保世延祚，佑启其子弟而匡维其族人，非吾属之责而谁责哉？因书以谂衡唐先生，当亦惓焉而进一觞也。

笙陔五叔大人六十寿序

少时见诸宗老，纯懿敦朴，褒衣峨冠，聚居欢燕，率皆老寿。而从大父存门先生年最高，修髯隆准，谈论尤伟。且及九十之年，而容色举止，岸然犹壮盛时。选授桑植学官，不就，而诸子乃皆以学官显。笙陔先生最晚出，起家为学官，历两荐，年亦六十矣。

往闻存门先生之言曰："士不能立身植品，不足言学；不能处宗族、和乡里，亦不足言教。"盖存门先生以明经授学，垂二十年，家子弟成就尤多，而一端本身心言动之地。笙陔先生哜茹庭闻，少而端谨，不挂于过差。既知向学，益务求学之实，以植其躬。又益推所以为学之旨，以勤其宗之人。尝谓嵩焘："故宗世族，久而盛昌，由学故也。吾宗能自赡者，数家而已。贫者不啻倍之。能筹所以养而不筹所以教，非本计也。"嵩焘感其言，为之置学，亦笑谓先生方行矩步，被服儒者，而所言必依于教，殆不可以簿书期会任也，任为学官而已。而先生果以选，领学职永定。至则谒文庙，考求礼器、名物、度数，无能言者。喟然曰："习其事而明其义者鲜矣。未有不睹其器、不习其文而可与于礼乐者也。"于是周视庭厨，料量敦牟，礼堂礼器咸备无缺，躬率诸生肄习其中。暇则召诸生校论文艺，为之立程式，明科则，曰："如此则为良士，否则为凶德、为学中之蠹。"诸生懔懔，奉其教惟谨。

夫县之有学，学之有专官，以任教也。分斋而舍之，置课而董之，察其良楛，程其勤惰，使一邑之士皆骛于学之中，而人才之盛衰、风俗之醇醨于是焉分。讫国朝百馀年，用之以化民成俗，守而弗敢轶也。学校之衰，盖自乾隆之季，诚亦风会然哉！而为学官者，窳惰弛易，几不知学校之为何事，学官弟子之为何人，日陵月替，视为故常，所从来远矣。若先生之为学官，诚不知有异今人否也，以今人视之则固异也。然则今人之所事者，果学官之职耶？先生之视学官之职，诚有宜自尽者。吾以是知其难能也。

今年十月，先生六十寿辰。凡诸子姓，以先生两世勤勤于宗之人，其心为有馀也，又益闻永定学者之感先生之教，而不知所以寿先生者，果有当于先生之用心否也，相与议于宗，而思有以恢张先生之德，为引年之资。嵩焘乃拜手上言，以谂永定人之德先生者，昭示先生之所以为寿，且永无极。

志城五十寿序

往胡文忠公论吾兄弟之才，以谓意城视吾优矣，志城又益优。尝笑曰：“君家兄弟，后者累而上，若汲长孺之积薪也。”然吾兄弟皆自守耿介，未肯一规仕进。吾以菲才，遭时窃位，实权开府，赞戎政。意城出入曾文正公、骆文忠公幕府，削平寇乱，不受官，天下高其节。而君足不逾里闬，名不交诸侯，晚乃以转饷贵州进一阶。三人者相与浮沉，独君始终一节，不渝其志。

自兵事起，布衣起徒步，操尺寸之管，凭借权力，致身节钺，肩相摩，踵相接也，吾兄弟是时多已通籍，退然引避之。其尤贵且显者一二人，君实与同时举事，于家常自负其才。谓是挟智任术，短长纵横，吾不屑为也，则益气陵其上。其人忮忌，内慑吾兄弟名位气力足与抗，以是益嗛君，然每语未尝不多君之才也。君既一切无所取求于世，益刮去崖岸角圭，以善施和众。乡里争者息之，峣者平之。与齐民杂居，无所厌。亲姻故旧贫者，推寒送燠，权量有无多寡，躬自拊循之。其规人缓急而与计长久，甚于利病之切其身也。以困苦急难告者，日常交足户外。君顾嗛曰：

"吾不及与之谋，而烦吾告也。"是以君名在乡里间为独著。

夫圣贤汲汲天下之利病，非自侈其知之能谋、力之能任也，其心有不得已者焉，而将借手以胥致之康乐。及进筹夫一官之任、一泽之施，又若有甚难而不肯一苟就者。贤人君子之用心，宜如是也。吾三人之志与其所学，大抵皆同。而吾屡进用，屡不得行其志以去。意城不求用于世矣，而功益多，名益显。君顾寂然无所表见于时。人世所谓才者，其奚以为也？而不才如吾，天将不甚爱惜焉，而使一涉仕宦，以与今世士大夫比耶？胡文忠公幸在，又将何说以处此也？

抑吾闻之：凡物郁积久，则其发也光而施也远。君与意城诸子，皆才能取科名仕宦。而君善病，及暇自调适，以葆其生，终其所得为多也。天之命夫才也，施之身与逮及其子孙，均也。今年十月，为君五十生辰。意城方就养浙江。而吾官京师，以病求归。先为是文，寄意城书之，以为君寿。三人者之生平，有同有异，有离有合，而其志趣之所及，皆非今世有也。而相守以至老寿，此又岂易得耶？吾诚不敢以贵且显者之乐而易此也。

邓母孔太夫人八十寿序

邓禹民太守将以九月之秋，为其母孔太夫人开八秩之觞，为征序于嵩焘，则述其母少读书，识道理，佐其父处分家事，父卒，为其家御外侮，以卫其诸昆，及侍其母疾，甚仁而有劳。既归邓氏，遂以事其母者致腆其姑，以勤其家者诏相其夫，以卫其诸昆者陶砻其子于成。无弗善也，亦无弗周也。其所述，虽学士大夫贤者，纯懿有未逮也。刘向传列女，所叙录多明通断决，曲中经权。尝疑汉以前妇人女子成德达材，取资于学，立教惟均。后世责妇人之德，常轻其有才者，讳不使见，以为妇人之德，无非无仪，其归幽闲贞静而已。务才能与外事，闲有家者戒之。而考之于《礼》，承事宗庙，男女效绩，又未尝不以宜家之义望之妇人。然后知圣人之言内外和顺，国家理治，推本妇德之修，而终以阴德阳教，各尽其能，所以为谊深而化隆也。

孔氏于粤为巨富，有《诗》、《礼》之泽。邓氏益重以行谊。太夫人为女、为妇，与其为母，渐习乎仁义，研磨乎书史，取成于心，动而不过，将古所谓妇人成德者耶？夫德之成而有所施于外，以才能自见，必皆无悖于训典，而有当于人心。诗人之思贤女，而曰"高山仰止，景行行止"，其言也博大深远，即其为妇德之成，亦可知矣。太夫人以今癸酉九月寿八十，称庆于家。禹民太守系官湖南，不获衣彩躬晋一觞。因考古人称寿之义，朋酒羔羊，行之肃霜涤场之后。娱高年、志庆典，于是乎在。嵩焘以为福与寿相应，而享年之长，与其子孙受祉之繁衍，古人有难兼焉。而惟德之盛者，可以验其端于天。天之笃厚邓氏如是，则其所谓寿母燕喜者，又岂有穷也。于是为序而张之以侑觞，而声之以诗。其辞曰：

湞湟合流，大海环之，渟深滀宏，福履所绥。福以寿隆，寿由德致，龇龇母仪，言修行治。令嗣五骢，受命所亲，率由嘉则，模楷人伦。筵日娱宾，笙璈匏竹，我赓以诗，用介景福。

李母徐太夫人六十寿序

自刘向传列女，系其名与事于夫若子。其善也顺之，否即矫而正之。或逶迤于毕世，或发愤于须臾，要皆极人世所处之难，而终以成其志行。然处常而才能节行无所表异，遭时之变而后见焉。虽极人道之隆，而人与事卓卓传者，必皆其变者也。若李母徐太夫人，人道之常之至隆者也，而亦尝躬值其变。其归梅生太史，为太保文恭公之冢妇，家世繁昌。太史年未及冠，以才名天下，仪容秀异，望若神仙。逾年，举于乡，相继成进士，为天子文学侍从之臣。姻党交口羡言太夫人之福德，今世无有也。又三年而太史卒。卒后数月，其弟黼堂中丞实生幼梅观察，继为太史后，太夫人始有子。闻者又相与叹其遭而哀其志。于时文恭公方督江南，祖母陈太夫人在堂。太夫人上承祖姑，下和妯娌，约心抑志，以循所职。在常无愆于仪，处变而自贞其常，即哭泣必衷于礼。史臣传列女，尤莫重于节。太夫人之节，尤常道也，无自矜异者。然则以节名太夫人，因未足尽太夫人之蕴也。

幼梅观察之言曰："吾母至慈也，自孩提至成立，视若一。而训诲无宽假，一言之失，必究其源，明辨而申警之。以是终身不敢有过举。"然观察性纯孝，能曲体太夫人之心，不肃而教成。太夫人日常早起，周视厨膳，巡省园林蔬圃。观察扶掖以从。有问焉，周而省之。有施焉，奉而行之。凡太夫人之勤于家，笃于亲故，沛泽于其乡之人，皆若安而行之，忘其所以为德者。是太夫人之终身所处皆常也。

夫坤道之贞，莫大于有常。凡处变而有贞烈之操、明练之识，非能期之一日也，必有其常。德蕴之心，而灿著于言动之际。不幸变故之临，其身持之，俄顷而震动于天下。故夫奇节异行之有传，在人为不幸，而在其心之所存，一皆其常道然也。若处家庭骨肉之常，而有一日之戚，秉义而度礼，推亡而虑存，惟所职事之为谨，不以一身所历之荣悴为其心之愉戚。是故常德无可名。通夫常、变以成坤道之贞，斯为母德之至，而天下之至难能者也。岂非所谓尤贤者与！

丁亥六月，为太夫人六十寿辰。郡人士谋所以张之，发摅太夫人之淑德，与观察所以承事其亲，及先岁抱孙之欢，皆若储为太夫人福寿之庆，相与跻堂，致其颂祷。嵩焘独以谓太夫人极一生之荣贵，而欢戚相乘，其心独恢恢乎蓄其有馀之量，以保世而延后，惟其德之恒贞，常变而不渝，所以矜式乎乡里者大且远也。于是乎言。

蒋母朱太淑人八十寿序

吾湘自明以来，巨族有名迹，首推蒋氏，亦与吾家为世姻。少时往来维扬、迸怀两先生，稍得见其群从，于东观学博、小怀县尉为最习，而未及见幼怀大令。及自海外归，始闻大令名称籍籍。盖自其尊人迸怀先生司幕善化，大令继之，居首望之地，才易以见，而名易以章。既久，乃获一见。其容温以粹，其言明以清。与谈经世务，沛然若决江河，汪洋莫知其际。其处事举重若轻，琐屑繁难，措施曲当。甚快所闻大令之名为果不虚也。

询其家，太淑人尚健在。记初见迸怀先生，当辛丑、壬寅之交，今四十六七年矣。人事变迁，当时所见蒋氏昆季，都无在者。独大令晚出，与其两弟年力壮盛，志业方长。太淑人乃以其老寿繁祉之身，馨晨洁夕，奉养优隆。大令之为太淑人光荣以得其欢心者，诚亦人世之难能而可欣快者也。太淑人秀毓名门，温恭慈惠。其归赠公迸怀先生，抚遗无芦絮之悲，御下有螽斯之泽。赠公馆居，不遑恤其家，有无黾勉，壹委之太淑人。缉匮缀畸，榷画无阙。而以其伯氏大宗无后，议令小怀为之后，迸怀先生亦欣然以为贤也。迨赠公辞世，独与箧室王太淑人持家教子，含辛茹蘖，情好无间。卒以支持其家，课督其子使有立，皆各以才自见，席其先人之业，为当道引重。诸孙皆能文，蜚声庠序，蔚然兴矣。

太淑人俭约自刻，帅初不变，而恤姻睦族，周急拯危，则惟力是视，或且称贷以济。其德性纯厚宽裕，有周济之仁，姻党翕然归之。《洪范》“九，五福”，首曰寿，而先会其极，曰：“予攸好德，女则锡之福。”若太淑人，所谓好德而宜锡福者也。大令受杜鹤田中丞知，以勋绩叙官，行将出宰百里，抒其所蕴，以试之一邑。吾知获上、宜民，必有大过人者。而太淑人之年引之而愈长，将倍隆禄养，以章为善获报之荣。颂台莱而祝慈寿，且未有艾也。今年四月，为太淑人八十寿辰。凡在官者与乡里亲故，皆携榼挈壶，跻堂称祝。嵩焘因说次太淑人之德性，足以延年受福，并勖大令出宰临民，不忘太淑人之教，以洽舆人之诵而增寿母之欢，吾虽衰老，犹将旦夕俟之。

常母钟宜人八[1]十寿序

吾湘常氏世居县城，为旧族。健吾孝廉起乙科，有声闾里间。诸从子侄连茁以起。鲁青司马子尤多，名尤显，隆隆以日兴矣。而推知其由来，一出于母教。既成就司马之贤，诸孙林立，洊跻庠序。言者以知其族之将大，而其母钟太宜人聪强康裕，享子孙之荣，年八十矣。姻党子姓，帣韝鞠䠯，奉觞上寿，相与宣道盛德，为引年之资。嵩焘以征其实于司马。司马之言曰：“吾母之德，里之人皆能知之，而子若孙或不能以言。太宜人之来归，家贫。两世姑健在，日食常苦不充。太宜人纺绩针纴，以佐衣食，而和愉肃雍，门以内欣欣如也。庭户修洁，岁时宾祭，营办完具，

①原为“六”，据底本目录及本文内容校改。

秩秩如也。群弟妯娌，聚居一室。吾父奉政公经营支拄数十年。值岁大祲，诸弟请析居，自为生计。太宜人垂涕慰留，又集亲党谕止之，终不从。太宜人约其身以自抑损，推及子若女，服食起居靡不约。厚其诸弟，以俾自存立。推及族亲之贫乏者，馈遗资助靡不丰。行而宜之，习而安之。初非有赫赫之名为乡里传诵，而相语必曰贤母。盖太宜人实行可征者如是。”

庄周有言：水之积也不厚，则负大舟无力；风之积也不厚，则负大翼无力。凡人之行与其所载之福，必视其所积。积之一身，必有一身之享受报之；积之奕世，必有奕世之层累报之。观太宜人之所积，其兼有二者之效乎？视其子若孙，敦懿而纯良，得天之厚者也。而太宜人之年寿又益加厚，耳目明达，筋力坚强，八十之年，综核薄务细故，无有脱遗，犹少壮也。被之身而博厚悠长，莫穷其量也。施之子孙而硕大繁衍，莫阏其机也。故夫一邑之间，一家一族之微，观其累积之厚薄，而盛衰消长、天人倚伏之机，具征于其所受之量。如太宜人者，其可不谓所积之厚者乎？

嵩焘于常氏为姻亲，仍世城居，相习也，谂知太宜人之贤。值其以九月之辰，开八秩之觞，执笔以纪太宜人之懿行，如陈广乐中庭，聆太古之元音，声希而味永，使人慨慕沉吟，不自知其言之有馀适也。请以是还质司马，为太宜人晋一觞，鬯轩鼓舞，萃亲友一堂之欢心，以上博太宜人之欢，抑亦吾湘之胜事也夫！

余母许太宜人七十寿序

自古贤人君子，树大名，历显仕，为时传诵，类成于母教，而多得之屯邅厄艰、拂乱不自聊之日，以坚其志，而卒就其所成之业。盖虽圣贤之成德，不能无所激发，而天之于人也，将昌而大之其后，必益扼于其先，以张其家世之盛美，而亦报之以老寿繁祉。故观于其人之成就，即天意可知。观于其母坚贞之德，即其家之盛大博昌亦岂有爽哉！

日尝闻余尧衢水部叙述其母许太宜人之贤：自其幼博览经传，从其兄青樵先生学为诗，叙致宏雅，有王谢家风。及归赠公立臣先生，上奉尊章，下勤井臼，以一身任其艰辛。隆家人之道，宏清醇之风，澹然自忘其丽雅之操也。久而所处之境益艰，而勤益厉。率其诸女，用针黹取资衣食，而课督其诸子益严，求任为师者，移居就之，数就数移居。无则躬自程课，非其师不使就也。或时不任举火，罄家所有，营办一餐，而先世藏书厨谨守而勤护之，曰："家世读书，所以贻留子孙在此。锲而不舍，幸有获也。不可自我损先人之藏。"盖自赠公之卒，颠顿憔悴，极人世之至艰，有不可以终日。太宜人一力摒挡，十五六年，尧衢始克成立营养，终其身怡然无疾蹙之容。常夜不能具灯，聚子女环坐一室，或相抵触，太宜人用谐语释之，皆大笑，一家熙熙，忘其贫。尧衢年益长，忧患相乘。太宜人闻，辄慰止之曰："通塞，遇也。忻戚，心也。何为以所遇累心？吾惟不以自累，以有今日。回思十馀年前事，宁可一日生耶！"

夫天畀所厚于人，与人所以承天，各视其所容之量。一有拂意焉而戚戚以悲，一有适意而跃跃以喜，此其量不足以有容也。观太宜人所处之境，积勤铢累而有不足，而意常沛然；惶惑瞑眩而有不达，而心常泰然。夫犹不能测其意量之所极，又何福之有不容，何年之有不遐也！庄周之言曰："大浸稽天而不溺，大旱金石流、土山焦而不热。"圣贤所以穷天地、亘万世，惟贞其常而已矣。若太宜人者，可不谓能贞其常者乎？

尧衢又言：自少见太宜人坐隅常置一筒，日节缩所用，得一二钱置其中。见贫尤困者，倾与之，随所积多少以为量，岁不知其几也，亦累数十年不为倦。其戒子弟以谨俭勤恕，而一本于仁厚，于人与物，求有济也。是惟自得于富贵贫贱之外，而后视己常若有馀，而视天下之人常若可矜。人知其德之宏，太宜人自以其常率行之，所以为难能也。岁十一月，为太宜人七十寿辰。乡里亲旧佚知太宜人之贤，而乐尧衢发名成业，足为太宜人光荣，相与跻堂献斝，导张颂辞，而属嵩焘纪其盛。嵩焘以为母德之成教，见于史传多矣，太宜人所处之难，尤在宽裕艰贞，历常变丰约皆若素定，一行其心之宜以绥多福也。于是乎书。

涂母曹太恭人七十寿序

涂君稚蘅为其母曹太恭人开七秩之觞，征序于嵩焘。就求太恭人所以为寿者，稚蘅曰："吾母之德，邑之人皆知之，而子若孙或不能言。其能言者，皆常道也。始归吾父，家贫也，两世尊章皆健在。太恭人馨晨洁夕，饬身以勤其家，而欢有馀。及从吾父京师，有禄食矣，会寇乱，商旅逃徙几尽，营办衣食不可得。太恭人常忍饥以课诸子女，而勤有馀。既而吾父以父丧归。再入都，大母老且病，太恭人留侍养，终日钦钦，勤愈甚，以求得大母欢心，而终不及尽吾父之年，相保以荣显。盖自少逮老，吾母未尝享人生一日之欢也。而其心淡然，若不知有丰约荣悴之异者。方曙而兴，计功而息。入其门，秩秩如也。登其堂，欣欣如也。承事吾父四十年，未有以易也。所得于吾母者，如是而已。"

夫行莫贞于不易，而德莫大于有恒。坤之为道，静以方。静，故安而不渝。方，故守而不迁。惟贤母之德，为能当之。世之诵妇德者，常曰：是有士君子之行。士君子之德之有出入也，行焉而安，未数数然也。齐乎常变之境，审乎内外之分，泊焉夷焉，无所动于其志，举世之人求之而未有逮也，往往得之妇人女子。惟安所有焉，不自恕，亦不以自表异。岂其教化之及独深哉？举世之人相与守之，气自化而性自定也。性定，故其养之也裕，而持之也固。是以母寿亦常多于士大夫。抑吾尝闻：教成于夙，而效著于家。

曹氏为长沙望族，多文章贤杰之士。太恭人之父肯堂先生，文行高有名，以太恭人为弟妇胡节母嗣，节母又贤也。《都人士》之诗曰："彼君子女，谓之尹姞。"尹姞，周之望族。言女德者，举似之以为荣。太恭人之以贤惠闻也，亦素所蕴积然也。嵩焘少官京师，得交星畬先生，知其家有贤助，其子稚蘅又贤而多才，以是卜涂氏之泽之长。越三十年，归长沙，与稚蘅相见益习，则太恭人年益高，德益闻，精气亦益以完固。故于其称寿也，明妇人之德之有常，圣人之以成教立道，纳人心以轨于一，未有越此者也。著其所以为寿，岂惟以章太恭人之德，用是以风示天下，其奚不可也！

聂母张太夫人六十寿序

仕宦贵显之家，席丰履厚，以满而溢，子弟习为般乐怠傲，荡废失业，必慈母当之。是故教成于严，而家隆于戒勉之交至。处丰而不忘约，居盛而不弛勤，其才与知开明而有制，保世滋大无疑也。如是而后为贤母。张太夫人，故通奉大夫聂亦峰观察之德配也。始佐观察莅政广东，约守厚施，条理完密，门以内之事无弗理也，乃至文牍书帙，盈集丛委，皆简料及之。其序次有经，其分合有程，时其所需，应声而具。

观察号称贤能，而在官出纳，一倚太夫人经纪，观察得一心民事，不知有家。自观察捐馆舍，归营宫室，治生产。太夫人曰：“南人习田，此知本也。吾力能任焉。”岁计其赢，课田，田日益丰。嗣君伯元太守、仲芳观察，皆才也。（大）〔太〕夫人摒挡生积，一不以相闻。仲芳理（太）〔泰〕西制造江南，又得一心所职，不以家累。婚嫁宾祭，视所入丰耗，必洁以腆。问遗馈劳，视所亲厚薄，而必周以博。自其家子弟下逮臧获之趋事者，指授唯诺，无敢怠违。即有命，奉之若严君焉；有言，若训典焉。入其门，秩然以肃；登其堂，衎然以和。

夫妇人之德，柔惠贞静而已。而创制资乎才，明干因乎识，其大者在保家延世，而一视其时以为用。太夫人佐观察理政，惟观察之所勤事，早夜戒备，以伺所命，其心常懔懔焉，未敢自遂其意也。观察行焉而豫，习焉而安，则相语以内助之贤。及诸子成立，门阀日盛，人事繁兴，而用不给，太夫人竭其智能，综理家政，禁约诸子。动静出入，皆有程式。一丝一粟，非太夫人之命无敢专。自湖以南，士大夫语家教，以太夫人严明为最。诗人之言妇德，曰“其心塞渊”。缜密以理之谓塞，静深以博之谓渊。若太夫人者，其庶几乎！

三月之吉，为太夫人六十寿辰。湘人士相与跻堂祝嘏，以观察与嵩焘同为翰林，改官广东，又同莅行省，又属在姻娅之次，为能得知太夫人懿行，相率请一言为寿。太夫人家世仕宦，在室而习丰腴。归聂氏，又当繁耀显荣之日，终其身无一日不丰于用。而自少逮老，经营布置，无有暇豫优游自享以愉乐者，将非所谓勤家务教、端操有踪者耶？为表而著之，以昭示乡之人，俾知取则，盖非徒荣其福荫，以老寿繁祉为一家一时之庆也。

李母柳太恭人七十寿序

嵩焘与李君佐周交垂三十年，于时佐周年二十馀，见其沉厚而端悫，精博而详审，为文章不屑屑流俗人之为，以上希古作者，窃怪佐周少孤，家又贫，而能力自振拔，卓然有以自立。及询其家世，知其读书励行，得于其母太恭人之教为多。是其和顺乎道德而发皇乎志业，其所积者固厚也。其后往还日密，交日深，每及乡里争辨事，必传太恭人之教曰，是其心奚若，所据之理奚若，若烛照然，无或自遐其情。或语节烈，又传太恭人之教曰：是岂可不维护而保持之！乃知佐周事无巨细，禀命太恭人，承受机要。一有不当，太恭人诏以事之宜而达其情之变。佐周亦以善承其母之意，而于人事之宜否，取决太恭人一言，昭然若发蒙，自顾所见，往往不能逮。盖其读书知道理，识定而能断，贤明之称，为难能也。

佐周年四十，即绝意进取，不就省试。用大府荐，保同知，亦不乐求仕。嵩焘颇尝以显亲扬名之义规之，佐周笑曰："吾母亦知吾狷介不合于时，戒勿为也。"人世所希冀以为荣，独有功名富贵，而古贤者或漠视之，则天下高其节，以为所蕴蓄而挟持，有大于是者。太恭人从容谈笑，若将安焉，有以内足于己而无待于外，乃益肃然于太恭人之高识远量，非今世有也。

光绪丁亥，值太恭人七十寿辰，佐周谋称庆于其里第。嵩焘之于佐周，相习也，为能道其母之贤，用敢为文以献。闻诸诗人颂祷之辞，曰"茀禄尔康"，曰"纯嘏尔常"。于人世之相谓荣者，极古之贤圣未尝不艳称之，而以言乎语之长而文之美，独曰"令德寿岂"。于此而归之令德，是真知本者也。亦惟令德而后可以言寿。是以言“炽而昌”，必申之以“寿而臧”。圣人固曰：“不忮不求，何用不臧！”观太恭人之懿行，非令德而能然耶？而与其子相勉以仁义道德，无假世荣以求饰观流俗之耳目，以此云臧，岂有爽焉。然则太恭人之寿，不侈美于今，而有合于古诗人之义。嵩焘幸从诸君子后，以一文为太恭人寿，亦将于此取重，以自荣其文乎？

曾母唐太恭人七十寿序

同治三年，嵩焘奉命抚粤东。暇登粤王台，叹曰：“富强哉是邦！而使其富一出于奸商猾胥，使其强一出于盗贼，谁当尸其咎者？”书告吾弟意城。意城曰：“无以自咎为也。急求治兵与财。邵阳曾挚民朴勤知兵，斯其人哉！”因请于朝，俾将一军，为粤民爬梳垢氛。令肃禁行，军政大举。尝疑挚民生长贱贫，骤起任军旅，端肃威严，若夙负重望者，未知何以有此。而挚民曰：“吾母之教然也。”盖太恭人鞠子以宽，而课挚民读必严；待人以恕，而期挚民以有成也必备。卒用县学生起家，保至监守。凡夫修己治人之方，天下国家之故，已尝究心焉。遇事程广尺寸，推寻较量，不爽毫厘。其自负以天下之重，自其读书粗有成立，已自立威严如此。此岂无自而然哉！

自古豪杰功名有所表见于世，成于母教为多。而圣贤成己成物，所以为性之德，尤莫尚于成就人才，以备天下缓急之用。故夫论君子之德，必曰“成己，仁也；成物，智也”。太恭人所以教挚民，不以寒微而废远大之规，不以孤弱而弛艰重之责。彼其自视与所以视其子，诚不规规升斗终身之谋。揆之圣贤立教之仁，岂有加于是焉？言者谓太恭人微时，窃者穴入室。太夫人急呼。

邻里起，共缚之。太恭人询其贫迫无赖，乘间脱之，告邻里曰：逸矣。其仆有盗金者，太恭人偶得诸其箧，力与掩护，而用他事遣之。人皆曰："太恭人仁如是，是宜有后。"而不知太恭人得此于其子，盖尤有其本者。抑太恭人之视小人为不义，皆有可恕，独课责其子不以幾微恕，其躬自厚者与？其实有见君子小人之分，而为君子者必无苟与？其宽以容小人，潜感而默化之，又可尚也。

庚午之秋，挚民来长沙请曰："吾母明年正月实寿七十。念无可娱吾母者，惟先生之文足信于今，庶几导扬吾母之德，以为子孙荣。"夫予之文何足以导扬太恭人之德哉？太恭人督教其子，以使有成，是乃所以导扬其德者也。为述其略以贻挚民，俾归侑觞焉，亦使其乡之人知太恭人所以教家而启后者，其道未有能易者也。

卷十二

赠总督安徽巡抚江忠烈公行状[1]

公讳忠源，字常孺，自号岷樵。新宁江氏，始迁祖大郎，当宋度宗时由江西迁居新化永宁乡。五世祖桢祥，复自新化迁新宁杨溪村，遂为新宁人。曾祖登佐，太学生。祖献鹏。父上景，岁贡生，隐居教授，行谊重一时，学者称一峰先生。太夫人陈，生子四：公居长，次忠濬，次忠济，次忠淑。

公生而岐嶷，英达过人。早岁能文章，好读经世书。甫冠，附县学为诸生。道光十七年丁酉，充县学拔贡生，旋中是科乡举。自是恒客都门，与当世贤士大夫游，刻意问学，以名节自砥厉。陕西举人邹兴愚，故籍新化，于公为乡人。公以其温雅士，厚遇之。兴愚病羸，喀血，又贫无仆从，公襆被就其居，为经理医药。数月，兴愚竟死。时君所尝受业者邓鹤龄，湘乡举人，亦病喀血，垂殆。公既为棺敛兴愚，属其族人邹溥霖送归陕西，而身护鹤龄南归。鹤龄寻卒，公又为任棺敛，而致其丧湘乡。当是时，公义声震京师，人以得一识公为幸。其后同年生曾如硃死京师，公又为归其丧。

---

①据《郭嵩焘日记》咸丰十一年十月十一日记，此系与左宗棠共同编定；又光绪十四年刻本原题《皇清诰授荣禄大夫兵部侍郎兼都察院右副都御史安徽巡抚兼提督军门霍隆武巴图鲁追赠总督照总督例赐恤予谥忠烈新宁江公行状》，末署“湘阴左宗棠、郭嵩焘撰”。

以甲辰大挑二等，慨然曰："穷达，命也。得教职养亲，幸矣。"既卒不得第，乃南归。心念天下之乱将起，愀然谓其乡人曰："国家承平二百馀年。楚、粤之交，山谷阻深，奸民萌蘖其间。有司缚于文法，不敢诘。新宁，岩邑也，民、瑶杂处，又与广西五排连。一旦乱作，事其危哉!"乃集诸父老为团练法。每月朔，会乡村子弟，剀切譬晓，俾知亲亲长长之义，阴以兵法部勒其众。数月，一乡肃然。

未几而有雷再浩之变。雷再浩者，新宁黄背峝人，习青莲教，阴结粤西奸民李世德及新宁李尚开、陈新进等为逆谋，党羽日盛。公察其变，为文备述嘉庆初戡定川、楚教匪始末，谕邑中子弟毋为奸人愚，自罹显戮。解散渐多。复告县令李君博，许其党自首，免坐，悬重赏购首逆。雷再浩忧事泄党散，逆谋益急，率其死党数百人反于黄背峝，设将军等伪号，抄掠近村。公闻警，即请于令，率村中团丁二百，与把总方开甲合剿。值贼大出，奋击，破走之。追至黄背峝，焚其巢。贼窜粤西梅溪口、大埠头诸处，诱胁乡民，势复炽。公督团丁守要隘，屡击败之。贼恨公甚，扬言得江某，当生啖之。母夫人呼公且归，公笑曰："贼安能害我!"然以母故，遂止城中，助官居守。一夜，忽报贼至，城中惊扰。公宿县署，坚卧不动。顷之，所部团丁缚为贼间者二人至。令李公谋系之狱。公言："人情汹汹，莫知所从违，急杀之，以惩乱者。不尔，且生他变。"令从公言，城中人心乃大安。

时长宝道杨炳堃、总兵英俊奉檄下县办贼，欲调镇筸兵。公力争，以为贼不足平，不足动大众；且客兵未可恃，如小有挫失，贼焰将益张。杨公胁以危语曰："尔能独任此乎?"公曰："能。"杨公默然。公退，上书言调兵之难，与所以平贼之易，规画明白。请兵之议遂止。公请檄广西会剿，自督团丁，四面逼之，断贼出掠之路。贼饥不得食，公乃与邑文生蒋启华设间，诱贼党缚雷再浩出，事遂定。维时贼众尚千馀，公请诛其桀黠者以徇。杨公弗许，仅戮数人，馀尽释之。公叹曰："乱民狃于姑息，未识军威，行将复逞耳。"不数年而又有李沅发之变，卒为楚、粤患，广西会匪之祸由此起矣。

方雷逆未获，杨公悬万金购之。事平，公以所得金为修城资。湖广总督裕泰公上公功，赏蓝翎，以知县用。道光二十九年，拣发浙江。吴文节公文镕时抚浙，闻公贤，凡事之难者辄委之。浙有巨盗数十，分布州县，伺间劫掠。官军捕急，则跳匿海上，莫能获。公一一设计擒之。时浙大水，秀水被灾尤甚。公奉檄往赈。至则请发常平仓，亲诣诸富室，劝捐助赈。设局，择邑中正士董之。编审丁口，分别极贫、中贫、次贫，为册以上。所捐钱谷，即存捐者之家。至散给时，预计某庄贫户若干，应给钱米若干，某庄捐户应发若干，由局发单，令各庄长向捐户支取，分给诸贫户。庄长凭票给发，无从侵欺。贫户丁口已审，亦无从浮冒。纠一县之财，赈一县之饥，合一县廉干士民，治一县荒政，吏胥、差役无所预。又虑贫民领赈时，债主或逼债宿逋，仍出示：严禁莠民借荒强籴，痛治之。富室感公意，输助恐后，全活遂多。秀水地卑，积潦无从泄，民不得补种。公循行郊野，见有高阜，亲劝补植杂粮。复请奏免正赋，以苏民困。设局收养遗孩，手定规条十六，法最详审，皆赖以活。适秀水令某君卒于官，士民禀留公权县篆，吴公许之。公招流亡，禁游惰，惩奸猾，又以民俗奢侈，躬节俭为之倡。示稿中有"知县每日六十四文"之语，秀民诵之。浙西蚕事最盛，灾后桑多槁，公考《农桑集要》诸书，作"补救六条"示之。在官九月，事大治。民忘其灾，士为歌诗颂公德，谓二百年来无此官也。未几，补丽水令。

咸丰初，诏中外各举所知。吴公将以公名应。适侍郎曾公国藩特疏荐公，命赴部引见。布政使汪君本铨颇以外吏不由疆臣荐举为疑。赞善武进赵君振祚尝以事过浙，乃举秀水士民所以颂公者，为汪君诵之。汪意始解。会海塘坏，吴公奏留公办工。阅四月，工竣，而岁贡君之讣适至。公一恸几绝，呕血数升。时新宁贼李沅发方谋逆，有讹言公全家为贼所害者。公忧愤怆扰，不知所措，病日益殆。有名医某者，索价夙高，不轻为人施治。秀水民闻公在杭病剧，相率造某医所，请急视江令君。虑不速赴，则请各任医药资以坚之。医笑曰："恶有医江公而索金者！"即拏舟去，诣杭，日夜为候脉处方。凡可以起公者，靡弗尽也。会新宁书至，知太夫人故无恙，忧郁少解。病渐瘥，医乃谢去。将奔丧归，秀水人竞敛金为赙，公固却不受。吴文节公叹曰："贤如江令，可令其贫无以归，归无以葬邪?"适调督云贵，遂于浙库借云贵总督养廉银五百两畀之，语公勿辞。汪君亦赙以千金。公感其意，乃泣受之，归。

营葬甫毕，而广西寇事愈棘。金田贼洪秀全、杨秀清等尤凶狡，官军屡为所败。上命大学士赛尚阿公出督师。湘阴左宗植方官内阁中书，素悉公，为言于大学士祁公寯藻，江某可倚以办贼。祁公荐之。赛尚阿公遂奏调军前差遣。时广州副都统乌兰泰公奉命来粤。乌公忠勇善战，慷慨负气，与他将领多不协。一见公，深相引重，每事必咨之。公亦尽心赞画，屡战皆捷。遂叙公劳，请以同知直隶州知州升用，赏换花翎。又以公在新宁讨贼所练团丁可用，属公自将五百人为一军。公令季弟忠淑在籍选募，帅以来，号称楚勇。湖南乡勇出境讨贼，自此始也。时贼方据永安州城。楚勇至，则营于近城之南，衣履敝黯，形状短小，各军窃以为笑。贼亦以新募之军易与也，急起扑之。公坚壁勿出，俟贼逼外壕丈许，乃纵击之。枪炮止，刀矛接，斩悍贼二百馀，伤者无数。乌公握公手示诸将，谓若笑楚勇不耐战，今何如？

侍卫开隆阿者，善骑射，马上发枪击贼，多奇中。平生尝射虎十数，军中所号打虎将者也。其人勇敢而寡谋。公初至时，长揖见之。开谓公轻己不为礼，不答也。一日与贼战，驰而前，所部仅十数人。遇伏，贼围之数重。开公左右驰突，矢尽，药子绝，事垂危。公方登高冈瞭贼，见贼围十数骑在山坳，驰突数次不能出，顾谓左右曰："此必开公也。开公健者，岂可失之！"乃督所部自山梁大呼驰下。贼回顾，骇而奔。开公见援军至，遂策马冲出，与公并辔归。归营即向公拜，谓："活开隆阿者，君也，憾不早识之。"

永安城小而固。贼首多广东潮、嘉各郡积匪，素习械斗，及守村庄，法又能以严酷行其令，故坚忍悍鸷异诸贼。方官军围永安时，金田贼尽聚一城，人数不及万，官军数倍过之，若以锁围法深沟高垒困之，贼食尽援绝，必死矣。广西提督向公荣时统诸军扼贼北窜，谓围城缺一，乃相传古法，必纵贼出击。公与都统乌公力争不得。咸丰二年元旦，乌公率所部从南路破贼数垒，往见赛公。乌与向积不相能。时向在坐，赛故与向并，而令乌公旁坐。乌意不能堪，归语公："必奏向提督误事罪。"公为言廉颇、蔺相如事解之。会病作，遂辞乌公归。

其年四月，贼果由北路窜。官军追至大冲口，四镇败殁。贼趋桂林。乌公驰至，泣告所部曰："国朝二百馀年，贼无敢犯省城者。今贼犯桂林，何面目见天子！"以刀刺臂，洒血盘水中，呼诸卒："共饮此，随吾援桂林！"比至将军桥，膝中炮，不能军。贼乘胜薄桂林，据象鼻山，俯瞰城中，日以大炮轰击，城中汹汹。

公闻贼犯桂林，力疾起，捐资募勇丁千人，与邑拔贡生刘君长佑倍道赴援。中途闻都统创裂，旋殁于军，仰天泣曰："嗟乎！吾来此欲倚乌公以有为，且报乌公也。今若此！"至则营于桂林东岸鸬鹚洲，三战皆捷。贼旋解围去，趋全州，分贼党扼盘石脚，断援军。公率所部至，不得进，宝庆都司武君昌显率所部五百人及百姓守城，仓卒无守具。悍贼肉薄城根，枪炮不能击。武公令煎松胶沥糠上，结为饼，燃之，从城上掷下，死者最多。贼愤甚，乃益穿地道，誓必陷之。公每值贼进，即鼓噪挠之，令不得并力仰攻。贼乃烧湿薪，令烟焰障目，咫尺不能辨。诸军之援全者，皆壁十数里外，又或借事他遁。数日，地雷发，城遂陷。贼愤武君多伤其党，遂屠州城，将顺流犯长沙，掠民船数百，载逆属及所掳金帛子女。公令所部于全州下游蓑衣渡伐木为堰，连营西岸，力扼之。贼觉，来斗，以悍贼护船，更番迭进。鏖战两昼夜，贼渠冯云山中炮死，悍贼毙者数千，辎重尽丧。公急请统领速连营东岸，断贼旁窜。统领犹豫未决，贼果弃船由东岸走道州。前湖南提督余万清弃城走，城遂陷。

方贼之夺舟而下也，连日大雨，湘水暴涨。由永州至衡州，数日可达。湖广总督程矞采时驻军衡州，闻警，遽走长沙。衡州府知府陶恩培留之不得。提督鲍起豹亦议去，永州知府徐嘉瑞固止之。会闻蓑衣渡之捷，人心稍固。程矞采寻还衡州。是时非公力遏贼船，则长沙危；使统领能用公言扼东岸，则道州不失，而贼可尽，不至糜烂半天下也。

道州俗朴而悍，地界粤西，多会匪。贼据城月馀，各处贼俱响应，势复张，遂取道江华、宁远、嘉禾诸县境，趋桂阳州。公追及之。前队把总邢虎臣战殁。公麾勇继进，大破贼于城下。贼弃城走，复陷郴州。郴州当广东之冲，商贾辐辏，驮货骡马以数千计。贼至，据之。公与诸军壁其三门，相持月馀。

七月，贼首萧朝贵诇长沙城外民房未拆，守兵亦单，意可袭而取也，乃率其死党疾驰而来。公与提督衔绥靖镇总兵和春公倍道追之。时贼已由永兴、茶陵、醴陵奄至，据城南及小西门一带民房为窟穴，日夜仰攻甚急。巡抚骆公秉章候代未去，与帮办军务湖北巡抚罗公绕典、提督鲍起豹登陴固守。会萧朝贵中炮毙，攻稍懈。副将邓绍良、瞿腾龙驻城外营，时与贼战，获胜。城中人心稍安。长沙城东南天心阁外地势高，贼已建栅筑垒，据其半。公言于和公："非并力争此，贼将环攻东北诸门，长沙危矣!"急率所部与贼战，麾下死伤者二十馀。公据胡床，督战益急。贼稍退，遂促移垒。和公亦督所部继之。垒成，近逼贼巢，共汲一井，击柝之声相闻。自是长沙止南门一面及西南角有贼，守御较易，而贼巢背水面城，无从肆掠，后虽大队踵至，无能为矣。

贼自蓑衣渡败后，憾公刺骨。新纠之楚、粤匪党，亦熟公名，将甘心焉。一日，公率所部与贼战。有数贼伏丛冢间，觇公素服骑马过，遽挺矛刺之。公伤腓坠马。贼方以矛拟公，步卒滕加胜急以矛格贼，刺贼死。馀皆惊遁。拥公上马归。

新授湖南巡抚张公亮基自云南来，梯城入受事。张公素重公，欲与计事。顾创甚，不能动履。乃以篮舆缒公上，入署养伤，就询方略。时贼首洪秀全、杨秀清等率大队自郴州来长沙，势更张。公言于张公曰："贼尽聚南门外，西阻江岸，东自天心阁迤南至新开铺，皆官军营垒，此固自趋绝地。惟贼所夺民船尚多，时过江掠食。虑其渡湘江筑垒，徐图他窜。请以一军西渡，扼土墙头、龙回潭之要，渐逼渐进，驱其归巢，可进歼也。"张公韪其言，先后咨总兵常存、马龙等率所部西渡，皆畏贼不战。时长沙城中两巡抚、两提督，城外十总兵，莫相统摄。张公虽明达善断，顾无如诸将何。赛公时内召，新帅两广总督徐公广缙久不至，诸将益怀观望。会赛公入长沙，张公以公言白之，乃檄向公赴西路督战。向公时已被议褫职，虽老于兵事，而识略固非所长，失意之时，气矜尤甚。张公檄其速扼土墙头，不答。土墙头旋为贼据。复檄其扼龙回潭，且以危语要之。向公答云："身是已革提督，贼从此窜，不任咎也。"贼复遣其党石达开渡湘而西，筑数大营，兼掠洋湖晚稻供贼粮。

湘水中一洲，俗呼水陆洲，即古橘洲也，长数里，横亘江心如匹练。贼之渡西岸也，留贼屯洲尾，为声援。向公拟先剿之。九月十九日，亲率劲卒三千馀，由西岸渡江，至洲北，整队而进，贼尽匿洲南树林中，时出零骑诱官军。向公督所部放枪击贼，贼走避林中。馀从林旁出，斜抄官军后。官军初为林木所蔽，不及觉，比贼帜微露，则疾趋如旋风。官军惊溃，健将游击萧逢春、都司姬圣脉战殁，士卒死者千馀，向公与河北镇总兵王代琳骑善马得免。城上诸军望见，为之夺气。张公愤甚，拟自督兵赴龙回潭，御贼西窜。公力赞之，为区画甚详，且言当先率所部筑垒以待，并请檄宝庆、湘乡各郡县团练会师西路，以厚兵力。

时贼所穿地道十数，均抵城根。张公令当地道来路，预修月城，开内壕，并缒壮士下城，凿外壕。已破其七八，而城上夜深犹时闻锄镬声。更调副将瞿腾龙、邓绍良率劲卒八百入城，为游兵，备缓急。九月二十九日，魁星楼侧地雷发，城圮数丈。邓绍良堵之，炮穿右肩，杀先登悍贼数百。十月初二日，城外金鸡桥地雷发。和春公堵之。公时遣所部把总徐以祥选劲卒二百入城助堵，两次皆杀贼有功。贼知仰攻为难，徒恃地道轰城为上策，既两次穴城被创，知长沙卒不可陷。贼党久困坚城之下，食乏援绝，所掠洋湖晚稻无多，急思觅路逃窜。而所掘地道尚馀一处未破，仍思拌死一逞。公仍请张公赴河西。张公叹曰："极知守城易，堵必窜之贼难，当为其难者。然始与君计议时，贼尚未轰城。今旬日来，地雷发者两矣。魁星阁守者仍闻穴地声。城中人心皇皇。吾出城，渡湘而西，人必谓巡抚避贼外出，将以何词解乎？”公亦知其未可强，遂止。

会新帅徐公至衡州，遣官赴长沙索钦差大臣关防。赛公谢军事。而徐公所令来长沙者，一广西提督福兴，一广东高廉道沈棣辉。福兴自衡州至湘潭，行七日；自湘潭至平塘，行五日。张公闻其来，以书致之，言西路之要，惟龙回潭，请速以所部驻之。又虑新军甫至，不谙地势，令带潮勇之知府朱启仁先筑营垒以待。福兴得书，不报，亦竟不赴。向公驻军西路稍久，知龙回潭当贼冲，自惭前此与张公抵牾之误。又其时徐公方夺和公统领畀向公，向公亦言必进营黄泥冈、游鱼蔳，方可杜贼窜，但无兵可分。黄泥冈、游鱼蔳者，即龙回潭之别名也。贼自渡西岸后，即以所夺民船架两浮桥跨湘岸。十月十八夜五鼓，魁星楼侧地雷复发，城圮十馀丈。瞿腾龙堵之，杀悍贼数百。自是贼之地道尽矣。十九日，有贼自言刘姓，投向公营，言贼正穿地道对天心阁。向公以函抵张公，属严备之。继大索刘姓，不得，乃知为贼谍。是夜二更，城南火起，有旋风挟急雨数点过，而贼全数从浮桥渡湘水，由龙回潭窜去矣。方贼窜时，故分小股向南行。向公谓贼将窜湘潭，即夜传令，饬东岸官军尽趋湘潭。于是和公与公均率所部南行，不知大股已窜宁乡也。

贼既窜宁乡，向公令西岸各军追贼，而已于二十四日始拔营起行，尾贼至益阳。前队健将参将纪冠军战殁。贼乃掳船渡资水，出临资口，遂过洞庭，陷岳州。湖北提督博勒恭武先三日弃城走。贼留岳州四日，疾趋武昌、汉阳，而东南大局遂坏矣。

公过湘潭时，徐公令公暂留，确探贼踪所向。比闻贼趋益阳，乃令公由湘潭追之。比至，益阳贼已去临资口，乘南风，陷岳阳。公以乌公故，怨向公，又以向公不能用其谋，不欲与共事。张公遂檄公留湖南。时巴陵有贼晏仲武，与金田贼通，闻贼陷岳州，遂纠众反，劫军饷。张公调公与邓君绍良讨平之，密饬公由巴陵、平江赴浏阳，讨征义堂贼。

征义堂者，浏阳东乡乱民周国愚、曾世珍、邓万发所立会名也。道光年间，湖北通城钟人杰反。周国愚假团练防寇为名，招聚不逞之徒，为暴乡里。习刀矛，制炮械，志益叵测。邑中人多隶名其中。前后官吏重发难，不敢诘。大府檄问，但言征义堂自卫身家，不敢有异志也。逆贼攻长沙时，遣党钩之。团总廪生王应苹获贼谍，得周国愚等复书。周国愚等杀之，逆迹大露。有上变者，张公辄置不问。浏人赴诉于江西，江西巡抚张公芾、帮办团务在籍尚书陈公孚恩咨请捕治，张公亦佯若不知。阴遣人赴古港、山光洞、宝盖洞各贼巢密察路径迂直、形势险夷，及魁党姓名、住址之详。嗣奉密旨捕反者，张公仍秘之。晏仲武事平，张公乃密缄付公，并付地图及所得贼中事状，令公图之。

十二月十四日，公率所部赴浏阳。县令赵君意公为征义堂来也，询公何往。公谬谓奉大府檄赴江西，俟长沙饷到乃行耳。越二日，筑营县东冯家岭，乃张示，谓某奉檄来治征义堂事，所欲得者渠魁数人耳，馀俱不问，能缚首恶来献，即免劓。当公筑营时，邓万发、曾世珍等贼杂稠人中，来觇公所为，众不敢指认也。邓万发等归，语其党：“始意官军必壮健逾人，今观来者尫弱如丐，殆乌合趁食辈耳。吾堂中刀矛、拳棍、枪炮，事事精练，吞之有馀，何惮而不战!”赵令急诣公，泣谓：“公何故诳我？公亦知征义堂乎？是据东乡地周数十里，有众数万，稔恶十数年，无敢谁何者。今大军追贼赴鄂，而公独挟羸卒千馀来，自度能了此否？县令非敢爱死，顾时局何！祸机一发，长沙不保矣。”公笑曰：“明知变起祸速，然矢已在弦，可若何？”赵令乃发急禀抵上游，请益兵数千，筹饷数万下县。张公笑置之。十二月十八日，征义堂贼三千馀，分三路来扑县营。旗帜皆白，大书“官逼民反”。刀矛林立，呼声震天。公预遣守备李辅朝以一营驻县治，防内变，而自督两营拒战，为三伏于营外待之。贼近营半里，见营中寂然，怪之，不肯遽前，公以数十骑诱之，贼遂蜂拥而进。伏发，截贼为数段。贼目持大刀斫阵，连伤数卒，忽为乱矛所戳死。其分袭县治一股，亦为李辅朝所败。贼众大奔，公空壁蹑之。至双江口，始收队归营。毙悍贼数百，生擒百馀，获炮械旗帜无算。询所刺贼目，则贼中教头张大武也。公随出示：不从贼者，领良民牌，免剿。是夜款营领良民牌者五千馀。次晨，更领至万馀。公知贼势解矣，急分兵直捣三平洞及三口贼巢。张公所咨调之云南总兵经文岱等军，亦冒雪趋平江卢洞、十八盘、福石山，抵贼巢东北，防贼窜逸。获贼目朱兴祥、陈国材、陈朝泾、陈德昭等二十馀，斩之。首逆曾世珍负创潜逃，亦搜获正法。凡杀贼七百馀，生擒六百馀。周国愚、邓万发两逆皆于次年捕得，磔之。用兵十二日，事平。湖南严治土匪，自征义堂之役始也。

三年正月朔，公奉檄还长沙。时贼已弃武昌东下，张公奉命署湖广总督，疏调公赴鄂。公前以解桂林围功擢知府、援长沙功擢道员矣，抵鄂，张公即奏公署湖北按察使，带所部楚勇四百自随。礼部侍郎曾公国藩时居忧在籍，奉命帮办湖南团防，欲留公，不得，乃留公弟忠济与刘长佑、李辅朝，带公旧部千人，驻长沙。旋剿贼衡山，平之。公随张公抵武昌，距贼去甫十馀日，遗黎存者不足十之一，官署民舍大半焚毁，死尸枕藉。时张公署湖广总督，骆公署湖北巡抚，河南布政使严公正基署湖北布政使，公署按察使兼盐道，金公云门署武昌府知府，皆一时人望。诸公又和辑一心，遇事商定即行，尽除官吏壅积苛扰习。修城郭，制守具，通商贾，恤难民，治土匪，缉逸贼，筹军食，事无不举。公旋奉命授湖北按察使。

三月，讨通城之贼。通城自道光十九年钟人杰之变，馀孽甚夥。大吏务为姑息，奸民玩法者多。至是贼首刘立简、罗经仁、何天进等复以抗粮劫众叛，意省治新破，官军莫能讨也。张公檄公速统所部楚勇四百及开化勇、泸溪勇三百馀往剿。时嘉鱼、蒲圻均有贼响应。公分遣开化勇、泸溪勇赴嘉鱼、蒲圻，而自率楚勇径捣通城麦园贼巢，擒刘立简，磔之。复进军葛家坪。五日六战，斩贼四百馀。方传令进剿，忽崇阳城陈北斗纠众千馀，与通城贼何天进暗相勾结，焚劫桂口及通城下畈，将乘间袭取通城。而嘉鱼贼熊开宇、梁一举复与何天进合，势渐张。公还军通城御之。张公以崇、通贼日聚日多，嘉鱼、蒲圻土匪又方蠢动，公所部楚勇仅四百，分则更单，咨署湖南巡抚潘公铎及曾公国藩，预调公弟忠济及刘长佑、李辅朝留南旧部楚勇，来北会剿。公亦以书抵曾公，乞速济师。数日，忠济先带所部勇五百驰至。适崇阳贼回屯桂口，忠济即夜潜师掩击，阵斩陈北斗及骑马贼首十一、馀贼五百。公知崇阳贼破则通城贼胆益寒，即拔营入山剿之，生擒贼目张西园等二十馀名戮之。大局略定。

旋奉旨饬赴江南大营帮办军务。三月二十九日，交卸湖北按察使、盐道两篆，还鄂。疏陈军务八条，略曰：

> 粤自逆贼滋事以来，用兵数年，糜饷至二千馀万。人无固志，地罕坚城。巨寇披猖，久稽天讨。非贼众而我寡，贼强而我弱，贼智而我愚也。法之不肃，谋之不臧，贻误至今，宜思变计。微臣效力军前，出入矢石锋镝之馀，于今三载。

兵勇强怯之情形，事功迟速之机会，苟有所见，何忍不毕献其愚？谨将兵事大略，有关得失者撮举八条，为皇上敬陈之：

一曰严军法。法者，将之所以驭众，使之出入生死而无敢违者也。将不行法，是谓无将；兵不畏法，是谓无兵。军兴以来，法玩极矣。全州以失援陷，而赴救不力者相仍。道州以弃城陷，而望风先逃者接踵。驯至岳州预设防师，不能为旦夕之守；九江厚积兵力，不能遏水陆之冲。文武以避贼为固然，士卒以逃亡为长策，皆由畏贼之念重，畏法之念轻也。夫人情孰不畏死而贪生，而军令必责其舍生而就死者，诚以百人决死，万众莫当，一夫倡逃，千军自废。诚使将士知国典之不可幸逃，自不得不并心一力，以致死于贼。将有致死于贼之心，而谋自生；士有致死于贼之心，而勇自倍。是所诛戮者不过一二人，而所保全者常千万人也。宋仁宗当承平之馀，侬智高反，官军屡失利，攻陷名城无数。最后狄青至军，斩逃溃将校二十馀人，而军威始振。嘉庆初年，三省教匪之变，经略额勒登保平之。其言贼遇官兵，条条死路，惟向前接仗是一生路；官兵遇贼，条条生路，惟向前接仗是一死路。故贼常致死于我，而我兵转畏迎其锋。利钝之机，已决于此。即如粤逆与官兵接战，每驱新附之贼在前，而以死党监督其后，名曰排刀手。遇有却顾，辄行击杀，以故匪党不得不为之尽力。贼之胁众也以严，而我之驭众也以宽。贼之退也必死，而进犹可生；我之退也可生，而进辄易死。谁不望风以先靡，而预办一走也？诚欲反怯而为强，莫如易宽而用猛。皇上执法以驭将帅，将帅奉法以令偏裨，偏裨行法以督士卒。遇贼溃走、借词巧避者有诛；临阵不互相救援者有诛；不奉令而遽先撤队者有诛；堵御不力、致贼窜逸者有诛。军令既严，士气自奋，讨贼之效庶可计日而待也。

一曰撤提、镇。提、镇而下为副、参、游，副、参、游而下为都、守，都、守而下为千、把，以次递相节制，而提、镇之位为最尊。承平日久，兵革不用。宿将之以功名著者，多就凋谢。今之提、镇，类多积资较俸，洊至高位，非尽论功阀劳绩而得之者也。朝廷以虚名使之，未遑择其才略。其中老于戎事、深悉战守机宜者虽尚有之，而阘茸充位、无足短长者正复不少。权尊则意为趋避，而偏裨不敢与争；位重则法难骤加，而大帅不敢擅决。夫人情当齿壮官卑之日，每思发奋有为，致身通显。及至身居高位，则顾惜之念重而进取之念衰。责其忘躯冒险，踔厉迅发以赴事机，难矣。且军营体制，副、参以下，俱听命于所辖之提、镇。其临阵也，必提、镇先退，而后副、参随之；副、参退，而后都、守随之，都、守退，而后千、把随之，千、把退，而后士卒随之。提、镇不得其人，即所属之副、参以下均难期得力，是以姑容一二庸妄之提、镇，致可用之将弁兵丁同归无用也。又军兴既久，筹饷滋艰。提、镇薪水夫价之需，及役使护卫之人，均较参、游数倍。计裁一提、镇之费，养精兵二百而有馀。亦奚取以有限之饷糈，奉此无益之提、镇为哉？副、参以下，任重敢战者未尝无人。其资位较轻，则奉檄不敢迁延；其擢拔方始，则临事易为感奋。诚择提、镇之久历戎行、胆略尚优者以资统驭，其馀概行撤遣，副、参以下，量才委用，务尽其长，斯军政严而军食亦裕，此时幸有殄寇之资，异日仍获赳桓之用矣。

一曰汰弁兵。选兵之道，胆气第一，朴实耐苦次之，技艺娴熟次之，巧猾懦怯为下。有武艺而无胆气，则临阵忙乱，并其平常演习之技而亦忘之。故常有力敌百夫、艺高群卒，而临阵一挥即仆，与未习技艺之人等者。战阵之事，与搏斗异。两军相持，旗帜骇目，金鼓震耳。胆怯则心易动，心动则耳目手足举失其常也。质实耐苦之人，军令易于服习，性情易于调驯，令进则进，令退则退，陟山渡水不知其劳，历夏经冬不知其瘁，故众可得而用。至于巧猾怯懦之流，无事则应对趋跄，务为观美；临阵则趑趄退避，专择便宜；论功则多方钻营，希图美擢；遇败则巧为推诿，求便私图。将弁如此，不足以整军；兵士如此，不足以御敌。徒糜金粟，无补丝毫。此兵弁之应汰者一也。军兴既久，征调频烦。有从军数年、渐形委顿者，有老羸充数、不堪驱使者。是谓疲乏之兵。又如曾经战败，部曲溃散，或遇急卸装而得生，或事后潜逃而就伍，惊魂甫定，转战何堪，苟取充兵，难期再振。是谓残败之兵。当兹饷运不继之时，岂容若辈更滋虚耗。此兵弁之应汰者又一也。诚饬各营于此数者严为淘汰，选其胆气充壮者为一等，以备攻剿之用，其次备守营围堵之用。药品既备，攻达乃神；爪牙既强，声威自畅。斯亦当今之急务矣。

一曰明赏罚。胜有赏，败有罚，夫人知之矣。虽然，胜有赏而所赏者非真胜也，则不如无赏；败有罚而所罚者非真败也，则不如无罚。无赏无罚，人犹冀有赏罚之时。赏非其功而罚非其罪，则人知其赏为主帅私昵之人，其罚为主帅倾陷之人，惩劝之用乖，怨讟之声起，而军心不可问矣。军兴以来，得一胜仗，有功者固赏叙随之，而左右随侍之人，先叨奖录。逆匪蔓延四年，糜烂六省，未尝行一失律之诛，按一纵寇之罪。胜败本兵家之常，主兵者每言胜而不言败；功过本不妨互见之事，主兵者不录过而专录功。有赏而无罚，何以昭惩劝而令三军乎？夫军中赏罚，未可一概论也。战而胜，固当赏矣，然或杂然旅进，割取他人之首级以冒功，或当追击至要之时，不思乘势掩杀，只顾夺取财物器械马匹，以致大胜变为小胜者，又当罚。战而败，固当罚矣，然或奋勇前驱，后援不继，或大众却走，而一军独前者，又当赏。且同一赏而厚薄攸分，同一罚而轻重迥别，当视其功罪为等差。大帅惟据营主之禀报，营主又付诸左右之品评。功罪之实，既非采访所能知，又因毁誉而多误，求其权衡至当，犁然合乎人心，难矣。自非亲历行阵，开诚心、布公道，何以慰士卒之怀而振积疲之习乎？

一曰戒浪战。用兵之道，能守而后能战，能制人而后不制于人，能避贼之长而后可用吾之短。粤逆狡悍凶顽，颇有盗贼之智。臣随诸军自粤西至湖南，与贼大小百数十战，亦尝备观其结营置阵之详、疾行徐止之状矣。贼之结营也，因地筑垒，环以深濠，墙厚数尺，层开炮眼，濠阔数丈，密钉竹签。其置阵也，或分三路，或分两路，正兵应敌，奇兵或分抄阵后，或直捣中坚。其止也，遍购匪党，四出窥探，伺吾虚实，以广其谋。其行也，遥张虚声，飙忽倏至，乘吾仓皇，以逞其毒。我兵并力攻其坚垒，每至损伤精锐。其新兵未尝与贼战者，不谙营垒濠墙之式。将弁无所恃以为固，往往为贼所乘。陕西征兵之在湖南以及湖北、江西、安徽、江南诸军之失利，皆由于贼知结营之利而我不知也。贼分数路，我每以一路当之。即或数道并发，而临阵彼此不相顾，或左进而右退，或后却而前行，贼得以施其奇正抄伏之术。广西、湖南诸战之失利，皆由于贼知布阵之诀而我不知也。贼之止也，宜扼要以断其接济，严兵以堵其逃窜。贼之行也，宜预择精兵宿将，拦头迎击，以遏其锋，沿途设伏，以挠其势。乃我之围贼也，不务扼要严防，专以扑营逐利为事。其追贼也，不务拦头逆击，专以跟踪尾击为能。小有挫失，将卒之气先馁，又须养之经旬，始堪一战。逆贼得以长其凶锋，我军终莫操乎胜算。此兵谋不可不豫，而浪战所以宜戒也。

一曰察地势。兵志曰：不知地利，不可行师。地利云者，非仅图史所载山川一定之险也。视贼出入之踪而先为之防，察贼分合之势而遥为之制，虽渐车之浍，数仞之冈，苟形势在所必争，即机会不可偶失。请以近事明之：全州蓑衣渡之战，贼锋已挫，宜连营河东，断贼右臂。道州之役，贼势本孤，宜分屯七里桥，扼贼东窜。长沙之围，贼路俱穷，宜驻龙回潭、土墙头堵贼西溃之路。他如道州双牌、莲涛湾六十里之奇险，贼入死地，而纵之使生；湘阴之临资口、岳州之城陵矶皆水陆必争之地，而放之使遁。利害昭然，犹堪复验。事前未及虚心体访，预为绸缪，一溃难收，悔之无及。计自逆匪滋事以来，要地之疏防，机宜之坐失似此者，实已指不胜屈。祸基咫尺，流毒千里。人谋未臧，酿成巨患。此正宜引为前车之鉴者也。

一曰严约束。杀贼所以安民，安民乃可以杀贼。将出令而兵不敢哗，兵奉令而民不知扰，则有制之师也。粤逆所过之处，横刀跃马，市肆一空。人民遭其屠戮，子女遭其掳胁，财物遭其搜括，室庐遭其焚毁。惨酷之状，固已触目伤心。被害遗黎，群焉饮憾。然市井愚民，罔识大义，亦容有谓盗贼之害犹愈于兵者。何也？粤逆志在择肥而噬，下户穷檐，搜求不暇。且或以时诈示仁义，愚弄吾民。买饭求浆，多给市直。至于不法兵勇，罔知号令，方其攫取奸污，则虽穷苦之家亦鲜得免。于是民不怨贼，而反怨官兵矣。夫以盗贼而诡施小惠，民于盗贼，宜有恕词；以官军而行同盗贼，民于官兵，能无隐憾？若不随时严按军法，以服民心，恐草野怨咨，郁勃之言将有难于尽诘者。军中兵勇而外，有长夫，有馀丁，有随营贸易之人。兵丁旧服营规，管辖甚密。果令严为约束，无难一律肃然。乡勇多系四方无籍之民，较兵丁殊为难管，然犹名隶籍伍，有犯自可按籍而稽。至于长夫及随营买卖之人，则均游荡性成，不安乡里，名虽贸易营生，实则不堪问其所自。倏来倏往，踪迹靡常。甚或伪造兵勇腰牌，假其装束，时赴近营各乡村，掠取各物，转卖营中，肆行无忌。乡民误为兵勇，不敢格杀，且畏其势横人众，莫敢谁何。此辈久处营中，熟睹战斗之事，轻生嗜利，习为固然。将来事竣撤遣，散处民间，必多不靖。从前三省教匪之役，大局已经戡定，而搜诛馀匪及不法夫勇之啸聚者，又至两年，其明证矣。应饬各营于所管辖兵丁、长夫及买卖人等，严明约束。遇有干犯，除兵勇分别治罪外，长夫及买卖人等尤宜从重惩处。其有逃匿他方者，所在地方官一体严密察缉，随时惩办，重即处死。斯亦结民心而毖后患之一端也。

一曰宽胁从。粤逆起事，死党存者实不过数千，其馀则新附之匪与裹胁之众也。会匪盗贼与凶恶痞棍，粤、楚州县所在有之。平时作奸犯科，扰害乡曲，官司每苦文法之烦，曲从宽贷。一旦有警，遂尔率其丑类，从乱如归。又在配军流及被贼劫放监禁各犯，乘乱得脱，为贼驰驱。此皆甘心从逆，执死不回，宽之而无可宽者也。至若村市良民，被贼驱胁，本无从逆之情，但因贼中禁制甚严，未由自拔，又或以全家被掳，势难两全，依违其间，遂历岁月，比发已加长，便与老贼无殊，欲留则违其归顺之心，欲去则恐膺不测之戮，低徊无计，进退维艰。此等苦衷，殊堪轸念。贼匪自武昌窜去时，党众剃发潜逃者亦已无数。即其中长发之贼，为居民沥诉被裹之由，往往悲感无端，声泪俱下。可见小民具有天良，终非左道所能煽惑也。宜饬各营多写简明示谕，射入贼中。临阵于旁近竖立‘投诚免死’大旗，令其乘官军与贼接仗时，弃械奔赴旗下。并设一剃发公局，发给免死执照，资遣回家。倘如官兵连获大胜，非独不甘从逆者以免死而得生，即心持两端者亦将去逆而效顺。既可用谍以探贼之情，复可用间以携贼之党。党羽既已披离，渠魁何难殄灭？其于剿贼机宜，或亦不为无补。

疏入，上嘉纳之。

公率楚勇千七百馀驰赴江南，路过广济。适广济贼宋关祐等抗粮为乱，戕署黄州知府邵纶及黄梅县知县鲍开运。张公奏饬公顺道往剿。比至蕲州，则关祐已胁众数万矣。公以愚民误听奸徒蠲赋之谣，妄思抗拒，鲍开运以邻令勘办，操之过急，遂酿此祸，非宽胁从而严首恶不可。行至蕲州，勒兵界上。蕲人请兵毋入，愿擒首恶以献，许之。届期，罪人弗得。乃进兵广济城北，三战三捷，斩贼五百馀。其生擒者均免死，令其持示归，晓谕被胁愚民，速自解散，毋干大戮。事渐定。

适金陵巨贼分党由滁州北窜，奉旨：“湖北按察使江忠源亲历行间，屡著战功。曾谕令驰赴江南，帮办军务。该署督等委令顺道剿办广济县匪徒。傥此时尚未竣事，即着署提督阿勒经阿接办。饬江忠源统带兵勇，迅速驰赴安徽凤阳一带，会同周天爵等攻剿。”公以广济善后事宜交署汉黄德道徐君丰玉、署提督阿勒经阿接办，自率所部由蕲州取道九江入皖。甫抵九江，忽接探报：金陵贼船二千馀上驶江南兔儿矶，师船失利，贼之前队已抵江西彭泽县，将犯省城。江西巡抚张公芾、在籍帮办团防兵部尚书陈公孚恩会檄调公速赴南昌。公率所部疾驰四日，至，见城外廛舍鳞比，遽下令火之。南昌人以贼未逼而先火民居为疑，公力言桂林、长沙均以城外民屋为贼所据，使得据以乘城，今环城屋多，高且厚，留之必为后患。乃率亲兵自出城举火。火未尽而贼至，至则急扑火，德胜门外屋多完。其后贼卒据之以穴地道轰城。人始服公之先见。

当是时，公所部仅千五百人。南昌所调兵勇万馀，无习兵事者。公环城巡视，分陴以守。每四五垛口，以所部兵一人督之。有某营兵数人谋缒城走，公诇知之，立斩以徇。于是南昌兵勇稍稍知守城捍贼矣。贼不虞公猝至，急攻城。城上鸣大炮拒之，贼颇伤。仰望见楚军旗帜，惊曰："来何速也！"嗣是无敢近城仰攻。援兵亦稍稍集。巡抚张公、帮办团防陈公奏公总统城内外各营兵勇，以一事权。公守章江门，贼营沙井，沿江小洲筑炮垒，日夜轰击，炮雨下。一日，巡抚张公来计事。坐甫定，从者左右侍。忽闻炮声，子过，碎从者首，穿坐后壁轰然。张公大惊，数饬南昌守林福祥制牛革为障，屏公宿处。公笑曰："苟避此，将兵何为？"随命撤去之。数自督兵出城击贼。贼栅德胜门外，连舟万馀，自七里街以东绵延十馀里，坚伏不出，穴地达城下，隐隐有声。公募健卒烧德胜门外屋几尽，而文孝庙卒为贼据，坚不可毁。穴地凡五六里，旁穿斜出。公遣卒循声迎掘之，破所为隧道数四。又垒石为内城，环其一面。贼果轰城，坍十馀丈。公弟忠济督兵当缺处，以布囊盛土筑之。俄而城大崩，筑者尽陷其中，忠济跳而免。再上督兵，垒土益急，城复完。越数日，贼复左右为隧道，伏火药数处，同时并发，城坍八十馀丈，雷崩地裂，土石飞空。城外贼噪呼乘城。忠济等冒烟尘迎上扼截之，贼先登者皆殪，贼始夺气。公命百长李光宽仍为隧道而出，凿濠城下，引水注之。贼所为隧道尽废，城守益完。

时太和土匪起，连陷太和、安福，围攻吉安，戕知府某公。公弟忠淑方自家募勇赴援。礼部侍郎曾公檄忠淑出浏阳，湘乡县知县朱孙诒率湘勇四营出萍乡，会于南昌；命候补道夏廷樾统湖南援师至南昌。二十馀日，而吉安告急。公檄廷樾等赴援吉安，命刘长佑分部忠淑所募军，并隶廷樾，饬分兵驻樟树镇，防吉安土匪与贼交通，兼令湘阴郭嵩焘监造船筏，为水陆夹剿之计。时嵩焘从廷樾援南昌，得贼谍，言贼皆舟居；文孝庙栅垒，更番巡守而已，官军数出，无所获。因言于公："贼据江路，而官军但有步卒，无水师。东南泽国，多阻水，非有船筏不足以讨贼。"公大韪之，因疏请四川、湖北、湖南三省分造拖罟船，习水师，而令广东筹款购买洋炮。奉旨俞允，因令嵩焘如法试办。其后曾公创立水师一军，扼截江路，保全湖南北、江西诸省，使贼终不得逞，由公发其端也。

时自巡抚以下，以贼数轰城，人心恇惧，骤出三千人援吉安，恐城兵单，持不可。公曰："太和贼初起，扑灭之易耳。令稍张，与贼勾连，南昌上下之路俱断，此危道矣。今兵逾万，益三千人不为多，省三千人不为少，事机轻重，相视较然。诸君何疑！"廷樾等至樟树镇，急遣刘公长佑、罗公泽南援吉安。吉安围解，长佑分剿太和贼，泽南分剿安福贼，悉平之。而廷樾数获贼间，得与南昌贼往来书，责以急攻吉安，当遣兵来会。非公决策遣援，事几殆。吉安贼既平，忠淑等督催船筏旋南昌，而贼已遁。上嘉公功，赏二品顶戴，赐白玉翎管、白玉搬指。

公念九江江西门户，上扼长江之冲，谋间道往守。而九江已先为贼据。时署湖广总督张公设防田家镇，扼贼上窜之路，命湖北粮道徐公丰玉总理防务，汉黄德道张公汝瀛副之。贼自九江进次武穴，袭破富池口官军营垒，遂陷兴国。张公檄公急援田家镇。公所部楚勇以久劳，多散归。因留忠济及刘长佑江西，拣鹤丽镇兵千人，镇筸勇、开化勇、泸勇千馀人，由瑞昌趋兴国。崎岖山谷，佶屈颠顿。居民避贼远徙。所过无所得食，掘藷芋为粮，且食且行。士卒饥乏，中道偃息。公亲下马导之行，日数十里，不少息。比至兴国，官兵追及者，开化勇二百馀、鹤丽镇兵三百馀而已。公急率以渡江，而是日半壁山适先为贼据。

半壁山者，田家镇南岸巨险，横插江中，扼富池口之背。江势南趋，径山麓，折而东，水迅激，不可泛舟，舟行皆倚北岸。时防兵少，尽驻北岸。田家镇南岸空虚，故贼得袭据之，又上列营戚家山，尽有南岸之险。公至，按行营垒，叹曰：“此地天险也，而军情地势，两皆失之。”谋以翌日移营羊角山，开濠固守，而后渡江剿南岸之贼。日晡会食，忽报贼船上驶，公急驰赴水营。水营者，缆巨筏江畔，载炮数十，以截贼船者也。环岸为营护之，适当半壁山。贼据半壁山，驾巨炮俯击，声隆隆然，子坠地如织，防兵多逃。初，署湖广总督张公以公疏造拖罟船二十，命武昌同知劳光泰统之。公急令拖罟船迎击，而劳光泰见贼船上，率所部先遁，讫无应者。时东风大作，贼船扬帆沿半壁山逆流上，收泊戚家山麓，水陆相倚。公叹曰：“但令贼船两日不上驶，事犹可为。”因自为文告天，痛哭宣读，而风势转劲，时九月十二日也。明日，天初曙，贼遂由羊角山麓抄水营而上，防兵大溃。公率鹤丽镇兵拒之江口，亲搏战。移时，贼来益多，左右亲兵有伤毙者。因共拥公突围出，趋广济。徐公丰玉、张公汝瀛死之。上疏自劾，诏镌四级留任，署湖北按察使。唐公树义时驻军广济。尽以所部隶公，移驻黄陂，谋间道渡江。闻贼陷德安，驰军击之。贼逸，公遂由汉川渡江，至武昌。总督吴文节公文镕守武昌，静镇有方略，贼亦不至。

公旋拜巡抚安徽之命，又诏公："楚、皖一体，当相其缓急为去留，不必以成命为拘。"公以贼犯武昌尚游移，庐州事急，当往庐，上疏请行。所部鹤丽镇兵、开化勇、泸勇千馀人。道病。至六安，病益剧，留数日。闻贼已由舒、桐趋庐州。知府胡元炜诡言庐州兵力已厚，饷亦充裕，促公往。公力疾驰至，问守具，元炜以方筹画对。粮粮、军火一无有。简守城兵，仅元炜腹心徐淮所募勇及公所募六安勇，皆新集，不足恃。公所部鹤丽镇兵又留守六安，赴庐者开化勇、镇筸勇数百人。而庐州城周二十六里，城上垣凡五千。公至巡城，见水西门枕高阜，环城一面皆山，度贼必据山俯攻，因部分文武吏守城，而自守水西门。下令有能助守城者，悉听登城。庐民争赴之，得万馀人。部署稍定。越日，贼大至，环城急攻，架云梯薄城而登。官军屡击却之。贼穴东城威武门为隧道，公募死士迎隧出。有贼黄襦，据隧口下窥。外委冯贵引刀劈削其面。贼惊噪。官军自城上掷火弹击之，皆反奔。公守水西门，贼据山，引矢射及公幄。公久病，益不支。众力请公宿城下。贼复穴水西门，伏地雷轰城，崩数丈。公跃而起，手大旗，缘陴上，连毙贼，城卒完。疏陈守御状，且乞援师。上特赏霍隆武巴图鲁勇号。

先是寿春镇总兵玉山以东关戍卒援拱辰门，战死。陕甘总督舒兴阿援师万五千人驻冈子集，屡战皆败。鹤丽镇总兵音德布自六安驰援，亦败于枣林。城无外援，势益孤。公弟忠濬及同知刘长佑自湖南募勇至，营西平门外五里墩，遣卒挟白镪及油烛，夜半缒城上，且告援至。都司戴文兰亦自湖北以五十八人怀镪入。城外贼骑充斥，援师中隔，卒不得薄城为犄角。贼攻围月馀。城中奸民往往以贼号诱煽愚民。知府胡元炜所募勇分守北城拱辰门。勇首徐淮，故县役，最无赖。勇多与贼交通。贼再穴攻水西门，城崩。公麾众拒之。贼分薄四城。拱辰门守者先逸，贼缘城上，城上兵与贼相搏竟夕。天且明，雾簌簌如雨。左右血刃拥公行。公手剑自刎，不殊。贼逼公。或强负公驰，公啮其臂，因堕地。拥至水关桥，公奋自投水死。所投处为古塘，时咸丰三年十二月十七日也。从公死者：布政使刘裕钤，池州知府陈源兖，候选同知邹汉勋、胡子雝，副将松安，都司马良勋、戴文兰，县丞艾延辉、兴福，而源兖、汉勋、良勋、文兰之死为最烈云。公殁八日，公弟忠濬募人出公尸。部卒周昌发于古塘得之，面如生。解衣裘之，辗转贼中，卒负以出，归葬本邑某山。事闻，天子震悼，赠总督，予谥忠烈，赐祭葬，命庐州、湖南、江西等处建祠，赏骑都尉兼一云骑尉世职，褒公三代如其官。

公生于嘉庆十七年壬申岁六月二十四日，年四十有二。公忠孝大节出于天性。猿臂长身，目奕奕有神，顾盼磊然。与人交，披肝沥胆，终始不渝。尤爱才服善，闻人孝友节义事，务成就阐扬之。廓达大度，开诚示人，而见义勇发。其所必为，虽险阻郁塞，众人孑孑，环顾多疑，公不为动。初办乡团，集社中父老示禁数条，首约不得入会匪。时粤西会匪流毒遍宝庆，公既为申禁，乃搜捕社中不法者治之。遇争讼是非，集父老悉情剖断，使皆服乃已。社中以无盗，无以事控官者。由是邻团争附之，诸习会匪者皆自伏，愿解教从善。盖往时不习教者率为匪党侵渔，得公申禁，有以自安耳。公尝叹言：“上失其道，民散久矣。即一乡可以知天下也。”既而以团丁擒巨逆雷再浩，语人曰：“天下事无不可为，独官吏持文法，委琐瞻顾，为足忧耳。”及为秀水令数月，又言：“朝廷文法何尝为害天下，由官吏骫法以贻害耳。去天下之治刑名者，而后天下之讼狱清；去天下之治钱谷者，而后天下之亏空清。”后以桂林被围，募勇往援，念可倚以办贼者独乌兰泰公。乌公死，公自念位卑望轻，不欲以军事自效。洎奉旨帮办军务，即于是夕挑灯草家书万馀言，处分家事甚悉，其末曰：“吾所言止于此。自此以后，为国家任军旅讨贼，毋复以家事关我矣。”

用兵数年，待士卒严而有恩，虽他将所部骄兵悍卒，见公无不气折心服。或颂公治兵有纪律，公叹曰：“古名将用兵，专事节制。节则进退有法，而心意交孚；制则趣舍有主，而手足齐一。吾以书生，仓卒募兵讨贼，未尝一加训练，何云纪律乎？”然公于兵法神领心悟，尝喜自负，每出兵当大敌，横槊马上，瞭察山川形势，遇坡岭回互，辄举鞭指示营将曰：“若以一营伏此。吾转战至某所，若出为吾应。”虽平地田畴交错，或辄留数骑，伏阡陌间。后与贼相持急，往往以伏兵起，得全胜归。人问公所以伏兵之故，公亦不能言也。居围城，每夜必环城一巡视。见士卒食苦，或时下马，呼匕箸取尝所食，曰：“适巡城饥，与君一共此味耳。”以故士卒感服，无忍背者。其规画天下大势及平贼方略，慷慨自命，每言：“天下之乱无已时，当改就武职，得专意为国家治兵讨贼。”提督向公荣，名重一时，公意轻之。或问乌兰泰公、向公优劣，曰：“此皆任意气，然乌忠勇而向刻深。永安之役，乌总统南路，向总统北路。开一面逸贼者，向也。他可不论矣。”曰：“然则向为大将非与？”公叹曰：“是犹知以讨贼为义，为贤于他将耳。天下人才固乏，可慨也。”呜呼！公之名在天下，而功被东南数省。天下知与不知，闻公之死，莫不呜咽流涕，惊忧失据。而公生平蕴蓄与所欲自树立者，固未尽其一二也，此可为天下痛者矣。

公所著诗、古文、奏疏无定本。长沙冯卓怀、湘阴郭崑焘为搜辑其遗诗二卷刊行之。公弟忠濬，累功保举按察使衔记名道，赏花翎；忠济，累功保举道员，赏花翎，援江西功最伟，其后防守羊楼峒，与贼战，死之；忠淑，累功保举知府加道衔，赏花翎。是时楚军之名震天下，而公弟三人皆将兵，善抚士卒，有方略，世号江家军。夫人陈氏，无子，抚弟忠濬子孝椿为子。官湖北按察使时，纳妾杨氏，公殁十有三日，值除夕，生子孝棠，人以为天道云。

初，公以举人留京师，因友人郭嵩焘见侍郎曾公，语京师琐屑事。移时去，曾公目送之，回顾嵩焘，诧曰："生平未见如此人。"既而曰："此人必立名天下，然当以节烈死。"是时天下固承平也。曾公名能知人，与公相契神明之表，有不可测者，而公亦诚所谓人杰也哉！

赠总督湖北巡抚胡文忠公行状

公姓胡氏，讳林翼，字贶生，号润之，湖南长沙府益阳县人，世居十九里泉交河长冈村。始祖汉清，元武宗时由江西泰和迁湖南之宁乡麦田。数传至思敬，徙益阳。又八传曰光璧者，明末从蔡忠烈公道宪守长沙，殉难，无子，以侄柳溪讳其辙为嗣。四传至公高祖，讳民典，事亲以孝闻，著《孝经义疏》行世。曾祖讳多吉，妣氏杨。祖讳显韶，庠生，著有《紫筠园诗文》若干卷；妣氏杨，继妣氏刘。父讳达源，嘉庆己卯一甲三名进士，官詹事府少詹事；妣氏汤。以公贵，三代皆赠光禄大夫，妣皆一品夫人。

公甫襁褓，詹事公以优贡试京兆，大父光禄公授公章句，聪颖绝伦，喜曰："是子必成大器。"九岁，省詹事公京师，即授以儒先性理之书，而公少负才气，不甚措思也。为文操笔立就，旁通曲畅，自达其志。道光乙未，以附生举本省乡试。明年，成进士，改庶吉士。戊戌散馆，授编修。明年，充国史馆协修。庚子，分校会试。其〔年〕① 秋，副文端公文庆典江南乡试，因事例降一级调用。明年，奉詹事公讳归里。服阕，援例为内阁中书。旋捐知府，分发贵州，署安顺府事。

道光之季，寇乱渐萌。岭峤以南，骆越、滇、黔诸山中，奸宄亡命，狐嗥枭啸，四出劫掠，勾结营兵、胥役为党羽，无敢捕治。安顺，宋之普里部也，当云南驿路，向有冒顶大五小五诸匪，聚众为奸暴。公廉得其状，延访士绅，寄以耳目。简捕役之愿者，行辄以自随。侦知贼党以岁尽醵饮某所。除夕，方会宴署中，忽起更衣，疾率健捕，驰至其地，掩获知名渠魁黄老广、余饶贵等，其党无一脱者。在安顺年馀，先后擒巨盗三百馀名，一郡肃然。安顺依山为城，旧有小溪贯城中，岁久湮塞。汲者负瓮出郭十馀里，始得水。公疏浚溪道，凿泉筑坝，以时蓄泄，人得甘饮。在郡，日坐堂皇，讼牒至，立与剖断，清积案至三百馀牍，人自以为不冤。倡修义学十数区，搜辑节孝八百馀人，汇报请旌，建坊通衢，禀裁书吏规费。安顺二百年，有司详报节孝，自公始。

调署镇远府。府境跨有㵲、沅，所属皆苗瑶。其台拱、清江、黄平，皆盗薮，势尤横。公治之如安顺，盗几尽。岁饥，开仓平粜，清社仓之被侵蚀者，民赖以生。奉檄带兵剿黄平革夷、山丙、沙邦等处苗匪，获盗首保鹅等三百馀名，悉平其寨。以剿匪功，奉旨留贵州，以知府不论繁简遇缺即补，赏花翎。会湖南新宁奸民李沅发为乱，戕官据城。公奉委赴黎平防堵。事竣，奉旨补缺

①据《胡林翼行状》校补。

后以道员用。文宗〔显皇帝〕[①] 即位，诏大臣举司道以下可大任者。云贵总督吴文节公文镕、贵州巡抚乔公用迁以公名应。旋署思南府事。

咸丰元年，补黎平府。府境毗连湖南、粤西，山深箐密，盗出没剽夺。捕之，辄越境窜匿。公至，日延绅民及椎结左衽诸渠，率赐以酒食，详询民情、地势，令相连为堡，择立乡正、团长、牌长，互相稽核，捕治诸不法者。是时广西贼大起，永宁、怀远、融县环黎平西南界皆贼。分募壮勇，择隘防堵。乃请委员今贵州巡抚韩公超操练勇丁，张公礼度举保甲册籍以办团练，修建碉堡，连屯相望。上言督抚，请环边要隘筑堡守御，以为言战不如言守，用兵不如用民，用民力以自卫，不如先用地利以卫民。郡城故无储积，劝谕富民捐谷置仓，以备城守。自后黎平迭为苗、粤诸匪攻扑，而城卒不可拔，皆公练勇储粟力也。三年秋，瓮安榔匪滋事，以抗粮为名。公以计解散胁从，而诛其首犯刘瞎麽，馀匪悉定。

先是，粤逆出永安，犯桂林，道郴、桂、茶、攸，犯长沙，东下。湖南巡抚张公亮基调公办理军务。黔抚以公现办黔匪，事关全省大局，奏留之。至是吴文节公由云贵总督调任湖广，仍调公带勇来楚办理军务。四年春，奉旨授贵东道。公以黔勇千人，行次通城，吴公〔已〕[②]战没黄州。贼遂陷汉阳，以舟师上犯，陷岳州、湘阴、宁乡，径趋湘潭。湖南巡抚骆公秉章调公回援省城。会塔忠武公齐布、今提督杨公载福、侍郎彭公玉麟已破贼湘潭，而安化土匪黄国旭等乘机抗粮为乱，檄公往捕。公计擒之，民皆安堵如故。而贼之败于湘潭者，悉所掠舟趋常德。公以所部赴剿。

---

①②此据《胡林翼行状》补。

寻授四川臬司，仍留湖南军营办理防剿事务。

是年，今协揆曾公国藩大治水陆之师东征，公从。下岳州，巡抚骆公奏请免随东下，仍驻岳州，搜剿崇阳、通城等处馀匪。奉旨调湖北臬司。秋，曾公复武汉，破田家镇，进围九江，调公会讨。公因自咸宁、蒲圻、大冶、兴国东出瑞昌，与罗忠节公泽南剿贼湖口之梅家洲。

五年春，湖广总督杨公霈之师溃于黄梅。贼悉众上窜。公请于曾公，以所部千馀人回援武昌，别以副将王国才一军隶之。未至，汉阳已失。公先以军营沌口，檄国才军由南岸径趋武昌。会授湖北藩司，甫半日，城陷。国才至，侦得城贼暗号，即夜遣骁将诈为贼装，赚入城，杀贼目数十，城几复。天曙，贼聚益众。公仓卒不能济师，乃令国才退营金口，与今侍郎彭公水师相倚，扼贼使不得上犯。旋奉旨署湖北巡抚。时武汉、黄州、德安皆为贼踞，公私涂炭，无所措手。公意不攻汉阳则荆、襄梗塞，不攻武昌则咸、蒲、崇、通愈形滋蔓，添募兵勇，兼顾南北两岸。大小百余战，亦屡濒于危。六月，攻汉口，复之。单骑率亲兵夺大别山贼卡，未克。会贼别股由汉川至，焚汉口。公军已一月不得食，至奓山，饥溃。不数日，整军复战。其时水陆万人，多新募，不习战事，贼至常数万，诸将见者夺气。公从容谈笑，沉密坚定，虽挫而其气弥厉。振拔人才，以忠义相感发，所收裨将，亦渐多勇敢能军者。州县残破，饷源绝，文移指拨，多不时应，为书告邻省求救，沉挚悱恻。人感其诚，稍资济之。

是年秋，罗忠节公破贼江西之义宁州，以武昌居天下冲，长江险要所必争，上言曾公，请赴援。曾公以塔公旧部彭三元、普承尧等军佐之，连克通城、崇阳、蒲圻、咸宁。公亲会罗公军于蒲圻，并力击贼，平其垒，因偕回金口，与今提督杨公议水陆进攻之策。于是公率所部及普公承尧、今方伯唐公训方诸营由中路出省城之南，驻营堤上；罗公由东路驻营洪山、南冈；留九谿营兵驻金口，护水师，以当西路。自是武昌以南无贼踪，而督帅官公以吉林精骑合众军营北岸，饷道日通，军势亦日振。

六年三月，罗公以攻城伤卒。时与贼相持急，日夜搏战不少休，而军中新失大帅，公抚循温恤，与故浙江布政使李忠武公续宾整饬其军而简练之，气益壮。先是悍贼石达开由崇阳入江西，连陷瑞州、临江，又南出吉安，东趋抚州、建昌。江西郡县无一完者，屡告急请援，罗公一意规复武汉，不暇应。至是，公念江西方急而武昌猝不可复，乃遣刘腾鸿、普承尧出瑞州应援，而令曾公弟谥忠愍曰国华者统其军，军粮并资给焉。五月，九江贼古隆贤领万众由葛店、油坊岭、八角岭后路援武昌，约城贼举火为识，夹攻我营。公谍知之，阳为贼火。城贼果出扑，伏发，奋击，歼除殆尽。乘援贼初至，遣兵连夜薄之，贼败走。七月，石达开又自金陵上援，号称十万。公分派水陆力战。制军官公亦自江北遣都统舒保公领马队来助，大破之，追逐百馀里。会襄阳土匪起，连陷樊城、谷城、光化、竹山、兴山，遂与川匪合，陷宜昌。公遣都统舒保公、今方伯唐公合数营往平之。有议抚者，公卒不以为然，而事亦遂定。时武昌贼窘，公先与李忠武公于塘角、窑湾、洪山、青山等处掘长濠，濠堧修长城，自羊桥直达江边，筑垒，安炮台围守，鲁家巷、花园、五里墩、石嘴亦如之。城贼不得出，援贼不得入，我军安坐以待贼粮之尽，以十一月克复省城，奉旨赏头品顶戴，实授巡抚。遂分兵收复武、黄各县属，馀贼遁入九江北岸之小池口。公计江、楚唇齿相倚，而九江扼长江之冲，实江、楚门户，九江一日不复，江、楚一日不得安枕。乃令李忠武公以全部精锐围之，分兵屯驻黄梅、广济、蕲州间，以遏江北之贼。而公自驻武昌调度。

当是时，官私庐舍焚毁几尽，诸事草创，民物凋残，公一意振兴。裁通省浮勇以节糜费；设武汉重兵以固根本；严查保甲以除奸匪；慎选贤员以资苏息；设清查局，查被贼后州县仓库钱粮交代；设节义局，表章历年殉难官绅士女；设军需局，筹备东征军士器械饷糈。挈提纲维，巨细毕举。尤以乱民之生，由法度废弛，吏敝民偷，因循苟且，以有今日，不务讨贼，则乱之流不塞，不务察吏，则乱之源不清，劾参镇、道、府、厅以下数十员。与属吏更始，禁应酬，严奔竞，崇朴实，黜浮华。于是在官者稍稍推廉尚能，知吏事矣。

今大学士官公总督两湖，司军事，公推诚委心，咨商筹度。官公亦深相倚重，无疑忌，得尽所为。今将军都兴阿公、多隆阿公，都统舒保公皆领马队兵，隶官公，号骁勇善战，公见，即倾身与之接交，无不乐为用者。其筹饷有三：曰钱粮，曰盐课，曰货税。湖北漕政久敝，官民交困。道光中叶以还，征收常不满半。公三次奏减章程，民以是输将足额。湖广两省，自淮盐阻绝，率食川盐。公分置课盐局于宜昌、沙市，又推行武穴、老河口等处，视向来额课过之。用故侍郎雷公以诚奏行厘税之议，设局各府、县、市、镇，仿刘晏用士人之法，严杜中饱，收支核实。自是湖北兵与饷强天下。

七年，悍贼陈玉成自皖北上犯蕲州，诸营败溃。贼径趋蕲水，武昌大震。公急渡江，赴黄州收溃卒，得数千人。而贼众至十余万，环踞巴河以东百馀（壁）〔垒〕，亘数十里。时巴水大涨，惟三台河有石桥可通。公念贼渡河则势蔓延，急派千人断桥，扼河以守，而潜师出回龙山，遏其上窜。调今安徽巡抚李公续宜以南勇由瑞州驰至，督诸军合击于孙家嘴、马家河、月山等处。贼大败，狂奔出境。蕲、广肃清。都兴阿公、李忠武公亦连破黄、宿之贼。公视师九江，定方略，还省。提督杨公会诸军夺小池口伪城，次第收复湖口、彭泽、东流各县，九江之势遂孤，堑长濠围之。八年四月，李忠武公穴九江城，发地雷破之。贼首林启荣窃据四年余，塔忠武、罗忠节屡攻不下，至是灭之。先皇帝以公调度功多，赏加太子少保。贼旋由六、霍、商城陷罗田、麻城、黄安。遣兵分道击之，复其城。

公以九江既复，贼所扼长江险要独安庆，奏请数路进攻。提督杨公以水师出江面。将军都公由宿松、望江逼安庆城，为围师。李忠武公规复太湖、潜山、桐城，与都公犄角。会庐州失陷，北路请援急。李忠武公奉旨催促，遂分营留守舒、桐，自提五千人赴援。军次三河，贼四面麇集，力竭战没，全军陷覆。公时丁母汤太夫人忧回籍，恳请终制。将军都公以三河之败由公去，军无调度，应急起复公督师。总督官公亦疏请。公闻命，痛哭启行。次黄州，时各军退保黄梅，人心惶惶，闻公至，皆以手加额自壮。

九年二月，进营上巴河，与今巡抚李公整饬部伍，日夜训练，谋大举。会石达开由江西南赣犯湖南，掠郴、桂而西趋宝庆，号称六十万。湖南告急。公命李公率所部往援，而以都统舒保公马队三百佐之。又以水师二营佐湖南水师，分扼诸河道。湖北精兵援湖南者几半。宝庆围速解，公之力也。

已而协揆曾公由江西奉入川之命，总督官公奏请与公并力图皖，乃定四路进兵之策。曾公循江而下，为第一路；多公与今提督鲍公超攻取潜山、太湖，为第二路；公出英山、霍山，为第三路；李公由松子关出商城、固始，为第四路。议者以鄂抚应驻黄州，不宜出境。公谓：“我夺情起复，不赴前敌讨贼，则此出为无名。”十月，移营英山。时太湖围师方集，逆首陈玉成来援，众数十万。多公、鲍公及今方伯唐公、观察蒋公凝学，悉力拒战。贼来日众，围鲍公营数重，声息不通。公调金观察国琛以八千人自松子关蹑英山，逾潜山之天堂，横出，冒大雪凭高筑垒，衷贼师而阵。贼闯见之，大慑。而曾公亦自宿松遣师来会。十年春，合击贼于小池驿，大破之，遂复潜、太。命诸将分下。

会钦差大臣江宁将军和春公师溃于金陵，苏、常尽失。曾公授两江总督，携鲍公渡江，次祁门，谋经理徽、宁，以为规复苏、常之本。乃以其弟今江苏布政使曾公国荃围安庆，多公围桐城，李公驻青草塥为两军援。地广军分，而将军都公奉旨赴援淮阳。兵粮取给，公悉力经画。问兵事，曰：惟我任；问饷事曰：于我取，一无所诿于人。十月，多公、李公大破援贼于挂车河。公忿安庆久不下，自英山移营太湖，就近部署。度贼援皖不利，必谋深入腹地，以牵动诸军。于潜、桐、舒、霍山险建立碉卡，守以民兵。命副将余际昌屯霍山乐儿岭，以防中路；总兵成大吉屯罗田松子关，以防北路。戒以贼至勿浪战，坚壁稳守待援。十一年二月，贼果纠合捻匪，由六安、霍山分路西犯。成总兵破之松子关，歼其渠龚瞎子。霍山守者违节度，战败，军溃。贼取其旗帜，陷黄州、德安、孝感、随州。公策贼西窜注意在解皖围，皖围一解，则大势全去，堕贼计，非宜。乃定策遣李公回援，而围皖益急。贼复分股回，略蕲州、蕲水、黄梅、广济以趋安庆，约城贼夹击，精悍皆聚。公檄成总兵下援。曾公亦从南岸遣鲍军门来，破贼集贤关，铲平赤冈岭贼垒四座，悍贼数千悉擒斩之，磔逆首刘玱林。而援贼之由桐城来者，亦连为多公所殪。盖安庆为金陵屏障，久陷贼中，其渠魁伪英王陈玉成据为老巢，室家在焉，故救之不遗余力。及见我怀、桐、潜、太之师皆屹然不动，鄂疆虽暂被扰，而党分力弱，凶悍被歼，城中粮已垂尽，势大蹙。适南岸贼复由武宁、义宁内犯兴国、大冶，南及崇、通，省城岌岌。公病，呕血，惫甚，率师回援，而皖围终不解。既抵省，南岸之贼闻风遁。八月朔，遂克安庆。曾公以力主围皖之议，推公首功，加太子太保衔并骑都尉世职。桐城、庐江、舒城贼闻夺气，以次攻下之，而孝感、德安、黄州各郡县贼亦先后擒斩，楚境旋清。而公呕血不止，病不可为矣。

文宗〔显皇帝〕凶问至，公自以受恩深而信任专，追慕沉挚，拊心悲泣，病益剧，遂于八月二十六日卒于武昌节署。遗疏入，奉上谕："胡林翼秉性忠直，操守廉洁。在军营九年，赏罚严明，知人善任，克复武昌及沿江郡县，肃清楚境，并调遣官军攻复江西九江，军威丕振，所向克捷。本年八月，克复安庆省城。朕念其公忠体国，懋著勋劳，方冀长资倚畀，乃以积劳成疾，甫经赏假，遽闻溘逝，实深悼惜。胡林翼着追赠总督，即照总督例赐恤，并入祀贤良祠；湖北省及湖南原籍建立专祠。伊子胡子勋，俟及岁时由吏部带领引见，以示朕褒奖荩臣至意。"十一月十四日复奉上谕："胡林翼戮力疆场，勋劳懋著。据曾国藩奏陈，自擢鄂抚，数载以来，恢复本境，援剿邻氛，整军经武，以死勤事，综其生平，允宜亟予褒扬。着即宣付史馆，以光简册。胡林翼之子胡子勋着赏给举人，准其一体会试，以示朕笃念荩臣至意。"同治元年二月，赐祭一坛，予谥文忠。

公状貌英伟，目岩岩有威棱慑人。聪强敏给，事至，应机立断，无有留难。苟当理，艰烦重大，毅然自任，不以例文拘束。自言守镇远、黎平诸剧郡，捕治盗贼，为民兴利除害，皆默自程课，惟恐大吏闻，有所牵掣。清厘湖北漕粮，议者以州县公私取给，积弊且二百年，不宜骤革。公手自擘画厘定，以部定漕折为率，因其地之肥硗、缺之繁简，加轻重焉，岁为民间省钱百四十馀万缗，为库项增银四十馀万两，提存节省银三十馀万两，民与国两利，而为州县裁革陋规几尽，使有以自给，故亦无怨者。筹办盐课、厘税，皆自定章程。所派员绅，各视才、地所宜，时加手书训戒。综核名实，精力绝人。每戒饬属吏以知稼穑之艰难，知小民之情伪。又曰："不侮鳏寡，不畏强御。时时念此，可以消除贪鄙，增长志气。"

其治军务明纪律，为《鄂军营制》一卷颁行之。尤加意将才，曰："为统将必明大体，知进退缓急机宜；其次知阵法，临敌决胜；又其次勇敢。此大小之分也。"又曰："兵之嚣者无不乱，将之贪者无不怯。观其将，知其兵；观其兵，亦知其将。"生平以天下为己任，语时事艰难，慷慨自誓。明于天下大计，乘机赴会，断行无疑。援江西数千人，援湖南万人，皆精兵。时鄂中贼方逼，饷且缺，公一意调遣，军、粮皆自任之，卒收全功。武昌始复，即规取九江；九江复，又规取安庆。越境千馀里讨贼，制其死命。围九江，贼由江、由皖犯鄂者三。围安庆，贼由皖、由江、由豫全力犯鄂，州县城陷者十馀。公屹不为动，或遣将分援，或躬亲督剿，从容肆应，权其轻重，算无遗策。

其于一省之事务大小，各军强弱，以及邻省之优劣高下，烛照数计，洞然于心。人见公亦莫不输心纳服，吐情实无敢遁饰。而尤汲汲以奖拔人才为事。属吏一技之长、一行之善，随登荐牍，手书褒美以宠异之。士有志节才名，潜伏不仕，千里招致，务尽其用。又密荐忠亮宏济之才十有六人，今多任封疆与开藩者。尝言国之需才，犹鱼之需水、鸟之需林、人之需气、草木之需土，得之则生，不得则死。才者无求于天下，天下当自求之。故公所特荐十馀人，不尽相识也。在武昌专意吏事，惩贪恶，任廉能，吏治蒸蒸日上。病急时，犹引贤退不肖数人，时论皆以为允。

公自为湖北巡抚，念国家多难而身负重任，刻自砥砺，益务绳检其身，较其尺寸毫厘，而待人一秉大公，推诚相与，无粉饰周旋。尝谓人曰：“吾于当世贤者，可谓倾心以事矣。而人终乐从曾公，其至诚出于天性，感人深故也。”然诸将弁在事者，乐公之鼓舞振兴，天下士从公为尤盛，而其言不自足如此。立宝善堂武昌城，以延贤俊之至者，察其材德，随宜任使。与人言，虚中翕受。言或未当，莞尔置之；苟可行，必研穷其利害而竭尽其底蕴，即有抵牾，亦无芥蒂。事有不顺，愤怒作气，左右以一二语解之，即时消释，和颜下气，委己以从。与所常共事文武诸公，历六七年之久，披肝沥胆，无幾微间隔，而遇事咨商，必务发摅胸臆而后已。其自视欿然，常若有不足者。语及人才优劣，喟然曰：“世有伯乐而后有千里马，顾吾才智不足有为，贤者终不我应耳。”系心朝廷，常至感念流涕。庚申秋，都城戒严，急谋入卫，会和议成，诏止其行。文宗升遐，远在热河，哀诏未下。公忧思旁皇，中夜扶病起立，仰视曰：“京师必有事故。”病因是加笃，然犹终日危坐，考求兵事吏事之要，汲汲施行，顾左右叹曰：“闻道苦晚！今虽稍有所见，而不及行者多矣。”故曾公奏上死事状，以为“其克复诸城坚持之力，调和诸将之功，综核之才，皆臣所不逮，而尤服其进德之猛”。呜呼，此岂今之人也哉！

公生于嘉庆十七年壬申岁六月初六日，年五十。夫人陶氏，故太子少保两江总督文毅公之女。无子，以从弟棨翼子子勋为嗣。所著《读史兵略》若干卷，奏疏若干卷，尺牍若干卷，诗、古文集若干卷。家故有田数百亩，自筮仕贵州，誓先人墓，不以官俸自益。至是位巡抚，将兵十年，于家无尺寸之积。詹事公曾著《弟子箴言》行世，公承其志，为箴言书院，规模皆所手定，悉以家所藏书纳其中，使人知务实学，而推见诸行事，然于书院终未逮见也。尝笑曰："吾不幸死，诸君赙吾者，惟助修箴言书院，无赡吾家。"于是协揆曾公、中丞李公用公遗言，为积资修之。夫人陶氏又以赙赠之入，建胡氏家学，以教其族之子弟。而公故旧亲戚，仰给于公者，岁常数十家，无遗惠焉。初，林文忠公督两湖，设丰备仓武昌。后岁祲，赖其谷以食饥民。自顷十馀年，岁丰，米益贱，民家多无储蓄。公心忧之，修复林文忠公遗迹，劝民捐输积谷十五万石有奇。又推行之襄阳、荆州、黄州，使饥馑有备。公薨数月，湖湘间谷大歉，石钱数十，官民皆忧乏食，而后知公之为虑深长也，亦见公于事巨细具有先幾云。

〔赐进士出身、翰林院编修、南书房行走、简放苏松常镇太粮储道年家眷晚生郭嵩焘谨状。〕①

诰授中宪大夫湖北汉黄德道彭公行状

公讳舒萼，字棣楼，姓彭氏。先世由庐陵徙溧阳，转徙宜兴。再世，又徙江宁。高祖琯，从其兄琦官湖南宁乡县，遂家长沙，占籍为长沙人。三传至其祖孚篆，有二子，长嘉会，次嘉树。嘉树独有子三人，公次居长。其生时，嘉树年四十有三矣，以兄嘉会无子，命后之，曰："吾不忍先吾兄之老而有子也。"

公少就学，颖悟倍常人。年二十四，举壬午乡试。又八年，登己丑进士乙科，选翰林院庶吉士。又四年，散馆，授编修。充丁酉科陕甘乡试正考官，纂修国史，提调庶常馆；其年，奏办院事，兼撰文。己亥，大考翰詹，宣宗亲擢优等，赐文绮。旋召见，授云南永昌府知府。永昌边郡沃饶，民俗醇，易治，而土司及回

①此据《胡林翼行状》补。

民与汉民杂居，颉颃不相下，则各比联为会以相閧，名“牛丛”。既久，负其众，官法有不便，辄抗不听约束。公至，为宣讲圣谕十六条，召耆老行乡饮酒礼。郡属乡聚，皆置义学，专以礼化民。而务自砺于勤，终日坐堂皇治事。民相讼者，立勾讯之，咸得其理。奸宄骫法，逮治无赦。逾年，民大和。

会制使者巡边，至保山，令集民夫应役。故事：保山八乡七哨，承充官役。凡大徭役，隶持檄发丁夫，则苛敛民财，和雇以应，而短其值。应役者逃去之，则又勒派之民户。仓猝集者皆羸丁，或遭鞭棰。民大哗，刊章传集“牛丛”，蜂起者万人，扬言隶虐我，且入城计议。城中回民故与汉民为仇，互相猜疑，亦各磨刃以俟。公闻，急驰一骑往谕，家奴数人从行。十里，见蓝帕首持械涌至。公就道旁高阜立马待之，且至，喝曰：“若何为者？”众仰视，惊曰：“太守彭公也。”皆罗拜。公曰：“若等亦有耆长知事者，以数人来！”即有援而上者数十人。公笑曰：“若苦隶虐耳，诚然。是叛也，重取刑戮，何益？吾知若苦官役久矣，行为若筹之。愿少安无躁。”数十人者皆泣拜曰：“公活我！公活我！”麾其众以去。公檄召耆老，讯知其由，械隶杖之，亦杖聚众者数人，事寝。乃谕永昌民户各出银三钱，计户十万有奇，得银三万，置田屋，收其息，岁得银三千有奇；太守亦岁蠲出银千，以助役。民皆诺。会调署东川府知府，不果行。至东川二月，以生母忧去官。服阕，简授广西思恩府知府。

时广西贼大炽，所在剽掠杀人。部使者讳言盗，州县盗发，辄匿不报。公叹曰：“粤西之乱无日矣。思恩极边，民尤悍，不可使乱发自吾郡始。”则益以捕盗自任。穷山荒徼，迹盗所在，驰一马，从健役数十人。一日山行，骤遇盗。两崖相抵，数百人填壅叫呶。从者皆恐。公跃马大呼曰：“我太守也。盗何为？速为我擒之!”盗相顾，惊，遁去。先后捕盗二百馀人。土上林县土田州，距郡远至三四百里，尤苦盗。分募得健卒百人，驰至土上林县，出不意击杀数十人。于是西南至田州百馀里间，名盗捕殆尽。

调署梧州府。梧州当广东、西之冲，盗出没，连为群，官吏不敢问。公为编册纪功过，以捕盗为殿最，月一勾稽之。由是梧州所属稍稍知治盗矣。南海盗黄亚赞，为患苍、藤间。每出劫，辄自表曰：“我黄某也。”公廉知其开博局戎墟，招纳亡命，阴遣壮士三十人日夜与博，尽得其踪迹，掩捕之。至郡，郡人大恐，白昼户皆闭，曰：“是其党盈万，可以须臾号集，从劫狱。”相与惊忧。而公已枭黄亚赞首，竿之城上。日晡，果有盗艇十馀驶至，戈矛林立。见竿首，惊匿四散。郡人大欢。公于其时课士论文，育兴才能。暇则集诸生校射赋诗，豪宕感激。郡士亦大奋于学，皆曰：“太守贻我以安全，泽我以诗书。”相勉以条教，弛张无敢有违。

会劳文毅公来为广西按察使，与公为婚姻，循例回避，调补广东高州府。公至，侦知梅菉巨盗欧光棍、蔡开才势张甚，躬往击毙之。梅菉隶茂名县，濒海，盗窟穴其旁，至是皆远遁。

明年，摄高廉道。廉州土寇李士奎围灵山，有众万人。公受事之明日，即驰赴廉，遣练长陈国纲、国谟募勇三千人，大战灵山界，擒士奎。而方晚复起钦州。国纲以所部至钦州。钟广者，钦州隶卒也，实通贼，引国纲入贼伏，国纲、国谟皆戕焉。方晚遂由钦趋灵山。公急檄钟广以所带壮勇来援廉。广至，公立捽之下，并其党十数人诛之。方晚已纠合刘八，由灵山趋廉。公设间迎击，毙方晚。刘八退扰石城。灵山土寇大肉黄复起，与刘八合。公以壮士五百人蹑刘八于白沙，刘八遁走广西博白县。大肉黄复返灵山。公追及之那彭，歼其众数百人。

会奉檄返高州任，而高州土寇凌十八、何明科起。何明科围信宜，凌十八犯化州，刘八又自博白趋廉州，所在戒严。高廉道檄公拒贼石城。公选壮士二百人驰解信宜围，遂趋石城。刘八使其党温大伦踞石城之青平墟，公追擒之。廉州平，以功赏花翎。而部使者中谗言，解公职。盖廉州营弁有通贼二人，公以语游击某。不敢发，遂揭之部使者。比得贼，供语皆验。游击怵于法，不敢护，遂以蜚语构公。公处之怡然。当是时，高廉土寇四起，而凌十八最强，踞罗定州西南墟，立炮台三十二，环台为栅，扼险以守。督部徐广缙奉旨剿广西金田村贼。巡抚叶名琛视师罗定，檄公赞军务。公议先断接济，坚壁与相持，而分兵扰贼巢，戒曰："左军出则右返，右军出则左返，见贼即退，无与战。"贼笑以为怯。公曰："可矣。"六月某日夜，出壮士五百人，人负一囊沙，用降贼为导，伏草间，行近至炮台，投火具台上，守台贼惊溃，遂聚沙囊以登。大军五路齐进，呼声动天地，连破贼栅，斩凌十八军中，于是罗定贼悉平。湖广总督张亮基奏调公，遂授汉黄德道。叶名琛以湖南桂东土寇起，近距广东，议防韶州，檄留公。其年四月，以病卒于军。

公性开爽，而临事沉毅，有大略，不以险阻沮洳自馁其志。尤善用兵，料敌进退，迅捷如神。诛锄奸猾，义愤填膺，慷慨自誓。在军，文武将吏咸倚公为重。自高州解任旋省，病甚，日问左右："凌十八已伏诛耶未耶?"或应曰："未也。"则瞑目厉齿，椎床叫呼曰："吾憾不生啖此贼，徒苦吾民人耳!"生平豪宕好施，尤笃于故旧。乡试主考编修李公浩伟视公。及编修卒后，公经纪其家，教其子，相为始终。其后待铨京师，编修夫人病，公亲侍汤药，不脱冠带至兼旬，执其丧尽哀。所后母喻氏，有舅子转徙于外，遂与其家不相闻。公随所至访求，卒得之，为授家室。故人子弟，教诲食饮，扶振以有成者，盖不胜纪。

呜呼！公官不逾四品，政不越滇、粤数郡之地，而当道光、咸丰之交，盗贼窃发，公于其时抉剔爬梳，穷尽根株，无惮烦劳。所至上下牵掣遏抑，不得发摅，而终负其气，隐忍刻切，既久益厉，凡所诛讨，必讫于成。公去粤西，而金田贼起，流毒遍东南。诚遂用公之治思恩者行之诸郡，则盗贼可弭，乱可以不生，天下皆幸安枕而卧。抑使稍尽公之才，而畀以年，其功绩卓卓如是，朝廷求将才为封疆之寄，公必与有事焉，平贼之功，且首及公。天之生豪杰伟人，其视千百庸人必有异也。然往往才与命不相值。其终立功天下者必于豪杰伟人，而受茀禄必于庸人。岂果天意然耶？天下之所以求，与其所以比而趋之，固在彼不在此也。呜呼，可哀也已！

公生于某年月日，卒于某年月日。曾祖某，妣某。祖某，妣某。父某，妣某。本生父某，妣某。三世皆以公贵，赠中宪大夫；妣皆恭人。妻易氏，封恭人。子二人：长鸿恩，邑庠生，候选知府；次天佑，殇。女五人：长适陕西道善化劳文翾；次适候选知府宁乡程荣寿；三适湖南候补道新城陈宝善；四、五俱殇。孙一人：祖谷。嵩焘于公为门下士，知公尤详，谨具历官行事，以备国史采择，并以谂当世贤人君子，请垂编录。谨状。

诰授朝议大夫候选郎中彭君行状

君讳鸿恩，字海春，姓彭氏。父讳舒萼，以翰林治剧郡，历官有声，魁奇杰特，不可一世。而君文柔恂恂，体故羸，更涉忧患，亦厚自毖，所居室无欢笑声，与人言若不任其气者。弱冠，丧父母。易太恭人严而有礼法。君事母孝，所命无敢违。娶丁氏，不得于其母。亦遂独居，终日侍其母，未尝与其妻相见。女昆三人，亦皆孝，更番归侍其母，君得以其馀力自厉于学。年十七，为县学生员。其后二十年，以讫于病，治科学业不少衰。嵩焘间至其家，谒太恭人堂上，君尝捧所为诗文辞相就求益，虚心听纳。久之，业益工，病亦益剧。

君故有侍姬，已有身矣，太恭人命嫁之，君不敢留，以告陈氏女昆，蓄之陈氏。已而生子某，终不敢以白太恭人，亦不敢就视其子。迨君病甚，所生子已六年，能读书。或以其事告太恭人，始迎之归。终君世无燕游之乐，无室家妻子之欢。读书养母，钦钦焉恐一有不当。忧喜笑怒，惟母之从，不自为主。知君者且怜且敬之。

君卒之月，嵩焘往视疾。君顾左右具衣冠。惊问，故曰："鸿恩始遭先公之丧，蒙幼未知。讫于今十有九年，行状久不具。将俟博一第以报先人，而后其言足以征信。今已矣，以是累君，敢再拜请命。"嵩焘敬对曰："诺。状吾师志行，诚莫如吾文宜，于君病何与哉？勉自宽慰，幸病少间，商榷吾文。"君闻甚喜。逾数日，讣至，而君死矣。伤哉！

君生于某年月日，卒于某年月日，年三十有二。以捐输助饷累劳，议叙郎中。子一人，妾张氏所出也。君卒逾年，卜葬有日，乃具述中宪府君居官行事，以告君之灵，并汇次君至德轶行，为人所难能，附中宪府君行状之后，俾史官司记录者择而传焉。

卷十三

郭武壮公家传

公讳松林，字子美，湘潭人。父缙修，有学行名，能书画，生平应人之急，不为有无计，人称长者。公少跅弛不羁，以武健魁奇自喜，读书略观大意。尝发愤言：“功名惟意指取!”度其父世儒，不敢开陈己意。一日，适市，闻威毅伯曾公提师出吉安，即走赴之。于道见鬻马者，驱马数十。睨其一，骏马也，披取树枝，断而挟之为棰，出不意腾跃马上，急鞭之，一日夜驰数百里。曾公奇其貌，留帐下。每战先登，无当其锋者。稍稍领一军，攻城陷阵，功常最。

肃毅伯李公援上海，诣曾公言曰：“某军新集，愿得强悍如郭某者，倡勇敢，导先士卒。”曾公慨然资以行。公益自奋，坚城大敌，以身当之，不为前后顾虑，而所至亦皆应时奏功。其克无锡也，方相持搏战，而公间道率轻骑掩至，薄城，急缘以上。贼噤不得施。诸军亦皆惊顾相咋。当是时，郭军剽悍之名闻天下。既克常州，定诸城邑，遂复苏州。始以参将从李公，洊至提督，授福山镇总兵。功益高，名益显，而未尝以勋绩自多。平居恂恂，虚心善下，于诸将帅皆得其欢心。积功叙阶，闻其超迁，咸喜相告以为宜，莫有忌嫉。李公所部诸将皆淮人，负气陵上，一语不得，怒哮相谇。是以李公尤倚重公，如左右手焉。李公临事尤持大体。方蹙捻匪山东，李公驻东昌，与山东巡抚丁公分河为守，而劾奏山东守将失律事。丁公大憾。公曰："临敌将帅不和，于兵法为大忌。且山东主人，而我为客。客下主人，在礼为宜。"乃以李公命诣丁公，反复开说。二公省悟交欢，守河之议始定，而事卒以济。公于是时权衡缓急轻重，引大局为喻，所保全尤大。然则公之功盖非徒战胜攻取之为也。初任福建提督，未赴，改湖北。凡再任，又改直隶。所至兵服其教，民怀其德。常日夕退坐东堂，延纳宾友，讨论古今成败得失，验知其行事，若者可法，若者可以为鉴，从容雅歌，意量无穷，其风尤可尚也。

公生于道光十三年癸巳岁十一月二十二日，卒于光绪（八）〔六〕年庚辰岁四月二十一日，年四十有（一）〔七〕①。其卒也，妾赵氏仰药殉焉。督臣具其事以闻，得旨旌表。君子知公所以庇其家者，其教又行于女子也。

郭嵩焘曰：武壮之起，于诸将为晚出。其家儒者，有士君子之风。余自广东罢官里居，武壮亦以忧归，日与往来甚勤，未尝闻其谈说战争时事也。其弟函万状其行实求铭，亦不详。要其大节表表在人耳目，得采掇其大凡，揭之墓道。其轶事尚多可纪者，就余所知，缺略多矣，然往往有关天下利病大计，其语秘，非世俗所称道，余并论次为壮武公别传，以遗其家藏焉。

任府君家传

君讳瑛，字憩棠，姓任氏。先世自宋南渡时由河南偃师迁宜兴，二十四传至君曾祖，曰朝铨，岁贡生。祖曰醇文，县学生。父曰懋先，县学生。君生数月而父卒，母汤太夫人守节自励，以

①据《郭嵩焘日记》"光绪六年五月初十日"日记校改。

长以教。年十六，母卒，依祖父以生。益发愤，自砥于学。举甲午科乡试，又十四年丁未成进士，年四十有五矣。以知县分发湖南即用，补桃源县知县，调补武陵。值粤东、西寇乱出，郴、永间多倚君营办，所补缺皆不及受事。始署祁阳县，调署桂阳州，旋摄嘉禾，移知武冈州，最后署永顺县，兼权知永顺府。巡抚恽公保奏，以道府用。凡莅仕湖南二十年。

初任祁阳，值岁饥，转米衡阳平粜。因仿朱子社仓法，导民积谷，立同仁局，治棺具以赒贫者。三年，吏效其诚，民怀其惠，相与刻石浯溪，纪其政行。是时广西金田贼起，乘湘水而下，越永，踞道州，烽火逼祁阳。君亦募勇习兵，而永、桂土寇肆发，粤东、西贼乘之，扰乱边境无宁日。君亦调署桂阳州，旋知嘉禾，并贼所往来蹂躏。甫至，桂阳贼犯新田急，大府檄援。君驰抵新田助守城，以蜡书告急今山东巡抚陈公士杰。时陈公奉檄治乡兵，防桂阳一路。悉众至，奋击，守城兵亦噪呼而出。贼遁，城卒完。君于其时掇拾残破之众，疮痍之馀，噢咻煦妪，以时苏息，亦终君桂阳、嘉禾两任无寇警。

嘉禾故硗瘠，君在任，至无以举火。曾文正公治兵长沙，察君清介，馈二百金，曰："以助君廉，无以饥寒自阻！"任武冈，治盗，捕得杨升者，奇其貌，廉知其非怙恶，释之。其后粤寇朱宏恩陷东安，趋犯宝庆。武冈土寇尹二聚万馀人应之。杨升以变告，且愿为导。君急驰击之，斩尹二，武冈以安。其后任永顺，粤寇李复猷随石逆入蜀，谋结苗匪，扰辰、沅。君扼永顺之冲以间阻之，李复猷回窜粤东。君名以大振，叙功，保以道府用。而君遽引疾归，自言在官二十年，出入兵燹之中无所顾恋，而不为寇伤，饥寒困顿无所惜，而亦终无官累，得此足矣。归宜兴十八年，以疾终于里第。

君和夷粹温，终身无喜愠之容，寡言笑。广坐议论，静默自守，而发言必当，人无以难之。所至推诚与人，输写心臆，一无隐闷。遇事疑难，未尝动声色，委曲往复，必得其情。是以人皆乐君之宽而服其诚。夫人储氏，父进，赠奉政大夫，为宜兴望族。其归君，独祖父存耳。夫人服勤左右，心肃以诚。君应礼部试京师，祖父患疽发背，夫人日以舌舐之，所患以平。从之官，一安俭约，不易其素。而数出私财，佐君拊循百姓之厄艰者。始祁阳闻寇警，狱系囚为多，君患之。夫人戒仆役谨视囚，时其冻饥、涤其秽污以安囚，囚皆感泣。君亦尝言：在祁稍得官誉，夫人之助也。先君三十一年卒。

君生于癸亥八月二十八日，卒于甲申二月十三日，年八十有二。子四人：曰子中，湖南候补府经历；曰子诚，候选员外郎；曰子龄，以知府分发浙江，赏戴花翎；其季曰淦，侧室文氏出。女四人，孙十三人，曾孙三人。所著《缀园诗文集》若干卷。其乞归也，捐所垫发军需银二万五千两，广宜兴文武学额，宜人至今传诵之。

论曰：吾于君为丁未同年。其时以知县发湖南，并君九人：戚少云、庄寄渔、王槐轩以才能称；黄子春尤磊落权奇；庞子临、雷蕴峰、王定夫、叶辰生诚笃端谨，称其志意。目前用科目分发，无及丁未人才之盛者。未三十年，沦丧以尽。独君杖履林泉垂二十年，享田园子孙之乐。小棠郡守状君行迹，乞为家传。回思戊申、乙酉间，同集会城，燕饮相欢，其间和愉愿悫、渊然盛德之容，尤莫君若也。又益推知先世之孝节流贻，终以裕其家而昌其后，盖所从来远矣。

李石帆别传

石帆先生讳济湘，姓李氏，世居邑之梓木洞。生而诚朴，笃于孝友。幼从父读，于书皆能窥知其要义。数奇，屡试不售，援例入太学。家固饶也，数分析而生齿日益繁多。其父庆堂先生，以名诸生授读五十年，足迹不出乡井。石帆始冠，即为远施，假馆乡塾，资其束脩以为养。而尤邃于医，不乐以术名也，乡人病者争延致之，试其方辄验。石帆顾不乐受谢，曰："此吾寄耳，而人命系焉，不当资是以为生也。"既其父年高，石帆则屏弃一切，课其子，躬耕食力，而身自摒挡米盐零杂，节衣缩食，以致养于其亲。

咸丰初，广西寇发。自湖以南盗贼蜂起。骆文忠任巡抚，督各州县治团练自卫。石帆于乡里为有能名，于是任乡团之役，先后凡十馀年。恪靖侯左公避地深山，尤伟视石帆，凡有事于乡里，辄资石帆任之。比曾文正公督师东下，征兵转饷，取资湖南。捐输厘课，次第举行。石帆又任筹饷之役，会办益阳厘务。又调澧州，汤公煊为总办，尤倚重之，事必咨而后行。与兵事始终亦十馀年。晚乃尽以家事属之诸子，闭户养神，渊默自修，乡人益沐其化。凡有辩争龃龉，得石帆一言以解，盖不知其几也。其斯孝友循循，为善于其乡者与！

石帆之母，于吾为从姑，贤声溢于乡里，无少长皆乐道之。吾于石帆，少相知也。其后与恪靖避地山中，益与石帆习。其夫人常氏又益贤。吾数十里颠沛相依，扫除厅事栖予，犹家人骨肉之相恤也。吾与恪靖宦游于外，所见人心风俗之厚，诚无若梓木洞者。其时石帆之父庆堂先生犹健在。诸弟如鹿苹广文，皆能诗古文辞，朝夕过从。处兵戈扰攘之中，而山水、朋友之乐，乃独聚于一时。自吾应诏再出，为海外之游，而鹿苹亦前卒，庆堂先生墓木拱矣。比归，而石帆又卒。人事变迁，而盛衰聚散之不常，为重可悲也。其孙麓渔，适馆予家，出其祖行实，属予为之传。稍就所知论次之。

石帆生于某年某月，卒于某年某月，年七十四岁。夫人常氏，长沙处士东立女，先石帆十二年卒，实生于某年某月，卒于某年某月。子几人，某某。孙几人，某某，其长者即麓渔也。石帆次子人森，甚贤而有文，以瘵疾卒。石帆夫妇哭之痛。夫人常氏之卒，以哀其子，遂疾笃。石帆亦以是怆然不适于心。此尤可悲者也。光绪九年仲夏月。

樗叟家传

君湘阴郭氏，名崑焘，字意城，晚自号樗叟。生二岁，母张太夫人教之识字。所携玩具：一破砚，及诸断缣碎简。不随群儿嬉弄。年十二，补郡学生。又九年，举于乡，其文固已斐然杰出于时。而性简重，检束绳尺，不苟言笑。咸丰元年，诏举孝廉方正。邑之人皆曰："是推君宜。"时居父光禄公及太夫人丧，涕泣拒之。明年，广西贼围长沙。巡抚铜山张公至。君与左公应召主军事，自是以身任湖南安危二十馀年。

张公移督武昌，贼始弃城东下。掇拾瓦砾，支木为居。公私扫地以尽，城无居人。于时巡抚骆文忠公、方伯溆浦严公、廉访江忠烈公，称盛一时。每日夕会事督署：明日某治某事，某治某事。君操笔记其事，以授所司。明日，日夕报闻，则更议所行，以为常。兴废举敝，日新月盛。张公每夕手挈总督关防，以属左公及君曰："军情缓急，眉睫间耳。有发，先行而后告。"李开方扰怀庆，自河南折而南。夜半得报，急调兵会鹅公颈，骤与贼遻。贼出不意，大扰乱，斩李开方，歼其军。报至，张公始知。贼之分驰北窜者，于是憯焉。君尝以自喜，言："稍逾时，使贼徐行出平地，害可胜言哉!"张公自任天下之重，而任人尤信不疑，虽在危难，日欣欣以乐也。张公旋调抚山东，罢归，语君："吾在两湖，得君二人为助，以有成功；山东求一人不得，是以无成。"

骆文忠公自湖北移抚湖南。曾文正公奉命合水陆之师东征，军资所出，一倚左公及君营办。左公旋亦治师浙江。君内简军实，外筹天下大局，援江，援鄂，援皖，援浙，援粤，援滇，援黔，援蜀。征兵四出，随事缓急，闻警辄赴。凡军行山川险要，策应迟速，及将帅能否高下，审事量敌，受成于心，惟所指发，应弦赴节。每军出，转饷数千里，远输近委，未尝有匮。君一以任之。自湖南始被兵，讫粤匪之灭，十馀年以一省之力支拄东南大势，君之力为多。

君名能知人。察幾观变，自守尤严。泾县翟公权抚事旬月，君急引归。遣官四五辈就家强起之，君辞益坚，吾问曰："此其礼隆意勤，不可少屈乎?"君曰："矫乱者持其敝。辰沅道请保防边八百人，严斥其滥。翟公曰：'无然。我为正之。'比具折，增加至九百人。是且为无畦町。吾亦与为无畦町。无宁已矣。"

其后历城毛公至，君旦入治公牍，夜常就宿厘局，曰："治厘，吾事也。"吾言："日夕仆仆，自苦何为?"君曰："吾得进退自由，无显去之迹，亦所以全交也。"其于骆文忠公、阳湖恽公、景东刘公，二十年欣合无间，视君所为，若出其身。君亦视所治事若治其私。盖君才志足以济世宏务，宽明仁恕，不立崖岸，要其心求利国家，不以利己。介然之节，未尝一日苟安其身，多人所不知者。由举人保国子监助教、内阁中书，至四品卿，加三品衔，赏戴花翎，皆秘不使君知。君知，辄乞去，曰：“吾自度不任仕宦，多受国恩，非所安也。”江南平，即辞去。景东刘公讨贵州苗，力起君。苗将平，又辞去。军兴有成劳，又在事久，名迹显异莫逾君，而叙功莫俭于君。其行谊未知视古人何如，要可谓性之安者矣。

年六十，以无疾终。其葬也，平江李次青方伯铭其墓。长沙王益吾祭酒又为碑文，树之墓道，载君行事甚详。嵩焘因摭拾君之轶事有关大节及天下所以盛衰，别为之传，藏于家。其文章志行，施之家而推惠乡里，为时所传诵，不备述焉。

冯府君家传

君讳家浦，字南云，姓冯氏。宋参政文简公之后，有由江夏迁江西之丰城者。十世孙中元，值元末之乱，再迁长沙。十数传，曰序锦者，是为君之祖。生子五，其季曰传仪，君之父也。长曰传依，无子，君出后焉。少贫，废学。娶妻毛氏，生子三、女二而卒，时君年三十。子长者十岁，少者生始七月，而所后父母皆在。君既以身任衣食，上事父母，下抚孤。烦劳委细，事皆办。或劝之娶，君曰：“吾力能勤，子又多。即娶，有参差，徒自苦何为?”遂终不娶。子卓怀，官万县知县。君就养，入境，喜曰：“吾不以仕宦荣，喜循声之达于民也。”其迎养在官，如其在家，一处以勤俭。逾年归，归又逾年，卒。

君丰颐伟干，貌赤色，亢直敢言，喜排难解纷。乡里忿争，有告者，虽贱微，必往质之，剖论曲直，使皆服乃已。尝途遇两妇人诟谇，一女郎从。问之，为某氏养媳也。失一亵衣，其母与其姑互相诘，将要诸神。君曰：“无然。吾为若偿之。”两妇人谢，散去。自万县归，益务为善。修枫林港石路，以便行旅。以冯氏自元至今，旅人生齿日繁，总祠未建，倡议建祠修谱。君卒后，卓怀卒用君志成之。其精强任事、识大体，皆此类也。

君生于乾隆五十六年辛亥岁七月二十八日，卒于咸丰十一年辛酉岁九月十三日，年七十有一。子作霖、卓怀、作桂。孙八人，曾孙二人。封奉政大夫。卓怀旋以四川候补知府加二级，请封。晋封中议大夫。自君祖若父，皆推封如其官。

郭嵩焘曰：冯氏迁长沙当元季，为旧族。至万县君乃贵显，质直强毅伏一世。及见君，知其所从来远也。万县君以今相国曾公奏调江南。还至家，适君寿七十一。其后由江南假归，而君病。于君庆与忧皆在事，福莫有隆焉者矣。夫为善者以子孙盛昌为有后，而命之丰啬不常焉，而身老且健，以享其荣而益以达其志。呜呼，岂非难哉！

郭席儒传

郭君讳芳钐，字席儒，湘潭人。生而倜傥豪纵，自负奇气，不可一世。顾性孝，侍父母愉色婉容，委顺以听。日从里中群儿嬉怒相搏，拍张叫呶，务陵其上。闻母呼，立止。会兵事起，兄松林从威毅伯曾公讨贼，数有功。君闻，奋曰：“吾兄志欲荡平群丑，吾敢后时哉！”遽起告父母，负剑以行。曾公一见奇之，使充旗长，当前敌。

咸丰十一年围安庆，穴地道环攻。贼死拒相咋，城久不下。君偶出，见新剃发者数人，知为贼谍，召与语，甚欢，骤问曰：“城今破矣，若等相与俱烬奚为乎？”众愕相顾。君曰：“亟开城纳官军，舍逆而从顺，以功论赏，若等身家幸完，荣施无穷。”数人者皆拜，尽以城中虚实输君，约某日夜官军急攻东北，而潜师西南，“吾属举火以应”。君亟还营献状。至日，大军攻城东北隅急，贼争趋救，而西南隅火起。君跃马驰至，门大开。贼回拒，斩数人，大呼跃入。东北隅官军亦乘城入，遂复安庆。论功擢守备。自是君名大显于军中。

肃毅伯李公巡抚江苏，君兄松林以一军从渡吴淞江，连克嘉定、江阴、无锡、金匮，君皆领前队，以身陷阵。擢游击，赏花翎。攻金坛，城外贼垒环列，甚坚整。君用降贼言，请于李公：“贼垒坚密，攻其一垒，诸垒环救，不可猝拔。今闻中垒贼将与诸垒有隙，必不出死力相救。请募死士三百人，用夜半掩袭之。”果一战毁其垒。诸军乘之，悉平诸垒。贼弃城遁。李公上君功，擢副将。已而以父忧归。

（咸丰）〔同治〕五年，威毅伯曾公巡抚湖北。君兄松林以提督从曾公堵剿河南捻匪。君别将一营，转战德安、天门、京山，连破贼，追剿至钟祥之臼口。贼骤至，抄围官军数十重。君顾左右曰：“今日死矣，然不手刃数贼而死，非壮士。”横刀驰突，斩黄衣贼一人。马惊，踣地。贼缚君，劝之降。君笑曰：“若等亦闻郭大将军号子美者乎？乃吾兄也。今日杀我，明日将军至，斩馘若等如犬豕。乃敢屈降而公！”贼大恚，缚君悬之树，引大枪击之毙，时年二十有六也。事闻，赠总兵、云骑尉世职，建专祠。

君性故豪，而慈良温雅，喜周济。击贼金匮，途遇两书生守一老妇哭。讯之，则父死，母饥无食，病且死。君时为旗长，罄所携五十金给之。两生伏地谢，求姓字，而君已跃马驰去。其后赴安陆，过一村，父老遮道哭，言村中壮者贼俘且尽，遗老弱妇女数百人，饥困不能起。君恻然，分军行粮济之，告守令抚恤。

凡所至有惠爱焉。

郭嵩焘曰：国家承平久，功业无所施，才望无所须，士大夫苟取充位而已。豪杰伟人，伏处沉沦，骤遇事变，群顾愕眙，而后乘时以赴事机之会，功施烂于天下。然其间奋起冒白刃，以不克竟其志者，盖可悲也。中兴以来，立功名多吾楚人，天下莫不叹羡。或用以为相忌忮刺讥，而至不幸以死，未尝不流连慨慕，重悲其人。然则人心之公，又岂忌忮刺讥之所能掩邪？抑其人果贤而其死之果有足悲也？予与子美同出吉安，为远族。始相识松江。其后数相见，功日高，量日益宏。窃意子美之勇杰，犹有能及之，至力胜艰巨，推贤让功，蕴蓄之深，进德之勇，诚无及者。顾独叹伤其弟之贤，以为世无有也。惜其早死。呜呼！其尤可悲也矣。

沈仲怡家传

君讳棣辉，字仲怡，姓沈氏，浙江归安人。曾祖某，祖某，考某，皆以公贵，赠通奉大夫。沈氏故巨族，世有显仕。君幼颖异，有至性。年九岁而父旅死袁浦。兄廉往奔丧，君固请偕。曾祖妣严太夫人、祖妣吴太夫人怜之，戒曰：“儿当留侍我！”稍长，从族兄镐邳北通判任。方筑堰备河患。君察其溜泛，督工下楗，堤坚溜伏。因言治水当适其性，勿遏其冲，治民亦犹是也。由是人知其才。河帅麟公延请司章奏。

援例以通判分发广东，署雷防同知，补永宁通判。历署廉州、肇庆府，兼护肇罗道。清英土寇邓南保等称乱佛冈、阳山，君剿平之，以功赏花翎，补韶州府知府。广西贼李士奎、刘八、颜品瑶、黄春晚等剽掠南宁、横、廉之间，踞钦州之那彭、灵山之林墟为巢穴，众数十万，势张甚。调君署廉州府事。集兵，得二千人，戒曰："贼方易我，又屡胜而骄。骄必无备。我为诸君袭破之！"潜师兼程入那彭贼巢，仓卒出不意，贼惊溃。君以众薄之，歼焉。因引兵急趋林墟，分所部千人由大道多张旗鼓进击，自将一军由间道出林墟后。贼倾巢出拒，而君已由间道入踞其巢，遂蹑贼广平、大寺、平吉，悉克之。博白刘八者，复率其党数万，袭攻廉州。君在钦州闻报，急驰，遇贼五里亭，战稍却。君大呼曰："贼以十万众薄城，退即全城俱陷矣！今日之事，有进无退。"斩先退者二人。兵勇皆奋。有杨牙者，手大纛陷阵。众继之，贼大溃。廉人具鼓吹迎道左，妇竖争识君面，倾城来观，道路填塞，肩舆不能行，望见君，罗拜曰："公来活我。"留十馀日，追剿刘八馀贼于沙河。有冯子材者，君知其沉毅善战，招抚之。贼势益孤。而子材累战，功至广西提督，为时名将，由君收用之也。久之，贼复窜灵山。君设伏早禾涌，伺其半渡，击之。贼尽殪，刘八跳而免。君卒生致之五黄山，并其渠党吴晚、阮晚，皆斩之。西寇悉平。升授高廉道。

时两广总督徐公驻高州，督剿罗镜、凌十八诸匪。旋奉命赴粤西剿艇匪，檄君取道北流、郁林，至浔州上游会剿，而以舟师截梧州。君至浔州二十五里蒙墟，贼艘三百馀环攻浔城，势危急。君遣卒梯城入告援师之至，且约期会战。浔州兵有难色。左右亦谓君："贼锋方锐，无遽进。"君怒曰："吾与贼奴搏战数十，宁是之惧耶！"急引兵挑战。沿河设伏。邀击，则纵火焚其船，日夜不休。贼怒，登岸索战。君以偏师截其归路，大败之。贼宵遁，君急檄水师迎击而上，躬率轻骑追蹑。贼前后为官兵所乘，沉其船，无一脱者。赏加按察使衔。

会徐公授钦差大臣，督办湖南军务，檄君参军事，与沈君映钤，号大小二沈，事皆取决焉。贼既陷武昌，犯江宁，徐公罢归。两广总督叶公檄君回粤办理军需。明年，补雷琼道。

未逾年，而陈开之乱作。陈开者，福山博徒也。咸丰四年三月，倡乱佛山，伪号大宁。而省北何子海、朱子仪、豆皮春、李文茂等各以众数万应之，自石井、石门、金山、官窑，北接福山为犄角，环逼省垣。旬日间，反者四起，连陷数十州县。城以外贼垒相望，道路梗塞。逆首陈洸泷，屯省河南。水贼关巨、何博奋等，海艘数千，阻河，绝外援。叶公檄君总办军务，都、守以下悉听节制。适肇庆协副将崔大同战没，人心恟惧。公选精锐四千人集帐下，令曰："坐守待毙，孰与出战？尔等敢死者从我杀贼。"众皆奋。君分兵为四队，以一队出小北门蹑贼；二队当前冲，分驻流化桥、西山庙，张两翼伺之；而以一队伏城中，备策应。令前队伏健卒深林，觇贼所向。又分其军各数十人为一队，多张旗帜以疑之。贼四面薄城，官兵四出相抵。城上发巨炮助之。贼惊，反奔。城中兵尽锐冲出，诸伏兵齐起。贼大奔，自是不敢薄城。

相持六七月，而河南陈洸泷复约水贼扑城。公曰："事危矣。吾当与决一死战。"自率千馀人渡河，沉舟，绝回顾。攻小港桥贼营，竟日不能下。君望见贼后营火，大呼曰："贼后营破矣！"众皆奋起，斫贼垒，短兵接，贼弃营溃走。追至沙河，斩杀以万计。盖贼后营不戒于火，君得以间乘之。

都司黄彬以舟师守省河，与水贼相持，战数不利。时有把总苏海，熟悉河道，君令添造炮船，募骁勇为水卒。廉知有何高汉者来应募，贼何传奋之弟也。呼至，谓曰："尔与贼为兄弟，吾不尔疑，但能杀贼，予重赏。"何高汉伏地战慄曰："愿尽力。"君即令守大尾港口。而东路贼艇又以间攻袭猎德炮台，君督舟师游击，贼终不敢入踞省河，危城获全。

君以佛山为倡乱区，（錙）〔辎〕重精锐所集，佛山破，馀匪可一战而定。乃调精兵三千，合舟师，与贼战临海庙。是日大雾，弥漫塞路。众惧，止君。君曰：“贼以雾不意我出，惊乱，破之必矣。”进复瓜步炮台，焚叠滘贼营。贼悉众出拒。君执桴鼓督众前，手刃数贼。贼大败。次日，分兵八路攻佛山。贼惧，乘夜浮海，窜九江。遂复佛山，急分兵守要害。部署甫定，而贼已纠馀党十三路来犯。君亦分兵十三路应之。时佛山人心未定，新附者尚怀反侧。君明赏罚以安旧部，布恩信以结新军。复分兵剿官窑、小塘、芦苞等处，以次荡平。

当剿佛山时，水贼鲤鱼仔乘隙以炮船五百由石门入，距城四里。君闻警，调舟师赴援。至黄竹岐，与贼艘遇，下令各舟齐举炮，碎其巨舰。而水寇黄幅、何传奋等艘尚数千，环泊大石、陈头、猎德，樯帆四集。君曰：“我师，孤注也，可胜不可败。吾当并力攻大石，使贼首尾不能自顾。”众曰：“如约。”是日东风作，君曰：“可矣。”麾舟师四出。抚苏海、何高汉背曰：“成败在此一举。”何高汉扬帆上，入贼水寨。兵船继之，炮火蔽天。君乘小舟往来策应。而何高汉入贼阵，夺其酋首巨舰以归，毙贼数万。君收兵东向，馀贼悉扬帆由狮子洋远遁。贼黄幅者，尚以战舰千馀泊潭州。自潭州至梧数百里皆贼。君乘流由莲花山进剿，距贼数里，命下椗，以长龙艇数十伏舟后。贼舟更番迭出，击我师。君张盖坐舟中，指挥自若，不为动。徐曰：“贼以舟连营，可火攻也。”手挥长龙艇出，乘流纵火。海风骤起。贼惶遽斧缆，而椗、缆交加，急切不得脱，火贼舟几尽，贼大溃。是日，复顺德。次日，复九江、鹤山、容奇、陈村等处。君即自梧取道赴北江，复清远、英德，抵韶州。贼闻，即解围窜。寇平，授广东按察使。

明年，擢贵州布政使。而君已以军事积劳，病且惫。其年五月，遂卒，年六十有四。天子闻而悯焉，诏以布政司军营立功后病故例赐恤，赠内阁学士衔，赐祭葬。

君少慷慨多大志，读书不为章句。博览史籍，沿革兴废、治乱利病之原及人才高下得失，烛照数计，熟于胸中。尤善读孙吴兵法。所历州郡，考求险要扼塞，论其战守。治军明赏罚，均甘苦。当事不避难，好谋能断。佛山陈开之乱，土寇蜂起。城以内贼党环伺，不可辨析，人岌岌不自保，公私扫地无馀，兵、食两穷。君以一身，巨细兼综，出则持刀杀贼，入则握管筹军实。人皆曰："故督叶公，静镇持大体。成败利钝，取决俄顷，挈提纲维，俾无倾覆，翳君之赖。"嫡配刘夫人，先君卒。妾黄氏、连氏。子三：长金铿，候选同知；次金昆，分发广东补用同知，刘夫人出；三金润，承荫知州，连氏出。女六。孙四：恩湛、恩溥、恩瀣、恩沛。女孙二。

论曰：沈君，吾耳其名久。至广东，观其所设施而叹其才。天下之需才急矣。强者治军旅，干者理庶政，苟人举其职焉，饬法齐政，靡精以思，强力以行，一轨同趋，明作有功，天下之乱其可以弭。沈君没盖十年，吾不及见之。世变相寻，财殚兵骄，天时人事之推移，日靡月销而无有终极。追求沈君之遗事，流连太息，想见其为人。孔子曰：才难。谅哉！

唐蘋洲家传

唐君逢辰，字蘋洲，江西万载县人。父锡铎，留坝厅同知，有善政。君自少即习吏事。随父任，析疑决策，多所赞助。援例以县丞分发湖南湘潭县丞，升补耒阳县知县。咸丰二年，粤贼洪秀全连陷郴州、兴宁、永兴，逼近耒阳城。居民远徙一空。君募勇，得数十人乘城，日伏城堞间，夜辄炬火发炮。贼侦至，疑有重兵，乃趋安仁北窜。而君征收民税万数千金，方遣解省城，而贼已陷永兴。或劝君留勿遣，君曰："此数十人食城中，见粮无虞缺乏。贼即至，死耳，吾留此待贼乎？"立遣之行。于是湖南巡抚以君守城捍贼，而所收民税不为私利，缓急可倚恃，有意向用之矣。

明年，调补湘乡。贼由金陵上犯，再陷湖北省城，上窥湖南，以水陆各军集省城，乃西趋宁乡，陷湘潭，扰及县境。君力扼石潭、马托，使贼不得西窜。在湘乡四年，广学额，置宾兴田。前令朱君孙诒故有惠爱，而君能继之。巡抚骆公屡奏君才可大用，调署澧州，治蝗尤有声。除慝惩奸，锄其强梗。升补衡州府知府。至则增修书院，建试院，更定育婴、同仁两堂章程。同治元年，衡州荒，谷腾贵。君饬各属开常平仓平粜，设厂施粥，以济贫民。以筹捐军饷叙劳，加道衔。未几，卒于官。

君抱负奇伟，而慈惠温温，平易近人。所至士服其教，民感其诚。令出惟行，无有扞格。自奉甚俭，而敦尚友爱，推分弟侄，不有其私。乡邻戚族贫不能赡者，周济无缺。年过七十，而聪强完固如少壮时。论者谓其所负宏而施之不遐，而一病且死之尤可惜也。

黄南坡事略

黄冕，字服周，号南坡，岷州知州黄博次子。年二十，莅官两淮盐大使，奉檄治赈淮扬，有能声。道光五年，洪泽湖口决，运道梗塞。大学士英和请行海运。江苏巡抚陶澍主其议，知冕有才略，使条具利病。冕驰至上海，集沙船与议，尽得其要领，乃条上便宜。澍用其议行之，海运所由始也。补徐东场大使，调补江都县，改元和县，调署上海，旋署太仓州知州。时大学士蒋攸铦及陶澍先后任两江总督，林则徐任江苏巡抚，察吏安民，振发昭苏，惟冕所治称善，有大兴作，皆倚以办。擢苏州府总捕同知，旋以知府候补，历署常州、镇江二府事。

冕凡所至，必新书院学舍，增给膏火，接贤士大夫以礼，示民以诚。兴利除弊，惟恐不及，尤善治水。在元和，疏治刘河海口数百里。在上海，浚蒲汇塘，资其利以溉民田。在常州，郡北芙蓉江、孟河二水分注大江，江水涨，倒灌入，坏民田以为常。而芙蓉江两岸沃壤数十里。冕度地势，浚孟河以注江，而跨芙蓉江为堤以障之，得田十万八百亩。地故有周公堤，前明周公忱守常州时所筑，岁久无遗址，至是冕复为之。常州人为生祠，附周公祠以祀。

两江总督裕谦督办浙江洋务，奏冕随营差委。谦死宁波之难，浙江巡抚刘韵珂诿罪谦，词连冕，遣戍伊犁。会林则徐亦以洋务失机宜遣戍，议兴伊犁屯田。伊犁将军布奇泰上其事。冕随水所至，辄为沟浍以导之，垦伊犁田十馀万亩，得免罪，赏六品顶戴，还至江南。江苏巡抚陆建瀛方议海运，以冕初办海运有成效，喜甚，与议方略。于是尽革漕费，岁省银数十万，加运京仓米三十馀万石。为御史劾奏，归长沙。

咸丰二年，粤寇围长沙时，大兵皆出贼后，仓卒无守具，不知所为。冕时家居，建议守御。巡抚张亮基、藩司潘铎皆新至，凡冕所策画，立见施行。城围解，保直隶知州。明年，贼陷金陵。大学士曾国藩起乡兵讨贼。湖南兵四出征伐，饷运艰绌。冕开厘局，兴盐茶之利，军饷皆给焉。又特开东征局，专饷曾国藩一军。

以功授吉安府知府。时曾国藩驻军江西，独省城数十里地无贼，他郡县皆陷。冕起曾国荃于家，使募一军援吉安，尽复吉安所属十城。国荃率军东下，冕复劾免归。自是一以饷事自任，积劳加布政司衔，补授云南迤西道。湖南巡抚骆秉章、恽世临尤重冕，有事必咨以行。世临既劾免，冕亦谢病不赴官。

冕莅仕宦三十年，免归又二十年，任事无巨细皆办。意量恢宏，疏节简目，包举无遗，而诚意盎然，委己求贤，人士多归之。自贼踞金陵，京师转漕独有海运，冕始终赞成其议，功为多。亦以是积怨江浙之食漕利者，屡被劾，不一尽其用。然道光以来言干济之略，皆首推冕云。卒年七十五。湖南巡抚刘崐奏请从祀骆公祠。

卷十四

曾文正公墓志

同治十有一年二月，武英殿大学士总督两江曾公薨于位，天子震悼，赠太傅，谥文正，命儒臣撰赐祭文、墓碑以葬。公子纪泽、纪鸿以铭墓之文属之刘公蓉。未及葬而刘公薨。检其遗书，得所为铭辞，而前叙缺焉。于是嵩焘涕泣，承刘公之意而序之。

公讳国藩，字伯涵，号涤生，湘乡人。咸丰初，寇发广西一隅之地，所至糜烂。盗踞金陵十四年，尽蹂江、浙两省地，披而有之。公以侍郎奉母丧归，起乡里讨贼，奋其占毕之儒、耝耰之民，荡长江万里，蹙贼踣之。天下复睹乂安，民用苏息。已而合淝李公平捻逆于鬲津，湘阴左公殄回乱于关陇，皆用公荐擢，席其遗规，遂蒇成功。于时江以南构乱尤深。公再督两江，嘘枯剪秽，煦濡群萌。孤嫠有养，儒宿有归。渐摩渟涵，纳之太和。故公功在天下，而江南之于公，若引之以为己私。

公始为翰林，穷极程朱性道之蕴，博考名物，熟精礼典，以为圣人经世宰物，纲维万事，无他，礼而已矣。浇风可使之醇，敝俗可使之兴，而其精微具存于古圣贤之文章。故其为学，因文以证道。尝言：载道者身也，而致远者文。天地民物之大，典章制度之繁，惟文能达而传之。俛焉日有孳孳，以求信于心而当于古。其平居抗心希古，以美教化、育人才为己任，而尤以知人名天下，一见能辨其才之高下，与其人之贤否。蒙古塔齐布公、新宁江忠烈公忠源、衡阳彭公玉麟、善化杨公岳斌，或从末弁及诸生，奖拔为名臣。其于左公宗棠，趣向不同，而奇左公智术，以公义相取，遂以显闻。即受公一顾，争自琢磨砥砺，敦尚名节，在军必立事功，在官为循吏，曰："吾不忍负曾公。"而公敛退虚抑，勤求己过，日夜忧危，如不克胜。自初仕及当天下重任，始终一节，未尝有所宽假。及其临大敌，定大难，从容审顾，徐厝之安，一无疑惧。此公道德勋名被于天下，施之万世，而其意量之闳深，终莫得而罄其用而窥其藏也。

公以戊戌科进士，改翰林。又明年，授检讨。五转至礼部侍郎。文宗即位，求言。公疏陈本原至计，天下惊叹，以为唐、宋名臣所不及。典试江西，未至，丁母忧。会广西贼围长沙，命帮办湖南团练，治军长沙，又治水师衡州。武昌再陷，命督师东征，再克之。转战江西，丁父忧归。上即位，授大学士，总督两江，节制三省。而公弟太子少保威毅伯国荃以一军特起，复金陵。天子嘉劳，锡公一等毅勇侯，晋太子太保，旋调直隶总督，复调两江。

公生于嘉庆十六年辛未岁十月十一日，薨于同治十一年壬申岁二月初四日，年六十有二。曾祖竟希，祖玉屏，父麟书。自祖若父，皆名德耆寿，及见公为侍郎，受封光禄大夫，妣皆一品夫人，天下荣之。配欧阳夫人。子纪泽，户部郎中，袭一等毅勇侯；纪鸿，赏举人。女四人：一适袁氏，江苏松江府知府芳瑛之子；一适罗氏，浙江宁绍台道追赠巡抚忠节公之子；一适员外郎郭刚基，嵩焘之冢子也；一字聂氏。孙三人：广钧，举人；广镕，六部员外郎；广铨，六部主事。年皆幼，朝廷推恩，赏官有差。

公识量恢闳，望而知其伟人。生平趋舍是非，求信诸心，不与人为去就。一言一事，研核无遗，尤务规其大而见其远。始出治军讨贼，以东南大势在江险，不宜尽弛与贼，力请以水师自效。为钦差大臣，建三路进攻以规江、浙两省之议。讨捻逆河南，建合四省之力蹙贼一隅之议。皆策之始受事之日，其后成功，一如公言。在军，戈铤楼橹，短长尺度，躬自省量，无或苟者。荣辱得失，无关其心，而未尝一念不周乎天下，一事不尽乎民隐。《传》曰："为仁由己"，公无愧焉。公学行功业，具见国史本传及合淝李公所撰神道碑，不复论著。著其生平志节关系天下之大者，揭于公之墓，而系以刘公之铭。

罗忠节公墓志铭

公讳泽南，字仲岳，湘乡罗氏。少贫苦力学，得程朱遗书读之，慨然有圣贤之志，来学者日众。年三十二，补县学生。咸丰元年，举孝廉方正。时广西贼窜湖南，邑令朱公孙诒召公，与故记名道壮武王公鑫、今四川藩司刘公蓉募勇守御。时皆诸生，而鑫，公受业弟子。已而与鑫各募三百人为一军，从今相国曾公治兵长沙，署其军曰湘勇。以平衡山、桂东贼，擢知县。旋从故湖北藩司夏公援江西，分援吉安，升同知。明年，曾公以水陆之师东征，公从。下岳州，功最，擢知府，赏花翎。进攻武昌，克之，升授浙江宁绍台道。与贼力战田家镇，大战两日，破之，加按察司衔。克黄梅、广济，特赏叶普铿额巴图鲁勇号。围九江，不下，而湖广总督杨霈之师溃于广济、黄梅，武昌再陷。贼潜自饶州趋广信，公驰军救复其城。又蹑贼义宁，蹙之，以功加布政司衔。

公言武昌天下之冲，长江险要，尤所必争。上书曾公，规画天下大势，请由义宁间道出武昌。时武昌以南，自通城、蒲圻、嘉鱼、咸宁数百里，贼屯相望。公以一军五千人左右驰击，七战皆破之，遂会湖北巡抚胡公军洪山，尽划贼垒在郭外者。当是时，湘勇之名闻天下，天下望以讨贼者曰：罗公！罗公！咸丰六年三月初八日以攻城伤，遽卒，年四十九。特赠巡抚衔，谥忠节，江西、湖南北建立专祠以祀焉。

公高颧方颐，精力绝人。读书潜思力践，言动造次必以礼法。究知天下大计，敦悫沉密，自任无疑。在军五年，乘机应会，出入神鬼。熟习山川形势，制行度之宜，临敌从容，沛然有馀。人问公兵略所由，曰："知止而后有定，定而后能静，静而后能安，安而后能虑。数语尽之矣。"门人王公鑫、李公杏春、李公续宜、刘公典、杨公昌濬数十人从问儒生性理之学，后皆为名将。呜呼！公以诸生，遭逢乱世，挈提子弟门生，奋起立功名。世谓公生必能平贼，信矣，而岂足以尽公之深也耶！

曾祖讳某，祖讳某，并赠通奉大夫。父讳某，封通奉大夫。公卒，推恩赏加头品顶戴。夫人张氏。子兆作、兆升，皆赏给举人。女三人。所著《周易附说》、《孟子札记》、《西铭讲义》、《人极衍义》、《姚江学辨》、《皇舆要览》、《小学韵语》及诗古文集若干卷，刊行于世。其年四月，葬细镜山祖茔。既葬六年，兆作使来请铭。嵩焘曰："然。无铭，无以张公之烈。"乃承事而为之铭。铭曰：

非才荐荣，黩我皇壥，扶倾拯艰，烈士熸焉。公以儒兴，乃奋于武，手提一旅，春规秋矩。谁与从者，及门英英，鼓其义勇，提桀为城。国伤奚恤，民劳奚诉，公拊而嘻，曰以吾故。万目仰视，窥公设施，以脑涂原，竟死何呲。著书明道，同符圣哲，维不朽三，以扬公烈。

陕西巡抚刘公墓志铭

公讳蓉，字孟容，号霞仙，姓刘氏，世为湘乡人。少负奇气，能文，不事科举，与同邑曾文正公、罗忠节公力求程朱之学，蹑而从之。尤务通知古今因革损益，得失利病，与其风俗及人才所以盛衰，慨然有志于三代，思一用其学术以兴起教化，维持天下之敝，不乐贬道以求仕进。年三十五，邑令朱公孙诒阴使其父督就试，补弟子员。

会兵事起，与罗忠节公、王壮武公治团练里中。已而从曾文正公长沙，用团练功，保训导。曾文正公既克武汉，转战江西。罗忠节公从战至义宁州，上言曾公："武昌再陷，长沙要害尽以资贼。诚欲扫清江路，以复金陵，必自武汉始。江西一隅，利病非天下所系。请由义宁西出崇阳、通城，规武昌，据天下形胜。"曾公壮而许之。公力言："罗军去，吾属且坐困。"曾公曰："吾固知其然。然幸而复武汉，天下事犹可为。今与俱困于此，无益。"公曰："诚然。吾亦欲西耳。"于是罗忠节公以左营属公。累功保知府，赏花翎。攻蒲圻，弟蕃死焉。公既痛弟，又伤父年高，解兵归。旋丁父忧。

咸丰十一年，骆文忠公总督四川，调公佐其军。遂以知府赏三品顶戴，署四川布政使，寻实授。于时四川久困于贼，陷城邑者数十，而蓝大顺、李短达为最巨。公策蓝逆悍而李逆之党多，宜先其悍者。急蹙蓝逆于绵州，又蹑之丹稜。李短达遣党来援，遂击之眉州，进围青神，而潜师击丹稜，大破之。李逆亦以其间分踞合州、定远，势张甚。公度贼势缓急应之，数歼其军。贼悉众踞宜宾之八角寨。而金陵巨寇石达开自黔窜入涪州，遂至叙州。

滇南贼何金泷又分窜筠连、高珙，与石逆合。公念川贼势渐平，而石达开之气方锐，今并注于叙，其势将合并以逞而不可遏，急言于骆公，请自视师叙州。再战，擒石达开。

旋命督军陕南，就授陕西巡抚。时汉中已为贼踞。公力扼巴州，而遣轻骑出宁羌，复汉中以达长安。会关陇饥，甘肃回逆出没北山，捻逆又自商南内犯，四川馀匪亦时阑入陕境。公承死亡之后，灰烬之馀，外完疆宇，搏击剽悍，推功奖劳；而内拊循其民人，嘘枯苏困，开化励学，政教大行。已而回逆骤薄省城。存城兵四百人，文武吏皆汹惧。公曰："贼远至，不知我虚实。乘其计之未定，可破而走也。"躬率四百人，分两翼驰而下。贼惊顾大呼，击之，果逸去。陕西经乱久，田卒污莱，民无所得食。公以凤邠道黄辅辰精于吏事，使经理回民叛产，设法开治，岁获谷数百万斛。民安于耕，吏勤于职，廪廪然有望治之心矣。以忌者中伤，为言官所劾。疏辨，语激。诏尚书罗惇衍治其罪，坐降五级调用。陕甘总督杨岳斌密疏恳留，上意解，仍署陕西巡抚。公以病，乞解职，乃留陕办理军务，而以乔松年巡抚陕西。松年心慊公所为，以不得逞其志，龃龉甚。会有灞桥之败，自劾归。同治十有二年十月初一日病眩，遂卒，年五十有八。湖南巡抚王文韶以闻，诏复原官。四川、陕西皆请祀公名宦。四川又合祀之骆文忠公祠。

公性沉毅，而阔达开朗，倾诚与人，一无隐饰。至其临大敌，决大计，从容淡定，内断之心，人莫测公所为，相顾惊疑。事定，乃大服。在官，与人以礼进退，不以得失毁誉为意。解官归，自言："志几于道，而行之有弗达，学不足也。天下之变无方，而吾心之知有间。及是时勤吾学焉，可矣。"于是益自刻厉，筑"玩易阁"，读书其中，足不出庭户七年。其志意渊然求古圣贤所以治其身以及天下，不几于化不止也。呜呼！此公之死所以重为天下悲也。

曾祖恂南、祖有玮、父振宗，以公贵，赠光禄大夫，妣皆一品夫人。配王夫人。子鸿业，员外郎，三品顶戴，赏戴花翎；麒祥，出后弟蕃，世袭云骑尉，候选同知。女四人：长适户部郎中世袭一等毅勇侯曾纪泽；次适四川候补知县陈达善；馀未字。孙六人。公所著奏疏若干卷，《养晦堂诗文集》十四卷，《思辨录疑义》二卷。经史撰论甚繁，皆未成书。公卒之明年二月，葬某山之原。嵩焘会葬毕，退而掇拾所闻，以志于公之墓。自公父以上，世有显德。公父尤恢奇有才识，尝私语威毅伯曾公国荃：“天下之乱已兆，无有能堪此者。其吾涤生乎？君与湘阴郭君及吾家阿蓉，皆中兴之资也。”时天下无事，曾文正公以翰林官京师。其言若可怪愕，而后乃皆验云。铭曰：

民劳俗敝，贤达孳孳，方其未遇，与世若遗。委心于民，群讥众娟，浩然刚大，何有枉挠。公起逢掖，赞戎操翰，扶艰植危，手厝之安。道申身蹇，孰谓非善，揖让参回，旬宣浍畎。所学所行，天下咸知，意量渊闳，朋知莫窥。既没还官，庙堂所惜，收功敛名，以即幽宅。

诰授光禄大夫薛公墓志铭

公讳焕，字觐堂，姓薛氏，叙州兴文县人。曾祖锦奇、祖澐、父启檽，以公贵，赠光禄大夫；妣一品夫人。公兄弟三人，皆以学行显。兄某，黔江县教谕。弟某，华阳县训导。而君用甲辰科举人，援例注选，授金山县知县。甫至，大府察其能。会新阳灾，檄署新阳视赈。讫事，乃赴金山。数月，娄县盗发，与金山有连，坐罢。旋以获盗功，复职。广西贼陷金陵，公奉檄输粮于军。向忠武公留赞军事，保知府。江苏巡抚许公剿贼上海，檄公自随。向公惜不遣。公以上海重地，饷源所出，贼乌集，利速进，迟恐滋蔓，请往规形胜自效。向公壮而许之，属以川勇千五百人。贼果平，赏花翎，授松江府知府。会奉贤民抗粮，势汹汹，将为变。公闻，驰至，系治一二人，皆帖服，无敢哗者。调苏州府知府，迁粮储道，擢江苏按察使，转江宁布政使，旋改江苏。

大府既优公才，事巨细倚公办。尤以上海洋务，利病所系，自粮储道调署苏松道，其后屡迁官，皆以留办洋务居上海。已而贼陷苏州，巡抚徐公殉焉，总督何公以罪逮问。诏晋公巡抚，兼权两江总督。是时江浙各城沦陷，独上海一隅倚公为重。而兵无可集，将无可选，惟张空名号召征集，乘城拒贼。曾文正公督两江，奏以肃毅伯合淝李公视师上海，摄巡抚事，而公以钦差大臣办洋务。公疏言："洋务交涉地方，宜总督兼任，徒假虚名无益。"上是之，召入为礼部左侍郎，充总理衙门大臣，补工部右侍郎。时英人理太虢献议募西洋水师助攻金陵。曾文正公奏言：金陵距江三十里，西洋大舰无所施。理太虢以有成约，持其议。公为疏析成约之言，示以进退之权在我。英使额尔金屈服，即日趣理太虢回国。在总理衙门，专务尊崇国体，正言侃侃。念京营兵积弱，请增练饷，固根本。坐与言事者互讦，上怒，落言事者职，而镌公级，仍留总理衙门，旋以亲老乞养。归。光绪元年，云南戕毙马加理，命湖广总督李公往勘，公副之，由籍驰赴云南。既定谳，仍乞病归。

公为政持大体，高瞻旷览，规画远利，不为苛细。尤严邪正公私之辨，意所许可，属吏微员，委己下之。其所不可，虽贵势，与引决当否，未尝趋和承意。即有造请，必视其立身植行可择而取。是以生平于朋友矜己服善，断断论辨，而意常有馀，历久无变。其初家居，倡为布政使刘公蓉建专祠，及广科举中额，创置尊经书院，有关吏治及人才学校之原，其功尤伟。始以乞养归，既终丧，奉使云南，而公亦遂病。病三年，卒，光绪六年庚辰二月初三日也。实生于嘉庆二十年乙亥十一月二十一日，享年六十有六。夫人赵氏，次夫人金氏。子三人：华垣，盐运使衔，以道员分省补用；华坤，荫生，按察使衔，河南候补道，先公卒；华培，庠生。女五人：长适户部主事周鸿年；次适一品荫生李经畬，湖广总督李公之冢嗣也；馀皆幼。孙四人。

嵩焘始督粮苏松，公以钦差大臣驻上海。论洋务利病，公喜称善。曾文正公疏辞通商大臣，嵩焘抗言："总督兼衔，奚避为？人世非意之遭，艰难险阻，骂讥困辱，惟当以常道处之，负天下之重而任其谤。苟求避之，谁当任此者？"公闻，益喜。及闻嵩焘出使西洋，公慨然曰："吾两人以洋务为诟天下，其庶几奠安国家，一湔斯言乎！"而嵩焘终以病免。逾年，李公函告公丧，且属以墓铭之文，曰："此公遗命也。"已又告言："公葬有日，不速铭，无以掩诸幽。"于是叙次公生平大节，遗诸其家，泐之贞石，而系以铭。铭曰：

发迹一邑，兼圻贰卿，以彰有功，迈德扬声。进荣于朝，退休于里，延庆一身，光明俊伟。终其所怀，己溺己饥，道赢志绌，所施盖微。施虽不多，名则弗敝，卒全终始，光昭来裔。

诰授光禄大夫刘公墓志铭

公讳典，字伯敬，一字克庵，姓刘氏。先世由江西徙衡山，再徙宁乡之白石寨，遂为宁乡人。曾祖继扬、祖振晖、父允慎，以公贵，赠光禄大夫。曾祖妣牛氏、周氏，祖妣周氏，赠一品夫人。妣萧氏，封一品太夫人。家世业农，而公起家文学。自少开敏，以文雄其曹。及冠，补县学生，游学岳麓、城南两书院，得性理之书于湘乡罗忠节公，慨然有志于学。虽为诸生穷乏，而节行有闻乡里矣。

会罗仙寨盗匪发，巡抚骆文忠公檄公捕治，诛其酋，保训导。从罗忠节公武昌。会忠节公薨，恪靖侯左公奉诏起一军从曾文正公江南，檄公与王公开化、今漕运总督杨公昌濬总营务。曾文正公驻军祁门，贼环集，困甚。公急出江西，拊其背，为声援。遂克景德镇，破贼乐平，粮路始通，擢知县直隶州，赏花翎。文正公奏以浙江军务属左公，俾有专责，分贼势。转战衢州，复开化、遂安等城，功皆第一。保知府道衔，旋授浙江按察使，始用其字，立克勇一军，连克汤溪、兰溪、浦江、诸暨各城，浙东以平。贼乘间上窜徽州。左公以徽、浙犄角，贼至徽，必反截我后，檄公回援，破走之。贼渠黄汶金复窜江西。急驰饶州，蹙贼湖口，力战青山桥，贼窜青阳。太平踞贼又犯皖南。急驰抵徽州，遏宁国入徽之路，赏阿尔刚阿巴图鲁名号，加布政使衔。左公大军屯杭州，贼分军四扰，以挠我军。公东西驰击，橐粮蓐食，出奇夺隘，以与贼遻，格其奔突，以蒇大功。方是时，克勇之名闻天下。会丁父忧，有诏归治丧，仍令会军剿贼。会金陵贼酋上窜江西，于是有帮办江皖军务之命。既洪福瑱伏诛，馀贼窜福建，陷漳州。左公总督闽浙，于是有帮办福建军务之命。蹑贼龙岩州，破之。贼窜广东，陷嘉应州。左公奉命援粤。公督军击贼塔子墺，阵斩汪海洋。贼不能军，夜走黄沙嶂，尽降之。赏云骑尉世职。

左公移督甘陕，复奉帮办陕甘军务之命，授甘肃按察使，旋改三品卿衔。甫至蓝田，河南捻匪扰及同州，旋入晋，陷吉州。左公蹑捻东行，奏留公陕西，于是有督办陕西军务之命，兼署巡抚。时陕回踞宁州之董志原，捻匪袁大魁合土寇十馀万，分踞云岩、瓦窑、金顶山。自延长、延川至绥、米、花马池、怀、榆数百里，纵横出没，连岁大饥，人相食，公私赤立无馀。公外支强敌而内拊循其民，数月而陕乱定。董志原回众皆走金积堡。公以其时浚郑、白旧渠，引交水入城壕，以便民汲。修治周文故陵地。旋以母老乞归。会左公视师新疆，又以三品卿帮办军务，而委公以留守之任。公提挈纲维，剔秽嘘枯，隐幽毕达。而遇事咨请以行，不自张其名。大军西行万馀里，周庐止宿，时兵缓急，资食与兵，应若咫尺。左公屡疏言：使臣一志经营关外，无内顾忧，刘某之功为多。而公之心愈悴，而病亦愈深矣。以母老乞养请。奉旨数日，薨于甘州，时光绪四年十二月十五日也，年六十。事闻，赐祭葬，予谥果敏，敕建专祠江西、安徽、福建、浙江、陕西、甘肃，仍祀于其乡。子二：本鉴，候选同知，云骑尉世职，特旨以知府用；本铎，候选主事，特旨用员外郎。

公英姿岳立，沉默寡言笑，威严若神。临事量敌，指画方略，应机赴会，不失铢黍。用兵尤善审地势。每战，怒马驰睨所在高阜，腾跃四顾，令某军出某所，某军伏某所，度地广狭，开合变化，惟意所使，诸将趋走慑服。既罢，手一编，集所将校论说道理，和夷冲裕，意若有馀。家居五年，置义庄、建公祠以集族，修试院、置宾兴田以勤学，创修忠义祠以旌忠，育婴堂、安良所皆置田以善俗。得其一善，足以传世，于公末也。公弟倬云，从征讨累有功，保道员，以公行状来告曰：“公之葬，天子赐之碑文，而铭墓之文久而未备，无以摅家大人之哀思。维先生能知公，愿有述也。”嵩焘因谨次其生平大节，而为之铭曰：下缺[1]

①此系底本所缺。

诰授光禄大夫刘公墓志铭

公讳岳昭，字荩臣，姓刘氏，湘乡人。自曾文正公以侍郎居忧，奉命治乡团，毅然自任讨贼，用戚氏练军法，简民兵，教以句卒束伍节制之义，而求忠信能读书史者，与共生死。于是士之立名义者云会景从，天下蒸蒸，而得之乡里尤多。若罗忠节公、王壮武公、李忠武公、李忠毅公、彭壮节公、萧壮果公及公从兄武烈公，皆起诸生，位开府、特进。而公独任封疆督抚十馀年，位尤尊，年尤高。

公始出，佐萧壮果公江西，未知名。每战，料敌先登。壮果公奇之，俾领一军，曰果后营。壮果公假归，遂以军事属公。转战瑞州、临江之交，比有功，由府经历、县丞保知县，累保同知、知府，加晋道衔，赏花翎。会石达开分党自江西窜湖南，公移军茶陵备之，而贼已直趋宝庆。湖南巡抚骆公檄公驰援，至柳家桥，遏贼东路。贼势方东趋，奋死力争。公坚营与荡决三日。贼至辄披靡，力咋不得出。已而诸军并集，贼进退穷沮，突围去。于是公名大显。石达开已出广西，折而北，西趋绥宁、城步，掠龙山，入川。公日夜倍道驰，蹑而踣之，贼不得喘息。骆文忠公檄公从入川，始至夔州，适陈玉成陷随州。湖广总督官文公以公距随近，檄使援。急旋军随州。时川寇方炽，李秀成复犯江西。曾文正公、骆文忠公皆注意公剿办，羽符交下。公以攻城不可委去以馁人心，且军动，贼氛遂张，荆襄大势俱震，为患剧，力持围随之议，攻围益急。使降将刘维桢间贼，诱致之，设伏，蹙其众，歼焉，遂复其城。晋保道员，按察使记名，加布政使衔，赏鼓勇巴图鲁。自是亦遂以平贼、绥定国家为己任，专意西向。

是时川东西群盗如毛，不可爬梳。大者数万人，小或数千，各立名号，踞城以抗官兵，叫呶四应。而石达开以二十馀万众趋石硅以窥涪州，李复猷亦由黔入川，谋与石达开合。盖皆江南悍贼渠魁，意在擅地，非他寇比。宜急先此两贼，馀贼可以徐理也。尤宜力阻遏其军，使不得合并。至则击石达开涪州，又击之綦江，连击之合江、长宁、兴文，所击杀动数万人，川东以安。力保叙、南，扼石、李两贼之冲。四川布政使刘蓉遂以擒石达开雅州，而公亦补授按察使，旋擢云南布政使。骆文忠公前后奏留防川，皆不遣。擒斩贼目有名号者，曰萧王，曰白侯，曰邹王，凡十馀股。石达开馀党窜陷陕西汉中府，公又蹑之宁羌，尽复汉中各城，于是石达开馀党斩刈以尽，而川匪亦平。

滇、黔各匪之扰川者，并集于黔。黔患益棘，川防骤不可纾。骆文忠公奏请援黔，而专其责于公。川、黔壤相接。时绥阳陷于吴元彪，正定陷于朱大王，皆当蜀边。公击破正定州城，而绥阳守益固。公视城北天台山高峻，俯瞰各营，贼严兵以守。凡所据关隘十馀，尽击夺之，独天台山负险不下。乃列阵其山前，而从山后径梯缘而上，平其垒，列戍分屯。绥阳失山险，遂降。贼刘崑山者，枭桀有名，辖遵义百馀寨、黔西七十馀洞、仁怀三十馀寨，势张甚。公战擒之。崑山请归谕降，遵义、川西悉平。既降绥阳，而绥南径遵义以东亦平，黔西北路始通。奉命巡抚云南，方行，又奉总督云贵之命。云南大乱二十年，民、回扰攘，不相保持。公曰："此孱民，忿起相毒螫。当以德绥，不当一以芟夷示武。"下令释兵，归诚者弛其罪，负固不悛则掊击之。既至三年，迤东迤南所失各城尽复。同治十二年以述职觐京师，适归道病，言官论其稽留，罢归。

公性沉毅，遇事深筹熟计，有发必告，无有回惑疑难。同官属吏，倾诚相与，粹温和夷，情意常有馀。巡抚岑公，负气喜兵。公至，即罢遣其军，凡有部署征伐，一推岑公。每有调发，进止方略，必悉究论始终，若计其私。岑公亦心折首肯。自以积功至总督，始一受事，在军久，厌兵，又闵民气敝耗，公私赤立，吏道苦杂，则一以课吏为事。督开垦，招流亡，视吏勤惰为黜陟，度时量力，动无过举。尤汲汲务兴学、复书院，劝厉人才，人人感激思奋。其治军、治民，务除苛烦，充然若有得者。言者以是贤公，而惜其退之非其咎，而益以追叹其贤。

公生于道光四年甲申岁又七月二十五日，卒于光绪六年癸未岁十一月二十三日，年六十。夫人彭氏。子三人：镇楚，署广东高雷廉琼兵备道；锡恩，某官；锡勋，某官。女五人，其二，妾唐氏出也。孙六人。既卒逾年，卜葬某乡某山之原，以嵩焘之习公也，属为之铭。铭曰：

在岁丙辰，临瑞交兵，桓桓武烈，于公为兄。批犷洞坚，搏呼乘城，卒藩江蠡，而以命倾。公于是时，追随壮果，帓首腰鞬，握刀在左。外示朴讷，屹立磊砢，𬴂然奔敌，胥轴炙锞。武烈之生，未竟其施，公奋六翮，负云而驰。东西两川，顾盼旌麾，荡涤瑕垢，乾清坤夷。馀功及黔，兼滇作督，狼嗥兽骇，狓猖相属。睨公来苏，如日在旭，绥之动之，风嘘雨沃。三年政成，展觐归藩，疾病不除，谮言幡幡。顾瞻令子，累功袭恩，一瞑百世，以贻后昆。

诰授资政大夫署理福建巡抚周公墓志铭

公讳开锡，字受山，姓周氏，益阳人。曾祖定绩，实有二子，长曰泽珩，次曰泽琥。珩后有二子，长曰扬之，以拔贡生充户部七品小京官，改主事；次曰振之，以乙未科进士历官河南商城、虞城知县，卒祀名宦。泽琥早卒无子，以振之为子。振之又无子，于是公以父命为之后。自始从其父宦京师，以能诗文有名，屡试辄屈。迨丁父忧，年长矣，困益甚。

咸丰二年，广西贼自湖南下窜，起湘乡曾文正公于家，督师讨贼。公上书言兵食机宜，退与其乡人治团练，转食饩军。又明年，贼袭破水师九江，武昌再陷。胡文忠公自湖口回援，遂为湖北巡抚。公又转食饩鄂军，累劳保府经历、县丞。胡文忠公复武汉，上言吏事与兵事相辅，治乱之本，莫先察吏。檄公以知县留湖北候补，再保知州，署沔阳州事。明年，公赞胡文忠公军事于英山，战贼集贤关，以功保知府，赏花翎。文忠公疏荐人才，自刘公蓉、沈公葆桢以下十人，公名与焉。文忠公薨，公改从左公宗棠浙江，署温州府知府，兼摄温台道，擢授浙江粮道。左公总督闽浙，公从赴闽，改授福建延邵建道，署布政使司，旋护理福建巡抚。左公仿西洋法制造机船，设船政局，以公兼提调。左公调督陕甘，公复从赴甘肃，总统甘肃南路诸军，平金积堡，克复渭源、狄道，皆有功。辛未五月十五日，以病卒于军。

公性疏爽而沉毅，有智慧，能断。视天下事无险易，沛然任之，思患有馀。尤喜因事规久远之利，不以难自沮。始治团练，以益民岁困于漕，究知其利弊，创为里征之法，析县为四区，择乡贤者督征。毕征，输之县，而致赢馀于官。官民两利，遂为定法。署沔阳州，州介江、汉之冲，尤苦水。公以自唐、宋来废陂湖为田，失沟渠之利，因上治水三策，以疏浚引河分水势为义。其下策则令潜江堵筑排沙渡口、泽口，令天门堵筑紫贝渊口、吴渊口，曰："是苟以自完而已。天、潜完，沔以幸完。"躬至潜江、天门，察水势缓急，仍请因汉北故支津，多引水入江。功未竟，罢去。

其任温台处道时，值江浙沦陷，独所属差完。土寇乘机窃发，所在道梗。公急清吏治，求贤士夫与共理，剟剔爬梳，内外斩斩。数出师船，击盗海外，盗贼屏迹。转饷大营无虚日。所治温州，遂为重镇。左公督闽，命公先筹画军食。公至，叹曰：“安有富强若此，而委之一二庸吏，以取坐困！”急简才能任之，岁综山海之入课估，骤增饷四五百万。署布政使司，益通府县出入之数，为设条令，除苛派。在官衣食取给，皆有常制，专务便民利国。又以驿道供张为累，州县一切准依常例，无许逾越。驿置游卒及马，皆布政司委官经纪。凡所规画，必权利害轻重，使可经久。其私取便利者，悉刮去之。造端宏大，人见者惊疑怯顾，而公断行不疑，其终翕然称便焉。

既至甘肃，请于左公曰：“母老多病，而远从公，恬然挟刀笔、赞方略，何以为心！请为公前杀贼。”左公大喜。时甘肃旧征兵勇万馀人，莫相统纪，遂以委公。凡数十营留驻巩昌，皆宿将，自为制，骄罢不任战，颉颃叫呶作气势，无知有军法者。公自以任事不避难，遂亦不辞。于是简军实，明约束，阴求将官材武者，委任以事。守固而后战，谋定而后行。连克渭源、狄道诸县，进规河州。会病亟，犹至秦州计画军事。甫就道，气绝久之，苏，回巩昌，五日卒。公生于道光六年丙戌七月初八日，卒于同治十年辛未五月十五日，年四十有六。三世以公贵，赠资政大夫，妣皆夫人。初娶何氏，继娶熊氏。子先湄，早逝，以兄开鉴子先濬为嗣。

公高颧广额，目炯炯有光，口能容拳。自少有经世之志，宽宏爱人，意豁如也。临事立崖岸，意有不可，面折人无阿回，而要务持大体。兴事立功，必讫于成。人与游，惮其亢直，莫敢近，久而皆服其诚。其总统甘南诸军，言厖事纷，至为蜚语达京师，言官数论劾之。及闻其病，奔走祈禳相告语，若忧所亲。其卒也，哭之皆哀。此亦足见公之为人矣。嵩焘于公久故相厚也，又益相期许。其弟开铭，官翰林，实从受业。既葬有日，来告曰：愿有述也。乃诠次其生平，纳之圹而缀以铭。铭曰：

年屈于仕，名则加溢，校其才能，百未试一。万夫敛手，艰大孰投，于公是资，匪竞匪绿。本以吏显，进退舒卷，终焉委命，旌旗在眼。功成中阏，其施有光，铭以揭之，万世之藏。

署广东盐运使罗君墓志铭

君讳勋，字子铭，姓罗氏，世为安化人，故云贵总督文僖公次子也。文僖公别字苏溪，君因自号小溪。家世贵显，文章气谊倾一时。君益以才自高，视天下事在吾掌握，声名位业，惟所掇取。于人罕所当意，遇有不可，以气陵之，箕踞大呶，谯呵指㧑。然熟于人情利病险易，规时度势，引其端绪，穷竟细微，以故忌者多，而无能持其短长相倾构者。

文僖公治军襄阳及总督云贵，无素练之军，无取资之饷，军书旁午，寇至无时，一倚君为办。文僖公薨，免丧，乃以道员就选京师。时广东海防大溃，总督驻惠州，巡抚驻韶州，官吏望风引避。君慨然曰："此吾时也。惟所处难则功易施。"即诣部占注广东。既至，而劳文毅公移督两广，尤重君才气，即有疑难，一以咨君。已而权盐运使事。君责柜商督盐，责埠商督运，定课程，严勾稽。终君任，岁销倍常额，吏无敢欺以事。故事：运商行盐一引，纳所馀盐贮之仓，曰常平盐，以备乏。会军兴饷缺，君上言：常平盐积存，无数可纪，见存者数十万，可资以充饷。文毅公与罗尚书惇衍故有（憖）〔郄〕，摭其失劾之，调云贵以去，而怨君者因为蜚语中伤君。署督晏端书劾君擅动常平仓盐，落职。自是存盐十馀万，无旨不得擅发，而旧存者累万万，为官吏侵盗以尽，悉弛不问。

君自以广东督盐劳最著，署官不以实，郁郁不自得，耻更以人世功名为意。西安将军库克什泰奏君帮办军务，辞不赴。署所居室曰“蛰庐”，春秋行田，宾客朋游，雅歌投壶，益务肆力于诗，终老而意气不少衰。辨论得失，常断断然，未尝引服让人。人亦惮君能，莫敢与抗。

君生于某年月日，卒于某年月日，年五十有四。初配傅夫人，继配杨夫人，再配刘夫人。子二：某，某。以卒之明年己卯二月，葬于益阳鸦树岭之原。

君少豪宕，征歌选色，穷日夜为欢。比归，痛自刮除旧习，清修独处。客至，径造其室，笑语款曲。既罢，引去，隐户据几，手一书，寂若无人。刘夫人贤明，治家有法，不以烦君。即有事引商理处，两婢执烛前导，夫人延之户外，东西相向坐，若严宾。语毕，又导以出。喜蓄名马。日晡，一小溪负胡床从，列厩高下，玩其神骏，清坐相对，意常有馀。将其中有不自适者，而脱然于世累耶？其才高，乐观世变，欲以有为，而终所守如是，是可哀也已。铭曰：

古人有言：其智能谋，其巧能辨，又畀之时，迎机观变。惟变无端，颠覆乾坤，孰纲维是，固键重门。莫为者天，因时为量，独奋其能，以与时抗。吁嗟罗君，而止于斯，一瞑万世，忌者安施。

湖南盐法长宝道郭君墓志铭

君讳从矩，字定轩，姓郭氏，世为山西长治县人。祖讳某，父讳某，皆不仕。君生十三岁而孤，事其母朱恭人，以孝闻。年十六，与其兄明轩同入学籍，为弟子员。旋举戊午科乡试，庚申成进士，改翰林院庶吉士。逾年散馆，授编修，转监察御史。丁母丧，服除，仍为御史，擢给事中。旋转吏科掌印，补授湖南盐法长宝道，再署湖南按察使。以光绪十一年十一月二十九日疾终按察使任，年五十有一。

同治、光绪间，朝廷忧边事急，屡下求言诏，奖进御史，备询方略。而淮南盐法数变更，公私利病，中外劫劫相持。君一论伊犁事宜，一论盐法，皆洞悉窾要，得旨施行。河北连数省大旱，积四五年，已又大雨，山东河患尤甚。君疏请端本君身，以回天变，以讲学崇儒为育才之本，以砥砺廉隅为清吏之本，以崇尚节俭为正俗之本，而论君子小人阴阳消息之机，语尤切至。论者谓十馀年言事诸臣，独君此疏有唐、宋谏臣之风。在湖南六年，其时检治吏事，多为苛察，而君务守大体持平。初权按察使，益阳民谋乱有迹，君奉檄往勘，因言造乱者一二人而已，幸及未发，按诛之，事发，则所诛杀数十百人犹未足胜也。亟驰至，诛倡乱者易龙泉一人，事立寝。凡君所为，一主宽大，未尝拂人意。然病亟时，伏枕省文书，意有不可，乙去之，辨斥龂龂。始知其中有定守，且死而神明不衰也。

君性故和易。居官，与人开诚布公，意常有馀。尤笃于故旧，官俸所入，一周亲故，室无储偫。其有罢官不得归，君为恤其家。巡寒省饥，月有饩，岁有赡，所存活者常多，不为其家有无顾虑。

君始娶梁氏，继娶叶氏。子一人：宝清。其官湖南二年，叶恭人卒。又二年，其兄明轩又卒，始命其子奉叶恭人之柩葬长治梁恭人兆右。比返湖南，而君已病卒矣。遗命合葬。宝清乃具其事状求铭。铭曰：

始初见君，貌温语良，于人无校，亦无否臧，无忤于物，应时弛张。及久与习，心虚气下，研穷书旨，锲而不舍。作为文章，相就酌斟，一言之契，如石引针。谓如君者，可与适道，推及吾民，嘘寒呵燠。六年湘楚，未竟其施，生无留年，没无遗资。庶几善人，惟心之遂，百年一瞑，岂有同异。

张少衡先生墓志铭

张少衡先生既卒二十有四年，遗命不为行状及铭墓之文，诏其子自牧曰："若是以为名也，其将绍述吾学而光大之。无以名，而以实，其可乎！"已而军事起，自牧积劳至道员，加布政使衔，以其官赠先生荣禄大夫，尽刻其遗书，曰《周易辑义》十二卷，曰《诗义钞》八卷，曰《礼记辑义》八十卷，曰《春秋经义》百二十卷，曰《听园文存》二十四卷，于是先生之学大光显矣。同治十有三年，重治鹤寿山墓道，以告于嵩焘曰："吾先公不欲为名以自张也。自牧惴惴焉，惧隳弃先人名德，未敢有忘，而讫于今。无文于墓，将使后世子孙无以考览先人之德业，以称其家世，自牧盖尤惧焉。诚得君文纪其实，砻而掩之，被之无穷，犹先公之志也。"乌乎，若先生者，何所资于吾文。然综叙先贤政迹，与其著书，固亦后死者之责也。

先生讳学尹，字子任，一字少衡，晚年自号听翁，世为湘阴人。先世以行贾，寄籍宛平。既举进士，奉父丧归葬，复为湘阴人。改官即用知县，签发福建，署归化、莆田县事，补闽清县知县，调补侯官，擢台湾府北路理番同知，代理兴化府知府。以忌者中伤，罢官归。归而著书讲学三十年，年七十七，乃卒。

先生赴官福建，汪尚书志伊方总督闽浙，考按吏事，甄叙人才，尤勤于治盗，独谓先生精敏。值事庞剧，它令不能办治，以任先生。先生亦喜自负，诛锄梗化，无避嫌怨。捕盗为勾距之术，推求按验，有发必觉，抉奸摘伏，肃若神明。而要务为民利，未尝有苛刻懒激之行。

归化地硗无生计，民皆佣旁县造纸。先生课之种竹，求得养竹法十馀事。逾年，竹成，归化纸遂为闽中冠。县民张、杨、罗三姓，日为奸猾相讦控。先生知其宋儒裔，旧有横渠、龟山、豫章三先生祠。为诣祠讲《西铭》及豫章从事、龟山渊源，三姓人皆感服，罢讼。

莆田马洋盗发，都司廖起贵蔽罪平海澳渔者。汪公怒，檄副将庆善会捕。先生惊曰："果渔者，一健捕收系之有馀，多兵何为？诚往，澳人殆矣。"因以计羁留会捕兵，急驰至澳，集验渔户，无出洋者。告之故，皆涕泣，愿从入县受质。先生以能口给十人行，而上白渔户无罪。十人者皆得释。

闽清俗停棺不葬，岁久暴露。先生收瘗之，下令：死三年不葬，官为收瘗。民争即山以葬，俗以大变。

侯官故有荔枝贡，先生为定经制，岁课园户二百株备贡。贡甫入而报言：二百株槁且尽。总督董公诘责急。先生召示园户，则已别储二百株以俟。董公为革领贡者承办之名，自是贡树为常例。

先生所至，尤喜以儒术润饰吏事，兴教化，美风俗。虽处繁劳，御犷悍之民，温然若子弟之相接。闽俗喜械斗。先生闻，辄驰至，以身捍之，徐徐开说道义，皆慑伏退听。其罢官，以失贵胄意，先生顾自喜曰："吾道于世有宜不宜，天也。归勤吾学，在我而已。吾何歉焉！"

先生治经，尤邃于《春秋》。自汉以来说《春秋》数十百家，穷考其源流，校论其得失，而一准之《经》，以发明圣人之用心。三代典礼与《春秋》所以异同，由圣人言推知其然。诸儒之说，或合或否，若操绳尺，以絜度长短，无爽锱铢。常自言：诸《经》有所论述，一守先儒之遗，未尝自为说，惟《春秋》自得于圣人之意为多。其治他《经》，亦多取旧说，融会贯通，而立论详赡典雅，自尽其意，故世尤高先生之文章。门人子弟刊行所说《经》，曰《师白山房讲易》，曰《毛诗讲义》，其后皆有更定。《春秋》独晚成，未及刊行而卒。

先生生于乾隆四十年乙未岁八月八日，卒于咸丰元年辛亥岁九月十九日。曾祖曰永嘉。祖曰世湖。考曰抡梁，例贡生，候选州同。自祖以下，并以自牧贵，赠荣禄大夫，妣皆夫人。配殷夫人，继配蔡夫人，侧室杨夫人。子二：虬，河南候补州同，前卒；自牧，诸生，以道员遇缺题奏，加布政使衔，瑚松额巴图鲁。自牧，蔡夫人出也，而母杨夫人得并封。女子子一人，适衡山陈源，旌表节孝。孙九人：道琮，湖北候补州同；鸿，分发候补知府；琇，分部行走郎中；莹，盐提举衔候选盐大使；馀皆幼。女孙九人，曾孙二人。

先生罢官里居三十年，在官行事未尝为人言，又戒不求人文自表著。至是距先生去官时且六十年，自牧乃采取去闽送别诗册及闽人所刻《三山谣》，略存其事迹，以志于先生之墓。其《春秋经义》，采择未备，自牧亦补具数十百条，刊行于世，于先生为有贤嗣矣。是固宜铭。铭曰：

有儒一生，屈子之乡，勤学及耄，载晞其光。作宦于闽，其施未闳，有挤而踣，斯文以昌。堂堂《六经》，掇拾散亡，《春秋》圣功，其义微芒。权衡古先，如尺在量，生世不谐，惟直以方。沛然文词，与道偕臧，厥嗣绍家，纂承阐扬。遗书在笥，光烛湖湘，廿年斯丘，山高水长。镌石埋铭，以诏茫茫。

湖南即补知府戚君墓志铭

君讳天保，字少云，姓戚氏，世居湖北沔阳州之沙湖镇。曾祖寿庚。祖世煌。父从龙，以君贵，赠朝议大夫。君性孝友，勤学励志。始就傅，朝议公授以小学，即能释其义。稍长，馆于外，家事一委之弟。馆谷所入，悉归之，无私财。善饮，偶醉，太恭人责之，自是终其身不复过饮。道光八年举于乡。二十七年丁未始成进士，以即用知县分发湖南。初署安化，治盗有声，调署新宁。

时广西会匪蠢伏，势日张。新宁匪、民勾结，入其党。江忠烈公起团练，擒逆首雷再浩。当事怀姑息，不肯穷治。逾年而李沅发之乱作，据新宁城。君至，急会今四川方伯江公，练勇，设方略，断贼接济。方伯，忠烈公之弟也，时为诸生。会总督裕公、提督向公诱贼紫金山，擒之，新宁贼平，保升同知直隶州。公念新宁岩邑，逾年而反者再起，下忿戾而无学，上优容而无教，此乱源也。乃治文庙，设学课，拔诸生之秀良者；以乡团相保之法，捕诛会匪，绝其根株。于是今直隶总督刘公、江西巡抚刘公，皆以诸生起家，为国讨贼立功。新宁义勇之名闻天下。开之者江忠烈公，而承大乱之后，弥缝匡正，奖掖以起者，君之力也。

旋补常宁。莅事二十五日，会江忠烈公抚皖，被围庐州，檄君与今四川方伯募民兵赴援。君督后队，至湖北黄冈，闻庐州陷。病作，遂自免归。咸丰三年，调补长沙，以病未赴任。升补澧州知州，旋调郴州。乱民邱昌道聚众为寇，君至，即部署乡勇擒之，以功保升知府。而广东贼翟火姑为官兵扼之连平，急趋郴州。数万人蜂至，出不意，州城陷。君急投城河，得救，免。以协剿有功，为民爱戴，虽被议，仍复旧职。咸丰十一年署宝庆府事，以筹饷功保加道衔。明年，委办衡州厘捐。以同治五年七月初七日卒于衡州，年六十有五。配万恭人。子一：开莘，咸丰己未举人，云南浪穹县知县，早卒。女三。孙一：文栩。

君侄开庄，将以其年归葬君某山某原，丐余铭其藏。余与君丁未同举进士，始相知。自是二十年，见君更历险夷荣悴，常若充然有以自得于心。值事变艰烦，忧劳孑孑，相顾口噤，而君徐起应之有馀。才足以副其志，量足以贞其遇，是宜寿而亨者。而止于是，命也。虽然，同年生如庄寄渔、黄子春、王槐轩、叶辰生、雷蕴峰，同官于楚，皆年少，才望隆隆，十馀年死亡几尽。存者任芑堂、张子联，官亦不丰。君于时年独长，仕宦亦稍显矣，其得之命者，固犹幸与？而自数年来，子开莘领乡荐，旅卒。孙亦夭其二。独一小孙，年五龄耳。开莘尝从余学，又贤子也。君之老境，哀伤逾度，以不得尽其年，又足悲也。铭曰：

甲子一终又赢五，年世相循倏焉古。百川腾沸黩九宇，涤奸为良张我楚。在身非腴所效朊，藐孤一孙绳祖武。涉沔循丘奠幽圉，于后有征视兹土。

胡文忠公神道碑铭

故太子太保湖北巡抚谥文忠胡公，讳林翼，字贶生，一字润芝，湖南益阳人。自少以文学起家侍从，为国家讨贼立功，任节钺。公忠果毅，始终一节。言者谓数十年来封疆大臣治行才望，莫或逮公。其薨也，天下士大夫同声悼叹，失所仰赖，而公是时年甫五十，志气恢然，其施方长。以是哀之尤深。

公以道光十六年进士，官翰林，充庚子科江南乡试副考官。正考官故大学士文端公文庆因事落职，公亦牵连被议。援例以知府分发贵州，历署安顺、镇远、思南诸府事，补黎平府知府，擢贵东道。是时东南寇乱萌孽，黔西鸮张寖甚，武备积弛。公所至练民兵，捕治巨憝，覆其巢穴，惩奸佑良，威信大著。于是人皆以公为知兵矣。云贵总督吴文节公文镕调任湖广，奏公襄军事。公募黔勇千人以行。抵通城，而武昌陷，吴公战没。湖南巡抚骆公秉章檄公回保湖南。已而今大学士毅勇侯曾公国藩会水陆之师东讨，公从至九江。与故宁绍台道罗忠节公泽南攻湖口梅家洲贼垒，未下，而贼袭破九江水师大营，悉众上犯武昌。公时已擢湖北臬司，曰："我湖北官也，义当回援。"请于曾公，得副将王国才三千人以行。再擢湖北藩司，授巡抚。益与今兵部侍郎彭公玉麟收集水师，扼金口为守。贼是以不得越武昌而南。会今陕甘总督杨公岳斌与罗忠节公先后至，力战。逾年，遂复武昌。

公以一身支柱艰危，公私扫地无馀，独负其忠义，感发摩厉，既挫益奋，义无返顾，卒收全功。于是一以讨贼自效，既克九江，披贼势，遂与曾公定三路东下之策。而今湖北巡抚曾公国荃围安庆逾年，军不得进。贼以其间陷黄州，瞟十馀城，进逼武昌，图解安庆围。公屹不为动，督战益急。其时寝疾已深，亦念武昌根本，悉诸军留安庆，而自回武昌镇抚。贼闻公至，遁走。安庆亦随下。显皇帝悯公劳，晋加太子太保，予骑都尉世职。

先是英吉利夷酋入京师，显皇帝幸热河。公疏请勤王，有诏止行。而乘舆久驻热河，以至大渐。公以受知深，不能出死力为朝廷攘除外患，解弛忧勤，感激哀号，疾遂笃，以其年八月二十六日薨于武昌。诏加总督，谥文忠，入祀贤良祠。今皇帝即位之三年，既定江南，追念公成劳，再予轻车都尉世职。

呜呼！公以忠孝挺生，受事国家危难之际，外总军旅，内抚循百姓，廪廪焉讲求整饬吏事，进贤退不肖，一以公义，不参己私。又益念列圣培植之遗，人才蔚然，致上理二百年，讫于晚近，贤能失职，酿患保奸，习以成风，驯至大乱，慨然以奖进人才为己任。其所论荐，多为名臣。朝廷亦知公忠勤，每有擢拔，得公一言，断行无疑。公少以才气自豪，视世俗无当意者。晚年学益进，气益敛，抑然常自以不足。得人一长一技，必务推而致之国家，以使效其用。临大事，决大策，惟断惟果。退而论辨其得失，委弃己能，顺从于人。天下以是尤服公之德量。公之考少詹事公，以学行闻天下，著有《弟子箴言》。公承先志，建箴言书院，悉所藏书纳其中，因言："天下事非能通知古今，有学术，岂足胜此！庶几后来英秀，有读吾书而兴起者。"公之引扬世泽，作兴人才，以是绥靖我国家，庶永有赖，呜呼，岂易能哉！岂易能哉！

嵩焘既谱公行状，次其家世与其生平伟节轶行甚具，故独取其有关天下国家之大者，以揭于公之墓道而系以铭。铭曰：

枢机之司，以国荣悴，纬以提封，扶翘蒯稃。岳岳文忠，受命倾危，披山导川，返于康夷。民有瘝呻，是咻是煦，吏有困瘥，相其硗朊。度地均赋，蠲涤烦苛，翕张以仁，纳之太和。公曰眇尔，为益能几，废兴由人，孰究厥指。穷幽抉遐，扬于王庭，荪椒揭车，撷其芳馨。维公一身，圣清之毗，奋起东南，挈提纲维。岂翳鄂民，私公歌哭，天地风霾，震惊渊谷。公魂曷凭，诏祀贤良，万人堕泪，翳公之藏。

署理四川潼川府知府彭公墓志铭

公讳洋中，字彦深，一字晓杭，先世由江西徙茶陵，再徙湘乡，遂为湘乡人。曾祖讳绳久，妣李氏。祖讳祖与，妣王氏。考讳兴绪，妣胡氏。自公祖以行义名乡里，及公贵，追赠两世中宪大夫，妣皆恭人。

公年始冠，举于乡，文名藉甚，然终不得一举进士。以大挑官邵阳县学训导。公为邵阳学官，自其郡若县政治利病得失，及士民之良莠，周知熟览，衡量轻重以措于理，莫或逾越。邵阳士以为得师。郡守及令苟欲举其职，以为得所咨询。他县之往来邵阳者，亦以与闻议论，炙道德之馀辉，开发启迪，得所归仰。

道光之季，粤西寇乱萌蘖。其党散布宝庆，实始发难，反者四起。故湖北臬司长白魁联守宝庆，日夕孜孜，披剔奸顽，期遏乱萌。所与谋者，幕客王治模及公。公寄耳目士民，往往下府符村社，缚献首逆，致之法。令以下皆弗闻，以是忌且怼。而终使盗贼弭息，士民大欢，则又相与德公。及广西贼起，公益佐郡治保甲团练，献议积谷郡城，得万五千馀石。其后广西馀贼屡犯郡境，及石达开自金陵率数十万众掠江西而南，围郡城三月，赖所储谷济军食，而各乡团练亦皆能据险杀贼，于是宝庆屹然为重镇。忠义勇敢之士，奋起立功名，亦多出于其间。皆曰：“微太守魁公，吾属终陷贼耳。微公，亦谁与佐太守以有成功!”

宝庆围解，得优叙，选授云南定远县知县。而两江总督曾公、广西巡抚劳公皆具公名上闻，请随营差遣。会今大学士骆公办理四川军务，奏公自随。骆公旋总督四川。自川南北盗贼充斥，石达开又由广西陷石砫厅，掠酆都而北，围涪州。征兵急，命公总办厘务佐军，遂以同知留四川候补，晋擢知府，加道衔，委署潼川府事。至则询问民生疾苦，督饬属吏，禁门丁差役需索。日坐堂皇治官事，听讼狱。兴教劝学，一新庶务。潼川饥，公自转粟邻州。奸民乘机遏粜，公请于大府，卒得转粟以食饥民，并通禁州县之遏粜者。居潼川半载，士民相与诵曰循吏循吏，无异词。其年甲子十一月病，遂卒，年六十二。配胡氏，继配左氏。子一人：廷弼。女六人，皆适士族。孙一人：焜光，殇。

公丰颐广颡，沉厚端毅，精力绝人。遇事推求始末，穷极幽微，度可行，行之，必要于成；即不可行，究论端委，务尽其说。生平自信，所学以济实用而已，视人世毁誉无足动其心者。而所至信从，既久，益怀思之，终亦无忤于人。文章书法，卓绝一时。尤喜表章先贤伟节轶行。新化邓先生撰《沅湘耆旧集》，纂辑郡志，建前后五忠祠、十先生祠，宋、明以来郡人士及官宝庆死事诸贤，皆列俎豆，褒显无遗。倡其议者邓先生，赞襄考订，与为始终，繄公之力。及公莅仕四川，年老矣，汲汲焉思一摅所抱，求所以变化人心风俗，而躬自砥砺劳苦，以正其始。其神明内充，沛然不穷其用。且死，犹为诗四章，诏其子廷弼用浣花笺书之，苍劲不减平时，去属纩时才一日也。其诗有曰：“平生虚愿大，太息一无成。”读其言，思其人而哀之。廷弼叙次公行状请铭。铭曰：

砖砖之土，维郡与县，其贤其违，安危显见。天畀公才，以康世屯，临老一试，洞幽讨源。群恬以嬉，而公劼劼，讴声四达，奸摧暴慑。否道未终，先以公倾，校其所得，谁亏谁成。名成身逝，遗诗在箧，同孙二龄，悲鸣梦呷。奈何乎公，又以孙随，嗟嗟廉吏，而不可为。不可而可，潼民思我，有峨者坟，湘西涟左。

卷十五

广西布政使江公神道碑铭

公讳忠濬，字达川，新宁江氏。自其祖若父，皆有名德，不仕。兄忠烈公忠源，以举人拣选知县，知天下之乱必起广西，新宁边冲首受祸，导其乡人为团保，阴以兵法部勒驰骤，再平雷再浩、李沅发之乱，以能兵闻天下。而公及其弟壮节公、幼陶观察，亦因以起其家。壮节自始用兵广西，从忠烈公。幼陶别起一军。并精悍耐战，名江家军。公守团练，保乡里，不乐立功规进取。忠烈公顾独谓公才沉毅当事任，自以不能及。

咸丰三年，忠烈公以安徽巡抚保庐州。贼环集。公急募兵，与刘武慎公驰援，至则城围已合，连战不得达。顷之，城陷，忠烈公死。公求得遗骸，令刘公护丧归，自誓与贼并命庐州，曰："城不复，吾不归矣。"又二年，竟从克复庐州。先是忠烈公殉难庐州，诏赏公知州。屡以破贼功，保知府，赏花翎。至是叹曰："吾以援庐来。庐州复，即吾事毕。"解兵归。

七年，再募勇援广西，连克兴安、灵州及平乐府，以达桂林。时诸降将屯踞省城，骄悍剽杀，百姓不敢问。白标者，尤暴乱。公受密檄驰入城。白标方拥众出，骤掩执之，斩以徇，并其众歼焉。诸军闻者皆慑服，无敢嚣。擢道员，加按察使衔。逾年，石达开窜湖南，掠宝庆府而西。公与刘武慎皆在籍，拒战新宁、武冈之交，比有功。

同治元年，诏署安徽布政使。明年，授四川布政使。四川号雄富侈靡，承大乱死亡之馀，抉剔拊摩，革靡以俭，化梗以和，蜀民大安。调广西布政使。公稔知广西钱法之敝，言之巡抚苏公，不能用，及他事应兴革者，诘难辨争，持益力。巡抚嗛焉，遂以内召，再引疾归。

公开豁练达，而持重寡言笑，人莫测其喜愠。揣事料敌，神明内断，缓急轻重悉称权量。尤精习吏事，明条谨法，持以端平，不矜苛察，不尚纠劾，可云贤者。而使行未达其志，泽未盈其量，将非所遭遇然耶？

公生于某年月日，卒于某年月日，年五十有九。配刘夫人，先公卒。子五人：孝椿，候选知府，出嗣忠烈公；孝模，广东候补道；孝朴，候选直隶州知州；孝植，中书科中书；孝根，候选州吏目。女二人：一适云贵总督刘武慎公长子、凉州府知府思询；一适记名总兵李辅朝次子顺焘。葬邑东乡侯家寨十有八年矣，其子孝朴来请曰："先公之葬，罗舍人文实志其墓，而神道碑至今未立，于礼有阙焉。先忠烈公之友今存者，惟公能知先人家世行谊，敢请文揭之墓道，以章先人之绩，昭示来兹。"遂为铭曰：

桓桓忠烈，道扬貔虎，附鄂交腓，以踵前武。公之始出，淝庐在围，援戈阻前，畴与腾飞。悍垒蒙涂，崩墉仡仡，兄危鼎铛，终投一沸。盘环荡决，搏击风雷，傅城不及，神死心摧。终其事功，有闻天下，始焉一注，谁辨金瓦。解胄櫜弓，屏翰江淮，再移西峤，宁罄所怀。归与求志，未终方始，孰云其年，诎于甲子。公才江河，所施岂宏，韬储馀赢，敛此微名。夫彝之山，发名启迹，于后万年，考绩贞石。

赠太子少保席公神道碑铭

公讳宝田，字研芗，姓席氏。先世自明由江西莅官东安，占籍为东安人。始冠，补县学生，行学岳麓书院，与刘武慎公同志相切劘。会广西寇起，踞金陵。刘公从江忠烈公，以战功显名江、皖间。后刘公自起一军援江西，召公参军事，累功保同知直隶州。

咸丰九年，石达开掠永州，西趋宝庆，众数十万。连战武冈、新宁，披贼势，宝庆之围以解。擢知府，赏戴花翎。湖南巡抚骆文忠公檄公募千人备边防，号精健营。广东贼犯郴州、桂阳，金陵踞贼又数分兵犯江西。往来驰击，数殄贼有功，擢道员，加按察使衔。

同治二年，贼黄文金号黄老虎躏江西，众十馀万。江诚恪公忠义率诸军赴援，公副之。数月，江西肃清。曾文正公檄调入皖援青阳。诚恪公急驰，复青阳城，以劳卒。公更领其军，累功以按察使记名，加布政使衔。明年，赏业铿额巴图鲁名号。

已而李世贤、汪海洋挟贼数十万趋江西，公迎击白沙关，与相持。朝廷以贼势注江西，命福建提督杨公督办江西军务，劾公援南丰迟延，夺按察使，降补知府。而公实已力战崇仁、宜黄、金谿，枭其精锐。贼创甚，南遁，又蹑之宁都。会大军克金陵，贼数万拥洪秀全子福瑱由开化、玉山走沪溪。公急回军，扼之新城。贼闻，即走遁。日夜穷追，至石城杨家牌。危崖削立，路纡阻，日且暮，军止不进。公怒曰：“寇穷且困，可掩而擒也。汪海洋踞瑞金，咫尺耳。纵使合，为患必烈。”斩前锋一人以徇，即夜度岭。岭尽，见炊烟四起，薄击之。贼骇顾散走，擒其渠酋数十人。洪福瑱窜逸，部将周家良追得。贼惊呼曰：“此小天王也。”

捷闻，诏复原官，加云骑尉世职，赏黄马褂。时汪海洋方由瑞金趋石城迎福瑱，未至，而福瑱为虏，所部数万人皆溃。海洋夺气，趋镇平。公自平远邀击，截降万四千人。急趋信丰，扼铁石岭邀贼。贼果由龙南迤逦至。据险击之，又降二万人。贼趋和平，陷嘉应州。江西巡抚刘公奏公江西战功第一，得旨以布政司记名题奏，赏三代一品封典。左文襄公旋克复嘉应州。公以贼平，请解兵终养。

是时，贵州苗乱二十年，劫掠州县。顽民习教者坌起应之，有白教、黄教、红教之分，皆假天主为名，势张甚。湖南布政使兆琛屯镇筸资防剿，久无功，而黔饷一取之湖南，公私困惫。会刘公崐巡抚湖南。公，故刘公提学湖南所得士也。素知公，檄募万人援黔，悉劾罢诸将，独留李公元度一军会办。至则度荆竹园为苗教巢薮，地险固，破荆竹园而后剿抚有可施。察北冈地稍平，可乘而入，进逼之，战旬日，夺其垒，悉平其四十八寨，进至台拱。台拱苗最强，右清江，左镇远，连为犄角。公策规复两城，即台拱势孤可下。遣将荣维善出奇兵越山袭清江，连克镇远，方合黄运昌军会攻台拱。过黄飘，道狭，苗薄之，运昌、维善俱死。急遣龚继昌、苏元春分克岩门、瓮谷诸寨，遂破革夷，复台拱城。于是屡赏御用珍物，至是赏头品顶载。而诸悍苗悉众踞九股河，倚丹江、凯里巉险为守。九股河者，黑苗地也，自明世阻兵，约降而已，未穷其境。公乘锐督兵益急，平其寨二百数十所，连克丹江、凯里，于是乾隆中所设六厅城皆服。苗酋张杇迷踞雷公山，会暑雨，公亲执桴鼓督战。诸将肉薄，夺其寨。张杇迷跳免，而势已穷，不能军。数月，捕得之。苗疆平，赏骑都尉世职。

公貌中人，沉毅寡言笑，目奕奕有威棱。用兵规画全局，不轻出邀利、乘危薄险，部勒坚忍，不可挫挠。驾使才隽，程量尺寸，必尽其用。自其用兵数百战，未尝败衄，而平苗功最巨。自汉西南蛮濡化内属，其种负山为阻，在黔、楚者曰苗，种最繁，为乱亦最甚。明设土司经纪之，叛服相仍，未有衰止。国朝乾隆、嘉庆数十年间，大举深入，殚竭兵力，终以改土归流，臣畜长养，乱是用弭。至道光之季，又数十年矣，抚驭失宜，垢衅丛生，奸民歒法，窟穴其中，相奖为乱。黔西苗并起，剽掠城邑，滋蔓数百里。故所营建地，尽还为苗。西南边防日棘，连屯相持，积二十年。公审度形势，以知苗情向背缓急，摧击剽悍，落其牙角。搜剔岩窟，蛇伏猱升，穷极荒梗，缒兵四击，苗惊以为神。每平一寨，旁寨降者，推诚谕化，示以信义，苗民大欢。言者谓国家席全盛之势，经营数十年，易置将帅，虔刘挞伐，仅乃克之，公以万人荡平苗寨数百，斩刈者数万，抚绥安集又十馀万，黔西南大患以息，湖南数百里边疆，帖然不知有兵，公之功为大。既克雷公山，功垂成矣，而公感瘴，病风痹；还军施洞，以龚继昌、苏元春、唐本有、谢兰阶分领其军，指授方略，擒其渠帅，遂以讫功。

自公病归，又二十年，创建诂经书院，蠲施族田；及诸有益地方，苟知焉，必致于行，苟行焉，必要于久。恢奇自喜，身负天下之重，处乡里益务发摅，不以自弛其志。

曾祖际云、祖上锦，并以公贵赠光禄大夫。父居正，岁贡生，封光禄大夫。妣皆夫人。

以道光己丑岁某月某日生，光绪十五年己丑岁某月某日卒，年六十一岁。湖南巡抚以闻，赠太子少保，事迹宣付史馆，诏湖南、江西、贵州建专祠祀焉。配魏夫人，继配万夫人。子五人：曜衡，县学廪生；镛，分部主事；汇湘，县学附生；启骅；启骝。葬所居武冈玉屏山之原。

公少贫，出就学，道经栎社以为常。邻妪忽梦栎神告言：“席生非常人，旦暮过我，幸为置门屏蔽我。”妪以是奇公，颇资给之。其后，妪子亦以从军功，阶二品云。铭曰：

藉氏为席，原始自环，曰广曰衡，汉晋之间。光禄建威，功绩以起，爰及阐文，列名于史。以功受爵，实徙湘西，江右再徙，莫究端倪。公之初起，亦以文学，俯仰苴缭，参稽管乐。狂寇四猘，丁时艰虞，用提一旅，以讫天诛。黔苗失驯，连三十稔，地遐势阻，公计之审。万险罗胸，腾驾虎貔，自天下击，霆奋飚驰。劀其枭顽，驯良弭伏，功烊截刈，心存煦育。世乱才兴，实资武功，湘士莘莘，扢雅扬风。公提两戈，万人辟易，帷灯夜张，沉酣篇籍。未竟其施，以羸其身，神徂名永，来考贞珉。

郭武壮公神道碑铭

公讳松林，字子美，姓郭氏。其先江右人，元至正时，有官考功郎讳启元者，徙湖南之湘潭，遂为湘潭人。世以资财雄乡里，至公父而贫。公少气高负奇，读书颖异，尤健于力，在学雄长其曹。偶指挥部勒，欢呼驰骋为戏，不乐章句之学。久之，益困。奋曰：“是乌足发名成业！”闻今陕甘总督威毅伯曾公募勇长沙，往应之。从攻吉安，复景德镇，克安庆，陷阵有功。曾公奇之，俾长一军，每战领所部以先，累保参将，赏戴花翎。

及围金陵，曾文正公上言：上海殷富，独制一方，宜与金陵犄角。奏遣今大学士肃毅伯李公镇抚。曾公以公与程公学启资李公以行，屡克柘林及昆山、无锡各城。方是时，诸将皆新起，挟才负气相角，争先以战，耻为后，于是松江、常州、镇江皆下，累功擢提督，总兵福山，赏穿黄马褂。丁父忧，诏起视师。公于时兼统七营，为大将矣，而年始三十，于诸将为最少。临敌仓卒，应机赴会，进退可否，取决于公。既定苏州，连克浙江长兴、四安镇，安徽广德州，授福建提督，赏云骑尉世职。江南平，馀寇由江西趋福建，据漳州。公由海道急驰至漳，攻下之。贼趋广东，奉闽浙总督檄还公江苏。

同治五年，威毅伯曾公巡抚湖北。河南捻匪侵盗及湖北，命公拒之。屡克云梦、应城。再从肃毅伯讨贼山东，击斩赖汶洸、张总愚。河南寇悉平。赏骑都尉世职。旋晋一等轻车都尉，调补湖北提督。以母罗太夫人忧归。

服除，再补湖北提督，入觐。而俄罗斯立约返伊犁侵地，轻重不得，相持急。朝廷忧兵，改授直隶提督。至则按行边塞，规画形势，条奏练兵事宜，谋遂更定营制，矫而正之，以率先天下，树重镇于边。顷之，病，以光绪六年（正）〔四〕[①] 月二十一日卒于位，年四十有七。天子闵念其劳，赠恤有加，予谥武壮，敕诸所建功地立庙以祀。其年十一月某日，归葬湘潭九都三甲茅陂山庄之阳。曾祖范宇、祖容光、父缙修，三世皆以公贵，赠光禄大夫、建威将军；妣皆夫人。配杨夫人，先公二年薨。子七人：人凯，承袭一等轻车都尉，承举候选道，加三品衔；人瑞、人漳、人洲、人诏、人直俱幼。女六人。

公魁奇玮丽，眉目如神，气矜喜胜。好宾客，枭卢饮博，玩弄笑侮。而刻意从善，见贤于人，委己下之，惟恐不当意。识拔诸将，指使必得其任。才否高下，权衡铢两，具见表里。而于为义若饥渴，推惠均仁，存问亲旧，时其缓急，未尝有毫发计量也。任湖北提督，修襄阳江堤，引江水注之城隍，使阻水为险，亦资

---

①据本书《郭武壮公家传》校正。

其灌溉之利。其于饥民无食者，有赈有恤，襄阳民至今思之。为义庄赡其族，罄所有田产五千馀亩建学，育婴、恤嫠之法备具。抚臣上其事于朝，天子褒其义，赐署书焉。盖公性阔达务施，而才气充然有馀，于官于宗，所在兴事功、规利久远类如此。始公在应城，蹑贼罗家集，会大雾，与大军相失。贼来益众，公弟副将芳铃战没。公率数十骑驰突，为贼所乘。贼将望见公，惊以为神，下马拜，迎问归大营乎，急扶拥以行。军中失大将所在，扰乱莫知所为，而公已率降将数十人按辔以归。是时贼将多欲降者，而受成俄顷之间、挫败之馀，则公神明精爽，有以动其慕而发其心也。公于弟友爱尤至。其季南轩，亦累功保提督，以病不仕。状公行实，涕泣求铭其墓道者，南轩也。铭曰：

文偷武敝，与乱相靡，乃假豪俊，拨而正之。不有其人，虽圣曷施？厥兴四腾，桓桓虎貔。公起军校，奋尘绝迹，搏膺大呼，风雷辟易。撇江蹂皖，掀吴剽越，讫功于齐，偃师溟渤。解鞬释甲，为时岂多，玉佩雍容，投壶雅歌。以施于官，以效于家，扬诩噢咻，煦以惠和。帝忧东藩，畀之边锁，公拜曰俞，岂不在我。简料钩伍，周视保垛，庶几小憩，于时幸可。奈何乎公，命兹不延，弛荷修涂，曷云匪天。铭碑纪阀，弥亿千年，有征吾文，视此新阡。

诰授建威将军王公神道碑铭

公讳永章，字绶卿，姓王氏，湖南宁乡县人。少孤，负奇气，不乐就学。罗忠节公始治兵长沙，往投之。每战先登，连克崇阳、通城、蒲圻，为队长。洎攻湖口，转战江西，旋会师武昌。罗忠节公卒，从李忠武公战望江、东流、铜陵，克复舒城、庐州，比有功。李忠武公败三河，君以队长搏战，伤，创甚，归。会石达开窜湖南，骆文忠公檄君开募章字营。是时犹为参将，名未甚显。然在军往往相与指目，以为能战。骆文忠公召与语，奇之。公之别领一军取进止，自此始也。

石达开出没楚境经年，粤东、西积匪相踵起。君转战郴、桂间，蹙贼广西之贺县，复其城，保总兵。又截击石达开永明、道州，降其众二万人。蹑贼宝庆，与相持绥、靖之交，攻克黔阳、会同。扼之龙山之红岩四日，贼死咋不得逞，窜入蜀。于时君之功尤多，保提督，先后赏戴花翎，赏振勇巴图鲁名号，正一品封典，并以提督记名简放。

同治六年，湖南巡抚刘公大发兵征贵州苗。公独当思南一路，攻克大坉、小坉。逾年，苗平，而江华瑶乱起。以公节制诸军，兼筹剿抚。于时以所部三营驻防常德、岳、澧，当西路之冲二十年。有发则驰驱赴敌，罢即归防。天子念其劳，屡赐文绮、玉柄刀、决拾之属。兵部尚书彭公奉命办理广东海防，檄公以所部从，遂以劳卒于军。得旨优叙，赐祭葬，加赏恤银二百，荫一子，入监读书，先给六品顶戴。

公性沉鸷，寡言笑，与人无周旋，而推诚阔达，未尝有所疑忌。自始居卒伍，及任为将，临敌必先，论功常退处于后。遇有调发，得檄即赴，一不以疑难自阻。与强敌相持，警报沓至，群疑孑孑。公从容指挥，常若有馀。两署永州镇总兵，一署镇筸镇总兵，一署湖南提督，出入无仪仗，一循在军之常。身被数十创，炮子如豆，累累肌骨间。气血亏耗，夜卧环兵为守，与人言，忽若遗忘，搏膺赴战，驰突无前，当者辟易，军中尝呼之王颠云。

君生于道光十年庚辰岁十二月初八日，卒于光绪十一年己酉岁十月二十五日，年五十有八。[①] 曾祖修泰、祖棨人、考定升，并以君贵，诰赠建威将军；妣皆一品夫人。夫人周氏，诰赠荣禄大夫振榆之女。妾萧氏、刘氏、刘氏。子八人：廷谦、廷俊，周夫人出也；长者廷诰，蓝翎县丞；廷赞，廷谋，廷楷，廷模，廷杰。将以光绪十二年四月卜葬善化一都鲁家园之原，而属嵩焘铭其功，揭之墓道。乃为铭曰：

时危道昌，勖哉桓桓，荡涤艰屯，以厝之安。公起自微，材官蹶张，万夫俯仰，横出莫当。一战之勋，群跻节钺，君经百战，始窥津筏。自鄂达皖，蓐食踝趋，冲城突阵，瘢痏盈肤。税驾旋湘，乃提一旅，湔除户闼，以捍强御。湘军纵横，东南戈铤，独专其功，桑梓周旋。东望滔滔，海堧狂猘，旌麾所向，星颓雨翳。功施里域，歌斯哭斯，树碑纪阀，以永讴思。

诰封光禄大夫刘府君神道碑铭

自曾文正公起乡里讨贼，湘乡奇伟非常之士，争自刮磨立功名，肩相摩，指相望，而扬滩刘氏为尤盛。若云贵总督刘荩臣、记名道刘峙衡，其尤表表著闻者也。晚乃得南云、瑞云昆季，其年资稍后，与平金陵寇乱，兵革亦稍息矣。又从威毅伯曾公北莅燕、晋，揽卢龙形胜，凭陵大江，防海数千里。当时诸宿将无几存者，南云乃独以武功显。其弟瑞云观察间归，告嵩焘曰："先光禄公卒三年，葬吾邑应溪金盆山之原，而墓碑未立。吾兄弟赖先人之荫，以幸有立，而使先德暗而不章，其奚以待考于后世？非

①按此处所记生卒年干支，道光十年应为庚寅，光绪十一年应为乙酉。自庚寅到乙酉，应年五十有五。

公莫为之铭，以表诸道，昭示久永。”

案状，公讳某，字楚元。曾祖某，祖某，父某，世有名德，而家故贫。公愤曰：“儒而贫，终不足发吾志事。”遂弃而为贾，家日饶。终以失学自惩艾，督课其诸子益急。瑞云补县学生。会兵事起，南云请诸其父曰：“弟任读，必光吾宗。儿幸从诸军后，赴国家之难。”遂起裨将，累功开幕府江上，尽诸兄弟皆起从杀贼立功。公亦喜，悉资以行，曰：“儿辈发名成业，以勤国事。吾终知勤吾家。”于是益务为善。贫者赈之，急者周之，乡里忿争不肯下者平之。开善而窒恶，讲让而戒嚣。立敦善堂，置田三百亩，乡之贫无养、死无敛，皆取给焉。修治福田桥路二十馀里，建育婴堂，一以身任之。山西大饥，自家输赈二千金。巡抚曾公上其事于朝，天子为赐署书，以旌其门。南云兄弟自以效尺寸之绩，蒙被国恩，显荣褒大，一皆公之遗。信乎其意之勤而延之长，非一日之积也。

公生于嘉庆十二年丁卯岁二月二十七日，卒于光绪八年壬午岁二月初一日，年七十有六。夫人李氏。子四人：镇湘，候选同知，卒于军，以道员赐恤；连捷，记名布政使，世袭骑都尉，加头品顶戴；蔚昌，候选同知直隶州；鸿年，江西补用道，加三品衔。女一人，适邵阳候选从九品谢隆江。孙四人。曾孙三人。以连捷贵，封光禄大夫，即南云也。瑞云将赴官江西，买石树碑，以表公之墓，将使公之名与其所以为善于乡，既大既光，揭示无穷。嵩焘承事而为之文，且为铭曰：

江流盘盘，是惟连道，蔚生贤达，天授宏造。曾公之兴，如川在源，万水趋之，渍薄腾骞。挈提魁士，纳之军幕，张弧扬麾，出入锋锷。公籍于市，与时沉浮，岂甘让人，车前八驺。乃诏诸子，急赴国难，权衡重轻，孰与绛灌。佳哉郁葱，若春载阳，声施所被，车服旂常。及公之生，恢张门阀，公日孜孜，万善之揭。既耄考终，于时有闻，穹碑大碣，视此刻文。

诰授荣禄大夫萧公神道碑铭

公讳韶，字屺山，姓萧氏。世为衡阳望族，科名仕履，著声前明。国朝析衡阳为清泉，遂为清泉县人。其后数世，稍衰微。自君曾祖纬儒、祖正元、父耀祖，三世皆不仕，潜德暗行，厚植其基。

公生四岁，祖课以唐诗，尽一帖，能言其辞义。见者皆曰萧氏光启有人。选充辛酉科拔贡生，朝考一等，授小京官，签分工部虞衡司。入赀为员外郎，改分刑部。中丁卯科举人。光绪元年入直军机，充章京。补直隶司员外郎，迁安徽司郎中，总办秋审处。保选御史，补福建道监察御史，充庚辰科武会试监试。七年，简放广州府遗缺知府，补广州府知府。故事：首府常简才望、守郡久，以为谙知地方事宜。公始至，大府奏公才任繁剧，广州缺尤莫公宜，兼饬赴任。公上言："朝廷重亲资选。受命补遗缺，非有积资而膺首选，又不俟部复，急往践职任，何辞以解于人？愿留省俟后命。"改署韶州府知府。未满三月，以部檄就任广州。十一年，擢湖北荆宜施道。大府疏留，调补惠潮嘉道，旋署广东粮道，又署广东布政司。凡在广东七八年，始终不出省城。擢浙江按察司。明年，转江西布政使。会病，舆就道，病益甚。僦居金陵，数月，卒。

公廉饬端谨，终身无过言轶行，见利常避若浼。为政持大体，踔厉风发，奋身赴之，不知有利病祸福。莅官二十馀年，所处皆要望，综勤职事，无怠以玩。在军机，最称慎密。退直，闭门研诵书史，门以外不闻车马声。其仕外以广东历年久，仕迹尤伟。沙基洋人欲驱沿河居民数百户拓地基，大府重违其议，公力持不可，卒寝不行。其后粤人焚毁沙基洋房，捕三十馀人，大府谕严讯。公曰："此皆无赖，何待深讯？要当推知其由耳。今且舒徐以观其实。"已而洋人自罢其议，三十人者皆得释。法兰西之扰闽，或献言延英律师借方略，公力争。又或请蠲银八十万充军饷、任缉赌，或请蠲银二十万开白鸽票局，公皆力争。时需饷急，大府尤苦公，已皆大服，始终信任，事皆倚公办，即有迁擢，辄疏留不忍其去。其官知府，蠲置积谷十馀万石，清理狱讼，扶掖学校，日有孳孳。官布政司，曰："藩司职在理财、用人。严财之出入，剔弊为先，而道在无扰；辨人之邪正，不能不依律为程，道在无私。"其后按察浙江，剔奸保良，常若所患之切其身，穷尽根株，昭晰无疑，不以人言轻重。故其在官，无赫赫之声，而人安其业，事集其功，利兴弊除，无有缺遗。立身，与人和夷温雅，惟恐于人有伤，而皆信其素守，凛然无敢干以私。其去官，士民扶老携幼相送，制衣伞以献。其卒也，闻者相与叹息，诵言其贤而悼其无年。

公生于道光九年己丑岁某月某日，卒于光绪十四年己丑岁①某月某日，年六十。以其官赠封其三代，皆荣禄大夫，妣皆一品夫人。前夫人廖氏，后夫人劳氏。子四人：邦恺；邦怿；邦慵；幼者邦慎，殇。女五人：长适候选员外郎长沙易秉范；次适监生、衡阳刘兴瀛；次适户部郎中举人巴陵方朝榘；四字湘乡曾某；五未字。公弟某，有贤声。始官京师，家贫也，任事其母。莅官烦

①按己丑为光绪十五年。据本书卷十六《诰授荣禄大夫萧公墓志铭》，萧韶的卒年为光绪十四年戊子。

要，司出纳惟谨。比卒，奉其丧归葬其乡某原。砻石墓道，将铭以揭之，而使言嵩焘曰："湘人名德与兄习，莫宿先生。愿有述也。"乃为之铭曰：

元黄黫黮，化敝民讹，发难自粤，激扬干戈。东南敉定，海氛继煽，变端纷纭，飞喝揭战。公于其时，委珮乘骢，介身群呶，坐镇雍容。方昕鼓征，集隽讲艺，狂狝在门，曾不芥蒂。参庭抗言，群顾惊疑，载其清净，衢讴市绥。事效显章，交声引重，超迁首涂，回章转鞚。名位已隆，圻封已梯，开藩自东，中道颠阶。归丧故丘，山川翕辟，考德征文，视此穹石。

诰授光禄大夫刘勇介公神道碑铭

自曾文正公起乡里视师，削平寇乱，一时奇伟杰特之才，奋起立功名，肩项相望，而勇介刘公年最少，仪容玮丽，神采奕然。每战，搏膺大呼，荡决驰突，当者辟易。他军或少却，见结束端整，奋矛直前，相与指目曰：此刘某也。则皆奋，一军倚以自壮。同时湘潭壮武郭公与齐名，而公之出稍先于壮武，其没又后壮武十年，功尤多，名尤显。

公讳连捷，字南云，湘乡人，家世儒者。其族兄武烈公腾鸿，领湘军。公以裨将从战湖北有声，保千总。巡抚胡文忠公壮其勇，俾自领一军。时曾文正公驻南昌，瑞、临诸郡皆陷。武烈公援江西，搏战上高城下，没于军。公愤，肉薄而登，拔其城。武烈公，名将，敢战。军中失主帅，夺气。公力自激扬，气益振。曾文正公见，谓公容貌举止，儒生也，改保知县。会威毅伯曾公自起一军薄吉安，悉所部隶焉。从克吉安，保同知。文正公驻军祁门，檄公攻太湖，擢知府。克安庆，功最，保道员，赏果勇巴图鲁名号。自是转战庐江、无为、含、巢、和州，旋攻太平府，晋按察使衔。

威毅伯策江南、北诸城批贼势略尽，而贼踞金陵十年，所凭厚，号召四应，但出不意，捣金陵下之，即贼可灭，功可成。公奋请前行。而金陵城守固，骤不可拔。李秀成以所部三十万号百万援金陵。官军固不满三万。围数重，垒土列巨炮环攻，发声动天地。穴地，伏火当官军营，轰之。公率死士捍营，炮发即伏，稍间，则乘其懈出击。令善听者循声知所穴处，开而迎之，歼其人。围四十六日，计穷，遁去。时以无为州通饷运，公急率二千人突出贼前，扼城以守，贼至，败之，论功以按察使记名，加布政使衔。再克巢县、含山、和州，奉旨赏黄马褂。江北事稍定，乃谋合围金陵，约水师进克九洑洲，断贼接济。公力争下关贼垒，兼断城援，突炮火薄登，贼死咋，左右从者皆殪，血溅衣，不为动，卒夺其垒，而贼援已绝。逾年，金陵平。以布政使记名简放，赏头品顶戴，给骑都尉世职。

庚辰，威毅伯巡抚山西，奏公驻防关外。会俄夷构衅，移屯山海关。威毅伯由粤督改督江南，而法夷据安南，沿海戒严，再起公任军事。父老望见，相戒言："此故少年将军，能杀贼者。"皆大欢。以劳卒于江阴军次。上闻，赠太子少保，予谥勇介，诏所立功省分建专祠。明年，奉旨图形紫光阁。所著书曰《临阵心法》，诏并宣付史馆。

公机智警敏，而貌深湛，恂恂若书生。临敌决胜，精神倍出。军行迫险隘，贼来益众，分军四应，从容指麾，意常有馀，军中号曰神勇。性孝友。父课读严，公意不乐也，独喜孙吴兵法。弟鸿年入学籍，乃启父曰："弟固才也，得以文学世其家。儿当从国家之难，以自发名成业。"既贵，益务施济延揽，笃友朋之谊，患难比依，输心吐臆，人奋思效，推惠均仁，由其家以迨及其乡，使饥寒有备，衣食有资。武烈公卒，家贫甚，赒之尤至，曰：“吾不敢忘所自。”公生于某年某月某日，卒于光绪十三年七月二十日，年五十有五。曾祖某、祖某、父某，皆以公贵，赠光禄大夫，妣皆夫人。妻某氏，无子，以从兄子某为嗣。以某年某月某日葬某乡某原。其弟蔚昌、鸿年，立碑墓道，表示无穷，而嵩焘承事为之铭。铭曰：

元会剥屯，斡世以功，文武宪章，风动云从。公之初起，因缘即戎，提戈奋飞，造基自躬。江淮狂猘，其众浩弥，纵横洗荡，一搏千里。披其城邑，禳涤垢痏，大爇开张，扬镳佩蕊。始终兵事，讫三十年，年初及艾，而命不延。天子有诏，悼忠表贤，千龄万载，永护斯阡。

诰封光禄大夫胡府君墓志铭

公讳达湑，字季甫，姓胡氏，益阳人，晚自号曰默希。胡氏世读书，不显。公之父讳显韶，县学生，始以文章道义知名，卒祀乡贤。有子四人，公其季也。长讳达源，以进士第三人及第，官詹事府少詹事，至是胡氏乃贵盛。而公年逾四十有六，始以道光乙未恩科副榜，与从子故太子太保文忠公林翼同举于乡。慨然曰：“吾道如是足矣。”终已不言仕进。文忠公既贵，貤封公光禄大夫。

自公少讫老，菲言厚行，务自韬晦，不矜技能。与人交无差等，视之惟均。更历夷险荣悴，丰约百变，淡然若忘，惟意之适，衣服言语衎衎尔，亦惟均。文忠公位巡抚，督湖北诸军讨贼，以进退人才为己任。公亲叔父，远近士争辏其门，至则延纳之，不以贤否异视。汲引穷困无虚日。久之，所言多不雠，至以相訾謷，公一处之怡然，始终无干其意。县有大兴作，若文庙、书院及宾兴典礼，以咨公，曰："于我乎任。"既久，诎于资，工不时就，裒诸富室以益之，曰："于我乎先。"费具，授之所司，一不问其出入盈缩。盖其视天下之事皆若可为，天下之人皆若可与款曲周旋，独使其心无所系累，以理于物而顺于施，岂庄生所谓其德天全者耶？其意念常有馀，而年寿以有延，君子以是为宜也。

公生以乾隆五十五年四月二十六日，卒以同治十年二月初五日，年八十有三。夫人陈氏。子保翼，贵州仁怀县知县，早卒；棐翼，同知衔候选知县，出俊兄达灏。孙之鼎，曾孙学璘。棐翼卜以其卒之月甲申，葬公金塘乡伏虎原，丐嵩焘为之铭。铭曰：

奚求于人，摩顶决履，轮敝马瘏，不濡其轨。其生劼劼，在心冲夷，视世一尘，身与逶迤。无荣事功，所得者寿，方诸贵显，独为恒久。有峨者丘，包山络冈，埋我铭辞，以诏茫茫。

诰封通奉大夫黄府君墓志铭

君讳世绶，字翰青，一字紫卿，姓黄氏，长沙人。其少尝试于有司矣，困于无资用以进，喟然曰："学非为贫也。贫而求济于学，如弗学也。"则弃而为贾。久之，益饶，卒用其资以致诸子于学，曰："勉成吾之志。"而其长子廷瓒遂以进士起家，显名于时。廷瓒历官南汇、娄县、长洲知县，当江南繁富之地，禄入有馀，宜致养于官，君曰："江南赋繁重，官民交敝，吾夙夜忧之。无更以我累也。吾家居衣食不匮，但期以令名贻我，即养我多矣。"使至，辄罢遣之。故廷瓒在仕十年，求一养君于官不可得。已而廷瓒以太夫人忧归，而粤寇起，天下大乱。今相国曾公奉命治乡兵讨贼，廷瓒转饷佐军。君一以家事自任。子孙蒸然，为举人及博士弟子员者相环也，益日夜督之学，不劳以事。年七十有一矣，犹强步，善饮食，接待宾客，勤而不倦。同治六年丁卯岁八月二十日疾，遂卒。

君端悫明练，遇事常若有馀。与人温然，虽卑幼必谨于礼，而严重持大体，即有不可，一断以义，无少依回。其赴乡里之急，若饥渴饮食之切于其身也，劳问馈遗，徒步往来，油然乐之。初以廷瓒官长洲县知县，封文林郎。其后廷瓒以筹饷功擢南宁府知府，再封朝议大夫。及廷瓒以道员候补广西，加按察使衔，晋封通奉大夫。夫人杨氏，淑慎有礼法，能佐君以兴起其家。先君卒十八年，至是合葬沙塘冲凤形山之阳，其兆域君所自定也。祖讳明万，考讳员珍，并以廷瓒贵，赠通奉大夫，妣皆夫人。子男五人：长即廷瓒；次廷瑛，附贡生，早卒；廷镕，亦早卒；廷瑞，廪贡生，候选训导；廷理，候选从九。女二人：长适刘昌荃，次魏名彝。孙十一人：传禧，戊午科举人，候选知县，加同知衔；传祁，传礼，传裕，并邑庠生；殇者二人；馀皆幼。曾孙三人。铭曰：

在昔乙巳，北归杨舲，肩随嗣君，旅拜于庭。涉仕来还，予发已星，结庐相望，雨岫烟汀。早暮追从，诹律稽经，自始迨终，二十三龄。酡颜温笑，发言犹馨，一夕遽陨，归神冲冥。夫人从窆，式是仪刑，考德征词，来谂吾铭。

诰封朝议大夫张府君墓志铭

君讳启鹏，字幼溟，一字蔗泉，姓张氏。先世有宗可者，元至正间自江西丰城县徙居长沙之赤山坪，以文学科第世其家，为长沙望族，世称赤山张氏。曾祖尚交，县学生。祖峻，国子监生。父再英，嘉庆丙辰科进士，广东海丰县知县。有子四人：曰延诏，陕西洋县县丞，署西乡县知县；曰延载，县学生；曰沄，咸丰癸丑科进士，掌山西道监察御史；君其季也。君生时，海丰君有事广州，移家其县之丽江书院，君以是诞焉，因自号丽江居士。少读书骏博精敏，世其家学。尤喜深湛之思，一字之未莹，一义之未融，锲焉而弗舍也。纵观周秦子书，揉而玩之，齐之以度数，通之以训诂。故其为文缒幽凿险，百怪森列，而辞与理副，洪纤应和，粹然一轨于正。举乙未科乡试，历游齐、鲁、皖、豫、吴越、豫章之境，而居鄂尤久。所至尽交其贤豪长者，考览山川形胜，增助气势，而文益奇，志亦益远。

咸丰初，选授永明县学训导。时广西寇发，永明当富阳、灌阳、恭城三县之冲，贼出没剽疾，刀戟摩戛相闻。君至，即议战守方略，相地势，扼邑南龙虎关为守。连拒贼有功，保知县。已而贼大至，掊关入。永明城小而敝，无守备储峙，民散走且尽。君坐斋阁不为动。左右持之急，君曰："顷乞援周领军，闻警必至，岂宜空城以委之？吾在，则城为有系也。"周领军者，副将周云耀，时驻军江华，勇敢负意气。移时，果至。贼反出其后，围攻三日。食尽，周君与君计："与坐毙，无宁一搏战。战幸完，君走郡乞援与粮，是犹有生望也。"遂出战。周君所部三百人，贼数千迎击，周君死之。君以间驰郡白状，卒得援兵，复其城。君适以筹饷功，开缺以同知用。

方是时，湖南援师四出，壤境所接无完土，独用课估转饷。衡州当两粤之冲，事尤剧。部使者阳湖恽公知君贤，又于衡习也，属君以衡州厘务。十馀年，剔弊摘奸，导以廉勤，讫贼之平，转饷累巨万，民商翕然无怨者。而君顾自疚曰："为军食，病民久矣。大乱幸平，吾得敝衣粗食以终馀年，无为久与蚋蛇也。”即自免去。君性温纯，与人交，曲折尽其意，无间始终。厚于名贤硕德，以求广益，亦用以资益于人。其意勤勤，常若有馀。遇事规揽大局，求遂所安，未尝避难自沮，亦不为喜事立名，示人以圭棱。故其在官，与人更历常变险夷，处之怡然，不见其有喜怒欣戚之色也。将非读书养性有得于道者邪？

君生于嘉庆十二年三月二十二日，卒于光绪九年二月二十九日，年七十有八。夫人章氏，继夫人许氏。子四人：祖同，同治壬戌并补行咸丰己未恩科举人，常宁县教谕，分省补用知府；璟同，府学生，候选州同知，早卒；百熙，同治甲戌科进士，翰林院编修，己卯科山东副考官，山东学政；觐同，县学生，出后其兄沄。女三人。所著《周易通义》三卷、《心言》三卷、《读书记》八卷、《梅墅文钞》二卷、《诗钞》十卷、《友石词》三卷、《无垢静室时艺》四卷、《续编》一卷。将以其卒之三年二月三日葬君善化六都叶家湾之原，寅山申向，兼艮坤。以嵩焘知君久，属为铭其墓之文。铭曰：

浮邱汤君，著书名子，开荡乾坤，雄伏一世。见君《心言》，气输神移，《法言》、《中说》，斯乃兼之。尤于比耦，闳深隽朗，百数十年，只立无两。谓当以文，润色皇衢，卑栖一学，出入戈殳。独畀之年，以观其徼，使车赤帷，光施有耀。不于其躬，于其子孙，千龄万祀，视此高原。

貤封承德郎黄君墓志铭

君讳大钟，字东序，龙山黄氏。父曰之翰，有子三人，而君居长。家故饶。自君兄弟始知学。七岁，读书家塾。师偶出，群从奔趋以嬉，君独键户。母自牖窥之，则长跪坐，口喃喃，自挝击有声。母惊问故，曰："适读书久未熟，自怼。"既出就外傅，间遣仆归，祖鸿禨为具酒食，温语丁宁。君闻，泣曰："此以吾读书，故诏其勤我耳。"益日夜自砥于学。年二十，补邑庠生。龙山边邑，少藏书，学官弟子不能举经史。君求得之，伏读以思。治《礼经》，叹曰："人道由此立矣。"入而承事其亲，出而应人接物，悉准而行焉。

父之翰，恢奇多大略，而不知书。君每侍，演说古今人物事实，父大喜，以是通知史事。居父忧，考求丧制，逾期犹衣衰；终丧疏食居外。其后处期功丧，不释服、不栉发以为常。从母王氏卒，已异居矣，守丧次两月。吊者至，哭拜。丧服不讲久矣，君盖尤严焉。龙山知有丧礼，自君始。所从学舒君，老而贫，君为经理其家。其卒也，亲视敛营葬。里有鬻妻者，君赎还之。既又念曰："是无力自存。即还，终鬻耳。"召使佣力其家，厚资给之，养其子以有成。

道光十五年，邑大旱，疫作。君出米赈乡人，躬自拊循。人谓疫气宜少避，君曰："生死命也，何害！"人知君笃行，而君固尤以干济自憙。邑南江当辰水上游，水悍疾，每岁盛涨，常溺人。君弟大钺议筑石桥，君曰："石力不敌水，必圮。不如多置渡船。水潦降，则聚船为浮梁。"大钺不从，再建再圮，卒从君议。尝言读书须达识时务，王安石以所学误天下，非但经术疏也，亦由不通知世务。又言范文正以天下为己任，即程子宇宙内事皆吾分内事，士须以此自命，在乡党则庇及乡党，在家国天下则庇及家国天下。平居以立社仓，置义庄，积书教族子弟为意。病且卒，犹谆谆以诏其子，俾卒成之。

夫人熊氏，有智略，田山巨细，皆综知之，人无敢欺。君尝与诸子夜深拥火，论古今文章得失。夫人笑曰：“若言伟矣，吾不能知其深，然恐无益世用。盍多论古人持身涉世成法，以求有益?”君叹曰：“欧阳公固言之：文章止于润身，政事可以及物。即此义也。”

君以弟大钟官柳州通判，貤封承德郎，妻安人。道光十八年二月二十八日卒。后十二年，道光三十年六月二十九日，安人卒。合葬城东黄鹤泉之原。子四人：一清，候选教谕；一涟，候补州同；一濡，候补训导，议叙盐提举衔；一鸣，湘阴县学训导。孙某某，训导。君循循有学行。与之言，识道理，能辨析人事当否。心疑其生长边邑，早宦，何以能有此。既究知其世家，而后知君之成学而教家者远也。嵩焘尝为君父奉直公墓表。于铭君墓，不复详其世次云。铭曰：

君世业贾，而以儒兴，研考《礼经》，以就规绳。人纲曷隳，在丧道敝，挈隤厉浇，返依于制。时有夷险，道有污隆，尺寸权衡，坦施以冲。孑孑乡闾，其效能几，又闷其文，韬英敛玮。吁嗟斯人，而世莫知，于后有延，以昌其施。

卷十六

诰授荣禄大夫萧公墓志铭

君讳韶，字屺山，一字光甫，姓萧氏，清泉县人。自少读书，善深湛之思，敛华就实，不苟声誉。年三十三，以选拔贡生，与廷试高等，授七品小京官，签分工部，入赀为员外郎，改刑部。中丁卯科举人，召试军机章京，又以高等入直。君故才敏，能官，处机要，益自敕密。枢府大臣于君独异视，常最其列。补直隶司员外郎，转安徽司郎中，总办秋审处，兼充方略馆协修，截取记名繁缺知府，旋补福建道监察御史。每有陈论，审量民生国计，求少裨助，不以掎摭人过失为直。

明年，拣放广州遗缺知府。署督使者奏君才任繁巨，即补广州府知府。故事：任首会承宣上意，使下喻其旨，无同异。督使者南皮张公，负干才，尚气。诸曹推首受命，唯诺喘汗，无敢发言。君独亢声陈说利病，下令有不便，辄引大体与争。或值盛怒，引伏服谢，而持益坚。公久亦悟，为罢其议，以是益倚任君。其自治官事，清理讼案，整饬士习，储置积谷，毅然任之，要于成乃已。三年，士习其教，民怀其惠。值安南沿海之警，军兴，供亿终以不乏，而仓廪蓄积有馀。擢湖北荆宜施道，督使者以粤事棘，不宜失此良佐，密疏告留，调补惠潮嘉道，旋置督粮道，再署布政使司。君以粤东积弊深，理财用人，端绪纷委，简料出入轻重之宜，一准程式，以自循守。终署任，莫干以私，而信其所处公平，无有怒者。

迁浙江按察使，剔奸保民，一持威严。或疑君仁恕，失其素守。君曰："是乃所以为仁恕也。"浙民犷敝之习，亦赖以稍戢。擢江西布政使司，会病，行次金陵，病益笃，就邸舍，逾数月卒。

君生于道光九年己丑岁某月日，卒于光绪十有四年戊子岁某月日，年六十。曾祖纬儒、祖正元、父耀祖，三世以君贵赠荣禄大夫。曾祖妣氏周、祖妣氏张、妣氏蒋，赠一品夫人。夫人廖氏，继夫人劳氏。子四人：邦恺；邦怿；邦儁；邦慎，殇。女五人：长适候选员外郎长沙易秉；次适监生衡阳刘兴瀛；次适户部郎中举人巴陵方朝榘；四字湘乡曾某；五待字。

君平易谦退。与人交，输写心臆，不为城府，笃于为善。艰难险阻，处之若夷。有族葬地二所，兼患水、蚁，葬者百馀人，并困苦不能自存。君居母丧，往视，悯之，改置平原高爽地，尽迁之。里党知其事，始皆疑阻，终乃大服。生平克己守约，不失权度。部使者景东刘公治盐厘，难其人，以君居忧，力致之，不为应。继以文记私延君幕府，又力辞曰："是处贵而无位、高而无民之地，指摘繁矣。自湘阴左公不能免，我何免焉！"君在官多伟节，乡里畸行，于君末也。要其磊磊大节，所以自毖其践履者，一皆其志事之扬诩也。嵩焘既为碑铭揭之墓道，又掇其轶事，于君初若不为意，而人见以为难。序而纳之墓中，而缀以铭。其辞曰：

年优矣而寿未备，宦显矣而功未遂。翳夫人之为德，宜砻砺乎一世。开穹窿以建标，偃云雷而张帜。睎古贤之宏济，曰道远其焉至。悼年岁之不淹，扬钟鼓而导志。持一节以始终，亘今古而不敝。

陈府君墓碑铭

江以西有隐君子，曰陈琢如。先生讳伟琳，系出江州，世所称义门陈氏者也。先世有仕闽者，遂为闽人。祖鲲池，由闽迁江西之义宁州。再传而生先生。考克绳，以孝义，生子四人，先生其季也。始六七岁，授章句，已能通晓圣贤大旨。端重简默，有成人之风。及长，得阳明王氏书读之，开发警敏，穷探默证，有如夙契，曰："为学当如是矣！奔驰夫富贵，泛滥夫词章，今人之学者，皆贼其心者也。惟阳明氏有发聋振聩之功。"于是刮去一切功名利达之见，抗心古贤者，追而蹑之。久之，充然有以自得于心。一试有司，不应选，决然舍去，务以德化其乡人，尤相奖以孝友。其事父母，竱力壹心，承顺颜色，不言而曲尽其意。母谢太淑人病亟，夜驰二十里，祷于神。比反，太淑人寐方觉，言神饵我以药，疾以霍然。先生以太淑人体羸多病，究心医家言，穷极《灵枢》、《素问》之精蕴，遂以能医名。病者踵门求治，望色切脉，施诊无倦。自言："无功德于乡里，而推吾母之施以及人，亦吾所以自尽也。"

生平为学，不求仕与名，独慷慨怀经世志。尝一涉江，揽金陵之胜，东历淮、徐，涉略齐、豫，北至京师，所至考揽山川，校其户口、扼塞险易，以推知古今因革之宜，与其战守得失之数。方是时，承平久，天下晏然，无兵革之忧，而乱机牙孽，隐伏潜滋。先生独心忧之，求思所以消弭之术，欲因以识天下奇士，人莫窥其涯际也。及归，喟然曰："士失教久矣，自天下莫不然，独义宁也与哉！诚欲兴起人才，必自学始。"于是倡建义宁书院，为宾兴会，资之赴举，曰："非养无以成教。"凡有利济，无弗举也；

有兴创焉，无弗先也。

已而粤寇陷武昌，踞有江南，数扰江西。先生率乡人团练击贼，比有功。暇辄与讲求忠义，人皆喜自奋。义宁以一城扼江楚之冲，倚以拒贼者数年，由先生治团练始也。

先生临事必求实济，不惮劳，不计名，诸所以利人甚众。其卒也，有男女二人伺其葬而哭诸墓，则（常）〔尝〕以贫鬻妻，为设方略保全之，家人不知也。先生丰颐广颡，严重有威，而性乐易，善启发人；扬人之善如弗及，尤为人士所亲附。武宁罗亨奎，故奇士，避乱义宁，敬事先生，曰："乱离中能相劘以道义，此行为得所师矣。"咸丰元年，子宝箴举于乡，益督以学，戒无遽试礼部。日取经史疑义相诘难，及朱、陆之学所以异同，而言："学须豫也。脱仕宦，虚疏无以应，学又弗及，悔何追矣。"病且革，手录李二曲《答人问学书》，备论死生之故，复书"成德起自困穷，败身多因得志"二语付宝箴，庶几神明贞固不乱者。所著《北游草》、《松下谈》、《松下吟》、《劝学浅语》、《劝孝浅语》通若干卷。其于诗尤长，而不乐为名，故世亦莫能知。

府君生于某年月日，卒于某年月日，年五十有七。配李淑人。子三人：树年，某官；观瑞，殇；宝箴，辛亥科举人，以赞席宝田军，积功保道员，留湖南候补，加盐运使衔。女三人，孙四人。同治七年，葬先生义宁之北陇。又六年癸酉，甃石加封，以示后之人，揭先生之行于墓，命嵩焘为之辞。其铭曰：

生世而为贤，必有先焉。惟其运量周天下而学术之被其身，足以有传。闷其光以禧之其子，施世而长延。先生之卒，至于今二十年。既纂基而昌世，乃伐石以表阡。其名与行之不磨，炤三光而奠九渊。

邓伯昭墓志铭

伯昭邓氏，讳瑶，新化人。父显鹄，诸生，有学行，世称芸渠先生。伯昭以父字，亦字小芸。其季父湘皋先生，名尤盛，与其兄悌友终身。自湖以南言诗文宗邓氏，尤称邓氏家法为不可及。予始交伯昭及其季父子小皋京师，而小皋之兄孟华实与偕。后七年，伯昭之弟小渠，与予弟意城同举于乡，以是得尽交邓氏兄弟。乙巳冬，谒湘皋先生于所居南村草堂，孟华已前卒，小皋事其父甚孝。而伯昭、小渠所以事其叔者，犹事父也。退而兄弟相友爱，甚敬以和。又七年而湘皋先生卒。小皋以毁死。又四年，小渠亦死。存者独伯昭。盖予交邓氏兄弟三十年，盛衰生死之故，多足感予心者。伯昭以久故，尤亲，又甚贤而能文，于其卒也，思之尤悲。

伯昭少能文。湘皋先生广交游，章牍丛积。伯昭年十八九，常给笔札，侍坐酬答。自道光丁酉选贡京师，既试，报罢，遂以书记周历湖南、北。久之，谒选得麻阳县教谕。是时广西寇乱萌蘖，其党蔓延，新宁反者数起。宝庆知府长白魁联思所以遏乱萌，尽起郡人士贤者议方略，檄留君，事以大办，于是人知君干济能任事矣。赴麻阳任两月，丁母忧归，而粤寇起。劳文毅公巡抚广西，邀君佐军事。湖南巡抚骆文忠公以宝庆当广西冲，为重镇，延君主讲濂溪书院，以团防属之。咸丰九年，粤寇围宝庆。君以守新化县城功，加盐提举衔。又以办理新化捐输，保知县，加运同衔。今相国湘乡曾公及骆文忠公数荐君可属以事。曾公请以知府擢用。会江苏请拣员，遂以知县拣发江苏。君方佐布政使江公于皖，不赴官。江公改四川布政使，又从入蜀。已而直隶总督刘公、陕西巡抚刘公皆奏请君自随，而君浩然归矣。同治五年三月某日出峡，至巴东，舟覆，死。

君性严介，而退然自敛抑，不露锋颖。与人和夷粹温，可爱而亲，而心肫肫然思有以利济于人。为邓氏族人立社仓备荒。在安徽积二十金谋制一狐裘，慨然曰："吾族社仓幸立，无忧冻馁。而家子弟贫者多苦不得就学。吾此一裘之费，可使生积，供一二人读书之资。"即日封其金以告其宗人，充学费焉。守新化城，醵金为军食。事定，计所馀千金，君曰："文武之用，一张一弛。宾兴礼废久矣，请留以助邑人之宾兴者。"新化有宾兴，自君始。居常以兄弟死亡相继，忽忽无欢悰，与人言，辄呜咽。而其叔母年八十，独健在。君曲意承欢，朝夕为孺子慕，以使豁其哀。其自四川请告归也，曰："吾叔母老，吾不忍久违。"呜呼，是足以知邓氏家法矣，然而君贤远哉！君所为诗文集若干卷，已刊行于世。其他撰述甚繁。予论次君之行实，贻其从子光黼，使碣诸墓，亦以导予之悲。铭曰：

君之戚友曹炳文者，梦君冠盖纷纭。不知其死也，知有王勃之后身。就而与语，谆然以朴厚谨慎贻其家，抑又何其殷勤！天之于君，若有意若无意，吾将信之所闻。惟其文章质行，耿耿不可磨灭，庶几有考于斯文。

诰封资政大夫瞿君墓志铭

君讳元霖，字仲苍，又字春阶，姓瞿氏，晚号天逸老人。先世自苏州流徙湖南，占籍为善化人。君少卓荦负志气，不甘下人。兄弟读书为儒，而食或不充。父友某君，习刑家言，语其家曰："仲也才，以治刑名之学，其成必易。必有名迹，可赖以疗贫。"

君闻，大戚，自陈于父，请卒读，贫贱富贵，躬自致之，不欲俯仰从人。以咸丰辛亥恩科举于乡，援例为主事，签分刑部四川清吏司。君固敏于事，又善服劳。值庚申之变，英吉利内犯，京师曹司多避去。君兼摄数司，勾稽案牍，常至填委。退则闭户读书，感愤时事，倚灯伏案，强自排抑。或竟夕不寝，遂病眚。久之，乞归。归十八年，以疾卒。

君笃于故旧之谊，解纷急难，均其忻戚。在京师，乡人游食者周其困，旅殡者归其丧。尝送其友榇还，归而大雨，急驰前视，而柩已发。卒达榇所，省护以行。闻人一善，道扬若己与有之。人有过，必咎责无少假，亦若怨怒之切其身，而终厚遇之，不自以介意也。工诗，尤喜为骈俪之文，请者无虚日。每有作，侍史操笔翰，诵其事状，君则闭目审听澄思。须臾，朗诵微吟，应其文之节，抑扬高下，若宿构然，见者惊异。

君生于嘉庆十九年甲戌月日，卒于光绪八年壬午月日，年六十有九。以子鸿禨所历官，封资政大夫。祖讳运隆，考讳岱，两世皆赠资政大夫，妣皆夫人。配殷氏，封夫人。子五人：鸿勋，两淮候补盐大使；鸿锡，运同衔分省补用知州；鸿禨，翰林院侍讲学士；其二殇。女三人，孙六人，女孙六人。以光绪九年葬善化八都安嘉垅之原。

嵩焘及见君父鲁青先生，仪容伟然，善谈论，望而知其名德巨人。及与君兄弟石云、彤云交好，谓其多才也，必将有显施于后。殷夫人尤贤。姻党言妇德者，交口推美之。瞿氏之累积家庭间者盖厚也。君子子玖学士既贵显，学行文章高天下，状君行迹，求为文以碣之墓。其言可信。嵩焘因序次而论之，以著君之大节，而缀以铭。铭曰：

人莫蹶于室而跻于天，孰有翳其明？孰有昌其传？曰：此天之所命，而惟其子之能贤。岳岳瞿君，琦文瑰行，一瞑十八载，于世无营。何幽之弗乔？何德之弗被？不声耀以名，不光大以事。事则孔多，名昭无穷。有子承之，以考君之终。

陶益谦墓志铭

君讳镜莹，字益谦，安化陶氏，故太子少保两江总督文毅公之孙。父少云，以荫得官，积军资，以道员就部选。部书吏追论其试荫逾期，将责赂焉，遂弃去，终以不仕。有子六人；其四，君也。母为今相国恪靖侯左公之女，将诞君，梦月夕数人若仙官，挽一舟屋角，鼓吹导引，寤而生君。自幼聪慧绝人。尝随诸兄嬉庭下，客有过者，诏其诸兄曰："明日，夏也。春尽今夕，古诗人言之，可举似乎？"君应声曰："未到晓钟犹是春。"客问："亦能诵诗耶？"曰："未也。闻兄诵之，习也。"客大惊，时方四龄也。年十岁，始学为帖括之文。发题命开讲，迟久未成，就视，则已尽一艺。盖虽少而志锐气果，不以所能让人。又十年，补县学生，益发愤肆力于学。学几成矣，以光绪八年六月病泄卒，年二十五。

君有至性，笃于孝友。读书博揽精取，无泛无杂。为文章雄奇瑰丽，驰骤往复，以尽其变。而性温雅，恂恂自下，所交多名德长者，无贵游子弟之好。居室左右图史，自处如儒素。将非循道守方，受成于性者邪？年之不遐，成学之量之犹有未至，则亦天道之适然。或老寿以终，或中道殂落，无系其之贤否也。故曰："人能宏道，无如命何。"岂不然哉！史称黄宪言论无所传闻，徒以荀爽、陈蕃、郭林宗之徒交诵其贤，其名至今称焉。而如所称，颓然其处顺，渊乎其似道，虽其德量亦未有以名也。君之撰述表见者多矣。其于为人，深远之量，纯笃之性，固异于人。独世无荀淑、陈蕃、郭林宗者，诵其贤而张大之。古今人之不相若，诚有宜然，而士之生今之世，不幸以早逝，其尤可哀也夫！

君病革，不能言，以手诏家人进笔札，处分后事甚悉。中言立嗣，以序则兄煌子绍曾，以爱则兄觐仪子象曾，因并立以为嗣，从遗属也。其遗文曰《惜阴书屋杂著》，并刊行之。妻左氏，生女三人。光绪九年十一月初六日卜葬君安化一都贺家湾之原。少云以其长子煌述君行状，求志其墓，虽予亦为之感悼悲哽，久而不能自克也。稍次其生平大略，而为之铭。铭曰：

是梦月以生，其卒也雨霁而月适明。仙官衙衙，旋舟于屋。屋可舟邪？曾不如涧渎！岂其生也有为，而夺于无年，乘虚而游，控掉无前？呜呼！物固有成毁，铢黍之与较。生才以为世，于世奚效？吾将讯之巫咸，叩穹苍以告。

翰林院编修谭君墓志铭

君讳鑫振，字贡三，一字丽生，姓谭氏，衡山人。家故贫也，父以诸生，就婚湘潭李氏，遂依以居。君少长于外家。外大父湘山先生，故举人，有学行。君年十岁，已毕《十三经》。外大父深器之，益资之读。又三年，补郡学生，其言论文章已自成立，杰然有异于人，长者见之皆惊叹，以为不及。年二十四，以优贡生考授教职。又三年，举庚午科乡试，累署巴陵、益阳县学事。以庚辰科进士，廷试第三人，授翰林院编修。明年赴京师，道卒浙江之杭州，年三十有八。

君少有至性，事父母怡颜下声，先意承迎。癸酉，趋就礼部试。至山东，病。病且愈矣，梦其母白衣促还。君急起驰归。归十日而父卒，又数月而母亦卒。言者谓君归为动于孝，若有默相之者焉。始摄巴陵学，以能训士有声，学使者廖君寿恒保授国子监学正。再摄益阳学，会士民有嗛于县，聚数百人捶署门大閧。君谕寝之，无敢哗者。再保知县，指发江西。君为人疏眉广额，俊爽有英气，而语和气夷，与人交，曲折尽其意。部使者王公文韶尤伟视君，延之幕府中，文翰尽决之。君从人高下，多欢洽无间。尝因大会，宾客数十人，君雅步趋跄，拱揖道情，故所不识，轻重疏密，各适体宜。盖生平练知人情，而其才沛然肆应有馀，亦以是自喜。尤善李北海书法，自湖以南无及者。求请盈门，无不立应。其在浙江，交益广，名益盛。尝手振管而身与客周旋揖让，容相接而语相亲也。以是穷日夜不辍。体故羸，多病，卒以劳喀血不止，数日卒。

君生于道光二十四年甲辰十一月二十五日，卒于光绪七年四月二十四日。祖鹏高、父大达，皆赠奉政大夫；妣皆宜人。妻李氏。子三人：学苞、学华、学英。女三人。葬衡山横过塘狮形山之阳。既卒逾年，君弟振垚以状来求表其墓。吾闻君名十四年。及得第，以馆后辈礼来见。视其貌益癯而气益敛以固，忧其不能永年，犹意其生之艰而得天之厚，意固将以有为邪，孰知夫才者之不得所施以遽泯也！君弟振垚述君状尤悲，而请之尤勤，其心意又有足哀者。呜呼！君遂以吾文为足传君邪？或君之所为虽不多，犹有足以传者，固将有意焉而用是以施显于天下，及今为有望也。

罗研生墓志铭

君讳汝怀，字研生，姓罗氏，湘潭人。自少读书，喜形声训诂之学，求得顾、汪、戴、段诸家之书，精研力索，曲畅旁通。

乾、嘉之际，经师辈出，风动天下，而湖以南暗然，无知郑、许《说文》之学者。君居石潭万山中，承其遗论，独以治经必先识字，创意潜思，受成于心，不假师资。年三十四，充丁酉科选拔贡生，则君学已成矣。所著书曰《周易训诂大谊》，曰《禹贡义笺》，曰《毛诗古音疏证》，曰《汉书沟洫志补注》，曰《古今水道表》，曰《十三经字原》，曰《六书统考》，皆粗具其义例。湘乡曾文正公、道州何子贞编修以为有国朝经师之遗风。

君性和雅，貌温而气愉。与人交，洞见肺腑，久而益亲。言事尝使意馀于词，婉约微至，杂以谐笑，尤以利济民物为心。部使者骆文忠公议治团防，得君《团练刍说》，节取颁行以为式。其后阳湖恽公筹积谷，德兴李公申明鸦片烟之禁，其端皆自君发之。曾文正公视师江西，召君。君至，曰："吾任为宾，不受事。"选授芷江县学训导，改选龙山县学训导，皆不赴。同治初，诏编《忠义录》，褒录死事者，君独力任之。

先是新化邓先生显鹤辑《沅湘耆旧集》二百卷，自唐以来湖南文献可纪录者，探讨靡遗。又为明季湖南殉节诸臣传略，以劝奖节义，存乡先达遗迹。君曰："永明之难，湖南死节者为多。粤寇据有长江，河南之寇遍及东、豫，而甘、陕困于回逆，兵师一出，湖南死忠者倍焉。国家方盛，成功立名，震耀天地，而死者之节则一也。至论湖南之文，传世者无多，而要关系一方掌故，政治、学术，尤有以见历代人文之盛，而一郁而不宣。此吾事也。"于是辑《湖南文征》二百卷、《褒忠录》八十四卷。论者以湖南文献之征，得邓先生及君存其梗概，为有功于乡里之大者。

君尝疾近世汉学、宋学之分，以为民物度数，先王所以立教，而学必先识其大，未可偏胜。故其学于六艺故训，地理沿革，古今山水源流，历代法制、氏族，金石篆隶，靡不研通，而一本于立身行己。尤务奖励后进以成学，诱勉之惟恐不至。薄技微长，必求所以振拔之。而自处一守以约，菲言厚行，不为声名。言者谓通儒而行谊，当世长者尤难能也。

君生于嘉庆九年甲子岁七月初四日，卒于光绪六年庚辰岁九月三十日，年七十有七。曾祖晋。祖绍龙。考修澍，以孙萱官赠通议大夫。君兄弟五人，于次为三。配周淑人，继配陈淑人。子六人：萱，以县学生军功道员，殉难黔中，以按察使例赐恤，赠骑都尉世职、太常寺卿，周淑人出也；克进，军功保知府加道衔，分发江苏，陈淑人出；荛，国子监生；蘖，妾王氏出。女三人。孙八人。君既卒，就求其遗书，盖犹前四十年所见，标具其所心得，与先儒所以异同，或多缺略，无完书。独所著《绿漪草堂文集》三十四卷、《诗集》二十卷，《研华馆词》三卷，刊行于世。克进葬君邑西龙家港粉壁山庄之原，而述君行状，属嵩焘为之铭。铭曰：

湖湘以南，有儒一生，承经师之风以起，而撷取其精。著书累数十万言，求之太广，而艰于成。其单辞剩义，表见于世，犹足以见君之生平。千龄万代，以无陨其名。

姚桂轩墓志铭

道光之季，广西寇发。曾文正公起乡里治兵，所任为将帅，及转饷数千里外，多求沉练朴厚之才为之。于是湘人士风发云涌，贡其智能，希尺寸之效。出处隐见，所成就异，而其志趣一轨于正。凡其所行，更历数十年，守之为成法，反复更变，无能易其度。嵩焘始督饷，益阳周寿山举文任臣、姚桂轩任其事，于是始知有桂轩者也。故文忠公巡抚湖北，召致之幕中，日讲《论语》

精义，证之行事，推见古人用心之当否，以求有合书旨。处以宾友之礼，不以参佐视之。继又从巡抚严公、广西巡抚涂公主榷务，治军幕，始终以贡生，例得训导，不求仕进。晚一保中书，浼然自以非所任，终身以为愧疚。涂公以河南巡抚调湖南，再留君幕中。君年且八十矣，从涂公求题墓碑，曰“清故处士姚先生之墓”，亦君素志然也。

君讳绍崇，字桂轩，世为益阳人。祖逢年，太学生。考国宇，子三人，而君居长。家固饶也，以家难纠纷，君痛甚，挈其弟读书龙洲，曰：“吾与若当自发名成业。”既为弟子员，困于科举，则益刻己自励，曰：“士得志而功在人，非可幸期也。学与行之在己者，得志与否，皆勉自尽焉，莫吾阻也。”是以其读书务综实，求当事理。其出而任事，竭诚以求济，尽所与贤否参差，一约饬其躬，不与人为意气。人乐其和乐，莫相疾怨者，然终不敢干以私。终其身，举止言笑皆有程度，不失规矩尺寸。所著书曰《论语衍义》十卷，曰《广西志略》十卷，曰《养正诗拟》一卷，曰《子史撮言》四卷，曰《墨筠轩诗集》八卷，惟《论语衍义》刊行于世。

君生于嘉庆十年某月日，卒于光绪十一年某月日，年八十有一。夫人谭氏，事姑以孝闻，先君四年卒，葬所居之茅塘山。子一，教雯，县学生，候选从九。女一人，孙三人，曾孙二人。教雯既奉君柩合葬茅塘山，以嵩焘之习君也，求为之铭。铭曰：

谓是隐沦，而何奔走应举之纷纭？谓求仕者，而终不与世为群。呜呼！士固行其志耳，君之志皭然自脱于埃氛。其终以处士表墓，庶征信于吾文。呜呼，姚君！

诰授通奉大夫汪君墓志铭

君讳篚，字铁山，姓汪氏，世为歙巨族。明季曰然明者，始迁杭之钱塘，以文学主盟东南，五传曰上湖。仍世能文，科名仕宦相属，而上湖文益盛，名益高，是为君高祖。曾祖曰大任。祖曰绪宜。考曰科爵，莅官江西莲花厅同知，生二子，长曰范，次即君。道光三十年，莲花君卒，贫不能归柩。又明年，粤寇犯江西，君奉母间道走闽。时年十六，治生计养母。母病，割股和药以进。

君既才高，习吏事，剖决疑滞，所至称其能，谓可试以政。于是援例以通判分发湖南，历署清泉、常宁、衡阳知县，旋摄浏阳县事。君以能听讼治狱、平亭疑法重于时。州县狱不能决，辄假君鞫治。君引狱辞，穷端竟委，辨知其情伪，集两造使各尽其辞，伺间抵罅，出一言折之，皆输心款服，未尝以击断为能。始至，莅谳局，断狱称最。必得君讯治，傅爰书，案乃定。凡在湖南十七年，不离谳局。始任清泉。清泉有女子野毙，体首不完，穷治无端绪，逮系者众。语上闻，巡抚於君王公因曰："非汪某莫办。"檄君往代。君廉知邓元金者，所事有连，宜得其实。一讯即服。于是历年积案八百馀，遂量其缓急轻重，编次为日程。比年，皆办治，邑无留狱。所至正士习，严盗贼，厘剔钱漕积弊，务安民善俗，遂其生计，吏能大著。

光绪初，诏举治行优异者。兵部尚书彭公以君名应。尚书籍衡阳，与清泉同治一城，知君治状，然是时君去衡阳盖已数年也。

湘潭有盗连劫杀人，邑令沈君坐县差某。差诉益急，沈君持益坚。檄君往勘。沈君，故能吏也，盛气视君。君笑曰："公领县，辨知良莠。且谳已受成，某何敢以异同？要令无枉而已。”召差及受盗者，与令会讯。盗实舣舟城下，得赃皆入舟，邑人多见之，以疑似注射及差。沈公亦太息，自言此吾过也，即责差缉盗，弛前谳不问。以劳保知府，加三品衔，而讫不得一授实官。

君和夷温雅，粹然儒者，出言必当于理。与人交，输写心意，久而益亲。在官尤得民心，推情与人，不立崖岸，而务杜绝私请，宽而有别。其吏能尤在听讼，下气怡声，曲折以达其情，未尝有疾言遽色，一时无及者。体故羸也，又善病，或常乞告，与病相守。署衡阳任满，以父榇在江西，而母榇寄关外，具赀足以营葬，数千里归榇西湖，并自留生圹其旁，曰：“吾终与父母相守，幸矣。”存养诸姊兄弟，为姊子入官，援例竭赀为之经营，无所吝。其先世历有明德，著书甚繁。变乱，咸毁于兵。君搜辑得十馀种，汇刻为《汪氏遗书》。书成，未逾年，君卒。论者以是伤君之志，而益悲君之无年。

君生于道光十七年丁酉七月十二日，卒于光绪十四年二月初七日，年五十有二。夫人吕氏，阳湖吕君炯之女。妾范氏、沈氏、胡氏。无子，以从兄箴之子埰为嗣。

嵩焘识君晚，而闻君治官事藉藉有声，因丁君次谷见君，与之言，怡然使人忘倦。自述岁常奉委勘狱他郡县，憩旅舍，闻其地有狱讼，旁考博询，必穷极其始末。至县，则问知其情，与所闻绝异，以是平反甚众。其究心民事，不以己所不与而有异视也。呜呼，是真良吏也已！以卒之年十一月归葬钱塘之普福岭，即君所自治生圹也。某具状征铭。呜呼！如君者，其可无铭？铭曰：

官不酬其才，年不逮其志，于君为可悲，而尤悲者吏事。天之生人，其犹抟埴，或圆或方，或偏或粹，君一融而冶之，惟所施而皆利。嗟吾民之不幸，讫未闻乎善治。是峨峨者君之坟，永冀表德于良吏。

王子寿先生墓志铭

监利王子寿先生既卒十有七年，其孙传乔以书告言：“大父之丧，诸父无存者，传乔年在童稚，邑人以乡贤请，左文襄公又奏请史馆立传。大父为有传矣，而铭墓之文阙然未具。传乔生晚，闻大父之生，知交遍天下，内外文章道义相接，讫今无一存，存者独有先生。传乔念非先生无与铭大父之墓者，敢以请。”

嵩焘自少学为文，则知先生。而读其《枢言》上下篇，以为怀文抱质，有道君子之言也。先生长于嵩焘二十年，是时年未逾四十，文章已冠绝海内。湖南北讲论经史文艺，必归先生。即有所述造，老师大儒皆咋伏，莫敢与并。先生亦自以其诗文启诱后进才俊，见人一技之长，誉之不容口，推毂而策励之，必使有所兴发，以成其善。容接故人子弟尤厚。家无儋石储，其急人之忧，尝倍甚于忧其私。以其道德文章独步江汉间五十馀年，然先生远揽古今，勤求时要，日思所以振厉一世之人心而厝之安，岂思以文士终哉！其始通籍，即乞归养。嵩焘就询其故，喟然曰：“政敝民顽，盗贼肆行。承平日久，惟务以法律束缚驰骤。天下贤者无所用其能。吾官卑，濡忍二十年，得一郡守，自审无能为，不如归而事亲之欢也。”先生言治术必达民情，言兵事必明地险。心和而气愉，貌慈而言温。与人处，无不输心感服，久而益相亲也。诚得假手以效其尺寸，所施必有过人者。而自先生罢官归，学益光，道益高。其心泊然，不以荣悴隐见易其守。大帅如曾文正、左文襄、胡文忠诸公，有事焉必就咨，有谋焉必待断，而终不能以一官强使相就也。呜呼！先生之于为人，可谓成矣，孰使其志终不一发摅？而天下言先生者，徒欷嘘感慕其文章，亦岂先生之心哉！

先生名柏心，字子寿。明季由江西丰城徙湘潭，再徙监利，居螺山。曾祖秉道，祖文模，父有端，并以先生贵，赠封如其官。道光癸卯科举人，甲辰科进士，以主事签分刑部。夫人杨氏，跏坐诵佛，有解悟，实不能文也，年四十卒，与先生合葬螺山之莛园。子家遇，荆门州学训导；家隆，候选通判；家休，监生。孙传乔、传绶、传治。曾孙忠海、忠训、忠诚、忠礼。先生生于嘉庆四年己未岁十月二十七日，卒于同治十二年癸酉岁五月十三日。所著书曰《枢言》，曰《导江三议》，曰《漆室吟》，曰《百柱堂诗》，通若干卷，皆刊行。未刊者：《子寿诗钞》六卷，《螺洲近稿》六卷，《文集》二十卷。同治元年上经论言事八条，由云贵总督铜山张公代进，奉旨褒奖，详《家传》及所刊《乡贤录》。嵩焘为具先生之学行荦荦大者，揭之于墓，昭示来哲，而系之铭。铭曰：

其生先我，二纪相望，后我七年，乃贡于乡。名声夙驰，通籍盖晚，浮湛郎署，任薄道远。溘然南归，播扬馨芬，昂霄蹑景，大霈于文。莘莘学徒，门阗户溢，瀹而通之，导其湮塞。大湖南北，物望斯归，孕包众能，宁受鞚羁！自致其名，泰山北斗，仕则匪丰，其施孔厚。

赠光禄大夫陈府君墓志铭

府君讳维之，字伊人，姓陈氏，桂阳州人。曾祖某，祖某，父某，积德累世，无声于时。君生五年，即丧其父。逾年，又丧其母。议婚州之尹氏，妻父以学行闻，遂从受学，通《易》、

《礼》、《春秋》，旁及《文选》，为文章必泽于古。连试，扼于有司，叹曰：“吾道求之己而已，于时无所用，不足以干时。”遂不复试。课其子，自始学至于有立，成教庭户之间，未尝就外傅。性方严，于人无假借。苟有过，虽小出入必尽规。苟为不肖，见则引去，虽贵盛，屏立不交一语。尝与同学十馀人俱暑夜谋摘取田中瓜为欢饮，戒俟君寝乃出。启户闻嗽声，即敛退，无敢合扉，使有闻，其见惮如此。然其为人仁厚有至性，遇宾亲尤有恩。邻里假贷，及远亲至，愈贫，事之愈恭。工医，济人医药，施舍无虚日，宗族子姓饥寒疾病，常若痛苦之在其身，日夕营营，必遂所求乃已。晚年道益充，气愈和，务敛抑，自同于人，然终无敢干以私者。尤自喜能知人。一日，有叩门入者，为某亲求方药。君曰：“此察其神色，非善。所以来，求食耳。某亲贤者，必不属以事。”其后询之，果然。又或充书吏，方有急，来言所谋。君笑曰：“若此言，良是。然察其意，非能急人之急。”命具酒食饷之，曰：“此足以酬君意矣。”言者谓君终身不受人欺，而其辞趣，亦莫能怨焉。

君生于某年月日，卒于某年月日，年六十有五。子士元，增生；士杰，己酉科拔贡生，授户部小京官，累功官山东巡抚，所谓隽臣中丞者也。女四人。孙十二人：兆文，某科进士，翰林院编修；兆蓉，壬午科举人；兆璜；兆槐；兆棻；兆泉；兆葵，某科进士，翰林院编修；兆兰；兆熊；兆云；兆璇。女孙十二人。以某年月日葬州东申家冲。越二十一年，夫人卒，合葬牛坳岭。夫人生于某年月日，葬于某年月日，贤明有法，能卒成其夫之德，佑启其子孙。其卒，既葬十五年，以书命嵩焘曰：“先人展转营葬，而未有志，敢请志之。”稍叙次其官阀，纳之圹中，事皆可传载。

始隽臣佐曾文正公军幕，嵩焘与焉。文正公名能知人，独谓隽臣有识鉴，所部文武吏士始至，必先令诣隽臣，阴使相其能否，因授以事。尝疑隽臣生乡里，一至京师，得官滞迟若此，乃能治事，论人奇中，以为异。及闻府君之事，而信隽臣之贤能，所至立名迹，得之家教多也。乃为铭曰：

其生藐孤，艰贞自幼，畴覆翼之，绸缪婚媾。卓立嶷嶷，翘英擢秀，终阙其施，以贻厥后。一传而显，节钺封圻，诸孙翩翔，如骖有骓。词臣世荣，载焯其辉，发基郎署，在目犹睎。历三十年，天授宏造，始表斯阡，用彰述绍。鸿光比德，后先同兆，吾铭其藏，于后有考。

卷十七

敕授文林郎辰州府教授李君墓志铭

君讳长蕃，字宣伯，一字屏南，姓李氏。先世自宋熙宁时由江西徙新化，十一传名作梅者，有奇节，事母尤孝。母病求医，道遇虎，揖而祝曰："母病急，无遏我行！"虎逡巡去。值明季之乱，转侧兵尘间，捭阖操纵，完其乡里。其号曰松山，因名所居为松山坪。李氏子八人，起家为举人。及明，通进士以科第相嬗者六世。再传至文瓒，雍正壬子乡举，官桂东教谕，是为君高祖。曾祖曰春光。祖曰宗竹。父曰注，以君后其兄溥。而君从父治，道光丙午举人，最有名。君亦选充辛卯科拔贡生。其后癸酉，君子庆曾相继为拔贡生。又后，乙酉拔贡生长檀，则君从父治子也。盖自松山先生以孝名于时，子孙相继为孝友，科名族望，隆治一邑。

君出后，伯父始生。数年，已能承事其母，曲得欢心。其大父母及本生父母皆健在。大父母年既高，君事之尤勤。大父固笃文学，治家严，有法度，内外肃然。独厚爱君，一日违侍左右，则颜不怡。

君既孤贫，馆食十馀年。部使者济南毛公、合淝李公、景东刘公相继致君幕府，待遇尤厚。选得辰州府学教授，一以勤学课士为职，不问饩脩有无。凡历两考，盎无储粮，橐无馀资，常笑言："吾馆食二百金，岁常有馀，而官禄苦不足。受之官者，亲戚故旧将仰食焉，吾不敢私也。”君于辞受取与之间，慎思明辨，求适于心。故能廉而不近名，惠而不示德。疾且革，自述生平未尝造一孽、负一人。盖战兢自守，与身终始云。

君生于道光十年庚寅十二月十五日，卒于光绪十年甲申十二月二十四日，年五十有五。所著书有《静娱室古今体诗》、《荻徽堂家训》。夫人杨氏。子五人：庆曾，拔贡生，候选教谕；庆丰，太学生；庆祥，幼殇；庆熙，邑庠生；庆嵩。孙七人，女孙六人。

君笃学精思，文能举其志，行能达其言。简默端悫，行止较然。与君游者数十年，未见其语言行事有纤毫过差。笃于故旧，穷通得丧，均其欣戚，存省饥寒，推解无吝容。其与人交，乐易将顺，言笑恂恂，多所奖掖，务与为同。至有求请，一断以义，毅然无少贬抑。故其卒也，学官弟子与常所往来，哭之皆哀。乡里知君者，无老弱亲疏皆太息，诵言其贤。君卒之明年，子庆曾奉君柩归葬所居宅右之新山。又逾年，具状求铭。君与吾弟意城从事部使者幕中八年，因以识君，温文君子人也。既久，益亲，而君年固少。别去十馀年，前岁以俸满来长沙相见，予固惊其早衰，而遂以是冬卒。人之生世，若是之可悲也。因汇次其生平，纳之墓而系以铭。铭曰：

年跻于寿，子孙众多，再贡成均，仍世同科。孝友诗书，自为切磋，相视蒸蒸，绥之太和。名门盛业，孰此之过？施不酬德，养不胜瘥，有如畚土，障塞江河。始去辰阳，目烔颜酡，廿年继见，鬓须已皤。终焉一瞑，于君谓何，我为铭辞，表示岩阿。年徂代永，元石不磨。

曾伯祥墓志铭

君讳纪瑞，字伯祥，一字符卿，姓曾氏，太子少保威毅伯巡抚江西①沅甫中丞之冢嗣也。湘乡曾氏自文正公起家宰相，爵为侯，兄弟奋起立功名，门阀日隆。诏书褒宠，谓忠勤出于一门。天下之人仰耳注目，承望风采。而君温然自敛抑，读书为深湛之思，不一借助声势，以文自炫耀。与人言，常若不足，未尝以意气加人。志清气明，微言解纷，对之心远。尤喜推解济人之急，奖掖寒畯，忧喜同之，权度衣食，若营其私。人以是益贤君，而君不乐以为名。

始君为诸生，每试第一。及试优生，辄诎。辛酉应拔贡试，又皆第一，终亦报罢。学使者廖公寿恒语人曰："吾以曾氏功名过盛，抑之。"君闻，益自韬晦，不为疚怨，而志意亦稍摧折矣。文正公推与一品荫生，遂得召试，授兵部职方司员外郎。以母病归，终母丧，遂不复出。威毅伯巡抚山西，连数岁大旱，死者数万人。至则急请赈贷，告哀诸部使者，转银粟数百万，以赡饥人。君亦走闾里，告输以佐父。民气大苏，所存获累百馀万人。而君乃以是时病，岁馀，卒，庚辰六月二十八日也。距生于己酉正月二十日，年三十有二。配江氏。子二：广汉，广河。女三人。

始予见君威毅伯里第，喜其方雅，谓宜充文学侍从之选。曾氏子弟皆多高才卓识，能文章。君德性尤优，宜保世滋长。及见君数厄于遇，而气充然，若无与于己者，又知君意趣之高远也。而仕未及就，年未及壮，而病以死。人皆曰："为善之报如是，是

①底本如此，应误。

可以惜矣。”虽然，天地之气，损益盈虚，与时消息。天其或者厄君之年，而将以大昌其后耶？虽君高年显仕，终亦尽耳。人之痛君者，固必不若今之悼惜深长也。然则厄君之年以昌其后，君或将以是为慰，而亦足平忌者之心乎？忌者安施，而为君悲者又安所究哉？君弟纪官，以其年十月十二日葬君衡阳县九都之莱仙冲。嵩焘为志其墓而铭之，以志予私痛，亦以广威毅伯之哀思。铭曰：

才峻居隆，如日在暾，有条其文，而閟不宣。职方试仕，庶适其屯，又促之生，命也何言。隆污在天，惟道所敦，无为君悲，永绥后昆。

杨小皆墓志铭

杨君砥皆持其哭子之文，涕泣言曰：“死者已矣，求一日以生不得也。虽然，固其有可以不死者也，而不及待其自致其志，与事终閟焉。微子孰与发之？将待子之铭其碣，以葬吾之悲，与死者之心庶以不泯而有传也。”嵩焘闻其言，相与泣且曰：“然，吾事也，其忍不铭！”

君讳澍先，姓杨氏，世为善化人，从其父之字曰小皆。大父讳在煦，以明经官衡山县教谕，有学行，于诸孙尤笃爱君，挈之读，睆视其敏异为欢娱。比病，席君箦隅，书声琅然。君少能发愤自励于学，体故羸也，以习勤日充健。年十六，为县学生。凡十四年，举于乡。又四年，成进士，选为翰林院庶吉士。自君入学籍，伤大父不及见，每语辄呜咽。既久困，益奋，指取科名恢张门庭，以求一当意，敝精劬思为之，不少贷。比得第，趋就殿廷程式，绳量尺寸。而君已病，不自知其耗惫也。会假归，喀血益甚，遂以卒，年三十五。

君家世孝友，跬步以礼，无幾微过差。与兄弟居游相欢也，而进退唯诺，衎衎尔唯谨。居常馆食于外，父子兄弟交相存恤。已而丧其妻，又亡其弟及其女兄，则大戚。忧积中，浸以成疾。入词垣，年始及壮，视其貌清而气骏，而心常若不自得，吾固已忧其病，而不虞其死之若是速也。其志意坚卓，有所学，必要于成，不以自馁，是可哀也已。

君生于某年月日，卒于某年月日。始娶胡氏，卒，葬南乡，今迁祔君墓。继娶某氏。女二人，无子，立兄子某为嗣。以某年月日葬于某乡某原。铭曰：

坎土而窆其子，于送死为至哀。尤有酷者，在子而才。怆予泪之淋浪，哀残编于《食笋》，循东床而衔恤，碾瑜珩而一尽。呜呼！才而不寿，固若是多耶？于君则又何云。庶以慰君之父母，历千亿祀考迹于斯文。

诰授通议大夫邹府君墓志铭

君讳孔播，字公让，一字云泉，世为新化人。自其十六世祖名一彦者，当元至元时，徙居邑之罗洪。又十四传曰养性，以孝行著闻，是为君曾祖。曰江，为君祖。曰楷，为君父，有子三人，而君居次。邹氏故望族，自明以来尤贵显，又饶于赀。君生三岁而孤。比长，端悫沉默，专笃于学，承事伯叔，服其教，无幾微过差。

年二十五，补县学生。又十年，举于乡。以甲辰大挑，选授湘阴县学教谕。是时粤寇乱东南。县濒江，数被兵，颁藏书籍无存者。君曰："此学官之责！"蠲金购置经史凡数十种，日进学官子弟课之读。曾文正公督师东下，军粮资用，求助里户，曰："吾此虐政，宜求廉静无害者为之。”咨得君，前后输军累巨万，以功保知县，加同知衔，选授江西硖江县知县。

是时骆文忠公巡抚湖南，急通民情，擢用士绅，惟恐不当其意。凡有兴造，恃以取办。援兵四出，征调日烦，以曾文正公伟视君，咨留湖南佐饷事。自是终骆文忠公任，凡再至宝庆，一至澧州，一至攸县，一总理长沙、善化捐事。终岁奔走，敝唇舌，劬筋力，以应在官之急。累劳保知府，加道衔，受三品封，赏花翎。骆文忠公既去，更数任，一重视君。而君察人事日有变异，而诚信不下孚，即自免归。

归而主讲邑资江书院，究心一邑利病，仿朱子社仓法，置谷，岁一收放，以便农民。而首经理其家政，置墓田、祭田，推恩远祖，联族众而经纬之。岁己酉，饥，君发仓廪平粜，为粥以食饥者。后值荒歉，辄踵行之以为常。巡抚毛公以“惠周桑梓”颜其堂，盖凡遇有善举，君无不与，亦无不倡赀以先。

君所居当黔阳、溆浦之冲，会土寇发，奸民瞷罗洪饶富，阴相钩致。君佐郡守治城备守具，捕得贼党潜入城者，斩以徇，郡得无事。而罗洪反遭贼蹂践，君弟孔绅与其孙代震督团勇堵击，死于贼。君为请旌，祀于其乡，置祭田赡给其家。然君自是不复敢任事，深自韬晦，曰：“人生为乡里善人，得无尤怨足矣。”光绪八年春正月，病五日，遂卒。岁除日犹手书春帖云：“保精气神以臻上寿，通天地人之谓大儒。”距其卒五日也，其神明完固不乱如此。卒年七十有九。自君贵，三世均赠通议大夫，如其官；妣皆淑人。配邓氏，封淑人。子二：长聚奎，县学生，早卒；次鼎熊，候选州同，升用知州。女一，适陈氏。孙三人，孙女五人。以其年二月厝君高平牛眠山之阳，而使来请铭。

君性和柔。与人言，循循善下，虽处横逆，受之夷然。而遇事振发，诸所规画，必中程度，预计其事之终，而委曲以赴之，要于成乃已，不一自馁。尤笃于故旧之谊，均忧比庆，心意交输，历久不渝。其初，嵩焘与君同举于乡，更历患难，相存恤，君意常殷然有馀。自广东去官归，君年且七十，键户谢交游，独走数百里相视。常言与吾兄弟，若意城、蛰存，谈不知其倦也。君妻父邓湘皋先生，文行高天下，与其兄云渠先生以古道相切劘。君始婚，反马邓氏。云渠先生日课以文，笑谓君："里俗新婿至，日有宴劳。吾家无酒食征召，以一文当一觞可乎？"君自是兼师云渠先生。论者谓君生平敦笃纯穆，亦其居游服习然也，是于法宜铭。铭曰：

志则匪舒，而用以光，施则匪闳，而寿以康。毕勤殚能，效于家邦，干济时屯，曰贞吾常。既耄考终，其德孔长，纳铭表幽，万世之藏。

诰封通议大夫黄君墓志铭

君讳习溶，字云岑，姓黄氏，系出豫章宋黄文节公之后。始徙永之零陵，又徙道州，最后徙宁远之梅冈，遂为宁远人。君少通敏向学。其祖故有学行，督君益严。自始受书，已能习知诸经文字、形声、训诂大旨。年十四，补县学生，以高等饩于学。

咸丰初，洪秀全踞江南，楚、粤寇蜂起，往来蹂躏衡、永之间。王壮武公鑫讨贼至宁远，舍君宅。君时挈家避寇，宅虚无人。壮武公得君所为文败簏中，奇之，问知其家世行谊，即率从骑数十走学官署，排闼入，索君。学官皇遽，莫知所为。顷之君至，握手谈，欢甚，即并骑归。是时君年二十，语言娴雅，意气岸然。壮武公引参军事，行文书，巨细相倚。暇则令与其弟读书，讲说道理，观古今成败得失。君之练事，亦由此也。在军以劳叙校官，摄兴宁学事。丁父忧。

贵州布政使席公宝田用师于黔，邀致君。自道光之季，黔苗数扰乱反覆。湖南布政使兆琛往讨，久无功。至是以席公换之，屡平施洞、台拱诸巨寨，集兵日多，而席公病风痺，不能视军，以委之君。分其军为三，以属大将龚继昌、苏元春、唐本有，而君以幕府权度机宜缓急，取进止。君推诚殚思，挈提纲维，和戢诸将，使席公不以军事为忧。每军报至，兵谋地势，分合行度，指受成规，咸若目睹而躬险之。诸大府皆曰："席公得贤佐以济，虽病而军益治。"旬月之间，劚荒夷道，械其渠磔之。君亦累功保道员，加盐运使衔。事平，饬君简料席君千人，留防湖南。君日坐武帐，铙鼓吹角，练治其军，夜辄拥灯课书史。尝曰："吾祖督教我：自唐以来，立功业天下，多出科第。吾不可以负吾祖之命。"一平道州之乱，再平新化之乱。所至荡除凶秽，拊循休息其民。曰："此易为耳。吾心所寄在科第。"果以光绪五年举乙卯科乡试，而君亦病且死矣。

君生于道光十五年八月十二日，卒于光绪六年五月某日，年四十有六，以明年五月归葬宁远城南黄甲山之阳。曾祖世豪，邑庠生；祖玉田，岁贡生；父光南。并以君贵，赠资政大夫，妣皆夫人。配欧夫人。子二：朝康、朝乾。女三。并妾李氏出也。君宽惠爱人，尤喜接文士，咨经度善，务自倾下，不求声誉。所从事皆当时豪杰，任事有气力，无敢异同，而独下君，听其计画。诸老将积资叙勤，折节交欢，无有与君为怨者。盖君之意量远矣。君尝建义塾里中，蠲田二百亩，广书院宾兴之费。所兴建无多，于其志愿未盈也，而其意皆可思。铭曰：

在丰而啬，下翔而蹙，何数之奇！委心向善，仁义是践，维德之施。年之不遐，万口咨嗟，哲人之思。石有时泐，铭昭无极，表墓之碑。

赠荣禄大夫储府君墓志铭

咸丰三年，曾文正公视师长沙，招致文学士知兵者，因得见储君石友军中。文正公指言："储君，忠信人也，可倚任。"明年，战没宁乡。文正公哭之痛，且咎曰："奈何以不赀之身，投小敌而试之！暴也。"其后余往来军中，文正公往往举说储石友家居时轶事，知其弟竹坞先生亦义烈士也，而其子鹤侪遂以战功显名黔、楚之间。余故悲石友之为人，而幸其有继以起，以光其志事。久之，黔苗平。鹤侪得解兵，试官于黔。至长沙，诣嵩焘言曰："伯父之卒，文正公实为之铭。而先公墓碑未立。不肖粗有立，以至今日，惟伯父及先公之教。伯父丧归自宁乡，不肖实奉以行。先公哭且怒，麾不孝曰：'伯父死而汝在耶？何以责士卒轻弃其主将！'不肖骇汗而泣交颐，跪不敢声，自是在军不复有避难之心。若先公者，可不谓之豪杰持大义者耶？敢请先生铭而志之。"呜呼！储氏忠孝世其家，而所以为教如此。其以督其子，无有一言之私系其心，足以风示天下万世，铭宜也。

君讳乃昌，先世有任粤西右布政使者，由粤至靖州，家焉，遂为靖州人。十馀传至君曾祖讳恂，暨君祖讳子栻，父讳其材，皆为州学生，家世儒素。君则与其兄石友一任读，一主治其家。久之，食不给而分。又久之，怼曰："饥饱，均也。即分，能独饱耶？"遂复合。道光之季，黔、粤乱民四起。官吏文饰，蕴孽益深。靖州密迩黔，寇发即至。与其兄倡团练其乡。君固善会计，亦稍居谷起其家，则尽用以周贫乏、缮城隍，其意若迫不及待者。

已而天下果大乱。石友从曾文正公治兵长沙。君独用团练支拄乡里十馀年。咸丰十年，石达开馀党李复猷入黔，掩至州，合兵围城，赖守以免，而储氏祖庙在城外者燔于贼。君自以为人子孙，不能卫其祖考之庙，当大不孝，刻自咎憾，日夜啼泣，遂以致疾。以同治元年三月二十七日卒，年六十有一。夫人周氏，先君十一年卒。合葬于邑之某乡某原。子七人：先培，盐提举衔，出后其兄石友；裕立，贵州候补道，加盐运使衔，即所谓鹤侪者也；先堃，知府用，加盐运使衔；先运、先坦、先佳、先址，并早卒。女二人。孙四人：世鉴、世鑫、世铎，皆州学生；世锦。女孙五人。曾孙一人：兆瀛。以子裕立官，累赠荣禄大夫。观君为人，笃于义而一发之至性，不为矫饰，斯难能也已。铭曰：

天纲地维隳不完，虱身其间与控抟。阴阳（渗）〔黪〕黩巧发难，喘汗奔迸万首攒。贤乎君哉理其端，施则匪闳心云殚。白日下烛九幽寒，我为斯铭永不刊。

诰授通奉大夫周府君墓志铭

君讳昺奎，字幼龛，姓周氏。先世曰宏章者，自道州徙居永明，于濂溪先生为从祖父，实居永明之东江，为君始迁祖。世为东江周氏。二十四传至之佐，是为君曾祖。祖思旦。考世缵。三世以君贵，赠通奉大夫。

君少贫力学，自守贞介，不苟所事。起家丁酉科拔贡生，七试京兆，考充镶黄旗官学教习。积二十四年，用教习报满，以知县分发四川。会骆文忠公总督四川，以课吏、优恤、便民为事，务摘剔贪顽，兴事劝功。见君侪众中，曰：“周君浑刚，不与人俯仰，必良吏。”初试昭化县知县，廉惠有声。改署绵竹，事益治。

用采办兵米功，以直隶州升用。适瞻对土司扰绝藏道，与明正土司相攻。明正，打箭炉厅属也。檄君署打箭炉同知。君至，召诸土司宣示顺逆曰："自今取尔一草入官，有如日。"时驻藏大臣阻瞻对驻炉城，朝命进讨。明正未喻用兵意旨，又困于苛求，怀疑观望。闻君言，冠服踵门以谢。瞻对亦卒平。再叙功，保知府，补江津县知县。未满一岁，引疾归。

君久困京师，一归视其亲，遭粤匪之乱，连丁父母忧，转徙贼中，与其弟昺龄诀，挈妻子还京师，实不能名一钱。逾年，昺龄改葬其母，遇贼，护其母柩死。君又走归，求得其遗骨以葬。行则乞粮，居则贷粟。益自刻削，日一粥，忍饥不妄干人。尝自言：更历厄艰险阻、人世不可居之境，心志乃定。及为吏，持是道不变。随所处丰约，常若有馀，而尤得力于习勤苦。在官常挟一小童，布衣，手雨具，周历村堡。时有所案事，集民保料断。乡民骇告官至，走相视，大惊，已而大服。遇疑狱，亦辄就其地访得之，曲折诘难，即辞服，无有遁饰。在昭化，贼出入川、陕，掩至昭化境。君纵民出城避贼，令曰："愿守者留。"得百馀人，又收得游勇数百人，置要隘，日张旗帜，夜纵火烧薪草为疑兵。贼以君有备，会雨甚，遁去。绵竹饥，君集富民敛谷，得万石。每十里设赈所，用官价计民户以粜。讫事，无隐粜，无靡费。仍馀谷二千石，命曰备荒谷，稍用朱子社仓法敛放，至今为利。言者谓君治行似于清端。君曰："吾何敢言治行？习勤而已。"呜呼！此君行所以以异也。君在四川八年，三为县，一为厅，再理文案，再佐发审，查城局，擢知府，补县。名实两得，人莫敢望。而君所至必举其职。于所宜为，内见不足，急引去之，无假所事为名意。然遇之非优，用之非急，虽君治行，安所施于今日？人尤以是贤骆公。

君始娶蒲氏，再娶欧阳氏，再娶卢氏，皆封夫人。娶李氏。子六人，存者铣诒、銮诒，并卢夫人出。銮诒出后君弟昺龄。孙五人。女孙六人。以君卒之年八月某日葬长沙尊阳都之高爽墩。君家居，多为惠于其家族与其乡里，然于君非所以为异者。嵩焘因独叙次其在官之实，而系之铭。铭曰：

康其年，身之腴；沃其施，德之符。施而不有，名成不居，扃门施键，左书右图。芒乎知其涂之修而无蹶之驱。以固其枢，以苞其莩，以列于高爽之墟。

龙襄尧先生墓志铭

楚之攸有隐君子，曰襄尧先生，讳友夔，姓龙氏。曾祖璠，浙江兰谿县知县。祖思见，福建政和县知县，通判泉州。考彬，邑庠生。仍世仕宦，履清以贫。至其父，益困。馆长沙，家焉，是生先生。先生幼茹家学，读书制行，发之于文，皆巉巀有法度。为诸生三十有五年，贡于太学。先生曰："嘻，休矣！"不赴选，不就举。门生子弟相从讲授，引绳絜矩，倾所学与人，随其材质，皆有成就，以显于时。先生顾自韬敛，括除浮名，自守硁硁。尝举河津薛氏之言："考亭以还，斯道已大明。身体力行以毕吾志，足矣。"故先生以文名五十年，未尝有所论述，而自湘以南言艺者莫高先生。其治经论说道理，多就先生辨证其得失，得一言为质。厚施约取，临事有制，居乡而躬化。与人交，气肃而容和。诐行慢辞，无敢至于前。而要使人人各尽其意，莫相怨尤。

自少迨老，未尝一问公家事，与官人周旋。会兵事起，责富民佐军实，檄下诸县，采才望能服人者主其事。先生承檄辄出，舆徒屝屦，一资于家。有以意出入者，力争不可得，谢归。其后御史论奏，按治急。先生曰："吾可独为君子哉？"挺而出，引辨甚力。大府素重先生，以其言直，事得不究。于是人又知公之德足以济事容人，非苟洁己以自足者。诸子既皆贵显，能以文名世，又甚贤。下逮妇女，所事所言，取则于古。文词斐然，约身戢志，丰啬如一，以终其身。以同治八年十二月二十四日卒，年七十有六。夫人戴氏。子男三人：汝霖，山西高平县知县，升用直隶州知州；溥霖，候选郎中；湛霖，翰林院编修。女二人：长适举人谭钟祥，夫死殉节，得旌表；次适湖北候补同知何庆治。孙三人。孙女二人。以子贵，封儒林郎，再封奉直大夫。

既卒十月，汝霖等奉先生之柩卜葬长沙某乡某原，属嵩焘为之铭。嵩焘故与先生诸子为友善，为能知先生学行。铭曰：

人所勇驰，退焉若忘，收朋勤诲，身屈道昌。惟行之粹，端严浑刚，施于后贤，蜚鸣颉颃。考终永宁，积厚以光，我铭孔昭，万世之藏。

诰封通议大夫白公墓表

公讳某，字希甫，号香田，姓白氏，晚自号曰潜渊。先世自陕迁山西之介休县，遂为介休人。曾祖某，祖某，父某，并以公贵，赠中宪大夫，妣皆恭人。公生而孤。母程太夫人自襁褓中啜泣提携，开示以学，淬而厉之，用讫于成。年三十三，举于乡，太夫人前卒矣。里中相与贺，公自以不及娱亲，唏嘘流涕。贺者相视，噤不得发声以去。以太夫人遗命，置乡学里中，而述其略曰："吾母病时，手籍其所馀财，贻其子曰：'吾数十年节缩衣食所储存，以授汝。尔择利济事多为之！'吾母所以教其子，独有学耳。其于里中子弟，视之犹子也。其为利济，宜莫多于世其后。"

里中果大兴起于学。

嘉庆三年，大挑一等，以知县分发河南。既至，喟曰："操吾道以伺上官意，奔走形势，必无幸矣。"会开豫工捐例，入赀为郎中，签分户部。久之，补湖广司郎中。两直京察，叙资与劳，宜先公，卒以不善事上官，格不与。又喟曰："操吾道以求当于时，彼为上官者，宁复有中外之异哉！其终必无幸矣。"遂归。读书为学，日有课。既而综录其志学以来发明儒先性理之书，揭其尤曰《日课仅存》，教子弟与凡受学者，必仿而行之。周济亲故贫乏尤勤。求者嗫嚅不能举其辞，率先意导之，使各惬所愿，无少顾惜。以道光六年十二月初十日卒于家，年五十有九。

公丰颐广颡，伟躯干。而敦尚践履，立身制行有法度。寻常言笑，一依于礼。尝言："自少刻励，不敢有过差。推念吾母守节之劬、教育之艰，钦钦焉不忍于其心，于学无得也。母卒，庐墓上岑寂之中，洞达空明，取儒先书读之，与吾性命相为沦浃，实始有向学之心。嗣是四十年，潜心此道，洒然若有得者。"其在京师，有句云："而今才许重关透，活泼流行果在兹。"是其学也，殆几于成矣。家故饶，为户部郎中时，权贵人有觑其富者，谋致之门下。公不应，坐是京察皆报罢。然在部，同官惮其方正，凡为奸利，操例持短长，莫敢使公闻。嘉庆癸酉，滑县贼起，遣其党骤出不意犯宫禁。京师大扰。公居室近附禁城，矢炮声相闻，漠不为动。既事定，人问故，曰："焉有圣明在上，朝无失政而危乱若是速者。此可以理决耳。"论者尤多公识量能应大事云。

始公逾冠，居母丧庐墓，有白芝一茎生其旁，上结为二盖，大小环向。邑人唐林续为作《子母玉芝记》，以为孝德之符。然则公之为人，成立卓卓，盖亦有自来哉！初官京师，为中宪大夫。及其子既贵，再赠通议大夫。配郭淑人，继配李淑人。实有三子：

长某；次某；其季某，以翰林改官礼部，今为湖南盐法长宝道，加盐运使司衔。孙四人：某某。以道光七年十一月葬于所居村南三吉原。杜文正公为铭其墓。

长宝君与嵩焘同举于乡，又同举进士，相善。一日造嵩焘，言曰：“先君子名德至行，子孙能言之，介休之人则皆知之。其卒且葬，至于今五十年矣。乡里长老兴闻先君子之风，盖无一二存者。则惧子弟后生无以考览先人之德而志之无穷也，将求子之文表于墓道，以昭示后之人。”夫德之及人，历时而微；而文之至者，足以信今而传后，与世长久。嵩焘何足及此哉！而承命不辞者，幸公之德为能有永，则固吾文之终托以不朽者也。

诰封通奉大夫汤府君墓表

善化汤靖安先生既卒之二年，将葬，其子巩昌太守加盐运司衔曰聘珍者，来请曰：“先人名德被于乡里，孚于士大夫之口，而学不显，其施行不逮其志。虽其子若孙，论撰先世行业，亦未有以眩世而动众者，则惧先人之美遂无以彰示后之人。诚得公文，表诸墓道，阐扬先人之轶行，使来者有考，非惟世世子孙之所则效，亦使善人君子之生于世，其志业无所发摅，而其名犹赖以有永也。”

先生讳某，字新甫。曾祖东日。祖师尹。父璞园，嘉庆初赞征苗军事有功，得叙布政司理问，有子四人，先生其季也。自其父与兄，皆习刑家，先生独喜向学。饬身临事，必依于儒者。居乡以廉让称，尤敦孝友。冢兄心厚，前母杨太夫人出也，事之尤谨，曰：“吾幼失怙。兄，吾怙也。”事必咨，行必先。其第三兄心霈早卒，抚其孤，必厚于其子。所在人服其德。里有争讼，得先生一言，皆立解。有求焉，无弗应也；有难焉，无弗恤也。

咸丰元年，粤寇起，天下骚动。曾文正公起团练，治兵讨贼。先生长子炳玑、聘珍，皆起从军，致通显。炳玑官广东佛山同知，聘珍官甘肃巩昌府知府。先生以所录儒先格言积数巨册分遗之，曰："此官箴也。"居常语及时事，慨然曰："国家深仁厚泽二百年，诚知寇乱必可平而中兴必可期也。诸儿辈亦遂能杀贼立功名，滥窃非分，岂初意所及哉！"

盖巩昌君所述如此。

同治十年辛未十二月十六日以病卒，年五十有五。夫人李氏。子三人，长炳玑，广东同知；聘珍，甘肃道员，加盐运司衔；荫琼。女一人，适邹氏。孙三人。初封奉政大夫，晋封朝议大夫，再晋通奉大夫。以癸酉某月某日葬先生八都月形山之原。于是嵩焘为揭其实以表之，而系之辞曰：

夫人善行积于身而施庆延于后，此常理也。德逾隐则发逾光，岂不在子孙之贤哉？然而人且曰："穷通显晦，是有命者司之，无与于人事。"彼为善或有应有不应焉，是以君子重德行而轻富贵。卒之富贵之在其身，而推原所由，必曰："此善之积也。"然则人子所以致身以为亲荣，诚无有逾于是者。功名德业愈盛，而名愈昌，其为亲荣亦愈至。巩昌君兄弟皆壮年，施于世方长，荣于其亲且远无穷，而汲汲焉揭其亲之生平以表之墓，不为其身之荣，而惧其亲之德或有隐。其为子之贤也，即先生之贤，不尤信与？

吴南屏墓表

君巴陵吴氏，讳敏树，字本深，其自号曰南屏，学者称南屏先生。祖传经，用资财雄乡里。父达德，为善益力。岁歉，贷贫民谷，逾万石不偿，有名湖湘间。至君，自以文学起家。自少读书常兼人，为文章力求岸异，刮去世俗之见。见者惊叹，以为非常人。年二十九，举壬辰科乡试，益专力诗古文之学。

方是时，上元梅郎中曾亮倡古文义法京师，传其师桐城姚先生之说。唐、宋以后治古文者，独明昆山归氏，国朝桐城方氏、刘氏，相嬗为正宗。君少习为制艺、应科举，独喜应试之文，崇尚归氏。闻归氏有古文，求得其书，择其纪事可喜者录之，裒然成册，不知其时尚也。游京师，有见者，以闻于梅郎中。于是君能为古文之名日盛于京师。而君言古文，顾独不喜归氏，以为《诗》、《书》、六艺皆文也，其流为司马迁；得迁之奇者，韩氏耳，欧阳公又学韩氏，而得其逸。而自言为文得欧阳氏之逸；归氏之文同得之欧阳氏，而语其极，未逮也。故于当时宗派之说，不以自居，而视明以来为文者得失利病之数，固无校于其心也。

凡君所得山水之奇、朋友之欢，及博观周、秦、两汉之书，见闻所及，瑰行轶迹，以资益其文之气势，微吟缓步，独喜自负。久之，以大挑选授浏阳县训导，旋自免去。从弟士迈，购九江楼君山，有湖山花木之胜。君乐之，为堂于其前，曰鹤茗堂，而建北渚亭于其左。岁尝自其家棹小舟，载书策，行九十里，至所谓九江楼者，读书吟咏于其中。累月经时，凭阑望远，云烟淡碧，澄澈如镜。或时闻风涛万顷，雷霆之声，以发其文趣。视人世忻戚得丧，无累于其心，以自适其超远旷逸之趣。此君文之所以独绝于人也。

君孝友恂恂，貌温而气怡，惠施而博与。尤笃于故旧；所与交，尽始终之义，无相违异。以所能引逮后进，倾怀与之，必及其成乃已。曾文正公尤善君之文，欲使治幕事，辞不赴。已而走视文正公军中，文正公大欢，赋诗曰："黄金可成河可塞，惟有好怀不易开。”未几而文正公薨。逾年，君亦病。适有复修《沅湘耆旧集》之役，遂卒于长沙书局。

君生于嘉庆十年乙丑岁七月二十四日，卒于同治十二年癸酉岁八月十一日，年六十有九。夫人何氏。子三人：念谋，举人，安徽候补知县；宏基，四川候补县丞；镜蓉，副榜，先君卒。女三人。所著《周易注义补象》、《国风原指》、《论语考异》、《孟子考义发》、《孝经章句》、《史记别录》、《柈湖文录》、《柈湖诗录》，通若干卷。

湖南二百年文章之盛，推曾文正公及君。而君意趣旷然，无忤于物，而物亦卒莫浼，有得于古文人之风。夫人苟有得于其心，则常内自足焉，以无愿乎其外，视外物之至，无加损益于其心也，是以乐之终身而无所歉。君之于文，其庶矣乎！然观其为人，益足知其文之深也。吾故表而著之，以告楚人之能为诗古文者。

卷十八

诰封奉直大夫黄君墓表

君讳之翰，字维周，姓黄氏，龙山人。其先出自黄文节公，世居江右。明洪武中，讳元恺者，官百户，始家长沙。十三世，至君父鸿禯，贫甚。有柳生者，善相人，谓曰："焉有如君而贫贱者？盍远游乎？"资之金，贾龙山，日致饶富，遂徙家焉。生君及君弟世选。妻丧，年二十馀，遂不复娶。兄弟六人，皆贫居长沙，悉迎赡之龙山。嘉庆元年，教匪起，连陷湖北之来凤、四川之酉阳。龙山与犄角，发粟集义勇为守，城卒完。年八十，卒。邑人具其事，请祀忠孝祠，建坊旌表，所谓孝义黄君者也。

君少力佣。其父居龙山，稍饶矣，犹受雇为人负装橐。主者道卒，距家百馀里。君腰金负尸，驰两日夜，达其家。见君负尸至，大疑，执而鞫之。君语状，出金，封识宛然，始释君。君固贫人也，而恢宏乐善，不知其曾忍饥寒、受劳苦者。始置龙山同缘堂，施棺具。推广为义行，治桥梁、施茶，而建支祠，置义塾其旁，以教子弟。赡孤寡，佐婚嫁。又以龙山占籍多长沙人，建会馆，置田。岁瘗土培孤坟，益推以行惠焉。嘉庆十八年，岁大祲。君独任赈事，治粥食贫者，佐以药饵，所全活尤众。喜排难解纷。邑有讼田者，相持急。君出数百金平其直，得罢讼。来凤人贷君万金服贾，数折阅，益假之万金。既不得酬，罄产偿君，得半值。君曰："吾一举罄君产，可乎？"复折半归之。邑有大猾李乙，为患乡里间，数资之金。君故方严嫉恶，家人怪问之。君曰："吾固以是柔其气，使其恶犹有戢也。"李卒以是资衣食，稍悔旧行，人尤服君之德量。

夫人晏氏，为妇能委曲以顺亲心，为母能恪恭以襄义训。与其弟妇王氏，温夷相善也。王氏卒，思之终身，姻党贤焉。

君卒以道光三年八月二十九日。夫人先卒三年，别葬城西。君既卒四十四年，孙一鸣官湘阴训导，来请曰："一鸣得及吾祖之生，窃闻乡之人叙及吾祖轶行，知其一二小者，其大者莫能详也。然自吾曾祖创业龙山，以行义闻，而推而大之，其光显先人之业而嘉赖其子孙，惟吾祖之力。而至今无碑于墓，岂惟吾诸父、兄弟之心戚然未安，即又何以表示后之人，显微阐幽，以劝为善？"于是嵩焘为次其行事，以揭于墓。君子三人：大钟，大镇，大钺。以大镇官柳州通判，得封奉直大夫。女四人。孙八人，曾孙三十二人，玄孙十九人，多能读书莅仕。

始君父以柳生言游龙山，遣君奉金为柳生寿，而柳生已前卒。君曰："此金，柳生之金也，吾敢私乎！"乃更益金为长沙宗祠学田。君尝过所亲张翁，方舁一棺出，唧唧有声。惊问故，则张翁次三女病，以女多，故怒甚，急命藁埋掩之。君要而毁其棺。女旋适李氏，早寡，君优恤之，今衡州教授李君之母也。李君有文行，与嵩焘交最久。此亦君遗事之可纪者。

临川王氏之言曰："古者一乡之善士，必有以贵于一乡；一国之善士，必有以贵于一国。"此道亡也久矣。然苟其行足以贵于一乡一国，则又乌能以无传也哉？具其略，俾后有考焉。同治六年冬十一月。

黄琴坞先生墓表

君讳辅辰，字琴坞，先世由江西瑞安迁醴陵。十五传，至公之考运裳公，再迁贵筑，遂家焉。曾祖曰朝瓒。祖曰承谟。三世并以公贵，赠中议大夫。运裳有子四人：长曰安泰；次曰辅廷，山西垣曲县知县；次曰辅相，广西右江道，殉难浔州；其季，公也。少贫，读书自刻苦。遭父丧，徒步走云南三千里，告贷所亲，得三十金归葬。自是贫益甚，至屑糠以食。日夜自砥于学，无所得书。故湖北布政使唐公树义，少与友善，时携小童负书簏就公，公遂以博览经史，周知古今事变，慨然有志经世之学。

由进士官吏部文选司主事，迁验封司员外郎，再迁考功司郎中，以知府分发山西。公在吏部，历文选、考功二司，主天下人才进退。例案出入比校，吏缘为奸，公辑旧案揭示吏部堂，使不得蒙蔽匿饰。遇事持大体，论辩侃侃，无阿回。尚书长白恩桂公，方厉威严，以公言事忤意，积九年不迁。及病且死，语潍县陈文恪公曰："黄君贤者，而久淹滞，此吾过也。"昆明窦君垿为镌石曰"硬黄"，以赠公。于是人知公直谅能任事，而忧公之道不行于今。

公至山西，闻贵州乱作，遽归。归则倡议团练，躬自察形势，建碉堡，积谷省城二万馀石，治垣堞楼橹，以其间抚辑清水江诸苗。已而贼犯清水，乱民四起。公急驰至巴香，平其乱，以功擢道员，旋署山西冀宁道。时户部铸行铁钱，议就铁鼓铸，设宝泉分局于平定州。铁钱积滞不行，京师钱法日坏，而平定一州岁销铁钱千馀万。当事以州地小，请通行各府州县。铁钱日贱，物踊腾贵，山西钱法亦大坏。公以铁钱馀利岁解银三万馀两，为利无几，而为民害甚大。既通行各府县，必议交纳钱粮。以三万金之馀利，而防数百万金之正供，是谓利一而害百。巡抚英桂用公言上闻，分局遂罢。当事者注意倚公矣，而公以抗直积忤当事，于是人又知公之道不行于山西。

直隶总督恭襄公恒福，故为山西巡抚，知公。会天津海防急，调公直隶，为部议所持。公亦环视叹曰："有机事者，必有机心。吾老矣，岂足堪此！"居久之，四川总督骆公秉章驰书召公，遂入蜀。而刘公蓉适巡抚陕西，议兴屯田利病。公为《屯田辑要》，曰成法者十七，曰积弊者十四，大旨在为民兴利，而不与民争利。刘公得公书，大喜，密奏公授陕西凤邠道。公遂一以屯田自任，正经界，定限制，行之期年，垦田十八万馀亩。于是士大夫知公者相谓曰："黄公之道，庶几一行于刘公。"而公以积劳病，遂卒，年六十九，同治九年十一月六日也。

公为政一主爱人，而刚严守法，无瞻徇姑息。其在吏部，易州牧以贿事发觉。侍郎何公与同年，阴护之。公亦与同年，因曰："如此，是骫法也。何惜一同年之纳贿者，而骫法以徇之！"其治狱山西，临汾令以非刑杀人，狱具矣，而以疑词上闻。公争之力，已而奉旨诘责，卒从公议。其剿巴香贼，有武生罗宪章者，大猾也，与贼通，族众且强。公至，问曰："巴香亦有以死拒贼者乎？"众曰："有。罗灿奎。宪章叔父也。"公召其子慰抚，厚恤之，众感泣。召宪章问通贼情状，厉声曰："谁能保宪章不反者？即反，与同坐！"众出不意，莫敢应。公顾曰："汝罗姓，亦无敢保者乎？"即缚斩之。众大慑。凡斩王登学、张洪三人，自是巴香民无反者。山西大吏议行保甲，求公在黔成法。公曰："事不躬亲，取行文书集事，其可得耶？苟非其人，法虽良，为害而已。"大吏意难之，山西保甲亦终不行。而公在黔、在秦行之，皆著成效。其办陕西屯田，陕甘总督杨公岳斌请以陕西回民叛产变价充甘饷，公言：“变产利近而害多，募民开垦其利远。陕西民力竭矣，募民开垦，应者无几，宁复有越境裹粮以就危乱者？如此，则弊且不可穷诘。”刘公遂据公言复奏。府州县有以屯田为利者，悉论如此。是以陕西民思公尤深。刘公于是具公事迹祀陕西名宦，而请以公治行编入国史循吏传，得旨褒叙如例。

呜呼！吏失其职久矣。世所谓循良，务在平易近人情，邀流俗称誉，容顽保奸，驯至大乱，而贤者乐趋焉。有能持正议、行正道，则见为迂阔，不能和同于人，为世大诟。呜呼！孰知夫循良者，非能持正议、行正道而固不可哉！微公，谁与讨论政治之得失？微刘公，则又谁与表章公之道以有传也？公夫人左氏，有贤行，先公卒。子彭年，自陕西奉公与夫人之柩归葬湘乡，盖刘公为之择地卜兆，庶几能有始终者。嵩焘与彭年同举进士，夙知公，益知彭年学行能守家法，乃叙次公行政大要，揭之墓道，以俟后之征公轶行者有考焉。

拣选知县杨君墓表

君讳任光，字砥皆，晚号西塘老人，姓杨氏，善化人。自少以文章学行名于时。始冠，中癸卯科乡试。英迈杰特，仪容丽伟，见者惊叹，以为异人。及与之游，神清而气夷，意勤而辞下，欿然常若不足，而所行一自敕以礼，内外完整，不失绳尺。或罔以非道，正容悟之，默视不交一语。人相与敛退敬畏，终无怨者。

道光二十四年，嵩焘就礼部试京师，识君及周君子佩、贺君礼耕。子佩初举进士，为吏部主事。予与君及礼耕皆试教习。时年少气盛，视功业可就而掇之也。四人者，暇辄就城南古寺瀹茗谈，亦稍以承平久，万事堕坏，忧且乱，相与慨焉发愤。君意超然，若无所屑意。又二年，嵩焘成进士，而君罢归。逾年而广西乱作。嵩焘从文正公治军江西，再出仕，再乞归，而礼耕早卒，子佩官镇江府知府，数年亦卒。存者独予与君，而皆有骨肉之戚。君所处尤艰而哀尤多。相顾志且衰矣。回思数人者京师谈宴，三四十年，岂知其终若此！

而君自始乱不求仕进，介然不可以名利浼也，出入矢石锋镝之中，亦未尝有避就。自曾文正公、胡文忠公及今相国左公皆知君，每见，言天下所以治乱及军事本末，皆当意。屈使为助，不可，曰："亲在不远游也。"部使者辽东文格公、德兴李公以幕事屈君，君一就之。事有问，竭诚以告；有任焉，必殚其力。而不受保荐，始终不进一阶，军兴以来，君一人而已。言者以湖南奇杰非常文武之才高天下，而君介出其间，约身敛迹，道益尊，名益高。

君生有至性，孝弟恂恂，以父母年老，资一馆以为养，不敢有逾百里。及居丧，遂不复出。晚年连失两子一孙，及诸女若妇，遂以病卒，癸未十月十有八日也，年六十有四。曾祖某。祖某。父煦，岁贡生，历署衡山县教谕、衡州府教授。配李孺人。子三人：瀚先，廪膳生；澍先，丙子科举人，庚辰科进士，改翰林院庶吉士，先君卒；濬先，亦卒。女四人。孙三人。所著《周礼融注》、《尔雅集注》、《春秋左传尊闻》、《州郡水道考》、《分画重韵辨》、《异同辨》、《西塘文存》、《西塘诗存》，通若干卷。瀚先以君卒之明年某月，卜葬善化东都凤在山之阳。嵩焘为述所以交于君与其所知之大节，表于墓，以示后之人。

呜呼！自君祖若父积学累行，不显其施，以有君及君子，弱冠取上第，非其积之久而蕴之隆耶？迹君之为人，其于穷达死生，安之素矣。而蓄之于先，以有待乎其后，而陨折若此！命之不可知而人事之穷，圣者有未忘焉。而人或曰：天道久而始定。意者参差反复，终将有属焉以大其业，则死者不足悲而存者之事为无穷也。君于此亦可以少慰也夫！光绪十有五年秋七月，湘阴郭嵩焘谨表。

周毖予先生墓志铭

君讳鸿琛，字赉鲁，姓周氏，湘阴人，晚自号毖予居士。父锡溥，以进士官宁朔县知县，以忧去官，遂不仕。文章德行，为时取则，卒祀乡贤祠。有子八人，君以次居六。少羸多病，而喜深湛之思。入学授章句，端拱默坐，一再复，已皆成诵。侍诸长老谈宴，屏息肃立，循诵所读书。乡贤公于诸子中尤钟爱之。十岁，乡贤公卒，哀毁尽礼如成人。入而承事其母与所生母，爱敬逾笃，而身自托于诸兄，有事咨而后行。年二十，补弟子员。君自以病弱，外视荣利，以《五经》教授乡里三十馀年。其经承指授，为文章皆有法度。尤严于自治，绳行矩步，纳之轨仪，不失尺寸。姻党贤者奖而进之，不肖者远之。造次酬答，必依程式。乡里得其一言，争自刮磨，以砥于善。其为不善，望见君，畏避之，亦无敢怨者。终身布衣疏食，手一编，弟子左右侍，咿唔讲诵。病且亟，舆归，遂卒。人谓君宦家子，甚贤而能文，宜可以驰骋当世，邀声名仕进，而以老儒终也。呜呼，如君者可谓内自足而无待于外者矣。

夫人李氏，能俭以勤，佐成君德，而喜施与。道光二十九年，岁大祲，日市小豆和米为饘以给餐，而时时阴伺乡邻饥寒者周济之。从子某病狂，夫人馆而铺食之，佐以药饵。既瘳，益为之经纪其衣食。庶几能配君之贤以大其施者。

君卒以道光三十年八月初八日，年五十有七。夫人卒以咸丰八年五月二十八日，年六十有九。合葬柳丝围祖茔之右。子三人：谌枝，戊辰科进士；谊枝、谔枝，均邑庠生。女三人。孙七人，孙女六人。

周氏自乡贤公训饬子弟有礼法，三世入学籍者十馀人，能以诗书世其家，循循雅饬。里人语家法，曰周氏周氏，而尤以学行推重君。君卒十九年，谌枝成进士，谊枝前卒矣，谔枝夙与其兄以行义相高，于时有名。子孙之盛且贤，亦莫君若也。于是兄弟相与言曰："先人名德，无文以张之，则惧泯而无传。"乃始汇次君行事，丐嵩焘为之铭，以诏诸幽。铭曰：

觥觥乡贤，厥施以宏，仍世述德，有闻其声。佩服儒素，以规升斗，既敛既固，有基逾厚。用光厥嗣，祖武是绳，翘华掞耀，后起蒸蒸。考终再纪，遗徽斯揭，孰茹不呿，以勖来哲。

喻母朱恭人墓志铭

吾师喻凤冈先生既卒三十一年，而恭人以疾终于里第。子恭和，奉葬其邑清溪乡之祖茔，以书告丧，且曰："恭和少孤，赖吾母之力归先君丧京师，而鞠吾兄弟以有成，瘁心毕力，以迄于今。恭和兄弟无状，无能光大吾母之志事，昭示无穷。念惟文章之传为不朽。今子幸能文，庶使吾母生平揭之墓以永有延也，敢请铭！"嵩焘曰："然。惟恭人勤以恤其家，恩以鬻其子。幸吾所知，粗能详。宜吾铭。"

案状：恭人萍乡朱氏，曾祖曰士成，祖曰国华，父曰文翥。年十九，归于喻氏。时吾师凤冈先生为诸生有名，而顾贫甚。恭人为冢妇，其父母兄弟皆资以养。逾年，先生遂以选拔与朝考，得官丰城县训导，稍能以禄养矣。旋以举人留京师会试，请开缺。亲友或劝沮之，恭人笑曰：“吾为博士妻，未餍也。安足限吾夫子乎？”已而先生果以进士改翰林，擢左春坊左庶子，卒于官。其官翰林，一典湖南乡试，嵩焘所从受知也。恭人在丰能安其约，处变能贞其常。严事其亲，以内治其言笑，无弗严。慈抚其子，以下逮其左右使令，无弗慈。乡邻周济，不倦于施，而终身操作，自视欿然。尤持大体。始夫弟增□卒，无子。恭人闵其妇之无依，以子恭瑾后之，朝夕顾问，曲体其心所不至，使忘其哀。凤冈先生方官京师，以书归，所言适同。恭人曰：“吾固知其然。所以不先请命者，急慰吾娣妇之心。”论者以推知先生孝友之德之孚于家，恭人之贤，盖又有自来也。

恭人生于嘉庆十一年八月二十二日，殁于同治九年十月初一日，年六十有五。子三人：恭和，候选训导；恭瑾，壬戌恩科举人，员外郎衔，刑部湖广司主事，出后夫弟增□①；恭琛，早卒。女一人。孙三人。铭曰：

我初京师，师门盛昌，逾年再至，乃丁师丧。有藐诸孤，侍母南行，丧车蔽前，拜送于堂。携持黾勉，诲化谆谆，各以文雄，秋曹始振。再光门阀，子又生孙，三十一年，咀苦茹辛。要终福善，在躬靡缺，中更多难，璚枝一折。卒跻老寿，欢然告诀，吾铭曷征？遗徽之揭。

①系底本所缺。

舒母罗夫人墓志铭

故登莱青兵备道舒苏樵先生之夫人罗氏，龙山人。祖曰荣堂，拔贡生。父曰秀南，庠生。始其父奇夫人之生，将嫁焉，而难其选。会苏樵先生幕游龙山，一见，诧曰："是可以托吾女矣。"时夫人年已二十二，出适为舒氏妇。又十六年，苏樵先生以进士官翰林，改安徽巢县知县。屡迁至庐凤颍道，调官山东。夫人皆从。凡三十有三年，而苏樵先生卒。

其归舒氏，贫甚。饎爨衿綦，朝夕营办。夫人终日勤，而欢有馀。其后益贵盛，夫人则曰："吾无裨于在官之职任，敢无勤恤其家?"岁时经纪，宾祭之供，赡给亲故，铢分缕析，而勤益有馀。自苏樵先生之卒，治田宅长沙，抚诸子及孙成立有室家，夫人于时号称老寿多祉，诸家无敢望者。每晨辨色起盥漱，整洁衣履，子妇入谒，以礼进退。终日言惟主吉祥，怡怡如也。童仆䜣䜣如也。门以内不闻谯呵。诸为噍杀粗厉、烦忧促数之言，莫敢于夫人前有所触犯。尤严于祀神。御冠帔肃拜，自晨达暮，不以弛服偃息。盖其生八十三年，未尝知有愁苦不足意者。而其子勋以遗命为溆浦故籍置学田，为舒氏置祀田、义田，具规约，条画井井，实受命夫人。其于人世艰难困厄之情，又皆曲体而微中焉，是难能也。

夫人生于乾隆二十一年九月初九日，卒于同治七年三月二十四日。子三人：所生候选道勋也；长曰焘，户部广东司郎中，副室王恭人出，早卒；季曰恭寿，庠生，副室吴宜人出。女五人。孙五人：长运昌，丁卯科举人；馀皆幼。女孙二人。既卒逾年，子勋卜葬夫人长沙之观冲坡。将葬，请曰："非子铭，何以有永!"

乃序以铭。铭曰：

畴五向用，古难其备，繁祉曼年，一身之萃。惟德有常，履坦居冲，自我天覆，何污何隆。性尔弥矣，茀尔康矣，女宗德象，是名惇史。有歆其获，孰知其由？我铭孔昭，以奠诸幽。

王母鲍太夫人墓志铭

国子监祭酒王君，以光绪十年某月葬其母太夫人善化某乡之原，而叙次其家世为年谱，涕泣来言曰："先谦年二十而先公卒，兄弟骨肉之戚相环也，盖母子二人相守以终二十有一年。太夫人年逾七十，寿固有穷也，而其德引之而愈长，不知其所穷也。其自少逮老，忧劳郁伤，与其身相刃相靡，其哀又益无穷。然则吾何以表太夫人之勤，以寄其无穷之痛，昭示永久？将求先生之文揭之墓，由今以讫无穷，有所考览。"

太夫人姓鲍氏。祖某，自安徽徽州徙居湖南，占籍为善化人。父敦祉，为太夫人择所归，以适故赠通奉大夫王公。及事其两世舅姑，能得其欢。既终祖父之丧，家益落。两兄姒依食其母家，母家又贫，通奉公悉迎以归，曰："寒饥均之可也。"已而伯姒病废，太夫人时其温饱，躬调护之，扶持抑搔，五年无间，贫又益甚。姑且老，通奉公游食于外，太夫人日市米一瓯赡其姑。每侍食，辄假他故去，问之，曰："食矣。"日常忍饥不一言。洎通奉公之丧，太夫人年五十有四矣，家亦稍稍饶。太夫人生子四。长卒数年，其次又卒。通奉公哀其子甚，亦卒。其季尤才也，又卒。祭酒三娶妻，有男子子二，女子子四，皆殇。自祭酒通籍京师，官显矣，家裕矣，太夫人顾日在哀泣之中，与祭酒相慰存，母子更依为命，而视其家，衎衎然以肃，聆其言，秩秩然以和，终不易其常。光绪八年三月十有六日，以疾卒于京师，年七十有四。

太夫人读书识大体，更历险夷丰悴，宏忍自励。尤笃于仁。闻人疾苦，必计所以援拯，得当乃已。亲故待养者，或有他缺乏，为之欷歔不欢；下至臧获，皆然。祭酒故人子寓其家，偶失衣服寒燠之节，太夫人见之叹曰："是无母抚视以有然也。"日使人伺之，或夜不能寐。其心笃于仁而施之诚，皆此类也。

太夫人四子：曰先和，曰先惠，县学生；曰先谦，乙丑科进士，由翰林历官国子监祭酒；曰先恭，县学生，以军功保知府。四女，存者一，嫁候选知县龚运昉。先谦官祭酒，以其官封赠其父通奉大夫、母太夫人。自京师奉太夫人之丧，归葬善化。其地卜之吉也，其日当大祥之前一月，庶几以遂其孝思。铭曰：

始勤家曰贤妇，继昌尔宗曰贤母。生世艰劬得天厚，百忧积生谁执咎？仁德以隆美成久，戚忻在人若身受。以衍其基宜有后，湖湘开辟元黄剖。堂堂文宗肇祭酒，夫人之子维我友。负土成坟被冈阜，更千亿年诏不朽。

张母许宜人墓志铭

宜人许氏，浙江乌程人，再世居湖南，至其父胜鼎，占籍为善化人。年十九，归永明县教谕张君蔗泉为继室。张氏故世族，蔗泉益以文章有名天下，而故贫甚，家无隔宿储，井臼常虚。每发愤，拍案狂呼。宜人睨视笑曰："贫也非病，若是其病乎？"则抵掌欢笑，以声乱之。蔗泉亦相与笑。久之，益忘其贫。

已而蔗泉以大挑选授永明县教谕。永明瘠邑，路苦远，蔗泉意忧之。宜人觞酒贺，益为豪语曰："君以文章雄视一世，世顾莫知君。君行矣，雄长一学，又何嗛乎！"相与负橐之官。比至而广西贼洪秀全陷道州，烽火相望。方是时，朝廷责团练急，各府县独学官闲曹，无民事，悉使治团。蔗泉亦奉檄走乡寨，扼险完守保。宜人常城居，贼至，走避；贼退，又就食永明。而广东贼大起，出没湖南边境数年，永明实当贼冲。宜人数被贼，数濒于死，益处之夷然。(常)〔尝〕以归善贼朱洪英犯永明，治急装归长沙，而兴安贼犯道州，路梗，留何家庄。进退皆贼。十馀日，道州贼遁去，乃行。次道州，舟人大呼“贼至，急返舟!”宜人视城下居民狂奔，召舟人戒曰：“江水湍急，能挽而上乎？贼至，必不可脱，吾死此矣。盍往侦之!”往视，则州使者缚贼斩城下，州民奔视扰乱。舟人谢曰：“微夫人，吾属自相蹂耳。”

宜人避乱仓卒，课责诸子不少辍。自少粗知书，授章句，有疑难，辄以意通之。长子祖同试《蜀客船从鸟道回》诗有曰：“剑森高阁迥，波逐画帆来。”宜人吟玩再四曰：“是有诗意，可与学诗。”而宜人固未尝习为诗也。祖同中壬戌科举人，有二子，宜人抱孙矣。广东贼既平，数年不闻兵戈。蔗泉督饷衡州佐军，支食月俸，家有馀粮，而宜人病。病三年，乃卒。蔗泉泣曰：“是从我三十年，十年食贫，十年避寇，而病又数年。宜人穷哉！而独予之穷于世，日夜顾视宜人以自广，天于是将以宜人慰予之穷。而今已矣，莫予穷矣。”

宜人有子四人：祖同，壬戌科补行己未恩科举人；璟同、百熙，诸生；觐同，出后兄澐。女三人，前夫人生也。孙二人。其卒以同治六年十一月十六日，其葬以同治八年，而茔于长沙北原之边塘冲山。嵩焘与蔗泉相善也，哀而为之铭。铭曰：

砖砖之土封以厚，许氏贤媛张氏妇。生年四十又羸九，外荣充实中纷纠。茹苦犹甘心语口，夫贤勤家子克负。以是归全无怨咎，我铭其幽诏永久。

罗母周夫人墓表

嵩焘始识罗忠节公长沙，忠节公长予十二年，而占学藉反后五年。道光乙未，嵩焘初为弟子员，忠节公应学使者试报罢，贫不能具舟车，徒步归所居罗山，用夜半到家。会旱，见所艺田皆荒，呼门入，闻夫人张氏哭声，所生子又殇。启盎无储米，就灶突爇水为饮，则夫人以痛子故，目尽盲，不辨火有无。忠节公怆然自伤。久之，学益进，从游者益多。又逾年，而周夫人归公为侧室。盖忠节公数为嵩焘言如此。

夫人，江陵良家女，家贫，转徙湖湘间。既归罗氏，门以内之事，张夫人所不能任，夫人躬任之，而事张夫人益勤，有事咨而后行。忠节公岁馆于外，父光禄公笃老，夫人朝夕视膳，时其凉燠，调护之惟谨。已而兵事起，忠节公用团练从曾文正公讨贼立功名，遂卒于军。夫人部署家政，酬酢宾亲，权衡缓急轻重，不失铢黍。更历险夷忻戚，三十年在约无怨咨。及丰，益隆其施。被服食饮，终身无所加易。讫忠节公之丧，承事其舅以终，而下育诸子，俾底于成。人皆曰："罗氏之赖以有立，实惟夫人之贤。"

子二：兆作，张夫人出也；兆升。并以忠节公推恩赏举人。兆作又早卒。兆升从伯相左公甘肃，积功保同知，以二品封其母太夫人。夫人生以嘉庆二十二年丁丑某月某日，卒以光绪六年庚辰某月某日，葬衡阳金兰乡之原。既葬五年，兆升以书来曰："愿得先生之文以表于墓，庶吾母之德有传也。"兆升娶曾氏，文正公次三女也，于吾子刚基为僚婿。曾氏能知文，又承命以请。嵩焘谓忠节公早岁之厄艰，得夫人而家日益隆；夫人一生之勤，得其子而名日益光。天人之应，于理有可信者。因次其所知，揭之墓道，以昭示罗氏子孙。忠节公德业，贻谋大以远矣，而夫人所以佑启其家，其勤贤又可深长思也。

黎母宋孺人墓志铭

黎孺人，姓宋氏，湘潭人，庠生铭笏女，赠君妻也。归黎氏八年而赠君卒，所生子三，幼者培敬，才八月耳。赠君无兄弟，而祖姑舅姑咸在。孺人仰事俯育，克俭克勤，常啜泣寝室，而愉色易辞，上堂问起居，使祖姑舅姑忘其子之死。舅殁，祖姑殁，更与其姑相守，养遂其诚，葬安其礼，宗族称能。而自其舅殁，诸伯叔以孺人茕然嫠也，稍稍侵削之。器用财贿，求取纷呶。先世藏端溪石砚，甚良，从兄某欲强得之。孺人正色曰："儿辈读书，遗砚幸愿终守，他物惟所取耳。"某惭而退。会岁饥，诸从质田产求鬻，昂其值，持不决。孺人曰："某长者，贫乏可念。祖宗遗业，当于我任之。"如其言署券。于是一岁二三役，皆任营办，而家实无储积，又倍值无所校。诸从自是畏而服之。诸子既长，就学，家事从委，不使知，曰："无以纷其心。"同居兄弟为摴蒲，窃往窥之。孺人诃责甚厉。有从姑从容言："儿辈幸成立，盍少宽之。且令居外嬉遨，谁禁之也。"孺人泫然曰："此无父之子。吾在一日，尽吾一日之教，不知其他。"

孺人生于嘉庆丙辰五月二十三日，殁于道光甲辰十一月初七日，年四十有九。既殁四年，子培心、培敬具其节行以请于朝，旌如例。又三年，培敬中式己酉科乡试举人，考充宗室官学教习，例得追赠孺人。又十年，培敬在京师状孺人行事，再拜请曰："吾母殁十有七年，而墓碑未有立，心则何安！敢请先生诏之铭。"嵩焘读其状，拜曰："是宜铭。"铭曰：

德贞有曜，焉用文之？履艰定倾，非才曷施。始茕在疚，人谋劫劫，块处虓陵，钩唇棘舌。弛张在心，群声寝哗，挈提下缺①

谭烈妇墓志铭

烈妇龙氏，攸县岁贡生友夔之女，适举人谭椿祥十有六年，而椿祥死。椿祥，茶陵州人，常依妻父读，以故烈妇从居母家。椿祥应礼部试京师，三年，死。烈妇父母匿不以闻。兄妻许氏，知书晓大义。烈妇微窥得之，迫问故，又秘不言。叹曰："此必以我故也，吾岂怯死哉！"久之，察家人形迹，益信。夜叩许氏户，逼得其实。烈妇曰："前日见嫂切切语，已决一死。顾吾谭氏妇，明日归茶陵死耳。"许泣慰之。烈妇扬扬返室如平时。既明，告父母归谭氏。许忧父母往，见烈妇益悲，因请送以如谭。既至，成礼，日夕掩户，卧无声。许屏息伏听，微闻喉间格格。视烈妇，服金屑死。时戊午九月十五日也，距椿祥之死六十有几日。

烈妇性明爽，通书识古今，语节义事尤辩。咸丰二年，粤贼犯长沙，道攸，居民奔匿。烈妇蓄利刃自随曰："脱有急，吾与共命。"居母家，姻党贫者，多贷贱存活。治女工绝精，得者酬金帛，岁常丰。以其积资，私置媵。椿祥怪问，烈妇曰："尊章望抱孙，且吾以均劳耳。"烈妇贤哉！

初，椿祥病亟，喃喃语，忽张目曰："有一言属皞臣。"皞臣者，烈妇之兄汝霖，居海淀。驰至，椿祥已死，且死，曰："皞臣妹，贤也，吾何言！"夫妇人之义，以夫显晦荣辱，而惟节与烈，则其夫附以传焉。自刘向传列女，至今凛凛存者，固曰某氏妇然

---

①此处系底本所缺。

也。呜呼！椿祥亦可以无怼于其死矣。烈妇名佩霞，字芝眉，死年三十五。无子，以兄子泰来为嗣。既葬有日，汝霖以其妻许氏所述烈妇死事状请曰："盍为之铭!"铭曰：

蠕蠕之生，以死忽焉，（泊）〔洎〕死汝临，匪易斯艰。孰执不挠，一瞑九渊，是宛宛者，眉舒发鬖。急变纷纭，其安如山，覆焘均也，曰殉所天。更无濡忍，斯所以贤。藏形兹丘，既固既坚。大铭深刻，垂亿千年。

卷十九

左彦冲及妻郭氏合葬铭

左彦冲既卒六年，其妻郭氏卒，吾次五女也。时以奉使，远距四万里外，逾五六月，乃知其死而哭之。又二年，东归，其家以祔于长沙罗洋山夏家湾。彦冲之葬，吾方奉诏北行，未有铭也，至是乃合为之铭。

彦冲名浑，实为湘阴左氏。父景乔舍人，以文章高天下。其季父今相国陕甘总督恪靖侯，尤贵显。舍人治天文，恪靖通地理、古今沿革及关塞险阨要害。彦冲小字丁叟，与其同母兄壬叟并精敏善学。生八九年，侍诸父谈论，能喻其旨，指画星次，辨其经纬。壬叟能精思，遂通弧角、九章之术。而彦冲尤工文，自《五经》传注及《史》、《汉》之书，皆为之正句读、辨讹误。写定之本逾二三尺。终日操书据几，俯而读，仰而思，若迫不及待者。一室悄然，不知有人。吾尝以彦冲体不任气，血不华色，忧其不长。独视其精神内敛，嗜书若饥渴，焦思极能，以求有得，不遗馀力，又私幸其志锐而气方昌，宜不窘于用。年二十二，中庚午科举人，又举一子。明年，礼闱报罢，就省其嫡母兄定海厅，病归，其子亦殇。又明年，卒，壬申二月初六日也。以其兄壬叟子瑛为嗣。壬叟亦旋卒，遂以其子兼祧。而所抚其嫡母兄女，实许字吾次孙本谋。

五女性温淑，知书。年十二，丧其母，遂归左氏。虽幼，已能敬事其两姑。彦冲病，割臂和药以进。既卒，不食三日，屑金服之，皆不死。其病也，拒医药不御，曰："死，吾志也。何医为!"其姑谕之，为进一匕。以丁丑七月初八日卒，年二十八。

呜呼！彦冲之才，暗修深造，穷极古人之域而未有已也，孰使其生夭阏无闻以不得昌其志？若吾女者，慈惠贞静，又岂多得耶？天之于斯人也，酷矣夫！铭曰：

左氏之兴，讫三百年，文昭武烈，载飞而骞。觥觥两生，蹑迹以起，视其所为，有进无止，溘然以尽，电没风驱，宛宛吾女，追从其夫。我悲无穷，盖莫非命，万古同穴，于死犹幸。

魏母王夫人墓志铭

夫人姓王氏，衡阳人，赠中议大夫讳某之孙，赠通奉大夫讳某之子。年十九，归魏氏，实为吾友魏君荫亭之夫人。王、魏皆衡阳世族。夫人少承礼训，娴女仪，尤邃于诗。其归魏氏，舅葵臣先生官台湾同知，夫人奉姑于家，与其娣姒朝夕承事，能敬以和。台湾君卒，官禄食无存馀，而食益繁。夫人区画井井，内奉姑，外赡亲族，能宽以裕。已而荫亭以佐今相国李公军，累功保道员，加布政使衔。诸子皆贵盛。夫人躬不弛其劳，家不易其素，为能顺以有常也。以同治丁卯六月初七日卒于铜陵之大通镇，年四十九。以夫贵，封一品夫人。某年某月归葬衡阳县西之烟沙冲。子四人：某某。女六人：适某。孙十二人。女孙五人。

初，荫亭以贫故，奔走以给养，夫人实承事焉。既终母丧，挈家东下。会常熟贼乞降，荫亭奉相国檄往抚，遂以其家入处，示不疑。贼帅李侍贤愤，悉众攻益急，城无守兵。荫亭简料居民与自卫兵四百人，乘城拒之。左右谋出。夫人曰："而公无守土责，诚不忍降众之无主也，誓以身殉。吾去则人心益摇。尔曹但努力。城幸完，无害。吾家在也，去是，何归乎?”发所藏佐军食。家仆数人，属使登陴，戒毋馁，曰：“吾军凭城，贼虽众，何能为!”比援至，贼稍稍引去。荫亭乃笑语夫人曰：“吾自谓胆壮。君循循，临急难乃能如是!”其卒于大通以从荫亭督榷务。病甚，日仆婢侍疾者，使更其劳。谓诸子曰：“此亦人子！渊明之诗可念也。”呜呼，其存心之厚又如是也。所为诗，虽内姻无知者。尝曰：“此非妇人所宜也，取适吾性而已。”因以“悟性斋”名集。既卒，荫亭为汇存之，其子纲刻之京师。

光绪二年，嵩焘擢兵部左侍郎，距夫人之葬十年矣。纲具状言曰：“吾母营葬久，而墓石未具，及先生之在京师，砻石丐铭，舆致之衡阳，亦吾父之命也。”乃追次其卒葬年月，而系以铭。铭曰：

维魏大名，仍世绍闻，夫人承之，载扬休芬。逢时艰屯，奋戈从难，父子齐轶，随陆绛灌。褒功甄劳，其施孔多，不享其隆，委蛇山河。首丘衡阳，面潇负岳，弥亿千年，式此规矱。

陈母李太夫人墓志铭

太夫人李氏，处士大嵘女，世为义宁州人。年十七，妇于陈氏，及事舅与姑。而舅年最高，承事最久。舅心安之，每语赠公：“汝有孝妇，无以我为虑。”赠公亦尝语人：“圣人之言曰：终身可行，其恕乎？吾妇其近之矣。”以是施于家，孚于人人，推其致孝于舅姑者，以仁其宗族乡党，下逮臧获。视所推惠，皆若其子弟然，督课其子弟又若严师然。

当道光之季，天下繁富，以侈靡相高。李氏故巨族，亲党问遗丰厚，太夫人常裁之以礼，曰："吾求其有继也。"

其后十馀年，东南乱作。赠公治团保卫其乡里，以劳卒。太夫人则蠲家督子弟从军讨贼，曰："此何时乎！汝曹尽一日之力，宜有一日之效。"其子右铭观察，果用才能显于时，有名。光绪元年，右铭官辰沅道，治镇筸。镇筸，新设之凤凰厅也，为苗防重镇，地硗瘠，军米转自旁县。城北临江，所谓乌巢江也。沱江、白江二水自西合流，抵城下，名西门江。水湍激，巨石离离蹲立，截行舟，使不得上。陈文恭公巡抚湖南，谋疏浚之，不果。右铭度水势远近，凿石通渠，蠲俸入万金，犹不足，以告太夫人。太夫人喜曰："是地方久远之利，未宜以难自阻计。即吾日食所需，节缩以给用，累少为多，功幸完。"右铭于是毅然任之。自泸溪北通沅水，舟楫辐辏城下，兵民大欢，于是而知太夫人明敏断决，识道理，当时贤士大夫或罕能之。所以能贞于德，光于有家，施益宏而意量常无穷也。

太夫人生于某年月日，卒于某年月日，年七十八，累封至太夫人。子三：长树年，四川某官；次观瑞，早世；次即右铭，咸丰辛亥科举人，湖南候补道，加布政司衔。女某某，孙某某，曾孙某某。右铭既卜地平江县之金坪，奉太夫人以葬，以于嵩焘夙好也，习知太夫人之贤，来请铭。铭曰：

天岳盘盘，山水所都，蕴真孕灵，磅礴扶馀。幽宫隩区，是营是宅，弥亿千年，以俟有德。曷云天相？惟德之恒，造家延后，于传有征。累哀以荣，是曰贤母，镌石埋铭，用诏永久。

胡母陶夫人祔葬志铭

故太子太保胡文忠公既葬十有八年，而夫人陶氏卒于长沙通泰里第。其子子勋，奉以归益阳之某里某原，启封而合窆焉。文忠公之葬也，天子赐之碑铭，褒宠休烈，表示万世。而纳圹之文，阙焉未备，于时子勋幼也。夫人既葬之明年，嵩焘归自海外，子勋具状请铭。

夫人，故太子少保两江总督安化陶文毅公之女，其家世具载国史。年十六，归文忠公。其读书知礼法，实始受教父母，继又受教舅姑氏，人不知其贵家女。自始笄，又为命妇，从官京师，及莅仕贵州，更历丰约险夷欣戚。夫人处之温温，无弛劳，无侈费，而务勤施广惠，以蓄其德，终身不渝。文忠公巡抚湖北，任军旅，戡定东南，夫人常留居守，刻己自励，珍食药饵，以时输之，军无乏。尤持大体。文忠公会师九江，安徽贼屡上犯武昌以挠之，夫人屹不为动。其后文忠公移营太湖，夫人遂挈子子勋归长沙。幕中士丁取忠虑为民望也，阻之。夫人曰："吾义在殉夫，无殉城之责。向者之不去，为老妇一身无所惜。今公以儿子属我。去，吾分也。"取忠乃服。文忠公建箴言书院未就，夫人卒成之。又建胡氏学塾，教家子弟。呜呼！文忠公功业在天下，延施无穷，学士大夫多能传其遗事，以自重其文。若夫夫人之德，无文以昭诸后世，将使其善行之在人者隐而弗曜，宜于人心有歉焉。此子勋所以请之勤也。

夫人生于某年月日，卒于某年月日，年六十有四。无子，立夫从弟子子勋为嗣，以荫赏举人，由一等轻车都尉世职合并为三等男。娶陶氏，候选道桄之女，夫人弟也。一女嫁监察御史周开铭。孙某某。

文忠公延揽人才。嵩焘自翰林假归，文忠公驻师英山，发使迎劳数千里。至武昌，夫人致饔饩有加。其后虽家居，有事必咨，有故必省，曰："文忠公遗意也。"嵩焘以是感夫人之贤。呜呼！

是亦难能也矣。铭曰：

圣清二百年，大湖以南，元功杰士蔚然兴焉。岳岳文忠，实为之枢机。天下之士奔走辐辏，以知所归。为国为民，具征之史，施之于有家。惟夫人之媲美，宛同穴之为祥。更千万年，既用以臧。匪吾铭之能恒，德有恒而逾昌。

李母吴宜人墓志铭

宜人吴氏，湘阴人，故州同衔吴公尚纲之女，同知衔李公发甲之妻。吴氏巨族，饶于资。宜人少习勤俭，忘其为富家女。佐其夫理家政，称多量少，为李氏健妇。李氏素富。自宜人之世，更变水旱寇乱，凡富民居城邑，耗敝无一完者，而李氏益以起其家，宜人之助为有力焉。宜人长于其夫一岁，事其夫至八十有三，又后五年乃卒。老寿繁祉，于时为盛。终其身衎衎尔，无尤怨于人，无封靡于家。子孙诜诜习其教，无有逾越。其贤尤可念也。

宜人生于嘉庆二年丁巳岁十月十五日，卒于光绪十一年乙酉十一月十四日，年八十有九。子三人：遵植，州同加同知衔；遵蔚，候选从九；遵慕，中书科中书。女三人，孙十人，孙女六人，曾孙四人。遵蔚、遵慕早卒。遵植将以其年十二月奉宜人之柩葬邑南吴家渡山庄之阳。嵩焘于李氏两世交好，承事而为之铭。铭曰：

居室以敬，型家以正，维德之顺。夫贤子良，既寿以臧，于时有光。究观终始，弥年历纪，能此有几？湖湘之滨，峨峨者坟，有考斯文。

杨母陈夫人墓志铭

兵部尚书总督闽浙杨公夫人陈氏既卒之十有三年，子鸿度、显楷卜葬夫人安化丰乐乡兔塘山之阳。又逾年，奉夫人行状来告曰：“吾母幸得地以葬。勤事于工，周一年而墓碑未立，将使吾母之德暗而不彰，无以昭示后之人。予小人茕然在疚，莫知所从。实始受命吾父，以先生之文能信而有传也，敢以请。”

案状：夫人，景存之女，光禄大夫某之冢妇。年十四，妇于杨氏。夫人不逮事姑，而赠光禄公与其兄弟方同居，夫人承事严舅，以勤其舅之党，而加丰所亲。浣濯饎爨，一任之身，而宾祭之需，甘旨之供，日储以俟其乏，而欢有馀，若不知贫。尚书受学罗忠节公，从领一军，功最多。左文襄公既出视师，假尚书为佐。其家日荣显矣。夫人简料有无，内仁族党，外周姻故，日殚心于所事，而勤有馀，若不知其身之贵也。尚书为布政使浙江，夫人始从之官，汲汲以求赞成其德。有施焉，先之；有劳焉，共之。尤严于课子，曰：“在官而纷靡之习足以夺其志趣也。尔父在公，无暇私忧其子，此吾事矣。”故其卒也，尚书以失其助；亲故之托以为生者以失其依；家人之供事左右，下逮臧获贱者，亦皆失所瞻事也。

夫人生于某年月日，卒于某年月日，年五十三。子三人：鸿度；显楷；显桢，庶氏顾宜人出也。女四人，孙二人，孙女二人。

夫人晚而喜佛，不茹（晕）〔荤〕酒。病亟而神志湛然，无他言，惟连言“且欲归去“而已。岂其生固有自来耶？呜呼！是可铭矣。铭曰：

雪陇炎溟，江陬海维，军麾所蹑，乾清坤夷。朝夕齑盐，春秋藻苹，不有其家，以勤夫人。承事尊旄，字仁婴弱，在困常亨，处丰逾约。族姻承之，如华附萼，量盈剂虚，纳之权度。四十年馀，讵云悠久，繁昌博大，乃在身后。受福斯隆，校德尤多，纳铭诏世，昭信岩阿。

胡母全太夫人墓志铭

太夫人姓全氏，江西金溪县人，赠奉政大夫讳启谟之三女，赠通奉大夫讳某之妇、讳某之妻，湖南候补同知、署邵阳县知县学潮之母也。少习礼仪，端静渊雅。年十六，归胡氏，家固贫也。赠公积精于学，以家委夫人，而父母皆健在，洁晨馨夕，劬免黾勉，以勤妇事。生子学潮，十岁而赠公卒。扶侍尊章，检诲遗孤，婉顺无愆，德象有仪，门庭雍肃，里党称焉。姑疾笃，夫人视药温寝，夜以继日，在侍累月，罔有惰容。讫病且惫，内姻见者敦劝休息，夫人泣曰："贫不能畜媪婢，谁当侍吾姑者？"然夫人虽贫，摒挡综理，常若有馀。诸侄或无力蓄室家，常为之择婚，得立门户。如是以为常。

学潮既长，始营禄养。莅仕湖南，夫人就养官舍。茹蔬衣缟，戒无令有加于居约时。学潮由攸县典史洊保知县，擢同知，两署邵阳县知县，夫人皆从焉。告令所出，咨诹禀承，曲得体宜。偶沾微疾，遂至大渐。邑民祠祷山川，以祈年寿，感伤思慕。德惠修长，是有征也。

夫人以嘉庆十四年己巳八月十三日生，以光绪十二年丙戌八月三十日卒于邵阳官舍，年七十有一。子一：学潮。女二：长适江氏，次适郑氏。孙一：某。既卒之明年，学潮奉其柩归金溪，以营葬祖山，请先为之铭。学潮既仕，具夫人节行，请旌于朝。

初封太孺人，以转官加级，累封太夫人。宠光维休，承祚绥福。上致服勤孝养之隆，下有端操型政之美。检会始终，可云纯备。乃为铭曰：

母始嫔胡，实张门阀，厥初艰劬，荐葵茹蕨。独隆于养，上奉尊章，旦兴夕作，馆酏酒浆。子生在婴，遽失所天，扶持病姑，身与萦旋。子壮而仕，拊膺自慰，终持一节，娟娟如畏。既耄考终，岁纪悠遐，禄养匪匮，德则云多。归葬故丘，山川清美，纳铭幽墟，以绍惇史。

周母陶夫人墓志铭

太夫人姓陶氏，宁乡县人，国子监生讳文洛之女，适同邑周氏。舅讳垕，县学生，赠建威将军，累赠荣禄大夫。夫讳世泰，赠建威将军，累赠荣禄大夫。周氏故丰于财，自夫人之归，家稍替矣。两世舅姑皆在堂，内外尊属及夫昆弟，雍雍济济，充溢门庭。赠公笃文学，喜宾客过从，酒食无虚日。夫人以冢妇主家，上奉尊章，下支门户，馆爨井臼，早暮寒暑，劬劳黾勉，而欢有馀。祖老失明，祖姑又婴锢疾。夫人事之尤勤。权其倦逸凉燠，审容察微，惟意所需。进御以时，无失铢黍。祖病革，叹言："斯妇贤孝，必有后也。吾家其幸昌乎?"

会兵事起，子达武累功至提督，贵盛极一时。馀子资文武、历显仕者相踵也。夫人习守勤约，疏食练衣，戒其家无侈荣观，不易其素，有馀以颁亲族故旧。

同治元年正月初六日以疾终于家，年六十有七。子六人：振榆；振贵；太山，宝庆协副将；振林；达武，甘肃提督，赏博奇巴图鲁，世袭骑都尉；康禄，湖北候补道，殉难贵州新城，赠内阁学士，予谥壮节。孙四人：家祜，二品顶戴，广东候补道；家濂，一品荫生；家煜，骑都尉世职；家锐。曾孙四人：声廉、声庠、声庆、声庶。玄孙一人：忠干。以其卒之岁某月，葬夫人县南鹤薮山之原。

越二十有六年，达武官甘肃提督，遣兄子家祜来告曰："吾母之卒也，兵事方殷，母命戒无令达武知，分军旅之心。达武归视葬，仓卒未能备礼。铭墓之文，至今阙然，惧无以彰吾母之德，使后有闻也。敢请追为之铭，纳之隧道，以讫葬事。"乃为铭曰：

沩山盘盘，雄俊所都，厥有贤母，体灵应符。自初来归，人隆家啬，负荷艰辛，愉其容色。联翩六子，奋起自躬，旌麾四罗，堂宇尊雄。险夷丰约，随其所处，于心泰然，何有吐茹！在困不慽，处盈不矜，发祥膺庆，惟德之征。敛形斯丘，世滋芳烈，千龄万代，视此铭碣。

杨母向太夫人墓志铭

光绪十有三年春，太子少保陕甘总督杨公奉其母太夫人自乾州移家善化。逾月而太夫人病。又逾月，薨于所居之里第。于时杨公年六十有五矣。吊者至，拜哭尽哀；唁至，必泣失声，喑焉未尝有言。自始丧至卒哭，至葬，不出丧次，不辍泣。湘人相惊告以纯孝，皆曰："杨公孝如是，是亦可推知太夫人之德。"比葬，具状征铭，勒于墓石。嵩焘辱与杨公交好四十年，于太夫人之德粗有闻也，其曷敢辞？遂承事而为之铭。

太夫人姓向氏，父永林，与杨氏皆籍永绥厅。生四岁，归杨氏，为诰封光禄大夫宝成公之配，家故贫也。太夫人少习勤，笃事其姑向太夫人，孝而能养。封公始以行伍起家，居乾州，累官至独石口副将。太夫人皆从。咸丰初，杨公领水师，定东南寇乱，名声日盛。太夫人乃语封公："所为逶迤一官，门户计耳。今更何俟？"即日去官归，年未六十也。杨公擢福建水路提督，督办江西军务。旋授陕甘总督，戡治回乱。念两亲年渐高，疏请终养。凡五年，封公薨。中更越南之乱，诏起领军，驻台湾，备海防。逾年，兵罢，仍归终养。又九年，太夫人薨。

太夫人仁施于乡，礼被于家，积德累祉，福禄纯备。同治二年，杨公以水师转战长江，薄金陵，而太夫人病。上闻，诏问起居，赏人参。光绪九年，皇太后万寿，赏"教忠衍庆"额及紫檀、玉如意、大段红紬，就其家赐之，与封公皆逾八十之年。及其子贵，功成位高，得请终养，修晨昏视膳之节十有馀年。初封淑人，晋封夫人，累封一品太夫人。蒙被天恩，垂问褒赐，极人世之荣。杨氏世承其休而载其德，而太夫人始终之谊，膺受多福，咸曰宜称。

夫人生于嘉庆六年辛酉岁正月十一日，薨于光绪十三年丁亥岁三月十二日，年八十有七。子二人：岳斌，太子少保、兵部尚书总督陕甘、一等轻车都尉兼一云骑尉、彪勇巴图鲁；载寿，湖北候补道，前卒。女一人，适熊国恩。孙四人：正佼，花翎三品衔、福建候补道；懋仪，江苏候补道；潜仪；树仪。孙女五人。曾孙七人：道洪，候选县丞；馀皆幼。以其年十月葬善化一都温江山之阳。铭曰：

宏农之裔，贤隽所钟，发祥有自，肇基女宗。圣祚中兴，笃生耆耇，膺期诞德，是谓名母。跻登耄耆，终始褒荣，仁风遐扬，何有亏盈！敛形兹丘，遗徽永耀，扶丧问疾，天子有诏。

曾母熊夫人墓表

夫人熊氏，湘乡人，处士熊超群之女，今河道总督太子少保威毅伯曾公之配也。夫人始归曾氏，其父母、大父母咸在，督家严。早暮请事堂上，退与姒娣承事浣漱、箴纴、井臼、庖厨，推逸就劳，夫人终日愉愉无拂色。文正公躬定粤匪之乱，诸弟皆从讨贼。威毅伯以一军特起，遂举江南，功最多。凡浙江、湖北资俸所入，均推惠宗族亲旧，赈乡里之贫乏者。夫人口裁手量，称其平，终日钦钦，无溢容。文正公日尝语嵩焘曰："吾家衡山之阴，婚媾不出里弄，见闻不过耕穑树蓄。吾兄弟自命奇伟，妯娌五人，聚居一堂，皆各负经世之略，视天下事无不可衡量而重轻之。吾父尝顾自憙，笑曰：'诸妇使治军、临政事，裕如也。吾家庶几有延乎？'"嵩焘因是备详夫人识量才略。经纪庭户之内，精洁严密，巨细有程度，推解施济，规画久远，必其利可常。威毅伯以才伏一世，罕所当意，然独推服夫人之言，常诎而从之。及夫人薨，哭曰："是事我三十年，曲折完好，惟躬惟敬，犹吾私也。其所见知，裨益我者多也。吾此良友，其可无耶？"盖夫人之德可述者如此。

自古有国有家者之兴，必有通德明识，助修其内行，以厚积其德于家，而后其施之也隆，而传之也远。君子之正其家，所以内事其身，良厚也，而固有秉成于天者焉。太史公曰："人能宏道，无如命何！"吾观曾氏之兴，内德之助，何其多也！圣贤推论天下之理，必本于仁义，仁以育之，义以正之。由天下达之一家，莫能易也。夫人终身践蹈礼法之中，行而宜之，可不谓义乎？惠及亲疏远迩，可不谓仁乎？以仁义佐兴其家，可不谓远乎？曾氏赐爵受封，胙土命氏，以贻其子孙，其故可思也，非偶然也，良有由也。

夫人以光绪元年四月二十四日终于里第，春秋五十有一。威毅伯方官〔河〕东河〔道〕总督，既命兄子纪泽铭其墓，而夫人之子兵部职方司员外郎纪瑞、正一品荫生纪官刻石埋之，而树碑于其墓道，谋所以表示其徽行，而以命之嵩焘。于是著其有关曾氏之大者，揭而书之，以诏后之人。

陈恭人墓碣

恭人陈氏，名隆瑞。祖远熊。父兴垲，所称杜卿先生者也。其家世居城西，距予家数武。两家相得欢，世相婚也。先生始以女字予，长于恭人。既卒，更为恭人受币。予家故不甚贫，自辛卯、壬辰六七年大潦，至不能举餐。予兄弟补弟子员。恭人来归，生事渐裕，然时苦乏。岁暮，责负者至，相聚愁叹。恭人视之怡然。予赴陈太守馆江西，恭人涉赣江，东出豫章，从予信州。还渡鄱湖，浮大江，徜徉而归，归遂病。明年，予成进士，粗能自赡。恭人病岁加笃，食之稍丰腆者未尝入口，衣之稍鲜饰者未尝一被其身也。

咸丰二年遭乱，徙家玉池山，又避寇湘潭之石潭，奔走流离，日暮就旅舍，恭人辄遣从婢规视池井溪渠远近，曰："有急，以讫吾事。"再从予游数千百里，相呴相濡，私咻咻然，悲相泣也。比予游宦京师，顾以病不能偕。洎引疾归，恭人病愈甚，卧起需人，然竟能有身。生女未逾月，卒。

恭人性纯悫，约己厚施，与人无怨恶。予性褊多怒，遇人有过失，恭人一意掩护弥缝，无敢声言。及久觉露，予辄徙怒恭人。

家人习恭人之畏事也，更相与咎过恭人，漏言语以恐之。恭人呐口短气自怼，所以蔽覆之益勤，一不出语自明。予尝笑恭人慎而葸，又益劳，然无以易其性也。初，吾母张太恭人病革，诏恭人曰：“若善事我，吾视若顺也，天其有以报若。”呜呼，孰知其病且死若是遽也，可哀也已！

恭人生于嘉庆二十四年己卯岁二月十五日，卒于咸丰十一年辛酉岁五月初六日，年四十三。所生儿篪也，今尚幼。女三人。予为恭人营窆某山之阳，刻石为铭。铭曰：

孰曳之轮？而行次且。孰张之弧？而居睢盱。恭人宛宛，何吐何茹？不喻其诚，而反怒为？日月斯逝，其庸可追？呜呼恭人，苟有过而谁吾规？

郭母罗太夫人墓志铭

太夫人姓罗氏，湘潭人，赠武显将军讳某之子，妇于郭氏，为赠建武将军讳某之配。有子四人：松林，湖北提督；芳镜，候选知县，出后夫弟传均；南轩，提督衔记名简放总兵；芳钞，候补副将。

太夫人贤明有礼法，孝事姑，推姑之教以善其家，必当于其姑之心；顺事夫，推夫之仁以施其乡，必适于其夫之志。郭氏世为富家，至赠公始贫。太夫人岁竭其力，赞宾祭，佐施与，躬自节缩衣食，储所需以待，应时取办，如未尝贫。其后贵盛，子若妇又皆孝，求所以为太夫人欢，无弗至者。太夫人居处饮食衎衎尔，无异在约时。子妇侍妾，课以绩纴，日有程，如未尝贵。赠公始尝有意置义庄赡族，太夫人则以命其子曰：“自汝祖以上十一世，有甚富者。十一世以下则皆贫。今岁出所有周之，无宁竟均与之。此汝父遗志也。”于是提督君以下及诸子妇承太夫人命，尽括所有，推而纳诸宗族，为义庄，存其籍于官。岁会计其族人，敛所入均之，及诸所为利济事咸备。部使者以闻于朝，赐署书旌之。方是时，太夫人之名闻天下。朝廷亦惊异其所为，虽古所称义田若吴范氏，无此盛也。

同治十有一年十一月壬寅，太夫人以疾终于家，年六十有一。子存者：松林、南轩。女四人，其一尚待字。孙五人，女孙四人。以十有二年四月葬湘潭脉湾之凤形山。

先是，芳镜战没宁国，赠公及姑刘太夫人相继卒。逾年，女夫黄振楚战没滑县，芳钐又战没钟祥。太夫人哀甚。南轩体羸也，又战屡伤，意尤怜之。然闻有诏属以军事，必速之行。松林官湖北提督，间一归省，太夫人戒曰：“我妇人，犹知古义在公忘私，今后无以我为念。”南轩留侍太夫人，以孝闻。提督君在军得士心，在官仁贤，又得民心。凡行惠及人，必咨告太夫人。洎太夫人病，襄阳士民奔走祈禳，若忧所亲。闻其卒，皆哭。太夫人之德孚于人，与其子之孝所为能继其志，皆可述也。铭曰：

朝有宠锡，以昌其延，积善累基，匪今伊先。厥施隆隆，自今逾广，遂殚其藏，均仁族党。笃生豪伟，天子是毗，归荣所自，德象女师。敛形兹丘，其封若厦，镌石埋铭，敬告来者。

胡母彭太夫人墓志铭

夫人彭氏，益阳人，父曰甲，诸生，婿于汤氏，于赠光禄大夫乡贤胡公为僚婿，相爱，遂以夫人归赠公次子春藻先生。于时赠公之兄玉峰先生以力田起家，子妇内外下及工作百数十人，执爨井臼，以饬妇事，无敢或逸。太夫人遇劳必先，妯娌之均劳者相争以先；其当食与衣必退处于后，妯娌之推食与衣者交让以后。乡里皆曰："胡氏之家，勤且贤也如是，是其将兴乎？"已而夫兄云阁先生起家进士，官詹事府正詹。其子文忠公遂以太子少保巡抚湖北，推恩貤封太夫人。太夫人自少至老，服勤而身无倦容，处荣而面无华色。濯澣缝纫，未尝不躬亲也。祭祀宾客，未尝不致其蠲洁也。惟勤惟俭，以丰其家，而惟恒以贞其德。夫庸非妇德之常然者哉？然而德之盛固莫盛于是矣！

春藻先生之卒，夫人年且六十。先后举丈夫子七人，女子二人，又为先生纳侧室刘孺人，举丈夫子四人，女子三人，皆夭。抚夫弟子椝翼，又夭。先生以忧伤呕血死。于是棐翼再以夫弟子为之后。夫人骨肉凋伤之戚，盖三四十年未尝少间。终其后子孙之繁衍，棐翼为尤盛，将非剥极而复，理固然耶？抑天历试之艰贞，以终表夫人之德耶？夫人生于乾隆五十一年八月初一日，卒于同治十三年三月初三日，年八十有九。子棐翼，附贡生，保举知县，加同知衔。孙八人：子勋、子勤、子勷、子功、子�、子劢，其二殇也。女孙四人。子勋出后文忠公。棐翼将奉葬夫人泉交河洲新山之阳，使来请铭。铭曰：

胡氏始盛，夫人来家，累勤以丰，为时光华。种德自初，其生孔多，十有六人，女鬌男髽。世不一育，风邪麟邪？卒命之后，跗萼旁加。莘莘六孙，如春在葩，俾炽而昌，乃始萌芽。九十考终，象服委蛇，甄德诔行，温惠柔嘉。卜宅允臧，泉交之河，于万斯年，吾铭不磨。

卷二十

新宁县江忠烈公祠记

咸丰四年，江忠烈公殉难庐州，诏公死事地及尝所立功及湖南行省建祠以祀，而新宁公生长地，又数有保全乡里功，邑人谋祠公，因言曰："礼祠无常制，而居庳不足以崇广公德。"则益侈其闬闳，峻其墉垣，坚厚崇敞，丹雘毕事。公之弟达川观察忠濬、幼陶刺史忠淑则引以自任，以垒以垸，取具于家，曰："吾敢勤邑人?"凡为费万有二千馀缗。经始咸丰八年冬十月，落成咸丰十一年夏四月。置祠田供香火，岁获谷二百斛，以庙祝董祠事。而今广东巡抚刘公长佑、记名道刘公坤一、副将李公辅朝皆以赞公军事致通显，又谋醵金益置田，供祀事及岁修之费。幼陶以书来曰：愿有记。

呜呼！公之功溉于天下，而名孚于后世。施于吏事，未数月而民怀之；用于军旅，三年而东南数千里保障之功为大。盖公之生与死，天下以为安危，而岂新宁之人哉！然而人皆曰："天生公才以为天下，而公二三年之间縻精敝髓，刓剔弥纶，功之及人无穷。而其识之远，神之完，以施于用未宏也。"知公深者，尤相与悲哀悼叹，痛公之无年。然则新宁之人习公深，而思之有尤至焉者。公始以孝廉究心当世之务，度广西乱将起，而新宁为寇冲，倡团练于乡，手擒巨逆雷再浩。其后李沅发之乱，公弟达川用公遗法，讨贼有功。而广西贼果大起，公奉诏视师，新宁团练遂名天下。比公薨六年，石达开犯新宁，犹用乡团破走之。嗟乎！军兴以来，治团练起任将帅、为名臣，公与罗忠节二人而已。世谓平贼之方，独有团练，而德义信勇，若公与忠节者谁哉？而公独发其端于乱机未兆之日，率先楚人，发扬蹈厉，功名节义相望以起。新宁之于公，其尤宜追思不忘者与！

公弟汝舟忠济，数从征有功。后与贼战死巴陵之羊楼峝，赠按察使衔，得从祀公。嵩焘汇次公之大端记于石，为之呜咽流涕，思天下之艰难而重悲公之不复见也。时咸丰十有一年秋七月。

江氏义塾记

江忠烈公祠既成，其弟达川、幼陶复谋构学舍所居之旁，以教其族人，曰："先赠君悯族人向学者少，欲为此而未逮也。忠烈公实言之，敢无敬承其志！"

夫古昔圣贤所以必务使人兴起于学，岂将以为富贵利达之资哉！其泽之躬而耳目见闻之途正，其措之事而君臣、父子、兄弟、朋友之谊明，其教之成而风俗变而淳美，其才之广而天下国家之事任焉而皆宜。故夫学之为术，极天下之繁赜而不可终穷，而其本在于忠孝仁义。忠烈公以义勇为乡人倡，田夫贩竖，皆知感激奋发，以急国难。国家德泽入人之深，至此而益见，而亦忠义之蕴于人，弥纶旁薄，自然而忾于天下者也。而忠烈公于此急欲开以问学，将自其族之人以达于其乡，其意以为忠孝者，生人心者也，而是非得失之辨，语默动静之宜，受成于古人焉，而后沛然不疑于所行。江氏义馆之设，以惠其族人也大矣。

夫将明先王礼义之教以淑人心，文教明而人才懋焉。将求之文也，文愈盛而士气日嚣，忠孝之谊将薄。故道莫著于明伦而莫先于广识。识定，则持之为有故，而发之为有本。居乡而化，当官而理，聪明廉洁而可以益其才，武健椎鲁而可以善其用。此忠烈公之志也。江氏以是为学，吾见其才之成，大且多也有日矣。为之记而推明贤圣立教之旨，以视其族之人，俾知所先务，为幼陶兄弟之一助焉。

罗忠节公祠堂记

国家之盛衰兴废存乎天，而治乱因乎人，人道不终穷也，则常有豪杰不世出之才起承其敝，以与天之气数争胜。得则功实昭焉，不得而继之以死，而忠孝之谊以明于天下。呜呼！此人道之所以立，而天心往复之机所以托而留焉者也。

湘乡罗忠节公起诸生，以一旅从督师曾公，恢复武汉，转战蕲、黄之间，东出豫章，平广信、义宁诸州郡。武昌再陷，上书督师，规画天下大势，请以所部间道出崇、通，与鄂抚胡公会于武昌。以攻城伤遽卒。事闻，天子愍焉，赠巡抚衔，谥忠节，诏所在建专祠以祀。盖距公之起事才四年，而公始终所部三千馀人而已。军兴以来，战功之多莫公若者。天下以是哀伤，思之尤深。而公在军，亦慨然以天下自任。艰难困踬，处之夷然，独念时事之日非，生民之涂炭，若有迫而伺焉，以惟吾心之咎。其视功名荣宠，猝加于其身，无足为其歆喜。傥所谓豪杰不世出之才，非耶？

在《周易》，凡为卦，即事以明吉凶而已，独于《困》曰：“贞大人吉。”于《师》曰：“贞丈人吉。”天地否塞，道丧民流，君子处此，穷达异位，皆困道也。无已而行师，斩刈吾民，以毒天下，此岂武人阴惨之能胜哉！圣人于此，急正人事之宜，而戒之以贞。刚中之德用，以消天下之险阻，而徼功喜事无所庸焉。二者之吉，盖以此尔。故于师曰“以律”。律者，贞也。亭林顾氏谓以汤武之仁义为心，以桓文之节制为用，斯谓之律。《春秋·传》郤縠以敦诗书、说礼乐任上将。汉赵充国之言曰：“兵者所以明德除害也。举得于外，则福生于内。”观于此，公之以道济天下之穷，安危利病身任焉而不疑者，亦可知其由来矣。诸葛公归自祁山，乃谋校变通之道，减兵省将，明罚思过。处极乱之时，值事机之变，兵多将繁，民以重困，寇以滋丰，武人之气昌，君子之忧也。公之出处本末，可以为丈人之贞矣，而舆尸之凶告焉。然则争胜于气数，以死而无悔，亦岂非公之道然哉！

公故居罗山，弟某，子某，为祠堂于所居之旁，征记于予。予是以综公之生平，记其大者，而祠之所以成，略焉，其斯以发明公之志也夫！

岳麓书院碑记

古者立学，详于邦国而统于君师。比、闾、州、党庠序之教，皆各以其长董之。降及汉、唐，学校之制仅存，立教之意微矣。至宋而书院兴，然后诸大儒者起任师儒之责，以修明礼教之遗，相沿至今而不能废。盖圣人所以尽性而尽人之性者，非能作而致之而已，必将有诗书礼乐之文以游其心于高明之域，升降揖让之节以驯服其耳目手足于和雅之规。而其为教，又在反而求之彝伦日用，而要而致之于中正仁义，使其性之所发，无过不及之差；心之所存，无有奇淫邪僻之为害者。是以萃夫民之秀者，习而游焉，沉潜而餍饫焉，岂以是奖之为利哉！而百司之事，于是裕焉而待理；天下国家之任，于是取求焉而不匮于用。人才之成，学校之效，所从来远矣。

汉兴，广厉学官，以文学掌故为利禄之阶，则司马迁非之。而其时齐、鲁诸儒习礼孔氏之堂，陈车服、礼器。考仪者习其容，治经者传其义，尚有以自得者。嗣是诸经并立于学，传习者少，师儒之道益衰。于是始有书院，会天下之学者，以道相承，以业相勖规，济学校之穷而广师儒之益。君子之学之大防有必辨者，义利而已矣。尽天下之学一出于科举，其所谓书院者，亦以是为程，泛然不知圣人之教，与其所以学者之为何事，是岂立学之本意然哉！

岳麓书院肇始宋初。有四书院之名，而吾楚岳麓与石鼓并列其间。守臣刘忠肃公、真文忠公次第修明，南轩张氏及子朱子实躬教诱之。七八百年间，湖湘人文日盛，而未闻有大儒名德相踵以起。今相国曾公以道德文章为时归仰，起乡兵讨贼，一时任将帅若江忠烈、罗忠节、李忠武诸公，乃多出宿学，卓然以扶翼名教、砥节砺行为心。意将有人焉起任斯文之责者，以相维于兵革摧残之馀。同治七年，中丞刘公悯书院前毁于兵，有意振新之。方伯李公发帑金四万，属郡人士成君果道、黄君国瑞、陈君乃涉、丁君敏忠，视讲堂斋舍之就倾圮者，除旧布新，益广前规。凡在学者，感发奋兴，乐书院之有成，相与泐其事于碑。方南宋时，有朱、张为之师，而士之学行犹闳而未光也。元、明以来，人文稍盛矣，抑又无与作兴之。今二公者，为政知所本如此，其为道与教，又益绝远于俗。而吾楚忠孝廉能，隆然以起，有向学之资，其将有明天人之分、通古今之宜，以大兴起于学者乎？于是举也，又始基之矣。

九忠祠碑记

国家治乱盛衰倚伏消长，原本人事，而苟非否塞之极，则常有豪杰伟人介生其间，以应天下之变，弛张诎伸，开阖变化，终以其身与乱相靡，既久而后定。学士大夫意索气熸，不可复扬也，倡勇敢、肩忠义而殉之，乃多出孤介沉沦杰特之士。

咸丰之初，粤寇起东南。今相国曾公奉朝命治乡兵讨贼，而忠烈江公忠源以一军特起，立功闻天下，实开之先，遂殉庐州之难。其后忠武塔齐布公、忠节罗公泽南，皆奉旨建专祠。于是有三忠祠之建。已而忠武李公续宾殉三河，壮武王公鑫没广昌，又合为五忠祠。其后加祀文忠胡公林翼、壮果萧公启江、勇毅李公续宜、忠毅张公运兰，名九忠祠。其间惟塔齐布公以蒙古人隶湘军，平湘潭贼有大功，得专祀湖南省城。其八人者，忠烈江公籍新宁，文忠胡公籍益阳，馀皆湘乡人。始建忠烈江公祠，得城北古荷花池隙地，左右居民治园圃，尽收其土，拓而广之。以次相比为九忠祠，皆别室，通前为门，右为飨堂。岁时祭祀，奉其主而合飨焉。祠右有池，稍复荷花池之旧，为台榭亭馆，杂植花木。盖皆出黄南坡方伯经营之功。

呜呼！天下郡县之积，设官尹民，所以求治者，其力皆足以致乱，而出死力、糜肝脑、蹈白刃以与贼相咋，挈疆宇以还之朝廷，其平生或未一沾禄食。禄食矣，而仕亦不丰。是以朝廷尝褒而大之，赐谥建祠，俾忠义之报垂美无穷。文忠胡公以翰林开府武昌，为天子股肱心膂，负天下之重，而颇晚出。忠烈江公名最先，其亡亦最夙。忠节罗公实始从曾公起乡里，自壮武王公、忠武李公以下，皆所尝从受业者。盖曾公以忠孝大节，率先豪杰，为天下倡，萃湖南一隅之人士，厚积其势与力，腾踔以起，以能揉淬天下而荡涤之，而终措之安。前后十五六年，建专祠省城九人，文武将吏附祀各专祠百数十人，别祀昭忠祠千馀人，而忠武邓公绍良、武烈滕公家胜、忠愍曾公国华、靖毅曾公贞幹、诚恪江公忠义、武烈刘公腾鸿、忠壮李公臣典，别建专祠又数十人不与焉。于是推论始终，叙列名谥，揭之于碑，以昭示朝廷劝奖忠节、慰答臣民之至意。

江幼陶重修新宁书院记

天地之道，郁积久而必泄，而盛衰升降，相衍相嬗，常有人焉开之先。楚以南，地广数千里，南接五岭。新宁之为邑，当五岭之右迤。穷荒崄岨，民瑶杂居。而江忠烈公崛起其间，以书生任军旅，率先楚人，发扬蹈厉，戡夷大难。于是新宁百馀里间，兼圻节钺，闾井相耀。忠烈公之弟达川、汝舟，皆以一军起家至监司。其季曰幼陶，屡出屡自谢免归，竱志一力，树绩于乡。自孔庙、文昌宫、试院、学田、宾兴，苟有裨于斯文，废者举之，阙者兴之。而书院工为最巨，凡为讲堂一，为院长之居五，为斋舍生之居百有二十，旁为厅，为夹室四以居司院事者，有兴作，于斯会议焉。盖幼陶与刘文卿郎中、王丙垣学博、邓鉴吾孝廉为之倡，工费逾万，而膏火之取给于院田者，厘旧增新，费又倍焉。捐资助工者，十有五人而已。既讫工，属嵩焘记其事于石。于是嵩焘作而言曰：

古者造士必于学，而常统于朝廷。唐之季，州县始自为学。道术寖广，民俗日趋而文。爰讫明世，以至于今，十室之邑，皆有书院，高者闳侈，下者简陋，人文亦随以隆污焉。屈子楚词成于罗、汩之交，濂溪起自舂陵。天下之文开于楚，而后无闻。故自汉诸贤祀于学者六十有二人，濂溪倡有宋道学之先，楚以南无得祀者。徐氏集经说百二十有一人。阮氏集国朝经说百有二人，楚以南无得叙录者。前无与承，后无与述，相与沉沦汩没，终安于卑陋。忠烈公以武功倡，而吾楚蔚然显施功业，人相望也。幼陶今又以文学倡。夫文武之用，一张一弛，而常相待以递兴。意将有人焉导扬楚风而绍濂溪之业者乎？惟其积也久而发之以时，人心怠而思奋，其濡渍于学也将遂宏演以肆，挈提楚人，日抵于贤圣。斯岂独新宁一邑之私哉！嵩焘故乐为记之，并以告夫吾楚之士之有志于学者。

船山祠碑记

自有宋濂溪周子倡明道学，程子、朱子继起修明之，于是圣贤修己治人之大法灿然昭著于天下，学者知所宗仰。然六七百年来，老师大儒，缵承弗绝，终无有卓然能继五子之业者。吾楚幸得周子开其先，而自南宋至今，两庑之祀，相望于学，独吾楚无之。意必有其人焉，而承学之士无能讲明而推大之，使其道沛然施显于世。若吾船山王先生者，岂非其人哉！

先生生明之季，下逮国朝，抗节不仕。躬涉乱离，易简以知险阻，通德达情，既诚以明。而其学一出于刚严，闳深肃括，纪纲秩然。尤心契横渠张子之书，治《易》与《礼》，发明先圣微旨，多诸儒所不逮，于《四子书》研析尤精，盖先生生平穷极佛老之蕴，知其与吾道所以异同，于陆王学术之辨，尤致严焉。其所得于圣贤之精，一皆其践履体验之馀，自然而忾于人心。至其辨析名物，研求训诂，于国朝诸儒所谓朴学者，皆若有以导其源，而固先生之绪馀也。

先生所著书，存者六十八种，都三百四十七卷；书逸者又十三种。始刻之衡阳者四种。善化贺耦耕先生刻之贵阳又二种。新化邓湘皋先生刻之湘潭别为二十种，旋毁于兵。湘乡曾沅浦宫保刻之武昌，合五十八种，二百八十二卷。凡历二百馀年，而其书始大显。

邓先生始谋建祠衡阳之故居，不果行。窃尝以为有宋诸儒之崇祀，类由门弟子私祀于所讲学地及所莅仕之州邑，既久而弥光。先生伏处穷山，无朋友之讨论，无门弟子之推崇。潜德暗行，慨然以斯道自任，无所求知于人。其书晚出，天下之士皆知贵之，吾楚或不能举其名。盖其遇视有宋诸儒为尤艰，而心尤隐矣。同治庚午，嵩焘掌教城南书院，始言之中丞刘公，为建祠南轩祠之旁。而成君果道、罗君世琨实先后董其役。将使吾楚之士知有先生之学，求其书读之，以推知诸儒得失，而于斯道盛衰之由、国家治乱之故，皆能默契于心。又将有人焉光大先生之业，以上溯五子之传，确然有以知先生之学非元、明以后诸儒所能及也。傥亦先生之遗意也与？

城南书院名宦院长二祠碑记

城南书院旧有名宦、院长二祠，各为之总位，名氏、官阀弗详。嵩焘既请之中丞刘公，修复各祠之就圮者，乃属罗君世琨考定院长余公廷灿以下九人，名宦杨公锡绂以下五人。盖杨公实始建城南书院；左公以次，移建书院及创修各祠庙者也。又得吴公荣光一人，始以经学训诂校试肄业生。自雍正元年湖南、北分闱省试，成之者李公发甲；而前此请定南北中额，有赵公申乔；始请分闱，有潘公宗洛；同时又有吕公谦恒，典试湖广，屡以分闱请，迄今无能举其名矣。四公者，皆有惠于楚人士。赵公、李公既有专祠，而潘公、吕公之祀久缺。友人李黼堂方伯议请以李公祠改建为三贤祠，意以主分闱者，三公实先后之，合祀为允。楚人以崇祀李公久，不能易也。嵩焘既为二祠，设位以祀，乃于名宦祠上方增祀四公，以存其梗概。

夫为院长者，学行各不同，要皆有教泽留遗。为名宦者，治行亦各不同，要皆有功学者。使夫后之人入拜祠下，慨慕流连，以知书院之建始自某公，分闱之议始自某公而成于某公，治经始自某公。一政之及人，俎豆歆之不能忘，后起者可以劝矣。亦使知夫书院之缘始与其读书取科名，迭更诸贤经营筹画，积之久而规模始具，所以崇学而兴贤者，若是之艰难也，承学之士继而起者亦可以劝矣。祠既成，并为记其事于壁，俾吾楚之人有考焉。

湘潭郭氏义庄记

自宋以来，士大夫相奖为推让，以仁其族。下至委巷平民，家有饶馀，则率出田均食宗亲，计口授餐，名曰义庄。然或百年数十年，辄隳坏以尽，独吴范氏义田，行于今盖八百年。古仁人有所兴造于时，各视其量之所极，量大则传之久长。而吾观范氏所传遗法，亦若人世义庄之为，无殊异者。然则其所谓量者，固非取具一时之法而已，其道德声名积之深而施之广，诚有其本也。范氏义庄，侵削者屡矣，而卒延以永。邦人士敬礼之，官吏亦从而护持之，是以将圮而复兴，历久而愈光也。

吾宗子美军门，起家节钺，功被社稷，名声震天下。同治庚午，由湖北提督归省长沙，以母命尽蠲所有资产为义庄，以赡其十一世祖以下伯叔兄弟，即其诸弟与其妻若子，并以岁计口受分。大吏以闻于朝，得旨褒异，赐署书以旌之。范文正公以德，子美以功，相望八百馀年，以传之久远无疑。子美悉竭其私，并其先世所遗留及弟妻所蓄积倾之，又未知文正当日所出俸禄之馀，亦若子美之尽发其藏，一无私焉否也？是其奇节伟行，且欲驾文正而上之。岂惟郭氏子孙世世敬守以无失坠，其自邦之士大夫，上逭有司，以达于长吏，相与维持保护，与子美之功之名照灼天地以永无穷，载名简末，皆与有荣焉。子美之弟涵万军门归自襄阳，传其兄命，属为之记，因书以谂子美，且告后之读斯记者。

《絜园展禊图》记

同治十有一年壬申三月二十三日，重集絜园，为展禊之会。于时宿雨初霁，晴云霭空，时露妍日，园花嫣然，倚风微笑。相与饮酒乐甚，已而喟曰："永和距今二千年，相视犹昨日事，以羲之之文也。当时顾长康已为作图，而兰亭禊序至唐始显，长康之画至元始显，传世久而收名也远。今取快一日之间，纪之以文，摹之以图，取自为豪而已，则又何必后于兰亭之游也！"

是会也，罗研生舍人年最高，岸然抚膝，想念唐、虞老梅，卧地如儿，一童子倚杖旁立。舍人，所自号为梅根居士者也。冠素霞冠，曳朱履，撚须注视，类有道者，巴陵吴南屏学博也。据案挥豪，侍者环立，旁一童子捧轴进，大兴杨海琴观察，以善书名者也。高颧广额，面欣然，槃薄一室，老画师会稽孙朗青刺史也。据石端坐，不甘短视，扬其目若睇远者，平江李次青方伯也。手书席地背负山，傲兀自喜者，龙山刘史亭明经也。凭几睨海琴观察作书，回顾小童，若有所语，絜园主人张力臣方伯也。蹲踞地上，伟干蹒跚，自负霸王之略，善化何镜海观察也。瞑坐蒲团，左右修竹飕飕若微吟，皋兰朱香荪少尉也。纳手袖间，抚树微眺，乐南屏老人之趣意，引而近之，玉池老人嵩焘是也。入园引回廊，两梧矗立，凭轩作草书，嵩焘之弟崑焘意城也。凡会者十一人，以《兰亭序》“此地有崇山峻岭茂林修竹”十一字为韵，人赋一诗，并以齿序。嵩焘当第五人，意城第七人。南屏老人既为记，而嵩焘序其后，并其弟屈居十一人之末者，谦也。兰亭会者四十二人，盛于今日矣，而自谢安石、孙兴公以下，诗成若逸少之数凡十一人，与今日人数适相当，无忧罚巨觥者。未知兰亭之果盛于今日否也？

自西汉相沿以三月祓灞上，遂为盛集；亦或以八月。而《韩诗传》称郑俗三月上巳执兰水上，以祓不详。《后汉书·礼仪志》据以为三月上巳官民皆禊于东流水上。魏晋以后乃独以三月三日。今之展禊，犹汉仪也。而唐宋诗人以展佳节为名，遂亦因之。至于此会之由来，详南屏老人《前记》，更历二千年，有欲追续此游，可考而知也。

石笋山房记

予往来醴陵，乐其山水清夷旷远，特出雄秀，意必有畸人杰士生其间，及吾身求之，而固未见也。晚乃得称三吴君。称三之言曰：“韩氏愈之文，李白、杜甫之诗，实始尽变古人之体制，而以才自放。继此数百年，能者六七人耳，皆以才自放而极尽体制之变者也。其馀才性之所近，依类以求合焉，皆足以取名于时。而其久而益光者，必其能自变化者也。故其成有大小，其才力之所极有难易，要归于能自树立，不苟同于人。”嵩焘窃伟其言。夫衡岳之峰七十二，湘流九折，环屈其前，望之而若迷，挹之而若绝，其蜿蜒旁薄，尽有七十二峰之奇以成其大，远近临视，尽态极意，而莫有同焉，斯极为变化之盛者哉！

称三所居曰石笋山，林园之胜甲一邑。有亭翼然，有溪澄然。峻坡巨岭，蟠旋曲抱十馀里而郭其外，窅然自具丘壑，有类其言文者。岳者山之极，降而以山名，不知其几千万也，狭长疏密，以独擅其胜为奇。杜、韩者文之极，降而以文名，不知其几千万也，清奇繁简，以能自立其体为至。称三之文，予既受而读之矣。傥遂能命驾醴东，访称三之庐，而观所谓石笋山者乎？夫山水蕴奇，效用于人，一成之丘，一卷之石，贤人君子，流连寄意。而称三汲汲求诗文以表其居，忧遂湮没。吾见称三文日高，此山将日显。后有语醴东山水之胜，低徊景慕，为其地增重者，非此山房也与？

《浩园雅集图》记

光绪六年春三月，新宁刘公自粤移督两江，衡阳宫保彭公适巡江东下，相见长沙，而善化少宰黄公方以浙江督学假归省墓。于是李君次青、朱君宇田、李君仲云、黄君子寿、张君力臣、邓君弥之及吾弟意城，相与会觞于曾太傅祠之浩园。彭公据石作古梅，高八尺，雄奇自喜，题诗云："莫言老干坚如铁，曾历千霜万雪来。"起立四顾，拈须大笑，相将穿石步池上，循水榭，凭栏展坐，纵论天下得失。刘公独上危楼，俯清池，桥亭水竹，映带左右，怡然有丘壑之思，其意量皆若不可穷者。自曾太傅起一军，削平寇乱，将相接踵以起，声名动天下。二公功益盛，名益高。黄公官翰林且四十年，为老师祭酒。各以王事会于乡里。嵩焘得与诸公文酒从容，揖让一堂之上，此景良不易得。而诸公所至，光气照耀，学士文人，追摹而赞颂之，以自矜宠。矧今聚集欢宴，衣冠言貌，伟视一时！于是十一人各图其形，刊之祠壁，以志湖湘韵事。更千百年，必有流连慨慕，想念今日之盛者。是会也，黄公自以居省会，亦附主人之列云。

瞿鲁青先生二图记

瞿鲁青先生尝作二图，一自写其身由少而壮而老，乘枯查，方羊海中，少者持楫而老休焉，曰《自济图》；一写其夫人及其三子，曰《课子图》。先生读书负奇气，困郁无所发摅，隐于画以自见。其自视其身无能有为于时，而毕其心与力以有待而为生，虽其子之成否，若亦无与于其身，而惟其身之计。抑古之贤者，固有羹藜不糁，曳履不完，而歌声出金石。彼其于身无待也，而其道之行，不于其身而待于后世。然则先生于此其固无待乎？将以其无待者自幸一日之生而泰然以自足，以其有待者属之子若孙而已无与焉？凡为此图五十年，其孙子玖学士始出而求所以表章之。其《课子图》则学士之父与其世父、叔父拥经环立，年皆未逾冠也。

自古豪杰伟人之生，必有所自命。虽在贫贱，其气概尝加于一切功名富贵之上。先生之视诸子，诚有以异于人而待以发其志事，跂而及之，惟日不足，而先生固曰："吾有待也。"在我者无待而馀皆有待。无待者躬任之，有待者将假诸人以任之。先生亦自憙其夫人之贤足任其子之教也。得所任而后其所有待以行者，积焉而不匮，行焉而不忧，圣人之治天下亦犹是也。王介甫叙仲氏讷，当宝元、康定间，言者喜论兵，然计不过攻守，讷独推言

《尚书》所谓“食哉惟时，柔远能迩，惇德允元，而难任人”，为《御戎议》二篇，尽其在我之无可待者，自毕其心与力以无有悔，而其馀利病得失之言可无言也。此圣人所以待之天下后世无疑焉者也。嵩焘于是二图窃有会其意旨，为其记，俟有天下国家者取则焉。

聂仲芳心斋跋

《庄子·人间世》篇有“心斋”之文，而曰：“惟道集虚。”虚者，心斋也。夫斋之言齐也。洁齐其心，是谓心斋。非使其心虚而不受物，不能使之洁齐，故曰“惟道集虚”。魏晋以来，燕居之室名斋，即取洁齐之意。仲芳观察揭所居曰心斋。人生大要，莫如治心，持身应事及当大任，皆以一心为之准则。言心而万事万物具其中，可谓持其本矣。庄生，知道者，放言自恣，而精微固存。仲芳自得于“心斋”之义，与明世言心学者固有异也。

卷二十一

武宁刘氏孝友记

光绪十有五年春二月，刘定夫观察权衡永郴桂道，还至长沙，过予谈。因及前岁权盐法道，尊公新楼先生实来就养，湘人多道其盛德，时年八十，独强健，傥尚可一至乎？观察曰：“吾父习俭，以在官为养之丰也，不欲至。”因推言其家世甚备。予为心怡神悚，听之久而忘倦也。

君曾大父少堂公，以孝友闻乡里。部使者具其事，旌于朝。家贫也，事其母曲意承欢，不知有贫。善服勤，居积常赢。晚益富，则推与其昆弟子姓，以逮其乡里。有兴作，曰：“于我乎任。”有事资众力以办，曰：“于我乎先。”卒年八十四。配张夫人，年三十以卒，遂不复娶。子益斋公，相继为孝友。配张夫人，侍其姑疾，五年未尝离左右。姑病痿，卧起需人。夫人察言观色，以求得其意所适，应时取具。姑亦自忘其病。及病笃，执夫人手仰天呼曰：“嗟乎！吾何修得此孝妇？愿天俾若子孙世世贤孝，以报若也。”是时姑年三十馀，又方贫，夫人年裁及二十也，言者尤以为难。

少堂公性宽裕，喜施与，蔼蔼然仁也，而治家严整有法度。益斋公终日侍，鞠躬屏息，翁翁如畏，而常曲体所欲，先事夙戒以俟命。即有施济，推亲意而顺成之。生平未尝与人校得失，或有侵侮，处之怡然，而益推诚相与。既久，皆服而化之，加敬惮焉。生子三人，次即新楼先生也。仍世孝友，新楼公益读书研究经史，发其志业。乡里子弟多从受学，所成就甚众。与人款曲，怡颜自下，而于节义名教所关，侃侃无阿回，人资其言以为程式。弟韵芳，自少出嗣从父。家中落，公与兄韵芬裒计其资财，与弟均分之。既分，兄弟相守，涕泣数日，不忍言去。配张夫人，和其妯娌益加勤也。今新楼公八十二，兄年八十七，弟七十八，终日相聚欢笑，治酒茗酬献，里人望若神仙焉。

观察曰："吾父以上数世，未有科名仕宦，而以孝友闻一邑。入其门，肃肃如也。登其堂，子若孙若小史趋事者，䜣䜣如也，惟谨其质行，人皆以为不及。"又曰："吾大母之丧，遗言'为刘氏妇数十年，及见先人之懿德历传而世守弗失，将必有兴者。我死，殡我西堂。幸见子孙读书有成，乃葬我！'"新楼公奉遗命不敢违。时观察已能读书应试，服阕，补县学生，乃告于殡，迁葬焉。旋举于乡，以进士通籍，莅官中外。刘氏之兴，自其大母见之审矣。善之积而福之应，诚无逾孝友者。虽然，君子之为此，岂有意期于其后哉！前唱后于，仍世由之，惟性所安。母德之隆，又若符契。斯所以为积累之厚也。少堂公名艮承，益斋公名谦，新楼公名荣，并以观察贵，赠封通奉大夫，妣皆夫人。嵩焘为汇次其家世，以著刘氏之所以兴，且以风世焉。乃为赞曰：

人道之存，孝友是基，曷根于心，而弁髦之！君家保此，以为世资，后先相因，若营其私，厥宗以光，恩斯勤斯，有来取则，视此赞辞。

新宁县育婴堂记

《周礼》：乡师岁时巡国及野，赈万民之艰厄。老幼穷困之待养，王者委其政于乡，此邑贤士大夫事也。宋真文忠公安抚（侯）〔湖〕南，建慈幼仓，当时传为仁政。而育婴堂之设，遍及荒州下邑。雍正、乾隆之交，称极盛矣。后稍废坠，失其故焉。牧令者之于民疾苦，旷若不相及也。士大夫高者废事，墨者营私，驯至数十百年所为，悉戾乎古，而后良法之仅存，荡焉不复可纪。由天下以讫一乡一邑之事皆然也。

幼陶观察为善于新宁，尽起已废之典而聿新之。间及育婴，喟曰："谁氏之婴？而尸其名。"则悉发所藏，责乡正会诸育婴之家，岁总其数而均给焉。行之一年，又喟曰："谁氏之婴？而尸其名。"于是营建城西隅地，为堂数十楹，令育女者挈所生居养其中，期以三年。月米三斗，钱千，帐褥衾茵之属毕具。所生母或亡，或有他故，则雇乳者分育之，岁收养八十至九十人。行之二年，又喟曰："新宁僻且狭，顾如是多哉！彼有羸焉，而吾惫不支，何以能久？"于是规其所入，又益置田以广之，岁得谷二千石，计其息，以养五十人为额，阙者补之。具其事于县，以达于府、于巡道、于布政使司，俾邑之人循守为经制。

夫使一邑之事，得一二人综而理之，其利数十年或百年，又将有人焉维持于其后，而后利可永而法以无敝也。推而至于天下犹是也。虑始者之劳与继此奉行者之力，与奉行之久而敝，而矫而正之以无变乎其初，存乎其人而已，其为功又岂有让焉！幼陶之意诚勤勤矣。所活岁五十人耳，恻怛以求之，权度以行之，更三年而成，厥惟艰哉！知其艰而敝精罢神以要于至善，循途守法而使可以不至于乱。呜乎！斯其所以贤也。记名于石，俾后之司事者有考于斯文。

五贤祠碑记

光绪四年，湖南增修贡院，规模大备。相与谓历科省试，长沙郡属所隶士为多，喧壅杂揉，不可比次，谋就贡院前购地建坐棚，集郡士其中，设引牌导之，胪传序行，无相陵越，亦俾以时休息。阅三年壬午，乃讫工。于是合辞言曰：

自元设行省，并荆湖南北、上及粤西为湖广，讫我朝雍正之初，盖五百年。元皇庆二年行科举法，省试以八月为期，集诸路之士领于行省，垂至于今，亦五百馀年。其始视湖以南边郡耳，言文学者弗及焉。自雍正之初至今百馀年，文物声明，炳然日新。而历汉、唐千馀年，魁人杰士挺生其间，下至明季、我朝之初，文章节义，尤称极盛，而风气久而未开，将非科名仕宦之未显，其气固郁而不扬耶？此湘人追念河阳李中丞分闱之功，所以久而不忘也。李公专祠，奉祀百有馀年。其先武进赵忠毅公实以宦迹建祠。而湘人士所称说，亦并以分闱一事，赵公所请，分卷而已。宜兴潘公继之，始以分闱请。洎李公三疏言之，奉旨俞允，终为部议所格。逾五年，新安吕公典试湖广，又疏陈之，时康熙五十九年也。明年，世宗御极，遂下分闱之诏。桐城方氏为吕公墓志，称其官御史，疏请湖南北分闱省试，天子为更旧制。是世宗之特诏卒成于吕公，而湘人无能言者。

三公者，始终持分闱之议，以上感天心，而其名或显或不显，或竟无知者，如吕公是也。李黼堂中丞始著议请改建李公祠为三公祠。历年久远，有司亦重其事，惮更张之烦。至今日，三公之遗泽显著昭列，而报祀之礼或阙，心则何安！于是议就坐棚中楹合祀三公。又上溯赵恭毅公分卷之请，下推至雍正二年下诏分闱，即于是岁举行，由李公始奉旨具题，方伯商丘宋公因明藩故宫建贡院，旋改为湖湘书院，至是一仍其旧制。湘人追念其创始之勤，亦有功于分闱者也，合祀之为五贤祠。

夫一事之成劳更历数百年，流连慨慕，其功有足思也。而创始愈艰，则其思慕也愈深。湖南之建行省，自分闱始也。集数公之心力，展转以求成。部议愈坚，请之愈勤。非有以表章而崇祀之，则又乌知百馀年科名之盛，人才之奋起，所以成就之若是之艰难也！书其事以谂湘人，以存先哲之遗烈，俾永无忘。董其役者，善化陈开瑞，长沙魏瑞斗、李铭勋、刘毓兰也。

金鹗书院记

书院之始，当唐元和时，而莫及衡州之石鼓。宋初有四大书院之名，湖南路岳麓、石鼓居其二。名山胜境，灵秀之都，清淑之气钟焉。集诸生讲习其中，藏书以实之，谓之书院。于时县皆有学，而书院会学之成，历数州郡而一见，固必有道德文章之儒，董治乎诗书，磨砻乎仁义，以开迪所学之不逮。故其教之美，践成迹以循之，以知礼乐之原。其才之成，不越矩矱尺寸，而可以备天下国家之用。此宋、元以来书院之盛，陶成人才为尤至也。

国朝乾隆之初，诏天下立书院，于是书院遍州各县。或为郡治，则郡与县常分建焉。而书院遂为通制。所以教之，一出于时文帖括之为，导之仕进而已。于圣贤道德之旨，修己治人之义，未之或知也。

刘彦臣令君宰巴陵，以郡有岳阳书院，而县无之，相治南五里之金鹗山，面洞庭而负抱郭诸山，左襟滗湖，右眮岳阳一城，状若仰盂，顾而叹曰："释、老之宫盛于齐、梁，历千馀年，尽天下名山皆梵宇也。其幸为书院，鹿洞、鹅湖，可计数耳。而金鹗之山雄踞郡城之南，讫今独完，将非天地之留贻以发斯文之光耶?”商之邑士王启昌、廖文望、刘鹤龄及提督陶君定升，鸠工庀材。随山势环合缭为垣，建藏书楼。其上下为讲堂，两廊斋舍各二十六。循廊而西，为院长之居。左阜隆然，杂植桃李。透而下，建稻香楼于其前。石有泉，清冽可饮。架屋一楹，当泉之眉，曰知味轩。稍下数十武，得平地盈数亩，筑小园，艺兰数十本，曰兰圃。山之颠旧有文昌亭，葺而新之。后有洞洼然，容数十人，曰桃花洞，用其名树桃数十株。游观之美，弦诵之音，交会兹山之前。

夫为政莫先善教，而贻泽之远且长，莫大于兴起人文。令君之为邑，修城郭，广积储，蠲苛去烦，人民太和。以其馀闲创置书院，拓人士之愳闻，举百年之废典，群情翕戢，刻期蒇功。趋事之勤与其纯茂向学之风，有足多者。而非令君之政有以得之人心，其勤勤为学之意又足以相感发，乌能若是成之易哉！往吴南屏舍人尝言金鹗山宜徙建书院，以为他日人文之盛，必基于是，数十年后，当有成其议者。今十馀年，而令君之为此，适与舍人之言相应。

前代学校之隆，人皆自得于学，随其造诣之所及，可推见之施行。今书院遍山州下邑，而恍佛古人名山之业，若令君之为，不数见于天下。士风之敝，亦至今极矣。幸及书院之成，寻求立教之本旨，端其则于始而正其趋于渐，遏虚浮以实践，化嚣陵为礼让。吾衰且老，犹庶几及见之。光绪十有二年，岁在丙戌，冬十有一月。

重建湘水校经堂记

湘水校经堂，南海吴荷屋中丞抚湘时以经学课士，创为之名，而实未有堂也。时欧阳坦斋先生主岳麓讲席，就斋西隙地建屋一椽，存其名。中丞罢归，此课遂废，而堂为虚设，且三十年。济南毛寄云中丞重兴是课，黄南坡观察为集资；定立章程，自中丞以下至郡守，月一课。自是湘人士稍稍向学矣。又十八年，馀姚朱肯甫学使始取盐筴馀款倡为之，集高才生二十人治经其中，因故城南书院遗基治为民舍者以名堂，盖距南海中丞始名堂时五十年矣。

古者学校崇四术、立四教，顺先王诗书礼乐以造士，所以节民性而兴民德，一本于《经》。自周之衰，圣人修明纂述，以教万世。三代典章制度散佚无征，犹得存其遗文，以知质文升降之数、因革损益之宜、国家所以治乱兴衰，既得备知其故，而又以窥理道之精，达人事之变，以蕲至于察人伦、明庶务，下至起居日用之常、进退揖让之节，莫不备于其中。一日去之而若耳目手足之无所措，终身由于一艺之中，而相与讨论行习之，靡有穷也。

汉承秦毁灭《诗》、《书》之馀，稍求遗书，置五经博士，聚讲于京师。诸儒通一经者，又各以颛门教授乡里。天下之士，争以经明行修相奖为名。朝廷设六艺之科以整齐天下。非经博士讲授，有异师法，悉屏不录。是以学出于一；人才之美，风俗之醇，恍然见三代之遗。

有宋诸儒出，不专治经，然其所谓师法，相与尊守之，转相传授，人才尤盛焉。班氏之传儒林，以为百有馀年，支叶蕃滋，盖利禄之途然也。有宋诸儒于此急正义利之防，诸经训诂时有出人，而微言大义，所以振发人心尤至。于圣人成己成物之学，一反求之心性本源之地，以立之基。而所用为学者，终亦不能离六经之文以自为说。历元至明，其风浸然，然老师大儒昌明正学，往往而在。至于今日，而遂泯然无有讲论及此者矣。学校之敝，人心风俗之偷，岂小故哉！

嘉、道之间，仪征阮文达公立诂经精舍浙江，继又立学海堂广东，奖进人才为盛。自顷十馀年，各直省亦稍建书院，以治经为名，下及郡县亦相率为之。而湖南校经堂课实开偏隅风气之先。意者经学将遂昌明，承学之士有所凭藉以资讨论，庶几一挽末世之颓风邪？馀姚学使之功，殆尤不可泯矣。抑吾闻学者之治经，将自事其身与心，以俟用于天下。而或以学资其陵猎，以长其傲慢之心，则视空疏之弊为尤烈，是又在学者之自审耳。

舫泊记

舫仙方伯于所居晏家塘拓地为园，构亭筑池，治小艇其中，颜其室曰“舫泊”。夫倦游而思憩其庐，倦宦而思返其初，状若浮沉大海，望崖而求息，彼其才与志所以蕲用于一世者，愿已盈而能已索也。舫仙负经世之才，当服官之年，一试之政，动遭摧抑，宁能泊然无介于其心？而观其意量，反若有甚适者。譬之舟然，断潢曲港，波浪骤兴，叫号失据者，一苇之航也。艨艟巨舰当江海之冲，风涛震天，力足以胜之，夷然不惊。其舶艄，其力定，则其神裕。材固有大小，而量因以为舒促。舫仙视艰难险阻与其得志而娱乐，一自用其能以行其素，退即休焉，仕止绰然，惟遇之安，所以为力定而神裕也。

日吾尝闻舫仙言：晏家塘为其先世始迁湘时所卜宅，今五百年矣。展转易居，不越陈氏子姓，而方罫畸零，析分赠公旭亭先生分受定居焉。至舫仙乃全而有之。岁甲午，赠公应省试归，梦乘巨舫泊于门，云霞五色，照射庭宇，因窃自言：“吾家当有兴者，其应如是。”时舫仙生四年，遂取以字之，曰：“此吾所以志也。江湖舟楫之用，致远以利天下，利其行也，而日必有息。行海者或至万里，数日而一息。其泊而息也，以蓄其行之机也。君子之道，蓄之己而已，无待于世也。而需用于世者，固有待焉。”舫仙用其先人命字之意，以“舫泊”自寓，若将安焉，无待以行世。然而舟舫之用，终不废于天下，独安能以无待乎哉！为之记，以告世之知舫仙者。光绪十有二年，岁在丙戌冬十有一月。

书湘乡易龙长先生轶事

友人易君良翰述其曾大父龙长先生轶事，多可听。自其少以耕起家，岁校其赢馀置田。田益多，耕益勤，晚年乃大富，尽以其田赁耕者，而日行田，指视而董劝焉。赁耕者亦日益勤。岁时宴劳，与坐钧礼，欢若家人。租课入，计斗甬输之仓，不加权概。布广席前除，有沾濡，就席暴之，不以责赁耕者。久之，赁耕者自相诮让，简料所纳租乃敢进。湘俗随租有杂款，若鸡，若稻秉，一弛不问。他善行服乡里甚众，此尤啧啧传诵。汉置力田科，名臣大儒，多始任耕，是以农与士并贵。自唐以后，口分永业，自为耕者，十无一二，大率受役富民而已。千馀年来，农失其业，而实与名皆亡。若先生者，其犹有躬耕乐道、三代之遗风乎！能为农，所以成其为隐君子也。

嵩焘尝闻之先人：曾大父望湖公，家巨富，岁常施贷于人。逾年一会计之，不刻期，不责息。子弟私疑其过弛，望湖公诏之曰："缓急所时有。吾以有馀，应人之缓急，而取偿焉，幸矣，何多责乎！"诸偿者闻而争相先，而息反赢。此皆在乾隆盛时，士大夫相习为纯笃，诚若固然，而人心风俗之累积以成乎古处者，尤可深长思也。若先生之风，诚未易求之晚近百数十年中。而其时人知敦实、不为名，善行在一乡，没齿而无有闻，盖又不知其几也。非易君兄弟之贵显，即先生之潜德，谁与明之？故夫行善而有闻，亦岂不在乎贤子孙哉！

忠义祠明知县杨开家属题名碑记

道光二十有八年，长白裕公督楚之十二年，再举巡方之典。于是邑人合词以故明知邑事潮州杨开殉张寇难事始末具呈，请祀于学。下其事于府，于县。县令刘公具以事实申之于府，于布政使司，以达巡抚、都御史，会名以闻于朝。天子嘉焉，诏祀诸邑之忠义孝弟祠，而以邑民黄凤德同殉难者附焉。其从难之县役钟调元、邵受连、程可行、钟楚贵并杨公家属十七人，分别建祠，以垂示久远。盖去杨公死事之日已二百年。发其端者吴参军谦，举其谋者左舍人宗植，而卒成其事者吾叔孝廉名家彬者也。

明之将亡，盗贼窃发，赋役繁兴，其势岌岌不可终日。杨公至，则蠲苛徭，省急役，与民休息，其有德于吾民甚厚。寇至城破，死职耳，而迟回召募于数千里之白鹤山，势穷力屈，始以身殉，彼独何求与？其民卫从之严，艰辛困苦，相为维系，以抵寇罅而待济也，盖其勤矣。夫至捐弃其家十七人，奉其一身以图于外，幸此城犹可复得，其终不可得而卒以死，其心尤有足悲者。始邑人以从祀昭忠祠请，部臣议谓昭忠祠祀本朝死节之臣，无及前代者，可祀之忠义孝弟祠。嵩焘窃意忠义孝弟祠之祀，各以其乡之人。杨公勤事于职而效死于民，祀之名宦祠可也。而邑人昧然以昭忠祠请，诚有过者。其立石题名者，若杨公家属十七人，若黄德风之妻，皆无名氏可稽，则各附于其主之下，不别题名节孝祠。于是戒期伐石，周视堂宇，屹立永固。既蒇事，嵩焘为之记，并著杨公从祀忠义祠之略，以俟后之议礼者厘正焉。

案题名碑据旧《志》：黄凤德妻无可考。苏溪塅黄氏《谱》载：黄凤德妻刘氏。旧《志》失于讨论耳。

郭氏义庄后记

吾族自明季至今，存丁百馀人，犹有衣食不自给者。道光二十五年，从父莲舫公以从祖诚斋公遗命斸置义庄，以所质吾弟蛰存西门二宅充之，自四世祖以下诸房贫者，月有赡，岁有寒衣之费，行之二十馀年矣。嵩焘悯诸贫者生齿日繁，所赡或不济，乃稍推广附益，并及四世祖以上诸房，悉族之贫者皆赡给焉。莲舫公故有记揭诸祠壁，嵩焘复推明此意，为之后记。

呜呼！百人之族而为望姓，徒以科名稍为继续而已。其间丰裕者数家，自食其力以无忧困乏又数家，其贫不能自存者相望也。古之君子，一夫不获，曰“时予之辜”，岂以是为仁哉？不如是而道固有未尽也。乃使一族之人，饥者寒者，坐视而莫之救，虽稍资济之，而果能获其所与不能获其所，视三代之民固犹远矣。道德不足充人之志气，则士或嚣；职业不足尽人之程度，则材或枉。古之君子，非恃其力能养人而已，以道贞胜，而以人养人有馀裕也。此之弗能，而区区自致其力以推及一族之人，亦或有至有不至，均之于道未尽也。嵩焘窃用自疚，亦愿族之人以是自勉焉。

重修考棚碑记

邑考棚创自乾隆五十年。道光中，增置云路门。岁久剥蚀，上漏下渗，门壁不完。光绪元年，邑令冒公谋葺而新之，增置东云路门，各为阁道属之至公堂，以避雨雪泥泞。圮者墉之，剥者髹之，添设几案，编列号次，于是规制焕然一新。

自汉以来，所谓选举，贡其名于朝而已。东汉乃有试举之法。至唐而诸道下讫于县皆有试。宋兴，乃一试之于学。元、明以后，法稍备矣。然自宋诸科之试，常假诸寺院为之，则知其时与试者无多也。元、明定为县、府试，一试之府、县之堂。至国朝乃皆别立试院。文教日昌，人才蔚兴。五尺之童，提椠怀铅，争自濯磨，以与观光之荣。湘阴县试，多者至二三千人。闻诸父老：往时县试，彬然就列，无或哗嚣，而后乃稍陵夷，积久益失其故。夫物之将盛也，必得其理；其将衰也，歧行逆施，荡而不知所归，其终亦困辱随之。以今日人才之盛，视往时何啻倍蓰，而学行固不逮远甚，则又未知应试者多少盛衰之果何如也？古今治乱之大原，端本民风，而尤莫重于士习。官斯土者，以急正士气为先，庶几国家作育人才之意可以无愧，即修葺试院之功亦不至终泯也。

是役也，董其事者罗时松、龚猷献、李其昌，费至四百万钱。历光绪三年工竣。越三年，颜邦翰韩城请纪其事于石，而嵩焘为之记。

记戒坛僧

度罗喉岭而南，山峻削，沙石赪黝相间，折径斜险。稍透而西，有峰峣然，离立众表，马鞍山也。望戒坛，当山坳。北达狮子岩，缭曲盘郁，若隐若见，出入高下取径焉。又西极乐峰，益奇峭。明如幻律师说法为戒坛，左右多古木。坛外数武，白果松一本，高七八丈，九干相纠结，寺僧名之九龙松。其右毗卢千佛阁，松栝林立。尤奇者活动松，樛枝交重，荫垂一墀，横盘如龙。引其一枝，旁俱动摇，如靡天风，苍阴猗移，波涛自荡。

余笑以为戒坛怪特，于松尤胜，自馀无取乎尔。寺僧超尘进曰："人亦有怪特。若吾石山僧者，岂愿见乎？"乃导余上毗卢阁。阁半接木为飞桥，达山南麓一净室。有僧披发，绕肩三匝，敝衣不袜，貌狞恶，独坐一榻。一高足案，庋诸经说十馀事。以手导客坐。使之年，立五指以对，而左右指火毁其四，秃且尽。两臂燃炬百数十，焦腊可辨。超尘言其里居，故长安市上石工也。三十六五时入某寺为僧，所师僧死，守塔三年，遂蓄发。忽立戒戒不语，十年矣。初不知书，渐通文字，能诵经。其静极彗生者，与夫佛氏之说。断情欲，外形骸、生死，谓之坚忍，为有不能忍于心而忍之者也。燃指、蓄发、不语言，何为者乎？非有迫之而有诱之，强伏其心，以仇伤其肢体，甚哉愚也！而惟用其愚，强固不可动摇，乃使其心澹然泊然，无役于体肤，无营于寝处，无所为而为其难，不少馁焉。吾儒之为道也，易矣，而流荡以失所归，抑何多也！

是游也，既睹诸松之奇，又得是僧焉。孰谓京师之大，坚强傀特，伏一世而无所为者，独在是山间哉！

卷二十二

太子少保益阳胡公祭文

先皇初阼，狂猘芽蘖，奄忽横流，江淮荡潏。武昌龙盘，犄城为穴，穰穰其来，戈铤如雪。公提一旅，搏战而东，军麾四罗，节使是从。手披鄂城，以遏寇冲，耀兵湓浦，寇来我攻。江汉重骚，孰折其锋？公于是时，慷慨驰援。有虓若神，介马腰鞬，控提饥羸，其安如山。摩城树垒，嵯峨插天。

帝悯颓疆，诏公汝抚，虎符玉节，锦张铜弩。拜命咨嗟，曰此谁土，忍俾奸猖，蹂我庭宇！淬精硫思，以烨厥武，并施温肃，秋棱春煦。桓桓忠节，忠武是偕，协心同德，从声若雷。为公驰驱，变化奇侅，风飙雨泣，忠节死绥。公诚不挠，金石为开，卒恢全鄂，沃涤污莱。公曰嗟嗟，蕴孽有初，追原乱始，岂不由吾！吏偷民困，昭苏震奋，剪秽剔瑕，综揽材俊。不懈其驰，如骖有靳，其施霈然，维诚与信。中更母丧，承凶南归，里巷趋走，衣冠涕洟。拜送于途，其行骓骓。公归涉旬，三河挫衄，忠武授命，乾倾坤覆。痛哭在丧，以义来告，驰节黄州，万马腾蹴。黄旄赤侃，羸卒穷闾，骇汗累息，见公惊呼，曰吾父母，归与归与！

曾公再起，并轨同趋，夹江翼进，相望旌旆。批亢攻坚，皖城垂下，寇援外失，乘虚薄我。遂鞣黄、随，白刃满野。大官在城，颐张口哆，惊忧眊乱，民无顾者。公闻急驰，旋军武昌。群相告语，还家于城。士气益奋，刮荡纵横。皖城既克，收蕲及黄。

急难纷纭，公以病呻，爰及弥留，捷书报闻。诏下褒功，幡旐在门。孰云匪酷，乃丧斯人！

夙昔从公，训词深厚：“嗟我有位，毋曰利薮，毋荒于嬉，以丛疚垢。庶几黾勉，相要永久。”忠武之丧，公为诔辞，至诚许与，矢心自祈：“惟吾与子，拯乱扶危，靦颜独存，斯言敢隳！”念公神明，才髭两颐，觥觥五十，于年未衰。天穹地博，忽焉坏毁，公与枝干，人纲人纪。财糜师老，有虞溃哗，公往拊循，马腾士歌。盖公生平，用兵行政，维德日新，几于哲圣。昔闻公言，正人为神，乱世之常，于公益信。

愚鄙无知，辱公荐牍。来抚公里，资湘左右。戒期南发，就公信宿，煌煌教言，庶永相守。存亡一瞥，见公不又。箴言学舍，常在公心，曾公来缄，与予是任。遗孤始孩，亲交扶掖，缵公志事，期无坠失。凡公设施，开阖疾徐，于后有征，随公矩规。独念公生，一死何遽！人殂道丧，孰测其故？九州四遐，惨慄失据，矧予与公，精气滂瀤。守官羁身，丧归不赴，缄辞告哀，惟有哽茹。

祭曾文正公文

文皇初基，值时否蒙，公手承天，日月再中。苏枯煦幽，熙以雨风，四海宴清，孰匪公功！公功在人，德由身致，始以儒兴，演迤涵肆。咀含文章，照灼天地，卷怀一室，周情孔思。道丧才散，群趋媚谐，愞骨姱容，蹑迹崇阶。萌芽乱始，积阴成霾，抗言高谈，攘斥觝排。万口所讥，公以理揆，其所盛誉，或瑱其耳。惟不诡随，以衷于是，单独一心，用中自砥。人于功名，御智乘危，攀跻校量，公退若遗。及夫当事，从容指麾，弛张仁义，沛然以施。或有忮之，蹈瑕抵巇，厄艰哮怒，相顾惊疑。公心坦然，乾清坤夷。名都大邦，豺鼠充斥，手夷大难，如措诸席。九土云沦，重睹开辟，功谢不居，受宠若惕。胚胎贤圣，功在畴昔。自公初出，眩愕刺讥，久乃帖息，星光日晖。终焉豪悍，吁呼归依，莫知其由，奔走歔欷。尤于士心，沦感弥宙，江输海纳，琳琅在宥。微长自奋，搜剔穷岫，流风百世，伊谁云觏？

愚蒙自少，公顾谓才，惊喜问故，曰与时乖。曷云违时？富贵尘埃，怀抱岂多，披豁四开。发言吐气，战斗霆雷，睒眴百怪，笑怒嗔猜。涉世廿年，耳冷心灰，回思曩言，讵我诬哉！人生一世，短长得失，岂不自我，亦岂能必？闻公病目，念往视疾，枉书来招，要以时日。曰及今兹，左睐犹明，子肥子瘠，能为子评。脱更需迟，两目俱盲，子来不见，徒闻子声。揽书涕零，语谐心恻，道之悠远，生身无翼。效驾未遑，承凶气塞，生死须臾，宁能理测？不往而来，翩翩归幡，輤帷昼掩，何有见闻？慨念平生，诲化殷勤，走章刘君，会哭江渍。三十六年，事往如云！

天能为人，穷达夭寿，如公百年，岂足云厚？翼世保邦，兹惟寿耇，冥嚣获福，于世何有？天意固然，其又谁咎？余病早衰，自视宁久，奔号惝恍，从公恐后。陨伤在心，视此尊酒。

祭黄南坡文

呜呼！公名有闻，及余初孩，翱翔一官，群谓公才。涉仕东游，公在江南，委官娱遨，侵晨往参。少年豪悍，谈锋箭筈，相契一言，神倾意豁。爬梳漕政，转海衔舻，公以闲退，敛发楗枢。为彼利薮，犄角磨牙，再遭谗诟，休老于家。及归倒履，相顾悲叹，一梦几时，不可控抟。

狂孽起粤，来乘我境，公佐守御，规画井井。驱雷入冶，敛布归廛，兵强食充，一身之肩。丞相东讨，委积输纳，锱铢自我，万军一哂。上闵公才，擢尹大邦，桓桓威毅，手授旌幢。挈提九城，还于疆吏，蠲巨绳微，中其忮忌。观察滇迤，谤者逾繁，言官纠纷，哆口如鼋。志不求仕，道不枉己，遂以馀年，掩关却轨。扶危起敝，以身荐瘥，孰使之然，谗夫孔多。

予病免官，发变颜黝，孑焉寡俦，惟公之厚。激昂世事，讥贬要人，椎骨钵心，或怒而嗔。亦时嗟赏，微言奥旨，倾谈遗倦，如宫应徵。开户四顾，往适谁门，童奴指笑，温温宛园。不见而思，甚暂非久，流连达夕，饮余以酒。数晨言病，往视在床，讫于考终，笑言琅琅。抚摩方寸，委心来去，银甲兜鍪，端拱侍御。公属纩时，以手抚膺曰："方寸地，来去清白。"家人恍惚见若神人，银甲兜鍪侍于门，大惊，公亦遂瞑。自承公丧，阴霾塞天，余病不出，有泪在悬。公才江海，用不逾尺，瘖寐忧乐，引为己责。笃于故旧，仁于友朋，孤茕颠连，饥粟寒缯。宦迹岂多，民赖苏息，终以谗黜，爱莫能力。晚为国老，人望斯归，矧余与公，衰病因依。悻直无能，宜众所弃，望公伤怀，惟有涕泗。

陈恭人初七告文

呜呼！恭人之逝，涉日已七，道家有言，魄死其一。生逾四十，乃今永毕，强半之年，幽忧痼疾。谓是无福，乃行有常，提提室家，儿女成行，生浮死休，终焉允臧；谓其有福，沉疴昏愁，终岁呻哦，食粗衣垢。中更寇乱，流离颠踣，殡葬仓皇，置心惟疚。矧予多病，颓然已翁，儿始成孩，息女景从。号咷无依，发鬔首蓬，幼生始旬，讵非鞠凶！葬不得地，厝棺岩址，生存华屋，相距盈咫。方病自言："生平已矣，与为苦生，宁甘而死。"其甘伊何？哀乐奚似，课梦咨魂，来相告语。礼有再虞，卜日惟柔，适当七日，设醴承羞。冥钱无多，载屋一丘，焚之冢旁，庶达冥幽。呜呼！畴昔之日，宴会重五，苦劝加餐，临食呕吐。曾几晨夕，罗列肴脯，招魂来食，箸不一举。哀逝叹存，茫茫终古。呜呼哀哉，尚享！

陈恭人小祥奠文

百年一息，乌有修短！缘倪至耄，岁时息偃。涓夫死休，日惟其远，岁周一期，曾不逾瞬。昨岁今晨，卧床馀喘，呱呱寝帷，相顾哀泫。展巾披箧，音容在眼，弃我弥年，孰云悠缅？忘情匪庄，达生匪阮，陈奠荐楮，用告缱绻。

陈恭人百日祭文

呜呼！惟恭人之奄逝兮，倏已届乎百日。独掩涕以潜处兮，孰知予心之惨戚？盖相从二十有六年兮，恒幽忧而痼疾。葆淳德以渊懿兮，缅小心之翼翼。历丰约不失常兮，实内蕴乎贞质。予多病以迍邅兮，差骨肉之为欢。岁强半游无定兮，郁忧思而在颜。指绳床笑相语兮，悬灯影以常单。蹇予归而戢影兮，甘粝食以游盘。终沉痾以殄世兮，傀独处而流叹。礼卒哭而哀遂纾兮，悼精魂之销弭。沥蒲觞又泛桂酒兮，乃祔食于先祢。含悲思以曷忘兮，长揽祛而雪涕。届是日以陈荐兮，馨肴蔬而酌醑。聊摅辞以写哀兮，魂旁皇而延伫。

告陈夫人墓文

惟夫人之丧，距今盖已八年。其卜葬斯土也，实当癸亥之冬，亦越五年以前。所生一子而已，敢遽望其能贤？而叨陪省试，幸厕名于庠序者，亦庶几乎泉之始达而火之始燃。嗟予之德未足振起乎后人，惟夫人之小心匑匑，一无所表见于世，或赖尔子孙以有传。幸后先之踵武，掇科第以联翩。奠椒浆而陈词，用告慰于重泉。

船山先生祠安位告文

惟吾夫子，笃生衡阳。悟关、闽之微言，寻坠绪之渺茫。当明季之厄运，隐船山以徜徉。校诸子之得失，补群经之散亡。其立身大节，皭然不滓，与河汾、叠山以颉颃。而其斟酌道要，讨论典礼，兼有汉、宋诸儒之长。至于析理之渊微，论事之广大，千载一室，抵掌谈论，惟吾朱子庶几仿佛，而固不逮其精详。盖濂溪周子与吾夫子，相去七百载，屹立相望。揽道学之始终，亘湖湘而有光。其遗书五百卷，历二百馀年而始出，嗟既远而弥芳。咸以谓两庑之祀，当在宋五子之列，而至今不获祀于其乡。如嵩焘之薄德，何敢仰希夫子而为之表章！意庶以乡贤之遗业，祐启后进，辟吾楚之榛荒。营相南轩祠之右，饬材庀工，立之飨堂。率诸生而释奠，荐诚悫于馨香。谂神灵之降兹，俨临上而质旁。

船山祠祭文

惟先生根柢六经，渊源五子。养气希踪于孟氏，《正蒙》极诣于横渠。于《易》、《礼》尤极精求，视陈、项更标新旨。允宜追配七十子，位两庑程、邵之班；岂期历世二百年，阙本籍馨香之报！爰修祠祀，用荐明禋。恭值上丁之期，并隆释奠之礼。伏惟昭格，降鉴精诚。

小祥祭亡儿文

呜呼！儿死匪遥，倏焉小祥。人生类然，石火电光。在礼嫡长，苴绖三年，祥而服练，缨屦递迁。于今丧纪，既期除服，迭变以轻，云何其促！服则有制，而哀无穷，二十一年，次第在胸。遗雏始呱，长者三岁，次长二尺，初能行地。执丧不能，哭拜不知，胡不此念？恩斯勤斯。死者已矣，存者为孤，而翁衰颓，途长力庸。岂敢惮劳，生世能几？号咷祷祝，志索气靡。及期有祭，儿乎归来！待来不来，畴知我哀？尚飨！

箎儿大祥告文

呜呼！儿死之辰，于今再期，在礼曰禫，纾思解悲。余独何者，含哀在哽，郁伊悲咷，梦涕犹陨。念儿之生，小心抑畏，文章贵显，有志易遂。贻我两雏，在襁多艰，疾病衰颓，著我其间。死者已矣，存者为孤，累然老翁，奔走枝梧。三月而葬，大夫之制，孰葬我儿？茫茫大地。一抔之土，奄忽三年，大祥礼终，往营新阡。年殚岁穷，寒荒雨雪，吉凶冥昧，畴能预决？死生负疚，我实无才，儿乎有知，宜为我哀。

昌蒲塘告奠亡儿柩文

鸣呼！亡儿之卒，三年而始卜地于兹。又误于阴阳之说，参差反覆，终伤埋首之无期。自去腊之九日，经营安厝，以时日之有忌避，至今而又加迁移。盖为期七十日，相距二十有馀步，颓然一老，奔走雨雪，困蹶而流离。悲哉！吾儿之慈善柔弱，英年逸志，而忽焉以隳。岁月几何，而又将及禫矣。地无可卜，葬无可营，曾不知天意之将以何为。如吾之薄德寡能，忧伤疾病，而益之以衰。顾视天地，风飘电掣，一瞬已尽，而抑又何悲！独吾儿之早逝，宜若造物者之所惨悼，而何一棺之土亦若是其艰哉？岂吾德之不良，致此颠沛？抑亦吾儿之自愤其不终，不肯即葬以求保其遗骴？

鸣呼！吾复何能，以妄希鬼神之佑？冀吾儿之灵，陟降在是，其或者阴观默相，使茫茫之土自兆其机，吾儿万世之藏庶几有托，而吾亦可稍慰其哀思！孑然一棺，暂安于斯土，尚冀营葬之犹有其时。吾儿九幽之灵，应自知之矣。吾为此文，以告山川大地，而亦以告儿之哀。

道林冲新垄成告墓文

惟夫人之卒十有二年于兹，始卜葬于山椒，又改窆于斯墟。其生也惟一子，绝爱怜而顾惜，后夫人之卒九年，俾相从于幽宅。予德薄而才谫，卜一地之维艰。富贵良非所期，冀体魄之即安。

傥兹山之有灵，庶母子之相保。历千龄而万祀，永安固而完好。生则为夫为妇为父为子，而没则为神。掬予泪以明哀，并告亡儿刚基之灵。

支祠安主告文

惟我曾祖，实肇丕基，恢张门阀，蕴真毓奇。爰分六房，称图定位，如彼乾坤，经纬天地。历传五世，其生匪繁，幸无陨越，以忝其先。锡命自天，崇封一品，遂新家庙，前荣后寝。子孙左右，环城为居，去寂就喧，迁自乡闾。配食一堂，分昭分穆，骏奔对越，执事有恪。追惟先世，缔造艰难，建堂耕心，永庇以安。庶承遗荫，千龄万纪，春秋蒸尝，遹隆享祀。

节孝祠告文

仰惟率履坚贞，艰难宏济，式瞻遗烈，备具前型。兹以某某等并以冲年，遭逢多难。始摩笄而衔恤，终茹蘖以陨身。幸叨公论之哀矜，上荷天章之宠被。礼仪告备，长载怀清履洁之风；祠庙有严，用章显微阐幽之典。参陪末席，敬启尊灵。

节孝祠安主文

仰惟国家褒崇节孝，而旌表遍及州闾。士女相劝而为淑行，亲戚相矜而彰盛美。恭际天恩之高厚，怆怀诸母之艰贞。或髧髦而待期结缡，或割臂而忍啼和药。乃至茹金绝粒，先后同符。九幽瞑天日之光，一室下鬼神之泣。至情惨烈，累世哀恫。迭叨纶绰之褒嘉，并睹门闾之绰楔。惟圣世建坊崇祀，旷典远迈乎前朝；惟诸母苦节坚贞，至行允符于一揆。於戏！有所由来，亦有所由为，良非偶尔；无疆惟休，亦无疆惟恤，曷胜凄然。宜登女师《德象》之篇，转益寒门薄祜之感。乡里之音徽斯在，春秋之报祀长馨。敢告。

船山祠祭文

惟先生钟灵衡岳，阐道湖湘。衍关闽濂洛之宗风，发《易》、《礼》、《诗》、《书》之秘钥。建芳馨于私淑，资模楷于遗书。乃以揽揆之辰，敬致明禋之荐。七十贤师儒之班列，后汤陆而祀胶庠；三百年师友之流贻，搴芷兰而陈笾豆。伏维昭格，鉴此微忱。

王益吾祭酒永慕庐铭

益吾祭酒为永慕庐，属嵩焘书之。因系以铭，其辞曰：

人皆有母，独吾母之为哀。盖躬习其教，相守为命，至老而犹孩。况若君之骨肉凋丧，惟母之为依，哀岂有穷哉！君之兄弟，为龙为虎，倏忽变化，尽为烟埃。其文章著述有传于世，讨论而表章之，足以垂示方来。是其告慰君母者，将使其家之人与天地齐寿，历千祀而穷九垓。君以一身枝拄其间，亦岂非天之厚积其势，障颓澜而使回？然则君之有后决矣，斯其旁薄郁积之久而山岳为开。追思母德，日月崔巍。人寿终尽于百年，年有尽而思无涯。人同此思，而传者独以其才。我铭其庐，以告永怀。时光绪九年癸未长夏。

聂仲芳戒欺室铭

仲芳观察颜所居室曰“戒欺”，属嵩焘书之，因为之铭曰：

圣学存诚，惟心自知，知而复昧，是名为欺。欺由心生，与人为市，人谁汝受，受欺在己。一行之愆，一言之尤，无苟自饰，当思其由。缄心于室，立之疆界，严拒吾欺，勿庸有懈。

方子听缀遗斋铭

古文奇字，犹存彝鼎，殊形诡势，得其要领。释文考义，开辟榛梗，是曰缀遗，用资正省。

克己存诚二箴

次江述近日为学之旨，盖力求胜己私而克之，以达于诚。视其所志之锐，吾道之干城也。作二箴以诏之：

圣功有程，反求诸己，维私在心，乃与己比。蜚尘涨天，莫辨景晷，蔽涂蒙首，如土斯委。其初泯泯，发微无几，日累月积，蚍蜉成坻。泰山当前，障之一指，决胜岂多，豁然反视。临幾立断，捷如缴矢，一话一言，讫于步履。从私纳邪，研微虑始，高冠峨峨，佩玉之綮。疵诟含中，神诃鬼訾，理欲交争，强弱相踦。知耻近勇，维道之纪。克己

言焉而狂，行焉而誖，尔躬蹈之，能无咎悔？行焉而颇，言焉而诬，尔心自疑，张弧说弧。所贵存诚，兢兢内毖，岂直皎然，不欺其志。圣贤言诚，以人达天，程功慎独，履冰临渊。昔刘器

之受命温公，自无妄语始，曰此立诚之功。行之七年，反复乎斯语，表里相应，无有迎拒。真积外形，星日昭昭，率时彝训，无或浮以嚣。诚复而通，深造自得，前圣之程，后儒之式。存诚

船山先生像赞

张文心大令从先生祠堂摹拓得之，因祀之思贤讲舍。

濂溪浑然，其道莫窥，幸于先生，望见端厓。约礼明性，达变持危，阐扬正学，是曰先知。二百馀年，星日昭垂，私心之契，旷世之师。

胡道生像赞

胡君年七十三，其夫人适年六十七，合得百四十岁。乡人念其转水溉田之劳，环集其室，举觞称庆，出所绘像，属嵩焘弁言其首，遂作赞曰：

古稀偕合，今君尤异，匪稀其年，曰惟行义。行义如何？敦友睦亲，和于族里，惟朴惟纯。在公无私，处喧无竞，韬光敛华，厥施逾盛。秋旸涸泉，万口嗟嘻，君引江流，灌而溉之。化愀以忻，嘘枯苏槁，曰君之赐，穰穰载道。视君多祉，纯嘏尔常，税之孙子，既繁以昌。婆娑二老，万福来集，比年合岁，百有四十。图像写形，望之若仙，我为赞辞，于万斯年。

卷二十三

丁伊辅先生馆课藏本书后

唐开元中置翰林院，备顾问，为文学侍从之臣，无专职，其后分掌制诰与机务。至宋，遂以知制诰为专官。元制，翰林兼国史院，乃有修撰、编修、检讨之名，然犹与诸曹司相出入。明因以史事专归翰林；翰林转官，不出本署，与诸司别异。乡、会试考官，专取之翰林。盖历代翰林一官供奉内廷，为天子近臣，而其体制日益加隆。明初定制，以翰林储宰辅之用，俾谙掌故；加馆试。故其地望清要，莫与伦比，而其职司专在文章。国家当乾隆盛时，上有稽古右文之君，翰林人才，于是为盛。始诏以诗赋策论试其文笔之高下，以为黜陟，谓之大考。其恩遇尤隆，其转官尤速。自是相沿为故事，而所重尤在楷法，视乾隆时宏博雅丽之才有间矣。而相与讨论，标新领要，争自琢磨，以求极其诣，冲容和雅，对扬休命，犹想见论思献纳之盛焉。

佩苍文学出其大父伊辅先生始官编修，馆课、私试所为诗赋杂体之文，装成巨册，属嵩焘跋其后。窃惟先生道德志行，为时轨范，乡人尊事之无异辞。而其诗赋轻蒨绵丽，怡神悦色，循之而无滞机，挹之而有馀妍，以知国朝馆阁体高出唐贤应制诗赋之上，而先生馀力所及，亦足取证，一代之风尚有如是也。至其楷法端劲，周规折矩，允如柳诚悬之言，原本正心之学，即此亦可推见其生平。佩苍慎守而宝藏之，盖不徒为魏公之手笏甘棠而已。

时光绪十有四年戊子春二月。

《湖南通志·地理·沿革考》列洪亮吉《三国东晋疆域志》、洪齮孙《梁疆域志》并自补《陈疆域志》举例

汇府县之志为省志，以纪地理也，史例也。然史备一代之制，方志之书，通历代分合增省而详其沿革。史所不载，征之私家著述以补其缺。《三国志》不详州郡，而荆湘隶吴，多仍汉制。两晋疆域有参差矣，其间又多侨置；然荆湘以南，鲜所变更，所增营阳、平阳二郡而已。梁世建置最繁，广立州郡，规以自大。或一县之地加置郡名，析其地为数县。而梁、陈《书》皆不著州郡。《隋书》备六代之制，略具裁并之由，其他缺而不录多矣。洪氏为《三国东晋疆域志》以补史阙，其子齮孙继之为《梁疆域志》，于是前史所未详及所缺遗参错，见之数百年中，皆可推考而知。其略曰《疆域志》者，不敢袭州郡之名，以别于正史也。

陈氏建国，视梁又有增省，而无能续为之志。其因革损益，犹备具之《元和郡县志》、《太平寰宇记》。中间小有裁并，不备列者，亦稍取证府县方志，是亦洪氏之例也。五代楚疆域不列《五代史·职方考》，而列吴氏《十国地理表》，以《职方考》惟举分州大略，而《表》为加详也。详历代沿革之数而中有阙焉，则于体为不备。陈改梁天门郡为石门郡，又增置通宁、卢阳二郡，皆其因革之大者。洪氏举其例，循而求之而可推知其始末。地志之书，务在征实。损益轻重，因时制宜，又未可一概论也。

问挽河复行淮徐故道与仍行大清河二者孰利

郑州河决，议者纷然。北人利河之南行，谓宜复淮徐故道。南人利塞决，谓宜导河使北。然而河道之变迁，亦其时会所趋，非关人力。而其间人力胜者，必获数十年之安。尤胜者，或及数百千年。大率唐以前河皆北行，决而南溢，其暂也。宋以后河南行，决而北溢，又其暂也。善治河者，导使归海而已，南、北两道均也。

《史记》称禹以河水湍悍，行平地，数为败，乃厮二渠以引其河，北载之高地。证之《禹贡》，禹厮之二渠，其一济也。禹知河、济二渎不可使合，而地势北高南下，河愈南则行平地亦愈悍，于是导济使东，而引河北纳漳、卫诸水，以激荡之，使不得停滞。禹功施及一千四五百年，尤莫隆于四渎之分。至周定王五年，河徙出砾溪口，而河始与济乱。汉元光中，河决瓠子，东南达淮、泗，而河始与淮乱。河决而数与他水乱，利其就下之性，所漫溢处必益淤。汉时之夺济，宋以后之夺淮，亦渐积自然之势也。是以终汉世河患皆在兖、豫之境，其后日徙而南，青、徐、扬并承其害。究其入海之道，在北曰章武，曰无棣，曰渤海，曰利津；在南曰淮。而展转以出利津，则自汉讫元，相视为大河经流，所谓大清河者是也，汉史谓之千乘海口。

通古今大势言之，堤防堵塞，肇始战国，后世相沿为成法。其为开浚之功，功与效可纪者，在汉曰王景，在元曰贾鲁。史称王景起荥阳，东至千乘海口千馀里，商度地势，凿山阜，破砥碛，直裁沟涧，防遏冲要，疏决壅积。贾鲁之治河也，有疏、有浚、有塞。欧阳玄治河，记载其法甚详。景功历魏、晋及唐，千馀年无河徙之患。贾鲁之功亦垂及数十年。此所谓以人力胜者也。汉平当言治水，有“决河深川，无堤防壅塞”之文。贾让之言治河，亦云“为川者决之使道。”然终西汉之世，经营水利，开渠浚川，劳费不惜，而于河工但有堵筑，无疏浚之文。明潘季驯言治河用堤束水，用水刷沙，实为以水治水之法。国朝靳文襄公力主其说以治河，而河亦治。反复思之，而知其说之不可易，亦时会所趋然也。盖河流数有迁徙，而入海止此一二口，其驰突冲激，必因各水渠沟之势，挟之以俱奔；而所至成沙淤，亦惟水力能荡而去之，疏浚之功无可施。历代之成法，诚有不能越者。

然潘季驯所论修守事宜，言挑河及闸河疏浅之法甚备。靳文襄公之治河，首开清浦以下两岸，引河自清浦下达云梯关，积淤十年，穿通数河，为推沙之法。是皆有事于疏浚也。故必知河水自然之性，而后可与治河；必求前人已试之功，而后可资以取效。唐刘晏言河不修则毁淀，是以每年正月，发近县民夫搴长茭决沮洳。知唐世兴修水利，于河亦岁有淘汰开浚也。河、济北流，江、淮南泛，各因地势，水性之缓急亦随之而变。导河北行，尽江、淮之界，使不与河相乱，此治水之大闲也。而明以来之治河，兼以济运。河徙则运道断，故皆以复淮、徐故道为义。然要使河身足以容纳，在北无怀襄之忧，在南无溃决之患，即水势顺而为害亦轻。

曾文正公督两江，以河决铜瓦厢，骤难改归故道，淮水故渎日湮，异时或引河入淮，或导淮复故道，宜筹疏浚之法，积渐为之，使工不虚而费不烦。文正公卒，无议及者。迨后河南徙，其决出铜瓦厢者，东北至寿张，数百里入大清河，无水道之可循也。宜因地势开通一河，以无使泛滥，然后可筹堵塞，而皆不及施功。近年漕运改归海道，运河亦渐淤塞，而山东一省，济南、东昌、武定诸属地日忧昏垫。委河以输之东境可也；听其播荡而不为之所，固不可也。复两汉通行之故道，不恃河以济运，不纵河以病民，以岁修堤防疏导责之东、豫两抚，裁出河员及河营额兵以省经费，通其变以酌其宜。时会所趋，自然之利，所宜承之以图功者矣。

复淮南引地议

盐法数十年必一变，利之所趋，弊即乘之，故常有所变更以持其敝。管子书言正盐筴，计口授盐，计盐定籍，大率笼其利而归之官，所谓利出一孔，其国无敌者是也。自是三千馀年，盐法百变，而为国家经制所入，总其大要，不出二端：一曰总司之官，一曰分任之商，一皆祖管子遗意，尽其利归官而已。

汉置盐官，煮盐鬻盐，皆官为之，是为总司之官。其后置官主盐，或曰监，或曰院，或曰务，所以为法百变，而盐一皆鬻之官。唐因旧监置吏，听亭户粜商人，听其所之，是为分任之商。其后设法行盐，或曰入中，或曰开中，所以为法百变，而盐一皆运之商。刘晏之擅盐利，非一税之能胜也。所置常平盐，居赢竣时，尽缩天下财利，而意取便民，是以法行而民不扰。自宋立入中之法，始有引名，有纲名。国朝因之，制为纲商，收盐运盐，一归之商，而官制其课而总其成。行之二百年，亦常小有变通，以遏其流，而其弊固已积重难返，至于引滞课悬，不能不变易成法，与之更始。

就两淮论之，初改淮北纲商为票商，继又改淮南并为票商，大旨在省浮费、除苛扰，以利转运而已。而自江南之乱，两淮引地全失。淮南引额数倍淮北，引地积弊之深亦数倍淮北。通计西、皖、楚三岸，尤以楚岸为最甚，以川私上下，江路官吏全据为利，持之太坚故也。曾文正规复淮南引地，析楚岸为湘、鄂二岸。原定楚岸引额，未经分别南北销行引数。至是始定鄂岸十八万引、湘岸六万引，旋并有增加，湘岸加至十三万引，每年额销仍不及半。

引地可复而久不复者，行之未得其要，处之未尽其宜故也。今不敢通论淮南全岸，且言湘岸。

盐法首重缉私。往时湖南盐法之敝，专在粤私。衡、永二府，巡卡林立。积久而尽为粤私，并西灌宝庆，不复知有淮引。川私入湖南，独由施南之来凤县浸及龙山，东越辰、常，西越澧州之永定以达津市。道光初，设立辰关专卡，径税川私，以抵淮课。川私由江达湖，并船而上，于是辰、沅三府一州四厅之地，尽为川私。值引地初复之时，办事者为多，可以稍求缉私之实效。盖从前缉私皆为美差，添一巡卡，即添一弊端。曾文正力能湔拂之，兼水陆兵力皆倍于前，江津扼要处有炮船，在陆有防营，皆可用以缉私，而未一置议。其失一也。

盐法尤重督销。江督督运，湖督及西、皖二抚督销，均有责成。皖岸最狭；西岸兼有粤盐、浙盐引地，又为次之；惟楚岸地最广，课最巨。林文忠督楚一年，销数最为畅旺，则督销之力也。今定缉私匣费，遍及府县，而楚督独缺，是明树之敌也。私税利于支销以资办公；引盐行，遂少数十万之经费。其争执者犹公也。至明树之敌，则其为公之心又更以私争之，引地遂终无兴复之望。其失又一也。

此所谓行之未得其要者也。

曾文正初定章程，创设四岸督销总局，以司道大员主之，最为制胜之术，而于引盐初入楚境之武穴设立分局，以资稽查，武穴销数遂以大畅。盖当私盐充溢之时，必设局督销而后公私之辨明，商贾有所惮而不敢鬻私。湖南通其意，多设分局。长沙之湘潭、益阳、湘乡、湘阴及靖江、新市，常德、辰州、岳州及岳州之华容、平江，皆有分局，多于皖、鄂各岸。而岳、常两局仅保府城；自城以外，皆川私也。其无督销分局，引盐遂亦不复运销。是往时三府行引盐者，今仅数县耳。至辰、沅一路，从前运商近就三府及澧州一州销售，惮辰河之险远，无运往者，遂为川私所踞。迨两湖引地尽变为川私，川商又惮辰河之险远，无运往者。于是辰州一府，引盐独获畅销，而永顺受来凤县之川私，宝庆受全州之粤私，交注辰、沅各府厅。地逾千里，食盐户口以数十百万计，皆应设局经理而不一置议。其失又一也。

设局之初，仍以加税私盐、借平盐价为名。而衡山之石湾、清泉之东洲、衡阳之大陂市，收粤私盐税斤八文；澧州之花畹冈，收川私盐税斤三文。而引盐运至湘岸，通收各省厘税，湖南所定厘税已至每斤九文半。是正引之盐厘反多；加收川、粤之私以平盐价，厘税反少。委曲调停，其终反以示弱，而一切宽假之。其失又一也。

此所谓处之未尽其宜者也。

言者徒谓私盐厘税百馀万，引盐所入，不足相抵。此徒以一省计之，其言似是而实非也。国家经制，两淮正杂各款解部者五百馀万；近年才及二百万。蠲引地与川私，每年短解部款已至三百万。各省厘捐杂款，亦略相等。湘岸额引十三万，销行六十州县、四厅之地。每年销及五万馀引，才十馀县耳。州县有繁简之异，而食盐户口固不甚远。军兴以来，私盐有厘税，引盐亦皆有厘税，而私盐厘税所以胜于引盐者，所占引地十常八九，引盐销路短绌过甚故也。言官持论反复，亦由商人之指嗾，本未尝了然于心，而但据川厘为说，是蠲弃二百年成法以徇一隅之私利，而不一通筹全局。当江路阻塞、引盐不行之时，税私济饷，自属因时制宜。引盐既行，徒使私盐侵夺引地，公行无课之盐，而更昌言助之，不独暗于利源，实亦有乖政体。

曾文正议复引地，持之以慎，行之以渐，无可议者。其大失在蠲荆、襄、安、宜、郧五府及荆门州之地以给川私，又蠲湖南之澧州以益之。是直六国割地之说也。引盐分立界限，皆因山川形势，扼险相持，以防私越。宜昌，川、鄂要隘，可以固鄂岸藩篱。蠲千里之地与之，则堂户皆失防维矣。花畹冈，川、湘要隘，可以固湘岸藩篱。蠲澧州与之，则门户尽无阻碍矣。在曾文正当日，为一时权宜之计，数年以后，必谋规复。曾文正卒，盐法已无可为。左文襄继之，力图全复引额，而行之太急，所以立法之意又苦太疏，不急规复引地而急增引。乃使言官攘臂以争，商民亦为之惊扰，司农经国计者亦不能考览全局以责成效，而急与相持。自是相与以规复引地为戒，而盐法流极败坏，遂至无可挽救。

虽然，鉴前事之失而束手以不敢为，固不得为能任事者也。诚欲清理盐法，必自规复引地始。但一责成疆吏，先收复澧州引地以归湘岸，收复荆、宜各府州引地以归鄂岸，而多设分局，简士绅以廉能著者，任以督销之责；凡附近私场、城垣、市镇商贾辐辏之区，必有分局督销，严禁屯积；转运为利者，其乡村负贩，听从出入，更不过问。盖自盛时，引地之失久矣，故但力争口岸，总其大要，而不必多设巡卡，与小民争锱铢之利，以滋苛扰。如是，引地之已失者可复四五。又多择廉明之吏，资之以督销，即所有引地核实求之，销数必逾常额，户部解款犹可不虞短绌。

汉、唐盐法之敝优于宋、明，为在官犹能制其权也。必使官能制其权，而后私盐之势可以稍杀，而盐利可兴，盐法亦不至终窳。自古议盐法者，皆总揽其利，以归之官者也。听引地之失，则盐利可以委弃不顾；纵私盐之横行，则盐法直将毁坏而无馀矣。国家有成例，官吏有职守，初非能有异术，亦决无必不能行之理也。谨议。

铁路议

泰西汽轮车起于乾隆之季，初犹未敢行远也，各择所便为之，得利焉则纳税于官。其驰走数百里赴利，乃集会为公司以董其事。久之，纵横交互，建造日繁，始合并而纳之官，连为一总公司。又久之而通各国为一公司。是以泰西形势互相入亦互相维。国大兵强，遂以称雄天下，国小者亦皆有所凭恃以自立。盖铁路之兴不及数十年，而泰西之富强乃益盛。浸寻而至印度，浸寻而至兴安岭以南，日本亦通行之国中，其势且日相逼。虽使尧舜生于今日，必急取泰西之法推而行之，不能一日缓也。

虽然，为是者有本有末，知其本而后可以论事之当否，知其末而后可以计利之盈绌。本者何？人心风俗而已矣；末者何？通工商之业、立富强之基，凡皆以为利也。人心厚、风俗纯，则本治；公私两得其利，则末治。请言其本：中国商贾，夙称山、陕。山、陕人之智术不能望江、浙，其榷算不能及江西、湖广，而世守商贾之业，惟其性朴而心实也。性不朴则浮伪百出，心不实则侵盗滋多。浮伪侵盗盈于天下，朋友不相顾，父子兄弟不相保，而欲以揽天下之计，权四方之利，谁可与持久者？彼其长驾远御之略，又非校量尺寸者所能任也。才愈大则术愈工，术愈工则只以营私，而不足以溥公利、任大谋。比俗之人，踵而行焉，莫之省也。此本之失也。又请言其末：泰西人计利远，每举一事，倾资百万不顾，而期之数年数十年之后，愈久而其利愈博，而终未有举无名之费，为苟且之计而不计利者。中土计利则忘其害，计害则遗其利。较利之多少而起应焉，课利之迟速而争趋焉。朝为其事，而夕责其功，无远计也。而假之公者，又辄以为国家不言财利、不问有无，资人之取求而干没之。急其私不顾其公，图其始不究其终。苟得一身之利而止矣，苟得一日之利而止矣。是以百为而百无成。此末之失也。本失则凡所与谋者，为诈为虞而无固心；末失则凡所为计者，俛得俛失而无恒守。本末俱失，而可与为国家久远之利乎？

凡利之所在，国家与民共之，而又相与忘之，斯所以为大公也。民与民争则扰，上与民相匿则溃。扰者，势有不能行；溃者，情有所不能交达也。今行汽轮车必造铁路，则请先言铁路之利害。铁路南北直达数千里，其间东西驰骛，车马络绎，无有止息，而汽轮车之发，瞬息百里。泰西东西交驰之道皆置栅门，有电报以司启闭，然且有横出铁路之中，相触击为齑粉者，彼此不相咎也。中土一鸡一犬之蹂践，议论繁滋，有司已穷于讯断。其尤甚者，铁路之通利可以一日千里，而必两轮相辅，左右锲铁路，附着以行。投石若坚木当车路，车碾坚而有逾寸之悬，则轮无附着，左右偏强偏弱，而行不利；不利则倾，从而外驰焉则横决，火力猛则暴裂。一汽轮连车数十，莫之御也，而方寸之石败之。豫东马贼，一日踔百馀里，以剽掠为生，方寸之石，取之道途皆是也，则虑掀车覆辙之日相寻也。故曰：铍滑嵬琐，不可与兴大工；弛易龉差，不可与言同利。尽国家之利，囊括以举之，委输以糜之，相与以兴修铁路，为名而已。百姓无奔走效事之忱，官民无乐利与同之愿。正恐铁路之兴，非可旦夕期也。

铁路后议

泰西遍国皆机器也，中国无能效之，其必宜效者二：一曰电报，一曰汽轮车。盖中国幅员万里，驿路远者经月乃达，骤有水旱之灾、盗贼窃发之事，利病缓急在须臾之间，而所以应之常在数月之后。有电报则信息通，有汽轮车则转运速，可以处堂户而坐制万里之外。是二者之宜行也，无待再计决也。

虽然，泰西立国之势与百姓共之。国家有所举废，百姓皆与其议；百姓有所为利害，国家皆与赞其成而防其患。汽轮车之起，皆百姓之自为利也，自数十里、数百里以达数千万里，通及泰西十馀国，其国家与其人民交相比倚，合而同之。民有利则归之国家，国家有利则任之人民。是以事举而力常有继，费烦而用常有馀。夫权天下之势，非一都一邑之能取资也；转百货之利，非一舟一车之能任载也。今殚国家之利兴修铁路，所治不过一路，所经营不过一二千里，而计所核销之数，视所用数常相百也。是其意将以为利也，而但见其费，未睹其利。又一切行以官法，有所费则国家承之，得利则归中饱；积久，无所为利焉而费滋烦，于是乎心倦而气益馁。泰西通一国之利以为利，日推日广；行之久，遂以为富强之基。中国竭府库之储以为利，利未兴而害先见焉，将并所已有之成功而弃之。何则？力有所不能济，势有所不能周，是其为利终无几也。

电报者，通所治行省之气，有事则急先知之，可以国家之力任之者也。汽轮车者，有事则征兵转饷，莫之或阻，无事以通商贾之有无，非能专以国家之力任之者也。汽轮车之起当乾隆之季，电报之起在道光之季，用此以横行天下，战必胜，攻必取，诚有以致之，尽泰西十馀国比合以尽其利者也。土尔机、波斯附近泰西，而制法各别。电报起才三四十年，皆能行之；汽轮车在电报之前，至今土尔机、波斯诸国未之能行也。此亦理势自然之数也。

新疆阿尔泰山设防议

元太祖以阿罗斯钦察、阿速二部封其长子术赤，西起欧罗巴，东界金山。其后置岭北行中书省，统和林路总管府，自金山、兴安岭以北，尽北海之地皆隶之，是今俄罗斯北境全属蒙古。所谓金山，即今阿尔泰山也。山势绵亘，东接兴安岭，是为外兴安岭。国初与俄罗斯分界之尼布楚、雅克萨二城，实在兴安岭下。环兴安岭以达阿尔泰山，全包蒙古之地，是为外蒙古。径北与俄罗斯接界，统于乌梁海。其屯兵处曰乌里雅苏台，曰札萨克，曰三音诺颜，曰土谢图，是为乌梁海四属。稍西科布多。皆设大臣驻扎皆地。则蒙古也，与新疆无涉，向无阿尔泰山设防之议。

数十年来，俄人出入蒙古之地，无复防禁。咸丰八年，爱珲定约，自额尔古纳河顺黑龙江而下，又东北出混同江，画分俄罗斯之地二千馀里。十一年，黑龙江定约，自乌苏里河径南出图们江，画分俄罗斯之地又千馀里。于是东界之边防尽失。同治三年，塔城定约，自哈克图西过乌梁海，出纳林河，绕塔尔巴哈台，径葱岭，趋浩罕，环西北袤长五六千里画分俄罗斯，而西界之边防尽失。光绪六年收复伊犁后，又有画分，伊犁遂与俄罗斯接壤。阿尔泰山以北，旧为俄罗斯西伯利部，又析分其地为八部，及侵踞沿边各番地，环阿尔泰山至兴安岭加建城堡，曰巴淖尔，曰明努星克斯，曰欧库克斯，曰浮克尼乌定克斯，曰失尔喀江。迨塔城定约后，尽恰克图为界，阿尔泰山全境皆入俄罗斯，亦并无设防之地。

总而论之，泰西用兵，无越险相持，侥幸一战者。东尽黑龙江，西界伊犁，以出喀什喀尔，击柝相闻，烽火相望。俄人所在经营，制造、开矿以济用。不此之忧，而忧及数千里外之阿尔泰山乎！布伦托海，即《汉书》所谓蒲类海也，哈密、巴里坤在其东，乌鲁木齐在其西，内、外蒙古各旗，皆得以拊其背。谓俄人出此路以图侥幸，知其必不然也。自古策外夷者急图治内；内无衅焉，无敢狡逞者。泰西计利深而观势审。游谈之士以浅见窥之而虑其窃发，无当得失利害之数也。

卷二十四[①]

谏垣疏稿弁言[②]

论事必提其要，立言必畅其旨，要皆其忠君爱国之心发露于不自知。胡文忠公标举二疏，以为二百年未有之文，可为知言。嵩焘尤服膺首二疏，推陈致乱之源，吏治民情，洞中瘕结。当时早办及此，天下之乱，其犹可弭。凡为疏十馀，先事有虑患之明，临事有敢言之勇，有任事之略。伏读以思，益知不朽之业，具有渊源。经世宏务，实基于此。天下安危之寄，斯文显晦之机，其犹有所望与。同治元年六月郭嵩焘谨志。

运米章程[③]

谨将筹办米捐章程，开具清折，恭呈御览。

今开：

一、江苏兵燹之后，产米无多，客米又为贼境阻隔，来源稀少，湖广、江西等省米价一例翔贵，采办尤难，现令绅商就地收

---

①本卷及下两卷均系辑佚件。

②辑自《毛尚书奏稿》，宣统元年开雕，二年刊成。

③辑自《李文忠公奏稿》光绪乙巳五月金陵刻本。据《郭嵩焘日记》，此章程系其于同治二年三月二十七日代李鸿章拟。

买，无论粳籼洋米，一律兑收，以期迅速起运。

一、咸丰五年米捐案内援照福建成例，每米一石作实银四两二钱。按照筹饷新例，捐职衔者原减二成，准其再减一成，七折申算作银六两；捐纪级封典升衔者，原减四成，准其再减一成，五折申算作银八两四钱。咸丰七年米捐案内复经部议，免缴部照费及归公饭食银三钱九分，仍以每石实银四两二钱核算。其时，外省米价每石不过二两馀，加以食耗、承运一切经费，申算四两二钱。今江苏米价每石需银五两有零，洋米运贩江苏者，亦视广东、天津等处价值加增，合之食耗、运费，已至六两以外。从前奏定五两米价，就时价约略核计，所有需用一切经费，自应按照各项开销实数，加增入米石内。每米一石，作银五两七钱五分六厘一毫，以昭平允。

一、前届捐米案内随缴津、通食耗米二升，沙船耗米八升，督运员弁沿途食米均在其内。此次由商购运，无须督运员弁，每石用漕斛加沙船耗米六升，津、通耗米二升。

一、前届采办章程沙船水脚及神福犒赏席片等项，每石共给银四钱二分八厘一毫。今核减四分，实给银三钱八分八厘一毫。又津、通剥船各费仍照采办旧章，每米百石缴剥费银四两八钱、杂费银三两三钱四厘，概交天津道汇收核办。

一、沙船领运仍照向章，给与三联执照，赴津兑收。每船各封样米三分，加贴印花，以凭呈验。仍由商户举派董事一人，赴津照料，掣取上兑回批。

一、历届海运成案，承运沙船准搭二成货物，免其纳税交捐，应一律照旧办理。其重洋往返，应带炮械防护，仍请咨会沿海水师镇将，接护出境。

一、部定新章所有指省分发验看捐复各项名目，概归捐铜局办理，外省不准报捐。此次采办京米，亦与京铜捐局上兑无异。所有前项名目，外省不准报捐者，应请一律推广，暂准给奖。其本身不愿请奖者，仍准其移奖，俾商人得以踊跃报效。其馀各捐，不得援以为例。

一、历届筹办京米章程，皆先设局办理，委员及薪水例有开销。此次筹办总局即设在粮储道公馆，薪水及一切局用开销，悉从节省，以恤商力。其承办之厅县各委员，俟捐有成数，分别劳绩，另案奏请奖叙，以示鼓励。

为英领事入潮州城之晓谕[①]

钦命镇守广州将军兼署两广总督部堂瑞、二品顶带署理广东巡抚部院郭为晓谕事：

照得咸丰十年，中外和约大定以后，远而京城各省，近而东粤汕头，处处相安，无一龃龉。良由彼此各守和约，开诚布公，无诈无虞也。

汕头系潮州属地，英国领事官来往府城，与道府会商公事，非与百姓为难，亦于地方无损，迭经遵照谕旨，明白饬遵，不惟潮属官绅共知原委，即府城士庶靡不共悉情由。

上年九月十三日，坚领事到府城，十五日回汕，未曾扰累地方。乃当其入城次日，辄忽标贴歌谣，肆行诋毁，商贾亦各畏事，纷纷闭市。一切前情，已奉上谕："该处绅衿经瑞等剀切晓谕，谅不至率意妄行，不顾大局一至于此。自系地方刁劣好事之徒，造

①辑自郭廷以编定《郭嵩焘先生年谱》，台湾中央研究院近代史专刊第 29 辑，第 403—404 页。此晓谕发布时间约于同治五年四月十八日。

言生事，殊属不知法纪。着将匿名揭帖之人严拿究办。”等因。当经转行遵照办理。现又钦奉谕旨：“着派前任广东藩司李、前署潮阳县令冒澄先赴潮郡抚慰劝谕，事在必行，顾全大局。”等因。仰见圣主殷殷垂廑于洋人议进潮城一事，为尔等百姓熟计安危，筹虑周详，至为肫切。

现在李藩司带同冒令赴潮，必能与各绅民妥善筹商，为中外永久相安之计，合先出示晓谕。为此示仰潮属军民士庶人等知悉。尔等须知洋人进城，系即次钦奉上谕，按照和约应办之事。各省府城、县城均准洋人出入游历，何独潮州一郡顿生异议？况中外交涉各事，关系全局，亦断非一郡士民所能抗阻。经此番示谕之后，倘再有不谙事体之人，妄思肇衅生端，违背谕旨，是乱民也。凡我潮郡绅民，谅无不同深愤恨。稊稗不去，嘉禾不生，本兼署部堂、署部院惟有严饬地方官执法从事，断不能再为曲贷也。潮郡民人皆吾赤子，何肯稍存抑勒？该绅耆等深知大体，急应熟筹时局，审明利害，凛遵迭次谕旨，劝诫子弟，遍告里邻，毋再为浮言摇惑，以仰副我皇上垂念中外、保卫闾阎之至意。本兼署部堂、署部院有厚望焉。特示。

评议陈宝箴文①

《疏广论》评语

写出朝廷治禄本旨，博大精深，于论二疏处更推进一层，正

①辑自汪叔子、张求会编《陈宝箴集》（下）卷三十八《文录一》，中华书局 2005 年。各则评语原置于陈文后，今改置于前。将陈文改用楷体排印，以示区分。标题为编者拟。据《郭嵩焘日记》，对陈宝箴各文评议时间当在同治十年十二月。

名辨物，曲折皆到，而中含劲气。南丰经籍之光，庐陵冲夷之度，实乃兼之。此等文在古人集中亦不多得。

〔上缺〕也。今二疏学而仕，仕而贵，既贵则退，而以为知足。然则自其为学时，徒欲然有慕嗜名位之心，而借是以为餍足之道。既得所欲，则虑满戒盈，不复更有他望。是其进退行藏，皆鳃鳃焉唯身之谋，而无意于朝廷天下。自公卿大臣至百职事，而尽挟此意以入官，则朝廷者，尽为宠利之薮，以供群桀黠者之取携挹注。饥则附之，饱则飏之，天子谁与共治天下乎？

夫二疏官师傅，以教谕太子为事，天下治乱之原，所由出也。使己无谕教之具，则辞于授官之初可耳。太子不受其教，则以告于天子，而不行，而去之可耳；太子受其教，则俟其学成而奉身以退亦可耳。皆置不论，而曰："吾之须须乎仕者，止此已足。"其为私己冥情，无意当世，亦已甚矣。且夫君子之仕也，行其义也。臣之事君，犹子之事父，故事亲竭其力，事君致其身，义在则然耳。一身之事，富贵丰绌之间，足与不足，奚暇计哉？而又何悔之云也？是故论人于所以处功名之际者，必于其心焉观之。心在天下，虽没齿富贵不为贪；心在一身，则始受爵禄，已不过苟焉窃位贪得之鄙夫而已矣，是尚得为贤乎？

世衰道微，士多嗜利亡耻，冒刑辟进取、老死而后已。如二疏者，以视尸位恋禄、贪进亡止者加一等矣，而谓者啧啧以谓之贤。吾故曰："衰世之风，黄老之学，而非圣贤进退行藏之中道也。"或谓二疏为元帝傅，逆知其不足有为，以行吾所学，不欲明言，而于是诡词以去，是不苟于受禄者。是或有之不可知，当时贤之，至有叹息泣下者，其以此乎？然则后之论者，勿以知足一言为人臣进退之义其可也。

《晋谢安淝水战论》评语

"以气为主，而其用在于审机"二语，尽用兵之能事。从此立论，已得兵要。郭嵩焘。

苻坚入寇，谢安当国，兄子玄入，问计于安，安遂命驾山墅，与玄围棋，游陟至夜乃还。后玄等大破贼，坚单骑遁。论者谓："安非所谓临事而惧者，晋祚不亡，幸也。"陈子曰："不然"。

天下固有甚可骇可愕之事，而其实不足畏者。当其时，常人战慄无所措；智略之士心知其然，蓄气力，从容应之而有馀。方坚之锐意东发也，举国之臣皆极谓不可，独一慕容垂觊乘危衅集事，于是怂恿成之。坚之败，固不待安而决也。夫萃百万之众，合轨而进，共道而趋，前后遝积，号令不相闻，胜败不相及，虽号百万，其实前敌相抉荡者数万而止耳。众盛则人各有所恃，而其气易骄，以前敌有限之卒，予以所恃而有骄行，此则百万者非唯无益，适以误之。魏武列舰蔽江，蜀汉连营七百里，皆以致败，此已然之效也。安盖料之审矣。

夫用兵之道，以气为主，而其用在于审机。非有沉深济变之才，凭之以不可挠之气，则其势不足以相当。而幾者起于仓卒之间，决之呼吸之际，气不定则神识不完，当幾而不足以断。彼玄者智虑已周，而安犹虑其气之不足，使置桓冲老将不用，而以二三少年辅之，俾资其英发果毅，以作其气，此不可谓无意也。当是时，强敌外迫，举国仓皇，玄入而问计，安与之晏然嬉游，示敌无足畏，若不屑以厝意者。然凡以鼓舞其气而安定之，气定机审，以乘骄师，胜负之数决矣。此皆安所熟筹于日夜寤寐之间，而以坦易出之，是真好谋能惧者。是故知兵要者，莫若安也。

昆阳之战，光武拔剑奋发，以厉三军；淝水之战，谢安闲暇镇定，以作将帅。二者事若不同，而以寡胜众，其巧于用气则一而已。观其时桓冲请遣精骑入卫根本，安固却之曰："处分已定，兵甲无阙。"夫岂故为大言，以国家为孤注，必欲掷而后快哉？刘裕语刘穆之曰："此是兵机，非卿所解。"是故非守常执一者可得而议也。

《上曾相国书》评语

此文出笔，兼学韩、欧，韩之沉郁，欧之昭晰，与题称也。然如两公遒紧处，觉犹有未至。郭嵩焘。

中堂阁下：

某自前年拜谒台端后，遂不及修问。譬之观海者望洋而返，目动神悚，虽终身不忘，而不敢以蠡测之明，托词于微波。若其他泛常起居之言，机务至烦，又不肯以溷渎聪听。荒简之咎，如何可言！某自皖城游席廉访军中，其间往返归省，在军盖期年，学问荒芜，无毫末进取。每念往者亲承言论，悼人材之衰息，顾谓宝箴宜与汪瀚辈"以气节、学谊与乡人相砥砺，以持其弊"，归而服膺，寤寐寝兴，如临师保。顾自念祷昧无所树植，复不能殚精于道义，以取师友之资。四顾茫茫，陨失是惧，崎岖奔走之馀，蹉废日月，行自伤也。

昨读家书，汪瀚赴中堂召，去家数日，暴病以卒于道，闻之惊怛，悲愤无尽。倘所谓天道，是耶？非耶？今年春正月，瀚冒大雪，走百里，访宝箴山中，五日始达，手足冻僵，闭门热炉火，剧谈数昼夜，娓娓不竭。值宝箴得湖北友人书论捻匪事，相与谓："得中堂驻淮、济间三四年，择沉毅有法度将卒，以重兵扼必走之冲，更得一二贤大吏，助我公宣布朝廷威德，创惩董戒，可使百年以来寇乱根株断矣。"瀚又谓："吾受中堂知良厚，不以吾有他才能也。我以终天之恨，志不愿复出取荣显，然中堂苟复有师旅之任，虽万里，必趋赴之，聊与均苦耳。"瀚今年授徒邑中，以门人就试，偕至章门。宝箴自家之石城军中，复与邂逅，依依不忍别，遽欲送之至建昌，遂过宁都，览易堂之遗迹，寻以其子病，不果。而某遽去，盖于是遂永诀矣。方是时，瀚体貌如平常，语言意思，蔼然油然。其于师友之情、古今成败废兴之故，绵邈悱恻，若不可以自已，孰谓其遽止于是而已哉！瀚家无恒产，去年归自皖南，始出薪资买薄田，又以贫戚友之售之也，较常值倍，仅得五六亩，不足以供馆粥。门祚衰薄，鲜兄弟。其孤幼弱，女四人，昏嫁无时，良可悲矣。

虽然，人生得一知己，可以死而不恨。瀚以闾里穷士，读书励行，无以自高异，而中堂知之且深，瀚虽死，宜无憾。独其生平志行节概可称，为学明大体，有敦笃君子之风，苟身没而名不彰，亦志士之所痛也。其门人辈将为营葬，欲得中堂一言表其墓，而不敢请，某以为瀚实受中堂知，以其惓惓于中堂，知中堂亦惓惓于瀚耳，将毋可乎？若其身后之事，诸孤之教育，则某与二三友朋之责也。顾与瀚游者皆穷士，其力率不足温煦而覆翼之，且奈何耶？

义、武山僻之乡，学者罔所师法，自瀚游中堂之门，始稍稍有知向往者，如宝箴，即其人也。今瀚又已矣，回绎往者中堂人材之论，愈益愀然。一乡一邑学术废兴之际，果亦有数存乎其间与？临书惶悚，伏维垂鉴。

《与段观察论办教匪书》评语

“州县之弊与任州县者之难，不能不责望于大府。”人但见其言之侃侃，而不知其用意之深微处，愿书万本、读万遍，使当事者共晓然于斯义，吾民庶可瘳乎？郭嵩焘。

某再拜：

自违棨范，不复修候左右，疏简增惭，亦以出处异途，不欲频以酬应函牍上溷政勤，故宁简无渎耳。比维动定万福。

某俯仰闾里，溷迹市廛，不复与闻他事。春间以州属无籍之徒传习邪教，致骇听闻，上台简调李直斋司马署理斯篆，委以编查保甲，冀绝祸萌。李君莅任后，虚怀延访，责以桑土之谋，并奉总局檄委，不得已起而应之。亦谓弭患以实不以文，但得实力钩稽，消祸未形，亦梓桑曲突徙薪之效也。数月以来，颇已就绪。月之六日，安乡绅董来局，报称距城七十里之清凉山，有红莲教徒聚党造军械，约月之八日举事入城。州牧以某偕绅士龚惠元亲诣彼中，察访虚实，相机料理，已将一切情形及见在城中防御大略密陈当事。州牧禀报，想已言之详矣。

窃谓教匪酝酿乱萌，上台久已廑念。此等在有形无形之间，较之乱形已著者，倍难剿抚，急之则恐变生意外，缓之则恐滋蔓难除。然至滋蔓难除，则亦必终有意外之变，所争者迟速耳。古人有言："速则祸小，迟则祸大。"广西之事是已。初，洪秀全以耶稣邪教煽惑乡愚，州县偶一发之，则大吏以"无据喜事"斥之，日深月痼，遂至贻祸东南十五年而不可救。

大凡百事皆可求证据，独至谋为不轨，则非至决裂披猖已成燎原之势者，皆可谓之"无据"。何者？其事至大，其仇至深，告变既难，其人从乱者又不肯自首，其谁得而发之？所要在为州县者，遇此等一有端倪，即为之澈底根究，务在从流溯源，渠魁必获。即不幸势不两立，螳臂者当亦不惮大举以图之。如此，则根株既绝，后有所惩，然后与民更始，或讲乡约，或行古乡治法，以董正之，此不易之治也。

虽然，天下之事有难言者。州县之权太轻，又苦于不能久任，每莅一官，视如传舍，补苴蔽风雨斯已耳，谁肯隤墙易柱而更张之？即实缺之员，稍能久任矣，庸者畏事，能者畏文法。譬之富家取子弟之强有力者，虑其淫荡，而钥其门户、缚其手足，卒然夜有盗贼之警，则弱者不敢发声，强者欲发而不得为其所欲为，有破壁发屋席卷而去而已。

即如赣南之事，奸徒恣为不逞，阁下之所知也。宁都郭牧尚有政声，及至宁都，绅民皆自谓苦于教匪，无所控告；席砚香廉访驻军在彼，越俎代庖，以"酿患殃民"揭之，语虽似激，理亦近焉。郭牧在义宁颇能任事，何至如是？得非宦途阅历渐久，亲见文法之严，治乱丝之棼，苦而成之也？伏维执事洞达治体，俯察舆情。中丞岘庄先生，当世豪杰，为国大臣，以天下安危为己任。尚望风示贤能州县，以此事为目前急务，勿徇考成，勿避文法，并当假以便宜，俾不惮于钩抉，此消祸无形不朽之业也。

至于义宁界连十县，山多而民悍，前此从军之人解散归里，半无生业，红莲教饮酒食肉、教习拳棒，与此辈易于勾结，尤可深虑。州牧李君干练有机智，以之勾当斯事，良不易得。然某所言州县之弊与任州县者之难，固天下近今之通病也，虽有材智之士，亦必计其事之可成、身之无害，上下一心，而后毅然为之，而无瞻顾之患。否则，茧然而馁，亦如俗例之补苴蔽风雨而已矣。然则提撕振作之功，不得不仰望于大府也。

春间谒中丞，以通省筹办教匪事俯询刍荛，今又值乡里有将形未形之事，颇不胜私忧过计，故敢详陈左右，伏维裁鉴。

《与席砚芗书论贵州兵事》评语

文气未甚遒，而论黔军事宜，固无以逾此。末收以“骄”字为戒，出语甚高。郭嵩焘。

去冬归自湘中，大病两月，计偕之行，遂已不果，岂作刘蕡亦有命也？维思朝廷苟不以言为讳，何必射策金门始行所志？若无诱言启谏之风，即贾、董复出，亦悠悠耳。俯仰身世，不复为憾。

比闻节下已进军，旌麾所指，必当大捷。惟贼巢阻深，望风窜伏，立威之后，恐不得战。鄙意得数快仗后，亦不宜穷幽索讨，竭雷霆之威，以伤军气。夫善用兵者，致人而不致于人。谓宜于贼锋大创之后，布远局，扼形要，罗兵幽阻，用间用奇，断其抄掠，扰其耕获，略如吴诸葛恪之所以制丹阳者。贼困既久，进退道穷，则渠魁可歼，胁从可抚，乃令举监司、郡将之贤能者以董治之，既平之后，可以久安。惟当先为诸将定约束，不急一切之功，斯为善耳。至于鼓舞士气、收拾民心，平贼之原，尤在乎此。

顷者晤谈，已申鄙蕴。黔民涂炭，不减东南，及此不苏，祸必延于滇、蜀。一方不靖，患及寰区，偏隅乂安功先兴，古今以来，历有明验。以公之明达果毅，行之以仁恕，笃之以忠贞，务为国家谋经久之规，不徒作目前苟且之计，斯乃功在生民，庆流苗裔矣。近日读《魏书》，贾思伯骤贵不骄，人以为难，答曰："衰至便骄，何常之有?"以此语历验古今，莫不皆然，诚有味乎其言之也。食芹而美，敬以献之左右，亦三军之药石矣。

南方渐热，伏维时节宣，不具。

《与吴谠先书》评语

"足下器量好"一段，可作一则语录。郭嵩焘。

谠先足下：

前日饫聆清诲，药石之言，当铭肺腑。朋友之义，要在敦道谊，切偲相辅，故古人谓之"性命之交"。均死生，齐患难，皆其后也。今人得此盖鲜，即有之，非习处既久，其所攻错，或不能如其病痛所切要之处，是以难耳。近来数辱讲论，所纠举皆着要害，每归，辄良久思省，更深夜凉，往往汗下。虽沉痼未能亟瘳，所获多矣。一昨手示，有"高谈惊坐"等语，此正向来积病，后不复尔。

足下器量好，其精神少振作者，都缘此心无收束处。盍少治经，并取先儒语录沉浸之，能得其主敬要领，则百废举矣。不见，甚愿趋侍，然不欲数动，故且止。见遇实难，愿时有以教诲之，甚幸甚幸。

暑湿，惟珍摄，不尽区区。

《记义宁州牧叶公济英御贼死难事》评语

义宁团练杀贼，与叶公之死，并卓卓著闻一时。文亦勃勃有生气。郭嵩焘。

义宁居江楚之交，实为江西西南门户。武昌不守，边围震惊，必假义宁以为之蔽。咸丰三年春二月，粤贼数千人自楚北通山寇义宁，入于东鄙。是时，叶公济英知州事，闻警，急募土兵城守，而调驻防营兵百馀人出城，纠乡民御贼。贼至梁口三日，梁口民合众谋击贼，一夕聚数万人，大破之，贼以百馀人遁去。公大喜过望，倾资出金钱犒民，欢呼动地。方贼始至时，民初睹兵革，城中空虚无少备，公意城不可保，以利刃置靴中，俟城破即致命，乃竟以完。

三月，贼复大至，遂扑城。公率所募兵及粤卒四百人，杂居民，乘城守。越三日，出壮士三百，袭城北凤凰山贼垒，斩馘颇众，贼气夺，遁去，由是州人气益壮。公具食集绅士，并召乡里豪杰、长者咸会，公自出行酒，晓譬利害，使团练。州人故勇健尚义侠，复感公诚，皆慷慨击案自誓。于是义宁团练声大振，号“扫地勇”，谓悉聚也。当是时，楚北沦陷，州与楚接壤，犬牙相错，无时无战守事。贼据九江，围南昌不克。鄂中贼欲取道义宁，与九江贼首尾相衔，合扰江西地。又仇州人杀贼，战益剧，皆不得逞。凡两载，贼亡失其众，州人俘斩以万计。

五年四月，鄂贼悉悍党数万，倍道趋州境西鄙，团练战不利。十九日，贼遂扑城，围之三匝，尽据附郭诸要害，以断援兵，日夜攻击甚锐。公率居民并泰乡义勇在城者坚守，贼多方攻城，公亦多方御之，夜缒城，出精卒击贼，不利。乡中团练赴援者凡十馀战，皆不利。是时，围城几两旬日，告急羽书十数上，援兵卒不至，城中大困。公啮血为书上抚军曰：“济英死不足惜，所可惜者，城中十万生灵与江省门户耳。州民连岁杀贼，贼仇之刺骨，城破，决无生理。此州破，东南团练以为戒矣。且贼欲得此州久，藩篱既撤，他日章江西南殆不可问。”此五月五日事也。

九日黎明，贼以地道轰城，城陷。先是，州署东偏爱莲池为濂溪周子主簿旧治，公尝凿小池其旁。至是，衣冠北向再拜，赴池水死。妾二人及子女孙男眷属四十馀人，皆死焉。贼入城，城中十馀万人悉屠之。公所死池中，积尸满池，水为涸。七月中旬，湘乡罗忠节公率师复州城，州人觅公尸不得，有解者意必在公素所凿池中，乃起积尸验之。时盛暑，尸腐败，多不可举，最后果得。公体独完，须眉凛然，耳豪长半寸许，宛如平生时。乃易袍服以殓。既毕，手足始僵焉。事闻，赠光禄寺卿，敕建祠本州旌其忠。州民祠之池上，昭其志也。

公字枚生，直隶沧州人，以诸生入赀，授丰城令，调义宁知州。方城陷时，公幼孙甫七岁，溷贼中，得不死，逸出城四十里，乡民送之达南昌。

陈某曰：公始莅吾州，州人皆知公为正人，然为治尚宽博，接人无贤愚，皆诚敬坦易无崖岸，不为高异卓绝之行。及当大变、临大难，确然如此，所谓仁者之勇，曷以过焉？公既没数月，贼遂由州境豕突而南，瑞、袁、临诸郡县相继陷没，民气不振，皆悉如公言。然则数年捍蔽之功，顾不伟与？公谓“某死不足惜”，夫死乃益重，公何惜之云？顾独怪当时任封疆者不为公惜，并所谓形势利害、胜负之数之所系者亦不知惜焉。古今以来，巡、远之事可胜悼哉！

公喜为诗，善草书，皆隽妙可喜，州人今藏公寸楮，皆宝之，兼金不易云。

《义宁同仇录序》评语

案：咸丰五年，义宁之警，抚军陈公檄吴都司往援，军覆，州城陷。再檄罗忠节公驰剿，一战破之，忠节公遂由通城进规武昌。中兴之业，实肇于义宁一战。其后石达开扰及江西全境，则陈公去位久矣。于此蔽罪陈公，似未为允。文则感慨遥深，抑扬往复，使人味之不尽。郭嵩焘。

义宁崇山峻岭，形势险要，仰维国家以育以教，德泽诞敷，州之人服先畴，食旧德，图报涓涘者，二百年于此矣。比者粤寇弄兵，蔓延两楚，义宁阻江楚之冲，错接楚壤，武昌不守，则江西陆路门户实资管钥焉。当贼踞浔阳时，楚中贼张甚，欲取道义宁通浔援，以成水陆狼狈之势，于是州人感奋，始团练。州牧叶公济英用其锋而淬厉之，凡数十战皆捷，贼无敢过义宁一步。方此之时，省会以南数百里，锋镝不惊，田庐无恙，师不劳于外，饷不竭于内，从容谈笑而晏然无南顾之忧，以义宁一州足以扼其吭而拊之背耳。

前抚军陈公启迈不察形势之利宜，无复以义宁为事。咸丰五年，贼自楚悉师来攻，山城如斗，无蚍蜉蚁子之援，州人死守二十馀日而城陷，屠灭尽矣。自是以来，贼渠石达开等由义宁而瑞州，而抚、建，而临、吉，深为我省数年之害。而义宁之人，死者不幸有忠烈之名，生者不幸再有克复之绩。呜呼！此可为流涕而长号者也！

军兴以来，战凡数十，捐助军需百万，死事士民十数万，始末六年，百折不回，艰难险巇，义宁之民劳且疲矣，义宁之财竭矣，义宁之民之心亦庶几其无罪矣乎！爰就战守事迹，次其大略，付之剞劂，非敢借以表章，亦欲他日传之志乘，仰见圣朝累洽重熙，小民报效之忱，有不以死生存亡易者。而昔者我仁宗睿皇帝锡之以嘉名，勉之以向义，此其意亦或可以仰副万一也夫？嘉庆三年，以州民剿灭教匪，敕改宁州为义宁州。

《义宁同仇录书后》评语

此篇论战守形势，尤为深切。贼之强，岂独其饷易给哉？其善守亦实不可及也。义宁守城之劳，足以愧夫天下之为牧令者。文以平易出之，境界自高。郭嵩焘。

官军利用攻，团练利用守，守严然后得专力于攻，故守重。守不可以偏，要于贼之所必争，故守所必守重。

今日办贼之难，夫人而知之矣。东击西遁，北击南遁，兵疲于征调，饷疲于转输，而不得息。方幅之内，皆我疆土，其势不能已疲于奔命之故不顾，故用力多，成功寡。贼则不然，以亡命亡籍之徒，裸起草泽，得尺则尺，得寸则寸，所至之处，掠财足以充饷，掠丁足以充兵。是故我常劳，贼常逸；贼有馀力以伺吾之穷，而吾无以制贼之变。

燎舍之火，比屋而焚，救者焦头烂额无停趾，然而屋毁火愈炽，不可向迩；蔽之以数仞之墙，则火力绌，火焰衰，乃今得扑灭之。然则守之不严，贼可胜以战力穷哉？昔者廉颇坚壁而御秦，秦不得逞，使赵不信谗，易将而合从，以乘秦敝，赵无以亡。张巡、许远以睢阳障江淮一面，使诸道不拥兵坐视，则郭、李诸人之再造唐室，何至极数年转战之艰？故善屈人之兵者，将战必先筹守，守得然后议战。

团练者，使民自为守也。都邑乡鄙，阡陌陇亩之际，皆天堑劲敌焉，贼不足平矣。迩者粤西寇起，朝廷诏直省举行团练。义宁，吴楚交冲形势之地，士民效死当一面者数载，故悍贼至宁而败，败贼至宁而穷。当武昌沦没时，崇、通、兴国之间，为贼巢窟；义宁巍然独存，章江西南，赖此屏蔽，团练之效如此。惜乎援绝力穷，坐撤藩卫，鄱、阳、奉、靖诸郡邑，所在荡然，会垣震动，师劳饷匮，贼愈充斥不可制。及义宁再复，然后我军操破竹之势，贼如常山蛇，要害既伤，首尾不能相应矣。此又攻守形势利害之明征也。

夫义宁团练之效如此，其破贼又如彼，彼岂时不利、战不力哉？势孤而无援，地逼日久，而力不加益也。陆逊有言曰："建平、西陵，国之藩表，虽云易守，亦复易失。若有不守，非但一郡之害。"其后晋灭吴，卒由此入。以此观之，我之所守，敌之所必争也。呜呼！谋人之军、有守土之责者，又恶有不加意于形便者哉？

不佞投笔数年，尝执櫜鞬从诸君子后，窃有见于团练之效、形势之用、攻守之宜，而不禁慨然三叹。览是编者，亦将有感于斯言也夫？

《书宜黄令傅君培峰死难事》评语

"群贼眙愕，却立，不敢近"分外生色。得此，使合篇筋骨愈见警动。郭嵩焘。

宜黄吴石卿来京师，述其邑令傅君培峰死难事甚烈。君甘肃人，以进士官江西，所至以理自守，不苟屈挠阿上官意，上官亦以此惮之。咸丰八年令宜黄，粤寇自抚郡薄宜，战不利，练卒尽溃，城为空。贼益逼十数里许，幕僚仆隶，无一人在者。君朝服北向叩首，据案危坐堂上以待。邑绅谓君："姑出郊，纠乡人团练，谋再举。"不听。强掖之，谢曰："培峰受天子命守此土，与城俱捐，理也。公等爱我，俾得正而毙，其又何憾？且予唯谋之不臧，故至此，再谋奚济？饰词以苟免，如纪纲何？培峰不敢。"乃再拜顿首谢，据案危坐如故。

顷之，贼至，君怒目瞋视，须髯噏张，厉声叱之。群贼骤眙愕，却立，不敢近；已围之数重而执之，挟之跪。曰："叱嗟！乌有朝廷命官跪贼者？"贼笑曰："强哉！是夫邑团练而为之耶？抑民为之，若上官督之耶？"曰："否！皇天后土教我杀贼！"乃唾而骂。贼怒，斫其臂置地上，血淋漓，十指犹动，骂益厉。复截其股，骂不绝，遂磔而燔之。

呜呼！烈哉！抑其词气间类有道者，非有得于中，恶能以血肉之躯趋刀锯鼎镬如正鹄哉！若傅君者，庶几与张睢阳、颜常山争烈矣！

《送廉访李公归郁林序》评语

一种好贤服善之忱，昭然揭日月而行，岂复能从人俯仰以为损益？吾于此文，不服其义之正，而服其情之深。郭嵩焘。

同治九年秋八月，某以知府引见，发湖南，十二月至自京师。时郁林李公陈臬湘中，某循例请谒，待见公廨，睹壁间张巨帧二，书公所辑名臣奏议及先儒语录数十则，体用俱备，谓终身行之有馀矣。顾念往哲嘉言杂出万有，累累充栋，而括之以二纸，而若无不足，此非体履纯熟、默识而有心得者，不能若斯之简要而详尽也。既而公命见，貌朴而厚，色正而温，举止艰而神气完固，耳重听而目光炯然，已一望而心折矣。

比出，耿耿于中者累日，每自对客道“盛德不衰”，而颇惜朝廷知公之晚。然闻其莅任以来，事无巨细，必躬必慎，则诸葛公之“杖七十以上，必亲决”也。尝治文书至漏数下，以为常。疑狱必忱心窅思，就幕僚筹决无停趾，则欧阳公之“求其生而不得，则我与死者皆无憾”焉。公馀每读书攻律，验之当今，以齐乎世轻世重之敝，则卫武之“好学，老而不衰”也。然后知公之书之公廨以训吏者，皆其心得之言，而言教尤不如身教之功也。

先是，公官山右，以循吏著称，当世寿阳相国特疏具治行以闻，天子方中兴，饬吏治，擢公不次，洊履今职。其高年重听，上悉知之，若以为蔽于耳而不蔽于心，无损于治，故向用方殷。而公终翼翼不敢自信，讫以老病请解职任以去。於戏，贤矣！夫朊仕厚禄，自好者或溺焉。矧宠眷隆笃，中外声称翕然，又尽职无废事，令终身钟鼎不为泰，而公顾皇皇若大有不安于中，而深恐辜恩溺职，急图所以避位让贤者。人臣以勇于任事为忠，如公则以勇退为忠，视汉二疏之知足知止沾沾为殆辱计者，为何如耶？

去之日，僚属、士民咸咨嗟感叹，而无术可以尼之。宝箴到湘日浅，获侍公坐者仅再，而恻恻惘惘，几无以为怀，而不能自道其故。公行之前一日，长、善令走纪纲，遍告诸僚，而使者诵言称方伯命，戒各官翼日毕集，送公西郊，以成礼也。故尝念故相之门可以罗雀，势厚倏忽，则前倨而后恭，人固有所敬在此而其意在彼者。如使者言，或恐吏有凉谊而厚势者，故借尊命以齐之耶？

箴敬公诚深，然以闻命而趋之恐后，则所以送公之礼，为居者乎？为行者乎？传闻客有异词，特以箴之所闻者如是，而与异同者同趋，其毋乃迹诬其心而冒疑似之嫌，以徇下属之礼者耶？故箴于公之行也，不亟亟于郊送，而寿以言，以伸其意。虽矫枉或过其正，亦亡于礼者之礼也。公闻之，方伯闻之，病其妄而哂其愚，所不敢辞；独愿公之归也，寿考康强，子孙逢吉，以为当世贤公卿大夫者劝，则公之身教于湘者大矣。虽然，独湘也与哉？

辛未六月，属吏义宁陈宝箴谨序。

《赠张翁序》评语

老谋深识，称心而言。窃意数十年来，大率阘茸，无所事事，自以为循分守职而已，其终也，颠倒逆乱，以归于谬戾。即有近于喜事者，然亦犹之阘茸也。阘茸之极，未有不趋谬戾。与明代事局自别；作者此文，自是正论，然尚非今日利病之所存也。此文亦原于张文潜《药戒》，然文潜以政成教达安乐悠久而无后患为言，以为取快一时之戒，则又通古今不易之理。文潜亦见王氏新法，专务新法、取快一时，有感而然耳，故非今人之通病也。郭嵩焘。

同治元年春二月，余归自龙山，过平江之东，旧疾作。明日益甚，已而疾呼，大叫若狂，面黧黑无人色，僮仆皆束手泣，谓不起。有故人偕长者来，云张翁，知医，使就余诊。久之，默然而坐，遽起，返授药。服之殊不快，强使尽数升许，遂豁然，疾若失。而翁顾日来诊视，至数日不已。初，予在长沙始病，有少年自诩知医，以药进，旋服而置之，至是复病，进前方无效，更数医，愈无效，且殆。而张翁方授药时，或议药轻，宜疾其势，张翁执不可。曰："天下事，执缓与急之见者，不酿则激，非良剂也。今徒取快于一时，后将有难于此者，将若何？"持前方如故，疾卒以瘳。

余病间闻之，曰："嗟乎，岂惟医哉！古今之变，天下之乱，皆是也。其始也，阘茸养奸，上下姁姁，以为无事；继而祸机已兆，侥幸喜功之徒抢攘抉裂，为之扬其焰而激其波；及其既炽，则又以软庸选懦号为持重者愒日玩岁，以长蓄之，至于溃决不可收拾。于是百喙沸腾，朝夕丛脞，攘臂起者如潮起飙发，而实无补于天下之事，卒至元气耗剥已尽，而助之亡。自汉晋以来，迄于前明，鲜不由此者。旻天悠悠，下民孔棘，谁执其咎耶？是故利者道之蠹也；需者事之贼也；行乎巽而出乎震者，乾道之变化也。审而决之，固而持之，活人国可也，岂唯医哉！”

予感张翁之术之精而活我，而其言又重可思也，为之序以赠之。翁字定山，广东番禺人，沉静寡言笑，然与之谈，终日不倦。

《送董小山之官修仁序》评语

极笃切，极平允。今之居上位者自甘为不肖，而又日责人以不肖待之，于是胥州县而为不肖，而天下之乱以生。能知此义，则事上使下，所历皆坦途也。孟子曰：“夫道若大路然。”先生此文，所以导人而出于大路者也。郭嵩焘。

咸丰庚申秋七月，董君小山之官粤西之修仁，濒行，索予一言以赠。予惟古之君子，其平居相处，则以行谊道术相切劘。及其出用世，则尝与共学者必冀其发所蕴蓄，以求上不负君，下不负民，因以不负友朋期许之意。于是以其中之徘徊恳挚而不能已者，出以相勉勖，此古人赠言之义也。予于学无能为人益，顾与小山相处久，当莅官之初，不可以无言。

夫仕无大小，官无尊卑，其要在事上使下而已。州县为亲民之司，于下甚近，而为之上者众。于下近，则陵之也易；为之上者众，则事之也难。君子之仕也，行其义也。是故下以事上为义，谓之恭；上以字下为义，谓之惠。今仕者知恭以事上矣。苟不推其上之惠以字其下，则其趋走而奉承之者，皆以不肖之心待之，于是以馈献为能，以逢迎为慎，以行文书、奉约束为尽职。是故上下相贼，而民日贫；上下相蒙，而民日病；急租税，而民无衣粮；顾考成，则民多冤狱。

然而下以为病，上以为能，方且因缘为迁，转以荫其室孥。及其自为上官，则又以此课吏无少异，辗转相绳，而民生命绝矣。

嗟乎！自督、抚、监、司以逮郡邑之长，皆为天子牧此民者也，凡以兴利、除害、成大化而已。不民之恤，安赖乎上？君子之仕也，行其义也。彼上官者，亦幼学壮行，有济物之志，乃尽以不肖之心待之，以厉吾民，于义何哉？然则为州县当奈何？曰："以爱民之道事上，以事上之心字民，斯可矣。"

善乎，汉第五访之守张掖也。岁饥，乃开仓赈给。吏惧谴，争欲上言。访曰："若上须报，是弃民也。"遂出粟赈民，一郡得全，帝玺书嘉之。夫仓粟，官藏也；上言，常法也。专公藏而堕常法，罪也。然当吾民呼吸死生之际，与其惧法而以我弃民，毋宁救民而以身徇法，以此获罪，夫何愧焉？《易》言："王臣蹇蹇，匪躬之故。"若访者，上其鉴之矣。

小山读书明义理，修仁地僻民俭，必能行其所学，扬仁风以惠其下。爰以昔所闻上下之义者，掇而序之。《诗》曰："他山之石，可以攻玉。"又曰："岂不欲往，畏我友朋。"他日倘得尺寸以为民长，尚当与小山交勉之。

《送严雨农南归序》评语

此文取径自魏冰叔，语语凌空提振，极抑扬顿挫之致。郭嵩焘。

吾友雨农严丈，以试礼部来京师，既连不得志，例得以知县截取守选铨部。先是，故人闵子清以贫病没于都中，寄棺萧寺，属英夷犯天津，群情惶惑，雨农慨然不惮数千里，扶其榇以归。雨农故寒士，其来京师也，道里之费良艰，意无所得不止，今以死友故，卒以无所得去。人高其义，或又不免为雨农惜也。

分宁陈子闻之，曰："是何惜哉？吾观雨农为人，重气谊，以名节自砥砺，固非沾沾于世俗之所谓得失者。君子读书，志圣贤之志，将以敦道谊，明人伦，持世教，以还其所固有，岂惟是弋猎富贵、夸耀其宗族亲戚为光宠哉？既不得志于时，则君臣之义不得殚，远客异域，又无父子、兄弟、夫妇之可言，所得以自尽者，朋友之义而已。世衰道微，气谊寖息，大都以势利声气相奔走，即疾厄缓急偶然相援，然皆觇其人之盛衰以为向背，至于死生之际，则变态极矣。雨农不忍其死友之无归，驰驱南北，脱然无所系念，以行其心之所安，其所得不既多乎？而又何惜哉？”

雨农行矣。古人有言：“死者复生，生者不愧。”推是心归而求之父子、兄弟、夫妇之间而无所不安，则他日所以处君臣之际，盖可想见，而平时读书以圣贤为事者，其志不诬矣。雨衣勉乎哉！

行之日，其友新建程鼎芬、奉新李光榆、武宁罗亨奎送之国门，分宁陈宝箴为之序，时咸丰庚申秋七月二十日也。

《书洪山凯旋图后》评语

中段感慨言之，为民上者安可不知此义？郭嵩焘。

右图为今方伯文公任汉黄德道时，随州民纪功而作也。随故隶汉黄德道，地大民众，洪山居州西偏，险邃巉削，明季避乱民筑寨其土，贼不敢犯。咸丰六年，随岁大饥，奸民赵邦璧挟众据山峒作乱。当是时，发捻剧贼猖狂蕲、黄、襄、郢间，官军剿抚方无效，从乱者益易之。公奉大府檄，率千人至随，获贼中酋，使为书降邦璧。是时邦璧率郡贼入郢大掠，凶焰弥盛，不听。公遽进军逼洪山而垒，贼始大惊。

邦璧夜自郢疾驰返，犯公垒者再，寂不应。明日昧爽，骤开壁纵击，大破之，斩邦璧山下。三日破其巢，贼死党无得原者，皆歼焉，随人大安。邻随之民方仓卒闻戒谋奔徙，而随定矣。师旋，随民熙熙观感路衢，靡不附手叹庆。盖当其忧患恐惧之深，不自意旬日之间，乃复睹此威仪，肃雍愉平，餍饫民志，若斯其盛也。

嗟乎！用兵非圣人意也，不得已耳。然至于不得已而用兵，而乱犹不止，则其祸且及于天下，驯至于大乱不可救。粤西之乱，豫、皖之交，盗贼之起，当其初，犹洪山之寇也，向令芟定之速有若洪山者然，民至今且相与忘之，以为是么麽不足道，而乌知其恣睢横溢，天下蒙其祸者十馀年，乃仅足以庶几定之而未尽也。

《诗》云："无纵诡随，以谨丑厉。式遏寇虐，无俾正败。"丑厉谨具，无以致寇，寇而能遏，正无败矣。斯图也，其非唯公之休烈是彰，其亦使为民上者凛然于治之不易保、小乱之不可忽，而弥苴有道也。抑又闻之古之君子居安则思危，得其道则天下之贼不足忧矣，失其道则民岩可畏，其为洪山且相寻而未易旦暮定也。览斯图而致思焉，抑亦制治保邦之鉴也夫？义宁陈宝箴书。

题右铭文集后

初读右铭《疏广论》，以为兼有南丰、庐陵之胜。已而出示此帙，则右铭十馀年踪迹，与其学术志行，略具于斯。其才气诚不可一世，而论事理曲折，心平气夷，虑之周而见之远，又足见其所学与养之邃也。予不足以知文，而要知右铭之文非众人之所晓；因其文而窥知其所建树，必更有大过人者。然则右铭所以自豪于此文，又岂少哉？同治辛未嘉平月既望，湘阴郭嵩焘书于石云山草庐。

朱宇田五十寿序[①]

天之生才若器，然视所受以为量，授之豆区而纳之钟石，有

①辑自《棠坡朱氏家谱》卷十，民国十三年刊。此序作于同治十一年（1872）。标题系编者拟。

溢而倾焉，而已极事物之纷投，容而受之，常若有馀。而喜怒无交于心，欣戚无施于外，此豪杰伟人之所难。而得之寻常井里之间，恢宏浩衍，有足奇者。

余交宇田观察，在咸丰庚申、辛酉之间，壮其才，伎游于市，所居积辄赢，其后与之游，益亲知其义行，诚笃君子人也。比归自粤东，余家多与君为姻，闻君轶行尤悉。公私事集众议，君每有言，屏息倾听，莫与异同，而事艰巨，皆宿办以问，君沛然立应，无有迟诎疑难者。

余岁往来怀西渡，常苦江石湍悍，而岸陡绝，登陟艰险。一日，见石人砍石为岸，阒塞江次，兼旬讫工。就问之，君所为也。

庚午大饥，议储积，相顾莫敢发，叩君所藏，可四十馀万斛。嵩焘则大喜，数张其事以语人。有知者曰：此不足为君异，君内仁九族，外周友朋，所以利人甚备，而一不以为名。尝营室会城，值岁祲，流亡集者数百人，尽馆而廪食之数月，淡然若无事者。

久与游居，恂恂常如不足，其才智所极，虽所亲暱莫能究。然后知嵩焘之于君，徒谓长者能任事，诚未足知君之量也。尝窃就君问所持。君曰："任人者逸，吾知任人焉耳。"嵩焘前请曰："知人有道乎?"曰："试之疑以观其能，异之事以观其守，渐积而察之以观其恒，有失焉，亦寡矣。"嵩焘作而应曰："君之言伟哉，以平天下莫尚也!"大学之教，自正心、修身以达于天下，而要而归之理财用人，儒者约其旨曰仁义。夫仁则能容，义则能制，容而有制，人皆乐效命焉。而吾之用以施于不穷。以君之才，囊括包举，其气不挫，而心甚夷，宜有奇绝异人者。而所自道如是，岂不大哉！国家急求才，以备天下之用，而能此固难。一二才且能者，乘机赴会，弛张开阖，雄视一时，而睢盱暴慢，以枉人之才常多也。君以是自试一乡一邑之间，以起其家，而惠及人，推而行之天下，其必有异乎今之才且能者也。古者五十服官政，君年五十，志强气充，苟有志于天下之人才若君者，可无荐而引之，使当事任乎？

唐君鲁英来告寿期，谋所以寿君，而属叙于余。余惟君之才，人知之者固众，而独谓君善观变封殖。人之量固有大小，而才有因应，今天下苦穷乏，而儒者专言仁义，观君所论理财用人，虽起圣贤治天下，无以逾此。计然之策，用其五而得意以施于国。故夫仁义者载事，而行存乎其人而已矣。因究论君之为人，知其道必可概之天下，而不隘于一乡一国。以是言寿，寿莫大焉，亦使君闻之而欣然进侑一觞也。

论禁烟[①]

鄙人前在中华时，已闻贵国设立此会，称为盛举。及来伦敦，见理雅格、德尔讷尔丹拿二公，言及禁鸦片事，义形于色，尤为感悦。然近四五十年来，中国吸食鸦片已成积习，此时设法禁止，必先由中国能自禁吸食，然后能同英国设法会禁贩卖。此时中国尚未办理示禁，何能遽与英国议及印度贩卖之事。现欲据诸君盛意，切实奏请朝廷，设法禁止。总之，鸦片烟为害无穷，贵国公会议禁，其德乌可限量？睹见上海中外新报，言荷兰亦议禁止苏门答腊及噶罗巴吸食鸦片，言之亦甚切至，可见烟土实各国所同恶，将来正须会同各国一例议禁。诸君视人犹己，仁至义尽，想

---

①辑自郭廷以编定《郭嵩焘先生年谱》，载台湾《中央研究院近代史研究所专刊》第29辑，第609—610页。系郭嵩焘光绪三年二月初三日会见英国禁鸦片烟会会友时的谈话。

来各处吸食鸦片烟者，亦无不同声感激也，数年以后，此风想可尽绝。尤愿坚持此意，中国人心亦必能挽回。

在英国呈递国书之致词①

大清国钦差大臣郭嵩焘、副使刘锡鸿，敬奉国书，呈递大英国大君主、五印度大后帝：

上年云南边界蛮允地方有戕毙翻译官马嘉理一案，当饬云南巡抚查报。嗣经钦派湖广总督李瀚章驰往会办，并将南甸都司李珍国拿讯。又经钦派大学士、直隶总督李鸿章驰赴烟台，与大英国钦差大臣威妥玛会商办理。威妥玛以宽免既往、保全将来为词，一切均请免议。中国大皇帝之心，极为惋惜，特命使臣前诣大国，陈达此意，即饬作为公使驻扎，以通两国之情，而申永远和好之谊。敬念大君主、大后帝含宏宽恕，仁声义闻，远近昭著，必能体中国大皇帝之意，万年辑睦，永庆升平。使臣奉命，惋惜之辞具于国书。谨恭上御览，并申述使臣来意，为讲信敬睦之据。

在英国南堪兴坦万物楼书学馆之致词②

中国之有文学，几三千年，有裨于修身治国者至大。欧洲才智，著于寰球，深为中国所重。尤推崇利玛窦、南怀瑾、汤若望

---

①辑自郭廷以编定《郭嵩焘先生年谱》，载台北《中央研究院近代史研究所专刊》第29辑，第582—583页。标题系编者拟。致词时间在光绪二年十二月二十五日。

②辑自郭廷以编定《郭嵩焘先生年谱》，载台北《中央研究院近代史研究所专刊》第29辑，第632—633页。系郭嵩焘于光绪三年三月二十六日参观英国南堪兴坦万物楼时，在该楼书学馆（Royal Literary Fund）纪念晚餐会上的致词。标题系编者拟。

之大名，其输入天算之学，嘉惠实多，迄今钦天监仍守其推算之术。此外，复有仪器发明与兵艺枪炮。数百年来，中国已接受泰西种种机巧制造，其中秘奥与诸科学问之日新月异，全为泰西学者锲而不舍，勤勉实验之功，使底于成。各国政府均奖励学士，泰西则更给以荣崇，使其孜孜以赴。来英三月，先后与丁达教授、戴蕾吕先生、欧万教授、胡克尔博士、司柏的司伍先生[①]相晤，并聆其电、化、光、热讲演，极佩其造诣与苦心精义。英国格致之学为众所共知，即偶一聆听，亦可增广学识。到此以来，目睹英国朝政之美，无以复加。政府既励精图治，学者自将显扬。深信英国将日益昌盛，学术将日益进步。

与安友会论鸦片烟之害[②]

早闻诸公设立平安会，劝人存心各保安全，用意甚美。今承枉顾道意，喜悦实深。示及尔国和好及禁止鸦片烟二事，尤本大臣职分内事。去岁《烟台条约》通融办理，彼此相安，别无疑异。今闻贵商会谋具呈外部，欲请议驳，恐非两尽之道。

查洋商所说洋货不能畅销，由于税厘太重之故，本大臣以为绝不因此。一则近年码头众多，势分利散；一则中国人民吸食鸦片烟日甚一日，饥寒穷乏，无力多买洋货。以洋布一项言之，往时合中国一尺，值钱八十至一百，近年每尺不过四五十钱，市价较前二十年已贱一倍。是加添厘税，不独未曾加价，而价反贱。

①此五人的英文名分别为 Tyndal、Warren de la Rue、Owen、Hooker、Spottiswoode。

②辑自郭廷以编定《郭嵩焘先生年谱》，台湾《中央研究院近代史研究所专刊》第 29 辑，第 678—680 页。系郭嵩焘光绪三年八月十四日与来访的伦敦安友会（Society of Friends，亦作平安会）会员韩百里等人的谈话。

皆因从前未尝吸食鸦片烟人家，每年出息足供衣食所需，一经吸食成瘾，所有出息只够吸食鸦片烟，则穷苦日深，衣衫且至褴褛，又何能添置应用物件。小事如此，大者可知。是以中国人民尽受害于鸦片烟，即使税厘不征抽，而民力亦仍不足，洋货亦仍不畅。何则，商贩百货，贵买贵卖，贱买则贱卖，所谓水涨船高，无所损益。人民穷乏，不能多买，自然滞销，此理之显然易见者也。

通计中国每年征收鸦片烟税银不过六七十万磅，合之厘捐不及一百万磅，为害实属深重，收税又苦短少。现在中国亦议示禁，或可渐次望其革除。闻印度两年饥荒，民食艰乏，亦由栽种罂粟地方太多，而五谷生殖为民所急需者反见其少，平时已须运谷他处，以济民食。同在印度地方，遇旱灾不独不能分济，而别处运到之谷，先就丰地粜买，以致荒地益形艰歉，不复能支。可见鸦片烟之害，即种罂粟之地，占夺田土，亦均受苦不小。苟能劝令改种五谷，亦为印度生计之要务。诸君以劝善为心，能将此理传告，使人人知之，两国受益并多矣。

至各教章程不同，而同主为善，视人犹己，忠恕之道，是各教通共的意也。诸公立会之意，在于一视同仁，尤本大臣所诵念不忘者也。

告驻英使馆同仁贴[1]

嵩焘奉告诸位知悉：

自上海登舟以后，刘副使日肆鸮张，立异树敌。嵩焘本以多

①辑自张德彝《随使英俄记》。岳麓书社 1986 年 1 月版。系郭嵩焘于光绪三年十月初九日晚饭后所发。

病，又稍怀廉耻之心，不屑与交相喧哄，贻笑外人，一切含忍。刘副使又时以受命军机大臣夸示诸位，是以此间惟知有刘副使气焰，而于嵩焘交派事件，玩视常多。刘副使又一切放纵，漫无约束，以致朝夕随同刘副使等外出，以事传请，或无一人在家，似此十常八九。

兹幸刘副使前赴德国，此间气象，稍获更始。请与诸位约：应行翻译新报，须稍从详，勿得放空一日。每日照常办理事件，即有加派，勿得借词放空一事。洋人以饭后游行为销病之方，每日饭后，亦听外出一行，买备什物，各从其便；要须更番出门，不可相率同行，亦不可使出外工夫多于在家工夫。傍晚以后，非有公事，便万不可出门；兼须各自约束仆人，同守法度。

嵩焘被口语多矣，常苦无辞以谢众人，决计求请销差。诸位前程远大，以后再有如刘副使情形登列新报，无论上下人等，均须查明办理，断不含糊。诸位自亦不待嵩焘告戒。徒以刘副使败坏风纪，惑乱人心，为害太剧，不能不一严加涤荡，与诸君共勉为善。特此奉告。

在法国呈递国书之诵词①

大清国钦差大臣郭嵩焘钦承简命，驻扎贵国。适逢开设大会之期，万国珍奇，梯山航海，萃于都城，得以亲逢其盛，喜慰实深。夙谂大伯理玺天德武功治化，远近咸闻。使臣奉命通两国之

①辑自郭廷以编定《郭嵩焘先生年谱》，台湾中央研究院近代史研究所专刊第29辑，第753—754页。系郭嵩焘于光绪四年四月初五日向法国总统麦克马洪（Mac Mahon）呈递国书时的诵词。

情，而申永远和好之谊，惟希体中国大皇帝之心，万年辑睦，同庆升平。谨奉国书，恭上尊览，以为讲信敦睦之据。

顾曼启事[①]

顷知上海《申报》内载《星使驻英近事》一则，或谓系由仆口传出者，殊觉诧异。仆以声名为重，安得甘受其咎？今特陈数语，以辨其诬。查《申报》所述，系中国钦差在伦敦令仆画像各情，及画成后悬挂画阁之事。所言诸多妄谬，间有讥诮。仆即竭力追求，查考原委，至今惜无所得。夫仆之画像，系马格里为之先容。带见时，乞得照像为蓝本。画成后，请星使临视两次，星使极为称许。仆方感谢不尽，何至有捏造讥诮之理？且仆与星使彼此言语不通，概由马格里传说。马格里来诘，仆茫然无以为对。谓以全无影响之词，出自仆口，即马格里含糊，仆亦断不能隐忍。务请贵馆刊此辩论，并望见此报者，得知中国此段《申报》，传自何人，刊自何日，立即示知，不胜感荷。顾曼谨启。

马格里启事[②]

敬启者：

昨于法京获见六月二十日《申报》，翻阅之下，不胜诧异。查

---

①辑自郭廷以编定《郭嵩焘先生年谱》，台湾中央研究院近代史研究所专刊第29辑，第791—792页。本启事系顾曼起草，因其短而不透，郭嵩焘为之改定。时为在光绪四年九月十一日。

②辑自张德彝《随使英俄记》，岳麓书社1986年1月版。系由郭嵩焘主稿。时为在光绪四年九月十一日。

顾曼为钦差画像，系由仆所荐引。画成后，钦差甚不惬意，经顾曼再三修饰，钦差始言略得形似。迨悬于画阁，见者极为称赏，由是顾曼画名噪于海外焉。盖英人以钦差初次来英，诧为罕见，遂使顾曼之画名，顿为增重。当其画像之时，彼此言语不通，一切由仆传达。若如《申报》所言，则仆从钦差将近两年，曾未见有此形状。似此凭空侮慢，令仆何以自处？后由巴里回伦敦，诘以此事之缘起，顾曼指天明誓，坚不承认。且在伦敦阅看新报十馀家，亦未见此一段文字。

仆或以此等讥诮之言，或因他人有意诬蔑，故借画像为词；或出自顾曼手笔，要皆无足轻重。盖顾曼不过一画工耳，辄敢肆口讥笑，自有人责其非。乃《申报》遽谓英国新闻纸言及中朝星使，每涉诙谐。而仆自随钦差来此，所见新报，无不钦佩，绝不闻有涉及诙谐者。因思泰西各国，无不讲情理，无不讲律法，各种新闻之司笔墨者，亦多通达事理之人，故于各国驻扎星使从不敢有所讥诮。若如《申报》所载，甚非英人所乐闻也。今顾曼已有辩说，更望将仆此论载入贵报，稍正前言之诬。缘顾曼之得失不足与校，惟仆自觉其人由仆荐引，言语由仆口传，此等诬蔑之词，实令仆无颜以对钦差也。用沥陈之。马格里谨启。

调张德彝赴俄差遣札[①]

钦差大臣兵部左堂郭，为札饬事：

十一月十五日接准钦差出使俄国全权大臣崇咨开，奏调该员

---

①辑自张德彝《随使英俄记》，岳麓书社 1986 年 1 月版。此扎作于光绪四年十一月十六日。标题系编者拟。

前赴俄国差遣，并抄折片，恭录谕旨，咨行钦遵等因到本大臣。准此，查该员趋公勤敏，练达谨慎，足资委任。除咨复崇大臣查照外，合行札饬。札到，该员迅即束装启程，迎赴马赛，听候崇大臣差遣，毋稍迟延。切切此札。

《台湾杂记》序[①]

余官闽、粤，出使西洋，经历之区，风土人情，皆得随时纪载，以广见闻。不意黄君晓墀，实获我心，《台湾杂记》一书，全台形势洞澈言之，足资考览。尤喜《熟番歌》，其言凄恻，白乐天《秦中》、《乐府》，犹有遗音。欲撰叙言。晓墀重游闽海，匆匆话别，为书数语，用附简端。时事艰难，需才孔急，知采纳有同心也。

光绪十年甲申仲冬月，愚弟郭嵩焘拜题。

跋云泉同年联[②]

云泉同年晚岁所撰斯联，盖养生之义与其读书悟道之心，言皆窥知其津要，而因以自证其所得。子敬世兄倾来长沙，属补书之，即用以为先人之遗训可也。时丁亥春三月，玉池老人嵩焘。

保精气神以臻上寿，

通天地人之谓大儒。

①辑自《台湾文献丛刊》第五十一种。

②辑自长沙市楹联家协会编《联海探骊》第七、八期合刊第64页，2009年12月版。

戊子元旦书示裴仁李二[1]

年老气衰，精力多不能给。《礼》云七十曰老，而传家事尚传之子孙，何况外事。自开岁为始，凡求事求信者，请勿入吾门，门房亦不得通报。凡托书条联纸张，概送六堆口养知书屋，交王升桂号，本宅不准接收。凡各处送到书信，立刻缴上，听候回信，不准压阁，一切传报语言，概须回明为要。戊子元旦书示裴仁、李二。

省城事局议[2]

自古大乱之生，必兆端于水旱，而其关键尤在人心风俗。近年天时人事逼迫已甚，常恐乱生无日。又当民穷财殚之时，一切无可措手。每一思之，哀悯恐惧，交集于心。设有变故，作何防备之法？

谷价积贱至十馀年，历来所未有。近年荒歉频仍，相率屯谷，以备饥荒。皆至耗折，多者数万，少亦数百盈千，至相与以屯谷为戒。本年到处欠收，谷价乃未甚涨。将恐厚积其势，以应天变。使不及防，民间盖藏，先无存储。万一水旱之灾骤至，作何应济之法？

吏治不修，盗贼肆行，匪类充斥。值年谷顺成之时，所在岌

---

①辑自湖南省图书馆藏《郭嵩焘杂纂》（手迹），标题系编者拟。此件应作于光绪十四年。

②辑自湖南图书馆所藏《郭嵩焘杂纂》（手迹），标题系编者拟。时间当在光绪十四年冬。

岌以劫掠为忧，衣食粗给之家，至不敢乡居。州县小有变动，兵力乏资剿办。万一匪类四起，各州县无能堪事者，作何消弭之法？

近时人才吏治，民心风俗，中外一致。酿乱日深，吾辈家居，自不能与闻公事。稍有变故，必资绅民之力，岂能漠置不理？不敢虑及全局，同居省城，且就省城事局言之。民户太多，良莠错杂，贫者十居八九。即各家知好，不过数十人，一皆涣散无联属之心。各街户籍，亦皆为具文，无任核实稽查之责者。时方无事，又不敢稍涉铺张，倡言整顿。目前省居所应筹度者，须得同志二三十人，细意经营，各就所知，推广计议，先使省城一切情形，稍悉于心目之间，庶临事得有把握，以资应变。

一、省城以内存谷几何。即就此二三十人中，推问亲戚朋友及诸殷富，但粗得其大概情形，亦不必核实其斗石。

一、省城以内存银钱几何。与所考求谷石同例，略求得其大概，各家底蕴，即其至亲密戚，亦不能尽知也。

一、省城以内文武官寄居者。武官积功至提镇，文官至道府，寄居省城者甚多。其人皆身当事任，谙悉机宜，宜详考其履历及其志行。

一、各街绅士名籍。每街皆有殷实及生监之属，宜详考其家世及其人才具高下，详记之。其有识解才行优异者，可以互相推引，与共谈论，以广见闻。

一、各署书差捕快著名者。此皆在官人役，有事必得驱使效用。其有行踪诡异、周知外事者，尤可以资考究。总须使上下人等，声息皆相通。

一、各项经纪中才具优长者。此等随时考究，随事酌用，多高出读书人一等。

一、市井豪恶著闻者。古来英雄豪杰，多从此发迹，但须以类相求，多方推究。稍有天良有本领者，皆可收而用之。

《易》称：何以守位，曰人；何以聚人，曰财。无论所事大小，万不能外此二者。然以财聚人，其事易举。用人而无财以致之，其势难行。要当无可如何之时，必先以得人为本。古称一代人才，自足胜一代之事。同居一城之中，耳目不相交涉，心思不相维系，从何辨识？凡人精神才力，亦须由鼓舞激厉而成。但得同志二三十人，互相推考，无事自相联络，有事通力任之，以求保全一方，既为吾辈应尽之责。即诸贫民下户，亦必所共乐安全者。大抵人才非难，有天良见解、辨知是非邪正之为难耳。

自九月初闻黄河南徙之信，此心耿耿，未尝稍释。念省城才力见解能堪事者，独一陈舫仙，时方回湘乡。十月廿日，闻舫仙至省，急往见之，谈甚畅。因就所与舫仙言者，开具数条以俟商订。迨冬月十三日俞鹤皋集诸人会议，各持一说。凡诸公所言者，鄙心皆不敢谓然。鄙人所言，其不能求合于，诸公可决知也。谨藏此议，不复敢示人，旁皇浩叹而已。

为西枝和尚募修南泉山双林寺作启[①]

昔七十子散而大义录，五百人俱而法教始。是以青牛西迈，饮羊酪而知甘；白马东来，继龙蹲而出治。故知星月别彩，珠镜殊光，理有代兴，诣斯独往。至如唇山左股，天开月殿之姿；鹫岭东肢，地占云门之胜。异白莲而结社，是酸枣而名台。毕收山岳之精，用壮伊蒲之色。极纵油之咏叹，擅赤县之灵奇。则有南

①辑自方继孝著《旧墨二记——世纪学人的墨迹与往事》，北京图书馆出版社 2006 年 6 月版。

泉山双林寺者，潭州百八古刹之一也。昔有比丘普安，湛精滋理，妙契玄风。功德水边，独得经行之地；须弥山外，别求憩影之天。乃建双林，比隆独树。亦其潭深宏敞，胶葛峥嵘，玉埙居楹，金缸含璧。钟楼垂手，见襟带于蒸湘；磐室垒心，纳峰峦于户牖。龙霞助其蒸蔚，蟾晕表其光华。藤冒珠幢，泉飞锡杖。集妙花而结幄，联意叶以成帏。闾阎当九达之衢，经呗动九天之上。诚离方之灵气，震旦之壮观矣。晚而白马临津，赤麋入雒，何知地狱，讵畏天兵。紫气黄旗，识汉家之厄运；琳宫绀宇，谈劫尽之交飞。镕铜佛以铸钱，发瓦棺而求玉。高台荆杞，舞鼠骄人，深院蓬蒿，野猿扑客。遂使三千五百之众，投止无门，岂徒四十二章之经，扫地殆尽已哉。中兴几年，法事三纪，东南敉定，寰宇澄清。斯乃我佛之宏慈，人天之善应。王姬太子，先起望仙之楼；戾后公孙，首筑祈年之观。况兹寺奠安泽国，埙抚火维，承东杼之薰风。遐昌圣道，请西方之法雨，来助升平。坐使象教之凌夷，抑亦龙飞之缺典。嵩焘生长屈原卜居之乡，行游轩皇张乐之地。目睹万松之苑，剩倾侧乎楼台；心伤双树之林，徒披寻乎蔓草。坐使湖山减色，老僧倚树枯吟。或者栎宇重新、古佛拈花一笑。

住持僧西枝，久专方丈，慨抚颓基，时有志于经营，讵无情于匠石。惟是事非自于一篑，产不止于十家，欲善其成，当谋于始。水衡之缗钱不继，悔兴蒲海之兵，将作之朽贯无闻。终罢昌陵之后，捧珠盘而不定，四顾何从。幸托钵以行游十方，可募阿育王四轮世界。愿广结乎善缘，宗动天九重星辰，同归依于佛法。愿睹金缯之舍，重开宝刹之光。极乐同登，普天信向。由是凌云概日，壮龙树之盛仪；啸月吟风，傲马鸣之讲论。郢人献巧，班尔呈妍，式廓旧基，更开新制。一劳永逸，万善同归。受檀越之金钱，必标题于石阙。将使千龄万□永垂瑯环福地之书；片石一花，绝胜洛阳伽蓝之记。爰疏短引，兼畅玄风，莫言人天小果有漏之因，同种世界大千无边之福。愿祝失巢之鹊，僧随嚄唶以鸣，谁为护禅之龙，我亦收黎而拜。时光绪十有五年夏六月，郭嵩焘为西枝和尚募修南泉山双林寺作启。

盐务议二则①

现筹增引三议

一、依原奏议复，此恪靖所忧为然。苟无瑕隙可攻，但于国事有济，力争可也。今于国计并无多裨，而谣谤纷传，充塞宇宙，万无可争之理。若必固持前议，恐将有指名论劾，以发大难者。值群言淆乱之时，尤为可惧。

一、议鄂票减半而湘岸照原奏增加，不必缉私，亦不必遽收回引地，但准川咨，以三年为期。川、淮配销，而于宝、衡、永设立督销分局，专责成府县市镇行销引盐。肩挑负贩鬻之乡民者，一切不问。惟行店贸易行私者罪之。盖盐法以缉私为第一要义，而自乱后，引地全失，各省抽厘济饷，动多滞碍。曾文正设局督销最为扼要，是以今日盐务督销之责重于缉私，但须经理得法，亦不忧无销路。俟之三年，收复澧州引地，疏销自然渐畅。庶可由商人自求畅销之法，于旧商毫无侵占。

一、原议每票捐银五千两，今即用其议，改三百票为一百二十票，其前缴捐项概由太和春呈缴。应先出示将前发给三百票之收单作为废纸，另开具切实牌名，补发一百二十票，收单径交太和春，按照收单收回捐款，分交领运。其前发收单已起运者，仍

①辑自湖南图书馆藏《郭嵩焘杂纂》（手迹）。标题系编者拟。

准运盐一次，即行撤销。

改三百票为一百二十票私议

一、太和春呈缴捐项银六十万两，原恃各户承领引票，以散济整，及奉谕旨驳诘，所有殷实各户出股领票者闻风引避，以致太和春一力承耽四股，凑缴者仅及二十万金，旧商存款又群起提存他处，以致太和春无力周转。今须通筹全局，上以顾全大体，下以平新旧商人之心，化除专利之心。维持大局，保全引地。从前一切舞弊营私，概置不问，亦不得再有顾忌。

一、改增一百二十票，均须招集从前各商，切实分领，一以实缴现银为断。其前承领办事各户，惟太和春垫解银款应分给十票，以为贴补息银之资。其馀各户概不得过四票，仍须责缴现银，不准凭空指射。

一、从前业由承领经手各户发商领运者，并准呈缴原票字据更换改发收单，其未经发商领运，无论由何人承收，一并作为废纸。

一、实系领运之商人，概有的名承运，无难稽查，仍责成于新旧各商内连名具保，始行换给改发收单，以免含糊影射。

一、专利最招忌怨，又一以诡诈行之，重之以诳骗，济之以骄奢，即恪靖一人已受其累，何论其馀。而其左右又实肆行无忌，不顾大局。若不急与维持，则全局必有败坏之一日。恪靖一生名望蠲弃于此一二人，岂能不为之寒心。

一、曾文正开设湘岸，湘中风气未开，承票者无多，江西一省已数倍于湖南，鄂岸属湘人者尤不过数票之多。此次招集商人仍尽湘人殷实者尽数承领，其未能实缴现银，即由外省商人承领。

一、经手承办之商人应书立合同，具呈照减一百二十票，由太和春招集承领。殷实诸商按名赴领。

一、洗从前之积瘴，仍以赶速办理，以求不致别生事端。此事关系国计民生，亦当稍为大局起见，岂可私怀专利之心，以干天怒。

鄙人既为增引三议，又为私议七条，盖自揣生平在乡在官，从未敢怀营利之心。黄南翁始开湘岸，允筹数票，曾力辞之。庚午省居，罗小垣又以为言。其时，票价一二千金而已，吾不愿也。而于盐务实力维持，即辰州专岸构讼数年，亦经鄙人理处。自顷十馀年，辰州遂成畅岸，岁销至三十馀票。而管理分局之龚姓，弊端百出，近年始撤换，销数当更畅，不谓更有请领辰州专岸引票之事。然则湘人固极意毁坏湘岸，吾虽老病，岂能不与维持？此次兼以舍侄分缴捐费，受累甚深，然亦但能为大局起见，不能计必也。一切弊端，近始略知一二，亦不欲尽言。

初十日议。

卷二十五

跋罗泽南会合诗[1]

忠节驻军浮梁，和此诗，邮寄南康军次。予以诸诗皆次原韵，忠节独否，属补和一篇。未几，忠节至营告曰："月来转战良苦，幸缓我，无相促也。"其后，赴援武昌，遂卒于军，补和之诗不及为矣。抚览遗集，为之怆然。

人生荷如露，聚散无常期。矧当争战后，死生不可知。寇盗起粤管，蚩尤扬天旗。承平二百载，文恬而武嬉。以此长驱入，天下动鼓鼙。江汉吼鼋鼍，金陵窟狐狸。谁敢撄其锋，卵翼我黔黎。天子诏令下，侍郎起南维。水师驶凫鹢，陆师尽熊罴。旧雨两三人，罗而致之帷。老筠与腐公，朝夕参军机。军旅我未学，何事相追随。忆昔癸丑夏，妖氛祲江西。老筠偕我出，往助岷公威。贼胆闻之落，得以解重围。筠车汉水回，我马吉水归。共知才不逮，誓各隐衡嶷。侍郎何殷殷，葑菲不我遗。更得智亭塔，拔之由偏裨。忠勇冠三军，士气随转移。甲寅六月初，旌旗下湘矶。洞庭倒巨浪，大江燃灵犀。岩岩半壁山，滔滔富池湄。长江沉铁锁，荆楚复藩篱。射蛟浔阳江，王师欲东之。胡为江水沸，长鬣鼓鲸鲵。封姨吹鬼火，坚城顿雄师。物论遂纷纷，尤吹腐公疵。成败以论人，西施亦可强。蕲黄路迢迢，锁钥者阿

[1]辑自《会合联吟集》，咸丰七年六月养知书屋刊。郭跋原在罗诗后，兹改置于罗诗前，并将罗诗用仿宋字排出，以示区分。标题系编者拟。

谁？贼旗复西指，鄂渚填积尸。东道广与饶，浙闽路嵚岖。贼又捣其虚，多方令我疲。侍郎日否否，祸者福之基。丈夫誓许国，艰险复何辞。旌节驻匡庐，楼船修彭蠡。塔公拟西征，我兵靖东陲。堂堂数路出，不自惜奔驰。调度虽有方，未免伤睽违。老筠知其故，翻然出书帏。欲纾侍郎忧，用慰腐公思。我方战信水，不得晤须眉。斯人既未死，世事尚可为，嗟哉贼势猖，六年已于兹。长江几千里，嗷嗷鸿雁飞。吴人或越奔，南人忽北栖。父子不相见，妻孥长别离。何时平寰区，大旱慰云霓。普天儿女子，共作会合诗。

先明本末之序[①]

自汉以来，中国全盛之世，边患相寻，常若不及，而终宴然无事。及衰且乱，则必纪纲法度先弛于上，然后贤人隐伏，民俗日媮，而边患乘之。故夫政教之及人本也，防边末也。而边防一事，又有本末存焉。

敬绎六条之议，如练兵、制器、造船、理财数者皆末也，至言其本，则用人而已矣。练兵、制器、造船，非财不能举办。理财之方，尽于二者，曰开源，曰节流。节流者，省无用之烦费以归有用者也，皆疆吏应为之事，不待临事张皇而多为之制。其造船、制器，购用西洋机器推而演之，但令经费充盈，渐次求精，其事非难。所难者，练兵耳，为中国之人心习尚渐渍已深，合官与民而皆怀一苟且之心，无能与持久也。自经寇乱，名臣良将接踵于时，能以律行师以权济变者有矣，然纵无能统驭额设之兵以立功成名者，其间或易一将而局遂变，或更一时而气已衰。何者？

---

①辑自朱克敬编《挹秀山房丛书·鹂言杂录》，光绪三年刊于长沙。

用其方新之机而不能得其持久之力也。沿海设防非能旦夕奏功者，各口练兵又非能召募集事者。

《传》曰："有治人，无治法。"法尽于一时，而求人之效可以持至数十百年之久。诚得其人而任之，一切之政皆可举而行也，不得其人而任之，已成之功、已安之民亦无与善其后，殆未可持此以建非常之业者也。

窃观今日天下大患，不在无才而在有才亦无以自见。其弊有二：一曰因循粉饰，以求免过；一曰优容纵弛，以求寡怨。粉饰工，则得失利病全不能明；纵弛久，则贤否是非更无从辨。故求人才，尤以挽回风气为先。朝廷念念以培养人才为心，邪正公私较然，不能揃风气一移士大夫之精神自振，而吏治之功效亦必月异而岁不同，人民日就乂安，边疆自臻绥谧，必然之应也。至于将弁之才、州县之吏，天下自不乏人，疆吏求之有馀，非朝廷求才者之所急也。

兼顾水陆之防[①]

东南防海大势，相持于海外曰兵船，相距于口岸曰炮台，其大略也，而各口洋船洋楼纵横布列，乃反在内地西北边防所恃兵力而已，藩篱之固，尚无议及者。较而论之，沿海各口岸环集数十国，而英、法、弥三国互为主盟，其利分而其势散，必无敢公然发难者。西北则俄人已踞伊犁，西南英人亦渐通缅甸，而其力皆有所专注。而西南之祸稍纾，西北之势相持而未有所定，则祸且日棘。故主东南防者，则谓宜缓西北；主西北防者又谓宜缓东

①辑自朱克敬编《挹秀山房丛书·鹧言杂录》，光绪三年刊于长沙。

南，是皆持之有故，言之成理。而以愚见度之，其隐忧皆积而日深，有未可偏重者。体察俄人伊犁情形，而可以得其故矣。

洋人之利在通商，无觑觎中国土地之心，而其蓄谋在求日进而有功，故每得一荒岛，则急进而开垦之，每得一口岸则急进而经营之。伊犁之乱，值中国兵力不能远及，俄人于是坐收以为利，而乌鲁木齐、喀什噶尔通及回八城，俄人未尝须臾忘也。中国举兵征讨，则亦坐视而不与争，此其行之有其渐，蓄之有其机，自西洋各国皆然。

略就所知言之，上海一口，英人主盟；宁波一口，法人主盟。粤匪之乱骤起，各口商人惊惶失措，相为救护，而上海一口被难而幸获保全者数万人，百姓亦且与洋人相习，其观衅乘隙之心，必不后于俄人。是以中国百年治安，英、俄诸国亦必百年无事，此可以理势决者。何也？西洋诸国之法，非积憾以求一泄，无肯构兵者。而南洋诸岛数十，中国不能经营，洋人皆坐而收之，所得口岸与所开辟诸岛，因势乘便，据以为利，其势求进而不已，而其蓄谋甚约，其收功甚逸。凡中国煤山金矿及宝气生聚之方，皆其所心营而目注者也。

窃以为中国与洋人交涉，当先究知其国政、军政之得失，商情之利病，而后可以师其用兵制器之方，以求积渐之功。如今各口岸设立机器局及遣中国子弟赴西洋学习，其法度程式，皆积渐之功，收效数十年之后者。其行之之本，则在乎审轻重之势，明曲直之机，求通变之才，务真实之用。西洋之法，通国士民一出于学。律法、军政、船政，下及工艺，皆由学升进而专习之，而惟任将及出使各国，必国人公推，以重其选。窃观汉诏求使绝域，与将相并重，西洋犹存此意，是二者皆据理势之要，持安危之机，所宜慎选而专用之者也。能通知洋人之情，而后可以应变；能博考洋人之法，而后可以审机。非但造船制器，专意西洋新法以治海防者之宜亟求也。

登嘉峪关序[①]

渭臣军门寄示嘉峪关诗，盖巡边所至，眺览言怀，寓兴一时。其诗闳深雅健，苍凉边塞之声，称其雄才大略。《寰宇》记酒泉有鸿鹭山，引《穆天子传》，西循黑水，至璧至之山，即此。明《一统志》谓之嘉峪山，其西麓即今嘉峪关也。自汉通西域，皆出玉门关，其南曰阳关，谓之南道、北道。明初弃边外□沙地，乃建置嘉峪关，间别中外，遂为河西边界之锁钥。今西域万馀里，尽隶版图，□时玉门关、阳关皆为内地。顾视嘉峪山，雄扼戍羌之险要，犹衽席也。天下事变不常，控制中外，必先□胜。今日要害，又不在雍凉，而在燕晋。北边之藩卫京师，军门干济之才，必有以豫筹之数十年之前而制其胜，此诗者将防边之概，其为之先引乎？黄觐奠太守为书而勒之石，嵩焘因记其后，以告来者。时丁亥春正月，湘阴郭嵩焘谨记。

《养知书屋札记》 二则[②]

一

时承平久，文吏未见兵革，独黄冕曾从裕谦治海防，稍历事

①辑自甘肃嘉峪关“登嘉峪关并序”碑。标题系编者拟。

②辑自罗正钧纂《左文襄公年谱》卷一。光绪丁酉冬月湘阴左氏校刊本。

知兵，部署城守机宜，又喜制造，城守所需，多取给其家。张亮基至，急发使延致左宗棠。宗棠负才气，喜言事，亮基一以兵事任之。此左宗棠功名所从始也。湖南委绅士筹饷治民，遂以平寇，亦肇端于是时。

二

江忠源平征义堂，实受方略于左宗棠。发谋决策，皆宗棠任之，张亮基受成而已。奏报及方略所载，但著张亮基而名不及左宗棠。私家纪述以补方略之阙，正当一发明之。

绥边征实[①]

上古之世远而难稽帝王世纪，称神农之王天下，东西九十万里，南北八十五万里。贾公彦《周礼疏》称神农以上有大九州、柱州、迎州、神州之等；黄帝以来，德不及远，惟于神州之内分为九州。而《史记》叙黄帝置左右大监，监于万国。罗泌《路史》叙黄帝命风后方割万里，得大小之国万区。《汉书·地理志》称得百里之国万区。其后颛顼之世，北至幽陵，南至交趾，西至流沙，东至蟠木。崔骃引《海外经》云："东海中山证之尧典，四宅南交即交趾曰嵎夷，为今朝鲜。"盖南极于交趾，东极于朝鲜濒海而止，是尚不及颛顼氏。又更越海而东，就唐虞三代舆地论之，盖莫远于唐，莫狭于周，以次递降。古之有天下者，因会朝之国奠定之而已。其不与会朝，王者不相强也，而屏之为夷狄，非有划然中外之分也。纪籍所载，犹可推而览之，以得其大凡焉。

---

①辑自郭焯莹编《郭氏佚书六种》之三。清光绪二十四年养知书屋刻本。

九夷、八蛮、六戎、五狄之名，始见于《尔雅》。李巡注："九夷"，一元菟，二乐浪，三高丽，四蒲饰，五凫臾，六索家，七东屠，八倭，九天鄙；"八蛮"，一天竺，二咳首，三僬侥，四跂踵，五穿胸，六儋耳，七狗轵，八旁春；"六戎"，一侥夷，二戎夷，三老白，四耆羌，五鼻息，六天刚；"五狄"，一月支，二秽貉，三匈奴，四单于，五白屋。而《逸周书·王会篇》载成周之会，四夷来献者六十国；又载汤时伊尹为四方令，东夷十，南蛮六，西戎九，北狄十二；又以九夷十蛮并属之东，与《尔雅》及《职方》明堂位所纪互异。贾公彦、卢辨诸人因以《尔雅》为夏所服国，而《职方》明堂属周。《竹书纪年》载禹八年会诸侯于会稽，又以越封其子姓，吴越之沦为夷戎，当在商之中叶。诸书所载，疑秦汉承周后，瓯越尚未内属，故所纪各国多仍汉名。孔疏引郑康成答赵商语以为无国数可明，郭璞注《尔雅》，不取李巡、孙炎之说，所见固为优也。

《史记》称黄帝北逐荤粥合符釜山，而《匈奴传》称其先祖夏后氏之苗裔曰淳维。唐虞以上有山戎、猃狁、荤粥，杜佑《通典》云唐虞山戎，夏獯鬻，周猃狁。乐彦《括地谱》云，汤放夏桀鸣条，其子獯鬻避居北野，中国谓之匈奴。其实獯鬻即荤粥，在黄帝时已强盛，桀子淳维或避居獯鬻。《史记》所述为得之六国之季，乃谓之匈奴、夷狄之为中国患者，匈奴最先，前后数千年，亦最久。《说文》：畎，赤狄，本犬种也。《汉书》师古注引《山海经》，黄帝生苗龙，苗龙生融吾，融吾生弄明，弄明生白犬，是为犬戎。《后汉书·蛮夷传》：帝喾时，犬戎入寇，募能得犬戎吴将军头者，有畜犬盘瓠衔其头至，语甚诞，而畎戎之患，实肇始帝喾时。自夏太康失国，寇益甚，及后相征，畎戎服之。后桀时入居邠、岐之间，汤复伐而攘之，讫于仲丁。蓝夷作寇，或服或叛，武丁立，遂征西戎鬼方，《商颂》所谓“自彼氐羌”是也。武乙时，薰育戎狄复入居邠，侵有周地。《竹书纪年》载：武乙三十五年，周王季伐西落鬼戎；太丁四年，伐余无之戎：七年，伐呼始翳徒之戎。《采薇诗叙》言文王时，西有昆夷之患，北有猃狁之难，献洛西之明年，遂伐犬戎，武王有天下，放逐夷戎泾洛之北。其后，世有戎患。盖自商周以还，猃狁、畎戎二者皆日以强大，为汉唐以后西北边患之缘始。后桀之乱，畎戎入居邠、岐，周懿王时，猃狁侵暴及泾阳，又为夷狄深入中国之始。

慎终录[①]

《孝经》云：卜其宅兆而安厝之。《汉书·艺文志》有《堪舆金匮》十四卷，《宫宅地形》二十卷，是葬书自汉有之。郭璞《青囊经》言葬法始详。儒者所不宜言。据葬书，葬乘生气。程子五患，朱子须形势拱揖环抱无空缺处，已尽卜地之要。《耕心堂规约》。

班固述《艺文志》，其论形法家言察九州山川形势，定其吉凶，皆理数之自然，可谓允矣。蒙尝以谓天地之气化，有来有去，有顺有逆，得之者吉，悖之者凶，人各以其端倪揣测之，譬若观天然，或揽全体，或窥一隅，或仰视，或旁觑，皆天也。苟有蔽焉，则无睹矣。故凡为术，要于精致，其精则诚通而明，往往多奇中，必曰此为正诀，此为外道，其又乌从测之。陈春《城地书叙》。

褚先生补《史记》，言占家有五行堪舆丛辰建，除天文太一，各据所学为吉凶。而《汉书·艺文志》堪舆金匮入之五行，宫宅地形入之形法，实为后世言理气形胜之祖。班氏之言曰：“形与气

①辑自郭焯莹编《郭氏佚书六种》之四，清光绪二十四年养知书屋刻本。

相首尾，亦有有其气而无其形，有其形而无其气，此精微之独异也。”晋以后葬书无以逾此。然阴阳五行之书，类次数十家，而后无传者，岂学不逮杨曾之流邪？其时人事胜而假吉凶为小，数世犹不甚贵之。自青囊都天玉尺之书出，术家衍而传之，其辞惝恍迷离，伏而不宣，而其术或小验。于是，倚托附会，争鸣于世，坏大以为小，削远以为近。而堪舆之书持一说以求胜，至繁而不可纪。

尝论天地之气，融而为山川，结而为土石，迨其形既成，而气之鼓荡其中者，相依而不能舍。如帷灯然，东、西、南、北见之，皆知其灯也。而在东者曰是不宜西，在西者曰是不宜东。所言皆有见也。而纷纭之说以生，各守其师说，据以为见，则术益析而言益歧者，纵合者横其说，各有所胜，扞格不相入，而要之归本五行，故曰五行为主人，取诸五行者也。姚舸丞《地理元合会通叙》。

焯莹谨案：局本文集及钞本“实为后世言理气形法之祖”下误衍“法”字，盖钞本“夺入之形法”句“法”字错倒之，此先兵左为补“夺”字，而衍字忘。乙之局本，遂据以上木也。今谨依稿本删。“而言益歧”局本“歧”作“岐”，今亦据钞本先兵左旁注字改正。

思旧录[1]

道光甲辰，罗忠节公馆善化贺孝廉修龄宅。是岁，嵩焘兄弟同在长沙，与往来问学，相得甚欢。见《罗忠节公年谱》。

忠节公重刻《六事箴言》，叙曰：“五经四子，天下几部大阴

---

①辑自郭焯莹编《郭氏佚书六种》之五，清光绪二十四年养知书屋刻本。

骘文也。先圣先儒，古今善言阴骘者也。《洪范》曰：惟天阴骘。下民相协，厥居有君臣、父子、夫妇、昆弟、朋友之伦，即有亲义序信别之理，古圣贤于降衷之原，性善之旨，屡发明之，无非欲人尽人道，以全天命，非有所为而然也。今之言阴骘者不然矣。论身心性命之旨，既沦于虚无，语天人感应之端，又泥于果报，不知人之行事，行己所当为者而已。"嵩焘曰："阴骘"二字，见于世所传文昌阴骘文，其义犹《汉书》所谓阴德也，与《洪范》"阴骘"义别。见《罗忠节公遗集》四。

嘉言录[①]

尊行公社小引

往时闻乡先辈提唱乡里后进时，有古道之遗。数十年来，其风日变，遂至嚣陵诋忤，同类相戕，因而随事播散谣言，以取笑乐。于是相率成为风气，日以排击笑侮为能，不独有失相友相助之谊，揆之风俗人心，于此日趋媮薄，实亦吾辈居乡里者之大咎。每思圣贤与人为善之义，人有一善，必揄扬之；人有一过，常揜护之。此等气象，何等光明。而吾辈日在訾嗷攻击之中。

人言楚人好自相诋，吾辈正当猛自警省，不必责人。爰邀同志，设立尊行学社，以尊事所闻而行所知为义，每月一聚，各记近人言行之善者一二条，亦可推及前辈，上达列朝，杂采碑记志录为史传所未具者，一以湖南为断，不泛及他省，命曰《嘉言录》，岁汇为一卷刊之，专务隐恶扬善，表章乡里轶行，以资董

①辑自《郭氏佚书六种》之六，清光绪二十四年养知书屋刻本。

劝，尤以傅会讥评传播谣诼无据之言为大戒。有犯此者，重加处罚。庶几交相规正，日闻乡里善言，日见乡里善行。在己可以寡过，而在乡里诸贤，亦乐有所自见。不忧无故造作谣言，以阻其为善之心。倘蒙垂鉴此忱，宏广教益，敬请具名入社，庶冀相与有成。吾楚人士必日有兴起之望矣。是为引。

丁未冬，嵩焘以庶常假归，取道金陵。李文恭公方督两江，招馆其署之西厅。翌日，天甫明，李辅堂方伯至窗外微问起乎？予漫应之。次日复然。因诘以起何早也？辅堂曰：“吾起久矣，家公五鼓起盥漱小食，率先时静伺寝门外，门启入侍，秉烛导至书房乃退。退则就视君，所不敢声张者，恐寝方酣以为扰也。”吾闻惊异之，因问仲云亦偕侍乎？应曰：“皆然。”仲云，文恭公次子，辅堂其弟也。时公长子枚生编修方家居，文行冠绝一时。吾楚言世家者，推李氏。吾常语所（亲）〔见〕李氏之兴，固未艾也。观二公子小节，而家法身教已使人穆然神远。服勤寝门之内，而民德归厚保世，兹大宜矣。

同治十二年，张力臣买妾省城，已成聘矣。见其举止都雅，而貌若甚戚者。叩其家世，微应而已，固问之，则涕泗交颐，终不一言。疑而诘其故，乃诉言其父候补湖南二十馀年，穷困不能为生，诚不忍于其亲之饥寒，鬻身以为养耳。力臣大惊，急召媒者还诸其家，以十万钱资其父，俾供衣食。告曰：“若女犹吾女也，急选子婿，吾当为筹嫁费遣之。”嗣是，往来张氏与母家等。

附录[①]

族孙汉超题辞

戊戌春日，校族祖王父养知先生佚书六种，既毕役，谨各系以诗。

题《周易释例》曰：穷经不放一字过，入世深窥祸福根。道在龙蛇知进退，心能高厚是乾坤。醯鸡甕里无天地，风虎山中说鬼神。多患圣人应作易，求无大过著书身。

题《毛诗馀义》曰：罢官沧海黑风号，扼我从天漫解嘲。杯酒胸襟浇磊块，老臣孤愤注《离骚》。身忧义犹宗周祸，心怯幽王内史骄。谗口讹言同一概，白驹空谷自逍遥。

题《绥边征实》曰：身遍地球九万里，纵横上下百忧俱。二千年后孤臣泪，一寸心灰白发儒。报国艰难膺重谤，遭时怒骂未成书。到今海内求遗稿，我向残编校鲁鱼。

题《慎终录》曰：亲骨岂容人卤莽，朱程语录是铭箴。阴阳摩荡成天地，形势山川自古今。抔土官骸悲大母，荒丘蝼蚁最酸心。汉超生十年，大母见背，厝之荒山垂二十年矣。后稍习《青囊经》，疑有蚁患，卜地县东学堂坡徙葬之，启兆果仅馀白骨而已。伤哉！北邙忍见累累塚，雨水淋浪古木森。

题《思旧录》曰：寸衷耿耿问谁知，录旧灯前入梦思。万苦肝肠怀药石，一行涕泪洒疮痍。沙场杀贼横经侯，风雨雄心说剑时。战血大江流日夜，河山犹动鼓鼙悲。

题《嘉言录》曰：宏奖风流薄俗无，嘉言不录好揶揄。眼高泰华皆尘垢，舌有锋芒刺体肤。名士文章工笑骂，语人忠信总含糊。最怜孤孽心偏苦，长使曾参受厚诬。

---

①辑自《郭氏佚书六种》，共三篇，清光绪二十四年养知书屋刻本。

族孙汉超谨题。

汉超既作长律六章题佚书，而《嘉言录》一章尚未足尽养知先生善善从长之意，乃继作是诗题之其后曰：三代而还谁毁誉，昆仑美玉有瑕瑜。语言太刻关身福，议论从宽觉体舒。血不热肠人自冷，口能销骨物皆枯。细流要引归河海，江汉朝宗正纳污。

汉超谨重题。

长沙袁绪钦后叙

道之大原出于天，继天者圣。圣作之，明述之，由是以范围天地纪纲，人物典训婵嫣，文献著焉。其在唐虞三代帝王，法守质，文损益，遹臻美盛。成康既没，王泽遂微，史氏失官，莫能修明，百家杂出，大道湮晦。素王受命，矻矻删订，祖述宪章，配天立极。七十之徒，征文考献，孟荀命世，升王黜霸。其时，老、墨、庄、列、管、商、申、韩之学，皆豪杰异材，转相鼓煽。然及两汉之世，自帝后、王公、百僚、庶士，莫不讲受经法，以孔门六艺为先。迁、固述史，首列道家，上溯有熊，下推尹佚。而贾策治安，董明天人，以及两京鸿材硕学，并皆原本经术，折衷宣圣，无异说也。魏晋以降，学分南北，历唐至宋，濂开洛启，紫阳讲明，百川汇海。元明之代，学者承风，仅以不坠。圣清受命，尊极道要。有明遗献，若船山、亭林、梨洲纲罗放失，兼综毕贯，行为人师，言为世法，渊源渐被，巨儒代兴。咸同之间，楚盛武功，桓桓元辅，出所学以赞中兴、戡大难者，皆淹洽古今，宏深玮博。于时，侍郎湘阴郭公起词臣至开府，晚岁出使泰西，远人信慕，文章勋烈震海内外。卒后遗书大出，读者餍服。盖公诚明惇笃，知言养气， 雅翔实，殚涉百家，要壹以整齐世教为心，该览掌故，论列当代施措，精识远虑，皆卓然大臣之言，中朝文献，公无愧焉。

自中外交通，或以一时强弱之殊，虑援中入西，彼教大昌，顾闻西士秀杰者，尝谓尼山圣人。彼之教宗，善人而已。由斯而观大中文明，震旦首出，覆载不异，尊亲岂殊。且夫载籍以来，礼乐刑赏，顽植善，家国天下，若纲维枢纽之不可稍紊。治乱之机，发端甚迩，成效甚著，舍是不由，则且决堤溃防，而人心之害，为祸必烈。是故积人成世，虽刚柔美恶之各异，断未有显悖先王政教而可持久不败者。儒者斤斤绍述，一言行之可法，著之不敢失坠，譬如天地元气，随在充溢，不厌其多，此文献之所以不可一日或亡，而学之所以为可贵也。矧若公所造述，犹夫大川乔岳，包蕴宏溥，匪仅一言行之可征乎？绪钦弱冠侍坐，媕暗无成，于公律身经世之学，莫能窥测万一。独以为五洲大辟，风会转移，天命道原，心理符契，文献之统，有兴无替，上质先正，下谂来哲，为合为分，必有能信之者，不可诬也。

公中子焯莹曼兀继述家学，斐然成章。近复校辑公所撰录，得佚书六种，凡以阐治业，匡世变，皆公平日兢兢持论之本旨也。绪钦受读而叙其后，谨为之言曰：

天地之道，日月贞明，帝王之政，法度允平。师儒之学，辅世翼德，流风百祀，咸可取则。文献相承，备存无阙，夫何疑焉。

受业弟子户部主事长沙袁绪钦谨撰。

中子焯莹跋后

庚辛之交，王祭酒先谦强取先兵左《质疑》三书既《订正家礼》授之梓人，于是论说始稍有行世者。未几，先兵左弃代，又刊其诗文、奏议于思贤讲舍书局。勤恳之思，无间生死已，焯莹窃恧焉。以编订上勤祭酒，以刊赀重累书局，颇内不自安。于时聂布政缉槼属远道枉寄四百金，俾发遗书尽刻之，始亲督工，首刊自叙，而归其版于书局。后五年，排比《史记评注》粗竟，鸠工开雕，而梓人写本殊劣，遂复罢去。明年乃更取佚书刊之。遭时之艰，士夫争骛于新学，异时文字之业，意将就斩矣。吾滋惧此书以不急见菲于时，终归于泯灭也。既怀今昔之忧，益念祭酒、布政之风义可感也已，因更志数语简末。

焯莹谨重记。

郭集义公德配廖太孺人七秩寿序[①]

咸丰甲寅冬，余奉大中丞骆委以劝捐事往邵州，道过湘，湘之宗人肯堂兄弟来谒。余见其貌恭而言温，器宇翛然人表，度必有所以成之也，因心仪之，爰书楹联以赠，敦亲谊以励植修也。今岁秋，适朱松乔、朴亭两兄应本科补行乡试，相遇会垣，询及肯堂兄弟，益悉其巅末。继袖出肯堂之母《廖太孺人事略》，代丐余文，为七秩开一寿言，而知肯堂兄弟之克自树立，实赖母教有以成之也。夫妇道无成而代有终也，语其事，不外中馈织纴针黹之常，而极其至，则一门显烁，后叶之峥嵘，皆赖其德之所由成。今观肯堂之母，不益信欤？

太孺人生同里廖氏右族，年笄嫔余宗集义先生。其事姑嫜以孝，处妯娌以和，相夫子以顺。此妇道之恒，不足为太孺人异。盖人生境遇之故自丰而啬、自啬而转丰者，虽伟丈夫当此，犹不能淡然置诸怀，而在闺闼则尤甚。太孺人当家落时，既安之若素，迨集义先生秉政，家日隆隆起，犹复佐以勤俭，衣粗茹淡，纺织时勤，且解推不吝。凡里党中之颠连失所者，太孺人必为之周恤。论者窃比之敬姜之勤、欧母之仁焉。集义先生见其体羸事烦，以李孺人副之。太夫人劳苦与均，忧乐与共左右，数十年不闻一诟谇声。在太孺人固自率其柔顺之性，非有所作为于其间，而以世

①辑自《湘乡油榨铺桥溪郭氏四修族谱》，宣统三年刊。

之龃龉者视之，实亦难能而可贵。然则《诗》之咏樛木而嘉其德者，正不得遽谓古今人不相及也。

今夫巾帼之义，以德见不以才显，至不幸而所天中失家，事既杂沓矣，而乡里之窥其财而生觊觎者，且百端环攻，倘非以才济其德，又何以撑持门户而使之日振？太孺人当集义先生捐馆时，肯堂兄弟均未冠，外则事故纷纭，内则惟两孀并处而抚兹藐孤，正复何依？太孺人摒挡一切，诸家务次第就理。又复延师课读，使其子发名成业，均堪称为亢宗。此非具过人之识，亦乌能能是？则如太孺人者，岂寻常巾帼所能及哉？而犹时以成败利钝训其子，非正事不使与之行，非正人不使与之接，以故肯堂兄弟力行不懈，或贡成均，或修儒行，要皆鹄峙鸾停，无一毫轻儇习。盖慈训之所裁成者大矣。吾尝旷观今古之际，窃见子之成于母教者，其事为至难，而其报为至远。今以太孺人之行卜之，知肯堂兄弟之大有造于吾宗也。尚其益自刻励以重维母教，将一门竞爽，所至正未可量。

今岁腊月之吉，为太孺人七秩开一大庆，诸族戚将制锦称觞。余以公事旁午，未暇嵡𬮱鞠跽晋彩，觞侑斗酌，而在邵。既心仪肯堂兄弟之为人，复得所闻于松、朴两兄者，至详且悉，请以不文之词，一为太孺人侑，一为肯堂兄弟励。至于寿以酬德，则又事理之所必然。由是而耄耋、而期颐，幸邀圣天子引年重典，则余区区质言，犹是介寿之权舆，称觥之嚆矢也。是为序。

翰林院编修宗愚弟郭嵩焘拜撰，岁贡生世愚弟魏万杰拜书。

颂辞论①

原夫颂惟典雅，辞必清丽，敷写似赋，而不入华侈之区。敬慎如铭，而异夫规戒之域。揄扬以发藻，汪洋以树仪，唯纤曲巧致与情而矣。其大体所底，如斯而已。赞者明也。昔虞舜之礼乐正重赞，盖唱发之辞也。及益赞于禹，伊陟赞于巫咸，并飏言以明事，嗟叹以助辞。汉置鸿胪，以唱为赞，即古之遗语也。迁《史》、固《书》，托赞褒贬，行文以□录，颂辞以论辞。郭嵩焘。

述录明沈周《有竹庄中秋赏月图》诗②

沈石田置有竹庄，尝出疏募竹，其事甚韵。后与浦汝正中秋赏月庄中之平安亭，因作《竹庄赏月图》，笔墨更为清胜，尾作长歌，以大字书之。诗云："少时不识中秋月，视与常时无等别。老人偏与月相恋，恋月还应恋佳节。老人能得几中秋，信是流光不可留。古今换人不换月，旧月新人风马牛。青春白发不相及，豪卷酒波连月吸。老夫老及六十年，更问中秋赊四十。"晴□尊世兄正。郭嵩焘。

---

①辑自汪荣祖著《走向世界的挫折——郭嵩焘与道咸同光时代》（岳麓书社2000年10月版）插页郭嵩焘四楹条屏手迹影印件。标题系编者拟。

②辑自湖南省图书馆编《清风画韵》上册第76页，湖南人民出版社2009年版。系郭嵩焘扇面行书作品。标题系编者拟。

汀龙黄氏四修族谱序[1]

湖南旧族多徙自江西。黄氏自宋文节公为江西望族，居宁州，与湖南壤地接，是以湖南黄氏皆祖文节公。汀龙黄氏，徙自宋末，传系至今七百馀年矣，于湖南尤为旧族。盖其始迁自湘阴石门寺，转徙汀龙桥，其谱系源流，历代皆有纂述。至国朝三百馀年，凡三修，更历粤匪之乱，距今又四十年。以其生齿之繁而人文之日盛也，复议赓续重修。既成书，子襄太守丏嵩焘叙其略。

窃惟汀龙黄氏，仕宦多名迹，能理烦应变以才称，各以科名仕履自显异，数百年为名族，诸家无及者。余少与文陔兄弟同举于乡，又与其季父荷汀观察同游京师，同官江南，相友善。晚乃得交南陂方伯，怀经济之略，沉毅能断，才尤伟，名尤显。尝论黄氏多才而能以身负天下之重，所在使人得所荫托，隐若长城之倚，尤莫奇于方伯。及久与之游，则其笃于故旧，好贤乐善之殷，诚出天性，而于应人接物，务从其厚，虽其机捷警敏，烛知人情物理之繁变而不与深校，有人所不及知者。每叹黄氏积累之厚，即一人一事之微，而可知其家世蕴酿，以卜其世泽之长，方延远而未有竟也。

子襄为方伯季子，亦高才而有厚德者。吾于黄氏诸贤不能尽知，因子襄之请，举方伯以为之程式，幸能循而守焉，历千百世以繁昌盛衍无疑也。

赐进士出身诰授光禄大夫前兵部左侍郎翰林院编修郭嵩焘顿首拜撰。

---

①辑自湖南省文史馆编《文史拾遗》1997 年第 3 期第 46 页。

立镤、葆訚课读计划[①]

早起读前读之书二十叶，熟背。点生书。立镤读二百馀字，葆訚读三百馀字。

早饭后温书。立镤《书经》、《诗经》、《四书》、《易经》各温一首，《诗经》、《论语》温二十叶，《书经》、《易经》、《孟子》温十五叶。葆訚《易经》、《书经》、《诗经》、《礼记》、《四书》、《左传》各温一首，以二十叶为度。

写字。大字五十个，小字一百个。

上半日读不完，分书二首下半日读，须要熟背。读完点次日生书。

灯下默起讲一个，诗一首。温前读之起讲及诗，随读三四首。有馀力，对对字，做破承题，每日皆然。

读书凡浅近字面，随时讲解。及凡关系做人的道理，应用的物事，指点解说，须令知晓。

论为政用财之道[②]

圣王为政，其发令兴事便民。用财也，无不加用而为者也。是故用财不费，民德不劳，其兴利多矣。其为衣裘何以为？冬以圉寒，夏以圉暑。凡为衣裘之道，冬加温，夏加清，羊䱉不加者去之。其为宫室何以为？冬以圉风寒，夏以圉暑雨，羊䱉不加者

①辑自湖南图书馆藏《郭嵩焘杂纂》（手迹），标题系编者拟。
②辑自长沙市博物馆藏郭嵩焘行书题句团扇面书法作品。标题系编者拟。

去之。

珏轩仁兄大人鉴正。弟嵩焘。

八思[①]

一念孳孳，惟善是图，曰正思；一念孳孳，惟欲是愿，曰邪思；非分之福，期望太高，曰越思；先事徘徊，后事懊恨，曰学思；游心千里，歧虑百端，曰浮思；事无可疑，当断不断，曰惑思；事不涉己，为他人忧，曰狂思；无可奈何，当罢不罢，曰徒思。善摄心者，其惟本思乎？

珏轩仁兄大人正。嵩焘。

手书条屏[②]

文取畅怀抱、尽事情，岂以古人殊短长、咏异妄，有所取舍于其间哉。

玉池老人郭嵩焘。

《宣讲集要》 序[③]

御制圣谕十六条，无非为广训化民之道，自童试以及乡会，均以恭默为喻。而庸夫俗子，既不能捧读皇章，复不得恭聆圣训，

①辑自长沙市博物馆藏郭嵩焘行书折扇面书法作品。标题系编者拟。
②辑自冯天琪、冯天瑜编《近代名人墨迹》，湖北教育出版社2001年版。标题系编者拟。
③辑自《宣讲集要》，吴经元堂镌，光绪丙午（1906）夏四月。

于是谕颁行各省，以宣讲圣谕为要，示谕各地方大小官员及乡里绅耆，概行遵讲。自顺治、康熙以迄于今，叠奏叠颁，□为剀切，而此闾州党仍然不能遍行者，皆以愚民不知奥里训俗行方无善本故也。今见是书于十六条中加以细注，征引古今事迹，均有实证；所采各种歌调，虽未尽善，亦属雅俗参半，差可为宣讲推广之意。顾各处儒士绅耆，深体□圣教民厚意，实心力行，以此书为珍宝，则幸甚。翰林院编修郭嵩焘谨撰。

札件三则[①]

一

照得昨据该司等禀称：石茔坑尾股匪剃发投诚，当批饬将降众妥为遣散，准与自新在案。惟查投降之李幅即系李幅猷，该犯由黔窜川，由川窜楚，扰乱数省，罪恶贯盈。该司等因其隐匿名字，遂至毫无辨别，一概纳降，合行札饬。札到，该司即查明李原名，立即就军前正法，以申宪典而警凶顽。其饬一应随从人等，仍听纳降遣散回籍，无稍逗留。切切此札。

二

据番禺县禀，围捕石牌村盗匪，广州协标派去兵丁一百名，但知抄抢财物，肩挑背负，各自回城，绝不问及捕盗情事。该兵弁行为如此，实属可耻可恶。所有派去把总李世忠，外委冯锦华、梁联清，记委张汝魁、鲍登威五名内，是否随同各兵丁打混，抑

①据山东省图书馆藏原件辑。

尚有一二人从中弹压尚否，该副将即随日内查明禀报。札广州协。

三

沿河盗贼底细竟难深求，而汛官从无一事，各州县又代为粉饰，积弊原不易除，且将各汛官稍为明定赏罚，亦是一办法。彭翰孙、黄国光于烂烧河被劫，正在该汛门首。渠等上岸亲见卡房有洋药灯十馀盏，并闻人言分赃。即在卡房先将汛官撤参，以示警惩。又，三水县新生汛外委李永泰缉捕废弛，一味纵容贼匪，地方绅民甚苦之，急宜撤换。

卷二十六

玉池老人自叙[①]

吾年逾七十，精力衰耗已极。疾病颠连，累月逾时，自度无长视久生之理。诸子诸孙幼弱，不谙人事，恐一旦委沟壑，一切应行事宜，茫然莫知所措。及吾年之未尽，预为之程式，使有所循守。不敢求丰，亦不敢过示俭约，要及吾分而止。一二亲友，或有以为宜。稍从丰者，是使吾有越分之讥，吾子孙又有违及教令之咎。幸明理之君子为谕止之。

吾年二十五馆辰州，为吾父母治辰杉棺二具，时父母年始四十七八也。吾自粤东归，始自治棺，年逾五十矣。其后言湛甫见赠楠木一兜，匠者谓可治一棺，乃更为之。是棺具有加于先人远矣。其馀敛具，自矢递减先人一等。以吾位侍郎，不能不袭朝服，已早自制备，用功绸加以画绘，衣凡七袭，用旧袍褂取与吾身相习，里衣皆然，不别制新衣。含用碎玉一方，朝珠用檀香木。此外，皆不得纳入吾棺。

吾父母皆用丝绵敛，下至子妇皆然。此饰终第一要义，吾亦当仿行之。七星板下，湘俗用石灰，吾父母并同。省城用石膏，子妇在省城亦用石膏。吾当仍用石灰，以从先人之后。或谓石灰

①光绪十九年春养知书屋锓板，系郭嵩焘之子郭焯莹、郭立瑛，孙本含、本谋所校。

于逝者不宜，吾既施之父母矣，不能有改易也。

东汉最重气谊，父丧致客车数千辆，著之史册，以为美谈。然子孙以荣其亲可矣，于逝者何加裨也。吾素寡酬应，年来朋旧凋落，往来知好尤少，学行声名无关时俗轻重，无庸讣告亲友，以滋啧问之烦。三日成服，传知本家及一二至亲，并于灵前行礼。其他亲友概不通报，徒使诸老辈奔走来临，相与叹息，以重吾心之咎，于事为非宜也。

官至二品以上，例须具呈抚部，据情入奏。为一品官，应有饰终典礼，或加恩赐谥二品官，亦时邀旷典，要视其生平所树立，或有劳迹可以希恩，或朝眷素优，并应由本省奏报。吾自分不敢希冀及此，除子孙呈报丁忧外，无庸另行呈报，以滋公牍之烦。

往尝槭告曾文正公，吾人生世，要为天下不可少之人，才算全德；要为一家所可少之人，才算全福。此语惟文正公足以当之，吾则反是。乞病家居，终老无休息之日，常与家人约，子孙学问有成，列名科甲，有年世寅好之谊，行讣受吊，一听所为。若徒以吾曾任仕宦，义当受吊，则吾自问生无德于人，没无闻于世。七十生辰，劳亲友馈遗致贺，此心常怀耿耿，岂可更劳亲友之吊问？除照常例敛殡，一依湘俗，每七日一祭奠，焚楮镪，满七营葬，或就期安葬，先后定日，一随所宜。不散讣，不开堂，亲友枉祭，随时留一饭可也。

《大清会典》，参考古礼为之，丧礼尤多沿古义。惟初祭、大祭为今制，仪制稍繁，民间沿之为家奠士丧礼。朝夕奠外，有朔望殷奠，盖士大夫三月而葬，则殷奠为多也。今葬皆择日，迟速靡常，惟能随葬期为家奠而已。古今礼不相袭，亦势为之也。今更为依七祭奠，通已葬未葬言之，情所宜尽，义所应为，不必尽依世俗通行之礼也。

今世于丧礼烦费为多，动引孟子之言，君子不以天下俭其亲。孟子之言自为棺椁附身之物言之，未尝及宾客筵席之盛，铺陈事物之繁。今当于出殡前二日行家奠礼，前一日题主，择子弟辈能书者为之。删除一切繁文，而仍准今之礼，酌时之宜，庶为心安理得。

延僧诵经，谓之超荐，实无所取义。至沿释氏道场之名，演之以儒礼，尤为悖礼。一应纸扎，争奇斗巧，烦费无谓。吾于释氏之说，亦颇能知其大意，而深不喜为福田利益之说。妇女辈持此说者，当以正义谕之。

自少奔走衣食，中年以后又经兵乱，出入军幕，蒙被国恩。生平所以自命必求有益国计民生，而尤以抱道自重为心，未尝敢稍自贬损。而在官无友朋之助，门人子弟亦无相从闻知其本末者。子孙皆幼无所知。郑康成有言，今我不述，后生何闻哉？略就经乱以来四十年事，稍掇其大要，庶使区区一生行谊，稍存其崖略。其有能表而传之，亦听之后世子孙，非吾所敢知也。

吾自通籍后，连丁父母忧，又值粤匪之乱，遂不复以仕宦为意，而于经营国计、保卫地方，无敢稍释于心。始终未一任事，而在湖南筹兵筹饷，一皆发端自鄙人。曾文正公始出，提用经费，支绌百端，因议劝捐。曾文正公意难之，乃以商之益阳周寿山、宁乡廖子城，皆允诺自请一行。甫及一月，捐得十馀万金，文正公大喜。黄南坡任铸炮，私设厘局常德，嵩焘以为此筹饷之一大端，言之骆文忠公开办通省厘捐。自长江梗塞，淮盐不至，因请借行粤盐，为粤督所持，又请淮盐假道浙江、江西，为浙抚所持。会嵩焘赴援江西，途遇贩盐者，经历贼卡，节节收税，出示所存税单，曰此即厘捐章程也。急寓书湖南开办盐厘，乃稍添设各卡局。曾文正公办理军务，终赖此三项以济军食，而湖南亦恃此以为富强之基，支柱东南数省。

张石卿中丞初募湘勇，令罗忠节公、王壮武公各立一营，曾文正公用之清办土匪，旋令朱石翘率以赴援江西，嵩焘以江忠烈公在围同赴援。至即从忠烈公住章江门城楼，每获贼，就城楼研讯。时城外仅文孝庙一贼垒，广数十亩。问：驻兵几何？曰：不驻一兵，官兵攻垒，调队站墙而已。问：何故？曰：垒只三面濒江，一面无墙，人皆舟居。问：贼船几何？曰：十馀万。因告忠烈公，自贼东下，驰突长江，惟所侵踞，官兵无一船应之，非急治水师不足以应敌。忠烈公大激赏，即属嵩焘具疏稿上之。推求广东兵船，曰长龙，曰快蟹，大者曰拖罟。列次三项名目，请湖南、湖北、四川任造船，广东任购炮，此长江水师之议所由始也。曾文正公因以造船自任，移驻衡州。嵩焘归，谒文正公衡州，商定营制，立水陆各十营。湘军之兴，亦自此始。数为文正公言，黄南坡干济才，且历事多，宜召与商议。文正召至衡州，令阅视水陆各营。告曰："陆营粗有把握，水师不能逆计也。"南坡报曰："以某观之，陆营不如水师之可恃。省城设立各营，规模略同，未足制胜。水师独开一局面，度贼船必不能及，可以任战。惟长江港汊纷歧，师船迟重不能转侧，江南水师有所谓三板者，每营必得十馀号，以资梭巡港汊。"文正公急令每营添置三板十艘。至岳州，与贼战，专用三板。于是长龙诸船尽变而为三板，酌留数艘安老营坐镇。盖兵事初起，兵、饷二者多由嵩焘创议开办，此皆实事之可纪者。

曾文正公典试江西，奉太夫人讳。南归时，贼方围长沙，文正公旋奉旨帮办团练。解围后，嵩焘驰吊文正公家。至湘乡县城，朱石翘方为县宰，为发官夫两班，凡百二十里，用夜半抵文正公宅，则已具疏力辞，并缄致张石卿中丞，力陈不能出之义。专使赴省，束装将行矣。嵩焘力止之不可，乃以力保桑梓之谊言之。太翁召语文正公，以嵩焘之言为正，即时收回所具疏，定计赴省。

其后鄂督以总兵樊燮呈诉湘抚，具奏牵及左文襄。钱萍江副宪典试湖北，即交查办，严责左文襄归案审讯。嵩焘时入直南书房，以为左君去，湖南无与支持，必至倾覆，东南大局不复可问。同直潘伯寅尚书悉用其语入奏。奉旨：左某是否仍应回湖南巡抚衙门办理事件，抑应饬令带兵之处，着曾某查明复奏。文正公遂奏令募勇，专任浙事，不复就讯湖北。文正、文襄一时元勋，发端一由鄙人。

乙亥秋，由闽臬内召，道天津，与合肥李傅相言及此。傅相惊曰："吾之出，亦由君，君忆之乎？"嵩焘茫然不能应。傅相曰：文正公驻师祁门，以皖南失陷，劾李次青，吾力争之，不能得，愤然求去。文正公以吾简放延肇道，宜赴官，立遣之。行时，沈文肃家居，缄询福建情形，复书言闽事糜烂，君至徒自枉其才耳，力止之。嗒然回合肥，不复有他望矣。会接嵩焘书，力言此时崛起草茅，必有因依。试念今日之天下，舍曾公谁可因依者？即有拂意，终须赖之以立功名，仍劝令投曾公。读之怦然有动于心，乃复往祁门，从文正公。三人者，中兴元辅也，其出任将相，一由嵩焘为之枢纽，亦一奇也。

吾与刘霞仙中丞在文正公幕，文正公酌定各员薪水，专谕内银钱所陈季牧云，郭、刘与己身同，惟所支用不为限制。而吾与霞老数年中未尝支用一钱，亦与文正公约，奔走效力，皆所不辞，惟不乐仕宦，不专任事，不求保。文正公如其言，始终不一论荐。陈隽臣中丞常言，在文正公幕，惟此三人无私利之心，而卒皆至巡抚。隽臣本有战绩，亦屡得保其从事，文正公纪功叙劳，皆所不及，而合肥傅相、骆文忠、胡文忠、李勇毅各有论奏，卒蒙朝廷特简，吾与霞仙中丞二人而已。

吾于洋务，考求其本末与历来办理得失，证之史传，以辨知其异同，自谓有得于心。不独汉唐以来边防夷狄之患，能知其节要，即三代以上规模，亦稍能窥测及之。咸丰九年，办理天津洋务，京师议论螗沸，初闻吾言，群相怪愕，后乃大服者屡矣。而终无一能省悟所见。

宣宗、文宗两朝圣人一二手谕，处论洋情，廓然正大之言，敛手钦服。而廷臣眩于众多之狺辨，无能有所赞益，窃心悼之。科尔沁僧亲王办理天津海防，回京度岁。一日，在朝房就询嵩焘东豫捻匪、天津海防，二者办理孰宜。答言：捻匪腹心之患，办理一日，有一日之功。洋人以通商为义，当讲求应付之方，不当与称兵，海防无功可言，无效可纪，不宜任。僧邸默然。其后至天津，有所匡益，必蒙驳斥，至于上说帖一十有七次。大致以为，今时意在狙击，苟欲击之，必先自循理。循理而胜，保无后患，循理而败，亦不至于有悔。为书数策，终不能用。其后，官江苏粮道，崇地山宫保遣知州黄惠连持普鲁斯和约至上海互换，天津与旧相识一日过谈及僧王，惠连言僧王于嵩焘咨嗟叹息，钦若神明。惊问其故，曰：北塘溃败，诸军尽散，惠连探知僧王沿边趋永平府，徒步追从之，衣履尽失。每过一县，得银二三两充旅食。出古北口，见僧邸立营处，寥寥数百人，幕府随员无一留者。乃告护卫通报，僧王闻即趋出，见惠连，问曰：何为狼狈至此？遂大哭，呼左右速命水与澡洗，即时送具衣履靴帽，并银二百两，连发使速之。因上谒僧王。见即问曰：翰林郭君去岁从吾，吾愧无以对之。其初击洋人，人皆歌颂，独力争以为不可。其后炮石如雨之中，无肯来营者，又独渠一人驰至。见利不趋，见难不避，天下安有此人？吾深愧当时之不能相察也。嗣是，每见必及之，其事却深有难言者。虽嵩焘自言之，亦不能尽其说也。

在天津防次，奉命清查山东沿海税务，又命僧亲王就营员内酌派数人充当随员。僧王方致愤于十七说帖之争，不派随员，而派章丘李某会办。某深结僧王左右为私人，来约必缓，数日不肯偕行，深知其心不可测，必为害。自恃此心可以对诸天地神人，求有裨国计而已，亦不一顾畏之。所至清查出入款目，提出谷米豆麦归地方官经理，以资津贴。凡分八大口，附近各小口由各大口派员经理，每岁可得税银二百馀万。烟台一口，与东抚会商，先行试办。时方隆冬，每日犹得二三千金。留三日，征及万金。方用以自慰，而李某已飞报僧王，以擅行开办奏参矣。其事不足深论，而虚费两月搜讨之功。各海口情形一一具载，并文移书檄及所定章程，凡七巨册。两次焚疏告天，忍苦耐寒，尽成一梦。十二月二十八日回京复命。次年元旦朝会，许滇生师趋就嵩焘，劳曰："国家二百馀年充钦差者，才得君一人。"嵩焘惶恐，言："本不足当钦差之名。"滇生师曰："奉命查办，谓非钦差得乎？吾弟方宰掖县，能言其详。知君不住公馆，不受饮食，历来钦差所未闻也。"

建昌陈子鹤尚书有权贵之名，而其留心时局，甄拔人才，实远出诸贤之上。嵩焘之援江西，尚书方忧居，奉命办理团防，同居围城两月有馀，朝夕会议，相待至为优渥。又五年至京师，常共往来。一日诣尚书，适有客数人在坐谈洋务，一意主战。嵩焘笑曰："洋务一办便了，必与言战，终无了期。"闻者默然。顷之，客散，尚书引予就僻处，告曰："适言洋务，不战易了，一战便不能了，其言至有理，我能会其意，然不可公言之，以招人指摘。"予不能用其言，而心感之。嗣见冯鲁川言在刑部多年，专意办案，不屑回堂，堂官讫无知者。陈公任刑部，有疑案特召询之，加倚任焉，自觉精神为之一振。及权兵部，李眉生在部，亦加异视，相与诵言其贤。乃悟流俗悠悠之议论，专持一见不足据也。予自京师乞病归，尚书方验漕天津，闻而大戚，屡书属少留，候回京一见。予不敢从也。甫行两月，而有天津之变，车驾巡幸热河，尚书被诏扈行。逾年，大丧，郑王、怡王皆赐自尽，尚书亦遣戍，盖其时郑王、怡王、肃相执朝权，汉员被诏，仅尚书一人。言路据以为党，论劾及之。嵩焘南归稍缓一两月，天津兵溃，嵩焘前言皆验，尚书必邀致之，使并入党祸。尚书机警能测，洋务之必有变，而不能测及圣躬。白香山诗云："祸福茫茫未可期，大都早退似先知。"嵩焘之不与党祸，早退之力也。既以自慰，亦重为尚书悲也。

嵩焘官苏松粮道，由合肥傅相保奏，而愧未能为傅相尽锱铢分寸之力。仅及两月，擢两淮运使。运使专城经理盐务，无同官之牵掣，稍得自效其力。是时运库支款，仅南台月饷两万，协济皖抚月饷一万，岁支三十六万金。前任乔鹤侪中丞移交库储不及四万，而积欠南台饷银至四五月，皖饷从无解款，应解江督匣费亦积欠三四月。嵩焘在任十月，南台欠饷一例解清，皖饷支解一万。时皖抚唐义渠中丞驻临淮关，闻其缺米，又为运米三千石，江督匣费一并解清。江南大营支运营盐，黄南坡办理米盐互易，预支湘盐，并随时应付移交，许次苏尚存库储二十馀万金，其得力在初到任详请各营配盐必由运司掣验。以为夺商人之利以充营饷，则可；借营饷为名以乱盐法，则不可。李昭寿为运行私盐一大宗，拦截其盐连巨舰充公。以此二事，配销大畅。一月收数，竟为全盛时所不及。旋奉署理粤抚之命，并饬由海道赴任。时驻节泰州，转由扬州赴上海，富重庵将军就见舟次，言久不能跪拜，见公不能不拜谢。此军无福，能得久任运使，庶可一获饱餐。此后听朝廷简任何人，求如今日之成效，决知其不能矣。

初任粤抚，方在盛年，体气原极虚弱，而精力尚足，未尝敢以第二流人自处。其于国计民生稍有关系，随时整理，不能备记其经营大局，或数月，或经年，而总收其全效，略可分别言之。

一、各江水师。初至粤东，盗贼充斥。各江水师林立，支销巨万，莫可穷诘。粤东驿站皆由水路，几于寸寸荆棘。一日，沈玉遂来见，询其出身，故从杨厚庵宫保充水师哨官，改归陆营，因令仿三板船式，制造十号，守东江口之石龙。石龙，东江巨镇也，东接惠、潮，南达嘉应。盗案或数日一见，或一日数见。东江故有师船三十馀号，皆盗艘也。招使充巡船，月给口粮，又不能以时发给，与盗相比为害。因戒沈玉遂，专责以防守石龙。凡两月馀，石龙无报盗案者。已而，报称攻破一匪村，获盗首六七人，威声大著。因召询东江师船三十馀号能收辑之乎？曰："能。"问有何把握？曰："初时各船弁盛气相抗，近今相见，慑伏听命，以是知其能也。"于是裒集其船，录用其人，各设一哨官领之。船有敝坏，悉与拆毁。于是合得师船三十馀号，东江千馀里通行无阻。次及北江。从前所用师船，皆雇之民人，每船月需船价数十金，至是皆改用官船，案地段责成缉捕。卫军门佐邦年七十馀，言来往此江五十馀年，日怀戒心，至今乃获坦然高卧。又次及西江，又次及省河。所谓六门缉私者，皆红单大船，每船月支船价二百金，为督辕专政，不敢遽及也。久乃商令抚标右营游击尚宗懋经理，尽敛其船归官。至是，各江巡缉，无一非官船，岁省饷需数十万。巡缉有程，弁勇有数，将官以次皆能用命，盗贼随以止息。凡此皆出一心之运用，无有能知之而能言之者矣。

一、筹饷。粤东地大物博，足以立富强之基，而相与坐困。劳文毅初办厘捐，得七十万金。曾文正公请以粤厘济饷，奏派晏同甫副宪专办，亦只得七十万。粤东贸易皆仕宦之家为之，坐厘不能办也。所办行厘，又皆士绅包揽，分别设卡稽查，商旅不胜其扰，又一皆督辕主之。嵩焘展转筹商，始获裁汰各卡，归并一局办理，遽增至一百四十馀万。粮库经乱后，荡无存储。乃借作筹饷库，令粮道司之。凡厘盐捐输，及房捐，及沙田捐，及船捐，领于经费者，皆归司库。其不领于经费及诸罚款，乃归筹饷库。一、二年中，亦积至二百馀万。支发军饷，赖以取给。比解任司道来见，嵩焘笑问晏公，办理厘捐毁局几何？曰：无数。最著者七大局皆焚局，殴伤委员，劫去银钱。又问劳文毅时毁局几何？曰：更多。问自我抵粤后有无毁局事？司道瞠目相顾良久，应曰：无有也。嵩焘乃告之曰，两年中言官奏参厘捐凡数见，尚书全公亦论及之，可谓嚣矣。然却无敢毁局者，此由鄙人一心之运用，诸君不能辨也。

至粤数日，英领事照会，以香山人经理洋行，骗去银二十馀万，咨查三年之久，讫不为理，至于愤责。当以照会复之，言此条约所载，由地方官查办，而来文无理过甚，实所未喻。随严檄香山县拿解省垣，并令广州府缄告香山县，限期一月，限满即撤任另委。查办十馀日无信，而领事已有照会来谢，并自承冒昧无理，求赐宽恕。盖县捕急，即自往香港料理也。逾日，又有法领事照会，以徐闻县教师庇一巨盗，县申之府，府又申之司，教师亦随至。乃以一照会严谕之，申明条约，晓以大义。已而，南海县来见，言教师见此照会，即日上船回雷州。嗣是，两年无一照会至。即以事来求，但称得一言，分示足矣，不敢以公文上呈，致滋批答。亦缘至粤三四月后，有令必行，无敢以虚文相蒙者。洋人能知之悉也。其处置洋务，以理求胜，略可纪者数端。

一、前督黄寿臣勒派伍怡和捐银六十万，李星衢、华樵云代之设法，以立据贷之洋商为辞，历任各督允与筹还，并为具奏。至是军饷紧迫，洋商骤相追索甚急，为会商三四次，以理晓譬之。于是抵除伍怡和积欠在官四十馀万，所馀分数年摊还。

一、荷兰互换条约，奉旨交办。比交条约，则另缮一分，但有洋文，无汉文，争持一日之久，允再请示本国。逾三月始至，其使臣攀大何文拱手言，以此区区，两次劳动，心实不安。本为互换条约，必应如此办理。因与各国换约，皆未交到原文，至相承为之，多此一周折，请勿为罪。

一、伪王侯管胜踞镇江，镇江克复，侯管胜挟其资财至香港，为金陵贼接济军火，又蓄红单船数艇，出没海岛，劫掠商民。有陈某者，以军功保总兵，其兄贸易镇江，陷于贼。镇江克复，乃逃归。一日，至香港，途遇侯管胜，稍就所居探之，令其弟报闻，求照会香港索取。予曰：此不可以索取也。召陈某示以机宜。阅数日，香港竟执侯管胜以献。盖办理洋务五十馀年未有之创举也。缘侯管胜行劫海中，香港亦有被其害者。令陈某邀集被害者连控之，迫令献之官，遂果如所料也。此等又须稍明洋情，乃能为之。

督辕主兵，幕友门役据为利薮，每次保奏，节外生枝，鄙人时有驳正，终莫能究其底蕴也。咸丰四年，粤民全省称乱，州县皆至沦陷，节次围攻省城。省城募勇自保，城以外不能过问。州县有殉难者，有失守后会集绅民募勇克复者，亦有能保守城池者，省城无一兵之援剿，无一饷之接济，惟具报克复城池，批饬择尤保奖而已。凡九十一厅州县，已累及百馀案。又十馀年中，请奖之案亦约数十百起，一皆阁置不问。屡言之粤督，毛寄云不敢任也，乃自请为清理。于是，毛公尽将请奖之案移交，乃分东江、北江、西江，及省城，及前后各杂案，分五起具奏。每起或多至七八十案，先行知州县。有已故者，有已出仕历显官者，分别移奖其子孙。其劳绩显著，虽已出仕，仍照现历之官阶加保。凡数月而毕，未尝私添一名、滥保一人，自问可以对粤中绅民，而从无一言及之，亦竟无知之者。

汉阳叶相督粤，声名极盛，朝廷眷顾亦极隆，而自诩所得全在静镇。咸丰四年，全省构乱，州县日报失守，讫不为动，惟募勇万人自备，围攻省城，一加堵御而已，粤人亦相与诵其度量，卒用此术施之洋人，遂至溃败决裂，以陨其身，贻误国家。而其用财之汰与人之滥，一皆不可为训。粤中库储极丰，例无拨济外省之款，海关库常存数百万，运库、司库各百馀万，粮道库亦数十万。咸丰四年，保守省城，募勇万人，支销库储净尽，乃至尽诸公项存典生息者悉数提用，下至数千金之公款，一无存留。

嵩焘在粤，当军务倥偬之中，偶因桑园围堤工紧急，查知堤工生息银十馀万早经提用，乃急归还五万。因推及粤华、羊城书院膏火生息银，各归还数万。其后署藩司方子箴以军饷日急，请借洋款。因诘之曰："洋款何时归还?"曰："六个月。"复诘之曰："此六个月中，军务能急了乎?"曰："不能。"曰："如此，则是为六个月后添一累也。我自一力筹画，无劳诸君着虑。"因复正告之曰："吾在粤两年，自问行政无多，而为前任检理荒秽数倍于新政。其视一官去留，略无关念。而在此一日，期尽一日之力，终使后人享我之成利，而不稍遗之累。"耿耿此心，自喻之亦惟能自勉之而已。

在粤处置洋务，无不迎机立解。常谓开谕洋人易，开谕百姓难。以洋人能循理路，士民之狂逞者无理路之可循也。至粤数日，奉寄谕："令宣示潮州百姓，应听洋人入城。"检查案卷，潮民不听洋人入城，相持已数年矣。每奉总署咨照，派府道大员查办，累十馀次，终格不行。会惠潮道风君物故，委张寿荃署任，始令据理宣示，已允坚领事入城矣。以小住三日为期。及入城往拜，府县皆不纳，并先将外栅封闭。坚领事遂执意不肯出城。既逾三日之期，潮民遍出长条，言道署容纳洋人，约期往焚其署。张寿荃大惧，诡称府县请令往见，径送下河。坚领事大怒，电报驻京公使，言骗令入城以摧辱之。朝廷即派粤督瑞公驰赴办理，合肥傅相又奏请丁禹生中丞会办。两公皆不敢往，于是丁禹生乃举已革臬司李某往办。鄙人展转开谕，皆不能悟。乃告瑞公，请召集潮绅至省，吾自晓谕之。亦深知诸君于洋务无所通晓，又皆不达事理，非鄙人无足理此者。缄示张寿荃资送潮绅之城居者，但为巨绅，悉数资遣来省。寿荃故得潮人之心，资送至十馀人。鄙人先令藩司印刷通商条约十馀帙，人给一帙。谕之曰："通商条约所载，皆奉谕旨允行，如有抗违，即是违旨。君等详加披阅，条约所不载，以理拒之；条约所载，不得不俯从。往岁叶相任粤督，拒洋人入城，遂至省城失陷，身为夷虏，实为丁巳之年，距今乙丑才及九年，潮民奈何效之？彼能攻省城，岂不能攻潮州一城乎？"潮绅唯唯而退。嗣是无异议者。时鄙人已奉解任之信，承办此役又系粤督，而必力任之。所谓其愚不可及，亦素性然也。当时巡捕李永亮年六十馀，语诸仆从："此段议论，闻者心目为开，潮绅人人欢忻感激。"以语丁禹生，禹生击节曰："字字沁人心脾。后两说尤深中潮人要害，不能不俯首听命矣。"李某至潮，即日定议，府道大员十馀次不能决，一革职之臬司至即定议。果操何术以致此？李某、丁禹生、吴赞臣均以此致巡抚，而鄙人罢官归矣。后至京师，偶举以语宝佩蘅相国，相与怃然。窃谓此等皆有自然之节奏，而人不知，亦私幸。此举顾全国体不小。

在粤以军饷紧急，添办各种捐输，均至十分阻难，而吾始终以理谕行，亦遂相安无事。忽一日，纷传香港渡船捐输，滋扰及缉捕局。私念缉捕局与捐输何涉，亦未见局员禀报。急传问之，则厘局巡船向结怨渡船，是日途次相遇，群呼击之。巡船管带官舍船避至缉捕局，船人逐追至缉捕局，拔其立枪数杆以去。粤督及司道相与惊猜，谣言四播，吾置不理，而追求滋事者益急。一日，接城团局禀报，言渡船停止运货，竟有私行运货，为众渡船所劫者。予闻，始稍动心。因饬城团局员与尚宗懋亲往查考，则渡船以东莞船最多，亦最强。此次所指办者，东莞船也。船人皆赀本丰厚，不能不怀惧。而与巡船滋事，实西樵渡船，非东莞渡船。而相与容隐，不敢举发。是日，适有西樵渡船赴香港，为东莞船邀截，谓滋事者西樵船，而嫁祸东莞船。向之理论，言不能与解说，即不准其运货，并无停止运货之事。赖鄙人稍知粤民情状，兼恃有三江新设炮船足资控制，不为谣言所动，而后可以从容考察。乃令城团局员谕知各渡船缴回立枪，并自捆送滋事水手责打示惩，即与宽释，皆欣然听从。后数月，解官归，沿江民船香烛鞭爆护送，呈进酒肴，有在船头拜叩者，询之，西樵船民也。始悟官民隔阂已甚，民俗又喜造谣生谤，一经考察，全无踪影。苦在官者平日骄蹇自恣，临事又一意凶惧，漫无考察，相与激成事变，而懵然莫知其由。若此类者固多也。当时滋扰缉捕局而不及渡船捐输，此理甚明。而司道等相与凶惧，播散谣言，即此亦见国家人才之乏耳。

生平受合肥傅相之惠最多，而无能报之。其它踪迹所莅，尚幸无疚心之处。在僧邸天津军营数月，未支口分，亦遂不复补支。任运司，依照前章，每月支银一千。书吏白言，从前收数，不及匣费一千之数，今以收至十馀倍之多，以匣费论，亦当得万馀金，尽可照章支取。嵩焘叹言，凡行事当使后人有所循守，此月收数之多，偶然之数也，即令久任，未必此后尽能如此。支用过多，后人援此为例，则是由我阶之厉也，仍只支用一千。在广东，五月四日交卸，韶关四月经费及节费，并归后任。幕友请檄取之，予笑曰："是将与鸡骛争食乎？"未尝一过问也。以彼初四日抵香港，即传谕接印。于是中军先取印至行台候之，甫下车，即拜印。是所争正在此。吾岂屑与计较哉？出使西洋三年，一切用费皆自支销。所开报者，薪水、房租两款而已。生平辞受取与之节，颇自谓能准之以义。用此内省于心，尚觉可以无愧。

自少以文札应幕，于例案稍能通晓，而绝不喜幕友之拘文牵义，尤心恶其营私。至粤探知旧幕不厌人心，尽辞去之，自行批发一切，至两月之久，始延刑名、钱谷各一人，令之检查案牍，考核题本而已。文檄皆由亲裁。在运司任一月，竟无幕友办理，一切更自裕如，为所职专在盐务，得以尽心于此也。其后任闽臬，向例两幕友，吾只用一人。迨闻张子衡接任闽臬，举向例告之，以为吾此举恐不足效，随以语幕友潘君。潘君笑曰："未知张公勤能能及公否，诚若公也，一人已觉清闲，否则两人且不足。"问何故，曰："闽中控案繁多，每月六告期已不暇给，兼六次衙参开具手折详列案由，以凭询及时登答，公皆无之。控案经自批发为多，其直断处吾辈所不能及，亦足增长识见。是以在公处清闲为独多也。"因颂言鄙人精习律例。吾谓律例所不能知，所知独理而已，亦由鄙人宦情素淡，无承迎上司希荣见好之心，故能任意坦率如此。

生平与人共事，动辄牴牾，而为属员必蒙优注，正以无争名见好揽权之心，人亦不甚忌之。共事则权势相敌，遇事据理言之，反见以为求胜也。始从合肥傅相，相待之优，不待言矣。至闽谒王补帆中丞，时方奉命驻扎台湾，甫见，言日夜盼君至，商议复奏，予为据理陈之。中丞极以谓然，属拟奏稿，为即拟呈，其议始定。逾数日，李子和制使与丹国洋人定议开设电报，由厦门达省，奉总署驳诘，制使随与翻异，为洋人所持。一日衙参，制使忧甚，属嵩焘与议，嵩焘心知其难，因请设法商办，不敢奉札。甫回署，檄委随至，与会议两次，洋人竟允缓办，缴还议单，亦非初意所及料也。制使大喜，为具折保奏。旋奉旨出使伦敦，在闽仅及两月也。嗣丁禹生抚闽，枉书言来闽得睹政绩，度越一切，使人心目为开。复书自陈在闽日浅，未办一事，未行一政，为何有此虚诬之奖励，无从仰窥其旨。禹生回言，每有控案，钞录各批，但经指斥，必穷究其底蕴，事理昭著，情弊显然，读之使人心折，并非有虚诬也。

遣使驻扎西洋，发端自嵩焘，距今十馀年。所以遣使之意，当时讫无知者。西洋之通使，专为修好，处理寻常交涉事件。遇有办争疑难，别遣使任之，为事有从违，即荣辱系焉，公使终年驻扎，恐难以相处也。是以遣使尽人能任之。国家办理洋务，从不一审求通知洋务之人，颠倒迷误，多生事端，独于遣使珍重拣择，所谓本末俱失者也。当初遣使时，廷臣皆视此为大辱。李子和制使、冯展云学使正言切论，以阻其行。嵩焘答言，数万里程途避而不任，更有艰巨，谁与任之。沈文定公常称嵩焘在西洋处办事件，皆极妥善，不知所处办者，本皆易了之事，不足言劳。所恃见理稍明，常以数语定议，不至多费唇舌。凡见以为难者，皆不能知洋务者也。

在伦敦时，接某日本书，极口诋斥倭人，其言略近理，不如刘锡鸿之狂悖，而见解正同。因为诸随员言，某议论见量如此，必贻误国家。复书痛戒之，略言："吾辈奉使海外，委曲以通和好，富郑公所谓主忧臣辱，正今日之事也。务一切细心体察，究知所以为利病得失。苟利于国，仿而行之，否者置之。一存薄视慢侮之心，动作议论必有不能适宜者，非奉命出使之旨也。"某复书陈谢，而仍以意气自负。吾于某之使日本，某之使俄，皆豫忧之。于日本之扰琉球，法人之扰越南，皆深究其情事，推明其利病，以求所以处置之法，陈奏至于再四。一为京师议论所持，茫然莫知所处。士大夫之嚣，肇始南宋时，由来亦久矣。

自少贫贱，常刻苦自励，衣服饮食不敢逾量，平常读书，于穷理克己工夫，不敢谓有所得，而粗浅克治，则少年时习惯，若性生焉。馆辰州，鳝鱼斤三十文，兼为去刺，仆人以十五钱购得鳝丝半斤，食而甘之。遂告仆人，以后勿复为此。答曰："此其价极廉。"予曰："诚然，然于义有三不可。湘阴鳝鱼贵于肉价时，父母具在，每食必具肉，而鳝鱼岁不过一，再食而未有去骨者，我一人之享用，何为独优？顷食此为增内疚，其不可一也。一食而戕贼多命，不可二也。方随事勉自刻励，每食厚味，为必不宜，不可三也。"自是不再设。其后，读书玉玲寺，携带马皮褥一铺，夜以护足，日间以充坐褥。一日，晨起就坐，觉两髀寒甚，顾视，未设坐褥，乃起并椅垫彻之，凡数日亦不知有寒也。居讲舍，携带厨工徐姓偶归家，稍代司厨，家人皆诟詈之。予曰："从我经年司烹饪，实有不足，而从未一加谴责，今一食已不能容，口腹之欲，可胜穷乎？"盖其克治忍耐，至老犹然，由少年习惯故也。每举以训子孙，常宜勉思此言。

生平自信无害人之心，无忌刻人之心，无一意自私自利之心。自处不敢宽假，而论人常从恕。常谓廉者，君子所以自责，不宜以责人。惠者，君子所以自尽，不宜以望于人。故凡亲友周旋，惠及一人一家，皆常谊也，不足为善行。吾湘风气，士大夫罢官家居，皆深居养重，不交人事，视人世利病祸福，漠然不以动其心。嵩焘自知才薄力浅，尤不能为人谋，而视亲友以事相持，纠结纷纭，乐与一疏剔之，视人冤抑，乐与一昭苏之。其人或至微，其事或至猥，亦不肯有傲忽。每处一事，必与赔钱，为感为怨，皆所不计。独有一事，内慊于心，而乡里皆无知者。道光二十八年大荒，从父西清公主振务，从效奔走逾年。次年，荒益甚，大宪委夏憩亭观察督振湘阴，至则城内水深数尺，仅存北门丰厚、衙正二街不为水浸，饿民沿街塞途，不可以数计。观察至，十馀日无从散发振牌，商议就五里墩、二里驿路两旁搭盖棚厂，购得芦席百馀铺，赶搭十馀厂，尚不足容千人。嵩焘日夜趋厂所，饥民数十环跪号呼，因据地与言，询问日间多于晚次，容留何处，多不敢以实告。再四问之，略言各家皆有小船一只，所居舟次也。问泊何处，何以绝无所闻。曰北门外菜园，相连数里，皆没于水，居民一皆他徙，小船丛集其中。北门地势最高，曲折达江，地势又最僻，故人无见之者。乃急询其姓名，并令举各团稍有才干者记其名，旦会于寒舍，驰告憩亭观察，于江次查点船数人数，散给振牌，令此十馀人者自相纠察，一日而毕，次日即据以散振。先是城内每日毙二三十人，嗣是无道毙者。凡两月水落，始令各归治田。水灾施振之方，亦可以备将来取法也。

通籍仕宦，本非高尚者。初因寇乱，不敢求仕，涉历稍深，外度之世，内度之身，自谓可以有为，而功令之习为虚诬，人心之积为险陂，迂直之性所必不堪，亦遂不能不以道自重。奉旨召用，必不敢辞。稍有抵牾，即时辞归，亦不敢有系恋。历仕数年，自觉耿耿此心，明可以对君父，幽可以质鬼神。而于地方百姓，常觉悲悯之意多，而不敢怀愤嫉之心。丁禹生在粤，抄录本人文札及告示条规至两巨册，告言在上海任内，遇粤人至者问曰：“新中丞政绩如何?”曰：“不相宜。”曰：“贪乎?”曰：“否。”曰：“酷乎?”曰：“否。”“然则何以不宜?”曰：“操切。”比年以来问之，曰：“是一好抚台。”问：“何故?”曰：“认真。”吾以为操切、认真，本同一心，大率坐求治太急耳。及见所行之政与其文告，直坐求治太缓，事事从根源上疏剔，人人所隐蔽，一不使其自匿，未有不怨者。然却出之和平，无有大惩创，故亦怨而不怒。既久，吏治民心日有转移，昭然知其用心，惟有相与感激。而遽去位，吾粤之不幸，抑亦公之不幸也。诚令在粤能及十年之久，可以贻数十百年之安，即暂留四五年，亦数十年之利也。似此苦心经营而不获收其成效，是以深相太息于公之去也。每思禹生之言，深怀感激，缱绻不能有忘。然谓一生仕宦，为足稍摅其志，则所惬心无几而抱歉者多矣。即十馀年家居，所应办之事，应集之费，亦皆未能一酬其愿，正坐精力短乏，才又不能自给，为善之心，终以自馁。要之，一生成就，无能规及久远，正自无如何也。

出使西洋，无功效可纪，然所关系极不小。西洋立国，本末兼资。其君民上下同心，一力以求所以自立，正须推考其情势，究知其利病，遇有处办事件，即可略得其梗概。而其讲求邦交，蓄意见好，此风开自百馀年之前。各国遣使互相驻扎，遂为国家一大政。自吾奉使伦敦，继之者陈俪秋使美利坚，某使日本，相随出洋。某君行径，鄙心未敢谓然也。其后，刘锡鸿使德意志，则昏狂谬戾，乖忤百端，德人至今以为笑。所以然者，为仰承枢府意旨，动与洋人相持，以自明使臣之气骨。所谓气骨者，以理求胜，无所屈挠。迎合希宠，以为气骨，而自处于无理，使外人失望，如此是无益而反有损矣。近年见闻日开，人心日平，视初时气象固远矣。然每见出使一二随员信札，仍意气自负，多怀贬斥之心。中土儒生虚骄之气，无可言者，然尽如此存心，以求裨益国家，固不可得矣。

一生读书行己及稍涉仕宦，多受友朋之益，而于友朋多愧未能自尽其力。然其倾诚待人而受人反噬者，亦多有之。最不可解者，与某公至交三十年，一生为之尽力，自权粤抚，某公来书，自谓百战艰难，乃获开府，鄙人竟安坐得之，虽属戏言，然其忮心亦甚矣。嗣是一意相与为难，绝不晓其所谓，终以四折纠参，迫使去位而后已。意城在湖南寓书，告言某公力相倾轧，问有所闻否。鄙人尚责其不应听信浮言。迨奉解任之信，始知其四折相逼之甚也。至刘锡鸿则直阴贼险很，穷极鬼蜮，自问十馀年所以待刘锡鸿，诚不应受此惨报。而区区一生，立身待人，何至忍相背叛若此类者之多也。因论世俗语人学问质行，动曰有来历，即释氏所谓前生因果也。然每念少年征逐，见朋辈中天分超绝而终无所成，是谓有来历而无积累。积累者，积功累行，冥冥中所以厚植其基，根本盛大，而后发生始繁。然其建功立名，成就为巨，又自有因缘。若或使之，若或助之，随所至而机缘巧合，争相拥护，觌面者景从，闻声者响附，三者合而后功成名立，其人生平亦幸称为完备。自问此生，谓无来历积累不可，而所遇穷恶，交相毁败，以言因缘，固无有也。

某公四折奏参，其立言大都以不能筹饷相责，而吾自信以一人支柱大军月饷三四十万，皆出一身之筹画，实为有功无过。最后一折专劾及潮州厘务，略言：广东厘捐办理不善，天下皆知。臣驻军饶平，距潮州为近，士绅来见，询及厘捐，只得二万金。潮州地大物博，假使办理得法，每月尚不止两万金。今以一年收数尚不及一月之收数，即潮州一府论之，厘捐办理不善，不问可知，非得蒋益澧前往督办军务兼理粮饷，万不能有起色。此蒋君简放广东巡抚之原委也。吾清理广东厘捐，视前收数加增逾倍。晏同甫以督办厘捐接署总督，仍带督办厘捐衔，毛寄云仍而不改。吾勉强与毛公商量，得以稍行其志，然其收效已在一年后矣。甘苦经营，仅资某公一搏噬而已。晏同甫专办厘捐，添设一例被毁，焚局劫财，不能惩办，彻去府县及委员而止。鄙人到任后，营办数月，如琼州府、廉州及惠州之河源，次第皆与添设，无敢滋事者。潮州距省太远，久成化外，不敢率意经营。直至张寿荃署惠潮道，始以任之。其时，汪海洋大股已由漳州窜近粤边，军情警迫，语张寿荃此项厘捐以资潮州防堵，省城不过问也。某公知潮州厘捐之少，而不知潮州开办之独迟。张寿荃固言潮州绅民可以顺道而不可强制，但邀允准，陆续犹可增加。贼势方急，而与绅民相持，此危道也。某公不察事理，不究情势，用其诡变陵砾之气，使朝廷耳目全蔽，以枉鄙人之志事。其言诬，其心亦太酷矣。区区一官，攘以与人，无足校也。穷极诞诬，以求必遂其志，而使无以自申，而后朋友之义以绝。

故事，粮道库无储款，而漕折银两积存日久，从无挪拨，亦至数十万。洋人入城以后，括取无遗，而粮库委之荆棘丛矣。吾为设筹饷局，令粮道郭毓麓司之，凡不领于经费及诸罚款始入此库。两年中，月饷遇有缺乏，多取给此库，以备支放。迨嘉应州军务告竣，仍积存二百馀万金。资遣卓、方二镇营，动逾百万，而吾不及与闻矣。往在胡文忠营，闻公言天下糜烂，岂能安坐而事礼让，当以吾一身任天下之谤，但得军饷稍给，吾身有何顾惜？每举以告某公，为文忠悲，亦重以自悲。某公于嵩焘在粤筹饷情形，亦能知其节要，而蓄意攘夺此席，畀之蒋君，不惜戈矛相向，任意诬蔑，以恣其排抵，乃使区区勉求自尽之功，实一力扫刮之，反据以为罪。呜呼！抑何酷也。

其后刘锡鸿营求出洋，充当随员，知朱石翘与吾至交，托之斡旋，石翘一力任之。吾谓刘锡鸿出洋有三不可：于洋务太无考究，一也；洋务水磨工夫宜先化除意气，刘锡鸿衿张已甚，二也；其生平好刚，而不达事理，三也。石翘告曰，已为言之，渠一切不事事，稍备朋友谈论而已。甫奉旨，即日畔异其后，展转有十款之奏，吾皆不能知也。比将归，始闻其略，一皆用其平日夤缘钻刺之故智，穷形尽相，编造事实，巧相诬蔑。最后一条，言由候简运司而授闽臬，又由闽臬擢兵部左侍郎，朝廷何负于郭嵩焘，而终日怨望，闻之惶然汗下。是不独毁吾之功名，直尽其生平志事与其为人，极力摧蔑之，横被之，君父之前关其口而夺之气，使无以自明。嵩焘因是决然不敢赴京矣。

杜公诗曰："文章千古事，得失寸心知。"凡莅官行己皆然。彼为不善者，直自冥其心，惟利己之为务而已，不务知其他。苟为明理之君子，得失必可以自喻。自问在官，本无铺张求名之心，又不善自表著，当时事迹，知者已少，又无子弟故旧能文章有学识者相随，可以发摅吾之志事，其一二见之日记中者，亦皆不能详。凡人身外踪影，流光四照，各有定量，无假人力。然根尘未断，则此根尘之积，流漫为语言，发皇为事业，各自有精气流行天地之间，因稍叙述其大。凡皆取其有关事局之大者，分条记之，使各备一义。至于居官治民与处朋友，尽有随事料处足资利益者，要皆职司所应尽，势力所能为，即有惬心适意之处，举不足言劳。其诸小节轶行，无关大局利病得失，则亦不胜记也。冀幸吾子孙博求名德高文，诸尊老赐之叙传志碑表不嫌其多，其任举一二事赐之小记，亦足以存其人。盖生平志事，湮郁多矣，吾亦无从申述。稍存此数十年之心迹，质之当世贤人君子为文一加表章，下慰九原幽郁之思，以不至泯没生平。区区之用心，虽没之日，犹生之年，亦自可告无憾矣。

死生变幻，本难把捉。往时精力尚强，一切默自忖度，未遽自馁也。今年一病半年，病浅证深，屡至濒于危殆。年逾七十，暮景日迫，正恐溘然一逝，更不必有征验。要之顺受全归，于人世为虚生，于吾生则亦无多遗憾，当与草木之荣落、逆旅之去来等量齐观，不必多生悲感，过事铺张。吾来踪不昧，能默自喻，而与世缘相结太浅，以我一生了我一生，应尽之责而已。少时读《张子全书》，士君子处治朝则德日进，处乱朝则德日退，怃然有感于其言。程子所谓朋友相处，尤莫如相观而善之意多，即是此义。及莅仕后所见，又微有进。末俗衰敝，矫矫自立颇难，其人大抵营私利，负意气，惟意见之争，而于事理之当否，流弊之终极，竟一无考览。即所处置诸事，稍有牵涉，便觉语言多，而情事每多迂回。庄生之言曰，彼亦一是非，此亦一是非。每窃自疑，竟莫知是非之果谁属也。交涉既久，体验渐深，则常愀然怀薄视之心，已而乃大悟曰，张子所谓德日退者，其在斯乎？夫至日怀薄视人之心，则德之退有不胜穷也。此所记，专举事之有成者言之，其为同官所持不能成，与成而复变，概不具录。其与同官议论参差与其艰难委曲，迟久乃获有成，一皆隐其言。为夫任事在我，而展转有弗达，由学识有未充也，无足与人校，得失稍自明。其略如此。

时在己丑九秋日，嵩焘病后自记。

吾自己丑后，谂知吾年衰迈，变故之起，多在仓卒，有应行纪录之事，辄条列之。庚寅再病，又补录数条。讫于今春，手自写定，未及半而病作。欲稍缓之，而恐人事已迫，来日将穷。勉强支持，日书数行，精力衰颓，控抟不及。每一执笔，讹误百端。盖吾一生未尝稍自暇逸，病甚而益皇然如恐不及。稍存此区区心迹，不必议论识解之有足存与否也。

自曾祖父母以来，本为巨富。吾父与伯母分析时，已日趋虚乏，各得岁租数百石，每岁衣食足资取给。道光辛卯以后，连年大潦，所受皆围业也。坐是益困于水。吾年十八入邑庠，则已岁为奔走衣食之计，总是十馀年以馆为生，然其志终不在温饱。初游岳麓，与刘孟容中丞交莫逆。会曾文正公自京师就试归道长沙，与刘孟容旧好，欣然联此，三人僦居公栈，尽数月之欢，怦怦然觉理解之渐见圆融，而神识之日增扬诩矣。其后与江忠烈公、罗忠节公游从长沙，颇见启迪。此皆二十馀年事也，已晓然知有名节之说，薄视人世功名富贵，而求所以自立。数十年出处进退以及辞受取与，一皆准之以义，未尝稍自贬损，于人世议论毁誉，一无所动于其心。其初仕宦，即自誓不以不义之财留贻子孙。任巡抚及出使西洋，人视为利端，吾于照例开支之外，分毫不敢逾溢。在官视国家公款每重于私款，私款或供朋友称贷，公款无迁就也。以是准之今人，多与鄙见违反，或至用相诟病。以是恍然末俗之人心，必难以是耿介之操，强时以求合。所以每出一自试，而即戛然乞归，正惟同志之难其人也。

生平学问文章，勉强可以自效，而皆不甚属意。惟思以吾所学匡时正俗，利济生民，力不能逮也，而志气不为少衰。王少鹤通政归粤西，小驻长沙，见语云："吾辈已近暮年，急须料检生平志业，内毖之心，求所以信今而传后。而观君心志所属，仍在用世、兴事、立功与希荣计利之心，发用不同而为心之累同也。"吾悚然有惧于其言，而终不能一自克治。见闻所及，稍关利病得失，必反复推求其实。下至民间奸巧利弊，挟私求逞，引以为世道人心之忧。常至拊膺感愤，结塞于心，皆此用世之一念，生于其心，发于其事，自然感触而莫能自喻者也。追思老友王少鹤之言，深惭二十年无所长进，负此忠告，是以君子之学，首重治心也。

吾年七十，念两孙皆立家室，宜知稼穑艰难。而吾生平所立资产，仅能使子孙免于饥寒，不能使有赢馀。亦当使各自历练，知所循守。又吾方在两宅食用，不能不任之。两妇恐以后分析，必多轇轕，因及七十之年，核计产业，作五股品分，两子两孙各得一股。旧屋两栋，两妇分居已久，因为两孙添置一屋，住房略多于旧。吾之一股专事酬应，以省居酬应为烦，我自照常经理，不欲以累子孙也。每股得岁租乡斛六百石，存银二千，其畸零杂数，并先后典置各小庄，皆并入我一股。原约此股但有能经理，即存作公款，如不愿作公股，听从按股摊分可也。吾生平不乐为家训，以为子孙苟贤，凡先人所言皆家训也。如不能贤，终日提命之，漠然不顾，况此区区语言之糟粕乎？故此所属皆以发明生平志事，并不及训诫子孙之言。要其为训诫，亦无有备于此者矣。

三代礼乐学校之遗，荡废无存，盖已起自战国时。于是，根本之教不行于朝廷，而一切苟且之政行焉，施之一家与所以被之天下，皆是也。国家盛时，家给人足，人重犯法，则风俗常厚而人心之诡变浇漓莫能革也。至于末流之世，相与为嗜利无耻，奇幻百出，士大夫公行之，莫有知其非者。道敝民顽，所谓邪正是非，亦人人能言之，及其行之，一皆违反，无复戒惧恐惧之生于其心。于此而求有以自立，难矣。下至声色之惑人，游荡之引人入胜，则凡世家子弟与其家业稍足自给，尤易于煽惑。无他，燕朋昵友交引于前，其党类繁，其语言工，一与为缘而遂不胜其害也。是以学者有三闲之法，自誓此身不与匪人为比，闻声而远避之，是谓先幾之闲；临事设法毅然引去，是谓当事之闲；终日兢兢引以为大辱，是谓终身之闲。然而君子立身行己固有本矣，本立而所行自轨于法，此不可以伪为也。未能及此，则常以二念自励，曰知耻，曰有忌惮。凡为不法诡踪隐行，未尝不以为耻，何如守此一语正用之，使诸恶不能上干吾身。至于忌惮之为说，则君子所以成德，多由于此。《中庸》所谓无忌惮之小人，苟为君子，则未有不以忌惮为义者矣。人生数十年，学问事功正须各求所以自立，日加提省，则此不肖之念自反而听命，非区区劝戒之能及也。其必应加劝戒者，则有一焉，鸦片烟而已矣。吾亦不愿多言，有犯此者，先请改姓，勿为吾子孙可也。

生平有最奇异之梦境。丁巳、戊午之交，官京师，供职史馆，读《圣祖实录》，以不及生其时为私憾，尝论康熙、雍正、乾隆三朝，当国朝极盛时，上有圣明之君，美恶是非，鉴别分明，无从掩饰，但能勉力供职，朝廷皆能辨之。然雍正、乾隆时，人贤奋兴，各举其志，或稍拂朝廷意旨，立蒙谴责，多不及申辨，惟圣祖曲意陶成，期使人人输写其心意，而贤者有以自达，为之思慕无穷。自是三梦圣祖，或召对，或扈从在途，梦中惟沉吟咏叹圣量之宏。其后入直南斋，举以语治贝勒。治贝勒因问所梦圣祖作何形状，答言西湖见圣祖御容阔大，与梦中全别。长面瘦削，白须长六七寸。治贝勒击节曰，君所见真圣祖也。往年见圣祖御容，良如君所谓阔大者，后奉旨承修奉天太庙工程，请见圣祖御容，瘦削多须，正如君所梦。盖晚年御容如此，君岂曾历圣祖朝之旧臣耶？思慕所结，通之梦寐，自信非偶然也。

生平胆薄多惧，入夜不能独居一室。自粤东归，读书玉舲禅寺，设榻东轩，一仆随之。僧众皆居西院。每夜仆人就食西院，寂然不闻人声，窗外树影横斜，风声时作，则默自省一生所行与在官举措，刑赏稍有一毫私意存于其中，鬼神皆得纠察之。遂觉此心泰然，借以自镇。庚辰岁展墓湘潭丛木桥，原有庄屋一所，因改佃刘姓，住刘家大屋就宿焉。至则举宅惊惶，亦不知为何事。次晨，有妇人推户入，跪求拯救，问何故，曰为物祟不胜其扰。昨夜公至，竟夕安然，此必畏公矣。为书《正气歌》一通畀之。其后辛未葬周夫人侯家塅，距墓数十武，侯家老屋颇有园林之胜。僦屋数楹，监修墓工。逾月，墓成，归期近矣。侯氏子告言，公将去，吾家日夕汹惧，莫知所措。问其故，曰妇为物祟经年，前月议租始成，是夕园中花盆一例翻覆，喧扰数日，砖石交下，公至，一日帖然。次日，往启柩，甫行房中，忽下巨石一方，自是扰愈甚。一夕语妇，汝家明日有事，吾不可居，当先去，逾月再来。明日，公果至，月馀竟获安谧，所以举家皆日夜忧公之去也。自少奔走衣食，涉历仕宦，既无承迎之才，性又迂直，为人简视多矣，亦从不敢与校意者，人见以为可欺侮，鬼神别有以鉴其心，加异视焉，不与人世同其横逆。此又鬼神之情状与人异者也，因汇书之以志异。

湘阴文庙规模甲通省，大成殿前丹墀植桂二株，大皆合抱，甃以石台护之，宽广七八尺。丁未春三月，桂台满生赤芝，是科，嵩焘馆选南归，谒江督李文恭公金陵。公言此次馆选，来历甚大，圣庙为生灵芝。嵩焘答言，上科乙巳捷礼闱者三人，本科又两人，公适移督江南，邑运方昌，宜有是瑞。公曰不然，芝生在春三月，正当本科春闱，此为君也，诸人未足当之。次年戊申大水，先光禄公经理，邑公以仰高书院被水，令院长及肄业生移驻诗礼堂，因得就观桂台灵芝，细纹重台，如云生浪涌，烂熳无极，万芝齐生，又似盘结萦绕，结成一整芝，允为奇观。数日，即为肄业生掘取以尽。嵩焘两遭大故，不及散馆，遂有壬子围城之变。湘阴兵燹以来，井里萧条，至无一殷实户。嵩焘四十馀年疾病偃蹇，以至衰老，未知此芝之生为祥为孽，莫能明也。

与曾文正公四十馀年至交，其出任军旅，筹兵筹饷，所以赞佐之尤力。其后，请以刘孟容中丞及李次青及吾弟意城从祀省城曾文正祠，一二老于军事者，极口感叹，以为宜称。盖曾文正公擢拔人才，文武吏至数千人，其以功建立专祠者，亦不下数十百人，此外皆可以从祀者也。而在湖南，皆无功效可纪。其后，一二为文正公优视，一皆晚进，分位不能相及。文正公始出，嵩焘实自其家敦劝就道，刘孟容继至，意城适馆院署。当时创定规模，建立营制，由此数人发其端，其后或自将兵，或代筹饷，一皆为文正公尽力。其性情道谊之契，亦实与诸人不同也。吾生平功名事业，甘居人后，未尝敢有营求。独念从祀文正公，与刘孟容诸人比例，尚幸无忝。其一二关系大局，又似劳绩稍优，当以俟之异日之公论。庚寅冬，忽闻黄子襄、刘祝廷、陈德生以谭军门胜达从祀文正祠，径行入主。询其由，则合肥傅相所奏请，要只大概言之，未尝及湖南省城，当时为劼刚嗣侯所阻。凡十馀年，嗣侯卒，诸人乃赞成之。因查谭军门起自鲍武襄霆营，尚在湖北溃军以后，最为晚出。是时湖北肃清久矣。其立功稍及江淮，擢任直隶正定镇，合肥傅相牵连，为请从祀，仅得行之直隶。湖南功迹不相涉，声名不相闻，以鲍武襄部落越无数等级，附祀曾文正祠，于报功之典无可言，而于命祀亦太亵矣。援此为例，以后从祀者何所底止？以同为有功之人不乐立异，而文正祠之附祀，于是溃乱已甚。区区从祀之初心，涣然不复敢有觎望矣。著之篇末，敬告亲友，弗为是议。盖凡众人所争竞者，君子之所必求引避者也。自揣功能誉望，亦未足膺此，谨守生平之志愿，勿使有溢量，斯理得而心亦安也。

己丑病后，始为遗言。庚寅病后，又补录数条。是岁十有一月，归自湘阴，以草稿未易辨识，当以一册书之。辛卯开春，录及数十条，而病作日益沉笃，至不能握管，然日必数书之。每书或仅及数行，家人劝俟病愈，予曰，所以岌岌为此，正忧此病之不可愈也。精神衰惫，十字九讹，祇用浩叹。

辛卯二月十三日，嵩焘记。

李玉生告言，闻诸杨商农始出洋，设立新嘉坡领事极有关系，言者至今歌诵，何为不一载？予曰，出使西洋，京师士大夫所贱简，尚有何功效可纪？故凡办理西洋事件，概未一载。惟时一发明其理而已。抑事更有难言者。新嘉坡，南洋一岛，距中土为近，来往所必经，应设领事。西贡之应设领事，倍甚新嘉坡，以本为安南属国，分地视新嘉坡加广，民人又数倍焉。法人横征暴敛，又非英人比也。吾自伦敦乞归，泊舟西贡两日，目悉其情状，见西贡官为言之，彼亦无以相难也。乃为上书总署，痛切言之，终至阻遏不行。越三年，遂有滋扰安南之变。使早设立领事，必可以稍杀其势，所系尤巨。并此等愈有疑难，愈须设法办理，然非今人之所能知也。吾在伦敦，所见东西两洋交涉利害情形，辄先事言之，以为关系国体，行之又至简易，不惮越职言之，而一不见纳。距今十馀年，使命重叠，西洋情事，士大夫亦稍能谙知，不似从前之全无知晓而已。先之机会不复可追，未来之事变，且将日伏日积，而不知所穷竟。鄙人之引为疚心者多矣，于区区新嘉坡一领事何有哉？既以告玉生，谨志其略如此。

三月二十日嵩焘病中记。

附录：先大夫自叙后述

先大夫《自叙》一卷，己丑、辛卯之际所条其生平志事，捐馆前八十日手自写定者也。自先伯子前卒，焯莹等皆晚出，未能悉知先大夫行事。迩来粗有知识，朝夕侍侧，则见其悲悯之意多，而欢娱之日少。盖先大夫抱道自重，人世通显富贵之境，一无所萌其歆羡，而蕴蓄于一心者，所施设亦未始或极其量。此《自题小像》所为有“一生怀抱几曾开”之叹也。泣读《自叙》，乃益觉其言之痛焉。

仰窥《自叙》旨要，大略有四：一曰纪实。凡事系大局，其效在百年，当时若无知其运量者系焉；而事功之丕著，文告之聿昭，有勿赘也。一曰显志。凡孤行其意，功垂成而被摇夺其志，事不显于天下者系焉；而撰述或窃以为说，论说或见沮于同官，有勿及也。一曰微言。凡借舒其抑郁之思与明其立身之义者系焉；而待人接物之诚，家居日用之节，有勿录也。一曰家诫。凡丧居之仪，克己之大较系焉；

而以冥顽如焯莹等，无能仰承先志，亦不屑谆谆谕戒也。则如焯莹等，尚何忍言！尚何忍言！

顾念兵兴三十年，豪杰勃兴，先大夫穷不齐齿吴、罗，达不蹑踪曾、胡，忧谗畏讥，退而著书，而殷殷以时局为己忧，轮囷胸中，莫能尽见诸行事，是大可悲也。读遗书及今所《自叙》，知其自伤有尤深矣！若是，其乌能不冀诸今世操人伦鉴负文名者有以张之耶？倘采择一二事著之篇，揭其苦心，俾后之夷考其人者，不或惑于当时之谣诼，先大夫之所大幸也。不然，著其行实，有以补《自叙》之缺略，则尤予小子之所深感焉。

壬辰夏日，不肖子焯莹泣识。

子　部

庄子评注①

逍遥游第一

《天下》篇庄子自言其道术充实不可以已，上与造物者游。首篇曰《逍遥游》者，庄子用其无端崖之词以自喻也。注谓小大虽殊，逍遥一也，似失庄子之恉。

《齐谐》者，志怪者也。《谐》之言曰："鹏之徙于南冥也，水击三千里，抟扶摇而上者九万里，去以六月息者也。"

去以六月息，犹言乘长风也，与下时则不至而控于地对文。庄文多不能专于字句求之。

夫列子御风而行，泠然善也，旬有五日而后反。彼于致福者，未数数然也。

未数数然也，犹《戴记》之云天下一人而已。致福，谓备致自然之休。御风而行，犹待天机之动焉。郭象云，自然御风行，非数数然求之，误。

齐物论第二

其寐也魂交，其觉也形开，与接为构，日以心斗：缦者，窖

①辑自郭庆藩《庄子集释》，中华书局 1989 年出版。

者，密者。小恐惴惴，大恐缦缦。其发若机栝，其司是非之谓也；其留如诅盟，其守胜之谓也；其杀若秋冬，以言其日消也；其溺之所为之，不可使复之也；其厌也如缄，以言其老洫也；近死之心，莫使复阳也。

日以心斗，百变不穷。司是非者有万应之机，守胜者有一成之见。或久倦思反而杀如秋令，或沉迷不悟而溺为之，亦有深缄其机，无复生人之气者。人心之相构，各视所藏之机，以探而取之。

如求得其情与不得，无益损乎其真。

彼我相形而有事非，而是非之成于心者，先入而为之主。是之非之，随人以为役，皆臣妾也，而百骸九窍六藏悉摄而从之。夫此摄而从之以听役于人，与其心之主宰，果有辨乎，果无辨乎？心之主宰有事非，于人何与！求得人之情而是之非之，无能为益，不得无能为损。而既构一是非之形，役心之从之，终其身守而不化，无是之谓成心。成心者。臣妾之所以听役也。

奚必知代而心自取者有之？

《说文》：代，更也。今日以为是，明日以为非，而一成乎心，是非迭出而不穷，故日知代。心以为是，则取所谓是者而是之，心以为非，则取所谓非者而非之，故曰心自取。“而舍”音舍，字亦作舍。下同。

未成乎心而有是非，是今日适越而昔至也。

是非者，人我相接而成者也。而必其心先有一是非之准，而后以为是而是之，以为非而非之。人之心万应焉而无穷，则是非亦与为无穷。是非因人心而生，物论之所以不齐也。

欲是其所非而非其所是，则莫若以明。

郭象云，有是有非者儒墨之所是也，无是无非者儒墨之所非也。今欲是儒墨之所非而非儒墨之所是，莫若还以儒墨反复相明，则所是者非是而所非者非非矣。今观《墨子》之书及《孟子》之辟杨墨，儒墨互相是非，各据所见以求胜，墨者是之，儒者非焉。是非所由成，彼是之所由分也。彼是有对待之形，而是非两立，则所持之是非非是非也，彼是之见存也。莫若以明者，还以彼是之所明，互取以相证也。郭注误。

枢始得其环中，以应无穷。

是非两化而道存焉，故曰道枢。握道之枢以游乎环中。中，空也。是非反复，相寻无穷，若循环然。游乎空中，不为是非所役，而后可以应无穷。

故为是举莛与楹，厉与西施，恢恑憰怪，道通为一。

可不可，然不然，达者委而不用，而即寓用于不用之中，故通为一。“楹纵”本亦作从，同。将容反。

劳神明为一而不知其同也，谓之朝三。

谓之朝三，明以朝三为义也。盖赋芧在朝，故以得四而喜，得三而怒，皆所见惟目前之一隅也，是以谓之因也。疏谓混同万物以为其一因以为一者无异众狙之惑解因是也一语，大谬。

舜曰：“夫三子者，犹存乎蓬艾之间。若不释然，何哉？昔者

十日并出，万物皆照，而况德之进乎日者乎！”

伐国者，是非之见之积而成者也。而于此有不释然，左右伦义分辩竞争八德，交战于中而不知。夫三子者，蓬艾之间，无为辩而分之。万物受日之照而不能遯其形，而于此累十日焉，皆求得万物而照之，则万物之神必敝。日之照，无心者也。德之求辩乎是非，方且以有心出之，又进乎日之照矣。人何所措手足乎！

王倪曰：“至人神矣！大泽焚而不能热，河汉冱而不能寒，疾雷破山、［飘］风振海而不能惊。若然者，乘云气，骑日月，而游乎四海之外。死生无变于己，而况利害之端乎！”

大浸稽天而不溺，大旱金石流土山焦而不热。能不以物为是（事），而天地造化自存于吾心，则外境不足以相累。庄子之自期许如此，故屡及之。“虿”勑迈反，又音豸。“介”古迈反，又音界。

予尝为女妄言之，女以妄听之。奚旁日月，挟宇宙？为其脗合，置其滑涽，以隶相尊。

郭象以女以妄听之奚断句，熟玩文义，奚旁日月挟宇宙自为句，言操何术以超出天地之表。

众人役役，圣人愚芚，参万岁而一成纯。

众人役役，较量今日，又较量明日。今日见为是，明日又见为非，今日见为非非，明日又见为非是。圣人愚芚，为是不用而寓诸庸，参万岁以极其量。一者，浑然无彼此之别；成者，怡然无然可之差；纯者，泊然无是非之辩。圣人以此应万物之变而相蕴于无穷，斯为参万岁而一成纯。

何谓和之以天倪？曰：是不是，然不然。是若果是也，则是之异乎不是也亦无辩；然若果然也，则然之异乎不然也亦无辩。化声之相待，若其不相待。

言随物而变，谓之化声。是与不是，然与不然，在人者也。待人之为是为然而是之然之，与其无待于人而自是自然，一皆无与于其心，是谓和之以天倪。

养生主第三

已而为知者，殆而已矣。

营营以求知，而极乎无涯，终乎殆矣。而此营营之知存于心，足以累性而害心。冥然而物化，寂然而神凝，使其知不生于心，成性存存，泯知以全生。故曰已而为知者，殆而已矣。

为善无近名，为恶无近刑。

船山云，声色之类不可名之为善者，即恶也。“闷然”亡本反，又音门。“远己”于万反。

缘督以为经，可以保身，可以全生，可以养亲，可以尽年。

船山云，奇经八脉，以任督主呼吸之息。身前之中脉曰任，身后之中脉曰督。督者，居静而不倚于左右，有脉之位而无形质。缘督者，以清微纤妙之气，循虚而行，止于所不可行，而行自顺，以适得其中。

公文轩见右师而惊曰：“是何人也？恶乎介也？天与，其人与？”

善养生者养以神，神全则生全，形虽介可也。樊中之雉，神固王矣，而固不得其养。则神者，淡然泊然，怡然涣然，无为为之，优游自得之神也。可以外形骸，齐生死，而何有于介哉！“偏刖”音月，又五刮反。

指穷于为薪，火传也，不知其尽也。

薪尽而火传，有不尽者存也。太虚来往之气，人得之以生，犹薪之传火也，其来也无与拒，其去也无与留，极乎薪而止矣。而薪自火也，火自传也，取以为无尽也。执薪以求火，执火以求传，奚当哉！“之中”丁仲反。

人间世第四

曰：“回闻卫君，其年壮，其行独；轻用其国，而不见其过；轻用民死，死者以国，量乎泽若蕉，民其无如矣。”

蕉与焦通。《风俗通》，水草交厝，名之为泽。若焦者，水竭草枯，如火爇然，即《诗》如惔如焚之意。《左传》成九年，虽有姬姜，无弃蕉萃，班固宾戏，朝而荣华，夕而焦瘁。蕉焦字通。《博雅》：蕉，黑也，亦通焦。陆氏《音义》引向云草芥也，崔云芟刈也，并误。“称数”所主反。

而强以仁义绳墨之言术，暴人之前者，是以人恶有其美也，命之曰菑人。

《祭义》结诸心形诸色而术省之，郑注：术当作述。术暴人之前，犹言述诸暴人之前。“人恶有”乌路反。下恶不肖及注同。崔本有作育，云：卖也。

无门无毒，一宅而寓于不得已，则几矣。

《说文》：毒，厚也。《老子》：亭之毒之。无门者，入焉不测其方；无毒者，游焉不泥其迹。应乎自然之符，斯能入游其藩而无感其名。

且以巧斗力者，始乎阳，常卒乎阴，大至则多奇巧。

凡显见谓之阳，隐伏谓之阴。斗巧者必多阴谋，极其心思之用以求相胜也。

夫言者，风波也；行者，实丧也。

实丧，犹言得失。实者，有而存之；丧者，忽而忘之。倏得而倏失者，行之大患也，故曰危。郭象注，行之则实丧矣，遗风波而弗行则实不丧矣，恐误。

迁令劝成殆事，美成在久，恶成不及改，可不慎与！

美者久于其道而后化成，一日之成，不足恃也，恶者一成而遂不及改。美恶几微之辨，而难易形焉。是以就美而去恶者，人之常情也，而势常不相及，有反施之而习而安焉者矣。注意似隔。

心和而出，且为声为名，为妖为孽。

和，始五味之相济，甘辛并用，混合无形。若表而出之，则非和矣。时其喜怒，因其缓急，以调伏其机，而不与为迎拒。有迎拒斯有出入，和不欲出，为无拒也。

汝不知夫螳蜋乎？怒其臂以当车辙，不知其不胜任也，是其才之美者也。戒之，慎之！积伐而美者以犯之，几矣。汝不知夫

养虎者乎？不敢以生物与之，为其杀之之怒也；不敢以全物与之，为其决之之怒也；时其饥饱，达其怒心。

几矣，言其怒视螳蜋，几近之也。此不自量其才者也。虎之怒也，而可使驯，马之良也，而使缺衔毁首碎胸以怒，无他，勿与撄之而已。螳蜋之撄车辙，奚所利而为之哉！

虎之与人异类而媚养己者，顺也；故其杀者，逆也。

达其怒心，自有作用。所谓顺者，非务徇其欲也，无使杀焉而不导之以为怒也，无使决焉而不纵之以为怒也。苟无撄其怒而已，其心常有所自达焉，则顺矣。

意有所至而爱有所亡，可不慎邪！

人与人相接而成世，而美恶生焉，从违判焉，顺逆形焉。如是而大患因之以生，谓人之不足与处也，而乌知己之不足与处人也！处己以无用，斯得之矣。德荡乎名，知出乎争，为此一篇之主脑。篇尾五段，去名与争，乃可出入于人间世。

德充符第五

常季曰："彼为己以其知，得其心以其心。得其常心，物何为最之哉？"

知者外发，心者内存；以其知得其心，循外以葆中也。心者，不息之真机，常心者，无妄之本体；以其心得其常心，即体以证道也。《说文》：最，犯而取也，犹言物莫能犯之。郭象断句误。

游于羿之彀中。中央者，中地也；然而不中者，命也。

《玉篇》：彀，张弓弩。《汉书》周亚夫传，彀弓弩待满。游于羿之彀中，触处皆危机也。而恢恢乎有中地，以自处不中，则上弦下弸，中承箭笴，反有激而伤者矣。均之游也，中与不中，偶值之数也，不可奈何而安之则命也。言亡足之非其罪。“中”如字。“央”于良反，旧于仓反。郭云：弓矢所及为彀中。“中地”丁仲反。下不中、注中地、中与不中同。“单豹”音善。

为天子之诸御，不爪翦，不穿耳；取妻者止于外，不得复使。

不爪翦，不穿耳，谓不加修饰而后本质见。止于外不复使，谓不交涉他事而后精神专一。郭象以为恐伤其形，误也。

大宗师第六

真人之息以踵，众人之息以喉，屈服者，其嗌言若哇。

存息于无息之地，而后纳之深，泊然寂然，无出无入，无往无来，郁怒之所不能结，耆欲之所不能加，百骸九窍六藏，一不与为灌输，而退而寄之于踵，乃以养息于深微博厚而寓诸无穷。“以踵”章勇反。王穆夜云：起息于踵，遍体而深。

若然者，其心志，其容寂，其顙頯。

郭象注，所居而安为志，应作其心志。《说文》：志，心之所之也。商书，若射之有志，孔疏云：如射之有志，志之所主，欲得中也。佛书性相如如，常住不迁，即此所谓其心志也。

以德为循者，言其與有足者至于丘也。

孔安国云，九州岛之志，谓之九丘，《庄子·则阳》篇亦云丘里之言，是凡所居曰丘，颛顼遗墟，谓之帝丘。有足而能行，终必反其所居。循礼者，若所居之安，有足而必至也。

然而夜半有力者负之而走，昧者不知也。

壑可以藏舟，泽之大可以藏山。然而大化之运行无穷，举天地万物，日夜推移，以舍故而即新，而未稍有止息。水负舟而立，水移即舟移矣；气负山而行，气运即山运矣。夜半者，惟行于无象无兆之中，而人莫之见也。

其名为撄宁。撄宁也者，撄而后成者也。

赵岐《孟子》注：撄，迫也。物我生死之见迫于中，将迎成毁之机迫于外，而一无所动其心，乃谓之撄宁。置身纷纭蕃变交争互触之地，而心固宁焉，则几于成矣，故曰撄而后成。

造适不及笑，献笑不及排，安排而去化，乃入于寥天一。

造适者，以心取适而已，言笑皆忘也。献笑者，以笑为欢而已，推排皆化也。极推排之力而冥然安之，穷变化之用而超然去之，乃以游荡于万物之表而与天为一。"及排"皮皆反。"必乐"音洛。下同。

应帝王第七

有虞氏，其犹藏仁以要人，亦得人矣，而未始出于非人。

有人之见存，而要人之仁行焉。无人之见存，出入鸟兽之群而不乱；其世（与）人也泛乎相遇泯泯之中，而奚以要人为！出于非人，忘非我之分矣。入于非人，人我之分之两忘者，不以心应焉。为马为牛，非独忘人也，亦忘己也。"所好"呼报反。"所恶"乌路反。"之竟"音境。

渊有九名，此处三焉。

《释文》引崔本审作潘，云回流所锺之域也。《列子》黄帝篇鲵旋之潘为渊。字当作潘。《说文》：渊，回水也。《管子》度地篇水出地而不流，命曰渊。谓水回旋而潴为渊，有物伏孕其中而成渊者，有止而不流者，有流而中渟为渊者，水之渟滀，因其自然之势而或流或止，皆积之以成渊焉，故曰太冲莫朕。侵寻泛溢，非人力之所施也。“渊有九名”，淮南子云：有九旋之渊。许慎注云：至深也。“治乱”直吏反。

骈拇第八

附赘县疣，出乎形哉！而侈于性。

《释文》引王云：性者，受生之质；德者，全生之本。骈拇枝指，与生俱来，故曰出于性；附赘县疣，形既具而后附焉，故曰出于形。“夫”音符。发句之端放此。“至治”直吏反。“之分”符问反。后可以意求。“物皆有之”之，或作定。

骈于辩者，累瓦结绳窜句，游心于坚白同异之闲，而敝跬誉无用之言非乎？而杨墨是已。

《释文》敝跬，分外用力之貌。今案跬誉犹云咫言。《方言》，半步为跬。司马法，一举足曰跬。跬，三尺也。跬誉者，邀一时之近誉也。敝，如《周礼》弓人筋欲敝之敝，谓劳敝也。敝精罢神于近名而无实用之言，故谓之骈于辩。“杨墨”崔李云：杨朱墨翟也。“容思”息嗣反。“梼杌”上徒刀反。下音兀。

马蹄第九

及至伯乐，曰：“我善治马。”烧之，剔之，刻之，雒之，连

之以羁馽，编之以皁栈，马之死者十二三矣。

司马云，刻，谓削其甲；雒，谓羁雒其头也。是通雒为络。疑上四者专就马身言之，下文羁馽皁栈，始及衔勒之事。雒当为烙，所谓火针曰烙也。杜甫诗，细看六印带官字，六印，亦作火印。刻，谓凿蹄；雒，谓印烙。烧之剔之以理其毛色。刻之雒之以存其表识。作络者非也。

澶漫为乐，摘僻为礼，而天下始分矣。

《释文》引李曰，纠擿邪辟而为礼也，崔云，擿辟，多节。擿辟，当作摘擗。王逸注《楚词》：擗，析也。摘者，摘取之；擗者，分之；谓其烦碎也。"始分"如字。下分皆同。

夫加之以衡扼，齐之以月题，而马知介倪闉扼鸷曼诡衔窃辔。

释文引李云：介倪，犹睥睨也。闉，曲也。鸷，抵也。曼，突也。崔云，闉扼鸷曼，距扼顿迟也。司马云，言曲颈于扼以抵突也，一云：鸷曼，旁出也。今案成二年《左传》不介马而驰之，杜预注：介，马甲也。《说文》：俾，益也。倪，俾也。言马知甲之加其身。《史记》晋世家马鸷不能行。说文：鸷，马重貌。闉扼，犹言困扼；鸷曼，犹言迟重；言马被介而气塞行滞，有决衔绝辔之忧，李云睥睨者，失之。"诡"九彼反。"衔"口中勒也。或云：诡衔，吐出衔也。"窃辔"啮辔也。崔云：诡衔窃辔，戾衔橛，盗韄辔也。

胠箧第十

彼圣人者，天下之利器也，非所以明天下也。

假圣人之知而收其利，天下皆假而用之，则固天下之利器矣。

天下假圣人以为利器，而惟惧人之发其覆也，能无有能明之者也。

钩饵罔笱之知多，则鱼乱于水矣；削格罗落置罘之知多，则兽乱于泽矣。

《释文》引李云：削格，所以施罗网也。《说文》：格，木长貌。徐锴曰：长枝为格。削格，谓刮削之。郑注《周礼》雍氏所谓袏（柞）鄂也。书（传）［费誓］杜乃擭。［《正义》擭］，捕兽机槛。左思《吴都赋》峭格周施，峭削义通。谓之格者，格拒之意。削格罗落，皆所以遮要禽兽。《汉书·鼂错传》为中周虎落，师古注：谓遮落之。削格即阱擭之擭也。罗落与上毕弋同文。《玉篇》云：弋，橛也。一作杙。《尔雅·释宫》，樴谓之杙，郭璞注：橜也。毕弋，谓施弋以张毕也。《人间世》狙猴之杙，则用以系狙猴者。《说文》：率，捕鸟毕也。《诗·小雅》毕之罗之。鸟亦谓之毕。李云，兔网曰毕，缴射曰弋，均失之。

在宥第十一

故君子不得已而临莅天下，莫若无为。无为也而后安其性命之情。

言贵其身重于所以为天下，爱其身甚于所以为天下。惟贵惟爱，故无为。

人心排下而进上，上下囚杀，淖约柔乎刚强。

上下囚杀，言诡上诡下，使其心拘囚噍杀，不自适也。淖约者矫揉，则刚可使柔，廉刿者径遂，寒热百变，水火兼施，撄之而遂至于不可遏。郭象注恐误。

当我，缗乎！远我，昏乎！

《释文》，缗，泯合也。缗昏字通，缗亦昏也。当我，乡我而来；远我，背我而去；任人之乡背，而一以无心应之。“远我”于万反。“昏乎”如字，暗也。司马云：缗昏，并无心之谓也。

同于己而欲之，异于己而不欲者，以出乎众为心也。

出乎众者，以才智加人而人皆顺之。抑不知己之出乎众乎，众之出乎己乎？因众之所同而同之，因众之所异而异之，以为众也，则夫喜人之同而恶人之异，犹之异同乎众也。喜与怒固不因己而因众，而一据之以为己，此所以为惑也。

有大物者，不可以物；物而不物，故能物物。

有物在焉，而见以为物而物之，终身不离乎物，所见之物愈大而身愈小，不见有物而物皆效命焉。夫且不见有物，又奚以物之大小为哉！

天地第十二

以道观言而天下之君正，以道观分而君臣之义明，以道观能而天下之官治，以道泛观而万物之应備。

言者，名也。正其君之名，天下自然听命焉。故曰名之必可言也，一衷诸道而已矣。

万物孰能定之！

渊穆澄清之中，而天机自动焉。夫机之动也，有所以动之者也，而动无常。金石无常矣，而韶夏濩武，由所动而乐生焉，所以动之者，物莫能定也。

使知索之而不得，使离朱索之而不得，使喫诟索之而不得也。

《广韵》：喫，同嗷。嗷，声也；诟，怒也，怒亦声也。《集韵》云喫诟力诤者是也。知者以神索之，离朱索之形影矣，喫诟索之声闻矣，是以愈索而愈远也。象罔者，若有形，若无形，故曰眸而得之。即形求之不得，去形求之亦不得也。《释文》引司马云，喫诟，多力也，误。

彼且乘人而无天，方且本身而异形，方且尊知而火驰，方且为绪使，方且为物絯，方且四顾而物应，方且应众宜，方且与物化而未始有恒。

《释文》引《广雅》云，絯，束也。疑絯当为该。《广韵》：该，備也，兼也。《汉书·律历志》该藏万物，《太玄经》万物该兼。绪使者，其绪余足［以］役役（使）群伦。物絯者，其机足以包罗万物。

虽然，有族，有祖，可以为众父，而不可以为众父父。

族者，比类之迹也。祖者，生物之原也。从其比类而合之，则万物统于一，而主宰夫物者群生之归也；从其生物之原而求之，则万物托始于无，而生物者枝流之衍也。未究乎生物之原，而窃窃焉比类以求合，而治乱繇以生，君臣之祸繇以起矣。

未形者有分，且然无闲，谓之命。

一阴一阳之谓道，继之者善也，成之者性也。物得其生，所谓继之者善也，未有德之名也。至凝而为命，而性含焉，所谓成之者性也。命立而各肖乎形，践形而乃反乎性，各有仪则，尽性之功也。庄生于此盖亦得其恍惚。

执留之狗成思，猿狙之便自山林来。

《释文》，留如字，一本作狸，司马云，狸，竹鼠也。疑狸不当为鼠。秋水篇骐骥骅骝一日而驰千里，捕鼠不如狸狌，非鼠可知。如司马说，字当作鼺。《说文》：鼺，竹鼠也。埤雅：一名竹鼺。郭璞《山海经注》其音如留牛，亦引此文执留之狗为证，则此本作留。然《山海经》自谓留牛，此自谓竹鼠，亦未宜混而一之。司马一云，执留之狗，谓有能故被留系。《说文》：留，止也，谓系而止之。熟玩文义，言狗留系思，脱然以去。猨狙之在山林，号为便捷矣，而可执之以来，皆失其性者也。于执狸之说无取，当从司马后说。“猿”音袁。“狙”七徐反。“之便”婢面反，徐扶面反。司马云：言便捷见捕。

忘己之人，是之谓入于天。

有首有趾，人物之所同也；无心而不能虑事，若鸟兽是也；无耳而不能闻声，若虫鱼是也。其动止，其死生，其废起，一皆天地之化机也。化机之在天地，不穷于物，无形无状，推移动荡天地之中者，皆化机也。而有治在人，人其多事矣乎！强物以从治，不如忘己而听诸物之适然也。

季彻局局然笑曰：“若夫子之言，于帝王之德，犹螳蜋之怒臂以当车轶，则必不胜任矣。且若是，则其自为处危，其观台多，物将往，投迹者众。”

观台多，言使民观象受法，其事繁也。郭象以危其观台断句，恐误。

子非夫博学以拟圣，于于以盖众，独弦哀歌以卖名声于天下者乎？

应帝王，其卧徐徐，其觉于于。《说文》：于，于也，象气之舒。是于于字同，于于，犹于于也。

以二缶锺惑，而所适不得矣。

《释文》缶应作垂，锺应作踵，言垂脚空中，必不得有所适也。司马本作二垂锺。今案《说文》：缶，瓦器也，所以盛酒浆。锺，酒器也。《小尔雅》：釜二有半谓之薮，薮二有半谓之缶，缶二谓之锺。缶锺皆量器也，缶受四斛，锺受八斛。以二缶锺惑，谓不辨缶锺二者所受多寡也，持以为量，茫乎无所适从矣。上文一人惑，二人惑，据人言之；此以二缶锺惑，据事言之。尽人皆惑，而谁与明之！操量器而惑，不足与定数。举天下之大而皆惑也，谁与举而指之！自分两义。

厉之人夜半生其子，遽取火而视之，汲汲然唯恐其似己也。

厉之人夜半生其子，别出一义以收足上意。以己同俗，亦喜俗之同乎己，不知其非也。厉者生子，而惧其似己，于此顾不求同焉，惟自知其厉也。然则其同于俗也，与其强己以同于厉无以异也，而懵然不辨其非，亦唯其不知焉而已。“遽”巨据反。本或作遽，音同。“汲汲”音急。“苛役”音河。

天道第十三

动而持，发也机，察而审，知巧而睹于泰，凡以为不信。

郭象云，凡此十事，以为不信性命而荡夫毁誉，于文多一转折。凡以为不信，言凡所为皆出于矫揉，与自然之性不相应，故谓之不信。容也，目也，颡也，口也，状也，一有矜持，若系马而制其奔突，不能自信于心也。动而发，一其机应之，而相胜以知巧，不能自信于外也。微分两义，不得为十事。

天下奋棅而不与之偕，审乎无假而不与利迁，极物之眞，能守其本，故外天地，遗万物，而神未尝有所困也。

《释文》引司马云，棅，威权也。《说文》：柄，柯也。柄，或从（作）棅。《管子》山权数篇此之谓国权，此谓君棅。操国计之盈虚，谓之国权。制人事之重轻，谓之君棅。棅者，所藉以制事者也。大者制大，小者制小，相与奋起以有为于世，皆有所借者也。《说文》：叚，借也。无所假则无为，无为则因以为弟靡，因以为波流，而随物以迁焉。无假而不与利迁，斯之谓无为而无不为。郭象云，任眞而直往，非也。

天运第十四

九洛之事，治成德备，监照下土，天下戴之，此谓上皇。

此言天之运自然而已，帝王顺其自然，以道应之，天地亦受裁成焉，而风雨调，四时序。九洛之事，即禹所受之九畴也。庄子言道有不诡于圣人者，此类是也。

一清一浊，阴阳调和，流光其声。

《乐记》，礼减而进，以进为文；乐盈而反，以反为文；故乐阕而后作衰者，阕之余声也。始奏以文，复乱以武，以文武纪其盛衰。伦经，犹言经纶。比和分合，所谓经纶也。

蛰虫始作，吾惊之以雷霆。

雷霆之起，莫知其所自起，莫知其所自竟。其所自起，首也，生之端也；其所自竟，尾也，死之归也。死生者，万物之大常，与天为无穷，而忽一至焉，则亦物之所不能待也。以喻乐之变化，动于自然。

吾又奏之以无怠之声，调之以自然之命，故若混逐丛生，林乐而无形，布挥而不曳，幽昏而无声。

《说文》：丛木曰林。林乐者，相与羣乐之。五音繁会，不辨声之所从出，故曰无形。挥者，振而扬之，若布之曳而愈长，而亦无有曳之者。林乐而无形，其声聚也；布挥而不曳，其声悠也；幽昏而无声，其声淡也。

由外入者，无主于中，圣人不隐。

由中出者，师其成心者也；由外入者，学一先生言，暖暖姝姝而私自说者也。师其成心，则外有所不能受，圣人不能出而强之使受也；学一先生之言而私自说，则中莫得所主，圣人不能隐于其心而为之主也。

尧之治天下，使民心亲，民有为其亲杀其杀而民不非也。

杀其杀者，意主于相亲，定省之仪，拜跪之节，凡出于仪文之末者，皆可以从杀也。郭象云亲疏有降杀，误。

禹之治天下，使民心变，人有心而兵有顺，杀盗非杀，人自为种而天下耳，是以天下大骇，儒墨皆起。

人自为种类以成乎天下，于是乎有善恶之分，是非之辨。兵者，逆人之性而制其死生者也。既有善恶之分，是非之辨，而兵之用繁矣。于是据之以为顺，而杀盗者谓之当然，因乎人心之变而兵以施焉，而人之心乃日变而不可穷矣。

其作始有伦，而今乎妇女，何言哉！

《荀子·乐论》，乱世之征，其服组，其容妇，杨倞注：妇，好貌。此今（云）而今乎妇女，言诸子之兴，其言皆有伦要，而终相与为谐好以悦人也。

刻意第十五

若夫不刻意而高，无仁义而修，无功名而治，无江海而闲，不道引而寿，无不忘也，无不有也，澹然无极而众美从之。

仁义者，人与人相接而见焉者也。爱焉之谓仁，因乎人而爱之，是固有人之见存也；宜焉之谓义，因乎人而宜之，是仍有己之见存也。无人己之见存，则仁义之名可以不立，而所修者乃眞修也。

缮性第十六

彼正而蒙己德，德则不冒，冒则物必失其性也。

德足以正物矣，而抑听物之自然而蒙吾德焉，未尝以德强天下而冒之也。强天下而冒之，则正者我也，非物之自正也，而物之失其性多矣。

心与心识知而不足以定天下，然后附之以文，益之以博。

郭象云，彼我之心，竞为先识，无复任性也。诸本皆以心与心识为句。向秀本作职，云，彼我之心，竞为先职矣。疑心与心，非彼我之有异心也，心自异也。本然者一心，然引之而动者又一心。引之而动，一念之觉而有识焉，冬则识寒，夏则识暖是也；因觉生意而有知焉，食则知求甘，衣则知求温是也。佛家以意识分两境。知者，意之发也，故曰不识不知，顺帝之则。识者，内心之炯；知者，外心之通也。知识并生而乱始繁矣，乌足以定天下哉！

秋水第十七

顺流而东行，至于北海，东面而视，不见水端，于是焉河伯始旋其面目，望洋向若而叹曰："野语有之曰，'闻道百以为莫己若者'"，我之谓也。

李轨云：闻道百，万分之一也。今案闻字对下听（睹）字为言。闻道虽多而不知其无穷也，以意度其然而自信其有进焉者，及昧（睹）其无穷，乃始爽然自失也。百者，多词也，李注非是。

计中国之在海内，不似稊米之在大仓乎?

《释文》引崔云，礨空小穴也。李轨云，小封也。一云蚁冢。今案礨空自具两义，言高下之势也。礨者，突然而高；空者，洼然而下。大泽之中，或坟起，或洿深，高下起伏，自然之势常相因也，故谓之礨空。司马相如《上林赋》丘墟掘礨，亦同此义。言丘墟之势，或掘而成穴，或垒而成垤也。"稊米"徒兮反。司马云：稊米，小米也。李云：稊草也。案郭注《尔雅》，稊似稗，稗音蒲卖反。"大仓"音泰。

号物之数谓之万，人处一焉；人卒九州岛，谷食之所生，舟车之所通，人处一焉；此其比万物也，不似豪末之在于马体乎?

《释文》引司马云，卒，众也，崔云，尽也。案人卒九州岛，言极九州岛之人数。卒者，尽词也。九州岛之大，人数之繁，其在天之中，要亦万物之一而已。崔说是。

证向今故，故遥而不闷，掇而不跂，知时无止。

郭象注，遥，长也，掇，犹短也。《说文》：掇，拾取也。《易》疏：患至掇也，若手拾掇物然，言近而可掇取也。闷，如老子其政闷闷，不详明。跂者，所以行也。《淮南子·原道训》跂行喙息，马蹄篇蹩躠（躄）为仁，踶跂为义，谓烦劳也。知时无止，顺谓行之而已。故者非遥，无漠视也；今者非近，无强致也。郭象注未惬。

为在从众，不贱佞谄。

大人之行凡五事：本不害人，非为仁也；无贵贱货利之在其心，何有辞让也；不导人以为利，何有贪污也；行自殊俗，非为异也；顺从乎众，非为谄也。事焉不借人，如许行之云并耕而治，饔飧而食；不多食乎力，如老子之云我无事而民自富，我无顾（为）而民自朴；彼贪污者自止，而无事乎贱之矣。郭象注未能分明。

世之爵禄不足以为劝，戮耻不足以为辱。

世之爵禄不足以为劝，戮耻不足以为辱，承上，言无为而民自化。仁让无所施，贪谄无所庸，又何以爵禄戮耻为也！郭象云外事不栖于心，误。

知天地之为稊米也，知毫末之为丘山也，则差数覩矣。

道者，通乎人我者也；物者，心有所据以衡人者也；俗者，徇俗为贵贱者也；差者，万物之等差也；功者，人我两须之事功也；趣者，一心之旨趣也。繁然殽乱，而持之皆有道，故言之皆有本。贵贱大小，辨争反复，而天下纷然多故也。

蛇谓风曰：“予动吾脊胁而行，则有似也。今子蓬蓬然起于北海，蓬蓬然入于南海，而似无有，何也？”

《玉篇》，似，肖也。所以行者，足也；动吾脊胁而行，无足而犹肖夫足也。有形则有肖，无形则亦无所肖也。

风曰：“然。予蓬蓬然起于北海而入于南海也，然而指我则胜我，鰌我亦胜我。虽然，夫折大木，蜚大屋者，唯我能也，故以众小不胜为大胜也。为大胜者，唯圣人能之。”

李轨云，鰌藉也，藉则削也，本文（又）作蹭。指者，手向之；鰌者，足蹴之。《荀子·强国篇》巨楚县吾前，大燕鰌吾后，劲魏钩吾右，杨倞注：鰌，蹴也，言蹴踏于后也。“折大”之舌反。“蜚大”音飞，又扶贵反。

至乐第十八

故曰，“忠谏不听，蹲循勿争。”

外物篇踆于窾水，《释文》引《字林》云，踆，古蹲字。《史记·货殖传下》有踆（蹲）鸱，徐广云：蹲，古作踆。《玉篇·足部》：踆，退也。辵部：逡，退也。踆逡字同。《汉书》巡行郡国作循行。蹲循，犹逡巡也。

俄而柳生其左肘，其意蹶蹶然恶之。

《说文》：瘤，肿也。《玉篇》：瘤，瘜肉。《广韵》：瘤，肉起疾。《说文》亦以瘜为寄肉。瘤之生于身，假借者也；人之有生，亦假借也；皆尘垢之附物者也。柳瘤字，一声之转。“蹶蹶”纪卫反，动也。“恶之”乌路反。后皆同。

种有几？得水则为㡭，得水土之际则为鼃蠙之衣，生于陵屯则为陵舄，陵舄得郁栖则为乌足，乌足之根为蛴螬，其叶为胡蝶。

《释文》引司马本作继，言万物虽有兆朕，得水土乃相继而生也。本或作断，又作续断。疑作续断者是也。《说文》：蕒，水舄也。《尔雅》，蕒，牛唇，郭注引《毛诗传》：水蕮也，如蕒断，寸寸有节。蕒，续字，即本草之云续断也。

《尔雅》，芣苢，马舄，郭注：今车前草，江东呼为虾蟆衣。《尔雅》蕍舄，郭注：今泽蕮，一曰水舄，一曰马舄，一曰泽舄，三者同类，而所生不同。陆机《诗疏》：蕒，泽舄，叶如车前。《图经》亦云泽舄生浅水中。则陵舄生于陵屯，当别一物。《释文》引司马云，物因水成而陆产，生于陵屯，化作车前，改名陵舄。车前生道边，亦（云）不生陵屯也。

《释文》引司马云，胡蝶一名胥也。疑胥也不当为胡蝶之名。《尔雅》：蚅，乌蠋，郭注：大虫如指，似蚕。《毛诗传》：蠋，桑虫。《说文》：蠋，蜀葵中蚕也。《广志》：藿蠋有五色者，槐蠋有采有角。《尔雅》所云桑茧、樗茧、棘茧、栾茧、萧茧，皆蠋类也。老而成蛹，则为胡蝶。胡蝶生卵，就火取温，又成蠋。生于灶下者，就温也。《埤雅》云：茧生蛾，蛾生卵。郭注《尔雅》：蛾罗，即蚕蛾，疏谓蚕蛹所变，是也。胡蝶与蚕蠋之属互相化。胥也云者，谓互相化也。《博雅》：原蚕，其蛹蝗蚼。此云鸲，盖蚼之叚借字。

干余骨之沫为斯弥，斯弥为食醯。

《列子·天瑞篇》斯弥为食醯，颐辂生乎食醯，黄軦生乎九猷，九猷生乎瞀芮，瞀芮生乎腐蠸。是颐辂黄軦数者，皆食醯之类也。《方言》：蠀螬，自闽以东谓之蝤蠀，梁益之闲谓之蛒。辂当为蛒；猷当为蝤。《汉书·王褒传》蜉蝣出乎阴。皆群飞小虫也。郭注《尔雅》蠓蠓云：小虫似蚋，喜乱飞。瞀芮当为蜹。《荀子》醯酸而蜹聚焉，亦食醯之类也。此段言小虫自相化。

达生第十九

天地者，万物之父母也，合则成体，散则成始。

合者，息之机也，消之渐也；散则复反而归其本，而机又于是息焉，故曰成始。终则有始，天行也，所以能移，不主故常以成其大常也。

骨节与人同而犯害与人异，其神全也，乘亦不知也，坠亦不知也，死生惊惧不入乎其胷中，是故遻物而不慴。

始守乎气而终养乎神，道家所谓炼气归神也。“乘亦”音绳，又绳证反。“遻”音悟，郭音愕。《尔雅》云：遻，忤也。郭注云：谓干触。

吾执臂也，若槁木之枝。

《列子·黄帝篇》作若橛株驹，注云：株驹，断木也。《山海经·海内经》，达（建）木有九欘，下有九枸。郭璞注：欘，枝回曲也，枸，根盘错也。《说文》：株，木根也。徐铉曰：在土曰根，在土上曰株。株枸者，近根盘错处；厥者，断木为杙也。身若断株，臂若槁木之枝，皆坚实不动之意。“若槁”苦老反。

开之曰："闻之夫子曰：'善养生者，若牧羊然，视其后者而鞭之。'"

崔说非也。鞭其后，则前者于于然行矣。注视其后而前者不劳也，谨持其终者也。郭象注鞭其后者去其不及也，亦误。

为彘谋则去之，自为谋则取之，所异彘者何也?

《释文》引司马云，腞，犹篆也，楯，犹案也，聚偻，器名也，今冢圹中注为之。疑楯与輴同，腞楯，即画輴也，《丧·大记》所谓葬用輴者是也。聚偻，曲簿也，《荀子》谓之簿器，《丧·大记》所谓熬，居（君）八筐，大夫六筐，士四筐是也。輴者，所以载柩，故曰腞楯之上；筐筲纳之椁内棺外，故曰聚偻之中；皆大夫以上饰葬之具也。

山木第二十

若夫万物之情，人伦之传，则不然。合则离，成则毁；廉则挫，尊则议，有为则亏，贤则谋，不肖则欺，胡可得而必乎哉!

乘道德而浮游，出世者也；万物之情，人伦之传，则方以身入世。合则离，成则毁，巧（交）相待也；廉则挫，尊则议，有为则亏，互相因也；贤则谋，不肖则欺，各相炫也。不可必者，莫知祸福生死之所自来也。廉则挫，峣峣者易缺；尊则议，位极者高危；有为则亏，非俊疑杰，固庸态也。旧注失之。

虽饥渴隐约，犹旦胥疏于江湖之上而求食焉，定也。

《释文》引司马云，胥，须也，疏，菜也，李云，胥，相也，谓相望疏草也。今案江湖之上，舟车之所辏也，廛闬之所都也。

丰狐文豹，未尝求食江湖之上，故曰定。胥疏，疏也，言足迹之所未经也。旧注似皆失之。

从其强梁，随其曲传，因其自穷，故朝夕赋敛而毫毛不挫，而况有大涂者乎！

赋敛以为钟，犹《左传》昭公二十九年遂赋晋国一鼓铁以铸刑鼎，名为赋敛而听民之自致，故曰因其自穷。《说文》：穷，极也。言殚竭所有以输纳之也。惟不敢设术以求，而纯任自然，民亦以自然应之。今之赋敛，任术多矣，而固无如民巧遯于术何也！故曰，既雕既琢，复归于朴。

道流而不明，居得行而不名处。

得，犹德也。《集韵》：德，行之得也。言其道周流乎天下，而不显然以居之，其德之行，亦不藉之为名而以自处。郭象居然自得此行，非由名而后处之，以居得行断句，恐误。

庄子衣大布而补之，正縻系履而过魏王。魏王曰："何先生之惫邪？"

《释文》引司马云：縻，带也。带之名縻，别无证据，正带系履，亦不得为惫也。《说文》："絜，麻一端也。"絜与縻字通，言整齐麻之一端，以纳束其履而系之。履无绚，系之以麻，故曰惫。"而过"古禾反。"魏王"司马云：惠王也。"惫"皮拜反，又薄计反。司马本作病。

饥渴寒暑，穷桎不行，天地之行也，运物之泄也，言与之偕逝之谓也。

穷桎不行，言饥渴寒暑足以梏桎人，而使不自适。然而饥渴以驱之，寒暑以运之，不能抗而不受也，与之俱逝而已矣。“运物"司马云：运，动也。“之泄”息列反。司马云：发也。徐以世反。

其畏人也，而袭诸人间，社稷存焉尔。

有土而因有社，有田而因有稷。社者，所以居也；稷者，所以养也。鸟亦有其居，鸟亦有其养，鷾鸸之袭诸人间，不假人以居而因自为居，不假人以养而因自为养也。

仲尼曰：“有人，天也；有天，亦天也。人之不能有天，性也，圣人晏然体逝而终矣！”

《孟子》，口之于味也，目之于色也，耳之于声也，鼻之于臭也，四肢之于安佚也，性也，有命焉。庄子之云人之不能有天，即孟子所谓性焉有命者也。庄子以其有物有欲者为人而自然为天，于是断声色，去臭味，离天与人而二之。其曰人与天一，犹之去人以就天也。圣人尽性以知天，其功不越日用饮食。性也有命，而固不谓之性，命也有性，而固不谓之命，是之谓天与人一。

田子方第二十一

日出东方而入于西极，万物莫不比方，有目有趾者，待是而后成功，是出则存，是入则亡。

日之出也，乘之以动焉，其入也，人斯息焉，惟其明也。物之待明而动者，莫能外也；待明而动，待气而生，顺之而已矣。不能御气而为生，则亦不能强致其明而为动。昔日之明，独（犹）今日之明也，而固不能执今日之明，一一以规合夫昔。执今之明以规合夫昔，是交臂而失之也。彼有彼之步趋，此有此之步趋。肖者，步趋也，所以肖者，非步趋也，两相忘于步趋之中，而后与道大适。惟能忘也，而后所以不忘者于是乎存。于人之步趋无所待焉，是乘日之明而不知动者也，谓之人死；于人之步趋强致以求活（合）焉，是忘今日之明而求之昔也，是之谓心死。死者，袭焉而不化，执焉而不移者也。庄子语妙，惟当以神悟之。

老聃曰："不然。夫水之于汋也，无为而才自然矣。至人之于德也，不修而物不能离焉，若天之自高，地之自厚，日月之自明，夫何修焉！"

《说水（文)》汋，激水声也；井一有水，一无水，谓之瀱汋。所引《尔雅·释水》文。郭璞注《尔雅》，引《山海经》天井夏有水冬无水，即此类。汋者，水自然涌出，非若泉之有源，而溪涧之交汇以流行也。《说文》：激，水碍衺疾波也。谓有所碍而衺出疾行，故有声。水之涌出，亦若激而有声。无为而才自然，言无有疏导之者。《释文》引李云，汋，取也。误。

列御寇为伯昏无人射，引之盈贯，措杯水其肘上，发之，适矢复沓，方矢复寓。当是时，犹象人也。

适矢复沓，状矢之发；方矢复寓，状矢之彀。《说文》：多言沓沓，如水之流。言一矢适发，一矢复涌出也。寓，寄也，言一矢方释，一矢复在彀也。象人，犹郑康成之云相人偶。

知北游第二十二

今已为物也，欲复归根，不亦难乎！其易也，其唯大人乎！

人所受以生者，气也。既得之以为生，则气日流行大化之中，而吾块然受其成形，无由反气而合诸漠。道之华为礼，与气之流行而为人，皆非其所固然者也。通死生为徒，一听其气之聚散而吾无与焉，则无为矣。道至于无为，而仁义理（礼）之名可以不立，是之谓归根。

故行不知所往，处不知所持，食不知所味。

日见其有行而终不知所往，日见其有处而终莫能自持，日见其有食而终莫知所为味。然则其往也，非我能自主也；其相持数十年之久也，非我能自留也；其食而知味也，非我能自辨也；天地阴阳之气运掉之使然也，皆不得而有也。

已化而生，又化而死，生物哀之，人类悲之。

生物哀之，所以知哀，惟其生也，而不知生之同归于尽也。人类悲之，所以知悲，惟人之有知也，而不知人之知之亦同归于尽也。

明见无值，辩不若默。

道无形也，见之而以为道，遂若巧相值焉，而固无值也。《说文》：值，措也。不能举而措之，则此所见一道，彼所见又一道，而有不胜其辩者矣，固（故）曰辩不若默。

道无问，问无应。无问问之，是问穷也；无应应之，是无内也。

道无问，意揣夫道而问之，是先自穷也，故曰问穷。道无［应，意揣夫道而］应之，是徇外也，故曰无内。

仲尼曰："昔之昭然也，神者先受之；今之昧然也，且又为不神者求邪？无古无今，无始无终。未有子孙而有子孙，可乎？"

天地运行而不息，子孙代嬗而不穷。浸假而有子孙矣，求之未有子孙之前，是先自惑也。天地大化之运行，无始无终，未有天地，于何求之！故曰古犹今也，相与为无穷之词也。

物出不得先物也，犹其有物也。犹其有物也，无已。

先天地者道也。既谓之生矣，是道亦物也。既谓之物矣，是其先物者又何自而生耶？物与物相嬗而不已，而推求物之始，以得其先物而生者，是物岂有已耶？有已，则或开而先之；无已，孰开而先之？是以谓之物出不得先物也。

古之人，外化而内不化，今之人，内化而外不化。

外化者物与同，内化者心与适。心与适则与物俱化而莫得其所化。与物俱化，相靡而已矣。莫得其所化而与为将迎，有多于物者矣。狶韦之囿，黄帝之圃，有虞氏之宫，汤武之室，其中愈深，其外愈閟。《说文》：苑，囿有垣也。种菜曰圃。《释名》，宫，穹也，屋见垣上穹隆然也。《说文》：室，实也。踵而为之饰事，将迎日纷，是非日淆，于是儒墨并兴，各以其是非相和也；而相与学一先生之言，奉之为师，取其所谓是非者，将而非之，迎而拒之，是以谓之内化而外不化也。

夫知遇而不知所不遇，知能能而不能所不能。

各有所知，各有所能，无相强也；各有所不知，各有所不能，无相胜也。强其所知以通其所不知，强其所能以通其所不能，而据之以为知，据之以为能，强天下而齐之，是非相乘，哀乐滋繁。

是故忘其所知，而知乃自适也；忘其所能，而能乃自适也。至言去言，至为去为，已且忘之，奚暇齐天下焉！齐知之所知者，据所知以强通之天下者也。

庚桑楚第二十三

夫寻常之沟，巨鱼无所还其体，而鲵鳝为之制；步仞之丘陵，巨兽无所隐其躯，而蘖狐为之祥。

水者，鱼之所归也；丘陵者，兽之所归也。寻常之沟，步仞之丘陵，亦必有归之者，为有所庇赖也。德愈大，则归之者愈众。郭象引巨鱼巨兽为喻，而云大人必有丰禄，误。“蘖”鱼竭反。“狐为之祥”李云：祥，怪也。狐狸憙为妖蘖。言各有宜，宜不失则大人有丰禄也。王云：野狐依之作妖祥也。崔云：蛊狐以小丘为善也。祥，善也。

形之与形亦辟矣，而物或间之邪，欲相求而不能相得。

郭象注形之与形亦辟矣，未有闭之。《释文》：辟，婢亦反，开也。是假辟为辟。郑康成《礼记》《大学》注：辟，犹喻也。《说文·言部》：譬，喻也。《坊记》辟则防与，《中庸》辟如行远，辟如登高，辟［譬］皆相通。辟，譬喻也，言形之与形亦易喻也。郭象注误。《汉书·鲍永传》言之者足戒，闻之者未譬，章怀太子注：譬，犹晓也。晓然于形与形之同。晓亦喻也。

不知乎，人谓我朱愚；知乎，反愁我躯。

《左传·襄公四年》朱儒，杜预注：短小曰朱儒。朱愚者，智术短小之谓。

夫外韄者不可繁而捉，将内揵；内韄者不可缪而捉，将外揵。

《说文》：韄，佩刀丝也。徐锴曰：丝，其系系也。《三苍》云：佩刀靶韦。是韄者，缚系之意。外韄者，制其耳目；耳目之司，纷纭繁变，不可捉搤，则内揵其心以息耳目之机。内韄者，制其心；而心缪绕百出，亦不可捉搤也，则外揵其耳目以绝心之缘。内外俱韄，冥冥焉相与两忘，无有倚着，道德不能入而为主，又何津津有恶之存哉！郭象云，声［色］韄于外，则心术塞于内；欲恶韄于内，则耳目丧于外；偏韄且不可，况内外俱韄乎！似非庄子本意。

终日握而手不挽，共其德也。

《释文》引崔云，挽，寄也。《广雅》云：挽，捉也。今案扬雄《太玄·玄挽》云：玄之赞词，或以气，或以类，或以事之骫卒。挽，拟也。雄意假挽为拟。《说文》：拟，度也。言无有准拟揣度。《说文》：共，同也。授之物握之，夺之物亦握之，不待准量以为握也，其德同也，“共其”如字。崔云：壹也。

宇泰定者，发乎天光。发乎天光者，人见其人，物见其物。

虚室生白，吉祥止止，人心自兆其端倪而天光发焉，自然而不可掩也，修其自然而机应之。人各自修也，各自见也，故曰人见其人。

志乎期费者，唯贾人也，人见其跂，犹之魁然。

《说文》：券，劳也。人劳则倦。券内者反观，券外者徇外。徇外则测量之意多而营度之用广。测量营度，贾人之术也。《说文》：期，会也。费，散财用也。《玉篇》：费，用也。期费者，约会施用之意。魁然自大，人见其踶跂以行而不自知。《释文》：魁，安也，一曰主也。似未惬。郭象注且谓劵外而跂者。穷者诚己而发者也，苟且则苟且相与而已。志乎期会之谓且，行乎无名，斯能穷尽其意也。

出无本，入无窍。

郭象以出入为生死。出入非生死也，以象乎生死者也。形者，实也，无所处乎其形，故有出；无形之形，所以长也，而更无始终本末之可言，故有入；出入无窍也，而固有实。天地六合曰宇，宇以言乎其广也；古往今来曰宙，宙以言乎其长也。出入宇宙之中而无见其形，斯之谓定。“欻然”训勿反。

是三者虽异，公族也，昭景也，着戴也，甲氏也，着封也，非一也。

郭注四者公族，似谓昭景甲氏皆族。《释文》一说云，昭景甲三者，皆楚同宗。又引崔云，昭景二姓，楚之所显戴，皆甲姓显封。疑崔说是也。王逸《楚辞》注：三闾掌王族三姓，曰昭屈景。无以甲为氏者。《说文》：首，戴也。《尔雅·释地》：途出其前戴邱。着戴者，昭景相承为氏也；甲者，日之始也，言始得氏以受封，而后相承为氏也。同为公族，而所从来固非一矣。“已复”扶又反。

观室者周于寝庙，又适其偃焉，为是举移是。

有生，尘也；黬者，尘之积而留焉者也；则将以死易生，披然曰移是乎？虽然，既有生矣，如腜胲之相附，散之则死，而固不可散也；有生者有死，如寝庙之有偃，相须而成者也；而是曰移是，是以生为扰，以死为归，自见为累者也。齐生死者，更无是非名实之可言也。以生为累，固必有己之见存，而乘之以为是非名实，而知愚荣辱之争纷然起矣。移是者，终有不能移者也，有生之所以为黀也。“溲”所留反。

动以不得已之谓德，动无非我之谓治，名相反而实相顺也。

与物相接而知生焉，因而为之谋而知名焉。其所不知，犹将睨视而揣得之。知之所由成也，道之所由毁也。动于不得已而一任我之自然，奚以知为哉！

唯虫能虫，唯虫能天。

能天者，不知所谓天。若知有天，则非天矣。令（全）人恶知天？恶知人之天？天也（者）吾心自适之趣，全人初未尝辨而知之，岂吾心所能自喻乎！恶当为汪胡切，与乌同，《释文》乌路反者误。

夫复謵不馈而忘人，忘人，因以为天人矣。

非誉，通作毁誉言。此言毁其陋也。外非誉，遗死生，忘己者也；复謵不馈，忘人者也。《说文》：䜌，失气言。謵，言［謵］䜌（謵）也。复謵，谓人语言慑伏以下我而我报之。郑康成《士虞礼》注：馈，犹归也，以物与神及人皆言馈。以物与人曰馈，以言语饷人亦曰馈。复謵不馈，忘贵贱也。忘人忘己，则同乎天和矣。《释文》谓音习，慹也，误。

徐无鬼第二十四

夫逃虚空者，藜藋柱乎鼪鼬之径，踉位其空，闻人足音跫然

而喜矣，又况乎昆弟亲戚之謦欬其侧者乎！

《释文》良位其空，司马云，良人，谓巡虚者也。良或作踉。据秋水篇跳梁乎井干之上，一本作跳踉。潘安仁《射雉赋》已踉蹡而徐来。《玉篇》：踉蹡，疾行。此云藜藋鼪鼬之径，有空隙焉，跄踉处乎其中。《说文》：跄，动貌。舒［言］之（言）曰跄踉，急［言］之（言）曰踉。《释文》误。"跫然"郭巨恭反，李曲恭反，又曲勇反，悚也。徐苦江反，又袪扃反。司马云：喜貌。崔云：行人之声。"而喜矣"李云：喻武侯之无人君之德而处在防卫之间，虽临朝矫厉，愈非其意，及得其所思，犹逃窜之闻人音，安能不跫然改貌，释然而喜也！"謦"苦顶反，又音罄。"欬"苦爱反，一音器。李云：謦欬，喻言笑也。但呼闻所好犹大悦，况骨肉之情，欢之至也。

君虽为仁义，几且伪哉！形固造形，成固有伐，变固外战。

假仁义为名，将日悬仁义之形于胸中，而凡依于仁义之形，皆可意造之，成乎仁义之名则自多。《小尔雅》：伐，美也。谓自多其功美。仁意（义）可以意造之而固非安之，必有中变者矣。变则耳目手足皆失其常，喜怒哀乐亦违其节，是外战也。凡有意为之者，皆殆也。

君亦必无盛鹤列于丽谯之间，无徒骥于锱坛之宫，无藏逆于得，无以巧胜人，无以谋胜人，无以战胜人。

《史记·陈涉世家》战谯门中，颜师古注：门上为高楼以望远，楼一名谯。《说文》：封土曰坛。锱坛之宫，谓军垒也。丽谯，城楼。盛鹤列者，守兵。徒骥，犹徒御也，谓行兵。

招世之士兴朝，中民之士荣官，筋力之士矜难，勇敢之士奋患，兵革之士乐战，枯槁之士宿名，法律之士广治，礼教之士敬容，仁义之士贵际。

贵际，谓相与交际，仁义之用行乎交际之间者也。郑康成《礼记·中庸》注：人也，读如相人偶之人，以人意相存问之言。故人与人比而仁见焉，仁义之士所以贵际也。《释文》，贵际，谓盟会事。误。

此皆顺比于岁，不物于易者也，驰其形性，潜之万物，终身不反，悲夫！

囿于物者，致用之器也，发之自内者也；时有所用，待用之资也，应之自外者也。性有所倚，才有所偏，内外相须以成能，形性交驰而不反矣。

夫楚人寄而蹢阍者，夜半于无人之时而与舟人斗，未始离于岑而足以造于怨也。

《说文》：蹢，住足也。《易》羸豕孚蹢躅，载记三年问蹢躅焉，《释［文］》：蹢躅，不行也。阍者守门，蹢躅不良于行，故可以命阍。跰锺，当为跰踵，天道篇百舍重跰而不敢息。《说文》：踵，追也，一曰往来貌。束缚，谓行縢也。言命阍则足不必完，钘踵急行则于足也又加之束缚。《尔雅·释宫》：庙中路谓之唐，堂途谓之陈。《毛诗·陈风传》：唐，堂途也。田子方篇犹求马于唐肆也，司马亦云：唐肆，广庭也。唐子，犹周礼门子，谓给使令者。未始出域而有遗类，言其多也。阍者称其材，走者极其量，堂途给事，人皆能之，各据为是而自足，岂必殊尤卓绝哉！其相非也，又各不察其情而以意求胜。寄而蹢阍，所司阍耳。《说文》：

阍，常以昏闭门隶也。何由夜半于无人之境而与舟人斗？意以为夜半无人之境，则竟无人矣；意以为与舟人斗，则竟斗矣，造怨者无穷而身固未离于岑也。齐人之于宋，楚人之寄，本非族类，不相习也，无因而造怨，则亦可夜半与舟人斗矣。是者之是，莫得其所以是；非者之非，莫知其所以非。旧注失之太远。“未始离”力智反。注同。“于岑”七金反，徐在林反，又语审反，谓崖岸也。“独上”时掌反。

名若儒墨而凶矣。

儒墨之所以凶，以有儒墨之名也。悬儒墨之名以召争，德不能同者，强道以一之；辩不能举者，强知以通之，各是其是，而道与知之所及亦小矣。生无爵，死无谥，实且不以自居，名何有哉！

吾未尝为牧而牂生于奥，未尝好田而鹑生于宎，若勿怪，何邪？

牂所从出，牧也；鹑所从来，田也。不牧而牂生，不田而鹑生，傥然而来，儵然而至，谓之不祥。祥者，怪征也；乘天地之诚而有世俗之偿，是亦怪征也。

此以域进，此以域退，此其所谓濡需者也。

以域进，以域退，言逐众人之好恶而与之为进退。暖姝者，囿于知识者也；濡需者，滞于形迹者也；卷娄者，罢于因应者也。三者同蔽，庄生所以逃而去之。

于蚁弃知，于鱼得计，于羊弃意。

所恶乎众至者，恶其比也。所以比者，歆其利也。神人众至不比，正惟不以利歆之。蚁之附膻也，有利而趋之也，即其知也；羊之膻也，与以可歆之利也，即其意也。蚁无知而有知，羊无意而有意，惟膻之（惟）利也。鱼相忘于江湖，人相忘于道术，何膻之可慕哉！故曰于鱼得计。

古之真人，得之也生，失之也死；得之也死，失之也生。

形气之相须也，得之生，失之死，有比而合之者也；自然之待化也，得之死，失之生，有委而听之者也。得之生，故有为而无为；得之死，故无为而无不为。

故目之于明也殆，耳之于聪也殆，心之于殉也殆。

水之守土，二物也，相比而相须也；影之守人，一物而为二物也，自生而自化也；物之守物，物还而自证也，抱一者也。所以谓之审者，无外驰也。目驰而明生焉，耳驰而聪出焉，心驰而所殉见焉。凡能于其府者，皆外驰也。及其所自持，而缘之以为功，致果以求之，积久而不知所归，役耳目心思之用以与万物为撄，故可悲也。

则阳第二十五

父子之宜，彼其乎归居，而一闲其所施。其于人心者若是其远也。

父子之宜，承上家人忘其贫。子，养父者也，父，待养于子者也，所谓宜也。归居，即据上文冬擉鳖夏休乎山樊言之。《释文》：闲，蕑（简）也。谓别异其所施以求自足也，以（非）使家人忘其贫，自忘而已矣。此其远于人心者也。

况见见闻闻者也，以十仞之台县众闲者也！

《说文》：闲，隙也。《周礼》匠人井闲、成闲、同闲，凡空处谓之闲，屋空处亦曰闲。十仞之台，县之众闲，杰然独出，见见闻闻不能揜也。得其环中以随成，不以之见于外而自得之于中，乃可以应无穷。

夫师天而不得师天，与物皆殉，其以为事也若之何？

其有止也，通乎命者也；其以为事，应乎物者也；其舍之也。尽性复命，浑人己而化之也。云若之何者，如是之为道也。

为之司其名；之名嬴法，得其两见。

随成者，浑成者也；两见者，对待者也。《说文》：傅，相也。即辅相之义。随成，可以为相矣。仲尼之尽虑，亦辅相也，是亦对待也。司者，察也。名之嬴，法之绌也。《尔雅·释诂》：法，常也。《老子》名可名，非常名。察其名迹之所至而可知其成，故曰两见。"寄治"直吏反。

狶韦曰："夫灵公也死，卜葬于故墓不吉，卜葬于沙丘而吉。掘之数仞，得石椁焉，洗而视之，有铭焉，曰：'不冯其子，灵公夺而里之。'夫灵公之为灵也久矣，之二人何足以识之！"

郭象注，子谓蒯聩，非也。石椁有铭，古之葬者谓子孙无能凭依以保其墓，灵公得而夺之。《释文》一本作夺而埋之，是也。"夺而里"而，汝也。里，居处也。一本作夺而埋之。"蒯"起怪反。"聩"五怪反，蒯聩，卫庄公名。"女处"音汝，下昌虑反。

祸福淳淳，至有所拂者而有所宜；自殉殊面，有所正者有所差。

祸福淳淳，任之以无心，虽有拂于人而自得所宜，自殉殊面，强之以异趣，名为正之而实已两差矣。

外物第二十六

阴阳错行，则天地大絯，于是乎有雷有霆，水中有火，乃焚大槐。

天地之大用，水火而已矣。水，阳也，而用阴；火，阴也，而用阳。人生阴阳之用，喜怒忧乐，爱恶生死，相争相靡，犹水火也。两陷者，水火之横溢者也。螴当作蛛。《尔雅·释天》：蝃蝀，虹也。螴蜳，犹言虹蜺。《淮南·说山训》天二气则成虹。二气者，阴阳之相薄者也。相薄而两相争胜，则虹蜺亦不得成。人心水火之争，阳常舒而徐进，阴常惨而暴施。凡不平于心，皆阴气之发也，故曰生火甚多。坎为月，月者，水气之积（精）也，体阳而用阴也。火生而水不能胜之，所以两陷而无所逃也。

夫不忍一世之伤而骜万世之患，抑固窭邪，亡其略弗及邪？

不忍一世之伤而贻万世之患，自以为能经营天下也，而不知其心无所蓄备也。夫无所蓄备之谓窭矣，其智略又弗及也。郭象云，直任之则民性不窭而皆自有，略无弗及之事，似失庄子本意。

柰何哉，其载焉终矜尔！

反，犹拨乱世而反之正。有所反则必有伤，有所动则必为邪。其反也，矜心之挟以争也；其动也，矜心之载以出也。听其自化，则无伤矣；无为而无不为，则非邪矣。

天之穿之，日夜无降，人则顾塞其窦。

物之有知恃息，息者气也，而气有厚薄纯杂，天不能强而同之。《尔雅·释言》：殷，齐，中也。齐一则中矣，其不能齐，天之无如何者也。而天既授之以百骸九窍而使之自运焉，授之以心思而使之自化焉，务开通而已。《说文》：穿，通也。恢恢乎有余地以自存则通矣。《玉篇》：降，伏也。言积气之运无停伏也。郭象注，殷，当也。误。

室无空虚，则妇姑勃谿；心无天游，则六凿相攘，大林丘山之善于人也，亦神者不胜。

大林丘山之善于人，言所以乐乎大林丘山，为广大容万物之生也。《说文》：神，天神引出万物者也。徐锴曰：申即引也。神者不胜，言发生万物，不可胜穷也。

德溢乎名，名溢乎暴，谋稽乎誸，知出乎争，柴生乎守，官事果乎众宜。

《说文》：暴，晞也。《孟子》暴之于民而民受之，《荀子·富国篇》声名足以暴炙之，皆表暴之意。德溢乎名，言德所以洋溢，名为之也；名溢乎暴，言名所以洋溢，表暴以成之也。五句并同一意。郭象云，禁暴则名美于德，恐误。

静然可以补病，眦𡡍可以休老，宁可以止遽。

《释文》眦𡡍可以休老，𡡍，本亦作揻。《广韵》：揻，按也，摩也。似谓以两手按摩目眦，然与上下二句文义不类。眦𡡍，当谓左右眦不能流盼，可以闭目养神，故曰休老。又案：𡡍与揻通，眦，目厓也，眦搣，犹云目陷。

寓言第二十七

寓言十九，重言十七，卮言日出，和以天倪。

重，当为直容切。《广韵》：重，复也。庄生之文，注焉而不穷，引焉而不竭者是也。郭云世之所重，作柱用切者，误。

重言十七，所以已言也，是为耆艾。年先矣，而无经纬本末以期年耆者，是非先也。

已言者，已前言之而复言也。《尔雅·释诂》：耆艾，长也。艾，历也。郭璞注：长者多更历。《释名》：六十曰耆；耆，指也，指事使人也。是耆艾而先人之义。经纬本末，所以先人，人亦以是期之。重言之不倦，提撕警惕，人道如（于）是乎存。

卮言日出，和以天倪，因以曼衍，所以穷年。

不言则齐，谓与为卮言，曼衍以穷年，犹之不言也。卮言之言，随乎言而言之，随乎不言而言之；有言而固无言，无言而固非无言，是之谓天倪。

万物皆种也，以不同形相禅，始卒若环，莫得其伦，是谓天均。天均者，天倪也。

言相生犹万物之相禅也。万物有种，生发至于无穷，而不能执一形以相禅。言有种而推衍至于无穷，不能执一言以为始。始卒无有端倪，是之为天均。

火与日，吾屯也；阴与夜，吾代也。彼吾所以有待邪？而况

乎以［无］有待者乎！

火日出而景生焉，阴夜而景潜焉。屯向（者），草木之始生也；代者，更也，替也，有相替者而吾固休也。景之与形相待也，又待火日而动，待阴夜而休。彼吾所以相待，又有待也。有待，故不为物先，待焉而即应，故亦与物［无］忤。景之随形，各肖其人之情态，虚而与之委蛇。此庄生应世之大旨也。

盗跖第二十九

侅溺于冯气，若负重行而上阪，可谓苦矣，贪财而取慰，贪权而取竭，静居则溺，体泽则冯，可谓疾矣；

《释文》饮食至咽为侅，未免强以意通之。《说文》：奇侅，非常也。扬子方言：非常曰侅事。侅溺，犹言沉溺之深也。“于冯气”冯，音愤，愤满也。下同。言愤畜不通之气也。

此六者，天下之至害也，皆遗忘而不知察，及其患至，求尽性竭财，单以反一日之无故而不可得也。

《释文》单本作蕲，音祁，今案《释文》非也。单当作亶。《史记·历书》单阏，崔骃注：单阏，一作亶安。单亶字通。《汉书》但字多作亶。《贾谊传》非亶倒悬而已，《扬雄传》亶费精神于此。《说文》：但，裼也。是但自为袒而亶为但。单以反一日之无故，犹言但以反一日之无故。《玉篇》：单，一也。一，犹单独也，与但字义亦近。

说剑第三十

王曰：“今日试使士敦剑。”

《释文》引司马云，敦，断也。试使用剑相击截断也。《邶风

·诗笺》王事敦我，敦，犹投掷也。《鲁颂·诗笺》敦商之旅，敦，治也。敦剑即治剑之意。《说文》：敦，怒也，一曰谁何也。谁何，犹言莫我何，亦即两相比较之意。两相比较，故怒也。

列御寇第三十二

必且有感，摇而本才，又无谓也。

《释文》，一本才作性。郭象注，必将有感，则与本性动也。感者人心，所感之［者］又出于感人心之心。《尔雅·释诂》：摇，作也。摇而本才，谓舍其本心之自然而作而致之。又无谓也，动摇本才以致求者，又非道德之谓也。

莫觉莫悟，何相孰也！

《释文》引王云：孰，谁也，谓谁相亲爱也。疑庄子本旨在鬫亲爱之意。《说文》：孰，食余也。孰食曰孰，假借为详审之义。《汉书·本纪》其孰计之，《贾谊传》日夜念此至孰也，《邹阳传》愿大王孰察之，颜师古注：孰，审也。言莫之觉悟而终不自审也。

自是，有德者以不知也，而况有道者乎！

彼故使彼，彼者，儒墨也。有儒墨矣，因而有儒墨之辩立。夫儒墨之名，所以使之辩也。既成乎儒墨之辩，则贵其同己者而贱其异己者，因其亲也亦贱之，执其所辩之异而忘其受于天性之同也。知儒墨之为德以自是其德，谓之不知德。所谓德者，可而可之，然而然之。所谓道者，无物不可，无物不然。

彼宜女与？予颐与？误而可矣。

彼宜汝与，言仲尼之道果有宜于汝者乎？予颐与，言将待我以养者乎?《周易·序卦》曰:颐者,养也。以为宜与而待养之,若谓国可以有瘳则误矣,意以哀公之所云可者误也。

醉之以酒而观其侧。

《释文》,侧,不正也。一云:谓醉者喜倾侧冠也。是旧序(本)皆作醉之以酒以观其侧。侧,当为则。《诗》曰,饮酒孔嘉,维其令仪。所谓则也。

如而夫者,一命而吕巨,再命而于车上儛,三命而名诸父,

孰协唐许!

《释文》,吕巨,矫貌。疑此不当为矫。《方言》:㑊、吕,长也;东齐曰㑊,宋鲁曰吕。《说文》:巨,大刚也。亦通作巨,大也。吕巨,谓自高大,当为矜张之意,云矫,非也。"孰协唐许"协,同也。唐,唐尧;许,许由;皆崇让者也。言考父与而夫,谁同于唐许也。郭象注,唐谓尧,许谓许由;言而夫与考父,谁同于唐许之事。今按孰协唐许与孰敢不轨对文,言如而夫者,谁知比同于唐许哉!郭注误。

缘循,偃佒,困畏不若人,三者俱通达。

郭注,偃佒,不能俯执者。《释文》偃佒,守分归一也。疑偃佒当为偃仰,犹言俯仰从人也。《大雅》颙颙卬卬,《韩诗外传》作颙颙盎盎。央卬亦一声之转。

天下第三十三

配神明,醇天地,育万物,和天下,泽及百姓,明于本数,系于末度,六通四辟,小大精粗,其运无乎不在。

天人、神人、至人、圣人、君子，所从悟入不同，而稽之名法度数，以求养民之理，则固不能离弃万物，以不与民生为缘；故曰明乎（于）本数，系于末度。庄子自著书之旨而微发其意如此。

天下大乱，贤圣不明，道德不一，天下多得一察焉以自好。

一察，谓察见其一端，据之以为道而因而好之。旧注以天下多得一为句，误。“好恶”乌路反。“淡”本又作“澹”，徒暂反。“漠”音莫。

未败墨子道，虽然，歌而非歌，哭而非哭，乐而非乐，是果类乎？

墨子之意，主于节用。其《非乐篇》言厚措敛乎万民，以为大锺鸣鼓，琴瑟竽笙，言今王公大人为乐，亏夺民衣食之时，亏夺民衣食之财，其三篇言其乐逾繁，其治逾寡。庄子亦辩其非乐薄葬，而归本于节用，言墨子之道所以未败，今之歌固非歌，今之哭固非哭，今之乐固非乐，其与墨子之言，果类乎，果非类乎？故以下但着其勤苦之实，以明墨子之本旨。

其生也勤，其死也薄，其道大觳。

《尔雅·释诂》觳，尽也。《管子·地员篇》淖而不肕，刚而不觳，其下土三十物，又次曰五觳。觳者，薄也。《史记·始皇本纪》虽监门之养，不觳于此矣，言不薄于此也。墨子之道，自处以薄。郭象注觳无润也，解似迂曲。

禹亲自操橐耜而九杂天下之川。

《释文》，九亦作鸠，聚也。杂，本或作籴，崔云，所治非一，故曰杂也。《玉篇》：杂，同也。《广韵》：杂，集也。《书·序》决九州岛，言杂汇诸川之水，使同会于大川，故曰九杂天下之川。

语心之容，命之曰心之行，以聏合驩，以调海内，请欲置之以为主。

以合驩，诸本或作聏，《庄子阙误》引作胹。《说文·肉部》：胹，烂也。《方言》：胹，孰也。以胹合驩，即软孰之意。《太玄经》耎其中，耎其膝，耎其哇，司马光《集注》：耎字与软同。亦正此意。《阙误》作胹字者是也。“强以”其丈反。下皆同。“令合”力呈反。下同。

是故慎到弃知去己而缘不得已，泠汰于物以为道理，曰知不知，将薄知而后邻伤之者也，謑髁无任而笑天下之尚贤也，纵脱无行而非天下之大圣，椎拍輐断，与物宛转，舍是与非，苟可以免，不师知虑，不知前后，魏然而已矣。

《说文》：謑诟，耻也。謑，一作謨。贾谊《治安策》，謨诟无节。髁，髀骨也。髁，通作跨。《广韵》：跨，同踝。《释名》：踝，［确也］，居足［两］旁硗确［然也］，亦因其形踝踝然也。謑髁，谓坚确能忍耻辱。《释文》：謑髁，讹倪不正貌。王云，谨刻也。均未免望文生义。“无任”无所施任也。王云，虽谨刻于法，而犹能不自任以事，事不与众共之，则无为尚贤，所以笑也。“横复”扶又反。

《释文》：輐，圆也。王云，椎拍輐断，皆刑截者所用。疑王说非也。輐断即下文魭断，郭象云：魭断，无圭角也。《说文》：椎，击也。拍，拊也。言击拊之而已，不用攻刺；魭断之而已，不用锋棱；所以处制事物而与为宛转也。

管子评注[1]

牧民第一

野芜旷，则民乃菅。

案：《广韵》：菅，古颜切，与奸同音。周秦以前，书同音者皆假借用之。

礼不逾节，义不自进，廉不蔽恶，耻不从枉。

案：自进，谓挟智以干进；蔽恶，谓饰行以作伪。廉者，堂前近阶处，直削而下，故谓之廉隅为有限制，通训为检饬。

故知予之为取者，政之宝也。

案：《老子》云：将欲歙之，必固张之；将欲弱之，必固强之；将欲废之，必固兴之；将欲夺之，必固与之。吴氏澄注《老子》，谓反者道之动，故其所为大概欲与人之所见相反，而使人不可测知。然其所谓反者，正务顺其性而极其所欲以使之自反。老子用之以制敌国，其机深；管子用之以导民，其情利。

---

①辑自颜昌峣撰《管子校释》（岳麓书社 1996 年出版）、任凯南辑《读管札记——郭嵩焘遗稿》。

形势第二

详见卷二十形势解。①

山高而不崩，则祈羊至矣；渊深而不涸，则沈玉极矣。

案：《周礼》玉人注：大山川用大璋，中山川用中璋，小山川用边璋，其祈沈以马，祭山曰祈，祭川曰沈。

上无事则民自试，抱蜀不言而庙堂既修。

案：《形势解》抱蜀者，祠器也。抱蜀当为谨守宗器之谊。俞氏《平议》：当作抱。②

小谨者不大立，訾食者不肥体。

案：《形势解》曰：谏者所以安主也，食者所以肥体也。言恶食而强食之，不足资以养，犹之恶谏而强言之，不足资以行也。

乌鸟之狡，虽善不亲。

案：《形势解》曰：与人交，多诈伪无情实，偷取一切，谓之乌集之交。③

见与之交，几于不亲；见哀之役，几于不结；见施之德，几于不报。四方所归，心行者也。

案：见与之友，与人相与而急自见也；见爱之交，与人相爱

---

①《管子校释》未采录。
②《管子校释》未采录。
③《管子校释》未采录。

而急自给也。见施之德，有所施于人，而急自见德也。心行者，存之于心，不待外着。

权修第三

万乘之国，兵不可以无主。

案：兵不可以无主，谓兵有常数。《国语》云：君有此士也三万人，以横行于天下。管子当时已是料民为兵而加训练之。

百姓殷众，官不可以无长。

案：官，如《曲礼》在官言官，在府言府，凡治事处曰官。贾谊云：学者所学之官也。兵有主以习战陈，野有吏以辟土地，官有长以治民。

无以牧之，则处而不可使也。

案：畜者所以养也，牧者所以教也。往而不可止，犹孟子言散而之四方；处而不可使，犹孟子言佚居而无教。

上身服以先之，审度量以闲之，乡置师以说道之，然后申之以宪令，劝之以庆赏，振之以刑罚。

案：审度量以闲之，所以闲民也。而君之欲亦须有度量以闲也。凡求之民者约而不爽其程，取之民者止而不逾其节，皆所谓度量也。

立政第四

三本者审，则便辟无威于国，道涂无行禽，疏远无蔽狱、孤寡无隐治。

案：行禽，谓捕治奸宄。道涂无行禽，言无奸宄不法横行于市者。

筑障塞匿，一道路，博出入。

案：塞匿，谓地空可藏匿者塞之。《汉书·苏武传》赐武服匿。孟康曰：服匿如罂，大口大腹平底。亦谓便于藏匿什物。

谯敬而勿复，一再则宥，三则不赦。

案：《后汉书·周燮传》：安帝以玄纁羔幣聘燮，燮自载到颍川阳城，遣生送敬，遂辞归。章怀太子注：送敬，犹致谢也。《广韵》：谯，责也。《周官》宰夫，诸臣之复，万民之逆。太仆，掌诸侯之复逆。郑康成注：复之言报也，反也，反报于王。自上让下曰谯，自下报上曰复。谯敬勿复，谓诃谯之使自谢过而已，不以上闻也。

相高下，视肥饶，观地宜，明诏期，前后农夫，以时均修矣，使五谷桑麻皆安其处，由田之事也。

案：《月令》：命田舍东郊。郑康成注：田，主农之官。《夏·小正》曰：农率均田。杨慎《丹铅录》：由与农通。钱谱神农币，农作由。《吕氏春秋》：后稷为大由，又曰：臣不如宁遬，请置以大田。农田即农官也，或曰农或曰田，此兼名之。[1]

天子服文有章，而夫人不敢以燕以飨庙，将军大夫以朝，官吏以命，士止于带缘。

---

①《管子校释》未采录。

“官吏以命”四字句绝。①

始于不足见，终于不可及，一人服之，万人从之，训之所期也。

案：《玉篇》：训，诫也。《博雅》：训，顺也。徐锴《说文系传》，顺其意以训之也。教者通词，训者因事述指以为之诫，始于不足见，不强以所不知，不责以所不能，终于不可及，积焉而使之通，习焉而使之化。

立事者谨守令行以行赏罚，计事致令，复赏罚之所加。

“复赏罚之所加”六字句绝。②

乘马第五

薮，镰缠得入焉，九而当一。

案：郭注《尔雅》：薮，大泽也。郑注《周礼》：泽无水曰薮。《方言》：刈钩，自关以西谓之镰。《玉篇》：缠，约也。《广韵》：缠，束也。谓刈薪而束之。

命之曰地均，以实数。方六里命之曰暴，五暴命之曰部，五部命之曰聚。

“以实数”下属“方六里命之曰暴”，十字句绝。③

则所市之地六部一斗，命之曰中岁。有市，无市则民乏矣。

---

①《读管札记——郭嵩焘遗稿》未辑录。

②《读管札记——郭嵩焘遗稿》未辑录，《管子校释》未采录。

③《读管札记——郭嵩焘遗稿》未辑录，《管子校释》未采录。

“命之曰中岁有市”七字句绝。[①]

士闻见博，学意察，而不为君臣者，与功而不与分焉。

“闻见博”绝句，“学意察”绝句。[②] 殆闻见者，耳目周乎当时也。学则能消息于古，意则善损益乎己，智术给乎事行也。[③]

不可使而为工，则视贷离之实而出夫粟。

案：不可使，谓不中程序者。《玉篇》：离，两也。谓校所制之器估其直，折分为两，而使酬半直，纳粟以罚之。

故臣莫敢不竭力俱操其诚以来。道曰：均地分力，使民知时也。

“以来”属下“道曰”句绝。[④]

民之生也，辟则愚，闭则类。

案：《史记·乐书》：礼者所以闭淫也，言民衺僻则愚，禁之则善矣。

上为一，下为二。

上为一，下为二，犹郑注《仪礼》云：君行一，臣行二。言民从上之教，功常倍也。

---

①《读管札记——郭嵩焘遗稿》未辑录。
②《读管札记——郭嵩焘遗稿》未辑录，《管子校释》未采录。
③《读管札记——郭嵩焘遗稿》未辑录。
④《读管札记——郭嵩焘遗稿》未辑录，《管子校释》未采录。

七法第六

百匿伤上威，奸吏伤官法，奸民伤俗教，贼盗伤国众。

案：百匿，谓权臣上匿君之令不以下究，下匿百性之情不以上达，上下交相匿也，故谓之百匿。

故有罪者不怨上，爱赏者无贪心，则列陈之士，皆轻其死而安难，以要上事。本，兵之极也。

"皆轻其死而安难"句绝，"以要上事本"五字句绝。[①]

为兵之数，存乎聚财而财无敌，存乎论工而工无敌，存乎制器而器无敌，存乎选士而士无敌，存乎政教而政教无敌，存乎服习而服习无敌，存乎明于机数而明于机数无敌。

案：《考工记》：天有时，地有气，材有美，工有巧。合此四者然后可以为良。论工与制器为二。器有成式，而创制通变者工也。工良矣，而材不美，制不精，则器之苦窳多矣。是以二者并重。

故明于机数者用兵之势也。大者时也，小者计也。

案：外察天时，内审国计，而机数明矣。盛衰强弱，理势之所归者时也；缓急轻重，智谋之所出者计也。

衡库者，天子之礼也。

案：衡犹《周礼》林衡川衡，所以取材用也。《说文》：库，

---

①《读管札记——郭嵩焘遗稿》未辑录。

兵车藏也。蔡邕《月令章句》：审五库之量，一曰车库，二曰兵库，所以藏也。

故兵也者，审于地图，谋十官日，量蓄积，齐勇士，徧知天下，审御机数，兵主之事也。

案：春秋桓十七年《左传》：天子有日官，诸侯有日御。杜预注：日官日御，典列数者。此当云谋于官日。审于地图，知地利也；谋于官日，测天时也。

版法第七

凡将立事，正彼天植，风雨无违，远近高下，各得其嗣。三经既饬，君乃有国。

案：天植者，纪纲法度植之以定民志者也。风雨无违，谓诫令也。谕之则必行矣，远近高下各得其嗣，谓政教也。施之则必有立矣。是之谓三经。

故用财不可以啬；用力不可以苦。用则啬则费，用力苦则劳。

案：费、劳二者皆就民言。《玉篇》：费，损也，耗也。用财啬，则有敛而无散，而民之受其耗者多矣。

幼官第八

若因夜虚守静人物，人物则皇。

“若因夜虚守静人物”八字句绝。[1]

---

①《读管札记——郭嵩焘遗稿》未辑录，《管子校释》未采录。

练之以散群傰署，凡数财署。

案：鲁语：署，位之表也，谓所部署之处。刘绩云：傰，同朋。散群朋署，犹言人士散处。下文选众，承此言之。《玉篇》：凡，计数也。凡数财署，犹言会计财用。下文聚财，承此语言之。

立于谋，故能实不可故也。

“故也”二字句绝。①

立义而加之以胜，至威而实之以德，守之而后修，胜心焚海内。

“守之而后修胜”句绝。②

五辅第十

是故博带梨，大袂列，文绣染，刻镂削，雕琢采。

案：梨，如《毛诗・行苇传》：冻梨也。孔颖达疏，冻梨色似老人，面有浮垢，亦通作黎。《说文》：列，分解也。列、裂通。《内则》“衣裳绽裂”。梨者色暗，列者制敝。染者，施染以代文绣；削者，刮削之，不事刻镂。采者，以采绘易雕琢之工，所谓斲雕为朴也。

宙合第十一

怀绳与准钩，多备规轴，减留大成，是唯时德之节。

案：《说文》：准，平也。《汉书・律历志》：绳直生准。准者，

---

①《读管札记——郭嵩焘遗稿》未辑录，《管子校释》未采录。
②《读管札记——郭嵩焘遗稿》未辑录，《管子校释》未采录。

所以揆平取正也。《乐记》：倨中矩，句中钩。绳以为直，准以为平，钩以为圆。《庄子·天道篇》平中准大匠取法焉。古字准多作准。

苟信是，以有不可先规之，必有不可识虑之。然将卒而不戒。故圣人博闻多见，畜道以待物，物至而对形，曲均存矣。

“是非有必”绝句，“是以有不可先规之必”绝句，“有不可识虑之然”句绝。

案：必者心之守也，有定，故可先事以规之。然者物之来也，无端，故可倚识以虑之。博闻多见，而后能有所取，则而知所规矣，亦能有所变通而知所虑矣。

此言圣人之动静、开阖、诎信、儒、取予之必因于时也。①

儒为濡。

夫天地一险一易，若鼓之有桴桴，擿挡则击言苟有唱之，必有和之，和之不差，因以尽天地之道。

案：桴、擿、挡三者，并击鼓之节奏，疾徐、轻重、疏数，三者之音调适乃成一击也。①

枢言第十二

生而不死者二，立而不立者四：喜也者、怒也者、恶也者、欲也者，天下之败也，而贤者宝之。

案：二者，轻重也；四者，喜怒恶欲也。喜怒恶欲，立此四

---

①《管子校释》未采录。

者，以为善恶之准，刑赏之资，而善恶刑赏，依于物以为用，而喜怒恶欲不存于其心。四者存于心，而刑赏皆失矣，故曰立而不立。

爱人甚，而不能利也；憎人甚，而不能害也。故先王贵当贵周。周者，不出于口，不见于色，一龙一蛇，一日五化之谓周。故先王不以一过二。

案：有国者之相与爱憎而已矣，其极利害而已矣。利害者，显迹也。爱憎者隐情也，用其爱憎而利害不及，则人得而窥其情。一龙一蛇，一日五化，其用无穷，而不见其迹，二者利害之显见者也。一者爱憎之隐含者也，内与外常相应也，而显见者之二，欲窥得其隐含者之一，而亦不可得也，故曰不以一过二。此所谓阴谋也，霸者之术也。

凡万物，阴阳两生而参视，先王因其参而慎所入所出。

案：阳所亲也，阴所憎也，凡物相处皆有阴阳生于其心，而不嫥恃阴阳为用，故参视因其参而慎所入所出，则阴阳平。

八观第十三

是以民之道正行善也若性然。

“是以民之道正行善也若性然”十二字句绝。[①]

其稼亡三之一者命曰小凶，小凶三年而大凶，大凶则众有大遗苞。

①《读管札记——郭嵩焘遗稿》未辑录，《管子校释》未采录。

案：通雅古读包如孚。春秋隐九年公及莒人盟于包来，公羊、谷梁并作包来，左氏作浮来，是苞莩字通。孟子涂有饿莩，赵岐注：饿死曰莩。《诗》云莩有梅莩零落也。遗苞鬻子同谊，遗苞者，谓死不相恤，鬻子者，谓生不相收。①

乡毋长游，里毋士舍，时无会同，丧蒸不聚，禁罚不严，则齿长辑睦毋自生矣。

案：《周礼》阍人：王宫每门四人，囿游亦如之。郑注：囿，御菀游离宫。《首宪篇》云：分里以为四游，游为之宗。此云长游，盖亦乡校州序之属，岁时会民以正齿位者。

法虚立而害疏远，令一布而不听者存，贱爵禄而毋功者富，然则众必轻令而上位危。

案：叔季之世，法虽具而权臣窃之以行私，有司玩而弄之以招贿，大臣近习多所宽假，而法皆有所不行，唯疏远者蒙其害而已。令出而相与视若无事，而亦不复督其行，爵禄之贱，人皆可以攘得之，而偏滥于无功，而吝于有功。若此者，亡国之征也。读此三语，俯仰今古，为之慨然。

法禁第十四

交于利通而获于贫穷，轻取于民而重致于其君，削上以附下，枉法以求于民者，圣王之禁也。

案：交于利通，谓其上下之交唯以利求通。重致于其君，即所以求通也。削上以附下，当为削下以附上，上下二字互易。

①《管子校释》未采录。

节于贫穷而发于勤劳，权于贫贱，身无职事，家无常姓，列上下之间，议言为民者，圣王之禁也。

案：议言为民，若处士横议。

壹士以为亡资，修田以为亡本，则生之养私不死，然后失矫，以深与上为市者，圣王之禁也。

“则生之养私”句绝。①

“不死然后失骄”句绝。②

案：与上为市，若《史记》之游侠。

故莫敢超等逾官，渔利苏功，以取顺其君。

案：王氏训苏为取是也。《汉书》韩信传：樵苏后爨，师不宿饱。师古曰：樵取薪，苏取草也。是苏本为取草。利功对文，渔苏亦对文。

重令第十五

爵人不论能，禄人不论功，则士无为行制死节，群臣必通外请谒，取权道，行事便辟，以贵富为荣华以相稺也，谓之逆。

案：稺、稊字通。《尔雅》蕛苵，郭注岁（秽）草，《孟子》亦作荑，乱禾稼者。相稺，言其为害本计有若稊稗之害稼也。经臣，可以证富贵荣华相稺之谊，恰与经臣反对。

---

①《读管札记——郭嵩焘遗稿》未辑录，《管子校释》未采录。

②《读管札记——郭嵩焘遗稿》未辑录，《管子校释》未采录。

法法第十六

国无以小与不幸而削亡者，必主与大臣之德行失于身也，官职、法制、政教、失于国也，诸侯之谋虑失于外也，故地削而国危矣。

“以小与不幸”句绝。①

故请入而不出谓之灭，出而不入谓之绝，入而不至谓之侵，出而道止谓之壅。

案：请入而不出，请当为情。上文百里之情，千里之情，万里之情，情一也。由内而可以知外，由近而可以推远。入者，言所知也；出者言所推也。

昔者三代之相授也，安得二天下而杀之？

案：《尔雅·释诂》：杀，克也。隐元年《公羊传》：杀之者何？克之也。《玉篇》：克，胜也。揖让征诛只此天下而已，三代之递为征诛也。取人之所有，克而行之，而天下得君焉，天下之在人与其在我均也。德至时应，以武定乱，非穷兵也。故曰汤武革命顺乎天而应乎人。

兵法第十七

因其民，则号制有发也。

案：则有发也，则有制也，则有守也，则有明也，四句对文。则“号制”二字疑衍。因其民，犹孟子之言天下之民引领而望之

---

①《读管札记——郭嵩焘遗稿》未辑录，《管子校释》未采录。

矣。下文发乎不意，莫之能应也。故全胜而无害。即此发字之谊。有发者，有所据以为发兵之资也。此“号制”二字涉下文制法仪、出号令而衍。

器械不巧则朝无定。

案：下文早知敌、有畜积、器械功、赏罚明，四事对文。当从《七法篇》为正。

故曰早知敌而独行，有蓄积则久而不匮，器械巧则伐而不费，赏罚明则勇士劝也。

案：早知敌，纵横指麾无不如意，故独行。四则字同文，《平议》云“当从宋本作而”，误。

大匡第十八

公令连称管至父戍葵丘，曰：“瓜时而往，及瓜时而来。”

案：此袭左氏文，疑非《管子》原本。《左传》：瓜时而往，纪其时也。曰及瓜而待，纪其言也。此通作远戍之辞，不如左氏之隽而有味。

文姜告齐侯。齐侯怒，响公，使公子彭生乘鲁侯，胁之。

案：《尔雅·释畜》郭注：干胁，盖凡牛马之属，在上曰脊，在下曰膺，左右皆曰胁。《特牲礼》曰长胁，曰短胁，《少牢礼》曰短胁，曰正胁，曰代胁。郑注举干皆云胁。前为肩，后胫骨为骼，体中皆胁也。故以干统之。何注《公羊》：拉干而杀之，亦云干胁也。人身唯胁骨可折。《史记．范雎传》：折胁折齿，《邹阳传》作范雎拉胁折齿于魏。拉胁，正用《公羊》搚干之文。《史记．齐世家》：彭生拉杀鲁桓公。言拉杀，亦可知为折其胁也。《管子》云胁之，其言又别。盖彭生多力，挟桓公于胁而扼杀之。《玉篇》：干，体也。彭生拉杀鲁桓公，实毙之胁下。但折其胁，未必死也，管子在当时能知其详。尹注以为拉其胁而杀之，误。以胁之之胁属之桓公，《杂志》辨之允矣。疑尚非《管子》之本谊也。

或曰：明年，襄公追逐小白，小白走莒，三年，襄公薨。

案：《管子》之书自叙而两存其疑说，必为后人增加。《戒》篇兼及管仲卒后情事，盖管子之徒，附益为之辞耳。

卫国之教，危传以利。

案：危诡通。诡传，谓善于缘饰传会。俞氏以危字断句，非也。

二岁而税一，上年什取三，中年什取二，下年什取一。

案：《平议》，此即什一之法而变通之，仍是什而取一也。二岁一税，假令六年之中，上年二，中年二，下年二，则通三二一之数而适得六，是即岁取其一也。疑管子之意不如此。盖什一常税，通中年什取二计之，二岁一税，仍什取一也。上年加三之一，下年则减其半，酌盈剂虚，以上年之有余，补下年之不足，而国税常均，不必通取足于什一也。

岁饥不税，岁饥驰而税。

案："岁饥不税，岁饥驰而税"二语相连，疑"岁饥不税"四字衍文。

于父兄无过，于州里莫称，吏进之，君用之，善为上赏，不善吏有罚。

案：管子之治齐，吏效其职，民输其情，赏罚必当、必信，而尤莫急于进贤，进诸侯士有过无罪，急求异国之贤能，罪不及吏也。州里所称有善无赏，有过无罚，取之人言者，功罪皆不及吏也。其有不进，廉察吏意云何，务尽一国上下之情，毕输于前，此管子行政之大经也。

中匡第十九

导血气，以求长年、长心、长德，此为身也。

案：长年、长心、长德三事，道血气，所以求长年也，长心、长德二事上疑有阙文。

远举贤人，慈爱百姓，外存亡国，继绝世，起诸孤。

案：下文“外存亡国”，则此当为“内举贤人”，远字疑误。

小匡第二十

君何不杀而受之其尸？

案：受之其尸当作授之其尸。

今夫工群萃而州处，相良材，审其四时，辨其功苦，权节其用，论比、计制断器，尚完利。

案：此与《齐语》各自为谊。韦注《齐语》比，比其善恶也。《齐语》论比协材，媋就审材言之。此言论比计制断，通言制器之宜。《说文》：制，裁也。断，截也。比次材质之高下以施斧锯之宜。《考工记》曰：审曲面势以饬五材，用其规矩绳墨以定制，所谓计制断者也。

分宥薄罪，入以半钧。

案：《齐语》：小罪谪以金，分宥间罪。韦注：小罪不入于五刑，以金赎，有分两之差，今之罚金是也。宥，赦也，间罪刑罚之疑者，由重罪、轻罪以至小罪，皆入甲盾及金以赎，其疑罪则赦之。曰金分者，自钧金以下各视其罪为差。此以“分宥薄罪”为句，而薄罪之与小罪，既无区分，云宥，则亦不得加赎也。疑此承《齐语》而增加“入以半钧”字，谊反不足也。

既反其侵地，正其封疆，地南至于岱阴，西至于济，北至于海，东至于纪隋。

案：常、潜，《齐语》作棠、潜，韦注：鲁二邑。此纪隋，《齐语》作纪酅，韦注：纪，纪侯之国，酅，纪季之之邑，已入于齐也。①

南据宋、郑，征伐楚，济汝水，逾方地，望文山，使贡丝于周室。

案：《齐语》作望汶山。《霸形篇》亦曰望汶山，则此当为汶山。②

君若治国强兵，则五子者存矣。若欲霸王，夷吾在此。

①《读管札记——郭嵩焘遗稿》未辑录。

②《管子校释》未采录。

案：诸葛公曰：若无兴德之言，则责攸之、祎允之咎以彰其慢。诸葛平生自许管、乐，所任者伯王之业而已。三代汤、武之君不可复遇，故只成于伯，非独百司职事有所不为，即致君尧、舜之心，亦不遂敢以伊、周自期也。知诸葛公则知管子矣。孟子之于梁惠王、齐宣王亦犹是也。此古人一生蕲向，当深观之而默体之。

霸形第二十二

明日皆朝于太庙之门朝，定令于百吏使税者百一种，孤幼不刑，泽梁时纵，关讥而不征，市书而不赋，近者示之以忠信，远者示之以礼义，行此数年而民归之如流水。

“明日皆朝于太庙之门”九字句绝，“朝定”二字句绝。

霸言第二十三

大国小之，曲国正之，强国弱之，重国轻之；乱国并之，暴王残之。

案：暴王残之，暴王疑为暴国之讹。[①]

夫争天下者以威易危，暴王之常也。

案：暴王之常疑当作霸王之常。[②]

故贵为天子，富有天下，而伐不谓贪者，其大计存也。

案：下文数言先王之伐，又云：一而伐之武也。谓与为同，

①《管子校释》未采录。

②《管子校释》未采录。

言有所攻伐而不为贪也。若改伐为我、为代，则所谓贪者将何所指？有以知其不然也。

知盖天下，继最一世，材振四海，王之佐也。

（王校继当作计，俞校据下强最一伐定继当作强。）案：此俞说为长。[①]

故上明则下敬，政平则人安。士教和则兵胜敌，使能则百事理，亲仁则上不危，任贤则诸侯服。

“政平则人安”句绝。“士教和”属下读。[②]

夫王者之心，方而不最。列不让贤，贤不齿第择从，是贪大物也。是以王之形大也。夫先王之争天下也以方心，其立也以整齐，其理之也以平易。

“方而不最”句绝。

问第二十四

余子仕而有田邑，今入者，几何人？

案：余夫不受田，仕而有田邑，则由禄也。罢仕即收之。此考知余子之仕而复废者。

官贱行书，身士以家臣自代者，几何人？

案：《周礼》注，府治藏史掌书者，犹今行文书之史往来递

①《管子校释》未采录。
②《读管札记——郭嵩焘遗稿》未辑录。

送，故得以家臣自代。

大夫疏器：甲兵、兵车、旌旗、鼓铙、帷幕、帅车之载，几何乘？

案：以上所问，据一人一事言之。“大夫疏器”以下，则通举其大端。疏谓布陈之。《楚辞》：疏石兰兮若芳。王逸注：疏，布陈也。《淮南·俶真》篇“疏跃枝举”，高诱注：疏跃，布散也。是疏字兼有陈列之义。尹注训疏，画饰也，恐非。

而市者，天地之财具也。而万人之所和而利也，正是道也。

案：《问》篇终之以市，关太公通工商之业，辨鱼监之利，所以致富强，亦其世守之法也。

小利害信，小怒伤义，边信伤德，厚和构四国，以顺貌德，后乡四极。

案：《檀弓》齐衰不以边坐，郑注：边，偏倚也。则此边信即偏信之意。偏信与小怒、小利对文，无庸曲为之说。

戒第二十六

博学而不自反，必有邪。

案：必有邪三字与博学而不自反文谊不相属，疑有夺误。①

自妾之身之不为人持接也，未尝得人之布织也，意者更容不审邪？

---

①《管子校释》未采录。

言不与人相款接，即欲自食其力，而不能以无为之资者故也。①

见一恶，终身不忘。

案：《明史·刘基传》：太祖欲相杨宪。基曰：宪有相才而无相器。问汪广洋，曰：此褊浅殆甚于宪。问胡惟庸，曰：譬之驾，惧其偾辕也。帝曰：吾之相无以踰先生。基曰：臣首恶大甚，又不任繁剧，为之且孤上恩。任天下之大事者，好善不忧其过。恶恶已甚，则其不能容者多矣。《书》曰：有容德乃大。忠恕者所以为有容之本也。书此以自警。

君不归，楚必私之。私之而不救也，则不可；救之，则乱自此始矣。

“君不归楚”句绝，言不寄诸楚也。“必私之”，言齐固当视为己有也。私之而不救，言为济有而不能济其难。②

北郭有狗，我而不使也。

“我而不使也”句绝。

地图第二十七

知形不如知能，知能不如知意，故主必参具者也。

案：高祖欲捐关以东求可共功者，张良曰：九江王布，楚枭将，与项王有隙；彭越与齐反梁地，此二人者可急使。而汉将独

①《管子校释》未采录。
②《读管札记——郭嵩焘遗稿》未辑录。

韩信可属大事，当一面，即欲捐之。捐之此三人，则楚可破也。诸葛公语先主：曹操拥百万之众，诚不可与争锋，孙权据有江东，可为援而不可图也。荆州用武之国，益州险塞，地势雄便，宜跨有荆、益以伺天下之变，此所谓知能者也。王朴之对周世宗：唐失道而失吴、蜀，晋失道而失幽、并，观所以失之之由，即知所以取之之术。攻取之道，从易者，始先吴、蜀，次幽、并，河东必死之寇，宜为后图。刘基见太祖陈天命所在，太祖问征取计，基曰：士诚自守虏，不足虑，友谅劫主胁下，地据上游，其心无日忘我，宜先图之。陈氏灭，张氏势孤，一举可定。此所谓知意者也。

参患第二十八

将徒人，与伐者同实。

案："将徒人与伐者同实"与上下文不为类，疑此八字衍。上文"甲不坚密与伐者同实"，又或有夺文而误衍于此。《广雅》：徒，袒也。《史记·张仪传》："秦人捐甲徒裼以趋敌"，《汉书·晁错言兵事书》："甲不坚密与袒裼同"，正用《管子》文。《说文·彳部》：迹也。《玉篇》：踏也，履也。与践同。《大雅·行苇》郑笺：践，行列貌。疑此上文当作甲不坚密，与将徒人以者同实，与以字通用，上文误夺于此，遂以将徒人与践者同实为文而义不可通矣。

故一器成，往夫具，而天下无战心；二器成，惊夫具，而天下无守城；三器成，游夫具，而天下无聚众。

案：往夫当为狂夫。《广韵》：心不能审得失之地，则谓之狂。狂夫乱而不整，惊夫扰而不定，游夫荡而不知所归，此三者，皆士之不可用也。器者，五兵之用也。器成而士不可用，犹无器也。士之不可用，尤莫甚于游夫，聚而散者，所谓游夫也。狂夫不足与战，惊夫不足与守，游夫则亦不足与立国矣。

君臣上第三十

上之畜下不妄，所出法则制度者明也。

案："出法制度者明也"、"循义从令者审也"对文，所字疑衍。

不言于聪明，而善人举，奸伪诛，视听者众也。

不言于聪明，于字衍文。

案：视听者众也，疑有夺文。上文曰智能聪明者下之职也，下兼臣民言，此文复析言之，言人臣亦不必言智能，听其顺事治、国患解而可知其智能，此人臣之任也。众人亦不必言聪明，观上所诛赏，环坐视听而可知其聪明，此众人之事也。选贤论材、合臣民而听命于君，故下兼言治官化民，以是知有阙文也。

君臣下第三十一

为民兴利除害，正民之德，而民师之。

案：此柳子厚《封建论》之所自出。

四者有一至，败，敌人谋之。则故施舍优犹以济乱，则百姓悦；

案：此则字，在敌人上，败字，在谋字下。

民有三务，不布其民，非其民也。

案：不布其民下疑夺民字。言民有三时之务，而不下布之民，则三时废而民非其民矣。

故民赶则流之，民流通则迂之。决之则行，塞之则止。

案：迂谓朴野，流谓以礼教运行之，即文质相济为用之意。决者道而使之流，塞者反而使之迂。尹训迂曲流通，非也。

虽有明君，能决之，又能塞之。

案：虽、唯古通用。此文言唯有明君能决之又能塞之也。

明妾宠设，不以逐子，伤义。

案：明立宠设以下，文气杂乱不相属，疑有夺误。

小称第三十二

我且恶面而盛怨气焉，怨气见于面，恶言出于口，去恶充，以求美名，又可得乎？

案：王氏改上来字为求，俞氏又改下求字为来。然来与求，谊正相同，求者有为之词，来者自然之应。

公憎四子者废之官。

“废之官”句绝。[1]

侈靡第三十五

案：《管子》此篇，尤为奥博难读，夺误亦多，至不可以句。

---

[1]《读管札记——郭嵩焘遗稿》未辑录，《管子校释》未采录。

其以侈靡名篇，亦莫窥其意之所存。其云：立余日而侈，多酒醴而靡，则上所云积者也。其云：上侈下靡，则上所云行之然后移者也，皆非本篇正文。发端言古政刑之简，而承之曰，与时化若何，莫善于侈靡，则是侈靡者，据周之文言之。次论政教感人之深浅，而曰通于侈靡而士可戚，盖亦君臣交际之繁为仪文，然后民可使亲上也。繁，是而有导化之方，繁，是而有驾御之术，繁，是而整齐歆动之以祭祀。而生民之情伪，日出不穷，下之窥伺上以其意，上之转移下以其机，如是一切敬爱礼仪之说兴焉，而要皆习为之也。为人君者酌其虚满，时其进退，体阴阳之撰而谨持操政者之柄，视天变，观风气，以默察其机缄，盖谓侈靡之流极，必有纳之于约，操之于微者也。其文义不尽可通，玩其辞旨，寻其脉络，犹可窥见其大要。

可与政其诛。

案：可与政其诛，义不可通，当作可与证其说。

今夫政则少则，若夫成形之征者也。去则少可使人乎？

“今夫政则少”句绝。①

亲左有用。

“亲左有用”句绝。

无用，则辟之。

案：“无用则辟之”句绝。无用，谓珠玉犬马。《尔雅》：辟，

①《读管札记——郭嵩焘遗稿》未辑录。

君也。是珠玉犬马乃为上嫥有之主。

有革而不能革，不可服，民死信。

民上属，不可服句绝。

案：死信上疑夺民字，民从教而已，故死信。

诸侯死化，请问诸侯之化弊也。

案：诸侯有化民成俗之义，故死化。

吾君长来猎君，长虎豹之皮，用功力之君，上金玉、币，好战之君，上甲兵。

案：俞氏此说较王氏之谊为优，而与下文文法不类。疑君长二字涉下文而衍，吾字又涉下今吾君战而衍，此文当为来猎之君长虎豹之皮。来猎，犹言从猎也。与下用功力之君、好战之君文法一律，是吾君长三字衍文。来猎下又夺一之字也。

故缘地之利，承从天之指，辱举其死，开国闭，辱知其神。

“开国闭辱”四字句绝。

一人积之下，一人积之上，此谓利无常。

案：《易》曰变而通之以尽利。圣人所以利民，唯变故通也。故有常以立民之极，无常以相民之宜。

利静而不化，观其所出，从而移之。

案：移民而使就利，圣人之大用也。

视其不可使，因以为民等。

案：其不可使就利，则必杰然高出乎人上者，伊尹、太公之徒是也。而凡民之等由是分焉。圣人所以辨民之等，辨之于所就而移焉者而已。

三尧在臧，于县。

六字句绝。

辟之苦尊谭，未胜其本，亡流而下不平。

案：《玉篇》：谭，大也，诞也。《诗·邶风》传：诞，阔也。言尊阔口者也。

案：未胜其本当作末胜其本，口阔而缩其腹，是为末胜其本。

流者，酒也。《诗·旱麓》传：黄流在中，流，鬯也。疏谓郁金黄色酒，在器流动，故谓之黄流。亡流，犹言倾酒也。口阔于腹，故下不能平。

令苟下，不治高，下者不足以相待，此谓杀。

六字句绝。

杀者，上侈下削，势不均也。

略近臣合于其远者立亡。

案：略近臣，臣字当为而字之误。与上同义而势更偪近者，必惧而群起以谋之。

国之起毁国之族，则兵远而不畏，国小而修大。

立亡而下，疑有夺误。此下申叙上文四项，上云事立而坏，则此当云立而必坏。国之起，涉下国之族而衍国之二字，之字又为兵字之误，疑当云兵起毁国之族。则兵远而不畏，又衍不字，畏犹怯也，指其国言之，非指敌国远而不畏，则与上文义为反焉。

疏戚而好外，企以仁而谋泄，贱寡而好大，此所以危。

案："企以仁而谋泄"当作阴行而谋泄。《说文·云部》"黔，云覆日也，侌古文黔"，侌亦古文阴，又古文"以"皆作""，是以阴字析分讹为"企以"二字，仁者，行之坏字也。

长丧以□其时，重送葬以起身财，一亲往，一亲来，所以合亲也。此谓众约。

案：□，字书无□字，当读为涅而不缁之涅，谓面色改而深墨也。长丧，犹终丧也，言古者遇丧而哀。

案：人亦相与戚焉而有送葬之文。财与裁通，谓裁度也，即所谓放之身而后行者也。

皆以能别以为食数，示重本也。

"皆以能别"句绝。①

故地广千里者，禄重而祭尊。其君无余地与他一者，从而艾之。

"地与他一者"句绝，"从而艾之"句绝。②

---

①《读管札记——郭嵩焘遗稿》未辑录。

②《读管札记——郭嵩焘遗稿》未辑录。

祭之时上贤者也。

案：《礼记·文王世子》篇：宗庙之中，以爵为位，崇德也；宗人受事以官，尊贵也。然而献酬之节，上下均焉，所谓上贤者亦虚为之文而已。管子之意，以为贤者当使尽其用，不当虚为之文。如孟子之言，晋平公之于亥唐，正管子所云上贤者也。

公曰：吾不欲与汝及若，女言至焉，不得毋与女及若言。

案：不得毋与女及若言，犹云焉得不与女及若言也。若，谓宫中女子。

国贫而贪鄙富，苴美于朝；市国国富而鄙贫，莫尽于市。

案：苴美于朝市国，市国二字疑衍。

劝者，所以起。

“劝者所以起”句绝。

用百夫无长，衍可临也。

“用百夫无长”句绝。

夫纣在上，恶得伐不得，钧则战，守则攻，百盖无筑，千聚无社，谓之陋，一举而取。

案：“伐不得”“得”字疑服字之误。此承上文言恶得不服，正明所以致诸侯之有道也。

缘故修法，以政治道，则约杀子，吾君故取，夷吾谓替。

“吾君故取”四字句绝。

以同其日久临，可立而待。

六字句绝。以同其日言嗣君通合先君在位之年。久临者，得长席其安以御下。

故为祷朝缕绵，明轻财而重名。

六字句绝。祷者，临质先君以明鬼神。朝者，纪纲治道以修故法。繁多擘之理曰缕，于事无遗也；永久之延续曰绵，无时或坠也

同临？所谓同者，其以先后智渝者也。

六字句绝。公曰同临，犹言君号称不上世所抚有。所谓同者，言徒赖恃先君俱其不替。

钧，同财争，依则说。

案：钧同财争，财字当为则字之讹。言势力均，则有争胜之心。

兑假，今字作悦。委而顺之则说。

十则从服，万则化。

以一敌十，则不能不服从矣。

春秋一日，败日千金，称本而动。

“春秋一日”四字句绝。[1]

---

[1]《读管札记——郭嵩焘遗稿》未辑录。

弃其国宝，使其大，贵一与而圣；称其宝，使其小，可以为道。

“贵一与而圣称其宝”八字句绝。[①]

能宫，则不守而不散。众能，伯；不然，将见对。

“则不守而不散众”句绝。[②]

与大则胜，私交众则怨杀。

“私交众则怨杀”句绝。[③]

逐神而远热，交觯者不处，兄遗利，无事左，中国之人，观危国过君而弋其能者，岂不几于危社主哉！

逐神而远热，所谓寂寞之濒，荒寒之野，不通人烟者也。

交觯，犹言会饮也。

案：兄遗利，兄字即古文况字。当以“况遗利，夫事左”为句，言与事乖牾，是自遗利也。

天地不可留，故动，化故从新。

“天地不可留故动”句绝，言其运行不熄也。“化故从新”句

---

①《读管札记——郭嵩焘遗稿》未辑录。

②《读管札记——郭嵩焘遗稿》未辑录。

③《读管札记——郭嵩焘遗稿》未辑录。

绝，言其循环发敛相乘也。[1]

故至贞生至信，至言往至绞。

"至言往"句绝。[2]

生至自有道，不务以文胜情，不务以多胜少，不动则望有廧，旬身行。

"不动则望有廧旬"句绝。[3]

身行法制度量，王者典器也。

六字句绝。

能与化起，而王用则不可以道山也。

四字句绝。

心术上第三十六

案：《心术》篇言静虚因应之旨，纯是老子之学，春秋前已萌芽矣。

化育万物谓之德，君臣父子人间之事谓之义，登降揖让，贵贱有等，亲疏之体谓之礼。

---

①郭沫若《管子集校》作"郭嵩焘云"。《读管札记——郭嵩焘遗稿》未辑录。《管子校释》"天地不可留故动"夹注"言其运行不息也"、"化故从新"夹注"言其环循发敛相乘也"。

②《读管札记——郭嵩焘遗稿》未辑录。

③《读管札记——郭嵩焘遗稿》未辑录。

案：亲疏之体，当为亲疏有礼之讹。

简物、小末一道，杀僇禁诛谓之法。

案：简物小末，当作简稽小大。

“无代马走”、“无代鸟飞”，此言不夺能，能不与下诚也。

案：此言不夺能不与诚也。文义不可通。疑诚字为诤之讹，诤与争通。《后汉书·刘元传》：平理诤讼，诤即争也。《孝经》争臣亦谓诤臣。下能字疑当在诤字下，言不夺其能，亦不与下争能也。①

修之此，莫能虚矣。

案：修之此莫能虚矣，能当作如。

物得以生，生知得以职道之精。

案：物得以生，下生字疑衍。

道也者，动不见其形，施不见其德，万物皆以得然，莫知其极。

案：上文其谓所得以然也，万物皆得以然，言得之以为物也。以得二字误倒。

洁之者，去好过也。

案：去好过，当作去好恶。

---

①《读管札记——郭嵩焘遗稿》未辑录。

执其名，务其应所以成，之应之道也。

“务其应”句绝。[1]

心术下第三十七

是故曰：无以物乱官，毋以官乱心，此之谓内德。

案：是故曰，是字衍文。

凡物载名而来，圣人因而财之，而天下治。实不伤，不乱于天下，而天下治。

案：尊卑长幼，名也；礼乐政刑，实也。名则裁而正之，实则固而存之。以名正名而已，故因而不创；以实存实，故用而不伤。名实者，相须为用者也。其治天下一也。

白心第三十八

案：管子法家，而《汉书·艺文志》入之道家。法家坚忍退约之旨，实原于道家也。《管子》书尤与道家之言为近。其言曰：“为善乎，毋提提；为不善乎，将陷于刑”，与《庄子》“为善无近名，为恶毋近刑”同意，即《老子》所谓“善行无辙迹，善言无瑕谪”之旨也。《史记》老子、韩非合传，班史列管子道家，亦史公遗意也。

是故万物均既众矣。

---

①《读管札记——郭嵩焘遗稿》未辑录，《管子校释》未采录。

“是故万物均”五字句绝。①

是故骄之余卑，卑之余骄。

案：骄之余卑，卑之余骄，两余字皆当为逾，以声相近而误。此逾骄之而彼逾卑，此逾卑之而彼逾骄。强与弱互相形，骄与卑亦互相引也。

出者而不伤人，入者自伤也。

案：此不当据注以改正文，上文兵之出出于人，其入入于身，此正相承为文。兵法前左下后右高，下者在前，高者在后，在前曰出，在后曰入，盖兵道尚右者也。主将之所司也，无杀敌致果之将则兵将危。出者，主伤人者也，而不伤人正作转语。尹注以出者主生为言，恐失之。

水地第三十九

是以水者，万物之准也，诸生之淡也。

案：《平议》改为诸生之澹，云澹与赡通，然本文直承上三项，淡也者，五味之中也。《说文》：准，平也。《广韵》：质，地也。准以明水之用，质以着水之体，淡者，水之本原也。故曰天一生水，五味之始，以淡为本。水曰润下作咸，而其始出淡，然诸生资水气以生，其始皆淡也。玩此段文义，亦并未及赡物之功也。

故曰水神。

①《读管札记——郭嵩焘遗稿》未辑录，《管子校释》未采录。

集于草木，根得其度，华得其数，实得其量。

“水神”属下，“集于草木”句绝。①

或世见，或世不见者，生蝺与庆忌。

案：以下文生人与玉之例推之，则下文当有生字，而此不当有生字。未宜援彼以证此也。

伏闇能存而亡者，蓍神龟与龙。

案：以上文生人与玉之例推之，疑当作生龟与龙。

是以圣人之治于世也，不人告也，不户说也，其枢在水。

案：《尔雅》：太平之人仁，丹穴之人知，大蒙之人信，空桐之人武。以地言之，此又专以水言。水者，地之血气筋脉流通者也。郭璞青囊经术已源于此，有性情而后有功用也。

四时第四十

是故春行冬政则雕，行秋政则霜，行夏政则欲。

案：行夏政则欲，欲字义不可通。疑作溽暑之溽。《说文》溽，湿暑也。溽、欲字声相近而误。《儒行》其饮食不溽，郑注溽之言欲也，是二字谊通。

道生德，德生正，正生事。

案：此与《孟子》生于其心，害于其政，生于其政，害于其事，文义正同。

---

①《读管札记——郭嵩焘遗稿》未辑录，《管子校释》未采录。

月有三政，王事必理，以为必长。

案：上文春三月以甲乙之曰发五政，夏三月以丙丁之日发五政，秋三月以庚辛之日发五政，冬三月以壬癸之日发五政，此文月有三政当为五政之误。

五行第四十一

修概水上，以待乎天。

案："修概水上"以下，并四字为句，承上天道、地理、人道言之，而人道居中，所谓人位乎中也。疑此文当以"以待乎天"为句，"堇反五藏"为句。尹注读为"以待乎天堇"，而文义逾不可解矣。"修概水上"水字、"祭祀之下"之字，疑皆为乎字之误。

堇反五藏，以视不亲。

案：堇当为廑。《汉书》文帝诏：今廑身从事。晋灼曰：廑，古勤字。

货曋神卢，合于精气。

案：尹注日所次隅曰曋，于文义不可通。曋，疑为瞫字之误。《说文·目部》：瞫，深视也。货当为化。《广韵》：货者，化也。《韵会》：天地阴阳运行，自有而无，自无而有，万物生息则为化。《黄庭经》曰：神卢之中务修治，故有嘘吸卢外，呼噏卢间之言。积精敛气，要本为一。货曋即所谓长生久视乃飞去，五行差参同根节者是也。

然则水解而冻释，草木区萌，赎蛰虫卵菱。

案：疑卵菱若《夏小正》卵蒜之比。

春辟勿时，苗足本。不疠雏鷇，不夭麑麇毋傅速，亡伤襁葆。

案：下文苗死民疠，则此文苗足本不疠当作苗足民不疠。

“雏鷇不夭”句绝，“麑麇毋傅速”句绝。

《正韵》：鹿足迹曰速，言无使奔逸也。

出国，司徒令命顺民之功力，以养五谷。

案：出国二字疑衍文

出国二字句绝，司徒下属，令命顺民之功力句绝。[1]

天子不赋、不赐赏，而大斩伐伤，君危，不杀，太子危。

案：不发既统于不赐赏之内，不应不发专主太子危也，疑不杀即不然之讹。或危或死，分别两项，言君当危，不然，则太子危也，家人夫人当死，不然，则长子死也。危者，国难死者家祸。熟玩文义，自能辨之。

正第四十三

令之以终其欲，明之毋径。

案：《集韵》：径，直也。《尔雅》曰：直波为径，径谓直情径行也。政者所以导民也，导民以使得其欲而无敢径直以行，所谓政也。欲如《孟子》可欲之谓善。《杂志》政与法为一，恐未然。

当故不改曰法。

①《管子校释》未采录。

案：当故，宜为常故。

九变第四十四

不然，则赏明而足劝也。

案：《管子》正分列赏、罚二者以应九变之数。《墨子·备城门》篇，万民乐之无穷，凡分列六事。末言，不然，则有深怨于适，而有大功于上；不然，则赏明可信而罚严足畏也，并合《管子》两事为一事，岂能据之以订正《管子》之文乎？洪氏谓赏明上衍不然则三字，失之。

任法第四十五

夫非主令而行，有功利，因赏之，是教妄举也；主令而行之，有伤败而罚之，是故民虑利害而离法也。群臣百姓人虑利害，而以其私心举措，则法制毁而令不行矣。

案：此战国名家之言，尊主卑臣，一制其法于君，遂以开秦汉以来二千余年治国之大经，春秋之世无此言也。

明法第四十六

所谓治国者，主道明也；所谓乱国者，臣术胜也。

案：臣胜术当为臣术胜。主道明、臣术胜，相对为文，术胜二字误倒。

百官识非惠也，刑罚必也。

案：非惠也，谊不可通。上文非计亲也，则此文亦当作非计惠也。非下夺计字。

十至私人之门，不一至于庭；百虑其家，不一图国。

案：春秋战国之世，游士干谒者必有所主。孔子于卫，主蘧伯玉、主颜雠由，皆是也。爵禄之权，一操之君，故有以家擅国者矣，未有官人于朝而以为私者也。十至私人之门，不一至于庭，此汉时人语，沿及暴秦亦无此等猜防也。

正世第四十七

法不繁匿，万民敦悫，反本而俭力。

案：此文旧读不繁匿为句，故俞氏以慝训匿。疑此四字为句，百官奉法，所以有常；法立令行，所以不繁匿。《广韵》：匿，隐也。简故不繁，明故不匿。不繁匿者，简明之谓也，俞氏失之。

君人者不可以不察也。

案：秦汉以后之天下，法立令行然后治；功成其用，尤在赏罚。《管子》此文遂为二千余年一成之局。诸葛公曰，法立则知威，惠行则知恩。诚令民知之，则君道胜也，知之而无不心服体从矣。伯者之政，未有不心服体从者也，自桓、文没而伯道终。记曰，考道以为无失伯者之事功与其用心；能考而求之，斯可以无失也。

治国第四十八

秋粜以五，春粜以束，是又倍贷也。

案：[1] 春当籴入，秋当粜出。粟少而民无积，是以谷不足，而春常籴以取给，粜出者十而籴入者五，故曰倍贷也。疑此春秋二

①《管子校释》误标为“小郭云：某案”。

字当互易。

厮舆之事，此四时亦当一倍贷矣。

案：上文倍取于民者四，上倍取之，则民亦倍贷之。嫥市赋役无四时之分，疑此四时为此四者之讹。

内业第四十九

凡物之精，此则为生。

案：此章专言气，疑此文当为凡物之精，气则为生；下文此、气连文，故气讹为此。

是故民气，杲乎如登天，杳乎如入于渊，淖乎如在于海，卒乎如在于己。

案："是故民气"当作是故其气。此据天地之气言之，不属民也。

是故卒乎其如可与索，渺渺乎其如穷无所。

案：其如可与索，犹言如有所立卓尔也，所谓近而可挹也。

案：此当为眇眇乎其如无穷所。其如无穷所，犹言虽欲从之，末繇也，所谓远而不可即也。无穷二字误倒。

凡人之生也，天出其精，地出其形，合此以为人。和乃生，不和不生。

"合此以为"句绝。[①]

---

①《读管札记——郭嵩焘遗稿》未辑录。

大充，伤而形不臧。

案：伤而形不臧，伤上疑夺气字，医所谓多食反伤胃气也。

小问第五十一

请问富国奈何？

案：下文则国必富矣，是桓公所问富国之术，贵字为国字之误。

昔者天子中立，地方千里，四言者该焉，何为其寡也？

案：四言，疑为四方之讹。中立以制四方，则四方可兼该也。故曰四方者该焉。

有时先事，有时先政，有时先德，有时先恕。

案：王氏以有时先恕四字衍文，非也。先事、先政为一事，先恕、先德为一事。此谓先之以事，此谓二字涉下文两此谓字而衍。王氏不察，乃以先之以事与先之以政并列，既言有时先政，则亦无庸更言有时先事也。《管子》原文，正以有时先事，有时先政，有时先恕，有时先德，汇举以见其曼衍，王氏于此失之。

牧民者，厚收善岁以充仓廪，禁薮泽，此谓先之以事。

案：此谓二字，涉下文两此谓字而衍。

随之以刑，敬之以礼乐，以振其淫，此谓先之以政。

案：年丰则先之以事，所以防淫也。政者，兼事与刑言之；先之以事，随之以刑，所谓政也。

牧民者发仓廪、山林、薮泽以共其财，后之以事，先之以恕，以振其罢。此谓先之以德。

案：年饥则先之以恕，所以振其罢也。德者，又兼恕与事言之。后之以事，先之以恕，所谓德也。

七臣七主第五十二

芒主：通人情以质疑，故臣下无信。

案：两芒主，一是茫昧之谊，一是忙乱之谊。

呜呼美哉，名断言泽。

案："名断言泽"上疑有夺文。上文曰，以绳七臣得六过一是，六过者：饰臣、侵臣、乱臣、愚臣、奸臣、乱臣，而所谓一是者未具，则是七臣之数尚缺其一。疑上亦法臣，亦法下当有法臣二字。臣法夺亦字，遂并法臣二字相联而夺去耳。

乱臣：多则造钟鼓，众饰妇女以惛上。

案：乱臣多造钟鼓，众饰妇女以惛上。乱臣，当为谄臣。谄臣贵而法臣贱，故知七臣之一是者必法臣也。下文伤上而众人不知乃为乱臣。此惛上者，但能谓之谄臣，不并为乱臣也。

禁藏第五十三

居民于其所乐，事之于其所利，赏之于其所善，信之于其所余财，功之于其所无诛于下。

案：居民于其所乐，民字当为之字之讹。居与事对文，乐与利对文。言有所乐，而后居有所利，而后从事也。此不当为民字。

故主上视法，严于亲戚。

案：主上视法，当作主之视法，与下吏之举令、民之承教一律，并覆述上文之辞也。

其商人通贾，倍道兼形，夜以续日，千里而不远者，利在前也。

案：下文渔人之入海，则此当云商人之通贾，而误衍一其字，夺一之字。

故耕器具则战器备，农事习则功战巧矣。

案：《管子》原本作功战。

视其阴所憎，厚其货赂，得情可深。

案：此阴字当在厚其货赂之上。

必深亲之，如典之同生。

案：《管子》原本作典，《杂志》典，当为舆。

入国第五十四

入国四旬，五行九惠之教。

“四旬”绝句。[1]

士民有子，子有幼弱不胜养为累者，有三幼者无妇征，四幼

①《读管札记——郭嵩焘遗稿》未辑录，《管子校释》未采录。

者尽家无征，五幼又与之葆，受二人之食，能事而后止。此谓之慈幼。

案：《周官》大宰九贡二曰嫔贡，间饰职曰，任嫔以女事贡布帛，而大宰以九职任万民，七曰嫔妇化治丝枲，八曰臣妾聚敛疏财，皆所谓妇征也。耶师职曰，辨其可住者与其施舍者，郑注：施舍，谓应复免。凡《管子》所言皆周制也。

所谓恤孤者，凡国、都皆有掌孤，士人死，子孤幼，无父母所养，不能自生者，属之其乡党、知识、故人。

案：篇内或言士民，或言士人，当通作士民，人、民二字本通用。①

九守第五十五

听之术，曰：勿望而距，勿望而许。

“听之术”三字句绝。②

桓公问第五十六

有司执事者，咸以厥事奉职而不忘焉。

案：忘，读妄。各奉其职，故不妄为。

度地第五十七

乃别制断之，州者谓之术，不满术者谓之里。

案：王氏读乃别制断之为句，于上下文谊皆有未顺。《周官·

---

①《读管札记——郭嵩焘遗稿》未辑录。

②《读管札记——郭嵩焘遗稿》未辑录，《管子校释》未采录。

大司徒职》，与有地治者听而断之，郑注：有地治者谓乡州。乡大夫受教法于司徒而颁之，其乡州长属其州之民而读法赞，乡大夫废兴，凡比闾族党之众，皆统于州。《说文》断，截之，引申之为决断。断之州，犹言受成于州也。《管子》书皆沿周制而稍有变通。《小匡篇》，四里为连，十连为乡；十邑为率，十率为乡，即为周官乡遂之制而统之于乡。曰别制者，明与周制异也。然其之周者，则同也。于文谊不得增加不满二字。

令曰：常以秋岁末之时，阅其民，案家人比地，定什伍口数，别男女大小，其不为用者辄免之，有锢疾不可作者疾之，可省作者半事之。

案：疾之，即《入国篇》所谓收而养之疾官，以备养疾之数也。

地员第五十八

渎田悉徒，五种无不宜。

案：《平议》：其立后而手实，总冒本篇，本在五种句前，俞氏之说是也。然五种无不宜上仍有夺误。据下文赤墟黄唐斥埴黑埴，则此必青土也。据《禹贡》梁州厥土青黎传，谓色青黑沃壤。此之泉深土沃，当为青黎之属，而传写夺其文，则所谓五种无不宜者，无所附丽以为言矣。

青山十六施，百一十二尺而至于泉，青龙之所居庚泥，不可得泉。

"青龙之所居庚泥"句绝。[1]

黑鹅马夫。

案：三土各十二种，皆以五色论其茎秀。五纑言茎叶如扶椿其粟大，五杰言长狭不箸色，然亦皆详其刑质，则此黑鹅马夫，疑当为黑鄂黑趺之讹。束皙《补白华诗》，一曰白华朱萼，一曰白华绛趺，李善注趺与跗通。《集韵》跗，足上也。《小雅·棠棣篇》鄂不韡韡，郑笺，承华者曰鄂，不当作跗，跗，鄂足也。上文黑实朱跗，以实言之，此又黑鄂黑趺，以华言之。鹅与鄂，一声之转。马下楷书作四点，因以黑而讹为马也。尹注云，草名，恐误。

弟子职第五十九

有堕代烛，交坐无倍尊者。乃取厥栉，遂出是去。

"有堕代烛"句绝。

案：有堕代烛，以交坐无倍尊者为谊。上文执烛隅坐，则在先生坐隅也，代烛者亦在坐隅，宜防其有倍尊者。《集韵》，堕，毁也。烛尽则毁灭，故须有代者而前，执烛者则取栉以出也。俞氏释堕为惰，似竱以代烛为谊，恐失之。

形势解第六十四

为人君而不明君臣之义，以正其臣，则臣不知于臣之理以事其主矣。

案：下文以教其子而整齐之，则以正其臣下亦当有阙文。

案：此当作则臣不知为人臣之理以事其主矣。疑夺一人字，

---

①《读管杞记——郭嵩焘遗稿》未辑录。

衍一于字。

人主务学术数，务行正理，则化变日进，至于大功，而愚人不知也。

案：至于大功而人不知，至于灭亡而不自知，相对为文。人者，通言之。化变日进在己，亦不知所以然也。疑愚人愚字衍。

能自去而因天下之智力起，则身逸而福多。

案：能自去而因天下之智力下，不当有起字，此涉上文以众人之力起事而衍。

立政九败解第六十五

辽远之地，谋边竟之士修，百姓无圉敌之心。

“辽远之地”句绝。

案：此当作辽远之地谋，边竟之士不修其职，夺去上下文，则修字无所附而文谊亦为之不明。

然则射御勇力之士不厚禄，覆军杀将之臣不贵爵，如是则射御勇力之士出在外矣。

案：出在外，言出而仕于他国也。射御勇力之士皆出其国，所用必无能矣。

版法解第六十六

功利不尽举，则国贫，疏远微贱者无所告诉，则不诉。

案：饶读为栋桡之桡；《易·大过》象传曰：栋桡，本末弱也。弱则折矣，无所告诉，中有梗之者，亦本末俱弱之势也。曰下桡者，乱成于下也。

凡人君者，欲众之亲上乡意也，欲其从事之胜任也。

案：从事、胜任是一事，则之者语词，正不必删。

而众者，不爱则不亲，不亲则不明，不教顺则不乡意。

案：亲上、乡意、胜任三者并举，此当云不爱则不亲上，不教顺则不乡意，无以利之，则不能胜任；不爱则不亲下疑夺上字。

明法解第六十七

人主之治国也，莫不有法令，赏罚具故其法令明，而赏罚之所立者当，则主尊显而奸不生；

“莫不有法令”句绝，“赏罚具”句绝。[①]

明主者，使下尽力而守法分，故群臣务尊主而不敢顾其家。

案：此章主分言之不及于法，疑当云：臣下尽力而守分，法字衍。

巨乘马第六十八

案：古者天子之国万乘，诸侯大者千乘。国之大小，准诸车乘而一以井田为之制。《管子》书言制都邑、经田野之事，皆以乘马名篇。此篇则因桓公问乘马而及春事，疑当以问乘马名篇，问字传写误为巨耳。

---

①《读管杞记——郭嵩焘遗稿》未辑录。

彼善为国者，使农夫寒耕暑耘，力归于上，女勤于纤微，而织归于府者，非怨民心、伤民意，高下之筴、不得不然之理也。

案：若非怨民心，若下疑夺此字，言若此非怨民心伤民意也。

乘马数第六十九

朝国守分，上分下游于分之间而用足。

“守分上分下”句绝。[1]

布织财物，财物之赀，与币高下。

案[2]：织，识字通。有识财物，谓记籍而表识之。

国畜第七十三

夫以百乘衢处，危惧围阻千乘万乘之间，夫国之君不相中，举兵而相攻，必以为杆格蔽圉之用。

案：《尔雅·释宫》四达谓之衢；《玉篇》衢，四达道也。谓之衢国，如春秋之郑晋楚本攻，常取道也，亦恃以为杆格蔽圉之用，举兵相攻，自据四达之国言之。夫国者，谓彼相攻之国也，俞氏之言允矣。

山权数第七十五

民智而君愚，下富而君贫，下贫而君富，此之谓事名二。国机，徐疾而已矣。

---

①《读管札记——郭嵩焘遗稿》未辑录，《管子校释》未采录。

②《管子校释》误标为“小郭云案”。

"国"属上"此之谓事名二"，七字句绝。①

山至数第七十六

天下之数，尽于轨出之属也？

案：此当云天下之数尽于轨出之属乎？是桓公问语，作也误。疑此下当入管子语，必有夺文无疑。

则彼安有自还之大夫独委之彼？

"独委之"上属"则彼安有自还之大夫"，十二字句绝。②

揆度第七十八

故相任寅为官都，重门声柝不能去，亦随之以法。

案：俞说去字乃者字之误，非也；《易》曰：重门声柝以待暴客。不能去，谓不能禁止罢民为盗贼者，则亦官都之责也。

若产而无兄弟，上必赐之匹马之壤。

案：上文百乘为耕田万顷，为马四百匹，则匹马之壤当耕田二十五顷。

轻重甲第八十

今每战，舆死扶伤。如孤，荼首之孙。仰倳之宝，吾无由予之。

"今每战舆死扶伤"句绝，"如孤荼首之孙"句绝。③

---

①《读管札记——郭嵩焘遗稿》未辑录。
②《读管札记——郭嵩焘遗稿》未辑录，《管子校释》未采录。
③《读管杔记——郭嵩焘遗稿》未辑录。

彼尽馈食之也。国无盐则肿，守圉之国，用盐独甚。

“彼尽馈食之也”句绝。[①]

民人之食，有人若干步亩之数，而有饿馁于衢闾者何也?

案：民人之食，人当为资，得其谷则民资以食也。

案：下文人有百十之数，此亦当作人有若干步亩之数。

湩然击鼓，士忿怒；枪然击金，士帅然。筴桐鼓从之，舆死扶伤，争进而无止。

“士帅然”句绝。[②]

轻重乙第八十二

泾水十二空，汶渊洙浩满三之。于乃请以令，使九月种麦，日至日获，则时雨未下而利农事矣。

“三之”句绝，“于乃”下属“请以令”。[③]

君勿患。且使外为名于其乡，内为功于其亲，家为德于其妻子。

“外为名于其内”句绝。[④]

桓公衍终举兵攻莱，战于莒里必市里。

---

①《读管札记——郭嵩焘遗稿》未辑录，《管子校释》未采录。
②《读管杝记——郭嵩焘遗稿》未辑录。
③《读管杝记——郭嵩焘遗稿》未辑录。
④《读管札记——郭嵩焘遗稿》未辑录，《管子校释》未采录。

"战于莒里必市里"句绝。①

轻重丁第八十三

是民上则无功显名于百姓也，功立而名成；下则实其囷京，上以给上为君。壹举而名实俱在也。民何为也。

案：尹读上以给上为君句绝，今玩文谊，当以为君一举相属为文，乃与下文民何为也句相应。

朝夕外之，所堁齐地者五分之一，非谷之所生也。

案：朝夕，即潮汐二字，言近海之地为潮汐灌输出入，则不生五谷。《广韵》，堁，止也，谓潮汐之所至，其外皆卤地也。

①《读管札记——郭嵩焘遗稿》未辑录，《管子校释》未采录。

年　表

郭嵩焘年表

郭嵩焘，派名先杞，乳名崧龄（亦称龄儿），字伯琮，号筠仙，或署云仙、筠轩、仁先。曾号南岳老僧、南岳老人。又别署玉池山农，晚更号玉池老人。在长沙筑室曰养知书屋，学者又称养知先生。

1818 年　清嘉庆二十三年戊寅　1 岁

三月初七日（4 月 11 日），出生于湖南省湘阴县城西正街面榴轩。

1819 年　清嘉庆二十四年己卯　2 岁

十二月二十日（1820 年 2 月 4 日），继祖母张氏卒。

1820 年　清嘉庆二十五年庚辰　3 岁

九月十九日（10 月 25 日），祖父诠世卒。

1823 年　道光三年癸未　6 岁

正月十九日（3 月 1 日），弟崑焘出生。

1827 年　道光七年丁亥　10 岁

十月十五日（12 月 3 日），弟㟧焘生。

1829 年　道光九年己丑　12 岁

是年，从善化李选臣受学，“先生督课严甚，而处人接物，贞夷粹温，甚悦而和，与先大夫尤相善也”。之前，一直从父亲郭家彪受学，粗习句读。

1831 年　道光十一年辛卯　14 岁

是年，从堂伯父郭家瑞受学，“自是通知时文之义法……以知古今得失”。

是年，湘阴遭大水，田租无所出，全家往往不能举餐。

1834 年　道光十四年甲午　17 岁

是年，与零陵萧韶游，以诗唱和。

1835 年　道光十五年乙未　18 岁

是年，娶陈隆瑞为妻。入湘阴县仰高书院读书，与同年吴英樾为同窗好友。此前与左宗植、左宗棠兄弟结交。与弟崑焘同补博士弟子员。应恩科乡试落第。季弟先樾生。

1836 年　道光十六年丙申　19 岁

春，入长沙岳麓书院读书，得交唐曦臣，并与刘蓉订交。

六月，与曾国藩、刘蓉初会于省城客栈。

1837 年　道光十七年丁酉　20 岁

二月二十七日（4 月 2 日），与曾国藩、刘蓉在长沙重晤，三人义结金兰，曾居长，刘居次，郭居三。

八月，应湖南丁酉乡试，中第四十二名举人。

十月，偕宁乡赵璘赴北京。

1838 年　道光十八年戊戌　21 岁

三月，在北京会试未中。

八月，离京返湘，与曾国藩、凌玉垣等同行。

1839 年　道光十九年己亥　22 岁

十一月，随曾国藩北上，再赴北京。

1840 年　道光二十年庚子　23 岁

三月，再度参加会试落第。

六月，偕欧阳兆熊在京照护患病的曾国藩。

九月初八日（10 月 30 日），离京赴浙，十九日抵浙江，入学政罗文俊幕府。

1841 年　道光二十一年辛丑　24 岁

是年，在浙江学政罗文俊幕，见浙江海防之失，愤然言战守机宜。

1842 年　道光二十二年壬寅　25 岁

夏，离浙返湘。

七月，在长沙与刘蓉相聚数日。

是年冬，至湖南辰州知府雷震初处作幕僚，以馆谷养家，并作读书应试膏火之费。

1843 年　道光二十三年癸卯　26 岁

是年，在辰州，与张景桓太守“语禁烟事本末，恍然悟自古边患之兴，皆由措理失宜”。

1844 年　道光二十四年甲辰　27 岁

二月十六日（4 月 3 日），自湘抵京，寓绳匠胡同关帝庙，并在曾国藩家用餐。

三月初九（4 月 26 日），在京城第三次参加会试。再次落第。

三月二十八日（5 月 15 日），参加大挑未得。

六月二十七日，与周寿昌、冯卓怀等一道考教习。七月初一日放榜，皆录取。

八月十四日（9 月 29 日），在北京介绍江忠源与曾国藩相识。

八月，弟崑焘中举。

十月十六日（11 月 25 日），与冯卓怀、王柏心在曾国藩寓。

是年，在北京结识理学家善化唐鉴。

1845 年　道光二十五年乙巳　28 岁

二月初九日（3 月 16 日），与弟崑焘同赴恩科会试。第三次落第。

五月，离京返湘，弟崑焘及冯卓怀同行。

十二月初一日（12 月 19 日），应雷震初、夏明府之邀，到新化就馆，司书记之职。

是年，与李鸿章在北京结识缔交。在长沙与罗泽南结交。

1846 年　道光二十六年丙午　29 岁

四月初一日（4 月 26 日），应丁酉同年陈源兖之邀，赴江西吉安府充幕僚，旋返长沙，十八日行抵江西省垣，妻陈隆瑞、弟仑焘及曾国荃等同往。

五月初一日（5 月 25 日），至江西吉安。

八月，随陈源兖至广信府。

年底，浮长江返湘。

1847 年　道光二十七年丁未　30 岁

二月二十日（4 月 5 日），偕弟崑焘抵京。

三月初九日（4 月 23 日），入场会试，十六日出场。榜发，中式为贡士。

四月二十一日（6 月 3 日），殿试，二十五日传胪，赐进士及第，名列二甲第三十九名。殿试后三日，又举行朝考，授翰林院庶吉士。

九月初九日（10 月 17 日），离京南归。

1848 年　道光二十八年戊申　31 岁

二月，离武昌回湘。

七月，湘阴大水，随叔父家彬办理赈务。

是年，一度主讲湘潭昭潭书院。

1849 年　道光二十九年己酉　32 岁

正月初四日（1 月 27 日），长子立篪生，陈氏出。

五月，湘阴大水，助夏廷樾办理赈务。

七月十六日（9 月 2 日），母亲张太夫人在湘阴病逝，留籍守制，故不得赴京散馆，谋差派职。

1850 年　道光三十年庚戌　33 岁

二月十六日（3 月 29 日），父亲家彪去世，继续留籍守制。

十二月初十日（1851 年 1 月 11 日），洪秀全率众在广西桂平县金田村起义，建号太平天国。

是年，以预感社会动乱即将来临，与左宗棠“为山居结邻之约”。

1851 年　咸丰元年辛亥　34 岁

是年，在家守制，与县人举左宗棠应孝廉方正科，左未赴。

1852 年　咸丰二年壬子　35 岁

秋，湘阴郭氏家族大部迁离县城，或隐居东乡山区，或去西乡借住亲戚家。嵩焘在周吉岭的玉池山下盖宅，取名玉池山庄。与郭崑焘、左宗植一起力劝左宗棠出任湖南巡抚张亮基幕僚。

十二月十五日（1853 年 1 月 23 日）夜，到湘乡曾国藩家吊唁，并力劝曾国藩接受朝命，乘时自效，墨绖从戎，力保桑梓。

十二月十七日（1 月 25 日），随曾国藩、曾国荃等由湘乡起程赴长沙，二十一日抵省城，旋回湘阴。

是年，嘱弟崑焘与左宗棠同入张亮基幕。

1853 年　咸丰三年癸丑　36 岁

二月十九日（3 月 28 日），清廷下达谕旨，着湖南在籍庶吉士郭嵩焘等会同地方官督办捐输团练事宜。

三月，建议曾国藩劝捐筹饷，亲赴益阳、宁乡，得十馀万。

五月，建议署湘抚骆秉章开办全省厘捐。

六月十八日（7 月 23 日），奉曾国藩之命，与夏廷樾、朱孙诒、罗泽南等率湘勇 1400 多人抵南昌，扎营永和门外。

七月二十九日（9 月 2 日），建议江忠源置战船、练水师，并先造木筏应急。随后代为起草创办水师奏折。

八月初一日（9月3日），奉江忠源檄，偕夏廷樾等往剿泰和等处土匪，即驻扎樟树镇督造战筏。

九月二十六日（10月28日），别江忠源，十月十日回到湘阴梓木洞。

十月二十二日（11月22日），因援江西之功，特授翰林院编修。

十二月，赴衡阳，与曾国藩商定湘军水、陆营制。

是年，与正丁忧在家的陈孚恩相识，“同居围城两月有馀，朝夕会议，相待至为优渥”。

1854年　咸丰四年甲寅　37岁

二月十五日（3月13日），曾国藩上《请派大员办捐济饷折》，建议委派夏廷樾、郭嵩焘等为湘军在湖南的筹饷大员。

七月十五日（8月8日），与刘蓉等随曾国藩军至岳州（今岳阳），后“刘公留赞军务，而嵩焘归，治饷湖南”。

十一月下旬，赴新宁办捐，结识刘坤一。

1855年　咸丰五年乙卯　38岁

三月初二日（4月17日），闻曾国藩九江兵败退守南昌，间道往。十六日，抵南昌大营，与刘蓉共同襄助曾国藩军务，且不领薪水，不要保荐。

十一月二十日（12月18日），受曾国藩之托，在南昌上船，赴浙江筹集军饷。次年五月初一日（6月3日）返南昌向曾国藩复命。

1856年　咸丰六年丙辰　39岁

八月十三日（9月21日），离南昌回湖南家中，结束了在曾国藩营的幕僚生活。回乡后，一度主讲县城仰高书院。

1857 年　咸丰七年丁巳　40 岁

八月，《湘阴郭氏家谱》十卷编次刊印。

十二月十八日（1858 年 2 月 1 日），离开湖南抵达北京，寓善化会馆。

1858 年　咸丰八年戊午　41 岁

正月，开始在翰林院供职。

七月十五日（8 月 23 日），由翁心存保举，荐值南书房。十九日应南书房召试，二十日又以召见履历赴军机处询问。

七月二十三日（8 月 31 日），咸丰帝在圆明园勤政殿朝房第一次召见，并询问其生平、履历及在江西打仗情形。

九月初十日（10 月 16 日），奉派磨勘本年顺天乡试朱墨卷，发现严重舞弊问题，因此案而正法、革职、流放者近 20 人，是为轰动一时的戊午科场大狱。

十一月三十日（1859 年 1 月 3 日），往见兵部尚书陈孚恩。

十二月初二日（1 月 5 日），咸丰帝在养心殿右房第二次召见郭嵩焘，郭乘机阐述了他的政见，天下大局“仍当以讲求吏治为本”，并反复强调遇事、办事应“认真”。当天降旨：“翰林院编修郭嵩焘着在南书房行走。”初四日起，入值南书房。

十二月初三日（1 月 6 日），咸丰帝在养心殿西暖阁第三次召见郭嵩焘，垂询左宗棠事颇详，郭盛称左宗棠之才。

十二月初六日（1 月 9 日），僧格林沁邀至御前大臣直庐，“询以练兵、筹饷、制器械三事，属为说以进”。

1859 年　咸丰九年己未　42 岁

正月初四日（2 月 6 日），僧格林沁奏请以郭嵩焘随同去天津办理海防。次日，上命准奏。郭到天津后，“所有匡益，必蒙驳斥”。

三月初五日（4 月 7 日），奉僧格林沁之命，议临敌章程十一条，与僧意稍有未合。

五月二十五日（6 月 25 日），僧格林沁大败英军于大沽。战事起，独郭嵩焘驰至。僧氏大为感动，后谓："见利不趋，见难不避，天下安有此人?"

八月十三日（9 月 9 日），力陈不能撤北塘之防，僧格林沁不听。

八月二十五日（9 月 21 日），以天津海防出力，赏花翎。

九月二十五日（10 月 20 日），启程往山东烟台清查沿海税务，僧格林沁派会办李湘棻同行。

十月十五日（11 月 9 日），在烟台开设厘局，以直隶候补府张健封、宾阳书院掌教萧铭卣总司局事。

十月十九日（11 月 13 日），开始巡视山东各海口，十一月二十一日（12 月 14 日）至济南。

十二月初五日（12 月 28 日），僧格林沁奏参郭嵩焘烟台抽厘办理不善，请交部议处。

十二月二十五日（1860 年 1 月 17 日），奉旨从济南回到北京。

十二月二十七日（1 月 19 日），至军机处呈缴正折并清单五件，并痛言烟台事务。而后往见陈孚恩。奉旨：降二级调用。复入南书房。

1860 年　咸丰十年庚申　43 岁

三月十七日（4 月 7 日），具折请病假回籍就医，谕准。

闰三月二十三日（5 月 13 日），大理寺卿潘祖荫用郭嵩焘言，奏保左宗棠。

四月十二日（6 月 1 日），出都返湘，六月二十四日（8 月 10 日），抵家。此后家居两年。

九月初四日（10 月 17 日），因侄壎儿将完婚，原周吉岭屋小不能容，遂移居宝树湾支祠左栋。

是年，始撰《绥边征实》。

1861 年　咸丰十一年辛酉　44 岁

三月初三日（4 月 12 日），迁回周吉岭旧居。

三月二十二日（5 月 1 日），编校《罗忠节公年谱》。

六月初四日（7 月 11 日），湖南巡抚毛鸿宾来信，嘱其主纂《忠义录》。

六月初六日（7 月 13 日），李鸿章从郭嵩焘“此时崛起草茅，必有因依，试念今日之天下，舍曾公谁可因依者”之言，再入曾国藩幕。

七月十四日（9 月 19 日），撰《江忠烈祠记》并《江氏忠义馆记》。

八月初三日（9 月 7 日），撰《罗忠节公遗集序》，并其祠堂记二首。

九月二十六日（10 月 29 日），在长沙又一村设立书局，以编《忠义录》。

1862 年　同治元年壬戌　45 岁

四月十八日（5 月 16 日），署理江苏巡抚李鸿章奏保郭嵩焘司道缺。

八月初一日（8 月 25 日），由湘阴县城上船启程赴皖。

闰八月二十六日（10 月 19 日），午刻，接江苏苏松粮储道印。

1863 年　同治二年癸亥　46 岁

三月初二日（4 月 19 日），以江苏赋额过重，详请减漕，并条陈运漕利弊，详请改卫归营。

三月十四日（5 月 1 日），从浙江巡抚左宗棠请，兼督松浙盐务。

三月二十一日（5月8日），诏授两淮盐运使。

六月十五日（7月30日），入泰州署，接两淮盐运使印。

七月十二日（8月15日），得曾国藩信，知以三品顶戴署理广东巡抚事。

八月二十一日（10月3日），由冯桂芬、钱芝门为媒，聘江苏太仓钱伯屿之女、钱调甫之妹钱氏为继配，在上海临时公馆成婚。日记云："新人貌陋，而一切举动似非纯良。"

九月初二日（10月14日），自上海登罗巴罗轮船赴粤。

九月十一日（10月23日），未刻，接广东巡抚印。

十月十四日（11月24日），香港总督泗密斯来见。

十月二十六日（12月6日），刘锡鸿来见，谈厘务情形。此系二人相遇之始。

十一月十六日（12月26日），因于厘务情形实未能周咨博采，所推陈事理遂不免为耳目所蔽，乃为毛鸿宾示沥陈厘务一折更定数则，复略举其大要言之，并为拟复镇江协饷不能筹解一折。

十二月十四日（1864年1月22日），诏命清查伍崇曜代筹银两，以免美国饶舌。

1864年　同治三年甲子　47岁

正月二十八日（3月6日），与毛鸿宾会奏，伍崇曜筹借银两，应由其家属自行清理，如力难全偿，再由官帮同料理。

三月初七日（4月12日），与毛鸿宾会奏，花旗股匪有回窜粤东之意，张运兰暂难赴闽。又奏请于粤省添募楚勇。

四月十八日（5月23日），以东、北两江防堵事，传官绅会议。

五月初一日（6月4日），清廷严旨命催张运兰军赴闽。又诏命赶筹广东欠解闽饷及援浙军营协饷。

五月二十日（6 月 23 日），广州同文馆开馆，各官并集，官学生 20 人同时参谒。

五月二十六日（6 月 29 日），传到承办鸦片帖饷之游定邦、罗南乔、胡斌三人，令其当堂具结，每年认缴 12 万两。

六月初三日（7 月 6 日），曾国藩续告军事近况，并再相劝。

六月初六日（7 月 9 日），开设筹饷总局，委郭毓六观察督办。

七月十一日（8 月 12 日），严旨命毛鸿宾与郭嵩焘据实回奏一味勒捐之事，并设法安置遣散回粤勇丁。

七月十八日（8 月 19 日），与毛鸿宾奏请饬曾国藩等兼守赣南，以免太平军馀部阑入广东。

七月二十九日（8 月 30 日），清廷下达谕旨，命其办理荷兰换约事宜。

七月三十日（8 月 31 日），拟饬谭竹香帮办土客议和事，为毛鸿宾所阻。

八月初七日（9 月 7 日），诏命粤省厘金照收，仍以三成留作本省军需，七成拨解皖营。

九月初六日（10 月 6 日），清廷因有奏参广东督抚派捐，任意逼勒，密谕广州将军瑞麟等访查。

九月二十日（10 月 20 日），在华林寺公所与荷兰公使辔大何文互换和约，因无汉文本，与互换之义不符，另行定期办理。

十月初九日（11 月 7 日），与毛鸿宾一起奏陈抽厘济饷源流利弊，以军务仍急，请勿停罢。

十月十三日（11 月 11 日），拟就厘捐正折、夹片两稿送总督毛鸿宾。自记云：“居粤年馀，不过为督辕供一幕友之职而已。”

十一月二十三日（12 月 21 日），内阁奉上谕：以两广总督毛鸿宾、署广东巡抚郭嵩焘请将所得捐廉助饷优叙移奖子弟，不知大体，将吏部议请以降三级调用处分，改为革职留任。

十一月二十四日，奉旨将伍崇曜借军饷，早为清理。总税务司赫德自上海来广州，晤谈良久，郭称其“亦洋人中之当行出色者也”。

十二月二十九日（1865年1月26日），派刘锡鸿等赴香港采买洋米，与毛鸿宾会札英国领事协助。

是年，金陵克复，废除厘捐之议起，郭嵩焘陈说利害凡千馀言，事遂寝。

1865年　同治四年乙丑　48岁

正月初六日（2月1日），会见美国领事裨理及通事哈巴良德。

正月初九日（2月4日），毛鸿宾札李星衢赴潮州处理坚领事入城事，而札稿专为急迫请托之辞。因觉甚乖体制，为另拟一通发行之。

正月二十五日（2月20日），英领事罗伯逊申陈民人黄亚发呈控武弁李光讹诈掩夺。

正月二十七日（2月22日），渡江回拜美领事裨理，谈及伍氏借款问题，颇以理折之。

二月二十日（3月17日），两广总督毛鸿宾革职留任。

二月十六日（3月13日），清廷命广州将军瑞麟暂署两广总督。

四月二十五日（5月19日），诏命查办土客案。

四月二十八日（5月20日），与瑞麟会奏，拿获盘据香港接济漳州李世贤之太平天国森王侯玉田。

五月十三日（6月6日），与瑞麟议事不合，至受“抵排攘斥”，始有求去之意。

五月十六日（6月9日），日记云："因霆营叛军陷广东乐昌，屡请瑞麟饬冯子材前往督剿，均未允从。"

闰五月二十一日（7月13日），派署臬司郭祥瑞赴肇庆府属处理土客案。

六月初四日（7月26日），诣华林寺，与荷兰使臣罄大何文互换和约。

六月二十二日（8月13日），为瑞麟拟折稿二通。自记："为人司章奏，每以自笑，而又不免为庸笔所沾污。与此曹共事，岂非冤屈。"

七月二十三日（9月12日），因长乐被攻陷，拟赴惠州督师，为瑞麟所阻，拟具疏乞病，高碧湄、弟崑焘均表赞同。

七月三十日（9月19日），具稿以病乞休，请另简能员接任。

八月十三日（10月2日），诏命左宗棠赴广东督师，节制三省援剿各军。

九月十八日（11月6日），左宗棠奏陈广东军务贻误情形。

十一月二十二日（1866年1月8日），得左宗棠信，自记："诮责之中，至流于悖谬。内见嫉于同事，外见侮于故人，吾亦且无以自解，岂非天之厄我哉。"

十一月二十七日（1月13日），复得左宗棠一信五咨，"嘻笑怒骂，无所不备。乃使我与诸君同受此辱，可慨也"。

十二月初八日（1月24日），札英国领事罗伯逊移知英国商人停止开采琼州府昌化县黎峒山铜矿。

十二月二十二日（2月7日），应英领事罗伯逊之约，与瑞麟等赴小北门试演炮车及抬枪队，甚爱其炮质之精。

1866年　同治五年丙寅　49岁

正月二十日（3月6日），诣学海堂送专经生十名入学，酌定学长陈澧、金锡龄、陈璞、邹伯奇四人专司课程。左宗棠奏责广东督抚。

正月二十三日（3月9日），以嘉应克复，诏赏二品顶戴。为瑞麟拟奏稿三通。自记：“忝居封疆之寄，专为人司章奏，所稍发摅利病，又多为裁抑，岂惟道不能行，并言亦不能尽。督抚同城之制酷虐如此。”

二月二十六日（4月11日），诏命来京，另简候用，以蒋益澧为广东巡抚。

三月二十一日（5月5日），与王少鹤谈话称：“黄恩彤任粤抚，为耆英定折稿，若随员；徐广缙为粤抚，则直一闲曹矣；粤抚之有气焰自鄙人始，左帅訾之。岂复知有世人间哉。”

三月二十九日（5月13日），照会英领事罗伯逊，请截留给还被卖出洋贫民。

四月初一日（5月14日），奉到解任上谕。晓谕潮州绅士王泽、林士骐、唐登瀛等，恪遵条约，妥商办理外人入城事。

四月十二日（5月25日），以剿匪有功，会瑞麟奏保道员衔刑部员外郎刘锡鸿。

四月十三日（5月26日），前任广东布政使李福泰、潮阳县知县冒澄自广州赴潮州，传集绅民，再加抚慰劝谕。

四月二十五日（6月7日），丁日昌来访，盛赞其办理英人入潮州城事件，谓粤东两百年无此办法。

四月，奏请酌量变通督抚同城。

五月初四日（6月16日），交卸署理广东巡抚。

五月初六日（6月18日），陈澧、金锡龄、丁日昌、王拯、吴嘉善（子澄）等数十人饯别郭嵩焘，游荔湾潘氏海山仙馆，为图以记之，并以诗文相赠。

五月十五日（6 月 27 日），致函部理衙门，认为“购买轮船不如新制之合用”，并详论中国“散”、“文”、“私”三大患。

五月二十日（7 月 2 日），从广州启程返湘。七月初二日（8 月 11 日），抵长沙。

七月初五日（8 月 14 日），赴长沙北乡沙坪罗汉庄，营建沙坪韩波塘新屋。

九月二十六日（11 月 3 日），拟修县志采访章程十条。

九月二十七日（11 月 4 日），刘锡鸿专程来长沙看望郭嵩焘。

十二月二十六日（1867 年 1 月 20 日），韩波塘新宅落成。

十二月三十日（2 月 4 日），奉旨，赏假一个月。

1867 年　同治六年丁卯　50 岁

正月十一日（2 月 15 日），复授两淮盐运使。

二月十三日（3 月 18 日），李翰章以专足送两淮运司行知，郭嵩焘即复信，并具呈乞病开运司缺。

四月初八日（5 月 11 日），与刘蓉、罗汝怀、吴敏树游君山。

七月二十九日（8 月 28 日），准开两淮盐运使缺。

十一月初七日（12 月 2 日），至湘阴县城，知总理衙门以换约期近，求熟悉洋务者，李鸿章推荐郭嵩焘。郭认为“此举殊为蛇足”。

1868 年　同治七年戊辰　51 岁

五月十五日（7 月 14 日），陆家垅郭氏宗祠建成，本日迎主入祠，恭诣行礼。

七月初六日（8 月 23 日），曾国藩得郭嵩焘信及《湘阴县志稿》十三卷。

十一月初七日（12 月 20 日），曾国藩复书，盛赞《湘阴县志》，并有签商。

十一月十七日（12 月 30 日），曾国荃自湘乡到长沙，商湖南通志局章程。

十一月二十六日（1869 年 1 月 8 日），自家抵长沙，晤曾国荃。

十二月初一日（1 月 13 日），湖南通志局开局，局址设于长沙尊经阁，郭嵩焘主之。

1869 年　同治八年己巳　52 岁

三月初四日（4 月 14 日），纳婢女冯氏凤儿为妾。

三月二十日（5 月 1 日），赴长沙省志局，四月二十一（6 月 1 日）归。

七月二十二日（8 月 29 日），赴长沙省志局，八月十三日（9 月 18 日）归。

九月二十六日（10 月 30 日），赴长沙，三十日（11 月 3 日）归。

十月二十八日（12 月 1 日），有人传志局费用由张自牧经营，曾国荃承认一切，而郭嵩焘一力把持，阻塞士生计。郭嵩焘慨叹："此缘沅浦一念好名之误，使我招此无名之怨。"

1870 年　同治九年庚午　53 岁

二月十五日（3 月 16 日），挈家赴省城长沙，居北门正街彭宅。

三月初一日（4 月 1 日），因湖南巡抚刘崑盛情邀请，主讲城南书院之议定局。

三月初九日（4 月 9 日），购得长沙又一村六堆子一菜园，十一日即破土动工建新居。

三月十二日（4 月 20 日），城南书院开馆，门生约六七十人。

四月二十四日（5 月 24 日），继配邹氏病卒北门正街租住之彭宅。诏封恭人。

七月十八日（8 月 14 日），长沙又一村后六堆子新宅落成，取名养知书屋。

七月二十七日（8 月 23 日），检视所存广东各手折，合计约千数百件之多，悉焚之，“以明吾志之不乐复为世用也”。

十月初十日（11 月 2 日），在妙高峰建立船山先生祠，有人扬言阻之。

闰十月十一日（12 月 3 日），诣船山先生祠，悬所撰祠联。

十一月初一日（12 月 22 日），城南书院主事者清理书院款项，汇成一册，分缮三份，郭嵩焘为记其颠末于卷端。

十一月十五日（1871 年 1 月 5 日），曾兰生来访，语及湘抚摧抑士绅事，郭嵩焘为之慨然。

十一月二十四日（1 月 14 日），诣城南书院，为船山先生祠安立神位，并奠谢书院及妙高峰两处土神。

1871 年　同治十年辛未　54 岁

五月初三日（6 月 20 日），偕曾国荃往见安南贡使阮有立（正使）、范熙亮（副使）、陈文準等。

五月初四日（6 月 21 日），安南贡使馈赠肉桂，郭嵩焘各为诗二首回赠。

七月十八日（9 月 2 日），纳妾梁氏，原苏虞阶中丞家婢女。

1872 年　同治十一年壬申　55 岁

二月十四日（3 月 2 日），曾国荃报其兄国藩之讣，郭嵩焘急往哭之。

三月二十三日（4 月 30 日），与吴敏树、罗汝怀、李元度、张自牧、朱克敬、郭崑焘等 11 人为展禊之会于长沙絜园。

五月十六日（6 月 21 日），偕杨岳斌迎曾国藩灵于岳阳磊石山。

六月二十七日（8月1日），与王闿运等论修志之事。

八月初一日（9月3日），裴樾岑来访，言已札派委员10馀人，分赴各县之未议修志者，就便采访。此议系初开局志时郭嵩焘所建言，至是始行。

九月十三日（10月14日），录所著《中庸章句质疑》及《礼记郑注质疑·郊特牲》一卷。因与金诚斋《求古录礼学补遗》互有异同，思欲就正于潘祖荫。

1873年　同治十二年癸酉　56岁

九月初一日（10月21日），回乡收租谷，舟次，拟校经堂章程，系张自牧所嘱。郭嵩焘认为，此举为修曾文正公祠倡为之说，不能空名校经堂，拟名曰思贤讲舍。为拟章程八则，专课生章程八则，董事经理章程八则。

十二月初八日（1874年1月25日），因上林寺佛殿落成，僧西枝邀郭嵩焘及张自牧等数人参佛，食腊八粥。

十二月十四日（1月31日），与朱香荪、邓弥之等论清代朝局，认为本朝朝局，至宣宗一大变。

是年，著《礼记质疑》（初名《礼记郑注质疑》）成。

1874年　同治十三年甲戌　57岁

二月初一日（3月18日），启行往湘乡赴刘蓉之葬礼，二十日（4月6日）题主毕始归。

六月二十五日（8月7日），王文韶传示六月初八日（7月21日）上谕，命与杨岳斌、曾国荃、蒋益澧入京陛见。

十月二十二日（11月30日），自长沙启程北上赴京。

十二月二十八日（1875年2月4日），抵京，偕曾国荃寓居法源寺。

1875 年　光绪元年乙亥　58 岁

正月初九日（2 月 14 日），慈安、慈禧太后召见郭嵩焘，并详询履历及京外服官年份。

二月初三日（3 月 10 日），移居延旺庙地藏庵后进。

二月初九日（3 月 16 日），诏授郭嵩焘福建按察使，协助闽抚沈葆桢处理台湾事务。

三月二十七日（5 月 2 日），离京赴福建，先至天津，翁同龢来送。

七月二十八日（8 月 28 日），诏命开缺，以侍郎候补，并命为出使英国钦差大臣，直隶候补道许钤身副之。

八月初九日（9 月 8 日），得出使之信，随即交卸福建按察使一职。次日起程赴京。

十一月初四日（12 月 1 日），诏命署兵部左侍郎，并在总理各国事务衙门行走。

十一月初八日（12 月 5 日），奏参云南巡抚岑毓英自恃强武，不谙事理，酿成事端，请旨严惩。一时士论大哗。

十一月二十三日（12 月 30 日），访总税务司赫德，赫德劝其早日赴英。

十二月十二日（1876 年 1 月 8 日），答访威妥玛。

1876 年　光绪二年丙子　59 岁

二月初九日（3 月 4 日），值日兵部，由励贝勒带领见慈禧太后。

二月十八日（3 月 13 日），知遭景廉弹劾。

二月二十四日（3 月 19 日），乡试举人补复试，受朝廷委派，充阅卷大臣。

三月初四日（3 月 29 日），因景廉参劾之故，上书恭亲王，请辞出使事，但信差未能送达。

四月初二日（4 月 25 日），为免出使，称病乞假回籍调理。上谕着赏假一个月调理，毋庸回籍。

四月二十四日（5 月 17 日），移居后铁厂。

五初二日（5 月 24 日），再疏请回籍。上谕郭嵩焘着再赏假两个月调理，毋庸回籍。

六月初一日（7 月 21 日），上书沈桂芬，“力陈乞归之旨”。

六月初二日（7 月 22 日），奉旨，准开署缺，仍留京听候出洋之命。

七月初五日（8 月 23 日），具疏请开署缺差。奉旨着准开兵部左侍郎署缺，其原派出使大臣差使，着仍届时前往。

七月十六日（9 月 3 日），奏赏假三个月，回籍就医。

七月十九日（9 月 6 日），两宫太后召见，劝其“万不可辞”，遂完全打消辞去出使之职的念头。

八月初二日（9 月 19 日），上谕着郭嵩焘署理礼部左侍郎。

八月十五日（10 月 2 日），诏命刑部员外郎刘锡鸿开缺，以五品京堂候补，并加三品衔，充出使英国副使。

八月十七日（10 月 4 日），湖南乡试诸生聚集长沙玉泉山，有毁上林寺及郭嵩焘居宅之议。

八月二十日（10 月 7 日），具奏王船山宜从祀文庙。奉旨交礼部议奏。

九月十五日（10 月 31 日），由景寿带领，偕副使刘锡鸿向慈禧太后请训。

九月十七日（11 月 2 日），诏命出使大臣将日记等咨送总署，总署奏定出使英国随员。

九月十八日（11 月 3 日），赴美、俄、德、法各使馆辞行。

九月二十五日（11 月 10 日），自北京启程赴天津。

十月初四日（11 月 19 日），乘招商局轮船丰顺号抵达上海吴淞口，各国领事来见。

十月十七日（12 月 2 日），自上海虹口冒风雨登英国邮轮 Travancore 号启程。随行人员共 15 名，其中有夫人梁氏、副使刘锡鸿、参赞黎庶昌、翻译张德彝和凤仪、英国人马格里（Ma Cartney）与禧在明（W. C. Hillerir）、随员刘孚翊、张斯栒、姚岳望，另武弁 7 人，跟役 10 馀人。

十二月初八日（1877 年 1 月 21 日），郭嵩焘一行抵达伦敦清朝驻英使馆，即由金登干代为租定的 Portland Place 45 号。途经香港、新加坡、锡兰、苏伊士运河、红海、地中海等地，共历时 51 天，约 4 万里行程。

十二月十一日（1 月 24 日），照会英国外交部，请订觐见之期。此为其到英国后的第一次照会。

十二月十二日（1 月 25 日），嘱马格里征订《泰晤士报》（Times）、《每日新闻》（Daily News）、《旗帜报》（Standard）、《晨邮报》（Morning Post）等四种报纸。

十二月二十五日（2 月 7 日），偕刘锡鸿赴白金汉宫（Buckkingham Palace）觐见英国维多利亚女王（Queen Victoria），递国书及谢罪书（即惋惜滇案敕书）。

1877 年　光绪三年丁丑　60 岁

正月初二日（2 月 14 日），偕刘锡鸿等参观万兽园（Zoological Gardens），园主 Joseph Hooker 向中国客人介绍植物的地理分布和物种的细微变异。

正月初五日（2 月 17 日），应金登干之邀，携参赞黎庶昌等参观朴次茅斯港（Portsmouth），并视察中国在英国订购的两艘炮船，亲自发射大炮。

正月初八日（2月20日），赴英国外交部，就英舰在长江撞沉中国船只一事进行交涉。

正月初九日（2月21日），英国 The Illustrated Longdon News 及 Graphie 刊出郭嵩焘、刘锡鸿肖像，并附马格里所撰两人事略。

正月十一日（2月23日），赴英国外交部交涉英舰撞沉中国船只、德国十年换约等事。

正月十六日（2月28日），伦敦绅士哈什百里来访，并将出游照片与图片通过幻灯机放映展示。

正月十九日（3月3日），赴 United Service Club 参观，并应邀加入该会。此为郭嵩焘接触英国社会俱乐部之始。

二月初一日（3月15日），应邀参观伦敦邮电局（Post Office Telegraph）、克来四塔义塾（Christ Hospital）。

二月初二日（3月16日），英国铁路工程师史蒂芬森（Sir. MachDonald Stephenson）来访，论铁路之利，建议中国修筑铁路，并留下规划图。

二月初三日（3月17日），会见英国禁烟会（Society for the Suppression of Opium Trade）会员并致答词。出席英国外交部茶会。

二月初八日（3月22日），与刘锡鸿奏请设法严禁鸦片。

二月初九日（3月23日），偕刘锡鸿等应邀参观不列颠博物院（British Museum），称“魄力之大，亦实他国所不能及也”。

二月初十日（3月24日），偕刘锡鸿等应邀参加斯博德斯武得（Spottiswood）家茶会，观看光学演示，得以结识定大（John Tyndall）、伊文士（Frederick J. Evans）、欧多恩（Thomas Oldham）、葛兰敦（John H. Gladstone）、侯金嗣（Willian Huggins）等著名科学家，并初步了解当时最前沿的科技成就。

二月十三日（3 月 27 日），应邀赴日本驻英公使上野景范举行的茶会。

二月十五日（3 月 29 日），应邀参观英国皇家造币厂（Royal Monetary）。

二月十七日（3 月 31 日），诏授兵部左侍郎。

二月二十二日（4 月 5 日），参观英国国立画廊（Nationnal Picture Gallery）。

二月二十五日（4 月 8 日），用西洋地图考求英国属地之多且广，乃叹其“长驾远取，亦自古所未闻者矣”。

二月二十九日（4 月 12 日），应斯博德斯武得之邀，赴皇家学会（Royal Instituion）听定大讲热学。

二月三十日（4 月 13 日），应阿什百里之邀，赴英国下议院旁听。

二月杪，致信李鸿章，论英国富强及应行各事。

三月初四日（4 月 17 日），开用关防。

三月十一日（4 月 24 日），赴英国天文学家铿尔斯家茶会，听讲日月五星之光。

三月十三日（4 月 26 日），参观上议院，旁听关于教堂葬地诵经问题的辨论。

三月十四日（4 月 27 日），应谛拿尔娄之邀，至其家听其介绍电学。

三月十五日（4 月 28 日），应邀观看戴雷吕（Warren de la Rue）演示光敏化合物、氧化还原反应等试验。

三月十七日（4 月 30 日），诏命充驻英公使，并补颁国书，刘锡鸿改充出使德国大臣。拜客 31 处。

四月初一日（5 月 13 日），抵达英国伦敦的中国海军留学生共

32 人赴公使馆拜会郭嵩焘。

四月初二日（5 月 14 日），照会英国外交部大臣德尔贝，中国海军官生已到，请予以学艺便利。

四月十九日（5 月 31 日），参观 Kings Colleger 博物馆，遍观其藏书、矿物标本和生物化石。

四月二十一日（6 月 2 日），听马格里介绍化学元素知识。

四月二十四日（6 月 5 日），赴美国公使茶会，晤美国前总统格兰特（U. S. Grant）。

四月二十八日（6 月 9 日），为上海设立博物院之事，造访密斯盘。

五月初五日（6 月 15 日），照会德尔贝，抗议英国遣使喀什噶尔，要求其撤回。

五月初六日（6 月 16 日），翰林院编修何金寿认为郭嵩焘《使西纪程》一书“立言悖谬，失体辱国”，奏请严行毁版，并声称“我大清无此臣子也”。

五月初八日（6 月 18 日），因福建渣甸事就沙逊一谈。

五月十一日（6 月 21 日），与英国前首相格兰斯敦共进早餐，锡兰及巴尔比多斯两总督作陪。

五月十二日（6 月 22 日），应约与威妥玛谈喀什噶尔问题，并约定四条。

五月十三日（6 月 23 日），应邀加入东方俱乐部（Oriental Cluba）。

五月十五日（6 月 25 日），照会德尔贝，请发给中国海军留学生凭照，以合便参观朴次茅斯船厂、港内船只、炮台及港湾。

五月十八日（6 月 28 日），参加德国使署举办的音乐会。

五月二十三日（7 月 3 日），游格林威治天文台。

五月二十六日（7月6日），与德尔贝谈喀什噶尔问题。

五月二十九日（7月9日），与英国外交部侍郎谈喀什噶尔、新加坡及镇江趸船等问题。

六月初二日（7月12日），照复德尔贝称，提出与阿古柏议和息兵四条件。

六月初四日（7月14日），照会德尔贝，请查明英伦船主上控之事。

六月初六日（7月16日），闻阿古柏死讯。因威妥玛屡次邀约，与喀什噶尔赛尔德相见。

六月初九日（7月19日），应斯博德斯武得之邀，观看光压实验演示。

六月二十五日（8月4日），诏授为驻扎英国钦差大臣，并颁给敕书。

七月初九日（8月17日），郭嵩焘、刘锡鸿应邀参观英国查塔姆（Chathom，亦译喀敦、甲敦）炮台，在乘小轮观看搭浮桥时，英国提督斯多克斯见郭寒噤，取所携褐氅为郭遮风。刘锡鸿指为“即令冻死，亦不当披（洋人衣）”。是为郭“穿着洋服”事件。

七月初十日（8月18日），获知何金寿参劾及《使西纪程》遭毁板事。

七月二十二日（8月30日），收到总署拨银六万两。是夜，与李湘甫、姚彦嘉、张德等谈遭刘锡鸿攻击问题。

八月初六日（9月12日），奏请准一年期满销差回国。

八月二十七日（10月3日），奏请纂辑《通商则例》。

九月初六日（10月22日），奏陈办理洋务横被构陷，请将刘锡鸿、何金寿议处。

十月初四日（11月8日），奉到驻扎英国公使国书及敕书。

十月初九日（11月13日），刘锡鸿离伦敦赴德国任驻扎公使。晚，发《告使馆同仁帖》。

十月二十四日（11月28日），参观牛津大学。

十月二十七日（12月1日），拜访日本、土耳其驻英公使。

十一月初八日（12月12日），在温莎行宫（Windsor Castle）向英国女王补递正式国书。

十一月十三日（12月17日），翰林院侍讲张佩纶密陈：风闻郭嵩焘遣使英国，其禁书播传如故，并交接回逆，拟请将其撤回。

十一月二十九日（1878年1月2日），照会德尔贝称，已委胡璇泽充新加坡领事，请准中国在新加坡常设领事。

十二月十五日（1月17日），英国国会开会，嘱马格里去上议院，罗稷臣去下议院，了解其辩论情况。

十二月十八日（1月20日），与李湘浦、李凤苞、罗稷臣谈西方政体，谓“西洋一隅为天地之精所聚，良有由然也”。

十二月二十日（1月22日），拜访日本、土耳其、意大利三国驻英公使。

十二月二十一日（1月23日），应李凤苞、罗稷臣约，赴柴斯得（Manchester）看制造机器、铁木、玻璃局。遣张德彝赴英外交部询问镇江趸船核议复文。

1878年　清光绪四年戊寅　61岁

正月初一日（2月2日），留英习海军学生严复、方伯谦、何镜秋、叶桐侯、林钟卿、萨镇冰等六人来访，郭嵩焘认为严复“其言多可听者”。

正月初四日（2月5日），访威妥玛，谢助赈。因晋、豫等省发生奇灾，伦敦设有助赈会（Famine Relief Committee），各方踊跃捐献。

正月初七日（2 月 8 日），晚宴日本公使上景野范夫妇等。

正月十一日（2 月 12 日），照会英外部丞相德尔贝，对镇江太古洋行趸船将移泊一事表示感谢。

正月十二日（2 月 13 日），奏请核议开支经费各节，分别酌议办理。参加斯博德斯武得和定达、Norman Lockyer 的聚会，听取了对光谱分析技术的讨论。

正月十三日（2 月 14 日），致书伦敦各大日报馆，感谢英人助赈。

正月十九日（2 月 20 日），英国宗教界人士成立一委员会，以办理中国北方五省灾荒赈灾事，威妥玛、阿里克、阿拉茀尔得、布劳恩、德克拉斯、茀劳尔、李格等为委员，郭嵩焘一一拜谢。

正月二十日（2 月 22 日），在日记中纠正了他以前认为海王星来自遥远的天河的猜想。

正月二十一日（2 月 23 日），奉命兼任出使法国钦差大臣。

正月二十四日（2 月 25 日），在日记中对门捷列夫元素周期律研究的最新进展情况进行了记录。

二月初一日（3 月 4 日），应古得曼约，同往照像馆照像。

二月初三日（3 月 6 日），偕李凤苞赴英国外交部会晤德尔贝。

二月初四日（3 月 7 日），偕李凤苞赴英国海军部，拜会尚书施密斯。

二月初九日（3 月 12 日），照会德尔贝，已咨呈总署飞咨湖广总督迅速严办武昌教案首犯。

二月十三日（3 月 16 日），拜访克罗斯、罗斯噶得、贝音斯等，向克罗斯询英国司法制度，向罗斯噶得询英国财政制度。

二月二十三日（3 月 26 日），访英国上议院，顺便过古得门，见所绘其像，认为：“全是一纠纠桓桓之气，与区区气象不相类。”

二月二十六日（3月29日），拜访画师古里门及西法里尔，并一起参观皇家美术学院（Royal Academy），感叹："区区一画学而崇尚之，推广教习之如此，西洋人才之盛，有由然矣。"

三月十三日（4月15日），照会英国新任外交大臣沙乃斯百里，询厦门怡记商人枪毙渔民案。英国下院有人请外部与中国钦使共同向西班牙询问古巴黑人及华工确实下落，外部允请中国钦使留意。

三月十四日（4月16日），诣法国驻英公使傅斯达，商量兼使法国一事，并应否赴5月1日开始举行的珍奇会。

三月十五日（4月17日），上书总署求去。

三月二十日（4月22日），照会沙乃斯百里，奉旨兼充出使法国钦差大臣，俟奉到国书，即启程前往。

三月二十二日（4月24日），沙乃斯百里约郭嵩焘晤谈，语及新金山、伦敦设立领事问题。德明奉命赴巴黎部署，马建忠已租定达拉布街第71号（71 Rue Delambre）为驻法使署。

三月二十五日（4月27日），偕李丹崖、姚彦嘉、李湘甫及马格里赴巴黎，日意格、陈敬如、马眉叔、联春卿迎于舟次。

三月二十九日（5月1日），率员参加巴黎万国珍奇会开幕典礼。

四月初五日（5月6日），率张德彝、联芳、马建忠、陈季同向法国总统麦克马洪（Mac Mahon）呈递国书，并往谢外部大臣。晚，赴法外长茶会。

四月初六日（5月7日），拜驻法各国头二等公使及本国各部大员。

四月初八日（5月9日），赴法国总统茶会。

四月十三日（5月14日），率马格里、德明返回伦敦，留黎庶昌、联芳等于巴黎。

四月十四日（5 月 15 日），赴沙里斯百里夫人家茶会。

四月十五日（5 月 16 日），与各国公使同晤新任外丞相沙里斯百里。赴英国地理会会首阿礼国（阿尔考克）宴。

四月十七日（5 月 18 日），拜访威妥玛、前广州领事罗伯逊、前外部丞相德尔贝。

四月二十日（5 月 21 日），照会沙里斯百里，指责英领事问案不能持平，并请明示章程。

四月二十一日（5 月 22 日），晚赴柏金宫殿舞会，并在日记中云："以中国礼法论之，近于荒矣。而其风教实远胜中国，从未闻越礼犯常，正坐猜嫌计较之私实较少也"。

四月二十三日（5 月 24 日），英女王生日，郭嵩焘应邀参加阅兵典礼，沙里斯百里设晚宴招待各国公使。

五月初七日（6 月 7 日），以出使英国大臣郭嵩焘、出使德国大臣刘锡鸿龃龉互讦，严旨训诫。

五月十四日（6 月 14 日），英国外长由克罗斯兼理，郭嵩焘偕马格里前往拜见。

五月十九日（6 月 19 日），在伦敦驻英使署举行茶会，到英国外部各官与绅富、士民及德、俄、奥、丹、荷、葡、土耳其、波斯、日本、海地各国使节等，共五百馀人，所费约千四五百金。

六月三日（7 月 2 日），奏报在法国呈递国书情形，并请准因病销使差。偕陈敬如至法国外交部，为堆茀尔诵总署四条咨件。

六月初四日（7 月 3 日），参赞黎庶昌自巴黎到伦敦，奉郭嵩焘之命，摄理驻英公使。回复沙里斯百里，波多利加华俘请释案，请令英国驻西班牙公使相助，并颂英国仁慈。偕陈敬如赴德国爱森。

六月初五日（7 月 4 日），参观克虏伯（Krupp）炮厂。

六月初七日（7 月 6 日），游荷兰、比利时，次日返回法国。

六月二十日（7 月 19 日），《申报》刊载郭嵩焘画像事。

六月二十九日（7 月 28 日），率马格里自巴黎抵伦敦，令张德彝早日了结英船华工案。

六月三十日（7 月 29 日），拜访英外长未遇，见到威妥玛，就《烟台条约》问题双方发生激烈争执。

七月初四日（8 月 2 日），偕马格里至英外务部见沙里斯百里，询对《烟台条约》批准意见。

七月十一日（8 月 9 日），照会沙里斯百里，催请批准《烟台条约》，并附说帖。

七月十三日（8 月 11 日），英国禁止买卖人口会 20 人来访。

七月十五日（8 月 13 日），维多利亚女王在浦利茅斯（Plymouth）海口检阅海军，郭嵩焘前往参观，海军官生林泰曾陪同。

八月初一日（8 月 28 日），英外交部函送格林泥芝皇家海军学中国官生成绩及文凭。

八月初八日（9 月 4 日），应邀旁听法兰克弗尔公会会议。

八月十一日（9 月 7 日），驻英使署得海文电信，知已改曾纪泽为出使英、法两国钦差大臣，李凤苞署理出使德国钦差大臣。

八月十九日（9 月 25 日），法国总统大阅兵，郭嵩焘应邀偕各国公使参加。以六月二十日《申报》所载画像事不实，命德明面诘画师顾曼。

八月二十六日（9 月 22 日），德使巴兰德来访，就《烟台条约》问题相谈良久。

八月二十七日（9 月 23 日），照会沙里斯百里，谢照料海军官生林永升等上船练习。

九月初五日（9月30日），再次追究《申报》所载画像事。

九月初六日（10月1日），照会沙里斯百里，请妥结厦门枪毙渔户案。

九月十一日（10月6日），命顾曼、马格里各书一纸，分于《申报》及英报为画像事辩诬。

九月十三日（10月8日），偕马格里见沙里斯百里，商谈《烟台条约》批准事。照会沙里斯百里，李凤苞、罗丰禄、黎庶昌、张斯栒拟参观伍雷治枪炮局。次日获复同意。拜访日本公使。

九月十四日（10月9日），拜会英国外交部潘侍郎。

九月十七日（10月12日），与李凤苞、罗丰禄及使馆同仁合影留念。

九月十八日（9月13日），拜访赫德，谓欲仿西式改铸银铜钱。

九月十九日（9月14日），与李凤苞、马格里往游苏格兰之爱登堡（Edinburgh）。致函沙里斯百里，感谢英人助赈。

十月初八日（11月2日），照会沙里斯百里，新加坡领事文凭已到，请英国国王颁给敕书。照会沙里斯百里，请免派维多利亚（Victoria）埠华商税银。

十月二十五日（11月19日），照会沙里斯百里，说明中国福建乌石山教案由来，仍照原议将教堂换地，允惩滋事人等，并请将胡约翰（John R. Woolfe）他调。

十月二十九日（11月23日），英国禁止黑奴委员会19人来见，双方对华工出国事进行讨论。

十一月初十日（12月3日），照会沙里斯百里，咨送《乌石山案纪实》（The Wu-Shih Shan Affairs, Impartially Considered）。

十一月十八日（12 月 11 日），拜会沙里斯百里。

十一月十九日（12 月 12 日），与沙里斯百里谈乌石山教案。西印度会鄂尔森等 12 人来见，商谈招收华工一事。

十一月二十七日（12 月 20 日），在巴黎迎接出使俄国全权大臣崇厚。

十二月初三日（12 月 26 日），晚，送崇厚启程赴俄国。

十二月初九日（1879 年 1 月 1 日），偕各国使节见法国总统。

十二月十二日（1 月 4 日），曾纪泽抵巴黎，郭嵩焘因腹疾卧床，纪泽诣榻，相谈极久。

十二月十五日（1 月 7 日），偕曾纪泽及黎庶昌、联子政拜会法外务部大臣瓦定敦（W. H. Woddington），订期呈递国书。

十二月二十三日（1 月 15 日），照会沙里斯百里，接总署咨，奉旨派曾纪泽为出使英法大臣，已抵巴黎，即来伦敦，届时即行交卸。正月初三日，沙氏照复敬悉。

十二月二十五日（1 月 17 日），偕夫人梁氏谒见英女王维多利亚，并向其辞行。

1879 年　清光绪五年己卯　62 岁

正月初四日（1 月 25 日），曾纪泽抵伦敦，郭嵩焘率属迎接，即日交卸。

正月初八日（1 月 29 日），偕曾纪泽拜访沙里斯百里。晚，曾纪泽等公饯郭嵩焘，并久谈。

正月初十日（1 月 31 日），自伦敦启行赴法国巴黎。

三月初五日（3 月 27 日），抵上海，迎者甚众，郑陶斋、周瀛士一并达到。

三月初六日（3 月 28 日），就《申报》所载画像事，向禧在明表示，“非与梅渣校得失，但欲穷造谣之源而已”。

三月十三日（4月4日），上海《字林报》为文称誉郭嵩焘，“每事镇定持重，此实一出身不同之使者所难能，可证郭氏颇能循礼而行，非可望于尚不知外交为何事之一般中国使节”。

闰三月十三日（5月3日），从上海返乡抵湘阴县。

闰三月十五日（5月5日），至长沙。长沙、善化两县先有人以轮船不宜至省河，属书相阻，及至，仅布政使崇福、长沙道夏芝岑一差贴迎候。郭嵩焘为之愤愤不平。

四月十七日（6月6日），为琉球问题，致书总理衙门。另致信周家楣，述不赴京之故，且态度坚决。

五月十三日（7月2日），接总署四月三十一日一咨，并递回闰三月二十五日具奏到籍日期一折，得旨：“该侍郎办事实心，不辞劳瘁，着俟病体稍痊，即行来京供职。”自京师及伦敦疏请回籍，前后凡八九折，至此始奉一旨。

六月十七日（8月4日），拜发因病吁请开缺调理折。

七月初十日（8月27日），上谕准其开缺调理。

九月初一日（10月15日），禁烟公社正式成立，熊鹤村、周幼安、傅青馀、朱宇恬、李仲云、左锡九、陈程初、张自牧、张子容、黄望之、郭崑焘和郭嵩焘等12人到会，原本应允到会的唐鲁英、余佐卿、黄子襄等未到。郭嵩焘在会上致辞，申明禁烟宗旨。张子容亦在会上讲话，称烟之害始于奢，戒烟当以勤俭为本。

九月初八日（10月22日），因赞成湖南学政朱逌然咨提盐务馀款修复校经堂之议，本日接到题为《伪校经堂奇闻》的匿名信，指责郭、朱两人不讲时文试帖，而讲天文算学，声言要清内奸以杜外患。郭嵩焘表示将不予理睬。

九月二十七日（11月10日），在湘阴县设局，拟刊所撰《湘阴县图志》。

十月十一日（11 月 24 日），禁烟公社举行小型会议。郭嵩焘接到罗研生《禁烟说》七条，要求严禁烟馆，一切假官法行之，与郭嵩焘“姑求一二同志者躬自董率，行之乡党宗族，以希幸闻风者之兴起”的立意相佐。左锡九转述俞鹤皋“禁烟为骚扰”之言，郭嵩焘斥其为“俗吏之说”。

是年，戈靖上奏，请旨将崇洋鄙儒之兵部左侍郎郭嵩焘交部议处。

1880 年　清光绪六年庚辰　63 岁

二月二十三日（4 月 2 日），张自牧倡议补行禁烟公社，郭嵩焘开讲，阐明立会之旨，原重在人心风俗。

四月初五日（5 月 13 日），具奏指陈崇厚与俄国所订之条约十八款系“不察山川扼要之形胜，不明中外交接之事宜”。

九月初一日（10 月 4 日），禁烟公社周年纪念，集会于曾文正公祠之浩园，公祭王船山。与会者 14 人。

九月初九日（10 月 12 日），与邓辅纶等登定王台，回浩园小饮，论英、俄情形。约张自牧为重九之会，饮于傅青馀宅。

十月初八日（11 月 10 日），率子瑛及梁氏移居寿星街玉池别墅，并奉移高祖、曾祖、祖三代神主于新宅。

十一月初八日（12 月 9 日），湘阴支祠落成，本日奉移曾祖以下神主入祠。

十二月初十日（1881 年 1 月 9 日），往西园湾觅胡林翼之妾魏夫人，并调处魏夫人与其子胡赐福夫妇之关系。

1881 年　清光绪七年辛巳　64 岁

三月二十六日（4 月 24 日），思贤讲舍开馆，与朱雨田、李元度、张自牧、郭崑焘、监院陆恒斋一起诣船山先生祠行礼，诸生潘学海等 15 人随班行礼。旋诣曾文正公祠行礼，然后同赴禁烟公社。

八月初一日（9 月 23 日），在思贤讲舍会讲，是为讲舍之第一次会讲。

十一月二十八日（12 月 19 日），左宗棠来访，郭嵩焘于次日回拜。

十二月初二日（1 月 21 日），所撰《湘阴县图志》刻竣。

正月二十日（3 月 9 日），王闿运送《湘军志》版及已印成之书给郭嵩焘，嘱为销毁。

七月十八日（8 月 31 日），奏法扰越南，宜求其症结所在，循理处置，不宜遽构兵端；朝鲜之乱，宜先诛大院君以定人心。

八月初一日（9 月 12 日），寄左宗棠一信，并附奏稿二通，一论法人通商云南事宜，一论高丽構衅日本事宜。

十月初五日（11 月 15 日），两江总督左宗棠奏代递郭嵩焘关于越南、朝鲜兵事折件，称“虽失晨之鸣，亦足见其惓惓之忱；远在江湖，不忘廊庙也”。

1883 年　清光绪九年癸未　66 岁

二月十一日（3 月 19 日），禁烟公社会讲，郭嵩焘、熊鹤村、彭丽生、王闿运、左长卿、罗小桓、黄望之等 7 人参加。招王闿运讲于思贤讲舍。

四月初五日（5 月 11 日），应侄立球之约，为其主持家产处分会议，称赞侄儿“情义备至，办理极为妥协”。

四月二十一日（5 月 27 日），以思贤讲舍章程未及三年，多已毁失，乃另议数条以资遵守。

五月十一日（6 月 15 日），评左宗棠筹办海防折，认为满纸虚骄之气，绝不意此老暮年笔墨之支离，乃至如此，并列举其谬。

九月初一日（10 月 1 日），率众致祭船山祠，并为禁烟公社开讲。

1884 年　清光绪十年甲申　67 岁

八月初五日（9 月 23 日），见《申报》七月十五日谕旨，以御史吴峋奏参，周家楣、吴廷芬、崑冈、周德润、张荫桓、陈兰彬等懂洋务者，均退出总署，因叹："轻易大臣以殉言官之狂吠，天下之乱由是成矣，如何如何！"

九月初一日（10 月 19 日），诣船山祠行礼，并行禁烟公社会讲。

九月初六日（10 月 24 日），谢客，草万言书，拟交瞿子玖带赴京城代上。

十一月，编定岜焘遗集，作《萝华山馆遗集序》。

1885 年　清光绪十一年乙酉　68 岁

二月二十七日（4 月 12 日），思贤讲舍开馆，禁烟公社集会，与会者共 9 人。以邓弥之为山长，馆生 20 人，顽劣万状，郭嵩焘稍加开谕。

四月，与曾国荃等主修的《湖南通志》完成。

八月初五日（9 月 13 日），昨闻左宗棠之丧，今日作挽词三章。

1886 年　清光绪十二年丙戌　69 岁

二月十三日（3 月 18 日），诣思贤讲舍开馆，并诣船山祠、曾文正公祠行礼，无会讲。

九月初一日（9 月 28 日），致祭船山祠，禁烟公社聚会，至者 12 人，开讲。

九月初九日（10 月 6 日），赴陈三立、熊鹤村、曾广钧重阳之会。

十月初九日（11 月 4 日），作《重展重阳会》于碧浪湖。

1887 年　清光绪十三年丁亥　70 岁

三月初三日（3 月 27 日），与陈三立、僧寄禅等修禊于碧浪湖亭，有诗。

三月初七日（3 月 31 日），官绅三百馀人来贺生辰。

三月二十日（4 月 13 日），复函瞿鸿禨，论钱法及富强之道。

四月初七日（4 月 29 日），派人赴上海领保险局息折。

五月十五日（7 月 5 日），王闿运代主思贤讲舍。

十月初，代湖南巡抚卞宝第拟河务疏稿，主分道疏浚。

1888 年　清光绪十四年戊子　71 岁

正月初一日（2 月 12 日），诣船山祠及曾文正祠。

二月二十五日（4 月 6 日），夜，王闿运来访，以方打坐，未入。郭嵩焘回国后，坚持做体操，湘人诮之为“打洋拳”。

三月二十五日（5 月 5 日），召文廷式、陈三立、俞尧衢等会饮。

九月十五日（10 月 19 日），以左孝同立意创置内湖轮船，允为支持，以公呈送致翁小山太守。后因人反对而作罢。

十一月初六日（12 月 8 日），弟崑焘与刘蓉、李元度三人神主同日入祀曾文正公祠，送者数十人。

1889 年　清光绪十五年己丑　72 岁

三月初四日（4 月 3 日），日记云：“以伤风久未愈，奔走饮食，遂亦加剧。”

三月二十二日（4 月 21 日），王先谦以诗索郭嵩焘诗文稿为之审定。

七月，致书李鸿章，论兴造铁路。

九月初九日（10 月 3 日），《自叙》完成。

1890 年　清光绪十六年庚寅　73 岁

正月初五日（1月25日），致书瞿鸿禨，论治道与理财。

正月十五日（2月4日），与王闿运言湘水行轮船事。

八月，补录《自叙》数条，并处分产业。

1891年　清光绪十七年辛卯　74岁

五月二十七日（7月3日），检索文稿，拟交王先谦，为身后之托。

六月十二日（7月17日），以文稿交王先谦，日记终于本日。

六月十三日（7月18日），在长沙病逝。

七月二十二日（8月26日），湖南巡抚张煦代递郭嵩焘遗折。直隶总督李鸿章奏上郭嵩焘学行政绩，请宣付国史馆立传，并请赐谥。

九月初九日（10月11日），葬于湘阴县东70里老冲坡之飘峰。

（杨锡贵编）

图书在版编目(CIP)数据

郭嵩焘全集/〔清〕郭嵩焘撰;梁小进主编. —长沙:岳麓书社,2018.1(2024.8重印)

ISBN 978-7-5538-0881-9

Ⅰ.①郭…　Ⅱ.①郭…②梁…　Ⅲ.①郭嵩焘(1818—1891)—全集　Ⅳ.①Z425.2

中国版本图书馆CIP数据核字(2018)第021761号

GUOSONGTAO QUANJI

郭嵩焘全集

撰　　者:〔清〕郭嵩焘

主　　编:梁小进

责任编辑:刘　文　陶嶒玲

封面设计:胡　颖　罗志义

岳麓书社出版发行

地址:湖南省长沙市爱民路47号

直销电话:0731-88804152　0731-88885616

邮编:410006

版次:2018年1月第1版

印次:2024年8月第2次印刷

开本:960×640　1/16

印张:609.5

字数:7451千字

ISBN 978-7-5538-0881-9

定价:2380.00元

承印:长沙超峰印刷有限公司

如有印装质量问题,请与本社印务部联系

电话:0731-88884129

郭嵩焘全集

十

史部四

日记三

光绪元年至光绪四年

岳麓書社·长沙

全书总目录

本册说明

本册为《郭嵩焘日记》的第三册，始于清光绪元年（1875），止于光绪四年（1878）。

郭嵩焘之子郭焯莹《郭氏佚书叙目》称："先兵左自道光十八年入试京师，随所见闻及起居酬接，按日记之，终于卒之岁。"可知郭嵩焘一生日记，长达五十馀年。光绪二年十月，郭嵩焘奉命出使英国，抵达英国伦敦后即按照总理衙门的要求，将其自光绪二年十月十七日上海启程，至同年十二月初八日抵伦敦期间51天的日记，整理成书，并加上若干议论，寄呈北京总理衙门，后由同文馆于光绪三年以《使西纪程》书名刊行。除此之外，郭嵩焘的日记，直到1980年代以前，一直未有刊行。其手稿先是珍藏于郭氏家宅，1950年代，由湖南省文物管理委员会装订成40册，由湖南图书馆收藏。1980年，湖南人民出版社委托杨坚将其整理校点，分为四册，以《郭嵩焘日记》书名出版。1984年，钟叔河主编的"走向世界丛书"，复将郭嵩焘出使英、法两国的日记，包括往返途中及回国后一段时间的日记，并与《使西纪程》刊本对校，以《郭嵩焘：伦敦与巴黎日记》书名出版。

此次收入《郭嵩焘全集》的日记，即在杨坚所整理的《郭嵩焘日记》的基础上，并参考1984年版《郭嵩焘：伦敦与巴黎日记》，按照《湖湘文库》古籍整理的统一要求，由梁小进、马美著重新整理而成的。本次的重新整理，将原来的四册改分为五册，改正了1980年版《郭嵩焘日记》中的一些文字和标点符号的错误；并根据全书统一的体例，将郭嵩焘本人已经删除的内容，及原编者在日记正文中添加的文字，均予删除。

本册日记所记载的内容主要为：光绪元年郭嵩焘抵京陛见以后出任福建按察使，旋因云南马嘉理案发生，以兵部侍郎出使英国、法国和在英、法期间的外交活动，及其他对于洋务、外交的思想与主张，记述详尽细致，是晚清外交史的宝贵史料，更是郭嵩焘洋务、外交思想与活动的珍贵记录。郭嵩焘在这一期间所写的日记，曾记录了不少外国的地名、人名，原系以汉文音译。此次整理，为方便读者，我们将这些外国地名、人名的英文附注于页末。

作为一位中国近代的杰出洋务运动思想家和政治活动家，郭嵩焘的日记，逐日记载了他的政治社会活动，他对于时代的思考及其政治主张、读书心得、学术见解，以及社会交往、起居行踪，内容极为丰富，对于研究郭嵩焘和他的时代，具有十分珍贵的史料价值。

目　录

日记三

光绪三年

光绪四年

光绪元年　乙亥

正月

光绪纪元之元年，岁在乙亥，正月初一日元旦己亥。天气晴明无风。沅甫宫保约饭，因偕诣前门关帝庙行礼，意在求签，叩问大局。适惇邸世子亦至。万人如海之中，与王子同坐一小室，因稍引而避之。过周荇农少农，尚高卧未起。陈小航、陈俊臣、魏赓臣、李俊斋、袁渔笙枉谈。

初二日。陈俊臣以宫门跪安事宜代托之朱茗荪，因往一谈。俊臣亦云茗荪过于谨慎，不及周鉴甫之开朗。沅甫宫保与鉴甫相见，曾询及鄙人，而不一托之，无与为先容者，因展转托之朱君也。致合肥相国一信。

初三日。周荇农、曹芗溪、黄瑟庵、陈伯平、黄瑾瑜、刘云生、杨秋帆、陈寿山枉过，作尽日之谈。

初四日。姚朵云、钱篪仙、李梓岑、蒋寿山、蒋少穆、周辅生枉过。接杨海琴、涂朗轩、方柳桥三信。是日雪约深寸许。

初五日。龙芝生、瞿子玖、谭敬甫、杨芋庵、李壬叔枉谈。壬叔自处弟子之列，使人惶然。周荇农邀同沅甫宫保、陈俊臣、王逸吾晚酌。致经笙中堂一书，探询跪安事宜，回示云：不宜过缓。因酌定初八日。

初六日。诣朱石翘、华尧峰、陈俊臣、朱茗荪。便赴曹芗溪之召，同席周荇农、潘莲舫、丁介帆、袁子玖。丁君新简凤阳府，候至夜至始登席，回寓已三鼓矣。

初七日。朱茗荪、孙子寿过谈。回拜翁叔平、潘星斋、潵丞诸公，兼晤伯寅久谈。本意一诣内城，舆人以晚告，归邀朱石翘、华尧峰晚谈。

初八日。接合淝相国及王鼎丞及意城三信。正拟入城料理诣宫门请安，便过王孝奉一谈。经笙相国谓请安不宜缓，佩蘅相国又谓宜缓至百日后。因诣两相国申述鄙意，以到京例宜请安，万不可过迟，召见与否，出自圣意，亦岂小臣所能预期，百日后请安，亦尽有不召见者，而问心实有不安。佩蘅相国亦无以相难也。

初九日。寅初入东华门进景运门，至九卿朝房小坐。苏拉杨姓，旋引至内务府朝房，迎谒军机，恭邸，宝、沈两中堂及李兰生尚书，仍回至九卿朝房。须臾，传旨召见军机及嵩焘六额驸景寿带见。入月华苑，至内朝房小坐。内侍传恭邸命，至军机坐处。佩蘅相国让坐，予谢不敢。恭邸言：南书房旧人，何谦为！因询家世甚悉，并问意城弟名崑焘，现在何处？以精透洋务相推许，至于再四。语次顾谓两中堂：此人洋务实是精透。坐久，始返至西屋。六额驸带至养心殿。予以宝座当在正殿，顾视不类。已而内侍掀东屋帘。请安毕，进跪至席旁，得睹圣容，庄严坐御榻上时甫四龄，两旁及坐前以小案护之，覆以青布。座后垂帘，六额驸跪帘旁。太后问：在外几年？答曰：四年。在广东几年？答曰：三年。途次可曾遇雪？答曰：在泰安遇雪。地方均安静否？答曰：安静。在京城充当何项差使？答曰：南书房行走。可是告病回家？答曰：旨意来京另候差委，途次请病假。年若干？答曰：五十六岁。遂退至外朝房。阜荫方、万藕舲两尚书、黄恕皆侍郎并在，小坐一谈。英香岩中堂旋至，相与寒暄数语。因过毛煦初、董韫卿、崇地山、裕时卿、孙子寿诸处谈。复合肥伯相一信。

初十日。值七日常祭之期，敬诣观德殿叩谒梓宫。先至内务府下住处小坐，晤崇佩如尚书，年八十四，谈养生事极有意味。内务府回事者呈递小折，字如牛毛，犹能诵之。与潘伯寅、徐诵阁、孙子寿、欧阳用甫、张子腾、崇文山、崇地山八人同列一班。随至殷谱经、徐荫轩、魏赓臣处谈。因赴后门谒恭邸，久谈。便谒福元修师，病瘫痪多年，兼耳聋，所馀一小孙而已，至内室久谈。出城过贺云甫、王逸吾及李兰生尚书。

十一日。谒文博川中堂，延入内室，谈至两时之久。病体颓然，忠诚耿耿，实心敬之。沈经笙中堂、李兰生尚书始相见，并云文中堂极相引重。及见文中堂，察其意若甚关切者。此行由文中堂论荐无疑也。语次，并询及粤东被谤之由，及左君所以相处，颇难于作答，略一申叙而已。僧邸及左君皆有盛名，于鄙人亦皆知引重，而偏不能容，致使鄙心无以自解，岂非所谓天耶?

十二日。骆慕韶、廖晓墀两县令来见，并广东旧属也。接家信一通，又从李果仙处取得家信一通，及罗小垣、衡唐叔、意城、志城、子敬诸信。因由折便致王夔石中丞、孙春皋观察、朱宇恬、张力臣、黄子寿、朱香荪、罗小垣、意城、志城各信并家信，概托中丞妥送舍下。沅甫宫保邀食鹿尾。

十三日。回拜城外各处，同乡及旧识皆一往通拜。晚邀李雨苍、陈俊臣一谈。俊臣告言：山东友人称其乡有出胡小渠门下者具折倾沅甫宫保，兼及鄙人。沅甫一笑置之。吾则以旦夕求归，能尼吾之进取，诚所祷祝以求者。独谓吾辞第二次两淮一缺为怀怨望，则并当年事势亦全未加考究矣。

十四日。城外拜客。接合肥相国、孙省斋、金眉生、朱次桐、彭仲莲、叶介之各信。又接史伟堂、谭东湖二信。

十五日。城外拜客。三日未能了，由仆人未辨路径之过。便诣潘伯寅、周荇农、朱石翘三处畅谈。

十六日。潘伯寅送到《礼记质疑》、《中庸质疑》二序，沉博精当，可谓能手。回拜各处。就便访游汇东、李啸石、靳迪甫三人，均未遇。程覃叔官宗人府丞，丁酉年侄也。温味秋、棣华叔侄均官翰林，吾竟不能知，坐询官阀乃知之。汪啸师世兄三人：翼新、建新、植新。杜文正师孙世兄三人：蕉坪、梅舫、若洲。晤翼新、若洲久谈。蕉坪、若洲，吉源侍郎之子；梅舫，云巢侍郎之子。

十七日。沈经笙中堂、崇文山、贺云甫、程覃叔、周荇农枉谈。李雨沧约赴陈俊臣之召，同席黄岱堂、夏竹轩五人。

十八日。杨翰云太守、张子履贰尹、顾翰臣太史枉谈。接吴凤堂一信。杜若洲、吴毅卿、徐寿鸿、皮小舲、李果仙、易汉乔次第过谈，遂尽一日之力。蒋鉴湖出继芗泉一子，邀同周荇农、曾沅甫、皮小舲、李果仙、曾尚仁、蒋少穆晚酌，沅甫为批定数条，亦抚书之创局也。

十九日。阴，凉。刘云生饷食，适约黄岱堂早谈，因并邀曾符卿评论相法，遂尽一日之力。终日纷扰，惟觉时日可惜而已。

二十日。卯正一刻，皇上登极，御太和殿受贺。沅浦宫保约三点钟同入东华门，至九卿朝房恭候。天晴风静，万里无云。惟祝圣人厚福，与天下臣民同受荫庇而已。与荇农前辈同至黄酒馆小坐更衣。往拜灵香生、毛煦初、崇朴山三尚书，殷谱经、徐荫轩、童薇砚、延树楠、察鉴泉五侍郎，惠杏田阁学，师继瞻京卿，杨振甫京兆，夏子俨伯英通副。东城一隅之地，驰驱竟日，夜久乃能回寓。

廿一日。诣桑柏斋尚书、龚叔玉阁学、国佐廷将军、吴春海侍御、张菽园方伯诸处谈。本意料理西城内酬应，甫至单牌楼左近一转，而（西）〔日〕已夕矣。裕时卿、汪翼卿、黄艺甫三处馈菜，心甚苦之。

廿二日。阴，郁热不可耐，南方以为风雨之征，北方所罕见也。萧雨亭自保定带到黄子寿一信。出门回拜，所见蒋少穆、唐斐泉、徐寿鸿、黄瑾瑜、萧雨亭、李篁仙数人而已。

廿三日。大雪。往吊钱辛伯夫人，便过李篁仙谈，因邀篁仙、谭敬甫、易翰乔晚酌。吴春海过谈，甚畅。

廿四日。魏赓臣邀同李雨沧、陈隽丞、萧屺山、侯敬亭早酌。便诣黄树皆及治贝勒，因询及载瑟庵后人，知其子已中癸酉乡试，因一往访之。晤普莐臣顾，官宗人府笔帖式，其弟普颋，丁卯举人，是为长房。兄弟凡三人。普牧山喆，癸酉举人，瑟庵同年之子也，是为二房。兄弟亦三人。普松兄弟二人，是为（二）〔三〕房。官吏部主事。同居一宅，光景颇窘。晚邀李静山、曾尚仁、莐臣、符卿、岳松、彭石堂小酌。以师继瞻送菜颇丰，邀同一谈也。

廿五日。往莲花寺看住房，亦不甚能惬意。东边别院颇佳，又苦潮湿。晚赴蒋寿山之召。客三：予与沅甫宫保、篁仙观察。主人四：静山与龙芝生、唐斐泉、徐寿鸿。

廿六日。童愸庵、敖经甫、吴春海邀同曾沅甫、陈俊臣会饮谢公祠。谭敬甫、易汉乔、黄瑾予重邀晚酌。亦困于酒食矣。谢公祠约崇文山不至。敬甫处兼邀周荇农前辈，得一畅谈。

廿七日。黄恕皆、贺云甫邀同沅甫、俊臣、蒋少穆会饮，晚回寓。李果仙治席款沅甫、俊臣及曾尚仁、蒋鉴海。

廿八日。李雨沧邀同俊臣及夏竹轩，胡小蘧邀同陈小航、龚叔玉、邓双坡、朱石翘、曹芗溪会饮广和居。两处酬应，并在一室。接吴春帆、邹岱东二信。

廿九日。病热颇重，请荇兄医治，会赴张淯泉之召，改请黄琴庵诊之。会朱石翘及沅老过谈，遂留饭。

三十日。谢隐庄、王孝奉、李壬叔邀同沅甫会饮谢公祠，会晨食甫毕，病亦未愈，勉强一行。朱石翘、李勉吾及荇农前辈次第过谈。偕石翘相定地藏庵后屋。

二月

二月初一日己巳。接合淝相国信。正函寄叶曙清、黄子寿，因留相国一信未发行。出门拜客，至陈小航处久谈。

初三〔二〕日。潘伯寅、黄恕皆过谈。沅甫约同诣李壬叔、谢隐庄，会同至总税务司赫德处谈。赫德号乐斌，盖袭中国之文，泰西无有也。隐庄言可便道过丁冠西韪良，而未相约一往，因诣董韫卿谈，归晤沅甫，始知之。

初三日。午刻，移居延旺庙街地藏庵后进。曾沅甫宫保偕谢隐庄先至相迎。与李静山、曾尚仁、彭石堂、曾莐臣、符卿、岳松诸人为别。曹霞屏、潘星斋、焦桂樵、朱石翘、曾尚仁次第过谈。

初四日。扬州馆公送酒席，邀钱篪仙、喻小冈、黄瑟庵、王益吾、黄泽生、周辅生早谈。李祜生、蒋少穆枉过。出门回拜，至刘缄三、唐耕石处久谈。丁未同年在京者：沈经笙相国、桂小岩、杨沼坪一号味堂、成宝岩，及缄三、耕石，及曹芗溪，七人而已。治贝勒求西席，少穆荐吴筠亭孝廉超然，祜生荐张石荪明经承本。

初五日。微雨。吴子章枉谈，询知为吴仲云尚书之孙。徐寿鸿、姚朵云、曾符卿、国佐亭次第过谈。潘伯寅邀陪沅甫午酌，人客坌集，三四催请始能成行。李祜生回湖南乡试，便致家信及少奶奶单开购买各件，附致杨海琴、易海青、罗小垣、左癸叟各信。

初六日。潘绂廷、王月峰枉谈。沅甫宫保约同诣英国公使威妥玛。先至魏赓臣丹浦、周晓堂处，会同谢隐庄、李壬（秋）〔叔〕，与威公使、美副公使相见，为具酒果。次诣丁韪良冠西处久谈。顺便一至上湖南馆；黄岱堂以事赴保定，见蒋小吾、谢毓臣耒阳〕、杨简山宁远、魏玉山桂阳州、常惕如、曾心斋衡阳，美少年六君。小吾为蒋养吾之子，玉山为魏质斋之子，惕如则常文节公之孙也。

初七日。谢隐庄、李壬叔复约同沅甫宫保诣美国爱公使、卫副公使，谈及华胜顿建立合众国，至明年丙子百年，为立庆百年大会，招致各国珍奇及工匠之精者，特造一馆以居之。其屋以铁为柱，嵌以玻璃，长一里许，在华胜顿城外。会毕，其屋仍可拆去也。又言金山有枞树一株，径四丈五尺，高三十馀丈围十三丈五尺，相传为三千年物。昨威妥玛亦言及之，云泰西诸国所无也。诣治贝勒，荐与西席吴筠亭，坐中晤善星垣廉，文文端师之世兄也。便过王槐卿、李茂斋、刘云泉。接朱宇恬一信。夜梦至耕心堂老屋，或言葵臣公在内厅，急趋入谒。立者十馀人，均不相识。一老者倚壁坐，状类诚斋公而微瘦。予就拜之，葵臣公掖之起。已而手巨烛前导，予趋入西室。少顷出观，葵臣公已不见，旁皇而醒。葵臣公，乾隆壬子举人，官内阁中书，卒于京师，吾父时方数岁也。大父行惟及见诚斋公。梦中忽见葵臣公，与诚斋公颜貌恰相似。此行奉召求官，而忽有此梦，岂亦当考终京师，葵臣公先示之兆耶？亦一奇矣。

初八日。钱湘舲、张幼樵、刘云泉琴舫之弟、陈郅廷岱云之弟，星海之兄，其长兄曰陈伯符、王槐卿、吴筠亭、张石荪次第来见。史小卿送酒席，因邀周荇农、李果仙，并约小卿一谈。幼樵为朱修伯之婿，辛未翰林，其兄佩经曾任两淮，云以兄命来见，人极清秀而明爽。吴筠亭槐卿所荐、张石荪李祐生所荐并来见。吴生发品。其陈俊臣所荐之邓星聚文奎，则至今未一见也。接黄子寿信，并递到方存之、叶曙清、范眉生三信。存之寄到方植之《汉学商兑》、《书林扬觯》二种，毛若人《春秋三子传》、《春秋诸家解》二种，刘献白《大易阐微录》，苏厚子《四礼从宜》，共六种。

初九日。周鉴湖来告言简放福建臬司之信。随诣朱茗孙商办谢恩折，请李果仙、陈伯平两君分缮正折及履历。人客纷集，颇觉酬应之苦。

初十日。具折谢恩，因诣恭王及军机大臣。随诣沅甫，同赴朱石翘之召，同席汪芷荪，畅谈至夕。

十一日。雨，雪。诣黄小琴、张幼桥、吴子重、周瀛樵、皮小舲，便邀朱石翘、刘云生、李运如晚酌。

十二日。专曹福、小周由天津坐轮船回南迎取家眷至上海，便致朱宇恬、朱香荪及意城、志城四信。又致李玉阶一信，属曹福迎取家眷至汉口，雇觅轮船始行投递。何湛园来见，新选漳州郡守也。出门诣曹艿溪、周荇农、张叔平、萧屺山、吴筠亭、张石荪诸处谈。石荪处便见胡若霞、翟居丞、汤补臣诸君。

十三日。谢次诚、孙让卿、谢隐庄过谈。次诚新选宁洋县。让卿，江西同知，与隐庄夙好。潘星斋、绂廷邀饮广和居，同席李小舲、徐季卿、汪柳门、洪文卿。

十四日。胡小渠、朱石翘、陈俪秋、刘聘臣、王寿甫、李篁（臣）〔仙〕、常惕如次第过谈。萧屺山、黄琴庵、侯仙舫邀同沅甫、篁仙会饮湖南会馆。便过钱湘吟、刘缄三、郭鹿泉、胡介卿诸处谈。

十五日。彭畏之、吴春熙吴新之京兆之子，现选沙县知县、杨秋帆、张叔平过谈。陈小航邀同曾沅甫、彭畏之、贺云湖、周荇农早酌。是日得曾宫保简放秦抚之信。得合肥相国书，当复一函，并复吴春帆一函。

十六日。为先大夫忌辰，谢客一日。谢隐庄《焚馀草》三帙，存此月馀，始获一披览之。其议论可采者，如云：懒散是穷困后门，牢骚乃乞哀变态。　真放下乃真操存，真操存乃真放下。要知伊川心存诚敬，乃真放下。心存诚敬，至于死生不动，更有何物不放下耶？愁苦处能放得下，便有进道之机。　学者遇事不能应，只有炼心法，更无练心法。练心之法，大要只是胸中无一事而已。无一事乃能事事，便是主静工夫得力处。　静者善之本，虚者静之本。静犹对动，虚则至一。　敦厚虚静，仁之本；敬和接物，仁之用。　心一而不纷，则能应万物，君子所以虚心而不动也。　与天同原谓之虚，当以心求天之虚。　人无皆非之理，惟在反己自修，一毫不起怨尤之心，此是孔门家法。《题齐玉溪居士还山图》山本未尝出，何以言还山？民物心一体，家国意相关。热血满一腔，恒欲化愚顽。愚顽不可化，足迹遍人寰。申江市且喧，转乐十亩间。动极复归静，闹里辄思闲。新安峰矗矗，阳羡水潺潺。何如归去来，相对常开颜。①

①以下光绪元年二月十七日至光绪二年正月底日记原阙。

光绪二年　丙子

二月

光绪二年，岁次丙子，春二月癸卯朔。兵部值日，兼吏部验放，入东华门听宣。下午诣陈筱航、周荇农两前辈、潘伯寅谈。伯寅处晤翁叔平，相与谈滇案始末。吾谓京师士大夫每议总署之过秘，亦未尝不欲求知洋情也。方今十八省与洋人交涉略少者，独湖南与山西耳。能知洋情，而后知所以控制之法；不知洋情，所向皆荆棘也。吾每见士大夫，即倾情告之，而遂以是大招物议。为语及洋情，不乐，诟毁之。然则士大夫所求知者，诟毁洋人之词，非求知洋情者也。京师士大夫不下万人，人皆知诟毁洋人，安事吾一人而附益之？但以诟毁洋人为快，一切不复求知，此洋祸所以日深，士大夫之心思智虑所以日趋于浮嚣，而终归于无用也。冯展云前辈在福建，以明刻《庄子》相遗，意以却使命为劝。近取读之，颇有会悟。庄生于人世是非之情，说得极微妙。彼此各有是非，从何正之？置之弗辨焉可矣。

初二日。刘云生早过，留饭。上兵部及总理衙门。兵部开送会试职名。属一切不可开送，以鄙家与试者二人，不欲阻其进取。经笙相国询及谢隐庄之为人，疑赫总税司计谋皆所赞画。吾谓隐庄好事，而存心非为害者。赫总税司见解尽高，亦不至求助谢君。淮军留扬之铭武军，投匿名书及诗十章于总署，诋唐定奎甚至。

唐君号叔俊已补福建提督，幼丹制军仍留之江南，盖其幕客及诸将官所为也。发丙字家信第二号，由火牌差谢弁带南。

初三日。王逸吾、张子镕约会湖广会馆公祭文昌。辰刻至，仅子镕及陈伯平、瞿子玖、黄翰仙、萧雨亭、吴鉴堂六人，此外尚无至者。向例南北两省各求一签，以卜一年情事。湖南推鄙人主求签事，签语极不佳，而湖北签吉祥富丽。鄙人命蹇，不为鬼神所佑，乃至累及一省，相与为偃蹇乎？又瞻拜刘忠宣公大夏、李文正公东阳、张文忠公居正、杨忠节公涟四君子遗像。午刻，陪同黄恕皆前辈致奠荣仲华太夫人。便过吴春帆。晚诣徐寿蘅谈，求问京师人才。寿蘅举五人：一谢孟馀侍御增，住珠巢街，扬州人；一李莼客比部慈铭，住保安寺街，浙人；一张延秋水部南山先生之孙，其兄张太史清华也；一王莲生；其一周叔昀太守星誉，现外放知府矣。其张香涛、李若农、谢麟伯、王逸吾、吴春海、钱篪仙、许鹤侪诸君，为所素知者，不复开列。归接陈鹤云、刘景韩、姚朵云及衡唐叔各信。单校官维宪，高密人，所著有《读诗记》。

初四日。复陈渭滨军门、李玉阶刘景韩两观察、陈鹤云太守共四信。又复龙皞臣一信。皞臣方刻邹叔绩遗书，兼一问之，能及未出洋见此书之成为快幸。胡月樵寄到汇刻子书，并云另有经部五十馀种，煌煌大观。月樵在鄂局嘉惠后学，功亦伟矣。书由韩茀笙大令带京，以恐入城盘查，寄存长兴店，至是始遣足运回，书籍破烂，书本损坏多矣。

初五日。吴定生、钟启庭、魏赓臣过谈。上兵部及总理衙门。嗡噜公使爱勒谟尔将赴日本，约至总署话别，并往晤叙。英公使威妥玛于闽、浙两省旧案，照会频仍。沿海各省，亦惟闽、浙两省处置多不得法，实与以寻衅之端。是日为启庭致杨石泉一函，并函寄意城。接家信正月初三及十三两缄，又接健甫侄十八日清江浦一缄。志城信言：天地闭，贤人隐。朱香荪谓当求之草野，非也。贤人不得行其志，则隐矣。不以出处分隐见。所言极是。困之二、五，两阳爻均得位。而二，阳爻，初、三两阴爻困之；四、五，阳爻，上以阴爻困之，三之阴爻又从下困之。故曰：困，刚掩也。得位而陷于阴中，遂为所掩，以成乎困，困于酒食，困于金车，困于朱绂。惟得位而后可言困；贫贱之肆志，岂人所能困哉！

初六日。英使遣翻译梅辉立、俄使遣翻译柏百福，均以事诣总署相询，一往见之。归过周小棠谈。夜苦插气及胸膈板胀。

初七日。陈筱航前辈为起一六壬课，占出洋吉凶，据云：大凶。主同室操戈。日在昏晦中。势且不能成行，即行亦徒受朦蔽欺凌。尤不利上书言事。伴侣僮仆，皆宜慎防。阅之浩叹而已。刘云生邀同朱石翘、魏赓臣午酌。致合淝伯相一信。孙功甫、君诒来见，云与七侄同日开车，渠已到京三日矣。为之愤闷。

初八日。上兵部及总署衙门。梅辉立来见，传威使之命，意图一邀酌。李果仙邀同黄煦垓、徐寿蘅、刘毅季、唐斐斋、蒋少穆午酌。家眷到京，计行八十四日。约腊杪入京度岁，又于魏温云出都之便，严饬李祥恺、柳荣延挨太久，皆置不理，一听虎宣之张罗延宕，游行自在，颇亦出人意外，当以次谴处之，不能含糊也。略究其始末，始知虎宣之荒唐，亦由杨瑞堂之悖谬有以赞成之。接易海青、黄子寿、朱宇恬、彭春藻、冒小山、庄翰堂、饶岱霞及笙叔、廉丞各信。又接金眉生、夏小陶、曾栗诚各信。彭春藻名开甲，往年曾荐致郭子美处，彭丽生谓其物故久矣，至是始知其尚在，以知县留贵州补用。

初九日。兵部值日蒙召对，勔贝勒带见。问：日来总理衙门办理几案？对：德国福建西洋山劫案、英法两国夔州税案，日来正在办理。问：各国公使可时常到署？对：时常有公事来署会议。问：威妥玛可时常到署？对：威妥玛有公事亦时常来署会议。问：近来可提起云南一案？对：近来不曾提起。据臣愚见，洋患已成，无从屏绝。惟其意在通商为利而已，亦望中国富强，而后利源可以不匮，无致害中国之心。要在应付得法，使不致有所要挟。经洋人一回要挟，中国亦伤一回元气。所以应付之法，在先审度事理，随机以应之，不可先存猜嫌之心。问：他们只是得一步进一步。对：得步进步是洋人惯技，然要须是有隙可乘。若一处之以理，遇有争论，一以理折之，亦不至受其要挟。洋人性情在好胜，在办事快便，在辨论有断制。得此三层机要，未尝不可使受范围。问：京城办理洋务比外面为难？对：外面未尝不需索，总须随事以礼自处，使不至为所胁持。臣与洋人交涉久，颇谙悉其性情。大约凡事必争先一着，是办理洋务第一要义。问：日本与高丽情形何如？对：日本遣其开拓使黑田由松花江出高丽之东。闻总税司赫德言，日本使入高丽境，高丽仍拒不纳，现尚未有动静。问：应怎么办法？对：臣等曾与日本公使言：高丽不愿通商，不应去找他。李鸿章亦如此驳斥他。渠言不求通商，但求使臣到高丽时一加接待。高丽却是负气不相接待。太后因与劻贝勒言高丽事甚悉。问：日本公使系何名？对：森有礼。问：森有礼闻极狡猾？对：威妥玛性情暴急，以刚胜；森有礼以柔胜。其坚强狠忍，遇事必要于成，却是相同。问：他们系简第一等坏人来中国作哄。对：日本向来负强，近来专意学习西法，意在兼并，高丽兵力恐不能敌。问：高丽逼近东三省，极是可虑。对：从前法、美各国兵船到高丽，高丽总是堵击。西洋通商，无处不到，因高丽病弱，亦不甚属意。此次日本与高丽寻衅，诸国未尝不暗中怂恿。问：洋务事可曾问文祥？对：一切仍是文祥主持，近来却是病。问：

闻说病甚重？又向励贝勒赞其细心勤慎。对：文祥实是国之元臣，病根却是深，可虑之甚。罢对，出乾清门，晤潘伯寅，因邀过其寓小酌。接曾沅甫、马松圃二信。

初十日。家人带到胡秋樵、赵竹云、唐时雍、李镜浯、杨云冈、唐曦城、熊绍香各信。虎宣到京三日，竟不一来见，而闻其已觅住宅移居。气质之不平，竟至如此。

十一日。风，寒。早邀丁瑞亭、饶葆臣、孙功甫、君诒、张冶秋、易实甫小酌。虎宣亦至，留饭。上兵部及总署衙门，见丁禹生中丞咨件，知已于正月十一日履任。在船政清厘各件，均极精核：一、据日意格请，调在英国高士堡学堂肄业生刘步蟾、林泰曾二名，派入英国战船学习驾驶。从前在船政学堂张成、吕翰，现在扬武轮船，前赴日本系由香港学堂调取，仍请饬知府唐廷枢同知黄达权前赴香港学堂，选取肄业生学习有成者，以资应用。一、劾管带福靖新后、老后两营总兵王正道，帮带新后营参将李忠元操防不力，王正道革职，李忠元以守备降调。一、奏报轮船操防情形。湄云、飞云、镇海各船均自北回南；万年青、济安、靖远、振威、福星各船会合操演。帆索枪炮以万年青、振威为优；操演舢板帆桨以济安为优；操演洋枪中靶以靖远、（震）〔振〕威为优；操演水雷以（振）〔镇〕海、振威为优。请派道员叶文澜、游击吴世惠出五虎门外合操，并察看吴世惠能否胜管带之任。一、报法国现驻安南帅纲海口英语谓之西贡，为法人所占安南第一要紧海口之法总督派总兵七人前往安南内地及云南、四川、广西边界，并缅甸、南掌、暹罗、印度，凡与中国交界处形胜、山川险要、地利物产各情形，绘为图说，于川、滇二处言之尤详。始译出总说一卷，仅及百分之一。检阅之，益见西人用心之深。其言西藏有五大江，曰怒江，曰伊拉乌抵江，曰澜沧江，曰湄江，曰扬子江。有戏马来雅山间阻江水，水从低山旁流；其高山一路，袤延广东之西江、东京之浩低江、暹罗之湄南江。扬子江西名蓝江，绵亘中国，为一大经流，逶迤屈曲而东而北出。怒江向西而东，至孟加拉，通于刚治河。又言游览东印度向推葡萄牙为首。一千五百年间阜你斯人尼高拉地刚低、一（年）〔千〕六百年初鲍老纳人绿道肥格所载商务甚为明白，尤在葡萄牙之前。又言一千八百初年间，英势渐强于印度。一千七百十四至十八年，庞苏伟里特烈雷基斯摩绘云南省图，并搜索邻境实情。末始云：一千八百六十六年探柬埔治并盎高尔旧迹之役，总其事者特拉格来，随带探员七名：都司晃西士加尼、守备特拉巴尔脱，以其熟悉本土人情也；医士舒裴，以其精通地学也；艺农务董士、三等医士到来尔，以其精通植物之学也；外务执事特格尔乃，以其明于交涉事宜也；通事帅根，以其通暹罗、安南语言也；柬人阿来克西斯凹姆，以其通柬、安两国语言也。亲密维持，则水部外委克削伯尼也。特拉巴尔脱主约束护勇；舒裴主探究地脉，查明矿产；到来尔主查考各地人畜草木气色；特格尔乃主记载方土民风。彼其人才之盛如此，用心之勤如此，中国一以伯言目论当之，安坐以肆其訾毁而已，此所以可惧也。

十二日。魏赓臣邀同朱石翘、刘云生小集湖广馆。顺诣罗书亭、周荇农两前辈谈。易实甫枉赠五古四章，朴茂苍劲，未易得也。接正月十三日家信，上注升字廿号。当分年记之，此实丙字二号也。

十三日。接丁禹生信；潘伯寅见之，谓其语语打入心坎，字字皆中窾要，称其为人杰。其上伯相书，论台事与鄙见若合符节，禹生乃尤言之恳切。披大郤，导大窾，是真健者。寄家信丙字第三号，由正大信局附轮船递南。晚接张子衡、唐协卿各信。

十四日。上兵部及总理衙门。英翻译梅辉立、法翻译师克勤及总税务司赫德均来署会谈。同文馆教习丁韪良见示《星轺指掌》译本，因相就一谈，兼晤李壬叔。第四十九节、五十节尤多见道之言。

十五日。总理衙门陈奏琼州口通商情形。卯初入东华门，晤奕厉亭都护谈。京察引见，兵部记名仅得三人，曰蔡砚农逢年，曰广菱堂荫，曰文兰舫绶。其苏菊生佩训、志西平华及上次未圈出之贵镜泉成，并皆倜傥之才。蒋寿山邀同黄恕皆、周荇农两前辈、徐寿蘅、李果仙、萧屺山午酌，便道一诣魁华峰。

十六日。王幼原、周荔樵来见。接刘（砚）〔岘〕庄、方子箴、王春晓、黄子寿诸信。治贝勒托其亲友属为言之（砚）〔岘〕庄，一曰李小泉大令若昌，一曰徵蓉塘太守霖，一曰成午桥司马瑶。是日以先公忌辰，斋食谢客一日。

十七日。兵部值日。入东华门，至报房，晤广少彭、崇地山、夏子松谈。巳刻，邀黄石珊、崔贞史、蔡稚云、刘小楼、郑少樵小酌。周荇农前辈、黄翰仙、周桂伍过谈。

十八日。雪。上兵部及总理衙门。见丁禹生翻译法国探员由安南至暹罗、南掌、缅甸各国情形。所历之河曰桑袍尔河下南掌地名、阿刀巴河亦地名，登斯吞、阿刀巴两邑之河、当里而巳河省治地名；曰刚邦郎河盎高尔各江之总汇，南有哈美尔旧迹；曰囊呼河从新康过河；曰时根河河源与湄南江发源之山相对；曰囊可河本南掌地，今属缅甸、囊波河、挡好河、囊冷河以上发源柬、澜两江间之湖潴；曰囊麻依河、囊须河为暹、（甸）〔缅〕两国分界处；曰囊乌恩河、囊央河、囊横囊哈支河并在缅甸境。上南掌都城曰郎拨拉彭，下南掌都城曰排沙格。排沙格王尚在，而弱小不能立国。上南掌王称郎王。其南掌地方如克线当、梦伦、克线坑、新掠泼杭，并有王及诸酋长。坑王驻扎之地曰梦游。克线坑东北有城曰思茅，中国边境也。郎拨拉彭以上有三路通中国：

一溯湄江而上经暹罗、缅甸两国相争蹂躏之地而出缅境，以通云南；一直北循湄江右支囊呼河以通云南；一穿东京、安南两界中抵广西。柬埔治本大国，为暹罗所侵。排沙格为缅甸所侵。南掌境内曰乌棒，曰斯登吞，曰克线坤已属缅甸，曰梦囊，曰梦央，曰梦游坑王驻扎之地。法国首相曰加拉烘，驻安南总督曰特拉格郎提爱，总办探路大臣曰特拉格来。有告言景廉有劾奏鄙人一折，知其为左季高所劾，而逞志于其乡人，以图报复也。诣经笙相国询之，其言极为顽悖，等诸犬吠驴鸣之无知而已。接朱云甫、章果堂、张力臣各信。

十九日。毛季卿补大考，例派阅卷大臣。入东华门听宣，则景廉与焉，意若奖其能言者。吾不能不求所以自处之道矣。以银二两托之锡清弼大令，带山西代刷吴瀹斋中丞《植物名实考证》一书。往曾托之鲍花潭，而云其板已不在太原府署，花潭乃亦有此诳语耶？清弼不肯受银，所见出花潭之上远矣。

二十日。戴星阶自安徽来，接张渐逵一信，并墨二匣。渐逵名家斌由曾文正文案出身，已保知府，以道员升用矣。魏赓臣、谢隐庄枉过，述悉外间有联语相诮，馀初未之闻也。此等谬悠之人言，盖早付之度外，不足以撄吾心也。

廿一日。上兵部及总理衙门。威妥玛、梅辉立、赫德并会谈。威使气焰殊甚，论及上海开修铁路，直谓渠原可分示停止，今中国所以相处如此，因历数现办各案情形，且曰台湾此两月内必有事，须小心看顾云云。诸公相与唯唯而已。与洋人交涉，不求所以自处，而安坐以听洋人之挟持，念此为之气短。而士大夫相与蚩蚩，横生议论。朝无大臣，遂使群口嚣然，莫有能禁遏者，所关殆非浅也。白兰岩邀饭，再辞不获命，比往，则孙玉麟数孝廉同席，并兰岩门人，而以小岩作陪。仆人辈全不一考校，终身受仆人之累，是亦命也。

廿二日。接合淝相国信。魏赓臣、周荔樵、许仲韬来谈。后铁厂一屋，旷无人居数年矣，前日始托周荔樵往问之房东，已有山东人承佃。生平万事抵牾，求一住宅亦颠沛如此，而所遇又适为山东人。圣人之邦，人文销歇，生平所见若李湘棻、毛寄云辈，一与为缘，辄承其累，是亦命也。

廿三日。复合淝相国、刘岘庄制军、黎召民观察、姚朵云大令各书。精力疲乏已甚，几不能自支。

廿四日。乡试举人补复试阅卷听宣，蒙派沈经笙相国、董韫卿、魁华峰、袁小午、黄恕皆、绵佩卿、何地山、夏子松、潘伯寅、彭畏之、麟郅庵及嵩焘共十二人。至南书房，分卷三十六本。公定一等四十六名，二等一百三十名，三等二百九十五名，四等二名。第一名为朱钟洛，顺天人。湖南仅得三十六名一人，曰陈文炳。四等二名，一为湖北孙国柱，一为顺天祝兰祥。又有江苏柳昌霖一名无诗片，然已取列二等六十六名矣。其间进呈及拆弥封，凡四点钟始毕。孙琴西适以是日到京请安，因过贤良寺一谈。

廿五日。兵部值日，入东华门候旨。与贺云湖、彭畏之、何地山、崇文山、崇地山、袁小午、麟郅庵、载芝田、夏子松、殷谱经诸君谈。旋过黄石珊、崔贞史、蔡稚云、杨商农、沈敬甫、俞竹君。便过至总署早饭。诣佩蘅相国，为我代定双碾胡同一宅，文星岩兄弟旧居也。出城就姚宝丞、张竹云、吴云亭、熊叔雅、刘小楼、郑少樵及馀凤笙谈。

廿六日。往西城酬应，晤邵汴生、焦桂樵、朱茗荪、孙福田省斋之世兄，均获畅谈。长沙会馆晤粟柚东、杨子箴、李星河、李鹤叟四人；丁瑞亭、阎象文均已外出。接家信丙字二号，启视则惟志城一信及饶岱霞一信；瑞堂不加一字，可谓高超矣。

廿七日。上兵部及总理衙门。因陪经笙相国、韫卿大农至德国公使署。巴兰德叙述安那船一案拟复一照会，其言极亢，大约言本国自行办理，持论与威使略同。而巴使与其翻译阿恩得立言极婉曲，意若惟恐与中国参差。而中国处理多不如法，惟鄙人能心知之而已。

廿八日。早邀张桐轩、王石杉、薛叔耘、俞竹君、陶仲彝、罗两明小酌。罢酒，回拜各处，至张冶秋，孙公符、君诒，刘朗之处小谈。复刘岘〔庄〕制军及姚朵云二信。

廿九日。上兵部及总理衙门，并致吊库仁龛之弟。见《申报》，知黎召民去岁议设立伦敦洋行，已经定议。洋行名曰宏远，分设香港、福州、上海三处，美国之牛约口，亦分设行栈焉。

三十日。谢次辰大令递到一信，并孙琴泉信。次辰选得宁洋令，曾从朱石翘问为令之方，去岁在京曾一见之。

三月

三月初一日癸巳。陈仲英太史、朱亮卿、何小岩两孝廉来见，并此次补复之取列一等者。胡小渠、黄恕皆、朱石翘、周桂坞过谈。潘伯寅递到高碧湄一信。

初二日。上兵部及总理衙门。因过裕时卿方伯谈，所言多有见地。其年长于我一岁，已于二月廿九日过六十生年矣。

初三日。兵部值日，至报房小坐。旋过孙琴西、刘冰如两方伯谈。潘伯寅屡约往，至是以景廉事告之，与商进退之宜，所见实有过人者。

初四日。上恭邸一书，饬罗云汉往送，甫出门，遇橐驼阻道，云翰不善控制，从马上翻跌，伤焉。改饬刘升，行至街口而返。

问其故，曰：闻复有传唤。盖家人辈误传也。书内所言，方谋引退，而歧误如此，亦未知其何祥也。然此次奉使，诚不免韩愈可惜之叹，固亦早知其不祥，一切更无烦推究也。王逸吾邀饭，同席胡小渠、王孝奉、刘毅季、蒋少穆。

初五日。兵部带领引见三名：前科布多办事大臣英棨，科布多帮办大臣文硕，承袭轻车都尉张清荫。邀蒋寿山、龙芝生、王逸吾、周桂坞、李果仙、陈伯平、蒋少穆、瞿子玖小酌，总署忽传经相之命，属入署与梅辉立会谈。比往，则威妥玛亦至，怒声遽色，人知其强狠，而不知其于此实具有苦心，非深于洋务者无从与言也。比散归，酒已阑矣。接黎召民一信。

初六日。阙门听宣：正总裁为董韫卿大农，副总裁桑柏斋司寇、崇文山少宰、黄恕皆宗伯；房官，同乡中陈文园一人。诣恭邸及沈经相，申述所以求退之旨；相与慰留。便道诣文士林，谈极畅。

初七日。魏赓臣、周桂午、瞿子玖、张冶秋、丁瑞亭及健甫侄为予贺生日。朱石翘、刘云生邀至龙树寺，谈极畅，随至便宜坊小酌。至是五十九年矣。六十之年，忽焉已至，为之怃然。

初八日。吴春帆、萧引生、陈云岩过谈，遂尽一日之力。桂午述所闻于鄂人之言，直以景廉为一时公论所自出。人心迷乱，至于此极，欲无召辱取侮，不可得矣。

初九日。上兵部及总理衙门。见筱荃、觐堂两钦使信，始知格维讷已于二月十一日抵滇，丁介藩甫与论及查办蛮允一案情形，尚未能定议也。诣乌敦甫、吴春帆、师继瞻谈。

初十日。萧敔亭、何子佺约至极乐寺展李文正公墓，遂留饮，同席敔亭、子佺、龙皞臣、刘小篁、洪又才、郭子田、周荔樵。文正墓碑阴刻诗四首。翁覃溪诗云：竹栽觅到郭西村，野衲闲谈古树根。记咏成斋邀世赏，重烦蕙麓约梧门。松楸未必南湘指，桑梓谁同北地论。诗史评量吾岂敢，偶徵游迹续慈恩。法时帆诗云：西涯宅废水空存，又叩禅扉访墓门。病衲斜阳剪榛莽，牧羊秋雨啮松根。仅留诗句传湖海，不复齑盐计子孙。三百年来谁过问，暮鸦黄叶畏吾村。

十一日。兵部值日。因属武库司代折请假数日，乃以十日具奏。假期无公事关白，约朱石翘、刘云生、魏赓臣为陶然亭之游，旋至广和居小饮。寄复合淝伯相及黎召民二信。

十二日。阴，热。复孙琴西书，论洋务得失。琴西见惠所刻《叶水心别集》十六卷，《刘给谏文集》五卷名安上，字元礼，《刘左史集》四卷名安节，字元承，薛士龙《浪语集》三十五卷名季宣，除大理正，知润州，改知常州，刘声伯《蒙川遗稿》四卷名绂，官吏部尚书，王文敏公允初，字元父《开禧德安守城录》一卷为其子致远所编，并永嘉乡先辈也。琴西汇刻之，命曰《永嘉丛书》。

十三日。丁酉同年公饯孙琴西，万藕舲主其事，予以在告中，不能赴也。沈经笙相国过谈，属无庸续假。文博川亦遣使慰问。周桂坞过谈，言见宝佩蘅相国，专属致意，勉为一留。此无他，以出使英国，无人肯承此役者，留为供此一差耳。潘伯寅枉诗，读之怃然。伯寅可谓有心人矣。

十四日。翁叔平、魏赓臣、丁瑞亭先后枉顾。评阅易实甫《雪鸿小草》诗二卷，皆入都途次作也。才气奔放而不诡于正，性情尤纯厚，未易才也。

十五日。周荇农、李壬叔枉过。壬叔为述威妥玛照会总署：钦差不宜有二人。总署因答以许君另有差委。询问于何知之，曰：闻诸谢隐庄，隐庄闻诸赫乐斌。果尔，是适以成就许君之名，而使吾无以自处。计此举必成之隐庄，所以为我累深矣。接金眉生及意城第三号家信。以陈云峰同鄂之便，寄王晓莲、胡月樵并以高丽参一斤寄之二信。

十六日。邀吴春帆、陈小舫、何地山、龚叔玉、曹湘溪、周荇农小酌；刘冰如、孙琴西、袁小午、徐寿蘅四君皆辞不至。寄合淝相国、沈幼丹、冯竹儒、李勉林、高碧湄、黎莼斋、王少樵各信。其寄江南各信，并托竹儒转交也。

十七日。朱石翘邀同刘云生、魏赓臣游万柳堂，先过夕照寺小憩。寺僧法云能书，贺云湖倩之代笔，不减杨海琴之于何子贞也。寺有旧联云：为我蒲团留一坐，听人莲界说三乘。笔法绝类郭兰石，今人所不能到。万柳堂阁上啜茗，并观《万柳堂图》，阮文达公书赵松雪诗其上：万柳堂前数亩池，平铺云锦盖涟漪。主人自有沧州趣，游女仍歌白雪词。手把荷花来劝酒，步随芳草去寻诗。谁知咫尺京城外，便有无穷千里思。　野云招饮万柳堂，召解语花刘姬佐酒。姬左手持荷花，右手举杯，歌《骤雨打新荷》曲，因书此以赠。孟頫。文达公跋其下云：万柳堂即今海岱门外之拈花寺。国初，益都冯相国得其地，觞鸿博诸公于此。有图，予视之不肖。后石仓场改建拈花寺，更不肖。然每到此游览，辄有数百年古意蟠于心中。《辍耕录》云：野云廉希宪与卢疏斋、赵松雪同饮，召歌者歌《小圣乐》，即元好问词。首句云：骤雨打新荷。因以名其曲。朱竹（坨）〔垞〕《日下旧闻》谓即此地。图有女墙，诗亦云城外，竹（坨）〔垞〕之言确也。又有查声山升访讷园上人诗幅，诗云：晚照秋光冷研屏，更无人处鹤梳翎。独留一径萧萧叶，童子关门自理经。　坐爱红阑映绿池，清光留客去迟迟。此来只少茶炉畔，相对人如澹菊姿。翁覃溪跋一诗其后：拈花一笑踏前尘，曾作禅堂种树人。扣户琴弦添不尽，手书瓮底墨犹新。跋云：嘉庆庚午，野云朱君补种柳树于万柳堂，并于佛龛得查声山《访讷上人不遇》诗，为装潢，悬之禅室。野云与廉右丞同号，又得前人手迹，故用邢房知前生事，为赋此志之。阮文达亦于前方书一诗云：讷公化去查公死，树尽婆娑何况人。今日野云重补树，词曹禅侣亦前因。寺僧隆法，方募修山门，款接甚殷。归至复兴居小酌。

十八日。接家信，二月廿六日发，寥寥数言而已。又接张西山、李湘浦各信。复金眉生及意城二信。

十九日。毛煦初前辈、裕时卿、魏赓臣次第过谈，遂尽一日之力。长日闭门而不能料理一事，甚觉此日之可惜，亦略见精力之衰惫，惟日形其倥偬而已。

二十日。萧屺山过谈，语悉景秋屏奏件，与所闻正合，并我所竭力维持，以求免总理之为难者，不谓竟以此避谤，此中国虚骄之气所以不及外人也。复翟子英、张溶逵二信。吴春帆辞行，不求一见。刘冰如、孙琴（伯）〔西〕则并不辞行。得罪政府，遂为人所轻易如此。得意城及子敬侄信，并枉寄百金。又为苏游击厚禧致刘克庵一信。

廿一日。续假十日。魏赓臣邀同朱石翘、刘云生出西便门至白云观观纯庙碑文，元邱长春（应）〔处〕机之所居也。元世祖在奈曼闻其名，召见雪山行幄。问为政之方，曰：敬天爱民；问长生之诀，曰：清心寡欲。世祖深契之。（应）〔处〕机故居登州栖霞岛，世祖留之京师，令居太极宫，寻因其号命曰长春宫。明正统中改名白云观。乾隆二十一年丙子发帑金重修，五十一年加修，为之立碑。真人墓即在殿案前。客堂悬有《雪山应聘图》巨幅，道光庚戌邗江陈朗斋鉴所绘，图前标题者王麋年寿迈也。住持孟豁一，至今尚在，赴北山未归。知客道士葛月潭。次至天宁寺，寺后绿野山房极清幽，已为人所占。寺僧恒元邀至客堂小坐。旋入彰义门，绕出南西门，至三官殿看海棠。三官殿亦名花之寺，今花之寺匾悬西屋厅前。入城至广和居小饮。接合淝相国、杨石泉二信。

廿二日。复合淝相国一信。潘伯寅过谈，相劝引退甚力，真能不作世俗周旋语者。威妥玛遣其翻译禧在明枉过问疾。欲倩总署武弁往答，又恐启诸公之疑；欲径遣人往，许仲韬辈又将执此以为讥议。真觉无谓。

廿三日。接家信丙字三号，三月初八日发，并接志城一信，始知曾媳患气痛甚剧，瑞堂前二信均不一言也。

廿四日。魏赓臣过谈，知英使威公欲遣其医官卜君来视疾，以属许仲弢，仲弢又以属赓臣也。李壬叔、张叔平过谈。接陈俊臣、龙皞臣各信。

廿五日。舒兰生、易实甫过谈。姚彦嘉忽至，询知由清浦至京。计此生莅任江苏、广东、福建，彦嘉均曾一至，今宦京师，复至，所费行资多矣，不知何利而为之，亦一奇也。

廿六日。约同朱石翘、裕时卿、刘云生、魏赓臣游十刹海。彦嘉与约不至。相与入西华门，莅金鳌玉蛛⺼，出后门，越十刹海而西，至金沙滩高庙本为关帝高庙，明正德中御马太监李宪创造。寺僧肃然，三十馀年前已见之，碑云日忠坊高庙，知此地为日忠坊，而无知者矣。至寺后楼小憩。董韫卿题曰：日下第一楼。其旁有华陀殿。与石翘、云生、赓臣步至积水潭，乾隆二十六年修，名曰汇通寺，有御制诗，后跋称：筑墙垣围之。道光甲辰曾一游此，墙垣尚完固，今仅山门存矣。往时曲折历石径，此景已不复可得。寺后一石甚奇，名星辰石，前有枯树。距德胜门咫尺，回至十刹海天增楼之芝兰室小酌，正当十刹海，一水回环，极有清幽之致。宝佩蘅相国见过，家人以病辞，固欲一见，亦固辞之。殆亦为留行来也。

鄙人乃以假中多为山水之游，景君之饷我厚矣。

廿七日。由正大信局寄丙子四号家信，并寄志城、瑞堂，外复崇星阶方伯、惠莲舫观察、裴樾岑、朱香荪、朱宇恬、黄子寿、张力臣、罗研生八信。魏赓臣过谈，述所闻近事。予方以得脱去为幸，一无顾念，故欣然也。

廿八日。魏乃农、魏赓臣、师继瞻次第过谈。至今引退之心始决，假满已具疏矣。天气郁热，意者其雨征乎？

廿九日。请桂午写乞假奏件。适张桐轩、李果仙过谈，因留饭。继绍庭持锡清弼家信见示，知吴瀹斋先生《植物名实通考》已代觅得，交鲍花潭觅便寄京。因便致花潭一信，属早寄我。即交绍庭寄山西。

四月

四月初一日壬戌。李果仙缄商折稿，其言有可从者，因更请舒兰生改书之。易汉乔、魏乃农次第过谈。

初二日。假期已满二十日，因具折请假回籍调理。奉上谕：郭嵩焘着赏假一个月调理，无庸回籍。钦此。因具折谢恩。苏菊生、魏赓臣、易实甫过谈。魏乃农回天津，顺致史光甫、冯瑞堂二信。光甫信，由魏乃农托为罗耀庭处荐一馆，以课读其世兄也。

初三日。阴，凉，微有雨意。成敬斋、黄石珊、黄子厚、姚彦嘉过谈。

初四日。裕时卿枉过早饭。偕同石翘、云生游慈仁寺。寺为成（仁）〔化〕中敕修，九莲菩萨像在焉。旧像无存，现补绘一像。有成化御碑、乾隆丙子御制诗碑。右殿张《地狱变相图》，今卷置大殿中。殿后有窑变观音，乾隆丙子御制记文刻观音座下，称孙国敉《燕都流览记》载其事。寺后北冈有藏云洞、得月轩诸胜。上为见山台，亦名北台，皆学戒禅师所建。西山在其右，东悬巨镜以纳山色。寿阳祁文端署联云：青山如画，明镜非台。而学戒为之偈曰：西边东边俱见山，真境幻境无两般；两般都由一心造，心在有山无山间。学戒墓在北冈前，不封不树，祁文端撰碑文其上而建亭焉。右为阎先生祠，祀阎百诗先生。庙前右屋为顾先生祠，祀顾亭林先生，何子贞、张石洲所建造也。朱伯韩为作记，王少鹤书。记中所述孔绣山、何愿船、叶润臣，今无一存者矣。子贞为祠联云：矜式后来，国史儒林第一传；流连遗迹，慈仁禅院古双松。旁为张石洲祠，祁文端联云：绝学绍脩，著两谱以见志；遗书写定，成一家之名言。盖石洲曾撰顾亭林、阎百诗两谱，所著有《月斋诗文集》、《蒙古游牧记》、《魏延昌地形志》，皆已刊行也。祠前有开成井阑石，亦子贞所得之民家，移置祠旁者也。寺僧聚真陪游。祁文端寓居山茨，有诗幅云：蝴蝶穿畦去复来，小池新汲也潆洄；绿阴才到东窗下，历历水花都自开。顾祠有亭林先生像，张仲远所摹；顾先生族孙名份者，又出所藏亭林先生中年像，装成手卷置祠中。还饮石翘保安寺寓舍。就荇农前辈诊脉。

初五日。往看煤市街、羊血胡同两处房屋。羊血胡同已空去年馀，其屋宏敞可住，惜未及早相之，此皆周发之咎也。

初六日。魏赓臣、俞竹君过谈。为姚彦嘉致冯竹儒一信。以此情牵系，为累多矣，有愧幼丹诸君也。

初七日。裕时卿邀同石翘、云生、赓臣同游观音院。其寺故胜境也，今但为存放灵榇之所。寺僧法霞，亦外出。回至万福居小酌。仆人阎升，骑马不戒于驰，折其一臂，并马失之。四处寻觅，坏其鞍辔。倩比部冯君医治，则背骨亦受伤。医药之需，所耗多矣，皆蹇运为之也。周小棠、朱茗荪、陈小舫枉过，并以外出不晤，与廿一日宝相枉过亦外出同。平时在家所见客，都无关系，惟所欲晤询者，并于外出之日巧相歧左，皆蹇运为之也。欲仕不能，欲归不得，蹇运在躬，将遂终不可逭耶？为之茫然。

初八日。朱石翘邀至陈丽中处谈相。其传自温岷叔，专推日月五星行度，以照命为吉凶，分年而推之，所忌火、土二星而已，于星盘外又别立一法。因相与诣陈小舫谈，遂留小酌。

初九日。子、丑之交雷，微雨。谓必可得一雨，阶砖未湿而已霁矣。裕时卿、魏赓臣过谈。时卿述及白云观孟豁一道士，人谓之孟半朝，盖多识旗人世爵，因以名也。接合淝相国、曾沅甫及栗諴各信。

初十日。复曾沅甫及合淝相国二信，皆有折弁守候。又复张酉山、蒋之纯、陈俊臣三信。俊臣寄到马竹吾先生《玉函山房〔辑〕佚书》全部，至是始一谢之。

十一日。潘子谦、饶葆臣过谈。天气稍近阴凉，或万藕舲迎取邯郸铁（簰）〔牌〕将次到京，雨意先动也。

十二日。张冶秋、刘朗之两太史过谈。遣家人辈赴琉璃厂探询榜信，所知惟涂景濂、黄显瓒、陈兆文，馀皆不能知也。北省所知四人，曰庞鸿文，庞宝森同年之子；曰黄国瑾，子寿同年之子；曰胡湘林，胡小渠前辈之子；曰张仲良，张桐轩大令之子。会元陆展鹏，江苏兴化人。

十三日。黄石仙、黄石山先后过谈。接邓宝丞、张曦亭二信。曦亭名保泰，非池大令之孙也。

十四日。魏赓臣、易实甫过谈。闻刘仲良已入都，遣人往问好，并知其有乞退之心也。

十五日。微雨，大风，凉甚。蔡研农、萧屺山、刘云生先后过谈。李椒仙通守来京引见，在上海守候湖南咨文，几至一年之久。

十六日。云生邀同石翘、时卿、赓臣游善因寺，在报国寺之西。寺为南梁汉兴元府之唐安寺旧基。明成（寺）化（大）〔太〕监姚中、赵得创修，太监陶荣又修，碑云弘治十六年也。凡六碑，其二碑则正德中立也。两旁为五百罗汉堂。寺宇宏敞，亦京师丛林之最巨者。往来京师三十馀年，竟不知有此寺。僧诚静、昆安陪游。方丈德亮，外出未晤也。归饮广和居。

十七日。刘仲良枉过畅谈。两次召对，天眷优隆，枢府诸公加意慰劳，而方毅然陈请终养，可谓勇决矣，于区区一官何有哉！下午诣后铁厂看屋。王桂馥铨部为郑筱山前辈门人，亦能手也。舒兰生、周桂伍过谈。

十八日。接家信丙字四号，并接志城丙字五号及朱香荪各信。由阜康发递福建信，分丁禹生、张子衡两处汇交。禹生处分寄李子和、文星岩、冯展云、夏小陶、唐景星共六信；子衡处分寄葆芝岑、叶善堂、卢艺圃、章果堂、司徒伯芬、林福泉、雷颖生共八信。黄石珊、俞竹君过谈。

十九日。接瑞堂三月廿二日信，尚在四月初二第四信之前而未列号，瑞堂之昏如此。刘仲良召见二次，以母老乞养，奉旨慰留，谢恩又蒙召对。天眷如此，岂以其语言清利致然耶？凡此皆时命为之也。

二十日。发丙字五号家信，托黄石珊带南，并寄有木盒一只。接到意城及一侄杭州四月四日信。裴戟森、黎季舲、魏赓臣过谈。

廿一日。翁叔平、崇地山、夏子松次第过谈。叔平、地山以予屡次乞假，相就慰留。接合淝相国一信。

廿二日。董韫卿过谈，相与慰留，而言之（犹）〔尤〕切，至于欷歔（留）〔流〕涕。复合泖信，并寄去家信丙字六号，由正大信局发递。是夕微雨，雷。

廿三日。阴，凉。数日热似深夏，今又成秋矣。易笏山家人何顺随实甫至京，来言实甫狎斜之游，消耗过甚；拟先还贵州，回明此等情形，速寄银来京，以资其南回。所言甚允。因为致笏山一信，并以盘费十金资之。

廿四日。阴，凉。移居后铁厂宅。裕时卿、高篙渔、易汉乔、魏赓臣、舒兰生均枉贺。其排子胡同一宅，即交张惠生接住。今日小传胪：状元曹振勋，山东人；榜眼王赓云，山西人；探花冯文蔚，浙江人。闻刘仲良廿五日请训，特以一函询之。

廿五日。潘伯寅、朱石翘、张惠生、周荔樵过谈。徐子进盐大使来见，并带到徐叔勤一信，知已补澄海县。

廿六日。邀同陈小舫、高篙渔、朱石翘、裕时卿、刘云生、魏赓臣、俞竹君同游龙泉。小舫、石翘、时卿均以事不至。竹君则以赴馆辞。寺僧兆亭枉陪，询知撄心和尚乃其师祖也。其湖北乡人心学和尚亦陪坐。寺为元至正中创建。明正统八年，大兴隆寺僧万松偶过此，询知为龙泉寺旧基也，结茅于此，以渐修复之，有成化辛巳年碑记。国朝康熙、乾隆、道光中凡三修。道光碑记，蒋笙陔先生撰，赵蓉舫先生书。寺有寿山石十六尊者像，曾宾谷有赞，程春海先生书。旋至广和居小酌，石翘亦至。晚过黄子寿谈。

廿七日。以七侄南归，拟送出沙果门，因约朱石翘偕行，就便一诣肃王坟看架松。松在碑亭后，凡六松，而盘拏夭矫者三松，皆护以圆架，左二架、右一架，而左上一松最巨，架内又围以栏。松大合抱，高不逾三丈，而左右横出十丈馀，有两枝合为一枝又分出数枝者，有纵横纠结又斜上者，而皆不出墙内，亦天下之奇观也。其松尤香，或地气使然，亦略见肃王之英灵凛凛如生也。飨堂外巨柏百馀株。与石翘盘桓数刻，觉奔驰十馀里，尚为（此）〔不〕负此行。

廿八日。阴，大风。接方柳桥信，由其弟小云带到。王孝奉、钮柳樵、萧屺山、周桂坞、魏赓臣、崔贞史、孙君诒次第过谈，遂尽一日之力。如此长日而以酬应了之，良为可惜。

廿九日。刘仲良中丞约谈，又不乐赴席，乃就宴宾斋约同潘伯寅谈；适敖经甫亦在此宴客，相过谈。俞竹君来谈，因留饭。

五月

五月初一日辛卯。丁瑞亭、徐寿蘅鸿过谈。为李少珊致书彭畏之。假中尚不能拒人之干求，生平门墙不峻，亦甚害事。

初二日。再疏请回籍，奉上谕赏假两个月调理。朱石翘、魏赓臣、周荔樵过谈。接陈云卿一信，又接陈渭滨、罗耀廷各信。

初三日。崔贞史、黄子寿过谈。复陈云卿一信。终日纷扰，病体颇不能支持，惟苦思归耳。

初四日。接何心茹、陈俊臣、吴定生各信。丁瑞亭、周桂坞、孙玉麟枉谈，皆为贺节来者。

初五日。致合淝相国一信。朱石翘、黄子寿、周桂坞、丁瑞亭、张冶秋、孙功甫、君诒、舒兰生、黄次同约来此过节。石翘、子寿均竟日留；冶秋、桂坞早至；功甫、君诒、兰生晚至。是日闻文博川相国仙逝之信，初四日申刻事也。怃然于心，不能自已。

初六日。裕时卿、徐寿蘅、魏赓臣、孙君诒次第过谈。寿蘅述莼客之言，谓质疑字有意设难，启后生轻议儒先之心，属改为补注等字。然补注二字不合，须再筹之。

初七日。复何心茹一信。夏宝森、张叔平、周荔樵过谈，遂尽一日之力。

初八日。裕（卿时）〔时卿〕以杨海琴所绘《寿芝图》、王式杜所绘《钟馗图》属题，皆名迹也，正不必百年以上人物乃可宝贵。魏赓臣、欧阳建侯来见，语磁州及滦城两处煤事甚悉。日来觉有病意，目力尤苦不支，老惫可惧。晚子寿来谈。

初九日。召漆工油洗屋宇。张晦甫、崔贞史过谈。房主人王信甫来见。

初十日。刘学道来寓。周筱棠、魏赓臣过谈，略及滇案情形。

十一日。高济生过谈，因及左季高、刘克庵情事。积忿于心，辄一申述。所以不愿与宾客相见，正虑感触处多也。

十二日。大风。前栋顶棚又为风卷下。移居未二十日，已两度为风卷顶棚。重加装饰，虚糜可笑。

十三日。筱堂传知文博川相国谥文忠。至是始送致挽联挽障，兼称其谥也。

十四日。接志城第七号家信另有丙字六号，由王镜涵之子王式斋带京，尚未收到也，述及左季高谬妄事，真属奇闻。

十五日。邀同黄子寿、裕时卿、朱石翘、刘云生、魏赓臣同游长椿寺寺僧清莲，谒九莲菩萨像。曾宾谷有诗书，悬于殿旁。过广和居小饮。接丁禹生、王小濂、唐协卿各信。与云生论乾隆时天下繁盛，而勤俭之风不替；道光以后，朝廷以俭德为天下倡，而民生日蹙，岁有水旱，天下亦渐以多故，而士民相习为奢靡，日甚一日，此何故也？云生曰：此吏治不修之过也。吏惰而民偷，吏贪而民侈，相因以成风俗，遂不复可挽回。其言极为有见。

十六日。接家信未列（信）〔号〕，五月初二日发，则三月廿七日所发丙字四号信迄未收到。遣周发询之正大信局，始知湖南并未设局，家信并由协兴昌递到打磨厂福寿堂西首路北会宝店内。周发一味欺饰，诡诈百出。得此相随，欲稍适意，其可得乎？运命之蹇，乃一至此。廖枫庭、孙玉林、黄石仙、黄再同、夏宝生次第过谈。

十七日。复合淝相国一信。接冯竹儒信，由周筱棠递到。晚就傅青馀、黄子寿谈，始知青馀亦甲辰同年也。

十八日。接曾沅甫宫保信。寄家信丙字七号，并寄志城及朱香荪、李镜浯各信。

十九日。王式斋带到志城丙字六号信，幸昨日发递家信尚未送往，得以补告志城。易实甫来言同年得庶常二人，一陈荪石兆文，一黄策安钧隆，其同居馀子澄为馀我如之胞侄，均未及见。

二十日。寄意城浙江一信。谢隐庄见示日本郑永宁所译福羽美静《鉴古钟说》，凡为图八，为说十七，载其国所得宝铎。见于纪载者凡四：唐长庆、咸通年间凡两得之，或曰阿育王塔铎也；今所得皆在乾隆、嘉庆年间。其名为铎，而据《说文》：铎，大铃也。《三礼图》：铎，其匡铜为之，木舌为木铎，金舌为金铎。《博古图》：铎皆有柄。今无舌与柄，而有旋有带，于钟为近。因以书质之潘伯寅。陈小舫前辈以所藏王兰渚恕《墨风图》属题，且（吾）〔有〕李季云、潘星斋诗最佳。季云名恩庆，诗云：往见天池老，墨洗双梧桐。卓立势百尺，天半横青虹。继者陈老莲，异曲原同工。曾见写凤凰，振羽当曈昽。神行谢物役，逸思游高空。相望数百年，前后成孤踪。嗣音乃得此，掷笔摩苍穹。遗形运大巧，补斡天无功。短歌不能长，附翼希鸿濛。星斋诗云：画鹤早推薛稷妙，画龙更说不兴奇。谁知此笔追前哲，如见丹山振翮时。

第一才名重琐闱，文章经术溯前徽。定知世泽清芬继，千仞高翔览德辉。卌载苔岑证夙盟，羡君仙骨本天成。梧桐百尺孙枝茂，采舞欣添雏凤声。

廿一日。朱石翘邀同黄子寿、裕时卿、刘云生、魏赓臣重游万柳堂。查声山诗幅后有宗涤甫、孔叙仲、叶润臣、钮海筹四人追和声山原韵联句，诗云：门外西山列曲屏，池边老凤集修翎。虚堂竟日无人到，蠹蚀窗前几叶经。　澮沱天光印一池，风流歇绝我来迟。闲行得睹声山句，榭影花香禅外姿。回至夕照寺，大悲阁内陈寿山松画松五株在西壁，极雄奇。王川圃启昆书沈隐侯《高松赋》跋云：左安门外弘善寺静观堂有陈香泉、禹之鼎二先生遗迹，夕照寺僧恒吉爱之，属与陈寿山同作。晚过复兴居小酌。

廿二日。冯云伯名泰松，署始兴县，交卸寄到信件，由谌受之大令带京。禄久峰、喻小冈、陈伯平、易汉乔、张晦甫先后来见。又接到王少樵一件，五月尚在金陵也。

廿三日。接到杨厚庵一信。高云亭、梁选堂、崔贞史、李壬叔、黄子厚先后过谈，遂尽一日之力。寄复冯竹儒一信。

廿四日。英使威妥玛遣使辞行，然则总署情形可以推知。急以书告沈经笙相国，属其追留之。为崔贞史致书杨石泉，为梁选云致书裴樾岑。接王春晓、邓宝臣、段培元三信。

廿五日。邀夏宝森、方小云、徐子进、陈汉章、张芝岑、晦甫、周荔樵早酌。接黎召民信。曹芗溪来谈。

廿六日。邀傅青馀、黄子寿、曹芗溪、黄再同晚酌。子寿托交裕时卿一扇，以陪游各庙赋诗云：观水不必海，登高不必山。偶然恣所适，蝉蜕尘埃间。古刹依城隅，昼静常闭关。花木深且秀，图籍罗班班。中有素心人，晨夕相往还。幽怀各自倾，远虑周瀛寰。不酒意已醉，谈谐有欢颜。归时坚后约，游兴犹未悭。芗溪扇画马，自题云：我马瘏且黄，苜蓿啮其英。天门何跌荡，一斥不再鸣。道逢蹑云驹，跅弛谁能驯。万里可循至，九折难为争。俯首就衔勒，平地风云生。伯乐不常有，优劣何足论。接合泚伯相一信。

廿七日。徐绍浦、祝菊舫、魏赓臣、张冶秋来见。祝君带到周小田一信。钱心庵大令官俊为祝君画梅，题二绝句：一别孤山廿七年，偶逢梅信倍依然。相期袍裤归来洗，或有西泠见面缘。梢头明月弄江城，黄鹤楼头玉笛声。清暇能无动归思？频烦驿使故人情。复合泚伯相及黎召民二信。

廿八日。经笙中堂、韫卿司农早过，为总署邀留。吾实不善词令，苦无以答之。魏赓臣邀同朱石翘、裕时卿、刘云生、王孝奉至西四牌楼和顺居吃白肉。因出西直门，历游三贝子花园、正觉寺俗名五塔寺、极乐寺三处，复留极乐寺素食。正觉寺有石塔，台高数仞，上列五塔，四周置塔灯，皆铁为之，上刻万历十八年置。塔左有碑亭，乾隆二十六年御制。碑文称永乐间有西竺国师板的达，用一台五佛，准印土金刚宝座成式，创为此塔。亦天下之巨观也。前殿有白果松二株绝奇。喇嘛僧居之。御碑中有象标身，经标口，塔标意；说根尘者以意为之因缘，谈觉性者亦以意为之提摄数语。

廿九日。因经相及韫卿枉劝，各以一书致之，颇不免牢骚，实亦以得早归家为幸也。经相述及威使邀索八条：一、宽免李珍国以下处分；二、以后遇有案件，皆应派员观审；三、出示晓谕；四、案结后即派员出洋；五、宜（章）〔昌〕通商，派员驻扎夔州；腾越通商，派员驻扎大理；六、赔银二十万；七、即速派员先开云南口岸并宜（章）〔昌〕口岸；八、添口岸十三处。江西省城并湖南岳州皆准通商矣。

三十日。潘伯寅告言威使已由天津南行，因请周筱棠来商，三日竟不至也。致方柳桥信，托方小云带去；致徐叔勤信，托徐子进带去；致周小田、胡月樵二信，托祝菊舫带去。杜梅舫、张凤翔过谈。是日巳刻夏至。

闰五月

闰〔五〕月初一日辛酉。周筱棠来言总署情事，为之怃然。因属言之经笙相国，必遣人追及威使与议。廿四日威使出京时，亦前有信商之，所谓早一日有一日之益，虽至今日不能外此言也。崇地山、成竹坪足当此差，并以书告之。董韫卿、刘云生、周桂伍、孙君诒、舒兰生、黄杭生次第来见。

初二日。吴春海、谢隐庄、魏赓臣次第过谈。赓臣力劝以弗发一议，弗出一谋。我意以为时艰方剧，无忍坐视之理，苟有所见，岂可不言。然而末世之人心盖亦可知矣。无益而徒取尤，无谓也。

初三日。函询周筱棠，以初一日所上一议，能照行否？始知合淝已有书商及派部堂一员诣英使致谢之议，总署方属合淝奏请。直是一意使人承其事，而固不如鄙人所议派员商办之为正大也。伯寅过谈，甚畅。

初四日。便诣王逸吾、朱石翘、周荇农、曹芗溪谈。荇农处凡三诣之，两次宴客，一次就寝，门者不为通，亦一奇也。

初五日。张晦甫、魏赓臣过谈。晦甫并递到其尊人力臣方伯一信，谈洋务精透，京师诸公无其比也。金眉生递到意城上海一信，云前有一信托递，询知尚未发行，因补寄此信，故未列号。前书系交张鲁生便带，并寄有《春在堂集》一部，至今尚〔未〕收到也。是夕，周荇农前辈过谈。

初六日。接到曾挚民、易卓超二信。李少珊通守带到刘翰生一信。海亦樵来见，海仙樵观察廷琛之次子也。李少卿谈及英西林、孙琴西二公逸事，使人喟然。如琴西者，真古之人哉。

初七日。复曾挚民一信。沈管樵、王逸吾来谈。丁瑞亭放碣石镇，亦枉过一谈。管樵，幼丹尚书犹子也。

初八日。郁热。刘云生、魏赓臣、李果仙过谈，遂尽一日之力。长日如年，日以酬应了事，深以自惜。是日大有雨意，而大风忽起。

初九日。傅青馀、舒兰生过谈。接黄云生龙阳信，知已接其尊人黄仙峤观察就养署中。

初十日。魏赓臣来谈，知合淝所商，已自派许仲韬赴上海。盖总署要其一奏，强使任之，合淝又别出一意，不欲效鄙人之愚也。土尔其方与德、法二国构衅，英人方谋助之，兵力不能远及。威使亦亟欲得一转旋之法。仲韬此去，必有成议。鄙人或可接续乞假以行矣。

十一日。致合淝伯相书，兼致筱荃制府一书。又书寄蒋小吾，并为其尊人致挽幛挽联，托魏赓臣寄保定。本交子寿带往，子寿行甚急遽，未及交之。是日微雨。

十二日。魏赓臣来，托为李小峰致书唐景星，当以交之。是日日夕雨势甚重，大风凉甚，竟不成雨。

十三日。稍立课程看书：《朱子语类》十叶、子书四叶、黄山谷诗十叶，看毕始理酬应。假中数月，无一日不会宾客，大率人生精力，十九耗于酬应，殊无谓也。

十四日。周桂坞、裕时卿、魏赓臣次第过谈，遂尽一日之力。长日如年，以酬应闲谈了之，良为可惜。

十五日。潘伯寅过谈。接曾沅甫信，始知河南旱势更甚于直隶也。接曾沅甫信，并传见递折之王弁，详询一切。

十六日。李果臣、苏菊生、彭菊生、谢隐庄、夏宝生次第过谈，而一日之力毕矣。隐庄交到《格物探源》一部，韦廉臣所著，而艾约（琴）〔瑟〕转托隐庄见给者。洋人所著书多假格物为名。程子以物无不格为义，初不意有今日洋人之格物，乃适与此义合也。

十七日。大雨约逾三寸许，喜慰之至。复曾沅甫信，并缄寄刘荫渠、孙琴西、任小垣，托曾沅甫加封邮寄。

十八日。丁瑞亭、张治秋过谈。张鲁生、听帆昆仲自上海来，带到意城、子瀞及王少樵三信。鲁生、听帆以船政保举，奉旨交总理各国事务衙门考察，亦一奇也。

十九日。雨，郁热殊甚。自乞假至今已四阅月，竟不能了一事；日看书数叶，已觉困倦不可支矣。夕大雷雨奇雷。

二十日。入伏。徐子进、魏赓臣过谈。为白兰岩批诗三卷，并题诗二首。

廿一日。接志城丙字八号家信，由杨瑞堂发来，家中一切事宜，无一字见示。吾生遭际竟至如此。适又接家信，与志城信同时发行，而必分作两封，真是一味无理路。家人滋味，徒使人不能放心而已。

廿二日。为丁瑞亭饯行，便邀张凤翔、李少卿、萧雨亭、海亦楼、彭石潭、刘敏斋晚酌。寄意城信，并寄复金眉生、李健斋二信。是日并邀刘毅吉、李毅斋，皆不至。

廿三日。邀黄瑟庵、张叔平、黄觐瑜、彭稷初、周瀛樵、徐寿鸿、黄石仙晚酌。周桂坞过谈，强留就席，约以事他适，当还赴席，而亦不至。

廿四日。朱石翘、刘云生早过，作竟日谈。接合淝相国（相）〔信〕，当以一信复之。夏宝生求书致黎简堂；孟干臣求书致方子箴；各以一书与之。干臣，胪卿侍御之从弟也。又复陈云卿一书。

廿五日。早起阴雨，已而大晴，热甚。周筱棠、夏宝生、张鲁生、听帆昆仲过谈。晚过潘伯寅、周荇兄商议进退之宜。所见各别，而伯寅言词悚切，不能不怀戒心，径思策蹇出都门矣。接王夔石一信，又接冯竹儒、唐景星二信。

廿六日。刘云生、高篙渔过谈。云生于洋务颇有见地，而于世事多未谙悉具折示之，乃至愤切以争，盖所见原自高人一等也。

廿七日。邀高篙渔、朱石翘、裕时卿、周桂坞、李果仙、刘云生、魏赓臣、俞竹君早酌，商酌出处之宜，仍是各持一见，无所折衷也。中午大雨。

廿八日。贾春回南，托带家信丙字八号，并寄志城及李镜浯及衡叔、笙叔、达山各信。又寄张力臣信，本附家信内送交，因仆辈无一得力者，迟延沉搁，动至数月，三月廿七日第四号家信则至今未寄到也，乃改托晦甫附寄，并附丙字第九号家信一件，托力臣送交。

廿九日。唐斐泉过谈。佩蘅、经笙两相国遣总署章京成端甫来问销假事宜，颇无以应之。晚过刘云生谈相，两心相印处，正索解人不得也。

六月

六月初一日庚寅。二伏，郁热万状。致经笙相国一信，力陈乞归之旨。周桂坞过谈。何心茹军门遣差弁至。是夕大雨。

初二日。请再续假一月缄告经笙相国，得其回信，仍以出洋为词。其视此事过轻，视嵩焘亦太简矣。朱石翘过谈。是夕奉旨：准开署缺，仍留京听候出洋。

初三日。大雨。凉如深秋，夹衣似犹未足也。丁瑞亭南归，本约便带信物，竟不辞而去。小人行径可畏，自古已然，然吾何以与之为缘哉？

初四日。吴筠生、李俊斋过谈。筠生谈及福建近事，为之怃然。接陆存斋一信。

初五日。张晦甫遣其工潘甲回南，寄去家信丙字十号，并寄皮料六件及出风皮七张及篦刷之类。外寄张紫联一信及挽幛，及张力臣一信。

初六日。接志城丙字第九信，始知三月廿七日一信至今未收到，屡函询问家人，亦不一回答也。浙人唐篪友太守学埙两次枉书，并托交英西林、孙琴西各信，渺不记忆其为何人也，随以一信复之。

初七日。郁热已极。夏宝生、萧屺山次第来谈，述及近事，言诸公方谋以陆战制胜。群相与处于醉梦之中，久而不悟，真为可虑。

初八日。钮家镆函知上海又有击毙火轮车局洋总管一案，云得之洋商吉罗福，殆非虚语也。谭敬甫、吴子重、黄再同过谈。询问同年中佳者，举三人，曰朱用生一新，曰陶子箴方琦，曰冯听涛嵩生，皆翰林；朱用生则由中书馆选者也。又举会试二人，曰樊云门增祥，曰濮芷泉子璋。樊云门，湖北人，为李莼客门下士，学问渊博，子寿欲邀之入直隶志局也。

初九日。徐寿蘅、张鲁生、魏赓臣、舒兰生、孙君诒次第过谈。胡练溪太守交到一侄五月十九日一信并龙井茶及笔，又接瑞堂，又五月廿三日丙字信七号。屡次发递家信，并先发志城信，次发家信，即此足见其昏也。

初十日。经笙相国、朱石翘、徐寿鸿、丁仲安次第见过。终日酬应不休，殊苦人也。寄复蒋之纯、陈俊臣、魏温云三信。

十一日。诣俞竹君、李果仙两处谈。竹君于我出处尚未见得分明，故所言多左。孙君诒、舒仲和与果仙相聚一谈。

十二日。魏赓臣、张晦甫过谈。赓臣述悉王孝奉疏论合淝，渠闻而往索其（人）〔稿〕观之，所言倾泻无馀。所谓书生不知天下大计而讦直敢言，尤为害事者也。王逸吾得浙江试差。

十三日。江昆帆大令带到陈云卿一信。云卿于处己制事之方太无讲究。武人少学问，宜其然也。周桂坞过谈。

十四日。裕时卿枉过早饭，述悉胡听泉来京，带到杨性农一信。性农老而喜事，殆非宜也。

十五日。周桂坞过谈。伯寅见示《南斋四咏》：一宣和砚，一朱三松笔筒，一顾悦履印，一芦笔，属和。予竟不复记忆矣，盖南斋贻留此四物，不知其年月也。

十六日。李俊斋过谈。复陈云卿信，交江昆帆大令带去。郁热至十馀日，极不可耐，南方所罕见也。

十七日。大雨，稍凉。接曾沅甫信。邱文庄公集《朱子学的》，仿《论语》为二十篇，其十篇曰《韦斋》，专纪朱子家居礼节，以仿《乡党》。朱子尝讥扬雄、王通之拟经，如《法言》及《文中子》，皆仿《论语》者也。文庄乃取朱子所讥者摹为之，而取朱子之父之字以为之篇名，则未闻《论语》之以防叔名篇也。文庄之无识，往往如此。

十八日。立秋。易翰乔见过，述其世兄现署郜阳县，将谋归计。汉乔可谓有子。六十之年，事业进取当在子孙，此足以觇福分。复沅甫信，并复经笙相国一信。

十九日。朱石翘、刘云生过谈。喻翼廷太守带到喻庆勋协戎〔信〕，询其居芜湖久，其叔喻采亭镇军于此置产业。李季荃家亦在芜湖也。与商避地之策，云当居家芜湖而置产宁国。其言尚可采也。接子敬六月六日信并意城信，列浙字七号。此间所寄各书，竟无一到者，可怪。

二十日。寄意城浙江一信，为志城撰五十寿序一篇寄示意城。复沅甫宫保一信。

廿一日。刘云生邀同石翘、时卿游高庙。高庙祀关圣，山西会馆也。晚饮云生处，言忧时者无其人。吾谓上者道德学问出于至诚，今无有也；次者见得事理分明，今亦难也；又次须带几分戆气，戆者尤绝无之，是以难也。

廿二日。李壬叔、魏赓臣、黄子厚过谈，遂尽一日之力。

廿三日。张力臣《瀛海论》后又添问答一篇，至为精博。诣芝岑、晦甫处，属其再抄一分；又值外出，为之惘然。因至张叔平处谈。

廿四日。陈小舫过谈。总署与军机大臣会奏，议复合淝赴烟台预筹三款。一、优待驻京大臣。去年七月原议优待大臣四条：一随时觐见；一钦派王公与之接晤；一禁地准其游历；一与六部堂官往来。当时议准末一条，嗣以仍未能优待，屡向总署饶舌。五月内遂有照会，声称四条内优待是否全行照办，或由本国启议，或会同各国办理，不在现议八条之内。应如何优待之处须预议。一、赔兵费。一、滇案提京质讯。会议以并未用兵，不能遽索兵费，听从于二十万外别立名目，给予赔费；滇案提京，只可提及革员，不能提及滇抚。仍请饬合淝一切酌量办理。此即廿一日六百里驰奏之件也。

廿五日。发家信丙字十一号仍由协兴昌递寄。又复守蓉仙信，并退还炭资二百日升昌管事白小泉。并复王夔石中丞一信，又附寄家信丙字十二号，两件内皆附寄志城一信。欧阳崇如过谈。闻李子和制军到京，遣人往问，仍以未到为辞也。张晦生送到其尊人力臣方伯一信。

廿六日。朱石翘、张桐轩、魏赓臣次第过谈。寄意城浙江信，并以志城五十寿屏并金碟寄之。又由彭石堂回湖南之便，托带蘅叔及罗研生两处封轴，便致研生及笙陔叔二信。

廿七日。接王月峰、易卓超二信。总署抄滇案始末凡十馀帙，偶检查一二要紧照会，则皆隐之。不谓人心变幻如此，亦不解总署章京之果何意也。

廿八日。接合淝相国及曾沅甫宫保二信。缪小珊过谈，新科翰林，丁酉年侄也。其父仰山太守，方在其弟简州任所，盖江阴人而寄寓四川者也。晚邀吴筠仙、喻翼廷、粟菊荪、丁仲安、黄子厚、周荔樵小酌。询之吴筠仙、王补帆子三：长纯臣，赏举人；次康侯，赏员外；次薇阁，赏主事。晚，孙君诒过谈。

廿九日。潘伯寅过谈。接到秦茂林太平营参将，调署台北副将、吴聘廷台湾信二件。又接彭仲莲湖北信，并惠食品。长沙有李芋者，贸然以书来干，盖童生孑然走京师，谋纳监入闱者。

七月

七月初一日己未。复合淝相国、曾沅甫、裴樾岑三信。三公来信并交折弁带京，并于初二日出京也。朱石翘、刘云生过谈。

初二日。大雨，而郁热未解。为魏赓臣撰其母王夫人墓铭。年来精力愈衰，于此等直不乐构思也。

初三日。雨。朱石翘约同刘云生至龙爪槐谈，随就食石翘处，便邀蒋辑廷太史谈。接家信丙字八号。三月廿七日一书，始于六月初三寄到，闻曾媳又复患病甚剧。

初四日。阴。郁热不解，阴雨数日，如此亦南方所未有也。

陶子缜太守枉顾，适外出，未见。卷端载所著书，曰《周（氏）〔易〕郑氏义疏》；曰《尔雅汉注述》；曰《五经异义通笺》；曰《说文通考》十二篇；曰《淮南参正》二十四卷，附校勘记四卷；曰《淮南许高二注异同考》二卷；曰《汉孳室内外文编》；曰《漯庐诗存》；曰《兰当词》。而阅所刊朱卷，则仍时俗应试之文，了无书味，恐不免有名士气也。张保泰，号曦亭。俞十二兄，号勉卿。

初五日。具疏请开署缺差使。盖乞假已逾四月，至是以全力求退，当乞假时此志已早决也。午刻，兵部笔帖式庆阅抄示上谕：着准开兵部左侍郎署缺，其原派出使大臣差使，仍着届期前往。经笙相国相为侮弄，竟至于此。当具折谢恩。属庆君少候，而刘敏斋抄誊过（漫）〔慢〕，适舒兰生至，乃属一书之。晚风雨，凉甚。

初六日。具折谢开署缺恩，并具呈总署请假三月回籍。周桂伍过谈，甚言经相居心之险狠。其同年金少白曰修在小军机处与经相共事一年，毅然求去曰：此公得用，倾人之国有馀矣。问其故，曰：阴险似温乌程，而深稳过之。三四年后，有识者当思吾言。金君可谓有识，其行谊亦绝高，不可及也。

初七日。由总署发还原呈。夏宝生、於桐轩、朱石翘、俞竹君、谢尧春次第来见，遂尽一日之力。夜过曹芗溪谈。

初八日。沈经笙相国、吴蕙吟、洪子球、魏赓臣、张叔平次第过谈，遂尽一日之力。接陈云卿一信。

初九日。崇地山、董韫卿、董新甫、方右民、张鲁生、曹湘溪、高篙渔次第过谈。三日人客竟若接踵而至，无稍间断，然亦惫矣。

初十日。谭敬甫过谈。夏宝生赴黔，求致曾挚民一书，为书与之。恭邸专函慰留，以前与经相所言，并属吴蕙吟转达之语，渠亦有不能自适者也。

十一日。方右民奉恭邸命，持示李相烟台来书，中云赫德言速遣使臣至本国会议，或不至遽兴师。于是诸君据此相要，属无遽请假。处此真属万难。瞿子玖、黄再同过谈。为夏宝生致曾挚民一信，以宝生欲乞贵州加保分发候补，托挚民为之照料也。

十二日。朱石翘、俞竹君邀同诣裕时卿问病。与俞勉卿同上平台谈，随至龙护寺，三槐、同立两堂看书，出城至西域楼吃羊肉。竹君自诣胡听泉，乃就高篙渔、张芝岑晦甫、黄再同三处，仅一见晦甫。归接宝佩蘅相国书。同立堂书店藏书颇多。店主乔茂轩，直隶人。

十三日。复佩蘅相国书。虞次笙太学来见，带到虞硕臣守备朝佐信、物，粤辕旧巡捕也。潘伯寅侍郎、高篙渔、谢隐庄过谈。晚过李子和、易汉乔。大风雨，凉甚。数日郁热已极，知必有此。

十四日。接陈崧生凉州信。吴蕙吟、张冶秋过谈。冶秋与晋扬结姻，因稍以近事示之。

十五日。李明斋、喻翼廷过谈。谋请假三月，具疏交吴蕙(林)〔吟〕、方右民、董新甫三君代上。

十六日。经笙相国来言：乞假疏留中，而传旨谕令十九日预备召见。乞病召见，从无此事，诸君以此相留难，朝廷一切委己听之，而迫我以不敢辞之势，亦可谓神奇矣。裕时卿见示李小屏太守甸清，嘉应州人，指捐广西条陈，内开现新嘉坡、槟榔屿等处华人姓名。为留此单，以备稽考。接任小垣方伯、杨星海太守各信。

十七日。朱石翘枉谈。致合淝伯相并黄子寿二信。约再同过谈，以病不能至。

十八日。张叔平、周桂坞、魏赓臣、舒兰生、丁仲安、陆笃斋过谈。笃斋为存斋观察从弟，并接存斋一信。总署递示合淝烟台二书。与威使议论仍尚无端绪，而合淝信言此亦殊迫切矣。发家信丙字十二号，并张力臣、罗小垣及志城三信。又接家信丙字九号，及志城、达珊各信。

十九日。寅初入东华门，至九卿朝房小坐候起。魏赓臣已前至枉候。已而传柏王带见，进入月华门。卯正，军机大臣始下。从柏王至养心殿东暖阁跪安毕，问：李鸿章烟台三次来信，见否？曰：皆已见得。曰：此事怎么样？答：李鸿章信言威妥玛议有章程，数日即可定局，想此数日必有信。问：威妥玛实是难说话。答：据臣愚见，滇南正案必与一了。正案了，则凡所要挟皆可据理以折之。正案不了，即要挟多端，终久据此为口实，永无了期。曰：然。问：所要挟实在有不能答应者。答：要挟最大者，无过口岸。给与一口岸，便已跨越千数百里，而所得口岸租地，至小亦须十馀里，都化为洋地矣。此重要挟为最大。问：赫德替中国办事，尚有心腹否？答：赫德是极有心计的人，在中国办事亦是十分出力。然却是英吉利人民，岂能不关顾本国？臣往尝问之：君自问帮中国，抑帮英国？赫德言我于此都不敢偏袒，譬如骑马，偏东偏西便坐不住，我只是两边调停。臣问：无事时可以中立，有事不能中立，将奈何？赫德笑言：我固是英国人也。可见他心事是不能不帮护英国。问：威妥玛、梅辉立两人本领如何？答：威妥玛负气，却是阳分人；梅辉立更是深沉。问：汝病势如何？答：臣本多病。今年近六十，头昏心忡，日觉不支，其势不能出洋，自以受恩深重不敢辞。及见滇案反覆多端，臣亦病势日深，恐徒使任过，（孤）〔辜〕负天恩，不敢不先辞。问：此时万不可辞。国家艰难，须是一力任之。我原知汝平昔公忠体国，此事实亦无人任得。汝须为国家任此艰苦。又顾柏王言：他于此实是明白，又肯任劳任怨，实亦寻他几个不出。又谕云：旁人说汝闲话，你不要管他。他们局外人，随便瞎说，全不顾事理。你看此时兵饷两绌，何能复开边衅？你只一味替国家办事，不要顾别人闲说，横直皇上总知道你的心事。因叩头：承太后天谕，臣不敢不凛遵。又谕：总理衙门那一个不挨骂？一进总理衙门，便招惹许多言语。如今李鸿章在烟台，岂不亏了他，亦被众人说得不像样。答：李鸿章为国宣劳，一切担当得起，此岂可轻议。曰：然。谕：这出洋本是极苦差事，却是别人都不能任。况是已前派定，此时若换别人，又恐招出洋人多少议论。你须是为国家任此一番艰难。慈安太后亦云：这艰苦须是你任。往时召对，慈安太后不甚发言。此次引申慈禧太后之旨至五六次，大率此类也。问：汝在南边到过几处？答：自广东北至直隶各海口，臣皆普遍走过一回。柏王奏言：曾从奴才父亲办过天津军务。问：可是咸丰年间？答：咸丰九年。问：汝在南书房几年？答：只一年馀。谕：尔须天天上总理衙门。此时烟台正办着事件，时常有事商量。你必得常到。又问：现在服药否？答：正在服药。问：然则尚须调养？答：正在调养。曰：如此你便间一两日一至总理衙门，于调养亦不相碍，却是得常去。大致如此。然所以慰藉之，反覆申明，有重述四五次之多者。在家安排面辞之言，竟是不能说，惟能感激懔遵而已。因诣恭王、柏王、治贝勒、宝中堂、沈中堂、毛煦初、董韫卿、崇地山、翁叔平、夏子松、黄恕皆。过总署一饭。又诣李壬叔、丁冠西谈。韫卿约明日仍至总署，答言：谨遵谕旨，三两日一至。因以兵律一则，属急商之沈中堂，函复合淝相国照办。是日雨，寒，竟日未尝止息。

二十日。程覃叔、朱石翘、刘云生、於桐轩、夏宝生、郭孟毓名万俊，四川毕节人，新以进士授中书、张叔平、孙君诒，竟日未断人客。接李筱泉，知已奉旨七月初前赴四川。又接张力臣、黄石珊，述及湖南事，为之怃然。张晦生来言：家信中述及，七月初一日雨雪一时之久，朱宇恬用扇盛之，并成雪花，惟即时销融而已，屋上亦微有雪景。

廿一日。晴，郁热殊甚。往拜彭畏之、潘伯寅、李子和、朱石翘、欧阳崇如、於桐轩、李兰生、周荇农、陈小舫、刘云生、徐寿衡、周桂坞、蒋辑廷、黄石仙、李莼客、樊云门。晚赴曹芗溪之召，同席石翘、子和、荇农、寿蘅，并今日往拜者也。

廿二日。小雨竟日，而郁热未退，极不可耐。以总署传知合淝有烟台信，属往会商复函，至则烟台事已了，各款俱平允，有减无加，合淝亦谓事出望外。由威使邀集各国公使同会烟台，合淝十二日大开筵宴，一款接之。威使是夕即自转旋。明日各使多告辞回京，德国巴使乃力允言之威使，相与转圜。一席之为功如此，合淝未经指出，诸人亦无知者。便过张子腾、张鲁生、听帆、王孝奉、魏赓臣。是日，翰林大拜。

廿三日。欧阳崇如、蒋少穆、张鲁生过谈。致合淝伯相、沅甫宫保二信。又为吴筠生、丁仲安致丁禹生一信。

廿四日。魏赓臣、丁冠西过谈。接卢艺圃、胡月樵各信。又以谌受之回粤之便，寄复冯云伯一信。

廿五日。诣何地山、袁小午、林颖叔、焦桂樵、吴春海、黄济川、刘云泉、龚引生、徐寿鸿、汪翼新、俞竹君、白兰岩、吴子登、张凤翔、郭孟清、虞次笙，凡十馀处，回寓已夜深矣。接笙陔叔一信。

廿六日。吴春海、吴子登、杨文台三君早过，久谈。未刻，乃上总理衙门。便过宝佩蘅相国、广少彭、黄恕皆、裕时卿、李(任)〔壬〕叔谈。春海告知其尊人寿辰，不能不一应酬。

廿七日。诣吴春海贺寿。便过万藕舲、陈小舫、桑柏斋三前辈、许竹筼、谭叔裕、吴子章、喻筱舫、萧屺山、唐斐泉、黄瑟庵、蔡与循、蒋少穆、易汉乔、潘孺初、缪小珊、陈伯平、李少卿安徽通判、（陈伯平）、吴子重。其夏宝生、陈仲英、陈荪石、黄再同四君，则皆已出京矣。

廿八日。萧屺山邀同周荇农、徐寿蘅、寿鸿、易汉乔、黄瀛桥早酌，寿鸿以事不至。

廿九日。总署知会合淝烟台报至，驰往视之，一如京师所初允者，京师未允则亦不提。合淝为功伟矣。其机关只坐一会饮耳，苦无人知此义，终古愦愦而已。

三十日。接志城十一号信，又接意城浙字第捌信。张冶秋由长江赴浙，求致彭雪芹一信，因便复杨厚庵一信，并交其转递。

八月

八月初一日己丑。张冶秋、朱石翘过谈。由协兴昌发递丙字十三号家信，并致杨海琴、张力臣及笙叔、意城各信。河南学政黄延厘奏请汉儒河间献王刘德，循伏胜、毛苌之例从祀文庙；又奏礼部尚书张伯行请从祀文庙。陕西学政吴大瀓奏理学名儒朝邑王建常，与周至李中孚同时，李中孚《反身录》盛行海内，王建常《复斋录》久已湮没不彰。读所著《小学句读记》、《大学直解》、《书经要义》、《春秋要义》、《太极图集解》、《律吕图说》、《四礼慎行录》各书，直接明儒胡居仁；富平李因笃、华阴王宏撰皆（急）〔亟〕称之。而引咸丰十年闰三月上谕：从祀文庙，以阐明圣学、传授道统为断。

初二日。奉上谕署理恕皆前辈礼部左堂缺。总署传恭邸之谕，属往会议，并接见德使巴兰德、法使白来尼。董韫卿、崇地山、成竹坪及经相咸至。便过黄恕皆、何地山、瞿子玖诸处道喜。诣广惠寺，见博相之子字小川者，相貌亦佳。礼署戈最山、恽莘农来请上任期。莘农之弟字少薇，官内阁，恽濬生中丞之子也。

初三日。具折谢恩。至传心殿候旨，晤绵佩青一谈。善星源为办折件，亦至传心殿报闻。便过英香岩、沈经笙两相国、灵香生、阜荫方、师继瞻、绵佩青各处。至魏赓臣处早饭。

初四日。文博川相国灵榇回奉天，至广惠寺祭送，朝官至者崇地山、成竹坪、邓双坡、杜石生、丁仙圃数人而已。过朱肯甫、谭叔裕。急驰至总署，会同经笙相国、董韫卿、崇地山诣俄使布策，奥使施福礼、翻译柏百福，法使白来尼、翻译师克勤，又有赫翻译、法翻译。法年甚轻，询之，始廿三耳，名法兰亭，初至中国两月耳，其中国语言文字，则习之本国者也。

初五日。黄恕皆、魏赓臣过谈。致沈幼丹、冯竹儒、黎召民及王少樵各信。又为粟菊生致曾沅浦宫保。随得沅浦七月廿七日一书。又由阜康寄复意城一信。

初六日。午刻，赴礼部到任。拜谒文公祠，昌黎韩公也。旋赴总署会议。便道过毛煦初、潘伯寅谈。晚雨，遂归。

初七日。总署知会威公使三点钟至署，一往会谈。便过徐荫轩、魏赓臣、黄小冶。接合淝伯相一信。

初八日。威使与其国二等提督赖、三等提督蓝及从游者十馀辈来署见恭邸，而威使先至。议诸照会事，遂尽一日之力。

初九日。丁祭文庙，礼部堂官应定一员视笾豆，子初即诣国子监。司官二员荣椿、赵赓麟陪同照料。是日值总署奏事，由国子监进东华门，时犹未交三点钟也。赴总署，适威使约遣梅辉立来署议事，威使亦旋至，至一点钟始散。便道一上礼部衙门。鲍花潭乞病，曾沅甫补晋抚。李子和调河督，往道贺而坏其车杠，为累多矣。

初十日。验放听宣。丑刻入内，始终不得一派，而两日劳顿，已不支矣。午刻，偕恭邸及毛煦初、成竹坪、夏伯英回拜威使及赖、蓝两提督，及傅、尼两参赞，禧、梅两翻译。恭邸并邀卜大夫治视耳疾。

十一日。寄复合淝伯相及沅甫宫保二信；伯相信交郭斌带呈，沅甫信送坐京张庆处。於桐轩见过晚谈。

十二日。礼部值日，进东华门。还赴延树楠、宜春宇、德景融、崇地山谈。至总署早饭，与丁冠西商派出洋官学生。旋偕沈经笙相国、董韫卿司农、崇地山少司马诣德使巴兰德、米使西华回拜。

十三日。总署奏事，入东华门。接七月廿八日丙字十号家信。诣黄恕皆，有就商事件，适值外出，晤麓生及邝凤冈两君。便过童薇砚谈。

十四日。总署传沈经笙相国之命，令往会议事件。虚劳往返而已。威使与禧在明枉谈。

十五日。总署递折，入东华门，虚坐片时。邀朱石翘、刘云生、於桐轩、吴子登、舒兰生、孙君诒、周桂伍为中秋盛会。适程覃叔、李壬叔过谈，因留壬（秋）〔叔〕入坐。石翘又携王庆荣孝廉至。云生、君诒俱以事不至。

十六日。田清臣持合淝相国信枉谈。总署约会：二点钟会晤法使白兰尼威龙卜达来，提督部格来嘎夜德，翻译师克勤、法兰亭及提督随带多人，与恭邸会晤。陈俪秋、刘云生并至。归过黄恕皆，魏赓臣、张芝芩、晦生、周荔樵谈。

十七日。本意就万藕舲尚书商议礼部事务，值外出，因回拜各处，尽一日之力。

十八日。诣礼部验四川藩司印，交委员翁午芬领回。因总署知会威使未刻来署，陪同诸堂一见。何子峨才奉出使之命，便补授侍讲，召对方两日，又蒙召见。吴江特显手段如此，吾不可久任仕宦矣。

十九日。约刘云生同诣威妥玛。傅、林两参赞，璧、禧两翻译同见。归遇大雨。接志城八月初二日丙字十二号信。左季高一为晋扬移檄湖南，遂使纪纲风俗荡然不复可问。左君为害亦烈矣。

二十日。具奏王船山先生宜从祀文庙，奉旨交礼部议奏。是日礼部值日，入东华门，至传心殿小坐。

廿一日。李菊圃、魏赓臣、王镜涵过谈。为严伯雅题图诗二首。其《万里看山图》，杨振甫云：滇黔山色蔚名蓝，露冕观风拥筱骖。草檄文章驰绝域，纪行诗卷续升庵。娵隅岂必工蛮语，金马真堪佐剧谈。回首旧游增感喟，落花时节又江南。吴桐云云：男儿岂肯辕驹促，万里崎岖只等闲。烟水苍茫苕霅外，冈峦层叠蜀秦间。天留粉本归双管，世济弓衣绣百蛮。好是壮游曾五岳，不教青眼更看山。吴平斋云：万点青螺插半空，荡胸奇气挟天风。百蛮烟树啼猿外，千叠云山立马中。不为丹砂羡句漏，欲挥长剑倚崆峒。当年宦迹经行处，储满诗囊纪不穷。　趋庭少日赋南楼，吏治诗名到处留。归棹月明三泖路，拂衣云带七星秋。频年兵革伤吟绪，旧梦关河托卧游。何日买山酬夙愿，侧身天地愧闲鸥。又王孝凤题其《餐花室诗草》云：弦绝难为谱，空怀楚伯牙。避人弹古调，见子在天涯。碧到西堂草，红生东海霞。更看铜剑舞，灵气走黄蛇。　仡鸟同谁听？蛮花不可餐。雷封百里易，风雅一门难。便殿方摛藻谓介弟淄生太史，循陔独采兰。何时假高翮，天路接鹓鸾？

廿二日。礼部加班奏事，入东华门，至传心殿小坐。米使西华偕其水师提督任君至总署谒恭邸，诸公并会。适陈俪秋、唐景星、陈瑞南桂士、黄平甫达权并移居总署，相就一谈。又有陈芰卿树棠现在天津，亦约同出洋者。俪秋得人盛矣。而兆民所恃为开办宏远公司局者，亦只在此数君，使人健羡。俪秋荐平甫之子曰黄泳清，在英国学馆多年，然询其笔墨，固远不逮蔡锡勇也。过符五琴运同谈。

廿三日。李果仙、张桂伍邀陪黄恕皆、朱肯甫、梁斗南、张海乔。始记斗南简放湖北学政，竟未一往周旋也。晚过唐斐泉、周荇农谈。寄复合淝伯相一信。

廿四日。朱肯甫、许次欧、魏赓臣、黄恕皆、方子箴次第过谈。左季高以吾家事，辱及族人，其事至为悖妄，因为一咨，乞合淝转咨湖南，以咨达左君；并以所著书四种寄存合淝处：一、《礼记郑注质疑》四十九卷；一、《大学章句质疑》一卷；一、《中庸章句质疑》二卷；一、《（郭氏校定家礼本）〔郭氏校定本家礼〕》五卷。

廿五日。宗室中式六名于保和殿复试，赴中左门点名给卷。随往回拜各处，见邓双坡，得一谈。午邀陈俪秋、何子峨、唐景星、黄平甫、陈瑞南、刘云生、许竹筼小叙。竹筼已乞假回籍矣。子峨于洋务竟能通晓，悔从前不甚知也。

廿六日。为黄恕皆、朱肯甫、梁斗南、谭叔裕、瞿子久饯行，恕皆、肯甫、斗南俱不至。乃约吴春海、黄济川、黄翰仙、周桂伍；桂伍复不至。发家信丙字十三号，并寄省城自徐云渠以下公信一函，述悉二十日奏请船山先生从祀文庙一节。外寄意城并寄笙陔叔以下公信一函，述悉晋扬夫妇狂悖妄控一节。又寄黄子寿、张力臣、罗小垣三信。

廿七日。约田清臣、龙朝海、杨次麟、许次欧、黄小鲁、彭芝生小酌。赴陈小舫，吊其子子政之丧，适邓双坡至，小坐，谈。

廿八日。礼部值日，入东华门，至传心殿小坐。旋至总署，并诣沈经笙、宝佩蘅两相国、翁叔平、裕时卿诸处谈。诣崇地山午酌。主人三：地山与毛煦秋、董韫卿；宾二：吾与陈俪秋也。酒罢，复赴朱茗生之约，由东北极处至西南，计程当得十五里。同席何地山、钱湘舲、吴望云、朱肯甫、瞿子玖；子玖不至。

廿九日。俞竹君约同裕时卿、潘小农、杜石生、孟芝生、杜小石小饮龙源楼。接意城八月十九日九号信凡十日递到。初五日由阜康递寄一信，半月之久尚未收到也。晚赴曹芗溪之约，同席李子和、方子箴、何地山、周性农、林颖叔、刘云生、徐寿蘅。

九月

九月初一日戊午。礼部加班奏事，为册封敦宜皇贵妃，册宝初三日镌字，奏闻请旨，入内至传心殿小坐。初三日致祭历代帝王庙，例由礼部堂官一人先二日赴天坛圈内视牲。便过潘小农、魏槃仲。赴陈小舫之约，同席方子箴、罗书田、邓双坡、于濂舫、关季华。观子箴与关季华对（奕）〔弈〕，真能手也。小舫以叶东卿所藏翁覃溪《化度寺碑》残本共五部①。凡《化度寺碑》三种：一为横石本，一为覃溪所摹刻本。其二部则覃溪所钩勒，行书小字，批抹满幅。子箴以三百金购得之，喜悦不可言。

初二日。美国参赞卫廉士以老乞归，来总署告辞。同人各以一扇馈之，而予与董韫卿各为一诗。韫卿诗云：濒行向我索题诗，不唱骊驹送别词。记取中华好风景，重来把酒慰离思。予诗乃切

①以下疑有脱文。

实为之，所以不及董君也。过恕皆谈，闻明日即赴浙任也。

初三日。吴子登邀同方子箴、刘云生、朱石翘、彭香久同饮松筠庵。有了尘道人新自庐山来，善相术，寓居庵中。因相就一谈，所言亦微中。便过罗讦庭、万藕舲、钱湘舲谈。晤吴少岷侍御。是日辰刻。工部开镌加封敦宜皇贵妃册宝，大学士、礼、工二部堂官应往行礼，至者英香岩相国、桂□□、周荇农、长彝亭及区区五人而已。

初四日。总署奏事，入内至兵部报房小坐。是日邀李子和、方子箴、邓双坡、林颖叔、曹艻溪、周荇农小酌。本意添邀罗讦庭，而已有六客之多。艻溪竟不至，又不一辞，真不谅人也。

初五日。刑部会同天安门外朝审，本部司员知会含糊，比往，始知须耽延一日之久，又未预备敝分，家中适请客，因遂戛然以归。晚邀刘开生、潘小农、魏盘仲、任寿卿、刘燕亭、魏赓臣、周荔樵小酌。接李伯国信，由李丹崖带至。接金眉生信，由吴寿芝带至。接家信丙字十号树堂并未列号，又接志城信丙字十三号，又接曾沅甫一信，又接罗小垣及衡叔、笙叔各信。接家信，多骇人听闻之事，然皆文博川贻之累也。令人愤憾不已。

初六日。日意格、李丹崖、陈敬如、吴寿芝、杨维新次第来见。因礼部知会高丽来咨日本通商事，一往视之。便回日意格拜，兼送卫廉士行。过经笙相国处谈。

初七日。威使见过。邀同李丹崖早饭。先至总署回拜许仲韬，便过董韫卿谈。

初八日。复合淝伯相及曾沅甫、裴樾岑二信。樾岑信由总署致王夔石信便附寄。德使巴君、英参赞傅磊斯次第至总署。傅磊斯传威使之意，过相逼迫。不谓此行之颠沛，乃至于此。

初九日。闻何小宋到京，一往见之。便过威妥玛，竟以出洋期限相逼促，厉色加之。乃知滇案移罪区区之身，陈小舫课语验矣。朱石翘邀同刘云生、吴子登、裕时卿、周桂伍、魏赓臣、张晦生、李峻斋会饮龙爪槐。

初十日。日意格、李丹崖、陈敬如、严小雅、吴寿芝同至一饭。总署知会，威使仍来相嬲，属至署面商。此有何可商者！遣发人员不听停留，以此受制外人，王夷甫诸人岂能辞咎！发丙字十四号家信，并寄意城一信。

十一日。料理书籍一日。汪翼新过谈，约定其弟建新相随出洋。致经笙相国、韫卿司农信。心绪恶劣，不堪名状，生平此景，亦云至矣。

十二日。李湘甫自广东来。周桂伍、舒兰生、孙君诒次第过谈，遂尽一日之力。接家信八月廿三日发，专与上林寺僧西枝为难，而至以藏匿西枝榜予门首，狂悖已极。闻三书院人为多也。

十三日。稍稍料检行李。头绪繁多，心甚苦之。董韫卿又相过久谈。

十四日。云生至，述所应调人员，若刘孚翊、李凤翎之属。时折已缮就，不及改书。所调各员，不必能皆应召。约俟上海定局后，(再折一发)〔再发一折〕，并咨总署存案。乃相与定议。接罗研生、小垣各信。

十五日。具折请训，并保举出洋随员：参赞二人：张自牧、黎庶昌；翻译二人：德明、凤仪；文案四人：汪树堂、张斯栒、李荆门、罗世琨；其英人马格（玛）〔理〕及曾恒忠、舒文标、张咏清、罗照沧应行咨调各员不另开列。已蒙召对，六额驸景寿带见。太后问：何日启程？对：约以十日为期，不出廿五日。问：几时可到？对：由天津而上海而香港，始放大洋，计期四十五日可抵英国。问：此事当为国家任劳任怨。对：谨遵圣旨。问：汝二人须要和衷。对：是。问：到英国一切当详悉考究。对：英国无多事可办，专在考求一切，此是最要紧事。问：所调各人，想皆系所素知？对：是。问：随人须要约束，不可滋事。对：所调各员，大率是谨饬一路，然亦不可不防其滋事。问：汝心事朝廷自能体谅，不可轻听外人言语。他们原不知甚么。对：不知事小，却是一味横蛮，如臣家于此已是受惊不小。太后复加抚慰，遂与云生各跪安而退。周荇农前辈约过黄酒馆谈。便过何小宋、宝佩相、沈经相、恭邸、崇地山、毛煦初、董韫卿诸公。随至总署见陈俪秋、许仲弢、李壬叔、丁冠西诸人。又过魏赓臣谈。

十六日。闻张叔平奉太夫人讳，一往唁之。便过方子箴，适李子和、周杏农两公在坐，因留晚酌。归遇大雨。

十七日。寒甚，砚皆冰矣。潘梅园、刘石臣、汪翼新过谈。梅园述及杨仲初之为人，留心西学而有干事才，惟家业甚优，其子又不得力，势不能出洋，今已往天津矣。

十八日。威使邀饭，便过美国西使、俄国布使、德国巴使、法国白使辞行。美国驻英者名白尔奔；俄国名舒巴图，德国拍尔，法国为阿士卜理，皆一等公使也。美国驻法公使名华是本，驻德者德，亦皆一等公使。便过王孝奉、徐荫轩、李兰生。兰生相见一谈，所言多中肯綮。政府自分门户，而以兰生辈不谙洋务，一切不使与闻，实亦使人难堪也。接丁禹生、吴春帆、黎召民三信。禹生又复以病乞退，所谓老子犹龙，见首不见尾者也。

十九日。赶大早入城。毛煦初、董韫卿两公均派复试阅卷，仍不获一见。诣崇地山、翁叔平、裕时卿、景星樵谈。便过总署及赫乐斌谈。是日颁发国书，由总署送至。

二十日。周荇农、何地山、李子和、何小宋、林颖叔、方子箴、曹芗溪、袁小午八君子约至龙爪槐饯行。此行太无意绪，凡诸称饯者皆谨辞之，不意乃有斯举也。

廿一日。法使白兰尼来见，留酌。张鲁生、听帆、许次欧、李小珊、吴寿芝来久坐。刘云生、李壬叔继至，馀日亦无几矣。

廿二日。宝佩蘅、沈经笙两相国过谈。俄使布策、德使巴兰德亦次第来送行。成竹坪、赵伯陶、萧屺山、魏赓臣、陈伯平，至者十馀辈，遂尽一日之力。留别者十馀处：程覃叔、吴子登、李俊斋、钱篪仙、周荔樵、黄杭生、王石杉、李芋、舒兰生、孙君诒、拈花寺僧隆法、喻小冈、杜梅舫、周子佩女公子、张叔平、裕时卿、朱石翘、蔡梅庵、易汉乔、杨次麟、俞竹君，所费已六百馀金矣。叔平开示书贾名，如宝名堂之李崇山、大文堂之周秋文、宝文堂之徐苍岩，皆为有名。日本国金石：和铜四年多胡郡碑唐景云三年、多贺城壶石碑、江岛灵迹建寺之碑，为日本三碑。是日由总署颁发印信。巳刻立冬。

廿三日。此行颠沛倥偬，不赴各处辞行，惟一诣周荇兄处而已。便过李子和、何小宋。以陈小舫约饭，已辞之矣，晚次便就一谈，则石翘、云生两君初入坐，仍留叙饮。

廿四日。料检行李，并送各处别敬。其言以为此行无力为别，而有六百馀金之费，其意非为别也，为假中频赐临存，以天下所同诟病之人，而慰问不遗，心实感之，聊以志不忘耳。其稍丰馀若周荇兄辈，又不敢轻致献，以本无力为别故也。调汪建新办文案，而闻其嗜洋烟，因力辞之，而致别敬百金，并函告翼新、建新、植新昆季，属其努力自玉，以承先人之志业。晚次，何小宋、周荇兄、周桂伍过谈，语及云生所以致怨之词，使人茫然，莫知所以自处。处世真大难也。

廿五日。天未曙，料理启行，而裕时卿已至，潘伯寅继至。钱篪仙、易汉乔、舒兰生诸客并集，相与送上车，竟不暇至房中料视一切。周荔樵送至东便门外。舒兰生、许次欧送至通州。总理诸公遣弁追至半途相送。英鄂田观察、文彬如副戎、高星槎刺史、祥瑞生都阃均迎至西关外，并预备公馆。极力辞之，径由车登舟。晤潘子谦，则赓臣所为料理者，渠意颇不属，且知其已有人送车矣。

廿六日。遣车马还京，便致周桂伍一信，为虑魏赓臣已出京，车马入京无与承受者，故托之桂伍。是日行百二十里，泊苏家庄。

廿七日。行百四十里，至木庄在河西务下十八里。河道纡回，北风过大，五鼓开行，夜久始收泊。

廿八日。行七十里，至杨村。王仁庵来见，其马队一营，驻此七年矣。又六十里，泊北塘。黎召民、马松岩遣人来迎，距天津尚三十里也。

廿九日。何心茹、文毅夫来见，因留心茹早饭。代理天津县武申山来报伯国已至虹桥，率文武官请安毕。遂诣中堂处。曾栗诚亦在。旋过黎兆民、唐景星谈。晚乃回船。朱石翘、魏赓臣、王鼎臣、黄泽生、何心茹、曾栗诚、任芝田谈至三鼓始散。回陈鹤云一信。

三十日。回拜各处。诣李铁梅师久谈。伯相邀早饭，同席唐景星、魏赓臣、曾劼刚。酒罢回船，送者云集，乃放船至紫竹林。宋吉堂带领怡和行卑比其来至一谈，知为英国人而寓居蒲桃牙，旦夕将回国，特来一见，到英国后尚可一相照拂也。致刘荫渠、曾沅甫。又为曹瑞安致荫渠一信，为刘勋安致沅甫一信。

十月

十月初一日戊子。由紫竹林开行，至大姑塘候潮。管事陈仪亭，同舟沈子梅、马眉叔来谈。船主安帖乐，合淝相国赏有金牌。

初二日。辰刻抵烟台，风浪俱息，而以添载货物耽延竟日。午后风大作，为之懊恼，皆蹇运所致也。

初三日。风雪交作。船窗为风所侵，寒透寝衾。彻夜作恶，遂至呕吐。家人辈皆困惫不支。赖龚振之一人照料，忽忽竟日。起坐，怪天渐就昏黑，询之，已日夕矣。

初四日。晴。申刻抵吴淞口。同舟黄小宋，为河南知县，省墓粤东，枉赠七律一首。

初五日。徐裕之、陈茇南、莫善徵来见。裕之、茇南陪同乘坐小轮船，泊怡和洋行马头。至广肇公所。冯竹儒枉谈。致沈幼丹制军、梅小岩方伯二信，并寄意城一信。

初六日。回拜各处，惟见竹儒及刘融斋前辈，馀均未见也。晚归而张听帆至。威使及税务司吉乐福来见。

初七日。各国领事来见。法国总领事葛笃最为（贤）〔娴〕雅。晚邀徐裕之、陈茇南、沈子梅、马眉叔、李勉林、郑玉轩、张听帆小酌。

初八日。刘云生、金眉生及意城并至。晚邀眉生及周瀛士、黄小宋、左仲勉、周范丞、张芝岑、欧阳伯元小酌。

初九日。马格里陪同看英、法两国公司船公司行司事郭研溪偕行，方邀金眉生诸人宴叙，亦不暇陪也。晚赴冯竹儒之召，同席刘云生、刘融斋、吴桐云、李勉林、黄小宋，其地为竹儒所修葺，名也是园，旧志所谓潘氏南园也。

初十日。为慈安皇太后寿辰，诣万寿宫行庆贺礼。

十一日。为曾文正公生辰，李勉林、郑玉轩邀同行礼，遂留宴叙。随赴吴桐云之召，同席金眉生及意城四人。陈宝渠厨工治席绝佳。

十二日。眉生与刘融斋同约游一粟庵，因过城隍庙，为豫园之游。有内园、外园之分，外园土山甚佳。晚饮雅宜楼，同席刘云生、严伯雅、意城及子瀞侄。志城自家来送，因辞还寓。

十三日。瑞典国葛领事来见。方子听欲邀为徐园之游，竟不暇一往。

十四日。晚邀方子听小酌。致翁玉甫、王夔石、崇星阶、夏芝岑、惠莲舫各信。

十五日。志城五十生辰，治席款客。会者周瀛士、金眉生、方子听、朱子畬、刘□□、汪□□、周范丞诸君。

十六日。雨。怡和行马公司约看火轮开车，适和国领事海鹏来见，未暇往。晚邀管才叔、盛杏生小酌。

十七日。雨。致总署及恭邸、宝佩蘅沈经笙两相国、董韫卿、毛煦初、崇地山、成竹坪、夏伯英、合淝相国、沈幼丹各信。拜发奏折三件。又（其）〔因〕杨瑞堂回南之便，寄裴越岑、黄海华、朱香荪各信。又复朱宇恬、秦鹿笙各信。精力亦惫矣。晚为洋人所促，冒雨登舟。李勉林派小轮船相送。是夕开行。船主柏里斯。

十八日。雨，风。舟行甚颠簸。家人皆呕吐。吾亦不能安食，勉强一坐而已。是日过浙江境舟山。

十九日。风力逾劲，终日不能起坐。五十馀日之程，甫一二日而已狼狈至此。是日过福建境台湾、厦门。

二十日。行次汕头、碣石，遥望诸山横亘，见有大铁甲船尾追而至，船主云，水师提督赖得船也。我船升旗，来船见，亦升旗。我船随下旗。来船渐趋而近，两船并行，相距可十馀丈。来船船人皆升桅，舟中乐作。我船复升旗，来船横掠船首而过，我船停轮俟之，遂扬帆驰去。因询船主：升旗何也？曰：所以告也。

彼亦升（船）〔旗〕何也？曰：报也。犹曰钦差在船，已谨知矣。下旗何也？曰：既告，则可以下矣。彼船人升桅而立，何也？曰：示敬也，犹之列队也。升桅而后可以示远。乐，所以作军乐也，以为列队之节也。掠船首而过，何也？曰：趋而迎也。停轮者，以示让也。彬彬焉见礼之行焉。中国之不能及，远矣。

廿一日。早至香港。上海，赤道北三十一度三十分；香港在赤道北二十二度十二分；京师，赤道北卅九度五十四分。香港总督铿尔狄遣其中军阿克那亨来迎，且请至署相见。约以二点钟往。水师总兵蓝博尔得来晤，曾于总署见之。所部飞游营炮台二所兵船六只当回国，候予至一见即行矣。午刻，偕刘云生、黎莼斋、德在初、凤夔九乘坐铿总督所派十桨小船登岸，至则大列队伍以迎。广东领事罗伯逊亦迎于江次，为叙寒暄。遂乘四人舆至总督署。水师提督赖得、副提督阔伦布、按察司斯美尔斯皆集，其馀大小文武官约二十馀人。铿总督述及学馆训课凡四百馀人，因请一往视之。斯按察又述及化学馆之盛。酒罢，遂诣学馆。总教习斯爵尔得，副教习法那、铿尔陪同周历学堂五处。每堂可坐百人，一教习主之。课中国《五经》《四书》及时文者三堂，课洋文者一堂，洋人子弟课《五经》《四书》者一堂。课《五经》《四书》者，中国教习也；课洋文者，西洋教习也。其课诗文，则名为小课，皆限有期日。规模固宏远矣。以江次列队相候已久，不及一赴化学馆。中军阿克那亨又陪送至舟次。致丁禹生、冯竹儒、唐景星、徐雨之及上海税司吉罗福信凡四缄。附寄家信二函，一托之冯竹儒，一托之唐景星。附寄朱香荪及志城二信，又寄笙陔叔一信。是夕有英商轮船入泊，直撞船艄，声如震霆，尾窗多坏。一小船悬挂船尾，遂成两橛。梦中惊醒，移时神始定也。香港居民十三万馀人，西洋约六千人，在中国居住人数，以此为最多。

廿二日。以修船耽延一日。香港总督铿尔狄及罗伯逊、阿克那亨来船回拜。因语及学馆，云皆国家经费也，嫌其规模尚小，尚欲另立一馆，扩而大之，此皆为各人读书识字自赡身家之计，学习一二年，粗能有得，往往自出谋生，所以能有成立者少也。英国学馆通计所教课者三百馀万人。语及出使，曰：此邦交之常。待人与所以自处，无所歧视。此间监牢，收系各国人民之有罪者皆然，惜不得一往观。因告以今日不能开行，尽思一往观也。乃仍约派肩舆来接。台湾领事柏卓安来见，京居十馀年，容貌语言，略似中国人。申刻，罗伯逊、阿克那亨陪游监牢。设正副监督，正督以事他适，出迎者监牢副监督达摩森也。屋凡三层，皆有铁栅扃锁之，罪犯重者在上层。下层一人一房，上层三人一房。被褥、盥盆之属毕具。毡毯日叠板上，整齐如一，不如式者减其食。所收系有西洋人，有吕宋及印度人，通计三十馀名，而中国至四百七十四人。当日犯赌博者又四十人，另有罚款二百元至四五元不等。人饭一盂，小鱼四头。收系久者肉食，饭亦精。收系久者七年、五年，少或五日，亦有终身禁锢者。办法亦略分三等：有锢闭者，有久羁课以织毡毯者，有运石及铁球者。运铁球者三处：一西洋人，一吕宋人，一中国人，皆以兵法部勒之，或五人为队，或十人为队，每日以两时为度。运石者一处，则所犯较重者也。别有女囚一处，皆人一房。达摩森导令遍游各监牢及运石及铁球处，有至百馀人布列一处者，举手示之，皆趋就行列，或至三列，立处截然齐一，皆举手额角以为礼。即禁锢室中，启外牢门扬声喝之，皆起立，当门垂手外向，节度整齐可观。牢外设浴室一。中设礼拜教堂一，囚人环立听讲。设病犯就医牢一，又收检病故人犯堂一，所至皆以松香涂地板，不独无秽恶之气，并人气亦清淡，不使人作逆也。禧在明云：从前人犯皆课令出外工作，如筑垣、修路之属。铿总督乃始禁锢之不令工作，运石、运铁球，皆所以苦之。其禁闭者，房设一铁轴，令手运之，日万馀周日运万四千转，有表为记，不如数者减其食，亦所以劳其筋骨，导其血脉，使不至积郁生病，规模尤可观也。其刑具有锁有杻，皆以械足者；有鞭，用绳为之，五十鞭则皮裂矣。其变诈反复乱风俗者，则刺其颈为“〇”，驱而逐之，不得至香港。亦有用刀削其“〇”，以膏涂之，疮愈而成斑，亦经巡捕查获，执而囚禁之者。所以不可及，在罚当其罪，而法有所必行而已。香港英国铁甲兵船二，提督赖得、副提督阔伦布领之，亦以驻扎三年为期。一名奥大喜阿斯，一名飞多尔日曼奴尔。飞多尔日曼奴尔为意大利皇帝之名，英人尊之，取以名船。法国铁甲兵船一，美国兵船一，又有英国小兵船一。马格里言，英国副提督名洼尔尊，属往拜之。比回拜，则仍阔伦布也。所坐公司船名大礬廓尔，船主名拍罗巴拉得。前云柏里斯，误。王春晓镇军、杨春林、宋□□、李香陔、丁子俊、蔡默斋均来见。俞吉甫亦遣其门人刘子垣来见，亦一书复之。

廿三日。早开行，至午行百九十五里。在赤道北二十一度二十二分，伦敦东一百十三度三十七分。船主以沙漏定每时分数，而系尖木板于绳，则辘轳转绳而投尖木板海中，计绳之丈尺。每沙漏尽，则引绳觇其丈尺，以辨所行之里数。据云：每一点钟行三十四里，日以午正总计所行之里数。海中遥见捕鱼船数，张帆一叶，随波上下。过驴耳山，知距广东北海一带为近也。

廿四日。午刻，共行八百三十一里。船主云在赤道北十七度半。伦敦之东百一十度零四十九分。计当在琼州南百馀里，船人名之斋纳细[1]，犹言中国海也。海多飞鱼，约长尺（计）〔许〕，跃而上腾，

[1]斋纳西，China Sea 的音译。

至丈许乃下。左近拍拉苏岛①，出海参，亦产珊瑚而不甚佳，中国属岛也。系荒岛，无居民。马格里为予书片纸系藤几上云：二客思伦喜②。询其名义，云：尊称之辞，亦可译作大臣字。使见者不敢安坐也。英人有名拍得斯里西得里者，方绕地球一周，附船回国；询知专为游历，盖亦英国之富民也。是夕雨而热如夏，竟不能盖被。烦躁万状，不能成寐。

廿五日。微雨。午正，行八百五十二里，在赤道北一十三度。伦敦东一百零九度三十五分。计当安南北境。过瓦蕾拉山，安南东南境也。马格理出示英国一千八百七十五年经制所入，即中国之乙亥年也。伦敦约二万一千馀万；印度约一万六千馀万；澳大利洲约一千馀万，英人谓之新金山也；新嘉坡三处所入约百馀万；惟香港所入十八万馀，而用费十九万馀。

廿六日。微雨。午正，行九百三十九里，在赤道北八度十分。伦敦东一百零八度二十四分。距西贡南四百五十里。西贡者，法人所踞安南大埔头也。自香港南行，天气日热，而雨亦多。上海寒暑表在热度五十三分，至香港六十五分，今则八十一分矣。不能着绵，舟人皆单衣，食案悬风扇，视湖南五月杪天气为近。

廿七日。微雨。年正，行八百三十五〔里〕，在赤道北四度三分。伦敦东百零五度三十九分。计当暹罗外海。意大里人阿拉多尼同舟，询知在伦敦开设洋行，由美利加至日本，历中国各海口，复回伦敦。其在本国为世爵，得受一等宝星。西洋风俗以营商为重，即此可见。其同行人英拿吉哥，亦意大里人，盖先至中国，而相约同回伦敦。

---

①拍拉苏岛，Paracel Is.（西沙群岛）的音译。

②二客思伦喜，Excellency 的音译。

廿八日。雨。午至新嘉坡，行七（里）〔百〕二十里，在赤道北一度二十分。过一岛曰好斯白尔，有一灯楼。好斯白尔，大西洋始寻地来中土之人名也。蔡瑞庵国祥月卿国喜兄弟管驾扬武兵船，适先数日至，偕黄浦人胡璇泽来见。其地英国总督哲威里遣兵官就问何时上岸，示以三点钟。该兵官传总督之命，言上岸必派队迎接，请改订四点钟。而所派马车四辆已至，乃约先至胡璇泽处，相其花园风景。因偕云生、莼斋、在初、夔九及马格里先至胡氏花园。奇花异草，珍禽怪兽，及所陈设器物，多所未见。所陈设有鹳鹤卵十馀，皆大如碗；有染成灰蓝色，用银厢之，作供具者。蛇卵四，皆大如鹅卵。羚羊头一，双角并存，皆向下三盘乃伸而上。外羚羊角、野牛角、犀牛角、鹿角各一对；鹿角长几三尺。又鱼须一，长七尺许，色如象牙骨而盘结瘦削。鱼腮一。白马蚁二，用玻璃瓶贮水养之，长约二寸。有两石卵藏之，上凿一孔通饮食，剖卵乃得之，谓之白蚁王也。其馀东洋石器为多。有石山一，云为日本富紫山。鸟有采鸾四，青鸾二。六脚龟一，长逾三尺。白壳龟二，背中高，紫花斑文，首足色亦白。狗熊一。豪猪一。袋鼠一，头及前二足似兔而大，腹及后身则大逾数倍，后二足膝向前跪，不能伸，然视前足犹长逾倍，尾长二尺，行则跃起如飞。云其腹下有袋，故谓之袋鼠。此其略可记者也。旋至总督哲威斯署内，其意气视铿尔狄尤相亲也。因见其夫人及其二女。夫人亦贤明，慰问甚勤。其领队迎接者名摩里雅斯。归过其炮台，盖因山为垒，凡二重，其中将台一，兵房四，云可容五百人，现止一百三十人。家眷房二排以居官及兵之有家眷者。兵房后皆为厨房。藏兵器房二。饭堂一。习书堂一。治养病人堂一。大炮五六尊，皆有炮台，有火药库。小炮皆有架，置之墙端。千里镜一具，别为一屋，以便瞭望。其制度规模与中国所名为洋炮台者绝异。尽南处一山，尚有炮台一所。兵头，带炮兵者曰米噶尔斯，带步队者曰林芝，皆游击也。步队习洋枪以辅炮兵。洋兵上等三日一洋元，每日三角三分，合银二钱四分；次者四日一洋元，每日二角五分，合银一钱八分。将弁有家眷者，俸薪足以养之；兵有家眷者，洗衣缝纫，自食其力。

廿九日。雨，雷。哲总督又派车来迎，并派其翻译必麒鳞陪同游历。因先至扬武船回拜蔡瑞庵，兵皆升桅开炮。比登舟，始知司训练者，英兵官拉克斯摩也，指示一切甚详。并引至其学堂，训练闽广学生二十人。又为操试炮兵，转动至捷；又升桅开炮以相送，皆英兵官主之。旋至洪家花园，盖闽广人公地也，花木鸟兽，尤多而奇。有虎一、豹二一花文豹、一金钱豹，用铁圈笼之，外施铁网步障。狗熊一。山狗三。其豺狸、黄鼠、松鼠、山獭之属，各以铁网为屋，与鸟雀相间，周环约二十馀间。鹦鹉四种：一白，一灰色，一绿，一红，又有绿色而两羽红者。鹰三种：一白，一苍，一灰色。雉三种：一彩文，一苍，一棕黑色相间。鸽种甚多，最奇者翠鸽。异鸟如青鸾、山鸡大冠，似家鸡、山雀、水雀。一种采文而头蓝色或红色者善鸣，一种似水凫，头有毛一丛，甚长而细。猿属多种，有红面者，有灰色者，甚驯。长短皆各不同。其一甚巨而狞，用铁圈笼之，黄毛长四寸许，则所谓金丝狨也，最不易得。花木多不知名，开花或红或黄，有大如碗者，有小如蛾者，亦全不知为冬日也。葵蒲数十如张扇。罗汉松高数仞，盖地如钟，绝奇。藤萝如墙拔地立，或如九折屏风。巨松高入云际，距地尺许，横出五枝，悬针周匝如盘，每尺许辄出数小枝，远望如数十级浮图罗列深林中，皆奇景也。又制铁盘如伞，引藤络其上，十年后必复成一奇景。始知以上数者，皆人力为之，究不知何以能如此也。园甚大，有积水一泓极清，小舟四五，游泳其中，然并无一坐基，岂有待耶？回过按察司署，任是官者棐里布，方踞堂皇听事。吾与云生列坐其旁，馀人皆立。堂高五六尺，如月台。其下列长案如弓，两造讼师及录供者、传语者，环坐向上。两旁设木阑二，云为词证者立其中。设小几八，待讯者坐候。外施阑干，以待人观听。规模亦甚清整。总督哲威斯约三点钟枉过，尚有大学馆一，小学馆五内有女学馆一，不及一往观也。新嘉坡约二十万人，西洋人不过二千，番人及印度人盈万，馀（万）〔皆〕闽广人也，而粤人较多。据胡璇泽云，广属人已约七万之多。总督所辖凡三处，再（四）〔西〕为麻剌甲；再西为槟榔屿，则海中之一岛也；由麻剌甲而西，稍北为威诺斯里，与槟榔屿相对，亦英埔头也，并归其所辖属。新嘉坡有英国兵船二：一名儒那，总兵波兰管带；一名马古稗，副将安生管带。是日申刻开行。

三十日。赶麻剌甲，距新嘉坡二百一十里。以须一至槟榔屿，稍绕出西北。禧在明见示伦敦《戴模斯》日报为西历十一月初十日，中历之九月廿五日也，为译出论滇案始末一段。其中叙英总兵勒尔斯探北极事，以一千八百七十四年四月起为中国之甲戌年，一千八百七十六年七月内回国。言至北极之八十二度尚见土地，过此则皆冰海矣。其始舟行积冰中，测度冰之厚薄，有至十六丈者。再上则舟不能行，凿冰为道。凡两船三百馀人，牵倚以北，每日约行三里许。至北极八十三度二十五分，凡行两月馀，不见日者二十馀日，死者四人，因冻折足者数人。至是不复能前进，乃循来径而返。其初议寻北极，募能同行者，告奋勇七百馀人，遣医视其筋骨血脉强固能任寒者三百馀人，挈之以行，历二岁馀。君主下书褒嘉之，赏给勒尔斯头等宝星。

十一月

十一月初一日戊午。巳刻至槟榔屿洋人名之碧澜，距麻剌甲九百三十三里，在〔赤〕道北六度。伦敦〔东〕一百度零二十分。居民约十四万闽广人十万有奇，馀为番人。有副总督驻此，亦名安生。胡璇泽见示：王文庆闽人兼司招商局事。遣人问之，则挈其乡人七八辈来见，皆短衣番语，内有云南大理人江姓，以贩珠宝为业。以停船片时即开行，未暇一上岸。北岸为威诺斯里。约询地势，槟榔屿得见方英里一百零六英里当中国三里，见方英里当中国九里，新嘉坡得见方英里二百三十六，麻剌甲得见方英里六百馀，至广大矣。威诺斯里地迤长而狭，得英里三百零五。其地山水明秀，南岸皆高山也，树木丛密。闻有瀑布，高十六丈，惜未一往观也。槟榔屿兵官段熙奕附船归国，登舟时，居民鼓乐架小舟十馀相送。必稍有惠爱贻留者。申刻开行。是夕风。

初二日。午正，行六百八十四里，在赤道北五度五十七分。由槟榔屿折而南，相距赤（度）〔道〕约计九里。伦敦东九十六度三十五分。南望苏门答腊，相距约四十里，见大山绵亘，即所谓万古鲁山也。苏门答腊迤长二千馀里，起息力之南，横出槟榔屿西千馀里，中间小岛尚不可以数计。《瀛寰志略》图载槟榔屿于苏门答腊之西北，非也。近年荷兰衰弱，酋长之居苏门答腊者，抚绥无术，遂至畔乱。荷兰又不能以兵力胜之，方相与攻战未已也。是夕，风逾大。

初三日。大风雨，雷。午正，行七百七十四里，在赤道北六度十六分。伦敦东九十二度十七分。至是始出大海，所谓印度海也，俗名之小西洋。舟行向西微北。是日大南风，可以张帆。至晚，风逾劲，而帆不可收。船人上桅拽帆，坠伤者三人。

初四日。大北风，雨。午正，行五百四十六里，在赤道北五度五十四分。伦敦东八十九度十六分。颠簸不可名状，同行诸君皆至困惫。是日稍凉，然稍加夹衣，便至挥汗如雨。自香港南行，日加郁热，夜不能寝者十馀日矣。

初五日。大风雨。午正，行六百六十三里，在赤道北五度五十四分。伦敦东八十六度五分。柳树仁忽患病，头、手俱生红颗。洋人最忌痘症，相与惊疑。于是以我平日在船头小坐之房使之迁居，不令杂居舱内，以防传染，且约至锡兰送赴医馆。此船亦须停泊二十日，俟其无传染也，而后开行。举舟皆归怨鄙人一身矣。运蹇时乖，致受仆夫之累，此行颠沛，直不堪设想。而一风至数日不息，助之以雨，此景亦实使人难受也。询之德在初、凤夔九，云三次出洋，未尝有此。岂非天耶？

初六日。午正，行八百六十四里，在赤道北五度四十分。伦敦东八十一度十五分。风力稍平。而洋医断柳树仁为痘症，禁锢极严。仆辈住中舱者，皆不得至后大舱照应伺候，仅留龚振之一人在后大舱照料，又不得至中舱及厨房照料饭食。并茶水一切亦不得自由矣。当悬病旗，以听锡兰处分。不谓全船受此一人之累，抑何运蹇至此！是日又行二百一十九里，抵锡兰。有小舟来引路者，皆用圆木刳其中为舟，或刳成三四间不等，每间仅容一人，纳双足其中而坐其上，旁施横木，首尾各系树株，束之舟上，巨浪中亦无欹侧。其地按察司路司马力阔、总兵克拉尔克来舟，传总督之命，属预备公馆，已早部署完备，邀至岸小住。而船主巴拉得约明日大早换船，十二钟后即日开行，乃辞路司马力阔，告以明日开船稍晚即当一走候。医院亦派医生来视柳树仁，即令前赴医馆，并陈裁缝递送茶水者亦应留此，候过两礼拜乃能放行。使刘和伯等为之解说，不能允从。尚赖钦使不能扣留，否则并船上须扣留两礼拜，船人齐受累矣。乃婉谕陈裁缝，令其宽心居此，亦甚费调处也。锡兰出宝石，登舟索买者甚众，制造亦颇精也。

光绪二年十一月初七日甲子。寄家信，并致冯竹儒、唐景星、朱宇恬及志城四信。辰刻过船，船名北夏寞尔云为印度极北省名，前船大鞶廓尔则印度极南省名，西人名船多类此。船主怀得。视前船较大，而新造成甫二年也。十一点钟上岸，户部司布莱司放船来迎。炮台响炮十五，西洋所以待一等公使者也。按察司路司马力阔、总兵克拉尔克并迎于海次。询知地名高诺。总督格蕾戛理驻扎科伦布，距此二百四十里。锡兰岛周回千馀里，泊船处其形如臼。上岸不出逶南一角，至按察司寓处小坐。总督派中军谈布来此迎迓，因陪游近地佛寺及按察司所管监牢，并派土司狄习拉瓦为之前导。监牢不及香港规模，而精洁则同。大监八所，每所监十七人。日间督使工作。罪犯重者，禁锢别为一院，每房一人。女牢一院，凡二所，每所亦十七人。亦有病馆。（寺佛）〔佛寺〕二所，一在山阜，稍盘而上，一则沙地。屋皆卑狭，中惟（槊）〔塑〕卧佛一尊、侍者二尊。僧施黄布以帷其身，而偏袒右臂。索经观之，皆贝叶为文，以绳贯其中，而用锦袱袭之。字皆作连式。令寺僧诵之，微近剌麻梵音，而南无二字极明显。殿旁皆有白塔，前列石幢，树幡其旁。西洋并以释迦生长锡兰。疑释迦弟子迦叶、文殊、普贤皆谓别生一世界，或此岛迦叶所生，释迦自生印度。今东印度安额河，（南东）〔东南〕流出孟加拉，即佛书所谓恒河也，如来生长自当在东印度，而锡兰之崇信佛教，自是佛门弟子传流如此。椰子遍地成林，寺僧剖椰子为茶以供客，云椰子充饮、馒头树结果充食，得此无忧饥渴。婆罗树、贝叶树所在有之。其沙地者，询其寺名，曰：瓦路喀拉马。问此何义，曰：此谓沙地，僧人建寺耳。至此，行游半日，不见中国一人矣。闻岛中亦尚有粤人，贸易于此。旋至按察司处午饭。有利如洋行商人毛里逊来见。路司马力阔亦告知其家住伦敦之堪普屯坊南威拉巷第十五号，其子方习讼师，可以往觅之。炮台一所，即克拉尔克所辖，兵凡四百人。泊高诺者，仅夹板商船十馀，无兵船。法国兵船一，云往来西贡者也。是日酉刻开行，大风。

初八日。午正，行六百二十四里，在赤道北六度四十九分。伦敦东七十六度四十八分。自锡兰至亚丁，计程六千四百零二里，渐自南而趋西北，距赤道视锡兰一日程略远至度许。与禧在明谈，询及荷兰在苏门答腊交战情形，云其酋塞勒敦苦荷兰之征求，称兵拒之耳。因论及荷兰所据南洋各埔头，课税以济国用；英国不然，地租税课取之其地，即于其地用之。即印度、澳大利洲，岁入至千百万，亦只备用地方而已，如开河、修路及添设学馆，以本地之财，济本地之用，而使其人民共之，故无怨者。苏门答腊各小国，有乐以其地献之英人，而不愿附属荷兰，亦以此故。同舟段熙奕，为威诺斯里兵官，乞假回国。送者如云，鼓乐喧阗，制旗以旌之，题曰忠勤正直，盖皆华商之流寓者。南洋自槟榔屿以东，闽广人率居十之七八，锡兰以北则寥寥矣。段熙奕在官亦一佳士也。又有俄里瓦者，在福建南台开设大茂洋行，曾充俄国领事官，早知予名，亦相就通殷勤。

初九日。午正，行七百五十里，在赤道北七度五十五分。伦敦东七十二度四十六分。已入俾路芝回部地，在印度河之西，其地正当印度海也。是日礼拜，听讲者二十馀人，弹洋琴作歌以礼天神。洋妇韦理勤歌声清越，婉转悠扬。历一时许始散。德国水师兵官拍森、格尔里默斯相就谈，询知凡二十一人游历南洋，推测天文、海道及行船之宜，兵头一人督率之，名阿尔阿塔，船费皆出自国家，仍月给脩金三镑，中国香港、闽广及澳大利亚一洲各住至一月或两月，回国尚须过考，乃授官。因问其国君威烈雅摩第一，〔年〕八十；丞相毕士马，年六十四；将军穆尔克，年七十五；兵部路得，年六十五。富国强兵，皆此四人为之。锡兰有山名阿伦毕克，相传释迦从迦蓝屿来登此山。山下有寺，藏释迦涅槃真身及舍利子。明永乐中，太监郑和至其地，于此寺建立石碑，距高诺当在二百里外。

初十日。大雨。午正，行八百二十八里，在赤道北九度五秒。伦敦东六十八度十五分。俾路芝回部，地在印度河之西。是日为西历十二月廿五日，相传耶稣降生日也。诵经与礼拜同，亦弹洋琴作歌。马格里以中土歌调属韦理勤依琴度之，尤清婉可听。德国兵官发柏尔就谈，亦廿一人中之人也。禧在明得西报于锡兰，令与刘和伯翻译之，中论烟台条约，所言利病，与当事所见绝远，非深悉洋情者不能辨知其得失也。

十一日。午正，行八百一十四〔里〕半，在赤道北十度十一分十二秒。伦敦东六十三度四十八分三十秒。姚彦嘉见示美国林乐知所著《中西关系论略》四卷，内载总署照会各国教案章程八条。承天津教案之后，正当会商各国，妥议章程，以为善后之计，乃其所议，混合各国言之，而其所以示禁之意，又无一扼要语。是非互淆，轻重倒置。美使镂斐迪已逐款驳之。川黔教案为祸之烈，久而益甚。失此机会，极为可惜。马格里述及红海口外英国新置一岛，名萨克敦禧在明谓之苏克得拉，即《瀛寰志略》之索哥德拉，距亚丁一千五百里。过亚丁，入红海口三百五十四里，有岛曰柏林。禧在明谓之毕尔伶。法使有至亚丁者，言其本国谋踞柏林岛，本海中荒土。英兵官驻亚丁，闻其语，夤夜遣所部将官率兵十馀，先至其地树旗。逾两日，法使乃至，已先为英有矣。新开河亦以四百万馀英磅得之埃及。于是径西直抵新嘉坡，口岸埔头一属之英，控有西洋全势。英人谋国之利，上下一心，宜其沛然以兴也。

十二日。午正，行八百零七里，在赤道北十度五十五分。伦敦东五十九度十八分。是日当略涉波斯里①，印度海泛入之。海汉名阿勒富海，东土耳其两河之水注焉。与马格里论船主测量之精，因言西洋各国有商部大臣，有船政学馆。学既成，商部试之，得高等，乃令充当船主，其次分司各执事，皆有等第，以次历试之，或至再三。充船主者，必高等也。造船之家，无敢私请船主者。凡船出海口，商政大臣必视其船所载之货、所坐之人不至逾量否。货逾其船之数，人逾其房铺之数，皆禁制之，违者罚。凡造船，商政大臣亦视其工程坚固否，与所用之木良楛何如。必皆如式，而后定其行海年限，或十年至二十年。不如式者禁不得行海，违者罚。其行海所雇水手、所带食米，必使足数，以船身丈尺定人数多寡，不如数者禁不得出海。人日给米、盐、肉食，皆有程式，不如式者罚。船主出海，则船人赏罚皆假以行，一切听命焉，而日记其所行于册。其有辩争，商部大臣据其所记处分之。西洋以行商为制国之本，其经理商政，整齐严密，条理秩然。即在中国，往来内江船主皆能举其职，而权亦重，优于内地官人远矣，宜其富强莫与京也。连日风，在船极不能适，是日风尤大。

十三日。午正，行七百九十二里，在赤道北十一度二十六分。伦敦东五十四度五十一分。地属阿剌伯回部，正当萨克敦岛之东境，相距约百里，不能望见。印度海至此分注阿勒富海、勒尔西海即红海，与阿非利加之亚德尔相望，渐次入红海外口矣。船主怀德见示船单，自西历本年正月起，英船出入海口，按期排定。北夏洼尔船

①“里”，疑为衍文。

以西历十二月廿五日自锡兰开行，今初七日，当西历十二月之廿二日，盖先三日程矣。刘和伯言：京师谈洋务者，只见得一面道理。吾谓道理须是面面俱到，凡只得一面者，皆私见也，不可谓之道理。南宋以来，边患日深，而言边事者峭急褊迫，至无以自容，不独汉唐以上规模不一讨论，直举国势之强弱、事机之得失，皆无足关其意，惟一意矜张，以攘夷狄为义，而置君父于不顾，必使覆国忘〔亡〕家，以自快其议论而为名高。数百年竟无有能省悟者，则宋儒之乐持虚论而不务求实际，有以阶之厉也。铲除此等议论，而后人心风俗可几于古。其去道理固远矣。所谓道理无他，以之处己，以之处人，行焉而宜，施焉而当，推而放之而心理得，举而措之而天下安。未有若南宋以来之议论，蠲弃天下国家而取快纷纷之口，若是之烈者也。宋之所以弱，明之所以亡，诸君子贸焉无所得于其心，乌足与言道理哉！是日大风，天气稍凉，可以着小棉袄。

十四日。午正，行八百六十四里，在赤道北十二度十六分。伦敦东五十度一分。英国教士法林斯，以病卒于舟次。船政应敛而投诸海。其妻以距亚丁近，乞葬之亚丁。船主以所居不在亚丁，则与投海无异，而徒为半日之耽延，不肯从其请，于是敛以棺而投之。早见亚得非山，已入阿非利加北境矣。其北为阿剌伯，犹亚细亚地也。至是为亚细亚、阿非利加海道交分处。由此一折而入红海，已非复印度大洋矣。马格理言：西洋交兵，不杀俘虏。其在官者，皆有文凭佩之身，被俘出示文凭，则以官礼处之，饮食居处以官为差。或与约不再任战，即纵遣之。被俘者不允所约，则禁制之使不得逃，俟战事毕而后释归。或允不任战，及归，又请领兵，主兵者责其失信，常至罢黜。盖各国常视彼此所以相处之厚薄以为报，不欲失信于敌。既允不任战而又遣之战，则以后被俘者，敌人皆引为前鉴而不复纵遣之，而受其害者多矣，故于此常守信，不敢有违焉。即此足见西洋列国敦信明义之近古也。

十五日。午正，行七百七十七里，在赤道北十二度三十八分。伦敦东四十五度三十五分。又行一百四十五里半，抵亚丁。船主云百十七里，与前六千四百二里，总数尚短廿八里。亚丁与阿剌伯地相连，濒海一山皆石，英人建炮台山尽处。东西各为一山，横出海面相望，中广约十馀里，可以泊船。英人踞此，以为红海口外一形胜地也。洋人环东山为居。山后濒海设炮台，与海岸一炮台，并山尽处。凡炮台三座。兵官亨德来舟，宣述孟买总督施乃德之意，知此亦辖于孟买总督。居民阿剌伯本籍八千馀人，印度六千馀人，阿非利加亦三四千人，西洋各国百馀人，粤民在此任工作者不过十人。而设兵至二千人，有炮兵及步兵、马兵之别，大率皆印度人。此地本隶阿剌伯，与其疆域相连。阿剌伯回教慓悍劫杀不可测，故设兵宜多。有兵船一，名伯尔德。管带兵船者，阿尔本也。外法国兵船一、土尔其兵船一，皆暂泊者。英国别有一小兵船，则由印度以公事来往者也。亚丁雨少晴多，询之亨德，居此六年，仅三见雨。沿山为小池，导山流纳而滀之以供饮，每雨，涓滴无遗弃者。地产鸵鸟，伸颈可长丈六尺，卵容一升，羽毛供西洋妇人冠饰。

十六日。丑刻开行。入红海，两岸见山皆赭色。过毕尔伶岛。午正，行四百二里，在赤道北十三度十分。伦敦东四十三度十一分。正当阿剌伯之木甲，为东岸海口最繁盛处。地产以加非为著，运贩英美诸国。其都城曰麦加，亦濒红海。其日礼拜，诵经作歌礼天神。西历以是日为十二月三十一日，为岁尽日，中土谓之除日也。

十七日。微雨。午正，行七百七十一里，在赤道北十六度四十六分。伦敦东四十度四十八分。阿剌伯所属，时见高山。海之西南为阿北西尼亚，盖土番也。红海西岸皆回教，惟阿北西尼亚奉洋教，自为部落，亦不与各国通市。是日为西洋元旦，亦无庆贺礼，惟闻印度以是日推崇英主为印度皇帝，各国或王或遣使，皆集会德列城行庆贺礼，所辖地皆施放大炮，歌万年曲，放烟火。同舟英商斯帝文生言：在印度种茶三千馀亩，中国茶种每亩收百斤，印度茶种可至三倍。产茶处在北印度黑摩来里山南，去岁出茶三千万磅，生植岁益加多，此近二十年事也。地名阿三细，询之即孟加拉东北之阿萨密也。《瀛寰志略》称其产茶岁得二十馀万斤，今已逾百倍之多矣。禧在明言英国日报凡四：曰《代谟斯》①，曰《得令纽斯》②，曰《斯丹得》③，曰《得勒格纳福》④。《代谟斯》为国政公议，《得令纽斯》则民政议院之旨也，《斯丹得》主守常，《得勒格纳福》主持异论。四者各有所持议论，而《代谟斯》为最要。又有七日新闻报凡三：曰《斯伯格对得》⑤，曰《撒得对尔日溜》⑥，曰《贝勒墨勒太至得》⑦。

十八日。午正，行七百二十三里，在赤道北二十度二十三分。伦敦东三十八度五十八分。阿非利加东北为阿伯西尼亚番部，计长二千三百馀里，而入努北阿回部，麦西兼辖之属国也。计此时已抵努伯阿境。海面阔五百馀里，时见岛屿。《瀛寰志略》于红海仅著马苏阿一岛，阿剌伯属地也。其间小岛未开垦者甚多，如毕尔伶岛，英人近年始得之，地无所属，西洋图说亦无从列其名也。新嘉坡

---

①代谟斯，Times（泰晤士报）的音译。
②得令纽斯，Daily News（每日新闻）的音译。
③斯丹得，Standard（旗帜报）的音译。
④得勒格纳福，Telegraph（电讯报）的音译。
⑤斯伯格对得，Spectator（观察报）的音译。
⑥撒得对尔日溜，Saturday News（周末报）的音译。
⑦贝勒墨勒太至得，Parliamentary Test（议院纪钞）的音译。

得《代谟斯》日报二纸一、西历十一月初三日，实中国九月十八日。一、西历十一月初十，实中国九月二十五日也，锡兰得日报一纸西历十一月廿五日，实中国十月十一日也，中论滇案事宜各数则，洋情、国势、事理，三者均有关系，乃属德在初、凤夔九、刘和伯与禧在明翻译，节其有犯忌讳者，录成三折，谓即此可以推知洋务情形，而求得其办理之法。环顾京师，知者掩饰，不知者狂迷，竟无可以告语者。中国之无人久矣，此可为太息流涕者也。德在初开载各国旗式，略录其大概，如：美利坚旗，长方，横分十三层，六白七红，近杆处蓝地绣金星三十七，盖其国分三十七部，所以为旗识也。其合会同心旗，长方正蓝，周列三十七星。水师提督，长方正蓝，中列四金星。副将三金星，作钝角形；其下或蓝或红或白，中列二星或一星以为等差。水师船主，四角列四金星，惟旗色正白者星色蓝。航海旗常挂者，锐角长条，前半正蓝十一金星，后半上红下白。俄罗斯旗，长方，前半正白，斜横蓝十字，后半横分白、蓝、红三色。水师提督，正方白旗，横斜蓝十字。瑞典旗，正蓝，黄十字，右角近杆处另一十字，横黄、竖蓝、镶白边，一〔十〕字中空处又各分红、蓝二色。水师提督，锐角形，下黄上蓝，近杆亦有花十字。日耳曼旗，长方正白，中横黑十字，每画又分五行，三黑二白，十字中心黑围内一金莺，十字右边上半近杆处，另横分黑、白、红三色，中心又一白边黑十字。丹国旗，长方正红，白十字。水师旗同，惟近杆处加一小白十字。其水师提督旗，十字中心又画金王帽一、黄王帽三。法兰西旗，长方，竖分三行，前蓝、后红、中白。水师提督，平方，航海者三角长条。英吉利旗，长方正蓝，四分之一近杆上半加红色白边，横斜二十字，如六出花。水师旗，长方正白，红十字，近杆上半角蓝地二红十字。其驻守各口者，长方正白，中蓝，横斜二白边红十字。西班牙旗，长方，横分五行，三黄二红。水师提督，正方，上下红，中黄，近杆画一金王帽，帽下径圆，左白右红，红边一金塔，白边一红狮。奥地利亚旗，长方，横分三行，上下红，中白，上行正中一金王帽，围以十二银星，中行正中另一方旗，亦上下红，中白，围以黄边。水师提督，平方，近杆上角另添三横，二黑一黄。意大里旗，长方，竖分三行，中白、左红、右绿，中心另一红方，蓝边白十字。水师提督，近杆绿色边加三白圆光，副将二圆光，参将一圆光。葡萄牙旗，长方，左白右蓝，中一红地，画金王帽，帽下一小红方，黄边，上及左右七座小黄塔，当中又一小白方，中列五小蓝方，作十字形。比利时〔旗〕，长方，竖分三行，中黄、左红、右黑。水师提督，平方，于黑行近杆处加四白小圆（方）〔光〕，副将三白圆光，参将二白圆光。荷兰旗，长方，横分三行，中白、上黄、下蓝。水师提督于上行横四白圆光，副将三白光，参将二白光。希腊旗，长方，横分九行，四白五蓝，其上半近杆另成一方，蓝地白十字。水师船，十字中心加一金王帽。土耳其旗，长方正红，近杆上半另一长方，红地白边，中一白星。水师船，中一星，旁立一月牙，皆白色。墨西哥旗，长方，竖分三行，中白、左红、右绿。水师提督，平方，中一飞鹰，口含一蛇，爪踏枝叶。秘鲁旗，长方，竖分三行，中白、左右红。埃及旗，长方正绿，中立白月牙。波斯旗，长方，中白镶绿，中画一狮，黄色，前左爪举刀，蓝色，背荷日，带金光。日本旗，长方正白，中一红日。海船，长条鱼尾，前后白，中黑。暹罗旗，长方正红，中一白象。瑞士旗，长方正红，中一粗白十字。罗马教皇旗，长方正白，中一大花，状如两钥匙交成十字，上架一蓝地金花帽，下一椭圆，金边，内分四钝角，二蓝地金狮，二红白各二行，上下左右相错，又下二枝花叶上（湾）〔弯〕，长及钥头，钥下有穗，帽与枝下亦有飘带，皆红色。此外商旗时有不同，诸小国及各国所属之部落，亦有旗帜异色者，以难于别晰，不详录。然要皆长方，横宽七八尺，竖长四五尺。其桅顶常挂之旗，或宽一尺，长至八九尺。杆竖则旗横，故以幅之长短为横宽，而以其正幅为直长。桅顶受风，宽一尺者仅用一幅布系之于杆，使不至为风缠绕也。各国兵船旗，有用长幅，末作两岔如鱼尾式者；有锐角者；有三角者；有三角之尖仍作两岔者。商船旗尤多用长幅，无用尖角旗者。有恶病则竖黄旗，各口候之，即以医至，相戒禁舟人不令往来，行海各国皆同此例。中国旗式于此太为失考；其用尖角旗，亦自古无此制也。

十九日。午正，行七百五十六里，在赤道北二十三度五十七分。伦敦东三十六度三十五分。过亚丁后，天气渐凉，以距赤道日远之故。红海所以多热者，以南界阿非利加，皆沙漠无人居，日炙沙石燥烈，为南风所逼，薰蒸之气皆入红海，秋冬北风，其热自减。崇地山乃以红海酷热、深冬不解为言，亦太失考。数日服刘云生所带丸药，如理中丸、十全大补丸，乃反得怔忡，饮食少减。是夕又服暖肾丸，夜半颈背作麻，知所制丸附片浸洗未透，能毒人，当以陈茶解之，而苦不可得。已乃怔忡大作，几至昏眩，起坐呼家人辈取甘草橄楝二颗噙食，竟夜为之不适。是早过麦加海滨，为阿剌伯都城，回教摩哈麦所从出也。

二十日。午正，行七百六十二里，在赤道北二十七度三十二分。伦敦东三十四度二分。海中岛屿三四，两岸山势罗列，知已入麦西[①]境。红海尽处分两汊：东出曰阿喀巴，地属阿剌伯；西出曰苏尔士湾，地属麦西。两湾歧分，并宽数十里，中有大山曰赛乃，

①麦西，Misr（埃及）古称的音译。

《瀛寰志略》谓之西奈山，相传为摩西以十诫立教之地，耶稣及摩哈麦立教源流皆出于此。稍东即土耳其之犹太，唐书所谓拂箖国也，为摩西生长之地。西洋文物创始麦西，犹太又教祖所从出。东汉班超遣掾甘英往通大秦，抵条支，临海欲渡安息西界，船人以海水广大止之。大秦即罗马国，今属意大里。安息，今波斯。条支，今阿剌伯也。所临之海当即今地中海。是此地为亚细亚洲尽处。自西汉时安息、条支已通中国。文教之兴于西土，造端在此，殆有得于中土文物之遗欤？

廿一日。卯刻，行五百一十三里，抵苏尔士湾口，距苏尔士八里，距苏赛江口六里。苏赛江即（挨）〔埃〕及之新开河也。地为亚细亚、阿非利加两洲一线相连处，广约三百里，介红海、地中海之间。同治初，法人赖赛朴以机器开河通舟楫，宽六丈，深不逾三丈，费至七八千万同治三年兴工，九年始竣，计七年之久，皆由各国商人醵金为之。以地属（挨）〔埃〕及，䙴与三分之一。来往征船税，按成分收其利。同治十三年，挨及以千二百万金鬻之英人，于是英人合前所出公费，约得全股之半。适有轮车赴苏尔士，偕刘云生、黎莼斋、刘和伯、张听帆、德在初、凤夔九诸君一试之。至苏尔士洋行小坐，行主特尔勒，亦英人也。洋楼及民居多土筑，屋皆平顶，远不如西洋各口埔头之繁盛。居民衣皆长衫而无襟，自下笼其首而衣之。妇人则冒其首，以前领当鼻，用藤联合之，着于鼻端，惟露两眼于外，沿街趋走，即乞丐亦然。饮水仅一井。法人于其地开造花园，而用机器引水，相距五里，未能一往。因雇一小舟回湾口，见开河机器船二具，一登视之。其一两船相并，设机器其中，高三丈许。中为铁桥，广六七尺。两船相距，适足容桥。引桥上下，可入水丈许。取泥铁筐三十馀，环桥上下，辘轳转运，状如水车之龙骨。桥顶承以铁柜，旁设铁沟，约五六丈许，横出，承以铁柱。两旁为铁条，交午若疏眼篱。取泥转至桥顶，倾入铁柜，即从铁沟流出。亦取土机器之巨观也。其一一船中设机器，亦高三丈许，旁设铁枧，极宽而短。马格理云此专取沙，恐未然，疑两旁土不必远出者用之，盖两船相济以为用也。机器多已损坏，仍有数十人守之。左近立一石人，高丈许，云二百年前法人名瓦琛汉者，始通两海相距之路，立石以记之也。红海以两岸皆红土，山无草木得名。夕阳返照，见山色红紫辉映，如胭脂图画，亦一奇景也。

廿二日。孟买有船名卫尼哈船，十六日开行，与此北夏窝尔船自亚丁开行同日，约同抵苏尔士湾口过载，以孟买船但至阿勒山喀《瀛寰志略》谓之亚勒散得，赴伦敦者须过载也。昨日守候竟日，至今日巳刻始到。禧在明与段熙奕、俄里瓦及洋妇韦理（勒）〔勤〕并须由火轮车路赴伦敦，皆各辞去。接伦敦公司船局电报，金登干得赫乐宾信，已为租定波克伦伯里斯房屋一所，需用器具一切皆备。当致一谢信，交禧在明面递。酉刻开行，入新开河，仅容一船，中有湖数所，来往船于此交互取道以行。沿江置计里牌以知行路之远近，而于江南岸安设电报，每十里许设木房一二间，皆司电报者。船东至，则报知西局，树牌江岸，以示东行者悬球于竿，大于瓜，以为表识，船过则落牌而转报前局，各择地便处以相避。船西至，亦报东局如前。是以江仅容船，而无拥塞喧嚷。是日行三十六里，泊小苦水湖，以新开江至夜必停船，停船必于湖荡稍宽处，皆依成例以行，无敢违者。

廿三日。卯初开行，入大苦水湖，亦名盐湖。适报有船西至船名那木坦，停轮待之。又过阿美大、赛拉宾诸湖，入剔木萨湖，又遇二船一船名阿玛诺尔林，一名提格，湖次交首而过。湖旁亦有开河机器船停泊。至日斯麦里亚，适当新开江之中，轮车赴阿勒山喀牙亦由此道，市肆颇繁。又入小江口，有法王后宫同治九年新开河成，挨及王传报各国临视，意大里王、奥王皆至，法王遣其后至，而设行宫江次，今尚完好。江路愈狭，两岸沙山高十馀丈，舟行距岸不逾数尺，又多作湾回之势。再过巴拉小湖，至满萨磊湖停舟。是日（记）〔计〕行二百二十里。马格里及刘云生各购得挨及古迹图数幅，中有克里阿卑得拿尼得尔[①]图两幅，盖一石柱，高七八丈，四方，方各七尺许。马格里得其前方，云生得其后、左二方。上有尖顶，每方各为鸟形三平列，其下为字三行，每行十馀字。字体大逾二尺，绝类钟鼎文及古篆籀。属黄玉屏摹出之。其中为□而中画繁重者颇多，有作者，有作者，有作者，有作者，而作之字，正方至四五见。又有似鸟者，作；有似马者，作，亦有竟作马首者；有似眉眼者，作，或作，或作，或作，或作；有似爪者，作。其竟类今篆者，如、、、、、、、、、。其柱不知始何时。挨及自古有贤后克里阿卑拿。以此石柱顶尖，遂相颂赞，以为克里阿卑拿所用之针。尼得尔者，译言针也。乃知文字之始，不越象形、会意。麦西始制文字与中国正同。中国正文行而六书之意隐。西洋二十六字母立，知有谐声，而象形、会意之学亡矣。闻此石柱之文，植于阿勒山喀牙海岸者尚多有之。是日礼拜。

廿四日。卯初开行，五十四里至波赛[②]。北岸有开河机器船一、压沙机器一。以须用石拦水，海岸不可得石，乃积沙压成之，长方约五六尺，拦出海口百馀丈，以防海潮涌沙，填塞新开江口。两岸如连长桥，远浮海面，而南岸长逾倍。南岸又有开河机器船

---

①克里阿卑得拿尼得尔，Cleopatra's Needle（克莱奥帕特拉方尖碑）的音译。
②波赛，Port Said（赛得港）的音译。

二共见开河机器五架、取重机器一。波赛市洋楼鳞次，询知皆开河以后所新造者。江边见引水机器一，盖引尼罗江之水以供民食者。煤气机器一，市房夜灯取给于此，并为圆墩，置圆木红桶其上，围数丈，而煤气桶另造铁架覆其上。市尽濒海处，置灯楼一，高五六丈，形如方柱，夜燃灯以引海船。船主云，灯楼初建，直临海岸，今海潮积沙已至七百馀步，皆尼罗江流出之沙，为海潮所拥上者，南岸拦潮沙石堤所以不可少。停轮逾一时许，至未初开行，始入地中海，为亚细亚、阿非利加与欧罗巴三土交界处。自是尽地中海之地，北界欧罗巴，南界阿非利加，而土耳其中东二土逶西北二千里，遥与亚细亚西境相望。欧罗巴人于此一海分析三洲之地，亦天地之一大区限矣。晚见南岸海灯，知已抵阿勒散得海口，尼罗河所从入海也，为挨及第一埔头。尼罗江分数口入海。薄暮已见灯房，曰达密也得，曰罗塞得。

廿五日。午正，行七百八十九里，在赤道北三十二度五十一分。伦敦东二十七度三十九分。雨，郁热，亦时见日。日西而虹东见，长数丈。距赤道视上海远至一度许，而了无冬意。北界土耳其，南界的黎波里，亦土耳其属国也。船主见示《波赛日报》，中言英、俄各国公使为土耳其会商塞也维兵事，土主不允分国，而大改国政，一准西洋法度行之，如设立上下议政院，及官有专司，及民讼不准逾日，凡数条。尤要者，用官不分别回人、土人，而民间习教，或回教，或耶稣、天主，一听其便，不为禁制。予谓：土国苏尔丹能有悔祸之心，乱其有豸乎？马格里曰：亦视所行何如耳。非徒出一示、下一令以求悦于民而遂足以已乱也。其言亦殊可味。

廿六日。午正，行八百四十里，在赤道北三十四度四分。伦敦东二十二度十九分。风不甚大，而波浪较巨，颠簸不可耐，以地中海岛屿回环，风浪相激薄洄漩而力逾劲也。船主怀德言：英总兵勒尔斯寻北极至八十三度，凿冰行一千二百里，遇冰山矗立，无路可行，日或崎岖行一里许。凡二十馀日不见日。随行兵多病者，计穷而返。始知致病之由，以无从得水果，而咎兵部不多储水果汁瓶以行。仍定计再往探之，以穷竟冰海为期。言冰上亦有居民，凿冰为屋，以雪为门，入则封之，猎鱼兽为食，衣以鹿皮，亦荐其皮以寝。其猎鱼，锤冰深至十馀丈，鱼得冰窍以嘘气，则群聚穴中；制铁为刃，累长竿钩取之。用鱼油为薪，夜则燃以为灯。其居逐冰窟迁徙，以凭猎取鱼兽，若蒙古之游牧然。亦穷荒之异闻矣。是日经希腊而西。东土耳其之马海[①]，为亚细亚分界地。至是始抵欧罗〔巴〕境。

廿七日。午正，行八百四里，在赤道北三十五度二十四分。伦敦东十七度二分。希腊之西以阿尼群岛[②]为英人所踞，其时希腊方属土耳其，困于土政，畔而交兵，英人乘间取之。其后英、法、俄三国保护希腊，听其自立为国。而以阿尼群岛逼近希腊，炮台环列，希腊不能安也。其地故非冲要，英人亦所不争，因并以还之希腊。是日历诸岛而西，至意大里境。禧在明由阿勒散得而至意大里之伯林的西，由轮车至法都。伯林的西为那不勒斯之东埔头，计此时已由车路开行矣。

廿八日。丑刻，行三百八十四里至马里他岛，在赤道北三十七度。伦敦东十四度。北为意大里所属之西治里岛，其南正与的黎波里都城相值。是早，总督思得洛班喜遣其中军讷耳泗、多逊二人来请登岸，并遣马车来迎。过两重炮城，至总督署。局势雄阔，

---

①马海，即 Marmara Sea（马尔马拉海）。

②阿尼群岛，即 Ionian Is.（爱奥尼亚群岛）。

街市整齐洁净，楼房高至五层六层，栉比相望，迥非锡兰、亚丁等处气象。至则各官皆集，水师提督鲁阿得、总兵葛兰达二人官为尊。思总督曾用兵广东，久处中国，其夫人亦贤。饭毕，陪游左近一炮台，共炮一百二十门每炮一尊，前置炮子数百，重十八吨者六尊每吨千八百斤，计重三万二千四百斤，身围逾丈许。其中高炮台一座踞山顶，尚有巨炮三尊，不及往看一重三十六吨，其二各重二十五吨。马里他岛形如臼字，其中别出一山，环列炮台十一所。所见者，左枝守口一炮台也。防兵共六千人。铁甲船三。一曰得法思得深，一曰合得思伯尔，一曰陆泊耳得。岛长五十四里，纵三十里，而横出枝脚泊船，湾曲四五。其中设有机器局并船厂，洋船修整皆于此岛，为英国地中海第一重镇。其岛初属法兰西，英人踞而有之。近因土耳其之乱，调兵防俄罗斯，铁甲船驻希腊之脑比里亚者凡二十有五。总督署盘旋而上，规模绝大。有议事厅二：其一张镜；其一悬线制洋画巨幅十六，每幅丈馀，绣狮、象异兽皆如生。又一长厅藏古军器刀、剑、枪、杵之属，悬挂四壁。有始制大炮一尊，铁质而中有铜胎，用绳络之，加漆其上。馀小炮数十尊。其架枪四枝，状如抬枪，长丈许，熟铁为之，后门纳子，为军器之稍近者，然亦三百馀年矣，知西洋后镗枪已起于明之中叶。又古石炮子圆如斗者十馀。而中置玻璃罩五：一为阿剌伯回部初强时，与马里他番人战败所得刀斧；一为回人所用喇叭，可回旋者；一为七百年前教师所诵经；一为马里他王印绶及册文。其馀古磁器若瓶、若卷筒、若瓮者无数，皆作花纹，质粗而轻。自石级盘旋而上，历数厅，状如甬道，两旁（槊）〔塑〕古军士被甲执兵而立。藏军械厅亦然。中有石像，盖方柱而凿人首其上，法君拿破仑第一之像也。询问岛间大学馆二所，小学馆三十四所。监牢二所，其一专拘系兵人，以兵六千馀与土人错居，不能无争讼也。

以船主催促甚急，不能往观。思总督云，此间古迹甚多，而无缘强留一二日相与一纵观，为歉然也。未刻，开行。

廿九日。雨，风。午正，行六百九十九里，在赤道北三十七度二十八分。伦敦东十度十四分。南岸山势迭起，为突尼斯国，亦土耳其属国也。地势突出地中海，境内一山横列海面，下有伏洲，仅中路可通巨舰。洋船过此，亦称险境。过此，北岸已近接佛郎西矣。

十二月

十二月初一日丁亥。午正，行七百二十里，在赤道北三十一度二十分。伦敦东五度十五分。大风颠簸，夜不能寐，而郁热近春三月，视红海天气远逊。船主言：土耳其与所属之塞也维构兵，俄人意在挑衅而坐收其利，英、法、德各国不利俄人之通海峡也，力谋所以保护之。英人尤所属心，调拨铁甲船至马海者二十五。俄人心慑英人之助，亦不敢求逞，近亦定议共平土耳其之乱，当不至使各国交战。自突尼斯以西，地势北出，连山相属，或远或近。海中亦时见岛屿。以地（道）〔图〕求之，北界法兰西，南岸当已入阿尔及耳境，亦回国也，今为佛郎西属部。是日礼拜。

初二日。午正，行七百二十三里，在赤道北三十六度五十一分。伦敦东三十分。以（纬）〔经〕度计之，正与伦敦相值，中隔西班牙、葡萄牙二国地横出大西洋海。大风昼夜不息。远望一山隐约，船主指为西班牙，马格里译云：西艾腊尼瓦大①。其山尖峰迭起如锯，而积雪终年不消。西艾腊者，译言锯也。尼瓦大者，译

①西艾脂尼瓦大，Sierra Nevada（内华达山脉）的音译。

言雪也。同舟葡萄牙国人墨克里阿附船回国，人颇文雅，询之，官阿非利加东土之莫三鼻给按察司。葡人于此分立七部，而设大酋莫三鼻给统辖之。晚见北岸灯楼忽明忽暗，所过西班牙之加拉拿大，有二埔头：曰亚尔美里牙，曰马拉牙。马格里云：灯楼之设有二义：一为海口引船，一为避险。避险率用红灯。其引船之灯，四面周转，或随暗随明，或稍停，皆以分数计之，使人辨知其为何口。海口相连者，各为定式，以示别也。

初三日。午刻，行八百三十七里，抵奇巴答腊。《瀛寰志略》名海口曰巴拉尔大，亦曰直布罗陀，而名英人所建之城曰义人答答，皆此四字一音之转。在赤道北三十六度七分。伦敦西五度二十一分。至是又绕出大西洋而越伦敦而西。有石山英人谓之诺〔Rock〕，译言大石也崛起，高一千四百馀丈，长约三里许，与西班牙之诡英阿非斯卑阴山相望咫尺，中隔一洲为石山过脉处，海水泛则别为一岛。瓜达尔几河绕其右，南与阿非利加之珥布斯赫德[①]译言猴子头也并横出海中，对峙成海峡，为地中海之门户。英人踞有其地，因山为炮台，号称奇构。其地总督勒比耳近年攻阿北西尼亚，入其都城曰满克得林，因封满克得林男爵，遣其中军卑勒斯以马车来迎。升炮十五及兵列队并如前。因并晤其提督萨马斯德。询其额兵五千，分七营：炮兵五营；又有守炮台兵五百，皆工匠为之；洋枪队步兵千五百。营各立学馆。又有大学馆一，藏书四万册。环山建城，临瓜达尔几河。居民万九千人。勒比耳总督遣其统将狄隆陪游炮城，皆石为之，中加三合土，外护小城二重，以洋枪队拒敌之近攻者。炮城皆上施炮，下列兵房。每兵房一连，皆于其旁依山建楼房，以处兵人家属。炮大者亦十八吨，炮子重至四百磅。由炮城绕至奇巴答腊山西，观所谓山炮台者，盖穿石

①珥布斯赫德，Ape’s Head 的音译。

山为炮洞，上下凡三层，安炮皆三吨，各重五千四百斤。环山东西及北面曲折为石衖，围绕上下。其南面临海，壁立千仞，不设炮。所至山西一隅而已。闻其中凿石为议事厅，宽广十馀丈。又为石池一，收山雨滀之，足支炮兵一年汲饮。合炮城共千馀尊，今皆改制后镗炮，已安设者五百三十五尊而已。为地中海口重镇。陪游炮城者，将官莫尔干；陪游山炮台者，炮兵官非尔丁也。西艾腊山横亘如垣，弥望数百里。非尔丁指山阙处云峦陀，有古营垒，为加尔达额踞西班牙时，与罗马大将奔标①力战于此。海湾泊有德国兵船一只。回船，其兵官喀伯来见。酉刻开行，出海口，有灯楼。船主云，此海名得拉法尔根，英官威德林以兵船与法王拿破仑鏖战处也。

初四日。午正，行五百九十四里，在赤道北三十七度十四分。伦敦西六度四分。过奇巴答腊海口，即属葡萄牙地。至是抵星子文生，是为葡萄牙南境，约计五百里。西洋人以山尽处为岋，水流当岋，两相激荡，浪益汹涌。星子文生当山尽处，过是则转而北，乃正入西洋大海矣。山石嵯峨，横截海面，舟行极为颠簸。而葡萄牙西境地势微削而向北，海水方南趋，为地势所遮遏，数十百里间腾涌汹沸，洋船以为至险。出星子文生大海，至英伦敦尚有五日程。洋人赴伦敦者皆由法国之马赛，由车站西行，不独省五六日之程，亦图免西洋海之险也。是日郁热，过于红海。

初五日。雨。午正，行七百八十里，在赤道北四十一度三十分。伦敦西九度五十二分。昼夜颠簸，至不可耐。先夕见海口灯楼，船主云里斯玻亚海口，葡萄牙之国都也，为德人河入海之口。至是当近斗罗河，与西班牙西境相接。再北米虐河，则又入西班牙境

①奔标，Pompey（庞培）的音译。

矣。计此行所历之国十八。曰安南，曰暹罗，曰俾路芝，曰波斯，曰阿剌伯，凡五国隶亚细亚；安南儒教，暹罗佛教，馀皆回教也。曰土耳其，曰希腊，曰意大里亚，曰佛兰西，曰西班牙，曰葡萄牙，凡六国隶欧罗巴；佛兰西、西班牙则地中海经其东南出大西洋海，又经其西一面。土耳其，回教；馀皆天主教也，而希腊自为希腊教，又天主教别派。曰阿北西尼亚，曰努北亚，曰挨及，曰的黎波里，曰突尼斯，曰阿尔及耳，曰摩洛哥，凡七国隶阿非利加，皆回教。阿尔及耳近为佛兰西属部。所历英国属部十四，在南洋者五，曰香港，曰新嘉坡，曰麻剌甲，曰威诺斯里，曰槟榔屿。麻剌甲与新嘉坡相连，威诺斯里与槟榔屿一岛相对，皆不停船。在印度洋者五。英人踞有印度全土，而濒海埠头凡三，皆所隶之大部也，曰孟加拉，曰麻打拉萨，曰孟买；岛二，曰锡兰，曰苏克得拉。停船者锡兰而已。麻打拉萨与锡兰岛相对，馀皆相距远，而一海径达，其地可指望也。在红海者二，曰亚丁，曰毕尔林；毕尔林亦不停船。在地中海者二，曰马里他，曰奇巴答腊。所在建耶稣堂，番民皆从其教。印度佛国，乃习回教，而孟加拉之诃利萨与锡兰皆宗佛教，以合掌为礼。孟买则波斯火教之遗犹有流传。南洋群岛分隶西洋各国者：过琼州七洲洋与吕宋相望，地属西班牙；再南过广南湾，西与西贡相望，佛兰西所踞安南海口也；东与文莱岛相望，地属荷兰；再南逶西过苏门答腊，地属荷兰。其附近小岛不记，相距远亦不记，各国海岛归所属者不记。

初六日。雨。午正，行八百四十六里，在赤道北四十六度一分。伦敦西七度四十三分。先夕过盖泼非尼士特[①]，远见灯楼，汹涌倍甚，盖西班牙向北尽处，地势深入，为佛兰西，又邪伸而出，中

①盖泼非尼士特，Cape Finisterre（菲尼斯特雷角）的音译。

成大荡，宽广千馀里。盖泼者，译言尖处也。非尼士，尽也。特者，地也。海浪至此，奔腾溃激，舟行尤以为险。约历十六时乃越此荡，即为英、佛两国对峙之海岸。一海茫茫，风雨晦冥，颠簸万状，而郁热加剧，盖风兆也。西洋地气，乃与中国东大海乖异如此。

初七日。午正，行七百三十一里，在赤道北四十九度十一分。伦敦西四度五十九分。先夕过法兰西之罗亚尔，正当地势之邪伸入海处，波涛激荡尤甚，西人名之曰珥胜，有引路灯楼，过此即与伦敦之哥尔奴瓦里斯部隔海相望。至是始有寒意。是日晚餐，坐间十馀人，捶胡桃为戏。有以额触之而碎者，于是群引额掩之，或碎或不碎，而皆轰击有声。或横一指其上，拳手击之立碎。或纳胡桃肘下，伸腕舒掌，拳一手拍掌上立碎。见之咋舌。日间常十馀人为投石超距之戏。一人曲腰立，其馀诸人相距十馀步，以次疾趋，按其腰，张两足一跃而过。继乃量地三尺，投石为记，不准纳足其中，渐增至五尺，则飞跃而过者两人而已，馀皆纳一足石限内。已而六七人曲腰立，相距各五尺，十馀人连跃而过，无一虚步。从容嬉笑，沛然有馀。其人皆白晳文雅，终日读书不辍。彼土人才，可畏哉！可畏哉！

初八日。礼拜。船主议泊苏士阿母敦[①]，计水路四百九十五里，距伦敦尚二百五里伦敦在赤道北五十一度三十分，可免一日水程。过波子伦敦，有两灯房极奇丽，为英水师屯泊之地。又入尼罗司海口距苏士安母敦埔头六十里，有岛曰阿路威得[②]，为君主消寒地，有行宫宫名阿思本在焉。适当海口，舟行搁浅，又值大雾，停轮。马格里

①苏士阿母敦，Southampton（南安普敦）的音译。
②阿路威得，Isle of Wight（怀特岛）的音译。

从船主处得新闻报一纸，具载钦差随从人等廿一日抵苏士敦。西历廿一日，即中历之腊八日也。中述滇案一段，极有难处之势。鄙心固早忧之矣。申刻至苏士敦，禧在明、金登干、屠迈伦均来接。税务司费力朴来，传外务府德尔比[①]丞相之意，云早奉德丞相檄饬，中国钦差即到，须免查税等语，特来告知。又呲嚕国领事计罗慕、船务监督那坦、上海管理《字林日报》慕斯满次第来见。酉初登火轮车，历柏幸思多喀、窝多两处市镇，所至灯烛辉煌，光耀如昼。至伦敦换马车，仅历一时之久，戌刻至波克伦伯里斯寓宅亦曰波儿得兰达柏来斯第四十五号。行李车至丑刻始到。

初九日。威妥玛枉过。本饬德在初往约午刻走谈，而威公已先至，并传德丞相之意，亟欲一见。因以一信托禧在明往约一相见之时。禧在明先至其副罗“罗”为封爵之称，如中国之言爵也。德丞相亦称罗德比定得敦处，托其转达，始知君主已传德丞相至其温则行宫名温则家苏。家苏者，炮台之名。四百年前曾于此立炮台也，今日尚不能归也。酉刻，与威公使晤谈。过森得哲谟斯[②]及海得[③]两花园，以天晚未入一游。昨日以晚至，今日出门亦以晚归。街市灯如明星万点，车马滔滔，气成烟雾。阛阓之盛，宫室之美，至是殆无复加矣。接总署公文一角，由黄泳清递到，并京报。

初十日。新会伍秩庸廷芳来见，专以学律来此，为讼师已三年矣。其人尚文雅，为西洋装，而蓄发约长丈许，云为回家后尚可结辫也。黎召民曾语知其人。未刻，偕刘云生、德在初、马格里赴外政府见德尔比丞相，略叙寒暄。德云：中国派钦差驻扎各国，

①德尔比，Derby 的音译。
②森得哲谟斯，St. James（圣詹姆士）的音译。
③海得，Hyde（海德）的音译。

实自今日始。此后必能日加和好。西洋政令无不优待使臣之理。翻译为禧在明、朽勒尔号雅芝，皆自中国归者，德比丞相特留以接待中国使臣。威妥玛与其副侍郎旁思福得并在。晚与云生传集随侍人等，谕以五戒：一戒吸食洋烟，二戒嫖，三戒赌，四戒出外游荡，五戒口角喧嚷。摩西十戒为西洋立教之祖，予此五戒亦中国出使西洋立教之祖矣。外部侍郎四人：一定得敦，一旁思弗得，一立思得，一得拉。是日惟旁思弗得一人至。外德比丞相从官二人：一三达逊，一巴令坦。

十一日。金登干约往纽加苏视为合漥伯相所造铁甲船，询知往返须三日，遂辞之。威妥玛与克洛普机厂管事派利次第来谈。照会德比丞相，请示觐见君主之期。属马格理取兑票一千一百磅，支放各员薪水。

十日。阴，雨。属马格里定送新闻报四种：一、《代谟斯》，为持平之论；一、《得令纽斯》，专附时相毕士根[1]；一、《斯丹得》，则与毕士根〔毕根士〕为忤而附前相格兰斯敦者；一、《谟里普斯得》[2]，则若中国宫门抄之属，可以考知时要。因属张听帆一体翻译。威妥玛夫人来见梁氏，并携其二稚子至。自上海以劳至疾，途次百病交作，至伦敦三日，尤觉不支，深怀忧生之情，不独自伤老病而已。英国用钱，名目颇多，略记其等，则金洋一磅名色五伦[3]，可易小金洋二枚，名哈夫色五伦[4]。一小金洋易二大洋钱重七钱者，名克老恩[5]。又一等重二钱四分者，名福洛伦[6]，易施令二枚。

---

①毕根士，Beaconsfield 的音译。
②谟里普斯得，Morning Post（晨邮报）的音译。
③色五伦，sovereign 的音译。
④哈夫色五伦，half-sovereign 的音译。
⑤克老恩，crown 的音译。
⑥福洛伦，florin 的音译。

又易中洋二枚名哈夫克老恩[①]，哈夫克老恩不甚重。其克老恩一枚易小洋五枚名施令[②]重一钱四分。又易次小洋二枚名西盘司[③]。又易极小洋二枚名萨力西盘司[④]。一萨力西盘司易大铜钱三枚名佩泥[⑤]。又易中铜钱二枚名海佩泥[⑥]。又易小铜钱二枚名发尔英[⑦]。凡金洋二等，银洋六等，铜洋三等。市用票钞，颁自国家，自金洋五枚起以至千百万，名班克比拉[⑧]。

十三日。威使来见，并开示前日外部所见各员名。询及德尔比丞相来函，属录示驻京文凭，云即国书也。因属黎纯斋偕同马格里至外部呈递国书副本及面奏之辞。是日头痛愈甚，病且不支矣。英国前驻京公使阿里格携其夫人来拜。戈登亦过谈，其意气远不逮在上海时之盛，云在埃及带兵多年，以假归省，仍即日赴埃及也。

十四日。马格里又购得噶拉非喀新闻报一帙，亦七日一报者，绘图甚多，并索予与云生小照登之新报，始知伦敦新闻报盖不下十馀家也。此间国事分党甚于中国。现分两党，新执政毕根士非尔得亦作比干恩福义，旧执政噶拉斯敦。下议政院入毕党者四百馀人，入噶党者亦三百馀人，互相攻击争胜，而视执政者出自何党，则所任事各部一皆用其党人，一切更张。其负气求胜，挈权比势，殆视中国尤甚矣。君主宫二所：一曰圣全姆夔司巴雷司[⑨]，是为正

①哈夫克老恩，half-crown 的音译。
②施令，shilling 的音译。
③西盘司，sixpence 的音译。
④萨力西盘司，threepence 的音译。
⑤佩泥，penny 的音译。
⑥海佩泥，halfpenny 的音译。
⑦发尔英，farthing 的音译。
⑧班克比拉，bank-bill 的音译。
⑨圣全姆夔司巴雷司，St. James's Palace（圣詹姆士宫）的音译。

朝。巴雷司者，译言宫殿也。一曰柏金噶姆巴雷司[1]，是为便殿私朝。正朝必朝服，私朝常服可也。

十五日。马格里见示驻扎伦敦各公使单。俄国：伯爵书瓦洛苐，参赞三员。法国：伯爵达拉固，参赞四员。德国：伯爵闵斯达尔，参赞二员。土耳其国：莫拉射司巴沙，参赞三员。奥地里亚：伯爵傅斯达，参赞三员。以上五国皆头等公使。日本：乌叶那欧戛真呐立，参赞二员。波斯：那赛木麻拉克木可汗王，参赞三员。西班牙：伯爵戛萨类各来西亚，参赞三员。瑞典：男爵贺什尺拉达，参赞一员亦伯爵。荷兰：伯爵德必兰，参赞一员。比利时：男爵索拉宛，参赞二员。美国：皮蕾盘，参赞二员。丹国：总兵毕娄，参赞一员。葡萄牙：将军萨拉达哈公，参赞三员。秘鲁：嘎拉卫斯，参赞一员。阿真坦民主国：阿拉卫尔，参赞一员。玻利非亚国：奎栽娄，参赞一员。巴西国：佩内兜，参赞一员。智利国：嘎那，参赞二员。可伦比亚合众国：萨巴塔，参赞一员。危地马拉国：提督呢格雷达。呢嘎拉卦国：提督马尔扣来达亦曰马阔来塔。萨拉瓦多尔国：提督呢格雷达亦曰麦狄那。以上十八国二等公使。克斯大立嘎国：培拉拉塔署理公使。义奎多尔国：提督萨拉萨尔驻扎大臣。意大里国：参赞马悌那欧署理公使。希腊国：参赞宅那悌留阿司署理公使。海地国：韦立瓦来克斯署理公使。以上五国均署理，应列入三等。其多米呢喀民主国、欢都拉斯国，向有公使驻扎，现尚空缺，未经简派。大凡驻扎公使共三十国。

十六日。禧在明、朽勒尔、金登干及赫总税司之弟赫政先后过谈。金登干现造铁甲船二只，约开至苏士阿母敦，再行通知，一往相视。马格里见示滇案（兰）〔蓝〕书，内有赫德函报威使一

---

①柏金噶姆巴雷司，Buckingham Palace（白金汉宫）的音译。

书，述及鄙人评论赫德所议租界免捐及滇案及高丽国事宜，威使以函知德尔比丞相，遂由蓝书以登入《代谟斯》日报，闻之痗心。此行声名，殆亦〔不〕复能自解矣。

十七日。偕云生、在初与马格里往（阿格里）〔阿里格〕、金登干、戈登三处回拜。阿君在中国充公使五年，语中华事甚悉。晚属莼斋、和伯往伍秩庸处，设法留之。其人所欲过奢，恐未易餍其心也。接张力臣一信并京报，由黄泳清递到。

十八日。英人柏麦持载生行补海师岱一信来见，而柏专敬之兄柏斯亦来见。马格里言，得御前大臣法兰西斯宣摩尔信，属向内府定开会堂日坐基，已定得公使位三坐，各国有名色人位二坐。禧在明传威使之命，约明日枉过。马格里亦传前兵部尚书加尔威诺之言，并约明日枉过。

十九日。刘和伯家人阎喜、张听帆家人张锡九同行于道，有洋人以杖击张锡九之首，亦不敢与校也。途人怒其无礼，执而交诸巡捕。遂有一绅士致刑院书曰：中国人初至，无故而受欺凌，必得一示惩办。此事吾亲见之，可以为作见证。于是刑院拟从重惩，吾尚不知也。比询得之，致威妥玛至，属其转托从轻办理，而寓书总理，以请免科罪为言。此间以礼自处如此，吾甚愧之。威使以国书不列副使名，不能使之觐见。中国办事歧误非一端，无如何也。前任兵部加得威诺与其夫人同至。加得威诺亦世爵也，名曰外刚得，略如中国子爵。

二十日。致威使一书，属马格里面递。略考英文世职，亦分五等：一曰溜克[①]妻曰得切斯；二曰马尔贵斯[②]妻曰马尔申珥斯；三曰耳洛[③]妻曰欧恩得斯；四曰外刚得[④]妻曰外空得斯；五曰巴伦[⑤]妻曰巴伦珥斯。其政府曰特勒沩里[⑥]，外部曰法林阿非斯[⑦]，吏部曰和姆阿非斯[⑧]，户部珥克司哲克[⑨]，礼部曰马斯得赛勒摹里阿非斯[⑩]，兵部曰洼尔阿非斯[⑪]，水师总理曰阿里墨格得[⑫]，工部曰波尔得阿大威尔克斯[⑬]，理藩院曰科罗里阿非斯[⑭]，巡捕曰波里司[⑮]，理刑之地曰塞尔格得。又有一种专管地方街道者，由民人主之，分段管理，曰阿得门[⑯]，总管曰梅得尔[⑰]。兵官马尔铿来，久处中国，自言为英官五十二年矣。其职若八旗都统，有统兵之责而事较简，亦优其老也。

廿一日。回拜德尔比丞相及阿得威诺、马尔铿，及德国公使闵斯达，皆不晤。因一游海德花园。见君主所造博雅那像，石级高数仞，中为亭，穷极华丽。（槊）〔塑〕像其中，环亭（槊）

---

①溜克，duke 的音译。
②马尔贵斯，marquis 的音译。
③耳洛，earl 的音译。
④外刚得，viscount 的音译。
⑤巴伦，baron 的音译。
⑥特勒沩里，Treasury 的音译。
⑦法林阿非斯，Foreign Office 的音译。
⑧和姆阿非斯，Home Office 的音译。
⑨珥克司哲克，Exchequer 的音译。
⑩马斯得赛勒摹里阿非斯，Master of Ceremony Office 的音译。
⑪洼尔阿非斯，War Office 的音译。
⑫阿里墨格得，Admiralty 的音译。
⑬波尔得阿大威尔克斯，Board of Works 的音译。
⑭科罗里阿非斯，Colonial Office 的音译。
⑮波里司，Police 的音译。
⑯阿得门，alderman 的音译。
⑰梅得尔，mayor 的音译。

〔塑〕古人物以数十百人计。亭外第二重石级四角各为石台，（槊）〔塑〕古人物之尤著者。第一重石级四角石台尤高大，亦（槊）〔塑〕古人物，而略寓四大洲之意：亚细亚人骑象；欧罗巴人骑牛，在亭前左右；阿非利加人骑橐驼；亚美利加人骑野牛，在亭后左右。石台四周人物亦无数，各肖一国之形。亚细亚有肖中国衣冠者，科头宽衣大袖，若今时僧服，盖犹古制也。一亭之费巨万。晚归，利如洋行刊木多来见，询知在中国十五年，渐次为大管事。

廿二日。礼拜。金登干夫人邀同侍人为万生园之游，予尚未至其地也。德使闵伯枉谈。张听帆购得伦敦游览图，标记其可游览之地凡数十。此来抑郁百端，竟不乐出门，实亦病不能支也。

廿三日。闻君主以是日由阿思本回伦敦，而迄无信息。遣梁氏回拜各处。夜梦俞竹君邀饮，并出数图索题，似系从军出塞之意。为题二绝句云：名王系楼护，将士唱刀环。临老腰肢健，犹能一据鞍！　酒亦我所欲，诗更豪于酒。此腹空如瓠，枵然无一有。吟哦而醒，急起书之，以备遗忘。

廿四日。外部德尔比丞相知会明日二点半钟觐见君主。适马格里外出，一切无从考究。君主自阿思本行宫回伦敦，闻明日一点钟始至，即已示定觐见之期。外国之礼，简而速如此。

廿五日。未正，偕云生诣柏金噶恩巴雷司。外设铁阑门。门以外人如蚁聚，无敢入门者。再入一重门，其院落极大。又转入一重门下车，入门右转，上楼三重，至一长廊小坐。丞相德尔比及威妥玛咸在。候至申初，德尔比及御前大臣英语言劳尔德禅伯尔勒恩①鲜摩尔、恺木伦亦曰开尔伦斯前导，至一小屋。君主方立候其公主

①劳尔德禅伯尔勒恩，Lord Chamberlain 的音译。

毕阿得利斯旁立。入门鞠躬，君主亦鞠躬。德在初递交国书，诵致通使之词；马格里接诵英文。君主言：此次远来，为通两国之谊，庶期永保和好。朽勒尔转述君主之言。答曰：是。因问中国大皇帝好。答曰：好。又曰：既接收大皇帝国书，亦当有书回致。答曰：是。复鞠躬而退。因往拜俄使瓦、德使（简）〔闵〕、法使达、美使皮蕾盘。三使皆有信，独法（国）〔使〕无信，而所见者法使达拉固一人而已。

廿六日。为西历二月初八日开会堂之期。午正，偕云生、莼斋、和伯三人同往。云生与予坐右手上层，三十馀国公使咸在。莼斋、和伯坐楼上左方。凡三方。楼上下皆妇人，其世爵等坐院中。中设长案，青长衣三人朝上据案坐。世爵集者皆披长毡，色红，用白羔皮镶其中，或二横，或三横、四横，亦有上半全披白羔皮者。询知四横者公爵，三横者侯爵，二横者伯爵，一横者子爵，其红衣无横者男爵也。上设宝座，前设大红墩一。少顷，太子与其妻至，坐宝座旁，其妻坐红墩向上。又少顷，君主至，侍卫兵数队，有捧磁瓶、杖、杵前导者。女侍卫二人，执长戟旁立者二人。坐定，启前门，宣下议政院人入，至前廊下，排立鞠躬。于是宣读敕词宣读者为铿恩司，亦伯爵，主君主册宝，分位最尊，大略言：土耳其与其属部塞也维战争未息，各国能不至动兵，乃所至望。而闻五印度去岁大荒，民食不足，心实忧之。其印度地方诸王子及民庶等，尊我为后帝，极所欢悦。又阿非利加之南亦有兵警，英国附近属部亦须防备，以保全其民人。现饬执政大臣料简一年用度，应得几何，应从何取办，再行宣布，与国人共议之。诵毕，君主出。晤塞挪伯及威斯密斯侯之妻，极款曲。禧在明持其君主手册，起西历正月初一，每日所见之人皆令亲书于册，按各人生日书名其下。如我生三月初七，为西历四月廿日，则书于廿日之下。其君主之细密周到，亦可想见。是日开会堂，其执政毕根士立而不坐，询知始封伯爵，此次初入上议政院，尚不得遽就坐也。其律法之严如此。以昨日始呈递国书，应急具奏，本日又以会堂耽延一日。计抵伦敦二十日矣。是夕具奏稿二通，并致总署及潘伯寅、翁叔平、周荇农三函，外致合淝伯相、沈幼丹、冯竹儒、黄子寿、唐景星、黄泳清、莫善徵、李勉林、郑玉轩各函，并由上海分递者也。又致扬州魏赓臣、温云一函，家信丁字一号，及张力臣及西枝和尚及志城三信。折件已缮就矣，刘云生为其外部所持，不令随同呈递国书，经函致威妥玛，属其转致外部，乃得随同一见，而终以国书无名，不认作公使，乃为疏请补发国书；而嵩焘固正使也，亦无驻扎文凭，外部亦曾一问及之，以其意方欲得公使驻扎，不加深求也，故于疏内申明补颁充当公使驻扎文凭，兼列正副使名。云生忽自具一疏，请裁副使名目，持论极正。然其在京，方以鄙人派充参赞为憾，啧有烦言。嵩焘与言明：始拟派参赞由我，后派副使亦由我，大抵为公言之。云生不信也。此奏徒滋人疑而已。

廿七日。往拜各国公使。晤日本乌使，询问本爵各官应否通拜，乌使告以递国书日即应往拜，过三日则为不恭。于是急往拜丞相毕根士，馀皆不知其寓处也。屡属马格里探问，竟不得其要领。乌使意气如云，（致）〔至〕可感也。

廿八日。偕云生往照像，因往拜吏部尚书克罗斯、户部诺罗字司克达葛尔、礼部墨里逊、兵部哈尔狄、商部阿大力亦曰阿德尔赖、海部倭顿达、信报局尚书马满讷斯、御前大臣开尔伦斯、内阁大臣李赤满、印度尚书索拉司福立、藩部尚书堪那瓦亦曰布尔克、外部侍郎丁达坦、柏尔（先）〔克〕亦曰布尔克、旁思茀得、立得斯及其司员三得逊，及补拜各国公使。晚归，奉十月十八日上海拜发折件回批，并接恭邸及合淝伯相、毛煦初、董韫卿、沈经笙、唐景星、蔡瑞亭各信。

廿九日。礼拜。与黎纯斋商前具奏疏，与顷见吴江相国书所见太远，而云生一函一奏，皆能巧当政府之心。初谓云生不能合时宜，至是益知其学步时趋，过鄙人远也。

三十日。为中国之除日。丹使毕娄来见，言各部侍郎亦必须一往拜，以属马格里补办。有新简香港总督赫里西来见，以香港总督铿尔狄调赴新金山，往代其任也。言曾为拉布湾总督在南洋，又为巴尔比多斯总督在大西洋海，近始调香港也。晚邀刘云生、黎莼斋、德在初、凤夔九、姚彦嘉、刘和伯、张听帆、黄玉屏、张玉堂及阿保及马格里，为团年之会。

附录

《使西纪程》 原稿

光绪二年十月十七日甲辰。麦华陀告知：所定大攀廓尔公司船十八日子刻开行，二点钟开至洪口，属早登舟。适宾客坌集，公私料理备极匆皇。管才叔、周瀛士数百里枉送，竟不及一答拜。未刻，由驿四百里拜发奏报出洋日期一折，并开用关防及派招商局员黄惠和转递文报二片，咨总理衙门、南北洋大员。风雨并作，至晚尤甚。李勉林、郑玉轩派小火轮船送至洪口，宾客送者十馀人，时已十点钟矣。船主名巴拉得。

十八日。雨。子正开行。过浙江境。大风颠顿，随行人等皆至呕吐，其能支持者，刘云生、黎莼斋、德在初、刘鹤伯四人而已。予虽勉强起坐，而头昏眼痛，鼻端作痛尤甚，亦极狼狈矣。

十九日。过福建境。远望厦门诸山，知台湾已过。风力逾劲，困卧竟日不能起，间从风浪中开窗一望，微辨山色而已。

二十日。过广东境。汕头、碣石数百里间，山势绵亘相属。有英国铁甲兵船尾追而至，船主云，水师提督赖得船也。我船升旗，来船见，亦升旗。我船随下旗。来船渐趋而近，两船并行，相距可十馀丈。来船船人皆升桅，舟中乐作。我船复升旗，来船横掠船首而过，我船停轮候之，遂扬帆驰去。因询船主：升旗何也？曰：所以告也。彼亦升旗何也？曰：报也。犹曰公使在船，已谨知矣。下旗何也？曰：既告，则可以下矣。彼船人升桅而立，何也？曰：示敬也，犹之列队也。升桅而后可以示远。乐，所以作军乐也，以为列队之节也。掠船首而过，何也？曰：趋而迎也。停轮者，以示让也。彬彬然见礼让之行焉。足知彼土富强之基之非苟然也。

廿一日。至香港，在赤道北二十二度十二分。视上海近九度有奇，而寒燠迥异。皆改着薄绵衣。英国水师总兵蓝博尔得来晤，曾至总署一见，所部飞游营兵船当回国，留候予至即行矣。香港总督铿尔狄遣其中军阿克那亨以四人舆来迎，偕刘副使、黎参赞及翻译官乘坐所派十桨小船登岸。炮台声炮十五，大列队伍，作军乐以迎。广东领事罗伯逊，旧识也，亦迎于岸次，为叙寒暄。遂乘舆至总督署。文武官集者二十馀人，通名姓者：水师提督赖得、副提督阔伦布、按察司斯美尔斯。询及学馆，适其地大学馆总教习斯爵尔得在坐，约陪同一游。酒罢，遂适学馆，并见其副教习法那、铿尔两君，皆总司学事者也。凡分五堂：课中国《五经》《四书》及时文三堂，课洋文一堂，洋人子弟课《五经》《四书》者一堂。每堂百人，一教习主之。课《五经》《四书》者，中国教习也；课洋文者，西洋教习也。堂分十列而空其前，每列设长案，容坐十许人，以次向后，层累而高，其前则教习正坐相对。亦有教习中坐而左右各分五列者，要使耳目所及无一能遁饰。

其课《五经》《四书》，皆有期限，而于诗文五日一课，谓之小课，犹曰此术艺之小者，五日一及之可也。其规条整齐严肃，而所见宏远，犹得古人陶养人才之遗意。中国师儒之失教，有愧多矣。为之慨然。闻别有一化学馆，方拟往视，而阿克那亨告言：岸次列队相送，已候久矣。因即回船。铁甲兵船复声炮十五，作军乐相款接。法国兵船亦作乐以和之。记咸丰癸亥由海道赴广东巡抚之任，所见香港房屋，仅及今三分之一。十数年间，街衢纵横，楼阁相望，遂成西洋一大都会。居民十三万馀人，西洋人户六千。东西炮台各一。铁甲兵船二，一曰奥大喜阿斯；一曰飞多尔日曼奴尔，意大利君名也，英人尊老，取以名船。是夕，有英商轮船入泊，直撞船艄，声如震霆，坏后窗一。有小船悬挂船尾，遂成两橛。后窗稍高，不及水，使当船身，危矣。

廿二日。以修船耽延一日。香港总督铿尔狄及罗伯逊来报见。语及学馆规模之盛，叹曰：是皆贫人子弟，学习二三年，粗能有得，往往自出谋生，所以能有成者少也。因论西洋法度，务在公平，无所歧视，此间监牢收系各国人民之有罪者，亦一体视之。问可一往观乎，欣然曰：可。即顾阿克那亨以肩舆来迎，而属罗伯逊陪行。其监牢设正副监督，至则副监督达摩森导以入。屋凡三层，罪犯重者在上层。下层一人一房，上层三人一房，禁锢者扃其门。每屋一区，或自为一行，或相对两行，皆设铁栅扃钥之。房设小木榻当中，如人数。衾褥、毡毯、巾帚、盘盂毕具。日叠衾毯榻上，整齐如一，不如式者减其食。其所收系，有西洋人，有吕宋及印度人，通计三十馀名，中国至五百一十四人。别有罚款二百元至四五元不等。收系久者五年、七年，少至五日，亦有禁锢终身者。办法亦略分三等：有锢闭者，有久羁课以织毡毯者，有运石及铁弹者。运铁弹者三处：一西洋人，一吕宋人，一中国人，皆以兵法部勒之，或五人为队，或十人为队，每日以两时为度。运石者一处，则所犯较重者也。其禁锢者，房设一铁轴，令手运之，每日万四千转，有表为记，不如数者减其食。人日两食，饭一盂，小鱼四头。收系久者，肉食，饭亦精。别有女囚一处，皆人一房。达摩森导令遍游各监牢及运石及铁弹处，有至百馀人环立一院中，举手示之，皆趋就行列，或三列四列，立处截然齐一，举手加额以为礼。即禁锢室中，启外牢扬声喝之，皆起立，当门垂手向外，节度整齐可观。牢外设浴堂一，人日一就浴。中设礼拜堂一，七日礼拜，囚人环立听讲。病馆一，以处病者，一医士掌之。又收敛病故人犯堂一。所至洒濯精洁，以松香涂地，不独无秽恶之气，即人气亦清淡，忘其为录囚处也。禧在明云：从前人犯皆督令工作，筑垣墙，修补道路。铿总督乃始禁锢之不令工作。运石若铁弹及转铁轴，皆所以苦之，亦以劳其筋骨，导其血脉，使不至积郁生病。其刑具有锁有杻，皆以械足者；有鞭，用绳为之。五十鞭即皮裂矣。其变诈反复乱风俗者，则刺其颈为，驱而逐之，不准留香港。亦有用刀削其，以膏涂之，疮愈而成斑，亦经巡捕查获，执而囚禁之。所以不可及，在罚当其罪，而法有所必行而已。

廿三日。卯刻开行。午正，行百九十五里，在赤道北二十一度二十二分。船主以沙漏定每时分数，而系尖木板于绳，用辘轳转绳而投尖木板海中，计绳之丈尺。每沙漏尽，则引绳觇其丈尺，以辨所行之里数。据云：每一点钟行三十四里，日以午正总计所行之里数，而以量日机器测赤道远近，每日一牌示。遥见捕鱼船数十，张帆一叶，随波上下，知距琼南万州一带为近也。

廿四日。午正，行八百三十一里，在赤道北十七度三十分。计当在琼南二三百里，船人名之斋纳细，犹言中国海也。海多飞鱼，约长数尺，跃而上腾，至丈许乃下。左近拍拉苏岛，出海参，亦产珊瑚而不甚佳，中国属岛也，系荒岛，无居民。同舟英人拍得斯里西得里，方绕地球一周，附船回国，询知专为游历，盖亦英国之富民也。是夕雨，而热如盛夏，不能盖被。

廿五日。雨。午正，行八百五十二里，在赤道北一十三度。过瓦蕾拉山，安南东南境也，海名七洲洋。马格里出示英国一千八百七十五年经制所入，中历之乙亥年也。伦敦约二万一千馀万；印度约一万六千馀万；澳大利洲约一千馀万，英人谓之新金山也；新嘉坡三处所入约百馀万；惟香港所入十八万馀，而用费至十九万馀。

廿六日。雨。午正，行九百三十九里，在赤道北八度十分，距西贡南四百五十里。西贡者，法人所踞安南埔头，隶安南之嘉定府，为澜沧江入海口，古真腊地也。自香港南行，天气日热，而雨亦多。上海寒暑表五十三分，至香港六十五分，今则入热度八十一分矣。不能着绵，舟人皆单衣。

廿七日。雨。午正，行八百三十五里，在赤道北四度三分，计当暹罗外海。意大里人阿拉多尼同舟，询知在伦敦开设洋行，亦由美利加至日本，历中国各海口，绕地球一周。其在本国为世爵，得受一等宝星。西洋风俗以营商为重，即此可见。同行英拿吉哥，亦意大里人。

廿八日。雨。午初，行七百二十里至新嘉坡，（至）〔在〕赤道北一度二十分。早过一岛曰浩斯白尔，有灯楼。浩斯白尔，大西洋始寻地来中土者也。马格里告言：扬武轮船已前至新嘉坡。甫至而蔡提督国祥与其弟国喜偕黄浦人胡璇泽来见。黎召民有信致胡君，遂以交之。英国总督哲威里遣兵官以二马车来迎，且请稍迟至四点钟，以凭传令各营列队。乃约先诣胡氏园。奇花异草，珍禽怪兽，及所陈设，多未经见。玻璃巨匣函羚羊头一，双角并存，皆向下三盘，乃伸而上。野牛角、犀牛角、鹿角各二，鹿角长三尺许。鱼须一，长七尺许，色如象牙，盘结坚瘦。鱼腮一。白蚁二，用玻璃瓶贮水养之，长约二寸；有两石卵藏之，上凿一孔通饮食，剖卵乃得之，谓之白蚁王也。鸵鸟卵十馀，大如斗。蛇卵如鹅卵者四。鸵鸟二。彩鸾四。青鸾二。六脚龟一，长逾三尺。白壳龟二，紫花斑文，背中高如峰，头足色俱白。狗熊一。豪猪一。袋鼠一，头及前二足似兔，自腹至后二足则大逾数倍，后足膝后折，着地不能伸，然视前足犹高逾倍，尾长二尺，行则跃起如飞，腹下有袋，故谓之袋鼠。京师德国公使署曾见鸟兽异种图有此。随偕刘副使、黎参赞至总督署见哲威里与其夫人并其二女，其意气视铿尔狄尤相亲也。夫人亦贤明，慰问甚勤。其领队兵官名摩里雅斯。归过其炮台，盖因山为垒，凡二重，其中将台一，兵房四，每房可容百馀人。家眷房二列，以处官及兵人之有家眷者。兵房后为厨房。藏兵器房二。饭堂一。习书堂一。治养病兵堂一。大炮十尊，皆有炮台，有火药库。小炮置之墙端，皆有架。大千里镜一具。将台前墙最高处，别为一屋，以便瞭望。其制度规模与中国炮台绝异。兵有炮兵，有步队，步队习洋枪以辅炮兵。带炮兵者曰米噶尔斯，带步队者曰林芝，其职皆视游击。兵分二等：上者三日一洋元，合银二钱四分；次者四日一洋元，合银一钱八分。将官有家眷者，俸薪足以养之。兵人家眷，洗衣缝纫自食其力。此为山北炮台，下临市肆。山南尚有炮台一。

廿九日。雨，雷。哲总督又遣马车来迎，并派其翻译必麒麟陪同游历。先至扬武船，兵皆升桅声炮。初疑中国人训练亦能及此，比登舟，始知司教习者英官拉克斯摩也，指示一切甚详。并引至其学堂，训练学生二十人。又为演试炮兵，指授阵法，仍升桅开炮以相送，皆英官主之。必麒麟导至洪家花园，闽广人公地也。花木成林，有水一溪，极清幽之致。有虎圈一、豹圈二，并张铁网为外障。狗熊二。山狗三。猿九，有灰色者，有红面者，身臂或长或短，其种各异。其一甚巨而狞，用铁圈笼之，黄毛长四寸许，则所谓金丝狨也。其豺狸、黄鼠、松鼠、山獭之属，则制铁网为屋，周环约三十馀所，与鸟雀相间。中植花木，五色缤纷。鹦鹉四种：一白，一灰色，一红，一绿，又有绿色而两羽红者。鹰三种：一白，一苍，一灰色。雉三种：一彩文，一苍，一棕黑色相间。鸽种甚繁，最奇者翠鸽。异鸟如青鸾、山雀、水雀。一种山鸡，采文而头蓝色或红色，善鸣。一种似水凫，头有毛一丛，甚长而细。而吾于其中得奇景三。一罗汉松，高数丈，覆地如钟；披视其中，松身合抱，枝皆盘曲而中空，条叶外护，乃极繁密。一藤萝，障天如巨屏，凡数所，有曲折如九叠屏风者，皆拔地直起，高数仞，四无凭倚，花叶周环扫地。一长松，高入云际；凡十馀株，距地尺许，横出五枝，悬针周匝如盘，每尺许辄出数小枝，远望如数十级浮图，罗列深林中，皆奇景也。又制铁盘如伞，引藤络其上，盖新种者，十年后必复成一奇景。始知以上数者，皆人力为之，究不知何以能然也。至蒲葵张叶如巨扇植立，则此间所在有之。其诸花木来自各国及诸番者，皆插牌标记，足见此园魄力之大矣。前至香港，有导游花园者，谓当观览其实政，不以游赏为娱，今无意中得此奇景，亦殊惬心。回过按察司署，任是官者棐里布，方踞堂皇听事。吾与云生列坐其旁。堂高五尺，如月台，其下列长案，如弓曲抱。两造讼师及录供者、传语者，环坐向上。两旁设木阑二，云为词证者立其中。设小几八，待讯者坐候。外施阑干，待人观听。无刑扑之威，而规模整齐严肃，不闻喧嚣。尚有大学馆一；小学馆五，内有女学馆一；以总督哲威里约三点钟答拜，不及往观。新嘉坡约二十万人：西洋人二千，番人及印度人盈万，馀皆闽广人也，而粤人较多。据胡璇泽云，广属人已至七万之多。总督所辖凡三处，西为麻剌甲；再西为槟榔屿，则海中之一岛也；麻剌甲之西，与槟榔屿隔海相望，为威诺斯里，并归其所辖属。新嘉坡有英国兵船二：一名儒那，总兵波兰管带；一名马古稗，副将安生管带。哲总督申初枉过，即时开行。

三十日。新嘉坡西北行二百一十里，过麻剌甲，即西行出印度海。英国公司轮船取道槟榔屿，稍折而北，远至百馀里。船主以非西行正路，不牌示。禧在明见示伦敦《代谟斯》日报，为西历十一月初十日，中历之九月廿五日也，正当京师启程之期。属德在初、凤夔九译出申论滇案一段。其中叙英总兵勒尔斯探北极事，以一千八百七十四年四月起为中国之甲戌年，一千八百七十六年七月回国。言至北极之八十二度尚见地土，过此皆冰海矣。其始舟行积冰中，测度冰之厚薄，有至十六丈者。再上则舟不能行，凿冰为道，凡两船三百馀人，牵倚以北，每日约行三里许。至北极八十三度二十五分，凡行两月馀，不见日者一百四十馀日，死者四人，冻折足者数人。至是不复能前进，乃循来径而返。其初议寻北极，募能同行者，得七百馀人，遣医视其筋骨血脉强固能任寒者三百馀人，挈之以行，历二岁馀。君主下诏褒美，赏给勒尔斯头等宝星。

十一月初一日戊午。巳刻，至槟榔屿洋人名之碧澜，距麻剌甲九百三十三里，在赤道北六度。有副总督驻此，亦名安生。胡璇泽语知闽人王文庆经商槟榔屿，兼司招商局事。遣人问之，则挈其乡人六七辈来见，皆短衣番语，居此已数世矣。以停船片时即开行，未暇一登岸。询知居民十四万，闽广人十万有奇，馀皆番人。

其地山水明秀，逶南皆高山，树木丛密。闻有瀑布，高十馀丈，惜未一往观也。北岸为威诺斯里，其地袤长而狭，沿海约九百馀里。有兵官段熙奕，由威诺斯里附船归国，居民鼓乐驾小舟十馀，送之登舟。必稍有惠爱留贻者。申刻开行。是夕风。

初二日。午正，行六百八十四里，在赤道北五度五十七分。南望苏门答腊，相距约四十里，见大山绵亘如画，即所谓万古鲁山也。苏门答腊逶长二千馀里，起息力之南，横出槟榔屿西千馀里，中间小岛不可纪数。荷兰踞此数百年。近年荷兰衰弱，酋长之居苏门答腊者，抚绥无术，遂至畔乱。荷兰不能以兵力胜之，方相与攻战未已也。是夕，风逾大。

初三日。大风，雨，雷。午正，行七百七十四里，在赤道北六度十六分。至是始出大海，所谓印度洋也，俗名之小西洋。是夕风逾劲，船主见旋风起，急停轮避之，而方张帆以收风力，帆急不可下，船人上桅拽帆，坠伤者三人。旋风者，闽广人谓之台风，洋人谓之赛格栾①，风势盘旋而上，陆地亦有之，所谓羊角风也。巨海盘旋，或逾千里，或数百里。舟入其中，掀腾回薄，常至倾覆。洋船见旋风起，急以寒暑表之轻重制船之进退。气重而上升，则去风渐远，可以免患。马格里言：西洋诸大国皆设密的阿罗奇格阿非司②以觇风力。凡风起处，一点钟疾者行八十英里每一英里当中国三里，凡二百四十里，而电报顷刻千里。如英国风起，即由电报通知德、法各国。俄国风起亦然。得报即通知各海口洋船准备，以为出入之节。阿非司者，译言官署也。

初四日。雨，风。午正，行五百四十六里，在赤道北五度五

①赛格栾，cyclone 的音译。

②密的阿罗奇格阿非司，meteorological office（测候局）的音译。

十四分。以先夕旋风停轮，又值逆风，不能依时计里。船主云：行海三十年，未遇旋风如此，亦无若此行之多风者。予笑曰：以吾薄德，累及诸同行者。船主改容谢之。从行诸君呕吐困惫，多至废食。而郁热加剧，夜卧颠顿，挥汗如雨，不成寐者十馀日矣。

初五日。雨，大风。午正，行六百六十三里，在赤道北五度五十四分。厨夫柳树仁患病数日，手面忽见红颗，召洋医视之，曰：痘也。洋船最忌病症，而痘尤甚。有患此者，悬黄旗，禁舟人往来上岸。医院延病者别居，必留二十日，俟其无传染也，而后舟人得上下自由。此去锡兰两日程，当换船。舟人皆恐。船头一小房，为予日间看书之所，船主令病者迁居，而闭其舱内所居之房，禁同舱不得出入。受累者多矣。蹇运所值，宜有然也。

初六日。午正，行八百六十四里，在赤道北五度四十分。又行二百一十九里，抵锡兰。其地按察司路斯马力阔、总兵克拉尔克传总督格雷戛里之命，约至公馆小住。以舟中一切须检理，辞之。泊锡兰之南尽西处一海汊，地名高诺。总督驻扎科伦布，相距二百四十里。医院遣医来视柳树仁，即令前赴医馆，并递送茶水之陈炳祥一体扣留，以防传染。仆从无多，乃留二人。锡兰一应用费，议定由公司行垫付，俟抵伦敦归还。受累无可言者。锡兰渡船皆刳木为舟，有至四五间者，每间仅容一人，纳足其中，而身坐其上，旁施横木，首尾各系树株，束之舟上，巨浪中亦无欹侧，盖犹上古刳舟之遗制也。

初七日。辰刻过船，名北夏窝尔，视原船大逾倍，而新造成甫二年。船主怀德言：北夏窝尔、大攀廓尔，皆印度省名；一在极北，一在极南。西洋名船多此类。船务监督布莱司放船来迎，路斯马力阔、克拉克尔迎于岸次。炮台声炮十五：西洋所以待头等公使者也。至按察司寓处，总督派中军谈布来此迎候。因陪游近地佛寺及按察司所管监牢，并派土司狄习拉瓦为之前导。监牢不及香港规模，而精洁则同。大监八所，每所监十七人。日间督使工作。罪犯重者，禁锢别为一院，每房一人。女牢二所，亦为一院，每所亦十七人。亦有病馆。佛寺二所，一在山阜，稍盘而上，一在沙地。屋皆卑狭，中惟（槊）〔塑〕卧佛一尊、侍者二尊。僧施黄布以帷其身，而偏袒右臂。索经观之，皆贝叶文，以绳贯其中，而用锦袱袭之。文皆作连〇式。令寺僧诵之，微近剌麻梵音，而南无二字极明显。殿旁皆有白塔，前列石幢，树幡其旁。西洋并以释迦生长锡兰。疑释迦弟子文殊、普贤皆谓别生一世界，或此岛文殊、普贤所生，而释迦自生东印度。今安额河，东南流出孟加拉，即佛书所谓恒河也，如来生长固当在东印度，锡兰崇信佛教，自是佛门弟子流传如此。椰子遍地成林，寺僧剖椰子为茶以供客，云椰子充饮、馒头树结果充食，得此无忧饥渴。其沙地者，问其寺名，曰：瓦路喀拉马。问此何义，曰：谓此沙地，僧人建寺耳。旋至按察司处午饭。有利如洋行商人毛里逊来见。锡兰岛周回千馀里，高诺当其西尽处。有炮台一所，兵四百人，克拉尔克所辖也。至此，行游半日，不见中国一人矣。狄习拉瓦指示一楼房曰：此故王宫也，近已鬻之商人。问王宫何为出鬻，曰：以贫故耳。何以与民居错杂？曰：英官管辖此地，其王无权，寄寓而已。问其王安在，曰：不知所往。西洋之开辟藩部，意在坐收其利，一切以智力经营，囊括席卷，而不必覆人之宗以灭其国，故无专以兵力取者，此实前古未有之局也。是日酉刻开行。大风。

初八日。午正，行六百二十四里，在赤道北六度四十九分。与禧在明谈及荷兰在苏门答腊交战情形。其酋塞勒敦苦荷兰之征求，称兵拒之。因论及荷兰所踞南洋各埔头，专事苛敛，以济国用。英国不然，地租税课取之其地，即于其地用之。即印度、澳大利洲岁入至逾万万，亦只备用地方而已，如开河、修路及添设学馆，以本地之财，济本地之用，而使其人民共之，故无怨者。苏门答腊各小国，乐以其地献之英人，而不愿附属荷兰，亦以此故。吾谓西洋赋敛繁重，十倍中国，惟务通商贾之利，营立埔头，使其人民有居积之资，交易数万里，损益盈虚，皆与国家同其利病，是以其气常固。荷兰小国，度支常苦不给，塞勒敦一叛，无能张皇大举，至久而不能定，视英人戡定印度德列诸部，固远逊焉，则亦国家强弱之势然也。

初九日。午正，行七百五十里，在赤道北七度五十五分。是日礼拜，听讲者二十馀人，弹洋琴作歌以礼天神。洋妇韦理勤，歌声清越，婉转悠扬。历一时许始散。德国水师兵官拍森及格尔里默及发柏尔三人就谈，询知凡二十一人游历南洋，推测天文、海道及行船之宜，兵头一人督率之，名阿尔阿塔，船费出自国家，仍月给辛力银三磅，香港、厦门及澳大利洲各住一月或两月，星度、海程，所至推验，回国须一过考，乃授官。因问其国君威烈雅摩第一，年八十；丞相毕士马，年六十四；将军莫尔克，年七十五；兵部路得，年六十五。富国强兵，皆此四人为之。

初十日。大雨。午正，行八百二十八里，在赤道北九度五秒。其地当值俾路芝回部，在印度河之西。是日为西历十二月廿五日，相传耶稣降生日也。诵经礼拜，亦弹洋琴作歌。为西洋大节日，饮馔加丰。禧在明得日报于锡兰，中论烟台条约一段，令与刘和伯翻译。

十一日。午正，行八百一十四里半，在赤道北十度十一分十二秒。姚彦嘉见示美国林乐知所著《中西关系论略》四卷，内载总署照会各国教案章程八条，亦严切，亦详明，读之慨叹。往与文文忠公论天主教为祸之烈，黔、蜀尤甚，实由地方官办理参差，动为所持，积久而风习成，遂至无可施治。承天津教案之后，会商各国妥议章程，以为善后之计，或犹可稍图补救。文忠公言：曾议数条，会商各国，皆置不理。即此章程也。查天主教创自摩西，耶苏基督始立教名，数百年而阿剌伯回教兴，又千馀年，路得演立西教而耶苏教兴。希腊为西洋文字之祖，亦缘饰基督之教为希腊教，其原皆出于摩西。而天主与西教同祖耶苏，互相争胜。于是罗马教主阐明天主教之原始，专以行教为业，以示广大，积久而奉耶苏教者亦仿而行焉。西洋主教，或君民共守之，或君民异教，各有所宗尚，不相僭越。独中国圣人之教，广大精微，不立疆域，是以佛教、天主教、回教流行中国，礼信奉行，皆所不禁。唐初已有景教流行碑，所奉祆神，僧景净释以为天神，谓其教起于拂菻，则正摩西之遗也。碑言“悬十字以建极”。天主教建立十字架，其原如此。明万历中，利玛窦东来，徐光启舍家为天主堂，而其教遍行于天下，未为害也。雍正初立法禁之，则亦禁之矣。近三十年，天主教之禁既开，而法兰西实祖天主教，以护教为名，恃其权力以纵庇之。于是剽贼奸民，窟身其中，遂可以抗拒官法，而教士之势始张。道光、咸丰间，黔、蜀吏治败坏已甚，奸民骫法者众，教士乘之以逞，是以二省之为祸尤烈焉。宜及天津教案之后，会商各国，示以教堂纵庇教民，各省皆然，川、黔之民遂至困于水火，是以闻教士之名，莫不怀愤诟讥，乘便以求一逞。即各处教堂收纳奸民，作奸犯科，良民引以为耻，不独有失立教之本意，亦恐以此传示各国，辱莫甚焉。急宜出示晓谕，无论所习何教，但涉官事，即与平民一体处断。严饬各督抚责成州县，稍有出入，立与参办。但一平教民之势，诸事自不劳而理，此可合各国之公论，以屈法人使听从者也。惜乎所议各条，通各国为言，防禁多端，以强其所难而自树之敌。美使镂斐迪已逐条驳之。失此机会，良为可惜。

十二日。午正，行八百七里，在赤道〔北〕十度五十五分。其地当略涉波斯，印度海泛入之。海汉名阿勒富海，土尔其两河之水注焉。波斯、阿剌伯夹海为国，亦名东红海。与马格里论及船主测量之精，因言西洋各国有商部大臣，有船政学馆。学既成，商部试之，得高等，乃令充当船主，其次分司各职。事事皆有等第，以次历（次）〔试〕之，或至再三。充船主者，必高等也。造船之家，无敢私请船主者。凡船出海，商部大臣视其所载之货、所坐之人不至逾量否。货逾其船之数，人逾其房榻之数，皆禁制之，违者罚。凡造船，商部大臣亦视其工程坚固与所用之木良楛何如，必皆如式，而后定其行海年限，或十年，或二十年，不如式者禁不得行海，违者罚。其行海所募水手、所带食米，必使足数，以船身丈尺定人数多寡，不如数者禁不得行海。人日给米、盐、肉食，皆有程式，不如式者罚。船主出海，则船人赏罚皆假以行，一切听命焉，而日记其所行于册。其有辨争，商部大臣据其所记处分之。西洋以行商为制国之本，其经理商政，整齐严肃，条理秩然。即在中国，往来内江船主皆能举其职，而权亦重。所以能致富强，非无本也。连日风，是日风尤大。

十三日。午正，行七百九十二里，在赤道北十一度二十六分。其地当属阿剌伯。马格里言：红海口外英国属岛名苏克得拉，距亚丁一千五百里，计程距此二百馀里。海道广阔，不能望见。又言：入红海三百五十四里，有岛曰毕尔林。法使有至亚丁者，言其国人寻得此岛，犹荒土也，方谋踞其地开垦。亚丁以闻于孟买总督，驰檄所部将官，领兵十馀，夤夜至其地树旗。逾两日，法使至，见英国旗帜，废然而返。英人谋国之利，上下一心，宜其沛然以兴也。船主怀德见示船单。西历本年正月起，英船出入海口，按期排定。北夏洼尔船以西历十二月廿五日由锡兰开行，今初七日，当西历十二月之廿二日，盖先三日程矣。船凡数百，往来各国海口，其行度皆有期限，岁首汇次而标识之。以何月往何处，当附某船以往，按册稽之，无或爽者。条理之繁密乃至如此。是日大风，天气稍凉，可以着小棉袄。

十四日。午正，行八百六十四里，在赤道北十二度十六分。早见亚得非山，已入阿非利加北境矣。至是为亚细亚、阿非利加海道交分处，由此一折而入红海。马格理言：西洋交兵，不杀俘掳。其在官者，皆有文凭佩之身，被俘出示文凭，则以官礼处之，饮食居处以官为差。或与约不任战事，即纵遣之。被俘者不允所约，则禁制之使不得逃，俟战事毕释归。或允不任战，及归，又请领兵，主兵者责其失信，常至罢黜。盖各国常视彼此所以相处之厚薄以为报，不欲失信于敌。既允不任战而又遣之战，则以后被俘者，敌人皆引为前鉴而不复纵遣之，而承其害者多矣，而又有失信负约之名，故于此常不敢违。亦见西洋列国敦信明义之近古也。英国教士法林斯，以病卒于舟次。船主为加棺敛而投之海。其妻以距亚丁近，乞葬之亚丁，船主不允，曰：故事惟裹以衾，棺敛以示厚也。葬之土与葬之水，均也。为持经诵赞而投之。

十五日。午正，行七百七十七里，在赤道北十二度三十八分。又行一百四十五里半，抵亚丁。亚丁与阿剌伯地势相连《瀛寰志略》误为一岛，濒海一山皆石，英人建炮台山尽处。东西各为一山，横出海面，中广十馀里，可以泊舟。英人踞此，以为红海口外一形胜地也。洋人环东山为居。山后海水泛入，成一小荡，亦建炮台。凡炮台三座。海岸亦皆列炮。兵官亨德来舟，宣述孟买总督之意。

此地亦孟买所辖也。居民阿剌伯八千馀人，印度六千馀人，阿非利加亦三四千人，西洋各国百馀人，粤民在此任工作者十人。而设兵至二千人，有炮兵、步兵、马兵之别，大率皆印度人。此地本隶阿剌伯，英人踞之，为往来海道停泊之所。阿剌伯回教剽悍劫杀不可测，故设兵宜多。有兵船一，名伯尔德。管带兵船者，阿尔本也。亚丁雨少晴多，询之亨德，居此六年，仅三见雨。沿山为小池，导山流纳而滀之以供饮，每雨，涓滴无遗弃者。地产鸵鸟，升颈可长丈六尺，卵容一斗，羽毛供西洋妇人冠饰。

十六日。丑刻开行。午正，行四百二里，在赤道北十三度十分，正当阿剌伯之木甲，为东岸海口最繁盛处。地产加非，贩运英、美诸国。两岸山皆赭色，故以红海为名。阿剌伯都城曰麦加，回教所由起也，亦濒红海。是日礼拜，诵经作歌礼天神。西历以是日为十二月三十一日，为岁尽日，中土谓之除日也。

十七日。雨。午正，行七百七十一里，在赤道北十六度四十六分。阿剌伯所属，时见高山。隔海为阿伯西尼亚，盖土番也。红海两岸皆回教，惟阿伯西尼亚奉洋教，自为部落，亦不与各国通市。顷年以掳禁英人，英人发兵征之，入其满克得林都城，其王搏战死，为别立王而还。主兵者勒比耳，即今奇巴答答总督也。是日为西洋元旦，亦无庆贺礼，惟闻印度以是日推崇英主为印度皇帝，印度诸王皆集会北印度之德列城行庆贺礼，远至西域诸回部及布达拉、廓尔喀、布鲁克巴、克什米尔之奉佛教者，及南洋之暹罗，并遣使称贺，而布达拉王亲至。为印度一盛会，列象至千馀。所辖地皆施放大炮，歌万年曲，放烟火。同舟英商斯谛文生言：在印度种茶三千馀亩。中国茶种每亩收百斤，印度可至三倍。生植岁益加多，近二十年岁出茶三千万磅。询知种茶之地，即孟加拉东北之阿萨密也。《瀛寰志略》称其岁得茶二十馀万斤，今已逾百倍之多矣。

十八日。午正，行七百二十三里，在赤道北二十度二十三分。船主云：红海阔约五百里，时见岛屿而不著之图经。《瀛寰志略》仅著马苏阿一岛，阿剌伯属地也。近年英人复得毕尔林一岛。其间小岛未开垦者甚多，地无所属，西洋图说亦无从列其名也。过亚丁后，天气渐凉，以距赤道日远之故。红海所以多热者，以南界阿非利加，皆沙漠无人居，日炙沙石燥烈，为南风所煽，薰蒸之气逼入红海。秋冬北风，其热自减。崇地山宫保以红海酷热、深冬不解为言，似稍失考。新嘉坡得《代谟斯》日报二纸，锡兰得日报一纸，论中西交涉事宜各数则，以属德在初、凤夔九与禧在明翻译，洋情、国势、事理三者均有关系，即此可以推知洋务情形，而得其办理之法。乃令刘和伯、张听帆、黄玉屏稍节其有犯忌讳者，录成三折。南宋以后边患日深，而言边事者峭急褊迫，至无以自容。程子大儒，论本朝五不可及，一曰至诚待夷狄。北宋以前规模广博，犹可想见。孟子固曰：以大事小者，乐天者也。以小事大者，畏天者也。而引汤事葛、文王事昆夷以为乐天。汉高祖一困平城而遣使和亲，唐太宗至屈尊突厥。开国英主，不以为讳。终唐之世，周旋回纥、吐蕃，隐忍含垢。王者保国安民，其道固应如此。以夷狄为大忌，以和为大辱，实自南宋始。然而宋、明两朝之季，其效亦可睹矣。西洋立国二千年，政教修明，具有本末，与辽、金崛起一时，倏盛倏衰，情形绝异。其至中国，惟务通商而已，而窟穴已深，逼处凭陵，智力兼胜，所以应付处理之方，岂能不一讲求，并不得以和论。无故悬一和字以为劫持朝廷之资，侈口张目以自快其议论，至有谓宁可覆国亡家，不可言和者，京师已屡闻此言。召公之戒成王曰：祈天永命。祈天者，兢兢业业，克抑贬损，以安民保国为心。诚不意宋、明诸儒议论流传，为害之烈，一至斯也。刘和伯言：谈洋务者只见得一面道理。吾谓道理须是面面俱到，凡只得一面者，皆私见也，不可谓之道理。所谓道理无他，以之处己，以之处人，行焉而宜，施焉而当，推而放之而心理得，举而措之而天下安。得位者效其职，身任焉而不疑；不得位者明其理，心知焉而亦不敢恃。尊主庇民，大臣之责，胥天下而务气矜何为者？凡为气矜者，妄人也，匹夫挟以入世，而人怒之，鬼神亦从而谴之，此足与言国是乎？如是而去道理滋远矣。区区愚忱，不惜大声争之，苦口言之，以求其一悟。愿与读书明理之君子，一共证之。

十九日。午正，行七百五十六里，在赤道北二十三度五十七分。早过麦加，距海尚一程，即阿剌伯都城也。南岸阿非利加已入努伯亚境，亦回部也，为麦西兼辖之属国。自新嘉坡近距赤道，日长如春、秋二分时，入红海北行，日长如故，子、午二时，相为赢缩，视中国争差一时许。伦敦则差至两时有奇，盖当地球极西，见日宜稍迟也。德在初查开各国旗式，略录其大概，如：美利坚旗，长方，横分十三层，六白七红，近杆处蓝地绣金星三十七，其国分三十七部，所以为旗识也。其会合同心旗，长方正蓝，周列三十七星。俄罗斯旗，长方，前半正白，斜横蓝十字，后半横分白、蓝、红三色。瑞典旗，正蓝，黄十字，右角近杆处另一十字，横黄、竖蓝、镶白边，十字中空处又各分红、蓝二色。日耳曼旗，长方正白，中横黑十字，每画又分五行，三黑二白，十字中心黑围内一金莺，十字右边上半近杆处，另横分黑、白、红三色，中心又一白边黑十字。丹国旗，长方，正红，白十字。法（蓝）〔兰〕西旗，长方，竖分三行，前蓝、后红、中白。英吉利旗，长方，正蓝，四分之一近杆上半加红色白边，横斜两十字，如六出花。西班牙旗，长方，横分五行，三黄二红。奥地利亚旗，长方，横分三行，上下红，中白，上行正中一金王帽，围以十二银星，中行正中另一方旗，亦上下红，中白，围以黄边。意大（地）〔里〕旗，长方，竖分三行，中白、左红、右绿，中方另一红方，蓝边白十字。葡萄牙旗，长方，左白右蓝，中一红地，画金王帽，帽下一小红方，黄边，上及左右七座小黄塔，当中又一白小方，中列五蓝小方，作十字形。比利时旗，长方，竖分三行，中黄、左红、右黑。荷兰旗，长方，横分三行，中白、上黄、下蓝。希腊旗，长方，横分九行，四白五蓝，其上半近杆另成一方，蓝地白十字。土耳其旗，长方，正红，近杆上半另一长方，红地白边，中一白星。墨西哥旗，长方，竖分三行，中白、左红、右绿。秘鲁旗，长方，竖分三行，中白、左右红。埃及旗，长方，正绿，中立白月牙。波斯旗，长方，中白镶绿，中画一狮，黄色，前左爪举刀，蓝色，背荷日，带金光。日本旗，长方，正白，中一红日。暹罗旗，长方，正红，中一白象。瑞士旗，长方，正红，中一粗白十字。罗马教皇旗，长方，正白，中一大花，状如两钥匙交成十字，上架一蓝地金花帽，下一椭圆，金边，内分四钝角，二蓝地金狮，二红白各二行，上下左右相错，又下二枝花叶上（湾）〔弯〕，长及钥头，钥下有穗，帽与枝下亦有飘带，皆红色。其各国水师船旗、商船旗又各不同。水师亦视官品崇卑为画色多寡之等。诸小国及各国属部旗帜亦时有异同，以难于辨晰，不详录。然要皆长方，其长处为横，以杆竖则旗横，故横当幅之长短，而以其正幅为竖。横长约七八尺，竖四五尺。其桅顶常挂之旗，竖长而横缩，以桅顶受风，其长处系之于杆，使不至为风缠绕也。兵船旗或用长幅，末作两岔如鱼尾式，亦有锐角者，有三角者，有三角之尖仍作两岔者。旗身皆方，未尝用斜幅作尖角式。有恶病则竖黄旗所至之海口，候之，即以医至；禁舟人不得上下，行海各国皆同此例。因考《周礼》九旗，有通帛者，则一色者是也；有杂帛者，则错五色者是也。《尔雅》曰：长寻曰旐，继旐曰（旆）〔旆〕。郑康成谓旐末为燕尾，则长幅末作两坌者是也。西洋不必师古，而天地自然之文，无中外一也。九旗之等，以丈尺为差，其制皆长方。古旗无用斜幅者。今惟令旗尖角，以便卷舒。国旗尖角，似不足式观瞻。窃意古旗皆有旒，而今无之。旒即所以为镶也。出使西洋，自当避其所忌。宜加红帛为旒，而仿古制为升龙降龙，绘二龙于旗。存此以备他日考定旗式之一助。

二十日。午正，行七百六十二里，在赤道北二十七度三十二分。至此海道渐狭，两岸山势罗列，时见岛屿，距岸咫尺，知已入麦西境，西洋人谓之挨及。海尽处分两汊：东出曰阿喀巴，地属阿剌伯；西出曰苏尔士湾，地属麦西。两湾歧分，各广数十里，中有大山曰西（柰）〔奈〕山，相传为摩西以十诫立教之地。稍东即土耳其之犹太，唐书所谓拂箖也，为摩西生长之地。西洋文物创始麦西，犹太又教祖所从出。东汉班超传：遣掾甘英往通大秦，抵条支，临海欲渡安息西界，船人以海水广大止之。大秦即罗马国，今属意大里。安息，今波斯。条支，今阿剌伯也。所临之海，即今地中海。是汉时此地属条支，而波斯西境直抵地中海。汉唐以前，西洋通中国者极罗马而止。而安息、条支自西汉初已通中土，文教开辟最先。声息之所及，其机先动，而文物随之以启。厄日多为西土文字之原，亦天地自然之机欤？

廿一日。卯刻，行五百一十三里，抵苏尔士湾口。地为亚细亚、阿非利加两洲一线相连处，广约三百里，介红海、地中海之间。同治三年，法人赖赛朴以机器开河通舟楫，广六丈，深不逾三丈，凡七年始成，费至七八千万，各国商人醵金为之，以地属挨及，蠲与三分之一。往来征船税，按成分收其利。同治十三年，挨及以千二百万金鬻之英人。于是英人合官民所出公费，约得全股之半。适有轮车赴苏尔士，为挨及一市镇，距湾口八里。偕刘云生、黎莼斋、刘和伯、张听帆、德在初、凤夔九一往试之。至苏尔士洋行小坐，行主特尔勒，亦英人也。洋楼及民居多土筑，屋皆平顶，远不逮西洋各口埔头之繁盛。居民长衣无前襟，自下笼其首而衣之。妇人则冒其首，以前领当鼻，用藤纽合之，着于鼻端，惟露两眼于外，即乞丐亦然。饮水仅一井。法人于其地开造花园，而用机器引水，相距五里，未能一往。随雇一小舟回湾口，见开河机器二具，登视之。其一两船相并，设机器其中，高三丈许。中为铁桥，广六七尺。两船相距，适足容桥。引桥上下，可入水丈许。取泥铁筐三十馀，环桥辘轳周转，如水车之龙骨。桥顶承以铁柜，旁设铁沟，约五六丈，横出，承以铁柱。两旁为铁条，交午若疏眼篱。取泥转至桥顶，倾入铁柜，即从铁沟流出。亦取土机器之巨观也。其一一船中设机器，亦高三丈许，旁设铁枧，极宽而短。马格里云此专取沙，恐未然，疑两旁土不必远出者用之，盖两船相济以为用也。左近立一石人，高丈许，云二百年前法人名瓦琛汉者，始通两海相距之地，立石以记之也。红（船）〔海〕以两岸皆红土为名。夕阳返照，见山色红紫辉映，如胭脂图画，亦一奇景也。

廿二日。船主守候孟买卫尼哈船，巳刻始至。盖轮船行程皆有期限，卫尼哈船由孟买至亚勒散得，其附船至伦敦者于此过载，故须一守候。禧在明由轮车赴亚（得）〔勒〕散得海口，附船渡海至意大里之伯林的西，由轮车三日程可抵伦敦，即时辞去。接伦敦公司船局电报，金登干得赫总税司信，已租定波克伦伯里司房屋一所，需用器具皆备。当付一信，交禧在明持递。酉刻开行。由苏赛江口入新开河，仅容一船，中有湖数所，来往船于此交互取道以相避。沿江置计里牌以知行路之远近，而于江南岸安设电报，每十里许设一木板屋，以处司电报者。江路侧处，或数里，或数十里，并于出入两口悬球于杆，大如瓜，以为表识。船东至，则报知西口，悬球以示东行者，择地便处，停轮俟之；船西至，亦报如前。禁止夜行。是以江仅容船，而无拥塞喧嚷。入夜停轮，必于湖荡宽处。皆依成例以行，无敢违者。是日行三十六里，泊小苦水湖。

廿三日。卯初开行，入大苦水湖，亦名盐湖。适报有船名那木坦已入西口，停轮待之。又过阿美大、赛拉宾二湖，入剔木萨湖，又遇二船交首而过，一名阿玛诺尔林，一名提格。湖旁亦有开河机器船一具。午过日斯麦里亚，适当新开河之中，轮车赴亚勒散得亦由此道，市肆颇繁。入苏赛江口，募一引水者，至日斯麦里亚，当换一人，而不停轮。甫望见市肆，有小轮船迎至，即公司行所募之引水人也。又入小江口，有法王后宫。同治九年，新开河成，挨及王传报各国临视，意大里王、奥王皆至，法王遣其后至，而设行宫江次，今尚完好。江路愈狭，两岸沙山高十馀丈，舟行距岸不过数尺，又多作湾回之势。再过巴拉小湖，至满萨磊湖停舟。是日礼拜，行二百二十里。

廿四日。卯初开行。五十四里至波赛。北岸有开河机器一、压沙机器一；南岸有开河机器二具、取重机器一。新开河故沙漠下游，尼罗江积沙上壅，岁淤数尺。船主云：海岸灯楼临海，今海潮积沙已至七百馀步，故于新开河入海处两岸累石为长堤，横截海面以拦沙。北岸约二百馀丈，南岸又数倍之，如连长桥，远浮海涛之中。以沙地不可得石，乃用机器积沙压成之，长方约七八尺，宽、厚二尺馀，并摹英文其上，以记累石里数，一皆以人力夺天工。波赛市洋楼鳞次，询知开河以后所新造。江边引水机器一，南引尼罗江水以供民食者。煤气机器一，市楼夜灯取给于此，并为圆墩，置圆木红桶其上，围数丈，而煤气桶另制铁架覆之。市东山头见风磨一具，随风旋转如飞轮。市尽濒海处置灯楼一，高五六丈，形如方柱，夜燃灯以引海船。有鬻挨及古迹图者，得数幅，中有克里阿卑得拿尼得尔图两幅，盖一石柱高七八丈，四方，方各七尺许。马格里得其前方，刘云生得其后、左二方。上有尖顶。每方上层刻为鸟形者三，其下为文三行，行十馀字。字体大逾二尺，绝类钟鼎文及古篆籀。属黄玉屏摹出之。其中为筐围若石鼓文者颇多，如、、、之类，而作之字，一方中至四五见。又有似鸟者，作；有似马者，作，亦有竟作马首者；有似眉眼者，作，或作，或作，或作，或作；有似爪者，作。其竟类今篆者，如、、、、、、、、。其柱不知始何时。挨及流传古有贤后克里阿卑拿。以此石柱顶尖，相与颂赞，以为克里阿卑拿所用之针。尼得尔者，译言针也。乃知文字之始，不越象形、会意。麦西始制之文字，与中国正同。中国正文行而六书之意隐。西洋二十六字母立，但知有谐声，而象形、会意之学亡矣。此石柱距挨及加义罗都城不远。闻亚勒散得海口尚多有之，字体略同。未初，开行入地中海，为亚细亚、欧罗巴、阿非利加三土交界处。自此尽地中海之境，北界欧罗巴，南界阿非利加，而土耳其中东二土逶西北二千里，遥与亚细亚西境相望。欧罗巴人于此一海析分三洲之地，亦天地之一大区限矣。晚见南岸灯楼者再。尼罗江凡分三口入海，曰达密也得，曰罗塞得，曰阿勒散得。船主云：阿勒散得相距尚百馀里。

廿五日。午正，行七百八十九里，在赤道北三十二度五十一分。雨，郁热，亦时见日。日西而虹东见，长数丈。地距赤道视上海远至一度许，而了无冬意。船主见示《波赛日报》，中言英、俄各国公使为土耳其会商塞也维兵事，土主不允分国，而大改国政，一准西洋法度行之，如设立民会，置议政院，及官有专责，及民讼刻期听断，凡数条。尤要者，用官不分别回人、土人，而民间习教，或土教，或耶稣、天主，一听其便，不为禁制。予谓：土国苏尔丹能有悔祸之心，乱其有豸乎？马格里曰：亦视所行何如耳。非徒出一示、下一令以求悦于民而遂可以已乱也。其言亦殊有味。自波赛西行，北界土耳其；南界的黎波里，亦土耳其属国。

廿六日。午正，行八百四十里，在赤道北三十四度四分。大风颠顿，至不可耐。地中海岛屿回环，风浪相激薄洄漩而力逾劲也。船主怀德言：英总兵勒尔斯寻北极至八十三度，凿冰行一千二百里，遇冰山矗立，无路可通，或崎岖行一里许。凡一百四十馀日不见日。随行兵多病者，计穷而返。始知致病之由，以无从得水果，而咎兵部不多储水果汁以行。仍决计再往探之，以穷竟冰海为期。言冰上亦有居民，凿冰为屋，以雪为门，入则封之；猎鱼兽为食，衣以鹿皮，亦荐其皮以寝。其猎鱼，锤冰深至十馀丈，鱼得冰窍以嘘气，则群聚穴中；制铁为刃，累长竿钩取之。用鱼油为薪，夜则燃以为灯。其居逐冰窟迁徙，以凭猎取鱼兽，若蒙古之游牧然。亦穷荒之异闻矣。是日经希腊而西。东土耳其之马海，为亚细亚分界地，希腊横出当其冲。至是始抵欧罗巴境。

廿七日。午正，行八百四里，在赤道北三十五度二十四分。希腊之西以阿尼群岛为英人所踞，其时希腊方属土耳其，困于土政，畔而交兵，英人乘间取之。其后英、法、俄三国保护希腊，听其自立为国。又历数年，以阿尼群岛逼近希腊，炮台皆内向，希腊不能安也。其地固非冲要，英人亦所不争，因并以还之希腊。是日历诸岛而西，至意大里境。

廿八日。丑刻，行三百八十四里，抵马尔他岛，在赤道北三十七度。北界意大里之西治里岛，其南与的黎玻里都城正相值。地形如臼，中出一山，四周环拱之。长四十五里，纵三十里，横出枝脚泊船，湾曲四五。中设机器局，环列炮台十一所，英国地中海第一重镇也。初属法兰西，英人踞而有之。各口兵船并于此修治。其地总督思得洛班喜，遣其中军讷尔泗、多逊二人以马车来迎。炮台声炮十五。过两重炮城，至总督署。局势雄阔，街市整齐洁净，楼房高至五层六层，栉比相望，迥非锡兰、亚丁等处气象。至则各官皆集，水师提督鲁阿得、总兵葛兰达二人官为尊。思总督久处广东，年六十馀，须发（浩）〔皓〕白，其夫人亦贤，为留饭。陪游左近一炮台，共炮一百二十门，重十八吨者六尊每吨千八百斤，计重三万二千四百斤，身围逾丈许。其中高炮台一座踞山顶，尚有巨炮三尊，不及往看一重三十六吨，其二各重二十五吨。每炮一尊，前置炮子数百，若将临敌者。防兵共六千人。铁甲船三：一曰得法思得深，一曰合得思伯尔，一曰陆拍尔得。近因土耳其之乱，调兵防俄罗斯，铁甲船驻希腊之脑比里亚者二十有五。总督署盘旋而上，规模绝大。有议事厅二：其一张镜；其一悬线制洋画巨幅十六，每幅丈馀，绣狮、象异兽皆如生。又一长厅藏古军器刀、剑、枪、杵之属，悬挂四壁。有始制大炮一尊，铁质而中有铜胎，用绳络之，加漆其上。馀小炮数十尊。其架枪四枝，状如抬枪，长丈许，熟铁为之，后门纳子，为军器之稍近者，然亦三百馀年矣，知西洋后镗枪已起于明之中叶。又古石炮〔子〕圆如斗者十馀。而中置玻璃罩五：一为阿剌伯回部初强时，与马尔他番人战败所得刀斧；一为回人所用喇叭，可回旋者；一为七百年前教师所诵经；一为马尔他印绶及册文。其馀古瓷器若瓶、若卷筒、若瓮者无数，皆作花纹，质粗而轻。自石级盘旋历数厅，状如甬道，两旁槊古军士被甲执兵而立。藏军械厅亦然。中有石像，为方柱而凿人首其上，法君拿破仑第一之像也。询问岛间大学馆二所，小学馆三十四所。监牢二，其一专拘系兵人，以兵六千馀与土人错居，不能无争讼也。船主催促甚急，不能往观。思总督云，此间古迹甚多，而无缘强留一二日相与一纵观，为歉然也。未刻，开行。

廿九日。雨，风。午正，行六百九十九里，在赤道北三十七度二十八分。南岸山势叠起，为突尼斯国，亦土尔其属国也。地势突出地中海，境内一山横列海面，下有伏洲，仅中路可通巨舰。洋船过此，亦称险境。过此，北岸已近接法兰西矣。

十二月初一日丁亥。午正，行七百二十里，在赤道北三十一度二十分。大风颠顿，夜不能寐，而郁热乃近春三月。船主言：土耳其与所属之塞也维构兵，俄人意在挑衅而坐收其利，英、法、德各国不利俄人之通海峡也，力谋所以保护之。盖恃君士但丁都城扼黑海之冲，足以抵拒俄人。英人尤所属心，调拨铁甲兵船至马海者二十馀。俄人心慑英人之助，亦不敢求逞，近亦定议共平土耳其之乱，当不至使各国交兵。自突尼斯以西，地势北出，连山相属，或远或近。海中亦时见岛屿。以地（道）〔图〕求之，北界法兰西，南岸当已入阿尔及耳境，亦回国也，今为法兰西属部。是日礼拜。

初二日。午正，行七百二十三里，在赤道北三十六度五十一分。以（纬）〔经〕度计之，此地正与伦敦相值，中隔西班牙、葡萄牙二国，地势畸出大西洋海，伦敦转在其东。故由法国马赛车路赴伦敦，非独取道径直，实亦近数千里程也。大风昏眩，日苦不支。上海十日，劳勚过甚，登舟后与病相守，顷忽患牙龈肿痛，牵及两耳，又胃脘气痛，头昏怔忡，百不能适。远望一山隐约，船主指为西班牙。马格里云：山名西艾腊尼瓦大。其山尖峰叠起如锯，而积雪终年不消。西艾腊者，译言锯也。尼瓦大者，译言雪也。同舟葡萄牙人墨克里阿附船回国，人颇文雅，询之，官阿非利加东土之莫三鼻给按察司。葡人于此分立七部，而设大酋莫三鼻给统辖之。晚见北岸灯楼忽明忽暗，所过西班牙之加拉拿大。有二埔头：曰亚尔美里牙，曰马拉牙。马格里云：灯楼之设有二义：一为海口引船，一为避险。避险率用红灯。其引船之灯，四面周转，或随暗随明，或稍停，皆以分数计之，使人辨知其为何口。海口相连者，各为定式，以示别也。

初三日。午刻，行八百三十七里，抵奇巴答答，在赤道北三十六度七分。有石山崛起，高一千四百馀丈，长七里有奇。英人名之诺，译言大石也，与西班牙之诡（美）〔英〕阿非斯卑阴山相望咫尺，中隔一洲，海水泛则别为一岛。瓜达尔几河绕其右，南与阿非利加之珥布斯赫德并横出海中，对峙成海峡，为地中海之门户。珥布斯赫德者，译言猴子头也。英人踞有奇巴腊答山地，因山为炮台，号称奇构。其地总督勒比耳近年攻阿伯西尼亚，入其都城曰满克德林，因封满克德林男爵，遣其中军卑勒斯以马车来迎。列队岸次，炮台声炮十五并如前。提督萨马斯德亦至，询其额兵五千，分七营：炮兵五营；又有守炮台兵五百，皆工匠为之；洋枪队千五百人，别为步兵营。营各立学馆。又有大学馆一，藏书四万册。环山内一面建城，临瓜达尔几河。居民万九千人。总督勒比耳遣其统将狄隆陪游炮城，皆石为之，中加三合土，外护小城二重，以洋枪队拒敌之近攻者。炮城环护山麓，上施炮，下列兵房。每兵房一连，皆于其旁依山建楼房，以处兵人家属。炮大者十八吨，子重至四百磅。每吨一千八百斤，每磅十二两。由炮城绕至奇巴答答山西一角，观所谓山炮台者，盖穿石为炮洞，上下凡三层，所置炮各重五千四百斤，子弹毕具。环山三面曲折为石衖，围绕上下。其南面临海，壁立千仞，不设炮。所至山西一隅而已。闻其中凿石为议事厅，宽广十馀丈。又为石池一，收山雨滀之，足支炮兵一年汲饮。合炮城列炮千数百，今皆改制新式后镗炮〔不用〕，已安设者五百三十五尊。为英国地中海口重镇。《瀛寰志略》名海口曰巴拉尔大，亦曰直布罗陀，而名英人所建之城曰义人答答，皆此奇巴腊答四字一音之转。引游炮城者，将官莫尔干；引游山炮台者，炮兵官非尔丁也。非尔丁指西艾腊山缺处曰阛陀，有古营垒，为加非达额踞西班牙时，与罗马大将奔标力战于此，盖当西汉之初，距今二千馀年矣。西艾腊山横亘如垣，弥望数百里，所见山势之雄阔，无及此者。有德国兵船停泊海口，其兵官喀伯来见。酉刻开行，出海口，有灯楼。船主云：此海名得拉法尔根，英官威德林以兵船与法王拿破仑第三鏖战处也。

初四日。午正，行五百九十四里，在赤道北三十七度十四分。过奇巴腊答海口，入葡萄牙境，南对阿非利加之摩洛哥，亦回部也。其地犹属地中海。至是抵星子文生，是为葡萄牙南境尽处，始出大西洋。海洋人以山尽处为岋，水流当岋，两相激荡，浪益汹涌。星子文生山石嵯峨，横截海面，舟行极为颠簸。而西班牙西境地势微削而向北，海方南趋，为地势所遮遏，数百里间，澥湃腾沸，洋船以为至险。晚见海口灯楼，船主云里斯玻亚海口，葡萄牙国都也，为德人河入海之口。是日郁热尤甚。初闻红海炎酷，隆冬一如盛夏，心甚畏之。此行亚丁至苏尔士，尽红海六日程，天气晴和，风恬浪息，为海行最佳之景。其馀三万馀里，多在风涛震撼之中。至出大西洋而郁蒸之气转甚。红海天时地气，固有不可意测者欤？

初五日。午正，行七百八十里，在赤道北四十一度三十分。北过斗罗、米虐二河，为葡萄牙西北都会，兼两河为名。再北又入西班牙西境。晚过盖泼非尼士特，远见灯楼，波涛汹涌倍甚。盖西班牙向北尽处，地势深入，汇成一大荡，与法兰西壤地相接，至罗亚尔江口又斜伸而出，中广千馀里，海水奔腾而下，驱入荡中，回薄渍激，乃始折出南趋。故此海洑千馀里，稍一见风，则汹涛激浪相助飞腾，尤以盖泼非尼士特为至险。盖泼者，译言尖处也；非尼士者，尽也；特者，地也。风雨暝冥，颠危倾险，郁热尤剧，心气痛甚。此行上海患眼珠痛，登舟而鼻隼痛至二十馀日，已而牙龈痛、耳痛，又苦心痛，尽五官之用而皆受患若此，异哉！

初六日。雨，风。午正，行八百四十六里，在赤道北四十六度一分，（纬）〔经〕度距伦敦偏西至九度五十二分。出大西洋折而北，稍逶东行，至是益东。西洋以智力相胜，垂二千年。麦西、罗马、麦加迭为盛衰，而建国如故。近年英、法、俄、美、德诸大国角立称雄，创为万国公法，以信义相先，尤重邦交之谊，致情尽礼，质有其文，视春秋列国殆远胜之。而俄罗斯尽北漠之地，由兴安岭出黑龙江，悉括其东北地以达松花江，与日本相接。英吉利起极西，通地中海以收印度诸部，尽有南洋之利，而建藩部香港，设重兵驻之。比地度力，足称二霸，而环中国逼处以相窥伺，高掌远蹠，鹰扬虎视，以日廓其富强之基，而绝不一逞兵纵暴，以掠夺为心。其构兵中国，犹展转据理争辨，持重而后发。此岂中国高谈阔论，虚骄以自张大时哉？使其为五胡之乱晋、辽金之构宋，则亦终为其啮噬而已。轻重缓急，无足深论。而西洋立国自有本末，诚得其道，则相辅以致富强，由此而保国千年可也。不得其道，其祸亦反是。班固《匈奴传》赞有曰：来则惩而御之，去则备而守之，其慕义贡献则接之以礼让，羁縻不绝，使曲在彼。未闻处夷狄必务以气陵之，使曲在我而后已者也。以强临弱，以全盛制边防，犹兢兢焉称情以处之，权量事势以慎行之，无敢或肆，又况逼处环伺，内据要害，所以挟持者尤大而其谋尤深者乎！刘云生自谓能处洋务，至是亦自证其所知之浅，而曰处今日之势，惟有倾诚以与各国相接，舍是无能自立者。鄙人为时诟病多矣。姚彦嘉谬谓学识过人，吾何足言学识哉。宋、明史册具在，世人心思耳目为数百年虚骄之议论所夺，不一考求其事实耳。往闻何愿船谈洋务，深中窾要，怪而问之，答曰：六经周秦古书，下逮儒先论著，准以历代之史，参考互证，显然明白。世俗议论，只自豪耳，何足为据！此之谓学识。

初七日。午正，行七百三十一里，在赤道北四十九度十一分。过法兰西罗亚尔部，正当地势邪伸入海处，波涛激荡尤甚，西人名之曰珥胜，有引路灯楼，过此即与伦敦之哥尔奴瓦里斯部隔海相望。至是始稍有寒意。是日晚餐，坐间十馀人，捶胡桃为戏。有以额触之而碎者，于是群引额撞之，或碎或不碎，而皆轰击有声。或横一指其上，引拳击之立碎。或纳胡桃肘下，伸腕舒掌，拳一手拍掌上立碎，见之咋舌。日间常十馀人为投石超距之戏。一人曲腰立，其馀诸人相距十馀步，以次疾趋，按其腰，张两足一跃而过。继乃量地三尺，投石为记，不准纳足其中。渐增至五尺，则飞跃而过者两人而已，馀皆纳一足石限内。已而六七人曲腰立，相距各五尺，十馀人连跃而过，无一虚步。从容嬉笑，沛然有馀。大率德国兵官也。其人白皙文雅，终日读书不辍。彼土人才，可畏哉！可畏哉！船主出示船单：北夏洼尔船以西历十二月廿五日自锡兰开行，正月廿一日抵苏士阿母敦海口。此次锡兰开行实先三日程，而云明日午正准至海口。以日计之，则正西历正月廿一日也。盖自入红海后，稍减机轮之力，以待孟买卫尼哈船。两船行度相值，中间稍有参差，而其终仍合也。计此行所历之国十八。曰安南，曰暹罗，曰俾路芝，曰波斯，曰阿剌伯，凡五国隶亚细亚；安南儒教，暹罗佛教，馀皆回教也。曰土耳其，曰希腊，曰意大里亚，曰法兰西，曰西班牙，曰葡萄牙，凡六国隶欧罗巴；法兰西、西班牙则地中海经其东南，出大洋海，又经其西一面。土耳其，回教；馀皆天主教也。希腊又自为教，为天主教别派。曰阿伯西尼亚，曰努伯亚，曰挨及，曰的黎玻里，曰突尼斯，曰阿尔及耳，曰摩洛哥，凡七国隶阿非利加，皆回教。阿伯西尼亚又自奉天主教。近年法兰西踞阿尔及耳为属部。所历英国属部十五，在南洋者六：曰香港，曰拉布湾，曰新嘉坡，曰麻剌甲，曰威诺斯里，曰槟榔屿。拉布湾在七星洲南，麻剌甲与新嘉坡相连，威诺斯里与槟榔屿一岛相对，皆不停船。在印度者五。英人踞有印度全土，而濒海大部凡三，曰孟加拉，曰麻打拉萨，曰孟买。岛二，曰锡兰，曰苏克得拉。停船者，锡兰而已。麻打拉萨与锡兰岛相对，馀皆相距远，而一海径达，其地可指望也。在红海者二，曰亚丁，曰毕尔林。毕尔林亦不停船。在地中海者二，曰马尔他，曰奇巴腊答。所在建耶苏堂，番民皆习其教。印度佛国，乃习回教，而孟加拉之诃利萨与锡兰皆宗佛教，以合掌为礼。孟买则波斯火教之遗犹有流传。西洋习教，各有宗主。波斯为回部所踞，禁其本教，于是习火教者皆避至孟买。南洋群岛分隶各国者：过琼州七洲洋与吕宋相望，地属西班牙；再南过广南湾，西与西贡相望，法兰西所据安南嘉定省海口也，东与文莱岛相望，地属荷兰；再南逶西过苏门答腊，亦属荷兰。其附近小岛不记，相距远不记，各国海岛归所属者不记。

初八日。未正，行四百九十五里，抵苏士阿母敦。过波子伦敦，有两灯楼极奇丽，为英水师屯泊之地。入尼罗司海口，有岛曰阿路威得，为君主消寒地，有行宫曰阿思本。舟行搁浅，又值大雾，潮信稍晚，故后一时许始至。禧在明、金登干枉接舟次。税务司费力朴来传外部德尔比丞相之意，云早奉德丞相檄饬：中国公使本日即到，应免查税。又秘鲁国领事计罗慕、船务监督那坦、上海管理《字林日报》慕斯满均来见。前天津领事屠迈伦，则所素识也。酉刻，上轮车开行。以是日礼拜，仅早夜两次开行。历柏性思多喀及窝多两处市镇，所过灯烛辉煌，光明如昼，近伦敦处尤盛。金登干早为雇备马车相候道右。街市灯如明星万点，车马滔滔，气成烟雾。阛阓之盛，宫室之美，殆无复加矣。换马车，历一时许，抵波克伦伯里斯寓宅。留金登干晚酌。询知君主前赴温则行宫，尚须由温则前赴阿思本行宫。其伦敦所居有二：一曰圣全恩爕斯巴雷司，是为正朝。巴雷司者，译言宫殿也。一曰柏金葛恩巴雷司，是为便殿。正朝必礼服，私朝常服可也。各国公使驻伦敦者三等，凡三十国。头等：俄国书瓦洛苐，法国达拉固，德国闵斯达尔，奥国傅斯达，土耳其国莫拉射司巴沙，凡五国。二等：美国施安克，日本国乌叶那欧戛真呐立，西班牙国戛萨类各来西亚，瑞典国贺什尺拉达，荷兰国德必兰，波斯国那赛木麻拉克木可汗王，比利时国索拉宛，丹国毕娄，葡萄牙国萨拉达哈，秘鲁国嘎拉卫司，巴西国佩呐兜，馀为南美利加及阿非利加诸小国，凡十八国。其署公使者七国，意大里国马悌那欧，亦以参赞署理者也。参赞或一员，或至三员四员，有以伯爵、男爵充参赞者。其外部德尔比丞相总理，副以侍郎四人：一定得敦，一旁斯苐得，一立斯德，一得拉。而英国大政一总之丞相毕根士非尔得，其权势视汉之丞相。而上、下议政院亦微分党相攻；居丞相之任曰特勒沩里，必议政院附和者多，乃能安其位云。上海兑银三万，得八千九百三十九磅。金洋一枚重二钱二分曰磅。磅易小银洋重一钱四分曰施令者二十枚，值银二两八钱而已，而所兑金洋抵库银三两三钱有奇，是已明耗二成矣。略记其等：金洋一磅曰色伍伦，易小金洋二枚曰哈夫色伍伦；又易银洋二枚曰克洛恩另有一克洛恩易二枚者，曰哈夫克洛恩，不甚用；又易小洋五枚曰施令另有重二钱四分曰（洛福伦）〔福洛伦〕者，易施令二枚；又易次小洋二枚曰西盘司；又易极小洋二枚曰萨力西盘司；又易铜洋二枚曰佩泥；又易中铜洋二枚曰海佩泥；又易小铜洋二枚曰发尔英。凡金洋二等，银洋六等，铜洋三等。其钞票颁自国家，起金洋五枚，至千百万，曰班克比拉。

光绪三年　丁丑

正月

光绪三年正月初一日丁巳。元旦。偕刘云生率同黎纯斋、德在初、凤夔九、姚彦嘉、张听帆、刘和伯、黄玉屏行庆贺礼，并设茶点。议政院绅怀德、谛克斯来见。以元日须一出游，偕云生以下至歪克斯独索，观所谓蜡人者。歪克斯，犹言蜡工也；独索者，其馆主之名也。馆凡两进，凡两大厅，四围及中厅塑人几遍，或坐或立，或为高台平台。游者出入如云，与诸蜡人相混也。所塑皆有名人，各国主为多，最著者华盛顿也。林文忠，亦塑一像坐门首，刘云生言，神貌皆酷肖也。又有法国一女将曰权阿尔克①，绝美而有英雄气。馀皆不暇详记。楼上为蜡人馆，楼下百货环市，奇玮夺目。交市者皆洋妇也。晚归，仍邀云生以下诸君会饮。读《史记》一卷。是日微雨。

初二日。与刘云生、黎纯斋、刘和伯、凤夔九、黄玉屏为万生园之游。英语云觫阿罗奇格尔家定司②。家定司者，译言苑囿也。马格里、禧在明俱随行。园主巴得立得陪游。盖官园也，为国家驯养鸟兽之区。所见鸟兽数百馀种，多收之各国者。中土则四川之锦鸡、云南之孔雀、浙江之画眉鸟、江南之唐鹅唐鹅数十，多产之本国，江南亦

---

①权阿尔克，Joan of Arc（贞德）的音译。

②觫阿罗奇格尔家定司，Zoological gardens（动物园）的音译。

有之、奉天之鹿、四川之虎及羊。虎豹及狮子为巨屋，铁栅为圈者十馀所。见狮子五，其二头及前身有深毛，后身无之，尾如牛尾而长；其三则状如虎而毛色如牛，皆稚狮也。豹七八，虎十馀，其太子一至印度，得之印度及苏门答腊及努伯西尼亚者为多。猿猴亦为巨屋，中为铁网大圈者四，前为窗，其三面为小圈者十馀，种类甚繁。其一大圈，大小十馀种而尾皆能钩挂，其中有身、尾似猴而头如犬，后两足如鸭掌者。犀牛亦为巨屋，约七八圈，形如牛而大，角生鼻端。有鼻端相连为二角者，有独犀者。其一独角犀鬻之印度，值千二百磅。海马亦为巨屋，凡三圈，每圈为深池一，日常伏池中，园丁持草呼出之，形如马而大，张口约二尺许，纳草一束其中，意犹未慊也。高脚鹿亦为巨屋，凡四圈，身长六七尺，足高八尺，颈长亦七八尺，头、身斑文皆如鹿。其牛、羊、鹿、豕来自各国者，或为圈，或为屋，皆各数十种。印度牛背负一肉囊甚巨，云味如驼峰，最鲜美。鹿有大如牛者，其身斑文及角长短，种类各别。野豕有平嘴者，有尖嘴者，有头甚巨而（湾）〔弯〕折者，其大或逾巨牛。羊种尤繁，有两角盘曲者；有直挺者；有斜挺者，其角并尖如削刃；有盘折如结绳者；有寸寸出节如竹笋者；有明亮透光者，殆羚羊之属也。又有野驼、野马、野驴各数种。其一野驴，头、身皆如虎斑文。鸟种百馀，多不能举其名。有身如野凫而颈细长，张两翅各作数花圈，五色斑斓如蛱蝶。有巨嘴短颈，头有长方板，色如黄蜡；其中亦有长方板尖出者。大如鸵鸟，细如黄鹂，艳如孔雀，驯如鹁鸦，诡形异态，见之眩目。鹦鹉别为一屋，约数十种。白鹦鹉中有能为洋语，喃喃向人。其中有头毛一丛黄色，中土名之葵花鸟。有巨嘴如瓜，或红如砂，或黄如蜡，亦有作蓝色者，不知其何名也。又有一鸟状如鸡，冠、尾皆具，而长仅及二寸许，大可盈握，可爱玩。有一巨池蓄江豚十馀头，中为石台，置两几其上，江豚跃出几上，向人拜而求食。又有一池，蓄水獭数头。袋鼠别为数栏。其左一小门，则养蛇所也，为十馀屋，外施玻璃，屋各畜蛇其中。有巨蟒三头，大逾尺许，长数丈。白花蛇数头，最狞毒，举头直立尺许，头以下宽而扁，色白，中作黑点，能食蛇。园丁云：每一礼拜饲以一蛇，所食二百馀头矣。园丁弄巨蟒而翘其首，独此不敢近，于上凿一小孔，纳蛇以饲之而已。其中鼍龙数头，有头如龙而口巨者，有头扁如鼋者。又有穿山甲一头，并长不过一二尺。每一巨室，或圈或栏相连，以一园丁司之，驯养鸟兽，狎扰玩弄，伸手探虎颔而搔其背，呼豹而出之，执草以招海马，令张其口，投葡萄以饲鸟，一投一啄无虚掷，又纳葡萄口中以示鸟，则徐伸嘴取而咽之。唐鹅嘴长尺馀，下嘴有巨袋，能藏鱼数头。园丁令张嘴而曳其下袋，纳拳其中。《周礼》：服不氏掌养猛兽而教扰之，于此始见其概。驯象六七头，有高丈六尺者，亦得之印度者也，其色皆如水牛。园中一飞楼，一桥，小溪环之，树木葱郁，异花缤然，独无一亭堂可小憩者。晚归，屠迈伦、位斯内并在寓坐候。屠迈伦为致金登干之意，往苏士阿母敦校阅铁甲兵船。位斯内则水师提督何伯之亲戚，曾充下议政院会绅三十馀年者也。云生约同黎纯斋以下晚酌。

初三日。为其君主召见各国公使及文武诸臣之期，遣其冢嗣行礼，在圣全姆燮司正朝。未刻，偕云生、纯斋、和伯、在初、夔九、听帆及马格里同往。先至其御前大臣宣摩斯处投递名帖，再转入数重门。各国公使咸集。询其次第，与美使皮蕾盘相次，因相随以进。入右角门，直上有宝座。其冢嗣立宝座下，旁侍数人。至其前一鞠躬，其相识者执手为礼。予以宣摩耳属令报此次初见者之名其随同递国书者即为已见，不报名，多此一重曲折，转至其前立，候本国文武诸臣皆相见毕，其冢嗣相向鞠躬，退出左角门回寓。其文武诸臣见者一不以官次，皆至其前投递名（帆）〔帖〕，旁一人接收而唱其名，惟其品级尊者得转至其前立，馀则一鞠躬后即趋左角门出。其各部尚书先入，候冢嗣出，乃传各国公使入，而后文武官次之，世爵亦相参杂以入，亦其国之盛典也。晚次，威妥玛、禧在明枉过贺岁。

初四日。金登干约赴苏士阿母敦看所造铁甲船，昨夜忽发电报阻止，随令马格里发一电报，告以晴日难得，恐过此日又为雨阻也。今日又来一电报，仍请改至明日。询之马格里，则造船之觉尔斯伦大与所约之医士马克里、日斯二人皆已约定礼拜六，中历之初五日也，可谓多此一层周折矣。因与马格里语及西历一千八百五十四年，当咸丰十一年，俄人谋侵土耳其，英国以兵助土耳其，是时俄人造集兵船黑海，其地名细八士多波罗[1]，俄人制造军火处也，炮台环列，兵船棋布。英人以水师直出峡口，谋与俄人战于黑海。俄人闻，急沉其船以塞海口，已而并所造兵船悉沉之，盖知其水师兵力不足以敌英人，惧有挫衄，沉舟以避其锋，且示不欲战也。西洋之能权衡进退如此，此岂中国所及知哉。香港政务司士米斯来见，询知乞假回国，日内即赴香港也。因就便回拜蒂洛克、怀德、汉克三君皆下议政院绅，及威妥玛、禧在明。复拜赫德弗尔得、潘生必非婴两君皆宫官，主引见事宜。过利如洋行，晤行主刊木多，并往拜伦敦大教士铿阿〔阿铿〕毕灼[2]毕灼斯者，译言教士也；（铿阿）〔阿铿〕，犹言总司，及罗尔得梅尔[3]。梅尔，由民举司都

---

①细八士多波罗，Sebastopol（塞瓦斯托波尔）的音译。
②阿铿毕灼，Archbishop（大主教）的音译。
③罗尔得梅尔，Lord Mayor（伦敦市长）的音译。

城民事者。刊木多相见，尚述及英人多乐温手击张锡九事，言伦敦人闻之，皆为不平。亦足见此邦民风之厚矣。是夕，就魁英园观出。

初五日。金登干约至波斯莫斯①观所造铁甲小船。十点钟，由寓坐马车至轮船厂，莼斋、在初与马格里偕行，医士马克里、进士勒色现管新报局、翻译屠迈伦及造铁甲船人林大，共坐一车房。经过怀立坦地方，历一大山约十许里，又历一小山，更过坤培、吉罗苐塔、立坡三村镇，又历一大山，更过娄兰喀斯、哈万两处地方。凡遇村镇，必小停车，以便附车人上下。至波斯莫斯海口，其地水师提督珥里雅得派中火轮船一、小火轮船一，遣其中军葛拉迎迓，以所造铁甲船过小，须用小火轮船过船也。询之金登干，前后所造四船，以洋文字母阿、必、西、地四字为记，用希腊语译之：一曰阿拉伐；二曰北大，已开至中国；三曰（麻戞）〔戞麻〕，派英官浪为美管带；四曰代拉塔，派英官静乐林管带。浪、静二字皆洋姓，取以为吉祥也。登（麻戞）〔戞麻〕船，所见海部侍郎曰司九阿，专管造船物料；曰柏艾司，专管炮务；皆谓之提督。别有千总二人：一曰霍拉，一曰艾拉幸坦。议政院绅曰塔雷布，曰雷佛一威，厦门税务司休士、同文馆教习额毕连皆在，中国假归者也。阿密斯冬②机器厂管事罗布尔及威勒斯里，则将应赫德之招赴中国者也。威勒斯里为威林登之侄，英国将官之最著者。金登干言：尚约有法国水师提督费拉内、随员布拉狄在，奥国水师官司柏安，意大里国水师官萨狄亚努卜拉，西国水师官狄木塔，则皆未与相见。船主浪为美为设酒食，演炮。炮重三十八吨每吨千八百斤，计重六

①波斯莫斯，Portsmouth（朴次茅斯）的音译。

②阿密斯冬，Armstrong 的音译。

万八千四百斤，炮子三百五十磅，火药一百三十磅，皆用机器运转。安炮船首，外设炮墙护之，内复施墙，置机器。进退高低各设一机器，外推则进，内推则退。高低亦然，先推使退向内，低承前雷，而后转火药炮子以当炮口，前雷下复设机器，内推则机器直送入炮口，带水洗镗，次第送火药及炮子入，乃推置前雷下；乃复起炮使高，以度测之，而后推出炮墙外。又设电气线于机器墙内，引手按之，而声发子出，可及七千五百馀步。但得一人，运机器有馀，可云神妙。其代拉塔船亦开出海口，各演炮三，内演试群子一。船旁小炮及连环子炮皆历试之。亦生平之创见矣。复由小轮船至中轮船，船主拍拉执礼甚恭。仍坐轮车回伦敦，已逾十点钟矣。波斯莫斯海口与苏士阿母敦海口同一海汊，（拒）〔距〕苏士阿母敦之东九十里。海口炮台罗列，皆因山势为之，海面小墩各为炮台，亦英国之要害地也。

初六日。马克里至，为予相病。询之，为赫德所聘请。凡调人之中国，皆令医士觇其血脉，相其筋骨，以观其耐劳耐水土否。英人选兵之法亦如此。马格里因言，英人莅温斯敦初历阿非利加，涉沙漠经年，以病卒。恺木伦继之，（为）〔自〕西径东，穷莅其境，取莅温斯敦遗榇以归。朝廷为给宝星。今恺木伦尚在，初三接见太子，尚获一见之。

初七日。各国公使如美国毕雷盘、俄国瓦洛苇、德国闵斯达，皆带有信而不获一见。乃以十点钟赶早一见，竟皆已外出。幸马格里先至毕雷盘处与约定，始得一见。就便诣丹国毕娄、日本国乌叶那欧戛真讷立、土国莫拉射司巴沙，幸得一见。土使所（土）〔言〕，亦多可听者，大抵欲连合中国以求自立，无为俄罗斯陵逼而已。询及回教遍亚细亚西北境，种类甚繁，其教亦有异同否，曰：回教无异同，惟自摩哈麦后，有叔侄二人，各以其教相高，一曰西亚，一曰索尼，至今分两族，各以所尚为贵族而已。其教则同，不若耶苏教之析分为二也。是日早毁一琉璃缸，晚毁一灯罩。夜梦至城西老屋，所居西室下房，宽敞逾倍，中设四榻，南向一榻为予卧榻。比入，则西清叔已寝其上，馀二榻不详何人。予撰得曾文正挽联诵示之，群相赞叹。醒记二语曰：同生世上徒苦悲、独立天涯谁与偶，各为上下联第二语也。见西清叔卧榻在下方，因就之，相与易榻而卧。先光禄公持烛至门，予惊起，先公亦随去。予因展被卧诵曾文正挽联，瞥见床端置一灯，乃起置案上。问置灯者谁也，梁氏旁立自承。予怒曰：假一翻身，即油污被褥矣。答曰：我虑君不复翻身。予怒唾之曰：相从十馀年，竟夕展转，尚不知耶？一怒而醒。西清叔丁丑生，今年适丁丑，易床而寝，其终矣乎？为之展转不成寐。

初八日。微雪，稍凉，已而大晴。偕云生往见其丞相毕根士犹①，年七十馀矣，须发俱黑，聪强矍铄才如四五十许人也。

光绪三年，岁次丁丑，正月初九日乙丑。以公事须与外部丞相德尔比一商，至是得其复书，约礼拜五日，中历之十一日也。此间富强之基，与其政教精实严密，斐然可观，而文章礼乐不逮中华远甚。其谨守例案，与办事者循资按序，委曲迟难，视中华亦有过之。如与外部约相见，必展至三日之久，其迟难如此。镇江翻译官爱林来见，询之，曾从柏郎蛮允。记去岁冯竹儒曾语及之，译曰阿仑格，殆即爱林二字转音也。

初十日。发电报至美利坚招伍秩庸回伦敦，得纽约信局回报云：已他往。其理事名费赤尔。伍秩庸实往金山容春圃纯甫所居，名乞富埔。刘和伯发电报纽约以冀其转递，其误甚矣。然要皆陈

①毕根士犹，Beaconsfield 的音译。

俪秋贻之累也。土耳其黜其丞相密得巴沙于意大里，得《代谟斯》新闻录（毕）〔密〕得巴沙上土王书，为其获咎之由。书称：近改定章程，原期君民上下各依分量行之。即此三十年来所下号令，连章累牍，曾实行一二事否？吾固未之有也。其弊由于骄矜粉饰，上下相蒙，但有贡谀之言，未闻有一逆耳之语。凡所事事，全不一依分量行之。我于今直是要做到尽处，不尔，即甘求黜退，毋为混迹于此也。土王怒而黜之。观其所言，深中中华自明以来五百馀年之弊。无怪威妥玛言：土国弊政无他，止是一切皆成具文，与中国如出一辙。谅哉言也，可为三叹。

十一日。外部德尔比丞相约二点半钟会晤，因偕德在初、马格里同往，适威妥玛、禧在明均先至枉候。为言三事：一、新嘉坡派胡璇泽充当领事。胡璇泽，黄浦人，西人名之黄浦，其名颇著。一、盐商周复顺盐船泊湖口，为太谷行惇信撞沉，驻沪按察司断令赔偿，不听断而赴本国上控，经周复顺禀诉。应查明是否上控，并如何批发？一、德国值十年换约之期，苛索百端。查万国公法有与商情不便随时修改之条，从无刻期十年换约者，应与各国改归一例。所事未必能依行，在我固不能不一直切言之，仍当陆续照会办理也。

十一日。伦敦绅士哈什百里、魏娄弼来投刺。哈什白里住伯来登地方，其地有哈特里亚园，中蓄海鱼百数十种，园主函请往观。哈什白里有屋在其左近，并云有图百三十幅，均宽不逾尺，用灯照之，可以展拓至二三丈，并约一宿其家，可以纵观。又有绅士斛米尔敦来见，并述毕根士幕府克科里之言，欲合两人作一公局，邀同一游，云一二日会商即相约也。

十三日。英律师坦文来见，即冯竹儒以上海轮车铁路，属至英国理处者也。其人似有心计，亦颇嗜利，问以事，多匿不言。

接志城十一月十五日〔信〕云系洋字二号。尚有一信由意城处转寄，至今未收到，叙述家事甚详，为之怃然。并接周瀛士、黄泳清二信。

十四日。为西历二月廿六日。君主令其冢嗣再引见各国公使并其百官，礼节一如初三日。本国官员见者仅及其三分之一。所见各国公使及沙尔斯百里侯及旁思密魁英，略与一谈。久立一厅候见，既见，又转至前北向，候引见毕乃退，各国公使无敢先归者。此邦一切礼仪从简，独此为虐政。中国朝贺，亦无如此久立者。其冢嗣中左立一人，为御前大臣、伯爵赫尔茀尔得，主唱名；右立三人，一曰喀立斯的安，为其三公主驸马，一曰萨喀斯威马，一曰卜伦斯特克，皆日耳曼人。萨克斯之母为伦敦人，遂寄寓伦敦。卜伦斯者，译言太子也。回寓，赫尔茀尔斯来见。又利如洋行行主阿拉伯斯讷得、次行主柏恩斯。其行主亦名之尚书。又倭拉金色，亦入利如洋行股分，而别管船政，亦赐头等宝星。

十五日。往威妥玛，与议十年修约应行删除，竟被其诋斥百端，历数中国之失，愤气相向。吾亦以直言抵之。固知此来万无可自申之处也。随往拜冢嗣阿拉伯尔艾达倭尔太子四人，此冢嗣也。其二现居摩尔得。三曰阿色尔。四曰栗欧普拉，卜伦斯特克为其第二公主曰阿麓斯之配。长公主出适德国太子。三曰路意斯。四曰毕阿士立斯，喀立斯的安，萨克斯威马及堪卜伦斯公；并引见时侍（主）〔立〕冢嗣旁者。晚邀刘云生以下十二人为元宵之宴。夜梦六人同席，旁一人指示：首坐周濂溪，次张横渠，次张南轩，次韩持国，而韩稚珪坐席上方，与我相对。并古衣冠。予因问：濂溪、横渠具在，而二程子及朱子不至，何也？众亦无应者。醒时犹能辨其面貌，惟周子丰面，须不甚长，记忆为最清。

十六日。阿什百里携带所游历照图约数十（副）〔幅〕来见，并宽三寸许，长二寸许。用灯照之，可展至二丈。西洋人一出游历，而能自出新奇如此。接武弁王得胜等一禀，盖合淝伯相遣德人李迈协携带武弁七人，至德国学习水陆兵法，因赴斯邦达营，隶前哨拖罗达；拖罗达者，巴兰得之婿也。内王得胜、卞长胜、朱耀彩三人不习营规，李迈协因携至博宏机厂充当小工。李迈协系由克洛卜机厂荐至伯相处，而送此三人至博宏机厂，情形亦有可疑。当遣德在初一往查问。又接粤人唐德峻连名公呈，请禁鸦片烟。

十七日。屠迈伦来见。约德使闵斯达一晤，而展至三点钟。适其时令室人往见德尔比夫人，不能外出，改约十九日。此间通拜必先约期，否则十九不能见，约期必更展缓。亦习尚然也。

十八日。为西历三月初二日。君主召见各国公使及其诸臣于柏金噶恩巴雷司。至则妇人居十之八。诸臣见君主，鞠躬而已，妇人则屈一膝。君主亦分三等款接：有执手亲脸者，有仅执手者，亦有立受者。其国戚下辈，或执君主之手，以嘴亲之。其冢嗣及其妃及三公主皆旁侍。惟君主着长衣，馀皆露两肩及胸背于外，而结束上衣于两乳垂处，紧约其腰，曳裙委地八九尺，盖此间妇人觐见之礼也。

十九日。以遣德在初赴德国斯邦达军营，诣德使闵斯达求路票，闵斯达允给二信，较路票为佳；并询知克洛普、博洪两机厂，皆较百林都城为近。便过由乃的色尔维斯克勒普①，亦英国会馆之一也。由乃的，译言两相并，此会馆为武员公立，水陆两军相并也；色尔维斯，译言公司；克勒尔〔普〕者，会馆也。会馆司事乐宾生函告马格里，邀入会，因一往视之。其会馆尚书一人总司会馆事，谓之尚书道北尼水师提督，曾至南京议约；又水师总兵墨得、副

①由乃的色尔维斯克勒普，United ServiceClub（联勤俱乐部）的音译。

将葛拉哈木年老矣，亦曾至中国，陪款甚殷。询其原始，已开馆六十一年。其初五百人，立会馆后，渐增至一千五百五十人。房屋两层，极宽大。看书写字及击球为戏，皆有专地。又每日集新闻纸，听从观看，亦别为一堂。而看书写字凡六七处，纵横杂坐。每日约七十馀人集此，谓之会友。日供两餐，酒菜有定价，惟取便而已。英国冢嗣阿拉伯尔艾达倭尔亦在会中，盖亦曾任武员也。询问此等会堂尚多有之：或文，或武，或文武兼之。朋友讲习谈论，规模气象，无不阔大。

二十日。雨。接唐景星、黄泳清十二月初五信，盖答锡兰所寄信也。札委德司官前赴德国博洪机厂及斯邦达军营考察（军营考察）（卡）〔下〕长胜等情形。马格里云：印度元日加英主尊号，克拉得王亲至行庆贺礼。以地图考之，盖俾路芝邻西印度之一部落也。英人于其国建立炮台以防俄人，岁给英洋一万磅；其地距机发①为近也。又称：美使西华与前上海工部局百尔敦书，以威妥玛烟台定约免租界厘捐，与旧约参差，属言之外部，翻驳此款。上海英商亦以为言。外部尚不能决。恐此款尚不免有议论。是日礼拜。

廿一日。雨。晚赴阿剌鼾不剌戏馆听戏。绅士鼾米尔敦、毕根士幕府满得玖科里及一武员法国生三人公请。专尚跳跃，视前次又一局面。久病实惮出门，又苦夜深，精力不支，勉强酬应而已。

廿二日。金登干、伦理来见。伦理船厂约一往视，并云有汲水机器，每二点钟汲水至三千五百吨。马格里出示一镜，并各部大员小像，所（示）〔识〕毕根士由、德尔比，及吏部克罗斯、藩

①机发，Khiva（基发）的音译。

院洼得亨得、信部满剌斯五人而已。又言印度官弗尔赛斯曾奉印度总督命至喀什喀尔，其地情形至为熟悉。拟一往问之。发京信及家信二号，凡致总署及经笙相国，及董韫卿、毛煦初、李兰生、晏秋坪，及合淝伯相，及李仲云、易海清、朱宇恬、张蔗泉、朱香荪，及志城，及笙陔以下公信，又专致意城一信，又致新嘉坡胡玉玑一信。京信、家信概托唐景星转递。

廿三日。雪。往观《代模斯》新报馆。馆主马克敦罗陪同游历。日收新报编次之，而检字机器为多。初用机器制出铅字廿六字母，列入铁夹中，用机器转动之以成文。每新报一段成，送校对处校之，凡历数次，乃合编入大铁板中，用机器压之，其字皆影入纸上。再置一圆机器中，熔铅（贯）〔灌〕之，随纸高下成字。合四铅板成新闻报一张，置印文机器中，卷纸逾数百丈，若洋布然，印车动，随转随印，至前截断其纸，而用扇板前后扇之。每车印两铅板，前后分异，无相混者。再转入一机器，折成四叠。大约检铅字及（检）〔校〕对之力为多。合成铅板以后，每日印刷新闻报七万纸，不过一点钟可以竣事。三佩宜得新闻报一纸，每纸二大张，表里两面各得四板，计十六板。凡一施令得新闻报四纸，七万纸抵一万七千五百佩宜，合金洋八百七十五磅。所用工力三百馀人，日间不过数十人，为英国报馆之最巨者。其俄、法、美、德新闻，用电报传递，旁设检字机器，随传随检成文句，用机器压成字，送校对处校勘。是夕八点钟，德尔比丞相邀至外部集宴，男妇三十馀人；公使则法国达拉固、德国闵斯达尔、奥国傅斯达、土耳目〔其〕国莫拉射司巴沙、意大利国那布里亚，皆头等也。俄国书瓦洛弗，已前赴法国。其大堂官，所识者毕根士由、沙乃斯百里侯、克罗司、威妥玛及威使旧友厚布数人而已。十点钟，德尔比夫人又邀茶会，男女聚者三百馀人。

廿四日。拍拉茀尔得伯来见，系先夕同席者，管君主马厂。其威诺斯里夫人则管衣服者也。牛庄税务司满三德自苏格兰至伦敦，亦来一见。而英教士丹拿倡为禁吸鸦片烟会，和从者甚众，其总主名毕士，约今日来见，会病，遣其党三人来请另约一期，并递到桂浩亭一信。

廿五日。旁思密飞英邀看柏金哈恩宫殿，房（思）〔室〕不甚多，而精致绝伦。瓷器尤多，以中国官窑为最。明窑上品皆生平所未见。马格里云，多得之圆明园者。又至宫旁养马苑，掌厩者柏拉茀尔得，时赴温则行宫，属其副密斯得罗敦陪同相视。马百二十四，车十辆，有一辆微似中国之辇，馀皆常车也。有类理爱觉敦者，约为茶会，五十馀岁老妪也，在德尔比茶会中一见，是日函约再下一次礼拜一至其茶会。而美国女士赫色斯至，定三、四、五、六诸月每礼拜五一茶会。此间之喜聚会，亦可想见。由金登干处寄赫乐宾一信。

廿六日。阿什白里邀至卜来登，由威多里亚换轮车，行三十里至喀拉济，为四路轮车交汇之地，先后电报探询，以凭各路远近互相避。又行二十里，过耒耕大山约五里许，又连过两小山，再过杜务斯大山，即卜来登也，计共一百五十六里，为伦敦东海口。阿什白里先雇马车相候，至其家午饭，所邀客为卜来登梅尔，及同与卜来登会堂名树德，及沙逊、司葛得、斐来是非尔得、多发、勒罗克斯、四经尔得、喀来葛里、里德、葛塞得、舍利登、葛来，大率皆会堂人也。此外则宣摩尔。饭罢，往视其故王行宫及阿贵里亚恩鱼馆。馆主斯谛文森导之，历视鱼池数十处。馆置海边，历下石级数十。前厅设玻璃罩，有獭骨二具，及海苔、海石之类。又海马数十，头如马，形似蝘蜓而小，色绿。鱼池皆为大屋，累石其中，若崖若洞，而铺小碎文石其下，引海水（贯）〔灌〕之，外施玻璃为墙。其中淡水鱼别贮淡水。大小各体鱼皆备。奇者：采色鱼，状如金鲫，背红色，身兼黑、白、黄诸色；竹签鱼，扁而长，黑白二色，节节相间，类蛇而实鱼体也；扁鱼，类龟而体薄，尾长于龟，贴沙上如苔石，馆丁用木钩拨起之，则上浮，拍两腋为划翅。亦有圆长如鳝而身类白条鱼者；有长嘴狰恶而身类鳜者；又有鱼体而鸟形，尖嘴长足，张两翅飞水中，往来迅疾。其馀异形螺蚌之属，小大悉备。又有异体八足，头眼在背中，两旁及腹皆空，可藏小蟹三四只，张足转蟹，纳之腹中而徐吸食之。八足长软，盘旋伸缩，如群蛇相聚，足背色如虾蟆，而下为白点，每取蟹则足下白点皆能开阖，能钳制蟹足使不得动，盖八足中又得数十百足之用，亦一奇也。又有石华，生小石上，身如柱，圆白，黏石若菌，而上开花作淡红色，花心一小窍，鱼虾近其窍，则其旁花蕊悉收入，外边起而卷之如馒头，食讫后开，花蕊缤纷外垂，盖草木而含生质，能食鱼肉。其沙石不能食者，收合久之又吐出，其理有不可解者。旁一石洞中凿小石屋，蓄鼋四头。又电气鱼二头，形如蛇。转入一洞，畜狗熊一头，竖立如人，甚驯。又入一洞，置吸水机器。馆主云：蓄鱼室中，吸水以蓄之，兼须吸气以养之，非气则不可生。其中有微似鲤，养至五六十年者，云此鱼最寿，可养至数百年，其大亦不逾尺也。又别为一院，上下凿二池，上池蓄海狮二头，下池蓄蝴蝶鱼，两翅大而圆，五色花纹如蝶。男女游者如云。前为旁厅，设乐器，经过其处，乐工皆立奏君主庆乐，以娱宾示敬。其于宾礼，可云周至矣。回至阿什白里处晚饭。又至一公所观阿什白里游历各国图，皆小镜，长方不逾三寸。张布幔其前，用灯光射之，展至二丈许，人身皆视常人为长大矣。阿什白里立布幔旁指示一切。此邦好奇与众同之，不惮烦劳如此。凡得五百馀图，夜已逾半。又赴司葛得茶会，男女充聚，美女无数，近前致殷勤，持至鲜花一束。略询得数人：一曰密斯葛尔密斯者，译言姑娘也，一曰伦得葛斯，一曰旁思陆起巴多鲁基，大抵以姓及其父之名名之。

廿七日。赴沙逊[1]处早饭。沙逊为上海著名洋行，肴馔丰腆，器具精美，属予陪宣摩尔夫人，属云生陪树德夫人，挽手至席相并坐，陪饮甚款曲。此洋礼也。饭后一游乡村，兼至海边观阿什白里所置药生小轮船，曾用以赌胜者也。云与美人从纽约赌胜至伦敦，先至一点钟许。行海之速，无及此者。复归晚饭，添请博尔得、罗斯二人，皆马格里旧交也。九点钟由卜来登开行，到家才及子初。

廿八日。赴柏金哈恩斯宫接见君主。各国公使并至，而自参赞官以下皆无至者。所见亦数百人。立候至三点钟。其礼有跪一足捧君主之手，以嘴亲之。马格里云：此初见之礼。大率武官为多，以所着红衣，武官之服也。又有跪一足，君主拔取侍卫所佩剑，先加之其右肩，次加其左肩。马格里云：初受宝星有此礼。始跪时犹称密思得[2]，一加宝剑其肩，起则名色克[3]。密思得，译言先生，官人通词也。色克，犹中国之称大人。归接去十一月廿从日家信及意城杭州信，又接总署十一月廿七日信，专言太谷洋行镇江趸船事。又咨行王夔石参张力臣一折，中多相侵语。夔石居心倾险，属意志城，思一倾之，亦于此折露其端倪。吾此行运气太坏，痗心作恶，事事皆然。王夔石、左季高，并吾大运中之一劫星也。又接英人傅兰雅一信。

---

①沙逊，Sassoon 的音译。
②密思得，Mister 的音译。
③色克，Sir 的音译。

廿九日。回拜色尔娄各处。马克里宅中晤格尔，英国名医也，已得头等宝星。户部尚书罗斯葛尔夫人约初八、初十茶会，阅其发信之日，则本日也，为西历三月十三日，因属马格里往问之。又勒色夫人亦约茶会。勒色[1]前任宰相，年八十馀，日以著书为事。禁止洋烟会有夏弗斯白里，世爵也，勇于为善，亦与此会，函约二月朔来见。世爵色尔敦夫人与其女来，距此数家，隔街相望，询知为上议院人。

三十日。与云生赴柏金哈恩宫（接）〔谒〕见君主，至是三见矣。各国公使每见必至，先入后出。前立至三点钟，心甚苦之。自公使外，所见皆妇人也，男子不逮十分之一。询知百官一见而已。凡来见者，并前两次未及见者也。禧在明随同格维纳来见，云将奉派出使各国，不复回中国。日本公使上野景范偕其夫人并至，行西洋礼。

二月

二月初一日丁亥。信部尚书满剌斯约赴波斯阿非司一得利喀纳福[2]观电报。管电报者非舍得。凡分数堂：伦敦一堂，所辖各部二堂分三岛辖部及沿海辖部，各国一堂，新闻报一堂。凡传电报，先至总司电报处，分别送归各堂，又分别何部何国海口。有电报一座隶一海口者，有数座隶一海口者，视事繁简为之。凡设电报数百千座，每座一人，垂髫女子至八百馀人。电报各异式，而总分三等。一设二十六字母，用指按之，此旧式也。一盘纸转而运之，

①勒色，Russell（罗素）的音译。

②波斯阿非司一得利喀纳福，Post Office-Telegraph（邮电局）的音译。

以着点长短成文，而视其断续成句，此新式也。二者皆及见之。一辨声知字，运用尤灵，其机尤速，此又新式之尤奇者。其前为电报牌约千馀，视其座之数。其下盘电线，皆用数目标记之。再下亦设牌，引电线入池，强水盒过电气者列其前，又一人司之。前堂左旁设送信气筒，纳信其中，顷刻即得回信，大约不出伦敦数十百里间。又左旁一堂设送信气筒，专及本局，盖总司电报处用以分送各堂者。其下为机轮，收气桶中，引入铁管，用轴与为薄激，一嘘一吸，来则吸之，去则嘘之，而于气筒旁安设电报。每发信，先用电报止其来信，钟鸣牌出，互相通报。机轮火柜又在其前，所用煤亦安轮自行，转入柜中，停匀不断。机轮及火柜，各设一人司之。送信气筒，两堂共十馀具，每具一人，皆十二三龄童子也。又至新闻报处，用一电报分递三处，问彼处天气阴晴。一曰厘倭尔铺拉①，回言天气甚好；一曰满车斯得②，回言阴晴有雾；一曰博明噶玛③，回言天气好。才问而三处回信齐至。用铁笔录之，一书得五六纸。叩其故，则用黑纸一张为引，上铺白纸一张，下铺白纸二张，书其上，影入黑纸，即透下二层。再铺黑纸一张，又可透下二层。亦足以云神奇矣。并非舍得导之游览，而满剌斯及其副理得皆陪行。是夕，至客来斯阿士布达洛学馆观其晚餐。掌馆者阿剌博得。初谓小学生七百人，堂餐静肃，止矣。至则男妇观者数百人，阿剌博得正坐，旁立持绿竿者十馀人。前设食案十六，凡七百人，分列十六堂，堂共一食案。计设食案四行，每行相连四案，左右环坐三四十人。教士宣讲，鼓琴作歌以

①厘倭尔铺拉，Liverpool（利物浦）的音译。
②满车斯得，Manchester（曼彻斯特）的音译。
③博明噶玛，Birmingham（伯明翰）的音译。

应之。歌三终，皆跽而持经，乃起坐就食。食毕，教士复宣讲，鼓琴作歌如前，乃分堂而出。每堂一童子两手持二烛前导，一负食筐者继之，而后两两相并行。其前二人，一卷桌布挟之，一肘食篮，次第至掌馆前鞠躬为礼。皆着长衣，束腿，云此衣古制也。此馆已设三百五十年，衣服礼制相传未改。持绿竿者，皆捐户也。五百磅以上给与一竿，得荐人入馆：并年十五以下者，大率世家贫无资、孤苦，则学馆收而教之。日三餐，衣履皆学馆给之。其学亦分天文、数学、兵法诸事。高等者给银印，缝之左肩，询之皆习兵法者。年十五以上，送入大学馆，衣食犹馆中资给。可谓盛举矣。每年用七千馀磅。持乐器者数十百人，亦两两相并，别为一队。询其所歌之辞，则先祝君主天佑，次及大太子，次及诸子及公主，次及百官，次及绅士，又次则云始创建此馆者，为渠等就学之源，其德不可忘也，愿天佑之。中国圣人所以教人，必先之以乐歌，所以宣志道情，以和人之心性。闻此歌辞，亦足使人忠爱之意油然以生。三代礼乐，无加于此矣。德在初自德国回，并带到其兵部戛美开、水部石多士、斯邦达兵官巴兰达及多罗塔各名片，所事幸已为料理，惟须函致石多士，令卞长胜、王得胜、朱耀彩改归水师。其袁雨春、杨德明、查连标、刘芳圃在斯邦达营学习，则皆已粗有成矣。

初二日。斯谛文森来见，英国善造火轮车者，年七十矣，印度车路为所经始。出所绘图见示，为中国拟车路，一纵二横。发端自云南，一由广西以达广东，越岭，由湖南以至汉口；一由四川以会于汉口。是为东西两道。又由汉口以达镇江，南出杭州，北达京师，是为南北一道。上海格致书院有此图，至是始知为斯谛文森所经营者也，力劝中国行之。廿八日柏金哈恩斯宫一见何伯，往拜未晤。马格里言，寻北冰海，士卒多病者，特命何伯查知其由，云总兵勒尔不听医士之言携带酸桔水。当时但以曳车冰上，不欲携带为累。医士云：尽去酒瓶而带酸桔水瓶，以酒可不需也。勒尔不从，至是当一任过。接志城腊月初六日书。

初三日。威妥玛携带两人来见：一为罗合，曾充额尔金幕宾，咸丰十年为僧邸执送刑部现官撒多岛巡抚，距海二百四十里；一为药尔克，曾随二太子至京师，现充议政院绅士。又送致前任香港总督代威斯所撰《汉文诗解》一书，解释古诗，盖英人之通中学者，顷年八十馀矣。未刻为西历三月十七日，议禁鸦片烟会堂士绅集者五十馀人。夏弗斯白里为之长，手持前递公函，立而诵之。其次马克斯究尔得，条列各款，发明其意，言之更详。又其次数士里格，又条列告〔各〕款诵之。凡诵言必起立，馀皆坐，主人、听者亦坐。其间通汉语者十馀人，以人数太繁，未及通名。晚赴德尔比夫人茶会，见俄国遣赴土国钦差意角剌里额甫，云亦曾赴中国，似尚在普理雅亭后也。

初四日。礼拜。美国金山截止华人不准至其地。闻其地工夫以华人身价太廉，(防)〔妨〕其生计，至于械斗，华民死者四人，遂有此令。英国议堂诮之曰：美政衰矣，不足以制服其民，与土政等耳。闻此，回念中国，只益怃然。

初五日。爱觉敦夫人邀茶会，晤提督马尔铿、诗人白娄霖。妇女集者尤多，皆相就问劳，曰马尔武得得格此为双姓，得格亦姓也，善琴，为弹一曲，错杂异所常闻，盖高调也；曰裨里噶亨，自言其夫善诗，有名，亦议政院绅士；曰萨摩塞公夫人；曰巴格尔鬘其名曰克色林，称呼皆从其夫之姓，有美名，问劳尤殷。馀皆不及询其名。又游击哲司林，为阿夫人引见一谈。

初六日。梁姬为威妥玛夫人邀入织绣馆，盖皆世族之不能自给者，以织绣为业，凡三百馀人。所织皆大幅花卉。马尔他总督署所张织绣屏十六幅，皆出之此馆。此邦魄力之大，亦无奇不备矣。麦华陀偕禧在明至，始自上海归，亦赏给二等宝星。

初七日。罗斯葛得邀赴茶会，晤满剌斯、厚布、抹客罗敦。厚布为威妥玛旧友，曾在德尔比丞相处同席。抹客罗敦为温吉斯得会绅，曾在苏士阿母敦一见。其来就谈者，一、佛来斯，其先世久居广东之崖门，言中国事甚悉。一、觉尔斯刊木登，为罗亦刊木敦之弟。一、斯密斯，亦会绅也。一、剌斯哥梅尔。梅尔最大者三处：一栗温浦，为通美国大海口，与纽约相对；一满吉斯得，为织造洋布之地；一剌斯哥，出煤、铁，旧有河深一二尺，以煤、铁须运出洋，凿其河深三丈许。三者皆市肆极繁之处也。随赴哥尔斯密斯处听音乐，男女聚者数百人。宫室之美，园圃花木之盛，最为杰出。女工歌者二人，一曰思得令，一曰勒尔闻。每歌者工价皆逾百金。哥尔斯密斯之富，略可想见。

初八日。拜发论禁鸦片烟及教案事宜并本房承继事单名折一件，兼致总署及合淝伯相二信，又致方子听、萧屺山，及意城、志城、蟠西、绍希、虚堂、简秋等信，兼家信第三号。日本上野景范、西德二郎来见。西郎能汉文，兼通俄、法、英诸国文字。东西洋人才之盛，百倍中国，岂国运然耶？抑使人才各尽其用，而遂勃然以兴也？世爵克尔罗邀酌，同席罗克、定得坚、马克理、布妥玛、威妥玛，皆所识也。律师哈喀哈立士言，有博来客思登，治律必需之书也。

初九日。克罗斯约游布利来斯妙西阿姆[①]书馆。克罗斯以事不至，遣其侍郎珥白尊、幕府密斯蒂得照料。陪游者白尔叱、德罗巴斯。其管鸟兽者阿姆客剌得斯。威妥玛言，阿姆博物通神，得

---

①布利来斯妙西阿姆，British Museum（不列颠博物馆）的音译。

鸟兽一骨，可以揣知其情状。初时人不信，既而得其全骨合之，信然。其书馆藏书数十万册，皆分贮之。古书有在罗马先者，有刻本，有写本，分别各贮一屋。其馀书籍，列屋藏庋。有专论乐器者，有专为藏书目录者。其藏书目录，或新收入，或移置他处，辄改记，亦十馀人司之。最后一圆屋，四围藏书六万卷。中高为圆座，司事者处其中。两旁为巨案曲抱，凡三。外皆设长横案，约可容千馀人。每日来此观书者六七百人。四围藏书分三层，下一层皆常用之书，听人自往取观；上二层则开具一条授司事者，司事者书其所取书于牌，分别门类，各向所掌取之。其馀藏庋古器数十院，亦各分别门类。金石刻则皆来自麦西，罗马、希腊次之。所刻石像与石碑所刻像，与汉石阙刻像正同，其文亦与挨及石柱文同。有全取古墓左右石及上石刻文，并墓门嵌之壁上者。古碑有作剌丁文者，有作希腊文者，皆各为一院，英国博古之士多能辨识。又有石方柱，高尺许，四面各宽六尺许，皆有字，若中国篆文，可辨者甚多，如王字、十字之类，则篆文与楷书并同。而白尔叱独云此石柱字极难辨识。细阅之，似其石四面皆合成，不知其何用也。罗马石碑一方，字体又别。所刻石像，或高丈许，或高尺许，分别各国罗列，不可以数计。有为人首长髯而兽身者，高丈许，长亦称之，云罗马国王宫前所置也。石棺数具，皆有刻文。有里、面并刻文者，其上盖为人形僵卧，效其尸。刻石有绝精者。有为两妇人，一坐，一斜卧而倚其身，衣纹折叠并曲肖，而遗其首，亦自罗马来，皆数千年物也。其他金石竹木、鸟兽虫鱼螺蚌，以及古磁瓦器，罗列数万种，各分数院贮之。中国玉器、磁器及古剑之属，亦多至数百件。石品奇者尤多，五色斑斓夺目。有粗石中忽含小宝石一枚，或红或绿或异色；有一小石中含至三四枚者。或石中含树叶，有肖枇杷叶者，有肖海棠叶者，有肖芭蕉、棕榈及他竹木。及各种鱼及大虾、鼍龙，长或丈馀，盖海底遗骨，沙石淘荡，积久而凝结为石，含骨其中，与他小石之肖形者又异也。又有大巨粗石二，用玻璃罩之，馆人尤珍视，云此二石自天坠下，其旁碎石无算，皆收贮之。或曰火山爆石飞堕，或曰此星月中山崩，近距地球，受而承之。其鸟、兽、虫、鱼，皆取其皮（冐）〔肙〕之而塞絮其中，一皆如生，大者盈丈，小者径寸。海狮、海马、犀牛、旄牛旄（毛）〔牛〕出北冰海，皮毛皆作腥气、野牛、野豕皆大逾丈，其若羊，若马，若犬，有小至二三寸者。小鸟若翠鹬，或长不及寸；鸡鹊有二三寸，张翅如蝴蝶者。蝴蝶、猿猴，种类尤多而奇。有鸟如鸦而花文，入夏两翅旁生毛若芦荻，高六七寸，以洋文求之，多至六七字，不暇译其名也。尤奇者，一兽骨高逾丈，嘴尖若橐驼，四蹄有爪，长七八寸，身旁巨骨，与石无异，云地中掘得之，不辨为何物。疑盘古未开辟时所有，(限)〔陷〕入地中近万年，骨皆化石。象牙并头骨无数，有长至八尺五寸者，伦敦城外二十里掘土得之。又印度掘得一具，南美利加掘得一具，牙皆变石，色灰黑。又一具上下齿俱全，如覆钟然，下唇垂二尺，两牙贴唇边下垂，长尺许，形尤异。阿姆云：伦敦、印度、南美利加，考之古籍，从未云产象。象牙长八九尺，尤所未闻。而牙骨皆与石黏合，必开辟以前有此，沦入土中。其穿山甲一具，状如石缸，尾长二尺许，鳞甲皆已化石，则竟疑为盘古以前物矣。竹木或根或叶，或截成板片，有长二三寸而枝叶盘拏如千年古干，有巨板大数围而木心坚细有文，较紫檀、花梨尤润。形色各异，不能辨其名。其一木板中起文如水波，叠至四百五十层。馆人云：一岁一层，木生四百五十年矣。其小长方板或如象牙，或如紫漆，用以供纸镇绝佳。更有一板片，外包粗皮，中细文如黄杨，形近车轮，而盘旋如云之散布，并宽寸许，形状绝奇。又一种圆木而中心方，色黄。又一种中空有节如竹。皆生平所未见。枫球及松球有（又）〔大〕如斗者。松球尤多异形。又一种状如松球，外作包，每包中含子一颗，大如李，色黑，剖其中，得象牙一圆，可斲为小葫芦及杯、瓶以盛物。此皆《尔雅》所不载，西洋自为之名，无能得其义，未暇译也。古铜、古器，碎片亦收贮之。有铜人一尊，高尺许，价三千磅。有铜人首一具，甚巨，价七千磅。又小黑玉一件，大不逾寸，斲为人首，价五百。馆人云：非玉，乃玻璃也。问此物有何异，云：底面有字，为罗马古字，已逾二千年矣。中国官窑磁器最多。有古剑一口，青玉柄，剑端刻字二行，一云：龚室掌宫之剑，一云：（宫）〔玄〕光。疑玄光为剑名。龚为古黄字。黄室之名，或汉武帝时用公玉带之言建明堂，其中为太室，因有黄室之名耳。凡历三时许，未能遍游。每至一院，亦但流览及之。其藏中国书籍，别为一屋，竟不及往观。其地礼拜二、礼拜四两日禁止游人，馀日纵民人入观，以资其考览。博文稽古之士，亦可于所藏各古器，考知其年代远近，与其物流传本末，以知其所出之地。而所藏遍及四大部洲，巨石古铜，不惮数万里致之。魄力之大，亦实他国所不能及也。尤奇者，挨及掘得古石棺十馀具，中有尸骨完具者，皆用冒韬而袭之，头足俱可辨，盖岁久，练帛与骸骨相为黏合，略具人形而已。皆用玻璃盛之，列置左右为古玩。亦见古人袭尸之具，所用缁质赪杀，远至麦西，其制亦略同也。又意大里掘得古城一座，由数千年前地陷所致，其中器具尚多完备，有玻璃镜十馀方，模糊斑驳，而人物形质如生，较之挨及石刻，绝有往古近今之别，知此城失陷在周秦以后也。其诸瓦器所模人形，则皆古制，以瓦器流传，较之玻璃及磁器尤远。馆藏书籍及凿石及古碑刻在楼下，馀皆在楼上。德克伦斯云：每年开支金洋十万磅，供此馆之用。

盖收买各种古器，至今亦尚未已也。

初十日，斯博德斯武得邀看电气光，盖即用两电气线含炭精以发其光，用尖角玻璃照之，其光分五色。云凡白光中皆含五色。以五色灰聚而和之，其色皆白，以白能含诸色故也。以三尖角玻璃平当电气光，则光斜出，为平面出光，两面斜处有伸缩，其光随之以射出平面也。所邀客有英国著名学问者：一曰定大，博通光学、化学，为斯博德之师；一曰赫格斯里；一曰阿剌门；一曰哥尔登，多识草木鸟兽，与阿姆齐名；一曰法郎格兰，通天文算学；一曰帝拿罗，一曰罗克尔，并通天文。而帝拿罗、罗克尔两君皆未至。其相就一见，曰佛士敦，曰克罗威，皆议政院绅士；其一人为前任家部尚书，住威诺斯地方，所出煤铁尤精良，倾谈逾时而未询其名。其阿剌门则马格里之师也。旋赴马尔铿茶会，晤格兰斯敦，为前宰相执国政者，与毕根士由分党，年七十馀，精神、议论不减少年。又有印度官，前年随从冢嗣游历印度，曰非尔剌。有伤手者，曰荷兰。有曾随征阿伯西尼亚者，为主人之弟，亦曰马尔铿。馀所见皆不能举其名矣。旋过布妥玛一谈。是日见拉木赛，能审山川形势而知煤产。又布陆斯，管理医院，曾赏给宝星，托代觅《本草》一部。此二人尚思一往谈也。

十一日。礼拜。罗尔斯勒斯夫人约茶会。勒斯为三十年前宰相执国政者，年八十五，住里登门地方。所居室曰渍布洛得叱，一小结构，树木环抱，多数十百年古树。来陪者罗尔斯佛得思里。勒斯言约尔克海口有大教堂，为英国最著名者，不可不一往视。情意恳恳，自言今日读剌丁古文字书，年老而学犹勤也。孙二人，皆纯良文秀，小者四岁。问其年，曰：佛尔珥叱。佛尔者，译言四也；珥叱者，年也。问其名，曰：白尔思兰阿克威林石。问何以名字如此之多，始知其以三名合成文也，大率白尔思兰名其正名。里登门地方有塔一座，此佛教流传，西洋所罕见也。距伦敦二十四里，过得模斯江西南行。德模斯江昨日斗船会，为铿博德基①及阿思服②两（年）〔校〕船只，每年一斗胜。久闻知有此会，而未及一往观也。

十二日。德罗巴来见，始询知妙西阿姆掌管汉文书籍，以居中国久，能通汉文故也。现在京师购买《图书集成》，已出价五千金。据梅辉立信：须银八千。夏弗斯白里商禁鸦片烟一节，开示马格里应答之词，并告知德在初：或马格里言语稍有参差，即行纠正。讵是日马格里编造无数言语，而所开示之词，竟无一语及之。德在初、凤夔九不独不能纠正，相距十日之久，隐秘不言，至是见新闻报乃始知之。与刘云生言及，语言乃多怪诞，以为与副使无涉也。颇相与争辨。前生太无积累，凡所提挈之人，无不相背畔者。左季高三十年至交，一力提挈之，犹相与仇叛不止，何论其馀。云生直性，又兼怀牢骚抑郁之心，亦无怪其然也。

十三日。日本公使上野景范邀酌，同席波斯王那赛木麻拉克木、丹国公使毕娄、荷国公使德必兰、法国参赞戛瓦达外，所知者佛斯得议政院绅士及本馆英人费音，书记铃木金藏、西德二郎。酒罢，上野夫人瀹茗相款，略如武夷工夫茶，以小杯为饮具，意极珍重。又外部管理中国事务哈维，以科里调办土耳其事，新接办也。其非力勒斯、非士来夫人均相就问讯，而谛盘生母女尤殷勤。以是夕仿照洋礼，兼邀茶会。其户部派官至伦敦考求理财之政，勇于取效如此。吾甚愧之。

十四日。日本参赞百武安大郎、西德二郎来见，皆能汉文，

---

①铿博德基，Cambridge（剑桥）的音译。
②阿思服，Oxford（牛津）的音译。

以笔谈，并留诗一首而去。议禁鸦片烟公会教士丹拿来，传夏弗斯伯里言，以初三日马格里传言竟无一合者，恐补刊新闻纸，益使人疑。其中惟荷兰国本拟禁烟，而误为种烟，情节过为违悖，无以对荷兰人，必得改正。丹拿能为此言，马格里乃至尽反吾所指授之言而自发议论，顽然不顾，使人茫然不解其心意之所属。蹇运所值，到处荆榛，真无如何！

十四日。利如洋行刊木多约往观铸钱、造票两银局。先至罗亚尔敏特[1]。罗亚尔，译言御制；敏特，译言鼓铸也。观所造佩宜铜洋，凡历数机器厂始成。初至熔铜炉，烧土成缸，置铜其中，加炭其上，入炉熔之，用机器提出。旁置倾熔铁沟，沟凡数十间，倾铜铁间内，用机器推之，顷刻铜尽，沟间皆满，遂成铜板长片，厚寸许。次入机器轮压之，每压一次，下轮二分许，四五过，厚如铜洋之数，即光如镜矣，次入圆铁式机器，即成钱式。其机器分新旧二式：旧式，铜片用人力推之；新式则自运送，省力且速。再入洗钱机器，用水和沙入大圆桶，倾钱其中，机动而桶自转，借沙力荡之。倾出，再用糠屑搓洗，乃入车边机器，以铁面光而周围剪截之迹未化也。机器甚小，为长枧直溜而下，至枧口，左用铁圆曲限之，右为轮，一转而周围皆截齐，即随而下，约一分钟工夫车万馀枚。再入一小机器称其轻重。其机器绝奇：四面皆嵌玻璃，长尺许，宽五寸弱，上施铜板为高孔。置钱其中，每下一钱，铜板下机器即推送至前，施立秤其中，过秤，复推送至桶中。桶下衔三齿，而立秤下有小机器若矛头，宽约二分。钱重则矛头当上齿而桶内倾，钱轻则矛头当下齿而桶外倾，轻重适均则桶平而当中齿。下置三厨，各随其轻重入厨中，毫厘不能爽也。

---

①罗亚尔敏特，Royal Mint（皇家造币厂）的音译。

稍有轻重，皆废不用。至此乃入上下幂文机器，其机器亦有新旧二式。旧式如大磨，四周机器十馀具，旁为高孔。置钱其中约百馀枚，每钱下，即推入铁模压之，随坠入前窍中，顷刻而尽。新式则机器横出，不用压而用合，故无声。馆人云：旧模压万七千枚即坏，须更换；新模可至三万馀枚。旧模十馀架，新模才三四架，盖新得之，故所造无几。其精益求精如此。国家赏功银牌亦在此铸造。其金洋及大小银洋并同此式，而金银皆先过秤，秤可数千两，而丝毫加重即倾侧，视前针定其轻重，不施人力也。陪同相视者，曰非曼尔，曰赫拿。次至盘喀阿甫英兰[①]，即银局也，主洋票出入。其造票别为一纸局，造纸成送局，由百万至五磅，各为机器印之：银数及图记及号数，凡历四五机器乃成一票。其机器与中国所用织布机具略同，而式较长。每机器一具，两端交互用四小儿司之，每端左右，一下票，一收票，皆有数。机旁置表一盘，中分四盘计数，累十而得百则百针移，累百而得千则千针移，累千而得万则万针移。阅其表针，即得所印票万千百十若干之数，一票二票不能隐匿也。发票及收票皆分柜司之，而所收票日或万馀。询之，是日发去金磅至一兆六万馀磅。收票即裂角，并凿一孔收藏之，逾五年乃销毁。凡有遗失，皆可查考，以所收票皆注明经手来历也。日置一箱而标记其数，凡用四大屋储之，深黑不可辨识。其已印成之票及金磅共存一屋，小柜百数十层累置之，凡存六十馀万兆。所收之钱，并入机器秤其轻重，凡机器十馀具。轻者别入一机器剪裂之，废不用，以年分稍久，分量渐轻，出入参差，不便民用也。所至金钱狼藉满室，从无盗取者。入其金银二库。金为长方片，每片造金洋八百五十磅，二百片为一车，凡

①盘喀阿甫英兰，Bank of England（英格兰银行）的音译。

二十车。而德、法、俄、美及意大里、土耳其所用金钱，各为布袋盛之；分别各国，多者至五六十袋，每袋可数千磅。银库则木箱纵横罗列，尤若不甚经意。所制票及金洋、大小银洋，各处行使不同。如印度、新金山及香港等处，一皆分别制造。利权操之国家，远近权衡，略无旁溢。所用秤有前置罗盘，专视盘针所指以知其轻重者。其古今钱式，别为一屋储之。中国钱、刀、货、贝之属，亦至十馀种，皆用玻璃罩盛之。四旁为高柜，置其国千百年所用钱模。可谓好古不忘本矣。（陪游者）陪同相视者，曰奇伯斯，曰达尔佛，曰巴格。别有一大银局，定银价低昂者，经过其门，未入视也，其名曰罗亚尔珥喀斯詹叱①。回过日本公使，询知户部官来伦敦考求出入经制之宜，以制国用，名曰恩娄叶欧姆，就与一谈，甚畅。询其所读洋书，一种曰阿达格斯密斯②，一种曰长斯觉尔密罗③。所言经国事宜，多可听者。中国人才相距何止万里，为愧为愧。

十六日。为西历三月三十日，传为耶苏十字架被刑之日，名曰哥弗来兑④。是月三十一日至四月初一日耶苏复苏，名曰依斯德生兑⑤。两日并西洋大节，而耶苏〔复〕苏之日，必值礼拜之时，尤为庆典。是夕，阿什伯里约赴罗亚尔阿剌伯哈纳⑥乐器馆听音乐。阿剌伯者，君主之夫，君主为建亭海德园之旁，（槊）〔塑〕铜像其中：阿剌伯梅摩里那尔⑦。梅摩里那尔，译言思念不忘也。

---

①罗亚尔珥喀斯詹叱，Royal Exchange（皇家交易所）的音译。
②阿达格斯密斯，Adam Smith（亚当斯密）的音译。
③长斯觉尔密罗，John Stuart Mill（约翰穆勒）的音译。
④哥弗来兑，Good Friday（耶稣受难日）的音译。
⑤依斯德生兑，Easter Sunday（耶稣复活节）的音译。
⑥罗亚尔阿剌伯哈纳，Royal Albert Hall 的音译。
⑦阿剌伯梅摩里那尔，Albert Memorial（亚尔培纪念碑）的音译。

乐馆正与此亭相对，亦借阿剌伯为名。是夕歌者数百人，聚听者万人，为圆堂四重楼，楼上每八十许为一间，上下数百间。院中正面为乐，正当四层楼之一面。中为屋置琴，为天下琴之最巨者，外旁列管数千，为门三，用机器吸气其中，其声如鼍鼓鲸钟相杂，殷殷然洋溢充塞庭院之中，亦乐歌之一巨观也。其列管名阿尔赓[①]。询知此乐馆亦英都之一会。凡会皆名苏赛意地[②]。前斯博得斯伍得处观电气灯，亦立一会，讲求实学，名罗亚尔苏赛意地[③]，其倡首主持亦名尚书。罗亚尔苏赛意地尚书亦名和伯，是日曾一见之。布妥玛来谈，语及土耳其政教与中国正同，而其兵力固强矣。问其弊安在，布妥玛言：居土国久，其政刑一切废弛。百官俸禄不足以养廉，皆务为贪私，恬然不以为非，虽有一二廉者，不胜其风俗之敝也。闻此仿睹中国情形，相与慨叹无已。

十七日。英医士德亨来见。在京管理医院。曾服其药。吾方赴福建，德亨亦归，别二年矣。其居在苏格兰之剌斯葛[④]地方，亦一大都会也，为造船厂所集，出煤铁，又善织线。德亨云：一月内外当回中国。复傅兰雅一信，以前有信索小照，为上海格致书院附贱名其中也。

十八日。张听帆处借得慕维廉所著《大英国志》一部，所论开国纪原，全不分明。又慕维廉故教士，尊所行教，奉之为宗主，以纪国事，皆据教为名，往往支离舛互，人名、地名，又多异同牵混，甚不易读。是日礼拜。

①阿尔赓，Organ（风琴）的音译。

②苏赛意地，Society 的音译。

③罗亚尔苏赛意地，Royal Society（皇家学会）的音译。

④剌斯葛，Glasgow（格拉斯哥）的音译。

十九日。偕云生、莼斋、和伯、在初、夔九游韬尔阿甫伦敦[①]，八百年故宫也，今为藏洋鸟枪、洋刀之所。其力查第三弑其君义德瓦第五处，及显理第八杀其后数人，守者皆能指其处。入第二重宫门，有楼极高，导行兵士指言：曾杀某君于此门外。及见《英国志》：查尔斯当明季，与民为仇，逃之苏格兰。叛党以金四十万鬻之苏将利文，弑之法台前。其宫名灰的好室，王即位日，起居于此。是所言即查尔斯也。其宫墙厚丈六尺，外环挡房，视今宫为壮阔。凡入门数重，至内宫，（槊）〔塑〕为骑马像，皆旧君及各名将。而藏古兵器有远至千馀年者。西班牙、土耳其旧王所着铠甲，及诸国留贻兜牟、甲铠、刀戟之属，罗列数屋。其铜炮有雕镂花纹，小枪有左右斜出子者，及他兵器，奇形异式，至近亦一二百年物也。其国所具刑具亦藏其中，皆旧式也。上楼二层，藏洋枪六万杆，洋刀称是。皆为木架，上有限，下有托，环树洋枪其中，每架约百馀杆，约数十百架。辄空数尺为甬道，铁光眩目，而固整齐。其外城有一楼，中为小铁栏环之。守者云：故王宫，收系大臣有罪者。显理第八杀其后，亦拘系于此，其后以刀刺其名于壁，至今字迹犹存。一千五百年后，其宫遂废，计在显理第八之后矣，又曾毁于火。藏古兵器内有琉璃架，藏石一方，斑驳陆离，云其宫被焚时刀剑宝石熔化，若石质天成。宫外楼房，今为兵房，居炮兵百五十人，洋枪兵七百人，其名曰克伦那地尔[②]。克伦那者，译言火弹也，旧时英人善用此器以名兵，今仍其旧。伦敦置兵凡九营，此为第三营也。归过达迷河地道，便往一观。凡置高梯九十五级，出达迷河之底，开火轮车道。阿伯尔特尔过谈，前礼部尚书，亦世爵处上会堂者。晚邀同事诸君至亨格勒尔色尔克斯观马戏，极天下之巨观。尤奇者，一六七龄童

①韬尔阿甫伦敦，Tower of London（伦敦塔）的音译。

②克伦那地尔，Grenadier（近卫步军第一联队士兵）的音译。

子立马上跳跃，不知何以造成此种伎俩。此地分外争奇，无所不有。园中晤英商白非利耻，自言在天津一见，不复能记忆。唐景云谋在伦敦建设宏远洋行，托白非利耻为之照料也。韬尔故宫始入内城门，右侧有一屋，中置大玻璃罩，藏君主礼冠六及诸金器，有若金刚杵者，又若灯、若鼎、若敦牟之属十馀事。君主至今会堂，有二人执杵前导，即此。其冠，紫绒为之，上下四隅皆厢宝石及金刚钻为饰。其一上嵌金刚钻大如鸽卵，值二百万磅，君主亦常取以为佩。其冠则礼服用之。阿剌伯既卒，君主不御礼服，而自初皆置之此屋。耶稣复生之次日，纵百姓休息，故宫礼物兵器亦得纵观，辄三十人一兵士领之入，更番出入。此邦一切君民相与为欢乐，无所私秘如此。

二十日。斯博得斯武得开示其会友单，略记其人数。曰阿伯尔特尔，前任礼部尚书也。曰伯鲁，印度统领洋语曰印度斯丹经尔纳尔[①]。曰梅英，印度军机，洋语曰印的亚空斯尔[②]。曰阿玛宜，水师提督，洋语曰阿得迷拿尔[③]。曰布来喀阿剌斯敦，曰牛尔，曰拍来思得威叱，曰南莫希，曰罗伯尔叱，曰思葛得，曰华尔敦觉尔斯，曰茀剌威尔，曰斯刮得尔卜斯，其官阀曰明拍阿甫拍来森科非尔敏得[④]。科非尔敏得者，国家也；明拍者，官员也；阿甫，语词；拍来森，犹言现在也。洋语倒文，所谓国家现在的官员也。以上十三人，或仅举其名，或兼言官阀，所识者阿伯尔特尔一人而已。曰阿丹司，学馆教习电学，洋语曰京科理叱[⑤]。曰茀斯得，

①印度斯丹经尔纳尔，Hindustan General 的音译。
②印的亚空斯尔，Indian Consul 的音译。
③阿得迷拿尔，Admiral 的音译。
④明拍阿甫拍来森科非尔敏得，Member of present goverment（现任政府官员）的音译。
⑤京科理叱，King’s College 的音译。

工电学，洋语曰珥勒客得利西地[①]。曰克里弗尔得，曰哈尔栗科伯，曰勒塞，并工勾股算法，洋语曰马提麻地客斯[②]。曰定大，曰格来斯登，并工化学，洋语曰铿密斯得里[③]。定大为英国名人，无所不通，在中国已早闻之。曰海英得，曰侯根斯，并工天文，洋语曰阿思得格伦罗梅尔[④]，阿思得洛，星也；罗梅尔，犹言名家。曰赫屋得，讲求实学，洋语曰赛莫〔英〕斯[⑤]。曰盘，欧洲以东生植百物皆能讲求，洋语曰阿里恩塔尔斯葛拉[⑥]。阿里恩塔尔，译言东方也；斯葛拉尔，译言有学问。曰盘丹，曰虎喀，工花草学问，洋语曰波丹尼[⑦]。曰阿剌曼，曰赫喀斯里，并通海产，洋语曰玛林来弗[⑧]。玛林者，海也；来弗，谓一切生物。曰耕得，充英国博物院官，洋语曰拍利地西妙西姆。拍利地西者，英国也，为希腊古语。曰珥温斯，曰里加紫，并工海图，洋语曰海得洛喀剌非尔[⑨]。海得洛者，水也；喀剌非尔，谓图写之。曰家尔登，工地理，洋语曰奇约喀剌非科尔苏赛意地[⑩]。奇约，地也；喀剌非尔，写也，谓图画；苏赛意地者，会也。英国凡学皆有会。曰奇温斯，善言经济之学，洋语曰波里地科尔[⑪]。曰哈喀夏，善言工事，洋语曰西威尔英京意亚尔[⑫]。曰伯鲁斯，曰法尔，并善医，洋语曰来吉斯达

①珥勒客得利西地，electricity 的音译。
②马提麻地客斯，mathematics 的音译。
③铿密斯得里，chemistry 的音译。
④阿思得格伦罗梅尔，astronomy（天文学）的音译。
⑤赛莫斯，science 的音译。
⑥阿里恩塔尔斯葛拉，Oreintal scholor（东方学者）的音译。
⑦波丹尼，botany（植物学）的音译。
⑧玛林来弗，marine life（海产学）的音译。
⑨海得洛喀剌非尔，hydrography（水路测量学）的音译。
⑩奇约喀剌非科尔苏赛意地，Geographical Soceity（地理学会）的音译。
⑪波里地科尔，political（政治的）的音译。
⑫西威尔英京意亚尔，civil engineer（土木工程师）的音译。

阿甫伯尔斯安得台斯[①]。来吉斯达，犹言包写也；伯尔斯者，生也；安得台斯者，死也。洋语与中国绝异，惟以意会而已。曰西瞒，精格物之学，居民或生疾病，皆能察知其由，洋语曰波拍利喀赫尔斯[②]。波拍利喀，译言众人也；赫尔斯，谓生病与否必问之，或居屋，或食物及水，有足生病者皆能知也。又妇人通学问者一人，曰喀洛斯太太。以上二十五人，皆稍详其学问，亦极天下之盛矣。

廿一日。黎莼斋诸人邀至威斯敏斯得尔江南岸桑尔斯戏馆看马戏，其神奇与亨格勒尔色尔克斯同，而弄丸及刀火，变幻百出，尤为绝伎。跳跃翻舞，上至数丈外，捷如猿猱，而一跃可逾十二马。其戏馆蓄八象、三虎、三狮。象能舞。虎、狮分置两铁槛中，一人启铁门入，虎左右驰，用手拊循之而操其颔，如蓄犬然。入狮槛，见人即怒吼；鞭以铁椎，狮亦左右驰，张吻相向，齿长三寸许，其吼如雷；手小洋枪连发以敌之，徐启门而出。其胆气之壮，古未闻也。不知习练何法，出鬼入神，一至（如）〔于〕此。接桂浩亭信，由丹拿送至，皆仍蓄意在禁鸦片烟也。

廿二日。出门回拜，便过画楼一观，洋语曰纳慎阿尔毕觉尔嘎剌里[③]。纳慎者，国家也；阿尔，语辞；毕觉尔，画也；嘎剌里，楼也。厅堂相接十馀所，莫辨东西。其中玻璃高厅四达，用意大里石为柱，围三尺许，高丈许，用三尺相接，上下皆四柱，方者二，围约五尺，共圆柱八、方柱四，色若（於滇）〔于阗〕菜玉。画皆装镜，张挂四壁。所收各国画，若意大里、荷兰、希腊、

①来吉斯达阿甫伯尔斯安得台斯，Register of Birth and Death（出生与死亡登记）的音译。

②波拍利喀赫尔斯，public health（公共卫生）的音译。

③纳慎阿尔毕觉尔嘎剌里，National Picture Gallery（国立画廊）的音译。

日士巴尼牙、法兰西，皆各分屋悬挂，多至数千幅，纵百姓男妇临摹，所见亦数十百人，临摹皆工。英国画师得拿、格英斯伯剌二人，荷兰娄班斯，意大里剌非尔、买格尔安吉罗二人，皆数百年人物，声名绝著，各得大幅画廿馀，目不暇（给）〔接〕。其他知名者尚多。即一术艺之微，国家为收藏名迹，使习画者相就为模本，以各尽所长。人才之盛，有自来矣！屠迈伦偕爱格尔来见，曾充厦门领事。

廿三日。克罗斯遣其侍郎溜意斯及其幕府密得苐斯得，陪视苹敦威拉监牢。主监官色拉文伊毕逊，所收系一千一百六十五人。凡屋四区，上下五层。其下一层为黑狱，梗法不听约束者闭之黑狱中，减其食。自平地起为四层，如花瓣四出，每区左右得屋七十二间依地势为之，亦有多出数间者。第一层织布，屋各置机一张，或成幅为衾，或度长短为巾而空其隙，或粗疏为绤。凡犯人亵衣、巾、被之属，皆自织之。第（一）〔二〕层织毯，屋各置一木架，张毯其上。第三层制造皮鞋，钉、钻、绳、板之属毕具。第四层析棕与毛分之，以供制毯之用。毯有供卧者，有供当门铺地者，其制皆粗。各署当门铺地皆取给于此。每层置一狱吏监之。自工具外，屋各一床、一被、一毯、一几、一案。案小，倚门角张之，上置书数帙，而架板于壁，支诸器具，盘盂大者则置诸地。黎明起，树床于门背，叠衾毯于架，盥洗毕就工。辰正饭，赴礼拜堂诵经，复就工，未初饭。每区后各有隙地，铺石为圆围。午饭毕，就圆围逞步，宣导其郁气。圆围或二或三，中为短墙间之，每围三层，层各逾三倍，间五六尺一人。约一点钟，复入就工，至夜复饭。日三饭，就工以六时为率。再后隙地右为圆屋一区，铁栅环之，筑墙为甬道，约甬道十馀，凶强不服约束，则令食后逞步其中，而狱吏坐圆屋中监之。中为数厂：一铁厂，铁工十馀人，冶铁为锅及大铁板每区四层，铺地用之；一白铁器具厂即洋铁，制为壶、瓶、箱、匣，一木厂，各有工（木）〔十〕馀制造器具，皆犯人也。盖凡入监，必考知其工艺，分厂充役。其无艺者，就其心力所能为，课使习之。制布、制毯及诸工作，入狱后学习，十常逾九。又有洗衣厂，犯人衣服分区记数，洗而烘之叠之，皆分派供役，亦有吏监之。左为病馆，医士一人经理，每房一人，衾被之属皆温洁。病重者置之楼上，亦每房一人。其一大厅，设卧榻十，则以处病重不能生者。四区最下一层，中为厨房，置饭锅十座，引水气以治饭。前设大铁柜二，每柜四间，可容番薯数石，亦引水气蒸之。治面食一屋，则设一火柜，列面食烘之。犯人三饭皆面食。早佐以阿非茶。午为正餐：肉一方、汤一盂、番薯五枚。晚佐以小面粥。日治千五六百人食，亦皆犯人为之，而精洁无烟火气。惟别一屋置大木水沟洗涤盘盂，地砖稍见水湿而已。厨后水气机屋凡三：一火门，一机器，一汲水机器。井深四十尺，汲而上之。煮饭及沐浴、茶水，或引水气，或取水，皆以机（气）〔器〕运用。每房一间，皆设响铃，以备犯人或有急传唤；而响铃分区记数，每房门旁悬一牌，编列字号，铃响则牌自张，即知某房传唤。精妙微至，一至于此！主监官居前楹，右旁为礼拜堂。犯人日一诵经，礼拜日则再诵，以耶苏立教，专示改过，务使犯人领解此义。堂分左右二间，间有长几五十，几容十人，两堂千人。前为教师诵经案，旁设琴一张，上施铜管十馀。因属一鼓之，始知琴旁皆设机器，鼓琴引其机器纳气管中，若笙若笛，若钟若铙，赴声应节，铿锵满屋，惟旁一人推引风箱，纳气入之琴房，以供其嘘吸。前十六夜阿剌伯哈纳乐器馆听琴，未能就视，尚不知其用之巧也。前设浴堂。犯人始至，先就堂澡浴，更换衣服衣裤棕色，即以所制毯为之，可以一望而别，知其为犯人也，其故衣服并发回其家。色拉文伊毕逊云，伦敦监牢九处①，国家所设，此与密尔邦二监而已，收系五年以上，乃入其中。馀七处皆民建而设官司之，以系轻犯及须断遣者。内毫司敖伍靠雷克慎②，收系幼童犯罪者；毫司敖伍狄坦慎③，收系待审人犯，则别一规模也。二监犯人有需发往波斯莫（波）〔斯〕、波尔兰两处海口充工作者，以满九月为期乃发行，行则须械系之，以防逃越。其械具别置一屋，枪刀罗列，云防犯人或谋聚逞，即用以系之。有九尾鞭，用绳为之，凡九。犯人有殴辱所管狱官者，鞭之，鞭辄皮裂；非是，不轻用刑也。前槛上设望楼，四区屋道毕见，以凭瞭望，自第四层起凡百馀级乃上达。询知监牢一切工作皆犯人为之，亦一奇也。观其区处犯人，仁至义尽，勤施不倦，而议政院犹时寻思其得失，有所规正。此其规模气象，固宏远矣。凡在其室工作，皆反楗其门，临食乃启门。食毕，诵经及后院散步毕，仍返室工作而楗其门。其在厂十馀人任工作，则一狱吏监之。散步亦监之，在厨司食皆监之，终无敢交一言。一监中狱吏数十人，询其职，当兵逾十年，诚实知事理，选充狱吏。主监官色拉文伊毕逊，头等宝星，亦充下会堂绅士。西洋官职有等威、有阶级，而无所为资格也。

廿四日。接斯谛文森信，力陈中国铁路宜开，为献三策：其一，宜邀立一会，须费二百万或三百万，以股分承之。国家为定息五分或三分，所得岁息不如数，赔补以公款。或招洋人承办，绅士立一公会，耽延其息，办法亦同。一、估费若干，动用国家公款，招洋人承办。一、由中国自行办理，招用洋人，给以薪水，以三年为期，俟中国能兴造铁路及自购办机器，渐次退除洋人。总之，中国铁

①此页眉批“据马格里所开监名：一曰每他娄拍欧立田，即京城监也，与此异名；二曰牛该；三曰西笛，华语谓之城中监也；四曰色力考安的；五曰句巴斯非拉达；六曰米拉班克；七曰盘岛威拉；八曰毫司敖伍靠雷克慎；九曰毫司敖伍狄坦慎”。

②内毫司敖伍靠雷克慎，House of Correction（感化院）的音译。

③毫司敖伍狄坦慎，House of Detention（拘留所）的音译。

路必得及早兴办，尤莫如多遣少年子弟赴西洋学习。往时挨及兴造铁路，亦遣人学习有成，然后开办，并不用西洋人，此尤计之善者。其言至为明切，惜乎中国之不足以语此也。

廿五日。礼拜。以西洋地图考求英国属地。在北亚墨利加者：加拿他七部，地方万里。在南亚墨利加者：基阿那，约千馀里。在阿非利加西者：塞拉略安宾及巴黑尔斯，八千馀里。在阿非利加南者：岌朴哥罗及那达尔，约二千馀里。合之印度六千馀里、澳大利洲八千馀里及新加坡三部一千馀里，共得地三万馀里。中亚墨利加之西印度海湾群岛，曰安的列斯，曰巴哈麻，曰白尔幕大，大小岛至数百。阿非利加之塞舌勒、亚密兰群岛，四十馀。其他附近两洲及印度洋、红海、地中海各岛，西北至荷兰北海、东南至澳大利洲东海各岛，大或二三百里，小或一二十里，皆踞而有之。沿海埔头，尚所不计。长驾远驭，亦自古所未闻者矣。

廿六日。禧在明过谈。机器店纽等与张听帆旧好，携（式）〔自〕制影镜相示，变化动移，出奇无穷，于日月五星之行度，及日月薄蚀、彗星隐见，皆测量其数，用影镜推之。自言与斯博德斯武得数十年交好，其博物会皆一时名士，约每礼拜或一会，或再，或三，相与讲求热学、光学、化学之精微，可谓极学问之能事矣。

廿七日。日本恩娄叶欧姆一曰井上馨来谈，曾官户部尚书，言其国经制，岁入五千万圆，取之商税者三百万，馀皆地税。西洋各国皆然：经制所入，皆地税也。英国课税惟茶、烟、酒三事，馀则听商人营运，无税则，而岁计各家所入，每金洋一磅纳佩宜三约八十分之一。或用兵，量加税则，以次递增至佩宜八约三十分之一。其用所得宝星及他表记汹之用器者有税，畜犬以上有税，并加入常税之内通计之。岁入三百磅以下不税，亦不得用表记。百官俸入三百磅以上，亦一例输税，盖皆计所馀为之税。茶、烟、酒非所恃以为生，及畜犬非必需，亦为之税。刘云生云：此法诚善，然非民主之国，则势有所不行。西洋所以享国长久，君民兼主国政故也。此论至允。

廿八日。麦华陀先约赴波里得克尼克英斯谛土申[1]观机器，犹言格物局也。波里者，译言多也；得克尼克，译言受益也；英斯谛土申者，局也。凡局皆有公会，多或千馀人，少亦数十，而必签十馀人为总办，其名亦曰尚书，西语为得勒客多尔斯[2]。别签一人坐办，其名亦曰参赞，西语为色克力达理[3]。此局坐办名侯尔。其专函来约者，约翰盘也。洋人皆以姓称，故专曰盘；欧洲以东生植百物皆博通。此次格物局愿捐机器，充入上海格致书院，亦由盘一人劝合之力。所约麦华陀及阿尔科克、威妥玛、巴尔蒂尔，专以其久居中国，约来一陪。阿君前充中国公使，巴君则始通商时充上海领事者也。斯谛文森亦至，皆素识者。其外则头等宝星特列发尔云，及其妹内里荷兰得。凡得宝星，其称皆曰塞尔[4]，而皆以姓传，其名加之姓上，不以相称。如威使则曰塞尔达摩威妥玛，阿使则曰塞尔勒色蒂尔得阿尔科克，所称但姓而已，不系以名也。以下则称密斯得，犹中国尊称曰先生。官及有学问者名之曰密斯得。是日约者六人：一曰约翰彭，工制机器；一曰沙模达，有造船厂；一曰曼皮；一曰占莫斯蒂尔斯得，工制造；一曰端阿尔斯科里，火轮船行主；一约翰宜克森，有煤厂。皆称之密斯得。得宝星曰塞尔，世爵曰罗亚尔。是日阅机器三具、光镜一具。云

①波里得克尼克英斯谛土申，Polytechnic Institution（工艺学校）的音译。
②得勒客多尔斯，directors（理事）的音译。
③色克力达理，secretary（书记）的音译。
④塞尔，Sir 的音译。

凡色以白为质，而五色自具其中；以分光镜区别之，五色自见。分光镜多用三角式或四角，边薄边厚，其光斜射而后五色备具。其用影镜照山水人物凡二处，亦戏具也，而其中皆具有学问，可以推知其由。光镜及机器三具皆允送入上海格致书院。别有戏人一具，上系二绳，前后摆荡则人自跳跃，或上或下或倒翻，竟不知所设机器如何转运。馆人云：此戏具，他处无有也，皆本局人以意造成之。下凿一池，深丈许，悬铁钟，其旁四围嵌玻璃，钟上亦嵌玻璃，可以透光，内容四人，钟旁略施木板，可以纳足。浸入池中，两耳鼓气如雷鸣，入水中即耳痛甚，盖钟上一皮管透气入水中，鼓气入钟内，其力甚劲，年老气衰，不能受也。钟下见水奔腾，竟无涓滴泛入钟内。钟上铁绳并浸入水者三尺许。旋过马尔铿小坐，见所藏刀枪绝精，玉器、铜器、磁器，得自中国为多，皆奇珍也。有玉荷叶缸一具，经火毁，其色如瓦，极轻。又木器数具，皆已化石，其重亦如石，云出自印度一山中，遍山木皆化石，不知始何年也。马尔铿三世将家，有名于时，威林登公与其父尤交好。所得奇珍，多出师各国所收获也。年七十馀，而意气如云，出示各种，备致殷勤。

廿九日。斯博德斯武得函约赴罗亚得英斯谛土申①，听定大论热学。亦诸学者公建，专务实学。定大顷定礼拜四日一会讲，因往观之。集者数百人，坐次高下相环，而缺其前一面，设（具）〔巨〕案，左右遮护如柜。定大立其中，论火轮机器以热生力，亦可由力生热。设木上下相关，而贯曲铁圆柱其中，以手转之。上为圆孔，倾铅末其内，铁转愈（病）〔疾〕，则上孔热发而铅熔如汞。倾水其内，加盖则腾沸，其气上冲，盖（偾）〔渍〕起二三

①罗亚得英斯谛土申，Royal Institution（皇家学会）的音译。

尺。又粗铁线一根，持铁椎疾椎之，铁线热发，可以引火。铁钻一具，引木板疾钻之，即火发。玻璃瓶贮水，颈粗盈握，握固而引机疾转之，其水内沸，上加木盖，亦（偾）〔渍〕起数尺。皆以力生热之意也。又用玻璃罩置表其中，上安一巨针，若指南针然，置之柜外而系电气（镍）〔线〕。其旁用铜器一具，上有圆围，中安小铜板，亦纳电气，而引电气线贯其端。另用一木杵，上施铜板，磨令热，引就铜器圆围中小铜板，则针右转。磨冰引冷气就之，则针左转。此则不知其何义也。亦有光镜一具，用小玻璃管贯水其中，色红，反照之，引入热气，则水上升，引入冰气，则水下坠，与指南针左右转同义，又用光学以明热学。此邦学问日新不已，实因勤求而乐施以告人，鼓舞振兴，使人不倦，可谓难矣。便过阿什百里、威妥玛两处谈。

三十日。阿什百里邀赴下议院听会议事件，多研诘政府及各部。堂设正坐，若各署堂皇然。前有巨案，上方列坐三人，主记载；左右列长榻五行，上下施榻，容十许人；前廊亦设榻三行。是日集者四百馀人。有致诘各部院事，先指名知会，至则相与诘辨，而以土耳其一案为最著。有议院绅阿定敦，先知会政府毕根士由毕根士由系上议院绅，是日亦至坐听，发论凡数千言。每有中肯綮处，则群高声赞诺。其兵部尚书哈尔谛辨驳其误，亦数千言，语尤畅朗。次议绅阿葛尔得复申阿定敦之说，亦数千言，徒诘政府因循坐视，不能出一计、定一谋，其言颇强坐以无能。大抵英政分立两党，一主时政，为新政府毕根士由一党；一专攻驳时政，为旧政府格南斯敦一党。其议政院坐位竟亦分列左右，右为新政府党，左为旧政府党，而列入新党者常多，亦权势所趋故也。其主议院事者，谓之斯毕格[1]，坐正中堂皇。始就坐，斯毕格赞称静坐止言谈，即有应称起立，论所诘事。答者俟其语毕，起立申辨。其有要紧事件，斯毕格起传其名，令早自陈说。凡有言皆起立，其馀皆坐，语毕退就坐，乃继起应之，无敢儳言者。下议院，洋语曰好斯曷甫恪门斯[2]；上议院，洋语曰好斯曷甫乐尔知[3]。上议院斯毕格为克尔恩斯；下议院斯毕格为伯兰得。是夜重至罗亚得英斯谛土申，赴斯博得斯武得之约，所演皆电学也。自云电学之理甚微。所造电气桶内，安电线六千馀里，为电气箱之最著者。电线转至数十百重，置铁条其中，引电气过，则铁条即变为吸铁，既过则仍常铁也。若置钢铁其中，一过电气，即成吸铁。故曰电气能化吸气，吸气亦能化电气也。

三月

三月初一日丁巳。西历四月十四日。由威斯敏斯河至披必拉尔码头，观沙木大船厂为日本修造铁甲船。计程二十七里，过（湾）〔弯〕船大荡凡三：一曰森戛塞尔林，一曰伦敦，一曰威多里亚。披必拉尔尚在威多里亚上。造船者桑木达，其酌定船式，则里得也。两人并以造船有名于时。所造日本铁甲船名扶桑，取东方为名。日本镇山曰富士山，亦扶桑之转音也，其音读如扶苏，而书字作扶操，并误。船于是日下水，计长二十二丈，宽三丈六尺，高三丈八（百）〔尺〕，入水一丈九尺，炮十八吨者四尊。以木架

①斯毕格，Speaker（议长）的音译。

②好斯曷甫恪门斯，House of Commons 的音译。

③好斯曷甫乐尔知，House of Lords 的音译。

盛之，凡三，下置溜板。船头向上，用绳系之，下置机器，左右各一。届时以酒一瓶撞击船首，瓶碎则群扬声赞诺，而以斧斩断其绳，皆上野景范夫人主之。绳动船移，左右转机器推撞，则急溜而下。是日大会宾客，集者百六十人。桑木达、里得及水师提督贺拉各为赞语。予亦勉赞数语，令马格里翻译；又复改易吾言，为之茫然。所识者，马尔铿及进士金斯亦有学问、上海商人查尔沙数人而已。询问日本在英国者约二百馀人，伦敦九十人，学律法者为多。此外栗温浦、苏士阿摩登及各海口皆有之。是日通名姓者：长冈良之助，前为诸侯，自治一国，今犹世爵也，亦在英国学律法；一领事南保；一伊贺阳太郎，亦学律法者。凡日本二十馀人，皆通英国语言，中国不如远矣。

初二日。接总署一信，并颁到光字一百三十五号关防，及崇地山、黄泳清二信。英国马车用铁路，一千七百七十六年有约翰者，创行于西非尔地（名）〔方〕是为乾隆四十一年。一千八百十三年，维廉海雷始创造火轮车是为嘉庆十八年。其电报起于一（百）〔千〕八百二十年，有安恩柏者初用指南针作之是为嘉庆二十五年。一千八百三十六年，惠子登又创作吸铁电报是为道光十六年。一千八百三十七年，摩西氏始创作点、画为号以记字母之电报机器是为道光十七年。一千八百三十八年始设电报于伦敦西铁路旁是为道光十八年。一千八百四十年设电报白赖克华尔是为道光二十年。一千八百四十一年设电报苏格兰之葛赖斯哥是为道光二十一年。一千八百五十一年始由海通电报于法国是为咸丰元年。一千八百六十五年始通至印度孟买是为同治四年。惟火轮船为最先：一千七百三十六年黑尔斯创为之是为乾隆元年。一千七百六十五年华得另创一式是为乾隆三十年。一千八百零一年始试之达迷斯江是为嘉庆六年。一千八百三十八年始创为兵船是为道光十八年，其时仅兵船数只耳。一千八百四十年始派兵船二只赴中国，一名南美雷司，一名法雷治东，各载三十二磅重弹子大炮两尊是为道光（二十一）〔二十〕年。甫修兵船，而即有粤东之役，亦机之微动者欤？是日礼拜。

初三日。往游罗亚尔久戛尔敦①。久者，地名；戛尔敦者，译言花园也。有围墙成园者曰戛尔敦。野趣自然曰巴尔克，犹言天生园景。旧名若尔日第三花园。马格里使中国回，言中国景物，若尔日悦之，因仿造中国房屋、桥、亭及宝塔一所。虎克云："若尔日第四亦仿造中国房屋于卜来登，今名斋尼斯巴非里恩，却不类中国形式。而此皆依仿为之。"视其宝塔砖造者，信然。斋尼司，中国也；巴非里恩者，亭也。今惟塔存，房屋毁坏不治，皆拆去之。维多里亚即位，蠲以与民，仍岁给二万磅，资其修理少或一万八千，多或二万二三千，岁有支（消）〔销〕，以总管一人经理之。今总管虎克，英国博雅士也，陪同游历。园纵横皆约十里，所植树木，皆标记之，极亚细亚、阿（尔）〔非〕利加、亚墨利加、澳大利诸洲物产，皆罗致之，而出自新金山者尤多即澳大利洲。亚墨利加之巴西、智利诸国树植亦不少。松百馀种，各国产不一类。有每枝抽长条若鞭者，有枝长数丈而细软拂地者，有矮小丛生、覆地若球者。所至玻璃屋四处。其一地坑内烘，极温热。其一铺铁板为空格，置铁管其中引火气，南洋热道花木皆置其中，粤产如霸王鞭、凤尾蕉、蒲叶、棕榈、南竹及盆景小花，凡数十种。其一中空为池，藤萝异种甚多，有红花累累然者，拆视之，叶也，每五六叶相聚如花，色浅红，而中出小花五六，色黄。其一地广数十亩，则以植各国温道之花木，以避寒气。盆花尤多，茶花亦十馀种。略视各花异样者折取之，竟累至二十馀种。虎克云：稍迟月馀，花开益繁，可往观。别一玻璃屋，置各国所得木板片，或

---

①罗亚尔久戛尔敦，Royal Kew Garden 的音译。

黄如蜡，或黑如漆，或花纹如云涌水腾，或细纹如丝，或光滑如镜，累千百种。有圆围至丈馀者。有截圆木长二尺许，其文外见，繁细如缕，凡十馀种，种各异色。有截存枝干三尺许，状若铁梨，倚铁栏，其干嵌入铁栏寸许，而枝旁出，或抱裹铁栏，或出铁栏旁稍折如（沟）〔钩〕，并铁栏贮存之。亦有树高二丈而枯，树身仅圆尺许，有藤络其上，反粗于树。亦有树身外节如竹，下根数十条若茭白然。又有树皮围丈许，磊碕玲珑。又有圆大如巨筐，外如苔发而中纠结若虫窠，云亚墨利加海南荒地无树木，惟产此。皆奇观也。以园地太广，未能遍游。远见红墙屋一区，中藏论花木果草书四千馀帙，亦未能一往视也。哈尔、马克里相继过谈。哈尔年八十，嘉庆中从阿格尔斯得求觐见仁宗。

初四日。开用关防。据总署咨：十二月初十日已由礼部移送总署。计九月中行知礼部，尚未逾三月也。礼部于此，可云至速。马格里报言柳树仁、陈炳祥已抵达迷斯江，马格里因诣威多里亚船（务）〔坞〕迎取之。

光绪三年，岁次丁丑，三月初五日辛酉。兵部尚书格梭恩赫尔德约赴武里痴阿色拉尔①观制造军火。阿色拉尔者，译言官局也，总管军火。刊伯尔实主其事。给票为验，其局总办雍赫斯本得导之历游各厂。一、炼铁厂。由铁饼炼成条，长可二尺，用圆轮次第压之，至长丈许，大小以炮式为准。一、围铁厂。铁炉长至十五丈，用圆铁机器曳铁条围之，遂成炮式。一、压炮厂。置大机器一具，重四十吨，压力重至千吨。大铁炉一具，用铁钳机器钳置大机器下压之，每一压辄缩至寸许。一、套炮兜厂。凡炮皆用钢铁为胎，由厚二分许至二三寸，外套熟铁为炮身。最后套

①武里痴阿色拉尔，Woolwich Arsenal（乌里治兵工厂）的音译。

铁兜：令炮身冷，以水沃之，入炮兜铁炉中，俟其红焰退，兜内热尚不可近，一套便合。雍赫斯本得云：炮身与兜相准，冷则缩，(熟)〔热〕则兜内稍宽，故但用机器转运，随所施而合也。一、车炮厂。有车炮身，有车内膛，内膛四槽至三十槽，亦随炮大小为之。一、炮车厂。有用之炮台及炮船者，则车盘也。有用之陆战者，则炮车也。皆铁为之。一、铸钉厂。钉或大或小，或两头皆圆顶，随机器单双合为之。一、炮弹厂。由四磅至八百磅。又有攻炮台及攻铁甲船之分。攻炮台，火门在尖处，安设自来火，随所触而发。攻铁甲船，火门在下平处火门为入火药之门，非以引火也。上尖用铁模，下半用沙模。铁模坚，能撞入铁甲。沙模质稍松，其坚处入铁甲不能即透也。火力未尽则反而激发火药，不用自来火而炸。一、倾铅厂，用以铸小枪子。倾铅入地炉中，上施机器，其身如铁柱，盖炉口。俟铅冷，用水力机器一吸，则铅条从上孔出。用手曳之如绳，引成盘，以铁轮转之，两端施圆板，约转至板口则剪去之，复易一轮。一、造小枪子厂。用铅条入机器即成尖弹，又入一机器，尖弹上成小围，或一层，或二层三层，式各不同。其铅弹又有实心，有空心，皆随机器为之。厂施玻璃为顶，每行设机器十五座，凡二十馀行。大率一炮凡历十馀厂，小枪及弹子各历数厂。一日不能遍观，但观其大要而已。一、架炮厂。凡架炮二十馀尊，大者十八吨，小者五百斤。厂内铸炮至八十吨者五六尊，皆尚未透光也。往见洋炮皆后膛，炮身亦有方式者；自新嘉坡以西，所见新式炮皆大兜，炮身亦不甚长。询之雍赫斯本得，云：后膛惟施之小枪；小炮亦尚可用。炮身愈大则子力愈重，后膛不能胜，即炮弹难以及远，而炮身亦伤。近六年改用大兜，于是各属部炮台皆易新式，后膛炮悉废不用。厂外隙地置旧式炮千馀尊，旧式圆弹堆积如山者无数。旋坐小火轮车，仪容八人，赴江口演（式）〔试〕水雷。盖局地近距达摩斯江，引江水折入厂内，直长五六百丈，以便试放水雷。凡鱼水雷二架，其式如鱼，两端皆锐，略分三橛。后橛设气机，而于端末为曲扁叶以象鱼尾，气机发则曲扁叶旋转如风历时一分，凡一千四百转，计行一里六十步，其力可及九里。中橛亦设气机，为浮沉之准，其机尤秘。外为圆孔环左右，由五尺至丈以下，分孔激其气，入水浅深，一随所施。前橛施棉花火药，其力加常火药五倍，棉花药百磅，即得五百磅之力。前端内设铜帽，而外安尖颖三以象鱼须，触其端锐处及尖颖，皆可直穿铜帽以激发火药，其制绝奇。别为铁枧一具，就江口开长沟，设木架横跨沟上，纳铁枧其中。枧后有门，安杵若长柄，可以伸缩出入，引杵启其门以入水雷。外施关键，架上设气管，纳气水雷，而后下铁枧水中约五尺。上设机器，引杵入铁枧，直冲水雷而激其气，使喷薄以出，其声谡谡然。平水一线，急波涌起，极望不可见。次至演炮处，演试三十八吨巨炮。洗膛纳火药，炮弹重四百磅。前为沙山，弹入沙中不能逾丈，而于沙山前设电气线架一，中途亦设电气线架一，沙山后设屋安置电报机器凡二座，若张（平）〔屏〕然。左右各设长短铅杵，兼用吸气以引电气。电气机器左右各安电气管门二，长杵在内以通中途电气，短杵在外以通沙山前电气。上设小关楗，开则电气通，可以吸铅杵而悬之；闭则气隔，铅杵随下。长杵悬下，短杵悬上，而于短杵下层旁施横刃，杵坠则横刃旁冲而铲长杵，深入杪许。用关键阻隔其气，两杵同下，所铲处适平，左右皆然。旁施开炮电气线，引机则炮声随发，左右四杵同坠。而视所铲处，右一百四十六杪，左一百六十杪。问何以互异，曰：左右两线或松或紧，则杪数异，用显微镜视之乃能辨，以此验弹力迟速。又于炮身开六七孔，为铁杵而空其前，纳圆铜其中，约长八分，上施盖，楗之而锐其首，杵尾为螺纹关键。既纳火药及弹，筑之而后纳杵孔中，用机器转螺键固。炮发，则圆铜八分压至四分，而量其杪忽，或逾四分，或不及四分，以此验药力之赢绌。所争分杪之间，而考察不遗馀力。弹力药力并至，即益求精；不至，则又变出一法。厂中常役工七千，工多可至万人。每厂设官一人，武员充之；工头一人，武员及士绅有学识而工艺精者充之。是以西洋武员，其学艺多高出文员之上，为其体验深而讨论至也。询之雍赫斯本得：岁支销经费三百万磅，各官（辛）〔薪〕俸及工食约五十万磅，馀皆以给制造。陪游者古得勒茀、沙妙尔、戈登，皆厂员也。戈登二兄并司厂事，尤极殷勤，邀至其家小酌，出示戈登小照及黄马褂及合淝伯相所赠银壶，其小照亦中国衣冠也。询其在挨及情形，云挨及与阿百西尼亚方有战事，挨及丐戈登与为议和，亦尚未有成言也。是日，坐火轮车二十四里，出伦敦地界不过十里，五里至森约翰中过路益删，地名，为英国出马地。伦敦北约尔克亦出马，过小山二处，一大山长约二里，过山为查尔登，又过小山三处，即武里痴也。是夕，阿什百里邀饮。同席日本上野景范、波斯那赛木麻拉克木、巴西佩内兜、希腊署公使宅那狄阿斯，及能拉克斯、阿满得、威妥玛、沙逊，皆所识也。能拉克斯为立基门公之弟，曾在卜来敦见之。又类立毕得门相就谈问。类立①者，译言太太也。又续赴斯毕格伯兰得茶会，见水师提督密尔恩及克罗斯、布妥玛、色尔娄数人。

初六日。屠迈伦、威林斯里来见，适方谢客，而威林斯里告言：过礼拜一、二日即赴赫德之召，当往中国，殆新开各口以充税司也。刘云生以予六十生辰，治酒肴邀同事诸公宴叙，适禧在

---

①类立，Lady 的音译。

明至，亦邀入席。是夕，复约赴罗亚尔佛尔林塞斯戏馆。佛尔林塞斯，译言太子妃也。所演戏微寓感应劝戒之义。夜归，复承诸同事枉贺。六十之年，忽焉已至，感诸公勤勤之意，益怅然不可为怀也。

初七日。邀同事诸公早面。威妥玛、马尔铿及总署德尔比、旁思弗得、定得坚、三多逊均枉贺。莼斋、和伯、在初、夔九、彦嘉、听帆、玉屏及马格里治席晚酌，极丰腆。铿尔斯见寄所居屋图，约至其家观所造千里镜。斯博得斯武得又荐谛拿尔娄，亦英国号称博学者，云其家天文仪器多可观。此间足学士大夫遨游，良亦可喜。所愧年老失学，诸事无所通晓，不能于此取益，有负多矣。

初八日。雨。抵伦敦恰及三月，日日小雨，无一二日开霁者。初六日乃大晴，初七亦晴，今日复雨。出门谢寿，同事诸公邀至罗亚尔刊温达戛敦戏馆，以示祝寿之意，戏馆之最巨者，所费亦不赀也。威勒斯里相就一见，云赫德邀赴中国相度煤产，即日启行，并荐珥里约得斯，以英国充开煤之选，无能及者。

初九日。接上海正月廿四日文报，并刘荫（荫）〔渠〕、冯竹儒及志城三信。《申报》载正月四日新城盛营兵变，掠静安、沧州而东，入山东乐陵县境，盖分扎小站开垦之营兵也。新城为周盛传驻扎，若为淮军，亦劲旅也。山东饥民充斥，恐更煽惑饥民以起，心甚忧之。是日礼拜。

初十日。威勒斯里言煤铁诸厂务皆有学馆，其名曰斯古洛阿甫买英斯[①]，可以一往观。斯古洛，译言学馆也；阿甫，语词；买英，犹言开藏，兼二事言之曰买英斯。煤厂曰科罗买英，铁厂曰爱约

①斯古洛阿甫买英斯，School of Mines（矿业学校）的音译。

伦买英，银厂曰色尔苇尔买英，金厂曰哥尔得买英。威勒斯里所言学馆，则煤铁二者兼学也。麦华陀又言，别有一博古院，名曰卜尔谛斯铿兴敦妙西因①，可以一往观。卜尔谛斯，犹言英国也。初时英、（兰）〔苏〕两国合并而各立王，罗马国总名之曰噶里得卜尔丹②。噶里得者，大也；卜尔丹者，国也。其后相沿呼英国都曰卜尔谛斯。妙西因者，犹言陈设也。两处并约一往观。

十一日。铿尔斯邀观显微镜及论天文。其言四十七倍月当一地球，一千三百地球当一土星，七十万兆地球当一太阳。月中两火山，山皆中空成洞，以火发石出故也。其中空处广四十里，深三里，山高九里，以用千里镜向明处照之，其一面暗，则山影也，以是测其高。又有山无水，亦无气；以水气蒸而为云，月中无云，故无水，无水则亦无气，以是测其寒。知凡星皆有人，惟月中无人，以寒不能生故也。其（月）〔室〕中悬五星图，又悬测光气各图，黄者为铅，青者为铁，向日照之，知日中所产与地球略同，以与其气相应也。又言日本近年开设电报信局，发信至廿五兆。英国一千零八兆为最多，法国次之，美国又次之，德国又次之，俄国又次之，日本第六。即此足见其贸易之广，事务之繁，与其人才学问之盛。惜不能通知语言，惟从马格里考求一二语而已，馀多不能悉也。是夕会中所识者，上野景范、费音利得数人而已。又哈布尔一人，回数也，住英国三十年，谈论极快。

十二日。达摩森为梁姬照相，因言及铿尔斯处显微镜，有大如芝麻而照得百馀人小像。达摩森自言：前十五年想得此法，引大为小，反之亦可引小为大，今皆仿行之矣。兵部尚书哈尔谛邀

①卜尔谛斯铿兴敦妙西因，British Kensington Museum（不列颠肯辛顿博物馆）的音译。
②噶里得卜尔丹，Great Britain 的音译。

茶会，所见三公主陆意斯及其夫罗尔林侯、毕根士由、沙乃斯伯里侯、罗斯葛得、石娄斯伯里领侍御、伯剌得弗尔斯管马，及兵部侍郎刊布洛、水师提督赫尔斯。各国公使：闵斯达、莫斯苏勒斯巴沙、上野景范及予四人而已。

十三日。禧在明友人哈栗斯邀观审案堂，凡四处。一曰林赓新①，其官曰罗尔觉斯谛斯②。觉斯谛斯者，译言公道也。承审四人：曰占模斯，曰噶里斯，曰结色拉，曰巴格里，而占模斯为之长。其幕府曰金铿斯，陪同指示。是日噶里斯以病未至，虚承审一席，占模斯即延予入坐。张案如弓，外抱稍高。其下列坐三四人，亦张案外抱，则小官之录供者。又下则小讼师之剌取案由者，坐皆外向，无案。再下列长案向上，其前三四层，皆讼师也。后为民人，亦列案数层。小坐即辞去。其右为律堂，总管名司吉讷尔，藏书四万帙，学律者集处其中七百人。司吉讷尔告言：伍廷芳即在此学律，哈栗斯亦学律者。中有饭堂，有治事堂，有燕坐堂。过街为存案处其名为豪事阿甫黎颇布力喀雷阔尔斯③。豪事，屋也；颇布力喀，译言公也；雷阔尔斯，译言案也。犹谓房屋所盛之公案也，主者结色拉，其副曰哈尔谛。列屋四层，层二十二屋，凡存旧案八十八屋，分地分年列号记之，而听人相就抄案，亦分数堂列坐其中。最后一层藏诸古迹，有巨册二，盛以琉璃匣，一千零八十五年所记英国田土册也，字皆剌丁文，相距八百年矣。又显理第七盖造宫殿与工人立约包工一册；又与法国立约一册，法王系以金印，大约五寸，厚八分许；又罗马教主给显理第八文册，系以金印，大约寸许；

①林赓新，Lincoln's Inn（伦敦四法学院之一）的音译。

②罗尔觉斯谛斯，Royal Justice（皇家法官）的音译。

③豪事阿甫黎颇布力喀雷阔尔斯，House of Public Records（档案馆）的音译。

又今君主维多里亚始即位受戒教（师）〔士〕文册。其文首列教（师）〔士〕问：须发一誓，愿否？答曰：愿。因示戒曰：即位后一切按照英国法律，能否？曰：能。曰：一切当依公道以仁义行之，能否？曰：能。曰：宜保护耶稣，能否？曰：能。曰：凡教（师）〔士〕世爵应享之利，并宜照旧，能否？曰：能。于是画押其下，而载当时所授官名于册，而以誓单黏其上。又登车至米达拉坦布拉①、应勒尔坦布拉②。米达拉者，中堂；应勒尔者，内堂；坦布拉，译言堂也。总管名安得森。中堂、内堂学律者各三四百人。而中堂由与西班牙战，海中掳得其船无数，取以建此堂也。其中一礼拜堂，圆屋可坐千馀人。又有一堂名格雷新③，相距二里许，亦有学律生。凡学律四处，悉统于林赓新。二曰魁英斯班迟④，三曰艾克斯才克尔⑤，四曰阔尔大阿甫铿门普力斯⑥。三处审案堂别为一屋，所至魁英斯班迟一处，承审三人：曰科本恩，为律师之有名者，其官为罗尔基甫觉斯谛斯⑦；基甫者，犹言总理也。曰海洛尔。曰勒什哈栗斯。云此三堂皆依律断案者，律文与案情不能相准，乃移送林赓新以理准之。觉斯谛斯虽亦统于铿恩斯，而不归其管辖，岁时分巡各处，以平其讼。晚至上议政院晤吏部侍郎塞尔得意毕尊，亦旧识也，听其议论教堂葬地诵经事。亦有中坐一人，名曰罗尔得丈西洛⑧，为议院一堂之主，犹下议院之斯毕格。左右列坐，亦分两党。格兰斯敦党曰格兰非尔，毕根士由党曰沙乃斯白里；两人各

---

①米达拉坦布拉，Middle Temple（中院）的音译。
②应勒尔坦布拉，Inner Temple（内院）的音译。
③格雷新，Gray's Inn（伦敦四法学院之一）的音译。
④魁英斯班迟，Queen's Bench（高等法院）的音译。
⑤艾克斯才克尔，Exchequer（由王室度支局产生的法庭）的音译。
⑥阔尔大阿甫铿门普力斯，Court of Common Pleas（民事诉讼法庭）的音译。
⑦罗尔基甫觉斯谛斯，Royal Chief Justice（皇家首席法官）的音译。
⑧罗尔得丈西洛，Lord Chancellor（上院议长）的音译。

持论数万言。而后教（师）〔士〕铿得白里起立言之。视下议院稍静谧。是日发奏调伍廷芳及开用关防两折一折一片，填写初六日期。并致总署公衔信，及合淝伯国，及周晓棠、萧屺山，及唐景星，及意城、志城及子敬侄，并家信第四号。

十四日。谛拿尔娄约至其家听讲电学。收贮电气八千八百瓶。略记其言电学精处。其一，以小铜丝分引电气，谓之耽误，可以耽误至万分。耽延愈多，则受电气之力愈微。制小木箱贮铜丝而插牌其中，由一分至万分，分牌记之。安设电报，中途有断处，亦可由分数以推知其里数，而知其断处当得几万几千几里。其一，张玻璃管引电气，而硝强、磺强、盐强为色各异，入管内辄成小轮，或斜射如鱼骨，以气之纾疾为光之疏密，力愈弱则光愈散。其一，引轻气以敌电气，张玻璃管吸取轻气纳入之，而引电气过其中，则成小圆轮，疏疏落落。用水银压之，吸轻气外出而光又聚。其一，电气相接而过，稍空分杪则中断，尽引八千八百瓶之电气则力厚，穿空而过，可及三分寸之一。其一，化水为气，以分数验之，气愈多则力愈紧，用两铜锥系金丝其端，鼓气以通电气，约历时一分半，双引电气至锥端，其声相薄如雷，而金线立化。白金丝化成一小粟，黄金丝则化入玻璃片，若界画然。化气多少，其（及）〔力〕可及若干万里，皆可以分数测之。其一，电气之力化为吸气。安指南针于架，前后两轮，约电气线数十重，引电气过而针自动移，亦视所引气多少为所移分数。据谛拿尔娄言，与斯博得斯武得各有所入门径，而其归则同，彼此常互相证也。问所著书，皆未刻，而云言电学以茀斯克森为最佳。询以电气入玻璃管而成轮花，何也？答曰：此自然如此，其理尚未能格也。又出一木盒，有玻璃瓶十馀，装药其中，状如铅粉，向明处照之，摄入光气而成五色，置暗屋中，益明显，须臾而散。言照相镜惟成黑白二色，不能具五色，加入此药乃具五色，然不能久，再过数年，当有法使其色久而不变。吾于此等学问全不能知，姑记其所言如此。

十五日。密斯特盘、马克里过谈。密斯特盘言及威勒斯里通知地理之学，于开煤事非所谙也，赫德邀赴中国，恐无所益。因询威诺斯里所称珥里约得何如，曰：此稍优矣，亦非其至者。问此间以何人为最，因举倪克生，为英国最优者。栾大法里煤厂，其所开也。英国求善煤者必就倪克生，为能谙知煤性故也。阿伯得亚所住威尔斯，亦煤厂也，无不知倪克生者。此邦学问无穷，未易更仆数也。文报局递到郑陶斋、曹柳溪二信。柳溪老者并云至上海相送，而予已行矣。书皆不详时日，而阅《申报》，已至二月初一日，则是二月初旬发递也。

十六日。礼拜。雨。与德在初步至金登干处，出示去岁办理美国百年大会，中国货物无虑数百千种，汇成巨册，如丝缎种类，异色已至百馀，药品尤多。即有考求博物者，尽收买其药品，分别种类，研考性情，以辨知中外用药异同之故。西洋人品学问，蒸蒸日上，非无故也。金登干并约至英兰敦类非纽[①]观制造各票，云其中略分三局：一信票，一税票，一存款票。信票以传递书信，税票以完税，存款票者即票本也，若盐务之有根窝。是以所造票由直一铜钱至累万万，国家别设一局制造。金登干亦其中司事之一也。总办名克生，而统于户部尚书罗斯噶得。

十七日。回拜各处：世爵一人，曰赫色里德在初翻音曰海沙利。海、赫，一音之转；宝星三人，曰塞尔威烈莫何拉，曰塞尔特利茀尔罗林斯，曰塞尔亨得利荷兰塞尔，尊称。以下其名。何拉、罗林斯、荷兰，则所称

①英兰敦类非纽，Inland Revenue（内地税务署）的音译。

之姓也；利如行总管三人，曰白英斯，曰洼金拉，曰阿尔博斯罗得；银局总管一人，曰基布斯；问案官一人，曰占模斯；兵部属官一人，曰鼓得纳茀哈得谛派令同赴武里痴；户部侍郎一人，曰塞尔温意伯尊；议院议绅二人，曰类得利所居地曰罗逊伯伦，曰（井）〔芹〕得所居地曰满吉斯得；绅士四人，曰达尔比格勒非斯对门相望，中隔数家而已，曰类音现在日本公使帮办，曰利得造船有名者，曰沙逊。向时枉顾者必一往答，不考其为何人也。至是每出回拜，录其名姓职司以备查。

十八日。为西历五月初一日。赴柏金葛恩巴雷司召见。其二太子妃新自摹尔达回，及三太子阿色，及铿百里痴公，皆旁侍。大太子曰卜林斯阿甫威尔诺斯①。四太子利窝卜斯，好学不外出。大太子掌家曰卜罗宾，二太子掌家曰科尔非尔，亦相就一见。馀所见各国公使，及德尔比、沙乃斯百里、赫得弗斯德、宣摩尔数人。李湘甫自粤至，带到金逸亭、蔡砚农、冯竹儒、方柳桥、方小云、冒浙存、陈京甫、姚朵云、刘鹤侪、王春晓、李次青、许秋樵各信。柳桥、朵云、秋樵并惠食物。刘鹤侪者，柳桥刺史之婿也。

十九日。购得诸贤会议镜图一具，皆英国与闻政事者也。宰相毕根士由、家部克罗斯、户部罗斯噶得、兵部哈尔地、信部满剌斯、印度部沙乃斯百里、外部德尔比：所识者七人；御前兼上议院长铿恩斯、军机理计门、海部洼尔得亨得、藩部家尔拿尔芬、（别）〔刑〕部妈林斯百里：所不识者五人。新闻报局善堂哈定敦邀席，辞之，以此间善堂繁多，应接不暇。新闻报善堂为管理新闻报者，或老病不能自给，敛费以养之也。其幕府色克得里以捐单来请，为捐吉宜三枚。阿什百里约赴戛尔敦喀尔纠拉尔看赛花。戛尔敦，译言花园也；喀尔纠译言种花也。是日君主临幸，各家

①卜林斯阿甫威尔诺斯，Prince of Wales 的音译。

奇花异草，均送来园，罗列至数万盆。园主评骘其佳者，犒劳金牌或银牌，或银嵌金表识之。入门左行一厂，右行围绕连数厂。中有玻璃大厅，万花环绕尤盛。大抵玫瑰、绣球、月季、杜鹃、蘧麦（四）〔五〕种为多，而花色离奇，则亦中国所未有也。花叶及小草叶成花纹，或一圈，或两圈，或具五色，或蓝色着黄围，斑斓四映。其中国僧鞋菊、荷包菊二种，此间别是一种花，而肖形尤甚。荷包各色具备，有碎点杂五色者，僧鞋亦然，花旁出，两长带如履绚，叶尖而长。其馀花细如粟、叶小如沙者，种类甚繁。然若中国牡丹、芍药，丰艳秾富，则亦此间所无也。花园地尤宏敞，有桥，有池，有小港，激水使奔放，多伏机器为之，当为此城内一胜地，并设音乐其中，以娱游者。其织绣院一区，与花园并门而入，其名曰尼得尔窝尔克①。尼得尔，译言针也；窝尔克者，工也。犹中国之言针黹。多世家妇女贫者，以手工自食其力，国人醵金为院，使习艺其中。询之，妇女通计百五十人，分六院，其一专司绘写，大小异式，分送各院织绣。晚赴达尔比勒格非斯、窝尔得亨得两处茶会，所见水师提督密尔谊，及罗尔得思得尔拿尔类得尼在印度有大功，得赏世爵，及买克（期）〔斯〕威尔，及伯克鲁公二君皆思葛兰人，约公会相邀一饭，及刊木登、布妥玛、意伯尊诸人，得一叙谈。

二十日。雨，寒。又赴柏金葛恩巴雷司（接）〔谒〕见君主。相见太勤，鹄立廷中，俟接见毕乃返，极以为苦。晚赴赫勒斯茶会，所见马武得克、密斯得威克、密斯得罗斯，皆久谈。密斯得罗斯言：近地有病房，专治兵伤及折跌者，属往一观。自述所居在本街第二十九宅，随时可通知也。

①尼得尔窝尔克，needle-work 的音译。

廿一日。盘告言：费多尔斯最精机器，满吉斯得有机厂；其家住伦敦，亦藏有机器，可一往观。威勒斯里告言：法克斯亦精煤学，其煤厂在得尔阿姆，距满吉斯得、栗温浦皆不远，在伦敦之北。其西曰威尔斯，煤产最佳，可次第往观。又达摩森函约赴阿尔什拍弗尔公班尼阿甫克罗塞会叙。阿尔什拍弗尔，言尊贵也；公班尼，会也；克罗塞，犹言买卖。盖商会也。达摩森为其局马斯得，译言总办也；次曰洼尔登，犹言帮办。晚赴赫克斯茶会，美国之富妇也。晤世爵二人，曰巴伦罗尔得，曰巴色斯；议政院二人，曰珥思定梅尔，曰吉尔得斯；绅士一人，曰吉尔伯尔，自云曾至中国；提督一人，曰英格尔非尔。其珥思敦梅尔，则其夫人约往一会也在下议院司文案，英国之有文学者。其夫人约往一谈。又类里一人，曰瑞斯得甚美，亦约往一谈。

廿二日。夜梦为诗甚豪，醒记二语云：一自彩云飞散后，十万骊驹惜别声。不详其为何语也。二十年不乐为诗，从不以置怀，而梦中往往得句，何也？马根、马克斯威诺枉过久谈。马根，镇江税务司帮办，与李湘甫同船西来者也。马格里译言摩尔安。马与摩、根与安，皆音之转也。马克斯威诺述伯克鲁公之意，约赴苏格兰公会，以马格里亦苏格兰人也。实苦仪节语言皆钝拙，不乐周旋，力辞之。而马君邀请勤勤，以中国人初至，以得一与会为佳话也。

廿三日。礼拜。接上海文报局二月初八日信第十六号，内只唐景星信一件，告知旗昌轮船公司以银二百廿二万两归并招商局，正月十七付过银百廿万，馀按年摊付，其船栈已换用招商局旗矣。唐景星可谓有魄力者。

廿四日。胜全恩燮斯巴雷司（接）〔谒〕见（太公子）〔大太子〕。中外新报载各国炮船、炮兵：英国大小铁甲船五十八内有铁炮台船，铁甲有十四寸及二十四寸厚者，大铁木兵船八十，小铁木兵船二百八十六。炮四千七百八十四尊，炮兵六万人。法国大小铁甲船六十二，大铁木兵船七十七，小铁木兵船三百六十二。炮三千五十四尊，炮兵二万八千人。德国大小铁甲船十四，大铁木兵船八，小铁木兵船三十五。炮七百尊，炮兵九千人。俄国大小铁甲船二十五，小铁木兵船二百三十七。炮一千五百八十五尊，炮兵万二百卅人。美国大小铁甲船四十八，大铁木兵船五，小铁木兵船一百零五。炮一千二百四十一尊，炮兵一万一千人。奥国大小铁甲船九，大铁木兵船六，小铁木兵船四十。炮五百十二尊，炮兵五千七百人。土耳其大小铁甲船二十，大铁木兵船十，小铁木兵船七十四。炮一千二百十八尊，炮兵三万四千人。北那四利亚国大小铁甲船二十，小铁木兵船五十二。炮二百七十八尊，炮兵四千人。智利国铁甲船二，小铁木兵船十。炮五十二尊，炮兵一千七百五十三人。丹国大小铁甲船七，（木）〔大〕铁木兵船四，小铁木兵船二十。炮三百十四尊，炮兵一千七百人。希腊大小铁甲船三，大铁木兵船一，小铁木兵船三十一。炮一百三十七尊，炮兵一千五百七十八人。意大利国大小铁甲船二十二，大铁木兵船十，小铁木兵船五十九。炮七百九十八尊，炮兵一万一千八百六十人。荷兰国大小铁甲船十七，大铁木兵船四，小铁木兵船四十四。炮五百七十四尊，炮兵九千五百二人。秘鲁大小铁甲船六，大铁木兵船一，小铁木兵船五。炮九十四尊，炮兵二千人。葡萄牙小铁木兵船四十七。炮一百五十四尊，炮兵三千四百九十三人。日斯巴尼亚大小铁甲船六，大铁木兵船二十，小铁木兵船一百二十三。炮一千零九十三尊，炮兵一万三千一百五十四人。瑞典大小铁甲船十八，大铁木兵船五，小铁木兵船一百二十八。炮六百二十三尊，炮兵一万二百二十人。英国新造铁甲船名沙能，铁甲厚九寸，船头二炮各重十八吨，左右及船尾炮七，兼用篷帆；又一名土国门都希野，铁甲厚十二寸，以内木厚亦十二寸，内施铁皮厚寸半，长三百三十三尺，宽五十九尺，舱深四十尺，受重五千三百四十九吨，压水力九千吨，吃水二十四尺，船腰设炮台一座，长一百五十三尺，架阿母斯克郎炮十二尊，各重十一吨，舱面三炮，各六吨，船头两旁别设铁甲护之，下安巨铁锥拒触敌船号，马力一千二百匹，炮兵六百四十人，每点钟行三十九里。此大小二船载有图说，并记之。

廿五日。以德国兵政石多生许下长胜等三人归水师学习，而久无信，托德使敏斯达一往询。便过罗得茶会，入门，见花文石柱六，而内堂旁为玻璃罩厅，广植各国花木，知其为巨富也。是夕邀威妥玛、马尔铿、阿什白里、麦华陀、马克理、金登干、盘尔、禧在（初）〔明〕、马格理晚酌。

廿六日。麦华陀、盘尔邀游铿新登博物院。先过威多尔斯，观所制小机器，自云凡机器要紧处有二：一曰平，二曰丝厘杪忽分辨明析。所制铁圆盘，为三足木架盛之，上下凡二架，中为孔，纳杵其中，两相合而摩荡之，即相粘合，盖平则能粘也。云初为钢铁圆饼，磨使平，涂朱其中，用纸拓之。稍有圆颗或朱所不到，即就其处刮之。须先制三饼合之。以二饼合，不能辨其沙颗之或在上或在下也，故须中间一饼，次第合而验之。为小机器，可析一寸为十万分。凿木为槽，长二尺许，架两铁杵其上，两端有轮，前轮可推其铁杵进退，后轮惟转动其杵心以定杪忽。两杵相对，其端不逮五分，光平如镜。如以一寸物衔其中，则推其前杵向外，距后杵一寸，以试一寸物相衔与否，而验其杪忽之差。恰相衔，两杵与物相抵，犹可以人力运取之，可纳而入，亦可抽而出也。稍宽一杪，则不能相衔，稍紧一杪以上则相衔，以次加固，而人力不能施。其大盘以一百分当一杪，积一百分而转动其小盘一齿，凡二十五齿则得二千五百分；又积二千五百分，复转动其小盘一齿，凡四十齿而加密得十万分。是以一寸之积，析至十万分，（析）〔杪〕忽分辨益微。言凡机器之相合而固者，由其分析微也。又制一小轮，用钢铁为质，而胎柔木其中，毂与辐皆然。轮郭包柔木数分，外以钢覆之。云轮力柔，崎岖山径不忧震簸，初悟得此法，未试行也。随至铿新登，其尚书名三苐，亦世爵，陪游厅院十馀处。凡院皆为玻璃罩以取明。其前数院，凡各国所建之坊俗谓之牌楼，若石（艟）〔幢〕，若门楼，若亭，若石楼形似塔，高峻有楼房，奇丽宏壮者，皆仿为之。一火炉状如巨屋，上有飞檐，左右护炉亦如巨壁，云意大里国王宫式也。一礼拜堂，石门楼，左右三门雕刻精奇。一铜门，（匡）〔框〕及门高广皆逾丈，镂刻繁密，别一礼拜堂门也。一石幢，围丈馀，高十馀丈，皆琢为花卉人物，分造两段植院中。一麦西古王冢，亦仿其式为坟，皆砖为之，四面为牌楼，而别为牌楼植其旁，则依其丈尺为之。又为楼房一区，中为巨屋，四隅为飞桥，用阑围之，云阿非利加一国王听政所，屋四隅皆勋爵侍立处也。其他铜坊、铁楼及诸奇制，不可胜述。巨壁张画一幅，极四大部洲最高房屋罗绘其中，以礼拜堂为最，伦敦已有高至五十丈者。南京琉璃报恩塔，其高得半而已。其金器、银器多君主宫中所用，金盘有大至六七尺者；银桌、银盆，云皆印度国王器也，灭印度时得之，皆存于此、古铜器、玉器、磁器，分屋贮之，所见已数万种。铜佛一尊，高丈许。铜钟四具，形制并同，上环乳五层，制造颇精，云皆购之日本者。其一钟刻有金刚经，云正德辛卯制，并僧衔署临济正宗，与三钟之为日本物同一形式，绝奇。铜鹰一具，作搏击势，羽毛皆张，亦云日本物，以千磅购得之。其他磁盘一具，仅及五寸，购之百磅；磁塔一具，购之五百磅，其地博古者能辨其为千馀年物也。按中国磁器始自南唐，不及千年。佛塔缘自唐时，印度诸国已前有之，西洋无有也。印度磁器必不先于中国，此可疑。磁器大小尤多，自中国、东洋以至泰西各国，并及阿非利加，所有新旧磁器皆罗致之。即中国磁器，若巨盘，若瓶，大或数尺，小或二三寸玩具，皆绝精。其珍奇若琥珀缸及花树，玛瑙池缸，蓝晶紫晶瓶、盘，参错玉器中，用玻璃巨罩盛之，所见已不下十馀处。各国古乐器为一屋，大小刀、剑、矛、戟为一屋，错绣、针黹为一屋中国蟒服亦皆有之，略亦流览，不能遍及。饭堂三处，游人饮食皆便，其堂壁柱，皆磁为之。最后楼上贮藏磁器尤多，花草五色及翎毛，其光外浮者，皆英国所制也，磁质不能及中国，而此则过之。各国磁器推中国第一。再入则画院，张画数屋，亦相就临摹。书屋二区，亦多相就读。而后设画馆二堂，一画师主（人）〔之〕。男女各为一堂，堂分十馀星，屋皆列长案，亦有散置小几，纵横列架临摹者。其一堂为台，画师立台上，就台壁以青石为壁以粉笔纵横界之，为远近向背高下之势，以开示画理；而后列坐一屋，四壁悬挂泥（槊）〔塑〕人首，或一手一足，或花朵，亦有张镜画一草或一盘或一山，各随其心意所向摹之。凡数日，得其向背之势，乃分屋习之，（水山）〔山水〕则兼水石树木；人物则泥（槊）〔塑〕男女，或立或坐，或手持器具张望，或曲立回顾，亦各随其所好临摹之。数日得其形似，而后令习山水花卉者临摹古画，人物则雇一人高坐其中，诸画者或正向或侧向摹之，必肖其人之神，乃为有得。男妇学画者皆然。大率每日十点钟起，三点钟止，不逮三时之久，而各以其全神注之。是以西洋写真及山水，远近向背，曲尽其妙。询之三苐，此院岁支用款三十万磅；而画院教习男女三百人，及他学馆归此馆管属者尚有数处，岁（消）〔销〕约二百万磅，其中三十万磅则专支销此馆用费也。西洋专以教养人才为急务，安得不日盛〔一〕日？是夕，老儒会招饮，主持者德尔比。岁定会办八十人，威妥玛其一也，以是不能不一赴。其名曰类得拿里芬[①]。类得拿里者，译言有学问也；芬者，积存之款。

---

①类得拿里芬，Literery Fund（学者基金）的音译。

盖专为积学者年老无以为生，醵金养之。会者二百人，公使六人：一奥使博斯达，一法使萨威尼叶，一意大利使美那布里亚，一波斯使那赛木麻拉克木，一日本使上野景范，一危地马拉使尼格雷达。先数日传知签派说话者，令鄙人言各国学问。乃拟数语，丐威妥玛翻译，交给马格里。酒毕，一人传呼止喧，德尔比起立，颂扬君主，兼及其冢嗣并其亲属，于是列坐二百人皆起，高声赞诺，满饮一（触）〔觞〕。次世爵舒木登起立，言英国兵法。凡诵言者，皆先定一人揭其端，若相问答然，而其词意亦不必相贯属。大率签定某人说话，则诵言者未必及其人，稍加赞语。而提督戈得林敦及水师提督海，次第起立，各言水陆军政大略。又次，德尔比起立，言各国钦差略言在座公使在本国为大官者三人：一奥使，一法使，一中国公使；末乃归重奥使，言与为久交，亦所以揭其端也，而奥使博斯达起立酬答。次头等宝星安得森起立，言上下会堂亦所以揭其端也，而上议院哈尔德维兑、下议院伯利斯弗尔斯何拍次第起立，各言上下议院大略。凡诵言者多杂以诙谐及琐语。伯利斯弗尔斯何拍诙谐尤甚，闻者皆大笑。又次德尔比起立，言类得拿里芬老儒会略言此会起已八十八年，君主每年捐百磅，在位四十年，足捐四千磅也，亦颇著有一书，是亦儒也，颂君主及言本会事，无酬答，惟群起赞诺，满饮，呼声震天。次（次）罗得威尔起立，言英国学问，而勒格斯起立酬答。勒格斯者，英国之宿学也，能熟知古今事要与定大等学问又别。又次里弗斯言各国学问，而鄙人起立酬答。又次世爵达尔博德谛马拉赫的言游人学问，而德国石利曼起立酬答。石利曼能通知金石之学，所得古碑碣，能辨知其为何代，久居英国，最有名。又次，头等宝星斯得尔林墨克斯威诺起立，赞扬德尔比以结之，又群起赞诺满饮，凡三饮乃毕。其设席，列长案一，德尔比居中，左右列坐三十六人，公使分列左右，而头等公使居首；以下稍相间，世爵居右为多，宝星居左为多。前方相接直下列案八，左右坐二十许人。凡起立诵言皆正坐。其坐下方直案者，勒格、罗得威尔、里苐三人而已。其诵言抑扬反复，辄至数刻，以文辞周旋相尚，颇有春秋列国之风。鄙人始及中国学问流传三千馀人〔年〕，圣人立身行己、治民治国之方，备具于书，此所以崇尚至今。计数地球四大洲，讲求实在学问，无有能及太西各国者。二三百年前利马窦、南怀仁、汤若望先后来中国，最为有名。此次至伦敦，所见定大、谛拿娄、阿文、虎克、斯博得斯武得谈论电学、化学、光学、热学之精微，益见英国学问人人讲求云云。起立数语已毕，马格里以洋文译而诵之，亦不逮诸君所言四五分之一也。是日所见世爵后敦，有诗名；医士利加增，兼理老儒会医事。外部文案珥斯赓梅尔约往视所著书，海部尚书窝尔得亨得约茶会，均不及往，惟便道一往戛芬谛史奔定克茶会而已。

廿七日。马理森来见，曾从额尔金充当幕府，居中国数年。其父罗伯马理森随阿墨尔斯得充使中国，觐见仁宗睿（黄）〔皇〕帝，上御便殿候之；礼部与争仪注当跪，阿墨尔斯得不允，遂驰去。罗伯因留粤数年，依《康熙字典》翻译西洋文字为字典，西人传诵之。其兄科勒苐登马理森亦久居中国。所居阿斯葛得，距伦敦六十里，亦因老儒会来伦敦，闻予诵言甚喜，相就一谈。言阿斯葛得跑马会，亦天下巨观，期以六月十一，凡四日始毕中历四月廿八日后，约往一游；距温则宫二十八里，并可一往观也。

廿八日。德在初开示德棐陆送来电气、格物书名二种。一曰佛尔格逊《电气学》。一曰德沙讷拉《格物学》，云爱倭来德所释，论光学、热学、电气、吸铁石凡四卷。前谛拿娄言电学以苐斯克森为最佳，在初所云佛尔格逊，殆即其人也。

廿九日。多里画馆、狄隆画馆均邀往观，而狄隆善画西洋景物，于是日开馆，因往一游。便至多里画馆。多里，法兰西人，善为人物，巨幅长丈二（丈）〔尺〕，画男妇百馀人，亦画中巨观也。而喜为杀戮凶悖之状。每画巨幅，必先摹数小本，悬挂满屋，工亦勤矣。旋赴得利苇尔罗林斯茶会，设几听音乐，一人弹四弦，若中国胡琴，凡数阕，音调新奇可听。女讴作歌亦佳。马格里言：俄国外部寓书英国，言土国不听理喻，不得已一战，意在保全教民而已，各国亦无不心愿者，是以英国亦听用兵。德尔比覆书，言俄国用兵极非宜，英国极不谓然，而云各国心愿，此语实为虚诳。土国主因使驻英公使莫拉射司诣外部致谢德尔比；法、奥、德、美诸国皆称颂德尔比之伉爽，为各国所不及。德尔比述法（前）〔国〕百年前有公使驻英者曰达里兰，常言：天生人口使善言，非以宣导其心之隐，乃欲使善隐蔽其心，使人不易测也。此语颇极调侃。吾则不然，一切使此心宣著于外，惟期口与心相应而已。其言如此，无愧良臣矣。是夕，乌叶娄戛真阿里邀至意大里阿伯拉观出。生平不喜戏局，三十年未一临观。至伦敦以友朋邀请，五至戏馆。此邦君民相为嬉游，借此酬应，不能相拒，意甚苦之。其户部尚书恩娄叶敲里及费音夫妇咸至；驻德国公使未及一询其名。是日雨。

四月

四月初一日丙戌。为西历五月十三日，礼拜之期。李丹崖带同陈敬如、马眉叔及罗君丰禄、日意格来见，携带学生十二人，将就波斯莫斯海滨小住。回人摩哈墨特来见，询知为布哈尔人，地接阿富汗，住英国二十馀年。回教分二种。相传摩哈麦之后，叔侄各自为教：叔曰逊里苏利，侄曰希亚，两教互相争胜。而自布哈尔至土耳其，皆逊里一教；波斯别为希亚一教，故相疑。以俄、土两国交战，波斯助俄罗斯，缘两教本自为冰炭故也。其回教流传中土者，苏利教为多，亦名之曰谟教，谟哈麦之遗也。

初二日。金登干约游英兰得类非纽。类非纽者，译言税务也。尚书斯谛文森，其副赫里斯，幕府戛尔勒得。斯谛文森以病，遣其副与幕府陪行。所造凡三种：一、税单；一、信票；一、产业及制造器物凭约，而各处汇单、汇票亦附焉。凡税课交纳于此，惟海关各就关所完纳。非但岁课而已，家业传付子孙及亲友，皆有约据，由国家颁给，而视其产之多少纳税，大约二十而取一分。或以风疾入风馆，亦简料其家，由官存贮而给契以俟其愈，按所存数还之。或制造新法，得专司其贸易，署名为记，亦由国家颁给而纳税焉。其造税票有地，完税有地，盖印有地。其盖印处列柜为之，各以数多寡分列。纳税盖印至五点钟止，则有一人就柜旁小木橱开钥视之，即得所盖印数。盖橱内四小孔，孔皆有牌记，凡四字周转，近柜一孔十转而第二孔始一转，以次为千百十之数。先日一千二百三十四，本日一千五百六十七，即知用印三百三十三颗，而得其所收税数，不爽锱铢。别有一院，专试各物之真伪，则所讲皆化学也。其地总办名比尔罗。烟、酒、茶、铅、锡、颜料，下至牛乳皆送至，验其真伪而后（消）〔销〕售。如水果汁中有酸浆，所尚酸也，以水入之，化成蓝色；再以碱入之，化成赭色，则味转咸而酸失矣；再加水，又成蓝色，其味仍酸。以此辨其加酸多寡之数。颜料各色，分合验之，本质若干，可以推测，无或爽者。烟末、茶叶，各以显微镜试之而得其本质，伪造者莫能混也。故凡化学自格物始。所用七百馀人，而幼学为多，亦天下之巨观也。旋赴马尔铿茶会。阿尔该尔公、克色伦公两夫人并在。威妥玛带见一人，曰珥尔钩，英国铁路皆所修造，亦通电学。马格理带见二人，曰勒五屡斯，白发皤然；曰得客勒斯摩里，与所居衡宇相对，其意甚勤勤也。晚邀日意格、李丹崖、马眉叔、陈敬之、罗稷臣及马格里、李湘甫晚酌。英国行政务求便民，而因取民之有馀以济国用，故其所设各官，皆以为民治事也，而委曲繁密，所以利国者，即寓于便民之中。如信票，远至数万里，近至同居一城，但粘信票其上，信局即为递送。每岁所入千数百万磅，可云利国矣，而民实便之。顷见制造信票，每纸印票百馀，四周空处，一童子量其分杪，截齐其边幅，送至一机器处，每票不逾八分，四周凿成小孔，五纸一连，不失毫杪。为取用信票，必须剪截，得此四周小孔，随手即下，不恃刀剪之力。相传数十百年前，一人想得此法，献之朝廷，即时赏给二千磅，依其法行之。此专为便民也，而其实国家之利即具于是。此西洋之所以日致富强也。丹崖交到丁禹生一信，濒行至台湾，禹生面交带递者。

初三日。与法使达拉固约三点钟会晤，临时马格理忽一力阻止。予以为其信必约候回信乃前往也，决意前往诘其所以不回信之故，马格理又复搁置不理。比阅钟表，已逾四点钟矣。催促一往，达拉固留书门者，略云：相候至三点钟，以外部约四点钟会晤，不及候。始知其书约往谈，并无候回信之文。怪问之，乃云：前书约德使敏斯达得其回信，以是推之，当得回信乃往也。其谬如此。马格理诸事生疏，而喜持意见专擅，亦予大运中之一劫星也，心实苦之。乃传李湘甫、德在初商定收发洋文章程，一切归湘甫经管，冀稍以法制其悖乱也。便过日意格、李丹崖一谈。日意格随沈幼丹办事有年，一切体式优于马格理远矣。晚赴阿立科克地理学馆茶会。有得安得者，专习地产金石之学，罗列各国所产金块及金沙宝石□出于江次者，有大金刚钻一具，略如卵黄，值十万磅。

初四日。以日意格事重诣法使达拉固，便回拜马克斯威拉住苏格兰之格勒拉客林地方，贺拉与提督何伯同名。何伯、贺拉，一音之转，亦武员也，阿士得尔初办烟案至中国充当副使，美尼亚客怡和行主，茀尔谛斯文世爵，伯，摩哈麦得墨尔沙布哈尔人。墨尔沙者，犹中国之云王爵也，罗得、得克拉斯摩里、立察尔增、觉尔得内拉、非斯维克拉摩、毕学伯、巴麦尔，以上七人并住本街为邻。巴麦尔与色尔盘为亲族，色尔盘亦世爵也。是夕，德尔比茶会，公使敏斯达、上野景范、尼格雷达及予四人而已。所见马尔铿、威妥玛、何耳、旁思茀得、珥伯尊、定尔敦、三得逊、密得茀斯得能华语，曾充副使中国。与同名甚多、树德阿什百里同事、毕德尔有二女，均美、谛盘生、斯丹利、卜尔得按察司、德尔比格非尔、沙逊。馀相识者亦多有之，然不能举其名也。

初五日。瓦瓦琐与茀立斯二人来见。瓦瓦琐曾偕米斯得在京师一见，合淝伯相与沈幼丹均相就购其所造钢炮，而克罗布机厂贸易遂移之瓦瓦琐。茀立斯在什非尔得地方开设钢铁厂，各厂所用钢铁，皆其所制也。因言及鱼水雷中段所用沉水机器，英人名怀得赫得者思得其法，英主以三千磅购得之。其法甚秘，武里吡厂知其法者不过一二人，民厂无知者。其后俄、法、德、美、奥、意大里、比利时皆购得其法，但以供国家之用而已。巴麦、得拿二人相继来见。巴麦即载生洋行驻英办事者，抵伦敦后曾来一见。得拿有制造铸钱机器厂。询问铸洋银法，凡历十处机器乃成。一熔银机器，其（三）〔银〕须历三处机器乃成银片。犹恐有未匀也，再入压重机器而后凿成饼，又须加光，又须比较轻重，又须整齐其边，而后加印。印或不如法，又入一机器汰之。其用人工小机器尚有数套，每机器一局，日可得洋银五千。据云用此机器一套，价三千磅。正思谋之唐景星，上海应设一洋银局，当以商之。得茀里兰得、刊克里甫二信。茀里兰得送所翻译书一部，大率醒世止分之意。刊克里甫陈论五条：一、禁止贩运鸦片烟；二、西洋待中国人应求公平；三、西洋人在中国者应各归地方约束，不宜专归领事；四、火轮车路应听中国人自办，不宜西人勉强，而引吴淞铁路为大戒，责以不可如此横行；五、西洋传教者，不宜过为保护，其有被戕，亦自取耳，中国圣人之道，道理完足，不应以他教乱之。其言全似中国人自张大，亦不测其为何意也。

初六日。内里爱觉斯信约茶会，云有卜林斯毕斯梅尔得在坐，属往一晤。卜林斯者，译言太子也；毕斯者，女人，连卜林断为言则公主也；梅尔得，其名也。是夕，立斯克邀看跳舞会，言其女初成立见客，为此会。思欲一往观，以苦晚，辞不赴。

初七日。《代模斯》、《摩宁波斯得》两处新闻报并云：喀什噶尔有公使名赛阿德雅古布可汗，翻译墨勒爱，于先夕抵伦敦。《代模斯》报谓其由巴里过布伦海口，是由布哈尔取道阿富汗以出红海者也。此于中国微有关系，当一考问之。

初八日。与云生步至里占得巴尔克①内波丹里尔戛尔敦②。凡有花木蓄植，谓之戛尔敦，犹中国花园也。树木成林，谓之巴尔克，犹言囿也。里占得犹言监国；英主若尔日第三多病，其子监国，始创是园，故以为名。波丹里加尔，译言花草也。其园参赞苏尔比陪游，历数玻璃厅，万花围绕，其树本一二尺而花开至八九寸者，多以人力为之，盖用巨花之蕊搀入本花心，令其结实一二，移种即大逾教倍。其草本花叶，多具五色及有花文者，奇离眩目，多以人力为之。粤东之罗威及仙人掌、仙人拳之属，此间种类变化至逾数十种，形状诡异。有刺颗小如豆，堆积盈盆；有覆如钟；有磊砢如石；有盘绕如云；有丛植如箸；有挺立如柱。其叶或小或大，或坚如铁石；或软厚如球；或扁如刀；（如）〔或〕顽厚如砖；又或如菌如球，（或）〔如〕各种瓜，穷于名状。有形如罗威而刺叶长至三四尺，中青而边若厢白者。苏尔比云：此种

---

①里占得巴尔克，Regent Park（摄政公园）的音译。

②内波丹里尔戛尔敦，Botanical Garden（植物园）的音译。

亦如罗威，有花，然至老始一开，开即萎矣。每栽此，八十年始一花也。又一玻璃厅，有池植荷花。其一种荷花叶大可逾丈，而背面出格文，深可数分，茎有刺二分许，叶常浮水面，其力能胜人；花如莲，而瓣较长而削，厚至七八层。又一琉璃厅，聚各国草木本可食及充药品者。金鸡刺树名新戈刺，其皮有霜，洋人名之乖宁也，叶圆大。加非树叶光而尖。象皮树有数种，叶或五出，或大如枇杷叶，肥厚光润。有一树高丈许，抽条着叶，圆细而厚，周环条端，约五寸许乃着花，三四寸许又复着叶，叶花相间，其花蕊大如豆，每蕊抽红丝数十百，茎上着小黄粟，无瓣，周环如垂缨，亦有奇致。其馀花木多可观者，惜不能一一得其主名也。每日有精习花木之学者来此讲授，别为一屋，药品、食品罗列满架，玻璃瓶贮诸果品，亦逾数百。其学师名奔得里。其精习金石之学者名敦兰得，即地理茶会所见，皆在金斯戈里叱分掌医务。金斯戈里叱者，英国医学馆也。奔得里日一至此，男妇就学者常数十百人。其间菩提叶可织丝若棉，设法令其白，又令其细，织布若番布，云皆以人工为之。欲制造一机器，尚未得其法也。苏尔比邀至其家本园中另置屋数间，亦极精雅，出示花草谱十五帙，云克尔谛斯原本，凡数十年集花草种类数千万种；虎哥继之，又数千万种，无有穷已也。其言花不分草木，而统分明、暗二种，暗花或含入叶内，或连茎而叶外护，非细审不可见，其种类至不可穷纪。此则中国人所未经考究及此者也。李丹崖及日意格来谈。是日礼拜。园中有二石，为螺形而稍扁，石纹亦类螺之旋，云掘土得之，数万年前海螺沦入地中而化为石，其大如两檐臼也。又有六方石，大约尺六七寸，高七八寸，累五六石，略似柱，云出苏格兰北山中，其石相联合如花瓣，常累至数层。又有一石如蜡，高三尺许，磊砢离奇，云出波斯兰海口。皆有奇致。

初九日。发总署及合淝伯相五次信，兼寄周荇农、金眉生、周瀛士、唐景星、郑陶斋，及家信第五号，及志城及蟠西及易淑子各信。

初十日。接黄泳清十八号信件，知正月四日发递一信，已于二月十八日递到，计行四十五日。此信由英公司机华轮船自上海二月廿二日开行，计行四十七日，而吾家十一月杪杨瑞堂抵家月馀后乃发一信，自是绝无书报，不解何故。提督贺拉函约茶会，云有利音者悟出一法，可以用太阳光传递书信，并约至其家试之。此邦术事愈出愈奇，而一以学问思力得之，人心固无不有也。

十一日。寄唐景星信，交得拿带去，以商办铸钱厂所用机器。得拿设德尔明丰得里机厂，专制铸钱机器。德尔明，江名也，机厂在其旁。诣哈尔该尔公、威威玛、敏斯达。威妥玛昨有信与约，竟置不顾，亦一奇也。德尔比格非斯再邀茶会。是夕，赴伯鲁恩邀入善堂跳舞会，以贱名为之首，盖威勒斯里濒行时所约也。坐晤提督英格尔非尔，及阿尔勒里西、何麦斯、特得里诸内里。特得里夫人，英国最为有名者。

十二日。水晶宫总办贝尔吒函约往游，洋语谓之克立斯登巴雷司。克立斯敦，译言水晶也。适莼斋、在初、夔九、和伯、彦嘉、听帆、湘甫及马格里公邀李丹崖、日意格一饭，并邀至水晶宫，予亦因入一分。由维多里亚地方乘坐轮车，过代模斯江桥至克拉奔，向东行至兰海，过两小山，车路适出水晶宫后。贝尔吒迎于车次。入门皆玻璃为屋，宏敞巨丽，张架为市，环列百馀，其前横列甬道，极望不可及。中列乐器堂，可容数万人列坐。其右又一小乐器堂相对，亦容数百人，别为一院。左为戏馆，就坐小憩。又绕出其左，为水晶宫正院。巨池中设一塔亭，高可数丈，吸水出其顶，旁为海神环立，所乘若龙，两眼吸水上喷，高约数尺，张口吐水，日夜滂湃，大树环列数十株，水晶宫最胜处也。曲折相接为巨屋，模仿各国形式：一埃及，一希腊，一罗马。希腊、罗马两院中，列石为人约数百，皆至精细，而罗马大礼拜堂及他室屋，多为模张之石台上，铁栅环之。日思巴尼亚建造阿剌伯回教殿堂，尤为奇丽。刻立各国石人像，连屋累院，目不暇（给）〔接〕。又下入地底，亦有养鱼虾海物玻璃屋十馀，有蟹形甚奇，身足皆带刺。凡环戏馆一周，转出甬道，向右亦有一院，为石池，置玻璃塔其中。树木颇繁密。石山曲折相连，每山坳（槊）〔塑〕番人数辈，或北墨利加，或南（黑）〔墨〕利加，或澳大利洲及阿非利加番人，有生而曳下唇使长至四五寸，或纳木杵其中，皆丑黑狰狞，略具人形而已。又多为禽兽、树木，用玻璃巨匣盛之，形如一小屋，凡列十馀座。连画、张画数千，则用以求鬻者。别有一院为意大里模式。近年意大里掘地得古城一所，器物珍宝多存者，为图数十以纪异。小小玩具数十，及地中沙土，皆存贮之，亦嗜古之一端也。转出一巨楼，向水晶堂前门稍左。贝尔吪以事他适，遣其副戛尔定勒尔陪游，云贝尔吪约是夕看烟火，即在其处。其外地敞数十里，横列四巨池，前一圆池尤巨。回过织花机器厂，所织状如飘带，为人物花卉，比诸绣工之至精者。每一机器织十二幅，颜色各别，随所用线为之经丝，十二幅并同，机器之用全在纬丝。列屋为肆，百货具备，有专罗列中国器物者。就馆为食。饭毕，戛尔定勒尔邀至前楼看烟火，贝尔吪、艾约立的吪均在此迎候。艾约立的吪为希腊人，（以）〔亦〕总办之一。询知水晶宫凡七千馀股，集费一千五百万构成此宫，其间有须收息者。近年制造修葺，费用日烦，息银多不时给。坐定，月出，极望数十里不见星火。俄而爆声发，直上如箭，约及数十百丈，散为五色繁点，而其下万火俱发，爆声四起，或散为五色繁点，而色相杂，又各不同。或如繁星；或如孤月直上；又如气球，随风横行至十馀里，其光转绿，转红，又转白，如日光射人，月明亦为所夺。已而光渐微，则一光圆中又裂为五色，圆光四出相激，又散为小圆光。其平地中万火俱发，有叠至四五层者，其光亦数变，约刻许乃息。忽爆声从地发，直冲而上，如万爆轰裂，现火牌楼一座。忽又爆声齐发，现宫殿一座，矗立山端，众树环之，言此温则行宫也。以君主明日生辰，方居温则行宫，用以志庆。忽又爆声齐发，现君主一像，颇酷肖之。忽又爆声连发，直上丈许，横出又丈许，成白色一道，忽奔腾而下，如瀑布之坠于崖端，火光四扬，远望之疑为水气之喷薄也。忽又爆声连发如转珠，少顷，现出五色花亭一座。忽又爆声连发，亦如转珠，现出五色大球一颗，腾空圆转不息，尤为奇绝。忽又爆声自地直冲而上，散为千万爆声，其光如金蛇万道腾跃。忽又爆声直冲而上，散为万点明星，方惊顾间，又冲而上，再散为万点明星。亦有冲上丈许，忽东出数尺，爆声随发，其光如月；又转而西出，爆声复发，其光亦同。往复六七次，如火龙之旋转，左右两座相为冲击，真奇观也。最后数十道齐冲而上，或如月，或如星点，或散为五色繁点；而五池周围巨火齐发，红绿相间，其光屡变。池中水一线上冲，激高逾丈许，或四五道并激，心目交眩。已而巨火中各冲出五色圆颗，其大如月，高不过丈许，腾跃而出，络绎相间，五池相环，约千百圆颗，互相击并，亦逾刻许始息，仍上冲散为五色繁点。此间奇景绝多，尤无若此次烟火之诡变者。仍由轮（舟）〔车〕回寓，已逾十二点钟矣。

十三日。威妥玛、禧在明来谈。接威斯敏斯得阿比①教（师）〔士〕斯丹雷信，约往观其教堂，盖亦教师中之有学问者。又弗里

---

①威斯敏斯得阿比，Westminster Abbey（威斯敏斯特教堂）的音译。

兰得再送所著书，兼洋、汉文，自云代威、里克二人著书多是如此。其得克里斯摩尔同街居住，右手已残废、阿尔博思勒得利如洋行行主、摩尔得君主掌马官均以书来约赴会。精力衰颓，实苦酬应之繁也。接胡玉玑信，并接上海《申报》，知二月十七日补授胡小泉兵部左侍郎一缺。上海十九号信，二月廿九日所发递者。

十四日。李丹崖、日意格来见。接总署信，由哲美森带到。其第五信正月廿二日发，第六信正月三十日发，外并图册各件。赫德精核缜密，条理井然。中国求如此人才，固不可得矣。

十五日。礼拜，为西历五月廿七日。偕德在初诣金登干，始知赫德另有议论，为总署图册所未及者。所持正论也，然而中国于此颠倒迷乱数十年，不能自昌其气久矣。益叹赫德心意中包罗百变，而中国之果为无人也。

十六日。得拿述悉斛百里来信，以新造一住屋，门首须作一福字，属为一书。斛百里久居上海，故有中国气习。又接贺尔、毕得、德尔比格非斯三内里信，均约茶会。教（师）〔士〕斯丹雷及铿尔斯信，均约至其家相视。得克勒斯摩尔邀茶会，带见茀郎克柏克兰，熟精养鱼法，亦设有会堂。戈尔立善音乐。晚赴阿立科克地理会宴，洋语曰奇约喀刺非尔苏赛意地[①]奇约，地也；喀刺非尔，谓图写之；苏赛意地，会也，即前赴老儒会处，设席亦同。酒毕，阿立科克起三酌。初颂君主，次颂太子及宗属，次颂各国钦差，而称鄙人曰：喜得老友来为中国第一次钦差，甚愿长住，以敦和好。土耳其公使莫拉射司巴沙起立致词，大致谓土地以人为主，合天下计之，同一人也，何山何水，问焉不知，犹人之有田业而不能知其处也。地理会之设，所以最有功学者。然地理大端有二：一有常，山水原隰，有常者也；一

①奇约喀刺非尔苏赛意地，Geographical Society（地理学会）的音译。

无常，国界有分有合，有废有兴。因及俄人之谋侵占土地。立言颇极简当。次珥里斯发问探寻地道者二人：一勒尔斯，即前岁穷北冰海总兵；一本的达宁新，由印度穷西藏，尽摹其道里形胜，往来冰山，又为土人所窘，几死。勒尔斯答言，而宁新未入宴，约尔代答。约尔者，即威妥玛同学旧友也。次地理会帮办发问舍利曼；善金石之学，掘得希腊古碑古器至多。次后敦赞颂阿立科克，群起大诺，满饮，遂毕。近年寻阿非利加中土地颇饶，有大湖滀水可资灌溉，而其俗专以掠买人口为事。英人颇思经理之，而大太子为之主，地理会出金洋五百磅资其办理。英国之市惠无已，而志亦大矣，方之成汤使亳众为葛伯任耕，殆未有以加也。公使与会者：荷兰公使德必兰、波斯公使那赛木麻拉克木、日本公使上野景范。而咯什噶尔新至之赛阿德雅古布亦与会，馀多不能知也。

十七日。敏斯达来谈。晚邀日本上野景范夫妇、井上馨夫妇、费音夫妇、那喀萨喀米、正窝里库奇基。日本土音较西洋尤烦累。上野景范、井上馨，并以中国字译释其音，非其本音也。外邀屠迈伦、马格里二人作陪。罢酒后，复偕云生诸人赴毕得茶会。

十八日。珥白尊赛马会为英国第一胜日，俗谓之德尔比代[1]。代者，译言日也，德尔比伯以赛马著名，因以名日。偕莼斋、和伯、夔九、听帆及马格里往观。先日雇马车驻围场旁，而坐轮车由维多里亚至珥白尊，过克拉攀，分路至密叉摩，望水晶宫正当其东，约行六十里。赛马场宽约十馀丈，长十馀里，两旁树立木栅，观者数万人。马至者数百匹，分五场赛之，惟第二场十七匹为最多，馀不过数匹而已。马虽多，不敢赛也。第一场马四匹，

①德尔比代，Derby-day（德尔比赛马日）的音译。

所着衣冠各分五色以为表识，先齐马首平列，按辔徐行二十馀步乃驰。凡五里置一望楼，前树表杆，上为圆牌，一人坐望楼上，见杆前马首以定胜负，辨其衣冠，即知其何人何马。距杆约百馀步则大驰，往往从后一跃而前，而旁观者大诺。第一场世爵冷斯谛尔胜，马名秋里亚毕箴。第二场马十七匹为一大场，前胜者三人：首世爵华尔摩斯，马名锡勒飞欧；次英里斯，马名科伦阿尔得；又次马耕奇，马名罗比类。法国有马名沙莽者，极雄骏，群推第一，编列第二大场，竟不及与前三名之数。第三场马五匹，世爵杜恩胜，马名英森斯。第四场马八匹，武员马喀尔胜，马名盘里拉西。第五场武员洼谛娄胜，马名内里冷利。市买玩具、食物及歌唱乞钱者络绎于道，几于举国若狂云。马车舆人酗酒，不知所往，候至日夕，仍附轮车回寓。是夜再赴德尔比格非尔茶会，所见来逊斯美国大兵官、三多斯觉尔叱赫那世爵，其父现官爱尔兰总督、茀里兰得曾与往（返）〔还〕，送所著书、阿立拉克诸人。英国旧有赛马会，与会者常数千人，岁一赛马为戏，每以五六月之交第三礼拜行之，三四日乃已。国人用此为赌局。

十九日。刊克里茀呈递所议五条初五日先经寄示，列名者十馀人，其卜刊颉斯、哈利森二人，英国名有学问者。又比斯里，曾充下议院绅士，多持异议，人皆苦之。询知其来意，盖法人有名刚莫特者，专辟教书，遂相沿以为刚莫特学问①。刊克里茀亦以辟耶稣天主教为名者也。卜刊颉斯曾著一书曰《瓜得利类非有》②。瓜得利者，言每三月一著论；类非有，考究已事为能通习古今者。其学专喜诋毁朝政、贬斥教士，亦处士之横议者也。此间苦少翻译，

①刚莫特学问，Comtism（孔德哲学）的音译。

②瓜得利类非有，Quarterly Review（每季评论）的音译。

不能即时译。有老教士师丹雷邀赴威斯敏斯得阿比一观，盖此教堂流传八九百年，中间凡数修，正堂已历六百年。教士凡分三等：最大者曰阿叱毕灼①，次曰毕灼②，又次曰谛音③。师丹雷亦谛音也。而其教堂却为最古，规模亦极宏大，历代君王多葬堂中，功臣勋旧亦多入葬者。哈罗德第二、显理第八葬皆居中，谓皆有功教堂者。其馀可知者，曰维廉第二，墓前立双塔；曰义德瓦第五，及其弟约克丢克，盖为格罗斯得所杀者；曰女主以利沙伯；曰苏格兰女主马利，及其母马利介斯。马利者，为以利沙伯所戮，后其子惹迷斯代以利沙伯为英主，为之治墓云。礼拜堂后有一几，已历数百年，每一君即位，必受教（师）〔士〕戒于此堂，皆据几坐受。几下有一石，名曰斯官④。苏格兰君即位，亦受教（师）〔士〕戒。历代相传，皆坐此石。义德第三攻苏格兰，取此石以归。后惹迷斯以苏王兼嗣英王位，益贵重此石，相传已逾千年矣。斯丹雷指示甚详，惜不能通其言语，无从究问。旋过危地马拉公使及李丹崖住车林克罗斯公馆。兼至敦兰得处考问土石，得睹所藏石数千种。自云所藏六千馀种，不能遍观也。又陪至京斯葛里叱医学馆，分堂教习共三十所，约千数百人。敦兰得兼教习金石之学，所管石一百厨，厨或数十种，或数百种，厨上设大架，置诸巨石。所藏石，各国皆有之。金产则意大里、古巴，及新、旧金山及本国。大约产金土石、产银土石及产铜、产铁、产铅铅分黑白二种、产硫磺、产水银、产砒各数十种，而产铁为多。敦兰得能分别所产成数，多至九成，少或二三成。其炼银者率至一吨土炼银十两，多至二十两，所以为贵重。

①阿叱毕灼，archbishop（大主教）的音译。

②毕灼，bishop（主教）的音译。

③谛音，dean（副主教）的音译。

④斯官，Stone of Scone（加冕石）的音译。

金则多浮出于外，不待炼。炼铜土石皆绿色，为受养气而铜绿浮见，亦有紫铜、紫银，色同，以其质轻重辨之。西洋有紫银、白金，皆较常品为贵重也。铁质有带铜色者，其铁产尤佳，或深黑如漆，相粘若葡萄，大者若乳，长而细若柱，皆佳产，可出铁九成。有银矿、铁矿及水银三种，皆黑色，形质并同。问何以分辨，敦兰得曰：考求纯熟即一望知之。因述新金山开矿，有深黑土若石，以为铁产也，炼之，无有。或曰铜也，如其法炼之，亦无有。乃取此石还英，求得博物者问之，曰：此水银也，用峻火炼之，则皆化为气上升，随烟所着处仍成水银。因取寸管炙炭于下吹之，水银溢出如泻，如是此矿水银，岁常值数百万。其他石或具五色，若赭石、滇黄、松绿，及若晶色白，而明暗百变。或若碎石丛聚；或若小冰柱；或如冰花，繁细如发；或如小圆叶堆聚；或叶稍大而扁；或如鱼骨，节节相衔。其他五色花纹若青田、寿山图章石，种类至数百种。其五色宝石，有含入沙中者，有产石中者，亦有巨沙若石，中含小金刚钻，繁密如粟，有光。敦兰得能辨知各沙土与养气合则为何石，与炭气合为何石。硫磺入铁中则铁气薄，而产铁亦不佳。又有各种石中含生物，大者若蟹，若龟，若鱼，若鳗，若蚌；蚌又分里、面，皆具波皱文。小者若蝉，若虾，若蜣螂，若蟋蟀；亦有若蟹钳，若鱼齿、鱼骨一二节。亦有小管小虫，不辨其为何名。尤奇者，剖石一方，中小鱼长寸许，形状毕具，至数十百头。或衔小蚌数百，皆已化石，而蚌甲仍耸出，与石相离，随锯而解。亦有石中衔诸介虫，若螺，若蚌，剖石而本质尚未变者，大小亦数百种。又有巨石大如瓮，小螺蚌丛处其中，挑出辄成一小孔，有小如粟者，其未挑去者仍攒聚无数。又出示粗布一方，状若麻毯，曰火浣布也。其丝出石中，类绵而软，若带潮者，取试之火不化。因取一石出示，稍类石（羔）〔膏〕，若数层相叠，曳之则丝出如线。云今宝石若猫儿眼，其中皆出丝；水晶若中有物动荡者，皆丝也。又有石一片，椭长五寸许，高三寸许，状如水晶，取以照字，皆成两行。因画一十字照之，横竖皆两，昂其首照之，则竖者两而横一，用其椭处向上照之，则横者两而竖一。曰：此分光石也，石灰与炭气合成此。取以照诸石，随其高（上）〔下〕作五色。其煤质坚如石，作花草纹，有若树者，有若草本者，亦有作诸虫鸟形者。有巨叶一片或如蕉，或如蒲葵，或如圆大叶有筋，其中含螺蚌者甚多。敦兰得云：煤矿得若螺、蚌、龟、鱼，即煤尽矣。盖数万年前江海深处，地既下陷，填塞海中，水族毕处其下，久皆化为煤。至见水族形，必在极下一层，此矿即宜封闭。亦有结石至数里，中衔诸物形者，殆不可以年数计也。又石如螺旋，节节成文，而盘若蚯蚓，不辨为何物，大小至数十，敦兰得掘地得此无算。盖盘古以前有此物，天地再辟，此物不复生。又有象齿，长逾丈，齿纹犹具，而半化为土石，质坚而形如朽木。胫骨一具，长（若）〔约〕五尺，云开辟以前，象形质当较巨也。于此颇多创闻。询其学馆三十堂有无异同，曰：堂各一学，无有同者。问：安得如此之多？曰：如语言文字，在欧罗巴有德国、法国、希腊、犹太、西班牙等国；在亚细亚有中国，有印度，有东方诸国。问：何以无俄罗斯及美利加、阿非利加诸国？曰：各国皆有学问，而俄罗斯及阿非利加无之。语言文字必兼学问，非是无可教者。美利加与英国同，奥大利与德国同，故不更立学。医学有草木，有生物，有人身体；身体又分形质、血脉二者。有内治法，有外治法及刀法，皆各专习一艺。其天文、地舆、电学、化学、算学、兵法、律法及工艺之属，皆有学，备具于此堂。问：岁费若干？曰：二万馀磅。问：此尚不为多。曰：各堂规条亦不同。如中国语言文学，则斯丹登久居中国，回英后特立此学以教幼学之习华文者，经费皆所捐办。斯丹登所教金石之学，则学者各备束脩来见。其堂亦如音乐堂，为圆屋环抱，高下列坐六七层，教师为台坐讲，讲生操铅椠录其言，以资习（炼）〔练〕。敦兰得云：十馀年前此堂藏石多于妙西恩博物院，今远不及矣。予曰：所见妙西恩金石不如此堂之多。答曰：公所见未遍，亦但观其所陈设者而已。其所藏岁有增加，每年添置各种以十馀万磅为率，收藏安得不富？又威斯敏斯得阿比教堂古迹尚多，有木棺一具，得自罗马，收藏已数百年，云一千六百年前物也。又有高亭一坐，与教（习）〔堂〕相连而畸出，四面嵌玻璃。斯丹雷云：显理第三当一千二百六十五年，令民间择人入巴力门会，与诸世爵议事可否，即下议政院所由始也。巴力门会即议院，初惟世爵主之，至是始增置民会。时未有教堂，就此亭议事，距今六百十二年矣。四壁古画多剥落，其诸王陵寝不入此教堂者，别为图记之。前半遗此二端，补书于后。

二十日。盘致书，极言英国富强之业一出于学问，而望中国加意振兴，宜仿照法、美大国开赛奇会，招徕各国机器，以广见闻。其言极详。盖盘专意成就上海格致书院，望中国为之主持也。致德使敏斯达书，以博洪厂武员三人改归水师学习，其海口泊船处名威力阿莫斯哈温，其师船名理娄恩，敏斯达允为之道达，为具一文托之。是日为西历六月初一日，而天气甚寒，犹着重棉，略似中国二月天气。

廿一日。与马格理论敦兰得之学，因略及英国言化学，分别本质不变者凡六十三种。养气、炭气、轻气三者为之大纲，合金石，则化分而析之，而气之本质自在。其诸生物，本质不变，五金之属为多。如（璜）〔磺〕强水化银成自来火，用机器收出强水，即仍为银。中国言金、木、水、火、土五行，西国言地、水、火、风四大；近言化学者，谓地、水、火皆无本质，养气与淡气合而成水，土、火尤杂诸气如水干之即不能还本质，养气与淡气合亦自生水，故无本质，与诸气合，即化分之，仍还本质。惟金类为繁：金、银、铅、铁，种类极多。西学于铜类分（列）〔别〕紫铜、白铜二种：紫铜曰科白尔①，白铜曰尼客尔②。紫铜合铅则为黄铜黑白铅并同，合尼客尔则为云南白铜。铜合炭气变绿，合养气生（绣）〔锈〕，曰铜绿，能毒人。其五金之属，各有本质，而所用各别。略记数种：一曰色里西恩③，加养气为火石，名色里戛④。一曰马克西恩⑤，微似白铜，（练）〔炼〕成薄片可燃，加养气为石灰。一曰戛尔西恩⑥，加养气为石灰。炭一分、养气二分为炭气，又加炭气为石。一曰博大西恩⑦，投水中变火，加养气为碱。西人于此推求化学，以辨五金之种类。是日为英主生辰英主生辰为西历五月廿五日，以有所忌避，改用是日，德尔比邀同各国公使及本国出使他国者共四十四人，会宴外部，因并邀茶会。所见克罗斯、满剌斯、旁斯密非音、定觉敦、旁斯苐得、三多逊、阿洛思敦花白长须，在色尔娄处同席、利叱非尔得毕尔初至会堂曾相就一谈，利叱非尔得地方大教（师）〔士〕也，距二百名登不远，约一往观、密尔提督，曾自通名、觉尔叱博野议院绅士。旋赴哈尔得苐尔得茶会，已至一点钟矣，宾客皆散，主人夫妇陪同酌饮一尊而已。

廿二日。礼拜。李丹崖、罗稷臣过谈。接文报局三月初一日

①科白尔，copper（铜）的音译。
②尼客尔，nickel（镍）的音译。
③色里西恩，silicium（硅）的音译。
④色里戛，silica（硅土）的音译。
⑤马克西恩，magnesium（镁）的音译。
⑥戛尔西恩，calcium（钙）的音译。
⑦博大西恩，potassium（磷）的音译。

第二十次信，惟上海道造报册一本而已。晚偕云生、湘甫过丹崖谈，以丹崖移居盘门得十四宅，距此为近也。郭斌随行而走出云生前，云生大怒，因发交湘甫戒饬。是日，天气清明竟日，为抵伦敦后第一佳日也。

廿三日。赫尔斯带同卜勒斯来见，曾官锡兰二十八年，与水师提督赖德、波兰皆旧交。连赴毕德、谛盘生茶会。谛盘生住园四围树（生）〔木〕环绕，与其妻兄格尔里住宅相间，于园中通往来。茶罢，相与步园中，同至格尔里住宅，观所收犹太古迹。两家马厂畜诸狗、马，有老马二十八岁而犹雄骏，毛色如油。又观抛球、钩钟之戏。抛球，用木钟牐九，置长木板端，板长约丈许，用铁球从板前端抛之，斜冲前钟牐左右，则九杵相连倾倒，谓之获采。是日所抛球至冲七杵而止，其形如投壶壶式而微小。钩钟，削木如钟，上有环，小约寸许。用小木竿系丝约尺许，悬一小钩，持竿就钟环随意钩之，下书数目字由一至百，统以单双猜之以决胜，而视其数目多少为获采。皆女郎戏具也，园中相偕为戏，以取笑乐。又晤伯尔夫人，云所居铿百里叱园林绝佳，约往一游，而相距且及千里，据称往返两日，亦殊便也。晚赴铿拿尔得茶会苏格兰名之铿尔雅得，宣摩尔为之转达者也。有戏出，惟男女数人道白而已，并无歌曲，而预备宾友晚餐。洋人请晚餐以八点钟，名曰定拿；其茶会音乐，至一点钟上席，名曰色拍。

廿四日。威妥玛遣禧在明送到阿非里尼会堂入会册，盖相与讲求实学者也，其司书记为威密斯得。卜勒斯来约看马会，其地为阿格里喀尔都拿尔何尔，译言农器堂也。两帖同至，而阿非里尼会堂帖上刻一像名米格法，希腊人尊事之，以为主掌学问之神也犹中（昌）〔国〕之崇事文昌。是日往谢尔比、哈里噶克二处宴会，顺拜日思巴尼亚参赞巴的阿尼，及喀兰萨喀斯、得兰洛斯二人，巴的阿尼系世爵充参赞者；又世爵赫得弗尔得公爵，曾请茶会、爱阿里伯爵、塞斯尔伯爵，为沙赖斯百里侯亲戚、马尔定珥得斯、巴结得、罗克斯、珥都洼尔叱四君皆伦敦绅士；珥都洼尔叱，曾充参赞者、古登讷甫陪游五里叱者、弗里兰得各处。美国公使邀茶会，接见前伯理玺天德格兰斯，人多于蚁，花簇如锦，亦盛会也。见赫克斯里，英国之有学问者，曾于斯博得斯武得茶会见之。以此达意，赫克斯里大惊，以为善记，而予实早忘之，亦马格里诸人所指点也。外见教士马克多拿，约枉谈。

廿五日。阿尔该尔公邀茶会，其园景绝佳，所在设立茶棚，为茶会之最胜者，而风雨交作，未能尽兴。其子罗恩侯尚第三公主。阿尔该尔为苏格兰一部名。西洋封爵皆以地名，而不食其租入。如大太子（威名斯）〔名威斯〕，一名刊洼洛公；二太子名爱敦百里公。爱敦百里，苏格兰都城名。其旧宫名河里路得。今君主消夏宫在爱敦百里之北，名巴尔斯拉尔。伦敦西北有巨镇名拉尔噶，繁盛过于满吉斯得、栗温浦，皆须一往游观者也。是日晤里弗斯，为老儒会发问各国学问者，相就一谈，而予已不复记忆，可云善忘。晚赴阿尔博斯勒得茶会，演奥大利亚音乐，男妇数人为田歌，老男皆着耳环。闻意大里男妇皆着环，不独中国苗、瑶然也。

廿六日。咨外部，为镇江趸船一案，转行总理公文。此事本极有理可据，而威妥玛持之甚力，恐其终至延搁也。赴圣全恩燮司宫接见大太子，以荷兰后新丧，宫中持服，得免朝衣。旁立鼾刺伯王，为日耳曼一小国，德君既尊为皇帝，合日（尔）〔耳〕曼为一，鼾刺伯弃其国归伦敦，封铿伯伦公。以卜勒斯约，赴阿格里喀尔都拿尔河尔农器局看赛马会。堂中一巨坪，覆以玻璃，木栏环之。坪中堆草山，中开一道，前为池，长丈四五尺，编草为篱数十架。赛马时，草山两旁各设篱，外连木栏二三道相接续，高约四尺，一跃而过，相接二三道则连跃。最后取篱（直）〔置?〕草山前，状如甬道，池前亦横障一篱，马从甬道飞腾，跃过一篱，篱前即池也。凡马十四匹，跃过池前者七八，跃入池心又腾而上者五六。过池马力过猛，骑者颠而下四人，随颠随起，又上马怒驰，有跃至五六次者，真神勇也。妇女五人，有骑乌骓者，凡三跃过池，横坐马上，若无事者。是日观者数万人，两旁楼房容数千人，坪前为门，门外平台容一二万人。凡驾车及耕田及人家畜马雄骏者，皆准至坪中，围草山驰骋，尽数时之久。而相与赛胜者，男妇十四匹而已。农器会堂，绅民所私设，而沙侯为之尚书，濒行与相见，因留茶饮。

廿七日。属马格里复威密斯得书，约下礼拜二赴阿森尼恩喀罗部[①]。阿森斯为希腊都城名。阿森尼恩，犹言希腊学问；克罗部者，译言集众力为之，犹云会堂也。威密斯得为此会堂之塞客里大里译言参赞，犹中国之言坐办也，其入会堂者常数千人，通名门柏。岁选十二人为科密的犹中国之言总办也。各国钦差邀入者，名庵阿里门柏犹言邀请入会者也。其章程云，钦差入会以十三人为率。前入犹乃的塞尔维斯克罗部，会堂章程亦略相同。塞尔维斯会堂皆武员，此则讲求实学者也。何尔邀茶会，并阅视《太阳报》，西人名之希利倭格拉夫[②]，可以传至一百英里合中国三百里，每历时一分传十五字。其法惟用镜一面可照远者，中穿一小孔，安玻璃置架上，另用一架插标其上，中安小黑铁为粟，从小孔中望标上小粟以定方向。镜背安小铁柱，机器按之，以发阳光。盖用此镜向日，其光射入，每一按则光外射，

---

①阿森尼恩喀罗部，Atheneum Club 的音译。

②希利倭格拉夫，Heliograph（日光通讯）的音译。

可以及远。长按则成电报之“—— ——”，短按则成电报之“——·”。一短射为衣；两短射为挨；一长射为地；两长射为爱恩；一短射一长射为爱；一长射一短射为恩[①]。共二十六字母，均以短长相间为记，有至四射成一字者。每一短射用一秒工夫，一长射用三秒工夫。五十英里内，光射处可以瞭望，不用窥测之器，五十里外则须用千里镜窥测矣。惟传信须两地最高处，中无障隔者，仍须定准方向，两两相望。现在伦敦最西之威尔司一高山，名（威诺斯）〔司诺敦〕，用此法射过海峡，至爱尔伦之高山名司利苇脱拉尔得，复由彼处射过海峡，至伦敦之北一高山名司喀非尔，复由司喀非尔射回司诺敦，成三角形。由司诺敦至司利苇脱拉尔得计一百十一英里，次至司喀非尔计一百零八英里，复至司诺敦计一百零三英里。英国地中海奇巴腊答至阿非利加之莫洛哥，印度西之孟买至印度海岛，均用此法通信。日斯巴亚尼亦仿为之。阳光所不到处，则用镜二面收光反射。英人曼斯者管理印度电报局，思得此法，行之有效。英人以为此法简便。海中诸岛，此岸与彼岸悬隔，骤遇大风，船只不能出口，可以通信。又如战阵时，两军为敌人所隔，或在围城，与外兵阻绝，抑或电气线为敌人所毁，用此通信，最为便捷。距今七年，至今岁携此报器具回国，其法始传。何尔所召试者名格吕，人亦文雅。是日，见摩尔得武员会堂曾见之，并约看造船厂、何克苏尔士善修路及凿山通道、格兰得与已故之斯毕格同寻阿非利加中土，得大湖二处，知其中尚有沃土。旋赴立德晚餐，同席类得舍利门、爱伦其子名阿林，充福建翻译官、舍林登意大里人，其夫人善歌、马尔的罗夫人为巴西人，甚美。马尔的罗博通杂技，能歌，善画，亦异人也、卜拉西与哈什百里同游中国，绕地球一周，亦英之富人也、

---

①衣，E的音译；挨，I的音译；地，T的音译；爱恩，M的音译；爱，A的音译；恩，N的音译。

铿布洛官孟买十馀年，今已辞归，充议院绅士，其女甚美。舍利门为德国人，寓居希腊，好古，所得希腊、俄罗斯金石甚多，其夫人亦有才学。初甚贫窭，贩鱼为生，而性嗜古，搜求甚富，每掘地得古器具及希腊古文，遂以显名，致富巨万。游历英国，英人皆崇尚之。是夕酒罢，立德之女鼓琴，舍林登夫人歌意大里曲，甚欢。立德又留坐，倩马尔的罗作画，凡画海船二幅，用水墨为之，（顷）〔须〕臾而就，用以相赠。伦敦赴席多矣，举坐男妇二十四人皆通姓名相识，无如此会者矣。

光绪三年丁丑四月廿八日癸丑。为西历六月初九日。为上海设立博物院，诣盘与商。盘言一千八百五十一年阿洛伯献议开设赛奇会，集万国人民器物，设玻璃院海德巴园，以六阅月为期，于是各国珍奇毕至。房税已多。而所造玻璃屋，英人聚资购之，就城外隙地建置游观之所，即今水晶宫是也。国家获利甚厚。嗣是奥大（意）〔利〕、美利坚相踵为之，明年法国复开此会。上海博物院略仿其意，不独有益中国学问，即国家亦必稍有所利。因询问农田机器几种，答云：百馀种。问：不应如是之多？曰：英国于农事颇勤心，如犁田一项，机器已多至数种。孟子所谓深耕，盖常至二三尺外，力省功多。每得善法，辄更制之。便过爱觉敦、卜勒斯两处茶会。卜勒斯为赫勒斯亲戚，官锡兰久，所得乌木器具最多。圆桌一张，集三十六种木为菊花瓣，每瓣厢黑白两种术，作卍字形，外厢紫木加白木为线文，而用乌木雕花为框，亦天下之巨观也。其间一种木，色如黄蜡，作冰花纹。始知锡兰木产之繁富。晚又赴怀德茶会。接文报局三月初八日第廿一号公文，内总署、沈幼丹制军、朱石翘都转及家信第一号，二月廿八日发，及子敬侄信，共五件。

廿九日。礼拜。李丹崖过谈。密尔萨比尔巴克叱布格什偕来思沃丁阿密得阿哈美达来见。密尔萨比尔巴克吡为布哈尔铁木耳回人，人以回教祖摩汉密得之名称之，不知其自有本名也。来思沃丁阿密得为印度东北部人，在伦敦学习律法，亦习回教。又俄人密勒尔来见，于怀德茶会中遇之，在伦敦老城内为人司经纪，能习西洋各国语言。刘和伯言昨赴赫林登马会，盖伦敦、苏格兰击球赌胜，两处人骑马分左右驰骋，各执曲柄长杆，抛球甬道中，在左者击使右，在右者击使左，便捷劲疾，争试手法。其地为一巨园，茶酒罗列成肆，为马会之最胜者。以约诣密斯盘，未及一往。

五月

五月初一日乙卯。为西历六月十一日。得喀勒斯约重游妙西恩博物院，观所藏中国书籍，兼晤伯尔吡。从外堂左一小门引入，内外两室，上有楼甚小。外室藏印度、日本两处书，内室及楼房亦间藏有日本书。中国书有目录，以廿六字母合音编次之，不分门类。所藏国朝著述为多，杂以小说时文。所见《通典》、《通志》、《西清古鉴》，皆内廷本。洪适《隶辨》及《隶续》，板亦精雅。阮文达公所刻王复斋《钟鼎款识》，项子京题签，赵子昂书额四隶字绝佳文敏隶书未经见。古器五十九种，毕良史笺注十五种，秦熺所藏也，一德格天阁亦藏有数种，馀为刘炎、张诏、洪邃诸家所藏，后跋极多。万历十五年所刻《通志》，略近内廷本而较大，其板稍模糊矣。《御批通鉴》内廷本尤精，外间所未见也。书画卷册，则明永王妃母郑氏辑《古孝经》，仇十洲为图，文衡山分段书之，凡十八幅。又卞润甫山水，又乾隆中《平定台湾全图》，又《圣迹全图》，又日本人虫鸟花草画册极佳。所见佳者止此。《内典教外别传》一书，予求之数年不可得，亦于此见之。利如行主阿尔博斯勒得邀往格立里叱会饮，云其地占天机器在焉，有数大学馆，尚可一游。

初二日。赴阿西拉会堂，以威密斯得为此堂塞克斯得里犹言参赞，奉其科密的犹言总办之命，邀请入会也。威妥玛亦此堂会友。所晤茀里兰得、马格类廓尔二人，及教士师丹雷谛音。马格类廓尔曾制小机轮船，遍历欧罗巴各江。此间考求山川源流，皆亲历得之，所云实学类如此。会友定一千二百人，岁由科密的保荐九人，并以积学著论一书为率，俟额缺补入之。各国公使及教士、毕灼、谛音，邀请入会，不在额内，而公使仍以邀至十五人为止。其堂藏书甚富。每月集各国新报，恣会中人观览。《代模斯》自一千八百一十一年起，距今六十七年皆完备；其初起新报，与今绝异。观书发信，听从其便。饮馔皆有定值，日就食者常六七十人，非会友不得与。威妥玛云：阿西拉为希腊旧学最有名者，会堂用此为名。马格里云阿森尼思。西洋语言文字皆借音，无常字，故互异如此。茀里兰得并导观厨屋、饭堂及内外诸室。

初三日。苏格兰学馆公会名喀里多尼亚阿赛伦①，伯克鲁公为之主，而马克斯威诺固邀入会，勉应之。伯克鲁公起颂君主及太子以下，因问水陆两军及民勇。宾门、阿宾折、马格林三人次第作答。次及中国钦差，嵩焘起作答。而学馆男女两班约数十人从外入，排列伯克鲁公后，伯克鲁公又起致祝祷之意。戛拉威伯起颂伯克鲁公。而后马克里格起询众宾，赫里得起答。罗颉斯继询众宾夫人，法国费洛里斯侯起答。是日奏苏格兰乐，音调又别。每一次语毕，乐歌并奏，亦盛会也。据所开会单，为第六十二次。旋赴沙赖斯百里茶会。是日阿尔该尔公、德尔比格非斯，及科罗

---

①喀里多尼亚阿赛伦，Caledonian Asylum 的音译。

尼亚尔恩斯得究得[1]科罗尼亚尔，犹言其国所辖之属地也，归理藩部尚书、罗亚尔苏赛意地罗亚尔，犹言御前也，此会亦讲求博物之学，而借君主为之保护两处会堂亦邀茶会，以赴苏格兰会，未能一往。

初四日。卜拉西邀看阿斯噶得赛马会。其地设立围场，一名御园，以此会君主亦往观也。阿尔得维克伯爵主之。刘云生前往，以为英国妇女盛会故也，吾以事不赴。坚白斯邀跳舞会。格尔里亲自约茶会。格尔里者，谛盘生之妻兄也。晚与彦嘉、在初步至日意格处，与丹崖一谈。

初五日。为端午日。邀日意格、李丹崖、罗稷臣、高谛尔、屠迈伦、禧在明、黎莼斋、马克里、姚彦嘉、刘和伯、李湘甫、德在初、凤夔九、张听帆、黄玉屏、张玉堂共十七人会饮。随往拜美国前伯理玺天德[2]、巴西恩伯洛尔[3]；恩伯洛尔者，译言国主也，来游英国。便回拜世爵伯克鲁公谢苏格兰公会邀饮、议院立德谢邀饮，又世爵厚敦、温得敦，议院宝星斯得林、牛近得，及恕斯得耳其夫人为世爵得尔瓜尔之女、窝得位嫩得尔、卜勒尔，及阿什百里。晚赴厚敦、哈尔谛、戞尔得尔三处茶会。所（有）〔见〕希腊教士阿尔格曼达来门，及舍利曼本德国人，以搜寻希腊古碑，因住希腊，及非尔伯曼马加国人，云亦其国之翰林，主教习博士；凡主教者十八人，博士二千馀人、密拉俄国人及威烈恩力门弗里格。其馀如威妥玛、阿里克、马克斯威诺、卜拉西，则皆旧识也。

初六日。贝林斯约游印度船（务）〔坞〕，遣其幕府得拿以小船迎于上会堂江次。前适闻盘言，格林里吡轮船机器厂相距不远。因约盘同行。先至格林里吡，尚在印度船务下数里；开厂者奔姓，

①科罗尼亚尔恩斯得究得，Colonial Institute（殖民地会馆）的音译。
②伯理玺天德，President（总统）的音译。
③恩伯洛尔，Emperor（皇帝）的音译。

即以奔名厂。其帮办功拍及奔陪行，所历刮磨柜马及转轴大机器一厂、刮磨小件机器一厂、制造泥模及熔铁一厂、捶炼熟铁一厂、（铸）〔锯〕木机器一厂或（铸）〔锯〕成板，或凿成轮，或锯为曲饼，随木理为之，皆运用机器，至为迅捷，凡五厂。又（铸）〔锯〕螺纹大小钢钉一厂，附刮磨大机器厂旁，并为一厂。其刮磨机器皆用钢齿，用推盘送之使出，则钢齿一刮，又收之使入。收常速而出常迟，为钢齿着力处，机器运送略与舒迟。近威多得斯别制一机器，钢齿能自回合：出则钢齿向内，迎而刮之；入则钢齿复旋向外，迎而刮之；转运又较速，一机器可以当三。奔云：厂中新样新器，皆威多得斯所制也。询之，凡制造轮船机器凡二十厂，所游览四分之一而（寸）〔已〕。厂大七十亩，奔家世守此厂，已及百年。复由小轮船回至船务，洋语曰印地安刀克①；印地安即印度也，刀克即船务。其地名狗洲，代模斯江环绕狗洲三面，此厂正当洲起处，左右皆通江。洋语呼狗曰道克，因以道克为厂名。船务总办威克南曼、包尔斯迎于江次。西洋官局及私局皆设总办，而名其首曰尚书。威克南曼为前尚书，包尔斯则将代贝英斯者。其船务凡横开三江，通名西印度。初止二江：一卸货船务，一上货船务。后又添开一江，在南，并添设栈房，以备卸货。其上稍东又开二江，名东印度。贝英斯云：七十年前，印度货船皆泊外江，河道为之壅塞，因开船务河，名印度船务。嗣因船至日益加多，分置东西两船务，其通合为一厂五十四年矣。其始开河设栈房，共费二百五十万磅，以百磅为一股，共二万五千股，所占地约十馀里。百货屯集栈房，绕船务江凡四道，中国及东洋货物亦多于此起卸。沿代模江船务凡四处，以此为最巨。初至北栈房，见所列货物样式，凡三百种约分谷类如火麻、赤小豆之属；金石类如藤黄、赭石、铅、锡之属；

①印地安刀克，Indian Dock（印度码头）的音译。

草木类尤繁，有入药者，有入染者，有供食用者，其大宗则胡椒、红糖、棉花、羊毛、老姜、茶叶，而尤以酒为多，除屯贮数屋外，又开一地窖，藏至数万桶，每桶约五百斤，皆自印度来者。询之贝英斯，酒税至重，每桶值八十三磅，而纳税乃至六十磅。酒至，起入栈房，报明关税司，籍其数，俟其交易得值，乃上税。其酒房，栈房与关税司各加锁为记。所藏数万桶，随出随入，无有屯至一年者。其由国家发给兵食者兵人每日酒二两，皆加水：开池倾酒其中，引水和之，以五成为率，而用铜杵试之用薄铜为杵，中设一球，其端倒入，亦安铜饼，验其浮沉，而以冷热表合之，酒力胜则浮。为酒（稞）〔课〕重，故先交易后税，亦以恤商也。而船务之责，亦于是为重焉。其起货皆用机器，楼房三层，皆用机器引上，人坐其中亦然。堆货小车亦用机器，左转则伸而上，右转则曲而下。机厂相距里许，设大轮转轴以激水，水筒高逾高①，用铁围桶压之，水满则铁围桶浮而上升。各栈房所用水力机器，皆从厂中激水注之。而评量货物轻重，开地为方井，设木架其中，用小车引物置架上，足胜二百吨计三十六万斤，井旁设柜置秤，刻为分数，视其锤上下以辨轻重。糖桶则铸铁为沟而锐其首，穿桶取视之；铅、锡则引水力机器削视其里而记注其成数，发之各行户，即以为式。贝英斯云：口岸聚有万国货物者，惟英国为最盛。然此船务货物，印度居十之九，其梨木、红木及诸木板，随处堆积为尤多。是日所见机器，尤以引重机器为最奇：铸铁为夹梁而曲其端，高可二丈，悬挂铁钩，可胜四十吨；旁竖小铁管四，下有机关，一引钩高下，一移梁或左或右；稍一推之，而数十万斤之重，可以随意运动，故曰奇也。两处皆略观大意，就所及见者录存之。

---

①此句疑有脱误。

初七日。礼拜。接文报局三月十五日第廿二号公文，内志城及朱香荪、张力臣、黄泳清四信。力臣、香荪及志城信并三月初四日发。正月初四日一信。至此为第二信，信面亦编第二号。而云正月廿八虎宣尚有带上海一信，何也？与博温一谈，始知其每日携《安莫拉客得哥达》①就云生讲解，盖其书为德国所刻，各国官职、兵额及课税所入，详载其中，一千八百七十七年西洋之通历也。云生得此一助，获益多矣。至是始知马格里之真为走卒才也。

初八日。以福建渣甸事就沙逊一谈。据云，渣甸即（义）〔怡〕和也，行主名罗伯尔渣甸②故以为名。其友人巴以德亦在，为苏格兰人，在卜来登曾见之。便过卜拉西、纽近得、梅觉尔、马里鄂得，及毕灼阿甫伦敦：为伦敦大教（师）〔士〕，所居教堂曰南摩斯厚斯。教士等级曰阿吒毕灼，通国一人；次曰毕灼，每都会一人开会堂日所见毕灼阿甫利吒比尔③，即利吒比尔地方教（师）〔士〕；次曰谛音④；又次曰非格尔⑤，又次曰究勒得⑥。晚赴毕德、格里斯两处茶会，晤贝拉、谛盘生及郁，郁为阿非利加阿甫格斯里总督十五年。

初九日。接家信二号，并张力臣、朱香荪、易淑子、朱宇恬各信。：文报局三月廿二日发递廿三号。李丹崖、日意格邀赴里奇门斯达尔安得戛得酒馆会（酒）〔饮〕。高楼回廊，俯临代模斯江，树木蔚然，弥望无极，极为清雅。便过虎克，贺其新得宝星。克尔谛

---

①安莫拉客得哥达，Almanach de Gotha（哥达年鉴）的音译。

②罗伯尔渣甸，Robert Jardine 的音译。

③毕灼阿甫利吒比尔，Bishop of Lichfield（利奇菲尔德主教）的音译。

④谛音，dean 的音译。

⑤非格尔，vicar 的音译。

⑥究勒得，rector 的音译。

斯辑花草谱成十五帙，号为奇博，虎客继之，已得百馀帙，云将赴美国搜寻草木种类，辨其质性，方日求进不已也。国家亦赏其分别药性有功于人，因有宝星之赐。宝星本名巴思[1]；巴思者，译言澡洗也。故事：赏宝星者，皆先夕澡洗，着甲衣进见，国主以剑加其头而赐之，因以为名。盖专以奖武功也。其后凡有功于（家国）〔国家〕皆得赏。而自开辟印度以后，特表武功，易名曰印度星，其馀曰巴思。因印度星之名，译以华名曰宝星。

初十日。沙逊饬其伙颉荞斯来言：渣甸事当先与面议，而后令彼从中调处；若先往言，恐启同行相忌之嫌。其言亦似有理，乃属在初同马格里先邀马克斯威诺一见渣甸议之。赴阿尔该尔及卜拉西两处茶会。波斯夫人与阿尔密里亚夫人通问，并约相邀。未知阿尔密里亚究属何国。所见诗人伯鲁林、比里廓亨其夫人屡见之，而比里廓亨终未及见、密尔林、铿尔雅得密尔林自通名为水师提督，铿尔亦武官也、罗尔得鼾门得曾为照料珥伯尊看赛马会、茀里南得、波尔得数人。晚赴罗亚尔科里吡阿甫非西升斯[2]茶会，译言御医馆也：罗亚尔，御也；科里吡，犹言大学馆；非西升斯者，医士也。尚书奔尔特陪视。各器具绝奇，有用木器如机，上为横木可低昂，其中悬丝，更系一横木，端竖铅笔，其末纵横交互，左右两足安铁饼其下，机动则左右两足交相推荡，用手按横木使低，悬丝随左右两足摆动，而铅笔就纸作圈，千态万状，如纱如縠，如回文锦。询其故，则以验音乐之调否也。铁饼匀则音调，一上一下则圈有疏密而音不调。又有铜架一具，尤小，中仅一足，其用则同。其五色宝石多不知名，有色似白石，向光处则中红绿点如粟，其光射目。金

---

①巴思，Bath 的音译。

②罗亚尔科里吡阿甫非西升斯，Royal College of Physicians 的音译。

刚钻或大如枣，或小如粟，堆积满案。有淡白花文（瑙玛）〔玛瑙〕缸一具，高二丈许，大尺许，下有柱承之。皆巨观也。折光显微镜数十具，形制各异，所照皮血，皆医术也，足皮、肺膜及所患疮血无数。小虫大二分许，用水养之，盖水蛆之属也，四足，腹下有肉翅如悬乳，映水照之，血注如浆，潆洄不息。水草长数分，映水照之，随其筋脉有血灌输，如珠走隙中。体察入微而探讨入神，直穷于思议矣。有一瞽目者，读书观图，用手扪之，知其所读何书、所观图何地。又用铜尺压板作书，皆取二十六字母，以点画横斜多少相别识；图则以起伏为山水之分。其学堂，阿密里吡主之，亦英国之善士也。言此法可行之中国，虽瞽而读书办事之功皆可不废。此邦格致之学，无奇不备，可以弥天地之憾矣。

十一日。格兰斯敦邀早酌，同席锡兰、巴尔比多斯两总督，格兰非尔公两弟，及马尔铿、利得登亦世爵，称罗尔得。锡兰总督克利科里曾遣其中军相迎候，相就一谢之。格兰斯敦学问颇深，有才辩，询以埃及古碑中有肖鸟形、肖马形，即是鸟字、马字否？答云：英国埃及学问深者百里吡。即妙西恩博物院中人也。生平涉历苦浅，专以字义论之，其初制字之源，肖鸟者必鸟，肖马者必马。鸟飞迅疾，于是肖鸟者又可通作快字；马能服重行远，于是肖马者又可通作力量字。中国六书之义，惟转注、假借二者其用尤广。虚实字推类取训，亦转注中之一义也。即此亦见格兰斯敦之学识矣。罗尔得斯丹里来见，谈论哈什噶尔事极详尽，疑沙乃斯百里所遣，令探取鄙意者也。亦惟能正辞告之而已。晚赴宜摩尔及美国公使茶会，为请大太子陪宴前伯理玺天德，又穷半夜之力。是日夏至，雨，凉。

十二日。威妥玛约往谈哈什噶尔事。似此间政府急求帮令哈什噶尔自立一国，为其所遣使曰赛尔德雅布克通殷勤者屡矣。威妥玛尤数及之。因与之约四事：一、自认中国属藩；一、所据南八城，应献还数城，以为归诚之地；一、天山北路尚有未安静者，要之皆系回部，应同谕令息兵；一、须英国（耽）〔担〕承以后不再滋事。旋赴美国希克斯茶会，为其国伯理玺天德邀见诸人。屋小而人数众多，甚苦不能容。晚赴柏金宫殿看跳舞会。铿伯叱年七十总督军政、哈定敦及大太子及俄国公使及太子妃及各公主，各挟所知，相与跳跃而不为非。使中国有此，昏乱何如矣。

十三日。马里森送窝里恩达克罗伯①章程邀请入会。窝里恩达，译言日出也。日入处名窝克希敦达尔②。此盖为印度以东在官有名迹者之会堂。其塞克斯得里犹言参赞名赫尔伯尔得茀来，会友定额八百人，各国公使则邀请入会者也。至是三入会堂矣一曰犹乃的塞尔维斯，一曰阿西拉，一曰窝里恩达，而喀里多尼亚苏格兰旧名公会亦列入其中。惟茀里兰得邀入里茀尔门克罗伯③则谨辞之，以闻此会专与国家相抵牾，未宜入也。土耳其故相密达得巴沙黜官寓居英国，其会堂乃邀之入会。生毕达何斯毕达布里斯多④布里斯多为海口地名；何斯毕达，犹言收养病人处也以所收养福建厦门人（极）〔亟〕思东归，而会堂章程但有收养，无资送之例，属鄙人任之。因为言之公司轮船行，令附船以行。行名伯宁苏拉安得窝里恩达斯谛默那维喀申铿白尼⑤。据其来信云，已附船开行矣。日意格、李丹崖过谈。

十四日。礼拜。密尔扎比尔布克施来谈，并约晚会。言土国

---

①窝里恩达克罗伯，Oriental Club（东方俱乐部）的音译。

②窝克希敦达尔，Occidental（西方）的音译。

③里茀尔门克罗伯，Reform Club（改革俱乐部）的音译。

④生毕达何斯毕达布里斯多，St. Peter's Hospital，Bristol（布里斯托尔的圣彼得医院）的音译。

⑤伯宁苏拉安得窝里恩达斯谛默那维喀申铿白尼，Peninsular and Oriental Steam Navigation Company（彼阿轮船公司）的音译。

尚书摩密尔达巴沙过谈，可以一晤，亦土国著名人也。知其意在邀赛尔德相见，于事为不宜，因辞之。而所言一以俄人兼并为忧，属中国善防之，并宜急求自立。愧谢而已。言及浩罕部各国多为俄人所据，所用不过三千人，各国无能抵拒者。欧罗巴气象日新，亚细亚全然衰退。俄、土两国兼有二洲之地，土国视亚细亚诸国兵力为独强矣，而不足当俄人，为俄人立国据有欧罗巴北境，得地为较多也。此亦事理之不可解者矣。

十五日。日本哈基苏克来见，言就学阿思茀小学馆，凡共小学馆二十八处，其大学馆约二千人，馀皆二百人。问所学何艺，曰：史学、博物。问各学馆门类几何，曰：律法、天文、地理、博物、化学、算学、史学。所谓史学，兼各国情形言之。大率不出此数者。晚赴哈里多尼亚跳舞会即苏格兰会。马克斯威诺邀请甚勤，勉一应之。伯尔斯为之主，所见亨得里、茀里南得、密得数人。巴西恩布洛夫妇并至会堂，学生列队作乐以迎之。恩布洛者，译言皇帝也。

十六日。李丹崖、日意格、密斯盘来谈。密斯盘并绘送上海博物院图。发总署第六信内信初十日，外信十五日，并合滙伯相、沈幼丹、丁禹生、梅小岩、崇地山，及朱香荪、易淑子，及意城、志城，及家信第六号，并于十五日封好，至是始交德在初送信局。是夕赴柏金宫殿音乐会。男妇歌者百馀人，凡歌十五叠。各国公使及诸部尚书皆集，听者数百人，妇人多于男子殆逾数倍。

十七日。赴柏金宫殿音乐会，归时天欲曙矣，误以十六日所记为是日上午事。是日铿新登花园善会，及斯博得斯武得、坚伯斯、阿尔该尔公、格非斯各处茶会，皆未赴。

十八日。屠迈伦来，谈及马格里情形，有极不可解者。劫星照命，举相从贤否皆化而为劫星，殆亦自然之数也。德在初外出，询知十五日一信尚未递送信局，因又补寄唐景星一信，及复蔡瑞亭、林国祥二信瑞亭军门管带扬武轮船。林国祥官都司，管带琛航轮船，荐其弟国祯充马来领事。法国公使邀陪巴西国主听音乐，坐定，始见门隙数人侧席而坐，巴西国主夫妇在焉，或时起就妇人谈。西洋君民尊卑之分本无区别，巴西国主至舍其国遨游万馀里外，与齐民往还嬉戏，品花听乐，流荡忘返，亦中国圣人之教所必不容者矣。

十九日。得客勒斯摩里为娄尔斯邀茶会。其花园形式与阿尔该尔公略同，而玫瑰花之盛则尤巨观也。其右园地甚广，未能遍游。屋内铺张甚盛，花木尤繁，亦英国巨富也。所见类敦、谛萨、阿尔马答谛马三人，皆英国著名画师。谛萨自述其园林之盛，别有逸趣，约一往游。外见诗人卜娄宁、类里觉克林、费勒卜斯。天气渐热，花园茶会，树阴小坐，玩花品茶，微有清致。还过布克施一谈，语俄、土战事，并赠地图一幅。晚赴巴西公使茶会，接见其恩布洛。晤赫德弗斯德侯、立德，略谈数语即告归。

二十日。赴斯丹雷谈，并回答所问回回教名。因询回教不食猪肉何义，云：此摩西已前言之：凡兽，蹄不分者不食，不反食者不食。牛羊食草后卧地，常若有所嚼啮者，反食也。马蹄不分，故不食。猪不反食，故亦不食。谟汗默立教，禁食者尚多：水族无鳞鱼若鳝鲫不食，出水常活若虾蟹之属不食，鸟以足攫食若鹰（鳣）〔鹯〕不食，兽食肉若犬若狸不食。以猪所常食者，故独著闻耳。问耶苏教、回教孰胜，曰：回教胜。问曰：何以言之？曰：回教，一天而已；耶苏教有天父、天兄，是三也。回教终日守之；耶苏七日礼拜诵经，是馀日皆在教外也。且耶苏陈义过高，如人有怨及我，回教言如此能恕之，能不记存于心，则天必佑之，耶苏则直言须更喜爱，则陈义过高之说也。问礼（堂）〔拜〕上耶苏堂否，曰：伦敦不上，乡居则上，以乡居为一乡耳目所属，人将效之，故不能立异也。其言亦皆有见。便拜百尔拿得、贝英斯两处。赴阿叱毕灼兰柏斯巴雷司、伦敦毕灼茀兰斯巴雷司两处茶会。阿叱毕灼，通英国二人，一住堪德百里，一住约尔克。住伦敦者，即堪德百里阿叱毕灼也，通名为柏来默得阿甫阿拉英兰[1]，犹言英国第一主教者也。阿叱毕灼姓得格达；伦敦毕（生）〔灼〕姓嘎客生。伦敦毕灼则但为伦敦主教而已。伦敦天主教亦有主教一人，名柏密斯毕灼。英国国家不禁天主教，亦不认之为毕灼，而从天主教者自认之。两教堂皆有园，而伦敦毕灼园大三里许，多奇花异草，古树尤多。右邻代模江，沿江开沟为界，园景最为幽胜。晤阿尔得尔曼谛根，略谈阿得曼事，颇可听。伦敦一城，梅尔一人，阿得曼二十人。谛根亦管监狱二。岁收税二十万，凡三事：一煤、一酒、一牛羊市。凡梅尔所管街道一切事宜，用费取给于此。拟往一询其详也。

廿一日。为西历七月初一日，礼拜。雨。日意格言，是日法国大阅，与黎莼斋往观。天主教礼拜，往往举行盛典，稍停日行常事，而不废盛举。耶苏教始一例停止，此路得创立耶苏教之最胜处。既云七日礼拜，一与休息，而大事辄复行之，此何为也？谟汗默教则以耶苏礼拜五日为礼拜之期，其馀大抵多同。

廿二日。安生邀至意伯斯维叱[2]倭尔威尔倭克司观农田机器。意伯（尊维叱）〔斯维叱〕距伦敦东北二百里，海口有江名倭尔威尔，安生机器厂适在江口，因以为名。倭克（生）〔司〕，译言工役也。由栗温浦斯得利坐轮车，卅八里，过郎恩茀，为伦敦苦酒

---

①柏来默得阿甫阿拉英兰，Primate of all England（全英大主教）的音译。

②意伯斯维叱，Ipswich（伊普斯威奇）的音译。

作行，西人名之皮爱[1]。又百三十里，过噶吉斯得，为漫令噶里地方，遍地皆花，为方长畦，五色辉映。询知栽花留子，城中富室花草皆出于此。又三十里，过司笃客山，约长一二里许，出山数十武，即（意百里维叱）〔意伯斯维叱〕也。厂副拉毕尔迎于轮车行预备车房，厂主安生赫德迎于噶吉斯得。先至农器所。盖厂数所，设席其中，并各小坐处，设音乐迎送。安生之弟，及颉非利斯，及梅尔得拿，及议院科布洛，及有尔庚、谛拿二人，皆久居中国者，馀多未通名。[2] 而安生为其地巨族。询问此厂原始。安生之祖，凡四十馀万磅，共四大股分，安生兄弟居其二，其一则赫尔德颉非利斯也。其管理机器厂为安生从弟。亦有弟别设机器厂于尺尔西，是日亦来会。观农田机器数种。一、刈麦机器：铁剪廿馀齿，就地刈之，上设四耙，飞转若轮。每一剪，则耙压至后板上而推之地。用两马曳之以行，每一点钟刈麦四亩。一、刈草机器：凡三具，皆用两马力。其一刈草而堆之地；其一数十长齿斜曲，掀草上腾，摊而晒之；其一数十长齿曲兜，聚草成束。一、犁田机器三种：用机轮者二，用马力者一。用机轮者为轮车二具，前后各一。开田为长丘，约百步，设犁车其中，两端各系以绳。前机轮舒绳而后轮收之，则犁之后端俯至地而前端仰；后机轮舒绳而前轮收之，则犁之前端俯至地而后端仰。前后相与迎送，惟移行左右而已。浅犁前后各九齿，深犁前后各三齿；浅犁掀土使起即中国之初犁，深犁始成畦。马犁亦三齿，一马则一齿。一、出麦机器：用火轮一坐用草为薪，不用煤，转皮条以运机器。前置机器箱如木柜，后出麦，前出麦杆。一人坐后端，取麦束从中轮压下。

①皮爱，beer（啤酒）的音译。

②此页眉批：询问梅尔：此地监牢几何？曰：往时二所，今所用一所而已。问何以故，曰：近年学馆日开，触法者日少，一所已有馀矣。予宾然敬礼其言。

旁有风轮亦中国风车式，后悬麻袋三：中袋皆完善者，其压碎者出左袋，土石及麦壳出右袋。其草壳轻者皆由风轮扬使旁出，其麦杆则压入轮下，即从前板推转而出，堆于柜前。此机器尤佳。乃回至厂，行江次，观吸水机器：一用木枧，一用皮条，略似上海所购水龙车，而机器较大。于是历观机厂七八处。锯木机器四厂，（及）〔与〕前格林里叱所观奔厂机器又各不同。又巨木（围）〔圆〕围七八尺，（巨）〔锯〕成寸许木板，用锯齿十八，得板十九。一机器兼四十人之力，而神速又复倍之。铁厂亦四处。木轮外加铁围：开地为池，中设机轮浮于水面，置木轮其上，以其外围投火柜中烧使红，钳置木轮上，即套入，即压轮入水中，池水为之沸腾，铁围得水收敛，非人（才）〔力〕所能出入也。管厂者亦名安生。又邀至其家小酌，设席长松下，花木围绕，极幽雅。骤雨忽至，又至其家小坐。是日主人到处张棚悬旗，款接极隆。居民观者万人，各免冠为礼，男妇相为依依，老怀亦为之增恋。其地亦有船务及各机厂，皆不能遍观。

廿三日。阿尔百斯洛得、贝英斯邀至格林里叱[1]，赴格拉发尔戛尔会饮。其酒馆临代模斯江，极幽胜。盖利如行每岁七月一会，其主人尚有洼铿沙。因偕刘云生先至罗亚尔阿伯色尔法多里[2]，伦敦观星台也，阿伯色尔法多里，译言观看也。由车林噶罗司坐火轮车约半点钟，至格林里叱换车。其地有小山，星台在山颠，屋甚小，而山下馀地极宽，多古木。先至观星显远镜，镜长丈六七尺形如巨炮，旁设两轮，悬置一小屋中。镜下开深沟，以凭俯仰，左右前后上下皆设小梯，前开窗向南。右旁壁安显微镜十馀。壁凡二层，中

①格林里叱，Greenwich（格林威治）的音译。

②罗亚尔阿伯色尔法多里，Royal Observatotry 的音译。

空逾二尺许，悬灯其中。内壁为圆孔，安镜，外壁灯左右各安显微镜，斜向内壁。圆镜内轮，分秒细如发，从显微镜窥之，每秒馀地容寸许，云可于一寸中析至数十万分秒。显远大镜上安电报，每测一星，即发电报通知左屋坐钟处。前安转轮，每一点钟分秒详注其上，电报至，则转轮上纸着一小孔，视其所值之分秒，即知每时若干分秒，当为何星南见，以辨其迟速秒度之差。又一小屋悬钟，通电报于伦敦四境，每至一点钟，针力压电报（法）〔发〕条，则钟应而四境之钟并应。其上为圆屋，植竿屋顶，悬十字架竿端，报钟则电气过，钟旁铁条下压，而铁架相枝拒者皆下，十字架亦随以下，四境亦皆应之。圆屋旁为测风圆屋二所。一定风向：置罗盘屋中，随针所指，以知风向。屋顶亦植竿，竿端一巨针，与罗盘内针相应。罗盘下横一铜尺，为细齿数百，内向盘下一通条，外安刻齿小轮，以转盘内之针。屋顶风力吹针南向，盘内针随以南指，则轮转而铜尺所刻之齿亦随以转。尺下悬笔一枝，压纸一张，用乌纸界之。每格分向，以南、西、北、东为次，盖针皆右转也。笔端向纸值南格中，即为南风。笔画不出格，则风力和平。出格多少，可以辨风力之柔劲。风力压物，以斤计之。约出格一分，即风力压至一斤。一辨风力大小迟速：亦为圆屋，悬铜条其中，中安螺丝转机器。屋顶亦悬竿，竿端架十字转木，随风周转。风力愈劲，则转愈速，转急则内螺纹机器亦随以转，而铜条上伸。铜条上亦安笔一枝，压纸一张，画为小纵横格。横格计远近，每格当英里五十。直格计时辰，每格当一点钟，而分计其秒数。后设时辰表以验时。风力缓则率一二时乃行五十里。十字架转急，则内机器随转而伸，而行愈速。三竿皆出圆屋之上，当星台最高处，可以从远望之。门左为三层楼，上为圆屋，亦设显远大镜，而架大转轮，随天右转。其中一层设水力机器以转轮，轮前当窗处亦设显微镜以视轮之杪数，其分杪亦细如发，从镜窥之乃可辨。旁设煤气灯以照夜，观星率至夜间一点钟也。其圆屋四周皆为玻璃直板，高三丈许。上覆玻璃，亦为直板，一以机器开闭，而另设一机器推使周转。显远镜机转斜、转仰窥俯测，一以水力机器运之。转轮旁安一铁管，上有螺丝转，外转则水机自激而行，内转则闭。观星者坐一椅，设木架转旋，可以随显远镜左右，其高下亦以机器推放。水力机器有巨轮转旋，旁植铁管，轮旁亦有铁管。由管内吸水入轮柱中，冲入轮围小管，则水直射外铁围，其力回激而轮自转，上安机器，推运显远镜大轮。其下一层，则水师各营送时辰钟试验以取准，凡钟表数百具。水师钟表皆供国家之用，例应送验。钟表店制造诸器不能送验也，徒以格林里吡时辰钟为伦敦各处所取准则者，其试验尤精，每得一钟表最准者，由格林里吡定其等差，即声价为之顿增，是以皆乐得其一言以取重，而相与出奇争胜，技艺亦因以日进。其试验有热度寒度之不同，以得热气流动则行加速，得寒气凝滞则行加迟，须是寒热如一，行乃有准。其热柜贮热水其下，上置钟表数十具，加盖其上。寒柜置冰亦然。其钟屋下有大时辰钟一座，置之地中，以四时气适均，寒暑无所加损，格林里吡所以取准时刻分杪者，必以此钟为定。别至一高楼，列巨案十馀，则西历一千八百七十四年十二月初八日为同治十三年甲戌十月某日金星过日，此间至今推测未尽，所遣至中国及南北美利加、东至日本、南至澳大利洲，形状各别，皆为图说，盈数十巨册，所费已逾四万磅，尚须一二年工夫乃可毕事。其推法至八年后仍须一过日，此后则须逾百年之久。八年后当西历一千八百八十二年，惟北美利加一隅于金星入日度与出日度可以全见，馀地惟能一见而已，并先为图志之。其天文馆尚书为爱约里，遣其幕府克立斯谛陪同指点。旋过格林里吡阿斯毕达尔①，盖先为赡养老兵及伤废者病馆，已而改为此堂。院宇极为宏敞。惟至一巨厅，观所悬水师功臣像及绘具诸战迹，所知威林登公及陆森数人而已。馀处皆未能游，以雨，且须赴阿尔百斯洛得之召也。是日会者三十人，阿尔百斯洛得及贝英斯各起为颂祝之言，予亦起应之，具言两国相为和好之意，并以致谢。所识惟威妥玛、阿里克、金登干三人。接文报局三月廿九日第廿四号包封，共冯竹儒、朱宇恬、黄泳清及葛振崧四信。是日发电报告知招商局，仍住波得伦卜来思第四十五号。黄泳清实是不堪事，徒累人也。

廿四日。赴得温尺尔公茶会，地名折西，格直西南二十馀里。园林之广阔，世无有也。入外栅门，行三里许乃见房屋。屋后古木乔松，参天蔽日。数百年松树尤多奇致。杂树编篱，异花成田，园景百变。前行数百步，见一溪。沿溪行，有桥跨其上。石栏数十丈，出入深林中。约数里，复得一桥，园景终未能穷也。桥端晤多尔马吡新格类尔，亦议院绅士也，曾得头等宝星，极以鸦片烟流毒中国为大憾。得温尺尔公尚有园林在伦敦北，地名戛得威尔士，闻风景更胜。得温尺尔公远祖母，百馀年前美名为英国第一，有老画师格甫斯白拉为之写真，一时称为绝笔。近为人用刀划取之以去，英国称为异事。晚赴罗亚尔开得密倭甫阿克斯②连十馀屋悬画数千、罗亚尔利成斯波丹里克戛尔得③两处茶会。一为画会，一为利成园花会。波丹里克，译言种植也。张幔为甬道，纵横交互，两旁悬灯，通计不可以万数也。花盛处辄张巨幔，置音乐其

---

①格林里吡阿斯毕达尔，Greenwich Hospital（格林威治医院）的音译。

②罗亚尔开得密倭甫阿克斯，Royal Academy of Arts（皇家美术学院）的音译。

③罗亚尔利成斯波丹里克戛尔得，Royal Regent's Botanic Garden（摄政公园植物园）的音译。

中，而以玻璃花屋为上乐。灯尤盛者二处：一、环池为屋，悬灯三四层，掩映水中，一望无际。池旁烟火如炬如月，相为照映。一、栽花满地，环绕五色玻璃灯釭，后为土山，高下左右，灯釭罗列。前结灯釭为彩棚，广十馀丈。亦巨观也。彩棚左张幔为回廊，列案置玻璃小瓶及各种盆景花草，亦有编花为勒及床檐者。随土山右转为花池，累土为台，或圆或方，或曲抱，五色花光，护蔽其上，以千万计。晤巴理生、哈得生二人。巴理生居中国二十馀年，能华语；哈得生亦英国老画师也。

廿五日。阿拉得尔力斯丹雷、多尔赛、奇伯逊三处茶会皆未赴。施密司邀看斯古得阿甫买英斯①。买英斯者，开土视所藏，西人谓之藏学；斯古得，译言学馆也。其郎君先抄示百尔西论中国情形一段，大致言中国煤产最富，五金皆有之，易以致富也。并得类里赫得一信。

廿六日。赴斯古得阿甫买英斯听施密司谈藏学，其帮办立格斯亦陪同指示。所见石数万种，略为铜产、铁产、煤产、锡产、黑白铅产及宝石，宝石亦有五金化者，而石灰化者为多其紫色蓝色及冰纹水晶，多石炭所化者；及烧磁瓦各土；及异色石不入五金产者。集小方石为圆桌、长方桌。数石中有似藤黄、赭石及寿山、青田各石者；亦有似玛瑙者；亦有白石起水波；白石黑纹，如小菊花丛聚，施密司云：此石珊瑚所化。有巨盘大八尺，状似茄色。玛瑙巨瓶高二尺许，青黑色，遍绕赭色蛇纹，而起丝如毛，施密司云：此石出伦敦之北，天下所无。有赭石如云，及青石黄石可为柱者。有黑石可开薄片，覆屋以当瓦者。其他所见各石及石中含螺蚌虫鱼、若草叶者，各处皆有之。象牙长丈许，半化为石，云出自盘

①斯古得阿甫买英斯，School of Mines（矿业学校）的音译。

古前者，亦各处皆有之。尤奇者，石中含诸臣蚌全化为石，及螺纹盘屈如带，施密司云：此种当及二万年。其杂虫及螺蚌形体不能全具，施密司云：此种洪荒无人时，但有虫鱼，当在七八万年前，不复可以推测也。其铜石有似古铜片，云可得铜九成二；其整绿起颗如珠，云可得铜八成；长方小铜块和土成球，云小铜块可得铜八成，合土计之，不过二三成矣。石带铜色如金及带绿色者，云不过一成。其辨析甚微。其英国全土，初作绛色约二丈，次浅青约丈许，次深青、次白约及百丈，次红，次浅白；凡测至二千六百馀尺。各处大致略同，而高下参差时有不齐，云地气有偏陷也。其纽开斯、朗喀什、科林洼尔各煤厂，皆凿石肖其山势，及开煤浅深层数，凡列数十处。其开煤有四法：一、从上开一圆孔直下，必另开一孔以泄气。一、横出山腹开成小巷，纵横四达，而留中方如柱，使支地以不至倾陷，俟煤尽处，始渐次挖出中方，山势亦随以下陷，乃始尽煤之藏。亦有留长方柱者，所开煤道稍窄，地势下压，而煤道中土逼使上踊，则中方柱坚若铁石，不复能开挖。一、长方柱宽，煤道亦宽，则无下压之虞。凡此四式，皆经历试而始知之。施密司管理大太子科林洼尔铜铅各厂，于藏学为至深。云此馆创建不及四十年，首发其议者谛拿贝斯，其后充尚书者，墨尔寄生为最著。其土石专为窑厂之用，不入五金者别为一院。而收贮磁器亦数千万种，挨及、希腊古磁为最多。中国磁器亦有之。其初亦皆模仿中国之制，而不得其法。有威叱武得，以精思得之，所贻留瓶壶十馀事，光润精细，人物花卉皆浮起，真神迹也。所见机器三具。一、开孔机器：山石坚不可入，则横穿数十孔而后可施凿。一、施键机器：既穿孔，则施键以裂之，用水力机撞击。一、挖山：长方中轮，旁施开挖之具，亦用水力运动之。其馀机器式凡数十具。吸水机器三，皆以水力激轮使转，压铜管以吸取地中之水，可及数十丈。铜管式尤多，大小浅深，各为之式。其开孔出运土石，皆为木板屋，系长缆，用机器转轮以曳出之。有上下木板两层，每层可容四车。而或虞缆断下坠，两端各安一合笋机器以约绳，绳上升，机器亦仰而缩；绳坠，机器亦随以张，可以钳两旁之土，使不至直坠而下。又有深入数十丈不能施梯，用活梯递转而上下，其法以巨木相衔至数十丈，外用机器推而上下，每隔丈许施一木板，穴地至丈许，亦开一隙地使可容人。初坐第一层木板至隙处小立，转而第二层。不劳手足之力，而数十丈深阱出入可以自由。凡为楼三层，其上二层皆藏各处（各）〔所〕得之土石。据称英国每年遣五十人分赴所属地土及各国考验土石，藏贮此馆中，亦三十馀年矣。其上一层，专贮图册。每开一山，出煤或五金，层数多寡，皆为图记之。通计所开山四千馀处，山藏已尽者四百馀处，凡藏图二千馀幅。以现开之山不能尽为图，而已尽之四百馀处其图皆备，以防后来之误开也。中国沿海（产土）〔土产〕亦有一图，起奉天至广东，煤及五金分别记之，而山东所记为最多，即产金亦数处也。管理图记者名亨德。另有瑞士国一盐山，居民开挖至七八层，亦为一木式而空其中，用玻璃套成层数，而图其形式于上。亦有盐化石者，状如水晶及浅紫色水晶，及成冰柱纹者，并与石灰化者无异，而其味咸甚，仍可以化盐。晚赴柏金宫殿音乐会，男妇歌者百馀人，凡歌十三阕，聚者四五百人。男女错杂而皆朝服听乐，酣歌沉湎，俾夜作昼，不知何所取义也。是日大雨。

廿七日。有九十一岁老人伯尔鲁敦来见。七十年前驻扎中国，时由印度派员经理商务，称总办。会下鸦片烟之禁，遣义律赴中国，谋以兵力劫取之。伯尔鲁敦于时驻中国二十七年，与华人相习，争之不能得，遂乞归，而代模斯代为总办。及得香港地方，设立总督，因转为总督。言之娓娓，耳目聪强不减少年。以事诣德尔比，而威妥玛一力阻遏，使不得尽其辞，为之闷闷。晚赴墨赛比尔波克斯及威拉得斯两处茶会。见安布洛温生，亦苏格兰人，工医。馀相识者颇多，相与植立移时，殊无谓也。

廿八日。礼拜。雨。诣日本、波斯、土耳其三国公使，其人皆有学识，久习各国情形。具言欧罗巴制器之精，不能不以为法，而尤以电报为首务。三国所行竟皆同。土使言：五十年前，土国一无所知。电学始行，土国即仿为之，而后及机器局，而后及学馆，及兵法，而后及铁路，近更及其政教，是以犹能与俄人一战。使非此二十馀年之功力，则惟束手听命而已。今日与俄人逼处，为所觊觎者，独中国与土耳其国耳。愿常存俄罗斯三字于心，不可一日有忘。闻此悚然。

廿九日。诣外部与定得敦一谈。其猜嫌疏远之心，颇以骄气行之。中国之自轻甚矣，鄙人乃不幸承其辱。颇与辩争二三事，皆改容相谢。惟镇江趸船一案，则其辞甚厉。予因言：此非数语所能了，候外部议覆再申辩耳。是日倭陀卫罗弗得斯邀茶会，辞不赴。接兰生、马克里斯科尔二信。

三十日。德温色尔公、色克伦公两处茶会。以闻色克伦公住宅为伦敦第一，往视，微似柏金宫殿，其长厅则亦柏金宫殿所无也。所见勒色非尔拿百尔斯苏格兰跳舞会带见巴西国主，亦世爵也、西曼斯五里吡开设电线局。其为色克伦公总管者，名喀来。

六月

六月初一日乙酉。为西历七月十一日。德尔比格非斯招赴摩里茶会。罗尔斯为预备四马车，陪同前往侯恩斯洛地方，尚在里吉门西南二里许。所居园曰维登巴尔克，大逾二里。古木千章，有松百馀株，夭矫有奇致，视德温色尔公园松，枝叶盘曲繁密微有不及，而大过之。有水一溪，环抱一小山，使人意远。英人呼松曰希得[1]。犹太有山曰类布兰[2]向以古松著名。西人口语，凡物极高者，动曰类布兰希得，数十年前尚有松千馀株，今存者不过数十，不逮此园之多也。凡见异种树三：一、银松，叶兼青白色，似银，洋语曰赛尔费尔希得[3]；一、树高十馀丈，围三丈许，枝干皆如筋络，三丈围中旁出四五如堵墙，亦向所未见也，洋语曰拍布喇[4]；一、大干如松，旁出数小枝，青白光润如桂，叶亦似桂而微薄，有毛，开花如粟，联络结实如豆，味苦，以饲豕，洋语曰珥滑格林阿喀[5]。珥滑格林，犹言长青也。其叶亦四时不凋。所（有）〔见〕盘门得格立门头等宝星，罗尔斯亲戚、罗生格得。格得为阿叱毕灼之侄，里吉门有营盘，格得亦其营一小兵头也。

初二日。照覆外部调处喀什噶尔事，并加一信。阿什百里邀赴伯鲁克斯茶会。所居海格得一园，名曰硁屋得套尔，园地百馀亩，屋宇亦清洁。晤苏士阿母登议院绅士白根斯头等宝星及赫敦。其园内是日赛花会，盖诸花园借用其地为此会者。格得布施所布置花草尤多。其花草奇形异色，光怪陆离，多目所未见。有小草圆叶，约三分许，叶端张两翅如蚌，上有须，蝇蚋入其中，则合而吸食之。又草本高二尺许，长叶如竹，叶端出茎，长数寸下垂，茎杪忽仰而向上，开花如吸水筒，上有盖，亦可开合。又有草本，并无花叶，其形如小缸，（锋）〔绛〕色有花纹，后有檐，覆缸之

①希得，cedar（西洋杉）的音译。
②类布兰，Lebanon（黎巴嫩）的音译。
③赛尔费尔希得，silver cedar 的音译。
④拍布喇，poplar 的音译。
⑤珥滑格林阿喀，evergreen oak 的音译。

半。又有细叶繁密，而枝茎如铁丝，类制成者叶或圆细如粟，或中分两片，或有齿如菊叶而繁细，亦分数种。其玫瑰及洋绣球皆分五色，煊耀夺目。其种类诡异，花色离奇，不可以胜纪也。晚赴意大利公使及坚伯斯跳舞会，晤格斯勒斯亦世爵，在所住宅之右对角，而迄未获一见。男女装束均极奇诡，亦风俗然也。

初三日。瓦瓦琐为江督铸钢炮四尊，邀往其伦敦阿得伦斯铿百里一观。其兄与其帮办堪尔陪同历视各厂。厂不甚大，盖专为刮磨机器，铸炮别有厂也。炮四尊，前门装弹二，后膛二。车膛作旋纹机器一，炮弹铜围压力水机器一，（铸）〔锯〕木机器一。别有制水雷机器厂，所见水雷数十具，大率分沉水雷、浮水雷二种，而用电气开放水雷，水雷发则电气机器自动。每水雷一尊，安一电线，用红、黑二饼为记。红、黑二饼均仰浮，用木盒盛之。凿孔当黑饼，水（电）〔雷〕放则黑饼下屈而红饼适当孔面。视盒内红、黑饼，可以验知某处水雷已放，某处水雷尚未放也。撞船水雷二种：一用木柄长三丈许，视敌船所泊处放小轮船，用人力撞之；一如石鱼形而扁，上安铁杵，用机器激使行水面。旋至标尔爱斯铿百里①标尔，译言清也；爱斯，冰也；铿百里，犹言局也。盖炼冰局也，斯格音约往观其炼冰之法。帮办名特立门。亦用汽机压水气桶中，旁设木圆桶，中安铁管无数。管中装萨尔瓦得萨尔，译言盐也；瓦得，水也。即盐水，管外盛意得②。意得，药名，类酒，寒冷如冰。西洋凡水十斤曰格伦。水桶中装意得四十格伦，盖四十斤也。意得气透入压水气桶中，水气受压热极，而意得气挟之以行，从铁管中送入一大木柜。柜内盛水，亦安铁管无数，管中装意得，水气挟热气入柜中，柜内水皆热，

---

①标尔爱斯铿百里，Pure Ice Company（造冰厂）的音译。
②意得，ether（醚）的音译。

乃急放水使出墙外。旁凿一泉，复用暗机器吸泉水使入，放出之水仍入泉坎，自相灌输。热气入木柜中，一散便凉，内外意得气薄之，又从管中透入木桶，则寒气加甚，铁管外水气皆已结成冰。又激桶内铁管中盐水，从上铁管内转入外间造冰处。入屋则寒气逼人。凡设大方木桶前后相连四，盐水铁管透入桶内，相隔六七寸许，间以洋铁墙一，宽不逮一寸，而灌盐水其中，桶内之水为寒气所逼而成冰。然其寒气不能及远，故设木板寸许，用机器推行之，下安直杵无数，搅水使就寒气成冰，不过寸许。每结冰一层，相连再搅水一层，次第皆冰矣。其药名意得者，不知其制法云何，而其精思固通造化矣。再至该尔斯阿斯毕得①，为巴辉约往，盖一医馆也。其总理名斯谛拿，经理银钱名勒毕登。收养病者六百馀人，尚有闲空地，盖所容七八百人。大率外科为多，内科亦五分之一。外科分三种：一折断手足者；一生而残废；一骨髓内腐，其症皆深于疮毒。其次则眼症，别为一院，盖诸病者所居皆喜轩敞，而眼疾宜黑暗不见日光。内科则痰咳及腰臂痛、头痛。外、内科妇女皆别为一屋。每屋皆两旁设榻，足相抵，而中馀丈许，约二十馀人，设一妇主持贫户而为右族者充之，用女仆三人照料。其中幼孩亦最多。医药厅一，亦分内外科。诊视病者厅一，分内外室：外厅设广坐，坐候；医者在内厅。次第入视，轻者给药，重者留治。其留治者别送一厅，又有医者视其所患应归何屋，分别送入。每屋皆有洗沐处，及澡堂，及厕屋。外科宜洗净者，亦设磁盆，大、小、尖、扁，凡头足身臂，各有所宜。窗壁光华，床褥精洁，间以花草，红绿相映，或盛设古铜花磁，不知为病者所居也。又有用电气治病者：人手持电线，则电气从此手以达彼

①该尔斯阿斯毕得，Guy's Hospital 的音译。

手，引手就之，则为之震动，伸指可以点灯。又有玻璃罩一铅器，中设车轮以当阳光，车轮旋转不息；用物障之，轮即停。斯谛拿云：此光力也，近年始试出之。或云热力，尚未能推知其所以然也。陈设人身骨体，及取出所患之病症，凡两院，统曰安那多米法尔妙西因[①]。妙西因者，陈设之意；安那谓裂取之；多米法尔则割截之谓也。学馆二处，以教学者。一、骨髓中有病，宜割截者，设一榻其中，学者环坐至六七层，病者卧榻上，关键其手足，用药迷之而施刀锯之功。所用锯齿及大小刀，陈列一小室中。又有白金钻，用电气灼使红以代锯，云恐锯时血出太多，用白金钻烧断之，可以免血横溢。其截去手足及膝盖者甚多，由其骨已先腐故也。一、病死者，剖视其腑脏及筋络所得病，亦环集学者，使见而知之。询知每年用费二万馀磅。厨屋宏敞而尤清洁，每日食千人。一千五百年前，商人名该尔斯[②]者，以遗资捐置此馆，岁入二三万磅，是以岁常有赢馀，逐渐加增房屋，犹用原捐商人该尔斯以为名，而肖铁像于门外。又有阿斯谛里古巴[③]，数十年前外科最有各。又有白尔来[④]，亦名医，素患腰疾，自视小便以辨症，遂传为常法。皆肖像堂内。其代模斯江边名恩邦克门得犹言堤塘也，肖一像名伯鲁勒尔[⑤]，则以浚河修桥著名者；代模斯江底火轮车路亦所承修也。西洋相习为奇巧，其风尚有由来矣。

初四日。雨。欢格立夫世爵，如伯约赴温薄尔登看赛洋枪会，翟拿所为导意者也。地广十馀里，支帐房架百馀座，欢格立夫亦支

①安那多米法尔妙西因，Anatomical Museum（解剖陈列馆）的音译。
②该尔斯，Thomas Guy（1643—1724）的音译。
③阿斯谛里古巴，Astley P. Cooper 的音译。
④白尔来，Barry 的音译。
⑤伯鲁勒尔，Brunel 的音译。

帐房，如巨宅。又有办事厅屋一，饭堂屋一，皆广数亩，用玻璃为之，亦巨观也。欢格立夫及武员费勒布斯陪同观看，演枪数处：一、削木为鹿，用机器推使左右（用）〔行〕。两旁各设大木白鹿一，两人坐地斗枪法，各以十枪为度，以中当心红圈者为上。鹿左行则举红旗当左白鹿，以示所中处凡斗枪，（正）〔中〕当心红圈以四成论，稍偏三成，中外轮二成，再远当一成；鹿右行则指示右白鹿。一、卧地，四百步中垛，每发一人由三百步至一千步，以次试之。一、十垛平列，每发十人。一、三垛平列，每垛中黑、上下白，十人攒聚一处演放，每发三十人。询知赛枪者皆民兵也。英国兵分三等：正兵九万馀人，团兵三四十万，民兵二十万。团兵者，乡村市镇各自为团，每岁官操三十日，给予口粮，一归武员管辖。民兵无官操，不归武员管辖，而军火一颁之官。翟拿管民兵千人，则官信局送信力夫之愿充民兵者送信力夫四五千人，愿充民兵者千人。自西历七月初起，以赛至十五日为度。其君主颁赏银瓶一座，各商及各镇亦制造银器充赏，每值二三百磅。分类给赏，则尚书主之。通以成数计之，或成数一二人适均，则加赛三次；又均，又加赛。而欢格立夫伯为赛枪会尚书。询知赛会者不过七八百人，十馀日汰存六七十人，而经费所出，一以枪数计之，每枪一响，捐一施令，而给予子药。通计收得二万馀磅，子药及盖造棚厂，外施木墙，内曳绳围，凡费万六千磅，所馀储以备下（界）〔届〕之不足。此间魄力之大，他处所未有也。旋赴古摩屋得，应翟拿茶会。屋得者，译言林也。为铿伯里叱公林囿。翟拿屋当林麓，因以为名。其屋园林之盛，亦有清趣。听垂钟音乐，凡用摇钟若铃百一十具，大小分八等，以协五音，甚可乐。云此乐器兴自此二十年内，能此者不过数家。到英伦数月，始一闻此也。谛拿遣其营官合得生来迎，相陪竟日，其类里意尤勤，画笔亦佳。奔、定克怀得两处茶会，并以晚不赴。

初五日。礼拜。接文报局四月十四日第廿六次包封由英公司果利治船递到。其廿五号由眉江船递寄，已沦大洋海矣，并接江督一咨，知云生奉派改充德国正使，加二品顶戴。此外周荔樵、林瑞符、张力臣及志城第三号信。知存与事已了，极有痗心处，使人竟日为之不怿。

初六日。雨。入伏。西洋无此名目。雨寒犹着重棉，亦不知有伏日也。威妥玛约早酌，与喀什噶尔赛尔德相见，同席佛赛斯及费克斯颉拿尔沙乃斯百里侯派伴赛尔德者。禧在明、马格里言及雅古波已没，其子古里禅格袭位，遗令传位哈吉目刊都拉，辞不受。据赛尔德言，哈吉目刊都拉即张格尔之子，以为此新报为俄人谣传也。吾以威妥玛屡传英国家之命，邀同一见，勉强应之。旋往拜瑞典公使禅伯尔新到，充当公使、伯鲁登九十馀岁老人，久处中国者、密尔尼，并赴马克里科尔、爱里斯英人，充当波斯总领事两处茶会。马克里科尔三女与毕得四女皆美艳，英国茶会所见，未有能及者也。接金眉生四月八日书，并寄示诗文稿。

初七日。雨，寒。马克里来谈。赴谛盘生、格尔尼、白尔拉尔得三处茶会。晤类里贝拉，始知其居左近，竟未一回拜。马格里贻误可笑。谛盘生云西洋以七月十六日为森士瑞登日，一雨则下半年雨常不息。是为中国六月六日，中国以入伏日雨为无晒谷日，言雨多也。尚有塞尔的一处茶会未赴。诣苐赛斯谈。晤鼾百里，言吴淞铁路沈幼丹制军已定计毁折之，属为之关说。幼帅此举，实为无谓，然其意在邀流俗人一称誉而已。言之无益，徒速谤耳。

初八日。英国散布耶苏教书亦有公会，名布里地史安得苐尔林裨布洛苏赛雅得[1]。布里地史，英国旧名；弗尔林，犹言他国也；安得者，语词；裨布洛者，耶苏书也；苏赛尔得，会堂之名。尚书即夏苇斯百里，遣马克斯科尔即曾制小船考求水道者、伯尔恩会堂参赞、湛尔马克、阿尔塞尔、阿得经森五人送到汉文《约》书全部。赴阿叱毕灼、格斯拉斯伯两处茶会。其密斯爱姆斯、巴林两处茶会未赴。晤意斯得累克类里，能通五国语言文字，英国以善画闻，兼刻石、阿尔得威诺前兵部尚书，与戈登至交格斯拉斯处，言石刻半体人云：希腊二千五百年前有善刻石者二人，一曰费谛雅斯[2]，一曰布来喀斯意谛里斯[3]。近数十年从土中掘得石像，其遗刻也，两手及顶皆有损坏。意大里人名堪罗法[4]者，以刻石著闻，倩其完补。于是将其头顶及两手削平，反覆谛视数日，云其精工入神，万不能及，竟不敢补。其原石因存意大里，而相与摹刻其半段人。亦殊有神味。又罗马古城掘得小石像一座，并奇品也。接四月二日批折一通，二月八日所发者。因初十日一折已封好，作为十一日奉到。并接朱宇恬、朱香荪、张力臣，及意城、子敬，及家信第四号，四月十三日所发者三号未接得，想附眉江船中沉矣。上海包封廿七号，四月二十一日发。是晚卜拉西茶会，未赴。

初九日。斯博得斯武得约至所居古摹班克观光学，相距六十里。由车林克罗斯坐火轮车，行二十七里，过一山约三里许，即赤斯尔哈尔斯得，法主拿破仑后所居地也。又行十三里，罗尔斯塘；南行至苏尔斯塘。凡两山，中间两崖壁立，皆此一山相联属约十馀

---

①布里地史安得弗尔林裨布洛苏赛雅得，British and Foreign Bible Society（不列颠及国外《圣经》会）的音译。

②费谛雅斯，Phidias 的音译。

③布来喀斯意谛里斯，Praxiteles 的音译。

④堪罗法，Canova 的音译。

里。北曰罗尔，南曰苏尔。出山数里，地名赛文倭克斯其地古有坚木树七株，因以为名。赛文者，七也；倭克为坚木名。凡十五里至古摹班克。中间一小学馆，男女学生环立相迎，亦有张旗置茶箱、茶钟以为表识相迎劳者。斯博得斯武得遣其（地）〔弟〕迎于车林克罗斯，而自以马车迎于赛文倭克斯，亦可谓致敬尽礼矣。斯博得斯武得先邀看光学，皆用水晶及玻璃小片，用灯一座，置镜数具其前，照之皆成五色，变化离奇。其玻璃厚条，用人力紧压之即成五色；弛其力，则但现白光一条而已。其画光六片及花朵及山石者，照之皆五色，斑斓错杂；稍一推移，各色皆变。光学中亦兼热学，其理本相通也。其园林之盛，约围十馀里。有古松一株，四人合抱，计围二丈馀，云一百五十年前物也。沿途田禾茂密，树木交阴，远山如画，弥望葱倩。希腊署公使宅罗谛阿斯云：观此气象，便知数百年不见兵戈之扰。谅哉言也。

初十日。日本乌叶公使来谈，因询其设官。近十年所定，凡分三院：一曰正院，政所以出也。设大政大臣一人，左大臣一人，右大臣一人，参议一人，皆一等官；二曰元老院，以议政者，其君选择致仕官及有声望者为之，凡二十人，亦名议官；三曰大审院，亦名法官，若中国之刑部，古廷尉职也。其正院所属凡分十省：一曰大藏省，二曰外务省，三曰内务省，四曰陆军省，五曰海军省，六曰司法省，七曰工部省，八曰宫内省，九曰文部省，十曰教部省。每省设卿一人，亦一等官；大辅一人，二等官；少辅一人，三等官。各省所属曰局，或七八局，或四五局。如大藏卿，犹唐尚书省之户部尚书，所属局曰出纳局，曰租税局，曰造币局。凡分七八局，略记其三而已。局设一官司之，司出纳者即名出纳头，四等官也。其宫内省管礼仪，所属有式部头，即专司仪式者也。惟教部以神道为言，略仿西洋牧师、神甫之例，最尊曰阿叱毕灼；所司教则开辟东洋主教之人，其名曰天照皇大神，则全属渺茫无稽矣。所设学馆，则统于文部。大率官职皆仿西洋而略异其制，如西洋上下议院皆民举，东洋议官则君延举者也；西洋按察司官不甚尊而无统属，东洋别设一院尊之。其户部、工部及水陆兵政皆统于正院，又与西洋当国者一人，其馀部院各有专职而统归于当国者之党，制异而用意实用。其司法官亦分三等：曰大审院，一等官；曰上等裁判所，凡六人，二等官，亦谓之总理，如中国各省设立按察使司是也；曰中等裁判所，二十馀人，是为三等官，如国初之有各府司理官是也。各处设立管辖官，亦曰县令，其副曰参事，皆朝命为之，又与西洋设立梅尔及哈得门，一出民政者稍异。其分职曰官，曰位。位犹中国之品，《唐书》所谓阶者是也。此则尚援旧制，为西洋所无。

十一日。卜拉西约往葛林海司观所修整汽轮船，名生皮恩，停泊处，代模斯江近海处也，以刘云生往践其约，不敢偕行。接格尔尼信，传施密遂斯之言，约往观其武得格林新报局，局名卜拉底斯阿阁满，专为观善规恶之言，令贫民领取鬻（买）〔卖〕，其意甚美。属马格里回信允之。

十二日。礼拜。日本人成山呈示诗稿，盖故为诸侯，来此学习律法者。其诗笔亦清健。《相州途上》云：晓风残月五山磬，疏雨断云三浦帆。《一谷怀古》云：酒醒春梦随流水，花落青山空夕阳。亦可诵也。

十三日。雨。意士伯尼阿尔福、喀尔得、巴尔克三类里来见。阅土、俄交战地图，俄兵由丹牛浦江东越巴拉堪山，据有克斯登吉城，进攻费里伯布立斯。土京屏障恃阿得里阿拉铺拉炮台，而闻已无斗志。俄军分两路，一薄土京，一由喀立柏里循海而南。土京盖岌岌矣。英国议院言礼拜四、五日派兵赴马尔多听调度，其实欲直入土国达特勒尔南海峡，驻扎格立波里城，以为救援土京之计。

十四日。拉毕尔来见。金登干遣博郎来约赴纽开斯海口，以发京信，辞之。卜拉西重约赴生皮恩，观所整机器船，亦不能赴也。回拜哈尔得苐尔得御前侯爵、沙乃斯百里侯、色克伦公、爱尔芬司敦、德温陟尔公、司赖特尔布斯商部尚书、博赖脱头等宝星，按察司、希拉总按察司、赖参统领、摩里游击、赫明、威尔生、马克哈尔地、施密司管理矿学、波克利、马克赖蓝得、毕舍卜阿甫伦敦大教士十七处，请莼斋代劳。晚间博勒克邀茶会跳舞，辞不赴。

十五日。发上海包封，附法国公司船递寄。拜发初十日补陈禁烟事宜六条及英国调处喀什噶尔事宜六条两折，附片一件，并抄照会一件。本约与刘云生谢恩折同日拜递，因公司船初十日早已开行，各处信件未及缮就，迟至今日，闻法公司船十七日开行，以便明日送递法国之波赛也。附致总署一信，沈经笙相国、董韫卿、周筱棠、方右民、吴蕙吟、董新甫各信。及合淝伯相、沈幼丹、何小宋、曾沅甫、刘芝田、唐景星，及家信第七号，及朱宇恬、朱香荪、张力臣及志城各信。

十六日。嘉定中国名之渣甸、斛百里来见，均为保护吴淞铁路。始知集众力为之，而嘉定股分最多，约得十二分之一。倡始为嘉定及马干得鲁二人，铁工马克生实往经营。斛百里亦安友会人，洋人名之圭喀，专务行善，求各安无事。格尔尼、施密遂皆会友也。有会堂名阿克生三达巴雷司，亦尊耶苏教而节目不同，入礼拜堂及①君主，皆不免冠。

十七日。赫得内里约四点钟枉顾，而卜拉西约看其生皮恩船，

①此处疑有脱文。

十一、十四两日皆未赴，至是专函来约，因诣车林葛罗斯，而轮车已开行。葛林海司江口相距约六十里，云两点钟可到。乃乘马车一往，过卜来克赫斯一山，凡过三点钟始至。坐客皆告归，仅卜拉西内里留候，是日又须赴席，令其两女相陪。阅视所购各国器具，并赴气接斯得尔兵船看操，盖皆收养幼童之无归者，使司管驾之法。凡二船，每船一百八十九人，总办洼尔得斯，帮办计意斯。询知每日五点半钟起梳洗，六点钟用饭，饭毕诵经，分段扫洗舱板，九点钟分班读书操演，所演上桅曳绳及飞跃击刺之法。船旁用木架浮水面，四周以板拦之，以练习泅水。十二点钟午饭，一点钟分班读书操演如前。四点钟毕，或读书，或跳跃，听其自便。皆绅民集资为之。所坐兵船给自国家，仍帮给管教官薪水。不独以备水师之需，即民船水手亦皆出其中。舟中衣鞋皆自为之，皮工、缝工择使学习。逾二十艺成，当出受雇，仍给以衣服及粗布袋一具。此邦陶成人才，无微不至，国势方兴未艾也。

十八日。瑞典、挪威公使爱达华达摆柏函称：整理万国刑法监牢会前在比利时白鲁赛尔都城会议，定于明年八月在瑞典斯多克火恩都城会议，先告各国国家来赴此会，愿中国亦遣官赴此会。闻英国数十年前有名侯尔得，献议创修监狱以处罪人，无专困苦之。英国监牢立法之善，自侯尔得始。于是次第赴法、意、德、俄诸国，皆依其言行之。卒于俄国之南克尔生。诸国守其法至今。瑞典公使所云整理刑狱会者，当即侯尔得之遗也。马安生约入会，会名倭连得，弗尔来谓：东方也。曾历印度以东者，皆得入此会。参赞名弗来，往拜不晤。回拜夏弗斯百里、威妥玛、嘉定、谛拿娄、马克立戈尔充当波斯总领事、克蕾原充美国公使、珥斯庚梅下议院文案、密尔恩水师提督，屡见通名、铿尔得何伯亲戚及威烈斯瞻斯登、克里壳罗弗得、珥温斯罗恩、班得里世爵，如伯、哈林登、科敷恩头等宝星诸来通拜者。

十九日。礼拜。是日颇热，人言此邦八月常热，语殆不诬。布格什夫妇来见，力诵古里被格之能，谓精于战事，且谓印度电报，中国已有议和之局，未知确否。《代模斯》新报叙述俄使博理法尔斯吉遍历喀什噶尔及前后藏，言喀什噶尔派员护送而猜（妨）〔防〕甚至，并诘以为中国转运粮饷之故。博理法尔斯吉有记载颇详，言喀什噶尔一路人民，皆不能堪俄古柏之残暴也。

二十日。格尔尼为施密斯意斯邀往其二伦布洛地方茶会。先至阿里克三达巴雷司地名武得格林，在伦敦之北，其制略同水晶宫，而园地较广。参赞觉恩斯陪同游观。又晤罗伯鲁斯，亦园主之一也。阿里克山达为大太子妃名，巴雷司犹宫殿也。园地有球场、射圃及秋千架，及圆屋如伞，旁设木马木筐，用汽机激使环转如飞，男妇或跨马，或坐筐中为戏。前开三湖，树木丛密。有栗树一株，广荫数亩，用铁栅环之，数百年物也。又开一园，用日本板屋为一庄，有小庙一、小楼一，并去岁美国百年大会购之日本商人者。栽花满地。养鹰十馀、鹭鸶十馀，各设一座绦系之。又买酒板屋一，购之瑞典国商人者，形制绝奇。旁设铁篱，养孔雀二、白雉二。前为音乐厅，甬道为铁阑相望，悬小玻璃盏灯。询之，园地周环约十里。又有试马场、斗车场、演炮场。试马场有巨屋相联，以处观者。又有饭厅一、马戏圆厅一、意大里渔人木皮板屋一。最后乃至巴雷司正屋。玻（厅）〔璃〕大厅相连，杂植花木，中有巨池激水，略仿水晶宫式。画厅及卖买厅皆极繁盛。音乐厅二处，各容数千人。戏厅一，亦容数千。有美国夫妇二人，驾一小舟，长丈许，宽四尺馀，由美国牛约开至伦敦，约五十七日，遇暴风七次，抵伦敦才十馀日也，张布幔置船其中，夫妇二人皆在。询之，一水手也，其妇居（兰）〔苏〕格兰，以此游行大海中，亦一奇也。随至施密斯意斯宅，园地亦胜。设厂布席其中，会者三四百人，而中为台，以坐吾与刘云生数人，执礼甚恭。设音乐，琴工达摩生，其君主乐部中之选也。施密斯意斯馈书数种，作歌祝祷中国万年安乐，意尤厚也。卜雷斯威林亦馈《约》书，托施密斯转交。至是始知其会名安友会，洋语曰苏赛尔得阿甫费林得斯[①]苏赛尔得，译言会馆也；费林得斯，译言友也；一曰毕斯苏赛尔得[②]。毕斯者，平安无事之义。其会创自二百年前，专意劝其国安辑民人，无相侵夺。英主嘉乐士恶之，相与逃至北美利加，就野人买地置屋，以垦山为生，所居曰奔色尔番意亚[③]色尔番意亚者，希腊古音，林也；奔者，人名，劝其会友逃避者。又益开广土地，今为非拉得尔费亚[④]部犹中国之一省。其后国人知其为善也，乃稍归。一千八百五十四年俄土交争，其会人径诣俄国献书，以侵夺为戒。施密斯意斯、格尔尼、斛百里皆其会中人也。施密斯意斯开设新报局一，洋语曰卜利谛斯威尔克曼[⑤]，盖劝工人为善。又使持此书鬻之，以劝工作小民。另设一新报局，而于其家绘图镂板，连屋累柜，一以劝善为义，所馈书册皆此类也。接上海廿八号包封英国开士卡公司轮船，四月廿八日发，内志城第四号四月十五日发。

廿一日。谛拿娄夫妇过谈。接上海廿九号包封法国埃麦石公司轮船，五月初六日发，内仅黎莼斋家信。得莫善徵回书，由莼斋转交。后英公司船九日，而抵伦敦仅后一日而已。

廿二日。为西历八月初一日。回拜美国、希腊两公使，及马尔铿、卜拉西、赫尔斯、内里贝拉、马费生怡和总办，在中国三十年，年

---

①苏赛尔得阿甫费林得斯，Society of Friends 的音译。
②毕斯苏赛尔得，Peace Socity 的音译。
③奔色尔番意亚，Pennsylvania（宾夕法尼亚）的音译。
④非拉得尔费亚，Philadelphia 的音译。
⑤卜利谛斯威尔克曼，British Workmen（英国工人报）的音译。

八十馀、布克类尔世爵。晚就金登干谈，并托发电报代询赫德以汇兑经费事。

廿三日。金登干来谈，言议院有专司律例二人，亦分毕根士、格兰斯登两党。毕根士党二人，曰侯尔克尔，曰计法尔得。格兰斯党二人，曰占模斯，曰哈尔喀尔得。四君皆头等宝星。又有议绅一人，曰赫尔奢尔，亦深明律法，格兰斯登党也。金君又为伦敦斯摩尔阿尔摩斯刊木巴尼[①]斯摩尔，译言小也；阿尔摩斯，译言军器；刊木巴尼者，行也制造小军器即来福枪行主搬得约初九日往观；又为百珥名登地名，在伦敦北来得哈屋斯洼尔克斯[②]来得哈屋斯，译言塔表也；洼尔克斯，译言作行也行主瞻斯约十六日往观。

廿四日。接刘芗林托转递李丹崖二信。合淝相国此数月内无一书见寄，而惟饬递书信，其复刘云生信又别由马格里转递，真不晓所谓。芗林考求西洋兵枪至悉。各国兵枪著名者六种：英国二种，曰亨利（高）〔马〕梯尼，曰为斯得理；德国二种，曰毛塞，曰得来斯；俄国一种，曰俾尔打纳；美国一种，曰中针林明登。英国亨利马梯尼枪，以有倒键者为佳盖后膛所用，以固兜者。其膛径有数种，机（篁）〔簧〕亦数有变通。所举英国枪厂凡三，曰乌理治官厂，曰里资地方格林活特巴德里厂，曰苏格兰咽颠巴显利厂。其英商经手者，狄韦生所开为三楞，枪头有倒键；亨利马梯尼璧德满所开为马梯尼亨利来福枪。又云：乌理治官局博可斯爱尔所出子弹式，子壳用薄铜皮，铁底，与士乃得子弹制法相仿。近年子弹用厚铜作壳，压撞而成，可以重装，铜质佳者可至数十次。此则所未之前闻者也。

---

①伦敦斯摩尔阿尔摩斯刊木巴尼，London Small Arms Company（伦敦枪枝公司）的音译。
②来得哈屋斯洼尔克斯，Lighthouse Works（灯塔制造厂）的音译。

廿五日。新报载：俄国兵官宛如勾穷历喀什噶尔之境，言俄古柏之起，土耳（目）〔其〕封为阿密尔，布哈尔封为哈达里格尔西，皆以行教为名者也。英国律书二种：一曰卜来客斯登，一曰密尔。又有罗沙西尼倭尔，亦密尔之类，而多附土耳其事。所载土耳其政教与中国略同，西洋人多谓回教必不能昌，为此也。接李丹崖信，当以一信复之。

廿六日。礼拜。为刘云生生日，本约治酒为贺，以斋食辞。曼斯来相视屋顶高处，以凭试验光报。光报起于曼斯，其帮办顾得曾于何尔处试之，而曼斯必一试之公馆，言此光报宜于两军相敌处也，意谓合淝伯相闻此，必可一售。

廿七日。是为西历八月初六日。通国于此嬉游一日。格非斯夫人邀梁姬一至其家，相距百八十里，由柏定登附汽轮车至阿尔得尔马斯登，往返不过半日，闻其园景甚佳也。

廿八日。立秋。雨，凉。是日为万寿节，与刘云生率同各委员行礼，马格里亦屈一膝为礼。俄、土交战，土师获胜于博里卫拉，俄兵伤亡五千馀人，俄国电报亦云然。俄人欲取道色尔非亚，奥国先约俄兵无得出此，彼此议论尚相持也。

廿九日。斯谛文森重论开修铁路事宜，属德在初、凤夔九翻译，与马格理所言不甚符合，以属黎莼斋重翻，六七日无信，致合淝伯相书亦竟忘之。封书时每然。记忆往取，则莼斋、和伯、夔九均已外出，寻求半日，仍检得在初原稿封寄。偶检日记，得去岁二月初七日陈小舫评所占课云：同室操戈，日在昏晦中，朦蔽欺陵，不能自申，尤不利上书言事。伴侣僮仆，皆宜慎防。当时不甚介意也，至今见之，始服其神。然则彼负义者亦命数然耶？为之怃然，不能自已。

七月

七月初一日甲寅。为西历八月初九日。拜发补兵部侍郎谢恩折，并陈论纂辑《通商则例》及设新嘉坡领事及派员赴瑞典国整理刑禁会各折片。便致总署，及周筱棠、方右民、吴蕙吟、董新甫，及合淝伯相、翁叔平、潘伯寅、沈幼丹、刘岘庄、刘芝田、胡玉玑、唐景星，及家信第八号，及意城、文思、蟠西各信。金登干约赴维多里亚巴尔克洋枪局，而遣博琅陪行。局名伦敦思摩尔阿尔密斯铿白尼思摩尔，译言小也；阿尔密斯，译言军器。尚书巴尔勒得，帮办班得。费尔得及巴尔勒得之弟陪游。其枪杆皆由珥百里吔铸成，是以此局但有机器，不开炉。其膛径用倒键，膛内机（篁）〔簧〕及枪身、钢托、钢环、钢束，大小十馀事，一以机器为之。内、外膛径及环、托皆炼钢炼钢亦开小炉，用压力机器一压而成，而后施刮磨，经三四机器乃始光洁。枪身先车外壳数段，立木为架，植枪其中，上下有牡键之，中施圆围，倾松脂围内令胶固，而后入机器车其内膛，历数机器，光洁如式，乃车为螺丝纹。小如膛径、（法）〔发〕条，及枪身所用小牡及螺丝转，皆用机器次第刮成之。枪身木壳及下曲木兜，皆治以机器。一枪之成，凡用机器二十馀。机器轮大小二座，大者五百马力，小者二百马力。其所用车轮小机器，亦皆自制。工匠身价为最昂云能制造机器为上工，一礼拜工价二磅；此外皆下工也。车膛及环围合笋处，皆有成式，嵌合不动。于机器旁别设一机器，纳入成式中，用相钳制，机器环转，不能逾成式之外。是以膛径机簧，万杆一例，无毫厘出入。其国家所制枪，由兵部派员一人，携带工役十馀，陈列机器成式，枪身大小、钢质，皆先以成式合之。即所用螺丝转，稍有抵牾，即饬更造。每试一器，辄钤一印，及枪成，钤印兜柄而始定。其出火机挑，以力重七磅为率，以机器试之，刻轻重分杪其端。力轻则出火太易，力重又虞爆裂。膛径、机簧、钢胎亦然：以锯试之而校其刚柔，以使适宜。其枪标以测远近高下，亦以机器试之，微（其）〔有〕偏削，皆斥去之；机器尤精，云其平不失微忽也。又派员一人演放初成枪杆。演放一次，用药五磅者，加七磅试之，而纳置柜中以防炸裂。既成，又试之，亦纳置柜中而后取去。连试十馀次，乃始收用。每一礼拜铸枪三百五十杆，多或五百杆。兵部节节试之，无稍容隐。班德云：日前兵部忽提出十杆，至恩费尔得官局亦取十杆校之，尽二十杆并木兜、膛径拆散而交和之，随收并成枪，无一不合笋者。此所以为精也。枪名亨利马梯尼。亨利、马梯尼，二人名。亨利始为枪膛螺旋纹，即所谓来福枪也。后膛倒键则马梯尼为之。二人皆现在，每制一枪给与八先令。英人步兵用之，马兵则用斯来得枪施铜帽者。英国初用恩费尔斯枪恩费尔斯，造枪地名，闻德国制造后膛枪，亦未知其利也。已而德国与奥国战而奥军败，其故由后膛枪施（法）〔放〕便利。西洋诸国皆大恐，尽仿为之，而英国新制枪数十万杆，乃下令能出新法改为后膛枪者，赏银二万磅。于是各以所思得新法献之兵部。兵部校其法，斯来得为最善。其法盖截去枪兜，别造膛径火门，所费不过一磅，而施放合宜。于是英国所造后膛枪皆依其式，名斯来得枪。相距仅及十馀年，亨利继创为螺旋纹，马梯尼始改为今式。其枪口用六方者，则威多尔斯所创也。威多尔斯与阿密斯敦齐名，而罗布尔在兵部力护阿密斯登，遂为乌里叱总管。已而所铸大炮不良，因求退，自设炮局纽开斯。至今英国言枪炮者，以威多尔斯为最著云。

初二日。马格里告言：商会密格称，上海商人近寓书商会怡和洋行瞻生主笔，请公呈外部，无允烟台条约。并云英国商人闻中国急开宜昌各口，无不愕然者。中国之无人久矣，至为洋商愚弄至此。并闻西班牙在台湾需索赔款，已允给寝事。鄙心实用怃然。吴江相国但极其心思以玩弄区区之一身，而贻误国家至此，吾且奈之何哉。接李璧城信，且求我为言之何小宋、丁禹生，真是各有闲愁数不清也。晚接刘岘庄一信。俄国卜立盘拉斯格专驻喀什噶尔探询军情，言大军收复土鲁番，喀什噶尔大震，喀拉沙回民逃窜，剩一空城，官兵日久尚未至也。十馀年前达尔甫西节度印度，以存留北印度小国为藩卫，戒无侵扰。后人皆谨守之。昨日下议院格得兰得得甫询鼾木尔登沙乃斯伯里之帮办，以闻印度出师贵达，极西北克尔拉得国之属地也，西界阿富汗，将毋违变达尔甫西之遗意？鼾木尔登未答，想别有说也。又议食藷薯小虫条例，虫名科罗拿多毕特尔①。科罗拿多，美国之一部也，虫始见于此，因以为名。毕特尔，犹言硬壳虫也。形似蜣螂，短足而微小，色黄，背有黑直纹十，遗卵化生至速，专为害藷薯。议院定制：栗温浦凡遇美国运到棉花包捆，一见此虫遗卵，即并包捆烧化，国家为偿其直。民间田亩见此虫，左右尽一亩之地皆沃以磺强水，并藷薯烧之，国家亦偿其直。有畜养此虫者科罪。各馆多削木为此虫式，令民人见者即烧除之。西洋防灾，不惮烦劳如此。

初三日。简多马约赴达克斯登塞尔里布来申②会。达克斯登（生）于一千四百七十七年始以活字板印刷书籍，历今四百年，国人创为此会。塞尔里布来申，犹言相与表章光显之也。活字板创自日耳曼人古登伯尔克，英国用其法印书，则自达尔斯登始也。

---

①科罗拿多毕特尔，Colorado beetlee（科罗拉多甲虫）的音译。

②达克斯登塞尔里布来申，Caxton Celebration（卡克斯顿纪念会）的音译。

其会汇集印刷书籍种种机器，及以前所用诸法，及各国印书之法，又汇集三数百年书籍及古今所刻刷人物山水诸图书，及以前印书之著名者。斯博得斯武得亦列置古书一柜，约数十百种。询知斯博得斯武得世为其国家印工，至斯博得斯武得乃以学问著。闻其最著名者，一为舍色斯毕尔①，为英国二百年前善谱出者，与希腊诗人何满得②齐名。何满得所著诗二种，一曰谛雅得③，一曰阿锡得④。其时有买田契一纸，舍色斯毕尔签名其上，亦装饰悬挂之。其所谱出一帙，以赶此会刻印五百本。一名毕尔庚⑤，亦二百年前人，与舍色斯毕尔同时。英国讲求实学自毕尔庚始。其所列机器，有用煤气，有用风力，有用水力，出奇无穷。其机器有刷书，有叠纸，有制造字模，有排字，亦出奇无穷。其用电气排字者曰克罗斯，用机器排字者曰莫尔拉，曰戛斯登稗音，曰哈得尔百里，曰阿里琐茀，曰色尼非尔曼，各出新意为之。亦有绘图兼刻石者，皆奇。

光绪三年七月初四日丁巳。礼拜。先日得上海第三十号包封，五月十三日由英国希地伦公司船递到。接总署及成竹坪、夏伯英、潘伯寅、魏赓臣各信，及第六号家信。其四号四月十三、五号四月廿五两信，至今未收到。合淝伯相咨天津道议禁洋药事宜，而无信。接李丹崖德国百林都城信，当以一信复之。

初五日。偕莼斋、在初及马格里观纽该脱监牢，盖隶之梅尔者。创建三百馀年，制度不甚宏敞，系囚百五十人，女囚五十人。房楼四层。其下一层有浴堂，囚始至就浴，即居下一层，遣医视

---

①舍色斯毕尔，Shakespeare（莎士比亚）的音译。

②何满得，Homer（荷马）的音译。

③谛雅得，lliad（伊利亚特）的音译。

④阿锡得，Odyssey（奥德赛）的音译。

⑤毕尔庚，Bacon（倍根）的音译。

之，有无恶疾，以凭异居，一宿乃转入上房。女囚别为一院。囚房前有屋数间，间设两椅。初至有所辨诉，准招讼师至，相对筹商，外人不能闻也。女囚亦然。旁设栅栏二重，亲友来视者立外重，狱吏处中监视之。外设礼拜堂一，饭后散步院二，分别上下两等人。罪重者缢之，轻者扑之，皆别为一屋。扑有木橱，关其手足；缢有皮围，键手于腰而锢其足。凡缢者敛而埋之一院中。问每岁录重囚几何，曰：不过一二人。拘禁一年以上者，录送（芹）〔芹〕敦威拉监牢，或锢禁，或分遣各海口充工，犹中国之发遣也。梅尔所管狱凡二，一纽开脱，一呵罗威。近议院以梅尔所管狱科罪轻重不能划一，议归并国家遣官经理，云以明年西历二月为期。伦敦梅尔所属阿尔门二十六人，有理事厅二，梅尔、阿尔门日常就之听断。其下所属科门刊色尔曼[1]二百二十人，专理衙道，分别管辖。巡捕督办斯密斯出册求题，为书：此系囚处隶之梅尔，创造已三百馀年，规制严谨，系囚无多。观其用心曲折，一主于劝戒，而若有甚不忍者，使人油然生其仁爱之心，亦足以见留贻之远且厚矣。便过森波尔教堂，其礼拜堂楼高六百二十级，伦敦第一高处也。

初六日。印度茶商白来罗函称：布利谛斯苏士尔申[2]今秋会于布利模斯，欲乞中国绿茶上品，陈列此会中。询知布利谛斯，英国旧名也；苏士尔申，译言会也，通英国言之，各种学艺及经纪，陈列品第，以资讨论，择贸易繁处，岁一为会。即此亦见英国学艺经纪之盛。布利模斯在伦敦东南，距苏士阿母敦不远。密格、日意格次第过谈。日意格言：法国律书曰《哥得拿破仑》；其学馆

①科门刊色尔曼，common councilmen（市公务局理事）的音译。
②布利谛斯苏士尔申，British Association（英国协会）的音译。

专习国家律法曰珥戈尔珥宽罗密波罗谛克。湘甫言：刘云生编造日记，十日一寄沈经相、毛煦初尚书。平时所以媒孽者，曲尽平生之技，吾坦然置之，不为（妨）〔防〕也，闻此乃怦然有动于心，以同行两月有馀，并未闻有日记，徒以蓄意倾轧，于此中巧加诬蔑，而借之以献殷勤。初但知其乖戾之气不可近，绝不意其险毒至于如此。王夔石谓我不知人，吾何辞哉。然如云生之负义，亦不能不使人心伤矣。

初七日。偕德在初、马格里步至郎哈恩之合泰拉公馆，就日意格谈。语及派赴水兵师学习三人，分隶三船：一曰密洛多，一曰布来卜林登，一曰德芬斯，仍各授以色尔伦登南得①，其职视中国之守备。英国以八月十四日为今年散会堂之期，当中历七月六日，今日得其谕文，属在初译出，略见此间君臣交相慰劳之意。

初八日。接李丹崖信。为具函德国公使闵斯达，托其为丹崖寓书德国外部，以俟谒见。金登干、屠迈伦过谈。上海商会公函由密格交到，令在初、夔九翻译，语多不能尽意，因属莼斋与屠迈伦重润色之。接外部信，学习水师三员：刘步蟾应归密讷欧道尔船，林泰增应归布拉克卜林斯船，蒋超英应归狄芬斯船，并于二十日在德温包尔达上船。与日意格所述微有（差参）〔参差〕，由翻译语音之有变异也。

初九日。兵部洼得生知照，十点钟由维多里亚轮船行，往观甲敦炮台。约行百四十里，至罗吉斯得，亦英京东南一部也。有耶稣堂，相传已八百年。古城临美得威江，过江为甲敦。又南为白罗莫敦，即旧所设炮台处也。炮台皆旧式，其地亦非冲要，今

①色尔伦登南得，Second Lieutenant（海军少尉）的音译。

为教练兵丁之所。驻军四千，其为英诚里亚[①]一千六百人。英诚里亚者，充工役之兵，在炮兵上；百工之事皆精习之，如掘濠、开地道、造浮桥，大而造建一城，或厂屋，或攻城机器，或开修铁道，咤嗟立办，百物具备。其地统兵者名珥斯敦，掌管学堂者名斯多克斯。学堂教习兵法及交战、制造所需，及照相以察山川形势。五里治制造军器，亦有学堂，岁选学艺精者充甲敦学堂上舍生，大率皆兵官也，凡四五十人，亦择将弁精练各事十二人，分堂教之。有会讲堂一，可容二百馀人。书厨一，分间藏各国图，最下为中国及东洋图。随取数幅观之，有《京城全图》，有《京城以南图》，有《由京城北达山海关图》，皆有经纬线，图画颇极工细，凡数十百幅。斯多克斯约先赴教场，观所练兵令建造房屋。营副总管克白登马治陪同坐车，而自骑马为前导。至教场，遥见红衣兵五队，队凡数百人为方阵，植立不动。已而闻螺鸣数声，五队分驰而下，总兵珥斯登与各兵官骑马居中队前，军乐数百人居中队后，铙铎并作，驰行数百武。又鸣螺数声，军乐各散分五队后。又鸣螺，每队分为二，折而东趋。居东者徐行，以次及居西者，疾折而环转，整队齐进至小辕门，军乐趋居前队，皆散分，四人为一列，入辕门，乃分归各营。又至炮台对垒处，盖筑炮台为濠以拒敌，其敌亦掘濠开地道以毁炮台，枪炮互施。攻者蓄意夺隘，守者尽力堵濠。濠宽二丈许，深八九尺，其下为沟，深又数尺；每距丈许，垒土铺树枝，又垒土，凡四五层，以防炸弹入濠中，仅伤及一段，不虞旁及。每岁秋练习月馀，攻守之具皆备，一若临敌然。左旁为大厂二，以备大雨时操习，其中亦各设攻守之具，而形式绝小，存其意而已。又至炮城外濠，观操棉花火药。

①英诚里亚，engineer（工兵）的音译。

树木为栅，宽厚五六寸，近护两旁若门楣，厚逾一尺。用棉花火药九磅，倚门置之木板端，引电气施放，轰然一声，所树木皆掀起，折成二三段。濠中安铁路一段，用棉花火药轰之，铁路冲起数丈，宽凡三寸许，中为沟，厚约五分，两旁护铁约寸五六分，折断约八九寸。云九磅之力抵常药五十磅。斯多克斯邀至办事厅一饭。随坐小汽轮船至乌得防姆，相距约十六里，英诚里亚兵于此习造浮桥，亦每岁秋练习一月。旧式皆用圆铁筒长丈许，中空，浮水上，用铁链系其两端，而上施木板，可以列队渡江。其后造小木方船，铺板其上，尤较平稳。船旁安两轮，亦可附汽轮车载运军装。其后又制小皮船，中铺篾席，两端安板可坐。船设小桨二，重约三十馀磅，一人之力可以负两皮船。收合置之车上，尤易运载。可以造浮桥，亦可四五人坐一舟飞渡。凡三式俱备。其兵官亦着皮靴，终日驰行水中。西洋兵法一务实用，无以虚文演习者，所以政教修明，而人才因以日出也。同行者马格里、博浪。皆为勉强周旋刘君之计，而终日受其陵铄，竟莫测其用心也。

初十日。张听帆见示张鲁生信，总署为刻日记一本，至被湖北翰林何金寿参劾，请毁收其板。云其立言极凶恶，而不一言其详。中国二千年虚骄之习，养成此种人才，无足异者。而闻旨意发交总理衙门，则不解枢府诸公系属何意。将自请处耶？抑将为我请处耶？直是极意奖藉一二无知者，以招徕其议论。何金寿得此，超迁有日矣。能无慨叹！接招商局承办递送文报五月二十日第三十一号包封，内冯竹儒、刘芝田二信，及直隶总督咨文一角。

十一日。礼拜。密斯盘自拉斯噶回，开示所应游历各厂局，坐谈竟日，并商酌同游诸君。姚彦嘉为言已前定议，大约黎莼斋、张听帆、风夔九四人，李湘甫、德在初留公馆照料。

十二日。复合淝伯相咨，驳斥天津道刘秉琳原详，并扎上海道议定递送文报局章程，兼咨总署及南北洋。便寄总署及吴江相国、刘岘庄、冯竹儒、曾劼刚、刘芝田，及家信第九号。是日为慈禧皇太后寿辰，率参赞以下行礼。

十三日。接李丹崖信，知外部已派一官名和尔本迎候，并带见其外部代办及海部尚书，以德京自其国主以下皆避暑外出，惟其海部先回白灵也。而两次寄信，固索德使敏斯达一信为之先容，徒取烦累而已。日意格由波斯慕斯开送赴格林里治官学生九人名衔。

十四日。禧在明、罗禅、赫得来见。赫得送吸水机器图，其力可及三里，用皮条十之一，而用铁管运送十之九，每一点钟引水九千格伦十格伦为一磅，可以烧煤，亦可烧稻草。罗禅开设机器厂林根地方，所制机器，开矿、打谷二种，送图三本，其总图尤精。并约一至其机器厂。又容春圃自美国之哈富递到一函，由美人那忒立送交，盖奉铿勒谛喀得美国之东一部名总领命，历游英、法、德、意诸国，求种植之方者。因问：美国树植最盛，尚待赴各国考求乎？答曰：美国树植之盛，由地旷人稀，天地自然生成之力。数十年后，地产尽矣，必有匮用之一日，急应先事谋之。种植之法有三利：一、备造船制器之用；一、公地不能开垦，无不可以种植；一、树木茂盛，收纳水气，可以引雨，种植繁者无忧旱。因问何国种植为最，曰：二百十五年〔前〕，英人有名廛珥费林者，著书言种植之利绝精，英国争效之。今宰相（毕士根由）〔毕根士由〕之父曰德塞拿尔力，著书言英国兵船之盛，其功当归之廛珥费林，以讲求种植之法自廛尔费林始也。英世爵有阿沙拉者，住苏格兰之北，手种树二十七万（兆〔株〕。其家三世讲求种树，合计凡六十兆。所种皆拿尔吡[1]，法国及意大里之交有高山并产此，盖松别种也，瑞士亦有之。阿沙拉专种此种松，云有三利：一、易长；一、坚结，即置之潮湿地亦不（莓）〔霉〕烂；一、随地可以种植，不问土之硗瘠，可以栽插小本，亦可种子。美国西部近年亦种之，三年长高一丈，十八年而成树，可以裁用。西洋讲求种树之法，遍历各国以求之，其勤如此。又威勒生来约，由苏格兰回伦敦，绕道至石非尔得，其地有陈列机器会，主会者名马斯得克得，当相邀一赴会。是日颇为人客周旋竟日，以致疲倦。

十五日。为西历八月廿三日。金登干本为占斯约赴百珥名登，因避刘云生之暴戾，一以让之，改就阿得里及赫尔里斯转致希斯之约，改赴斯多克。由西斯敦乘坐汽轮车，偕莼斋、彦嘉、听帆、夔九及马格理同行。凡历柏金哈恩、白尔喀舍、阿斯茀、洼尔里克、斯达法尔得五部百珥名登隶洼尔里克部，斯多克隶斯达法尔得部。阿得里初约窝尔里克之洛喀比地方枉候，汽轮车至此少停，因相与下车小步。得阿得里电报，约再北至丹摩尔斯上车。旋过立叱非尔，其地亦有大教（师）〔士〕，所谓栗叱非尔毕灼也，开会堂时曾一见之。计行四百八十里至斯多克。希斯迎于车次，询知距所住宅尚三十六里。延至糯司四达福尔得何得尔，何得尔者即客馆，设席相款。语及一百馀年前有老妇名谛摩舍布登，颇具神机，称此后机智日出，有疑仙人出世者，人可上天，铁可浮水，舟无帆而可围行地球一周，车无马而可穿山透地。又云：英、俄两国有大战，俄、土两国又有大战，老鹰儿要在狮子口边开窝。其时电报、汽机、汽球之属尚无端倪，英、俄亦相与交好，至七八十年后，一一与其言符合。而英、俄交战，数年乃定。今俄、土交战之言

[1]拿尔吡，larch（落叶松）的音译。

又验矣。俄人所尚者老鹰，英人所尚狮子也。俄人若据有土耳其，横塞地中海，直如狮子口边开窝矣。又云：一千八百八十年，一例消归乌有。则未知其言之果云何也。斯多克出伦敦北四百馀里，而寒暖迥异，是日已见霜矣。是夕亥初，月食既，晚睡不能合眼，念及刘云生始终相待情形，不能不心伤，无可相诉处也。

十六日。早致李湘甫信。希斯、阿得里陪游各矿厂。初至格尔林治铁矿。其地为世爵喀难非尔田土，希斯租以治矿。稍具冈岭起伏之势，而实平地也。开地若井，下深四十丈视矿产厚薄，深者可及数百丈。此矿甫开六年，始及四十丈，织铁为绳，系木架上，下容二车，用机器转而上下。又设一吸水机器，以引取矿中之水。凡设机器皆有屋，距矿井甚远，所见吸水机器二座，大率一矿井必有一吸（井）〔水〕机器也。询知所租地得十二见方英里中国三里当英国一里，十二见方英里，合中国之地得横十二里，纵九里，计所出铁纳租，约计十四年铁产将尽，始议所定租价为买地之费。问所租地横十二里、宽九里，能不旁溢乎？曰：上下皆有界限，不能逾越邻田，亦以时遣人入矿丈量。问初开田耕种，何以辨知其为铁矿？曰：以四至之地准合之，如东西数里外有铁产，视其矿地高下，而审度其矿产层数，或平出，或斜出，两相准合，其中矿产皆可推而知也。又云：斯达法尔得地形如锅，四围地皆高出，而矿产所出皆旁高，蜿蜒下折而中趋，故以为斯达法尔得为矿产所聚。凡分南北两部，北部七区，南部较广，得十馀区，人谓之黑地，以矿产所聚，日夜烟气熏蒸致然也。问观山势土色，可以知矿产乎？曰：此不易言，须是外出浮见，而视其脉理所趋，以知矿产远近厚薄，依类推求。所悟在虚处，而所征验却只在实处，不能凭空推测也。所取矿土皆黑光而半带黄色，云可出铁四成。治窑取土烧之，令硫磺气自行飞去。凡铁矿中多杂硫磺，硫磺多则铁质愈（上）〔下〕，亦脆而易折，故须先用火力逼出硫磺气，土铁相为和杂如炭，而铁质始净。次至福达格尔林，则冶铁厂也。其地为阿尔里田土，出煤，希斯租以冶铁治砖。为冶铁炉五座，高六丈，围三丈，外施铁为围，其上结砖为顶，旁开火门四，悬铁板障之，日夜烧煤八十吨，冶铁四十吨。倚炉为砖屋，左右皆空，各施木架一具，亦用机器转而上下。矿厂所烧土铁转运至此，并车置木架中，转至上层近炉处，铺铁板为道，推至所悬铁板前，倾入炉中，车为铁板所格，无虞火气冲出。凡倾煤一层，倾石灰石一层，然后倾土铁一层，煤与土铁分量相准，石灰石得三分之一。每土铁八十吨，冶之得四十吨。云石灰石所以分土铁，使不得和杂，无此，铁质亦不能净也。前设气筒，贯入五炉中，盖火力得风乃猛，压气贯入炉中，以助火力。炉旁设压力机器二座，压水气贯入气筒以达炉中，又于气筒下治砖为屋收火气。各炉结顶其上，火气不能上腾，砖屋旁有吸气筒，吸炉中火气蓄而伏之，令其气冲入气筒，以虑气筒所收凉气，助火力稍弱，倒吸火力以助之，而其气始烈，皆由其心思悟得者也。其下有门以出铁，每日夜出铁二次，乃成生铁条，运入一炉中，与火炉相连，旁设机（气）〔器〕，逼火入炉，则生铁消化如水，持铁杵搅之，久而渐浓，遂成熟铁。入重机器捶之成圆饼，又锻冶成块，入压力机器压成铁片，俟其冷，入截铁机器截成长方板。又连十馀板入炉锻之，再入压力机器，或为圆条如柱，或方长条，或为巨板，或为小圆条。圆条、长片则截去两端，巨板则四周皆截令平。小（平）〔秤〕一座，可量至数万斤。询之希斯：冶铁何以不就铁矿？曰：铁与煤分量适均，其运力同也。然生铁须再入炉乃成熟铁，又经数次炼冶，或成长铁条，或铁板，或铁片，每铁一吨，用煤加至数倍，是以炼铁必就煤矿，不就铁矿，为所取用者便也。次至毕达尔茀，就其办事处午饭。

再至戈尔登铁厂，观冶铁炉出铁之法：划灰为横沟八九道，外旁为大直沟以通之，每横沟一道，连开小直沟十馀道，长约二尺许，地势皆后高而前下，距冶铁炉约丈许。通炉前出铁火门为巨沟，倒倾而下，其上为巨桥，旁施铁阑，以出煤土。开火门，则煤土与铁奔涌而出，煤土涌出铁桥，而铁自成水，直注下沟，红光一道，奔注大直沟中，穿入最下横沟。须臾，各小直沟皆满，则推土堙塞其横沟，并堙前直沟，使贯入第二重横沟中。顷之，各横直沟皆满，而铁尽矣。盖每为沟，以二十吨为准计铁三万六千斤，仍封闭出铁火门。希斯云：铁厂规模略同，而出铁有时，所以毕达弗尔一饭乃来此者，专为一看出铁情形也。其煤铁厂皆有书室，有图以记所开矿情形并其功程。其福达格尔林厂悬挂一图，取以相赠，则所记开矿深至四百丈，凡得六十一层，出铁者八层，出铜及杂石亦数层，馀皆煤也。深者三四尺，浅者尺馀，云其下层数尚未尽，惟不能辨知其多少耳。其所开矿工程，各为一图，以五色笔记之，每年开深若干尺，纵横若干尺，出煤铁若干，详注其旁。凡开四厂：铁矿一厂，煤矿、炼铁三厂。然煤中亦常出铁，铁中亦有煤，而铁矿馀地治砖，及引水管数十窑，皆以供四厂造炉盖屋之用。而取矿中所出土治甬道数百丈，高出地丈馀，以行车马。二矿租之人；二矿自置之土。其以自置之土充矿者，得英地二千亩每亩合中国六亩。四厂役工五千人。附近数十村庄皆所役工。为专置一学馆，学生常二百馀人，并工役家子弟也。其矿地约值一千六百馀万磅，机器房屋不在此内。其初在煤矿充工，出身甚微，以精能致富，惟能辨知矿产而已。因至其家晚饭，屋宇华美宏敞，亦所罕见。引入盥濯处，连房曲折十馀，皆设盆盂盈案，架张巾，柜置溺盂，以供客便旋。其园林之盛，围十馀里，编树为墙，墙通数门，曲折引人入胜。树木丛密，途径湾环，名为中国园景，西洋无此景也。垒枯木若太湖石，倚山盘旋参错。古树林中忽见怪石罗列，中开一池，朱栏环其一面，引水通桥，前为屋数楹，仿中国式为之，而加藻绘。屋后为深洞，转出洞，崖石障天，流水淙淙出石壁下，尤为园景之最深幽者。因前夕失眠，困倦不可名状。夜归与莼斋谈及云生叛背之由，必有事端，莼斋故与款曲，谅能知之。莼斋言，常闻其怨怼之词，而不闻其征引事实。所据为罪状者，谓得上海文报，私行开拆，并不一通知公同拆阅。其狂谬无知如此。稍一动气，又至竟夕不能成寐。

十七日。早属马格里通报拉思葛、达林、百里等处，语以病状，而谋折回伦敦，惟彦嘉以为然，莼斋固强使前进，吾不敢从也。希斯、阿（尔）〔得〕里又陪游名登磁窑。窑主二人，一名堪柏尔，一名名登。陈列磁器，五色缤纷，而一瓶之值，动辄百馀金，竟不敢问价。旋引至提模、车磨、藻绘诸处，凡莅数十所，与中国制造磁器大略相同。洋人亦谓磁器原本中国，竟不能求胜也。其较便者用机器。造磁砖，用磺强水为一色花式印模印出花样，贴之盘盂上。稍顷，用水洗之，纸去而花独存，盖用磺强水加印也，及用化学设色。初为一色，经火而五色备具，再经火而益鲜明，所用皆化学也。提模率用男妇二人，提出则妇人接之，安置巨板。藻绘则男妇杂为之，而妇人藻绘者连屋六七所，大率皆加色者也，一以人力为之，如中国烧窑。窑座皆在屋中，四周为大门，引火气入窑内，巨细磁具皆盛以泥桶，平置窑中，而当火门为火道，宽约寸许，以引火气。砖式形模数百种，以一〔以〕机器为之。亦略见此间华靡之风矣。役工千八百人，而专治大小磁砖者又五百人。希斯住宅所用砖。并由名登厂制造。因语及希斯住宅，毕得门所建也，以嚣之希斯。其子毕得曼，在希斯处同饭。园景皆所布置。别为一屋藏所得砖石，而附会耶苏六日造成天地之说，微分六段，安置壁上，以土石所化久远准合之。云第一日当得此石，以下诸日当得何石，亦可谓好奇矣。其夫人尤精雕刻，一小屋四壁装木，雕刻巧妙，并毕得曼夫人手迹也。是日雨，回伦敦。接文报局五月廿七日第三十二号包封，由英嘉第公司船递至，内丁雨生、黄泳清及志城五月初十日第五号家信。

十八日。礼拜。令凤夔九作书，寄谢拉思噶梅尔贝音，并以小影寄之，以此次出游各处，梅尔皆有准备，而拉思噶梅尔贝音以书来约，并开示游历各机厂，前后电报亦五六次，甚觉无以对之。两日本太劳剧，至精神散漫不能支。亦由周发以小机智玩弄主人，其心不可问，濒行动气太过。旅中闻刘云生至白珥名登，瞻斯供张甚盛。念及云生相处，骄气横肆，全无人理，展转思之，遂至失眠。云生与周发之罪，并与谋害人命同科矣。

十九日。得卫得洼尔得具柬来约石非尔得公会，其帮办威勒生早为通其意。会名马斯尔得喀得拉尔里①。喀得拉尔里，制造钢刀等类兵器之名。马斯尔得，犹言首领也。自苏格兰回，宜经其地，今不复能往矣。属马格里以一书谢之。晚就莼斋、湘甫、在初一谈。

二十日。李丹崖自德国回，并致克洛布炮局之意，属此两礼拜内一往游览。简多马偕凯里来，致送《摩西五经指南》六帙，询知为解释《旧约》书之旨。

廿一日。接任芝田天津信；马眉（生）〔叔〕巴黎信，并荐墨西哥统领洼尔戛来见。询知墨西〔哥〕地长六千里，横一千五百里，人丁九十万，旧为西班牙属地；西班牙人六十万，隶土著者三十万。海滨沃土未开垦者甚多，拟募中国人开垦耕作，由其国

①马斯尔得喀得拉尔里，Master Cutlery 的音译。

家先备三千人一年食用并船费，令其择地开耕，以次推广，尚可招集数十万人。其数十万人经费则须另立一会，集富民为之。询其事则尚未议行也。因属令先将现在办理情形开示，已费半日酬应之工。其翻译侯拉尔里，英人也。

廿二日。收到总署拨款银六万两，咨复总署，兼致一信。并致毛煦初、丁禹生，及家信第十号及志城各信。夜与湘甫、彦嘉、在初谈，以云生赋性乖异，而吾不幸与之为缘，愧无知人之明，为所陵藉，即亦无辞。而必于七万里外附会京师议论，以相攻击，而其周旋洋人，酒食征逐，实甚于我，一意逞其鸮张之性以相陵蔑而已，念之令人寒心。

廿三日，接上海三十三号包封，六月初四日发，内惟何念乔名文杞一信，不知其何人也，而自陈请调用，并为之改名，可谓无因至前矣。《代模斯》新报言：印度北喀什密尔报：雅古刊为哈吉目刊都拉刺死；前占踞叶尔羌之博苏尔克堪，为雅古刊所并。哈吉目刊都拉，盖博酋之子也。又由金登干递到广东鲍税司带到方柳桥、金眉生二信。

廿四日。为西历九月初一日。姚彦嘉以李湘甫生日，会同黎莼斋、张听帆、德在初、凤夔九，约至罗威尔阿魁尔里亚姆水族院夜游，邀同一行。又见异族一二种。一环出五指如佛手柑，色黄亦类柑，亦有灰纹色者。其下一面五指皆有边，中出短须，色白，微似葱头须。洋人名之星鱼，以其形圆，横出五指亦圆式，如星之光芒四出也。一背如鳖甲而软，分两橛，上圆而下微椭，旁有齿，若龟甲背中有两眼，盖即以所负之背为首也。上甲含十二足，前二足甚短，其下十足皆长五六寸，形如虾足。下甲甚厚，含叶八九层。仰行水中，十足齐动，下八叶亦翻动如扇。听帆云：宁波有之，土人呼之厚鱼。外池蓄一龟，大逾八尺，四足张如扇。

又一池蓄鳄鱼四，头如鼍，身如蝘蜓，长约四五尺。上下数层，并装皮毛为鸟兽形，抟土为鱼，各数百种，奇形诡状，一一如生，并用玻璃柜、匣装饰之。又有巨猴二，大者高六尺，云出阿非利加，其生年才三岁半。院中杂陈百戏及乐歌，白羊二、白犬二、猴四。羊、犬皆能跳圈缘梯。又为圆轮令羊立其上，轮转而羊亦随之以转。又为高柱，上安一盘，羊连合四足立盘中，周环围转。又令猴分骑羊、犬列队以驰。已而二人挟二童子翻筋斗，神妙变化，不可端倪。两足立肩上，悬空一筋斗则立其头上；又悬空一筋斗，一人曲腰，立其腰上。或三人矗立，或三人骈立，或头与头相连，上下倒立。又三数人各骑独轮，纵横驰突。已而列灯数百，罗列台上，一人骑独轮车纵横灯火之中；已而收灯，挟三刀飞舞若流星，而独轮车骑行不辍；已而释刀，持三火炬飞舞如前；已而一人跃而上，一人跃而下，而独轮车骑行亦不辍；又或两人合骑，左右各踏一轮而驰，穷极变化。最后一妇人出，驰行空中，盖有铁丝在空中，亦绳技之类也。中悬一竹板，左右系绳悬屋顶，屋高六丈许，坐立竹板上飞动流转。或悬一足；或曲一肘；或仰卧竹板，手足皆下垂，左右摆荡丈许不稍停；或坐竹板，两手抱肩，随之摆荡。已而直缘至屋顶，解下其绳，在屋顶斗栱中悬足翻筋斗，真绝技也。已而倒跌而下，凡六丈，坠入布兜中，一跃而起。屋檐旁悬巨炮一尊，又踏铁丝入炮中，已而火药轰发，声如巨霆，此妇人者又冲入布兜中，一跃而起。盖炮中有（法）〔发〕条，先解法条冲妇人出，火药乃随发也。真令人惊心动魄矣。询知此妇名瑞萨尔，其最精于幻戏者名马士格林，二人并有盛名。

廿五日。礼拜。马格里告言：先数日有嘎非尔者，由英浮海至法国，海峡宽六十里。去岁曾与喀布登威伯斗胜，喀布登者，译言船主也。威伯一浮而过，嘎非尔仅及半途而力已绝。凡浮海皆有一船随行，力绝则船人曳出之，饮食亦置船中，半途给食。今岁乃浮过也。英人专意求胜乃如此。因又言：美人威斯登善走，与人斗胜，辄连一月半月无能及者。近与爱尔兰人窝里烈赌胜行三千里，约每一点钟行三里，计日行七十二里。每点钟行三里毕，可以少息，不准多行，亦不准前后挪移，约四十二日乃满三千里之数。其法开场丈量，中设一屋，约周几转乃得一里之数。两人相并行满三里，乃至屋一息，饮食偃息皆以三里之馀隙为之，昼夜不辍。两边各置彩，国人亦多置彩相助者。昼夜派人轮守，必尽四十二昼夜之力乃获彩，其不及者皆为负也。其置彩亦有公私之分，公者为胜者助喜，私者则两边亲友互相鼓励，胜以助之，不胜仍各取还，以两人皆尽四十二昼夜之力则两胜也。国人踊跃争胜，无所顾惜，竟成风俗矣。令岁窝里烈与威斯登赌行三千里，威斯登负屈。凡此小戏，亦奇闻也。

廿六日。李丹崖、日意格由波斯莫斯来见，始知接办海部为施密斯。在此漫无考究，可知其衰颓矣。《代模斯》新报据印度喀什克达电报：雅古刊为哈吉目刊都拉所杀，并杀其长子；其诸子犹在喀什噶尔，而哈吉目刊都拉已自称阿密尔，互相屠灭。内乱已成，中国收复之期有望矣。因饬在初急请金登干发一电报，令赫德开送总署。金登干尚未知此信，急诣印度部询之，始知喀拉克达电报为确信也。

廿七日。格兰斯敦寓书希腊马克洛戈尔达底斯，劝其与俄罗斯会兵攻土耳其，以倾覆回人，绝其教之行于欧罗巴者。其语甚秘，而已传播于外。于是英人皆不直格兰斯敦，而尤不乐闻希腊之助俄也。希腊主为英国二太子妻兄。(雅典)〔希腊〕都城曰阿森斯[①]。二太子往见其妻兄，英人闻即发电报，告以无入阿森斯，以引避嫌疑。二太子立刻回马尔他，不敢留也。法国前主剔尔斯物故，其斛伯达民主，又为麦马曼所困。初谓麦马曼与众心违异，国人皆属意(赫)〔剔〕尔斯，至此局势又一变，而麦马曼执所见甚坚，尚未知所究竟。接墨西哥驻扎西班牙公使靠娄那为瓦尔嘎斯招工事，属请与面商；及满吉斯得弗来明为挨及荒地献议招华人开垦云挨及地八兆亩，已开垦者二百五十万亩而已。两信恰同一说，因属马格里各以一信复之。刘云生自爱尔兰回，刘和伯枉见一谈。

廿八日。(井)〔茾〕尔得示所制表数十百种，听帆能辨知之。(井)〔茾〕尔得近为其地保充阿得曼，而为众阿得曼所拒，再保再拒。视其人，貌本不甚扬，而英人意见相持之坚固如此。刘云生相就辨领薪水请示一咨，厉色相向，至一诿过于姚彦嘉。吾谓彦嘉或随便言及之，容有误传。此次请示会衔与否，系奉吾命往询，岂能误传。要之此次会衔与否，原不足校，以非有交涉出使英国事件，则固无关系也，而一委过于人则不可。云生大怒，至叱我不应在此办事。不解其狂悖何以至此。即传黎莼斋、刘和伯、姚彦嘉三人一往质问之。

廿九日。印度马得拉斯人吉谛来见。询其教，曰：维希拉。问何义，曰：是有三：一曰伯(麻拉)〔伯拉麻〕，二曰维希拉，三曰希发。本一教也，而分析为三。伯麻拉，始造物者也；维希拉则保全此物；希发则毁坏此物者也。而各有所宗主。其经曰《米鲁》，相传亦三千年，距维希拉时不远，所言皆条例也，立身、治国及刑罚皆具。其行教者曰伯拿明，最尊。问即波斯火教乎，

---

①阿森斯，Athens(雅典)的音译。

曰：非也。火教原始曰梭洛阿斯得，皆起自佛以前。问印度何以不尊佛教，曰：佛起东印度，维希拉教衍自西印度；印度两教并行，而维希拉源流更远，亦名印度教。问其教异同，曰：不食牛肉、不饮酒同，馀皆异。自英国据有其地，开立学堂，所讲皆实学，印度人始悟其教虚言不足信，是以所立其教之神象三亦皆废，然其风俗至今不改。问风俗何如，曰：人民分党太严，如伯拿明党最尊，次则士，次则兵，其下百工技艺及执贱役奔走，皆各为类。结婚姻、交游，各于其党。非其党，食饮不相通。风俗流传数千年，不能尽改也。英人所禁者二事：一、人死火化，以其妻从有三四妻，以正妻一人从；一、将死置诸海岸，潮至拥下，以为登天，更相庆。英人立法严禁之，馀皆不禁。其法西不得过印度河，南不得出海，违者屏弃之。今惟此一端，人各自弛其禁，而衣服制度一听所便，而惟西洋高冠加其首，则以为忘本。于是二十年来游历西洋者，别立一教，曰伯麻拉苏马尔治，苏马尔治者，译言会也，仍存伯麻拉之名，而更立一会以宽其禁，结婚姻及交游可以从所便。此教竟为自来所未闻。其妻曾再至英国，著书一帙，以叙所历风景之异。其女子皆知学，殆胜于中国也。

八月

八月初一日癸未。为西历九月初七日。密斯盘与尼尔生来见。初约赴拉思葛，至尼尔生家一宿。其煤铁各厂与希斯略同。风炉收火力使蒸为热风，其法创自尼尔生。墨里送画册，欲用汉文译出，以便行之中国，由山川景物下逮机器，并绘为图说以发明其用。盖墨里在汇丰洋行主计，居中国久，欲以通行之中国也。予甚喜其有益制造之用，允为修饰所译汉文。墨里欣然致谢而去。

得上海文报局六月十一日由英国北京公司船发递卅四号包封，内接五月廿八日第七号家信，五月廿九、六月初二志城第六、七号家信，并黄泳清一信。晚又得合淝伯相六月初二日一信，并补咨出洋官学生章程。盖至伦敦八阅月，始一接伯相书也。三月廿六、四月初二两书未接到。

初二日。黎莼斋诸君叙述两日内与刘云生质问之词，狂悖不可名状，一取京师议论附会而铺陈之，构陷媒孽，直谓区区性命操之其手。而日前考问其仆人盛奎，知濒行得一匿名书，亦由其伪造，而不惜诅咒其子以取证。盛奎亦转告云生，云生因是益相诟，谓搜查其短。其语言之悖，有不忍述者，即诸随员亦相与引为公愤。不谓天地间乃有此种妄人。孟子云：于禽兽奚择哉！彦嘉曰：此非但禽兽，直豺狼耳。为之浩叹。

初三日。礼拜。斛洛茀尔思魁尔克洛布会堂参赞克里函邀入会。又接里拿二信：一、思德里治、吉罗福、斛百里约礼拜三公送古巴工人公呈；一、广东教师嘉木斯论禁烟事宜，首与英国约听从禁止，次与约听从加收烟土税，次凡吸烟者不准赴考，凡三条。中叙议院有名基尔非兰者，以贩运烟土诋毁国家，各官呵禁之。而莫伦斯接言：中国能自示禁，当听从禁止，不得阻难。各官始欣然允之。吾谓中国但能示禁，即有阻难何害，独苦不能示禁耳。

初四日。诣金登干谈，并示镇江趸船十五问答。凡商者四人：曰哈尔喀，(一)〔曰〕占模斯，曰赫尔森，曰密斯央。所言皆中款要。使沈彦徵辈能知此义，则早无事矣。外邦人才实盛。中国初次出使西洋，乃得一刘云生为伪使，真妖孽也。受累极多，而丝毫不得其力，徒日闻其怪诞之议论、无因之毁谤而已。搔首长天，能无怆戚！

初五日。威妥玛过谈，言俄、土战事。言土图统领凡三：一、苏利曼巴沙，在巴尔铿山口曰希布喀；一、阿里巴沙，在苏满江；一、倭斯满巴沙，在百勒弗拉。鲁美尼亚国主会俄兵围百勒弗拉甚急，而苏利曼、倭斯满两路之军皆不至，是将帅不和也，终恐不足以御俄人。而鲁美尼亚及色尔维及满得尼克洛三国皆会兵助俄，土必不支矣。然俄兵胜，诸国必有起而相助议和者；土兵胜则和议不成，以俄人无所得利，则必积愤以求一逞，亦耻言和也。大率俄、土情形，当不越此。李丹崖、（何）〔罗〕稷臣枉谈。

初六日。拜发吁请销差奏折，及言事一件。便致总署及吴江相国、合淝伯相二缄，及家信第十一号，及志城及赫乐斌各信。马格里告言：苏格兰都城爱敦百里人曰贝尔，在沙尔推尔地方安设声报，可及六十里之远，鼓弦纵谈，六十里如在左近。特邀侯敦往视。于光报之外又悟出一声报，此间心思之巧，安有穷极也。新报载：印度灾荒，英人议助赈，十馀日间已捐及十三万磅。马格里因言，英人最喜为此等事，如土、俄交战，英人助土捐款至巨，略分两款：一、内里斯得朗茀思得捐养给妇女，亲往料理，其夫故充君士坦丁公使，而英国妇女随往者颇多，意在勇于为善也，一、思达法得会：色喀仑公所居宅曰斯达法得，英人相就议助收养土国受伤兵勇，因名斯达法得会。而巴西告饥，乞捐助于栗温浦。盖英人好善乐捐之名，在欧罗巴为素著名也。

初七日。英国旧充古巴副领事克洛法尔得，偕白尔斯阿廓得、斯得尔治、亨得森、鼾百里、得拿六人呈递古巴华工谢欵融公呈，云属其至北京呈递，克洛法不敢应也，为呈递外部，外部不受，盖去岁十一月事也。至是始来递。询知克洛法住古巴都城哈法拿三十年，记载华民至古巴充工人数甚悉。其始至当道光之廿七年，西历一千八百四十七年也，至同治十二年止，凡二十七年。最多者，咸丰七年西历一千八百五十七年一万二千三百八十四人，同治五年西历一千八百六十六年一万三千零四十三人，同治四年一万四千四百十四人，最少者咸丰十年西历一千八百六十（二）年三百四十四人。通计用船三百四十二计廿四万九千零一十五吨，装运华民十三万八千一百五十六人，至哈法拿者十二万一千八百十人，其间妇女十二人而已。同治十二年始禁华民出洋，葡萄牙之驻澳门者亦禁止古巴船，不听在澳门贩买人口。于是五年内无华民至古巴者。克洛法不忍华民之窘辱，常保护之，指目为香港属民，于是脱归及贸易古巴者常多。问有何办法，曰：英、法，美三国为日士巴尼牙所心慑，得三国人为领事，乃可办。语以日人所最忌在此，在京师以此条为首禁。曰：然则三国领事帮助之。问：中国派一领事，三国能帮助乎？曰：不能。须得外部饬知。且领事往，日人不受，亦无如何。问：然则必派公使乎？曰：公使驻日都马得利得，与其国家辩论为宜。华工所以冤苦，在无章程耳。能由公使定立章程，优于领事之保护矣。问：公使至而彼不从，奈何？曰：亦须三国助之。问：三国公使肯相助乎？曰：外部命之相助，谁敢不从。问：日使在京，狡展百端，似古巴事亦非所能主断。曰：是不然也。其国家定立章程，谁敢违之。彼意在狡赖耳。询问白尔得阿廓尔为禁止掠买人口会参赞，馀皆会中人也。所办理者阿非利加黑奴，与此为类，故乐相附从。询知哈法拿总督名何非拉尔，英国总领事名古博尔，法国总领事名射法利尔，美国总领事名何尔。而英国驻日公使雷雅尔得，近调赴土耳其都城君士但丁，其署公使名洼得生。接上海文报局六月十八日由法国卑可公司船发递第卅五号包封，内总署六月初二日第十信，并补发三月廿一第八信，外合淝伯相、周晓棠、唐景星三信。

初八日。发递合淝伯相、沈幼丹、丁雨生，及总署周晓棠一信，外致任芝田、周荔樵、唐景星三信。斛百里言，西历一千八百五十九〔七〕年即咸丰七年，叶相与英人相抵，议用兵，其宰相巴尔莫斯登已调发矣，而会绅不允，卜来得科布登持之尤坚，于是哄然而散。及再举，会绅仍从巴尔莫斯登之议。盖英国旧制，会绅与宰相异议，宰相不从，则相与散会堂，再举再议。如仍不从宰相，宰相不复安位矣。凡会堂必明分两党，有附宰相者，有与宰相持异议者。而尝取二者之数以相准，从者多而事行，不从者多而事不行。遇大议不协，则会绅请退；再举仍不协，则宰相请退。从前格兰斯敦之退，亦以此也。

初九日。丹崖见赠所编《四裔编年表》一书，盖美国林乐知、吴县严良勋所译各国书史而汇辑成书者。马格里见语：新报论密格所得上海商会书至今未呈递外部，而云其事在必请外部翻驳。而夔九、在初、听帆皆未译示。询知为专寄中国新报，由伦敦往者曰《占宜斯得利喀纳茀》[1]，由中国来者曰《占宜斯珥喀斯卜来斯》[2]。

初十日。礼拜。就李丹崖谈。罗稷臣译示日意格寄到洋人卑乌那一信，盖法国博物院总办也。其言谓当准巴黎会院广一十五万方尺法国尺法，合工校三尺三寸有奇；每平方尺折合工校平方十尺八寸九分以上；一十五万尺共折二十七顷二十二亩，建造玻璃厂，界为四区：第一区分门类置各国土物，第二区藏各种机器，第三区贮各国杂货，第四区藏名人图画、石像、古董；中为宴会之所。估计用费二千三百万法伦。每五法伦直洋银一元，约直洋银四百六十万元，直银三百二十二万。殆非中国之力所能及矣。

---

①占宜斯得利喀纳茀，Chinese Telegraph 的音译。

②占宜斯珥喀斯卜来斯，Chinese Express 的音译。

十一日。铿弗林斯法尔齐立法尔姆安得科谛费格林升阿甫英得纳升尔那①参赞诘生及立觉尔得，寄示在安多威尔伯地方会绅达摩生宣发一段议论。铿弗林斯，译言商量也；立法尔姆，译言改也；科谛费格林升，译言分条论事之意；英得，译言往来也；纳升尔，译言国也；那者，律例也。此会为修改万国公法，以臻妥善。法尔齐及安得及阿甫，并语助词。其会尚书罗尔得窝赫庚；罗尔得者，世爵之称也。达摩生之意，大抵言各国习教不同，不能以习教之同异分别轻重，一当准情度理行之。所以见示，亦自表其于中国无猜嫌也。立觉尔得为威尔士所举议绅，在此会中为考求各国公法得失总办。又兼设一会保护美利加土人，以美利加初为英人所据，其后华盛顿自立一国，皆英国之贻留也，其地土人为英人所役属，不得比并，于是英人为设会保护之，名曰阿博尔立真里斯卜罗得克升苏赛野得②。阿博尔立真里斯，译言土中生出之人也；卜罗得克升，译言保护也；苏赛野得，译言会也。盖亦好行其德者。去岁议院曾责印度部总督遣马加理由缅甸历倮人境以达云南，系属何意，不能不自任咎。其言多公平如此。在诸会中皆科密的之属也。凡会中皆设科密的为办事之主，人数多少不定。每年择一地会议。安多威尔伯为希腊属部。新报载俄军围白勒福纳，为土军所败，伤亡八千人。鄂思满巴沙守此甚坚。俄国大军驻卑纳，在丹牛浦之南、罗满江之西，方围土军于鲁曲喀。相传云，卑纳不能支，则俄军退驻无地。其地为阿尔巴沙所驻守，英国兵官也。苏利曼巴沙攻俄军所驻希布喀山口，闻亦相持甚急。

---

①铿弗林斯法尔齐立法尔姆安得科谛费格林升阿甫英得纳升尔那，Conference for the Reform and Codification of International Law（修改编纂万国公法会议）的音译。

②阿博尔立真里斯卜罗得克升苏赛野得，Aborigines Protection Society（土著保护协会）的音译。

十二日。黎莼斋见示总理录寄刘云生德国修约文件及问答，阅之怃然。七月初三递到。光绪二年三月廿九日所争添开各口，则浙江之台州、温州，广东之甲子、水东、北（关）〔海〕、廉州，关东之大孤山。内温州、北海已见《烟台条约》。添准贸易居住，则岳州、宜昌、安庆、芜湖。内宜昌、芜湖已见《烟台条约》。添设马头上下货物，则黄州、武穴、东流、大通、仪征、江阴、吴淞。内大通、安庆、湖口、武穴、陆溪口、沙市见《烟台条约》。仍准来往洞庭、鄱阳内湖贸易，并各款凡十六条，其中船钞定限四月请展至六月，此初次开列情形也。至十月廿九日，又变通为十七条，于口岸则增加大孤山一处；于上下货物则增吴淞、荆河口二处。又议于剂河口设立栈房，准所运洋货土货随便寄存。又议鄱阳、洞庭二湖之上及北运河自天津至通州置备轮船拖带洋船华船，或由中国，或由商民自行设立。又议准德国船只前往未开之口岸起卸货物，请领专单前往，惟不准贸易，亦不准水手人等上岸。又议听从德国自造中国船式，发具准单前往各处口岸。又议准用洋钱完税。其馀皆系申引前议，而所加增已多。其邀请运铜钱赴内地运货，尚系额外专案。此二次开列情形也。至光绪三年正月十八日，又变通为十二条，仍申初次原议。口岸则浙江之温州南关、台州，广东之甲子、水东、北海、廉州，关东之大孤山；贸易居住则宜（章）〔昌〕、岳州、安庆、芜湖，并立专章，在洞庭、鄱阳两湖往来贸易；上下货物则黄州、武穴、东流、大通、仪征、江阴、吴淞。其增加者则通商各口均立官栈。此三次开列情形也。其中专款辨论者：一为加秤五两，而引天津俄商加秤三两五钱为断，通饬各口照办，并索赔还历年加款。一为船钞收款，引条约地方官会商领事办理，谓领事并有核销之责。一为德国水师会捕海盗章程五款。一为洋商赴内地运货租住房栈。一为厘捐苛扰百姓，引御史陈彝、许廷桂、王兆兰、张观准、袁承业、王立清、黄槐森之言为证。可云凶狠！五月十一日出都至天津与合淝伯相谈论，又减至三口：通商则大孤山，上下货物则吴淞，用轮船拖带则鄱阳一湖而已。诸所争者，实非其本心也。初七日，斛百里告言其安友会总办有意求见。至是得其喀拿喀尔[1]喀伯生一书；喀拿喀尔者，译言文案也。其会名曰苏赛也得阿甫茀林斯；茀林斯，译言朋友也。一曰毕斯苏赛也得；毕斯者，平安之谓。一曰费喀尔；费喀尔者，小心畏惧之谓。又接色尔非尔[2]多莫铿斯一书；色尔非尔，管理（衙）〔街〕道官名，阿得门所属也。为将开通沟道，先报明九月廿五日期也 。

十三日。偕彦嘉、湘甫及马格里往视何罗威监牢，梅尔所管辖也。狱官名科茀纳[3]，亦有正副，正者曰威得洛尔，副者曰爱克尔，二人均陪游。大致与各监牢同，而尤以课工为事。狱房四百二十，系者三百五十人；女狱房六十二，系者二十人。工分三种，曰铁工，曰木工，曰泥工。狱中所需用皆课工为之。其制造则帽、衣、鞋或皮或线二种、毯或棕或线二种；棕有棕绒、棕毯、棕绳，线有线袜、线毯、线手套、线袋。缝工、制工，无一不备。其精工天秤，及缝制各种小机器，皆课工为之，而制棕毯为大宗。每岁所货，除资本外，得赢馀四千三百馀磅，而棕毯率千馀磅，约居三之一。各种线制多出自女工。又辟地为园，种番薯及菜；亦抟土为砖，开窑烧作。狱中无所资用则出鬻，用车推运。造饭及打扫洗抹，皆课囚充之；洗衣则课女囚。吸水机器不用汽机，而用人力。作翻叶轮，用三四人踏之，分两班，前设木橱二列，每间容

①喀拿喀尔，Clerk 的音译。
②色尔非尔，Surveyor 的音译。
③科茀纳，governor 的音译。

坐一人，约踏半点钟换班，则下坐橱中，析棕使分。凡课囚作工艺皆有常度，常度之外加制者，按所值给以工价。囚日三食，皆面具，惟午食有肉，有汤，有番薯，大率日费四佩宜月食十施令。通计囚一名岁费三十六磅，狱中一切费用皆包括无遗。每日五点钟起，六点钟早饭，上礼拜堂，九点钟工作，十二点钟午饭，二点钟工作，六点钟晚饭，七点钟在房课晚工，晚上九点钟看书，十点钟睡。（皆）各工皆派员监之，多者四五员，少者一员。各员有职司，率三日一值宿。询之此狱才设立二十六年，伦敦各狱所用棕毯及各狱官衣履多出于此。各囚衣裤敝者，辄裁为小方，裹棕缝之，以供洗抹之具。其棕丝细碎不适用，和土为砖，可入炉和煤烧之。威得洛尔云：狱中所需，无一取给于外，而凡物事琐碎零散，皆使适用，无弃物也。又自言在此管理监狱，然实是一大掌作，役使百工技艺而筹其出入，综核无遗。大率罪犯重者转入（井）〔茾〕敦威拉监牢，此所系至久者十二年。囚皆照像于册，而记其所犯及所定收系年月。内一小童子，窃食面饼二枚；两妇人，一窃送信小印花二十一，假他人名致信，为人所控；又一童子年稍长，诓骗人，则收禁二年；一壮夫晨起不着衣，当门立，为巡捕所执；偷窃、作伪及无礼者，男女老幼并科以罪，用意尤可尚也。屋旁有石楼高出数丈，询之威得洛尔。曰：此气管也，能引各房人气上升，若烟管之用，吸气使烟不至旁溢。所以系囚数百人，从无致病者，恃此气管之摄气使外散也。

十四日。苏塞也得苐林斯文案喀伯生、白理斯威得、斯得尔治、罗布生、尼卜尔、斛白里、爱伦、铿伯八人来见爱伦绝似定得敦，铿伯绝似克罗斯，为举禁烟及《烟台条约》不宜翻异二端语之，令凤夔九译诵其文。坐次，并语以爱惜字纸之意，竟无一人肯承允者，直谓自耶稣教书外，诸字书皆可听从践踏。人心已成积习，则非善言所能入也。问以两国禁烟之法，白理斯威得应曰：此事绝难。罗布生曰：凡事从心起，人心肯禁则禁矣。鼾白里曰：吾此会合万有三千人，无一不愿禁者。然不能参与国家之权。会绅中实心倡言禁烟者颇多，吾辈附和赞成，固愿尽力。问会中亦有充议绅者否，曰：共得五人，从前曾充议绅者十馀人，惟无一充武官者。为武官主战，必嗜杀人，此会所深戒也。

十五日。为西历九月廿一日。接上海六月廿五日由英国马石浦公司船递到三十六号包封，内子健儿都中信，及萧屺山、黄泳清二信，又刘芝田观察一信，同时又接刘仲良一信，及志城六月十五日第八号信，又接到四月廿五日家信第五号并闵惺吾一信，以有寄茶叶等事须候英国公司船，故寄到稍迟。五月廿八日第七号信已前收到。是日以中秋，邀李丹崖、罗稷臣、黎莼斋、刘和伯、李湘甫、姚彦嘉、张听帆、德在初、凤夔九、黄玉屏，及屠迈伦、马格理晚酌。是夕月色明霁，万里无云，为至伦敦后罕见之景。因邀丹崖、莼斋、湘甫、彦嘉、听帆、玉屏，步月至夜久乃归。

十六日。方柳桥寄到各件，并附冒哲存一信。摩里见馈野鸡及兔，皆自猎得者，属马格里复缄谢之。新报言俄人欲由博思喀开路直通中国。所云开路，想即汽轮车路也。又云哈布尔谋与俄人战，已敛兵发命；俄人之驻塔什干者遣使问状，哈布尔置不对。闻土人遣使其国，欲借哈布尔之力牵制俄人也。然则中国西域边境回祸尚未有已也。莼斋告李湘甫：刘云生昨夕不赴召，谓吾考问其家人以匿名书事，谋发其短，此憾不可忘。湘甫因问：匿名书有无其事？刘和伯答以实无其事，是以云生憾之，谓发其覆也。狡诈而济之以凶狠，亦自绝于天理矣。鬼神其肯容之哉！

十七日。礼拜。博噶斯布哈什自卜来登回枉谈，语及印度维西拉一教，言洪荒开辟前事，谓生何物，即何物主事。维西拉独生出为人，是以人主事。有以猴主事者，有以马主事者，各历一劫，各开一局面。吾谓人为万物之灵，开辟以前，生人甚少，高山深林，猿（猿）〔猱〕主之；平原大泽，牛马主之；一有人迹出于其间，则牛马可服而乘，猿猱可驱而逐也，是以谓之人主事也。布哈什闻言，疑信参半。

十八日。新报载：俄国大军驻卑纳，屡败于土军，伤亡之惨，几于积骸成莽。俄君久驻鲁美尼亚都城曰布喀栗斯得，忧愤不可言，须发皆白矣。其前历使各国议土事者曰意喀纳谛尔弗，至是亦以病退归。宿将多得利本与英、法两国相持，声望最著，俄君方谋以兵事属之，而遣使来英国制造铁屋，以便收养受伤之兵，盖为久驻之计也。意欲布戛里亚与鲁美里亚、色尔维亚并各立国，土人亦决不能从。德、奥两国方与俄人相结，而英人不利俄之得土也，坐观以待时而动。西洋战事恐未已也。法国利非里亚死，亦见新报。询之，为法国精习天文者。二十年前推（去）〔出〕海王一星，与英国阿达曼斯阿斯弗人相为印证，两人故不相识也。其占法以墨尔曲里、纽兰拉斯二星行度稍失常，若有物吸之者，其行速而直。凡物之相吸，必其大者之吸力足以摄小者。以此二星之行度，推知其上必有一星，其气足以相摄，而不辨为何星也。久之而德人始察出一星，名曰勒布登，译言海王也。往闻曹柳溪籀论海王星最大，西人近始测出。盖即利非里亚、阿达曼斯所推出者也。然何以历数千年谈天文者皆未及之？西洋谓天河皆星之聚气也，其行度远不可测。或其中诸星行度有由远至近，天文家得以窥测，遂谓某星间又添出一星，其实皆星之行度由远而近者也。

十九日。危地马拉公使尼格雷达有夫人之丧，一往慰唁。便过马克里，晤布来音，与马格里同从额尔金印度者也。因言数年前印度哈尔喀得总督梅窝出阅兵，至安得满岛为印度安置囚徒处，甫登舟，为一回民刺死，求供不可得，治回民以死而已。似江南马谷山一案，与此正相后先。梅窝治印度最有声，其初未知名，毕根士由用为印度总督，人言皆不谓然，已乃服毕根士由之知人也。英、法两国会议开海底汽轮车路，估工七兆磅合中国银二千二百馀万，两国各修其半；英国海口曰多发，法国海口曰开里，海道相距廿二英里合中国六十六里，现在两岸各已开深二十馀丈。云有可虑者二事，其一，海道浅深分段测量，以至深处为准，再下不过丈许，而海底或有裂文，为沙填塞其中，其浅深无可测，一穿透其裂文，则海水渗漏而前功尽弃。其一，道长六十馀里，恐气填闭，无从宣泄，思于海中添造出气管。其法用铁管大可容人，插入海底，用吸水机器吸出管中之水，而后纳入一人，从管中取出其土，令可容管，则铁管可以渐次插深，以透穿海底。每相距数里安一铁管，令吸气使上升，乃可免闷闭壅塞之患。其故由英、法两国海口无泊船处，仅多发一处海口，濒岸水浅，不能容大舟，而海道波浪为最巨，人皆惮其险，故谋从海底开通铁路，以避风涛之险。其好奇造大，不惮艰苦如此。

二十日。接上海文报局七月初三日由全恩纳法国公司船递到第三十七号包封，内李勉林、郑玉轩、邓宝臣、陈镜吾及意城与子敬侄六月廿四日信。兼有见寄茶叶、笋干等事，存留招商局，候英公司船寄递。意城信并述叙瑞茀侯观察所以待易卓超，属便函一谢之。新报载：喀什噶尔雅古里禆格与哈吉目刊都拉战，却走之，哈吉目刊都拉走塔什干投俄罗斯，古里禆（纳）〔格〕据喀什噶尔。官兵克土鲁番后情形，尚无所闻。而俄人见古里禆格所修炮台，颇称其能军。似尚未宜轻视也。

廿一日。黄雾竟日，日赤如血而无光，可以平视。西洋创立电报，名特力克纳茀。近数年有名曼斯者，又创为光报，可及三百里，名曰黑力阿克纳茀。本年又有名卑尔者，创为声报，可及六十里。皆备围城之用。俄、土交兵，并各购置光报。声报则卑尔始创，其法尚未远行也。与电报皆创自英人，岂亦天地之精华所集耶？复方柳桥信，交湘甫汇寄。

廿二日。送危地马拉公使尼格雷达夫人出殡于铿色尔格林天主堂下葬名曰色墨得里，会送者约廿馀人，所识法国公使达拉固、日本公使乌叶那欧戛真纳立、荷兰公使德必兰、葡萄牙公使爱多尔兜三巴由，及旁思茀德五人而已。其棺式如黄木箱，两旁八环，首尾二环，皆铜为之。棺面范铜为字，记生卒年月。内为锡椑，外加木棺，大约中国三分之一。入天主堂，一黑漆座盛之。教主二人诵经，旁侍二小童子持香、捧净水。教主挥麈帚拂棺，洒以净水，持香炉绕棺，使烟气四腾，而黑漆座自下。盖以机器运动，使棺上下不费人力也。堂右侧有门，下入地窖，数转至下棺处，两旁如方格柜式，置棺几满，远方异国，权殡于此，以待迁运者也。送至堂者，吾与日本公使二人而已。其送柩之车，马首皆插黑牌，形式略小。吾与哥斯达力格美利加一国名总领事有文、秘鲁总领事坤丹洛同车。因询坤丹洛：秘鲁商人在伦敦者若干人？曰：秘鲁与伦敦交易，岁约八百万磅，而商人在伦敦者甚少，通计秘鲁亦不过五十人。问：秘鲁来此交易，何者为巨？曰：糖、硝，及鸟粪，而鸟粪尤巨，名曰姑安拉，英人用以肥田。其鸟粪出濒海地，盖海鸟所遗粪。濒海无雨，鸟粪屯积数百年，取之不尽。中国人充工秘鲁，以搬挖鸟粪为最苦。以岁久干结，锄锹所及，飞尘四扬，其气臭恶，又地气亢热，所以为苦。问：濒海地若干？曰：国皆濒海，计上下八百英里合中国二千四百里，东西相距三百英里合中国九百里。皆终岁无雨，而露气甚重，故夜常润。中有山曰安里斯，由海口抵山麓约高五千尺。山深多雨，冬间积雪，入春消化，流注小河，是以濒海二千馀里，虽无雨而常得灌溉之利。其山有银矿，有煤矿。近年倚山开造汽轮车路，以凭销运。其山有大鸟曰干得尔，展翅长一丈二尺，能捕羊。每掩羊，舒嘴攫之，一冲而上，迅疾不能御也。问坤丹洛：日斯巴尼牙人抑吆噜人？曰：日斯巴尼牙据有其地几四百年，近二三十年始自立国，通计二百万人。吆噜土人不过三十万。问：土人何以如此之少？曰：相传吆噜丁口八百万，日斯巴尼牙建为属国，土人皆山居，不善治生，故消耗日多。问：风俗同乎？曰：不同。其地奉火教，礼拜太阳，制鸟兽毛为衣。问：有仕宦及充商者乎？曰：充商有之，无任仕宦者。问：通婚姻乎？曰：通婚姻不禁。问：当兵乎？曰：近来当兵者多，然亦须改奉天主教，及从本国衣冠制度。问：中国人几何？曰：二万人，大率充工役，然相待犹平等，不如古巴之酷虐。惟濒海取鸟粪者较苦耳。

廿三日。瑞典公使斯狄印伯克函致各国刑律会长韦音斯三十七问，由瑞典国外部刊发。其言通主与会各国言之，而询及斩、绞、凌迟诸律，则西洋各国所无者，殆专为中国言也。所问刑狱多寡，及如何养赡、课以工艺，及所以劝善改过之方，及改过者几人，及由何官管理，及民间公论何如，及一切经理所从出：凡西洋所极意考求者，皆中国所漠视者也。只此已穷于为答矣。瑞典都城名斯托莫伙。公议监牢会定于一千八百七十八年八月二十日开办。

廿四日。礼拜。李丹崖过谈，言肄习兵法六员已入格林里治学馆。见其提督与其教习，言：学馆向无外国人就学，以中国初次通使，又最远，国人亦据为美谈，是以破格为之。无论其事之实否，其言则彬然以礼相接矣。晚间，丹崖偕日意格复至，为将往纽开斯安密斯登炮局，并托函告外部，以来英十二员中，已安置九员，其三员仍须一托外部会商水师部，谋所以安置之，亦属顺理成章之举也。

廿五日。为西历十月初一日。洋医师惟善在初译为施密斯，盖洋姓也送书数本，盖教士之习医者也。论居室之要有五：一、引生气除炭气。气有四：曰养气，曰淡气，曰湿气，曰炭气。生气百分，养气居二十一分，淡气居七十九分，斯为中和之气。炭气与炭同类，一出于人之呼吸，一出于火之焚烧，在生气不过千分之一。凡有血气之类，独吸炭气即死。宜多置明窗，透宽天井，晨起即启户牖，室中勿惧冷，冷即生气。西洋置火炉于墙穴内，竖烟筒直冲瓦顶，取其迎门风吹送炭气，由中散于外也。二、水缸须用盖。盖上勿置菜蔬，恐落入腐烂。底水勤舀，随时洗擦，免积沉泥。三、疏沟壅不可暂停。平时渣滓留心，勿弃入沟中，使倾入之水随到随流，何致潮气遍生。四、当修洁器皿，不染纷尘。踏板须嫌勺土。勿闭空房，常移闲物。衣裳褥枕，晒晾时殷。少不如斯，便引浊气。五、透光亮。居室必通日热，引地气上升。谓之居室五要。衣裳宜勤换，助皮发汗，可化肺痰，可减肠泻。中土有服经年久而不更换者，此大忌也。届冬御棉，亦时濯除其气。西洋服羊毛毡衣，取便浸水可洗。寒冬步骤跳跃，令血脉周行，气热体和，不必重裘。且忌紧系，常令松活。衣裳遇湿，即须重洗晒干，慎勿忍穿。饮食宜多少适宜，宜精洁最忌腐烂，经胃热炽，亦足以发毒气，宜有定时胃之功用与精神相表里，精神常健于上半日而疲于下半日，故胃在上半日能化一日食之六，在下半日仅可消一日食之四而已。瓜子、花生、瓜、豆、腊肉、烘鱼、腌鸡鸭、盐蛋，难于消化之物宜少食；菜蔬肥腻、葱蒜韭薤熏辛之物宜少食。食周一时，饮茶以消其滤滓。饮酒亦待食周一时之后，斯味淡而永。权量衣裳，调停饮食，爱养精神，谓之保身三要。又录戒洋烟方：广木香末，值烟瘾发时，装入旱烟袋吸之，自止。是日以梁氏受孕，夜不成寐，邀马克理诊视。

廿六日。新报言：土国巴尔铿山已有积雪，土营驻什柏岭者拟移屯山下。又言纽约得活鲸鱼，长二丈八尺，英人购置水族万牲院，凿池贮水以待其至，数日而毙；于是太医学堂医士茀洛尔、万牲院医士葛洛尔、施医院医士朋达会验所以致毙之由，（其由）〔由其〕舟中无深水养之，致为寒风所侵，以伤其肺。剖视，肺有脓。其随事考求如此。马克理复来诊视梁氏，始知其已八日未尝大解，皆火结之为患也。

廿七日。得俄、土交战数日内地图，情势始稍明显。其相距希布喀山口者，为苏利曼巴沙，是为中路；其距伯理卫拉城与俄兵及鲁美里亚相持，为倭士满巴沙，是为西路；其与俄兵大营驻毕拉地方相持，为阿里巴沙，是为东路。有小江由巴尔铿山北流注丹牛浦，曰喀拉苏姆江。土兵夹江立营，修造炮台。俄兵三路相为犄角，中路数百千里之地通行无阻，侵掠之地亦多矣。基卜地方举弁尼得充阿得曼，阿得曼不受。如是三举矣，若仍不受，则阿得曼得自选定一人，不由百姓公举。而弁尼得果自信无违德，可以控之刑院。亦英律然也。勒里卜利治地方勒里译言莲也，卜利治译言桥也有格尔勒者，赌以千点钟计四（日）〔十〕一天零八个时辰行一千五百英里计合中国三千里，计每点钟行一里半计合中国四里有奇；按每点钟以计里数，以其馀休息，不准逾越，昼夜并同。观者数万人，夜间亦分班守之，群相赌采以矜异之。见新报，格尔勒已行至一千四百英里，罢困不能支，然犹勉强起行。此邦人心，可云强狠矣。马克里仍枉视梁氏病症。李丹崖、罗稷臣及日意格过谈。

廿八日。接上海文报局三十八号包封，由英国轩都士丹船递到，内总署第十一信七月初一日发，家信第八号六月廿八日发，外易淑子、黄泳清二信。新报载：阿里巴沙驻扎喀拉苏姆河东，故德国人也，土国心疑之，又以其不进攻毕拉俄营，而退守河东此说非也。阿里巴沙求增兵不允，因力求退，乃令苏利曼巴沙往代，而遣娄苐巴沙接苏利曼拒希布拉山口俄兵。其东土耳〔其〕名吉尔喀斯地方英语曰色尔喀西牙本自为一国，俄人攻之二十年，始收取之，而民人多逃避土国，憾俄人至深。此次土、俄交战，俄兵受伤者多被屠戮，皆吉尔喀斯人所为也。俄国穷兵黩武，殆亦非所以保国也。吉苐喀得巴沙任布加里牙兵官，英人为言黜之，现复任以转饷，英人不乐也。

廿九日。回拜日斯巴尼牙署公使特拉法得、麦华陀、阿什百里，并就瑞典公使斯谛音伯克论俄、土事宜，言土国屡胜不足恃，俄人激怒愈甚，则发之愈暴；欧罗巴各国皆不惬意土耳其，英国债项岁须完息二百万磅，亦屡年停止息银，英人亦怨之，恐不免成瓜分之势。语次深咎中国捐弃黑龙江地为失计，云其中尚有煤矿铁矿，可以径运出混同江，为濒海大利，俄人蓄意经营，中国何为轻弃与之，此可为太息者也。其言当时在中国成此议者，即意〔格〕纳谛尔苐也，俄、土交战亦成于此人。

三十日。刘云生随人盛奎为巡捕捕送马吉斯特里得①，马格里为保出之。马吉斯特里得管辖地方，若中国之知县再上瞻治②专理刑讼，亦称按察司，再上罗尔得吉夫觉斯谛斯③亦称总按察司。盛奎以在外滋事为所捕，刘云生贻累亦多矣。摩里送来四图，托以汉文译之。狮

①马吉斯特里得，Magistrate（判事）的音译。
②瞻治，Judge（法官）的音译。
③罗尔得吉夫觉斯谛斯，Lord chief justice（裁判长）的音译。

子名曰来恩[1]，象曰爱里番得[2]，犀牛曰林恶色拉斯[3]，鲸鱼曰非尔[4]。林（垩）〔恶〕者，鼻也；色拉斯者，角也。犀牛鼻端生角，故合以名之。洋文取义多如此。

九月

九月初一日癸丑。礼拜，为西历十月初七日。日意格回巴黎，来辞。莼斋、在初、夔九、听帆、和伯以闻有销差一折，随同彦嘉、湘甫二人慰留。刘云生去人理太远，乃使有此曲折。诚不意七万里远行遭遇如此，良亦有不得已也。

初二日。俄兵攻东土耳其之喀尔斯，又败于噶尼拉尔。主兵者为买格尔，亦俄皇之子，其冢子驻毕拉，称格兰纽克，犹中国之言太子也。在军者凡五人，其一名阿立克色斯，曾在中国。新报载：英人助赈印度，已捐得三十五万四千磅，约及中国银百万，皆民商所私捐，不由奖劝。近珥勒斯白百地方寓书毕根士，问以赈济印度之策。盖其地举毕根士充议绅者十馀年，闻民商捐赈印度，而国家尚无举动，疑而问之也。英人之务为施济，亦各国所未闻也。

初三日。马克理来视梁氏病。上海新报载《七历纪时考》一则，言历正者七家。一曰中历，以即位为元，以夏时为历。二曰西历，以耶稣降生为元至今为一千八百七十七年，而俄罗斯与欧洲诸国又稍不同，中间相差凡十二日。三曰回回历，以谟哈默得离本国

[1]来恩，lion 的音译。
[2]爱里番得，elephant 的音译。
[3]林恶色拉斯，rhinoceros 的音译。
[4]非尔，whale 的音译。

之年为元，至今为一千二百九十三年。回回历以立春日为岁首，其分月与西洋同，不置闰。四曰巴社历，以萨沙尼末主野特日即位之年为元，至今为一千二百四十六年。五曰犹太历，自以开辟为元，至今为五千六百三十七年。六曰暹罗、缅甸诸国历，又有国年、佛年之分。国年以暹罗勇士非雅克勒时为元，至今为一千三百三十八年；佛年以佛涅槃之年为元，至今为二千四百二十一年。七家之历，岁首各有不同。如中历元旦，泰西历或为正月下旬，或为二月上旬；回回历为五月六月不等；巴社历为六月；犹太历为五月；国年为十一月；佛年为九月。当以中、西两历为得其正。中以月行为纪，西以日行为纪。以三正准之，中历，夏正也；西历犹周正也。而宋沈括之论，谓当用十二气为一年，更不用十二月，直以立春日为孟春之一日，惊蛰为仲春之一日，大尽三十日，岁岁齐尽，更无闰馀，则四时之气常正，岁正不相陵夺。沈括之论，夏时也，而用法与西历为近。西历率以冬至后十日建岁首，岁以为常，无改移也。

初四日。鼾百里见示禁烟会所刊致外部书，大率据鄙人回答平安会之言为准，而以为《烟台条约》必不可翻异，即其中有应议驳者，抽收烟厘一节必不可翻异。其言至为公允。因与鼾百里问及英商所以求议驳之意。鼾百里言，中国自收厘税，非外国所能置议。洋商之意，欲考知中国各关隘正税若干、厘税若干，得一定准之文，即知某货正价若干、外费若干，以为营运之准则。而十馀年考求此节，未蒙一宣示，而闻各省厘税章程又全不画一，漫无一定准之文，展转逼为免厘之议，亦非洋商之本心也。又指摘《烟（条）〔台〕条约》中于洋烟一项云：抽收厘税章程，应俟各省察勘情形酌办，疑并各省厘课统归各海口征收，或逾正税数倍，亦所不能辞，是以设法求议驳之。吾稍一一为之辨析，条约此等亦实有未妥也。急属莼斋与马格里译出。以总署与南北洋大臣次第开办各口通商，而于洋药税厘并征明著之条约者，竟不敢一置议，未免失之颟顸。是以洋务须是透彻一切情形，乃可与言办理之方也。

初五日。大霜，屋瓦皆白。《代模斯》新报载谛开具印度出烟数云：孟加拉五十六万三百五十五亩英亩每亩合中国三亩，出烟土四万二千六百七十五箱一千八百七十二、三两年数；马拉瓦出烟土四万三千五百四十二箱。按孟加拉出烟数目，约计五十七万一千七百四十亩英亩，于是见印度一百十三万二千馀亩极沃之壤，全行栽种罂粟，盖亦承鄙人回答平安会绅为言也。所谓谛者，不详何人，马格里云，恐即是里拿也。

初六日。拜发自陈奏折一件，并致总署第十二信，并致吴江相国、合淝伯相、沈幼丹、李筱荃、何小宋、刘仲良，及潘伯寅、周荇农、张翰卿、邵又村、周桂坞、萧屺山、周荔樵、李勉林、吴桐云、刘融斋、唐景星、金眉生、朱香荪，及意城、志城，及家信第十二号。刘云生相从数万里，蓄意相攻揭，所最不可恕者二事：京师一谒政府，即时畔异，于出京之日，揑造匿名书以相诟辱，而自誓一切不相和同。于此足见其蓄谋之深。何金寿参案，刘云生早知之，不一动其恻隐之心，反急为之扬其波，以口舌取快。于此足（用）〔见〕其居心之忍。孔子曰：是可忍也，孰不可忍也！此不能为之曲恕者也。得《尼阿来安斯纽斯》新报，极论鸦片烟之害，而云鄙人答平安会绅之言，与本会卫理雅穆郝勒暗合。郝勒论酒为害，鄙人论烟，同一痛切。《台来新报》亦及之。秘鲁有铁甲兵船称乱，不服调度，擅放出洋，船名胡阿斯喀。秘鲁国主（极）〔亟〕报知各国领事，通报各国海船。逾日即在海面截英国船三只，夺取其煤。其船主诉之英提督何尔希，乃发两兵船伺之，一曰沙阿，一曰阿美西斯达，遇之海。时何尔希已得领事报知秘鲁国主知照情形，先派小舢板往，谕令下旗，逾五分时不下旗，即炮击之。秘鲁畔船不答，乃相与轰击，秘鲁叛船随逸去，而以其船投归秘鲁，诡言海中击沉英国兵船二只投归，兵官闻之甚喜。已而何尔希二船追至，则英兵船二只并无损伤，而秘鲁叛船受炮者三四处，毙三人。投归之兵官因反据为词，谓英船无故击损其船，应议罚。秘鲁国主亦据以咨英国外部。由铿恩斯准律法议交水师部，水师部复查何尔希并无违悖处；微有未合者，海中相遇，应邀令会议，使无为叛，不应初见即以开炮胁之，此其语言稍过处，亦不能律以法也。于此亦见西法论事之平。

初七日。由维多里亚汽轮车行至克罗爱敦，赴斛白里之约。中过卜来井地方，车路纵横四出，上下两层，喧阗奔涌。斛百里住宅为阿什白敦世爵旧邸，园林树木极盛，花草亦多奇品。有绿叶草如竹，中出一枝，茎叶皆红；有紫赤巨叶，状如紫绒，叶旁一线色白，有细齿。此两种又所创见也。亦见斛白里老父，年八十三。饭毕，陪游阿定敦巴尔克，阿治毕灼相传二百年旧宅也。园广六七里，有两桧绝奇。一巨本分两枝直上，旁出横枝，远望如层云腾踊而上。一出七八枝，大皆合抱，拳曲盘结，横枝各长数丈，四面容容下垂。相与惊叹为奇。又于园中开路种花，立山坡望之，如驿路横出，皆小红花，两旁五色花叶相间五六道，可谓极花田之丽观矣。询知日来集教（师）〔士〕数千人议教事，盖敞寮其旁以处之，适于本日散会。见伊里教（师）〔士〕数人，据称教堂雄丽以伊里为最，距阿斯甫甚近，约一往游。相距数武，为爱尔敦世爵旧宅，为班白里赁居。其夫人为比尔之女，中国产也。比尔在宝顺洋行司事，（聚）〔娶〕中国女为妻。询知阿定敦为大教（师）〔士〕阿治毕灼相传故宅，山势起伏环合，树木丛杂，以其为教（师）〔士〕相沿袭公屋，不甚加修饰，是以山势树木犹数百年旧观也。每阿治毕灼新受事，须二万磅承受此宅。此次会议凡三事。〔一〕凡为教（师）〔士〕，有给官俸，有私置教堂，是以天主教分上下两等。耶苏教不分等，而亦各相视为重轻，于此一申禁戒。一、凡教（师）〔士〕习经典，不得观出，谋弛其禁。以为戏出亦寓劝戒之意，若薄而不观，则将相习为邪曲，转失立教之旨。一、议酒禁，以申立教之要务。晚归，搭一汽轮车，坐客已满，同坐有名毕谛者，住刊伦，云其家有声报机器，约一往视。又有布拉卜立斯者，云格林克洛斯旁有讷朴书馆，谈藏学者甚多。二人似亦伦敦积学士也。接吴春帆台湾信。李丹崖过谈。又接上海七月十七日由法国低立华地公司船寄到第三十九号包封，内唐景星及葛振崧二信。

初八日。礼拜。接上海道起解经费申文一件。《代模斯》新报论吴淞铁路，言之极为痛切，令凤夔九翻译，其文义处处阻隔，无从寻其脉络，乃自与马格理翻译之。李丹崖晚邀彦嘉、湘甫来，约为重九会。因有刘云生在坐，不能与之宴饮为乐也，乃辞不赴，而丹崖强邀不已。如吾与刘云生，惟能拒而绝之而已，诸君之意，且似欲为和解，则尤无谓矣。

初九日。李丹崖邀同黎莼斋为里吉曼之宴，稍示重九佳节，数万里外相与会饮为欢，以刘云生在坐，心恶其人，屏而避之。德在初亦托病不往。乃稍治酒，邀德在初、黄玉屏小叙。在初又译示《代模斯》新报二段，论吴淞铁路毁，诮中国之愚，感慨系之。因论及上海修造马加理石像，用宁波花石，高三十六尺，以志不忘。并及舟山一千八百四十一年至四十六年五年内官员兵丁死事者建造石（牌）〔碑〕，多已损坏，石碑左右，民间起造房屋，谋设围墙护之，当请命国家办理，以保将来。舟山者，定海也，亦略见定海三镇之功。洋兵被戕者立石，以表其功也，而于中国地方树立，亦可为疚心者矣。中国士大夫于此不知引为耻，而多为矜张无实之言以自豪。如刘云生等辈，盈中国天下皆是也。虽有圣者，其如此冥顽不灵之士大夫何哉！

初十日。赴刊伦践毕谛之约，见其参赞格里，始知其为电气厂办公地也。陈设电报多种，内有数种为所创见。一、木盒一具，上有轴柄可以推运，旁纳电线。推运数周，则电火发，击小木杵有声。启视盒中，惟一圆石轮，其转运之轴藏纳石轮中，用热力发电，引入电线中。一、电气盒长约二尺，中安强水六十瓶，上有三小机器，旁安电线二，上缀海泡花。引按太阳穴，可以去头风。一、壁挂一牌，为十六小圆圈，分十六宅记号，下安十六响铃，依号数按其响铃，则内有小红牌冲浮圆孔中，即知某宅传呼。牌下一小机器，应声按之，红牌自下，知其为应声也。一、小机器中安四盘，各记数目。左一盘为十数，次为百数，次为千数；右一盘为万数。环插小牌四路。电报其中或有折断，则电气自回，引牌以测其里数，即知电线折断在何地。其右置高木匣一具，前为圆孔，护以玻璃，中悬小镜，当孔左设玻璃管灯，制木屏障之，纳玻璃圆管横出者于其中，与右座悬镜之小孔相对，镜光反射，正当玻璃管上。电线包裹橡皮，系而试之，以知其走气与否。其法纳电气悬镜木座中，令满系电线，其旁通入计里机器中，而插牌以隔其气。悬镜木匣中，电气无所泄，则悬镜光正圆不动，其光或左或右，动荡不定，则气泄也。以移左右若干杪，或分，或寸，以知泄气之多少。镜端安小吸铁石一枚，以引电气。匣中有铜杵外出三寸许，上安横铜梁。格里取所佩钥贴近铜梁，铜梁随之而低，而悬镜光尤闪转翻动。西洋取用电气，穷极心力搜索，出奇无穷。近年卑尔所制声报，亦用电气为之。上下楼由右引至左，相距约数十丈，安置电线，各设小木案以便凭坐。两端为木杵圆柄，纳电线其中，约长三寸许，上有圆盘，径二寸许，凡两层。内层缩小五寸许，上为圆孔，径八寸，衔马牙铁饼其中，薄仅如竹萌之半，上下并贴薄锡，中安铁柱，用电线环绕之，安置柄中，铁饼距铁柱中间不及一杪。据格里云：人声送入盘中，则铁饼自动，声微则一杪动至二百，声愈重则动愈速，极之至一千，与耳中之膜纳声者同一机（杵）〔杼〕。声在耳中，如锥刺之，则自知痛，痛不在锥也。铁膜动，与耳中之膜遥相应，自然发声。然其理吾终不能明也。令德在初居楼下，吾从楼上与相语，其语言多者亦多不能明。问在初：你听闻乎？曰：听闻。你知觉乎？曰：知觉。请数数目字，曰：一、二、三、四、五、六、七。惟此数者分明。而格里与洋人相与谈，应如响。耳目聪明实亦有过人者。晚就金登干谈，出示法国赛奇会各国修造房屋，为图数十幅。其地名尚得曼斯，在巴黎西南。中国房屋占地三十丈。前为门，左右有门楼，旁一大厅可坐，后列屋数十楹安置器物。土木工皆募之宁波，木板木柱亦自宁波运至，凡役工三百馀人。电报厂主名色尔茀尔，约往看其电气厂，距伦敦三十里，即名色尔茀尔登，以厂主为名；登者，译言城也。

十一日。茀来明偕斛莫登来见，询以挨及招工事从何与闻，云住挨及多年，阿里克三台海口为挨及一大都会，在彼贸（年）〔易〕。埃及克里甫①挨及以为人主之称曾邀集欧洲各国在其地者，问以得失。茀来明因以荒（工）〔土〕太多，宜募工开垦为对。克里甫问以招工之法，答曰：中国工人最良，为其价廉而力勤也。克里甫因请其先招致中国工人十二，一往相之。此其上书之原委也。

①克里甫，Caliph（哈利发）的音译。

因语以：墨西哥招工事，给予土田而资其农器与三年食用，吾犹不敢应之。为中国出洋者皆无艺之民，国家无从与闻。农民任耕作，而欲邀请国家谕之出洋，于事非宜。挨及以募工为名，尤非所愿闻。古巴募工且有明禁矣，国家亦未宜遽弛此禁也。斛莫登曾充船主，所言较为明晓。茀来明于此未免混人，无谓也。询问挨及当千馀年前盛时，丁口千五百万，今存者五百万；田土七百万亩英亩，当中国三亩，今开垦者四百五十万亩。问：丁口何以仅及往时三（问）〔分〕之一？曰：由不知节宣天地之气，日以消耗。如阿里克三台，西洋通商才百年，往时八千人耳，百年生聚，遂得二十馀万人。西洋开通沟道，广植树木，接引生气，使人心自有欣欣向荣之机。其言亦殊有理。

十二日。赴色尔茀尔敦电气厂。与其参赞格里同至芬觉尔治，乘坐汽轮车至其地。向为荒野，色尔茀尔于此开创电气局，如是工匠环居者数千户，遂成一都会。其厂地亦自为街市。格里导游十馀厂，尚未莅其半也。凡水雷一厂：皆用电气发药，而微分三类：有由炮台相准开放者；有听其自发者；有用船引带以冲敌者。其由炮台施放，先于海湾安纵横测量镜各一，纵若干杪，横若干杪，与所安水雷正相值，各由电线通报乃发药。安水雷若干尊，各引电线记其次第，而悬小铜钟为号，撞水雷激动其电气，则钟自鸣，而未施放引药电气，药仍不发也。其形或圆如桶，或上大下削如瓶。其不用人力施放，听敌船撞之而药自发，别为一种。亦有其形如鱼，用船引之直撞敌船。其引水雷之船，亦安机器其上，舵桨并随机器转动，不用人驾驶。电气盒一厂，并用强水发电气。制造电气机器一厂。已成机器试用电气一厂：其中有纵横火轮车路，通报各路无出某道以避来车及前有险境应停轮机器二种，凡汽轮车路皆用之。纽合电线机器一厂：凡用小铜丝七根纽成，中为主丝，另用胶敷其上。其法置胶桶中，竖立一管，引铜丝从管中出，旁设六小辘轳，引丝至管口，纽合为一，若结绳然。电线加浆皮机器一厂，引电线出一铁坐中，旁有左右立柜，置浆皮其中，用火力压至热，逼入中坐小铜具。电线入口，小仅容线，出口中空一段，两口管相对，入口管连外壳与出口管孔正相当。浆皮受压，随电线入出口管，即缠护如带。前设水槽约数丈，以浆皮乘热气柔软可压，冷则质坚；既缠护电线，急欲其坚，故令入冷水连转数槽，以防滑裂。又转从机器上回至所出铁坐前，用辘轳收转之。试验浆皮电线一厂：以恐浆皮缠裹不固，或其中小有破裂，即（有）〔又〕另转一周。其法用所收转辘轳置入一机器中，其前另安一辘轳，由后曳至前收转之，一人立其中，用手勒之，以验其缠固与否。电线外加松胶机器一厂：引电线入机器端，置茅其中，机发轮转，则茅自相缠结。四旁周转安铁线辘轳七，结茅出口，铁丝即与缠固，引前再入一茅管中，结茅如前，即入一石灰槽，出槽则松胶从上淋下，凡两过松胶车轮，转入一大轮围。两人在轮围中，一人曳电线环绕，盘置围中，可络至数百层；一人倾石灰水其上。格里云：海中安电线，动辄万里，皆用巨轮围盘载，恐其或有纠结也。压力电气一厂：用机器转一铜轮，外用木桶盖之，施电线其上，使其铜轮磨转极热，以发电气。接逗电线仪式一厂：电线逗笋之法，削出铜线数寸，用铁丝缠合两端，加浆皮其上，凡五六转，使其由薄而厚，以相固结，而与两端原有之浆皮亦数次粘合而益坚。制造浆皮二厂：浆皮如旧木块，入机器柜中划削之，状类铇木皮，倾入水槽淘洗净尽，入铁轮机器压之，久之粘合如面，再入有齿铁轮压之，而后入压力机器压收其水气。其一厂所收浆皮块，形如朽木，云巴西国所产也。浆皮压力机器所历四厂：有一轮排齿兼搓压者，有两轮相转者，有三四轮递转者，有压成厚块者，有薄如竹萌者。制造浆皮器具四厂。器具大小，百种具备，并有小大钱式。格里云：中美利加使用钱文，皆由此厂制造。制浆皮雨衣二厂：有呢、䌷、线布三种，并中铺薄浆皮，加里可以御雨。格里云：国家岁制万馀袭给军士。俄、土交兵，土人亦制万五千袭。每礼拜可成三千袭。制造浆皮䌷机器一厂：其䌷略如中国之绢，张铺压入机轮，转浆皮傅其上，凡五六转，光滑如江缎，淡黄色，可以制单衫御雨。其五六转加入一种油，其辣气直刺入人眼。格里云：此油最损目。格里为置酒相款。随入一暗室，引电气入，中置一玻璃坐灯，发光射人目如日。用暗镜护眼就视之，则制炭如箸植其中，上粘玻璃匣，中空约分许，即于空处发光，下柱尖如针相刺，其光外环。格里云：日光刺目，其本光也。月、星之光皆借光。是以五色从日下观之，皆自发其本色，月及灯烛前观之，则黄白不能分，青绿不能辨，为灯、月皆借光，而五色之本光反为之掩。电气亦本光，是以五色本光毕见，其功比日。又至代模斯江边试放棉花药三饼。一置江侧水底，深六尺，引电气发之，惟水声腾奋，上冲凡丈许，不闻药声。一悬一巨舟端，使贴水，引电气发之，声如巨雷，江水下陷成臼。一置岸侧而中衔铁管装药，引电气发其药，则火燃如败灰。格里云：棉花药视常药力大五倍，然必用电气激发其力。若非电气激发，则其火发如灰，并不上腾，亦无暴烈之声。是日遇游厂者数辈，有章斯敦者，云三十年前在中国，与布娄登同时即前来见之九十一岁老翁，正中国初议禁烟构祸时也。格里之子尤精于电学，询以电学书，云罗阿得、茀来明金根二种最佳。罗阿得专言其理，茀来明金根兼及用法。格里云：凡电气皆从煤力发出。煤者，太古以前自有生气。日光不知生自何时，然固自生也。煤之发光亦自生，故功与日并。英人讲求电学，日益求精，然其理终不能推求至尽处，亦如人力所至，终究有止境。要此一种电气，其用最广，直是取用日日生新。即如火轮车一事，比之马车加速三倍。人人趋事赴功，以一倍计之，则是生四十年便做得八十年事业，何利如之！其言颇多可听者。指南针盘南指，引电气过其上，则针横出，相距数分许，其吸力皆能及之。电气在针盘上则针右旋，在针盘下则针左旋。格里云：言电学者人人知之。而其理无人能辨知者。格里又言：英国三十年前茶、酒税并重，近来茶税大减，原初意茶、酒二者，均民食所不必需用，近知茶为有益，不可少，惟酒无益，是以酒一格伦抵十磅完税，然实一格伦抵八磅资本不逾三施令，而完税至十三施令，茶税初收每磅四施令，近收六佩宜而已。当时每茶叶一磅值价一吉尼，近不过二施令。收税视旧八分之一，茶叶减价遂至十分之一。近三十年，规模视前又加胜也。

十三日。克尔路克尔曼来见，年七十八，凡行绕地球四周。言苦地球太小，致屡次周转中国，至粤东三次、上海二次、北京一次。又往看万里长城，出关至宣化府。言中国无汽轮车，行路大难，见古书所言，中国文教开创四千馀年，处万国之先，独一切使用西法，最处万国之后，人皆笑之，意谓此最不宜，宜及早施行，无再迟缓。询以所莅各国何处为胜，曰：意大里及日思巴尼牙之南，水土最佳，又苦人物无多可谈者。问人物何处为胜，曰：法国最胜。曰：英国人物岂尚减法国耶？曰：英国多是淡漠相遭，不如法国友朋相聚欢笑。英国苏格兰拉思噶固为胜也。是日与彦嘉、听帆相视房屋五处：一、铿白里治格尔得格尔得，译言门也；一、满吉斯得斯魁尔，其屋曰白尔克里侯司侯司，译言大屋也；伯尔克里，亦世爵名；一、阿白尔白尔克里斯魁里阿白尔，译言上也；一、南克尔斯得格尔得，凡屋二所，并比近海德花园，一为沙逊所租旧宅，极宏敞，无器具，其一门南向，住房皆转向花园，器具绝精，而住房略小，随员辈皆不乐。乃知诸君专意求舒适，以铿白里治二宅相比，欲得此以求适也。

十四日。赫德之弟赫达自爱尔兰至，枉过一谈，语及吴淞铁路，言若竟毁弃，外部德尔比必益怀轻视中国之心，于镇（海）〔江〕趸船一案（防）〔妨〕碍亦多，以一切疑难，即顺理者少也。所言极为有见。沈幼丹日怀赵孟朝不谋夕之心，又乐委顺时论而据之以为名。两次寓书陈论，不一回报，其志决矣，无可斡旋。鄙人亦惟有设法求退之一义而已，其他无可言者。新报载：俄军攻东土耳其之喀尔斯甚急，土耳其主兵者为穆克达尔巴沙，驻军吉萨尔谛里亚。又载：东土耳其之阿拉达扎达，为俄国米凯拉公、米里高福、车尔讷耶福三路进攻，土军大挫。义斯马拉巴沙、费义巴沙驻军爱尔策鲁目左近。似东土耳其大势已极危险。喀尔斯为东土耳其第一重镇，此处不能守，则东土之势全散矣。先夕梦一人，清瘦微须，谈论元妙，心甚敬之。诵其诗文甚多。又致书一何姓，问何号，予对曰：德陔。因倩予书之。为书德陔二字，笔墨淋漓。梦中实记有是人，以为书字肖其简傲也。醒记其所诵诗二语云：拣璧抛场人自拾，投胶激水误相伤。扬声诵之，叹为玄妙。实亦无奇也，然所梦必亦三生相识之高士矣。

十五日。礼拜，为西历十月廿一日。接上海七月廿四日所发第四十号包封，由英国毕雪华公司船递到，内合溗伯相、何心畬、刘芝田、曾劼刚四信。

十六日。姚彦嘉议定铿白里治格尔得房屋一所，以十月一日起租。令德在初就金登干以已请销差，国书缓递八字通知总署，缘金登干曾告言：西历每逢三日发递电报。明日十七，实为西历十月廿三日也。居此八月，受刘云生之累太多，竟不知前生孽债何以如此之深。然如刘云生凶横顽悖，亦人世间绝无仅有之谬种也。是夕梦为七律四章，高吟大欢，醒记其三章二联云：行尽天涯不见人，惟闻堠吏走趋尘次联梦中尤以为佳，醒而忘之；太白山高晴照雪，洞庭波渺雨生春。以朗诵至此而醒，因记存之。

十七日。接上海文报局递到八月初二日第四十一号包封，由法国低埒公司船寄到，内总署七月十九日第二十号信，及七月十八日第九号家信，及俞竹君、易叔辉、赵竹筠、胡玉玑各信，又接张赓年、陈衍昌二信。家信述及左氏五女已于七月初八日物故，惨伤不已。邸钞载合淝伯相议复庙制，引晋太常华恒建议庙室以容主为限，无（迁）〔拘〕常数。其后王导、温峤等往复商榷，议增坎室。宋增八室，蔡襄为图。此皆达礼君子度时之宜，以成一代之典。郑康成言：周制，祧主藏于太庙，及文武世室。是已祧之主与不迁之祖同处一庙，庙亦名祧。晋代之制，藏于西储夹室。当时已疑其非礼，后世竟沿为故事。儒家谓祧于夹室为古制，殆肊度之辞。朱子宗庙议图，马端临、邱濬皆病其过拘。《周礼·匠人》：世室、明堂，皆止五室。郑注：五室并在一堂。据此，则朱子所图世室，就庙以次而南，亦未尽合古制。所引皆极精通，惟引《周礼·匠人》以正朱子之说则非。《匠人》言一庙之制，朱子明九庙之仪，不可据以相难也。

十八日。李丹崖、黎莼斋、刘和伯、德在初、凤夔九、张听帆以闻左氏女之丧，枉顾慰问。因问及日本情形，丹崖一一指画。其三岛：一曰日本岛。横滨、神户、大（版）〔坂〕、筑地四口在焉。筑地隶江户，江户即东京也。大（板）〔坂〕、神户在日京之西内海，相距日京三十里。横滨在日京之东六十里，为日本巨镇，各国公使并居此。神户隶兵库县。其北新泻口，极北曰陆奥，与虾夷岛相望。虾夷岛有箱馆一口，正北佐渡，极南迤西与长崎岛相望，长门一口在焉。二曰九州岛。长崎在其北，长崎亦一口也。萨司马在其南。三曰四国岛。有下田一口。长门、下田佐渡二口乃新开者。其对马、壹岐、赞岐皆小岛，并无口岸。

十九日。新报载：俄国白里法尔拉斯格久驻喀什噶尔左近，近复往古城，云将由古城赴西藏，约以两年为期。英人于此尤所属心，中国人心所不能知也。

光绪三年九月二十日壬申。为西历十月廿六日。发总署第十三信及合淝伯相、沈幼丹、何心畬、刘芝田、周筱棠、曾劼刚、黄子寿、俞竹君及家信第十三号。新报载亨德开报一千八百七十六年藏产所出：煤一百三十三兆三十四万四千七百六十六吨，就矿地计价四十六兆六十七万零六百六十一磅；运出者十六兆二十二万九千吨，价八兆九十万零四千磅。 铁十六兆八十四万一千吨，价六兆八十二万五千磅，炼成（铁）〔钢〕者六兆五十五万五千吨，价十六兆磅。 铜七万九千二百五十二吨，价三十一万七千二百八十六磅。 锡一万三千六百八十八吨，价六十万零九百二十三磅。 黑铅一兆二十一万八千零七十八吨，值价七万九千磅。 白铅二万三千六百一十三吨，值价九万零一百二十四磅。 砒石四千二百二十八吨。 满格尼斯①值价九千八百三十磅。满格尼斯亦金属也，其土石黑而重，可以炼成金，亦可以炼成养气，近年洋人专用以炼钢铁。凡铁石和煤炭炼之，铁质下沉而煤炭之质上浮，乃启炉门为浮桥出炭灰，而于下开沟以出铁。铁熔如水，贯注而下，入小沟成条，即生铁也。再入炉置锅中搅之，使炭气飞化净尽，铁质渐浓如胶，是为熟铁。又稍加入炭气即成钢。是以生铁易化，熟铁难化，而钢次之。大率生铁一百斤中带炭五斤、熟铁一千斤中带炭三斤即为钢。往时炼钢之法，熟铁成方条，厚一寸，用兽骨炭为灰傅其上，外加泥封，置炭炉中，见红火而无

---

①满格尼斯，manganese（锰）的音译。

焰，用文（力）〔火〕煅之，凡半月而成钢。英人有毕希墨尔者思得一法：制锅如蛋形，下开一孔置管，旁施风箱，鼓风力入管中，倾生铁其中，侧锅以俟其熔化。鼓动风力，乃推锅使正立炉中，管中风力相激薄，铁水不能下溢而翻涌如潮，热力亦加至一倍大率火力一千九百分，风箱从铁中鼓之，可加热力至三千分，生铁中炭气随热力飞化，以法测量之，约时一分能化炭气几许。稍留炭气二十分之一，微有零畸，则顷刻成钢。是以钢价与熟铁等，省工力甚巨。然其钢质脆，不能适用。又有墨协得者，求得满格尼斯加入其中，并乘热力飞化而一过成钢，化脆为坚。

恩伯尔①值价四千四百七十八磅。恩伯尔亦金属也，其土石色黄，研以磨铜，光明无（壐）〔璺〕。　乌勒苐南摩②值价一百七十二磅。乌勒苐南摩亦金属也，其土石极难得，西洋人近始审察得之，尚未详其何用也。　白泥三兆九十七万一千一百二十二吨，值价七十四万四千二百二十四磅。始西洋得中国磁器，皆宝用之，而不知其制。一二百年前已皆讲求化学，以为气、质二者合而成物，而其用六十四，皆可析而知也。相与捶裂研视之，抟土烧合，辄呰窳不成圆。德、法各国设（陶）〔法〕相与研求。德国有名博佳者，偶见屑粉染发，异之，问所从出，云得之土中，急取以入陶，而成磁器，与中国无异，甚秘以为珍奇。法人或乘马涉水，马足滑，乃从水中掬土视之，亦取以入陶。于是西洋始知白泥之用。英国始因以造磁器，名威叱武得。　百来底斯③二万三千五百六十一吨，值价二万四千四百七十九磅。百来底斯，白石之一种，

①恩伯尔，umber（赭石）的音译。
②乌勒苐南摩，wolfram（钨）的音译。
③百来底斯，plasticine（代用粘土）的音译。

亦可屑以入陶，中国所谓石磁也。　科布罗来斯[①]二十五万八千一百五十吨，值价六十二万五千磅。科布罗来得亦石类，有层纹而粗恶碎裂。英人明化学者云，此石为数万年前兽粪积土中结成石，可以肥田，于是其用始显。　石膏六万一千七百四十一吨，值价一万八千五百七十一磅。　盐二兆二十七万三千二百五十六吨，值价一兆一十三万六千六百二十八磅。其馀土石及中国石值价一万三千七百五十磅。中国石者，犹粉石，景德镇用以入陶，西国人缘磁器之始，名之为中国石，其言为占宜斯斯多姆[②]，凡共值五十八兆六十九万一千八百三十二磅。此外则金值一千一百三十八磅，银值一万一千二百二十二磅。西洋以金、银、铜三者为币，而金银所出稀少，不以入藏产经制之内。美国西南噶洛拉多忽出一种虫，微似大腰蜂，食番薯苗叶。西洋以番薯为日食之需，闻而大惧，设法防其入境，所在绘图以表识之，相与考求禁制之方。近始知砒石水灌薯叶能杀此虫，人心始安。其虫名即以所出之地名之，曰噶洛拉多。又有挨尔奢尔[③]六十一万七（十）〔千〕八百五十吨，值价三十一万九千八百五十三磅。挨尔奢尔者，译言油石也，其形似煤而无火力，西洋人用以炼煤油。炭中有碱，故炭灰可以成碱。凡炭一斤入火烧之，成灰不过二三两，其炭质即化为炭气。炭，木属也，是以草木得炭气而荣，其气仍附木以滋生。西洋言化学者试炭气轻重，取所焚烧炭气合所馀灰，较其轻重，恰与炭质相准。其灰可以为碱者，亦炭中所自具也。

---

①科布罗来斯，coprolites（粪化石）的音译。

②占宜斯斯多姆，Chinesestone 的音译。

③挨尔奢尔，oil shale 的音译。

廿一日。伦敦《特力格讷弗》[1] 新报局与美国纽约之《赫拉尔得》[2] 新报局遣人探阿非利加中土，起自阿非利加之东曰桑希巴尔，经西出钢戈江即冈比亚江，计程约万馀里，周历至三年之久。英人屡次游探不能入，至是始一览其全。其间土番有裸居者，攫食人如禽兽。往探者五人，募土人二百为卫，挟枪戟以行，遇土番即与搏战。或不得食，饿数日，驰报海口领事官乃得食。其间二百万人、三百万人自立一国者无数，亦多沃土，从不与外人相通。闻近始渡海至纽约，在阿（非）〔美〕利加病毙者一人。大约十馀日内必详其所阅历入之新报，亦一创闻也。俄国罗和登博尔色王俄皇之侄中枪毙，而葛尔克于伯里卫拉左近围阿哈密尔犹希巴沙军三千人，尽数捕获之。似俄军调拖得里苹至营后，气势已大振也。英、俄相忮颇深。英人以阿富汗、俾路芝二国为印度屏蔽。俾路芝都城克拉得王，与英交方固，其属地曰魁达者，为赴印度孔道。英人为俾路芝租其地，筑炮台驻兵守之，意以防俄。阿富汗不谓然也，屡告克拉得王反其约，俄人从中赞之，所踞塔什干地，常遣使阿富汗播散谣言，谓英与克拉得相忮也。喀尔喀得新报孟加拉都城曰喀尔喀得常以阿富汗与印度恐不免交兵，以俄人为之构衅故也。英伦阿得门前却基卜地方（苹）〔苹〕勒得之举，而举布勒非尔。基卜地方原举二人，而举苹勒得者为多，以（苹）〔苹〕勒得原为阿得门帮办也。阿得门公堂改举布格非尔，因仍留苹勒得为帮办。苹勒得辞之，谓无以对基卜人。英国此等持议，一无瞻顾，盖犹有直道之存也。金登干过谈，以律师赫称斯所拟催稿见示，盖仍不提及案由。前次未能趁便叙入，今固不宜也。

---

①特力格讷弗，Telegraph（电讯报）的音译。

②赫拉尔得，Herald（先驱报）的音译。

廿二日。礼拜。偕在初及马格理诣日本公使上野景范，询知所造扶桑船及赫斯及威尔士所造二船，配炮及一切经费，约费银六十万磅。内三船驾赴日本，公费约四万六千磅。六十万磅合中国银一百八十馀万。然则土耳其炮船称八十万磅，一切公费尚在外，其言为无实矣。上野公使见给其国搢绅一本，名《官员名鉴》，分十二类：一曰太政官，二曰元老院，三曰外务省，四曰内务省，五曰大藏省，六曰陆军省，七曰海军省，八曰文部省，九曰工部省，十曰司法省，十一曰宫内省，十二曰开拓使。太政官所属局、馆五：一曰赏勋局，（一）〔二〕曰法制局，三曰调查局，四曰修史馆，五曰式部寮兼中国吏、礼二（礼）〔部〕事，略与西洋同。元老院与西洋上、下议政院同，无分局。外务省与西洋外部同，各国公使与本国出使者皆隶焉，无分局。内务省所属局十六：一曰内局，二曰劝农局，三曰驿递局，四曰警视局，五曰劝商局，六曰地理局，七曰户籍局，八曰社寺局，九曰土木局，十曰卫生局，十一曰图书局，十二曰博物局，十三曰会计局，十四曰庶务局，十五曰往复局，十六曰内国劝业博览会事务局。兼国中诸事，似以内务省掌其事，太政官行其政。大藏省所属局九：一曰租税局，二曰关税局，三曰检〔查〕局，四曰国债局，五曰出纳局，六曰造币局，七曰纸币局，八曰常平局，九曰记录局。犹中国之户部。陆军省所属：曰参谋局，曰近卫局，曰各镇台，曰炮兵本厅，曰炮兵支厅，曰工兵方面，曰士官学校，曰户山学校，曰教导（图）〔团〕，曰本病院，曰裁判局，曰军马局，曰病马厩。海军省所属：曰军务局，曰会计局，曰主船局，曰水路局，曰医务局，曰兵器局，曰东海镇守府，曰横须贺造船所，曰兵学校，曰裁判所。陆军、海军设官与所分局又有参差。文部省所属：曰东京太学，曰东京（大）〔太〕学预备门，曰东京外国语学校，曰东京师范学校，曰东京女子师范学（范）〔校〕，曰大坂英语学校，曰大（版）〔坂〕师范学校，曰长崎师范学校，曰宫城师范学校，曰东京博物院，曰小石川植物园。工部省所属局十：一曰铁道局，二曰矿山局，三曰电信局，四曰工作局，五曰灯台局，六曰营缮局，七曰书记局，八曰会计局，九曰检查局，十曰仓库局。司法省所属：曰大审院，曰上等裁判所，曰裁判所。设裁判所二十七处以理刑；东京、长崎、大坂、宫城四处加添上等裁判所，犹中国按察司。大审院犹刑部。宫内省所属：曰御用挂，曰侍从长，曰侍讲，曰侍医，曰驭者，曰女官。开拓使亦兵官，设为之名，无分局。其设官分十七等，亦曰位，皆有正有从。第一等至三等曰敕任，四等至七等曰奏任犹中国之题奏，八等至十七等曰判任犹中国之部选。各省设官曰卿，曰参议，曰大辅，曰少辅；大率四位、五位。惟太政官称太政大臣、右大臣，皆从一位；参议从三位。元老院分三等：曰议长，曰副议长，曰议官。宫内省卿正三位，内务省参议从三位，四者官位较（从）〔崇〕，而开拓使但称长官、次官，亦正四位也。各局官或曰长，或曰头，惟修史馆称总裁有侍讲，有编修，有掌记，有缮写。所属皆有大书记官、少书记官、十等属及舍人之名。惟陆军省、海军省由四等出仕以至十七等出仕其四等、五等皆充大书记，名目不同。所属又有评事、判事、大主理、中主理、少主理、大录事、中录事、少录事、一等捕部、二等捕部，大率皆军佐也。大将、中将、少将、大佐、中佐、少佐、大尉、中尉、少尉，则军官也。军乐长、会计监督、司契、军吏正、军吏副。军医总监、药剂监、马医监皆有正副，则在军供役之官也。海军有技监有匠师、有工长，分五等，有机关少监有机关士，分大、中、少三等。又有秘吏、秘书、主计监各有大、中、少三等之分，则皆水师制造所需也。其兵有步兵，有骑兵，有炮兵，有工兵，有辎重兵辎重兵有监护。大佐、大尉以下管兵者曰步兵科，曰骑兵科，曰炮兵科，曰工兵科，曰辎重兵科。文部省掌学校，分四部：曰法学部，曰理学部，曰文学部，曰医学部。太学曰教授，馀曰教谕、训导。东京设十二省，实兼国境而总理之者也。此外曰地租改正事务局，设总裁。东京府、京都府、大坂府，凡府三，各设知事。其属大书记，少书记，十等属，十等警部。神奈川县、兵库县、长崎县、新（泻）〔潟〕县、埼玉县、群马县、千叶县、茨城县、（枋）〔栃〕木县、堺县、三重县、爱知县、静冈县、山梨县、滋贺县、岐阜县、长野县、福岛县、宫城县、岩手县、青森县、秋（日）〔田〕县、山形县、石川县、岛根县、冈山县、广岛县、山口县、和歌山县、高知县、爱媛县、福冈县、大分县、熊本县、鹿儿岛县，凡县三十五，各设令。府知事、县令并从五位，权令则正六位。惟和歌山县从四位，上野景范言此因有功加爵位者。其属书记官或大书记或少书记一员，十等属，十等警部；或兼设十七等出仕，其等惟所列，皆不必备。而神奈川县独设六等译官，此皆近年改定制度后所设官也。东京向为将军驻扎之地，近始改为日本都城。

廿三日。马格理言：天主教多立会，名皆取立教人为名。其原起于日思巴尼亚人名意格纳希珥斯罗尔窝拉①创立耶稣会，法人语曰热索亦得②热索者，耶苏之转音。于是纷起立名，有名森佛兰锡斯堪③者，有名拉萨立斯得④者，有名多铭意堪⑤者。其分赴各处传教，皆请命教王，令某会传教某处。明世利玛窦、汤若望皆耶苏会人。其会尚通脱，初传教京师，听其立祖考、主奉祀。会有多铭意堪会人见而怪之，至相喧争，诉之教王，教王以非立教本意。

①意格纳希珥斯罗尔窝拉，Ignatius Royola（罗耀拉）的音译。
②热索亦得，Jesuit（耶稣会员）的音译。
③森佛兰锡斯堪，St. Franciscan（圣芳济会教徒）的音译。
④拉萨立斯得，La Salleist（拉萨立派教徒）的音译。
⑤多铭意堪，Dominican（多明尼克派教徒）的音译。

天主教原始禁不得祀祖考，凡入教者必先令毁弃栗主，京师颇不便之，是以雍正时严禁其教。道光之季，此禁始开。罗马教王改派拉萨立斯得人主教京师，南京主教者仍热索尔得会人。其会别立科条，与本教时有出入。每会中设统领、分领之属，颇设为刑法治其教人，与中国教匪相近。初入教，先立誓奉其教主、统领之言，赴汤蹈火，皆不得辞。至今法人及日思巴尼牙人皆设厉禁，不准教会至其国。日、法皆尚天主教，而于教会禁之，足知其为害也。中国则凡传习天主教者皆会人，为害安所底也！近有意大里神甫古尔锡者，言教王主教，不当主土治民，以其时罗马教王所辖地并为意大里所侵占，听其教王拥虚名居罗马宫，仍设兵卫之。教王尝慨然发愤，谓受拘禁，闻古尔锡之言大怒，嗣是古尔锡无见其面者，人谓为其主教、统领所拘系。此其立意亦深矣。相传谓教皇没后，嗣为教皇者，当寄居英国所属之马尔他岛，不复居罗马宫也。英国立法最广大，一切不禁。近有法国伯爵名勾恩得拉里病没伦敦，贫甚，或疑避地伦敦，以俄、法、奥、德诸国议毁朝政并坐罚，逃避至各国得指名收系，惟英国例，杀人、窃贼应听指索，语言小过得相保，是以各国避地伦敦者为多。天主教阿叱毕灼名满宁，修造育婴堂请助捐，拟稍资助之，闻马格里〔言〕，天主教各会动辄造册相援引，列名其中。竟不敢与之为缘也。

廿四日。就李丹崖、罗稷臣谈，托稷臣就格林壳罗斯书馆购觅罗阿得、茀来明金根两种电学，拍尔塞藏学。稷臣之兄罗臻禄，在法国学馆研求算学、矿学。闽人诚悫务学，讲求西法，为各省之冠。希腊之备兵，非欲与土为衅也，欲假助俄之名，以取瓜分土国之利，收还其故土也。其海湾曰拉法立那，英人曾援希腊与土人战，悉焚其兵船于此。故希腊为之语曰：将复践拉法立那之辙，取土人船尽焚之。二十年前，英、法援土，俄人战事方未定，遽就新阿伯焚土人船只，违公法之例。以新阿伯为黑海之地，英、法与俄人立约，不准停泊兵船黑海，以违公例，严为之制也。至此次战事，局势又将一变。

廿五日。威妥玛过谈。十月初五为西历十一月初九，梅尔于此日交卸，遍请朝官及各国公使会宴。是日所行礼节，并数百年前程式也。有纽登者，制造电气仪器，居老城旁，属马格理与商，借其楼房，观新梅尔赴任仪仗。所谈约有数事：所乘六马金车，有金杵一，四百年前英王所赐也名色尔得斯。赐之梅尔者名梅斯，一人执之以前导，过议政院，大法司洋语谓之罗尔得吉甫觉斯得斯在此相候。百姓声言：公举某梅尔，愿魁英[①]许之！大法司言：奉魁英之命允许。既入梅尔署，有数百年前捐给地亩者，犹各包谷数颗、铁钉数具纳税。又有捐给林木者，束小树条二十根，大如箸，献之梅尔。梅尔持斧砍之，各书给收票为信。若无收票，则官得以查核其地若田，召人承耕。盖数百年前相沿风俗如此，固未必实有其事也。纽登允为预备，因并函约日使上野景范。

廿六日。为西历十一月初一日。金登干偕贺璧理来见。询之，在江海关司造册局事务，曾充厦门、广州副税司。马格里言，法国公会约分四党：一伯理玺天德民主党；一拿破仑党；一普尔旁党，法国一千馀年世传之旧国主也；一阿林斯党。阿林斯，故公爵，拿破仑第一废居爱尔巴岛，国人援而立之，而不为民心所归。拿破仑因乘间回国，国人欢迎，阿林斯避位去。已而拿破仑侵夺诸国地，为英人所执，阿林斯复入袭位。是以言君主者凡三党，今并合为一。言者谓法国君民争持之势方长也。闻其外部笃喀尔斯已辞

①魁英，Queen（女王）的音译。

位，前相希满、前民主堪伯达并入上议院，今相谛布洛斯与马克瞒之意亦难坚持也。

阿非利加南尽处曰岋朴，英人踞之六七十年，东接戛茀勒尔里亚。其种人以掠夺为生，日劫取英人牲畜。英人乃以兵攻之。其地种人凡二，一曰戛茀人，一曰芬果人。芬果人弱，戛茀人贱视之，谓之犬人。芬果者，其地以名犬者也。英人因尽徙戛茀人海滨，而以芬果人环其外，尽得其故饶沃地。近年戛茀又日侵掠芬果人牲畜，岋朴总督巴尔得茀里尔往谕之，诫以再犯约必以兵来讨。戛茀人允诺，而侵掠如故。闻方由岋朴调派洋枪队往讨。法国有世爵拉里饿死伦敦。从未自述其家世，亦不言贫。善堂有知其困者，日以巾包面包二，候其至，与之。寄居人家一煤屋，数日不出，视之，毙。于是新报乃考知其由来，知拉里故为爱格兰人，居法数世矣，其祖以功授世爵。先是西洋通商各国皆有条约，惟中国无之。是以设立东方商会，非在会中不得私往贸易。其保护商民，亦须募兵，并有承办一切之总商，遇事皆听处断。数月前有名卜楼登者，年九十馀，云在中国四十馀年，即总理商务者也。其后英、法、荷兰分踞印度各海口，而东方商会乃以印度为总汇。英商不乐各国之分其利也，谋所以专据之。其商会文案名格来甫者，部署所募兵驱逐法人，因与交战，法国统领即世爵拉里也。屡战皆北，尽失所踞印度地，奔回法京。法主诛之，遂失世爵。此英人踞印度之缘始也。其后拿破仑袭位，以拉里故有功，仍复其子孙世爵。至今拉里又失爵，屏逐之不令居本国，而悉收其土田房产。新报述其始末，怜惜之，谓拉里能早求助于人，必不至困惫若此，其人亦稍有志节者。西洋通商中国终始事宜，亦所宜一加考求者也。新报又载英国大猾克尔、芹生二人，芹生学问尤长，专以诈骗为事，数十年无知者。所居必华屋高车，所言皆法国语，而自称英人芹生氏，所用巾拂，时绣卜林斯摩拉文。卜林斯者，法国语所谓王也，摩拉为王爵所主地名。人皆不知为何人，而阴疑为法国之袭王爵者。自陈为茾生，与相识者亦不疑也，以是得行其诈骗。所至与巡捕结纳，亦时周其缺乏，巡捕多德之。稍有罅（陋）〔漏〕，巡捕亦颇相与隐蔽。是以积久，乃稍败露。近始捕系茾登费尔监狱，方扳引巡捕，未能定谳也。

廿七日。德国克罗布炮局新制炮式，其法：铁甲船铁板凿炮眼，而衔圆球其中，令之圆转，以笼炮口，内施键，炮身安置交午架上，左右俯仰，使可转移。炮身虚立，炮口又为键所衔，故开放时无反坐之虞，而子出亦有准，以炮身衔固，不能移故也。并函属至爱森克罗布炮局地方，同至演炮处，已定初七日演试中历十月初三日。随员中无留心及此者。李丹崖方奉合淝相国命购买枪炮，当令一往观。其炮式早已载入新报矣。铁甲船及铁〔炮〕台用法并同。摩里来约，就博克南得观养鱼之法。李丹崖来谈，言克罗布新样炮式，前在爱森已见之，其用取效于人之两肩、两髀骨。惟其圆也，故可以周转而司手足之用。然亦有二弊：一、炮藏铁板中，其瞭望敌势当上出护墙外，临敌时防声息不能通；一、键固炮口，不使反坐，则炮身易伤。德人亦多以此为言者。

廿八日。斯谛文生、密斯盘来见，以合淝伯相命徐雪村、傅兰雅会议上海博物院办法，意欲于此开立学馆。傅兰雅以告密斯盘，因会同斯谛文生来言：如此则中国自行购办一切，英国阿萨密不得与闻。乃复议从小开一局面，以二万磅为限，由中国购造，或多或少，依照增减，由英人承办，即以二万磅承息六厘。所有陈设机器，各自运往，中国一切不问。并约拟一章程见示。适日使上野景范在坐，因问：日本一切取用西法，亦设有博物院否？因言：东京近三年盖造一院极宏丽，名博览会。日本三岛分三府三十五县，各悉其物产分置院中外国亦听入，按地段缴纳租价，而官计其本利，为定一价，按所陈货刊刻准单，视市价稍平。入观者皆给钱乃听入。于是趋市贸易皆集院中，为东京第一繁盛之区，国家亦因而收其利。隶之内务省，所谓劝业博览会者是也。此亦炫奇会之一端，故名内国博览会，专会聚本国物产。因问各国开设炫奇会，日本赴会，国家公用几何？曰：每次出国帑三十万圆，并约不可逾此数。曰：然则各国此会，间岁一开，所费不亦多乎？曰：奥国此会耗费极多，约略计之，至少亦二十万元，为各商人贩运各物，出鬻者无多，其本大耗。去岁美国此会出入两足相抵。问其章程何如，曰：国家为租炫奇会院房屋若干亩，转租之商人。其物产有运之商人者，有运之国家者，如五金、土、石及木质坚韧种类之别，国家为收聚以相比合，其运费皆国家承认。商力不足则贷之国家，各视所出鬻，得息几何，按数输之国家，以收其息，是以所鬻多则利厚。曰：三十万元用款，能尽收还乎？曰：所争差无几。大率国家遣派户部侍郎一人经理其事，亦有支（消）〔销〕；在本国各处收集物产，亦有使费。所耗不过如此。问：西洋章程同否？曰：不同。西洋但需一官经理，承租房屋若干，而商民自向经理处定租若干丈地，经理者准所租地分给，大率请租二十丈，给至十五丈而止。以西洋商民自知其中利益而争赴之，官但为之经理而已。明年法国炫奇会，经理者大太子，已三赴法国营度其地。西洋以商务为本，君民相与崇尚如此。

廿九日。礼拜。属张听帆翻译《英兰得类非纽税局全书》，所谓国内税则也。约分四款：一曰食用项下之税，二曰过印项下之税，三曰产业项下之税，四曰入息项下之税。就一千八百七十六年计之，共收食用税二千七百五十六万九千三百二十二磅，其目曰酒税，曰大麦税，曰火轮车税，曰执照税，曰跑马税，曰淅哥梨[1]税英国土产，可以代加非，故有税，曰糖税英国土产，曰酒作坊内用糖税外来糖并入关税，而凡酒作坊用糖另收税，是亦重税也。而收酒税至一千五百十五万四千三百二十七磅，而外来之酒有储栈行出鬻者，亦归内地税款，分浓、淡二种，又收浓酒税八十万四千二十五磅二先令十佩宜，收（浅）〔淡〕酒税十六万八千九百七十四磅一先令十佩宜。此外大麦税七百六十五万四千六百八十一磅，火轮车税七十三万六千三百六十九磅，执照税三百五十一万四千一百六十七磅，酒作坊糖税五十万六千七百九十磅，四者为大宗。其执照税内款目，曰男仆，曰四轮马车，曰四轮以下马车，曰兵级号记用之马车，曰兵级号记佩之身及用之器具者内或世爵冠带，或宝星，或世传号记，或自立号记；佩之身者为戒指，曰畜犬，曰出猎及用枪执照，曰出售野物执照。家用男仆一名给照一张约十二先令，四轮马车给照一张约二磅半，不及四轮马车约十八先令，兵（给）〔级〕用之马车给照一张约二磅六先令，佩之身及用之器具约一磅三先令，畜犬一只给照一张约六先令，出猎执照一张约三磅，用枪执照一张十先令，出售野物执照约二磅。惟出猎三项执照，年须一换。火轮车照车票之数，视所得车价每百抽五。此外又有制造秘方之药，每一药方收税五先令。共收过印税一千一百二万三千三百七十四磅，其目曰遗书税产业遗其子孙或亲戚，皆以遗书为凭，计产以收其税，曰屋地产业契券等税，曰汇银单税，曰银行票税，曰银票税，曰收单一本司印纸等税，曰保洋险税，曰秘制药料税，曰片纸税，曰凭单、执照税，曰金银器具税，曰创造新式机器税，曰保房屋火险税，曰过印费税。其凭单、执照税内款目，曰讼师每讼师凭单一税〔张〕纳税七磅有奇，曰银行每银行执照一张纳税三十磅，曰完婚每完婚执照一张纳税十先令。其过印

[1]淅哥梨，chocolate（巧克力）的音译。

费款目，曰兵部公堂，曰理例行事公堂，曰理无主产业公堂，曰打扫烟通凭单，曰爱尔兰文票存储处，曰各部探听事情，曰寻常律例公堂，曰各公司过印，曰管抄写等事，曰成婚散婚等事，曰炸烈药料，曰大印执照，曰爱耳（尔）〔兰〕审判注册，曰审判案情公堂，曰英伦地基注册，曰苏格兰律例公堂，曰爱尔兰律例事存本，曰伦敦京报，曰尚书保荐，曰各国人入英国籍。曰负箱售物凭单，曰巡捕公堂，曰管理遗书等事，曰存储各国案件衙门，曰火轮车用费，曰记录大小官职衙门，曰注册存案房，曰各契注册。其片纸税款目，曰薄印片，曰厚印片，曰包物印纸。共收产业税二百五十一万一千四百四十八磅，其目曰地税一百九万三百九十五磅，曰房屋税一百四十二万一千五十三磅店户、栈行、皮酒房、农家房屋，每磅抽税六佩宜；住屋每磅九佩宜，二十磅以下免税。国家公屋及公使〔馆〕免税。共收入息税四百四万一千八百九十二磅每入息一磅抽税二佩宜，其入息三百磅以下者免税，其款目分列五字号：甲字号曰地基产业，曰小房屋，曰大绅居屋，曰小税，曰罚款，曰各项利息出自地产者；乙字号曰地基产业，曰花木秧种；丙字号曰各项利息；丁字号曰客商及医生、教师、讼师，曰开山取石公司，曰煤、铁各矿公司，曰炼铁公司，曰煤气灯公司，曰清水公司，曰开河道公司，曰捕鱼公司，曰市镇及路、桥收费公司，曰轮车公司，曰作中保等，曰各国轮车公司，曰正项之外利息，曰别种利息。一千八百七十七年客商及医生等利息一万七千四百三十万三千三十五磅，每利息一万磅收税八十三磅六施令八佩宜，共应收一百四十一万四千五百七十七磅十二施令六佩宜。戊字号曰各衙门薪水，曰各处人（辛）〔薪〕俸。其一千八百七十七年每入息一磅收税二佩宜为至少之额，以前并收三佩宜。每值用兵，常计所用数加增，并于开会堂时集议施行。此国内马尔勤所编年书载：一千八百七十六年内地货税二千七百六十二万六千磅，票税一千一百万二千磅，地亩房屋税二百四十九万六千磅，进项税四百一十万九千磅，信局五百九十五万磅，电信局一百二十四万五千磅，君主地亩三十九万五千磅，杂款四百廿八万八千六百九十三磅、外关税二千万二万磅。茶、丝、烟、酒、糖、加非各种税则皆列入关税。通计本国税银七千七百一十三万一千六百九十三磅，合中国银二万三千一百馀万。一千八百七十七年出款：曰国债二千七百四十万磅，曰地面借款利息四万三千七百五十磅，曰官员禄薪养赡一百七十五万七千九十磅，曰水陆各军、海关、信局、信船四千七百三十四万四千三百六十七磅，曰买苏尔士新开河股分四百七万六千五百六十五磅，曰建造炮台等用二十五万磅，通计出项八千八十七万一千七百七十三磅，浮用一千一百馀万。是夕梦为诗数章，醒记其一联云：为桥乌鹊为巢燕，一样焦劳两样心。已十年戒不为诗，梦中乃屡为之，何也？

十月

十月初一日壬午。为西历十一月初五日。接上海八月初九日由英国廉巴地公司船递到第四十二号包封，内周瀛士、黄泳清、蔡瑞亭三信，并志城七月十九日所发第九信。英国执政十二：一曰弗尔斯得罗尔得阿甫齐特立灼里[①]特立灼里，译言库房也。言宰相统理国政，库房其总汇也。其名曰怀得哈尔[②]；怀得哈尔，译言北堂也，言〔犹〕中国言南衙、东阁，为宰相毕根士由 伯；二曰罗尔得海蝉塞勒尔阿甫英格兰得[③]，为律例尚书铿恩斯主宣诏，权势不如宰相，而位出其上；三曰罗尔得卜里西丹得[④]，为军机尚书立吉门公日本宫内省于此为近；四曰蝉塞勒尔阿

①弗尔斯得罗尔得阿甫齐特立灼里，First Lord of the Treasury 的音译。
②怀得哈尔，White Hall 的音译。
③罗尔得海蝉塞勒尔阿甫英格兰得，Lord High Chancellor of England 的音译。
④罗尔得卜里西丹得，Lord President 的音译。

甫齐艾克斯颉科尔[1]，为户部尚书罗斯廓得；五曰塞克力达里阿甫斯谛得弗尔齐和满谛巴尔特门得[2]，为内部尚书克洛斯和满，译言家也，犹言总管家里事，即日本之内务省；六曰塞克力达里阿甫斯谛得弗尔佛林阿尔非斯[3]弗林，译言各国也，为外部尚书德尔比伯；七曰塞克力达里阿甫斯谛得弗尔齐廓伦拟斯[4]廓伦拟斯，犹言英人寄寓他国之地，为属地部尚书喀尔那尔芬伯；八曰塞克力达里阿甫斯谛得弗尔印地亚[5]，为印度部尚书沙乃斯伯里侯；九曰塞克力达里阿甫斯谛得弗尔洼尔[6]洼尔，译言战事也，为兵部尚书哈得谛；十曰弗尔得罗尔得阿甫齐阿尔得墨尔阿尔地[7]，为水师部尚书施密斯；十一曰波斯得马得尔真尔拉尔[8]，为信部尚书满拉斯；十二曰基甫塞克力达里弗尔爱尔兰得[9]，为爱尔兰尚书赫克斯比治。英国合三国为一。英伦一岛，旧名卜里登，苏格兰为北卜里登，英伦为南卜里登，故总名廓里卜里登廓里，译言大也。（爱约伦）〔爱尔兰〕别为一岛，亦别为名，其总督马拉伯里公称怀尔罗尔，犹言代为王也。并设一部领之，与印度及各属地皆为经理国外疆土者。周瀛士寄姚彦嘉感怀诗十首，中有一联云：事来滋蔓千条紊，理到归根各节通。亦尚有见地。

初二日。接上海文报局八月十六日由法国生达公司船递四十

---

①蝉塞勒尔阿甫齐艾克斯颉科尔，Chancellor of the Exchequer 的音译。

②塞克力达里阿甫斯谛得弗尔齐和满谛巴尔特门得，Secretary of State for the Home Department 的音译。

③塞克力达里阿甫斯谛得弗尔佛林阿尔非斯，Secretary of State for Foreign Affairs 的音译。

④塞克力达里阿甫斯谛得弗尔齐廓伦拟斯，Secretary of State for the Colonies 的音译。

⑤塞克力达里阿甫斯谛得弗尔印地亚，Secretary of State for India 的音译。

⑥塞克力达里阿甫斯谛得弗尔洼尔，Secretary of State for War 的音译。

⑦弗尔得罗尔得阿甫齐阿尔得墨尔阿尔地，First Lord of the Admiralty 的音译。

⑧波斯得马得尔真尔拉尔，Postmaster-general 的音译。

⑨基甫塞克力达里弗尔爱尔兰得，Chief Secretary for Ireland 的音译。

三号包封，内沈幼丹、俊星东、刘芝田、陈章伯、罗小垣各信。摩里伯客兰得邀同至铿星登观所养鱼处，兼晤费士丁，则铿星登掌管瓶器者。所养鱼多区分种类为之式。鲨鱼多种，有尾如鳗长数尺者。又有一鱼嘴长数尺如剑，名剑鱼，数十年前海船不包铁，往往为剑鱼所伤，其力能洞木。有旧船板厚约六寸，嵌鱼嘴其中。伯客兰得云，鱼嘴深入，急不可脱，而船驶方急，嘴折而鱼亦毙。又有鱼须一，长七尺许，纠结如络藤。其英国常鱼，状若中国之青鱼，养鱼法专注意于此，云其散子在五六月，其时禁不得捕鱼。近十四五年始为此禁，而鱼多于前者数倍。鱼子大如豆，常上溯江水至浅处散子，而江溜常急。英人析其全境为二十五区，设官司之，常于江溜处设为水坝，交午曲折，使水有所滀而鱼不劳。其不能为水坝者，则以石兜拦急溜处，稍上两旁设水关，聚水令深，鱼游其中，不知为急溜也。其散子，初出鱼式，及一月，及两月，皆存以为验。未及两月者，用玻璃瓶贮之。两月以后，皆滀之水池，亦覆盖以玻璃，饲以肉。其鱼沿江上下，亦时出海，惟散子必就上游浅处。则亦英人格物之学也。亦藏有鲸鱼须一段，长约二尺许。前摩里绘具鲸鱼图，谓上唇两旁皆须护之，今知其不然。盖护唇如栏，状若板片，相连侧立，一唇可四五百片，其厚处向外，薄处有须向内，每片中空约一分，向外者截然齐一斜趋，向内则其须纠结，更无馀隙，是以小鱼入口不复能出，而其侧板可以放水，徐餂而食之。其制伞骨亦若牛骨，然须用人力琢成，非径以须为之也。又有长鲸鱼障板一片，长一丈二尺七寸，上宽约八寸许，下宽四寸。唇旁障板如此，其鱼之大可想。藏蚌壳大小数千片，形状诡异，得自中国者甚多。蚌中有珠浮起，大小不一，云海中虫钻其壳面，则内结珠以障之。亦有于其中取出铅子小如粟者。物理常不可测。所取蚌珠，皆在内壳衔口处，无在壳中者。又有壳中为十八小罗汉状，类生成者，凿去其六，壳上痕犹宛然。亦得自中国。问此何故？徐谓：闻造蚌珠者，捣糯米万杵圆合之，粘置蚌口，仍放之海中，数年后可以成珠。计此罗汉亦当系糯米捣成者也。又蟹钳二具，一黑一白，各长尺许，黑者如铁，白者如石。伯客兰得自以精于养鱼之法，在英国无其比也。

初三日。纽雅芝过谈。新报载香港四事，阅之怃然。一、新理香港波伯亨里西专欲以宽化民，不施夏楚，而犯法者益众，终至盗贼风行。于是乃许按司用刑。自云历任各处，未尝用刑，于此颇乖其意趣。一、属部尚书喀尔拉尔芬言，据各属地文报，系囚之多，无若香港者，因何至此，饬一报明其原由。一、外部尚书德尔比咨，据波伯亨里西管理中国寓（藉）〔籍〕人民西洋装束：住英国地界，归英国管束；其归中国，仍听中国管束。一、香港对过九龙嘴亦驻有小英官。有在九龙嘴外犯事者，乡人执送小兵官，转送之香港。按西洋律法，非所属地，不得科罪，乃纵遣之。至是其国家特诏，犯事在属地外者，亦一律科罪。凡（在）〔此〕四事，皆由中国处理无法，以致一切无可筹商。洋人之心日远，中国之势亦日以积轻，殆将无复转移之望也。新报又载嘉定洋行司事以经手中国借款，收系三月，而不详其事由。其言一千八百七十四年借款，则即葆芝岑所出印票，为所挟持诈索者也。春间以语嘉定，嘉定属急查办，遂有此举。

初四日。由法国公司船行递到派充驻英公使国书一通、敕书一道。当即录交威妥玛译英文，以凭咨送外部。寄复俊星东一信。摩里邀茶会，晤伯喀兰、德勒色二人。又威洛夫人、兰克里夫人，英国号称美丽者，视之殊不异人。岂一哄之传闻，中外固有同情耶？

初五日。与张听帆、马格里同践纽登之约，晤天文会参赞兰雅尔德。询其会堂，云白名林侯斯，诸言实学者各于其中分置一堂，其言天文之学凡四百馀人。并约一往游。英国百馀年前有盖布拉者，亦精占验之术，以后无言此者。纽登见示光气车，用小玻璃瓶管中段如瓶式，上下皆细如管，中置风轮，凡四分许方片四，用铁丝交午为轮式，中安小管，套入竖针内，见太阳光则旋转如飞。是日雨，燃麦克尼西恩[①]金照之，其光刺目如日。逼近瓶旁，轮转愈急。考问其所以然，则用千层纸金为方片，即光气所由发也。亦石类，用刀剖之，状如玻璃，杪许中尚可分析至数层。纽登云：此种中国土人亦有之。听帆谓中国呼之千层纸也。一面放光，一面用黑煤涂之，为阳光所激，则自冲转。古城楼一座，在纽登店旁，其高仅及市屋三分之二，下门极宽，中设木墙枝拄之。上为三瓮门，中若门双合，左右各肖像，左嘉乐士，右女主安即若尔日之缘始，并三百年前旧主也。梅尔仪仗极盛。前后骑马者，皆巡捕也。音乐八九班，各以旗间之，五色双龙，若中国旗式者为多。各商会及各军营奔走供给约千馀人，陆军或红衣，或青呢雨衣，或金盘衣，或皮冠，皆数十百人为队，奏军乐。又有马军，有炮军，有水军，有初试水军年十五以下者，又有乡军，各为一班，车辆亦数十百乘。有舍利夫及帮办，有阿得门。阿得门曾充梅尔者无表识，未充梅尔者旁一人执金棒护车。又有众会尚书。两橐驼，两象，为印度及阿非利加、阿剌伯装束。又有古盔甲骑马者数十人。又有巨车二，一载挨及古碑此旧所无，今年因移挨及古碑，仿而效之，用纸为碑，柱长八丈；一金车高五六层，各为神象，旗帜罗列，上坐一女像名卜里丹尼亚，卜里丹，伦敦一岛旧名也，因以为国神，坐一大地球，

---

①麦克尼西恩，magnesium（镁）的音译。

车四角为四洲神：曰亚细亚尼亚，曰欧罗巴尼亚，曰阿非利加尼亚，曰美利加尼亚。此外海神、风神及始为舟车之神。车高数丈，长亦数丈，十马驾之，亦一巨观也。旧梅尔坐六马车居前，新梅尔金车九马，光耀夺目，并旧制也。中有爱彬树林之族，用绿呢为彩棚，十馀人枝张以行，并绿衣，其后皂衣数十人随之，云伦敦千年以前皆荒地，树木成林，以志其缘始也。义存古制，而情同戏具，自其君主以下及民商，倾国人心目属之以为光荣，则亦其风俗留贻之厚也。晚为梅尔邀赴吉尔得和尔①会宴梅尔衙门名。吉尔得，译言会也；和尔，译言堂也。会者八百馀人。为曲长案，前设直案六，两旁各设五案。梅尔姓葛登译言棉花也。设音乐颂君主毕，问陆军，哈尔谛回答；问水军，施密斯回答；问乡军，罗伦谛尔回答罗伦谛尔②，乡军总名，犹言心所愿充。一名末里沙③，则可以调发赴所属地，其任尤重；次问公使，土使莫拉射司巴沙回答；次问罗尔得占斯律例尚书之名，铿恩斯回答；次问国政，毕根司由回答。毕根士问梅尔，梅尔回答；德尔比问前梅尔，前任怀德回答。次问上议院，立吉门公回答；次问（次问）毕灼伯，伦敦毕灼回答；次问按刑司，罗尔得基甫觉尔得尔回答按司主首之名；次问下议院，罗斯噶得回答；次问阿得门④，细得尼回答；次问舍利夫⑤，罗地叱回答；次问讼师，梭利斯多尔占得洛尔⑥回答梭利斯得，犹言刺事。占斯洛斯，其总领也，亦讼师主首之名。德尔比又问内里梅尔勒斯，所以颂言梅尔夫人也。梅尔回答毕，又设跳舞会，自宰相、尚书、各国公使、按刑司、阿得

①吉尔得和尔，Guild Hall（伦敦市政厅）的音译。
②罗伦谛尔，Volunteer（志愿兵）的音译。
③末里沙，militia（民兵）的音译。
④阿得门，Alderman（市参事会员）的音译。
⑤舍利夫，Sheriff（执行官）的音译。
⑥梭利斯多尔占得洛尔，Solicitor-general（位次于检查长的司法官）的音译。

门、舍利夫舍利夫二名，为梅尔之副、两议政院、牧师、讼师，下至绅商，并集于一堂，可云盛会矣。又兼男妇错杂，音乐肆陈，而所问答之辞，率举所管事务得失及今昔情形，反复数千言相为质证。虽近谐戏，而道存焉，未可厚议也。

初六日。威妥玛、禧在明来谈，并交到翻译文件，因言翻译亦是紧要事件，应须酌添一员。语以近请销差，威惊问故，曰：在此无能裨益，分应销差耳。威因论俄土战事，意谓如何？曰：日见新报数则，极为土国危之。威曰：良然。强弱之势本不敌，然所以致困者，坐无援耳。何以无援？以太少内修之功，其被侵伐，人皆快之，是以谓之无援。语以莫（射拉）〔拉射司〕巴沙言近三十年一切循用西洋法度，似非无意内修者。威曰：在官者黩货，讼狱刑罚，不一究心，百姓穷困无告，何谓内修？尽有一二才略能任事敢战，而无一实政及民，其本已先拨，西洋于此谓之乱国。吾在中国久，略谙其情形，殆亦类此耳。吾谓中国有胜于土耳其者，亦尚有不及土耳其者。如仿行西洋兵制，设立议政院，此所不能及也；以礼自处，无胜人之心，亦不至遽撄强敌，此为胜之。威曰：吾非谓俄人遽有觊觎之心。其用兵土国，财殚力竭，亦须数十年生聚乃能自强。但论中国，能内修，虽有强敌何害？其不能内修，东西两洋皆敌国也。中国地利尽丰，人力尽足，要须从国政上实力考求，而后地利人才乃能为我用，以收其利益。购买西洋几尊大炮、几枝小枪，修造几处炮台，请问有何益处？近年稍知讲求交接矣，而于百姓身上仍是一切不管，西洋以此知其不能自立。土耳其可为殷鉴。吾谓：中国只是议论繁多，不求实际。在事诸公亦止为议论劫持。我在此实系无所裨益，是以急请销差。威曰：此却不可。在此极是有益，久后当自知也。其言语可云耸切，因略记之。晚偕摩里诣伯客兰得观所藏蛇皮、虎骨。

蛇皮围尺许，虎头交牙长四五寸，猴头骨大如斗云其猴高七八尺。并指示蛇齿遗毒，其齿钩曲中空，旁有袋盛贮毒气，与齿跟相连。每咬人，力压其袋中毒气，从齿管溢出。若去其袋中毒气，即咬人无害。又出玻璃片数方，刮存毒气，用显微镜照之，如白膜，中现小珠颗。问此亦能毒人乎？曰：印度人取蛇毒傅之铁针，上有小木杆，纳竹管中，嘘气激之，即从管中激出，中人身见血立毙，以试鸡犬皆然。并出小铁针杆一束见示。又出示蛇骨，每骨节如珠相衔，是以其行屈曲自如。见小海物一事，其形如鞋，约寸许，状如蚌肉。小兽三事：一猴大如拳，尾长倍其身出巴西国；一灰獭，甚驯，长约八寸，可以玩弄出阿非利加；一鼠长六寸许，招之即至，纵之行，反复依人。云三年前见此鼠为蛇所困，救出养之，自此与人相习，若家畜然。亦一奇也。晚寄李丹崖一信。

初七日。礼拜。以禧在明赴上海之便，致周筱棠一信，并寄总署《法国常例》，《万国公律》及《法国论屋宇、道路、江河、树木、开挖金银煤铁律例》，共三种。准外部覆文：学生三人上船学习：黄建勋由栗温普前赴柏缪答，上柏乐尔芬船；江懋祉、林颖烈由索斯安普登前赴摩洛答，上艾勤考特船。幸丹崖信尚未发行，乃并来文寄交。

初八日。日使上野景范偕其参赞金司欧、副领事葛摹机来谈。问：日本商人在美国几何？曰：无有。然则设领事何为？曰：是大有用处。日本在英国购买机器及船炮，岁款甚巨，需有人经理。其借用英款在此料理，与在本国争差甚远。凡此，公使亦可任之，然须与商贾往来熟习，须住城内，公使住城内为不宜，又不能时与商人往还交接。银钱一切，领事经理，而公使为之主持通报，庶两相济。又日本商人无住英国者，而每岁货物交易亦常数百千万，领事可以推考百货盈虚，达知本国，权衡物价之轻重，以为制国用之本。是以领事为必不可少。日本仿行西法，尤务使商情与其国家息息相通，君民上下，同心以求利益，此中国所不能及也。晚邀黎莼斋、刘和伯、张听帆为之饯行，并邀李湘甫作陪。略论刘云生始终本末情形，以吾数月来神伤已甚，亦使莼斋、和伯稍明其罪状也。

初九日。荷兰公使德必兰来谈。晚邀屠迈伦、马格理、罗稷臣、姚彦嘉、李湘浦、德在初、凤夔九、黄玉屏小饮。以刘云生既行，此间气象稍获更始，与在事诸君申明约束，一洗刘云生之馀秽，使不至有所污染，并为约束仆人三款，及手告随员、翻译，一颁示之。

初十日。偕德在初往见德尔比，威妥玛先在。因问初六日照会呈递国书一节，想已览悉。德尔比言已收览，补递甚善。问何时可以呈递，德尔比言须先具奏，候会同各大臣商议，再行请旨办理。因问：见新报，本月廿三日君主由巴莫拉尔回温色尔行宫，大约可以至温色尔呈递？德尔比言：此须候旨。以意揣之，来比里亚公使在此久候，势须赴温色尔行宫，大约可以订期呈递。因问镇江趸船经照会多次，曾否核议定妥？德尔比言：此件归律例大臣主议，须俟其议妥，即行照会。想是此数日内亦必能定议。因问：上次呈递国书，君主言有复书转递大皇帝。昨奉总理衙门函询，此件覆书尚未递到，未知由何处寄递？德尔比言：当时大君主实有此语，以为滇案即可了结。因问：滇案原早了结，而烟台所订条约，至今亦未议准，请问有何原故？德尔比言：中有须商之印度总督者，至今未准覆文。因问：印度何以延搁如此之久？德尔比言：印度灾荒捐赈，想是不暇及此。窃计此数日内亦必有信。因语威妥玛：镇江趸船吾两人辨论多次，却有一语奉告：中国待西洋商人全无薄处，此件却须平心理处。延挨太久，似亦非宜。威妥玛言：吾两人辨论无益，总须候律例大臣核议。郭大人照会多次，吾亦有文书，商人亦有禀呈，应一并核议。因与言：此事西洋各国皆有则例。趸船准单扣停，所以仍行发回，实恃有公使驻扎英国，知英国办事一切公平，案律分示，可以折服该商之心。否则，准单亦必不能发给。威言：扣停准单，实是不遵条约，使商人受累。当时何以不由领事处理？因与言：镇江道照会领事十馀次，并无复文，积至一年之久，始行停止准单。若依外国则例办理，岂止于此。威言：中国自有通商条约，各国人民财产词讼，概由领事处断。（吨）〔趸〕船，即其财产也。平白耗失人财产，何以为言？违背条约，莫甚于此。因与言：关系江岸，安得不移？威言：果属关系江岸，领事已早饬移矣。六七丈深之江水，一丈馀之趸船，何能逼溜？如此办理，吴淞江湾泊船只，道台下令移出，将皆移泊海外乎？因与言：此等岂能不论情事，不按则例理处？威大人如此立言，宜乎律例大臣至今不能定议。我等争论无益，要亦须将事理辨明。若此小事，辨争多日尚迟延不能了结，在此亦复有何颜面？威言：郭大人所见如彼，我所见如此，要须由律例大臣主持。亦不必我所言，律例大臣便据以为信。总之，移泊趸船全然无理。因与言：趸船逼溜不逼溜，终须移开一看，始能辨明。如不逼溜，仍令湾泊。威言：既不逼溜，何为强使移动？其语绝横，而见德尔比始终不下一断语。嵩焘但谓：律例大臣不按公法核议，终当向外部辨驳。威言：尽可据所见照会，原须辨驳到一是处也。

十一日。斠百里来见，言本日印度部侍郎喀塞斯约至印度部询问鸦片烟情形，云中国人民日众，各国招工，中国人亦最壮健能耐苦，似未闻有受鸦片烟之害者。斠百里告言：在中国久，实见其受害，亦多不能生育。喀塞斯言：《烟台条约》云洋药厘税由各省察看情形酌办，语弊太重。将来加至十倍二十倍，亦所不能禁。是以印度部尚书决计驳之。㝡百里言：必欲议驳，已开各口及恤银二十万，亦当退停。喀塞斯言：滇案是一极可恶事，此等作为结案之资，当别论。㝡百里亦不知中国厘税章程，不能回答。吾因告以：恤银二十万了案可勿论。若洋药厘税不并征，则通商四口、起卸货物六口一并停止，中国亦所乐从。若厘税并征，印度部尚书所致疑者，吾亦可接允二条：其一、厘税以加正税一倍为止，每箱不得过六十两；其一、完税后加贴海关封条，原箱运入内江应免抽厘，俟到地段开箱，始准抽厘。㝡百里言：此语可告印度部乎？吾谓：此语正须往告。㝡百里言：喀塞斯约：如有奉询之处，仍须相邀。既须告知此语，当再约期一往见也。

十二日。拜发奉到驻扎英国国书奏折一件，又夹片一件。并致总署第十四信，及合淝伯相、沈幼丹、罗小垣，及志城，及家信十四号。并扎刘芝田、黄泳清，及照会赫德、吉乐福。波斯公使那赛木麻拉克莫及马克里来见。马克里见贻药饼，遂至大泄。

十三日。接到上海八月廿八日由英国基利公司船递到四十四号包封，接奉六月初十日拜发补议禁烟章程六条及论喀什噶尔事宜二折批谕。禁烟六条留中，朝廷意固不欲示禁矣。并接沈经笙、董（醖）〔韫〕卿、沈幼丹、金眉生、梅小岩、唐景星、黄泳清各信，及总署八月初九第十三信、八月十七第十四信，及周筱棠、方右民、吴蕙吟、文华甫各章京信，及意城八月初十第三信、志城八月十二第十信，及子瀞、子桂两侄信。

十四日。礼拜。墨尔色比尔伯克斯来谈，论土、俄情形，皆患穷。俄人借英商十五兆磅，非为兵费也，为岁出国债息二十馀兆磅，恐有失信也。土人岁息二十兆磅，则竟停止。近借英商三兆磅，相约以挨及岁赋抵偿，闻英国银号已允借一百万磅。问土国用币与西洋异同，曰：西洋各国并分金币、银币、铜币，而形制皆小异。土国金磅略小，抵英国施令十八。其借债交易，并以银号为枢纽，而价值低昂以时，犹中国银钱之相准为轻重也，大率取给于商贾之转移百货。西洋以通商为本务，关系甚巨，所从来旧矣。与德在初、凤夔九论刘云生悖逆情形，为人情物理所不能测量。近接友人书，谓其致书当事，言鄙人于洋务迁就卑恭，大失使臣之礼，至不愿与共事。此言必当一与理论。

十五日。为西历十一月十九日。李丹崖及日意格、马克理来见，言及法国议院亦分上、下，而与英人异制。其国分八十六部，部所属地亦分大小，犹中国之县、乡。各设立议院，部或三十人以下，或十馀人。于各议院推二人入上议院，绅主之。其入下议院者，民主之。是以上议院之权，得撤去下议院之不如律者。现君、民两党。入上议院，君党百五十馀人，民党百三十人；下议院，君党二百人，民党三百数十人。合之八百人，民党多至百人。而上议院君党实多至三十人，其意在靖国而已，无固执之心。大率世爵、教（师）〔士〕及从前立功者多主君党，馀多主民党。君党又分为三，所以其势终不能胜也。并述东土耳其噶尔斯失守之信。其事益棘矣！

十六日。马克斯威诺为其苏格兰会约往会宴，其名曰斯噶底什科尔百里升何尔斯噶底什，谓苏格兰人也，盖相传以十一月三十日为苏格兰神名森安得鲁生辰苏格兰神名安得鲁，英（利吉）〔吉利〕神名觉尔治。其会书记出名，名摩尔。属马格里辞之。英国旧有阿百里占宜斯会，盖英人之在中国者。其会堂辨论事宜，有珥摩斯者，极论英人构难中国为失公正之义，皆英人在下者之公论也。新报载：俄人攻克噶尔斯城，得克虏布大炮三百尊，拘虏土军七千人、巴沙二员。而所用兵不过一万三千，竟能克此岩邑，英人亦为之震动，以噶尔斯城为东土耳其之一要害也。又载：哈什噶尔有一种回民，名克尔基斯，与俄古坡故有隙。古里碑尽逐去之，而率师迎击官军，恐克尔基斯之乘衅为乱也。又载：君主廿三日回温色尔宫，以其四太子力（窠）〔窝〕波尔斯方患病，须改期从缓。晚邀李丹崖、罗稷臣、日意格及德在初赴阿非罗亚尔酒馆试法国肴馔。丹崖言：英国天气寒，故夏不加热，海气暖，故冬不加凉。盖地球东转而海势西趋。赤道一线下，海极温。西趋至南北美利加、加勒海湾，南美利加地势横截，其南为巴西国，赤道温海急趋加勒海湾，为南美利加地势所遏截，不得南趋，海水倒漾而上。海势西趋愈急，则温海水之上灌者亦愈远，终古相激薄，是以自赤道而上越北黄道，其海常温。伦敦冬不甚寒，由温海之倒漾故也。海潮与月相应。月当地球之中，海水为月力所吸，则水自腾沸而起以成潮；当地球之下正中，吸力亦然。是以有子、午二潮。望后数日潮大，由月全受日光，光力愈增，即吸力亦愈大也。

十七日。阿斯甫学馆名纽科里治，其学正苏爱尔传李格之言，约廿八日即中国十月廿四日一往游览。英国两大书院，一在阿斯福，一在刊比里治。闻刊比里治尚实学，而阿斯福尚古学，两相济也。又有类丁地方子种会，约廿四日当中历十月廿日往游。其总办名色登，会名罗亚尔百尔喀赛尔希得意思达比里治扪得①，盖集各处谷食及蔬食子种而较其肥瘠迟早之功也。百尔喀赛尔为类丁之总部名。金登干来谈，以接外部回复镇江趸船一案，仍是展缓时日，谋再一催之也。

十八日。马格里言：二百年前意大里人格力里渥精天文，始

①罗亚尔百尔喀赛尔希得意思达比里治扪得，Royal Berkshire Seed Establishment（皇家伯克郡种子局）的音译。

推知五星及地球均绕日而行，太阳居中统摄之。时罗马教皇主教谓其与耶稣教书违背，系之狱，而其说渐行于西洋：治天文者皆宗之。百馀年前英人瞻勒尔以痘症为害，颇穷其旨，因见取牛乳人出痘皆轻，推知牛亦出痘，取其浆试之，亦起颗如痘，因推穷其脉络而创为牛痘之说。英国医者大哗，其说竟不能行。瞻勒尔既没，英人精医理者乃推衍其说行之，其法遂遍及各国。故以为心得之理，晦于一时，而必显于后世也。简多马、格里、鼾百里来见。简多马能华语，兼通汉文，而足迹未尝至中国，并著有《字典备查》一书。致黄泳清信，兼托周瀛士购觅衣料、药材。

十九日。类丁①子种局以子种会游人太众，改订先一日往观。由拍定登车行向西行，遇马克理同车，询之，赴温色尔。同车行五十里至斯罗，马克里改附轮车南行，温色尔尚在类丁之南也。色登以马车迎于类丁，偕至其子种局。询知所鬻子种凡二类：一菜蔬，一花草。创始五十年，其开立子种会凡二十四年。于是各处菜蔬异种及栽种培养大逾常质者皆辇至，相与较其优劣。局主为制白金瓶、盘、壶、盏之属，罗列满案以充奖。所陈设十馀院，瓜、豆、果品皆有之，而以番薯、萝葡、白菜三种为大宗，各多至数十种。萝葡之大，至逾三斗，其种有红，有黄，有黑，有紫，有白，有半红半白，有一半赭一半白；或圆，或长，或中出数枝相抱护，有类鹅腿者。白菜圆如（毬）〔球〕，其色或红，或绿，或细折如云层涌，或上叶开而环茎如细球相缀。藷薯亦分五色，或圆，或扁，或长，亦有色黑者，则所未见也。其蔬子及花草诸子种贩运各国，为其本局所用以经纪营利，皆用女工拣其圆颗，而后装入包内，纳之洋铁瓶中。草子有黄如粟者，黑如弹者，灰

①类丁，Reading（雷丁）的音译。

者，麻者，亦有长空如秕者，西洋人皆种之以饲牛马。凡为蔬，为豆，为花，为草，各分数院理之。局大数百亩，而其旁地树艺子种，为英地一万亩合中国六万亩，役工六百人。亦一巨观矣！其司簿录者，（或）〔分〕本国及各国两处，各（亦）〔以〕二十六字母编其姓及其国名，亦足见其经纪之广远。其预备明年赴法国赛奇会子种橱，高逾丈，广约三丈许，各为小方橱，广三寸，高五寸，内胎红绫为衬，虚其前约数分，实子种其中，各视子种之大小为所虚之厚薄，外嵌玻璃，约数百种。又用木板装以红绫，用檀木厢其边。草种子连茎叶作一小束，缝之红绫板上。所见木板七八，草种亦数十。西洋之务为奇博如此。色登为设酒相款，同席茀克曼，博通草木果蔬学问，长髯方面，仪表甚伟。并邀巴麦（末）〔尔〕枉陪。巴麦尔为饼局主人，其饼局曰亨得利安得巴麦尔毕斯格法克多里[①]。毕斯格，译言饼也；法克多里，局也；亨得利、巴麦尔皆姓。今此局已专属之巴麦尔一姓，即通行各处之小洋饼也。各种小洋饼皆机器为之，每种皆至数厂。其运送灰面及运饼上下皆机器为之，不烦人力。如面厂装面一石，用布袋盛之，系之机器转运皮条之〔上〕，可以过衔入楼门，曲折送达和面处。其和面及揉力、压力，并用机器。其各种小饼，同一机器而形制各异。其面厚薄推转，如布帛之在机，或转印模就面，或推面使就印模，下用洋铁盘盛之，或一行，或一行并分，一分工夫压饼至数千。其小长饼为螺纹及若纠绳者，机器又小异。惟小薄饼则用机器压面使平，而用人力以模压之。中有小厚饼松脆，则用机器压成，送入开水大桶中，饼熟浮水面，用撩箕漉取之，然后加（缝）〔烘〕。（缝）〔烘〕饼窑深约丈许，用洋铁盘盛饼百数十，

---

①亨得利安得巴麦尔毕斯格法克多里，Huntley and Palmer Biscuit Factory 的音译。

从窑口送入，上下皆用薄铁板密排铁梁，推洋铁盘转运其中，上下用火逼之，至后窑口出，即成熟饼。火力微有猛弱，用玻璃管测之，而推运机器使之转动洋铁盘，自分迟延以应火力。凡机器一厂，必有窑炉二三座。其拣饼及装入洋铁盒，半用女工及孺子为之。厂地不足，则越江造一新厂。其江名铿类特，南入代模斯江饼局已越七十年，其新厂才及五年。其装匣处所运赴各国形式并异，亦分别为之。其装盒有绝精者，惜不能行远，以行远皆用洋铁汁衔口，不令泄气故也。其制饼皆用机器，而役工犹三千馀人。询之为英国第一饼局也。是夕，邀马克斯威诺、斛百里、李德、摩里、丹拿、金登干晚酌。男妇共十二人。

二十日。摩里邀早酌，同席百克兰得及琅特里。琅特里有美名，亦名客布登琅特里，其夫当是一兵头也。此外则科尔里格类里及褭兰得。褭兰得，美国人。皆善歌者。酒罢，鼓琴作歌。摩里将赴挨及，诸人相聚以志饯别之意。接上海文报局九月初五日所发第四十五号包封，内刘景韩、唐景星、黄泳清三信及八月廿三日第十一号家信、第十号信，并有衣箱及食物箱交张力臣携带赴上海，至今尚无抵沪消息也。

廿一日。礼拜。希腊数百年前有名谛窝奢尔斯者，隐居一岩穴中，敝衣草履，负暄以为温。希腊主闻其名，就见之，问曰：先生穷若此，吾能为之援。谛窝奢尔斯以手挥之曰：若无当吾前隔断太阳光，使不得照我。我但求若早去，不望若援也。其居止惟以一灯自随，出则提以行。人问白昼以灯行何说，曰：吾遍求一好人不可得，故引灯以求之耳。希腊文学盛于西土，如诗人河满及谛窝奢尔斯，皆有高世之行，而安贫乐道，遗弃一世，有类古高士之所为。西洋人无此一种风骨。亦略见希腊文教盛时，与中土高人逸士相颉颃也。

廿二日。英国设立新万国会，其参赞曰科达马，函约廿四日往听歪尔得讲说。盖其会曰就尼尔科斯摩波里登克罗卜[1]。科斯摩波里登，犹言各国也；就尼尔，年少之意，即新也；克罗卜，会也。内言近有车林彻尔船往东西各洋测量水势并水中所产，歪尔得为论述其所涉历情形也。其会中同上车林彻尔船者十馀人，皆积学之士。所知二人，一曰戛尔本特尔，一曰歪苐尔达摩森。惜是日约赴阿思甫学馆，不能应召也。丹拿来谈。百克兰得邀至罗亚尔阿魁尔里亚姆水族院，观北冰海带来男妇四人。其人皆制鹿皮为衣。男者亦着鹿皮冠，而胥红绒其上；妇人则以红绒为冠，其制向后（湾）〔弯〕折而前，锐其顶如牛角形。男妇以布缠足，着獭皮履。冬夏不易衣，不沐浴。以养鹿为生，富者至数千。用以驾车，日行一百英里。携带小狐一只；鹿二只，角长而瘦，形如枯树枝。鹿身高三尺，肥如小马。其一子白鹿无角，肉蹄歧分，与中土鹿蹄绝异。询之，英人波克捕鱼至冰海，冰合不能行，其地有高山名拉布兰，值瑞典、罗威之北，居民颇繁。留居一月，稍能通其语言，因劝至伦敦一行。久乃许诺。于是男妇愿行者四人，许以工价，先给六月雇值于其家。其男妇皆年二十，长者一人二十二，并左右邻里，非眷属也。其居亦行帐逐水草，男妇四人共一帐，夜卧不脱衣履，相聚五六月亦不至乱。其招鹿，引声长呼，高下抑扬，自成音节。亦善歌。日引游人观之。英人之好奇如此。男妇皆能引绳套鹿角及人颈，相隔数丈处抛掷之，无不奇中，犹蒙古之用套马杆也。又有一小院，用蚤驾车、推磨、放炮、车水及装两人对立，以蚤为首，而系两铅刀其足，两相击刺。云其蚤亦须教练数月乃能习，夜则捉置臂端，食饱乃收入匣中，置温水瓶于其旁使就暖。亦一奇也。

---

①就尼尔科斯摩波里登克罗卜，Junior Cosmopolitan Club 的音译。

仍观色赛尔绳戏，询知十七龄女子也，变化神奇，腾跃如仙。其从屋顶倒跃而下，则已加高至九丈七尺矣。

廿三日。新报载：印度一千八百七十六年，蛇、虎野兽咬害牛、牲口四万八千；捕获毒蛇二十七万，豺、虎野兽二万二千；出赏费二十万鲁比一鲁比抵两施令。一千八百七十七年尚在十月内，蛇、虎野兽咬害人口一万九千，牛、牲口五万四千；出赏费十二万四千；所获蛇、虎尚未记数。印度炎热，草木繁芜，毒蛇猛兽，为害如此，他处所无也。英医名费勒者，以蛇毒傅之生兔上，用药解之。闻至今尚未得巧捷方法。伦敦舍非尔得地方，亦治钢铁一都会也。闻其地治刀绝精，可使曲折如意，用巨椎捣之，亦无损伤。所治刀成后，必送伦敦试验，尚谋一往观之。

廿四日。里格约为阿斯福之游。英国大学馆以阿斯福①、堪百里治②二处为最胜。由拍定登乘坐汽轮车一百五里至类丁，又七十五里至阿斯福，寓居兰多甫客邸。询知阿斯福学馆凡二十有一：一曰由尼法希谛凡学馆曰科里治③；其总学馆得主考试，曰由尼法希谛④。此学馆建立最久，因以由尼法希谛为名，约已千年，住馆生一百九人；二曰巴里尔，住馆生一百九十六人；三曰弥敦，住馆七十六人；四曰林根，住馆六十六人；五曰珥克斯得，住馆一百七十二人；六曰阿里尔，住馆八十三人；七曰魁英斯，住馆一百人；八曰纽科里治纽者新也，此学馆初起以新学馆为名，至今沿而不改，住馆一百三十人；九曰阿勒苏尔士，住馆五人；十曰马克得林，住馆一百一人；十一曰巴里斯罗斯译言铜鼻也，住馆一百三十一人；十二曰科尔博斯客立斯谛，住馆

①阿斯福，Oxford（牛津）的音译。
②堪百里治，Cambridge（剑桥）的音译。
③科里治，college 的音译。
④由尼法希谛，university 的音译。

六十人；十三曰客来斯觉尔治，住馆一百五十四人；十四曰得林意谛，住馆九十六人；十五曰森约翰，住馆一百一十人；十六曰基色斯，住馆五十七人；十七曰哇单，住馆五十二人；十八曰百尔伦白洛克，住馆八十四人；十九曰乌尔斯得，住馆九十八人；二十曰吉白里，住馆一百四十二人；二十一曰哈尔得弗尔得，住馆六十九人。每住馆生各一住房、一读书房，二房相联，极精洁。所学天文、地理、数学、律法及诸格致之学，皆择其所艺已成者试之乃得入，各以类设师程督之，率十许人从一师。每学馆设一学正总理亦谓之尚书。又总设一尚书曰沾西洛尔①，岁一更易。今年沙乃斯百里侯实为阿斯福学馆尚书。又一副尚书名曰歪斯占西洛尔②，亦岁一更易。苏爱尔为纽科里治学正，兼任歪斯占西洛尔，是以具名邀请。未刻，诣纽科里治赴苏爱尔之召。会者二十馀人，并各学馆学正及教师之著闻者。是日凡游学馆三：一、马克得林，其学正曰武礼。学馆建立三百年，而正楼柱石雕刻人物，形状诡异，皆不能举其名。一、阿勒苏尔士，其学正曰礼敦。有大书堂，藏书甚富。总管马克斯木拉，注有印度佛经，名《非达经》，云尚在佛千年以前。其字略近西洋，与所见锡兰梵经绝异，殆犹西洋通印度后文字之变也。一、克来斯觉尔治，其学正曰立得尔，陪游礼拜堂及厨屋。又游大学堂一，名曰波里安，藏书五十馀万帙。总办葛克斯，言西洋藏书以法国巴黎为第一，伦敦妙西因次之，此又次之。所藏各国书皆各为院，中国书亦为一院。有巨册百馀，长方四尺许，为英国地图，街市屋宇及乡村民舍及田亩畦畛，方斜零畸皆具。询之，近年所具，其工至今未竣也。各书手抄未刷

①沾西洛尔，Chancellor（大学名誉校长）的音译。
②歪斯占西洛尔，Vice-Chancellor（大学副校长）的音译。

印者，别为一院。每日男妇相就观书约五十人。其前别为圆屋一区，皆石为之，上下两层，铁梁铁板，铺泥沙尺许，盖板其上以防火。缘学堂禁止灯烛，凡夜读书者就圆屋中，藏书亦数十橱。葛克斯云：此所藏皆近人著述。凡书成必首纳献一部伦敦妙西因亦然，故此数十橱无用价购者。圆屋最上一层结顶，旁四周为飞檐，铺以铅板，外为石栏，可以望远，阿斯福一城皆在眼中。其旧城尚馀一段，约数十丈，厚七八尺，（锹）〔甃〕以砖，上为雉堞，在纽葛里治左旁。苏爱尔云：初建学馆时，梅尔言：此段旧城古迹，当责学馆保护。是以三百年完好如故。又赴舍尔多里安西尔得，听（克格）〔里格〕讲《圣谕广训》。其地为听讲之所，前圆后方。方处为平台，中设巨椅，学馆占西洛尔坐其上。两旁设椅三层以待上宾，坐予占西洛尔之右一席，西洋所以示敬也。其前圆屋男妇环听。里格云：《圣谕》十六条，分四次讲毕，此四条特留候鄙人来游，相与一观。设案平台左旁右角。初言中国钦差第一次来此，以志欣庆之意；次及《圣谕》十六条，尚有四条待讲。于是宣汉文曰：第十三条，戒匿逃以免株连；第十四条，完钱粮以省催科；第十五条，联保甲以弭盗贼；第十六条，解仇忿以保身命。而后用英语申讲《圣谕广训》，男妇三百人，寂不闻声。每讲至佳处，则群鼓掌唱诺。亦足见我圣祖德教流行之远也。是夕，里格邀茶会，所见皆各学馆学正、教师。外数人，一名类音，云善诗；一名哥尔文施密斯，甚有文名而常与时忤，徙居美国，久亦不合而归。闻所著书多嫉世之言，盖亦古狂者流也。是夕仍不成寐。

廿五日。里格言，歪斯占希洛尔在波里安书堂给已试举人冠服，兼考试秀才，约往一观后陪游各处。往则大堂设平台，苏爱尔中坐，左右稍下各一人旁坐。举人九人，前跪受戒，起着长衣后，披厢红背兜巾，仍环跪受戒而退。英国此礼惟施之耶稣堂，考试给冠服，乃施之歪斯占希洛尔，不能达其义也。次则各学馆教师领就试学生，多或四五人，少或一人，排立歪斯占希洛尔前，曲躬述就试名，数约四十馀人。退而历口试、笔试二处，别有监试者。其口试则监试三人与就试一人对坐，问以古事。马格里听知问语，以罗马几世教皇，或云病殁，或云被刺死，毕竟何者为是？见于何书，可以证知其死状？其答语不能详。笔试则监试一人高坐，试者四十馀人，各以一小案相向坐，随所艺试之。凡三试。初曰博秩洛尔[①]犹秀才之意，次曰玛斯达[②]犹举人之意，次曰多克多尔[③]犹翰林之意。并岁一试，而试者各以年限，必历三年乃得试翰林。翰林亦重前三名，首曰西尼尔朗克勒[④]，次曰色根得朗克勒[⑤]，又次曰色尔得朗克勒[⑥]，统名曰得来波斯[⑦]，犹中国之言鼎甲也。其三试并阿斯福学馆生，外人不得与。学馆占希洛尔亦岁遣人周莅各处学馆，试其学艺高下而纪录之。其经遣试录取，亦与阿斯福学馆一例历试。所给执照，虚为之名而已，并不一关白国家。而自初试博秩洛尔学艺胜人者，岁得给奖异银一百磅。其试至翰林，得留学充当教（士）〔师〕，曰卜鲁，其称曰卜鲁非色[⑧]，犹言先生也。三试章程，盖亦略仿中国试法为之。所学与仕进判分为二。而仕进者各就其才质所长，入国家所立学馆，如兵法、律法

①博秩洛尔，Bachelor（学士）的音译。
②玛斯达，Maser（硕士）的音译。
③多克多尔，Doctor（博士）的音译。
④西尼尔朗克勒，Senior Honorary（最高荣誉学位）的音译。
⑤色根得朗克勒，Second Honorary 的音译。
⑥色尔得朗克勒，Third Honorary 的音译。
⑦得来波斯，Tripos 的音译。
⑧卜鲁非色，Professor（教授）的音译。

之属，积资任能，终其身以所学自效。此实中国三代学校遗制，汉魏以后士大夫知此义者鲜矣。其学馆曰科尔治；总学馆主试曰由尼法希谛，隶伦敦者三：曰阿斯福，曰刊百里治，曰得兰莫。近年伦敦亦立由尼法希谛学堂，凡各学馆艺生皆得试。隶苏格兰者四：曰爱敦白拉，曰阿白尔定，曰拉斯噶生，曰安得鲁。隶爱尔兰者一，曰得布伦。而阿斯福学馆缘始，则自千数百年前天主教（师）〔士〕创为之。盖其时通知学术能文者，惟教（师）〔士〕为能然也。如纽科理治，缘始威里姆阿甫威堪摩，温吉斯得之毕灼白也。其冠帔、约指、手套，犹存十馀事，用玻璃匣盛之。学馆基产皆其所留贻也。克来斯觉尔治[①]译言基督会也，缘始戛尔谛拉尔、乌尔喜，天主大教（师）〔士〕也，当显理第八时权势最盛，建立学馆约及四百年。至今各学馆学正，亦多牧师为之。里格邀同苏爱尔午膳。遂至格拉伦敦卜来斯印书局。格拉伦敦辑查尔斯第一被弑事为一书，（消）〔销〕行甚广，厚积资产，临卒尽蠲所有，立一印书局。新旧印书机器凡数院。总管曰毕格尔得何尔，精勾股算术。西洋印书皆用检字法，集各国文字印刷所有书籍，凡为剌丁，为希腊，为印度。为波斯，为日本，为阿剌伯，凡文字与欧罗巴所传字母异者皆备，中国检字法亦具焉。其书板分铜、铅二种，并用检字法，用厚纸浸水拓之，烘干而字皆浮起，夹入铁板中，三方界以铜而虚其上，熔铅灌之，而板立成。然铅板不受压，故不能经久。因用薄铜片压成板，浸强水中，引电气（练）〔炼〕之，傅以铅，厚薄惟所施，则成铜板。局分东西两厂。左厂专印福音书，积纸数屋，先灌水浸之，压使干而微带潮湿，乃受印，连机器二三十座。印既成，分别整齐之，第其章数，又

①克来斯觉尔治，Christ Church（牛津大学学院之一）的音译。

送入一院，次第合并之。妇女及童稚等所役亦数百人。毕格尔得何尔云：每年所印福音书，纸宽六尺可铺英里三千，若宽八寸可绕地球一周。问：福音书所在有之，安置此？曰：此遍行各国。前游印书会，格兰斯敦陈列福音书一帙，而标识其上云：此书无奇，却有一奇语：昨夜尚是整张纸，裁成数百叶，刷印装潢成一巨册，只用十二点钟工夫，今早已成书矣。即此厂所印也。次至阿客难德妙西因，所历视不过数种。管金石者曰布利谛斯为治，管鸟兽及虫鱼骨者曰罗里斯登。其金石与虫鱼合化及骨成石者，云皆得自阿斯福土中。石板中衔鱼、兽骨，所在有之，而此所见尤奇。有形若鲸鱼而尾极长，状如狮子尾，又复歧出。有头颈如鹅，而身尾皆鱼，又生两翅。有巨鱼中含旋螺，大逾碗。有前半磅礴磊魄，而后身鱼骨及尾皆具。又鼍鱼上腿骨长逾丈，骨半为石，得之土中，凡十馀具，莫辨为何物。嗣得三丈馀鼍鱼，折视其骨，始知为鼍鱼上腿骨也。其长三丈馀，而腿骨不逾七寸。土中所得大至百倍，则鼍身之长可知。象牙（湾）〔弯〕曲上抱，长丈许，毛长尺许，并从土中理出，推测得之，云皆在开辟以前。其诸角、骨，奇形诡状，不可殚述。马宝大如球者亦十馀，一球剖其半，皆浅毛长寸许者结成。又转至一虫院，其司事曰韦斯武得。聚各国虫类万余种，蝴蝶一种又至数千。最奇者翠蝶，反复视之，五色皆具，云出印度，蝶子大逾尺，毛长数分。蝎子尺许，两齿如角外抱。蜂窝大如巨东瓜。皆巨观也。又有阿克兰者，引入一书堂，上下两层。上层辨各国土性与色，以知其所宜及人民所以受病之由。下层各国动植物类图册。偶检中国鱼类图册，所画皆金鱼也，亦至数十种之多。次至阿布色尔法多里①天文堂。其

①阿布色尔法多里，Observatory（观象台）的音译。

总管曰毕灼尔得，天文士之最著闻者。入门登梯，两壁画日星行度。毕灼尔得指谓曰：此百馀年前初见中国书，言：春分日中见鸟星，秋分夜中见虚星。西洋不辨其为何星，因上推四千年前春秋二分昼夜之中当见何星。推者不一，近已推得二星。予笑曰：西洋推测精微，其用心勤矣。然言理非也。《尚书》所记二十八宿之中星，羲氏司东南，和氏司西北，因二十八宿行度所次，以测四时之中气也。并非谓春分日中独见鸟星，秋分宵中独见大火星也。毕灼尔得亦以为然。凡为面南显远镜一具，为圆屋测量显远镜一具。其一具用反照法，谛拿娄所手制也，费至二千磅。谛尔娄以目力不给，不敢窥测天文，乃输之阿斯福天文堂。其一具下置机器钟，上为圆屋，用机轮推转，其迟速并与各星行度相应。每测一星可至数日夜，更替审伺之。予问白日可以见星乎？曰：惟金星易见。乃属其司事寻审，久顷，走报曰：得之矣。急往窥之，正南见一半月，光色甚淡。金、水二星在地球环绕之内，距日为近，其光皆有圆缺，以行度远而光小，不如月之易辨也。毕灼尔得求手记之以为信，乃书曰：某以西历十一月廿九日申初见金星大如半月，正当南。此行得见金星于日未西时。徐雪村所谓金星多随日，惟入日度则光伏，其旁照处，日间可以见之。信不虚也。六点钟回伦敦，计行四十二里，至地布角得换坐一车。

廿六日。类丁子种局色登见贻蔬菜三十六种，云各种蔬性并与中土为宜，又皆异种，可以推行至中国。然其种法及土性之宜坚实与宜松浮，尚须一推求。接铿尔斯、占拿即简多马。简者，占拿之转音；多马，其名也二信，各相约一至其家。复接卫克费尔得一信，即前鼾百里以所制汽轮船转铁缆以曳货船上四川峡江图式，吾以四川并无准用汽轮船之说谢之，至是又函问也。

廿七日。为西历十二月初一日。回拜奥使博斯达、德使敏斯达、土使莫苏拉射斯、意使扪拉布里亚、美使毕拉般德、荷使德必兰、波斯使那赛莫麻拉克木，及哈尔得弗尔德、哈尔谛、里德、马克斯威诺各处。土使为希腊人，习耶稣教，参赞莫苏拉射斯贝，即其子也。土官称谓凡三：首曰巴沙，次曰贝，又次曰意分底。英国旧名戛尔斯德尔意谛斯，译言锡岛也。二千馀年前佛尼西亚人开辟欧洲诸境，以伦敦一岛产锡，岁取锡于此。始制二十六字母者曰戛尔得莫斯，即佛尼西亚人。希腊为欧洲文字原始，所祀神曰阿色尼，即开创文字之原也。佛尼西亚近犹太，与麦西皆隶亚西亚，麦西又稍迤入阿非利加。欲言欧洲文字之原，以希腊为始。接到上海文报局九月十二日（在）〔由〕英公司鸡笼船递到四十六号包封，内合溉伯相、刘芝田、裴樾岑、杨性农、罗研生、张力臣、朱宇恬、朱香荪、易叔辉，及黄海华寄诗，及家信十号八月十九日发并十二号九月初三日发。其十号信则由力臣带赴上海者也。廉丞已于八月廿日仙逝，其母胡太夫人，年八十矣。

廿八日。礼拜。诣李丹崖、罗稷臣谈。稷田在京斯科里治学习化学。其总教卜洛克生上海新译化学书作蒲陆山著书数种，通名卜洛克生，第一种言化学之理，第二种言其法。为稷臣言化学书精者，以哇脱所著三十六册为最。哇脱，德国人，其书已译英文。凡言化学者名曰铿密斯脱利①。日尔曼人于此种学问最为擅长，英人不能及也。接张听帆信，言伯灵都城火轮车栈八处，巡捕房六十处，救火局十七处，电报信局七十三处，气筒寄信十六处，戏馆廿五处，乐院十九处。

廿九日。英国讲实学者，肇自比耕②。始时，欧洲文字起于罗

---

①铿密斯脱利，chemistry 的音译。

②比耕，Bacon（培根）的音译。

马而盛于希腊，西土言学问皆宗之。比耕亦习剌丁、希腊之学。久之，悟其所学皆虚也，无适于（用实）〔实用〕，始讲求格物致知之说，名之曰新学。当时亦无甚信从者。同时言天文有格力里渥[①]，亦创为新说，谓日不动而地绕之以动。比耕卒于一（年）〔千〕六百二十五年，格力里渥卒于一千六百四十二年。至一千六百四十五年，始相与追求比耕之学，创设一会，名曰新学会。一千六百六十二年，查尔斯第二崇信其学，特加敕名其会曰罗亚尔苏赛也得。罗亚尔，译言御也；苏赛也得，会也。而天文士纽登生于一千六百四十二年，与格力里渥之卒同时。英人谓天文窍奥由纽登开之。此英国实学之源也。相距二百三四十年间，欧洲各国日趋于富强，推求其源，皆学问考核之功也。印度近有两（事）〔处〕军事。一、雪山有一种部落，名阿弗力底，以掠劫为事，亦筑炮台印度北界，其名曰觉摩。印度部长遣将基斯临以兵，告谕其人民，毁其炮台，收其兵器，无使侵掠，因令其酋遣官驻印度。一、前建炮台俾路芝之北境，其地曰喀拉得。阿富汗惧，屡构俾路芝无以地假之英人，意疑英人之谋己也，日夜厉兵以伺衅。印度部长亦赴喀拿得观变。似印度西北两处，皆小有兵端也。

三十日。又接卫克费尔得信，始知前所陈挽船法，以《烟台条约》内有俟洋船能行抵夔州、重庆，再议通商之言，故创为此法，挽船使上行也。至是始知其见询之意，急以一书拒谢之。因与马格理论及汉阳李氏凿川江滩石事。马格理为述美国纽约江口有巨石，如小山为阻，常损行舟。美人谓之黑尔贸斯，译言地狱口也。去岁为炫奇会，乃先以十年之力抉去其石。其法铸铁筒入石中，用树浆皮塞其隙。而后以机器吸出铁筒中水，人由筒中出

①格力里渥，Galileo（伽利略）的音译。

入，凿石深数丈，纵横交午为窍穴，纳棉花火药实其中，而后揭去铁筒棉花火药不畏水湿，引电气发药，凡十年乃成。至开会时，聚各国民商纵观。火药一发，则数百丈之伏石一化为齑粉。英人有名歪费尔达摩生者，遍历各洋，查考海道之深浅，水流之缓疾，与赤道下热海之行度，与水势寒暖分数，及各海底浅石虫鱼，集聚数百种，凡历三年乃竣事。国家以兵船资其行。至是乃就其行海所得，分别金石、虫鱼、沙草，集诸博求考证其异同，与海水环流之势，及四时风色方向之异，俾勒为一书。以二万五千磅资其用度，合中国七万五千金。此亦足见英人勤求学问之本矣。致谢阿斯福纽科里治兼歪斯占西洛尔苏爱尔一信，兼以小照一具寄之。

十一月

十一月初一日壬子。为西历十二月初五日。麦华陀过谈。上海博物院之议，倡之麦华陀，密斯盘、斯谛文生相与附和之，是以麦华陀之意，尤勤勤望其有成。色登类丁子种局见贻子种三十七事：为萝卜十七种，为菜蔬六种，为豆品十四种。其豆藤有高至六尺五尺。其各国菜种则瑞典、比利时、利尔得。其各地方菜种则栗温甫、温色尔、百尔喀赛尔，亦有种之御园者。并致送各图及书册以凭考核。其意惟欲达之京师，以（始）〔使〕知菜种之繁硕，接踵求之。吾固不能拂其意也。谋以子种箱寄之合淝伯相，而为达其意于总署。

初二日。新报载土国苏利门巴沙攻克珥立拉城池，阿里巴沙由窝尔堪尼援阿思满巴沙于伯理卫拉。两处皆胜，俄兵战没三千馀人，兵力终无已也。英国制造大炮，以多费尔得、阿密斯敦并称，而多费尔得最有名。其时兵部有罗卜尔者，隐助阿密斯敦，遂用为武里治总管。已而所铸大炮后膛不能合用，阿密斯敦因求退，自立一局于纽开斯，罗卜尔亦退为阿密斯敦帮办。而武里治所铸大炮稍改后膛式，故达摩斯所献也。初，用阿密斯敦炮式，达摩斯所献以为不合用，罢之。阿密斯敦既退，乃稍取用达摩斯遗法，已数年矣。今年三月，达摩斯侦知之，遂以控于按察司。按察司断令兵部补给达摩斯五千磅。接上海文报局九月十九日由法（由）〔国〕埃屋轮船寄到四十七号包封，内志城九月六日所发第七信，并杨云冈诗信；又接朱翼甫一信，与魏赓臣并以道员指发湖北。

初三日。复容春圃、黎莼斋、刘和伯、张听帆各信，兼咨刘锡鸿盗窃画镜事。是日赴占拿即简多马之约，至布洛客威尔花园布洛客，译言鹹也；威尔，井也。所居屋曰喀拉伦敦侯司。同席得宁、马客艾敦、彬戛尔得。得宁、彬戛尔得皆学馆教习。得宁惠书数种，并教小儿读书之法。兼言其学馆在京司克罗斯，名曰河满安得克娄尼亚尔。凡分六堂，约千馀人。小儿三四岁以下一堂二百人；专习教读之法，俾充馆师，一堂亦二百人。约正月初八日后一往游历。马客艾敦、简多马各惠教书数种。出册属书，因题一绝云：华（镜）〔灯〕明镜照阶除，天气微寒近雨馀。坐中长老谈元理，酒酣惠我福音书。

初四日。回拜麦华陀、阿里克。舍利曼以意大里人，往来希腊、埃及，掘土搜求古碑，所得数百种，亦云希腊古碑多近中国文字。又云元世初定中国，有意大里人马尔克波罗[1]随世祖入中国，遣赴罗马延请教（师）〔士〕。回至哈什噶尔，适回人交争，

---

①马尔克波罗，Marco Polo（马可波罗）的音译。

阻于兵，皆辞去。马尔克波罗复由间道至中国，居二十二年，至河南见犹太人传习摩西教，亦不详其所始。然则元世入中国而回教以兴，天主教亦于此肇其端。自黄帝以来五千年，由漠北入处中原成大一统之局，实创自元氏，而已开近时罗马传教之先声。天地之气机有所引，而发之各以其时，殆亦非偶然也。晚接外部德尔比照会三件：一、定十二日中历初八日温色宫呈递国书；一、照复惇信轮船赔缴周复顺盐价、船价；一、照复接到论新报所载《烟台条约》事。接李丹崖巴黎信，灼甫官学已允四人。现议多琅厂安置五人，其馀艺生分赴白海士登官学及白代果德民厂。其闽厂添派艺徒五人亦已至马赛。亦颇费安插之力矣。

初五日。礼拜。张力臣著《蠡测卮言》十卷，专谈洋务。先刻第二、第三两卷见寄。论西洋格致会分十五家：一、天文、算学；二、重学及机器之学；三、测量家学；四、植物学；五、农务学；六、数学，谓考校货物出入多寡之数也；七、世务学；八、声学、热学、光学、电学，九、天时、风雨、寒暑之学；十、地理学；十一、化学；十二、地内学，谓辨别方物也；十三、金石学；十四、人学，谓族类、肥瘠、寿夭之别；十五、医学。明季英人吉利巴始悟电气，分干湿、金石、草木诸种。嗣是迭相祖述，电学大著。至道光时，英人惠子敦、意人戛色利始创设电报。又言机器大端，一曰水运；二曰火运；三曰水火运。此外又有金运、石运、人运、牛马运四种。金运以钢发轮，石运以重物引机，盖水运之馀事也。大者莫如汽机。遇有不能设汽机之处，则以人与牛马代之，则汽运之馀事也。凡水、火、汽运，总不越发机转轮而已。挈提西学本原，最为简括。

初六日。日本国铸造钱币，计一年中铸造金钱五千一百六十九万，银钱二千二百九十四万，铜钱三百万，楮币一万六百五十七万。日本贫国，又以萨司马之乱，用兵经年，仿行西法机器，所费以巨万计，而于其时制造钱币，合计所以应国用者，已至二万万之多。国之富强，岂有常哉，惟人才胜而诸事具举，日新月盛，不自知耳。其参赞那戛那欧来询马（克理）〔格理〕，言得本国电报，中国遣派使臣二员，不独各国无此章程，历考之万国旧例，亦无公使二员接待之仪，属查明英国接待副使礼仪，或同正使，或与参赞为例，以凭照办。马格理答以但有文凭，即应以公使仪待之，语尚得体。

初七日。遣马格理、德在初诣外部见定得登，询问补递国书之仪。据言各国呈递国书，并无诵辞，温色尔一切礼节，亦可从简。闻官军已由土鲁番进取喀喇沙，而师丹娄见示新报，言俄酋驻塔什干者，派所部苦尔古斯格携带马队并哈吉目刊所部千人，以收掩喀什噶尔战没官兵为言，其意欲令哈吉目刊规复阿克苏城，与古理碑各立一国。并言天山一路，俄人必于此经营，将来可以操此一路大权。左恪靖所恃以运粮者喀敏斯格，曾运粮经历喀什噶尔城，携带俄酋一书，责官军以杀戮太惨，古里碑信之，不复阻遏，竟能刻期运达。或谓俄人诱使官军前进，俟其运路日远，而后挟以持其短长，图取利益。此言诚无端倪，然亦不能不虑及之也。接黎莼斋信，转递朱石樵一信。

初八日。外部约十二点钟至柏林登，由国家预备汽轮车前赴温色尔行宫。至则毕根士由、克罗斯、立吉门公、德尔比皆集。是日有会议事件。各国公使接见者三人，其一萨哇多尔公使开希多，其一阿歪希公使喀尔得尔。赏宝星接见者三人：一、剌斯噶梅尔贝音斯；一、栗温甫梅尔哇克尔；一、前任四十年按察司罗彬生。出使荷兰接见一人，曰斯觉尔得。初见毕根士由。次即中国公使，德尔比随之以入。德在初传递国书，为诵言云：中国大皇帝遣派公使驻扎伦敦，补递国书，恭呈大君主鉴收。双手奉书授之君主，君主接之，转授德尔比，回言云：闻钦差已奉命驻扎英国，可以久住，闻之不胜喜悦。因鞠躬而退。遂至殿阁午饭，坐德尔比之右。同席毕根士、立吉门、克罗斯、威妥玛及萨哇多尔公使数人。梅尔等别为一院午膳。饮毕，仍由君主备车送至汽轮车公司行，而毕根士由独留。君主与议政，始终一毕根士由而已，足见此间相臣当国权任之重。回至外部，见旁斯茀得一人，与约邀定得登、波尔克、立斯得、三多逊、哈尔费六人一叙。旁斯茀得为定廿一日，当中历之十七日，未免太速。现在料理房屋，完工尚无期日也。晚接得格拉斯一信，妙西因管理中国书籍，云新译《元史》一卷。

初九日。以约外部各官一饭，昨见旁斯茀得言之，云须请示定得敦。因遣马格里往问，据称当候正月初旬闲暇时，约当中历冬腊之交也。波斯公使见赠电报一具，云须于公馆设立练习之，即知电报之用。属马格里以一书谢之。

初十日。师丹理见示印度新报，言塔什干俄酋遣将官库尔古斯格（送）护送哈吉木刊回喀什噶尔，以收掩所部战没者为辞，意在袭所旧踞之阿克苏城，自立一国。俄人于天山一路，谋揽各国之势，轻重抑扬以总其权，而乘衅以邀利。又云：俄人前取浩罕，虏其王置倭伦百尔城，近其王（势）〔伺〕隙逃归浩罕，其势必生变端。又云：古里阜袭喀什噶尔故地，急谋通前后藏地，依附印度以结英国之援。计此三项议论，不必尽有实据，要皆意中事也。呈递驻扎国书以后，例应拜客。约分三项，分日投帖，而不能不随街道远近以取便。其分日拜客，仍依次汇存之。第一日拟拜本国执政诸君：宰相毕根士茀义、御前律师铿恩斯、军机立吉门、内务部克罗斯、外部德尔比、户部罗斯噶得、兵部哈尔谛、水师部施密斯、信部满刺斯、属部哈尔讷尔芬赫喀斯比治、印度部沙乃斯百里、爱尔兰部赫喀斯比治劳色尔：是为十二部执政，军国大政皆与议。总管学校尚书三敦、总管各梅尔所辖地方尚书斯拉得尔布斯洋语曰洛克尔科费尔扪得阿非斯①。洛克尔，译言地方也；科费尔扪得，译言官也；阿非斯，译言衙门也、商部阿得尔栗、工部逻尔：是为四小尚书，军国大政不与议。又有库部尚书，为国家本计，率以宰相领之，而设二副：其一户部尚书罗斯噶得，其一克来登。幕府科里，即毕根士弗义文案也。其各部副贰视中国侍郎：内部意自尊、立得尔、密得弗尔得；兵部客多干、维非安、斛百尔曾为通书武里治；属部娄色尔、赫白尔得；印度部斛莫尔登、弗赛斯、喀色尔斯、曼勒特；外部定得敦、旁斯弗得、波尔克、立斯得。幕府三多逊，即德尔比文案。属官视中国司员。专办中国事件哈尔费。御前大臣铿白百治公、得克公、卜林斯爱都尔得阿甫萨客斯歪麦尔②，卜林斯克立斯谛安③。又公爵最尊者罗尔弗克公，管国（人）〔主〕所用印记。君主朝见，与大太子威尔斯旁立者，皆国戚也。内大臣赫尔得弗尔得、巴林登、旁斯密非音。宫官宣摩尔、巴尔噶得。御前宫官多林登子爵、登摩尔、罗登、遮尔西、罗摩尼四人皆伯爵、爱尔芬斯登、罗尔得谛罗斯。掌管君主银钱：色尔达摩斯毕得尔弗。掌管官票：波商伯爵。掌管银匠务：伯尔习、梭麦尔色特。掌管御厩：伯拉得弗尔得、罗尔得阿尔弗来得巴吉得、卜立斯波尔得。总管侍卫：罗尔得斯格尔梅尔斯替尔。大太子管印：立斯得伯爵；管宫：白洛赛。大教（师）〔士〕阿治毕灼伯、伦敦毕灼伯、

①洛克尔科费尔扪得阿非斯，Local Government Office（地方行政局）的音译。

②卜林斯爱都尔得阿甫萨客斯歪麦尔，Prince Edward of SaxeWeimar（萨克思—魏玛的爱德华亲王）的音译。

③卜林斯克立斯谛安，Prince Christian（克里斯底安亲王）的音译。

谛音斯丹蕾住威斯敏斯得教堂。罗尔得梅尔。阿得门色尔佛兰遂斯多铿斯。按察司罗尔得基甫觉斯得斯科百尔伦。罗尔得色尔盘。罗尔得嘎色尔立。略就所应拜者开具名单，不能遍及也。

十一日。通拜各国公使。俄使瓦洛苐，德使敏斯达，法使达拉固，奥使博斯达，意使美那布里亚参赞哈尔阔尔达，土使莫拉射司，瑞典使毕巴，荷兰使德毕兰，日使戛萨类各来西亚，丹使毕娄，比使索拉宛，希腊署使宅那替阿斯，葡国署使丹达，日本使上野景范，波斯使那赛木麻拉克莫，美国前使毕勒般德新使尚未通拜，巴西使佩内都，危地马拉使尼格雷达，秘鲁使戛拉卫斯，危尼苏爱拉使洛扎斯去岁同递国书，萨拉瓦多尔使开希多，阿歪西使喀尔得尔二人并此次同递国书。略就所常见者开具名单，亦不能遍及。晤前驻华公使阿里克，出示斯丹雷照像，及所循历阿非利加康哥河源图。盖即《特力格纳苐》新报局与纽约尔克《赫拉尔得》新报局遣探阿非利加中境者。先是二三十年前英人名非色尔里者，精于藏学。挨及延请开矿，住挨及三年，因往探阿非利加中境，至一国，为土人所困。所携向导二人，尚能通其言语。一老者从旁劝解，则其前王也，以年老传国其子，言：我系汝等前王，当听我言。此人能孑身来此，必非常人。当敬礼之，不可加害。且观其所携兵器，亦与吾所用枪、箭异。必有来处，尚宜考求。盖所携洋枪为彼地所未见也。土人仍以危词胁之。非色尔里笑曰：吾有神术，不汝惧也。视其旁高树上立一鹰，举洋枪击之，一发而鹰已落地。土人闻声大惧，皆跪曰：此雷公也。请无再施雷。旁立一人谓曰：鹰，小物也。山有野象，能击乎？非色尔里应曰：能。导入山，一发复毙一象。于是乃白其王，请妻以女，留使掌兵。非色尔里固辞以归，白之挨及王，谓其地可以经营。挨及之任戈登开辟疆土，犹非色尔里之策也。其后有斯毕格者，复往探。其后又有立文斯登，凡往探三次。其西一湖名当铿尼格，东注之江，名鲁拉巴霸。其水北流，初谓即尼罗江上源也。立文斯登决意循江行，探其原委。随从数人。所至土人争欲取啖之。从者奔归，报曰：立文斯登被戕矣。久之无信。英国朝廷遣人率兵探访，旋卒。继遣凯木伦横经阿非利加，而不得立文斯敦消息。然所莅诸国风土，与旧相传阿非利加中土皆沙漠者，情形绝异。于是斯丹雷复往探之。循鲁拉巴霸江东行至一处，见有老而瘠者一人，谛视之。立文斯敦也。相见大欢，因劝之归。立文斯敦曰：吾事未毕，不可归。所探水道，皆有图说，君当携以返国，恐脱不幸物故，并此遗失。兼为吾报知家人。以家书属其归报。斯丹雷归言其故，人皆以为诳语，独其家信之，曰：家书所言，外人不能知，非斯丹雷所能伪造也。已而斯丹雷复往探，则立文斯敦已化去。其遗骨尚存，为土人执役者所敛藏，因导以送还其家。国家为具葬费，葬之威斯敏斯得教堂，历代国君葬所也，必有大功迹乃得入葬。至前岁，两新报局复请斯丹雷往探，募土兵百馀人随行。土人阻拒，辄与之战。其土人杀人，辄脔食之，非兵卫无敢径行。至是，始西循鲁拉巴霸江行三千馀里，出康哥江口以入东海，历国数十，多沃壤。斯丹雷循此江一年有馀，须发皆白，云当易康哥江名为立文斯敦江，以表其遗烈也。斯丹雷尚留纽约养病，云俟明春乃回国。

十二日。礼拜。接上海九月廿六日由英国礼三公司船递到四十八号包封，并接到沈幼丹制军及黄泳清二信。以礼拜日，就波斯、日本二国公使谈，适上野景范外出，波斯公使为言其国初置电报，国人群起阻难，乃由其家置电线以（答）〔达〕宫中，又达其外部，人皆以为便，相与仿效，数年而布满国中矣。其电报用其回回三十字母为文。中国无字母，仍借西洋字母为用，是以其势尚难通行。晤比利时使索拉宛，询及去年监牢会在其国会议，无有成书，答言：当时亦见新报，所议多曲当，至今尚无成书刊行。因言美国用刑宽而监牢立法颇峻，有六七年不令见一人、不令说话。会友劝令以渐改之。于是稍减其年分，亦稍分别宽免。又言比利时创立监牢，式优于各国：一人立其中，各所监牢上下皆在目中。予谓伦敦（芹）〔芉〕敦威拉监牢即此式。索拉宛曰：然此式即仿比国制度为之。始知西洋各国互相仿效，会友考求之力居多。英国执政分二党。今相毕根士、前相格兰斯敦各为之魁。其前二党立名，一曰多里①，一曰非克②。今又易其名，一曰庚色尔法尔甫③，犹言循守旧章之意，毕根士一党主之；一曰类布拉尔④，犹言遍行商议之意，格兰斯敦一党主之。大抵异同二者之辨而已。

十三日。通拜世爵、议绅及诸相识者；议绅之长曰斯毕格，住议政院，名卜兰得，其幕府珥斯庚梅；阿尔皆尔公，替文色公，色克伦公，斯丹雷伯，班得里伯，侯登伯，花伦克雷茀伯爵，曾请往温布尔看赛洋枪会。党斯得斯占摩斯伯，色尔娄伯，鼾莫尔登伯，勒色，格兰斯敦，阿伯尔谛尔前任户部尚书，密斯罗前任户部尚书，阿尔色尔，布妥玛，立桑统领，爱觉登，色尔亨利荷兰得，喀尔谛尔，芉定喀，恩非尔得，茀尔得斯久，马尔武得克，阿斯得乐九十老人。在中国久，墨克雷格尔，米里亚客，法国生，毕得，哈尔谛，谛盘生，格尔立，爱尔里，卜拉西，马尔克兰得，纽色尔觉尔治纽政得，色尔威尔茀来得白来得，哈林登，卜勒尔，科恩甫，施密斯遂斯。

---

①多里，Tory（托利党）的音译。
②非克，Whig（辉格党）的音译。
③庚色尔法尔甫，Conservative（保守党）的音译。
④类布拉尔，Liberal（自由党）的音译。

其来往至熟者不在此列。是日，途次见有肩披黑绶，若官吏朝服系绶之式。询之，为科密遂尔。英国立有一局，皆士绅为之。各街置一人，为途次递信，及有急需，可以供役。其人皆由保荐诚笃可倚信者，达其名于局，按地段分置，以示取便行人之意。大率曾充兵者为多。以兵中规矩森严，一起一饭，皆有定刻。当兵一二十年可以求退，则凡轮车局、信局皆争用之，为其习勤而举止皆有法度。前至（苿）〔茾〕敦威拉监牢，每一工厂设一管理，皆退休之兵也。西洋人才之盛，岂无自而然哉！接黎莼斋、李丹崖二信。

十四日。应拜各客，分三日酬应，以天气苦短，未能周遍，令李湘甫补投名帖。接布洛彬回信云：大太子请于明年二月回伦敦后定期接见。罗稷臣偕同密斯盘来议马克敦那水雷事。盖用火箭炸力装入水雷，可以透穿铁甲船，允以十万金鬻其法于中国，并言明不更鬻之亚细亚诸国。鄙心窃独笑之。亚细亚沿海诸国曰高丽，曰安南，曰暹罗，皆无侵扰中国之心。西北各边，并无水道。日本之考求西法，志坚气锐，二三十年后，其制造之精必可以方驾欧洲诸国。中国将独恃此水雷之用以称强乎？抑何所见之不广也！因与约，尽听鬻之他国，中国但相与练习其法而已，不必据为己私也。罗稷臣留谈化学，极可听。西洋言天下万物皆合诸质团结而成。其一成之原质，惟有六十二种，而略分三质：一曰实质，如诸金之属；二曰流质，如磺强水之属；三曰气质，如养气、炭气之属。淡气合养气、炭气而成，无本气。水合淡气、养气而成，亦无本质。盐合绿气及苏的阿摩而成，亦无本质。苏的阿摩，希腊语作钠，亦金属，可以燃成火光。人身兼有三质，而炭气为多，血中有铁有砂。化（中）〔学〕之用多端，有军火之用，有农务田种之用，有六畜之用如某气杂某气，则易肥大之类，有五色之用。西洋人考验精微，而力驳中国言黄白之术。谓五金皆本质，不假他质配合，无可变化之资也。又言近人名苐赛尔，论理财之要，于机器人工所以富国之理，至为精核。

十五日。接到上海十月初四日第四十九号包封，由法国挨麦从公司船寄到，内奉批发七月初一日折件，均交总理衙门议奏。外接总署九月廿三日第十五号函，及周小棠一信，又接朱宇恬及家信十三号九月廿三日发。以致总署信已封好，专候礼拜五公司船开行发递，此信应俟下次具复，即作为十八日接到。威尔士出煤最佳，并出卡尔得甫海口，其贸易颇繁。卜尔侯产业为多。其地人有名若翰姓波维者。于其地兼充希腊、秘鲁二国领事，屡求充中国领事，未之敢许也，顷复函称：但兼一领事名目，并不领经费，可以随时报明卡尔得甫出煤情形。又有医士安布勒者，亦求充中国钦差衙门医士。未知诸君之意果何所希冀也？金斯约七点钟赴海百里纽巴尔克学堂散布书籍，遣李湘甫与马（克里）〔格理〕代往一会。

十六日。《戴模斯》新报极论正月十七日开会堂视常年早至三礼拜为不宜。以云用兵，是惊众也；不用兵，俄人得以议其后，谓其谋已也。《摩宁波斯》新（政）〔报〕则以事势言之，宜及早用兵，谓俄人一得土国之利以开其端，德人必西侵比利时、荷兰、丹国；意人必南侵突尼斯。二国之助俄，非为利俄也，亦自为利耳。宜先截止俄人兼并之心，以保全诸国。所言亦皆有见。西洋一切情事，皆著之新报，议论得失，互相驳辨，皆资新报传布。执政亦稍据其所言之得失以资考证，而行止一由所隶衙门处分，不以人言为进退也。所行或有违忤，议院群起攻之，则亦无以自立。故无敢有恣意妄为者。当事任其成败，而议论是非则一付之公论。《周礼》之讯群臣、讯万民，亦此意也。德、奥两国同为日尔曼大国，而情形各有难自固者。奥国原兼有意大里，其后毕尔芒自建国，兼收威尼斯。奥国之通地中海者，仅特力爱斯得一口，国势亦蹙矣。而其民人凡分三种：一日尔曼种，一风格里种，一斯剌甫种。土国之布加里亚，亦斯剌甫种也。布加里亚建国，则奥国之斯剌甫种将往归之。奥国之惧俄人分土势，意尤在此。盖俄国侵扰地中海，奥国亦无自立之势也。德国（接）〔结〕俄为援，为忧法也。而以势联合诸小国以为之盟主，不必心服也。如鄋那费尔寄帑于英，委国而去之，德国遂并其地。近复胁鄋百尔克弗里塞得从之，而征起兵费。其国皆民政自主，并无额兵，不与会盟争战之事。其心非乐从德国，劫于威耳。似德、奥两国之势，皆不能无瓦解之虞。其老将摩尔克，精于地理之学。德、法交战时，摩尔克循视地图，檄某兵出某地、某兵出某地，指挥立定。闻此次俄、土用兵，亦皆受计摩尔克，用电报指麾，为其精于舆地之学，又久居土国，谙习其山川道里也。然此语吾不敢信，殆因其熟于地学，拟议及之耳。

十七日。发递总署第十五号信，并沈经笙相国、董韫卿、合淝伯国、沈幼丹、李筱荃、刘景韩、裴樾岑、杨性农、罗研生、朱宇恬、朱香荪，及家信十五号，及志城信。李丹崖以刘云生派充参赞，缄告不适意之状，求代函致总署为辞之。复函告以业经具奏，无能为力，聊与为笑而已。刘云生之颠沛，至是乃具知之。人谓无知人之明，何可辞也。马格里是夕归省其母，所居克斯尔班客，由英伦、苏格兰交界处曰格拉得林，经北至端木弗里得，向西又折而南，乃至克斯尔班克，缘有海汊须旋绕而行也。晴日可望见英属部铿伯兰得及苏亨伯兰得，皆英伦西北濒海属部，可以隔海相望也。英国尺度以十二为纪。十二来英来英犹中国一分为一英制英制为中国一寸，十二英制为一弗地弗地当中国一尺，三弗地为一雅尔得雅尔得犹言码也，一千七百六十码为一里。一码之数，当三十六寸。法国又以三十九寸为一码，谓之美得。析分一码为百分，谓之桑的美得，犹言寸也。又析至千分，谓之密里美得，犹言（寸）〔分〕也。悬钟用摆，始于意国之格力里渥，即百年前精通天文之学者也，偶至一礼拜堂，见悬灯为风所扬，摆动迟速，或远或近，相距四度之间，其行度惟均，而其迟速以绳之长短为准，约长三尺九寸有奇，一摆动则得一秒之数。以是引绳定分秒，而可以知长短尺寸之度。以寸方计水轻重，而亦可以知权衡之准。皆以一心运之而有馀。西洋机器，出鬼入神，其源皆自推算始也。

光绪三年十一月十八日己巳。冬至。当西历十二月廿二日。英国立斯得斯贵尔地方，并法人居住。略考英国政教原始：议院之设在宋初英自汉时始立国，即有议会，多以教（师）〔士〕操其权，历久而规制益详，距今八百馀年。至显理第三而后有巴力门之称一千二百二十五年，当宋理宗绍定五年，即今之上议院也。一千二百六十四年，令诸部各择二人，海口择四人入巴力门会，为今下议院所自始。上院名罗尔德，世爵之称也；下院名高曼。义德第三即位五年，一千三百三十一年始分上、下议院。军国大事，先咨之高门士，以达上院，而后白行之，其长曰斯比格。买阿尔之设今称梅尔，买、阿二字之合音也，在一千一百八十年后当宋孝宗淳熙时，设立伦敦买阿尔衙门，令民自选。又越百馀年亦在义德瓦第三时，当元之中叶，始令听讼者由如力①代证枉直。如力者，地方良民也，为今律师代质所自始。一千四百年后，始用罗经定方向，用自鸣钟定时刻。英人加斯敦始镂版印书。其时考象纬者推验灾祥，由此而益勤于测候；言物化者讲求黄白点化之术，由此而益明物之本质。以上诸法皆由中土流传西洋。一千四百八、九十年间，显理第七时始造纸；开

①如力，Jury（陪审员）的音译。

通东西海道，多造战舰，置炮其上。显理第八当明武宗正德时，造船容万三千石，置炮百二十有二。一千五百四十七年义德第六即位，商人始立公会，以辟地行贾为事。一千五百八十三年女主以利沙伯时，实明神宗万历十一年也，商人立公会，通亚细亚东方，始至中国，周历印度数部。于是地中海东方海口皆设领事官。置会馆伦敦，曰伦敦至东印度商人会馆，通商各国。亦于是时设立公使。英人有倍根者，著书考察象纬术数。一千六百二十三年，惹迷斯第一为英兰两部合国之始始创造新闻纸。其后查尔斯第一即位，国变多故，而学艺始盛。哈尔非为血络周流之学，而医术益精。哈略测水星过日，而推测之术益验。观象仪器，及格物家讲求化学，实事求是，多兴于其时。一千六百五十三年，当顺治十年，格朗挖立，始运地中海东方棉花制造布匹，立伦敦大信局。又三年，禁止平民开信局，命大臣主之。一千六百七、八十年间，查尔斯第二时，修明律法。沙非斯伯烈创定哈别斯高伯斯[①]之律以除虐政。是时议院已分二党，附和朝政者朝党也，名曰多利；违异朝政者野党也，名曰辉格。一千六百九十四年维廉第三时，立医院于格林里治，养兵船军士受伤及老病者。又前一千六百六十年，查尔斯第二建一会堂曰劳尔娑塞也的，言王会也。集天文、算学之士其中，厚饩之。其著闻者曰包以尔，曰何格，曰瓦立斯，曰巴罗，曰哈力。始为光学者曰纽敦。创作远镜者曰克勒格力。先为反照之器，明行星、定星旋转排列之理，曰茀兰斯得。哈力考察彗星往还别一轨道，按时而见。一千六百七十五年始建观星台。一千七百二十年法王驱逐耶苏教，来英者五万人，织作呢羽细布及诸奇巧由此始。一千七百三十五年若尔日第二时，当雍正十一年，瓦尔波立商税之

①沙非斯伯烈创定哈别斯高伯斯，Habeas corpus（人身保护法令）的音译。

法，置藏货之室，货出始纳税。一千七百五十二年始行新历。旧历以三月二十五日春分节为岁首。有哈力生者，修正时辰表，可测经度；献于朝，酬二万金。塞耳寒斯伦家有博物院，朝廷出资购之，博物院肇始于此。斯米敦建一塔于以的斯敦海口，顶置灯，标识往来舟楫，海口引船灯杆肇始于此。一千七百五十六年，当乾隆二十年，英商在印度加尔各搭为孟加拉所袭，执一百四十六人。麻德拉斯垒主格来弗，败孟加拉部长于伯拉西，遂据有孟加拉，为英人据有印度之始。一千七百六十九年若尔日第三时，当乾隆三十四年，始开煤矿，以火轮器汲水。英人名瓦的者，始创火轮舟车之利。一千七百八十五年始用火轮器织布。一千七百八十一年，天文士黑尔舌测得新行星名于拉纳士。一千七百八十九年作大远镜，能测前所未见天空列宿。一千七百九十六年医士日纳尔立种牛痘法。一千七百九十年厚亚德修明图圄之法。一千八百七年始用气学，以（媒）〔煤〕气代烛。一千八百十一年造火轮船行海，实嘉庆十六年也。是时火轮船惟行近海，至一千八百三十八年，当道光十八年，始开火轮船至美国纽约克。一千八百十六年，英人带非制一灯球，入矿开采，免于引火。一千八百一年始造人丁册籍，每十年一修。国中各处立官塾。一千八百二十九年造火轮车。一千八百三十八年由伦敦至北名罕东路始成，凡三百五十里。时造火轮器者勒尼，识草木者邦斯，考求物质者带味，画工乞斯得弗西里，觅新地者格拉克。一千八百三十八年始设电报法通线。一千八百四十年，当道光二十年，立公司通信之法，由火轮舟车递送。一千八百五十一年始造博物玻璃院，名曰格勒得格西比申①，绵亘三里，各国方物依地球纬度陈列。计英国之强，始自国朝，考求学问以为富强之基，亦在明

①格勒得格西比申，Great Exhibition（大博览会）的音译。

季，后于法兰西、日耳曼诸国。创立机器，备物制用，实在乾隆以后。其初国政亦甚乖乱。推原其立国本末，所以持久而国势益张者，则在巴力门议政院有维持国是之义；设买阿尔治民，有顺从民愿之情。二者相持，是以君与民交相维系，迭盛迭衰，而立国千馀年终以不敝，人才学问相承以起，而皆有以自效，此其立国之本也。而巴力门君民争政，互相残杀，数百年久而后定，买阿尔独相安无事，亦可知为君者之欲易逞而难戢，而小民之情难拂而易安也。中国秦汉以来二千馀年适得其反。能辨此者鲜矣。

十九日。礼拜。偕德在初诣日本公使上野景范谈，兼晤希腊公使宅那剔阿斯。上野景范见给《日本户籍表》、《驿递寮第五次年报》、《内国劝业博览会出品目录》，凡三种，告言驿递寮递书信，博览会通贸易，并国家理财之经。而亦取以便民，一切皆有可稽考。因询以日本铸造钱币起于何时，云起自千八百六十九年。制钱机器皆渠购自香港，呈报国家开办者。其铸金洋至数百万，则各国银号皆有之，不尽出自国家也。问各国银号铸此何为，曰：是皆与日本相为交易，其铸钱以金银准其轻重多寡，而加铸造之费，亦可行之各国，惟银号收之，不能入市交易也。西洋尊事教主，委国以听之，人心之所趋向，有不可以理解者。推求其故，知其固有自来也。天降下民，作之君，作之师，二者并尊。无君则人伦无所统属，无师则聪明智慧者无所诱启。西洋诸国开辟之初，人民风教，多原始东土。如英国初崇德雷教，亦主轮回之说，实与佛教同源。希腊、罗马，立国最早，其教皆原于摩西，而摩西以以色列族立国犹太，自衍其教，未尝强诸国从之。是以希腊、罗马各主教名。而希腊义纳姑来自迦南，开文教之先，至今犹祖犹太教。罗马当两汉时兼并诸国，有大一统之势。会是时耶苏兴于犹太，为其国人（为）〔所〕夭阏，罗马王独推崇其教，雄长诸部，督使从之。而教士专习文字科条，讲说推行，遍及诸国。于是罗马剌丁文字，遂为西洋各国文教之祖。英部当罗马盛时，为所踞者数百年，其教亦以大行。建造会堂，定立科条，凡建国立政之经，如农田水利、医师方术、百工伎艺，皆教士为之创始。至唐之中叶，以格伯收合诸部，建立英国。以前名比利敦。其时教已盛行，而文章典制及诸兴作，一操之教士。今阿斯萠、堪白里治两处大学馆，创建已逾千年，正当英人立国之初，皆教士为之主持，至今犹然。其国之政俗科条，无一不出于教士。而自初创建会堂，统君民而约禁之，是以国家大权，教士得以操持历千馀年，人民心意之归向，已素定矣。而罗马又立教王以总摄之，以故其权久而不替。教王既主各国教权而阴制其柄，因以肆志纵欲，诸国亦渐苦之。一千五百年间，当明之中叶，英人有味格里弗者，始著书辟之。日耳曼教士路剔因之创立耶苏教，谓之波罗特士[①]。波罗特士者，誓不从罗马教之谓也。盖罗马教之积敝，而人民日思变计，路剔之创立教名，诚亦末流补救之术也。然自初罗马教之行于诸国，皆有功迹教化于民，导人以信从之。既分立两教，于是怙权争胜之心，日挟其术以求逞。乃各私立会名，分布徒众，蔓延于亚细亚诸国。以传教为民，诸从罗马教者相与导扬之，以广己而造大，而教王又实为之主持。日思巴尼牙人名意格纳希珥斯罗尔窝拉，创立热索亦得[②]会法人语耶苏曰热索，明季利玛窦奉之以行于中国。嗣是会名繁兴，传教东土各国，率请命教主，奉其教会名目以行于其所适之国。中国重开天主教之禁，而传教京师者，又为拉萨立斯得会。教分而其传教亦愈切。英人名罗马教曰加特

①波罗特士，Protest（基督新教）的音译。
②热索亦得，Jesuit（耶稣会员）的音译。

力，名耶苏教曰波罗特士，但当时求去罗马教积弊而已。罗马教传之东土，日益加广，波罗特士教亦相与仿而效之，于是耶苏教会亦兴。即伦敦三国教会亦异。伦敦官教曰意毕斯哥稗里安①，苏格兰官教曰卜来斯毕谛里安②，皆食官禄；不食官禄曰英谛（并）〔并〕丹得③。其间各私立会，名目繁多，有曰麦托的士④，有曰巴比的士⑤。近年教士四出传衍，与加特士教⑥争胜东土。盖不独非路剔立教之意，亦非耶苏推衍摩西立教之本旨矣。

二十日。上海副税司哲慕森、美国驻牛庄领事赉德来见。居中国十五年，凡至京师十四次，颇悉中国情形。云旦夕当回牛庄。类丁子种局见惠子种三十七品，托之带回呈合淝伯相，赉德意欣然也。接威妥玛信，传述德尔比谒君主于温色尔以十九日美国公使魏拉斯呈递国书，德尔比陪同一至温色尔行宫，君主盛称中国现派英、德两国公使，意在与各国联合，甚以为喜。德尔比意亦欣然，属威妥玛转致。晚与彦嘉、湘甫、在初论刘云生之凶悖。彼亦直率其性耳，而不知关系大局，无若刘云生为害之烈者。盖自南宋以来，士大夫以议论争胜，中外之势相持，辄穷于所以自处，无论曲直、强弱、胜负、存亡，但一不主战，则天下共罪之。七八百年，尽士大夫之心相率趋于愚妄，而莫知其所以然，则亦南宋诸儒议论繁多之过也。西洋之局，非复金、元之旧矣，而相与祖述南宋诸儒之议论以劫持朝廷，流极败坏，至于今日而犹不悟，鄙心实独憾

①意毕斯哥稗里安，Episcopalian（监督教会、圣公会）的音译。
②卜来斯毕谛里安，Presbyterian（长老会）的音译。
③英谛（并）〔并〕丹得，Independent（自立会）的音译。
④麦托的士，Methodist（美以美教派）的音译。
⑤巴比的士，Baptist（浸礼会派）的音译。
⑥加特士教，Catholic（天主教）的音译。

之，不惜犯一时之大忌，侃侃焉谋举国计边防之大要正告之天下，外以服强邻之心，内以尊朝廷而安百姓，而举国无知者，乃至被京师一时之诟毁，使此心无所控诉。刘云生皆亲见之，亦饫闻鄙人之议论，于洋务亦若粗有知晓。鄙心怜其穷困京师，进退狼顾，挈之出洋。一闻李兰生议论，遽至反戈相攻，不遗馀力。然则鄙心终无以自明，而刘云生屈身数万里与洋人周旋，而其议论亦如此，亦终无复望有能省悟者矣。鄙人乃以是郁郁成病。彦嘉徒以刘云生谬妄不足较，用相慰勉，岂有当于鄙人之心哉！

廿一日。西历十二月廿（二）〔五〕日，为耶苏生日，遂以是日为大节。迁居第二层楼，与湘甫、在初易房而居。亦以住房经年，日为刘云生郁郁，思稍涤荡其旧污以迎生气也。口占一诗云：客行四万八千里，忽忽移居咫尺间。天地容身无碍小，人禽争食只求顽。九衢车马奔成海，万户云烟叠似山。小作迁家高处住，支窗容我一开颜。

廿二日。早起，见晴日在窗，光映一室。推窗视之，知夜雪逾寸许，一望皓然。喜赋一诗云：细碎风声昨夜闻，晓寒轻幌缀冰纹。鸠呼日出朝烟湿，鹊踏枝翻细雨纷。忽忆妙高峰顶雪，招来岳麓寺前云。殊方岁晚真无赖，取次颠狂借酒醺。以移房，清检书籍。并接张听帆信，知总署遣派德国翻译已抵伯灵都城，听帆即日当回伦敦也。复威妥玛一信。

廿三日。梁氏生辰，戈什哈等治酒为寿，诸随员亦来贺，为治面食款之。邀集姚彦嘉、李湘甫、德在初、凤夔九、黄玉屏、罗稷臣一叙。诣威妥玛谈，兼约西历正月十日陪宴哈定登、旁思弗得等。威妥玛语及京师情事，穷及隐微，而于吴江相国讥讽尤至多，愧无辞以应之。而于喀什噶尔事，甚忧俄人之持其后。予因晓之曰：中国获地西域，力实不及经营，徒费兵力而已。故于德尔比调处之言，甚乐英国之持此议，可以预防异时之反覆。诚使有益于中国，印度得利，俄人得利，皆中国所乐为。若其无益，则俄人利病，俄人自承之；印度利病，英人自承之。中国何暇代谋哉？吾惟觉德尔比当时调处之言，为中国所应行，不惮据情上告，原未尝旁及他国之利病。而俄古柏乃于其时物故，此所谓天也，非人之所能为也。威妥玛亦无词以相应。是日得上海电报：刘云生撤回京师，以李丹崖权理德国公使。何时奉到上谕，电报亦未及详也。

廿四日。金登干过谈，言哲慕森可与屠迈伦并司翻译，长文巨篇，尤较为能，其薪水由海关给付即不加给，洋例然也。总署咨行上海文报局应归并一处，而以鄙人所议六条，仍饬上海道核议。因并转行上海道，催其迅速议覆。并致刘芝田一信。

廿五日。日本公使上野景范以各国设立信局，一由其国家经营，通商口岸不得私设信局。日本通商口岸，英法两国皆各设立公司轮船信局，收递各国信书，非各国通例。应一切由本国信局收发。其实公司轮船，惟英法二国有之，不能不设立信局以司收发。若由日本收发信件，则递信由公司轮船，而递信之利归之日本，亦属未允。而彼此相持，各据所见，亦皆足以自成其说。上野景范辨论此节，已经年矣。顷凤夔九诣日本参赞长崎道至，始知由日本派有专使一员来英会议，谋另定立条约。而所派者为美国人，为能通知各国律法，可以据事争论也。日本勇于兴事赴功，略无疑阻，其举动议论，亦妙能应弦赴节，以求利益。其勃然以兴，良有由也。接到上海文报局十月十一日由英三不如公司船递寄五十号包封：批发八月初六日销差一折及另件，并接总署十月初二日第十六信，及合淝伯相十月初四日信，及何小宋、潘伯寅，及朱尔田、郭兆春号青山，行二各信。新报载戒烟二方。一、紫棉萁连根洗净，捣成绒新故皆可用，用清水煎浓当茶服，吸烟后亦以之消渴，不须戒烟而自然断瘾。亦一妙方也。无紫棉萁，即青棉萁亦可用。〔一〕以南瓜初开花，取其藤连根及花，用石臼捣出汁食之，即初结瓜时亦可用。二方皆易取，贫家亦能用之，可资传示。

廿六日。礼拜。姚彦（人）〔嘉〕诵其尊人道舆先生遗句云：教就周旋临事误，戒除狂直过时忘。二语极有意味。李湘甫见示黎莼斋、刘和伯二信，以总署二咨，一指示应领薪水，一设文报总局，大为刘云生所讦，相与责备鄙人。直不解莼斋、和伯视刘云生督抚体制，而视鄙人为其属官小吏，终身执迷不悟。固由刘云生矜张夸诈，为所煽惑，而亦太失之愚矣。阅之为失笑也。

廿七日。为西历十二月卅一日，（为）〔在〕中国为除日。马格里自克斯尔班客回，言正月十七日开会堂，以买归挨及属国为初议。俄人志在通马摩拿海峡，以擅海西之利。东土耳〔其〕之安拿多尼亚、阿尔米尼亚，俄人所必争。伯尔施亚格尔甫为印度孟买通商之地伯尔施亚，洋语谓波斯也；格尔甫，海泊之称，可以停船，阿尔米尼亚相距近，英人不能不忧其为患。惟挨及处适中之地，足以相制，而挨及固为土耳其属国，英人谋出资给土耳其，令挨及改属英国，听其号令，可以资之以控扼地中海之要冲，与俄人相持。即令俄人兼并土耳其，犹不至遽使觑覦印度。此亦英人长驾远御之术也。俄国之强，缘始毕德①。其初尚未知舟车枪炮之利。毕德变姓名居英国三年，学习武里治铸造之法；及德尔弗斯得造船局，手自操作，与工役同寝处。又以荷兰富盛，往观其政教风俗。阴求奇技有智能者厚结之，约同赴俄国。归而重任所偕者数十人，广开制造局，讲求练兵经国之计。以开垦地利所费多，乃兼募西

①毕德，Peter（彼得）的音译。

洋各国富商，令其占山开矿，与约二十年自备机器人工，而令本国人充役，所带人工以岁减一成为率，本国人技艺有所得者，令充补一成之数。二十年期满，所用皆本国人，矿务一切皆归本国。任听各国富商占山，擅二十年之利，而本国利源于是大开。人工技艺，取用不穷。真豪杰之举也。俄国故都曰摩思噶[1]，毕德以其距海远，不能通商贾之利，徙治都城波罗的海滨，曰森毕德百尔客[2]。百尔客，译言城也；森者，圣也。言圣者毕德之城。大变风俗，广通商贾，兼立富强之基。往时俄人皆蓄发，毕德下令仿各国剪发。于是日使人持剪巡行，见发长者辄与剪之。自是制造技艺之精，遂与诸国相（捋）〔埒〕。自毕德时即言君士但丁一城应归俄国管辖，盖度马摩拿海峡属之土耳其，则黑海必不能畅行。自毕德至今二百年，一循用其法度而推扩之。所以注意土耳其，犹毕德之遗言也。

廿八日。为西历一千八百七十八年正月初一日。发合淝伯相第十六信，由美国领事赉德回任牛庄之便，带送天津，并类丁子种局色登寄木箱一口，内子种三十七品萝卜种十九，豆种十四，菜种四，及图册等件。廿四日均已封好，因赉德他适，约今日送至其寓所。出拜德尔比、定得敦、旁思苐得、威妥玛，为贺新年，以公使交涉专在外部也。晚赴金登干春酌，与姚彦嘉、德在初、凤夔九、罗稷臣、马格里凡六人。同席赫政、哲美森、贺璧里、屠迈伦、休士、额毕库、骆德、爱格尔、泰乐尔、马克里，皆在中国办理税务者。惟马克里系医士，而泰乐尔则现充金登干参赞也。金登干起致颂祷之词，予亦以数语复之。

①摩思噶，Moscow（莫斯科）的音译。

②森毕德百尔客，St. Petersburg（圣彼得堡）的音译。

廿九日。以金登干处饱食，饮茶过多，颇觉不适，遂至竟夜不寐。邀马克里诊视，云脉息视前大减，虚症毕见。此间一无遂心之事，其势不能不病。夜睡不安，自六月初闻刘云生狂悖之言，遂有此症，殆非偶然也。新报极论中国赴法国赛奇会，始终赫德一人任之，国家并未一究心，以为中国于此有图前进之心，此语甚误。盖初赴奥国赛奇会，新报原有此语也。阅之慨叹而已。

十二月

十二月初一日辛巳。为西历正月初三日。接上海十月十八日由法国晏拿里公司船寄到第五十一号包封，内直督咨文二角，给发德国兵官宝星。又欧阳道庄一信，广东巡检也。并唐景星信及志城十月初三所发第十二信。自十一月二日接到九月六日所发第七信，距今一月，未接他书，而遽编列十二号，何也？知讷生物故，夔臣公一房衰微至此，可伤也。新报言，俄军已越土国巴尔鏗山，踞有倭尔堪尼一城。往时俄人侵土，至阿德里亚城而后议和，人言此次仍袭旧迹为之，然土势益不支矣。英人用兵之议恐不能缓。或拒俄，或分土之南境以保苏尔士河，则尚须乘机为之，不能预定也。纽开士绅民上书国家，言色尔为[1]立国，英、奥两国实保护之。今俄人并未加兵色尔为，而色人乘土乱，与鲁美尼亚[2]相比，举兵攻土。是非但叛土，亦蔑视英、奥两国，宜兴问罪之师，而诘其所以动兵之意。国家下其书外部，亦尚未定议也。是夕仍不成寐，可惧之甚。

---

①色尔为，Servia（塞尔维亚）的音译。

②鲁美尼亚，Rumania（罗马尼亚）的音译。

初二日。总署议复七月一日一奏两片，以新加坡领事胡璇泽拟派南洋总领事，恐力有未给，宜缓议；瑞典国万国刑法会，有会议政务之嫌，宜罢其议；又函驳外部，新加坡领事不能常设。均须分别照会。属马格里拟照会瑞典公使一稿，顷询之，则已发递矣。马格理愚谬专擅，屡经训饬，略无悛改。不谓刘云生专擅树敌，坏乱风化，一至于此；然而马格里情形，亦直不容恕矣。蹇运所致，何有穷期也。

初三日。赉德来告行，询知卫廉士掌教耶尔科尔治[①]，在纽德芬地名〔方〕，即容春圃驻扎处也。其哈尔洼得科里治[②]尚拟延请中国教师二人，一学广东语，与旧金山华民相交接；一学京语，以备充当中国领事之选，在堪百里治地方英国亦有此地名。为寄声问西华、丁韪良、毕得格、科里士四人起居，并旧好也。罗亚尔那克得密阿甫阿尔得斯[③]画会设在百林登侯史，其参赞意登约往观画。凡油画张挂千馀幅约十馀院，多世爵旧家借用，二三百年名迹为多。晤旁思密非音、斯博得斯武得、娄珥斯数人。又有里布尔斯谛克生，能知新、旧金山情事，曾著书论之。问以此当曲在华人？曰：是其风俗好尚各异，彼此相形，因而起争，不能以曲直论也。问设领事宜否？曰：此不可少。外部于此必得许允，不能却也。是日大雾晦冥，居民张灯治事，至巳正，乃稍辨屋脊。

初四日。礼拜。闻李湘甫有稚子之丧，为之凄怆竟夜；属姚彦嘉陪同出游，以遣释之。罗稷臣告言，英国船厂造小兵船四五十入水初造二十只，名曰巡河小兵船，均不逾一丈，为宜昌通商之用。闻

①耶尔科尔治，YaleCollege（耶鲁大学）的音译。

②哈尔洼得科里治，Harvard College（哈佛大学）的音译。

③罗亚尔那克得密阿甫阿尔得斯，Royal Academy of Arts（皇家美术学院）的音译。

法国亦照式营办。以春间开办宜昌口岸，人民小有抵牾，延至秋深水落，洋船不能畅行，因约明春开办。新报曾言及之。而遂创造此等小兵船，由其国家营办。通商各口，往来皆商船也；惟香港为其属地，驻扎兵船。宜昌内地，乃由国家造置小兵船四五十之多，盖无事用以转运百货，有事则用以战。深度中国办理交涉事务必不能如法，再有如滇案之推延反覆，不待调集外兵而用以横行有馀。蓄意滋深，为害滋烈。未知政府诸公贻误中国如此之甚，亦稍自疚心否也？浩叹！浩叹！

初五日。新报载左相克复喀剌沙城，屠其人民万馀，老弱妇女为多。左相功高嗜杀，亦回人惨报应然，然亦未尝不伤国家元气。西洋临阵交锋则恣杀，所捕虏及降者皆收食之，或羁系，或遂纵归，无轻杀者。俄兵过巴拉堪山，阸守希布卡土兵已逸去，其琐非亚一城亦为俄人所踞，是巴拉堪险要全为俄人所有矣。闻英人急谋收买土人战船，恐为俄人所夺取也。然则土势亦岌岌不支矣。

初六日。美国公使西华由总领事迁授，继为总领事者买尔士。西华绌之，而威尔士接充总领事。买尔士乃具列西华劣迹，载之新报。其副领事柏拉苐尔得，故与西华相善也，会以私拆书信为人所讦，收禁二十日。于是有发其阴事者，谓皆与西华有连。西华因亦驰赴上海。柏拉苐尔得固请并案发回本国，以俟控诉。威尔士不能不允之，而以具详本国尚需时日，恐二十日收系期满，柏拉苐尔得逃遁，无可踪迹，责令纳银万元为质，再求两保人各承认五千元，而后纵释之。西华亦因此坐守上海，摒挡诸事。盖西洋律法，贵贱所犯，科罪一也。而西华为人极稳练，乃至朋比为非，亦殊出意外。然闻买尔士所列罪（列）〔状〕，谓吴淞铁路西华实怂恿中国接买，则亦失之诬矣。细究吴淞铁路所费若干，实共开用英国金洋四万磅，合银十三万耳。而中国备价至二十七万之多，甫接收而遽毁撤之，为谋之不臧，直无一是处也。俄(人)〔土〕战事，俄人踞有琐非亚，距阿得里亚一百七十英里合中国五百一十里，阿得里亚距君士但丁一百四十英（亚）〔里〕合中国四百二十里。而英人有著论列之新报者，谓一千八百二十八年，俄人军至阿得里亚鲁布洛鲁布洛，译言城也，土人惧而求和。而其时由琐非亚至阿得里亚，凡行六十里，军士大半病困，使土人能坚持之，俄计穷矣，其时俄人底蕴，土人不知也，此次可以为鉴。遂有引法王拿破仑第一用兵俄国，踞有摩（拉噶）〔思噶〕旧都城，俄人敛兵清野，法军无所得食，疾掩兵而退，俄人追击之，遂至大溃。其言是也，然一视国势之强弱，强则无不可行，处积弱之势，乃无一可行者。土属地若鲁美里亚、色尔非亚、满谛尼克娄[1]，皆倒戈相攻。其腹地布加里亚[2]，俄人借保护耶苏教为名，欲使立国。即使和议成，分地益广，亦岌岌不自保矣。

初七日。俄人新报言，东境西皮里亚[3]部与中国通商地方恰克图毗连一带，并沾染中国风气，男妇相与吸食鸦片烟，穷民妇女尤多。或者中国有此嗜，使他邦畏而远之，以不致有覼觎乎？法人满达邦物故，即咸丰十年统兵天津者。以八里桥大战获胜，国主拿破仑即封以八里桥世爵，略视中国之伯爵，至是卒。因见新报，为记之。俄、土和局，尚无端倪。俄人不欲使他国与闻。义克拉谛爱福[4]前以病乞退，近复至营。俄人侵占黑龙江地，即义克拉谛爱福为之定约。俄、土之相构，亦义克拉谛爱福一力赞成之。

---

①满谛尼克娄，Montenegro（门的内哥罗）的音译。
②布加里亚，Bulgaria（保加利亚）的音译。
③西皮里亚，Siberia（西伯利亚）的音译。
④义克拉谛爱福，игнатъев（伊格纳提耶夫）的音译。

比之于秦，其张仪乎？诸国之受其患亦多矣！

初八日。李丹崖巴黎信：巴黎西南汕夕阿炮台，为陆路最大之新式炮台，曾往一游。兼游矿务博物院，为楼三层，各十二大间，每间纵横五丈，罗列地质矿块五十三万馀种。左为化学院，院屋二十四间，以习各种化分之法。右为学堂，学生一百四十五人，各给凭入院学习，以三年为期，不具脩金。前年日本在院学习四十馀人，已陆续回国开矿，今存者二人。上层为各种开矿机器小样，下层为试演烹炼大炉。取精用宏，足以为欧洲之冠矣。英、法两国制造学问，穷极推求。法国立国尤久，其学馆书籍亦驾欧洲。以二千馀里之地，称雄海外，非无因也。日本晚出，汲汲仿而效之。其向学之精且锐，日进无穷。中国乃一以虚骄之大言当之，吾真无如此蚩蚩之士大夫何矣。闻日本公使上野景范前赴俄国都城，不知其何为，英人相与惊异。急遣马格里探之费音，则初有是议，未成行也。晚邀定得登、色尔娄、旁思密飞音、阿里克、旁思茀得、珥伯尊、波尔克、立斯得、布妥玛、威妥玛、科里、三多逊、哈尔费诸人会宴。定得登所定日期也，已而竟辞不至。此外辞者四人：珥伯尊、波尔克、立斯得、布妥玛。至者八人。

初九日。发递礼部议驳明儒王夫之从祀，请饬部存案以俟论定一折，咨请总理衙门代进。并咨新加坡领事胡璇泽应领俸薪及关防仍由北、南洋大臣核给，并抄发总署奏件作为赴任文凭。共咨案三件，并致总署第十六信、合淝伯相第十七信，及李筱荃、曾沅甫、唐景星、朱宇恬，及家信第十六号，及志城一信。其新加坡设立领事，分咨北、南洋大臣；王夫之从祀饬部存案，分咨礼部及湖督及南抚及学政；并札饬新加坡领事，加致胡玉玑一信。丹崖述刘云生情形，一意矜张而钻营鄙劣，多可笑者。自以才能见任，一处理换约事件，即邀督抚酬庸之典，言之无忌。闻德国主有所亲信，即百计谋结纳之，通贿求进，以求一遂其私。即洋人博琅亦厌鄙之。诚不意此君行径恶劣至此。法国《通律》，前已由禧在明寄送总署。闻意大里亦有此书。德国近年编纂成律，则尚未成书也。西洋律法多门：有成律，谓曾办过之成案也，有议律，上下议院所定也。例案参差，又时有更改，故勒为一书。亦不足据以行远。闻有马尔克敦《条约汇纂》一书，专取百馀年各国所订条约，分类编辑，为通商各口所必不可少之书。已属罗稷臣为一购之。晚赴谛克生茶会，晤美公使魏拉斯，年七十二矣，而精力强健，远胜鄙人。又晤医士利觉尔生，著书言厨屋须在住房之上。英人笑之，而吾心极韪之。又管理戏园毕噶得，内大臣赫尔弗尔得属官也。凡戏馆编造戏文，皆先送阅而后演习之。问亦至戏园查察乎，曰：戏文即无伤风化，而恐其演习或至淫媟，则为害滋甚，安能不查察？而凡戏馆盖造，一有不慎，则煤气灯易至引火，均须时一查察。往时演戏皆以夜，近年因妇女童稚夜睡不宜迟，添下午演习。亦有世家巨族，晚膳常至八点钟，不能更入戏馆。皆所以取便民俗之意也。又有武官统领罗，年六十，虬髯方面，自陈任兵官四十年，三十年时，英、俄交战，相持于巴拉克拉法、俄地也，陈列炮兵甚盛，其旁列枪队。时方为伍长，随队长率步〔兵〕六百人持短兵搏战。忽一人驰至，传统将令，使夺取俄国炮架。群相顾愕眙。队长曰：兵少势不敌。虽然将令也，吾何敢违。率所部驰取其炮。俄军炮不及施，而此六百人者已近薄之，各伏炮架旁持刀击刺，炮架为所掀翻。而六百人战且毙者三百馀人，力益不支，始退。队长与传令者皆战没。渠与军(二)〔士〕还者二百人。时统帅为喀尔谛芬伯，云当时实未传此令。至今不能明也。又哈尔库尔德，为阿斯福客来斯觉尔治教师，精于化学，于煤气之用尤为专门，英人谈煤气者皆推服之。问之，所授艺十有四人，其外附学者听从其便，惟不能入学馆居住。已而令带内里哈得谛入席，始知其酒会也。继以跳舞会。又男妇十二人四面立，各相与为偶，凡六偶，联臂踏歌，回合进退。大率为其二女连姻，因有此会。所费亦至巨矣。

初十日。接上海十月廿五日由英国果利治公司船递到五十二号包封，内何子峨、张鲁生咨报出洋日期。知以八月初五日出京，十九日至上海，至十月十九日始发陈报出洋一折，驻上海两月有馀。携带人员：参赞黄遵宪，正理事范锡朋，副理事馀瓗中书，西学翻译洋员麦加谛及沈鼎钟、张宗良，东学翻译潘任邦郎中、冯昭炜，随员沈文荧、陈文史郎中、廖锡恩、李郁阶、吴广霈、张鸿祺、陈衍范、何定求，供事任敬和、刘坤，凡十八人。据称原调徐庆铨、徐寿朋，以事未能随行。是凡调二十人。传曰：济济多士，文王以宁。能官人也，亦可谓盛矣！并接何子峨一信，又接胡玉玑新加坡一信。李丹崖晚邀同姚彦嘉、李湘甫、德在初、凤夔九、黄玉屏、罗稷臣、马格里至加非罗亚尔酒馆小酌。因语及煤气之学。所见圆屋，即收贮煤气处也。旁设烧煤灶炉数座，惟开一小火门，上为铁盖，四旁环闭之，不令泄气，而于铁盖为小管，以达之收贮煤气处。盖圆屋中凿池蓄水，覆铁钟水中，系链圆屋顶。煤气铁管从钟顶贯入，其气不能透水，皆浮于水上。铁钟为气所鼓荡，渐次负之以上浮。俟蓄满其中，则皆旁管引气使过水，别为一管，入水中与引气管相向，而空其中不使相连，气入水中不能上透，而别管中空气纳之使入，煤油乃于空处缘铁管而浮出水面。盖煤油与气皆从灶管中上腾，过水而气自入别管，油自上浮，至是始分。此项煤油不能发光，亦可用以炼铁，不能燃灯。又引气使入石灰池，亦蓄水，而纳两铁管，空其中，煤气过石灰水中而后发光，过两次三次则光愈明。又别引入圆屋中收贮之，亦以铁钟置水中压其气，气得压力，从管中透出乃能发光。洋人初为小铜管，长数丈，插之烛心中，烛光外散而烛心蓄火未泄，可以透出数丈外之铜管发光，因是以悟煤气之用。凡煤一石，可炼见方一尺洋铁箱收满煤气六十箱，是以用宏而价省。近年西洋用煤气炼钢铁，其力尤巨。凡热力至二百二十度，可以开水鼓轮，为汽轮舟车之用。至五百度可以熔铁。煤力至大可至九百度，而惟煤气能至一千五百度。以煤有渣滓，则热力为所夺。煤气无渣滓，力专而量更足也。

十一日。礼拜。接张听帆信，言刘云生知有变动之信，以气胁制之，不令回英。其由何处得闻此信，亦未详也。其翻译赓音泰、荫昌二人，皆令入学馆学习。与刘云生谈修约事，惟前驻京公使那多威一人。刘云生急欲因以自效而据以为功，冀朝廷之旌其劳也，满怀私意，到处营求，亦诚劳矣。其在英国充当副使，值总署知会镇江趸船一案，遂挟以相构，谓不一至外部辨争，取效威妥玛之施于总署，以图一报。比至德国两月，而修约事至，竟不能一言，而以托之那多威，抑何言行之全不一相顾也。

十二日。就李丹崖处谈，适值外出，不晤。是夕邀同李丹崖、罗稷臣、德在初、凤夔九、李湘甫、姚彦嘉、黄玉屏及马克理、屠迈伦、马格里，同至特鲁里类音观戏，以闻西洋正月戏文尤新奇也。其作为神仙腾驾云雾，上入空际，楼台缥缈，光景百变，真奇观也。晤旁思密费音，挈其夫人及子女辈同至，小立一谈。

十三日。《伊苇宁斯丹得》[①] 新报痛诋沈幼丹毁弃吴淞铁路，

①伊苇宁斯丹得，Evening Standard（旗帜晚报）的音译。

谓其名足与希腊珥纳多斯塔特斯同垂不朽，而以番达尔[①]称之，洋语谓之苗顽也。沈幼丹于此事，实不解其所谓。相距数万里之远，虽有毁骂，不见不闻，固可泰然自得，独难为奉使居（此者地）〔此地者〕耳。然自此两年来，遘闵既多，受侮不少，此事荣辱，与吾何涉？更可泰然处之。而以幼丹一意毁弃铁路，致中国永无振兴之望，则亦有气数存乎其间。屈原曰：委厥美以从俗。幼丹非不知西法之宜勤求，而从俗之一念中之，委弃其生平而不顾。岂其有他故兮，莫好修之害也。凡从俗者，皆不知好修之咎也。新报又言左季高遣使俄罗斯求采备军粮，意在从虎口求食，颇为国家危之。新报所言库尔嘎，殆即伊犁之称也。

十四日。闻德尔比病，遣使往问。以明日开会堂，上下两议院各分两党，先日各自会集，私议其大概。毕根士由则集上院议绅于其家。罗斯噶得为下院同党之领袖，亦集下院议绅于其家。其异党以前相格兰斯敦为宗主，上院则格兰费尔，下院则哈定敦，亦各集其党于家。两党之势既定，议论同异，相持不下。大率当国者议论行事足以相服，则亦转而从之，其初各以其党持议，几于一成而不可易。盖军国大事一归议院，随声附和，并为一谈，则弊滋多，故自二百年前即设为朝党、野党，使各以所见相持争胜，而因剂之以平，其由来亦久矣。格兰斯敦于俄、土战争，谓不宜与闻。其意以土人据有亚细亚土地，俄人假手剪灭之，亦一快也。而于英国国势，固不相宜。法国新报亦极议格兰斯敦、卜来得所持之言，为足贻误英国大局。

十五日。为西历正月十七日。于是日开会堂。以其君主不亲临，不复知会各国公使。约赴威妥玛谈。威妥玛论中国急务，在

---

①番达尔，Vandal（汪达尔人）的音译。

开矿、兴修铁路，而言：中国富贵甲于各国，能修此则一二十年间可至富强。往在中国为总署陈之，诸公皆疑我为英商营谋。我安有是心哉？并示以日思巴尼亚新订条约数则。便过马尔铿、希斯、斯博德斯武得，皆不晤。以是日开会堂必有议论，可以测知其举止，因属马格里诣上议院、罗稷臣诣下议院，一听其辨论之间。接上海十一月初二日包封第五十三号，由法国卑可公司船寄到，内惟黄泳清一信，报称九月初八日具奏一折于十月廿一日抵沪而已。

十六日。罗稷臣、马格里同诣上议院，未分赴下议院。所闻格兰费尔、毕根士由、阿尔该尔公、沙乃斯百里侯四人往复之词。格兰费尔谓执政议论反复，俄、土两国自相战斗，英国亦无参与之权。毕根士由谓：反覆者，众人无根之议沦。凡与闻国计者，始终惟持一议。俄人不扰及君士但丁，不开通马摩拿海峡，不侵及挨及，英国当守局外，不闻军事之约。今其势骎骎相逼而来矣。今日之议，犹初意也。至谓英国无参与之权，则去岁俄、德、奥三国定立议约，谋要之土耳其，法、意亦已受约，英独以五大国并宜与议，已议约而后报闻，英国不能受约也。其约遂废。此得为无权乎？其后英国遣沙乃斯赴土国议和，知照各国加派一使，以明特简，各国皆从其言。此得为无权乎？比日土耳其邀请各国议和，各国皆拒不纳。英独以质之俄人，还报允可。此得（其）〔为〕无权乎？前岁土人攻色尔非亚，入其都城。英人为言于土，仍听色尔非亚立国，土人受约而退。此得为无权乎？阿尔该尔因言：所议事何以不早宣示？土国无政事，无教化，无能自立，其势必日趋削弱，终归俄人役属耳。方土人强时，封塞马摩拿海峡，不听各国兵船出入。其后英人代为拒俄，犹守此约，俄人且役属之，其不能终持此约明矣。不如竟开其禁，俾各国兵船通得出入黑海，免使俄人独擅其利。往册所载，国家有道，得以兼并无道之国。自古皆然。如英人兼并印度，人多言其过。吾意不然。印度无道，英人以道御之，而土地民人被其泽者多矣。此亦天地自然之理也。土国无政事，无教化，浊吏污俗，为害人民，无可久存之道。俄国于欧罗巴，政教风俗未能求胜诸国，而在亚细亚一洲独高出各国之上，亦岂能固遏之，以必保全一无道之土国乎？沙乃斯白里谓：土国无道，我亦不能为之曲讳。英国所急急为谋，非为保全土国之计，在自保全所属地耳。俄主号称贤能，亦知其无兼并之心。然兵动而事机所在，人争赴之，俄主亦有不能自主者。往岁用兵基发，亦言但讨其凶虐，决不利其土地。其后袭取基发，驻兵守之，俄国亦不能调回其兵也。是以英国不能不早自为计。至英国大政，一一宣示于外，即今日议论，天下各国皆得闻而知之，于土人无所避，于俄人亦无所避，何况上下两议院？但于事势有未宜先期宣示者，须是到此乃能一会议耳。今日之言无他，尚望多备财货，以备缓急之用。如能相信，早自筹备可也；如不相信，亦请别求能者为之，钱货总须夙备也。是夕，湘甫、彦嘉、在初、夔九、玉屏约至贤真穆斯酒馆，陪同李丹崖、罗稷臣、屠迈伦、马格里小酌。是日大雾，上半日尤甚，至不能辨色。居人举烛治事。

十七日。李丹崖言，曾与徐雪村造屋治强水，其价贵于西洋数倍。西洋鬻强水，在上海每磅不过一元，此间六佩宜而已。造强水之法，先为铅屋，四周上下令密固不使泄气，而中为前后二间，空其下尺许，前间安铁管，设炉烫水令沸，亦闭外气，使贯入铁管以达于铅屋。旁置铁箱一具，为上下二间。上间用铁盘盛灰，屑硫磺为末，堆置灰上，用火燃之。下间用盘盛硝，亦安铁管箱端，闭外气，通入水气，使随水气以达于铅屋。铅屋闭气令暖，以寒暑表八十度为率，水气入前间则暖加甚。气积既满，徐由下空处以达后间，即平至八十度，而气渐降以化为水，如露珠满铅板上，即成强水矣。强水之重，视清水加半倍。如清水十两，强水应得十五两。若不足十五两，是水气盛也。当加火煮之，视其轻重成数准合收水，令如强水轻重之度。其煮强水仅能用玻璃瓶，而玻璃瓶入火多炸裂，西洋以白拉丁①为锅煮之。白拉丁者，白金之一种，入火不化。磺强水一百分，加入硝二十五分煅之，即成硝强水；入碱煅之，即成盐强水。以阴阳消长之气配合之，即成电气：磺强水一升，入炭精四两，炭精，阳也，主长；铅八两，铅，阴也，主销，销之数当倍，则磺水化为电气。引铜通之，无远不达，亦可为分化百物之用。铅入磺强水中则渐销，当用水银涂之。视其水银渐淡，就〔所〕（消）〔销〕又加涂之，则电气可以久蓄。近年西洋就矿取强水，其价乃廉。盖凡五金矿中杂硫磺，则五金之产必薄。其磺多者，就矿烧之，亦如铅屋取强水之法，以磺中尚杂有五金土石，非净磺也，所取强水亦不能（多）〔无〕渣滓。西洋于铅屋中分析清浊，其浊者以浸牛羊皮骨之粪田者。盖凡皮骨中皆有磷火，强水浸之，磷火乃散。硫磺取净，矿中所有五金成数，仍可入铁厂煅取之。凡铁矿中最忌硫磺及锡立嘎②。有此二者，铁产必不旺也。锡立嘎可用以烧玻璃，沙石之类也，其精者为火石。洋语白拉丁合成一谛字，因以锑代之，以白拉丁金属也，锡立嘎合成一夕字，因以矽代之，以锡立嘎沙石之属也。英人税则入息一项，名目繁多。惟客商利息遍及各国，乃入息之大者。每年报数，听从呈报缴税，更无稽查。故惟有以多

---

①白拉丁，Platina（铂）的音译。

②锡立嘎，Silica（矽土）的音译。

报少，无少报多者。新报载：一千八百六十五年入息三百八兆凡三万零八百万磅，合银十万二千五六百万，一千八百七十五年入息五（万）〔百〕七十一兆。每十年一总核之，多至二万六千三百万磅，其富盛如此！其存款不计。借出各国之债，约略言之，凡八千五百兆磅，多由国家为之经理，故其数可得而纪云。接黎莼斋信，十五日所发也。

十八日。礼拜。各国人民流转英国，亦相与设会赈恤之，丹国公使得毕娄为会主。其理事温益斯得、帮办罗里函告：三月廿七日在贤贞穆斯威里斯鲁目斯聚会，乞我为丹使之副。令马格里以书报之，允捐费而不允赴会。其借名为主会正副，则亦听之而已。与李湘甫就李丹崖、罗稷臣谈。丹崖言：西洋人心风俗，有莫知其然者。法主麦马韩欲援立拿破仑后，仍为君主之国，于是尽罢以前执政，改举两议院爵绅，各部长亦多更置。已而爵绅力持从民主，麦马韩知其不能胜也，悉复执政之旧。其各部长为君主之党者，上言君党应避位，皆各受代以去。君主民主，截分两党，不相假借。平居周旋，往来相善也，一与议国政，两党各树旗鼓，相持不能下，而以人数多者为胜党，亦遂敛然退听，无挟气以相难者。亦不知其何以能然也？吾谓：西洋君德，视中国三代令主，无有能庶几者；即伊、周之相业，亦未有闻焉。而国政一公之臣民，其君不以为私。其择官治事，亦有阶级资格，而所用必皆贤能，一与其臣民共之，朝廷之爱憎无所施。臣民一有不惬，即不得安其位。自始设立议政院，即分同、异二党，使各竭其志意，推究辨驳，以定是非，而秉政者亦于其间迭起以争胜。于是两党相持之局，一成而不可易，问难酬答，直输其情，无有隐避，积之久而亦习为风俗。其民人周旋，一从其实，不为谦退辞让之虚文。国家设立科条，尤务禁欺去伪。自幼受学，即以此立之程，使践履一归诚实。而又严为刑禁，语言文字一有诈伪，皆以法治之，虽贵不贷。朝廷又一公其政于臣民，直言极论，无所忌讳。庶人上书，皆与酬答。其风俗之成，酝酿固已深矣。世安有无政治教化而能成风俗者哉？西洋一隅为天地之精英所聚，良有由然也。

十九日。何满安得科罗尼亚尔苏塞也得斯古洛①小学馆教师得宁约往一游，乃与订是日未刻。至则简多马夫妇先至枉候。其总办珥温斯、帮办占生陪游各学堂。四岁以下为一堂，七岁以下为一堂，十岁以下为一堂，十五岁以下为一堂，皆妇人教之。十五岁成童讲求数学、化学、气学，则皆有师。妇人之学有专精，亦司教事。得宁与科格兰分教妇女之授读为童子师者。盖凡妇女入学五年，粗有成，可以授读，则就此学馆课以授读之方。如传授某艺应如何入门，如何分别次序，如何立言开导，使童子易明。如是两年。初年就科格兰，专示以立言之方；次年就得宁，则于各艺又进言其理。两年学成，国家遣人就试之，取中者记其名，乃令入各小学馆授读，试其能否，然后给以文凭，听人延请课读。凡共聚三龄以上童子千一百人，妇女学习课读者二百馀人。所见各堂规矩，四岁以下一堂约五十人，授字母者三十人，教手法者二十人。字母教以点画，牌列二十六字指授之，先通其音，而后令审音以求其字。又散书小方纸掷于地，令检求之。皆列坐小台基，每指一人，则趋而下，检字如法乃还坐。教手法，环坐一案，令举左，则各树左手；举右，则各树右手；双手齐举加于顶，各置一泥球于前，取球加于顶；又加于鼻；皆随呼而二十人者应声

①何满安得科罗尼亚尔苏塞也得斯古洛，Home andColonial Society School（本国和殖民地协会学校）的音译。

举手无或爽。七八岁以下一堂二百人，为台基者二，环坐者四。台基上下相向，一示以黄黑狸，一示以牛皮之用。狸能捕鼠，其头圆，其尾能竖能曲，其足有爪无蹄，以肉行地，故无声，其毛顺至尾则滑，反抹则涩。每举其端，使自思而得之。牛皮坚韧，用石灰水浸之以去其毛，而揉使软，则可以制器物：为履以便足，入水不濡，又坚耐久，亦可为冠。皆先引其端，旁推交通，使之反隅。环坐者：一用方纸画其中，析为十二行，纵横用两色线编制为方纹锦；一裁长方纸使折成匕；一和泥为丸使按成篮、成碗，或圆如梨、如苹果，或叠数瓣如花；一为小方木十，使记数。皆妇女一人分教之。又有总教习一人执短杆教之歌，以杆击柱为节：或举手，或叠手，或拍掌；轻重疏数，皆视所持杆点画相应。十一二岁以下一堂约五六十人，教之算数。十四五岁以下一堂约二十馀人，教以寒暑表之用。言二百年前意大里人制小管入水银其中，下虚三十寸，则水银倒泻之亦不倾，为其吸力足以相摄也。入热度则水银涨而溢行，因以为寒暑表之用。询以各种教法，日当一易，曰：此其比例无穷。亦设立一妙西因译言博物院也，各缘其类，分日教之。因往视其博物院。各种土、石、鸟、兽、皮、骨、丝、枲、麻缕，为厨十馀贮之。其十五六岁女子习针黹者二三百人，数女师教之。其习授读者，则皆十八九女子也。询以此馆创[①]黎洛尔斯，距今四十二年。国家岁有资助，岁用可七千磅。其教法专取之博斯多洛机，专开诱童子耳目，使之聪明。其门人弗洛格又推广为练习手法，如四岁以下童子检字以诱其目，弄丸以便其手，皆其遗意也。西洋成就人才，使之为童子时嬉戏玩弄一以礼法，又群萃而歆起之，以不至生其厌斁之心。殆亦尽善尽美矣！

---

①此处疑有脱文。

是日大风，连日燥热如秋，亦风兆也。

二十日。马克斯究尔得以《烟台条约》允否讦外部，波尔克答言：此项专候印度回文。近得印度电报，其回文已发行，此时尚在途次也。俟得印度回文，威妥玛所议第三款始能刊布。此事立意迟难，即议院诸绅亦多不能自适也。挨及为拿破仑第一所侵，英人援之，因致送石柱古碑于英国。距今六十二年，无法运致之。近有医士威列生自任运取来英。以铁甲为船式，包石柱其中，用石灰合固之，使不倾侧，樯、舵之属毕具。凿渠通海，引水浮载以行。至地中海，用汽轮船曳带出大洋。遇大风，船人度其必至沉失，断其缆，弃之海中。其造铁甲为船式者谛克生，自言当谋载石柱时，以法准较尺寸，权衡轻重，万无沉失之虞。已而他船过，见其浮荡海中，乃拖置葡萄牙江口，以告于英人。威列生另雇一船曳至代模斯江，闻日昨已运至矣。俄军进至土耳其阿德里亚，土人敛军以退，力保君士但丁一城。一千八百二十九年俄攻土，至阿德里亚，议和以退。一千八百五十六年复攻土，英、法诸国援之，乃定和约于巴黎。此次大势，较前固远逊矣。闻俄人赶造安放水雷小船，以英船为式每点钟行廿二里，合中国六十六里，刻期造一百号。英人援土专恃水师，似其意在拒英也。栗温甫对岸百尔京赫得为造船厂。南墨利加叛乱时，在此造一船，曰阿拿巴麻，剽掠北墨利加市镇。美人百计捕之不能得。既平南墨利加，美人以阿拿巴麻所侵掠直五百万磅，索价于英人。英相（色勒）〔勒色〕力拒之。美人持之益坚。已而美人邀同意大里、法兰西请与英人会议于瑞士都城，诸国皆以为应偿。适会格兰斯敦继相，乃偿与五百万磅。美人令诸被侵掠者估数领取，则实不过三百万而已。因请以其馀还之英人，英人拒不纳。即此见各国相持之公义，而亦见英人之能屈己以从理也。金登干、屠迈伦过谈。

廿一日。李丹崖约（有）〔为〕百珥名登[1]之游，与罗稷臣、马格里四人，由犹斯登上汽轮车，过布利治里、鲁克碑、科芬特力科芬特力制表及丝带阑干各地方，至百珥名登。寓魁英客栈，即在车栈旁。往拜梅尔铿得里克，陪同游爱尔金敦镀金行及枣色夫吉罗特钢笔行，并役工千数百人，而钢笔行一皆女工也。询问女工，佳者每礼拜可得十七施令，最下可得四施令。镀金行分镀金、镀银、镀铜及铁铅各种，其名曰伊拉克得鲁洼克[2]。所用常器也，故铜质为多，一皆机器为之。大率壶、台及所铸各种铜人，皆用散模凑合而空其中如壶柄、台柱，皆空其中，沙模及镵花用人工者略与中国同，所异者机器，而熔并嵌合坚实，尤为得诀。是以中国发焊，用久即脱，西洋发焊无脱者。机器大小皆熔并成之，而用电气发焊。已成器而镀金镀银，亦用电气。铁镀铜，先用淡磺强水洗之二十分水中一分强水，而后置铁器青矾水中，间以铜片，铜质随青矾水消入，铁器已成铜矣。铜质镀铁则用绿矾水，以青矾中有铜，绿矾中有铁，各以类相熔化也。镀金银，先以硝强水、盐强水二物化之，锻之以火，则又结而成小黑颗，又用西爱拉得博达生[3]化之。西爱拉得博达生毒人如砒，能化金银。而后炙之以火，则毒性随气外散。俟其毒净，加入清水，以镀器物，即成金银质矣。其金银器物则洗以银砂，用刷理其垢污，浸以清水，而后入金水中。其银质镀金仍存银底，则以蓝涂之；其金银水相为熔合，而蓝隔之不受镀，则银底依然。铁（渡）〔镀〕铅，亦用淡强水洗之，而后浸入沙拉摩尼亚克[4]，沙拉摩尼亚克，中国名之洋石膏，即卤沙也，加水熬

---

①百珥名登，Birmingham（伯明翰）的音译。

②伊拉克得鲁洼克，electro-works（电镀工场）的音译。

③西爱拉得博达生，Potassium cyanide（氰化钾）的音译。

④沙拉摩尼亚克，Salammoniac（氯化铵）的音译。

之即成水。用铁器浸入，始投之铅锅中，乃受镀。其镀金银及五金皆借电气之力。以电气力能消长，故凡镀五金皆引电气过其上。而镀金局所用电气，一假吸铁石用热力激发之，不用强水，云热力压出之电气，镀金乃能匀也。日尔曼出银产曰镉，亦铅类也。以镉七十分、红铜三十分炼之，即成假银，色白而质坚。名曰日耳曼西里法。略以所闻记之。西洋用器，虽小品亦须过机器数处乃成，钢笔亦然。钢笔局每年用钢至五百吨。由钢片成一笔尖，凡历机器十馀，实亦不厌求精求详，此西洋所以不可及也。是夕与丹崖畅谈，而仍竟夕不能成寐。

廿二日。往得拿所设之台勒机器局，即前寓书唐景星，属于上海设立铸造洋钱局得拿机器，以铸钱为大端也。其帮办车伦陪同游视铿百里纽扣局、希呑铸钱局、成士新克斯灯局、昌斯玻璃局、士谛孚钢铁洋枪杆局，凡共六局，至夜久乃归。因留车伦晚酌。昌斯玻璃局用至一千八百人，其帮办名博斯。士谛孚枪杆局用至一千二百人。士谛孚枪杆局创自一千八百六十六年，凡十二年中成枪杆二百馀万枝。其帮办名温生。而希呑铸钱局，英国属部用钱各异，皆所鼓铸。意大里诸国亦以铸钱任之，皆给以宝星。中国玻璃用吹。昌斯局凡分三种：一用压力，一用吹成圆饼，一用掉运成圆筒。所制皆大玻璃片，及各海口所设灯楼，并巨观也。昌斯一子一侄，皆精能。询之制造器具玻璃，皆火石为之。此种玻璃专用海沙，其沙黄白色，极细，云质性各有宜也。晚次，爱白琅恩来谈。

廿三日。梅尔铿得里克及爱白琅恩、鼓得文并来，约游白名恩斯摩尔阿尔麦斯①洋枪厂。所铸枪凡二种：一、亨利马蹄尼，一、施来得。所用机器各异。爱白琅恩言：士谛孚制成枪杆送至厂，尚须历六百次打磨乃成一枪。盖枪兜、枪托用木，枪底及把用铜，馀用钢铁。二者大小数十事，

①白名恩斯摩尔阿尔麦斯，Birmingham Small Arms（伯明翰火枪）的音译。

每种皆历数次打磨。英国所用亨利枪，而印度仍用施来得枪。故两种并为国家制造，派员监视。英国初用恩非尔得枪，传闻有用后膛者，意虑其不足恃也。德国先制之，名曰尼得尔根。已而与奥大里战，枪猛利不可当，奥人大溃求和，各国闻之，皆恟惧。英人新制恩非尔得枪数万杆，急下令募求改用后膛者，能费五元以下，酬赏二万磅。而施来得所献新式最佳，于是改用施来得枪。数十年前英人名罗宾斯者，言枪用圆弹，其力不能及远，必改用长尖式，而弹子在枪中为药力所激，常旋转而出，长弹不能受转旋，当有求得其法者，其势将雄长欧罗巴诸国。未几，有明尼者于枪中为旋文，即来福枪所从始也。于是各国所用枪，各以其制造精者为名。美国林名登，法国喀来，德国毛塞，英国最晚出者亨利马蹄尼。予取三种枪较之，施来得枪有后键，先开后键，次火门，次纳子，次封火门，次施键，凡五周。林名登枪即中国机器局所用式也。其法用铜帽先开火门，纳子，封火门，而后出火，凡四周。亨利马（利）〔蹄〕尼从枪沟中纳子，出沟，激火，凡三周，故尤为利用。白名登有谛里者，初鬻亨利枪法，国家亦因其法用之，乃具控律例大臣，国家为酬给二万磅。是以用亨利枪自谛里始。谛里近又新出一法，于沟旁施款，下其沟纳子，以款助键之力，故不虞反坐，尤便施放。鼓得文言：俄、土交战时，俄人初用奥国铿克尔枪，而土人用亨利枪，俄人因之屡败。乃急改用美国白尔丹枪，视亨利犹逊也，然所争不远，与法国之萨斯博枪相（勒）〔埒〕。西洋诸国交战，尤以枪为制敌之具也。洋枪局用工五百馀人，每礼拜成枪一千二百杆，赶急可至二千杆。梅尔言：白名登四十万人，入学读书者三万馀人，其学馆甚多。闻有昆士学堂、由尼发色大书院，皆未能往游。引游盘尔得斯古洛一处，学馆总教习名罗艾尔。自三岁起至十四五，共一千二百馀人。识字、习教，皆妇女教之。女生至五六百人。其大学生一堂，年十一二以上，四五百人。视其日课悬牌，则习剌丁及希腊文与勾股算学及地理学相间。而日常一习歌。其习歌引声，或以字导之，或以手导之，其教师必自引起其声。其坐处常数百人，而无相聚之炭气。每屋必为出气孔而设高墩以引出其气，又为热气管及风火门以引入其温暖之气。马格里云：人居室中，须得见方（千）〔一〕丈为受气之地，而后可以纳养气而散舒其炭气。是以住室宽广一丈，高亦须一丈。学馆容多人，其高处必逾丈以外，又皆有出气管以吸出其气。是以人虽多而污浊之气不使稍停。询之白名登学馆最久者：兴爱觉尔得。兴者，称其君也；爱觉尔（斯）〔得〕第一创置学馆，捐费岁收一万六千磅，令凡来学者不出学费。二百年来，以其赢馀增置学馆五所。近亦拟改易旧章，力有馀者，仍出学费。英国之法，三四岁以上皆入学，子弟不入学，坐罪家长。贫家习工业充役，约以十二岁为断，仍听半日就工役，半日入学，至十六岁乃听出学。凡城镇房屋，各估其收入，租价月至十磅以上皆捐学费，为常用之资。其年十六以上读书有成，乃入大学。白名登之兴爱觉尔得，即大学也。其续建学馆五所，并次之。俟其艺有专精，乃送入阿斯弗学馆。其馀学馆十馀处，并与盘尔得斯古洛规制大略相同。此盘尔得斯古洛学馆男女两馆，并总教习一人，分教八人。六七岁以下，妇人教之，亦总教习一人，分教八人。是日大雪。酉刻，乃由汽轮车回伦敦。湘甫、彦嘉、在初、夔九、玉屏并接至犹斯登车栈。

廿四日。考知白名登地方，隶英伦中间之瓦维克部，与士他福脱、瓦楷斯脱两部相为犄角，距伦敦西北一百十二英里。地多砂石水泉，专工引水之法。制造铜铁器尤精。英主查斯第二取法国宫室之式，令白名登仿制，自是日臻富庶。一千六百九十年，民数四千而已：一（百）〔千〕八百年有六万八百二十二人；一千八百五十一年乃有二十三万二千八百四十一人；一千八百六十一年至二十九万六千零七十六人；一千八百七十一年至三十四万三千七百八十七人。例举议院绅三人。每年制造器物值五百万磅；每礼拜耗金料一千两，耗金叶七十两。业制造者二万馀家，每日用煤六百吨。礼拜堂一百七十区。曾晤其教（师）〔士〕堆尔，闻最善言辞。大藏书楼一区，小藏书楼四区，兽学园、画会院各一。议事厅一，梅尔及阿（力）〔得〕门会议于此，可坐六千人。其地创造机器者曰华脱，闻其厂犹存。又博里斯特力始推知养气，达韦始考求动物之学，波势令始考求植物之学，并为白名登人，言实学者创始之一端也。属部尚书嘎尔讷尔芬告退，以议阿非利加属部番民滋事，因及俄、土之战，英国不宜与闻，且谓一千八百五十六年英、俄两国交战，流极使然，恐此次又或流荡而不可止也。诸执政责其不宜为此言。哈尔讷尔芬因求退，毕根士由留之。顷因土事日棘，毕根士由饬地中海水师进入马摩拿海，户部尚书罗斯噶得又饬议院筹画军饷。哈尔讷尔芬谓战事已成，非渠意，因力求退。英国执政十二人，军国大事必会商，持议不合，则视其权力所趋而相从附和者之众寡以为进退，无中立相持者，亦无顾恋禄位逶迤以求容者，此风俗之所以厚也。

廿五日。礼拜。接上海十一月初九日所发第五十四号包封，内李筱荃、唐景星、彭仲莲、黄泳清各信，并家信第十四号十月廿三日发，意城及志城信第十三号十月廿日发，又子瀞及江芾生二信。子瀞信语及曹柳桥《三世见闻录》，以其家继事过诋卫靖澜、唐艺农，致入弹章。官司临门逼迫，系缧其孙，以速其死。亦不善处衰叔之世者也。卫靖澜有能名，尤善趋时，以自附于清议，一时翕然称之。要皆未有闻于君子之道也。国家风气所趋，别有一种不明事理之能干，不辨皂白之公论，不可究诘之正派，不能体察之清廉。其为物望所归者，大都此种人才而已。如卫君者，盖亦所谓应运而生者也。

廿六日。新报载：喀什噶尔已为官军收复，古里碑以所部二千人逃往俄国，现立摩萨阿拉密汗为喀什噶尔王。喀什噶尔隶西域版图，谓之新疆，向未立王。俄古柏据有新疆十馀年，经左军收复，万无别立王之理。摩萨阿拉密又始终未一见其人，不知俄国新报何所据而为此言？前后哈吉目堪、古里碑两酋并逃归俄人，俄人一皆收抚之，其用心尤有不可测者。新疆收复可喜，而伊犁一城尚为俄酋所踞，未知何以为善后之计，念之尤可忧也。

廿七日。接黎莼斋、刘和伯、张听帆公信，中叙德国开色国王之称、开色邻国后之称请听音乐及屋柏拉园跳舞会，其礼文与英国又异。李湘甫邀同李丹崖、罗稷臣及彦嘉、在（德）〔初〕、夔九、玉屏、马格里、屠迈伦晚酌。外部刊报日常有之。德在初译其为何事而已，其详不及知也。本日适马格里就谈，出所得刊报七本示之，始稍知其事实。其间与比利时议定交还罪犯增加五条，准情酌理，两国均宜之。其与达和米国在阿非利加之西定立章程六条，则一船主色里珥斯与达和米国王议定者也。大率保护英商、禁止其国贩买黑奴出口各事。又与挨及国定立禁止贩买黑奴章程七条，准英国兵船在挨及各海口巡查，其船人交挨及处办，而所贩黑奴听从英国位置。又处置旧有黑奴章程，则责成挨及自行清理，所有黑奴及其子孙一以平民视之，听从自营生理，并送其所生之子女入学读书。西洋大国以爱民之心，推类以及异国无告之民，设法以维持之，其仁厚诚不易几也。其勃然以兴，又何疑哉！询知挨及黑奴掠买自阿北西尼亚，达和米则黑奴所从出也。其国王岁杀人祀神，必强各国商民往观其地出油，遍行西洋各国，船主不能禁止其敝俗，惟与约杀人祀神不得强各国商民往观。

廿八日。德国克罗卜厂致送合淝伯相小火轮车机器一具，运至伦敦，先邀一观，由其管事朗斯敦转请李丹崖通知。因偕丹崖、稷臣及马格里往观。盖为两小火轮车机器，携带车厅，亦分头等、二等、三等，几褥、地毡悉如火轮车厅之式，门窗之属皆具。其货车、煤车、牛羊及马上下车式，无一不肖为之。为铁路八段，用八巨箱盛之。穿山为路者一，山旁划为车路者二，铁桥渡水者二，铁路中通马车为铁栅阑之者一，叠石为门、下通马车者一，(塾)〔整〕房、铺户及买火轮车票，逐段点缀。木工十之五，铁工十之四，其牛马之皮皆浆树皮为之，取可以受颠播，亦居十之一。两旁路为苔草及杂树，惟妙惟肖。朗斯敦述克罗卜之意，欲请合淝伯相代致之朝廷，因请为两小火轮车（取具）〔具取〕一名。因取山效奇、川贡珍之文，一名之效奇，一名之贡珍。于是于所凿山榜曰凿山通道，其山前为门若城，榜曰阊阖门，而于山旁开路处仿摩崖式，题其上曰瀛岛，一桥左方曰飞星过汉，一桥左方曰驾月陵霄，其右方曰行气如虹，曰阁道中开。倩丹崖以篆书为之。其铁路下为马车路，横出若瓮门，榜其两方曰熙来。曰攘往，倩丹崖以隶书为之。戏具致之中国，亦一巨观也。

廿九日。英国驻土公使函报外部：俄国要挟条约凡九则：一、色尔非亚应自立国，并加分地界；二、满得尼克洛亦自立国，加分地界；三、鲁美尼亚亦自立国。一千八百五十六年英、法助土攻俄，取俄地博沙拉以给鲁美尼亚，应退还俄国，令土国以地补还之；四、布加里亚应改为土属国，俾自立王，用耶苏教人管理，并兵弁皆用耶苏教人，酌分巴尔堪山南境鲁米里亚部境与之；五、巴尔堪山北，东界舒目拉、西里斯底亚，西界维丁、陆觉克，四大城罗列，名四方城，应并归布加里亚；六、近奥国之波斯里亚、赫尔斯非拉二城，近希腊之意比尔、珥斯费拉里二城，应自立一国，为土属国；七、马摩拿海峡应由俄、土两国君核议；八、兵费多少应候核议；九、驻兵土境，候兵费缴清；其东土耳其阿尔米尼亚部所属四城，曰稗雅西得，曰嘎尔斯，曰阿尔得鼾，曰巴都姆麦，为俄（土）〔军〕占踞者皆应驻兵。似此情形，土国气息所存亦无几矣。下午，彦嘉、湘甫、在初邀同至海德园一游。

三十日。麦士尼来见，新自云南（滕）〔腾〕越厅历缅甸以达印度回国，盖居中国十七年，汉口、贵阳为日尤久，故其言兼黔、鄂两省之音；在郭松林、周达武两军门营，保副将，颖勇巴图鲁，娶黔女为妻，居黔之日尤多。因留之晚酌。金登干来谈，以镇江趸船案须一催问，属拟稿核办，特就商也。晚邀麦士尼、马格里、彦嘉、湘甫、在初、夔九、玉屏及丹崖、稷臣会饮，略仿中国团年之意。接奉十月三十日批发九月初六日折上谕一通，由上海文报局十一月十六日附法国川拿公司船第五十五号包封递到。并接合淝伯相、沈幼丹制军及黄泳清各信。计此一年之中，除奏报抵伦敦一折。凡三具折言事，三具折自陈，一具折附总署论从祀事宜，可谓繁多矣。以后当谨戒具折，能遂得请以归，则所祷祀以求者矣。

光绪四年　戊寅

正月

光绪四年戊寅岁正月初一日辛亥。元旦。为西历二月初二日。偕李丹崖及德在初、凤夔九、李湘甫、姚彦嘉、罗稷臣、黄玉屏行庆贺礼如朝仪，因留小食。格林里治肄业生六人来见，严又陵宗光谈最畅，馀则方益堂伯谦、何镜秋心川、叶桐侯祖珪、林锺卿永叔、萨鼎茗镇冰。询问读书章程：每日六点钟分赴各馆听讲，礼拜一上午九点钟重学，十一点钟化学，下午三点钟画炮台图。礼拜二上午算学、格致学电学赅括其中，下午画海道图。礼拜三上午重学，论德、法两国交战及俄、土交战事宜，下午无事。礼拜四与礼拜一同。礼拜五与礼拜三同。礼拜六上午论铁甲船情形如克罗卜新造铁甲船，紧勒炮口，使子出而炮身不后坐，以为非宜，谓子出后坐之力最大，是使船身先受伤也，论炮弹情形如弹有平顶、尖顶之分，尖顶自能深透，而不如平顶者，以子出必斜飞，尖顶尝掠铁甲而过，不能深入，平顶斜飞则轮边之力逾劲，且能入水不上激，以铁甲船在水面者尝厚，入水处尝薄，尖顶入水则其尖向上，激而上冲，不如平顶之直行，而凡尖顶过三十五度，其力愈微故也，下午无事。在家读书有疑义，听讲毕就问所疑，日尝十馀人。各堂教师皆专精一艺，质问指授，受益尤多。或听讲时无馀力质问，则录所疑质之，以俟其还答。诸所习者并归宿练习水师兵法。而水师船又分三等：一管驾，一掌炮，一制造。管驾以绘图为重，掌炮以下以化学、电学为用，而数学一项实为之本，凡在学者皆先习之。此西洋人才之所以日盛也。严又陵又言：西洋筋骨皆强，华人不能。一日，其教习令在学数十人同习筑垒，皆短衣以从。至则锄锹数十具并列，人执一锄，排列以进，掘土尺许，堆积土面又尺许。先为之程，限一点钟筑成一堞，约通下坎凡三尺，可以屏身自蔽。至一点钟而教师之垒先成，馀皆及半，惟中国学生工程最少，而精力已衰竭极矣。此由西洋操练筋骨，自少已习成故也。其言多可听者。是夕，邀马克里、密斯盘、金登干、赫政、贺璧理、哲美森、屠迈伦，及李丹崖、罗稷臣，及诸随员晚酌。哲美森以前赴巴黎，未及与会。

初二日。礼拜。上海地亚士行行主密爔来见，询知日耳曼堪伯克人，亦自为一国，而不立王，统于德国。密爔在中国十七年，专承办中国机器、军火，与载生洋行情形正同，而密爔为有诚笃之名。并持李勉林、郑晓轩、孙竹堂诸君信函至。瑞典参赞狄音博及阿里克、金登干先后过谈。阿里克为地理会尚书，以斯丹雷寻觅阿非利加中境河道及所有各国，为西洋人迹所未经者，约礼拜四邀集诸人听讲。吾以不通英语，属马格理函商，请李丹崖代往。马格里径自出名辞之，而荐丹崖往听，全失鄙人意旨。正以书辨明，而阿里克至，谈次始知其误。据言是日邀集二千人，而请与听男妇尚有二千六百人，以租屋不能容，却之。亦知鄙人不晓英语，得丹崖代往，亦自佳也。使马格理能先达鄙人之意，亦不至滋阿里克之疑矣。

初三日。英国百尔治，博通挨及之学。一千八百一年，挨及以英人定拿破仑之乱，酬之以古碑。英人以运费繁多，莫能致也。其后一千八百六十七年，挨及催英人运取，计费在万镑以外，议院皆不允。至一千八百七十七年，英国医士威珥生捐资运取之，谛克生为制（铁）〔船〕运载，略仿铁甲船式，用汽轮船曳之。近始入代模斯江，谋置之议院旁威斯敏斯得桥南。百尔治为考证古碑原始，枉送一帙。据称碑名克里倭稗得拉，用古挨及后为名。其碑莫知其原始，向在希里倭波雷司，挨及一大都会也。古名之得徵，取掩盖之义，疑以置之墓道者。罗马人有盘辖斯者，以希里倭波雷司古碑凡四，移其二于阿里克三台亚，在耶苏降生以前二十二年，当罗马国主阿廓斯得斯时，距克里倭稗得拉称制挨及已数十年。以克里倭稗得拉故有移置阿〔里〕克三台亚之议，因取以为名。其碑高六丈八尺六寸，四方如柱而顶锐。西洋人名之尼得尔；尼得尔，译言针也。四方二面亦微有参差，一面广七尺五寸，一面广七尺十寸半。西洋丈尺皆以十二积算。顶方，四面肖一人一兽。人名登摩。西洋各国各有护国神，登摩者，所指为保护西里倭波雷司者也。兽名斯芬克斯，身如狮子，人面。挨及古图及古宫殿遗式多为此种兽形。今狮子横目而颔下微丰，其形似人，疑即今狮子也。柱端四方，方各为三鸟，而文字列其下。其存西里倭波雷司二柱，已毁其一，其一挨及王送之法国，视此柱差高。阿里克三台亚二柱，其一平置地上而埋其半沙土中，即此所送之英国者也。二方为海潮所激荡，字多残阙；其二方埋沙土中者独完。其一尚树立阿里克三台亚，而斜至十二寸，其斜立一方与沙石相支拄，已有裂文。英领事驻扎此处，岁常壅土培护之。威珥生起运此柱，得铜片若枝爪者四，洗视其文，其一尚有字迹可辨，略记移置此柱之原始。其下为巨石盘，威珥生疑古土圭之法，立表以测日景者。百尔治谓其石盘四方各为直画，实似土圭遗制。挨及古文极类中国篆籀，西洋数千年无识之者。尼罗江歧分为三，西入海，一曰阿里克三台亚，一曰达米珥得，一曰罗尔塞得斯多姆。近数十年罗尔塞得斯多姆有掘得古石碑者，一面希腊文，一面为虫、鸟、方斜之形，西洋以为古画也。法国人山波里安以希腊文推测之，凡一二字同者，二面文皆合，因而辨知为挨及古文，得此石柱及挨及各古碑，审其同异，辨其文义，相与接踵而衍演之，以成《挨及字典》一书。曩见格兰斯敦，知其多通希腊之学，因举挨及文叩之。格兰斯敦谓英国精通挨及学问者二人，其一百尔治；其一戈谛生，现充上海按察司，亦因中国古篆多与挨及同，欲因以考求中国文字源流，因假一官以为久驻中国之计。闻其人近今物故，屡道上海，未及一访之。克里倭稗得拉，挨及女主也。罗马兼并诸国，其大将安多尼征挨及，取之，与克里倭稗得拉有私。已而安多尼病卒，克里倭稗得拉引毒虫自戕以殉之。马格里前岁过苏尔士江得挨及古碑，而云克里倭稗得拉为挨及古贤后者，误也。是夕，马格里邀同李丹崖及诸随员至桑珥斯戏园观马戏，惊心动魄，奇变百端。归时已逾子刻矣。

初四日。外部致送驻华领事呈报各口情形，启视则上海、镇江、厦门三口所报一千八百七十六年贸易情形也。上海出入货值一万二千四百十七万馀，比上年增多一千五百万。镇江出入货值一千零九十九万馀，比上年减少五十六万馀。厦门一口未列总数，而云出入各货皆有增加。厦门是岁亦有水灾，而贸易乃反盛。来往船只自上海一口外，以厦门为最多。所报出入货值，分厘皆具。西洋以通商为经国大计，宜有然也。然与总税司岁报争差太远，每年出入货值总计七千馀万，不能上海一口如此之多，此必有误。新报载土耳其近事：一、希腊以兵二万驻扎土界之色萨里。一、土属科里得岛叛民四起，皆附希腊。一、英国兵船进入土国南海峡达尔得类尔得[1]一名赫生斯般得[2]，其北海峡名波斯弗勒斯[3]，以俄、土有议和之约，仍回驻马摩拿海外之白西格海湾。一、土国遣派请和之使已至俄国喀森里克大营。英国驻土公使雷亚尔得询之土相格兰得维西亚，云尚无允准消息。驻俄公使罗弗得斯询之俄国外部戈尔加廓夫，亦不能对也。俄兵仍有日进之势。格力布里有英国驻扎之阿达什[4]管理武营随员之称，报俄兵已抵乌森究布里究布里，译言桥也，为格力布里北至喀山之要隘，几有逼近土京之势。阿德里亚俄兵亦日进，谛爹嘎治新报局撤回土京，相逼日紧矣。又是日新报载：俄、土罢战之约，已于阿德里亚画押。土国萨福卫德巴沙与俄国意克纳谛爱茀会议定和款目，禄美尼亚以俄人议和不与闻伯克拉斯达禄美尼亚都城，又令归还俄人地博萨拉地方，于心颇不能适，欲不允所议。与德在初诣威妥玛，谢其两次列函新报，为中国北五省灾荒筹捐赈济。其二函则上海署领事达文波函致阿里克，并由威妥玛列之新报也。是夕，李丹崖相就邀密斯盘、金登干、密爔、方益堂及诸随员会饮。

初五日。奥公使邀赴亨格里跳舞会。以奥国合奥大里、亨格里而立一国，其亨格里会，当系其地善举，集资为助也。以惮为长夜之酬应，属德在初致书茀里兰德辞之，茀里兰德亦一会首也。并为其会参赞珥布拉承买赴会票一纸以助捐。奥国以俄、土和约当由各国公议，知会英、法、美、德、意各派使臣赴维也纳会议。英国驻奥公使爱里约得由土京改驻奥京，而以驻法公使来恩斯就近赴奥，为会商俄、土和局。使如驻土公使雷亚尔得所报之九条，

①达尔得类尔得，Dardanelles（达达尼尔）的音译。
②赫生斯般得，Hellespont 的音译。
③波斯弗勒斯，Bosporus 的音译。
④阿达什，attaché（武官）的音译。

各国公议必不能从，则欧洲战事方长矣。新报载格罗斯得地方在伦敦西梅尔为格兰斯敦党，邀集绅民，不允开用兵费。绅民大哗，梅尔因起避之。其阿得门有为毕根士党者，因与绅民定约，允国家开用兵费。英民妇孺，群怀助土拒俄之心。欧洲战事视民心为趋向，其势必至用兵。俄京森毕得尔波尔克有官曰百利非得，与英国梅尔同，人民词讼取决焉。有一妇人手控呈诉之百利非得，甫近前，连发洋枪，百利非得创甚。左右拘妇人问之，默不一言。俄皇亦为之震惊。似此，则俄国百姓必有不得其理者。此亦俄京之一变也。回人密尔萨毕尔伯克什来谈。晚赴德使敏斯达茶会，为见奥国太子罗多尔苐也，英太子阿尔伯尔得亦在。日思巴尼牙公使从员喀兰萨就谈，初充兵官，曾驻吕宋四年。

初六日。阿里克地理会会集，听斯丹雷阿非利加新探出各国情形。审顺技艺会会集，听讲画报情形。并约携带一随员往听。以不能通洋语，徒为累耳。在初、夔九等均约赴亨格里跳舞会，乃请李丹崖偕马格里同赴地理会，请罗稷臣赴技艺会。英国公司轮船创始密斯盘尊人，时为水师兵官。轮船初行海洋，盘请国家允准设行经理，先由日司巴尼亚、葡萄牙以通印度，名曰（拃）〔芇〕英苏拉安得阿里恩达尔①。英苏拉者，译言岛也。（拃）〔芇〕者，微近之，言入地中海，葡、日两国相比，微似岛也。阿里恩达尔，犹言东方也。谓设公司船由葡、日两国海峡以通东方，即今公司船原始也。密斯盘于机器气炉创立新法。气炉出入吐纳有铁杵运送，以上下三尺为度，每一分工夫运动一百五十尺。密斯盘设法激之使速，于是为时一分可至六百尺，视前四倍。至今所用皆密斯盘之法也。见新报述其两世功绩，为录存之。德在初、

---

①芇英苏拉安得阿里恩达尔，Peninsular and Oriental（半岛和东方）的音译。

凤夔九翻译外部照复镇江趸船案议覆情形，情理兼到，此英国之所以日昌也。

初七日。丹崖开示赴慎藏斯地理会情形。听讲者至二三千人。阿里克先宣示听讲之旨，于是斯丹雷上台宣讲。历述立文斯登前探阿非利加中境地，久不回，纽约尔克《赫拿尔得》、伦敦《特力格纳茀》两处新报局请斯丹雷往探立文斯登踪迹。至尤基吉地方，见立文斯登，觅得娄拿巴霸一江，以云必系尼罗江上游，欲一穷究水道所经。斯丹雷劝之归，不允。遣报其家人，俟考得所历水道乃归。逾年而立文斯登卒，斯丹雷因为新报局缵续其未竟之志。凡历三年，由阿非利加东以出西海，仍循立文斯登旧径，由桑给巴起程，募土人为向导，凡百数十人，西北行七百馀里抵维多里亚湖。从前格兰得、斯毕格二人寻尼罗江之源，至此湖，绘有一图。此次周围测量历五十馀日，知斯毕格原图亦有参差，而尼罗江实导源此湖，西北行三千馀英里以注海。维多里亚湖正当赤道，奇热。过湖南开治巴城，西南行四百馀里抵由基吉，在登扬尼克湖之东岸。立文斯登实死于此。自此以西，无问津者。居人相与传说，野人所居，能搏食人。斯丹雷率所募向导百馀人沿湖行，西北至一国，有番王，云曾至由基吉，得见西人。出所携纽扣、玻璃子、小镜及洋铁盒小鱼赠之，大喜，以为奇珍也。因丐其保护所过番境，番王允诺，各刮臂出血相摩为盟。次日，从人出樵薪，为番人飞箭所伤，以诘其王，亦不能问也。又西北行五六百里，皆番地，丛林蔚然，村舍、牛羊、鸡犬畜牧并同。行抵由噶歪河，沿流而北，为喀打次河。询问土人，河源莫能知，惟曰极北上通天河。其河渐折而西，河湾极北处在北纬二度。所历野番境，皆操弓矢射杀人，剽掠为生。夜则伐木为藩，聚处其中；昼则与野番相聒，或时用武格拒。至河曲处，见水势悬下数十丈，湍激如泻。向导百馀人带有皮船可以渡水，因相与乘舟顺流下，两岸番人呼噪，矢石如雨。一日，见番人驾三十馀舟冲突至，从者恟惧欲逃，因计入番地已深，无可逃者，乃戒其百馀人曰：死生呼吸，但从吾言，必无患苦。乃令连舟静俟之。所携备洋枪五十馀杆，并使用群子小弹。人持一枪居前，引机待发，馀皆谨护行李。度番船渐近，枪力可以及之，引船排列，五十馀枪齐发，声震山谷，番人舍船大溃。自是沿江行，亦无相阻拒者。惟自入番境，无所得食，所携干粮，因历一年有馀，已垂竭矣，掇草为茹食之，终莫测所止境。从人受伤及病饿，日有死者。斯丹雷以地势计之，一水曲折，由西北折而西南，计当距康哥江不远。而所历之江，逐段为名，而统名之娄拿巴霸江，或当为康哥江上游也，强慰从者云：曾见康哥江图册，此所历即似其上游也。乃择从人健者二三人，为书与之，令循江以求江口市肆。馀人病困不能行，支木为居，卧守之。三人驰一日夜，果得康哥江口之巴莫，英商一人在焉，急以书投之。大惊，转告各国商人，煮饭为羹，载粮糗，加雇十馀人运负以往。从者一人登高望见，大呼曰：回矣！回矣！有无数白人担运随行。百馀人闻，皆狂喜起立。既得食，养息二日，乃出至巴莫。于是始知阿非利加中境凡三大江，其源流歧分，中间相距皆不远。尼罗江北流，斯毕格始寻得其源；这尔蒙戈江南流，前八十年英人巴尔克始探得之；康哥江自南而北，复折而南，西出为康哥江，至是始探知其源流。从前记载并谓阿非利加中境皆荒漠地，不知其中各自为国，耕种树畜，惟从古未与外人交通，至今犹苗顽耳。然观其弓矢居室及其树艺，无文字要约，而亦常见摩西古文，时有识者，知其上古亦必与西北诸（交）〔部〕相通也。因复乘舟至南阿非利加之好望角，遇英国兵船，送其向导百馀人回桑给巴，而后回国，盖三年矣。于是英太子阿尔伯尔得起赞之。又有孛噶尔者，曾充挨及兵官，探尼罗北，以斯丹雷所历，皆人迹所未至，亦起而赞之。英人好奇务实，不避艰苦，亦其风俗人心奖藉以成之也。斯丹雷以此次探康哥江源流肇始立文斯登，应改康哥江为立文斯登江云。罗稷臣开示赴康朵街听讲伦敦画会情形。听讲者二百馀人。主会者审顺，历述《伦敦画报》原始。一千八百四十二年前，此惟《佩士画报》一种，差强人意。刻画三法：用铜、用石、用木。铜版价昂。石板起于一千八百三十年，价廉费省，故近来印画多用石板。木板用黄杨木凑合成之，用螺丝钳接，可以分段镌刻，刻毕斗合，尤易集事，《伦敦画报》专用之。各国新奇事，皆遣画工驰赴其地摹绘。中国同治年间大婚，英国太子出游印度，普法之战，俄土之争，皆具其事实，图其形势。往往为逻卒所获，据为侦探，受监禁。寄图回馆用红封，以便检查。馆中画工十二人，刻工五十人，每以礼拜三成图，礼拜五印齐。继《伦敦画报》起者《克来非其》。与《伦敦画报》相仿则有《机器》新报、《攀趣》新报、《凡匿台绯阿》新报，或详器物，或主讽刺，或绘名人小像，其用意又各不同也。是夕，邀请波斯公使那赛木麻拉克莫，日本公使上野景范，议绅希斯、阿什百里、卜拉希，兵官斯多克斯，学士谛拿娄、斯博得斯武得，官局贝音斯、阿尔博得勒得晚酌。

初八日。为西历二月初九日，英太子朝会之期。偕李湘甫、德在初及马格里同往贤真穆里斯宫。日本公使带见海地公使韦立瓦来克斯，瑞典公使、葡萄牙署使以此次补递国书尚在该使之后，入朝堂时，为争位次先后。马格里不能出一词，惟一力遏止鄙人而已，真奴才也！此等位次后先，何关轻重？惟在外排定班次，在日本公使后，一入朝堂接见，鱼贯而前，（各使公国）〔各国公使〕率有参赞、随员数辈偕行，于此与葡萄牙、瑞典两国序先后之次，势将纠纷扰乱，无以自处。马格里一闻补递国书之言，便至张皇失措，侧立相遮邀，惟惧有所抗违争持，抑何重于视人轻于视我如此！此皆刘云生之贻孽中之马格里者也。金登干来谈，以照覆外部镇江趸船一件，必力驳之。蒙意此事已了，而交涉事方多，不乐取快一人，以使蓄怨于心。相与辨论往返，仍曲从其意。洋人之乐于求胜如此。奥国公使博思达邀茶会，所见法兰非尔、白拉得茀斯得、法国生，均至熟者，而忘其名。馀若执政及各国公使，则所尚能举似者也。是夕，接上海文报局十一月廿三日所发五十六号（封包）〔包封〕，由英国的希轮船递到。内总署咨三件：一、奏请按月钞送日记；一、催造报；一、德国翻译庆常作为三等，赓音泰、荫昌作为四等。并接总署及周筱棠及张翰卿、邵又村各信。

初九日。礼拜。回人密尔萨毕尔伯克什邀同波斯、日本两国公使及其参赞、随员，并马格里、茀里兰得晚酌，兼邀土国前相密尔得巴沙茶会。印度人毕至，大率皆亚细亚人也。密尔得巴沙厚重有智略，以直谏土王求退，寓居伦敦。其言云：日本晚出，锐意求进，在亚细亚最有名，甚喜其国日益昌大。中国为天下第一大国，出名最久，诸国皆仰望之，甚喜其有富强之业，能早自奋发为佳也。予闻之甚惭。伯克什接言：中国宜早醒，莫再鼾睡，早醒一日有一日之益。其言尤切至矣！有妇人名喀尔得尔，以学问著闻，与伯尔治交好，就询曾文正公家世，兼及嗣侯劼刚出使法国之信，因言：曾文正公办理天津教案，外国人服其公允，而闻中朝参劾訾毁，使我至今为之疚心。是日张听帆自伯灵回，带到黎莼斋、刘和伯二信。李丹崖前言：刘云生闻有世爵与德主开色相契，欲因以议换约事，急谋交通之，先拟致送礼物，博郎力以为不可，刘和伯亦谏阻。丹崖亲闻诸和伯如此。张听帆又言：

谛盘生之弟觉尔治刘云生谓之酌尔池、低阿多尔，皆在议院。刘云生因谛盘生一书，交通、致送礼物，托之探议换约及与亲王相见礼仪。急求以此邀取无识者之称誉，而不知其无当事要也。

初十日。伦敦捐赈中国灾荒，所见威妥玛一信、达文波致阿里克一信，皆列新报。又教（师）〔士〕斯多伯斯一信，为广劝亲友捐助之计，又为《戴模斯》、《摩宁波斯》、《伦敦安得占拿》① 佛经呼中国为支那，日本人亦用之，西洋转音曰斋拿三处新报勤勤言之。乃具谢函一通，登列新报。密斯盘至，言伦敦已拟设立科密底②专司其事，据称威妥玛、阿里克、斯蒂文生、威多尔斯、威烈斯、麦华陀均当为科密底。所（专）〔捐〕钱项，由阿克拉班克银局拨兑，密斯盘经手百五十镑亦已送交。旋复告言，询知阿克拉班克科密底现定二人：威妥玛、苐斯得，馀尚未定也。日本公使上野景范遣其随员长崎相就解讲所赠《驿递寮邮便规则》，大率日本国文兼汉文释之，文义尤难明晓。亦有兼用英，法二国文者，尚可翻译。因询其开办六年之久，收入岁有增加，经费亦岁有增加，所不足者约当六分之一，岁支经费八十万，则其赔垫一十三万有奇，所耗亦多矣。长崎答言：由每年添设分局日多，则支（消）〔销〕日增。现今东京府四十六局，大坂府三十五局，京都府一局，横滨三局，神户一局，山城和泉下总各一局，皆逐渐增设者。问与西洋有异同否，曰：火轮车路修造未广，其使用火轮车处并与西洋同。无火轮车，一以人力投送，是以所费较烦。问以西洋信局为筹饷一大宗，若岁有亏耗，于国何益？曰：此须久乃见其利益。信局一开，即通国地方情形，操之掌握，纤细必知。酌盈剂虚，

①伦敦安得占拿，《Londonand China》（伦敦和中国）的音译。

②科密底，committee（委员、委员会）的音译。

防微摘伏，惟所运用施行，斯其益大矣。又见示东京《开成学校一览》，凡分列三十九目，其中亦各有子目。略记其学科：曰普通科，曰法学科，曰化学科，曰工学科，曰物理学，曰制作学，曰史学、理学，曰数学，曰动物学、植物学，曰金石学科，曰地质学科，曰采矿学科，曰画学科，曰冶金学，曰机械工学，曰土木工学。其间规制，分合繁多。大率以三年为程，一年或分二期，以试所业。一年曰初步，二年曰高等。其课程：一年下级，二年中级，三年上级。物理、化学二者名类尤繁。重学、热学、磁学、动电作用、磁电作用、听学、视学，皆归物理。其物理之学又有诸项考核，归入普通科者曰天体运动，曰六合中引力，曰天体光，曰大气中光线现象，曰地上寒暖，曰大气压力及流动，曰水气象学，曰大气中电气，曰大地磁气力。化学分三科，曰普通化学，曰分析化学。曰制造化学。及其所论学科本末，条理俱极分明。其诸国之学，则惟英文学、法文学及汉学而已，大抵皆务实之学也。金登干晚来谈，为斟酌复外部论镇江趸船事宜，极有见地。

十一日。赫尔得苐尔得报君主二月廿八日朝会之期，并属开具与朝名单。凡在公使府者曰谛布洛马底克色尔科尔[1]，犹言管理国事一干人也。其举荐与朝会曰勒尔阿尔色尔科尔[2]，犹言从行者也。然西洋例得御前礼仪大臣传其国主命令与朝会，其书简皆宝视之。行次他国，验知其曾与朝会，亦听入朝。新报载合浉伯相论禁鸦片烟一函，由香港洼得生制造戒烟方药，给匾奖之，因论禁烟应自印度始。洼得生因属教（师）〔士〕嘎拍尔传达英国。又载：英国天文士巴里塞尔近又添测二星，而未及其详。前一百年，

①谛布洛马底克色尔科尔，Diplomatic circle（外交使团）的音译。
②勒尔阿尔色尔科尔，Rear circle 的音译。

天文士喀布敦楷克曾因金星过度，测日轮距地球为里九十六兆。喀布敦楷克至太平洋阿怀希海岛，见番人掠人以食，因劝□畜食牛羊，给以牲畜，亲劝导之，而卒为番人所毙。近有斯多姆者，掌南非利加天文堂事，于此次金星过日细加推测，云（在当）〔当在〕九十一兆零六十万及九十二兆之间，距九十一兆六十万里为远，距九十二兆为近，以为相距九十六兆，则犹推测之误也。

十二日。斯博得斯武得邀茶会，云所邀皆英国博学有名者。定得、罗尔门路喀尔以天文称。罗尔门路喀尔以光学测天星，制一镜窥火而辨其光气，如着盐即知火中有盐质，着五金之属即知火中有金质。因是以窥星，知某星铁产若干，铜产若干，铅产若干，皆能辨其光气而测之。是夕约往一谈，兼可就观其所用机器。会是日伤风，邀马（色）〔克〕里来视，属勿出门，因以书谢之。李丹崖、罗稷臣告辞赴苏格兰，以黄泳清误传电报，姚彦嘉以李丹崖方在伯林，虑其闻信无以自处也，属罗稷臣秘召之回。李丹崖反具以语刘云生，盖惧刘云生疑其与鄙人朋比，急求自明以为交纳之资也。中国人心之敝竟至于此，此可惧也。张听帆稍语其实，李丹崖自以无颜面向人，故有此行。

十三日。新报载：俄兵已进驻嘎答尔加，距君士但丁为近。英人以诘之俄，俄人诡辞谢之。于是英人乃发令饬所派兵船进入马摩拿海。其南峡格力布里海口，驻铁甲船二；马摩拿海岛曰布林科卜，驻铁甲船四；君士但丁之北波斯弗勒斯峡口，驻兵船一；其馀仍驻马海外。俄人报曰：英船保护教民，吾亦派兵驻君士但丁保护教民。且告土人：入君士但丁犹之修好也。察看英俄之势，各不相下，恐欧洲战事不能免也。至是始追刊发各国派员至君士但丁会议情形，盖一千八百七十六年事也。先是，土属波斯里亚、赫尔斯戈维拉乱始平，满得尼客洛、色尔非亚继起。各国为之晓解。俄人于其时因布加里亚之衅与土人构难，于是俄、奥、德三国私相定约，以胁土人。其中一条：五大国各驻兵土境，迫令土人改易制度从西洋，保民制国，诸国皆得与闻。即定约，以告英人。英人曰：土耳其亦自立之国，万国公法无相逼胁之理。且同为会盟之国，不应先定约而后以闻。拒不允。乃议五大国遣使至君士但丁会议。俄使意格纳谛尔弗言：布加里亚宜自立国，视基伯尔得所绘图为界，自阿德里亚、法尔拉外，凡界黄色者皆属之布加里亚。于是会议五条：一、满得尼格洛、色尔非亚宜与土另定条约；二、玻斯里亚、赫尔斯戈维拉为土属国，宜改定管辖情形；三、改定管辖布加里亚情形；四、各国遣员赴玻斯里亚查勘；五、各国遣员至布加里亚查勘。土（土）人不允，遂有今日之战。以利害校之，则会议条约优矣，然俄人蓄意倾土耳其，日寻衅端，更无善策。其时驻土公使爱里约得现充驻奥公使，曾遣从官百尔林至布加里亚看察情形，亦不尽如俄人所言也。

十四日。接上海腊月初一日第五十七号包封，由法国低立华地公司船递到，内刘芝田、黄泳清各一信。《申报》载沈幼丹劾奏刘咸、杜文澜以下各员吸食洋烟，崇文山、邵汴生查奏河南详撤报灾各员，两奉上谕：刘咸、杜文澜、李德溥、曾绍勋、李诚均革职；刘齐衔革职；李庆翱降二级调用。此近年举措之最当人意者，阅之为一快。发总署第十七信，合淝伯相第十八信，及沈幼丹、梅小岩、唐景星、金眉生、江芾生，及家信第十七号，及意城、志城，及子瀞侄。是夕，沙耐斯百里侯邀茶会。马克里以予伤风，戒不出门，因属马格里为一书辞之。

十五日。弗赛斯来见，言印度产茶日盛，岁运至伦敦三千万磅，与二十年前中国茶运至者略同，今中国已逾万万磅矣。问阿萨密外尚有产茶者否，曰：环北皆产，西北（抟）〔菲〕嘎伯[1]与东北阿萨密略同。阿萨密产者味浓，（抟）〔菲〕嘎伯产者味香。又言阿什密尔与喀什噶尔通商，恐俄人于中阻难。因言阿什密尔所制褐，极细而温，其羊毛皆运自土鲁番。而雅尔刊当系英喀沙、戈连当系和阗出毡毯，并近年贸易大宗也。印度西北与布哈尔交界塞哥全部即哈什密尔并已隶英，其通商喀什噶尔，并由布哈尔东境以达布鲁特；亦通商后藏，未尝绕越其境也。晚邀贺璧理、何沃生及同馆马格里以下诸人为元宵之会，为西历二月十六日。

十六日。礼拜。阅定姚彦嘉报销册。伦敦纵广二十馀里，横长三十馀里在赤道北五十一度三十一分，毗连四部：西北曰密达尔色克斯，东北曰爱色克斯，东南曰盖音塔，西南曰塞尔立。代模斯江横贯其中。宫殿苑囿皆在江北，作坊栈店多在江以南。东距海口二百里。中城两岸至白赖克华尔，船坞及各埠头为多。[2] 由城至威斯得闵斯得两岸，皆筑石堤，上驾大桥十馀。东第一桥曰伦敦大桥。桥北金维良模街，桥（北）〔南〕波老孚扫甫华克。长九十二丈八尺，宽五丈四尺，为洞五。一千八百二十五年林南造。东岸有石塔曰别令斯盖塔，中有鱼市。其南岸即往白来登及东南路之轮车栈；次为东南路之轮车桥，与刊能街之轮车栈相接，范铁为之，为洞五。第二曰归甫华克大桥，亦系林南所造，成于一千八百十九年。长七十丈八尺，为洞三。砌石为柱，桥身范铁为之，用铁五千七百八十吨每吨重一千八百斤。第三曰白赖克法来斯桥，一千七百六十年罗勃塔造，顾弼得复改为之，亦铁桥也。为洞五，长一百二十七丈二尺。东为伦敦开达模与陀苐之轮车桥，长一百四丈，宽五丈五尺。第四曰洼

[1]抟嘎伯，Punjab（旁遮普）的音译。

[2]此处眉批：桥道。

得鲁桥，长一百三十八丈，宽四丈三尺，为桥式之最精，亦林南所绘图。北距斯塔兰塔大街七十六丈六尺。第五曰亨葛茀尔桥，一千八百六十三年建，为桥西车林壳罗斯轮车而设；嗣复建一铁桥于旁，以渡行人。后复移置克立茀登而改建新桥，中容轮车四部，旁通行人处亦宽一丈四尺。为洞八。好沙所建。第六曰威斯得敏斯得桥，一千八百五十六年贝智造。长一百十六丈，宽八丈五尺。西岸议政院，东岸汤美斯医院。第七曰兰柏甫桥，一千八百六十二年贝得博罗建，为洞三，亦范铁为之。第八曰茀葛琐尔桥，为九洞铁桥，一千八百十六年华葛造。〔长〕七丈九尺八寸，宽三丈六尺。第九曰智尔西桥，亦铁桥也，亦系贝智所建，成于一千八百五十八年。其馀如阿尔白塔桥、白得希桥、克来门轮车桥、朴底尼桥、亨麦斯密斯桥，则皆入西乡地界矣。[①] 伦敦居民，追溯一千三百七十七年仅三万五千人，四百年来增至四百万人之多。合城房租约一千八百七十万磅。通衢用煤气灯三十六万杆，每夜用煤气一千三百万立方尺。合伦敦计之，售酒者六千七百家，售面食者二千五百家，售牛肉者一千七百家，售茶者二千六百家，加非馆一千二百六十家席馆亦名加非馆，售牛乳者一千五百家，售烟者一千三百五十家，成衣二（百）〔千〕九百五十家，女衣一千五百六十家，布商一千零八十家，皮鞋三千家，典铺二百九十家，小童私塾一千五百四十家，大礼拜堂六百二十，小礼拜堂四百二十三，讲堂二百九十一，天主教堂九十。穷苦无依之民约十二万九千人。内外科名医二千四百人。通计房屋三十五万所，街道约一万，周回七千英里。[②] 合城设梅尔一亦曰洛得美亚，其下阿尔达门

①此处眉批：市肆。
②此处眉批：民官。

二十六，其下康门康西尔二百零六。阿尔达门理词讼，康门康西尔理巡捕街道，皆由人民公举为之。亦分内、外二城。内城旧所建，外城则岁所增广建置也。内城有巴立时九十七，外城有巴立时十一。巴立时者，耶稣教牧师宣教所及之地也。工部局三十八处，而于中城设总局会集，专以修整街道，疏通阴沟。民会堂即下议院议绅由各处选派，皆有常额。伦敦城举议绅者七，一中城，一波老，一威斯得敏斯得，一芬士柏里，一叨胡韩模拉斯，一马雷未本，一兰柏斯。中城举派四人，馀皆二人。[1] 信局地界分八段。一东城局，在圣马丁利葛伦，即总信局也：其东局在拏扫泼雷司街东，其东南局在白赖克曼街，其西南局在柏金亨模门，其西局在飞亚儿街。一西城局，在海和尔本：其西北局在爱苐沙塔街，其北局在巴金登街。此外小信局及收信盒，各街皆有之。凡信由信局发递，黏贴印花，投递信箱。每发信以晚八点钟。各处信箱六点钟关闭，逾时者赴小信局，加给信资，亦可投入。新闻纸及书包则收至五点半钟止，逾时者亦加给信资。信盒但收信札，新闻纸、书包径送小信局注册。每日递送书信，以晨早五点钟起，至晚五点半钟止，每一点钟半分送一次，其准时载明信局及收信箱上，以每日十次为度。伦敦各信，信盒红字，乡间及各国各信，信盒黑字。大率致送本国内地各处：信重一两者纳一佩尼，二两以内一佩尼半，四两以内二佩尼，每加二两递加半佩宜，十二两以上每两另加一佩宜。寄书及刊印之纸，重二两半纳半佩宜。其信包长不过十八寸英以十二寸为一尺，计长一尺半也，阔不过九寸，厚不过六寸，重不过五磅。逾量者不收。其信内寄银：十施令以内纳一佩宜，一磅二佩宜，二磅三佩宜，以次递加。十磅以上必由银

①此处眉批：信局。

行汇寄。(印)〔信〕局所寄，小数而已。又有伦敦巴施儿地立佛利康柏琅[①]，译言递送物包公司也。其局在罗尔士毕尔登，及非得伦及法利塔亦各有分局，递送重大包件，信局所不收者。每重四磅计四佩宜，重十四磅六佩宜，重一百二十磅止，计资一施令二佩宜。所送不逾伦敦九里之内。其九里外各乡则重一磅四佩宜，七磅以内六佩宜，一百一十磅以内一施令六佩宜。凡信局皆官经理，设尚书主之。递送物包，则民局也。[②] 火轮车栈一百一十处，其由伦敦发轫车栈十四处。北路车栈在白罗达街；东南路在车林壳罗斯，及刊能街，及伦敦大桥；南路至白来登，或至陀茀海口，在维多里亚；大东路在芬遮尔智街，及立文波儿街，及沙雷底智；中路在圣本克拉斯；东路至陀茀等处，在和尔本维冶达克；西南路在洼得鲁；大西路在巴定登；西北路在犹斯登斯乖；大北路在金斯壳罗斯。[③] 澳模尼柏斯为长车之名，往来各大街，有双马，有三马。木概中等之车，内坐十二人，车顶及外坐十四人，共坐二十六人者为多。自阿克登波模至威铁汉柏尔之车其色绿，自柏恩斯百利巴尔克至金甯登盖塔之车其色棕，自贝士华得至伦敦大桥之车其色绿，自白立士登至金斯壳罗斯之车其色绿，自白郎登至伦敦大桥之车其色白，自巴定登至伦敦大桥之车其色黑棕，自亨麦斯密士至伦敦大桥之车其色红，自亨模斯对达至大银行之车其色绿，自海柏里至大银行之车其色绿，自海柏里至圣马丁科葛伦之车其色绿，自海盖塔及洪赛至威斯得敏斯得之车其色绿，自宾利奇至芬遮尔智街之车其色蓝，自朴的尼桥至伦敦大桥之车其色白，自圣常士坞(自)〔至〕伦敦大桥之车其色绿。又有洼得鲁之

①伦敦巴施儿地立佛利康柏琅，London Parcels Delivery Company 的音译。

②此处眉批：火车。

③此处眉批：马车。

长车。其车各有图记，来往街道，各有地段。男妇附载，络绎如织。车价视路远近，由二佩宜至六佩宜。其馀四轮大车、两轮小车，各编号记，以数为次。其雇用以一点钟两施令半给价，以后每一刻加半施令。煤气灯公司十八家。水业公司八家，专给伦敦用水。转江水为池而引注之水房，由水管以达各街。[①] 救火局五十处。一千八百三十三年保火险公司十家，集资为之。合镇分九十三方，每方计半洋里，各储有救火长梯。其罗亚尔苏赛治得译言国家公会也备有引导之人，专以救护人命为事。又沿江设救火艇四处。置电报各救火局以通信息，所设电线计长三十二洋里。[②] 巡街捕役七千名，分地段二十二处，每段有巡捕头目。由车林壳罗斯四向引至十五洋里之远，皆巡捕所必到者山。其巡捕总署在苏各兰治尔达。中城有巡捕署二：一在门申好斯即梅尔衙门，一在倭尔球里。其分署凡十三：一在洼尔什百街；二在保乌街；三在克赖根威尔即金斯壳罗斯路；四在蓝白甫；五在马雷来本即海衣街；六在麻尔波老街；七在扫甫华克；八在代模斯，即阿尔柏街东；九在威斯得敏斯得；十在汪斯洼尔士；十一在亨麦斯密士；十二在葛林为治；十三在乌尔为治。其章程并一千八百二十九年所新定者。是夕，日本公使上野景范邀酌，以病辞之。

十七日。拉毕尔见赠所著火轮车机器书，吴淞铁路即拉毕尔所创造也。兰生邀观珥白斯维治农田机器，拉毕（斯）〔尔〕亦有股分，实陪同一行。属马格里以书谢之。阿治毕灼白邀集民教，议捐助中国赈务。密斯盘密焉[③]来言：会者百馀人，所定科密底：

①此处眉批：救火局。

②此处眉批：巡捕。

③此处疑有误字。

阿里克、麦华陀、里克、多克拿斯妙西因管理中国书籍、阿勒茀尔得、爱约伦斯二人并教（师）〔士〕，而以威妥玛为之主，茀斯得尔为参赞。其端阿尔得科里为伦敦富商之最著者，亦与议。密斯盘意科密底宜多派，如富商等亦不可少。

十八日。新报及外部刊发俄、土交涉文移，略见英、俄两国互相猜忌、防嫌争胜情形。俄人初议色尔非亚、满得尼克洛、布加里亚并各建国，而东土耳其属地曰巴都莫者，当割以与俄。于时战端尚未成也。外部密致之驻土公使雷亚尔得。雷亚尔得报云：布（利）〔加〕里亚建国，则巴尔刊山以北非复土人所有。其踞近希腊之色萨里、意稗勒斯二部土耳（目）〔其〕一种回民曰巴希盘宿克，如土勇之类，于此戕杀希腊人甚至，希腊亦必乘势掩取之，而西土之地尽矣。巴都莫部为阿密里亚门户，其地踞里海东南隅，实水陆要冲也，割以与俄，则阿密里亚全部更无障蔽，东土之势亦蹙。若此，是无土也。雷亚尔得以为土之存亡，关系英国利病甚巨，此议万不可行。亦语土国外部包尔茀尔：善自谋，缓急英必助之。独所治各部耶苏教民与回教民，当一视之无所低昂，此为要义。其后俄师进踞阿德里亚，英人大恟，盖初见伯里卫拉相持数月，以为阿德里亚罗布洛炮台坚大，其地势可据，足资以守，又有遮克里奇一险隘遮克里奇内蔽君士但丁，有二城，一曰波右客遮克里奇，一曰哥却客遮克里奇；译言大，小也。波右客遮克里奇最冲要，谓必能支持。不虞伯理卫拉一失，土人心胆俱丧，阿德里亚一城拱手授之俄人，听其所为。于是英人急进兵马摩拿海。俄国外部廓却廓斯告其驻英公使书瓦洛茀：英师入马海为保护教民，俄师当直入君士但丁相助保护。英（使）〔国〕驻俄公使罗茀得斯报曰：英、俄事势绝不类。英与土人相善也，出入马海无猜嫌。俄、土交战日久，而直入其国都，岂无它变？俄人固持此议，以阻英师之入。英水师提督欢毗已入马海，亦退出毕色嘎。已而俄人既允停战，仍日进兵嘎答尔加。英人惧其驻兵格力布里以截水师也，仍檄提督欢毗直入无阻，而告驻俄公使罗茀得斯：俄兵或至格力布里，恐不幸而有大变，故当先以告。其时土主已有谋回卜鹿沙之说；卜鹿沙者，土耳其旧都也。一千八百三十三年始取卜鹿沙建立国都，凡百馀年，迨取君士但丁，乃改建都。俄人知英人之不可以虚辞诳也，乃并退至阿得里亚，而与土主日发电信相闻，两君之交日欢。其五国会议发自奥大里，初定维也纳都城，俄人不允，至是改定巴顿巴丹城，德国所属日耳曼之一国也。英师亦遂退至孟打尼阿海湾，距土京四十里，犹在马海内也。新报述俄人战功，以伯里卫拉及东土耳其珥思克沙克拉为巨，想即噶尔斯之战也。非英人，则土耳其覆亡久矣。而俄、土情状诡变，亦真劲敌哉！粤东寄到所购海菜、药料，并接王春晓、易达钺松涛二信。

十九日。新报载：阿治毕灼伯大教（师）〔士〕名刊得尔白里以赈济中国灾荒，会议讷莫北斯宫，派定科密底七人：一威妥玛，二阿里克，三阿拉茀尔得，四布劳恩，五德克拉斯，六茀劳尔，七李格。与密斯盘所述稍异。中叙阿治毕灼伯、威妥玛、阿里克、李格四人之言，并《代模斯》新报申引其说。世爵金那尔德并陈谢，起赞其仁义之举。所捐费收存阿克拉班克及高斯南申那拉布罗文沙拉巴克两处银行。其叙巴拉茀尔之言云：从前英国教士赈济难民，群相谓曰：救难之人，乃系平昔所恨恶之洋人。今后再不敢诽议洋人，亦不愿闻官宪恨恶洋人之言。官宪置百姓饿死而不顾，而所教百姓怨憾之洋人，乃不顾己命以救我等之命。此其待洋人之友谊，与其感我之诚心，当加恻隐之意以固结之。李格之言曰：以力服人，可以胜之，不能服之，以德服人，而无不服。英国曾以刀矛枪炮，抵御华人。现值中国急难，捐资赈济，比较铸炮造矛，所费实少，而可以固华民之友谊，使之亲密。阅此且惭且惧，仍不能不一诣谢。往拜阿治华灼伯、阿里克、麦华陀，及葡萄牙公使安达斯、戈登、密尔、萨毕尔、克伯什。阿里克为言：北五省灾荒，其敝由栽植树木太少。从前恭邸问救旱有术乎，曰：有，首先下诏课农民种田一亩必艺树数株。盖树木繁密，能引天上之水气以兴云作雨，亦能留地下之水气以涵育万物。旱久而阴阳之气一交，乃结为云，云者，水气之积也，以为日气所炙，其质常热，得树木丛聚之凉气以引之，云气争趋就凉，即散而为雨。如冬日呵气就冷处即成水，亦热气就凉而凝之征也。若遇山石暴烈，云气为积热之气所冲激，一散而无馀矣。阿非利加西有岛曰喀布谛非尔得。喀布者，译言鼻也；谛非尔得，译言绿也。谓其岛形似鼻，突出而色葱郁。观其命名之意，知其树艺繁矣。后为荷兰所踞，尽伐其树，遂成荒岛。至今山色黝黑，常终岁不得一雨。红海之亚丁亦犹是也，英人工部专设一官经理之，视树木有伤，则急披去其枝以引生气，其以事（艺）〔刈〕去树一株，必更栽两株以补之。工部官仍时加巡察。盖数百年（如）〔于〕此矣。

二十日。罗马教王袭位者曰伯克，意大里人也。天主教（师）〔士〕曰喀尔定拉尔①如耶苏教之毕灼伯。行教各国，必设一人以总司教事，凡共六十四人。教王死，喀尔定拉尔皆集于罗马议所嗣，闭门而内锢之，键以土砖。视喀尔定拉尔所集之人数，各拟一人，书其名于方版；约所举之人数得三分之二，乃群奉之为王。不足三分之二，则悉其名版焚之，而别书于版。有逾数日反复勘合而始定者。大率所举必声望足以服众者。伯克年六十八，素有材望。教王相名安多勒里者，特疏远之。安多勒里卒，教王乃召伯克授

①喀尔定拉尔，cardinal（红衣主教）的音译。

以职，曰刊木伦哥，其充当喀尔定拉尔三十馀年矣。此次会议公举，伯克不及三分之二，尚短六人。其间杂举者以法南希为次。于是法南希相率言曰：无以易伯克也。乃奉之至朝堂，加教王之衣于其身，而位遂定。亦西洋一故实也。外部刊发俄、土两国交涉黑海及马摩拿海峡事宜，起一千五百三十五年俄、土定约时，距今三百四十三年矣。以前环黑海并属土耳（目）〔其〕辖境，俄人渐次侵有之。一千五百三十五年定约开拉尔基土国属地，始议黑海北之克来米亚自立一国，属土耳其。其后再定约亚西亦土属地，则克来米亚已为俄属地矣。其时俄势日强，土力亦足相持，西洋诸大国于此亦无甚关系，每定一约，犹可相保数十百年。一千八百二十九年俄人侵土，直取阿得里亚、罗布洛，土惧求和，是为阿得里亚之约，则俄势强而土势日益不支矣。时俄人尚未有舟师，立约马摩那海峡不准他国师船出入，盖防西洋各国之来援也。其和约多为通商。而凡俄人不归土国管辖；及听从游历；及起货一听其便，土人不得过问，略如中国通商条例。自是有瓮嘎斯克里西之约，有君士但丁之约，多为改定通商事宜，而俄势亦相逼日甚。至一千八百五十六年，俄人攻土。英、法各国不利俄人之有马摩拿海峡也，乃助土攻俄，入阿萨甫海，围攻客来米亚。俄师大挫，乃有巴黎之约。凡黑海俄人不得驻重兵，仅准小战船五只，其旧设造船厂局悉毁之。于是土国一恃英、法诸国之助，勉强自枝。一千八百七十一年复有伦敦之约，稍改巴黎旧约，而黑海大小战船听从建置矣。是以此次俄师之出，急求变易巴黎旧约。各国皆约不相援助，而巴黎旧约犹思相与守之，尤以俄师得出入马海为隐忧，以与欧洲全局关系为巨也。故五大国必以与闻和约为务。俄人意不甚乐，又无辞以（距）〔拒〕之。巴顿巴丹公会，五国各派大臣往议。英相毕根士曰：吾甚愿各国派一康克来斯[①]译言商定也，然以情事揣之，恐派一刊弗伦斯[②]译言商量而不能定也不可得。盖亦深虑俄人反覆，未易测量也。

廿一日。属马格里诣毕根士由幕府得尔拿尔，以开春宜一见毕根士由，属往请定期。毕根士由幕府凡三：一得尔罗尔，一科里，一里得；所识惟一科里，闻现已赴意大里养病也。东土耳其距黑海之东曰科克西安，山势横亘。环山左右为色尔嘎西亚，故土国属部，俄人袭而取之。其酋密沙斯力战有名，率所部至君士但丁，土王处之丹牛浦江滨。此次俄、土交战，色尔嘎西亚一种，与巴希盘宿克一种回人，乘势残杀纵掠。密沙斯之子潜回科克西安山，煽其种人称乱。俄人复戡定之。西洋相率以回民喜乱好杀，凡习耶苏教者，多薄视回民，谓不足以兴化善俗云。

廿二日。接到上海文报局第五十八号包封，十二月初八日由英国鸡笼公司船递到，内杨瑞堂递到十一月廿二日第十五号家信，志城递到十一月廿日第十四号家信，外黄石珊、蔡竹泉及黄泳清各信。石珊寓张惠甫宅，现住西草厂胡同。伦敦天气寒燠适均，自去冬雨雪稀少，天气视去春为暖，而从未一见日。终日阴雾，又加以郁热，时觉不适。每思陈小舫课语，未尝不拊髀自惜也。

光绪四年戊寅岁正月二十三日癸酉。为西历二月廿四日，礼拜。李丹崖、罗稷臣自满吉斯得回，述所游历凡五处。一、满吉斯得：游历沙拨斯觉尔得汽轮机器、侯阿尔得织布、和爱尔印花、威多尔斯造炮凡四厂。一、奥尔丹：游历孛来脱纺织机器、由乃代脱纺纱机器二厂。一、威根：游历氏海开矿机器、批脱臧斯织

①康克来斯，congress 的音译。
②弗伦斯，conference 的音译。

线机器二厂。威根，故出煤地也，有煤井，有造生铁厂。一、舍非尔得：游历妥玛斯茀栗斯钢厂、布郎恩大铁甲板厂。又有阿斯皤、刊莫登二厂，丹崖未及游。刊莫登厂主威尔生，充舍非尔得梅尔，去秋曾约往游而未能也。一、里訾：游历少恩登织呢厂、费尔（荞）〔茾〕治麻治丝及各种钢铁〔厂〕。又就近至扫斯博尔得海口一游。英国织布、织呢各机厂萃于满吉斯得，钢厂萃于舍非尔得，并名胜地也，左近供游览者甚多。来此逾年，竟未能往。略记丹崖所游历，以备他日访求。

廿四日。西洋治化学者推求天下万物，皆杂各种气质以成。其独自成气质凡六十四种，中间为气者三：曰养气，曰轻气，曰炭气。气亦有质，可以测其轻重。其馀多系五金之属。以金质可使凝，可使流，可使化而为气，而其本质终在。西洋于此析分品目甚备。数十年前，英人有纽伦斯，推求六十四品中应尚有一种，而后其数始备。至一千八百七十一年，日尔曼人曼的勒茀始著书详言之，谓合各种金质，辨其轻重，校其刚柔坚脆，中间实微有旷缺，应更有一种相为承续。至是法人洼布得隆又试出一种金，在化学六十四品之外，名曰嘎里恩摩①，其质在锡与黑铅之间。其试法亦用英人罗尔曼洛布尔斯光气之法：凑合五金之质，加之火而以镜引其光，凡有本质不能化者，必得黑光一道；杂六十四品试之，则得黑光若干道。又于其光之左右疏密，以辨知其为何品。制三角玻璃镜测日星之光，即知其中所产凡得若干品。罗尔曼洛布尔斯，近年英国治光学尤精者也。洼布得隆所至采五金土锻之，区分其种类，于其中得嘎里恩摩一种。试之有异，乃悉取铅、锡二种金，权度比较，杂合烧之。其光分析，各道疏密适相备也，

①嘎里恩摩，Gallium（镓）的音译。

于是乃增化学之言本质者为六十五品。因忆往年英人阿达摩斯、法人雷非里亚相与测天文，以为应尚有一星当见。已而意大里人测出之，名曰勒布登，译言海王星也。近见新报，意大里人色启，尤精天文之学。《摩宁波斯》报其病故，相与惋惜。意大里人最讲求天文，由来久矣。其法视日轮上下五星相联次，而测其中空缺处，以求其行度与其左右行星吸力。盖其星视日轮为远，则其周天之度亦愈加广阔，是以历无测及者。西洋天文士凭空悟出，则遂有人寻求得之。即此二（人）〔事〕，亦略见西人用心之锐与其求学之精也。是日约诣毕根斯由，因便就沙乃（里）〔斯〕伯里、马克斯求尔得、斯博得斯武得。毕根斯由论及喀什噶尔事，因语以俄古柏乘中国内乱，据有其地，朝廷方戡定乱民，未暇讨也，近年内患息平，乃得收还已失之故地。毕根斯由言：吾观中国办事极有条理步骤，往往迟久而制其胜。且言：珥克斯伦喜[①]能久居此，甚快，英人无不相服者。珥克斯伦喜，译言钦差也。吾亦改容谢之。

廿五日。百珥名登铸钱局希登来见，意求代中国铸造洋元。出所收各国金元、银元约百馀种，光色粲然。大率各国金洋约一二种，银洋约三四种；惟日本新铸钱式，金洋五品、银洋五品。而各有一种钱式为之主。如英国以施令为主，积施令二十得一金洋。所用银洋大小，皆以施令为之推。俄国则以鲁伯尔为主一鲁伯尔当三施令；法国则以法郎克为主视施令略小，凡二十五法郎克当一金洋；德国则以玛尔克为主与施令略同，亦二十玛尔克当一金洋；美国则以多拉尔为主如中国所用墨西哥之洋元，而形式不同。英国所属诸部，钱法各异，而以鲁比为主当中国洋元之半。希登言：凡五金必和以他质，其体乃坚，如银洋须和以铜，金洋须和以银，铜洋又须和以锡；专用一品，

①珥克斯伦喜，Excellency（阁下）的音译。

则其体不能坚，而质亦易消磨，久而所耗必多。西洋各国用钱各异，大率皆银九成，惟英国加增二分五如银一两铸洋圆当和铜七分五厘，凡得银九钱二分五厘。墨西哥洋元得银九成零三，即中国所用之洋元也。以银相准。则铸钱一百当给工价二元五。和铜至一成，抵算工价外，尚可多缴一二元。其所示钱式，有日尔曼各国以前并各为钱式，而今改从德国者；有南美利加各国所用钱式；又有往时钱式而今已并入他国者。法国所用法郎克，意大里、比利时、瑞士各国通用之。而（法）〔德〕国铸造玛尔克，仅得银八成三十三分，是以其钱仅行之本国，无外出者。其大者九成，各国相互改铸，皆得收用也。《摩宁波斯》新报载俄、土议和条款：一、丹牛浦江以南，东尽黑海，西至色尔非亚，又南越巴尔刊山，除爱谛阿鲁白仍归土国，其馀并属之布加里亚，使自立一国，由巴黎立约各大国公举一人为布加里亚国主。俄人仍驻兵五万，专派一大臣经理其国开创事宜，以二年为期。一、色尔非亚自立一国，仍须割土境以增广其疆域。一、土国应缴兵费十四万万鲁伯尔，割东土耳其之巴敦、嘎尔斯两城及铁甲兵船六只抵偿其半，尚馀四千万磅，分年缴还。其不能缴还，即以新立国贡费抵作纳息之数。俄国呢克拉斯公已至三斯谛法那与土人定立条款。纵能于前款内略示宽假，而土人局势一挫而不复可支，亦但苟延而已。

廿六日。税务司骆德及德国人巴治来见，并将以次回中国者。巴治为德商玻斯维克司事，在上海经理贸易。德国克洛卜治炮、玻斯维克治钢铁及各种机器，二人并有名。是夕，兵部尚书哈尔谛及马克哈尔谛水师部属官邀茶会。哈尔谛并邀见阿立斯公主。凡公主之名曰卜林色斯。罗亚尔卜林色斯，译言皇家女也。罗亚尔，即皇家也。君主女五人，在伦敦三人：曰陆依斯，为阿尔该尔公子妇；曰毕亚尔立斯，陪侍君主，尚未字；曰阿立斯，为克立斯底安王妃，丹国属部也。二十年前，德、奥合兵攻丹国，夺取其属部，于是克立斯底安王走依英国。所见提督波义斯曾驻中国三年，今为水师部属官，专管炮位、色尔嘉乐士、格力非里安、武得勒茀曾陪游五里治、马武得克其夫人善琴、爱约里，并旧识，相见叙谈。又有类噶斯总督里斯，就谈尤畅。类噶斯岛在阿非利加西，与英人所开辟阿非利加西境名哥斯建斗罗者正相望，因设一总督统之。哥斯建斗罗计长九百里，中合数小国，设官尹之。而其王仍在，各有田产，役民耕作而已，小事亦得专断，犯罪当刑者则由英官理之。其地亦习回教，而其本俗无文字制度。习回教者能稍通回文，其举止异于土民，衣冠亦别。英人抚定其地，因其本俗以治之，而稍变易其敝俗：如掠买黑奴有禁，擅杀人有禁。其王居百货市易，皆取其货三十分之一，下至瓜果亦然。英人皆设法禁之。其地土产及贩运出口皆无税，惟入口者科税，盖为地方生计，宽其征以冀其蕃滋也。问以学校，则所在建立，用英文比合成音，各就其方言习之。其九百里之地，方言亦各不同也。习回教者即用回文译习。问以监牢，其规模与西洋并同，曰：彼其国法动辄杀人，此时皆改从英法矣，独苦其敝俗不易革。问何故，曰：只如掠买黑奴，其地富家大族以此为生计，所役奴课其力而兼并其财。即女工所制器，得价皆纳交其主。富家大族怙其力，不肯改易；贫者勤力操作若马牛然，甘为之役而不辞。曰：然则其民族尚犹混沌耶？曰：然。英人亦以禁止掠买黑奴，抚定其地，而其地各小国亦乐倚附英人，以免他国之侵暴。所以设官而尹其民，皆保护生聚计耳。其南有大江曰乃哲尔，尚在斯丹雷所探之康哥江上。阿非利加中境以北，西流之水为大江者三：曰尼罗江一江歧分为三以入大西洋，曰乃哲尔江，曰康哥江，并巨川也。《瀛寰志略》一以沙漠视之，误矣。近法国小岛隶英者凡三：一曰萨尔克，一曰哲尔希，一曰阿尔得尔里。

而萨尔克一小岛，所产五金甚备。谛拿娄言：始造天地时，预备多少金产分布地球，既毕，乃以其馀剩堆积海湾，遂成萨尔克一岛。其言亦趣。

廿七日。嘉定克希克来见。克希克为嘉定总理中国贸易，驻香港，报言福建议单已由前岁检交威妥玛。顷间询之威妥玛，言事信有之，然不记检置何所矣。恐此件竟难索还。柏金宫殿朝会，叙班在日思巴尼亚后，葡萄牙前，以递国书先后为次也。哈得谛言：俄人始终无一真实语，至今各国怀猜疑之心，竟莫测其所为。俄人不能示一定准，土人更不敢置议。是以各国用兵与否，终亦不能定计。吾笑曰：此皆在英国意计中也。俄人亦知各国惮于用兵，且姑试之。其无起应者，以倾土国有馀；其必起应，亦将少让之。揣其心，固不欲与各国构兵也，而自恃其强，谋一洗从前见屈英、法之辱，其意尤眈眈然，思兼有土国马摩拿海之利，而不能不密察各国之从违以制其进退之机；非能虚为之声以相慑也，必实有坚守旧约之心，与必争一旦之命，而后知难而退。闻英国于此调兵置器，已费至六千馀万磅，真积力久而必不稍贬抑以从俄人，则亦必无固争之势矣。此皆英人智虑之所及也。闻已调奇巴腊答总督类布亚阿甫满得拉为统帅，而以倭尔斯里为之副。满得拉日来已抵伦敦，亦英国宿将也。

廿八日。为西历三月初一日。粤人勒麻尔在拉塔克力茀地方开设客馆，忽有粤人充水手者十馀辈，涌至丛殴之。巡捕不能御，乃告知其长马克端拿尔得，集各街巡捕，捕获十三人。刑官研讯，以为于案由颇巨，令马克端拿尔得相就，请派一人听审。吾以据所言是此十三人者有应议之罪名，刑官按律治之有馀，亦料其必能公允；粤人语言侏离，亦非他省人所能辨，无俟听审为也。已而马克端拿尔得呈阅刊刻讯词，尚相持未决。而其刑官云：必与中国钦差往来行文，期于合例完案。亦略见此间慎刑之意。然固无可与会商之语，以其中并无疑似之情尚待复按也。已属马格里会同德在初侯复讯时一往听之。新报日载捐送中国赈项数目，而阿思苇各学院又议条款助赈，先二日由教长苏尔主议，会者赫什尔、里格、罗尔斯登数十人，以其地倭尔得班克为汇辑捐款之所。班克者，译言银行也。其施赈一由教（师）〔士〕。竟以各省灾荒，导使教（师）〔士〕行惠以要结人心，其亦耶苏教盛行中国之征乎？念之惘然而已。

廿九日。威妥玛来谈，自述病状，谋将息二三月；不能告愈，即辞驻京公使之命。予因劝之行。威妥玛叹曰：亦不敢料中国情形何如，度北五省灾荒如此，恐民穷必至生乱。因言近见新报，中国全无意求进，实是可虑。因问何事，曰：吴淞铁路已撤，已闻两江督部照会丹国公司撤去上海电报。各国公请中国铸造银钱，廷议交南北洋转商各省；群起议驳，以为不便于各官征收折色也。看此种种，万事废惰。吾谓：君能谙知中国情事，而不能知其底蕴。威妥玛曰：亦知之。闻两宫甚厌薄洋人。吾曰：两宫前苦无人能将利病得失告知。然大小事一付之政府，未尝自主也。恭王能谙悉一切情形，而苦不能任事。威问何故，吾曰：直苦人言（龙）〔厖〕杂，不敢任耳。威曰：亦知之。动辄怕说是汉奸。合淝伯相亦是半明半昧。吾曰：合淝尽透澈。威言：吾与办事甚多，纯是一种猜疑。吾曰：合淝直是不能主持，无从直切定议。但使恭王肯任事，外得合淝助之，天下事尽可为。中国地利，人才原自不乏，勿轻视也。威曰：我持论亦如此。政府无人便无如何。吾亦不能置对也。是夕，卜拉西邀茶会，见古得曼、安尔斯里充日本领事三十年久谈。

三十日。礼拜。接文报局五十九号包封，十二月十五日由法国低拿公司船递到，内总署十二月初四日第十八信，并刘开生信，又何子峨、张鲁生咨报呈递国书一件。马格里言：俄人行迹多有不可测者，如苐兰嘎里曾充中国公使，而住英国卜来登，敝衣小冠，杂甿隶之中，莫知为俄贵人也。其妇女尤能，住伦敦探刺时事，略知二人。一、卜林色斯利维登；卜林色斯，译言公主也。一、罗威廓夫。均精能，善谈论，遨（论）〔游〕公卿间，多得国家机密，此亦国家兴盛之兆也。令马格里诣嘉定申叙福建印单事。其香港总管事曰克希克，福建管事曰巴得尔森，伦敦管事曰马刊得鲁。其经手福建印单者曰回多尔。又有曼尼亚克者，则亦行主之一也。

二月

二月初一日辛巳。为西历三月初四日。古得曼约为制一小像，因偕至罗甫安得费得非尔得照像馆照一像为式。美利坚人番得尔威得用电气照像，就便并一往照。其法设电气机轮，用压力激（汲）〔吸〕铁石以生电气，为浆皮管引之。制玻璃砖片为轮，环合四周至七八层以聚光。为铁条衔白金，引电气。玻璃砖心向人照之，上下左右惟所便，比诸日光之正照其身，可以射入照像镜箱，风雨阴晦及夜皆可用以照像。番得尔威得亦精画理。美利坚人有蓄电气为制器设色之用者，至伦敦，或言英国多阴雾，有入照像馆二三次不得一照像，戏语番得尔威得：君何不携带美国日光至伦敦，为照像之用？番得尔威得因悟得此法，且言照路煤气灯改用电气，可省费四之三。西洋人皆明此义，而至今未改造，徒以电气光太盛，沿街用之，其光射人恐至损目。又光照处太过，光所不到，不能旁及，思得一法，用镜收之，使其光不至射目，而又能引之使散而四达，至今尚未得其法也。计一二十年后，各国皆当用电气，照路灯无复有用煤气者矣。

初二日。新报载：英廷遣世爵阿伯尔宽斛木尔登赴意大里致送其新君宝星。询知西洋各国制造宝星，制度各异。其君佩之，其与国之君亦常互相赠答。英人所制宝星名曰斯达尔[①]，凡二种：一曰斯达尔嘎尔得尔[②]，一曰斯达尔巴斯[③]。巴斯者，译言澡洗也。故事：赏给宝星必沐浴以朝，因以为名。嘎尔得尔者，译言系脚带也。实始于义德瓦第三，距今五百馀年矣。义德瓦为太子时赴跳舞会，沙乃斯侯夫人脚带忽坠于地，英人于此以为大失颜面，方瞪眙间，义德瓦第三代取，跪而系之。旁有议其非礼者，义德瓦第三誓曰：苟有异心，当得恶报。及即位，乃专制为宝星。其制为云帔围前后膺，从左肩以加于右胁，而系宝星当胸，别为足带系于膝端。其君及赏给世爵以下有功者凡共二十有五，遂为定制。有缺而后补之。以下乃有巴斯，凡三等，以赏诸有功者。其赠送各国主，凡得恩伯腊[④]四人，恩伯腊者，译言皇帝也；曰俄罗斯，曰普鲁斯，曰奥大里，曰巴西。得京[⑤]六人，京者，译言国主也；曰意大里，曰丹国，曰荷兰，曰葡萄牙。凡赠送宝星，使臣加宝星于藻，捧而入，其君拱立发誓。以义德瓦第三誓言载在宝星，亦明两国无异心之义。阿伯尔宽乃前进，取足带跪系之其君左膝。近年波斯国主游历伦敦，君主亦赠以宝星。《代谟斯》新报

①斯达尔，star（勋章）的音译。
②嘎尔得尔，Garter（勋章之一种）的音译。
③巴斯，Bath（勋章之一种）的音译。
④恩伯腊，emperor的音译。
⑤京，king的音译。

颇訾之曰：哈甫色维来意斯里[①]，何足以当宝星也？盖西洋言政教修明之国曰色维来意斯得[②]，欧洲诸国皆名之。其馀中国及土耳其及波斯曰哈甫色维来意斯得。哈甫者，译言得半也，意谓一半有教化，一半无之。其名阿非利加诸回国曰巴尔比里安[③]，犹中国夷狄之称也，西洋谓之无教化。三代以前，独中国有教化耳，故有要服、荒服之名，一皆远之于中国而名曰夷狄。自汉以来，中国教化日益微灭，而政教风俗，欧洲各国乃独擅其胜，其视中国，亦犹三代盛时之视夷狄也。中国士大夫知此义者尚无其人，伤哉！以粤人勒麻尔案，遣马格里询之巡捕官马克端拿尔得，云以案端重大，已转送倭尔比里。倭尔比里，即刑官也。询其初审曰代模斯廓尔得[④]。廓尔得，译言堂也。分街道为堂，当即阿得门听断处。西洋听断，两造均有讼师代之陈辨事理，曰巴立西得尔[⑤]。又有探事者曰梭立西多尔[⑥]，以供奔走之役。凡投讼，先求得梭立西多尔，以情告之。梭立西多尔辨其曲直得失，曰若者宜据以为言，若者宜隐之。其宜隐者不以告巴立西得尔，巴立西得尔代之质辨；惟告以近理之词，使据以为言。其投讯廓尔得，梭立西多尔亦可代之质辨。倭尔比里则必讼师经过考试乃听上堂，即巴立西得尔是也。巡捕总司曰苏伯尔英敦丹得阿甫波里斯[⑦]。伦敦凡事一任之巡捕。凡雇用马车遗置什物其中，必由其马车送缴巡捕总司，或由某处上车，或由某处下车，一并呈报。巡捕总司即行通知，并

①哈甫色维来意斯里，half-civilized（半开化的）的音译。
②色维来意斯得，civilized（文明的）的音译。
③巴尔比里安，barbarian（野蛮的）的音译。
④代模斯廓尔得，Thames Court（泰晤士法庭）的音译。
⑤巴立西得尔，barrister 的音译。
⑥梭立西多尔，solicitor 的音译。
⑦苏伯尔英敦丹得阿甫波里斯，superintendent of police（警察总监）的音译。

致送章程单四款：一、开明姓名里居；一、报明某月某日几点钟；一、报明地方；一、报明所失物样式。其遗失箱箧者并送验钥匙。凡金银珠宝之属，十磅以下每磅给三施令，衣服杂物十磅以下每磅给二施令半，十磅以上由巡捕总司估计给赏，不及磅者以一施令为率。逾三月无索取者，准马车领回使用。以昨得巡捕总司亨得生信，云马车报称：有人至公馆下车，（移）〔遗〕伞车中，属往认取，后附章程单，为录其略于此。此皆英国之掌故也。晚赴安布洛尔茶会，晤上野景范、密尔萨毕尔、伯克什、茀里兰得、李得、施密司、威尔斯、倭文路尔斯、西得里洼得鲁，并久谈。威尔斯以下三君，皆议绅也。

初三日。偕李丹崖、德在初，马格理诣外部见德尔比，并述叙新金山领事，实因华民流寓者多，必得设领事管束，仍须就该处华人选派，外来者亦不相习也。德尔比亦然之，因问：新金山地方广大，中国领事拟驻扎何处？曰：此亦不能定。须察看情形，就华民流寓最多处设立。德尔比言：设一领事，其势必不能总摄，以相距或至数千里，号令语言亦不能相及，必应多设数员。因语及俄、土条约，幸已议定。德尔比言：两国条约已定。其间有必须各国会议者，未审有无变动。曰：观其第二条言马摩拿海峡出入船只仍须各国会议，暂不能定。是各国会议之件亦尚留有馀地。德尔比言：赖此一节，亦可少省议论。其时奥使博斯达、德使敏斯达、俄使书瓦洛茀咸集官厅。俄、土条约见新报者四：其一，赔兵费一千二百万磅。以土耳其东境三大城曰巴土目，曰嘎尔斯，曰稗亚希得抵银九百万磅。其三百〔万〕磅准陆续归还实银。其二，一千八百五十六年俄人割北萨拉比亚地方给鲁美尼亚，俄国必应收还。仍割但牛浦江南岸土境达布鲁斯嘎地方抵还鲁美尼亚。其三，马摩拿海峡出入船只，应候各国会议。其四，土属色尔非亚、鲁满尼克洛、布加里亚应分立三国，听其自主。其色尔非亚、鲁满尼克诺南北交界处，应留一线之路，使土国得通所属玻斯里亚、赫尔戈非拉二部。此新报所载俄、土条约最要各端也。其传闻所及，尚有赔缴鲁美尼亚兵费一条；有割玻斯里亚、赫尔戈非拉二部属之奥国，割挨及属之英国一条；有布加里亚始立国，应驻俄兵五万，以二年为率一条。其馀从前所议各条均以次减免。然土耳其大势，恐亦难于立国矣。

初四日。偕李丹崖、德在初、马格里诣见水师部尚书施密斯，至则门者以军机处知会商议军务，已出门矣。马格里固欲旋，吾以施密斯约三点钟，此时才交三点钟，应稍候至四点钟，庶为尽礼，若遽反，是交失也。果至三点钟三刻馀而施密斯至。坐次，与丹崖谈及卞长胜、王得胜、朱耀彩三人在德国水师学习恐不相宜。丹崖乃具言斯邦达陆营学习之刘方圃、杨得名，屡犯事故，贻笑实多。此辈起自兵弁，本无赖子弟，刘芗林以此诳合淝伯相，而不知其贻累也。卞长胜由威列斯哈芬船调至启尔船，船人皆下视之。有浩斯者，曾充中国参赞，语李丹崖：德人最敬重中国人物。自得此七人，群怀薄视之心。李丹崖告以在营员弁，本非上品。浩斯言：如所云，以告兵部，必益加薄视。七万里学习兵法，乃如此轻率耶？闻之惘然而已。哈里斯过谈，意在自荐往听勒麻尔一案，而所充巴立西得，尚须得梭立西得一人为之引，所费需二十磅，吾不乐允也。哈里斯住立温斯部之突尔基海口，自述其地气甚暖，四时花木长似春也。晚赴马克斯威诺茶会，所就谈者：和伯尔得老城议绅、马克登刊百里治学馆议绅、洼尔波尔刊百里治议绅、色尔敦噶客斯。色尔敦者，上等讼师之称也。类尔比内里，年八十馀，其夫为中国始通商时经理商务，其时尚驻崖门也。是日为马克斯威诺七十寿辰。

初五日。朽亚枝、哲美森先后来见。朽君充当台湾领事，即日东行。哲美森来自法国。以金登干接赫德电报，言德国公使已定议仍旧，知刘生之盘踞厚矣，鬼神固早已告知也。高布登客勒布[①]见惠高布敦论税、论律、论农工、论各国兵事、论学，起一千八百四十一年至六十二年，凡二十二年间所辨论各事宜。其言一主于爱民约已，可谓仁恕君子矣。其书曰《斯毕澈斯阿甫利扭尔得高布敦》[②]。斯毕澈斯，谓所立言也；利扭尔得，其姓；高布敦，其名也。高布敦客勒布，谓所立之文会也。中如免棉花税、免各国通商货物税，皆已见之施行。咸丰七年构兵粤东，则尤痛诋之，谓此用兵何名，为利而已矣，设遇强国，何以处之？不能施之强国而施之弱国，所以为无名也。

初六日。日本公使以扶桑铁甲船李德驾赴东洋，邀请助喜，并怀德内里邀茶会，均以病不赴。威妥玛过谈。《伦敦安得占拿》新报载：类意拉亚斯，曾随马加理由缅甸赴云南，与马加理分道赴南甸，得免于难；西北行出嘉峪关，环北边界而西以达俄罗斯，所历皆别境，非（哈）〔恰〕克图通俄旧道。至是，印度部遣使驻拉达克，经理通商事件。拉达克者，谛畀得[③]西南境，与印度北之喀什密尔接壤。英人名西藏曰谛畀得。从前罗贝尔得嗄克布登摩苏伊驻扎拉达克，经营喀什噶尔通商事宜。至是改使类意拉亚斯，而命之考察拉达克地方名勒者通商情形。且言当仍从前通商喀什噶尔之旧，遣派领事，一驻喀什噶尔，一驻叶尔羌，应由喀尔喀得[④]经理。喀尔喀得，孟加拉都城名，印度总督驻扎之地也。古里

---

①高布登客勒布，Cobden Club（哥布登俱乐部）的音译。

②斯毕澈斯阿甫利扭尔得高布敦，Speeches of RichardCobden（哥布登论说集）的音译。

③谛畀得，Tibet 的音译。

④喀尔喀得，Calcutta（加尔各答）的音译。

碑率所部赴塔什干，俄酋高弗曼收纳之。西域本回部旧地，统名土尔其斯丹，而分葱岭以西为西土耳其斯丹，喀什噶尔以东为东土耳其斯丹，即今土耳其旧时立国之名也。西域善后事宜，尤以英、俄两国为一大关键，应付亦良不易也。

初七日。礼拜。外部德尔比照会署公使傅磊斯开报武昌殴击教士一案，与湖督奏报情形绝异，盖所奏报多地方官粉饰之词。办理洋务以戒除粉饰为第一要义，而至今无能省悟。孟子曰：仁者以其所爱及所不爱；不仁者以其所不爱及其所爱。中国以粉饰为固有之常规、通行之要义，以矫诬百姓久矣，乃举以施之洋人，是谓以其所不能粉饰者强从而粉饰之，其亦不智之尤者也。即此一节，江夏县之不为良吏，亦略可知。英国驻扎瑞典领事德甫呈报瑞典高森伯尔克海青鱼复出，盖此种鱼为瑞典海中佳品，其博贺斯一部以捕此种鱼为生，不见已七十年矣。据称一千七百四十七年已渐少，一千八百零八年遂竟无之，及今（四）〔七〕十年。相与传播，以为美谈。西洋各国，事事推类考求如此。

初八日。接上海文报局十二月廿二日第六十号包封，由英国马什卜公司船递到，内意城、子瀞十二月廿日信，及唐景星、李璧臣、金眉生、曹志忠、葛振崧各信。是日，贤真阿穆斯宫殿朝会，晤赫克司里、谛拿娄。又格兰斯登带见一人，曰色尔古摩斯巴结德，云此英国第一名医也。美国公使亦带见一人，曰喀尔得注勒尔，云旧充美国户部尚书，新自中国回者，曾出古北口游览数日，告言急盼中国派员驻扎美国。吾曰：陈太常奉使两年，至今未成行，想开春必出洋矣。喀尔得注勒尔言：此已知之，我尚望中国派一贤能者，并派一领事驻扎旧金山，华洋民均获保全。美国公使言：渠意欲中国派令充当本国公使。喀尔得注勒尔急止之曰：君自戏言，恐中国钦差闻之以为真。因相与一笑。马格里为私述之。晚接俊星东、赫乐宾二信。

初九日。严又陵指驳张力臣《瀛海论》凡四谬：谓铁路数年为之不足，一夫毁之有馀，非中国所宜造，是一谬；谓机器代人力，日趋淫侈，二谬；谓舟车机器之利，后来必转薄而更废，三谬；谓中国有各国互相牵制之势，海防非所急，四谬。此皆《瀛海论》中篇语，谓之谬，良然。然力臣三论大旨，先举欧洲各国形势，次论西法之未易举行，终详与西洋交接之宜。立言之旨，固自有在。西洋制法，亦自有本末。中国大本全失，西法从何举行？勉强行之，亦徒劳耳！力臣于此，本有难言之隐，又方以是邀时誉，而于人言亦多有顾惜；其不能深知机器之用，则亦其所习本不在此也。严又陵知舟车机器之宜急行，亦未必遽为特见，高出人人也。其辟力臣论十字架及天主之名乃特妙，以为力臣之言：天主二字，流传实始东土。不识所流传者其字乎？其音乎？其字 RomanCatholic，其音则罗孟克苏力也，何处觅天主二字之谐声、会意乎？又引左季高之言：泰西有，中国不必傲以无；泰西巧，中国不必傲以拙。人既跨骏，则我不得骑驴；人既操舟，则我不得结筏。只此数语，掉（罄）〔磬〕已尽。

初十日。《得力克纳茀》新报局以格兰斯敦寓书希腊人尼克罗般得，令相助攻土耳其，格兰斯敦谓此语传自罗亚尔得，诉之德尔比。会绅阿什里亦据以诘罗亚尔得。于是议院诸绅又起而分党，附阿什里者百八十人，驳之者二百馀人，于是乃止不诘。英廷议论，亦云嚣矣，而每起一议，又准人数多寡以定行止，亦恰无甚颠倒者。接上海文报局十二月廿九日第六十一号包封，由法国生达公司船递到，内惟子瀞侄十二月廿五日慈溪发来一信。

十一日。金登干自巴黎回，见示赫德电报，言兼派充法国公使。据云西历二月廿六日中历正月廿五日自京师发。盖其时天津海河冰尚未解，由俄使公馆转递至恰克图，发电报俄京以转达伦敦，向以半月为期。同时亦据总署发递电报通知。所派翻译名联芳，并随赫德西行，以法京聚珍会，赫德约赴巴黎照料也。此次发信本定初五日，缘正月廿七日嘉甸偕克希克来见，言福建筹借洋款议单存威妥玛处，谓一礼拜期内准可缴还，宜趁初五日发递也。信件均已缮封，候至第二礼拜尚无信息，嘉甸又约此数日内来伦敦，不能不留候之。此来亦多为威妥玛所累也。见《申（新）报》：勒少仲调苏藩；广西藩缺，直臬范梁升补；黎兆民升直臬，而周荇农遽因病开缺，想必不起矣。

十二日。粤人勒麻尔一案，派马格里会同哈里斯听审。其刑司署曰倭尔比里[①]，其官名曰利科尔得阿甫伦敦[②]，其名曰达摩斯占伯斯。曰伦敦者，仍伦敦公举之刑司也。丹拿亦在彼。询知勒麻尔开设烟灯，丹拿为禁烟会司事，欲乘此示禁，可谓能举其职矣。其水手十三人以何沃生为通事，而语言都不分明。刑司以被伤之勒麻尔现已就愈，此十三人指何人倡首不可得，以自犯案之日至此已逾月，是未定罪名之先已收系一月，其罪足相抵，而恐倡首者或至宽纵，徒拘系无辜，则为失轻重之平，凡罪疑则从宽典，一并开释之。西洋用刑之宽如此。

十三日。往拜克罗斯、罗斯噶得、斯丹雷、马武得克、鼾客多布洛、恕斯得、格兰斯敦、格非斯、贝音斯各处。以英国刑司质之克罗斯，云所管刑司二十三人，仍分上下两刑院。利科尔得由民举，与梅尔、阿得门理民讼者又别。盖前数百年其国主允民人公举一刑司，遂为定例，然其权仍在二十三人之下。凡由阿得

①倭尔比里，Old Bailey（伦敦中央刑事庭）的音译。

②利科尔得阿甫伦敦，Recorder of London（伦敦民、刑推事）的音译。

门转至刑司，先经利科尔得，亦各视其案情轻重为处分，其重者及其案情不能定夺者，仍转至下刑院。其总持律例者曰铿恩斯，而由上议院议定律例行之。其归入词讼者一统之内部尚书。杀人及盗重犯则由其国主科罪，而内部尚书权衡其犯罪情由，以为轻重之准，达之国主，以制其准驳从违。各地方均有刑司，而此二十三人者，岁中率一分巡各地，案情重者专候刑司分巡时处分。以英国财理质之罗斯噶得，云西洋每岁一制国用之经，有馀则减税以节之，不足则加税以补之。印度所入至丰，不惟无赢馀而已，积债亦极繁多。问何故，曰：修城池，造房屋，开浚河道，治火轮车路，岁常接续为之，所入不能给也。格非斯之妻母，为故威烈斯王族，所用器具，仍故王冠及狮子图记。其王冠为城砖式，而四周崇牙平方如雉堞。问其故，曰：故王曾攻敌城，搏而克之，用以旌功。所用银茶壶一具，云已流传六代，当女主安[1]之世，即若尔日主国之始也，距今一百五六十年，而银色如新。为八方式，每方合处起线，而摩按之平光。格非斯云，近时银工皆谓不能及也。贝英斯之母年八十六，生当乾隆之季，其至中国，年二十一，盖嘉庆十七年也。时惟印度设立商会通中国，公推一总理商务驻崖门，时伍怡和已立洋行，延至广东省城，男妇环绕观之。实惟西洋妇人至中国之始。今六十五年，又见中国官眷至伦敦，为西洋见中国妇人之始。而相与同住一街，望衡对宇，亦一佳话也。其神明聪强，语言纵横。当其始至中国，鄙人亦尚未生。谈及广东花地情形，吾谓今弥望皆洋楼矣，相与怃然。夜梦湘城旧居门首遇一人骑马至，下马就谈，故不相识而心意其为朝官，自言奉命赴苏州，求得一签极不祥。出示其签，后二句云：芳草萋萋春

①安，Anne 的音译。

色晚，归来犹是故乡间。予读之，谓曰：签语凄清，然非不祥也，君岂以一故字为嫌耶？故乡，常语也。其人终惘然不自适，上马一揖而去。予亦彷徨而寤。而签语极分明，紧记其下二语，上二语瞥然忘之矣。

十四日。礼拜。罗斯噶得、威妥玛、骆德次第来见。罗斯噶得见示一千八百七十七年三月出入款目，与去秋九月廿九日所录又有参差。而西洋制用之经，均先核计一年出入总数，何款应从减，何款应增，预为之程，至年终视所核计者有无赢绌及意外之费，而筹所以弥增之。大率入息一款，常视以为增减。每岁所馀多不过数十万，而从无不足。据罗斯噶得所报，原估进款七千八百四十一万二千磅，迨后稍增至七千八百五十六万五千零三十六磅；原估出款七千八百零四万三千八百四十五磅，迨后稍增用至七千八百一十二万五千二十七磅。统计出入相抵馀存四十四万磅。其入款：曰关税，约一千九百九十二万二千；曰国内杂税，约二千七百七十三万六千；曰过印税，约一千零八十九万；曰房地税，约二百五十三万二千；曰俸薪税，约五百二十六万八千；曰信局入款，约六百万；曰电报入款，约一百三十万四千；曰官地税，约四十一万。官地税本其国主私业，以交大农经理而加给其国主岁禄。曰杂款，四百四十九万。其杂款之中有理刑司入款。就质者奉刑官票传，例有捐费。曰水师器物变价。水师所用绳索等件，岁需更换，其旧者应变价。有收回印度船价：每岁更调印度防兵八万人，由户部发给船价用费，应由印度归还，分列出入两款内。有借项利银，其借项利银又分数款：其一、印度各藩部岁有兴造，贷之国家者；其一、各地方梅尔兴造借贷；其一、本国人民田产或须疏通河道，或须别开沟洫，关系生计，及可以修治莱田，俾成膏腴成熟之业，由民人自行呈报，国家遣官为之相度而贷之经费，岁收利不过三厘，积三十年收至九成，以利息所积，准之所贷经费，均可相抵，即捐其息。其意若曰，川浍宜开通者、莱芜之田宜垦治者，国家所应经理者也；借民力为之，又收其息三十年，使所资用经理，还入国库足以相准。而其所治田岁收较丰，则地税亦当较增，其利终在国家也。故用以纾民力而使勤于所业，则为百姓经营生计亦至矣。其出款：曰陆师，凡一千五百二十五万一千三百五十五磅；曰水师，凡一千一百三十六万四千三百八十三磅；曰俸薪养赡，凡一千三百九十一万三千九百零一磅；曰税务用款，凡二百七十八万三千八百三十四磅；曰信局用款，凡三百十五万九千二百十八磅；曰电报用款，凡一百十四万一千。电报向皆民业，而苦声息不能遍通，乃由其国家收买归并，才及十年，出入相抵，所赢无几，大率岁当渐增。曰公司火轮传递文报费，凡八十五万零八百八十九磅；曰国债，凡二千七百七十磅；曰户部票买苏尔士新开河息银，凡十四万九千九百十二磅；曰杂项利银，凡一百五十九万五千零四十磅；曰装运官兵至印度船价用费，凡十七万磅；曰买回兵官出身，凡四十九万八千三百六十二磅。兵官出身，英国数百年前之敝政也。凡兵官进一阶必捐缴数百磅；略与中国游击相当，捐费率在三千磅以上。年老求退，仍给还之；有过犯开除者不给。其后相承迁转，兵官求进一阶，辄代国家给还其上一阶兵官捐款，使之告退而升补其缺。于是相率承顶以为例，而其出资承补者必不肯革除此例以成虚费，是以国家出资收买其出身，此亦持平之一义也。罗斯噶得问言：海得巴连日喧哄，亦曾往听者？答以未往听而颇闻其略。盖英人有名尼克罗般得者，格兰斯登党也，或谓前水师部尚书哈尔得尔芬之亲属，日集海得巴花园论俄、土事，意在助俄灭土。英民不服，乃相率大诟之，听者日哗，言者亦日求竟其说不为止息。其嚣如此，亦异闻也。罗斯噶得言此在他国必力禁之，英国一二百年来，于此独示宽典，不禁人民之非议朝政，一恣其所为，以为不过践蹈一坪草、断折数株树枝而已，不能为他害也。海得巴园，亦其国主之囿也。

十五日。为西历三月十八日。嘉甸行克希克偕威妥玛来，交福建议借洋款印单凡三纸：一、八月十三日用印约单。将军、督、抚及藩司连盖四印。一、九月补具议单。加入奉旨字样。将军、督、抚、藩及沈钦差及帮办台务潘藩司及洋务局两道，连列八衔，未盖印。一、先收六十万实银收单，未盖印。均经克希克检交。威妥玛取视，云此无甚关要紧，卷而纳之怀中。相与辨论，谓收单系收银之据，即未盖印，亦应缴还。质之克希克，克希克亦谓应并缴还。威妥玛始行交出，而索取书立收条。于是克希克先行，而威妥玛留候。既书收条与之，威妥玛言：应书奉旨借用洋款字样。吾谓此事尚未及具奏，何云奉旨？威云：不奉旨，洋商岂能容易便允借钱？当时亦曾在总理衙门问过，确是奉旨办理。吾谓：借钱宜有奉旨字样，此次缴回议单，并非借钱之比。威云：第二次议单可取一阅，于是指议单上奉旨字样为据，谓必应照书。吾谓：借用洋款是实情，奉旨乃预拟之词，尚属虚文，岂能使我诬枉朝廷？威妥玛因指议单诘问，声色俱厉。吾亦厉声报之。威云：此约单并非议单，不奉旨安得擅约？吾谓：借用洋款，岂有不请旨之理？此单尚属虚议，反复百端，使经当时具奏，则愈费周章矣。吾但知奉旨收回议单，而云奉旨借用洋款，是则归过朝廷之词，断非我所敢为。与相持两点钟，乃始取收条愤愤以去。真可谓横矣！是日赴谛盘生茶会，见议绅多伦斯，谈甚畅。又格尔里、巴得陆其、觉尔治。觉尔治为谛盘生之第三子，初自柏林来。谛盘生见问：得刘公使信否？答以：常接参赞信。并问：刘公使在柏林情形何如？曰：恐难顺适，此心实常念之。问以何事，曰：亦未接信。但据新报之言，多是不满意。问何故，曰：德国律最谨严，一有违忤国律，则诸事必多滞碍。是以忧之。此与吾所见新报正相符合。而刘云生方肆意铺张，总署亦遂信之，其取辱宜矣。是日税务司骆德回中国，便寄刘芝田一信，兼以拉毕尔所著火轮车路图说二帙寄之，一致合淝伯相，一致上海机器局郑玉轩。

十六日。柏金宫殿大朝，各国公使只一人，惟中国照旧携带翻译。日本公使上野景范告言：前岁曾由土国公使通知，大朝只各国公使往赴，以君主年老难久立，不欲人数众多。去岁大朝，系其大太子代见，是以至今未闻其语。凡朝会之名有二：一曰勒威，即正朝也；一曰得罗音那姆，则男女皆集，其事与茶会略等。宫殿茶会，有听音乐及跳舞之分，而不接见君主，惟朝会得接见，此其异耳。《占宜斯》新报载沈幼丹毁弃吴淞电线。因查吴淞电线凡二道，一由英国至香港，为南路电线，英人为之；一由吴淞至日本绕出黑龙江以达俄国，为北路电线，丹国人为之。英国初造电线，曾与总署筹商，准其通入吴淞内江，在趸船安设，不得上岸。于是丹国人径自为之，并不一关白，十馀年无一过〔问〕者。于是相与立约，由吴淞径通至香港，皆丹国人为之，以上海数十里旱道，事便而工省也。至是沈幼丹毁撤吴淞铁路，并电线亦迫使丹国人撤之。

十七日。新报载：印度呈报一千八百七十七年入款五千六百零二万二百七十七磅，出款五千八百二十万五千零五十五磅，浮用至二百十八万二千七百七十八磅，合中国六百五十五万有奇。其中载鸦片烟税六百万磅，视常年短至二三百万磅；印度灾荒蠲费三百四十五万磅；又有一项工程三百八十万九千二百八十八磅，以每年可以收还利银，不列用款之内。印度一部，支（消）〔销〕

浩烦如此。英人务求其地久远之计，开河及修造铁路，日不暇（计）〔给〕，略无顾惜，其规模固远矣。苏塞也得阿甫弗林得阿甫弗尔林尔斯[①]参赞罗里固请赴宴，为捐五磅五施令，属马格里为书谢之。弗尔林尔，译言他国也；弗林得，译言朋友也；苏塞也得，译言会也。倒文曰：他国可怜的朋友，设立此会周济之也。晚赴沙乃斯百里茶会，所相识者甚多，略记相识而不甚记忆其名数人：一曰铿勒威，大须，亦禁烟会中人；一曰蔑仑，水师提督；一曰布莱得弗尔得，管理御厩者；一曰弗斯得，上议院绅，格兰斯敦党也；一曰戈尔登，为斯博得斯武得友人，当亦博雅士也；一曰恕斯得，一曰费克斯遮拉尔斯，为印度部侍郎，曾见之威妥玛处。

十八日。柏金宫殿朝会。日本公使上野景范见示倭亥庚一千八百七十七年在俄京会议万国公法章程。倭亥庚，爱尔兰人，为万国公法会尚书。岁一集议。今年八月已议定在日耳曼会议，各国公使皆得与会。其尚书主持会事，则必精习律法者任之。各国交际，轻重得失，反复较论，以求协人心之平，而符天理之宜。西洋诸国所以维持于不敝，皆由学士大夫酌理审义，相与挟持于其间，所以为不可及也。上野景范云：中国与日本于此尤应考求，必应一往会议。且据言其会欲推为副尚书，方待请示其国主，未敢遽应也。是日戌刻，梁氏举一子，与炎儿生同日，亦一奇也。西洋纪时，先中国八点钟又六分，盖争差至四时之久，于中国当在十九日丑、寅二时之交也。

十九日。发递总理衙门第十八号信、合淝伯相第十九号信。本十五日封好，以候礼拜五轮船递信之期，迟延四日。内报销册

---

①苏塞也得阿甫弗林得阿甫弗尔林尔斯，Society of Friends of Foreigners（外国人之友协会）的音译。

及咨缴福建议借洋款印单及湖北殴伤教士来往照会，共公文三角；并致周筱堂、曾劼刚、栗诚、黎召民、黄子寿、刘开生、周瀛士、唐景星、张晦甫、黄石珊、金眉生、丁冠西、何子峨，及第十八号家信，及意城、志城二信，兼函致黄泳清嘱其转递。晚赴斯博得斯武得之召，同席意大里公使美那布里亚、格林里治教习赫尔斯得，两君并精于数学。美那布里亚著有数学书多种。罗尔得来里精于声学，亦从数学指出鸟兽生质大小厚薄，量其身口，以辨知其声大小与所及远近，剖析分杪之间，亦著有书一种。沙乃斯百里侯于声学、光学多所考求。其一为斯博得斯武得之弟，其一马格里。同席男妇十二人，并学艺精造。在斯博得斯武得处观费尔阿甫来甫[1]，亦有意趣。费尔，译言车轮也；来甫者，活动之意；通谓活轮也。酒罢，同至罗亚苏塞也得会堂听定得尔谈声学。谛拿娄为之主。首观电气三四种，一种制白金线长二尺许以通电气，激水轮以发之，则白金全体俱红，火光灼人，轮停，火亦随熄。一种发电气圆如月。满堂煤气灯照如白昼，电气一发，如日中天，煤气灯光顿收，望之才如火点而无焰。最后讲引船灯楼激火发声之理。盖西洋各海口皆设灯楼引船，光照数十里。而每值海雾，灯光皆隐不见。西洋人相与设法，传声雾中以引船，而定得尔穷究此理尤精，英人各海口置灯多资其考证，而仿制其式，集男妇讲习之。引煤气为灯，前衔铁管，如喇叭形。煤气上腾高尺许，旁有小管，一人鼓气吹之，则光下缩，动荡开合，以发其声。灯柱立管不及寸，而声已足震耳，而用喇叭式微收其声而后放出之，故可以及远。其喇叭前口，又制为圆式及直线式，以较其声之抑扬与所及之远近。西洋博物之学，穷极推求，诚不易及

---

①费尔阿甫来甫，wheel of life（活动画筒）的音译。

也。据马格里译定得尔之言，称英国以通商为务，其初洋船行海，朝廷亦未尝经理，有善士指示礁石所在，燔柴以表之。已而筑为墩房，燔柴其中，偶值风雨，则亦时巨停罢。已而创置油灯，又周环为六灯以收养气，而光愈明，制造精矣。已而改为煤气。已而改用电气。国家于此多方考求，近二三年乃尽电气之用。然所能致者光也，而雾气足以蔽光，即十日之明亦能隐之。于是又谋以声学济光学之穷。而声莫巨于炮。炮身长短各有宜：长者力足以及远，药力助送之，其势专，则其发声不宏；愈短则声愈震。国家因为行之武里治炮厂讨论，定尺寸之式，使足以及远，引船者辨声而知所避就。又凡光气专达之处，前有所蔽则光阻，声学亦然。恐有蔽而声阻也，乃复制为火箭，上冲则发声及远。因论及回声之说。如登山一呼，必有应者，声出而为山所阻，则其声回而相应。非独山能阻也，天地之空气有冷热刚柔，冷气常坚凝，而热气软，声益软，而气载之以及远，忽为坚凝之冷气所拒，其声亦回。乃出煤油灯试之：引火高至尺许，旁通软皮管，一人持吹之，则光闪灼，为之缩小，其前为玻璃开口筒，吹气触火，激荡而成声；其前为煤气管数十，引火发其光，吹气为火光所遏，不能发声，而灯柱中火焰仍高尺许。以明冷热气坚软不同，而热气大逼，则上能回声也。西洋各国专设墩房衙门，名曰特伦里底候司。候司者，译言屋也，谓司墩房屋也。

二十日。赫喀斯毕治约至属部署相见。与外部同院分左右，相就一谈。随往回拜阿得里、罗伦斯、荷兰得、色尔波温斯、类敦、费音，及美公使威烈士、参赞合宾，久坐畅谈。英国电学造端于法来里，即定得尔所从受业者也。其言以为得吸铁石一杵，交络铜线为环，套入吸铁石则生电气，不必电气之所以出也。偶一触之，电气随之而发，一瞬辄过，因此知吸铁石能生电气，电气亦必能为铁质生吸力。同时萨喀斯敦因制铁为长条，用铜线裹以丝，络其上，引电气过之，则铁条力发，亦能吸铁。其时格致家始察知电气源于吸铁石，其生无穷，而尚未能尽电气之用。嗣是英人洼约尔得、德人希门斯、法人格兰姆相与考求，以致其精。而费斯登、柯克二人始创为电气传信之法。通计此四十年，电气行而天地之机缄亦几发泄无馀矣。

廿一日。礼拜。接上海文报局第六十二号包封正月初六日发，由英公司蒙古厘船递到，内家信第十六号十二月廿三日、志城信第十五号十二月十九日，及易淑子、易卓超二信，并奉到十月十二日折件十二月十五日批发，由江督沈幼丹递到。赫尔斯约往茗谈一侄曰希拉，其女曰赖斯布里治，出其世谱图，盖英主亨得理第三之裔也中国译云显理，传二十四代，可以歧分而复合。询之，则男女并入支派，舅姑姊妹结姻，则或一再传而合，或历十馀传而合。是以谱图与中国略同，其由分而合则其异也。次至巴得路斯，见其伯父色尔亨得里李茀来，邀至其家，出所得中国一鼎一壶及钟鼎文字，问其年代。又云爱尔兰都城有掘土者得古器甚多，有中国图章三十二方，而渠拓得其二方：其一长园狮子头，文曰存心；其一四方猴子头，文曰志同天地；并长不逾寸。此种印石，明以后始有之，无因出自爱尔兰土中，恐有伪托。又载其馀印文，有曰秋水长天一色者，有云人与梅花相对清者，有云能发能收者。此等印文，至国朝而始盛，必西洋人购之中国，而托云掘土所得也。其拓坊石字曰：大悲园满无碍，篆法颇佳，然皆近今书也。旋过上野景范及高里，晤英人克立克洛甫得，生长荷兰，谈近事甚畅，似其女师科林武得之亲戚也。高里尚书赴赫尔敦海口，未获一见。是午大雪。

廿二日。李丹崖出示合淝伯相所寄书，凡分五条，累累数千言。一条购铁甲船，言英国新造之英茀来白昔尔，入水二十馀尺，炮重三十馀吨，甲厚十九寸。其三年前所造如布国之维廉第一，法国之双源台各船，入水约二十尺，甲厚十寸。其十年前所造如英国之谛芬斯、布国之维多里亚，入水在二十尺以内，甲厚五寸至七寸。布、法船机亦多购于英国马斯来。中国议购铁甲船，自宜向英国生缪答厂商定。船身以甲厚十二寸，入水十七八尺为率，隔堵子药仓及压水通气各法，应与马斯来厂商定，以三汽筒为佳。马斯来巡海快船二种，如铁（屑）〔胁〕木壳之蒲狄开、铁胁铁壳外包木皮之牌春脱，入水均至二十馀尺，若换用螺叶轮，每点钟可行十六海里半。格兰斯果民厂拟造长二百尺、入水深十尺、每点钟能行二十五洋里之船，能载穿甲巨炮数尊，行驶大洋，可用之以御铁甲。其迈氏那式之浅水炮船，较蚊船为小，而灵便过之，每点钟行九海里半，英人亦甚秘其法，宜密查访其造法。英国萨摩答厂，亦造船巨厂也。第二条，购水雷。英人马克登那新造水炮，合火箭、开花炮为一器，在六洋里内可以命中，每礼拜可成三千枚，惟铜壳及钢炮身仍须购自洋厂，其一切机器、造法共价二万八千四百五十磅。水雷种类甚多，怀台脱水雷力微行缓，英厂所制钢丝裙网足以阻之。美国黎约翰所制鱼雷，亦犯此病。马克登那新式方猛行速，工省价贱，应先切实试验。第三条，购亨利马提尼枪。此厂远在苏格兰，英国仿造约有五六厂。其用厚铜卷者，连锯刀每杆约八十施令，并用三棱枪头；若换新样锯刀，每杆加五施令。以轻短者为新式。第四条，照料学习武弁及闽厂生徒。斯邦达营武弁，德文以杨德明、刘芳圃为优，操演以刘芳圃、袁雨春为熟。兵官德罗他云：须以两年专习枪队、德文，一年操马队，一年操炮队。五年可成全艺。卞长胜、王得胜三人在味士哈芬海口里梲恩练船学习，提督毕勒士克管带。船主脑尔云：卞、王二人尚属认真，而德文未熟。海部拟将三弁调往奇尔海口泊港练船操炮。英国，刘步蟾等三人分送马那杜等铁甲兵船，严宗光等六人送入格林官学，江懋祉等三人上毕士格湾伯缪答岛之兵船，罗丰禄入伦敦琴士官学。罗臻禄入法国汕答佃矿务官学，其馀入削浦官学。不进削浦官学如何位置？抑仍炼钢民厂学习？能否获益？马眉叔、陈季同进巴黎官学，学习交涉切用之律，仍应兼习英国语言文字。第五条，延订矿师。克鹿卜所出英国伯爵查勘中国矿产一书，于五金、煤、石论列甚详。尤属意东三省及畿辅、蒙古、新疆。出洋学习，须先读书，后学艺，方能尽窥底蕴。其矿师有二种：其一化学师，能烹炼化分而不能开山（程工）〔工程〕；其一总监工，专论地隔层级及一切开采工程。英商蒲尔捺云：宜先延兼通化学之总监工察看矿苗，再议开挖熔炼。中国延请矿师，以能辨地隔层级、熟悉开采工程为上选。洋人魏勒斯言吴淞铁路不能运货载重，凤山至旗后偏路尚可用，运货铁路须另购造。又言吴春帆欲令张斯栒、蔡锡勇帮办监督。观其勤勤之意，是为能留意富强者，而要之皆末也，无当于本计。求才于遣派出洋官学生三四十人，遽欲以应缓急之需。语云：欲速则不达。伯相之言，未免近于欲速者矣。晚过德使敏斯达及威妥玛。金登干、贺璧理来谈，询知明日赴巴黎也。连日寒甚，为到伦敦所未有，然较中土冬寒为差减。晴寒雨热，亦一奇也。

廿三日。合淝伯相属同演试水雷，因拟约单五条：一、试验里数；一、校量伏水尺寸；一、考校冲力；一、演试炸力；一、酌定承买章程，开交丹崖与密斯盘商定。密斯盘，丹崖名之曰蒲恩。而回言炸力用棉花火药，须照会国家，始能演试，不肯接允。新报载：英人布爱登浮渡奇巴腊答海峡，凡十七点钟之久，与去岁英人克布登乘白由克里斯海口浮至法国克类海口同一伎俩。争奇斗险，不畏艰阻而勇于自试，其心境岂可量哉！铿恩斯其幕府曰葛拉哈木约往上议院会晤，便过古得门，见所画小照，全是一种纠纠桓桓之气，与区区气象不相类。其母画理稍深，稍为修饰之，然其底本规模固不能易也。并过宣摩耳、（芛）〔茾〕定克、威妥玛诸处。

廿四日。立吉门公其姓曰葛尔丹约至军机处会谈，各部尚书会议之地也。案置银盒二具：一方尺，高四寸许，有云爪脚；一方八寸，高二寸许，上盖为两开。银色如新。立吉门云：女主安时，常亲至议事，所携笔墨文件分置两盒中，后遂留置案端，相沿至今二百馀年。岁久愈益宝惜之，时勤拂拭，长如新制。又出示俄、土和约割分土疆图，即以相赠。计孟德尼克洛、色尔非亚两处略相准，而孟德尼克洛所割地已大于其故所辖地，鲁满里亚又更倍之，而新立之布加里亚兼辖布加里亚、鲁米尼亚二部，跨有巴尔堪山，占西土之地约十之六，横截至马摩拿海。西土北境，仅馀阿德里亚、格力布里二部，其南境惟通海道而已。东土之地割以与俄曰噶尔斯，曰稗亚尔西得，曰阿尔达厮，曰巴都目：凡四大部，约分东土耳其之半。除俄人所得土地，土耳其、布加里亚两国疆界才足相（捋）〔埒〕。俄亦酷矣！所定条约，宣示各国者二十九款，其为俄土私约都不宣示。英人不允，相持方急。所定约在三斯谛法那，因以为名。便过危地马拉公使义克勒得。晚赴德尔比茶会，阿克里照料甚至。

廿五日。哈里斯见示密琐里江西境金银矿报单，盖一千八百七十七年美国旧金山沿海一带矿产。密琐里江为亚墨利加巨川，旧金山在其西也。旧金山地名喀里茀尔尼亚，凡共十三处，曰尼法达，曰倭里铿，曰华盛顿，曰意达合，曰满答拉，曰武达，曰科罗拿多，曰纽墨西哥，曰阿里琐拉，曰达戈答，曰墨西哥，曰科伦比亚。惟喀里茀尔尼亚值洋银二千八百十七万四千七百十六元、尼法大值洋银五千一百五十八万零二百九十元为最多。凡十三处共值洋银九千八百四十二万一千七百五十四元，内所熔金值四千六百十二万九千五百七十四元，所熔银值四千七百二十万六千九百五十七元，黑铅值五百零八万五千二百五十元。又载一千八百七十七年运往中国、印度、新加坡银一万零五百万为最多，以前惟一千八百五十七年运至八千二百六十五万，度越前后，不及此年更赢出二千二百三十五万。内从英国苏士阿姆登河运送八千万，美国老金山运送一千九百万，法国马赛运送四百万，意大里国威立斯运送二百万。日前美公使威烈士言：美国岁运银至中国以千万计，中国银当充积有馀。犹云虚乏，何也？据此报则威烈士之言良可信。中国银矿封闭已久，而银之流行源源不竭，盖皆运之西洋者也。近闻俄罗斯已兴伊犁矿务，云相度得一煤矿，出煤甚旺。中朝大官委蛇进退，谁与知之而谁与言之！

廿六日。发第十九号家信，及志城及易淑子各信。又接上海文报局正月十三日第六十三号包封，由法国扬子公司船递到，内惟黄泳清一禀而已。赴古里门、西法里尔两画师处。古里门为予作小照，中国画家所不及也。西法里尔住波尔颉斯得尔得来斯，屋小而有邱壑，园景花木，布置自然。专为其君主作绘，凡得十馀幅巨图。其二太子完娶图，今俄主之女也，在俄国礼拜堂，俄主及其大臣咸集，并图其像。又于俄主宫殿大设跳舞会，集者千人，其前立数十人皆可指名。两人所作画，并应送罗亚尔喀得密[1]画馆，相约一往观，画馆地名白林登侯史，盖英前主若尔治第三所创始，专集画师之有学问著名者于中讲艺，得四十人，相沿至今为永制，缺则补之，其名曰阿喀得密西安[2]，又其副二十人，名曰阿琐西安[3]。阿喀得密西安，译言喀得密画馆中人也；阿琐西安则言与喀得密馆中人同等也。凡补入四十人之缺，必于其副二十人（四）〔中〕求之。因问西法里尔：得与四十人数否乎？曰：承欲置我喀得密四十人中，一语之褒，荣幸已极，然而劳绩未能及此也。曰：皇庭巨（副）〔幅〕，多至十馀，非劳绩乎？曰：此非君主之力所能及也，须积资为之，比求入二十人之数尚不可得。曰：若是其难乎？

①罗亚尔喀得密，Royal Academy（皇家美术学院）的音译。

②阿喀得密西安，academician（院士）的音译。

③阿琐西安，associate（准院士）的音译。

曰：英国以画名家约五千人，而列名喀得密者四十人，是为难也。曰：亦有出息乎？曰：无之，不过国家尊宠之以为荣耳。曰：岁开画馆，得利几何？曰：每年用款取给于此。凡入画馆给一施令，每年开报章程，购之亦一施令，岁收此费约一万六千镑，馆中用费及来馆学习者择师之费皆资以为用。学习于此者并精画理之人，考览推求，以致其精；古得门亦尚在学习之列者也。本年尚书为色尔茀兰塞斯格南得。其间一人名密雷，亦画中著闻有学问者。去岁阿尔皆尔公处见一画师曰类登，又国家大画局名拉圣拉尔格勒里①见一画师曰阿尔马塔谛马，并列名阿琐西安中。区区一画学，而崇尚之、推广教习之如此。西洋人才之盛，有由然矣。

廿七日。《申报》中近有三折差当人意：一、晋抚请拨江、鄂漕米六万石，经户部议驳，又会同办赈大臣阎丹初奏请，奉旨允准。一、甘督奏调翰林吕耀斗、吴大澂及前乌里雅苏台将军长顺，以储边才。一、御史欧阳云条陈四端：一免采办，一慎奖叙，一肃吏治，一矜庶狱。所陈亦恒言也，而意在归本朝廷。其慎奖叙条内有曰：大者有制，则小者自有遵循；朝廷有法，则外省亦知忌惮。其言可谓切中。左相矜才负气，无能兴起人才。为国家久远计，此折庶几近之。往拜商部阿得里、学部山顿、信部满剌斯，及德尔比。以见新报，德尔比与毕根士由议不合，毕根士由议纠集民兵，德尔比意全英、俄之交，以是求退，一往讯之。阿得里处晤克夫，语俄事甚悉。山顿幕府卜来安得先出陪谈。问山顿以学部章程，见给书二册，（以）〔一〕为议院增议学馆章程，一为年报。西洋各国出政，官主之，而议政必于上下院议绅，无一定成式。故各部则例皆散见，一由主者酌行，不为成法以制其出入。

①拉圣拉尔格勒里，National Gallery（国立美术馆）的音译。

据山顿言，英国官学、民学，一统之官，岁常一查其功课，其学师及考试录入等第，国家皆廪饩之，计岁费常三百馀万磅。所在设立科密底[1]总司其事，其名曰斯古洛波尔克[2]，其长亦曰尚书。伦敦斯古洛波尔克则色尔嘉乐士坚得为之尚书。岁查功课大率科密底为之。四十年前国家于学校未尝过问也，嗣见诸国人才辈出，恐英国或渐不能及，于是始议经理学校，增修考课之法；其议发自维廉第四时，至今君主即位乃始举行。近十年更立章程：人民未及十岁不得习试技艺，无贫富皆纳之学中；逾十岁习工事，须由学试其能通文字及开方、算学，给之文凭，非是不得习工事。国家皆岁时派人稽查。惟阿思苐、铿白里治大学院得遣人考试各学馆高等者，录入大学院，岁一试之，给以名号，三试乃成，岁有廪饩。皆自为政，国家不能经理。盖阿思苐、铿百里治为大学由来久远，其所在设立学馆，教课弱冠以下，大率皆小学也。晚赴拃定克茶会，晤恕斯得、费斯来立，谈甚适。

廿八日。礼拜。费克斯、遮拉尔斯来见，为印度部参赞，谈及前喀什噶尔所遣使来英者，亦名雅谷刊，至今寓居君士但丁都城，所娶妻为中国人，独未随行。询及茀赛斯何以不回印度，曰：是在印度已逾二十一年之期，例得食俸，去亦更无加益处，是以辞职。至是始知英例：凡越印度海而东为远任，满二十一年即终身食其俸，在本国则以三十五年为期。世爵及宝星应食俸者不在此例。前岁威妥玛遣赴云南三人，一曰格维讷，一曰达文波，一曰贝伯尔。旋又专派贝伯尔由四川至云南，察看四川重庆、云南永昌情形。其初饮至云南记载，言行数百里惟见漫漫一片罂粟花，

①科密底，committee（委员会）的音译。
②斯古洛波尔克，schoolboard（学务委员会）的音译。

更无他项种植。所行不过大理、腾越一路，而已有数百英里栽种无间者。补陈禁烟章程六条，欲使各省绅士均任禁烟之责。不独朝廷不能知此义，合淝及沈幼丹之贤，亦皆不知辨此。中国之不足与有为也，决矣！新报载招商局又于九江触石沉去一船，与厦门沉失之船相距仅逾月。又载上海开赴日本一船，二十四日乃达，由管驾及柁工皆不明习水道之故。殆难以自立矣！

廿九日。马克里来谈。贝伯尔言：至云南西，有一处名古洞，其人形貌魁伟，色红黑，衣褐，结束甚固，亦有绣以花纹者。女皆美丽。其行止举动，绝无中国懒惰形，与西洋人略相仿佛。观其所述，大率腾越一带之洞民也。密斯盘信论中国要务在生财，宜以开采制造等事委之于民，而官征其税。英之税于民者有二：一为国家水陆官军及炮台、船械之费；一为巡捕、修路、点灯、监狱、病馆之税，皆归民自理。税之最大者为烟、酒及钤印之税。中国此等税则并应加重。因举二百年前俄主名彼得者，微服至英国，入代弗船坞习木工，延访人才回国，以苏格兰人启士为水师统领，又聘英国总监工司米吞布就绘船厂全图、布国人依勒充算学总教习。数年之后，所教有成，一皆改用本国人。学俄罗斯足以自强；学土耳其，终归于自侮而已。言之悚切，使人喟然。

三十日。外部德尔比告退。印度部沙乃斯白里转补外部，兵部哈尔谛转补印度部，库部侍郎升补兵部。沙乃斯白里甫接外部之任，通饬驻扎各国公使转达各国外部，申明俄、土和约无一条可以依行。大致言：北萨拉比亚经七国会议归鲁美尼亚管辖，俄、土不得擅自收回。布加里亚不得立国。其间斯拉甫一种人，不能及回人与希腊人之多，今为保护斯拉甫建立一大国，将来希腊及回民与并域而处，必不能相安，是导之为乱也。且据所定章程，布加里亚作为土耳其属国，而土耳其国势万不能自主，是并土耳其皆为俄属国也。东土耳其噶尔斯等城亦万不能割归俄国，以土耳其国势关系欧洲大局，而英国切身利病，尤在苏尔士新开河。至于土耳其、希腊、波斯各海湾，并有关于各国通商事要，恐俄、土从中阻截。其所定赔缴兵费之数，亦万不能依行，以土耳其穷乏，人所共知，今已割四大城抵缴兵费，所馀尚在千万以外，将来力不能赔缴，则又割地以偿之，不尔，则俄国借词兴兵，责所偿款，转得有词以钳制各国而惟所欲为。英国若稍允其一二条，是与一千八百五十六年及七十一年两次条约全然不符，英国亦当受违背条约之咎，此所决不能允者也。其言可谓理直气壮。然俄人于此，竟无可以自处。用兵不以义，宜无以善其后也。晚赴法公使傅斯达茶会，见侯登、斛布洛、立甫、喀尔得威诺诸人。喀尔得威诺为前兵部尚书，格兰斯敦党也。立甫则去岁老儒会派令发问中国学问者。其馀各国公使及各部尚书，则皆所习见者也。

三月

三月初一日辛亥。为西历四月初三日。沙乃斯白里侯接受外部之任，函约三点钟往商公事。以为便见也，届时往，则各国公使咸集，朝服佩刀。因询日本公使：亦曾遇此礼乎?。曰：未也。问何以知朝服，曰：前任移交有案，检查始知之。其间未朝服者，科伦比亚公使萨巴塔、海地公使韦立瓦来克斯、尼戛拉卦公使马尔叩来塔及予四人而已。诸人意若甚不自适者。比见，则次第宣传。头等公使以土国莫拉射为首。二等公使即以马尔叩来塔为首。询知驻此二十馀年矣，兼充日思巴尼牙及荷兰公使，是以驻伦敦之日为少，而于此等典礼亦未能知，则所不能解也。各公使皆数语即出。予随日思巴尼亚公使戛萨类各来西亚之后听宣示，则沙赖斯白里亦朝服立，予始谢未及朝服之咎，答曰：本不应朝服。中国衣冠吾亦不能辨也。因言昨接诵颁刻函件，情理兼到，良用感佩。沙乃斯：中国与俄国为邻，想亦有难处之事？予谓：数年以来，尚相与和好无间言。沙乃斯：人情久处则相习，彼此情意可以互通，自然交谊日固。至是始延予坐。因告以近时惟伊犁一城尚未知如何置议。沙乃斯问故，予曰：此喀什噶尔诸城之都会也，将军实驻。沙乃斯言：此间未闻有伊犁踞城之事，请竟其说。予谓：天山南北两路，乘中国乱民肆起，诸回酋并起分踞其地。俄人于此时袭取伊犁，而诸城乃并为雅谷刊所踞。中国近数年用兵收复故地，而伊犁一城为俄人所踞，尚未置议。沙乃斯言：俄人肯退还否？予言：原约中国官兵克复各城即应归还中国，独苦为日久，未必能轻易缴还。沙乃斯言：此实俄人惯技，历来最喜侵削人土地，所在稳踞，不肯退还。子因辞出。美公使威烈士以为予入见工夫为最久也。便回拜统领来逊，及赴里德茶会，亦一统领也，云在贝拉处相见。贝拉夫妇亦皆在，相与立谈，自言三十年前曾居印度二十年，颇习其语言。出见其二女，极美。盖曾为印度兵官者也。晚赴沙乃斯茶会，所见类比尔、倭尔色里并新派充统领，劳色尔爱尔兰部尚书，非尔拉印度总理医务，优诺著有注释马尔克波罗书。马耳克波罗随元世祖入中国，为西洋人入中国之始。所记风土人情，西洋多不之信，优诺为加注释云。其馀熟人及相见寒暄而不知名姓者甚多。

初二日。日本公使上野景范①万国公法会一千八百七十七年在荷兰安都伯尔城会议报单，内载：尚书罗尔得倭亥庚，爱尔兰人，言此会起自美国买尔斯，才及数年。一千八百七十三年在比利时都城名伯勒色尔斯会议；次年在瑞士都城名占宜法；又次年在荷兰维哈

①此处疑有脱文。

尔克城，与会者八九十人；又次年在德（明）〔国〕伯来明城会议，已三百馀人矣。其会议先定地方，而后选择时候。凡会议五日，（万法公使）〔万国公法〕利病得失皆得参赞，惟发议时须简练详明，不得过十分工夫。以其文宣述者，当众诵之，不得过十五分工夫。其欲更改旧章，以书陈论，并列之报单中。五日所论，如汇票还帐，及科定罪名，及成丁年数，及条约久暂之宜，及两国交战、他国民船装运军火，各推论其得失，著而录之。是夕，德在初自法京回，已租定娄阿达洛街房屋一所，视伦敦房价三倍矣，以炫奇会之故也。意大里人西弱里那谛波罗约赴茶会，为告帮之举，遣张听帆往代。

初三日。金登干过谈，以将往巴黎，就商一切应办事宜。新报载户部罗斯噶得开报上年出入各款，每年以三月三十一日为结报之期也。入款十：曰关税，凡一千九百九十六万九千磅；曰酒税，凡二千七百四十六万四千磅；曰印税，凡银票及遗产等项一千零九十五万六千磅；曰地亩及房租税，凡二百六十七万磅；曰入息税，凡五百八十二万磅；曰信局税，凡六百十五万磅；曰电报局税，凡一百三十一万磅；一地课，凡四十一万磅；一国家借出债息，凡九十四万九千八百八十三万磅；曰杂税，凡四百零六万四千四百十五磅。共计入款七千九百七十六万三千二百九十八磅。出款四：曰国债息，凡三千零零五万四千三百三十五磅；曰陆军用款，凡一千六百一十一万二千一百六十五磅；曰水师用款，凡一千零九十七万八千七百九十二磅；曰俸薪及各关局用款，凡二千二百七十五万八千四百零三磅。共计出款七千八百九十万零三千四百九十五磅。馀存八十五万九千八百零三磅，本年借用兵费五百万磅在外。因议筹款弥补之法：国家借出债息，每磅收息五佩宜，拟加为收息五佩宜[①]，可加收三百万磅；烟税每烟重至一磅加收四佩宜，可加税七十五万磅。用以填补借用兵费。所馀亏欠之数，再下一年填补。西洋制国用，岁一校量出入各款，因其盈绌之数，以制轻重之宜，一交议（定）〔院〕诸绅通议，而后下所司行之。三代制用之经，量入以为出，西洋则量出以为入，而后知其君民上下，并心一力，以求制治保邦之义，所以立国数千年而日臻强盛者此也。又论中国北五省灾荒情形，咎及官员贪私营弊，国家又不务讲求格致之方以开辟利源，而论北五省黄沙土最宜稼穑，一年收成所出之谷，即可供应数年之需，惟土质轻松，中间孔罅渗漏，不能多受雨水，专恃天行雨水灌溉。德国有男爵理和道芬，曾经履视中国北省地方，言各处沙土平铺，下厚五十丈。山间空罅，沙土则填补之。道路崎岖，沙土则平易之。大地高低层叠，时有水溜穿割，而水溜不能在沙土内存留，其势下渗至硬处始止，是以沙土之内并无泉源，须下通至四丈及五十丈不等乃可以得水源。因思最善灌溉之法，惟有用机器汲水上行以利用。中国此等技艺全不讲求，国家又无可筹之款。通计北省地方，幅员约二十五万方里所言洋里，每里当中国三里，地面居住之人不能引水上升，一季无雨，即忧干旱，则惟下临近水之处，就沙地河岸间以资灌溉，地气亦和暖无患也。因思春秋时列国疆域尽于河南北，谓之中国。吴东界于淮，楚南极于江，于时谓之蛮夷，而物产地利之厚，乃皆在河北。西洋人以北五省土田最宜稼穑，自古已然，信不诬也。据《汉书沟洫志》，禹疏九川，陂九泽，功施乎三代。自是之后，荥阳下引河东南为鸿沟，以通宋、郑、陈、蔡、曹、卫，与济、汝、淮、泗会。于楚，西方则通渠汉川，于齐则

①以上二“五”字，疑有一误。

通淄、济之间。至于他引水溉田沟渠甚多。魏史起引漳水溉邺，以富魏之河内。秦用郑国，凿泾水，自中山西抵瓠口为渠，并北山，东注洛，三百馀里。于是关中为沃野，无凶年。汉武帝时，引渭穿漕渠，起长安，旁南山下，至河三百馀里，以转漕，渠下民田万馀顷又得以溉。其后河东守番系，穿渠引汾溉皮氏、汾阴下，引河溉汾阴、蒲坂下。汉中守、汤子卬穿褒斜道五百馀里。又发卒穿（洛水）〔渠〕，自征引洛水至商颜下。自是朔方、西河、河西、酒泉皆引河及川谷以溉田。关中灵轵、成国、沣渠引诸川《地理志》：灵轵渠在周至，成国渠在陈仓，沣水出沣谷；东海引巨定；泰山下引汶水，皆穿渠溉田。（大）〔太〕始中，赵中大夫白公复奏穿渠，引泾水，首起谷口，尾入栎阳，注渭中，袤二百里，名曰白渠。宣帝地节中，行河使郭昌以河分为屯氏河，水势北曲，皆邪直贝邱县，恐水盛，堤防不能禁，乃各更穿渠，直东，经东郡界中，不令北行，渠以通利。是自武帝以来，经营西北水利勤矣。后汉都洛阳二百馀年，惟明帝永明中王景修汴渠，起荥阳，东至千乘海口，千馀里，十里立一水门，令更相洄注，无溃漏之患。魏晋迭兴，而西北州郡割据战争，皆为异域。后魏刁雍为薄骨律镇将唐灵武郡，今之灵州，上言：富平西三十里有艾山，南北二十六里、东西五十四里，凿以通河，似禹旧迹。其两岸作溉田大渠，广十馀步，山南引水入此渠中。今此渠高于河水二丈三尺，河水侵射，往往崩颓，而水不得上。艾山北，中有洲渚，水分为二。请于河西高渠之北八里、分河之下五里，平凿渠，广十五步，深五尺，北行四十里，还入古之高渠。即（修）〔循〕高渠而北，复八十里，合百二十里。所凿新渠口，河下五尺，水不得入。又求从小河东南岸斜断至西北岸，计长二百七十步，广十步，高二（尺）〔丈〕，绝断小河。小河之水尽入新渠，水以充足，溉官私田四万馀顷。裴延儁为幽州刺史，范阳郡有旧沈渠，径五十里，渔阳燕郡有故戾诸堰，广袤三十里；皆废毁多时。延儁自度水形营造，溉田万馀顷。知后魏立国之基，迈于南北两朝矣。然刁雍以艾山渠为禹旧迹，非也。禹功在治水，引河使就下，未尝开渠引河，使上行以为民利也。大抵皆汉武帝时言水利者所开造。班《史》固谓他小渠及陂山通道者不可胜言也。是以杜佑以河渠疏利美武帝之功。至唐时，关中犹号为沃野。而观唐时转漕京师，率由河入洛，以达于渭，而江、淮以南由汴入河。洛、渭至唐时犹为大川。禹之涤九川、陂九泽，悉九州之地皆为之陂以畜水，而引而泄之于川。天时地脉疏泄勤，则水潦之归墟有所翕聚，而流行愈畅。河北水利之失，由南北朝割据纷争，历隋、唐无能一加修复，至五季而遂尽遗其故迹。宋至南渡，倚东南数州之地经营兵食，而天时地利亦遂蕴聚于东南。元、明两朝四百年，一循南宋之旧，号江淮财赋之邦，而北五省沃饶之区，一听其化为沙壤硗瘠。沟渠之利、耕耨之功，悉废不讲。善夫魏李悝之言曰：理田勤谨则亩益三斗，不勤则损亦如之。地方百里之增减，辄为粟百八十万石。北五省方广万馀里，无与经营，国势安得而不虚弱也？罗斯噶得曾问：中国御旱亦有术乎？曰：东南备旱有湖池陂堰，西北无之。至于多植树木以引水气，使不为旱，至西洋始知有此说，中国未闻也。曰：开河浚渠，平时预谋之，遇旱尤可用以代赈。中国亦行此乎？予愧无以应也。

初四日。英国议院分两党，其持异议者格兰斯登主之，上议院为首者曰格兰非尔，下议院为首者曰哈定敦。安友会人卜来得与科布敦同诣议院之持异议者，属阻止俄、土用兵之议。凡会中人数众多，而公举一二人言事，名之曰德比尔得升[①]。及见，格兰非尔晓之曰：吾意不乐用兵与君同。虽然，言之无益也。一千八百五十七年用兵中国，两议院争持甚力，议绅波尔克毕得竟至请散会堂，戛然而去。其时议请不用兵者，人数多于用兵者，然终不能相胜。吾在议院久，国家定计用兵而能匡正者，实亦无几。况其于国事本有关系者乎？西洋议院之有异党相与驳难，以求一是，用意至美。而如格兰斯登之助俄倾土，阻挠国计，亦云过矣。而其分党有同有异，则亦始终不变其说。惟有大议，缓急轻重关系稍巨，则亦常于集议之先更自分党。凡持异议者，先起自陈，愿附众议；既毕，校其人数多寡以定行止。而其著名为首者，不乐变易其说以相附会，又念此事之不可以更持异议，则往往托故先行，若自示未经与议者。其负气而不相下，又可笑也。克娄恩喀毕勒辑录五信，论卜林斯堪梭尔得[②]，君主之夫称也。其中一事，言巴摩斯登为宰相，有议奏事，听候君主命下。堪梭尔得因取奏改定数字。巴摩斯登辨知为堪梭尔得笔迹，乃重缮原稿，复上之君主。君主亦喻其意，乃径下其议行之。英人论巴摩斯登有担当。凡事犹豫久不决，辄相诟曰：曷不巴摩斯登？其五信皆不列名，而署云维尔拉克斯[③]，译言真实不虚也。

初五日。礼拜。回人密尔萨毕尔伯克什来谈。诣金登干，以英人马克尔希杜书自陈，效力户部，深知课税事宜，兼通化学，谓于税司为宜也。金登干检查伦敦名册，始知其人在户部，所职若书吏。因论数年来考求人才之方，凡以书自陈者，皆责令寻求

---

①德比尔得升，Deputation（代表）的音译。

②卜林斯堪梭尔得，PrinceConsort（女王配偶之称）的音译。

③维尔拉克斯，Real Nox 的音译。

保人，而后具其名以达于总税司。先请医士马克里考验其体气性格。体气强实，性格又耐劳堪事，乃得入选。而后试之以文，使自书名及居址，及在何学馆肄业，或官学，或私学，曾否考列等第及给有文凭，其授业馆师为谁，及所习何业，所读何书，所与相识往还，有无名望、通知诸实学者，皆条举其名及与交年分久暂，及在学几年，及出学馆后所营何事，刊刻问答单，逐条登对。而后试以算学及诵他文件，以察知其文理断续，验所学之浅深。大率算学必能通晓，剌丁及佛郎西及日耳曼语言文字必能通知一二处，而于格致、化学等事亦能谙习一二端，乃为上选。因问：课算自须数学。其诸实事必务通知，亦殊不易。金登干曰：凡人能成就一二种学问，其心思必细，而其见事亦必稍有条理。去岁四月，曾考试二十三人，取者四人而已。凡取录者照缮其问答单，申报总税司，原文存留，以备查考。其间开报学馆及入学年分，及所习艺，与其交游，不得稍有虚饰。其有虚饰，虽经取录送至中国，亦即时撤销。是以所开报学馆必往一查，以验其言信否。他端皆然。无论为时久暂，但其伪饰必黜之。呜乎，此西洋人才之所以盛也。

初六日。接上海正月廿日所发六十四号包封，由英公司烟打士船递到，内总署正月初七日第十九号信赫德议洋药厘南洋加征九十、北洋加征六十一款；十年修约一款；各国条约紧要各节拟稿通照一款；福建莆田县案一款，并何小宋、崇地山、方右民三信。右民拣放登莱青道，以由总署保放，例执弟子礼也。古得门来言：阿喀得密西安以所画置之罗亚尔喀得密画馆，并于今日预备，邀至为首者数人家一观。其阿喀得密西安中，尚书一人曰格南得；选画者十人；（布）〔部〕署悬挂者三人，曰山得，曰类登，曰类克里夫。岁以西历五月初一日开画馆，阅六月始毕。古得门为予作小照亦送置画馆。所送画者并以四月初一、初二日为止。惟阿喀得密西安得展一礼拜，以四月初八、初九两日为止当中历三月初六、七两日。另诣瓦得斯及阿纽画馆。是日所见画：格兰得为苏格兰鹿苑，弥望皆石山，有水湾回出山左，鹿十馀头，或立或卧。马克斯得为秃鹫十馀头，嘴长颈短，两翼灰黑而身腹微白，其头无毛；印度城中相群聚食诸浊物，禁民人不得戕毙，违者罚金。格力蓦为山水，两山环合，中有水一溪，一人骑马渡水而风从左生，树木皆披靡，水纹右卷至岸，马尾扬起，骑者左手持缰，而举右手按其冠以拒风；右岸小屋一区，炊烟为风力所压，斜出下散，如闻风声之生于纸上也。予评所见，以此为第一。其馀为人物，而笔趣各不同。山得为一女郎，掀帘倚身外向，衣纹及身上半外映日光，宛如生。予评人物，以此为第一。馀若类登之淡雅，绘希腊女子赤足，极有神韵；瓦得斯之奇伟，多绘《旧约》书轶事为神怪；密来斯之浑成，为人作小照，专写神韵，不多着笔墨，远望之如生，岁不过写一二帧，必其人有学问盛名，笔资至少亦千磅以上；阿尔马塔谛马之幽秀，画一女郎窥窗，窗门微启，日光透入，由面以达右手，手持鲜花一丛，日光微映其半。皆妙品也。古里门云：类登、瓦得斯之画各有专妙，其雅俗共宜者，则罗尔白登及非得二人。又有威毕斯得、尼科尔，皆阿喀得密西安之著闻者也。阿纽画馆专邀看马。克拉克兰所绘《君主家庆图》，君主旁坐，其子四人、公主四人，并其婿若孙及诸子妇，凡二十二人，皆用白描，亦妙品。又阅其所新收得尔拿画大小数幅；及林乐尔斯画一妇人，值三千磅，盖百年前物也。得尔拿相距不过三十年，而其画值绝贵，小幅方四五寸亦值二百磅，大者数千，或为石壁，着屋数区，前临日出，隔水有横桥；或为连屋山畔，大率最善烟水晚（瘴）〔嶂〕，尤佳妙处全在着色。又有格音斯白拉画谛温摄尔公夫人一帧。夫人美艳绝世，闻其画笔尤神。去岁为人夜启窗扉，割其画以去，值一万一千磅。皆阿纽画馆所收得者也。并英国人。又拉非尔、安颉洛二人，为意大里国画家之最著者，其生在四百年前，尤不易得云。是夕，李湘甫、姚彦嘉诸君治席为予陪生。

初七日。早邀李湘甫、姚彦嘉、德在初、凤夔九、张听帆、黄玉屏、罗稷臣及马格里、贺璧理为面食作生日。格林里治学馆严又陵、方益堂、叶桐侯、何镜秋、林钟卿、萨鼎茗来贺，因留面食。严又陵议论纵横，因西洋光学、声学尚在电学之前，初作指南针，即从光学悟出。又云光速而声迟，如雷、电一物，先睹电光而后闻雷声。西士用齿轮急转，不能辨其（能）〔为〕齿轮；引电气射之，悬幔其前以辨影，则齿轮宛然，可悟光之速。西士论光与声，射处皆成点。声有高下，光有缓急，则点亦分轻重。凡所映之光影，皆积点而成者也。传声器之法，即从此悟出。又凡声与光皆因动以致其用，其动处必成文。西士制方铜板，下用铜柱擎之，以旋螺合其笋，而合笋处必稍宽松，使含动势。布细沙其上，舒两指按铜版边，张丝为弓弦，从右向铜板边捋之，则上沙析分为四方，每方皆有花纹，其形式并同。而每一捋则花纹必一变，以捋处及左方按处用力有轻重，沙之随动而成聚散者必各异其状，其机妙全视所动之数。西士于动力亦以分杪计之。又论地球赤道为热度，其南北皆为温度。西士测海，赤道以北皆东北风，赤道以南皆东南风。洋人未有轮船时，皆从南北纬度以斜取风力，因名之通商风。其故何也？由地球从西转，与天空之气相迎而成东风；赤道以北迎北方之气，赤道以南迎南方之气，故其风皆有常度。是夕，李湘甫诸人仍治席为予陪生。李丹崖亦从德国回伦敦。是日下午赴类得茶会。类得亦世爵，饶于资，疑为犹太人。

初八日。接上海文报局正月廿七日由法公司挨物船递到六十五号包封，内总署公文一件议复开报出洋经费，及胡玉玑一信。又由李丹崖递到黎莼斋一信。施密斯、克雷、西法里三夫人来。密斯盘编次英国设立信局原由，因论：天下事只为不知，便生怪惑。西洋所以致富强，中国无肯依行，惟不知故也。当明著其所以然，刊行之天下，使人人皆知其为利益，则得失利病较然于心，自然知所信从矣。凡事莫难于创始，非独中国然也，西洋各国亦莫不然。英国初造信局，大抵传递军报，岁费三千六百磅，不过人夫、马车，递送爱尔兰等处都城而已。已而通民人书信皆得收送，以冀收还信资，弥补国家用款。渐次设立汽轮船公司及汽轮车行，传递书信遍天下。即汽轮船公司，国家岁给资至八十万磅，而所收信费乃至六百馀万。通计初次传递人民书信所收信资，视今几二十倍，以次递减，仅及二十分之一，而国家所得信费亦岁有增加，遂为筹饷之一大宗。严又陵言：中国切要之义有三：一曰除忌讳，二曰便人情，三曰专趋向。可谓深切著明。鄙人生平所守，亦不去此三义，而以是犯一时大忌，朝廷亦加之贱简，谁与知之而谁与言之！密斯盘谋就鄙人见闻所及，刊刻新报，晓示中国士民。因告以前岁自上海开行沿途日记钞送总署，以致被参。刊刻新报，殆非鄙人所敢任之。密斯盘亦相与怃然，叹息不已。

初九日。安布洛约游色尔西得尼洼尔得鲁，云纸行也。往视，乃知为印造各种应用纸张，而役工至二千五百人，事忙时可增至三千人。凡相连两厂。其一专造火（车轮）〔轮车〕行小票及电报局所用纸条，皆机器为之。火轮车行小票由粗纸衬背，上下两层，所糊面酱，至贮麦面十馀巨桶，用气炉引水熬之，入火灶焙干。为巨房收火气，用皮条转叠十馀层，出入惟两门，以逼干为度。用扎刀截成条，每条八小票，入机器叠成八段，约高尺馀，送入压印机器此机器绝奇：左右两高方筒，从右叠小票筒中，中为印模三，皆用活字编号，由一至万万，无重复者。转入左筒，满则出之。其间一票或破烂，机器即自停止。亦可谓神奇矣。每机器一具，约一点钟压印一万方。又入一记数机器，与压印机器编号同，以查考压印或有脱漏及模糊者。其叠票、装票，皆十二三龄童子为之，每箱装五万方。电报纸条连纸成卷，围径尺许，而条宽不足三分。纸卷中空，纳入车轮杵中，旁用小刀，转小轮机器一画而成条。云东洋及印度所用电报纸条皆取给于此。其一为大厂，凡五层，用自升屋径达上一层，则皆编次大小字板。次则大小信封纸，并用机器压成；亦有不用机轮而用人力压成者。其叠各种封套纸，皆童子为之。又次则折成封套，其机器亦绝奇：从前方纳纸入，旁列两杵，施胶左右方，右方旁加一杵，为封口加印文，转入后方；有方池，四方皆有活铁片，其中为方印；压纸入池内，两旁小铁片亦随压下，左右两方胶合处皆已黏固，前方已先施胶令干，合而不黏，一压已成封套。闻二十五年前犹用人工造之。有团拉罗者，始以机器制造；莱门德又以压力法为之。随叠入下方盒内，自然整齐。皆妇女为之。其旁各屋，亦有用人力黏封者，亦皆妇女也。又次则刷印机器，有用钢板者，有用画石者，有加五色者，有一机器次第加色者，有历数机器加色者。其石板但用墨画，以油涂之，其着墨处皆搨入纸上，无墨处五色皆不着也。石板惟德国有之，与中国白石同，而纹理较细，微带蜡色，不纯白，逾尺小方约值十磅每金洋一枚为一磅，大者三佩宜一磅每十二两为一磅。其贮石板处，大小约数千方。又次则修整各机器，大小机轮各一，工匠多则用大机轮，盖凡修整机器，仍用机器为之故也。其旁为印刷大字机器，有蓝地印白字，纸大约四五尺，云本日印搨四千张，用蓝料约值六十四磅。此外有作画者，或画入石板，或纸，或加五色，或为机器式，尺寸有度，上下有程。有倾铅板者，有制造巨册者，有调五色花纹者为小长方池，贮胶水其下，上加以油，用五色笔画。其上有小铜条排针若悬齿，从五色画纹中横推之，即成小花纹，若错锦然，其法调五色小池中，用纸掠其上，即成花纹。有刻钢板者，大率英国各家图记印入简端，多由此制造；横列小厨长丈许，抽（提）〔屉〕凡数百，每抽（提）〔屉〕中贮小印方数十，盖亦多矣。各国国家印文大逾数寸者亦数十百事。询之，每一礼拜支工价三千馀磅。约一万馀金。一切皆用机器，而人工亦至如此之巨。洼尔得鲁凡五子，三子皆在厂中，其二子专习起造，犹中国之木工也。其帮办曰怀音，款接甚恭，为置酒，并致颂词。为龙文，并制皮匣贮之，又为制图记、书简及封套，共四盒，以相馈遗。二厂之外尚有二厂，其一近代模江，专运送各国及本国各部；其一则以鬻之市者。此二厂则专主制造也。二厂并在芬士布列街，其发运之肆在温来士得，零估之肆在伦敦华尔。洼尔得鲁亦下会堂议绅。是日下午，格非斯邀茶会，至则近夕，人客存留无几矣。案洼尔得鲁厂所制造纸张，一曰信笺信封，一曰火轮车行票，一曰火轮车行按日记程册，一曰火轮车行牌单，一曰电信局报条，一曰电信局报单及外封，一曰银行汇单及支数单，一曰帐簿，一曰刷印图板。因而有画厂，因而有修理机器厂。大小皆用机器，而役用人工亦二三千。在中国不过一购买信笺帐簿之行店而已。

初十日。威斯敏斯得茶会，为捐钱以应之，而令凤夔九往代，以此会专为收养病人，其原由于威斯敏斯得公，故以名会。阿里克，故医士，曾充会堂官医，于此会亦为主人也。晚赴沙乃斯百里茶会，据称作一小茶会，聚者数十人，并皇家亲戚。旁斯茀得见语云：此会皆属著名人物。侯登见语，则曰：各国公主、太子会聚于此，各国公使亦与焉。沙乃斯百里带见丹国太子，英大太子妃之兄也，文秀倜傥，语前数年与中国定约事甚悉。又带见瑞典公主，谓斌椿曾至其国，为诗赠其母后而书之扇，其母后遂以赐之，至今尚存也。各部尚书及各公使至者较平时为多。所见类比尔奇巴腊答总督、类登、倭尔斯敦、斯拉甫类尔、马类得曾随威妥玛充中国参赞数年，今改赴罗马。

十一日。《伦敦安得占宜司》新报载：英国设立公会修造由印度通云南铁路，以阿萨密为始。阿萨密之东迤南尚有自主之国曰踢伯拉，由踢伯拉逾缅甸北界以达怒江，洋人谓之布拉麻蒲他拉河也。据称由阿萨密通云南边界仅及六百英里合中国一千八百里。大致言有数利：可以运货，可以招致人工，尤欲趁马加利一案中国广张示谕，遍及云南边地，宜及时为之。其费取之商（之）〔人〕，并不欲国家包还利息，惟求多给馀地以为保护铁道之计。回拜费克斯、遮拉尔得及金洼尔得宜昌领事，新乞假回国。云在宜昌六月，见关口收税九十馀两，仅太谷行一家至其地而已。并赴施买斯茶会，所见多音比云在海部管理海道，行海船主日记所载风色皆归考求，盖比合各船日记以推知其所以然也、西门斯精于电学，曾于色尔伦公处见之，约游其电气馆、觉尔恕阿威里阿摩斯为伦敦大讼师、占斯登云在中国二十五年，英人初得香港，以充香港总督、马里生兵官，在印度多年，遍游印度各部。施买斯精于矿学，两巨厨藏矿石数千万品，云其一皆杂金质，其一石质也。出示一抽（提）〔屉〕，约三十馀种，大率皆水晶也，亦具五色。有发晶一方。问以何为似发，曰：此欢尔博兰得也。因出石一方，紫黑色，状如石膏，自成丝文，曰：水晶中杂此质，即为发晶。因论石灰及碱，皆金质也，其金质亦六十四品之一。石灰本质曰喀尔西恩①，入养气则为石灰。碱之本质曰波答西恩②，入养气则成碱。施密斯本英国巨

①喀尔西恩，calcium（钙）的音译。

②波答西恩，potassium（磷）的音译。

姓。为其族繁也，自名曰施买斯。而施密斯亦为五金工匠之称：冶金曰戈尔施密斯①；冶银曰色尔弗尔施密斯②；冶铜曰噶伯施密斯③；冶铁曰布来克施密斯④；冶铅曰怀得施密斯⑤。布来克者，译言黑也，怀德者，译言白也；铁质黑，铅质白，因以为名。名铁曰爱约伦⑥；名黑铅曰类得⑦，名白铅曰新克⑧。其曰噶伯者，紫铜也，紫铜为铜之本质。黄铜曰卜拉斯⑨。

十二日。礼拜。接黎莼斋巴黎信。刘云生得总署奏稿并信，以巴兰德欲就谒恭邸府中，恭邸拒之，大愤，开春各堂往贺岁，并拒不见，亦不至总署贺岁。恭邸恐其构衅，据情陈奏。中国所争专在此。刘云生见其国主之弟，欲坐则延坐矣。人之度量相越岂不远矣。英人贝柏重由云南赴印度，盖前与格维讷探访滇案曾一游，至是威妥玛复命勘重庆、大理等处情形也。内言大理府开市场，各处赶市者五千馀人，有安南、西藏各处人。而以兴修铁路由缅甸至云南为甚难，以色尔温及横冈，高山峻岭，恐有碍也。施拉登亦曾游历此路，言到腾越以后，险处更多。法国欲由安南富良江径达云南之东，西洋谓之东云南，舟行为便于转运，是以并思通此江路。而其中澜沧江、湄南江两处水源并较盛，皆可达云南腹地，一通商则四路皆通矣。其言古洞人装束皆类西洋人，

---

①戈尔施密斯，goldsmith 的音译。
②色尔弗尔施密斯，silversmith 的音译。
③噶伯施密斯，coppersmith 的音译。
④布来克施密斯，blacksmith 的音译。
⑤怀得施密斯，Whitesmith 的音译。
⑥爱约伦，iron 的音译。
⑦类得，lead 的音译。
⑧新克，zinc 的音译。
⑨卜拉斯，brass 的音译。

大约是云南一种洞夷。至谓罂粟花栽种遍云南，所行英里计数（伯）〔百〕里之遥不见他生植，一望皆罂粟也，英人谓贝柏所纪录，与格尼尔、施拉登足相取证。元初马哥孛罗亦由印度通西域以达云南，人多疑其记录之非实，至是见贝柏所行游多与之比合，乃皆喜。阿里克曾邀贝柏入地理会，谈论所游历情形。英人之乐于游览考求，诚亦有以激劝之也。

十三日。斯多克斯来谈，始知苏尔士新开河英、法两国设立公会，斯多克斯实为英国派充之科密底，每月须一赴法国会议，以法人创开此河，入股分者为多，而英人承受挨及一股，又更多于法人，于此河关系尤巨也。因论新开河专受尼罗江之患，以新开河与尼罗江二水相比，皆自南而北，而尼罗江在其西，其水口入海处逶长，而泥沙相杂以行，水势又复湍疾，入海而流衍四漫，新开河口常至淤塞。是以新开河入海处两旁为遥堤以束水势，一以逼水使疾趋，一以杀尼罗江之势，使不至停沙为患，而尼罗江奔腾直下，其右漫处为遥堤所捍，则折而为旋涡倒回，与其全河之水自相搏击，而泥沙中停，积而为埂，漫处愈不得畅行。一千八百七十三年乃为开河纳沙之法。每冬令江涨方伏，□机器就其冲达遥堤折旋，从海中开沟一道，深三尺、宽三十尺、长八百尺，径达尼罗江口。春水涨，江势疾下，泥沙得有所归。两水回薄处，其势必稍停，积沙皆泄之沟中，而后遥堤不至受伤。问其开沟时泥沙泄之何处，曰：起泥倾之舟中，下有活板哆口，而用旋螺闭其门，就水深处泄之海中。其泥沙由旋螺孔倾入，不烦人力。左近数十里海道深浅及新开河险易通塞之处，岁须一丈量，预为之防而疏浚之。大约江口患尼罗江泥沙之遏塞，而内河则患两岸积沙下浸，尚思就险处逐段以石护之。问常一往相度乎，曰：一千八百七十四年及七十六年并往相度测量。问有书说乎，曰：费克斯遮拉尔斯记载甚详，书肆中皆有之。斯丹威何尔请听音乐，为优莱得斯船沉失海中，敛费以赡被难者之家。为捐费，受得一票，令张听帆代往酬应。

十四日。诣法公使傅斯达，与商兼使法国事，应否赴五月初一日开设珍奇会。值傅斯达正料检回巴黎，允为一探问之。大率英、法两国章程略同，其外部洼定敦与其宰相多法尔皆须一见。宰相即军机，与英国毕根士为宰相、色克仑为军机，章程又小异。英国驻法公使来恩（来）〔斯〕，闻极有才略。旋过威妥玛，晤浪弗尔得，谈悉当为苏格兰哈思噶之游，其赴中国当在九月后也。卞长胜、朱耀采撤回中国，来见。

十五日。为西历四月十七日。密斯盘约往何尔火药机器局，因偕（吴）〔李〕丹崖、罗稷臣及马格里由车林壳罗斯附汽轮车至达尔得弗尔得。厂主贝克威斯迎于车次，并备马车至其厂，治酒相款。询知何尔设此局已阅百年，近何尔物故。有百尔得，亦厂主也，相与陪游。印度制造火药机器，派员监视，名启尔得斯，亦同游。凡分二厂：一厂制造沙模及倾铁，如轮盘、研锅、气筒、大机器，皆熔生铁为之；一厂兼铁工、木工。其具以研锅、研轮为最大，用双轮相对，一内一外，周回研之。中安铁筒，驾轴以运轮，后施铁铲。双轮环锅转运，而铁铲从后抄火药使聚至轮下，为一巨器。其他扎火药使成块又磨使光，又有两齿轮相对，搓而揉之；其齿轮一用铁，一用木。贝客威斯云：两铁相磨则生火，是以用木与铁相交互。凡研火药小机器用旋螺钉者，并用铜钉，以防铁钉或误坠火药内，致研磨生火也。其研轮熔成后，截去粗边而刮轮围使光，用一机器巨轮，旁驾两研轮，一截边，一刮光。中轮行甚迟，盖下有小轮四五相衔，小轮转数周，始移一齿，而其力绝大。此外研石机器一，投火石巨块钢臼中，须臾而成粉。

询之，用石粉以抵沙磨，其工力尤细而精。钉汽筒厂一，上为大圆筒，下安四足，水力汽从四足透入汽管。贝克威斯云：汽筒以此式为最佳。汽轮船用此式，从无炸裂者。又有画馆一，凡制各种机器，先画为图式，而后度其大小分杪，制造木模，乃始倾铁为之。其木模别为二楼贮之，大小约数万件，皆有标记。所制机器一有损者，用电报通知，即可检查木模另制，接榫处无不符合。天津东厂制造火药机器，皆此厂所造。有图一橱，木模皆备。贝克威斯云：天津研轮犹用整铁。近年始铸造空心轮，力尤大。问何故，曰：此皆熔铁为之。整轮边先冷而轮身后冷。冷者缩而热者涨，缩涨之力不匀，轮力亦因之以有强弱参差。空心轮套模其中，铁质不厚则冷力适均。又引至机炉处，曰：全厂机器皆由此炉运动。而汽筒甚小，所以转运之力，在炉旁一机轮也。又有制造机炉汽筒小套轮者，围径不过尺馀。贝克威斯云：造此小套轮者名阿什比，居此厂五十馀年矣，其工力速而精。乃取一轮令阿什比拆视之。予初以为整铁轮也，启旋螺钉五，用机器揭出其盖，始知其中空而制为钢格六出形，每出用巨旋螺钉顶一钢片，其形曲而侈。又拆其外围，则外套一钢皮不过分许，内环钢围二重，每重约五六分，一重整围，一重两段合围。其散力大于外套者二寸馀，力束之，使两端紧合，纳之外套中，犹馀分许不能全合。整围口在一方，两段围口各斜出两方。问何以不用整轮，整轮磨久则必销缩。用软钢环擎其中，则随销随涨，钢皮又从内顶之，是以无销缩之虞。大抵西洋之用钢铁，取其至刚也，而以柔道行之，是以其力停匀而其功可以经久。贝克威斯言：英国各会之设，起于二千年前。国君苛征，头会箕敛，家有盖藏，必搜刮及之，是以百工技艺各立公会，凡有赢馀，纳之公会中。其后设立议绅，蠲除苛敛，而各会相沿，仍而不废。久而达官巨绅皆籍名会中，非复原始命名之意矣。各会皆有存储，其用有三：一修行善举，一开立学堂，其一以为岁时酒食之费。然本会亦有应办理事件，如所入之鱼会，日常派三人周视鱼行，有馁败者，禁不得市（买）〔卖〕。予因语以去岁各会枉邀者约计四五：一鱼会，一泥匠会，一制大呢会，一金工会，一商会；以各会皆有主名，中国公使无因与会，辞不往也。至是，始闻知其本末。贝克威斯云：今年甚望钦差来与此会。因问以鱼会监察鱼行，各会想皆能有应办事件。贝克威斯云：不能尽知其详。然如金工会，凡制造金器者必加盖小印，今时辰金表外壳内方有小图记，即金工会所加盖也。

十六日。发总署第十九信，合淝伯相第二十信，并家信第十九号。专为总署议覆开报出洋经费一件，稍以意答之。其正月初七日一函有应回答者，暂置不论。沙乃斯百里议驳新金山设立领事一案，据中国情事指驳，略无宽假，绝不如德尔比之稍顾情谊。日者尝谓吾命宫坐一劫星，所至必遭小人侵害，至于刘云生而极矣。刘云生赴德国已至半年，总署犹奉刘云生以为倾排鄙人之地，犹劫星之回光也，若此劫星竟坐在沙乃斯百里，则吾道穷矣。于此得一沙乃斯，于军机大臣又添一王夔石，天将厌之矣，无如何也。罗亚尔苏塞也得文会邀请五月初一日前赴百尔林敦赫斯，从英国博学士讨论理、数诸学以医学、数学为主，岁一为此会也。方料理赴法国，令德在初以一函辞谢之。奥国为两种国合并，一云奥大里，一云亨格里匈奴之别称也。亨格里一名梅亚尔。其民人亦分二种，一曰耳曼人，一斯拉弗人。德尔比在会堂论俄、土争持未决，英国欲与奥国合并用兵，则必无济，以奥国最喜反复，不足与共兵事也。奥公使因以咨沙乃（里）〔斯〕百里。沙乃斯回报云：德尔比已辞职，不过议院一绅而已，其言之轻重，均无与于国家。奥使亦无言。

十七日。威妥玛前赴拉斯噶，闻为摩里导令前往筹办中国赈费。前任梅尔贝音之前为洼得生，与摩里交好，有干事才。拉斯噶素称富厚，摩里因劝威妥玛一往劝办。英人以富而喜施济，相与乐此不疲也。麦士尼见贻救命枕一具，作三叠式，叠之可以为枕，高下惟意，束之腰可以浮水，亦一纳气皮球也。所居曰浩得里岛，距法国西南海口为近，英国踞而有之，环岛为炮台，英人制造白火药皆在此岛，其物产惟牛，牛酪佳者，此岛所出也。是日①来辞回家，遣人送之，已行矣。晚邀马格里、贺璧理、李丹崖、罗稷臣、李湘甫、姚彦嘉、德在初、凤夔九、张听帆、黄玉屏及马格里子女、张阿保共十四人晚酌，以所生儿满月之期，诸君皆有贺贻，又初七日为予祝寿，治酒食相答也。

十八日。为儿子满月之期，命名曰立镬，字曰英生。七万里生子，其年周一甲而与乃翁同，其所生之月日，又历七年而与乃兄同，炎儿亦以壬申二月十八日生也。接上海文报局二月初四日递发第六十六号包封，内总署咨文二角，一咨汇兑经费银八万，一咨正月廿一日上谕：出使英国钦差大臣兵部侍郎郭，着兼充出使法国钦差大臣。钦此。由法使白兰尼遣其翻译德微里亚之陈请也。并接总署正月廿二日第廿号信，及刘芝田、裴樾岑二信，及正月廿二日家信第十七号周姓姻事及孙、周贺礼，周婿钱店。芝田与冯竹渔、沈品莲、郑玉轩四观察奉旨来京引见，盖为左军克复喀什噶尔，径趋伊犁，俄人方以赔缴兵费为辞，于中求一使俄之才，为折冲樽俎计也。伯克兰得函荐波克为求一事；此中国常情，西洋富厚已极，而此类求荐者亦时有之。程子之言曰：天地只是一个人情做成。数万里外亦同此情也。又接刘和伯信，亦贺生子之喜者。同文馆教习毕利

①此处有脱文。

干译《法国律例》，丁韪良译《公法》千章。

十九日。礼拜。西洋以四月中直望后一礼拜为耶苏复生日，而以前二日为耶苏被难日，此三日为西洋盛会，官司及百工皆舍业。英国以今年开会堂为最早，至散会堂两礼拜。记去岁耶苏复生为二月十八日，西历之四月二日也。不以日为定，而以望后一礼拜为定，亦奇。其被难日名之曰戈苐来特；回生日名之曰依斯得森特。接法使傅斯达信，告言五月初一开设珍奇会，惟头等公使得与其伯理玺天德有座位，馀无座位，而办理会务大臣乃皆有座位，属允承办理会务之名。西洋礼节全与中国异，相处诚难。晚偕姚彦嘉散步，往觅李丹崖、罗稷臣，皆外出。

二十日。以奉到兼充法使之信照会外部，并照会法国驻英公使，兼以一信复之。见金登干寄在初信：嚇德廿二日可抵马赛，使法国书已赍至。旦夕当赴巴黎矣。巴黎斯电报载之《台来纽斯》新报云：自正月至三月止官报关税共收六千四百三十九万二千福郎，较去年春季多六十七万五千福郎；卖买货物之税共收二万三千五百四十六万八千福郎；较去年春季多一千四百十二万八千福郎。英国以二十施令抵一金磅，法国以二十五福郎抵一金磅。每一福郎较施令少五之一。计春季三月内收税一千一百九十九万八千一百二十磅。所叙商税一款而已。安得不富强哉！《摩宁波斯》新报载：英国近派大铁甲船一、大小兵船三前赴中国，以防俄船出黑龙江，扰及通商口岸也。中国土地人民大于土耳其四倍，而政教兵制尚远不逮土耳其。土耳其以当黑海、地中海之冲，为欧洲形势所必争，英国处远，不能兼并也，而俄人得之则足以制英，是以两国互相持，犹春秋晋、楚之争郑也。中国跨有东土，于欧洲各国势不相及也，而俄人既由兴安岭以东出黑龙江，英人又据有香港一岛以控制东南各海口，相与睨视中国，交相为市。日本又于其间修明政教，练兵讲武，与俄人深相结，犄角相临，伺隙以收其利。《代模斯》新（政）〔报〕载：苏格兰拉斯噶劳尔德布娄倭斯德为拉斯噶梅尔之称方聚会绅商助救中国北五省灾荒，威妥玛实主其议。教（师）〔士〕克尔恩、佩带宝星倭得逊、舍利福各城律法官名克拉尔格皆集，方谋急起布惠施济，以收中国之人心。中国一以虚骄之气当之，通官民上下相与为愦愦，虽有圣者，亦无如之何也已矣。

廿一日。复刘鹤伯柏林一信，又寄马眉叔、陈季同巴黎一信。英国当兵之例，向以十年为期，期满罢之，仍与赡养。喀尔得威诺任兵部时，谓兵额无多，有事征调恐不足，稍改定兵制，以五年为期，期满与约：即有警仍归队伍，使各画诺而籍其名于册，岁亦给赡养，檄至而不归队伍，坐以逃兵之罪。此次谋（定）〔平〕俄、（平）〔土〕之约，檄归队伍者二万人。而闻俄国近事有绝奇者：其都城统领名格力波苐，一日有妇人维尔拉者来见，格力波苐出见之，甫近前，维尔拉袖小洋枪击之创。执就刑司质讯，问何冤，曰：无冤。无冤何以谋致之死？曰：枪击之而已，亦无意致之死也。问何事，曰：年十八时，无故捕系之狱两年，愤甚。比见新报有系狱者，其事与少时所受略同，则格力波苐之所为也。追思少年之愤，于此一发泄耳。西洋律法，凡死刑以上，刑司延请绅士十二人公议之。其所延绅士多少咸集，于中派十二人，以其名诏囚，囚曰：某某与吾为夙怨。则随改派，复诏之囚，乃集讼师具事状，详录供词以授之十二人，其名曰纠里①。纠里会议有参差，出告刑司曰：某某议不合，以某事疑。刑司因复申论其所疑者，再交之。议毕，刑司始具状上之内部，内部以告于其

①纠里，jury（陪审员）的音译。

君，科定罪名，下之舍利福而行刑焉。刑重者缢之狱而已，医者为诊其脉息，具结申报内部。俄人一千八百六十三年亦改用纠里议罪之例，而维尔拉妇人竟得释。出狱时，民人数千万人护之以行，大欢。或曰：俄人所以不敢施刑，为民不服也。或曰：俄人实明释之，随捕而流之赛毕尔里亚①。赛毕尔里亚近黑龙江，俄人于此放流罪犯。即此亦见俄国政刑，不及欧洲各国远也。

廿二日。遣德在初先赴巴黎，便致金登干、日意格二信。接上海文报局二月十一日发递六十七号包封，内李筱荃制军二月朔书，彭仲莲、周幼龛、周荔樵、荃生兄弟、易叔辉，及家信戊字二号，二月初二日发。沙乃斯百里约往谈，因语及照复新金山设立领事一件，立言亦极公允，而却非中国之本心。中国所争不在权利也，徒以新金山华民众多，时有口角辨论，应设立一领事以资料理，庶遇事有所统摄，不至淆然相为凌争。既经奉使西洋，所有华民交涉事件，自应体察情形，随时商办。总期办理事件，中外一例，不至参差。沙乃斯答言：各国领事情形，中国须照一例，不宜独优。因告言：中国岂能有独优之理？正须依照各国章程办理。沙乃斯答言：如此，有何不可设之理？因复告以：意尚欲于伦敦设立一领事，如顷有水手滋事一案，亦应归领事料理。中国亦时有购办机器之事，现拟请英国密斯盘承充。沙乃斯言：此亦中国应行之事，我意无不可行。请移一文，以凭与所司商议。因语以：此说亦尚未请示国家，应先奉商，示定能否照行，乃能申报国家。沙乃斯言：我即分示科里，以顷商量情事具一信函，申言各国公例办理之法，庶有所据以达知中国朝廷，或较径捷。因起谢辞去。便过日本公使，及威妥玛、爱觉敦、马克斯威诺、马尔铿诸处。

①赛毕尔里亚，Siberia（西伯利亚）的音译。

随赴多音比茶会。其夫人为施买斯之妹，名家女也，与多音比往来印度，以达中国，南达澳大利洲，又至苏士威尔士，绘图记所往来海道，又所莅风景，得画数十幅，并名笔也。行海时，日系布袋柁下，得海物数百种，（大）〔小〕者如粟，大者长二三寸，以所系布袋只能漉取及此也。为螺旋者数十种，为蚌者及为虾壳者及肉体者，奇形诡状，百出不穷。有形似萝葡具八足者，有长如竹节者，有身如瓶而头缩小若瓶口者，有圆如瓜者，有形如折扇而伸足类展翅者，有圆如花盆而身外出如树株、张尾若开屏者，大抵介属为多。云所漉取并大海中浮出水面，亦一奇也。又言在海部录取各船主日报千馀，以知海道中分别经纬各度，四时风信皆有常度。往往直取一道，或行数日而斜出回绕十馀度，行反速者。不独风势有顺逆，而海中亦自有急溜，使行程加速。又有一海，中皆浮藻，轮船误入其中，则缠绕不得行。皆得之亲历，并汇辑千馀家日报，推考而得之。所晤舍得威尔为格林里治总办，苐娄尔为科里治阿甫色尔贞斯妙西因总办，伦敦一大医学馆也，并相与约往一游。罗洛斯为水师提督，与舍得威尔亦久任水师提督并在中国日久。达摩生约茶会，并请示期。又有贝登哀爱尔者，云在意大利十馀年其女甚美，言类布尔得左近，有为火山灰泥淹没城池二所，盖二千年以前事也。有名布仑拟者，叔侄二人行舟出地中海，望见火山焰发，自棹小舟近前视之，而灰烟覆海数十里，舟入其中不能脱，亦为所覆压。其侄乃著书记之。所压覆二城，一曰旁比爱，一曰赫喀究类里恩。其城中以学问著名者甚多，布仑拟皆记其名。其后火山压没之地皆成沃土，不辨二城之所在矣。近二十年乃皆掘得之。其城并其中屋宇皆完好。所得器具完好者盈千累万。石刻古画甚多。男女骨骼及鸟兽鳞介，亦多有异同。多音比室中悬一小镜，为女像张衣式，盖其时皆赤体，而以阔布环绕蔽之。考古者多就古城遗址考证推求，以资博揽云。

廿三日。接德在初巴黎电报，知赫德并总署派到法文翻译联春卿，并于昨晚抵巴黎。连得胡玉玑二信，关防、经费一切未据北洋核发，而其官衔则首充俄国驻扎新加坡领事，继由新加坡公举充巡理府事务；继由英国派充新加坡提察刑狱事务，又授新加坡议政局员；由奥国赏给头等宝星，又由英国赏给宝星。前闻其加道衔，盖在英国得视中国道员也。古得门、威妥玛次第来谈。古得门为作山水小幅，先拟一稿就商。威妥玛每见，咨嗟叹息，伤中国之无人，其言且曰：中国不当轻视洋务。自我观之，较之前数年尤为急迫。只一俄罗斯已够枝持。安得有一如李中堂者主持其事乎？且求得一爽快，不似近年之晦气。吾谓：何不早回京，为吾国家一陈之？威妥玛曰：吾不敢避烦，苦先不能见信。吾谓：君气太盛，人皆畏避之。应须平心静气，推陈事理，必能见听。立尔斯小也遂斯得尔姊妹也敖甫殊布尔苦人也[①]妇女为善会，养给穷苦、生觉尔治天主教堂，建造育婴馆、勒色尔乐布尔妇女考求学问会堂、罗亚尔所以称君阿凯得密院也敖甫阿耳嗣技艺也御前技艺会，其参赞名伊敦各处邀请，亦有告帮者。因并老儒会、新报养赡会各输捐款，令马格里分别为书谢之。

廿四日。联春卿递到总署正月廿八日法字一号信内及参赞派署及代行二节，并沈经笙、董韫卿二信。又接春卿及马眉叔、陈敬如三信。金眉生为《六幸图》而自叙其生平：一曰贫，二曰多病，三曰生儿鲁，四曰耳目无恙，五曰读书粗能记，六曰遍识天下才人。俞荫甫为之叙，亦自谓生平著书之多，得力于三无：其一无钱，其二无官，其三无能；而自愧其不及者二：读书苦不能及一也，

---

①立尔斯遂斯得尔敖甫殊布尔，Little Sisters of the Poor 的音译。

寡交游二也。而又谓：眉生幸者六而不幸者一，在多能又转而言多。多能亦一幸也。请益六幸为七幸。极有意趣。薛公静序谓：中国大变二：秦并天下，划封建为郡县，海内大势尽易，三代政法扫地略尽，此一变也。泰西强国并峙，与我殊洲，旷古不相闻知，一旦狎至中土，趋重洋数万里如履户阈，与秦汉以来所谓边患乃绝异，此又一变也。天道久而必变。变之至自天地，圣人（能）〔亦〕无如之何。持吾不变之道以待变，则变亦无如圣人何也。可谓能独见其大矣。东洋公使上野景范以予将有巴黎之行，过谈，并约同赴万国公法会及电报会。询知电报会在伦敦都城，以西历六月；万国公法会在德国佛兰克佛尔得地方，以西历八月。电报会由国家主持日本长崎之那噶萨奇，由极南以至极北皆有电报；而那噶萨奇电报，西洋主之，非公例也，商定各国互相交涉之电报，故先须画诺入会。万国公法由各国读书有学识者为之，不待画约也。然电报会派员往视亦无不可行。与谈极为畅适。

光绪四年戊寅岁三月廿五日乙亥。为西历四月廿七日。偕李丹崖、姚彦嘉、李湘甫及马格里至车林壳罗斯，附轮船至巴黎。凡由伦敦至巴黎，海道凡二：西北出多发，渡海至喀来，海道较短，而由喀来南折以至巴黎，车路为长；西南出茀克斯敦，渡海至柏郎，海道较赢，而由柏郎至巴黎，车路较直。又多发开车过早，行李辎重恐失料检，是以定计取道茀克斯敦。车林壳罗斯买取车票并来往舟车，通计其值，以人数准之。至茀克斯敦登舟，所坐船曰阿剌伯多爱尔得英大太子名也。船凡四：一曰维多里亚；一曰阿里克三台大太子妃名；一曰拿破仑，并西南公司轮车局置备。两海岸日开一船，四日一周。是日阿剌伯船坐房皆已早定。行主允定有不至者，即将其坐房见给。每船开行，例派一人照料，其名曰陆珥。竟得一坐房。天日晴和，舟行甚适。抵柏郎海口，筑石坝两道海中，以为泊船之所，约长数里。石工约五之一，其四皆树木为桥式，使水势流通。近坝立奇石二，大逾五抱，如千年老松，枝干槎枒，云得之海岛中，移置此口。陆珥于舟次发一电报至柏郎酒馆，至则酒菜并已预备……[1]至阿密雅小憩，适遇洼尔得鲁，又偕至一小馆酌阿非。闲……至巴黎二百八十三洋里计英里，合中国八百四十九里。入法国境，景象又别，大率由……黎街道更较伦敦为宽，或街心种树两行，或左右各种一行，树外开流水沟。房屋整齐，不似伦敦之高，而一望鳞次栉比，其富庶之来远矣。日意格、陈敬如、马眉叔、联春卿并迎于舟次。又商人赴会者六人，曰王承荣，曰孙稼，并宁波人；曰马锦章，上元人；曰卓大业，曰卓兆鼎，曰叶阿厚，并广东人。所设公馆在罗马王街。次第叙谈。留日意格、马眉叔、陈敬如夜宴，罢酒而天大明矣。

廿六日。礼拜。联春卿交到李壬叔一信，并丁韪良寄《公法便览》三部。日意格、马眉叔、陈敬如早过，相与酌定照会外部文件，遂尽一日之力。金登干过谈。法国官职视他国为简，不设宫官，以其国主亦称统领，君民相视平等，故无所事朝仪也。其分部亦与英国□□□主政者九部，而别设一军机处，酌择八部中一人主之。一曰刑部，其尚书曰密义斯得[2]，主者提茀尔；二曰外部，主者瓦定敦；三曰内部，主者马赛尔；四曰兵部，主〔者〕马博来；五曰海部，主者博都澳；六曰教部，主者巴尔都；七曰工部，主者茀勒西内；八曰户部，主者利用赛；（其中刑部）；九曰农商部，主者得色仑得博尔。惟刑部、户部、内部设帮办一人，馀皆无之。户部兼驿，凡电报局、信局皆属焉。教部司天主教事，

---

①此处因原稿漫漶不清所阙，下同。

②密义斯得，Ministre（部长）的音译。

亦兼学务，凡学馆，博物院，下及戏园及雕镂之精细者皆属焉。农部司农田、水利，亦兼商务，凡各国贸易事宜皆属焉。外部别设一员，主照料各国公使晋见事宜，名莫赖。其用币以佛郎为主，当英国施令之八，亦二十佛郎抵一金钱，其名曰防佛郎法人语二十曰防①，往时路易在位，即名路易，拿破仑在位，即名拿破仑，以国主为之称。及改定民主之制，遂径名之曰二十佛郎。防佛郎抵英国施令十六，英国金镑值法国佛郎二十五。小金钱半之，名谛士佛郎法人语十曰谛士②。佛郎之下曰桑的；一佛郎值一百桑的，亦曰允桑的。小佛郎半之，直五十桑的，曰萨康桑的法人语五曰萨克③，兼五与十言之曰萨康④。其大者直五佛郎，与中国所用洋元相仿，曰萨克佛郎。凡金洋二等，银洋三等，桑的则铜洋也，而积数以为银洋之名。其所用铜洋，但有二等：当十桑的曰谛士桑的，当五桑的曰苏，亦名萨克桑的也。法国新报不准言及时政，而别有朝报，名曰《埃仑拉拿阿非斯爱尔》⑤，其新报最著者曰《费嘎侯尔》⑥。属联春卿专订送此两种新报。

廿七日。日意格与其帮办斯恭塞格、文案高氏亚来见。因诣日意格、赫德、金登干三处。赫德据总署咨刘云生文，大致愤惋，予亦深愧无以对之。总署诸公之相逼亦已甚矣。外部瓦定敦约往见。客厅两重，规模极宏大。有先至者三人，英使来恩斯亦在。良久乃得入谈，稍叙寒暄。□询及万国珍奇会规模，瓦定敦固约

①防，vingt 的音译。

②谛士，dix 的音译。

③萨克，cinq 的音译。

④萨康，cinquante 的音译。

⑤埃仑拉拿阿非斯爱尔，Journal officiel，为 Journal officiel de la République francaise（即《法兰西共和国公报》的简称）的音译。

⑥费嘎侯尔，Le Figaro（费加罗报）的音译。

先赴会，而后订期见其伯理玺天德[①]。各国赴会者皆派一员□□，率以公使为之副。法国主会则工部营造总办克朗斯也。

廿八日。寄伦敦家信，亦接张听帆、凤夔九一信。各国公使驻巴黎者，头等八人：首罗马教皇公使曰梅里亚，次英国公使来恩斯，又次俄国公使尼噶拉斯倭尔罗夫，又次德国公使欢罗西泠斯费尔斯得，又次日思巴尼牙公使谛摩兰，又次奥国公使谛温卜芬，又次意大里公使乞阿尔定尼，又次土国公使阿里费巴沙。二等二十四人：曰瑞士国公使克尔仑，曰比利时公使贝央，曰丹国公使谛摩尔克惟得费尔得，曰荷兰公使谛遂仑谛来费尔得，曰巴西公使谛达犹巴，曰瑞典公使西白恩，曰塞勒发多尔公使多里士该西多，曰阿真坦公使巴勒嘎尔治，曰智利公使布来斯干拉，曰摩那噶公使摩萨贝里白费叶，曰波斯公使拉萨里阿尔嘎，曰葡萄牙公使门谛斯里亚尔，曰日本公使那诺布萨麦西马，曰格仑毕公使缺，曰巴拉该公使马克恩参赞署，曰西腊公使珥泼西兰谛，曰美国公使诺业，曰危地马拉公使麦地纳，曰秘鲁公使戈音珥克意嘎摩，曰海卫庆公使马尔丁，曰陆森布尔克公使觉拉斯，曰三马兰公使谛布洛克，曰珥纳该公使谛阿士，曰巴费亚公使来得尔。凡共派公使三十二国。惟多里士该西多同在英国温色行宫呈递国书，有一面之识。是日大雷雨。

廿九日。为西历五月初一日。于是日开设万国珍奇会。外部瓦定敦致送与会票一纸，因偕李湘甫、姚彦嘉、德在初、联春卿、李丹崖、陈敬如、马眉叔及马格里、日意格、斯恭塞格、高氏亚同往。至门，有兵官导之入，至大圆屋一所，周回向外。各国公使坐位凡分三段：公使夫人居中，右为公使，再右为公使随员。

---

①伯理玺天德，President（总统）的音译。

前为平台，张设甚盛。适当公使夫人之前，即伯理玺天德坐位也。至二点钟，伯理玺天德至。日思巴尼亚前王，及英太子、奥太子，及各官及两议院绅，从者百馀人皆立。主会克朗斯宣诵辞，叙述伯理玺天德之意，又接宣颂美之辞。伯理玺天德亦有复辞。持仗兵周回甬道及左右经纬各道，侍立约万馀人。声炮百馀。乃从圆屋右趋下，出甬道，过桥，至陈设各国百货玻璃屋。约（七十八）〔七八十〕区，纵横为轨道，每区中又自为轨道。陈设约及十之六七，修理屋宇工程亦多未毕，而百物罗列，奇光异采，焜耀夺目。伯理玺天德循轨道环行一周，各官及公使皆步从。出正门，因便至中国陈设货物处，晤赫德、赫政、吉罗福、金登干诸人。其英国相识者：阿里克、格兰威尔上议院，同日渡卜郎海、密勒里水师提督、赖敦画士、□得制造农器机器，及总办英会之俄温，与大太子同寓。又总办俄会高得苐，亦王爵，并各就谈。占宜斯新报局安颉尔陪同各厂游览。会厂跨森江[①]《瀛寰志略》曰时引，两音相比合，亦切韵也。百货罗列，并在江南岸，北岸为大花园。各国并择地建造官厅，以为议事游宴之所。是日为法国大会，入夜并树旗张灯为庆。相偕至市肆一游，马车填壅，人民丛集。新报言出游者约五十万人。

四月

四月初一日庚辰。为西历五月初二日。张听帆、凤夔九递到刘（砚）〔岘〕庄一信。日意格开示游历各厂局，并谓距城一二里有花园可游。因与李丹崖、联春卿及马格里同车往。初过霸克蒙松，有水一溪，万木环之，绝幽胜。再过，见飞瀑悬崖而下，汇

---

①森江，Seino（塞纳河）的音译。

于平塘，曰喀什嘎得，法人以名瀑者也，即为布阿得卜郎[1]园初境。树木皆新植，高者丈许，而幽深葱郁，一望蔚然。溪水回环逾数里，随树转折，间以亭台。小舟数十，拍游其中。再上为沙朵马科里，树林中有屋数十区，望之如村庄，图画也。茶亭、酒馆亦三数处。相与绕溪行，桧树成林，高逾二丈，水凫游泳溪次，亦足极视听之娱也。

初二日。辐力斯从伦敦来，带到张听帆、凤夔九信。赫德来谈，问刘君非所提拔耶，因何有此反噬？吾愧无以应也。李丹崖见示严又陵抄录格林里治学馆考课问目：一曰流凝二重学合考；二曰电学；三曰化学；四曰铁甲穿弹；五曰炮垒；六曰汽机；七曰船身浮率定力；八曰风候海流；九曰海岛测绘。其中发问之处，多足增广见识。丹崖都能语其大概，因约暇时相与质问。苦多病衰颓，无能于此求益耳。

初三日。接张听帆、凤夔九、黄玉屏信，言德国克鲁伯炮厂阿尔法来德、爱苇爱二人约至爱生[2]观其炮厂，克鲁伯来英，当谋一相见也，又值有巴黎之役，因约一礼拜后当回爱生，希望就近由巴黎一行。克鲁伯去岁三次枉约，而皆未能一赴，甚愧无以对之。俄、土定约，载明西土之舒目拉、西里士得利亚、维登、鲁觉克四城，当先平其炮台。土人不允。东土之巴都目濒海一城，土人亦不肯归俄。而英、俄相持之势，又各两不相下。恐不能无生事变。法人百年前有名华尔得尔者，著书驳斥教士，时教主之权方盛，欲以罪加之，华尔得尔闻而逃去。已而卒，教主乃焚其尸，当风扬尘。同时有乐苏者，持论亦同，皆为教士所深嫉。近

①布阿得卜郎，Bois deBoulogne（布伦园林）的音译。
②爱生，Essen（埃森）的音译。

年改为民主之国，教士权力亦减。闻华尔得尔之卒距今恰及百年，法人为开会，重刻其书。历百年而始追思其言，其名亦因以大显，足见人心心理之同也。

初四日。莫拉来见，并告呈递国书期日，因约陈敬如、马眉叔译交诵词一纸。接上海二月十八日第六十六号包封，由英公司基华轮船递到，内总署公文三件一、联翻译整装。一、出洋盘费并归出洋经费内开报。一、咨赫德呈报办理法国炫奇会，分三等：一在中国承办，一开会前在法国承办，一开会后承办；曰吉罗福，曰赫政，曰金登干，曰德璀琳，曰裴式楷，曰哲美森，曰那威斯，凡七人，合漉伯相、沈幼丹、黄泳清三信。又接周桂坞一信，知周荇翁以足疾开缺，尚无大患也。

初五日。外部照料奉引各国使臣名莫拉者，管驾朝车一辆、马车二辆，引见其统领麦马韩。西洋民主之国，其名曰伯理玺天德，所居曰雷立赛宫①。因偕翻译德明、联芳、马建忠、陈季同恭奉国书至宫庭内院下车。院内列队奏乐，宫官数员相迎劳。上楼转过二厅房，以为当可小憩，莫拉前行，更转一厅，入则其伯理玺天德免冠立，左右侍从十馀人。因前进鞠躬。德明递交国书。宣读诵辞，马建忠复以法文译诵。其伯理玺天德复宣读答辞，马建忠译言：伯理玺天德云：初闻中国简派大臣驻扎法国，甚为心感。追后闻所派为贵钦差，早闻其名，尤为喜悦。得钦差居此，必能使两国和谊日深，交相维系。遇有应办事件，无不竭力帮助。因相与鞠躬而退。至内院上车，列队奏乐如前。回至寓，莫拉亦随至，因递交伯理玺天德所诵答辞。即至外部见其丞相瓦定敦，瓦定敦云：今夜有一茶会，可以枉临否？谨面约。予唯唯。因言：系请英国大太子，想亦所旧识。予复唯唯。复言：未及先请，以

---

①雷立赛宫，Palais de l'Elysée（爱丽舍宫）的音译。

未递国书，其夫人不及知。盖西洋茶会皆由夫人主政也。予复唯唯。瓦定敦：是否允准，请一言为质。予始知其意在邀一诺也，因曰：现承召，自亦不能辞。瓦定敦喜，（今）〔因〕退出。夜偕马格（马）〔里〕、联春卿至[①]，所识阿里克一人而已。因见英国太子，略叙数语，遂归。

初六日。瓦定敦过谈，久坐。英国外部无回拜之礼，此间亦小异也。有蜀人李少白者来见名洪芳，大（筑）〔竹〕人，询知居法十馀年，娶法女为妻。有世爵德理文，喜华文，请其帮同翻译，闻译有《诗经》及《楚辞》诸书。德理文在学馆教习华文，其学问想亦非浅。因候瓦定敦，至二点钟始出门拜客：军机大臣公爵多谛苐赖巴斯凯、议院首领葛勒费、刑部尚书兼丞相堆苐尔、内部尚书马尔赛勒、户部尚书里庸塞、兵部尚书柏赖、水师部尚书柏修、教部尚书巴都、工部尚书苐来吉赉、商部尚书台色兰；其地方官若英国之梅尔，名三纳所居曰吕桑布宫，又有民官理刑讼者所居曰读宫；伯理玺天德亦有中军官曰达杂克，有文案曰长罗稗；外部总办曰德苐谛古朗伯爵，曰德布类；提督布罗什；又巴黎提督爱玛。此外则驻英公使达拉固、危地马拉公使葛利斯昂多麦地纳、塞勒发多尔公使多里斯该西多、日本公使那诺布萨麦西莫马。日本又有总督会事马赛优西玛足嘎达、监督马萨拉麦达。所见日本公使一人而已。

初七日。拜各国公使。所见头等三人：英国来恩斯、奥国谛温卜芬、意大里国乞阿尔定尼，并约期往见者也。二等公使则瑞士国克尔仑、比利时国贝央、丹国谛摩尔克惟得费尔得、荷兰国谛遂仑谛来费尔得、巴西国谛达由巴、瑞典国西白恩、阿真坦国

①此处疑有脱文。

巴勒嘎尔治、智利国布来斯甘拉、莫那嘎国摩萨贝里白费叶、波斯国拉萨里阿尔嘎、葡萄牙国门谛斯里亚尔、格仑毕国公使缺、巴拉该国马克恩参赞署理、希腊国珥泼西兰谛、美国诺业、秘鲁国戈因珥克意嘎摩、海卫燕国马尔丁、海地国公使缺、六森布尔克国觉拉斯、三马兰国谛布洛克、珥纳该国谛阿士、巴费亚国来得尔，合之日本、危地马拉、塞勒发多尔，共二等公使二十五国。

初八日。接上海文报局二月二十五日所发六十九号包封，由法公司晏拿里轮船递到，内沈幼丹、曾挚民、黄泳清及志城二月十三日所发戊字一号信；李伯相公文一角，为发给新加坡领事薪俸；上海道及文报局委员公文二件，为兼办德国文报。出拜教皇公使梅格里亚、俄国尼噶拉斯倭尔罗甫、土耳其国阿里费巴沙、日思巴尼牙国谛摩兰，并头等公使，请期往见者也。顺道回拜莫拉日国参赞以下五员。俄国公使二子一侄皆出见，方延师讲求印刷书籍各种学艺，因问此法传自中国，距今若干年？予曰：肇始南唐，在宋以前，距今约千年矣。当时中国已遍行其法。今人言板刻至旧者曰宋板，以前书板亦久无存。尼噶拉斯倭尔罗甫命其子记之。西洋各国究心古学，中国百不逮也。保举中国副将实德棱来见，曾随德克碑分带营兵，又至广东管带巡海船一只。伯里玺天德晚邀茶会，晤罗尼，通中国语言；询之，足迹未出伦敦，兼通日本、中国文字，皆习之雷庸得学馆者也。又见俄国总办会事罗白得达拉、帮办包勒得葛鲁古斯阿。

初九日。发递兼使法国谢恩折三月廿五日期、呈递国书折，并缕陈病状一片四月初六日期；及咨总署四件：一、咨派帮办翻译马眉叔建忠、陈敬如季同、罗稷臣丰禄，一、调回参赞黎莼斋，一、咨联春卿报到日期，一、咨饬上海道核议文报局章程；及致总署第二十号信，沈经笙及周小棠、吴惠吟、舒春舫、文华甫及张翰卿、梁小若、叶升初、戴仲泉三信；及致李壬叔一信；又寄合淝伯相第廿一信；及廿一号家信，并志城一信。拜德使欢罗西零斯费尔斯得，并头等公使，应往见者也。便拜俄国总办会事罗白得达拉、帮办包勒得葛鲁古斯阿。日意格邀赴倭伯亥戏馆观戏。始普、法交战后，继之以内乱，巴黎宫殿皆至残毁。乱甫定，即修洼伯亥戏馆，费至五千万法郎，国家仍岁助经费八十万法郎。去岁又开修直道为经途，以广容车马，亦可谓豪举矣。黎莼斋自柏灵晚至，带到刘和伯一信。

初十日。过赫德谈。偕李丹崖、黎莼斋、联春卿至巴罗喇马，为圆屋，四周画德国攻巴黎时事。下层一方为始被围时人民捆载辎重逃难之状，合市皆闭门，炮弹着处，颓墙突火，有受伤伏地者。中有旋梯盘绕而上，上有圆盖覆之，四壁着画。弥望数十百里，则被围后一切摧毁情形，房屋所存无几，四望烟火数十百堆，残兵或数十人或数人，相聚运炮及守护军械。不知其为画也。盖圆顶四周皆用玻璃，透光射入外壁，其光自上下射，能因画势远近而倒映之。巴罗喇马者，（及）〔即〕四周着画之义也。尤奇者，下方于画旁置枯树一株，上圆屋画旁置炮一尊，与画炮相比，竟莫能辨。左右谛视，画者尺寸不移。置之画旁者，左视则全炮俱见，右视而炮后兜为炮架掩其一段，以此辨之而已。盖为此画以示国人无忘“射钩”之义。回至拉克得谛来央斐①，盖拿破仑第一纪功碑也，正当桑山塞尔街②，高二（尺）〔百〕六十九级，每级约计五寸，约高一百三十四尺有奇。四方各为瓮门，而题名于左右两石壁，四方八壁，皆纪将帅有功者姓名。下皆有隐室，从东

①拉克得谛来央斐，L’Arc de Triomphe（凯旋门）的音译。
②桑山塞尔街，Les Champs Elysées（爱丽舍田园大街）的音译。

北隐室陟级上至顶，则桑山赛尔街正当其冲，纵横四出为十二轨道，车马奔腾如蚁，亦极天下之巨观也。李丹崖又邀至舍得来戏园观剧，戏园不及倭伯亥之半，而戏剧变化奇离，惊心动魄，不可端倪。

十一日。礼拜。与丹崖、莼斋、敬如游勒森发里得①，盖收养老兵及受伤者。其地又名妙舍达谛亥，亦博物院之名，而所收皆数百千年军器，及各国制造之不同者，大率盔甲、刀剑、火枪各数百千种。新式军器及一千二百年所得土中军器，大率由粗而精，而近二百年所造枪杆及火门机器，岁有变更，罗列至数百种，亦足见西洋精进日新而未有已也。大率二百年以前，军士皆有甲，制钢为之。二百年以来，火（气）〔器〕日新，则临敌接战，专务便捷，渐至废甲不用。各以其时为军士装束，以表记之。而所(槊)〔塑〕阿非利加、亚墨利加所属土番及各海岛番人，凡四十馀国，而赤体者居其半，文身雕题，及别为额具、唇具、穿鼻装齿，奇形诡状，无一不具。中国及日本、印度亦错杂其间。印度及日本二人，中国五人。对之浩叹而已。其收贮各国兵器，有中国万二千斤铜炮二尊，咸丰九年惠亲王监制，天津所用以办防堵者也。圆明园所得黄金甲一（幅）〔副〕，黄缎制绣，两肋为黄金牌相比，动则成波文掩映，下为金环若水波，即所谓（琐）〔锁〕子甲也。兜鍪一，用东珠为顶。旁置如意二具，其一满绿，其一白玉，而白玉柄上方镌云：执中建极，调元化民，协年丰，大吉昌。——御制句。下方镌云：绵恩恭进。又有小插刀一柄，极精巧，皆用金钢钻厢之，盖犹高庙所得之西洋者也。其下左右悬刀剑、大小洋枪。所属御用悬牌者二，镌字者三。悬牌者一为枪，

①勒森发里得，Les Invalides（荣军院）的音译。

题曰：叶铁枪；一为刀，题曰：奇锋。镌字者，一曰虎神枪，乾隆壬申年为之记为乾隆十七年。记文甚长，大致言：圣祖每猎遇虎，必发此枪击之，百击百中，因以虎神枪名之。壬申九秋猎塞上，左右云有虎。虎驰入穴，发枪击之，虎负痛跃出。（施）〔旋〕复咆哮而入，再发，中之，殪。因记其事如此。后又三十三年丙午为乾隆五十一年，复为诗镌之，云：东入自伊逊，沙冈当围始。西进由卜克，斯则围末矣。过闰节气凉，北鹿向南徙。鹿多虎随至，逐逐其常理。一人报伏嵎，策马率先已。峻坂按辔登，崎岖陟廿里。去岁丛薄中，今乃平冈屺。目中有全形，较去岁易耳！神枪圣祖贻，兑戈和弓拟。百发必百中，一中万人喜。非我不辞劳，家法绳无弛。乾隆丙午季秋月，永安莽喀殪虎作。下兜正方镌九字云：万年至宝。子孙永宝用。其下两小方图章，一曰八徵耄念，一曰自强不息。又下镌（六）〔四〕字云：嘉庆御用。枪身长四尺六寸，制造极精。一曰威烈枪，嘉庆十八年林清之乱，宣宗所用以击贼者也。亦镌一诗云：不数当时突火枪，熙朝武备制尤良。发机连毙逾垣贼，飞弹双擒能语狼。威烈嘉名恩肇锡，斗星妙用习无忘。戢兵肄武俱佳话，合以皋比珍重藏。嘉庆癸酉九月十五日连毙逆匪之枪，蒙恩赐名威烈。道光壬午录旧作。盖道光二年镌字者也。一曰铦锋大刀，上刻清文：张库阿穆巴楞蒸，重六十五两。康熙年间内制。另行镌云：咸丰御用。其馀军器甚多，皆无镌刻。旗三面：其一四方旗，其一尖角龙旗，其一八卦离卦旗。见此未尝不咎当时诸臣误国之深也。因相偕至布阿得卜郎园一游。游车凡数千辆，十馀里中未尝间断。勒森发里得中为礼拜堂，后又一礼拜堂，为拿破仑葬处。从礼拜堂下穿入一大石池，环池四周为深檐石壁，刻教书故事。前为石柱。径中为深池，石阑环之。中为石台赭色，上承长圆鼎，云拿破仑第一棺在其中。所用石多出意大里、瑞士等国，其花纹石、青石两项所用尤多。天主堂四石柱皆花纹整石，四壁雕刻人物皆白石，上下层铺地亦白石，亦时以五色石厢之。浩费逾巨万。老兵院设总带、副带；总带为乞休总兵勒克黎阿，副带为受伤守备高单。是日未及知会，惟高单在院，陪游竟日。

十二日。偕丹崖、莼斋、春卿至大会场。先由桥北西角门入，因至公所小坐。王承荣、马锦章二人陪同游历。公所陈设华丽，牌楼亭榭，金碧辉煌。日本则以槿篱环之，中设小屋数区，隙地皆种花草、牡丹、矮柏各十馀本，并移植古树数株，皆西洋所无，视中国为有清雅气。随过桥，至会厂，陈设机器惟英、法、美三国。英人卜林斯创制机炉水汽筒，易柜为筒，凡数（一）〔十〕立筒透入大气筒中，其力尤巨。又美人为引气夹轮之法，专用之汽轮车，遇有警急，立时可以止轮。其法于机炉轮上设十馀气箭，纵横用管通之，而下安键轮机器，前后各一，轮旁复施一总键以纳放水气。气放而外散，则轮键自开；纳气其中，则紧逼其键，使前后夹之，而轮不复能转动矣。其纳放水气，只在炉旁一纽，开则放，合则气自内逼，一施手而轮即止。又矿厂上下柜房夹力机器，盖柜房上下左右各系一绳，引之升降，绳断而柜房下坠，常至伤人；或断其一，其一力单，无不随之断者。因为夹力机器，绳伸则夹力开，上下自由；绳断则夹力合，旁设立柱以受夹。近年矿厂柜房皆用此法。此外机器无虑千馀种，亦多新法。而织绣机器亦多至十馀种，亦有用女工者。印度妇人织花纹锦，约百馀线缕纵横抛合，亦神技也。凡遍历各国所陈设物事。俄国松绿石、青精石所制圆桌及花瓶花盘，有高八九尺者，真巨观也。瑞士之钟表。丹国之以化学分化五色。希腊之格物学三种：一、石品之奇异者；一、土塥；一、草木之学。木质佳品尤多，并具五色，坚细光滑。其花叶各摘一小枝，长不逾五寸，粘之片纸上方，而注其名品于下，而置其木品于旁，并裁取其小枝，长可数寸，精致绝伦。希腊夙以学问著闻，今犹昔也。其诸铜器、玻璃各器及他新奇，则亦不胜纪录矣。是夕瓦定敦邀茶会，晤侯登、卜妥玛、日意格，及俄使尼噶拉斯倭尔罗甫、意使乞阿尔定尼、英使来恩斯，及宫官费洼，专掌赏给宝星事。日本公使那诺布萨麦西莫马及占尔鲁斯喀邀茶会，以将回伦敦，令联春卿各为一书辞之。

十三日。启程回伦敦。李丹崖、日意格、黎莼斋、姚彦嘉、联春卿并送至嘎尔谛那尔车栈。艺徒刘章甫懋勋、裘信泉国安、郭璋如瑞珪、叶熠轩殿□四人亦至，并在马赛学习机器者。其张起正、陈可会在腊孙习船工，任照、黄桂芳、吴学锵在沙汕穆习炼铁，皆未见。又学生十四：魏季渚瀚、陈鹤亭兆翱、郑景谿清濂、陈咏裳林璋在楂浦官学，罗醒尘臻禄在汕得细矿务学堂，吴焕其德章、梁蔚如炳年、杨秉清廉臣、李叔芸寿田、林叔和怡游在渡郎官船厂，林旭台爱升、林仲明日章、张丽浦金生、池玉如贞铨在科鲁苏炼铁厂，均以日有课程，未来见也。开车行至阿密雅小憩，至柏郎海口，所坐仍阿剌伯爱多尔得船也，风甚微而颠簸殊甚。至苐克斯敦海口，登车至车林克罗斯，张听帆、凤夔九、黄玉屏并枉候。以十一点钟抵寓，计行八百馀里，仅及五个半时辰也。

十四日。外部移行卑柏尔随同格维讷由云南省城至腾越厅日记，起云南省城，至安宁县、老鸦关、禄丰县、琉璃城、广通县隶楚雄县，由禄丰入楚雄境、楚雄府、龙江桥、青龙湖、定西岭高七千七百四十尺、洱海大理府在洱海西、牛坪浦铁桥、黄连浦、永平县隶永昌府、永昌府，色尔温怒江色尔温当系洋语，即此过之怒江也、龙川江有桥，径五丈三尺、腾越厅。凡为四图，所历城村市镇，详记其山川土田及民户，即二家三家村亦标出之。度云南府地势高出海面六千三百八十尺。

中言元初意大里人马古波罗由印度历云南境入中国，曾有书纪其事，西人多不信之，今始知其言之确也。书言由永昌府东行，地势皆自上而下，凡行二日程，其势如下平阪。又言色尔温河瘴气能毒人，受者立毙，土人具言其状，信然。凡过此江，赶日午急渡；日初出及日入，瘴作，无敢行者。瘴分五色，红者毒为甚，蓝者次之，中之无幸免者。黄色者稍平。其江夹两山间。江行湍疾，名之怒江。初涉湖北、四川交界之地，即见罂粟，入四川，栽种尤盛；云南则遍地皆是。计行云南数百英里合中国里数几及二千里，所见无非罂粟者。行程自正月至五月初，见罂粟布种，而生苗，而抽条布叶，而结蕊，而开花。通计两省之地，栽种罂粟几至三分之一。始入云南境，持枪出猎，见罂粟田中野鸭甚多。土人云：此鸭食罂粟花，辄醉扑地，不能展翅以飞，因名之鸦片野鸭，食之，亦与吸食鸦片烟等，久亦能成瘾也。闻东川府此种野鸭最多。东川西界四川，东界贵州，为鸦片烟土蔓延之地。颇怪中国种植之多，逾于印度也。因言英国近年设立禁止鸦片烟会，当是帮助四川、云南揽此一项生意。阅之浩叹而已。晚赴威烈斯罗满斯，应地理会首阿里克茶会。其帮办觉恩斯久处中国，能华语。次第赴沙赖斯百里、施密斯、恕斯得三处茶会。所见阿尔斯敦卜妥马亲戚、色尔瞻斯美尔斯香港按察司，前岁过香港曾一见之、孟安天津领事，与相识。今已调广东领事、色尔阿色铿类尔得与阿治华灼倡捐中国灾赈，引见拉斯噶梅尔，又瞻斯登游击、路拜、沙逊，及诸就谈者甚多，均若相识，而皆不能举其名。法人谛伯谛得非尔，充法公使参赞，顷调充驻华公使参赞，准于西历六月十八日赴中国。寄姚彦嘉、联春卿巴黎二信。

十五日。为西历四月十六日。罗伯逊、波兰先后过谈。罗伯逊充广东领事十七年，甚有贤誉；为述香港新任总督泼布斛勒希与刘岘庄、俊（东星）〔星东〕公定渡船章程，革除二百馀年积弊，其待汉人一无歧视，孜孜以德化民，可云贤者。波兰任锡兰按察司，去岁曾邀请茶会，观锡兰所得器具，今复来相邀也。是日连赴格非斯、摩里两处茶会。伯克兰得与摩里至好，每礼拜六一刻新报，专论格物之学。所管鱼也，而凡虫鱼鸟兽草木各种物理，皆讨论精微；比见罗亚尔画馆所张挂各画，辨论其失，列之新报，如鹿行走迅疾，下山则头俯，上山则仰，及凡坐卧之势，画家多不能合。世传戴嵩《斗牛图》，有识者见之曰：此伪作也。或问故，曰：凡牛斗必紧夹其尾，今反上举。岂有戴嵩以画牛名而不知牛性？是以知其伪也。亦与此同。

十六日。大太子朝会，偕德在初、马格里一往，多至千馀人。寄合淝伯相第廿二信，以闻诸黎莼斋，广东生二月初四日有参折，牵及随员，而不言其详。大率甲敦炮台一披洋人褐氅，必列入款内。以斯多克斯所照相寄示伯相，并以马格理辨正《代模斯》新报抄寄，为此等不乐以录寄总署故也。《俄土和约分界图》一，两月前已谋寄总署，而自二月以后，屡见总署曲示保全广东生之意，一切皆不复寄，今并以寄伯相转达也。得黎莼斋信，由刘和伯录寄广东生二片：一调回黎参赞，一捐赈费二千。其正折不知作何语。小人心计，无所不用其巧也。

十七日。接上海三月初二日由英公司鸡笼轮船递到七十号包封，内总理衙门咨文三件：一、颁发兼使法国敕书，一、代奏补递英国国书，一、应照会外部四款一曰各口货物出入内地，二曰厘税，三曰不归管辖，四曰一体均沾；及廿一号二月十七日发，专论赫德拟照会四条、廿二号同日发两信；合淝伯相一咨二月十三日准总署咨议复广东生奏调参赞一折，均照行，惟李丹崖改为二等参赞；并刘芝田、唐景星、邓宝臣、黄泳清各信。芝田议复文报局章程六条，昨咨催总署及南北洋大臣为赘谈矣。

致李丹崖、黎莼斋巴黎二信。波兰邀茶会，便拜铿拉尔游击之称爱立斯波斯总领事、巴尔喀尔斯阿真坦公使、色尔马丢类得里议绅，白尔拉尔得克立克罗茀得议绅、巴尔噶得宫官，若宣摩尔之属。波兰出示法人名得加尔丹所绘各国土地人民图，每一小方为一兆大仅如粟。中国人民凡（三千七百）〔三百七十〕兆，土地称之，占地最广。英国次之约当中国三分之一，俄国次之约当英国三分之一，专以人数计也，法国次之约及俄国之半，（澳）〔奥〕国、美国、日本、西班牙、土耳其、德国、荷兰相次，所争差均不甚远。此外葡萄牙、比利时以下各国，则又不及诸国之半矣。晚又赴哈尔谛茶会。哈尔谛旧长兵部，近接沙乃斯白里手，掌印度部，而封爵以奖其劳，因易名曰克兰伯鲁克。所见得克公、类得百尔斯来森斯初至伦敦，首先枉顾，其后往返至五六次，而从未一相晤也、马武得克诸人。

十八日。礼拜。接李丹崖、联春卿二信。英国织布机厂曰满吉斯得[①]，曰百兰茀尔得[②]。白兰茀尔得工匠数十年前纠众滋哄，减工加价。近年机厂以贸易日渐消落，与工匠议仍照旧价，工匠不允，遂至停机。于是工匠大汹，毁机厂而爇厂主房屋。西洋政教以民为重，故一切取顺民意，即诸君主之国，大政一出自议绅，民权常重于君。去年美国火轮车工匠毁坏铁路，情形与此正同，盖皆以工匠把持工价，动辄称乱以劫持之，亦西洋之一敝俗也。（则）〔然〕用人行政一与民同，而议绅得制其柄，则又有可为程式者。去岁曾遣一武官威勒斯里赴俄营探刺军情，俄营待之无礼，因诉之本国外部，转达俄国外部以正之俄皇，俄营为之谢过。至是沙赖斯百里因擢以充奥国头等参赞。议绅引向例：凡充参赞驻

①满吉斯得，Manchester（曼彻斯特）的音译。
②百兰茀尔得，Bradford（布雷德福）的音译。

扎其国，必熟习其国山川地势物土民情，以次递迁。威勒斯里一武员，素未习各国交接之礼，而遽授头等参赞，此必沙赖斯百里以与夙好，破格为之，未可训也。罗斯噶得答言：沙乃斯百里曾语及此：与威勒斯里故不相识，察其才能，固足胜此，不以例也。其君民上下相与考求如此，是以所用必当其才，而无敢以私意援引，此西洋各国之所以日趋强盛也。

十九日。马克里过谈，语及明日随同金登干赴巴黎，以赫德病症，邀往诊视。随赴罗弗得斯阿陀卫、洛克斯两处茶会。罗弗得斯阿陀卫邀视传声机器，美人格力音贝尔所创造也本爱登柏里人也，迁居美都不及二十年，爱谛生为之演试。拆视之，式如三寸小碟，（练）〔炼〕薄铁片如竹萌嵌其中，安铁针其下，上施巨口筒高二寸许以收纳声，另为铜圆筒，环凿针孔，用轴衔之。右端安机爪，上树铜片相对，如两旗相比，下垂铁权。机爪上下转动，则机发而旗转，轮亦自动，推传声机器近逼转轮，则针触筒孔，自然发声。询之爱谛生，云：凡声非在外也。人耳中自有声，触人声而成语言。盖所以成声者，由耳（目）〔内〕有薄萌，感声而自动，声愈大则动愈疾，以是能辨知其声之高下清浊。格力音贝尔因悟耳之所以闻声者，其声自具，而自其耳窍纳入之，以触动耳萌，是以外来之声，皆自其耳萌而生，因是以悟传声之法，其妙处皆视其铁萌之动。其始之受声而动有迟速；其后之发声，由针触轮而激动其萌，亦与受声之迟速相应。传声之法，张吻向巨口筒琅琅言之，多或数十语，少或数语。用铜罩覆其上铜罩如下碟式，巨口筒仅覆铁萌，口向前而针向后，下有机关推使出入。既传言，纳之筒中，加罩覆之，推使其针紧逼轮孔，而后发机转动，则所传之言皆自罩中一一传出。有为长歌者，亦以歌传出之。有两人接续传语，亦接续传出。中间稍间，一一符合。爱谛生以此筒传语，数万里外无或爽者，真神技也。洛克斯处晤法尔格生，自述英国兵船测量海道，曾附之以至中国。环地球一周，凡历三年有半。初由阿非利加之南以达澳大利洲，又极南至南冰海，旋历南洋诸岛以至香港，乃东出日本，由太平（洲）〔洋〕至亚美利加之西，又绕出其东地球环海处，涉历一周。言由澳大利洲至纽西兰其会城曰贺伯尔得，又南行六千里，至一岛，曰赫尔得，山有大鸟如鹅，成群不畏人，翅短不能飞也。所见此鸟为多，无居民。其他小鸟，亦皆短翅，苍蝇亦然，故虫、鸟皆无能飞者。其南冰山高数十丈，无树木，草生地坚韧如铁，人立其上不为屈。又有一岛名纽吉拟，土人皆穿鼻，横木其中，两端嵌野猪牙，（湾）〔弯〕曲而上至两眼旁。行海中，于海底深十里外漉出物事甚多。予因语及多音比处见海中所得螺蚌之属数百种，有小如粟者。法尔格生曰：多音比处所得，皆浮之海面者。此所见皆漉之海底。问所得何物，法尔格生曰：有一事亦所宜考求者：有一种石，易化石灰。西人以显微镜测之，盖皆小蚌结成，以此知开辟以前必系海地。今海中此种石已常有之，其洼深处形状且各别。其初螺蚌相结聚，尚有能蠢动者；再深则肉质皆化，所存小壳而已，然形质皆可辨；再深则形质亦渐化，然与石体尤有辨也；再深则与山石无异。益信开辟以前海陆之地互易为信而有征也。所见贝登泼爱尔，及林希伯爵夫人，及勒色，并约枉过。

二十日。摩里邀晚饭，莱极精腆。所请内里，有览克里、勒尔登、瓦得斯三美之称。览克里住拉尔西岛，英人名之拉尔西莲花。画馆卡尔密升为览克里小像者三人，并张挂画馆。其名盛矣。旋赴兵部施密斯茶会，所见内里贝勒克立里德国世爵夫人，陪同德太子妃来英国、马克哈尔谛与李湘甫有交（诣）〔谊〕，常通信来往、哲尔威斯曾为新加坡总督，近调赴金山总督，乞假回国。大率尚有商办事件，五六礼拜即回任、赖得香港管带水师提督，近受（带）〔代〕回国、格林曾任水师提督。格林自云法国大会派有差使。问国家遣派乎，曰：管会大臣派令查考。问派几人，曰：凡事皆派人查考。如细缎、磁器各国皆有之，为评定其等第，上者给赏，若宝星、银牌之属。（若）〔问〕所查考何事，曰：考求各国所制造行海救生之方。因问麦士尼所制汽枕何如，曰：此种约百数十事，然所救一人而已，不足尚。问以救多人非船不行，亦有别方乎？曰：有。各船首为天桥以便了望，近人思得一方：天桥编木为之，而用消息安合，遇急可以取置水中，数十人附其上有馀。凡小舟遇风不能近岸，用火箭射至岸，引绳其中，可以缆船达岸。火箭着处无人为之接受，乃安三角碇箭端，而纳小炮弹三角碇中，火箭着地，三角碇亦同着地，小炮触机而发，则碇尖开张，可以钳入土中，即用以为系缆之碇，可以引绳而曳船泊岸。如此等处，并可考求其用法，以何为适宜，可以备水师之用。哲尔威斯言：新金山英会与华民构怨，在魁音斯兰得地方。澳大利亚凡分五部：东曰魁英斯兰得，曰维多里亚，曰纽苏士威尔士；其中土曰苏士阿尔得里亚；西曰苏士得尔恩阿斯得里亚。英人于此设四总督；其西尚荒寂，居民无多。其兼理各部之总督，驻扎苏士阿斯得里亚。哲尔威斯即兼理各部总督也。自言此地华民素少，因魁音斯兰得与华民不相容，华民因多就中土种地开矿，极得其力，方相为招徕之。问：意欲于此设立领事，能否？哲尔威斯言：就所居地言之，极盼华民之至，亦极喜设立领事，以资管束。惟魁音斯兰得方滋生事端，未知愿否。以理论，既滋事端，尤须讲求所以管束之方，度亦无不愿者。其言极切中情事。李丹崖、姚彦嘉自巴黎回。接联春卿信，并递到李壬叔信。又寄赫德一信。

廿一日。古得门陪同至罗亚尔卡得密画馆一游，李丹崖、马格里二人随行。所张挂约一千六百馀幅，云送至之画，收藏其佳者，尚三千馀幅。西洋于画事考求至精，未易几也。晚赴柏金宫殿跳舞会。男女杂沓，连臂跳舞，而皆着朝服临之。西洋风俗，有万不可解者。自外宫门以达内厅，卫士植立，皆有常度，无搀越者。跳舞会动至达旦，嬉游之中，规矩仍自秩然。其诸太子及德国太子，皆与跳舞之列。以中国礼法论之，近于荒矣。而其风教实远胜中国，从未闻越礼犯常，正坐猜嫌计较之私实较少也。

廿二日。接上海三月初九日由法公司北河轮船递到七十一号包封，内总署咨文二件，一咨发回十二月初九日一折，一咨驳北洋大臣议发给新加坡领事俸薪；合淝伯相一咨并同。外接黄泳清一信。希登遣舍非尔来见，德国人，寓居伦敦，充当墨西哥领事，语钱法甚悉。言中国往时行用日思巴尼牙洋元，其银矿实取之墨西哥。一千八百二十二年，墨西哥始自立国。一千八百三十八年，墨西哥始自置铸钱机器，即今中国所用之鹰洋也。墨西哥禁银不得私运出口，出口者重税之，惟洋元无禁。是以运银出口，皆运洋元。各国洋元皆得净银九成，和以铜、铅一成。英国收买其洋元尤多，所行之中国者，皆由英商操之以居奇也。大率墨西哥以洋元贸易货物，视各国银价常廉。英人以此操中国利权，而权百货轻重以制其要会。中国甘心受役而不自为计，此真无如何也。往时日思巴尼牙铸造洋元有二厂：一在其国都马得里，一在巴西洛拉。墨西哥铸造亦有二厂：一在博托西，一在立亚尔得尔满谛。西人语银钱所不能致者，动曰：便尽博托西亦无能为计。以其地皆银矿，铸钱为尤盛也。出拜类比尔、狄隆、哲尔威斯、沙逊及世爵温德敦。重为哲尔威斯探询新金山情形。言其地东西亘三千英里合中国九千里，南北二千馀英里合中国六七千里。维多里亚一部最小，然已倍于英伦。总督所驻苏士阿尔得里亚，则已四倍法国疆域矣。其土人制皮为衣，已亦〔有〕袭西洋衣服者，然日见稀少。性嗜酒，所饮火酒，多患渴死，禁之亦不从。是以其地旷土为多，西北尤荒芜，以均系外至，土著无几人故也。晚赴德使敏斯达茶会，并见德国大太子，其夫人即英国长公主也。

廿三日。发总署公文四件：一、咨复应给新加坡领事俸薪，一、咨新加坡领事胡璇泽禀请总署核议收取出洋船牌费及出洋民商身格纸费，一、请酌颁领事官文凭，一、咨德使奏调参赞；合淝伯相公文二件即咨总署第一、第二两件；扎上海关道一件，饬补议归并文报局二条。外致褚心斋、唐景星二信，并廿二号家信。《摩宁波斯》新报称：塔什干电报：高蒂满言现兵二万、大炮八十四尊，以守有馀，而不足以进攻。俄国已允添兵调拨。《台来纽斯》新报称：孟买电报言：驻扎北京德国公使将谋回国，德国与中国和议将绝矣。德、俄之交方固，而此二报所言乃若巧相凑拍。广东生贻误国家，至此已见一斑，为之怃然。往拜德国大太子及其夫人长公主。晚赴爱里斯邀饮，同席议绅敦兰得、世爵阿拉蒂里拍颉得拍颉得，姓也；阿拉蒂里，其名也、游击蒂磊斯。拍颉得，亦宫官也，日本扶桑船落成，曾一见之。蒂磊斯言：伦敦四马车会于阿里克三台巴雷斯赌胜，车皆自御之，不用舆夫，亦巨观也。爱里斯陈所得银器，皆得之赛马会、赛牛会者。西洋赌局，皆寓实用。接赴罗特治现充阿得门、罗斯两处茶会。罗特治跳舞会，男妇填涌，衣冠诡异，兼备各国之制，杂以番服及北墨利加野人。有一女子冠锐头冠，高逾尺，询之则英国百馀年前遗制也。又有一女子高冠切云，为异色十馀叠，询之，法国主路易第四制为此冠式，各家皆制备此种衣服，以待会集。此所谓儿戏耳，然数百年冠服之制，及五方异俗，下及番苗衣冠形状，摹拟恍惚，亦可为览古及考察各土服制之一助。五色斑斓，光怪陆离，照耀一室，视诸茶会为殊观也。

廿四日。为西历五月廿五日，君主生辰也，宣摩尔为送两票，令往何思嘎尔治[①]观列队庆贺国旗何斯，译言马也；嘎尔治，译言护卫；与兵部衙门相连，犹汉之有卫尉也，统管禁兵，铿百里治公主之。至则上楼，由曲巷引入一小院，其式若平台。男妇聚观者约百馀人。晤内里欢克夫，去年世爵欢克夫为演放洋枪会尚书，支帐为营，曾留饮其帐中。相与叙谈。其上为演武场，树旗其前，左右环以朱栏，凭栏观者千馀人。列队二千馀人，马队二百馀人。以千馀人环列为周陆，以止行者。相距数步，列队千人。左列音乐队，二百馀人自为一方阵。马队排列其上，前亦设音乐队。已而开右角，而队势若箕张。铿百里治公、大太子及德国大太子及亲王世爵等，马数十骑从右角入，队复合，因各按辔环行内队一周，及前树旗处，整辔立。音乐队方阵奏军乐，从左至右三周。一骑马者发号，内队千人忽散为十队，环音乐队三周。其列队前后相比，始合旋开。旋又令其开，则分为二队。其合并不能分人。洋枪皆负之背，惟前见一匹练，上红下黑，所系之带如曳绳然，后列洋枪一行而已。马队亦马上音乐居前，后列二队，又析为四队大率相间以一马退后。其分队甚速，而不见其整齐队伍之迹，亦环音乐三周，又各归队列侍。十队方环行，忽转身直前，加蝍蛆之动，一转而全队已合矣。又开右角两队，如张两箕。铿百里治公以下数十骑复由右角出，马步二队仍植立不动，移时始整队出。外部沙乃斯百里以君主生辰例有庆会，就其家举行，兼请德国大太子。凡各国头二等公使为一行，出使各国大臣为一行，朝官为一行，约五十人与宴。旋赴外务署茶会，是日专请公使，苦无能通语言者。约德在初、凤夔九

---

①何思嘎尔治，Horse-guards（近卫骑兵）的音译。

至外务署相候，十点钟为期，乃逾十一点三刻始至。诸君之藐玩竟至如此，广东生之罪，擢发难数矣。

廿五日。礼拜。李丹崖出示禀复广东生稿。内里勒色与苇克生来谈。寄黎莼斋及赫德信。李湘甫见示刘和伯信，已于是日由柏灵赴巴黎，其言以为请假数日看大会。广东生因何而遣之行？必以乘隙一诣巴黎察看此间情形为计。以黎莼斋来此，问以柏灵事，不肯宣泄一语，且函告刘和伯，言以后更不语及公事，刘君因而有是行也。

廿六日。马庚希讲所游历阿非利加中土情形，约往贤真穆斯堂听讲。议绅喀夫为之主。以不能通知英语，请李丹崖、罗稷臣代往。其言云：阿非利加中土名苏丹，皆沙漠地。中有名沙赫拉者，地势尤洼下，以机器测量之，较海面低至丈许；循西以达海口皆积沙，近海处沙更横起如巨（防）〔坊〕。因悟沙赫拉为故湖荡，必有河道西注于海，因海口为积沙所壅，水势无所泄，岁久遂至枯涸。其年代当在太古以前也。今当于苏丹境内开通河道，引海水以注之沙赫拉。沿河两岸得水为之灌输，可资种植。地气一加发泄，即皆沃饶之区也。其大利有三：使沙漠不生草木之地，树艺蕃膴，变为沃土，利一。引海水深入内地，舟航载运为便，沿（利）〔河〕皆可通商，内地所出之货与外来之货交通贸易，利（三）〔二〕。因而以耶苏之教教化其民，一变其犷野之气，利三。又有嘎尔遂治大城，其形式与罗马同，今皆为沙漠，而城池砖石犹可辨。视其意，在倡导英人集资以开（道）〔通〕河道，为勤运略之计也。是日听者不过数十人。议绅喀夫，则经手购定苏尔士新开河者也。晚赴巴尔拉尔得、塞尔底斯两处茶会，晤世爵斯（井）〔丼〕尔色、内里斯弩诸人。歌者科尔里格林，数数见之，其语音转折不穷，斯可为利口也。

廿七日。阿什百里送烧猪一只，因邀李丹崖、罗稷臣及同事诸人宴叙。鼓得门为梁姬及英儿作小照，以西洋画非中土所及，数万里来此，欲藉以流示后人，不惮烦费为之。马庚西持俊星东信来见，盖法人之开设银行者，自云故英人也，以久寓法国，遂为法人。晚赴斯博得斯武得茶会，所见议绅色尔缠铿尔卫，美髯似沙乃斯百里侯；内里摩尔登，住南洋久，能知中国庖厨之法；色尔六伟斯比尔，阿里克之女所许婚者也；达摩士，为英伦讲实学者，于电学尤精。因问阿里克以马庚西讲阿非利加之沙赫拉海可信否，阿里克言：是不可信。沙赫拉即属旧海，然必视今海面低至四丈以外，始能引水灌之，以非四丈以外不能行舟。且水气上浮，则积而为蒸湿，其患及于居民。马庚西以意拟之，并未一测量地势距海面丈尺究属何如，徒欲以虚言动听。是以地理会人皆驳斥之。吾谓是日倩人往听讲，至者三十馀人而已，阿里克曰：是固宜然。地理会所不肯接应，亦必不能取信于人也。

廿八日。接黎莼斋、刘和伯二信，叙述广东生近得总署信，属其尽心公事，勿以无稽之言萦绕于心，所以慰勉之者甚至。盖得总署章京信，知鄙人有参折，以书申诉，而总署为加奖藉，以冀幸广东生专为无顾忌大言以折服德人也。诸公愦愦如此，尚复何望！舍非尔为购各国金银钱式图巨册，欧罗巴各国俱备，然旧式为多。亚墨利加之开辟始于葡萄牙，西班牙次之，英人又次之，政教风俗一出于欧罗巴，即中墨利加六小国，钱法俱备。阿（尔）〔非〕利加仅得摩洛哥一国而已，而英、法诸属国，皆别为钱式行之。亚细亚一洲则波斯、日本、暹罗、安南四国，中国顾反无之。洋人以意拟为中国钱饼，而注其下云：中国并未使用金银钱，而用银以两计，故为之两式，以备一格。久居西洋，始知中国人心不能自振发，而专为大言自欺，其源由于无耻。若广东生者，无耻之尤者也。

廿九日。偕李丹崖、罗稷臣、姚彦嘉、李湘甫、德在初、张听帆及马格里同游格林里治学馆。先至严又陵寓所。方益堂、叶桐侯、何镜秋、林钟卿、萨鼎茗诸人并迎于途次。又陵出示测量机器数种。又薄铜圆片二事，一大一小。大者有边棱，嵌松香片其中；小者有柄，用相推荡。再以兽皮毛揩松香片，而用上小铜片贴其上，以一指按之，即持柄起铜片近下边分许，即发电气。云此为阳电。用指按之，以阴感阳，而后电生。干电、湿电二者，皆有阴阳之分。又陵、益堂二人相陪至学馆。尚书为提督舍得威尔、总教习为赫尔斯，皆故相识者也。其甲必丹[1]管事之称丹毕尔总司学馆事，首出迎迓。舍得威尔、赫尔斯陪同游历各堂。算学教习罗登、格致学教习雷洛尔、机器教习橈、炮台教习拟敦、驾驶教习阿尔本、海图教习臧生，并又陵诸人所从受学者。学馆凡分四区。左上一区学堂。右上一区画像：历朝水师将领并悬像于此。最著名者义尔生，与西班牙、法兰西前后百二十馀战，卒以伤殒。绘其战绩至十馀图。其下为饭堂，前通客厅及击球厅数所。右前为教堂，其下即击球厅也，中有甬道，伏地通行。左前为妙西因，数百年所造船式皆在其中：由夹板而铁皮，而轮船，而暗轮；由四五炮眼而（炮）平面炮台；由拦炮墙而用活板；其船式具备。始为铁甲大船，驾炮百八十门，名魁音，则开长池蓄水，置船其中，实为一千八百四十一年也。又诸积学深思，谋所以避炮弹及水雷之险，而又坚利足以冲敌船，铸铁为长蚌形，上为圆平顶而不受炮，下浅而不及水雷，其式亦多种，而並未制造。凡屋数重，皆船式也。其地故为王宫。若尔治第二时与法人战，士卒受伤者

---

[1]甲必丹，Captain（海军大佐）的音译。

多，乃置以为留养伤病将弁院。维多里亚即位数十年，无甚兵事。至一千八百七十一年，改为教习水师学馆，岁费国用二万五千馀磅。所历学堂，仅数学及炮台、机器、格致四处而已。严又陵等所受学者六处，馀皆不能详，如炮台学堂凡二处，其一处以教数学之深入者，又陵等亦尚未能入也。又有意大里及德国语言文字学堂。曾一过德国学堂，受学者亦十馀人。舍得威尔邀至其家，瀹茗相款。行一二里，送至外栅门，出学馆之后，右为制造机器小厂，左为收养各国水手病馆，盖承收养伤病之遗，别为一堂处之，乃推广为公病馆。各国公使岁有捐款，亦皆以国家捐助为名。中国亦允岁给捐款二十磅。其左为教习水手学馆，凡一千五六百人，地势更较广。以日已就夕，不能往游。严又陵语西洋学术之精深，而苦穷年莫能殚其业。近习音明对数表。意大里人洛布尔为对数之学，英人音明立表以明之，近言对数者皆用之为程式。所谓对数者，以加对乘，以减对除，以折半对开平方，以加倍对自乘，所谓算法捷诀也。因论洋人推测，尤莫精于重学。英人纽登偶坐苹果树下，见苹果坠，初离树，坠稍迟，已而渐疾，距地五尺许，益疾，因悟地之吸力。自是言天文之学者尤主吸力。物愈大，吸力亦大。地中之吸力，推测家皆知之，而终不能言其理之所由。纽登常言：吾人学问，如（拭）〔拾〕螺蚌海滨，各就所见（拭）〔拾〕取之，满抱盈筐，尽吾力之所取携，而海中之螺蚌终无有尽时也。中国墙壁欹侧，亦有键法治之，西洋则用缩力。凡物热则涨，冷则缩，而五金之属缩涨尤甚。盖其中皆微尘之聚也，而有动静之分。动斯热矣，热则其本质随之而涨。如铁，静质也，用手搓之，则微尘尘聚皆动，动则尘之聚者皆自离，动愈疾则离愈甚。是以凝质而可使化为流质，亦可使化为气。其静也，则复还其本质。如两墙向外欹，用铁杠爇使红，贯入外墙中，而键其两端。既冷而缩，其力自然弥满，莫之能拒。洋人于此测墙之欹处若干，用缩力若干，以为施杠加键轻重之准。吸力也，缩力也，皆重学之一隅也。惟水无涨缩之异。置水一盂中，寒气结而成冰，则反高出水上。凡物压之则缩，而水不缩。惟不缩也，故洋人尤善用水为压力。制铁为筒，左右各出一管，左围一寸，右围百寸，贮水其中令满。施键左寸管中，压至一寸，则右管之围百寸者即得百寸之压力。压力亦重学也。水性阴势，故冰皆上浮，一二尺以下无冰。其性尤与他物异。金铁之质坚矣，然金百镒与水百镒同入火炉中，金先化而水尚未沸也。其传力、透力亦不如五金，如铁烧其一端，其一端亦同时并热，水则左端沸不及右端。玻璃之质明，水亦明也。日光透玻璃则气加热，隔以水则凉。是以洋人尤以水为用，亦天地之一奥秘也。格物致知之学，寻常日用皆寓至理，深求其故，而知其用之无穷，其微妙处不可端倪，而其理实共喻也。予极赏其言，属其以所见闻日记之。凡光学、声学、热学、重学皆归格致学馆。所见传声机器数事，有传小声为大声者：用小木板一片，上用炭精二小具，长寸许，浸水银中，使水银入炭精，以松香胶合之，竖立木板上。又横贯炭精一具，用电线通之，向炭精作声，可以传语。其用传声机器转递，通入炭精，即小声可以化大。晚赴舍尔盘茶会。

三十日。日本公使邀入万国公法会，其会尚书倭亥耕，为爱尔兰人。英国总办特威斯来见，参赞缠克安先期函告。是午，特威斯至，询知岁常以八月一会议，聚者二百馀人。其缘始不过五年，去岁在比利时之安都伯尔，前岁在德国之布里门，又前岁在荷兰之赫尔克。率于本年会议时定下年会议之所。今年在德国之弗兰弗尔得，期以八月二十日，其地近接法国，亦一都会也。大率会议必择古地之有名者，又须商贾贸易繁盛处，以所议商务为多故也。以交涉各国，故无会堂，而各国亦自有办事处。会始于英国，故英国为总办事处。略询去年会议情事：一、各国钱票宜通行，以便商贾。一、洋船遇险，向无定章。船主与货主应如何承认修补，以示公平。一、两国交战，例有禁货，枪炮火药是也，是以公会各国皆不准接济。而其用之尤大处在煤，战船所需煤尤重，应並入禁货。一、自一千八百五十六年会议，两国交战，例得捕掳敌国商船，而准本国商船领票捕掳，是海盗也。因议非战船不得捕掳，应禁止商船领票。近年俄、土交战时，欲违弃此约，宜重申前禁。凡此数条，均经各国核议。其船主、货主按成修补遇险船只，人尤以为便。栗温浦商会约集多人至伦敦会议，本会所陈，事理而已，其由各国议行，本会亦不与闻也。其言多可听者。西洋考求政务，辄通各国言之，不分畛域。而其规模气象之阔大，尤务胥天下而示之平。近年创立各会，孜孜考论，如所知者：会议刑罚监牢，本年聚会于瑞典国斯德哥尔摩；会议信局章程，本年聚议于葡国立斯本。其会并创自近数年，岁一集议，数千里争往赴之。其议论并准刊刻，呈之各国政府与议绅会议。此西洋风气所以蒸蒸日上也。晚赴马克类兰德、内里哈尔谛两处茶会。是日闻广东省城三月初九日飓风，房屋倾毁九千馀所，大树拔折二百馀株，伤毙至万馀人。是夕复火，延烧七百馀户。德国铁甲船三，由弗克斯敦前赴地中海：一曰葛罗色喀尔弗斯得，一曰金尼克威良恩，一曰普鲁山，前后相望。适遇一船迎前至，金尼克威良恩转舵以避之，适前冲葛罗色喀尔弗斯得船身，立时沈覆，毙三百四十馀人。议绅威干恩、马尔丁均以急症毙于议院。马尔丁本患心疾，医士白拉底，亦议绅也，诊其脉，以为心气已微，宜静养。是日在议院，神色忽变，白拉底复诊之，脉息已绝矣。自云，枕头处宜稍加高。语未终而卒。三事并见是日新报。印度部尚书哈尔谛同赴茶会，为言：今日所闻诸事，抑何惨也。马克类兰得见示瑞士所制孔雀开屏玩具，长约尺许，发其机，则自徐行，数步辄一开屏，可至开屏十馀次。每开屏必一小立，左右顾，俨如生。

五月

五月初一日庚戌。布克什过谈，问：五百年前蒙古始主中国者何名？曰：史传称其名曰忽必烈。曰：信然。蒙古亦回教乎？曰：蒙古至今犹尚佛教，不宗（谟）〔回〕教也。布克什曰：吾所疑者，成吉思、忽必理，皆回教中名号。蒙古佛教，何以用之？曰：蒙古起漠北，先收西域诸部，以次并有印度。其时自玉门以西，皆回部也。自唐以来，西域诸部居内地者数十万人，并无回教之名。元兵入中国，回教始蔓衍于中土，西域诸部种类靡然从之。是蒙古自始建国，所掌皆回部也。其用回人名号以为之尊称，亦习尚然也，未尝衍行回教也。布克什自承元后，盖撒马儿罕据有印度全土，其后别部莫卧尔自立国，而回教始昌。布克什当为其后也。晚赴爱里斯之约，至意大利倭（剌伯）〔伯剌〕戏馆观出；日本上野景范及费音及马格里凡六七人。接上海七十二号包封三月初八日发，接李伯相一咨，咨上海道议复文报局事。

初二日。礼拜。李丹崖见示各官学生日记，多可采录者。严宗光《沤舸纪经》：丹崖论扬子江沙线必在江海二流进出相值处而成。从前江之落不敌海之进，故沙线远入至金陵、丹徒等处。迨后海之进不敌江之落以多汇流故，则徙而稍出矣。今则江口愈缩，而沙线遂注二成于崇明、东沙左近。英医撰《儒门医学》，言养生六大事：一曰光与修炼家采取日精月华之说合，二曰热，三曰空气与养生家吐故纳新之说合，四曰水，五曰运动与导引家五禽戏之说合，六曰饮食。密思盘言：机器军械不难于佳，而难于佳而复廉。此安蒙士唐[①]所以胜克鹿卜[②]也。又言：五里治[③]所制船械皆非极佳，而英人安之不易，厂内机器重复更换，即所费不（资）〔赀〕也。所以讲求机器军械，当早计日后更张地。又言：铁船费重、式赘而易毁，且近日炮弹、水雷与之两大，铁之胜木无多，徒形累重，不久各国将弃之。但得进力猛、速率大，又有得力炮位，较铁船更愈。因论铁船之弊有七：一曰（縻）〔糜〕费，二曰易毁木船可用三十馀年，铁船不过十二年。波斯穆斯厂监督亦云然，三曰受弹较险，四曰易沉，五曰易覆，六曰难进，七曰铁船罗经易讹，远行最为费手。又论炸药力：一时轰烈而转相炽发，亦分次第。宜晓二率理。有自烧率，有合烧率。何谓自烧率？譬如烧一黍药，其烧法亦是由外达里。故其烧之快（漫）〔慢〕，恒视乎药之大小与其形式。如一黍之药，或圆形，或立方形，自较长方、扁方诸形面积小，面积小则烧率迟矣。武里治药厂屡经试验，凡药愈近球形者，则其烧率必迟，其明验也。何谓合烧率？药在炮膛中先燃者，必在炸丁之下，然后药焰四射，喷薄而出。而药焰之射，必由黍黍相倚之空隙中出。药黍大则空隙多，而药焰之穿快；药黍小则相倚过密，而药之穿以窒而迟。各体中惟群圆相倚，空隙最多而匀。故圆黍火药合烧最速。此又合烧自烧之适相反处也。李寿田《笔记》：法国水师分为二等：曰已成师之船，曰未成师之船。已成师者日夕操演，军械备具，闻警即可赴敌。未成师者，帆机枪炮虽具，空其舟，分舣诸战口。有警，三日水手可集，无事则分派水手工作以省费。

---

①安蒙士唐，Armstrong 的音译。

②克鹿卜，KruPP 的音译。

③五里治，WoolWich 的音译。

已成师者又分八等：曰铁甲船，大者十一，载炮十二尊至二十三尊不等，水手五百七十三人至七百二人不等，号马力八百匹至千匹；次者三，载炮六尊至十二尊不等，水手三百十三人至三百六十七人不等，号马力四百五十匹至五百匹。曰快船，其吨载轻，其行走疾，以掳敌船、追奔北者也。大者五，载炮十四尊至二十一尊不等，水手三百四十四至五百五十四不等，号马力五百八十匹至千八百匹；次者五，载炮六尊至十尊不等，水手百五十七人至二百六人不等，号马力四百五十匹；小者七，载炮四尊至六尊不等，水手百二十九人至百五十四人不等，号马力二百三十匹至二百五十匹。曰通信船，涉海万里，无电信可通，用以代驿也。船凡十，载炮二尊至六尊不等，水手八十八人至百十四人不等，号马力百匹至四百五十匹。曰运饷船，以转运军需也。船凡十一，载炮二尊至六尊不等，水手五十四人至二百二十人不等，号马力百四十匹至四百三十匹。曰炮船，备调遣也。大者二，载炮四尊，水手七十七人，号马力六十匹至六十五匹。曰水雷船，以设水雷。船凡七，水手七人，号马力三十匹至二百匹。曰炮台船，以代炮台也。法以铁甲周卫，置炮其上，停泊海道扼要之地，以轰击阻扼敌船。船凡一，载炮十六尊，水手百九十人，号马力百二十匹。曰副战船，率皆小马力，以供奔走、助指臂者也。船凡二十六，载炮一尊至四尊不等，水手十七至七十七不等，号马力十匹至一百匹。未成师者：大铁甲船八，载炮十尊至二十一尊不等；次号铁甲船六，载炮十尊至十三尊不等。大快船四，载炮十四尊至三十四尊不等；次号快船五，载炮八尊至十三尊不等；小快船七，载炮四尊至六尊不等。通信船五，载炮二尊至四尊不等。运饷船六，载炮二尊至四尊不等。大炮船八，载炮（载炮）或三尊或四尊。炮台船二，载炮四尊。副战船五，载炮二尊。所用之水手、所及之马力，皆有常度，俟临用时雇配。以上皆轮船也。又有未成师夹板船，大小约三十馀。　法国陆师约二百七十馀万，分为四等：曰战阵之师，曰待调之师，曰留守之师，曰游戍之师。战阵之师约六十万，分十九营，每营得三万人，中马兵四千，炮兵二千、炮六十尊，五兵之士及营医、司电线等项千馀人。无事时分处诸部，日夕操演戒严，如待大敌。待调之师约六十馀〔万〕，留守之师约百二十馀万，皆散处田里，时一操练者也。军前有死伤，则以待调者补之。国内有变故，则以留守者镇之。游戍之师二万人，以戍守各属部及西贡等处。法例：二十一岁无贵贱皆置身行伍。富者输金三百元为军饷，操练一年而去。贫者相与拈阄。阄之最久者操练五年，少者一年。是谓战阵之士。限满后散（满）〔归〕田里，二岁一操练者，是谓待调留守之士，每操练约二十八日。受职于国十年，不与。诸去职及诸教习杂职等半途而去，虽曾受职，仍为战士。四十岁以上者免之。　法国战船已成师者分为十一营，以五营分驻本国沿海战口，以六营分驻其国通商之地及其属埠。每营船数增减不常，视其地与时之需否酌量移派。其驻中国及日本海者：铁甲船一，中号快船一，次号炮船一，小炮船一。　法国分八十七省，二百七十七府，二千八百六十六县。三（十）〔万〕五千八百五十九乡。乡小者置一学馆，户口过万二千人置两学馆。学分男女。句读、书法、行文、算法入门、地舆志，并略涉往事。入学者自备膏火，月输公费。各省置学馆，所学勾股画法、格致学、代数学、化学，十三岁以上十九岁以下者业之，亦自备膏火。国置学馆分为十二：曰格致算学，曰矿务，曰船机，曰枪炮，曰五兵学堂行营及开地道等事，曰建造学堂造桥、建屋等事，曰教习学堂，曰政治学堂，曰水师学堂，曰陆营学堂，曰营医学堂，曰女学。凡学矿务、船机、枪炮、五兵、建造，必先入格致算法学堂以立之基。二年以后，各视其性情意向，分门专习一学。其入格致算法学堂，仍先考察其所业，已入门径、能有成者，始听入学。入者岁输二百元。入女学者无输费，然必其父膺宝星之赏者而后可，重功臣之后也。所学弹琴倚曲，及泰西诸国语言文字。入他学者岁必输金，输金多少各视其所就，故惟富者而后能卒业。又有公学十八。匠首之学三，工作之学三。每公学又分为五等：格致、律例、医理、性理、章句也。尽人得入，无纳公费，无限时日。凡此皆官学也。其民学繁多，随事命名，与官学尤互相备。　法国练船凡五等，凡船八。水师兵官练船一，水师炮手练船一，水雷船水手练船一，传语旗水手练船一，水手练船三。　法国听讼分四等。撄小过者县刑厅理之；乡里犯法无涉于公者，府刑厅理之；触法网、干大禁，省刑厅理之；商贾相侵，商刑厅理之。屈于县、府刑厅，准再控于孤打伯[①]。孤打伯者，所以申理县、府刑厅之失也，共一十六处，分置诸省。不直于省刑厅者，准再控于孤加沙商[②]。孤加沙商者，平反天下疑狱之廷尉也。商刑厅则视其地商贾之多少而设，其司理者举于商，不刑人，曲者赎金。盖西俗重商，所以护之也。省刑厅司理别为二。有拈阄而得者，曰余斯海[③]。每岁聚国人之名，撚为丸而拈之，得百四十四人。先以十二人充馀斯海，断囚罪之有无者也；二十四人副之，以补疾病死亡。三月任满，馀者踵代。无俸禄。贫不能自食不与拈，撄法网者不与拈，已任其职不与拈。有除自执政者，曰如斯[④]，按律拟囚罪于已伏辜于馀斯海之后者也。故其权分，其时促，无能枉法者。馀刑厅之司理，皆除于执政。　法国仕进之途二。应举而仕：韦布之士，

---

①孤打伯，cour d'appel（上诉法院）的音译。

②孤加沙商，cour de cassation（最高法院）的音译。

③余斯海，juries（陪审团）的音译。

④如斯，juge（法官）的音译。

一旦可致身青云，文职是也。学优而仕：历试其能，量材器使，武职是也。应举之途，又分为二：曰征举，曰荐举。征举者，征于执政，绾印绶而无柄权，尚书牧守等是也；荐举者，荐于平民，操柄权而无印绶，议事院等是也。武职分为五：曰陆军，曰水师，曰制造，曰营医，曰五兵，其源皆出于学。入陆军学堂二年，受职为陆营兵官。入水师学堂二年、练船二年，受职为水师兵官。入格致算法二年、制造学堂二年，受职为制造船机军械人员。入营医学堂二年，受职为营医。入格致算法学堂二年、五兵学堂二年，受职为五兵人员。介于徵举荐举，学优才赡，著作等身，朝野均荐之，博士是也。法国博士四十人，有穷一学者，有修国史者，名之最难得者也。　法国地有赋，屋有赋，男丁有赋，门户、椅桌、狗马皆有赋。省设支应处，开发全部经费之所也。一省之费不敷，则量移他省以济之。一国之费不敷，则假贷于商以补之。商息四厘半，库藏实则归款。　法国关税分为三等。日用之物，民生所不能缺者，其税薄；粉饰铺排，及非衣食应有之需，其税厚。物之与国人争利者，其抽税与国内时价等，欲以绝其来也如烟及脚毡之属。　法国制造分为四，有属水师者，船机、水雷、铁锚是也。制船机者五处，分布五战口。制铁锚者一处。有属陆营者，枪炮诸厂也。有属于商者，烟、自来火叶子、火药是也。属水师、陆营，民得而为之，无害于公，且可备不时之需也。民厂制造轮机者凡五处：曰马赛，曰亚武，曰安忒，曰茀士琐，曰科如素。马赛、（武忒）〔亚武〕濒海。安忒、茀士琐不濒海，故不制船机。惟科如素为民厂之冠，而亦不濒海。是以船机皆取之马赛，亚武。吴德章《欧西日史》：久事船工，略知窾窍，因作《船身御几何说略》：船浮水而扬风，欲速者必广其帆而狭其舟，然利得而害随之。船载炮而攻敌，欲胜者必精其炮而多其位，然胜见而失亦随之。是可以数测之，而为补救之法。帆受风而风力归于一处，名曰帆心。苟位置失所，其害见矣。故以几何求帆积，以重学几何求帆心也。船浮水者，方平稳而笨，圭锐利而险。其失者重心，因体尖而高过则也。故以画法几何求船式，以水学几何求船积，而以重学求重心也。舵为全船之枢，欲轻欲灵。轻则积不宜过，灵则度有恰宜。积过则笨，度过则害。故求积之外，则以水学求角度也。又云：全船之要，积在于重心，式在于旋心。帆有帆之重心，舟有舟之重心。舟帆重心同在一线，则转帆也不行；过于分开，则转帆也必险。全舟之重心过高则舟倾，过低则舟簸。失前者后病，失后者前失。旋心无形可见，有数可核，其关系甚于重心，（则）〔其〕部位则因式而异。故制土舟者，失法曰笨，得法曰安。制西舟者，得法曰利，失法曰害也。　西洋近制炮船，尽仿耳炮台式。凡设炮于战枰内者，炮口限于炮门，放度不逾九十度。放度既小，所发难于必中。耳炮台则于战枰舨之外另设一管，状如半月形，其放度可得半圆周之数，较之寻常炮度，直过其半。是一样设炮而事同功倍也。西洋近制铁胁船，尽仿重木舨式。盖舨胁相固，必借铁栓而后固。而铁栓之用，宜于固铁胁而不宜于浸海水。宜于固铁胁者，以铁与铁两质相同而不相克也。不宜于浸海水者，以海水养铁而生锈，无益而有害也。故特设重舨以全之，使内舨用铁栓而固于铁胁，外舨则用铜栓而旋于内舨。其不使之与铁胁相克者，即不使海水养而生锈也。

制煤气之法：设砖房烧煤，使煤烟升于烟道。轻者浮为气，从烟道转入气室，重者凝为油，从筒底解脱。计每生煤百斤，提成净煤七十斤，乌油二十五斤，馀皆成煤气。惟烟过水而后清浊分，清浊分而后气、油可从而判。设烟道必有高低曲直，凡曲低之处，必贮净水以凝之，使轻者绕水而成净，浊者绕水而成滞。计凡四五转才成清净之气。然仍须有化学以摅之，乃可作火。因设灰炉于后，使煤气悉归于炉内，以便摅簸，摅簸既毕，驱入气室，是为洁净煤气。量气之法：以铁钟空悬于地窟，使煤气归于铁钟。钟之四旁，设有量气权，纪成磅数。气满则钟高，觇量气权知贮气之多少。气少则钟落，觇量气权知泄气之多少。由地窟凿洞以通城邑，凡购气作火，设筒以引之。于筒上设一量气表，月终一结，以量气表之纪数，折价值若干。每法立方尺，值法钱二十孙丁；凡百孙丁值一法郎，斯为价廉工省矣。　西洋以马力度机力，犹以斤两定权衡也。斤两有重力而无动作，机力则以重力而御动作，兼限时晷。盖动作有疾徐，而力因之亦异。以马力之能负重致远，故取以为名。一马之力，定以举七十五磅、限一分钟行一尺为率。取名为七十五磅尺。在厂用机器，皆以此数为率。其在船用机器，更或以二百五十磅尺为一匹，或以二百磅尺为一匹。自七十五磅起，至四百五十磅止，皆可命为一匹。故购机（关）〔器〕者，当叩其底实若干磅尺，犹之贸易者必商定何等权衡也。匹数已定，尚有不足凭者。盖量度之法，或于汽鼓受汽之处定马力，或于转轮背之上定马力，间有度于击水轮上者。去汽鼓愈远则力愈杀，故所度之马力较强于汽鼓所定也。惟近尚者则皆定于汽鼓，实为至正。其价值，轮机小者每匹较昂，大者亦然。介在定率六、七、八、九百匹者，当同治年间每匹约售六十（员）〔元〕。近以稍昂，大率不逾七十（员）〔元〕。　都郎为法国水师第一战口，法人尤以都郎船政为最胜。分官船政为三：曰板海洋，专事制船；曰家士底倭，专事制械；曰亚哥埃士，兼船机而合笼之以成战舰。其外铸厂、铜厂、打铁厂、模厂、帆缆厂、转钜厂、桅厂、舢板厂，所以备一船之用者，布置无不尽善，工作亦无不尽美。　讲授船身绘事，其法为三面：一曰直面，二曰横面，一曰平面。直面者，循船身之长，中分为两。绘其一旁，划以为六，与龙骨中平行。

以红色绘曲线六，以像直向之式。横面者，横截船身为二，皆与中框平行。绘墨曲线二十，以像横向之式。平面者，将船身平割为十，与浮水线平行。其在浮水线之下者，均名为水线，以蓝色绘曲线十。其在浮水线之上者，名为平向切线，以墨色绘曲线三四，皆以像平向之式。其在直面为（面）〔曲〕线者，在平、横二面为直线，因其与龙骨中平行故也。其在横面为曲线者，在平、直二面为直线，因其与中框平行故也。其在平面为曲线者，在横、直二面为直线，因其与浮水线平行故也。先于横面图作一中框，求其入水面积，次于平面图中作一浮水线，求其面积；嗣求船身吃水体积。必得其数与题命者差合，始行全绘三面。其线交相切割，一面错则面面俱错。故必互相参改，必三面无一线之差，然后法成图就。商船尾可圆可尖可方，惟取其便。至战船则可圆可尖而不可方，以尾方者，当安置炮位，最为碍用。因炮度贵用圆径，方径则限于角度，右攻者不能左，左攻者不能右。昔（后）〔时〕制造家多用方式，后皆验改。　西洋论船分为二段。入水内者曰体，现水上者〔曰貌〕。水浸所及、体貌交界之处曰水线。何为体？舟之要害也，利钝良窳皆关之。何为貌？舟之壮观也，利钝良窳不与焉。故貌可以任意增饰，休须推算周慎也。体之下有脊，曰龙骨。龙骨之旁有胁骨，曰框，亦曰船胁。框之外掩以板，曰舨。龙骨竟舟之长；曲其前，竟舟之高；平其后，受柱之立。前柱曰斗鲸，后柱曰车柱。车柱有二，间立如峡者，曰车框，以中容击水之轮也。舵即在其后。此体之部也。斗鲸尽舟之高，船胁亦同。其掩舨与体同，其饰绘与体异。体之舨掩以钢板，取其坚也。貌之舨饰以丹青，美其观也。炮门开设上层舨盘下，军装盒则置其上，周围如堵。此貌之部也。舟之内，夹船胁使牢于龙骨者，曰内龙骨，长亦竟舟。离龙骨尺许，拦以三厚板，防船胁之前后者，日三排牵，防其外弛也。外束以带，曰排牵，防其内压也。内撑以梁，曰战枰梁。战枰者，船上之枰地，铺平板于梁上也。梁以撑胁，并以托枰，一器两用。枰地不仅一层。上曰上战枰，下曰下战枰，其有三层者则由上而下，曰一，曰二，曰三。此船内之部也。战枰之上立桅，桅基于龙骨。横于桅以张帆者，曰杆。一舟不止一桅，一桅不止一杆。桅有二节，曰上节，曰下节。杆之名亦然。帆之名亦因之。此帆樯之部也。　讲授各种船台制法：以船台为船身之基座，其要在坚且固。船之下水，不关于重心失所，旋心失宜，而关于台之低昂欹度。其要在测量度数不容毫发参差。度数定后，测以量水秤。秤每垱之高下曲直，或砌以石，或砌以木。地力实者宜用石座，以取经久。地力虚者宜用木座，以取不时改变。　西洋造船尤重桦木。出山未久，其浆不干，即其质不纯。应贮之储材沼，或四五年，或二三年，出而置诸储材厂，以除湿气，数月后才用之。储材沼浸以淡、盐参半之水。专浸淡水，则浆不能解脱，专浸盐水，浆虽解脱而蛀窳亦随之。　斩学为制铁船、制机器所必用之学，其理甚微，合微分、积分、重学而成之。当探究妙旨，方可以称制造。西国凡制铁件，皆用此学，以斩学能测铁质之虚实，及能测压，拉、卷诸力。

法国水师五口：都郎为首，槎浦次之，薄海斯代又次之，罗海行、弗士豪又次之。梁炳年《西游日录》：法国十九军，一军出戍，其十八军分置各部。军三万二千人，以一帅统之。军为三营或四营，营置一将。营为四标，标置一尉。标为八队，队置一长。凡标，马兵二队、步兵六队，队二百人。水师五镇。镇置提督一员、总兵二员、巡按一员；各设制造船机军械厂，厂置提调一员、稽查一员、一等总监工二员至四员、二等总监工四员至五员、一二等副监工十二员至二十员、试用总监工三四员至十馀员。通计五镇水师，官七千、水手五万。水陆员弁皆由学堂起家水陆师学堂，一在迫埃失，一在汕斯，历任十五年准退休，食半俸；二十五年，食全俸。

汽轮车创始英国。其先用木条为轨，驾马行。后改木轨为铸铁轨乾隆中叶。后验铸铁轨易折，又改打铁轨嘉庆中叶，然犹用马力也。越数年，总监工得非谛制汤汽机代马力，其时仅用直轨，不能曲行。道光四年，法人亚奴阿仿制，创为曲轨。讫道光二十三年其法始备。　轮船创始法国。其初有美利加人与法人巴枰立约创轮船，巴枰卒先成。其法用汽力推机使推桨。康熙四十八年，法人钼牵更桨以轮。乾隆十七年，法人果谛埃照前式小变。后十二年，伯喜埃为之折中，演于森尔江。又二年，舒化伊又为之折中，演于杜伯江。又三年，又演于沙潢江。嘉庆九年，拿破仑第一始令制驶出海。其后嘉庆二十二年，英人始求得其法仿制。　铁船创始英国。嘉庆九年，英人始为之。道光初配以轮机，十八年始用为商船，二十二年始用为战船。法人亦仿为之。铁甲船创始法国。道光二十八年，法人轴斐伊出图更制，附甲以木，而制始备。

明崇祯间，法人钼果验汤汽有力，遂以运器。越数年，都尼巴邦创轮机，配汽鼓、汽饼以承汽。康熙四十六年，水师官沙非伊添置冷水柜，于是得凝汽法。康熙五十三年，铁厂监工都放希求天气度，折中而为开矿机，因名之曰天气机，于是得脱气法。越数年，轮机监工滑得引馀汽使双推，于是得复汽法。滑得之后，已经数改。至时得番生，制汽罨（湾）〔弯〕干节进汽而用其涨力，于是法始大备。今汽罨（湾）〔弯〕干名曰时得番生者，志创始也。　西洋初以拓影镜传书。其法按程筑台，立拓影镜三面，欲传书则一程开镜，置书其旁；一程登台，照以千里镜。其用迟钝，且不能及远。乾隆三十三年，瑞士化学士□沙所以电能及物，其气行远且速，制为电气机，未成。乾隆四十七年日耳曼人、五十一年西班牙人亦皆试制，未成。道光二年、法士旱牌、巴卑尼复试制，亦未成。道光十二年，日耳曼人只兰制成，在汕伯得什勃开演，可用。惟机尚小，仍不能及远。道光二十年，英人勿挨亚什唐、美人莫阿士、日耳曼人什弹埃皆制大机，乃始盛行。四人中尤以吴德章向学为笃，自叙从洋人迈达受学，心得倍于曩昔：闽厂数年，粗明格致算法，未睹厥奥也。验之施用，已属效不胜收。其微积编、（新）〔钘〕学、重学、运动诸法，皆素所未读，并得逐一推考，澈委知源，相与问难知新，视在闽时，不止事半功倍。观此，足征出洋就学之为益多也。

初三日。是日贤真穆里斯宫殿朝会。机器会尚书毕得门邀往铿新登博物院茶会。会名希威恩吉尼斯，创此会五十年。所开会两路直厅，即印度博物院也。凡印度所制锦绣、毡毯、丝、布、磁器，及衣冠、帷幕，及所出丝、棉、果、木、豆、米、药品，及鸟、兽、虫、鱼，罗列逾万种。于旧设之外，亦颇以新近所得陈列其旁。而所在陈列机器新制，为此会之本务。所见者开煤机器一具，横列六凿，用机轮转之，一凿可深入六尺，横三尺。据云：矿产深厚，利用此种机器出煤较易，矿产薄则无需此也。海行传语灯二具。海船相值，举旗传语，大率二十六字母编为成式，可一望知之。夜则以灯，以开合疾徐为节，而引气以助火光，各种灯油皆可用。其法范铜为灯具，而空其中心以纳气，环中心为圆抱而又空其外，又环为池贮油；圆抱中纳棉，而为曲管以引油；燃火具其下，令烟满下空处，徐从圆抱中透出，护火光上升，则灯愈明而焰不外散。传闻机器数具，各为新制，而理皆同，皆以声发声也。又有以声发光者，亦用传声盒，下通电气，而悬方铁盒暗处，若挂钟然，中有轮转运，得声则发光。又因声之高下疾徐，而光转变不穷，疾则成圆轮，以次或为小瓣如菊，或成八瓣，或六瓣，或五瓣四瓣。询所创造，则英人珥得门也。陈此器者拉得，亦精于电学。因问：此戏具耳，未知亦有济实用否？拉得言：珥得门凭空悟出，正若小儿初生，未知其用安在。窃度终必有大用。所晤拉毕尔承造吴淞铁路、安颉生占宜斯新报局、谛克生著书论旧金山事、达摩生满吉斯得阿得门、罗尔曼乐颉尔精于光学，约次日茶会。接上海七十三号包封三月十八日发，内总署咨文报事，及曾沅甫信，及家信三号、志城信二号，并三月初八日发。

初四日。赴世爵赫萨里音乐会、乐颉尔茶会、马克类兰得跳舞会。以在乐颉尔处看光学过晚，不复能往马克类处。西人测光用三角玻璃，析光为三色：红、绿、蓝。嵌小三角（琉）〔玻〕璃于铜管中，映灯照之，三色适匀。别用小玻璃管贮药水其中，阑之灯前，有食绿光者则绿色隐，食红光者则红色隐。其制药水皆用化学。用白水照之，则见黑丝两道。乐颉尔云：水中自有黑丝，微渺不可见，映灯乃见耳。又以透孔铜匙盛盐，灯上烧之，则三角玻璃上见黄线一道。杂引他物烧之，则色时变。询之，皆五金之属研为末：曰贝尔里恩①，曰斯得圞西恩②，并作黑色。曰卡尔西恩③，白色，杂炭气而成石灰者也，盐中亦杂此质。曰琐的恩④。又以稍长铜管嵌三角玻璃，而其管端作斜曲势收光，影镜反照之，从三角玻璃内映出案头陈设，皆具五色。案设各图，有画月中山势者，为纽洼尔；有画半月形者，为色尔蒂尔得其子亦同与茶会。乐颉尔亦自照日中各线图，云：以三角玻璃照出五金异色，即可测日星中所有。近测日中诸物皆备，惟无养气。问何故，曰：想系

①贝尔里恩，beryllium（铍）的音译。
②斯得圞西恩，strontium（锶）的音译。
③卡尔西恩，calcium（钙）的音译。
④琐的恩，sodium（钠）的音译。

面有薄壳，纳养气其中。诸星之属，由日中养气并出结成，是以养气无有存者。又云：日中现黑点则天下（熟）〔热〕，点多则雨多。此二年印度、中国大旱，日中黑点退尽。前四十三年亦有此征。逆数之，则乙未年也，中国南方实旱。是二说者，予亦未敢深信云。

初五日。邀李丹崖、罗稷臣、姚彦嘉、李湘甫、德在初、凤夔九、张听帆、黄玉屏及马格里为端午之会。会鼓得门为梁氏作小照，因留晚饭。赴贝拉及沙乃斯百里两处茶会，晤非尔勒尔随大太子赴印度、孟塔勾末里曾任印度总督、纽尔三君就谈，并久住印度者。与丹崖言：同治中兴之业成于楚人，而自当时诸公各以战功致通显，后遂无继者。合淝伯国陶成皖才，远驾楚人而上之。所设机器局，皖人掌其事，于军械、机器多所考求，是以皖才日盛，而楚才日以泯焉。曾文正气量远大，其幕府多文学，而无一楚人，各局乃有之，以楚人办事结实可靠，而文学之选固不逮江浙也。曾文正固一出之以公心。左季高则且以能屈抑楚人自表其公，而反私矣：私其一身之声名，而利不及人。如刘毅斋战功卓著，凡克一城、复一堡，叙战功皆刘为冠，而自初承其季父刘松山一军，即以道员接统，历七八年，荡平全甘回乱，移师出关，先复乌鲁木齐，而南八城以次克复，始终以道员领军，不晋一阶。至克复喀什噶尔，始请开缺以三品京堂候补，而以边才求之吕庭芷、吴清卿诸君。一意阻遏刘毅斋之功，使不得自显，尤所不达其意者也。

初六日。阅巴黎新报，叙英故相勒色之卒，云一千七百九十二年勒色年二十一岁，举为议绅，一千八百四十一年为宰相。是勒色为宰相时年已七十，距今三十七年，满百而又加七矣。去夏曾一见勒色，云已八十五。大约一千八百二十一年为议绅，年二十八岁。耳目尚聪明，而不能行动。闻其病，尚遣人视之，未闻其为百龄外人也。又载德皇初二日为刺客枪伤，自头面以下嵌入肌肤者三十八铅丸，幸丸小，未中要害。德皇年八十，屡被行刺而无戒心，至是竟伤面颊，及腕、腿皆有伤。多至三十（六）〔八〕铅丸，恐亦未确。顷柏灵新报言德皇左臂受伤七处，右臂二十处，背六处，面项八处，实四十一处之多。枪内皆小铅子及铁钉。云其刺客前后皆撒克桑人，现获者名罗尔林，先二日至柏林，语其主人妇曰：日内当有人谋害德皇。主人妇曰：此有何益？德皇死，其子继位。于刺者何有？罗尔林曰：继位又刺之，十馀刺而其种类尽矣。主人妇亦不度行刺者之即为罗尔林也。西洋立国，有君主、民主之分，而其事权一操之议院，是以民气为强。等威无辨，刑罚尤轻。其君屡遭刺击而未尝一惩办，亦并不议及防豫之方，殆亦非所以立教也，瞻伯尔之女配定婚满达究，约至礼拜堂送亲堂名森麦里。集者数十人。男女各有知交五六人陪伴。女皆择美者，服饰如一。教（师）〔士〕出堂诵经，男女及陪伴者皆跪。因次第问男女相爱乎？互相照顾乎？事相助、病相恤乎？得失利病能相终乎？各如其言应之，则令男出一戒指呈视，教（师）〔士〕持女手，令男约其左指。复上堂诵经，男女亦随上跪听。既毕，入一小阁，贺客皆从入。出一巨册，书男女名姓生年其上，客至者皆与署押。凡二册。询之，一存教堂，一上之国家，以知人数。凡男女生，皆至教堂接名，嫁娶则书名，埋葬各就所书名之教堂。是以男妇生没，无一爽者。客至者，男常衣，女则冠服，皆尚白。署押毕，始相与执手为贺。赴费士米、嘎尔得尔两处茶会。嘎尔得尔，女士之以学问名者，每茶会，邀集知名士谈学问，兼通中国文理，尝言及见中国《大清律例》，义深词美，叹为尽善。以须赴柏金宫殿音乐会，遣德在初，张听帆二人代往。偕凤夔九及马格理前赴柏金宫殿，会者千馀人，男妇皆设座：各国公使右上，宫官左上，国戚居中，设曲围坐，其馀百官议绅面上坐者千数百位。凡为音乐十三阕，男妇叠歌或和歌。琴台设坐，亦三百馀人。

初七日。李丹崖补交到罗臻禄《西行课纪》、杨廉臣《日记》；及黄建勋所开在船情形，云在洋遇敌交战，及停泊港内防破水雷，及操帆、枪炮之法，确是有益。而罗臻禄《西行课纪》尚有可采者，言法国新令，凡男子冠，供役二十年。二十年之役分为三等：编伍五年，听调四年，候差十一年。编伍者，示期聚众，签名分派。如需补兵额千名，通饬各部，聚其部民年二十者于各郡署，置签如聚民之数，而于其中标号，由第一至一千数。签得者为编伍，差操五年。馀为附伍，供操一年。听调者，编伍、附伍之后，以四年为期。遇有征调，竟一日之力齐集赴敌。候差者，听调四年限满之后，以十一年为期，遇有戎事，以供差使，间亦充额备战。听调、候差二役，以满二十年为期，无得免者。编伍之役，准听自陈，改就附伍，由官酌其准否，准者纳钞三百元以代力役。孤寡免之，羸病者营医察视免之，皆不入兵籍。　卑士买钢炉之制，在于运风行火，使其热力增至二（十）〔千〕度。以钢质最难分化，配合之功，全关火候。凡制钢，以净铁即熟铁与铸铁即生铁合成，约含炭质千分之五。净铁无炭质，铸铁含炭质百分之五。以净铁九分合铸铁含炭质者一分，得炭质千分之五，即成钢也。惟火候甚难，过则炭质化，不及则炭质不匀。故必先倾少许，焠水拗断，以验其点砂，或加火候，或加炭质，使恰如其所欲用之质。马丁炉之制，蓄火力使极烈，足以熔极坚之钢铁。方炉砖砌，引煤气与天气合而着火。炉之两旁各开火道，互相络通。外置活门，可以开合使左右。由左而右，则左为引煤通气之道，右为出火通烟之道，而钢件位于其中，由右而左则反是。历时稍久，左右二道之热度不同，其引煤通气之道自较冷于出火通烟者，因天气入，吹之使寒；火气过，燠之使暖也。故必约时二刻开合其左右火道之活门，使其由左而右者改为由右而左，以相调换，则天气之入，必过燠暖之火道，与煤气合，其热度自倍甚也。凝质化而为流，流质化而为气，西人谓之过质。昔时格致未精，故有不熔之坚质如金钢钻、不凝之气质如轻、养气，近皆知其不然凝轻、养各气之法：冷至冰度下二百二十度、天气压力增至三百六十倍，但视其冷热之度能胜其过质之度，天下无不熔不凝之质也。炉火之力热至二千八百度，即砖泥炉壁亦难支，故有火砖之制西人以其能支火，名之曰火砖：配用麻石、沙、火泥泥之色灰，含熔质少者，约麻石九十五分、火泥三分、沙二分。麻石最为支火，煅而用之；然质松脱，不加泥，无以粘贴成块。沙则取其透气不爆。寻常泥砖不宜于烈火之炉，火砖又不宜于常火之炉。以火砖之松，着指可解，砌为烈火之炉，则借火力熔粘而反固，砌为常火之炉，火力不足以熔粘，未有不粉散也。是以卑士买及炼矿等炉，虽为烈烘，其火砖配料尚不过六分之麻石、四分之火泥，则常炉更不需此矣。铁钢为制造之根，泥砖又为炼钢之原，不可忽也。　法国三海相环：东南地中海，西大洋海，西北芒渚海。马赛为地中海巨口，大洋海口曰波多，芒渚海口曰哑乌。兵口五：南曰渡郎；北曰槎浦；西曰柏埃士，曰虏利杭，曰荷是弗阿与吴德（士）〔章〕所记文字全异。以音为文，人人互异也。其次曰阴台，曰和愈英，曰泥武埃，曰初沙特，亦兵口也。　法例：邑居民五百以上即置男女学塾，责民设，不加考察，不给经费。各部艺事，民设而官监之。学部总司学务，有纠察、宣令二司。纠察十九员，分纠各部学务之勤拙，与教习、监学之能否。宣令司十六员，传部令加以赏罚。每年入民塾者四百万人，入艺学者十五万人。　塞纳厂制造铁船钉栓炉，为方尺铁框，高如之，内垩泥以受炭，下开口以通风，四旁满凿圆孔，大容钉栓之径。截扭铁圆条，长如应用钉栓之尺寸，排插孔内。风行火烈，后插甫毕，前插已红。次第抽换，周行不息。斯炉之制有三善：合铁、垩泥而成之，制易修便，一；大仅逾尺，用逾十炉，炭省工速，二；铁件次第入炉，按孔抽换，火候均匀，三也。其机之制，酷肖气锤，惟用盘轮，不以汤气。以螺杆使升降，镶钉栓之模于杆末，开圆范于砧上，铁条火红，出炉直插砧上范内，运螺杆使下压，圆、方、六角，随模立成。一人之工，一炉之火，所成者日数千计。　验船落水速力之机，即算学家圆柱直旋、重物下坠、相画而成抛曲线之理者。柱高逾丈，径逾尺，置诸船台之右。柱末嵌一轮，结绳于上，引绳系船，船动，则轮转而柱旋矣。柱旁镶一小轮，轮边悬一铅坠，坠末衔一铅笔，柱上蒙以白纸。柱旋时，放小轮上之铅坠直下，坠末之铅笔画于柱上纸面而成痕。柱旋疾则痕斜，缓则直；其旋之缓急，即船赴水之迟速也。按例推算曲线之度数，即知船之速力大小。较以重心斜度，预算之速力能合与否，或绌或盈，后来知所增损。凡船下水，间有速力不敌阻力者。西人于此测其迟速之力，以知其由，亦留心救敝之一端也。晚赴意大里公使茶会，便过斯塔立特尔新设日本店，集日本新旧铜器数千事，间以漆器，其制绝精。房屋亦仿日本式为之，所设几榻皆日本物。亦西人喜奇之一端也。

初八日。偕马格里诣外部，录送总署咨会通商四款，并出原文令马格里宣诵。沙乃斯百里引手承接云：我自诵之。因出抄件交付，沙乃斯百里诵毕，云：看此文，原系为德国换约事立论，似与本国无干。然其大端实关系各国，仍须各国公同定议。应否具文回复，尚须缓商。予谓：此件正为德国换约添设多款，应将大致情形通告各国。中国但愿一切依照通商条约办理，并无他意。

沙乃斯百里言：此抄件应请存留，俾与各部大臣商议。应作何办理之法，亦须各部大臣公同酌定。予谓：中国先求申论其理，以备各国省览。如能示一回信，尤所感荷。沙乃斯应诺，遂退。茀娄尔约游科里治阿甫色尔占斯①，犹中国之太医院也。设两尚书：一主内科，曰贝尼得；一主外科，曰柏尔克得。设有考求医学之妙西因，茀娄尔实掌之。并召集各名医为茶会，所见魁英、何尔庚，并著名老医士数十年前已著书行世。马格理初学医，即读其书，威勒士即捐资运埃及古碑者，希满为司（弃）〔并〕色尔威尔士总办，即上议院前之大病房也；外则多音比、斯梅尔斯始识茀娄尔于多音比宅。其妙西因缘始，由名医亨得刻有石像在院积数十年心力，征求考验，临卒以输之太医院。嗣是岁有增益，凡数万品，大如象、鲸，小如蚊蚋，皆收贮其皮骨。人身全骨至数十具，髑髅首骨千馀，各国种类皆有标记。西洋各国与中土脑壳皆圆满，西洋深目，目框骨皆倾下，中土圆平，可以辨知之。其亚美利加、阿非利加两地番民脑壳，皆小而削。北亚美利加有自少束其头令扁，或束为长头，令其头后出如瓜，至有束之疾，破其脑骨以死者，皆穷测其所以然，收其骨为验。其五脏肠胃及周身筋络，则用玻璃瓶蓄水贮之。受胎自半月渐积至成人，及怪胎或一身二首，或两胎而胸背相连，或二胎三胎相纠结，及不具人形者。遇有小产及怪胎，悉取而收贮之，以次陈列至数十具。最奇者，一长人骨，约九尺许，取置之地，仅各及其肘而已。其人有名姓里居，及生前所着履，亦置其旁。一短人骨，以指测之，约一尺二三寸，似初生胎之最小者，而满口齿俱全。其诸鸟兽虫鱼，巨细皆备。凡分四院，覆以玻璃，骨大者置院中。鲸鱼有长至二十丈者。其一院专储异兽骨，得之土中，为世所无。亦有巨鸟，五

①科里治阿甫色尔占斯，College of Surgeries 的音译。

爪长尺许，胫骨如象而无翼，云皆出洪荒以前也。院四周为四层楼，皆为巨厨倚壁，前置长案，罗列玻璃盒以贮诸小品。茀娄尔取人手足指骨及诸鸟骨兽骨，下至虫鱼，以观其用，其理皆同。盖自腕骨歧分为五，亦各分五节，与鸟足无异，兽（迹）〔趾〕或五或三，或二或一，而胫骨之上亦常有五小骨相倚，而其下并合为一，是以其行疾而远。鱼翅之小骨相比，亦与人手足同。其五脏之分，惟人心与鸟兽之心，中房不同。人心为四房，以灌输周身血脉。始纳血于右管，盖饮食之精液，色尤清也。沈而入下房为血。而后递激而出于左管，以达于肺。又吸而入其下房，乃始绕行以达于周身，而散为脉。鸟兽之心二房，鱼则一房而已。鹿骨十馀具，其角百馀。其一具得之圆明园，为阿里克送入太医院者。茀娄尔云：鹿角开枝皆前向，独此后向，为鹿中异品。象牙成螺旋者数具，云此象齿之病也。指示之，其内皆朽。盖齿内方有腐蛀，则生力弱，外方生力强，其长常倍，腐蛀者力不能逮也，而牵掣其生长之机，因之旋折相就。沙鱼须左出。茀娄尔得沙鱼头嘴数十，剖视之，其右皆暗藏一须，雌者左右须皆暗藏。南亚美利加得一左右须并具者，此创见者。又有刀鱼者，长嘴，长锐如刀，见巨舟以嘴冲之，能穿分许铁甲。入木五寸许，其力不能拔出，必自折其嘴。洋舟受创，以为礁石也。验之，知为刀鱼嘴所冲击，亦辄挖其受伤处存贮为验。其馀海中螺蚌，及石华、海草之属数百品，然皆含动物之性：或由虫化，或其草复化虫，及草品中之能食息者。如（瑚珊）〔珊瑚〕，石也，西人谓皆虫质粘合结成：其始结也，黑白相间，已而为纯白，已而为黯红色；始结时，虫质尤可辨也。其诸奇形诡状，不可殚述。又有虫草合者；上形如土狗，无足，其下有柄，含白须数十茎，长尺许，坚白如马鬣。茀娄尔云：其须非草质，亦非生物之质，盖火石之属也。

又有穿地鼠，长可三寸，背负坚介，当首处锐，其下为浅白。鼠无尾，而上介直下，如藤牌蔽其后，去介，又有硬骨圆如上介含其内。茀娄尔云：锐首以利穿土；恐人之袭其后也，为圆壳护之，而又坚能拒物。亦天地生物之奇理也。凡齿皆有根，而小儿换齿无（跟）〔根〕，由内齿与之相抵，日磨月烁，以销其（跟）〔根〕，而齿自脱，内齿乃相踵而出。亦辄析小儿齿（跟）〔根〕验之。耳内之发声者，有细膜相遮护，下至虫豸皆然，悉取而陈列之，或小如粟。而人耳症或虚或实，皆割存之，以辨证其理，凡八百馀具。所陈设与铿新敦妙西因同，而其意旨稍别。铿新敦各处在侈陈美观，以资考证而已。此处则主于辨证异同，循求脉络，以推究其所以然，而悟人身骨节血脉之相为维系灌输，所以为医学之源也。凡治医者，岁必于此试之。必得高第，授以文凭，乃始听令行医。又有爱敦百里人名立斯得者，医学尤精。西人破骨之法，不敢擅开膝骨，以恐风入其中，于法不得施治。立斯得云：风入不为患也，所患太空中尘埃野马，皆生质也，入膝骨中相为生育，故无治法。立斯得能炼药为水，以洗太空中尘埃，就所坐处洗荡尺许之地，可以容足，破骨施治，一无妨碍。其法辄验，一时颇宗信之。

初九日。礼拜。谛拿娄见赠映月图，云曾设观象台，用映相法映月轮影于玻璃片，径九寸，转影纸上，拓大二尺许。后因目力减，其远镜仪移赠倭斯茀天文堂。罗稷臣因问以映相专借日光感变药料，月光恐不如日光之烈。谛拿娄曰：借月而影物，固恐漫漶不清。即月而影月，自能毫厘不爽。复示以玻璃片二，曰：此亦映相法也。图用药水照成者，面目虽真，颜色悉改。有白克鲁者出，别创新法，所映之图，悉还物之本色，此其手制者也。惟不能定影，故必长存暗室中，就灯下视之，乃知其为陆离图。

自奈端知白光为五色合成，继起者探讨日精，乃知物质见火，所发之色各自不同。讲格致者，映成各质见火所发之色，号曰陆离图。按图辨影，即可因色以知物质。西人知二曜及经纬诸星体质，(是用)〔用是〕法也。器之尤奇者，莫如留光筒，因出以示，言：此自法国购来，筒中存铼（硫）〔流〕锶流各质，未见光则黑暗如漆，既见光则五色陆离。西人谓电、热、光为三轻，因其不可捉拿也。今得是气，而光亦可取携矣。夫光本无物，而目能见之者，因有动性感我眼根也。光之动，传于铼、锶二质，而二质因之亦动，故能生光。罗稷臣问：他物何以不能传光之动，惟待铼、锶二质？谛拿娄亦本能对。所用电池，以玻璃管为之，中置绿银、锌质、硫纸、绿阿俗呼洋石膏四物，以生电气。所试电火为一万一千电池所发者。铜颖二枝，距五分六厘。如下之铜颖易以铜片，置五金其间，则化为灰烬；易之以片纸，则惟穿成小孔而不能燃。其蓄电箱可用四十二迈古路发拉，与五百个大蓄电瓶同量。量电之数曰发拉，曰迈古路发拉。每（花）〔发〕拉为一电池一杪钟过一息蒙阻力所发之电，一迈古路发拉又为百万分发拉之一也。蓄电箱受电多少则以二气表测之。所谓二气表者，即分水为轻、养二气之器也。电箱空时则分水速，渐满则渐缓，满极则息。蓄一箱之电，所分水得五百分古迈之一。法里治云：聚天空所发电光之气，可分十古迈之一之水。谛拿娄又出空气筒见示。筒中存各种稀薄之气，电过其中，则发种种光堛。凡筒径大小、气质稠稀、电力强弱，光色即因之而变。抽气之器有二：一曰汞质抽气机，一曰士毕连抽气机。气之压力可抽至极小，其力以默利脉计之。每默利脉为百万分之气之一千三百一十五。筒之近阴极者，有一节不见光堛，名曰电气暗发。其理莫能解。

初十日。李丹崖见示刘和伯信，以奉总署议准派充参赞而迟延不往，刘云生欲遂具参，令刘和伯通知，谋以威胁之。此董卓待蔡中郎之故态也。赴世爵毕德右邻隔数家，去岁三邀茶会、经密斯贝谛为罗茀得斯倭陀卫之女，新出阁者。经密斯，武员，官职视游击，屋后有园、达摩生初以为斯博德斯武德处所见精于勾股算术，及造英美两国交通电线，赏给宝星者，比至，则别一人也三处茶会。内里达摩生言，其夫之父，与额尔生同为水师营将。有大椅一具，椅围并效舟中所用绳索，而木质文理绝细；云破西班牙船，制诸器物以象功。出数小盒见示，皆船木也。达摩生亦健将，名与额尔生相亚，操一小船突阵，法兰西大兵船数只围击之，鏖战三十六点钟，法人并力掳取其船不可得，额尔生探知其被围，以师援之乃解。其言多可听者。

十一日。赡斯过谈，居中国二十馀年，颇悉中国风土人情，自云生子十人，位置学业，使各有所托以成名，亦殊不易。吾谓西法学、仕两途相倚，不患无以自立，此较中国为胜。赡斯言：文武两途员缺有定制，而求仕进者日增。学成而待用，亦苦阶级之不易攀跻，闲废为多。惟律学为人民料理词讼，可以自食其力。其仕进有阶，其从容燕处亦足资以为生。吾谓西洋律学、医学皆可以求仕，学成亦可以治生，故托业者多。赡斯言：充武员至中国，知中国当兵者皆尚椎鲁，无文学。西洋必使学成而后充兵，近乃知有文学者多浮猾，故凡充兵者皆试其力，不试以文学。此亦中国所早见及者，西洋近始知之。因论中国最轻视兵。吾谓中国尚文而贱武，凡横暴者，相与以兵目之，言可畏悸也。正惟视之轻，是以为兵者亦皆不自立，以成乎偷敝之习。此亦中国之弊也。接黎莼斋信，言近得柏林信，德使巴兰德以议约不成，比已出京。总署电报云然。刘云生以顽悖之性，贻累国家，总署始终不能辨知；即知之，而亦相与视为固然。似此痺痿不仁，虽有圣者，无如何也。

十二日。荔榛园花会，其参赞苏尔比约往。支帐为围数重，万（里）〔品〕罗列。大率木本、草本二种。而草本之中又分数类。有由种植者，有野生者，有近芭蕉一类、冬萎而春生者。木本则或有叶；或有条无叶，其形如松者；或抽条，或抽针，枝叶诡异，凡二十馀品。花或红或白，或丛生如管；或圆如球；或尖瓣繁密如蘧麦，而皆松类也，别为一种，云出爱尔兰。大者如芍药，如玫瑰。芍药仅见，云出意大里。小者如豆，如粟。其色有红，有蓝，有黄，有白。种类极于四大洲，而多以人力养成之，大于常品，或至逾倍；圆叶具五色，层起如云，多成之人力者也。杜鹃一围，约盈万本，红白照耀，皆园产也。馀花则或他园主或人家所蓄植，移运于此，相力斗胜。仙人掌一种，奇形诡状至数十品，亦多着花，碎红掩映，皆奇观也。优拉武员，视中国游击送所著书，盖意大里人马尔克波罗从元世祖入中国西人谓之苇必里汗，述所历风土人情，西人多以为疑。优拉官印度数十年，考知其情事，与所闻悉合，乃为之诠释推衍，自成一书。前在沙乃斯白里处晤谈，许见贻一部。因属马格理以一书谢之。格里得见惠平安友会各种书洋语曰苏赛也得阿甫苇林斯。苏赛也得者，译言会也；苇林斯者，朋友也；阿甫，语词。此会原始，其来已久。二百年前有威里恩（莽）〔芹〕者，挈家就亚墨利加野人求一亩之居。树艺生聚，埋斧为誓，渐次开辟其地，即今美国之缘始也。其书有《威里恩（莽）〔芹〕行迹》，及阿什、爱伦、觉尔治苇克斯及女士伊里斯阿白斯苇来四人《行迹》，皆在会名人也，大小凡十五帙。此会亦主耶苏教，而科条小异，专主以善化人，而慎言兵。据称在会数万人，无当兵及任武员者，盖深以残杀为戒也。晚赴立苇来茶会，晤鼓得拉甫，询及去岁同游五里治之副使，若甚薄其为人者。予因力赞其能，以为之解脱。又山德斯、雷尔二人，数相见，顷始问知其名。数十年前英人始寻北海者，名法兰克林，去冰海数年无信，屡派船探寻不可得。其妻以吁之海部尚书，而回言：相距已十馀年，想死冰海久矣，寻亦无益。其妻乃自毁家求之，最后得一船，而雷尔为其船医士，奋然往探。出入冰海，经历危险，同舟死亡相继，欲返者数矣。雷尔固请前。最后得一岛，泅而登，则见一小舟覆地上，揭视之，有白骨数具，旁有器物数事，并得当时笔记，乃始收得其遗骨。雷尔之名，因是大显。今见之，须发皓然而精气尤强，适见美国纽约新报，言有依登者，近已赴北冰海穷探北极，以竟法兰克林未了之功。西人立志之专，百挫不惩，遇事必一穷究其底蕴。即北海冰雪之区，涂径日辟。天地之秘，亦有不能深闭固拒者矣。

十三日。接联春卿信，知瓦定敦赴柏林会议俄、土和约，刑部尚书堆弗尔兼理外部事。英国沙乃斯百里行后，意大里公使告言：闻克罗斯兼署外部。讫今无信，想不复派署也。爱里斯邀茶会，以天雨，又连日茶会，困惫万状，遣德在初与马格理二人相代一往。剃发钟四嗜酒任性，与刘云生为类。我既无德以化刘云生，而周长清、李祥凯二人实竭力荐引一钟四相随出洋，任其横逆，无一语相劝告。竟不知此行所遇之穷，有如此者！此邦人士辐辏，车马殷阗，而从不闻喧哄之声、嚣陵之语。仅此一公馆中，在上刘云生，在下则钟四等辈，喧呼叫呶，肆无忌惮。推求其由，皆刘云生为之厉也，伤哉。刘云生远使，贻毒柏林，此间见闻稍清，而其遗孽流传至钟四，万不足留也，乃并遣使回京。

十四日。见新报，始知克罗斯实兼理外部，乃偕马格理一往见之。晤旁思茀得，又以补请茶会各名相属，心窃异之。大抵西人好推求人世事理而不惮烦劳，宜有然也。便道回拜瞻斯。丹拿见示英人《禁烟会录》一书，论鸦片烟事宜，以为中国官员以各口收税为言，不但无力禁止，且不欲示禁；一千八百六十八年且有奉准东三省一例播种之文。属将此二条达知中国。中国办事之难，有非一二言所能尽者。去岁补陈禁烟事宜六条，尚至阻遏不行，他更何论也。丹拿勤勤之意，吾甚愧之，又不能与深论。耿耿此心，将谁诉也？

十五日。李丹崖见示所绘《天下全图》。合四大洲及诸大小岛，皆详其地名。美国所属舆图，及英国所据之印度，并是与中国相（勒）〔埒〕，而此二土者，皆自英人开辟之，几尽泄天地之精英矣。因地球皆以经纬二度测量，纬度三十六幅地球二面各十八幅，经度二十七幅，共为图九百七十二幅。创始人曾文正公。阅七年而始成，至今未付刊也。丹崖舆地之学，必能有传，于此尤为伟举。

十六日。礼拜。接上海三月廿五日由英公司生达轮船发递七十四号包封，内总署咨派翻译折稿一件，第廿三号信一件三月十一日发，何心畲信一件，晃州厅赵绍华贺信一件。赵君为赵兑泉中丞嗣君，在家屡枉信，以素无一面，未作答也，乃复周旋至七方里以外，甚愧无以对之。北五省旱灾，广开言路，百官日有条奏。近见侍讲张佩纶上言诚祈、集议、恤民、省刑四事，稍有切实语。司业宝廷上言四弊，曰不知缓急，曰有名无实，又有见小、畏难二弊，归本朝廷，切责枢廷，自为胜人一筹也。

十七日。毕德、铿密斯白谛、爱觉敦、立斯敦四处茶会。以毕德、铿密斯白谛两处均经邀请茶会，其势不能遍及，只好辞不赴，以便通融酬应。西洋以此为酬酢常仪，而吾实心苦之。诸邀请者盛意勤勤，又不欲却也，率常竟夕不能就寝，于病躯尤不宜。立斯敦处有就见求请帖者四人：曰布拉，武里治兵官，曾陪同试炮者；曰伯罗克斯，阿什百里曾代邀赴茶会，亦兵官也；曰内里罗赤，曾来拜者；曰布拉，为巡东洋水师兵官，久居中国。数者皆有关系，而马格里均至遗漏。此茶会之见怪者，必尚多也。

十八日。接刘和伯、黎莼斋各信。二君同为广东生私人，然和伯诈而莼斋愚；和伯爽直而莼斋阴重；和伯之罪为可恕，莼斋之心不可测量。凡人见理不明，直无一而可。甚为莼斋惜之。晚赴茀赛斯、贝拉希两处茶会。接上海四月初三日由法公司低立华地船发递七十五号包封，内总署公文三角一具奏议准镇江太谷洋行趸船移泊；一给事中郭从矩奏出使（縻）〔糜〕费，总署议复一年报销册从实核准，以示撙节；兼行英、法两国二咨。举朝相与为漠不关痛痒之言，无如何也。

十九日。邀请茶会，至者五百馀人，所费盖千四五百金。而凡客至皆以为欣幸，西人之好尚固如此。印度部哈尔谛，已封爵，易名曰克尔兰布鲁克。商部阿得里，亦封爵，易名曰罗尔敦。又世爵赫萨克、色尔敦二人，并曾任铿恩斯。杜戛见贻马加国人坡多斯吉考定其地语言，与中国本出一派，即英人所据南洋之麻拉甲也。其地近接暹罗、安南，去中国为近。今遵用洋文，遂据以为其国语言，而引中国文以证之，以为其文义同也。亦可谓自忘其本矣。

二十日。先（选）〔遣〕李祥剀随同张听帆、凤夔九先往巴黎。是日无风而热甚，恐为（翼）〔翌〕日风兆也。往拜克罗斯、沙乃斯百里二处，告知赴巴黎。并诣马克里。是日若达利拉邀茶会。近在左邻，以拜客失期，遣德在初往谢。晚诣李丹崖、罗稷臣谈。三代以前，皆以中国之有道制夷狄之无道。秦汉而后，专以强弱相制，中国强则兼并夷狄，夷狄强则侵陵中国，相与为无道而已。自西洋通商三十馀年，乃似以其有道攻中国之无道，故可危矣。三代有道之圣人，非西洋所能及也。即我朝圣祖之仁圣，求之西洋一千八百七十八年中，无有能庶几者。圣人以其一身为天下任劳，而西洋以公之臣庶。一身之圣德不能常也，文、武、成、康四圣，相承不及百年，而臣庶之推衍无穷，愈久而人文愈盛。颇疑三代圣人之公天下，于此犹有歉者。秦汉之世，竭天下以奉一人。李斯之言曰：有天下而不恣睢，命之曰以天下为桎梏。恣睢之欲逞，而三代所以治天下之道于是乎穷。圣人之治民以德。德有盛衰，天下随之以治乱。德者，专于已者也，故其责天下常宽。西洋治民以法。法者，人已兼治者也，故推其法以绳之诸国，其责望常迫。其法日修，即中国之受患亦日棘，殆将有穷于自立之势矣。中国圣人之教道，足于己而无责于人。即尼山诲人不倦，不过曰往者不追，来者不拒而已。佛氏之法，则舍身以度济天下，下及鸟兽，皆所不遗。西洋基督之教，佛氏之遗也。孟子之攻杨墨，以杨墨者，佛老之先声也。孟子独知其为害之烈，所以为圣人也。而其言曰：逃墨则归于杨，逃杨则归于儒，以杨氏之为己，尤近于儒也。《中庸》之言曰：成己，仁也。成物，知也。性之德也，合内外之道也。必如此而后足以尽圣人之能事。圣贤不欲以兼爱乱人道之本，其道专于自守。而佛氏之流遗，至西洋而后畅其绪，其教且遍于天下，此又孔、孟之圣所不能测之今日者也。天降下民，作之君，作之师。三代圣人所以不可及，兼君、师任之。周之衰而后孔、孟兴焉，师道与君道固并立也。自六国争雄以讫于秦，而君道废。自汉武帝广厉学官，而师道亦废。程、朱崛起一时，几近之矣。承风而起者，自宋至明数十人，而其教未能溉之天下，则以君道既废，师道亦无独立之势也。西洋创始由于教士，至今尤分主朝权，不足为师道也，而较之中国固差胜矣。

廿一日。仍由苐克斯敦渡海至柏郎，家人及英儿随行。风日清和，幸尚安谧。惟乘坐拿破仑船，船房甚小，船面又无盖覆，不能避风日。柏郎上汽轮车，中过阿密雅、布来克两处小憩，至巴黎斯尚未晚也。黎莼斋、联春卿、张听帆、凤夔九、陈敬如、马眉叔及日意格并接于车行。莼斋告知：二十日布伦业园大操，约四万人，大率列队布阵而已，无纵横击刺之节。因考法国兵制，大率以万人为一军，其名曰谛立雄；析而为二营，名曰布里干；又各析为二旗，名曰赫西蒙；又各析为二队，名曰霸达容。合两军二万人，总为一大军，名曰戈达昧。李寿田《笔记》言：战士六十万，合列十九营，营各得三万人。容当一细考之。

廿二日。往拜署理外部之刑部丞相堆茀尔及罗淑亚、赫德、日意格四人。知赫德已回伦敦，而罗淑亚赴乡。随接李湘甫信：廿一日方自伦敦启行而赫德至，并枉送宁波人李圭所著《环游地球新录》。盖前岁美国开设百年大会于费地里费之飞莽园，李圭司浙海关书记，赫德派令赴会者也。其书四卷，分三类：曰美会纪略，曰游览随笔，曰东行日记，纪录尚为详明。

廿三日。礼拜。阿尔拉尔得为捐助中国灾荒会之参赞，寓书马格里，以《代模斯》新报刊刻书信三通，其中有“哲·纪”者以二十六字母衍出第一字以标识之，未全载其姓名也，痛诋天坛采办巨木，合银十馀万两，以为虚糜款项，置民生疾苦不问。阿尔拉尔得谓此信大有碍于赈务，为拟一稿辨论之，而于中国情事则固不能知也。因属马格里寄复一书，推论二事：一、国家颁赈山西一省已逾百万；直隶、河南、山东、陕西各有赈款；官民捐输，又在此外。而此五省钱粮豁免与缓征，两三年来又已数百万。而以玩视民瘼訾之，此过也。天坛工程本属要需，而其采办木料，实在五六年前。巨木长十馀丈，皆出深山僻远之区，运出大江，动需一两载，而由各处采办，以符工部所开丈尺，亦需一二年之功，实在以前数年，需用经费开支已久，而以虚糜款项责之，此尤过也。吾以中国人，目睹伦敦绅民捐助中国情形，不欲更加驳辨，仍属阿尔拉尔得为剖辨之。而《代模斯》所刻上海来信，持论有极精透者：

一论罪己诏书，谓天灾流行，人力无从（干）〔斡〕旋，而中国于此绝不一为经画预备之计，其责实无可辞。如开河浚川，引水灌输，此预防之策也，中国一无经营。电报、汽轮车以通消息，以利转输，此临事补救之方也，中国一无讨论。至于铸造银钱，取便民商，外国之交易无阻，其利小，中国之居积有资，其利大，又一切峻拒之，以为中国钱法，外国不宜干与。以此一切袭常蹈故，自取坐困之势，至是犹无省悟，为患将何已也？一论中国人民禁使出洋，其弊终至于使人掠取为奴仆，而无有正名挈眷谋生外洋者。英国既收取澳大利洲，凡有挈眷承往开垦，国家皆资助以行。中国坐听人民数百万日充饿莩，而出洋则严禁之。贫民私出外谋生，稍有赢馀，裹负以归，各国尤深嫉之。是以美国之旧金山，与澳大利洲新金山，至有遏截华人前往之议。将来一切驱回中国，其隐患尤深。其他议论尚繁，俱切中中国情弊，阅之慨叹而已。

廿四日。金登干、实德棱、阿拉满来见。阿拉满为荷兰人，充马赛领事二十七年，意在兼办中国领事，踵门自荐。而实德棱曾在浙江带兵，蒋湘泉携赴广东管带水师，自言赴浙由恭邸函荐，并允留用十年，其后二年军务告竣，遂罢遣之，应补给八年（辛）〔薪〕俸；由浙赴广东，有屋一区，值洋银万四千元，应由官收还，或断以七千元，而浙抚亦仅给洋银五千元。问何以识恭邸，曰：署公使格士奇所荐。问此二事格士奇何以不为理处，曰：适此时公使为博尔得米，与德克碑交好。德克碑在宁波有仓米四万石，谋私运归，为所力持，以是怀恨。博（亦）〔尔〕得米修德克碑之怨，不肯一为理处。问在粤几年，曰：法领事阿布得仑谋荐其子接带水师，力倾去之；现正控之刑司，数日即可质讯。其言绝无伦序。法人行径，远不逮英人之诚确，如实德棱，已万不可近。三十日庆会已见新报。议院议准五十万法兰办理灯花、音乐，各街音乐、灯火仍由富户捐办。其国家承办者，演放烟火四处：一在赛会院前，一在蒙特马尔德街，一在布伦业园，一在意大里街。设立音乐二处：一在三纳河，仿照威尼士地方嘉节，设小船一百二十只、大船五只，皆张灯设音乐，沿河游驶；一在旧皇宫，于钟楼故地前建一高台，设歌者四百、乐工四百。是日作乐二次：初次三点钟至六点钟，二次八点钟至十一点钟。晚赴费尔谛琅堆费尔茶会，法国地方官也，名曰布来坏，其职〔视〕伦敦之梅尔。会者二千人，麦马韩亦与焉。

廿五日。往拜波斯国王、葡萄牙国王，及波斯驻英公使，及日本公使，及阿李克，及色尔罗斯纪。色尔罗斯纪收藏中国古铜器大小数千种，日本铜器亦称是。然日本无甚古者，大率皆近制也。中国尊、罍、铜鼎、卣、彝、壶、洗之属，奇古者为多。所藏《西清古鉴》、《博古图》、《积古斋钟鼎款识》诸书，用相考证，所得多此种书所未录。有高二尺许，类壶，有盖无耳，竟体起星，两旁为五指纹，稍陷入分许，涂之以金，亦皆剥蚀，盖内及腹底有七字铭：，形式绝异。据称中国考古者定为夏器。其他件有手纹者亦数种，或专作一手纹，皆涂以金。有上如侈口瓶，旁护两凤，腹如尊，下以三狮为足，高三尺许。奇形诡制，多至数十。有铜像一尊，屈膝坐，长须，顶如覆盂，高不盈尺，而其制甚古。或言此宣圣像也。亦有数人环坐一方席，陈列盘、牟、尊、彝，半杂古今，竟不辨知其何义。其宣德法铜器，及乾隆朝所制，及古盘大围丈许，大率圆明园陈设古器也。瓶器及图画，亦无美不备，然要以铜器为最胜。

廿六日。阿里克杠谈。接李丹崖信，始知前在伦敦外部照会肄业武员林泰曾，由海部改派（弃）〔莽〕尼罗布船，曾具照复称谢，交丹崖审定，日久无信，谓已发行矣。以函问之，乃云交给马格里。急往催取，始据译呈。参差增减，惟意所适。稍与订正，令凤夔九译寄伦敦。并致丹崖一信，及李湘甫诸人一信。

廿七日。日本公使约饭，专为邀陪阿里克。同席马尔勒尔、得利塞尔，并英人也。马尔勒尔为其参赞；得利色尔考求东洋学问甚深，亦至中国。又云番西波尔得，荷兰人也，亦其参赞，能通日本语。饭毕，有东洋画工画花卉人物，皆水墨大写，援笔立就，而神韵有馀。阿里克为属画一鹰立高松顶，而属予书，乃题一绝：苍松拔地一千（石）〔尺〕，玉爪金眸寄托高。恰似英雄耿独立，侧身长顾风萧萧。至夜深始罢。

廿八日。麦斯尼来见。偕黎莼斋、联春卿、马格里一至会厂。由东大门入，略视法国陈列物事。南北长约三里许，左右绕视一周。每阅一道，兼测识其内层，又越一道，约历两（年）〔时〕之久，稍睹法国陈设崖略。第一道在外方，陈设机器，前为各种车式，其内约分八九道，大率毡绒、细缎、衣服、冠履为一类，其品目至为繁多；床几案榻为一类；铜、锡、镀金、（矿）〔镀〕银器具为一类；玻璃器具为一类；镌石器具为一类；铁器为一类；珍宝佩带为一类；织画屏毯为一类；戏具为一类；照画为一类；钟表为一类；杂器具为一类；属部器具为一类；天文格致图画为一类。两旁间道，则南为矿产，北为各种制造。木植、药品、谷产又各为类。亦极天下之巨观矣。晚赴日意格之召，便过金登干、哲美森、贺璧理三处。日意格昆弟执礼甚恭。同席芒高尔非亚，为汕萨穆钢铁厂主，于艺学至精，为上议院议绅；一瑞乃得，为科鲁苏钢铁厂主，役工万三千人，并约往游；拉费顺，为万生院医学监督，日意格之妻父也，及其帮办斯恭塞格、高氏亚；及莼斋、听帆、春卿、敬如、眉叔、夔九及马格里，十馀人。

廿九日。日本公使及王承荣、李少自来见。立瀚地方有大学馆，考求东方学问，其总办吉美得来约往游。又接伦敦信，知律师比里顿来见，并带到唐景星、蔡由贵二信，意在求一差委也。晚陈敬如、马眉叔来谈。

六月

六月初一日己卯。礼拜，为西历六月三十日。距开赛奇大会两月，为巴黎择期庆衎大会之日。满城竖旗张灯，国家亦自筹费五十万法兰。以桑塞里色大街为经，中为布拉斯得拉弓高①，即竖埃（吉）〔及〕古碑处也。经西过拿破仑纪功坊，直接卜阿得卜琅园；经东为蒙勒马尔得大街，并于街两旁树架，连小玻璃盏，引煤气为灯。每值街口，两旁植（篁）〔竿〕树旗，中聚小玻璃盏，引灯为花围。出城至卜琅（围）〔园〕，则沿途树旗（篁）〔竿〕，间数十步为牌楼，悬万点星灯五盏，树林上下各挂五色纸灯，而于三纳河及卜琅园溪流中各放灯船大小无算，编花卉为篷幔，奏乐其中。得拉弓高南旧皇宫设音乐台，自宫门起至音乐台约里许，皆树旗编灯，五色璀璨，益加奇丽。台前两旁编灯为牌坊，约里（约）〔许〕，皆具五色，尤奇观也。旧宫园地极广，遍地皆张灯。中间通道处，左右皆树灯架，凡为灯逾万万盏。各街铺户及民人张灯为庆，亦颇称是。由旧皇宫前直接布拉斯意大里，为之纬。是夕凡放烟火四处：一在赛奇大会厂前三纳河畔；一在卜琅园；一在意大街；一在蒙特马尔德街。奏音乐二处：一在旧皇宫，一在三纳河舟中。而灯光之盛，架灯用玻璃罩，以得拉弓高为最胜，

①布拉斯得拉弓高，Placede la Concorde（协和广场）的音译。

小玻璃盏以旧皇宫为最胜。其得拉弓高及卜琅园，另安电气巨灯数十（坐）〔座〕，其光如月，照地有影，而又刺射人目，不可正视。偕黎莼斋、张听帆、凤夔九、联春卿、马格里步行一周，以是夕各街禁止车行故也。

初二日。日意格带见艺徒五人：陈可会、张启正二人，在拉森船厂学习；王桂芳、任照、吴学锵三人，并在科鲁苏钢铁厂学习。高底亚陪赴勾柏兰织线厂，监督洼尔塞尔告言：是厂建自路易第十四，今约一百五六十年矣。自门两旁以达内厅，并张挂旧织。织室约二十馀，而现制织者不及十架。并大幅，长七八尺以上。每幅织者三人，次二人。皆先量其幅之长广，悬线室端，每线引绳曳之。又量其纳线之长短，约其绳为一束，间一线约之，用相参伍。其精妙处尤在配线。花草、人物、衣饰，皆有里面，有重叠，有参差，各以浅深异色别之。先画一底本，悬之壁端。每制一方，长不过数寸。就底本摹出一段，专量其纳线之度为界限，勒以墨。其织室皆外向就明，织者坐暗处，用摹本从外映之，循其界限，加墨于线，以为纳线之节。其浅深异色，一依底本为之。西洋制造皆用机器，独此用人力。大率中幅必二三年乃成，巨幅有至九年十年者。岁支经费二十万法兰，织工五十馀人。初学织者，择年十岁以上，先令学画。厂左有画院，人物、花草，抟土为式，或整或散。制造、宫室，亦分尺寸程度。一柱之微，亦杂取各国旧式，如考据家一名一物，皆有本原。其初学织，先令辨色。织为长方，宽寸许，长三寸，五色间错，名曰第一程。次则阔长方，仍分五色，令一色之中浅深相衔，映合自然，名曰第二程。次则织为如意式，令肖物形，名曰第三程。次则花叶相错，名曰第四程，皆尺方幅为之。次则肖人，一手五指有屈伸、肘腕有向背，阔尺而长三尺，名曰第五程或首，或股、足分为之，并同此式，仍与画理交相考证。至是乃使制小幅物事。其织工五十馀人，并有家室居厂中。所居室有小院，杂植花木，以舒畅其心气。详其制造之意，皆所以讲求术艺，陶成人才，于国家适用处不必适当也。线有丝，有羊毛，而染色为织厂所尤究心。首分五色，一色之中浅深变化数十，而所化之色，又各推衍至数十。其红与蓝杂，青与黄杂，参错为异色，推衍以至无穷。凡为色二万二千品，标五色浅深为总图，记以数，因是以推衍，又各记以数，并于络织小杵端注明。线尽，执杵往取，无或爽者。其染色皆用化学，是以力省而用广。洼尔塞尔邀至其家，在厂右小院中，花木茂密，居室极清幽闲远。为致茗果，兼馈小织件二方。是夕，李丹崖、李湘甫、罗稷臣、严又陵、方益堂、萨鼎茗自伦敦至。

初三日。偕陈敬如至外部，为堆茀尔诵总署四条咨件。堆茀尔惟举第二条领事由商人承充，往复辨论，云此应由中国论驳，中国不允其承充，则彼亦虚设也。因问法国充中国领事几人，有无此事，当查之。予谓法国各口皆设领事，此所云固不为法国言也。堆茀尔亦云：此件有应办者，有应商者，拟分别照复。大致与沙乃斯所见同。惟沙乃斯言：此件似专为德国换约事发议，与英国却无涉，然于各国固自有关系。堆茀尔则直就关系法国言之。此为稍异。回拜安〔南〕国公使。其正使曰吏部左参知阮增阭，号厦峰，字子高；副使曰礼部左侍郎尊室潘号春亭，字清涟。予以为尊姓也，询知为宗室，亦阮姓，而族属为亲。陪使曰鸿胪寺少卿黄文运，号贺轩，字子亨。曰参办、礼部员外郎阮有琚，号美江，字子玉。又有派办赛奇会者，曰光禄寺卿阮诚意，号翠川，字善关。其阮有琚着黑毡长衣，剪发，革履。问以安南亦有着西洋衣服者乎，曰：无有也。予为教（师）〔士〕，得袭教（师）〔士〕衣服。问以安南从教若干人，曰：百万有奇。曰：然则尽国人三之一耶？曰：不过二十分之一。教（师）〔士〕衣履而任礼部副郎，安南于此较为通脱矣。晚邀李丹崖、罗稷臣、严又陵、方益堂、萨鼎茗、麦士尼、高底亚，及黎莼斋、凤夔九、张听帆、联春卿、李湘甫、马格里小酌。

初四日。遣黎莼斋、凤夔九回伦敦，便致姚彦嘉、德在初一信。与克鹿卜约六月一日诣爱森，至是不能不一往，因偕陈敬如由家尔谛洛尔上车，过克类意勒、桑里、刚比尔、爱洛意瀹、丹冶为一大镇、基斯、毕新尼，入比利时境曰勾朗谛尔格林，有比国验货税关。至维亚茀尔，换车入德国境曰黑亚柏斯达里，有德国验货税关。凡税关惟验入境之货，不验出境之货。至科苏，又至倭本斯，再换车过林尼江，至爱森。克鹿卜遣其亲戚爱意灼非爱勒斯，以马车迎至其炮厂。盖自五点钟开车，尽一夜之力，黎明乃达爱生。

初五日。爱意灼非爱勒斯陪同至厂。克鹿卜亦先至。名曰亚里非勒克鹿卜。武里治总办、提督容赫斯（莽）〔莽〕得并在坐。饭毕，司宾嘎格门陪同游历各厂。所见压力机器及炼铁机器，及炮身小件机器，并与各处炮厂同。惟炼钢二厂，向颇闻知其法，至是始一见之。并引煤气，鼓之以风，火力逾倍猛烈。其一大炼：悬巨桶铁架中，桶式横受，下腹赢而上缩，首尾皆翘起。尾通二管，一引煤气，一纳风。合煤与铁置桶中，而引煤气熔化，鼓风内灌，以助火力。用铁铫安柄（万）〔逾〕丈，一人执之，以试钢候。再行猛风鼓之，令桶首起立而风管纳风上激，其势渍薄，铁火星从桶口腾出如散花，即钢成矣。乃引机器转铁桶，至桶口前烦之，顷刻盈十馀桶。其一小炼：为泥坛，纳铁与炭其中而封其口。先置暖坑烘之，而后取置之灶。灶内安（板铁）〔铁板〕，凿孔其上，排列泥坛，激风力鼓之，上覆铁片，连次为盖。较之大炼为时久，出钢亦少，而钢质尤良。武里治铁炮皆钢胎，外裹熟铁，工费较省。克鹿卜用全钢为之，是以炮质轻而坚，而费尤巨。所历二十馀厂，粗观其大略。大率以铸炮及舟车铁轮、铁甲及火轮车路四者为大纲。其治火轮车路，成钢后入炉煅之，引入压铁机器，车轮上下七八孔，由粗而细，自圆而扁，再后作工字形，七八传而轮路已成丈数尺，为时不过分许。其外炮式一厂，炮弹一厂，新旧式皆备。火药一厂，排列各国火药式，云以德国藕孔火药为最良。英国惟用石块火药，以其工力较省也。尽一日之力，所至尚不逮二十分之一。嘎格门告言：克鹿卜之父为铁工，曾开设一小铁局起于一千八百一十年，其父死时，克鹿卜年十四龄是为一千八百二十六年，负债累累，而铁局之地不盈亩，克鹿卜仍其业守之，至年二十以后，乃推求得炼钢法，而其钢大行。其用泥为坛，取之德境以北，并由推求试验而得之。适会英人初开火轮车路，各国争效之，克鹿卜乃用其冶钢之法修造火轮车路。又十馀年，厂地日辟，乃始制造钢炮。其父初居屋，为房四间，尚存厂内，岁加垩治。又有二十年前初造大钢炮，俄国派员来观，特建一屋以处之，今为文案所。而克鹿卜少时所制压力机器及熔铁锅，形模极大，而不及近时之灵巧，皆存置厂内，以资后人之考证。凡为厂地四百划克打每见方千尺为一划克打，火炉大小一千六百四十八座，汤炉大小二百九十八个，又开矿用者一百三十四个，汽锤大小七十七座，拉钢机器一十八付。厂用马力机器二百九十四架，合一万一千匹马力。矿用马力机器一百一十九架，合五千九百三十四马力。厂用机器一千六十三付。每日烧煤一千八百吨，每日用水一万五千三百方法尺，每日各厂煤气灯二万一千二百一十五盏，用煤（汽）〔气〕二万四千七百方法尺。大铁路长三万九千法尺，轮车机器十四架，车五百三十七辆。小铁路长一万八千法尺，轮车机器一十架，车二百一十辆。电线长六万法尺。局、站四十四处。救火水龙八架。煤矿四座，每日出煤三千吨。五金矿（大）〔山〕五百六十二座，已开者二十九所。役工五千人，厂内监工及有名职司七百人，总监工二十人，总办文案五人，司宾四人各国交易来往周旋，并归经理。总办七人，其职视各国之部丞相：一总理银钱出入，一总司工数，一经理工役病痛及有他故，一管理购置各国物事，一总理营造，一总司煤务，一总司铁务。凡有事务，总（帮）〔办〕七人、司宾四人会议，酌量其事之缓急轻重，白之克鹿卜行之。其不能定议，则各摅其所见，上之克鹿卜，以俟其裁度。在厂工役万馀人，各以名数编次，给与腰牌。每日分左右厂门收取腰牌，以记人数而登之册，依名数次第悬之厂门内走廊下，日暮散工，各就走廊取携以去。其规模亦宏敞矣。晚就所居园宴宿，距厂约十里，极山水花木之胜，供张尤极丰赡。自厂旁十馀里间，建造房屋六千五百所，以处工役，并红砖为墙，玻璃为窗，屋或二层三层。又有面馆、酒馆及购置百物，皆供工匠万馀人之需，而平其价，各设总办经理之。凡设客店一，酒馆八，造荷兰水厂一，煤汽厂一，造面包厂一，日用物件大店一、小店二十二，病馆一。所见厂局，殆未有能及此者。是日适演炮，邀斯邦达营学生查连标至，因留同饭。

初六日。文案比卑勒陪游克鹿卜为各工役设立学馆凡设立学馆二，学生男女二千二百五十人。所游历者，一小学馆也，凡分八堂，堂各七八十人，计共五百馀人。其意在使识字，以承守工役之业而已。自六七岁始，讫十四岁出学。而十岁以上（以下）半日就学。所见皆始入学者。而十岁以上所课文艺，一文一画，其总办并汇数十册呈览。小学堂次第，大率首识字，次习歌唱，次习加减乘除之数。馆左右皆平旷地，用栅围之，以习武事，所见亦三种：一习运动手足，左右步趋，并听教者指挥；一列阵，或分或合，或前或后，疾徐疏数，趋教者为程式；一习跳跃，设一高架，及并两凳而空其中，使之猱升鸢击，倒悬翻跌，备极轻捷。其十岁以上所习则有化学，有机器格物之学，各种仪式罗列盈架。所业不过工匠，而其教课之方，一皆文武实用。人才安得不盛！国势安得不强！又至一水龙局，则克鹿卜所设以防火，备不虞者。凡设水龙八架，架八人司之，亦有总办及分理者，共七十二人，设一屋处之。前为大院，藏车及蓄养马匹，皆在院旁。厂内安设警钟，钟鸣则车马人力顷刻毕备，期以四分钟为率。院内设高屋一座，以习救火之方。先救人，次及器物。绳梯数丈，皆可援以上下，收合不盈二尺。又有布袋，笼人而下，妇女童稚，惟此为宜。其总办传集人工，一为演试。其备预迅速，腾走捷疾，其习然也。午饭后，克鹿卜仍令比卑勒送上汽轮车，前赴荷兰拉海都城。经过爱森镇，市肆颇盛，盖旧镇也。克鹿卜亦于厂前设肆名爱森，故亦谓之新爱森。至货日柏侯森上汽轮车，过林尼、色费拉倭两处，即入荷兰境，亦有税关。又过阿兰、裕太克特两处，并大镇也。沿途地势平衍，沟浍纷歧，树木丛密，田土肥沃，杂植蔬谷，间以草坪，牛马畜牧其中，沃饶雄秀，天然图画，远胜江南盛时也。薄暮抵拉海[1]，寓倭得里伯尔比客舍。主人言北海舍苐宁格灯市音乐，宜夜游，清晨则男女相与澡浴，亦濒海胜地也。乃乘夜一往。两旁高树夹道，一望深秀，此景以荷兰为最胜。

初七日。遍历拉海都城。街道侧狭，房屋高不过三层，亦近朴实。市肆无多而整齐洁净，所至如一。市心立（荷）〔阿〕兰治石像，为八达之衢，地极宏阔，树木林立。阿兰治者，明季荷兰为西班牙所并，阿兰治力战拒之，为西班牙人刺死。荷兰之得复

①拉海，La Haye（海牙）的音译。

立国，阿兰治之力也，为刻像以纪其功。兼游荷兰王后花园及荷兰国王市肆，及色亥斯、阿克得比两画馆。荷兰王后花园荷人云，都城名园可游者七，此其一也，为其王后所建。有屋一行，连为六七厅，有名中国厅、日本厅者。中国厅四壁张中国织绣，高逾丈，其长通四壁，约四五（长）〔丈〕，中国无此巨幅也。下及几榻，皆中国织绣为之。日本厅亦然，陈设漆具尤工丽。最后一跳舞厅，宽广六七丈，四壁图绘阿兰治战绩，亦一巨观也。国王市肆由其国主出资本，广置珍奇百物，古铜古磁多至数千品，宣德、成化巨瓶亦陈列数具。此中国所必不为者，西洋公行之，不为异。油画两馆：色亥斯为国家所置；阿克得比则国中画师收藏名笔，出以供国人赏玩，馆仅一层，所张数百幅而已，然皆珍品。其国王方游阿克得比，民人男妇皆不避，惟相戒不陵越其前。予亦守此戒，相见亦不为礼。询知其王为基央莫第三，形貌亦极魁梧。其王居前立阿兰治铜像，前为其太子花园。王有别宫，距都城百馀里，都城王居，间一至而已。其太子客居巴黎六七年不归，亦不议婚，闻其意思为徜徉之游，不乐承袭王位。随出南城，至得勒弗得，为其国人文所萃。夹道林树葱郁，绕以长溪，时见游艇，五六人红巾白服，坐而荡桨。车人云：此皆儒人，着榜人衣以自取适。得勒弗得民居益繁，街益狭。溪水贯其中，间以树木，微似吴苏三塘风景，而精雅过之。其地礼拜堂为诸王坟墓。正中一高亭，覆以铁棺，则阿兰治葬地也。回过阿兰治旧居，今为兵房，宿兵三百馀人。阿兰治为荷兰王基央莫第一诸大父行，亦公爵。所居楼下为饭厅，饭厅前有耳房。西班牙人遣人刺阿兰治，伏耳房中，伺其下楼，手枪击之，枪子二洞腹而着之壁，今犹在也。而纪其岁月于旁，为一千五百八十四年七月初十日。至今得勒弗得于是日张灯作会，盖诸文人用此以志不忘而张其美烈。今岁七月十日，实为此月之十一日。沿溪皆植铁杆，环置玻璃灯，间以旗帜，人家门首或制彩棚张灯，土人但名为文士会也。询问荷兰学馆，以裕泰克特为第一，凡共二千馀人，即昨初入荷兰境所经历者，一千八百三十一年英、俄、德、法诸国于此会议，比利时立为自主之国，亦荷兰一巨镇也。得勒茀得次之，凡八百馀人。拉海都城又次之。以汽轮车开行，不及久留。过何得满班摩，市肆极繁盛。闻荷兰大镇为安摩斯得阿丹摩，地濒北海。次即何得满班摩，以临拿摩尔斯江，亦出北海，通舟楫，兼有江海之利。荷兰之云北海，即大西详海也，以在都城北，因名北海。而荷兰北境，自宋时已沦于海，其名曰舒多，遂为荷兰内海。林尼江由法境绕出德境，以出荷兰都城之北，其出海口高出荷兰都城二十里。中间筑城作坝以捍水，有三坝层叠而下。启栅放水，则都城尽为鱼鳖。其南沟浍不如北境之多，林木亦稍逊，而大川巨浸皆在南境。所过何得满班摩江、湾尔江、荷兰斯谛江，并水与地平，一望阔远。而荷兰斯谛江广至十馀里，有桥曰施门得非尔，稍当江身狭处，计法尺二千六百尺。车行桥上，如出水涯，可手掬也。荷人以此桥分南北，桥北曰北荷兰，南曰南荷兰。当时通比利时为一国，南境斥广，今则越江以南，属地无几。其边界名窝新达，再南珥申，即比利时税关也。荷兰初并于西班牙，再并于拿破仑。一（年）〔千〕八百三十年，基央莫第二始复立为自（立）〔主〕之国，迄今三世。比利时北境与荷兰气象无异。过汪非尔海口，有巨溪通海，惟见舟樯林立海汊。再过抹仃伦，则地势逶迤高下，不若荷兰之平衍。晚至比利时博里克塞来[①]都城。是日大风，寒甚，游历穷日夜，困倦殊甚。

①博里克塞来，Bruxelles（布鲁塞尔）的音译。

初八日。礼拜。遍历博里克塞来都城。衢道广阔，市肆繁盛，屋宇皆穷极雕镂。西洋名比利时都城为小巴黎也。所见礼拜堂五六处，其名洛登类得非勒，为礼拜堂之最巨者。往视，男女参错，鸣铙诵经。旋过比利时国王类沃布里第一铜表，当都城最高处，俯视廛肆如覆盂。表高十馀丈，（园）〔围〕丈许，铸类沃布里第一立像其上。表中空，可缘而至其颠。一千八百三十一年比利时始立国，造立王像，以志勋伐。续至妙西因罗亚尔博物院，所见凡四种：一油画，一禽兽体骨，一矿产，一书籍。即油画一院，加多荷兰两画馆数倍。物产、书籍各为一院。院内上下二十馀厅，所陈设不减英、法博物院也。又至费尔尼织纱局，专织妇女领、袖及后帔，专织纱为之，为人物花卉，工细绝伦。手（内）〔巾〕一方，长不逾尺，直一百法兰。后帔有直三千法兰者。其局女工四十馀人，云别有一厂千数百人。通行西洋诸国，以织纱惟比人为之最工，他国不能及也。又至议政院，与王宫正相对。中间一大花园，景地绝胜。右为上议院，在为下议院，并起自一千八百三十一年。上议院六十九人，下议院百四十人。视荷兰加增一倍之多。下议院中座开会堂时国王坐其处上立类沃布里石像。上议院中座上绘比利时国神，其旁环立九女神，则所分九部也。又于九部地方，各系以事，以明其国家本务如此：或农，或猎，或制造，或医，或画学，或商，皆寓重视民事之本意。两议院并有会议座次，有客厅，有燕息厅，有诸科房若中国之六科，规模颇极壮丽。而下议院每厅皆有油画，详叙荷兰、西班牙战绩，拿破仑与奥、英相持战迹，所以记比利时与荷兰分合之由，及后立国之原始。又有西班牙与土耳其战迹，则或比利时前属西班牙事迹也。画皆巨幅峥嵘，鬼神下降，刿目怵心。二点钟，附汽轮车过莽斯、喀费两处，即为比国边境。再南费尼，入法兰西境，有税关。再南毕新尼，始与前赴克鹿卜车路交合。李丹崖、李湘甫、联春卿、马眉叔及马格里并迎于家尔谛洛尔车行。

初九日。接上海文报局四月初十日由英公（德）〔司〕果利也船递到七十六号包封，内李伯相转咨总署议覆给事中郭从矩一折，及褚心斋、刘开生二信，及三月廿八日戊字四号家信。与李湘甫步诣李丹崖谈。严又陵自大会厂回寓，带示亚维林修路汽机图说，内引一千八百七十一年修理道路诸会所论事宜。西洋考求政治民俗事宜，皆设立公会，互相讨论。自顷十馀年，考求益精，公会亦益多。即平治道路一节，周历英、法、德、荷、比五国数千里之地，并平铺沙石，明净无尘。广或数丈，狭或三四尺，雨水泄之两旁低处，行者张盖而已，无着屐之烦也。火轮车、马车道路交互上下，不相悖害。城镇行者如织，并出车路两旁，铺石高寸许以示别。长途因火轮车之利，无担负者。《国语》言：司空以时平易道路。《月令》亦有循行国邑，周视原野，道达沟渎，开通道路之文。是三代盛时尤修此政，而未一详其法。罗马初兴，兼并诸国，所至必开通道路，言凡道路一遵罗马之式修治，方得为罗马属地。西洋道路之平广，由罗马开之基也。迨今千馀年，火轮车行，而通山越涧，穷极工力。城村道路岁一修治，规模阔大。而犹设立公会，相与考求其实，期于利国便民，而益以弥缝其缺。天下之大宝三：天时也，地利也，人情也。西洋于此穷极推求，而国家不敢擅其威福，百官有司亦不敢求便其身家。即平治道途一节观之，而知天维地络，纵横疆理，中国任其坏乱者，由周以来二千馀年无知讨论，此亦天地之无如何者也。

初十日。新报载俄、土（山谛斯法诺）〔山斯谛法诺〕[1] 条

①山斯谛法诺，San Stefano 的音译。

约，经各国遣使会议，所割分俄者，嘎尔斯、阿尔达罕、巴鲁目三地，而巴鲁目海口作为各国泊船公地，不收税，不设炮台。割分奥国者，玻斯里亚、赫尔斯戈非拉两地。割分希腊者，德萨里、意稗勒斯两地，惟截分近希腊疆界而已，不全割也。而英人坐收赛布拉斯一岛。其地长五百里，广一百七十里，中有倭伦伯斯山，旧称名胜。山产金、铅，而地土饶沃，产丝、棉、谷、麦。每岁面、麦运至他国，约直二百馀万。其地紧接东土耳其，为苏尔士江之屏障。先是会议柏灵都城，各国皆允行。毕根士密致驻土公使雷亚尔得书，属其密告土主：嘎尔斯、阿尔达罕、巴鲁目三地不能不割与俄国，此外皆当力持之。惟俄人掠地无已，势必今日侵一城，明日取一镇，地不尽不止。为今之计，英、土当立约相与保护。能割赛布拉斯一岛与英，俾为驻兵之所，则此约可成，而英人之护土，于义无可辞矣。时五月三十日也。六月初七日雷亚尔得复书，已与土主订立条约。是以会议时，英人一切坚持。俄、奥各国甫经定议，英人乃宣示此约。其事甚密，讫无知者。群服毕根士之能。德人至环集会堂外，得一望见毕根士为幸。其尤奇者，始赴会时，英人先声言所议不出（山谛斯法诺）〔山斯谛法诺〕条约，自条约以外，英人皆不与各国会议。盖逆度赛布拉斯一岛，各国或有阻难，先为此约以杜其口。而自初议驳俄、土和约，首调印度兵八千驻扎马尔他岛。两议院大哗，以谓欧洲兵事借资印度，无以示武。至是移印度之兵受地，瞬息而至。其赛布拉斯总督，即用倭勒里斯。始议用兵，调类比尔为统领，调倭勒里斯为副统领，并驻伦敦候进止。至是亦疾驱而至，一一应弦赴节，行所无事。土人资其保护之力，以不至削灭，割分一岛，自所甘心。各国但惊骇其经营之秘，操纵之神，心羡妒之，而无能出一语相难。俄人虽怀愤愤不平之思，而固无如何也。毕根士于此亦可谓雄略矣。尤妙在初议约时，毕根士走商奥、意、法三国使者，请连四国保护土耳其，三国皆力辞之。(是至)〔至是〕以驻军赛布勒斯为英国独力保护土耳其之计，尤为名正言顺。

十一日。英国古巴领事古柏尔呈报外部，述中国此次与西班牙所定条约，甚有未宜者。如设总领事哈湾拉，即古巴会城也，西班牙设统领于此，一切可以会商，至于各海口分设领事，既非中国通商之地，华民充苦役者，并在乡野而不在市肆，虚设无益，宜择华工屯聚处置一领事保护之。又古巴向例听从各工丐他处领事保护，期满得自留贸易，今并删去此例，但云满期令回中国，则是绝其生理也。数万里充工，当令携带家眷，亦皆不一及之，实于华工无益。其言多可采者。吾于此惟能坐视而已。有教士罗尔登寓书，谋为中国助赈，来问汇寄赈项之地。令马格里复书谢之，并告以伦敦曾设有科密底，阿里克、威妥玛久居中国，出力尤多。其参赞为阿尔罗尔得弗斯得，一切可与商。又有考求东方学问会尚书寄默特来约入会开苏尔士河勒塞布斯亦在尚书之列，云当于八月三十日会议于立瀚地方。意大里旧有此会，亦（议会）〔会议〕于弗罗林斯，此其会之分派也。以寄默特曾为其国家考求东方学问，略能言其原委，因立此会，以为集思广益之资。大率商情、学问及各教异同，分端考究。每会以七日为期。拟俟探访其立会情形，再函报之。

十二日。日意格偕鲁依班德来见，为梅尔议事官，兼帮办大会，其职专司街道营造。兼约下礼拜一至其家观乡间风景。李丹崖带同学浦、都郎两处学生九人，曰魏季渚瀚，曰罗星亭臻禄，曰陈鹤亭兆翱，曰吴焕其德章，曰杨秉清廉臣，曰李叔芸寿田，曰郑景溪清濂，曰陈咏裳林璋、曰林和叔怡游。傍晚，罗稷臣、严又陵来谈。又陵言：西洋胜处，在事事有条理。此语亦殊有意致。

十三日。陈敬如开示法国有学问者十一人：曰陆路提督、监督机器图（官）〔式〕院莫阑；曰水师提督、监督天文台穆削；曰水师总监工都布依得罗蒙，亦上议院绅也；曰格致翰林院总裁飞素；曰格致翰林、草木园监督削飞尔；曰化学掌教、男爵得那阿；曰翰林院副总裁、矿务学堂监督多白来；曰格致翰林、草木园监督得加得尔发士；曰化学掌教都玛；曰算学掌教贝阿得朗；曰文字翰林、史学科干迷里陆赛。云由得那阿开来。得那阿治化学绝精。赫德自爱尔兰回，枉见。言新得电报，驻俄公使仍派崇地山。晚赴兵部伯来勒茶会。男女累千人，无一相识者。花园灯烛辉煌，电气灯引照园中石像，殊有奇景。致黎莼斋、姚彦嘉、德在初、凤夔九公信。

十四日。日意格、高底亚陪游《费家吼》新报局。其总办密尔麦桑已赴乡，副总办曼牙陪游。视伦敦《代模斯》新报，不过四分之一。凡为刷印机器四架，检字及折叠新报，皆用人力，无机器。每夜尽半夜之力，编检印刷。凡折叠女工七十人，日间但检还所编字母而已。每日八万张，编号包送者四万，零买五万。用纸至十五捆之多。所印刷者，皆检字压板倾铅为之，套入机器圆轮，前后各一，每机器一转，前后上下得四纸。亦有平铺压板者。机器各出新式，而大致则同。其副总办并为置酒。接黎莼斋信，知伦敦茶会日必二三起，巴黎绅民不若伦敦应酬之繁也。

十五日。礼拜，为西历七月十四日。接上海文报局四月十七日由法公司递来七十七号、四月廿四日由英公司递来七十八号两次包封，内李伯相公文二角一咨片奏薛福成丁忧，请撤销德国参赞；一咨奉上谕着照所请撤销，上海道申文一角呈报联芳整装银两，汇京投纳，唐景星、周瀛士、冯瑞光，竹儒之弟三信，及四月十三日戊字四号家信，知适李氏女已得一男。又得胡玉玑、黄泳清各信。回拜般德、赫德两处，并诣德国公使问巴兰德消息。晚邀日意格、李丹崖、魏季渚、罗清亭、吴焕其、李叔芸、陈鹤亭、郑景溪、陈咏裳、杨秉清、林叔和、严又陵、方益堂、萨鼎茗、罗稷臣诸人晚酌。

十六日。高的亚陪游比弗立若代葛安那学那尔[①]，法国藏书处也，为西洋第一富藏之区。总办谛理勒，亦最有名。所藏凡分四院。挨及、希腊古碑及二千年前房屋雕刻人物，到处陈列，与汉时礼堂图及石阙遗像形式正同。其四院：一曰古钱。法国二千馀年金、银、铜三种大小钱式，远及各国，如中国及安南、日本皆备。宝星印信，变易多端，并存其式，杂及珍宝，并环列石刻、古铜、古磁、古瓦大小数千事。其爵杯有为犀、象首曲着案，后为环柄，斜抱枝拒，云此挨及古时酒釭也。亦有为角觚者。其瓦器尤多中国遗式。用此知挨及二千年前必与中国通，其文字亦古篆籀之遗。守者云：古器物十万馀，择其尤者陈列，不过六千。二曰图画，亦兼及各国。平定两金川巨册，云系西人用铜板为之，绝工细。又康熙二十五年图（书）〔画〕帝王圣贤名臣像百数十幅，藏之兴德寺，常岫为之题后。兴德寺不知在何所，今人亦无知者。又有大天文地球二架，高约丈许，有机运动。其天文作四十八象，或如狮，或如鱼，或如宝带，以观星气。《梅氏丛书》亦言及之。（二）〔三〕曰抄书，九万卷，各国书籍分屋贮之。凡五六厅，或两层三层。其本国书籍则皆抄写无板者。中国书二万四千帙，凡为目录四巨册，明板佳者甚多。四曰刻板书，是为藏书。正屋有大圆厅，容三百馀人，设几案以俟相就观书者，高约三丈，四围设橱贮书。后有平台，扩以曲栏，为主书者坐处，旁设目录数十巨册。左旁高架四，用二十六字母编书名小片，宽广二寸许。

①比弗立若代葛安那学那尔，Bibliothè queNationale（国立图书馆）的音译。

每架安小匣数十，依次盛贮其中。观书者取以付主者，按号取付。向后一门，入则直望无极，左右各为小间，三面贮书，凡十四间，上下五层。其旁又有小木梯曲折而上，约百馀级。上则直视更远，亦左右为小间，三面贮书，凡五十四间。当中两巨屋，贮水龙救火器具。其右一门，云尚有一进，（此与）〔与此〕五十四间者相并。可云宏富矣。凡藏书二百二十馀万册，分二十九类如化学、医学、律学、史学之类，其名目甚烦，容再详考之。据谛理勒言：院中每岁开支六十万法兰，修理屋宇不在其内。大率每年收买各种约二十馀万法兰，而各家著书及所画图册，必送存底本，每岁率得二万馀种。其近人著书论中国事宜，旁及土产矿务，检查目录亦得四百二十馀种。晚赴东方语音会总办罗尼茶会。

十七日。接俊星东、严又陵二信。又陵才分，吾甚爱之，而气性太涉狂易。吾方有鉴于广东生之乖戾，益不敢为度外之论。亦念负气太盛者，其终必无成，即古人亦皆然也。科罗苏学生四人来见，曰林旭台庆升，曰张利甫金生，曰林仲明日章，曰池玉如贞铨，并精于画图，在科鲁苏民厂讲习冶铁炼钢之学。

十八日。日意格、李丹崖、罗星亭陪游爱廓尔得盟，即矿务学院也。爱廓尔，译言学馆也；盟者，矿务也；得，盖语助辞。监督多布里陈敬如译曰多白来、学馆总办杜邦导游各院。门首堆铅块若塔高七尺出澳大利洲，供铅笔之用，铅质自成，不受火化，镌凿而用之。四壁画英、法及丹国、瑞士诸国名山川，画笔如神。又图法国言矿学者十馀人于承尘之上。窗嵌翠玉片，有用整玉片高二尺许者。窗凡四面。其陈设矿产长厅，窗二而高五尺许，嵌异色玛瑙片各七十七方，中小圆片又十馀方。多布里言：此院所藏约分三类：一、五金矿产。细分品目二万馀各种宝石及石膏、石灰各种类，所藏种类二十五万，环地球所有矿产皆备。一、法国专产。凡八十六府，分贮八十六厨，每厨约数百种。一、矿产开出异质骨角虫介之属，亦数万种。奇形诡质，于西洋皆常品。其自天陨五金之属，大小亦百馀事。有整铁一方，大如巨斛，中方磨洗如镜。又木兜二方，围各丈馀，高二尺许，化形如石，又在三类之外。其矿产金银及白金杂品，形色各异。多布里言：凡金皆产自白石中。今沙中淘金，皆太古以前白石，积久荡为沙。所产金或大或小，并其始生本质也，亦有自成金叶者。出所藏白石数十品，金产皆备。亦有黑石及异色石产金者。其五色宝石水晶，各就其自然生成之体式为类，或六方式，或五方，或四方，或大小方相间，或锐顶，或平顶，或圆顶。惟金钢钻六方、八方，而体扁，亦谓之金钢钻体，是以金钢钻独为一类。有形如旧熟铁，未经刮磨，小仅如豆。（多里布）〔多布里〕言：此种金钢钻，用以开劈各石，其价与已磨之金钢钻等。问何以辨之，曰：其坚可开石，以此辨之。亦藏有未开之翠玉粗石一具，长三尺许，其光外发，中国所不易见也。中为矿务学堂，方扃门试士。旁有藏书宝。四壁书厨罗列，皆矿学书也。前为化学机炉房十二所，每所设机炉二，书案四，玻璃瓶大小盈架，院学生于此化试矿产。又有冶铁大机炉一。院中大机炉一，用火力尤烈。化学堂二，专主化试矿产，各有化学师主之，其一则里武也。凡化试矿产有三：先用炉火化之，五金之易熔化者各以类聚。次用电气化之，则难化者亦出。次用硝强水化之，矿产异质，皆可分析。询之多布里，馆生百三十人，他国肄业者四十人，岁支经费二十四万法兰。陈敬如又偕其肄业师茀果、得干尼二人至。是日同游者：多布里、杜邦、里武、茀果、得干尼、日意格、马格里，及李丹崖、罗星亭、张敬如，凡十一人。又偕至化学名师得那阿处，法国世爵也。其父以化学名世，得那阿能绍其业。引至其居旁楼，观所陈列化学机器。一、玻璃巨缸，蓄水二分，上有侈口盂纳水，而施关键其下，以司启闭。缸旁开孔，左右安铜管，以通左右两旁巨缸，缸内覆一小缸，中有铜管吸水，从管口喷出，倾小缸而下。酌温水倾入侈口盂中，开关键使下，巨盂中水自腾沸。询其故，则巨盂中皆空气，水不得气以养之则力微，稍入热水即自沸。旧法用机器吸出气，乃成真空。得那阿用吸水管安设其旁以引出其气，巨盂中气一为所引，则受水管吸力，不能还入巨盂。其上侈口盂又稍蓄水以隔之，外气复不能入。此为吸气新法。二、玻璃瓶二具相比，下通小管，布列满案，并两两相衔。一瓶贮水而空其一，自相灌输，潆洄周转。楼（水）〔上〕安一引水小柜，旁施杼柚，相为伸缩。每一伸缩，则玻璃瓶与相应，自为吞吐，如人之呼吸然。得那阿云：此其气相为灌输，可以推之于人、物。其草木鸟兽，闭其气使不得泄则死。鸟兽所赖以生者，养气也，草木所赖以生者，炭气也。闭则诸气皆不得入，而生理穷矣。如用玻璃瓶二具，一置草木其中，一置犬豕其中，以一管通之。则犬豕呵出之气即炭气也，草木得之以生，草木散出之气即养气也，犬豕又得之以生。两相灌输，可以不死，其理同也。一、抽气机器。长可三尺许，施铜管其上，两足承之，皆空其中，使相出入。前为管口下垂，旁有铜条曲其前，套入铜管中，引铜条伸缩以抽出其气。下安磺强水池，使空气成冷风，用玻璃瓶贮水套入管内。尽力压铜条，则玻璃瓶渐冷成冰缬，移时而瓶水皆冰矣。一、牛马粪肥田之用，专取其中黑水，若阿摩尼阿之比，入酒精不化，入清水则化。和水粪田，无牛马粪之恶臭，用力省而功施甚厚。试以酒精用漏瓶隔纸浸之，酒精仍成清质（濬）〔渗〕下。一、试电机器。引电气过，车叶自转，与铜轮相撞。所蓄器具甚多，不能遍观。有同居之勒布里，考求东方学问，最服中国尊祖事亲之义，以为其理莫能易也。偕得那阿往见，不晤。

接上海五月初一日由法公司仙地轮船递到七十九号包封。接总署四月十七日二十四号信一件，又接黎莼斋、姚彦嘉二信。

十九日。李丹崖、陈敬如、严又陵同游阿伯勒尔发多阿天文馆。得那阿、得干尼两君先至，监督穆塞斯陪游。又有名茀尔茀者，亦精天文之学，皆法国名人也。定南北之准，安设测运镜三。最下为回光镜，盖旧仪器也。上为平水测远镜，中段安方平版，上有平水机器，可以移运；使平水尺压平方版上，无稍欹侧，乃为适平。先定地平，然后可以上下测量度数分秒。旁有分测度数车轮，用外光射入轴心玻璃镜，直透入车心，轮旁安测微镜八具，下安三角玻璃，收车心回光，从镜内测量分秒。并用英国格林里治测量法，可析至十分秒之一。其镜安置十五年，下安铁基，入地三尺，上用巨石，高出楼端，与屋相依而不相联属，是以十馀年摇动参差，不能及杪。旁有小镜三具，体式并同，然已四十年矣。最上有平光测远镜，旁引电气射入，作十字叉小圆光，适平则见，上下分杪则不见。大小圆屋安测远镜，随方转移，凡四具。下层二具，镜长四五尺；上层二具，镜长丈许。从东南隅望之，见小星一极明。据所记录，则大角星也。大角星在北斗柄上，西洋天文家谓之弓星。盖联诸星体，其形如弓，四十八象之一也。其地极高，俯视巴黎，全城在目。又有大圆回光镜一座，安置树林空处，用方屋盖之，可以推移。其镜如圆桶，高丈六七尺，上端稍削，重三吨许，旁设巨架承之，亦可上下转运。下安巨镜，上旁安测微镜，沿梯上下，就测微镜窥之，星光入下镜中，反映入测微镜内方三角玻璃内，云所见更明显。此外陈设小仪器颇多，多为测量度数及试电气之用。最后观造测日平光镜，其法则茀尔茀所创造也：用玻璃圆片一具，厢银为其外框，用真空（气）〔力〕衔其柄柄用浆皮，为覆盂形而空，其后稍为旋纹；制铜为柄，嵌以木，斗入旋纹，则吸空力使黏合。稍抽活之，纳入外气即解脱，用硝强水洗之倾硝强水于镜面，用棉揩擦之，涤以清水，再用酒精洗之，亦涤以清水即浸入深水中，不使受纤尘，而后调银硝强水及清水清水提净，贮玻璃瓶各二十五分玻璃管有底，刻记分数其上，贮玻璃缸中搅之，加入树酸十五分，又加糖水少许，搅和倾入磁碟；支以薄银条凡三，覆玻璃片磁碟中，去其柄，微微荡之，少倾而银色浮满玻璃片，即成镜矣。取去，扇干之。以日光过烈，水银镜刺目，不可逼（之）〔视〕，或为日炙暴裂，用化银镜照之，只见白光，可以正视，故为测日镜之至妙者。李丹崖云：硝强水化银，树酸又为从强水中分析银质，而使之自结聚。贮银强水玻璃缸中，加入树酸，顷刻而玻璃缸并成镀银器矣。穆削云：空气柄随地可以黏合。中国鳆鱼能自黏于海畔岩石，亦空气吸力为之也。丹崖邀同日意格、斯恭塞格、高底亚、马格里、李湘甫、联春卿、张听帆、马眉叔、罗稷臣、陈敬如，及严又陵等三人、魏季渚等十三人晚酌。

二十日。得那阿夫妇枉过，言：平生治农事，考求各国情形，以中国农务为最。英国农田所入，仅支半年之食；法国岁计之，亦尚微有短乏。英国取给于美，法国取给于俄，由未尽地利之故也。中国人民众广而不虞乏食，则农事勤也。西洋事宜，中国有宜取效处；中国事宜，西洋亦尽有宜取效处。因论西洋树木之葱茂，所至皆然，中国植蓄之方，盖远不如。得那阿曰：但多派人赴西洋讲求化学，则此其馀事也。英教（师）〔士〕爱得扪斯枉书，自呈年老不能有为，而生平以英国强行鸦片烟于中国为隐微之憾，现欲立一劝禁鸦片烟会，使人民自相禁制，未知可否？询问马格理，知英国百年前有创为禁酒会者，缘始天主教（师）

〔士〕花色尔马希。有会凡二种：其一曰底多得尔苏塞也得[1]：当下即断截，犹言口渴可以饮茶，不得饮酒，即佛氏之顿法也。其一曰登白伦斯苏塞也得[2]：先示限制，徐徐禁除，犹言姑少饮之，无使损性，即佛氏之渐法也。爱得扪斯所云仿西洋禁酒法，劝中令国禁烟，盖据此会言之。

廿一日。布立芝函呈飞凫水雷图式，盖即鱼水雷用法而异其名，恐未必能及鱼水雷之巧。以鱼水雷机器外间无传者，故别立一名，而仿其式为之，所谓但得其皮毛，而未能究知其底蕴者也。以李丹崖方考求水雷式，因以贻之。与李丹崖、陈敬如、张听帆同游标特灼莽园，在巴黎极东，向为石矿，其石产略已开尽，因就其馀石层累为石岩石洞，杂植树木，为游观之所。其山势高下起伏，为石山者一，为石岩一，悬瀑自岩奔腾而下，皆人力为之。为石矶一，巨石高十馀仞，巉岩陡绝。上有小亭，前立石笋，因势高下，溪水环之。前有铁桥，长约十丈，铸铁为巨缆，两端穿系石崖，若栈道悬度。凡为铁桥一，石桥一，风景绝胜。惜树木尚少，溪水一泓，亦大小与石矶不相称。有茶亭在树林中，相与啜茗小憩。还过巴得蒙松园，园地小而树木较葱郁。有小溪一，水甚浊，蓄金鱼其中，有长径尺者。石洞一，小桥一。步行一周乃归。

廿二日。礼拜。般德亚邀至所居色尔威德之柏谛布宅与设立议院之华塞同府，而相距至三点钟，为竟日之游。巴黎东南境也。由力滃车行附轮车过阿堆。值其乡会，张灯颇盛。至爱布里，般德迎于车次，改坐马车至其家。所居园地极广，大树排列成行，皆二百年前植

---

①底多得尔苏塞也得，Teetotaller Society（绝对禁酒协会）的音译。

②登白伦斯苏塞也得，Temperance Society（渐次戒酒协会）的音译。

也。住屋百六十年，整洁如新。绕屋石像，间以石炉。繁植花卉，嘉桔高丈许，瘗土为绿铁围护之，绕屋数十株，皆奇景也。般德为制中国旗，树之园门及所居屋栋及门，张灯于树，设音乐，晚复散布烟火树林间，款接极隆。同由力瀹车行附轮车为莫来亚，为监工学馆总教习，指示所经历河道，凡过数桥，并森路易河一水濚洄，极东则马尔勒河，出森路易河之南，并会于桥下，向南行，复折而北，横过巴黎城以出西海。般德住宅为故世爵公府，路（西）〔易〕第十四及其后常住宿其家，其图像尚在。拿破仑兵败，诸国会议维也讷城。拿破仑得归国，亦寓此宅。国人已改立君，乃信宿而去。普法之战，普兵围巴黎，东至爱布里，径南又四十里，亦常驻兵其宅。亦可谓屡经兴亡成败之变矣。

廿三日。陈敬如递到克鹿卜厂图，稍用五色笔界之，以记往游踪迹：初游各铁厂，界以朱笔；次游各炮厂，界以蓝笔；继绕厂内以至克鹿卜住宅，界以绿笔；约及其厂五分之一。亦可谓善于点染矣。此间新制轻气球，可坐五十人，为向所未有。数日以来，闻将试演，而复迟迟。顷始见其腾地而起，高不过数丈，仍行收下。盖其质过重，亦宜徐徐试之，不敢轻也。

廿四日。柏琅枉谈。闻其至巴黎已两次，盖为广东生遣令联合赫总税司者也。诣外部见瓦定敦，询以总署辨证条约四款，尚茫然无所知。前在伦敦，克罗斯兼署外部，次日往见，已具言四款事宜。瓦定敦由柏灵回巴黎七日，于此尚未及见，英、法等差，于此亦可得其梗概。兼拜（色勒）〔勒色〕布斯、葛都、般得亚三处。晚赴得那阿召饮，同席（色勒）〔勒色〕布斯、穆塞尔，皆所识。其初见者，曰茀来米精于化学、草木园监督，曰嘎得勒法斯博物院教习，曰莫楷斯精于化学，曰阿麦德毕拉总监工教习，曰茀来西旅，并法国名人也。凡讲求学问者，别设一院，以入其中为荣，犹中国之翰林院也。同席皆院中人，而茀来西旅新入院，亦得那阿所保也。茀来米言：凡学问皆缘始中国。制造之精，亦未有能及中国者。如西洋用化学制造颜色，而施之染丝，终不逮中国之新艳。学问分门别派，中国亦最繁。因论西洋用钢日巨，炼钢亦日精。此时钢价，较之二十年前仅及五分之一，将来必至一切皆炼钢为之，无复铁器矣。（色勒）〔勒色〕布斯言：居挨及久，闻其事最详。近得古碑，有在万年前者，而中国可纪不过六千年，故疑挨及学问尚先于中国。吾谓：挨及古碑文字，与中国三千年钟鼎文相仿佛；其石刻人物，与中国二千年刻像相仿佛。泰西人记载谓挨及建国夏初，亦以中国至夏始有年代可稽。以中国之年，纪挨及之事，正以挨及之年无可推，而中国犹可推也。自夏以前，中国号称圣人，由帝喾上推至颛顼、黄帝，又上推至神农，又上推至伏羲。中国制度皆由此数圣人开其先，而不能纪其年号，想亦距万年不远。疑挨及二千年以前必与中国相通，文字制度尤可推见。而自汉通西域，仅及波斯、阿讷伯，又远及意大里，而挨及独无闻，则真缺典也。嘎得勒法斯精于格致之学，多通中国典籍。见李丹崖语马眉叔云：此君当为老子后人。问何以知之，曰：吾读老子书，好之，遂考求老子为人，并得其像。见此君体骨，犹老子之留贻也。往在英国，有一妇人见凤夔九曰：君必蒙古人也。问何以知之，亦以骨格对。因论在博物院考求各国人物而辨其体骨，一望而知之。李丹崖因问：博物院收藏人骨，能辨其朝代，此于何辨之？曰：是有三法：其一，殉葬器具。如刀剑用石者，二千年以前有之；次则用玉；次则用铜；又次则用铁。其一，骨格。天时气运有盛衰，体骨即有修短，当推测其朝代，以印合之。其一，地墒。地墒层数愈下，则年数愈远，（则）〔以〕天地积久而变，浮土累积，则原质益下陷，其地墒中各种体骨，亦可互相印证。如中国言龙，言凤凰麒麟，西人皆谓无之。近来研考地塥者，乃测知其实有是物。惟凤凰飞鸟属，体骨不入地塥。龙则牛首蛇身四足，四五千年前有之。麒麟一角，亦名角端，其牙若象而短，下唇外向，上唇内敛，故不能食生物。肩背有骨如鲸。其性仁，六千年有之。其入地塥皆至深。人骨出此间者，其年代亦无可纪也。又论地塥亦可推知天地之变化：英法两地相望，而地塥层数，近海处恰相符合。西洋格物家以为两土必相连，其中荡为海六七十里，未知始何年。琉球、日本、台湾诸岛亦然。近西士至日本及台湾考求矿学，其地塥层数亦同，知此数岛皆相连也。往时日本左近七十二岛，今无存者，往往火山发而地摧裂下陷。沧桑之变，日在人心眼间，相与习而忘之耳。李丹崖又问：西国医士言人脑主聪明，其说确否？嘎得勒法斯言：吾素不信此说。人神智由天发，脑之具不具，皆粗质也。如琴瑟之调在人，琴瑟虽佳，非有善鼓者，亦必不能成声。苟有善鼓者，寻常琴瑟，其声必异。是以神智之发，皆天主之，非质地所能限也。其言皆可听。

廿五日。巴黎布勒非①约看地沟。通城溷清及诸浊污并引入地沟而注之海。从夏得里戏馆前下梯入地道，前临森路易江。小车八辆次第至，每日游（时）〔弋〕，以时来往其间。下为地沟，车止处，用铁孔板覆之。旁为水筒，通城食水皆由此引出。上为电线及传信吸气筒，车前及地沟两旁并燃灯。两人曳车以行，铁道两轮跨地沟为界。转入旁道，地尤狭，行尤急，凉风习习然，寒甚。两旁有引水沟，引各家沟水汇入地沟。有地道。雨甚，沟水奔腾而下，则地沟皆溢。所在为地道，可以缘梯而上避水。有旧沟两层。地沟之起，已百馀年，拿破仑第三又开深四五尺，旧沟

①布勒非，Préfet（市长）的音译。

形式仍而不废。行约五里许，至泼雷斯谛拉康戈尔得，舍车而舟行。沟道较宽，两旁有铁栏。舟容十馀人，亦两人曳之行，中悬回光灯以照行人，出入沟道污浊之中而无秽气。舟人云：沟深六尺许。问亦有清水引入乎，曰：此皆沟水，无他清水引入也。至马狄仑教宫前，又缘梯而出。李丹崖及各学生严又陵等十八人皆从。回至鲁法博物院旁大院阅视气球，法人西华所制之大气球也。其帮办谛桑跌导至气球前。凿地深数丈，四周为阶级上下，皆木为之。中为引绳车轮，所以系球者。纳绳车毂中，又制一小横轮，使大轮随以左右，防风急气球动荡，车毂所衔之绳不能坚持，故使随风左右。其转绳轮轴相距数丈，从地道引绳，收放皆以机器推转轮轴。旁施一小机器，恐机器转动或稍疾，别为小齿啮轮轴，使转动不易，以枝拒之。气球径法尺三十六尺每尺抵中国尺三尺一寸，用气一万二千立方尺。气球用布七层为之，补合其缝，上加白油胶合之。四周结绳，下垂巨绳无数，系圆木车一，周围可坐五十人。用软皮管纳气而系塞其口。车上有量气表，气盛则球下有铜托，引绳曳之，可以稍泄球中之气。旁有造气机器，一高铁桶（驻）〔注〕磺强水，用水和之使清磺强水得水即燃，故须徐徐以清水调之为淡磺强水，加入新喀形如白铅，其实金属也，西人名之新喀①，即化成气，名爱觉生②，气之至轻者也。盖水为轻、养二气结成，磺强水加新喀能食养气，养气为磺强水所食，则轻气无所附丽，而水皆化为气以上腾，乃吸入一铁桶中，用水涤之，于是轻气渣滓销融，而气皆至清，乃吸入一皮管中，以吸入气球。谛桑跌云：新喀太费。所用以化气者，即铁屑也。气球能提廿五吨之重。合球与绳索及

---

①新喀，zinc（锌）的音译。

②爱觉生，hydrogen（氢）的音译。

圆木车共十四吨，又加铁锚六吨。铁锚者，以恐风力猛而绳断，则用铁锚勾球底之绳使下沉，常备而不用。转绳机器用三百匹马力，可以操纵四万克罗克郎每一克罗克郎抵中国廿四两之重，而气球所受仅及一万克罗克郎，故皆有馀力以相制也。询问所（项）〔须〕用费取之何处，曰：皆西华所费也。问费几何，曰：已用八十万佛郎矣。是日所阅历二节，一入于地，一登于天，亦一奇也。

廿六日。往见：水师部尚书伯都阿，其水师提督格兰斯曾至中国，并枉陪谈；农商部尚书得色亥得博；矿学院总办多布里及总查杜邦。又往得那阿处谢酒，布勒非处谢引看地沟。布勒非犹英国之梅尔，其名曰三达。水师部为都郎、灼浦两处学堂，（商农）〔农商〕部为石农艺徒学堂，矿学院为三德甸、科鲁苏两处学生均至巴黎肄业，是以偕李丹崖、日意格一拜见之。晚邀赫德、噶都、日意格、那威勇、哲美森、贺璧理、达尔诺、宋必赖、日意勒、斯恭塞格、高的亚、马格理、李丹崖小酌。（色勒）〔勒色〕布斯邀茶会，遣李湘甫、联春卿一行。赫德传示合淝伯相电报，言四月十七日信已代达邀准，须候代启行，不可造次。至是沈相以私意力庇一广东生，无已，则庸听我之请，而广东生必不可罢，岂非所谓妖孽者耶？

廿七日。致周筱棠、吴蕙吟廿二日期、舒春舫、文华甫、李壬叔及俊星东、冯吉云各信，及家信廿二号。矿学院科布里、杜邦次第过谈，言及德、美二国人至中国者，并述及中国矿产之盛，多未经开采。因问：曾询之矿学师：辨矿产须用机器，深入土数丈，辨视其土色，或左右观其地塥，不能至山一望而知。此何以一至中国游历，便能言其矿产？曰：是亦有辨视之法：一视其土色，黑土夹白沙，其下必有煤产，又草堆中有红沙及小螺蚌壳，皆煤产也。然或沙土在此，而矿产又在彼，是以辨土色与下签处，又须察其山势气脉，以意会之。此惟熟能生巧耳。又言法国煤产，岁不过十馀万吨，仅及英国百分之一。然法国章程加严。英国所占山业，开采可以自主。法国则凡产煤铁处，国家可以招工开采，不准稍有护匿。国家收税与业主所得矿租，皆由国家定一限制。此与英人异。德、比诸国律皆同。严又陵言：西洋人记载：有至云南，见矿工能辨矿产者，惊为神技。一夜四望山势，见有绿气迷漫，辨知其为铜矿。又能听其开采之声，以知矿产之衰旺。或矿产将尽，及山将倾，皆于其声辨之。云此神技也。中国但以矿工目之，不加异视。又其开矿井，盘旋而下，无机器之利，而上下数十丈皆有援藉，亦其心法之巧处。

廿八日。皇上万寿，在公馆行礼。华塞[1]梅尔巴尔得朱门约往华塞游历议政院。偕李丹崖及日意格、马格里及严又陵等六人赴华塞。过巴客布来得及赛布两地，市镇均极繁盛，而赛布为制造磁器厂，是以贸易尤剧。巴尔德朱门迎于车次；遂偕赴议政院，知为路易第十四旧宫，盖故别殿也，路易第十四始治以为长居之所。至路易第十六被弑，改为民主之国，遂因其宫设立议政院。各厅均张油画，大或数丈，小者一二丈，多为路易十四小像，及纪其战功，兼及前后战功，雄奇精妙，数百年名将精神会聚于此。所张不下数百幅，及石刻各像亦百馀事。有礼拜堂一，云路易第十四葬此。右为上议院，左为下议院。而上议院三厅，张挂油画为巨观。两议事堂规模略同。惟英国议堂中设巨案，议者案旁立谈，此间则立台上为稍异。正中为路易第十四故居，前为长厅，后连数厅为住屋。又后折而左，为皇后宫，连闼洞房，陈设俱极精洁。左前连二厅，有拿破仑坐像，所张画则拿破仑始即位及其战迹，

①华塞，Versailles（凡尔赛）的音译。

皆名笔也。宫园极广大，树木葱郁，环水池无数，皆激水使喷薄，高丈许，间以花草。宫地倚山，四周环抱如城郭，左右两石阶皆逾百级，形势壮丽。赛布稍西，亦有巴来得华赛，译言华赛王宫也。树木山势亦佳，而宫无存。旋至巴尔得朱门处午食，上议政院坐办得刚北为设酒相款。有名巴斯者，三十年前屡议驳，拿破仑第三执而流之荒岛。拿破仑既废，释归，仍入上议院。又有名戈得里者，则武员掌官者也。下午又西至三希学馆。旧为女学馆，路易十四集世家女子教之歌，时往听之。其后废为武学馆。学馆总办为提督阿立庸。又有总查者，为一等提督格兰商。陪游者则甲必丹坤塞门也。来学者皆兵官也，试其所艺而后入，凡七百五十人，分设四堂，监学者环立中厅，则四堂皆可照料。每日五点钟起洗沐，先习所艺而后早食，八点钟入学。略见所肄书，有炮兵规制，有队伍规制，有练习身法图式，有意大里、日耳曼语音文字，及营规、地图诸书。十一点钟午食，一点钟至四点钟由教习讲授。凡分二堂，始入一年者一堂，二年以后一堂。入视，则始一年者教以旧新枪式，使辨其利钝得失，及子炮功用。二年者，教以炮台建造之宜。凡为教习六员、帮教习二十四员。六员各有专司：曰炮兵，曰炮台，曰队伍，曰技艺，曰测量地势，曰绘图。此外学习意大里、日耳曼语音文字，及调养身体之法，则帮教习传授之，不列入教习款目。其演试刀枪及跑马，别有武员视参将、游击八人主之，各以时日演习。大约一点钟至四点钟功课，并分日由教习讲授。为演习刀剑厅一，四壁悬刀剑及手套、面具，各标名其上。所以用手套、面具，恐刀剑纵横，或至划伤。教习兜胸分挂其中，以教习听人刺其胸，以为格拒之式，亦（妨）〔防〕其有误伤也。画馆一，病馆一，饭堂二其一左右列案四十四，每案坐十二人，可坐五百二十八人，其一较小，卧房四每房横设四床，直上至三十、四十不等。提督阿立容邀请看试马。一玻璃巨厅，用浮泥铺地以防马驰失足，上方树铁柱为门以止马。平列小儿数十。有顷，一人骑马前导，则教习也。后分二行随入，左右各十二马，左皆青马，右皆白马。入即平列，向上免冠为礼。教习立马左方传令。左右驰骋，或分或合，纵横交互，一听教习传令，立时改变。人马相习，转折变化，自然应节。已又向上免冠，乃驰出。次则教习自试其技。凡马八匹，亦以一马立左方传令，皆教马使之腾跃驰逐，或举前足，或举后足，或四足齐举，亦左右纵横，连番腾跃。令出，即七马同时应声转换。已又免冠驰出。又有九马排比而入，亦教习自试者也。并不传令，九马或连行，或分三行，由左横行而右，又由右横行而左，或时交互错杂以行，变化随意，从容中节。已而其中一人连声传令，马或转头向上，或又折而向下，或周环疾驰，或跨越腾跃，或交互转变，使人眼迷心慑。旋又至二厅，一为新旧炮台式，一为新旧枪式。又为相马法，相其皮骨及蹄及齿，以知其老壮，各有教习司之。询知三希向有学馆三：一农田学馆，一通商学馆，一草木学馆，竟不能一往。其武学馆岁支经费二百万法兰。又至三希炮台，中一层稍高，前后分二层，皆有深濠。上层炮台向外，其后二层皆兵房也。其下尚有二层。炮台向外之炮，大不过一二吨，而用小枪及开花炮为多，所以护濠沟尤力。每沟曲处，皆有枪炮房护之，以防越沟而入。即进至中层，尤为扼险拒守之计。最下二层，以备藏伏及出奇之计。所用炮不甚大，据云防海须大炮，此之防守与陆战无异，惟用炮车驾炮而已。盖往时巴黎环城设炮台巴黎、伦敦皆无城，惟指人烟辐辏处为城而已，普鲁斯之攻巴黎，炮台（兼）〔坚〕守不下，普人遂环城扎营以困之。至是展开五十里之地，周环设炮台十三处，三希其西一面也。每炮台驻兵三千人至五六千人。修建已逾四年，工程浩大，今尚未完工也。询知现驻兵三百人，兼司工役。

廿九日。礼拜。早偕马格里由嘎里海口回（敦伦）〔伦敦〕。

径越柏郎而北，车路约远至一点钟。于时西北风方起，海浪飞腾，而舟行尚稳。一点钟逾两刻许，抵多发。两岸均于海面筑长坝，为泊舟之（步）〔埠〕。其船名白得类尔，询知为海鸟名。西岸矗立海面皆白土，罗马初攻伦敦，由此渡海，望见海岸白色，名之曰阿拉比安，剌丁语言白山也。后（名）〔遂〕以阿拉比安为英国之名。拿破仑第一与英国交战，常言：白得非尔阿拉比安。白得非尔，尤言不足凭信也。此次与土国私立条约，收受赛布拉尔岛，法国新报犹引此语为讥。五点钟，行抵车（行）〔林〕壳罗斯。莼斋、彦嘉、在初、夔九、玉屏并迎于车次。

三十日。往拜沙乃斯伯里、毕根士、施密斯、威妥玛、阿里克、金登干，所见威妥玛一人。语及《（燕）〔烟〕台条约》，其辞绝悖，相与愤争而罢。其言：中国违悖条约，是其惯相。此次《烟台条约》先免通商口岸厘金，原与旧约不符，应候各国议准。各国现尚无一允准者，其势不能听各国通行免厘，英国但守通商口岸之理。吾谓：此两事原应英国主持。旧约纳子口半税，洋商久已遵行，不得为悖条约。至于华商，本属中国人民，应听中国约束。德、法诸国万不能勒免中国厘金。使能免厘，各国条约原有一体均沾之文，亦岂有英国独守通商口岸之理。此不过借端延宕，非事实也。且当时初定条约，照会各国，适德国更换条约之期，力持免厘之议，数月不能定局，乃亦不复置议，而先催办口岸免厘，既催办口岸免厘，则是（燕）〔烟〕台所定条约，德国早已允矣。条约明言口岸免厘及洋药税、厘并徵两项，应候各国会议。今条约各项久已照行，即口岸免厘，应候各国会议者，亦已开办。独洋药一节，全由英国主持，至今不一议准。中国竟无从开办，实不足昭平允。威妥玛大怒，言：且候中国再杀一马加里再说。现有英国人从北海回言：广东一省并停止子口半税，意在寻衅。吾旦夕回中国，议论方长。请勿早计。吾谓：（燕）〔烟〕

台定立条约已逾两年，其取受中国之利，早已开办，独洋药厘捐中国稍有利益，延搁至今。此公事过不去。吾以滇案来此两年，迄今滇案未经画押议结，吾更何颜自处？此于私义亦过不去。威妥玛言：君自奉命出使，并无饬议催《（燕）〔烟〕台条约》之文。吾曰：固也。《（燕）〔烟〕台条约》由君与李中堂定议，吾何能与闻。议结两年之久，仍至悬搁，亦断非中国意料所能及，亦何能使我饬催。吾自见此件未了，即使事有缺，无面目自立耳。威妥玛言：吾自有办法。当径取旧约行之。此件条约一并扭毁。吾谓：此条约君自定之，（吾）〔君〕自毁之，于我何与。即欲毁此约，亦须明白开陈。一味压搁，吾所不解。其横如此。他日回中国，议论恐未了也。

七月

七月初一日己酉。为西历七月三十日。金登干来谈，论事稳练有识。西洋人才实盛！吾所得马格理，可与言学而断不可与办事，皆蹇运为之。屠威斯西语曰腿斯见示所著《公法论》二篇，推言公法之立，近二百年事耳。一千四五百年罗马盛时，其律法中略及公法，而无成书。其后有邱者舍斯、密伦二人始言公法，亦未有界说。界说者，发明公法之旨也。已而格尔斯设立公法会，为界说所自始。首舍尔那亦续言之。当时罗马强盛，诸国聘使相属，势不能不为立法。其遣充公使者，均属赫尔勒斯罗马内阁官名。又与喀沙纪连（斯）〔年〕交战，公法由此渐密。嗣是罗马日衰，公法亦日弛。而诸国交接，用之以为程式，其书不能废也。后立罗马教皇。有教（师）〔士〕苇伦西色斯阿维多里亚，著《公法》十三篇。书凡四刻。一千五百五十七年刻之法国立瀚地方，其初刻也，然终亦不甚显。其后乃有争梯立斯、克娄迪尔斯丁韪良所译《万国公法》名之曰虎哥、哈兰摩斯、懒卜里底之徒出，公法乃大行。争梯立斯为恩可拿人，至英国，延入阿斯弗学院为律师，论公法始详，即虎哥所取为程式也。哈兰摩斯谓争梯立斯详载公法旧式，可为考据之学；虎哥因之发明其义，可为性理之学。而虎哥书特精，为世所传诵。虎哥自谓著书多得披尔立色斯之助。而美清妥斯言尚有倍铿，律法精博，实三人合力为之。其后瑞典国主阿尔多法斯为今瑞典国主之父，早闻其名、阿敦斯密斯创立理财学问，于英国最有名、非歪尔、谱芬多敷、宾克舍、立布里斯、洼斯、费脱尔、马腾、铿得、斯多歪尔、斯多里数十家之书，多各主一端言之。大约第一篇明公法原始，第二篇汇举各家立言之旨。公法学问，亦略具于此矣。罗稷臣自巴黎来，接李丹崖一信。

初二日。接上海文报局五月十五日由法公司洋子轮船递到八十一号包封，内黎兆民廉访、褚心斋观察、张鲁生太守、黄石珊大令及黄咏清各信。金登干示及议绅有力量者数人，曰茀斯得，曰哈尔楷尔得，曰朗，曰占摩斯。占摩斯与金登干同学，尤精于律法。徒苦不能通知西洋语言文字，无从与之倾结也。出拜日本及土耳其两国公使、色尼国王金觉尔治、博布尔、觉尔治赫尔、嘎尔得尔。嘎尔得尔博通各国之学，与论孔孟佛老及耶稣异同之旨，其言多可听，云：推而言之，希腊、罗马各种学问，皆归本于心。心即天也，此天下各国心理之同然者也。颇为之服膺其言。随赴美国公使茶会，所见林希、南多尔茀、克累、珥类、茀里南得数人，皆旧识者。珥类貌似贝音斯，以医著闻，曾陪历北冰海。晚又赴沙乃斯白里茶会。所见克罗斯、满剌斯、施密斯、三顿、斯丹雷、旁斯茀得、阿里克、威妥玛诸熟人外，馀多相识而不知名。略可考问者：铿白里治议绅二人，曰马尔定形貌短小，曰洼尔波尔；阿斯弗教师二人，曰阿克兰得阿斯弗医学院总办，曰类得尔阿斯弗克来斯觉尔治总办；曰提督来逊斯供职兵部；曰议绅类得尔；曰外部暂理中国事务司员科克类尔；曰（芹）〔芇〕定克。

初三日。为西历八月初一日。阿里克之女出嫁畀里，约至威斯敏斯礼拜堂送嫁。会者百馀人。日本、美国、葡萄牙及予，凡为公使四人，各为之书押。谛盘生夫人邀至礼拜堂，指示一切，原原本本。其言师丹雷夫人为额尔金之女，本伯鲁斯之裔也。伯鲁斯为苏格兰国主，当一千三百馀年时，与英人交相侵伐。师丹雷夫人墓后窗门十二扇，为四层：上层为伯鲁斯遗迹，中层为师丹雷夫人纪其善行，皆玻璃镜绘画为之。其善行六节，各配以古事：饥者食之，渴者饮之，寒者衣之，病者医之，为宫室以居之，为学馆以教之。谛（斯盘）〔盘生〕夫人各据其墓碑所纪指证之。西人尚学问，男女一也。所见弗娄尔医学总办、类克斯议绅诸人。

初四日。德威斯来见。英国始有香港时，设立总督，德威斯首充其任。自云嘉庆十九年阿摩斯得出使中国，实随之行。由天津至通州，乘夜绕城，行抵圆明园。以争拜跪礼，奉旨驱逐出境，在圆明园一饭而已。据西洋记载称一千八百一十七年，实嘉庆二十二年也。恐属德威斯误记。自是在广东充当印度商会总办自云在卜娄登之后。卜娄登去岁亦来见，云道光中充当商会总督，至二十一年义律用兵，卜娄登力争不能得，遂辞归。是为用兵之始。德威斯必尚在前，凡二十馀年以年分计之，当在贝音斯之后，卜娄登之前，亦无二十馀年之久也。其后家居九年，会香港设立总督，遂以命之。其君主召见，谓曰：汝居中国久，一切情形较朝廷为历练熟悉。应如何管理，斟酌行之，国家不为遥制。居香港四年乃归。新居距伦敦三百里，家居三十二年矣。问亦有所事乎，曰：在本地充当德漂谛罗尔得勒茀吞兰得[①]。问视梅尔、阿得门何如，曰：不同。梅尔、阿得门皆管理地方者，另举人。罗尔得勒茀吞兰得管理全省民兵。承平时一无所事，遇警征调，则以属之。德漂谛，其副也。问有俸薪乎，曰：但以名号为荣而已，无所取利也。又有马比尔得里特，亦民官，兼主听讼，其职又在梅尔、阿得门下。西洋设立民官，亦不必尽合法度也。问嘉庆中入觐情形，曰：初至天津，与总督会议跪拜礼，总督允许，始进至通州。又有和公爷至，与议，亦允许，乃至圆明园。时行旅车尚未至，和公爷即迫令入觐，又责使拜。阿摩斯得拒不允，和公爷云：乾隆中马格理入觐，亦行拜跪礼。阿摩斯得云：马格理日记可证。其时随行者名斯丹登，今亦随至，一切皆所目击，可质问也。辨论久不得决，遂被驱逐。问和公爷何名，曰：和珅。是时为嘉庆十九年，和珅死久矣，此尤误也。偕马格理至外部见沙乃斯百里，及谛盘生、色克伦公、金登干诸处。谛盘生语及刘云生，有慨乎其言之，直谓中国国家宜早换人，必有益处。呜乎，国家亦何不幸，而引此种戾气，以使贻笑外人也。诣外部询问《烟台条约》：君主应作何批定，耽延如此之久，想此时必有定议？沙乃斯百里言：条约除厘金、洋药二项外，原可作为全结。以此二条应会商各国，是以不能定议。吾因言：居此两年，所以未及催问，正因德国方引厘金为言。谓俟德国定议，此件条约必无他说。自六月接总理衙门来文，德国巴公使以议换约未定，已经回国。而自去春巴公使议免厘，中国势不能接允，巴公使亦遂不提及此项，而刻期催办租界免厘，距今已历年馀，足为各国准允条约之明证。沙乃斯言：德国巴公使催办租界免厘一节，此间尚不及知。如此，便应行文

---

①德漂谛罗尔得勒茀吞兰得，Deputy LordLieutenant（管理民兵之副监）的音译。

德国询问。吾谓：行文德国必不可少，然似未宜延至两年之久始行询问。一移转间，又须费多少工夫。窃以为为日太久，不宜再有耽延。沙乃斯白里言：各国原始皆不答应，本国直亦不能独定。吾谓：《烟台条约》后，中国行文各国。惟德国啧有烦言。然租界免厘，德国实催请办理。是会商各国二条内，此条最有交涉，开办已历年馀，各国均无异言。独洋药厘捐未曾开办，则应由英国主持，与各国无涉。沙乃斯白里言：所以会商各国，并不是全凭各国办理，不过条约所言如此，应得会商。若以洋药言之，中国近年遍种罂粟，国家若有意引导之，未尝示禁。本国于此只看作一种贸易，并不以为害人之物，以中国原已广种罂粟，岁岁加多，无已时也。必欲加增厘税，禁使不能贸易，是以国家不能议准。吾谓：初得总理衙门来文，正值柏灵会议之时，以为此件条约，早夕必可议准。近见新报载阿门得一段议论，知其必足以惑听。贩运烟土，原系印度一宗大贸易，而在中国却实为害，此由中国人民不自振作，于印度无尤。至于广种罂粟，实在一千八百五十九年洋药开禁之后。近因山西灾荒，推考其原由，以种罂粟占出地亩，丰年已不足食，一遇荒歉，为害尤剧，是以朝廷因山西巡抚之请，通饬禁止栽种罂粟，何尝有意引导之？一千八百五十九年甫开鸦片烟之禁，征收税则，本极轻微，内地鸦片亦是一例征收。而内地所制鸦片，力量远不如印度，穷民将就吸食，稍有力者均以吸食印度公班烟为名。此种加税，不过禁止偷漏而已，何足以断绝来源，使不得贸易？沙乃斯白里言：中国不爱吸食内地鸦片，吾亦闻之。所以不能议准，知中国地方官视此为利薮，诚虑肆意征收，漫无限制。吾谓：中国地方官于国家未经定立章程之件，可以任意征收。国家明示章程，地方官势亦无从任意征收。沙乃斯白里言：若然，何以不明定数目？吾谓：李中（国）〔堂〕

原议定立数目，威公使执意不肯，是以未定。沙（斯）〔乃〕斯白里言：李中堂定数若干？吾谓：记是一百两。沙乃斯白里言：如此实是太多，所以人人言中国谋禁绝此种贸易。吾谓：中国鸦片烟税即增至十倍，亦尚不及印度之多。是以历任公使阿里克、威妥玛均有加税之议。增加多少，自有权衡，亦须是得商人允准，万无一加厘捐便能禁绝之理。沙（乃）〔斯〕言：阿里克、威妥玛之议加税，并属私见，非国家之意。吾谓：贵国国家于此从何与闻？阿里克、威妥玛在中国久，实自觉收税太轻。沙乃斯言：此事总应饬令驻京公使查明定议。吾谓：此件条约原由驻京公使定议，何待更查。耽延日久，徒使中国应办事件不能开办，公使在此，亦觉无颜。沙乃斯百里：除此两条，先将各条议准，以便回复总理衙门何如？吾谓：各条早经开办，议准与否，全无关系。即条约内会商各国两款，其租界免捐一款，亦经开办年馀，惟未经议准洋药抽厘一节，中国至今不能开办。各国所得利益取之中国者，一一照行，独于中国应得利益，积压两年，恐亦非持平之道。沙乃斯白里言：我当具一文请俟钦差回复，再行覆议。吾谓：外部文件，必应照款回复。惟恐所闻未必周详，我当详悉具一文，以凭贵衙门核办。沙乃斯白里言：如此正好。吾意盖虑接允来文而后回覆，或延至十馀日亦须候之，不如径自具文之为愈。居此两年，与外部议论事件，均不过十馀语，以外部一切不肯驳论，无从申述。此次辨论《烟台条约》不能支展，遂得尽情一相辨驳。三点钟往见，比出门，已逾五点钟矣。

初五日。是日雷，雨雹。日本驻俄公使恩倭摩的乞假回国，由陆路直出黑龙江贝得洛波尔倭斯喀海口，以赴日本之东京。俄人于贝得洛波尔倭斯喀海口建造炮台，设立船厂。日本知其意在东侵，与立约：即有战事，合力相助。此次之出黑龙江海口，盖欲窥探俄人情势，与其兵力之所及。两国均蓄意高丽，而日本大势之所趋，尤在所必争。高丽方危弱，政教不修，极为可虑。日来晤两夫人：一、哈尔得夫人，言孔孟与老与佛与耶稣异同之旨，因论孟子之功不在孔子下，其言善启发人：然孔孟立言旨趣，亦微有不同处。孔子言：未能事人，焉能事鬼？未知生，焉知死？直须寻个实落所在。非有实落，他便不说。孟子止管发明他的道理，尽许腾空说去。竟解从大本大原处体贴。中国日读孔孟书，有愧多矣！一、谛盘生夫人，言近得德国信，言刘钦差已撤回国。吾谓去冬已有此谣言，实无此事。因叹息言：如此便不好。中国国家应早换人接办，庶可保全交谊。吾问刘钦差如何情形，答言：亦不知其详。惟初至德国，见新报画中国钦差出游，儿童相与指笑。甚怀忧念。以此等无理之事，有识者引以为耻，公然列之新报，是必通国人皆心非之，因传以取笑乐。其后询之亲友来伦敦者，并有烦言，大抵谓其过自尊大，所办公事又不如法，颇闻中国钦差衙门至无人迹往来。吾谓刘钦差平日脾气甚坏，以为充当公使，则客礼也，不应与人相嫉怨如此。答言：原来平日脾气本坏。德人不能知，以为有意相侮。钦差何不一往德国，见监国太子稍解释之？吾谓：恐无此办法。曰：各国钦差相与游历，因谒见其君，事常有之。以为德国与中国交谊不宜断绝，得此亦属解释之一法。因问：驻华公使巴兰德曾相识否？曰：有亲戚与相识，亦知其人。告以：现闻已回国，换约事辨论年馀，终竟来了。答曰：中国钦差不至如此抵牾，决无此事。此二夫人，一能发明圣贤微旨，一解言国家大计，中国士大夫所不能逮也。

初六日。礼拜。西洋各国，议院皆分两党：同党曰铿色尔维谛甫，犹言大权当归之君国也；异党曰类白拉尔，犹言百姓持权。德国又别出一党，曰克勒里喀尔，则教党也。以德民分主耶稣、天主二教，而国家自主耶稣教，以是绅民习天主教者自立一党以护之。近因节次行刺，毕斯玛以持异议者多，足以惑乱人心，因令散会堂，饬百姓另举。至是所举类白拉尔一党更多于前。其异党之魁曰拉斯噶，毕斯玛多方阻之，百姓仍以其名应。西洋民气之昌如此，亦是一害。上议院总办一人，曰罗尔得占希洛尔；下议院总办一人，曰斯毕格。上议院坐位曰马尔赛克。马尔者，译言羊毛也；赛克者，译言口袋也。初设议院时，立一人为总办，应与座而无椅，乃叠毡袋为座，自是遂以为名。此英国故事也。新报载：梅尔、阿得门公宴毕根斯、沙乃斯二人，授以金盒，赐之名曰弗里敦摩阿甫挤色底①，译言伦敦城内百姓也。云数百年前，伦敦城人输金助国，皆复其家，不应征调。于是梅尔有所宠异，辄授以此名，以免国家徭役。今此例久废，乃存其制，以为美名。俄国主及美国民主先后至伦敦，梅尔皆以其名授之。至是又以施之宰相执国政者，且须立誓词，言当服从梅尔之教，有畔其君者，必以相告。亦一奇也。

初七日。偕马格理诣马克里、阿什百里、弗里兰得。（马格理）〔马克里〕诊吾头晕为血道迟缓，脑不受养所致。因出图见示，言曾文正公之以头晕坐化，由心下积病，致成白点灌入血管中，血管受之，以达于四（支）〔肢〕，其小管上行以达于脑，而此白点随而上升以灌之脑，脑中血道为所滞塞，则血不能灌输。法当静养半月，使血管旁通，仍得周行脑际。再有劳勚，即不支矣。用双耳收声法，听胸膈间血行声音以辨知之，云所患独在血行迟缓。用秤量其身体，得一百五十四磅每磅十二两，凡得一千八百四十八两，又中国秤得一百一十五斤半。记去岁秤得一百三十斤，今消瘦多矣，

---

①弗里敦摩阿甫挤色底，Freedom of the City 的音译。

总署诸公之力也。新报载：类意来亚斯曾随马加理至云南探视路径，近复派至后藏地方名勒，探问古里碑情形，谋迎致之印度，盖俄古柏之子也。左军克复喀什噶尔，逃至塔什干，俄人受之。英人修兴灭继绝之政，欲分土以使治也。又有基尔者，从麦士尼由四川、贵州以出云南，历缅甸。言甫至四川下游，所过皆种罂粟，远越成都而西，则花及茎叶皆已收割不复见。然四川人吸食鸦片烟者无处无之，至贵州而吸食者愈众，至云南而极。大率贵州一县数千家；每家必有一吸烟枪；一村数百家，每家必有一吸烟枪。云南每家大者房数十间，小者数间，每房必有一吸烟枪。又称沿途民人相款接，四川尤隆，以四川绅士最无权势，民人无所顾畏，故得行其意。即此三省情形观之，恐不徒为乱征而已。布克什来谈，并见示所刊评论柏灵会议俄、土一案，其言沉郁感慨，如闻高渐离击筑之声。复李丹崖、李湘浦二信。

初八日。法国立滃地方开设东方会堂，其尚书基麦特邀请入会，先寄示会期启问之词，凡分三款：一商情，一学问，一教会。商情以蚕丝为大宗：种类，费用，及养蚕之法，尤分辨野蚕种类。学问则考求印度为详。元初，意大里人马克波罗从世祖入中国，著书言中国事。西洋颇宗尚其书，言中国事多依于马克波罗。印度既隶英国，西人因之以考求印度古籍。如挨及、希腊、印度，均有专门之学。所问者：《荀得阿尔费斯得》印度古经名出于何时？铿摩尔印度释迦之前有铿摩尔教创于何时？三斯克里得一种文字，何人缘始？《回得尔》亦印度古经名何人传授？曼鲁律例于何世行之？所称印度各国纪年久远，有何凭据？希腊古先律例与印度同异？《鸦拉发尔基亚》，印度最古之书，所说道理若何？东洋爱罗斯一种人遍体生毛，东洋人民是否爱罗斯之遗，抑或爱罗斯为北方野人，东洋取据涅盘涅盘本佛氏语，西洋即以名地；日本二字为其转音，爱罗斯别自为种？中国钱钞起于何时？及苦里[1]利病。苦里为工人，印度语也，即指古巴、秘鲁之充工者。教会问：摩西、曼鲁律例有无异同？挨及十七朝之先，律例与摩西同否？佛教谓人魂归宿维尔安罗，信否？萨克亚摩尼之前，佛教若何？遮那斯道里是否萨克亚摩尼即牟尼以前佛法？中国孔子之前何教？老子学问与今道士绝异，何以道士皆宗老子？所问中国事甚简，然皆扼要语，足见西洋学问尚实处。据《汉书艺文志》：有道家九百九十三篇，神仙家二百五卷。其源流并截分为二：道家言无为自正，清静自化，其义亦取治国平天下；神仙家乃习为长生之术，自汉已有之，其最精者魏伯阳《参同契》，及《黄庭内景经》。后稍衍为符箓，其流为张道陵、于吉，然亦各传其所受，未尝托之老子也。迨晋葛洪言炼气服饵，齐陶宏景修辟谷导引之方，而其传渐盛。后魏嵩山道士寇谦之，自称为天师传云中音，诵诫科及图箓之说，而后神仙言修炼者，始专谓之道士。隋唐以后，宗老子为道家之祖，道士修建宫观，专奉老子，而斋醮、受箓、拜表，皆以为老子之遗教，非其实也。今道家亦分二派：清虚守要，摄生以求长生，名修炼家；经诰传录，摄治鬼神，名符箓家。中国钱法，原始太皞，太皞以前无考。其自唐虞以来，有年数可纪约五千年。唐虞以前，略纪朝代，传世久远，莫能详焉。太皞至唐尧凡历三朝，盖在五千年以前也。西国金银钱流入中国约二千年，至后周保定时，曾准民间通行，至今一千七百馀年。在泰西者惟罗马一国，馀为罽宾、乌弋、大月氏诸国，尚皆在亚细亚之境也。近阅新报：言中国使用铜钱三千馀年，以为原始周代者，误也。钱票始于唐元和时，实止一千三百馀年，盖置钱此路，而持券以赴彼路，合（卷）〔券〕取钱，谓

①苦里，coolie（苦力）的音译。

之飞钱，犹今之汇票也。至宋仿行之，使民入钱京库，给券至诸州取用，以实京师，其后民间私为券交易，谓之交子，又置官务领之，名交子务，而禁民私造契券旋改交子名曰钱引。大抵使用钱引，犹盐引、茶引，指定诸路取钱，不能通行使用也。南宋以后，更造见钱关子、见钱会子，印给诸路，始准与银钱并用，则钱票所由（仿）〔昉〕也。元明数百年行之，谓之钱钞，皆用以为制国之经，与钱法并行，而不便民用，其值常贱。本朝二百馀年始废不用，商贾转运使用汇票，而民间交易之钱票一由商民制造，国家不与闻也。中国记载言自黄帝以来始立文字，礼乐制度备具于是时。故自唐虞以前，皆以黄帝为创制之圣人。至周则有周公。下及汉魏，以迄于唐，犹以周公与孔子并祀。唐自元徽以后，始专祀孔子太学，实以表章六经，启佑来学，相为祖述。其教则二帝三王之遗，其文则礼乐典章制度，其学则仁义礼乐，未尝专立一教以资循守。是以佛家有法律，道家有诫科，而孔子无之。学士大夫相与守其遗言，以为修己治人之术，亦不遍责之庶民也。略考所问三端源流于此。又中国蚕书，始见于孙光宪、秦观两家，而秦书备言济、河间蚕事，云与吴中蚕家时有不同。《禹贡》所纪，兖、青二州，独具蚕丝之文，而徐州亦贡纤缟，皆今山东之地也。河、济间蚕事，至宋犹盛，今则其利一归于湖丝，制造亦独精；金陵之宁缎、宁绸，苏州之绉绸，所用皆湖丝也。而各省蚕丝之利，实亦不乏。就所知者，如云南之藤缎，四川之巴缎，皆称上品。其馀川绸及河南之鲁山绸、广东之顺德绸、湖北之荆州锦，各省尚无大庄贸易，而亦未尝不通行。其出自野蚕茧者，则山东之茧绸、贵州之遵义绸，亦皆通行各省。惟野蚕茧绸，其色不鲜，质亦稍粗，而销行较广，以山、陕、湖南地方俭朴，以此充用为多也。至于各省所制土绢，则随在有之，其养蚕之法，亦不尽工，故其丝常粗而韧。大率各省所出蚕丝不同，其蚕种及养蚕之法亦不一例。湖州养蚕治桑尤精。其各省养蚕，兼用桑、柘两种，野蚕则饲以橡叶，盖野树丛生者。而行之泰西诸国，惟湖丝一种。粤丝亦间出洋，不如湖丝之良也。汉时西域通中国者，皆在亚西亚境。泰西惟意大里，汉元熹中遣使至中国，航海至日南徼外，以达京师，则实泰西通中国之始也。但传其王名曰安敦，而不载使者之名。中国名之大秦国，亦名海西国，至今约二千馀年。晋太康中，复遣使至，约一千九百馀年。并在耶稣降生之前，距马克波罗亦在千年以外。而祀天及七日礼拜，自当时已然。此为泰西来往东方之最古者。其贸易中国，惟有波罗，始自汉时，其他皆未闻业。

初九日。英国下议院有洼得茀尔得所举议绅名倭科里门，于兵部回答征调民兵支给经费时，辄扬声以乱之。斯毕格乃起言：洼得茀尔得绅士！应请止声，勿扰乱人言。倭科里门回言：不能止声。罗斯噶得为议院堂官之长，乃起言：洼得茀尔得绅士不遵斯毕格分示，不敬。应自陈谢。倭科里门益不服。罗斯噶得乃言：洼得茀尔得绅士不守法度，应议处。于是斯毕格乃起言曰：请洼得茀尔得暂出，听候大众议处。坐中有为解说者，曰：倭科里门本好人，今日适有他事触其怒，应得宽恕。罗斯噶得言：议院数百年章程，应遵守弗失。众绅群起应曰：然。斯毕格乃言：请倭科里门出，弗少留。盖议院章程，皆以所举地方为名，遇有过犯议处，则名之。再有抗违，则令巡捕捕系之狱。是以规模气象，容止进退，皆有可观。一不守礼而谴罚及之，相与以为耻。故录存之。勒色尔会堂科密的名克里，约赴茶会。文案哈米坦亦枉陪。克里为鼾洛费尔斯魁尔克罗布总办，故兵官之长也。勒色尔为妇女会聚处，屋宇亦极修洁，所张皆中国图画。克里言：中国钦差至此，前后情形绝异。钦差未到之前，英国人民无不訾毁中国者。钦差到后，人人悦服。吾日与人谈论，同声一词，莫肯相非，乃更相与重视中国，考求其学问。即吾顷年亦知考求。窃以为中国派钦差出使，为益甚大。又论俄人逼处，中国不可不（妨）〔防〕。方今惟英国可以敌俄，亦西洋均势之义也。随赴哈尔得茶会，所晤堆海尔居印度三十二年，曾任印度总督、罗颉斯太太有兄仕挨及，承办挨及大会，现驻巴黎、来恩斯亦医学馆参赞、堪布洛驻扎日斯巴尼亚领事、希嘎亦以学问著闻，年老头偏、端卑尔太太亦所熟识，始问得其名、铿尔斯海里曼自言曾从中国人学相法，约至其家谈相。是夕，金登干过谈。

初十日。《字林日报》总办庚得里来见，述梅辉立之言，谓刘云生遍致京师贵人信以相倾，京师物论似左袒刘生，引以为憾。《字林日报》行中国已久，庚得里之前为罕士曼，亦曾一见之。勒色尔会堂文案哈米坦马格理译曰斛麦尔敦致书邀同入会。西洋会堂，犹中国之有文社。汉魏六朝已有之。《周礼》所谓：友以任得民，即其遗意也。得民者，民相与群萃州处，闻风者亦起争赴之，谓之九两，两相比而交互联属之义。自汉诸贤注疏已失其义，故知三代遗风之就泯也久矣。

十一日。发总署应为廿一号及合淝伯相应为廿二号，及张鲁生，及家信廿三号。自四月初六日后，不发总署信已三阅月，旦夕谋以关防授之参赞，毅然以行。此次因催问《烟台条约》，有辨论及照会文件，亦属公事之有关系者，不能不一达知，略具其事始末，以数行申报。与合淝伯相信都不列号也。

十二日。恭值东太后万寿，率参赞以下行礼。接上海文报局五月廿二日由英公司生达船递到八十二号包封，内方右民、黄泳清、易梯衢，及家信戊字六号，及志城信。禁买黑奴会十四人来见，盖见古巴招工章程，以为非宜。为首者斯得尔治宣读诵词毕，言去岁偕古巴领事吉罗福来见，所言甚详，而以（奥）〔澳〕门禁止招工条约为不可改易，何以此次忽开此禁？答以去岁吉乐福来见，系中历八月，其定古巴条约在中历十月，以日计之，所宣述吉乐福之言，当已达京师，或是途次别有参差。斯德尔治[①]道途遥远，信问参差，使我心深为抱歉。其次鲁墨尔言：幸闻此件条约，日国至今未（墨）〔画〕押，尚可挽回。答以：条约在总理衙门定议，限期八月互换。今已逾九月之期，其势恐难翻异。其次议绅郝鲁乌得言：禁止黑奴事宜，吾在议院言之甚力，办理此事亦恰费心力，甚不愿中国复相从受黑奴之虐。答以：在中国即闻英国国家禁止掠买黑奴，办理数十百年之久。顷闻郝鲁乌得之言，甚为感佩。中国国家之意，以民人穷苦者多，但能出洋谋食，不宜禁止，惟当立法使无受陵虐而已。郝鲁乌得言：条约内亦尽说得周到，止是古巴人反覆不足恃。数年前知其掠买黑奴，尚私为之。英国曾往致诘，答言兵事未息，无凭办理。今古巴兵事久息，尚仍支展，此必别出主见，巧遁于条约之外。其次颉森言：第一要紧是请英、美两国人充当领事，能穷知其底蕴，为古巴人所畏。条约中议此否？答以：古巴人争此最力。今条约中未载准充领事，似亦未载明不准各国人充当领事。颉森言：英国设立保护土人会，系我为总办，是为英国土人寄居各国者起见，即英国所寄居处各国土人，亦须相与保护。惟不准其至古巴，以防其虐使。答以：中国不能知其详。然此事已定约，无可挽回。只求保护此约之方，以免更受陵虐。所办保护土人会，当经定立章程，请惠示一帙。颉森允诺。帮办白色噶得言：近见新报，广东总督截止招工船出洋一案，所办甚好。然所截止者，秘鲁招工船也。秘鲁情形却与

---

①此处疑有脱漏。

古巴迥异。秘鲁，当工而已。古巴向系役使黑奴。英国禁止掠买黑奴，复在中国招工承充。是所承充者，黑奴也。凡掠买黑奴之国，总不宜令百姓往。同至者：瓦尔登；赖德；阿兰；喜拉顿偕其孙，以其年老目矇，挈孙以俱也；德尔拉尔；怀德郝斯；斛百里；丹拿。馀二人询之丹拿，不知其名；马格里以为斯多克、波罗，恐不足信。是夕致外部催问《烟台条约》文件。

十三日。礼拜。舍非尔得古得门来见。万（里）〔国〕公法会文案贞庚奉其主会之邀，约西历八月廿日为中历七月廿二日集会于德国法兰茀尔得，盖其会科秘底屠威斯所属也。乃为诵辞函致贞庚，属转致屠威斯，并告以遣派随员马眉叔前往赴会。

十四日。新报载：俄人用兵中亚细亚，意在占据阿目达里亚河在新疆西北南道及印度库什山在印度西北中间六小邦：一曰喀拉，一曰新，一曰舒葛那拉，一曰达尔瓦斯，一曰萨里可拉，一曰瓦克罕。前三处均系自主之国；萨里可拉属于喀什噶尔；瓦克罕之阿密尔属于阿富汗。瓦克罕距印度交界约三百二十五洋里。俄人既逞志于土，又转而东趋，攻战无已时。深虑中国之承其害也。

十五日。大风雨。海部约至波斯穆斯海口，随同君主大阅水师。与马格里及黎莼斋、罗稷臣四人至维多里亚车行，附轮车过博克斯赫尔、阿伦得尔两处。博克斯赫尔两旁皆山，云伦敦东境山水最胜地也。阿伦得尔为罗尔茀公居处，英国号称巨室，山势绵亘，树木丛密，屋当山隙，望之壮丽。其右山势尽处，建礼拜堂一。至波斯穆斯，海口巨镇，隐隐若城，盖连阿思本数海口为一都会。炮台数城环其后，盖防敌兵由陆路以袭海口炮台者。所派各国坐船，名费飞尔。船主歪尔斯，任水师兵官三十馀年，曾至中国，设席相款。公使至者四人：一、荷兰得毕兰，一、日本上野景范，一、希腊宅那谛倭斯。各国参赞数人，所识日思巴尼牙参赞克斯得嘎拉斯；其一马尔谛娄，向在立德处见之，为画船相贻。以为时尚早，乃至船厂一游，英国造船官厂也。见所造赴中国小兵船十二只；英国新造铁甲船一只，名英弗理克尔白里，为西洋第一铁甲船，其样式与各船异：前后两旁中通间道，上有飞桥，通船一副机器，两炮台左右犄角为铁房，回环周转，炮二尊随以转动。房壁铁厚二尺，多为铁叶障其外，以御炮弹。船宽八丈二尺，长三十六（尺）〔丈〕。船主歪尔斯言：宽六丈四尺，长二十八丈六尺。马克谛娄言：此船屡经画图，能知其详。入水四丈，重一万三千吨，载八十吨大炮四尊。据称船上飞桥、烟筒及舱房尽为敌人大炮冲击无存，而炮房厚铁无恙，犹可纵横驰击歪尔斯言：船身入水，长大过于水面。马克谛娄谓上下如一，似为可信，为铁甲船之至精者。午刻，开出江口，两旁列铁甲船二十六，水雷船二，样式各别。大率设立炮台者皆新式；而船身前后平出水面各一二丈许，中段高处设炮台，夹烟筒其中，则尤近制也。亦往往有房离立，中通飞桥。西洋凡事无穷出鲜新①。船直下至阿思本江口，迎接君主坐船。又水师部尚书船，为君主船前导。各国公使船一、上下议政院绅船一、机器学馆生船一，皆随行。议院船用载兵大船可坐三千人者，以议院共千馀人，即不尽至，而家室朋友相从亦多有之，以是船独大。君主及大太子船出江口，廿六兵船并声炮，君主船从中道直上，兵船人皆升立桅端。各船从之，径上数里，又折而下。君主船每过一船。左右皆升炮送之。又径至阿思本江口，各船乃返。仍至船（务）〔坞〕上（船）〔岸〕。至车次，见兵船主波克尔，久居中国，相见殷勤，出示中国所赏金银二牌，云：在宁波随同华尔攻馀姚，克之，因受此赏。其时船主名丢波克尔，方为队长，至

①此句疑有讹误。

是接代其船。并称，华尔受伤，扶至其船，遂毙。初至广东，幽系叶相，波克尔亦在事。因问君主大阅，仅上下一周视乎？曰：非也。当出大洋，各船左右随行，至大洋中，君主停舟，各船绕三匝为节。顷以大风，不敢出大洋，故从简耳。莼斋、稷臣自往林泰曾等学习之兵船，名曰（芹）〔莽〕勒诺比。波斯穆斯江口炮台林立，水中小炮台二，皆铁为之，而积石江心为基。有船曰维多里译言得胜也，已一百一十四年，炮眼三层尚如新。问：亦有官居守乎？[①] 此水师名将勒尔斯受伤殒命之船，留之以纪其功，船身朽蚀尽矣，而每礼拜游观凭吊常万馀人。是夕接上海文报局五月廿九日由法公司挨物轮船所发八十三号包封，内总署公文三件一咨渣甸洋行借单缴销；一咨湖北巡抚办理武生殴伤教（师）〔士〕；一咨复三月十五咨件。并奉五月初七日上谕一通，因广东生二月初二日参折，为示调停之意也，信二件一、五月初七日廿五号，一、五月十四日廿六号，江海关道申文一件申复文报局归并情形，刘开生信一件，家信第七、第八两号第八号瑞堂在上海发，及意城、子瀞信二件，又黄泳清、胡玉玑信二件。

十六日。威妥玛、傅兰雅先后来见。马庚希阿非利加引海水内灌湖地之议，刊刻成书，函告著书之旨，仍须诣阿非利加察看情形，可谓坚守其说者矣。有伊斯特尔布鲁克者，金登干之记室，以有微言为金登干所辞退，上书自陈，且多攻发其隐。因属德在初、凤夔九戒谕之。晚诣布克什谈。晚接威烈阿摩格里非斯律法诵辞。得苏倭威士约看骑马浮水意大里人带领马队于格林里治左近试演，并万国公法文案贞庚回信，允为马眉叔留一住房。

十七日。偕马格里由多发海口回巴黎。伦敦至多发皆山路，穿山洞无数，有逾数里、十数里者。所坐船名喀里多发船，盖两

①此下疑有脱漏。

船相比而联合之，左右机器仍并为一，中如桥洞，机轮出其中，左右烟筒凡四，上铺横板，坐房两层，船身较宽，以取平稳。两船相比，故用两岸海口为名。舟中晤户部官属马丢林，云职司运粮，曾至中国。抵喀里海口，又晤梅觉尔戈登，梅觉尔者，武官名，其职视中国都司。云避暑喀里海口，馈水果数事，情意甚殷殷也、李湘甫、张听帆、联春卿、马眉叔、陈敬如并迎于嘎尔谛那尔车栈。

十八日。何镜秋、叶桐侯、林钟卿来见。时英国外部方知照格林里治学生六人：严又陵仍留学；方益堂派上苏拉洛斯船、何镜秋派上柏芝嘎船，并饬西历十八日在波斯穆斯海口上船；叶桐侯、林钟卿、萨鼎茗派上梅乃妥尔、布拉卜铿斯、莫那嘎三船，应至波斯穆斯海口威林登官船上候之。时以何镜秋尚在巴黎，属以萨鼎茗代往。顷据何镜秋言：得罗镜秋[①]，方、萨二人均急切不能上船，而此三人者，尚拟候李丹崖回巴黎请示。适斯恭塞格来见，乃促令遣三人先回伦敦料理。科鲁苏学生林旭台、张利甫、林仲明、池玉如来见。告知即日回科鲁苏，候十一月爱廓尔得明矿学馆开馆之期，再回巴黎。致李丹崖、罗稷臣二信。

十九日。罗星亭来见，云赴比利时考求矿学。比利时矿学尤精，法人亦常往其矿务院学习。星亭欲沿法境西北以达比利时，就所已开之矿讨论之。接德在初信，言旁思茀斯称：《烟台条约》与各国商议，即日巴兰德当赴伦敦议定。此等只属推宕之辞，然益见广东生之贻误矣。

二十日。礼拜。马克生来见，盖承修吴淞铁路至中国者，云已游历七省，由长江径上至湖南以达广东，北出河南以达京师。

---

①此处疑有讹误。

问湖南相待何如，曰：不好，曾遇数野人扑翻在地，又足蹴之。问何地，曰：由洞庭湖南出第一城，曰湘阴。问在城在乡，曰：距城约百里。问何以处之，曰：往诉之官，得派数人相护以行。嗣是沿途护送，无相窘辱者。此次回伦敦，商之一二富室，可以稍集资本，当仍赴中国料理。问何事，曰：中国铁路必得开办，当稍俟之耳。因历述各省情形，惟广东所历，尚无可修铁路者，馀皆易为。遣马眉叔赴法兰苐尔得万国公法会，并致屠威斯一信托之。晚与李湘甫、联春卿一游波洼得柏郎园。眉叔言：西洋徵实学问，起于法人嘎尔代希恩，其言以为古人所言无可信者，当自信吾目之所及见，然后信之；当自信吾手足所涉历扪摩，然后信之。既自信吾目矣，乃于目所不及见，以理推测之，使与所见同；既自信吾手足矣，乃于手足所未循习者，以理推测之，使与所循习同。于是英人纽敦因其言以悟动学，意大里人嘎里赖因其言以悟天文日统地不动而地自动，德人来意伯希克又有性理之学。此数人者，皆西洋学问之前导者也。

廿一日。兰多尔苐克雷致书，言满达兰柏尔得夫人求一见梁夫人。命马（克）〔格〕理报书，约至一见。新报载：俄国总理巡捕提督梅藏邹威被刺。乘马车至，刳刃其胸，复乘马车驰出，至今未查获。西洋犯上作乱视为固常，由民气太骄故也。德皇两次被刺，一曰书得尔，一曰罗毕林，均无供。法国民党、君党狺狺相争，而君党之中，又分为三：一曰嘎里党，千年以前之贤君也，犹中国汉、唐之裔；二曰路易党；三曰拿破仑党。民党亦分为三：一、择统（理）〔领〕世爵之中；一、尽人择之；一、统贫富无分，金帛皆公用之。又有中立一党，惟贤之是从，君贤则从君党，人民所择之统领贤则从民党。人心之浮动，又甚于中国之求富贵利达者，亦岂非危道哉。

廿二日。接珥希登里得信，言其子里得曾学习三处矿务，一施买斯，一宽窝尔，一威勒斯，能辨知铜铁各矿开采之功。因属马格理为一书复之，约至伦敦一见。阿富汗逼近印度，俄人欲与结纳，以为窥伺印度之基。英人亦欲与结纳，以为遮蔽俄人之计。彼此相与煽诱，阿富汗莫适从也。土耳其屡为英人介绍，至是阿富汗请由印度派勒威尔瞻白斯前往充当公使，盖十馀年前英人攻阿富汗时将官，待阿富汗有恩，故特请之。英人得阿富汗为印度之蔽，亦势之所必争也。马立生见示《游历中国纪程》一书，无他纪载，而水陆两程分明，足知其所游历舟车踪迹也。

廿三日。接马眉叔信，述叙至法兰克茀尔沿途情形，所历皆有考证。德、法交界处曰诺威盎，再北曰墨痴，石城甃筑极坚固，旧为法国重镇，今割隶德国。再北至（弃）〔茀〕根，始见来因河。来因河发源瑞士之白山，向为普、法分界之地，今亦专隶德国。其中亦有足资考古者。如来因河左一城曰马揣士，其右一城对峙，曰加斯答尔。盖二千年前罗马初据此地，其民皆番种也，故为夹河两城，以防其抄掠。其后日耳曼列邦星罗棋布，此城亦隶日耳曼为举城。举城者，日耳曼列邦常推一盟主惟盟主得称皇为列邦之总领，其中十数强国，各视其势之盛衰，相举为盟主，马揣士亦其一也，因名之为举城。其后法人亦常踞之，今并为德国地矣。古敦贝尔为西洋印书之祖，生于此城。又据巴黎北第一城曰么①，为法国文人包许爱生长之地，亦最有名。其公会集议之地，名法兰克茀尔，译言法兰关也。法国原名高罗亚，法兰自在欧罗巴北境，其后渐次南侵，至此以为雄镇，故名法兰关。其后侵据高罗亚，改名曰法兰西。而法兰克茀尔又改隶日耳曼，遂为日耳曼皇加冕之城。

---

①么，Meaux（莫城）的音译。

加冕者，泰西国主嗣位，必至教堂，教主傅之以油，名曰擦圣，而后加冕。法兰克弗尔一城遂为教主专城，日耳曼皇嗣位，必就其地加冕，做亦相推为胜地云。

廿四日。高的亚言，西历三十日为立瀚东方会集议之期，其参赞吉麦得来询是日派员赴会。予亦允为派员，以所询商务、学问、教会三项，兼及中国，颇就中国情形逐端复之，故须一往。惟其会集议七日之久，因饬马格里就问情形，能否听便集议一二日，所论东方各国事宜，亦不必定考求也。意大里之法罗伦斯亦有东方会，闻于九月十二日集议。西洋于此皆用以为考求学问之资，非但用以为名而已。而数会相连，集议多日，亦可谓之不惮烦矣。

廿五日。拜发谢恩折件，并寄总署及恭邸及沈经笙三信总署应为第廿二号，以将销差，不复列号，及曾劼刚、唐景星、黄泳清，及家信廿四号，及意城、志城各信。折件及总署信并于廿二日封好，以候礼拜五日轮船开行之期，至今日乃始发递。至家信等件，亦并于廿二日封就，故通作廿二日期也。

廿六日。高底亚送（公）〔立〕瀚[①]东方会期，通礼拜日为八日。以西历八月三十一日起，当中历八月初四日，是日所议者商务、制造。初一礼拜，游巴里桑比尔妙西因；又游纽非尔，以观乡景。初二论学问、手艺。初三论挨及古教，晚格兰得谛那得尔戏馆茶会，看挨及、印度、东洋照画。初四论波斯及阿色里亚及印度学问，晚赴类加密茶会——曾游历东方，谈所见闻。初五论中国学问，晚格兰得谛那得尔戏馆听音乐。初六论东洋学问。初七论东洋学问，晚游倭连恩达尔妙西因，译言东方博物院，当即

①立瀚，Lyons（里昂）的音译。

本会所创建者。大率每日所论，多足以广益见闻，而去留亦可听人之便，不必守候七日之久也。

廿七日。李丹崖、日意格过谈，甫自西班牙之比赫尼山就浴温泉回，温泉所在地名哥得海。日意格述悉赴西班牙之桑塞卜斯填观斗牛，如马戏之圈，围四面，环而观者万馀人。每放一牛入，一人持铁锥刺之，牛怒而相抵，奔腾如虎。人或从牛身超越，或从牛腹掠过，迅捷如猱；或骑马与牛斗，牛角抵马腹，即肠出，人则腾跃而起。是日牛触马死者六，人毙牛者八。凡十馀人更替与牛斗，而无一伤者。其刺牛必俟其精竭力惫，乃一刺而毙，可为神技。西洋戏具，无奇不备如此。马眉叔亦自苇兰克苇尔回。

廿八日。寄陈俪秋信，并廿二日书，以闻其在金山，稍探知其华盛顿寓处乃发行。兼寄姚彦嘉信，以函取利如存单，由信局寄之。至李丹崖、日意格、斯恭塞格、高底亚处谈。医士毕灼伯诊视瓦克来，询知为罗斯噶得妹婿。言英国洼勒斯在巴黎建立病馆，可令瓦克斯往就医。其医士赫尔博得为拉尔文之弟，其副科尔马克，皆英人也。因托一往言之。

廿九日。接上海六月十四日由法公司埃麦从船递到六月十四日第八十五号包封，内褚心斋一信。其八十四号包封，至今未到，因饬在初、夔九一往查之。往（查）〔拜〕外部瓦定登，及俄公使尼勾拉欧娄甫、日本公使那优诺布萨麦西马，及俄太子，及俄主之弟恭斯当丹——并以聚珍大会至巴黎游观。值其外出，无一见者。李丹崖赴柏灵，枉过一谈。

八月

八月初一日戊寅。为西历八月廿八日。接上海六月初七日由英公司的希船递到八十四号包封。先发七日，乃后一日始到。内总署公文一件新嘉坡领事经费，仍饬核议，南洋大臣公文一件领事胡（泽璇）〔璇泽〕自称候补道，应候核议，并第九号家信，犹杨瑞堂上海所发也。西洋天文家尤以寻测向所未见之星为奇。所知数十年前赫什尔寻出一星，即名赫什尔赫什尔为威妥玛之妻父；类非里尔寻出海王星巴黎类非里尔、铿百里治阿达摩斯同时测星，云有一巨星，为历来天文家所未见。其后美人始寻得之，相与名之海王星。近来又有二事。历象家言：日居中，五屋与地环绕之，轨道在日与地之间者，曰内政星；包出黄道外者，曰外政（府）〔星〕。外政星如土星，如木星，如天王、海王等星，皆有跟星洋语曰萨得来得①。地球跟星谓之月，独火星无有。近美国华盛顿观星台历士哈尔推测火星跟星亦有二，稍分内外。外跟星三十小时又十四分一周，速于白道三十一倍，内跟星只七小时三十八分。其为体至微，其大者全径不过一迈又千分之六百零九，此以镜窥而得之者也。法人渥得即类非里尔定日与各政星之重体，推算火星恰当三百兆零九万分之一。哈尔既寻得火星二跟星，即以速率衍其重率，恰当此数。此以数理而得之者也。水星在地球轨道之内，类非里尔亦曾测得之，云见有微点掠日而过者，距水星为近，必别是一星。其后医士勒士家尔波自谓得之，而亦未有主名。近美人洼尊始定其程度，名曰茀尔铿②。茀尔铿者，希腊语以为主铁之神，云最有力。顷询知是星距日为近，尚在金、水二星之上，故其光为日所掩，终古无见者。近因类非里尔推测及之，美人洼尊谓非俟之日食时无从窥见也。会六月三十日日食，于入地后，英人洛基尔亦往华盛顿城观之。洼尊驾千里显微大镜于日左旁伺之，见一星大于所用施令钱者逾倍，急呼洛基尔共证之，亦与五星环日周转。同时有用照镜影日食既时形状，亦有一线光掠日旁而过，盖是日日食二分半之久，（祇）〔其〕

---

①萨得来得，Satellite（卫星）的音译。

②茀尔铿，Vulcan 的音译。

能用此时窥测影象者，亦照至二分半之久，得互相印证云。凡英人语五星之名，（土）〔木〕星曰究毕达，金星曰维讷斯，火星曰玛珥斯，（木）〔土〕星曰萨得姆，水星曰麦尔曲里。此弗尔铿及火星两跟星，并美国人近月内测得者。

初二日。马眉叔在巴黎政治学堂专习公法。其学堂肄业大纲，凡分五等：一、出使各国；二、国家机密政事；三、地方管理民事；四、户部征收赋税之事；五、总核出入款项。每岁户部、外部拔取其尤，以备录用。而在馆肄习者以两年为期，或专习，或全习，期于有成。其所以为教者，凡二十一款：一、管理地方各法；二、管理地方之事；三、总论欧洲各国赋税之法；四、定赋税之所自在；五、总核终年赋税出入之数；六、考核国中理财之法；七、比校各国商例；八、总撮一千七百八十九年乾隆五十四年以后各国通商条约之数；九、读一千七百八十九年以后各国和约；十、撮一千六百四十八年顺治四年至一千七百八十九年各国有关系之和约；十一、习一千七百八十九年至一千八百七十二年同治十（二）〔一〕年欧洲各国交涉大略；十二、定出使各国章程；十三、近一百年英、法、美政事因革；十四、习一千七百八十九年至一千八百五十二年咸丰二年法国上下议院事例；十五、比、瑞、奥、布等国政事因革；十六、各国交涉公（理）〔例〕；十七、各国议和公例及设立领事章程；十八、论政事关系之地图；十九、核算户口之法；二十、关系工商之地图；廿一、各国民间户婚产业事例。其教法，有讲论，有问难，又别有指授英、普两国语言文字之师。每年由师考验，第一年专主问答，第二年考试论说，得优等给以凭照。每日讲论二次。一、论使臣专为通声气、采虚实，知彼知我。俄公使在土，不知土国之虚实，而劝俄皇用兵，此不知彼也。法公使在普，能知普之强矣，而不知法王之决于战也，未及早防，此不知我也。宴会酬应之间，亦当于无意中探国人之口气，察国中之政治。一、论各国外务院各有公司章程，大同小异。俄国另立东司，专理中国、日本及土耳其交涉之事。普国于诸司外设立一司，专（藏）〔理〕他国田产、户口、赋税之事，天下图籍，尽数藏庋，其虑深矣。一、论比利时初立国，法人议合二国之关，并而为一，一纳进口税，可以通行两国之地，不再征收，按月分派。欧洲各国以为法人兼并比国之渐，却其议。此例行之普国，名赵尔完伦译言统关也。先是日耳曼小邦棋布，关卡林立。普于日耳曼诸邦为雄长，立议设一统关，裁撤诸卡，以惠商旅，而稍加重其税，按照各国幅员大小均分之。未数年而有普、法之战，普立为皇，而此统关遂为普独擅矣。今闻在中国议裁厘金，殆犹彼国赵尔完伦之馀智也。一、论日本重修和约，增改二事：一详订税则，一禁止外国商船在日本口岸贩运。盖通商所以通二国之有无，至本国口岸，岂可纵外人夺民口食，故西洋立约，概无外人在本国口岸贩运之条，惟法、日两国犬牙相错，始开此风。中国竟以通商口岸视同外地矣。一、论英、法税则，历来本重，甚且有值百抽百之数，禁货亦多。近年英国立约，减定税则，商货大畅，英、法制造诸厂，因之日兴。然英、法当时立约，亦分三等：一钢铁物料之类，概免纳税，盖钢铁英多而法缺，英不收税，钢铁之出口者多，而英商获利，额外之征税愈多；法不收税，钢铁之进口者众，而法厂可兴，则成器之收税更甚。一则此有彼无之货，如法之酒、英之布，此则相物为准则。法酒有百斤取至二十五法兰者，英之布亦然。一则彼此皆有之货，则额外苛征。法货往美国，尚有值百抽百之数，为时式衣料及时样女衣之类。一、论意、法之文出自剌丁；英则半由剌丁；奥、普则尽由撒克桑。

初三日。发递致刘芝田、方右民、冯季云、易梯衢、黄泳清及家信廿五号，并发上海道公文，扎饬议递送文报局事宜，兼致冯竹儒挽件。法工部详报火轮车路，共计一万二千七百十五迈，外有三千七百五十七迈议定修造，尚未兴工。其专为内地来往，二千八百八十七迈。又各矿各厂私修铁路一百零九迈。馀皆通达邻国，凡分二十八道：通比利时十五道，通德国六道，通瑞士国四道，通意大里二道，通西班牙一道。普国（火）〔铁〕路凡分三种：一由国家建造收费；一由公司揽造而由国家收费；一由公司自造自收。其第一种铁路共长一万二千二百三计乐末每计乐末当英里八分之五，此种铁路专为调兵御敌。第二种铁路长二万九千一百计乐末，三种铁路长一万一千六百七十五计乐末，共费银八千五百六十六兆八十七万五千佛兰。普国统属日耳曼小邦，改称德国。其官制：总理军国兼各国事务毕士玛一人，吏部属焉，总理各口监督税务司、稽查流民司、掌教化司、总理邮递电报司、火轮车路司、军储司，陆军部、水师部以及各口提镇统属焉，是以权一而所令必行。外有刑院、商政、农政、总核所、考工所，各分职掌。各邦集议，分九会以稽查各事：一议军务炮垒，二议水师战舰，三议关口赋税，四议商务往来，五议电报铁路，六议刑事，七议总核事务，八议各国事（议）〔务〕，九议新收法国亚撒、禄冷两省事务。凡有更定国制，则别选人议之。现计日耳曼列邦二十五，议臣五十八人：普国十七人，列邦多者四人，小邦不过一人，并驻普京集议，普皇为监临。以外各府皆有地方官专理。各乡则有乡老，由民自选。军政以普皇为上将军，节制各国提镇。此官制之大略也。德国户口据一千八百七十七年详报：四十二兆七十二万七千三百六十人，远徙者五万十三人，婚嫁者三十八万六千七百四十六人，生育者一百七十九万八千五百九十一人，死亡者一百二十四万三千五百七十二人，柏灵居民九十六万六千八百五十六人。上议院五百三十人，普国三百二人；下议院八百七十六人，普国四百三十四人。约当四万三千人之一，并按各邦大小选举议院人之数，此户口之总数也。德国军政，尽人为兵，以十二年为期。其中三年供徭役；四年归田，有事招用；后五年中，有事戍守而已。每年充兵者约十四万三千人。一千八百六十三年复定新律：国家危急时，不论老少尽宜充兵。无事时，共设步兵四百四十四营，计二十五万五千四百八十人，武员八千七百二十四人；轻兵二十六营，一万四千五百四十五人，武员五百三十二人；额外兵二百九十三营，四千七百五十九人，武员三百四十九人此种兵乃归田额外之兵，故武弁浮于兵额。骑兵四百六十五营，六万四千六百六十九人，马六万二千五百九十一匹，武员二千三百五十七人。炮兵三百零一营，四万五千八百八十四人，炮一千二百零六尊，马一万四千八百四十五匹，武员二千三百十二人。凿道兵二十营，一万三百二十四人，武员三百九十四人。车兵所以运军粮者十八营，五千零五十人，马二千四百五十七匹，武员二百零二人，外附杂兵九百四十四人，武员三百十人。又中军营武员一千九百八十二人。共计武员一万七千一百六十二人，马七万九千八百九十三匹，兵四十万一千六百五十九人。其间哨长四万八千三百二十五人，杂兵一万二千五百四十四人，病院役兵三千一百一十九人，役夫九千四百五十一人，发粮兵一千四百九十人，医生一千六百二十六人，马医六百二十一人，械匠六百十八人，马鞍匠九十三人。有事则分三军：曰前军，以冲锋者；曰后军，以弥补者；曰守军，以巡城者。前军统帅营下武员八百六十三人，马五千七十匹，兵五千一百七十人，专听粮台、军火局以及电报之用。步兵四百四十三营，兵四十五万五千六百二十人，马一万七千九百零八匹，武员一万零一百九十名。轻兵二十六营，兵二万六千六百七十六人，马一万零四百六十四，武员五千七百二十人。骑兵三百七十二营，五万九千八百一十四人，马六万五千六百零八匹，武员二千一百四十四人。炮兵三百营，炮一千八百尊，兵七万八千一百二十人，马七万七千四百三十二匹，武员二千二百八十七人。凿道兵五十四营，二万零九百一十七人，马九千六百四十七匹，武员五百五十五人。车兵三万八千四（十）〔百〕五十一人，马四万六千零一十七匹，武员四百八十四人。外有营务处武弁二千一百六十人，兵二万八千二百六十人，马一万零八百七十四匹。共计兵六十八万七千五百九十四人，马二十三万三千五百九十二匹，武员一万七千三百一十人。后军统帅营下武员三百七十五人，马三百二十二匹，兵一千八百三十一人。步兵一百四十八营，一十七万九千五百二十四人，马一千零三十六匹，武员二千八百一十二人。轻兵二十六营，八千零零八人，马二十六匹，武员一百零四人。骑兵九十三营，二万三千九百九十四人，马一万九千七百一十六匹，武员四百六十五人。炮兵六十一营，炮四百二十六尊，兵一万三千二百六十一人，马五千五百零七匹，武员三百四十人。凿道兵二十营，四千九百五十人，马二十匹，武员九十人。车兵三十七营，一万一千五百二十二人，马三千九百零三匹，武员二百四十人。共计兵二十四万三千零九十五人，马三万零五百三十匹，武员四千四百二十六人。守军兵部行营兵一万人，马一千八百五十匹，武员八百五十人。步兵二百九十三营，二十五万零二百四十四人，马二千零四十四匹，武员六千四百二十四人。轻兵二十六营，六千五百人，马二十六匹，武员一百四十人。骑兵一百四十四营，二万二千九百六十八人，马二万五千三百八十匹，武员八百二十八人。炮兵二百三十二营，炮三百二十四尊，兵五万四千八百五十二人，马八千一百一十四匹，武员一千三百七十人。凿道兵四十八营，八千五百三十八人，武员五百三十一人。共计兵三十五万三千一百零七人，马三万八千四百一十四匹，武员一万一百零七人。统计三军一百二十八万三千七百九十一人，炮二千五百五十尊，马三十万一千五百三十九匹，武员三万一千八百四十三人，此普国无事与有事之时兵额总数也。德国水师旗帜，乃黑、白、红三色，中绣一鹰，下架铁十字。铁甲快船八艘，共计马力四万八千五百匹，载重三万四千八百七十二吨，炮一百零七尊。铁甲大船一只，马力三千匹，载重二千三百七十二吨，炮十尊。铁甲船二只，马力二千四百匹，载重二千零零九吨。甲艇五艘，马力三千五百匹，载重三千九百二十吨，炮五尊。大轮船一只，马力三千匹，载重三千三百十八吨，炮二十八尊。船面铁盖炮艇七艘，马力一万七千六百匹，载重一万四千七百八十二吨，炮一百一十七尊。浅皮炮艇七艘，马力一万零八百匹，载重九千五百六十二吨，炮六十二尊。邮舰四艘，马力三千零五十匹，载重二千六百十八吨，炮八尊。轻舰二艘，马力三千六百五十匹，载重一千九百九十七吨，炮四尊。炮艇十四艘，马力四千五十匹，载重四千三百八十二吨，炮三十四尊。水雷艇三艘，马力三千四百三十匹，载重一千五百四十四吨。运船二艘，马力三百二十匹，载重四百二十五吨。外有三桅夹板船一艘，载重一千五十二吨，炮十二尊。二桅夹板船二艘，载重一千七百零八吨，炮十八尊。水师兵船六十艘，马力十万三千三百匹，载重八万四千五百六十一吨，炮四百零七尊。船坞现造铁甲船六艘，炮艇六艘，统计马力三万五千九百二十匹，载重三万三千一百七十七吨，炮一百二十四尊。此普国水师总数也。德国赋税共计十二款：一、关税银二百五十三兆零五万三千八百十玛克每玛克当洋元四分之一；二、汇票印税六兆九十一万四千玛克；三、驿务电报收银十一兆七十万九千六百三十六玛克；四、火轮车路税九兆九十四万四千玛克；五、官私银行税一兆五十五万玛克；六、杂税十兆十六万五千一百五十八玛克；七、帑息三十三兆五十六万九千一百十一玛克；八、上年度支赢馀十一兆五十二万八千五百九十五玛克；九、铸银项下十兆零二十万玛克；十、各项股份息银七兆七十八万一千七百二十八玛克；十一、额外进项一百零三兆十四万七千九百五十六玛克；十二、各邦税银八十一兆零四万四千一百七十一玛克。统计五百四十兆六十万八千一百六十五玛克不及法国四分之一。其出项共计十三款：一、内阁项下经费四兆十九万零四百七十一玛克；二、议院经费三十一万九千七百玛克；三、出使项下五兆九十万八千二百五十五玛克；四、军费三百二十三兆五十五万三千三百九十八玛克；五、水师军费二十一兆六十七万二千零七十三玛克；六、刑院经费七十九万八千二百十七玛克；七、官办火轮车路费二十七万二千七百五十玛克；八、新得法国两省经费十七万一千七百六十玛克；九、国债息银三兆八十九万五千玛克；十、报销部费四十万三千八百六十六玛克；十一、文武俸银十八兆零六万九千五百一十玛克；十二、暂债息银三十三兆五十六万九千一百一十一玛克国债有永、暂之别。永债岁还息银，暂债明定数年子母一并归还也；十三、额外项下一百二十七兆八十四万八千三百九十九玛克。统计出项五百四十兆六十七万二千五百十玛克。此普国出入总数也。新报并载：德国创置炮台铁塔，现造十四座，安置葛伦业、麦斯、泗特拉斯布尔等处炮台。其所属伯尔的海口岸，业经建立此等铁塔。迤东之包森、葛尼泗柏尔等处，亦拟修建。每座铁塔工价约二十万玛克，系用铁板合成，共六七块，内容大炮二尊。铁板厚约五十五桑的麦当，若用以保守海口，须厚至九十桑的麦当。随意转动，灵便轻捷，曾于毕勾地方一试之。

初四日。日意格会同马格理、联春卿同诣会厂，观挨及新旧两厂陈设。盖（色勒）〔勒色〕布斯曾约至厂讨论挨及事宜，而经理挨及厂会为英人罗颉斯。谓必可一见，至则两君皆避暑乡间。罗颉斯与法人舍郎轮班经理厂会，舍郎亦外出，所晤仅意大里人霸威斯，为挨及主办制造者。旧厂所陈设，并挨及大小石刻及铜铸小像，人形或马首、牛首、狮兔首，或坐或卧，及上古所用石刀石镞，及小贝连合为器具，及象牙长数尺或丈许而中空，及小器具不详所用。西洋考古者动指目为六千年以前人物，以知中国原始夏、殷，有数可纪不过五千年，故论挨及文教先于中国，要皆傅会臆度之词也。新厂则遍列五谷、丝、棉、土产，及所织绣、纱罗、纻布，及铜器、木器。而（色勒）〔勒色〕布斯所开苏尔士渠图式，别为一屋。斯丹雷所探阿非利加地图，别为一屋。（色勒）〔勒色〕布斯尝于此讲论挨及事宜。苏尔士渠图式，凡一树一屋，及堆聚砖石柴木，皆备具之。所设电报远近，及旁通阿里布三台，纤细不遗。正河南岸小渠纵横，所以引清水者，云此项工程尤巨。盖其时皆沙漠，炎蒸之气，无间春冬。近海咸卤地，役工数千人，苦食水不可得，乃先为小渠通尼罗江引清水，或天雨，亦足以资潴蓄。初时工役死亡者多，小渠成，遂以少病，而后可兴大功。阿非利加探路，西洋经营盖数百年，其图用五色斜曲勾点，分别记之。盖前后探路者已一百三十人，多或五年六年，少或数月，欧洲各国人皆有之。近比利时国主复立会，岁一派人前往探访，务在开通道路，设立商埠，以为懋迁居贾之计。阿非利加一洲，当地球一面之半，缩于亚墨利加全土，而径广过之，视欧罗巴三倍有奇，而终古浑噩，为文教所不及，中间十馀国略能举其名而已，立国治民，一无可纪。西人因稍开通其海口，英法二国及葡萄牙亦颇侵踞其地，设立埠头。牧师等亦往往径入内地教化之，使变化其顽梗之性。于是沿海亦稍从西洋之俗，日渐繁富。而内地之榛梗未辟，犹如故也。西人乃遂群起经营之，殆亦运会之成于自然，不可遏抑者欤？英国费二十馀万金磅，赎各海岛所买黑奴数万人，于阿非利加之西海湾旷土以居之，遂以立国，名曰来比尔里亚①。来比尔里亚，言得免拘束，自在游行也。其国近亦遣使驻扎英国。阿非利加遣使，仅此一国而已。〕因阅挨及会厂，便过法人所设中国古磁及铜器玉器，日本铜器，及柬埔寨石刻。凡分三大院。中国磁器凡数千品，大小具备，并精美，为近时所无。亦陈列古钱刀数百品，起周秦，迄明。日本铜佛、铜鼎或高丈许，制造绝精。柬埔寨石刻尤奇，即古真腊国也，越南立为嘉定者。法人既据西贡海口，其地遂墟。所陈列石刻多佛教之遗，如石幢、石塔石幢大小数座，亦有一千佛幢，及所刻狮、象，高或一丈数尺，及佛象大小。其石刻桥栏一段，则亦天下之巨观也，据云置之石桥两旁，盖为九头蛇，昂其首，高约一丈七八尺，身如龙，为三石人抱之。其抱蛇首一石人，凡为十二手抱之。人皆作跪势，屈膝伸足，其高犹丈许也。三石人以后，蛇身遂断。即此运费，已不赀矣。洋语名之干波底亚②，询之即嘉定省也。随游日本花园，副办买达，邀坐茗饮。旋过桥，观所刻铜像，仅成一首，云铸送美国纽约海口者。梯而上，至所戴冠，上为长方片，如门可启闭，人立其间，及半而止。云此神名类百尔底③，言自在无拘束也，手举一灯以引海船。便至桥旁救生厂，考求护险方法及所用船只，及入水底及冒火出入人像。大率入水入火，并口衔皮管，以通外气，并携灯出入，以内自照，亦有皮管引气而入者。尤畏烟气，故须着冠掩其鼻。入水着皮衣，入火着毛绒衣，盖别是一种毛绒，入火不着者。其最奇者，日思巴尼

①来比尔里亚，Liberia（利比里亚）的音译。
②干波底亚，Cambodia（柬埔寨）的音译。
③类百尔底，Liberty（自由）的音译。

牙海口，一百八十年前沉没一船，云其中多金，法人近有设法入水捞起者，又陈列数百事：凡木片之朽腐者，及半段壶、片瓦、瓶罂之属，皆珍列之。亦有人首骨，及当时所食腌肉，犹有大块存者。西洋医士谓腌肉极难化，即此可见。其破瓦缽上粘蚌壳及螺蚌之属，与朽木相为熔化，诡异奇离，亦复可观。又至克罗苏厂，观施乃德一人所陈设，盖所开矿产及所造钢铁机器。有铁甲船式，钢铁厚逾二尺，高大约丈许，亦植立院中。巨炮长三丈五尺，径围七尺五寸而实心，仅炮口铸空约尺许。其房屋皆施乃德所造也。问知并无营求，惟陈列以壮观而已，所费已逾十馀万法郎。

初五日。礼拜。哈尔得函称：前在伦敦茶会晤得拿尔，当时即为我摹一小像，吾不知也。得拿尔二十年前为驻扎印度巴得拿统领，会值印度全土俱叛，巴得拿蠢蠢欲动，旦夕不自保，得拿尔募得巡捕数十人，及其地出力与为谋者数人，日夜防护。忽一日，乱民四起，得拿尔急率巡捕掩捕之，得为首者一人、乱民三十馀人，即其地讯之，戮十三人，纵其非首谋者二十馀人，民心大定。得拿尔探知回民习律法者三人，实诱民使为乱。一日，会绅民集议，临去，留此三人，曰：愿少间。已而谓之曰：闻君三人实导乱，吾不敢信也，亦不敢不信。请留住署中无归，吾亦不尔苦也。为洒扫一洁室居之。而印度总督赫类底者，故与得拿尔有隙，据以为罪，撤其任，令珊莠尔森往代，即日纵释回民三人。已而反迹益著，复捕而流之荒岛。而得拿尔坐是废罢二十馀年。其时格兰斯敦任户部，罗斯噶得方为幕府，知得拿尔之冤，屡言不省。有名色尔缠克尔者，亦官印度，习知印度旧事，著书论之，刊未毕而卒。其子以属之马立生，为卒其业。马立生知得拿尔于印度之巴得拿为有大功，罢官二十馀年，〔无〕能白其冤者，为痛切言之，其书始行，于是英人始知得拿尔之被屈也。以西洋民气之通，下情无不上达者，而犹冤屈如此，岂非人事之可慨叹者哉！

初六日。德人喀来任测月中有山谷下陷之形，似西班牙、意大里等处火山，沙土为所冲激，旁涌而中枵。近复得一陷深处，类近时冲激者。因言月中并无水，其行度绝迟。地球每日一转，月则径月乃一转，凡十四日有奇向日，又十四日有奇背日。其正向日一二日间，热倍于寻常极热之度凡寒热均以一百二十分为极度。开水腾沸，其热至一百八十分；熔铁风炉则至三百馀分；正背日一二日间，又倍于寻常极寒之度。寒热争差几至五百度之远，故无生物之功。其中想亦有能经历寒暑以生以长者，然必非若此地球人物之类也。近数夜间，见东方有星丛聚若一大星。用小显微镜视之，见五星布列——∴∵，其大皆倍于常星，相距不及一薤叶，其中小星尚无数。过子刻以后，从东方徐上，亦未窥其究竟也。

初七日。前伯里玺天德踢倭士周年之期，其夫人约至路德达夫礼拜堂听经。左右分九班，左班上院总裁、下院总裁、上院议绅、下院议绅、各院翰林、各部绅耆、门下沐恩，其下眷属，其下兵士音乐；右班各部尚书、军务大臣、各国公使、议政大臣、文武大员、水陆各营，其下眷属，其下报馆书记。上为礼拜堂，教士数十人，乐工数十人，持诵两点钟之久。中为坐台，以安亡者之魂。教士数十人各持巨烛环立，主教持金钟，两人持烛夹之，环坐台再周。堂上下燃烛数十万枝，会者万馀人。自外门以达上礼拜堂，并用青呢为幕帘，两旁张帷为甬道，通法国八十六府献花，坐台旁为巨圈，万花编聚成字及花纹凡百馀圈，盖亦有各营部公献者。询之，其家凡费法兰六十万。是日接总署电报，已派曾劼刚来代。得稍应陈小舫之课，苟延性命以归，实所深幸。

初八日。屠威斯约娄依狄伦街会议法兰克弗尔公会各条，盖凡公会所议者，至是讨论以求尽善，乃以付刊，邮寄各国政府。

正坐七人，则总办及录写及宣示者；旁坐十八人，相与辨论。予与日本公使坐右手旁观听。凡论审讯他国词讼，及各国互交人犯，及苏〔尔〕士河，及著书家保护章程，各有论辨。每论一条毕，旁十八人齐举手，即允付刊矣。中论保护新开河，屠威斯宣布，言当比校局外之国，即有兵争，不得侵及苏尔士河。有名来纽者言：局外之地四字未妥。凡立和（条）〔约〕，有局外等字者，谓与兵事无相交涉也，即遇兵争，其国不过问，亦不准交兵之国侵及其地。苏尔士河则兵争之船，兵船商船，皆听来去，不得阻止。所重在保护此河而已，于人事无与也。故当言保护，不当云局外。又有名喀吕南者系法国有名律师言：此等正须细酌，又须与寻常和约相符，无格外新奇之字。于是总办另派与会人数再加考证，以求尽善。其议论之公平，规模之整肃，使人为之神远。公会总办为费尔得，美国人。此次定议总办巴里右，法国人。又有一人来见，询知为甲格模斯勒尔，比利时内部尚书也。惜中土列国时无此景象，虽使三代至今存可也。

初九日。日本公使上野景范及拉郎得来见。拉郎得为学馆学生，学习中国语言文字者也，思谋中国差使，因陈敬如求见。晚赴喀吕南□饮，盖万国公法会友之一。同席费尔士、屠威〔斯〕、来纽，皆所识，外希腊人亚勒克桑得拉、俄□□尔登、英人噢郎，皆与一谈。希腊及俄国，皆由国家派赴公（费）〔会〕者，噢郎则阿思弗学院教习也，并深于律例之学。李湘甫见示刘和伯信，德使已改派李丹崖。广东生至是而盛气尽矣。中国使事，于是始稍有生机，闻者皆为称庆。

初十日。与日意格、马格里同游格立雍农田机器①，至芒霸拉

①此处疑有脱字。

斯车行，附汽轮车至格立雍。其总办都得尔腿他出，副总办罗斯马仑迎于车次，预备马车至学馆，洋语曰阿尔格立据尔堵尔①。所游历各学院：一、农田机器图式院。各种农器，并丈量地亩仪器，并采蜜机器，并量准农功机器。盖一平方车，用马力曳之，上设轮轴，束纸其中。车后有铁钩，凡平量农器之法，将其（气）〔器〕用绳索挂之钩上，使一马负车行，触动车上机器，则轮轴自转。农器轻重，自注明纸端，以农器愈精则愈轻，两马曳之不能疾行，而一马能曳之疾行，所以异者，制造精也。中有巨木整围圆板数十，以辨知其木历年久远，及木质之坚脆。凡木大逾合抱，即自成圆围文，每一围当一年之数，其大者至二百馀圆围。一、地质土石院。矿产五金及各种土石有石中含圆石如蚕，及大螺大蚌，及无数小蚌，千态万状，穷极各国地产，而格立雍所部地产尤备。一、谷种院。玻璃瓶陈列数万（五）〔谷〕种，及豆，及各草种，及麻及棉，及诸药品，并注明所出之国，东至中国、日本以达内外蒙古皆备。如稻米有全黑者，云蒙古黑稻，予固未见也。小麦以英属为佳，或圆或长，并大逾常麦。旁及五色颜料，及造宝石之法，皆陈列满架。中为圆围巨架，五谷及马草茎叶全者，罗列亦数百种。指示中国稻麦，亦惟颔之而已。一、化学馆。凡六，尤学馆之要务也。一、听讲学院。凡六，中有一馆，专讨论牛马诸兽骼骨，及筋络血管，及辨马齿年岁。一、测度仪器院。围有小园，环设仪器，如寒暑表、风雨表，及测雨尺寸圆桶，及测潮湿机器，及试水气升降，皆可坐守仪器，以辨知年岁之丰稔。一、格致院。中有一教师布里倭，方测光学，用牌署其旁（者）〔置〕案上仪器，已测量数月，□□□勿稍动移，一动移则前功尽废。询知其

①阿尔格立据尔堵尔，Agriculture（农业）的音译。

用法，则案端立小柱，上竖白金……①金网□如火，前安□深柜，透入重镜，又前立一大竖镜，又前□□竖镜，又前设立三角玻璃，又斜立一玻璃长条，引电气以达其旁一仪器，一测光气度数，一测热气度数，以辨知某种谷粟，须（知）〔加〕热力几分、光力几分，乃得发生。并云三角镜中分出五色，可以向日照之；设法隔其一色，可以变易草木之质。始知西洋园户种花，变易颜色，一出于格致之功，即所谓化学也。询之学生百人每人岁出一千二百法郎，教习十人：一化学有帮教；二律例有帮教，专习农田律例；三耕作有两帮教；四工程有帮教，皆交涉农工者；五草木名目；六树植，七花草并有帮教；八格致有两帮教，专讲地质及五金矿产，又光学热学关系物产者；九畜牧有帮教；十算学。又有讲师四人，皆法国名有学问者，分日来馆讲说：树植则类柏尔；耕作则买尔洛得；养生则塞尔让；昆虫则义捏尔。国家岁费廿五万法郎，地亩所入及学生岁费约收入十馀万法郎。来学者必先试之，每六月一加试，二年半出院，给以文凭，并农部尚书主之。回过塞费尔，至马宇法克都尔制造磁器厂。总办何贝尔外出，总监工毕来陪游。厂中有磁器妙西因，极天下万国新旧磁器数万品，亦一巨观也。所新见者，石膏模作细料碗盘，所用曰高岭石。西洋制造磁器，得此石不及百年，以仿中国人为之，曰高岭者，中国人以名高山之所自出也。是夕，巴里佑邀茶会。

光绪四年，岁次戊寅，八月十一日戊子。为西历九月初七日。接到上海文报局六月廿一日由英公司船递到八十六号包封，内总理衙门六月初六日法字二号信一件，并公文二件内发回奏报陈递使法国书一件，奏复御史欧阳云撤回各国公使一件；少荃、经笙两中堂信各一件；

①此处因原稿漫漶所阙。

梁小若、张翰卿、叶升初、戴仲泉信一件；李筱荃制军信一件；易淑子、易叔辉及志城各信，及家信戊字九号，六月十二日发。爱克尔斯、罗颉斯来见。爱克尔斯，德国人，所居地曰布来门。爱克尔斯讨论各国钱法，谋铸一种钱，为通行便商之计。其言钱法当以法国为准，通长短之度、轻重之权、多少之量而使协于一。如法尺麦得尔合英尺三尺三寸，百分之一名桑的麦得尔桑的者，译言百也，每见方桑的麦得尔之水，量其轻重得一格拉摩；十桑的麦得尔见方名里特勒，每一里特勒之水，量其轻重得一吉娄格拉摩吉娄者，译言千也。今当以法国五法郎之式制为银洋，二十银洋重一磅。即中国以银轻重为量，亦赅其中。因推论各国金银洋元所行之远近，著书言之甚详。吾谓此法极便，吾曾游历德、荷及比利时三国，惟比国全用法洋，馀则英、法两国金洋并通行，而银洋各从其国之例，畸零用费极不便，推而行之东方诸国，则尤各有所尚，不能交互使用。今□由西洋诸国先立一章程，专为通行各国钱法，以便商用，一式铸造，凡两国交易用此为准。但令中国通商口岸通行此项洋银，二十倍之为金洋，取携便而计数亦易明，不烦告令，自然通利矣。晚赴日本公使上野景范之召，设席鲁夫尔大客栈，邀请万国公法会长巴里说费业得、副长屠威斯、参赞里威业、律师格吕南及日本办会大臣买达、驻法参赞苏徐吉、随员亚利西马。上野景范专导扬鄙人之美，而闻其将回国，应通会中人同致祝献之意，又诵词之创例也。

十二日。以英儿腹疾，延老医拉费桑来视，日意格之妻父也。年八十三，为阿得卜郎禽兽院总办，已久不行医矣，因荐一人名罗热尔，亦老医也。李德自阿斯茀往赴意大里法罗伦斯东方会，便道一过，枉问中国民数及赋税成数，约略答之而已。晚邀万国公（使）〔法〕会长巴里说费尔得、副会长屠威斯、参赞里威业及格吕南、来纽、马尔登。马尔登为俄国外部官，奉命赴茀兰茀尔得公会，世精律学，因并一邀之。此举发之日本公使上野景范，并邀其夫妇。逾期至一点钟之久，坐客倦矣，乃得其一信告辞。其在伦敦三次枉邀，吾皆展转不能一赴，以有此报，一皆蹇运为之也。饭毕，格吕南告言：法国律：二十岁成丁，充兵五年，受学试为武官者，亦各以能受职及迁转。格吕南曾任武官，视中国参将。充兵五年，期满为听调兵，每岁以一月归营操习，年深者三年一操习。大阅调集各部兵，先期准备衣粮，无论远近，皆各以其时乘坐汽轮车，尽两日期，通国无远近齐至。行军（遇）〔御〕敌，准此为例。其听调兵归营，应服兵衣，及日二食，皆由国家预备。每日领公用钱不过二苏。大率充役而已。拿破仑第三以骄败，普法之战，调兵至逾月而到者寥寥，纪钢废弛，人怀异心。近年人人有报复之心，亦人人怀奋发有为之志，出境与普战，不敢必操胜算，普国再入法境以求逞志，则亦难矣。马尔登精律法，善言论。告以中国初遣使俄国，一切未谙习，崇宫保亦中国有名望人，幸望善为顾视，照料其所不至。马尔登慨然应许，云必为尽力。

十三日。偕日意格、马格里至大会观机器。有创为摄日机器者，能于日光下治米食、肉食，其光力与炉火等。倾水瓶中，引向日，须臾腾沸，如向火然。所观农田及织绣机器二种，大约形式各不同，而制造机器以类相聚，（其同皆用）〔其用皆同〕。中国所急需者汲水机器，考求得数种，拟制备回家，以资应用。其各种小仪器尤多应考求者。生平于此种学问，苦格格不能入。居此两年，徒为广东生郁闷，无一日自适，百病丛生，万念皆灰，此亦天为之也。

十四日。诣谢格吕南、上野景范酒食，并回拜罗颉斯、阮诚意及外部瓦定敦。茀里兰得自伦敦来见，言茀兰茀尔得公会曾建议三款，意为中国言之。马（叔眉）〔眉叔〕竟不以告。问之，一为与亚细亚不同教之国相接，当另立章程，其中小有变更，亦当与亚细亚诸国会议，不宜专任欧洲之意为之；一、东方各口领事干与地方公事，为必不宜；一、从前论公法交际宜持平者数家，当使之尽意，条议其便利，以便推求。其所言亦皆列之新报，马眉叔于此未免率意，不留心。

十五日。接到上海文报局六月廿八日由法公司船递到八十七号包封，内总理衙门第廿七号信六月十六日发并咨四件并新加坡领事事件，合濉伯国咨一件文报局委员详复广东生咨件，并见《申报》载古得曼一段议论，意取讪侮而已。一切并由马格里关说。召问之，马格里勃然为之不平。生平积累浅薄，有大德于人则得大孽报，刘锡鸿是也；有小德于人亦得小孽报，古得曼是也。此行多遭意外之陵侮，尤所茫然。晚邀茀里兰得、日意格、贺璧理、马格里，及办大会王子献、马福初、孙信耕、卓品珊四人，及李湘甫、张听帆、陈敬如、马眉叔、联春卿会饮，为中秋觞宴之叙。因偕马格里及湘甫、听帆、敬如、眉叔、春卿踏月街肆中，就观千里镜驾以向月者，各大街均有之。

十六日。英人逊顺来见，曾在福建船政局充当教习五年，日意格邀至巴黎观赛奇会；所住波斯穆斯海口，前月十五日英国君主大阅水师陪行，曾于车次一见之。其人亦长者也。茀里兰得邀往保护制造会。西洋以营造为本业，出一新式机器，得一营造方法，及所著书立说，则使独享其利，他人不得仿效窃取之。然各国律法各别：英国保至三十年，法国保至五十年，其他情形互有参差。而此国所保者不能保之彼国，是以近年来各国文学及讲求制造者相与立公会议之，万国公（法）〔会〕亦议及此，茀里兰得所邀又专议此事者也。吾以不能通知语言文字，乃令马眉叔、联春（秋）〔卿〕二人偕往。会名恭克迺巴当得①。

十七日。发寄合淝伯相及李筱荃制军及吴子让及家信第廿五号。往岁在吴城水师大营，以事赴湖口，从亲兵营哨官假一马以行，告言：马非良也，当别求之。予以急切不能待，用亲兵一人为导引。行数步，即左右横突入草地。或遇荆榛丛坟，以身就之。鞭之则踶趹。于是令亲兵牵曳以行。每见曲径横出，辄冲突旁趋，亲兵出不意，常至倾跌。行半夜，乃至湖口营，为时三倍，而腿胯为之酸痛数日。因叹言：此真天下之劣马矣。广东生之横突，吴江之不受导引，皆此劣马之类也，王良、伯乐所无如何者也，以负天下之重，难哉！难哉！罗热尔枉过，言医理却病之旨。高底亚函报意大里芾罗伦斯东方会会长阿麦得，曾任日思巴尼牙国主，意大里主之弟也。在日国时，民心未定，乘舆出，有用手枪击之者，阿麦得惧而辞位。闻其人极有学问，为东方会首，则亦兼能考求中国学问者也。

十八日。英国老教师弭得门斯函告助捐赈项及立禁烟会，属马格里复书奖之。至是得柏朗门何尔信，请允刊刻此书。始知英国习耶苏教者，曾立会赴中国传教，以入中国内地为名，倡其议者名德拿西，柏朗门何尔为此会坐办，此次助赈中国，会中人为多，得予奖许之信，亦相与喜悦也。哈尔德嘎罗尔来谈，为法兰银局分设伦敦总办其银局名康多阿尔得钢得，相就商议二事：一、法国铸造行用中国银洋。予以各国当会议另铸通商银洋，以便各国通行，不宜专以使用中国为名。往复辨论，始知法国此议已早定，其银式亦经铸造，惟须俟之议院会议耳。一、论中国借用西洋银

①恭克迺巴当得，Congrès patente（专利会）的音译。

两，利息过重，当自立章程。询以两种办法：一、责成各海口关道为各银行办理；一、各国设立领事，就各国办理。哈尔得嘎罗尔言：必须总理衙门告之各国公使，各国商人自然信从，否则关道之言为无徵。其就各国办理，但须各国钦差署一二通知商情者，会同各国集议，自立一会。因事借银，可以会同各国办理，葡萄牙便是如此办法。盖西洋借银均用银票，永远收其息银，是为国债。中国所借不过数百万，其数无多，又多不过三年五年，本息一并归还。但传示各国商人：借银若干，息银若干；发给收单，起若干两，至若干两，听从承认，截至某日止。则各国商人必争起应之，听从收至某数为止。中国一假手居中关说者使分其利，利息日益增多，章程日益分歧，抑亦西洋商人所不乐从者也。所言可谓切中中国情弊。

十九日。为西历九月十五日。伯理玺天德大阅马步军于温生花园，先由兵部约会，又由伯理玺天德约至其帐殿。因邀马眉叔同往，则伯理玺天德夫人为之主，各国公使及各部尚书及提督等官皆在。其帐殿面南，高约九级，铺毡褥，设几，如宫殿式。其二三等行帐在其右，逶迤而下。各军整队立，当帐殿，经东随围场环转而北，约十馀里，马步军皆设方阵。须臾，伯理玺天德骑马至，阿剌伯军一行为前导，提督等官二十馀骑随之。以后则各国武员骑从者二百馀人，陈敬如亦佩刀骑从。陈敬如坐骑由伯理玺天德预备，在范三纳教场试演五日，由武学馆千总布类优挑选。伯理玺天德经南出各军之前，绕东而北，转至帐殿前，皆免冠起立为礼。已而从骑廿馀，皆南趋，北面立。伯理玺〔天德〕南面东上立，各国骑从者以次立，军乐五十馀骑，稍西北面立。其中若甬道，广径六（八十）〔七十〕丈。首马队，次炮队，又次步队，压后者又系马队、炮队。凡马队以二十骑为十行，多或八行、六行为一营。凡炮队以八骑、十骑为一行，连三行用三马之力驾一炮车，又连三行驾一子药车；每子药车必载炮车轮二具，以防损坏更易。每车二行后，炮兵一队随之。凡步队以五十人为一行，两行相连为一队，八队为一营。马队中又有护伤（军）〔车〕，连二行用两马之力驾一车，车大有围，以载护受伤者。步队中又有工匠兵，有运造桥梁兵，各按队伍行，无喧嚣者。其轻捷追敌之兵，马、步队皆有之。其后马队、炮队皆连为长阵，奔腾踏蹴，尘埃涨天，凡百馀队，间以炮车、护伤车，疾驱如雷，凡共五万人。凡官皆骑，领步队者亦骑行。伯理玺天德见诸兵官免冠。执旗者出（天）〔伯〕理玺天德之前，则垂而向下，伯理玺天德亦免冠报之。各军以次出伯理玺天德之前。马队数千万骑，仍径南北向立。已而发号声三，万（万）〔马〕奔趋向帐殿前，距伯理玺天德约十丈许，皆勒马而立。其（督提）〔提督〕等官数骑独趋至伯理玺天德前，乃折而归入大队。于是各军撤队左右行，伯理玺天德驰马去，从骑皆随以去。询知是日阅兵，有现兵，有已归田之兵，有满期仍留守城之兵。盖法国当兵以五年为期，期满归田，每年仍以一月归营操演。其精习营规，专留守城，不出征，则为常兵。从前归田之兵不与大阅，至是始创行之。伯理玺天德所阅，则专调之北路者也北路与德国接界，尤所留意操练者，云满调可得十四万人。此次所阅，现兵二万馀，归田之兵亦二万馀，皆先期预备衣服，传示各部，以某日会某所，无论远近，限三日至。凡出兵御敌，期会号令，皆与此同。欧洲各国各派武员来观，多或数十人，少或数人。其邀至伯理玺天德帐殿，供茶酒面食，款接为丰。随员张听帆、马格里入二等行帐；李湘甫、联春卿入三等行帐。

二十日。法国善后会参赞摩那尔士约赴其会听讲，盖承万国公法会议论之馀，专取为法国善后之计。上议院大臣那布南为会长。遣马眉叔、联春卿二人往代。其所议论以俭节为生计之源，戒法人浮华滥费，宜留有馀，积累以致富也。英人毕升登函寄歪尔洛得新报一纸，由毕升登上报，以卫护中国人为义，见（榛荔）〔荔榛〕园音乐会有忤触中国人者，发愤切责之也。女士求斯得斯谛阿非尔戈谛尔函寄所刊议论数纸，由大会陈设中国制造，人或訾议之，因为表章其佳处也。俄国遣探西藏路境名布里发拉斯格，叙述罗尔布洛尔，德人立希多文辨其非是，其言东干饥荒与哈什噶尔扰乱情事，中国与西域回部并授俄人以衅端，此可虑也。而西藏各卡闻各国遣使探路，相与戒严据称谛卑得不易入境。谛卑得者，西洋以名西藏者也，恐以后议论必尚烦。埃及古碑致送英国者闻已建立，视法国所得短五尺有奇，而年分为更久。法国运此碑费八万磅有奇，其时火轮舟车之利皆未行，故利人力为多。英国费一万数千磅而已。挨及古碑存者十二，英、法各得其一；君士坦丁得其一；意大里得其四，盖当罗马强盛时所分移而已；挨及仍存其五。其二柱最古者，树立伊里倭波里斯城凡二千馀年；挨及国主移置阿里克三台，实在耶苏降生以前之三十七年，至是一千九百馀年矣。移其一以送之英国，其一仍在阿里克三台。

廿一日。师克勤来谈，始知罗淑亚已回巴黎。偕马眉叔看房屋：一格里来街五十八号，有花园；一亚来马街七号，花园更大；一罗马王街二十七号，有玻璃养花园；一巴得布郎街十九号，花园左右广约里许。四宅皆可住，其他数所不足观也。接李丹崖信转寄唐景星一信，阅之怃然。又见俄国新报二则：一、土尔吉斯丹大率塔什干新报也新报载，七月十三中国兵三千由阿克苏至噶丹，回酋尼亚斯比尔袭败之，军皆覆没。一、费拿弗斯多克新报俄人所踞黑龙江地名载中国窃盗多人扰至其地，调兵捕击。此二条皆不详其原委，然与中国皆有关系，未知究何如也。

廿二日。管理宝星大臣费罗瓦约至其署观各国宝星式，因偕日意格、马格里及联春卿四人同往。其官署经普法之战为乱民所毁，由各赏戴宝星者捐赀修复，规模极大。藏宝星四橱在正厅，四壁图画旧时管理宝星者十馀人；其前厅则图画诸名人，极玮丽之观。法国宝星五等，皆用法兰镂银为质，上加象牙双歧若花瓣者五。一等系带宝星，上衔王冠，另有八角针丝大银宝星，系之衣襟。二等五瓣宝星略小，上有环，系之钮扣，亦另加八角针丝大银宝星。三等，专用二等宝星，系之项。四等五等，以次渐小。旧时宝星四瓣，其式亦小异，并藏之橱中，今不用。又有专赏武功宝星，为人面如钱式，其上纵横为枪刀式旧式为一鹰。询之，凡赏给宝星皆有岁俸：一等三千法兰，二等二千，三等一千，四等五百，五等二百五十。其钱一取之本署，盖森江出入收税皆归管理宝星，并所有田产，岁入凡七百万法兰，以供五等宝星岁俸。费罗瓦并赠所著录《宝星章程》。并经理学馆三处，分上、中、下三等，以得受宝星者官阶为次，专课其女子。其欧洲诸国所用宝星，兼及亚墨利加及波斯、土尔其，诸式咸备。安南所属之嘉定为法国所踞，亦别制宝星为赏给功勋之资。其异式者：俄罗斯宝星为双鸟中夹一人；奥大（意）〔利〕为三叠下悬一羊；意大里为十字架；葡萄牙亦十字架而作长方式；惟土耳其七角针丝宝星；馀皆以八为节，少或五角、四角，亦极宝星之成式矣。随至机器博物院，盖工务学馆之分院也，新旧机器式备具于此。所历凡十馀院：一、轮船机器；一、轮车机器；一、织布机器络丝、治棉、引线各种机器皆具；一、治酒及治糖机器；一、压力及车凿机器；一、锯木机器；一、杂项机器；一、开矿机器；一、治磁器铜器及金石玻璃各种机器所陈磁器、玻璃，石刻各数千百种；一、印刷书籍机器；一、称量机器各国权衡丈尺俱备，中国法码大小凡数付；凡此皆范铜为之式。一、农田机器五谷蔬果之属亦陈列四巨架；一、钟表机器；一、车轮机器；凡此皆常用机器，有汽炉可以运动。其副总办特斯嘎陪游指点。凡教习二十五人有兼工部学馆教习者，有专治博物课者。其尤精者则化学院、电气学院、格致学院光学、声学、热学、重学之属皆入此院、工程学院如造桥、造屋及各种工程、勾股学院其论割圆之法尤精。五色线为欹斜、折角，椭圆，并以铜式为小孔，穿丝其中，千态万状，奇形诡制，皆出一源。玻璃用白金涂之，可以照相，亦可以透光。范石膏为人形，用酒精灌之，可以缩小；又用磺强水二分、水八分加以白铅，俟其消化灌之，可以化大其名曰色尔费得阿甫信喀①。色尔费得者，译言磺强水也；信喀，译言白铅也；一模而具三式。用铅字大小装成山水树木人物之式，可以倾灌铜锡为花板。织丝为字小如粟，一面阴文一面阳文。又狮子一具高约三尺，毛浅黄色，颈背毛深七八寸，黄黑色，形如真狮，乃玻璃为之。其毛成丝，下带茸毛。制玻璃之巧如此。皆奇观也。又有一厅，宽广约三丈，中设开矿机器，一人向左墙角，一人向右墙角，小语相问答，犹觌面也。其屋圆顶，四墙角皆为小槽，交通于屋顶，以收其声，然在墙角语言，厅中皆得闻之，此亦工程家之一小术也。此院中无就学者，而有教习，人得相听讲以考求各种学问之精微，而察知其仪式，岁费国帑约三十万法兰。

廿三日。回拜御前大臣麦里乃、兵官沙尔曼业、巴黎济瞽会参赞普达来，及拉威森日意格之妻父、顺逊、苐里兰德、师克勤。新报载：英国水师部尚书派水师官学总办巴那毕及水师官安其呢尔②赖得来赴巴黎大会，考核水师军器，以求有益实用。各国人材政教如此之盛，而勤勤考求，集思广益，不遗馀力。中国漠然处之，

---

①色尔费得阿甫信喀，sulphate of zinc（硫酸锌）的音译。
②安其呢尔，engineer（机械师）的音译。

一论及西洋事宜，相与哗然，以谓夸奖外人，得罪公议；至唐景星寓书李丹崖，切切焉以评论西人长处为大戒。中国士大夫愦愦如此，虽有圣者，亦且奈之何哉！

廿四日。接上海文报局七月初五日发递八十八号包封，所寄《申报》而已。而德在初来信告知，威妥玛、巴兰德并在伦敦，而属我在巴黎少候，约下礼拜乃能来。威妥玛踪迹诡密勿论也，在初探听事情，亦太失之疏忽矣。此所关轻重得失之数，殆不可以道里计。吾之蹇运实与国家蹇运相表里，于吴江及广东生区区妖孽何尤哉！又候两日不至，亦不复候之。晚邀日本公使，及罗淑亚、莫拉班德、师克勤、日意格及日本参赞苏邹吉晚酌，盖专为陪威妥马也。肴馔精美，实为在西洋宴会第一次盛举，坐客皆告饱。张听帆告言吴子让已物故，而吾以古得曼造谣生事，方寓书吴子让。至是始致黄泳清一书，属其转告《申报》局主事者。蹇运所值，无所而不颠沛，未知天意之所终极也。

廿五日。上野景范、格吕南、阿尔堵过谈。格吕南问中国接待洋人情形，吾谓：此与西洋不同。西洋以游历交接为义，已成风俗，各国互相款接，不为异也。中国关徼禁不许民人私行出入，无至外国游历者，是以一见衣冠非时制，即相与惊骇，拦截阻遏之，其势万不能相容；亦由其耳目见闻蔽于一隅，骤难开导。稍后一二十年，其见解自当稍异。格吕南言：万国公法新报专录各国情事异同，此段议论亦当载上。吾谓：西洋接待宾客，致情尽理。载入此段议论，徒形中国气局之小，于中国颜面亦不雅观。请暂付之不论不议之列，正当徐徐开悟耳。格（南）吕南言：钦差所言极平允，当谨志之。所谋载之新报者，且作罢论可也。

廿六日。礼拜。阿尔堵邀同陈敬如、马眉叔、联春（秋）〔卿〕看屋一所，在洼得博郎园左旁，林园颇胜，房屋亦整齐，惟器具不能究备。巴兰德过谈，相与寒暄问劳。问：曾看大会乎？曰：昨日甫下车，即走赴大会。吾欲借大会为名，邀请总理衙门堂官来游，必大有益处。吾谓：威妥玛约在此相候，已屡展期。若知巴大人往伦敦，必早回英国矣。伦敦曾见沙乃斯百里否？曰：彼不在伦敦。数与旁斯弗得相见，谈甚悉。曰：德国换约事未了，非吾所敢与闻。而以此耽误《烟台条约》，至今不能定议，吾心极为怀疚。曰：除租界免捐及洋药厘税外，英国皆已议准。曰：诸事开办已久，何待议准。即上海租界免捐亦已开办矣，惟洋药厘捐不能办耳。曰：洋药为英国税则一大宗，印度人民以此为业，关系颇大，诚虑有（防）〔妨〕大局。吾谓：中国收税不及英国十分之一，每箱加数十金，有何妨碍？曰：郭大人所见如此，印度官员议论又别。吾谓：此意屡为德尔比及沙赖斯百里言之，徒苦为威妥玛所持。曰：有一密语奉告，请勿外传。吾见旁斯弗德，言英国国家极愿早了，并无疑难。此条亦必接允。惟租界免捐，交涉各国，英国亦难主持。吾谓：德国换约，与烟台所定条约原系两事，自应划分办理。曰：划分办理亦无不可，惟此条实属一事，归并议论，乃属正办。吾谓：《烟台条约》与《天津条约》办理不同，然却是相辅而行，并无相背。曰：《天津条约》说得尽宽。烟台所订条约，仅得上海一口而已，故为相背。且须照旧约展宽。吾谓：《天津条约》固然，然亦始终未行。上海租界免捐，却是实在办理。至于洋货免厘，洋商尽然。华商为中国子民，虽亦有准领子口税单之文，并不得谓一不领子口税单即为违背条约。曰：当时总理衙门行文各省，原据洋货为言，并不分别洋商华商，兼照会各国公使，我等皆有凭据。吾谓：《烟台条约》系我专责，且须了此一案，其他非我所知。曰：但令中国总理衙门不别生事故，《烟台条约》必易了却，不必急在一时。吾谓：此由英国主持，中国总理衙门有何事故可生？曰：吾与威妥玛议论尚多。俄国公使亦约来此。租界免捐是一条，亦尽有他事。吾问：他事试言其略？曰：德国换约亦是一事。吾谓：吾与诸公谈论往还，威妥马实系愿帮中国，巴大人实系愿与中国交好，而至今使人议两君专害中国，吾实歉然于心。巴兰德大笑曰：我心实是倾诚交好，但少存猜忌之心，诸事尽易了，不烦辞费也。吾谓：中国厘捐原应早免，却为军务耽延。巴兰德言：各国所争，亦不是责望中国免厘，只要户部刊行事例，共计厘捐若干处，某货捐厘若干，但有加征，力与参奏，使各国知其底蕴，以凭计算物价之赢绌以为避就。我所以回国请示，得知国家之意，于此一条极是坚持。因问：柏灵见刘钦差否？曰：见过一次。曰：在德京尚相安否？曰：中国用此等人通两国之好，实是不中。吾谓：鄙心极虑之。恐不止不中而已。巴兰德鼓掌言：的是不错，真大害事。甚愿详细谈论，今日尚有他约，明午如容续见，再一诣谈。遂起辞去。

廿七日。议教瞽人各种学问公会参赞拉方西邀赴赛会堂及旧王宫两处会议，遣马格理、联春卿往代。巴兰德枉过，言：闻柏灵钦差已撤回，代者李凤苞；其人曾至柏灵，皆称其谦雅。吾谓：去年七月见刘钦差为人万不足称公使，请改派李凤苞。总署以初派定，不肯骤换。吾自以衰病，求回京养病，乃并刘钦差撤回。巴兰德言：既郭大人有此说，吾不妨直言。柏灵中国钦差，真是遍三十国公使衙门，下及民人，皆怀厌恶之心。吾国外部告言：节次驻京公使报称中国办事之难，亦未能深知其故，及见中国钦差蓄意抵牾，其势万难与处，方悟驻京办事之苦。吾谓：此却不然。刘钦差性情心术直是顽劣，中国亦无与比，未宜一概论之。德国谛盘生亦虑刘钦差之偾事，劝我至柏灵见监国太子，一为解说。巴兰德笑言：郭大人自当别论。吾在中国，已闻伦敦皆相倾服。如能一往柏灵，无不相见欢欣。谛盘生两弟与吾至交，所虑正同，其平素议论载之日记，亦颇见过。因问：从何见之？曰：总理衙门刻有一本，云专送朝廷大官，我亦得之。问：书卷几多？曰：不多，大率所记皆在伦敦时，不及柏灵以后事。问：其中议论云何？曰：无他，一力拦阻人前进而已。亦不说坏西洋，止说中国万不能行。于上海博物院指斥尤力，谓导使洋人操持中国利权。其心必不欲使中国窥见西洋好处，甚是怪奇。吾在中国已闻其人平素劣迹甚多，居伦敦专造此等语言，尚无恶名，至柏灵乃尽发露。吾谓：此最害事。中国人眼孔小，由未见西洋局面，闭门自尊大。公使涉历各国，正当考求其有益处，不似刘钦差身行数万里，见闻尽广，一意反手关自己大门。巴兰德言：德国与中国交涉少，俄、法、英三大国环逼，铁路、电报、汽机已开，其势必难阻遏。中国不办，各国必有自办之一日。吾谓：一二十年后，此风渐开，必能仿行，今日尚难与言。巴兰德言：此总须朝廷大官主之。吾视总理衙门非为中国办事，乃是千方百计为中国生事。俄国日久必有事故。吾曰：愿闻其略。曰：俄使闻喀什噶尔事务极顺，先照会总署会议伊犁事。两月无回信，迟之久，而蒙古西有劫掠俄商辎重一案，俄使请总理衙门赶催查办，不应，忽于是时照复议伊犁事，俄使报曰：候蒙古劫案办理完毕乃能议此。又不应，于是俄使遂行。逾数日，乃照复其署公使，允办蒙古劫案，而俄使已早出京矣。此所谓无故生事，坐失事机者也。吾谓：闻喀什噶尔诸酋若白彦虎之属，均逃往俄国，总理衙门照会俄使转达本国送交，议论不合。巴兰德言：此说未闻。所闻皆系颠倒反复，于我亦然。方议回国时先至总署，告以所议换约事，有已定议者、有允商办者，作为一起，未允者一起。今愿先定其见允者。总理衙门允派参赞、翻译二员前往会定。次日往，则辞不允。翻译归云：中国实是反复，请勿再议。吾遂出京。其先议船钞以四月为期，吾意往来日本、新嘉坡一次，四月期内应免征。总署允诺，且谓既免征，听从何往皆勿论。及往定议，乃复翻异。吾谓：此恐传言之误。总（署）〔理〕衙门不应轻易许人如此。巴兰德言：当时实笔载之，并以为质问。如此类事，我可以数至百起之多，何云传言误也？因论：左中堂有意前进，购买西洋机器，招致工匠赴甘肃。问：何以知之？曰：由胡光镛经手在德国购办，是以知之。问：何等机器？曰：一制造绸缎，一开矿，一开河。李中堂亦开办不少，近设立大沽电报。朝廷于此当纵使为之，不必更加拘束。吾谓：朝廷于李、左二公尚不肯有牵掣。巴兰德曰：不然。吾见李中堂云；所欲办者甚多，往往为朝议所持。吾曰：良然。朝廷议论太杂，所以李、左二公开办大事乃一奏闻，其小处直自为之，不敢招人议论。巴问：此何故？吾谓：中国幅员太广，地大民殷，一切须有成法，遵行已三千馀年，本不易言变通。而自天津定约至今二十年，并值圣躬幼弱，大臣无敢主事者。此须候至十馀年亲政后，能考求变通，始可望有前进之机。曰：郭大人此时亦有办法否？吾曰：有之。中国律例不能违也，军机大臣主持朝政，尽容变通。一切不拘以成法，但责成督抚了事而已。朝廷以责督抚，督抚以责地方官，而尤以通民气为先。一切新政，皆鼓舞百姓为之。其源尤在学校，学校章程必应变通。巴言：吾在中国久，粗谙其情状，如郭大人所言，直是一字不能加，一字不能减。吾谓：旧岁函致总署：中国二三千年皆与外国争强弱，西洋局面却是不同，其国势皆极强，而无争强之心，一意推行其长处，使天下皆知仿效。一切可以取益，而不必存猜嫌。所以与巴大人谈论一切，坦直言之，亦无所庸其嫌疑。愿巴大人深谅此等情形，稍俟之皇上亲政之后，从容劝导，勿遽以逼迫为之，反致无益有损。

廿八日。陈敬如邀同看屋数所，价廉而屋太小。属且俟之曾劼刚抵巴黎后议之。

廿九日。巴兰德函告俄使布策已至，并开示住处。急往见之，已外出矣。威妥玛亦有电报告知：今夕由伦敦启行。新报载：瑞典、那威藏有康熙时朱谕一通，为处理颉琐威得、多米尼干两教会相争曲直事宜。盖颉琐威得即天主教中之耶苏会也，最先入中国，往往私立条约，违失教旨。其后多米尼干教会揭其失于罗马教皇，教皇亦不直之。其创立颉琐威得会日思巴尼牙人珥克类西尔斯来倭拉，距今三百年矣，盖教会之原始也。其后会名亦多，各处传教皆由教皇分派。今所知北京传教为拉萨里斯得，江西传教为蒂兰遂斯干教会，广东传教为密西滃特得郎热尔教会，江苏传教则犹颉琐威得也。颉琐即耶苏二字本音，拉萨勒斯、蒂兰遂斯皆古闻人，见之耶苏《约》书者也。密西滃译言特派，得郎热尔译言他国也。广东传教最先由教皇特派，故特为之名。馀皆本名，则道（道）〔光〕、咸丰以后，传教之禁开，听从各会分地传教，而诸神甫演习，教会入中国益繁矣。接上海七月十二日由法公司递到第八十九号包封，内褚心斋、胡玉玑二信。

九月

九月初一日丁未。为西历九月廿六日。日本参赞苏邹吉见示日本书三种。一曰《日本外史》二十二卷：曰《源氏记》四卷分前记、正记、后记；曰《新田氏记》二卷；曰《足利氏记》六卷；曰《德川氏记》十卷。新田、德川二氏皆无后记。盖记日本藩属也，而有武门、武士之称。日本千馀年来掌国政者称大将军，即所谓武门是也。著是书者为布衣赖襄。二曰《盍簪社古文偶评》二卷，盖川田刚评点十家之文，川田刚亦以其文附焉。凡为文二十五（文）〔篇〕，多可观者。川田刚，字毅卿。中村正直为之序。三曰《古文奇观》三卷：大谷元知、依田春信二人同抄录二十四家古文，凡四十五篇。少或一篇，多或三四篇，所记事亦多新奇可喜。川田刚、湖山野长愿二人为之序。晚邀英使威妥玛、德使巴兰德、俄使布策小酌，日意格、马格里二人作陪，盖为威妥玛，会巴兰德、布策同至，遂并邀之。以是起为诵词，稍致规劝之意。布策问：西洋天气宜否？曰：天气和平。君等若在中国，正恐未宜？曰：暑热蚊蝇皆可受，所最难受总理衙门。问：巴兰德较在中国为瘦？答曰：梭罗麦克斯法尔。马格里云：舍克斯比尔所编出本语也。译云：伤心会胖。

初二日。诣威妥玛谈，亦旋枉谈，其气甚盛。似此三人颇有合谋以难中国之心，而亦明谓总署之招致之。其词多涉讪骂，诸公相与愦愦，以取侮辱如此，亦不屑详述也。德在初、凤夔九由伦敦传示白里底时科比伦亚①中国商民电报，禀控该地议院定收中国人民税四十洋元，属告倭多华英官驳其议。询知白里底时为北亚墨利加英国属地，中国商民皆由旧金山逃往，又为重征以困之。此等处均应设立领事，而吾不暇谋也。发递奏复新加坡设立领事，请由总理衙门核给薪俸一折，并咨总理衙门代递。又咨福建厦门安陀鸟枪毙人民一案，应由怡记洋行忧恤其家以凭结案。共二件。并致总理衙门、合淝伯相二信，又致黄泳清一信。

初三日。陈敬如交到瞽学馆文案谛亚克开示：瞽学馆经始之都佛，在馆四十年，一切章程皆所创定，公议刻立石像以表其功，并乞捐于中国钦差。因属联春卿函复谛亚克，捐法兰一百以助之。

①白里底时科比伦亚，British Columbia（不列颠哥伦比亚）的音译。

吉乐福、贺璧理枉谈，随偕马格里往拜。英人有翻百里者，十馀年前历游君士但丁，习知回教规矩，因遍游阿富汗、哈布尔诸回部，莫知其为英人也。归言之英人：阿富汗与俄罗斯结纳已深，十年后必有变。英人不甚信；印度总督又益忽视之，谓逾印度山以西，一切听其所为，不当过问。印度屡以事寓书阿富汗，亦常不答，不为意也。至是，始公行阻拒。翻百里乃以所言著之新报，言距往时至阿富汗探知其情事，迄今十有四年也。

初四日。礼拜。仍由喀里渡海至多发，坐俾得勒倭船，威妥玛亦同行。又卜兰斯登向任藩部侍郎，美特兰得则上海源记洋行总办也，皆至中国，因相过一谈。多发山左有炮台，为英国五口海防之总汇，向设五口海防提督驻此。威林登为此官，遂卒于炮台官署。近数十年海防无事，提督虚设而已，其权亦轻。至伦敦，一路山势环抱，林木蔚然。询得数处地名：一曰登卜里治威尔斯，德尔比有山庄在焉；一曰塞温倭克斯，距斯博得斯武得之居为近，去岁曾一至其家；一曰吉斯赫斯，法国拿破仑第三置产于此，今其王后犹居此也。李丹崖、黎莼斋、姚彦嘉、德在初、凤夔九、罗稷臣、黄玉屏并迎于车林壳罗斯车次。

初五日。德人们土皓孙来见，云克鹿卜以中国交易为最著，而托派利洋行海腾为之经理，其势不能无侵渔，谋自派一人前往，属以一书致之沿海诸大府，以为徵信，始至巴黎，会予以是日回伦敦，因相踵而至也。询之里士叨芬考求中国矿产，遍历南北诸省，皆能证其矿产之厚薄衰旺，著书数卷。予屡求其书，未之见也。法人拟以法文译之，为法兰西强大，立国又最久，西洋凡交涉大事皆用法文，以习知者多也。德国初起，其文未甚通行，即里士叨芬矿学书，德人亦无力为之传播也。德人能于数月游历之馀，尽得中国矿产之精微，而著书以证实之。惟有惭愧而已。以英儿小恙招马克里，已前赴瑞士，遣其友人打得朗至。打德者，医士之称，犹中国之号称大夫也；朗者，其姓。

初六日。往拜威妥马、旁思茀得、金登干，并未晤。姚彦嘉诣铿心登妙西因，观所新购之《图书集成》。司事德吉利士相为庆幸，以为周地球内第一部大书也。书凡分（八）〔六〕编：曰天文，曰地理，曰人伦，曰理学，曰经济，曰博物。（八）〔六〕编内析为三十二品，又析分为六千部，通一万卷。此书存琉璃厂积古斋已历数岁，乃为英人购得之。李丹崖见①傅兰雅所译英人费利摩所著《万国交涉公法论》十三卷，凡分四集，初、二、三集各四卷，四集一卷则尚未译也。三集亦馀二卷未译成。其论公法以格鲁西亚斯为创始。耶苏降生以前为一世，耶苏降生至格鲁西亚斯以前为一世；格鲁西亚斯为三世。格鲁西亚斯，荷兰人，生于一千五百八十三年，书成于一千六百零九年，一千六百二十四年又著一书。其格鲁西亚斯以前著书言公法者，有苏阿累斯；发明格鲁西亚斯著书之旨，又有英人麦根托斯。其后一千六百四十年在德国威斯达非利牙公立和约至一千七百十三年犹脱类公立和约，为第四世。其时著书言公法者曰芬道茀在一千七百六十二年，有蕾步捏斯一千六百九十三年。从犹脱类公立和约至一千七百六十三年巴黎公立和约为第五世。雷步捏斯之门人乌拉富亦著书言公法在一千七百四十三年，分别各国律法有四：一曰天理当然，二曰甘心所服，三曰旧日成规，四曰公以为是。又有满底斯可。又有荷兰人丙克舍格在一千七百三十七年亦著公法论。又著两小部：一论海归谁属，一论使臣公廨。巴黎公立和约至一千七百八十九年法国大乱之年为止为第六世。其时有意大利人波兰里地及轧利阿纳两律师，又有日尔

①此处疑有脱文。

曼人摩色候及马丁士都，著有论各国交涉之书。于时美利坚新立国，亦有律师斯吐利及庚得惠顿，均以善言公法著名。又至一千八百五十七年止为第七世。其时日尔曼人最著者二人，曰克吕伯、海茀达。英国亦有著书者七人，曰本他麦、瓦尔特、麦庚脱世、马宁、雷地、怀德、孟波牙。又有论交涉使法律师四人，曰斯吐回拉、瓦克他、萨费尼、费利克斯。并将前人郝的亚士、虎比鲁士、辣个白戈犹斯、符以脱等人所著罗马文字之书改为本国文字。其论公法源流，大都据英国为言，以费利摩（用）〔以〕男爵入上议院，又为水师部审问堂律师也。其引用诸书：美国瓦尔特、马宁、惠顿、斯吐利；西班牙国阿婆罗、班度；日尔曼国费法尔摩喇；荷兰国好庚达伯、华尔麦；法国费利克斯；意大里国曼西呢，又英国都意斯、拔乃特诸人。

初七日。金登干、傅兰雅过谈。为克鹿卜遣赴中国之门士皓生致书合淝伯国、沈幼丹、刘岘庄、何小宋四制军，梅小岩、吴春帆两中丞，并函寄克鹿卜。接曾劼刚电报，告称九月初四日出京，十月杪由上海启行。以何子峨、陈俪秋两君并在上海耽延两月有馀，劼刚亦援为例也。

初八日。武员名里德者来见，述其夫人曾荐其次子能知矿务，求效力中国，马格里曾有一信复之。因条具其子所学六事：一、可充矿务总办；（一）〔二〕、经理矿务；三、矿学博物院陈列地产，皆能详其原委等第；四、能辨矿产所出，或煤或五金；五、能考论其价值；六、能辨别宝石。已约令其子回家后一来就见。马谛那、打得朗次第至。马谛那精于船务，打得朗则为英儿点种牛痘也。马克里固称九月天气为宜，比自巴黎回，马克里适往瑞士游历。天气渐凉。英儿自至巴黎，又时有小恙。本日天气晴和，英儿又甚清适，不乐久候马克里，因属打得朗为之，其法视中国为简易也。

初九日。邀傅兰雅、密斯盘、金登干至立吉门为登高之会，因偕李丹崖、严又陵、罗稷臣、马格里、黎莼斋、德在初、凤夔九、姚彦嘉、黄玉屏前往；颇有山水林园之胜，肴馔亦佳。密斯（密）〔盘〕近著《机器用法》一书，言见方一寸水，用火力激使腾沸，得十五磅之力；以机器激动之，足加四倍之力，得六十磅。往时机器仅能及此。今制造家愈推愈密，可以加至三百八十磅之（至）〔多〕。往时机器，大者得五百匹马力而止。今制造日精，机器不必大于往时，而马力可增加至八千匹。往时用煤十磅可抵一匹马力，今一匹马力不过用煤二磅，增加五倍之多。而化学家云：煤力尚未尽，不过用及七分，尚馀三分在空闲处。制造家方求其理，未得也。推究其极，用煤一磅馀足抵一匹马力矣。又火轮船、车用煤皆上品，价昂而难得；用机器运动，寻常柴煤皆可应用。大抵机器精者增煤力，省人工，利行程。密斯盘皆能言其理。致曾劼刚一信，并函属黄泳清，俟抵上海递交。

初十日。爱尔兰人吉德来见，盖北海新关税务司也。偕马格理往见旁斯茀得，知沙乃斯白里已由法国谛爱普回伦敦。晤法兰西、意大里两国公使，皆相与问劳，以鄙人准假回华为大惜。详阅六月廿日《申报》，由古得曼狂悖刺讥，以为笑乐，而《申报》既详载其言，又谓英国各种新报，于中国使臣多所诽刺，则亦不知其命意之所在，与所据何种新报以立言。住英国一年有馀，实未闻有刺讥之言，而柏灵新报于刘锡鸿则时有之，而《申报》独未一载，然则恐此段《申报》出自刘和伯之请托也。人心险恶，岂有穷哉！接上海七月十九日文报局由英公司船发递第九十号包封，内合淝伯相公文一角咨明托税务司添购小铁甲船四只，及唐景星、黄泳清二信。

十一日。礼拜。舍克斯非尔过谈，言及西洋铜产智利、土耳其及美国之金山。伦敦之西曰宽洼尔，亦铜矿之大者。智利铜产为佳，而炼法未精，皆运至英国之算希炼之。算希维非利炼铜厂于西洋最有名。此时铜价每吨值八十磅以中国衡量计之，每吨合一千八百斤，析之则一百八十斤值八磅，八磅合一千九百廿枚佩宜，每铜一斤当合佩宜十枚有奇，而希登铸钱局每铸佩宜四百四十八枚，合计铜价成本不过一百二十枚，其利皆归国家。希登所得，工价九五而已。如铜洋日铸五百万，（五九）〔九五〕工价所得五万。铸多则利厚也。大率铸钱轻重，约重四磅而铜价值抵一磅。是以鼓铸为国家之利。中国钱法之弊，其源尤在鼓铸所费浮于钱价，国家承其敝而私铸乘之以逞，亦由物力太绌之故也。张听帆、李湘甫自巴黎回。

十二日。李丹崖见示合淝折件，论炮云：德国商厂克鹿卜专造后膛全钢之炮，英国商厂曰阿茀士庄专造前膛熟铁包钢之炮，又有瓦瓦斯厂兼造前膛后膛以钢包钢之炮；攻坚致远，前膛不若后膛案此语未确。后膛专取其快便，攻坚致远，功用并同；稳固经久，后膛不若前膛；行仗小炮宜用后膛，取其轻而及远；轮船炮台所用大炮，究以前（腔）〔膛〕为宜。论枪：著名者，英曰马梯尼，美曰林明敦，德曰茅塞，法曰沙赛卜，近有沙布一种亦出美国，皆属后门。天津机器局向制火药、铜帽、水雷、斯乃得后门枪、后门枪子、前膛后膛炮子。上海机器局向制轮船、前膛洋炮、后门洋枪及枪子炮子。丁禹生译刻前门枪炮口令、阵法，有图有说。上海机器局译刻克鹿卜后膛阵法。天津军械所译刻克鹿卜小炮简本操法。合淝考求西洋军火，可云精博。近于飞霆、新骧四船外，又复定制三十八吨炮船四只，以备海防之用，合价十三万磅，计银四十四万五千三百二十两。蒙甚惜其徒能考求洋人末务而忘其本也。接上海文报局七月廿六日发递九十一号包封，由法公司船递到，内陈渭滨，黄石珊二信及家信第十号，盖杨瑞堂手笔也，其情多可疑者，阅之只增怅惘。

十三日。珥克斯威勒农田机器局总办赫得来见，计中国所需者汲水机器，议制二具试之。威妥玛继至，唏嘘慨叹，以文相享盛名，不知其何所取义；下及吴江，舆台耳，无足数者。吾虽与之辩争，而未尝不愧其言也。言称：俄罗斯所欲，中国亦知之乎？西则土耳其，东则中国也。人谓其志在印度，其势固不能，而克什米尔回部则固所垂涎也。此三者终必卷而归之俄罗斯。一强一弱之势，一进一退之机，盖事势之必然者也，亦不必三年两年限之。因论伊犁必以付俄罗斯，所争一旷土而已，何所利而为之？吾谓此皆外篇，苟其办理得法，弃之可也，设法收还亦可也；其不得法，争之为害，蠲以与之，其害滋深。威亦无辞。偕马格里见沙乃斯白里，便拜威妥玛、赫德、吉德诸处。沙赖斯百里语及《烟台条约》所定洋药厘税，言中国之意专欲阻止印度烟土，以便通行内地烟土。反复驳之，乃云：据各口领事报称，内地烟土并不征税。吾谓：中国例禁鸦片烟，是以不能定立税则，各关卡抽厘并同。沙乃斯言：即此争差已远。吾谓：去岁曾寓书总署，当严示例禁而重科税则。终竟未行，亦碍于成例耳。沙乃斯言：应得如此办理。现今威妥玛先诣印度加尔喀答与印度总督会商，应如何定议，再向中国商办。大率免厘及此二款必稍有变通矣。

十四日。阿里克、金登干、马克里、舍非尔次第过谈。舍非尔见示希登铸钱机器图凡八幅，云：铸钱机器，一小厂用机器一套，合价千磅内压力机器三百磅，外加机轮，二百五十磅。托觅各国洋钱，亦觅得二十馀种。大率钱法之弊，至中国而极，即高丽、安南亦远出其上，勿论日本，勿论西洋。伯克兰得为觅得鲸鱼须一根，高六尺五寸，索价三十金。此种鱼出北冰海，泰西名之拉尔华尔。华尔者，译言鲸鱼也；拉尔，犹言食人。须出鼻孔中，仅一根在左鼻，右鼻内亦有一根内含，约六七寸，不出外。往在医学博物院，见两鼻齐出须者，其总办云：通泰西各国，仅见此双须并具者也。百克兰得云：数百年前，罗马卜勒尼、希腊阿立斯多得尔著书，并以此须为取之深山中野兽，不知其为鱼须也。

十五日。为西历十月初十日。往拜阿里克、马克里。近闻法国信部尚书立恩聪以巴黎信局章程不如伦敦，因亲至伦敦查考。伦敦各街皆设立信桶，每日以时递送四城分局，分局专设收信送信车，寄远者送总局，近者专差递送。总局收得远来之信，亦按四城分交分局递送。以是由信桶发递之信，即日可得回报。巴黎则今日发信，率迟一日乃得回报，每日收发信以两次为程，不如伦敦之快便也。行之各数十年，至是乃加查考，或亦有以是献议者欤？是晚，京斯科里治总教习特兰邀往听教习立倭宜里怀讲论《柏灵条约》，遣马格里与德在初偕往。其言以为一千八百七十一年《巴黎条约》有有益处，有无益处。有益者，色尔非亚、鲁美里亚诸部皆准自立为国。无益者，所定条约多不能推广照行，如波斯里亚二部，应援照巴邦通例，俾自立国，不应割分奥国；英国占据赛布拉斯一岛，尤为违失条约，不能于此利人土地以自私也。大抵皆责备英国之辞。西洋之自张公道，无所忌避如此。贝拉沙邀茶会于其乡居，相距六十英里，以十点钟为期。年老兴衰，无此闲情矣。属德在初以一书辞之。

十六日。赫德来谈，言李中堂托造船四只，只能秘谋之，不敢声张。以中国灾荒甚剧，英人方捐资助赈，忽闻中国斸弃数十万金为造船之用，必又多生议论。吾谓李中堂去岁得所造船，即思增造数号，俾成一队。正以灾荒之故，迟延至今。今幸雨泽遍及，西北诸省秋成可期，人心大定，是以急为之耳。总署诸公，乃以广东生一奏，奉行惟谨，昏谬斯极。吾亦耻言之，只好托词为合洍解嘲而已。李丹崖、姚彦嘉谋合公使署文武随员同照一相，乃诣伦敦佛多格勒非克照相馆。其主人名非利柏尼，为列案花园草地，坐者十一人，武弁立者四人，凡照至七次之多。照相之法起于四十五年之前，其时仅能影相于镜，入夜照之，不能当日——光盛则影晦矣。三十年以前乃能由镜转傅之铜片，若刻板然，犹未甚明显也。盖凡物皆能留影，如铜板，磨令光，置钱其上，少顷，去钱用热水喷之，则钱模毕现。西人于此悟物之留影，在设法以显出之。摄影于镜，其力更足。其能传之纸端，则近三十年始悟得者。往见谛拿娄言：往时照相，绫缎花纹皆可照出，惟不能传其色，但有黑白二色而已。近乃悟留色之法，然尚不能经久，虽知其法，不常用也。更历数年，当能悟得传色经久之法。泰西遇事求进无已，中土人无从希其万一也。发递第廿六号家信并致黄泳清信，属诣《申报》局传送马格里、古得曼二人议论，俾列入《申报》，以正六月廿日一报之谬误。

十七日。珥白斯威勒农田机器局总办赫得绘送汲水机器图式二种。一、六匹马力：高八尺，宽四尺，长十一尺，重五吨，每十点钟汲水八万五千磅，可以从江面汲上十二丈，柴草凡引火之物皆可用，价三百七十八磅十施令。专用煤柴，可省六十六磅半。汲水筒八个，每长六尺，用螺丝施口衔之，加一套加五十磅。出水筒二个，每长五丈，两根一套，亦用螺丝旋口衔之，加三十磅。外放水鼻筒，能喷水使高，兼可救火之用，每加二磅。全套共三百九十四磅。一、四匹马力：高七尺半，宽三尺半，长十尺，重三吨，每一点钟汲水二万磅，价三百二十磅。专用煤柴可省六十磅。盖小者专用吸水力，所汲不必深而得水多；大者兼用吸水、放水二力，以所（吸）〔汲〕深而得水较少，兼用压力激水使高，故用以救火。汲水筒既加长，则吸力紧，筒中施螺旋钢丝以撑枝之，亦足以减汲水之力，所以汲不能多也。阅其图式，中土溪涧之水，隙地无多，难于安设，而又苦道途险狭，转运尤艰，窃虑无所施其技也。

十八日。礼拜。复巴黎教部尚书及秘鲁公使二信；教部尚书请茶会，秘鲁公使则致送大会所陈列矿产名册也。并函属春卿递送。马格理与利如铿百尔商办铸钱机器。铿伯尔言：中国自出钱式可行，若用墨西哥钱式，则为盗铸，西律所必禁也。能为中国铸行使铜钱，却至便易行。以中国千钱为一缗，重七斤。准铜七斤为一缗，岁支七百万斤铜，责成缴制钱一百万缗而取工费五厘，每缴钱（五）〔百〕缗准作九十五缗。并云铸钱之法，数年前曾与赫德议之。乃偕德在初诣赫德一谈。赫德言：曾议三款：一、中国自造；一、合造；一、准利如商人承造。均惟所命。惟承造须允许二款：一、禁止别人承造；一、准所造银洋缴纳各海口洋税。此事便国利民，清厘钱法尤莫先于此。徒苦户部诸公私其所利，阻格多耳。

十九日。赫德、傅兰雅次第过谈。赫德中国语言极平正，而于吾言往往不过十得二三，所不能辨者常至八九。言辞之钝拙，不能自尽其意；即其稍能自尽者，人亦不能得其意之所向。甚哉，语言之拙之不宜于世也。是夕，与李丹崖、马格里为苏格兰之游，至游斯登车栈附轮车，竟夕未尝停轮。

二十日。六点钟至嘎斯得尔斯，稍一停轮，以此地有三道，西去兰拿尔、得布拉斯，并于此地改附轮车也。中去爱登白拉，名密得罗连；密得者，译言中也。东去哈定登，名意斯得罗连；意斯德者，译言东也。西去林立斯戈，名威斯德罗连；威斯德者，译言西也。哈定登濒海，相距远，无汽轮车。西路逶长，汽轮车两道皆西去也。闻罗连地方人民善耕作，英国治田者以此地为最胜。七点钟，至爱登白拉①。东旁有石山高峻，建炮台其上，直上有画馆，造屋如希腊式。马格理言：爱登白拉城一名摩登阿森斯②。阿森斯为希腊故都城名；摩登者，译言新也。苏格兰始慕（西）〔希〕腊风俗，建造房屋亦仿为之，又为学士文人汇聚之地，以为有希腊风也，故名之新阿森斯。所寓客栈即在炮台左近，名巴尔摩拉尔，即君主宫名也。随偕丹崖及马格里往拜爱登白里梅尔，及色尔阿里克三台格兰，盖爱登白里犹里法斯谛③学堂总办也西洋学馆，小者曰斯科尔，犹言授句读也；大者曰科里治，犹言学馆也；最大曰犹里茀斯谛，则考试给文凭者，与约往游学宫。先至爱登白里喀色尔，为旧时炮台，自英伦、苏格兰并为一国，仅存其名，为兵房而已。喀塞尔，译言军垒也，筑垒石山之上，地势亦极雄阔。设兵四百人。总办游击名罗敷，陪同游历。有曼斯克马巨炮，口径二十寸，时犹用石为弹，造自一千四百八十六年，至一千四百九十七年安置拉尔斛地方，为拒守之炮。其后并英伦为一国，至一千七百五十四年送入伦敦。一千八百二十九年仍取还爱登白里，安置于此。盖内膛用（孰）〔熟〕铁为直条而外炼熟铁为横围，当时亦称精制矣。其前小礼（拜）〔堂〕一，一千一百年马利王后所建，以其地旧为王宫而建立耶苏堂也，惟内衔石门犹旧物。又至一小屋，藏宝物八事：一、王冕，一千三百年苏王伯鲁斯时所制，若日治第二即位时犹一戴之，冠顶及周环衔大珠十馀颗。一、袜带宝星，颈围衔宝石三十馀方，光艳夺目，为占摩斯第一时所制。一、金钢钻制成一人骑马手刺一龙佩褂。一、金钢钻悬珠佩褂。一、红宝石约指。并占摩斯第二时物。一、镀金柄水晶杵，一千五百三

---

①爱登白拉，Edinburgh（爱丁堡）的音译。

②摩登阿森斯，Modern Athens（新雅典）的音译。

③爱登白里犹里法斯谛，Edinburgh University（爱丁堡大学）的音译。

十六年占摩斯第五即位时所执。一、宝刀长八尺许，罗马教皇以赐苏王。一、花杵，苏王时管理地方官所执。苏格兰既合英伦为一国，国人虑此宝物并移归伦敦也，乃制巨木箱，盛而埋之土中，建屋其上，有诗人色尔洼尔格兰斯所著书言之甚详。后百馀年，始据其书求得之。随至军火院二处：一、旧时盔甲枪剑；一、新式刀枪，而藏亨利马梯尼枪至一万五千杆，刀剑亦称是，可谓厚积矣。旋至由理法斯谛学馆。色尔阿里克三台格兰引见数人：一、色尔罗白尔格尔类斯谛生，年八十六，充当教习五十馀年，精神犹矍铄也。一、色尔威诺达摩生。一、科仑伯娄恩，为化学教习。询知馆生二千四百人，分四十八堂；教习三十七人，以兼充者多也；其馀小教习每堂二三人不等，皆各以时至学堂听讲。时当解学之期，学生无几至者。随游学馆妙西因，所至不过三分之一，大率常见之物外，所新见者甚多，如鸟兽院猿猴一种，有尖鼻如鸟嘴，有长尾逾身有半者，有大尾如松鼠者，有赤面赤股而前身长毛如狮、尾下丛毛亦如狮者，奇形诡状，多所未见。穿山甲一类，有全身整甲旋轮如螺者。所见异兽尤多。土石一类，有大块翠玉极鲜明，而实翠色玛瑙也；有翡色缸；有花纹玛瑙而中衔一圆石如玉。多奇品。又有大小石长条，持一端，中软如衔笋，而两端俱硬；持其中端，则左右两中端如衔笋，而两端仍硬。云出自北亚美利加山中，其地水族虫豸及兽骨土石指目为太古以前者连屋累栋，而沙石上鸟兽迹或三指，或二指，或如人掌，皆出深山中。始为沙地，久之坚结为石而爪迹尚存，真可谓奇古矣。其机器及铜门石柱，或仿制，或模其形式，并极天下之巨观。而海口所设灯式如灯台，并存其制度。有建立海心石板上者，皆凿石为欹斜棱角，令相衔合笋，微削而上，高至十馀丈，云海潮乘风，每见方一尺其力抵三吨，而石墩能不受其冲击。下及磁器、铜器、玉器，皆极繁富。景泰法兰巨磁无数，而日本铜鼎，意大里铜盘、铜台，高至丈许，形制尤奇丽。日本铜鼎，其下范铜为云，中盘两龙及螃蟹数十只，上承四足；鼎两耳各为十凤，颠倒相衔；上立一鹰张羽，翎毛皆纤细具备。可云奇制。色尔威诺达摩生言：奉国家命环游大海，考求所产物植。凡三年，得奇品一万五千馀事。著书亦数十卷。就视之，出玻璃瓶二十馀，并大洋海中，或深至五里以外，用铁网网得之者。真奇闻也。一、形如皮具，五棱，下为足，上为乳，其数皆千百，犹动活也。一、足长八九寸，约十一二茎，但有足无身，足上皆生小乳。一、形如菌，而茎极长，菌中皆小孔，盖海虫窠也。一、形如水泡，有茎而下衔须，其形如玻璃丝而碎刺人。一、琉璃丝相结如碗，有四足若乳，手执之刺人。一、石卵下衔长柄，有节如鱼骨。略记数种，以广异闻。晚，科里来见，盖密斯盘函托照料，日间来见两次，并值外出也。是日所见尚有三事：一、北冰海鲸鱼，下唇宽而无齿；南海鲸鱼，下唇削，两行齿排列，相距四寸许。大率唇长二丈有奇，而宽不逮二尺。一、黑石：围径五寸，高不过三尺，为大树截成一段，积久而化为石。云出自煤矿，若此类者尚有之，而此煤矿旋为海水灌入。石面黑而光，亦奇品也。又有大树一围，长丈许，其下截断，皆化为石，而其端状如鱼首，不类树兜，遂据以为鱼属，云太古以上一种鱼，今无有也。一、各国制造诸物。内美利坚番人所制盘碟及缸、碗、筐、篋之属，有用豪猪刺制成者，有藤制者，工极细而亦具五色花纹，乃知番人之聪明，正亦无奇不备也。

廿一日。科里开示游历单，并请陪行。梅尔博意得为预〔备〕马车。伦敦梅尔名罗尔得梅里。苏格兰名罗尔得拍洛蒂克斯，盖犹从其旧名也。阿得门名曰贝里。其职任并同。凡游旧王宫一，名曰和里路得，向归刊木登公照料。左旁天主堂，一千一百二十八年苏王创造，后稍修葺行宫，以备游幸，因相承为王居。占摩斯第四以后遂长为宫殿。一千五百馀年，路得倡为耶苏教，苏人瀍洛克生遥与相应，改习耶苏教，遂毁天主教堂，苏女王马利居此。其后查里第一兼王英地，为国人所杀。大将克郎莫尔①实主兵，焚毁王宫，惟马利所居宫独存。其卧房及其梳妆及饮食处相连。数屋皆极小。而卧房前后二间，其前间为国人相与谋杀马利佞臣立吉若，血迹犹存，用小墙间之，云马利因其臣立吉若被恶于此，令蔽以墙，不欲见也。皆在王宫之右。有长厅，极宏丽。王宫之左，修饰完洁，君主每过，常宿此。所张画并织线巨幅，桌椅亦然，并三百年前苏主故物也。一、故苏格兰议政院，今为按察司讯刑地。凡设刑司十五人，以二人为之长，名曰罗尔得贝西登凡十五人，所讯断或有不公，经再具控，即令十五人会审，而以贝西登为之主持定谳。是日两贝西登均听讼于此，并往一观。其律师总办陪同指示其官名曰谛音。又有一人为梅尔属官，迎送照料，其名曰马克蒋尔生，并导至其藏书处，上下两层，长厅相连，云所藏三十万帙，为爱登白里第一藏书处。一、科尔登山监牢。创建于一千七百九十二年，距今不及百年。左一所建于一千八百二十五年，右一所建于一千八百四十六年。总办刊木登克斯谛陪游。其初至待讯、未定罪者居前一层，并为狱房，不课以工，而愿治工作者亦听之。其礼拜堂听讲，凡已定罪名，为高台次第列坐，而下一层为木间，前为阑干，每入一间，敞其门可以外视，而外人皆不及见之，为其罪名未定，故为隐蔽之，以养其廉耻。其女监牢，最上一层准携带小儿，而断自一岁以下需乳食者。如一岁以上，知识日开，不欲使见监牢情形，亦以养其廉耻也。男女皆课以工作。收系约五百人。所制棕毯、线毡、线袋及手巾、线袜，皆有常课，其工细者织花。男子则兼及木工及铅铁。泰西监牢皆此一例。游历学馆凡二：一曰觉尔治赫尔若得何士毕得尔②，乔治哈罗

①克郎莫尔，Cromwell（克伦威尔）的音译。

②觉尔治赫尔若得何士毕得尔，George Harold Hospital 的音译。

德救贫院〕。何士毕得尔者，谓学而兼养赡也。赫尔若得为占摩斯第六冶金之工。宫中所需器用及手饰皆使掌之，遂致巨富。一千六百二十四年遗属以其家专建学馆，专收苏格兰白颉斯[①]。白颉斯者，犹言土著也。凡为金三万六千磅以置房屋田产，而自二百馀年以来，地产日昂，岁入已至三万六千。苏格兰此类学馆甚多，所闻知者，曰赫里若得，曰洼得生，曰端罗森，曰格来斯比，曰斯究尔得，皆所谓何士毕得尔也。赫里若得学馆凡收养童稚二百十人。设立教习十人，五人居馆中，五人日一至讲授。自五岁至十四岁，以年为限，而在学久暂不论。过十四岁，试得优等，再留二年，即送入爱登白里犹里弗斯谛大学院，而仍资给其膏火，岁以十人为率。送入大学院时，其学问品行兼佳者，给与金牌而为之题名于壁端，以嘉宠之。所学曰算学，曰希腊、剌丁各种学问，曰英、法各种学问。又以其经费分置学馆十九所。其总办洛克多尔畀得弗尔著书详论其原委，并见赠一帙。一曰类里斯科里治[②]，收女子七岁以上至十八岁一千二百人，墨尔森昧登何士毕得尔所分之学馆也。墨尔森杠伯里[③]之名，盖出自商人公会，集资为之，凡分置学馆三，此其一也。办理洛克多尔卜来得引至各堂，每堂四壁张画几遍：有为舆地者，有为动植物者，有为器具者，有为制造机器者，有为画学者，有为算学者，有为商学者其商学所张之画曰日记之式，曰银钱出入之式，曰存钱之式，曰放钱之式，曰总记之式，皆为簿本张于壁，有教音乐及歌者。询之，为堂四十，男女教习六十人。大抵教字及诸浅学，女人为之；算（乐）〔学〕及制造仪器，则宿儒专门之学为之。即其所以教女子（子）者，

①白颉斯，burgess（市民）的音译。
②类里斯科里治，Ladies' College（女子救贫院）的音译。
③墨尔森杠伯里，Merchant Company 的音译。

皆中国士大夫所未闻见者也。薄暮，循科尔登山御路而归。御路者，君主车马所经行，循山开路，不逾丈许。绕城北行约三四里，远望茀斯江由苏格兰出东海，大江也。晚归，旧梅尔华尔沙、提督密格尼并来顾。密格尼为伦敦旧识，其家循茀尔江而东约二十里，约往一饭，以急切成行，属马格里以一函辞之。苏格兰所属大学院爱登白里始于一千五百八十二年，占摩斯第六所创建也。再北森丹得鲁，始于一千四百十二年森丹得鲁为苏格兰主神。伦敦主神则森觉尔治也。距江北一府，即以主神为名；阿伯定始于一千四百九十四年，格喇斯噶始于一千四百四十三年占摩斯第二时。并在爱登伯里创建大学院之前。

廿二日。与李丹崖、马格里步至拉什拉尔格拉里画馆，拉什拉耳，译言国家也；喀拉里者，楼也。谓国家所建画楼也。总办罗伯逊引游。画厅六七所，皆古今名迹。中有克恩斯波罗画一美人如生，值万磅。别有一馆，专藏（槊）〔塑〕像及旧石像，以待学画者描摩。其前为挨及、罗马及希腊旧时物事，磁、瓦、铜、石之属约数千万种，挨及古碑尤多。亦有苏格兰二千年以前碑，其石椭圆，锐顶，字与今多异同。亦有数女子在其中摹写古瓦器图，盖此二馆专为学画者计也。未刻，起程赴布类尔阿萨尔，由威发斯车栈西行，过威尔罗连、拉尔噶得，至斯得林，亦有炮台建立山端，与爱登伯里炮台相望，并为二百年重镇也。再西过茀斯江，至白尔斯。君主巴尔摩拉尔宫由此分路：经北为巴尔摩拉尔，西北行为布类尔阿萨尔。所居店亦曰阿萨尔阿曼斯。接阿萨尔公信，知方出门，属其主事罗伯逊相陪，大约在此须留一日也。是日致姚彦嘉一信。

廿三日。罗伯逊来见，并告阿萨尔公遣其经理山林树木马嘎立克陪游。因雇马车至其布类雅开塞尔住宅。其外垣甃石为之，周围约二十里。开塞尔者，译言土堡也。盖阿萨尔传世七代，当查里第一时，屡经变乱，其居屋皆用以自守。墙厚逾八尺许，两旁新造之屋皆所自植松名拉叱[1]者为之。周环甬道长数十丈，两壁皆安鹿角，约数千万具。其跳舞厅长十馀丈，四壁以鹿角为饰，参差环列，亦逾千具。联鹿角为几，并制为万点星灯。即挂圈亦制鹿角为之，不杂铜铁。其鹿角尖白如象牙，削去其外皮，可与象牙混，高大视中国逾倍，皆其山产也。所陈设中国磁器、铜器无数。有八叶屏风二架，高八尺许，宽约二丈，一为西湖景，一为龙凤云物山水，疑皆大内物也。其馀刀枪盔甲，罗挂满壁。有屯谛公挡胸，为枪弹所伤，盖查里第二时威廉第三嗣位，两家党与互争，屯谛助查里第二，中枪，遂没于阿塞尔宅，其遗棺亦即葬其所居园中，所名为倭尔得布类雅勒色里者也。其园有泉，有池，有洲岛，有花圃，有种树所。询知拉叱松种法：以春三月种子熟土中用粪土菜地，先种罗卜一年，不宜新粪也，逾二年，分栽成畦；又逾一二年，高可及尺，始移栽山上。所栽山宜干土，宜朝北，宜斜坡以达山巅，虽瘠土无嫌也。旋至其种树处，名曰迭尔得法来斯得，犹云栽松林也。凡行数十里，皆所种拉叱松，间以苏格兰本地松。有经砍去者，名曰布类雅洼尔；(耳)〔其〕未砍者，名曰克里尔阿拉尔得。又出山，沿嘎尔江行，至卜鹿阿观瀑布。由平地以至瀑布山口，约三里许。凡见瀑布四叠，其下皆有潭，深者三四丈，亦奇景也。尽一日之力，所行皆阿萨尔公山地，其畜牛、牧羊及所养鹿处皆有常所，立周陸为限。每秋九月猎狐兔野鸟，皆在鹿地。马嘎拉克云：阿萨公山地，须两马车驰行三日乃能尽。抵暮还寓，罗伯逊复至，兼送阿萨尔公小照，因属马格里为一书谢之。阿萨尔住端克尔得山庄，

①拉叱，larch（落叶松）的音译。

相距六十里。闻其地种松尤盛。始诗人卜仑斯来观卜鹿阿瀑布，留诗一篇，以山左右宜多种树为言。时阿萨尔之祖故以植树为务，乃因其言，沿嘎里拜山口直上至瀑布，两山皆种树极繁密。至今乡人犹传诵其事。

廿四日。由阿萨尔阿曼斯附火轮车赴拉斯噶[1]，至百尔斯换车，一路并行山谷中，树木丛密，溪流出山石间。阿萨尔公所居端克尔得，正当百尔斯中路，风景殊佳。抵百尔斯，地势乃觉平衍，仍转至斯得林，过茀斯江西行，至拉斯噶，寓居马克立滃客栈。往拜拉斯噶伯洛茀斯得[2]犹伦敦之梅尔，名科仑斯，相待颇殷勤。并拜旧任贝尔。因相与至花园一游，观园亭激水之景。适遇小雨，还寓。园名威斯恩得巴尔克，译言西头花园也。

廿五日。礼拜。市人皆上耶苏堂，路无行人。午后始有人迹，并由耶苏堂出，男妇步行，竟日不见马车，知此间奉教之尤谨也。是日凡可游之处闭门休息，乃偕丹崖及马格里至市心名觉尔治斯魁尔，观所刻石像。斯魁尔，犹言街心四方处也。中立石柱一，上为色尔洼尔斯噶得像。左右骑马者各一，右为君主，左为柏林斯阿剌伯尔得，君主之夫也。立者六人，一曰占摩斯瓦得；二曰亨得里贝尔；三曰倭苏洼尔得，为议政院绅；四曰罗尔得克来得，平定印度统领因其功最大，因取江名为之封号；五曰色尔瀍摩尔，与拿破仑交战时统领；六曰罗伯得毕尔。贝尔、瓦得二人，皆拉斯噶制造机轮原始者，名最著。闻其墓并在尼各洛布利斯，因往一游。其地为商会捐以为葬者，每葬皆给地价，因用以收养穷无告者。瓦得、贝尔二坟，云旧皆葬此，近皆迁依其祖坟。是山高上，万冢累累，

---

①拉斯噶，Glasgow（格拉斯哥）的音译。

②伯洛茀斯得，prefect（知事）的音译。

盖西洋之北邙山也。葬处或为屋，或亭，或柱，或碑，或为牌楼，各随其意为之。随至阿里克三台花园，俗名之意斯巴尔克，谓东头花园也。转至金斯巴尔克译言国君花园，过客来得江，至魁音斯巴尔克，俗名扫斯巴尔克，犹言南园也。因查拉斯噶初有小江过海，谓不足以资转运也，集议开江，广逾旧江三倍，深二丈二尺，筑石岸一万（千七）〔七千〕尺，用至五百五十万金磅合中国银一千六百万零。大率此江开道后，其地日益繁盛，距今不过七八十年也。其记载可考者：一千八百一年，人数七万七千；一千八百七十二年遂增至五十七万九千。七十年之间人数增加八倍，其生聚之盛可知，而其源实由开通客来得江始。百年前有名多克得卜来克者，通化学，偶煮茶，见开水腾沸，所用洋铁壶，其盖为水所冲，至自揭起。因用铁条压之，水沸甚，并铁条揭去。又加一铁条，旋亦揭去。因是悟热力之大，私制一器，用热力压气以转轮。其时占摩斯瓦得方为铁工，卜来客所制器日久损坏，令瓦得为整理之。瓦得观其压气之法，谓可大用之而得大效，因悟以水柜蓄水，以气筒激气而鼓火力助之，以是得气轮机器之法。一千七百八十三年，瓦得始开制造局于拉斯噶，创造运火机器，即今汽轮舟车之缘始也。一千八百十二年，亨得里贝尔始制造火轮船于客来得江试之，其船名康觅得。康觅得者，泰西语谓之彗星，言其气筒烟上腾，如彗星之焰也。是以泰西制造汽轮实始于拉斯噶。瓦得、贝尔二人之名亦因以不朽。其客来得江泊船大（步）〔埠〕头曰布陆米拿。拉斯噶地势，高下皆平冈，龙行度处也。客来得江横贯其中，以出西海，故其地山水为胜。其所开花园，稍植花草为游憩之所，种树甚少，高者不过六七尺。惟南园远距城市，其山地尤为广阔，中筑一台，亦稍随山势起处为之，高约数丈，中树一竿悬旗，可以眺远。

廿六日。伯洛法克斯科伦斯预备马车，偕同瓦得生陪游各厂局。一、爱尔登船厂。厂主达摩生赴伦敦，帮办毕尔斯先引观所造铁船，云为西洋第二船，其第一船名格立谛斯登，并商人集公司为之。其高搭跳板五层乃登其上，计长四十八丈，宽四丈六尺，吃水二丈六尺，马力六千匹，云每点钟行二十一英里计一时行一百二十六里。旁有新造铁甲兵船，视之渺乎小矣。随至造船机器厂，并玻璃屋，凡设机器桥厅三层。毕尔斯云：英国造船机器以此为最巨，厂工用至五千人，可以同时并造十三大船。一、魁英斯船（务）〔坞〕。以旧船（务）〔坞〕地基稍狭，重开一船（务）〔坞〕，估工一百五十万磅，工未逾半也。拉斯噶商会开河及船（务）〔坞〕，曾用费五百馀万磅，岁收息银约三十万磅。其船（务）〔坞〕通客来得河，用铁桥为门，船出入开桥，用机器转动之。左旁砌石为平台，用铁墩盛桥，安置平台中，令其圆转，灌水其下，用压力机器激水负铁桥之墩，以恐下安铁或石，相磨久必多滞涩，惟水力运行无碍也。总办坞工名氏德导游挖坞及筑堤处，凡深二十四尺，以铁筒高六尺、圆径约六尺，用四片合成之。挖取筒中之土十之八，又加铁三十馀吨，压令入土，至坚石底，乃填土加石为基，以成石堤。过客来得江，用火轮船桥，盖为桥式而两端支铁如缆，中设汽炉，南北两岸一冲而过。支铁处可以自相维系，每一渡河，可以载六车八马如行平地。看一船（务）〔坞〕，得两桥奇式。① 一、英得斯得尔妙西因，所谓制造博物院

①此页眉批：李丹崖云：是厂机器不同于他厂者，一为木杆起重：以练达于屋柱，皮带动之，可以左右高低，能胜十吨。一为平旋之（赞）〔钻〕架：架宽高丈许，中有旋柱，架之上格，旁有革轮，中有侧接迟轮，甚便于用，为本城尼尔生所造。一为多刀之旋刨：轮宽一丈五尺，空径宽七尺，周置刨刀四十馀，接迟轮移之，可以刨极大之件，且可同时内外刨光，惟各刀配合整齐殊非易事。一为水力压成泡钉：以钉舌接水力，通至汲水处；直立铜柱，上贯圆铁重二三吨，以渐上浮，用时坠落其加钉之锅，以取重汽机起落之。一为边钻：旁立铁双桥高丈馀，中贯螺柱，横加钻机，可上可（上）〔下〕。

也。云拉斯噶制造备具于此。大率丝、麻、毛线，分配五色，供服饰之用者为多。制造总汇，兼备众工：羊毛工曰吴尔；棉花工曰考登；铁工曰爱仑，造船工曰昔必得令；造药材工曰开密克尔；油烛工曰帕力芬；陶冶工曰泡脱来。略分其类：一、机器；一、矿产；一、地产；一、化学造色之法；一、医学配合之法，如海带中炼出一种黑砂，亦六十二种专质之一，始于法国得拿尔即现治化学得拿尔之父；又煤气用下煤渣，用化分之法，自生各种颜色，其用无穷。凡言制造，皆化学家为之经始，各种强水、各种火药无一不备。云制浆皮树炼火药，其力更大于棉花火药。以为时太速，不一细考，略询一二而已。一、拉斯噶犹尼法斯谛①。始于一千四百四十三年，而新造者不及八年，费至一百二十万磅。国家助费十二万磅，民捐二十万磅，爱尔登船厂亦捐五万磅，馀皆学馆存款为之。集生徒二千，教师七十人，以医学、化学二者为尤胜。藏书厂上下两层极宽，藏书万五千帙。所观威烈斯达摩生博物学馆、电气学馆。试演光学，用玻璃影射成五采。大抵五色皆自光生，无本质。其电报又用委宛文，不用点。询之，拉斯噶通至美国之纽约，已改用此种电报矣。委宛文即曲线也。云通远处此法最捷。其曲线用旧法，而电机则创新式，一用平锌大电气运机，一用多管小电气通报。电器较繁，而却能省时。又制指南针一具，用活盘而安六针，左右排列，其针不动，定向为准。法国大会以此针盘为合用，赏给金牌。其旁亦有妙西因，鸟兽鱼虫金石皆备，仅一浏览而已。卜来克所创制水力机器，汲水转轮高不过二尺，存此以志汽轮之缘始，并刻瓦得、卜来客二人石像其中。随赴科仑斯午饭，同席阿得门多林斯，前任梅尔贝音，卜林斯伯洛学馆总办之称铿尔得，教习得布类斯、瓦得生。又至罗亚尔珥

①拉斯噶犹尼法斯谛，Glasgow University（格拉斯哥大学）的音译。

克斯占治[1]，拉斯噶商会公所也。（郡）〔集〕一市之人，讨论货值于此，聚者数万人，群相赞诺为礼。傍晚乃一过特布尔登。制造毡毯局凡二所：一专用人力，凡七百人；一专用机器，凡四百人。所织工细者，兼用丝茸二种，巨细花样，十光五色，焜耀动目。用人工者二种：一为全用毛线织成之线缎式；一为丝经毛纬织成之锦式。

廿七日。瓦特生其官名曰色底占伯仑，译言引导官也，见梅尔必由其引导，犹中国之有中军官，又有马尔武得其官名曰珥克斯究森尔，凡重罪须裁决者，由其监视画押，陪游海尔巴汽轮车厂，总办立得陪游。此厂不由公司，故亦名曰瓦尔生布来渣，布来渣译言兄弟也。所制汽轮车机器，岁以一百四十架为率，大者重五十五吨。所已制成二架，并重四十五吨，价三千磅。凡制轮一厂，制外铁壳一厂，制汽柜汽筒一厂，制杂件一厂，制螺丝钉一厂。其车辐用碎铁烧化，每一辐连上散辏收合之，而加内外毂施用双轴，其正轴仍居中，旁轴毂薄，其一旁厚逾倍，以取匀称，诸地车轮绝异也。凡机器轮轴转者并同式。次意铿莫登印花洋布局，织布机器并与满吉斯得同，惟每幅才二尺八寸，盖专用为印花也。其铺床织花及五色花毯则较宽。始由花棉而弹成叠，而抽条，而络丝，而散为细丝，而排纱，而叠杼，而织成布，多皆女工为之。凡分两局，共用千一百人。其印花颜色一用化学，用卜罗林化水一漂，各种颜色俱极鲜明。其织花本仿效中国成式，法人名侧嘎者自出新意，另为花纹，以丝缕记之而凿小孔于纸，以为之底本，用铜丝分缕，（倚）〔依〕法织之，力省而功倍。其机器之奇在分条析缕，一有断裂，全机俱为所罣，即止不行。西人巧思，出奇无穷。意铿莫登者，即其主人之名也。次至赫颉生斯古诺女学馆，总办洛克里得导至各学堂。八龄以下

[1]罗亚尔珥克斯占治，Royal Exchange 的音译。

入学二年者为一堂；十龄上下入学四五年为一堂；十二三龄习算，课以加减乘除之法为一堂；十四五龄学画、学针黹者为一堂。其课针黹及十二龄以下，女师为之，馀皆老年宿学。亦有武员一人，专教步武踏歌，一以兵法部勒之，分合驰骤，向背反复，妙中程式。询之，女学生八百五十人皆本市人。别有赫颉生男学馆，一千二百人、仓猝未暇游也。科伦斯既派瓦得生陪游，又派一人导引；以为仆隶也，为其笃老，询之瓦得生，则亦官也，其名曰卜娄恩，官称徒恩勾斯倭非色尔。是日酉刻开行，科仑斯送至车厂；至白里克近海，为伦敦、苏格兰分界处，格来登拿格林正在其西。夜半抵纽开斯，寓居司得升火堆尔客栈。

廿八日。竟夜不寐，气逆尤剧，颇觉病惫。阿摩斯登、罗蒲斯次第来见，并遣其友亨苐里陪游阿勒苐生卜罗林厂，其帮办爱觉尔陪游；即化学家所用之绿气也。其法用盐加磺强水，入大平铁锅，施盖。旁为火炉，转运煅之。凡经三四煅，入煤气炉，热至一千二百度，化分盐中绿气，引入石灰炉一过。又引入锰格尼斯[1]金质，形如黑炭再煅，其气引经黑铅管通上高台候冷，又通至石炭水内晾风，即成绿气粉。绿气名卜罗林[2]，绿气粉名卜罗林兰德[3]。其所用之盐再加磺强水即成盐碱。所用石灰入磺强水即成石碱，如冰形。馀渣仍为灰碱，用洗衣服。爱觉云：炼磺强水三十间屋，每日可炼一百吨，其盐提绿气粉，约四百吨盐提绿气粉一百吨。其厂用工亦一千四百人。化学家皆名之非金类也。过铁桥而南，又折回小铁桥，名曰代英斯威英布里治[4]。布里治译言桥

①锰格尼斯，Manganese（锰）的音译。
②卜罗林，chlorin（氯）的音译。
③卜罗林兰德，chlorid（氯化物）的音译。
④代英斯威英布里治，Tyne Swayine Bridge 的音译。

也；代英即此江名，俗名之纽开斯江；斯威英者，犹言活动转移之意。桥长二十八尺，中为石墩入江心，桥中安铁柱，旁施活桥，用机器转动之。两旁皆可过船，桥左右皆合笋。每船过，先行报明：于某时过桥。用机器转动，顷刻行矣。次至阿摩斯敦炮厂，罗卜尔、能达、亨苇里并陪行。所历一曰制造铁桥厂，一曰压水力机器厂，一曰压水力引重机器厂，一曰铸炮厂，一曰铸炮弹厂。每厂所用大小机器各分数厂铸造，亦伦敦一大厂也。炮百吨者数尊，八十吨者数尊。百吨者长三十五丈，子弹重二千磅，各厂所未经见也。

廿九日。罗卜尔陪同赴阿摩斯登处，由大北车路至马尔伯斯。转西本应换车，阿摩斯登特属车栈用原车，四人曳之，以就西北小路。轮车至罗斯伯里，阿摩斯登在此杠候，换马车至其克吕克赛尔山庄。从山右入其花园门，观所种花。逾山左转约里许，乃达其家。万山环抱，重重罗列，极为幽胜。而所居乃在山腰，一突巨石巉岩，铲石为居，而山右一峰横拦其前，作为近岸，山势尤为紧抱。同至者格里名色尔觉尔治格里，曾任内部尚书，格兰斯敦党也、博意斯、里苇来。酒罢，观所藏画楼，皆名迹也。出示中国磁器数百事，大瓶高八尺许、大盘宽三尺许亦无数，大率成化青花窑、景泰法兰窑二种。成化青花窑国初仿制，以雍正窑为最为青白二色分明，而不及成化窑之细。乾隆中又变而为淡青花，别具一种韵味。景泰法兰分南、北二窑。北窑专供宫庭之用，极工细；南窑多为大花纹。有双龙大盘二具，实明世宫禁中物也。桌面一张，尤古秀绝伦。日本仿制工细之品，较胜中国近制。此间所藏无奇不备，而要无一近时物，所谓取精多而用物宏者也。案头堆置画册，见所贴凤尾草一册，约百馀品，皆用机器压入纸上，有整叶若蕉者，有碎叶者，有单茎着叶者，有分出小茎为碎叶者，有歧分多茎为碎叶者；有尖叶，有长叶，有圆叶；有若松，有若韭，有若荠菜，有若菘菜。要皆一茎旁出，皆如凤尾之式。其异种有整叶旁分，有两两相衔，有左右相交错蝉联而下，状如“来”；其叶皆一串相承，有绿叶而尖红，有每叶中含红晕，有根成兜而抽茎或二或三，种皆不同。至有两旁绿茎而中红茎，抽叶如针。亦有大叶圆而缺其下曲者。李丹崖云：泰西人近以凤尾草及蝴蝶二种推求地墒，以辨知古今地产之异。印度阿萨密有英人得蝴蝶一种，以为茶花中产也，遍求之山中，得茶树数本于荆棘中，乃垦地种茶，今印度茶产之盛，皆由此也。尝见英人著《凤尾草》一书，凡五巨册，排列凤尾草数百种。原此种草野生，遍山皆有之而其种又绝异，其高亦逾于众草，因而推求何种地产所生凤尾草应作何种式，又以考知地势之寒暖，或有变异，草种亦随而变。是以西洋言地墒者，别有考求凤尾草一种学问。盖亦无奇不探，无微不显矣。

三十日。回至马尔伯斯，附轮车至纽开斯，换车至满吉斯得。凡历得仑阿、达尔登林、罗斯阿勒尔登、色斯喀、立本斯、嗄洛格得、立斯、赫得斯非尔得诸处。越一山洞，长至十馀英里，乃达满吉斯得。先由嗄洛格得发电报，其地为四达交通之处，车厂颇大。立斯车厂更大。赫德尔非尔得与满吉斯得相距一大山，赫德尔非尔得为织呢机器总汇，满吉斯得为织洋布机器总汇，市肆之繁盛亦足相（勒）〔埒〕。是日由东而西，经过三省，东曰罗森伯仑得舍尔，中曰约克舍尔，西曰朗克舍尔。舍尔犹言都会也。立斯亦大镇，南通舍非尔得，为铁矿交通之处。近年电气灯兴而造煤气厂者为之心惧，炼钢简易之法兴而铁厂皆为之心惧，正虑一二十年后，群用电气为灯而煤气将废，群用钢为制器之用而熟铁亦将废不用矣。是以近年尤各考求法斯弗斯得之法。法斯弗斯得[1]，中国谓之磷火，亦六十二种本质之一，人身及鸟兽皆有之人身为最多。磷火及铁及石灰，人身所受以此三者为多，云每一人身磷火可制自来火二百枚，合五人身之血可炼铁制小手枪一杆，能化铁为钢。凡熟铁入柜中，堆置碎骨，用火炼之，则熟铁中软而外化钢坚硬。炼钢本留为炭气，炭气化钢而铁中磷气未除，则坚而质脆，是以炼钢者忌之，为铁中之磷化分尤不易也。煤气入空气，得火则爆裂。近年用煤气者，其放气用数孔，再空半寸，上安数孔铁管，与下孔相对，引火出上孔，则火力加大，盖空气入而遂致爆裂，正惟其能助火力也。是以西人复思得一法，先引空气入煤气中，每煤气百分，加入空气一十七分，火力可使逾倍。空气即天气也，合养气、淡气、炭气而浮游大化之中者也。

十月

十月初一日丁丑。为西历十月廿六日。适值伦敦刑司巡行至满吉斯得，同寓魁英斯客栈。西洋例，秋冬遣刑司巡行，以理刑狱。所部远近各以狱就讯。其刑司红衣羽冠，结束如武员，两律师陪行，四马车，两执棒者立车后，两红衣执钺夹车行，出门亦奏乐。盖所至有理刑所，常以九点钟往临也。而所寓小客厅，正办理弗利密森斯[2]会。先运其箱椅至，有巨椅三筵。后筵一为人眼，一为日，一为火；稍下，一为测天仪器并星，一为起造房屋，一为测海仪器，如曲尺及三角尺。两旁柱亦各不同，柱端一为菜

---

①法斯弗斯得，phosphorus（磷）的音译。

②弗利密森斯，Freemasons（共济会）的音译。

叶，一为卷棚，一为方棋。马格理云：此皆上古希腊营造柱式也。其箱五口封固，而三椅并大于常椅数倍，又各有大小次第所争差亦不逾寸。询知茀利密森斯会起于二千年前犹太国主沙洛门，尚在耶稣之前。其初以测量营造为名，故至今仍为石工会。积年既久，尽失其故，不知作何营干。入会者禁不得外泄。每年择地一会。曾有妇人入大坐钟内，置所会厅窃窥之。会中人知之，破钟，邀此妇人明誓入会，其事终无有知者。亦犹今日中国之有哥老会也，而彰彰行之，一无顾忌，又绝不闻有犯禁作乱事，则亦奇也。往观威多尔斯钢厂。其炼钢皆瑞典方砖铁，价逾常铁数倍，又以新法炼之，名威多尔斯。所制机器尤精，凡历数厂，皆制造机器者也。所铸炮用六方式，螺丝旋纹如其方数。而考求炮弹之法尤精。凡铸炮弹式四十种，一一试之。云锐顶者旁飞，圆顶者着炮身常溜成斜文，惟平顶者能入坚。又弹有长短，即行有迟速远近；（常）〔尝〕铸两炮弹，所用铁同，炮身及火药并同，惟弹式一长一短，而长者独能及远。尤善用压水力机器，及重力铁锤，亦以压水力为之。不用锤而用压，云压力可省锤力一二次；其重者五十吨，而压力可及八千吨。有小压水力机器，试钢力由十吨至百吨。用钢条围径一寸，上下用螺丝纹钤入铁板中，压水力曳使长径围渐缩而断，而压水力已及四十吨。泰西善用压水力，尤以威多尔斯为最胜。其案头置平磨镜二具，一圆一方，并上下两平面钢镜，用热力磨之，即相胶黏。量径圆机器一，用机轮转之，能析一寸为五千分。量长机器一，用双轮转之，能析一寸为百万分。盖正轮一凡五百齿，上旁有小轮一，界划为二百五十分。每小轮转一周，即移大轮一齿，积之得十万二千五百分。中衔纽丝长杵，每大轮转一周，即移纽丝一格；积八格为一寸，正合百万之数，化学家论涨缩之力至精至密，故此机器尤为化学所重，所见各国炮厂，英国曰阿摩斯登，法国曰施乃德，德国曰克鹿卜，并厂局之至大者，而考求精细，一出之好学深思，以威多尔斯为最。是日威多尔斯适赴伦敦，陪游者其帮办克尔勒尔[①]中国游击官之称多意尔、总工立斯。随赴浩尔布斯织〔布〕机器厂。与拉丝噶、意铿莫登织布机器并同，而规模较大。凡用工三千人。其初为弹花机器柜，先弹出棉中沙屑。次入卷花机器卷花机器先去屑，次梳棉，凡叠五六轮，皆密排小针，层叠梳之，又再加弹，使沙屑去净，而后叠成棉卷。次入抽条机器，由棉卷缫成条；凡三转，每合六条加缫并为一条，而棉皆成细丝。次入络线机器，由棉条络成丝，又三转，每合二丝加络引为一丝，而后丝细如发矣。次入综丝机器，即所谓经丝也。先理丝过浆水云印度一种树粉。每购一批，以七千袋为率，过伏火处曝干，而后转入巨轮，送之织布厂。其纬丝用长架络之，密排铁杵引丝。凡缫经丝，每积时一分，机轮凡五千转；缫纬丝，每积时一分，机轮凡七千转。缫丝、织布各为一厂。（阅所）〔所阅〕织布两厂，一厂置机五百馀张，一厂置机一千二百馀张。满吉斯得为织布总汇，而行之中国者在百来斯登等处。其抽丝及络丝机器，每断一棉条及断一丝，机皆阻遏不行，则尤精也。满吉斯得梅尔格伦的方陪刑司讯狱，遣人为导。午后附轮车至栗温甫[②]；过洼登林，市肆亦极大，闻其地煤厂颇多也。是日寓栗温甫阿尔得非客栈。往拜梅尔华武得及旧梅尔洼克尔，并乡居，距城约二十馀里，投名片公廨而已。因至麦尔西江口观船（务）〔坞〕。泊船二十四里之远，外为栅门以拦水，为铁桥以通两岸。每船出入，必俟潮平栅口，始一开栅放行。其外浮江驳岸长至十里，中为铁桥六七座，两头系

①克尔勒尔，colonel（上校）的音译。
②栗温甫，Liverpool（利物浦）的音译。

缆，中加横缆持之，使但能随潮（长）〔涨〕落而不至有动移冲击，专为渡江轮船泊岸。其内旁为木板屋，人货停宿及典守者居之，亦一巨观也。旋至森瀍尔斯马尔克得。马尔克得[1]者，犹言买卖场也。每礼拜六夜市易尤盛，大率肉、蔬、水果、花草数种，而一宅之中，聚人至数千。又至洼克格拉里，即旧梅尔洼克所创建之画馆也，左右两院；又进入，左右各三院。其帮办凯亚尔接待极殷勤，并见赠其画馆所陈设画册。是日织布厂见两小机器。一、排次综线机器：凡综线，前后二线交互，中为套环，上下皆为辫结。机器左右有两小齿，引线以达两旁，另挂一大齿，两旁各有引线，即交合为一辫结。中另一尖嘴机器，衔小齿上之线，回身一转，即成一套环，极为灵妙。一、制铁箝机器，中国以竹签为之，形似篾；泰西则以钢铁，亦以机器制之，便捷而排比整齐。浩尔斯见示云：综线机器，织行皆仿用之；铁箝机器则其子所创制也。综线理经丝，铁箝压纬丝。

初二日。回伦敦。过数山洞，循布里治瓦得河南行。此河由栗温浦南通诸部，为布里治瓦得公所开，因以为名。所过克鲁专造火轮车、斯达发得开煤铁诸矿、利憩非尔得有大教（师）〔士〕毕学伯驻扎、勒比、乌尔茀尔登、类登。类登、比尔、脱林均有大学馆脱林近温则行宫。世爵大族子弟均就此三处读书，俟有成。即分别入阿思茀、铿百里治上学馆。然经过诸地，皆出其旁馀地，惟乌尔茀尔登有市肆而已。沿布里治瓦得河以南，地势洼下，雨水所积，汇为湖荡，沟汊分歧。车路两旁亦通暗沟以引水。山间凿石通道，高至数仞，石壁峭立，其下亦开石井以纳水。闻此道车路为汽轮车最先经始之处也。晚乃抵究斯登车厂。莼斋、彦嘉、在初、夔九、听帆、稷臣、玉屏诸君迎于车次。接奉上海文报局八月初四日第九十二（封）〔号〕包封，内总署信一件，咨文四件一、覆准报销册；一、代奏领到敕书日期；一、奏饬黎参赞无庸赴德；一、发给胡璇泽文凭，合淝伯

[1]马尔克得，market 的音译。

相咨文一件咨总署覆奏广东生条陈；八月十一日第九十三号包封，内总署信一件，咨文四件、一、奏定参赞以下官接办及未满三年回华章程；一、咨曾劼刚、崇地山、李丹崖出使英法、俄、德共三件，合淝伯相咨文三件皆咨曾劼刚、崇地山、李丹崖出使上谕，外俊星东、黄泳清信二件。并奉七月廿七日寄谕一道：着侯曾纪泽行抵伦敦，将经手事件交代清楚并一切情形详细告知，再行回京，不得于曾纪泽未到之前遽行起程。

初三日。接据英人阿里克三台卑理一信，言南亚美加有巴拉克国，在阿真坦、巴西两国之交，物产繁殖，节候中和，暑不过八十度，寒不过五十度，本属民主之国，人情尤极温良，而自数十年前阿真坦、巴西两国交兵，巴拉克于其间被扰特甚，至今人民为之减少，甚盼中国人民往寓于彼。同时又接粤人郑分在美国三法兰析斯哥①地方转为英属布利地时科仑比亚之倭陀瓦流寓中国民人呈递一呈，诉称其地议征中国民人每年四十元，盖缘（英）〔美〕国金山驱逐华人，相率趋赴英属倭陀瓦，英人亦怀戒心，为重征之策，以阻其至也。因属马格里复阿里克三台卑理一函，属其转达巴拉克，就近由（英）〔美〕国金山及英国倭陀瓦招致华人，相距近而为计甚便也。又接德人艾格尔信，曾有制造万国通行钱法之议，以每银洋一元重二十五格拉莫为率每格拉莫重十五粒米，成色约九成馀。前在巴黎议此甚详。至是以其所著《度量图》见寄，由联春卿转寄，信到而图册尚未到也。

初四日。威妥玛、麦士尼来见。威妥玛语马格里：中英当相与结好，以为拒俄之计。喀什噶尔事，即须以此意行之。比予与相见，言及崇地山此行，奉有全权大臣便宜行事之旨。威妥玛愕然惊异云：此头等公使也，屡言奇，奇。英俄积衅已深，必不能

---

①三法兰析斯哥，San Francisco（旧金山）的音译。

相安无事，即威妥玛之言，知其猜忌深也。是夕，黎莼斋、马格理等邀同李丹崖、罗稷臣至柏尔林登酒馆为李〔丹〕崖饯行，为主者八人：姚彦嘉、李湘甫、德在初、凤夔九、张听帆、黄玉屏并（姚）〔黎〕、马两君。予自抵剌斯噶即患胸膈板结，不能多食，清坐相看而已。

初五日。日意格、高的亚及陈敬如自巴黎来。陪同李丹崖往见德使敏斯达、法使达拉固及威妥玛。接德人艾格尔所寄度量图及小木板及铜盂各种仪器，皆所以定度量之准者也。冬日苦短，略与一二人接谈而日已就暮，几至竟日不能料理一事，精力尤苦短乏，无如何也。

初六日。黎莼斋致送南京书局所刊仿汲古阁三史，因见其批注《地理志》，援据古今，于地学极为有益，并属照录之。晚为李丹崖饯行，因邀（傅雅兰）〔傅兰雅〕、日意格、高的亚、麦士尼、陈敬如、罗稷臣、马格理、严又陵、黎莼斋、姚彦嘉、李湘甫、德在初、凤夔九、张听帆、黄玉屏一会。（傅雅兰）〔傅兰雅〕、陈敬如、罗稷臣皆从丹崖赴德国者也。并为丹崖致巴兰德一信。

初七日。李丹崖赴柏林，起送之前已成行矣。姚彦嘉告言：丹崖至车林克罗斯车栈，核计火轮车价六十磅，丹崖仅止预备十五磅，由彦嘉为之垫付，乃获成行，据以为局面太小，恐不足胜重任。此特一时失于算计耳，未宜以局面大小论之。然丹崖从吾至爱登白里，偕行者四人，计程一夜，并无行李，车价已至十馀磅，此但旬日间事，而行程远至四倍，人众行李至十馀倍，而预备开支十五磅，亦太失之疏忽矣。

初八日。接到上海文报局八月十八日由英公司船递到九十四号包封，又接方柳桥、王春晓二信。马里森、狄克森、李德来见。

李德之子肄业矿学，出其罗亚尔斯古洛阿甫买英斯[①]买英斯，译言矿务也、罗亚尔科里治阿甫铿密斯德[②]铿密斯德，译言化学也两处考试文凭七纸，于矿学、化学机器皆经历试，云别有文凭一纸，须候多克得百尔希画押，百尔希为英国矿学之最著者。又有多克得多克得犹中国进士之称立尼敷弗斯得尔，国家派令查视矿务，岁常巡行各矿而指摘其不如法者，云皆能与担保。盖其意欲为中国经理矿务，而自陈其所学如此。马理森言：在中国见煤产佳者二处：一西山；一郴州属多山当在耒阳之南。耒阳清水铺为运煤大（步）〔埠〕头，而煤产不如多山之良也。铁产佳者：一处宜昌。湖南铁产内杂法尔弗尔德[③]即磷火也为多，故不能佳。宜昌铁质足与英国康伯兰得所出铁相（勒）〔埒〕。询及铁路工程，云：铁路相连有车栈，有巡房，有修理机轮厂，俱所不能缺者。总计之，每修铁路一里当得银万二千磅。英国每里费至三万磅，美国一万磅，印度一万七千磅，新金山八千磅。价愈廉则工程亦愈苦窳，故当以英国一一核实为准。吾谓：中国一切当较廉，为人工廉、砖瓦木石廉，除机轮铁路取办英国，其馀工程皆易立也。狄克森言：由天津通铁路以达京师，所费不过百万。贷之英国，每岁息银不过七厘。窃计此项铁路，岁息可得二分，除完缴息银外，所得皆国家之利也。又言：兴修铁路，高山峻岭可使通，长河可以梯度，巨浸可以迁徙，惟人心不愿从，真无如何。是以中国一切都无虑，惟虑无人耳。接哈尔德一信，述悉贝比尔治之言：中国当以俄罗斯为深虑。并寄示科仑新闻报，录莫斯戈俄国旧都城一段议论言：中亚细亚地，英人

---

①罗亚尔斯古洛阿甫买英斯，Royal School of Mines（皇家矿业学校）的音译。
②罗亚尔科里治阿甫铿密斯德，Royal College of Chemistry（皇家化学学院）的音译。
③法尔弗尔德，phosphide（磷化物）的音译。

方谋逞志。如英人猎取阿富汗之地，俄人亦必多取回部旧地以与之（勒）〔埒〕。《代模斯》新报亦载布利发拉斯格之言云：苦尔加地必不可缴还中国。苦尔加者，伊犁地名也。拉斯格为俄人遣探中亚西亚各地，数年乃归。俄都亦设地理会，拉斯格为其会中力陈伊犁于英、俄极有关系，盖借此为言，以求遂其蚕食之心也。俄人苦贫，兵饷时虞不给，近用格来克为户部尚书，格来克者，苏格兰人也，谋遣与英人借贷。挨及亦用英人威烈生为户部尚书，果遂借得金洋八百万磅。

初九日。礼拜。致李丹崖、联春卿、马眉叔各信。令马格里译爱格尔开示一信，知所陈仪器及度量图，但据钱法轻重言之，而委曲繁重以立之准，泰西徵实之学大率然也。其说累十积之为一美得①美得犹度量之意，总其成数以为名也，析分美得为十曰得塞美得②，又析分为百曰桑的美得③又析分为千曰密理美得④。一桑的美得为立方式，贮清水其中为一格兰莫⑤，是由度而得权也。语度之量，一千桑的美（里）〔得〕曰里得⑥。语权之量，一千格兰莫曰吉娄格兰莫⑦。积廿五格兰莫，当中国七钱之数，是一桑的美得立方之水当一格兰莫，应重二分八厘。统言钱法轻重而已。泰西新制之器曰特累风⑧，可以传声数百里；又益显其声而大之曰买格

---

①美得，mètre（米）的音译。
②得塞美得，décimètre（分米）的音译。
③桑的美得，centimètre（厘米）的音译。
④密理美得，millimètre（毫米）的音译。
⑤格兰莫，gramme（克）的音译。
⑥里得，litre（公升）的音译。
⑦吉娄格兰莫，kilogramme（公斤）的音译。
⑧特累风，telephone（电话）的音译。

洛风[①]，聆蝇行之声如牛马奔驰也。其传语言机器曰方罗格纳夫[②]，则可由此而传之彼，经数日其音不散。三者皆起自近数年，因属张听帆为各觅一具。并属购觅雅伯洛廓夫电汽灯一座。雅伯洛廓夫者，俄人也。马格里言：俄人据有里海之地以通乌浒河，又有阿拉尔海，别为汇水之泊，近复出一小河径达里海。俄人于此来往，得五百英里之利。询其南北所值，则亦茫然。然天时地利之巧相凑合，其理诚有不可解者，姑录其说以俟考。顷见新报言：俄国提督司哲威尔操苐探寻巴米尔在喀什噶尔西南。朗格拉湖一带，历来人迹所不至者。该提督报称：喀拉库拉湖至阿克苏河，寻得通长不绝河源一条。盖所通者由伊犁至阿克苏之河，非乌浒河也。马格里之言甚误。

初十日。为慈禧皇太后万寿圣节，率参赞以下官行朝贺礼。接上海文报局八月廿五日由法公司船递到九十五号包封，内福建督抚、将军会咨乌石山毁拆教堂一案，并何小宋、吴春帆一信；又刘芝田一信；及家信第十一号八月初十日发，并意城、志城二信。志城方病，信由寅伯代书。健甫信言：曾从李壬叔处借观广东生《英轺日记》，逾日乃复索回，云总署相戒不外传也。其日记专意贬刺鄙人，而自夸张其闻望，屡举英人矜许之词，恣意发挥。斯可谓廉耻道丧者矣。总署竟举以付梓，即此足见今时洋务万无办法也。

十一日。属张听帆至纽登处为购显光镜。属德在初至特仑得处为购矿产。罗稷臣前为觅矿产，云以赖额洛为佳，曾著有《地学》一书，上海已译行之。西洋好古居奇，各会中多设立妙西因，收求古质，一砂一石中含生物质者，转指目以为出自洪荒未辟以前，是以蓄此者多获奇赢，中国于此不甚珍也。以旦夕告归，借

---

①买格洛风，microphone（扩音器）的音译。

②方罗格纳夫，phonograph（留声机）的音译。

以发摅乡人耳目，一砂一石，或至十数金。泰西人所以凿山入海，穷极搜求，皆以此也。

十二日。诣马克里、哈尔得、马克斯威诺三处，均久谈。马克斯威诺夫人示所绣画二帧，均校猎图也；人之向背、马之纵横驰逐、鹰犬之蹲伏搏击并如生。询之，为画中名家意斯磊克蓝本，摹而绣之十馀年始成。然其初绣此时，年已六十矣。白发老妪，犹然针神自负，真亦奇技。询以所艺如此，尚有与抗者乎？曰：亦多有之，惟所制不过小幅，无肯为此巨帧者。吾与往来两年，不知其有此技也。俄人雅伯洛廓夫以新法制电气灯，而不能及远，亦仅能以机器发电，连引至十灯。英人爱谛生、威得尔曼又因其法推而求之，以延及百灯以外，亦能及远。故言电气灯者，一时有三家。煤气公司数百万资本，日夜忧惶，莫知为计。数（百）〔年〕以后，遍泰西诸国皆为电气灯矣。

十三日。立冬。刊布洛、马克里次第过谈。英国著名医士，一曰色尔威烈莫格尔，一曰色尔威烈莫占拿尔，皆内科。一曰色尔柏金恩模斯巴颉得，外科，格兰斯敦曾引见其人。马格里云须为我导见格尔。因问其医学有何异人处，曰：其本领甚大。自其少时即总理病馆，临症多矣，非他人所能及也。是日遣黎莼斋赴巴黎，适得李丹崖信，告言十六日广东生由巴黎赴马赛，甚悔黎君此行之太速也。

十四日。发递总署信一件。公文七件一咨外部议抚恤安陀鸟所毙人民；一咨收到新加坡领事文凭；一咨收到汇兑银两；一咨酌议文报局俸薪；一咨复扣还刘副使领支俸薪；一咨复路用报销；一咨罗、陈两随员调赴德国随员，南北洋人臣公文三件一安陀鸟一案；一酌议文报局俸薪；一罗、陈两随员随同李公使赴德国，福建将军、督抚公文一件乌石山拆毁教堂一案、附信一件，上海道扎三件一回批；一酌议文报局薪俸；一扣留武弁安家银（正）〔两〕应核正，文报局委员扎二件一酌议薪俸；一核正扣还武弁安家银两。凡寄总署一信，何小宋、吴春帆一信，黄泳清一信，又家信第廿七号。喀斯格尔画馆，德在初译曰葛拉威邀往看画，盖阿尔马达谛马所画罗马教堂图也价值万磅。随赴得苐里斯玻璃馆，各种磁器铜器皆有之。有高丈五尺万点星灯者，合碎玻璃为之，制造绝精，值价二千磅。印度旧王制此灯四具，亦足见其富厚矣。又有嘎得里画馆，云专为集资赈济中国饥荒，其画皆假之巴伦类斯、白尔得顾斯家，英国素封之家也。巴伦类斯为一女子，至老不嫁而喜施与，君主以其积累之厚，授以爵。此次开设嘎得里画馆，亦巴伦类斯之意也。出所藏以供众赏，又可集费为赈饥之资，用心亦良厚也。努斯登来见，并致克鹿卜所拟造小炮船式。

十五日。为西历十一月初九日。是日新梅尔上任，仍至老城口纽登机器店一观。老城故址已拆去，惟存左旁一门，以与银局墙相连也。其银局开局二百馀年。城故有楼，后只存留一门，则楼亦但存门搂，百馀年无上者。此次因拆城，门楼上得纽登曾叔祖给银局一手帖，字迹如新，纸亦完善，惟四角（莓）〔霉〕朽，盖一千七百四年书也，距今一百七十五年。梅尔上任，仪仗不如去年之盛，而音乐花旗约十班，则历年无异。分别官兵巡捕，又有掌水、掌税及树林会、铁钉会等名，皆千馀年前梅尔所收管产业，今存其名而已，而其地固在。树林则于梅尔到任时纳树枝一束，铁钉纳钉八颗，梅尔给予收单。铁钉远在爱尔兰，又相承立为会名。旧城广一英里，长半英里。凡为伦敦土著，皆划城为界，即城内巡捕迎梅尔者，亦相从至城门口而止。纽登云：凡为伦敦土著，凡先有产业，又须入先所谓会者。往时伦敦居民皆各私立会，如所知者：鱼会、银工会、织呢会，皆各主工艺为名，久之，则绅民假以立会而已。凡入会为伦敦人，然后能派充议政院绅士。

其举绅士必先请画约，在城外者不得与闻议政院事。凡有大名者，辄由各会邀约，俾为伦敦人。去岁美国旧伯理玺天德至伦敦，梅尔为行是礼。今年毕根士由、沙乃斯伯里自柏灵回，梅尔亦举行是礼。此皆旧时俗尚，至今犹守之。泰西之好古，犹有饩羊之意，以名相饰而行之不倦，盖相传千有馀年矣。是日为大太子生辰，各街燃灯为庆。与张听帆、德在初及马格里相随游观，其最盛者名布勒，盖伦敦一老缝工也。

十六日。礼拜。李湘甫述及在巴黎遇摩敦特，语及中国房屋之式，因约至其家，见所藏书甚富，取阅之，为图者逾半，大率门窗梯凳皆有图，始知其人一工匠也，艺此者数世，所藏书多出自先世留传，亦有为其先人著论者，所言皆营（法）〔造〕之方也。云西洋房屋，墙厚者五寸，少或三四寸，即层累至十重楼房，历数百千年无倾塌者。楼梯盘旋十数架，仅于墙壁生根，不容一级坍卸。其制造之法，探考推算，穷极微妙，未尝稍有宽假也。吾谓西洋一切以数字为基。挨及古碑植之代模斯江伦敦桥左近，为石台高二丈许，树碑柱其上，并不安根，怪而问之，曰：风力猛者每见方一尺约重二十五磅。计碑柱之力，每见方一尺足抵九十磅，所受风力尚不逮三分之一，平立无嫌也。始知法国桑山里塞所树之挨及碑，亦属平立不安根。事事以数准之，无苟施造者，所以能坚固持久。工艺无大小皆得之学问之益，是岂中国所能几哉？马克里陪同医士威烈莫格尔来视，用听法审其心、肝、肺、呼吸转运之声，以为内脏无受伤者，病在气逆壅积，脾阳为之不舒，是以饮食不能消化。凡心冲气忤等症，皆积气为之也。其痰只在喉膈间，未入包络。左臂酸痛皆外症，非由内发，无忧瘫痪。其言亦近理。格尔年六十二，其面貌仅如三十许人，步履便捷，精力沛然有馀，吾视之颇自愧也。

十七日。得黎莼斋信，以闻广东生前赴巴黎，先游丰丹布罗以避之。此举差强人意。李丹崖于此专遣陈敬如陪同赴巴黎，其专意周旋，又出此次莼斋下也。因为致李丹崖一书以诘之。广东生一意以訾毁西洋为迎合总署之计，而又百出其奇以要结诱怵洋人，亦喜言游历，览观其制造，将以夸示流俗，高谈阔论，多见广识，兼收二者之名，亦可谓穷极变态者矣。张听帆开示上海出售西洋水龙：一曰大马路下去福利洋行；一曰宝善街下去隆茂洋行。出售东洋水龙，曰大马路抛球场全亨广货店，其他广货店亦皆有之。法国有马尾缎、漆布两事可购。

十八日。载生洋行司事布迈斯岱偕德人拿赫德来见。拿赫德住德国斛伯尔克地方，亦濒海一巨镇也。夏弗斯百里论俄人残虐土民：不意二千年又见阿谛拿、阿拿立克之凶暴。阿谛拿、阿拿立克并匈奴国主名，盖匈奴残害罗马时事也。西洋用兵非临敌不得诛杀，又凡各国士民皆得与议其得失，此风最为可尚。英人用兵阿富汗，由印度西行凡有二口。其一曰波兰，界阿富汗、俾路芝两国之间。其克拿得王已允英人在魁达地方建造炮台。魁达，印度出波兰口要害也，英人已屯兵于此。其一稍东北曰基伯尔，并连大山为界。基伯尔口之东曰觉莫鲁得，相距三十里曰阿里莫斯究得。英人现驻军觉莫鲁得；阿富汗亦驻军阿里莫斯究得，与之相（距）〔拒〕。其西曰遮拿尔班得，则已逾越山路矣，东北距阿富汗都城曰喀布尔甚近，英人意在兼取阿里莫斯究得、遮拿尔班得二城，以逼临喀布尔。印度西北巨镇曰伯夏湾，近距觉莫鲁斯，是以兵出即临其地。阿富汗之构衅英人，亦可谓失计矣。接赉斯布立芝及喀尔得二信，并属马格里代复。赉斯布立芝，即浩尔斯之甥也。

十九日。接李丹崖、马眉叔二信，知广东生已由巴黎赴马赛。

前在阿萨尔公处，其管理林木人马嘎立克交到书二本，一曰《挂得里占尔拉尔阿甫阿克里克尔丢尔》① 译言三个月新报所载耕植法也；一曰《阿尔波里登爱特茀脱布希登布利丹里铿》②，译言英国树种也，为英人娄登所著。屡催问马格里，辄复延宕。顷始译得《耕植新报》，大旨云：此种松名拉叱，秋冬落叶，至春三月乃发生，与他松异。而其坚结胜于他松两倍，经久不腐蚀，着铁钉其上亦不生锈。又其质坚，着火不易燃烧，而生长较他松为速，亦不碍瘠土，而性耐寒。候至新树落叶时新树落叶较老树为迟，大率西历十一月十五至正月初七日，此两月内皆可栽种，不拘定一时栽种。其栽种用铫长十寸，宽五寸，每相距五尺三寸，用铫直插入土中，又横插入掀起之，则土分拆为三，即纳秧其中，比合而按纳之。每日一工可种八百或一千根，每一英亩可种二千根。其地宜朝北，宜斜坡，宜外湿内干之土，宜买嘎斯立得石。买嘎斯立得石可析分为片，英人用以覆屋代瓦。其秧种至一年二年乃可栽种。其栽种拉叱子。须用熟土，然不宜新粪。先种萝葡一年，用栽松秧最良。其树不知其原始，一千六百二十九年有巴尔根者著书言拉叱树，始知其名。传为立吉门公种之顾都恶得。一千七百七十年教士赫尔得著书，言立吉门公种此树四十年，足知伦敦此树之原始也。一千八百二十八年，有敏齐斯者，从伦敦带至苏格兰，过阿萨尔公屯喀尔得山庄，贻拉叱树十六本。阿萨尔公分种屯喀尔得五株、布来雅阿萨尔宅十一株其屯喀尔得山庄五株，其一为园丁砍伐。至一千八百零九年阿萨尔公砍去二株，一送五里治试供造船之用，得一百四十七立方尺；其一送爱登白里之立斯海口造船厂，得一百六十八立方尺。每尺值三施令，合价二十五磅四施令。其馀二

---

①挂得里占尔拉尔阿甫阿克里克尔丢尔，Quarterly Journal of Agriculture 的音译。

②阿尔波里登爱特茀脱布希登布利丹里铿，Arboreal and Fetterbush Seed in Britannia 的音译。

株，至一千八百卅二年，离土四尺得一丈一二尺围，盖尚不及百年也，有木工估云，当得三百五十立方尺。距今又四十六年矣。一千七百五十年又在屯喀尔得种三百五十株。一千七百五十九年加种一千五百七十五株其所种三百五十株，至一千八百十六年砍伐之，每株约得七十四（立）〔尺〕见方，每尺值二施令六佩宜，合计之每株得九磅五施令，约计七十年之久也。是为阿萨尔公第一世种树之始。一千七百六十四年，其子嗣为阿萨尔公，始于荒山瘠土中种一万一千四百株，凡得三英亩之地。至一千七百七十四年，种至四百零十英亩，其子种远至澳大利、瑞士求之。凡十年而卒，是为第二世。其孙缠嗣立为阿萨尔公，即今阿萨尔公之祖也。一千七百八十三年加种廿七万九千株，一千七百八十六年加种四万三千五百株。得廿九英亩专种拉叱树。一千七百九十一年又加种二万株，又于荒山瘠地种四十八万株，得四百五十英亩。至一千七百九十九年散种山林杂树中五十六万株，专种荒山地二十四万株，共得六百英亩。一千八百十五年散种山林杂树中廿五万株，专种荒山地二百二十五万株，又展至一千八百英亩。至一千八百十八年专种五百九十二万三千株，得二千九百六十一英亩。至一千八百二十六年，陆续专种四百零三万八千八百株，得二千二百三十一英亩。当缠公之世，凡种植六千五百英亩，每亩种二千株，渐长渐密。数年一加砍伐，使之疏通。其蓄成大树者，每亩以四百株为率，每株从少计之以五十立方尺为率，其价亦从少计之，每一立方尺以一施令为率，是一亩之地，当得木值一千磅，合计六百五十万磅。积年砍伐小树，除去子种、人工及砍小树之费，每亩尚可赢七磅之数。其地皆荒山，寻常价值每亩值九佩宜或一施令，栽松日益繁密，则土性渐坚，不为雨水洗刷。每秋冬叶落，与土相化，草随以长，岁用以饲牛，每亩约得草价十施令。而购拉叱树秧，二施令六佩宜可买一千二百兜，其资本甚约而其获利甚丰。阿萨尔公二世种树之留贻，亦云厚矣。其《耕植新报》刻于一千八百三十二年，尚在缠公之世也。今又四十馀年，岁加栽种以为常。每年亦鬻去数十亩之地，得价常二三万磅。须三数年之久，掘去其根株，以次补种，竟成永业。然其山地未经垦种者尤多，其富厚亦有自来也。其娄登所述《英国树种》，专详种植之法，言冬间收子，当并其外壳收之言收外壳可以存放三四年之久，但收子，过六七月即（莓）〔霉〕坏，宜置之干燥地，不宜受潮湿。其种子以西历四月为度中国三月，先两礼拜可将壳隙之子取去，种时洒入熟土以粪肥土先种萝卜一年，然后因旧土种之，用辘轳转压使紧，再加松土其上，约厚三分许。俟其发苗抽条，约二年，仍开熟土成畦，依行种之。再二年，始移栽山坡，用锹纵横破土，每隔五尺种之。俟其成树出枝，约及六年，乃度其抽枝疏密，披（出）〔去〕其下二节横枝，约使其枝叶丛密处当树身三分之一。嗣后每一年披去其下一节横枝，每年所披略当所长之数；满二十年，其下三分之二皆无旁枝，则干直而树身之力全足，以后不复再披矣。其种树处宜外润而内燥。所以取斜坡，为山浸所流注而能不聚水也。朝北则风劲而土常干。其树质坚，亦能耐寒，瘠土种之亦能转瘠为肥也。上海医士马高安住（泓）〔虹〕口，种有大叶树，可以辟疟，其气香辣。俟过上海时往问。是日立达请茶会，遣德在初、姚彦嘉往代。

二十日。威妥玛过谈，自言明日动身赴马赛，约至印度住二十馀日，至上海候巴兰德同赴京。问以《烟台条约》究应如何归结，曰：是有两法。议定缴纳子口税地界，免洋货之厘，是一办法。中国若以为不能得好处，则所开四口及六处起货之地一概退还，按照旧约办理，一概免厘，亦是一办法。吾谓：此等均系（均）〔按〕照条约与总理衙门妥筹办理，无不可行者。惟有两事必应请通筹妥善之法：一、洋药厘捐必应照《烟台条约》办理，此英国专政，不宜有违反；一、缴纳子口税必应海关核收，不宜另定界限。如东南各省均经设立厘局，而验收子口税系之关道，其势非所宜，兼直隶、山东及牛庄一带并无厘局，道路均系四达，即令随处分设子口税局，其力已不能给，而一经出离关口，道路分歧，必使令归子口税局验收税则，亦徒滋稽查之烦而滋商人之累。故此二者必得从长计议。威妥玛仍据前说为辞，诟毁甚至，而于此二者利害却亦不甚辨驳，惟云此事办理尽易，所难者总理衙门一意枝梧，略无归宿处，实令人无从处办耳。其訾诮吴江相国，形容尽致，无如总理诸公之终无省悟何矣。接李丹崖信，惟代刘和伯支展。中国人心实亦无从窥测，为之浩叹而已。

廿一日。威妥玛赴马赛，遣德在初、李湘甫至车林壳罗斯送之。接黎莼斋、刘和伯二信。莼斋报二十日探知广东生已由巴黎赴马赛，因自丰丹布罗回，并缴还《汉书·地理志》。刘和伯则一意枝展，不欲开报广东生十款一疏而已，因具咨达之李丹崖，查其劣迹，当一缕具其前后事迹参处之。李丹崖于此亦一意推托。人情之变幻如此，此中国之所以为中国也欤？费柏尔请听音乐，遣德在初、凤夔九、张听帆往代。

廿二日。近英人陆吉尔寓书法人得拿尔得言：本质六十四品，化生万物，其说至今不可易矣。然细思（言）〔之〕，此六十四品之本质，不知从何化生？今所知者，皆其已成之质，分合而生万物者也。窃以为万物之原皆出一气，而轻气又为气之本，则是天地生物之原，一轻气而已矣。六十四品之质，其原一出于轻气。马格里言：少学时从客来戈里考求化学，已有是言。如云气中爱约林[①]、弗陆尔林[②]、布罗明[③]、克罗林[④]即绿气四者之质略同；马克尼希恩[⑤]、巴立恩[⑥]、喀尔希恩[⑦]、阿鲁米恩[⑧]皆金属，合养气生锈皆成白粉，其质亦略同。于此析分为六十四品，恐徒知其分之委，而不知其合之源。阿鲁米恩，凡膏土中皆有此质，炼之可为金，而金之轻重，取准于水。如金重视水十九倍，银视水十三倍，铅十一倍，铁视水八倍，惟玻璃质轻，视水二倍半而已。阿鲁米恩之轻视玻璃而坚视铁，而不与金银同品。金银无有消减而阿鲁米恩有销减。以是不宝贵之。见英国具报一千八百七十七年矿产总数：金一百四十三两，值六百五十六磅。银得之铅矿者四十九万七千三百七十五两，值十一万三千六百五十磅，得之银矿者四千零六十两，值九百二十七磅。铜四千四百七十吨，值三十四万零零六十七磅。锡六千五百吨，值六十九万五千一百六十二磅。黑铅六万一千吨，值一百廿六万二千六百磅。白铅六千二百十一吨，值十三万六千六百十二磅。铁六百六十万八千六百六十四吨，值一千六百十九万一千二百三十六磅。各种金值一千七百五十磅。煤值四千七百一十一万三千七百六十七磅。盐及各种黑白泥值二百四十二万四千六百七十九磅。共计矿产所出值六千八百二十八万一千四百零六磅，较之上年所入六千八百二十二万六千八百五十三磅，实多五万四千五百五十三磅。

---

①爱约林，iodine（碘）的音译。
②弗陆尔林，fluorine（氟）的音译。
③布罗明，bromine（溴）的音译。
④克罗林，chlorine（氯）的音译。
⑤马克尼希恩，magnesium（镁）的音译。
⑥巴立恩，barium（钡）的音译。
⑦喀尔希恩，calcium（钙）的音译。
⑧阿鲁米恩，aluminium（铝）的音译。

廿三日。礼拜。马格里言六十四种本质，其总目三。曰气：轻气曰海得洛真；养气曰阿克细真；淡气曰乃得洛（气）〔真〕；绿气，曰克罗林；其炭气，则炭与养气合成，非本质也。炭一分、养气二分为炭气，名曰喀尔般尼克阿希得①。喀尔本者，炭名也。轻气、养气合而成水养气重于轻气八倍，轻气、养气兼炭成木。木中亦有碱，故木灰可以炼碱；碱者博达西恩②合养气而成也。糖、酒皆养气、轻气合炭而成。炭一分，轻气、养气各十四分成糖，亦成倭克萨里克阿希得③，有大毒。养气、轻气，凡物皆不能离者也。曰金：五金之属，品类繁多。最贵者白金曰贝拉丁恩。凡金比水重十九倍，白金则重二十一倍。银之属曰罗立恩④，曰帖丹尼恩⑤，其质皆重于银而不常有。西洋制银器，多用尼克尔⑥代之。尼克尔与紫铜合则为白铜，则质次于银而重于铜，如阿鲁米恩、博达西恩之属。金类至繁。曰土：如巴立恩、博达西恩、马克尼西恩，并兼金、土二质。波仑⑦、色立铿⑧则土属也色立铿合养气成火石，名曰色立喀⑨。喀尔本亦本质之一，金钢钻所由成也，其质为天生炭。凡若此者统谓之非金类。以六十四品之质，金类为多，百物皆化，惟金不化，故曰本质。其他异质不化者曰气，曰非金类。英属北美利加之地曰刊拉达统部曰齐多名英，有纽浮恩得兰得所属海口，曰佛尔球安，出鱼甚盛。美人亦

---

①喀尔般尼克阿希得，carbonic acid（炭酸气）的音译。
②博达西恩，potassium（钾）的音译。
③倭克萨里克阿希得，oxalic acid（草酸）的音译。
④罗立恩，rhodium（铑）的音译。
⑤帖丹尼恩，titanium（钛）的音译。
⑥尼克尔，nickel（镍）的音译。
⑦波仑，boron（硼）的音译。
⑧色立铿，silicon（硅）的音译。
⑨色立喀，silica（硅土）的音译。

于此捕鱼。相争有年。嗣经两国凭人处断，实英国海汊也，于是断令美国国家赔偿英洋五百万元，以后准听美人捕鱼不禁。美人不愿也。《代模斯》新报因著论斥美人之无理，至是美国始允偿银如数。从前南北美利坚交战，英国之栗温浦为南美利加造一船曰阿勒巴麻，用以掳劫美船之出海者；美人围捕之不能得。逮兵罢，美人开具所掳劫船货总数，值五百万磅，索偿于英。勒色时为英相，不允，相持数年。至格兰斯敦当国，如数偿之，而实赢馀银二百万磅，英人亦不过问也。故于《代模斯》新报，美人不能不为之折服云。金（波）〔斯〕科理治治鱼学者白克兰得与洼勒波尔考求各处鱼产盛衰之由，议禁止捕取小鱼。泰西宴会最重鱼，常陈列至四五品，最小者名夹子，自是夹子一品，不复登席矣。

廿四日。传古得曼考求五月廿三日倭佛尔兰得弥耳新报一案。旋偕马格理、德在初赴定得尔敦织毯局。接上海文报局九月初八日由英公司船递到九十六号包封，内李伯相一咨转咨八月二十三日总署奏崇地山充头等公使、曾劼刚充二等公使，闽督何一咨咨八月初八日具奏乌石山焚毁教堂一案，及刘芝田、刘开生、孙功符、君诒、朱枫桥、黄泳清各信，及家信第十二号八月廿四发，及健甫侄自京师发来一信。

廿五日。送闽咨乌石山案外部照会，就便诣旁斯茀得及意大里公使美那布里亚，以闻意大里国主又有（避）〔被〕行刺者刃伤之案，一往慰问。自今年以来，德国主两被行刺，日思巴尼亚主，又今意大利主，其一始婚而鳏，其一则新嗣位者也，皆无因而遭此难。而意大（利）〔主〕致被刃伤，其宰相凯鲁理受伤尤重。盖意主及其后及其子类布拉斯王及宰相凯鲁理同车至类布拉斯，有数人拦舆递书，内有一人手小红旗，下衔短刀，直向车内划伤意主左臂。凯鲁理立起格之，并手捉行刺者之发，因划伤凯鲁理左腿。执讯之，其人名吉瓯瓦尼巴萨兰底，故穷民也，为人司庖，无故解所着衣，易刀一柄，为贼伤其国主之计。秘鲁前任伯理玺天德及上议院巴尔兜，闻亦同时被刺。欧洲民气骄横无忌，亦一奇也。俄国亦（又）〔有〕屡次谋杀官吏之案。其立法既宽，君民上下之体亦相习为简易，其民亦遂敢于犯（下）〔上〕如此，足知治民之难也。教习瞽人会总办康贝请听音乐，多卜里请茶会，遣德在初、姚彦嘉往代。多卜里夫妇婚嫁，距今二十五年，相与（会茶）〔茶会〕为庆。凡夫妇相偕二十五年，亲友贺以银，曰银庆；至五十年，贺以金，曰金庆；至六十年，名曰金钢钻，其义取坚且贵，亦西洋土俗也。

廿六日。辉泰格尔历书，详及各国幅员、民数、职官，开具中国事实，枉就考证。言中国疆界十八省之地，广袤约二百万方里，南北长一千四百七十四里，东西广一千三百五十五里皆以洋里计之，每洋里合中国三里。极北北纬度四十五度二十分，极南北纬度十八度十分；极东经度一百二十五度五十分，极西经度八十四度四十分。合边地计之：北有蒙古，西有吐尔吉斯丹、青海、西藏，幅员约五百三十万方里，得全地球十分之一。所属地有大山四道，为天下数大河发源之地：黑龙江长二千六百五十里，布拉马铺得拉河长千馀里；黄河长二千八百馀里，浥注地界不下七十一万五千方里；扬子江长三千二百里，浥注地方九十五万方里。并以洋里计之。其民数自二万五千万至四万六千万，其说不一，向无确实记载。估计民数，江苏一省号称三千八百万，每一方里八百五十口。在西洋，比利时小国民数最繁，每一方里不过四百五十一口。一千八百七十六年，上海贺璧理通计中国人民不过二万五千万，所言略近。中国全军一百二十六万，需饷一千五百万磅，而实用兵数无多。水师轮船：上海、福建所造战炮船二十艘而已。进口货：棉、毛、五金之类及印度鸦片烟，共约二千一百万磅，而鸦片烟值八百万磅。出口货：茶一千五百万磅，细丝六百五十万磅，并他货共约二千二百万磅；英国销行一千五十万磅，英国属地印度等处销行七百万磅。诸所记录，皆出自参赞、领事官及诸游历者之呈报。中国历无此种岁报，无从查考其得失也。禁买黑奴科密的，递呈吉乐茀论驳古巴招工条款，逐条指斥，切中事理，请示期准其会众陈说。阅之惘然自失。中国士大夫可羞辱者多矣，而顽然不以为愧，侈口张目以相訾议，吾且奈之何哉！

廿七日。合滵伯相致香港药行洼得森安得高目博尼马格里云瓦得生克里甫一书，犹用天津道及关道等申详议禁鸦片烟原意：责令印度禁止贩运，中国乃能议禁。吾甚笑之，以为涂朗轩逐娼之故智也。朗轩有子宿娼，心憾之，自是莅官以逐娼为首政，犹不知其为累也。而自此书刊刻新报，英国外部乃以中国谋禁印度烟土而专行内地之烟，意在争利而已，持议乃益坚。久乃见贝伯尔游历川、滇日记，言：初至四川下府夔州、重庆一带曰下府，见遍地所种皆罂粟也。至成都，越秋乃行，而收成毕矣，所见吸食鸦片烟者益多。至贵州而吸食者愈众，大率一县数千户，每户必有一枪，一村数十户，亦每户必有一枪。至云南而吸食者愈众，屋大者数十房，小者数房，每房必有一枪。又有一种水鸭，栖宿田间，唼食罂粟花，日常醉倦，不能高飞，可引手捕之。此种水鸭，食之亦能使人成瘾。各处所产鸦片烟，几占农田之半，而皆无税。中国外示禁而听民种植，听民吸食，又一切全无税则，所以吸食日繁。始悟此等游记，早入外部心目中，得合滵伯国之言为证，乃直断以为争利。马克斯球尔得屡函为中国申辨，外部置不理也。此亦由外部讨论各国情形无微不至，凡派充各国参赞者皆有专司，或考察商情，或查访民情土俗、古迹及金石碑板之文；各口领事官亦皆有月报，见闻所及，必详录之，而教士及绅民之游历各国者，又各以所见闻著录成书。其国人设立地理会总司之，稍有关系，必以达之政府，而于其所纪录，通国男妇皆乐观之，以广异闻。是以中国山川道里、人情风俗无不周知。中国官吏，于所辖地情形有不能知者矣。贝伯尔所叙川、滇鸦片烟之盛，合淝固不知也。而吾区区所见，一贝伯尔游记而已，此外尚繁有之。西洋安得而不日盛，中国安得而不日蹙也欤！

廿八日。马克里来谈。本约陪同格尔，而格尔不至。接黎莼斋信，递示合淝伯相及薛叔耘二书，并述及叔耘实事求是，为有用之材，与伯相幕府吴挚甫汝纶皆可以办理洋务。印度电报：英军驻扎印度界，已于廿六日为西历十一月廿日，当礼拜三日分三处地方进兵，以函诘阿富汗应否接受使臣，阿富汗不报，因刻期进兵。北路古鲁目，中路基伯尔，南路波兰。古鲁目前临古罗门江。候至礼拜三日十二点钟，阿富汗信不至，夤夜进兵，渡古罗门江，遂攻克嘎巴底亚炮台。基伯尔山路甚狭，东口觉莫鲁得，英兵踞之，西口曰阿里莫斯颉得，阿富汗兵踞之。相距三十馀里。英人攻阿里莫斯颉得炮台，相持一日，阿富汗兵夜遁，英人遂踞有之。凡一日攻克三炮台。阿富汗无故自启衅端，所谓其愚不可及也。

廿九日。三多尔斯武学馆教习克布登斯噶尔，教练起筑炮台事宜，尤精试炮取准之法。自造机器数种：一、定准对针，随炮架左右高下，能用旋螺转使正中以取准；一、小千里镜，可测至二十五英里，前后有足，右旁有旋螺，左用铁纽钳之，随便安置炮旁，高下左右转侧自如。云英法各国皆用其法试炮。二点钟，禁买黑奴会参赞斯得尔治约枉至宣述议论。至者十九人：其会尚书格尔里与参赞斯得尔治、费得候斯，及克洛茀、倭尔森、恩得赫尔、马铿西、回勒、荓宜得、色尔嘉乐士温非尔得、多克得亨茀里三多尔斯、觉尔治斯得尔治、色尔珍得徐满、倭斯洼尔得徐满、斯达发尔得阿林、斠伯里、丹拿、彻逊、谛威斯。宣述议论者四人：斯得尔治、费得候斯、温非尔得、克洛茀。而克洛茀所言为详，以在古巴充当领事三十三年，熟悉其情形故也。温非尔得自言：十年前在议政院，已论及古巴招工宜设法禁止。近数年澳门幸已禁止招工出洋，此次又复开禁，是以来此陈论。吾谓：情形却微有不同。往年招工，掠买而已矣。此次却是明定招工章程。温非尔得言：既准招工，即不能防其掠买。吾谓：澳门为葡萄牙地，中国所不能稽查，此等仍须各国一体示禁。近数年停止招工，亦多赖各国禁止之力。温非尔得：中国何以不直截禁止？吾谓：中国生齿日繁，出洋谋生，国家亦不肯示禁。其实中国人承工以自食其力。古巴招工，借其力以制造居积，亦属两便之道，而日人必设诡计虐使而苛待之，以陷人于困厄危苦之中，则由其居心之不良也。吉洛茀言：斯得尔治所议十条办法，最是要紧。吾谓：初见吉洛茀议论，透澈之至，却愁章程已定，无可改变。及见斯得尔治十条，准此以立言，或冀补救一二分，皆出诸君之惠，中国实是不知此等情节。如所言古巴招工会章程，酷毒如此，中国竟不能知。吉洛茀：陈兰彬在古巴深知之。其记载甚详，字字皆系实情。因问：总领事报单言新起一会，是否即系招工会？抑别一会？吉洛茀言：招工会是一千八百七十年前禁买黑奴，日人因创为招工之议，设会经理，是为官局，而所用章程，仍然劫买黑奴之章程也。其会内副尚书意黑尔斯，其人极凶险，为恶多端，章程多出其手。此次设立之会又系各制造甘蔗厂立会经理，是为私会，而其根源实出一气。中国总须定立章程，不受日人笼络。闻钦差旦夕回国，务求主持此议施行。但有疑难，以一书径寄本会，凡可效劳之处，必为尽力。因为致谢而罢。是夕伯克兰德邀茶会，所识者万生园总办巴尔得类尔、卜来登鱼园总办马克尔密南。又有名马高里者，亦一新报馆也；有名沙克斯者，亦考求鱼学者也；有名洼尔博尔者，铿白里治学馆议绅也；又有名大摩生者，曾到中国；名巴麦尔者，居四川尤久。

十一月

十一月初一日丙午。礼拜，为西历十一月廿四日。刘和伯自柏灵来见，并带到李丹崖一信，因历数京师由吴子重托张翰卿荐刘云生处，始往见，即称：我自调人，郭某却自不愿。然亦不可不往一见，但道曾从我受业而已。指数其蓄意十馀事。第一险毒处：英国蓝书载威妥玛一信，叙赫德述我一段议论，马格里以告我，我即以语刘云生，乃急私托人购觅蓝书一部，藏之箧中。刘和伯亦称其可悸，盖据以为交通之实证也。险诈百出，而固莫测其倾陷之为何意。共奏参十款，指为十大罪。蓝书一款，专附之折后，并载明蓝书咨送总理衙门。直欲见诬以逆谋！刘和伯于所列款目，记忆参差，约略言之：第一款谓折奏列衔，副使上不加钦差字样，为蔑视谕旨，并摭指初至伦敦自请撤回副使一折，我曾为劝阻之，影射其语言，据以为藐玩朝廷。其馀诸款忘失其次第。其一甲敦炮台（批）〔披〕洋人衣。其一摘日记中议论黄旗一事，以为黄旗国制，擅议更张，并据日记中以备他日考定旗式之一助，谓不知所云他日者系属何日。真可谓深文周纳矣。其一汇举十馀事，据以为崇效洋人。所云效洋人张伞，则我并无伞；效洋人不用扇，则伦敦终岁重棉，何以扇为也？其一谓以中国况印度，日为洋人言之。奇哉！奇哉！不知其何以丧心病狂造为此言也。其一效洋人尚右，以为不遵国制。其一谓无故与威妥玛辨争，指为启衅。刘云生所据以相难者，专为阿附洋人，至是忽指出启衅一节，直欲张四面之网，施连环之枪，使之不得遁矣。其一违悖程朱。其一怨谤，立言尤为可恶，中云：以一运司而署巡抚，以一臬司而授侍郎，国家何负于郭某，而终日怨谤云云。闻之令人发指。第十款谓以妇女迎合洋人，令学洋语、听戏，指为坏乱风俗。其肆意诬蔑如此。尤奇者，姚彦嘉竭力营办一茶会，其中相识妇女，亦令侍人在楼后迎迓，伦敦新报言之；赫德夫人与金登干夫人邀看大会一次，（某）〔其〕日男妇游者数万人，皆以一点钟起，乃定九点钟往，十一点钟归，并预备小车周行一次，巴黎新报言之。刘云生并译其新报函达总署，而多造为诬蔑之词，谓到处酬应款曲，握手为礼。如刘云生者，亦可谓穷极天地之阴毒险贼矣。其夸张变幻，诈伪百端，则固不足论也。

初二日。接上海文报局九月十五日第九十七号包封，由法公司船递到，内直督二咨一咨总理衙门发给新嘉坡领事文凭，一咨崇地山、曾劼刚应发给盘费用款，并合淝伯国及黄泳清、赵少泉三信。赵少泉名绍华，任晃州通判，似系竹泉中丞之令子。晚邀刘和伯晚酌，兼马格里、德在初、凤夔九、李湘甫、姚彦嘉、张听帆、黄玉屏相聚一谈。马格里见贻印度阿富汗交战地图。印度西部白夏洼尔近距古鲁目。英兵由古鲁目、基伯尔两路进攻，绕越山路，两军会合，以取这阿拉巴尔城。阿富汗都城喀布尔与白夏洼尔相距，以这阿拉巴尔为适中。英人谋及冬寒进据这阿拉巴尔度岁。所在出示晓谕，以不干阿密尔自主之权，盖谓不利其土地、不夺其君号也。然喀布尔都城之西，西北路边界曰巴尔客者，英人必派兵驻扎，稽查阿富汗与俄罗斯交通。俄人亦有言：英国驻兵巴尔客，俄国亦必驻兵麦尔勿以应之。麦尔勿在基发南迻东，意图与英国相持。英国之驻兵俾路芝属地曰魁达者，当阿富汗之南，径西一城曰刊得哈尔，踞山势下临，阿富汗名城大都多在此，于地势尤为扼要，英人谋据之。

其西境边界曰赫尔拉得。英人围占各城，则阿富汗坐困其中，即听其立国，亦印度之续矣。

初三日。诣外部旁思弗得及客来噶里及金登干三处。客来噶里能辨石产，所藏石亦以万数计。有白玛瑙一具，长三四寸，宽寸许，厚不逾寸，中含水一掬，似其质甚薄者，云出之大石中。因相就购石数方。一曰拉布勒多挨得。拉多勒多尔为北冰海地名，出一种石，黑质而中含五色光。为购蓝翠光、金光及金红光及具五色光者数种。其一种满红光及含日光射目，云此至难得，不肯售也。一曰萨克逊尔阿格得。萨克逊尔为德国地名，阿格得盖(瑙玛)〔玛瑙〕之属也。状如寿山鸡血石。一曰马拉该得，云其绿质为铜合炭气而成。其一种石中含数质，其透光者曰挂尔治，水晶之属也；其坚者曰费勒斯巴尔，亦杂粗石其中。

初四日。刘和伯语及初见刘锡鸿，及今七月奉旨申饬之日，两年之间，蓄意媒孽构陷，无微不至，一经申饬而神气沮丧，不复言矣。其无赖如此。初所知者：沈相荐其乡友孙君，为何子峨充当领事。刘生闻，急诣沈相，以月致四十金延课其子，并许为捐通判分发。沈相欣然，令辞何子峨而就刘，而刘生遂据以为藏身之固、泰山之靠矣。其武弁二人，一贺姓，张翰卿所荐，江西武举赴会试者；一纪姓，张菊泉所荐，直隶平民也。并从总署求得之，而顾云：曾随营管理帐目。此二事已出人意表。至是问刘和伯：亦张翰卿所荐耶？曰：然。何以称老师？曰：刘所命耳。因述及始托吴子重荐随出洋，吴子重转托张翰卿，刘生欣然允之。往见，告曰：我为副使带人，郭某岂能参与。渠自不愿，我自带。我可以不问，汝亦可以不见。然同出洋，自须一见，但称曾从我受业而已。当时颇惊讶其言，而不能不以老师称之。闻此乃更奇。又述张玉堂，其妹婿也，久乃知其托名。盖其人在家小经纪，刘君家居，常蒙周济，又为营葬其父母，而亦诚实善营运。刘生出洋，视为营运贸易而已，招张玉堂为经理，又恶其为市井之交也，托为妹夫以自解。至柏林，自视贵极而骄，又肆意陵藉之。人皆为之不平，谓为妹婿，又营葬其父母，何自屈辱如此？张乃嗫嚅言：本非妹夫也，渠自托为此名耳。于是相与怂恿之，令相反报。张因与辨，数发其阴私，刘生乃大屈伏，自后竟不敢相陵。诚不意其穷奇至此！与一商人相比而称之以妹婿，是可欺也，孰不可欺？廉耻之遗，于是扫地尽矣！

初五日。日来各善会之求助及穷民告帮者纷至沓来。去岁上半年为盛。秋冬之间，清静无为。今迫冬寒，而所收帖乃日数起。刘和伯因言：刘锡鸿在柏林并开支息银一款，游历经费亦在其中，所馀皆敛取以行。居此两年，一切帮款皆自任之，而息银则由各员分摊支取。顷姚彦嘉言：此款应归并公款。彦嘉之意，与刘生所行亦有贤否径庭之分矣。

初六日。发总署公文二件一咨乌石山案照会，一咨喊哆利案照会；直督、江督咨三件增入驳德使刘咨辨开支经费一案；粤督、粤抚、驻美日秘公使、驻日本公使咨一件驳德使刘咨驳开支经费一案；并致总署及合淝伯相，沈幼丹、刘岘庄两制府，陈俪秋太常，刘芝田观察及黄咏清各信；并家信第二十八号。亦接上海文报局九月二十二日由英公司船递到九十八号包封，内总署及合淝伯相及薛叔耘、张立臣、朱宇恬、易叔辉及家信戊字十三号。张立臣并见寄七言长歌，援引泰西故事，如数家珍。是日并由马格里拨兑利如存款二数于上海。薛叔耘著有《通商条约类编》。劼刚随行六人：陈松生；曹镜初有侄充文案；馀四人曰曾念祖，知医；曰李炳琳，供事；曰联兴、左秉隆，并翻译。

初七日。柏特逊制造磨刀石贡之中国，拉安论各种制造推行之中国，均约枉见，属马格里与讨论其情事而推求其意旨。泰西各国创造新奇，互相仿效，以致富强，而言制造者亦于此居奇为利，亦其民俗然也。洛宾生、贺拉两女士在卫里色斯鲁目开会，散卖器物，助波尔穆尔安寓兵丁之费。亦捐扇四柄助之。英俗喜施济。男妇一念之善，随意所施，一倡而应者景从，所志无不遂者，亦其民俗然也。德在初递到李壬叔一信，告知谢隐庄之子名鹤鸣，字子和。京师习闻之，不能记也。

初八日。礼拜，为西历十二月初一日。早为刘和伯饯行，益知刘锡鸿隐情，专意（买）〔卖〕我以求富贵，非独其狂悖可恶，其昏顽尤不可耐。为沈经笙求得其所荐何子峨乡友孙君为西席，一切托其关说，至每次家信皆托转达沈经笙，是沈经笙亦为其所（买）〔卖〕也。濒行，闻合淝伯相有在梓竹林修造铁路之说，致总署书痛驳之，且谓在西洋久，深知铁路之无益。土国公使亦言土国之穷困误于铁路，自铁路行，百物俱至昂贵，是其确证。以此节关系重大，不能不一直言。竟欲以此倾及伯相，是伯相亦为所（买）〔卖〕也。吾因言土国公使与我谈论至多，谓此三十年一切皆用西洋法度，所以犹能与俄人交战，否则早拱手听命矣。不如刘云生所云也。刘和伯因言，刘生编造此等言论至多。土国公使实无此说。其蓄意在迎合总署，知其惮于兴造铁路也，故力为此说，先意承志，以幸其相倚信，而又可以倾及区区，故编造土国公使之言以为信据。其敢于倾及合淝伯相，亦有所恃以无恐也。其日记直谓美国亦一等公使。刘和伯力争之，不肯改。和伯因谓：美国民主，所派公使皆系二等，以示不与人争胜，若径以为头等，恐总署以为此等明白显著尚失于考求，恐无以自立。乃惧而改之。其昏狂如此，可憾亦可笑也。和伯亦言：刘锡鸿亦甚有心计。揣度李丹崖将至伯灵，忽请见其外部，问以换约事，盖欲得其一语，为回京应付总理衙门之地。在公馆编造许多语言，令翻译庆常肄习之。至则初叙天主教在中国多生事端为之引，外部毕鲁厉声拒之云：一切吾不与闻。我国家已交代使臣巴兰德，回中国办理，此间无庸提及。各国外部与公使谈论，亦从无如此之峻拒者。李德来谈，见贻矿石十馀品。随过摩里处，观所得挨及古磁及瓦器，大小数百事。亦见贻小黑玉圆如栗，面刻为人形，背为蝉，与中国圆印相似。其家置小盒一具：一人为（蝇）〔绳〕伎，五人旁立奏乐，开其机则满盒皆动。与白客兰德家所见奏乐一人尤新奇，皆法人贺丹所手制也。晚为姚彦嘉、张听帆邀陪刘和伯小酌。酒罢，和伯即回柏灵。顺致李丹崖、傅兰雅二信。

初九日。接严又陵信，译示蒲日耳大约即贝伯尔游历日记，载喀什噶尔俄古柏事首尾，因论中国能日图治强，则亚细亚一洲，中国与英、俄当成鼎足之势。以大势论之，英、俄皆胜取荒残之地，而中国奄有亚细亚之半，地广且腴，其民人众强，要为亚细亚全洲之主。统计三国大势，两倚则一孤。此次伊犁争端，倘令俄国慨然持还中国，则二国邦交固而印度孤矣。但俄国此时必不能行，是何故也？一是俄国前后占据中亚细亚，地皆荒卤，得不偿失，惟伊犁最为饶足，难免万分靳惜。二是以兵家形势而言，伊犁最为要隘。三是俄京新报近说：伊犁决不可还，盖中国与欧洲诸国交接数十年，从未受过此等体面，今一如此，后与办事必难为继，现时只有推诿，中国原来不甚爱惜土地，迟久当忘之矣。俄人心计如此，中国主意又以为得喀什噶尔、不收还伊犁，于成功有缺，似又不肯放松。即俄人强据伊犁，中国以重师镇驻，伊犁亦常有摇动之势。此事日久日坏，两国之隙日深，而印度与中国且为唇齿相依，犄角之势又成。宜未雨绸缪，趁中国未甚强之时，及时结好于中国也。又译示《代模斯》新报载：中国初次遣派驻英钦差大臣将起程离英，于中英交际史册之中为第一紧要关键，愿不能不一详论之。从前中国尽有遣使致命之典，然至特简使臣驻节他国，中国历来俯视一切，无不视为可惊可笑之一事。未经天津交兵以前，中国待西洋各国尚不足侪缅甸、安、暹之列。西商到华者，经中国皇帝哀悯远人，听从沿海觅食，其战舰则视同盗船，来不知何由，去不知何往，驿骚海疆，强索国帑而已。世爵高福、佩带宝星葛兰德用兵时，中国但言驱逐外夷。所颁上谕，何堪偻指？后来各国之兵，直抵京城，占据安定门大街，世爵额尔金指定和约，大减中国自欺之见。然而其自大之心，终不能改。至今与中国人论彼时入京，是京里人开城给我们进去，则十人中难得一人不斥为妄谬。其识事者则由此而知西洋利害，不可以他蛮夷视之，倘不谋所以善处之法，终非稳局。又经许多翻难避就，始允不照上邦允许下邦之式，而相视为与国。各国遣使驻扎北京，勉强多时，方如所请。其时中国遣使各国，尚未及持此议论；即持此议，中国亦决不能安然允从。此等事。中国视为最失国体之一端。故中国不特无人允行，并无人敢议及，一议及而以为辱国矣。逮后西洋船至中国日多，商务日盛，交涉之事亦日繁，于是中国亦有数大臣渐知时事新局。同治皇帝亲政时，各国钦差合请朝见，免其跪拜叩头，与各国朝廷等。此事为中国绝大创局，然亦以见中国之知西洋情事日深。此后中国遣蒲恩林踩勘各国，亦无甚关紧要。又后崇钦差赴法兰西谢天津教堂一案，而此次郭钦差因云南马加理案向君主致谢中国皇帝悼惜此案之心。郭钦差官阶甚高，晓畅欧洲事体，故中国朝廷遣副此奇创之委任。现闻离英在即，特为议论中英两国往来遣使之谊。郭初来时，有中官刘姓者副之，此人后往柏灵驻扎。所可怪者，中国朝廷同时将此两人召回，其中自是大有因委。初时想系中国必欲派一与西洋作对者驻英，如撤毁吴淞铁路，阻止中国进益一党人复有作为。但其改派驻英之人现已就道，看来中国尚无此等意见。因是揣度二人同召回去，必是起于不睦交参；当刘在伦敦时，本报已数次说过，盖至今尚未息也。若使此情果实，中国必谓两使不和，恐伤中国体面，故两两撤回。西洋之人则以为中国不查究此事谁是谁非，但守中国一例议处之老办法，为可怪异。其意不过欲平两党争竞忮忌之心，实非定结此事之道。惟望执政大臣不能定夺、不肯定夺之事，以新任大臣之所阅历定结之。郭钦差此行，凡在英法两京见过者均为惋惜。然或渠任已满，自请回国，亦未可知。渠是第一个中国驻英之钦差，论事如其所见，所详报者皆所得于西洋而有益于中国之事。其尤可称赞，令人思其为国之苦心，在将外国实事好处切实说尽，以求入于偏疑猜嫌中国人之耳。此辈真是误叫做读书人，徒知餍中国古昔之糟糠，而弃欧罗巴第十九百年之（梁）〔粱〕肉也。再渠此行在联络两国交谊，而于此为能不辱命。即中国人刻下不知此意，日后当自知之。渠为人和平诚实，鉴别事理之当，足壮外国人心志，使之看视中国异于昔日。似此看来，此后英国于中国交好，当日以永固无疑，然皆郭之功也。但渠职称矣，而渠之瓜期亦已届。或中国为欲别派一人亦来一观起见，才能学问不必论，年岁已视郭为盛，待用之日正长，其有益后来更远大，然此人须谢郭为渠开一好路也。其处置吴淞铁路一事，人皆知之。中国阻止进益之党不作他事，止以禁止改变为务。毁弃铁路主议何人，不可得知，闻共有七人。史册内载历来开创有七个圣人，似此可编列七愚姓名，传之后世。年来论及吴淞铁路，嬉笑怒骂兼而有之，想此亦必伤郭之心，一则为其国人之愚，一则为国之使而视其国之为人笑骂也。郭有一语最中我等心坎，言：中国大而未通。不料与郭同来之柏灵公使，同观同想而不同心，谓电报铁路虽于不慊于心之夷鬼有用，于汉人全不相宜。中国最念禹治水。夫禹治水，直将遍地漫漫之水清出几条线，使江河各归各路行走，然后得有许多田地来种五谷，一心只要奠安百姓，何曾是守成法？大禹有知，定必驳斥此辈之谬。从前中国有个皇帝，恐民智之日滋，因而焚书坑儒，至今传以为笑。阻止铁路之人，亦必贻笑后代无疑也。如郭之为人，中国用之，其益不浅，我等亦更欢喜。接任之人为所荐代，必能举行所应行之事。此次回国，并得将渠所见真实，宣解与中国人听。素闻曾侯晓畅洋务，即其地位，与出使亦复相称。渠系中国故侯曾中堂长子。曾中堂才能人所共知，虽云袭其父之侯爵不必袭其父之才能，然民知日新，则或较胜其父，未可知也。渠从未受官，惟于其父总督两江任内帮理庶务，后丁忧三年，今始起复。既未出仕，可无官场气习前来英国也。李钦差以署使前往德国，想不过暂时署理而已。盖中国此时当知星使须选有资望而与在朝诸大位声气贯通者，方能照事平论，不虑排忤。李署使不能归入其列，以其谱系仕宦言之，向来资望皆浅。前任刘钦差亦缺此两层。既然如此，则虽有见到处，亦未必能有胆量发摅所知，真实语言，亦知所谓真实者不合朝廷执政大臣之心，则得失计较之私，不能不俯就时论，以违背事理之真。更有一事须说者，英、俄、法三国既派有名望使臣，则德国一席似亦不宜轻视，盖相形见绌，即德国亦不能不存是心。此次遣使俄国之崇公，其地位极崇，又复抪拊天亲，其遣派出洋，中国亦大有郑重崇奖之意。我等极欲推求中国遣派此种优使，或是为俄强大，抑或别有他故。英、法与中国交涉事务十居其九，然止以一使兼之，则此番举动，在俄必有极大事故矣。常念中国如渴睡初醒人，遇事惝恍，不甚分明。或是认识俄国为强邻压境，又因伊犁尚在俄国，如物在典当中，特派优使以餍渥俄人之心，而谋速取还此地。然中国须晓得这边亦是一样要紧也。中国以为收回质于俄国之地，事之成否全在所派钦差之事权轻重，吾意尚思劝令中国人知悉：实在办事之才能亦所急需，而中国时苦缺少实在办事之才能也。德在初所译大致皆同，而语特烦琐，惟其中云：甚盼郭钦差回国于执政大臣中得一要位，参与机秘等语，两人所译亦同，而予实耻登之简牍也。

初十日。斯得尔治与丹拿来见，递所编次谈论招工利病情形，以便刊发。要须总署准如所议办理，乃可刊行。晚次，旁斯茀得、金登干次第来见。姚彦嘉、李湘甫强令作书竟日。旁斯茀得语及福建乌石山教案，言据照会事理极明显，当经行知教会核办；本国驻京公使及福建领事及水师提督并有申报文件，现在通核各文办理情形，从缓照复。问水师提督行文何为，曰：当时骤据领事报称，恐有交涉人命，水师预备救护，不能不一申报。问：所报情形当有异同？曰：然。本国一切准照律文办理，断不循庇教士。予曰：彼此持平办理，自然心安理得。旁斯茀得言：细阅各文，须是令教士迁移。既云乌石山关系省城风水，自不得再行争占。已将各文叙呈沙丞相矣。予曰：如此乃属正办。昨据闽浙总督奏报，亦叙及正在查办，并估计工程，帮赔修理之费。旁斯茀得言：如此极是感荷。因复及湖北教案早经完结，而仍争执未能相下，亦由负气致然。我所以自信回经武昌，必能为了之。旁斯茀得言：此案据驻京公使陈报，尚无完结文件。如能一为了妥，实所感谢。

十一日。马格理为觅矿务书四种：一、伯尔恩、斯颁二人合编《各种机器图说》；一、安得里《开矿机器图说》；一、安得里《论煤矿》；一、法国矿学院教师喀仑《论矿学兼矿务机器图说》，英国茀斯得译刊英文。而安得里《论煤矿》及喀仑矿学书皆不完，惟留机器图说二种。本日见新报载韩博理致《代模斯》新报馆一书，备论《烟台条约》，英国至今无议准之文，甚非公平之道。郭钦差忠心为国，中国国家不能取信，正坐此故。此于事理未能合也，而其倾心相助之雅，直责其国家有失公平，此意良可感也。马格里言：韩博理去岁诣拉斯噶、满吉斯得、布来茀尔得三处，就商商会总办，劝令催定《烟台条约》。拉斯噶、满吉斯得皆为致书外部，请照定条约。惟布来茀尔得不允，以为所争厘税，洋药加厘，一置不问。韩博理今秋再往布来茀尔得与商。其用心之专如此。

十二日。新报载香港总督博伯亨尔希宴曾劼刚，劼刚颂其优待华民，因言中国愿与英交好，英国所交亲，中国亦以与国视之，英国所抵牾，中国亦以仇国视之。博伯亨尔希即日发电报达知此语，新报亦译载之。此其结好之道得矣，然其言私。英方与俄为仇，德、俄又相就也，故西洋七大国中，英与法为党，俄与德为党，美国一置不问，奥、意两国互相亲而不肯有偏倚。劼刚兼使英、法，两国闻此必喜，而俄与德固不乐。又承广东生颠越之后，李丹崖接充德使，但以署理为名，不递国书，德人已心嗛之。劼刚之言，结好一国而增怨两国，非使臣应尽之职也。是夕，马格里回苏格兰省视其母。是日伦敦开会堂，议阿富汗新饷事，实惟西历十二月初五日。

十三日。简多玛、鄂尔朴来见，询知鄂为议政院绅，以开会堂来城者，闻予将回中国，相就通殷勤，其言多可感者。俄使书瓦洛茀及绅士雷茀类枉过。古得曼函示《喀尔立斯拉扎尔那拉》新报五月十七日实载有讽刺写相一段议论。（马格尔）〔马格里〕甫回苏格兰，古得曼即以见示，不独证其行踪之诡异，马格里于此相与朋比隐秘，亦可想见其大概。喀尔立斯拉似即古得曼之弟，在此充司事者，其情尤不可恕也。

十四日。回拜书瓦洛茀、鄂尔朴、里茀类。德在初译作雷茀赖，比相见，始知为巴得禄奇斯之亲戚也，曾同宿阿摩斯登宅。晚过金登干，并交递寄赫德信。此行横被口语，穷极人事之变幻。尤奇者，威妥玛一信、古得曼一段议论，绝不知所从来，乃使广东生得据之以生波澜。蹇运所值，若有鬼神司之，然亦酷矣。连日《代模斯》新报讥刺中国，深中（凑）〔腠〕理，直谓相沿制度及各衙门所办事件及官人德行，相习为欺诈已数百年，所以招商局半官半商，无所主名，未见其利，先受其累，终无能求有益处也。阅之叹息而已。

十五日。为西历十二月初八日，礼拜。舍非尔、马克端拿、旁思茀（复）〔得〕次第来见。马克端拿曾任香港总督，谈论极畅。法国《德巴》新报载：泰（国）〔西〕各国船数以英为最，美国次之，法国又次之，德、意、瑞典又次。英国风帆船载货五百六十九万六千零十八吨，轮船载货三百四十六万五千一百八十七吨；美国风帆船二百七万五千八百三十二吨，轮船六十万九千一百十吨；法国风帆船五十九万五千九百三十三吨，轮船三十三万五千二百十九吨；德国风帆船八十一万四千六百七十四吨，轮船二十五万三千六百七十六吨。此其大略次第也。接上海九月廿九日由法公司递到九十九号包封，内崇地山调德在初赴俄差委一咨，并崇地山、刘芝田禀送西洋日报、黄泳清及子瀞侄信。地山奏调随员十人：邵又村友濂，头等参赞；蒋斯彤，三等参赞蒋为河南候补县；庆禧、纯锡、俞奎文、陈允颐四人，随员庆、纯，主事；俞，主簿；陈，内阁中书；桂荣、塔克什纳，翻译桂，郎中；塔，员外郎；赓善、福连，学习翻译。外供事二人，武弁四人。

十六日。金登干、马克里次第过谈。金登干所用帮办义思德尔布鲁克七月内曾控揭金登干，顷复函托转请金登干。金登干因以询之律师赫贞斯，据称：回信稍有出入，是资之口实也，置之不理，又虑登之新报，恣为怨谤之言，当答以来件交之律师议答。盖金登干方当事任，虑其造言讪诋也。因亦如其意复之。又函致《喀尔立斯拉扎尔那拉》新报馆，考问其办理伦敦探报事宜系何名姓，缘《喀尔立斯新报》在伦敦北境，古得曼此段议论亦因其办理探报者所传送也。其谋亦出之金登干。诸翻译但云《喀尔立斯新报》馆不知所在而已。

十七日。英国西印度商会总办鄂拉逊函称：古巴华工为其地招工会所困。意欲令华工改赴西印度充工，其地三部，并需工开垦：一曰扎米喀，一曰嗒立米达，一曰英吉牙那。由古巴迁移至英吉牙那，地近而迁徙亦易。欲请一见商之。因属在初拟复。在初即以己意复之。此行得一横逆广东生，遂觉戾气充塞，到处荆榛。马格里习见途次广东生任意恣睢，反颜相向，惟其心之所欲为，久而与之化，往往自行其意，不甚相关白也。自是诸同人亦多效则之。并非有所自恣也，相习为之而已。是以广东生之罪，足以败乱人心风俗而使之失其本性，岂止贻误国家，为一时之荣辱哉！中国人心日退，而洋人日进。去岁闻谛拿娄言近得新法，镜中取影能具五色，然未见也。顷姚彦嘉、张听帆见摩里照相馆已用其法，于镜面映取各种颜色；然但能映之镜面，而不能摄其色以映之纸面。更莅一二年，必又有法摄取之。又言电报局近有新法，能传各种文英人贝克歪斯所创造之法，即华文亦可传递数万里外。其法尤奇妙，尚当一诣视之。

十八日。往拜沙乃斯伯里、书瓦洛弗、马克端拿及赴浩尔斯茶会。沙乃斯言：闻钦差将回中国，心殊歉然。但愿接印者亦如钦差为人，使两国和好日增深固。答言：曾侯通达有才干，且能谙习语言文字，实远出鄙人之上。在此两年，国人相待至优厚，办理交涉公事亦有条理。所苦多病，不能求益。（孤）〔辜〕负所见多少好处。沙乃斯言：钦差此次回国，幸为贵国国家言：英国实愿与中国交好，无他意也。答言：屡次函报，正同此意。窃度今时大势，中国必应与英国交好，以取连衡之势。沙乃斯言：实系如此。因问新嘉坡领事文凭，是否即由藩部径递新嘉坡，抑当由公使发递？沙乃斯言：此事竟未经手办过，尚须一考问。钦差之意，是要经手发递耶，抑由英国国家发递耶？答言：中国向未设立领事。所以问者，正欲考求各国通行章程办法。沙乃斯言：如此，请候查明回报。复问：福州乌石山焚毁教堂一案，昨经两次具文，想已览悉。沙乃斯言：均已转行各处。驻京公使及领事亦均有呈报，然尚只说得一半截。两次均有照复文件，应候汇齐核办。始终看不出以前情节究属如何，及乌石山地是否在约单之内？答言：实属约单之外。沙乃斯言：无论在约单内、在约单外，百姓遽行拆毁，实是不合西洋办法。答言：百姓见小，易于一逞。福州督抚亦自奏请查办。即昨回复督抚函信，亦如此切属照例惩办。沙乃斯言：闻钦差此段议论，甚是感激。然教务中情节，实是不易分明。百姓滋哄，亦事所常有。窃观中国国家之意，于教务实多屈抑，未经查照条约保护。答言：如何保护说不得，如何屈抑更说不得。自天主教开禁之后，百姓习教与否，国家一切听之，本无相屈抑之意。惟自起初天主教开禁时，教士一意劝人入教，所收纳多属无赖，扰累实多，四川、贵州两省受害尤剧。是以百姓于此尤相疾怨。沙乃斯言：此等必所不免。要须中国国家申明条约，令不得干与公事，不应纵容百姓滋哄。答言：此等亦是稍失条理。其发端甚微，稍有参差，便生事端。近来湖北教案，我所以许允回中国一为了之。彼此情节须与清理。沙乃斯云：极是。因复申言：滋事约有两节：习教者既凭借（教师）〔士〕之力，滋扰百姓，教（师）〔士〕又凭借国家保护之力，遇事多所过为。如乌石山之侵占营建，亦其一端也。沙乃斯闻之怃然，遂不语，徐曰：苦尔加之事能就绪否？苦尔加者，西洋以为伊犁之名也。答曰：尚无端倪。此事恰不易办理。沙乃斯言：地入俄人之手，正恐不易索还。答言：伊犁地土饶沃，西域天山南北二路尤以此为重镇。沙乃斯言：如此，尤不易置议矣。闻左中堂近亦已物故。闻此甚惊，因问：此语从何来？却未闻有此信。沙乃斯言：见人信言及之，亦不记从何处见此。答言：此却关系重大。左中堂刚断而见事极明，于俄人亦颇相交好，虽日与争论而自能知其缓急轻重。他人处此，尤难措手。沙乃斯曰：良然。因言李中堂、左中堂两相为国家柱石，万不可少。沙乃斯曰：我意亦是如此。

十九日。大太子及太子妃公请往见。盖去冬陈递国书时，葡萄牙公使谓宜一见太子，马格里因为致书其管事，回书言：大太子甚喜一见，然须明春开会堂回伦敦后，乃能奉约。（殆）〔迨〕春间三次朝会，谓可无须私见矣。已而兼使法国，又决计销差，更不暇议此。今此之约，殆必欲一践前语也。至则握手叙寒暄，并云：闻将东归，实心歉然。幸又闻有复留之信。答言：须回本国，无复留之信。凡数语，即辞去。西印度会鄂尔森率诸部人十二据单开：会首曰希拉；承办伦敦船厂曰禅伯尔斯，得理纳达得人；曰博尔那尔达，扎美喀人；曰布拉倭歪阿那；议绅曰马克纳拉，并鄂尔森共六人。馀六人未列名来议招工事。因告以墨西哥、挨及、麻拉甲三处均有招工之议，而墨西哥章程尤完备。鄙意独谓古巴章程，防招工之弊而已，初无不准招工之文。中国国家原不禁人出洋，亦万无令农民出洋开垦之理。西印度自招工，准照古巴办法，国家决无词阻止之。必从新定议条约，是徒为累也。但令领事通知本地官员：招工若干，赴英国属地某处。官遣人查验，是否出自心愿及有诓骗情事，以制准驳之权，亦无须另立条约也。鄂尔森等俱各欣然而退。晚为满剌斯约赴信局看发信，其局总办墨里时陪同指点。医士斯谛得故与张听帆交好，亦陪行。尽三点钟之久。至八点钟，收发信俱完毕。凡日发信百馀万，用一千一百五十人，而条理完善精密，从无失误。大率城内各街皆有分局，递送本城各信，其远信汇送总局，截至五点钟止。六、七点钟，总局收之，按时加给信资，始收盖印。凡设四长案齐信，递送一处清检之，分东、西、南、北四所。在本国者各分地段汇辑；其递送各国别归一厂，并送发信处装入麻袋，亦分四所，用溜梯装入车箱，分送各路火车。其收外来之信，在本城者，亦按地段，由各分局递送，俱扣定时候，无稍停留，逾时者有罚。又分立二所：一曰病所，凡封面破烂，概予修整，破烂甚者为加封，若治病然；一曰死所，凡有臭恶者如鱼、兽、虫、鸟、有（防）〔妨〕害者如水、火药皆不收。或外加封不知为何物，而封破外露，即送入死所，另函传知递信处，使自取。又有二所尤奇：其一，信面有奇趣者或画为人物，奇形诡状；其一，文字不可辨认者，有数人巧思能辨认之。又有新报书籍内私藏函信，亦清出之。墨里时云：日收新报书籍凡数万，而稽查者十二人，势不能遍及。而每一礼拜约得罚款四五十金磅，盖一有私藏，即并所寄书籍皆准信件轻重罚金给资。凡诸百物不逾尺者皆可寄，另一处堆积之，极有意趣。而其条理之密，不误递一信，不差误一时，亦足见其人事之精善矣。

二十日。张听帆为购大千里镜一具，价值三百金，测天度及地势高下，用法各异，大小架二具。因询知千里镜之用在筒口双镜，其贵重亦在此，愈大则价愈昂。张听帆所购三寸径，此镜径四寸二分，而价已逾三倍矣。其镜用一老光一近光相衔，老光高中，名曰克娄恩克拿斯；近光凹中，名曰苇林特克拿斯。克拿斯，译言镜也；克娄恩、苐林特，并石名，所以炼玻璃者。是日遣德在初赴巴黎，以崇地山宫保十月十四日由沪出洋，计期四十日当抵马赛，令前赴马赛迎候。便复崇地山一信。金登干来谈，述及义思德尔布鲁克二次信，语言尤猖肆。赫贞斯为拟回信云：送律师议复。极为有见。凤夔九译语极不详明，又始终不一告知，为商定所以批答。以是尤叹此行但有龉龁，更无能相导引襄赞者也。

廿一日。接外部照复乌石山教案文书二件，回复两次照会。第二次递送香港寄到《殷巴什尔恩挂尔里》[①] 一书。殷巴什尔，译言公道也；恩挂尔里，译言查察也。上议院罗尔得威烈莫赫尔即巴德禄基之夫论色尔露珥斯贝里即阿里克之夫有才干而失之严切，印度部用以处置阿富汗极不宜；诚欲与阿富汗交战，用之可也，欲与阿富汗连和，则用违其才，此国家之过。下议院哈定敦因议撤印度部总督罗尔得类登。罗斯噶得言：类登办法皆出国家之意。以为失误，则国家当任其咎。吾辈求退可也，不当累及类登。因查印度部总督惟罗尔得海倭为能控制阿富汗使之信服，嗣任者罗尔得罗仑斯、罗尔得罗斯布鲁克则捐弃阿富汗，视同漠外，信从与否一置不问，至是又求之严切。所以纵使阿富汗交通俄国，又益迫之使畔，亦由宽严反复之失其平也。闻色尔觉尔治优勒、色尔亨利罗林生熟悉印度事宜，能知阿富汗本末始终情形。优勒曾注释《马克波罗游历中国记》，并见（益）〔贻〕一部，盖亦西洋号为考求东方学问者。英国议院两党，从国家者曰铿色尔法谛甫；不从者曰类伯勒尔。议阿富汗事，异党改而从议者五十馀人。下院有阿里克三台戈尔登为威妥玛妻兄，本铿色尔法谛甫党也，以宣论类比尔旧说，言（党）〔当〕筑炮台印度河以为界，山外事可置不

---

①殷巴什尔恩挂尔里，Impartial Inquiry（公正的调查）的音译。

理，人皆笑之，以为此类比尔在印度时类比尔曾任印度提督旧议也。近数年复有一议，改易前说，谓治印度必经营山外以为藩篱，何以尚守前说，并不一考求其后议？戈尔登大愤，乃直从右趋入左行。盖议院异党者坐左方，同党者坐右方，亦有专持公论不归党者，坐中方向上。其党皆素定，间议一事，关系国家大计，其中从违互异，则又时因议一事而别分党，皆彰明较著为之。印度兵出北路古鲁目，其统兵官曰罗伯斯，亦宿将也。既攻得古鲁目炮台，遂进至稗洼尔。阿富汗兵踞守其山口，仰攻不能得，因分两路兵抄出其山后。阿富汗兵溃，尽收得其聚粮并枪炮军火，谋遂进取赦得尔嘎尔登。阿富汗王因移其家属巴尔克，谋由布哈尔以依俄罗斯。喀布洛都城为之震动，盖赦得尔嘎尔登距喀布洛仅八十英里也。俄人之狡与阿富汗之愚，诚有不可恕者，而英人于此控御失宜，亦不得为无过也。议者皆追究罗斯卜鲁克，其说亦止得半而已。

廿二日。礼拜。接上海十月初六日由英公司递到一百号包封，内由军机处递回七月廿三日一折，奉批：览奏均悉。刘锡鸿前已有旨饬令回京供职矣。政府之意，护其公使于前，又欲护其光禄寺少卿于后，与往岁护岑毓英同一机杼，亦莫能自名其故也。格尔屡约不至，今日约三点钟枉临。马克里先至，候之四点钟而云温色尔宫为君主所留，不及践约。其视中国之时医殆有过之，亦天下万国同然之事理也。明日为梁氏生辰，诸随员相率贺生，亦治酒款之。至十点钟，格尔一过，徒滋酬应之累而已。

廿三日。仍由车林壳罗斯附汽轮车赴巴黎。至茀克斯登海口，积雪满岸，风静浪平，甚以为喜。登维多里亚船，播扬至不能堪。上下顾视，波平如砥，而舟行处白浪涌起，至泼船顶，飞洒如奔溜。或曰水疾潮涌，舟行触之，益相激荡；或曰前两日巨风，风息而浪不能骤平，虽无波涛起落之势，而舟与水相触，其馀势未降也。二说盖兼有之。由博朗登岸一食，至阿密盎又一食，颇觉寒冷。九点钟尽，乃至拉嘎尔谛罗尔车行。日意格、黎莼斋、联春卿、马眉叔并迎于车次，云较之平日行车迟至五十分工夫。新居富丽，视旧时英、法两处公馆相去甚远。我之为人谋，常胜于人之为我谋者。殆亦此生所素定也。

廿四日。奥使威伯芬回国，改派驻英之玻意斯得驻扎巴黎。函示今日接见各国二等公使，至则公使、参赞、随员之属，鹄立以俟者二十馀。莫拉为之导引，入见立谈。甚怪其礼节之简慢。已而外部瓦定敦至，亦立谈。因相与各就所知一谈而罢。回过瓦定敦、日意格、高的亚。新报载：法国巴黎都城每年所收杂税以备修理街道工（街）〔程〕，几与国家正课相（勒）〔埒〕；本年开支公费已至二千五百四十万之多，按照民数均摊，每人约出一百一十法兰，其地丁关税每四口之家约出八百法兰。其累可知。闻明年器具之税增加二三倍；租税每百征收十一，明年又拟加至三十。杂税如此任意增加，皆地方工程之用也。泰西富饶，与其民俗之乐于输将，即此可见，然而财用亦太侈矣。伦敦梅尔之下，有阿得门分管地段；巴黎则统归一所经理，名之曰公会。所征收即居民日用百货之杂税也；较之中国厘税约加五倍，而无有言其苛扰者，亦一奇也。

廿五日。接德在初马赛电报，知崇地山于今日子刻行抵马赛。与日意格、马格里、马眉叔由斯得讷斯苇车栈附车至舍隆，观珥贝尔类酒局。主人曰德苇讷日，款接甚殷。其所造酒，即中国通行之三边酒也。始用葡萄压出汁，加酒精，用量表权其厚薄，使酒力均，贮之木桶中。凡六月，取而贮之瓶，纳入地窖中，用木架树板，凿孔其中，斜纳之，日数摇荡。又六月，纳入横板凿孔中，令瓶口向下，于是酒渣下沉。又六月，乃拔其楗口之木，酒渣随气腾涌而出，纳糖一勺其中，加注净酒，平置之，约计两年，乃可饮。其未加糖时，酒味惟酸而已。其倒装瓶时，酒渣下注，酒气上升，玻璃瓶底厚逾一二分，常至暴裂，大率百瓶中必裂至六七瓶，甚者至三十瓶。地窖须石膏土，软而坚，能渗水而无停蓄，流注纵横，开成小衖；两旁装瓶多至六七层。阅所编列数目，约六七尺地，已装至二万瓶。其衖道凡四千馀法尺每尺约当中尺三尺，计一万二千馀尺约一千二百馀丈，当中国三里，云贮酒二千数百万瓶，其已装成箱及桶贮者不计。每年销行亦略及此数。役工三百人为率。其住宅与酒局相隔一园，所种皆葡萄，用沙梨、苹果、桃、李之属，纵横环列为篱以间之。屋外小山，弥望十馀里皆葡萄树也。询问种葡萄树之法：折取小枝，辟土栽之，以牛粪和土为良；两年后生根，渐长，乃分植之。宜小山斜坡，宜向南，宜粪。又三年，能长横枝而抽藤结葡萄，乃取其藤挂之小枝上，即结实累累矣。每枝宜相间三尺。其始栽令活宜冬，既生根，分栽宜春。始栽生根出叶，必于夏初，故其分栽不得逾夏初。分栽一二年，尚可移植他处，久则不能移矣。车次与马眉叔谈所习数学，因言法国数学尤胜，其国家设立拉古尔代恭得代恭得，译言算学，拉古尔言衙门也，英国名之波尔得，凡出入之数，由代恭德衙门核算，乃颂示议院。每岁出入及所支俸薪，均自开报，无有隐饰，尽人知之。天文士测出各星，皆积算而知。英人侯实勒始推知天王星行度，至一千八百二十年，法人歪立爱见其行度又有差，于是又推知其上更有巨星相摄，又测出海王星。至歪立爱又测出金星与日相距中又有一星。法国医士类斯嘎尔布闻而测量窥见之，犹未能定也。近年美国洼得生、英国禄吉尔始共寻得此星。近法国天文士嘎意得又推知木、土二星中当有一星，因其行度相距太远，亦积算而知之。

凡此诸星皆为日气所摄统，合之以成一世界。月与地球相距六万英里合中国里数约计十八万里。日轮径度视月与地球相距凡七倍，合五星及地球及天王、海王二星，仅及日轮径度八分之一，是以能统摄之。日中五金具备而不能生人，为其热力太盛之故。凡五星、地球，中心皆有热力，久而积土渐厚，则结一层壳，壳愈厚则生物愈广。日轮纯是热力，五星、地球承之以生物，其功主施，而不能持载。月之承地亦然。天文家测月中无水，以凡水气皆上腾为雾，故测五星者不能得其高下纵横之势，惟月中山峰了然，是以知其无水，亦不能化生也。日之光气，阅时五分而至地。而北斗七星中之枢星，其光气三年而至地。其尤远者，无从测度。天汉中之积星，其光气若隐若现，所谓远莫能及也。夏秋之交夜见，冬春昼见，由侧视之而承其光，当顶则光散。流星者，两星相触而散，一星或化为数星、数十星。必于夏秋之交见者，黄道、赤道相交处，地球于是时实相承望，诸星纵横行度，每相遇于两道之交也。其言似诞，然亦略见天地之广大矣。

廿六日。王子轩承荣辞回中国。接到崇地山一信，云十七日申、酉之交可抵巴黎。与马眉叔至马嘎生禄弗尔大店置买物事。马嘎生犹中国之称庄栈；其市肆名曰布的客，犹中国之云店铺也。其店中役工千二百人，尊客至，辄有人导引，新报、茶、酒，饮食坐卧，惟客所便。楼三层，上下用压力机器，左右列坐，并能由后楼下。其机器房旁有枢纽，开之能由铁路驰行，又从前楼上。飞楼上下，凡客栈皆然，此又为仅见也。在此店竟日。晚复环游旧皇宫，看珠宝。致李丹崖、姚彦嘉、凤夔九各信。

廿七日。接到上海十月十三日由法公司〔船〕递到一百一号包封，内刘芝田、易淑子、易叔辉及十月初三日第十四号家信及意城一信。美国前任伯理玺天德偕其公使诺阿业、参赞立洼里枉过，知其将由印度历安南之西贡以达中国。颇经劝阻之，而言：中国五千年政教，其遗留必有可观，正须与泰西相与比较，以考知其得失。随往答拜。并诣诸使，告以上海可一观机器局，天津亦然，李中堂必能接待。京师可观者三：一天文台；太学，大成门前有石鼓为西周物，今四千年矣；一翰林院。馀则佛寺道观亦多有古迹可观。须先得一文，以凭达知总署。崇地山六点钟至。为请圣安，在公馆恭设香案候之。比至车厂，责鄙人以不出迎，传谕德在初，令至其达拉固公馆跪安。吾以中国礼节行之外洋，求自尽礼而已。车厂往来丛杂，人如蚁聚，无喝止行人之权，无望阙叩头之地。中国钦差管辖地方，仅一公馆而已。但以跪安为义，在渠客栈与在我公馆并无分别。再四开譬，而执意不回，乃往就之。细求其义，鄙人实无错处，错处皆在彼也。晚留地山与邵小村、蒋丹如、德在初晚酌。

廿八日。冬至。刘步蟾来见，具述洋人水雷三种：精者鱼水雷；次沉水水雷；次夹船水雷，用以自守。其用鱼水雷：有（炼）〔练〕法，有用法，有测量法。其上有立表，度量敌船远近乃发。凡鱼（水）〔雷〕所至处，必有水晕，晕内无不摧裂者，晕外无事，故可用小船载之以撞敌船而避其水晕。又中安沉机，鱼雷发处，度行几分许，触机发火，过度而未能撞击敌舟，即自沉。其法日益求精。凡水雷用棉花火药，大逾常力四倍。机触处得水力压之，又更逾倍。所在船学习者，名米鲁多。其大（户）〔副〕名尼格勒斯，藏有水雷书，窃取录之。又言及大孤山在辽河口，距烟台二百八十里，其东环立三岛，中可泊舟，中国名之大连湾。山北八里，湾深十八尺，泊舟尤安稳。太西人云：中国有事，大孤山与烟台为北海咽喉，必用兵扼据之。黑龙江东扼的苇克斯都，亦中国属地，为俄人所据。吉林将军据三姓副都统咨报总署称，海参（葳）

〔崴〕地方俄国调兵与英人接战。想即此。其地煤产甚丰，俄人用以贩运南洋，亦设船厂其中。俄、土相持时，英国水师派船六只往袭其地。俄人于时谋扰印度，英人亦谋扰黑龙江俄地，各挟所欲以求逞。英、俄两国长驱远御，相争俱在数万里外，亦一奇也。是日崇地山随员陈养原、庆锡臣、纯感铭、桂冬卿、塔木庵、赓吉甫、福远峰并枉顾，惟俞惕庵不至。又供事两人石汝钧平甫、王锡庚朋九亦随同长揖，其敢于相慢如此。

廿九日。礼拜。俄人夏干来见，崇地山所带之俄翻译也。斛伯里、崇地山继至。其往见俄、德两国公使，已别令夏干照会，意在避鄙人之陪行也，因亦谨避之。留罗清亭及克罗苏学生改习矿务者四人与之谈。凡矿学六堂，三日一周。同学者六十馀人。每日九点钟至十一点钟为早课，十二点钟至二点钟为午课。第一日早课炼冶五金，午课地壔。第二日早课机器，午课石质。凡石质皆立方，或四方、五方、六方，或尖斜，皆有常度，可以规合地质，推算而知之。盐澄清水中则结为立方体；硫磺澄清水中则结为中方而两头尖：皆本质之有定式者。第三日早课机器，午课物质生化之次第。地球中心皆火，火山之发，即内蕴之地中者流迸而出者也。地震亦由此。往往由地震掀翻地壔。凡矿产层壔之有参差者，皆由掀翻之故。地之常质约计三十馀层，可于地壔中推验生物之沦化者如螺蚌、虫鱼之含石中者、骨格之具存者，以辨知其地产而测其年岁之久远，与生物之质之后先次第。入地愈深则其积年亦愈久。礼拜三、礼拜六两日早课机器。又专论制造之工，其间丝厘杪忽，分析微茫，亦兼数学。而炼（金）〔冶〕五金之法即化学也。数学之用无穷，总其要曰：加、减、乘、除。化学之用亦无穷，总其要曰：分、合。询及英法两国肄业生所成就与其志愿，略开示数人：曰魏瀚，曰李寿田，曰吴德章，皆匡时良才也；制造则杨廉臣、林怡游、郑清濂；数学则陈兆翱；水师良才曰刘步蟾，曰方伯谦，曰萨镇冰，曰何心川。问林泰曾如何，曰：林泰曾、林永升、叶祖珪办事精细，而胆略不及刘步蟾等。大约主兵以刘步蟾为良；专守海口，布置于平时，林泰曾等三人亦为胜。问萨镇冰年最轻，体气亦瘦，能任将耶？曰：体瘦而精力甚强，心思亦能锐入，能比他人透过一层。问：严宗光宜何用之？曰：以之管带一船，实为枉其材。曰：何宜？曰：交涉事务，可以胜任。问：陈季同酬应明干，能胜公使否？曰：是其识解远不逮严宗光。姑录存其言以俟考。晚邀陈养元、庆锡臣、纯感铭、桂冬卿、塔木庵诸人小酌，到者五人而已，因招刘步蟾及黎纯斋、德在初、联春卿同叙。

三十日。偕马格里诣斛百里，谈所居意大里界地方名博拉错阿仑哥，距马赛一百五十英里合中国四百五十里，西隶法界之满多尼凡三里，有车行；东隶意大里之温得米里亚凡三里，亦有（里）〔车〕行。言其地山水绝佳。温得米里亚，意国之世爵也，即以其爵为地名。其西满拉哥，地方约三英里，而自为一国，不归意、法两国管属。斛伯里约东归时一往其家。四（百）〔日〕至类布勒斯乃登舟：第一日至博拉错阿仑哥；第二日至占罗阿，亦一海口也，山水甚佳；第三日至罗马；第四日类布勒斯。因与商上海寄寓之法。云南京路公平洋行旁有洋房一所，极幽静可居。租界民房凡一千五百所，惟所择用之。公平洋行，故斛伯里所创开也，今爱非生、阿尔登谛尔两人承开。爱非生驻伦敦；阿尔登谛尔驻上海，斛伯里上海产业一托其经理。又英人名高亿者，尤诚信可依恃，与马格里交好，所居与张听帆望衡对宇。至上海并当一走访之。

十二月

十二月初一日丙子。为西历十二月廿四日。诣崇地山谈，语以英、俄两国事势，中国于此极有可斡旋之机。地山亦与尼勾拉欧娄夫深相结，其才力亦能与控抟。闻其在上海十馀日，日苦雨，比登程，大晴，海行四十馀日未一遇风。天人相与协助以成其功名。地山因语及张佩纶奏请撤销全权字样，而谓其才望声名本为朝廷倚重，无庸以全权为名，而于劼刚携带家眷，力请撤回，直援《申报》所载两段，引以为大辱，而言劼刚不当踵武，以致难于自处。此节实受姚彦嘉、马格里二人之累。士大夫见小无识，固亦不足论也。

初二日。为西历十二月廿五日。相沿为耶苏生日，泰西一大庆节也。庆锡臣、纯感铭、桂冬卿、塔木庵、庆吉甫、福远峰、王朋九、石平甫来辞，以崇地山定明日前赴柏灵也。张佩纶一折引茶会为词，而茶会实成于姚彦嘉、马格里，吾意甚不乐也。《申报》又添入多少议论，伦敦数十家新报皆无之，此语竟不知所自来。姚彦嘉谓出自刘锡鸿之诬造。刘锡鸿鬼蜮，何所不至，然其人劣材也，必尚有为效指嗾者。刘和伯在《申报》局多年，行迹绝可疑。寓书李丹崖属一查之，并函报姚彦嘉，以其为人一意见好，其言勉我以圣贤，其意期我以富贵利达，而其行为则直累及我家室，传之天下万世，使不能为人。刘锡鸿之酷毒惨烈，亦姚彦嘉之授之隙而资之以狂逞也。陈小舫课得朱雀衔刀，谓主口角弹射，而皆成于刘锡鸿一人。多生积冤，乃遘遇此种戾气，为之黯然。晚偕黎莼斋诸人步游至意大里街，看买馈岁诸物事。

初三日。邀崇地山、邵小村、蒋丹如、陈养源、德在初早酌，略喻饯行之意。在初已前开行，养源辞不至。因与崇宫保谈及愿学堂本末，始知窦明斋为刑部看管监牢者，其子兰浦与地山相识，亦曾为之经营。倭文端公重开愿学堂，其房屋已前入官矣，窦明斋之幼子乃挟其房产契据投之。地山时方在天津管理盐政并海关，因由总理衙门饬派各海关帮给经费，重定愿学堂章程，仍月以三金给窦明斋之家为养赡资。于是知近十馀年愿学堂之兴复，地山亦与有力也。毛煦初奉讳归里，今管理愿学堂者礼部尚书徐桐，掌教者左春坊庶子黄体芳。晚偕黎莼斋、联春卿、马眉叔、李湘甫、张听帆及马格里至拉嘎尔谛罗尔车厂，送崇地山启程。

初四日。发递总理衙门公文五件新嘉坡领事筹办船费一件；崇钦差调翻译德明赴俄一件；外部照会英官不准充当各国领事一件；派四川李隆芳充当供事一件；外部交还新嘉坡领事文凭并发交君主敕谕一件，南北洋大臣并同；致总理衙门信一件抄折七件：一、续照会外部乌石山案；一、外部照复二件；一、与外部沙乃斯问答；一、致闽浙总督函；一、美国公使转致伯理玺天德信；一、孙稼被窃，照会法国外部；一、法国外部复文，合淝伯相信一件抄折五件：一、抄致总理衙门信；一、与外部沙乃斯问答；一、《代模斯》新报；一、韩博理致《代模斯》新报信；一、致总税（斯）〔司〕赫德信，何小宋信一件抄稿三件：乌石山来往照会，及与沙乃斯问答；外致刘芝田、薛叔耘、易淑子、黄泳清四信；又家信第二十九号。各信并书十二月初三日期，以本日为篪儿忌辰，吾虽不废公事，而见此日期为之心伤，不忍用也。传曰：辰在子卯，谓之忌日。古人于此极有体会。马格里重致《申报》馆梅渣一信，并交黄泳清递送。那威勇来见，任江汉关税务司，假归办理大会，故法人也。张听帆为购传声机器曰替里风，其两端通联处用铜丝双系之。又有一机器能显其声使大，曰美格洛风。用两端之一丝各系其后两齿，旁安电池，发电气以通之，则所传之声大至数倍。其电池名曰巴得里：用磁瓶盛满格尼斯，而熔松香结其上，凿两小孔，置一玻璃缸中，加阿摩尼阿三磅护磁瓶旁，灌水其中，亦灌水瓶上，两孔插铅条，玻璃缸上安铜丝，以引电气至美格洛风。亦西洋近时新悟之法也。晚偕黎莼斋、联春卿、马格里至那白尔沃丹戏馆。那白尔沃丹，即侯登之名也。侯登父有巧思——白克兰得、慕里两处所见，一奏乐者，一习绳技者，皆三寸许纸人而神形宛肖。侯登又用其电气机器为戏具，其变幻亦略与中国等。如搜取在坐戒指三四次，愈出愈奇：一次取一戒指，一手巾约之，纳入酒瓶中，已而倾酒升许，不见戒指、手巾；其右屋檐下悬一盒，取下，其中凡次第套盒五只，最后一小盒，用钥启之，戒指、手巾并叠其中。一次凡取三戒指，各用红绳系之，已而取铜锅一只，破三鸡蛋倾入之，加火酒一盂，用火燃之，焰高尺许，取红绳所约戒指次第投之，覆以铜盖，已而揭其盖，飞出三鸽，项下各系一戒指，送就各人前剪下之，又摩鸽腹，得一巨鼠，长七八寸。一次出屋一栋，高二尺许，宽称之，深不过一尺，煤气灯环点数百盏，火光小如豆。中为门，两旁为窗户，右旁窗户中一人在内和面。中门忽开，先出一人在门了望，旋入，复出一女人，送出单片十馀张，则面包馆所鬻酒肴单也。坐客十馀人，各索面包、饼及杂点并酒，凡出酒十馀缸、面食十馀事，各应声而出，皆用盘盛之，倚门立，取下其酒食，则反身闭门而入。已而向坐客取一大银洋值五佛兰，纳钱盘中。此值五枚太多，须退还三枚。反身出，则盘贮小洋三枚。已而向坐客取一戒指，出小盒一只，令客投戒指其中，加锁，令客并钥持之，自取小杵，盒盖上一击，（戒）〔告〕客曰：试启钥视之。则戒指已失所在。已而召屋中人出曰：此系请客，不可索钱，当并还之。又有客失去戒指一只，亦须为觅还。反身出，一洋银、一戒指皆在盘中。又取坐客小表一具，纳入小袋中，向石桌猛击，曰：表碎矣！扪之，有碎玻璃声。中桌置一巨玻璃盘，中安莲花蕊一朵，已而向莲花蕊指挥，花蕊尽开，中立一人相拱揖，左手携所取小表还之客。又桌中置盒一只，呼开则开，呼闭则闭，或作六次及三次徐开或径开，中出一人，跳出盒外，作一戏具，跳跃翻跌，然手不一离（拿）〔盒〕，已而纳小管口中，则能奏乐应节，又纳烟管口内，则能吸烟。或曰：此用电气为之。又出一小儿，用竹筐覆之，燃枪一击，则筐失而小儿立戏台对面门中；又绕至台上，置之正中桌上，仍用竹筐覆之，揭筐亦失所在。最后出一人，状如阿非利加丑人，虬髯而长，袭红衣，出三巨箱，大小相衔，先开视其小者，随覆之，加钥用皮条谨束之，举置之中箱，又加钥，系以皮带，又举置之外大箱，加钥，纵横约绳四五束；用两巨麻袋，先将虬髯者从足套入，上结绳紧束其口，又取一袋从头套入，结绳其下，口亦紧束之，而后举而置之木箱上，用帐覆之。少顷开视，则两麻袋及两绳束置木箱上，而人不见。启箱三重，则此虬髯者曲颈拳手，卧内箱中，以箱长不逾四尺，而虬髯者长且七尺也。中国亦有此种戏术，侯登又多以电气机器为之，尤为奇巧也。

初五日。偕马眉叔往噶士基、白兰尼夫人；二君皆驻京公使也，敬如、眉叔皆与相识。两度居此，未一通候，崇地山语及始知之。又莫拉得那、格吕南、莽得尔，及矿学总办多卜来，及总教习对布，及开苏尔士河拉布类斯，及意大里人舍路斯基，及翰林院中文教习德里问，即李隆芳之东人也。舍罗斯基专收藏铜器：中国及东洋两处铜器大小千数百事，多奇品。顷又见所藏汉政和二年所造豆、登诸彝器。豆高约八寸，足为花纹，中空而盛脯者约厚二分，旁为铭，中涡为浅。其馀坳颈瓶、双井水池、日月尊、手摸壶，及银丝金点尊、罍、彝、鼎之属，则多明宣德中所制。一法兰大鼎，一巨瓶高八尺许，乾隆中制也。两次观览，欣赏不尽。闻吉罗福明日赴意大里，一往访之。晚为莼斋、听帆、春卿、湘甫、眉叔公邀至爱特园观出。

初六日。礼拜。接刘和伯、罗稷臣、陈敬如三信。稷臣信以严宗光、李寿田、罗臻禄、刘步蟾为上选；以为李寿田船工不如魏瀚、严宗光、罗臻禄，算学不如陈兆翱、刘步蟾，驾驶不如蒋超英，然任艰肩巨，才足济时，诸人皆有不逮。陈敬如分储用之才、教导之才二项。储用之才：罗臻禄、严宗光、李寿田、林怡游、方伯谦。教导之才又分六类：魏瀚、陈兆翱，总教习；郑清濂、陈林璋、杨廉臣，教习；刘步蟾、蒋超英，水师统领；以下三项，亦系储备用吴德章，总监工；林日章、林庆升、张金生、池贞铨，管理矿务；林泰曾、何心川、叶祖珪、黄建勋、林颖启、萨镇冰、林永升、江懋祉，管驾轮船。罗稷臣分办理交涉之才、绩学之才二项。办理交涉：李寿田、严宗光、刘步蟾、罗臻禄、吴德章、方伯谦、林怡游、林颖启；绩学之才：陈兆翱、林泰曾、杨廉臣、陈林璋、萨镇冰。又水师统领一人：蒋超英；监造兵船一人：魏瀚；管理厂局五人：郑清濂、林庆升、林日章、张金生、池贞铨；管驾轮船五人：何心川、叶祖珪、黄建勋、林永升、江懋祉。所言大致亦略同。李寿田、林怡游、杨廉臣、吴德章四人在多郎学馆；魏瀚、陈兆翱、郑清濂、陈林璋四人在削浦学馆；罗臻禄、林庆升、林日章、张金生、池贞铨在巴黎矿学院：凡在法国十二人。严宗光在格林里治学馆；方伯谦、刘步蟾、蒋超英、林泰曾、何心川、叶祖珪、黄建勋、林颖启、萨镇冰、林永升、江懋祉并分上水师船学习：凡在英国十二人。吉乐福、德里问来见。德里（学）〔问〕汉学甚深，云研精于此二十三年矣，言《诗经》叶韵多与今异，中国古今音韵亦自不同。又言马贵与《文献通考·四裔考》，方位多淆乱，如扶南国名，至今莫详其所在。其所引皆在史册，往往取原文互校，亦时有异同，皆中国读书者所不能及也。又言：中国各种学问皆精，而苦后人不能推求。二十年前，法人精算学者推验春秋以前日食见之经传者无讹误，知中国习天文由来久远。近数十年来泰西研究光学，有得中国一古铜镜者，背为龙文，用光学照之，龙文毕见。疑铜质厚，何以能透光？求其故不可得，乃用化学化分，则铸龙之铜与馀铜各为一种，盖先铸龙，而后熔镜铜纳之范中，以铜龙合之，磨淬使光，铜合而其本质自分，故各自为光。始悟中国自古时已通光学。至中国医家用乌须草，须发白者服之可使反黑，然久服则指爪俱黑。须发、指爪各一事，而皆与皮肉相连，何以皮肉不与俱黑？泰西化学家固谓指爪、须发一物结成，又知中国医家自古已谙化学也。其言多足发人者。晚接劼刚电报，知今日已抵拉布勒斯，随从竟多至五十人。正遣联春卿往迎至马赛，并以一书致之。

初七日。罗亚尔画馆约新正四日往观画实为十二月十二日，由其帮办义敦具简。其画馆有议事统领，亦名尚书，前为格兰，今为侯登。两君并与相识。以在巴黎不及践约，属马格里函谢。又检出色尔顾斯林德赛请帖一纸，为葛罗文讷尔画馆约廿八日看画，竟未及函谢也。实为十二月初五日。偕马眉叔至爱尔卜郎电报局观达伦古新制电报传字及画并舆图。其法用铅纸一张，加书墨字其上。其传电报用圆筒，旁有口，黏铅纸其上，旁有推机，安设鸡头，衔针缘筒画之。电气得铅即（电）〔过〕，得墨则不能过，而传电机器用硝强水纸以引电气通过，其遇墨处不能过，则传电者亦无电气引过。于是阴电气伏即磺强水伏而折回，一周仍合阳电气即白铅，以发于硝强水纸，而色变蓝。七杪工夫，环筒一过，而所传报皆发出纸面矣。其引电气之理同而术更简便。询之，每机器一副合五六千法兰，其传字可至五千里。窃虑其不能及此之远也。泰西至今亦尚无用者。闻武营画图通报，并图式传之，亦购及此等机器。泰西尚未通行，中国不敢遽信也。英兵攻阿富汗分三路。北路出基伯尔，已至遮拉勒稗得；中路出古鲁目，已据稗洼尔山口；南路出魁达，已至百胜，谋进取刊得茂尔。阿富汗王阿密尔避至巴尔克，其子雅谷刊闻已至遮拉勒稗尔。英人意在派员驻扎巴尔克、赫拉尔、刊得茂尔三城，专为防范俄人与阿富汗交通之计，亦势所必行也。雅谷刊之母为摩门得人。阿密尔溺爱其少子，谋立为嗣。雅谷刊逃至摩门得，阿密尔召之归而囚之。英兵攻阿富汗，摩门得不肯拒战。比阿密尔逃出，雅谷刊乃出自狱中监国，战事当易了。阿什密尔为印度北藩，印度总督使之越山北收取基尔拉尔地。类布尔前在印度云：印度以雪山为限。然专守山南，无可扼之地险，不足恃以屏蔽。其势必兼有山南北，而后地势险阻为我有。英人至是始用其言，谋使收基得拉尔，跨山以为固。然已逼近西域之叶尔羌矣。

初八日。为西历十二月三十一日，中国之除日也。偕马眉叔及富哥、马格里诣陆苇尔画馆观画，故旧王宫也。所藏画皆百馀年名迹，大率罗马故事为多。其间意大里人拉非尔画一女相，值一百万法兰。西班牙人摩乃洛画一女相传为耶苏之母，值八十万法兰。又荷兰人陆莽斯画迹亦多。所历十馀院，亦有数千年石像及国家所藏珍宝什物凡数院。其中梭克拉谛斯石像，蓬发虬髯。前有两巨石盘，相距数丈，能传声。盖圆盘能聚声，随势流越，又得圆盘摄而滀之，亦泰西格致之一端也。偕至阿非瀹克里酒馆会饮。马格里言：梭克拉谛斯，希腊人，言性理之学。或谓其心良善，而面貌狰狞，与心不相应。答言：我心本非良善，乃自以克治之功消纳之。其生当耶苏之前六百年，而后于摩西。卒为希腊人鸩毙之，犹犹太之于耶苏也。马眉叔言：希腊言性理者，所宗主凡三。初言气化：曰水，曰火，曰气，曰空。至梭克拉谛斯乃一归之心，以为万变皆从心造也。后数百年而西萨罗乃言守心之法，犹吾儒之言存心养性也。近来英人马科里乃兼两家之说言之。英人始言性理者洛克，法人始言性理者戴嘎尔得，并泰西之儒宗也。又言：习公法者必通知剌丁语，以公法始于罗马，而拉丁文字实为罗马文教之始。故凡公法相传之语，多缘自剌丁。如言犹谛马登泰西言尽头语曰扰谛马登、珥克希卦得尔泰西言钦命敕书曰珥克希卦得尔、卜洛卜也得泰西言自家产业曰卜洛卜也得、觉斯泰西言本分应得曰觉斯，皆剌丁语也。如此类尽多，非通剌丁语不能译。是日接上海文报局十月廿日由英公司船发递一百二号包封，内何子峨、黄泳清二信。马眉叔见示其仲兄相伯所寄信，言贵州矿务，云开矿之利三，其法有四，其治有五。贵州山多地硗，揆之天理、地利、人情、惟开矿能自赡，为黔谋者利一；中国五金之产多在西北，而滇、黔甲于天下，为国谋者利二；兵燹以来，贫瘠斯甚，尤应导以利源，为民谋者利三。然而不得其门，徒多旷事。开矿以前，须求捷径，而估成色，此钻地之法不可少一也；遇石钻石，遇水提水，此石钻与水龙不可少二也；矿砂不等，少者一千六百斤出铅十斤、银四十两为率，炉烬每石尚约二三两可提，使舂、刷、簸、炼得法，所获必倍，贫矿三百二十分之一，富矿一百六十分之一，此磨、筛、淘、锻之法不可少三也；既有五金，当求所以用之，荒坯运出其费巨，成器运出其利倍，此制造化色之具不可少四也。至试办之法又有五。一曰成本：拟集十万金为十股，然而新法之费甚巨，而始事之效难揣，宜先协拨公费、酌减矿捐以为之倡，此治本之要一也；二曰用人：官商合办，各需一人，洋匠二人，此治人之要二也；三曰时限：拟以十年为限，十年之后议续办，则尽本商议，官办亦偿给各项置用之费，此求治于事先三也；四曰矿产：凡有矿产宜听开采，西洋运出五金颜料皆无重（洋）〔税〕，所得矿产应听本商运售，免其所派，此当议于治先四也；黔中业矿之家不下数万，拟由本商收买发兑，以清矿务而一货价，又炉灶散漫不治，有碍民生，应请每年查勘一次，有不如法，立行禁止，此求治于邻矿五也。所需机器：一穿石钻：每时几转？能钻几深？日日用之，能用几年？二穿地钻：遇土钻土，遇金钻金，能及百丈以外。每时钻下几深？其锅砧能否与钻石合用？三水龙：须及百丈之深，而提重并之，出水要多，举重要易。四砻、筛、淘、铸各具：外国向用水力，可以就地制造铁臼、铁杆、分金炉等粗重之物，毋庸购取；惟有新法，亟宜访问。五铸造之具（五铸造之具）：鼓铸钱式机器，何国为良？待梓之书，拟以算尺为先，后及数理勾股；天文、地理、形化诸学次之；制造考工又次之。略分上中下三部。凡论数理，始言作法，继言施用，终言创制变化之理。又言：以诗书当声歌，以古人当朋友，以节劳减食当医药，亦尘世养生之诀也。所言并有理致。其伯兄号少良，皆有才质。

初九日。为西历一千八百七十九年正月初一日，中国之元旦也。往见伯理玺天德。先由莫拉分列班次，首头等公使，次二等公使，又次署理公使，周围环立。伯理玺天德偕其国相堆茀尔、外部瓦定敦、户部良哂、工部茀兰西乃、商部对斯琅、兵部色来、水师部包杜乌、内部玛尔赛尔、教部巴尔都，次第就见叙谈。随至外部投刺。日意格以元旦邀饭，同席斯恭塞格；高底亚；倭里尔，克罗苏矿务学馆教习也。外黎莼斋、马眉叔及罗清亭诸人，及马格里。各国公使下设立参赞，名曰恭赞乙，译言参谋也，其职下公使一等，不常有，驻法三十馀国，惟俄国有之。次曰塞克类推尔，译言与闻机密事件，犹文案也，常分三等为之。以其间常有世爵通职，自备资斧为之，藉以游历考览，不领俸薪，往往以能自见，遇公使缺出即可承充，是以虚为之名，以示优异，因有三等之名。次曰阿达什，译言随员也，不限员数，各以其才力分别职事，无有闲冗无所事事，虚领薪俸者。此中外本末之所以不同也。接严又陵信，所举九人：曰罗丰禄，曰魏瀚，曰罗臻禄，曰蒋超英，日陈兆翱，曰何心川，曰刘步蟾，日李寿田，曰陈季同。而于蒋超英言管驾，陈兆翱言制造，独为全美于何心川。言志节，三者为无间然。所言尤精切。又见示罗清亭一信，中言雅斋者，为游学诗，亦少年隽士也，未出洋。

初十日。接到上海文报局十月廿七日由法公司船递到一百三号包封，内总理衙门十月十三日英字三十号及周筱棠、刘芝田、陈庆伯、罗小垣、易叔辉，及家信第十五号，十月十三日发。印度欲使喀什密尔踞有基得拉尔地方，以为外蔽。基得拉尔山名温都固斯，即印度之异名也。出山口名曰巴罗吉尔，即接洼干境。洼干在阿富汗北境，再北（踞）〔距〕叶尔羌为近。是则印度雪山与西藏接壤，又绕出雪山之西北以接叶尔羌。英、俄两国包环西域而交会于葱岭以西，相逼亦已甚矣。俄国噶罗斯新报谓：中国遣使俄国凡三事：一索还伊犁；一追取逋虏古里卑；一清理所占伊犁地界一百八十英里。而云中国之意，亦知索还伊犁之难，其后两事则谓甚易。左相亦尝遣人至俄营，许以银二万购取古里卑。此由不知西洋公法，以致有此举动。而以军饷不继之故，又令胡光墉为汇丰筹借一百七十万，计利约至一分二厘，视向时六厘之息加至一倍，仍按期给予银票，并准以票抵税。俄土交战时筹借军饷，亦尚不如此之急遽也。丁稚璜前派江西贡生黄茂材前赴五印度游历，由蜀出藏，经历廓尔喀、布鲁克巴、哲孟雄各部以入印度，尚只窥得一路情形，于英、俄及西路各回部全局尚无与也，而已为中国创举。雅璜办事之才，终不可及。

十一日。刘开生诸君以初十日夜半由马赛至巴黎，午后过谈。随员偕至者九人：杨仁山文会，江苏人，李敦甫贵朝，四川人，管支应；萧介生仁杰，曹逸斋愈咏，管文案；曾省斋念祖，管医务；左子兴秉隆，陈莘耕志尹，联子振兴，管翻译。又供事二人：李芳圃炳琳、王小锋国治；学生三人：杨如斋淦，江苏人、谢智卿先任、王钦轩世绥。共十三人。其间曹逸斋、陈莘耕、李芳圃、王小锋四人，明日随同劼刚来巴黎。今日并开生为十人，因（应）〔邀〕一饭。黄泳清回马格里电报言：梅渣所载新报，出自《罗斯占宜斯代利纽斯》，译言中国新报也。与前言《倭苐兰梅尔》新报又属歧出，而皆无踪影。刘锡鸿诪张为幻，其力能播弄西洋人。奇离眩怪，鄙人蹇运乃皆遇之，岂非冤苦！

十二日。先夕与刘开生谈，饮食稍过，夜半腹痛，连及胄腕，吐泄并作。而所吐者清水，所泄每次一滴，是以其痛日夜不能解。劼刚、松生就床隅一谈，曹逸斋、左子兴竟不能见也。治席请黎莼斋、联春（圃）〔卿〕、马格里代陪。巴黎新报载崇地山至俄都，俄人视其国书为全权大臣，并非头等公使也，仅以二等礼款之。盖西洋头等公使名曰安邦萨多尔①，二等公使名曰米义斯特②，而米尼斯得又分二种：一曰米义斯得布来宜波登什尔里③布来宜，译言权也；波登什尔里，犹秉权行事之意，一曰米义斯得勒西登得④勒西登得，译（名）〔言〕驻扎也。全权大臣实属二等公使之名。国书不径称头等公使，而为全权大臣之通词，亦太不加考究矣。联春卿自马赛归，

①安邦萨多尔，Ambassador（大使）的音译。

②米义斯特，Minister（公使）的音译。

③米义斯得布来宜波登什尔里，Minister Plenipotentiary（全权公使）的音译。

④米义斯得勒西登得，Minister Resident（办理公使）的音译。

询问船务公栈由伦敦寄顿什物及住店情形，预为附舟回华之计，并得公栈一信致伦敦，其公栈曰梅萨施里伦敦分栈，管事者名曰苏尔士布尼亚，栈店名曰马赛鲁福尔客寓。劼刚带到周荇农、萧屺山、何心畬、陈渭川、刘慕韩、方右民、方子听、张云渠、欧阳伯元〔信〕，并接金眉生讣书。陈松生亦递到健甫七侄一信。

十三日。礼拜。往巴拿新克客栈回拜刘开生诸君。开生与杨仁山均精通佛理，语及李眉生近刻《佛顶模钞》一书，钱牧斋辑历代《楞严经》注而为之名也。因言曾文正语开生求经典晓畅易知者，以《楞严合编》、《法华合编》进，文正曰：是难晓，再求其次者。以《维摩诘经》进，文正曰：吾能晓其义。佛经轮回之说，吾不敢知，其言理实有妙处。吾谓佛氏言（回轮）〔轮回〕，是言不落轮回。有沾滞斯有轮回；轮回者，沾滞之谓也。恶人以积恶而有沾滞，善人亦以积善而有沾滞。有沾滞，斯有因缘；有因缘，斯有造化；有造化，斯有色相。佛氏超出乎造化、色相之外，其视万化万生旋转于二气絪緼之中而不能脱离迹象，是以谓之轮回也。开生以为名言。偕曾劼刚、陈松生及法兰廷一游洼得博郎园，随至法兰廷妹婿里得门处见其母、妹。晚邀罗清廷、林旭台、林仲明、池玉如、张丽浦小叙，皆矿学院肄业者。

十四日。莫拿来述外部之意，请予与曾侯次第往见。问：旧例然乎？曰：然。问：此何意？曰：前后任各怀疑忌之心，以示别耳。予曰：吾于此全无疑忌，同往何如？莫拿对曰：如此更妙。随请曾侯出一谈。劼刚随出示刘生《英轺日记》，见者多惊其闳博，一二有识者亦颇能辨其矫诬，予取读之，而后知其用心之狡诈。其所谓闳博者，多祖述马格理、博郎之言，并无所谓心得。而其推衍人伦之旨、仁义之言，一皆以济其逢迎诡合之术，是以识者能辨知之。然其所述皆在英时事，朝夕与我偕，直是一用其变诈，无一可倚任之语。如禁烟会多尔德、德尔讷尔；议绅布妥玛；及与波斯公使议论；及与师丹雷辨论喀什噶尔事，引马格理之言为据。又载师丹雷茶会谓我属渠赴会，且述其拒喀什噶尔使臣之言以语我，且告之国体宜尔。皆用其矫诬之词，为媒孽之术，他人不能知也。又述《瀛寰画报》摩里之言、阿尔兰梅尔多森之言，皆妄自夸诞，无复廉耻之言，圣者亦无如何也。

十五日。为西历正月初七日。偕曾劼刚、黎莼斋、联子政诣外部见瓦定敦。莫拿、法兰廷先在。寒暄问劳数语，劼刚以英语酬答。瓦定敦大喜，谓能知英语，则法、德二国皆可推类知之，相与握谈甚畅。出使以通知语言文字为第一要义，无可疑也。同诣日意格，旋偕联春卿诣教皇公使益玛斯、英使莱雍斯、俄使凹尔那茀、德使凹恩诺爱、日使摩尔冷、奥使博斯德、意使盖特、土使巴夏亚茀；其二等公使惟瑞士盖尔讷、美使诺意、（典瑞）〔瑞典〕西贝尔勒。日本塞末西玛就便一往，为相识也。馀皆托联春卿代投刺辞行。日本参赞苏淦基见贻日本书，思一见之，亦值外出。所见惟英使莱雍斯而已。意大里、瑞士两使亦思一见，而皆外出。存票一千八百佛兰留联春卿处，托购什物。驻英美使卫拉士请茶会，并带见其国提督二人，曰葛兰德，曰那爱斯。未能往赴也。

十六日。由拉嘎尔谛罗尔车行附轮车至嘎里海口赴多发。大风，寒甚。晚抵车林壳罗斯车厂。曾劼刚见示张经生焕纶上海所上条陈六则：一曰固结英好以弭俄患；二曰开诚布公以泯行迹；三曰暇时延见西儒，以备咨访；四曰机器利钝、价值贵贱宜随时采访，以免欺伪；五曰机器之外，选择西国政教书籍，以备采择；六曰与英国妥商禁烟之策，以福中国。于交接洋务未能尽其窾要，而于洋情为有得矣。然知洋情之为然，而不知测知中国之能行与否以求得其所以然，殆犹知彼而不能知己者也。其言蒙养书院章程，大致以西法佐中法，而实不外古人实事求是之意。实事求是，西洋之本也。其章程未抄送，而语殊可采。舟行不敢观书，至多发登（伦）〔轮〕车始得一阅之。是日所坐轮船名浮摩①。西人译之为水上浮沤，中国亦谓之浮沫，此亦字音之偶同者。

十七日。曾劼刚见示《归朴斋诗抄》戊集二卷，所录皆近体也。上卷文正公手批，而栗诚为序之卷端。其诗取径不逾中晚唐，而格律自近老成。栗诚序其飘逸绝俗，秉之天资，精湛入古，由于绩学。殆不虚也。《山居春日晨起二首》云：铜梁东岭三千仞，桃树西岗千尺强。陋室枕山殊不恶，低田蓄水莫愁荒。连林雨过栟榈绿，小苑春深蛱蝶黄。舍北老人无一事，绕塍相与久徜徉。峦嶂周回一径幽，平田百亩近先畴。自饶野屋成天趣，长与邻农作胜游。密树晨晴方噪雀，小溪春涨劣容舟。夷然吟啸今忘我，那复关心到九州。《怀人三首》云：高士襟怀豪侠骨，英奇自与人殊科。雄军三战江淮海，馀事兼长书画歌。坏塔风雷摇铁马，颓垣荆棘露铜驼。酒酣触景泪横臆，老有馀锋曜太阿。　　大辩雄谈骇天下，江河一决数千言。从知隽论难为赏，俯视群流益自尊。曾任礼官陈俎豆，出参戎幕走乾坤。十年嗜好消磨尽，尚爱花骢属锦鞬。　　眼前吾见风流伯，西蜀李侯谁比伦。字尚侧锋能绝俗，诗非险语却惊人。冰壶朗澈无藏影，玉树高标不染尘。闻道为官苦羁束，觥筹傥作旧时春。《侍霞仙丈池上夜话》云：万里尘沙一笑空，摩天黄鹄谢樊笼。指挥泉水添新沼，检点歌吟益旧箭。宵影射眸花映月，秋声盈耳竹生风。几年旋斡乾坤事，付与时人代记功。《九日偕栗诚弟登鹤鸣山，时方病湿疮，而弟下第》云：

①浮摩，Foam 的音译。

好山葱倩日当门，峰嶂玲珑草树繁。秋雨重阳寻石窟，天风万里荡云根。固知阮籍工长啸，岂有刘蕡悔直言。六凿相忘千虑静，不嫌斑驳起鳞痕。《过武昌》云：先皇癸丑暮春初，发轫京畿奉板舆。此地空城馀爨火，逢人羽徼走军书。重经江汉双流水，历览英贤百战墟。中夜笙歌喧九市，荆榛瓦砾岂全除。《七月七日游玄武湖，荷花尚多，望日重至，凋谢尽矣，赋呈同游诸君。廉昉苦多睡，前后游皆不与，并以调之》云：舞阁歌堂一炬空，长蛇封豕十年雄。扬尘东海时三变，洗甲南都日再中。小艇独凌千顷碧，残荷犹见万花红。西风几夜催零落，百亿莲房饷醉翁。　　山头旭日照君榻，天末凉风吹我襟。闰岁入秋无酷暑，晴云当昼结层阴。东关古渡名桃叶，南国群贤会竹林。闭户新诗如泼水，可能悬和乐游吟？《九日喜张廉卿至》云：碧桃成实海为田，一别先生十五年。京国雍容寒月夜，江湖邂逅暮云天。品高黄菊花争冷，文老丹枫叶喻妍。肥遁著书成几许？开扃吾与次韦编。《送刘康侯南归兼示伯固》云：元方抚剑作雷音，哲弟高歌倚素琴。德性委蛇垂佩玉，丰标凝重铸精金。五年别子青天远，双鬓愁予白发侵。佛钵昙花空一现，枉劳存问意何深。　　飚轮激箭注江干，握手清溪一笑欢。灯烛共光宁易得，尊罍入手莫辞干。高谈往往寒更尽，嘉会匆匆好梦阑。归省高堂双白发，好凭尺鲤报平安。《读刘霞仙先生尺牍有感》云：万里狼烽敛毒烟，乡闾未识中兴年。无端税亩同加赋，终岁〔严〕兵等戍边。驼说养民如种树，聃言治国类烹鲜。高风夐绝谁能赏？虚有仁言载简编。《题张力臣小像，即以志别，兼呈郭筠仙丈》云：汨罗江亦洞庭源，中有佳人我所㮣。北极沾恩曾霡霂，南箕腾谤任嚣喧。骊驹万里神明属，嘤鸟三年笑语温。待报萧朱真结绶，可能降志就高轩。　　台澎三古宅狼貙，圣代文明渐海隅。瓯脱从今非隙地，矢光何日耀威弧？

闻君颇解狄鞮语，昔我曾披《王会图》。学博各宜甘豹隐，技成莫幸有龙屠。　　先子神交不数人，东南竹箭美霜筠。与君道义诗书好，匪独枌榆里闬亲。宦海人间原浩渺，卿云天上自轮囷。流分清浊从来忌，端赖林宗护荐绅。　　顾兔踆乌不可羁，秋风容易别离时。雕虫篆刻留相赠，神马尻轮方自兹。蕉叶输君经日坐，杏花约我仲春期。归来更赏絜园景，也洗缁尘倩画师。《别舍弟栗诚二首》云：天教法护剧奔驰，却放僧弥尽孝慈。栈豆羁身容可免，觚棱泥首未宜迟。夜床风雨相要约，春草池塘起梦思。待祝萱堂千万寿，与君同赋碧桃诗。　　江汉淮河路正赊，秋风尼我洞庭槎。家园粗粝良多味，人世波澜信未涯。寄子新诗歌坠雨，羡君长啸醉流霞。蜡霜烟外勤浇水，看放归时满树花。《次筠丈赐诗原韵》云：诗礼无由更过庭，轻将薄植贡王廷。孤舟又渡重湖碧，人世知逢几眼青。海国谋侵荒服地，天山诏起少微星。公来我去缁尘里，魏照何年再执经？　　长江千里苇航通，乍敛炎威细雨濛。新月几时来作伴？醇醪破寂近无功。梦中叨赐牛心炙，腕底能回鹢首风。觉后高歌谁见赏？绿瞳丹脸一渔翁。《怀李眉生》云：牙樯飙迅三千里，心绪萦回十二时。自有先畴邻碧水，却承勋荫拜彤墀。卿云甘露时方泰，流徵清商和者谁？铅椠纵横天所与，胥台一客是吾师。《将至苏州访李香岩，先投以诗》云：连宵好梦在瞿园，盘珓纵横笑语温。打鼓发船惊我觉，挥毫落纸与君言。云迷大泽龙蛇蛰，日冷高门燕雀喧。剩有谈锋健犹昔，各疏黄济辨清浑。《过天津谒合淝伯国作一律柬吴挚甫》云：火轮飞过碧琉璃，黑海云开见帅旗。南霍有灵通帝阙，北冥回首望天池。鹍鹏六月抟难息，虎豹双爻变已迟。直谅似君宜有赠，韦弦何物是吾师。《中秋怀黎莼斋》云：一物不知儒者耻，百年长健古来稀。心惊节候弦催矢，手写图书墨染衣。尽扫鼠肝虫臂见，去从燕颔虎头飞。海天寥廓容黄鹄，中路难归且莫归。《有感而作，叠吴桐云韵》：梦逢仙伯与疑年，生在羲皇御极前。姑射为山初覆篑，蓝田种玉未开阡。学徒分布瀛洲岛，谪降犹居兜率天。试问金丹更无诀，长吟永啸已腾骞。《寄怀郭筠仙丈叠前韵》云：醴泉甘露中兴年，象笏鸾旗便殿前。长府自应仍旧贯，井田谁敢议新阡。人生毁誉亦由命，世事乘除休问天。但信唐虞登稷契，莫疑陈蔡困渊骞。《题周荇农丈〈思益堂诗集〉四首》云：木落蛩吟悲晚秋，荒园茅舍小于舟。贪从蟫蠹争馀味，痴就虫鱼策远猷。仆睡强留灯作伴，岁饥行借斛量愁。键门研诵濂溪集，一洒烦襟豁倦眸。　　卿云五色神鸾迴，太华三峰秋隼翱。名世文章多绚烂，昂霄风骨自雄豪。雌黄腾谤南箕翕，清白扬辉北斗高。烧取一篇和蜜饮，勉收凡卉读《离骚》。　　图籍纵横酒戫深，兴酣抚剑作雷音。何堪大厦栋梁任。自保岁寒松柏心。史氏贵兼才学识，释家常说去来今。夙因不证蓬莱果，却对天山放浪吟。　　先子骚坛建鼓旗，涪翁奇崛是严师。不敏请事斯语矣，下士闻道大笑之。时论尊唐常抑宋，吾生承冶不为箕。舍南署榜称双井，欲向东坡丐小诗。《送黄汉仙驾部入蜀二首》云：横说诗书纵六弢，岂徒文采冠吾曹。醉携樽酒邀明月，梦席天风挫怒涛。奋翅缁尘黄雾表，昂首玉垒石门高。筹边楼在风流歇，新葺椽甍待隽髦。　　先子星轺驻桂湖，酒阑题句示新都。秦山蜀树自朝暮，竹蝶枫鸦今有无？辙迹所留云在眼，弓裘未绍雪盈颅。他时秋水荷花候，君与描传粉本图。先太傅道光癸卯典试四川，过新都桂湖杨升庵修撰故宅，题诗五首，有句云：翠竹偎寒蝶，丹枫噪暮鸦。又作楹联云：五千里蜀树秦山，我原过客；一万顷荷花秋水，中有诗人。《以旧体杂文示张芗涛太史赋呈一律》：砚田无获不甘贫，笔阵犹思鼓两甄。与管论天蠡论海，学雷鸣夏鸟鸣春。多君直谅信吾友，希古文章谁与伦。垆壤百抟终苦窳，愧无堇埴问陶钧。《与张芗陶论春秋三传，微有驳议，又作一首》：湘绮楼中经学昌，颇讥肓左右公羊。一辞游夏犹难赞，三氏春秋各有长。墨守本无坚壁垒，丹成不愈旧膏肓。数端疑义传千古，待质君家丞相苍。《次韵答汤小秋》云：巷尾蜗庐小似舟，落枫残菊送三秋。苦遭黄雾缁尘涴，回忆清溪白石游。炙輠万言倾笑语，盍簪几日纵觥筹。雄谈惊坐吾能和，俊句宜人子独优。　　久从猿鹤陟孱颜，忽逐鸳鸾点末班。世变无穷天海表，诗情常在水云间。醉歌新曲玉连琐，闲爇沉香金博山。更向梅花寻好句，篇成邮寄秣陵关。《为梁曦初侍御题张君度山水直幅》云：我家涟水入湘川，叠嶂攒峰拥数椽。三径壶觞成契阔，九衢车马逐喧阗。缅怀写月图云笔，小结樵林钓泽缘。执卷还君入行箧，长途晴霭起非烟。《寄李眉生徐州》云：我发彭城二月（发）〔朔〕，迁延不发与君期。期君不至行相左，兹会无缘后岂知。离合真如盘汞走，欢愁等是隙驹驰。何当更试君房墨，为写寒山峭石诗。　　民隐军储万绪棼，江淮千里况尘氛。风声鹤唳时闻警，云起龙骧共策勋。间作诗歌酬壮士，怪无消息慰离群。悬知凭眺南楼上，不乏飞鸿向楚云。《送四妹归郭氏呈筠仙丈二首》云：夜半天东起瑞霞，笙钟环绕七香车。穿林戢戢竹初笋，照眼纷纷梅自花。室揽众山来户牖，田留数顷课桑麻。借斟卮酒酬吾妹，庆汝于归积善家。　　刘公两鬓早成霜，德业与公诚雁行。缟纻几家相许与，关山万里各行藏。鸣鸠乳燕春将及，风虎云龙事未央。颐性林泉真早计，东山何以慰我望。《寄吴竹庄》云：男儿三十解惊秋，钟鼎山林两未谋。炙輠雕龙留笑语，尻轮神马得归休。关心世事今沧海，屈指友生君白头。江上往来舟似织，邀谁烂醉阅帆楼。《新居二首》云：朝游廛市暮林泉，碧水红尘都有缘。但得琴书常供养，不嫌车马日喧阗。扫床小睡清无梦，拂几凝思静欲仙。会买竹秧三百本，春来为种北窗前。　　酸咸嗜好谁能无？种菜养鱼聊自娱。小叶昌蒲舒凤尾，修茎粉箨长龙雏。室依空谷吟成响，池有流泉旱不枯。世变沧桑驰圣哲，天生丘壑置羸驽。《次韵郭筠仙丈由粤东假归述怀留别四首》云：独运蟠胸十万兵，建牙吹角五羊城。三年威惠孚殊俗，一代文章副盛名。南徼征尘头早白，西风归棹月初明。纵横万象浑无系，卓荦观书二尺檠。　　古来勋业出清流，玉尺空横是隐忧。自有群贤称楚宝，更无速化似齐讴。从知屠狗能为将，行见烂羊虚得侯。此意公常三叹息，长篇封入致书邮。　　卅年老友鹤鸣阴，秦粤相望棨戟森。有叟挂冠仍鞅掌，羡公投绂已山林。频年金鼓犹雷震，圣代恩波似海深。近日元侯让开府，何当俯顺老臣心。　　一劫成灰百万家，桑田东海尚无涯。不闻青玉可为案，但见黄台方摘瓜。幽谷三春赓伐木，洞庭八月泛流槎。键门三复廉颇传，怀古长歌白露葭。《苦雨叹三首》云：六十年前丁卯岁，禾苗旱死吁无遗。每闻父老占农事，常恐凶荒似昔时。苍昊降灾宁有例，愁霖经月亦难支。可怜舍北秧青处，昨日化为三顷陂。　　舍南浅井是真泉，足溉山根十亩田。似有蛟龙宣湿气，颇嫌蛙黾出庭前。举头云雾低如压，满眼莓苔百不鲜。苦忆城西吴训导，可堪镇日长酣眠。　　中原困兽犹能斗，丧我雄师千许人。小队未成鹅鹳阵，将军已遘云雷屯。连年薪米同珠桂，数道烽烟剧楚秦。世事定知何日好？键门一醉动经旬。《呈外舅父刘霞仙先生》云：超超麟凤出苍冥，藉藉声华澈帝廷。三峡新军喧鼓角，五年伟绩著丹青。人间谤议南箕口，天上辉光北斗星。春水白云归去好，心闲久已忘钟铭。

洞庭春涨走蛟龙，雨过蒲帆趁好风。　　小艇近维杨柳岸，故园重见蕙兰丛。半生宠辱身何预，七字诗歌暇益工。我自狂吟漫无律，深惭李汉侍韩公。《题尹金阳〈苍茫独立图〉》云：尹子丹青与化俱，众生指下判荣枯。近当樗散亡聊日，自写苍茫独立图。大海波涛揭地起，高秋云雾漫天铺。举头四望浑无物，梦想人间顾与吴。

十八日。诣外部见旁斯茀得，与商先期告辞，以闻君主住阿斯本行宫，二月杪乃回温色行宫，朝会之期，约在三月，阿思本宫远距苏士阿模登海外，须由海道往见也。旁斯茀得允商沙乃斯百里，再行回报。是日，沙乃斯百里适回伦敦，德使敏斯达及土、法两国署公使并相就求见。接黎莼斋、联春卿信，劼刚呈递国书已定今日日期，抑何速也。

十九日。接上海文报局十一月初五日发递一百四号包封，内江海关详报递送文报局纸张工役开支章程一件。马格里觅得西洋近刻西亚细亚地图，盖为阿富汗交战事也。英兵三路，北曰基伯尔从印度伯夏洼尔部进兵，中曰古鲁目，南曰魁达。阿富汗全国地势，已囊括而包举之矣。又令喀什密尔西并基得拉尔。基得拉尔附近，阿富汗别为一国，与布哈尔壤地相接，并距葱岭之西。逾岭即叶尔羌地。而俄人所据之基发，亦与布哈尔相接。其南皆沙漠，至麦尔茀即与阿富汗交界。英俄交争于亚细亚之地，其势趋重印度，而必以阿富汗为枢纽。印度诸部并于英人，浩罕诸部并于俄人，中间壤地相距千馀里，英、俄必争据其胜。西域诸回部，殆无复安枕之日矣。

二十日。礼拜。新报载：德国毕斯马克立法严禁私会，并及新报及议绅之诋毁朝政者，欲于两议院专派三十人稽查，有诋及朝政即捕系之。德人大哗，谓如此不如竟废议绅。至是始知德国之立议政院始于一千八百四十五年，盖甫及三十二年之久也。西洋之设议院，实创自英国。各国以次仿行之，而德国为最后。其间有利亦有病，民气过昌则主权日替。德国谋收主（谋）〔权〕，毕斯玛克遂欲以一人之力，遮遏一国人之势使不得相抗。操之过急，则将溃而四决以成乎乱，操之缓则终无济也。蒙意德主于此当急下罪己之诏，勤问民疾苦而宣布之，俾知君民所以相维系之意，以冀相与感化，维持于不敝。纵不能遽如英国之阔大，一切包罗孕育之，要亦须有以固结民心，涵濡导化，未宜更激之使动。毕斯玛克于此，倘亦所谓不学无术者哉？

廿一日。与马格里赴铿尔谛茶会，前香港总督铿尔谛之从妹。铿尔谛现调新金山魁英斯兰得总督，与哲尔威斯同官而各不相属。与印度之有统辖者不同。旋过美使及日本使，皆不晤。驻俄英使罗弗尔得与廓觉阔夫互有辩论，其气各不相下。新报略载一二端。廓觉阔夫诘英国：助俄古碑洋枪千杆何意？罗弗尔得询之沙乃斯白里，回言：无此事。弗寨斯由印度至喀什噶尔，自送猎枪六杆，与国家无与。罗弗尔得因诘廓觉阔夫：遣使阿富汗何意？答言：此两国往来之常。俄国管辖人民八百万，为自立之国。此非与国所能致诘也。罗弗尔得言：此亚细亚一洲两国最关紧要之事，但立有盟约，岂能不一诘问？英国君主管辖人民二千万，各能自主，即各有应守之约，应主之权。从前询问遣使阿富汗一节，谛亚斯答言无此。今据所言，是前后自相忤也。所言为不诚。廓觉阔夫言：谛亚斯当时容有不知。各国交涉事宜，驻扎公使皆得致诘。录此以见一端。俄国电报言：哈吉目刊都拉由福尔巴纳进入喀什噶尔。哈吉目刊都拉，即前与雅古贝之子古里贝争立者。现由俄地回据喀什噶尔，其为俄人暗助，万无可疑。新报亦言：与中国交界之俄官，曾会晤中国塔尔巴哈台大臣，通知该大臣：俄国以俄商一人无故被戕，欲派兵一队至塔尔巴哈台，保护俄民。此两节关系西域大局不小，阅之怃然而已。

廿二日。接沙乃斯白里信，示见君主之期，当以礼拜五赴阿斯本行宫。以梁氏随行数万里，一被参于刘锡鸿，再被参于张佩纶，不能为荣而只为辱，乃决计令其一见君主，归为子姓言之，足证数万里之行，得与其君主相见，亦人生难得之际会也。接黎莼斋信，传示刘鹤伯致《申报》馆钱星伯一书，所言尚尽情事。而刘鹤伯以《申报》馆主笔为钱星伯，黄泳清又以主笔为沈宝山，大率主笔者当不一人也。

廿三日。得茀里玻璃店与马格里关通为诈骗之局，德在初又于其中构成之。令凤夔九诣询两次，一意抵赖，不复以情理论。此来深受马格理之累。诸所交涉，皆成恼愤。天于此遣一刘锡鸿相贼伤，亦云酷矣，而牵连以有一马格理，实薰蒸于刘锡鸿之积恶以与之化，无事不承其害，使人茫然莫测所由。然其弊皆坐不通语言，是以出充西洋公使，以通语言文字为第一要义。致李丹崖信，并抄开设学馆及举荐出洋人才两咨稿送阅，以丹崖心嗛严又陵，日意格又心嗛罗青亭，两监督心不乐，而予皆登诸荐牍，于此又添一议论，然要皆时运之所值也。

廿四日。伦敦女士倭里巴尔见贻所著书曰《桑达克来斯低拿》，盖希腊语也。桑达谓圣，克来斯低拿谓耶苏也。其书盖论教旨与希腊罗马古教异同，亦泰西讲学之书也。罗马初为得罗尔国，一名伊里恩，立国马拉海南。希腊攻克之。其遗民逃至罗马，其时居罗马者意得罗亚里也。伊里恩人始于此建立罗马国。泰西诗人以希腊何满为最，罗马费尔颉尔次之。两人各著书言罗马原始。何满书曰《伊里亚得》，纪伊里恩王掠得邻国一公主，美艳绝伦，公主拒不从。希腊因兴问罪之师，围攻伊里恩，经年始克之。盖纪事诗也。其时泰西尚无纪载，以何满诗详其事，泰西相与传诵，遂据以为史录。其后费尔颉尔著书曰《意拟亚斯》，则叙希腊攻克伊里恩，其国人名意拟亚斯者，负其父安开色斯以逃至西舍里，又转至罗马。其后生二子，一曰洛莫勒斯，一曰里麦里。洛莫勒斯始开罗马城。罗马原始，得两诗人纪载而始详。倭里巴尔博通古籍，所言耶苏教旨，而希腊、罗马文学始末皆详著之，亦所谓好古能文者也。接曾（纪）〔劼〕刚信。并发递总理衙门公文三件一、法国移交器具银两；一、移交随员衔名；一、咨查核上海两次《申报》。二件十三日期，一件十八日期；直督、江督公文四件又加清查《申报》馆华人诬造谣言；上海道、上海县扎二件一、查上海两次《申报》；一、参赞黎支家银两分别扣抵；并寄周筱棠信一件凡言三事：一、辨《申报》之诬；一、驳正《英轺日记》之谬；一、驳正德使咨辨滥支经费；外寄唐景星信及家信第叁拾号，及寄子瀞侄浙江一信。

廿五日。与张听帆、马格里同赴阿思本行宫告辞。西洋通例：接任公使呈递国书，前使陪行以示告辞之意。而据新报：君主往阿斯本行宫，至二月杪始回温色尔行宫，朝会之期当以三月，是曾劼刚接见尚未知何日，其势不能久候。闻阿斯本行宫山水尚佳，欲就便一往观，因与沙乃斯白里商定，携带家室诣阿斯本接见，一践前约。君主欣然允许。以巳刻至维多利亚车行，由其国家预备专车，送至波斯穆斯。予与听帆及马格里一房，家室一房，沙乃斯白里一房，外无他人。上怀苏亚尔魁英小火轮船。船主曰华尔克勒尔，次曰歪烈，相待至恭。阿思本行宫在歪得岛，洋语曰爱尔阿甫歪得，横约百里，纵百二十里，狭处四十里。地势逶迤，树木丛密。君主以其坐车二乘，迎于舟次。出入林木约三里许，至阿思本宫。宫官家尔得拉尔导入一厅。世爵夫人巴尔克亦导家室入一厅。予就视之，则君主治事厅也，以闻中国妇女步履艰难，因使坐候于此。而君主以次就见，视见家室，相与慰劳，告以远方劳苦，必得少坐饮食，兼指示其三公主毕尔得立斯曰：此公主也。亦相与问劳。次至予所候厅，相与鞠躬。因言：闻将回国，心殊歉然。未知以何日启程？答言：约在半月内。又言：远道来此，心甚感激。答言：托庇宇下，已届两年，现因销差回国，必得恭诣告辞。又言：甚喜一见，且得接见钦差类里。居此日久，常思一见不可得。若径归去，未免使人伤心。答言：中国妇女无朝会之礼，所有盛典概不敢与，今旦夕回国，以私接见，得蒙赏准，实是感悦。又言：愿祝一路平安。中英两国应得交好，甚愿此后交谊日益深固。望以此意达之中国大皇帝。答言：承君主盛意，谨当代陈总理衙门，奏知大皇帝。因相与鞠躬而退。家尔得拉尔问马格里：钦差类里能同席乎？马格里告以中国礼不同席。家尔得拉尔言：如此，当别设一席。已而巴尔克太太邀予至所设席处，环立妇女六七人，询之，皆世爵夫人也。其间名费克斯者告予：去岁温色宫曾同席。英例凡三月一值班，幸又相见于此。于是随同巴尔克至饭厅。沙乃斯百里、宫官、命妇咸集。家尔得拉尔语予：四太子立约波尔告言：钦差饭后须通知。想是欲一相见。饭毕，因导见四太子，形貌极清秀。诸太子皆充水手兵官，而四太子独以文弱不任武事，读书甚富。言：两年未一相见，心常抱歉。兹闻其将归也，是以愿承间一见。答言：甚喜一见。兼闻四太子学问宏富，愧未能以时求教。笑言：此钦差夸奖之词，甚愧不足当此。因询行期及路程迟速，及能坐船不为苦否，意甚勤勤也。回至船，与华尔克勒尔谈十馀年前曾至冰海，问：至北极若干度？曰：七十七度。予谓：视前岁至冰海者尚差五度。曰：前岁凡历八十三度，实多六度。亦实由耽延日久，不能前进。若非耽延，尚可多历数度。问以耽延何事，曰：到处掘土成堆，纳所著日记其中，以示来者。以来游冰海，皆不能作生还之望，希冀来者犹能知其踪影也。问所见何事，曰：尽有至常而至奇处。至一地，见有铁工炉具，而其地故不产铁，亦无冶铁者。问：亦有人否？曰：其人皆顽浊，沿海捕鱼为生，而去所居十馀里外，即不能辨南北。问：有何物？曰：白狐、白熊最为美品。问：舟行乎？陆行乎？曰：初皆舟行，遇有岸地即上。以次北行，忽为巨冰截断其船为二，船人相与履冰行。冰端亦有居民，驾狗为车。凡坐犬车六十馀日，周回转折，得遇便船，乃幸归耳。问：将以何为？曰：是欲穷究北极尽处。每探一次必越数度。数年后，必能踞地顶以览八极，亦是一快事也。

廿六日。接上海文报局十一月十二日由法公司递到一百五号包封，内黄泳清及十一月初四子瀞侄二信。子瀞现仍回宁波厘局，因奉化之濠河局滋事，属往整顿，而一意以销弭了事。酿患日深，诚惧无以善其后也。致曾劼刚一信。又接李丹崖、联春卿二信廿四日发，廿七日到。是夕，马格里邀赴来西恩阿摩戏馆，观所演舍克斯毕尔[1]戏文，专主装点情节，不尚炫耀。其戏馆新创成，世爵夫人百尔代得顾兹捐资为之者也。晚归，接赫德及得罗姆二信。得罗姆见贻阿伯尔里莫萨所著《噶丹史记》，云阿伯尔里莫萨精通华文，《噶丹史记》盖论中国荡平西域事也。

廿七日。礼拜。贝尔治、罗伯逊、旁斯茀得次第过谈。旁斯茀得告言：前照会科仑比亚华人身税一节，当据来文行知铿尔达总督。现任总督罗尔恩，即阿尔该尔公之子，尚三公主者也。顷据回文言：科仑比亚按察司令华民无出此种身税。以该处议绅不能以私意自定章程。如必派勒此项身税，当与议绅同就按察司名噶里处断。罗尔恩既得外部文，亦拟禁止科派，数日内当据来文照会，特先通报。予因为之致谢。贝尔治为博物院考求东方学问者，尤熟于挨及、巴比鸾古事。言：巴比鸾字学皆用△，由一至七八，

①舍克斯毕尔，Shakespeare（莎士比亚）的音译。

或横或侧，亦如中国字学之有横、直、点、撇。往时刊洛费尔人日耳曼国名，今并于德格罗谛芬至波斯古都城名白尔塞波里斯，见石壁作△文字，今就其文推考波斯年代，至诸王名。波斯自古为大国，自称王中之王，犹言各国中之最尊重。因推其文，推知其所自名，以得其历代事迹，始悟其时用巴比鸾文以纪国事。盖波斯、阿西里亚国近犹太、米里亚国近里海三国文字同出一源，而巴比鸾立国最久，诸国多用其文纪事。因又推求波斯古事，以通知巴比鸾之文也。予谓：巴比鸾之文用△，印度梵书之文用○，文异而法实同。惟挨及古文与中国字书为近。贝尔治曰：良然。中国字兼会意、谐声，其会意之字居左而变化在右，一准其声为义。如金、木旁各以其类从，是会意。金旁之右作同为铜，木旁之右作同为桐，音同而因取声以证其义。挨及古书亦多类此，所见□类字甚多。问：挨及石柱锐顶何义？曰：当时尊信火教，所祀太阳也。其神曰阿曼。如日光射处成一道光，而光尽处常有尾而锐，立碑以象此也。因论：此来欲告钦差：中国宜急求自立。问：何以见教？曰：宜治兵事，以御外侮。曰：中国重文轻武，武官常所贱简。吾意宜先立学。贝尔治曰：此本计也。宜求（太）〔泰〕西武官上品，为之讲习。予曰：此不易致。且先分立学堂，从浅处求之。贝尔治曰：觉米尼兵法不可不考求。近德人砚摩尔克[1]论兵法尤详。钦差当求其书，令中国肄习之。且谓：吾英国人，盼英国之日见昌盛。其次则盼望中国，以中英实有交相维系之谊也。闻之，深为怃然。语次，问及马尔他岛水师船有炸炮事：武里治铸炮精益求精，何为有此？贝尔治言：现在武里治各官及各学馆学师，考求制造化学，讨论此事，尚无定见。或言炮口有障碍，或言武

①砚摩尔克，VonMoltke（毛奇）的音译。

里治炮内膛用钢条叠成，其中杂有沙质。以予观之，现用新法，子、药并用机器灌入内膛，机器转轮或弱，子、药两者中离，未能紧贴。火发后，推子无力则横激，非炮身所能制也。其受炸之故，必由于此。是夕致李丹崖、黎莼斋二信。

廿八日。李克、谛盘生过谈，云以亚细亚学问会来伦敦，将宣述中国文字原始。盖泰西学问皆设立会馆讨论。东方会有专理商务者，有专讲学问者。里克所述，则学问也。皆先期报明所讲说，由会馆参赞示定讲说之期，多者亦不过三四起，每月一会，各以所报先后为次。或有要务会商，则于其月增加一集会之期。同会五百馀人，皆考求东方学问者也。总其大要凡四：曰中国，曰日本，曰印度，曰挨及；其蒙古回部诸国统于中国，其学问亦多无可考论云。谛盘生论及西洋大局（莫未）〔未能〕平定。予谓在英则阿富汗，在中国则俄罗斯。谛盘生曰：密迩法国，国势纷纭，亦未有定。下院议政堪莫尔权力大于执政，君民两党相为水火而莫知所主，恐其国未必能遂安谧也。旋问：苦尔家之事，不至与俄失好乎？予曰：原无失好之理。惟俄人一意侵广土地，不顾情理之平。近见新报，于喀什噶尔事多造谣言，未知其意之云何也。德、俄之交方固。君亦德人，当能知其意？谛盘生曰：德、俄两国朝廷深相结，而民论殊不然，直无以俄人为然者。数年后波兰必有事故，德、俄之衅将成于此。问何故，曰：德、奥、俄三国分割波兰，波兰至今不服，俄人尤虐视之。德国以为波兰苟自立国，亦不相禁也。俄人则持之坚。于此恐有（差参）〔参差〕。问：奥国之意与德比乎？曰：奥人之意尚不可知。然其国兼有奥大里、马加里二国，土人之割波斯里亚二部与奥，马加里人甚不乐，以马加里自为丰格里一族，奥大里本国则斯拉甫一族也。二族之势力相并，各立议院。而波斯里亚二部实为斯拉甫一族，丰格里虑其偏胜，则权力益厚，积久必不能与抗，是以虑之。波兰又别为一族，奥人得此亦无所利。故揣其意当与德人同。西洋国势与教务多相因，然其间情事烦多，正亦未易昭晰。其所言各国情事，亦觇国者所宜知也。晚为李湘甫、张听帆、凤夔九、黄玉屏邀至博尔林登为予饯行，马格里、姚彦嘉二人作陪。接李丹崖廿六日信，所言多可采。

廿九日。亨得生来见，为税司司灯表者。屠威斯、舍非尔、密斯盘、罗颉尔得均枉存问。得劼侯电报，仍主在法接印之议。乃致书告之：吾以英使兼法。接任大臣不至伦敦，无可交卸之理。持印赴法以求交卸，非所闻也。此等举动，未免任意。晚邀马格里、姚彦嘉、李湘甫、凤夔九、张听帆、黄玉屏小酌。本邀里克，而适以事回阿斯茀。

郭嵩焘全集

十一

史部四

日记四

光绪五年至光绪九年

岳麓書社·长沙

全书总目录

本册说明

本册为《郭嵩焘日记》的第四册，始于清光绪五年（1879），止于光绪九年（1883）。

郭嵩焘之子郭焯莹《郭氏佚书叙目》称："先兵左自道光十八年入试京师，随所见闻及起居酬接，按日记之，终于卒之岁。"可知郭嵩焘一生日记，长达五十馀年。光绪二年十月，郭嵩焘奉命出使英国，抵达英国伦敦后即按照总理衙门的要求，将其自光绪二年十月十七日上海启程，至同年十二月初八日抵伦敦期间51天的日记，整理成书，并加上若干议论，寄呈北京总理衙门，后由同文馆于光绪三年以《使西纪程》书名刊行。除此之外，郭嵩焘的日记，直到1980年代以前，一直未有刊行。其手稿先是珍藏于郭氏家宅，1950年代，由湖南省文物管理委员会装订成40册，由湖南图书馆收藏。1980年，湖南人民出版社委托杨坚将其整理校点，分为四册，以《郭嵩焘日记》书名出版。1984年，钟叔河主编的"走向世界丛书"，复将郭嵩焘出使英、法两国的日记，包括往返途中及回国后一段时间的日记，并与《使西纪程》刊本对校，以《郭嵩焘：伦敦与巴黎日记》书名出版。

此次收入《郭嵩焘全集》的日记，即在杨坚所整理的《郭嵩焘日记》的基础上，并参考1984年版《郭嵩焘：伦敦与巴黎日记》，按照湖湘文库古籍整理的统一要求，由梁小进、马美著重新整理而成的。本次的重新整理，将原来的四册改分为五册，改正了1980年版《郭嵩焘日记》中的一些文字和标点符号的错误；并根据全书统一的体例，将郭嵩焘本人已经删除的内容，及原编者在日记正文中添加的文字，均予删除。

本册日记所记载的内容包括：郭嵩焘在英国期间的外交活动，以及副使刘锡鸿和国内顽固派对他的攻击污蔑，迫使他辞职回国的经过；光绪五年三月郭嵩焘回国后直到光绪九年底，这一期间在湘的社会活动与家居生活。郭嵩焘在这一期间所写的日记，曾记录了不少外国的地名、人名，原系以汉文音译。此次整理，为方便读者，我们将这些外国地名、人名的英文附注于页末。

作为一位中国近代的杰出洋务运动思想家和政治活动家，郭嵩焘的日记，逐日记载了他的政治社会活动，他对于时代的思考及其政治主张、读书心得、学术见解，以及社会交往、起居行踪，内容极为丰富，对于研究郭嵩焘和他的时代，具有十分珍贵的史料价值。

目　录

日记四

光绪五年

光绪六年

光绪七年

光绪八年

光绪九年

光绪五年　己卯

正月

光绪五年，岁次己卯，正月初一日乙巳。元旦。率诸随员行朝贺礼，得一律云：昨宵昨岁源源去，今日今年鼎鼎来。春领寒飚苏草木，天嘘晴旭散云霾。百龄一瞬知将老，万里孤怀得好开。去住两随松竹健东山旧居手栽松竹，亦植梅二本于所居行馆中，相将同覆掌中杯。接崇地山、黎莼斋、密斯盘各信。以曾劼刚明日即至，料检酬应，恐无馀暇，因急致复崇地山一信，言：闻呈递国书已有期日。天章远贲，四面向风。尊俎折（衡）〔冲〕，万人戢听，以为荣观。比毂连衡，闻之增气。往时作此等言语，辄惭不能下笔。然与今世士大夫处，舍此更何言哉？嘎尔得拉尔、金登干、罗伯逊、马克理并枉过贺岁。是夕，邀罗伯逊、马克理、金登干、亨得生、脱拿、贝拉西。脱拿、贝拉西，并金登干幕府也。亨得生管理灯房事。此外惟一邀严又陵。公馆则马格理及姚彦嘉、李湘甫、凤夔九、张听帆、黄玉屏六人。罗伯逊起作颂词，吾亦以数语答之，属马格里宣述。比询严又陵，则所宣述之旨，多不能详。此又凤夔九、张听帆所不能辨者也。

初二日。接曾劼刚信，以其行李分两次载运，第二次适至，欲请稍缓数日来英，以凭料检。始知除夕电报，欲在巴黎相候交印，非无因也。当回一电报促之。适接联春卿电报，则陈松生与杨仁山、萧介生、陈莘耕初二晚起程。曾劼刚与刘开生、曹逸斋、左子兴、李芳圃初三晚起程，并当以六点钟抵伦敦。既自苦，亦苦诸人之迎迓，皆未能通知世情者也。巴黎以病不能出迎，此次若仍听其至，不一理之，于事理亦属非宜。夜半严寒，以此相累，亦殊无谓。

初三日。陈松生、陈莘耕、萧介生、杨如斋自巴黎来，自姚彦嘉以下各随员夜半往迎，又别由西道至维多里亚车行，比从车林壳罗斯驰至，则已登车矣。自苦苦人，办理实未如法。黎莼斋在巴黎竟无一言匡正，深所未喻。是早治席款之。旋偕马格理出门辞行，约分三起：一、各国公使；一、各衙门首领官；一、爵绅之素有往来者。所见法国、波斯、日本三公使，均相与惘然。法使言：钦差此行，伦敦官绅无不抱歉者，各国公使亦皆抱歉。波斯公使言：所识伦敦官绅，语及钦差将行，均忽忽如有所失。中国派来钦差无论是何等人，欲追踪钦差决知其不能。日本公使言：钦差此来，于中国大有益处。答言：才薄不能求益。曰：以所见告知中国人，是一大益；使伦敦通国人皆知钦差之为人而信服之，更是一大益。三君之言，吾甚愧之。

初四日。诣车林壳罗斯迎接曾侯，比至，得电报仍由维多里亚车行。奔驰竟夕，雨雪严寒，相与驰抵公馆，时尚未曙也。治酒食相款。仍邀陈松生、曹逸斋、联子政、左子兴、陈莘耕、萧介生、杨如斋、李芳圃同席。旋偕马格里往见毕根斯由。言：每见钦差必喜，今日乃甚悲，缘钦差此来为辞行也。吾言：居此两年，深蒙款待优渥。比因销差回国，不能不一告辞，是以来见。毕根斯由言：吾与各部尚书及宫官三十馀人朝夕共事，闻钦差之去，皆各惘惘如有所失，不独我一人抱歉而已。吾言：英、法两国交谊并同，而英国相待为独厚，使此心深怀耿耿。毕根斯由言：吾此数月内每见君主，辄言及钦差为人而深惜其去。吾言：此由毕根斯由相视之厚，是以通国之人，上自君主，下及官绅，皆加异视。毕根斯由：回中国后务请达知中国朝廷，罗尔得毕根斯由委实倾心愿与中国交好，绝无他意。但望中国体谅此心，当不至有参差。答言：前日见君主，所言亦同。居此两年，习见官绅勤勤之意，亦实能互体此心，可以共信。此次回国，必将罗尔得及君主之意达知本国朝廷，以求两国交谊日加深固。毕根斯由言：自信管理国家事务，万不至有蹉跌，即令蹉跌，无能取容于英国，尚当径投入中国。马格里言：此系与中国钦差深相结好之意。答言：万无此事。果能前往中国一游，深所庆幸。毕根斯由：英国人于钦差敬慕无异言，使通国人闻其将去，皆各依依，亦向所未有。答言：深感国人相待之诚。在中国时即闻罗尔得毕根斯由之名，幸获承教两年之久，每见新报所持议论，无一语不担斤两，所办事件，无一处不深合机宜，实所服膺。愿赐一小照，俾持归悬之案端，以志向慕。毕根斯由言：深谢钦差相待之意。即顾参赞科里取一小照，自书名，起授嵩焘：此次枉顾，永远不能相忘。亦愿钦差受此小像，记忆英国有此一相好朋友，长无相忘。因相握手慰劳而退。毕根斯由为英国名相，年七十馀，西洋各国相视以为豪杰之才，而每与嵩焘言，未尝不重视中国，以逮其使臣。此次情意拳拳，语长心重，不敢断其为诚心投契，而接其言论，领其意旨，使此心怦怦为之感动。与铿色尔贝音斯谈，贝音斯之母年八十六，初至中国为一千八百十六年。其明年为（萨）〔安〕，摩（尔）〔斯〕得朝觐中国之期。西洋遣派头等公使至中国凡三。乾隆时则有马格里，嘉庆时则有萨摩尔得，咸丰时则有额尔金。又明年，回过生得里拿岛，犹及见拿破仑第一，真可谓高年矣！

光绪五年，岁次己卯，正月初五日己酉。为西历正月廿六日，礼拜。日本公使上野景（贤）〔范〕及舍非尔、马克斯威诺次第过谈。舍非尔以奥大里银洋、铜洋二种凡十三品，又致希斯之意以英国铜洋二种凡十二品见饷。奥大里洋凡分二项，一为奥大里用洋，一为马加国用洋，盖奥主兼辖两国人民，一曰斯拉甫，一曰丰格里，所用洋圆质同而花样各异。希斯代各国铸造洋圆，凡二十馀国，大小数百种，所见饷者伦敦及颉尔西岛颉尔西岛近接法国两项佩宜而已。上野公使号雪洲，询及喀什噶尔事，因及日本与俄国互换萨克连岛中国名之库页岛，其事定议自安勒莫陀一人。先是日、俄两国分驻萨克连岛，俄人欲定北极五十一度分界，北属之俄，南属之日本。日本以此荒岛逼近嘎克达里①岛日本北岛，海口曰箱馆②，应归日本经营，俄人侵踞无谓，拒不允。俄人以此岛隶之荒服，流徙有罪者。于是日、俄二国民人日相争哄。日人苦之，请依俄人前议立界。俄人亦拒不允。乃令安勒莫陀使俄，凡三年，始与俄人定议：以萨克连岛全属之俄，俄人以所踞东南各小岛名苦来尔者改属之日本。苦来尔者，译言千岛也。自是日、俄各画海为界。安勒莫陀一力土持，日廷皆称善。其后安勒莫陀由俄历西域以出黑龙江，计行程九月乃抵日京，所至图画山川，考求事实。云历喀什噶尔边境，中、俄两国都无界限，而两军相望，不过数里。询以交界之地，两军皆无以应也。其言以为中、俄两国必滋生事端。询问安勒莫陀名姓，则姓（榎）〔榎〕本，名武扬。安勒莫陀者，日本“（榎）〔榎〕本”二字之连音也。其官为驻俄公使兼海军日将。数年前为中国截住秘鲁招工船只，尽释而归之中国，亦安勒莫陀一人之力也。因属上野公使为之道意，谋一详闻喀什噶尔情形。欣然允为通其意，并见给学馆训课图及近两年学馆年

---

①嘎克达里，Hokkaido（北海道）的音译。

②箱馆，Hakodate（函馆）的音译。

报。所立学校分大学区、中学区、小学区，而观今岁小学表，增至二万一千五百零二区，民间私立者又一千九百九十一区，可谓盛矣。训课图为植物者五，为动物者五，则博物之学也；为乘除勾股者四，为色者二，为音者四，则格致之学也；为单语者八，为连语者十，则文字之学也。单语为体，属实；连语为用，属虚：皆可为训课小学之法。

初六日。禁买黑奴会总办斯得尔治、禁烟会坐办丹拿、万国公法会总办屠威斯英人但曰退斯及其参赞经贞次第来见。均因鄙人东归，示走送之义，亦求因缘一见劼侯。马克里、金登干继至。诸君情谊皆可感也。金登干求带见其律师赫琛斯，谕以旦夕东归，颇繁冗，应俟劼候料理就绪，相就一谈。

初七日。傅兰雅昨自柏林来，接到李丹崖一信。偕马格里出门辞行，所见谛盘生、浩尔斯、金登干数人，而东行竟日，一切行李不及检点。以英人相待之厚，诸所常往来不能不一亲诣为别，不能惮烦也。晚据姚彦嘉告称：陈莘耕查点器具，十分作难，而罗云翰、郭斌等所收器具，邀其一查点不可得，乃至愤然诘责之，几与劼刚参差。前后交接之难，中国恶习诚未易湔除，而吾于移交事件皆自刻削，一切期有赢馀，以使后人歆其利。于劼刚又姻好也，犹相与诋娸如此，可为浩叹。因加咨总署，预为赔补之计。

初八日。发递交卸折件以须用印，并于初四日缮就，始以是日发行，并附片请假三月回籍就医；咨总理衙门七件一、抄咨折稿；一、法国移交抄单；一、英国移交抄单；一、法国报销册；一、英国报销册；一、咨保严又陵等六人留充随员；一、咨开立西学四堂，附信一件，并抄折三件一、阿斯本宫告辞君主日记；一、告辞英相毕根斯由日记；一、君主次公主薨逝来往照会。三件并抄咨；南北洋大臣咨三件一、抄咨折稿；一、保荐严宗光等六人；一、咨立西学四堂大致章程，附合淝伯相信一件；外寄子瀞侄宁波一信，并家信三十六号。以寄总署西域地图一册，信封厚至五寸许，亦向所未有也。偕劼刚诣外部告辞，意、法、土诸国公使咸集，坐候逾一点钟，见沙乃斯白里，言：钦差此归，心甚歉然。未知此次接任者亦能赶上钦差否？但盼接任者一如钦差为人，一切尽好商办。答言：曾侯贤能，必能如约。沙乃斯言：总须归为中国国家言之：中英两国总应交好，英国实所切望。答言：君主及毕根斯由所言并同，已告知本国总理衙门奏闻中国大皇帝。今承清论，仍当据以上达，总期两国同心合力，以求彼此相与卫护。沙乃斯曰：甚喜闻此。因问：曾侯在法安乎？劼侯应曰：安。沙乃斯笑言：法国国是纷纭，讫未能安。盖法国分立君、民二党。君党之中又分为三，曰威里伯党，盖旧立国之君也，其后曰康谛巴黎，实为梏尔邦一族；曰路易斯党，立国最为长远，其后曰康谛山伯尔，实为威林斯一族；曰拿破仑党，则近时立国者也。而康谛山伯尔最为巨族。民党亦分为三，有主世爵中推选者世爵多属君党，其为民党者持论如此；有主听民推选者；有主通贫富上下养欲给求，通为一家不立界限者。是以议论纷纭，至今迄未有定。而下议院干毕得，旧为伯理玺天德，最有名，民心多归之，其持论专与执政堆茀尔抵牾。近议绅献言：君党中不宜任以事权，恐致反覆。堆茀尔言：我等虽为民党，然却不愿立此界限，一切但视其所行何如，幸所行无忤，不当更苛论其心。于是民党大哗，并外部瓦定敦亦以其与堆茀尔比而并倾之。议论烦多，亦未有如法国者矣。晚为曾劼刚邀饭，用示饯行之意，同席姚彦嘉、张听帆、陈松生、马格里、左子兴、联子政、曹逸斋、陈莘耕、萧介生。彦嘉随予东归，听帆则劼侯专派护送至上海者也。是夕咨取金洋一千六百磅作水陆用费，并将行李保险单寄存劼侯处。是夕枉饯，方讶所携随员何以并集，晚闻姚彦嘉言，始知劼侯此席派诸随员醵金为之。以劼刚与诸随员行抵英、法两国，并分两日，予皆治席款之，前后凡四席，随员谋为公钱，劼刚因借此省费。

初九日。本定是日起程赴巴黎，以从曾侯处咨取盘费一千六百磅尚未交收，不能不少候之。因发去家信三十二号，以上海利如洋行汇兑俸馀银票二纸，寄交家中收存，以此为三联票，原须分别存照也。并寓书黄泳清，以前交公司洋行行李六十四箱合家人等行李共七十九件取有提单，先寄泳清点验，并照提存栈行。行李已料检，一经办理信件，又费一番装点，欲一出游而亦不可得也。是日又发行李木箱九件，交车行先寄马赛，交由马格里办理。催取验单，竟日无信。劼刚呈递国书尚无期日，而于是时令马格理译国书洋文，又令递送总署，似于人情未能体验也。

初十日。辰刻开行。劼刚率同陈松生以下送至车厂。罗伯逊、金登干亦至。松生与凤夔九、马格理又送至多发海口。天寒甚，幸无风浪，惟以潮落，船不能泊岸，另换小轮船，稍费周折。黎莼斋、刘开生、联春卿、马眉叔、杨仁山、曾省斋并接至车厂。询知本日前伯理玺天德已解任，接任者为克来威，由前伯理玺天德麦马韩本属君党，前岁有改立君之议，曾散会堂，任谛布洛里究克为相，遇事多以意处断，不循旧例。而旧充伯里玺天德刊毕得为下议院绅，有能名，以主兵之波来尔，故君党也，昌言（彻）〔撤〕换之。麦马韩不允。其相堆茀尔力请之，刊毕得因援前相谛布洛里办事不遵国例为言，请追论之。泰西例：凡不遵国例者罚最重。于是麦马韩以刊毕（理）〔得〕之相逼也，寓书议院请告退。议院集诸绅会议，举刊毕得者五十人，举克来威者五百馀人，逾时议定，以报麦马韩。麦马韩乃诣克来威相接授。相距不过二三时，而伯理玺天德之位定，国人尚无知者。寓费拉多拿公馆，李丹崖旧居也。

十一日。为西历二月初一日。诣曾劼刚处，便由黎莼斋乞信笺，寓书劼刚及陈松生及联子政、左子兴、陈莘耕、曹逸斋、萧介生，以闻初七日饯行之举，实左子兴诸人公局也。是夕，黎莼斋、刘开生、联春卿、曾省斋、马眉叔邀同姚彦嘉、张听帆至凹代勒公谛楞达勒公馆小酌，巴黎一大公馆也，日使上野景范曾邀饮于此，在东廊一厅。至是始知正厅之巨丽，英、法两国所见栋宇之高峻华美，无能及者。跳舞厅亦三四所。其夕，商会绅士罗达纳邀跳舞会于此，询知为穷家子弟学习钟表，专立学馆，岁须经费万馀磅，常延跳舞会二三次，入会者醵金以补其不足。为特设席，延入坐。

十二日。礼拜。接总署咨文二件：一议新嘉坡领事经费；一发回原折。罗青庭来谈，语及法国学馆章程，大率分学有三：一曰数学，二曰化学，三曰格致。格致所包甚广，其中亦有数学如测量机器分数，有化学如物产皆有分化；举凡重学、电学、光学、音学、热学，及凡机器之用，皆格致中事也。数学等第，先习加减乘除零分，逾年课其等，才智不能及，各量所宜，改习商务及驾驶事宜。其文理长者习律法，次习代学，次匀历元，次习代微积，以次求精，并分堂递进。化学等第，先习各种名目，大率分二类：一曰有生长之物，人身骨节及草木鸟兽皆是也；一曰无生长之物，金石是也。才智不能及，亦岁有课，改习他事。次体质，如轻气、养气、炭气及五金之属，分合而成形质。次化分，化分又二等：初辨知其分化何物，次推验其分数若干；其中亦有经火而化飞成气者，分合聚散皆须明其分数。次试用格致，以目所及见为初基。水流下、火炎上，其本性也。凡分两段测验：一论其本然之理，一究其所以然之用，如因热力以知轮机之用。推测愈精，其用愈神。重学先权衡轻重，与热学相表里，凡分六门：曰起重，曰水力，曰热力，曰受力；其曲线之用凡二，曰抛力，曰旋力。抛力为无定之曲线，旋力为有定之曲线，机轮是也。是夕，刘开生、杨仁山再宴于本公馆，同席姚彦嘉、张听帆、黎莼斋、马眉叔。接李丹崖信，云遣罗稷臣枉送巴黎，约今夕赶到也。

十三日。李湘浦自伦敦来。罗稷臣自柏林来，接李丹崖一信。日意格偕禄赛来见，福建船政局课读者也，并著有《东游日记》。询知数学、化学及格致之学，均能谙习。在中国开立学馆，无从求取名师，在西洋则遍地皆名师也。又皆歆中国之利而乐为之效力。而延请控御之方，又非人人所能任也。姑记其名于此。又为英人森顺求宝星，此则公使之事，吾已交卸公使，非所任也。晚由力瀚车行启程，眷口及行李径赴马赛，吾与黎莼斋、姚彦嘉、马眉叔四人同为瑞士之游。刘开生、曾省斋、杨仁山、李敦甫、罗青亭、罗稷臣及日意格并送至车行。

十四日。立春。先夕由巴黎行五十一吉罗至方丹布罗[①]，树木葱郁，有旧王宫，莼斋曾寓居于此。其宫创自一千三百五十年法王路易第七，自是代有增修，相承为避暑之宫。一千八百十四年英人既擒拿破仑第一，奥、德、俄、意诸国会兵都城，勒令拿破仑第一书立避位字据，其子故为罗马王，当嗣位，国人亦不乐奉之，拿破仑书立字据实在此宫也。宫旁栽植树木共一万八千九百洋亩，岁伐树木以五十万法兰为率。由巴黎行三百十五吉罗，地名谛雍，法、瑞交界处也。每吉罗一千法尺，当中国三千尺。法人名尺曰买勒尔得，德人曰麦当。再西曰萨仑，为瑞士境。黎明至牛洽登[②]，每岁夏间各国人相与避暑于此，有湖，即因地名曰牛洽登湖。其湖长九十里，径二十里，深处一百二十九法尺，距海

①方丹布罗，Fontainebleau（枫丹白露）的音译。
②牛洽登，Neuchatel（纳沙特尔）的音译。

面高五百三十五法尺。欧罗巴一洲以荷兰为水国，以瑞士为山国，诸山环聚处辄汇为湖。西北曰牛洽登湖，东南曰热勒茀湖，即以瑞士都城为名。热勒茀湖宽广又数倍牛洽登湖，其湖湾环如初月形，汽轮车路随湖势西折，是以至热勒茀湖忽转而向西南行，都城当湖尽处。湖东北为法国地，拿破仑所得之意大里者也，地势如犬牙错入。至牛洽登湖后，沿湖左行抵巴尔仑①，瑞士人设议院于此，名曰弃得尔斯得来斯，凡分三堂：一、民举者一百三十六人，约二万人举一人通瑞士国约二百七十二万人，视各国之下议院；一、乡举者四十二人，约每乡举二人通瑞士国约二十二乡，视各国之上议院；一、管事七人，盖经理国政者，视各国尚书，而推一人为首，岁一更换。每岁六月、十二月两次议国事于此，管事七人皆至，俟两院议定，以次举行之。议院后一平台名曰布拉得法仑。四山罗列，弥望积雪，最高者曰荣茀鲁，尤高者曰蒙毕洛，译言白山也蒙者山；毕洛者，译言白也，积冰从下望之常白，故名。始知环绕法、德诸国之来因河，实发源于此。通瑞士国为江者四：曰来因，曰必禄，曰纳海，曰纳该，皆各为坝以泄之；左右夹两大湖，并决而入之江，缘其地皆也。高出诸国之上也。又至其如里歪尔西得巴尔仑，译言巴尔仑学馆也；倭得尔得位勒，译言本城公所也。书院为大学课试之地，所莅六七堂。曰律法，各分深浅学习；曰医学；曰数学。又有两堂，一为课试，一为公议举树学长，以学长亦如理事之例，每年一举也。上为台，本年学长列坐于此，其下则绅民环向公议。其公所则以藏民数户口及经理街道河渠事务。以十点钟至，历四点钟始附汽车行。所历皆山谷，民间架木为屋，覆树皮以代瓦，低小如中国穷民之居。而山涧荐木相掩映，诸山

①巴尔仑，Bern（伯尔尼）的音译。

高下远近，层出不穷。左右两湖时有小山蔽之，或隐或现。至茀利布尔，沿热勒茀湖右行，晚过老尚勒，亦巨镇也，晚食于此。十点钟至热勒茀[1]都城，寓拉西倭兰公馆。面湖为窗，风景绝佳。热勒茀湖本名赖孟湖，以都城当湖唇，遂以名之。凡纳众山之水四十一溪，其下流为罗勒河，出地中海；形如半月，阔一万三千九百廿五至二千一百八十法尺，径八百一十三法尺，深三百五十法尺，其浅处九十七法尺，高出海面三百七十五法尺。缘牛洽登湖在瑞士之北，其水注来因河以达北海；赖孟湖在瑞士之南，其水注罗勒河以入地中海，其地势较低一百六十法尺云。

十五日。凡游森荡都安勒天文台、尼勒意拉都湖心亭、英格伦敦花园及本城公所四处。森荡都安勒山为本城最高处，始创建天文台于此，尚未竣工也。英格伦敦花园有六角亭面湖，湖山环抱极雄秀。其尤胜者湖心亭，架木为桥，旁环水栅，蓄鹅鸭其中。湖心一阜，方广数十丈，中有小屋一区，古木轮囷，纵横罗列，西湖一石像，为法诗人罗沙，创为草木之学者。赖孟湖为泰西名胜，法诗人瓦卑得尔及罗沙、英诗人巴雍多有题咏。湖水一碧如油，清澈可鉴。亭上下为桥者七八，冬夏水势涨落，率不过一二法尺，而亦有时遇风涨落，一日之中或至数尺。或曰：湖有呼吸。而格致家则谓天气压力所致，而以一湖上受诸水，下归大河，不应地中翕力于湖面独别。其理至今莫明也。瑞士山国，而热勒茀都城跨越湖滨，地势盘陀，树木丛密，极山水之大观。三点钟开车，皆山路也。有两巨山，左右对峙，右曰蒙谛里，左曰蒙灼里。蒙者，译言山也。连穿三洞，其第三洞曰葛尔注里，约长十里许，为瑞士国分界处。再南伯尔克来得，法国设关于此。又连穿四洞，

[1]热勒茀，Geneva（日内瓦）的音译。

最长者曰戈朗什。至巨罗斯，地势稍平。行未数里，又入山，历蒙巨挨尔洞，至罗勒河，乃入平原。过河数里，至栗淪晚饭，换车。偕莼斋、彦嘉、眉叔游莅市肆。街衢广阔，灯火烛霄，气势雄丽似巴黎。十点钟换车，仍过罗勒河，盖一河环绕市北以出市西也。过罗阿尔达尔仑拉，法南府名也。又越巴得郎西洞与蒙巨挨尔，并长十馀里。竟夜车声震荡，不能成寐。

十六日。六点钟至马赛鲁弗尔新店。店名火代尔谛鲁弗爱谛拉贝。先遣马车迎候于此。傅兰雅亦随至。偕莼斋、眉叔、彦嘉、听帆及傅兰雅同游巴雷得隆相花园。于山端立石楼为门，两旁为飞廊，左右各建博物院，分别禽兽体骨及金石之属。石门为巨人三，四隅又各一人。后为池，用机器吸水，从石人下龙口渍薄而出。下为潭，蹲踞四石牛其中，水倾出石牛背，又伏地从下级端渍薄而出，乃汇为大池。气象雄丽，震荡耳目。山前为花园，后为万生园，广畜禽兽。又绕至市东尽海处，名卜罗麦拉科里时，连山粗犷，高下为小屋，五色斑斓，花团锦簇。沿海岸为石岸，修立马路，前临大海，岛屿林立，亦巨观也。有圆岛一，屋宇排列，拿破仑时以处妇女之发遣者。又一圆岛有旧炮台，海口亦添设新炮台。随至阿纳谛尔公司船指定房舱，约礼拜六日妇女先上船。

十七日。罗稷臣约陪游瑞士。回李丹崖一信并还英金三磅及施令一枚半，未及交，以为必随行也；濒行又不一告，送登车后始知之，至是始检交眉叔转寄柏林。而眉叔及黎莼斋固请陪送至类布勒斯，其意在一便访罗马古迹也。鼾白里屡约一至其巴雷所倭仑戈住宅。倭仑戈者，译言桔也。鼾白里营宅意大里海濒，有园林之胜，种桔尤繁，因名。十一点钟，偕莼斋、眉叔附轮车行，经历多隆、栗斯、莫拉戈，以达门登来。多隆为法国水师海口法国水师海口凡五在地中海者一，多郎是也。在大西洋者四：曰学浦，与英国波斯穆斯海口参差相望；曰卜来斯，曰登罗舍尔，曰巴尔都，三处并在法国与西班牙接壤之海湾。从前与英人争战，嘎里、博郎皆水师海口。一千八百三十年英相巴尔麦斯登始与法国定约，改为通商口。是以英国水师统领向驻多发；与博郎对口之苇尔克斯登亦水师海口，为防法也，今炮台尚存，留兵看守而已。泰西水师驻扎处，禁他船不得出入。学浦亦通商口岸，而与水师自分两口，不相混也。英国驻扎水师仅波斯穆斯一处，亦其地势形胜如此。莫拉哥别为一国，长五买力洋里名。一买力当中国三里，广一买力，左右以山为界，而海口特繁盛。其右山插入海中，楼房鳞比，如万点明星罗列海次，亦一巨观也。其王无地亩之征，亦不设关税，惟以开设赌局为制用之经赌税别有一人承办，岁纳其国王有常数，而自收其馀利，遂致巨富。今岁遣嫁其女，费至五百万法兰，招致各国人聚赌。近又开一戏馆，皆为诱赌计也。东界栗斯，西界门登来，并为意大里地。一千八百六十五年奥大里侵踞意大里之威烈斯在意大里东，为水城，泰西第一名胜也，法人助攻奥大里麦马韩亦由立功于此以显名，取还其城，因割栗斯、门登来两口以酬法人，于是莫拉哥国又界于法国之中。而威烈斯之西亦有一国，曰森马尔登，在意大里中。法国与西班牙交界处亦有一国，曰比勒乃。所辖地各得数千人以自立国，犹春秋之有附庸也。而莫拉哥独以赌立国，尤属奇闻。日耳曼列国有汤贝尔者，亦以赌为国，近其国已并于普鲁斯矣。十点钟至门登来，斛百里以马车迎于此，距其家尚十馀里。过森路易桥，为意、法两国分界处，石岩中通一线水道，划水东属之意，水西属之法。至所居之巴雷所倭仑戈，由其后园逶迤下山，随林木曲折以达其家。园中西望山隙有石塔，罗马大将色萨尔纪功塔也，形势雄壮。罗马征服诸国，多出色萨尔之功，在耶苏前三十年，生平出师，以希腊诗人何满诗自随。后拿破仑第一仿之，兼携色萨尔《行师笔记》一部。泰西人言色萨尔《行（军）〔师〕笔记》及拿破仑第二笔记，多纪用兵力略，皆名著也。弥望皆巨海也，而山势蟠结，各国多避冬于此，为向北皆高山巨岭，能御冬寒也。

十八日。斛百里陪送类布勒斯。同席珈利亚里，意大里人，充商部属官，亦送至车栈。仍坐马车至温谛米里亚，亦一巨镇也。跨温谛米里亚江有巨桥，沿山为镇，正当桥西。山尽处有炮台，亦颇踞形胜。过桥回望，楼房高下至四五层，玻璃门窗累叠三四十层之多，横列如巨屏，雄丽殆无比也。法人初请以此江为界，温谛米里亚人民不愿属法国，议以门登来为界。远望白山积雪如银，栗斯之巴必庯江与此温谛米里亚江并此山枝流，分注于海者也。因查意、法大山，皆起于瑞士之蒙必洛山，至意、法交界处又为雪山山名曰阿尔伯马尔里谛麦，折而南，横亘意大里中境以达于海。阿尔白马尔里谛麦山隙处，隐隐有屋在积雪间。斛百里言：此意人嘎西里故宅也。前二百年，泰西人言天文首推嘎西里。推算春秋，言日食，自为一书。结庐山顶，为占星也。经历森来摩、波尔多摩利槎、阿拉西雅、阿尔彝哥、费拉尔马尔里拿、罗里、斯波多罗、色倭拉、戈葛类多、阿里萨罗、弗尔达里、科里、赛斯、里巴伦得、嘎里米亚罗、森毕得类拿，以达占洛洼①。沿海行，村庄房屋，丹碧相辉。连绵数百里，一皆随山通道，或劈山为衖，或凿岩成洞。相传由栗斯至占洛洼，凡穿洞一百二十。山势环合，林木葱郁，所历皆胜境也。森来摩房屋尤壮丽，俄皇曾避冬于此，其意大里太子亦于此营建宫室。倭来里河有铁桥绝精。阿尔彝哥有拿破仑第一故垒，盖其时与意大里相攻，曾立营驻兵以为后应。戈葛类多则科仑波生长地也。科仑波为西班牙开通美利坚地。元、明之世，西班牙踞亚墨利加之半，号称强国，科仑波之功也。泰西人云一千三百四十年事。弗尔达里传为泰西造纸原始之地，其造纸有密法，历久不蛀。科

①占洛洼，Genova（热那亚）的音译。

里有民船厂。占洛洼则意大里巨镇也，一千八百六年拿破仑第一攻意大里，踞其地。其后英人袭而取之。旋又为法所踞。一千八百十五年维也纳大会，始归之意大里。本意由占洛洼赴弗罗郎斯[①]，盖意大里旧都城，号称繁盛。而鼾百里言：绕赴弗罗朗斯，恐礼拜一日不能赶至类布勒斯[②]，因定议径附汽轮车至罗马。车过毕萨时，本意一看歪塔，而其时天尚未明也。毕萨歪塔创始一千一百七十四年，匠人恩斯布里克所规画也。至一千四百年，凡历二百二十六年工始竣。恩斯布里克历传数世为之。塔凡八级，高五十四法尺合中尺一十六丈二尺，四周用石柱二百七根，由基至顶歪至四尺四寸，盖因重学为之。凡重学先定中心，中心得三之一力，即足以支拒之，虽欹倾无害。当先量其歪之分数以安中心，使下基藏于塔中历三分之一而亦不至上溢，则中心隐持于中，永无倾圮之虞。塔顶安三钟，盖亦礼拜鸣钟之资也。距塔之成，历今亦几五百年矣。

十九日。黎明过爱尔百克，山嶂插入海中，民居围结如蜂房，亦有风景。又过倭尔贝得尔罗，早食。经吉位达位加[③]海口，盖即罗马都城海岸也。江横城中，曰谛贝尔河[④]，西南流入海。至罗马，城用薄砖筑成，厚不逾尺，砖右亦多驳落，云一千八百馀年前罗马古城也。城外有引水石枧，横亘数百丈，如长桥然，一望无际，盖三十里引山泉以资城中食用，亦巨工也。凡游教堂四。一曰生得马里亚马觉里[⑤]，所用皆五色巨石，教堂之最古者；二曰

---

①弗罗郎斯，Florence（佛罗伦萨）的音译。

②类布勒斯，Naples（那不勒斯）的音译。

③吉位达位加，Civitavecchia（契维塔韦基亚）的音译。

④谛贝尔河，Tiber R.（台伯河）的音译。

⑤生得马里亚马觉里，S. Maria Maggiore（圣玛利亚大教堂）的音译。

（卉）〔芔〕得倭①，盖耶苏前所立庙，后亦改为教堂；三曰毕亚札谛白恩巴里牙②教堂，地势最高，民居扑地，一望无际；四曰森必得多罗③，即教皇宫也，为四大洲教（皇）〔堂〕第一巨丽。森必得，耶苏弟子，始为教王主教者也。堂中石工画工皆冠天下，所费累巨万万。凡教堂前皆为埃及石柱，独森必得多罗前石柱尤高，而无埃及古文，殆非埃及碑也。游古迹八。一曰巴雷狄隆，罗马王旧宫也。旧屋多存者，墙厚八尺，皆大方薄砖及薄石为之，亦间用碎石和三合土，皆坚实耐久。厅堂古画，丹青驳落，皆可辨识。亦时凿地得旧阶级，下有深屋。一、罗马古城一段，盖又在外城之前，相传已二千五百年，形如碎砖方台。一、罗马将军狄笃纪功碑。在耶苏之前数十年，纪其伐犹太之功也。内围为人物，皆旧迹也；外加石坊，则后人所修补，以防其倾圮。一、君士但丁纪功碑。罗马王初立东罗马国都者，今土耳其都城即用以为名，罗马之崇信天主教亦始于此。在耶苏后三百馀年。一、特拉占罗石柱。亦罗马旧王也。石柱入土中，仅存其半，近年始清出其基，其下石柱、石墩之属尚多，盖尚有亭台屋宇也。柱高一十五丈，上雕战士功臣二千五百人，集三十六方石以成。一、茀隆④议院。盖罗马初立上下议政院于此，所存惟石柱石磉之属；掘地一丈有馀，一千数百年中浮土之积，高出地面者如此。一、阿得里亚墓。亦罗马旧王也。墓如圆城，高三丈许，前临谛白尔江，有石桥跨其上，旁雕巨人十二左右立，正当墓前。后因墓基建炮台，架屋

---

①卉得倭，Pantheon（潘提翁神殿）的音译。

②毕亚札谛白恩巴里牙，Piazza di Pompilio（旁皮略广场）的音译。

③森必得多罗，S Pietro（圣彼得教堂）的音译。

④茀隆，Forum（议事场）的音译。

其顶。一、戈罗色阿[①]。一千数百年前罗马王蓄狮、象其中，因建圆屋，高八九重，盘旋而上，结屋如巢，可容万人，集臣民斗狮、象，以所获犹太人徒手与狮、象搏，尝一日斗死万馀人。前门三瓮城，深皆二三丈，房屋砖石并完，亦立石碑其中以纪之。游赏风景三：一、卜拉基罗瓦剌街心石池。中池为巨人五，四旁激水喷薄，中立埃及石柱。两旁各为一池，为人物狮象激水并同，而石工则新刻也。为罗马市心集聚百货处。一、丰达洛代尔特立多来[②]，盖市心泉也。泰西街市，凿池激水，所在皆然。罗马城内以此池为最古，水亦清洌，遂为胜地。一、宾酌花园。在毕亚札教堂右旁。山势盘陀，俯瞷城中，树木丛密，刻（古）〔石〕为古贤豪及诗人工技之精者，约数百方，罗列林中。又有汲水钟一架，用水转轮以报时刻，不用机器。累石为阜，驾钟亭其上。所历凡十五处，其旧屋古寺遗址甚多，皆千数百年前形制。及他所未游者，概不能详也。泰西所见，大都闳丽新奇，穷极精巧，惟罗马一皆古迹，游观竟日，别具一番心眼，此行良不可少也。是夕十点钟，附汽轮车赴类布勒斯。

二十日。黎明抵类布勒斯[③]，寓倭得朗克得公馆。偕莼斋、眉叔及斛百里往看旁皮依[④]古城，在类布勒斯东南海滨。一千八百馀年前类布勒斯火山爆发，黑沙随火浆渍涌而出，其城适当山南，凡历三昼夜，尽没其城为平地，至顷八百三十年，有淘地得墙砖者，于是相与疏浚之，尽得其城基，围约十馀里。而房屋街市清出者，历四十八年之久，尚未及其半。而其街衢之大小、官廨民

①戈罗色阿，Colosseum（大剧场）的音译。
②丰达洛代尔特立多来，Fontana di Trevi（特拉飞泉）的音译。
③类布勒斯，Naples（那不勒斯）的音译。
④旁皮依，Pompeii（庞培）的音译。

居之等差，以及市肆贸易零杂，类名辨物，皆可得其仿佛。证之罗马史籍，二千年以前已立议政院于是。据其厅堂之闳阔者为上下议政院。又有大厅，左右石柱各十馀，上为高台，右旁有石级下入地窟，土室黑暗，凿地为孔以通天气，因据以为理刑院。其高台临下听断，而地窟以系囚。又有数处厅堂设石瓮及为高殿者，则据为神庙。其时摩西之教未至罗马，所祀之神无可考。而其中为高屋，石柱环列若圆殿者，则据为祀天之所云。各街皆铺石，车轨或两道或四道。市肆若饭馆若酒馆若饼馆，皆有遗迹可寻；饼炉与今英、法制饼（刑）〔形〕式略同，惟不用机器耳。妓馆一所尤奇。其富家贵族之居，以小方白石铺地，或杂诸五色小石，制为回文。阑干、厅堂、厨灶悉具，壁间多为丹青藻绘。又萨里士故宅尤精洁。萨里士者，意大里良史也，二千年前史记可考见者，皆萨里士之遗；其里居亦见于所著书。计所历大街四五，小街十馀，墙壁皆具而栋宇无存，盖砖石体质不磨，而木工不能经久也。初至，登山行数武，两山耸峙，中通巨道，即所疏浚地也。山尽处为瓮城，旁一巨室藏庋所得遗器，大率瓦器为多，铜铁诸器略存其粗者，其精善者鬻之各国博物院及为好古者所收存。果实若枣若栗，亦得数盘，皆与土石相结。衣服堆积如黑縠，着手成灰。冠履亦皆朽烂，略仿佛其体段而已。木器惟存门数扇，与沙土结化。其铁键、铁板之属尚完。庋尸十馀具，用玻璃覆之，男女形质皆可辨，亦有受孕当生者，爪甲皆完具而毛发无存，盖所存体骨皆与土石结化，皮毛固早脱落也。其形式或立或坐或卧，皆一时为火浆沙土所掩覆，各肖其生质也。又就各房屋稍完善者覆以瓦，藏诸石刻。所刻人物皆绝精。泰西石刻仿自意大里，二千年流传，固已远矣。其瓦器若酒罂，长二三尺，形如匏，锐底有柄，盖用以窖酒者，无处无之，泰西嗜酒亦有自来也。其它各屋多窖水缸。凡立石柱处皆开丹墀，略与中国同。屋中多为石级登楼，又西人楼居之所本也。尚有数十人具畚锸，披沙石，随所开处疏浚。西人辨土质物产，皆因开矿至数十百丈，以辨知其年岁远近，推及万年以前。罗马则房屋器用，皆数千年留贻。至旁皮依城，直开通千八百年揜掩之城郭道路，斯尤奇矣。城中见引水池二所，皆引山泉自壁间流出。泰西多凿石为人物鸟兽张口喷水，此城引水池，甃石为照墙三叠形，雕刻镂绘，五色斑斓，足征土风民俗流遗，上古以前盖亦不甚远也。是日购得铜器数事，云皆古城中物也。

廿一日。眷口附载法公司阿纳谛尔船，十九日由马赛开行，至是日十一点钟始至。公司船行言必有他事耽延。询之，果以由马赛开行，与他船相撞，折断绳缆及小船一只，修整至一时之久。莼斋、眉叔与鼾百里同送上船。船主名伯鲁兰，又有总办者名拉斯都尔。鼾百里引见英人布类里，以化学著名者也，专穷究水土生化虫物，著书凡数十种，皆国家为之刊刻。问此行由锡兰历中国以至日本，亦国家所命乎，曰：此自游历，非国家命也。问：国家刊刻所著书何意？曰：国家考求海中生质，岁费金磅七千，约以十年为期。以渠究心虫鱼之学为专门也，所得生物，必以谘之，因为刊行所著书。问：海中生物无关国家大计，考求何为？曰：是有大用。凡生物皆有宜，由水土之气所化也。得其生物之性，亦可辨知其水土之用。往年英国电线通至美国之纽约，忽然中断，由其海底产硫磺，浆皮裹铁线为硫磺所蚀而生锈，则电气不能过。于是改用铜线。嗣是岁常遣船探测海道及海中生物，凡海道浅深及土性物性之宜，推测穷究其来由，是以风雨晦冥中不辨海道，亦可縋取其沙土及水中生族，用显微（中）〔镜〕照之，知为何种沙石所生化，以推测其海道所经，而辨知其道里方向。西人格致之学，所以牢笼天地，驱役万物，皆实事求是之效也。又有香港学堂总教习史安，由伦敦回香港，前年陪同游历学馆者也，亦同舟行；及法商赴利与容岛即楉尔邦岛，云当由亚丁换船，尚须十馀日程。岛中甘蔗甚盛，英人初踞此岛，与法人交易；居民二万馀人，当纬度赤道之南，其热与新加坡等。二点钟开行，大风荡簸，呕吐不能支。

廿二日。黎明过力霸里岛，亦火山也。傅兰雅云：八十年前记载无此岛名，近年乃知其为火山，盖此八十年中海中涌出之山。黎明望之，惟见烟气。类不拉斯之火山正当旁皮依城之北，夜见红光如烧而无焰。再东南过西昔里亦有火山，意大里之大岛也，为类布勒斯外蔽，过此始出地中海。大洋北岸亦有巨镇曰麦西拿，两岸相望约十馀里。是日午正，船主牌示：舟行北纬道三十七度三十六分，经度偏巴黎东十四度九分，计行二百三十六买尔。每一买尔当中国三里，计行七百零八里。昨日二点钟开行，凡二十二点钟，每点钟行三十五里稍弱，约计一时行六十九里稍赢。布类（斯）〔里〕见示一千八百七十四年游记，盖由西洋直出南冰海，绕阿非利加之东以达中国，又由日本以出太平洋，所游历多属海岛，故于各大洲为略而详于海岛。末附生类一卷，则所游历及见之草木禽兽及虫介之属，而于中国经传所载言龙物者引录甚繁，并及李时珍《本草纲目》，意在辨正其讹也；又及鸟鼠同穴，言在耶苏降生之前二千馀年中国生物，距今四千年，近亦未闻此种。可谓博览善辨者矣。又见贻所记海虫似网形者一类，皆是年游历所见，而各有所主。盖所著录三十九卷中之第四章，专记似网形一种，皆其体质圆阔有孔及有点纹者。自述是船所历海道及三百五十六处，此所著录之海虫约五十处，多人所收得，用相考证者。其小虫多出沙泥中。制铜丝为筛，每一方寸纵横二百丝，用水冲出其细沙，而后以显微镜照之，其镜光约大二十倍，择其为虫类者别贮之，再用稍疏之筛，次第冲洗，其沙泥皆漉之海底，由一千托至四千托每三英尺为一马，两马为一托，计英尺六尺，合中国尺五尺二寸，每马二尺六寸所淘洗细虫尤多。故考求海物亦自立会，名显微镜会。

廿三日。午正，经北纬道三十五度四十三分，经度偏巴黎东十九度半，计行二百八十四买尔合中国八百五十二里。风浪亦不甚剧，而舟行颠簸至不能起坐。询问史安香港学馆情形，云：所经管学馆为大学馆，凡课五百馀人。通香港一小岛，立小学馆三十，皆出自国家经费。小学馆以三四[1]人为率，并教习汉文。大学馆则参以洋文，而仍以习汉文艺为主，为所课皆中国流寓民人也。近议开课洋文，以归划一，亦尚未能举行。询以学馆章程，云：学馆已立十馀年，而章程未具，并年报亦无之。国家之意在广为招延，导使向学，而来学者皆贫民也，稍能通习洋语，使令经纪营生，不能督以年分而徐开通以学问，是以至今未能定立章程。数十年前习洋语者日多，不能尽恃以为利，将日进求其深而后可因而诱进之。迟久必定立章程，庶来学者皆有程式，然后人才可兴，学问可成。此皆中土流遗之民人也，中国之失教化者二千馀年矣，外人乃收而教导之，又不敢遽期其进于美善，而积渐以图功，其立法至精而用心尤厚。闻其言而敬异之，亦殊自愧也。

廿四日。午正，行北纬道三十三度十九分，经度偏巴黎东二十四度三十七分，计行二百九十买尔合中国八百七十里。经历希腊以达土耳其之刊谛亚岛及马摩拿海口，相距数十百里外，未能望见之。至是始越欧罗巴境，东望赛布里斯岛，与波赛相对。英人初得赛布里斯岛，创始经营，商民移家往居者相踵接，数年后必开立一口岸，英舟过地中海又增一停泊之所。询问布类里：海中物

①此处疑有脱文。

产种类亦有化生者否？布类里言：凡物有类，一类中推衍至无数种，其质与性各依其类。大率种类之生有二，曰接生，曰分生；动物植物皆同。接生者如虫鱼之有卵，果木之有核，函性以生者也；分生者如草木之分枝，虫介之分体，缘质以生者也。凡动物之分种类，以内具之五脏分之。一曰有脊骨，海物惟鱼为然。二曰有体骨，骨或内含，或外包，一也。外包之骨又分刚柔。凡有体骨者皆具五脏，螺蚌之属亦具，惟其生物之灵渐少则血白，螺蚌中之水，即其血也。三曰有胃，如海华之属，其形如菌，散花于外，小虫入其中，则合而吸食之。蓄之家池者亦能食肉。四曰无胃，如海绒之属，形似海泡，亦有气能舒翕，而不能食，虫缘其上则黏，吸食其精气。此二种者，水陆草木皆有之，其生性在植物动物之间。泰西言格致者不主化生之说，盖凡物种类，皆质与性合成者也。法人删布洛赴安南总理水师船厂事宜，好古玩，收藏中国磁器最多，所使用皆古器物。携带一自鸣钟，六百馀年物也，可为嗜古者矣。

廿五日。午正，行北纬道三十一度三十六分，经度偏巴黎东二十九度三十八分，计行二百七十二买尔合中国八百一十六里。又行二十八买尔合中国八十四里，抵波赛，即苏尔士河西口也。逾拦海石坝，又越灯楼而东，市肆居民约万人，皆起自近六七年。其初皆沙滩也，新开河既成，岁益增修。市心有花园名勒色布斯园，凿池建亭，奏音乐其中。凡茶馆奏音乐又二处，皆法人。大率埃及土人外，希腊及法国流寓者为多。希腊有教堂，旁设学馆，教女士四十馀人，兼习针黹。市南有回民礼拜堂，膜拜诵经者数十人。询知每日诵经五次，较佛寺经课为勤。波赛距赛布里斯岛二百三十买尔，南北相望，英人恃以护苏尔士河，最得地势。西三百五十买尔为马摩拿海口，近口一小岛曰毓得，俄土交战时英人屯兵于此，储积粮食军火，稍西即刊谛里岛，岛民多习希腊教，畔土以求归希腊，希腊因乘势求割此岛，土人不肯从，方相持议论未决也。此皆欧罗巴与亚细亚、阿非利加三洲扼要之地，于近时事局所关尤巨。抚览形势，益知英人于此扼制俄人，实为欧洲大势所必争。而君士但丁一城，俄人蓄意谋得之；欧洲四达用武之国，以此为最，尤俄人所恃为门户关键，以阻阏英人雄踞欧亚两土之气。两国争雄，取威定霸，专在于此。二三十年后，必别有一番变更矣。波赛市中得一鱼，其形如卵，鸟喙，两眼两腮皆出背中，丰腹小尾，遍身毛刺。询之布类里，云（至）〔系〕麦尼特里斯一种，盖因其体圆而为之类，谓其形似太阳也。出红海中，视之如鸟，因名之鸟嘴鱼。竟为英法两国博物院中所未有。

廿六日。礼拜。六点钟开行，以新开河禁夜行故也。通新开河八十七买尔，插标记里数，每一买尔分十分，一点钟行六买尔，计六分时行买尔十分之一。凡为湖者六：一曰满萨里湖。二曰巴拉湖。三曰意思美利湖。意斯美利为新开河适中之地，苏尔士汽轮车路由意斯美利达阿里克三台水陆要道，为新开河巨镇，法国拿破仑后宫在焉。四曰阿美湖。五曰斯得模湖。六曰苏尔士湖。阿美湖为大苦湖，斯得模湖为小苦湖。是夕泊舟小苦湖，计行六十七买尔合中国二百一十里，距苏尔士口二十买尔。傅兰雅言：泰西新造药品二种，最为纯厚，有益脾胃。一曰牛乳酒。法国三边酒和牛乳食之亦可充此。凡胃虚极不能饮食，日饮二三次，可以养胃，亦令人不饥。一曰牛羊胃酒。牛羊胃中自然水用法酿成之。凡胃虚停滞，可以消化，其名曰禅百姓。小牛胃曰日里。以其为乳食之胃也，小儿乳滞，消导尤良。二种性和平，亦易制造。夜听德人爱迦弹琴。日本延请教练军士习西洋音乐，月修二百圆。日本大小取法泰西，月异而岁不同，泰西言者皆服其求进之勇。

中国寝处积薪，自以为安，玩视邻封之日致富强，供其讪笑，吾所不敢知也。

廿七日。六点钟开行，二十买尔抵苏尔士口，停泊三点钟。去岁年报叙述勒色布斯开苏尔士河历十七年，用费一千七百三十五万磅约合银六千万。一千八百七十七年经过轮船一千三百号，收税三千五百万法兰约合银五百万，每船约收税三千九百馀两，计息九厘赢。泰西股分以计息六厘为率，次者五厘、四厘，每年修浚经费及一切用度皆出其中，历年大概情形可以推见。英、法股分为多，仍专派员经理。甲敦炮台学馆监督斯多克，英国所派兼理苏尔士河者也。与删布洛论法政：议论纷纭，数年未定，近时更换伯理玺天德，国是其稍定乎？答言：未也。往时麦马韩主兵日久，尚有威望。今克来威起自议院，冠服如平民，人视之等耳，性情又和易，诚恐议论将日繁，日异月改，变更方未有已。问以宜如何而后可以安定国家，曰：须强毅有断制者压伏一切。议论各属民主，要须略存君主之意，而后人心定，国本乃以不摇。因言泰西政教风俗可云美善，而民气太嚣，为弊甚大。去年德国、意大里、西班牙屡有戕君谋逆之案，俄罗斯亦数伤毙大臣，亦是（太）〔泰〕西巨患。曰：民主之意甚美，然须（甚）去兵、去刑罚，尽斯民而归于仁善，如耶苏立教，视人犹己，人人相忘于浑噩之天，乃为无弊。而人心万有不齐，其势不能截然使之齐一，即人之一身有前后左右，而着力处尤在右手，即用法亦有参差，一手五指亦须是有长短。民主立国，无分贵贱上下，强天下之不齐以使之齐，则将截中指以补小指，使体骨皆失其用，而虚为一体同视之名，其势恐万难持久。吾谓此须如瑞士，并民主之名乃可行。删布洛言：瑞士小国，人数无多，不与各国立崖岸，各国亦度外视之。然每年亦须举数人分持国政，常至喧争数日不能决，赖其力薄，不足滋生事端，终亦不见有好处。似其为言亦属君党，而理固莫能外。晚见拉斯嘎尔灯楼，询知英国海部所建立也，距苏尔士夹口为近。出夹始入红海。盖西奈山横出红海，旁夹两港，左为阿克阿巴夹，右为苏尔士夹，计长七十买尔。阿克阿巴较短，上通巴雷斯丹距近之耶路撒冷城，即耶苏生长地也，统部曰犹太。摩西、耶苏皆出其地。西奈山则摩西宣立十诫之所也。十诫之目：一曰敬天，一切鬼神皆诫不得祀；二曰诫发虚誓；三曰七日礼拜，人畜均须得一休息；四曰孝敬父母；五曰诫杀；六曰诫淫；七曰诫偷；八曰诫毁谤人；九曰诫淫心；十曰诫羡慕人财物。其时西方民俗顽犷，礼教未兴，是以十诫之中，于淫、盗二者反复申戒，不独不宜有其事，并不得有其心，亦见摩西立教之具有苦心也。

廿八日。午正，行北纬道廿六度五分，经度偏巴黎东三十二度十六分半，计行二百七十一买尔合中国八百十三里。由地中海以达红海，寒气较巴黎为甚，犹着重棉。是日始有热气，单棉尚嫌厚，舟中已用风扇。观舟人男妇戏具，皆取便身体手足。妇女三四人，两手持绳跳跃，每一跃，所持绳前后周身一圈，连跃则绳周转如流星，目为之眩。男子投饼为戏。饼用铅为之，圆径二寸。制木为箱格，凡分四层，随上孔顺溜而下。前一层中为风车，旁为两柜活板；二层为四孔；三层中为蛤蟆张口，旁为曲洞；四层又为四孔。计数万：从蛤蟆口入者五千，从风车入者千馀，各为次第；前孔最下数五十、四十。孔之大，加于饼者二三分而已。相距五步，投之亦辄中。每投十饼，画纸计其数，以先满万者为胜。眼力手力，专务灵捷。此戏具中之最可行者。

廿九日。午正，行北纬道二十二度四分，经度偏巴黎东三十五度二十分，计行二百八十七买尔合中国八百六十一里。天气渐热，寒暑表热度已至八十四分。经过默迦海口，号称险境：舟行海道正中一线，经东南望见基本洛替尔岛，乃稍偏而东。故行红海者，以取道基布洛替尔为准。英人汤美士，在粤十四年，其妻能琴善画，亦有美名，相与回粤。云曾在卜来登阿什百里宅与予相识，盖亦有别墅在卜来登也。善为诸戏具。是夕，管船二（户）〔副〕因建台演诸幻戏十馀件，船人醵金助乏。汤美士之妻亦弹琴，男妇相与作歌跳舞为乐。

三十日。午正，行北纬道十七度五十九分，经度偏巴黎东三十七度四十一分，计行二百八十买尔合中国八百四十里。夜，过基布洛替尔岛。夏苐思白里见赠《新约》书，每读不能终篇。舟中奉读一过，凡传福音者四，曰马太，曰马可，曰路迦，曰约翰，皆阐扬耶苏之遗言也。《使徒行传》五，曰保罗，曰雅各，曰彼得，曰约翰，曰犹（太）〔大〕，则各述所传教之意。路迦叙事明爽，约翰所传多指证语，与诸家稍异。保罗是基督教门第一大辨才，犹佛氏之有迦叶也。耶苏始受洗礼于约翰，而卒为使徒。然约翰为犹太王所戕在耶苏前，当别有一约翰，而混而一之。保罗始为犹太禁耶苏教，后乃皈依。犹（太）〔大〕、雅各、比得、马太，皆在耶苏十二弟子之列，而犹（太）〔大〕受犹太人贿，导以拘系戕害之，而仍附之以传教。大抵基督教门原本摩西，而西方佛氏之流传以慈悲为宗，以生死祸福为说，其教流遍西土，虽各自立宗主，而宣播推衍不离此旨。其诸神异之迹亦多祖佛氏之说，倚托幻相，命之曰神通。而援天以立教，犹近吾儒本天之意，视佛氏之广己造大，受天人供养者，亦有间焉。传曰：天降下民，作之君，作之师。三代以前为君者，皆兼师道而为之，名曰天子，继天以统理下民者也。西方榛蒙始辟，无君师之统，而为民信从者，民辄归之。摩西因（以列色）〔以色列〕一族，而王有西土。耶苏继之，以代天阐教为言，而终以自毙，亦当时情势之必然者也。天子者，承天以统理百姓，而固不敢私天以为之父，为夫万有之生，皆天主之。私天而名之父以行教，而擅作君之权，且欲尽四方万国而统治之；赖有一死，其徒一附之耶苏，无敢更自托为天之子者，其名乃至今不废。自来行教者被祸之惨无若耶苏，而西方服其教，千八百馀年君人效其职，百姓亦以遂其生。其精深博大，于中国圣人之教曾不逮其毫厘，而流弊固亦少焉。乃相与竞奉耶苏以为天之子，而君人皆退听，其教亦以大昌。诚哉，无以易也。

二月

二月初一日乙亥。为西历二月廿一日。午正，行北纬道十四度四十分，经度偏巴黎东四十度四分，计行二百四十买尔合中国七百二十里。经过退尔薄斯岛，岛凡十二，耸峙海中，泰西人比之耶苏十二弟子。退尔者，译言十二也；薄斯即学徒之称。岛中无草木，亦无居民。再东为苏噶尔岛，如巨山绵亘十馀里，亦属阿剌伯北岸，为摩迦阿剌伯第一海口也。地产加非，东距红海口为近。口中一岛曰柏林，法人于此经营，孟买统帅遣人先踞有之，树立旗帜。地当红海口，亦要隘也。而地土荒瘠，不能种殖，英人惟于此设立灯楼，引船出入。连日南风，是日风尤剧。红海由北而南，为风力所拒，行程较少。初春得此南风，亦向所未有也，而吾不幸遇之。删布洛言及法国改立民政，日事纷更，官无常守，等威陵夷，水陆兵将皆可经营求得，不必才能；因论及美国政务，尤为烦乱，以民制君，纪纲倒置，为弊滋甚。吾谓：中土圣人辨上下以定民志。无君臣上下之等，则民气浮动，不可禁制。近年德、意、日诸国疾视其国（政）〔君〕，动至谋逆，未尝不因法国改立民政，群思仿效之。傅兰雅言：泰西戕君之案又别一义。德国刑司讯问，直言以贫故，思造非常之谋以立名。确是如此。往年英国亦数出此案。宰相某请自讯之，推（鞠）〔鞫〕甚至。国人谓其必从严也。已而缚之市中，褪去其衣，令一老妪持木棒扑其臀竟日，遂纵遣之。嗣是数十年无犯此者。盖泰西人最喜奇迹，君臣之分未严，相视犹平等也，与中国政教原自殊异。而观删布洛之言，深怀忧危之心，则以法兰西强国，立君千馀年，一旦改从民政，群一国之人挈长校短，以求逞其志，其势固有岌岌不可终日者矣。

初二日。出红海口，沿阿剌伯海岸稍折而北，过阿萨霸斯岛，形如巨山叠起。阿剌伯海岸山势横亘。十一点钟抵亚丁，计行二百三十买尔合中国六百九十里。删布洛见赠马得尼克甘蔗酒一瓶。马得尼克岛在南、北亚墨利加东适中之地，泰西名之西印度英人始辟地至此岛，以为印度也。其后抵印度洋，始知印度土地之广，因沿旧名，而别以（方）〔此〕曰西印度，亦英属地也。酿甘蔗为酒，亦称佳品。船主言：亚丁须耽延一日，船客有分赴莫里舍斯、梏尔邦二岛者，于此换船。莫里舍斯岛为英属地，梏尔邦岛为法属地，并在阿非利加东，距马拉迦斯大岛为近，英、法两国多于此栽种加非。与姚彦嘉、傅兰雅雇坐马车看水池。盖亚丁沙地，沿海石山荒瘠，不生草木，常数年不一雨，居民倚山凿池，每雨则引山水注之池中，以供食用之需，千二百年于兹矣始于耶苏降生之六百年。英人踞有此地，乃开辟道路，修浚旧池，深者至六七丈，筑三砂土，甃以石，从山半以达平地，为二十池原有五十馀池均荒废，英人近稍修通二十池，通沟引四山之泉，次第灌入之，用机器汲取，输之沿山各户。凡为市肆数百户，皆倚山为居。凿山为道，通之山后，设炮台两崖间以护之。山后兵房，隐若城郭。询之，英国兵四百，馀皆募阿剌伯土人充之，共约三千人。越兵房而北，山势环合，所凿二十池，左右高下相衔，而蓄水皆不及五分之一。土人云：不雨已十一月矣。环池高下，种树繁密，为水气所濡，尚能生植也。沿海千馀里，竟不见一树。土人云：山前后凿井凡百馀，并十馀丈乃见水，用辅池水之不足。而水微咸，不如池水之清洌也。英人经营此地，专为印度以来舟帆往来，西距苏尔士七日程，东（踞）〔距〕锡兰十二日程，中间别无停泊之地，所需煤炭食用无从取办。亚丁四山环抱，稍可避风，竭力经营之，所费甚（剧）〔巨〕，而各国舟行络绎，相与停泊，实同享其利。泰西经商，大公之规模，多不可及，而英人富强之基，于此亦略见一斑矣。

初三日。礼拜。致黎莼斋、刘开生、李湘甫、联春卿、马眉叔、杨仁山、曾省斋、罗稷臣、凤夔九、黄玉屏、马格理各信，由亚丁信局分递。摩里见遗《瀛寰画报》及所纪生物种类，及英人伯芬《生物稗史》，属傅兰雅转交。至是始检出其《瀛寰画报》，叙俄、土原始，俄国史记起于西历八百六十二年，数传至哑来，自九百八十年至一千十五年，国势始振，率其国人信奉希腊教亦起于是时，盖周世宗显德年间事也。嗣后国分为四，至孙朝哑复合，实始教导其民，建宫室，习制造。其后复分为数十国，而稍强者二国，曰里付，曰鲁搿，始营建海口通贸易，而国势以散而弱。垂四百年，后遂并于巴伦，所称本斯古者是也。四传至大迷，国势又稍振，其时为一千三百八十年。又三传至一千四百六十二年，唵凡即位，累世称为贤明，而俄乃日盛。至局唵第二嗣立，一传至杜福，而国祚移于妻舅古杜；一传，复大乱。一千六百十三年乃共推立禄迈为王，至子哀利，当一千六百六十七十年间，始与土耳其交战，其间又有女主速发者系俄主局唵之姊，嗣位三年。

至一千六百八十九年而彼得利猗来[①]即位。一千六百九十六年与土耳其战，夺其黑海口岸曰哀速，拓地至波罗的海，改建新都曰彼得罗保[②]，即今俄京也。一千七百零九年复攻土耳其，与瑞典相持，战而却之，实为俄国富强之原始。三传至今皇爱力斯俺特[③]。土耳其立国在一千二百年间，部落分散。其最著者阿得门，三传至爱门第一，在一千三百五十九年，稍侵踞希腊旁地。其后日衰。至一千四百廿二年爱门第二立，而国势复振，乃尽有希腊地。三传至赛尔门第一，为一千五百二十年，为土耳其极盛之日。至一千五百六十六年思廉第二嗣立，实始与俄人交战，称盛强者数十年。其后国势日益衰弱。一千六百八十七年赛尔门第二立，励精图治，国势又稍振。至爱门第三立，休养生息数十年，败俄主披得之师。其后一千七百三十六年，俄兵攻夺爱尔甫，而俄、土战事日繁矣。一千七百六十九年，俄兵大败土耳其水师，攻战屡年。土主买斯堆非及汉行斯嗣位之际，日有俄兵。一千七百七十四年，俄将斯那转战至开斯濒海地，与旗满人共击土兵。一千七百八十年，又与新港人共击土兵。其时土主萨敦方思讲求西法，急图自强，而为土人所废。一千八百零八年，蒙汉第二立，俄兵复来攻。一千八百二十九年，希腊始自立国。一千八百五十三年，俄主内格来思[④]又遣兵攻土，攻战连年，而土势愈不支矣。所记粗举两国情形，意在开示俄、土争战之原，以窥知其强弱之势，而一皆取证两国之史，虽亦不免出入，而固为稍得其实云。五点钟，乘潮水出口开行。数日凉甚，视初入红海时热气大减，天时固未易

①彼得利猗来，Peter the Great（彼得大帝）的音译。
②彼得罗保，Petersburg（彼得堡）的音译。
③爱力斯俺特，Alexander（亚历山大）的音译。
④内格来思，Nicholas（尼古拉）的音译。

测也。

初四日。午正，行北纬道十二度二十六分，经度偏巴黎东四十六度三分，计行二百零三买尔合中国六百九里。红海口极狭，阿剌伯人名之巴布扪得①。巴布者，译言门也；扪得犹言眼泪。口狭而险，过者为之堕泪，因名之眼泪门。左为阿剌伯，右为阿伯西尼亚。抵亚丁则阿非利加海岸，属之岑西巴，别为苏马里。入海面较红海为宽，即名巴布扪得海，承红海口为言也，盖皆印度洋之海汊。阿剌伯南北两海汊；北与波斯接壤，名波斯海湾。删布洛善言医理，以心思智虑皆出于脑，而心为血道总汇，吸血而输之脑以助其运用，如机轮之有气炉，所恃为用者机器，而收纳水火之气以助其机器之用者，气炉也。故人之生死系乎心，心气停则血脉壅塞而生机以息，而聪明智慧一主于脑。何以言之？凡人有所思，心神全注于脑，以脑为思虑所从出也。与人接谈，必面向之；闻声则回顾；皆脑气之用。盖通声音者耳也，运思虑者心也，而其相向不求与耳对、与心对，而但与额对，由脑气之翕张在额，即与人周旋应接，亦脑为之用也。脑左右相比而中通一脉，至前额微开。每有深思，则额脑合，收敛固结，以能使思虑深入；既思得之，心思为之一弛，而额脑复开。是以人之思虑全系乎脑。思虑有息时，故脑气可以息；生机无息时，故心气不能暂息。人睡而神宁，宁者脑也。脑息而心不与同息，即睡亦脑为之用。吾谓脑主藏，故记性在脑；心主运，故神明在心。凡喜怒哀乐之发，而心辄为之动；动者心也，非脑也，此其显证也。傅兰雅言：泰西一种学问，名曰茀临洛洛基②，犹言智慧识解所从生也。初时格

①巴布扪得，Bab-el-Mandeb（曼德海峡）的音译。

②茀临洛洛基，phrenology（脑相学）的音译。

致家颇深诋之，近始多主其说者。其言以为凡人性情学问，皆主于脑。博采泰西图象，兼及中国名人，以类附之。凡精数理者，其脑自眉骨以下皆突出，而目深入。能诗者其额脑皆直上。善为子孙计者其后脑常丰。以至能音乐及诸嗜好，皆于脑辨之。禽兽亦然。如鹤及孔雀及鸡，雄者其脑皆突起，则性傲。人性亦然。泰西有精于此术者，一厂主被窃，厂工数百人，无从查考，乃令遍相厂工，各视其两耳上插入发际脑骨，凡得五人，语厂主曰：五人皆能行窃，其间一人尤甚，必此无疑也。厂主诘之，果然。此即中国相法，而泰西一以归之脑，故凡智愚贵贱寿夭，皆可于其脑辨之。大抵脑多而重者，贵相也。望而辨其轻重，则又是泰西一种学术。深求而极论之，皆可以通神明、穷造化，亦以其中本有自然之理在也。删布洛又言：人目力所极，视白者常大于黑。置白、黑二丸于地，以为黑丸小、白丸大。即涂两圈于纸亦然。试之，果信。盖黑者其光内敛，白者其光外溢。老氏知白守黑之旨，亦内敛之义也。

初五日。午正，行北纬道十一度四十八分，经度偏巴黎东五十度二十六分，计行二百六十三买尔合中国七百八十九里。与删布洛申论观脑之说，始知其于茀临洛洛基究心有年矣。自言所见各国人，一望而知其学行。谓鄙人额脑直，必以文学名世。又凡耳目五官之用，皆脑气之发现也。多少德行好处，皆可推见。其生平所至，能了事务，尽事之条理，怡然涣然，相悦以解，而不乐悖忤勉强。近时朝贵皆谓鄙人脾气重，自视全无脾气，而在官无一日不与人抵牾，亦莫测其所由，乃为删布洛数语说尽。金眉生曾寓书相规，以为言忠信、行笃敬，虽蛮貊之邦行矣，近时朝局不然，非言不忠信、行不笃敬，即万无以自立。每读之怃然，可以与删布洛一段议论参看。删布洛又言，德相毕斯玛尤精于茀临洛洛基之术。

驻法参赞陈报一切情形，偶以事属其弟具草缮发，毕斯玛视其字迹不类参赞所为，谛观之，叹曰：此美才也，吾何以不知其人？因函诘：具草者何人？当一来见。其弟林多回柏林见之，毕斯玛谓曰：吾视君书迹，固心疑之；今果与君貌相称。当出办事，不当自投闲散。林多言并未过考，无出办事之阶。毕斯玛因谕令应考，果获中选，因遣充西贡领事。毕斯玛之为贤相，于此亦见一斑。因论德人奋起有为，其相亦皆应之。头平而方，两旁有棱角：此等脑骨，必能一往直前，求达其志而后已。观德人骨相，应此等脑气者为多，是以其人才方日起月盛。其言皆为有见。西教十戒，所传亦有异同：一曰敬事上帝；二曰毋拜偶像；三曰无妄称谓不渎天主之名也；四曰守安息七日礼拜，为安息日；五曰敬父母；六曰无杀人；七曰毋奸淫；八曰毋偷盗；九曰毋诳言；十曰毋贪婪。《约》书第九条不许妄证，第十条不贪羡人所有。前四条是神伦，刻在第一碑；后六条是人伦，刻在第二碑。又有八福：一曰虚心者福；二曰哀恸者福；三曰温柔者福；四曰饥渴慕义者福；五曰矜恤者福；六曰清心者福；七曰和平者福；八曰为义而见窘逐者福。是早，过迦得非尔，即岑西巴之海角也，地极危险，过此即出印度大洋。又过苏噶得拉岛，为巴布扪得海门，连起三岛，其地产阿禄①，西人用为药品，利肠胃。近年英人贸易日盛，亦稍以法节制岛民，隐若属地。大风，凉甚，船主伯鲁兰云：来往此地数十年，从未有此清凉世界也。

初六日。午正，行北纬道十度五十四分，经度偏巴黎东五十四度四十九分，计行二百五十八买尔合中国七百七十四里。德人美士达前赴日本经理矿务，盖其铜厂开采已三百年，矿道日深，而未有机器，延往审度经画，以三年为期。其人博学多通，所用仪器以

①阿禄，aloe（芦荟属）的音译。

纸为之，可以测日及方向：一面经纬度，分别圆径、方径及平面尺，上方可以折叠，下作椭圆式，以线悬铅饼测其分度，云测日辰参差不出半分，一面为对数表。因论石山有水化、火化之别，凡石文层起堆叠如饼，其源必由水化，洪荒以前由海中涌出者是也；石文爆烈上冲作赭赤色者，其源由火化，直从地心激迸而出，所以结成石，皆地心之火煅成者也。布类里言：亚丁石山绵亘，皆从火化，数千年不生草木。舟中得书六种，皆法人近著。戈立容所著四种：一论机器，一论运动起重行远，一论水学，一论电学。洛比安那一种，为《亚墨利加十八月游记》。卫尔恩一种，为《绕地球游记》。卫尔恩精格致之学，而所著书多杂以诽语。另有《新式炮弹》、《新奇游记》二种，《炮弹》设为问答：创立一会，炮弹重五千馀万磅，每一杪行万馀里，用九十七点钟轰入月轮，一与月行迟速及距地球远近相准，又测重力之所及而不为地球吸气所摄。是以其书虽属诙谐，而格致家固推重之。《新奇游记》则穿地心一游，亦测地墒以辨其物产，及可以迎导养气与穴地之法，皆假谐语以发挥其地学之精微者也。又一种从海底绕行地球一周，各处海道浅深及物产皆有考证。以其语涉无稽，仍发还之。泰西轮船皆用凝水机器，省煤力四分之三，从前大敌力机器日用煤一百吨，至是不过用煤二十五吨而已。汽轮车仍用大敌力机器，以不能吸水之故。康邦机器兼用二者之法，用煤更省，日可二十吨。泰西格致家仍以煤力尚有未尽，日夜穷求其法，数十年后其用当更神也。

初七日。午正。行北纬道九度五十五分，经度偏巴黎东五十九度十一分三十杪，计行二百六十六买尔合中国七百九十八里。傅兰雅言：上海翻译洋书，已刻者四十二种，译而未刻者尚多。初意分别各种学问，辑为丛书百种，其后译刻日繁，淆杂纷歧，而电学一类尚无一译成者，欲编次西学丛书竟不可得。因论上海广方言馆，一切皆为具文。初设英文一局，后又设法文一局，现存不过数人，而课幼童二十人，大致犹一蒙馆而已。外设矿学一局、机器一局、驾驶一局，皆洋人主之，而不通汉语，就学者又皆不通洋语，因另设一通事，日以开支薪水为事，未尝问及功课。惟护局勇丁五十人，延洋师教以兵法，演放枪炮，差有实际。凡事创始难，创始而即为具文，整顿尤难。闻傅兰雅之言，深用慨叹。英人踞有南阿非利加之好望角。所属喀非拿塔、苏禄等处，故为番地，英人抚有之。番民时出劫掠。近年始派兵征讨，凡三千人。苏禄番民与战，突出数万人，四面薄之，堵击竟日始退，英人死者五百馀人。英廷以驻守好望角未能预防其叛，临战又多失事机，议论方烦。傅兰雅言：英人到处营立（步）〔埠〕头通商，亦为船舶来往大洋停泊之计。每一滋事，辄广地数百里；用兵愈剧，则辟地愈多。苏禄地本羁縻，嗣是英人又将收取而经理之矣。书曰：兼弱攻昧，启乱侮亡。无乱亡之征无由致侮，而非昧不足以召攻。强者糜烂，弱者兼之。此人事自然之理，无古今中外一也。

初八日。午正，行北纬道九度零五分三十秒，经度偏巴黎东六十三度二十六分，计行二百五十六买尔合中国七百六十八里。听帆与总办拉斯都尔考求法公司行章程：来往中国船九只向止九只，近又增修一只矣，每岁往返以三次为度。由马赛开行，有分赴阿尔及尔者，为法国属地，但横渡地中海而已；至类布勒斯，分载赴君士但丁以出黑海；至亚丁，又分载赴阿非利加东之梏尔邦岛，亦法国属地也；至锡兰，又分载赴平格尔之喀尔格得印度孟加拉，西人名之平格尔；孟买，西人名之旁比。法国亦另占有埔头；至新加坡，又分载赴酌尔洼之霸得维亚噶罗巴岛，西人名之酌尔洼；霸得维亚为其海口埔头；至香港，又分载赴日本之横滨上海分赴日本之长崎、大坂各口，别为美国公司船。地中海、里海各处公司船三十二只；印度、日本以达南洋公司船八只；

西至美国纽约公司船八只仅供马赛通纽约运货之用。人客来往，并由学浦海口。凡分运者，并于各口转运货物。国家岁给经费一千三百万法兰，是以公司行集股开设，而一统制于国家。问：国家岁给经费何以如此之重？曰：一切受成于国家，必令有馀，以免瞻顾。如赴中国，以五十日为期，每日支销用款五千法兰，计需廿五万法兰。此次人客船价约计十万，货物船价约计十二万，尚短三万法兰。阿纳谛尔船为来往中国四大船之一，造价十六万磅合中国银五十万有奇，非得国家助给经费，其势必不能支。英国公司船一皆商民集股为之，国家惟给与信资而已。凡充公司，以递送书信为第一要义，故皆国家任其名。英国由国家准令承充而量给信资，亦以昭实也。来往印度及中国船五十四号，而印度为其属地，一以锡兰为总汇。凡公司船径赴印度，而由锡兰分载赴中国，亦分赴澳大利洲及南洋各岛。是以来往中国船率不过十五六号。其美国公司船则由太平洋以达日本，而以上海为总汇。泰西魄力之大，无能及三国者。法国各口贸易不及英、美两国，国家支销费用尤巨，徒以开设公司行负强争胜，而民人之受其益者固亦多焉。泰西经国者所见之远，良亦不可及也。

初九日。为西历三月初一日。西历二月纪数二十八日。《尚书》：期三百有六旬有六日，而归奇于闰以应月，其馀分亦不能满六日，以大小建为之乘除。泰西以三十日、三十一日纪月，而于二月空二日，岁得三百六十有五日以应馀分，积其馀分至四年而闰一日，得二十九日；又积其馀分至百年加闰一日。所以必以二月者，其纪元以冬至，犹周正也，至三月乃应夏正，自当以二月为一岁纪时之终。《传》曰：归馀于终，一岁纪时之终也。此亦天地自然之理。午正，行北纬道八度十八分，经度偏巴黎东六十七度三十八分，计行二百五十六买尔合中国七百六十八里。泰西行船测风，亦有常度。飓风之起，在南洋及印度洋。阿非利加马迦拉诸岛以北，多以十二月，正、二、三月；印度平格尔海湾，多以十一二月、正月；西贡以北至香港，多以八、九、十月。西历四月当中国三月为行海最佳之日；五、六、七，夏令风动雷鸣，常得暴风，谓之雷风。雷风骤起骤落，则飓风不作。大抵飓风之起，必得数千里海面而又岛屿回环之处。风之行势既远，与海涛相击，一受岛屿遏抑，则激而为旋风。太平洋万里无阻，故无飓风。地中海、红海，海面远者不过千馀里，岛屿虽多而风势不能远薄，亦无飓风之害。泰西行海测风，风雨表骤落至二十馀度则飓风起；急视风势所起处，转轮避之。表度渐起，则去风渐远。一入其旋转之中，鲜不倾覆者。庄子所谓抟扶摇而上。风势猛者，能拔屋上飞，为受其四面抟击之力也。

初十日。礼拜。午正，行北纬道七度三十三分，经度偏巴黎东七十二度十六（度）〔分〕，（许）〔计〕行二百七十八买尔合中国八百三十四里。删布洛问傅兰雅：钦差亦曾带兵乎？傅兰雅曰：渠文官，未尝与闻兵事。删布洛曰：不然。吾视其目光，必曾经历战阵，无可疑者。傅兰雅因举以问鄙人，答言：曾带兵救援江西，居围城一月。生平矢石如雨中驰突四五次矣。傅兰雅大惊，言：实不知有此。因问删布洛何以知之，曰：平时注目下视，每发言一顾，目光直射有威棱，以是知之。曰：是亦应脑气乎？曰：目中精光，全出脑气。凡患青盲者，脑气伤也。因问张听帆何如，曰：是能深思。茀临洛洛基图画古今圣哲像大致如此，为其能深思也。是其脑气近之。问姚彦嘉何如，曰：法人脑气有类此者皆善言，是必能言论。泰西不主相法而主脑气，所言乃多隐合听帆实能深思，彦嘉实能言，亦一奇也。然固不主贵贱寿夭之说。彦嘉问年寿，曰：是不能知，然观君躯干大于人，最忌安弛，宜习劳动。

习劳即寿征也。其言亦近理，所以异于中国之术士也。布类里自言：与鼾百里之弟交好。其人博学多通，曾著一书曰《巴美科尔拿非尔》，盖草木之学也，专论其质性所宜，亦医学之流。与瑞士人苐罗基迦合著。苐罗基迦亦博雅士而精于医，与鼾百里时有讨论，然此书实鼾百里所著，而列苐罗基迦之名于前，以示自谦之义。予曾于鼾百里处见其弟画册，朴厚而深秀，画所居山石林木尤奇，以为文雅士也，不知学问之深如此。拟函致鼾百里一求其书。其人早逝，尤可惜也。是日东北风稍微，寒暑表热度至八十五分，而已热不可支矣。

十一日。午正，行北纬道六度五十三分，经度偏巴黎东七十七度零四分，计行二百九十买尔合中国八百七十里。距锡兰之科伦波二十七买尔合中国八十一里。三点钟至科伦波，与彦嘉、听帆及傅兰雅登岸一游。树木葱茜，弥望皆椰子、槟榔，杂以（蕉芭）〔芭蕉〕。所在累墙为园，红白花掩映斑斓。科仑波江贯穿其中。沿江出市东，树木尤茂密。江北山势逶迤明秀，如行山阴道中，水光山色，应接不暇。至科仑波博物院，询知一千八百七十七年所创修，七十八年讫工。上下两层，下层分东西四院。东为藏书及议事厅，西为锡兰土产丝、麻、果实、谷、麦，及金石矿产及古磁瓦布皮之属。内为古石刻。石狮高八尺许，背甚平，云一千一百七十八年制，锡兰王坐其上以听朝。石窗一具，为小孔雕刻花朵，及石坊额及石础，皆一千二百年中王宫遗物也。又有石像，人身象鼻，则锡兰国神也。后廊大竹数段，并三尺围。络树藤蟠结如竹，中空约二尺许，而长至四丈有奇。小竹一枝，大不过二寸，盘围高于人身竟至十馀匝。上层为鸟兽虫鱼，远不能及英、法博物院，而螺蚌奇品则过之。有光白如卵者，有圆如筒者，有四周锐出如足者，大小以万计。蝘蜓数具，或长至三尺。鱼类亦繁。

鸟嘴鱼名迪特娄登意斯毕都尔斯，亦有一具；亦有鱼头鸟嘴前出而刺坚长；亦有鱼嘴而刺更粗，形亦较巨。凡三种。此则各博物院所无也。其外为肉桂树园，所植桂极繁，并高数尺许，数十年后又一巨观矣。科仑波为锡兰总督驻扎之地，其总督名克立哥里，前岁遣人至板得嘎尔枉迎。此次沿途谢免酬应，戒舟人不得悬旗，故不复与通问。旧立省会曰堪谛，在锡兰之中，闻其地山水甚佳，近亦于此修造火轮车路。科仑波风浪甚巨，不（过）〔便〕泊舟，市肆无多。英人近修石坝，截海数十尺以拒风浪，用机轮下石。一二（千）〔年〕后石坝成，其地必日益繁盛矣。地产乌木、红木，中国习用之，运载至多。

十二日。行七十买尔至板得嘎尔[①]合中国二百一十里。陆路五十买尔，合中国一百五十里。山势环抱，成一大荡，泊舟其中，巨海在其南，三面楼房掩映丛树间，随山势高下，葱茜如画。前岁泊舟荡外，无此佳景也。与彦嘉、听帆及傅兰雅登岸，弥望树木成林，即市肆中左右顾，绿树参天，透迤曲折，皆成奇景。闻相距三买尔合中国九里名洼克洼拉者，山水绝佳，稍西亦有桂树园。命车一游，由北折而西，往返十八九里。山色明秀，繁阴密布，如出入画图间也。凡越溪流三，其大者名金根遮河，并环绕林木间。其稍平旷处皆为良田。见有新割者，有新秧初出如针者。询知禾稻三月一熟，岁中雨水调匀，可以四种，而常以两种为率。其新割者，春稻之已熟者也。平田栽秧多不成畦，亦省耕耘之力，盖皆百馀年中英人所开垦，地气发泄方始，生殖易为功也。与科仑波两处并有炮台，有医馆，有监牢，有巡捕厅，规模均极宏敞，而皆未一往游。前岁西行，专务考求其制度规模可以取法者，此行惟取山

①板得嘎尔，Pondicherry（本地治理）的音译。

水之娱而已。所处之境不同，则用心亦异，亦人事自然之应也。中道过一佛寺，求得贝叶经一卷。乃见坐佛前岁至两佛寺，皆卧佛，前卧一佛像，袈裟螺髻。寺（佛）〔僧〕云：此前缅甸王像也。殿前塔一座，高于佛殿。旁一小屋，扃锁甚固。启视，则铜像一尊，极瘦削，为九百年前所铸造，扃之以求布施。英人属地开辟经营，可谓极人事之劬劳，而穷尽天时地利之功用。即一舟一车，载客几何，价值几何，并著为定章，悬之通衢，又各于其舟车牌示其等差节目，使不得有欺饰，宾客远至者尤便之。规模固宏远矣。而征税亦繁：人口岁纳三施令；房屋大者六陆比二施令稍弱为一陆比，亚丁以东皆用之；结草为屋稍成规模亦三施令惟穷民茅屋无规模者不收税；船大小皆六陆比本地渡船、渔船及运货入内江，征税并同，其大小亦略相等也；马车一辆五陆比；畜犬一头四佩宜；树园丈尺有定数亦六陆比，以次递减至二三陆比。条理细密而无出入，人亦安之，则以凡事务取便民：开浚河道，防禁盗窃，营建学馆，收养病民，又以馀暇为苑囿游观，使人民有以自食其力，欢欣鼓舞以乐从其令也。询及科仑波博物院亦开支国家经费，即取之其地各项税饷也。与傅兰雅论英国建属部数万里外，创始经营，以何为先？傅兰雅曰：是有本源。大率创始教（师）〔士〕，经营缔造者皆商民也。教（师）〔士〕行教，专务搜辟荒远之地，导民以从之。所至先习其语言，以考知其山川险塞及土地所宜与其人民习尚，则皆已得其要领矣。于是商民承之以与市易，乃渐开立口岸，赁地为居室。积久而情伪攻取，瑕衅日生，于是而有战争攻夺。商民之力不足，则国家以兵助之。构衅至于再三，乃以削其地，黜其君，建法更始，立为属部。无勤师袭远之劳，亦并无拓土开疆之见，所取便者，通商口岸及可以停泊船只。至并其地而收服之，则事势之渐而人情国势之与为推移，昏明强弱之分，与其因应曲直之理，相推相激，以成于所不及料。所收各属部情形大略相同，而原其觅地之由，一皆自教（师）〔士〕始也。教（师）〔士〕传教而与国事相因，亦使狉（獉）〔榛〕顽犷之习，一变而为富庶。中国章句之儒，相习为虚骄无实之言，醉梦狂呼，顽然自圣。宋、明两朝之终于衰弱，澌然以尽，诸儒议论之力为多。呜呼，中国之所以不能自振，岂不由是哉！教（师）〔士〕化异己而使之同，中国士大夫议论则拒求同于己者而激之使异，其本源已自殊绝，宜其足以病国也。

十三日。八点钟开舟，沿锡兰岛东行。横亘约百馀里，其中高山嵯峨，尤远而高者，一峰矗立，则阿达摩斯山也。如来卓锡此山，佛迹犹存。傅兰雅言：在上海目睹两事：同治十三年日本兴师台湾，沿海戒严，因派一轮船驻扎吴淞江口，以备不虞。凡共管驾兵弁三百馀人。令甫下，以病告者六七十人。迟久乃开行，而告退者半，逃逸者亦半。比至吴淞，存者二十馀人而已。乃更募乡民补之，其官弁亦多另补。此一事也。一日至铸枪厂，见用开通内膛机器，一童子司之凡小件机器，西洋多用童子司之，上海亦仿用其法，惟用车口机器长二寸许，轮转不息。因诘童子：此当开通内膛。舍长用短，是不求通也。童子窘不能对，因曰：吾每月工食三元，仅够用此机器。问何意，曰：不过挨延岁月而已，横直总办不能知，莫吾诘也。此又一事也。上海曾建言：此与南京两制造局，机器略备，厂地亦尚宏阔，当租给洋人制造应用机器；仍定立合同，遇有兵警，奉文三日即当移迁，以为制造枪炮之用。如此，则机器不至朽蚀，工匠亦无散失之忧，而可节省浮费，且岁得租价，稍收购买机器利息。其言可谓沉痛。泰西制造机器所应取效者，岂（值）〔止〕枪炮而已哉？人心风俗，偷敝至于此极，即有枪炮，亦资寇兵而赍盗粮而已。然且相为欺诬浮滥，处之泰然。闻傅兰雅之言，为之悼叹。

十四日。午正，行北纬道五度五十一分，经度偏巴黎东八十二度四十五分，计行二百九十买尔合中国八百七十里。计行二十八点钟；每点钟行三十一里有奇，凡行十买尔。傅兰雅云：英国亦有役鬼之术，名美斯麦意斯模①。美斯麦即行此教者之名也。其法亦妇人为之：用符咒使人僵卧不省事，而能与鬼神酬答。《旧约》书亦载此事，是其术已行之耶苏前也。亦时用以治病。中国名之祝由科。耶苏治病之神，能使死者复苏，当即用此法。福音书言：为耶苏使徒，令负十字架从行。则是十字架为耶苏行术所用，所至必以自随。犹太王即因其行术之所用，施之极刑以毙之，其事至明显。大率耶苏术士，而其为教，主于爱人。其言曰：视人犹己，即墨氏兼爱之旨也。因推而言之曰：天主生人。物之生，皆天司其权，而以人为最灵。天之于人，犹父之于子也。人之生世，继绍乎天以成其事业，实有继事述志之责，故其自视常若天之子，而凡同为人以并生于天地之间者，皆兄弟也。其旨亦近于《西铭》，而得其理之一，而不达其分之殊。吾儒亲亲仁民，推而放之四海，其性同也。惟其理之一也，而必待推而行：家、国、天下，自然之分；由己以及人，由近以赅远，其分不能不殊。是以仁至而义即行乎其间。佛氏知仁而不知义，以有舍身救世之说。耶苏救世之言即本于佛氏：病者疗之，饥者食之，迷者觉之，惟务导之以信，一信而百善从之。佛氏固曰信受，其理无以易也。惟不达其分之殊，是以人人引而亲之，而终不足与治天下，而托为以色列之族，鼓愚民以从其教，而卒以毙其身。其徒推衍其说，宗耶苏为天之嫡子，固亦非耶苏立教之本旨矣。佛氏广己造大，即象以寓教，而屈天以从己；摩西主天而禁事偶象；耶苏益原天以和同乎天下，

①美斯麦意斯模，mesmerism（Mesmer 氏电术，催眠术）的音译。

其视人之生犹一本也，固不能逮佛氏之精微，而其言固切近而可深长思也。要其以治病济人为事，始终一术士而已。术之精者通于道，谓之有道之士，亦其宜也。其徒彼得广行其教于罗马，借耶苏之死以为替人受罪其意谓耶苏以济人为心，而因以加之罪，是为人而受罪也。展转流传，而皆失其故矣，传其教者遂一以行教为义，至于趋死而不顾使徒约翰、雅各死于犹太；保罗死于罗马。耶苏以一死而昌其教于泰西诸国，亦岂非天哉。

十五日。为西历三月初七日。午正，行北纬道五度三十九分，经度值巴黎东八十六度四十九分，计行二百三十四买尔合中国七百零二里。美士达论五金及煤矿不必高山，尽有山势绵亘百馀里无矿产，而平地时有之，但观其石色可以辨识。问如何辨法，曰：石有新旧之分。五金及煤矿所产不同，然须是旧石，其中乃有酝酿。新石无有也。问新旧所以异，曰：亚丁山皆新石，昨望板得嘎尔，其石甚旧，知其矿产必多也。问亚丁山石燥烈，并草木无之，新旧岂燥润之分乎，曰：燥润亦未足尽之。当辨其石之神与气，此可意会而不可以言传。问辨矿产之法，曰：凡中有蕴藏，其征必见于外。如铜产必化而为铜绿，铁产必化而为铁锈。金产最难辨，然金沙杂溪流而下，淘沙得金，近溪处必有金矿。问煤矿地面必产黑土，曰：铅矿亦然。须辨其土为内发，为外积。问：山头见小蚌壳，其下必有煤矿，信否？曰：小蚌壳亦须辨其新旧。新者外积，无矿产，不如验其山石中见花草纹者，必为煤矿无疑也。问：寻矿必登山考验乎？曰：观其水口沟圳中小石，即知其地必有矿产。登山寻觅，亦徒劳矣。因言中国高山中金矿，亦知有一处。问何在，曰：在兰州西北。问何以知之，曰：俄人卜利洼尔斯格著书言之甚详。其下有湖曰廓廓奴湖。以地势论之，似在西宁一带。俄国属地在亚细亚西者曰塞布里亚，以流徙有罪者。近闻其地矿产甚盛，实为西洋经国一大端。卜利洼尔斯格游行至甘肃，据所目见言之也。

十六日。午正，行北纬道五度五十一分，经度偏巴黎东九十一度零一分，计行二百五十六买尔合中国七百六十八里。自锡兰至苏门答腊，径行东西经道以入苏门答腊之亚金口，微向北行。是夕，过阿金口，有灯楼，北与尼噶由岛相望。舟过印度大洋，至是始见岛屿。再北安得曼岛，英人于此岛编置印度罪人，地属东印度。再东地势逶迤，南趋即为麻拉甲诸地。麻拉甲之北有小岛曰得理邦。与岛相望处，地势最狭。开通此地，又有地畸出如肺，名滩得尼摩，中夹一小港，水深一丈六尺。出港即为暹罗海湾，东南出西贡数百里程。船主伯鲁兰云：法人私议开通得理邦岛湾地，由西贡出南洋可省五日程。然开通此地则西贡为往来要冲，新加坡无过问者矣。英人所不愿也。英人高第丕著《古国鉴略》，述犹太、巴比伦尼亚、亚述利亚、挨及、希腊、罗马、印度及中国凡八国，并立国数千万年，而可纪数者终不过五千年，以前皆得之荒远传闻。而亚喇伯教书以亚当为始犹中国之有盘古，十传至挪亚，避洪水之难。有三子，曰闪，曰含，曰雅弗。始发迹于亚喇腊山。雅弗七子，起印度河至西班牙：曰坷灭族，其后为法兰西；曰马各族，住黑海北，其后为暑提暗诸族，即俄罗斯地也；曰马太族，住黑海南，其后为米太国，即波斯也；曰雅番族，住地中海北，其后为希腊；曰土八、米设两族，住黑海南；曰提腊族，住黑海西。含四子，起叙利亚，越红海以至阿非利加；曰古实族，其后为挨提阿百国；曰麦西族，其后为麦西国，即埃及也，曰弗族，住阿非利加北；曰迦南族，住约但河西，其后为（以列色）〔以色列〕国。闪五子，起幼发拉河以至印度海：曰以阑族，其后为波斯；曰亚述族，其后为亚述利亚；曰亚法撒族，其后曰迦勒底国；

曰路得族，住亚细亚西；曰亚兰族，在叙利亚、亚米尼亚，亦名亚兰国。泰西各国之先一本于挪亚犹中国之有黄帝，而叙挪亚始建城曰巴别，殆即所谓巴比伦也。亚法撒源出于闪，九传至亚伯拉罕，由迦勒底尔迁往迦南，一传曰以撒，再传曰以色列案以色列一族源出于含。亚伯拉罕之迁迦南，或是失国，或是本含后，仍嗣为迦南国，书皆不详。其后以色列族迁居挨及，挨及王心害之。至摩西，又率其族回迦南，名以色列国。自扫罗至大辟，建都耶路撒冷，遂为犹太国。十四传至希西家，而以色列国为亚述利亚所灭。又七传至西底家，而犹太国为巴比伦尼亚所灭，是时距耶苏之前五百八十八年。其后波斯并有巴比伦，犹太改属波斯。希腊又并有波斯，遣其臣多利买分主埃及、犹太，遂为埃及王多利买用希腊语译《旧约》书，遂衍其教为希腊教，时尚在耶苏前。其后犹太叛降叙利亚，又谋叛叙利亚，为叙利亚所攻破。于是马大铁阿世主摩西教，居犹太。其后有名希律者，其妻为马加庇族，即马大铁阿之后也。罗马既并有希腊，分犹太地，立希律为王，而耶苏始生。耶苏生于伯利恒，为大辟之后。已而改设大酋辖治其地。大酋彼拉多实钉毙耶苏。其后罗马复立希律之后亚基帕为王。使徒雅各传教，又复杀之。后谋叛罗马，罗马遂灭犹太，杀掳其人民，而至今犹太自宗摩西教，无行耶苏教者。

巴比伦立国最早。毕绿斯教书言，造端由雅弗之后、米太一族。耶苏前二千二百三十四年，含之后嗣起，在示拿地方建造巴比伦、以力、亚甲、甲尼四城，即《创世记》所称宁路是也。耶苏前一千九百七十六年，有迦勒底人从幼发拉河西来，踞有巴比伦，又闪之后也。耶苏前一千五百十八年，又有亚喇伯族踞有巴比伦。其后衰弱，降为亚述利亚属国。耶苏前七百四十七年为周平王二十二年，巴比伦复兴，为后巴比伦尼亚，其王名拿布拿撒。五（传）〔年〕，又为亚述利亚所并。已复回国，亚述利亚终并之而别立王。

耶苏前六百七十年，亚述利亚王以撒哈顿分建尼尼微、巴比伦为京城，已并有巴比伦矣。其后米太王古撒里谋攻亚述利亚，亚述利亚王撒拉古遣军长拿布不拉撒拒之。拿布不拉撒与古撒里连和，共灭亚述利亚，分其地：东北属米太；幼发拉的河、叙利亚、腓西尼亚及犹太属拿布不拉撒，别为巴比伦国。巴比伦大城，其子尼布甲尼撒所造也，耶苏前五百五十年间为波斯所灭。前后巴比伦可纪者二千馀年，实已屡易国矣。亚述利亚立国起于耶苏前一千二百七十三年当商武丁时，以亚述为都城。在巴比伦北底格里河旁有尼尼微城，大率巴比伦属地。亦分前后两朝。自比勒什数传至亚述利斯利，及其子滴腊比利斯而国势始盛，刻其事迹及先世于碑今蛤拉曼蛤城为古亚述城。英人得其碑，用古书证之，始通其文义；曾为巴比伦战败，至子亚述班尼巴，为其臣米太大酋亚比西所灭其时米太亦属亚述利亚。耶苏前一千零五十年，当大辟时，又有亚述亚但亚吉，为亚述王。其后渐辟地至地中海，移都加拉城。传至辖马女拔，而国益大；巴比伦、米太、叙利亚、以色列皆归服之。三传至爱哇路斯，遂并有巴比伦。希腊书希美拉密修巴比伦城后，往攻印度，败回巴比伦，旋为其子尼尼亚所杀。黑陆独督言：西美拉密为巴比伦公主，其夫爱哇路斯既卒，遂迁居巴比伦，所以亚述利亚反为巴比伦属地。后亚述利亚（名）〔王〕滴腊比利斯第二亦有碑，记其攻米太、亚米尼亚、米所波大米，及攻杀叙利亚王里汛，取巴比伦之西法瓦音城，而不纪其先世。当又别是一族，约在耶苏前七百四十七年当周平王二十二年。再传至撒根，迁都古示巴，遂并有巴比伦。一传至两拿基，又迁都尼尼微。一传至以撒哈顿，又三传至撒拉古，为米太王古撒里及拿布不拉撒所灭，仍分其地称巴比伦国。　　挨及立国最早，教书以为含子麦西居此，故亦名麦西国。耶苏前三百五十年，有玛尔都者，用希腊文记挨及原始，云已历三十朝。其后布人本参氏言：起自耶苏前三千六百四十三年，三十朝都相接续。英人普鲁氏言：起自耶苏前二千七百一十七年当唐尧前五百七十二年，三十朝并不相接续，亦有列国同时者。始立国曰米尼士，都上挨及提撕城挨及尼罗江北流入地中海，故以南为上挨及，以北为下挨及；其子亚吐谛，徙都下挨及摩弗城。第四朝始造为方塔；风俗、规矩、制造并列之图像。第五朝建都耶利樊城，约六百年。第七朝仍建都摩弗城。第九朝建都上挨及之黑门城，合第十朝亦约六百年。第十一朝建都便的提卑城。第十四朝建都古是城，约五百年。第十五朝建都摩弗城。第十八朝建都提卑城，合挨及各国为一统，在耶苏前一千五百二十五年当夏孔甲时，始有历法，以三百六十五日为一年，十二时为一日。太阳教亦出于其时。第十九朝从红海开河至地中海，建立大石庙。摩西率以色列族回迦南在其时。第二十朝有名拉米拾王者，英人从挨及古墓中得苇书一卷，长十丈，宽一尺五寸，其文或像形，或谐音，即拉米拾时上谕。第廿二朝建都尼罗江口的布示城。由亚述利亚踞有挨及，攻犹太，破其耶路撒冷城。第廿三朝以后复分为列国。廿六朝为波斯所攻，取其摩弗城，遂为波斯属国。至三十朝始为波斯所灭，在耶苏前三百五十年当周显王十七年。耶苏前三百三十二年，希腊王亚力山泰并有波斯，立军长多利买辖治挨及，遂立为挨及王，数传后为罗马所并。其后撒拉孙人踞有挨及。至耶苏后一千五百十七年，始为土耳其所并。　　希腊立国，教书云肇始雅弗子孙。耶苏前二千年，有比拉记族建立失根城，后二百年又建立亚古城，其后为希腊族，名曰毒蛤连。耶苏前一千五百五十年，埃及人古勒配建造雅典城；又有埃及人来至亚古城；又有腓尼西亚蛤底莫领人建造题卑城；又有特罗亚人辟勒配，至希腊南之辟勒配尼苏；各自立国，号为希腊列国。其中有十二国设立公会，集议国事，曰暗非顿会。耶苏前一千三百年内，有名铁撒罗尼迦王者，领众至黑海东寻觅（金毛羊）〔金羊毛〕，遂留居于此。其后特罗亚王比暗，遣其子巴黎斯至辟勒配尼苏结好，与其王示八打之后喜林通，挟之以逃。希腊列邦会兵攻特罗亚城，顿兵十年，始用计取之；而列国于是时亦多被侵伐，遂至大乱，而国益分。耶苏前五百年，波斯王大利乌虚大士比攻希腊，自是连战五十馀年。波斯王泄西攻破雅典城，而雅典、示八打终不肯顺从，泄西终败死。其子亚大泄西与希腊连和，而雅典、示八打日以衰弱；马其顿王腓力主暗非顿公会，统希腊兵攻波斯，由是希腊始并为一。耶苏前三百三十六年，腓力之子亚力克山太嗣立，攻并波斯，直抵东印度之五河，回至巴比伦而卒。由是希腊全土从亚得亚海抵五河，东西一万五千馀里。亚力克山太无子，大臣共分其地，其后存者四国：加山太主希腊，吕什马古主特雷西亚；多利买主挨及；什吕古主叙利亚。至耶苏前一百四十六年，统为罗马所并。　罗马在希腊国西，亦名意大里。其初特罗亚为希腊攻破，有名以尼亚者，领特罗亚人至意大里，建造拉吠牛城古书言：以尼亚是比拉记一族；一传，改造都城亚板山，环山三十城名喇丁国。其后弗加王之孙女利亚生二子，一名罗牧卢，一名力牧，被难八拉的尼山，两人各为首领，谋建一城。罗牧卢议建八拉的尼山，名罗马；力牧议建亚凡的尼山，名力马。因以鹰、鹊为占，两人互相争。罗牧卢卒建罗马城于八拉的尼山，其时在耶苏前七百五十三年；分置长老百人同治国，遂为长老所杀。又公举女马为王。建造一庙，曰门庙；打仗则开门，太平无事则关门。女马卒，公举得禄为王，毁亚板城，徙其人民。罗马继又举女马孙安古为王；哥林多军长大今奴继之；受非吴又继之。受非吴，大今奴之婿也，以治国权势公之百姓，为长老所杀。又举其婿大今为王。先削百姓权势，又并削长老权势，有名布都者，谋集民兵废之，大今逃遁。于是议院公治国，岁举长老二人为主司。初时，罗马有世家、民家两等，长老皆举自世家。嗣后民家亦岁举执事五人在议院办事，当兵者亦岁举执事六人，自是权势一归民家。耶苏前三百八十五年，法兰西攻破罗马城，主司蛤马虚重修，并议举民家为主司。自是意大里列国与罗马合并为一国。耶苏前二百六十四年，阿非利加之北加打古与罗马争西西里岛，争战累年。加打古军长哈拿巴从西班牙攻罗马之背，罗马军长西比吴径攻加打古城，屡胜之，竟破灭加打古，于是加打古、西班牙多为罗马属地，时耶苏前一千一百三十七年也。其后，耶苏前四十八年，罗马有三大军长议分主罗马：一曰蛤稣，一曰邦贝，皆主司；一曰居里欧该撒。蛤稣出征叙利亚，邦贝平定西班牙，该撒平定法兰西，兼及英吉利、荷兰等国，议各分主其地。蛤苏死于叙利亚，邦贝亦为该撒所并，于是该撒立为全权主司，后卒为议院所杀，罗马大乱。其时有安多尼、利百都、胡得夫起兵杀长老三百馀人及官员二千馀，三人亦各争权相杀，胡得夫独主罗马，自称亚古士都该撒。是时欧罗巴从英吉利至黑海，连阿非利加之北从摩洛哥至埃提阿百，亚细亚从黑海至印度，皆属罗马。罗马城加广至一百五十里，为三十七城门，是为罗马全盛之世。亚古士都二十七年，当汉平帝元始元年，耶苏降生。五传至尼罗，残虐无比，（常）〔尝〕纵火烧罗马城，自登塔观之以为乐。西洋语暴君必曰尼罗亦杀耶苏使徒保罗。其后议院谋杀之，尼罗自缢，议院因立加拉巴为王。凡三易君，互相残杀。军长非巴什暗嗣立，仍令议院同主国事，遣其子提多攻灭犹太，平定日耳曼、英吉利、法兰西各处。提多嗣立，非苏叟由火山火发，坏数城，有黑古拉农、邦贝爱两大城为灰汁所没旁比依即其一城。提多以勤劳卒。西洋语贤君曰提多。传至都米善，又以昏暴被杀，议院公举奴法为皇。奴法以年老，立特雷战为副皇。特雷战卒，亚底暗嗣立，定立律法，是为西洋诸国言律例之始。一传至安都乃奴，又为罗马最盛时，开设海口，广通贸易。再传而日衰，至百的拉，为卫兵所杀，于是大权一归于卫兵，出示募富人出钱多者登位。富人狄的吴立，属部大乱；英吉利军营立亚比奴，叙利亚军营立尼孤以，吕利亚军营立石非陆，各僭号称皇帝，卒为石非陆所并。石非陆至罗马散其卫兵，另募新兵为侍卫。一传至蛤立蛤拉，又为侍卫长马基奴所杀。希刘蛤八路复立，马基奴往攻，亦为兵所杀。希刘蛤八路以其立由祖母米撒，于是建立女议院，以其祖母为长老，亦皆为卫兵所杀，而立什费陆，又为军长马世民所杀。嗣是纷相篡夺。六传至法立连，举兵征波斯，为波斯所擒，其子蛤立奴嗣位。是时四方畔乱。叙利亚人吴的纳杜征波斯有功，蛤立奴令与同称皇帝。旋为其左右所杀，其妻西奴比亚复称东方女皇。其时争位者又有奥立陆，蛤立奴因以国政付之军长革老丢，而自攻奥立陆，为其下所杀。革老丢立，攻灭奥立陆，往征西奴比亚，病卒，兵人共举奥立连为皇帝，卒攻破西奴比亚都城曰巴米拉，于是东西反者皆以次平定。奥立连死，议院立长老大什杜为皇。一传至苐娄连，是时叙利亚亦立其军长布娄布主国，苐娄罗为其下所杀，布娄布因并有罗马，亦为其下所杀；侍卫长加绿嗣立，一传又为兵所杀，而立底吴格立善为皇，亦立其友马什绵为副皇。是时反者四起，底吴格利善复立蛤立流为副皇，马什绵亦立冈三丢为副皇。分罗马为四：底吴格利善管亚细亚；蛤利流管希腊；马什绵管意大里、阿非利加；冈三丢管法兰西、西班牙、英吉利。用兵埃及、波斯，日以征讨反叛为事。其后底吴格利善、马什绵辞位，蛤立流、冈三丢又举世非陆、马什民二人代之，而大权一归蛤立流。冈三丢与世非陆主西方，蛤立流与马什民主东方。冈三丢死，兵人立其子冈三丁主西方，蛤立流不允，因使冈三丁、世非陆同为副皇。是时马什绵之子马善丢亦自立为皇，据罗马城，杀世非陆。蛤立流又立其友立什牛为皇，马什绵亦出分争，于是罗马称皇帝者六人。已而马什绵谋攻冈三丁，为所杀，蛤立流亦死。冈三丁又攻马善丢，马善丢败死提卑河，时耶苏后三百十二年也。冈三丁主耶苏教，用十字架为旗号，重立议院，解散侍卫兵。马什民、立什牛各举兵攻之，皆败死。冈三丁独主罗马，与牧师大会亚力斯城，又会尼斯城。罗马不愿从耶苏教，冈三丁因徙治君士但丁。至耶苏后四百九十二年，意大里立国，罗马遂废。　　印度古无可考，亦由西北幼发拉的河据有其地，乃称印度国，约在耶苏（年）〔前〕一千四百馀年，其教曰白拉民教，其经曰《法德经》。相传古印度有两大国，一属日，即今五打地方；一属月，即今亚拉哈巴地方。耶苏前五百年间，波斯王大利（鸟）〔乌〕亦曾据有印度地方。耶苏前三百二十六年，希腊王亚力克山太亦用兵印度。耶苏后七百十五年，回回教传入印度，后来又有蒙古鞑子打没连攻破印度称王。一千四百五十年，印度军长楼地并有印度之地，数传又为蒙古拔百所并。一千七百三十九年，波斯王攻败蒙古，重立回回教。亚述利亚教，主天曰丢士非，主地曰普鲁都，主水曰尔博都，传为兄弟三人，又始立国曰亚述。巴比伦始立国曰比绿一曰宁绿。各有大庙。疑其立国皆摩西及谟汉默之比，尤立教之最古者。埃及祀神曰奴法，人身、羊首、螺丝角；又一神曰干，疑即挪亚子含也；最先言轮回。轮回根源起于埃及，由埃及传至印度，以传至中国。希腊亦有管天、管海、管地三类，其源出于亚述利亚。印度古有六教，言无神者二，言象教者四，而白拉民教为最盛。其始立教曰法德拉，言有一全能至大、无始无终、无情无意的神曰白拉密，又造出白拉麻、妃什奴、石法三神；白拉麻主生物，妃什奴主养物，石法主灭物。以行教人为最贵，曰上品，由白拉麻头生出；兵将次品，白拉麻心生出；农商又次品，白拉麻腿生出；工奴下品，白拉麻脚生出。子孙各守其品，永远不易。其始言轮回有十四道，七道在地下，是往下落的；七道在地上，是往上升的，升到极上白拉麻地方才算洁净。十四道轮回转到底为一周，就是世界的末日；后来又另起一世界，周而复始。其言以为肉体情欲是苦难根源，教肉体受苦是德行，可以讨石法神喜欢。又有服事石法神会曰塞得会，常私杀平人还愿。耶苏前六百年，印度中比纳利国比纳利王有一子曰高得麻，即如来佛，是为无神教中人，辟白拉民教与《法德经》，说并无有起头的神，万物皆是自然而有也，不可杀生、杀人献祭也，说人都是一品。高得麻后，其门徒又增加，昌衍其教，说人行善可以超过轮回，得到涅槃。得到涅槃，便是万念俱寂，苦难全消，无知无觉。亦立有五戒，一曰不杀生，二曰不偷盗，三曰不奸淫，四曰不喝酒，五曰不说谎。其诸程法悉依白拉〔民〕教品式，而稍异其宗旨，天竺诸国多遵行之。其后数传为白拉民教所禁毁，焚烧其书，是以其教盛行于中国及蒙古、西藏、缅甸、安南、暹罗、高丽、日本，而印度反无传。波斯亦有《亚法德经》，言造物主宰，与白拉民教之《法德经》又异，又流传为太阳教。其后谟罕默德经名《高兰经》。　尼布甲尼撒建造巴比伦城，分内城外城，外城周二百里，高六七尺，共立一百铜门，城上并行六马车，在耶苏前五百馀年。未几为波斯王古列所并，已而复畔，古列遂毁其城，传流不及百年。　多利买立为挨及王，于亚力克山太城建造书馆，聚集天下图书至七十万本，其后为罗马所并；传六七百年，撒拉孙人据有挨及，入亚力克山太城，焚烧书馆，所藏书遂无一存。　亚述利亚古时有砖书，有瓦筒书。砖书如卷，瓦筒书如轴，可以轮转诵习。　　埃及提卑城在尼罗江两旁，亦有一百城门，所遗砖石至今犹堆积八十馀里，为波斯王所毁。中有一庙，存房一间，石柱凡一百二十根，皆高六七丈，围三丈六尺。尼罗江摩弗城西南有湖，围周一百三十馀里，湖中有两方塔。有法国人在摩弗城外一山，寻出一凿成的石洞，洞中有二十四石棺，长一丈二尺，厚一尺许，盖厚二三尺。内有一棺藏公牛一只，其骨并完。左近有方塔三。一塔高五十馀丈，底方六十六亩，顶方一丈六尺，其石取之亚剌伯挨提阿白，用十万人历二三十年乃（来）〔成〕。（近近）〔左近〕又有一大石像，女人头，狮身，长十四丈，高二丈七尺，前爪下高罩着一处庙宇。埃及此种奇迹甚多。　　希腊言性理及诗尤多著名者。耶苏前一千四百馀年，有奥非吴、木西吴、希西吴诸诗人，著作尚存。奥非吴有一诗论地动，其时已有此论。耶苏前九百零七年有胡麦卢至今西人皆称曰河满，有二诗。一曰以利亚地，论特罗亚窃示八打王后相攻战事。一曰胡底什，论玉立什攻特罗亚回，迷路二十年所历诸险异事。　耶苏前八百八十四年，希腊言律法之书已行于示八打。言性理之言尤莫多于希腊。有退夫子论人伦、治术、文章、算法、天文、地理，亦言天地万物从水火出来。有毕夫子尤精音乐、天文，论行星转动远近、大小、快慢，有一定声音节奏。有琐夫子名琐格底，爱真实、恶虚妄，言学问是教人有聪明、德行、福气，作有用之事，教别人得益处。有巴夫子言凡物有不得自由之势，论神有三位：头一位是自有的，称为一者，亦称为善者；第二位从一出来，称为道，是创造世界的；第三位天地万物之精气，是从道出来的。皆在耶苏四五百年前。巴夫子有一学生，为亚力山太先生，名亚夫子，言学分里学、外学，里学是奥妙的道理，外学是伦常、治术、文章。言天地万物原来的动机就是神，这个动机不能自立，有一个自然之势，教他不得不然。后百馀年有西夫子，论物性形动及事物之关系为五类；神是完全的，万物之性情、形动、关系皆从神出。耶苏前四百二十年，有安夫子，言福气不在加，在减；常减除心里所要的，就是德行，所以常轻视学问知识、荣华富贵。其学生杜知尼名尤著，常住木筒中，刻苦自励，讥弹一世。亚力克山太王来见，杜知尼方卧日光中。因前言：我希腊王亚力克山太。杜知尼答言：我是狗杜知尼。亚力克山太言：请告诉我，何事可以帮助你？杜知尼言：我求你闪开一步，莫遮我的日光。常白日持灯行市中，人问持灯何为，曰：终须寻着一两个好人。其后又有吺夫子，言天地万物是从无数原质配合起来，自然成了所有的诸形。近世格致家言，希腊皆前有之。希腊学问从亚力克山太以后传播天下，泰西学问皆根源于此。

十七日。礼拜。午正，行北纬道五度三十二分，经度值巴黎东九十四度三十三分，计行二百三十买尔合中国六百九十里。荷兰人麦尔达，言为日本延请，修建堤坝，问堤坝所在，云：在东京之西，曰尼意嘎得，正与横滨海口东西相望。日本大河北流，至此入海。问：治河乎？通商乎？曰：以大河经流修治塘坝，以便停泊船只。问：荷兰亦有此种学馆否？曰：有之。问：此当先看地势？曰：然。当先察看海口及左右水势浅深，及海潮缓急，而后审量工程及所用木石多少，规划数月后，乃能兴工。问：石坝自当以科伦波两面下石、中实以土为程式？曰：此其工过大。科仑波水势急，前临万馀里洋面，非此不足以拒海浪。日本海势纾缓，无此险。或用石工，或用木工，须量其形势为之。工费亦须从省。问：大江入海，水势清浊缓疾宜何施？曰：水疾则分流以杀其势。其流或分数道入海，则水势必缓而下多淤，宜堵截其分流，使厚积其势以趋一口而刷深之，视浚河工程为省。问：包工乎？计日受俸乎？曰：日本修治三台、阿萨克两口，已延请荷兰六人，相为荐引，以三年为期。问：三台、阿萨克相距远近？曰：三台在横滨北，其北一水南流入海，亦与尼意嘎得纵横相对。阿萨克由长崎岛入内海，距大（板）〔坂〕、神（甫）〔户〕为近。荷兰水乡，地势尤洼下，沿海皆筑（塘）〔堤〕御水，是以土石工程以荷兰为胜。日本求矿学于德国，求主塘坝工程于荷兰，经营招致，进而未已。兼闻其修造铁路求之英法两国，安设电报求之丹国，一皆用其专精之学为之。传曰：邻之厚，君之薄也。日本为中国近邻，其势且相逼日甚。吾君大夫，其旰食乎！

十八日。午正，行北纬道三度十二分，经度值巴黎东九十八度二十分，计行二百六十三买尔合中国七百八十九里。是日，英儿周岁，亦举行试周之礼。纪以诗云：长大愚贤未足论，岁周丹墨试探扪。故乡风俗聊存记，巨海云涛自（吞吐）〔吐吞〕。路四万馀程暗数，期三百六日如奔。金章紫绶从儿好，剩有衰颜付灌园。自去十二月十一日曾劼刚至巴黎，以腹痛呕吐未及迎候，向日腹痛作泄之症一变而为呕吐，而病症较深，初不为意，至是凡四发，而以本日为甚。医师据德为予诊视，日进药饵凡四次，其意殷勤可感。至下午腹痛稍止，馀症虽未全愈，然固不为害也。是夕大雨，风，雷。远见灯楼，询知为拿舍多，麻剌甲一口岸也。

十九日。八点钟行二百二十七买尔合中国六百八十一里，抵新加坡。值北纬度一度十七分，正当赤道之下。终岁炎热如盛夏。胡玉玑及其弟胡璞石、随员苏玉泉、翻译陈敬夫迎候舟次，招商局委员温辉珊继至。香港总督安得森亦遣员至，并预备上岸马车。因与姚彦嘉、张听帆及傅兰雅先至领事廨。胡玉玑出示麻拉甲王请帖，以先夕约香港总督宴叙，闻予将至，并约一谈。随诣安得生，麻拉甲王亦在。因询及新设博物院，安得生欣然请往一观，并约观监牢院。便过冯家花园及胡玉玑家园小憩，见所陈设之精奇，前岁多未详览。大蚌壳一片，雕刻人物山水，飞动如生，凡数百事。象牙一座，高二尺许，下为人物，上为塔，中镂花球，径七寸，内含二十二层，圆转参差。犀角镂刻人物花卉，铜象负塔极奇丽，大小铜鹤二十馀事，皆其至精者也。至监牢院，总办梅者葛里他适，其副密知尔出（示）〔曰〕：总督适函达总办，未敢拆，必为此也。我当为照料。引入数院，房大者多至九十六人，少者一人。其定罪凡三等：有长系者；有以年计者；有以月计者。其施刑具亦三等：初至以重链系之，督以工作；积年以后，工作有程效、能勤谨者，改用轻链；又积年以后弛其刑。其有程效，为木牌记之；积牌至三四，加给工资。其监亦分内外。轻罪居外监，日碎巨石一方，以应铺路之用；先夕置巨石房中，起即相随运石至总厂碎之，又运至分厂，各为一所碎之，皆有程式。重罪积年以上督习工作；铁工、木工、竹工咸备，竹工制椅尤精。羊毛毡毯用机，其荐毯长至数十丈，别为一厂。每食后，课使运置铁弹，以舒其筋骨。浴室用池，日督使（吸）〔汲〕水，人各一桶，澡浴亦有程式。有医馆，有礼拜堂，亦有学馆，囚能读书者，日课以学。女囚五人，别为一院。凡监牢科罪并同，而其章程繁简疏密，各视主者之意，无一同者。次至博物院。总督得尼斯曾任天津领事，能华语，言博物院创自前岁，而所陈设（所）略备，亦分鸟兽、虫鱼、金石、果壳，及麻剌甲土产、器具。有畜犬一，长约三寸；金丝狨一，高与人等；虾二具坚如玉石；蟹大逾尺而身尖，能缘树食椰子；蚌三种尤奇：一如莲花瓣，一如海绒，一如笋尖，左右皆遍。外为麻拉甲船式及屋式，及旧时刀剑军器。旁为书馆，藏书八千种。矿产数千，云皆出本地及麻剌甲，初辨知其土质者。日已向夕，未能细览。新加坡别为一岛，与麻剌甲有小港间之；初亦麻剌甲地，麻拉甲王有别墅，岁常居此。相连凡三岛，南曰爱尔布兰尼，又南曰布拉根马谛：其二岛皆属之荷兰也。

二十日。以候噶罗巴船转递书信，守待一日。胡玉玑重约上岸，先诣麻拉甲王。询知麻拉甲先归一王管理，百馀年前，其王分地而治，因各自擅其地，继以争夺兼并，约及十国。自其先王以新加坡地划分英人，凡五十年，各国亦幸相安无事。旧时建都在新加坡，其划归英人，仍有地数处，即滨海马头亦存地六百馀亩。交涉事常多，而所居无常。一千八百六十三四年间嗣王位，乃即其所存地，建王宫于此。近乃营建新都，名哲和尔，创治宫殿。前后游历伦敦四次，亦送其子侄受学堪百里治学馆。问其治国法度，亦取效泰西乎？曰：最喜考求西法，开立学馆数处，并延请西人教授。审刑监牢亦略同其法，然不能遽及西洋之整齐。问：昨在博物院，见麻拉甲矿产甚多。曰：亦尚未筹办及此，以地利应开垦者，生殖之功方大，未要求之地墕渺茫之区。问：中国人寄寓几何？所生殖何物？曰：所辖斜长二百买尔之地，人民十五万，而中国多至十万人。所生殖一依中国程式，胡椒、茶叶、阿非、染黄数者为多。往时中国人三十馀村，近年已至百馀村。所以能立国，实倚赖中国人之力。闲时常骑一马游历各村庄，与为款曲，甚相得也。问其国幅员非广，又方务树艺，而所出犀、象、野牛，皆产自深山穷谷，人迹所不至，然则隙地尚多乎？曰：濒海四周之地并已开垦，其中山林犹邃密也。方谋伐除草木，披治荒秽，广开车路，使商贾流通。问：制造工匠何如？曰：一切皆取之外地。所织丝䌷，蚕丝亦取之中国。近年中国有善陶者，谓其地所产白泥可以治陶，试使为之，岁益出新式。因出其机䌷、陶器数事相贻。谢其捐赈山西之惠，曰：无他，以最喜中国人，是以情意亦与相关，多少自致其意而已。询其（西）〔四〕界所至及十国之名，曰：西与八登相接，并缕举各国名，傅兰雅为传言，不能详也。退问胡玉玑，曰：最近为巴都巴、赫吉隆麻拉甲王言西接八登，胡玉（机）〔玑〕乃谓其中隔巴都巴、赫吉隆二国。疑此为麻拉甲属地，非国名，此外曰宋依敷中，曰仑波，曰表腊，白真波鲁，曰阿摩，曰格达，曰爵和勒，曰色伦哥，其方位亦不能详也。数国中以麻剌甲为最大，地租所入，岁约六十万。回至胡氏园，潮人佘古亭父子来见年七十五，为粤人最富者，房租岁至十馀万。又英人施乃得为新加坡总督参赞、史安并过一谈。胡玉玑一号琼轩约言英国岁收：新加坡一岛，横十八买尔合中国五十四里、纵十五买尔合中国四十五里，而鸦片税五十万，酒税七万，典当税二万每户二千，大者约十户；通地租及各税车一辆十元，马一匹十元，房屋估计租价，十分取一，岁入约一百八十万，除支用，赢及三十馀万。新加坡一岛设立学馆十九，大者二，每学馆三四百人；小者十七。洋文三，专课西人；本地学馆二，中国学馆十二。兵九百人，分置槟榔屿一百四十人，麻剌甲二百八十人，而皆统于香港提督；香港置兵千二百。胡氏园水果多奇品，所食三种，曰山竹形如茄，皮厚五六分，中如橘瓣，曰洋荔支形似荔支，皮亦软厚，中亦分小瓣，曰流璃西人谓之多里安，味甘而气臭如腐乳。旋赴安得生茶会，所见意大里领事、巴西领事、法国领事皆善谈。美士达言：新加坡只有两种石，其佳者曰代若来，可以雕刻，盖白石中杂以黑点，其质甚坚，亦从火化者，土中往往见之。凡见此石者必无矿产，即有亦薄也。

廿一日。法国领事尔林及温辉珊、苏玉泉枉送，语及刘云生议论甚怪，不值一述。而曾劼刚驳斥收取船费仿照俄国章程一禀，尤近无理。似其蓄意与鄙人相反。亦刘云生之用心也。国家人才皆此类，可忧之至。八点钟开行。傅兰雅言：英人新制药水（销）〔消〕滞最良：一曰裨百性，取牛羊胃水治之；一曰日尔，小牛胃水，能消小儿乳滞。德人新制显声机器曰美格风，近始成。予所购二种，传声者替里风，显声者买克风，二者分别，另用买克风引电气通过，其声乃显，不如德人之美格风，即加一铜具若喇叭者于替里风之上，其用较便，其力亦较大，英人尚未知有此也。又言泰西四种酒名，并酒之最浓者：一曰苏士达；一曰执宜本名执宜法尔，亦名金酒，味带柏子仁香气；一曰日曼，即甘蔗酿成者；一曰布南底。

廿二日。午正，行北纬道五度零四分，经度偏巴黎东一百零五度二十八分，计行二百七十二买尔合中国八百一十六里。过新加坡，乃折而北行，历波罗洲大岛，巨海弥漫，极望不可见。波罗洲，英国亦有属地，曰萨拉洼克；其北一小岛，曰拉布湾，亦设官镇之。近年英商有与波罗洲王乞地一方者，因并萨拉洼克统设一官。西洋辟地，原于教士而成于商会，大率类此。船主伯鲁兰为言：西贡属地之南曰真金洋语堆克摩，土民相煽，不归法人管辖；法人闻而甚喜，谓赖此可以为广地之计，相与厉剑治军火，以俟国家之调发。凡西洋开设口岸，其初甚微，久而权势日厚，所施禁令或至陵逼，乃相与聚谋屏逐之，于是一举而削平其地，广地动数百里，故其开设口岸，不甚倚兵力，而其后常因缘用兵以收为属部，盖常以智御愚，投间抵隙，因势而享其利。观法人之言，足见西洋之用心。数百年来各国相与掠地数万里外，皆用此术也。欧洲大小各国皆守万国公法，其势足以自立。西班牙自元、明之交，掠地亚墨利加、墨西哥、巴西各国，皆取为属部。英人继之，遂据有美利坚。近百年来皆已自立为国，其政教一出于欧洲，而南北亚墨利加全土乃以抗衡。欧洲至今为掠地之计，但有亚细亚、阿非利加两土而已。而知其术者独有日本一国，馀皆茫然。将天之隐赞西人以成其谋耶？此可叹也。《后汉·东夷列传》言涉及沃沮、句骊，本皆朝鲜之地，武王封箕子朝鲜，教以礼义田蚕，又置八条之教，其人终不相盗。其后四十馀世，至朝鲜侯准称王。汉初，燕人卫满破准而自王朝鲜，传至孙右渠。元朔元年，涉君南闾畔右渠，诣辽东求内属，以其地为苍海郡。元封三年灭朝鲜，分置乐浪、临屯、玄菟、真番四郡。昭帝（元始）〔始元〕元年，罢临屯、真番，徙玄菟郡句骊。自〔单〕单大领以东，沃沮、涉貊悉属乐浪。自内属以后，风俗稍薄，法禁亦浸多。而范蔚宗之言，以为燕人卫满扰杂其风，于是从而浇异焉，而为之赞曰：杂华浇本，遂通有汉。其后金、辽二史，并言其俗习骑射，简省文书，朝令夕行；自入居中土，渐习华靡，以衣冠文字相涂饰，是以风俗日偷，国势日以衰弱。三代所谓用夏变夷者，秦、汉以后，一与中国为缘而遂不复能自振，何也？礼义之教日衰，人心风俗偷敝滋甚，一沾染其风而必无能自立也。西洋开辟各土，并能以整齐之法，革其顽悍之俗，而吾正恐中土之风传入西洋，浸淫渐积，必非西人之幸也。中西之交通，损益之数，利病之分，尚未知天时人事之果何所极也。

廿三日。午正，行北纬道九度二十一分，经度偏巴黎东一百零四度三十六分，计行二百六十五买尔合中国七百九十五里。早过布罗康达[①]岛布罗，译言岛也；康达，海岛名。舟行经过其下，山势横亘，又有数小岛相连以赴西贡，稍折而西行，故经历岛东。法人踞此岛，安置西贡有罪流遣者。山无草木，惟于其中置监牢院而已。泰西格致家言山石有水化、火化之分，谓地球由太阳之火，流溢鼓荡结成一世界，积久而地土凝合，浮积为外壳，包火其中，而后有生物孕育。浮壳逐层渐积，生物亦渐繁，是以谓之地壖。地势南北攲斜而下，每日一周转，若旋轮然。而五方之土下垂，皆系之地顶。地顶极处终古不离其所，是以谓之北极。地球心之火日蒸其气，上腾而化为水；水源日盛，其势下趋而汇而为江海。浮埃之积，

①布罗康达，Poulo-Condore（昆仑岛）的音译。

必有盈亏；积久而水土互相迁移。是以高岸为谷，深谷为陵。数百千年而一小变。约略计之，二万年而必有一大变。北极之在左者或倒而右，于是江海沸腾，地势倾陷，地球中之火亦激动喷薄，冲土而起。泰西之言洪水者与中国同，盖其始变，江海倒灌，尚无归墟之地也。海中山谷与陆地同，或深逾万仞，或浮高数十里，高下盘陀之势随地变易。由江海倒灌时，其变者，水火流动之物，而地势自然之质，为山为谷者不能变也，于是从海中出者，皆为太古以前人民之所居，草木宫室之所聚，其土石皆含生气而矿产兴焉，是以谓之水化。其球心之火冲击上腾，杂土石以成山，其性燥烈，生殖亦不能繁，是以谓之火化。泰西格致之理，人人能言之，而中土以为异闻矣。同舟有闽人陈金真，从新加坡赴西贡，询知生长新加坡，西贡、噶罗巴皆有行栈。言噶罗巴有两口岸，一曰巴塔底亚即名噶罗巴，一曰萨马琅。华民流寓数百年，丁口繁多，亦多富厚之家。西贡粤人张霈霖沃川、〔闽〕粤人陈庆和皆有名，而陈庆和行名为最著。因论西贡产米，出口之米岁六百万石，石征洋银一角，岁得六十万元。其馀诸税与英国同。而人口岁税五元半，出口领船票亦税二元半。其地华民多至十万人，亦其税款之大者，是以华民急盼设立领事，法人必所不愿，为于其税款多（防）〔妨〕碍也。据此言之，恐不止如日本设立领事多费唇舌而已，以日本公使近在咫尺，法国公使远距数万里外，其势尤多隔阂也。是日五点钟抵湄江口洋语名之堪波底亚。湄江口广八买尔，距西贡四十买尔，右岸连起高山，名克布新渣，有灯楼。以将晚不能入江口，泊舟于此。自午正后，计行六十买尔。由新加坡至西贡凡共六百三十七买尔。

廿四日。礼拜。三点钟开行，入湄江口。八点钟抵西贡，泊舟新椒岛，公司栈行所在也。与姚彦嘉、张听帆登岸一游。经历其铁厂、禽兽院，及大花园一所、医馆二所、大学馆三所。而闻华人市肆并在堤岸，相距十里程。所过平畴万顷，夹道皆树木。远望惟见荒野，盖法人踞此土才二十年，经营尚未遍也。及至堤岸之泽郡，华人市肆繁如万户之邑，一水萦带，桥路四通，询知即西贡江，华人相聚成市，已历数十百年，自为法人所踞，贸易乃日盛，亦恃西贡一水，樯帆云集。稍东南流入湄江，法人于此开设口岸，其地为安南之嘉定省，即古占城地。咸丰十年天津之役，法人旋师攻得之，安南之南六省尽割以议和。湄江以南约三百馀买尔，又跨湄江东北二百馀买尔合中国一千八百馀里，其初但邀请通商而已，安南拒之力，乃后乘用兵中国，以收一战之功。往张宏泰、陈福基两栈行一谈。宏泰主人张沃生霈霖，福基主人陈庆和，又颜万和主人颜珍淯宗贤。陈、颜皆闽人。西贡富商推陈为首，堤岸富商推颜为首。占城自古产稻，每年出米一千八百馀万石，而运出口者六百万石，岁税六十万，鸦片烟税一百二十六万嘉定南六省约及中国一府之地。其运往安南者另由富良江入口，其馀地税、房税、车税及各店经纪之税，大率重者皆估取其息十分之一，而中国人口税为最虐，分上、中、（上）〔下〕三等：上者岁税法兰三百合洋银六十元，中者岁税法兰一百合洋银二十元，下者岁税法兰二十五合洋银五元，而收至五元半。穷民工作，力不能完纳，则捕系之充当苦工，苛虐加于囚犯，常每日捕系百馀人。计中国人分隶法国各部及开垦地亩，共约三十万人，西贡、堤岸两处四万人，而人口税已约及三十万，其隶他部者不能详也。急盼中国国家为苏其困而拯其艰！相与叹息。询以曾劼刚、崇地山过此，曾否语及？云：崇公两过此，并留宿，未蒙询及，不敢上言；曾公仅登舟一见，未上岸。是夕留饮张沃生处，颜珍淯亦枉陪竟日。所见张达臣、张临川为其管事人，甚勤能、郑文山、黄镜河亦其管事，照料一切、潘云衢潘莲舫从侄，及西班牙人虞拉。沃生陪款甚殷，而出以诚恳，加于胡琼轩。

廿五日。八点钟开行。西贡大酋拉芳投名帖通殷勤。湄江曲折湾环，平畴沃野，一望无极。江尽处两岸平抱，相距约百丈许，而远山绵亘，凡起三大峰插入海心，又抽一枝回抱。江岸之外亦连起三峰，其尽处二峰相对如覆釜，即所谓克布新渣是也。南岸无高峰，而沿岸伏沙日涨，亦插入江心数十里，法人插标记之。是以湄江口宽六买尔，而两层关抱，计其宽均不过百丈许，形势亦雄阔。出口北行，与英人所据之布拉湾岛正东西相望。南为波罗洲大岛，北为吕宋群岛。群岛中有三大岛相连环其外，南曰巴拿王，稍北曰明多罗，又北曰娄若。一海汪洋，均相距远，不能望见。是日出堪波底亚江口，见鲸鱼向南行，嘘气喷水，上冲高五六丈，每一嘘气，随浪腾涌；其背脊如山，浮出水上，度其长可三丈许。往来行海六七万里，至是始一见之。

廿六日。午正，行北纬道十二度三十七分三十秒，经度偏巴黎东一百零七度一十分，计行二百七十四买尔合中国八百廿二里。是早过巴得兰，安南沿海之一角也。自此山势绵亘起伏，一望无极。伯鲁兰指示云：安南沿海，并有巨湾可以停泊：南曰刊木兰，曰宾冈，曰鄔桂。舟行至鄔桂，东出七星洋，距岸渐远。再北曰古芒，曰吉郎，则去琼洲不远矣。再北曰都兰，即安南都城海口。傅兰雅言：美国牧师治力舍斯格，能通各国语言，久处中国。美国教会派充牧师，行教中国。治力舍斯格言行教必先开学馆，而后可以招致读书向学之士。于是美人为筹给经费，治力舍斯格请筹十万元，美人允五万元，乃诣伦敦商之阿治毕灼伯堪得白里，阿治毕灼伯欣然许之。乃悟去冬鄔百里、丹拿诸人传阿治毕灼伯之言，由治力舍斯格之请也。旋因阿治毕灼伯家难频仍，此议遂至中辍。治力舍斯格旋亦前赴中国，未知所开学馆如何办理。而泰西各国欲以所得于学问者，表示中国而导引之，群相视为切要紧急，不惜劬思殚虑，敛资集费，以求有济，相与慨然太息，伤中国之无教化。中国士大夫一用其虚骄之气，庞然自大。井干之蛙，跃冶之金，非独所见小也，抑亦自甘于不祥矣。秦汉以来二千年，夷狄为患中国，曰匈奴，曰羌，曰氐，曰乌桓，曰鲜卑，曰突厥，曰回纥，曰吐蕃，曰契丹，曰女真，曰蒙古，由边患而入处内地，而割据，而有天下。综其大势言之，匈奴、蒙古二者实相为始终。其馀忽盛忽衰，忽分忽合，中国失其御而乘之以逞，非果能为害中国者也。匈奴之强，蚕食东胡、月氏，臣属西域，拓地逾万里。蒙古起北方，跨有西域，以达印度，然后卷甲东趋，莅中国而大一统。自匈奴时，已几有亚细亚全土之半，而极于西陲，蒙古乃尽抚而有之，绵延至于今日。然其始莅西方，而尊信佛教，既全有西域之地，又沿谟汉默之教，流布中土而衍为回教。其陵跞天下，挞伐而役属之，一用其强力兼并，非能有绥动天下之略也，方因其所习之教，以为转移，是以其德泽流遗，未尝一溉于人心以济世用，而中国圣人之教，亦但资之以涂饰文具而已。匈奴灭而蒙古兴，蒙古衰而欧洲各国日新月盛以昌于中土。秦汉以后之中国，失其道久矣。天固旁皇审顾，求所以奠定之。苟得其道，则固天心之所属也。茫茫四海，含识之人民，此心此理，所以上契于天者，岂有异哉？而猥曰：东方一隅为中国，馀皆夷狄也。吾所弗敢知矣。

廿七日。午正，行北纬道十六度十一分，经度值巴黎东一百零八度二十三分，计行二百二十六买尔合中国六百七十八里。舟历七星洋，有无数小岛值琼州东南，名巴拿塞尔。船主伯鲁兰云：岛无居民，惟土石相杂而已，向为盗舟出没之所。是日大风。舟行见一物，状如牛，角长五六尺，色白而首黑。西洋水族院有海狮、海马之属，独无海牛。此所见者牛也，而不辨其何名。先夕，梦有造屋山谷中者，邀予相其高下，因而颂之，其中有云：终古阴屯，秘天地之灵钥；忽然昼旦，开洞户之庨豁。吟哦而寤，情事宛然，不知其何详也？

廿八日。午正，行北纬道十九度三十四分，经度值巴黎东一百零九度五十四分，计行二百一十八买尔合中国六百五十四里。西贡闻香港电报：天气寒凉，为向所未有。昨日一风，至夕转劲，寒气亦骤增，御重棉而犹嫌其薄也。舟行为北风所拒，益见迟滞。《后汉书·西域传》所列国名，曰拘弥；曰于寘；曰西夜；曰子合；曰德若；曰条支；曰安息；曰大秦，一名犁鞬；曰大月氏；曰高附；曰天竺；曰东离；曰栗弋；曰严；曰奄蔡，改名阿兰聊；曰莎车；曰疏勒；曰焉耆；曰蒲类；曰移支；曰东且弥；曰车师前王；曰车师后王：凡二十三国。其附见者，曰鄯善，曰且末，曰精绝，曰乌秅，曰罽宾，曰乌弋山离，曰蒲犁，曰无雷，曰妫塞，曰龟兹，曰乌垒，曰大宛，曰康居，曰骊归，曰姑墨，曰尉黎，曰尉头，曰温宿，曰危须，曰乌孙，曰卑陆：凡二十一国。于其国之大小，事之详略，纪载参差，未易察识，盖所据者西域长史班勇所记，一皆勇所经历及所征调有战迹者，其所不录，亦从而阙焉。此亦前史征信之资，然其叙述亦疏矣。其尤疑者，东且弥、卑陆、蒲类、移支本与前后庭为车师六国，而列入蒲类、东且弥、移支，独缺卑陆。其言蒲类、移支、东且弥，皆庐帐，行国逐水草，与西域城郭之国不类。疑匈奴侵夺西域，（居）以其种众居之，其后亦自立国。以其地近车师，并称车师六国，固不与车师为种类也。今就其所列二十三国，在今西域天山南北二路者：拘弥、于寘、莎车、疏勒、焉耆、蒲类、移支、东且弥、车师前后庭，凡十国。在葱岭西北者：西夜、子合、德若、大月氏、栗弋、严国、奄蔡，凡七国。在葱岭西南者：条支、安息、高附、天竺、东离，凡五国。其远隶欧罗巴者，大秦一国。大秦者，自西汉通西域时，闻其政教风俗而为之名，其所云一名犁鞬，则当时所传之名也。罗马记载，并无此名。其初立国曰剌丁，后曰罗马，其本名则意大里也，似犁鞬为语言之讹。奄蔡一国，在今里海、盐海之间，其地无可考；而自《后汉书》已改名阿兰聊，当即今波兰国。波兰地当更循里海而北，积渐为俄人侵蚀，已早迷失其故境矣。

廿九日。八点钟抵香港，计行一百九十七买尔合中国五百九十一里，当北纬道二十二度十二分。李逸楼、陈瑞南、冒哲存、陈京生、喻叔耘、姚朵云、吴子煦、薛谦谷、陈岱云、易麟书、王春晓、赖磐石、黄子华、唐柳青并从会垣至香港，相候十馀日。子煦为子登太史之兄，予抚粤时为刻《吴子序太史遗集》，子登为之雠校也。谦谷为粤东同文馆总办，亦予所派委，距今十六年矣。磐石任大鹏协副将，现移营九龙，距香港为近。柳青名锦春，为唐曦臣之子，告言以书来投殷少乔者，会少乔已前告归，赖志城以书托之金逸亭、方柳桥，得厘局一差；厘局为粮道孙驾航主办。将军长乐初、总督刘岘庄、藩司成子中、运司何青士、海关俊星东、都统尚仲勉、广府冯子立并以名柬通问。而顾硕甫、许漱文两观察，及南海令袁敦斋、番禺令冯云伯各有书通问；敦斋、云伯并馈食品。余吉甫则委家人治席相款；其亲家沈辉庚观察并通名柬。酬应颇形烦冗。香港总督亨得利派坐船及车迎迓，且约饭，以李逸楼先约饭，并为预备信宜公司局为税驾之所，因辞亨得利约饭而先往一谈。所藏宣德法兰磁器及成化青花磁器甚富，并导引一观。随就陈瑞南、李逸楼。闻刘锡鸿议论，奸人倾险，几于无所不至。中国乃有此种人物，可怪可叹。

三十日。亨得利原约信宜公司回拜，至是来言，以必登舟为敬。自云与威妥玛皆爱尔兰人，近年爱尔兰有掘地得小玉印数方，皆中国篆文，数千年前实与中国同文。予谓伦敦曾见之，疑中国此种小方印，宋元以来书画家用为引章，其传不过数百年，恐尚为中国物也。亨得利曰：不然。中国文教最先。埃及古碑犹恍佛中国文字之遗。由中国西至埃及，再西至爱尔兰，是时伦敦犹为浑沌之国也。爱尔兰文教实开自伦敦之前。其言亦附会近理。因约伍秩庸、王子潜同至李逸楼处谈。并偕子潜至东华医院，为瑞南诸人所创建者，一依西法为之，收养病者百馀，延医士八人，兼筹教习医学。并至西洋学馆及博物院一游。学馆总办史安，同舟至香港，询知尚未回馆。而博物院则兼用粤人刘易之司之，鸟兽虫鱼金石物产之类咸备，所未见者海浮二具，质如菌而形类深缸，容数斗。河豚甲数具，询之刘易之，曰：鯸。盖左思《吴都赋》所谓鯸鲐，即河豚也。左为博物院及藏书处，右为戏馆，其上楼规模宏阔，尚未能陈设物事。王春晓邀晚酌，主人吴采石、许干臣并同席。夜乃回舟。李文鹤、宋锡庚来见。宋锡庚号西堂，故长宁令，有政声，予待之颇厚，后以事被议。询其年三十九岁，方任长宁时年二十三岁也，与张星曜同为蜀人。询知张星曜由军营开复，已选云南知县。李逸楼管事李玉衡有能干名，以病未见。香港华人以李逸楼为首富，次魏姓，次郭姓，即所谓郭青山也。王子潜见赠《瀛壖杂志》、《弢园尺牍》。陈瑞南见赠《东华医院录》。

三月

三月初一日乙巳。为西历三月廿三日，礼拜。六点钟开行。下午见小舟浮泊，扬帆西行者数十百艘，知距汕头为近。惠、潮各郡与会垣交易，大率皆由海道也。杭州牧师色致威克译汉文为叶姓由香港取道上海回浙，询知杭州省城为耶苏堂者五，为天主堂者一，而入耶苏教通不过五百人。耶苏教堂又分英、美两国教会，色致威克为英吉澈尔治教会，以阿治毕灼伯为主，而护持之者，侯爵吉及斯得也。其馀教会，名目繁多。武昌行教者别为伦敦澈尔治，各自为党。亨得利言：罗马教会议派教员驻扎京师，办理行教事宜。傅兰雅言：罗马既派公使经理教务，伦敦耶苏教会亦当照行。吾谓天主教一统于罗马，而行耶苏教者，英、美两国皆有之。往时法国崇信天主教，凡交涉教堂事务，法人一力维持。自法国改立民政，一切持平。四川、河南各教案，迁延数年之久，尚未议结。罗马教王知法国之不足深恃，故有特派公使之议。万国公法：罗马教王遣使，位诸国头等公使之上。其权力足以制胜，亦颇心咎法人护持之不力也。伦敦自有公使经理一切，所立会堂亦无派充公使之权。英国护持教会，责成公使有馀，亦不待别设公使而后足以专其任，此皆情事之显见者。傅兰雅之言，未足征信。

初二日。午正，行北纬道二十四度十四分，经度偏巴黎东一百十五度五十分，计行二百七十二买尔合中国八百一十六里。自距香港前二日，寒气顿增，至是风雨交作，懔若严冬，重棉不足御寒。波涛震撼，与舟相拒。此行日受东北风，舟行迟滞，逾于常程，犹喜无风涛之险，濡延多日，正自无嫌。甫近香港而风浪作，嗣是日益加剧，沉阴沍寒，数日不解，为历来春景所无。天意固必不相宽假耶？抑将以中土人心乖忤百端，微示之机兆耶？远归故土，相望数日程，何为作此恶剧也？舟客三十馀人，如布类里、珊布洛、美士达、麦尔达、史安、汤美士皆可一谈，至香港而上坐三十馀人已去尽矣。二等，丹国人勒苏，专办电报；前往黑龙江，留赴上海。

香港新添五六人，无可与谈。因忆乙卯年偕周弢甫至浙江，为沪渎之游，其时李壬（秋）〔叔〕、王子潜同馆英华书屋，见子潜斋中悬一联云：短衣匹马随李广，纸阁芦帘对孟光。盖子潜挈家居馆也。联为姚梅伯书。顷阅子潜《瀛壖杂志》，念之恍佛如昨，距今二十五年矣。一日之雅，同舟之谊，潇潇风雨，怃然于心！诵东坡人生到处知何似，应似飞鸿踏雪泥之句，为增怅悒。日午，远见山色，知已近厦门。舟过七星洲，径东行至闽漳州界，乃折而北。行海者以山角回转为最险，为山势与海相激，稍加风力，薄荡尤甚。嗣是历台湾海面，风雨转剧。船主伯鲁兰云：此地终年常雨，每过皆然也。

初三日。午正，行北纬道十七度一十分，经度值巴黎东一百一十八度十五分，计行二百六十六买尔合中国七百（七）〔九〕十八里。早过福州五虎门，形势壮阔，岛屿环峙十馀。粤海紧密，闽海阔大，各极其胜。沿海时见山势绵延，由福清至浙之黄岩，丛山叠岭，相为延续。同舟云南人毕晓楼，官户部主事，与江宁人李铭之、梁省吾，同自粤东归。毕晓楼则以与杨振甫年谊，赴粤张罗；振甫旋卒，自香港附坐三等船舱，足以知其窘况也。陈瑞南送阅香港《循环日报》，知黎简堂为贺耦耕先生请开复予谥，奉部议镌二级，张振轩接任黔抚。简堂此举颇不合例，而坐是去官，亦稍过矣。

初四日。午正，行北纬道三十度五十四分，经度偏巴黎东一百一十九度五十四分，计行二百九十九买尔合中国八百零七里。早过温州、宁波两口，岛屿环列，舟行群岛间，水浑浊如黄河。梁省吾言：由香港赴沪，涉宁波浑海，即知距沪不远也。然自香港出中国海，水色时有变易，闽、粤之交为白水洋，亦时变为红色，宁波以北，皆浑浊矣。盖瓯江以达长江，为中国东南水所汇处，数百里间巨川盛涨，环趋于海。江海交会，水势洄沍，泥沙并注其中，是以海色全与他处异。至茶山，入长江口，广百馀里，与海相连。内有岛曰大戢岛，西人名之曰格子纳苐，向无居民，西人于其上安设电线，由上海莅此岛以达香港。公司轮船至此树旗，岛中遥辨其旗帜，即发电报至上海报知，率先半日咸知某船至矣。吴淞口外一程有伏洲，曰铜沙，税关置船于此，名曰铜沙灯船。有气炉能鼓（篁）〔簧〕作声，闻十馀里；每值阴雾，加火鼓篁，使舟行闻者辨知其为东洲，以便收泊。主桅悬巨灯以照夜，故名灯船。北近吴淞口，又有三墩灯船，与川沙厅相望。海口有灯塔，亦名三墩灯塔。灯船上又有浮桩，皆所以表识沙线，引泓以免胶滞。四点钟，行五十一买尔抵吴淞口距黄浦江十二买尔，因潮信已过，吴淞口伏沙不能进船，停椗口外。先令姚彦嘉、张听帆为料理住处，兼达知上海县勿迎迓，勿备酒席，以久病避周旋也。自正月十九日眷属人等由马赛上船，至三月初五日乃获登岸，计共四十七日。从无此次之迟久者。

初五日。高昌庙机器局派小轮船三号迎至吴淞口，唐景星、黄泳清亦坐招商局轮船来迎，子瀞侄又从宁波来，因相与登招商局船，行十二买尔合中国三十六里，至黄浦官马头，仍由县预备广肇公所为小憩之所。刘芝田，李勉林、叶顾之两观察，王厚山参府，傅焕廷守府均先至公馆枉候，莫善徵大令以假期未至，闻新有丧明之戚也。彭器之、罗星潭、李春山名仲良、张叔和四观察，严伯雅太守，陈宝渠，孙易堂名士逵，赵鼎臣主簿次第来见，皆旧识也。罗星潭与易笏山素交，久闻其名，上海小驻，考核洋情，能稍知其节要，予极赏之，以谓星潭黔人，距湖南更远，而所言洋务情形，吾楚竟无能及者，此为深识特见。罗星潭言：往时亦但知主战而已，至上海稍观其制造，而究察其情形，始悔向者议论之疏。中国不急图自立，深恐一变而为印度。其言急切如此，斯可谓究心时事者矣。黄觐臣、郑陶斋、周瀛士并至。

初六日。王灼堂名之春，镇江管带营勇、朱益甫两观察，杨韶和名昌荣、王心如名松森，帮办文报局、杨诚之名兆鋆，新报翻译、李石渠名宝森，货捐局候补知府、蔡二源名汇沧，机器局帮办、唐蓬之名赞彝，海运津局委员、袁海冠名树勋、郭辅卿名寅阶来见，江海关税司赫德、副税司许妥玛、翻译劳德、江海关造册处柏卓安并过谈，皆旧识也。晚邀唐景星、周瀛士、黄泳清、徐子源、姚彦嘉、张听帆、子（静）〔澥〕及英人禧在明晚酌，以刘芝田见贻一席，彦嘉、听帆方谋为予致祝生日，便邀一谈。禧在明致领事达文波之意，告知《申报》馆梅渣于两次《申报》皆自承认，以为此游戏之文而已，无足深论。达文波告以君自游戏，一经按察司讯断，恐获罪非轻。梅渣一意枝梧。达文波之意，亦以为非经律师料理，未足以折其气。初属泳清邀陈辉廷商令寓书诘问梅渣，至是径须令律师为之。唐景星言坦文声名高出斛林，然予在伦敦曾与坦文商办一事，知其笔墨见解并猥下，无异人处，斛林则所不能知也。然景星久与洋人交涉，所见必稍能得其真，不能不听从料理。非与梅渣校论得失，但欲穷知造谣之源而已。

初七日。周瀛士、黄泳清、姚彦嘉、张听帆以予生日枉贺，易卓超亦自宁波至，因留面食。子澥侄为设酒肴。刘颐伯名舜年、吴受之名瀛过谈。受之为金眉生之甥，曾至京师，此次由嘉善来谒。接到合淝伯相二月廿八日书、沈幼丹二月五日、刘岘庄正月廿七日、张力臣正月廿三日、黄芍庭、黄石山各信，及家信四通正月初八，二月初八、廿二、廿八，凡共四信、意城信三通正月廿五，二月初七、廿八、及健甫侄一信。又得美国牛庄领事鼐德一信，及英人马理生来见。晚邀周瀛士、姚彦嘉、张听帆、黄泳清、易卓超、敬之、子澥小酌。陈辉廷为拟致梅渣书，立言颇多疏漏，两日议论及此，竟尚未得办理之法也。是夕，唐景星得电报丁内忧，公私事件就景星商办者甚多，而偏有此遭际，所事竟悬而无薄。无往而不见其运之蹇也。

初八日。礼拜。李勉林、刘芝田、姚吟甫金眉生妹婿、李薇生妻侄、刘立夫刘霞仙堂弟来见。勉林早至，因留饭。语及刘云生为人，使人郁怒不可回。随往拜刘芝田、李勉林、叶顾之、张叔和、王心如、蔡二源、徐雪村，兼诣周瀛士、姚彦嘉、黄泳清、张听帆谢寿，又为莫善徵、唐景星致唁。于景星处见唐道绅，为景星从弟；于勉林处见曾文典，为劼刚从弟，在机器局管支应。与勉林、芝田粗论西学馆事宜，当稍议章程，由合淝爵相酌定。居今日而思统筹全局，以求利益国家，其势诚有难行，为衮衮诸公深闭固拒，以力遂其苟偷旦夕之私，虽有圣者，无如何也。要当各视其愿力为之；愿力所及，能尽一分，必少收一分之益。人人积此心以相饷，其利亦溥矣。此区区之私，所以徘徊顾念而必求一行所见也。西洋政教、制造，无一不出于学。中国收召虚浮不根之子弟，习为诗文无实之言，高者顽犷，下者倾邪，悉取天下之人才败坏灭裂之，而学校遂至不堪闻问。稍使知有实学，以挽回一世之人心，允为当今之急务矣。

初九日。往拜英领事达文波、副领事阿林格、刑司苐林史、副刑司默挖特、翻译斯格达、禧在明；法领事李梅、翻译阿麟；美领事贝礼、翻译马高温；德领事吕德、副领事恪伦泗吉、翻译穆麟德；奥领事卜理挖楷；俄领事聂鼎；日本领事品川忠道、翻译吴硕；意公使兼领事德路嘉、翻译邓文道；税务司赫政、副税司许妥马、翻译劳德、造册司柏卓安。其专送名帖者：丹领事庄纯；荷领事许思格；葡萄牙领事席尔发；比利时领事莫尔；日斯巴尼亚领事嘉拉意、翻译俄利喊喇；瑞典、啰喊领事苐弼斯、副领事葛德生。又从美领事贝礼处闻知署公使何天爵现来上海，往晤，畅谈。晚邀彭器之、罗星潭、朱益甫、严伯雅、陈宝渠小酌。欧阳伯元自扬州来。英人治律学者坦文、鼾林二人，唐景星力举坦文，而予在伦敦知其人贪而无学，至是始邀一谈。因检六月廿日、七月十一日两次《申报》，托刘芝田遣其翻译译交坦文。遣馀仆赴安庆致李仲絜一信，与商晚女归宁事。

初十日。刘权、张以兰鹤臣来见，刘权并带到彭雪芹一信。回拜彭器之、罗星潭、朱益甫、陈宝渠、严伯雅、王子显名丞荣、杨韵和、杨诚之、袁海冠、郭寅阶、李石渠、唐蓬之、葛蕃甫名绳孝，江苏知县、孙易堂、李春生、黄觐臣、朱正伦、赵鼎臣、吴受之、施吟甫、刘立夫、刘颐伯、易卓超、徐子元、郑陶斋、王厚山、傅焕廷，并从严伯雅处拜候姚伯容，兼诣刘融斋畅谈。询及张经甫焕纶，知为龙门书院肄业门人，与馀荫甫、杨滨石同为求志书院院长。晚邀叶顾之、李勉林、张叔和、蔡二源、徐雪村及傅兰雅小酌。令子澥侄代复黄芍庭军门一信。

十一日。郑陶斋、吴又乐、史花楼、陈树斋名建勋，陈瀛舫太史从弟、盛艺垣名文柱，盛展奇从弟、赵杏坪名辅震，赵鼎臣世兄，善书、叶小云名汝镛，叶云岩世兄；又乐名康寿，任阳湖有政声，调任宝山，人极明爽；意大里公使德路嘉、翻译邓文道湖北人；美国署使何天爵、总领事贝礼；英领事达文波、翻译禧在明、金璋；俄领事聂鼎、翻译陈庆元；瑞典领事葛德生、翻译白理格；道署翻译金楷理，工部局立德尔好会，英国医院章生雅谷并来见。晚邀李石渠、史花楼、姚彦森、袁海冠、郭辅卿、金小眉、欧阳伯元小酌。以初九日馈送筵席者四处，邀知旧一谈。两日大热如盛暑，至昨日已不堪食，乃为别置肴馔，是日忽乂大凉。天时人事，适相凑拍，蹇运所值，动多乖忤。史花楼求题史忠正公遗像，为成一律：衣冠邱垄剧含悲，喜见云孙尺幅贻。蔓草寒烟更小劫，梅花春雨护新祠。朝廷歌舞方酣日，将帅兵戈互哄时。茹憾千秋遗憾无穷输一死，拜瞻遗像泪承颐。金小眉奉其母命来告眉生都转之丧，伦敦曾撰挽联云：历秦汉二千年以来，成败兴亡，论世原从论人始；极诗文数万言之业，悲歌痛哭，立言终与立功同。终嫌其立言太大，再撰一联云：日草万言书策，落落九州，无地容君谈世务；属题《六幸翁图》，迟迟两载，及归留我赋招魂。又撰史忠正墓联云：明祚已移，犹向天南留一柱；公魂不返，长依江北望诸陵。梅花香到衣冠，长镇江淮一抔土；椒酒创新祠庙，谁悲祭告麦饭二陵疏。

十二日。大雨，风，寒。刘融斋前辈及张蔚卿、方子听、陈莳松来见。美国副刑司黔挖特、翻译施本思及马里森以次来见。黔挖特新自福州回，询问乌石山案情，云：两造争持方急，未能定也，正刑司茀林史拟续往办理。询问公使威妥玛行止，云：日内当回香港，送其夫人回国，仍赴福州会办。此案稍延长，虑非旦夕所能了也。柏卓安邀同张听帆坐其马车为城西之游，沿途柳色青葱，洋人租地盖造楼房，马车游览相续于道。过静安古寺，殿宇倾颓略尽。寺前沸井割隶道旁，方广盈丈，围以木栅，状如小池，池中水腾踊如吐珠，盖下有伏泉，激而上冲，若济南珍珠泉之比，而水色甚浑，惟见泡影上浮而已。或云：下有硫磺，是为温泉。温泉自温，不必水气之腾上也。四望平田，种麦盈尺，尚饶野趣。姚彦嘉晚过一谈，为叶顾之邀陪钱子密、姚伯容小叙于徐家花园，兼询两君曾来见否？答以两君虎气上腾，何屑蒿莱！来此数日，亲友求荐求事，踵门祈告，户常满屦。然贫者求，贵者弃；无能者求，有力者弃。生平遭际尽然，人情世故，盖可推而知也。是夕，始一发家信。

十三日。偕张听帆至仁济医馆践章森之约，其号曰雅谷，中医黄春甫实佐之。留住馆中者男女四十馀人，皆筋骨伤折之症，亦有戒烟者、治目疾者。其治目，翳障重蔽不能销，则别开一隙以纳光。药房一所，器具一所。治服毒轻生，用吸筒插入喉以达胃，管长可二尺馀，用机器吸出其毒，从旁管泻之地。治喉闭，从颈下开一孔纳气，用铜具为喉管，插入所开孔中，使自为呼吸。又有壶一具储水，下安酒灯，爇水令沸，前有管，状若壶嘴，安铜叶其端，可以启闭；用玻璃瓶贮药水，纳浆皮管其中，上与壶嘴相接合；开铜叶放气，则壶水之热力足以吸玻璃瓶之药水，使升入浆皮管，甫出口又为热力所冲，并出壶口如喷水，有形无质。盖其热力吸药水上升，一化而为气也。以指当之，凉甚。章森云：此新出之法，其药水名布斯垒，从煤中化出，制为水。凡疮毒外溃及施刀锯则血溢，而空气中小虫与相粘合，辄至肿烂。此水能除空气中之虫，使不能入。即施刀锯，以水渍之，五日而复若无事者。实为外科第一圣药，数年前尚无有也。每日来馆就医二百馀人，专治汉人若此馆者二，洋人别为一馆。楼房大者容十馀人，小者四五人；上等人则各自为房。章森为设茶酒。随过马高温、高位二处，皆不遇。晚，邀陈莳菘、方子听、叶小岩、张蔚卿、陈树斋、盛艺垣、赵杏坪、张鹤臣晚酌。先夕地震，盖在子、丑之交。

十四日。兴紫垣名奎，轮船局候补知县、蒋珩卿名煐，前兴化县知县，起复候选、龚国卿名家临，叔玉学使之侄、赵子猷名经纶，杏坪大使之兄来见。而秦鹿笙方自浙来，陈莳菘又告辞回嘉善。德领事吕德、翻译穆麟德，奥领事卜理挖楷，法领事李梅、翻译阿麟亦相约来见。竟日罢精竭神为无谓之周旋，求一小息不可得。又传金小眉及其表亲罗幼亭，面给金眉生奠分。是日方拟谢客，而劳苦更甚，可笑亦可叹也。

十五日。为西历四月初六日，礼拜。子瀞家眷自宁波来。徐芷沅、易卓超与欧阳伯元、张鹤臣同寓外楼。刘芝田、叶顾之、成康宾名永祥，记名总兵，管带太湖水师新昌营、陈宝渠、郭辅卿来见。与姚彦嘉约十一点钟诣李勉林，竟至二点钟后乃能成行，彦嘉、彦森昆仲已前归矣，徐雪村、傅兰雅又皆外出，因与勉林同至雪村处观所藏机器。随赴广方言馆，凡习中国文字三堂，习英、法文字三堂。中学教习三人，曰刘省庵融斋前辈世兄，精通数学，曰叶敬甫，曰胡子恒；西文教习三人，曰舒德卿，曰傅兰雅，曰林乐知。外西学三堂，一画图兼轮船机器，一数学兼演炮，一制造船务，皆洋人主之。大致皆用西法，惟无功课去留之准，月给薪水养赡而已，不能望有成就也。勉林设席相款。晚归，奉三月初四日批发正月初四日请假三月一折，一如所请。沈经笙相国一用其挤排之力，自命为能，而不知有命存焉。孟子曰：行止非人所能为也，天也。吾心之天自有主宰，而命固因之。富贵之得于天，又不如贫贱之得天者自适为多也。

十六日。叶顾之、兴紫垣、徐约斋来见。约斋为幼冰同年之子，奉其先人行述来求撰文。徐旭初名敦大、崇筱松名德龄各具函求助，而皆无一面之识。生平专招致两种人，非求援引，即欺陵耳。刘锡鸿独兼用之，一皆穷极其量。吾不能拒人之求，则亦不能禁人之不相欺陵矣。晚为史花楼招饮洋楼，同席彭器之、徐芷沅、郭辅卿、易卓超、张鹤臣、谭任之及子敬侄。谭任之，粤人，为花楼旧识。馀皆相因邀请者也。

十七日。大雨，寒。叶顾之过谈。英按司茀林史、翻译施本思，及马高温、黄春甫次第来见。顾之告称：何子莪本日电报，言日本十三日出示废琉球为县。盖初以三事相要：一、绝中国之贡；一、不用中国正朔；一、遣世子入质日本。琉（璃）〔球〕不从，因遂废之。至是始悟日本之扰台湾，非遽求逞志于中国，徒借台湾生番戕毙琉球人为名，以明琉球之专属日本，废置可以自由也。闻此为之短气。马高温见惠尤加立葛㖿子种，云英属新荷兰有此树，高十四丈，八人合抱，叶如藿香，可以辟疟。其树长成极高大，又极易长，旧金山有树为天下第一树，新荷兰次之。惟生长温地，遇寒即痿，中国惟广州、厦门可以栽植春、夏、秋并可种。先浸子雨水中三日，布种花钵中，俟高数寸，始分植，楚中地寒，恐不宜。宗（缃）〔湘〕文属题《爱山台图》：吴兴山水秀天下，二宋风流接六朝。作郡故应前辈继，爱山未觉道场遥。承平再睹宜欢笑，揽胜双溪剧寂寥。待续君家卧游兴，北窗春晚雨萧萧。卷中湘文守湖州时录存一诗，其前序云：郡斋有太湖石，宋林虞题字记林氏、鲍氏两世官湖之盛，《两浙金石志》载其文，不知其额别有字也。新《府志》据拓本上有嘉定壬午字，亦不辨为谁氏题。光绪丁丑，予第二次来湖，秋七月，受代留署，暇辄摩挲，命工重拓，谛视为嘉定壬午家君出镇是邦后十八年（年）嘉熙己亥等字。按嘉定壬午知湖州为谢采伯，嘉熙己亥为谢奕修，玩其文为谢奕修无疑。石门胡匊邻在旁称快，且谓予两次守湖，于是石有缘，亦为予刻姓名岁月于其侧。刻毕作歌：莘老恣意集名笔，汉唐碑碣始尽失。一石支离草露间，犹为六客堂前物。二林二鲍夸先后，祖孙之名石同寿。嘉定壬午字几泐，那复题人辨谁某。翳予两至销暑楼，以指画肚心口谋。猛见嘉熙己亥字，知有采伯与奕修。胡生拊掌称快事，模拓墨本肘抵地。游心谓已接千年，后尘那靳题三字？吴兴江表古名郡，晋唐往往处贤隽。郡斋颜作宅东书《干禄字书》。鲁公于州宅东厅院书之，汀州柳写江南韵。文书遮眼独予病，落叶旋扫旋复盛。吃饭不知口何处，强临高台学觞咏。题名刻石虱其间，胡生之意亦可怜。历官厅壁前后记，几人姓字名犹全？森然大著林、鲍、谢，难望齐民识一个。没字能传有字湮，诸公空藉莓苔卧。初至此石欹墙阴，再至字辱泥涂深。欲将不朽托速坏，一拳百劫俄销沉。颇愁聚歼同墨妙，玉笋难学前贤盗吴白雪守湖，于后园拾得玉笋，题识已满，笑曰：太守落落如此石，应太守将去。遂载以归。倘置新祠照月河，三贤有知哑然笑郡中士大夫于月河建三贤祠，祀晋谢太傅、唐颜鲁公、宋苏东坡。湖州爱山台，建自南宋汪丞，盖取东坡尚爱此山看不足句也。国初吴薗次守湖时，尚极觞咏之乐，自后颓圮殆百数十年。源瀚守湖之明年辛未重建，用东坡《游道场山》韵落成：万瓦浮青映林麓，重城井底隔幽谷。忽登缥缈之高台，坐对湖山清兴足。颓垣断甓荆棘漫，狐兔穴处秋鹰盘。森然栏楯照荒荟，云屯浪拥闻风湍。青山四面塔涌出，暖翠浮岚在几席。云容妙舞前溪回，雪色苕花水仙植。不谈世事羞烟鬟，笠屐仿佛来云间。四十日中现弹指，八百年后重看山。台成甘澍达宵旦，湿云油然满天半。置酒合以喜雨名，老农含欢妇无叹。周缦云学浚和云：宦游高致寄林麓，生平服膺说坡谷。自从俗吏困簿书，坐对名山长褁足。吾湖濒湖湖渺漫，环湖皆山青盘盘。两溪如虹贯城郭，家家楼阁临清湍。郡斋西偏台杰出，坐揽峰峦入帘席。汪伦去后潭水枯，潭侧桃花谁补植？四面轩窗千髻鬟，太守携客游其间。八百年来那有此，得非重见苏眉山？气候阴晴变昏旦，暖翠浮岚落天半。大夫登高能赋诗，白雪一篇工唱叹。冯钝斋学骢和云：往年三踏卞山麓，主客高歌动林谷。惜哉欲上爱山台，萝棘钩衣碍人足。栝苍一去路漫漫，故人何日同杯盘？遥听舆讴遍泽国，千渠瀌瀌鸣春湍。一台一坡今再出，翩然六客纷连席。樽边山稻经雨肥，窗外湖葑际天植。台成坡去馀烟鬟，弹指重来七载间。予亦频仍作吏隐，相携岸帻同看山。纵观云物宵澈旦，牖户绸缪事刚半。却思披牍苦怀人，謦（诉）〔柝〕声中屡长叹。

十八日。《申报》馆梅渣自知去岁六、七两月所列画照、茶会二事，于西洋律应得科罪，邀求英领事达文（报）〔波〕为之解说，愿解明前误，登列新报。其言以为误听谣传，语多失实，在后访知颠末，歉仄莫名。并云日报规则，凡纪述事实，以确访明查为第一要义，总当以此为念，不再有误听谣言登报也。吾本无意深究梅渣，得其误听谣言一语，亦可以不加苛论矣。王石珊、金寿臣、金立夫来见。石珊为菽原先生之子，金氏昆仲则眉生之犹子也。旬日以来，东自浙江、苏州，西自金陵，北自扬州，不远数百里，接踵而至，日凡数辈，心甚苦之。所应料检事件，日至积压。告归无日，尤以为累。是日寒甚，风雨交作，伦敦三年，未尝有此严寒也。

十九日。莫善徵、马少梁名建勋，马眉叔之兄。其仲兄建常馆山东，数学矿学皆有根柢，尤佳品、王子显名承荣、钱君砚名宝传，厘局总办、金元直名星桂、官翰林编修来见。君砚、元直皆未及晤。副领事阿林格，翻译朱国典，牧师慕维廉、戴德慕、罗约翰先后来见。晚邀王锦堂、馀约斋、王石珊、秦鹿笙、王心如、黄泳清小酌。张鹤臣回扬州，致欧阳崇如一信；敬之回杭州，致梅筱岩一信。筱岩信托以五事：一子瀞，一达山，一敬之，一秦麓生，一易卓超，可谓多矣。又致任筱园一信。

二十日。偕姚彦嘉、张听帆至格致书院，约林乐知会谈。所藏各种小机器亦数百事，法国磁器及鸟、兽、虫、介，亦颇有之。其间化学机器，多比利时国主所捐置。因并偕林乐知至徐家汇天主堂，神父名步天衢，字亦趋，在中国二十年，亦袭中国衣冠。旁设学馆，肄业生百六十馀人，并习中国书。亦有博物院，藏书三楹，后楹皆中国书，略分经、史、子、集及释典、道藏、杂书，布置极有条理。其金石、鸟兽、虫介并取之中国。有小鹿无角，长不盈尺，云得自宁国府。学馆凡分三所，一女学馆，一课习外国学馆。外国学馆以剌丁文字为主，兼及数学、化学；马眉叔受业于此十数年，今此学不过十数人而已。又育婴院一所，收养近二百人，以五岁为始，至二十二岁，课以百工技艺，能自营生乃出馆。大率缝工、木工、皮工，及画，及抟土之工，皆有师授。而印书局亦在其中，中、西两文并铅字板，所印多教书，亦有新报，每月二次，名曰《益智录》。天主堂前有天文台，司其事者曰能，亦袭中国衣冠。观星仪器仅三寸径千里镜，而最详于验风，一占方向，一占风力迟速，以验其大小，皆通电气安铅笔，自记方向及风力大小，日以二十四点钟分别占验，各国天文台互相驰报，积岁成一通报。其尤奇者，指南针动力及占潮湿及占电气轻重，为密室掩护之甚力。含吸铁石灯前，为千里眼筒以引灯，悬镜吸铁石下，其光反射，收入长木筒内以达于木柜。中有横轮，覆纸其上，亦分二十四格以肖时。回光反照，成一小火星，其大如粟，用影相法留其影，转轮迟速与十二时分杪相应，所反映之吸铁石，即指南针之证也。其所发电气有轻重，则亦时有偏左偏右之异，各于其分杪辨之。左一室以占潮湿，其光直射而成直划一道，暖则光缩，寒则光涨。其后一室以占风雨，视空气之轻重为衡，其用并同。其右一室以验电气之轻重，所陈机器，尚未装妥。密斯能云：此法创自英国，推行不过二三年耳。海门黄志山、上海沈容斋陪同指点；并在馆肄业，与马眉叔同学，今皆分理馆事。天文台后院安设玻璃管三：一验太阳光力之分数，一验太阳热（分）〔力〕之分数，一验寒暑分数。木桶二：一验雨下分数，一责成巡更者每转一点钟开木桶锁一次，以辨知其勤惰。无在不用其机巧，而心手相化，惟用之纯熟故也。子瀞及易（超卓）〔卓超〕附船回宁波。

廿一日。金元直名星桂，浙江翰林，周瀛士之女婿也、徐雨之、黄觐臣、朱叔彝名其懿，湖南候补府、方子听、何天爵、鼐德牛庄领事。语次，始知其曾至伦敦相见，托带各国条约赴京、禧在明、美查次第来见。亦出门两次，回金元直拜。疲于奔命。晚邀刘融斋、叶顾之、徐雨之、姚伯容、郑陶斋、黄觐臣、马少梁小酌，即少梁所馈菜也。融斋、顾之、少梁皆不至。何天爵以二事相邀，以前任伯理玺天德来游中国，宜示优待也。一请太后接见其夫人，一请沈幼丹制军来上海迎迓其伯理玺天德。吾皆却之，而谓制军多病，又须入都，届时或能启节，便道上海一接，亦所应为，或前后时不相值，则亦恐长江数百千里之隔，有不暇至也；至太后接见各国王后，历无此典礼，其势万不能行。而何天爵之意，尚欲以为请，外人之固执如此。

廿二日。礼拜。为西洋一大节气，所谓耶苏复生日也。相沿以廿日为西历礼拜第五日，耶苏以是日被刑死，逾三日复生。但以四月中礼拜日为衡，日期先后勿论。刘芝田、莫善徵、丁韫石、方子听四君过谈，遂尽一日之力。韫石为何小宋、李玉阶、丁禹生三公会扎赴闽办理洋务，暮年颠沛，不能自存，为之浩叹。有致何小宋一函，即交韫石带呈。子瀞及易卓超自宁波回。昨夜十二点钟闻轰烈之声甚巨，遣人出探，还言浦东泊舟失火。早乃知失火者乃浦东煤厂，非泊舟也。

廿三日。叶顾之、陶从仪名在铭，江苏试用县、陈智琳名元会，江苏候补同知，办理北广局、姚日新名启铭，介福庄总办次第来谈。姚伯容、黄觐臣、蒋珩卿皆各馈菜，因邀周瀛士，姚彦嘉、彦森，张听帆晚酌，而自赴美领事贝礼之召，同席刘芝田、何天爵、马高文及管带水师官五人，其统领名喀尔登，官视中国参将。是日发递总理衙门公文三角一咨路用报销，一咨西贡设立领事，一咨《申报》由刘锡鸿捏造谣言，信一件；北洋合淝伯相、南洋沈幼丹制军公文二角一咨西贡领事，一咨《申报》事由，并各信一件。又寄周筱棠、薛叔耘、周荇农、曾栗诚、李壬叔并转致谢子和世兄及健甫侄家信共六件，并托合淝伯相由驻京递送文报处转寄。

廿四日。邀刘智琳、蒋珩卿、郭辅卿、张听帆、徐芷沅、欧阳伯元、易卓超早饭。适汤幼安观察自武昌来，因并留饭。晚赴英刑司茀林史之召，同席副刑司默挖特，翻译斯格达，领事达文波，副领事阿林格，税务司赫政，瑞典、哪喊总领事茀弼斯，利如银行总办罗伯逊，牧师布查，律师坦文，并茀林史、阿林格、罗伯逊、坦文眷属咸集，所行皆外洋礼也。阿林格夫人最美。达文波论岑毓英、杨玉科高下，言：此二人皆有本领。而岑毓英无学问，其行动犹近儒雅；杨玉科则直一武人而已。李筱荃制军本领又在上，亦是一办事才。人皆谓其才不如伯相，自我观之，诚未有以低昂也。惟于中外交接事宜尚多未谙悉，不如伯相之直爽。因问：君子岑彦卿亦相倾服乎？曰：然。曰：朝廷任为江督及江苏巡抚，想尚能了事？曰：任为苏抚可也。两江总督仍须沈公，岂可轻易更替。问何故，曰：沈公办事深中肯綮。问何以知之，曰：山东饥荒，田地多贱售。有献议准听收赎者，沈公独驳云：此恐徒滋事端。异时饥荒，以田土出售，人皆怀畏心，而田土之荒益多，民生且日蹙。又以考试武生用弓箭，所用非所习，应请停罢武科。是皆能精透事理，持大体。盖今督抚中，如沈公最称公正。即中外相交接，亦全在公道。铁路、电线能兴修，西人所愿，不能兴修，西人亦不敢谓不愿，所盼公道而已。如沈公之公道，正自不可多得。吾闻其言而嘉之。是日，发递曾劼刚、马清臣、胡玉玑亦号琼轩、张沃生、颜珍洧、李逸斋、陈瑞南、王春晓、赖磐石、许漱文、顾硕甫、冒哲存、姚朵云、陈京生、宋西堂、袁敦斋、冯云伯、俞吉甫各信，其王春晓以下各信，并递交冯云伯转送。又有何子莪、张鲁生、吴子登二信。

廿五日。李勉林、唐鹤台名怿榕，邵阳人，浙江知县，与江芾生连姻、左癸叟次第过谈。彭器之、严伯雅、郑陶斋邀赴新泰洋行小酌，比至，知行主韦克生实为主人，洼得里斯为僎。以彭器之经营织布机器，韦克生为之承办，而管理机器者洼得里斯也。兼请罗星潭、汤幼安两观察。翻译李芝斋、王佩香二人同入坐。李芝斋曾在福建充当美国翻译，生长新加坡，故能英语。韦克生洋行有花园，杂植花草甚繁，皆西洋种也。近又开拓一新园，相距约里许，闻布置尤为精丽。

廿六日。刘芝（林）〔田〕来谈。晚邀王子（潜）〔显〕、李少连、唐鹤台、左癸叟、姚彦嘉晚酌，即芝田所馈菜也。再致合淝伯相一信。抵沪已逾二十日，日为酬应所苦，并应行文移亦不及料理，所有酬应各件，尚赖子瀞侄及随同来沪徐芷沅、易卓超及欧阳伯元帮同缮发，馀皆以款接宾客之暇为之，亦不胜其惫矣。凡此无谓之周旋，皆泰西所无，中土乃至罢精竭神，以伪相饰，且时有疏略不及检处致遭怨谤者。上而政教，下而风俗，群相奖饰，不悟其非，安得不日趋于危弱也。

廿七日。曾清泉名德麟，任盐捕都司已十五年始自京引见回任，由海道至沪来见，予不乐衣冠，又值早膳，因留一饭。语及京师传述太后日披阅雍正上谕，意欲以严厉整饬天下。黎简堂至保定，闻开缺之信，入京具呈，吏部为之奏请，吴江相国因上言：朝廷于此，宜有恩施。太后怒作色，遽曰：无多言！吴江噤嘿而退。数年以来所行政类然。各省查办案件，使命四出，相望于道。尝以谓宪庙之严，皆出于明，惟其明也，是以群吏百官，各称其职，事无不举，又承康熙六十年重熙累洽之后，以忧盛危明之心，为综名核实之政，震厉天下，使民不倦，其本源固已厚矣。值人才委靡、风俗颓敝之馀，与其过而失之严也，宁过而失之宽。盖严者所以行其缺也，不明而严，为害滋大。自道光以来，贤否举措，犁然有当人心者盖寡。同治初元，恭邸始膺大政，日怀戒慎恐惧之心，振拔人才，考求实效，天下颙颙望治，以成中兴之功，实六十年来所仅见者。金陵甫经报捷，而言官急以收回朝廷大权，为猜防导谀之说，以眩乱朝廷之听。群臣容禄保奸，苟偷旦夕，以任事为戒，上骄下谄，粉饰太平，相与据以为至德要道，不悟其非。天地闭而贤人隐，民气郁塞，盗贼肆行，坐视而不为之所，而徒欲以严治之，黠者巧遁于法外，能者掩饰于目前，而端人直士，一举动而蒙议干谴，莫能自辨。援是而行之，未有不趋于危乱者也。此可为大惧者也。是日清理求书各件，劳勚殊甚。

廿八日。达文波、禧在明来见。以定初一日乘坐江广船赴武昌，稍出辞行。晤刘芝田、李勉林、刘融斋、王厚山、莫善徵、叶顾之、徐雨之，并久谈。莫善徵处见郑伯更，郑子元先生之世兄，名知同，号伯更，在姚庆伯廉访处校刊所刻丛书。姚君入都陛见，因为江浙之游，而以上海为初阶。其人博洽多闻，尤精《说文》之学。言子元先生治《说文》之学，所著《说文逸文考》、《说文新附考》、《汗简笺》，并刻之《姚氏丛书》中。晚与张听帆同诣阿丁堆尔，鼾百里所托管事者。本约晚谈，而听帆约以六点钟，予尚拜客未归，及归乃往，已逾七点钟矣。阿丁堆尔亦他出，晤其帮办瓦达。林乐知译呈英人傅理兰杠赠一诗，四言转韵，凡八解。

廿九日。回拜达文波、禧在明及刑司佛林史，美领事贝礼，彭器之，汤幼庵，罗星潭，姚伯容，严伯雅，陈宝渠，周瀛士，姚彦嘉、彦森，张听帆，钱君砚，李石渠，陈臧伯，郑陶斋，兼示辞行之意。略取便道酬应，不能遍及也。莫善徵、郑伯更、黎莼园来见。斠白里寓书阿丁堆尔，为予谋一家居，以此议未决，未便交之。是夕，阿丁堆尔见过，示以斠白里书，意殊欣然，愿为尽力。惟苦语言不能尽意，问答参差，未免烦苦。莫善徵谈洋务极有见，其云京师议论纷烦，其源皆由于无学，可谓能道其深矣。语及开立学馆，以为事要莫切于此，惟苦总办学馆难得其人。皆所谓深人无浅语也。

闰三月

闰三月初一日甲戌。江广船约今日开行，已定舱位，而候至四点钟，江广船始能泊岸，云当以初二日开行。叶顾之、徐雨之来，告言请明日上船，以免晚间载运行李之嚣。因复致沈幼丹一信，交欧阳伯元带去。并致曾劼刚、高碧湄二信。林乐知与翻译蔡锡麟译示傅澧南得《赠别》一诗，诗凡八解。中有云：如一家人，行所无事。义礼之精，东西不二。孟子曰：禹之行水，行其所无事也。如知者亦行其所无事，则知亦大矣。吾才不能逮也，而于交涉洋务，一以无事处之。所谓无事非他，和平而已矣。惟公故平，惟明故和，公而明，斯能一视以无事。豚鱼之信，犹有孚焉，况若泰西之崇尚邦交者乎？三十年办理洋务，只坐自生事，惟不能行所无事，而事以繁生矣。孟子之言，实今时办理洋务之要诀也，而知此义者谁哉！因以楹联一（幅）〔副〕，交张听帆转交傅里兰得以报之。是日枉送者数十人。以未能登舟，谢客一日，稍觉清适。

初二日。九点钟上江广船，送者刘芝田、李勉林、叶顾之、徐雨之、莫善徵、陈宝渠、蒋珩卿、郭辅卿、王子显、王心如、黄泳清。其同行至镇江者陈树斋、盛艺垣、欧阳伯元；同行至湖南者唐鹤台；官眷则潘蔚如中丞太夫人及其弟醴如名霈、其子子宜名志坍；山东臬司灵蔚生名灵杰，由浙江运司升臬司。管驾官袁鹤亭，副总办唐瑞初，帐房严调初，通事陈箴堂，船主莫斯，管理机器番利名大铁。亦有二铁、三铁之称，与大户、二户、三户等第同，另有领港费尔生，则以江路曲折须谙习水道者为之导引，昼夜各一人司之。莫斯出示《长江图》，江路曲折纷歧，洲渚参互，大小备具。因问上海绘乎，曰：购自英国。问：英国何由知江路之详？曰：二十年前，英国兵船至内地测量绘图，携回英国摹刻之。问：各国海道图，率一二年一改绘，《长江图》何以行至二十馀年？曰：各国皆有原绘本及续绘本。然其大致亦无甚参差，以二三十年间变更无几也。并云：狼山有伏沙，入夜不能行，所以十一点钟即开行，虑天晚过狼山，势不能不停泊也。番利引观机器，不用天平旧式，而用双回轮，即康邦机器也。中为进退机器，以便回轮避险；前设左右旋轮，可以东西转捩，使运掉灵而不滞。每点钟行十二买尔，以赶过狼山，加增煤力，亦不过十六吨，稍缓可十四吨。并引观避险表，用电气通报司机器者，船面四周设立，遇险则停，次则缓行。由至缓以达至速，司机器者一受其指示，即转轮以应之。又有试验转轮表，每轮一转则表下转牌应之，凡转牌六间，由一而百，由百而万，由万而百万，由百万而万万，并与下轮之转相应。其吸气筒及泄气桶，及吸水机器，及引气化水机器，他船所有者皆备。而领港者一人立船首不设坐，惟横铺棕毯一具，恐坐则引睡，或至疏虞，但令左右徐行棕毯上，自适而已。凡机器之妙，皆以至轻引至重。制造愈精，运用愈灵。而司事者忍劳耐久，以勤其职，此则中土人心所万万不能逮也。是日开行三十六里至吴淞，一百五十里至狼山，一百九十里至江阴，小泊五分时候，略有上下数人。一百九十里至西山，六十里至三阴口，三十里至丹徒口，俗谓之月河口。其时已五鼓，忽闻有声甚厉，心知其险，卧听之而已。随闻人声鼎沸，急起视之，则见一小轮船横倚船首，顷刻下沉。救起者七人。询知为致远轮船，张振轩中丞所造置，以二点钟自镇江下驶，谋入江阴口至苏州迎接吴子健中丞，相遇丹徒口，两船皆有前灯，亦不知避。其管驾官彭姓及其看火并二水手共四人沉溺。坐是不复能成寐。又三十里至镇江，而天已明矣。计行六百八十六里。

初三日。盛艺垣、欧阳伯元均由瓜州赴扬，伯元定赴扬后与曾清泉都阃同赴南京谒沈幼帅。补致幼帅及黄昌期二信。沈彦徵、王芍堂两观察、吴朝杰镇军，及镇江赵粹甫太守佑宸、丹徒冯已亭大令寿镜、镇江营参将锐锡九龄，及办理保甲并木捐廖锦春太守献廷、办理洋务并丝捐马渔珊大令海珊，及李璇浦郡丞培源，及税务司屠迈伦次第来见。其通柬者：管带老湘营陶澄轩军门定升、招商局董事吴左仪銮。酬应逾两时。沈彦徵调署江苏臬司，即日交卸，见馈食品及其赠公沈栗仲先生《话山草堂墨刻》。王芍堂馈菜。坐船本定耽延一时上下货物，以为致远小轮船抵触，前舱一孔尚须修补。询知东距甘露寺五里，沿江行又近二里许，乃以馀暇命驾一游。至北固山，寺僧宝鉴出迎，所馀惟石帆楼一院而已。询知乱后乔鹤侪重修；彭雪芹续修，董其役，吴朝杰也。佛殿行宫，鞠为茂草，惟李卫公铁塔（归）〔岿〕然独存。古碑遗碣，无迹可寻。乾隆六碑困卧丛草中，亦皆断缺。石帆楼者，北固山北尽处，巨石参差，如扬帆然，因以为（山）〔名〕而建楼其上。北面大江，其左山势盘旋，作回顾之状，而巨嶂层叠其前，旗营校场在焉。其下为凤凰池，池中有试剑石，孙吴时凤凰翔集于此，甘露下降，遂以纪元，即甘露寺所由始也。梁昭明太子于此开渠以达之江，名甘露港。又左为宝晋书院，建楼曰海岳楼，本为郡书院，以米南宫为名。乱后略葺数椽，以存遗址，而斋舍不能一加修葺。有楼面西，祀魁星，旗营所新葺者。南望都天庙塔，闾阎城郭，掩映重山叠嶂中。又南为南桥，有竹林寺、招隐寺、鹤鸣寺，皆毁于兵，而风景绝佳，梁昭明太子读书台在焉，米南宫墓亦在其右，古迹名墨，多萃于此，以道远不能往。西望诸山，五洲山一峰尤杰出，其上净因寺亦毁于兵，而林木尚幸无恙。旧有青盖楼，以万树（万）〔周〕遭，繁阴上结为盖，故以名楼。洋人盛夏多避暑僧舍。山势高峻离立。再南即南屏山，皆不能往。佛殿旁旧建三贤寺，祀李卫公、米南宫、苏东坡。又旁则行宫，建阁道其左，今为长廊，犹旧构也。左壁碑石尚多存者。明万钟为出寰上人书“宏开鹫岭”四字泐之壁，其下为吴琚书天下第一江山，康熙乙亥摹刻，刻法深入寸许，远望字皆浮出，盖名刻也。询以《北固山志》，版藏焦山，今亦毁。镇江英领事阿赫珀来见，会游甘露寺未回，遂为其夫人约见梁姨太太。比至，则阿赫珀亦偕来。舟中只一厅，乃分东西两行坐，观者环集，似与《申报》诬造之言相印证者。四点钟开行，六十里至仪征，停泊亦约五分钟。又九十里至南京。南京小河口下二十里，草鞋夹，前岁曾泊舟于此。又下十里，瓜步。时已十一点钟，停泊约二刻许。又十五里，燕子矶。又七十五里，采石矶。又五十里，东、西梁山东梁山上十五里，濡须口。又四十里，芜湖，已天明矣。停泊亦约二刻许。计行三百三十里。

初四日。潘子宜志枏来见，官衔署浙江同知，问其年，则廿七岁。问到省乎，则去年到省。问自省来乎，则以海运差事在上海。询知蔚如兄弟三，子亦三，其次丙子科中式举人，又其次尚幼。志枏亦已生子矣。母年八十，甚健，可谓全福。唐鹤台、陈树斋次第就谈。两人皆各有见地，异乎今之为吏者。陈拙庵星瑞《谈古偶录》，方朴山为之序，盖乾隆中叶人也，语言可玩味者甚多，略录数则：天下最讨便宜是一闲字，要从勤字中得来；天下最有受用是一勤字，要从闲字中做出。　处草野之日，不可将此身看得小；居廊庙之日，不可将此身看得大。王仲祖称：殷深源非以长胜人，处长亦胜人。刘尹称：江道群不能言，而能不言。深源善于处长，道群善于处短。　朱子云：小立课程，大作工夫。又云：严立功程，宽着意思，为学之方尽是矣。小立课程者，度腹而食，如量以饮，不贪多也；大作工夫者，烈火炼丹，急水撑船，无浅尝也。严立功程者，日周天上，水流地中，无休息也；宽着意思者，精金百炼，大药九转，不求速也。　君子不求胜人，只求自胜。克己复礼，所以自胜也。不求胜人，只求胜天。变化气质，所以胜天也。是早由芜湖开行。九十里，荻港。又九十里，大通大通镇下三十五里，铜陵县。又九十里，枞阳。又九十里，安庆，停泊约五分许。又九十里，东流。又六十里，马当。又二十里，小姑山。又四里，彭泽。又九十里，湖口。天色微明。计行六百二十四里。舟中晤巢勖生，为魏钰成军门委员。钰成名兴发驻军武昌省城，刘干臣军门维桢统陆军，周有恒统水军。

初五日。俞荫甫之尊人锏花先生名鸿渐著有《印雪轩随笔》，中载所记咏古诗，亦不详其名氏，略录其一二佳者。马季（马）〔长云〕：花底有人呼狎客，传中无地着神仙。魏武帝云：乱世奸雄空复尔，一家词赋最怜君。谢太（傅）〔云〕：花下残棋儿破敌，灯前老泪客弹筝。桓温云：生前枉自呼英物，死后谁来叹可人？李邺侯云：调停骨肉同田叔，假托神仙学子房。梁孝王云：禁网初宽到宾客，人才一变起词章。姚少师云：空登北郭诗人社，难上西山老佛坟。拂水山庄云：生不并时怜我晚，死无他憾惜公迟。吴梅村云：搜才林下程文海，作赋江南庾子山。明人题武侯庙云：

剑江新涨碧沄沄，五丈原头日又曛。旧业未能归后主，大星早已落前军。南阳祠庙空秋草，西蜀山川隔暮云。正统不惭传万古，莫将成败论三分。题先主庙云：名儒卢郑久周旋，偏值黄初受命年。龙种已移三统历，蚕丛犹辟半隅天。金瓯付托耕莘佐，玉几弥留《顾命》篇。一样英雄生死际，铜台遗令最堪怜。读之皆有馀味。是早，行六十里至九江，停泊二刻许。九江对岸官簰夹，下十五里小池口。又九十里，龙坪。又三十里，武穴，停泊五分许。武穴上十五里，富池口。又二十里，田家镇。又四十里，蕲州。又六十里，道士洑。又三十里，黄石港。又六十里，武昌县。又三十里，黄州。黄州下二十里，巴河镇。又九十里，叶家洲。叶家州即鹅公颈。又三十里，杨逻。又三十里，青山。又三十里，汉口，时天未曙也。计行六百里，凡共二千二百四十里。

初六日。潘蔚如来接其太夫人，便过一谈。江夏县陆彦颀祐勤、汉阳县林墨香瑞枝来。招商局唐凤墀名德熙，员外郎来见。其未见者：常彤翰名远藻，湖北候补副将、文子云名汉章，德安营参将、周楼官名礼，抚标游击、钟月樵名明亮，汉阳营游击、田海臣名占鳌，汉口都司、张藕舫名开远，汉阳同知、陈介眉名清绶，臬司狱、唐泉伯名廉，办理晋捐。又长沙馆董事王振湘名镜之，同知衔来见。随过江见李筱荃制军，并发寄曾沅甫及子瀞侄二信。略就所知，一通拜候，自潘蔚如中丞，王晓濂方伯，恽莘农廉访，李宝斋、蒯蔗农两观察，方菊人太守，陆彦颀大令，皆旧识也。晚就筱荃制军小酌，回舟已逾夜半矣。制军命问津轮船带送过江，管驾官杨习之，吾以为武弁也，询其履历，则以同知候补，历未管带船只，制军特拔委之。是日闻筱荃制军言，始知上海接总署一信，谕令先期回京，不待假满。实出恭邸之意，而合淝伯相于中为之赞助，且恐有奏请饬催之举。洋务之不足与有为，决矣。鄙人愚直，尤不宜与闻。即令总署以礼相处，犹当设法避之，况其为无礼之尤乎！被我以恶名，而自求解说于人，犹可言也；与我为难者必力护之，以快其搏击，此何为者？朝廷挟此术以办理洋务，万无以善其后，奈何枉己以从之哉！惟能引身自远而已。

初七日。王晓莲、恽莘农、李葆斋、蒯蔗农、何芷舠、程尚斋、魏赓臣、曹钟山、唐时雍、汤幼安、胡听泉、邓立山名万林，黄昌期同母弟也、方菊人、黄石珊、陈云庵名寿椿，陈文泉之子、张芝松名锡寿，张紫联之子、陈少覃名彦绶，陈庆覃先生之子、曹曙棠名瓒，候补知州、徐季持名思训、舒叔勤名恭寿、李云渠名荐本来见。自石珊以下，大抵皆求揄扬于大府，以名自通。而鄂人林午珊名煜南，内阁中书求见，亦为其弟求致名大府，营求一馆。王笛楼太守名兴韫，曾文正之甥本有差使，亦求得一缺。（俞）〔徐〕莘皋编辑《史书纲领》，仿朱竹垞《经义考》之例，略分五类：曰通史，曰大史，曰小史，曰总地志，曰杂地志；凡地理志皆附之史也。李次青、俞荫甫、瑞辅侯、褚心斋四君为之序，兼以属之鄙人。终日酬应甚苦。会汤幼安、林墨香及孔祥三处馈肴馔，因留程尚斋、魏赓臣、徐莘皋小酌。筱荃制军以所坐红船枉送至湖南，管驾官梅成德，亦分给一席。别雇林义茂把杆船一只坐家眷，制军派小炮船一只护送，管驾官熊凤开。陈程初亦派有炮船一只护送杨军门玉科至汉口，就便护送回南，管驾官李度。甫登舟而西南风作，坐守汉江口，过江至鲇鱼套，势亦有所不能。盖自马赛开行，日日东北风与相抵拒，求一遇此风不可得，抵汉镇后，正需东北风，又转而西南与相抵拒。蹇运所值，所向必穷，无如何也。

初八日。舒叔敬、汪（潘）〔藩〕侯、周筱楼、陈云庵、何莪臣名璋，候补同知、王荫槐名南宾，候补知府、曾泰阶名纪符，候补县丞、杨森云名文蔚，候补巡检，张子衡之内侄、危养吾、杨芝仙次第来见。杨云阶、袁鹤汀来见，云江宽船今夜开行，为致叶顾之、徐雨之一信。是早，汪藩侯、杨芝仙留饮。晚邀杨云阶、袁鹤汀，并江宽船主莫斯、通事陈箴堂、王篴楼、林午珊小饮。唐凤墀、舒叔敬两处馈菜，邀饮则皆不至。杨森云、林午珊托荐至督销局，语以程尚斋凡三次晤谈，恐未必能再见，见即为言之，否则所属为虚语矣。语毕而尚斋至，并允两君皆当设法位置。凡事皆有机缘，杨森云、林午珊并非所属心者，而旋求旋应，巧相凑合，恰符其所愿，殆非人力之所及矣。是夕，王篴楼留宿舟中。

初九日。筱荃制军派问津轮船拖带过江。英国署领事布勒克、副税司爱格尔来见，因属管驾官杨习之名学源少待。贵州知县洪彦哲为稚存先生曾孙，名用懃，现办黔捐送其所刻先集《洪稚存先生遗著》，以乱后旧版已毁，彦哲为重刻也。仓猝开行，语未及竟，颇以歉然。至鲇鱼套，制军枉过久谈，并致太夫人之命，思一见儿子英生。随遣其如君至舟中，因令梁姬携儿子一诣督署。晚间，魏赓臣、唐时雍、李篁仙、曹钟山、王笛楼、王荫槐馈菜，陆彦颀亦馈菜，并送其祖陆祁孙先生《崇百药斋全集》。适赓臣过谈，谋邀唐时雍诸君一叙，而制军复至，因留饮，谈至十二点钟始辞去。制军见示邵汴生书，知近日又有殴拒洋人一案。其洋人一曰计约翰，一曰郭布伦。陈程初与两县出城弹压保护，因与同舟，绅民大哗，以为官引洋人入城，争投土石击之，差役有受伤者，洋人亦遂径赴湘潭。阅其情形，似其欲一入城，已争持多日矣。而据制军言：据各省咨报，洋人请领护照至湖南者，层见叠出。盖拒之愈力，则其意相尝试，伺隙以求逞者亦愈烦。吾楚士绅用其昏顽之气，聚众狂呼，以为洋人可以慑而伏之，多见其不知量也。

初十日。杨习之郡丞以所管带问津小轮船带送坐船二号赴湖南，护送炮船亦由拖带。因留湖南炮船一号，其制军遣派熊凤开一船，即饬令销差。馀苹皋《史书纲领》凡例言，明孙西亭王孙为《经序录》五卷，秀水朱氏继之为《经义考》三百卷，仁和沈氏又为《续经义考》四十卷，大兴翁氏为《经义考补》十二卷。南康谢之为《小学考》五十卷。孙和鼎《春秋名系汇谱》，上溯三皇，下讫吕秦，不止春秋列国而已。王伯厚《通鉴答问》，所论仅及汉元帝止。万季野《历代史表》仅及五代止。郭凝初《十七朝史论一得》，郑芷畦《廿一史约编》、钱竹汀《廿二史考异》有《旧唐书》，无《明史》，所称《十七史》、《廿一史》、《廿二史》，均各不同。真氏《大学衍义》、邱氏《大学衍义补》、湛氏《圣学格物通》、夏氏《中庸衍义》，旧隶子部儒家；《古今同姓名录》、《姓氏书辨证》、《万姓统谱》、《古事比》、《考古原始》、《历代名贤齿谱》，旧隶子部类书，而皆有裨史学。裴秀《禹贡图·序》，习凿齿《汉晋春秋·论》，干宝《晋纪·总论》，裴子野《宋略·总论》，何之元《梁典·序》，李寿《唐历唐纪·序》、《天禧以来御史谏官年表·序》，王柏《续国语·序》，戴表元《续汉春秋·序》，吴莱《古职方录·序》、《孟子弟子列传·序》，其书已亡而序存，其文亦予甄录。目录涉史书者，如《汉艺文志考证》、钱竹汀《补元史艺文志》、金东山《补三史艺文志》。李次青序亦称《隋书·经籍志》，谓刘向《别录》、刘歆《七略》，剖析源流，各有其序，以推寻事迹。宋之《崇文总目》、陈氏《书录解题》、晁氏《读书志》并得此意。俞荫甫序则称每思考古志书，自《元和郡县志》以下，若乾道、临安、景定、建康之类，一一考其体例，辑为一书，名曰《志例》，而有志未逮。此书出则古今史书、志书体例，囊括乎其中，又岂特志乘之准绳哉。是日，六十里至金口。金口对岸大军山，下十五里小军山。九十里至排州。

十一日。阅洪北江先生《晓读书斋杂录》，言流俗语多有所本，如所谈不经者谓之嚼蛆。《北史·甄琛传》谓邢峦何处放蛆来！是六朝已有此语。　关中土音以无为毛。《后汉书·冯衍传》：饥者毛食。衍，三辅人，操其土音，《水经注》地理风俗记燕语呼毛为无。是燕、秦土音并同。　凡遇非礼相扰曰嬲。嵇康《与山巨源绝交书》：足下若嬲之不置。《文选·李善注》：嬲，擿挠也。字亦见《三苍》。俗间以始织布系着其旁谓之曹布。《淮南·说林训》：曹氏之裂布。高诱注：楚人名布为曹。《说文》：朝曹作衣。《水经注》温水下：九德浦，内经越裳究、九德究、南陵究。道元引竺枝《扶南记》：山谿濑中谓之究。据《尔雅》：水醮曰氿。《说文》：氿，水厓枯土也。《玉篇》：氿，水尽也。潐、醮，古字同。则九德究等之究宜作氿。今宜兴城外有东氿、西氿，春夏即涨，秋冬即枯，义与古说同。　俗谓臃肿不灵曰累椎，今考程晓《三伏诗》：今世褦襶子。《集韵》：褦音奈，襶音戴。谓不晓事也。则累椎当作褦襶。　《史记·虞卿传》：蹑跻担簦。徐广曰：簦，长柄笠。笠有柄者谓之簦。即今人所用之伞也。《史记·五帝本纪》：舜以两笠自扞而下井。皇甫谧云：谓雨伞。伞，笠形。　今人以鄙俚为鄙俗，非也。《苍颉篇》：国之下邑曰俚。是俚亦都鄙之号。鄙俚之言，盖亦谓乡里之言也。《汉书》：质而不俚。如淳注曰：虽质，犹不如闾野之鄙言也。《说文》：俚，聊也。俚、聊同声，故（作）〔又〕通作聊赖之聊。其实下邑为俚，乃系本训。俚、郢古通，元应注《显扬圣教论》云：俚亦作郢。巴人下里之曲，里亦或作俚。《抱朴子》：凹，陷也。凸，起也。皆俗字。《苍颉篇》作窔、宊。《说文》：窅窅，深也。宊，《说文》本作㐬，㐬：不顺忽出也。从倒子。《易》曰：㐬其来。如不孝子突出，不容于内也。又穴部宊云：犬从穴中暂出也。徐以为：窅，㐬正字也；㐬亦可作宊。若必以同声字相借，则坳、堀亦可。《玉篇》：

坳，不平也。《庄子》云：坳堂之上。然坳字已属徐铉新附字。《苍颉篇》作窔、突二字，亦《说文》所无。若作凹、凸，则从无此字体矣。《淮南·诠言训》：瓶、瓯有提。注：提，瓶、瓯下安也。即今酒杯下之托。　今人以人面少瘦、寡精采曰面白醿醿，见《玉篇》。耳中有声曰�李聀，手出汗曰荞，皆是。　《三国志·倭人传》：赐女王国绛地交龙锦五匹，绛地绉粟罽十张，绀地句文锦三匹。裴松之注以为：地，当作绨。非是。地，犹质也。绛地、绀地，盖以绛色、绀色为质耳。　《尔雅·释畜》：騉駼，枝蹄趼。释文引舍人注：騉駼，外国之名。枝蹄，枝足也。《酉阳杂俎》：唐太宗时，骨利干国献马百匹，十匹尤骏。上为制名决波騟者，近后足有距。《长编》：宋太平兴国中，灵州贡马，足各有二距；宣和中，燕山府贡马亦然。二距即枝蹄，灵州、燕山所贡即是騉駼，西北塞外所常有。故舍人云：騉駼，外国之名也。陆游《老学庵笔记》诧以为马祸，误矣。　节度之名，始于三国吴时。江表传云：权为吴王，初置节度官，使典掌军粮。徐详、诸葛恪等并曾为之。至唐景云二年，始以贺拔延嗣为凉州都督，充河西节度使。自后节度遂为领兵之官，节制一方。唐志及《通典》，并云边方寇戎之警，则加以旌节，谓之节度使。不知命名之由，本撙节用度起见，非旌节之节也。　奡、敖、浇，古字并通。《论语》：奡荡舟。王逸《章句》作浇荡舟，《说文》作敖，皆指寒浞之子而言，朱子《集注》从之。　古人仓猝戏语，皆有所本。《南史·王融（注）〔传〕》：沈昭略云：不知许事，且食蛤梨。《淮南·道应训》：卢敖就而视，一士方卷龟壳而食蛤梨。高诱注：蛤梨，海蚌也。昭略语本此。　《南史·梁始（南）〔兴〕王萧憺传》：人歌曰：始兴王，人之爹。言荆土方言谓父为爹。今考字书，吴人呼父曰奢。是吴、楚口音同也。　《玉篇·言部》：谜，隐语也。徐铉《说文新附》及《广韵》并同。不知非也。《说文·页部》：颣，难晓也。即系谜字正文。　《国语》：日月会于龙豼。豼字，字书不见，疑为豚字之讹。《广雅》：豚，臀也。《玉篇》：豚，尻也。字书：豚，尾下窍也。与贾侍中龙尾之义并同。然豚字亦仅见于《广雅》，而《说文》无之。古文豖豚同。疑豖字先传写作豚，后又误作豼也。《玉篇·豕部》又别出豧字，云音卓，龙车也。即其音卓，亦可知豖、豚声近，声转即为卓也。
臧获，古皆以为奴婢之名。独高诱注《淮南·主术训》曰：臧获，古之不能御者，鲁人也。似又以为臧孙氏之族，必当有所本。
扬雄云：权舆，天地未袪也。故权舆亦名堪舆。张晏《汉书注》：堪舆，天地之总名。许慎《淮南注》云：堪，天道也；舆，地道也。《尔雅》以权舆为始，亦此义。或以为权者木之始，舆者车之始，不知权舆二字为双声，或亦作蘿舆，皆连文，不可拆也。《说文》：楥，履法也。今俗犹称履法曰楥头。是日，行九十里，嘉鱼县。又四十五里，陆矶口。又十五里，石头关，即周瑜破魏武之赤壁也。又十五里，茅埠。又三十里，新堤。杨艺芳、粟柚冬先后来见。艺芳管新堤木关，柚冬则湖北督销局委员也。

十二日。《塞外录》并洪北江所亲历，中载伊犁南山，一曰哈尔海图，产铜；一曰沙拉拕和齐，产铅，皆置厂采取。伊犁北山随地著名，一曰空鄂尔峨博，在惠远城北二十馀里，为伊犁望山，列入祀典；产煤尤佳，热之即燃，宿之不灭。一曰辟里箐，产金，封锢未开。一曰索果，产铁，置厂采取。一曰塔尔奇，即果子沟，往来孔道。是五金之产，伊犁皆富有之，百馀年无知经营者，此可惜也。《颜氏家训·风操篇》云：《苍颉篇》有涫字，训诂云：痛而謼也，音羽罪反。今北人痛则呼之声类，音于耒反。按既有羽罪、于耒二反，则字不当有爻音，疑涫字为侑字传写之误。北方痛苦甚则呼阿侑，读若洧，或尚与古同也。《左传·昭公三年》：而或燠休之。服虔注云：燠休，痛其痛而念之。若今时小儿痛，父母以口就之曰燠休，代其痛也。阿侑即燠休之转声。　许叔重、王叔师皆楚人，故其注《淮南》、《楚辞》喜引楚言，如《淮南》注：楚人以厌为昧；楚人谓扇曰箑；楚人谓豕为豨；楚人谓牢为霤；楚人谓刃顿为铢；楚人谓袍为裋褐大布；楚人谓倨为倦；楚人谓恨不得为柸治；尘，楚人谓之堁；香，楚人谓之薰燧；楚谓蹶为蹪；楚人谓布为曹；萩荞，楚人谓之蔐；楚人谓中庭为坛；户限，楚人谓之辚；楚人谓士为武；楚人谓精进为精摇；楚人谓泽浊为眕挈；楚人谓水暴溢曰瀿。其在《说文》者，如楚人以卜问吉凶为𣪠；东楚名缶曰甾；南楚谓盼曰睇是矣。《楚辞章句》所引，如楚人名滤曰凭；羌，楚人语词也；楚人名住曰傺；楚人名转曰邅；楚人谓相调笑曰咍；楚人谓失志怅然住立为侘傺也；楚人名圜曰转；楚人名结草折竹以卜曰篿；卉，百草总名，楚人语也；楚人名巫曰灵子；剑，楚人名曰长铗；楚人名渊曰潭；楚人名冬生草曰宿莽；楚人〔名〕编竹木曰泭；楚人名里曰闬；楚人名羹败曰爽；楚人名池泽中曰瀛；楚人名泽曰梦中。至若刘逵《吴都赋》注：楚人谓欺为眠；妄曰偄劣；楚谓挎曰抶。吕忱《字林》、张湛《列子注》、释元应《一切经音义》、《玉篇》、《广韵》、《集韵》所引：楚人名蔆曰芰；枭，楚人谓之服；蔿，楚人谓之蝇蠙之衣；长沙人谓禾二把为稿；楚人谓盐池为盬；綄，楚谓之五两；荆州人呼渡津船曰濮；楚人呼寐曰寣；楚谓大船曰舸；楚人谓多曰夥；楚人呼妹曰媦；楚人谓食麦饘曰饦；楚人谓跳跃曰蹠；楚人名深水曰潭；南楚呼父曰叟；蹴蹋，南楚名相榷；吴、楚之间名火灭为熸；楚谓言不通利谓之謇吃，楚、郢以南，蚁土谓之垤；楚人名火曰燥；楚捶人即痛，名曰楚痛；吴、楚谓瞋曰顾视曰䀹；楚人谓妳为脱乳；楚人谓蹶仆曰蹪；楚人谓襦曰襜；南楚呼食麦粥曰饳；楚人谓幝曰帨；东楚谓桥曰圯；楚人呼母之母曰妳；楚谓搏击曰攒；楚谓筏上居曰簰；楚谓击为总。《说文》：楚谓儿泣不止曰噭咷；南阳谓大呼曰咦；楚谓疾行为逞。如扬子云《方言》，本采方国之言，不更录也。　《越绝书·计倪内经》：甲货之户曰粢，为上物，贾七十；乙货之户曰黍，为中物，石六十；丙货之户曰赤豆，为下物，石五十；丁货之户曰稻粟，令为上种，石四十；戊货之户曰麦，为中物，石三十；己货之户为大豆，为下物，石二十；庚货之户曰穬，比蔬食，故无贾；辛货之户曰果，比蔬食，无贾；壬、癸无货。乃悟吴越之语食之最下者为庚、辛、壬、癸。公孙有山氏将以庚、癸之食给申叔仪，所云粗，则有之也，但云庚癸者，举上下以概其中平。杜注：庚，西方，主谷；癸，北方，主水。大误。　《北齐书》：高敖曹与刘贵同治兵于虎牢，外白治河夫役多溺死，贵一钱汉，愿随之死。贵，鲜卑种，盖言汉人贱之也。《汉书·灌夫传》：平生毁程不识不值一钱。刘贵之言一钱汉者本此，皆轻人之语也。是日，行四十里至螺山，即陆绩斗鸭阑遗址也。由螺山至茅埠，七十五里。由茅埠至石头关，五十里。由石头关至嘉鱼，六十里。是以鸭阑经石头关为九十里大站，石头关经嘉鱼为六十里小站；而茅埠适当其中，上至鸭阑，下至嘉鱼，各七十五里。又十五里，杨陵矶。又十五里，仙风港。又十五里，观音港。又十五里，陈陵矶。又十里，岳州。距岳州上下数里，各建石塔，钟云卿都转所捐修也。十五里，过扁山。又三十五里，泊篙深望距鹿角三十里。

十三日。复彭雪芹宫保一信，本以初十日京口书就，谋交岳州镇转递，而轮船拖带未及停泊，比抵磊石山，距湘阴为近，始封就交於桐轩明府，仍寄岳州镇转递。旧藏《洪稚存全集》，所上成亲王《言时政书》未刊入，至是洪彦哲始补刊，附《卷葹阁甲集》卷末，所陈六条：励精图治，宜法祖者未尽法；用人行政，宜改图者未尽改；风俗日趋卑下；赏罚未能严明；言路似通而未通；吏治欲肃而未肃。其于法祖一条言之独详，又列为三目：一曰处事太缓，一曰集思广益之法未备，一曰进贤退不肖尚有游移。以所陈皆属君德，故颇推广论之。然亦惟发端数语云：视朝稍晏，窃恐俳优近习，荧惑圣听，为直陈主德，馀亦无甚触忌讳者。其风俗卑下一条，显揭朝官夤缘奔竞之习，兼及朱文正之持斋佞佛，士大夫相率效尤。其吏治一条，以为吏治一日不肃，则民一日不聊生。推及湖北之当阳、四川之达州，官吏激变情形，而言吏治之肃，以督、抚、藩、臬为之标准。此二条言之尤为深切。是时和珅初诛，三省教匪之变尚未弭定，上书成亲王，朱文正、刘文恪亦皆贤者，其言又无不切中，而被祸如此。其时廷议当以大不敬坐斩，犹赖圣恩宽宥，减死戍边。廷臣之贡谀导欲，与刑部、都察院执法之吏枉法徇私，无所匡正，有愧古人多矣。乾隆中诏开阳城马周科，试诸翰林，求直言。杭堇浦世骏对策戆直，且以旗员官督抚太多为辞，纯皇帝怒甚，投其疏于地者再。内廷传言：祸且不测。已而奉旨放还。开科以求直言，而以直言见黜，亦一奇也。是日，三十里至鹿角。又六十里，磊石。又三十里，白鱼圻。又三十里，营田。又二十里，芦林潭，十点钟。又三十里，抵湘阴县。於桐轩、王松楼两明府王君现办厘务、黄寿桥少尹、龚屏安千户来见。亲友至者益众，至一点钟乃能上岸。一见胡氏伯母，年八十一矣。

十四日。诣宗祠谒拜祖先，并展二里墩墓。随至丽思塘，与志城叙谈数年情事。是日热甚，单衣挥汗，而志城犹御重棉，体气衰微至矣。饭后返县，风雨交作，二鼓乃能登舟，人客坌集。

邹子香枉过，语及英人计约翰、郭布仑初至县城，县民喧哄。於桐轩与子香谕饬书院肄业生，禁令出外，并令各街保正逐户晓谕，乃得无事。办理尚为妥善，会城诸公所不能及也。

十五日。北风。正以轮船为士绅所惊讶，而南风方劲，又不能不令拖带，幸有此北风为之解化。会蔡蓉仙、蔡儒珍枉送，一切未能清理，乃令轮船拖至青泥望，以免迟滞。二点钟抵省，泊舟草潮门。接意城书，则两县以轮船不宜至省河，属书阻之。吾笑谓：非此北风，轮船定须至省。有相阻者，当牌谕：轮船不至省河，并无此种例禁。吾以请假三月回籍，不宜在外久延。会值夏日南风，总督以所造之船拖送，尤属正办。诸君之意，以为非洋人通商地方即不得用轮船，吾亦不敢与校。惟请示诸君：轮船应退至何处？所有坐船，诸君应如何设法拖上？一听示办。士绅之狂逞，实由官吏愦愦，导而引之，真可笑也。比由舟登岸，濡延两时之久，仅崇星陔方伯、夏芝岑观察一差帖迎候而已。而裴樾岑实亲枉谈，因告以：湖南官吏素尊，不能邀迎。然吾此行，奉旨赏假回籍三月，钦差之命犹在身也，而自巡抚以下，傲不为礼如此。无他，以吾奉使出洋，宜从薄待。诸君方以士绅之交哄为公义，然则区区奉使数万里，允为干犯名义矣，诸君贱简之，亦宜然。而士绅至于直标贱名及督抚之名，指以为勾通洋人，张之通衢，国典王章，悍无所顾，此风何可长也！乃不惟不一查办，且从而扬其波，若视鄙人为真干犯名义者，是且奈之何哉。张力臣夜至，久谈。

十六日。意城为拟奏报回籍稿本，托邵汴生中丞附折弁递京。当函致汴生，询悉发递月报以二十五日为度，故须及早办理也。下午诣朱香荪畅谈。晚次，余佐卿、汤小安枉过。佐卿为刘霞仙中丞第三女夫，曾劼刚僚婿也，于洋务能见其大。而其言则谓：

办理洋务不待远求，能于吏治民生，清厘整饬，即洋务思过半矣。又言：湖南人阻拒洋人入城，稍有心时事者皆忧其召祸，然诸人所持者公义，尤忧其以公义号召，而奸人乘之以便其私，且有揭竿环起之一日。是以湖南之可忧在民乱，于洋人何有哉！其言皆切中时务。

十七日。朱宇恬、香荪枉谈。香荪赠诗云：朝来庄舄抛黎杖，喜见班超入里门。体国经纶公未老，避仇身世我犹存。忧心悄㥏逢春剧，热泪淋浪带酒吞。莫更裂眥谈往事，肯容疑谤道才尊。气格苍老，字字惬心。意城亦交到袁宇文见忆五律四章。袁叔瑜亦有奉怀诗。到家谢绝酬应，即故人相过从，亦辞不见，而一二至交枉顾久谈，辄尽一日之力，精力亦觉不支也。

十八日。就一二亲友处一答其枉存之意，挈炎儿同行，所至朱宇恬，黄子寿、子襄，李仲云，张力臣，舒兰生，聂仲芳，左癸叟，余佐卿及意城诸处，在官者一裴樾岑而已。盛展奇及炳秉侄约今日回县，令杨瑞堂致送行资，而已悄然行矣。罗筱垣过谈，言及丙子秋焚毁上林寺，其源由崔贞史欲怙众人狂逞之力毁撤机器局，约期会议，人知机器局奏请设立，不宜毁，一泄其毒于上林寺。王夔石以上林寺由我创修，闻其毁，大喜，急据之以为士气，从而嘉奖之，又令首府出示揭寺僧西枝之罪，驱逐拿办，为之扬其波，而于毁庙滋事、乘机纵掠之士民，一置不问。自是而民气之坏乃益不可支，至于动辄榜示，揭督抚司道之名，指斥为勾通洋人。藐法玩上，导民于乱，而湖南乱机之动，至是而益烈。古人有言曰：朝不保夕。诚哉其不易保也。相与怃然增慨而已。

十九日。张力臣、彭仲莲、余佐卿、袁叔瑜次第过谈，遂尽一日之力。力臣于洋务所知者多，由其精力过人，见闻广博，予每叹以为不可及，然犹惜其于透顶第一义未能窥见。至是问及西洋政教风俗本源之所在，且谓合淝伯相及沈幼丹、丁禹生诸公专意考求富强之术，于本源处尚无讨论，是治末而忘其本，穷委而昧其源也；纵令所求之艺术能与洋人并驾齐驱，犹末也，况其相去尚不可以道里计乎！力臣聪明胜人万万，闻言即能深求，不易得也。是日大雨，人谓自春以来无此一日霖也。

二十日。接到梅小岩、张听帆、黄泳清三信，听帆又译寄马格里一信，并由葛林南尔斯轮船递到花草二箱，仍托寻觅中国花草，附原箱寄回，以其箱为植物园中置备之件，仍须取回也。其参赞琐瓦贝另由福建英人纪法枉寄维多里亚花子一瓶，即新加坡胡氏园所植之异样荷花也。须于法伦海德①表八十度热度时，栽植浅水大池中，水深过二尺则不能长。而其花叶均大逾常荷，非大池又不能容也。花草箱已寄汉口招商局，应由唐凤墀处领取；维多里亚花瓶则须纪法由闽转寄招商局，为日方长矣。又万国公法会参赞费尔得寄有书籍一包，由另船递寄，皆马格里为之经营也。傅青馀见馈满汉筵席，因即邀青馀及裴樾岑、陈诒珊、张东墅、张力臣及意城小酌。是日大雨，一如昨日。

廿一日。杨鹏海、王梦虎诸人过谈。邀彭仲莲、聂仲芳、余佐卿、舒兰生、袁叔瑜、萧子纯早饭。以奏报回籍一折托子纯代缮，约其早至，以书贻之，不答，三催不至，饭罢乃至，而以病告。其（敖）〔傲〕慢如此。是夕，意城邀同周文芝、张力臣、黄子襄、舒兰生晚酌。因与力臣约，邀其记室魏伯勤为书折件。并与子襄商办三事：一、清理各街道，添设沟洫局；一、设立医药局；一、凡遇城乡婚葬，禁止乞丐聚集滋事，应由官严切示谕。

廿二日。刘馨室将回广东，不及走送，遣人探询，知明日成

①法伦海德，Fahrenheit（华氏）的音译。

行。闵惺吾过谈，为经营住宅。希初郁之之子随从诸弟妇来视，至者七八人，颇嫌屋小不能容。并接到殷少乔、邹曙台曙台名昌耀各信，大率所闻者皆艰难陈诉之词也。复张听帆听帆住四马路南昼锦里善善堂、黄泳（和）〔清〕二信。邀魏伯勤代缮奏报回籍日期一折，并分咨总署及南北洋大臣。是日检取折件，上楼三四次，忽觉昏眩，若不省人事者，知其精气销敝至矣。

廿三日。本府何相山、长沙令王实卿、善化令张子钰馈满汉筵席，因邀周幼安、朱宇恬、周闻之、李仲云、黄子寿、子襄及意城早酌。子寿相戒以不谈洋务。予谓：左季高言洋务不可说，一说便招议论，直须一力向前干去。季高近日在德国购买机器，织布、织羽呢，招集西洋工匠至二百人，真是一力干将去。然吾犹惜其舍本而务末。即其末节，亦须分别重轻缓急。织布、织羽呢，何关今时之急务哉？吾于洋务，稍能窥见其大，自谓胜于左季高。又无任事之权，只凭所见真实处，详细说与人听，激动生人之廉耻，而振起其愤发有为之气。亦实见洋人无为害中国之心，所得富强之效，且倾心以输之中国，相为赞助，以乐其有成。吾何为拒之？又何为隐情惜己，默而不言哉？所以言者，正欲使君辈粗见中外本末情形，庶幾渐次有能知其义者，犹足及时自立，以不致为人役耳。子寿之戒不言，所据世俗之见，无足取也。

廿四日。拜发恭报到籍日期一折，咨请总理衙门代奏，并咨南北洋大臣，加致合淝伯相一信。盛耀堂来。接到盛展奇一信，又接毛墨庄信。偶出见盛耀堂，萧耔萸、瞿景伊、危笙阶及贞士继至，相扰半日之久。陈诒珊馈菜，因邀闵惺吾、盛耀堂、达山、子桂便酌。子桂恰于是日回家，耀堂住址未定，相寻竟日不可得。惺吾、耀堂皆为吾经营住宅。本宅房屋太小，所得书籍已无可位置，不能不别营一书室也。是夕，朱香荪、彭仲莲、曹润生过谈。

廿五日。上海文报局递到丁禹生、张鲁生、黎莼斋、罗瑞泉、张听帆各信。鲁生信以予所议保护琉球立国之说，谓总署之意云然，正使何子峨之意亦云然，而日本不从。无论何子峨与总署持论各异，即令所见及此，而办法已全不合。以遣使至其国，与坐待使臣之至，其机势已不同。据一端言之，与纠合各国相为保护，其情事尤相去悬绝。周子善言几。几者，动之微，吉凶之先见者也。此等正须审机赴势为之。鲁生一例平视，其与审几之义亦已远矣。接殷少乔湘潭信，当以一信复之。晚次，罗筱园、熊彝臣、蔡浩楼过谈。

廿六日。李筱荃制军以所坐红船枉送至省，会子瀞侄方谋接取家眷，因留红船稍候半月之期，至是定廿八日上船，因便寄李筱荃制军，潘蔚如中丞，魏赓臣观察，陆彦颀、舒叔俊两大令，及唐凤墀部郎，皆谢其馈送酒菜。其诸请酒席未赴者，概不函谢，以省酬应之烦。外又致於桐轩一信，亦以过县城馈菜故也。张力臣、余佐卿、狄仲华过谈。回家十馀日，谢免衣服酬应，而亲友至者仍相属于门，日常会谈至三四次，女眷至者尤烦，无日不得数起，意殊苦之。

廿七日。张力臣、黄子寿、易子风次第来见。力臣、子寿谒见汴生中丞，述其言，以为上情不能下达，欲令传语三书院士子，以明在官者阻拒洋人入城，亦同此心也，于中剖析良莠之分，谓洋人果欲入城，方将借重三书院之力阻拒之，能言拒洋人者皆良民也，而无端出揭帖诬诋官长，必非三书院士子所为，此直莠民耳。其言正不知隔几重魔障！吾谓此等见解，军机大臣类然，即总署办理洋务三十馀年亦然，于邵汴生何尤焉。推而上之，南宋诸君子及明季议论，如弄空枪于烟雾之中，目为之眩，手为之罢，而终一无所见。明人之言有曰：当国者如醉卧覆舟之中，身已死而魂不悟；忧时者如马行画图之上，势欲往而形不前。南宋迄今八百馀年，终无省览，皆所谓身死而魂不悟者也。

廿八日。何永清、胡绍苏过谈。易梯衢、玉峰父子自营田至。接胡秋樵、黄石珊二信。石珊并见寄求治堂课文二道，一清厘词讼章程，一筹办湖北水利，均立论平易而切于事理，可以见之施行，所以为学人之言也。梯衢论楚人于洋务全无知晓，其原由在官者漫无考究，不能剀切宣示，以至相与惘惘，捕风捉影，迷离惝恍，猖狂恣睢，无所辨知其得失。梯衢，乡人也，而能为此言，优于今之达官远矣！

廿九日。陈又愚至，以方发气痛不能见。自劼刚至巴黎之日，以气疾困卧不能赴迎，自是数月中，四五次举发，每发必一日一夜不能睡、不能食。度时医辈尚不足医此，家人屡求觅医，皆峻拒之。至晚，痛稍止，仍不能进食，盖又前数次所无也。至是益自悟其衰惫矣。

三十日。接总理衙门三月十六日信，并沈经笙、周筱棠二信，大率皆催令趣装北上，不俟满假为期。午刻，邀易梯衢、陈又愚、吴晴研原号九如，与陈遇佳同事，近改今号、何永清、易怀清易兰生大令之子，汉乔之孙也，新随其父归自郃阳、易玉峰及达山小酌。易兰生为郃阳令，有能声，以为在郃三年，足以为生也，而据怀清言：陕西亢旱。在郃三年，仅征收一年钱粮耳，而以一年之入供给三年。所出之数，皆已成常例，无从减少。节缩用之，尚负累至五千有奇。迨调署鄜阳，甫奉檄而得丁忧之信。其遭遇不可谓不隆，而所获禄入无多，则亦命运之为之也。家人以予病，延夏医，予病不足医也；炎儿适病，晨往补请，始知昨夜三鼓曾一至公馆。属杨瑞堂按照旧章，加给轿钱，亦梗吾化，与争些微小数。此种不遵约束之庸鄙小人，使此心为之忽忽不乐，亦皆天也。

四月

四月初一日甲辰。因接总署信，补致李筱荃制府一书，即交红船哨官梅成章号厚庵带呈，以子瀞家眷定明日启行也。接朱香荪、张力臣信，商议会饮公局。香荪欲与黄海华、裴樾岑各备肴品。力臣欲与宇田、香荪为一局，子寿与舫仙、佐卿为一局。未尝非嘉会，而予尤喜香荪之说：并主人亦备肴馔，小作赛奇盛会也。复书主香荪之说，而不敢邀舫仙，又未便径辞之，以陈舫仙、杨石泉皆自附左门，引嫌颇甚也。于复力臣书微示其意，言此局但可施之往来至好忘形之交，稍涉周旋便不宜。舫仙之入会，不过曲示周旋而已，故不乐承其意也。李新吾世兄经畬其名，行八与孔祥，皆各以小物寄之。新吾藏有李龙眠白描《孝经图》，因颜其室曰画孝经室，属予署之。力臣又递到袁予文一信；时方馆安化，训课罗小溪之子。予文意气岸然，而款款深情，历久不渝，亦寿征也。又连得袁绪钦原号叔瑜，今改舜俞、董升华、毛汇章三信，皆期望太过，亦不能不少应之。

初二日。香荪约与海华、樾岑各备肴馔枉临，予因约在坐诸君各以新法治一二肴，小作赛奇会，属通知力臣。顷力臣传闻，仍与宇恬、香荪三人合请海华、樾岑及予与意城，因于柬后书小诗讯之：赛奇小会最鲜新，老病犹能赛一尊。此局异同吾未识，仍须一问老香荪。是日，宇恬馈盛肴，因约罗小垣与易梯衢、陈又愚、易淑子、易玉峰、叔辉、周浥藻会饮。小垣属见人不谈洋务。吾谓并不见人，然固不可不谈洋务。所以谈者，欲使人稍知其节要，以保国有馀。苟坐听其昏顽而已，不动兵则坐削，一旦用兵，必折而为印度。此何等关系，而可不言乎？世俗之说，但谓不知言之人不可与言。此为无关系言之。苟有关系，忍坐视乎？彼于中国强且逼，然其意犹然尊视中国，略无猜忌之意。诸公乃视言及洋务为忌讳，然则将听其终古昏顽而莫之省也？果可以昏顽终古，则自洞庭以南，蠢蠢之三苗至今存可也，而其势固必不能。传曰：铸鼎象物，使民知神奸，以能使魑魅魍魉莫能逢之。夫惟其知之也，以先知觉后知，以先觉觉后觉，予于此亦有所不敢辞，于区区世俗之毁誉奚校哉！

初三日。上海文报局递到陈臧伯、曾省斋二信。并阅新报，知杨庆伯调京听候简用，张振轩改补广西巡抚，黔抚则岑彦卿也。振轩之经营仕宦，彦卿之契合主知，足称双绝。而文式岩竟以擅受节寿降调，累及陈俊臣。湖南省运，日见凋零，正惟楚人尚有特然自立之节，于今时仕宦必不宜也。朱宇恬代购水风井一宅，屋小不盈亩，而水石竹木皆备，有楼翼然，俯临两池，颇有清幽之致。惟苦住屋太狭，所欲以安置书籍，亦苦无地能容。大率以备游览，非可以为住宅也。

初四日。接总署咨报核准法国报销一件。于闰三月十五日具奏英、法两国报销册，并于正月初四日交卸后发递；总署据法国移交之日在前，故先与核准也。张力臣告言：与黄子寿分作两局，每局三人，且约稍后数日。顷据黄子寿传到知单，仍系一人专请，所约之陈舫仙、余佐卿并陪客也。又与初六之局相连，因书其后云：不出门偏邀鼎食，人间无此好便宜。只愁臣朔饱欲死，轰饮相连两日期。意城枉过，因留饭。周文芝回平江告辞，询及平江近事，云皆李次青为之。以信用小人之言，启衅乡里，多所诛戮，殆非所以处乱世之道也。

初五日。易梯霭、陈又愚、易玉峰回湘阴县，因饬小周随行，兼致於桐轩及汉舟、蟠西诸信，以有帮给族亲之款，须诸人一会商也。另专足诣丽思塘致志臣一信。是日下午大风雨，寒甚。梯衢、又愚本定昨日启行，以天气郁热过甚，疑必有风雨，稍留候之，乃迟至是时始转风，遂觉寒热相距不止三月工夫，以郁热时不减炎夏，风雨至，寒气侵人，便似严冬。中土天气如此反覆变幻，度乾、嘉以前必无此景。天时与人心之奇变相因，固是天人合一之理然也。

初六日。张力臣、朱宇恬、朱香荪治席相款，并邀同黄海峰、裴樾岑及意城相就一谈，遂尽一日之力。馀苹皋亦仿此局，约初九日相诣，亦书一诗于后云：勉强主人来作客，张、黄两席已嫌频。劝君可省即须省，枉费银钱又费神。所约子寿、力臣、佐卿及意城并已接允，其势不能辞免，然似此烦扰，人人皆思效尤，亦甚非计矣。此必张力臣辈导之，使相迫以无能自免。刘蕴斋中丞以此为消遣之资，岂予所欲哉？实苦诸公之不能相谅也。是夕，蔡竹泉又自县至。

初七日。黄子寿招集朱宇恬、陈舫仙、张力臣、余佐卿及意城同聚养知书屋会饮，盖仿张力臣例也。子寿相戒以不谈洋务。吾谓洋务与他事不同，正惟举天下人不知，又方以为忌讳，相顾而不敢言，而其人处中国，盘结已深，固必无能拒而远之。日日与之相处，而日怀猜防之心；人人受其欺侮，而人存菲薄之见。即令其安然听受，而已不可以终日，又况其用心之坚，久而不化，用力之强，洞而必穿，其往迹凿凿可见，其未来之患且有累积而日深者乎！所以酿成三十年之大变，惟无一人知之故也。诚知之，则亦可以弭祸于几先，而稍存国体，以不至贻笑天下矣。吾是以发明此义，惟恐人不知之，以为苟且缄默，规免人言之嚣而自附于明哲，吾所不敢知也。子寿以为言之无益，且先求内治，以图所以自立。佐卿言：内治无他，政教而已，办理洋务，正今日行政之一端，岂能不讲求？其言最为中肯。

初八日。大雨，寒甚。接黄昌歧、曾清泉、欧阳伯元各信，又接易小亭信。张力臣述王云生方伯之言：丁禹生奉旨加总督衔出使东洋。此举急切不可少，禹生于此必能了之。斯为差强人意。朱香（生）〔荪〕又约与海华、樾岑同为赛奇会，并索折稿及诗。以诗答之云：奏折两通权奉上，年来荒废苦无诗。赛奇有约原须践，但告诸公缓片时。易重子来见，淑子之弟也。

初九日。大雨竟日。徐苹皋亦治席相就，邀同张力臣、黄子寿、余佐卿及意城会饮。因论各省人心风俗，尤以湖南为最坏。或问其说，曰嚣，曰猾，曰无理。动辄聚众狂逞，乃至小户穷民虐使一婢一养媳，亦相与毁其室以为快。各省无此嚣也。往时拜客至一菜园，延入，主人故不相识，岸然陪坐。回拜徐芷源，三年皆于别宅。已而与达山约往，亦相招承，而以出外辞。始一追求之，则徐芷园宅尚隔数武。皆取以相戏弄而已。各省无此猾也。至于犯上无理，则尤不可殚论。黄子寿言，道光以前风气不如此，此由乱后各省避地湖南，集江、浙各省坏风气而成。予曰：惟如此，是以尤可惧也。而溯其源，则王夔石十馀年酝酿之功，专务阻塞正气，以导扬顽民之戾气，而不悟其非，以致有此。传曰：国家将亡，必有妖孽。吾楚不幸，遘此妖孽，所谓天也，非人也。然而吴江所以乱天下之功，亦于此窥见一斑矣。佐卿言今时考求洋务知其理者，于益阳得二人，一曰周志钦，一曰萧希鲁，皆尚能读书观古。此外天分稍高者亦尚有之，学力则皆不及也。

初十日。舒兰生来告辞，云以十二日赴滇。晚邀言舫丞、蔡竹泉及易淑子、叔辉、周浥藻、杨瑞堂小酌。钟漱芝、刘朗山来见。朗山为刘明斋权胞兄，以世袭归抚标，大抵相就营求差使而已。须知世上苦人多，吾心但有悲悯，不敢怨也。是日略就本书房书籍一加清检，所不见者甚多。出门五年，一切布置照旧，未尝稍有动移，而其中遗失已不少。即此亦见守家之难，而用人之得力可倚信者，尤不易也。舫丞医道尚稳，视夏洛林、向啸春辈为易请，就便一招饮。

十一日。舒兰生赴晋宁州选缺，固求一书以行，乃为致刘荫渠制府、杜鹤田中丞二书。稍检书房旧书，附以新得者一二种，已觉箱架不能容。略取常所诵习者置之架端，以备检寻。接俞竹君信，时馆平江，兼主天岳书院讲席。张力臣函告：陈俊臣并未到省，其世兄为厘局所持，假其名以图自庇。因忆昨日刘朗山来见，亦言日前赴院禀到，乃其世兄所为，俊臣实未回省，予力斥其妄，朗山亦不敢置辩。至是始知朗山之言为确。予之斥朗山，所谓道听途说者也。士大夫之论事，儒者之言道，大率类此。势力胜人，遂以劫持一时议论，而自申其说，若予之斥朗山是也。是以天下事非目悉，而以人言定其有无，是非未有能当者也。小周自县归，接於桐轩及蟠西、筠堂、经笙等回信。

十二日。蔡竹泉回县，饭后往送，则已行矣。琐琐姻亚，徒费周旋，真无谓也。诣笙陔叔及朱宇恬、黄子寿，与宇恬畅谈昌猷事。处人骨肉之间，君子之所尤慎也。昌猷之走诉左季高，弃亲从仇，颠越极矣。左季高与我为仇，于意城、志城无与也，但以一书抵之，其事立解，而左季高不愿也。左季高移咨府县，用相调侃而已，非遽欲逞志于吾家。长沙府檄县查复办理，自有馀裕。王夔石乃促使派员提讯，凭空构成一讼累，其祸乃成，而王夔石不顾也。既成讼矣，稍有知者，当仍以劝息为主。传曰：骨肉之恩，粲而不殊。无可构讼之理也。李辅堂乃一意为之主持关说，迫使成讼，以自张其声势，自非乡里无赖构衅生端，无屑任此者，李辅堂毅然为之而不知耻，则尤奇也。此三君者，辱吾门风亦云至矣，而昌猷亦终承其累，无能丝毫求益，而为累且无穷，则亦诸君不明事理之过也。昌猷之罪，万无可解，而志城处事全无端绪，笙陔叔又不能持正处理，直是瞎子闹堂，于事理全未窥见。而导使昌猷赴甘肃，张冶秋亦与有力焉。躬为祸首而不知，其不读书明理，乃至于此，殆亦风俗之忧也。即此一事，吾楚民情、吏治，概可想见，欲无危乱得乎？京师西直门外花之寺，数相从为文酒之会，而于寺之所以命名，无能知者。近见陈玉田锡路《黄嬭馀话》载：青州沂水县有花之寺。周栎园诗云：月明萧寺梦花之。又云：佳名独爱花之寺。王阮亭云：土人谓寺门多花卉，而径路窈折如之字形，故以为名。唐人方干诗：师在西岩最高处，路寻之字见禅关。五代刘昭禹亦有之字上危峰之句。花之二字，取义或当然也。

十三日。张力臣函告，方子贞廉访为丁稚璜制军奏劾革职，黎简堂补授川臬。稚璜覆陈盐务，奉旨：着慎始图终，勿以浮言而滋疑惧。足证倚任之方隆也。李筱荃有乞假一疏，意在求退，以与潘蔚如抵牾，蔚如固恭邸私人也；王夔石又值军机，湘、鄂意见尤甚，宜其心慑也。香荪告言，丁禹生系帮办海防，非出使。因函询汴生中丞，始据见示总署两咨：闰月二十日具奏，南洋海防关系大局，请简派大臣会筹督办，廿二日奉上谕：前福建巡抚丁日昌，着赏加总督衔，派令专驻南洋，会同沈葆桢及各督抚将海防事宜实力筹办。所有南洋沿海水师弁兵，统归节制。廿三日又奉上谕：丁日昌着充兼理各国事务大臣。始知张力臣所述王云生方伯之言，为未□其实也。刘枰藩邑丞汉藻自江宁来，带到曾纪范一信，大率皆夤缘求事者。幸以病谢客，一切皆辞不见，多负诸公希望之心，然其势亦万不能为力也。

十四日。余佐卿治席相就，邀同朱宇恬、朱香荪、张力臣、黄子寿及意城枉谈。宇恬、香荪不至，而刘伯固、康侯昆仲适至，因相邀入席，兼及萧希鲁、周志钦佐卿前日枉约，书诗其后云：香荪欲践赛奇约，病困惟求缓数旬，待约萧、周同入坐，一般花样要翻新。以予意欲得萧、周一叙也。伯固并赠霞兄《养晦堂诗文集》一册，佐卿亦赠所刊《馀存吾文集》一册。康侯赴甘肃五年，意求左相为其尊人请谥，左相拒不纳，愤然以归，云霞老初捐馆舍，谭文卿原为之请谥，以疏稍商请左季高，季高为削去之，盖其意见本素深也。康侯并言其在营语及曾文正公，辄叫怒诟骂，其摧折李雨苍，亦因其寓书曾沅浦，发左季高所以猜忌之旨，为驿官发其书，以呈于左季高，遂至诟骂，李雨苍亦报之以诟骂，戛然遂归，归数月而卒。左君气焰逼人，竟毙雨苍之命，亦云酷矣。是日，郭弥生自湘潭至，相别十二年矣。

十五日。罗鹿笙、李镜涪、磐西诸人专足枉书，蔡蓉仙、周霞仙、樊延龄诸人亦专足枉书，为各公举报董事，彼此相持，互相投诉。予因详致一书训戒之。并复邹子香及汉舟、子容二书。接何小宋制府二书，一复伦敦信，一复上海信。乌石山移换教堂一节，尚候英按司处断，亦一奇也。又接唐曦臣、管青乔梓二信，及志城一信。晚邀刘伯固、康侯、郭弥生、余佐卿、易叔辉便酌，以汤小安馈菜四品，就便添设肴蔬一叙。

十六日。朱香荪以肴馔相就。初意本定是日会叙，而予误以为十八日，昨日又记为今日，函询香荪，乃有是举。旋邀黄海华、裴樾岑、左锡九同叙。樾岑述及淮安府学宫有洒扫会，岁举生员十人司之，春秋两季皆加修理，其原起于阮裴园先生名学浩，曾任湖南学政。聚学中人为一会，人出钱三百六十，取每日一钱之义，名曰一钱会；置田十馀顷，岁入可千金，出粜得银，封储所派十人中之有力者；每岁修理毕，馀钱若干别储之，积十年又一置田。

惟谨守所得租息而已，更无营运。裴园先生当国初时，距今二百年矣。此当为中国流传最久之善举也。张子衡枉谈，述及与丁禹生抵牾情形。禹生一意从严，而颇故入人罪，殆非圣贤矜恤之旨也。

十七日。发递总理衙门一信，及致沈经笙、周筱棠二信。抵家后两接总署信，以不俟满假及早束装为辞。盖英使威妥玛、德使巴兰德、日使宍户机一时并集，总署且心慑焉，因怀求助之心，又虑鄙人之决于求退也，姑为此一催以探取其意。纯以私意计较，而无诚意足以动人。复书直指日本办法，而明威妥玛、巴兰德之无足深虑，但令朝廷先有以自处，及时定议，而后可以迎机待变。一以诚出之，略无一诈饰之言。而自述病状，万不能及早赴京。又于复周筱棠信内，畅发其所以然，并为决断之词，略无游移之意，仿诸王右军之誓墓，期使诸君不复相强。庄周所以对楚使，嵇康所以拒钟会，取决语言之间，而皆避而远之。故曰：鸿飞冥冥，弋者何篡焉。惟不能篡，乃所以成乎冥冥也，此亦吾所以立言之旨也。周近溪及书堂枉顾，各馈食品，吾以谢客不与见。每一见客，即相与纠扰无已时，亦不能不自远也。

十八日。接何尔泰、黄正芳两信。尔泰为何镜海世兄，并抄呈镜海《洋务条理》六则：一曰育才；二曰致富其目三：一曰尽地力以厚民生，二曰弛矿禁以绝觊觎，三曰广贸易以收利权；三曰审势后言请改南洋大臣为东洋大臣，分理江苏、浙江洋务；添设南洋大臣，分理粤东、福建，以两粤督臣为之；四曰择术其言以轮船、格林炮、后膛枪为急，馀皆宜缓；五曰核实筹饷、练兵、用人三者，皆期于核实；六曰务本其本在人心、学校。持论多可采择，而于国家政教之源，所以成乎人心风俗者，固未之有闻也。正芳为黄鹤筹令侄，现在岳州水师营候补。又接吴恪生一信，吴西桥之次子也。传询其家景况，至不忍闻。恪生荒诞嗜烟，无可陶成，略给数缗，令开具其母、妻居住，别谋所以周济之。所能为力，止此而已。香荪约黄海华、裴樾岑、左锡九为赛奇会，各具两肴集谈。比至，则海华一人为主，相约次第来叙，殆不胜其烦也。接李筱荃制军转递伯相一信，以闰月晦日自天津发递，始知李丹崖已加三品卿衔，充德使矣。又黄泳清转递金寿臣、金力夫一信。又接兰生一信。

十九日。正拟出门一视刘伯固、黄子寿、龙皞丞，而伯固至，并偕尹和伯来语山水堪舆。黄子寿亦随至，力劝赴京复命，盖所据常理，而未达朝廷之于洋务，有万不可与闻者，未易为不知者言也。其言曾劼刚于洋务惊奇眩异，而于大端关系未能考求；张力臣则摭拾异闻，眩博而已，其言无实，其所以立言亦无识。数语均极深切。又言刘锡鸿之倍畔，亦常态也，不当怨而当引以为幸：幸其可以为鉴戒，以求免信人太过、进人太骤之弊。朋友直谅之谊，子寿足以当之。是日，舆人伺应过久；子寿留饭，薄暮乃归。仍诣余佐卿。与伯固、康侯同诣文正祠观碑①，石塘石山亭馆之胜。旋过意城，知黄子襄之母年七十，赶具寿仪数种致祝，并以一书告之。

二十日。接潘小农、冒小山、张听帆、王旭初各信。以易淑子解馆归过端阳，便邀周镜溪、文思、虚堂、兰生、葳士、易(淑)〔叔〕辉、周浥藻同酌。浥藻外出而意城适至，因留饭。饭甫毕，而熊绍芗自平江长乐街至，盖亦数百里远来相视者也。吴晴研复自县来，询之，则易兰生遣令相陪至桥头驿者，因定明日偕赴老屋湾。陈熙堂复至。

廿一日。送西席易伯肫还乡，书篹赠之，并为其弟仲愉书篹。

①此处疑有脱字。

以崧乔、镜芳两夫人贫状，馈以数金，并交伯肫带送。易兰生求为其尊人汉乔主政题主，先期赴沙坪，甫出城，遇雨，小憩。兰生遣使至高岭备置午饭。傍晚始至老屋湾。达珊、锡三、佩山兄弟并在家枉候，其西席钟景唐及吴晴研之子资生相陪夜话，殊困倦。

廿二日。早诣支祠行礼。易兰生遣仪仗执事迎至沙坪，亦遣使至上东寺备置茶点。未正，至所居莫家塘。张益廷、傅仲允迎接陪款。次第见者颜召卿为颜鲠臣之子，吴子和吴贞阶之子，彭新甫彭允乔之子，吴健夫、卓夫并吴镜舫之子，易直卿易冕南之子，易瑶阶、易濬吾易镜吾之弟。并崧乔子，张麓秋沙田围人。自省相陪至莫家塘，则吴晴研也。薄暮始行成主礼，盛席相款，至夜半始罢。就礼庐与兰生、椒生兄弟一谈，并语以其姨母伺侍其尊人十馀年，宜善视之，并宜为之立后。始知其在京抚萧屺山之女为女。兰生为人尚顾大体，承吾言亦颇倾心领受也。李镜浯及磐西又专足至莫家塘，云邹子芗院长邀蔡蓉仙、周兰生至，宣示吾意，二君竟不理受。又复具呈揭控李镜浯。所行颇涉狂悖。士气至此，极可虑，因复一书，并为易春湖痛切言之。

廿三日。易兰生又遣仪仗送至青石岭；中路遣归，以雨意方浓，不欲以苦执役者。已而晴霁，至花石坳，兰生又遣使备置午馔。三日途次，忽郁热，忽冷，云气覆冒山顶，若骤雨将至者，而皆不雨。昨夜乃大雨，至早益甚。饭后出门而雨止，已而竟开霁。数十年遭遇，罕有若此者。陈程初所派长龙哨官刘砺卿，自汉口带回洋花二箱，并带到李筱荃制军一信，及鄂局书二捆，又唐凤墀一信，又曾沅浦宫保一信。

廿四日。裴樾岑治席相就，黄海华，左锡九皆不至，至者朱香荪一人。樾岑见示李雨苍所上枢府书《论（四）〔西〕陲事略》，凡三帙：一曰论往七则一曰兵事原始，二曰故相遗谋，三曰命将得失，四曰相臣功过，五曰坐失兵机，六曰虚縻帑项，七曰筹画乖方；二曰述今十一则一曰形势变迁，二曰乌垣涂炭；三曰营伍空虚，四曰部众散失，五曰边防损坏，六曰伊犁难守，七曰善后方略，八曰湘军骄横，九曰楚军虚惰，十曰金军饥疲，十一曰淮军杀掠；三曰察来六则一曰中外强弱，二曰设省不行，三曰建置失机，四曰客勇流弊，五曰祸患勾连，六曰防患缓急；于西域南北形势言之极详，大率以缓取伊犁，而急经营乌鲁木齐据为重镇；整顿甘肃营制，裁减客兵；以南路诸城封置回酋，使自为守，罢屯戍之兵。力陈左帅骄侈好谀，以伊犁将军金顺为帮办，而无节制诸军之责；湘、楚、淮、蜀各军积不相能，所至骚扰；西域各城，凋敝死亡，民人存者无几，而虚张建置郡县之名，掩蔽朝廷耳目，所虑方长。言之皆中肯綮。其终言外患莫大于俄人，内患莫大于客勇，而俄国之患久而缓，客勇之患暂而急；无客勇则俄国之患不速，无俄国则客勇之患不烈。可谓深切著明矣。而尤以庚申俄国条约，有以山岭大河及中国常住卡伦等处为界一节，为患甚巨，以常住卡伦外有哈萨克、布鲁特乌梁海诸部落，隙地相距，远者千馀里，近亦数百里，自有常住卡伦为界一语，隙地尽失，哈萨克、布鲁特两大部落俱被侵去，西北诸城无复屏蔽，伊犁、塔尔巴哈台两城遂有岌岌不可守之势；塔城尚止一面当敌，伊犁则西、南、北三面皆卡伦，卡伦之外尽属于俄，形如弹丸，势如釜底，何以为守？未知枢府诸公见此，何词以自解也。

廿五日。杨金圃来见，谈悉其家事，知杨琴堂其胞叔也，其兄杨采亭军门英华归，杨渭滨、墨林皆有所赠，而墨林需索不已，益以横暴，激而构讼。因颇以大义晓譬之；询知与黄子襄故有戚谊，凭之以处理一切，亦足稍免后患。世间以利相争，亲戚骨肉尤甚，非独政教之衰，风俗人心由来亦久远矣。接守心斋、陈云庵二信。邀龙树棠、熊绍香、陈熙堂、李召甫及意城午酌，浥藻、叔辉亦与焉。兼为达珊饯行，而达珊不至。

廿六日。张力臣、朱岳霖、刘康侯、馀苹皋、陈尧圃诸君相过久谈。以邀康侯一询其行止，遂至人客坌集，竟日陪谈，中间尚谢免数人，相纠至无穷已。与馀苹皋论所辑《史书纲领》目录，谓其体例当与四库馆全书《提要》稍异。四库馆以政典入之史部。诸家奏疏，皆政典也，为其书皆应收录，列之史部，于义为顺。此云《史书纲领》，凡收入者必与史为例。奏疏、年稿，不得以史名也，而此二书（挽）〔晚〕近益繁猥，不胜收录。又凡名人集中之文，凡所著书，与史为类者录之，但以文著论者不录，庶体例较为完善。苹皋亦颇以鄙论为然。

廿七日。熊绍香、郭弥生并辞归。由绍香带致蔡蓉仙一信。张力臣自安化带到袁宇文、黄桐轩、易荇东三信。荇东者，易午珊之孙也。（予）〔宇〕文并枉诗四章。馀苹皋言苏人袁镜村辑《柔远全书》十帙，汇次国朝以来与西洋交涉情形，分为十类，亦士大夫考古镜今不可少之书也。

廿八日。接邹子香、顾耔良二书。意城又见示磐西一书，历述周兰生、蔡蓉仙、樊延龄猖獗之状。在官无纪纲法度，而犯上作乱之风相乘以起，凡此皆乱征也。李麓渔及子容并自县来视。麓渔为石帆之孙、丽源之子，颇聪颖。丽源旧名水三也。

廿九日。邀刘伯固、康侯、馀苹皋、李麓渔、吴晴研、达山、锡三、子桂；锡三、晴研以事不至。张鲁堂见过，以所约八人，未宜加增坐位，比登席，至者六人而已。黄子寿、余佐卿于酒半过谈。黄芷田①。芷田名介繁，任平江训导，以事为学使所持，求

①此处疑有脱文。

为解说。

三十日。何永清，吴陶村、莼庵兄弟，吴资生枉谈。唐竹虚自磊石远来相视，适诣龙皞臣、张力臣，未及一晤。皞臣举止需人，而面采尚如少壮时，亦颇能谈。托力臣往就陈展堂品其屋价，力臣竟不与相识；其屋之良否，尚能代查也。

五月

光绪五年己卯岁五月初一日甲戌。刘康侯以知府赴京，达珊以分发县丞赴广东，因为康侯致合淝伯相一书，为达珊致刘岘庄制军、成子中方伯、金逸亭廉访、张寿荃观察四书，并托寿荃代制盘龙堂幛。刘伯固送康侯赴上海，持尹和伯《洗象图》画扇属题，为书一绝云：使象南洋如使马，王家珍畜玉参差南洋白象最贵，王家以为珍畜。五年一瞬京华梦，宣武城南洗象时。又复盛展奇、陈遇佳二书，交吴晴研带湘阴。复笙陔叔一书，交锡三带岳州。本意谢除应酬，以资养息，诸枉书者都不作答，而日为人经营周济，及供请托之役，今日所致八书，不逾此二者，亦见持身涉世之难也。唐竹虚来谈，即留住。李召甫亦偕子涟至，相与论吾楚士气之嚣，湘阴亦承风而起，近周霞仙、易静山、蔡蓉仙、樊延龄与各公董事相持，所挟者私愤，而所据以为言者公事，至于连名具呈县署而胁以三事：一、公款存典生息；一、罚酒席；一、增加董事二人。盖阴持一二人阴私，而借公事以訹之；此一二人者，亦利其所言可以开支公款也，两相试以各便其私。颇告唐竹虚传语诸君：如此，是特屈抑大公董事以求申也，以后生员之势日张，而大公董事不可为矣，吾必与维持之。以私相讦，吾可以不问，以公相市，吾固不能不一与剖断也。因为竹虚书数语，告之龚瓛臣、李咏仙、李春渠、刘绍西。接李申甫信，四月十五日武昌所发者。又接唐时雍、潘小农、於桐轩各信。

初二日。瞿景伊自岳州回，带到张伯羲、王旭初及兰生二信。景伊署永明守备，告言衣服费用取给于我。子湝赴江西候补，开列三款：一、盘费，一、安家，一、还许屺台借款五十金，皆取给于我。我于亲族不敢膜视，告贷求助，日踵于门，至罄其生平一以倚托之，于所提挈，若固有也，念之失笑。而左季高、刘云生乃用其挤排之力，日挟戈矛求逞，惟务刳刃其身以为快，正未知前生是何积累，以有此惨报，岂徒磨（碣）〔蝎〕值命而已。吴江寓书合淝，言刘云生天分高，以能贬刺洋人、邀取声誉为智，此洋务所以终不可为也。左锡九治席相就，裴樾岑亦出其家蔬，邀同黄海华、朱香荪一叙。海老以新有姊丧，辞不至。香荪令张子亮作《春灯话旧图》见赠。锡九言，卫静澜初有信巡抚湖南，王壬秋言：卫君果贤能，必不至湖南矣，以湖南省运之坏卜之也。已而果然。谭叙初擢湖南臬司，江督又以徐州经手事奏留，计亦不能至湖南。王夔石之酿乱亟矣，大端在销磨正气，专以纵庇盗贼为心，此殆非偶然也。樾岑谓其明谕州县不准报盗案，在善消弭之而已。此其为弊极大。朱肯甫学使谓其精细足以胜藩司，然却只是一种小伎俩，以任封疆，或恐未逮。持论极允。得此十馀年之酝酿，而继之以邵汴生之昏庸，崇星陔之贪污，是直蠲湖南而弃之矣。吴江援之入枢府，卵而翼之，以播其恶，亦岂小故哉！香荪论文，举昌黎之言：文从字顺各识职。圣人亦曰：辞达而已矣。千古文章极诣，无以逾此，用力久而始知其难。此香荪一生心得处，是以能有味乎言之。

初三日。接张听帆、周步瀛、陈渭滨各信。听帆信自长崎发，盖由太平洋赴伦敦，就便一赴日本，见其兄鲁生副使。据称长崎一岛，四面高峰矗立，民居市肆皆在山麓，房屋低而整齐，街衢宽而洁静；中国驻扎长崎领事为馀元眉，言其岛华民约六百馀人。渭滨谋补开州协一缺。本任张桂芳，其营官韩凤超，皆皖人；谋先请假一二月，详请韩凤超护理，再请开缺，庶使韩凤超可以坐补，此亦皖人之能事也。渭滨乃欲借我一信之力，与皖人争执，多见其不知量也。又接佩珊及吴聘廷二信。刘耀远屡来言，院辕巡捕现有缺出，求为一言。适致筱荃制军及其侄仲絜二书，托邵汴生中丞加封发递，就便为刘耀远一言。比得回信，并无更换巡捕之说。刘耀远与刘权为兄弟，并刘镜清太史胞侄，专务借助声势为游食之计，非能有成之器也。是夕大雨，风，寒。

初四日。致丁雨生、曾劼刚、李丹崖、姚彦嘉四信，升附寄黎莼斋、李湘甫、凤夔九、马清臣、张听帆各信，加致黄泳清一信，托其由文报局分别转递。罗麓笙自县城来，带到李镜浯一信，述及蔡蓉仙、周霞仙、易静山、樊延龄猖獗情形，谋欲使我示以警戒。此非吾事也。稍明正论，维持公事，于毁誉诚所不计，而亦岂能徇一二人之私，贬斥诸生以取快乎？闻诸生有揭帖訾毁鄙人，麓笙云索之李镜浯，镜浯言已交瞿景伊带省。景伊昨来，询及诸生议论，亦皆引避不以告。此非惟不明事理，其视人恩怨利病，泛然无所与于其身，意在引嫌，不招人怨而已。以此望之时贤，所见同也，于瞿景伊何责哉！镜浯、磐西，亦竟匿不以告，麓笙往索，且推之瞿景伊，此其于切己之事犹多所瞻顾如此，宜其不能堪事矣。是日亦接蔡蓉仙一信。麓笙亦由瞿景伊处取示揭帖一纸、控呈一纸。揭帖直诋鄙人不顾。麓笙云：出周霞仙手笔。学校之失教久矣，岂独湘阴哉。是日分给周长清赏号，自严升、杨顺、馀光才、周南山、周达纯、高奇华、易光美、周兰徵、杨立怀、赵玉堂以下各有差，合瑞堂与李祥恺、柳树仁，共得十三人，而家中一切多至废弛，置官愈多，则事愈废，家国事势，无大小一也。

初五日。大雨。盛耀堂、意城过谈。衡唐叔六十生辰，约与意城公制一屏，意城属予为文而讫不得暇，至是乃获为之。检阅龚定庵集，其识解多超出唐宋文人之上。其《古史钩沉论》四篇，推求三代以上规模，自著其读书徵实之功。曰古史钩沉者，圣王所以运量天下国政人事，一著之史也。其所刻《著议》六篇、《胎观》九篇、《五经大义始终（问答）〔答问〕》九篇、《塾议》四篇，亦多发明此旨。其辞若奇诡不可端倪，而持义为确。读其《与人笺》四篇，而可悟持身接物之道。读其《捕蜮》、《捕熊罴鸱鸮豺狼》、《捕狗蝇蚂蚁蚤蜰蚊虻》，而可悟处小人治凶顽之道。身世之间，若此类者多也，始终失之刘锡鸿。刘锡鸿者，蜮也，鸱鸮豺狼也。嘉、道之世，人心未遽澌灭，天理未尽销亡，岂亦曾有此类如刘锡鸿者耶？读此益为之茫然。

初六日。龙皞臣遣其世兄砚仙索观所批《离骚》及《史记》。《离骚》仅携得姚氏选本，又海外无书可以考证，惟据其词以通其义而已。然处忧患之中，迍邅侘傺，无所控诉，以身所莅，上窥屈子之心，较之先儒述屈子之言无关其身之利病者，自有浅深疏戚之辨。因所注《离骚》，泛论洋务情形，砚仙所见，似较胜于乃翁。询之，上年赴京，由沪乘坐轮船，略与洋人相习。故常以谓遣使必通知洋务，正今日朝廷之蔽也。所为遣使者，欲使所闻所见，与洋人习，而后能因委以求源，据事以通情。一人知之，其亲若友，推之而得十人；十人知之，其亲若友，推之而得百人。知者日多，则洋务安坐而理，无复有挠之者矣。故知洋务者，当用之以理洋务，而出使当择不知洋务而好议论者，可因而奖进栽成之。朝廷于洋务自不求知，亦不更求其人。以理洋务之有交涉者，而惟用之以出使，安有当哉！

初七日。曾澄侯其子晓城，更号介石六十生辰，家人专足致祝，便致一书，略言：道远年衰，未获参与宾末，举觞上寿。想见八尺屏开，簪裾（舂戢）〔戢舂〕；管弦迭音，觥筹交错。良亦人世之盛美，晚景之至娱。后叙与沅浦宫保被诏出山，沅浦受山西艰剧之任，嵩焘得海西清逸之游；沅浦惠泽遍及亿万生灵，嵩焘骂名穷极九州四海；沅浦俎豆汾晋而秉德益谦，嵩焘尘秽湖湘而执词愈亢；沅浦功施社稷生民而无有暇豫，嵩焘身兼衰颓疾病而方幸退休。此关过去生中积福积孽，层累无穷。沅浦得一李相遥相照应，嵩焘乃得一刘逆逼处凭陵。两人各得一鸿，则尤人事之特奇者也。即此已算历过一重浩劫，万事悠悠，无足介怀。馀苹皋见示朱香荪所刻《雨窗销意录》，托名牛应之，载鄙人致合淝伯相一书，实为切中时务之言。阅之亦自怃然也。

初八日。接舒叔俊、李云渠二信。云渠名荐本，以孝廉方正官湖北知县，又拟改捐广东。为馀苹皋撰《史书纲领》序一通，为朱香荪撰为刘韫斋中丞作《绿野引春图》诗一首。馀苹皋《史书纲领》，凡《别录》《七略》，诸史艺文、经籍志，附之史部，皆搜辑之，与云纲领，未尽符合。序文稍纠正之。《史记》始黄帝，苏氏辙《古史》上及伏羲。其自魏、晋以来，言古史者，皇甫谧《世纪》，谯周《史考》，张愔《系谱》，马总《通历》，诸葛耽《帝录》，姚恭年《历帝纪》，小司马《补史》，刘恕《通鉴外纪》。元金仁山著《通鉴前编》、陈桱甫著《通鉴外纪》，与《通鉴》并行。刘氏之书在前。其后乃有罗长源泌《路史》其书为前纪九卷、后纪十三卷、发挥六卷、馀论十卷、国名记七卷。宋胡五峰宏撰《皇王大纪》八十卷，起盘古氏，讫周赧王，亦在罗长源之前、明〔陈〕养吾士元《荒史》其书为本纪十二、帝师传六、臣传十、叛臣传十一。《路史》起初皇，《荒史》起元始，皆茫昧之词、国朝马宛斯骕《绎史》其书分五部，曰太史部，卷十；曰三代部，卷二十；曰春秋部，卷七十；曰战国部，卷五十；曰外录部，卷十。至宋毛正仲渐所传《三坟》，言得之唐州泌阳民舍，陈直斋《书录解题》已辨其伪，吴草庐辨之尤详。其书言伏羲本山坟而作连山，神农本气坟而作归藏，黄帝（作）〔本〕形坟而作坤乾。外有纪姓，叙上古帝王之世，《路史》亦颇采用。并据《丹壶名山记》、《吕梁碑》及《輶轩使者方言》，参错其世次，改易其名号。《逸周书》七十一篇，《隋书经籍志》云得之晋太康中汲郡魏安厘王冢，晋五经博士孔晁注。宋李焘云：刘向、班固所录，并著《周书》七十一篇。系之汲冢，失其本矣。明杨升庵慎据《晋书》辨之《晋书》武帝本纪、荀勖及束皙传云：晋太康二年，汲郡人不卢文弨曰：何超《晋书音义》云：不，甫鸠反，姓也。准私发魏安厘王冢，得竹书数十车，其《纪年》十三篇；《易经》二篇；《易繇阴阳卦》二篇；《卦下易经》一篇；《公孙段》二篇卢文弨曰：《晋书》段作叚。《说文》碫字引《左氏传》郑公孙碫，字子石，乎加切。又《九经字样》：碫音霞，云见《春秋》。然则作叚字未为非也，公孙段与邵涉论易；《国语》三篇，言楚晋事；《名》三篇，似《尔雅》、《论语》，又似《礼记》；《师春》一篇；《琐语》十一篇，诸国梦卜妖相书也；《梁邱藏》一篇，先叙魏之世数，次言邱藏金玉事；《缴书》二篇，论弋射法；《生封》一篇，帝王所封；《大历》二篇，邹生谈天类也；《穆天子传》五篇；《图诗》一篇；又《杂书》十九篇：凡七十五篇。其七篇简书折坏，不识名题。漆书科斗文字。武帝诏荀勖撰次之，以为中经，列在秘书。著作郎束皙得观竹书，随疑分释，皆有义证。杜预《春秋集解》后序，亦云汲冢古文七十五卷，多不可训。书目悉（目）〔具〕，无一语及所谓《周书》者也。卢文弨曰：束皙传又有《杂书》十九篇，内《周书》论楚事，亦非此《周书》也。《汉书·艺文志》有《逸周书》七十一篇。卢文弨曰：汉《志》无逸字。汉以来原有此书，不因发冢始得。李善注《文选》，所引称《逸周书》，不曰汲冢书也。惟宋太宗时修《太平御览》，首卷引目即有汲冢《周书》之名，盖当时儒臣求汲冢七十五篇而不得，遂以《逸周书》七十一篇充之。卢文弨曰：隋、唐《志》已云汲冢矣。晁氏公武、陈氏振孙、洪氏适、高氏似孙、黄氏震、李氏焘、吴氏澄、周氏洪谟，号通知古今者，皆未暇深考。卢文弨曰：李巽岩已云系之汲冢，失其本矣。升庵失考。汲冢书《师春》一卷，集左氏《传》卜筮事。宋黄伯思校《师春》五卷此书今亡，序云：《师春》似是钞集人名。杜预《春秋集解》后序言《师春》一卷，纯集《左氏传》卜筮事。此乃记诸国世次，及十二公岁星所在，并律吕、谥法，末乃书易象卦变。汲冢书中有《易阴阳说》而无彖、繫，又有《纪年》，皆三代王事，无诸国。疑今《师春》，后人杂钞《纪年》诸篇，益以西晋人集录，不必尽出汲冢。近考秘阁古宝器，有宋公䜌饎鼎。稽之此书，䜌乃宋景公名，与鼎铭合，而太史公《记》及它书皆弗同。由是知此书尚多古事，可备考证。其《纪年》十三篇，《隋书·经籍志》：《纪年》十二卷。《新唐书·艺文志》：《纪年》十四卷。今所传本《纪年》止二卷。束皙传云：《纪年》十三篇，记夏以来至周幽王为犬戎所灭，以晋事接之，三家分，仍述魏事，至安厘王之二十年。杜预《春秋后序》云：《纪年》篇起夏、殷、周，皆三代王事，无诸国；惟晋国起自殇叔，次文侯、昭侯，以至曲沃庄伯，皆用夏正建寅之月为岁首。晋灭，独记魏事，下至魏哀王之二十年。今所传本《纪年》，乃起自黄帝，至魏今王二十年。幽王以后皆以周王纪年。又所传本有沈约注。《梁书·沈约传》，并不言注《竹书纪年》，隋、唐《志》亦无《纪年》沈约注之文。而所注文多与《宋书·符瑞志》同，是皆后人羼入也。然《史记·魏世家·集解》引和峤云：《纪年》起自黄帝，终于魏之今王。郭璞注《山海经》引竹书：昌意降居若水，产帝乾荒。又引颛顼产伯鲧，是维若阳，与今（文）〔本〕同，与束皙、杜预本异。《隋书·经籍志》有《竹书（异同）〔同异〕》一卷。疑当时所得竹书，传写已各异也。《唐书·刘贶传》：贶尝以《竹书纪年》序春秋列会皆举谥，后人追修，非当时正史，知按《春秋》经传而为也。洪颐煊《校正〈竹书纪年〉序》言之甚详。

初九日。接到罗麓生、常健吾、左兰生、罗璋卿、李艺林、毛俊卿、龚辅臣、李咏仙、李镜涪及磐西十人公信。并寄示志城一信。另举高粹之以易李春渠，举殷宾儒以易刘绍西，持论亦正，然当言之未移交之前，不应言之诸生滋事之后。志城处事喜逞意见，以徇一己之私，不顾人之能受与否，亦不顾事理之安。诸公之意，似欲借我一言以折服志城。志城亦岂能以正理直词折服者。吾亦断不能徇诸人之私以与志城相牾。所持之理虽正，然于情事亦不能不引嫌自避，只能付之不答而已。胡秋樵、张力臣枉谈。力臣言，王云生有宗人自上海来，述及洋人议论：劼刚巴黎寓宅园树花草皆损坏，与房主相持，英法两国皆不直劼刚，声名稍损。此亦在人意中。然劼刚究能周旋，洋人不至有违言也。

初十日。朱肯甫枉过，以乞假家居，例不会客，因以一书致之，录示复姚彦嘉书，并为黄芷田陈述冤屈，以平江李次青、张子衡二人之言为证。陈程初、袁守瑜、余佐卿次第过谈。佐卿亦述王云生之言，以劼刚性情行谊为虑，言所以不敢赴伦敦之召，亦自度负性，非能和忍者，恐必至隙。末因论劼刚专喜自用，如有所计议，他人能窥其意境之所在而先言之，则又别出一意，以自怙其智，不肯随人。生平公子气已是十成，又益以名士气十成，兼二气之良能，是以陵驾一切，无有在其眼底者。其才略能干事，其魄力亦能任事，而其意气用事太甚，所至必不能合宜。持论极允。然犹有甚虑者：从员如刘开生之明通，左子兴之精爽，曾省斋之稳练，亦皆美才，而不尽其用；用事者，一市侩之陈莘耕，讲求禅悦之杨仁山。讲求禅悦，则常遁身是非功过之外以求解脱，市侩则逢迎为恶而已。亲信者导谀，疏远者怀怨，以保令名，难哉！此吾所尤深虑者也。

十一日。由黄子寿递到李勉林、徐雪村二信。雪村并拟呈格致书院章程六条：一、格致之学，以渐推广；一、集资须及十万，少亦以四万为率；一、讲求格致之学并算学，延请中国有学问者；一、学徒以二十人为额，月领膏火银三两；一、于旧建格致书院楼旁地，造楼房三十间；一、每年准于二月初一日开馆，十一月三十日解馆。并送致旧刻《格致书院录要》一本，亦有章程六条：一、延请西士；一、进院学习，由董事验明，司事登记籍贯、姓名、来历、年岁，逢期进院学习，自备资斧；一、精选通晓艺术数人为院师；一、购置书籍、仪器；一、派司事一人、院使一人；一、每日十点钟开门，晚七点钟关门。此章程定于同治十三年，与现定六条亦互相备。

十二日。陈程初置席相就，并邀同黄子寿、子襄，李仲云，张力臣及意城会谈。仲云以赴唐次云之召，辞不至。开通道路，亦王政之一端。省城道路不修，沟渠淤塞，吾言之子寿、子襄、程初诸君，皆以谓然。程初经理各祠工程，子襄又以陪修坟墓为事，未暇及之。左锡九乃以鄙意达之刘韫斋中丞，寓书王实卿、张子钰两明府，以修理街道为托。闻仲云、子襄诸公始稍有歆动之意。晚次，余佐卿过谈，张力臣因留坐，畅论洋务。高直斋自县来，带到高粹之一信。又接周翰臣保靖一信。

十三日。接奉总理〔衙门〕四月三十日一咨，并递回闰三月廿五日具奏到籍日期一折，奉旨：知道了。该侍郎办事实心，不辞劳瘁。着俟病体稍痊，即行来京供职。钦此。自在京师及伦敦疏请回籍，前后凡八九折，至是始一奉温旨。而闰三月廿五日由驿发递，计不过十四五日到京，压至二十馀日之久，始行批回，终不测政府诸公之为何意也。又接欧阳伯元、陈树斋、盛艺垣三信。欧阳伯元并述悉张松林候馆艰难之状。又接毛俊卿、毛杏生二信。杏生又同杏农自县枉顾。晚邀易兰生、汤小安、罗小垣、龙砚仙、高直斋、盛耀堂便酌。耀堂辞不至。汤小安为述及门首安设天灯，为杨月轩所择日，竟不复记忆矣。月轩从父杨云樵，尤精堪舆之学，年六十八，尚健步。小垣述及袁瑜生持其尊人漱六藏书目录求鬻，总价三千金，并述及黄曙轩、黄子厚情形。因论湘潭近日人才颇盛，曙轩、子厚皆能读性理之书，立身稍有本末也。

十四日。接何心畬、言湛甫、戴昆田、吴柱臣各信。又萧忠训湖北提标右营游击、赵绍华晃州厅通判、徐寿候选县丞〔雪村〕，皆不知其号。徐寿一函，即前十一日由黄子寿递到者，上海机（气）〔器〕局之徐雪村也。又接衡唐叔澧州一信。朱肯甫学使见示邵汴生中丞信，论吾致姚彦嘉书，以为博大精深，非有深识远虑、通知古今之变不能道，读之五体投地。京师与人谈洋务，扞格不能入。中丞见所致姚彦嘉〔书〕，憬然若有省悟，所以终不失为诚笃之君子也。傅晓初、徐清溪、闵惺吾、吴柱臣、胡少芝、余佐卿过谈。少芝并以周桂坞所撰胡太夫人事略，求为其母墓铭。询之，与文忠公合葬，而文忠公故未有墓铭，然则此为合葬铭明矣。高直斋回县，寄复高粹之一信。

十五日。为易兰生致书汴生中丞，属位置一厘馆，并属转致之崇星陔、童研云。又复朱肯甫信，论船山从祀干驳之由。又接喜田、蟠西、兰荪（二）〔三〕信。喜田为其婿刘华卿求书赴粤。

晚为余佐卿邀同意城及张力臣、黄子寿浩园纳暑，子寿不至。缄约朱宇恬，不知其已回乡也。易陶村来访佐卿，因同与饮。便过朱香荪谈，座晤左锡九，语及陈程初所部各军一切工程，及起运砖石，皆役勇为之，夺小民之利。国家养勇之意固不如此。科场用白沙井水，例开支水价八百馀千，役勇则价可减半。锡九谋具呈院署，禁营勇不得与小民争利。其持论甚正，而为穷民衣食之计，居心亦良厚也。力臣论及壬秋所撰《楚军纪事》，惟于彭雪芹一人无违言，自馀无不轻侮者，于曾文正亦讥刺之意为多。吾未见其全书，惟据裴樾岑见示所已刻就者二篇，一《曾军篇》第二，一《浙江篇》第七，似以军将隶曾者统附之《曾军篇》，隶左者统附之《浙江篇》。其中又各分年，左军之平定闽、粤，亦皆隶之《浙江篇》。叙次太简，而颠倒年月，违失事实，尤指不胜屈。樾岑、香荪但服其笔墨之高，而不知其叙论无当也。闻袁予文至，兼枉过，仆人专司谢客而已，亦并不启告也，因为一诗贻之。

十六日。病泄竟日，感发气坠之病，颇委顿。朱枫桥、杨巧生过谈。枫桥述及晋捐情弊，并周霞仙、蔡蓉仙辈所持李镜浯短长。吾谓所控凡列二十一款，多可笑者。其中述晋捐一款，但谓借以勒索芹仪而已。所举勒索者三人，有僧曰楞定者与焉，不如外间所述也。凡事虚传者多无实证，大抵皆然也。是以圣人谓君子恶居下流，天下之恶皆归焉。此种声名，君子所最惧。枫桥亦以谓然。

十七日。叔辉奉其母回营田，以易梯衢患病，召其母子也。因便致磐西、秉文、敬修各信。袁予文、张力臣、余佐卿、龙研仙、徐清溪次第过谈。清溪告言：吾邑相诋毁者，一黄西村乾，一李恕堂。两人行径，万极恶劣。子淮以巡检指发江西，部凭领到多日，而不名一钱，周章无计。会予自海外归，就商三事：一、盘川旅费；一、安家；一、还帐。予固知其出仕之非计也，闻此益心讶之。追询其帐目，则首举许屺台以对。屺台为予四十年旧交，穷老且病，不忍吾家子弟更负累之，乃令子湝开示其本息若干，扣足月限，则适以今日满十月之期。乃令杨瑞堂持银票与之，并详示其原委。其银一由张雨珊经手，并须留候禹珊清理。屺台回信，亦极感此意也。子湝凭期有定限，既定此局，亦不能不资之赴省，并为寄彭芍亭方伯、沈品莲廉访二书，托其照拂。

十八日。接到冒哲存、周瀛士，姚彦嘉三信，知介福庄主事姚日新已物故，祝安伯家资虽厚，而失此一支持门户者，其情势极可虑，所存备入都之用，遂恐不免承彦嘉之累矣。邀黄海华、裴樾岑、朱香荪、左锡九小酌。香荪枉赠三诗，末章云：人心不可隄，乱气塞华甸。昏棼醉饱中，早伏秦坑焰。亦极悲壮之致矣。与裴樾岑论王壬秋所著《楚军纪事》之失，小者不具论，大端节要约有三。一曰体例失宜。凡体例有二：曰编年，曰纪事。此纪事体也，当用《绥寇纪略》之例，分别叙论。如粤寇原始，楚军原始，湘军原始，守城方略，搜捕土匪，东征方略，援浙方略，援鄂、援江西、援粤、援黔、援滇，均分别叙其方略，平捻方略，西征方略，陆军营制，水师营制，筹饷事宜，应逐条详叙。今阅《曾军篇》，尽文正公一生事业，括之一篇中，又一切颠倒失实，且时不免有隐刺语，而于其中又兼用编年体。《浙江篇》亦然，并督闽及援粤事皆括之《浙江篇》中，则非宜也。此体例之失也。二曰纪载失当。此以《楚军纪事》为名，当先问其著书之意，将以何为。吾谓此其义例亦有三：一曰考求实迹。各军奏报，或有参差；大局关系，亦分轻重。国史所不能详者，当于此著之。事在近今，而一切取决方略馆，亦失著书之本旨矣。二曰表章功绩。此次平定大乱，原系楚军之功，而复编为《纪事》一书，正须著其艰难劳苦之实，以明其功之非幸成；表其忠勇节烈之风，以知死丧之浮于功赏。岂宜反肆轻薄，以自张其矫诬而直行其讥贬。如谓洪孽（篡）〔窜〕至江西，仅得二千人，皆自溃散。不知汪海洋挟以入粤尚十馀万人，除死亡逃（篡）〔窜〕，经鲍军门受降者尚四五万人，由左伯相遣散，有数可稽。足知二千人之虚传不足为（要典）〔典要〕，彰彰明矣。凭一二人无稽之言，遂据以为实录，则其诬益甚。三曰昭示劝戒。道光之季，上而纪纲法度，下而风俗人心，流极败坏，莫可穷诘，驯至大乱之起，在官者皆怀惧心，不能不稍通民气，任事者亦稍求实际，不能不悯念时艰。是以兵犹习战，而非虚籍，饷犹归公，而非虚糜，卒能平定天下之乱，虽复不免扰民，而终不至病民。而一皆蔑视之，其于劝戒何有？此纪载之失也。三曰主持失统。楚军之起，江忠烈导其源，胡文忠、左侯相衍其绪，而终始主持维系，曾文正一人而已。非独兵事始终总持全局，即江忠烈之始出，亦由文正公保荐。名将如塔忠武、罗忠节、杨尚书、彭侍郎，同功一体；如胡文忠、刘中丞、李伯相、左侯相，皆文正公所擢拔而延致者也。是以此书归宿，在曾文正一人。今厚视一二所私者，而于文正公一例视同诸将，则抑不知楚军之名，以何为纪，楚军之功实，以何人为总其成也。此主持之失也。其他小节，谬误烦多，皆所不论，就吾所见二篇中，恰无一可取处，不敢以其文笔之纵横，遂谓是非功过皆可倒行而逆施也。

十九日。接周翰城信，以保靖书院由辰沅道主持，谋欲兼司掌教。黎简堂过谈，体貌加丰，而英辨伉爽，倍胜于昔，其气象决非久于两司者。瞿子玖续至，清癯犹似昔也。邀袁予文、朱枫桥、庄翰堂、吴聘廷、徐清溪、孙次韩及新吾侄小酌，次韩以病不至。楚人专喜戕贼同类，攻击前辈。近年如左季高、李辅堂，尤专以此为能。文人以笔墨求逞，则王壬秋是也，一以诋毁乡人为快。记丙子年在京师，桂林张桐轩大令居相近，时枉过谈。一日问：外间诟毁之言，亦饫闻乎？张桐轩曰：颇饱闻之，然大抵皆楚人也，他省持议，不如是之刻。曾文正公办理天津一案，乡人大哗，至今物论尚未平也。此无他，用其鼠目寸光、谿壑褊小之心，而傲然自以为忠孝，慢上无礼，漠不为耻。此等风气，亦未尝不自诸君子倡之，而遂至无可挽救，终归于祸乱贼杀而已。伤哉！是夕大雨。

二十日。接曾澄侯、危星阶各信。又接言湛甫信。邀黎简堂一谈。张力臣、黄子寿均约入分，不能拒之。力臣又兼请傅青馀。于是添邀傅青馀、陈程初二人，主宾两主皆无甚伦序也。桂林守黄君师誾，山东宁阳人，往在京师曾一见之。其父恩彤，曾任广东巡抚，年几九十矣，尚健在，以一诗寄师誾，师誾得之涕泣，即日持印谒巡抚，挂冠竟去。时候补府多奉委外出，独龙霁生方派充内监试在省，急切以承乏桂林。相与传为美谈。其诗曰：作宦天涯见面稀，八旬衰叟倦何依。炎方雪少偏添鬓，瘴岭烟深莫染衣。聒耳那堪闻杜宇，关心惟有寄当归。春来试看衡阳雁，亦解联翩向北飞。是日始闻滇、黔两省主考之信，李果仙已得云南正考官。

廿一日。接健甫侄京师信，并递送曹（湘）〔芗〕溪一信，始知芗溪去年九月已奉其母杨太夫人讳，健甫家信绝未一言，未及在上海致奠也。又接子湝及志城二信。志城移交耕心堂簿据，盖自壬戌接管，至今十八年矣，出入钱谷，井井有条，生积亦逾数倍，苦心孤诣，不独后来者不能及，即吾亦望而却步。以病久移交，既伤其用心，益念其病将不可支，尤为之恻然心动。因寄复筹商耕心堂公款一缄，一论各房轮管之难；一论雇人经管及租仓之费；一论雇人经理，所云熊廷满者是否胜任；一论陆家垅支祠，于情势皆不宜，谋置义庄租谷，收回耕心堂两屋，移建支祠于此；一、耕心堂存钱三百七十五串，应即存丰泰盐行生息；一论六吉、捧云两家大累，皆坐顾赡其姻亲。六吉于舅族吴氏，累矣，而犹近正；捧云则并不得谓之正办。当令岁帮其弟租谷二三十石，禁使不得同居。如必欲同居，当另租屋移居，不当以此屋留居大嫁姐，遂推及其累世姻亲也。其家本留足取给，无（容）〔庸〕公款帮贴。

廿二日。袁子文、周春溪过谈。接江芾生广东信，以刘岘庄制军为报捐知府，秋后当赴都引见，谓鄙人亦当以此时入都也。春溪从保靖回，为述周树藩之言。近时接总署信，洋人有由广西至湖南游历者，树藩指为鄙人所约，以图煽惑。此其居心险诈极矣。生平与刘霞仙至交，而刘锡鸿亦居然姓刘，周树藩又居然号霞仙，乃使鄙人为此二人郁憾无穷已，亦一奇也。如朱石翘晚年与楚人构难，独于鄙人始终无间言。丙子京师赞成刘锡鸿偕行，则石翘之力为多。楚人为所龉龁，而未尝一受其累，其为累鄙人，固已至矣。未知前生积何冤孽，得此种种惨报，不独左季高一人以至交化为豺虎也。断除仕宦，以求苟全，中才处乱世，舍此无他策矣。是夕以牙牌数卜之，断曰：诸事不顺，仍防灾害。凤、梁两侍人卜之，其占皆同，断曰：谨防小人。小人若黄共安、周树藩亦多矣，于何防之？付之天命而已。

廿三日。左伯翼、罗小垣枉过久谈。和朱香荪四次枉诗。自以香荪吐属隽永，得之天资，非所能及，感其勤勤之谊，固不能不一报和也。小垣言：左季高才气一时无两，而喜极其才力之所至，竭情为之，不留馀地处人，亦不留馀地自处。凡事皆作到极尽处，非载福之资也。曾文正包孕万有，非其天资之果有馀也，实成之于学力。声名富贵已极，而恢恢乎有馀地以自存。独劼刚一变而为刻削，才望更远不及左季高，而行事喜推极尽处，先世之遗泽，有斲丧而无培植，其弊甚于左季高。吾喜其言之耸切，因录存之。

廿四日。接张希槎新宁信。希槎名炘，馆新宁，以其子勉斋钧方纳资为典史，指发湖南，函托照料。勉斋因与易杰垣枉过，盖故易燮臣之婿也。又接李召甫、吴晴研二信，知丰泰掌事陈遇佳已辞退，继之者为邓云程。袁予文挟罗伯翼兄弟枉过，并见示《读史臣传撷斑》序文，此必宜载之徐苹皋《史书纲领》者，予文并索鄙人一序。万里远归，笔墨烦多，精气又益不支，未敢允也。

廿五日。袁予文以穷告，奉馈四十金。据言生平受人重礼，惟陈竹伯赠五十金而已。吾不欲加出陈竹伯之上，特减十金以为笑。约裴樾岑、朱香荪、黄子寿、张力臣、余佐卿及意城一会谈，以闻周树藩来省散布谣言，称总理衙门现咨有洋人由广西至湖南游历，一皆鄙人招引，期以眩惑无知浮动之人心，以图狂逞，其心万不可恕，为书致徐云渠、王雁峰、何伯元三院长，晓示三书院诸生，以冀不为周树藩谣言所惑。黄子寿一力阻难，所言有不可解者。徐窥其意旨，则以原书论上年科场滋事，发端黄共安；子寿欲为黄共安掩饰其迹，独示立异，以图遂其庇护族人之心，而能持之以坚，始终固守其说。始悟省城人心之深曲，不顾大局，而惟一念之私，盘结以求必遂，其端皆起自士大夫，而遂成为风俗。即令圣贤生于其间，非渐摩涤荡数十百年之久，殆难与化此积习也。

廿六日。接周镜西信，亦为求馆计者。唐羲臣、袁予文过谈。羲臣以酷暑之期，远来相视，不过为其子求书信而已。唐竹虚在省时，曾力属止其行，而不见允。此等无谓之周旋，皆西洋所无也。四民失其业而游食者多，其势必求有所倚托以为生。有倚托即有援引，而营求窥刺之术日出而不穷，乃使士不安于塾，农不安于野，亦并不揣量才智之奚若，而安坐以求倚托，坐享其利，而不必问其所职司。呜呼，即此扰扰之人心，以乱天下有馀，而相与群趋而习游焉，以是为应然也。此人心所以日敝，而风俗之所以日偷也欤？

廿七日。接姚恩培及席山两信。紫竹坡李氏族姊、三梓桥戴氏族姊同时并至。溽暑方隆，而以一老妇数十里枉视，既苦行者，而以暑日住宿无所，主人经营位置亦良苦也。假期将满，一事未能料理，而日有酬应之烦，令此心百不自适。接志城书，论立煌之横悖，以为刘氏从母之戾气，子妇郑氏又以其乖戾之气继之，其不足以裕后而保家，宜矣。而昌猷犹能守其业，裒而取之，以资立煌之悖出，此亦祖考之宜怀怨恫者也。太史公曰：孔子罕言命。盖难言之也。戾气积于闺房，而延祸于遗孽，亦岂非命也哉！志城筹商三款，其二款吾所应行，其一款处理立煌家事，非吾力之所及也。

廿八日。接唐景星、吴陶村及笙陔叔及席珊各信。邀唐羲臣、张勉斋、李伯（抡）〔伦〕、仲芳、易直卿、萧子荑小酌，仲芳不至。致李镜涪、（李）〔吴〕晴研及育之、秉文、敬修各信。羲臣言：北乡蓝家洞、向家洞，蛮乡也，家蓄兵（气）〔器〕，以徒党争胜。以其地僻远，县、府试之期从无所闻，故应试者鲜。曾言之冒小山：令县试时专差张示其地，即人心一振；又酌取其文之佳者，宠之以前列，而诏告之，使以礼让劝化其乡人，人心又益一振；而后酌择其乡老成殷实者四人，责之以息争讼、除兵卫，而惩治其不法一二人，即地方风气可以立变。而冒小山不能行。吾谓冒小山所行，必上司所乐闻者，否则利耳。此何所利乎？亦岂王夔石所乐闻乎？往时王湛园宰长沙，乡人捕送窃贼至，即释之而给以钱，曰：尔等徒为饥寒所苦耳。邑人相传以为怪。久乃知王夔石语州县：盗贼无办法，万不宜以上闻，尔等自销而自理之可也。于是州县无治盗者。丙子科场士子毁上林寺，劫夺其辎重，王夔石不问，而令长沙府瑞守出示数寺僧之罪，招告捕拿，以宽滋事者处分。于是州县无治聚众为乱者。湖南得王夔石酿乱十馀年，人心风俗乃真不可问矣。吾在粤东，出示准士民拦舆越诉十条，第一条曰：州县讳盗为窃，不收受民词，或有抑勒者，准其拦舆。与王夔石适得其反。鄙人被劾，而王夔石入值军机，天下亦安得而不乱乎！

廿九日。接李仲絜夫妇合淝信，并育之衡州信。朱香荪见示文稿四通：一、仕说；一、养说；一、张浚论；一、温体仁论。盖皆中有所见，而借以发明其义。其持论不必皆当，而所据之理则皆足以自成一义，而切中人心之利病，故为难得。属萧子萸清录各稿，以周浥藻迟延过甚，其势未宜久候也。张力臣、易直卿、李镜浯次第过谈。镜浯语及晋捐情形，章程定自县署；赴乡办理三四十人，四路营求，亦派自县署；总办三人，主通达语言；验缴捐数，收捐填照，一由县署。而自开办时发出火食百千，诸人商议，日一至而已，不开支伙食，辞而不受。比年终，又送度岁钱百千，亦辞而不受。似此亦别无网利之法也。志城以晋捐蔽罪三人，吾固疑之，以为下乡三四十人，岂必能多方渔利，拱手以授之总办乎？抑圣人有言：君子恶居下流，天下之恶皆归焉。三人者，殆亦有招谤之道也。

六月

六月初一日癸卯。致徐云衢、王雁峰、何伯元三信，并录示丙子十一月始入总理衙门论滇抚议处疏，令三书院斋长传告肄业生，以息其嚣。黄子寿一力劝阻，盖函中叙周树藩遍布谣言，意图效丙子年黄共安之所为，子寿于黄共安为族兄弟，欲为之隐其名也。人心止各顾其私谊，无为大局起见者，此中国人心风俗所以日趋于偏私偷薄而不复可挽救也。朱香荪《儒林琐记》四卷，卷末录阎季容文二篇，其送龚南翘序贬刺左季高，谓湖北巡抚与有连，假重金赂言事者，举左君才可大用，天子为宽其罪。并胡文忠亦加贬刺。其时按狱者为钱萍江，以主湖北乡试，受命治樊燮之狱。文忠公以馈遗主考，例厚结之，而以左君为属。其荐左君者，潘伯寅也。嵩焘时与同值南斋，语南事甚详，伯寅据以入告。季蓉既未考知其底蕴，又并两事而混为一，而遂以失之诬矣。文人纪录与史异者，固未必可据以为信也。

初二日。接赵午桥信，似仍主讲龙洲书院，而以石笋名山枉托，岂即所谓箴言书院者耶？其书专以邑志为言，而一以骈俪行之，遂至以辞晦意。高济川观察赴粤候补，固求致书刘岘庄，竟至系舟江次，守候六七日，以必得所请为期。可畏之甚。为致岘庄一书。并书致江芾生、刘翊卿。萧松亭自县来视，因致汉舟、蟠西、秉文、敬修一公信，即托刘翊卿带县，以立煌赁屋开设烟馆，必应一惩处之，不宜含糊。积其祖母刘、母郑两世乖戾之气，以锺孕于立煌之身，非独其一家之累而已。用此益知择妇之不可不慎也。

初三日。易淑子自营田回馆，带到易叔辉一信。为刘华卿致书方柳桥。华卿，喜田之婿也。庄翰堂治席相就，并请裴樾岑、张子衡、黄海缘、朱香荪叙饮。樾岑述悉邵汴生飞檄令孙春皋带印来省，以初四日拜发万寿贺折，欲令春皋赶办谢恩折附递。距奉旨之期仅及数日，清理移交事务、检点行李已不暇给，来去程途且在六百里以外，所用相照拂者，不过附一折差之便而已。人情事势，并不一为之计，亦可笑也。岑彦卿枉拜，以方辞客，未与一见。张振轩入觐，力陈贵州捐务之弊，而黎简堂以去官；岑彦卿入觐，问杨庆伯何如，答以多病不能见客，而杨庆伯亦因以内召。无意中指摘一二语，而朝廷之意已移。刘锡鸿劣迹多端，屡疏论之，而护之愈力。人谓圣眷之隆替相距远也，而实亦一代朝局使然。本朝进退大臣，率采纳浮言细故，以诩朝廷之明，而从不受明参。参款愈多，即其说亦愈不行，而遂援为一成不易之办法矣。

初四日。东林携同法慧及周陶溪过谈。法慧，徽之歙人，曾住京师龙泉寺，年七十八矣，须发尚黑如五十岁人。询之揆一和尚，尚其下一派也。言住持沅州府之报国寺，俗名南寺。寺租在芷江者四庄，在黔阳者四庄，岁收尚万石。寺归沅州府募僧，因时有勾通门役差胥，侵渔所入，为诸不法事，法慧方与之相持。不意沅州僻地，有此大丛林。据称旧时寺租三万石，侵食已逾半矣。法慧欲请东林、真一两和尚前往为助。吾亦力劝之，以为清收一年租，修葺殿堂，备置器具，添派执事，定立章程，稍立功绩，庶几和者众而无赖侵渔自然敛迹矣。法慧工医，兼晓阴阳向背之说，而皆不能精也。吴桂臣、鹤臣兄弟来见。

初五日。易直卿赴甘肃，求一缄抵林问樵，以闻问樵方总办转运局也，因为一书与之。接胡觐浦信，并托为其尊人珏轩书墓志铭。此须属意城代笔。约为裴樾岑饯行，兼邀张子衡，而朱香荪云曾与朱锡九有约，因议三人共饯。不虞锡九办致肴品颇精洁，吾惟能助小菜数盂而已。便邀张力臣及意城。香荪、锡九另约黄海华，以暑热不至。是日闻黄小坡病故已多日，子寿初亦不知也。而张力臣于是日酉刻又举一子，其家人来报，因自言与黄子寿各得子十人，陈俊臣九人，朋辈中子孙繁衍，亦云盛矣。

初六日。黄子寿过谈，早饭。与易淑子谈医理，尚有意味。接姚彦嘉四月廿四日信，盖尚在第三信之前也，阅四十日始至；严升并不回明，厚给信资遣行矣，其不谙事而专擅如此。易逊吾来见，吾未见之，而遂不至。其来远，严升辈又各视其私以为隆杀，非吾本心也。病后数日不能食，渴甚。每食一瓯，茶加于食者五。坐辄倦而假寐，就榻即醒。精气销耗至矣，殆非久视长生之道也。

初七日。晒晾皮衣，热不可耐。黄子寿之待朋友，诚意款款，又熟于人情世故，多计谋而善辞令，语言时中肯綮。其可取处多，而独持己见甚固，于闻善徙义之功无有也。其动于一念之私，而据之以为至德要道，反覆不移其守，则尤为世道人心之忧。如吾致三书院院长书，意在以解人心之惑而息其嚣而已。于黄共安、周树藩辈无所校也。子寿以庇护黄共安一念之私，遂谓此书不宜发，此种情事不宜置辨，因又谓浮言不宜听，至推论黄共安并无不合处，呶呶言之，并谓事久而大明，所取人言，可不重论。是其心意之所注，全在庇护一黄共安而已，遂并事理是非得失任意倒乱，而视他人祸福利病泛然无与于其心，务遂其（物）〔私〕而后已。士大夫泰然行之，而凡其宗族亲友翕然信之，相与帅之，非度以求遂其私为快。始悟湖南人心风俗之坏，皆此数君子为之倡也。吾因正语之曰：生平于人言无所顾惜，亦并不屑讨论，而如黄共安、周树藩辈，专务煽惑人心以求狂逞，上之在官者从风而靡，纪纲法度无可恃；下之士绅相与为醉梦，是非顺逆莫能辨也。不得已，乃自以所见闻发明其义，以救人事之穷。使不幸而有丙子之乱，如黄共安，执而戮之，一无所顾，又岂区区仗一二族人有势力者所能抗拒乎？惟一念之私之是营，而不揣事势，不顾大体，其为乱人心风俗，殆不知所终矣。两日念此，使心不快。接张力臣、左仲敏二信，各以一信复之。

初八日。二伏，雨。接陈松生、陈长林、陈顾亭三信。又由上海文报局递到曾劼刚、李丹崖、张听帆、胡琼轩、温辉珊各信。并接黄泳清二信。听帆信由日本东京发递。何子莪、张鲁生两君同在东京，坐视琉球之废灭而已。曾劼刚信则专辨驳三月廿一日所发信，持论颇极支离，而通观其前后十数行中，一以虚矫行之，无一真实语足动听者。如谓京师奉旨出使西洋，疑区区在此不能一日以居，故急迫启行。当时寄劼刚两书，详及刘锡鸿事，所谓不能一日居者，果何事哉？多为狎侮之辞而不顾其安，则亦其生平所以自处之常度也。

初九日。曾文正公祠树立御碑，张力臣函约往观，至者朱宇恬、余佐卿及意城五人，因留早饭。遣杨瑞堂赴上海料理介福及招商局存款，便致刘芝田、李勉林、莫善徵、陈宝渠、叶顾之、徐雨之、唐景星、郑陶斋、周瀛士、姚彦嘉、徐雪村、黄泳清各信，盖归家三月，上海各谢信尚未一发递也。兼致李申甫苏州一信。接周伊洛及易堂、秉文及吴晴研各信。又接张锡吾信，其名为宗璠，专致求庇之意，而不具其事，度必为张锡吾也。

初十日。接叶小云信，知方奉上海道委，解馀存捐照赴河南。复陈长林、陈燮庵二信燮庵为陈崧生之子，并专柳树仁赴县，顺致吴晴研、邓云程等一信，以秋间谋一赴县，应稍料理。捧云学堂为暂寓之计，其花园两区，岁久荒芜，瓦（砺）〔砾〕丛委，宜稍涤治之。并饬柳树仁一往察看，以便告知吴晴研诸君，俾知修理大要情形也。吴聘廷固请见，乃函告以求书无益，而使我枉费笔墨，径以万钱馈之。书函往复，至于再三，皆无谓之周旋也。朱香荪邀同裴樾岑夜酌，述及何镜海之言：古今人物分四等。上一等道德事功合一，今无其人矣，有亦必不出而任事。其次以道德行其事功，随所往而必穷。其次苟务为事功而已。又其次营求富贵；只此一种人充塞天地之间。于此有能立事功者，其人已敻乎远矣。而用其与世推移之心，以赴事机之会，要止是三等人。进而上之，则必扞格龃龉而不能入。人才所以不古若，非必时数之为之也，政教人心之积，流极而不可复反，圣贤所无如何者也。此论似创而实确。

十一日。接彭作新信并馈砚八方，时署永顺协。即辰溪石，刘咏如所鉴别，凿为砚者，质类谷山石而较坚。磐溪至省，两日不来见。遣人往问，始使李镜涪、李艺林同至，自言明日即回县，若视周霞仙、蔡蓉仙辈所指控，不一与闻，则事在人，一与闻，则事在己。亦可谓巧于规避矣，而势固不能也。此其不求事理，不察事势，而一意自怙其私，何以能堪事也。宜其足以致人言，而终一无所名也。

十二日。翁立明枉过，谈及丙子秋闱滋事，有魏氏生员，实率引多人劫毁上林寺。陈程初水师营哨官魏国治号云帆鼓噪尤力，大率魏氏生员必其宗人也。此外则巡防营哨官杨作霖梅村、卜者黄云甫，并多所附会，造作谣言。询知魏国治鸡鸣狗盗，出身微贱，以谄事陈程初得宠任，又见事生风者，其中固必无良善也。吾楚风气之坏，以能诋诮前辈、诟毁名德为能。成于一二士大夫，而遂积为风俗。其昏愚无知，借端狂逞者，皆其平日轻妄之一念驯致之，而不自知其谬。故尝论李辅堂、崔贞史诸人之罪，浮于盗贼，为其无知狂逞，足以贻风俗人心之忧也。于彼蚩蚩之武夫，又何责焉。然亦不可不记存其名，以备考验。接子瀞侄宁波五月十三日信，述及郭谷斋太守，为远堂中丞之子，从蒋湘泉赴粤，与梅小岩有旧，在浙榷厘绍兴。闻梅小岩抚浙，曰：是多疑忌，不足与有为。即日引疾归。寓书子瀞，言梅花开后当重来也。盖其知小岩深矣。亦言四月奉密谕，有未雨绸缪，自固藩篱之语；下宁绍台道议，凡八条，大率募陆勇、添水师、增船轮、修炮台，多支经费，虚张声势而已。阅之只益怃然。

十三日。李仲云及意城过谈，知周桂坞已放甘肃副主考，可为一快。湖南主考华金寿，直隶人，瞿子玖门下士也；曹鸿勋，山东人，丙子状元。湖南连三科主试皆状元，亦一奇也。并述及瞿春陔与傅青馀相訾毁，曲在春陔，其气性之乖戾固然。而瞿子玖乃独以纯谨称，亦人事之不可以理测者。瞿景伊、李镜涪过谈。景伊委署永明守备而不能成行，向我假盘费，又乞重乞制府，为谋长久，又以其友人巡检周化南相托，为谋差使，其视我专为之效奔走而已，即此之谓不明事理。

十四日。接易笏山、实甫乔梓信。笏山为《民劳说》，解《大雅·民劳》五章意旨，刻之贵东道署汔可堂，极可讽味。又见示所著《望雨词》、《岁暮感怀》诗四首、《次韵韦伯谦学使留别》诗四首、《榕江舟发》一律、《由八乐陆还经永从下江各苗洞》八绝句、《民怀篇》十首。有恤民之心，有兴教劝学之政，亦可云今之良吏矣。邀姚庶侯、李镜涪、李艺林、李郁之及磐西晚酌。张子衡、余佐卿两君过谈。子衡语及丁禹生与李子和皆不易伺候，然禹生意在任事而已，有门径可循；子和专见小使性，而莫知其心意所归宿，是以尤难与处。

十五日。接周元豹次威、邹咨山、侯莩楼、危荣卿四信。咨山现馆濂溪书院，而未开湘潭学缺，函荐邹理堂外孙陈国卿，于公让亦伯外祖也；意城已为荐致之新宁。张力臣过谈，述及朱肯堂议建复校经堂，取盐务三钱馀款，岁可得九千金。议分建四堂，曰经，曰史，曰文，曰艺；堂设一学长司训课，而以总教习一人主其成，以季课考其勤惰，而司其进退之权。其司钱谷者曰总办，以属之朱宇恬。力臣为肯甫代拟咨院一稿，而予颇为之酌定章程，以此议本发自鄙人，尤乐及见其成也。肯甫意欲总办分设官绅二人，则犹祖述王夔石之言，诸事一揽其权于官，而不知其有损而无益也。总教习司进退人才之权，又须四堂学问皆能窥见门径，颇难得其人。在官如黄海华，亦其选也。无论官绅，但择有学问者为之，则亦大公至正之道也。

十六日。接姚彦嘉信，反复以相劝进京为义。篯士自岳州回，带到王旭初、陈熙堂及汉舟三信。善化张子钰明府过谈，语以治民之道无他，导民之善气而使之达，遏抑民之恶气以无使之昌而已。自顷十馀年，专意导扬民之恶气而崇奖之。中国自秦汉以来二千馀年，所以制国之大经，惟悬一法以劫制天下，使俯而就吾之范围。悉天下亿万生民皆受约束而无敢逞，而一二奸民之狂逞者，不惟宽假之而已，又从而阿附之，使之一无顾忌而后已。人心浮动思逞，而乱机之发至不可测，则王夔石十年酝酿之功也。广西之乱，成于梁芷庭，而穆相主之。湖南本不至为乱，而相推相激以奖成之，又成于王夔石，而沈相主之。其导乱同，而其才力之优绌，与其居心之委曲，尤有不可解者。此关国家治乱盛衰之大端，固知其非偶然也。

十七日。拜发因病吁请开缺调理一折，仍咨总署代递，并致总署一信。一意乞病，无一语旁及，想可曲从。接汉舟、磬西、镜芝三信。汉舟则以其亲戚盛青霞劝办樟树港晋捐，为乡民控告，属为之解说。镜芝求函致浙抚求厘局差使。皆无以应之。以方闭门谢绝酬应，不与世交接，无从为之陈说也。朱香荪求观《万国公法》，余佐卿求山妥宁饼，以方办理咨奏各件，凡历三四日，无暇为之检寻，本日拜折后始检得之，因分函递送。而检阅伦敦所收食用器物，毁坏者半。所居湫隘，日久未及检理，天气又加酷热，宜有此也。

十八日。三伏，大雨。黄子寿馈羊肉一肩，云潭俗伏日食羊，谓之伏羊。予因引杨恽之言：岁时伏腊，烹羊炰羔。伏羊古礼，汉已行之。盖北方以羊为常膳，凡庆节皆以羊。南方俗春夏不食羊，潭俗云伏羊者，傅会以为之名耳。蟠西过谈，语以晋捐一案，始终不能自脱，展转委其责于人，是不惟自累而已，且使一世人薄其所为，乃更无以自主。其言亦极辨明李镜浯之误疑，吾终不敢信其心也。两人者，一刚恶，一柔恶。柔者不忤人，亦不求陵人，虽于人无所利，而人固不憾之。刚则所触忤多矣，于心无所欲而犹不能行，况有欲者乎！要之，其人非甚为恶者，其可取处尽多，而以刚济其欲，以伤天地之和，则亦君子之所大惧也。

十九日。欧阳季临、闵新吾、瞿景伊及磐西先后过谈。欧阳季临语及伯元办理大洲厘捐，委任一亲戚，为江都县讦其舞弊，孙琴西方伯特扎访拿，以是撤差。予初不知其详也。区区大洲一厘局，精神管摄尚不能及，况论其大者乎！则此之舞弊者，未宜专诿其责于亲戚也。并言欧阳崇如委办文案，亦出勉强，非其本心。然则伯元之由扬赴上海，相从一月之久，亦太不审量事势矣。闻此二端，恐伯元于仕进之方、处事之略，皆有未逮，而其文笔却是难得，愧无力可以一提挈之。

二十日。接吴松岩、欧阳伯元、吴杜臣三信。松岩并具一呈，指证岳州救生局利弊，意图具呈大府，规复旧章，而所引多属小节目，于创立救生局本旨，与前后得失利病大端，无所发明。王夔石专意揣忌士绅，并岳州办理救生，亦攘绅士经理之权，归之委员，以为调济候补之资。涂朗轩上承其意，直札委绅经理，斥去在局绅士。稍有识者，皆能决知岳州救生一局，必致倾毁无馀，不俟今日而始知也。自顷数年，薪水开支之繁，委员体制之尊，亏累之巨，与夫民气之隔阂，办理一切之虚诬，种种备具。径须合数县士绅陈明其利弊，直请裁撤委员，择贤经营。吴松岩欲以一人之力挽回之，恐未必能有济也。当据此意复之，仍交专足带回。正虑三县士绅能明此义者无几人。乱世稗政急行，大小一例，于王夔石、涂朗轩何责哉。然如二君行径，以乱湖南有馀，则亦气数之为之矣。袁子文、张鹤臣、瞿景伊、彭栗桥过谈。

廿一日。立秋，微雨。接广西唐景奎信，与湖北陈玉堃同一机杼，骈文不甚工丽，然亦尚能成章。长沙人心变幻百出，人谓此类皆假借为之，亦自成惯技也。吴倬云数求见，询知为吴日景之子，以穷困不能自存，求荐一馆。吾谓凡来求馆者无他，以可借助声势，求入官幕，供笔墨之役也，非谓读书识字，能课一二小童蒙，皆取资于我也。即以营田一隅论，如钟漱芝、吴柱臣、吴倬云，其力仅可以授童蒙句读，衣服行李，且不能备。孟子所谓未免为乡人者，相与纷然求馆于我。统计亲族中环伺待命，大率皆此类也。而吾方闭门谢客，不交人事，谁与谅此心哉？张勉斋、易杰垣相续过谈，并同此旨，无如何也。

廿二日。适周氏女生辰，家人亦为之治席为寿。刘伯固送康侯回自上海，见示曾劼刚日记一本，讥刺鄙人凡数端：一论文报局为不可行；一论新加坡领事自筹经费为不便；一论赁居公馆专为节省经费之计为不宜；一论褒奖严宗光太过，长其狂傲矜张之气。虽属有意相诋，而犹近事理。至论姚岳望挑唆播弄，彼此均有怒声，知某知姚之诈，未至成衅，则直意为高下而已，不（置）〔值〕与一辩也。日记中录马眉叔一信，却甚有见地。述考试政治对策八条。第一条问万国公法，都凡一千八百叶，历来各国交涉、兴兵疑案，俱存其中。第二条问各类条约，论各国通商、驿信、电报、铁路、权量、钱币、佃渔、监犯及领事交涉各事。第三条问各国商例、商会，汇票之所以持信。于以知近今百年西人之富，不专在机器之创兴，其要领专在保护商会，是以铁路、电线、汽机、矿务，成本至巨，要之以信，而众（檠）〔擎〕自然易举，金银有限而用款无穷。以楮代币，约之以信，而一钱可得数百钱之用也。第四条问各国外史，专论公使、外部密札要函，而后知普之称雄，俄之一统，与夫俄、土之宿怨，英、法之代兴，其故可觇缕而陈也。第五条问英、美、法三国政术治化之异同，上下相维之道，利弊何如？英能持久而不变，美则不变而多弊，法则屡变而屡坏，其故何在？第六条问普、比、瑞、奥四国政术治化。普之鲸吞各邦，瑞之联络各部，比为局外之国，奥为新蹶之后，措置庶务，孰为得失？第七条问各国吏治异同。或为君主，或为民主，或为君民共主之国，其定法、执法、审法之权，分而任之，不责于一身；权不相侵，故其政事纲举目张，粲然可观。催科不由长官，墨吏无所逞其欲；罪名定于乡老，酷吏无所舞其文。人人有自立之权，即人人有自爱之意。第八条问赋税之科则，国债之多少。西国赋税十倍于中华，而民无怨者。国债贷之于民，而民不疑。其故安在？年终考试文词，兼考试格致之学，统西洋今日情势言之，如炮之有前镗后镗，孰优孰劣？弹之贮绵药火药，何利何弊？附船之铁甲，有横直之分；燃海之电灯，有动静之别；水雷则有拖带、激射、浮沉之不一，炮垒则有连环、犄角、重单之不同，均无定论。是军法之无新奇也。煤瘴之伏矿中，无定法可免；真空以助升降，无善术可行。此矿务之犹有憾事也。机织之布，敏捷而不耐久；机压之呢，耐久而不光滑；机纺之绸，价廉（之）〔而〕无宝光。此纺织之犹待考求也。下至印书、酿酒、农具，大抵皆仿奥、美二国炫奇会之旧式，并未创有新制。至于电线传声与电报印声，徒骇听闻，究无大益。眉叔天分高出一切，于西法初涉其流，便怀易视之心，殆犹中土虚骄之气然也。其欲以所见闻汇为一篇，名曰《闻政》，分列八门，一曰开财源，二曰厚民生，三曰裕国用，四曰端吏治，五曰广言路，六曰严考试，七曰讲军政，八曰联邦交，似欲假西法以附于中土。语经济之学，其名近似，而于西洋立国之本，固亦未有当也。马格里言法国律度量衡之法（第）〔为〕天下第一：以地球周径四千万分之一为一美得，合中土工部营造尺三尺一寸；千美得为一里；十分美得之一为谛西美得；百分美得之一为桑的美得；千分美得之一为密利美得。此度名也。谛西美得立方容量之物，为一立得，以为升；（百）〔十〕立得为谛立，以为斗；百立得为桑立，以为石。此量名也。桑的美得立方容蒸汽为喀马，以为分；十喀马为谛喀，以为钱；百喀马为桑喀，以为两；千喀马为密喀，以为斤。此衡名也。欧罗巴学者以其合于天度，多尊信之。英国议政院亦有欲据法尺以改英之度量衡者，亦议之而未定也。

廿三日。接梁选堂及志城各信。志城与张锡吾相持，而邑侯於桐轩又绝非能了事者，恐徒成延宕之局而已。晚过朱香荪谈，语及王夔石在湖南以屈抑士绅为义，而遇有强狠负固者则惮之，人众则惮之，挟端求逞则惮之。所惮者，不惟纵之而已，曲承其意，导迎其势，以使知感而后已。以是求悦宵小之心，使不至为吾害，其机至深，其情至诡，而自以为能。涂朗轩亦倾情倒意以效之。窃以为秦汉以后之天下，立法以劫持人心而已。王者导民情使无不达；秦汉以后之天下，一以法整齐之，民之情达与不达弗计也。王者顺民欲使无不遂；秦汉以后之天下，一以法禁遏之，民之欲遂与不遂弗问也。惟然，故所以致治之道无他，导扬民之善气而遏抑民之恶气，而无馀事矣。盖所以劫持天下者，法也；导扬民之善气而法乃利，遏抑民之恶气而法乃行。及其衰也，专以法导扬民之恶气，而阻塞天下之善机，而乱亡随之以起。若王夔石者，所谓导乱之尤者也。以此为末世之人才，则亦乱亡之机也。其言极为明决。

廿四日。翁立明携带其子海堂来见，皆有求于平原君者也，对之浩叹而已。复志城及子瀞宁波、健甫京师三信。初谓信局信随时可以发递，至是始知其以三八为期也。子瀞急求署任，今书戒之。大致言做官是极难事，候补尤难。太寂寞则无以自立，煊赫又招忌。大约才、望二者不可少。才者赋之天，望则须以人力致之。子瀞做官之才尽有馀，惟虑用才太过，必致损望。故才有馀必务敛约：一曰以俭约持躬，二曰以谦虚接物，三曰以谨慎临事。守此三者，皆所以为养望之道也。当事本无真性情，学识亦有未足，爱憎喜怒都无一定准则。甚虑可以位置处愈多，而愈怀疑，但当求所以自立之道而已，不必更较得失。积累之久，固亦必无可遏抑之理。此等正须从大处观之。盖所言多从子瀞短缺处推勘以明其理也。

廿五日。接席山信，随复一信，并寄佩山，示以节俭保家之义。张力臣、江春木、汤幼庵、罗筱垣次第过谈。幼庵约至贾公祠小酌，以假归三月，从未赴席辞之。力臣、筱垣多叙述曾劼刚旧事。筱垣谓彭氏劫去一孙，劼刚实主其议，以是见劼刚之不明事理，心怀薄视之。而省城巨绅附和景从至十许人，尚得为有人耶？又悉省城人薄视之，以为此举亦千古奇闻也。予谓所言信然，惟以为劼刚主其议则非也。此论发自黄子寿之太夫人，指麾奔走，皆黄太夫人之力也。筱垣曰：非有曾劼刚之强狠，亦无敢倡率为此者，此劼刚所以不可恕也。予谓此亦当时诸公一例见理不明，总缘世教人心归宿到末流，不务循理，而群思狂逞。此举与丙子科场聚毁上林寺，及今春阻拒洋人入城，投瓦石两县令，同出一辙。凡乱机之生，倡之者士大夫也。此义独筱垣能见及之，可谓特识。

廿六日。万硕臣、张禹珊枉过。为子湝代还许屺台银两，由张雨珊经手，事件相距已及一月。雨珊久不至，屺台亦谨饬自守，不来取也。会予谢客，家人一例拒之，雨珊亦不一述明其来意。此外亦无求见者。是日乃反得清闲，而天气酷热有加，略似初伏情形，颇觉昏眩不能适也。

廿七日。彭博山、张雨珊、罗筱垣次第过谈，为述及何镜海之言：皖人之起，方兴未艾，而楚才一败无馀。问何故，曰：皖人互相推举，有拔而起之，莫挤而止之。楚人日寻戈矛以相贼伤而已。稍有名望，必益为诟毁所集。凡家庭骨肉相贼害，其家之覆亡可立而待也。则凡省、部相为贼害，其省之倾颓亦必可立而待也。生平所至，提奖湖南人不遗馀力。湖南人所以报之，亦诟毁不遗馀力。乃至具奏王船山先生崇祀文庙两庑，自揣所言不足取信朝廷，政府诸公视王夔石文章道德，百倍胜于鄙人，特请饬湖南巡抚开具事实册，咨送其遗书。礼部以一书托之省城诸公，凡三十馀人，无一回信者。顷归家询之，则李辅堂一人实倡其议，谓船山不足入两庑，诸人噤不敢声。其待二百年前乡先达、理学名儒如此，于并世之人何有哉！以是益知湖南人之不足与提拔也。雨珊因言：京师湖南人以周荇农、徐寿蘅为巨擘，在京承其言论，盖皆持尺寸之见，挟意气之私，而不足与达观昭旷之外，此外悠悠者更何论哉。湖南亦自苦人才太乏，无如何也。禹珊此言，亦殊警动。

廿八日。是日出伏。张力臣、黄子寿过谈，言及左季高旧事，因论圣门狂、狷两端为入德之资，而成于狷者为多。即孔门曾子、子思，皆近于狷。孟门乐正子最为杰出，亦狷也。近时曾文正、罗忠节，皆能以学问道德发为事功，而只成就到狷字一路上。近于狂者，其左季高乎？季高自刻印章曰：刚明耐苦，四字自赞却是当得住。程子许邵康节为命世人豪；康节之于程子，亦犹左季高之于曾文正也，固不愧为命世人豪矣。盛展奇自县来见，邀江春木、曾润生、陈国卿、张雨珊、罗伯翼、张鹤臣及展奇晚酌。

廿九日。柳树仁自县回。接磐西、经生二信。蔡竹泉、胡道生亦自县至。意城过谈。见杨海琴以鹤寿二字及《瘗鹤铭》残字摹刻端石为砚，贻何子贞拓本，旁系二诗：真侣沈冥石气寒，千秋龙爪字摧残。王陶颜顾纷无定，赖有华阳旧馆坛。前年贻我申耆本，二字摹从完白翁。猿鹤同为无量寿，相期弥勒一龛同。跋言：《瘗鹤铭》或曰王右军书，或曰陶隐居、颜鲁公，或曰顾况书。顾亭林《金石文字记》载有陶隐居《旧馆坛碑》，断为陶书无疑。子贞曾见贻李申耆刻本，其鹤寿二字由邓完白山人摹出，因刻之端溪石，制为砚以贻子贞。子贞自号猿叟也。接子湝江西信，知已于九月初八日抵省，现住章江门关马祠聚福客栈，约一切书信由青石硚全泰盛信局递寄。江西抚部李捷峰，丙午举人。

三十日。接黄石珊信。朱枫樵、胡道生过谈。枫樵一意营私利而已，于事理无所知晓，而举杨子介之言，谓鄙人寓书上林寺，议就寺改建天主堂。杨子介与吾尚有往来，亦能读书，何至为此言？则恐枫樵附会以为之词也。以裴樾岑为黄晓波解说，遂并忘其前怨，代为致辨，而心（歉）〔嗛〕于杨子介之分其馆席，无因以毁我之言被之杨子介，皆其不明事理之征也。是日热至不可耐。

七月

七月初一日癸酉。意城汇集先世遗诗，仅及三十章，谋刊存之，属为一序。而观其所自叙，与予所言参差，其搜集实由意城，予可以不复叙论矣。因令楷书遗诗，并录存先世志传于前。诗虽少而藏书家亦得据之以为珍玩，则亦足以长存也。祖父鸿渚公得诗一章，叔祖葵臣公得诗二章，本生祖吉皆公稍多，亦不逮二十章，先光禄公十章而已。楷书刊刻，工本稍费，予力尚能任之，令意城精缮见交。其诗已大半选入《沅湘耆旧续集》也。

初二日。接张力臣信，并致蔡竹泉局脩，随以一书报之。朱肯甫学使一意兴复校经堂，提取盐务馀款，经盐商会议，已大半允诺，必可望有成。惟创建堂馆，延聘通儒，两事绝不易。总须异乎今世之为书院学馆，而后为不负此举也。偶检严又陵开示英、法两国学馆课程，摘取其大要，已若浩如烟海，使中土人视之茫然莫知其涯涘。又陵于西学已有窥寻，文笔亦跌宕，其才气横出一世，无甚可意者。劼刚乃谓其文理尚未昭晰，而谓其狂态（犹）〔由〕鄙人过为奖（谕）〔誉〕成之。岂知其早下视李丹崖一辈人，非鄙人之所导扬之也。

初三日。朱香荪录示刘韫斋自箴云：凡人之有求于我者，皆使我有求于人者也。因人有求而求人之求，而我失为我矣。可不戒（矣）〔乎〕！以为粘诸厅壁，是亦无言之教、省事之方。吾谓韫老居官之地，易以立言。诸所求于鄙人者，大率宗族亲友，惟能以情喻之，而不能以义拒之。此不当一概论也。张力臣缄询校经堂良法，引菁莪之诗曰：既见君子，乐且有仪。有仪即整肃之义，然须令有乐境，始有深造自得之趣。不（苦）〔乐〕则苦而不入，无仪则学而不固。乐且有仪，令人穆然神往于三代盛时学校气象。此段议论亦绝佳。又接上海唐景星、严伯雅二信，景星信六月廿日发，伯雅信六月廿三日发，并在杨瑞堂抵沪后也。夜雨，稍凉。

初四日。袁予文过谈。张雨珊以所开交许屺台票项，转属罗小垣来取。小垣因函论罪言从略四字为不宜，欲易为共证一隅，其意以为一隅之见，亦待人共证其得失也。然罪言二字出于杜牧，由来久远。小垣疑此二字为负气者，非也。是日始检得泰西医书四种，曰《皮肤新论》，曰《内科新说》，曰《妇婴新说》，曰《西药略释》，致之夏洛林，以每相见辄向索泰西医书，而所携归书籍，日久未一能检视，无以应之，诸儿屡病，屡招之不至也。日来英儿患咳嗽痰壅，检取各书送致之以为招。省城医学佳者良不易见，延请尤难。儿辈疾病相乘，为之心痗。

初五日。张力臣过谈。周长清见示甘肃抄报，五月十二日省城地震两刻之久，由兰州西南以达阶州、秦州、宁州诸县，连及陕西之长武，而以阶州受灾为最剧：自初十日起至十二日，南山崩，河水冲坍州城数十丈，地裂水涌，文庙及两学署皆陷没，学官家眷歼焉，环城数十里，伤人畜无算。其次则秦州：其各处地震有至十四日始定者，或吼声如雷，或黑雾自地涌起，官路通驿递有震裂至十馀丈者；重以冰雹，伤亡满地。可云奇变。陇民苦兵久矣，而天灾示警如此，可伤可惧。同时闻恩露圃、童薇砚二君由蜀使晋，阎丹初揭其骚扰驿站，且言秦、晋苦荒如此，而每日供给逾千金，侈汰尤甚。奉旨严议。吏部议以降三级留任，亦可谓枉法怙私，悍无所顾者矣，以凡议处革留，皆具文也。奉旨严议之案，而苟且应付如此，可为寒心。夏洛林来，为英儿拟一方，服之而咳嗽胸（络）〔结〕滋甚，竟夕为之不安。

初六日。易叔辉自营田至，以无可下榻处，乃令萧子萸回家，约月底至县开设志局，再来相就。江春木枉谈，述及将以知府赴京谒选，需费三千金。乡人以军旅致富，皆忠烈公之遗也，无肯相助者。陈展堂最号多财，其出身由江达川，春木之生父也，为借二千金，亦展转推诿，久不见允。因语以新宁富家为多，可立一会局，以十人或十二人为率，人助百馀金，岁一纳还。如此则众（槃）〔擎〕易举；岁还一款，则其力亦尚可归还，不虞空缺。庶两可相安，而人亦不至有过费。斯亦计之善者，春木又不能从也。

初七日。复唐时雍、黄石珊二信，以二君枉书数月，久置不答，至是再得石珊书，因交易淑子附寄。古称神农造币，而货币之制至黄帝始备。太公九府圜法，其遗制乃略可考见，至汉而始详。《史记平准书》言：汉初为秦钱重难用，更令民铸钱。至孝文时，更铸四铢钱，纵民得自铸。《盐铁论》曰：文帝时诏民得铸钱。而实自汉初已然，非创始文帝也。武帝时始禁铸钱，而犯者益众。其后悉禁郡国无铸钱，专令上林三官铸，令天下非三官钱不得行，诸郡国所前铸钱皆销毁之，输其铜三官。而民间盗铸者无所得利，惟真工大奸乃盗为之。二千年来，民间盗铸之钱与官钱互用，竟莫之能惩。桓宽所谓币数变而民滋伪，币由上则下不疑，其言诚无以易也。泰西钱法凡三品，曰金，曰银，曰铜。权其轻重，以一金钱准银钱二十，则折金钱之费者九之一，而民之盗铸金钱者鲜矣。以十二铜钱准一银钱，则铜本不逮其半，而民之盗铸银钱者亦鲜矣。国家亦准民厂铸钱，而皆为官铸，一听命于国家，而分其馀利，无有敢私铸钱者。制造之精，轮郭之整，截然齐一，私铸亦无由混入。是以泰西各国之钱通行无阻，而英、法两国钞票亦普行于各国，而尤重视英国之钱币，惟其信也。万国公法会且以各国钱币不一，交易往来无从取准，谋欲更制通商钱币。通计泰西各国铸造钱币，义取便民而已，而国家实专其利。汉制三铢、四铢、赤仄之外，有白（品）〔金〕三品，则银币也。其后有金错刀之制，则饰金为之。西洋金钱，取富民所私藏尽化而为钱币，所谓化无用为有用者也，其制尤善，其用尤妙。因取所收泰西各国钱数十枚，各制木匣盛之，绘图以授之木工。盖钱币之制，无有杂乱苦窳若中国者。自汉初令民铸钱，制法之不善，其所由来久矣。

初八日。邹子香过谈，所言多可听者。惟无所私，则明生焉，故曰公生明。李仲云约治席相款，前日来约，则加入张力臣一名，今日复来约，又加入黄子寿一名。乃书柬后云：一口由来驾两肩，在家作客日开筵。我思亦仿张黄例，柬末联名或许添。数日热甚，视初伏时有加。以书房便门当风，向为纳凉之所，至是亦热气蒸人，不能少憩。贱躯又患腹疾，英儿咳嗽结胸，亦迄未愈，实亦天时燥热致然也。

初九日。邑人焦运湘甲堃枉书寓贡院西街同发试馆，自称听堂从侄，求事。柳南筹太初枉诗，盖刻所为《秋夜叹》致送各处。李仲云邀同袁予文、李次青、朱宇恬及意城会饮荒斋，所邀张力臣、黄子寿，并改充主人。询及仲云识周树藩否，曰：近识之。其人甚有干材，稍加阅历，则能手也。自王夔石以屈抑士绅为义，而于士绅中有才气陵驾一世者，又曲意周旋之，使不至为害。故所屈抑皆良善也，奸回不轨多被宽容。此风一开，遂相率以顽民能狂逞者目之为气节。李镜浯及磐希辈，诚为猥下之才，然固一邑巨绅也，两见仲云不答拜，而与揭控之周树藩周旋。然则是非曲直之公，留贻于人心者固亦无几矣。其端自王夔石开之也。

初十日。接李筱荃六月廿九日信，始知丁雨生疏辞会办海务，以六不胜任为言，未识所言之何事。观其疏辞，知其自处有本末也。初与张力臣、张子寿论禹生会办海防必不肯轻任。力臣笑曰：禹生，功名之士也，不出何为？吾谓：禹生任此，此其生平亦无足观矣。禹生，吏才也，决不足以将兵。凡苛察之才，以将兵无不偾事者。兵者，齐众人之耳目，以受命一人者也。苛察烦碎，以饬吏事有馀，以治军旅，必无幸矣。而言海防，又辽远而无止期，亦并不知从何着手。南洋接连五省，三督四抚，相与临制，以一会办之大臣，张空拳，拥虚号，奔走周旋于七督抚之间，尤无所施其力矣，禹生质性尤非所能，以是知其决不肯出也。接筱帅信，乃始释然。欧阳星衡欧阳幕云之子、张超堂、罗麓生、邓弥之次第过谈久坐，遂尽一日之力。弥之述及武冈吏治之坏，相与怃然。

十一日。杨瑞堂自上海回，带到刘芝田、莫善徵、陈宝渠、陈臧伯、周瀛士、郑陶斋、严又陵各信。又陵论劼刚门第意气太重，天分亦不高，然喜为轻藐鄙夷之论。日记中所载中西时事，去事理远甚。所带人从，皆赘疣也，于使事毫无补济。因复论及陈荔秋、吴子登至伦敦，弗里兰得见之，谓罗稷臣：中国何以令此种老迈委顿人来使绝国？稷臣曰：正取其老。中国谚曰：老马识途。弗里兰得掉头曰：不然！不然！这老马不是（这）〔识〕途老马。稷臣亦告言：崇地山过德国，随员有见牛乳钟制造精美，纳之怀中者，相传为笑。徒贻中国羞辱而已。又陵言自有理，亦正嫌其锋芒过露，劼刚谓其狂态由鄙人作成之，则亦不知又陵之狂，由来固已久也。任莼楼、李召甫来谈。莼楼小予一岁，须发尽白，来省乡试，相顾怃然。

十二日。姚庶侯、周定轩、丁允钦、李寄庐次第过谈。定轩述及垣塘一局办理晋捐情形，穷凶极悖，鸡犬为之不安。罗麓山到局数日，亦无苟且，而以诃斥局绅吴佑堂，致遭控讦，非其罪也。因问委绅一人之力，能为患及此乎？曰：是皆局绅为之，其挫抑最甚。如张升德诸人，皆有夙嫌，藉捐输以窘辱之。县差所至，几如项羽之剽掠。又有羁留县署，倍其捐数，而犹苛索不止，以至倾家者。问皆委绅为之乎？曰：其为害自在县署。然县人所怨恶专在委员，为身亲其害故也。是以周树藩振臂一呼，四乡响应。然其来省讦告者，三数人而已。其果为良善被委屈者，亦皆畏事不敢出，周树藩虽招之，亦不应也。大率一二好事及积有语言嫌怨，闻省城相为讦告，云聚景从，遥相赓唱，其人数亦正不少也。

十三日。食新，率家人祀祖先。并邀庄礼卿、左橘云、荃芝与易淑子、周浥藻、易叔辉、杨瑞堂会饮。彭雪芹宫保枉过，原告家人不得辞，而竟已辞之。宫保又遣人来约明午一过，因函邀其早至一饭，家常蔬食，无所费也。雪芹以受人一饭为大戒，来往省城，无能一供食者，想见其所至必引身自远也。晚次，顾鉴吾偕经笙枉过。

十四日。彭雪芹宫保见贻梅花两株，枉过久谈。自诵其初从出征和孙朗青有句云：但愿虎狼由我灭，不妨牛马任人呼。纵横倜傥，神情一如往日。云丙子冬忽患手足麻木，几成偏废矣。时在浙江，寓居西湖，有传九制（豨莶）〔豨莶〕草者，出高邮州之状元洲，日服二钱，可以治偏枯。其味苦，不能食，乃以酒浸之，每夜服一二钟，数月而手足运动如故。何小宋告言：虾能缩筋，凡患手足麻木，宜戒虾。故至今不食虾也。又言李与吾赴厦门办理海防，于事无益，而于情势尤为乖忤。朝廷但知与吾熟悉水师情形，不知福建提督彭楚汉亦由水师起家，令其办理厦门海防，事权始能归一。已由南洋大臣会同沿江督抚具奏，留李与吾长江，而举彭楚汉承办厦门海防，亦发议自雪芹。情事实应如此，苟明其理，行事自合机宜，政府诸公所不知也。

十五日。中元。率家人奉祀祖先。兼邀任西堂、朱炳垣、李寄庐、罗小垣、盛耀堂、胡幼森、王旭初小酌。意城述及王西台之言：李镜湣充文庙董事，马公坝杨姓籍产，仍其子孙承佃，镜湣夺而授之熊姓。有李某者从中调处，仲云从昆弟行也。镜湣怒而收系之县廷两月。仲云以书求援情释之，镜湣拒不允。以是构怨颇深。镜湣自有取祸之道，良不足惜；而于此关系县城大局，人心风俗，恐致猖獗不可收拾。镜湣之贻累，与仲云一切之不及深求，皆非偶然也。寅伯侄由栗思塘至省。

十六日。接周杏庄信，并寄示新刊周寿珊《汾湖草堂诗草》，有沈幼丹、杨铁佣二序。铁佣名希闵，新城人，掌教台湾海东书院，以经学著闻。其意欲并得我一序也。发寄李筱荃制军、潘小农、俞竹君、陈俪秋、叶顾之、严又陵、黄泳清共七信。潘小农、俞竹君二信以托之李次青，觅便附寄。是日为先太夫人忌辰，蔬食上供，谢免宾客，而女客坌集，欲一清检赴县行李亦不能也。

十七日。大雨。本定今日雇船，一二日即可赴县，而易淑子告言：省城谣言四兴，谓我尽室避居县城，虑科场士子之有责言也。又谓日前遣杨瑞堂赴上海料检事务，为与洋人约缓，以避科场士子之锋。盖犹周树藩函约洋人一语之馀波也。诗曰：民之讹言，宁莫之惩。讹言之兴，乱亡之征也。方今天下讹言汹汹，尤以京师为最剧。士大夫有势力者愈多，则讹言之传愈炽。吾楚省城一隅之地，不逮京师远矣，而讹言乃更（更）〔甚〕于京师，则犹长沙风俗人心尤坏于京师故也。追溯其源，一二士大夫相为夸张，以成风俗，其所由来渐矣。而犹踵事相仍，略无省悟。每思及此，恐吾楚乱亡之机，动而不可止也。能无慨然。晚邀李次青、邓弥之、张超堂、周定轩、易兰生、曾介石、欧阳星衡、李瀫生小酌。次青以斋辞，介石以疾辞，至者六人。

十八日。张芝生自湖北回。罗柢敷、陈国卿并来见。询及柢敷：研生精神意趣尚如旧，而年力亦稍衰矣，今岁亦颇患病，所著《禹贡》、《周易》二书，均只及半，而《禹贡》自初相见京师，即已研讨有年，积五十馀年之力，当早成书，不应迁延至今。属令转告，务及衰年精力尚有可用，及早纂成之。周易则姑从缓。本朝经学，旷越前代，独于《周易》一书，无能有所发明，以自汉以来传《易》者皆术数小学，本朝专主虞氏《易》，所明消息之说与错综取象之义，曾何当于《易》之高深哉。君子于此，辍而不事焉可也。《禹贡》，舆地徵实之学。言汉学者以徵实为义，《周易》广大，非所及也。

十九日。喜田偕箴士、玉庵过谈。询之玉庵：兄弟四人，各得租二十馀石而已，次日璧庵，又次理庵，又次雨庵，惟雨庵未婚，随母以居。箴士言：衡唐叔谋挈其次子子惠乡试，以事羁延，尚未知果能来否。周氏昆季橘生、杏庄、继垣：存者三人。杏庄、继垣并已来省，前书盖自省发也。晚次，俞竹君、馀苹皋、杨子介、钟景堂、彭博山次第过谈。苹皋又为《寰宇路程记》百二十卷，汇集诸家著述，凡山水郡县有考证者详载之，推及政教典礼，稍有关系，皆汇附于各处路程之后。盖亦煌煌大文也，然亦嫌其收采太杂，于体例未能详审云。

二十日。刘伯固、李石仙过谈。询及李舜卿《夜谈随录》一书，历年未能付刊，且属令存钞本省城，当为筹刻。所录皆欧阳磵东先生遗言，论诗者十之八，卷帙亦无多也。石仙馆刘岘庄制军幕中。邹叔绩外侄艾端甫，年已四十馀矣，名章黼，于邹氏学问源流尚有考证，读书多而能虚心求益。新化学问甲于吾楚，渊源为有自也。

廿一日。接子湝信，并附寄彭勺庭一信。长沙袁克卿锡龄家信，言西疆又有小却，官兵退至二千馀里。审尔，则乌鲁木齐亦危哉。左季高骄汰日甚，生平识量本有未足，近益庞然自大，志且荒矣。凌问樵上言西疆设立行省万不宜，大触左怒，撤去所办抚恤地方之半，又加委一人与凌问樵会办，不准专衔上禀。问樵向称谨慎，此举差强人意。左之刚愎拒谏，于此略见一斑。以天道论之，甚忧其不能终也。西疆行省，乾隆时尚可办理，当时亦审知回民易动而难驯也，务为宽简以抚御之。所置各城，惟设办事大臣及领队、帮办、参赞等官，而节制以将军，分任以都统。凡天山南北两路，北路屯田二十三万八千六百馀亩，南路屯田四万九千四百馀亩，岁交粮米十四万三千馀石，是为官田。馀地皆听民自占。惟于巴里坤建立镇西府，今改为镇西厅。乌鲁木齐建立迪化州，置道员兼辖之。简法轻徭，与为休息。圣人经远之大略，于此故有深见。今西疆大乱三十馀年，千里萧条，无复民居。雅谷刊馀党潜伏浩罕旧地，倚附俄罗斯，时虞蠢动。俄人又据有伊犁，环伺其外，乘衅邀利。乃欲收孑遗之民，责以科徭，籍荒芜之土，定为税则。不顾民力之不堪，亦不自量其力之不足。甚哉左生之（悖）〔悖〕也。夫且不足经常以应变，遑问其他哉！

廿二日。雨，凉。接高橘生、周昌辅及子湝三信。张力臣、张芝生过谈。芝生以小差回南，欲乞一信抵李筱荃制军，而不知于事非宜也。谢病家居，专为人乞恩泽，亦甚非鄙志之所存。乡人相纠无已，疏远者诽谤，亲习者营求，吾且奈之何哉！周履清、顾子良及兰生晚过。履清为子佩之子，询其家方，乡里旧有田屋皆已出售。子佩夫妇生平都不善理家事，安坐侈用，不顾其后，宜有然也。子湝需次江西，未及两月，而三书求托之李捷峰中丞，营谋一差，竟若不可终日者，且引捷峰丙子举人，谋附之年谊之末。在彼小官，营求何所不至，而欲使我委己以从之，乃真为不达事理矣。

廿三日。接杜鹤田书，及上海文报局递到黎莼斋书，述及勒塞布斯拟开南北美利加中间小脊，以通地球周环海道，设立公会，凡分五款：一、估计船只货物多少；二、讨论各国通商事宜；三、考求风潮沙线、行船道路、船只样式、修河器具；四、究论开河度支、修理经费；五、估计利息。莼斋亦与此会，而列入第二款内。其第二款会首，则美人名拉当阿勒必登也，曾充商会地理会长。其开河道，先勘有七处，六处在科仑比，一处在（瓦）〔尼〕加尔拉瓜。公会所议，注意在科仑比之巴纳马及（瓦）〔尼〕加尔拉瓜二处。巴纳马东南海面齐平，而难处在开山洞约十里。（瓦）〔尼〕加尔拉瓜中就一湖，稍省人力，而海面低下，东南须设闸二十一所，众皆以为不便。鸠集股分，每股五百法郎。黄子寿、熊秀峰过谈。熊君任湘阴县学，奉委选科场者也。

廿四日。阅《申报》，始知林海岩已病故。同时又由夏芝岑致送夏小涛讣文。台湾瘴疠之气，无得免者，亦一奇也。江督沈幼丹具奏台北知府林达泉、庐州知府李炳涛遗爱事实，宣付史馆，以海崖曾任江苏知县故也。亦使鄙怀为之凄恻。洋人郭师敦勘明湖北矿产。大冶、武昌二县铁矿，开采应用可至百年。大冶之铁山铁门坎，距黄石港约十馀里。武昌自樊口至县，距江尤近。湖北矿务其将兴乎？此足以为始基矣。朱炳垣托荐刘竹亭馆，得其回信：彭子谦孝廉现丁忧不赴会试，其（小）〔西〕席已定陶子谦先生。明知其无益，徒以周旋人情，无因而烦费笔墨，以取人讥，甚无谓也。

廿五日。晴。积雨四日，拟遣人收租而未能也，是日分遣杨瑞堂、李祥恺两路收纳。接周少如信。少如名岷源，益阳人，曾为其父求墓铭，积数年矣，至是复缄催，由胡觐浦递到。又接陈渭滨信，以固关营参将一缺求托之合淝伯相，而不知其无益也，徒使我失言而已。萧子纯、魏伯勤、李伯伦、樊延龄及文思次第过谈。延龄指数李镜浯及磐溪事迹，两人者，亦实无以自解也。

廿六日。接杨性农信，并寄《古文正的》一部。又接成子中及达珊二信。寄复周昌辅一信。《古文正的》五卷，起顾炎武，终姚谌。吾楚如王船山、陈沧州、陶云汀、贺耦耕、周半帆、孙芝房皆不与，而末附生存者二人，则孙琴西及性农各得一卷。邀钟景唐、樊延龄、罗柢敷及喜田、席山、子惠、箴士、芋庵、寅伯午酌。寅伯以病不至。是夕接总署咨回六月十七日请开缺一折，奉到七月初十日上谕：准其开缺调理。幸如所请，沈经笙之力也。

廿七日。兰士回县，便寄吴晴研一信。县人有递函求助者，一名易鼎璜，呈诗一首；一名易棣楼，呈信一函。疑必一人也，分投两函，以求多助。人心变幻，随在皆然也。黄用侯、蓝桑山、罗小垣次第来见。用侯言在湖南数十年，所伺候巡抚，始终惟骆文忠公、恽次山，实能尽心民事，遇事求实际，不为虚应，惩治盗贼匪类尤力。王夔石聪明肆应，然大率粉饰而已，尤恶闻盗，是以近年惩办盗贼至不敢具禀上闻。吾谓骆、恽二公，百姓至今感之，而官场颇多刺讥。能知二公之贤者，必良吏也。相与怃然。

廿八日。朱宇恬、张力臣、张超堂、殷少乔、周陶溪、樊延龄次第过谈。朱肯甫学使咨提盐务馀款修复校经堂，为李仲经所持，数月不能定议。李仲经因谋使思贤讲舍一款应付朱肯甫，力臣枉商。吾以思贤讲舍发之自我，无中废之理。力臣具稿，会同文正祠董事咨复李仲经。朱肯甫所提，仲经无词以自辨也。予谋别立书院，讲求征实致用之学，愧绵力不足及之，赖有朱肯甫倡其议，竭力谋成所志，以求有益乡里，为陶成人才之资。不独朱肯甫为可感，即张力臣始（经）〔终〕经营，赞成此议，为功固非浅也。是日诸人并闻吾开缺之信，枉临过贺。以去官为贺，亦足见鄙心之所存矣。李兰生乃以吾一参岑彦卿为热中，昏谬如此，以当枢密重任，欲无危乱得乎？默思彭雪芹、阎丹初、丁雨生及鄙人，性情心术略同，踪迹亦略同。才分声名相距悬绝，道固同也。当主议绘为光绪四老图，以传示后人，知此四人者之用心也。

廿九日。新化袁仲通家泰以所著《学庸心解》来见，黄海岩为之序，引程子门人黎立武撰《大学发微》及《本旨》各卷，学本郭雍，立论多与朱子异。元景星撰《中庸辑说启蒙》，与朱子亦无不出入。至国朝李文贞撰《大学古本说》、《中庸章段》及《馀论》各卷，大旨虽与朱子同，而其说不尽从《章句》。此外如宋袁甫之《中庸讲义》、金履祥之《大学疏义》，明赵南星之《学庸正说》，皆见于《四库全书》，其中亦少创解。仲通此书，一依朱子《章句》疏释之，其释物有本末，事有终始云：物者，知意身心家国天下是也。事者，格致诚正修齐治平是也。可谓独得真解。而释格物字，又引而归之五伦，则亦终无归宿矣。《中庸》释蒲卢：蜾蠃，用古注。释其次致曲云：曲，心曲也。未确。释三重云：德、位、徵。惟此与释物有本末，事有终始，为独得其解。而于两书大体，固亦未能曙然也。邓弥之过谈，以其继母陈太夫人寿文见托，翼之太守绵之养母也。由蒋通判联庭处递到周筱棠太夫人讣函，乃知顺天府尹遗缺已补梁檀浦，由周筱棠丁太夫人艰故也。

八月

八月初一日壬寅。黄子寿、彭葆初、颜鲠臣、罗筱垣、胡幼森、樊延龄、杨景皋、钟景唐及衡唐叔及席山次第过谈。接欧阳季临、朱炳垣二信。彭葆初送其尊人筱航观察《古香山馆存稿》凡五部。问何以致送如此之多，曰：集序及墓铭皆刊列，故以为报。启视则七八年所为文，已不复能记忆也，亦无存稿。因念生平所为诗稿有存者，然皆在丁巳年以前，距今二十三年矣。壬戌赴苏松粮道任，悉六年中所为诗文并以前文稿，纳之一箱中，以授意臣。比丙寅年回家，已为子敬侄检洗无存。于是六年之诗、二十馀年之文，遂无一稿完者。嗣是以治经为事，几废诗文之业，尤不乐自清检。故每见所为文，疑若伪托者，及读其文，恍然知为己作也，而亦往往自觉其工力非今时所及。然则吾学之有退无进，亦略可知矣。欧阳公所谓勤一世以尽心于文字。勤而后工，不勤则宜日退也。筱垣相劝刊存出使以后所治官书，并语及出使山东，谋刻所著公牍，未及为之，而已遗佚，引以为证。吾谓向之谋刻山东公牍，与今日之刻出使疏论数通，皆非敢自存其文，亦非敢以经理宣示之人。徒积郁愤之气，稍一发泄之。管子所谓物至则应，过则舍矣。亦无所庸其顾惜也。

初二日。衡唐叔带到吴莱庭一信，并见贻安乡潘经峰相全集一部，安福邓湾阳尚谌《周易详说》一部；并澧州经师也。潘经峰所著经学八种，曰《周易尊翼》五（传）〔卷〕，曰《尚书可解辑粹》二卷，曰《毛诗古音参义》五卷，曰《春秋应举辑要》十二卷，曰《春秋比事参义》一卷，曰《春秋尊孟》一卷，曰《周礼撮要》三卷，曰《礼记厘编》十卷。此外曰《吾学录》五卷，曰

《事友录》五卷，曰《琉球入学见闻录》四卷，曰《簪文书屋集略》八卷，则其诗文集也。曰《约六斋制义》四卷。都为六十五卷。又其子若亭承焯所编《俎豆集》二十九卷。其诗文集序则其兄榕堂汝城所撰也。榕堂以广东知县，历官福建、山东，至守南安府。经峰以山东知县，至云南昆阳州。若亭亦官广东镇平县。宦迹、学问，于安乡亦巨族也。尹和伯、刘伯固、曾介石、庄翰堂、杨子介、朱炳垣过谈。翰堂催取《湘阴志》书，始知黄石珊经手开送，竟将人物、艺文二门延未开交，则是有意延误也。

初三日。黄子寿过谈。易茂苏、易淑子随至，曾枉送鱼子兰、茉莉花，攸县产也。仆人竟不以告闻。叔辉言及，始知之。至是赴攸县，匆匆一过。盖己酉年始见而知其人，嗣是意城主办厘课，荐与攸县一馆，距今二十年矣，相顾各惊衰老。旋过衡唐叔一谈，始闻笙陔叔已辞岳州厘销局回省，意城实代为筹，颇出意外。意城于此等机势，盖亦全无考察也。与衡叔谈洋务极畅。衡唐于《瀛寰志略》讨论至深，京师士大夫无能及者。其言以为居今之时，洋务确是一大政，不能不一探讨。士大夫能为此语，尚无其人，是以人才至今日无复可言，不直一笑也。

初四日。致朱肯甫信，为刘伯固诸人求录送科举凡二十六人之多，而湘潭附贡傅荫南承霖为予门人，年七十矣，长沙冯茂才丙章，则姻亲也，偏遗其名，久乃检得之。岂此区区亦有数耶？即吾精神之衰惫亦可知也。衡唐叔旋送二名：一附生李维翰，一监生唐熸堃，因已具送，不复接允。芋安亦言武陵监生毛凤鸣。秉文、经笙均自县至。意城见示於桐轩悬牌示，知积谷存款捐充乐舞局经费，以府学（舞乐）〔乐舞〕局原有告捐之举也。桐轩重至，昏谬殊甚，其意且以为悬示可以压伏一切也。意城谋欲告知颜鲠臣阻遏之，使桐轩能受此言，亦不至此昏谬也。十馀年来王夔石败坏吏治，穷于思议。凡此皆王夔石之留遗也。

初五日。朱宇恬、岳舲邀同张力臣、黄子寿、子襄及意城至洄溪渡护圃小酌，即其祖母墓庐也。因得一观其发冢正朝，驼口河绕出其右，以出其臂，凡三折以达驼口，入湘水。盖由省龙分枝东北出，以尽于回溪渡，使浏河之水全为此山所用。是以葬不过五十馀年，而积资至巨万。凡得水力者，其发常速也。两砂皆带星峰，交牙沙尤紧固。远山排列，亦起星峰凡七，而一皆平冈体也。其发常悠久而平正通利，允为上上品。壁间见扬州莫竹午昆陵所画墨菊，画品与诗、字皆相（勒）〔埒〕，秀俊而有超逸之气。每幅一诗，云：天门折翼不再举，袖手四海横流前，长星饮尔一杯酒，留我羲皇万古天。　庙堂衮衮宗元勋，争信东篱有晋臣，南山大有幽然趣，不惜寒香持赠君。　东篱寂寂少知音，不染胭脂不散金，惟有苍筠与奇石，冷烟疏雨话同心。其一七律一首，稍逊。又番禺李若农文田一联：楚辞共许胜扬马；青史无劳数赵张。一王右丞句，一杜工部句也。又见王梦楼小幅绝句云：出门唯遣鹤司关，直入天台山复山，怪底衣衫染烟雾，白云洞口采芝还。

初六日。李石仙见示李舜卿所著《夜谈随录》二卷，予丙寅年曾制一序，以石仙方谋刊行也，距今十四年，尚未付梓，计所费尚无多，予当为任之。招尹和伯为家人照相，并（揭）〔挈〕其友人徐宝田至。便邀陈杏生、曾介石、刘伯固、彭葆初、余佐卿及秉文晚酌。秉文、宝臣均以事未与饮。杨砥皆过谈，不见八年，各怜衰老。是夕接陈渭滨及子瀞二信，皆不得志于时者。吾老且退，力尤不能庇之。各述时事数端，为之浩叹而已。两信并徐芷缘由上海带南也。

初七日。接姚彦嘉信，与子瀞在上海相见，七月十七日已知吾开缺之信，相距才七日耳。余佐卿来言，闻之学使署案房：朱肯甫以刘伯固寓书相责，怒而除其名。因函属张力臣亲往问之，并无其说。肯甫出示伯固录科试卷，纰缪过多，如术作述，瘳作廖，效作郊之类，不可枚举。仍将其名偕同毓华补出，直由我一力催成，而亦稍觉无辞以对学使矣。所以必不肯求补周篪一名，亦甚虑有此等疵缪处也。不虞伯固所学荒废至此，果何乐而为此九日之疲劳也。黄曙轩过谈，询及近时人才，举湘潭二人，曰王理庵，曰郭伯耕；宁乡二人，曰黄子赓，曰成赞廷名克襄。四人皆能向学。伯耕治三礼，不应试，穷老而介。又衡阳何朴园，与陈伯严友善，高才能文，吾以为何卓英也，询以此次录科，朱肯甫以《拟韩昌黎〈秋怀〉诗》命题，径附之一等末，则固非何朴园也。

初八日。为乡试入场之期，易伯朓在馆入场，其弟淑子与为照料。袁予文及笙陔叔过谈，知以前日回省。谈及存与继事，笙叔因述及敬修攘取进庄，及健甫苛索卷费两事，以为有激而然。吾谓此事直城处理万不如法，无可言者。而一经昌猷具控，则一切不如法之处皆应从宽论，以昌猷此举乖谬过甚，不复可以曲直是非论也。直城尽有过为处，然其家前后受益不浅。曾祖遗产归之昌猷一人且四十年，各房子姓从无丝毫需索，今乃罄其存储以招致讼师，勾通差役，悉曾祖子孙陵辱诬蔑之，此曾祖在天之灵所隐恫者也，遑论敬修、健甫区区之需索哉！接吴晴研一信。又因江春木贸然赴京，作书切责之。

初九日。曾符卿枉过，偶出见之，遂至人客络绎，尽一日之力。黄桐轩、左锡九、朱小篁朱峰乔子、吴瑞生吴蓉舫子、吴鹤臣吴镜舫孙、翁立明均久坐。翁立明言，曾沅甫五十六、志城五十三，俱有凶厄，能超越此年为佳。志城病惫已甚。而据符卿言，沅甫在山西日苦病，畏寒尤甚，屡怀求退之思。今岁武闱，已定计奏请藩司葆芝岑主试，以校阅弓箭刀石，率须一月，自揣精力不能耐也。与左锡九言：湖南近二十馀年，专以猜忌士绅为心，其遗祸遂至不可穷诘，败坏人心风俗尤甚。近如曾乾斋骗诈叶介堂、朱晓亭骗诈曾澄侯、沅甫，皆以数万金巨富，明目张胆，公行吞噬，以肆其诬控。官吏相为粉饰，不一与严究。犯上无等，遂成风气，朝廷纪纲，无复存者。王夔石之酿祸湖南，为罪甚巨，以致纵容一二滋事之秀才，加之存护，以取悦宵小之口，窃取流俗无知之誉，而自矜其智能，殆亦天地鬼神所必不容者矣。吾楚人士，能见及此如锡九者，殆亦不多得也。

初十日。殷竹坞、朱岳舲过谈。朱香荪见示新刻《晦鸣录》，杂录各家文而以所著近文附其后。谬入拙文数篇，则近所录示也。邀熊秀峰、吴称三、颜鲠臣、吴陶村、周韶希、易淑子及衡唐、笙陔两叔。称三、笙陔并以病不至。见《申报》，孙琴西以太仆寺卿内召，卢艺圃授江藩，陈俊臣复补闽臬，郭子美仍补湖北提台，皆近事之可喜者。

十一日。易赞周、陈国卿、尹和伯、徐宝田过谈。赞周，易海青之长子也。闻朱香荪今日丑刻抱孙，往贺久谈。汤小安约枉过，适会闻香荪抱孙之信，遂不复记忆，比归而闻其适以是时至，两相歧左，无因而招此咎怨，皆蹇运为之也。

十二日。柳树仁以是日完姻，仆从等皆往赴宴会。杨瑞堂收租完竣，恰以是日抵家。长、阴两县，年谷顺成，所至有秋，此景殊不易得。各佃民亦皆依旧，无有告退者。梓木洞沈佃年八十，怜其老，令免耕种，而亦力求仍旧承佃。乡民肯务耕田，皆佳景也。汤小安、周品珊、周履清过谈。品珊，周子佩长子；询及子佩在官赢馀，已无一存，专恃厘局每月十二缗虚俸而已。履清定婚廖氏，年二十三矣，廖氏女年更加长，结婚已三年，而不能举行婚礼。杨砥皆属鄙人为助其婚费，亦不能不为任之。谚曰：健妇持门户，一胜一丈夫。周子佩夫人故不能持家，其穷且困，以此故也。

十三日。邓弥之过谈。接於桐轩信，谓湖南开设通商四口，而鄙人总办洋务。其语绝不经。黄海华曾为朱香荪言及之，大率仍周树藩辈倡为此言，以相玩弄也。晚邀殷竹坞、杨砥皆、朱宇恬、朱岳舲、左锡九、韩勉吾、黄子寿、张力臣及意城小酌。竹坞、砥皆并辞不至。与宇恬诸人议设禁烟公约，每年会集四次，当稍储公费。黄子寿固持异论。于是定吾与宇恬、力臣、子寿各醵钱三十缗为之基，交由宇恬经理。而吾仍设立退省私社，专务表章乡里轶行，编集《嘉言录》，力矫湖南造谣倾轧之习。力臣言以仍为公社为宜，于是改名曰尊行公社，相与议定章程，择期开行。

十四日。黎简堂奉旨入觐，道省枉过。李仲云、陈诒生相与醵金演出以饯之。汤小安因约入分，吾以素不观出，又方谢病，闭门却扫，可以省此周旋，辞不赴。是日热极，视六月盛暑时几无以易也。

十五日。以所议禁烟章程及《尊行公社小引》分致之朱宇恬、张力臣，并得其回信。力臣欲装成巨款，俾入社者书名其后，以昭诚信。极为要义。是日以中秋节，贺者填门，酬应颇烦。日午邀殷竹坞、李寄庐、朱小篁及易仲瑜、易叔辉、周浥藻、杨瑞堂为中秋之会。意城至小谈。

十六日。傅青馀过谈，语及王夔石为人聪明太过，专以邀取名誉为心，而于事理全暗，徒足以坏乱人心风俗，以贻患无穷。其取巧处人知之，其显背君子之道，使人心日趋于浇漓，风俗益成乎嚣竞，知者亦无几矣。晚邀黄用侯、赵蓉生、潘小农、胡秋樵、黄次珪、黄桐轩小叙。蓉生、秋樵均以病辞。用侯始辞，再往约之，已允赴席，既而复辞，其骄慢可知。张超堂及寅伯过谈。

十七日。往北门看刘姓住宅，兼出城至文昌阁后阅视外曾祖母葬地，朝向随大河直下，何永清谓之安稳，亦异乎吾所闻矣。邀罗麓生、任鹗堂、毛锡纯及汉舟、荣覃、商农、经笙、寅伯便酌。寅伯展转避之。志城诸子一秉父性，积成乖忤之习，殆非佳兆，良亦由志城之教之（以不）〔不以〕其道也。晚罗小垣、彭博山及寅伯过谈。接胡道生、萧梓萸二信。

十八日。朱宇恬早过谈。而人客络绎至者十馀辈，至晚乃得一食，真无谓也。所见刘伯固、朱寿九宇恬子三人乡试，曰蓴生，曰荞生，曰橘生。其胞弟荷生，则岳舲子也、王吉来壬秋子，黄子寿为先达其意、周杏庄、周季元季元出继桂坞、李筱山、张介生、钟漱芝、杨子岩、樊延龄、盛耀堂、杨景皋及席山，竟至穷一日之力。归家四月，无此烦扰也。伯固述及曾劼刚之乖戾，陈松生之阿谀。两人相济为虐，极为可虑。并自述与余佐卿并经劼刚邀往，而不敢轻于一行，正忧劼刚不受直言，亦不足与共事。佐卿则前为陈松生所阻，既至伦敦，乃扎调之，佐卿亦不受调也。因语知刊刻《养晦堂集》，劼刚敛费至二千金，而所用不过三百金；印刷百馀部，劼刚亦不给与印刷之资。其奏议应刻者，劼刚亦不为发刻，言之若甚愤者。兼谓其受人情分，淡然忘之，而专记人小过，眦睚之怨，必报乃已，其心狠而险。竟不意文正公留贻，一僨至此，为之浩叹。

十九日。罗筱垣、尹和伯、刘伯固、蔡蓉仙、徐仁曦、周春溪过谈。接周翰城信，托谋保靖书院；但小村现署辰沅道，当可一托之。本约筱垣、和伯赴田心桥看地，以达茶园铺，以天气方热，山行不易，改约冬凉。张超堂送其宗人张琛甫献廷《贡玉堂遗诗》，亦近日常宁诗人也，其女冰如《怀清阁诗》附焉。遗集亦其女所刻也。又接魏赓臣信，称言路条陈：来京候简人员，不准乞病回籍。亦奉上谕，饬各俟病痊来京。政府诸公，以伪相饰而已。言路之意，殆为其一二亲旧营求仕进之阶耶？何其言之烦猥若是也！

廿日。接上海文报局黄泳清信，并熊绍香信。曾元卿来见，带到王壬秋一信。元卿为殷竹坞门人，巧思天授，丁秩璜在山东开设机器局，极倚重之。调至四川，谋并设立机器局，而为御史所纠，于是曾元卿辞归。丁秩璜为荐之合淝伯相处，便道送其家室回南。复杨性农、於桐轩二信。张超堂治席相款，并邀同张力臣、朱香荪及意城小饮。为常宁捐事，当约唐次泉一谈，适已出门，不至。力臣语及李黼堂之阴险，倾挤构陷，无所不至，而相与周旋款曲，若甚密者，其人极可畏。末世之人才，所以酿乱而召劫者，大率皆此类也。

廿一日。雨，寒。接李筱荃信，述及俄人归还伊犁，补费二百五十万；由内地通商入嘉峪关，乘汉水而达汉口，以为运茶之计。以二百五十万易此数百里之地，中国又万无人可以经营，则虽膏腴之地，犹荒土也。鄙意已伤其虚縻此费，而竟蠲汉水经历之地，自陕西以达湖北，往还转运，若其属境。不独此数千里之地历久必为所侵割，又使欧洲各国通商中土者人怀羡慕之心，群思效其所为，以得地利为交相争胜之计。而所退还之伊犁，三面皆其疆土，仍在俄人掌握之中，稍有事变，坐收之有馀。谋国之不臧，殆无逾于是者。为之浩叹。晚诣朱宇恬、余佐卿、刘伯固谈，知伯固已于昨日行矣。佐卿亦外出。与宇恬论李黼堂家居数年，贻害人心风俗甚巨。管子曰：善者，势利之在而人自安美，如鸟之覆卵，无形无声，而日见其成。黼堂用其狙诈险狠之术，而济之以利口，以导扬一省之人心，而使趋于无廉耻、无忌惮，人且见其势利所在而安美之矣，吾其于此人心何哉！

廿二日。接曹忠训号星楼、区维瀚二信。曹现署湖北提标右营游击，区则以同知候补贵州，并忘其行号。张力臣过谈。张超堂、张鹤臣继至。为周翰臣保靖书院馆席，托力臣言之但少村，便为一书致之。

廿三日。刘朗山、胡少芝、张超堂、衡唐叔及汉舟、商农过谈。询及胡少芝，箴言书院近地有石笋山，始知赵午桥前函言石笋一席，即箴言书院也。每年延定院长，仍由恕堂、觐浦昆弟主之。因告少芝寓书恕堂，申叙赵午桥之意，其成否则所不能知也。接邹公让、蓝燊山及笙陔叔各信。公让以陈国卿、蓝燊山二人为托，盖其视省城十馀年前引用士绅之时，诸事可以营求，而未知今时事变又自不同也。笙叔报称：皞臣子桂高物故。八十二龄之祖母，何以为怀？而钧台伯抚继子孙，至是又复中断。为之凄然，竟日不能自已。

廿四日。袁予文、彭葆初、张力臣过谈。接罗云翰、丁允钦、李召甫三信，并以馆事责之鄙人。又接到上海文报局黄泳清信，并递到张听帆、马眉叔二信，兼报知伦敦电报：劼刚八月十二日寅正举一子。马眉叔并寄到考试律法试卷，均系法文，无有识者。

廿五日。寄曾沅浦、阎丹初二信，由晋捐局唐次泉发递。寄易笏生一信，由黔捐局王云生发递。又寄复冒小山一信，交贾春带赴浏阳。专周大往视志城病症，接到寅伯回信，病势益加沉重；并述健甫来信，前岁所请封典交由长沙杨绍曾带来。亦未详杨绍曾为何人也。衡唐叔邀同意城、汉舟晚酌，同席西席周秋舫，及荣覃、子惠二人。

廿六日。接陈船斋信，并枉诗八章，其间警句云：谋国老臣原蹇蹇，累朝仁宇奈匈匈。开辟以来稀听睹，宫廷所在敢盘旋。仁义大中兼准理，机谋小数岂知书。近日入官即充耳，几人伏阙徒呕心。纵横跌宕，老气苍然。致子瀞一信，仍由意城家报附递；据称徐芝缘数日赴宁波，当令带交也。信戒其不必乞假，改省尤非宜，惟有忍耐二字，为安身立命之法。终久忍耐，是占便宜；稍持意见，到底是吃亏，悔无及也。数日雨寒。时令近冬，日晷易移，一瞬已夕，惟苦白日之短。

廿七日。寄丁禹生、李勉林、姚彦嘉三信，并各寄《罪言存略》、《禁烟公社条规》、《尊行公社小引》凡三种。前寄阎丹初，欲绘为《四逸图》，一彭雪芹宫保，一阎丹初司空，一丁禹生制府，其一则鄙人也。四人者，各怀利济之心，居有为之地，朝廷亦有意向用之，而自度其志愿，终无能求当于今之人，以稍有裨益国家，则急奉身而退，徜徉以遂其志。政府诸公亦心忮其志事之异，以为无所利益于己也，亦乐听其远引而不之惜。于是四人者，乃竟成为今时之四逸。颇欲绘而传之，昭示后之人。致丁禹生书，亦言及之。并属令各以小影见寄。似今之世，求欲合此为五人而固不可得也。吾与丁禹生皆以官禄为养，不愁窘乏。雪芹则蠲弃所有，而以清介自处。丹初终身不名一钱，敻乎远矣。其才望声名，各有参差，要其道同，其志同，视今时仕宦者，渊然有以自异也。三信并托黄泳（信）〔清〕转递，亦以一书寄之。张超堂及意城过谈。超堂回常宁，便寄裴樾岑、彭雪芹、段培元、刘星浦四君《罪言存略》及《禁烟公社条规》各一本。

廿八日。接孙琴西、瞿景伊、言湛甫三信。琴西回报欧阳伯元馆事，乃三月杪上海所发信，至是奉内召之命，乃自陈病状，兼及江南局面之窘迫。江南局面，岂得谓之窘迫哉！陈国卿有便足回新化，寄复邹公让一信，并为张超堂及国卿料理酬应笔墨。

超堂父号菉潭，弟号伟堂。天寒日短，一瞬已晚，笔墨之役，日积日多，为增烦恼。检点行李箱，不见者三事：一洋琴，一大照相，一附片及鹿茸瓶盒。此三者实分置三箱，而皆不见。所记忆者止此，其他不能记忆，则必无从稽考也。又洋琴桌一张，开视竟成散片，所损坏亦多矣。

廿九日。唐鲁英、张力臣、黄子寿、徐子源过谈。自六点钟起，力臣陪祀五忠祠枉过，至晚方息。似此周旋，亦太苦矣。子寿见示《和罗瀛桥游贾公祠诗》云：开轩坐对水云隈，胜地登临几度来。斜日独留祠下客，旧痕新扫井边苔。治安有策陈时病，孤愤无人识楚材。大姓久迁昭屈景，未遑凭吊问楼台。诗意以贾公祠原为屈、贾二公祠，兼祀屈子、贾生，夏芝岑任督粮道，修建祠园，始专属之贾公，而遗屈子像于佩秋亭，取《离骚》纫秋兰以为佩之意也。亭基甚狭，兼为游园经行孔道，子寿意颇非之，故于诗见意。力臣传张子钰之言，问邱云松及李仲云力助周霞仙控案二事，颇以鄙意示之：以为凡事宜顾大体，仲云心嗛一李镜涪，谋因事构陷之，而不知非撤参於桐轩，无可构陷李镜涪之理，使并於桐轩处办，此等刁风一开，而地方风气之嚣陵，将遂不复可为矣。若专办周霞仙，又涉县城公愤，不足以服众。惟有并揭其罪，严饬一员查办，稍慑伏其气，可不烦而了矣。然周霞仙方恃李仲云为奥援，殆未易处理也。

九月

九月初一日辛未。杨绍曾通守自京带到健甫侄七月十九日一信，并带到升祔覃恩，请封三代正一品，并貤封本生祖父母诰轴四卷。信言京师清流之誉，属之黄漱兰体芳、张香涛之洞、宝竹坡廷、何铸生金寿诸人。王益梧言路太杂一疏，遂为物议所集。自宋以来，朝廷务为无实之浮言以相崇奖，君子所弗屑道也。而黔人李苾园端芬以参劾王益梧一疏，遽附于五讲官之列，名为六君子。五讲官者，尚有一张幼樵佩纶也。京师见小，自古然矣，亦由无学识之过也。是日午刻，开立禁烟公社，至者十二人：熊鹤村、周幼安、傅青馀、朱宇恬、李仲云、左锡九、陈程初、张力臣、张子容、黄望之，及吾与意城，皆以齿序。唐鲁英以在制中，余佐卿以适得永明信，闻其嫡母之丧，均不至。而黄子襄以女病不肯列名，黄子寿届期遣其子望之至，而自以病辞，则近于不恭矣。君子甚恶夫行礼而为不恭，以坏乱人心风俗者也。故馀第一次诵辞，申明禁烟之旨，而张子容为申叙：烟之害始于奢，戒烟当以勤俭为本。而予二次陈辞，则引横渠之言，以行礼为羞怍，责黄子寿之意为避匿，为非礼，亦所以正人心之防也。

初二日。衡唐叔枉过，携纸数卷责书，遂尽一日之力。子惠与其兄用舟求书不已，而不知吾之久欲废此也。遣杨瑞堂料理邱松云事，以闻所刃伤之吴聚盛苦贫，为给钱五缗。其刘姓二人伤轻，已全愈矣。其语言皆极朴实，无一作难者。始悟吾楚人心之敝，实在士大夫，百姓之可矜怜者多也。瑞堂盖竭两日之力而后定，以先日保正因事不能往，本日早往，吴聚盛以伤不能谋食，母子交饥，至是扶伤觅食，不知所往。候至日夕再往，则已二鼓矣。令书一结，刻画至一时许，三鼓始归。询知吴聚盛情状，单衣一袭而已。既受钱，叩头称谢，喜不自胜。而前日县署传讯，则尚乘舆而往，非出自邻右之怜悯，则地保辈乘之以网利也。据杨瑞堂言，受伤诸人皆极纯良，团长亦老成长者，惟保正稍有迎距。假令由县判断，书差保正之分肥者多矣，求如今日实受五缗之费，固万不可得也。此事由他人处理，万不肯如此轻亵，而予固乐为之。与此等愚贱周旋，较之士大夫固多心安而理得也。

初三日。接狄丽源、龚绍基二信。比日以事往来，文牒丛集，至是始一见之。张力臣属编次开社讲义。是日讲者，吾与张子容二人而已。子容论风俗之源，但著一俭字。其实民生国计关系大端，尤在勤字。惟俭可以生勤。吾因子容之言推阐之，著为子容之论。吾前后二论，一推叙鸦片烟源流本末，一著明人心风俗所以为升降隆污，一皆归本于吾身，盖所以立社之意在此。

初四日。张力臣、张子容、黄小麓过谈。力臣报知优贡四人：一左调元，一何卓英，一陈阜嘉，一吴熙。力臣前述张子钰之言，虑及湘阴呈控晋捐一案无处理之法。吾以持平二字示之。张子钰以达之何相山，皆极谓然。而为李仲云所持。至是始知仲云实为之谋主，殆见周树藩痛诋鄙人，足以快仲云之心，又牵连一蟠西，固吾宗人也，故乐为之扬其波以相屈辱。人心之险诈，至此而极。仲云、辅堂，席丰厚之贻，而营私多忮如此，亦非李氏之福也。为之浩叹。

初五日。接邓直卿、李宣伯二信。据李瀫生云，宣伯信未知遗置何所。邓弥之求为其太夫人六十寿序，与左锡九过谈。陈国卿、罗小垣随至。拟稍出门酬应，而接朱香荪一书，幾于痛哭以争，不能不为此公义所持。身非隐士，亦不乐以此为名。仕宦家居，谢绝酬应，自贺耦耕、易会园、郑筱珊诸公皆然；斯亦人事之常，非有异也，吾亦何必效之？生世求自益耳。复书稍发明此义。且云来书持义甚高，不敢不从，俟见再详。函致张力臣，详论湘阴捐案一节，以今世人皆务藏头露尾，以诈相饰，心与口背驰，当面输心，过后訾毁幻出，一种鬼趣，相与习而化焉。因直为揭出，以人道正斯世之幻。力臣旋见过，述及李仲云之意，直欲借资一滋事之周生构陷一切，明言不讳，而又以幻变出之，此亦一妖孽也。非明识之君子，乌能辨之！

初六日。罗小垣同至河西馀氏山，阅曾外祖墓地。与小垣谈时事，因论及朱香荪议论，欲使人为一高士而已，我意不然。人生所处，随境而施，亦不必先持意见。凡持意见者，皆以为名也。吾何乐争一高士之名哉？大抵人生大小求有益处，居乡里须求有益人心风俗。小垣因言有益人心风俗，正须渐摩积久为之，非可求速。鄙意不然。凡风气所趋，人心为之波靡，正须一二强有力者推而挽之，又须有人响应景从，而后可以转而之正，久之而成为风俗，此乃所谓积渐之效也。若更有一强有力者，导天下为靡靡之音，人心方乐趋之。孔子不能正季、孟之僭，孟子不能攻齐宣之心，况在中才以下者乎？居今日而欲挽回一世之人心，非得在上位者端其表而正其防，使皆耸然而听命，未有幸而能取效者也。

初七日。唐羲臣、袁予文、王槐清、罗小垣、左锡九、李郁之次第过谈。小垣诵及罗研生丙子九日见怀诗，并未见寄。诗曰：僻地幽居谢百缘，好凭腰脚上层颠。川原黯淡生秋雨，楼堞参差入暮烟。即日旎倪千佛笈，昔时朋辈一寥天。良辰枉却那能说，聊与题诗纪岁年。盖丙子以初十日放榜，故有千佛笈之句。左锡九力争家居不宜接见各官，并朱肯甫而痛诋之。肯甫尽有意见，然其创建校经堂，为吾楚兴学，其机实有可乘。所关在数十百年人才之盛衰，不能不一与讨论。若竟付之不论，此机一失，以后更无可望。所荐之成芙卿蓉镜，相安与否，则固不足深计也。

初八日。早接刊刻匿名书，云《伪校经堂奇闻》，訾及鄙人商量张力臣开设校经堂，不讲时文试帖，而讲天文算学，其计狡毒。世风败坏至此，可为痛哭。谋为韩文公火书污宫之一法。末言清内奸以杜外患，当各出高裁卓见，筹善后之规。其文笔似非愚民所能为。动谋聚众称乱，真属骇人听闻。惟能付之不问而已。李仲云、张力臣、黄子寿、邓弥之次第过谈。自早起至于夜分，未尝稍息。

光绪五年己卯岁九月初九日己卯。与张力臣、邓弥之及意城约为登高之会。贾太傅故宅、定王台并经夏芝岑观察修葺，颇具园林之基。会夏芝岑饯但少村于定王台，仅一游贾傅祠。贾傅古井及独脚石床，皆见《水经注》。旧传祠外双井，即古井也。芝岑为建长怀亭以覆之，而补为石床，置之佩秋亭，并镌屈子遗像于壁。本为贾傅故宅，而旧建为屈贾二公祠，合祀屈子。芝岑为建高阁移祀屈子，而以贾太傅故宅颜之祠前，部署极为合法。黄子寿议之，未为得也。祠联极多，而以杨海琴集唐句云长沙不久留才子，宣室求贤访逐臣为冠。为建坐厅六所，亦自建书室，安置笔砚，俱极清幽。方广不逮十丈，颇有曲径通幽之妙。随至天心阁登高凭眺，距辛未八客登高时又已九年矣。晚邀熊鹤村、袁子文、朱宇恬、左锡九、张力臣、邓弥之、张子容、萧希鲁、罗小垣、王怀清、龙砚仙、王吉来及意城为茱萸之会，兼以尊行公社为李仲云、黄子寿二人所阻遏，亦不能不就便一集，以明立社之旨。并主人为十四人，不至者四人：朱宇恬、张子容、罗小垣、王怀清。而萧子纯适至，因并入席。会者凡十一人，仍相与以尊行公社为名。是日得诗一首：生年与世两销磨，岁岁登高奈老何。海外人归秋色尽，城南野旷夕阳多。贾生祠宇疏泉石，楚国风骚托啸歌。莲社攒眉终待入，隄防醉语更传讹。

初十日。寄李筱荃制军、周筱棠、曹芗溪及健甫侄四信，均由日升昌邓君聚奎转寄，并汇还李筱荃借项二千金，兼致李仲絜一信；汇寄周筱棠、曹芗溪奠分各五十金，汇寄健甫一百六十金，则唐曦臣为其子庆春号柳村办理验看，指发广东，以六十金见交，属垫寄百金。夜过朱香荪谈，见示赠诗云：湘水东流客思深，楚骚遗韵半销沉。秋风老鹤投孤屿，夜雨寒鸥啸泮林。达巷只应嘲博学，闻人终不碍传心。芳园晚景依然好，且把黄花共醉吟。

十一日。为凤姬生辰。女宾贺生者二席。因念予通籍以前，值先人生辰，先夕治面，一集亲友而已。通籍两年多在外，已不及侍先人。而予生辰始终未尝一治面，仅四十生日，亲友集贺者二席。自广东归，正值五十生辰。其后岁集亲友以为常，推及妇女辈皆然，此风一开，遂不复能收敛。因语家人：此事之最可惧者，不为喜也。张力臣晚过谈，亦颇怀忧谗畏讥之意。楚风日下，无可挽救，殆亦运数然也。

十二日。本定是日赴县，以凤姬随行，又需一谢贺生者，不能不展一日之期。因寄复王壬秋、吴莱庭二信；壬秋信属其子吉来带成都，莱庭信则仍托衡叔转递。又接陈熙堂、焦萼庄二信，皆求荐事。萼庄名甲堃兼托易淑子为之道地，请入志局。吾以丙子科场滋事，焦氏群从亦相与喧噪。吾与听堂二十馀年交谊，遇事为之尽力，似不应有此。是以前接萼庄书，置之不答。至是乃属易淑子转致此意。吾此归义当闭门养疴，不交人事，亦因奉使出洋，乡人陵跞过甚，故于亲友求请，一例谢却之，以明吾乡人之不足与周旋也。衡唐叔晚过谈，经生旋至，并求一书抵守蓉仙，为接馆之计。

十三日。登舟赴县。罗小垣过谈，为张禹珊致意，欲观所致张力臣信，因属令诣力臣请之，吾意亦欲收回此信也。开行十里，泊三叉矶。风不甚大，而所坐麻阳船，非借风力不能行。西北云气方浓，行舟迟速，竟难预期。人事牵迫，既无穷竟，天时运数，则所在抵牾，未尝有通利之时，盖数十年于兹矣。

十四日。《香祖笔记》称：康熙己巳、庚午间，在京师从朱锡囵、黄俞邰借书，得宋、元人诗集数十家，以长沙陈泰志同为最。吾楚言诗者，竟不知有陈泰之名。世以《隋书》不为王通立传，以为房、杜诸公未必皆出其门。司空图《文中子碑》云：天生文中子，以致圣人之用，得众贤而廓之，以俟我唐。故梁、卫数公，皆为其徒，恢文武之道，以济贞观治平之盛。图，唐人也，又文中子乡人也，其言如此，可信耶？不可信耶？若门人薛收等议谥文中子，则详《唐书》文苑《王勃传》；文中子之名则附见《王绩传》。又云：仇俊卿《通史它石》，论此可破千古之疑。《宋史》谓通为长孙无忌所恶，当时陈叔达畏无忌，故不为通立传。而无忌之恶王氏，由于王凝次子王（虡）〔勮〕劾贬侯君集，君集与无忌善，因而恶及其祖耳。　宋谢无逸逸、谢幼槃薖与潘邠老，皆江西诗派中人也。幼槃《竹友集》云：邠老尝作诗云：满城风雨近重阳。邠老亡后，无逸兄用此语，足成四篇。今去重阳数日，风雨不止。念泉下二人不再作，凄然有怀。作二绝句诗云：地下修文两玉人，清诗传世墨犹新。却因风雨重阳近，独立苍茫泪满巾。阿兄温润玉介尺，我友淡泊朱丝弦。只疑蝉蜕游人世，醉插茱萸若个边。邠老诗句流传，为重阳口实，而二谢同时有诗，讫无知者。　陆务观《梅宛陵别集序》云：苏翰林多不可古人，惟次韵和渊明及先生二家诗而已。是坡公又有和梅诗。今集中无可考见，亦未有知其事者。　嘉靖中，（陵）〔陆〕浚明粲为给事中，疏纠张（敬孚）〔孚敬〕、（陆）〔桂〕萼。上为罢二相。旋以霍韬言召还，陆坐是谪都匀驿驿丞，林居十八年。韬复有疏荐陆。陆笑曰：天下事坏于此辈佥人之手，乃复欲以馀波污我耶！（论）〔观〕浚明之言，韬在当时物论可知矣。黄宗羲辑《明儒学案》，不当阑入。洪洞范彪西鄗鼎撰《理学备考》，亦以此言为然。　《文海披沙》记笔之异者：钟繇、张芝、王右军皆用鼠须；欧阳兰台用狸毛为心；萧祭酒用胎毛为柱；张茂先用鹿毛；陶隐居用羊须；郑虔谓麝毛一管可书四百纸，狸毛可书八百纸。又有丰狐、蚼蛉、龙筋、虎仆及猩猩毛。狼毫虽奇品，而醇正得宜，不及中山兔毫，然柔而无锋。臧懋循欲取貂鼠毛为之，辅以兔毫，谓钟、王所用鼠须必此也。以上谢在杭所记，备矣。然东坡喜用鸡毛笔，固未及之。 庞文英《文昌杂录》载宋长安隐士高绎，有古人绝行。庆历中，召至京师，欲命以官。固辞还山。特赐安素处士。家贫，妻子冻馁，闭门读书，不受馈遗。末引处士讯种放诗，且云：志意修则骄富贵，道德重则轻王公。惟安素无惭矣。宋四高士，独遗安素，何也？ 周晖《金陵琐事》言：唐李石《续博物志》：陶隐居书自奇。世传《画板帖》及焦山《瘗鹤铭》，皆其遗迹。顾元庆作《瘗鹤铭考》，历引黄长睿以至都元敬之说，断以为陶书，而未引此。淮阴张力臣弨作《瘗鹤铭辨》，援引甚博；新安张山来潮刻《丛书》中。何子贞、杨海琴据旧《馆坛碑》，断为陶书。顾、张两君考（辩）〔辨〕，未知亦引及此否？是日微雨无风，傍晚抵扁担夹，计行一百一十五里。以夜间不便起岸，即泊扁担夹。

十五日。饭罢渡江，午刻至捧云屋后学堂，人客终日不息。於桐轩明府、邹子香、姚宝臣枉过久谈。属简堂、绍羲、炳文开示族间子弟吸食鸦片烟者约共几人，当发给丸药，限期戒除。亲友枉视计五六十人，送迎周旋，疲于奔命，其名号亦多不暇详也。子香为言其女壻江竹仙美才能文，王恕皆、王融斋皆沈静，为生员中佳品，属荐与一馆。荐馆非吾所能任，然邑子中有此佳品，亦所乐求一见者也。

十六日。李咏仙、刘绍西、蔡勤斋、龚黻臣、吴伯良、唐炳垣；唐君为易镜湖至交，志局积存款项，存镜湖海丰钱店，稍获归款，唐君亦与有力，是以李镜涪及蟠西为之先容，导使一见。

其他宾客环集，亦多不暇详其名号。於桐轩再至，为语所交涉诸事，一意置身事外，为诿过于人之计，而不知其适足以自累也。船山之言曰：士之交友，君之使臣，识暗而力柔者，绝之可也。如此等议论，真所谓识暗力柔者也。

十七日。早诣丽思塘省视志城病症。途次阅《香祖笔记》，载宋宇文伯修藏一古鼎，款识曰輂酌宫。据《汉书宣帝纪》：常困莲勺卤中。如淳注：莲音輂，勺音灼。县名。《雍录》：汉莲勺县，唐之下邽县也。《元和志》：下邽东二十三里有莲勺故城。然《三辅黄图》、《雍录》所载汉宫殿名甚详，无所谓輂酌宫者。莲勺，县名，亦不言有宫。　《避暑录》言：吕文穆蒙正为父龟图所逐，衣食不给。龙门寺僧延致寺中，凿山岩为龛以居之，凡九年。后诸子即石龛为祠堂，名曰肄业，富文忠为之记。　《康节外纪》言：尝与常秩同召。王介甫方行新法，天下纷然，以为不便，思得山林之士相合者。秩引对，因盛言新法之便。乃除谏官，以至待制。帝侵薄之，而介甫主之不忘。适志城述及曾劼刚召对，语及王夔石，因盛言湖南事全亏此人整顿，至著之日记，为迎合权要之计。是亦今之常秩也。欧阳公犹取常秩，况今世之靡靡者乎！

十八日。於桐轩明府，胡受伯贰尹，黄寿乔少尉，熊秀峰、陈子信两学博，龚苹安总戎，厘局王松楼大令屡枉谒。所见明府一人而已，此下并差柬谢之。亲友枉顾者，旅出旅入，多不能辨知其名字，亦无名柬稽查。罗麓山、盛展奇、李伯伦、李少庐来谈。昨邀姚宝臣谋为邑中了事之计，顷始知其不谐矣，以其气方张，未可以情理动也。晚过邹子香、盛展奇谈。

十九日。邹子香、罗麓生、闵养吾、梅子宣其兄曰麓帆，曰清如，弟曰礼安、蔡虞臣、盛青霞、唐炳垣、易馥生、易春湖辈枉顾者数十人。县幕张棣楼相约一谈，而宾客杂沓，至不能交语。留坐逾时，稍遣诸客，乃得举目前得失，略与申论。大抵瞻顾推诿之见正同。晚次李咏仙、刘绍西来谈，详及书院士习之坏，骇人听闻，而力诋邹子香之一味宽纵。春间殴击洋人，一斋长倡之。近复有人至阜来鬻盐二石，云泊舟江次，随同往兑盐价，则径入书院，直谓劝捐为利，且罚盐二石。询知则童生熊姓也。子香皆不能查究。秋祭文庙，有长衫而纬帽者百馀人，问之，皆以书院肄业生对。董事龚黻臣告言：人数太多，应候诣书院，按照名册发给胙肉。则阶下齐声呼打，欢若雷霆。黻臣惧，悉数给与之。七八月间，传闻中丞将至，首府至县迎谒。书院生童聚议具呈者二十馀纸，日夜喧哄，由王廷襄住斋煽惑，周树藩益从而鼓动之。李咏仙、刘绍西往告子香。子香言，我亦闻之，然亦是无法拦阻。其周张畏顾之心，正与於桐轩同。吾邑士习人心经此一番播扬，遂不复可为矣。为之浩叹。

二十日。於桐轩馈菜，邀邹子香、姚宝臣、闵养吾、盛展奇及笙陔叔、秉文早酌。邹子香亦馈菜，则用以享大伯母。与笙陔叔商议刊刻志书。因令展奇、秉文诣彭述古堂：是否能承办，应添募刻工几人，须早自料检，以凭开雕。为敬修、炳生处置缴还本完屋事①，并为捧云堂清检帐项。大抵我一人自承其累，预为垫付钱文，以使诸家同享其利，以各平其争。诸家之知感与否，亦所不计也。

廿一日。常南赓、李松林来谈。邀李小山商议周树藩具控晋捐一案，以闻谭宏昌为其姻亲，意图一为了之；小山恐惧不敢承，与黄子寿之惧祸同旨，具见人心之猖獗，但与交涉，皆危机也。可胜浩叹。查明族中吸烟者二十五人：衡唐叔、笙陔叔、喜田、

①此句疑有讹误。

芳城、先宝、汉舟、蟠西七人，并年逾五十；敬之出仕，少青、玉玲、玉安、箴士在省，虚堂在乡，育之、笏堂远馆，应从缓者八人；兰生、商农、席山，已戒者三人；理应饬戒者，觐堂、经生、炳生、荣覃、子容、升阶、席珍七人。各馈以《戒烟条规》一本，丸药一封。杨瑞堂竟将十副药方合并制之，亦可谓方圮族者矣。晚就秉文谈，为商议捧云继事也。

廿二日。萧子纯回省。致张力臣及衡唐叔二信，并家信。早邀李咏仙、蔡琴斋、龚巘丞、李小山、刘绍西及秉文小酌。随偕秉文及吴伯良往看选青房屋。便过演礼堂，相度开设志局地基，正适修理大成殿，工匠屯聚，改定武庙。晚复邀罗麓山、吴伯良、盛展奇及笙陔叔、秉文晚酌。倪敬亭偕刘翊清来见，以敬亭通地理之学，谋邀令相度二里墩地。秉文又言刘小山地学较精，因令并邀同明日早饭后再陪行也。镜涺、绍西晚过谈。

廿三日。邀刘小山、倪敬亭、刘翊清并秉文、子容早膳。因偕同吴伯良，李聘农诣五里墩细审形局。刘小山谓罗小垣偏西二分尚嫌不足，宜再偏一分，以左砂微现陵犯，避之为宜也。并指明山局为土面含金体，墩后乐山三层为最贵，均为以前地师所未发。邹子香、杨星堂过谈。旋邀吴伯良偕李镜涺、李艺林及蟠希，清究由局专揽晋捐移奖之故，以伯良述及吴子和控案，曾捐从九二名，已缴三十四缗，求得一焦姓者为之顶捐，而为局中所持。於桐轩定议，凡顶捐皆由局承受，遂虚领捐而已，不复给照。晋捐办（捐）〔理〕之谬，尤以此为最，无怪人言之不服也。

廿四日。请刘翊清陪同刘晓山相度洪家冲地，回言以地法论之，不能不为善地。然吾终以出水立向，甚不惬于心。晏君舍水埠头收水之地，而就洪家冲出水之地，亦可云颠倒矣。晚邀刘晓山、罗麓生、杨星堂、刘翊清、胡宣猷及蟠西小饮，以胡宣猷馈菜数品，便邀一谈也。接席山信，知席山、佩山均患伤风，并询支祠祀事。现拟改期十月十八，随以一信复之。

廿五日。立冬，大风。捧云邀饭。徐清溪、张介生、梅子宣、吴晴研、蒋敬生、李艺林次第过谈，疲于奔命。危辅臣来诉：当谋小经纪。问所需几何，曰：需二十缗乃足，然何能及此。但得十馀缗，即可敷衍开设一摊。予因馈之二十缗，与约：能稍度日，即欲廓而充之，营运经纪，吾亦当与为谋；若徒以洋烟度日，而不务营谋，嗣后亦可不复相见。以千馀石岁租，十馀年倾毁无馀，而欲以二十缗为养生之资，人知其难矣。稍能自立，左提右挈，必有所成，其如不能自立何也。为之三叹。

廿六日。陈幼愚馈菜，便邀幼愚及蔡竹堂、盛展奇早酌。盛耀堂、秉文又留午酌。清理志局存款，为筹办开局之计。适罗麓生、盛展奇及笙叔过商，而胡道生、徐晴溪多人次第毕至，久坐长谈，多不能举其名字，于所欲商酌之事，竟不及一言。每一会客，辄至困惫，大率告帮、求馆两事而已，而相纠无已，环坐相向，不肯告退，真无如何也。晚次，守蓉仙明府过谈。

廿七日。刊刻所撰《湘阴县图志》，不能不开局经理发缮，请笙陔叔坐局；罗麓生管理编纂；盛展奇照料采访应行事宜；李松亭、周良臣、吴鹤臣、萧子瑜缮写。略已编定二十卷，惟职官、选举、人物各表，须查明补载者其多。麓生方掌教兴化寺，无多馀力，笙叔又恐不耐事。限以五月之期，未卜能照行否也。是日李玉阶中丞至县。托守蓉仙带回家信一件。

廿八日。接邵汴生中丞及易叔辉二信。李玉阶中丞以名柬枉候，遣使往谢，则已开行矣。张棣楼过谈，传於桐轩之意，谓当并李镜浯收系之。吾谓此出官意，吾不过问。若以我意言之，则直无此办法。周树藩奉中丞命收系，谓其以不关己事，聚众喧扰，此案外科断，亦嘉庆以前常行之例也。道光以来，纪纲法度废弛多矣。中丞此举，犹旧例也。既经具控，自须候中丞批发，照案处断。无故收系一李镜涪以与周树藩作配，何为者也？我自据理为言，于事理曲直一无所与。张棣楼旋以告之邹子香，托其转达，又以告之唐炳垣，托其转达。其意谋蔽其过于我，以贻周树藩之怨。人心之险悖至此，尚可问哉！邀邹子香、姚宝臣、胡道生、吴晴研、刘浥清、盛展奇晚酌，以刘浥清馈菜，就便邀饮。而是日李镜涪、蔡琴（勤）〔斋〕、陈幼愚：馈菜者凡四处，亦不胜其扰矣。以蟠西专足赴省之便，寄邵汴生、张力臣及家信三件。

廿九日。展墓长岭、书院冲、南泉寺宋家山、紫花台牌楼峰、洪家冲。先至武庙，与西枝约南泉寺午饭。僧石性为煨藷薯以食，味胜珍肴也。西枝诉述数年流离之状，士习人心之坏，亦竟穷于思议。八甲杨敏生者，尤为无赖。然始终受我之累而已。展阅各坟，未必皆善地也，而皆得收水之法。惟洪家冲为去水向，舍水埠头收水局而就此，一成于意城之怂恿，此所谓天也。感叹旁皇，为增心痗。晚次，邹子香、姚宝丞过谈，述於桐轩之意。纲纪法度，至今而废弛尽矣。殷默存递送殷少乔信，谋修复黄陵古迹，属予为之引，当以一书复之。

三十日。至志局清检凡三日之久，皆仅及缮写三四千字。因颜鲠臣属撰《重修考棚记》，即就志局为之，书交李松亭转致郑麓桥。张芝生枉顾志局，语及社谷发还之款，各局多谋充讼费者，因力驳之。并告令通知各局：但有分文充缴讼费，必勒令加罚十倍。张芝生住八甲。问识杨敏生乎？曰：是年少，恃才而狂。其居室春联云：醉观世故，笑察人情。似其胸中尚有寄托。而至流为狂荡，亦由失教之过也。上失其教，而人才之能有成就鲜矣。故可叹也。盛展奇及秉文来言，县意欲收系李镜涪，而碍于我。

我于李镜浯何有哉？因径令罗麓生与展奇一诣李镜浯，而还言盛怒不能进言，此亦人情应有之实征也。晚邀蔡琴斋、龚瓛丞及汉舟、小春便酌，并以诸人馈菜转飧之。邹子香、李怙覃及笙叔过谈，缘张棣楼以於桐轩之言，疑我亦心怯小人之怨讟也。亦太不相量矣。

十月

十月初一日辛丑。议立耕心堂章程九条，送县署存案。殷竹坞来城，为审定志图，因邀赴志局便酌，并邀罗麓生会议：以张丙乾及秉文二人为竹坞帮办，以梅子宣、毛杏生及性农、纪山四人领缮志局各稿。晚次，郭九自省携带家信至，并接到李申夫、方右民、叶顾之、曾劼刚、陈松生、刘开生、凤夔九、李湘浦、黄玉屏、张子镕、朱宇田、姚庶侯、黄泳清及陈寿椿、李林茂，竹浯之子、张钧易燮臣之婿凡十六信。又家信及易淑子及易叔辉及子桂各信。盖上海包封凡三件，馀则陆续寄至家中者也。申夫信告言：就梅小岩折奏馆甫逾月，而小岩内召，谭文卿拜浙抚之命。申夫适专足四川接取家眷，幾于进退两穷，属一言之文卿也。

初二日。县城求麻阳船不可得，仅得一倒划船，兼须运米赴沙市。再四与言，乃允送省，而催令即日登舟，以沙市已有期程，赶一赴省也。乃急检理各事，便一过陈幼愚。而亲友内外至者十馀辈，枉送江干又十馀辈。留书与李试（书）〔吾〕、龚瓛丞，以试吾年八十馀，不得一见，而瓛丞为修葺武庙厢房，借开志局，稍一谢之。是夕宿扁担夹。

初三日。大雾，南风。检阅张子镕信，情词直切。盖以九月朔日禁烟公社宣讲之文，录子镕坐中皆系乡前辈，后进小生岂容妄有陈论数语。子镕力驳之，谓宣之于口则可，著之于文则不可。因推论鄙人过失，力加纠正。犹不失为朋友劝善规过之义，与李辅堂之讥嘲诮诟、略无踪影者，自有邪正公私之别。舟行阻风，略以一信复之。是夕宿靖港。靖港为陈程初巡防营分汛地，更鼓之声，竟夜不息，所部皆勇也。扁担夹为岳州水师镇标分防地，驻防守备在焉，竟夜无更鼓声，则由勇改归营制者也。即此可悟国家二百年积弊，一染已深，无术可以补救，即有贤者为之，亦具文而已。

初四日。南风更大。往来此水，所遇皆逆风。即夏令赴县，必北风；即冬令回省，必南风。乃至穷数日不止。老境迍邅，于斯可验。然舟人许姓方谋运米赴沙市，似其气象尚佳。此行本谋送我赴省，以三日往返为期，而已沉滞三日之久，尚阻风靖港，岂其力不足庇荫及藐躬，反而受我之累耶？虽曰气运使然，揆之天心，良亦有不可理测者矣。是夕宿戴家河，在罗洋山上口。

初五日。雨。廿里抵省。冒雨行，无风。时令十月，兼值阴雨，而三日南风郁热似初夏。良由中土人心反覆变幻，不可端倪，天时亦因之。足征天人合一之理，确不可易。而蹇运如鄙人，乃适与之相值。是以天地万变之气机，皆常也。理，贞之于常，而变其适也。知其常而后可以推知其所以变，夫何怪焉。接冒小山信，并贻字帖三种：一、摩崖碑，一、怀素草书，一、东坡书荔子丹诗。又接周芝窗信，自请督办益阳保甲，而举候选训导徐士鸿、贡生颜焘为帮办，属鄙人言之中丞。鄙人于湘阴事无能有所赞益，而能远及益阳乎？芝窗始从吾游，其时抚楚者骆文忠也，下情巨细皆得上达，而不知今之非其时也。

初六日。雨。陈右铭自京回，带到合淝伯国及李勉林二信。邵汴生中丞过谈。闻其与崇文山出使河南，盘费皆出之私橐，随员回京，亦馈以行资，赔垫六七百金。即此一端，固不失为贤者矣。张力臣与意城并至，谈近事颇悉。

初七日。接李眉生信，论申夫暖暖姝姝，以一得自喜，犹是昔时人也。此数语令人神悚。杨性农过谈。易宇初、萧子纯、殷默存并过，申言修黄陵庙事，易鹤林、易萼农两君当领修。鹤林，易萼楼之弟；萼农，易仲篪之子也。然恐皆系托词，以其意惟在敛费，似不能无嗜欲也。晚至舟次为邵汴生中丞送行，以为入夜人客当稍静，而李次青适至，交谈至一时许。闻汴生中丞言，始知郑小山前辈曾一至省相见，以朱肯甫为其门人，就省相视，汴生亦其旧识也。他处皆无酬应。然此举究亦无谓，此老终苦少学问，不足为训。

初八日。龚眉生馈菜，因邀常健吾、吴巨年、黄羲臣、危笙舲四生一饭，皆以回县辞。适秉文、子宽偕彭仁山至，因留饮。唐次泉、守蓉仙、黄杭生过谈。唐次泉语及湘阴捐事，因略及前后情事，而属致意何相山，无为李仲云之言所误。仲云于湘阴情事本全无体验也。而据彭仁山，县署必以收系李镜涪为事。幸镜涪、檗西皆劣才，可以随意高下。使遇稍有质性者，亦安得以此无礼相加哉！於桐轩愦愦不足论，而李仲云必迫令何相山颠沛至此，亦足验时事之幻矣。

初九日。秉文回县，便寄罗麓生、盛展奇及笙叔三信。彭述古堂又在省支去钱廿串，并告知笙叔记数。张力臣邀陪黄海华、傅青馀、张东墅、陈右铭、杨性农、李次青及意城定王台宴叙。见钱梅溪缩临百汉碑刻本。小坐东涧草堂。夏芝岑修葺贾傅故宅及定王台，均以数亩之地，回环曲折，具有园林池馆之胜，亦会城之胜游也。相与论及李玉阶中丞议论云：应整饬者三：（一）〔曰〕营务，曰捕务，曰吏治。而言捕务惟主保甲；言营务惟饬现存四大营各裁勇额而已。右铭因断以意在敷衍而已，必终无足观者。因及京城，玉阶以办理保甲告之麻竹师，麻竹师应曰：保甲者，中庸不可能也。来长沙，又以告之盛锡吾。锡吾方经理保甲局务，玉阶言：数年前黄兰丞奉李筱荃之命办理保甲，有拨乱反正之功，顷年又稍废弛。今当力修前政而振兴之。盛锡吾答言：保甲实历无好处，修复与否，都无关涉。二君之言，皆可谓通知事要者也。即此两端，足见玉阶久历外任，于政要全未了然，以知其无能有所振兴也。闻此颇茫然，为之失望。

初十日。接曹军门志忠、萧军门忠训、张参将惟贵各信，盖幾于每岁四五至，以求缺求差相托，而苦无以应之。又接陈渭滨、瞿景伊二信。渭滨署昌平参将，景伊署永明守备，亦皆陈诉苦缺，以调济为请。只好听之而已。袁予文、李黻生、左锡九过谈。晚邀锡九诣朱香荪。再致张子镕一信，以张子镕改订禁烟公社申讲之词，已依照改刻，致寄一本，并与论风俗人心为立国根本，士大夫所有事于乡里，不以显晦进退为异也，而终归本于学校。湘人无能知此义者，聊存其说，以俟后之君子。

十一日。曾文正公生辰，举行公社小会。至者熊鹤生、朱宇田、黄子寿、张力臣、左锡九、意城及黄杭生，凡八人。罗研生寄到《禁烟说》七条，意在严禁烟馆，一切谋假官法行之，与此次禁烟公社立意两歧。盖原知官法之无可恃，姑求一二同志者躬自董率，行之乡党宗族，以希幸闻风者之兴起。士大夫退居林下，所能行者止此，非能借资官势，严法峻刑，以侥幸所志之一申者也。研生所谓儒生不达时务者。言之徒烦，于事何裨？左锡九又述俞鹤皋之言，以禁烟为骚扰，谓合长沙一省城，烟馆三千有奇，一旦绝其生理，此三千馀之穷民激而称变，何以御之？此则俗吏之邪说，苟偷旦夕，其立言已显示导乱之意，出诸口而不怍。国家之乱，正乱在此类人才。君子惟绝远之，不与交言，不待辞而辟之也。晚过周幼庵谈。

十二日。邀傅青馀、陈右铭、张东墅、杨性农、李次青、张力臣及意城小酌。接席山信，因论支祠祀事及焚黄改题事宜，略以数语复之。初议十八日致祭，先日改题。席山来信则以祭日改题为宜，以须用牲馔鼓乐，先日办理为不便也。熊鹤村见示《鱼须歌》七古，中有云：误作长矛插架看，武夫回眸亦错愕。大夫趋朝必用笏，持配文竹古礼合。亦有意趣。

十三日。嵩焘咸丰庚申官京师，恭值覃恩，曾请四品封典。同治甲子署广东巡抚，又以覃恩请二品封典，并于墓上焚黄，未改题神主。至去岁戊寅，始以穆宗升祔覃恩，请正一品封典，择于是日举行焚黄改题典礼。请周幼庵为宣诏官，张力臣陪同行礼，易淑子、闵新吾、杨墨林、蔡竹泉四人相礼，易叔辉、杨瑞堂执事。凡设二席。女客至者又二席。邓弥之见贻黄梨洲、全谢山两先生所辑《宋元学（辑）〔案〕》；何子贞前辈刻之京师，龙皞丞取何氏本重刻者也。书凡一百卷。王朡轩又有《宋元学案补遗》一百卷，副本存何氏，已佚不传。又接李丹崖柏林一信、易梯衢营田一信。丹崖信言，德人论伊犁虽经退还，而北捐额尔齐斯河，则已越阿尔泰山而南矣；南捐特克斯河，则梗断天山南北两路矣。此殆非崇地山、左季高所能知，勿论总署诸公也。

十四日。专足赴丽思塘，为志城作生日，并寄志城一信。接李筱荃信，以收到还银二千，复书报谢也。龙研仙缄称不能枉顾，晷短课密，日实无暇。吾则终日两餐，读书不能逾叶而日已夕矣。甚愧研仙之言也！王梦虎、萧希鲁过谈。梦虎诉述汉舟苛求无已，以健甫乡举，张罗致送百金，汉舟亦遣其子至，据以为式，求资助。不独汉舟之鄙可笑，即健甫之张罗，亦可谓勇于为利者矣。

志城于此全无匡正，甚非所以教子弟也。

十五日。为多孙定婚周氏，周幼安同年之孙女，周荔樵中翰之次女也。请黄子寿、张力臣为媒说，即邀请荔樵午饭。省城风气踵事增华，吾亦只能听从家人处办而已。接姚彦嘉信，并转示严又陵信，言劼侯天分极低，又复偷懦惮事，于使事模棱而已，无裨益。所言亦殊切中。又接李筱荃一信，盖答复寄还欠款一事也。陈右铭见贻宁乡隆无誉观易《罘罳草堂诗集》，并订盛锡吾太守明日来见。朱香（铭）〔荪〕亦订吴云谷观察锦章、龚南翘秀才宝陔明日来见。各以一书复之。

十六日。盛锡吾庆黻、吴云谷锦章、张力臣、朱香荪、易兰生、罗小垣、庄翰堂、汤小庵、缪吉斋：自辰起会客，至三鼓未息。以为天地间苦境，殆无逾于是者。兰生及顾子良自县至，带到笙叔一信，并志稿三本，竟不及一批阅。诚不意家居避世而有此烦苦，真是无谓。

十七日。致书张东墅，以汉舟馆事相属。随赴沙坪办理支祠祀事，至者敬修、子宽二人而已。佩山又适病，馀惟席山一人。乃请钟景堂、吴资生二人陪同相礼。龙树堂、何永清并至。

十八日。致祭祖先后，随举行焚黄礼。盖三代均得请正一品封典，又以本身貤封本生祖父母，凡共主位十方，以次改题，并以一身任之。午刻，赴张家冲阅宝外祖母葬地。其主峰曰塔山，跌下数十丈，结咽束气，另举一顶，开下一嶂，势若列屏，以为藩蔽，而于其中开一钳。张氏分支祖曰均禄、支祖曰悠然者皆葬此，及分支祖之母夏孺人亦葬此。外祖母葬其右旁，极涵蓄，安得有煞气哉？意城之言，及杨瑞堂之恣意妄行，皆出情理之外矣。就张念一午餐，询之，其家为张氏故居，外曾祖乡举时尚居此也。

十九日。由沙坪返省，检阅笙陔叔寄到县志三本。罗麓生到局已逾半月，竟一无参订，而函言明年二月尚不能完工，是又一延宕之局也。似此且恐更莅二三年尚无端绪，为笙叔及罗麓生皆一无所事之故也。阅之颇增闷损。

二十日。易寿松来见，易小彦之四子也，稍能自营经纪。函致张东墅、罗小垣，均为亲友馆事，多烦笔墨。东墅因邀晚酌，以归家已逾半载，从未出门，不敢应也。意城往赴东墅之召，来此坐谈竟日。晚次，罗小垣过谈。前所致书，竟邀李仲经允诺，加给易镕陶薪水一分。诸亲友求荐事者，稍有以应付之，亦足稍释此心之累矣。

廿一日。龚南翘、陈荻舫、瞿景伊过谈。陈荻舫，丙子举人，与席山为姻亲。龚南翘尚有文采，为张香涛所赏拔，荐之顾子青学使，校文湖南，与阎季蓉交好。嗣经陈右铭荐入扬州书局；岑彦卿道扬州，一往干谒，彦卿因邀同赴京。迨赴任贵州，留龚南翘湖北，俾应乡试。顷由湖南赴黔，践岑彦卿之约也。其年仅逾三十，而从张曜至玉门关，留其军三年，又从张香涛游，其见闻亦稍广博矣。阎季蓉称其好天文星历之学。略聆其议论，盖所观星度之书，于步算之术似尚非所习也。晚次，易兰生及兰森过谈。接到张子镕一信。

廿二日。接盛展奇、汉舟、蟠西三信。又接刘小山一信，并呈地图一纸，云在道林桥西下，下泥港北上，为袁姓祖山，亦不详其地名，惟其主山为大泥山，本山左砂为黄蜂嘴而已。易叔辉回家完娶，便寄易梯衢、罗麓生、盛展奇、吴晴研及笙叔、汉舟、蟠溪各信，交叔辉带县转送。寄还志稿三本。自回家后距今二十馀日，所寄志稿校阅者仅此。麓生、笙叔皆非能胜事者。此志之成，殆无期日矣。

廿三日。与傅青馀、杨性农、李次卿、朱宇田、张力臣公饯朱肯甫学使（初）〔于〕曾文正祠。吾以病免家居，不乐酬应，不赴席，而致肯甫一书，兼以一序赠之。曾介石、罗小垣、瞿景伊过谈。接子瀞九月卅日信，知已委海运帮办，仍兼办宁波厘务。并接龙树堂、萧学臣二信。学臣亦萧衡士之子也。

廿四日。接健甫信，并索取张力臣所藏《理瀹骈文医书》。力臣以由扬州交盐船携带，及今未到为辞。随复健甫信告之。左锡九、朱香荪、杨性农过谈。性农见示斌笠耕诗集序，崇星阶方伯之尊人也。性农曾与彭春农、吴兰雪诸君宴饮其家，所谓淡园者，亦名听庄山庄，距今四十六七年，言之历历，亦在省近作也。视送邵汴生、朱肯甫两序为佳，情事本有可叙述也。因言近建移芝讲舍，祀乡前贤冀元亨、蒋信，并王阳明之门人也。晚复张子容一信。

廿五日。接曾劼刚信，并译示（库尔伯）〔库伯尔〕叙《名人相册》，首列鄙人小相，附录事迹，劼刚因用洋印拓寄数纸，亦不知其何意也。又接星陔叔一信，并寄志稿三本，讹误满纸，李淞舲及商农校对，全无纠正，惟用俗书谬改《说文》正写而已，竟未知笙叔、麓生在局安所事事也。延医士黄石臣视病。张力臣、黄子寿偕至，久谈。

附　录

照译西人库伯尔叙《郭侍郎小传》

公名嵩焘，西人多称之曰郭大人。嘉庆末年生于湖南，稍长而掇科第。咸丰年间，由翰林院编修派在南书房行走，入值禁掖，密迩天颜。莅任广东巡抚、兵部侍郎兼总理衙门行走。为人和厚，蔼然可亲，外文明而内刚健，胸怀坦直，使臣罕有其比。华官遇事每多畏缩推诿之弊，公独不然。但使稍加圆通，则其见用于国，当不止此。惜乎命途多舛，如居汤沸之中，而为疑谤所丛。无知腐儒，畏而恨之，使公去位，不与同商国是。光绪元年，幸蒙圣鉴，简派驻英钦差大臣，盖创举也。莅任甫二年，其胜任愉快及尽忠报国之处，虽未必见察于本国之人，实为西人之所共谅。先是华人在亚墨利加、澳大利亚及英属各地，皆为人所轻鄙。自郭公出洋后，乃使西人有敬爱华人之心。于郭公之回华，同声怅惜，盖自有各国使臣以来，无如郭公之可爱可敬者也。

廿六日。复笙陔叔信，并发回志稿三本。所寄到者皆毛杏生缮写，疵谬百出。李淞舲及商农校对，一无纠正，见之愤闷。裴樾岑、周荔樵、庄翰堂、钟漱芝及书堂过谈。询问荔樵天元斋情形。王石琴廷植，吉安人，任川东道，为骆龥门中堂所抑，谢免，流寓湖南，以贸迁为生，年六十馀矣。周幼安任江津县正，为其属吏。至是与荔樵为姻亲。前聂亦峰夫人为陈氏女作伐者，其次子也。至是稍觉其非宜。接李寄庐龙阳县一信。

廿七日。瞿景伊赴武昌，寄李筱荃制军一信，并缄寄子美军门，托筱荃转递。晚邀裴樾岑、张东墅、吴云谷、陈右铭、盛锡吾、朱香荪、张力臣及意城晚酌。本为约杨性农留候樾岑，故及早一邀，不虞性农一见樾岑而遽行也。右铭亦赴平江展墓，未与宴。锡吾借与地球大图二幅，仆人严升自相授受，不一回明，其不得力如此。意城约赴杨梅山展墓，因邀何永清、田蓉溪二人同行。意城自以焚黄宜相礼，二人者并通知地学，意思营治墓道，审定其宜否也。

廿八日。袁予文偕同田蓉溪见过。张禹珊、罗小垣随至久谈，述及江西盐商控案，与力臣所述参差。黄正斋、王梦虎旋过谈。

晚邀田蓉溪、何永清、钟漱芝、张鹤臣及易淑子小聚。鹤臣已归，而吾不知也，入座后询知之，亦遂不复往请。闵惺吾见示张掖廷信，以举报一节孝未及岁，属由我发交志局。此举亦费周折矣。因告闵惺吾，属其径送志局。

廿九日。陶幼瑜枉见，其神情绝类陶仲瑜，和平通达，亦今时良吏也。与意城同诣杨梅山展视先光禄公及太夫人墓地，邀田蓉溪、何永清二人偕行。至柏叶铺，日已夕矣，急行十五里，宿小干塘冲庄舍。

十一月

十一月初一日庚午。意城以庆藩侄捐请覃恩从一品封典，展墓杨梅山，并行焚黄礼。因偕田蓉溪、何永清周环省视。二君并以为结咽开面，取夹耳砂（湾）〔弯〕抱为证，葬法无以逾此。张兰渚、曹务成并以置买庄屋事就谈。穴旁一小塘，并后围茶园，皆谋收取，为培植坟茔之计。但未卜张氏诸昆能定议否。回至渡头铺住宿。

初二日。询知店户吴姓，其父锡先物故未久，年七十馀。有刘姓者，亦乡人，挽一联云：葭末仰崇晖，记羔羊春酒，蟋蟀秋灯，竹坞稻村添乐事；桂宫寻旧约，怅烟雨红楼，莺花紫陌，蜺旌鹤驭快仙游。爱其吐属清丽，殆亦生员之秀出者也。自柏叶铺以东，见山势皆自北而南趋，水皆上流，至望城坡，出岳麓山之背。乃知岳麓山脉西界之水出剑家河，东界出龙王桥。刘文恪公祖茔，上踞仰天一湖，则岳麓山脉贴后一大嶂角也。省城寻地者，专向省龙、岳龙两处。岳龙自柏叶铺展嶂，折而东南行，结作必多，似胜于省龙也。道接易淑子一信。抵家后，急将淑子信并加信致李玉阶中丞。所关人心风俗，亦不能不为转达也。能定和尚、闵养吾、张力臣及书堂过谈。力臣述及任星田太史之言云：过天津，合淝伯相语以洋务不可不考究，论及鄙人知洋务为深，湖南人时有异议，实苦不知耳，戒太史宜时相就求教，他日尚可为国家少当事任。力臣因属以此言不可以语人。吾谓合淝伯相具经营天下之略，精神四照，其戒太史之词，直欲借以提醒此一辈人，俾知省悟，却为张力臣一语遏抑。故尝谓张力臣论事能见到小处，如此之戒太史，即所见之小处也。小处未尝非正，然于大体大用处终有间也。黄子寿论事见到偏处，偏处则有正有不正矣，然亦自备一说。李仲云则只见到邪曲处，所爱即袒庇，所恶即訾毁；袒庇、訾毁，虽正亦邪也。得势则迎合，失势则揶揄；揶揄、迎合，虽正亦邪也。以玩弄炫其聪明，以倾挤怙其权势，无之而非邪也。坏乱风俗人心，仲云允尸其咎矣！

初三日。李召棠偕李丽源、李麓渔乔梓来见。熊干庭、瞿受之及汉舟、箴士、玉舲次第枉谈，遂尽一日之力。熊干庭经理合义围堤工，因致吴晴研、邓云程一信，托其照料。并复李春渠及笙叔、秉文三信。汉舟亦带到罗麓生、吴晴研及笙叔三信。晴研又代觅厨工甘春和，随同汉舟来省。罗麓生来信辨正《楚南水道考》，据安化敷溪江为泚水，以为敷溪江自入资水，不得别为泚水之名。泉交河源流皆自别于资水。是所谓泚水者，泉交河也。其言甚确，因急改而从之。

初四日。阅李次青《平江九君子事略》。朱子帅潭两月，平江之士，闻风兴起，如此之盛。而湘阴无闻，亦殊可怪。一曰李练溪儒用，二曰吴阳坪雄一，三曰邹孝行锐：三君皆受业朱子之门。四曰许仲明炳，五曰方连云暹，六曰毛竹间友诚：三君皆从学李宏斋先生燔，方连云并从学黄勉斋先生干，毛竹间并从学康叔临，谢上蔡之门人也。七曰鲁宝潭仕能，八曰方叔行锐，九曰万子静镇：三君并从学饶双峰先生鲁，方叔行亦从（事）〔学〕李宏斋。自元时已建立九君子祠。次青又考得李良仲杞及李雄并著《朱子门人录》，许春伯应寅从游李宏斋、饶双峰两先生之门，又李草堂燔从朱子游：凡四人，补入《九君子事略》后。亦可谓极一时之盛，他邑无能及者。黄次珪、黄子寿过谈。

初五日。陆心农、储鹤乔、胡佑生、张力臣次第过（次）〔谈〕。鹤乔为储友石犹子，以军功起家观察，候补贵州，其营至是裁撤。询知带兵十五年，罕至省城，于营务处亦无周旋，所以裁撤。因此闻武闱已于今日出榜，外间竟无知者，武科积轻之势然也。沈幼丹请停武科，极是正议。政府诸公无知列朝掌故者，遂惊为异论耳。复周昌辅一信。

初六日。接闵新吾及健甫二信，中叙志城病症，可危之至。袁予文属题《三友图》，为罗汉三，一长眉，一伏虎，一布袋和尚也。张力臣诗云：长眉大腹任天游，威力全凭竖指收。罗汉如林谁取益？知君下笔有阳秋。　去年高会平山堂，长老犹谈选佛场。泥佛过江云落尽，又从图画感沧桑。注云：长眉者名哎陀罗，大腹者名迦理迦，伏虎者名苏频陀。扬州法净寺佛像残缺，与平山心上人谋重塑之。意城诗云：杭州昔访云林寺，揽胜先登罗汉堂。五百应真如旧识，姓名约略鬓眉苍。　罗汉神通都广大，问君何独取三人？援儒入墨休相笑，领取千年住世身。予亦为题一律。朱香（生）〔荪〕、罗小垣、陈杏生次第过谈。

初七日。复寅伯、健甫二侄信。以意城赴县之便，寄罗麓生及笙叔一信。接殷丙儒、王希周、韩干廷信，并以数语复之。偕罗小垣赴田心桥相度周连城所送地，脉自盘龙山与省龙分枝，此为尽尾一穴。旋至罗家冲，留宿小垣家。大风，寒甚。

初八日。与小垣登其屋后山，观其太翁葬地。罗家冲为外明堂，极宽广。小垣住宅地势极佳。询知流传自明世，已三百馀年矣。以受早风，又困于酒食，大吐。又偕小垣回省。至歇马岭，观省龙行度甚佳，过峡处兼带仓库。邹连城祖墓在山旁，四面南向，以龙行处另出一小枝作岸，葬法甚佳。是日寒尤剧。甫回家而李玉阶中丞至，久谈。接周丽生及笙叔、达山三信。意城见过，始知以大风未能赴县，所寄麓生、笙叔二信，亦未递去也。

初九日。偶检书篋，得醴陵各家诗。一南醴贺增闻《醒痴园杂录》，为所自书本，书法秀劲可爱，似熙、正间人。一、兰溪瞿榕晚翠《傲松轩诗》首、二卷，嘉庆间人。一、迁陵李家骧云门《行篋小草》；又辑《人琴志韵》一卷，则录其姻亲胡嵩龄月坡哭其兄虞门诗，云门因遍征诗以志痛也。一、汪鉴莹轩《驱饥小草》四卷。并道光时人。一、《汤石岑遗集》，石岑名天焕，举人，以清节赏内阁中书，乾嘉间人；至咸丰时，邑人龙元始以付梓。一、张轩岱海峰《翦秋山房吟草》，则仅有钞本，其诗才似较胜也。潘小农来见。涂祝三、朱香荪、胡佑森次第来见。涂祝三年老耳聋，为诸生四十馀年，言三书院积弊甚悉。

初十日。接曾沅浦、张寿荃及达珊、子桂各信。寿荃、达珊信并由孙君诒带到。君诒自粤归，闻方病，未出门。朱肯甫、任雨田、庄翰堂过谈。是日冬至，而天忽晴霁。一冬无雨意，于时令亦未宜也。

十一日。阅龚宝琢南翘、朱文通次江文数通，以朱生《矫谀斋记》为最胜。南翘之文客气太甚，不如朱生。黄昌期、裴樾岑、彭丽生、袁予文、田蓉溪、姚庶侯、萧子纯、龙砚仙、张力臣过谈。竟日奔驰，自顾无谓。砚仙纠正鄙人评校《史记》之文，精辟过于宿学，未易才也。丽生见示所著《易经解注传义辩证》，博征诸说，断以己意，亦集易义之大成矣。所著诗文亦绝佳。吾楚学问涂径日辟，老成后进，相望而起，为之神王。

十二日。王阆青、易晓亭、龚梅生、张惠吾过谈。阆青方谋入都陛见，与谈甘肃营务甚悉。朱香荪为代撰张菉潭寿文，及张超堂编辑张氏谱序。据香荪信言，并其子次江代拟。视其文笔，谱序仍香荪作也。其寿文太冗长，稍节存之。终日为酬应所苦，率十馀日不一亲书卷。曾文正公有言：古人之暇豫如彼，吾生之忙乱如此，终知其无成也。

十三日。陈右铭、杨子介过谈久坐。李烈堂大令名大绪，老吏也，所持守颇正，于中丞为乡人，予素闻其贤，而未能一见。右铭兼述及朱心田观察行迹，陆心农妹婿也；储鹤乔得其一书，谋献之中丞，为右铭所阻。太史公言：吏道杂而多端。吏道之杂，无若今日，此等亦无足怪也。是夕购置袁姓宗祠菜园，其经管为袁致堂观察，从中说合则范九畴、马少礼、谭春溪、杨瑞堂也。

十四日。开示潘小农十二条：一、结案，为百姓了事，造福无量；一、严治盗贼，缉拿痞匪；一、约束书差衙役，不可轻听其言；一、书院生童，急宜整顿，当威惠并施；一、前县提用捐款六百四十八串，宜缴出；一、忠义局盛青霞散捐钱一百二十馀串，宜饬令呈缴捐局；一、汇存缴未足数，各捐户宜分别退还，其挺身具控者却不可退还，宜罚充善堂公费；一、前县收押各名，宜速开释；一、接印之日出一示，到任三日出二示，又出三示，使人民皆各晓然，即政化流行矣；一、做官实事求是，以毫不欺饰为本；一、百姓最易感化，尽得一分心，必有一分益处；一、存心了事，使百姓免累，则种德自多。此为吾县第一要紧关键，吾不可不一言。默察潘君为人，恐尚未能及此也。孙君诒过淡，语及丁雨生在家气焰之盛，而后知吾楚崇官抑绅，由来久远，未测所由。沈幼丹于此犹有绅强官弱之言，岂不可叹。

十五日。潘小农过谈，论及县事，心慑李仲云之势，多所迁就。始益知李仲云坏乱人心风俗，其大患全在交通官吏，真一时之大蠹也。旋邀张力臣至，语其事，力臣益述及潘君为仲云所胁，其力量真不可及。晚邀王阆青、黄昌期，王梦（递）〔虎〕、刘竹亭、彭仲莲、张力臣小酌。李伯伦回县，托带志稿四本，并致罗麓生及笙叔一信。又致吴晴研一信。旋接笙叔信，并寄到志稿九本。

十六日。接彭丽生信，论烟禁宜严立章程，非鄙拙所能任也。夏子常过谈，为储鹤乔代乞为其尊人铭墓。晚邀黄正斋、周幼安、俞竹君、任雨田、瞿子玖、孙君诒。子玖不至。往时在京曾一请之。自闰三月抵家，至是两请之，皆不至。吾戏语雨田、君诒：子玖义不食周粟。盖亦知老朽无能，为时所弃，可以容其玩忤也。

十七日。袁予文过谈久坐。晚过朱香荪，晤陈尧浦。彭丽生以书告辞，极论禁烟事宜。吾因语以用法之宽严与收功之迟速，此时与道光之世实远不同，非可以一隅之见、一时之见为利病者，强行之今也。丽生所见与罗研生正同，皆所（以）〔谓〕书生目论者也。

十八日。张子健自澧州来省，带到衡叔一信。又接江芾生京师信。瞿子玖过谈久坐，言及浏阳欧阳节吾中鹄极肯向学，诚笃士也。于乡人得欧阳节吾，于官人得李烈堂大绪，现任溆浦县，稍令人意醒。复罗麓生信，并寄回志稿五本。兼寄蔡竹泉一信，以杨子介为其女媒说湘潭王理安，极贫士也，而读书甚富，不必能养其妻，而其人才固尚可托也。

十九日。刘赞廷、罗小垣过谈。赞廷，湖北人，官县丞，习星家言，为曾沅甫所赏；五年前曾与小垣会于敝庐。一见能举小垣名号。予则并赞廷履历亦忘之矣。会谈两时之久。天寒日短，忽焉已夕。终日困于酬应，颇怀汲汲顾景之忧。闻沈幼丹于此月初六日物故。人才凋落，国本尤虚，颇以心伤。甘大回县，便寄罗麓（山）〔生〕一信，并致吴晴研及寅伯、健甫二信。

二十日。朱宇恬过谈。接喻叔芸及达珊二信。陈右铭告知新学使陶子缜已至，朱肯甫廿三日受代，廿八日启行。乃与约廿四日一谈。黄子寿五十生辰，张力臣集十人各为一诗，作十幅屏遗之，予亦为七律一首。

廿一日。笙叔自县回，带到各志稿，并询问志局事宜。因寄罗麓（山）〔生〕一信，指示其大略。周良臣枉诗论县城近事。诗不能佳，而县城风俗人心，于此亦可得其概矣。王阆青、夏子常、张力臣、杨墨林枉过久谈。穷日夜之力，饥疲已甚，为此无谓之周旋，心甚苦之。王阆青求为宝佩蘅相国道意，吾方病免家居，言之何益？为致周桂坞一书，托其转达。笙叔又递到李玉森一信，并寄到所著《言易录》一帙，任荆门州时与诸生戴锦标讲《易》所编次者也。

廿二日。箴士来见，知笙叔专足赴县，因寄吴晴研一信。过龙皞臣、砚仙。赴陶少云喜筵，未及见，见其西席胡子正，四书文用王游体，而气势轩昂，有飞腾之象，其应经课学书、计赋二篇，尤沈博。其年方逾二十，未易才也。子正兄弟四人，并有文名。其父胡蓟门，随父任广东，出陈兰浦之门，以故深于经学。三世科名仕宦，而胡蓟门独以诸生早卒。子，长者元仪，字子威，亦治经；子正第三，名秉直，亦治《说文》，而文辞典赡，过于其兄。朱肯甫学使并深赏之，开校经堂，首录送元仪兄弟。观肯甫选刻《湘英文挹》，一时才俊，擢拔无遗。所知若左调元、萧大猷、陈嘉言、陈皋嘉、吴熙、何卓英，并极一时人才之选。

廿三日。为梁姬生辰，亲友女眷贺者十馀人。追念父母年逾五十，不过夜一治面，款待亲友而已。以予仕宦远归，推及其家室。非分之承迎，对此为之增惧。张惠吾、刘朗山、张鹤臣来贺，因留共易淑子、杨瑞堂面食。晚诣刘韫斋中丞，语及时事，言：封疆大吏，无论才品何如，要当有威，使人知畏。王夔石亦有才，然其意在宽假属吏。人知其心境所属，则相与玩视之。至邵汴生，而威益亵矣。湖南十馀年吏治军政，风俗人心，颓败不复可言，其根源在此。所言至为有见。晚接彭丽生信，并寄示《家约》三条：一曰食菜约，二曰服饰约，三曰却馈约。均足为居家裕后之法。

廿四日。复彭丽生一信。接陈船斋、喻卓然名文俊，宁乡人、梅子宣及子容各信。大率干泽求馆，为分外之要请，心实苦之。午邀朱肯甫学使、陈右铭、张力臣、朱香荪及意城小酌，意为肯甫饯行也。肯甫设立校经堂，甚为美学，然其意在位置一二相赏识者。与规久远之计，若惟惧此权之下移者。然后知阮文达公设立学海堂章程，距今七八十年而规模无改，其意量远大，非近人所能窥见也。右铭述及李玉阶中丞之言，于冒小山、於桐轩皆有微词。然冒小山实有办事之才，得贤者驱策之，使尽其用，固优于人世之阘冗者也。

廿五日。诣寿星街菜园相度地势，计横长十三丈五尺，直长十二丈五尺，前后寿星街、孙家桥两处街道，均极僻陋，盖亦颜氏之陋巷也。冒小山过谈。曾岳松自京回，亦过谈。晚邀周步瀛、蔡静庵、刘赞廷、高菊生、刘朗山及笙陔叔晚酌。江督沈幼丹初六日物故，吴子健亦后数日丁母忧。大吏同时出缺。而闻沈幼丹先一日自具遗折，延将军至，亲授之，且曰：此折即于今日拜发，候吾殁付驿驰递。所以必亲授者，恐幕中诸友不敢发递故也。闻其中颇诋李筱荃挟私意以坏乱二百年国家之成法。幼丹刚直可敬，然于盐务实无整顿，则亦坚持意见之过也。国家求此等人才，亦殊不易，于鄙心实深怀惋惜。

廿六日。微雨。郁热数日，至今未解。检视福建寄回各书箱，穷一日之力。遣杨瑞堂赴杨梅山相度张兰渚田屋。朱香荪、孙君诒过谈，以孙公符之意，求为其丈人、太平县令劳君大庆求调济，乞致书曾沅甫，兼述及阎丹初中于太平绅刘笃庆之言，几与劳君为难，又经御史李蟠劾奏，沅甫虽有意提挈之，而不能不有所瞻顾。信然，则区区一信何益？家居专为此等酬应所苦，无力能谢绝之，亦由力量太薄之故。

廿七日。接张勉斋信，知其父希槎已改就贵州黎平府馆，将由新宁赴黔也。冒小山过谈，于李玉阶中丞处已解说无异言。罗伯翼及育之次第枉过。育之自衡局回家，并致陶又瑜之意，以所住西门房屋不乐腾挪也。张力臣属书《送朱肯甫序》，敛各家诗文为一册，以馈其行。予为题其额曰：星轺志别，意城以篆文书之。晚次袁予文、彭仲莲、黄杭生、盛耀堂复枉过。穷日夜之力，供奔走酬应而已。盛耀堂带到罗麓生、盛展奇及健甫三信，吴松岩又专足寄到一信。

廿八日。接曾劼刚重九日寄示复合淝伯国一信，论出洋肄业生徒之无益，极中窾要。末言崇地山与俄人定约界分山南地，英、法相与诧异讥讪，日闻其声，至当面嘲诮，无词以（唐）〔搪〕塞之。崇地山之误国取辱，亦云至矣。直无如总署之不能省悟何也？并接李丹崖寄到德国新刻舆地图一册。黄杭（州）〔生〕求为朱宇恬关说，遣人探问，宇恬以宴客辞。而张东墅适至，语及黄杭生质性之乖异，稍不适意，则相疢怨无已。然则吾与宇恬此次均当为所构怨矣。是日雨，风，稍凉。郁热久而不解，至是始风。中土天时人事，相为乖舛，至是益悟天人相感之理为必不爽也。

廿九日。曹润生、朱禹田过谈。润生自述为曹星槎胞侄孙，吾初不知也。与禹田论盐务事宜，因历数办理督销诸公，以唐砚农为最下。李仲经开销日烦，变乱旧章，颇为盐法之累。曾文正公创立湘岸，湘人受益不少。历来办理督销，使真有一二不营私、不徇情者力加振作，湘岸规模必日有起色。而曾文正公于此，精神亦多有贯不到处。吾曾为文正公力争，终久承其累。末流之气运，事事皆然，足为一慨。

三十日。施星南、李健斋过谈。星南令黔阳，其父施绍文，粤吏也，吾亦尝嘉其诚实。星南在京馆邓双坡处，亦曾有一面之识。晚为刘韫斋前辈招饮，同席周步瀛、左锡九、朱禹田、李仲云及意城。韫老言丁秩璜在四川、岑彦卿在贵州，皆近暮气，而遂以生骄心。凡骄心多出于暮气。自视已足，一切惟所施行，皆暮气也。朱肯甫亦犯此。因论其濒行，以讲官例视三品，邀抚臣寄请圣安。新学使陶子箴至，传谕两县，强各官出城迎接，亦皆用其暮气以生骄者也。所言亦自有意味。晚接刘荫渠、黄芷田二信。

十二月

十二月初一日庚子。寒。陈树仁赴湘阴，寄罗麓生、吴晴研及子容三信，并校定志稿四本。陈树仁就便诣丽思塘，兼寄寅伯、健甫一信。易淑子问《史》《汉》疑义。一、黔首黎民之分。——据《说文》：黎，履黏也。故常疑《禹贡》厥土青黎，亦有黏义。《尚书孔传》：黎，众。《玉篇》：黎，众也。应劭《汉书注》并同。黎民犹言烝民，以众多为训。蔡《传》训黑，则黧之假借字也。古覆发之继用缁，不独秦然。名民曰黔首，贱视之，亦不为水德之征也。　一、始皇赭湘山，又望祀虞舜九疑。——楚词湘君、河伯，只谓水神；湘夫人以配湘君。自唐以前，言洞庭者统于湘水，《水经注》可证。则楚词所谓湘君，即后世之言洞庭君也。湘夫人，赅众水言之，明九水之统于湘也，于义固亦有取。秦博士之言至为无稽。始皇南巡，不越洞庭，其怒而焚湘山，于心实亦有所慑也。其后至云梦，望祀虞舜九疑时，亦祭禹会稽，犹典礼之正者，未必遂为悔祸。　一、丹阳，小丹阳。故亦有小长沙之名。——《史记始皇纪》：三十七年行至云梦，浮江下，过丹阳，至钱塘。丹阳在今太平府当涂县。汉武帝置丹阳郡，治宛陵，为今宁国府。因相承以秦故县为小丹阳。《三国吴志》吕范传：从孙策东渡至横江，下小丹阳。《后汉郡国志》但云丹阳隶丹阳郡。是《吴志》所云小丹阳，亦相沿为之名。长沙为汉临湘，隋始改名长沙县。州郡所治县，同名者甚多，不得有小长沙之名。《明史天文志》：轸南一小星曰长沙。或以此为名，亦未可知。又按《汉书地理志》丹阳郡下丹阳注云：楚之先熊绎所封。误以南郡之枝江当之，甚误。不解孟坚何以有此失。　一、问秦岁首不称正月，仍称十月。——《古文尚书》称元祀十有二月，于是有谓三代正朔不改月者。然《春秋》实用周正纪月，左氏《传》：火出，于夏为（四）〔三〕月，于殷为（五）〔四〕月，于周为（六）〔五〕月。尤其明证。秦自昭襄王僭称帝，已用十月为岁首，《史记》叙述甚明，不始于始皇并有天下以后也。殷周以来，列国诸侯奉正朔，奉其朝贡之期而已，而皆相沿用夏正，是以秦时改用正朔，亦但改岁首而不改月也。　一、问《春秋》书王正月，可见当时列国已有不奉时王正朔者。——《史记秦本纪》合之六国《世家》，皆用夏正纪时，其叙昭襄王以后事，则改用十月为岁首。推此言之，春秋列国用夏正纪时者多也。圣人作《春秋》，书王正月，所以尊周也。　一、问高祖、项羽皆纵观秦皇帝，想所以代之，由始皇奢靡道之使然。——天降下民，作之君，作之师，惟曰其助上帝，宠绥四方。是以万方有罪，在一人而已。三代圣人，实以一身兼教养之责。竭天下之力以奉一人，自秦始。先儒论汉高帝不能返三代之治，而袭用秦法，至为确论。嗣是而益无复古之望矣。　一、论秦治之严。——三代之治，不能废法，要在以人行法而已。故曰：其人存则其政举。至秦而后，一以法钳制天下。庄生之言曰：游之羿之彀中。盖自衰周之季，列国争雄，而先王之遗法已早尽矣。故其盛也，涂附以享升平；其衰也，土崩瓦解而终至不可收拾。岂独秦二世之事然哉！　一、问建子建丑，何以名为春？——古人言岁功，多以星纪时。左氏内外传言之甚详。春夏秋冬，特虚为之名而已。周公作《豳》诗，用夏正纪月。《管子》书言春秋者，皆夏正也。故疑周时亦不废夏正。其以春秋纪事者，但虚为之名耳。

一、问古寺人皆刑馀，亦开后人奄宦之风。——据春秋之始，寺人披、寺人刁，已典兵干与国政。是以《管子》、《墨子》书并称竖刁自宫以事桓公。东周以后，典司宫禁者，不必尽刑人也。郑氏《周礼》注：奄人，古者从坐男女，没入县官为奴。似三代盛时，不应有从坐之法。《周礼》：内小臣、寺人之属，皆与祭祀、宾客、丧纪之事，可以为摈，诏后之礼事。亦不当属之刑人也。

一、问越勾践法：女子年十七不嫁、男子年二十不娶，父母有罪；秦商鞅令民有二男以上不分异者，倍其赋。——此其立法之意，在广生聚、增户口而已。二男以上不分异者倍其赋，谓有二男，即以一户而出二户之赋。则不能不务力作、勤生殖。非谓分异者可以减其赋也。并无杜渐防微之意。《礼》：父子异宫。亦未尝无别也。一、楚昭王命子西、子綦、子间为王，三人迎立君之子章，可云让德。——是时昭王军于城父以当吴。强敌在前，而昭王病。国无冢嫡，存亡之数尚未可知。其以命之子西、子綦、子间，非让国也，情有不得已也。三子者，于此宜有所不敢居。与公子鱼之让宋、公子札之逃吴以成乎让者，固不同也。　一、问范雎字叔、高相字季。——叔、季如今人之称行号。《宋史》杨么亦此类。《高祖纪》：兄仲。以仲、季为之次第，即因以为之字，亦是古人简易处。　一、秦阬赵卒四十馀万。——《史记》叙秦汉间事，言阬者凡四见。《始皇纪》：十九年之邯郸，诸尝与王生赵时母家有仇怨，皆阬之；三十五年案问诸生，自除犯禁者四百六十馀人，阬之咸阳。《项羽纪》：楚军夜击，阬秦卒二十馀万人新安城南。《赵世家》：赵括以军降，卒四十馀万，皆阬之。《说文》：阬，阆也。《玉篇》：阬，埳也。阆谓空虚，埳与坎同。《说文》：坎，陷也；陷，高下也。是凡有崖岸处，皆可名陷。此为人众难尽诛，蹙之坎中，使相蹴踏以死。《项羽纪》所谓夜击，阬秦卒最明显。《白起传》：挟诈尽阬之。计亦不过乘夜蹙之而已。当时必另有阬法，以为杂处秦卒，则非也。　一、问拜爵始于秦。——秦之纳粟拜爵，虚衔也。汉诏赐民爵户一（给）〔级〕，犹后世给冠带之例。入资为郎，始自汉时。《史记平準书》：诸买武功爵官首者试补吏，先除。即今制所谓尽先补用者也。武帝之买武功爵，滥矣。而张释之在文帝时以资为骑郎；司马相如以资为郎，事景帝。是入资补官，自汉初已然。　一、问李斯焚书。——秦、周之际，异学争鸣，皆各假《诗》《书》为说，以言二帝三王之道。李斯之文，亦周秦诸子之流也。其令藏《诗》《书》百家语者悉诣守、尉杂烧之，名为愚黔首，其实欲自擅其学，犹其害毁韩非之本心也。　一、问子房谏立六国后。——

《史记高祖纪》：二年，更立韩太尉信为韩王；三年，项羽破荥阳，虏韩王信。《留侯世家》叙汉三年项羽急围汉王荥阳；与郦食其谋挠楚，权立六国后，张良为八不可之说阻止之。韩王信之，从高祖，其时并未有分地。郦生之谋挠楚，权欲使六国各王其故地，交相牵制耳。高祖经营天下，亦断不为此计。史公好奇，于留侯传详其事，而不入之本纪，亦足证其非事实也。留侯心知六国无可复兴之望，其佐高祖平天下，拨乱世而返之正，岂区区私一韩以为忠哉？　一、问高祖分羹，与乐羊攻中山啜其子之羹，其忍加甚。——高祖枭雄，未宜以常理测之。此等皆不足置辨。　一、问高祖两夺韩信军。——楚汉之际，君臣之分本非素定。韩信之不忍畔汉，亦自以汉王遇我厚，功又多，必不夺我齐；而其时蒯通已决知高祖之必不能容，正惟当时君臣各以利相结，本无素定之分故也。韩信之用兵，古今所无。《史记》两叙汉王夺韩信军，亦恐非事实。夺其军而能使信不疑，高（汉）〔祖〕之用尤神矣。信者，人杰也。高祖能知而用之，而操纵如意，无所谓衅也。一、《史记》八神，一曰天主。西洋天主教托始于此？——八神：天主、地主、兵主、阴主、阳主、日主、月主、四时主，各主一义。洋教则惟敬天而已。天主二字，由中国人代为之名，非其立教之本名也。　一、问《书》序武王十有一年伐殷，偶误三为一。汉孔氏遂谓十一年观兵，十三年伐殷纣。太史公因之，讹谬相承。——《史记》叙武王九年观兵，十一年伐纣。据《洪范》称：十有三祀，实在克殷后二年。是《史记》云十一年者是也。自汉儒者言文王受虞、芮讼而受命称王，是以武王嗣位称九年。上古传疑，无凭查考，亦正未可以后世君臣之义论之。　一、问武王铭履屦。——盘盂刀剑之铭，皆镂而刻之。未知履屦之铭何所施，当是铭之著履之器。一、问赎刑不便于贫民。——马融曰：

鞭作官刑，为办治官事；扑作教刑，为教官为刑者；金作赎刑，意善功恶，使出金赎罪。似《虞书》专主在官者言之。《吕刑》之云疑赦，始遍及五刑。上古之人心不同于后世，而情事固不甚远。金作赎刑者，所以养士大夫之廉耻。今例徒、杖皆得收赎，为所□□轻，可矜恤也。后世见道不明，而持论益高，反用以为议，非也。　一、问尧崩于癸未，丙戌始为舜元年；舜崩于癸酉，禹亦至丙子为元年。——《史记·五帝纪》：尧三年丧毕，天下归舜；舜三年丧毕，然后禹践天子位。似殷制君薨，百官总己以听冢宰，为上古通行之礼。其时舜已登庸，而禹宅百揆，位司空矣。君薨，当总己以听，三年丧毕乃践位也。　一、问夏后泄为世宗，为庙号肇端？——《虞书》言文祖，言神宗，由来久矣。　一、问朝鲜未入版图，武王何以封箕子？——箕子朝周，过殷故墟，宫室毁圮，禾黍生焉，欲哭不可。何为而不可也？泰伯之都吴，箕子之都朝鲜，并以人心归之而君有其地，非周所得封也。据《史记》：纣（求）〔囚〕箕子，武王克殷，释箕子之囚。二年，问以天道。是箕子之赴朝鲜，在陈《洪范》之后，不得复有朝周过殷墟事。六朝文作宋微子《麦秀之歌》，似尚近之。　一、问周公居东在丁亥，其诛武庚在明年，仅止二年。——据《金縢》之文，周公居东二年，成王感风雷之变，迎周公。是周公反国后乃讨武庚。《东山》诗亦未知何时所作。周公践阼摄政，何以能避居东？诸儒疏解，终不能明。《通鉴前编》之纪年，亦未敢信为确据也。　一、问成王将崩，嗣子何以不入侍，而待逆之南门之外？何以作诰以诰诸侯，与三年不言不同？——《论语》：高宗谅阴。子曰：何必高宗，古之人皆然。所谓古者，谓殷以前。周公制礼，遂除此制。此亦可以观世变矣。以周公之圣，而二叔不免流言。周公审知：百官总己之制，万不可行于后世。《顾命》一书，乃周公创制大法，以明大一统即位之正。尝疑逆子钊南门之外，为正嗣子之礼。成王殡于正寝，嗣子不敢即居正寝，太保始传遗命而策之。南门者，即正寝之外门也。苏氏书传据此以为礼之变。成、康之世，天下大定。周公制礼，除谅闇之制，以朝见诸侯，明即位之正。礼之严莫严于此，曷云变哉！　一、问周幽王名涅，鲁惠公名弗涅，不避王讳。——《礼》言舍（别）〔故〕而讳新，毁庙之主不讳。穆王名满，春秋有王孙满。虽文、武之名亦不讳也。《颂》之诗曰：骏发尔私：俾尔炽而昌。古人之讳名与后世别，盖专为子孙奉祀其祖考，未若后世禁制天下以明尊也。　一、问诸侯僭王始于楚。——《史记》称：楚，重黎之后，立国虞、夏时，而云周成王举文、武勋劳之后嗣，封熊绎于楚蛮，封以子、男之田。是殆不然。周之封国，侯、伯二者而已。其为子、男者，皆夏、殷以前封国，至周而降封。楚居荆蛮，为王政所不及，自殷已然。春秋以后，楚与齐、晋争雄，而终无朝周之文，固未宜以僭王责之。　一、问春秋宣十一年，楚子、陈侯、郑伯盟于辰陵，其时徵舒弑君自立，所谓陈侯者何人？——左氏《传》明言：楚入陈，杀夏徵舒，因县陈，陈侯在晋。是徵舒弑灵公，太子午已立为陈侯，因楚县陈而后奔晋。圣人修《春秋》，必不以夏徵舒自立为陈侯而著之经也。《春秋》，大夫弑君，亦无敢自立者。此太史公之误。　一、问少昊名挚；帝喾为少昊孙，其子亦名挚。——三代以前，尧、舜、禹皆名，无所谓讳也。礼曰：周人以讳事神，名终乃讳之。讳始于周，亦至死而始为之讳。　一、问季札不讨弑君，左氏《传》与《公羊》叙述各不同。——《公羊》述季子之言：女弑吾君，吾受女国，是吾与女为（窜）〔篡〕也。女杀吾兄，吾又杀女，是父了兄弟相杀终无已时也。去之延陵，终身不入吴国。左氏《传》叙吴事差详，而自（昭）〔襄〕

公二十七年以后不复叙及季子，是《公羊》之言为信也。一、问周太史以赤云夹日当楚王。——云夹日，亦氛祲之属。见之楚，则应在楚。所占，云也，非日也，此不当泥。　一、问昭烈策张飞，后主诏诸葛亮，皆称君。——古人自称常曰臣，称人曰君，虽于其臣亦然。《史记·（条）〔绛〕侯世家》：此不足君所乎？《留侯世家》：吕后使劫留侯曰：君安得高枕而卧乎？武帝诏公孙宏：惟所与共为治者，君宜知之。诏严助：君厌承明之庐，劳侍从之事。并见本传。若此类者甚多，是汉时策诏称君，亦通辞也。

初二日。接焦赞城、樊延龄、易荇东三信，大抵求事求馆，多为不入耳之言以相烦渎而已。又有何玉亭、何泳生者，自云何春园之子，自广西回，求资助，即此亦见湘人穷困者多也。是日雪，寒。

初三日。普明和尚函诉张子健情形，始知前还给普明钱项，又为所吞骗，致迫年尽，不得还澧。张子健直是下流之归，无可培植。不谓张氏十七世生员，书香之后，如此沦落。大抵人才猥下，直无如何！其穷乏困厄，固非生人之所虑也。黄子厚、刘康侯过谈。始知康侯伦敦之行，为合淝伯相所阻，又以左季高加保赴京引见，始得此信，而保案尚未至，是以京师小住，仍即回南。并语及罗星潭上书论洋务，为朝廷特赏，发往合淝伯相处学习。彭器之承办洋布机器，购置二十五万金，仅缴及五千金，已有坐困之势。刘子迎世兄刘诒越现来南候补，并述及京师议论，尚皆以鄙论为允，由其决然求退，亦稍足平人之忮也。

初四日。为篪儿忌日，遣本含、本谋两孙行礼。意城见示周介封、周师郑及周昌辅二信，始知前为子湝阻止桃花坡鬻产，并连我名为之，至是始见其复书。此等区区不直一与闻，必欲阻遏其事，非原价赎取，亦无办法。意城率牵及吾名，而不讨论其本末，以求所以自处，徒费此无谓之笔墨，甚无谓也。陈右铭过谈，以其太夫人墓铭求撰文。晚与易淑子论《春秋》尊王之义。圣人明一王之大法，拨乱世而反之正，所志者，周公思兼三王以思四事之心也。后世之言尊王者不然，徒知秦汉以后尊主卑臣之制，以为王制不可以干而已。宋儒论齐桓伐楚，不责其僭王，而责其苞茅之贡，为避其重者。此不达春秋情事者也。春秋诸侯无一不僭者。邾、莒小国，亦皆僭称公矣。其居国赏罚自恣，无僭王之名，亦皆行僭王之事。楚自为荒服，为王政所不及。僭王之与僭公，均之僭也。圣人修《春秋》，明著其实，而用蛮夷曰子之例，但书楚子。独鲁之僭公者仍而不改，以为鲁臣不敢遽贬其君，而于晋、齐大国皆著其侯称。故虽存鲁公之名，而其僭公之失，自不可掩。此圣人之微旨也。至于鲁之僭礼乐，圣人固不汲汲纠正之，惟诸国皆习于僭，非所能纠正之者也。三代天子诸侯之尊略相等，天子为天下共主，以名相维系而已。终春秋之世，楚之与周，未尝有朝贡之文，则亦自处于蛮夷以自尊大。此其僭王，与诸侯之僭公又何异哉？世儒习见秦汉以后尊主卑臣之制，急贬楚以孤尊一周，而曰王制不可干也，是未知《春秋》之义者也。

初五日。罗伯翼面投袁予文一信，直令以所示为据，给与伯翼三百金。六七月来，挪借帮助，日时有之，却无若此之怪诞。晚邀李健斋、黄杭生、黄子厚、刘康侯、余佐卿及席山小酌。佐卿见示王逸吾条陈洋务疏稿，多至二万馀言，约分四条：一曰审敌情，二曰振士气，三曰储经费，四曰备器械。其言审敌情在厉军威，言振士气在经磨炼，亦时有中肯语，而于洋情事势，则全无当也。备器械亦常语。惟储经费所言多近实：一曰垦荒，二曰开矿，三曰汰冗员，四口杜侵冒。而于备器械，力陈四川机械局不可废，言既讲求制造，又以一人之言遽尔停止，朝廷不能自信，何以求信于人？数语最为扼要。

初六日。馀大回县，寄罗麓生、盛展奇、颜鲠臣、龚巘臣、吴晴研、邓云程及秉文各信。罗麓生信四条：一、人物收采太滥，而萧南筹、嵇月生反漏，应厘正；一、述古堂不能比校唐刻工，唐刻工承办省志，花销甚剧，述古堂无之；一、已捐未缴之项，未必能催缴，领存局款者，却得严催缴局；一、志稿应寄省。吴晴研信七条；一、完粮；一、拨付唐处钱三十二千；一、催缴耕心堂折；一、自冬节起，收还南门三槐堂屋租钱三十千；一、拨除六吉代办支祠祭费十二千八百零二；一、分给与祭路费；一、收土租等项；一、给熊翰庭（辛）〔薪〕力。年老气衰，一切都不记忆，略存其目，以备查验。接李次青信，推荐冯少坡。亦致余佐卿信，略论王逸吾二万言疏得失。张力臣、朱香荪、孙君诒过谈。香荪述及浙人沈砺卿国铦论王夔石之为人，每见使人怀惧。孔子曰：巧言令色鲜矣仁。人至不仁，而遂可以无所不至。又言张东墅每行喜旁趋，于相法不宜令终。其评论皆至允。

初七日。接龙树棠信，以石泉塅田石求售，报以一（书）〔诗〕：树棠诗老耸吟肩，不来说诗说买田。其田有塅有石泉，田百三亩屋一间，索价七百加一千。我欲买田苦无钱，又苦田塅不相连。人家有田连陌阡，我田星散不周全。有如齐州九点烟，收租粜谷费周旋。四月闹到九月还，一径闹翻半边天。倘然通到一条鞭，田价虽昂犹可言。东偏直走到西偏，纵云田好也徒然。开口价值大如天，说话说到牛角尖。一语还报不得闲，纷纷雨雪逼残年。无钱不必来看田。瞿景伊自武昌回，带到舒叔俊一信。

初八日。接罗麓生、张超堂二信。张力臣、罗小垣、黄杭生、刘康侯、胡浴生及笙陔叔次第过谈，遂尽一日之力。力臣见示潘小农禀报晋捐控案，极意开脱於桐轩，而归罪局绅，然要皆为之洗刷，办理尚为扼要。所最关紧要者，县城风气宜稍示整齐，非一二人屈伸之足计也。是日见《申报》：十一月望日，刘岘庄(回)〔由〕粤督调补两江。力臣谓岘庄与沈经笙为师生，情谊甚厚。闻之愕然。岘庄抚江西数年，仅一入京，而遽能营干及此，可谓能矣。然于江忠烈公所以相赏之义，未免违反。贤者固不可测如是耶？

初九日。裴樾岑、张力臣、俞竹君、余佐卿、吴松岩、方兰坡及育之过谈。熊绍香亦自县至。自朝至夕，以酬应为事，其苦万状。余佐卿述及刘伯固之浪费而济之以刻核，且谓其行径专取效曾劼刚，而劼刚之才具学问固不能逮，是以专得其短处，而不能得其长处。两家子弟，均无以上承先德，而文正公及孟蓉中丞之学识超出一世，一传而已，不足以厌人心，使此心为之怦然，亦重以自惧也。黄杭生述及现办保甲事宜。颇为推论其节要，属晋谒中丞申论之。而据其所述，深乖鄙人旨趣，乃为一书，言之李玉阶中丞。

初十日。接曾劼刚信，开示崇地山与俄国议定条约十八款：一、交还伊犁；二、中国恩赦伊犁居民；三、伊犁民愿迁居俄国出籍者，准照俄人看待；四、俄人在伊犁置有财产，准照旧管业；五、交收伊犁之事，由左相与高福满掌办；六、中国允还俄国兵费卢布五百万元；七、中国接收伊犁后，其霍尔果斯河西及伊犁山南之帖克斯川归属伊犁其交界有图说；八、塔城界址稍有改移其分界有图说；九、两国交界之处派大臣勘定，设界碑；十、除伊伊犁、塔塔尔巴哈台、喀喀什噶尔、库库车照常设领事外，现在添准在嘉峪关、乌什、哈密、土鲁番、乌鲁木齐、古城各处酌派领事；十一、领事与地方官会办公事用信函，待以客礼；十二、俄商在蒙古、天山南北路贸易，均不纳税；十三、设领事官处及张家口，准设行栈；十四、俄商运俄货走张家口、嘉峪关赴天津、汉口，过通州、西安、汉中等处，其运土货回国，仍用此路；十五、此次通商章程，自起批之日起，五年后修改；十六、俄国愿修税则。将下等茶税会商总署，于一年内酌定；十七、边界牲畜偷窃，声明旧约追还，官不代赔；十八、约定画押，由两国批准后通行，以一年为期，在俄京互换。崇地山收回伊犁一空城，竟举天下大势全付之俄人，至是而益知总署诸公之罪，无可逭矣。刘康侯、李健斋、何永清、李召甫、张鲁堂过谈。曾劼刚招康侯赴伦敦，接充余佐卿随员一缺。予为详及使馆情形，劝往应之。随员支领公费有常程，劼刚之横暴亦无所施也。

十一日。大雪，寒甚。余佐卿过谈。以易淑子将解馆回湘，熊绍香复至，治席款之，兼邀张鹤臣小酌。书致李玉阶中丞，推论保甲及禁烟事宜，得其回信，仍以选派绅士二三人住局为言，意在求通民情，而不知其实无益也。惟允令裴观察督办保甲一节，或冀稍有裨益耳。

十二日。大雪，寒，凌。瞿景伊、笙叔、意城过谈。接子湝江西信，始知贺云湖已至江西就养，其世兄现任南昌府也。黄杭生、刘康侯并枉书，专托达意朱禹田。康侯事顺理成章；杭生则专务自便而已，不度人之能行与否，令传言者亦穷于立论。

十三日。张力臣、刘康侯、言湛甫过谈。湛甫在江华以洋银四元购得楠木一株，其大数抱，可制为四板棺具者三。其生在瑶洞，丛山峻岭，须用巨木填坑谷，乃能递运而下。运至江华小河。所费已七十馀元矣。并言瑶洞楠、梓二种，皆木中上品。梓木色红而坚，独杞木差小，而坚更甚，不中器用。所以与楠梓并称，必称其大者，大约非数百年不能成巨抱也。楠木有黄楠、乌楠二朴，乌者最良，香亦独胜。为刘康侯、黄杭生作书与朱禹田，禹田以病辞不回信。而康侯为健斋谋接管黄云岑一营，云岑实无销差之信。其下如戴午峰登高诸营，皆小武员为之，不足经营。据张力臣言，吴诚斋观察自发统带西路三营，已定计赴都引见，当自谋之陈贻珊。贻珊老于营务，各军进退皆由其主持，所论各种情形，想不误也。寄罗研生一信，托罗小垣觅递。

十四日。罗麓生、盛展奇、李育之并自县至。朱宇田、刘康侯、李健斋过谈。接欧阳伯元、盛耀堂及芋庵各信。伯元录寄沈幼丹遗折，所言铁甲船一事而已。其意以为日本用兵，未宜轻发，当俟购就铁甲船乃可议之。未知所见止于此耶？抑忧廷臣之议用兵，而姑以是缓其谋耶？中国此时万无可用兵之理，其要在求人才、清吏治、裕国计、通民情，以自饬于根本之地，遗疏顾不一及之；舍本而求末，据一隅之见而忘全局之忧，徒足以贻误朝廷，而益其偾张之气而已。即是亦见幼丹根柢酝酿之浅，阅之为增惋惜。见《申报》，始知代督粤者为张振轩，闽藩庆君升抚粤西，卢艺圃调闽藩，梁檀圃擢江藩，接补顺天府府尹者李朝仪也。《申报》亦载崇地山获谴责。其奉命出使，不候谕旨，擅自起程回京。先行交部严加议处，并着开缺，听候部议。所议条约章程，及总理各国事务衙门历次所奏各折件，着大学士、六部九卿、翰詹科道会议具奏。所录谕旨，极合今日办法。然其立言但云传说前月廿一日崇星使有获谴事，而并未见明文。《申报》阅至初三日，相距十二日期。海河冰冻已合，京报当由驿递。传闻无据之言，终不足信。历来会议事件，亦无兼及翰詹科道事。此特人言取快一时耳。然至是办法已穷矣。允之，则举天下全势尽授之俄人。不允，亦徒授人以口实，而资其逞志中国而已。今时办理洋务，反复迷乱，倒行逆施，固万无可自立之理也。接陈熙堂（至）〔信〕，报陈崧生之丧，为之凄惋。

十五日。晴。易淑子、熊绍香回县。易叔辉自县至。目疾得黄医眼药治之，乃大作剧，至不能开视，困惫之至。晚邀罗麓生、言湛甫、言舫丞、盛展奇、蔡竹泉、张子健、易叔辉小酌。适笙叔至，并邀会饮。张子健竟日不见人，不知其作何营干也。罗麓生以志务，谋辞安化罗氏馆席。予为留其关，属不必辞，诚知志务不足以维系罗麓生也。

十六日。寄复张超堂一信，交郭辉廷春霖带回常宁。黄子寿、李健斋过谈。是日扫除屋舍，早间仆妇朱抛碎大磁盆一器，晚次开点玻璃灯，又无故炸碎，而梁氏与凤氏方交喧互哄，扬声大叫，禁之不可，至各以死自誓。似皆为不祥之征，未知征验安在？年老多病，诸儿幼弱，诸妇无堪事者，而皆能负气争胜，不受训诫。以求家运之昌，难矣。书此以志吾感。

十七日。黄子寿订十九日治酒食谢称寿者。张力臣告言：是日当为东坡作生日拜寿。因戏书其后云：寿公即寿即东坡，力老拜寿拜谁何？和寿和坡一齐拜，胜似衣冠拜寿多。张力臣、朱香荪、蔡竹泉、周履青过谈。竹泉之女，吾为之议婚王理庵。履青聘廖景成女而不能举婚，杨砥皆、徐炳农为之筹画，丐鄙人为完姻。二者皆所不能辞。意城见示罗研生信，言陈氏女婚事。是日言姻事者三，亦一奇也。接席珊、佩珊信，随以一信复之。

十八日。为刘康侯致书黄泳清发电报抵曾劼刚，因致李丹崖、叶顾之二信。任雨田、左锡九、黄杭生过谈久坐。周昌辅又自乡至，至夜深不得息。而任雨田乃以慧林和尚住持上林寺，为之解说甚力。以慧林曾为西枝所逐，李次青倡言排之。雨（禹）〔田〕与交好，遂曲意为之维持也。为朱香荪评文三篇。其出处一篇，吾以谓为我言之。香荪自云感樾岑而发，非为鄙人，然其持议，固足以挥斥八极，翔集千仞之表也。

十九日。邀周昌辅、饶宝臣早酌。适黄子寿补作生日，席方散而熊鹤村已至。同席袁予文、张力臣、朱香荪、陈船斋、夏子常，又意城，共九人。以夏子常回辰州，改订孙君诒；陈船斋又以雨泥不至。适王壬秋自四川南归枉过，因邀入席。力臣诵香荪无题诗云：蓬门生小有明姿，选侍承恩妙及时。仙骨玲珑教舞易，盟言幽咽少人知。三春绿鬓欺杨柳，一骑红尘笑荔枝。但祝边荒鞶鼓静，年年温浥洗凝脂。

二十日。周昌辅回三陂冲。朱禹田邀同裴樾岑、朱香荪、张力臣、王壬秋及意城晚酌。壬秋述及方子箴解官时，曾一过之，遇陈立斋方伯、董小楼观察，坐未定，即去。是日子箴方有喜事，设音乐，因戏成一律：丹顶飘缨有四司四川以藩、臬、两道为四司，自来行坐不曾离。一春冠盖容相索，今日笙歌只自悲。弄玉岂知人换世？衔杯无复客留诗。翟公门巷风犹古，空记田蚡过魏其。

廿一日。於桐轩、邹文生、杨虞臣枉过。杨名文焕，广东人，以巡检试用，初至省者，录示和广东留别诗，尚有清俊之气。盛少康、瞿景伊复至。接杨赐绵信求资助。询及杨学海，尚授徒乡里间。稍思为志城补过，存之于心数年，亦尚无善法以处之也。

廿二日。寄李筱荃及伯相二信，伯相信亦托筱荃代寄。并致仲絜一信。夏芝岑过谈，述及明正以俸满入觐，兼以卓异展期两年，不能再缓。是夕王壬（叔）〔秋〕、余佐卿过谈，语及政府事，言之历历。始知丁秩璜耳目极广，政府及伯相处皆设耳目，遇事通报，可云能手。李雨苍上政府书，伯相曾据以入告，发交左相议覆，并诘以有无把握。左相痛诋之，而于雨苍所言，终亦不能自解。到底无归宿处也。壬秋并得之秩璜，湖南人于此俱茫然也。始悟丁秩璜所以能自立，亦未尝不在此。

廿三日。自先世以本日祀灶，合家致斋一日，传流百有馀年，未有改也。以岁暮冬残，沈幼丹制军，金逸亭廉访，并杨太翁、宝臣游府各处联幛，无处觅寄。以沈幛托之日升昌，杨幛托之提塘，皆无从投递。惟金幛交钱子宣明府，言开春即有人回常州也。接易淑子信，述及周树藩议论猖狂，无足怪，而一由李仲云主持，则真骇人听闻矣。寅伯、健甫专足迎取浙医罗筱园，因以一缄附寄。

廿四日。立春，亦谓之小除夕。岁例是日率家人恭祀祖。忽举发气痛旧症，困惫已极。急请言舫丞诊视，云脉息仅三至，微似寒厥，急投以姜附重剂。展转呻吟，竟夕不寐。家人皆相顾惊惶。而吾以病急，不能与言舫丞审度病情，以此症由积寒停滞，当稍加销导之品，不能专主散寒也。

廿五日。仍卧病不能起，再延言舫丞诊视，所主方仍前意也。小下。陈右铭过谈，以此症当专主扶阳，如枸杞、从容等品兼涉阴分为不宜，乃专主附子理中汤。是夕仍竟夜不寐，身热如火。天明汗下，而热稍解。

廿六日。家人延夏医至，所言病情，似较言舫丞为确。以方服陈右铭方，并夏、言两方皆却之。是夕仍不大解，方用为疑，而复至竟夕烦燥，不能一寐。小病三日，遂如久病衰惫，并起坐不能自支，颇以茫然。是夕雷鸣者三。

廿七日。诸症皆未退，而精神却已稍复，能起坐。以询右铭，恐积滞尚得一推荡。右铭重持附片、白术之议。于是再延向医诊视，始稍进宽胃平肝之品。知右铭必不谓然也，而自审病情，不能不从其言。笙叔及意城过谈。检点数日书信，得俞竹君、沈品莲、唐时雍、劳湘舲、李瑞南、何心畬、刘绍西兄弟、李艺林、梅子宣各信，凡十馀通，大率贺年信也。仅廿四日属易叔辉一复李瑞南。叔辉旋于廿五日回县，各信皆无凭作答。陈树仁自县归，带到罗麓生、汉舟、蟠西、吴晴研、邓云程各信。席珊、健甫又各专足送信至。仍扶病一复席珊及俞竹君，以来函枉询，有须答复者也。是夕又接陶幼瑜一信。

廿八日。稍出房门，料理年事，几不胜其惫。以胃气未复，食粥不能盈瓯，故精气时有不支也。易兰生、胡宣猷及子容并于今日专足至。即省城酬应，亦时须以一书复之，是以酬应为剧。黄子寿为七古长歌和答诸人送寿之作，而用韵广通，乃书一诗于其简端：大幅长篇雅颂音，病馀披读一开襟。庚侵并入真元韵，合要提防示老壬。

廿九日。王壬秋见示《尚书今古文注》三十卷，盖一因阳湖孙氏之书而稍加刊补，故名孙氏书名，而篇首一叙，又托之丁秩璜制府。予缄报云：名尊郑义，实法子雍。乐以己说，托之他人。子雍托之旷远不能质问之名人，壬秋托之崇高不可测量之总督。夫孰能辨其真伪哉？然子雍假名以自重，壬秋逃名以自高，则固为胜也。兼闻四川机器局又奉旨开设，以备西口外用兵。朝局如此，故为可慨。馀苹皋来扰，自云以娶妇费银三百馀金，必得三百六十千乃可度岁，不能再减丝毫，故特以望之鄙人，相假三百金。信如所言，则是二百金尚不足遂其愿也。鄙人何敢当。中土人民失其生理者，十人而九，正亦无如何矣。阅《申报》，知晋抚已委员赴上海采办开河机器。此实今时要义，不独山西历年饥荒，宜修水利，为今日切要之计也。往在伦敦，闻诸西人议论；读《史记河渠书》，而窥见武皇经营天下之大略，颇惜山西之不及早为之。而曾沅浦卒见及此，其居心行政，自高出今人万万。然独无如政府诸公之漠不经意，未敢信其志事之必能申也。

光绪六年　庚辰

正月

光绪六年庚辰岁正月初一日己巳是日阴，无风。率家人敬谒祖先，为纪年诗一首：六十三龄白发翁，又欹乌帽醉春风。忧时耿耿[①]天山北时闻崇地山使俄，收回伊犁一城，廷议正纷然也，阅世滔滔逝水东。雪过兼旬偎病鹤，春回[②]旧渚集寒鸿。岁朝图好摹家庆，消息山庄似梦中数日未接丽思山庄消息，心甚悬悬，以闻志城病甚急也。意城至久坐，始知除夕得中丞照会经理岳州敦善堂事宜，从裴樾岑之请也。樾岑举意城、黄子襄、陈程初三人，意城又请增入李仲云一人，而尚未得办理之法。王夔石、涂朗轩以地方经久公事无故取而归之官，即有善法持其后，犹不能以自名，才四五年，而章程之废弛，委员之侵牟，层见叠出，至是乃以远系之省城，以图厘剔整顿，未敢必功效之果有得也。圣贤之量，百世十世，岂惟其法之善哉，其道至足，而心至公，自足维持于久远，而使天下蒙被其荫。王夔石、涂朗轩徒用其私心以为尊官权而遏抑绅民之计，其量不可以一日，才三四年而颠倒坏乱，不可支矣。与意城筹画再四，竟莫知计之所从出也。聂仲芳继至，亦久坐。自立春日一病，距今七日，体气乃大减。年事匆忙，值杨瑞堂亦患病，百端倥偬，

①此处又有“驰思渺渺”四字。
②此处又有“云依”二字。

仆从以下又不足供指挥，多所歧左，使此心为之不欢。情事机兆，多与衰病抵触。顾念踌躇，感慨系之矣。

初二日。小雨，风。朱香荪枉诗：春来道体竟何如，可饮醇醪食觞鱼？花气透窗晴昼暖，可能添著几行书？和答云：一瓯浓粥自如如，但有园蔬不问鱼。为语故人知老态，焚香一室坐摊书。又接武营萧忠训、张惟贵贺信。裴樾岑、张力臣过谈。是日邀张花楼、郭海青、饶岱霞、杨渭滨、杨墨林、张勉斋、张惠吾、龚眉生、易秉辉春酌，以饶岱霞当邀一叙，而久无暇，新年诸亲友求见者，借此一邀，亦所以求便于人也。樾岑语及近事：孔御史宪彀指劾万藕舲尚书，兼及其婿李邦桢，已交载鹤峰、翁叔（明）〔平〕两尚书查办。藕舲衰病恋栈，以招攻击，故无谓也。

初三日。携带炎儿至笙叔、意城两家。开正，家人相与谒贺新年，亦通礼也。又携带英儿诣王壬秋，晤张文星，新自武冈州回。以邓葆之新修《武冈州志》，为州人所持，并其板片藏匿之，挟其中违悖字句以为质。朱肯甫学使屡次提取，持之益坚。文星署理武冈州时，实有督修之责，而所持又皆与文星交涉。是以奉委至武冈，为平其事。略言：此事所争，笔墨之微，正当以不了了之。但与更定其违悖处，即皆无异词。必欲以官势折服，且将据以走诉京师，以兴文字之辱，是急求了而其激使逞也，为虑将日长。其言极为有见。晚见门簿，知黄小鲁初自京回南，是日见过，未及一晤，因急专足走问，以丙子秋九月出京，小鲁走送至天津，此情常缱绻也。

初四日。雨。笙叔枉过拜年，并交到志局簿据折件，以瞿鹤乔延请课其子侄，不能兼及志局事务也。罗麓生亦就罗伯翼馆。而志稿编纂缮写，事务方繁，又以经费支绌，诸事当从俭约。吾邑人文尤苦少，求一二可与言及文事，竟不可得。麓生去，并编纂校对亦难其人。衰病颓废，一切惮烦，于此尤茫然也。饶岱霞录示十一月廿九日上谕二通，知御史孔宪瑴并劾及荣（春圃）〔仲华〕，一折劾两尚书，亦可云讦以为直者。然计万藕舲、（容春圃）〔荣仲华〕、贺云湖之流，于时为庸下，万非能裨益国家者，而亦不能为害于人，较之沈经笙相国之阴险诡秘，曾不足当其一睇。而于当国贻误大局，噤不敢言，而所为直揭其阴私，大抵鼠偷狗窃之技而已，曾何足为轻重哉。自顷数十年，无有敢言之御史纠及政府要人，此其明征也。然万藕舲兼尹二十年，声名颇滥，吾在京师已饫闻之。当国大臣，漫无考览，而以授之风闻言事之御史，然则朝廷设官求治，果将以何为耶？沈经笙相国一意揽权，未知其于此亦稍有愧耻之心否也。是夕大雷雨雪。

初五日。雨。请石品三为诊脉，询知在桃源三十年，开设典当，乱后典当被毁，因留桃源，以医术自给，去岁始随友人来长沙也。其脉理似较他医为细。一切杨瑞堂脉，即云此伤风未经表散致然。检视旧方，则言舫丞于其始患头痛，即投以熟地、当归，宜其日久不能瘳矣。医道精微，不如洋药专用外解之为弊少也。俞竹君约初四日来城，并询及带京信件。数日天雨，未一遣人探问。竹君言初八日放舟北行，未必能如约也。李玉阶中丞、陶子缜学使均枉过求见，以两仆皆外出，无有能伺应茶水者，乃皆力辞之。

初六日。有名周煦山者，安徽候补同知，言曾在浙江为意城荐引，管带营勇，专足求书抵张子衡。吾不知其人也，乃函示意城，为酌拟一稿。家居杜门谢客，此等分外之干求，多不可以意测，至以为怪。张子健诣丽思山庄，便致寅伯、健甫两侄一信。陈右铭、黄子寿、余佐卿过谈。又接杨文焕信，并诗二首，营求差使，对之浩叹而已。晚过朱香荪谈。香荪言，崇公使俄之误，成于左季高。季高亦知收回伊犁非可责效于一使臣，中朝人才，亦正无足充是选者，徒以自诩平定西域之功，伊犁一城未复，即不得为全功，而俄人驻守且十年，非厚给兵费，亦万不能望其弭节以退，季高自揣兵力不足胜之，而不乐居贿求之名，则一以诿之朝廷，而引身事外，若与己无与。成则偃然尸其功，其有抵牾参差，则朝廷自为之而已，可以不任其咎。此其一念取巧之私，遂至假手崇公以贻国家之累。虽由崇公之昏诞、政府之轻率致然，然卒成其患者，左季高也。大臣以天下国家为己任，岂宜有此。此左季高所以不能逮及合淝伯相也。此段议论极透辟，左季高即强辩，亦正无能求免此责矣。晚接魏赓臣、潘小农及黄维哲之信。黄君自叙署应城县，已归入年终甄别，不复可以为谋也。

初七日。雨。王壬秋、张力臣、黄杭生、於桐轩次第过谈。意城亦至，述及玉阶中丞以潘小农年底一禀，申明晋捐原定经费五厘，请仍增加一厘，作六厘核扣，又委绅私索规费，由乡民馈送，以图免捐，与正款无涉，两节具之公牍，万难照准，并訾及潘小农此票之谬。因就於桐轩索观其禀稿，于两节略一带叙，其正文持议亦尚周匝。不过此种私弊，可以不列入公牍。潘小农于此太少斟酌，而其曲意为周生解说，以徇李仲云、何相山之私，虽亦为势力所迫，而不计是非，不顾人心风俗之敝，苟取徇私而已。纪纲法度，一切毁弃，又奚以官为哉。即此亦足为吏治不修之实征。中丞据例斥指其禀立言之谬，犹末节也。

初八日。接黄泳清信，并递到陈俪秋、曾劼刚、黎莼斋、陈臧伯各信。又接魏赓臣、潘小农贺年信。张晓亭参戎及俞竹君过谈。得健甫初三日信，报志城病势增剧。旋闻送罗医筱垣回省，已于初六辰刻物故。为之怆然。意城函约往赴其丧，而予以患胃气痛，距今半月，未能痊愈，惮陆行之烦，拟雇舟赴县，而风雨方急，舟舆皆不能畅利，当稍俟风息乃登舟耳。张筱亭述及张提督贵新自肃州回，言关外戎马充斥，盗贼纵横，非数百人结队，无敢行道者；各营将士皆怀思归之心，又与各城民回不相能，人心涣散，不足以资一战；骤有回民号召一呼，关外已复之土，可以立时瓦解。左季高功成名立，一以骄汰处之，可忧实多。闻张筱亭之言，为增怃然。

初九日。以俞竹君北行，寄周桂坞、裕时卿二信，并以近刻《罪言存略》及《禁烟公社条规》，寄去五分，托致桂坞、时卿及王逸吾诸人留心时务者。其信并于除夕书就，俞竹君始于昨日来省，至是始封交之。张力臣、余佐卿过谈。佐卿谋赴苏州一应李眉生之召，便送刘康侯至上海，乃由上海赴天津谒合淝伯相，即赴山西谒曾沅浦宫保，取道陕西入蜀，谒丁秩璜宫保，为历抵诸侯之计，而求一书抵合淝伯相，谋小住伯相处。吾意必欲小住，只可致书薛叔耘，属作东道主。伯相与佐卿无一面之雅，未可径望其留住幕中也。

初十日。风雪交作。系舟江次，不及开行。庄翰堂过谈，始知刘馨室观察以太夫人之丧，去岁小除夕已回长沙，吾皆不及知也。重致周桂坞及子瀞侄二信。亦接上海文报局递到曾劼刚信。姚庶侯两女公子并其子妇来见，始知庶侯去腊十五日已纳室续弦，其女公子皆不愿也。吾为缄告庶侯，庶侯回信力辨其诬。知所娶卢氏。子妇胡氏，亦去年新娶者。其第三女适吴氏，亦去年招赘。次女犹未字人也，美而能，向经理家务。庶侯始娶，即属其妇经理，是以诸女亦怨之。庶侯年近七十，其妇亦四十馀，貌甚寝，此举究为蛇足也。

十一日。大雪。陈右铭属撰其母李太夫人墓铭，载权辰沅道时，疏凿沱江，而镇筸河实所谓乌巢江也。沱江、白江二水合流，东经镇筸城北，名西门江，折而北流，经由泸溪县入沅水，似未宜专属之沱江。右铭于此功为大，于志叙中加详。昌黎墓铭，于妇人皆极简略，纪世次封诰而已。永叔、介甫，稍加润泽，然亦止通叙其才与德，不载事实。为事迹伟伟，固非妇人宜也。古人文皆极疏淡，其中发挥处不过数行，乃觉分外出色。着笔愈淡，愈不易及。

十二日。晴。偕意城登舟赴县，始知数日雨雪，江水大涨，风势仍未稍定。行十里，泊三叉矶。是夕月明风定，使为乌江船，乘水势放舟，竟夕可以抵县矣。

十三日。三鼓开船，巳初已抵县城，急属秉文雇舆夫赴丽思塘，至则届丧期已逾七矣。抚棺一痛，为之心摧。见所自挽联云：忧人之所戚，乐人之所欣，毕竟鹊噪乌啼，有何干涉；爱我者勿悲，嫉我者勿喜，同是电光石火，只此须臾。语虽达观，而沉痛已深，所谓古之伤心人也。其家相礼者焦赞臣、杨衡九，执事者张恒卿、何定之及鹿庵共五人。与意城同为商定开堂日期，及代撰哀启一通。

十四日。仍与意城回县，寓居兴贤堂，以罗麓生居此，就便商定志局事宜。秉文改订舆图。缮写者三人：张秉乾、范炳生、彭仙模，小楷均能细致。高粹之、蒋砺山、梅六帆、梅子宣、唐禄生、盛展奇及槃希、席山、商农、小春、秉文诸人皆至。晚间潘小农过谈，颇举易义小惩大诫之说示之，以小人即无忌惮，未有不畏法者也；纵之使猖獗，则可以无所不至矣。何相山过听李仲云之言，至于委己从之，不谓之昏而不得也。此事由於桐轩一力酿成之，而导使於桐轩颠沛昏（牿）〔忤〕，皆何相山之力也。

十五日。为志城相地石子滩，过高峰台渡河，为蔡姓屋基前地，其家号福允者为之引，亦颇能谈地理。盖由清明山分枝，逆行亦约数节，范家坝水绕出其前。刘小山所相定，而吴月卿以为安稳而已，与刘小山之言歧左。两君相地亦略相等，而刘小山径据以为大地，则所不能知也。是夕为上元节，盛展奇治席，邀同罗麓山、李镜浯及汉舟、秉文小酌。天雨竟日，泥深没髁，三十里驰赴石子滩，一饭蔡福元家，又复驰回，抵县已夜久矣。人客坌集，困惫万状。

十六日。龚黼丞邀同罗麓生、盛展奇、席山、秉文早酌，席山、炳文均不至。人客环集。又为黼丞筹画丁祭事宜。一赴捧云，见大伯母。年逾八十，亲房老辈，势不能不一往。因便至丰泰，属付吴晴研一切事宜。晚间大雨，潘小农便服过谈。

十七日。李艺林治席相款，因邀罗麓生、熊绍香、盛展奇及席珊、炳文早饭。并为潘小农语及盛青霞所敛零星捐费，应令呈缴。而此时捐局已撤，在事诸君方以此受累，并无可为缴纳者。乃为书数语，交之翰舟，令与龚黼丞、李泳仙、刘绍西诸君公同为之料理。午后上船，熊绍香、盛展奇、高粹之、彭仙模及席山均送至江次。秉文以意城生日，并料理移居，同船赴省。是日行七十里，泊靖港，选锋营哨官危致和分汛地，竟夕更鼓严明，颇尽迎送之礼。

十八日。未刻抵省，笑语意城：此行来去皆不逾日，仅十五日为志城相地，终日阴雨泥滑，则以孑身独行之故。意城福气素优，此行受庇多矣。阅俞荫甫《春在堂随笔》：《群经平议》解《尚书》巽朕位，巽是纂之假字。及读薛尚功《钟鼎款识》，有宰辟夫敦三，其文并云用馔乃祖考事，盖假馔为纂也。可证成余说。又《诸子平讲》解《晏子春秋》：赖君之赐，得以寿三族，寿是保之假字。而薛书载叔液鼎、鲁正叔槃，并云永寿用之，即永保用之也。亦可证成余说。郑君注《仪礼·大射仪》：豐从豆，豳声。

自来不知峀为何字。戴果恒曰：峀，古峰字也，从山、从（三）〔二〕丰，丰亦声。《说文》：丰，草盛丰丰也。山峰之上，必有草木丰丰然，故从山、从二丰，正取丰丰之意。峀为峰古文，竟是定论。会稽禹陵旁有禹寺，左墉一碑，题曰往生碑。其文言：唐开成五年，会稽禹寺请元英法师讲金刚经于馀姚平泉精舍，募一千二百五十人结九品往生社。沙门处讷撰文也。列九品姓名二百三十三人。道光二十年寺僧锄地得之。徐铁孙太守移树殿中，为金石家所未著录者。咸丰二年，馀姚客星山出一汉碑，碑文首有三老二字，故名曰三老碑。碑前半分四截。共得二百十七（年）〔字〕。有周君清泉周名世熊释文。详其文义，三老讳通，生一子而有九孙，此碑乃九孙中第（九）〔七〕[①] 孙名邯者所立，以识祖父名字，且存忌日，而不一著其姓。中引《春秋》之义，即《穀梁传》孔父不名为祖讳之说，意其人乃为穀梁之学者也。父殁于建武十七年，则九子之生，必有在王莽之世者。莽禁二字，而九子中有名提馀、持侯，皆二字，其亦用汉腊之意乎？周清泉释文言：东汉光武、晋惠帝、东晋元帝、后赵石虎、西燕慕容忠、齐明帝、魏北海王，皆纪元建（安）〔武〕，惟光武有二十八年。碑称建武廿八年岁在壬子，为其母忌日。光武廿八年正值壬子。字法由篆入隶，定出东汉初无疑。父讳忽，字子仪。考《后汉书·任延传》：延为会稽都尉时，避乱江南者皆未还中土，会稽称多士，如董子仪、严子陵，延皆以师礼事之。此讳忽字子仪者，殁于建武十七年，时地悉合，岂即董子仪与？原注云：吾邑董氏，盛于汉代。董昆、董春、董袭，见《太平御览》、《北堂书钞》引《会稽典录》、谢承《后汉书》、《会稽先贤赞》诸书。碑出咸丰壬子，上溯建武壬子一千八百一年。此皆会

①据《春在堂随笔》改。

稽近出古碑也。

十九日。微雨，风。於桐轩、张力臣、瞿景伊、樊延龄次第过谈。接李石仙信，询问李舜卿《夜谈追录》一书是否刊成。是书存之箧笥，以有须待改削者，忽忽未及检校。又接绍西见贻敦煌碑及吴大澂集嵩山开母庙石阙铭字为《安西颂》朱拓，盖绍西新自甘肃归，此二碑皆得之甘肃者也。

二十日。张力臣来谈，述及张子遇调署浏阳，王石卿调署湘乡，两首县并有更动。而冒筱山赴浏阳在去年十月，距今才三月耳，忽改委张子遇。人谓昨日开印后，即拜折参劾数员，冒筱山亦与其列也。张文星委署常宁。去冬函致李玉阶中丞，力保张文星前赴湘阴，而以属之潘小农，至是乃有常宁之委。文星在官，如布帛菽粟，所为皆实事也，才非甚长，而于地方必有益。此外则多买胭脂画牡丹，（煊）〔渲〕染而已。晚留陈右铭、张力臣小饮，以有相托者二事：一、曾文正祠、思贤讲舍经费；一、於桐轩急图探问晋捐情事。思贤讲舍经费累于李仲经，晋捐情事累于何相山，展转贻误，徒自取扰，可叹亦可笑也。

廿一日。王壬秋、余佐卿、黄子寿枉谈。亦邀石品三诊视炎儿腹疾。竟日酬应，不能少休。陈右铭以十八日五十生辰，子寿亦仿张力臣祝寿之例，邀集同人为诗，而自诵其七律一首云：大夫伟略足经邦，眉寿人人祝骏厖。小队初归麓山寺，深宵同醉絜园釭。西偏铜柱铭新勒，东序金钟响待撞。共说鼓鼙思将帅，未容傲兀倚南窗。接冒小山、守蓉仙、周翰臣各信。翰臣有女许字汉舟之子，以去年物故，年二十有八，距守贞时十五年矣。保靖县为之具禀请旌，函托为之料理。

廿二日。裴樾岑、於桐轩过谈。始知樾岑已奉委办理督销局务。桐轩以李玉阶中丞拒绝不与见，惶迫万状。自述所告何相山之言，尚多方为人解说。圣人固曰：枉己者，未有能正人者也。以不能自正之故，遂至积疑生惧。《易》曰：见豕负涂，载鬼一车。所见之浊，而百怪俱集焉，宜乎草木之皆兵也。为稍以正语告之，但能知此为遇雨之吉，则群疑可以亡矣。

廿三日。朱宇恬、张力臣、左锡九、朱香荪、余佐卿及笙叔、芋庵过谈。终日酬应，极疲乏。陈右铭亦过谈，述及前托二节，所陈事要，多与鄙意相左，亦缘事理本末始终，本非所详故也。《易》曰：日中见沫。惟有蔽焉故也。诚不意何相山受蔽之深如此。香荪自述挽志城联云：其果敏足以干事，其义侠足以得人，不合时宜，终老山林真可惜；以恩怨付之因缘，以生灭付之造化，本无我相，偶然修短更何悲。

廿四日。瞿子玖、王梦虎、樊延龄及意城过谈，又复尽一日之力。梦虎与张振轩旧好，思往投之，求一书通意。吾与振轩仅上海一面之识，相别十八年，未一通问。去岁赴粤道长沙，亦并不一枉候。而梦虎之意勤勤。乃属其自拟一稿呈核。以吾老病，亦不乐为人虚费此种笔墨也。

廿五日。袁予文、黄桐轩、瞿（伊景）〔景伊〕及芋庵过谈。予文诵其寄挽志城联云：论才不数八斗，豪气迈伦，深怆三张弱一个；难弟独有季方，醇醪远我，又随七族哭同声。自谓佳品，而音节不甚谐适，意味亦浅。香荪前联，固为胜之。

廿六日。雨。陈右铭见示曾劼刚改派驻俄，其驻英公使是否派人接替，尚无所闻。盖所闻之中丞如此。信然，则接充英使者必邵又村也。沈相之意，但为又村量移善地而已。因复右铭一信，以前二十日右铭枉过，所论事件，语多未详，以一书申论之，数日未发，至是并寄交之。汉舟专足递到一信，叙述节妇吴姚氏。为吴萃纯继室，吴酉堂、吴仲云请载入县志。据称：庚午萃纯卒，氏年十六。然则今兹二十六年而已，于例不宜列入。汉舟率尔专足，即此足知其不晓事理也。丽思塘人至，顺致寅伯、健甫一信。接陈右铭回信，相赠二语云：借蒙庄达观之说以养太和，本孔孟救时之心以持正论，并行不悖为宜。盖因信语多郁结之词也。

廿七日。寄复汉舟一信。接陶从仪及唐羲臣二信，羲臣信由其子棣春带到。柳青部照尚在健甫处，展转贻误，亦其时运使然也。从仪官江苏知县，去夏上海曾一见之，而不知其尊人即于是时物故。今其弟在和，即接替其尊人办理宜昌验掣，而从仪方谋营求湖南督销局事务。从仪与陶子缜学使亦兄弟行也。李健斋、罗小垣、石品山、张鹤臣过谈，均久坐。终日竭蹶，酬应而已。晚间朱香荪、瞿景伊复过谈。瞿景伊携带芋庵同行，因为一加荐，并借皮袍褂为到任章身之资。香荪传樾岑之意，以子容、玉玲及李寄庐、杨墨林托之，外则官二人：黄次珪、张勉斋；武员二人：龙炽应、郭占鳌。又余佐卿托其侄及杨文焕，亦湖南佐杂也。

廿八日。陈右铭、张力臣过谈。以陈国卿寄到廖容斋《铸铁斋遗诗》交张力臣选入《续沅湘耆旧集》。陈右铭谈近事甚悉，并及往年奉檄办理宁远案，途次拦舆呈具者相环也，因传谕：收呈太多，俟候抵公馆接收。于是环集大噪，舆后（后）〔数〕百人紧追。停舆谕之，则相顾而笑。行则追呼。怒执一人，传令缚杀之，则有父老数十人跪而乞恩。乃令亲兵十人，各杖之四十。于是皆鼓栗而退。至县城，观者数千人，无敢哗者。天下之乱，成于姑容。闻右铭此举，使人神王。因论及湖南风气，犯上无等。鄙人以谓其风实始于李申甫。义成钱店干没黄麓溪数万两，申甫力庇之，于是众商公同租一盐票，数年，为之抵偿。未数年而曾乾斋以施之叶介堂，朱裕升以施之曾沅浦。官吏奉行故事，坐听其吞噬，始终不一严追。王夔石酿乱，为祸烈矣，而自李申甫发其端。

是以在官者尤以不败坏地方人心风俗为第一要义。裴樾岑寄志城挽联：金石结深知，绿酒红灯，醉后论心同慷慨；玉楼偏早赴，峭风寒雨，春来无事不凄其。朱香荪手笔也。读后二语，正值寒雨涔涔，为之酸楚。

廿九日。接毛俊卿信，意在求馆，与钟景唐同。李镜浯自县来，述及於桐轩前后情形，多可骇愕。殷竹坞、瞿景伊、罗晓垣继至。吾谓督销局总办，当以叶介堂为极真实，谭文卿为极妥当。筱垣亦以谓然，而云初设督销局，即任一易畇陔，是曾文正大误处；次则孙春皋，次则唐砚农，又次则李仲经。予颇疑其言。筱垣曰：无疑也。易畇陔营私，孙春皋徇情，两者皆贻误大局；唐砚农营私而贻误为少，李仲经徇情而承孙春皋粉饰之馀，积久而至溃决四溢，则亦非其罪也。因论极裴公之量，恐无以加于叶介堂。介堂受累于其子弟，至声名亦为之埋没，此所谓命也。

三十日。雨。裴樾岑、王梦虎、王壬秋、余佐卿、李镜浯过谈。梦虎求以一书抵张振轩，拟稿见示。余与振轩素无交谊，听从撰拟而已。易淑子自营田来，子湝亦自宜春萍乡来。周介峰买田事，正相与纠纷。子湝与任姓前岁已争持此事。周介峰乘其赴江西，径营谋得之，又为子湝家及虚堂所持。其势非得子湝亲与质证，无从折服其心也。此归亦殊凑巧。

二月

二月初一日己亥。送炎儿、多孙、顺孙从易淑子受学，便邀易叔辉、李敬吾及子湝午酌。陈右铭、钟景唐、易仲子过谈。裴樾岑以是日午刻接管督销局事务。王壬秋述及伊犁事，曾奉谕旨，有在籍大臣心有所见，并准陈奏之语。十二月初四日，都察院代奏扬州府知府何金寿请推广会议人员一折。此次会议事件，中外臣工及在籍大员，如有所见，或自行具折，或呈请代奏，均可据实直陈。因谓鄙人必应据所见入告，而以蠲弃伊犁为正论。吾谓蠲弃伊犁，鄙人向所持论如此，至此时又难以立言，以此经国之大猷，而非今日应变之权计也。今日正当谓国家于伊犁万不能蠲弃，而所定条约诸多未妥，只好暂听俄兵驻扎，以俟再议，权为从缓之计。吾前致合淝伯相书，言之至详。圣贤处此，无以易也。王壬秋知其本计而不知其权应之机，是以所论仅及得半之数。壬秋亦云拟有一稿，尚未以见示也。

初二日。龙皞丞过谈。殷默存、萧子莼、朱枫桥及意城继至。刘炜清屡过，至是亦邀一见。炜清曾越伊犁至中俄交界处，查办俄商与民人交涉事件，往返程途至七八月，言西域风土甚悉。日来接见宾客，大抵因裴樾岑接办督销局，欲使我为之附膻，以求餍饫而已。录寄胡少芝为其母陶夫人乞墓铭，并以一书示之。是日张勉斋馈菜，意城以邀易淑子、易叔辉，吾则听诸妇邀请女宾。竟日喧扰，殊为累也。晚次，张力臣、瞿景伊、王壬秋、余佐卿过谈。壬秋言齐家之义，可通于处世，可通于治民。陈右铭递到易笏山一信。

初三日。樊延龄、吴瑞生、钟漱芝、李敬吾及文思相继过谈，至日过午，不能早食。刘伯固、康侯复至。终日奔走酬应，讫不能稍休息，城居苦况如此。是日遣人诣李家塅，而雨不止。吾自开春即语家人，以元夕后专使迎取。迟延至今，始督令遣周仆一往，恰遇大雨竟日。即此足知其运之蹇也。

初四日。胡道生早至久坐。余芳城、佐卿、张力臣、黄子寿、陈杏生、罗伯翼、王壬秋、朱香荪相继过谈，至夜久不能息。接一侄正月十一日信，其时尚在宁波厘局也。胡道生言及其戚汤萼楼精于地学，为觅其道观山一地。其地曰看牛冲，正由洪家冲折而东，稍起高峰，为近数里所无。据其所言，似胡鼻山正脉实趋道观山，而后知洪家冲之必无结作也。道生于地学本非所长，而所述汤萼楼之言，并述其家世，其于营求地事，不惮艰烦，远近数百里之地，皆其足迹所莅，或当有见地也。是日大雨，郁热殊甚。

光绪六年庚辰岁二月初五日癸卯。接易卓超信，并致送瀞园十二景笺，子瀞所制也，略仿东山十八景笺成式，而镌刻精雅过之。张力臣为王壬秋饯行，壬秋令就敝庐一叙。壬秋及黄子寿、余佐卿、瞿子玖及意城，共七人，子寿以事不至。欧阳用甫奉其尊人衡若刺史之讳回武昌，因致赙仪，为一书与之，以其枉过，不及一见，略致五年契阔之意。用甫因辞赙，并书不发，盖亦辞之坚矣。壬秋偶论及杨性农之文，言向颇易视之。偶为人作寿序，性农亦有此文，取而校之，则性农文体局格已成，自顾殊不及也。以是知性农享声名三四十年，良非苟然。其言甚正。壬秋持论常失之过高，此等平情之论，则亦实有见地，并足征其用功与其得力处也。又言左景乔生平喜谈经济，无可置辨，而于文章所得甚深，尤善评论，能辨知其得失当否，非左季高所能及。此两段并为切当之言。

初六日。为志城终月之期。大清例：期丧二月不剃发，大功一月不剃发。而《会典》二月不剃发惟祖父母，其馀期丧皆一月。京员闻丧假期准此例。吾于志城为降大功服兄。准之《仪礼》，女子已嫁，为祖父母期；为人后者，为所生父母降，与女子之嫁同。举为祖父母期以见例，则是所降者父母，而馀亲皆不降也。吾兄弟三人年皆垂暮，所以服期者，示兄弟相亲之意，亦古礼然也。一月剃发，见之《通典》，所宜照行。闵新吾、樊延龄、吴伯良、子杰过谈。晋捐办理之谬，为邑人所共愤。周树藩之具控，未尝非正论。而因之敛费聚众，坏乱人心风俗，其罪又浮于晋捐。李仲云护之太力，乃使府县颠倒粉饰，并中丞之命而蔑视之，但欲以延宕了事，于所交发之周树藩亦径纵释之。周树藩以李仲云假京控及御史风闻恫喝府县，亦遂援之以为说，张贴揭帖，指控帮费，明假京控为要挟之资，以激中丞之怒，至于专札提案，而周树藩已乘势远遁，无可踪迹，乃扰及吴健庵及吴子和，株连无辜，施之酷刑。即此一端，而吏治之坏，与人心风俗所以日趋于浇薄，亦可具得其梗概矣。前后两令於桐轩、潘小农惟自顾其私，于风化政纪懵然不知为何事，亦竟不解今日朝廷设官之果为何意也。因吴伯良、子杰要请之殷，略记其大概，以志一嘅。

初七日。诣草潮门相视意城新宅，顺至孙家桥筹画起造之宜。张勉斋、朱枫樵、左佐尧、樊延龄次第过谈。晚邀吴伯梁、汤萼楼、胡道生、易淑子、仲子、叔辉及席山、炳文、子宽小酌，子宽以料理新屋不至。佐尧，亮甫之子也，父子均至肃州投恪靖，恪靖留之文案处，为列入保案，以数十金遣行。据佐尧言，数年前族中往投者，一置不理，此犹近年通脱处也。并言及恪靖于鄙人颇有悔心，一日问亮甫，何时及见鄙人，兼询其精神状貌，为言：樊燮一案，渠曾为我尽力也。亮甫以是言其有悔心。此亦由其天良自然发露处。亮甫于此不赞一辞，极妙。若稍加申论，则又将返而相攻，其崛强负气，非礼义所能胜也。樊延龄回县，便致罗麓生、吴晴研及寅伯、健甫各信。席山递送易麟书、唐柳青及达山三信。盛少康递到盛展奇及汉舟二信。

初八日。刘伯固见示曾劼刚信三通，内有致巴西喀拉多信、复德人倭吉格士论钱法信，均中肯綮。外法外部瓦定敦去位，工部苇来西尼继之。法国执政与议院抵牾，去位者数人。劼刚请给法兰亭宝星，并轮船公司总办席赖得、的班二人宝星，又请给驻京公使白兰尼头等宝星，总署尚在商酌未定。劼刚与洋人周旋最相宜，而在官律身处事，当理者甚少。无他，君子之道，敬慎而已矣。劼人〔刚〕与洋人周旋，能存敬慎之心，是以所往皆宜。在官自负其才，睥睨一切，而敬慎不生于其心，所以无当于理，惟其骄气之溢流而为浮妄也。圣人之系《易》曰：大车以载，敬慎不败也。敬慎则自宽宏矣。大车以载，宽裕有容之效也。陈右铭、(於)〔余〕佐卿、汤小安、吴伯良过谈。接李筱荃制军一信。晚雷雨。

初九日。大风，凉，晴。吴伯良、吴子杰来见，吾以厌客谢之。秉文固请一见。彭仲莲、胡幼森、余佐卿相继至，久谈，夜久始罢。湖北抄寄十二月初三日上谕：派曾劼刚前往俄国，将应议事件再行商办。似此是仍专办议约，非改充俄使也。然径往议约，直无可立言，但蔽以违训越权之罪，亦不足相抵难。公使本有议事之权，一等公使代君行事，何云越权？至于训之有违与否，与俄人无涉，而以之为言，俄人据理相诘，虽有辨者亦穷于辞。此但须行文驻俄公使，不允所议条约，便是处理有馀。必欲重与定议，为辱而已矣。总署诸公不能辨此，无如何也。

初十日。与汤萼楼、胡道生约赴平塘，方谋启行而遇雨，相与一饭而罢。生平遭际类然，亦见此地之必无成也。范廷杰来见，自称范湛湖之孙，稍馈以资，不受，盖其家尚可自给，其妻家在省，此来即寓妻家也。吾以避客，不欲见之。席山至，又固请一见。微雨阴寒，益觉日晷无多，会客一二次，便可永日。接周筱棠一信，由其亲戚蒋君递到。

十一日。刘伯固过谈，属书其尊人霞仙中丞集联云：有猷有为，经世之略；时行时止，至人无心。因稍以持家处身之道戒谕之。盖孔子曰：以约失之者鲜矣。君子无入不自得，惟其约也。

无在不亏累，则亦无在而能自得矣。许鲁斋言：学者以读书明道为第一义，即当以治生为第二义。船山非之，以为尽天下之人营营焉以治生为急，无待垂训也。要之此语亦自分浅深，以约失之者鲜矣，亦即鲁斋治生之旨也。意城移寓草潮门，明日又为六十双寿之辰，吾以闭门谢客，不与酬应，及此闲时，一往贺之。致李筱荃制府一信。又为张超堂致书曾沅甫宫保，为吴桂丞致书沈翰卿镇军。又以刘康侯出洋，致曾劼刚、李丹崖、罗稷臣三信，并以《宋元学案》四十帙寄丹崖。稷臣为译卜来克斯登《英律提纲》，仅得后二卷，其前二卷未录交也，故以一书催取之。

十二日。雨。接熊绍香、李镜浯及汉舟、蟠西各信。刘炜清、饶宝丞、张力臣、罗小垣、蔡竹泉及兰生、虚堂、子湝过谈。子湝述及周介峰、周仲山谋买田庄情形，吾向固已疑之，亦以谓今时无此便宜田价也。其田尚未交价而先已税契，谋买之情显然。子湝与理处，亦义之正也。是日为意城双寿之期，举家人皆往贺寿，而凤氏独病，请石品三诊视，入晚乃至。

十三日。接叶顾之信。秉文回县，便寄罗麓生、盛展奇及汉舟三信。叶顾之信极言招商一局之罢难，又经洋商减价攘夺，似不能有振兴之望。此非洋人之能攘夺也，招商局诸人自怀攘夺之心，相与网利营私而不顾其害。故尝论泰西勤求武事，万难及其百一。然有贤者起，竭三十年之力为之，亦可望有成效。制造之精，竭五十年之力为之，亦庶几什一望见其涯略。若此者，其源皆在学校。学校之起，必百年而后有成。用其百年之力以涤荡旧染；又用其百年之力，尽一世之人才而磨砻之；又用其百年之力，培养渐积以使之成。以今日人心风俗言之，必有圣人接踵而起，垂三百年而始有振兴之望。为自秦汉以来四千年流极败坏之久，累积之深，非是不能有成也。若如圣祖以至乾隆之季一百三十馀年间，重之以精求学校之实，鼓舞人才，以使之务实求精，其庶几可望也。俯仰今昔，慨然伤怀，能知此义者谁哉？晚又接黄泳清信，并递到曾劼刚、胡玉玑二信。又接欧阳伯元、盛艺垣二信。劼刚录示折稿，竟将郭斌、罗云翰二弁严参，为邀求整装银两，有将公馆事列入新报之言，并罗云翰皆加严议处，并罚扣其薪水。此皆陈莘耕挑唆之力也。是日邀李健斋、刘伯固、刘康侯、余芳城、余佐卿、汤小安、幼安晚酌。夜偕张力臣过陈右铭处谈，所言皆中窾要。

十四日。罗麓山至，因邀同饶宝臣、汤萼楼、胡道生、蔡竹泉及书堂、兰生早酌。随偕萼楼、道生前赴平塘，便道至南湖港相地。从鱼网市过江至平塘，日已夕矣。就宿曾氏墓庐，在兴国寺左侧山下，其前即御碑亭也。兴国寺以桐溪为名，人皆谓之桐溪寺。榜曰伏龙山，盖又以山为名也。往为文正公相地，疑左侧山过一田峡，非砂体。汤萼楼谓桐溪港水口紧密，其结作实由此山穿田，至塅中回身逆结。以天晚，未及往视，惟视其过峡处，见山势横开一嶂，益信其非砂体也。

十五日。展曾文正公墓，墓道修理雄阔。因偕萼楼、道生绕出山右，见右山连举两顶，开嶂中出，趋入塅中为平田，忽举一顶，回身内向，桐溪横出其前，来源左右皆汇其前，为平塘正结无疑。其下一坟，为张氏发冢，而萼楼固执以为仰天穴，不宜下，竟亦不能辨也。由平塘山后出龙回潭，见经铿黄氏发冢，地名龟形山，形局绝佳。小憩其庄屋李贤才宅，年八十一岁，谈往事甚悉，黄姓与周姓争发坟山界，颇能穷其形状。兼及壬子秋贼窜龙回潭事，其家被祸甚烈，至今犹谈虎色变也。又至岳麓山，看天马山、魁星楼两地，日夕始归。接吴陶村、毛俊卿、朱炳垣及槩西、寅伯、健甫各信，其中颇有难于作答者。县城公事遂有江河日下之势，为之浩叹而已。杨子介、殷竹坞、毛杏生过谈。

十六日。为先光禄公忌辰，率诸子及家人致奠。复吴陶村信，兼寄秉文一信。张力臣、黄小鲁、罗小垣、彭先模、胡又森过谈久坐。小鲁言京师清议，谓沈经笙阴险，宝佩蘅贪鄙，景秋坪有宝佩蘅之贪鄙而无其爽快，王夔石有沈经笙之阴险又不及其清廉，持论颇确，亦不得谓京师竟无清议也。接张寿荃、陈臧伯二信。周履清来见，询其家经理诸事为徐斌农，其亲戚也。拟资助其婚费，当以属之徐斌农，去岁亦曾闻之杨砥皆也。

十七日。邓弥之、张力臣、饶宝丞过谈。弥之以《武冈州志》为张浑吾、书城父子所持，恐以文字忌讳致罹法网，持志书见示，则弥之赠张文星诗百韵，当同治之季年，稍及大婚、微行两事，略寓忧时之意。此外风俗、兵制两序及杂诗，则全出文致。如都梁一支水，清绝水滔滔，指清绝二字为毁谤，亦可谓无赖矣。吾谓以事论之，部控亦不足虑，本无可科之罪也。惟其中直犯庙讳处，一帙中至五六见，有乖敬谨之义。以此为讥，实亦无可辞咎。仍属设法了之。张力臣与陈右铭会商致潘小农一书，得其回信，仍以由何相山请示为辞。吾谓湖南近十年吏治、士习、民情，流极败坏，至不可问，直是一意专向坏处，略无见好之心。人心之沦丧久矣，欲无危乱，得乎？是夕胡道生过谈，言及车塘河于姓四家公山，汤萼楼曾托任福田谋之，其地在阳湖，为岳麓山脉分枝。又言所得洋沙湖地为道观山，地名看牛冲，在蒋光荣住宅后。

十八日。炎儿、英儿兄弟生辰，女客至者六七辈。易玉丰亦自营田至。笙叔邀同袁予文、张力臣、罗小垣及意城会饮于贾祠之寻秋草堂，因携炎儿同往。观夏芝岑观察补制之独脚石床，王壬秋为之铭。其子吉来亦书一诗于其左。杨性农及芝岑并为之铭。并登屈子阁上之大观楼。芝岑为屈子祠楹联云：碧草井边芜，吊古犹挥双涕泪；黄柑秋后荐，合祠同拜两先生。吐属高出诸联之上。与力臣论及洋务，力臣言孙稼轩亦能知之。吾谓孙稼轩知洋人之可畏而已，而洋人之不必畏，稼轩恐尚未知也。今之号为知洋务者，如董蕴卿、崇地山，所见并同。其馀学士大夫放言高论，去孙稼轩辈识解尚远。与洋人周旋，一以理自处，则视洋人固无足畏者。能及此，无几人矣。而在坐者力臣知之，意城亦知之，小垣一至上海亦能知之。一时士大夫相与愦愦然，漫无考究，岂惟其学识之陋，俗敝民顽，君骄臣谄，外有以炫其聪明，内有以耗其精魄，终古汶汶，反复沉锢，圣人复起，亦无如之何矣。

十九日。裴樾岑、唐蓬洲、左仲敏、聂仲芳过谈。樾岑言：吴清卿在河北道任，终日理民事，不一下县，撰联云：有血性人能共事，无身家念可居官。唐蓬洲任益阳县，专以激浊扬清、广教化为事，添设箴言书院经课，尤以躬行立品考论人才。所言皆根本至计，为今人所不能知。经乱以来，所见州县惟朱石翘、黄子春二人，可谓矫然独出乎众者。近十馀年则麻竹师与唐蓬洲二人。竹师籍广西，蓬洲籍四川，惟边省为能有此人才也。昨日闻江芾生凶耗，为之悲怆竟夕。本日聂仲芳告言：芾生实已出京，没于道路。情形尤堪悯恻。江氏乃丧斯人，即其家运可知矣。意城但据子瀞信云然，其年月并所卒地方，亦尚不能详也。是日接毛丰浦及席珊二信。

二十日。李仲云、张力臣、王梦虎、巢子城及书堂、子湝、芋庵次第过谈，已尽一日之力，苦累万状。仲云言潘小农尚为有才，历任湘阴，声名反出於桐轩下，难保今年县试不更滋生事端。潘小农所以颠沛不能自申者，徒以瞻徇仲云之势，不惜委己以从之，以至迷乱失次，两无所据，仲云反据以议其后。中无适主而颠倒反复以徇人者，未有不终取困者也。谚曰：君子乐得为君子。

此语岂徒然哉，苦知之而能省悟者少耳。

廿一日。子湝过谈，并求致张子衡信，乃为一书托之，并将沈幼丹幛联托其转寄福建，以江西近距福建，人便为多，幼丹又久任江西，有惠爱，由江递闽，较楚为便也。捐修贡院坐棚，湘阴派三百金，李仲云、张力臣枉谈及之。吾谓湘阴节次筹捐，一二巨族皆未之及，贡院坐棚及衡岳庙捐均不过数百金，又无议叙，吾辈数家承认之为允。仲云、力臣均以谓然，乃以分派之七十五金交之。仲云亦交到左季高寄虞恺仲分三百金，寄陈松生分二百金，议定专足两家饬其来领，道远难于寄送也。

廿二日。张瀛樵、张力臣、邓弥之、罗小垣、黄子厚次第过谈，又尽一日之力。小垣求为陶幼瑜作书，研墨一瓯，因检旧求书联对十馀束书之，而劳倦极矣。晚就朱香荪谈。香荪以十八日赴笙叔贾祠之约，极不谓然，谓其比和昌猷，幸灾乐祸，于志城情谊已绝，而犹与周旋，（与）〔无〕以对志城。吾则以此事志城之失为多，其责笙陔，亦多不以礼。骨肉之恩，絫而不殊，与笙叔为族叔，亦无显绝之理。然香荪持义甚正。是日之赴宴，亦本非所乐，惜未早闻香荪之言，可以径谢之也。连日郁热已甚，是日大风阴寒。天时反复，与人事相应。吾楚时令之失正，视他省尤甚，殆非偶然。

廿三日。张力臣倡议补行禁烟公社，会集者熊鹤村、傅青馀、李仲云、陈程初、左锡九、黄子寿、张力臣、唐鲁英；新入社五人：任宇田、瞿子玖、韩勉吾、邓弥之、罗小垣；及吾与意城。周幼庵、龙皞臣以病，朱宇田以避生日，余佐卿以赴苏州，张子容则本乡居也，瞿子玖亦以赴乡辞。凡吾与意城及黄杭生，会者十五人。传梆及响磬如初会仪。鄙人开讲，以设立此会之旨，原重在人心风俗。苏东坡云：运数所以长（修）短，在风俗之厚薄，而不系乎富与贫。自鸦片烟流毒中国以来，人心风俗，日益败坏，不复可问。吾辈家居，无整齐教化之责，无赏罚之权，要须实实认定鸦片烟之为害，必不可稍有沾染。虽其蔓延及于天下，而吾辈十馀人之心，必为之力障其流，以使后人知所警惕。所以每年按季一会，为平日酒食征逐，相为燕乐，未尝一有检束之功，提撕警觉之言，必于会时一发明其义，庶冀鸦片烟渐有止境，人心风俗亦可渐次归于纯实。左锡九申讲，因力言鸦片烟为害之烈，尤在烟馆。中丞初禁夜灯，为益已多。近闻有查禁烟馆之谕，而论者且谓烟馆贫民，不可绝其生计。不知保全四百家生计，而承其害者且至数万家。但能禁绝烟馆，准保三十年必无有吸食鸦片馆者，此实第一要着也。鄙人原讲：锡九之言，允为禁馆要着，然皆有司之事，非吾辈所能勉强。非得中丞实有整顿之心，出令禁烟亦具文而已。中丞主持于上，仍须府县奉行于下，府县奉行不能如法，亦徒以扰民，而曲意包庇，以资差役之需索，不能为益，而反多损。故夫禁绝烟馆，善政也，万非吾辈所能主持其议。坐中诸公或值中丞语及，相与赞成之可也。吾辈但当加意子弟亲友，积诚以感之，设法以禁之。统士民而悬之禁例，有司者之权，非吾辈所能干与。要之禁烟之法，舍锡九此议，亦直无可措手。而在官者行之，亦有直捷之法，绝无苛扰牵连，但示限一月，令在城烟馆一例封闭，如仍敢开设，即将其房屋没归公产，如此则令行矣。即吾辈亲友中，有房屋赁开烟馆，亦当竭力劝导，使知此项赁钱之必不可取。总之鸦片烟例禁久开，一切缓以期之，严以谕之。烟膏烟土，听从贸易，可无示禁，独禁烟馆开烟而已。凡锡九之言，皆有司者之事也。因语陈程初：中丞必欲禁烟，一官两绅督办有馀。官则刘定甫观察，绅则左锡九、罗小垣。中丞如语及此，尽可以此说上陈。是日留饮者十二人，李仲云、唐鲁英、黄杭生并以事先去。

廿四日。专足赴丽思塘，适意城有岳州之役，因随其便船赴县。顺致饶宝丞、吴晴研及秉文三信。又致寅伯、健甫两侄信。并以左伯相帮款通知虞恺仲、陈松生两家，俾来省领取。偕朱香荪一诣黄海华。晚次左锡九、罗小垣、闵新吾过谈。新吾述及正月初四夜雷，牛口堌民家雷击一犬毙。二月初八夜大风雹，牛口堌拔古树数株，毁民居无算，压毙一人。雹子有重十馀斤者。然风雹所过，牛口堌十馀里之地而已，是亦奇变也。是日，学院街二府坪前街、骆家巷两处失火。晚接蔡勤斋信，详及育婴堂接受易镜湖黄芽洲湖潭事，当以一信复之。

廿五日。张子遇过谈久坐，与言西洋情势，恍然大悟，以为幸闻所未闻。晚邀黄小鲁、周翰丞、邓弥之、周荔樵、彭仲莲、刘炜清小酌，仲莲、荔樵均以事不至。炜清述及左恪靖之于李雨苍，徒以为一张姓寓书曾沅甫宫保，颇论左季高之失，张姓展转达之左季高，季高大怒，时方与炜清出使俄罗斯，季高乃急檄炜清还肃州，奏结所查案件，比雨苍至，则一意与之作难，动辄皆咎。雨苍迫不得已，乃以病求退。张姓小人，无可言者。季高局度褊浅如此，所谓终身无长进者也。

廿六日。雨，风，凉。李健斋、黄子寿过谈。子寿出示郭子美练兵一折，盖去冬入觐时，太后以俄、倭近事为忧，子美因力陈营兵须合并操练，太后令具折陈之，而亦随饬各直省筹炼〔练〕兵之策。子美至保定，补陈此折。其言盖万不能行，行之亦害多而利少。为此时人心风俗、纪纲法度，无一可恃者，内地民情之叵测，又百倍于外人也。然子美言之亦自成理，久历兵事，亦颇能窥见其本原也。黄小鲁言：今人以电报铁路为大忌，或主持行此，以求与外人相抗，皆未通知中国情势者也。中国人心偷敝已甚，其势万不能有济。即富强二者，未尝无策，然决非今日所能行。无他，天下万事万务，根本人心。人心流极败坏，以有今日，直无复可以有为之理。此真名言矣。

廿七日。大雨。以刘炜清回县之便，寄饶宝丞及秉文二信。以廿三日讲义录示张力臣，力臣亦示悉谭旭初禁烟示稿。鸦片烟为害中国七八十年，其溃败决裂，自道光庚子至今亦四十年。封疆大吏，惟沈幼丹怀禁烟之心，至谭旭初而始畅其绪。吾楚则鄙人主其议，而力臣、锡九两君力赞之，则专以风俗人心为忧，所言所行在徐图实效，要诸久远，而不汲汲称快一时而已。而谭旭初一力倡之，各省亦颇有闻风兴起者。自有鸦片烟以来，至是始明着其害而显绝之，未尝非今时第一紧要关键。然俄患方张，边事益坏，恰于是时有禁烟之议，其为祸福之机，得失利病之数，吾亦不能详其究竟也。吴鹤臣、吴贤谨恪臣枉见。贤谨为吴樨桥同年之子，吸烟浪荡，屡求资助。至是勒令回家奉母，给钱八千枚，令书立字据，以奉母食力，不敢游荡，留家证据。人生不幸而有此等子孙，虽有良法美意亦无所施之，可为浩叹。

廿八日。雨，寒。张力臣过谈：田明山海筹有《木樨香舍诗钞》六卷；瞿永禧熙臣有《可与不可山房诗草》一卷，吴樨桥为之序，称其早废学，游幽并间，习为诗，出语自然有风趣。逾岁见之，而已褒然成帙矣。勤勤为之，锲而不舍，所至岂可量哉。嵩焘旧题一绝句：十载幽并意气雄，谈诗赌酒健儿风。归来万事都零落，惟有残编伴病翁。此两种并求载入县志，当存之。刘炜清以雨未能成行，补致饶宝臣一信，以沿革表后论辨证《宋书》湘阴隶湘东郡一（绝）〔节〕，尚有未备，增入小注一段，录付宝臣。

廿九日。唐鲁英、胡幼森、玉舲、子镕过谈，惟玉舲新派靖港收支，馀并以馆事相委。唐鲁英言其友人汪度字树箴，性至孝，能通勾股九章之术，托一言之裴樾岑。小周自湘阴回，带到饶宝丞、吴陶村、吴丁生、虞德威、陈夑庵及汉舟、槃西、寅伯、健甫各信。德威，虞恺仲之子；夑庵，陈松生之子，并以左相帮款致之，而虞氏回信以璧谢为辞，似恺仲于左季高深怀怨怼之心，故于其奠分犹谋传遗命以却之，而其家固贫乏，于此又非宜也。

三月

三月初一日戊辰。大风，雨，雷，寒。朱香荪见示新刻《晦鸣录》二卷，诗文公牍悉具，并其平日往来交好凡二十四人，又自附所作，得二十五人。其后四人曰陈斗叔昆，曰隆无誉观易，曰朱恢元应庚，曰黄海霞煦，则皆诗也。其中涂次榆景涛、刘希陶傅一则以赋，吴怀卿德基则以骈文，亦极缤纷璀璨之观矣。香荪复过谈，兼致刘希陶之意，思得一见。陈右铭长安市中得高碧湄为李眉生录旧作小册，属题一诗。近年作诗，游戏而已，不耐精思。诗曰：石钟山人海鹤姿，妙语脱口为新诗。只今一官百僚底，殿阁论思及者谁？长安贵人夸翰墨，妍姿巧出簪花格。李侯虎视角两雄，羊欣道护今安得？使君声名高塞天，掇拾留贻五百年。纷纷俗眼忌文字，珍重提防万口传。

初二日。王梦虎、罗小垣、刘希陶、朱香荪、张勉斋、周履清过谈。阴雨苦日短，宾客又复络绎，苦恼万状。接寅伯、健甫信，属荐焦赞臣充兴贤堂董事，而旧董事韩佐亭、龚辅丞、颜鲠臣、高粹之，健甫均能与议，吾于韩佐亭则固不相识也，又万不乐与闻邑中公事。刘希陶于洋务亦稍能知其节要，从岘庄制军游历江南、广东，见闻自较广也。

初三日。张力臣邀赴定王台，为上巳修禊之会，同席傅青馀、李次青、邓弥之、黄子寿、黄杭生、黄小麓，会饮于东涧草堂。刘韫斋中丞联云：玉佩琼琚，缅怀帝子；兰宫桂馆，结想山阿。是日同登台，榜曰：崇台西望。视贾太傅祠大观楼为轩敞，然实楼也。李氏芋香园适当其前，树木葱然，为省城第一胜境。周氏女携其子归，接菁臣一（接）〔信〕，以将卸辰州千总事，预托为谋位置。亲友中若此类者，环顾皆是也，合在官及为士为商，而皆谓之游民。游民失志者日繁，而国家之乱亦日棘矣。

初四日。阴雨，寒甚。初春晴暖殆甚初夏，至此又甚严冬。人心水火冰炭，不可端倪，天时即感而应之，非偶然也。朱佛宜陶楷枉寄一书，于鄙人为姨表侄婿，以同知需次广东，意在求为说项而已。育之自衡州来见。张超堂亦自常宁来，据称专为吾生辰来贺也。袁守瑜来见，言读《周礼注疏》，每日二十叶。吾意每日仅可以五叶为课程，其力能多读者听。不及五叶，乃为旷工。必以二十叶为度，断句已难之，于此探求疑义，评论古注得失，力固有弗逮矣。

初五日。阴，寒。齿痛两日，至不能食。严福君、张超堂过谈。福君言湘潭督销局之弊在提销，提销一票可得七百金。益阳督销局之弊在补平银，每百加三钱，万金可得三十金。常德闻亦与益阳同。渠所至先裁汰陋规，是以公事稍有起色，而私利无有也。郭春元经理局务十馀年，遂有二千石租谷，可以知其大概矣。

初六日。雨，寒。张超堂、盛展奇并以鄙人生辰，远来致贺。时志城之丧未满百日，无可受贺之理，而亲友纷至沓来，家人相与供张，延致宾客，吾力亦不能禁也。是夕，内外已共四席之多。惟与张超堂、盛展奇、易淑子、仲子、叔辉及子宽共酌，其他亲友及武营人员，亦不暇详其姓名也。自笑生辰受贺亦至不能自主。

人事之推移，诚有未可据一理以相制伏者。然要由平昔无特立之节，有以致之。古人德立于身而教行于家，固非幸至也。

初七日。为六十三生辰，亲友贺者乃多于往时，女客竟至四席，外客面食六席、午酌两席。凡会者十六人：庄翰堂、盛青霞、彭仲莲、张超堂、盛展奇、蔡竹泉、闵新吾、钟子卿、刘朗山、胡幼森、左巨云，及易淑子、仲子、叔辉，及子容、子宽。超堂、展奇、竹泉则皆以鄙人生辰远至者也。袁予文过谈，始知三月初四日力臣又有展禊之会，予文有诗，中有句（者）〔云〕：流通曲沼鱼皆乐，掩映阶除竹亦慈，盖用杜公乐游园诗韵也。晚接饶宝丞、周昌辅、周介峰各信。又接黄石珊专信，并录寄所著《施南集》一卷，并其出差施南论撰之文。石珊诗文凡分四集：曰《湘中集》，曰《京华集》，曰《武昌集》，曰《施南集》，撰述亦繁富矣。

初八日。罗小垣、张力臣次第过谈，遂尽一日之力。刘岘庄制军、彭雪芹宫保并约以初九日赴省。徐寿蘅、李果仙皆已来省。吾以闭门却扫，一切皆不能知。陈右铭亦以本日回省。闻力臣言，始稍知之。昔人诗云：老僧全不知名姓，始信空山岁月长，亦吾今日之谓矣。是日命孙本谋赴各处谢寿。

初九日。李果仙、李石仙、傅青馀、杨子介、张超堂、杨墨林、吴鹤臣及虞麓亭、虞子勋叔侄次第过（次）〔谈〕。白日苦短而人客之来无穷，实无能堪此酬应也。麓亭、子勋谋辞左恪靖之馈，吾谓受之无愧，辞之反为无名。惟当书立收条，径送李仲云处，并诣左子栗处陈谢。与李果仙谈及刘云生，忽不自觉怒气之填膺。白日昭昭，有此凶孽，非天下之幸也。人心如此，惟能引而避之，亦万无可求仕之理。以傅青馀至，语多未畅，然言之亦徒为唇齿之羞而已。以盛展奇回县之便，顺致饶宝臣一信。左佩勋佐尧、涂昆霞蔚湘并枉诗致祝寿之意。

初十日。《申报》载户部奏筹备饷需十条：一、严催各省垦荒。一、捐收两淮票本，分上中下三则，按年捐银一次。上则一千，中则八百，下则六百。一、通核关税银两。粤海、闽海、江海、浙海等关，常税定额本少，局面宽博，人所共闻。此外各省督抚经管之关，例委道府各员征收，著名有馀之关亦复不少。各就征收实在情形，按年量力溢解。一、整顿各项厘金。一、严查州县交代。一、严核各项奏销。一、专提减成养廉银两。咸丰六年定议，文职一二品七成，三四品八成，五六至七品正印官及武职三品以上九成，馀照原额支给，每年节省银九十馀万两。自光绪六年为始，按年批解部库。一、催提减平银两。道光二十三年奏定各省减平银两，每年节省银七十四万馀两，本系按年解部之款，其借动各省不能不从缓催缴，若实存之款，应即日委解来京。自本年为始，一例起解。一、停止不急工程。一、核实颜、缎两库折价。光绪五年分两库，领至一百馀万两。咸丰四年因军需紧要，奏明减（奏）〔成〕发给。嗣因各处恭办典礼，先后将绒觔、羊绒等项改放十成实银。请自光绪六年为始，仍遵咸丰四年奏定章程，一体按五成实银开放。绒觔扛抬祭器，领至二十七万馀两；山羊绒为铺地拜垫之用，领至十四万馀两。计此十者，自属户部应行清理之款。以言筹饷，则亦微矣。又载李玉阶中丞甄别知县七名：桂阳州吕邦俊勒休；湘阴县於学琴开缺另补；兰山县唐景涛改教；署浏阳县冒沅、署攸县王国宾、署溆浦县陈瑞龄、署龙阳县刘振坎革职。此外佐杂四人，教官二人。而周镜帆乃以重听并足疾革休。以苛责之进士改教之一穷员，此恐稍过。

十一日。寄复黄石珊一信，因便寄筱荃制军及李玉森二信。邹连丞、罗小垣过谈，以前岁见遗田心桥一地当另给价立契，为稍设肴馔款之。彭雪芹宫保以奉谕旨复奏一折寄示意城核定，意城方赴岳州，尚未有归期，雪芹宫保旦夕当至省，子宽乃取交鄙人为之点定。其于洋务本无所知，所陈事理尤远。政府诸公于中外交接事理无所得于其心，而于各国情形则亦能窥知其仿佛。雪芹此折，适足供政府诸公一笑而已。初谓雪芹来往江浙，于洋务必能周知，而所见乃与京师士大夫相为赓唱，于衮衮诸公又何责焉。为之浩叹而已。

十二日。接方右民、胡敬惺、饶岱霞及蟠西各信，大抵各自营其私而已。晚邀李果仙、刘希陶、李石仙、黄小麓便酌。冒小山、於桐轩过谈。

十三日。罗小垣、邹连丞约赴河西看地，舆夫方集，张力臣约往接彭雪芹宫保，始知雪老昨夕泊舟东岳港，距省三十里，今上午准可至。予以雪公初至，各营有迎劳之礼，不欲更扰之，约晚次一往。随渡江至道林古刹后，及魁星楼左手一坡，及南台寺前岭，凡三处。道林古刹后为马姓生基，南台寺前岭为朱姓生基。随至屈子祠小憩，所谓道林遗址也。寺僧自圭，故相识，以近住持岳麓寺，未及一见。而笙陔叔适在此开馆，门人为瞿鹤乔世兄三人，一曰瓶香，一曰荫谷，一曰右舲，因留小酌。晚与力臣及李次青、黄子寿同诣彭雪芹宫保，与李仲经相值。家居逾年，从未一出门，亦正虑与各官相值，无以自解其懒散之咎也。晚接刘炜清、冒小山各信。言敦道云系子游子后裔、文澜云系文小南侄求资助，各以二金馈之。

十四日。接舒兰生晋宁州一信，接唐蓬洲益阳县一信。陈右铭、冒小山、朱香荪、聂仲芳、李宝吾、田砚生来谈。易叔辉赴县，顺致饶宝丞一信。右铭言：黄豪伯游历印度半年，新由广东道湖南以达四川，言印度烟禁甚严，携带烟土一钱以上有罚。黄豪伯故嗜烟，奉檄游历，经英国驻京公使行文印度，得免查验，携烟吸食自如。历数月，所携烟已尽，则遍觅不可得，日食戒烟膏以过瘾。西洋能自行其法如此。又言广东设立制造局，为戏而已。群言温子韶有巧思，未见其巧思之何在也。凡所派制小洋枪，辄从香港购致之以塞责。每月开销数千金，本不足济用，其究皆滥费也。中外大势，一虚一实，一诚一伪，其不能相及，良有由矣。

十五日。午刻，为寿星街新屋开工起造之期，一往行礼，并告祀土神。杨瑞堂以东面方姓屋屡次求售，致屋图尚未界画尺寸规模，瑞堂于此未得善处之法，只好从两旁开门，另制木照墙，仍属瑞堂诸人审定。李果仙、黄子寿过谈。子寿述近日传闻两事。一、张香涛具奏：李相开办机器，原以济今日之用。若不足资一战，岁耗数十万金将以何为？请明谕以战胜则有公侯之赏，不胜则有不测之罚。一、鲍春霆请募四十八营。而是日见新报，则言李相奏保阎丹初、刘仲良、潘琴轩、刘省三、鲍春霆五人。又言丁禹生将至沪，并奏调应敏斋办理海防。吾以为此见潘琴轩由沪赴都，附会为之说耳，与子寿传说之言同一铺张，皆好事者为之辞而已。

十六日。闻湘阴潘小农有回任武冈之说，急走询陈右铭，相与慨然。中丞轻信，听言又太杂，似此举动，为乱者也。因言禁烟之议，倡始鄙人一疏，初谓中国三十年保无洋患，各省兵力亦尚足以防乱，诚欲有为于今之世，必自禁烟始。当时言之，亦讫无应者。自崇地山使俄构衅，人怀自危之心，而于其时乃相与言禁烟，岂谓今时尚果有可为耶？吾惧其为回光也。右铭言：此由谭旭初任苏州以此致盛名，有所慕而效之，皆所谓为乱者也。闻之怃然。刘岘庄、黄豪伯、邓弥之、张力臣过谈。接盛展奇、胡道生各信，由湘潭专足送至。晚诣刘岘庄、彭雪芹谈。

十七日。朱宇恬、李健斋过谈。娄峻山、张东墅、盛锡吾并枉过。晚过朱香荪谈。意城自岳州回，述及姜昆山贵州人，曾任溆浦，最有声。中丞于此举动过轻，非求治之道。然但幸得一好官，一邑人民受惠多矣。边省人心质实，较之他省为佳，未知究竟何如也。

十八日。由森昌轮船局寄合淝伯相及叶顾之、唐景星、黄泳清四信。又寄饶葆丞、盛展奇二信。黄泳清亦递到曾劼刚、张听帆二信。又接瞿景伊二信。论伊犁事宜六条，具草已久，不欲上言也，至是闻张香涛一折足以为乱天下，为一发明其义，合淝所心知而不敢出一语，稍求以身任天下之诟讥，使合淝得有所借手以行其志，区区愚忱，如是而已。以是稿录示合淝，俾代酌之。刘岘庄见示赠公云樵先生行述，及其从兄习潜公行述，并赠公墓铭、墓表。墓铭刘瞻岩前辈所撰，墓表则左季高相国文也。又刻其赠公《金城书屋诗存》五首，有曾文正寿其七十生日诗一首，皆岘庄所以导扬其先人之业者也。晚邀裴樾岑、陈右铭、黄豪伯、盛锡吾、张力臣及意城小酌，以盛锡吾馈肴馔甚丰，相约一叙。朱香荪以夜不能睡，辞不赴。姜昆山来，见气象远胜於桐轩、潘小农诸公，为之心喜。是日郁热如盛夏。

十九日。雨。与黄恕皆前辈、李次青、（李）〔朱〕宇田、李仲云、张力臣、陈舫仙、邓弥之及意城邀饯彭雪芹、刘岘庄二公于曾文正祠之浩园。雪芹画石作梅刻之文正祠，而题绝句其上：丞相祠堂春作堆，年年风雪报花开。一株老树坚如铁，历尽千霜万雪来。李仲云见示张香涛二折，其一言十不可许，而力持改议之计，云有四要，一曰计决，二曰气盛，三曰理长，四曰谋定：立斩崇厚则计决，明示中外则气盛，暂缓伊犁则理长，急修武备则谋定。其一言自修之法，曰练兵，曰筹饷，曰用人。而所举人才：伯彦诺谟、刘锦棠、锡纶、张曜四人而已。筹饷一人曰阎敬铭。又更言讲法，一曰责以义，二曰折以理，三曰怵以势。其议论均近似，惟所缺任事者耳。而第一疏十不可许，与伦敦抄寄十八条又有参差。其第二条云：伯都纳、东三省均听舟行内地。绥芬河以西又豳地二千馀里。第四条蒙古台站供其役使。第五条俄人准过卡伦十有六。第六条声明俄人入内地一人带一枪。凡此数条，伦敦所译十八条中并无之，此经具奏，想不诬也。

二十日。邱松篔、陈国卿、言湛甫、汤小安、吴鹗臣及朗法和尚过谈，遂尽一日之力，极以为苦。接邹云泉、周近帆及席珊、润民各信。亦为张子健致张葆丞一信，以子健须赴洪家冲料理坝坡、傅家湾两处田事也。又致刘岘庄制军一信，以欧阳述、周伊洛二名托之。终日为人罢精竭神，营求无谓，岂惟道德之不足致然，风俗之敝，干请之烦，与人民失职者之多也，皆中国之大忧也。彭葆初过谈，谋赴厦门投彭纪南，便道浙江张罗，求致谭文卿一信。吾以文卿本无交谊，以张罗为名，则直责以馈赠而已，于义尤未安。

廿一日。接姚庶侯信。亦寄饶葆丞、易叔辉、吴晴研三信，交朗法和尚带县，以玉玲寺修造五百应真，宜入志也。新化刘药华至，又接到邹云泉信，仍以新宁志局缮写为请。此席有何沾润？云泉已荐致陈国卿、刘药华两人，足见人士失职者之多也。润民专足至，方以一书复之，育之、简秋旋至。育之正与润民争论盐行事，润民函称其来省，吾谓育之甫自衡州归，必无此事，而不虞其竟至，略为晓谕之。盛展奇又专足至，兼接易叔辉一信。终日会客并复此无谓之信，人世如此，真是虚度岁月矣。各有闲愁数不清，吾谁与谅此苦情哉？晚，张力臣、张鹤臣来谈。

廿二日。袁予文、李健斋、刘朗山、易赞廷及文思、简秋、新吾以次过谈。简秋回县，便寄饶葆丞、易叔辉、吴晴研三信。简秋为其生母求义庄。在《礼》：母出与庙绝。义庄公款，恐后人援为例，非法也。吾家帮款，则一人私分，应给与否由吾主持，不能据为成例。因属吴晴研立折一分给之，并告知汉舟、蟠西、秉文，俾同喻知此义也。袁予文为黄次珪筹汪铁山一席，刘朗山亦筹杨达章一席，均枉商鄙人。终日以此等营求相渎聒，吾亦无如之何已矣。

廿三日。为朱佛宜致书张寿荃，并复朱佛宜一信。陈展堂、余芳城过谈。展堂述及刘岘庄之言，似李玉阶持意见甚深。因致朱禹田一信，取阅历年簿据。是夕陈右铭治席枉临，并邀李次青、邓弥之、张力臣、朱香荪及意城共七人会饮，香荪以病不至。

廿四日。颜鲠臣与兴贤堂各董事以举报交卸之期，开具常健吾等十馀人，属为指定。吾以去县久，相识者无几，不欲与闻。惟其中黄乾一名，丙子年科场滋事，闻黄乾奋身倡众，是其心境略无分晓而喜滋生事端，恐不足资表率，似此人万不可举。李镜涪亦专函，以晋捐赔缴六厘经费，原由於桐轩承允，潘小农忽令兴贤堂具领，属催於桐轩赶缴。亦为加寄颜鲠臣等一信，属先领取盛青霞、龚巘丞已缴之费二百馀串归入兴贤堂，即具一领状，以俟设法弥补。裴樾岑、李瑞南、林尊（生）〔山〕过谈。林尊山自谓精地理之学，而云桥头铺水实出龙王市，与去秋所考问又有参差，言之历历，未知究竟何如也。樾岑于曾文正祠经费持之颇坚，非苟附会李玉阶者。而据张力臣言，樾岑极游移。陈展堂述刘岘庄之言，则直谓玉阶以此项假思贤讲舍为名，任意浪费。是玉阶于此过信人言，而欲力毁曾祠盛举，吾不知其何意矣。是以知、仁、勇三者之为达德，必以知为本。只此一端，亦可谓之不知。

廿五日。朱宇恬过谈，始知朱肯甫学使去岁开建校经堂，一受计张力臣，大为盐商诟病，而谋泄怒曾文正祠。李玉阶过中其言，有意一发曾祠之覆，其檄局员查报曾祠用数，盖闻诸商人之言，以曾祠假思贤讲舍为名，网利滥费也。张力臣又虑中丞核减曾祠经费，属从缓详复，乃益动中丞之疑。刘岘庄又以区区奉托之言与玉阶微辨之，于是益疑曾祠假江督之势与之争胜，而意气横生矣。乃语朱禹田，属其急速详复，另具一呈请示中丞，并请示江督，是否应与核减，听从处断。已而陈右铭至，具以此语之。右铭深咎中丞不知大体，而以鄙人所示办法为极得事理之平；并以刘岘庄有札调之言，极愿为之效用，语其本末甚详。彭作新续至，言及凤滩砚田，距沅陵九十里，距永顺二百馀里，而其地实属永顺。以凤滩为名，而实在凤滩之上十馀里惠溪坪上小港曰桐木沟。其石实产山，开挖数尺得石，大石皆有层数。凡二种：一赭石，一绿石。其色白者太嫩，不中砚材也。始温味秋学使赴永顺，见溪中绿石光润，令舟人拾取一方，研墨试之，盖良砚也，归语王夔石中丞。夔石乃函告辰州守刘泳如求之。泳如由凤滩推寻而上，十馀年来所制砚石逾数万。石脆不受凿，用锯就山取之，长短大小，各视其石质而后施锯，亦辰州近年一韵事也。接李筱荃制军信，报薛觐堂司空之丧，且属为之铭墓，日觐堂遗命然也，闻此为之怆然。晚次，周翰臣、朱枫樵、闵新吾过谈。

廿六日。接饶葆丞信，及秉文遣木工陶姓就商支祠工程，计泥木两工并木料砖瓦估值二千馀，木工包二千工，泥工包三千工，未尝不从省，而以三丈馀之地基，尚须补给屋价，合之三千有奇矣。支祠存款不逮十分之一，然则径须我一人承认，力固有不给也。诣寿星街相度新屋工程。旋过朱香荪谈。香荪述明人之言：

忠臣不用，用臣不忠；知者不言，言者不知。末流之世，天地闭，贤人隐，不隐不足为贤。古今有同慨矣。

廿七日。立夏。热甚。下午大风雨。朱宇田、李健斋、张力臣过谈。潘小农详定晋捐一案，中丞行司已久，而为长沙府留难一月之久。顷张力臣闻之李仲云，始知何相山已申详，兼科李燿南罪名，奉批准行。仲云力量之大如此，其始力助一周树藩，始终坚持此意，而颠倒何相山以使之顺从。人心之险幻如此，殆非国家之福也。亦得易叔辉一信，并转示饶保丞（臣）〔信〕，始知前寄各稿，保丞竟不及知。盛展奇及秉文一皆不知文理，各以其意行之，所谓愚而好自用者也。

廿八日。颜鲠臣、韩卓亭、李镜浯专足寄到一信，书堂亦专足寄到一信，各以一信复之。陶云祥回县，便寄饶葆丞及秉文二信。是日邀姜昆山、李瑞南、胡秋樵、蒋弋香、张力臣及意城晚酌。书堂以桃花坡田事专函要求，其言多述愚弄，良由其心境不明之故。然不能不避而远之。立言失当，遂以偾事，书堂之愚，亦徒以自累而已。

廿九日。朱禹田过谈，始知思贤讲舍所以招议之由。随缄告裴樾岑，以及早详报为要。邀於桐轩、冒小山、彭作新、周拔五、李寄庐、刘若华、陈国卿晚酌。盛少康复至，语及樟树港捐务，构难无已。大抵以盛青霞籍隶长沙，家计稍足，其人又良善，相与侮弄之。而世道人心之敝，亦于是乎极矣。要皆吏治不修之弊也。吾乡之望得一好官，良然。然此等风俗，自非武健严酷，有以震慑一时之人心，亦安所措手足哉！左伯翼送到罗麓山一信。

三十日。接姚彦嘉、易叔辉二信，并开列县试名单。案首为刘先逖，叔辉第三，李召甫第四，荇农第五，盛耀堂第八。相知者四人。其第二之杨寿春，为马公坝杨氏。第六之张丙焱，似即志局缮图之张秉乾也。第七李辅炘，为李仲云之侄。第九邹峄贤，为邹子香之侄。大率皆能相知，亦云盛矣。裴樾岑、左锡九过谈。以张子健坝坡事，张氏至者六人：曰义和，曰宝丞，并前夕来此；曰千乘，为云秋亲房云秋即张念一；曰镜吾，曰茂亭，并经保举参将；曰汉芝。大率皆张氏各房房长户首也。坝坡租九石，而所购给之傅家湾田屋租十八石。校量轻重，亦未宜竟蠲与之。东林、离欲两和尚枉过。东林近习禅机，以解脱为义，词语锋生。离欲则以西枝为予许金刚经一藏以求延寿。予年逾六十，天苟令再生世十年，即干此十年事，再生二十年，即干此二十年事，何为更求长生哉？因为离欲竭力告辞。西枝此等，实为无谓。

四月

四月初一日戊戌。邀傅青馀、李次青、朱宇田、岳舲、黄子寿、陈舫仙、唐鲁英、李仲云、张力臣午酌，宇田、岳舲本以归家辞，舫仙临上席时遣使告辞。本意一邀陈展堂，以仅东西六坐，不欲屈居旁也。舫仙必至临席乃辞，亦太不谅人情矣。是日赵午桥、（杨）〔欧阳〕季临俱来见。本以夏日不欲多宴客，似此又不能不一邀请。李鹿余自樟树港来省，因留宿。

初二日。朱禹田、张力臣、赵午桥、欧阳季临、言湛甫次第过谈。午桥年七十七，新选桑植县学官，而步履视听尚无衰惫之态，将谋挈其夫人赴官。其家岁资教读为生，冀得以一官为娱老之计也。禹田语及黄杭生为人，所谓知有己不知有人者。充此一念，可以无所不至。吾楚此类人才乃多有之，非地方之福。推至刘云生顽悖险狠，亦岂有过人之性，若蛇蝎豺豕之毒螫哉？知有己而不知有人，而其恶亦云极矣。《申报》言崇地山有赏还二三品之说，信然，则必俄人指定崇君前往彼得保重议，以玩弄朝廷，总署诸公又堕其术中耳。

初三日。以熊姓回县之便，顺致饶葆臣、吴晴研及秉文三姓，并以修建支祠，黄菊浦为择期四月十二日开工，五月廿五日上梁，开示秉文。袁予文、张堃生枉顾。堃生，沅陵人，为张小野族侄，官郴州训导，奉母丧居省城。接欧阳伯元及达珊二信。伯元信去冬枉寄，逾四月乃至。达珊兼递到俞吉甫所寄《三朝北盟会编》一部。又接余佐卿上海一信，与康侯以三月十五日抵上海，尚须耽延半月，康侯出洋，佐卿乃赴吴门。两日热如盛夏，下午雨，大风。

初四日。风，凉。向修梅、周翰臣、罗小垣、李眉仙、林尊山枉谈。接姚庶侯及席珊岳州督销局一信，知王旭初又已撤差，为之怃然。林尊山以地来献，一在河西百叶铺之右，一在黑麋峰下。两处附近各有数处。尊山为徐寿蘅（为）〔所〕信任，又正为陈程初求地，无因以致之鄙人，心颇疑之，然不能不允为一行。此诚非人力所可求者。生平于衣食享用，不敢浪费一钱，天固以是多耗其财，亦人事乘除自然之理也。

初五日。接严又陵、周崧臣及子湝仍寓章江门内关马祠聚福客栈三信。周名煦山，以安徽直隶州客游江西，其信并由子湝递到。又陵信述及李丹崖为江闽购置两船，一名柏尔来，一名奥利思。柏尔来闽省一船，即委刘步蟾管带。魏瀚、陈兆翱并充船政局监工。三月十五日由闽省缮递，距今才二十日，亦云速矣。并属来往信件可由上海义昌利记洋行转递。易叔辉及子惠、荇农并由县至，带到饶葆丞一信。姜昆山过谈。

初六日。早雨。方约林尊山至黄泥铺看地，稍检行李，即雨，足见事机之忤也。盛艺垣带到欧阳伯元一信，又接晓春信，当以一信复之。是日由桥头铺前赴萝葡冲之窑坡看视。林尊山指引一地，内堂尚佳，而本山仅只一乾坡，左手（破）〔坡〕反高耸，以地法论之，似无甚结作，固亦早度其然也。是日寒甚，晚就巴巴岭宿。

初七日。雨。偕林尊山先至黄泥铺右，地名段家湾，山地曰铁冲，林尊山以为河西一大地也。山势环抱。林尊山所指引处，亦止一乾坡，左砂另起高峰，作芦鞭格，绕出乾坡之右，再起一玉屏，又稍折而左，起天马二峰。龙身方行，而遽指为结穴处。以天雨，未能前往踩视。回至柏叶铺，又绕出碓子山，观彭氏祠公地。地名大冲桥，山名满脚塘。山水环集，而穴情亦未甚分明。以大致论之，固为佳矣。又东至观音山，碓子山之来龙也，地名彭家湾，为中落山势，亦尚环抱有情。然龙身正前行而穴星仅一硬坡，略无结咽束气处，未敢信为结作也。是夕仍宿巴巴岭。

初八日。雨。回过山枣铺，至学堂山，相视王姓地。高山旁一钳穴，穴星似尚分明，而山势稍纵横四处，非全美也。午刻抵家。李麓渔已起馆。接到曾劼刚、陈松生寄家人信，并丁禹生、唐景星、黎莼斋、黄泳清各信。又由玉阶中丞递到刘岘庄制府一信。又由易淑子处递到黄石珊一信，知已派岳口厘局。秉文又遣陶云祥及金连山至，通计木匠包工二千零，泥匠包工三千零。十二日兴工太急，仍以廿三日申时为妥。通算木价约五百串，砖约十五万，并瓦灰等件，共约八百串；石工约百串。

初九日。陶云山、金连山回县，寄吴晴研及秉文二信。亦接饶葆臣、吴晴研及席珊、玉玲、秉文各信。储鹤乔、张力臣、周翰臣、邱松筼、张镜吾、顾子良、李眉仙、左佩勋、李召甫次第过谈。晚次，陈右铭、朱香荪复过谈，始闻陆心农已乞病开缺，中丞属意陈右铭，而崇星阶力以何相山、童研云为言。此等应断自中丞，非藩司所能参与，特虑玉阶力量未至，或不免为所持耳。

初十日。接方子听、周小田二信，由湖北专足寄到。子听并临寄秦量刻诏，自谓于篆法所得深也。并著有《缀遗斋彝器款识考释》二十四卷，于阮文达公积古斋款识外，更得千四百馀种，其字为《说文》所未收者甚多，取魏收《礼志》孙惠蔚语，以缀遗名其斋。兼求购曾文正公《经史百家杂钞简编》，并求代致合淝伯相一书。寄复饶葆丞及秉文二信。冒小山、於桐轩、龚云浦、袁英生、袁守瑜次第过谈。东林、离欲见示《释迦如来应化事迹》四册，所谓大千世界，皆由幻想结成，明为事迹，实无有也。

十一日。偕林尊山过捞刀河看地。三十五里至沙坪嘴上屋，阅视李姓公山，系单提穴法，局面甚小，而较他处为真。闻系四房公山，恐未易营求。过黄泥坝小憩。十五里至龙塘观陈姓生基，山势环抱，缠护重重，而本山皱头破面，处处皆水槽也。单提亦稍外展，张氏祖墓在单提外，反似开面。鄙意不谓然也。而陈姓故知地，故四百金收得之。今其四子已分析，此地归之四房，作价六百金。然二三十（来）〔年〕看者如云，而终无承受者，盖其山形局本多可疑也。是夕就宿山下黄择山家。故黎姓土田左近均归黄择山，惟陈姓鬻得山地数丈而已。

十二日。黄择山款接殷勤，资给柴薪饭食，力辞不受。其年六十馀，以佣力居积，积租至二百石，衣食稍足自给，而谈世事颇悉。询知于黄麓溪为同宗。厚意良可感也。三十里，至白沙塘午饭，因至黄蒲园相视张姓山地。山势亦环抱，而本山无穴星，疑非地势停蓄处也。山左隔冲为广福庵。是日与林尊山过黑塘湾常仁吉家，晤赵耀廷协戎，自云随张凯章由粤赴闽，曾枉谒。故精于医，现在常仁吉家医其弟痰疾。回至白沙塘，林尊山即由吴王桥赴沙坪，而吾由古大路回省，行二十里，宿安沙。

十三日。五十里由湘回西渡过河回省。接曾沅浦、何小宋二信，并王鼎臣所著《山西救灾记》。又接饶葆臣及秉文、子镕、健甫各信。饶葆丞告知：光绪五年梅小岩奏请以宋儒辅广从祀两庑，应补入祀典。辅潜庵先生本为庆源人，今直隶赵州也，在宋为庆源军。父逵，寓居崇德之晚村，遂为崇德人。今嘉兴府石门县，在宋为崇德县。庆源师吕成公，亦师朱子，所著有《语孟学庸问答》、《四书纂疏》、《六经集解》、《诗童子问》、《通鉴集义》、《潜庵日新录》、《师训编》，皆不传。全谢山《（宗）〔宋〕元学案》言其书惟《诗童子问》尚传，亦未采录其说。惟《四书纂疏》稍见诸儒记录数条而已。全谢山又载其邑人《语溪宗辅录》一书所集潜庵之言，皆浮浅无甚精意。一经浙抚奏请，部臣无肯议驳者。因忆及光绪二年署礼部左侍郎，奏请王船山先生从祀两庑，而请饬南抚查开其事迹并其遗书。寓书乡人，属具呈另行题奏。而为李辅堂所持，事寝不行。徐（桐）〔荫〕轩方任礼部尚书，立意议驳。船山之学，胜于庆源奚止百倍，即王夔石之声光，亦百倍胜于梅小岩。吾楚人不务表章先达，竟无一能主其事者。闻浙抚此奏，为之垂涕竟日。

十四日。盛展奇及汉舟函荐泥工谢文富，随回一信，并托带寄饶葆丞及秉文二信。罗小垣、陈国卿、闵新吾过谈。小垣述及裴樾岑之言，始知李玉阶于思贤讲舍一款，持意见甚深，并推及晋捐，于鄙人时有微言。盖玉阶于李仲云交甚深，一意倾陷张力臣，而于此等处力臣颇一意经营，实授仲云以媒孽之资也。然吾心固自浩浩落落，无所私利于其间，与此曹蝇营狗苟相为倾构，自有霄壤之别。玉阶之违言，于吾何所措意哉！王立斋见赠诸葛公小像二，盖隆中拓本。程春海先生曾有游隆中诗。又接李健斋湘潭信，盖随李毅斋灵柩回湘乡，途次递此一信。予适以看地，不及在省致奠，极歉然也。

十五日。陈右铭过谈。适以赴乡受寒，症近寒厥。右铭为主理中汤，加桂枝、苏梗。谈次，稍觉阳气上升。是日邀赵午桥、陈展堂、储鹤（侪）〔侨〕、向修梅、张堃生、袁荑生晚酌，以寒疾颇重，请意城代（赔）〔陪〕。少顷寒退，仍出（赔）〔陪〕客，而终席不能举箸，精气困惫尤甚，未知致此之何由也。勉强终席，竟不自支。即无他虞，而衰老之态亦可危矣。

十六日。刘泳如、潘小农过谈。并黄次珪枉过，知已委署泸溪。林尊山、张惠吾同至。尊山约赴河西代谋堆子山、山枣铺两处地。衣食稍足之家，无不谋地者，大抵耗财而已。大小均之耗也。接周镜帆信，以邑仰高书院为言，与邹子香将有交争之势。两老均之无衣食之资，均之好人也，而实不足以司教，真是无可如何。

十七日。成芙卿过谈，其学专主闽洛，而盛称唐端悫公，罗罗山、刘霞仙两中丞，以为非江浙人治经者所能及。古人所谓经学易得，人师难求。如芙卿之学，庶足以为人师也。陈尧圃、王旭初、罗小垣并次第过谈。阅陈三立伯严、朱文通次江所撰古文各一卷。次江笔力简括，而不如陈君根柢之深厚，其与袁绶瑜论《汉学师承记》一书，尤能尽发其覆，指摘无遗，盖非徒以文士见长而已。

十八日。寿星街新宅择于是日上梁，晨往行礼。木工杨、泥工陶、石工李。集宴二十四席，席八人。袁瑜笙、陈国卿过谈。接周昌辅一信。袁瑜笙与郭子美诸人在江车开采煤矿，先由招商局承售其煤，试之，足抵洋煤。洋煤石一元，江车煤议价四钱。比运至，则司门者石索规费廿四钱，匠头亦廿四钱，过称者十六钱，其外杂费石至二百四十，所获仅敷工本。而煤厂每为无赖需索，县官辄相与助成其势，诈索财（索）〔物〕。于是役工千馀人，常停至月馀不能开采，而所耗多矣。因历述黄子冶在官情形。吾谓吏治不修，不在州县而在大吏，其源尤在当国之大臣。以此时天子幼冲，政在枢府，举措刑赏所自出，惟当国者好尚喜怒所系为尤重也。今言者动曰取法西洋制造乃能致富强。人心风俗，政治法令，阘冗如此，从何取法西洋乎？于是益见中国求治之难也。

十九日。袁瑜笙传前机器局工头鲁铭森之言，云旧有摇龙一架，为汲水机器，可以引取远水而省人力，现收存善后局。得此为式，二十日可以仿制一架。因急为函致陈诒珊，请其查示。朱岳舲、张力臣、张镜吾、胡宣猷过谈并久坐。废日玩时，以供无谓之酬应。人才学问之不古若，宜矣。陈诒珊复书，言摇龙一架现在风神庙军装所，管军装者，汪同知明善也，已饬令鲁铭森往取时即行发交。

二十日。遣小周赴县，致饶宝臣及秉文一信，以廿三日支祠兴工，送致票钱六百串：鼎泰票三百串，本票亦三百串。朱香荪、阎季蓉过谈，石门人，为杨性农女夫，读书能文，而有高世之节，甫游衡山（游）〔归〕，过省城，香荪介令一见也。黄小鲁亦同赴衡山，然仅一宿上封寺而已，并方广胜地亦未游。朱禹田、张勉斋、徐仁曦并来见。两日郁热如盛夏，本日阴郁无雨意，恐当以风解之，旱象将自此成也。

廿一日。微雨。接李筱荃制军信，并寄示德使巴兰得议换约十条。稍有关系者，吴淞口新添一起货马头而已。而于均沾利益一语，反复言之，则为俄国新约地也。又接席珊一信，随以一信复之。陈右铭过谈久坐。适袁瑜笙偕机器局工头鲁铭森至，因遣鲁铭森赴风神庙领取摇龙，留瑜笙一谈。年来于开矿事宜颇竭力为之，而中国情势与外洋绝异，未易与筹富强之计也。区丽泉、陈力田、彭博山、徐仁曦、林尊山枉过，以谢客，仅一见林尊山，而徐仁曦亦随至，虚费议论，心甚苦之。健甫亦自乡至，谋由省赴县，即行料理入都，迎取家眷。

廿二日。接周昌辅、李寄庐、高菊孙及子桂四信。张昆生枉赠五古八章。张晓亭、邓弥之、区丽泉、罗小垣过谈。弥之荐思贤讲舍肄业生二人，曰陈杰，为尧农先生冢孙；曰潘学海，湘乡人。健甫侄将自县赴京，顺致刘岘庄一信，以见《申报》，岘帅尚无抵沪之信，计健甫入都时，当与岘帅相后先，犹可一相见也。

廿三日。营建支祠于城西，择是日兴工，遣小周赴县料理，四日旋省，带到饶葆丞、陈郁儒及秉文三信。又接邹子香、胡幼森又子敬各信。裴樾岑过谈。林尊山、盛展奇、李艺林及磐西踵至。尊山一留河东，一赴河西，至是又往河东，连三次支用川资，家人相与惊异。然名为相地，即不宜有顾惜，况此区区小费哉！闻易叔辉告言江芾生灵榇已至小西门，急往一哭之。意城及何永清、李召甫并至。据子敬信语及江春木行径，直一纨袴无赖而已。

廿四日。为府试湘阴之期，在此入场者，易叔辉、李端生、李麓渔及荇农，凡四人。刘馨室、李小山、胡道生见过，皆未晤，所见惟曾介石、罗小垣。接俞竹君、罗研生二信。竹君信言西天佛，未详何人。意者工部尚书景廉曾视师西域，日惟静坐，无一语能处分军事，遂有西天佛之名耶？

廿五日。接上海文报局包封递到合淝伯相四月十七日一信，并咨文二件，知三月初十日具奏应付俄人六条，合淝伯相已代具奏，四月初四日奉上谕留中，而密谕伯相录寄曾劼刚。枢府诸公，殆亦茫然莫知所以措手足矣。罗云翰带到张听帆一信，并寄到照相二纸，又缴还前寄金洋二磅。曾□卿一号健农自山西回，来见久谈。袁予文、张堃生、曾介石、张镜湖、盛少康、胡道生次第枉谈。盛少康亦代槃希催取扇件，因便寄秉文一信，并支祠屋图，交槃西带县。胡道生两子让吾、厚吾并来见。

廿六日。蔡子赓由上海带到子敬一信。子赓，与循之侄也。是日见进士报，谭荔生、杨小阶及吾邑吴国庸均获隽，馀皆不相知。罗研生录示复初斋座右箴，因属意城用隶法书之。箴士、子权、增颐来见。子权，喜田之子。喜田与秉文同接收槃西经管储芳堂公帐，持交子权送览，增颐则晋扬之长子也。

廿七日。黄子寿递到郭子美军门一信，盖犹去腊见复十月一信也，时尚无调任直隶之信。寄示（炼）〔练〕军一疏，专为练勇言之，而欲以其法概行之天下，合添十馀万劲旅，奉旨留中。其事本未易举办，饷糈既乏，人才尤难，以求一日之效，恐不可得，而国家元气反先伤矣。凡此皆易于立言而难于见效者也。张香涛前折保举立功宿将，如鲍超、刘铭传、娄云庆、岑毓英、郭松林、宋庆、喜昌、彭楚汉、郭宝昌、曹克忠、李宝麟、陈国瑞，并雪芹、厚庵两宫保为十四人。而年少气盛，仍以子美为首选。如娄峻山两补实缺，皆不赴，近又补大名，强其一出，殆亦不免暮气矣。李星陔之子筠庵、焕廷及李静德来见。

廿八日。接周声荣信，论述子桂家事，并歧左不当事实。林尊三屡为奔走东西两乡，其言若可信又若不可信，顺听之而已。周良臣、盛展奇告言：郑少乔函告李少楼，周树藩已具控都察院。似乡人帮之者颇众。其立言专控潘小农。此事实前后两明府酿成之。吾语潘小农：到任必出一示捐解数目及一切办理情形，昭昭然显揭以晓之四乡，事理明而人言自息。潘公一意迎合李仲云之意，两相含糊，强被以罪，并此一示亦不乐显告（于之）〔之于〕人，以求蒙混了事。於桐轩既自以累，潘小农亦反以是被其揭控，而邑人承其累者固多矣。即周树藩亦坐是不能幸免于罪。是以君子成己成物，为仁知兼尽之道也。

廿九日。子容专足至，以一信复之，并函寄秉文，兼达陈、唐二处。琐琐姻娅，不能为之求朊仕，而遗累至于无穷，为之浩叹。阎季蓉见示《边防策略》及《送司马之常宁》二序，其陈义甚高，而发端言中国之御夷狄，自言无德化可施，徒借兵威而已，则于义容有悖焉。圣贤论处夷狄，莫精于孟子。其云：以大事小者，乐天者也，是故汤事葛、文王事昆夷；以小事大者，畏天者也，是故太王事獯鬻、勾践事吴。看得何等广大。圣贤之视天下，一皆欲以德怀之，以礼教化整齐之。礼教之所不能及，而人民相习为悍鲁，则远之为夷狄，亦不强以所不能行。其为暴中国，则攘斥之而已，不穷之于所往也。诗曰：薄伐玁狁，至于太原。西周之衰，此义未替，此圣贤之所以为大也。秦汉之功伟矣，准以圣贤之行事，则此之争地以战，杀人盈野，争城以战，杀人盈城者，三代之隆，诚有不思为焉，而终亦不受夷狄之祸。以为无德化可施者，殆非圣贤之言也。蔡子赓、郭巘卿、张镜湖过谈。接熊绍香一信。

三十日。雨，凉。接吴瑞生、张勉斋二信。潘小农、张宝臣、张鉴泉过谈。批注阎季蓉、朱次江文十馀篇，颇持直论，自度非宜。季蓉云即回石门，顷询知尚留省城。其志趣甚高远，文笔亦俊，与陈伯严、朱次江皆年少能文，并为后来之秀。而根柢之深厚，终以陈伯严为最。

五月

五月初一日（戍）〔戊〕辰。雨，凉。闻湘水大涨，想远近雨皆沾足。围田所畏，尤在五月雨。似此情形，雨意正浓，恐未有已也。闻真上人来写小照，询知住持药王庙，其地即昔之上林寺者也。张力臣来约初七日禁烟公社小集，以濂溪生日不见本传，周氏家庙据为初五日，是日端午，各有家宴，次日，宇田、仲云俱有他事，吾家亦陈夫人忌日也，因定初七日补祭濂溪周子。意城亦急欲赴新宁，是日亦可少留。李季庐过谈。潘小农赴武冈任，张力臣移居苏迦巷，均以是日遣人致贺。曾介石递到曾莶臣一信。

初二日。陈右铭过谈，极论疏陈俄事六条，举重若轻，其理确不可易。然其本原不越合淝伯相见理明、观势审二语。古人固曰：天下本无事，庸人自扰之。见理不明，徒为扰而已。措天下于泰山之安而不动声色，惟其明也。张宝臣、张镜吾为处置张子健事枉商再四，心甚苦之。至于位置一琐琐之姻娅，而烦心焦思，多费唇舌如此，张子健之不肖亦略可知，诚不解外祖砺吾先生后嗣之不振之果何因也。因稍资张宝臣数缗，以张子健交其约束，并察看其果尚可以成就与否。亦聊以尽人事而已。

初三日。接姜昆山、瞿景伊及玉舲各信。见《申报》，十七日惠廉舫擢浙江运司，郭从矩授长宝道，而陈右铭授河（东）〔北〕道，吴清卿本缺也。右铭本候补湖南，不留之湖南，而使远适河南，朝廷于此并少权衡。右铭过谈，并为英生视疾。朱香荪、翁立明、邱松筼、吴鹤臣并至。易淑子回营田，顺致吴晴研一信。下午诣寿星街新屋相度大门情形，原定明日未刻安外大门也。

初四日。黄次珪将赴泸溪任过辞。偶检衣箱，得伦敦胜会图数纸，求之数月不可得，而忽得之，足见精神之不相管摄也。因以二图各题数语，分致裴樾岑、陈右铭。黄子寿惠宣威火腿，并述及西洋治痞积药饼实具神效，因复以一瓶贻之。以此等小小酬应，书函往复，亦足以销磨岁月，耗散精力。中国虚文具而周旋烦扰，竟无休时，而后知外人之简朴，视此等虚浮之习，相去已天渊矣。游民之日多，变诈反复之日出，其源皆由于此。是日，致送医生夏洛畛、向啸春、陈大驾、言舫臣、周嘉会；又有向南铖者，则专治牙科者也。此外石品三则每次包封，不另致送。凡共七人。起造择期则黄菊浦。节下酬应，亦云烦矣。

初五日。陈右铭见示毛实君孝廉庆蕃致伯严书，论俄事利病，与鄙人持论正同。毛君为小梧方伯之孙，翼卿大令之子，祖、父、曾祖，均祀名宦，其积累厚矣，所学尤有根柢，亦今日不易得之人才也。书中言泰州黄锡朋葆年学究天人，其本师曰李平三先生光炘，至以一见黄君为生平之幸，而谋走泰州一访李平三先生，以志向往之殷，斯可谓有志之士矣。自言有论时事书及与惺丈论日本事书，必有精微之论，为函复右铭，得此二书必一送阅。是午邀区丽泉、刘炜清、张翊廷、李寄庐、陈国卿、张勉斋饮菖蒲雄黄酒，本家如书堂、玉堂、子惠等皆辞不至。是日东西厅凡设两席。

初六日。大雨，凉。复李筱荃信，并为撰薛觐堂墓铭一通，托参府汪君发递。接张子遇、萧忠训二信。自谢病家居，虚函酬应，多置不答，有须复者一二信，亦率意置之。近如唐蓬洲、张子遇、姜昆山，于情事皆必得一复，亦自无如其懒废何也。意城来久谈，始知子瀞侄已禀销宁波厘差，并有假归之意。近今仕宦原不可为，既已为之，则亦惟有忍耐之一法。往返奔走，亦觉徒劳无益也。

初七日。言湛甫赴武昌，再致李筱荃制军一信，以须致薛觐堂联幛，加函托之。并致孔庭兰信，转寄潘蔚如、周小田、方子听三信。潘蔚如信二月已书就，兼致其太夫人联幛。子听、小田皆枉书，并一复之。子听托书缀遗斋横额，又托觅曾文正公《经史百家简编》，寄到洋银一圆。一如来函应付，而退还其洋银。晚次，书堂过谈。并接周良臣、胡道生二信，大抵皆有所求请。各有闲愁数不清，真无如之何也。又接朱佛宜信，知现派查南韶连羁监情形，而犹以为道远途长，日月悠悠，所获无多。候补之难，盖亦实情然也。

初八日。接经生武陵信。张力臣拓赠彭雪芹画梅。陈右铭过谈，询知毛实君家世世为丰城人，三世任四川知县，皆祀名宦。曾祖觉斋先生，习程朱性理之学。祖曰震寿，即所称小梧方伯者也。父曰隆辅，号抑卿。皆承觉斋先生之后，莅仕四川。而抑卿才尤长，年四十卒。其弟曰隆安，号宪卿，官湖北嘉鱼县知县，亦早卒，亦祀名宦。凡三世得名宦四人。而实君气概非凡，所成就必远且大，亦他省仕宦之家所罕见者也。夏介峰、张惠吾来见。惠吾现派巡船，即戴昆田所管带者也。夺彼以与此，于吾心尤有歉焉。即张惠吾为人，亦未必能及戴昆田也。

初九日。李丽源自乡来见。林尊山又邀赴阳石潭、桥头驿两处看地。天气渐热，动须三四日工夫，而以求地之故，不敢以烦劳辞也。自度生平遭际，无一不周折抵牾，此事重大，亦岂可以人力求之，大抵耗财而已。见《申报》，知黄恕皆亦请开缺。兵部左侍郎家居者凡三人，恕皆则由兵部转礼部再转吏部，三人前后相承，实只此一缺也。殿试报状元黄思永，江宁人；榜眼曹诒孙，籍茶陵；探花谭鑫振，籍衡山。一甲中湖南得二人，省运亦云盛矣。而吾与恕皆与荇农皆至侍郎，亦至告退。惟王逸吾以国子监祭酒领湖南班京员，未免寂寞也。

初十日。雨。韩鉴泉、曾（石介）〔介石〕、林尊山来谈。闻刘竹汀家信称郭子美军门四月廿一日身故，急遣人至黄子寿探问，则其家已有人自古北口来告丧矣。合淝伯相方以东路防务任之，所关盖非一身一家之事也。子寿并述及散馆信，惟知周惠生取列一等二名而已。新进士十四人，殿试报添入冯锡仁一名，而无吴国镛名，意城言冯系补殿试，吴则或罚停殿试，或以事请停，皆未可知。韩鉴泉并言安徽进士李经世，即李和甫世兄，丙子科乡举，殿试取列二甲三十六名，可望馆选。而曾介石、曹诒孙为癸酉拔贡，乡榜连捷，京师馆栗諴家，课其两子。

十一日。邹少松、区丽泉、夏子常、黄子寿、左锡九、李小山、钟漱芝、张鹤臣次第来谈。昨日一雨，稍为清闲，今日又苦人客坌集矣。李丽源告归，住此两日，未及治蔬酒一款之。小山为周氏屋事来为说法，吾终始持此一义。人心变幻百出，吾不为易也。接陶幼瑜贺节信。与唐蓬洲、张子遇、姜昆山，皆应有复书者。

十二日。危星皆至。席珊、子宽次第见过。席珊言近数年湘阴销盐略及五票，今年至五月尚不及一票，其故有二，一则钱票期限太近，钱庄不肯出票，鬻盐之户即不敢领盐；一则私贩太多。笙陔叔在岳州承办督销，颇以缉私为事，私贩稍减，官运亦因之稍畅。自笙陔销差后，距今一年，竟不知有缉私事，所设缉私一船，用水勇八人，亦无领哨者。湘阴销路之不畅，亦多由此。其言极为有见。

十三日。裴樾岑、张力臣枉谈久坐。力臣病月馀，始出门，为言惠甫信：万藕舲屡请开缺不允，李兰生实力保之，藕舲盖亦主攻剿者。崇地山定立俄约，始交廷臣会议，万藕舲亦有专奏，大率主战而已。李兰生引以为同声之助，是以护之甚力。惠甫之言，信不诬也。余吉甫寄到徐商老《三朝北盟会编》二百五十卷。起政和七年，蔡京、童贯用马植之言，通金以倾辽，为海上之盟，实建康之祸所由起。讫于绍兴三十一年，金主亮南侵被弑，为宋与金议和罢兵之始。计三朝四十五年。《四库全书目录》称其引书一百二种，杂考私书八十四种，金国诸录十种，诏命制词，备载无遗，于徽、钦之世所以肇乱之由，与其展转以取覆亡，及南宋之初所以祸乱相寻，佹得佹失，本末始终，一览而知。明世议论纷繁，似于此书并无及见者。无怪李兰生辈昏庸狂悖，误国贼民，至死而魂不悟也。意城、虚堂晚至，为桃花坡事商度始终，似未宜草率。为垫钱文，终归无济。张镜吾递到张宝臣信，言张子健赴乡后，日临大字，尚无浮动之习。或者张氏一线之遗，尚犹可望耶？

十四日。夏至。承受屋左周氏小屋一所，李小山为之陈说，以与本宅紧相毗连，只好受之。便邀李小山、周益吾、周鸣岐其兄立吾以事不至，以此屋立吾本无股分、周麓渔、易叔辉及席珊、荇农晚酌。区丽泉、罗小垣过谈。

十五日。雨，凉。自五月以来，沉闷苦雨。向时忧旱之心，转而忧潦。湘阴围田收成殆无可望。陈右铭、区丽泉、王旭初及席珊次第过谈。席珊将由县赴岳州，顺致饶葆丞及秉文二信。旋闻易叔辉言秉文已来省，因径送草潮门交之。朱香荪见示新刻《边事汇钞》一书，起周至明，所以控制夷狄者，逐条记之，而加以论断，切中事要者为多。吾谓此书当名《边防论要》，非汇钞体也。其论宋事尤苦太多，此当著其要义而已，不足详论也。展转相寻，始终不脱前人窠臼，故为无益。是夕月食。

十六日。秉文来议支祠工程。杨瑞堂以料理寿星街新宅，街西菜园一所，为杨姓承典三官殿之业，连三四日未能议妥，则以闻知转典为吾家也，故意作难。中国人心之敝如此。晚过香荪谈，并检出丙寅夏陈古樵所作《荔湾饯别图》，属香荪及樾岑补题，并拟乞陈伯严、朱次江各撰一文。

十七日。接姚彦嘉信。以支祠购买木柱，属席珊、荇农约会玉舲同赴靖港。玉（玲）〔舲〕以初回省，须稍迟一二日，遂以事议论半日之久。林尊山约赴夏源港。函询罗小垣，兼问邹连丞尚在省否。两兄亦久无信。吾方编次县志列传，终日纷扰，心气皆为之浮动不安。省居苦趣，实令人不耐。

十八日。李玉阶中丞由衡、永阅兵旋省，询知从官仆役皆极谨约，而所过州县，承办差务不及王夔石之半，亦皆逾二千金矣。不知朝廷此等虚应故事之文，公私两累之果以何为也。张镜吾、张子健以渠家事相扰无已，使人心闷。

十九日。张镜吾、张宝臣为张子健议婚夏氏，于是日报日。席珊、杏农偕同玉舲由靖港赴县，又寄饶葆丞一信。周幼庵、冒小山、易少海次第过谈。幼庵述及散馆题为《位一天下之动》黄山谷曾为此赋，云语出《易纬》。位者，谓爻位也。天下之动贞乎一，盖即天地定位之意，君子所以辨上下、定民志也。通场无知其出处者。冒小山、易少海述及近事，均使人惘然，莫知所为计。

二十日。为易少海作书与寅伯，便复姜昆山一信，并致饶葆丞及席珊，均由易少海专足递县。罗筱垣、朱枫桥、张昆生过谈。殷谱经保荐张月卿，奉旨内召，已由筱荃制军奏报三月十一日启程，至四月廿五日为御史邓承修所纠，直云张某孤恩负咎，忽蒙录用，必有廷臣为之保奏，应请无庸录用，以杜取巧，仍将原保之员照例议处，于是原准召见者，复改为交吏部带领引见。谱经此保，本属无谓，而月卿求荣反辱，则亦其热中之为害也。

廿一日。接殷竹伍、蔡惺吾二信。惺吾为汝循之父，以蔡子赓方经营一书投刘岘庄，惺吾更为专函言之。闭门谢交游，而苦为人纠缠，不能相谅如此。吴浦生、胡道生、袁予文次第过谈。胡道生为述一事：杨诗藻、何家惠二人同在靖港贸易。何，长沙人，开设汇源钱庄，亦稍为家资，岁租约四五石。杨诗藻运钱七百馀串，向其汇源钱庄兑银四百馀两，书立银票。竟蓄意吞食之，相持数月，以至成讼。前长沙令王石卿断缴现钱三百串，馀限一月缴清。羁押三月之久，分文不缴，而乘王石卿交卸时，纳贿勾通差役，竟得保释。杨诗藻拖累数月之久，糜费数百串，而无由追缴分文。不意长沙人心，变幻至此，决非盛世所宜有也。闻此慨叹弥日。

廿二日。李玉阶中丞过谈。接玉舲靖港信，当以一信复之。阅向修梅《秦人宅藏稿》六卷，编诗全仿遗山，局格亦略近之。《论诗绝句》云：汉魏何须辨等差，后来好事有微词。但除乐府分高下，苏李曹王各一时。　八代功臣陈虎林，字搜句剔苦推寻。齐梁蝉噪欺人语，未信昌黎是赏音。明北海冯惟讷撰《古诗纪》，断篇碎句，罔不辑录，为后来选古诗者祖本。虎林陈祚明，择其雅驯者撰《采菽堂古诗选》，逐篇详注，持论精确。惜二书世少传（世）本。沈（悫）〔确〕士《古诗（古诗）源》采其评而讳其名，陋矣。　子瞻诗笔自堂堂，不分前贤尽谤伤。千古才人齐俯首，惜无一语似河梁。　胡笳哀怨感人深，巫峡猿啼泪满襟。杜老七歌君忆否？纷纷异议果何心。十八拍、木兰诗，杜陵曾用其调，而世顾谓赝作，何也？　秀色渐开骨渐轻，峥嵘已谢气纵横。比量功罪难相掩，前有宣城后长卿。　巷谓途歌尽有情，不图历下盛时名。骚坛千古寻宗派，华胄遥遥陆士衡。　老杜集者见吴体，此体虽工创者谁？搜遍齐梁珠玉句，庾陈二首最经奇。陈子良《于塞北春日思归》诗：我家吴会青山远，他乡关塞白云深。为许羁愁长下泪，那堪春色更伤心。惊鸟屡飞恒失侣，落（落）〔花〕一去不归林。如何此日嗟迟（墓）〔暮〕，悲来还作白头吟。庾诗即促柱繁弦首是也。　一代骚才有后身，陇西文藻更无伦。世儒不识天孙锦，却把牛蛇错怪人。　一首西郊抵北征，韩碑字字欲飞鸣。如何转被多师误，不遣篇篇到老成。鄙意才学如义山而宗法不一，其成就止此，学者不可不慎所师也。会稽施寿伯山谓如此论诗，老杜且难，况他人乎！语甚正大，附识于此，以志良友箴规，不为苟同云。　南国佳人何大复，朔方老将李崆峒。一时二妙谁高下，却怪西原语未公。《观音洲阻风》诗：馀生底触蛟龙怒？不死微窥天地心。《宿彰德府》云：经过邺中无限悲，夜深听唱邺城辞。漫寻汉室三分局，独爱陈王五字诗。霸气已随流水逝，遗冢仍传后代疑。可怜一样青天月，不似西园夜宴时。《梦贺宝臣同年》：寻君一夜一千里，梦里关河直等闲。正尔风尘劳作吏，何年诗酒共开颜。《春兴》断句：梦回故国惊寒柝，燕啄残花入废村。花事经旬供病眼，风声挟雨似凉秋。《黄鹤楼看雪歌》断句：平生万事总输人，细数眼福亦不劣。《短歌》云：我今五十如七十，七十当如百岁人。安有斯人能百岁，即恐七十亦非真。南来曾过北邙道，冢中白骨无丑好。人生不得行胸臆，便到百岁犹为夭。秋夜旅舍灯火媚，远人如与妻孥俱。《于役黄陂宿观音庵》：禅堂灯火歇，古佛渐欲睡，予亦息劳薪，独与孤檠对。《黄鹤楼眺雪》：今日忆昨日，已是百年身。今游忆昔游，非复眼中人。自撰一序，极有意趣。予为题七律一首。晚次，向修梅、李梅仙过谈。

廿三日。雨。李仲云、朱禹田、龙树堂、胡道生、胡少芝及六安次第过谈。仲云荐其戚郭见安丙绶入思贤讲舍，郭春元之侄也。晚次，彭荔樵、陈右铭过谈，遂留右铭小酌，兼为曾媳诊脉。

廿四日。易叔辉、胡道生及六安回湘阴，致吴晴研及秉文二信。接到上海包封，内曾劼刚家信二件；又严伯雅、陈臧伯信二件，大抵皆告窘求援者，吾实茫然莫知所对。伯雅引金梅生诗云：空谷薜萝寒女操，当途帷盖大臣心。其言至为沉痛。是夕易淑子至，言过湘阴见陈幼愚，尚能起坐谈论，而急促叔辉为料理后事之计，亦太早矣。

廿五日。接郑陶斋、欧阳伯元二信。又由易少海递到饶葆丞及席山、寅伯各信。郭斌自天津回，又带到马眉叔一信，并云四月廿六日曾劼刚发电请示，言俄人有信阻其行，不受使命。此亦势之必然者也。是日，朱宇田、罗小垣、盛艺垣、林尊三过谈，皆久坐，颇觉时日之可惜也。数日来思稍检理县志事，而日苦为人客纠缠，每夕至三鼓，而目力受伤多矣。眼痛头昏，实有不能支持之势。是以人客之繁，不独玩时愒日，实亦戕生伐性之资也。

廿六日。请邹连丞、罗小垣偕林尊山赴下泥港、桥头驿两处看地，明知其为虚诬，而不能径置不理，均之耗费而已。以易少湖回县之便，顺致饶葆丞、吴晴研、吴陶村、莼庵，及蟠西、胡道生，及秉文、寅伯、易叔辉各信，并寄饶葆丞《艺文志》一本。赖廿四日及本日为城隍会期，妇孺辈均就草潮门看会，亦无宾客枉顾者，稍得以馀闲清理应添补各集。易少湖亦以此留候两日之久。若非两值会日，奔走酬应无馀暇矣。

廿七日。阅朱次江书《普法战纪》后及《通商志》后文二篇，多警切语，然于中外交涉情形，终不脱南宋以后见解。因与论拿破仑两世为法王，皆绝大魄力，皆以骄致败。法之气矜似夫差，而普君臣坚忍，济之以阴谋，正似越王勾践。欧洲各国最重邦交，亦各视其国缓急轻重以为因依。近今大势，则英法两国自相交，德俄两国自相交，奥之与普同出日耳曼，其势尤不能不交相顾。欧洲事势，并无俄普相谋之罅，《申报》偶见各国新闻，臆揣之耳。次江所论情事，不尽合欧洲时局也。唐人之通海市，起于南洋，而渐及于西洋。惟所利所舟楫，遂以通商为治国之经。因考齐自太公至管仲，皆以通商富国，《周官经》于此言之綦详。秦汉以后，一切务为苟且，而四民皆失其业。儒者亦讳言利国。所谓利国者何？利民而已矣。孟子之言具在，读之而能知之者固鲜也。古人有言曰：民皆知义而后奸雄惧，民皆知兵而后四夷服。斯言也，秦汉以来所最动色相视者，三代无有也。然则尽天下之人而皆不知义，尽文武大臣下逮将弁而皆不知兵，又将如之何哉！邹连丞、罗小垣自下泥港、桥头驿两处回，述叙林尊山看地竟无影响，然节次耗费已不资矣。

廿八日。数日郁热，是午雨，凉。李敬吾、李艺林及蟠西遣高金凤至省便递一信，为数语复之，略言家居逾年，闭门却扫，不与人世相接，得失缓急，无从效力。盖实录也。因便寄饶葆丞一信，并寄去《选举》、《列女》志稿二本。林尊山过谈，始知邹连城所患亦近内伤，而专服阴药，颇谓非宜。凡偶感风寒，展转而成内伤者，必阴药为之也。

廿九日。廖逵宾枉谈，极畅。接邓弥之书，举思贤讲舍生数人。陈杰、潘学海则前已言及者。兹复得数人，曰邹代过，字改之，邹伯韩之子也。曰翟需义，字孚侯，武冈州人，其年已逾三十，甚贫好学。又举学长数人：彭笛仙、朱香荪、曹镜初、彭棣生、阎敬容、王怀钦、萧希鲁、彭笙陔。惟彭棣生、彭笙陔故不相识，馀皆所熟习也。笙陔亦武冈州人。是夕，书虚为用章之妻桃花坡一庄与周介峰相持已久，权为受之，以安子湝之心。意城亦至，同易淑子、李麓渔、杨瑞堂诸人小酌。

六月

六月初一日丁酉。陈右铭过谈，论及湖南吏治，以候补府李芗垣有棻为最，兼提调厘金、发审两局事，所见甚卓，不止为良吏而已。意城送到周浥藻赴浙候补部凭，盖汤斐斋为经办者，五月初五日验看，初十日领凭，期限五十五日。日来正为张子健料理完姻，又为周浥藻料理赴浙候补，巨细精粗，皆吾一身任之，烦费甚巨，而此两人则皆不值一提拔者。前岁寄子瀞书，原料及始终，不虞子瀞之遽为报捐也。曹咏芝枉过，告知为天津之行，并求顺带一书投合淝伯相。

初二日。罗小垣、邹连丞邀同出北门，云前过开福寺，见堂局甚佳，其中必有结作。至则开福寺基正朝湘水，后坐碧湘湖，两砂环抱，数百年丛林必非偶然。寺僧佛慧、参莲款接甚恭，其住持僧华玉外出未见。客堂方丈，视前七八年游寺时又稍加装饰。回过廖氏坟，连丞指点一穴，视开福寺堂局为佳，与开福寺皆近平阳地，其实开嶂出脉，两砂环合，犹平冈也。舆中郁热为甚，遂感暑气。年馀将养，无寒暑之侵，并此区区亦不能耐，亦可云衰惫无能矣。

初三日。曹润芝赴天津，便就合肥伯相及马眉叔二信。李次青、张力臣、储鹤乔次第见过，遂尽一日之力。李镜浯、李艺林及蟠西三人继至，以京控事来省经理，并带到叔辉一信。陈幼愚廿五日夜半已逝，俄而忽苏，至廿七日乃逝。叔辉发信在廿六日，尚存奄奄一气也。

初四日。为蔡子赓致刘岘庄一信。家居逾年，友朋书问亦置不报，而终日为人供笔墨之役。蔡惺吾亦枉书相托，明知其无益，而求者不知疲，亦竟无词以谢绝之。生平不立崖岸，亲友多相为攀系，有出情理之外者，徒资一慨而已。接彭丽生、盛展奇、周良臣三信。苏子熙、於桐轩过谈。

初五日。朱宇恬枉谈。接唐柳青及子濉二信，相对惘然而已。检点志稿，略已就绪，惟前序及凡例尚未暇及之，征引书籍亦都不省记，而精气衰惫已甚，往时一日可以清理者，辄至三数日尚无端绪。人事倥偬，一有间阻，辄至停废数日。日月如流，惶惧百端，抚身世之茫茫，叹年力之已逾，其终无所成也已矣。

初六日。李健斋专足递到一信。为料理张子健完姻事，费钱费力，念之茫然。约李镜吾、李艺林来谈。适周良臣及西枝次第至，同为怨愤之辞，真是各有闲愁数不清也。最后乃传蟠西至，因闻吴健庵构难甚力，知其中原委必有不可一概论者，当一研究其实也。

初七日。禁烟公社会议，致祭濂溪周子，是日为周子忌日也。会者熊鹤村、周幼庵、傅青馀、李次青、李仲云、黄子寿、陈程初、张力臣、左锡九、韩勉吾、罗小垣、任宇田、瞿子玖及意城共十五人。照旧传帮响磬。吾言：初立是会时，原忧鸦片烟之为害蔓延日广，与亲友家庭谋自行示禁之方，原不敢望之士民，不意李玉阶中丞竟能主持禁绝烟馆，诚为中丞之善政，然左锡九于其中奋迅维持，厥功甚伟。吾尤虑官政之行，每历一任则其局立变。吾辈设立此会，期相与勉力维持于下，以求要诸久远，庶几大弊既除，诸事皆可徐为清理，人心之浮伪者，皆可徐归于纯实，风俗之凉薄者，皆可徐返于善良。语毕，诸君更无申讲者，因相与交互一谈而罢。是日热甚，已而大雨风凉，饮酒甚适。下午，於桐轩、王吉来、蔡子耕枉谈。接李寄庐、饶葆丞、吴晴研、易叔辉诸信，又接李玉森兴国州一信。

初八日。言湛甫自武昌回，带到李筱荃制府一信，并孔继周信。蔡子耕赴金陵，便致饶葆丞信，属过湘阴时往取《夜谈追录》十部。致李石仙，为张子健议婚夏氏，是日订庚过礼，并在家主办，兼治席款行媒者，即张子健族兄张镜湖也。便邀夏星田、易淑子、李麓渔及子宽侄午酌。适周浥藻至，乃令其代陪，以检点志书寄饶葆丞，实亦不能暇也，兼以夏星田新进小生，而援引亲戚以相颉颃，亦颇思远之。

初九日。寄复李健斋一信，并寄挽李峻斋联及奠分三十金。胡道生又专足至，随复一信，并致吴晴研，及加致饶葆丞一信。秉文承修支祠、砖、木、灰、瓦，皆较省城价值加昂。道生来信，一意含糊，迁就而已。秉文非不精明者，一视其公款，则用以为周旋之资而已，将来开报恐滋多也。晚次，罗小垣、闵新吾、彭仲莲过谈。小垣述及接统黄云岑一军为刘云樵军门星源，以善博为名，人谓其为郭小美、陈舫仙标手，相与设局网利。中丞舍李健斋而用刘君，颇失人望。然刘君固工营干，亦恃当路奖藉维持之力也。

初十日。接上海文报局包封，内曾劼刚、陈松生家信，及黄泳清一信。又接周良臣及席珊、健甫各信。健甫信述周荇农之言，责以前此具疏为不宜，盖所述李兰生之言也。凡吾所言，自关一时大计，岂求谅于李兰生者！明人所谓醉卧覆舟之中，身已死而魂不悟，当国诸公愦愦如此，吾安所税驾哉！

十一日。席山、兰生过谈。为陈右铭饯行，兼邀裴樾岑、麻竹师、傅青馀、李次青、张力臣小酌，竹师以病不能至。戴春和专信求药，以患膈食气痛，来觅西洋药品。西洋苏打一种，呕酸反胃之症，可以即时奏效。戴春（秋）〔和〕所患酒膈，年老气衰，非西洋药力所及也。西洋药专治疾，其性多暴烈，念其远使来求，以少许贻之，亦颇详言其利病，其服与否，亦只能听之而已。

十二日。易叔辉自县回，带到易（衢梯）〔梯衢〕、殷少乔及寅伯各信，又代致陈幼愚遗书，以四子见托，览之怃然。又接周昌辅一信。张笛帆、罗宪庭及席珊次第来见。笛帆、宪庭留坐片时，竟为仆人辞去，比出，则已行矣，为之惘然。笛帆，张雨农之子，宪庭，罗小垣之兄也，并须得一见。叔辉言易卓超与子瀞同至汉口，已十馀日，专候督辕派轮船拖带，而遣镜芝押运木器，已早抵县矣。轮船往返，支销煤价甚剧，子瀞于此，亦颇未谙时务也。

十三日。为张子健定婚夏氏，于是日完姻，所费百数十千。子健既昏悖，张镜湖又一以虚浮佐之，使人不耐。然闻新妇甚贤，意者张氏积泽之厚，留此一线之延，以昌其后人耶？如张子健者，始终无所成就，固可一见决之也。夏氏不达区区之苦心，一以苛索为事，则亦无理之尤者矣。於桐轩、龙研轩、刘朗山次第过谈。

十四日。彭仲莲、周荣斋、张子健、周浥藻次第来，久坐。荣斋索取其尊人昌辅孝廉回信，因以一书复之。林尊山又以两处地图见示，一在靳家河，一在文家铺左近。其地学实无所得，更不欲与置议，以盛夏不能出门谢之而已。

十五日。雨，凉。齐慎庵枉过，为仆人谢去。同年老友，当得一见。易桂生、周履清并见过。十馀日来清理志稿，甚费心神，至是序跋凡例，一例告成。适会兰生赴县，为留一日。吴鹤丞抄录迟缓，属易叔辉、李麓渔两人佐之。叔辉有兼人之力，书法工而且速，极可喜。

十六日。大雨。凉似初冬，向无有也。过意城，适外出，乃诣朱香荪谈。晤张东墅，意将为沉冥汗漫之游。吾谓俄事幸不决裂，海防解严，惟意所适，或不困于资用，今非其时也，盍少俟之。东墅优于文而不能自庇其生，难于为计也。接龚云浦信。龚云浦、苏子熙皆久于兵事，至今岁乃始一见其面。致饶葆丞信，交兰生带县，大雨北风正烈，日内未必能启行。

十七日。俞鹤皋、朱香荪、罗小垣、张鹤臣及笙陔叔过谈。鹤皋递到裕时卿一信。又邱（赏松）〔松赏〕至，语及周兰生出籍事，意求以其衔名列入县志也。又接到周镜帆及席珊二信。香荪语及李仲云事，黄海华、裴樾岑、李芗垣皆颇谓其无理，以人客丛集，亦不能语其详也。

十八日。兰生始以是日赴县，带致饶葆丞并吴晴研及寅伯诸信。仍然北风。自初七日至今，忽风忽雨，凉似深秋，极非伏景所宜。下午一过寿星街新屋，便诣龙皞臣谈。邹叔绩遗书，皞丞为刻之南昌，交赵抝叔经理，甫告竣而抝叔署任鄱阳，至今未能校对，尚未印行也。皞丞刻邹叔绩遗书，黄子寿刻何愿船遗书，实两相望，而吾皆未能求得之也。晚归，接寅伯信，由周兰生蕴斌带省。周君本籍平江，寓居新市两代四十馀年，田墓庐舍在焉，出籍亦正办也。而兴贤堂常健吾张掖亭辈竟不敢任此，致令来省相求，亦诸君谨慎太过处也。

十九日。陈右铭、周兰生枉过。右铭语及近今盗贼之烦，刑罚之失，无能窥求大体，而各挟其趋避之私，规己自大之见，而一行之以悻忌，皆导乱之征也。至今不知悔祸，酿乱将不可支。吾谓万事原本皆在吏治。吾楚十馀年来，吏治偷敝，至不可问，虽有贤者发扬蹈（扬）〔厉〕，提而振之，犹惧不可堪也，岂夫瞻顾因循所能施其挽救之功者？并心一力，相奖为昏，岂惟酿乱而已，直是奖进而扬引之，此有心者所为慨叹而流涕也。相与征引实事数端，相对欷歔而已。周兰生于周闻斋为兄弟行，亦平江旧族也。是夕，家人口角，实厌听闻。

二十日。意城过谈，言询问童砚云某生派辰州帮办厘捐之由，云周荇农函托崇星陔，谓其从子也。荇农从子不应与某生同名，亦不应数月无过问者，此当由李仲云展转营属得之，此亦近事之绝怪者。曹镜初送到《曾文正公全集》一部，其中《鸣原堂论文》、《求阙斋读书录》二种尚阙。读书录一书，由文正著述之最精者，因复函问之。

廿一日。子瀞自湖北回，述李筱荃之言，于鄙心全未分明。又接邹子香信，荐其女婿江竺仙瑞清入思贤讲舍。冒小山、汤小庵、李镜吾、李艺林及槃西次第来见，坐费光阴，为此无谓之谈论讫于终日，良可惜也。

廿二日。张力臣、朱香荪、康善卿过谈。善卿所著《诗经字同韵异考》，最便初学。吾以为必先辈之绩学者，其年才及四十，亦新化诸生之杰出者也。晚次，张东墅、吴云谷过谈，留与小酌，得一畅叙。

廿三日。接张振轩、何心畬二信。又接经笙一信。振轩信由王梦虎求书为通其意，于例不能留省，振轩因资其北行，而以书相报问也。储鹤侪、张力臣过谈久坐。随诣朱香荪谈，陈展堂适在坐，夜久乃归。

廿四日。张超堂专足求书，备致礼物。又接殷少乔信，以竹坞所著《克念斋算草》八卷、《格术补》一卷求入艺文志。此所必应收入者，偏于竹坞失之，可云疏忽。至所录《衡阳志》疆域图、承源图、揆日候星表，则仅县志之一图而已，不足以立名，势能收入。又接方右民一信。袁予文、杨子介、陈国卿过谈。子介为其兄杨藻庭家隽馆事，托一言之朱宇田。

廿五日。自十五日雨，北风十馀日，虽晴而无甚暑气，至是雨、风似凉秋，极非夏景所宜。以李筱荃六十生辰，撰寿文一通，属意城书之。接王代英江南一信，盖王惺原之孙，于王壬秋为从侄，意在求通于刘岘庄制军。又荐长沙廖子钟嘉绶能通算学，所著有《测圜海镜翼》，并求志书院季课、算学各种。本在上海算学局，今算学局已撤，廖君亦欲求通刘岘庄制军，谋一枝之借也。

廿六日。热。下午雨。席珊过谈，交到达珊一信，并转递张寿荃一信。子瀞亦交到宗湘文见刻各种，其间《春晖堂丛书》一种亦殊佳。湘文一时名士，所刻书亦肖其为人也。黄子寿、向啸春过谈。致饶（保）〔葆〕丞信，由易叔辉转托之鄷萃升酒肆，云明日有便足赴县也。

廿七日。张力臣枉过久谈。接饶葆丞、盛展奇及秉文各信。李慭夫原字桐士枉顾，询知为李小山之名，向有颠痫之症，命仆人辞之，而自陈实非颠，以朱肯甫学使道湘阴，有属转告之言，是以来此。其言绝可笑，不知其家何以纵令来省也。

廿八日。邱美轩来谈，陈右铭之姨丈也，工医。以英儿患烦渴，邀请一诊视之。发上海黄泳清一信，便寄丁禹生、黎莼斋、张听帆、严又陵、姚彦嘉、郑陶斋共七信。丁禹生见寄小照二方并丙寅年小集观音山所照，予初不知也。其与王少鹤、陈兰浦、何伯英诸人共坐，一则予与禹生相对坐。其对坐小照，禹生仍属寄还。而所为《苍茫独立图》乃酷肖，并属题诗。以属巨幅，当另觅便寄上海，信局不肯承收。而为禹生影相，以此图为最佳，馀二幅太小，模糊不可辨视，不如此画笔之工也。晚就意城谈，子瀞适外出，不及见。

廿九日。储鹤翘赴都，顺致周荇农一信。荇农晚号自庵，而吾尝不能记忆，书成乃始忆得之。并属鹤翘：如王逸吾、周桂坞、龙芝生、李果仙、陈伯坪皆可交阅，不必定交荇农也。邱美轩、朱枫桥、王旭初、陈国卿次第过谈。又致饶葆丞、盛展奇及秉文一信，兼复邹子芗信，交钟祥带县。

三十日。张力臣枉过久谈，以冒小山转示其兄冒哲存上岘庄制府书，为冒小山求花畹冈缉私差，径谓鄙人已为之请。冒小山生平干冒求进，不顾其后，至竟不改其性。屡托求督销差使，曾语之云：此须缓图，万不能求速，尤须就近解说，舍近图远，终归无济。不虞其反据此以为出自鄙意，适恐以自误而已。晚次，子瀞来谈，语及晋捐事，已能尽其曲折，而深惜此三人之愚，至于不可思议。天下只此两有，一险诈，一愚劣，中国人才乃尽于此，岂不可笑。

七月

七月初一日丁卯。黎述堂都守来见，递到姚庶侯一信，盖由宝庆都司调补镇箪边缺者也。夏心泉、刘朗山次第来见。刘小山又自高岭来。接朱岳舲信，并见贻竹帽筒、蒲（蓮）〔簟〕。劳少湘亦见贻潮扇、枷楠戒指。当为一书复朱岳舲，并报以菊花雨前茶，而为之反诗人之词曰：投我以琼瑶，报之以木桃。岳舲专足见饷，颇为无名之赠，（致略）〔略致〕往复之谊而已。

初二日。立秋。雨，北风，凉。接郭莲湖、杨墨林及席珊、京笙各信。莲湖以其女夫范羲驭求托之岘庄制军，经笙则守蓉仙已奉檄回省，代者为潘恭敏，求接办书启一席也。冒小山、冯小亭、何永清次第过谈。意城亦由开福寺回过谈。刘朗山告言初六日起程赴鄂，言湛甫亦由陈程初荐与偕行。送一寿屏而遣两都司，亦殊无谓。吾则终日为此无谓之周旋，惟觉精力不支而已。

初三日。接李健斋信，催取李勇毅公碑铭。朱香荪代撰李次青寿文，实次江手笔也，于寿文体裁稍有未合，因为另撰一通。入秋冬气渐短，一瞬已夕，日求检理一二事而不可得。精力衰颓，头昏眼蒙，殆难以持久矣。

初四日。李瑞南、周荔樵、刘小山、周兰生过谈久坐。瑞南言处事务为持平，吾深驳其言，以为法者，所以昭晰是非也；无是非，而后纪纲法度荡无一存，以驯至于乱。今日泯弃是非而以为持平，倍甚于道光之世，吾是以大惧。因告以凡事当务明是非，持平之说行而是非以乱，此不可之甚者也。接方柳桥信，由潮州分司任内发递。

初五日。韩淦泉、韩勉吾过谈。接秉文信，别无一语，惟索钱而已。以是力拒之。兼寄饶葆丞一信。闻曾符卿物故之信，其家亦已径报山西，势亦不能相隐饰也。此曾氏子弟之极纯实者。次则栗諴，有木讷之风，闻近日病亦日笃。子弟佳者辄倾去之，曾、左两家皆然，亦吾楚风气之薄致然。合淝伯相为不可及矣。

初六日。雨，雷。黄子寿过谈。接周瀛士信，论俄事利病，极为有见。瀛士久居上海，目见耳闻，自与人异。京师诸公使稍能窥见其涯略，处置此事有馀矣。林尊山以沙坪一地，故生波澜，迟延多日，又专信驰骋其说，意图网利而已。此曹伎术，层出不穷，惟当以退财二字了之。

初七日。刘朗山奉差武昌，便致李筱荃制军一信，并以其六十生辰，制书室小屏一幅，属意城以泥金书之。兼致孔庭兰一信，以屏叶夹有宣纸一张，以防潮湿胶粘，属取去此纸乃上呈也。

初八日。雨。宋儒疑孟子者李盱江、司马涑水，而余隐之皆为之辨，朱子又更申论之。然于二先生所以致疑处，皆未有以发明也。孟子言政曰：民为贵，社稷次之，君为轻。天生民而立之君，所以为民也。三代圣人所汲汲者，安民以安天下而已。自战国游士创为尊君卑臣之说，而君之势日尊。至秦乃竭天下之力以奉一人而不足，又为之刑赏劝惩以整齐天下之人心。历千馀年而人心所同拱戴者，一君而已。因是以推及三代，因是而并衰周之世责以大一统之义，且以是苛及孟子，其大旨反覆归宿惟在于此。虽余隐之之辨，亦不敢直讦其不然也。此宋以来论古者之一大蔽也。

初九日。雨，寒。竟似九、十月天气，亦向所未有也。裴樾岑、张力臣、邱松赁、刘小山过谈。又为言湛甫作书与孔庭兰。得席山靖港局信，为徐定生、葆生兄弟求《罪言存略》二帙，吾误看其信，以为徐葆生一人，寄去一本，并以一信复之，及复取阅其信，则办局务者徐定生也，其弟葆生实管文案，兄弟各乞一本，席山来信本亦未甚详明也。张力臣见示唐泉伯复冒小山书，欲假鄙名为冒小山缴捐款，所言殊为不伦。亦由生平门墙太不能峻，致有此意外之干请。因念昨接杨墨林书，无理过甚，并属易叔辉一往谕之。

初十日。陈右铭、左锡九来谈。接欧阳伯元金陵信，始知王君代英字六坡，亦不言为王惺原之孙；又述及蔡子庚已至金陵，其意在谋五河盐局，属为岘庄制府言之。非予力所能及也。锡九述及夏心泉家事，乃知两三年来全恃锡九维持。其人亦少诚实之心，据锡九述其言，不愧为长沙人，与张镜湖、张子健辈亦所谓沆瀣一气者也。

十一日。尝新。率家人恭祀祖先，并邀冯小亭、闵新吾、易淑子、仲子、叔辉、李麓渔、左橘云、铨之及子敬、寅伯、子宽诸侄，为食新之会。接陈右铭信，知曾沅甫奉命入朝，派守山海关，以湖北刘干臣一营归其统带，而饬鲍春霆募勇十营，训练以备调遣。盖自前日见《申报》，董韫卿撤去译署差使，即知朝廷已决计用兵矣。京师诸公无知事理者，又方以是仰窥醇邸之意，曲意迎合，贻害国家，其无耻亦已至矣。是日，胡秋樵、袁宇文及文思次第来过久谈。又接席珊信，以吴子俊勋彦为托，亦求入思贤讲舍者也。

十二日。邹小松、韩淦泉过谈。晚邀黄瑟庵、张笛帆、周荔樵、劳少湘、杨馨堂、周浥藻小酌。瑟庵诵及鄙人在都答周荇农两诗，予全不能记忆，因请瑟庵录存之。诗曰：百忙偷得一身闲，偃息蓬庐且闭关。病骥埋头今日贱，焦螟生世古来艰。一丸溟渤汹时塞，九鼎神奸铸后删。谁道蒙庄惊一吓，退居才与不才间。

寸步人间抵万巇，一言今见凤鸣岐。大文山斗平生仰，微分松蒿契合奇。毁誉三人成聚讼，是非前史有传疑。汉家事业都陈迹，谁向昆明试水嬉。二诗用意深挚，当时有无存稿，思之竟如梦寐，姑录于此。

十三日。韩淦泉赴武昌，求致筱荃制军一书，因以一信交之，徒使我取人厌恶而已，于心甚不乐也。亦接饶葆丞一信，并新刻志稿。刻工迟缓，告竣尚无期日。鲍春霆来见，相知二十馀年，乃始一相见，颇有短小精悍之气，亦渐就衰矣。晚接县丞王源一信，其号曰特卿，自陈为王经庵之侄，与欧阳伯元、王六坡同一指使，而不达时事之艰难，对之浩叹而已。

十四日。傅青馀、瞿子玖次第来谈久坐。傅青馀以其子湖南候补同知名傅屺孙，托言之筱荃制军。瞿子玖以其业师之子彭君，托言之裴樾岑。此等无谓之周旋，纷至沓来，烦苦已极。与子玖言：人心风俗之坏，近时士大夫皆能言之，而不知所以坏，全在士大夫，不在蠢蠢之愚民也。如今士大夫口是心非，一切作伪，日怀猜忌之心；隐善扬恶，幸灾乐祸，人人优为之。人心风俗之坏，殆无甚于此者矣。

十五日。邀陈右铭、张东墅、吴云谷、邹少松四观察，黄子寿、张力臣及意城小酌，亦示为右铭饯行之意。接夏子常及席珊二信。以中元节，为祖先荐化冥镪，率家人行礼。子寿诵为右铭生辰同饮絜园诗云：大夫伟略足经邦，眉寿人人祝骏厖。小队初回麓山寺，幽怀同醉（挈）〔絜〕园缸。西边铜柱铭新勒，东序金钟响待撞。见说工师求斧凿，未容笑傲倚南窗。是日右铭避游麓山，至晚方赴席。诗笔亦极工雅。

十六日。为先太夫人忌辰，以上供菜邀刘小山、邱松篔、何永清、裴延龄及易淑子、李麓渔、易叔辉、周浥藻小酌。予以斋食，约寅伯来陪，且谕（衣）〔以〕携带衣冠上供。比午后往请，还言游城南书院未回也，其不敬事先人如此！致符卿挽联，便寄思诚一信旧字健龙，并复莐臣信，仍托曾介石转递。前约黎述堂回宝庆当复姚庶侯信，比往探，则已行矣，至是始以一信复姚庶侯。

十七日。唐鲁英邀同李次青、黄子寿、张力臣、陈程初及意城枉临小宴，程初以事不至。次青述及李兰生在衡山县任内，纵盗扰民，颠倒是非，指数其事迹甚繁。吾楚吏治之败坏久矣，王夔石七八年之酝酿，以有今日，所谓天也。乱亡可立而待，心实忧之。次青又语及武冈州志，已有部控。以修志文字之隙，至于讦控不已，人情风俗与吏治相为表里，盖可想见。邹少松函报鲍春霆奉旨募勇万人，限八月到京，无庸赴任。俄人之构患，盖无可补救矣。朱晓篔回县，便寄饶葆丞一信，并各志稿。

十八日。李次青回平江，寄复彭丽生一信。刘祝庭会同陈伯龄、陈程初、陈诒生、陈舫仙、陶少云、左子栗、杨芝仙、李仲云、黄子寿、张力臣及意城，公请鲍春霆。陪客则谢小庄、黄瑟庵二人。予以病谢客，不敢赴席，因属次青、子寿、力臣为达此意。得曾劼刚五月廿四日信，尚未赴俄也。有敬陈管见一疏，首言战衅万不可开，次言伊犁万不可弃。所言甚是，而不知处今日之势，伊犁万无可索回之理也。总署亦议及暂缓索伊犁一节，而不务由朝廷明发此议，而委之使臣作终竟收束之局，皆所谓差之毫厘，失以千里者也。且听俄人暂驻伊犁，俟后再议，西洋名曰噗噜嗪斯特[①]。由公使派参赞权代，西洋名曰沙尔热达斐[②]。又据劼刚信，始知代毕根士由为相者，即格兰斯登也。马格里译曰毕根士由，劼刚译曰毕根士费尔得。盛艺垣、樊延龄过谈，大率分

①噗噜嗪斯特，protest（抗议）的音译。
②沙尔热达斐，chargé d'affaires（代办）的音译。

外之求请而已。各有闲愁数不清，无如何也。晚又接瞿景伊、彭博山及席珊三信。

十九日。陈右铭、朱香荪过谈。香荪见劼刚折稿，谓其有玩弄一世手段，尽管说，尽管推卸净尽，一丝不搭到身上。今时仕宦所尚，专在此种，亦相与习而安之。苟不如此，即谓之不达时务，到处滞碍，丝毫行不动。盖中国人心风俗之敝极矣，其势岌岌不可终日，而能与持久乎？可为痛哭！传张镜湖至，其人至愚极陋，而其言乃至悖，麾斥之以去。涵养未纯，有忤辄发，此皆德不修之过。处末流之世，盖尤非宜。

二十日。李瑞南邀同陈右铭、瞿子玖小集曾文正公祠，兼为右铭饯行也。杜云秋著有《通商志》一书，朱次江为之序。右铭为言杜云秋、杨怀琛并肄业校经堂，与伯严相善也。此次赴河北道任，因并挈之以行。两人并家武冈，以商贾为生，而皆读书能文，大率邓弥之、葆之昆仲作成之力也。

廿一日。黄子寿过谈。以陈右铭明日赴河北道任，夜往谈。适邹少松、朱香荪并至，因留饮，并见其子伯严。子寿述郭函万之言，合淝伯相一日奉七次寄谕，指斥甚力。少松接京信，劾奏合淝，几至雷动，以合淝奏称开设机器局仅足以支拒乱民，不足以御外人，于是京师大哗，劾者争起。合淝立言本不得体，此时战局已成，言此何益哉！意城告言，谭丽生闻俄船已至辽河，急切谋归。京师惊扰已甚。胡小渠甫得通政司副使，具奏河南粮运请解本色，以备支放，盖恐海运或有梗塞故也，未数日即乞病开缺。即此一端，亦略见京师人心之不能自固矣。

廿二日。阴，凉。接杜鹤田信，致谢祝寿公分。周幼庵及意城过谈，与其子荔樵并托谋馆，亦难与为计矣。晚次，杨馨堂过谈，观其所以处兄弟子侄，似尚有内行者。

廿三日。小雨，寒。率本含、本谋两孙过水渡河，诣龙潭山，上广济真人前殿龙幛，庚午年所心许也。以中俄大局情形卜得一签，中有祸至悔难追之语，适如鄙心所欲言也。客堂悬汉镜铭隶书云：尚方作镜真大好，中有仙人老不老，渴饮玉泉饥食枣，寿如金石嘉且好。

光绪六年庚辰岁七月二十四日庚寅。李玉阶中丞、陈右铭、朱香荪、劳次芗、罗小垣、吴伯良、盛展奇、张花楼及文思、子瀞次第过谈。右铭、香荪并先约枉谈，稍具酒食款之。右铭追述初从易笏山带勇三营，由酉阳入蜀，解龙山之围，扼贼茨岩塘。于时意气方盛。其言多可听者。亦赖意城方馆毛憩云幕府，诸事有所倚恃，得稍行其志，亦千载一时之会也。右铭出示彭雪芹保举人才一折，开列至三十三人，多矣哉，古未尝有也。凡文员十六人，曰道员李概，曰湖南候补道李镐，曰徐州道段起，曰湖南候补道陈宝箴，曰广西候补道程桓生，曰浙江候补道马驷良，曰江苏候补道王之春，曰安徽候补道丁峻，曰湖南候补府麻维绪，曰浙江候补府陈邦干、冯文言，曰汉阳县林瑞枝，曰衡阳县庆瑞，曰慈谿县程云俶，曰湖南候补县汪篁，曰兰溪县陈钟英。凡武员十七人，曰镇定镇娄云庆，曰记名提督申道发，曰通永镇唐仁廉，曰九江镇章合才，曰兖州镇杨明海，曰记名提督魏兴发，曰署湖南提督王永章，曰记名提督王有章，曰记名提督广州协副将孙昌凯，曰记名提督张沛，曰记名总兵马朝选、陈海鹏，曰记名提督杨作霖，曰记名总兵龙藻绮，曰衢州镇喻俊明，曰淮阳镇欧阳利见，曰狼山镇王吉。昨日赴龙潭山遇雨，与一心上人话时事，途次得诗一首，录存于此：小雨愔愔酿薄寒，龙潭楼殿隐云端。积阴峦气浮天远，应迹仙踪入世宽。绝域关山新建节，清秋景物剩凭栏。老僧一掬忧时泪，去日还嗟来日难。

廿五日。绍曦、炳文并自县来，带到饶葆丞一信，又檠希、商农二信。欧阳星泉自湖北来。陈国卿、闵新吾、左橘云并至。大率枉书及来见者，皆谋事者也，实苦无以应之。又接姚庶侯、欧阳伯元二信。伯元信称：刘岘庄言，当与合淝伯相会请鄙人出山办理洋务。适见《申报》十三日有电报，词句甚繁，云系俄人爱谛美敦[1]。爱谛美敦者，华言尽尾头一句话也。大约所言当不出劼刚奏件，与崇地山所定条约当亦无甚出入也。此时洋务，岂尚复有办法！其不宜出，决矣。晚次，左锡九来谈，述及夏心泉、张镜湖行径，足资一噱而已。

廿六日。以广济真人诞辰，令男孙辈设香案行礼。彭作新、张澍霖、汤筱安过谈。秉文亦偕顾春山来，拨修理支祠经费。接刘小山信，言在河西看有麻塘冲山地，似亦由林尊山指引，恐其未必足信也。汤筱安言，杨月轩之叔杨云樵，地学颇深，能辨九星之体。论形势而知九星者，盖亦鲜矣。惜其年已六十馀，未易出门。吾所见知地者莫如邹连丞，以其家尚足自给，又体弱多病，不能为人谋。此两君者，吾皆不能早遇之，皆由运蹇之故。

廿七日。邀欧阳星泉、罗筱垣、吴伯良、盛展奇及文思、绍西、子瀞、炳文午饭，欧阳星泉以赴武昌未至。左锡九、李香垣、朱香荪枉谈。适由李玉阶递到曾沅甫一信，知已于初三日交卸，月杪起程赴京。所部刘维桢一军由湖北支应，郭宝昌一军由安徽支应，宋庆一军由河南支应。沅甫仍刘连捷一军，募足五千人，盖前已裁撤五百。凌荫庭一军千人，仍留防山西，所需饷项由山西支应。凡一折三片，部署周密有条理，无愧老成名将。惟录示七月初四日上谕二道，其一吉林预筹咨调宋庆一军，则责以就地

---

①爱谛美敦，ultimatum（最后通牒）的音译。

募练；其一奉天请分扎宋庆一军，步队三营驻扎金州，马步六营分扎熊岳、盖平，则责以到防后筹商布置，并以山海关防务紧要为词，则是为画关而守之计也。枢府诸公之精魄已先散失矣，盖可虑也。

廿八日。秉文回县，便寄饶葆丞一信，以闻姜昆山出票验视各行牙帖，苛取规费，稍为饶葆丞言之，属止其事，所关声名非细，县城行户又皆贫困，所得几何，而身为之倡，以贻日后无穷之累，即所损多矣。言之颇甚切至，诚亦不料姜昆山有此举动，以是望其为良吏，岂可得乎！甚悔廿四日为中丞述及姜昆山之为官，保举太过。即展奇、绍西辈亦述其纵盗容奸，废刑不用，致令盗贼充斥，闻之尤为惘然。又复姚庶候一信。盛展奇、樊延龄、劳次芗过谈。次芗述及陈古樵近时专以收揽讼事为网利之计，积孽颇多；而史穆堂、李文田身任掌教，一则贪污百出，一则专为狭斜之游，与恶少为伍。粤俗之罢敝极矣，宜世风酝酿之久，乃有一刘锡鸿应运而生也。

廿九日。易卓超自营田至。张力臣、樊延龄、夏心泉次第过谈。朱香荪邀同裴樾岑、左锡九夜酌。张力臣言：据晦甫家信，京师挈眷行者甚多，颇形纷扰。御史滕经特纠吴江一疏，谓其一意推诿，又外掣合淝之肘，致令人言腾沸，无（从）〔所〕适从，允为贻误国家。其言甚正，然则京师亦未尝无人也。闻奉旨留中。又有赵御史者补具一疏，立言略同。戊辰翰林有赵增荣，四川人；赵汝臣，江西人；辛未翰林有赵时俊，云南人；未知转御史者谁也。

三十日。接黄次珪、曾思诚二信，思诚并求撰符卿墓志。陈舫仙、冒小山、陈国卿次第过谈。朱香荪见示《边事续编》八卷，杂录办理洋务文件而加以论断。易卓超、易琴轩、蔡竹泉并自县至。亦延致邱美轩为家人诊脉，均须老病周旋，其为暇日亦无多矣。

八月

八月初一日丁酉。寄复曾沅浦一信，托李玉阶递至直隶探投。张笠臣先请一观，以谓万难措手之时，为委曲求全之计，所言皆当务之急。要之于洋务亦并未深求，而所见古今事局，则实有非今人所能望见者。中外交接事宜，其理实亦不能越此也。笠臣以五十寿辰求为联语，因集《易林》云：千柱百梁，仓盈庾亿；一室十子，公悦妪欢。一颂其富，一颂其多男也。嗣因出语太无庆祝之意，因改云：五利四福，名成德就；一室百孙，公悦妪欢。是夕邀蔡竹泉、易琴轩、易卓超小酌，并令易淑子、李麓渔、易叔辉、周挹藻陪饮。

初二日。裴樾岑、邓弥之过谈，语及武冈志事所以酝酿以至今日，皆吏治不修为之。天下治乱之原，全在吏治，而其根本则在朝廷。有一分实用，即有一分效验，非可以文饰为也。下午诣寿星街看视新屋。大雨，雷。未雨时，有云自西，层涌而起，其色红，渐起渐升，向北驰行如飞，须臾满天皆红，大雨如注，云色亦渐改而墨矣。大雨约逾一时乃已。

初三日。相传为司命灶君诞辰，率家人行礼，并斋食一日，以取洁清之义。黄子寿、罗伯翼、张勉斋及文思、简秋过谈。简秋亦带到高粹之一信。子寿语及鲍春霆性刚而烦琐特甚，待左右无恩义，日以鞭扑为事。处极难之局，而无尊贤容众之量，稍有能者，皆避而出之，恐未足以胜此大任也。

初四日。复曾思诚信，并退还所送（运）〔润〕笔重者，如袍褂、翎枝、滇黄图章、针凿；所收赵千里《九如天保图》、印泥、徽墨、白术。接何星畬及席珊二信。星畬信由曹润生转托傅和亭带到。黄瑟庵、傅和亭、罗小垣、杨馨堂、袁叔俞、蔡竹泉、张葆臣、张怡臣、张楚材及芋庵次第过谈。盖甫朝食时出外会客，至日暮乃已。本约下午一诣草潮门，比至而日色已暮矣。与意城与子瀞侄谈至夜久，子瀞是日午刻又得一女也。

初五日。复席珊信。接子湑信，已由张子衡派委瑞洪缉私，月修廿四金，可谓美差矣。鲍春霆、刘咏如、袁瑜笙、张葆臣、张怡臣及简秋过谈。语张子健事，惟张葆臣为近情理，吾颇激赏其言。刘咏如出示曾劼刚致合淝伯相书，似于洋情尚未能勘透，其设心处事，惟务循用崇地山旧约以求敷衍而已，而又不居其名，一以诿之总署，今时在官者之心计皆然也。至谓伊犁条约当由使臣定议，不当由甘督，则亦未深求分界二字之理，始终以糊混了事。天下亦岂复有能了事之人哉！

初六日。接盛展奇信，开呈志局捐款满一百以上者，亦至四十馀户之多，以志书开刷尚无经费，吾曾允捐费百缗以上送致志书一部，并须由我赔垫故也。夏心泉、张子健来见，吾皆拒之，而颇思邀张葆丞一议所事。张氏宗人，惟张葆丞尚有质直之性也。曾沅甫寄意城信，并录示七月十一日上谕。张之洞奏起用陈国瑞、李云麟二人，并交沅甫差遣。张香涛尚在建言，至此时未闻乞假出都，自尚高人一等也。

初七日。易叔辉、易淑子及笙陔叔、文思过谈。李祥凯、周南山自长湖冲回，租谷幸已收齐。而周浥藻之才，并家事不能检理，终贻日后唇舌；而要其昆季，罢玩性成，无可提振，竟亦无法以处之。文思送子梅赵靖港赴吴松泰学习经纪，带到席珊一信。

初八日。寄董韫卿一信，为畅论洋务情形，明知其所言必犯一时大忌，然不能不急切言之，以期幸转移一二。曹咏生、张葆丞、张楚材、张金声过谈。晚邀鲍春霆、刘祝庭、杨芝仙小酌，为鲍春霆筹画军事，似能入听者无几，而一意求多，以万人二十营为必不足，不顾饷源所自出，恐无以善其后也。因戒以少募勇，多忍气，勿轻以鞭扑施之左右，语甚切至，其能听与否，亦所不计也。

初九日。杨芝仙、杨馨堂、易卓超、罗小垣过谈。与芝仙言：向闻鲍春霆之名，谓其尚勇而已，昨闻处置袁峻一事，知其具有本末，宜功业成就之多也。袁峻谋充营官，馈献甚厚，春霆却之，并礼目亦〔未〕一寓目。其营务处李海楼为言，春霆谕以旧部人多，袁峻非旧部，未知其人浅深；在营数十年，从不受人馈遗，今当大任，顾以营官为市乎？李海楼再四言之，但请一视其礼目。春霆怒曰：奈何以是歆我，果若君言，则是生平不受馈遗皆伪也，必待君勉强而后受之。李海楼犹言不已，春霆乃并其营务处撤之。即此一节，亦殊可尚也。

初十日。接张子遇大令信，并馈麻菌一坛。以易卓超回县之便，顺致饶葆丞一信。刘翼卿又带到席珊一信。并接子湝信，以瑞洪卡局为未足适意，求与酌调，并示致余云涛信，盖张子衡乡人也，书中并述此意。其称张子衡曰衡丈，即此已大非体制所宜，真所谓不达时务者也。曾岳生、龙海门、刘翼卿、易卓超次第过谈。彭宝臣晚至，与言鲍春霆营情事，尚具有一种质实之气。杨子介、闵新吾、陈协臣、樊延龄、易泮芹并至，皆为谋事而来者。又接陶次瑜、方柳桥二信。

十一日。寄复张子遇一信。荐陈国卿于邓宝臣。傅和亭亦相与推荐。国卿随亦来见。余佐卿自金陵回。曾文正、胡文忠之功业，可云成矣。江忠烈、罗忠节、李忠武、刘霞仙中丞，才智识力，均卓绝一时，为将为相，措理裕如，虽其声名亦稍显于世，而究其才力所及，所施诚无多也。此数公者，皆不得云成也，可胜叹惋。

十二日。余佐卿语及：李眉生实荐致洪琴西处，转达刘岘庄制军，岘庄亦欣然延致之，而佐卿疑其礼貌之未周，戛然去之。此亦未免过亢。与涂次蘅同入节署，次蘅亦同归，而复寓缄岘庄，谋再入其幕。佐卿以是笑之。佐卿所持之见是也，然以求衣食于今之世则不可。士须是能忍饥耐辛苦，则去处进退，绰然自有馀裕。佐卿非能忍饥者，吾是以虑之。晚次，刘小山过谈。

十三日。接曾挚民、黎恕堂、瞿景伊各信。刘朗山、言湛甫自武昌回，又接孔庭兰一信。闻李仲（挈）〔絜〕节后即来长沙，连发二书止之，以寿星街起造尚未竣工，实无可为安置之地也。龙树棠、张力臣、左锡九过谈。张力臣述及谭丽生太史之言，谓闻之王夔石：俄事无关紧要，中国总不与之交战，渠亦无如何也。增兵设防，四处征调，又翻悔已定之约，而以无道处之，而曰总不与之交战。吾不知王夔石之言此果属何心也？

十四日。接健甫信，知已于初七日抵家，上海约耽延二十日，京师事未一详。然除喧聒醉梦无长技，亦无可述。又接潘小农、张小亭、席山、佩珊、玉舲各信。以沙坪人回，略复佩珊一信。是日以秋节分送各处仪物，亦至纷扰，竟日无须臾之暇。张力臣诵各处所送寿联，陈碧帆云：俾尔耆而艾，其人美且偲。邓弥之云：似闻昨者赤松子，下看南极老人星。西枝师云：元都道士来相访，南极老人自有星。似以西枝集句为更胜。晚接盛展奇、周良臣二信。余佐卿过谈，言左锡九闻谈洋务，便能透澈其本原，是以语及时事，忧郁形于辞色。京师士大夫竟无一人能及者。惟其知之也深，故其忧之也切。士大夫于此惛然不知，虽有圣者亦无如之何也。

十五日。复曾挚民一信，以挚民前信由专足来省，比因接取回信，始知之。以中秋节贺客盈门，例从逊谢，反获清闲一日。午邀曾岳生、周良臣、刘小山及易淑子、李麓渔、杨瑞堂、周浥藻、易叔辉及寅伯为中秋小饮之会。夜乘月色与易叔辉散步又一村前，晤（叔）〔淑〕子、仲子、麓渔、浥藻诸人，相与出贡院街，绕由清泰街、营盘街而归。市肆阴蔽，不见灯月，惟又一村地敞，得月为多，此为中秋玩月第一胜境也。

十六日。接曾沅甫宫保信七月廿九日获鹿县发，又接李筱荃制府信八月初九发。沅甫抄示七月廿六日上谕一通，令急诣防布置，无容来京。似军情甚急者。而筱荃录示上海报单，则言劼刚至俄，略有定议，俄人已止续调之军，暂驻地中海。沅甫并寄示汪子常大令信，言慈禧太后病情，投药已效，渐次可以就愈。此皆率土臣民所同庆幸者。徐仁曦固求一信诣山海关，为致曾沅甫一信，并以朱香荪信汇寄。此事绝非本心，而无力拒绝之，以由寒士出身，不忍人之求故也。为周浥藻报捐从九赴浙江，约十七日启行。传问之，则百事无一有。初以为制备衣服即可，至是始知靴履皆无有，衣箱行李更无论也。

十七日。遣杨瑞堂赴上海，致叶顾之、唐景星、徐裕之、周瀛士、黄泳清各信。周浥藻亦定是日赴浙江，为致谭文卿、唐砚农二信，而浥藻以所事未及清检，改期廿一日，其信亦并交之。曾岳生、邓弥之过谈。晚次，朱香荪、罗小垣、盛夔甫又过谈。香荪见示小诗云：飓风吹浪浪滔天，簸跌江湖大小船。渔父不知溪水涨，芦花深处独酣眠。吾谓此诗有外视天下之意。方今天下一家，治乱同之，岂视外视，因和云：挐舟出海浪翻天，满载痴顽共一船。无计收帆风更急，那容一枕独安眠！

十八日。健甫寄到一信，并递寄周桂坞信，及己卯科甘肃闱墨及题名录。於桐轩及笙陔叔及育之过谈。育之回衡州局，便寄陶幼瑜一信。又寄复健甫侄一信。陈宝珊报其太夫人之丧，以一信唁之，并寄挽幛及奠分百金，托陈诒珊转寄。育之扇有何子箴得曾孙二诗，极可诵，诗云：清晨鹊语集桑条，不料婴儿诞此朝。惭愧儿孙称父祖，未衰齿发即松乔。国恩锡福清芬远先文安公六次赐福字，因名六福堂，相府斯馨宝墨标寓居刘相国第，成邸为书斯馨堂匾额。眼见书香传五代，不须七叶艳金貂。　珠江游兴未萧寥，一路看山暑不消。归棹忽随秋信至，梦魂犹逐海波摇。啼声听说孙生子，骨相应胜牧与樵。异味分甘珍岭外，桑蓬又作酒旗招。

十九日。接姜昆山、张超堂二信，并超堂之父蒉潭信，以曾撰联祝其七十寿也。又接张子遇、刘翼卿二信，张子遇为议婚姚庶侯之女八字：乙未、丙戌、己卯、乙亥，刘翼卿为谋事。闵惺吾过谈，乃与邓宝臣相见，宝臣即邀同赴天津，赴省请饷，特来相告也。杨瑞堂以十七日启行赴上海，是日热极，而育之来言，十七日适转北风，以南风数日，郁热相激迸，故反加热，是夕大风，稍凉。此两日则风益大，是夕且雨。以吾之不遇时，而杨瑞堂亦因之以有此抵牾。见《申报》，唐景星已赴天津。俄事尚无成议，有无变局，尚未可知。杨瑞堂所议办保险公司一节，决非叶顾之所能任，此行多是虚费人工也。

二十日。雨，凉。刘小山赴河西看地，因以平塘张姓、阳湖车塘河于姓两地，托往一谋，而适以是日大雨。杨瑞堂启程三日，风雨交作，计程不过行抵三汊矶一带而已。生平事事乖忤，天与人若巧相应，殆非偶然。致姚庶侯信，托汤斐斋加封递宝庆，并以张子遇信寄览，听从酌度行之。又接王梦虎、曹志忠二信。今日以雨，稍获清闲，彭作新晚忽来见，又以事求转达制军，要求不已，心甚苦之。此时所识独筱荃、寿荃两人，而来求者直欲逼使两君厌苦加怒而后已。人世营营之私，又安所极哉。

廿一日。陶伟仲、罗小垣过谈。伟仲丙子进士，签分礼部，于洋务颇能知晓。询及毛实君，则其癸酉同年也。自言两道上海，能窥见洋务仿佛，未能知其深。下午袁予文过谈，因偕同步至朱香荪处小饮。周浥藻以是日赴浙江，因为致谭文卿、唐砚农两信托之，并致饶葆丞、盛展奇、吴晴研一信，以一女相随，送至湘阴县城，兼属其照料也。

廿二日。为彭作新致书李筱荃制军，以与识十馀年，略未能一与推毂，偶有求请，不能却也，而实非鄙心所乐，此亦力量太薄之一端。彭作新、左锡九、杨筱阶及笙陔叔过谈，皆久坐。周浥藻今午始能开行，一女送至县城，易淑子亦雇舟偕行。李仲絜夫妇约秋后南来，因致筱帅书，并书复仲絜一信，以前接其书，谓由其家发递，不悟其已至武昌也。

廿三日。遣赴朱香荪处乞醯，附以小诗云：领略酸甜我与君，乞醯倍见两情亲。秀才风味人家少，不比微生待乞邻。读吴康斋语：澹如秋水贫中味，和似春风静后功。可作书斋联语。康斋克治省察工夫甚至，自以赋性刚忿，于此反复言之，以力除闲气自课。书戒语云：温厚和平之气，有以胜夫暴戾逼窄之心，吾学庶几少有进耳；欲进乎此，舍持敬穷理之功，则吾不知其方矣。又云：寄身于从容无竞之境，游心于恬澹不挠之乡，日以圣贤嘉言善行沃润之，庶几其有进乎！尝自痛悔其刚，得二句云：岂伊人之难化，信吾德之不竞。真能鞭辟着己。生平所遇横逆，恰亦有不可解者，至刘锡鸿而愈让愈横，愈容愈险，虽德亦无所施。康斋之言，多足为吾箴砭，独此一端，自觉无可置足处。及见其引先哲云：大辂与柴车较逐，鸾凤与鸱枭争食，连城与瓦砾相触，君子与小人斗力，不惟不能胜，兼亦不可胜也。反复诵之，乃觉此心泰然。即其所以自处，或亦无悖于道乎？盖刘锡鸿之意，争食较逐而已。避而去之，天空海阔，何等清净。

廿四日。雨。先光禄生辰，率家人致祭。邹少松、杨爕平、彭仁山、锡畴次第过谈。彭仁山自县来，带到汉舟、炳文、商农各信。王旭初函求代荐左宅馆事，寅伯曾以荐李朗阶，朗阶课读本较旭初为优，大约以闵新吾未能终局，而荐李朗陔自代，左宅或以是不允所荐耳。

廿五日。雨，寒。胡春帆、左裔云来议西席王旭初事。龙禹门、龙鉴臣、邓绥之、杨爕平、彭仁山、王希周次第过谈。见《申报》八月初四日，有广东按察使张铣嗜好渐深，精神委顿，着勒令休致之谕。张寿荃情性温厚，虽不免为烟累，然未至委顿也。达珊乃以是失所凭依，殆难以自给矣。晋源日报载前俄国发来爱谛美敦电报，谓崇使所定条约，必依照办理，并加赔兵费二百五十兆。若以克鲁卜言之，二万五千万克鲁卜抵银五千万两，已不能堪矣。晋源报传闻之词未必确，然揣俄人之意，恐万不容有翻异，其未战而加索兵费，意在求战而已。枢府诸公正恐穷于为计，非待俄人之穷之也，统计前后情形，皆自处于必穷之地而不知省悟也。

廿六日。彭仁山回县，寄复炳文一信，并处理义合围事，属炳文斟酌行之。刘希陶、樊延龄及一心和尚过谈。希陶述朱香荪之言：制器、设险在量敌。此言至精。不量敌而矜言制器、设险，亦徒资寇兵而已。而并此不能，乃欲以虚言争胜，南宋以来七八百年乱亡相寻，至今无省悟者。中国之无人久矣。李兰生辈痴顽竖子，以当国计，欲无危乱，得乎？念之浩叹。

廿七日。接蔡子庚、夏子常、张蓉秋、樊延龄各信。惟蔡子庚致谢荐馆之惠，以前乞书诣刘岘庄，已招延入幕也。诸皆为意外之求。张蓉秋即所谓张念一也。刘南云、余佐卿过谈。刘瑞〔南〕云问俄人用兵情形，曰：与西洋交兵，不必更问洋人情形，但问所以自处。问：此行无有交战？曰：山海关海道纷歧，然俄人必不至由海道侵犯。东三省地方数千里，宁古塔、三姓地名，稍有蹉跌，仍须议和，决无交兵事。曰：交兵宜何以应敌？曰：据城以守，远开城壕，广积粮食，保固后路，万不可与列阵交战。余佐卿曰：刘南云恐尚未足与议。此如陈舫仙常言：西洋远来交兵，无不可战之理。南云所见，当无以远过陈舫仙。吾谓京师士大夫熟见西洋构祸，至再至三，终无省悟，于陈舫仙诸人何责哉！

廿八日。张力臣、谭丽生、张雨珊、罗小垣过谈。接到罗研生、朱宇恬、孔庭兰三信。又有唐继桐者，自称桂林人，求荐致黄少春幕府，而黄少春两次来省，未尝一枉顾，无可致荐。谭丽生素称肆应才，其在京寓居王夔石宅，而询问春间所具一疏，答云不知，若故加慎秘者。予因历诋当国大臣之贻误，揭而示之，不乐效此等藏头露尾伎俩也。

廿九日。刘小浦、文兰舫、朱宇恬过谈。刘小浦名烊，湖北翰林，简放衡州府。文兰舫名绶，兵部郎中，简放辰州府。兰舫，丙子京察，时予适官兵部，故有门下士之称。接曾思诚信，并寄到符卿事略，求为墓铭。寄复俞竹君一信。竹君专足枉书，并馈吉林参，约月杪来取回信。今此月尽矣，因送致东长街俞宅，托其转递。与言俄事恐未易了，老臣謇謇之言，终不一用，能辨知其得失者谁哉？盖竹君于洋务亦无所得。丙子销假一疏，刘锡鸿设法遏止之，竹君与裕时卿亦竭力相持。时卿受刘锡鸿之托，竹君则实苦于不知也。又以赴丽思塘人便，寄健甫、鹤九一信。

九月

九月初一日丙寅。为去岁开立禁烟公社之期，会集曾文正祠之浩园，公祭王船山先生。会者周幼庵、傅青馀、朱宇恬、左锡九、黄子寿、邓弥之、韩勉吾、罗小垣、张力臣、唐鲁英、余佐卿、瞿子玖及意城共十四人，仍令僧丽云司点传梆。嵩焘为宣讲云：今日为去岁开设禁烟公社之期，已岁行一周矣。各处禁烟，亦微有成效。然昨阅《申报》，印度种烟部已议准印度五省增加种烟土地，盖西洋各国章程严密，多种一亩之烟，即加增一亩之税，皆派大员司之，须俟议准后乃能开种。近年湖南、江苏、山西、甘肃均经示禁，浙江、福建、广东不如此数省之认真，亦并经出示查禁。印度不惟不酌减种烟土地，乃反增加。西洋耳目周广，考求各处情事，均能得其隐微，是必已知中国愈禁烟而吸食者愈多，人心风俗，敝坏日甚，相与巧遁于法之外，无所顾忌。吾辈本意，亦非敢期遽有效也，且申明此义，训示各家子弟，使知稍有忌惮，以不致习为故常，推类以各及其亲戚朋友，能醒劝一二人，即一二人受其益。罗研生寓书相讥，谓必无益处，须申明道光时章程，严惩吸食者数人，庶稍知惧。嵩焘答言，此章程可以行之道光时，不能行之今日。盖道光时烟禁未开，国家殷富，人民乐业，吸食者皆属富户，并于私室隐密处，不敢声张也。今日烟禁已开，吸食者贫民多于富户，又一皆肆行无忌，虽有严法峻刑，亦穷于为用。要以本原处言之，则人心风俗之宜急讲也，决矣。宋儒苏文忠公之言：国家所以存亡，在道德之浅深，而不在乎强与弱；历数所以长短，在风俗之厚薄，而不系乎富与贫。若是者，强而无道德，富而无风俗，犹将不免于危乱。今吾民之弱极矣，而道德之消削亦愈甚；贫极矣，而风俗之偷薄亦愈深。此所以为可忧也。往在广东，州县不完钱粮者，县官募集兵勇，择一二强乡围攻之，以勒取兵费。嵩焘因示禁，务追求其钱粮，不准私取兵费。会得龙川县禀报，有强乡劫掠饷银一案。急发兵助攻，而已乘间胁取兵费，拦（助）〔阻〕省兵。遂即具疏劾之。司道为之乞恩，云此广东积习然也，百姓以自祖父无完粮事，愿缴兵费，而不乐居完粮之名，州县又以完纳钱粮须给照，须（改）〔解〕省，而兵费皆入私囊，故亦愿收兵费而不乐有完粮之实。嵩焘答言：诸君视积习为固然，某则视为必不可宽假。乡人有殴父者，其家积世殴父，曰：是其家积习然也。某于此必不可容，须是督令改化而后已。是以风俗之美恶，全系之人心。人心苟善，风俗无弗善者；人心苟敝，风俗亦无弗敝者。嵩焘以为吾辈家居，政教之得失，纪纲法度之修废，皆非所能与闻，独于人心风俗，吾辈当同任其责。其道无他，苟有益于人心风俗，必力行之；苟于有害人心风俗，亦必力求反之。悬此以为之的，必有起而相应者。只如诗礼读书之家，稍能自给，其妇女必皆能自立，而男子终身无玷者鲜矣。非皆妇女之德胜于男子也，妇女稍不自立，即亲族耻之，无颜以求存于人世。男子出入无甚羞辱，则固安之。人心之积为风俗，即此可得其梗概。今日吾辈之集，多有谓其无益者，且或更相訾笑。要知吾辈原不必求一时之益，只求于人心风俗稍能挽回一二，庶几渐次推广，以幸免于危乱。此实今日立社之旨也。左锡九申讲云：禁烟虽不必概行禁绝，要是为益不小。如中丞禁开烟馆，亦尝有贫户吸烟者，私室相邀吸食，然固不敢公行无忌。平常考试时三五成群，游戏烟馆，因之相习为非，至今此风无有也，即其所以保全者多矣。嵩焘原讲云：今日西洋之祸，实肇始于吸烟，积久相沿，变故繁生。如近时伊犁一案，则尤意外之衅矣，处置稍不如法，势将激而交兵。嵩焘乞病家居，不能上参末议，有数节应达之中丞者，诸君宜急往陈之。闻俄人有爱谛美敦电报，相迫已甚，办法至此而遂穷矣。事机顺遂，近在咫尺。闻顷已奉谕旨催鲍春霆军门募勇急进，所派营官将领皆已启行，而馀勇散布省城，急资弹压。闻中丞已定期初四日巡阅沅、常诸郡军政，虽属大典，要之具文而已。揆之事理缓急，万无此时出省远适之理。辰、沅相距千馀里，道路阻隔，谕旨或别有调遣，缓急无所请命，于事势关系尤巨。急应援引两次上谕，奏明俟洋务定议后，补行巡阅。此时应办事件尽多，略言之有三要。俄人无论交战与否，必有应赔兵费，势将派之各省。湖南穷窘倍甚他省，然固不能不早料理自度，尽力为之，能及多少之数，当以时奏闻备用。鲍春霆所募营勇，皆楚人也，而饷源无所出，虽奉旨由户部筹画，然恐事端重大，未必能有馀力及之。或当前敌，或竟罢兵，撤遣回省，湖南于义皆不能坐视，亦应早为之备。又近年人心浮动，盗贼肆行，鲍春霆开募湖南不过数千人，而应募者无穷，省城亦应稍有稽查。曾文正公原办省团章程，急宜一筹举行。现在城团总办刘定夫观察，尚属贤能，而承办团练，在官则裴樾岑观察，在绅则李仲云、周栗西、俞鹤皋，皆有经理之责，能稍实心实力，督率各散绅为之，其效可以立见。此皆宜上言中丞，及时举办者也。于是公定瞿子玖上告中丞，黄子寿上告方伯，张力臣上告廉访，嵩焘亦就余佐卿处为书与中丞，属子玖面达。随至寿星街阅看新屋照墙。连接劼刚巴黎、彼得罗保各函，仅及见其外部格尔斯，盖皆七月初四日以前事也。

初二日。李吉人、王旭初、余佐卿过谈。吉人为吴桐云女夫，安徽廉使李恕皆名文生之侄也，始述及吴桐云葬于桃源，旧置有田庄，其如夫人即留守墓庐。其沅陵故居，租仅三百馀石。昨商请瞿子玖阻留中丞暂缓巡阅，并带去鄙人一信，中丞竟不与见面，而复函称各营守候日多，势不可中止，殆亦事势所迫也。寅伯晚过，并带到健甫一信，称刘小山看地凡三，一崩塛，一苏栗围，一石坡坝，三处皆有成说，大约以苏栗围为最易。余佐卿述及涂次衡曾枉见，吾心颇为茫然，以张力臣、刘希陶均先为涂次衡致意，曾属门者弗拒，实未见涂次衡之至。及检查门簿，则七月廿三日曾一至，家人并未枉告也。

初三日。以曾劼刚录示缄件交余佐卿一阅。佐卿来言：阅劼刚各信，知其必不足了俄事。问其故，曰：不诚。盖其意全在敷衍，而以迎合傅会出之。其意在守崇地山旧约，又一诿之译署，而不身居其名。观其所以依违迁就之旨，而固知其无成也。黄子寿、孙君诒过谈。左锡九期是日邀同邓弥之、张力臣、朱香荪枉临小酌，适君诒至，因并留之。君诒因述及曾劼刚敬陈管见一折，奉上谕仍遵前旨相机办理，是并劼刚此折亦驳斥之也。然则劼刚之不能了此，枢府诸公实控制之，于劼刚更无尤矣。《申报》所述爱谛美敦电报，或因此而益至抵牾，未可知也。力臣扇为杨海琴故笔，盖己巳禊日扬州题汪砚山画石诗也：修禊红桥日恰符，多君石友见真吾。梧桐百尺凉成梦，我欲重摹五客图。自注：渔洋山人五客图，汪蛟门为作叙，今归予藏之。　胜迹扬州迹已陈，江山胜处着闲人。澄波千顷汪汪度，一勺南宗写古春。

初四日。刘小楼、张掖廷、罗小垣、庄翰堂过谈。接吴陶村信，以其侄丁臣谋习生理，欲求为玉成之。此本出自吾意，少有花费，所不辞也。适罗小垣至，遂以托之。庄翰堂乃言，饶太和亦可参习。以杨瑞堂赴上海，无从与商。自八月十七日杨瑞堂赴上海，盖无日不北风，约计此时已逾半月，当可抵鄂。轮船来去皆有程期，直须候至杨瑞堂回鄂，乃转南风，竟未卜何时抵家。

生平江湖舟楫，处处抵牾，并所遣人亦连逆如此，傥所谓命运使然耶？

初五日。偶阅晁景迂传，见所载上言十事条目：一曰祗德，二曰法祖，三曰辨国疑，四曰归利于民，五曰复民之职，六曰不用兵，七曰士得自致于学，八曰广言路，九曰贵多士，十曰无欲速、无好名高。最切中今日情事。景迂名说之，元丰中进士，所言皆指注荆公之失，以纠正绍述诸公。《宋史》不为景迂列传，所言十事，未见其书，而切至中理。或谓：平日持议，贬斥言官。景迂云广言路，亦取之。何也？曰：所为贵言路者，为能祛壅蔽而通下情也。宋明以来，条陈得失，倒乱是非，徒以眩惑朝廷，而民气壅遏滋甚，是以恶之。无他，其学识固不足以知天下古今得失，而侥幸一言以邀取声名，其心先不可问，更不必问其言之当否也。诚能直陈君德，勤恤民隐，以自道其所学，亦何恶于言路哉。张笛帆、邓葆之过谈。接殷竹坞、瞿景伊及萧参将训忠各信。刘朗山亦接署理绥宁营参将之信，由孔庭兰报知，函属转交。徒使相识穷乏之武员，日求游扬而已。

初六日。杨少阶递到张冶秋一信，并寄示山东闱墨。又接冒哲存信。余佐卿过谈，述及京师近信：张香涛降补中允，以近奉旨开释崇地山罪名，张香涛疏争，以有此谴责。香涛因连劾李少荃伯相，有类风颠。一念好名之私，遂可无所不至。要之，挟此术以诳京师无识者有馀，不足以欺天下也。

初七日。於桐轩、冒小山、杨砥皆及意城过谈。锡山专足寄到一信，商议支祠运送器具，并谋一压赴县城，当复一书嘉奖之。砥皆言及鲍军已屡奉寄谕，以事势愈形紧迫，属将已募之（劳）〔勇〕，赶先亲带赴京，而由驿八百里调左恪靖回京。盖俄军水陆部署已定，仍遣布策来京，以崇地山所定条约相要挟，诘问允否而已，尽于一言，不更商议。译署诸公闻之甚惧，电报曾劼刚，属其阻止布策之行，而布策旦夕已将抵京矣，乃急调左恪靖，谋使一任其咎。诸公所以自为谋，亦至工矣，而国家之害于是焉成。曾威毅乃适于其时卧病保定，盖于保定闻符卿病故之信，哀怆至不能胜。诸公情绪如此，深可念也。

初八日。李伯伦、顾健吾、盛耀堂、易卓超及镜芝诸人来省。卓超述及周浥藻现在营田，易玉丰为之觅船，约可以开行，而所携带之刘仆乞暇回家，浥藻亦竟听之。孑然一身，尚须另觅一仆，即此足见浥藻处事之昏愦。数千里携带从丁，不早与定议，直至县城，乃始反复，又竟纵之使行。以此居官莅事，知其必无以自立矣。义合围蒋佃偕熊老者持炳文信到，求起庄屋，当以一信复之。

初九日。张力臣约为重九之会，与朱禹田及予与意城为主人，邀集傅青馀、邓弥之、邓葆之、左锡九、黄子寿、黄子襄、罗小垣、瞿子玖、孙君诒、余佐卿同诣定王台，还饮于浩园。张力臣乃以齿痛不至，瞿子玖、黄子襄亦不至，傅青馀又以家祭先归。因相与同诣傅青馀宅，登所构巢经阁，其下荷花万顷，亦城中一胜境也。是夕饮次，予因论大禹铸鼎象物，左氏《传》谓其百物为备，使民知神奸，盖即《易系辞》所谓精气为物，游魂为变，以知鬼神情状者。郑子产言：鬼有所归，乃不为厉，吾为之归也。是即鬼神之情状也。知其情状，乃可以为之备。左氏《传》言：入川泽山林，不逢不若，惟能知其情状故也。吾湘如左锡九，能透澈辨知洋情。使能推明其说，令乡人皆知之，其庶几免于洋祸乎！黄子寿因言：知鬼神之情状，即一切明透而无所惧于其心；尝见军营抚降贼数十万人，一人指挥安插，立时即定，惟知其为降人也，而气足以慑之，则皆退而听命。吾谓此理无乎不通。范睢为秦画远交近攻之策，秦遂以并六国。最先当其锋者，韩魏也。使齐楚诸大国能知秦人之用心，相与翼蔽韩魏，以枝梧秦人，即秦人吞并六国之心，无自而行其计。今欧罗巴各国力助土耳其以当俄人，即此义也。齐楚于此各怀私心，亦且侵削韩魏以自利，秦人乃乘间抵罅，鲸吞蚕食，举六国而次第剪除之。惟不知鬼神之情状，而魑魅罔两层见叠出于其心。左氏《传》之引《书》曰：兼弱攻昧，启乱侮亡。知六国之受攻惟其昧也，其于鬼神之情状亦思过半矣。

初十日。方谢宾客，稍出而遇邱松筼，立谈片语，遽趋避之。至寿星街新宅，工程已告备矣。接子湝信，谋为迎取眷属之计，略以一信复之。

十一日。为陈氏女许字罗研生之子，于是日订庚，为媒说者，罗小垣也。是日并邀张少莲及子宽，皆研生女夫也。又邀易卓超为书庚帖。凤氏又适于是日生辰，集宴者李朗陔、盛耀堂、顾健吾、李伯伦、易仲子、龚梅生、易叔辉、李麓渔、董伯元及商农、镜芝、杏农、淮生诸人。耀堂、健吾已前为意臣邀饮，辞不至。子宽以是日起造花园，于是日兴工，亦不至。与小垣、少莲谈洋务甚悉，两君于此皆能知其节要也。

十二日。接李筱荃制府信，由蒯巡检德懋差便带到，兼致薛世兄华培信，并馈多仪，报谢所撰薛觐堂侍郎墓铭，亦知其兄华垣旋亦物故，岂家运然耶？文思、经生过谈。又由商农带到饶葆初一信，并传炳文语，使人为之不欢。当公致席珊、炳文二信，仍交商农便寄，据经生言，今日来省之船适于今日回县也。又接杨砥皆、罗小垣〔信〕。砥皆见示曾沅甫宫保抄件；小垣则专取制备木器银二十两，便寄罗研生也。

十三日。陈氏女出适湘潭罗氏，于是日开容，请饶岱霞之妻文氏为之妆饰，亲眷至者三席，并先期为助添箱，始一简邀，亦有未受其礼而枉至者，即此足见省城酬应之纷华也。罗小垣为之检饰坐船，约明日开行。天气颇郁热，恐日内必不能免风雨。合淝致曾沅甫信，言俄国派其水师提督里沙士几主兵，由沪前往长崎，里沙士几即现（住）〔任〕俄国海部者也，即此足见其挟全力以来矣。上谕又载约章中最要关键，一由松花江行船至伯都讷，一为西安、汉中通商两条。松花江行船一条，似所订十八款中无此语，想又系节外生枝也。

十四日。凤氏送陈氏女归湘潭罗氏，罗小垣为之媒说，枉过早饭。袁予文及文思适至，因便留饮。文思亦送明斋之子子梅至靖港学习经纪，一切用款并出鄙人，因取交之。黄少春、刘馨室次第过谈。予为畅谈洋务，少春亦自以得所未闻也。

十五日。早起，刘定夫至，久谈。曾介石、李仲云、余佐卿、李叔和、刘恭寿、刘普贤、罗伯峄、张宝臣、张心畲次第至，遂尽一日之力。余佐卿见示王壬秋《春近》四绝句：龙池璧水漾轻澌，画阁风微日渐迟。杨柳未黄萱未绿，嫩青先转碧桃枝。　消寒连日泼新蒭，细数梅花下酒筹。倚醉不知霜月冷，夜游先卸紫貂裘。　寒菜畦边偶一花，土膏潜长碧云芽。莫教夜雨生春草，但恐游人早忆家。　雪上琼楼旋已消，小园微月透疏寮。犹嫌指冷停新曲，却要重拈白玉箫。　《新柳》绝句云：新柳柔条碧到尖，未因风起已纤纤。楼前一夜春分雨，垂遍重重翡翠帘。李叔和为仑圃先生曾孙，佐卿前妻弟也，与健甫为乙亥同年，官内阁中书。恭寿、普贤则刘伯固二子也，普贤与顺生同岁生，已能应考矣。罗伯峄持示晋任城太守夫人孙氏碑二册，并求题。碑为钱塘江秬香凤仪得之山左新泰县新甫山下之张庄。秬香之父抱春大令，官山左平阴令。泰安守金素中作记，泐之碑阴，作亭以护之。

阮文达公视学山左，辑《山左金石志》，采入此碑。黄秋庵小松易为考订碑字，孙渊如星衍为篆小宝晋斋额，陈曼生鸿寿作印钤碑尾。其作得碑图者九人：一王昆山学浩，一春岩震，一顾蕙生，一唐晟，一郑柳田吉方，一朱闲泉壬，一徐西涧钺，一南屏松光，一程序伯庭鹭。柳田、南屏细皴，闲泉、西涧大皴，吾尤爱唐画之高雅。嘉庆以后名流，题跋甚夥，今略录存其有考证者：黄小松易考证碑字跋云：《新泰县志》载晋任城太守李夫人碑，求之弗获。今观此拓，始知《志》载误孙为李也。洪景伯跋广陵属国侯夫人碑云：汉妇人墓铭，见于文士集中不一，石刻存者独此一碑。晋碑本少，妇人墓铭则尤少。夫人父孙、夫羊，均失其名，惟二子宏明、宏哲及嗣子羊迅存其名。《魏志》：桓阶，字伯绪，长沙人。碑中以绪为序。碑字剥落，精拓数勘，稍通其文，姑为释出。朱朗斋文藻跋云：碑称夫人之父事魏文帝朝，自文帝初元迄元帝禅晋四十六年，夫人当已六旬。终西晋之世，有八年者，惟武帝之泰始、太康；惠帝之元康。兹以《资治通鉴》纲目追考之，太康八年十二月壬寅朔，元康八年十二月戊戌朔，甲申均在十一月。惟泰始八年十二月庚午朔，甲申是十五日。此碑称八年十二月甲申，八年以上当有泰始年号。武虚谷亿跋云：碑额下有孔。凡廿行，行卅七字，字多残剥。略言：夫人，济南孙氏之中女也，父列卿，光禄大夫，建德亭侯。夫人九岁丧母，父时未有继室。长沙桓伯序有寡妻伏氏，魏文帝以妻之，夫人谓父：何不以尝同寮辞之？按《魏志》，桓阶字伯绪，长沙临湘人。碑以绪为序。《尔雅》：序，绪也。二字古义通。阶传言：刘表辟为从事祭酒，欲妻以妻妹蔡氏，阶自陈已结昏，拒而不受。是当为阶元配。如碑载，伏氏年少，似是其继室。裴松之注《三国（注）〔志〕》未及掇拾，近如杭大宗《三国志补注》，亦未据以为补也。碑言伯序为侍中，父为侍郎，此为同寮。据阶传：魏国初建，为虎贲中郎将、侍中。夫人父为侍郎，亦同其时。其后父历渤海太守、吏部尚书、侍中，位亦显矣，然史不为立传，碑亦不书名。按《卢毓传》：文帝以毓为吏部尚书，使毓自选代，乃举阮武、孙邕，帝于是用邕。碑言父为吏部尚书，其时正与相近，是殆即孙邕也。《齐王芳纪》注引《魏书》：景王与群臣共为奏，内有光禄大夫关内侯臣邕，证之《论语集解序》，即孙邕也。其为光禄大夫，与碑合。而关内侯特名号侯之一，其殁乃获实封，有建德亭侯爵矣。碑云：夫人夫羊氏。羊氏当晋时，泰山南城为最著。碑称任城太守者，当即其族。《晋书·职官志》：三国改太守为内史。以宗室传证之，景王陵太始三年转封任城王。然则任城为王国，当云内史。桓彝见于《武帝纪》，称宣城内史，及按《桓温传》，则亦称太守，固可以通名也。碑以中为仲，太为大，莊为壮，趾为止，皆古字通用。碑年号八年十二月甲申字，逆推前文，有岁次庚寅字。据此，则是太始六年，微其六字，残其上耳。翁覃溪方纲跋云：朱朗斋云是泰始八年十二月甲申；武虚谷云是泰始六年，六字残其上半。愚按泰始六年十二月壬午朔，则甲申当在十一月，十二（年）〔月〕无甲申也。谛审石本，八年十二月之文本不接连，八年下泐去二字，庚寅下又泐一字，十二月甲申下又泐一字。虚谷误读作岁次庚寅，遂谓八年是六年之残画耳。谛审八年下泐处，似是十字。以月朔推之，八年十月有庚寅。则或是八年十月庚寅卒，十二月甲申葬与？莊、壮通用，则汉晋六朝及唐初金石如此者甚多。又是碑书体，辛楣比之范式，渊如拟以王基，盖汉晋以后，隶法渐趋于觚棱铦攕矣，直至北齐、后周，以暨唐初欧、褚诸家，皆得准此以论其概，此亦隶势之源流也。桂未谷馥跋云：《魏志·卢毓传》：毓为吏部尚书，使毓自选代，乃举阮武、孙邕，帝于是用邕。《管宁传》：侍中孙邕荐宁。历官与碑同，疑即夫人之父。魏文帝《典论》：光和中，北海王和平好道术，自以当仙；济南孙邕少事之。据此，则邕为济南人，益可证。《鲍勋传》：帝屯陈留郡界，太守孙邕。见碑言渤海太守，不及陈留，或邕历二郡，碑但举其一尔。碑又云长沙桓伯序。《魏志·桓阶传》作伯绪。案：阶，陛也；序，东西墙也。当为序。碑又云：昔臧武仲先犯齐壮，不令与已邑。考《左传》：齐莊公将为武仲田。碑指此事。谥法：武而不遂曰莊。此莊字本作壮，晋时《左传》本尚作壮，后改为莊。汉赵充国、蜀汉关羽、魏曹休、桓阶、许褚、庞德、徐晃、文聘、州泰，并谥壮侯，可据也。孙渊如星衍跋云：碑云与齐同姓。《古今姓氏辨证书〔古今姓氏书辨证〕》：孙氏有二，一出孙林父，卫康叔之后；一出陈书伐莒有功，齐景公赐姓孙氏。当出《姓苑》诸书。得晋碑证之更确。此碑字体似新出王基碑，魏晋人书较汉人方正绵密。案钱竹汀跋：点书严整，极似庐江太守范式碑。而以阮芸台先生入之《山左金石志》，引洪文惠撰《隶释》□尤延之、王顺伯诸公助成为喻。又有铁生者跋称：晋去魏不远，故其笔法全似受禅诸碑，高古峻拔。洪桐生梧又谓碑额笔法如《孝感颂》，已开周齐一代碑文笔法。章煦又谓其与泰始四年司马整碑相似。石琢堂韫玉跋：此碑具有（汉东）〔东汉〕法度，其中员转者若夏承碑，直方者若张迁及无极山碑，奄有诸家之妙。洪稚存亮吉跋云：沈约《宋书·州郡志》：任城县本属任城，江左省郡为县。是任城县西晋亦曾为郡，即任城国为郡之证。余于《十六国疆域志》及《晓读书斋杂记》详其说，爰跋数语其后。洪桐生梧跋：亭侯之爵，在后汉为功臣后裔绍封。《魏志》所书，皆战功封赏。文臣封亭侯者，惟《晋书·孔（瑜）〔愉〕传》载（瑜）〔愉〕讨华轶功，封馀不亭侯。《〔后〕汉书·丁鸿传》：父綝谓人曰，能薄功微，得乡亭厚矣。是亭侯必有其地。考《〔后〕汉书·郡国志》：自河南尹褚氏亭至涿郡督亭，凡一百三十四亭。《水经注》所载尤多。与汉魏封号相符者，惟常山所属之千秋、河水所经之安乐。他若汉寿、东武，有邑无亭。则又不必实有乡亭。吴山尊鼒跋云：黄氏妇女志例，止及庾信以下诸君之文。鼒方广金石三例，亟补抄释文一通，藏之箧笥。王伯申引之跋云：《汉书·杜（邮）〔邺〕传》：虽有（文德之母）〔文母之德〕①，必系于子。刘奉世、胡三省皆以为文王之母大任。不知文母自谓太姒，谓之文母者，文德之母也，与思齐诗文王之母殊义。予曩作《经义述闻》，曾援《列女传》大姒号曰文母，及《汉书·元后传》新室文母、《后汉书·邓骘传》为汉文母、《何敞传》秉文母之操以正之。今读孙夫人碑亦云：奂乎文母，于我夫人。正谓夫人为文德之母也。西晋时古训犹未湮矣。绩溪方体跋云：汉制：王国置内史相，郡置太守。成帝绥和中，大司空何武奏罢内史相，如太守。太和六年魏氏建业，改封诸侯王，皆以郡为国，是王国之相亦通名太守矣。任城本汉东平属县，自章帝时分任郡置国，中历魏晋，无以郡名者。然史志亦多错误。《魏志》：建安十七年，割广平之任城以益魏郡。广平有任县，无任城，城字误。《宋志》：任城前汉属高平郡。高平无任城，乃东平之误。乐史《寰宇（志）〔记〕》：任城属鲁国。前汉立泰山、山阳二郡，后汉改置国，以泰山、山阳兼置兖州。其说益讹舛矣。碑云：父列卿光禄大夫建德亭侯。亭侯与太守皆五品，封光禄大夫加左、右字，乃贵无加封者，大都礼赠之爵耳。建德亭，史无考。惟魏武破（颖）〔颍〕川黄巾时，有建德将军费亭侯之命。费亭属汉山阳郡湖陆县西，而建德无闻，疑亦虚衔也。旧志：泰山五姓，羊、孙最著。此碑得之新泰县之新甫山下。新泰，晋属泰

①据中华书局版《汉书》改。

山郡，是夫人夫族亦望姓也。魏时，泰山之孙著于史册，而羊氏至晋始以景献后显闻。其后惠后之外祖为孙旂，则孙、羊亦世为婚姻者矣。贺耦耕长龄跋云：昔袁桷见广陵属国侯夫人碑曰：汉晋以上，妇人从夫，无自立碑之礼。且引《齐书》王俭论太子穆妃不须石志语，辨其为伪。余向疑之，而无以证。今读此碑，喜有以信其说之不然矣。武虚谷跋言碑首有孔，而不言其义。按石碑皆有圆孔。《尚书故实》谓穿绳于空以下棺，故有孔。自晋以后，别以志铭纳于幽，而列碑于墓道，孔始无用。然观《朱子语类》及陈祥道《礼书》，知宋时犹间有存其式者。又考晋《纪》，武帝咸宁四年诏毁天下墓石。故西晋铭墓之碑，留贻绝少。而此碑独免于毁，亦物之有幸不幸者矣。亦间有题句者，蒋伯生因培二绝句稍胜，诗云：一片韩陵手重开，摩挲犹带晋时苔。闺中怪得新波磔，法乳原从此石来秬香姬人李莲性工为分书。　石文一一品题之，典午风规某在斯。自笑虚生长指爪，一生不解剔残碑。江秬香得此碑，当在乾隆之季。黄秋庵释文在乙卯四年，时客济宁，当距得碑时当不远。《金石萃编》载此碑得于乾隆癸丑。武虚谷初跋在乾隆丙寅，乾隆五十九年也。嘉庆一代名流，题跋几遍。道光癸巳，江秬香物故，乃以归于江夏叶眉洲海昌，于叶东卿志诜为侄孙。跋后终于徐莘伯松，在道光乙未冬。而王翰臣继贤一跋，乃在癸卯秋七月，道光二十三年也，则已归之罗文僖矣。其校订碑字，则赵味辛怀玉、何子贞绍基两公为最多。

十六日。张力臣、焦赞臣、毛杏荪过谈。接欧阳伯元信，具述刘岘庄制军特函令就江西从张子衡觅一督销差使，子衡竟拒之，令返金陵，别求制军位置。是亦奇闻矣。又接曾思诚信，言劼刚于总署颇有抵牾。劼刚能使权术笼驾诸君，不知何以有此，为之茫然。

十七日。朱香荪、李少屏告知张东墅之丧。未闻其病，遽闻其死，为之悼伤。余佐卿、盛展奇、盛耀堂、易卓超、李九如、顾健吾及润生过谈。接唐曦臣、刘锡洵、吴莼庵、李春谷诸信。又接达珊一信。刘伯固自湘乡至，具述曾介石告言：接曾劼刚电报，已由彼得罗保回伦敦。信然，则思臣昨信言抵牾者，信而有征矣。然如此重大事件，议论尚无端倪，而遽回伦敦，其急躁与崇地山等也。甚非所望于劼刚矣。

十八日。为曾媳生辰，易卓超、盛展奇、盛耀（吾）〔堂〕、顾健吾、李麓渔、李玖渔、易叔辉、董伯元、龚梅生留饭。何永清及意城、锡珊、佩珊及健甫过谈。经生语及毛俊卿之于毛荇生，既假毛雅林之名，锡纯兄弟皆得美馆，月获十馀千，按月帮助毛荇生二千。今年因吾为助其读书之费，遂并此二千亦不给之。吾语展奇转告俊卿：不照旧发给者，当改令荇生接办湘潭馆席。荇生系雅林之子，不容锡纯辈伪托也。

十九日。接吴称山信，并寄示其《石笋山房图题咏集》，并为其子新祐求入思贤讲舍。诣龙皞臣、朱香荪两处谈。皞臣见给所刻新化邹氏《敩艺斋遗书》凡六种，曰《读书偶识》八卷，曰《五韵论》二卷，曰《颛顼历考》二卷，曰文三卷，曰诗一卷，曰《红崖刻石释文》一卷。赵㧑叔之谦为之校刊者也。

二十日。黄海崖、任萼堂过谈。杨砥皆见示曾劼刚电报，八月十七日所发者，似尚能挽回布策，以求设法处理。而视事仍似太易。倘为政府诸公立言，不得不然耶？左相遂已奏陈兼程入都，合淝谓其兴复不浅。左相于李、鲍皆积怨，沅伯无甚芥蒂，而意致亦相歧左。将帅相为水火，万非国家之利，然固不忧决裂，而于枢府诸公，则决无能和洽之理，此行恐非福也。晚次，周良臣、杨子云杠过久谈。杨子云述悉围中情事，乃知杨燮平专意为私。

人心风俗，至于今日，殆不复可言矣。

廿一日。早起，接刘咏如信，方回信数行，而邓弥之、彭笙陔、黄子寿、易卓超及子静、健甫次第至。彭笙陔见示《周易指事》、《明史论文》二书，朱肯甫极嘉赏之。予于癸酉年曾见其《明史论略》而为之序，刻之简端，今亦不复记忆也。

廿二日。周卓超以盐巡检赴淮，求致吴朝杰一信。彭丽生、袁予文枉过作竟日之谈，因偕予文诣朱香荪。香荪为约左锡九会谈，以事不至。是日，湘阴与浏阳同过院试，家客入场者三人，易叔辉、李麓渔、李玖瑜均因道途过远，同出借小寓。

廿三日。杨砥皆见示曾沅甫致李玉阶书，始知八月廿日召集枢府及部臣会议，至廿四日复奏，有万无可和，只能决战之语，是日封奏亦至十件，则又诸大臣之另发摅己见，假战为名高者也。是日为刘咏如饯行，并邀於桐轩、黄子寿、张力臣、朱宇田、曾介石、刘伯固及意城。以咏如先有此议，始顺其意以报之，遂至纷扰竟日。

廿四日。刘伯固、李拱之、常健吾、刘耀藜、李云卿、盛展奇、毛杏荪及文思、席珊、佩珊，所见者十馀辈，已尽一日之力，而未见者尚多。刘耀藜、李云卿经营达义团社谷，颇著功效，而扶风团之熊寅陔、熊赟等竟以熊姓原捐谷四石，擅禀提三十七石八斗二升之多改归申明局东南团。姜昆山亦率行批准，亦太失于轻信矣。以此等事件枉诉，势不能置之不问，然于心实苦不能耐也。

廿五日。罗小垣过谈，与商同诣茶园铺相度祖茔事。小垣意宜从缓，于鄙心亦以谓然。刘咏如重邀张笠臣、曾介石、刘伯固、於桐轩及意城就饮寒舍，治馔颇丰腆，然终日酬酢，亦殊苦矣。易（淑）〔叔〕辉院试竟不获与挑选。意城谓其使用范金合土为异说文。然念其体气虚弱，县、府试皆幸前列，其文笔斐然，实非李召虎及荇农所及，亦颇心怜之，要之皆命也。

廿六日。杨瑞堂自上海回，带到徐裕之、陈臧伯、黄泳清三信，并曾劼刚信及日记一本，所以贬刺鄙人者凡二，竟莫测其用心所至也。李次青、周瀛桥、冒小山及悟元和尚次第过谈。晚次，朱香荪、余佐卿继至。佐卿自命有枝拒天下之心，慷然思就曾威毅伯建立功名，意气甚壮，谈至夜久始去。接周良臣、左佩勋二信，急迫求谋一馆，实无以应也。

廿七日。寄复周昌辅一信。接曹咏芝信，并惠金橘。余佐卿邀至其家，就燕远卿谈相法，遂留饭。张力臣、皮小舲、汤小庵、周志钦及子瀞（姓）〔侄〕皆在。科名事迹，所谈多微中。谓予已通五窍，一曰修罗窍，大率皆是修积；二曰圣贤窍，于圣贤言行都是默契；三曰仙缘窍，生平遇险艰时有仙解；四曰智谋窍，能谋干天下大事；五曰驿马窍，所见驿马无此奇，直是两重驿马，有内驿马，有外驿马，海外万里，为历古所未到，皆其驿马所及。询其故，曰：此造与他人不同，当索银五十金，有三事须细谈。问三事何属，曰：内驿马、外驿马是一事；家事忧中有喜是一事；前生是阿罗汉因果，而亦有孽缘作障，是以动多抵牾，须以人力化解之，以后万事通达。其中实多切中，然言之乃入于渺茫，使人心怀疑。因问：凡事有命，岂可以人力为乎？曰：正惟凡事有命，宜讲求自守之法。先看得道理如此，自然有所趋避，不至遇事抵牾。此相命之所以为有益也。又言：余佐卿能了洋务。所以能了者，智能。先须驱逐一干人，乃能自申其智。问：驱逐者何人？曰：奸臣处要地者。此一辈奸臣不去，洋人亦无了法。其言为特奇创，今时士大夫能知此义者，盖无几也。

廿八日。接沈翰卿信，言吴桂丞现留署中，总须有以善待之，知此信必不至相负也。守蓉仙、朱宇田、余佐卿、盛展奇、盛耀堂及镜芝次第过谈。悟元师亦至。杨松龄来述杨瑞堂前夕心气作痛，早次以肩舆送归，中途遂已物故。闻之惨伤。瑞堂在家十四年，任劳任怨，诸事贴心，今时求此等人，良不易得。甫自上海归，得疾一夕而陨，悲悼无已。佐卿已定十月朔赴山海关投曾沅甫，而志愿甚巨，意在以国士自许，倒屣承教，乃为一留。吾深戒其过亢，以为苟求立事功，须是一意忍耐，庶有积久而庆之光华。褊狭浮急，君子宜引以为戒，不宜反据此以为志节。因历举诸贤往迹以证之。佐卿亦颇领受。

廿九日。黄菊圃为择是日未刻移居，乃以是日安床。胡道生及其子胡厚吾、左佩勋、罗小垣、刘伯固、刘绍西过谈，至夜深。罗小垣为荐西席罗宇弥，易叔辉亦荐西席易荪亭以点读。三人课读不易，拟分为两席分教之。接罗麓山信，托为其子定乾谋鲍春霆文案。凡枉见者及接人缄牍，大率皆然。

三十日。接邹子香信，当以一信复之。朱炳垣、刘小山、曾介石及健甫过谈。晚次，余佐卿复至，述及燕远卿之言，多奇创而又曲中事理，又复入于惝恍，莫能定其为人。其力促佐卿成行，兼约余芳城、刘伯固至其家小饮，以示饯饮之义，又似今世有心人也。相诸人皆宜出仕，于悟元亦云然，并以姚广孝许之，终竟术士所为，其贤否实未易定，因属佐卿至其家细考之。

十月

十月初一日丙申。新屋奠土神。先延周道人，以天师镇宅法行之，前往致祭。张寿荃自海道回家，枉过一谈。以余佐卿赴山海关投曾沅浦宫保，为致沅浦及合淝伯相二信，并示以三戒之义。

以佐卿高旷之才，恐流而为过高之论也。一戒奇创，凡事不外理、势、情三者，奇创即为过也；二戒刻深，以刻深用人必失人，以刻深任事必偾事；三戒轻率，自古任大事者必出于持重，智深勇沉四字极可味。佐卿复书，亦以为切中其弊。接曾劼刚七月廿八日信，已奏请回伦敦，并以俄使布策赴京议约，奏遣邵小村、蒋丹如回京。此举亦似未安。又接黎莼斋、黄玉屏、郑陶斋各信。陶斋见示机器织布招商局章程，始知陶斋重承办织布机器，同事丹徒戴子辉恒、候官龚仲仁寿图、鄞县蔡嵋青鸿仪、丹徒李韵亭培松、上虞经莲珊元善共六人，并求为制一（席）〔序〕。予实深知其无济，不乐为之赞扬也。

初二日。次请离欲和尚奠新屋土神，持诵《药师经》，亦前往致祭。天气郁热，旦晚恐有风雨。余佐卿告言：恪靖奉急诏赴京，至中途忽饬回任。此由枢府诸公初欲借以搪抵人言，继知其两不能相下，遂又尼之。始终一念之私盘结而已，于国家安危利病，固未尝措意也。然而左相于此，亦可幸免于同事之厄矣，其福力实亦不可及也。悟元和尚来谈，询其家世，始知江西南昌万氏，其父名青全，任柳州府知府；母邓氏，幼信佛，长斋诵经。悟元生七岁，即信静坐，久遂悄入山洞趺坐，家人寻觅得之。斋僧供佛放生，岁縻金钱无算。忽有僧敝衣赤跣，持破碗至其门。家人施以饭，曰：不受斋，但请一见斋主。因出见之，白须神骏。问知其名曰普觉，因留供养之。问师何以度我，曰：要见汝初心月。问何谓初心月，曰：曲湾湾。问何以不曲，曰：圆圞圞。问圆亦有缺乎，曰：善哉，善哉，自己是不害着自己。因纳头称弟子，与谈心性至五六月，告行曰：历世历劫，不迷本性，当见汝于五峰山。已而访知五峰山在湖南宝庆，因往披剃。自是开永州、湘潭丛林，踪迹不出湖南。问亦曾归家否，曰：归家便生系恋，还我本无嗔爱心，一直放下，十有一年不归矣。会周氏外孙患疟，乃令以大悲咒水治之。

初三日。告谢土神，邀芗农、经笙、子瀞、子宽相礼，易（淑）〔叔〕辉、龚眉生、李召甫并与焉，兼邀余佐卿、刘伯固、罗小垣、易淑子会饮。是日，先祝告徽国文（正）〔公〕，次谢告土神为正礼，次安土神庙，次祭井，并自撰文致告。接钟漱芝信，极口求馆，与周良臣同旨，即李召甫亦云然，是皆强人以所难，而不明事理者也。

初四日。邓弥之、葆之兄弟邀同杨性农、傅青馀、李次青、瞿子玖、余佐卿及健甫侄饮于书舍，子玖、健甫不至，亦遂尽一日之力。熊鹤村并邀浩园会饮，不能赴也。邓葆之论圣人正名之义，以为圣人借此以拒卫出公，不乐为之仕。予意不然。圣人精义之学，不穷于用。如葆之之说，则是圣人自知其穷，而托辞以避之，如臧武仲之拒齐庄公，殊未然也。出公之立，受命于其祖，而蒯聩见逐其父，无君国之理。圣人所谓正名，正父子之名而已。知圣人正名之义，则宋世之濮议，明世之兴献王议，皆可不至纠纷。君国之义，父子之伦，自有其宜各尽者，苟相悖焉，则道亦穷矣。故知圣人精义之学，必不穷于用也。

初五日。刘伯固、周少逸过谈。周君名冕，于王璞山、康斗山为姻谊，以同知候补湖南，因伯固求见，意在营求差事。伯固旋又偕燕远卿至，谓予今岁当主耗财。予以修造及帮给亲友，已费至万金，谓足相抵。燕君云足抵一半，然当不止此，以修造烦费，非耗财也，恐另有他事。杨瑞堂经手各款及怡颐存项，可虑者多，与燕君之言容相应也。然则此亦有定数存其间耶？接王壬秋信，枉寄一诗，中云：不成孤注掷，只益老臣悲。壬秋于洋务粗有所知，即此诗亦非京师诸公所解道也。

初六日。遣龚梅生赴湖北迎取李仲挈夫妇，顺致李筱荃制军一信，又致孔庭兰及薛世兄华培二信。杨幼吾来省追取龚眉生折件，若为不知也者。李祥恺、周南山同至周鼎泰查问，始知瑞堂经手银钱，亏欠甚巨，实有以启其子之邪心。中国人心之不可恃，所在皆然。如杨瑞堂之贪私妄为，实亦出人意表，为之慨然。黄振斋、邹咨山、盛耀堂过谈久坐。方清检移居物事。竟至相陪清谈，虚费时日，心甚苦之。

初七日。余佐卿、樊延龄、张敏斋、徐芝舫、何永清、李育之、胡幼生及席珊、子敬、子宽前后过谈。以赴新屋料理一切，转致多添酬应。接瞿景伊二信。又接杨砥皆信，言九月初三日长春宫匠人上屋拆天棚，后殿瓦格上扫出洋火药约斤余，自来火五筒，有旨令恩承查办。适先数日夜间，内右门太监见一人手捧黄盒，自称瓢五与任妈妈送饽饽，揭盖视之，空无一物。太监令少候，进内问之，并无其人，比出而其人已越而走矣。此亦近事之骇人听闻者。

初八日。巳刻，率镁儿及其母梁氏移居寿星街玉池别墅，并以又一村旧宅神龛安置六代神主，宜冢孙本含奉祀，而龛位稍狭，乃奉移高、曾、祖三代神主新宅，取祧庙之义。亲友接贺者数十人，并留一饭，而多以事不及久待，会者三席。庄干堂、张勉斋、罗小垣、李育之则皆约准赴席而未至者也。计留饮者：何永清、钟景堂、盛月台、陈龙门、李召甫、易淑子、李麓渔、席珊、子瀞、杏农诸侄。贺客见者：朱禹田、李仲云、黄子寿、张力臣、邓弥之、欧阳季临、欧阳子卿数人，馀皆未敢请见。

初九日。张力臣约为展重阳之会，邀集黄海华、熊鹤村、袁子文、周幼安、杨性农、黄正斋、邹咨山、傅青馀、朱宇恬、李仲云、邓弥之、邓葆之、朱香荪、瞿子玖，宾主共十六人。惟黄海华以久宦湖南居首坐，年七十六。自熊鹤村以下皆以齿叙，鹤村年八十矣。是日，仲云已先告辞赴黄子赞之召，十五人以齿计数者，得九百五十一岁，乃急折柬邀仲云一至，合成一千零八岁，即名其会曰千岁宴。坐中叙述平江李云襄，幼尝读书，课读村童，亦能耕，今年实满百岁，其妻九十八岁，三子四女，各有孙曾，合计数十人，而自娶妻生子以后，未尝夭折一人，终身无悲哀忧戚之事，亦可谓旷古奇福矣。

初十日。熊鹤村、周幼庵枉谈。亲眷妇女至者尤多，纷扰竟日。晚过朱香荪谈。子淮挈眷赴江西差次，其母以函来询，吾不以谓然也。其意盖欲倚托一函，为经久之计，此尤人事之不可恃者。终日以此受亲友之纠缠，各有闲愁数不清，吾亦且无可控诉矣。中国民生之失业，由来久远，即此一节，其去西泽盖不可以道里计也。书生狂谬之见奚当哉。

十一日。接殷竹坞、罗柢敷、杨小云及经笙各信。杨性农、王雁峰、邹咨山、瞿子玖、罗小垣过谈。是日为曾文正公七十寿辰。长沙俗于所亲六七十以上整寿，皆具酒食宴客，谓之冥寿。朱宇田亦仿行之文正公祠。予以谢免酬应，不与衣冠盛会，遣二孙代往。邱美轩及悟元为余治癣，亦久坐谈。

十二日。邓葆之、罗小垣、杨星堂、杨小云、易玉峰、易穆吾、盛耀堂、笙陔叔及席珊、商农过谈。小垣见示陶伟仲《答客问》一篇，于西洋情形尚有考证，亦人所难。葆之见示《云山读书记》四帙，《邓林郛约》一帙，偶一翻阅，见其中一条云：为浮道以阳相尊，为市道以阴相给，交之蠹也，末必隙焉。君子烛其几已。似有所感而言之。而近日周旋之交，不由此者盖亦无多也。

十三日。为先太夫人生辰，率镆儿诣旧居上供，便过笙陔叔及子瀞、子宽，又诣黄海华谈。朱香荪邀同左锡九夜酌。锡九有子，避杖而逃。严过则伤恩，此锡九过也。香荪因论五伦朋友之交，二字可味。父子兄弟之亲，亦须费周旋，皆可加一交字。末世人心，大率如此。

十四日。闻中丞已先夕回省，遣人致候并函达。黄海华、杨砥皆、冒小山、易淑子及子瀞过谈。接刘小山信，当以一信复之。兼为杨小云致书秉文，令阻止杨燮平加收义合围亩谷。人心变化，不可胜穷。君子之居乱世，至于避地避言避色，几不乐与一世人相见，诚哉其难与处也。陈龙门晚过谈，龙门一字尧圃。

十五日。李小屏及商农过谈。接刘汇清信，为其弟绍西营求差事。与罗小垣、刘小山约同赴湘潭槠木冲展墓，因赴旧宅检点行李。函致张力臣，属为姚庶侯之女议婚张子遇。本已有成说，特以媒说属之力臣耳。邓葆之记高碧湄之言，称溧阳举人强赓廷，著书兼采九流之长，而折衷于儒。赓廷名汝询，任赣榆教谕，著有《大学衍义续》百馀卷。又傅星楂名怀祖，山阴人，江苏同知，以狷洁而淹贯诸史，能为昌黎之文。刘泖生名履芬，江山人，江苏同知，见闻赅洽，而善于用晦。王绂卿名颂蔚，长洲举人，博学，工词赋。汤伯述名纪尚，文端公之孙，沉敏嗜学，尤熟掌故，亦江苏同知。吾所识江苏知县莫善徵、黎莼斋，皆美才，碧湄皆不及之。金陵得月台联：何曾风月减当年，试泉煮雨花，看九曲溪光，六朝山色；正好楼台刚近水，更堤环烟柳，在乌衣巷口，朱雀桥边。又一联云：啜茗话沧桑，看淮水长流，钟山无恙；卷帘问鸥鹭，正夕阳西下，明月东升。《西湖》诗云：一半吴山入画图，尊中人影似蓬壶。苧萝村外逢西子，杨柳堤边忆大苏。玉勒青云随骏足，金盘白雪脍鲈鱼。多情明月天涯，近又送秋光入圣湖。《常山早望》云：群玉峰头翠霭佳，常山山势走龙蛇。周环越国窥王气，飞舞钱塘作帝家。海挹西湖浮净绿，天依南斗饮流霞。

银潢洗甲曾看挽，五万貔貅静不哗。《湘袁》云：万顷玻璃入酒杯，橹摇花放兴悠哉。吴江暮雨迷飞阁，楚国朝云隐露台。十里滩声铙吹阔，中流山色画图开。湘袁曲折留人处，丛桂清芬拂面来。《寄王大成都》云：锦里不缘侯客去，峨眉真喜故人来。沅中芳草岁云暮，剑外梅花春自开。扫雪衔杯过酒市，停云随意傍琴台。曾游我有千秋感，高韵遥怜绝代才。

十六日。为李屏南作书与杨秖皆，为易穆吾作书与朱香荪转致李香缘。接罗小垣信，知已回省。急缄约刘小山，则仍未回，傍晚登舟，开行至包爷庙，北风益劲，遂泊舟。张力臣屡促为展九诗，未暇构思。是夕枕上得七古一章云：古来佳节独重九，展九可至一月后。吾衰世事百无营，但对黄花尚酣酒。伐鼓戒期急征召，掎裳纵横十六叟。浩园颇亦似衰翁，狼藉残荷与枯柳。晴冬三月无雨泽，骄气蒸腾到藜莠。鳙池水浅不受钓，枉使庄周校升斗。犹怜丛桂小山幽，馀香交柯逗窗牖。江夏黄公信尊宿，文场割据声名久。论年尚欲长熊侯，八十精神能抖擞。七十以上得七人，过六十者两黄耇。五十者五四十一，瞑翁亦自伤老丑。少年文笔能屈铁，晚出争雄一子玖。屈指九百五十年，十五中人实兼收。故应合作千岁宴，如陈一堂古彝卣。李侯避席掉头去，留此阙典将谁咎？湖湘韵事岂易得，飞函促召交驰走。傅君语言妙天下，宇纵宙横曰宙寿。老夫绝迹城市游，曳杖连骑更遭诟。杨邹二老富闻见，古贤此会能同否？二邓理深袁藻远，借石为兄花为友。张侯强约我同主，势揽众山归培塿。诸君等是济时彦，各乘轩冕就林阜。安西都护驻疏勒，鸡林雨雪屯兵守。宣仁临朝哲皇幼，章蔡济济纾簪组。千官抗论政事堂，可惜书成无覆瓿。要知丰镐图王会，荡除凶暴归忠厚。弛张要出戈铤外，岂屑功人与功狗。强持谰语聒后生，有似鸿荒经辟剖。还登高台望八极，烟雾溟濛杂尘垢。眼前嵩华郁方寸，湘乡益阳今安有！遗祠数得群贤集，重把茱萸开笑口。胜游晚节强追欢，绕阶虫鸟鸣相偶。欲作云山千岁图，惜无前辈荆关手。能摹好景到韩苏，定去俗书传蝌蚪。世间良会能有几，万事一过徒为负。湘江云麓甘终隐，坐对青山嗟白首。盛衰转眼谁料得？要与作诗传不朽。

十七日。大风。舟人运沙石为载。未刻，抵一宿河。雇舆赴槠木冲，亥刻始达。舆中为曾文正公〔祠〕雅集序一篇，亦张力臣所托也。光绪六年春三月，新宁刘公由粤移督两江。衡阳宫保彭公适巡江东下，相见长沙，而善化少宰黄公，方以浙江督学假归省墓。于是李君次青、朱君宇田、李君仲云、黄君子寿、张君力臣、邓君弥之及吾弟意城，相与会觞于曾太傅祠之浩园。自太傅起一军削平粤寇，将相接踵以起，声名动天下。彭、刘二公功益盛，名益高，黄公官翰林且四十年，为老师祭酒，各以王事会于乡里。嵩焘得与诸君文酒从容，揖让一堂之上，此景良不易得。而诸公所至，光气照耀，文人学士追摹而赞颂之，以自矜宠。矧今聚集欢宴，衣冠言貌，伟视一时。于是十一人各图其形，刊之祠壁，以志湖湘韵事。更千百年，必有慨慕流连，想念今日之盛者。是会也，黄公自以居省会，亦附主人之列云。

十八日。与小垣登石嘴头墓道审视，似亦属奇穴之列。郭子美论此地甚佳，尹和伯则极訾之，小垣所见又别，因拟稍收山后地，栽植树木。会唐姓二老一曰唐惠山、一曰唐步贤并至，因与一议之。佃人曰罗兆棠，亦与一言。随回至一宿河，郭枚生、易玉峰枉顾，遂同至其家，放舟至湘潭，已夜久矣。罗星垣过谈，年七十二而须发皆黑，精力绰然，亦一奇也。

十九日。罗星垣设席絳松试馆，兼请观菊。同席罗小垣、罗鲁斯。欧阳子卿后至。围坐一谈。先夕发寒厥，遍身作痛，至不能举箸，因就星垣取水沐浴，并服附桂方一帖。回船后，严少韩大令过谈，力辞不获，因为询悉王少鹤家情事甚详，以少韩亦为马平人也。欧阳子卿所居近石头地，在黄茅以上，出炭地也，可由陆路十里运至锦石，则一水可通，乃托之鬻炭，而以所拨丛木桥租谷钱十六千，属星垣先以十千托之。星垣并送菊花二十盆，子卿亦允送茶花，可以点缀新屋风景矣。

二十日。严少韩、罗星垣、欧阳子卿公作戏局相邀，同席谭半农、陶伟仲、萧小亭、郭熙臣、罗小垣、罗鲁斯凡十人。二十馀年不乐观齣，是日方有小恙，陪坐竟日，颇以为苦。冒小山赴广东，道湘潭，枉过。是夕三鼓开行。

廿一日。午刻抵家。足癣为悟元和尚草药所误，至于全腿俱肿，数夜不能成寐，其苦万状。易叔辉及子瀞过谈，始知曾栗諴已物故，一家弱小，并唐斐泉为之经理，闻之恻然。裴樾岑观察亦至，甫于先夕抵家，所至清厘整顿，为功颇多，益见从前办事诸公，专意营私，积渐有自来也。接曾沅甫、郭南轩二信。随至六堆口一行，与易淑子、李麓渔、易叔辉小谈。

廿二日。邓弥之、陈力田、刘小山及笙叔、子瀞诸人过谈。接刘霞轩信，始知刘若华即其胞侄。专足赴县寄李仲挈一信。前闻子瀞言仲挈随同郭定轩观察南来，以未接孔庭兰信，度无是事也，不意龚眉生初六赴鄂，仲挈已于初十抵县，熊绍香（阮）〔隐〕匿不以告，秉文辈亦不一通知，直至昨日自湘潭归，乃始闻知。因发使往接，并约令廿四赴省，以廿五日当赴县料理支祠事，恐又相歧左也。

廿三日。李仲挈夫妇于是早至，熊绍香为之护送，并接李筱荃制军一信，又连接孔庭兰信，录示英人探报珲春情形。俄人蓄意经营，不自今日始也。张香涛诸人乃导而引之，以使厌所欲，而举国无能辨知者，可为浩叹。是夕留易玉峰、叔辉一陪仲挈。张力臣、罗小垣过谈。

廿四日。阴，寒。治席款李仲挈，邀周荔樵、聂仲芳、易叔辉及子瀞作陪。京生回省，带到其父槃希一信。是日以悟元和尚相扰半日，致令录一文稿与张力臣亦有弗及，而反以万寿宫相托，并云出自胡、陈二首士之意。乃知和尚营谋之求，甚于俗人。此人心所为扰扰不自休也。又接湘潭曹桂森信，识山学博之子也，所求亦只在一馆，而苦无以应之。

廿五日。瞿子玖、袁予文、朱枫桥、王旭初及清臣、经生过谈。本意诣旧宅检点行李赴县，竟为人客纠缠，至日西始往。以一函致张力臣，亦至是时始能遣送。力臣随至，谈至夜久。

廿六日。早雪，屋瓦皆白。左橘云及子瀞过谈。橘云述及胡少芝之昏悖无人理，竟逼迫两世庶母，使无以安其生，闻多出其妻陶氏主谋。陶少云亦愤其婿之无理也，梃击之至再四。彭雪芹过省闻其略，径诣其家，传陶氏出见，以大义责之，至声色俱厉，亦皆漠然不以为意也。胡文忠身后竟不能庇其庶母与其二妾，能无黯伤。

廿七日。罗小垣过谈，与商光裕、怡生两钱店情形，托代斟酌。张宝吾来，述张子健与张蓉秋及其兄张瑞堂，侄长春、年林踞庄砍树，相与争持情形，不能不为理处。而意城已赴新宁，子瀞又将往县，又多费周折矣。晚诣朱香荪、燕远卿谈。远卿断定明年必复被召北行。语以年老气索，万无出山之理，远卿言：所以应世而出，非能求安逸也。世人视在官为乐境，是以遇患难而必避。果其心存君国，则在官一日，担当艰巨一日，只有忧苦，无乐趣也。只为生世缘中有许多事未了，须吃一场辛苦，欲设法辞之而不得，且必非贤者之心所忍出也。是以断其必出也。吾诚不足当此段议论，然其言却是有理，耐人思味也。

廿八日。上海招商文报局递到伦敦九月初二日陈松生信，并劼刚八月十四日彼罗保信，知布策实由劼刚邀止其行。西人势强，而一切行止仍未尝不衷诸理。中国一以意气自雄，漫不知理之所在。劼刚专任术数，意求玩弄总署诸公，自遁者功罪之外。总署诸公所日夜究心揣摩者，专在于此，其势必不能受。各挟其知术心思以求胜，政府所处地位，自足制伏劼刚而有馀，劼刚亦岂能不折而退听哉？用此益叹人心习尚之敝，无甚于今日者也。又接严又陵、黄泳清二信。亦为朱枫桥致书任禹田，荐充其家西席。是夕登舟赴县，易氏姨同行，就便由县回营田。外尚有熊绍香、易玉峰二人。

廿九日。五鼓开行，南风甚微，午后复转北风，夜泊濠河口。巡防营向有巡船泊此，去冬户部议节浮省，巡防营船只亦稍裁汰，遂撤濠河巡船，而贼风日炽。闻今岁以来，屡有失窃之案，数船泊于河口，极为可虑。吏治不修，民俗凋敝，所至皆畏途也。

十一月

十一月初一日乙丑。早抵县城，仍寓西门学堂。接方右民观察烟台信。令秉文传知杨燮平、杨子云令早来县，料理义合围事。令周南山往周瑞堂处，传知料理周鼎泰事。邹子香、饶宝臣及诸友纷集。吴晴〔研〕治馔相款，仅六安一人至，盛展奇及秉文诸人皆已饭。晚诣陈宅，见育如两子，皆已能读书，体气亦尚佳，颇为心喜。

初二日。子瀞偕何永清（至）〔自〕省至。李韵仙为予诊脉。因同诣支祠，相度安灶方向。杨燮平、杨子云、刘耀藜、周清溪各以事就商。会姜昆山大令见过。略以所事语之，然亦颇不易处理。为寅伯、健甫作书与鹤九。为子瀞取用绿呢大轿，作书与易叔辉。终日忙迫，无片刻之暇，精力疲惫极矣。晚过子瀞，并诣陈宅，为处理蔡姓交涉事。

初三日。吴晴研送菜，早邀子瀞、六安、秉文同餐。邹子香送菜，晚邀子香、饶葆臣、何永清、子瀞、寅伯、健甫同餐。并属葆丞、健甫料理易桂生事。梅麓帆、蒋丽生、熊桂生、熊静轩、刘伟清、龚辅臣、蔡琴斋、高粹之次第见过，并有事枉商。其他亲友终日络绎于室，亦不能尽悉其名氏也。诸人语及督销局员余子城、厘局收支杨敬庵之盛德，几使一邑之人焦头烂额，以恣其讹诈，可为骇叹。

初四日。偕何永清及子瀞诣二里墩，相度姚山公墓地。永清力持原向兼壬丙为允，而前朝后乐，均以亥巳为有据依。再四审量，未敢决定。随请永清赴云静寺。与子瀞过夏家桥，展拜夏忠靖墓，观其局势，确有结作，相距五百年而子孙能守其世业，读书为弟子员者，亦颇不绝，不得谓为无地也。晚邀盛展奇、何永清及绍西小酌。亲友枉顾者纷纷。饶葆丞及健甫为处理厘局事，因传易桂生至严饬之，并探知杨敬安注意顾春山以媒孽鼎升，并饬其善自防范，无计小利而陷入法网也。

初五日。雨，大风。饶葆丞治席相款，同席何永清及子瀞、秉文、寅伯、健甫、鹤九诸侄。鹤九甫来城，与议其父遗属事，旋即告归，未赴席。请西枝奠谢支祠土神，西枝请定初七日，听从与秉文议之。蔡琴斋交到蔡寿民家文洲围田契一纸，因属云覃往告蔡氏。并属盛展奇告知李玉京料理陈氏借款。人客坌集，就中料理各家事务，已不胜其惫矣。罗麓山过谈，以送其旧门人罗小苏之孙来赘临子市颜氏，仍即回安化也。

初六日。汉舟、蟠希送席早餐，龚黼臣送席晚餐，未免困于酒食。义合围堤长、业户来见者十馀人，其中汤达生、易思禹颇善语言，叙述前后情事甚详，而首事如刘香林、易从之辈无一至者，则亦无从处理也。黼臣并邀罗麓生、盛展奇、李艺林同饭。艺林与蒋砺山并送菜。易兰生晚过谈。

初七日。李镜涪治席相款，便邀易兰生同酌。邹子香适至，亦与饮。义合围首士易从之、刘月卿、刘香林、蒋玉亭偕围人张焕南等，交到积年簿据及各田契字据，所言各自成理。议另派数人为之清理。围人如张冠南，亦诸生也，及杨丙乾与县城邓采亭、吴莼庵，皆可任此。邓采亭与常鲁卿、冯厚庵及刘仁台并充漕总。周文荆事，适遣卢德采往催，而中人易宏庆、周瑞亭正所言尚属虚悬。此二事皆未易即时检理。偕子瀞诣宗祠料理明日入主事。鞭烛致贺者纷纷，几不胜其扰，实无可受之理也。接到易叔辉一信。由子瀞专工取绿呢大轿，自省带到。

初八日。支祠落成，奉曾祖以下神主入祠，盛展奇、高粹之约会亲友十馀人陪送，遂至各官并集，会者数十百人，回拜迎送，不胜其惫。是午，治席六桌相陪款。追念先人积累艰难，以有今日薄致仕宦。一祠之成，致劳官绅为之助喜。每于此等处深怀盛满之惧。薄德无能，于此固已逾分也。

初九日。捧云、三槐合请笙陔叔及子瀞、寅伯、健甫、秉文，令敬修作陪。笙陔叔始于昨日抵县。中午，寅伯、健甫以其父遗属分祧两房事，邀集族人会议，至者笙陔叔、喜田、清臣、简秋、汉舟、槃希、绍西、镜芝、兰生、希初、子瀞、敬修、秉文共十六人。笙陔叔主笔，公批遗属后，引例文以正之。常鼎豫南赓、胡道生、吴莼庵、易兰生过谈。是夕支祠告祖、省牲诸礼令子瀞恭代，以足癣经昨日劳顿，又复举发也。

初十日。举办支祠祀事，兼邀胡道生、汉舟、绍西、兰生、镜芝、荣覃、商农、希初、六安及本房下子侄，馂酒共十六人。唐曦臣、王丙斋、易俊臣、吴月卿、吴爱吾、智川乔梓，及超凡、智善过谈。刘小山亦自省至。晚为陈府处理两事，皆以一言而定，亦足省多少枝节矣。

十一日。早邀唐羲臣、胡道生、吴月卿、刘小山、樊延龄便酌。王希周、熊绍香、李茂堂、陈长林、高粹之、高直斋、张丙乾、周馥生次第枉谈。纷扰已甚，足疾颇费支持。午刻，邀姜昆山明府，宋云笙司马，胡受百县尹，熊渭滨、余子城两少尉，萧屏安、袁湘亭、邹子香、饶葆丞、龚辅臣、盛展奇诸君，为支祠落成，并设音樽。接张力臣、朱香荪二信，知裴樾岑已撤委，接办者为刘治卿观察。刘岘庄于此可谓荒乱也。末流之世，贤者固难自立，岂独为樾岑惜哉。当复力臣、香荪二信。

十二日。偕吴月卿及健甫同诣石陂坝，相所新置地。山脉出自黄狮岩，玉池、神鼎两祖山左右排列，直作一盘环之势，亦一奇也。是日二鼓后乃回县。述古堂呈缴新刷志书十一部，以一部寄张力臣，属其校正。接刘有富及毛杏荪二信，刘君在闽以副将候补，忽求书培植，亦不记其为何县人也。

十三日。大风。盛展奇与荇农邀同笙叔及张鹤庵及子瀞早酌，适饶葆丞至，并留饭。中午，李韵仙、蔡琴斋、刘汇清、绍希合请并治席枉顾，遂尽一日之力。中间狄叔华、李少楼、熊绍香、吴纯庵、顾鼎臣、杨子云次第见过，酬应甚困。润民亦自乡来见。

十四日。风，寒。天明即起，而熊绍香、刘汇清已至，于是人客络绎环拥而来。会姜昆山明府至，久坐。语及危辅臣，深怀念旧之意。下午过熊绍香、李试吾、盛展奇三处谈。常南赓遣其掌事彭玉振送到粮券，始知来县料检诸事，尚有此一巨款，支祠挪用亦至六百六十串之多，今岁耗费多矣。燕远卿尚谓今年更有耗财之厄，未知究何如也。

十五日。大风，寒。绍希治菜邀同笙陔叔及子瀞午酌，适子瀞赴姜昆山大令之召，乃为邀唐羲臣、张掖廷、刘小楼、盛展奇同酌。蔡蓉仙亦欲邀饮，久坐，以坐客已繁，不便留邀。熊绍香为议戴兰轩事。镜芝以三合围田求承典，传其佃人袁泰和至，而竟日不来一见，守候至二鼓。饶葆丞、李镜吾、陈熙堂、吴晴研及笏堂、润民、希初纷然并集，镜芝始至，又濡延多时，纠扰至三鼓。是夕，月食至二时之久，天黑如檠，亦历来所罕见也。

十六日。雨。盛展奇过饭，并偕熊绍香、彭仁山、吴晴研及绍希、荇农诸人枉送舟次。唐羲臣以所坐九号船送回省城，幸雨稍止，风亦不大，随即开行。展奇交到盛艺垣一信，求函致漕督黎简堂转为照拂，诚亦为饥寒所迫，而不知其于事理固有未顺也。是夕泊靖港。

十七日。雨，雪。午刻抵省，致吴晴研、萧子远、唐麓笙信，兼致陈宅一信，处分兰池事，以熙堂交到兰池存件，而吾匆匆启行，未及与料检也。午刻抵省，知邹子香已得绥宁虎谿书院馆席，随以一信告知，并函寄盛展奇。接到黄少春、姚庶侯、张子遇、龙研仙、杨砥皆诸信，并知洪琴西简放两淮运司。张力臣晚过谈。张勉斋随至，已得辰州督销局馆，而无力起程，索借廿金。凡鄙人所位置者皆此类也，可为浩叹。

十八日。易兰生、罗小垣、陈岳青、朱香荪过谈。为裴樾岑致书刘岘庄制军，为张子遇致书姚庶侯。见《申报》，知醇邸复有管理神机营之命，意在借以拒俄人。醇邸之忠，非童贯、韩侂胄比也，而贻患正同，固由在廷议论惶乱百出迫成之，亦坐枢府诸公粉饰欺蒙，锢蔽已久，不独上蔽朝廷聪明，并举朝耳目皆一以其私意固锢之，使之一无知觉。偶阅杨诚斋传：家人防其忧国悲愤，凡邸报皆不以告，忽族子至，语及侂胄用兵事，遂至痛哭失声，取纸书：韩侂胄动兵残民，谋危社稷，报国无路，惟有孤愤。区区感愤，正与此同。

十九日。接张超堂信，并惠茶油。又接易淑子、张力臣二信。言舫丞、李召甫过谈。请林尊山、龚眉生至，有议商事件。召甫言姚庶侯之女实在省城，张力臣昨言已回宝庆，殆讹传也，容再探之。吴幼云枉过，并送到其尊人吴桐云《小西腴山馆诗文集》，并其自订年谱，似皆刘芝田所刻。

二十日。冬至。袁守瑜见示成符卿所著《禹贡班义述》。孙氏《今古文注疏》以《史记·夏本纪》与（禹）〔马〕、郑注并列，而汉《志》则仅载于疏中。焦氏《禹贡郑注》，释以汉《志》，与郑注相参究，非以班义为主。前有仪征刘文淇序，谓班氏从祖伯受《尚书》于郑宽中、张禹，又讲异同于许商。其父彪与尹敏善。宽中师张山拊，传小夏侯氏《尚书》，商师周堪，传大夏侯氏《尚书》，皆今文之学。禹师庸生，传孔安国《尚书》，则古文之学也。敏初习欧阳《尚书》，后受古文，则兼有今古文之学。班氏渊源讲习，故《地理志》中既引桑钦之说，亦引平当之说。钦师恽子真，传孔氏古文之学；当师林尊，传欧阳氏今文之学。郑康成兼通今文古文，其注《禹贡》地名多从《地理志》，然则《禹贡》者，固不能越班氏之范围。符卿此书，于今文古文同异，缕析条分，即郑注与班义必一一为之辨证，而班义与经文不合者，亦不曲护其非云云。符卿自叙言：《地理志》称《禹贡》者三十有八，称禹治者一，称古文者十有一，皆述首所云推表山川，以缀《禹贡》者也。于桑钦言则七称之，其中如绛、漯、汶、弱四水，即《禹贡》古文家说。于平当则一称之。考《儒林传》，林尊事欧阳高，为博士，授平陵平当。然则班氏亦兼采今文说也。有缀《周官》即缀《禹贡》者，如华阴——大华，沾——漳水，华容——云梦，巨野——大野，博——岱山，盖——沂水，莱芜——甾水，毗陵——北江，芜湖——中江是也；有不缀《禹贡》而可知者，如鄠——酆水，卢氏——伊水，蒲反——雷首，野王——太行，枝江——江沱，乘氏——泗水是也。《志》推表山川，始《禹贡》，讫秦汉，若卢氏之熊耳，若山阳之东大行，若金兰之东陵乡，若朱虚之汶水，若充之澧水，若南广之符黑水，若河关之积石，若骊成之大揭石，若驺之峄山，是皆推表汉世山川，其名偶同《尚书》，或者不察而以之证经，非班氏之旨也。匪直此也，褒德之洛即漆沮，龕之霍大山即大岳，西之西汉水即瀁，然《禹贡》不云洛，不云霍大山，不云西汉水，而班《志》亦无漆沮、大岳、瀁之目，故虽名异实同，而不可厕诸缀《禹贡》之例也。至如底柱、大伾、三危、黑水之属，班《志》所阙，尤未可以后出之义黩之。谨采《禹贡》古义存乎汉《志》，依例编入，循经为次，稽撰（且）〔其〕说，成《禹贡班义述》三卷，其称述经字与《夏本纪》、枚《尚书》异者，皆古文也，故附考焉。昔郑高密之释《禹贡》山水也，根据《地理志》者盖十七八，是编之作，窃亦师其意云。以班《志》证《禹贡》，国朝诸儒皆能言之，而观符卿一序，于班书异同极有分辨，可云伟识。接邹咨山留信，以邵阳贺大令保箴、禹大令梦龄并为曾挚民亲戚，谋请一见，属咨山为之先容。又寄复玉舲一信。

廿一日。接张子遇信，并惠金橘。又接健甫、鹤九二信。邀刘馨室、裴樾岑、吴云谷、刘定夫、傅青馀、李香缘、李次青、朱香荪、张力臣为消寒之会，以一切器具皆在养知书屋，遂设席于此。

廿二日。约张冶秋、邹少云、吴幼云、左锡九、易芝生、罗小垣、易兰生晚酌。张治秋、邹（小）〔少〕云均已回家，会者并仲絜六人。仲絜以梁姨生辰，治席并小唱为欢娱，寄复张超堂一信。

廿三日。仲絜求观出，乃托汤小庵为之料理，内外宾至者颇多，仅治三席款之。予以养知书屋上下均诣新居，回六堆口居守。蒋旭廷、蒋昌富来，诉称白臼港湖契置私业，实无纳租事，并呈阅契据。张冠南、邓采亭之言，殊不足信。为致吴莼斋、盛展奇一书，属其理处。接邹子香及笙陔叔、玉舲各信。闻刘治卿观察接办督销局已至，过岳州督销局，局员无一在者；至湘阴，命舆驰抵靖港局，局员亦无一在，仅玉舲在局，尚高卧未起，而观察已驰行七十里矣。可为一笑。子瀞已自县回，就其回船之便，致吴晴研及笙陔叔二信。张力臣送到思贤讲舍关聘，脩金过于岳麓，恐反以导争，为不宜也。

廿四日。接彭仲莲信，求缄托蒯蔗农。李仲絜遣其仆陈某顺合肥，顺致李小荃制府一信。李瑞南、朱香荪、张力臣、易兰生、汤小庵、燕远卿过谈。前闻左季高咨文颇指注寒家，甚以为疑。本日觅得周树藩同党，取阅甘肃来信，始知左相一意与鄙人为难，其言绝悖，而于具控之王毅等，竟各赏银十六两，并允到京后为之主持。直不意左季高骄慢悖毒，所诣竟至如此，为之浩叹。

廿五日。朱枫桥、李敬吾过谈。思贤讲舍事宜略开交张力臣。适刘竹亭至，得共一谈。晚接姚庶侯、彭仁山、盛展奇及经笙各信。县志经张力臣一校，讹误甚多，不独舆图须改刻也。以此任之商农、秉文辈，徒自取烦恼而已。闻意城始自宝庆归，姚庶侯信即由意城带到。寄殷竹坞、盛展奇二信。

廿六日。廖荆山明府、罗正容、张宝吾及意城过谈。接玉舲信，当以一信复之。又接高鞠荪、张惠吾二信。张力臣约为消寒二集，吾以不乐酬应，属意城往代。遣人诣罗小垣，已回湘潭。刘治卿观察甫至，裴樾岑观察即于一二日内交卸。新旧接替，小垣乃避归。吾家私事，亦约今日定议，竟莫测小垣此行之为何意也。燕远卿相我腊间遭际极有抵牾，此或其先征矣。

廿七日。黄籯门太史、阮宝芝大令枉过，皆未晤。阮君与廖荆门、李子仁两大令，并为朱香荪所推赏。胡小湘、傅晓初并枉过。小湘以姚庶侯遣嫁其女，就商办法。随寄庶侯一书，交意城舆夫带回宝庆。下午诣寿星街，询问李祥恺交到各庄仓钥，竟不知搁置何处。衰老多忘，大小事件一经家人之手，乃更多一渗漏，自笑亦自伤也。

廿八日。张子遇定婚姚氏，择于是日过庚，以书枉托。适会张力臣有湘潭之行，不能不与经理，因令易叔辉、李麓渔为之书立庚帖，并致张子遇一信，以袍褂料、针黹等事副之。朱香荪、胡幼森枉谈。接邹少松信，并惠金橘。又接曾劼刚九月十八日信，并黎莼斋、张听帆二信，莼斋留日思巴尼亚，听帆尚在纽约也。

廿九日。刘治卿观察、陈程初、傅晓初、罗小垣枉谈，治卿在江西从曾文正公营次当差，与刘笏堂为同宗，其人气局尚开展。自曾文正公创设督销局，至今谈者推叶介堂为最耿直认真；裴樾岑之考求实际，又更过之。而以明文撤差者，前后惟此两人。叶介堂不幸为其子累，更无能为辨冤者。末流之世，人心日趋于恶，天亦因之以助其势，而于贤人君子之用心，一意摧抑之，使一不足以自申，凡事尽然。为君子者，可以惧矣！

十二月

十二月初一日甲午。张力臣、罗小垣及意城枉谈。复彭仲莲信，并为仲莲（到）〔致〕蒯蔗农一信。又致严少韩、罗星垣、欧阳子卿三信，托罗小垣觅寄。周南山桥头驿等处庄屋，检寻钥箱不可得，至是偶得之，急专周亿送交周南山。年老善忘，重以人事倥偬，当时随意搁置，会客竟日，神气益昏，相距两月，竟至无可追忆，衰惫可笑。

初二日。接姚庶侯信，又由罗星垣运到欧阳子卿代购栗炭二十石，视所托购殆逾倍。为周鼎泰处置周裕福一事，此心究为之怀歉，以周瑞堂外适，累及其伯叔兄弟，终属分外之扰也。又致罗星垣信，由送炭船带交。

初三日。吴巨臣、袁予文、湛少帆、张宝吾、杨子介、王理庵次弟过谈。吴巨臣数枉过，颇思一见，甫传柬而为仆辈所拒，迨经诘问，具述其来意，催取卷费而已，则又宜仆辈之拒之也。是午，傅青馀邀同裴樾岑、吴云谷、李香缘、李次青、张力臣及意城为消寒第三集。次青于是日已回平江。与樾岑同登巢经阁小坐。寒波夕照，俯临东涧，万景萧然，视重阳日过此，又别一景象矣。晚接健甫、鹤九二信。

初四日。为篪儿忌日，距今十二年矣，念之凄然。阮葆之、曾介石及笙陔叔、子瀞枉过。始闻曾思诚全家移住省城，前患咳嗽小愈，尚禁风也。接饶岱霞信，以馆俻托为照拂。寄复健甫、鹤九一信。鹤九谋住新祠后栋，吾前缄未之允也，来信据为定诺，复书更辨正之。晚接易卓超、盛艺圃、欧阳伯元各信，卓超又转递吴朝杰一信。

初五日。接盛展奇、吴莼庵二信。袁予文见示瞿子玖题张力臣定王台修禊图诗云：筑台望母情何苦，人去台空馀片土。河山兴废又千年，今日遗台尚钟鼓。晚春城郭花香多，朱户长关莺自歌。若使故王今尚在，不知视昔定如何。汉时已习东流禊，旧俗依然人事替。兰亭传后更无闻，多公雅集犹能继。相携置酒上高台，郁郁诗怀应暂开。北望长安在何许，苍茫日暮悲风来。亦殊跌宕自喜。朱枫乔过谈。

初六日。接周昌辅信。罗麓山自安化来，由便船寄盛展奇、吴晴研二信。年老气衰，顾视儿辈皆庸下，家中琐事又无一适意者，遂使志意颓然，百病亦因之丛生，恐非长视久生之道也。稍稍处分家事，俾各有以自守。吾楚风水浅薄，不能及远，又无德之及人，儿辈之有成立与否，亦但付之天命而已。

初七日。吴斗枢、焦赞臣、晏皓轩、於桐轩、谢芋卿、周介峰、罗小垣及笙陔叔过谈。斗枢任长沙府学，意在求充岳麓监院。晏皓轩则张力臣所荐画图者也，为晏圭斋之侄孙。周介峰为周昌辅领取所著《慎斋初稿》，为书数语简端，不能细加评骘。其文笔清和温雅，湛然有道之言，亦足征其所养。而其立言一主风化，多关系世道人心，彰往察来，（微显）〔显微〕阐幽，亦自置身千载之上，与古人相印证，其道足以传世而无疑也。

初八日。李祥凯回家，便寄周镜帆、杨幼吾二信。又接喜田、绍希、荣覃、玉舲、健甫各信。喜田信以存与鬻田事请示，意城心不谓然，吾亦只能听之，以事论则固属正办也。罗麓生过谈。晚诣新屋及草潮门，便过朱香荪谈。闻壬秋《楚军志》已付刊，专寄裴樾岑一部，樾岑匿不以示人，亦谓其言多涉虚诬，不足昭示是非之公。香荪与樾岑最昵，询之，尚未有所闻也。而香荪于此慨然谋以自任，但得《方略》诸书，闭门编次，以一年为期，必可以成书，亦资以补救王壬秋之失也。

初九日。接黄石珊岳口信，并寄近著一本，题曰《竟陵文集》。石珊所至必成一集，可谓好文者也。又接刘朗山、黎述堂二信。陈展堂、聂仲芳治席枉临，邀同傅青馀、朱宇田、张力臣、李仲絜及意城小酌，宇田以归家辞。席间得罗小垣信，大受刘治卿申饬，愤然求退，亦不言其详。末流之世，贤人君子，必不获一申其志，于小垣何怪焉。

初十日。刘牧村、黄海垣、周幼庵、罗小垣枉过。牧村枉顾，本属小垣告令稍缓，甫出门而即至，颇以歉然。往西园湾觅胡文忠之妾魏夫人，察其意，以管理家政二十馀年，添置租谷约千馀石，而胡少芝夫妇礼待甚薄，愤而学佛，不乐家居。再四劝之，并令胡少芝每岁给谷二百石，听从自赡。旋往视曾思诚。便过刘韫斋前辈，因留夜酌。同席韩勉吾、成敬斋、曾介石、陈佐卿及意城。是夕易叔辉回营田，托带致姜昆山、邹子香、吴晴研、蔡竹泉及荇农各信。又接寅伯、健甫一信，处置石陂坝李寿溪事甚不能妥。杨星堂过谈，见示《补廿一史弹词》，盖续杨升庵《廿一史弹词》之后，专补有明一代事实也。李玉森之说经，杨星堂之说史，皆有本原，非人意想所及也。

十一日。龙树棠枉诗求助酒钱，馈钱四千，附以诗云：诗老书来索酒钱，无钱戒酒更安然。书缄往复浑多事，枉送酒家钱四千。黄海元、刘牧村、张力臣、黄子寿、罗小垣过谈。集朱子并上蔡语为联：直须抖擞精神，莫要昏钝；孰能脱去凡近，以游高明。又熊勿轩句：斯文一缕千钧日，我辈三经五典身。

十二日。接刘康侯、汤幼庵信。又接曾沅甫宫保信。又接敬修信，则以世系表未详载其官衔求补上，亦可谓多劳往返矣。是日以上楼清检书籍谢客，会曾介石至，急与一谈曾思诚病势，深戒其少服凉剂，传与肺气丸一方，属令制服，且暂停药。

十三日。袁予文、罗小垣、杨景皋、张鹤臣过谈。张鹤臣述张惕凡之意，务求西人库伯尔所叙名人画相小传，因检一张寄之。制造局鲁君制就木龙一架，盖木质也，所费云至二百金，而出水太迟，又四处流溢，不能收水。中土人之制造，大率如此。

十四日。由黄海华递到杨性农一信，并寄示展重九诗。又接周介峰及经笙二信。经笙信述县事，檗西乃留其信而别以数行述之，亦一奇也。李祥恺回，接周近帆信。姚庶侯遣其一女二子径至吾家，亦接其一信。两人皆年逾六十，皆不知有人事与理道之宜，可云谬品。张力臣过谈，述及姚庶侯致书，相与訾笑，其谬殆未易形容也。

十五日。裴樾岑过谈，一出会晤。左锡九、韩勉吾、余芳城、罗小垣、罗麓生、蔡蓉仙及笙叔、子瀞次第至，遂尽一日之力。余芳城递到余佐卿二信，并曾沅甫宫保复奏张香涛请饬移驻营口条陈，语近事颇详，竟仍用鄙人前议，暂缓前约，赔还兵费至五千万克鲁卜，仍俟明春遣使至京会议。使早从鄙人之言，不独免唇舌之烦，亦省海防经费六七百万，此项赔款，所省尤多矣。是夕寄李筱荃制府一信。

十六日。接张子遇信。姚庶侯推其女至省，竟一无准备。吴翔光故雄于财，一意远避之，若惟惧其浼己者。至亲且然，况朋友泛泛者乎。又接邹子香及子湝、健甫诸信。石陂坝阻葬事，竟集至百馀人，劫去什物。吏治不修，民气悍无所顾，此时事之尤可忧者也。而健甫辈处置此事，终嫌未妥，心甚念之。是夕酉刻，黄菊浦为择期改修丹墀石道，石工集者十馀人。是夕回健甫一信。

十七日。雨。蒋弋香自湘阴回，述及在途情事，益叹王夔石以来一意增长乖戾之气，而正气日就销亡，乃有今日之验，使人感喟无已。是日召石工李玉清改换正屋丹墀面地石，自前夕酉刻起，至日午始毕。随赴寿星街新屋。

十八日。接经生、秉文二信。易海青夫人遣其子赞周述及前十馀年退去其继子钟瀚，顷复挈其妻子至，势尤汹汹，此事颇费调处。海青夫人亦旋至，其情极可闵念。晚，接李筱荃制军一信。

十九日。谈伯均、杨耔云、张鹤臣及清臣次第至。杨耔云带到吴莼庵一信，知义合围事，邓采亭附会杨燮平从中作梗，颇出情理之外。当复吴莼庵信，属仍会同平心理处。方复书时，连接朱禹田、夏介峰二信，并须作答，宾客又踵至，不胜其惫。未刻，韩勉吾邀同左锡九、黄子寿、张力臣、曾介石及意城会饮于养知书屋。坐中张力臣语及姚庶侯老悖情形，直犬彘之不若，闻之深以疚心，至终夜不能成寐。我独何辜，而为神鬼所玩弄如此，岂非前生积孽太多，以受报今生乎？反复思之，不自解其何故也。

二十日。易淑子解馆回家，李麓渔亦将解馆，为治席款之。自十六日清检书籍，十馀年积存之书，多为虫鼠所伤，悉检归寿星街新宅。其存放箱柜中者一概未动，稍俟异日分授两子两孙也。何永清及子瀞过谈。

廿一日。接陈长林、熊干廷、李端生及笏堂、玉舲各信。朱禹田、盛少康、张保臣、张茂亭过谈。保臣、茂亭为料理张子健、张蓉仙田庄事，其田价百一十千即交付张茂亭，但属以张家冲、傅家湾两处庄业责成清理而已。晚过朱香荪，适左锡九先至，因留小饮。

廿二日。刘牧村、罗小垣、周昌辅过谈。昌辅以周介峰事来省处理。裴樾岑邀同傅青馀、张力臣、朱香荪会饮，香荪以病不至。处理胡文忠公家事，曾托黄子寿言之陶少云，而张力臣传述子寿之言，属鄙人莫更理及。怪哉子寿之言。因论吾辈家居，谢绝人事，诸事不应与闻，惟关系世道人心，为风化之原，及有冤屈不自申者，必得一与理落，理道固应如此也。接言湛甫、罗楚卿信。楚卿馆攸县，颇称道易翊吾。湛甫则方希冀罗星垣一缺，恐未易得也。

廿三日。两处住宅并谨依祖母遗训，斋食一日。是夕，恭率家人致祭灶君，并在六堆口旧宅奠谢土神。是（夕）〔日〕清检字画书籍，劳苦尤甚，仍于百忙中款接罗麓生、梅子宣、左橘生诸枉顾者。是夕接吴桂臣一信。

廿四日。黄海垣过谈。是日俗名小年，邀罗小垣、刘炜青、梅子宣小酌，适笙陔叔自河西回，玉舲亦自靖港至，并留酌，并仲絜为六人。接周浥藻浙江信，极言入仕之苦，亦所谓及之而后知，履之而后艰者。由梅子宣回县之便，寄盛展奇、吴晴研二信。

廿五日。清检书籍。周增山、於桐轩、朱岳舲次第过谈，遂至检书之功亦多旷废。而城乡送年礼者，又复纷至沓来，诸费料理，实苦人事之烦。

廿六日。微雨。黄子寿、朱香荪、罗麓生、李仲芳及育之、席山、玉舲过谈。接胡道生、吴陶村二信。道生有枉商之件，即以一信复之。

廿七日。蒋星门太守、傅竹湘司马枉见。以清检书籍，谢免宾客。竹湘为傅青馀同年世兄。星门籍陕西，初选宝庆知府。接文兰舫、邹闻生、李笏生、李小屏、劳少芗、吴桂生、姜昆山、夏子常、欧阳子卿、罗小垣各信。又接邹世忱一信，叔绩从子也。

廿八日。刘怡廷、张力臣过谈。怡廷自都赴金陵就岘帅之约，小住十日，不敢留。问其故，则以岘庄久居尊位，其气已盈，不受尽言，而惟左右昵比之言是听。怡廷于此颇怀戒心，故不乐久留。岘庄于此殆亦不免暮气，深可叹咄。

廿九日。诣六堆口旧宅清检志稿，便过燕远卿，以前言今腊当主耗财，极以为念。残腊将尽，而计今年所耗之财，实已不赀，未知可一销除否。远卿乃言腊月至明年三月皆可虑，清明前后数日尤险。姑志之。是夕闻李季荃物故，以仲挈在此度岁，不欲遽以语之。今年清理账项，并躬亲检算，甚以为烦。

三十日。诣旧宅奉祀祖先。值左橘生兄弟来贺，坐谈。并料理一切事宜，极为倥偬。是日邀李仲芳、槃希年饭。适庄翰堂至，述及书局刊刻书籍，已奉院批归书肆经理，所费殆不赀也。是日汤小庵馈岁，并惠梅花一株，附以小诗。为受其梅花，答诗云：年衰齿缺愧辛盘，诗垒输君更筑坛。消受梅花调鼎望，雪风咀嚼腐儒餐。

光绪七年　辛巳

正月

光绪七年岁次辛巳正月初一日甲子。元旦。小雨。得纪事一律云：旭日彤霞接建章，尺波迢递隔清湘。清闲消受承平福，谈笑追随儿女行。微雨未堪符望泽，久晴或恐是愆阳。回思六十四年事，惟见阶除春草长。自丁巳入都，罢诗者二十五年，而每值元旦，必赋一律，循例为之，亦略见老景之颓唐也。诣旧宅谒祖先贺正，遂偕李仲絜同诣意城。意城旋率子澥、子宽两侄至，因留饭。左橘生、张鹤臣次第枉贺。馀客皆谨谢之。

初二日。裴樾岑早过，因留饭。李仲云、郭海清、龚眉生、李育之、盛桂敷次第至，起拜迎送，不胜其惫。晚次，笙陔叔过谈。樾岑语及淮安学宫，由阮裴园学浩任湖南学政归，倡立修学会，生员一人科钱三百六十，生积数年，置田一庄，岁入约千缗。每租入，辄粜出之，易银封存，至春三月，用为检盖髹涂之费。岁尝一经理。自康熙中叶至今，垂二百年，阮氏子孙世掌之。岁举首士十人，虽远馆他郡邑，值岁修之期，无不至者。其遗法流传，可云久远，而阮氏世泽亦长矣。往在粤东，见学海堂章程，自乾隆之季垂至于今八九十年，相与循守，无有变易，而叹阮文达公遗法之善，其故有二：一在不使人居之以为利；一在学长八人必择有学行者，缺则补之，不必皆劳以事，而名数必备，以能一脉相承，无稍间断。中土人心凋敝极矣。良法美意能要诸久，惟见学海堂及樾岑所述淮安府修学会，而皆遗自阮氏，未易一二求之他省也。

初三日。张力臣过谈。诣笙陔叔谈，便至旧宅，议章程四条，晓示家人臧获：一、有分派事件，必应照行；一、凡雇用工匠及购买什物，必先回明；一、照料事件；一、不得欺罔主人。生平待仆辈极宽，自去岁归家，驯习家人旧规，一切尤为纵宽，今岁稍分给各房钱谷，俾自经理，于家人辈亦不能不稍示约束。要之，用人之难，自古家国皆然，勿论区区一家之私也。是夕雷。

初四日。雪。於桐轩及文思、槃希过谈。偶读《潜夫论》，得萧山汪氏笺本，多所订正，盖其学出自高邮王怀祖先生，而博学多通，引证颇详。乾嘉间人文之盛，古未有也。

初五日。傅青馀、庄翰堂枉过。阅《宋儒学案》，谢山全氏极意回护叶水心，而以开禧之开边衅，水心疏言备成而后动，守定而后战，遂谓韩侂胄之取败，与水心全无与者，而责《宋史》之不为辨诬。据《宋史》称水心：韩侂胄欲开边衅，以水心常有大仇未复之言重之，而水心力言当审而后发，且力辞草诏；但（力）〔出〕师时水心能极力谏止，晓以利害祸福，侂胄必不妄为，议者不能不为之叹息。此其言极为平允。谢山自以乡先达，并此为之弥缝耳。南宋诸贤，蔽于复仇之一言，而不揣国势，不审敌情。苟以徇一时之议论为能持正，水心何独不然哉？故于侂胄之开边衅，亦且依违其间，不加匡正。如侂胄者，而足与言恢复之大计乎？水心应召而出，已违知几之义，更不待深辨也。

初六日。雨雪。黄子寿、陈舫仙、陶少云、张力臣过谈。邱石卿为予诊脉，所示方亦止就症用药而已。两月以来，胸膈板胀，近乃作痛，牵及两胁，而与背前后相应作痛，恐十馀年食积，至是将为害也。而自悟元和尚为予治癣，幸已就痊，而百病因之环作，盖风湿方下注以有所宣泄，而急遏止之，则泛滥上延而不复可制，此身之承其累者多矣。

初七日。接李筱荃制府、徐仁曦、熊鹤村及玉舲各信。筱荃并录示总署寄伯相书，知俄约已定，所告免者，松花江、西安、汉中商路而已，而加兵费四百万卢布，总署诸公据以为至幸，然苟不至于战，无论日后利病何如，固实天下之幸也。无故兴此波浪，以使国家承其累，良不解诸公用心之为何耳。夜过朱香荪谈。香荪言讲舍章程，必不能外宋贤遗规。今日之大患在人心风俗，非一二能词章考据之求而人才之求。求人才必自整顿人心风俗始。予颇惊愕其言，以为素未闻此，香荪始言及《朱子全书》，曾用两年工夫通读一过，深见朱子之学博大精深，后有作者，莫能及也。

初八日。议定思贤讲舍学规十条。聂仲芳来谈，言及前后为曾氏累及万有三千，而始终未得其慰藉之一言，一以武断行之，致其母谋欲揭控。予颇为之解说。聂仲芳尚为能知大体，所言多近情理。刘若华、晏应藩、吴鹤臣过谈。熊鹤村用东坡尖叉韵作催梅诗，为和二律：才回春信雨廉纤，疏影寒窗夜气严。待品名花梁苑酒，又添微雪谢家盐。急催深敛存孤赏，细蕊幽芳称短檐。今日定知开满树，看君欢喜上眉尖。　朝来城上有啼鸦，选胜园林走钿车。何似衰翁双鬓雪，独移远树早春花。断桥残雨调莺地，短竹疏篱放鹤家。铁石广平吾自笑，旗亭赌唱手交叉。

初九日。炎儿患麻症，请言舫丞、夏洛舲诊视。洛舲邀请两日，不能望其一至，幸昨日至新宅，询其病症，急依古方与药一帖，尚不甚相远。邱石卿竟不能辨也，即此益见医道之难。接鲍春霆信，启视则寄意城函也，其立言专托勿更荐人。自去岁以来，求者如云，而予从未肯一致书，诚亦虑及此也。

初十日。召周鼎泰主事者清理来往各数，周锦章、朱润生两人同至。杨瑞堂经手各家亏累六百馀千，收款不及二百千，累周鼎泰，终累及我也。是日李麓渔自乡至。接方柳溪信，尚在潮运同任也。

十一日。召彭怡颐主事者清理各数，彭舜臣、陈锦生二人同至。舜臣为彭澍堂之弟，闻颇有嗜好。左锡九、彭立樵、盛夔甫次第过谈。盛展奇亦自县至。是日接曾劼刚寄聂仲芳信，并接刘康侯、黄泳清二信。康侯汇到规银八百，寄其堂叔刘子馨，托余佐卿照料。佐卿已赴山海关，吾又不便径为理落，乃携汇票面交刘三小姐，语以先寄信湘乡，俟刘子馨专人来省取银，以昭慎重。

十二日。大风。先两日郁热已甚，谓庶几一雨，而得大风，乃似初冬情形也。张子遇过谈。〔接〕邓宝臣军门及闵新吾、易卓超、易伯肫各信。又接刘岘庄制府信，并述及十月中有密疏保及鄙人，奉旨留中。枢府于鄙人陈奏事件一以留中处之，此之留中，宜也。岘帅此意与时背趋，恐乖逢时之义，而鄙人名在朝廷，亦非待保荐者，岘帅此举未为得也。

十三日。殷竹伍、罗麓山、姚礼荣、易钟岐次第来见。钟岐为易海青子，礼荣则姚庶〔侯〕子也，并带交其姊于归四咏。询悉其吸烟情形，始知张力臣之言全凭杜撰，不足信也。

十四日。瞿子玖、邹子香过谈。晚赴朱香荪之召，同席裴樾岑、廖京山，而令次江旁坐。香荪言张文心奉檄权武冈州，来问：人言治武冈须尚严。民生至今日，凋敝已甚，而可严治之乎？香荪答曰：非也。严者，以治盗贼奸民，岂谓无故取良民而加以罪？正惟凋敝之已甚也，乃不得不从严。记曰：去其害马，无使败群。严之谓也。国家立法，本以惩奸顽。但无废法、无枉法而已，而严在其中。今之为吏者，严以御民，而宽以御胥吏，而下及盗贼。文心所疑，盖为此也。近日孙小峰治郴，一意苛扰百姓，则今之所谓严者也。香荪极言吴蓂阶学行类黄石珊，又举湘潭罗正钧，湘乡魏毅、陈瀚、曾蓉入思贤讲舍。为记存其名于此。嗣接香(生)〔荪〕信，惟罗正钧、陈瀚为生员也。

十五日。为傅晓初致勒少仲、陈俊臣二信，托盛展奇带县，并致炳文一信。邀邹子香、殷竹坞、罗麓山、周芷湘、李麓渔为元宵小酌，并李仲絜为八人。朱宇田六十寿辰，张力臣属朱香荪为寿序，而假鄙人名撰文，并属点定。其文颇多溢辞，为去其溢分而传其实行数则。

十六日。黄正斋过谈。邀张子遇小酌，张力臣亦列名公请，陪宾朱宇田、黄子寿及意城。宇田赴乡，意城赴刘韫斋中丞之召，至者一子寿而已。接梅子宣、吴晴研二信。

十七日。接舒叔俊信，知已赴通城任，并寄惠荆缎。左锡九过谈，为李幹吾世洪、周立吾勋鼐两人交名衔。李幹吾旧识，前岁入都道鄂中，曾求为达之筱荃，今又以为请。周立吾则托荐馆者也。意城以手足作麻，昨日刘韫老之约亦未赴，因往视之。黄子寿见示《医林改错》，为玉田王勋臣清任著，刻于道光庚寅，越三十七年，张筱华士宽、戚少云天保重刻之衡州。其书言脏腑脑髓之属，均以所目悉力证古人之误，其说皆与西人合。其言记性在脑而不在心，则所引李时珍、金正希、汪讱庵三先生之言已开其先。书中所论瘫痿一症至精，其馀干劳及小儿痞疾、痘症，主方不多，持论亦约，大率以桃仁、红花为主，利在通血而已。因意城手麻之症，力陈此书之妙。赵蓉生治瘫症，专主此书。近日楚中医生亦多知此义者，其言尤简约易晓也。

十八日。李幹吾、邱石卿过谈。与李幹吾论及彭仲莲为人，略言其以出差提案为李筱荃制府所深诋，宜十馀年废弃之久也。彭仲莲一意求进，又托函抵蒯蔗农，恐亦徒取轻简而已。是以任事者先求自立声名，彭仲莲于此颇为可虑。

十九日。雨。为意城生辰。罗小垣、毛荇荪、席珊、京生并早至，则以为意城贺生日，便道枉过，故盥漱甫毕，宾客已络绎至矣。杨砥皆、李仲絜复至。询知仲絜今日挈眷赴县，因复诣新屋一送其行，仍回为儿辈料理书斋，以罗汝梅、李华卿并约明日开馆，宜趁今夕部署也。昨夜亦得手麻之症，而自晨至夜未尝暂息。意城所患略同，三日谢免宾客，静坐调理，正惟子瀞辈成立，仕宦能事其亲，鄙人无此福也。毛荇农带到毛俊卿及翰舟二信。又接易实甫一信。因李仲絜赴县之便，寄胡道生、吴晴研及寅伯、健甫、鹤九各信。

二十日。雨。为儿孙辈开馆上学。罗小垣荐其族人罗汝梅课读炎儿及多、顺两孙，笙陔叔又荐李华卿课读保閭周外孙。乃定两席，分多孙与李华卿课读，而设席款之，兼邀席珊、经生一饭。龙树棠、顾建吾枉顾，拟留饭，而以坐位不能相容，未一留之。华卿开朗，似胜罗汝梅。课读小儿，亦须是开朗能谈论。而其脩金反少于罗汝梅，极不妥，当一例致送。

廿一日。接余佐卿及槃希、玉舲三信。托李玉阶中丞发递曾沅浦一信，并函复余佐卿。本以十三日封好交曾思诚附家信发递，延至十八日未及送交，十九开印之期，廿日开馆，至本日始一托之中丞，以曾思诚三、八发信之期，均以事迟延歧左，只好由驿递寄也。张冶秋由家赴京，枉过一谈。张力臣约廿三日小酌，云系女娲补天之期，文人笔墨亦足补天，故有此集。因书数语柬末云：二十三日说段古，娲皇寻向天来补。补得天来无罅漏，至今半年不下雨。我欲凿天通一窍，日出无碍雨无阻。安用文士补天力，随凿随补天亦苦。

廿二日。饶葆丞、汤小庵过谈。接丁庆珂、周朝祜二信，各系以诗，并云湘阴人，求资助，而六都李绶西托为公信见寄。寅伯、健甫处置乡里极不妥，李仲絜带去一信详论之，亦不能望其听从也。又接易笏山信，并见示所著《仁书》二篇，亦时有发明，然自宋儒论此详矣，亦无能有以相加也。中有一二条却亦有意，如云：天地人有极善，无极不善。　仁体而礼用。礼之用或穷，而义之用出焉。故仁者详于用礼，精于用义。　庶人不学，而有士以上之学者为之范；士之学未至，有大夫以上为之范；大夫之学未至，有天子、诸侯为之范；诸侯之学未至，有天子为之范。范穷于天子矣。故位愈尊者，学愈宜至矣；学之不至，位愈尊者害愈烈矣。

廿三日。接何心畬、张冶秋、胡道生各信。张力臣约至朱香荪陪同易笏山、裴樾岑、黄子寿、左锡九为补天之会。旋陪笏山、力臣至意城新购颐园小坐。笏山、力臣既去，又陪袁予文、殷竹坞、罗麓山、饶葆丞及笙陔叔、槩希颐园宴叙。是日闻周幼庵仙逝之信，以方避酬应，至晚始往哭之，则已盖棺矣。

廿四日。接朱宇田及槩希二信。彭丽生、彭立樵、焦赞臣及健甫、鹤九次第过谈。健甫述及石陂坝事，与李绶西托为六都公信所言，情节迥异，各有所据以为辞。而李绶西乡居素不安本分，可决知其无多是处也。

廿五日。大风。数日郁热已甚，至是乃得大风。昌黎之讼风伯，自古旱象皆然也。复张冶秋信，以托告贷于黄子寿，子寿又托为转辞，因以廿金为贶。是日稍为闲适。宾客皆避风，无至者。李召甫过谈。接盛展奇一信。

廿六日。风，寒，微雨。接李仲絜信，知廿日已抵县城。饶葆丞过谈，与商及胡道生贸易一节。葆丞意谓县城局面小，且多浮论，须托名亲友，而求居积稍显异者，宜于省城谋之，似于鄙人本意微有不符。正因今世下视商贾，而为子孙执艺之资，舍此无可为计者。吾之不乐营利，可以质诸幽独。生平立己，尤不乐掩饰为名。此等意见，尚非鄙志之所存也。是夜雷雨。

廿七日。阴，寒。朱禹田、袁宇文、殷竹坞、任葶堂、罗麓生及子瀞过谈。接笏堂一信。盛展奇专足回县，复展奇一信，并寄李仲絜、吴晴研二信。玉舲、经生晚过谈。前复玉舲一信，询知尚未收到。

廿八日。接子滙信，求《罪言存略》、《禁烟条约》二书，盖承余竹君之托也。健甫过谈，已觅（使）〔得〕府围后蒋姓宅。偶检故书堆中，得少时录存各方，有可以救急者，略录数则。治刀伤：羌活一两、白附子十二两、防风一两、天麻一两、白芷一两、天南星一两。各药不得见火，生研细末敷伤处。　治绞肠痧：用艾叶搓热，厚敷脐上，外用棉花絮作圈围住，将食盐炒热，盛入布袋放艾上，用大碗合之勿泄气，令热气入腹中。又方：用银针刺尾中穴，血出即愈。尾中穴在股曲处。　治汤泼火烧：鸡蛋白磨大黄揸伤处。又（白）〔方〕：黄柏、黄连、黄岑、黄耆各一两，南薄荷一两，飞滑石三两，共为细末，香油、猪油调揸。　治鼻血：荸荠去皮，温茶内泡热，多食即不发。　治耳聋：生地切断，纸包置火上煨片刻，塞耳内，过一时又易之。　治疫：胡椒、管仲、白矾、火硝各等分，研细末用陈醋为丸，如弹丸大，黄丹为衣，磁瓶收回。每逢午日取出微晒。遇患者急予一丸，令其手心握定不透风，男左女右。汗出而止，即去药，过七日不汗再换一丸。马齿苋，六月六日采之，晒干，于元旦煮食，可以免疫。

廿九日。子瀞告知汤斐斋称沈经笙相国于岁除日物故。已而张力臣见过，询知此说传自李玉阶中丞，盖京信所言如此，殆不虚也。经笙猜防忌刻而济之以深险，略似明世乌程温相，其力足以病国。然继经笙颛国政当属之李兰生，其不能通晓事理，又过于沈经笙。国家数十百年，养成此一辈人才，良非偶然。横览今日要津，诸公恐无复求治之望也。闻日本吞并琉球，中国不能过问，日人反借此要挟兵费，议论方长。俄事处理稍失机要，各国且环伺以起而求利，倭人蓄意久深，衮衮诸公不能知也。

二月

二月初一日癸巳。接王孟虎天津信。吴莼庵、吴鹤丞、罗小垣过谈。至养知书屋，与李华卿、罗汝梅论儿辈读书课功。汝梅但言顺生可以督功，而从前纵驰过甚，不宜绳之过急。于读书收放心之功，盖从未讲求及之。华卿述及多生直是积病已久，精神时有惝恍，情形颇为可怜，急宜施治，不尔恐成锢疾。始知华卿于此极有体贴，不独善于课读，亦足知其能深悉人情世故。徒苦省城不得名医，亦不晓从何施治，其为乃母所贻误，则亦无可追咎矣。饶葆丞赴县。又寄李仲絜、吴晴研二信。

初二日。刘穆村大令偕其弟晓崧来见，兼执弟子之礼。吴惠孚及笙陔叔复至，以张力臣书告与竹坞往复之言，方作答毕，而笙叔已行。询知赴永定学官任，抚辕已示期明日考验，尚须检理一切也。闻南城外社坛街有杨同茂，精于治痰，吴鹤丞患痰症十馀年，竟获全愈，拟为多孙一招致之。王希（西）〔周〕顷至省，方患伤风，不能出门，当先一觅杨君也。

初三日。雨，风。刘若华偕晏生见示所绘县志舆图，指正秉文之谬，始知其倒乱翻覆，意在毁乱此书，以贻他人谤讟，其狂谬实不可恕，阅之气愤。晚次，邱石卿及玉舲见过。靖港委员与黄子寿相持甚急，玉舲为之茫然。然吾深讶其到省数日，不一往见子寿，早为理处也。子寿自恃气势才力，一切任意为之，其专利亦有过者。此次靖局处理，则亦未免稍急也。

初四日。微雪，风，寒。守蓉仙、殷竹坞、王希周、言舫丞见过，询知蓉仙之叔鹤舲名增禄。希周、舫丞，并因英儿麻症邀请诊视。湖北差弁由县回省，顺致李筱荃制军一信。又复舒叔俊一信，交其专足带赴通城。

初五日。朱香荪见示《春日感事》一诗，为和二首云：传来消息自京华，回首东阳学士家。地下若逢温阁老，两朝事业只空花。　两端秋实与春华，久客思归各有家。休向今人谈世事，曚昽谁辨雾中花。接曾劼刚、陈臧伯两信，由黄泳清递到。劼刚并绘有一图：伊犁南境帖克斯河一带并归还中国，其莫萨山口以西直长百馀里、横广四十馀里之地，先经俄人摘去，一并归还，惟西界霍尔果斯河地仍照崇约属之俄人。总署所称帖克斯河西至乌宗岛山，又南至罕颠葛里山，劼刚亦不能详也。其致总署电报，言俄外部格热布照会交收伊犁章程三条，曰中国派员初入伊犁，带兵不必过多；曰伊民愿属俄者，一年限内归俄官保护；曰驻伊俄兵俟迁民一年限满出境，迁民早出则不俟一年。其改约节略，曰帖克斯一带地方统还中国，帖西允照明界；曰嘎界不提崇约，派员就两国现管界勘定，塔界图自奎峒山至萨乌尔岭画直线，线之西、明界之东，派员酌中定界，以清哈萨克为主；曰偿款于崇约外加四兆卢〔布〕：曰领事设嘉峪、吐番两员，馀俟商旺再议；曰天山南北贸易暂不纳税，俟商旺再定税章；曰嘉峪通商照天津办理，西、汉删去不提；曰爱（琿）〔珲〕准松华行船，贸易之约照旧不改。如何办法，将来两国再商，崇定专条径废。王希周、蔡竹泉及玉舲、健甫两侄过谈。

初六日。凌，寒。王希周诊视英儿麻症，甚以为疑，谓其不类麻症也。而据医书所言，则诸症毕备。医道真未易言矣。思贤讲舍肄业生凡得二十一人，开交朱宇田、张力臣两君。惟接左锡九信，称左长卿之母病甚危笃，恐未必能充当监院也。

初七日。凌，寒。朱枫乔、王旭初、周芸斋过谈。芸斋带到其尊人周昌辅信，见示《周贞女传》并贞女诗二件，当以一信复之。又接黄次珪一信。张力臣过谈，议定思贤讲舍设监院一人，为左长卿；设算学、制造一人，为殷竹坞。

初八日。凌，寒，雷，雹，屋瓦皆冰，近数年所未有也。接李仲絜信，方拟月杪旋省。本约初七日放船赴县，船已雇就，交代蔡竹泉乘坐回县城，苦为风雪所阻。接来信，尚可略迟数日。贺年信，陆续接得方佑民观察，方柳桥、陶幼瑜两太守，潘小农刺史，严少韩，唐蓬洲，张子遇，姜昆山，黄次珪诸君，均懒于作答，汇记于此。

初九日。凌，寒。四五日来，仅昨日一见冰雹，沍阴严寒，檐冰逾尺，并无雨雪，即隆冬亦少此景象也。冒小山、罗柢敷、蔡竹泉及育之过谈。小山自广东带到陈兰浦一信，并寄到近著《切韵考外篇》及《东塾读书记》二种，又《说文通检》二部。

初十日。凌，寒，雷，(凌)。问樵及席山、炳文、麓安过谈。问樵接甘肃来信，言左季高制备机器并饬运直隶，其已入关者并令折而北趋，兼闻分运保定、天津两处。然则左相竟自许移督直隶耶？然则曾沅甫宫保度陇之行将不免矣。接余佐卿、李仲絜、吴晴研三信。

十一日。凌，寒。瞿景伊、易叔辉并以意城寿辰赶至。荇农亦过谈。至六堆口，与李华卿、罗汝梅论述儿辈功课，始悟七八年来为庸师所误，儿辈资质又皆中才以下，读书亦不易矣。

十二日。凌，寒。湖北高差官回鄂，寄筱荃制军两信、孔庭兰一信，又以取道湘阴之便，致熊绍芗、李仲絜二信。龙霁生、张力臣、王西筹、梅子宣、易叔辉枉过。是日子瀞为其父母作六十双寿，吾以杜门却扫，久废酬应，比日稍思一出周旋，又为雨雪所阻。适力臣枉过，论及刘治卿用财如泥沙，而一意刻苦寒士。因汇记所识亲友中寒苦者数人，开具一单：熊濬源、易镕陶、蔡德麟、吴钧、饶恩培、庄曾燮、罗家彦、张德乾、郭先蕙，新市则陈嶙、罗建璋，常德则郭炳山，辰州则张钧，衡州大陂市则张进轩，计共十四人，拟托人一往告之，恐被裁免者已不少也。

十三日。凌，寒。接蒯蔗农、姚庶侯、胡幼森及京生各信。吴莼庵、绍西、席山、怡仲过谈。幼森、京生并谋善化姜昆山馆席，以四不能荐一函晓之，属槃希转致。秉文带到李咏仙、龚辅臣、刘绍西、李少梅、吴晴研各信。

十四日。凌，寒。刘牧村、杨子云、敬修、荇农过谈。以荇农回县之便，顺致吴晴研一（席）〔信〕。袁予文为五律百韵上曾沅浦宫保，属代发递。为指示其误处，属另书寄达。乡俗不谙体例，动多乖忤，予文固不免为乡人也。

十五日。董厚斋、曾澄侯、殷竹坞、罗麓山、王西筹、左锡九过谈。笙陔叔、清臣、商农亦至。笙陔将以一二日赴任永定，清臣亦将赴湖北。因便诣笙叔谈。澄侯来视思诚病，幸自正月以后日渐轻减，稍可以慰沅浦之心。思贤讲舍定监院一人，左长卿主之；教习算学一人，殷竹坞主之。左锡九来问左召南，朱香荪来问陈瀚，并荐充肄业生者也，另单开交张力臣已逾半月，至今尚未传知，因并函催力臣。

十六日。先光禄公忌辰，率家人上供，斋食一日。罗顺循、杨景乔过谈。接曾澄侯一信，以朱小亭讼事归还聂伯元、仲芳田租二百卅七石。伯元现复具控，县辕属鄙人理处此事，已前为仲芳言之，似其曲多在曾府，拟一二日内当往两家分辨之。查核丰泰缴到耕心堂、养知堂二折，检校一日之久，始稍晰其条理。生平于会计事真是愦愦，无如何也。稍为研究，凡耕心堂事宜三条：一、询问易兰生拨还鼎豫二百串曾否拨清；一、三槐旧欠耕心堂廿串之数，并从南门屋租内提还，养知堂代数亦有十串未及提清；一、秉文代出支祠尾数廿串零，应候存与堂罚款交到再行提还罚捐储芳、耕心各一百串。养知堂事宜八条：一、熊绍香拨粮系何户名；一、加给升阶一分系十一月内允准发给，何以擅支一年之多；一、帮款内纪三一名是何人；一、明斋之子、简秋之子各帮学俸钱六串，应从七年内开除；一、各处赁钱未收清者，应开报查考；一、支祠铺面、捧云铺面凡三，应早招佃；一、开泰寄傅晓初信，曾否交妥；一、小春借耕心堂二百串、借养知堂五十串，本定每月一分五厘行息，今并减定每月一分行息。

十七日。曾澄侯过谈。邀王西筹、瞿景伊、吴莼庵、罗小垣、罗柢敷、易叔辉及笙陔叔、文思午饮，小垣、柢敷均不至。以兰生回县之便，致吴晴研一信，就两折所询事宜属令回复。

十八日。炎儿、英儿同日生，炎儿今年十岁，女眷贺者云集。又俗以十九为观音生日，先期斋食，于是兼治斋食一席，而仍坐至两席，小儿亦几至半，竟日纷扰。以笙陔赴永定学官之任，顺致衡堂叔一信。笙叔亦乞取思贤讲舍学规、禁烟公社讲约，意求阐扬此义，以启佑永定之隶学籍者，以期稍裨于教化。用此为心，是亦司学职者之一义也。

十九日。冻解而雨。陶幼瑜、殷竹坞、罗小垣、杨景皋过谈。景皋带交佩生一信，以方在甘肃，求出关从刘毅斋营求进取，欲乞一信自通。陶幼瑜督办衡州厘务，急谋自脱，问其故，曰：是有两厄。一厄于提调李香缘，事事拣小处挑驳，甚或一字笔法之误，动加严饬，绅员巡丁日行事件，并督令造报，月报至厚寸许，不胜其扰。再厄于文案郁小秦，为中丞旧时幕友，太仓州人，在湖南充当绅士差使，倚托中丞之势，陵跞一切，月脩十六千，中丞必饬增加，于是加至二十四千。张雨珊亦苦之，急谋别调。有此二厄，遂不可以终日。王夔石在湖南，动言民心不靖，士心尤不靖，是以裁汰各局绅士馆席，日有孜孜，而欲以靖湖南之人心，乃使江浙之人心荡焉流溢湖（溢）〔湘〕之间，不可禁遏。各局绅士馆席，大率为江浙人盘踞，郁君亦其一也。

二十日。微雨。陈静安、瞿景伊、王西筹、吴莼庵、李仲芳、易淑子过谈。与陈静安论及南士在鄂者，惟李玉森一人身名俱泰；而黄德堂以通相术，见上司直言无隐，颇触忌讳，遂为一时议论所集。益信人生遭际，各有定分。初谓黄德堂当以相术获上，不悟竟以此败也。两日接见宾客皆久坐，坐废日力，惟以疚心。刘若华、晏皓轩绘图错误，实出望外，使人愤憾。

廿一日。黄子寿、罗小垣、翁宝善次第枉过。宝善年七十六，精医，王云生延致来省。聂仲芳荐为家人诊脉，与王西筹议论又互有异同。然曾媳服王西筹方甫见效，又弃而从翁君。医药杂投，讫无定准，虽有和、扁，亦且如之何哉！念此为之三叹。是日三书院甄别，李华卿、罗汝梅、易淑子、易（淑）〔叔〕辉并赴试。

廿二日。聂仲芳过谈，并送其尊人亦峰大令自治官书及所刻《例案便览》并字学书数种。放船接李仲絜回省，炳文乘便，挈其眷属附船以行，因便寄仲（挈）〔絜〕及吴晴研二信。昨日甫晴，今日又复风阴寒甚。各庄来报，凌断树株至不可纪数。周吉岭并因竹冰下垂，损坏檐瓦，致屋宇亦为冰伤。急遣周南珊往各庄省视。

廿三日。归家两年，谢绝酬应，以方料理思贤讲舍事务，不应以谢客为名，稍就官场及枉顾稍勤之处略一展拜。尽一日之力，计尚未能逾半。谭丽生、汪镜青两太史见过。

廿四日。拜客一日。曾澄侯料理玉振债项，为聂府所持，思一与理处。聂伯元、仲芳之母历数曾府情形，并牵引刘伯固，其辞甚坚，而其气愤尤有锋铓不可回。竟亦不解劼刚于此是何居心，殆未易以情理测也。两日拜客：李玉阶中丞，崇星陔方伯，孙春皋廉访，夏芝岑、郭定轩两观察，刘韫斋中丞，裴樾岑、刘治卿、谢小庄、童砚云、吴云谷、刘定夫、邹少松、刘馨室、陈诒珊九观察，黄海华、傅青馀廉访，何相山、李香缘、陶幼瑜、李瑞南、汤斐斋、朱烈仙、守心斋、董厚斋、於桐轩、冒小山、齐慎庵、胡秋樵、刘牧村、陈金垣诸守令，黄恕皆侍郎，徐云衢内翰，王雁峰，何伯元，任宇田，瞿子玖，谭丽生，朱宇田，黄子寿、子襄，李仲云，张力臣，唐鲁英，熊鹤村，杨砥皆，陈舫仙，陈展堂，曾澄侯、思诚，陶少云，俞鹤皋，左锡九，韩勉吾，成静斋，胡少芝，龙济生、芝生，凌问樵，汤小庵、幼庵，袁予文，田蓉溪，聂伯元、仲芳，刘祝庭，陈程初，韩淦泉，马鼎臣协戎，汪器庸参府，张茂阶游府，凡来往通刺者不过数十人，稍一酬答而已。

廿四日。接黄海垣、易卓超各信。袁予文、朱枫樵、吴莼庵枉过，各言所事，大率不外求书、荐馆两事。刘韫斋中丞书一联于所住斋云：愿与不解周旋客饮酒；难为未知姓名人作书。其言极有味。闻朱香荪有簉室之丧，一诣视之。兼闻刘史亭于是日物故。又闻左相入参机务，并谕令三日一趋朝，以示优老之意。曾沅甫简放陕甘总督，据张力臣缄言二月二日谕旨。

廿五日。邀曾澄侯、郭咸万、陈展堂、左锡九、韩勉吾、聂仲芳午酌。勉吾赴乡未归。澄侯方入席，以发寒症辞去。瞿景伊、张鹤臣、李麓渔随至。郭咸万语及刘祝廷办理增加盐票，谓已有九分可成。左锡九因极论戈靖一折论湖南事绝详，一望而知为湖南人笔墨，惟李次青、张力臣二人能之。聂仲芳因言此稿出自张力臣。问何以知之，曰：闻由张力臣承办，并遣其子入都料理。予闻而悚然。是以匹夫操国家之权利而以贿济之，非君子之所敢承也。诸君行径，使人畏怖。

廿六日。料理应酬书帖，以陈金垣将赴洪江，曾沅甫为之求书，坚属即日书交，故拨冗为之。

廿七日。涂培金偕商农过谈。裴樾岑邀同傅青馀、黄子寿、张力臣、郭咸万晚酌。青余、子寿并下乡。四人围坐一谈，菜极丰腆，樾岑向来所未有也。力臣语及劼刚电报，有崇约、明约及崇界、明界之别。往时明善在总署，与洋人周涉，多所经理。俄人增修条约，或专派明善主持。然于伊犁地界，岂能虚拟及之？须待考核。要之劼刚明著崇约、明约，其为明善固无疑也。

廿八日。寄贺曾沅浦宫保一信，并前廿三日一信，并寄余佐卿一信，汇交曾澄侯附家信递寄。澄侯适赴刘韫斋宴会，思诚因检示沅老初三日谢折，定十二日赴天津就医半月，交代防务，新募亲兵三营并交刘连捷管带，其随营文武员弁由津资遣回籍，绝不一筹及赴甘事宜及携带各营。玩其立言之意，似尚拟求退也。

廿九日。诣裴樾岑、张哲卿、孙次韩、龙砚仙、陈诒生。以数日拜客，诸须唁问者皆未能往。诣裴樾岑，为致吊刘史亭也。庄翰堂、王理庵均获一谈。理庵有强记之性，与言吾楚先达，历举不遗，足备掌故矣。是日闻李仲絜回，熊绍香亦随至。

三十日。袁予文、田蓉溪、刘若华、晏皓轩过谈。熊绍香、李仲絜亦至。晚邀傅青馀、裴樾岑、李仲云、朱岳舲、张力臣、唐鲁英、黄子襄会饮。朱宇田以避酬应，黄子寿以病，皆未邀之。

三月

三月初一日癸亥。邀刘治卿、童砚云、陈诒生、刘定夫、邹少松、李瑞南、李香缘晚酌，童砚云未至。席间谈洋务，邹少松、陈诒生多能知之，馀皆不能知也。聂仲芳过谈，始知其兄伯元之姐李氏，即蒋香泉妻侄女也。仲芳于世情极为透彻，而所处却有甚难者，因令其与傅青馀、陈展堂两公商议，吾亦可同为调处也。接胡幼森、饶岱霞二信，幼森托转达李瑞南，岱霞托转达邹少松，盖皆知此二人就饮吾家也。王升必俟席散后始将其信缴上，只好以原信附去一览。

初二日。雨。回拜盛旭人、傅青馀。因偕青老诣聂仲芳，为之料处玉振款项，随以一书告知曾思诚。接余佐卿、饶岱霞、毛杏荪及商农各信。佐卿信正月晦日发递，但述王鼎臣之言，左相道太原，为言甘督一席已定（澄）〔沅〕老而已。并知慈禧太后病势增剧，京师人心惶惧，为之怃然。又为饶岱霞致书邹少松。晚邀齐慎庵、守蓉仙、刘牧村、刘少馨、余云涛、李仲絜及子瀞晚酌。是日邀请候补如蒋弋香、阮保之、汤斐斋多人。蒋、阮均奉差外出。汤斐斋则意在避远而已，其相处亦多不以礼。子瀞方代荐其门人李继熏入思贤讲舍，予以不乐其为人，拒之。

初三日。上巳。早邀熊绍香、罗柢敷及寅伯、健甫两侄便酌，罗汝梅、李华卿、易叔辉并与宴邀。赴意城之召，同席熊鹤村、袁予文、任芝田、罗瀛桥、傅青馀、张力臣、吴云谷、黄子襄、李佐周、瞿子玖及达珊，为修禊之会。达珊新自粤归，带到陈京生、朱佛宜、舒棠阶三信。又接谭文卿中丞一信。

初四日。朱宇田、李镜浯、吴鹤臣及达珊来谈。达珊述及张振轩之于张寿荃，考核颇详，其门丁萧姓所接交诸牧令，竟无能免者，寿荃亦颇受其累。唐鲁英约午酌，同席朱岳舲、李仲云、李少高及意城。鲁英、懋阶兄弟皆出陪。

初五日。郁热已极，下午大雨。李镜涪枉过，乘其回县之便，顺寄李韵仙、龚辅丞、刘绍西、李松林公信。又寄盛展奇、吴晴研二信。以闻熊绍香述及县城办理直隶赈捐情形，仍假手杨近安一人，盖在县屡生事端者，因为韵仙诸君言之，属其转告董厚斋明府，径行停办。能否挽救，所不可知。要之，晋捐控案纠纷两年之久，无可接办直隶赈捐之理也。区区所持，正论而已，訾謷所不计也。

初六日。以明日生辰，亲友相为预祝，张超堂竟自常宁远至，熊绍香、蔡竹泉、李麓渔、易淑子并至，汤小庵亦径入祝。凡得三席，武弁及族人子弟至者为多。原约年节、生辰并在养知书屋，因曾媳方病，宾客烦劳，恐所不胜，改在玉池别墅。

初七日。周旋贺客，颇劳倦。接刘朗山、盛展奇二信。中午留饮者三席：任莩堂、朱枫桥、郭海青、张超堂、饶岱云、张鹤臣、左橘云、易淑子、李华卿、罗汝梅、李麓渔、熊绍香、蔡竹泉、李仲絜、易叔辉及怡仲、秉生诸子侄。所邀之客，未至者相半也。而张力臣、汤小安、幼安三人于未登席前排（阁）〔闼〕直入，为设面食而去。

初八日。接孙春皋廉访、彭仲莲、周芷香、高粹之四信。芝窗并寄示《周易先后天八卦贯通说》，求为其子汉才作书抵曾沅浦宫保，予弗敢任也。是日诣各处谢寿，以自中丞及司道以至府县皆枉贺生日，及亲友至者约百馀人，不能不一回拜，讫晚方归。新添者陈少轩、王云生两观察，李兰生、章丽峰、谢心田、左逸仙诸明府。又致吊廷芳宇、麻竹师两处。晤张兰坡明府，知其尊人以知府候补闽中，兰坡在闽生长也。并过黄子寿，晤瞿子玖、韩勉吾，久谈。

初九日。易兰生过谈。复周芷香信。上海文报局递到曾劼刚森比得保、李丹崖柏林、黎莼斋马得利三信。晚就朱香荪。香荪言：人生习劳苦，则富贵荣华之念轻；甘淡泊，无所萦系，则生死之念亦轻。凡人之系恋一官，与其所以畏死者，皆有所乐而为之；未尝倚恃一官为乐，则外至之缘一切漠视之，虽临生死亦无所系，为其生本无可乐故也。劼刚录寄致恪靖第二书言：俄相格尔斯、署外部热梅尼核改前约，伊南乌宗岛山、帖克斯川、莫萨山口诸要隘退还中国。伊犁、拱宸诸城足以自守，与喀什噶尔之阿克苏诸城亦通行无阻。初意松花江行船本欲许至三姓，说定入界百里，照章纳税，以免日后争论，亦使东边商务不至暗中侵入，全失税利。廷议动言中国不重商政，不图税利，总以径废专条为主。独有恪遵教令，苟免咎戾而已。此二条均有关系，亦略窥见劼刚之用心矣。

初十日。接徐叔勤信，始知以澄海实缺入计典，亦由张寿荃派充谳局。凡在署当差，无能免者。张超堂、曾介石、张力臣及子瀞过谈。健甫述及靖港近事，忧玉舲之必不免。会张笠臣询问熊绍香、蔡竹泉薪水，复书托其转达刘治卿，仍给还玉舲收支一席，总办所不能胜也。

十一日。熊绍香、蔡竹泉回县。接陈右铭、张超堂二信。赴饶春晓招饮张笠臣宅，便过思贤讲舍一视工程。饶春晓以其母八十生辰，相与制屏为祝，故有此约。同席张棣生、张子莲、刘祝廷、黄子襄及子瀞、笠臣，共得八人。刘治卿改派玉舲桃源局，其立言以为江浙人充当局员，莫测其由来，其人一无可取，此为下品。委员优于此一等人，绅士又优于委员。此自王夔石以来，用之以挤排绅士，得刘治卿此言以发其覆，昭然若发蒙矣。

十二日。姜昆山、张超堂、汤小安、袁绶瑜过谈。聂仲芳邀同傅青馀、陈展堂、李仲絜及子瀞午酌。接曾沅浦宫保及玉舲信。并与张力臣往复函商开馆事宜，以斋房工程非此数日所能了，十八日开馆万赶不及，宜略从缓。袁绶瑜见示诗数篇，气清骨腴，亦近时罕有之才也。

十（二）〔三〕日。寄合淝伯相、刘康侯、黎莼斋、姚彦嘉、黄泳清五信。二月中，刘锡鸿劾奏合淝伯相不堪委任。上谕叙其所奏各情，如留藩司任道镕为蔑视纪纲；议复筹饷为藐抗朝廷，腹非谕旨；保奏黄惠和为妄言欺谩。并称其跋扈不臣，帝制自为。语言狂悖已极。不知此种枭獍之心，其意果欲何为也。盖见王孝奉屡劾合淝，因事落职，恪靖入参机务，即时起用王孝奉。刘锡鸿揣合恪靖之意，力诋合淝，以为贡谀恪靖之资。亦所谓天夺其魄者也。观所陈奏之词，令人发指。小人之无忌惮，至于胆大无耻极矣。生平所见，惟李湘棻、刘锡鸿兼之，而刘锡鸿之凶毒，又非李湘棻所及也。

十四日。雨，寒。韩淦泉、胡道生、余芳臣及绍西过谈，并久坐。张笠臣见示朱禹田信，请定二十日为王船山先生安座思贤讲舍。笠臣欲并于廿六日举行。蒙以禹田之言为允，以廿六日开讲，兼禁烟公社会讲，安座一节，先期举行为宜也。

十五日。李筱荃制军派船迎取仲絜回皖，接到二月廿八日一信。接胡寿山、彭月台、徐葆初、周振吉公函，以周岳嶽与游香山，具其事枉告。而比日言湛甫诉及与程姓相构事，杨玉庵之箎室诉及十一日事与罗姓相构事，均使人惘然。其要在得一贤能之吏，使奸猾无使肆其毒，而后良民得以安寝。据此类情形，吾楚吏治之敝，亦略可见矣。盛朴人、言湛甫、左锡九、左橘云次第过谈。

十六日。接李小屏及汉舟二信。寄复彭仲莲一信。又以胡道生回县之便，寄饶葆丞一信。李祥恺见示卢诚抄件，的为杨芋庵箧室所指钦赐翰林之孙罗大所为。燕远卿相我三月当主耗财，且遭凶横，于此已见端兆，而吾楚人心风俗凋敝至此，祸乱之生无日矣。环顾当事中，求如李筱帅之明干能了事，固不可得，更无可为整饬之计。古人所谓以中材而涉末流之世，忧患何时已耶？

十七日。盛璞人、张力臣、刘小山、吴爱吾、胡道生过访。晚赴吴云谷之召，同席黄海华、傅青馀、张力臣、李香缘、朱香荪，青余、香荪均以病不至。便道过意城，与王西筹、冯小亭谈。子瀞适自刘韫斋中丞陪寿归家，知相识者皆得入贺，惟辞免在官者而已。

十八日。接熊绍香、周浥藻、易卓超三信，当复熊绍香信。昨日以卢诚见示抄件，当请庄翰堂转达张南屏，以恐其中不能胜也，诣李玉阶中丞、孙春皋廉访言之。便过曾思诚，始知熊蟠溪至，示传习静坐之功，并相就一谈。询问余子言、汪仙槎，尚在湘乡。余子言能望气，辨屋宅吉凶；汪（子言）〔仙槎〕则天师府法官也。是夕左锡九过谈，言代左长卿者为左凤山，顷亦就馆他适，重请陆恒斋一代。是日郁热如盛夏，竟不能着棉衣。

十九日。孙春皋、裴樾岑、邹少松、张南坪枉顾。诣徐云衢、聂仲芳贺生日，因就邓双坡前辈谈。以李仲絜回皖之便，致李筱荃尚书一信；又寄挽李季荃联幛，致唁李孟轩、仲轩、幼轩一信。又信复孔庭兰，并为其弟继高致陈俊臣方伯一信。是夕接董厚斋、黄海垣、周良臣、姚庶侯四信。

二十日。李仲絜夫妇回鄂，邀左巨云、易叔辉及子瀞、子宽为之饯行。寅伯、健甫两侄于是日移居府围后，故不便邀之。随诣仲絜舟中，并过寅伯、健甫，贺其新宅。阅罗汝梅近作，其

《今文尚书辨》评云：《汉书·艺文志》称《书》凡百篇，秦燔书禁学，济南伏生独壁藏之。汉兴，亡失，求得二十九篇，以教齐鲁之间。伏生传亦称秦时禁书，伏生壁藏之。鼌错传言伏生老不可征，诏太常使人受之，太常遣错受《尚书》伏生所。颜师古注引卫宏序：伏生老，不能正言，错所不知十二三，略以其意属读而已。正谓讲说文义，错不能尽知，惟以其意属读。错所受者，即所壁藏二十九篇之简册，盖受其书，列之学官，错初未尝传《尚书》之学也，故亦不求尽知其义。陆德明以为失其本经，口相传受，甚误。六经惟《尚书》讹脱尤甚。刘子政以中古文校欧阳、大小夏侯三家经文，已有脱简脱字，文字异者亦七百有馀。是诸家章句流传，各有异同。伏生所谓口传者，口传其义无解证，非谓《尚书》本文并得之口传也。《王导谢安论》评云：王茂宏、谢安石并以恬淡静镇，有安社稷之功。茂宏周旋庾氏，安石调停温氏，并为人所难处。王敦之乱，几祸宗族，则导所处尤难。自非经远无竞，超出物表，何以能处危疑之中而孚信于天下。史称谢安：人皆比之王导，而文雅过之。论者遂相与优谢而绌王。意量之远，疑若有胜焉，究其本末，未有以低昂也。文以安危定王谢功过，疑非持平之论。

《书程端礼〈读书分年日程〉后》评云：程氏《读书分年日程》，第一卷通论；二卷读经；三卷读史，兼及文艺；四卷旁证，专讲文字音韵之学；为读书之功所不能外。自宋儒讲明性理，于是天下之士始知有立身向学之方。而其时象山之说已与朱子争胜，学术遂歧为二。国朝经生辈出，乃有汉学之名，与宋学判然为二，而学术益分，明以前未有此也。程氏专论读书日程，盖学者之始事，而实已合汉学宋学为一，若逆知今日经生家之纷辨而先示之准者，亦有功学术之书也。　《书〈罪言存略〉后》评云：此事源流甚长，自非读书经远，洞见古今以观其变通，则且哆口张目，庞然自大，据所持一隅之见以相诘难，而不胜其辨矣。《罪言存略》一书，稍一发明其义，诚有不得已也。要之经国之大计，其本原固不在此。不得其本原，即古先圣人良法美意，亦无一可行，岂谓电报汽轮车二者，遂可据为富强之资乎？无救于危乱而徒取纷扰，君子不为也。《罪言存略》一书，尚未足与今时士大夫质证其得失也。

廿一日。庄翰堂、曹咏之、周良臣及健甫过谈。以将诣思贤讲舍，料检书册，遂尽一日之（前）〔力〕。适庄氏侄女来，言杨玉安篷室房东徐姓，与庄氏同居之周姓固相善也。述及杨孙氏行径。山东风教污下，宜有然也。而杨玉安之二子杨銮、杨易，行径真亦不可晓。昌黎诗云：我生之辰，日在南斗，牛奋其角，箕张其口。吾亦箕斗值命，凡有交涉，必遭谤毁，念此为之怃然。

廿二日。微雨。回拜裴樾岑、邹少松、盛朴人，并致唁左长卿。传梁英华至，询问杨玉安所藏《九成宫》淳化阁二种，以闻之团总马君，梁英华曾与议收买也。李仲絜、易叔辉并来此谈。本意往沙坪祝寿，而雨势未已，因致达珊、席山、佩珊公信，遣李三一行。

廿三日。雨，风，寒。刘牧村、袁宇文过谈。予文将赴安化，故来告辞。初与曾思诚约：治肴相就，与熊蟠溪一谈。恐廿六日以后无复暇日，因致曾思诚一信，约明日申刻，兼缄约邹少松、韩勉吾两君。

廿四日。阴，寒。李三由沙坪回，带到达珊一信。周良臣谋赴甘肃，固求致刘毅斋一信，乃属良臣自具稿，为润色之。治席款熊蟠溪，就曾思诚一谈，并约邹少松、韩勉吾及意城，因偕意城同诣袁予文谈。曾介石自益阳至，适酒罢，未及与饮。本定廿五日，以廿六日开馆，恐有须料理之处，乃恰与介石相左，使此心为之增歉。

廿五日。雨。朱禹田、殷少乔、庄翰堂过谈，兼应各处求书者，忙冗殊甚。绍西来此久坐，以饶葆丞、易清溪两君督销局差务，属为之斡旋。恐于事已迟，吾又不能任奔走，须一转托之人。多一层周折，即多一层迟留。要之皆其遭际使然也。

廿六日。大雨。思贤讲舍开馆。朱禹田、李次青、张笠臣及意城先至，监院陆恒斋，同诣船山先生祠行礼，诸生至者十五人：潘碧泉学海、李杜生子荣、左绍明肇南、陈子濬瀚、江竺仙瑞清、殷翰卿炳坤、吴子荫勋彦、邓觐秋宣谟、黄荃生庆祺、何梅阁希逊、罗巨生宣济、陈子长杰、罗枏卿寿璜及从侄经生立荃、荇农立敷，随班行礼，各以齿序。略示以为学大指，曰自重以为立身之本，讲求礼法以为接人应务之方，亲师取友以求共学之益，读书务实以立为学之程。旋诣文正公祠行礼。因共赴禁烟社会，至者熊鹤村、傅青馀、李次青、朱禹田、左锡九、陈程初、张竺臣、唐鲁英、任禹田、瞿子玖、韩勉吾，及吾与意城，共十三人，益以陆恒斋一人。吾因以思贤讲舍与公社交相维持，发明其说，以为君子在位则忧朝廷，退归则忧学校。朝廷者天下之本，朝廷正则天下自正。学校者人心风俗之本，学校修明，人心风俗亦将有感发振兴，转移于不自知者。即此十五人之才力，推衍以至无穷，其要在先明理而已。李次青言其宗祠祭祀，三献礼毕，未及受嘏，先为辞以告祖宗，言子孙不幸有吸食洋烟者，请阴殛之，俾世世子孙不复犯此。吾欲取此为支祠之法。是日语言太多，略记其大旨而已。

廿七日。刘希陶、余芳城、王西筹过谈。接张寿荃信，有意求从曾沅浦宫保，以希起用，云出自刘岘庄之意。正恐未必能行，以其官位已尊显，即奏调亦为无名也。是日诣各斋视诸生功课，则所习经一无预备。李杜生外出，江竺仙则方与二三友人聚谈，监院陆恒斋亦竟日不见人，气象殊萧索。亦由张力臣总司其事，希用各物事多未置备，一切都无端绪故也。

廿八日。雨。朱宇田约至狮毛冲午酌，同席裴樾岑、傅青馀、李次（卿）〔青〕、张笠臣、黄子襄及意城。便诣刘希陶。晚归见《申报》，惊悉慈安皇太后初十日宾天之信，并刊刻遗诏，想非讹传。距今已二十日，旦夕当奉哀诏，亦时局之一大变也。以闻子宽明日赴新宁，赶寄江幼陶挽幛。

廿九日。张子遇、罗小垣、吴晴研、刘若华及炳生过谈。调取诸生诗文著述。陈子濬《中州诗稿》五卷，拟乐府诸作雄厉凄清，故为作手；潘碧泉诂经书院课卷一本，足云渊雅，诗文皆雄骏可诵。并湘中美才也。

四月

四月初一日壬辰。黄麓泉、萧汉庭、左佩勋及六庵、寅伯过谈。麓泉为黄月岩之子。黄恕皆前辈遣询应否呈递道慰折，似可无需此烦文，仍须一询之刘韫斋中丞也。麓泉久谈，于事理颇能晓畅，亦从罗研生（授）〔受〕经，其两弟及其两子皆自课之，足知其不惮烦苦也。萧汉庭为张寿荃遣令来省，以便复寿荃一（服）〔信〕；并语及寿荃有意移居省城。富贵还乡，亲友交集求助，日不暇给，此亦人世之恒情。省城万人如海，大隐朝市，较胜乡居。而寿荃之意，尚欲营求一差使以资衣食，此则所谓蛇足者也。

初二日。张笠臣、余芳臣、易赞周、左佩勋过谈。以黄恕皆前辈商询呈递慰安折，因一问之刘韫斋前辈。回信以为此具文，政府一置不问，不必呈递。并语及萧屺山信，言（俄）〔日〕事须退出琉球，乃能议及通商诸务，否则当以一战待之。此所述当属枢府近时议论。而自日本废灭琉球，两年有馀，朝廷不一遣使与议，日本遣使就商，往复亦无一语处断，徒欲指挥坐定，令其悉还琉球之地，俯首以听中国之号令，是徒逼使用兵，于理于势，实两失之。张笠臣为言黄石斋遗书，有《建州建国记》，详论本朝始末，而忧其国势之日张，且谓中国所以待之实未得其理，无一字敢涉讥讪；其卒也以身殉国，不一为本朝屈，可谓知君子之所以自立矣。

初三日。回拜张子遇、於桐轩、熊鹤村、任雨田、瞿子玖、余芳臣，及询问黄恕皆前辈病症，并就杨砥皆吊其世兄小皆之丧。还馆后闻曾沅浦宫保已入城，急往见之。其言与俄人交涉，谈笑可了，不足言战。即此一语，深中肯綮。及称三代之得天下以仁，其失天下以不仁，仁与不仁，只在民情验之。此等国家大根本，中外诸臣竟无一念及此。大抵《中庸》之言，不诚无物，便与洋人议和，须出以诚，议战亦须出以诚。今人都喜炫弄聪明，以诚为笑。吾乌知所终极哉！数语发挥透彻，可谓名言。途遇陈展堂，始知刘希陶移入曾文正祠已两日，王升辈并不以告，亦云劣矣。因便过希陶。陈展堂、聂仲芳皆在，得一会谈。数日郁热殊甚，下午雨，风，大寒。

初四日。陈展堂辞行，已起咨赴都引见。傅青馀、李次青、黄子寿、张力臣、刘希陶、罗小垣及玉舲次第至，遂尽一日之力。

初五日。恭迎大行慈安皇太后遗诏，诣贡院成服，并行朝夕奠礼。绅士至者三十一人：徐云渠、徐寿蘅、王雁峰、何伯元、瞿子玖、任禹田、龙芝生、周笠西、朱雨田、李仲云、黄子寿、张笠臣、陶少云、唐鲁英、唐兰生、李廷璋、黄坤圃、胡少芝、刘祝庭、陈程初、俞鹤皋、李次青、陈展堂、聂仲芳、汤幼庵及吾与意城、子瀞，凡二十八人；外省流寓省城者广西邓双坡方伯、贵州傅青馀廉访、江西王石城观察三人。予以废绝酬应，相识无几人，此次哭临，乃皆能道其名姓，亦一奇也。两首县张南屏、姜昆山周旋竟日。接李韵仙、龚溉丞、刘绍西、李松林公信，当以一信复之。

初六日。微雨，寒。仍诣贡院行朝夕奠礼，绅士至者又添萧雨亭、刘云樵、傅竹湘三人。竹湘为青余廉访世兄，需次湖北，乞假省亲来南者也。接姚彦嘉二月廿五日信，盖相距四十馀日乃始递到也。

初七日。微雨，寒。仍诣贡院行朝夕奠礼。张南屏、（江）〔姜〕昆山照料甚至。李仲云为斟酌赏给其家人。余云涛赴江西，便寄俞竹君及子湝二信。守蓉仙过谈。董伯元、蔡竹泉并至。方作书止竹泉之行，交吴晴研带县，而晴研至今留滞省城，竹泉不悟国丧当停婚嫁，贸焉为此行，两承其累而已。是夕诣曾沅浦谈，韩勉吾及介石皆在。为沅老酌定慰安折，并奏报到籍日期。

初八日。寒气更重。诣李次青、陈展堂、朱香荪、任芝田各处谈。以是日立夏，为儿辈称量身体轻重，分诣两宅。兼过意城，适张笠臣至，得一会谈。接瞿景伊、李仲絜二信。曾介石、岳松过谈。

初九日。雨，寒。袁予文、聂仲芳过谈。予文诵近作《云》诗，盖有为而发也。诗云：祥光煜爚动南天，惊起湘城万户眠。南斗沉沉三日雨，春雷隐隐一林烟。衡峰缥缈芙蓉上，岳麓低迷枫树边。烟火水波劳仰望，去来无际亦徒然。曾沅浦约三点钟往谈，兼约李仲云、意城，议修南岳工程。傅青馀亦至，盖并为考求琴理也。接余佐卿信，方谋为西湖之游。张宝丞、绍基、子健来见。为子健移居张家湾计，予允助给木器用具，由乾顺张懋庭为之理处。晚次裴樾岑过谈，诵李西瓯《罗浮山度生日》诗云：偶然驻足此山中，山鸟山花识旧容。夙命安知非老衲，化身今又见孤筇。百年去日三之二，南徼流云西复东。来岁今朝定何处？且留桑下莫匆匆。

初十日。雨，寒。以蔡竹泉回县之便，寄李仲絜一信。吴晴研、张葆丞、张绍基过谈。裴樾岑观察来言志局书板已与李次青定议，盖初意次青专为筹画借钱局用款，不乐附会之，及闻张力臣言樾岑将谋详驳中丞一批，窃虑于事非宜，以书相规正，故樾岑枉过申叙，因陪至刘希陶处谈。

十一日。雨，寒益甚。李杜生见示夏时济所得船山遗诗钞本，盖己酉、庚戌、辛亥、壬子、癸丑五年之作。己酉为康熙之八年，船山年五十一岁。检查船山六十自定稿，多已选刻；其未刻者，必船山所自删汰者也。惟拟阮嗣宗《咏怀诗》，仅刻三之一，自元云覆千里下五十馀章未刻，此为遗漏无疑，宜补入集中。黄子寿、张笠（力）〔臣〕、刘希陶、左锡九过谈。笠臣言淮南大票、淮北小票，每票五百引，每引六百八十八斤。淮南八包一引，淮北四包一引，每包八十六斤。淮北小引，每引三百四十四斤。小票五百引，合盐一十七万二千斤。大票五百引，合盐三十四万四千斤。淮北四万引应得八十票，合之淮南，仅得四十票。

十二日。晴，寒气未退。张笠臣过商衡、永、宝三郡废岸事，考核至为明晰，几于大含元气，细入无间，良未易才也。是午邀刘希陶、陈展堂、任芝田、曾介石、曾岳松、聂仲芳便酌，坐中述及曾沅浦宫保招致异人颇多，予所识熊蟠溪而已。又有任籲门者，湖北人，言修养之术，而所言多近理。又有馀子言，善《青囊地经》及《相宅经》，而惟务望气，其望气仍以河洛理数推衍为说；同行有汪星槎，则天师府法官也，能摄妖驱怪。两人现皆赴湘乡。

十三日。晴，寒。邀易兰生、盛展奇、吴晴研及达珊早饭。曾沅浦宫保约往一谈，澄侯适先日至，得一会谈。聂仲芳亦至，求见任籥门，久卧未起；以厨工李三之女遇邪，求得数字镇压之，予不敢承也，因询汪星槎存有小符一道，乞以与之。吴晴研回县，顺寄捧云、诒丰两家信件。

十四日。雨，寒。张笠臣令开具名籍，为拟曾含顺湘阴，洪生辉南海、梁传英湘潭、郭本源桂东四名。笠臣告言另有号名，拟守约、养廉、存诚、保大四号，姑记之以备遗忘。笠臣于经营事理，均能洞悉原委，精微透辟，委曲周至，于时罕见其比。杨名池、刘若华来见。盛展奇递到周良臣、吴莼庵及汉舟三信。

十五日。曾沅浦宫保约李次青、李仲云、刘祝庭、黄子寿、陶少云、张笠臣、陈舫仙及意城会议修南岳庙工程，并邀邹少松观察至。沅老以票银二万属少松言之中丞，拨衡州及雷家市两处厘局钱三万串，而令次青急停湘潭船捐及七月后烧香捐。惟沅老能有此伟举，工程经费亦可无忧短乏矣。次青因约同诸君及曾澄侯诣笠臣宅午饭。是日并与熊蟠溪、任籥门一谈。

十六日。刘南云、黄桐轩、罗小垣、盛展奇及商农过谈。寅伯、健甫邀饭，同席文思、意城及子瀞。刘小山适至，并留饮。便过周荔樵、蕙生，及回刘南云拜。蕙生始以前日从京师闻讣回省。刘南云述及凌问樵赴扬州见葆芝岑，始知葆芝岑罢官，遂侨寓扬州，有终焉之志。子瀞并云其意谋欲寄籍湖南也。接汤斐斋大令、李冠卿军门及席山三信。

十七日。大雨竟日不息，江水日涨，围田殆不可保。庄翰堂、陈静安过谈，以静安回鄂之便，寄王小濂、李仲絜二信。过刘希陶谈。陈展堂、聂仲芳并至。以借抄补《说郛》五本，希陶允为校对。亦借原刻四本校对，所抄录讹误实不少。是日遣出杨顺。

十八日。刘希陶、盛展奇过谈。为吴丁生谋于鼎豫、豫顺两处稍习书算，因致常健吾信，俾告其尊人常南赓，并告冯厚庵、常鲁青为谋之。接张宝臣信，属为其族弟张绍基谋差使。龙海门协戎亦屡求见谋差使。竟日为此等酬答，纠纷无已时，大抵皆游民无职事者也。中土之不能自振，大弊数十端，游民其一也。晚次，左锡九、易赞周过谈。赞周以其家馀蓄并存彭友胜，求言之姜昆山，谋所以援之。吾以向不干与人事，不欲破其例，力辞之。

十九日。李梓岑、沈星海拟即日移入讲舍，为酌量腾出藏书室与之，为其携带书籍稍多，斋房过小，不能容也。李仲云、张笠臣、余芳臣、张子镕及意臣来谈。陈展堂邀同仲云、笠臣、意城及李次青、黄子襄、刘希陶就浩园午酌。罗汝梅以是日回馆，遣易叔辉与商：英生、顺孙换请李华卿管教，多孙、珥官换交罗汝梅管教。又自回家与言之。

二十日。约刘小山同赴杨梅山展墓。因李次青屡称安福彭伯昂地学之精，并约同往，则已前为汪姓者约相地他适。湘水大涨，由大西门一渡至龙王市，又渡仰天湖至巴巴岭。龙研仙已前至，邀同（所视）〔视所〕新得地。地名箭道冲，山名查子坡。其地精美，为生平意想所注而不可得者。亦由林尊山导引，而刘小山寻求山脉得之。假非健甫一荐，则此地当为我有，而展转相视，终为龙霁生、芝生安厝其母，然得知龙氏遗泽之长。鄙人万事乖忤，殆将长此终古矣，为之怃然。是夕傍晚乃抵杨梅冲之乾塘庄所。

廿一日。与刘小山审视山地。小山谓张姓葬地绝佳。语以山脉旁抽而无缠护，小山因指塅中田砂云：此即缠护也。视之果然。此历来地师所未经道者。既张姓葬地为正穴，则先茔固不能与争胜矣。回至巴巴岭，研仙以韩勉吾所指穴法终不敢定，留刘小山再往审视。其实小山穴法的确丝毫不可移动，无待再审也。勉吾欲强山水性情以从其三合放水之法，其无当也决矣。归途南风大作，甫至仰天湖，雨下而风止。由龙王市渡江，大雨如注，行李沾濡。急回至寿星街，日已夕矣。张兰渚言田事甚力，属函询其兄鸿渚。

廿二日。由上海文报局递到曾劼刚、陈渭滨、徐裕之、罗稷臣四信，并接黄泳清一信。又接姚彦嘉、姚庶侯、黎述堂、罗小垣四信。常州全泰盛信局递到。镇江有轮船局。庄翰堂、陆恒斋来谈。沈星海、李梓岑以今日到馆来见，询及郭远堂近况，知主讲鳌峰书院；林可舟既逝，接主此席也。其致用堂院长，仍属之郑芗廷。

廿三日。接文兰舫、廖京山、周昌辅各信。周嘉会、邓成书来见。邓君浏阳人，献永安市地图。姚庶侯信称宝庆近事：一、有虎入城，直入民舍；一、自二月廿八日九头鸽连聒数夜，郡民皆惊骇。易叔辉乃言，二月中亦两次闻之，初闻以告李华卿，华卿以为夜雀也，逾夜乃与华卿共闻之，相为怪异。自昨下午雨寒，至今日寒益甚，竟须重棉。闻浏河一夜涨至六尺，世事殆未可量也。是夕陈尧圃与西枝过谈。

廿四日。阴寒日甚，竟似深冬，可怖之甚。燕远卿、易赞周、悟元及子瀞过谈。下午诣曾沅浦宫保、张笠臣谈，并晤葛江村、任籲门、余子言。沅老纵言及天下事，多足发人神智。云今日朝廷无柱石之臣，缓急无可倚恃。孟子云：天下定于一。须是有一人担当得天下事，人心自服，天下自定。孟子又言：孰能一之？不嗜杀人者能一之。衮衮诸公，日怀杀人之心，行杀人之术，满肚子刀枪剑戟，无形无影，戕害天下，不肯少休，民生根本之计，直是无人体会。江浙平定十馀年，荒地未垦；谭文卿首以升科为计，苛扰百姓，几于激变。孟子言：民之憔悴于虐政，未有甚于此时者也。东南土田丰腴，尚能自求生计；西北五省举目荒凉，财殚民困。不于此时急养民力，以护其生，更无可施政之地。朝廷设官无他，理民而已。事事注念在此，求贤自助，更不可缓。荀子曰：人心交则勋业隆。事功大小，皆勋业也。须先得人心交洽，而后事举政行。因言恭邸贤王，然而貌似下士，内实嫉才。总之，不诚无物，一切推行无本。询及吴清卿、李菊（浦）〔圃〕二人，曰：此皆未脱世俗之见。李菊（浦）〔圃〕尤戆拙，力责以禁栽罂粟，或时长跪言之，或直责以能提师荡平百万之贼，而不能禁此。因晓之曰：三代之君，以一人养天下。后世竭天下之力以奉一人，所责望于民者，赋敛而已。百姓之生计，春耕秋获，在官并不一过问。又当积年荒旱，民力凋敝之馀，何忍取民树艺之生计而禁止之？且试问君族人几何？兄弟子姓亲者几何？亦有嗜此者否？曰：是固多矣。因问君能禁制之乎，曰：不能。曰：君所不能得之兄弟子姓，而欲泛及之民人，不过供差役讹索之费而已，吾不忍也。菊浦曰：驻兵一营，有犯此者缚而斩之，立时可以禁绝。曰：例载种罂粟者止于杖八十。纵山西百姓纯厚，听君所为，吾固不敢坏乱朝廷法度，以戕贼民命为能也。辨争至数十日，终未允之。菊圃大恼恨。民心风俗，败坏至于今日，而操一端之末，严刑以随其后，不知其意将以何为也？即此之谓不知务。

廿五日。大雨，风，寒。李次青、余子言及意城过谈。余子言为皖南人，任浙江知学，弃官入龙虎山习修炼之术，不归家者十二年，以善望气为名。因召之相视六堆口、寿星街二宅，相陪竟日。

廿六日。张笠臣枉过，并示王壬秋《湘军志》二本：一《湖南防守篇》；一《曾军篇》。壬秋自命直笔，一切无所忌避，而颇信取委巷不根之言，流为偏蔽而不知。又其性喜立异，匹夫一节之长，表章不遗馀力；其名愈显，持论愈苛，或并其事迹没之；其所不欢，往往发其阴私以取快。此其蔽也。然亦未尝不服善。《曾军篇》，曾稍规正之，所改削已多。此书久至樾岑处，固秘不出，经李次青苦索得之。闻尚有《筹饷篇》二本，则竟不肯出也。易叔辉、毛杏荪回县，便致邹子香、盛展奇、李镜浯、吴晴研四信。李镜浯与韩氏姻亲。韩虞臣、韩晓楼、韩舜生三人积欠陈敬吾、陈郁如各二三百串，惟晓楼六十五千较多，而韩舜生光景窘迫，恐难清结。以受陈氏之托，特转托之镜浯耳。

廿七日。刘山圭、孙孟卿自四川回安福来见，并递至刘庸夫、黄豪伯二信。孟卿，刘庸夫子也。庸夫寄到所著《醒予山房文存》、《直史述》二种。豪伯寄到所著《西辎日记》、《印度札记》、《游历刍言》、《西徼水道》四种。浏阳邓成书递献永安市地图。李麓渔亦自乡至。天长日永，徒销耗于酬应，良可慨叹。

廿八日。大雨竟日不止，寒某。朱宇田及育之过谈。育之并转致陶幼瑜、邹文生两君之意。昨夕为杨小皆墓铭，三鼓就寝，遂至怔忡不已。心血之亏至于如此，深为怀惧。

廿九日。雨，寒。胡幼森、陆恒斋过谈。黄子襄邀同裴樾岑、吴云谷、傅青馀、李次青、罗瀛桥、朱宇田、张笠臣、陈海鹏、陶少云、陈舫仙、瞿子玖、任宇田、李作舟及意城、子瀞同会于浩园，樾岑、云谷、瀛桥、宇田、海鹏、少云六人不至。是日子瀞以上巳修禊，坐中客十得八九，用西洋照相之法就浩园补照之。以天雨，不甚宜也。笠臣为李兰生索题《环碧园图》。园为明藩故宫地，旧名李园，盖所种皆李也。李芸圃、松甫购得之，彭春农为作记。其后易名环碧园，春农又为作记。陶云汀、程海珊两先生皆有诗。相距数十年，徐熙堂于市中购得之。以示李兰生，果其家旧物也，遂以赠之。兰生因属笠臣求题。笠臣又以甲戌所绘图属傅青馀题一诗，盖彭雪芹宫保出巡长江，笠臣留画梅，旋偕黄子寿及鄙人就雪芹舟次一谈，皆各有诗纪事。笠臣因绘图征诗，而无图名。青余谓必先得图名而后为诗。笠臣属同席诸君拟之。予为拟四字曰江南别意图，盖取江南无所有，聊赠一枝春之意，又雪芹巡阅长江，诸人实赴其舟送别也。在席诸君尚许其雅切。

三十日。回家视曾媳病症，则此两日气象大变，坐卧均须仆妇扛抱，殆不复能久也。接李勉林、马眉叔、郑陶斋三信。眉（林）〔叔〕并寄示《欧美各国铁道论》，并述及刘岘庄复奏铁道，以病民生、减厘课为言；刘锡鸿又有疏陈铁路之弊一折，于正月十五具奏。十六日即奉特旨：无庸置议。始悟刘生之狂逞，由政府导之使然也。又述总署二事：一、美国谋改订招工条约，自陈愿禁止美商不贩卖鸦片。总署一切应允，却不提及贩卖鸦片之禁。美使以询之相国，始申请总署添此一条。一、总署与日本议约不助俄人，遂听其废灭琉球，而分其国南荒瘠一岛，伯相争之不能得。即此二事，昏眊可想。晚接周昌辅信，当以一信复之。

五月

五月初一日壬戌。卯刻，日食一分十三杪。阴雨竟日。张寿荃自宁乡来，枉谈。尹和伯、王理庵、李召甫、翁禹民并至。张笠臣见示《浩园宴集图记》刻本，竟有讹误，刻手固非佳也。陆恒斋告称：诸生并请假期乞归过端午，惟李杜生一人须节后乃归，自备资斧；如沈星海、李梓岑诸人皆不归。予以曾媳病甚危笃，亦不能不一归，颇愧此职之未易尽也。大雨倾盆，逾数时不止，岁事良为可虑。岁接罗伯翼一信。

初二日。以曾媳病笃，就便归家料理节事。张笠臣、任籲门过谈。任君所言，颇近有道。因语及曾思诚，斫丧太甚，以数推得之，询其情状，无一不合者，因劝以节欲。而不能离去家室，则欲无从节也。从李华卿处见蔡闻之先生所辑《历代名儒传》，始汉田何、伏生，讫于元世，皆以历代史传为主，而杂采记载之言以补所不备，每传后附论一则，高安朱文端公为序其首。

初三日。诣曾沅老、张寿荃二处。本意过任籲门谈，籲门外出。遇段翊臣，自述为段小亭之子，故老医也，曾在王葓原师处见之，力毁玉舲之无理，始前委带靖港巡船者，即其子也。此老崛强无理，观其所言，亦足知其横行矣。是夕，意城邀同唐鹤台、张笠臣、黄子襄晚酌。归家料理节事，颇觉烦苦。

初四日。罗小垣过谈。接王梦虎信。以开消节帐，纷扰竟日。自计于吾一人之身，未尝浪用分文，而节帐已开至四百馀千之多，此所谓家累也。晚次，邱石卿过谈。

初五日。大晴。接唐时雍、邹子香各信。贺节者纷至。亲友小辈，酬应已不胜其烦。本邀张寿荃、罗小垣、李梓岑、李杜生作端午小会，而皆已有亲友之约。清臣、秉生尚在省，因一邀之。罗汝梅、张少荃、李麓渔及清臣、秉生，会者六人。

初六日。诣刘韫老、裴樾岑、邹少松、唐稚泉、张寿荃、凌问樵、周荔樵、惠生。以闻刘小山言周幼安所卜尊阳都葬地甚不佳，具以告之，并指示北门外庄地前为邹连城、罗小垣两君相度之处，属其别求知地者斟酌之。至亲相关，不敢外视也。晚接冒哲斋、张超堂、瞿景伊三信。子妇曾氏病笃，延予至榻前，自述其十馀年未一能循孝道，而怜予之衰老，以其两子托之梁氏。予闻其言而悲之，为之涕泗，不能自已。

初七日。唐鹤台偕子瀞赴金陵，顺致刘岘庄制府一信。接到邹子香、盛展奇、易叔辉、毛杏荪四信。约张寿荃、唐鹤台、陈舫仙、凌问樵、张笠臣及子瀞午饭。聂仲芳过谈。舫仙述及曾思诚之病实为可虑，当直切为沅浦宫保言之。

初八日。雨，凉。曾媳弥留至六七日之久，至是益笃，而清爽如无病者，处分一切皆极入细。视其情状，极可哀怜。接玉舲及龙炽应、周煦山三信，玉舲并为瞿景伊求转达之李筱帅。终日为此等烦渎无已，人世营营，皆此类也。是日亥刻，曾氏以瘵疾亡，比死而神明不衰。至口不能言，问以心尚明白乎，则颔首以对，须臾气绝。为之悲怆不已。

初九日。左橘云荐苏人徐纯载、徐同荣主敛事。聂仲芳亦荐周芸生至。周芸生兼知医，然不如徐氏昆仲之专习敛法也。尹和伯为摹写遗照，亦仲芳所荐。仲芳在此料理竟日。子宽、健甫、麓安诸侄均至，一切俱为照料。相礼为艾维轩、谭燮甫二人，张力臣所荐也。一切照省城章程办理，亦稍考求通礼行之。

初十日。接陈臧伯及子瀞二信，均有意从黎莼斋谙习洋务。臧伯之弟衍蕃，本从何子峨充当日本随员，意在乞留。张笠臣、汤筱庵、陈程初、罗小垣、庄翰堂诸人过谈，并以曾媳之丧枉至慰唁，其未及见者亦不详也。

十一日。成服，召集亲友，内外八席。罗叔循夫妇由湘潭归省，相候至一两时。家中内外人力均苦不足，吾亦惮于料理，听其浪散而已。致刘小山一信，以初六赴河西，约三四日往返而久无信，以数行催问之。生平作事，从无适意者。年衰运蹇，环顾后起皆庸下，亦更不敢有深望也。邹少松来唁，久谈。

十二日。守蓉仙、陈舫仙、汤幼安、易赞周、易桂森来致吊。自早起至午，衣冠接待，颇以烦苦。是早治席款陪罗叔循，兼邀李华卿、罗汝梅及寅伯、健甫、子宽、六安同酌。罗柢敷旋至，久谈。下午一至讲舍。

十三日。黄桐轩、韩勉吾、焦赞臣、罗小垣、刘小山来致吊。并约小山相度田心桥地。小垣与邹连城就省城觅得数处，自谓张姓田山龙气最佳。刘小山告言：龙研仙与健甫两度属小山往视，实为旧寺之外砂，其势皆右抱，其下一砂，视本山较短，小垣、连城皆未加细考。据此而言，则田心桥一地必不能妥协，为诸君看地皆未免粗心也。此事真使人愁闷。下午刘馨室来吊，年七十馀，必欲一诣灵前致奠，固辞不获。此老强健好礼，不易见也。

十四日。为曾妇初七之期，召子宽、荇农二人相礼，为焚楮钱。刘小山、曾介石、罗柢敷、罗叔循陪同小酌。本令刘小山与罗小垣今日同赴田心岭，小垣必求缓一日，而天气已阴且风，恐又不免遇雨。此事诚不易言。自揣福薄运蹇，亦万无得地之理也。

十五日。以曾媳亡故已逾七日，召僧西枝等为修佛事，以尽二七为期。张子遇、朱雨田、俞鹤皋、龙（岘）〔砚〕仙、龙树棠枉吊。接左锡九信，以彭笛仙与吴姓坟山事相托，当以一信复之。

十六日。聂仲芳、张少联及育之、秉文、鹤九来吊。秉文、鹤九则皆自县城闻丧来赴者也。是日遣周南山、周兰徵赴各庄粜谷，并命李六同行。李六为罗研生旧人，罗叔循初荐为管事，且先令习知田庄事也。冯厚庵并属育之荐其弟冯勋随同曾沅浦宫保赴甘肃，恐沅浦宫保退志已决，诸君愿望为虚也。是夕得罗小垣、刘小山专足送来一信。小垣之意徒示谨慎，而不求事之成，心甚怪之。此等举动，烂事而已。复书颇相咎怨。即此一举，受累已不小。

十七日。雨。於桐轩、盛展奇及西枝、离欲等设斋供，因邀盛展奇、秉文、子宽、鹤九、麓安同酌。秉文带到易梯衢、叔辉二信。又接到邓宝臣、黎恕堂二信。本谓西枝如掌坛之来因及笑岩、澍溪二僧尚文雅，可以入坐。西枝以自在此作陪，不欲令入坐也。

十八日。裴樾岑、杨砥皆枉过。砥皆述及麻竹师之子字彦门者转求为志墓之文。竹师良吏，遂勉应之。刘小山归，述及田心桥情形。固知邹连城阴巧近利，为必不可恃。罗小垣亦与为蒙蔽，则所万不可解者也。末世人心风俗，相习若固然，可为慨叹。随遣李祥恺随同刘小山赴跳马涧。福薄缘蹇，万事抵牾，枉费钱文而已。

十九日。雨，寒。张寿荃、凌问樵、邹少松、庄翰堂枉过。是日中斋治席饭诸僧，并邀盛展奇、龚振之、龚眉生、李达武及清臣、席珊、秉文、六安共饭。李华卿、罗汝梅、罗叔循别治一席。亦觉竟日劳扰。邹少松亦有枉托之事。求请过多，实于吾身全无交涉，而两承其累，思之怃然。

廿日。李祥恺自跳马涧〔回〕，以刘小山所相张氏地已有成议，仍须一往相度，急命舆启行，而大雨竟日不止，固知其必虚此一行也。千辛万苦至跳马涧，而吴云峰告言：李祥恺所约中人游姓，在此枉候一日，适始回家。询知距张姓管冲地尚八里。急驰往，则天已夕。登山视之，即令小有结作，亦当为欧阳信甫葬地，高下正相宜，以两旁有夹耳小砂为证也。细玩龙势，并无结作，两旁砂各三重，皆非砂也，并属行龙幛角，是以湾抱无情。刘小山尚有眼力，于此乖舛甚矣。要皆鄙人蹇运所值然也。是夕就宿王国仲宅，吴云峰岳丈也，款接甚殷，人亦诚实可托。

廿一日。由管冲行八里至殷公桥游宅，与刘小山谈少顷，留李祥恺在此料理，冒雨驰回。凡两日一夜未尝少息，直过阿弥岭望见省城，雨始暂息，亦云酷矣。吾年四十而遭先人大事，觅地三年，就葬杨梅山。年五十，又遭陈夫人及亡儿大事，觅地四年，就葬冯家冲。并初时欣赏，愈久而愈觉其可疑，至今内咎于心，未尝稍释。不幸年逾六十，又遭冢妇大事。所得田心桥地，刘小山力言不可用，而所相度又如此。觅地之难，苦于登天。身后归骨之所，更茫然莫知所为计。两子两孙皆幼弱，亲友更无可恃者，为之浩叹而已。历来所传为发冢，皆出微贱，无意得之。从未闻富贵之家，营求葬地，而称为发冢者。此理诚易晓。而衣食稍能有馀，卜地营葬，自不能苟，大致退财而已。即吾生平地费，已耗至数千金，明为退财之计，亦无所悔。所求不过安稳而已，不应为鬼神所忌。而颠倒错乱，挫折至二十年，但有疚心，毫无适意。计数生平遭际，天人交困，莫可名状。良由前生积累使然，而吾世祚之不昌，盖亦深可太息矣。

廿二日。佛事完竢〔竣〕，于是日焚化楮钱明器，而雨势不止，心甚虑之。下午乃反开霁。李祥恺适回，则管冲一地，刘小山竟为定议。缘张姓叔侄互相争论，刘小山令其邀集乡里处断，另立契据，其势亦不能退也。乃知此三日阴雨，皆为区区一身劫运所致，为之浩叹而已。傅青馀、守蓉仙过谈。

廿三日。接吴英铭、常健吾二信。意城见示五女及曾媳事实四条，以张笠臣约为具呈，径请中丞具奏。如此办理，省除一切枝节，笠臣此意极可感。常健吾托为其亲戚陈述章谋充漕总，颇愧无以应之，其详细情形亦当询之盛展奇也。诣曾沅浦宫保、傅青馀、任籥门、张力臣诸处谈。沅浦属代函请王希周，适席珊赴县，便寄王希周、吴晴研二信，兼托晴研专足送西周处也。

廿四日。任籥门允为我相视管冲新置地。兼闻限山水口，谓必有地，遣游大，高八辈随行。而风雨大作，寒似深冬。以吾蹇运，累及友朋，深怀歉仄。自十七日一雨，至今沉绵，日益加寒，亦旷古未有之奇景也。苏赍予来见，询知为王梦虎旧友，于各带兵人员多能详其履历，年始逾冠，亦美才也。语及福建军务，专恃孙赓堂、曹仁祥二人；赓堂督办台湾军务，仁祥则在省充当营务处，亦兼统数营。此二人皆夙识，而皆忘其字，赍予均言之甚悉。张惠吾、杨德生来见。杨为浏阳廪生；惠吾，始邀与同居一宅，故来见也。

廿五日。夏至。刘伯固、徐勤斋来谈。勤斋盖太元钱店管事者。洪琴西都转汇寄栗諴奠分银二百两，由太元店主欧阳君转汇，当出具收条。适沅浦宫保邀谈，即以交之。接到易叔辉、毛荇荪及槃希三信。严寒如深冬，风气中人加利，实为夏景所未闻也。

廿六日。接刘岘庄制府信，并周昌辅信。胡少芝、孙次韩、李石仙过谈。石仙由金陵节署与其门人刘文溪回宝庆，岘庄制府之侄也。张笠臣过谈，并见示节孝公呈。是日以编次应发讣闻各户，令彭升、王升辈编次，数日不就，乃竭半日之力为之。任籲门自管冲回，云其地一无可名，与鄙见适合，而限山口一地已经安葬。此事殆终无成也。为之惘然。

廿七日。遣足为刘小山送行李，便致一信训戒之。陈舫仙与意城过谈。舫仙述及荆门州王子纯，以县丞需次湖南，善禳祷之术，曾沅浦宫保丐为思诚乞灵于神，其事甚怪。能否有效，则所不可知也。午后诣思贤讲舍，便过朱香荪谈，左锡九适先至，夜久始归。

廿八日。为曾媳三七之期，约经笙、荇农相礼。兼邀王西周、盛展奇、龚振之、李达武便酌。西周今早始至，为函告沅甫宫保，并加告思诚，属其弗相阻拒，以闻思诚病中肝气甚旺，医士新至者多阻拒之也。遣周春、彭升分赴各门散讣，一切皆手自经理，而交派缮写者讹误颇多，亦只好听之。徐裕之赴告其父封荣禄公宝亭之丧，与叶顾之母丧相距月馀，皆所必应送致幛分者。是夕雷雨。

廿九日。雷，雨。接黄子寿、邹资山二信。子寿并寄隋碑吴严、李则两墓志铭拓本。吴严为赵郡宋子县人，李则为博陵安平县人，各葬于其县。子寿构得其墓石。又称搜访残碑，得辽、金、元三朝经幢六事，建六幢亭于莲池书院，亦韵事也。资山则托为其亲戚陈蓑淇大令嗣篁寓书筱荃制府，未能应也。邀王西周为梁姬诊脉，据称全是病脉，且歇指，为拟一方。其生平亦实缺于调养也。

六月

六月初一日辛卯。接合淝伯相五月十一日信。又接子湝信。黄子寿、蔡浩楼枉唁。遣人诣任籥门，已与傅青馀前赴湘乡看地，云以一月为期。青余先墓在湘乡，岁凡再三省视。任籥门已在长沙界为相地数处，又偕赴湘乡相度先茔，并求新地，不惮暑雨之烦，其勤心尽力以从事堪舆之术如此，而天亦实默相之，固知非偶然也。刘小山所相箭道冲地，实因我令审度林尊山所荐地，推求及之，所相管冲地，则实为龙（岘）〔砚〕仙营求者也。砚仙费钱至少而得箭道冲善地，而我费至百馀金乃得管冲谬诞之地，竟成彼此互易，渠得金玉而我得粪壤，为之惘然。究未知终竟何如？为子妇觅地乖误百端，百年归骨何所，更难于涉想也。

初二日。请黄子襄、聂仲芳、汤小安、曾介石杨墨林、刘伯固、张芝岑、黄望之、李梓岑、胡少芝、周荔樵十人陪吊，先治席款之。至者汤小安、刘伯固、杨墨林三人。因并邀盛展奇一叙。罗芳圃、张昆生枉吊。芳圃为罗星垣少君，其兄艺圃，均业儒。天气渐热，而潮湿特甚，雨势未已。雨、热二者，均不宜也。

初三日。为曾媳开堂受吊，以是日启攒。陪吊者八人，照料至夕，其守蓉仙一人则自留为照料宾客者，皆可感也。致复刘岘庄一（一）信，并托转递子澥一信，由森昌轮船局附寄。

初四日。举行家奠之礼。客至益多，而天气炎热，溽暑日隆，不胜酬应之苦。罗小垣、庄翰堂又枉陪吊，周旋竟日。曾栗諴灵柩于初三日申刻抵省，刘伯固遣人报知，周春竟匿不回明。向晚闻周嘉会语及之，遣人至沅甫宫保处探问，则已夜深矣。其家眷已于今日卯刻上岸。乃为周春所误，不及一往视，深疚于心。至是益信奴仆一宫之缺陷也。薄暮客散，乃得登舟一哭栗諴。适王瑞臣他适，曾氏诸昆号勋鸿者为相。栗諴长子名广钧仲伯，与多孙同庚，已能应会试矣，询问其姑病状及家人辈甚详，且能明及世事。多孙相视，殆不止天渊之隔。栗諴可谓有子，见之使人心移。

初五日。举行成主之礼。吊者相续至，并多出未讣告者。天气炎热尤甚。兼闻周荔樵夫人是日卯刻身故，梁姨（一又）〔又一〕往视。是日曾栗諴灵柩起存文正祠浩园，陪吊诸公俱往曾处，中午凡三席，子侄辈皆得入坐。

初六日。曾媳以巳刻发引，暂存（外）〔北〕关外文昌阁旁之寄园，送者十馀人。其至寄园者，庄翰堂、聂仲芳、汤小安、黄望之、杨墨林、易淑子、左巨云、李华卿、罗叔循、刘伯固、易兰生、王西周、罗小垣、盛展奇、盛月台、张鹤臣及本家十馀人。老辈则意城、清臣、席珊。乃留此老病之身，料理子妇辈丧事。相礼则商农、杏农二人。皆子侄也，转觉其早死之犹幸矣。未刻安灵，仍请艾徵轩、谭燮甫相礼，并告谢祖先及灶神。仅治一席，而留饭者约二十人，旷缺多矣。

初七日。接上海文报局黄泳清递到黎莼斋、曾劼刚、陈松生三信。又接王小濂、陈静庵、何心畬、瞿景伊各信。意城见示子澥五月廿三日〔信〕，其时初见刘岘庄，所言多不相入。并悉刘治卿此次回金陵，于鄙人痛相倾轧，益足坚刘岘庄见距之心矣。程小圃自被言路纠参，擅权尤甚，刘岘庄曲意以承之，南事殆无可为也。又接姚彦嘉一信，示及保险局承顶股分，马少梁议扣银一百两，刘咏如议不折不扣，属为定局。当再酌之。殷少乔、徐栋轩过谈，徐亦太元钱庄管事也。由福建拨付曾栗诚奠分。

初八日。回拜各处，会者曾沅帅、张力臣、陈舫仙、聂仲芳、龙济生、刘树元、周荔樵、姜昆生数君。接唐得胜炳臣信，管带霆军副前营者也。信称霆军二十一营均驻乐亭，马队三营驻侪城，副三营驻滦州。乐亭距侪城四十里，距滦州七十里，距山海关一百九十里，距天津得三百六十里，距京师亦只四百八十里。其距乐亭，由郭子美军门条陈及之，然实非扼要之地也。夜间大雨。

初九日。诣中丞致谢专奏请旌一折，并回拜各处，会者黄恕皆、刘馨室、张懋阶、张子遇、易懋卿、黄子均、罗小垣数君。两日幸值微阴，无甚暑气，得以穷日力周旋。

初十日。大雨。方料理回思贤讲舍，而人客坌集，又值沾洒竟日，客皆久坐避雨：张笠臣、袁虞生、苏赉予、易兰生及席珊四五人，竟尽一日之力，傍晚乃得回馆。苏赉予又递到王梦虎一信。

十一日。易兰生、盛展奇回县，便致董厚斋二信，以两君各有枉托之件也。接刘朗山、王旭初二信。李梓岑、刘伯固、易淑子、李麓渔、盛展奇及西枝过谈。又偕伯固、梓岑至浩园曾栗诚存柩处，晤曾勋鸿、仲柏两君。披览在馆诸生三月工课，遂尽一日之力。

十二日。罗小垣邀至雨花亭相度陈姓山地，往返尽一日之力，而全无形局，殊负此行。余佐卿、刘伯固、曾仲柏、盛展奇、龚振之及席珊、六安过谈。苏赍予回天津，便复王梦虎一信。

十三日。聂仲芳以其从妹许字寅伯侄，即乞鄙人为媒说，以今日吉辰，往传初庚。聂氏执礼甚恭，寅伯乃先一日赴县，健甫又出拜客，至无人理落。假令聂仲芳径往传庚，则几无以自处矣。是日以曾媳五七之期，邀经生、荇农相礼。便约王西周、刘伯固、袁瑜笙、余佐卿、易淑子小酌。比归家，乃闻罗叔循已定明早回湘潭，竟不及一饯。罗小垣与其宗人罗寿章为买定三官殿菜园，于是夕立契，因至寿星街一料理之。

十四日。张笠臣、余佐卿、曾介石、易赞周及黄桐轩过谈。佐卿言曾沅老以权谋术数为用，而一出之至诚恻怛。其意专在应合人心，使皆得其所。其才大于左季高，而其体验人情为尤至。左君于人情则一切不顾，惟揽取声名，高自标榜而已。数语评论最精确。往时闻沅老谈兵，掩孙吴而上之。其大用在调养军人之气。气亢则骄，骄则轻敌而致败有馀；气下则沮，沮则多惧，仓卒应变，必不能支。专恃一心之运，调驯其气，遇胜则鼓舞而申警之，使其气充而愈敛；遇小衄则歆动而策厉之，使其气蓄而愈奋。昼而训练，夜而巡警，一察其气之浮敛与其虚实，为权衡操纵之用。能调驯军士之气，可以为大将矣。问何以能调驯其气，曰：在为将者先自调驯其气。气充则军士之气无不充，气敛则军士之气无不敛。合万人、数十万人之军听命于一人，呼吸响应，息息皆通，无或爽者。此次谈洋务，又驾出合淝伯相之上，言惟诚能动物，万事万务，本原在此。《传》曰：不诚无物。与之言邦交，即尽诚以求邦交之义；不诚，则挟机心以相尝试，当其言邦交时已无交矣。与之言攻战，即尽诚以务攻战之实；不诚，则滔滔言之，而心先慑、气先馁，当其言攻战时已无战矣。无交而言交，（言）〔无〕战而言战，特戏耳。合天下之大，万事之繁，一出之以戏而不悟其非。危哉，今之谋国者也！因论国以民为本，民以食为天。一日在官，小民一日之生计万不能膈膜视之。在山西不肯禁种罂粟，李菊坡太史痛哭言之，因语之曰：鸦片罂粟诚为害，然亦小民生计也。我不能与民兴利而先夺其利，施之岁旱年荒之孱民，吾诚有所不忍。必欲禁此，俟之十年生聚十年教训之后，徐为之未晚也。李菊坡终以不悟，言之愤愤。吾以是知其学识之陋也。沅老此意，与吾禁烟公会足相发明。罗研生、左锡九诸君专意设法严禁，吾谓不然也。惟与同志诸公申明此义，约束子弟以发其愧耻之心，而不假官法示禁。言者多力争之，不能为之申辨也。闻沅老之言，乃与此心默契。处末流之世，吏治偷敝，民气嚣张，假官法以示禁者，未有能行者也。行之而弊且无穷，此意更难为诸公言矣。

十五日。守蓉仙过谈，始询悉其叔名增禄，字鹤舲，任山东乐安县知县；子（其）〔名〕晋禧，任四川仪陇县知县。于汉军为胡姓。余佐卿缄示，闻诸葛江村：恪靖侯相几构武元衡之难，闻由宗室不靖者借端求逞。见六月初四日《申报》，并无此说。而左相以五月十三日由涿州巡视河道至天津，《申报》载之甚详。果有此，则当在出都以前，其为谣传无疑也。而宗室贫困不能自存，实为国家一大患。同年载瑟庵太史，为成亲王曾孙；治贝勒，其胞弟也。瑟庵太史因事罢官，又夺其世俸，成亲王子孙遂至寒饿，治贝勒以时周恤之而已，朝廷未尝垂问。揆诸圣人亲亲之义，庸有缺焉。准此以推宗室之失所者，盖不知其几也。谓当特诏甄录宗室，以亲疏为次，亲者无使失职，疏者亦当有以赡给之。减省内务府堂官，撙节出入，岁省数十万，以赈贷宗室有馀，正不待筹之户部也。此惟恭亲王能行之，惜乎其漫不知考究也。因余佐卿函询，为具其事略如此。

复於桐轩：

奉别光仪，自春徂秋，两承惠书，当一肃缄申贺，疾病因循，濡延至今。秋凉苦潦，想动履安和，政洽民熙，祷祝无量。兼闻兰徵兆吉，诞育佳儿，中年乐事，毓秀钟祥，足征德门集庆孔长，而良吏之足以荫庇其后，蔚起蒸蒸，未有艾也。弟闭门养疴，外事多无所闻，惟日祝康年，使老病之身得与民生俱遂。今岁雨水繁多，兼患虫荒，而岁收竟获中稔，为始愿所不及，良以厚幸！沿湘水以上，尤较下游为佳，雅化所及，岁丰人和，无任欢庆。衡阳宫保奉命督办粤东军务，颇怀揽辔澄清之意。自鄙人观之，推求事理，审量洋情，遣一介之使，平两国之争，折冲樽俎之间而有馀裕。徒苦廷臣无一通知洋务者，哗然交哄，迫蹙疆吏，使急出于战。正恐兵端一开，为患未有穷期。此鄙心所为瞻望欷歔者也。

光绪七年岁次辛巳六月十六日丙午。接何小宋制军、勒少仲中丞、陈俊臣方伯三信。少仲、俊臣二信并由傅晓初汇寄。亦接晓初一信。诣曾沅浦宫保、刘定夫、陈程初。沅浦处晤江西熊梦岩、萧理章。是日为张子遇饯行，便邀黄桐轩、刘南垣、李仲云、张笠臣、聂仲芳小酌。始知彭雪芹赴粤之信为确。左季高奏调冒小山察看直隶水利，何小宋奏调冒哲存赴闽，并以乡大夫提携本籍官，略不一为大吏颜面计，而何小宋尤为得其正。为黄子寿致书裴樾岑，与商校经堂一席；为易淑子致书邹少松；回信并蒙允可。

十七日。裴樾岑、傅青馀、彭作新、周理清过谈。傅青馀语及直隶水利，言在河南曾开通固始河，其后钱调甫抚豫，或言贾鲁河故道宜疏浚，调甫因以属之青余。而自黄河南徙，一望皆成沙漠。青余辞之不得。盖上引京、索二水，道之出贾鲁河，以达朱仙镇，而后由沙河以入淮。道光中河决开封，朱仙镇遂废。能开通贾鲁河以便商贾居积，朱仙镇亦有复兴之望。凡费四万金，开浚百有馀里。一夕暴风扬沙，填塞已尽，无可施功。是以治北方河道当先去沙，兴京东水利当先去卤。去沙去卤无良法，未易议兴工也。所言至允。是日诣新置三官殿地，相度地势，其中大塘一区，约占园地三之一，修理颇不易。易叔辉、毛杏荪并自湘阴来。接杨子云一信。

十八日。唐稚泉、聂仲芳、罗小垣、燕远卿、刘小山及意城来谈。接到笙陔叔一信，叙述永定县事：门丁幕友横行，扰害乡民，而永定令邱君若木偶然，惟所控抟而已。言之使人慨叹。吏治不修，民生凋敝，无所控诉，吾不知所终极也。

十九日。唐曦城、丁子康、张仲潜、余佐卿、左巨云来谈。是日以住房太热，移居前屋。余佐卿言在直隶所见两人：一劳玉初乃宣，由榆林县调补南皮；一朱亮生采，候补府。并浙人也，并可为循吏，而能通晓事理。罗星潭不免呆气，而一种朴干之气，能耐劳剧，亦不易得。晚次西枝、咏民过谈。接龚振之、李丽源二信。是日刘若华、晏浩轩移入讲舍。

二十日。陆恒斋应湘乡王石卿之召分校试卷，告辞启行。诣陈舫仙、刘南云、唐曦城。因出城致吊谭丽生，陪吊四人：陈程初、周弼臣、潘子箴、徐子筠。子筠，石泉子也。语及校经堂延请邹资山代庖，已于今晨抵省。曾媳六七之期，即请李华卿、罗汝梅二人相礼。便邀唐曦臣、易叔辉及云覃、咏民小酌。罗小垣为说合三官殿菜园基地，约今日清价，而其中颇有轇轕。罗寿章与僧实义为昆弟交，相比至深，罗小垣一力庇之而不顾情理之安，使人叹人心之终不可测也。是夕，丁季康过谈。

廿一日。遣李祥恺赴上海，以为龚眉生荐充使日武弁，致书黎莼斋，因附寄李勉林、郑陶斋、叶顾之、徐裕之、姚彦嘉、黄咏清七信，又托黄咏清递寄曾劼刚、刘康侯二信。李祥恺以事不果行，遣李六、李三代往。陈舫仙以曾沅浦宫保属会商展假折，因为具一稿，偕陈舫仙往谈。并晤颜仙槎、葛江村及介石。罗小垣与罗寿章及僧实义缠扰竟日，并移一更棚亦多方相持，真不晓其何意。

廿二日。刘定夫、刘彦臣、聂仲芳、邹闻生、曾介石、罗小垣、言湛甫次第过谈。赴吊任宇田太史家，陪宾为黄子襄、欧阳捷吾。便拜刘治卿、张笠臣、傅青馀、黄子寿。晚次朱香荪过谈。闻易叔辉言：邹咨山至校经堂，诸生拒不通谒。询之香荪，信然。

廿三日。刘治卿、黄桐轩、彭泳仙及荣覃过谈。子湝专足取回信，以一函及《罪言存略》、《禁烟公社讲约》四帙寄之。达珊自沙坪来，唐曦臣与见，遂径回磊石。下午方料检酬应，闻思诚未刻物故，一往哭之。

廿四日。张笠臣、余佐卿枉谈，遂尽一日之工。下午偕余佐卿诣曾沅老。刘南云、陈舫仙为述道士李元明事甚怪：廿二日傍晚，忽有道士，百衲衣、披发、跣足，至厅事席地坐，年若七八十者，而无须，以松毛柏叶为食，惟呼水，掬而饮之。自言闻汝子病，来医治，索钱四千、银十两。已而又索银四（定）〔锭〕，携以出门，洒之地，又拾取之，仍还之沅老，曰：与君有缘，姑试君疑吾嗜利否也。吾点石成金，嗜利何为？且言：我非人，自宋季习修练之术，距今六百馀年，将待君为我请封。汝子之病，非凡人所能治，将待我治之。乞其亵衣一领，曰：吾当采药以来，请待我三更。三日而病愈，十日而肌肉销减者可以复充。沅老跪而哀之，反背不顾，徐而扶掖以起，曰：吾当救汝子。遂出门去。沅老遣人从之，直至善化县署，采药一握。将出南门，从行者告以留浏阳门以待，返请出浏阳门。出城而行步如飞，顷刻不见。沅老待至天明，讫无消息。至次日酉刻，思诚遂死。仆人检其被褥，得一纸书云：吾来为纪官病。吾来便好日子到了，不必耽心。便好，便好，到下年便知吾了。其事甚怪。然终不言病不可治。问以今病已深，何不早至？曰：磨难未尽。因问沅老：见彗星乎？曰：见之。曰：此关朝廷大局，必有事故，须得公（幹）〔斡〕旋之。所言均极浅易，而踪迹奇离，言语皆不能酬，极可怪。三月中闻之曾澄侯：湘乡潘氏家忽有一道士趺坐其门首，已而移坐其厅事阶间，食柏叶、饮水。乡人闻其怪，聚而哄之，倏忽不见。旋又见之湘潭黄少昆家，旋又见之湘阴李伯受家，踪迹诡密皆与此同。独于沅老处自述其姓名事迹甚详，且谓修练六百年，入山无阻，入水无隔，朝行千里，暮走八百，而至今未成正果，须待受朝命乃成，所言又极浅近。而诡变奇异，终非盛明之世所宜有也。

廿五日。张笠臣为炎儿作（代）〔伐〕，许聘李次青之女，择于是日午刻初送年庚，于六礼实兼纳采、问名二者。今世俗名初拟庚，（牵）〔率〕简视之。予稍加果点，款接媒氏而已。接董厚斋、舒叔俊、张超堂、杨子荣各信。聂仲芳录示彭雪芹江西查办案件复折，末言拜折后即行巡阅长江水师。是所查办者江西，非广东也。凡奏论文武十人：一、统带水师提督万重暄；一、赣南镇总兵王永胜；一、记名总兵萧福；一、候补道朱麟成；一、候补府潘骏群；一、候补县杨春泽、陈长吉、张铭、李文同；一、试用通判顾长麟。又已革知县二人：章澍、柯荣。闻为御史彭世昌所举发者也。

廿六日。曾沅浦宫保为思诚成服，官绅至者数十人。便道过李次青、刘彝亭、欧阳季临。次青言韩淦泉考求天文，每夜测量彗星度数，言径直冲紫微垣而过，谓此彗星系火星所化。五月五日丙寅，日晕数层，有红光，即知一月内必有彗星出见。此与西法所言不合。火星化彗，尤理所无。又言金星穿毕，于法宜易政，见之《开元占经》。而张笠臣所云荧惑入南斗，淦泉尚未及知。俟再一考问之。黄辛初、任莼堂来谈。杏农回县，顺致吴莼庵、吴晴研二信。接舒叔俊信，并馈野术、山茶，当以一信复之。

廿七日。张文心、李次青过谈。以曾媳满七之期，回家行礼。便过周荔樵，致吊其夫人。因诣裴樾岑、邹少松、熊梦岩、李仲云、张文心诸处，皆不晤。惟一晤童砚云，正料理赴辰沅道任。李次青极论彭伯昂地学之精，任莼堂又言范伯伦地学，健甫亦荐吴月卿。意在广揽而已，是否能得一稳洽处，仍所不敢知也。是午请李华卿、罗汝梅相礼，兼邀欧阳季临、罗元吉、曾介石、曾岳松、曾重伯及子宽、健甫。子宽、健甫礼毕即去，罗元吉、曾介石又皆不至，仅得五客会食。

廿八日。童砚云、黄桐轩及一心上人、余佐卿、聂仲芳过谈。因偕佐卿、仲芳诣曾沅浦宫保。任芝田、朱香荪随至，得一会谈。芝田见赠古宝贤堂法帖，盖太原府署石刻也。宝贤堂为明晋王藏石刻处，国朝太原守吴君为修复之，刻所藏法帖，国初诸老字迹存留为多。

廿九日。邹咨山、左锡九过谈。咨山为裴樾岑延请代摄校经堂讲席，诸生抗不就见，日拟一往晓譬之，而苦道远。比日事端丛委，不暇一往。询之咨山，则就见者已得十三人，为之心慰。

三十日。曾岳松、危子敬来见。危子敬为危辅臣之子，求给资生理，以万钱助之。岳松述及沅老宾客：颜仙樵、朱霞仙、罗茂堂皆旧司会计者，今只葛江村一人；书记则左敬和；亲戚则江辛甫；教读则李赞吾、禹孚卿；并外至之客，每食尝满二席。下午张笠臣及意城过谈。寿星街屡请回家，以家人及使女患病，为邀言舫丞诊视。舫丞医学非优，然尚似高于王西筹。颇思提挈西筹，使以医术显，屡试之而知其难也。

七月

七月初一日辛酉。何京山、曹识山、欧阳季临、朱香荪过谈。接易卓超扬州信，并拟致友民函稿。冯琴西之意良亦拳拳，容当一言之。检校陈子濬、江竹仙二人功课，并习左氏春秋者也。子濬采录刘申受《春秋义证》之说，专以攻左为义。国朝治经崇尚汉学，汉儒所传授，表章之；其所不尚，必曲诬之。刘氏以表章公羊为义，攻击左氏，深文周内，不遗馀力。颇力与辨正之。不能以班史所录、许郑诸儒所传，概斥为刘子骏之伪托也。

初二日。诣刘韫老、徐云渠、邹咨山、曹识山、陈程初、任芝田、黄辛初、何京山、罗允吉。便赴胡少芝之召，同席周笠西、陶少标、黄澍田五人，所约李次青、李仲云、陈程初诸人皆不至。周笠西谈及湖北厘务，所述在沙市情形，一意以宽简为主，殊可为办理厘捐之法。又言湖北粮台轇轕凡四款：一竹木捐，一申水，一平馀，一硝价银。竹木捐每钱千估收四十五文；申水即收厘捐申满足钱；平馀以长沙平放饷收入加二厘，放出减二厘；硝价银每银百扣存十两。竹木捐以省城告急加收捐税，旋即解严，遂作为馀款，用以酬应京员，始终未出奏。此外数皆至微，而积存久，动以万计，并轇轕百端。经沅浦宫保奏参，相与弥缝。笠臣亦摊赔五百馀金。接毛丰浦及子湝二信。

初三日。聂仲芳赴江南，顺寄李筱荃、刘岘庄两制军二信，附寄李仲絜一信。又由上海文报局寄合淝伯相、黎莼斋、龚眉生、黄子寿四信，另致黄泳清一信，托其转递。左长卿、吴月卿过谈。长卿深于经学，所言多可听者。晚邀聂仲芳、余佐卿、曾重伯、左长卿、李梓岑小酌。长卿、梓岑均不至。接周桂坞、易卓超二信。

初四日。周荔樵、王西筹、吴月卿、张鹤臣及麓安过谈。六七日来每日一大雨，惟昨今两日无雨，而郁热至不可耐。中土天时反覆，一皆人心为之，泰西无是也。观此亦可悟天人合一之理矣。

初五日。以邹少松观察招饮，便至养知书屋，与李华卿、罗汝梅小谈。郁热至不可耐。下午雨，凉。会饮养云山馆，同席李仲云、黄子寿、张力臣及意城。酒罢，至箴士处，唁其外祖母之丧。晤易清溪，知箴士、清溪均先后抵省，恰遇其外祖母之变。并询悉衡堂、笙陔两叔近状，及子惠就学情形。箴士因言永定有胡茂才其恭，精于地学，属一往约之。

初六日。以梁氏久病，约熊孟岩诊视，迟约至申刻始至，坐候竟日。王试卿观察、彭作新、易清溪、吴月卿及寅伯次第过谈。接饶葆丞、陈长林、陈熙堂、陈大经及杏农各信。诣意城及寅伯、健甫，兼为齐慎庵、胡秋樵贺喜。慎庵署辰溪，秋樵署芷江。便过曾沅甫宫保谈，唐稚泉、邹少松、曾勋鸿皆在，语洋务极畅。

初七日。黄子寿、庄翰堂、凌问樵、左锡九过谈。接李艺林信。家人报称梁姨小月，促令急归。邀王西筹、言舫丞二人诊视，皆归咎熊孟岩一方。然自此次受孕，疾病繁多，实亦非佳兆，不足为孟岩咎。独其受孕三月，孟岩犹谓无喜征，投以逍遥散，其于脉理，亦太失之疏矣。

初八日。周荔樵、周惠生、刘肇溪、盛少康来见。连日检校诸生功课，目力益觉不支。刘肇溪述及义成围捐加书院额课及社谷两事，受姜昆山之累遂至无穷。在官者举动一有参差，人民之承其累多矣，可为悚惧。又论及义合围事，杨燮平、龙海门之罪，殆不可恕。接吴晴研信，所论各事无一中理者，阅之愤闷。《申报》载六月十六日谕旨，张之洞阁学、周德润庶子、洪良品御史星变陈言四条，阅之慨叹：一、清理庶狱，而归重京控案件，秉公审讯，不得以怀疑误控，一奏结案；一、严核钱粮亏空，而推及关税、厘金营私中饱，并饬督抚核实奏报，不得任意开销；一、各省防军需饷甚巨，应严行稽核，汰弱留强，倘有虚报空额，吞蚀口粮，定即重惩；一、澄叙官方，责成督抚考察，举劾赏罚，须详叙实情具奏，而归重冗员过多，急应裁汰，并将参劾裁汰员数咨明吏部查核。凡此四者，期使朝廷刻薄寡恩，急行虐政以应天变。于是而知诸君子之志荒也。方今天地否塞，上下之情悬隔已甚，纪纲法度又益荡然。吏失其职而相奖为贪诬，士失其职而相习为游荡，民失其职而相率为苦窳，合朝野上下无一不失其职者。于是奸伪滋生，盗贼横行，抚以恩则汰弛以自张，制以法则骩骳以求逞，俗敝民顽，日陵月替，刑赏两无所施。即无星变，能一日以安食乎？诚欲应星变陈言，一曰急求人才：援引圣祖、世宗两代求贤诏书，专求隐逸之士，试以小官，使士民皆有以自奋。一曰疏通民气：民气郁塞太甚，老弱废疾全失其养，由督抚督饬州民，勤求民隐而存恤之。一曰节省浮费：陵工兴作及内务府冗滥过甚，管理陵工及内务府大臣皆为优差，以下侵蚀，逐层加甚，宜力从俭约，示以限制。一曰勤恤失职者：上自宗室，下至各省候补人员，皆多失职穷困。宗室宜分别亲疏，给以赡养；各省候补人员，一例停止分发，一以现存人员叙资按补，人数多者，准其量移他省。一曰务修省之实：力行节俭，勤恤民隐，责成督抚大臣校其功罪，一以察吏安民为先，此修省之实也。一曰敬大臣而体群臣：责大臣以匡弼之功，乃谓之敬，群臣则务宽体之。如陈宝琛亦以星变陈言，劾及宝鋆佩衡、万青藜藕舲、程祖诰覃叔，廷旨宽免宝相，而夺万冢宰掌院学士兼衔，惟与程副宪勒休而已，于敬大臣、体群臣之义，容有歉焉。陈伯潜之劾论大臣，与张香涛、梅小岩之请严门禁，同附陈言之义，何关国政之毫末哉！

初九日。雨，风，凉似深秋。寄何小宋制军、勒少仲中丞、李冠卿军门、洪琴西都督四（件）〔信〕。李冠卿信言彭作新、瞿景伊、黎恕堂三人。洪琴西信言易叔辉一人。又寄复李艺林、吴晴研二信。刘牧村过谈。又就左长卿、李梓岑谈。

初十日。接陈俊臣信，适发递闽督何小宋信，并以一信附寄，托黄泳清由轮船递闽。兼寄黄泳清、龚眉生二信。又接孙君诒信，述及刘岘庄为陈伯潜所纠，已奉旨交彭雪芹查办，岘庄恐遂难以自立。李香缘邀同黄海华、傅青馀、吴云谷、张笠臣、朱香荪会饮定王台之东涧草堂，海华、香荪不至。至晚始罢。是夕以中元尝新之期，恭接祖先。

十一日。唐鉴之自粤东带到宋西堂一信，称为赖姓卷挟其资千馀金，逃至常德，属唐鉴之赶追查办。又称途次被窃，求资助。为送给盘费，并为致书瞿景伊，属其照顾。又接彭仲莲、杨籽云各信。易实甫自京回，带到易笏山见寄诗扇并所刻登泰山诗。因过实甫及张雨珊谈。吴莼庵来见，述及义合围杨燮平、龙汉清情形，使人慨叹。人心风俗，流极败坏至于如此，良非一朝一夕之故。君子于此不能不怀危惧。

十二日。周史樵、周荔庐、刘小山、熊绍香及佩珊、商农来见。溽暑方隆，为此等酬应，虚耗日力，意甚苦之。衡阳段复昌见示《易解补集》四册，盖合李氏鼎祚《周易集解》、孙氏宗彝《易宗集注》二书，征引诸家说而补其馀义，又自为说发明之，而名曰宗。吾于《周易》不乐汉说，为跋数语归之。李子茂见示《毛诗馀义》二册，于《说文》之学深有所得，为稍加批注。后来可畏，吾楚经学之昌，庶有冀乎！傅青馀邀同裴樾岑、李次青、陈舫仙、张笠臣、朱香荪及意城小聚水阁赏荷花，次青已前赴衡山，会任籲门自湘乡回，邀同一酌。

十三日。以荐新致祭祖先。便道诣崇星陔方伯、郭定轩观察、守蓉仙、刘南云、刘瑞云、王石臣、袁瑜笙、刘肇溪诸处。便邀王希周、吴月卿、吴莼庵、熊绍香、李华卿、罗汝梅、易叔辉及佩珊、寅伯十人同食新。是日酉刻立秋，恰以是时雨。

十四日。张堃生过谈。见六月廿五日上谕，知西圣病体大安，加赏前济东道薛福辰布政使衔，以道员遇缺题奏；山西阳曲县知县汪守正赏加盐运使衔，以知府遇缺题奏；其太医院之庄守和、李德昌、栾富庆、佟文斌及兵部主事李廷瑞均给予升阶；其江苏职员马文植与薛福辰、汪守正、庄守和、李德昌五人各赏给匾额一方。其保送医生合淝伯相、李筱荃、曾沅浦、彭芍庭、谭厚斋、吴子健，及内务府恩露浦、广少彭、忠和、师继瞻、内阁学士宝廷，均交部优叙。此关国家安危大计，读之为增鼓舞。

十五日。以中元祀祖之期，兼邀刘肇溪及意城午饭。肇溪适以是日回县。经笙亦谋归办理补领，便致肇溪及吴晴研二信。刘小山、汤朝海为赴春华山相地。接唐炳臣及笙陔叔二信。

十六日。为先太夫人忌日，率儿辈行礼，兼随同斋食。李健斋、夏心泉过谈，详及张子健凶悖之状，殆无复人理之存矣。萧希鲁、夏介峰、朱枫桥并枉顾。

十七日。守蓉仙、庄翰堂、夏新泉过谈。余佐卿来言：萧希鲁始自益阳至省，小驻一二日即赴零陵。乃约相就一谈。适陈舫仙至，因并留一饭。(余)〔佐〕卿言镇江强赓廷汝询，故舫仙幕友也，博学多通，而有义气，舫仙以重金延之幕府而不课以事，亦美举也。又言直隶劳裕初、朱亮甫，并一时良吏。佐卿识力绝人，所至必识其贤豪长者，所言娓娓可听。

十八日。熊绍香枉谈，为致书李韵仙、李春谷、李炯斋、高诗泉、吴伯良，令其会商熊玉田，速为料处。绍香于人情事势，全无知晓，亦今之可怜人也。郭定轩见示札稿，极为周匝，然恐刘绍西所言全无实据，恐董厚斋或不乐受，又多一番议论矣。办事之难固如此。

十九日。四日奇热不可耐，本日大北风微雨，而热不少减，亦一奇也。龙砚仙枉过，为门者所阻，留片而去：自南城外十馀里来此，殊不意门者有此狠劲。询之，则因周春外出，属令谢客也。余佐卿、周简斋、曾重伯、杨籽云及玉舲枉谈。曾重伯言：左相疏浚直隶河道之折，未免一隅之见。春秋郑、卫小国，以濒河为沃土。西门豹引河水溉田，而魏国以饶。今河南、山东独受河水之害而无河水之利，且河堧弃地太广，距水数十里乃有民居，宜多开支河，引水灌溉，束河使东趋，尽收河堧弃地。(《贡禹》)〔《禹贡》〕沱潜，既道江之别为沱，溪之别为潜，盖皆人力为之。能分河势，其利溥而为害亦稍减矣。左相宰辅，当从大处着服。区区直隶一省，何足劳其筹画哉！西北五省水利，有应复旧者，有应从新规画者，惜其未能统天下大势一筹之也。诚欲致富强，广兴水利斯其本矣。所言至为远大。不意其胸次开阔乃能至此，可宝贵。

二十日。大风雨而热气未退。是日为末伏之期。接吴晴研信，即以一信复之。午后大雨，始凉。李六等自上海回，接到李勉林一信，又接黄咏清信，并递到曾劼刚、陈松生、徐裕之三信。张笠臣、邹子香、吴莼庵、杨籽云过谈。便诣曾沅甫宫保谈，刘瑞云、余佐卿、袁瑜笙、曾勋鸿并集。

廿一日。雨，凉。李玉阶中丞过谈。子瀞自上海回，述及刘岘庄之颠沛，未免为吾楚之羞。其门丁谢、张二人，彭雪芹曾言及之，岘庄力辨其诬，而宠任之益甚。在省候差者奔走其门，得其一顾，乃可望差委，否则终身废弃。国人交口詈之，而岘庄不知，雪芹恐未必能为之掩饰也。余佐卿、曾重伯过谈。

廿二日。晴，又复奇热。段澥泉、李卯生偕夏瓶仙来见。澥泉治《易》、卯生治《诗》。卯生于《说文》训诂之学尤多心得。张花楼、王西筹并来见。熊绍香回县，一往送之。便过意城谈，晤丁似谷、刘彝庭、黄子襄。随往拜刘瑞云、李健斋、邹子香，及诣丁似谷道贺。子香述及俞氏昆季：长曰子谷；次曰典堂；次曰丹叔，即其婿也。接席山信，当以一信复之。又接余子言、郭华卿二信。

廿三日。大雨，又稍凉。末世之人心，乍水乍火，百出不穷，天时亦因之。天人感召之理，宜有然也。张力臣、曾重伯、易赞周过谈。接李仲絜信，知五月初一日已抵合淝，七月十三日始由皖递寄一信，亦见其情绪之疏矣。曾劼刚见示怀人八首。首李眉生：鄂罗斯国北洋滨，二月无花雪作春。苦忆蘧园多丽景，广开药圃应芳辰。饱经四海离奇事，归访三山缥缈人。意态已从悬拟得，容颜衰朽气清新。　次李申夫：剑阁山人老未闲，扁舟重下水云湾。要将荆玉蛇珠笔，遍记天台雁荡山。远道无书详近状，谪仙有术驻童颜。明年访子西湖上，看（尔）〔我〕[①] 颓然两鬓斑。　次贺云舲：深谷为陵海有桑，眼中不见贺鄱阳。迢迢四万五千里，扰扰东西南北方。梦里有时谈律度，书来相与较宫商。

①据《曾惠敏公诗集》同诗改。

何年湘水衡云曲，我拨鹍弦君鼓簧。　次鄙人：海国风光又一天，夜郎宁识汉山川。自闻天使谈经史，始信中华有圣贤。借甚声名彝鼎贵，翛然神采画图传。缰缍鸿绪惭非选，赢得千茎雪上颠。　次欧阳健飞：淮上将军百战躯，键门兀坐一迂儒。忽承纶绋来天阙，复领艨艟镇海隅。一别光阴弦脱矢，几时晤语萼联柎。欲知天柱地维象，示汝十洲三岛图。　次王壬秋：屡散千金穷欲死，清狂四海一王生。西川老去依严武，北海今闻荐祢衡。笥底专经谁可授，囊中佳句若能赓。草元不博朱丹毂，借与侯芭著姓名。　次余佐卿：落魄江湖余世松，黄金入手一挥空。可怜茅屋蔬飧计，耗向瑶签碧简中。有兴挂帆游（渎）〔沪〕[①] 渎，无端投笔走辽东。幽琴未达钟期耳，渺渺乾坤转断蓬。　次刘伯固：美人遗我忘忧萱，何以酬之药石言。龙尾不嫌终皂帽，风毛岂定在朱门。晴云秋月尘难染，玉尺冰壶品自尊。澄澈侣鸥亭下水，令人知有醴泉源。

廿四日。忽晴忽雨，忽热忽凉，一日数变。接陈宝珊及经笙二信。丁次谷、谢莘田、杨籽云过谈。周春勤干，远胜王升、杨顺辈，而梁姨传述吴氏之言，谓于吴莼庵来见时，索取门礼。此必莼庵恬之使然，而既闻此，不能不善遣之，乃以荐之丁次谷。吴氏往来传语，承其累者多矣。妇女无知，家人多过信之，即所用人，亦须逢迎及之，乃能自安，甚非宜也。

廿五日。回拜李与吾军门、傅青馀、任籥门、黄子寿、邹少松、裴樾岑、熊（熊）孟岩、胡秋樵、姚厚斋。雨亭言近得彭雪芹宫保信，言在江西查办事件，会同督抚衔复奏，奉旨申饬；旋又有查办江督一件，欲顾惜人情，则违诏命，欲直情径遂陈之，

①据《曾惠敏公诗集》同诗改。

又于交谊有缺。与吾复书言：二者皆须顾及之。然其不满于岘庄处，已得之弦外之音矣。接张笠臣〔信〕，述及陈伯潜劾奏岘庄四事：嗜好，姬妾，幕友，家丁。然则所言皆门以内事也，直虑无词以解释之。

廿六日。易兰生专足递到一信，当复一信，并为致书饶葆丞、龚屏庵，兼属谢莘田寓书玉生、谢锦章，邀同颜鲠臣理处。又致槃希一信。胡秋樵、张笠臣来谈，并递到彭丽生一信。周春以事荐致丁次谷处，派一执堂，意不乐也。乃复改荐李荣，并邀吴莼庵询问周春被谤之由，始述及刘绍西一节，俟见绍西再一问之。

廿七日。闻李仲云先夕物故，一往哭之。知在刘韫斋中丞处会饮至四十钟，逃归，大汗遽陨，盖阳脱也。是午本约任籥门、傅青馀、张笠臣及意城食薄饼，会刘彝庭至，亦留饮。李宅见邓双坡、刘馨室、裴樾岑。又陈少轩、朱星垣、王云生三观察，则皆通拜而未见者也。便道一视王西筹，以颠蹶伤足故也。并晤李作霖、盛月台两君。

廿八日。守蓉仙、刘瑞云、李健斋、余佐卿、陆恒斋、闵新吾、胡樣吾过谈。接邓宝臣、胡道生、龚眉生三信，知黎莼斋约闰七月下旬乃能抵沪也。与余佐卿约诣沅甫宫保一谈，刘瑞云、凌问樵、袁瑜笙、曾鸿勋同一会叙。蔡浩楼亦至，言有江西刘君精脉理，四月中，李仲云至斗姥阁，刘君诊之，谓其脉空急，宜保养。然则仲云之奄忽以死，亦早形之脉息矣。

廿九日。张笠臣、凌问樵、张寿荃、欧阳可亭舟、邓鸣之、焦赞臣、左橘云、左长卿、陈子濬过谈。欧阳可亭舟言：曾重伯所同看地者，一为长沙曾侨瀚，一为湘阴韩芳农。又语及曾文正妹婿二人皆王姓，王笛来、王协廷为兄弟，王瑞臣又别为一姓。张寿荃言陈兰甫自述，门人以于式枚为高足弟子，广西人也，去岁已得馆选。陈子濬见示武陵陈伯涛诗文，少年美才，为校经堂文学之选。

三十日。朱宇田、左锡九过谈。曾次梅枉顾，未晤。接李麓渔、鹤九二信。宇田自言所以避人，亦为刘治卿所行多不中理，恐致滋累，避而远之，亦借是省酬应也。是夕，易叔辉、毛荇荪以赴郡试，均就本宅进场，以讲舍重门深锁，夜半难为照料也。

闰七月

闰七月初一日辛卯。为湘阴、宁乡、醴陵三县府试之期。校阅夏彝恂《环猿馆文集》三卷、《诗集》二卷、《经解》二卷，由其兄夏瓶仙转达。熟于《说文》奇字，诗文渊博沉丽，一时之秀也。为邹闻生及席珊寓书邹少松，为盛展基寓书刘治卿，均久无消息。自朝廷不达，士民大率营求请托，终日逐逐，以为正轨而不悟其非。日据理势以折之，亦无有能回心转意，少损其营干之私者。虽由世教不明，蝇营狗苟，高卑一辙，无可挽救，而亦足见士民失职者之多也。

初二日。裴樾岑、黄桐轩过谈。随回拜曹次梅、邹少松、毕佩琴、张南屏、姜昆山、於桐轩、朱宇田、欧阳可亭、刘治卿、黄澍田诸处，并为守蓉仙、彭作新贺其署缺之喜。裴樾岑荐衡阳生员刘岳镇，凌问樵荐善化生员张鸿运入思贤讲舍。是日李仲云成服，候补官至者裴樾岑、刘定夫、余振园、王云生、庄辛庵、徐熙堂六人。绅士至者杨砥皆，俞鹤皋，黄子寿、子襄，张笠臣，陶少云，凌问樵，胡少芝，周陶溪及吾与意城，不过十人。其亲戚如汤翰屏、胡尚之诸人，则多不相识，不以寻常交谊论也。

初三日。接孔庭兰信，知曾劼刚已转副宪，筱荃制府连举两子，均可喜。彭丽生寄示《楚辞注辨正》，颇多出新意，而于屈子本旨不必尽合。略一展阅，于鄙见已多参差，或亦各有所得也。张力臣、朱次江、陈舫仙、余佐卿、曾重伯、邹少松、燕远村次第过谈，遂自晨起至于日夕，未尝一稍息，苦累之至。

初四日。邹少松、汤小安、丁子骏、曹咏芝枉过。汤小安言及寿星街屋一所，盖岳州李氏以抵衡阳梁氏欠款，小安为之调处者也。子宽曾语及之。李祥恺以为房屋狭小不适用，故不乐受也。麓安回县，寄吴晴研及槃希二信，又复邹闻生一信。易兰生亦自县枉寄一信。

初五日。李芝岑、曹泳笙、张笠臣过谈。接易琴轩及席珊二信。诣曾沅甫宫保谈，邹少松、唐稚泉、陈舫仙、凌问樵、韩勉吾、曾鸿勋并在。因拟过意城处，便道回寿星街。是日大凉。

初六日。子瀞专足赴上海，为寄合淝伯相、黎莼斋、黄泳清、龚眉生四信。又以龚振之回县，寄李泳仙、刘肇溪、吴晴研、盛展奇及槃希四信。是日邀焦赞臣、冯小亭、闵惺吾、欧阳可亭、邓鸣之、左巨云、曾重伯小酌。小亭及子宽均以事辞。

初七日。微雨，寒。庄翰堂、周陶溪、罗东阳过谈。诣朱香荪、张笠臣，见彭雪芹查复刘岘庄折件，盖具劾者二：一劾其嗜好过深，广蓄姬妾，纵容家丁收受门包；并劾及其在粤用人之姑息、任事之苟且，引张树声所参臬司、运司及总兵殷锡茂，并当日刘某之属官，及所筑炮台经雨坍塌为证，请饬彭详查条复。一劾其嗜好素深，又耽逸乐，彭某又筹江防，颇为掣肘，兼及沿江炮台多不可用，而归重中朝汲汲禁烟，而疆臣蹈之，何以服远人？请另简重臣使代其任。雪芹一皆坐实，而颇力为之解说，惟称其不能耐劳，两江地大政殷，慎海疆之重防，全该督之晚节，出自逾格鸿施。岘庄此席必不能保全。又云广东炮台相去甚远，无从查访，应饬粤督确切查奏。沿江炮台，局员候补道赵继元专司其事，又另片劾论之，称其恃势揽权，妄自尊大，已云至矣，而片中必指斥其为合淝妻兄，是直与合淝为难，恐遂开湘淮门户之见，则尤过也。刘岘庄、赵子常恐皆不免罢斥。兼询知邵积诚所参陵工总办三人：一景澧，为宝佩衡相国之子；一素麟，为景秋坪之子；一王庆钧，为王夔石之子。王庆钧以资格太浅，饬部撤去，馀二人但交部察看而已。政府行径如此。古所云辱朝廷而羞当世之士，殆无有过此者也。自是朝廷亦有轻视大臣之心，枢府诸公何以自立？即中朝气象亦略可想矣。

初八日。曾沅甫宫保过谈。张寿荃、余佐卿、姚裔云、李梓岑、周陶溪、赵耀堂、夏彝恂、夏瓶仙次第至。吾苦一切不能记忆，又不善言辞，于来问学者都无所启发，是亦天限之也。聂仲芳自湖北寄到食品数种，而使者不能言其踪迹所至。接邹少松信，当因三槐堂专足之便，递至沙坪席珊、佩珊，商酌赴郴州局馆。接俞竹君、刘伟青、邹世忱、易兰生、饶岱霞各信。

初九日。回拜曾沅浦宫保、汤小安、汤幼安、刘彝亭、邓鸣之、焦赞臣、左巨云、邹咨山、夏彝恂、李卯生、唐兰生及李大令元善春舫、冯观察邦栋。因至寿星街。邀守蓉仙、彭作新、刘瑞云、李健斋、胡少芝便酌，期以三点钟。胡少芝五点钟始到，勉强登席。又逾六点钟，李健斋始到。陪坐蓉仙、作新至逾两时。甚以为苦。中土无礼无信，无巨细事皆然也。

初十日。周韶希邀同任籲门、陈程初、陈舫仙、张笠臣、赵耀堂、刘云樵及意城至天心阁小酌，以其岳家马氏居天心阁下，阴阳家言其地可以营葬，邀任籲门、赵耀堂印证之。刘云樵言岳麓山脉出自宝庆邵阳之龙山。吾谓：八面龙山东北行，至宁乡之沩山，又分为河西诸山。刘云樵言：沩山已早分枝包其外，岳麓山脉不出沩山也。询之刘云樵，其祖父固善形家言，年八十馀始卒。云樵自少即能步山求地，故于河西山脉，考求为独详也。

十一日。傅青馀、张笠臣同约邀黄海华便饭，借止园庖馔、园林之盛，相就作竟日谈，邀裴樾岑、吴云谷、朱香荪作陪。便过曾沅浦宫保，已于昨日回湘乡。席中语及辜大令镗事，盖其人素称怪诞不经者也。中丞颇信其言为实。其说发之兴宁学官左君，容当一推考之。易直卿及商农来见。直卿语及湘军留山西者，为卫靖澜摧折过甚，在营者皆怀惧心。卫君阴险，亦今时应运而生者，固知其必有此也。

十二日。郁热复甚。黄桐轩、周荔樵、周惠生、闵新吾、朱次江、易玉峰过谈。席珊自县来，带到易兰生、吴莼庵、吴晴研三信。朱次江自述近为克己立诚之学，日常内自省察，每至夜分，抚念此心泰然，无所疚悔，亦是人世一乐。一日仆人误蹇为塞，既已听之，旋念明知其误而不以告，彼与我皆有歉也，急召而语之。又一日侍父小食，一二果品，方举手取食，立自省责，以其父目不能见，无所受命而擅取食，是为大不敬。以是自省，故常终日冲容有馀。次江读书能自求得如此，殊不易也，为之心喜。是日大风，雨，雷。

十三日。曾重伯来谈，约余佐卿不至，乃约左长卿，其言颇近切实。重伯议论，往往涉于高旷，长卿闻必救正之，固不失为良友。重伯亦言及合淝伯相有致沅浦宫保书，言初六日拜发陈请开缺一折，已奉旨赏假三个月，大约月半后乃可奉到也。是日暑热尤甚。

十四日。刘馨室、袁予文、余佐卿、王吉甫、李梓岑过谈，遂尽一日之力。本以多病不能构思，每日应检理事宜，至一不能措手，惫精竭神于闲谈酬应之中，真觉无谓。中土四民居十之一二，而游民乃居七八，其间有职业之民又皆耗心于酬应，所用以治事者，日亦不过二三分工夫，民安得而不穷，国安得而不弱也。接饶宝丞、龚瓶安信。是日凉。一凉一热，瞬息之间常若相距一两月间节候，至顷两年，变幻尤甚，虑非佳兆也。

十五日。接文报局黄泳清信，并递到陈松生、姚彦嘉二信。守蓉仙、左锡九、左长卿、燕远卿、梅子宣过谈。并闻燕远卿谈虚无缥缈之旨，亦李次青喜谈阴阳鬼神，有以招致之也。张笠臣过谈，语悉彭雪芹已奉署江督之命，湖北接到此信，适已巡江直上，闻十三日已抵岳州，大率日内即可抵省也。以易玉峰将奉其母还营田，稍为处分诸事，并致饶葆丞及鹤九二信。

十六日。周陶溪、朱香荪、余佐卿过谈。回拜李玉阶中丞、邓双坡、裴樾岑、刘馨室、邹少松、贾榴生江西主事、傅蕙友湖北主事、黄子厚、袁予文、罗伯翼、王理安、湘蔗生、梁□□、周荔樵、周蕙生、刘如九、守蓉仙，遂尽一日之力。

十七日。张笠臣、黄子寿过谈久坐。适陈舫仙、朱香荪及聂仲方馈菜，因留饮，并约舫仙及张寿泉、余佐卿、曾重伯、刘彝廷及意城、子瀞。意城、子瀞适因刘彝廷治馔相款，重伯又回洪家井，乃约朱香荪一会谈。酒罢，邹少松至。忽觉头昏目眩，遍体为之不适，冷汗如洗。急专足求医。言舫丞适偕言湛甫至，诊视，以为虚寒也。邹少松以见惠老山参一枝。老病颓敝至此，深为可惧。

十八日。以曾媳百日之期，令多孙、顺孙先至寄园行礼，旋归致祭。并约李寄庐、彭蕴卿、蔡绵生、胡梓吾、李华卿、罗汝梅、易叔辉及席珊、佩珊、子惠小叙。彭雪芹宫保过谈，周步瀛亦至。

十九日。王西筹、龙研仙、刘小山过谈。回拜彭雪芹宫保、周步瀛、汤翰屏，及就胡少芝问其女生庚，为雪芹孙议婚。并诣袁予文、罗麓生、左伯翼谈。是日刘彝亭治席枉就玉池别墅，邀同沈咏荪、阮申之及意城、子澥小酌。询知刘彝亭明日即回新宁也。

二十日。接张勉斋、彭仲莲、俞竹君、李韵仙、刘肇溪、盛展奇及槃希各信。周蕙生、黄昆圃及商农来见。以彭雪芹之孙谋与胡少芝〔女〕结婚，属意城查问胡氏，意城以属之我，雪芹开交其孙生庚，因往致送。便过刘彝庭。余佐卿过访久谈。彭雪芹递到方存之一信，并惠寄所著书十种，一曰《志学录》，二曰《俟命录》，三曰《柏堂读书笔记》，四曰《书传补义》，五曰《诗传补义》，六曰《读易笔记》，七曰《读论孟笔记》，八曰《读大学中庸笔记》，九曰《礼记集说补义》，十曰《春秋传正谊》；诗文杂著不与焉。存之名能为古文，所著各录及经义，皆言性理之学者也。

廿一日。彭雪芹约同凌问樵、韩勉吾、陈程初及意城午酌。便回拜於桐轩、唐鲁英、杨砥皆、曹咏芝、易赞周、姚裔云、黄子寿、张笠臣。笠臣处晤朱香荪，得一快谈。是夕，张寿泉、余佐卿、燕远卿枉过。彭雪芹处并为胡少芝传庚。是日酬应稍烦，亦觉力不能支也。是早於桐轩、张笠臣枉过久谈。接丁次谷、夏晋瀛二信。晋瀛为夏辉南之子；求《忠靖公集》，竟吝不与。

廿二日。周荔樵、袁予文、罗麓山、汤翰屏、胡少芝、刘小山、余佐卿、郑湘舟次第过谈，遂尽一日之力。欲稍料理赴乡，竟无馀力及之。中土酬应烦苦如此，坐耗日力，良亦可惜。接饶葆丞信，知易兰生事已了，大率吴晴研为之张罗，皆由鄙人垫出者也。然此等为人了事，虽稍为累，亦所乐也。

廿三日。邹少松、黄子寿、张笠臣、王吉甫过谈。少松出示湖北来信，制军来南查办事件，已于廿日自鄂开行，而省城讫无知者。传闻所查在巡抚用人不当，此则出谮者之口，非事实也。李玉阶中丞注意少松，盖少松为最所倚信，故心有歉焉。其实少松以雄于资，为人所忌，在道员中，明白开爽，尚未有能及之者也。

廿四日。大雨，寒。彭稷初、余佐卿及席珊过谈。接合淝伯相前月廿四日书，于恪靖极有违言，称其习为大言，神智日渐昏蔽，并以新疆善后不一经意，恭邸亦相与束之高阁为怪。合淝于此高出时贤万万，固无疑也。

廿五日。雨。邹子香、余佐卿及东林（尚和）〔和尚〕过谈。诣邹少松、张力臣、彭稷臣。力臣处见朱香荪小诗云：果然筠老欠知人，未必贤郎胜力臣；现寡可怜休过问，有何颜面对湘绅。读之不得其解。舆中始悟孤寡可怜谓自谓也，以曾为王夔石参革，故发愤言之。

廿六日。裴樾岑、任籥门、朱香荪过谈。朱次江治《礼记》，乞予批点船山《礼记章句》及《质疑》一书。次江读书精进，方务为反本克己之学，予因撰克己、存诚二箴以（诒）〔贻〕之。香荪为言：近时治性理之学，湘乡张伯纯、陈子濬，湘潭罗顺循，宁乡陈赞臣，大约皆与次江交好，以资讲习者也。

廿七日。邹少（村）〔松〕、李香缘、陈舫仙、余佐卿过谈。舫仙见示曾沅浦宫保奉到寄谕一道，盖赏假后忽催令赴甘，以关外降回多入西安省城，恐启人民猜疑，宜早赴任，以资坐镇为言，并令先行复奏。舫仙谓体察朝廷之意，当已先有替人，意者其刘荫渠乎？其情势似亦近之。

廿八日。施程侯、邹咨山、刘牧村过谈。朱次江见示《礼问》一帙，所问数十百条，皆浅易无待深考，然亦竭二日之力始能竣事，而心力目力皆不能支矣。老景可伤。接洪琴西、王梦虎各信。

廿九日。大雨，寒。诣吴云谷、张文心、王石卿、李香缘、李瑞南、陈舫仙、熊鹤村及谢学博鼎卿、严司狱铸仁。便邀周步瀛、陈程初、刘云樵、曹咏芝、黄昆圃、周陶希及意城午酌。接夏晋瀛及鹤九二信，并寄到《夏忠靖公遗集》一部。

八月

八月初一日庚申。思贤讲舍学规中原有会讲一条，以值天气炎热，初遭国讳，继以子妇之戚，至是始告知左长卿，邀集潘学海、夏瓶仙、李杜生、陈子濬、左绍明、邓觐秋、黄荃生、何梅阁、殷翰卿、吴子荫、江竺仙、罗巨生及经笙、荇农十四人及罗柟卿，至大厅会讲。发端言：诸生聚处已近半年，间一相见问所疑，并随事为言，未及论学之旨，所立章程会讲一节，亦讫今未及举行，是以今日邀集一讲。读书必自经始，读经书必自训诂始，学问本原，必由于此。要之，训诂考订，著书名家，学中之一艺耳。其本原在立身制行。圣人立为学校之制，示以立身制行，其义安在？盖以天地生人，当使之各尽其道。得其道则治，不得其道则乱。圣人不能遍治也，聚天下之贤且能者，使涵咏诗书之中，有以通其变而达其微，庶几缮性以修其身，推而行之以治天下，而后生人之道立，即天地之为道亦相与维持于不敝。古贤言为学先立乎其大，语本孟子。所以谓之大者，心为五官之主，万事之宰也。而君子之所以为学，亦正须于大处着眼。程子所谓大其心使开阔，正以学问规模，须是展放得大，庶足以尽天下之理。张子《西铭》不可不读，直看得天下一家，物我同类，为吾人自有之责，而其工夫自在后半篇，一一归宿到身心上。于时保之，开通后半篇之旨，而以践形惟肖绾合前后。知化穷神，存心养性，不愧屋漏，践形之实功也。如此方觉得此道之在吾身如此之大，如此之重。学人资质只有两途：曰高明，曰沉潜。而圣人却为之狂狷《广韵》：狂，病也。《说文》：狷，褊也。两字；并是病痛，圣人却是见人须有病乃有治法，特描摹出此二字。狂者进取，已是看透第一层道理，自己便出担当，不是如今人一味恃才陵藉。三代而下，狂者恰是不易得，只有狷者一流。以狂者入道，亦须是有狷者质性。孟子固曰：人有不为也，而后可以有为。此意恰是要紧。孟子言扩充二字，最足以警发人心，如言人能充无欲害人之心、人能充无穿窬之心。害人及穿窬，吾辈断不存此念。然或一言而阻人为善之心，一行而使人尤而效之，其害人甚矣。至于仕宦临民，所关利害尤大。若穿窬之心，推之尤无穷极。孟子亦言以言餂之、以不言餂之，皆穿窬之类。充此一念，吾辈之犯此岂少哉。天地生人，与吾之生原是一气感召。不从己身上结实推求，则是人身与吾身相隔数十重，于天地大本大原处从何推测？今日人心风俗流极败坏，至于此极，吾辈正当分任其责。孟子言：吾为此惧。闲先圣之道。孟子于此实不能不怀惧。春秋战国之世，王者之迹已息。孟子于此时得禹、汤、文、武之君，犹可反而之三代，过是而无可为矣。孟子之惧，实见得三代圣人之迹，至此将废灭无馀。吾辈处今时，眼见人心风俗敝坏日甚，亦岂能不怀惧！所以挽回人心风俗，从何处入手？直须自从身心上检理一番，今且勿深论，只此日读经史，即是立身制行之准则。程子云：主一之谓敬，无适谓之一。日读此经，即将此心收敛到此书上，反复寻求其义理而涵咏之。极之起坐动履，皆须有一定准则。读书在此，即立身制行亦在此，只此一件工夫。今且问人心风俗所以日坏；其本源何在？在人心不肯向学而已。试看国初诸老，是何等气象；

乾隆中叶何等气象；道光、咸丰以后何等气象。正气日微，人心风俗亦愈益坏，无可改移。近日人心风俗之坏，其本源又在何等？在不安分而已。只如今读书者，舍读书本业而求局务；百工技艺，亦各舍其本艺而求营务。富者日求益富，在官者日求高官美仕而无有已时。直将一世之人心，鼓荡得如潮之涌，如火之腾，如何平伏得下。吾辈且先自平伏其心。今日读书，便安分做今日的事；明日就馆，便安分做明日的事。但使自己的心平伏得下，随所在而皆有自尽的分。天地间生计，皆是天地间人营求。越驰骛向外，越求丰饶，越无自足之望。人人存怀此心，世界何由得静？吾且愿诸人先从此打透一关，乃可向上求进。左长卿亦举舜其大孝一章以证《西铭》，举君子食无求饱章以证安分二字之义，相与揖让而退。朱宇恬、朱岳舲及子惠、兰士、健甫诸人过谈。张笠臣邀同邓双坡、傅青馀、李次青、张寿荃、黄子寿、朱香荪晚酌。子寿迟久不至，候至一时之久。晚归，过左癸叟一谈。

初二日。本约任籲门、王吉甫同往相地，以恐舆马张皇，径邀籲门至寒波坳，寻求春华山龙脉。便道过史家坡，相左氏先茔，盖驼口及浏河两水相交处尽尾一结也，其气局颇大。皮鹤龄祖茔在其下，收局更觉轩朗，然去山稍远，地势平坦，恐为左茔檐唇。过白马铺、望仙岭、石灰坡至奔塅，日已就夕。雇人送至寒波坳，已夜半矣。山径崎岖，又苦风寒，马瘏仆痡，奔驰无谓，然去奔塅竟亦无住宿处也。

初三日。在寒波坳庄休息一日。陪同任籲门就近看所购王姓地。黄晓坡竟移其祖坟葬此，并树碑其上，碑载光绪二年立，即丙子年黄晓坡造谣滋事时也。其狂悖亦殊可怪。使黄晓坡不幸犹在，吾必与严处，势将压令迁徙而后止。佃人王先桂诉牌甲石荣贵强取其塘鱼事，因传石荣贵谕止之，并及李临川引（山）〔水〕

侵害田亩、刘镇邦强伐山树两事，属往宣谕，如再犯此，当先由团处罚，不能听从妄为也。王先桂之兄王景清亦来夜话。

初四日。拟由春华山至九龙山，乘高一审山势。有王子兰者来献地数处，约往一观。惟牛溇塘王氏祖茔甚佳。画眉冲杨氏祖茔，则杨鹏海家发冢也，气局更较大。王西冲周氏屋场，树木尚为茂密，而于地法无取。馀尤不足数也。引看画眉冲者石蔚卿。引看王西冲者杨忠信，即在其家午饭，所居曰小鱼冲。是日看地无几，而甚觉劳乏。任籲门踩踏山势，傍晚尚无踪影，因先返寒波坳庄屋以候之，留马夫鲁姓春华山，迎伺其渡河。方再遣周亿往接，而马夫已先回，因并遣赴香店桥石蔚卿宅、小鱼冲杨忠信宅两处，一探问之。以石蔚卿曾约任籲门相视其母葬地，籲门向不肯失信于人，必谋一往践其言也。夜半，周亿归，询之果然。

初五日。任籲门偕同石蔚卿赴省，至寒波坳庄屋，随同启行。过长桥午饭，店主人柳子谦，故世家子弟，张挂刘文清七言联，并刘文恪条幅，以钱二千购得之。出所藏董文敏手卷及罗慎斋联，索价太昂，未及购买。傍晚回讲舍。接陶稚瑜、邹闻生二信。袁瑜生过谈。

初六日。张笠臣、左癸叟、王吉甫过谈，遂尽一日之力。接张子遇、杨籽云、龚瓶安、刘小山各信。笠臣述及李辅堂之言：李玉阶实为张香涛纠参十款，其势不能不波及邹少松。癸叟适自京师回，言玉阶声名颇坏。吾谓张香涛此折，必多得之恪靖坐中。癸叟言与香涛来往颇密，冒小山亦朝夕相聚。似此则鄙人所疑，亦良有端矣。是夕葛江村、曾介石枉谈。并接到沅甫宫保一信。

初七日。刘治卿、邹少松、张笠臣、余芳城、余佐卿、易兰生—①—佐卿携其内侄刘恭寿、刘普贤一一过谈。复曾沅浦宫保信。随又接得一信，以邹少松事相托，适有致李筱荃制府书，因并以寄之。回拜施程侯、王桐轩，及诣李辅堂谈。语及松筠十君子名目：一曰宝竹坡廷，二曰张香涛之洞，三曰张幼樵佩纶，四曰陈伯潜宝琛，五曰黄漱兰体芳，六曰李苾园端棻，七曰张仲模楷，八曰邓石生庆麟，九曰邓□□承修，十曰邵□□积诚。

初八日。朱寿九、王西筹、朱次江、李梅臣、余佐卿、曾俊师、曾重伯、罗柢敷、罗汝循及箴士次第过谈，迨亦疲于奔命矣。箴士并递到笙陔叔一书，当即为转达中丞。直拙之性，于此等实不能容，虽遭厌恶，所不辞也。询问寿九兄弟行号，则寿九行大；和生行七，为岳舲之子；鹗生行五；乔生行六；橘生行八；又小者方及一岁，为宇田之子。凡五人皆已入学，亦可谓盛矣。其郑氏外兄弟大者曰子善；五曰东安，在常德督销局；七曰笏堂，即在文正祠经理一切者也。晚就朱香荪谈。曾重伯开荐衡阳生员胡镇中，杨子介开荐长沙生员柳大黉字青舫、善化生员黄星焕字克亭，求入思贤讲舍，当属张笠臣记存其名。

初九日。邀邓双坡、王石卿、张寿荃、傅青馀、李次青、陈舫仙、张笠臣便酌。舫仙以患腹疮不至。因令意城作陪。

初十日。邀左癸叟、曾介石、周荔樵、周蕙生、曾俊师、曾重伯、刘恭寿、刘普贤便酌。左癸叟适以是日为其子巨云定婚傅青馀之女。恭寿、普贤并辞不至。改约左长卿、余佐卿。又以罗叔循始自湘潭至省，并令会饮。是日微雨。

十一日。约彭伯昂、左癸叟、徐仁熙、殷少乔、王西筹、易叔辉及子瀞早酌。伯昂又已赴乡。龙树棠枉过。接刘朗山、郭含

---

①以下疑有脱文。

万、吴莼庵、盛展奇、陈熙堂、易伯肫、周介夫及玉舲各信。以罗叔循、毛杏荪赴湘阴之便，顺寄盛展奇、吴晴研，及致龙汉清、龙先楚一柱、蒋艺芳五柱、王应书二柱、邓绥之三柱、曾富有六柱、张大发四柱、曾庆南八人公信，属盛展奇致送。去岁姜昆山明府签派首士六人：蒋（蒋）艺芳，王应书，曾庆南，此外张泮南已就馆外出，吴莼庵为县绅，邓采亭则已物故矣。其详并闻之蒋旭亭。三柱之易思举，六柱之蒋范八，五柱之蒋旭亭，则并为吴莼庵指控者也。此事吴莼庵办理实不得法，其势不能再以属之也。

十二日。裴樾岑、林问樵、胡少芝、罗小垣、戴竹青过谈久坐。接严少韩、张子遇、姚彦嘉、李寄庐及子湛各信。严少韩并寄到郑小谷《补学斋集》，分散文、骈文两种。樾岑为诵毛寄云、恽次山旧事一联：八百里官马赶私书，笑黄金纵用到黄泉，毕竟有钱难使鬼；五千板甘心沉苦海，叹黑铁终磨成黑狱，只愁无路可呼天。吴月卿与寅伯晚次一过谈。

十三日。谢莘田过谈。回拜邹少松、裴樾岑、刘治卿、张松坪、但少村、潘小农、秦啸石、谢莘田、刘牧村。料理节事，回至养知书屋检点。接何小宋制军一信。

十四日。雨。料理节帐，榷算竟日。接黎友龄、易卓超、饶岱云诸信。寒家一主节俭，予自仕宦归田，一切无加于旧，衣服饮食，取免饥寒而已，未尝享人生一日之奉，而至今衣食粗给，便有难以视昔时之简约者，节帐支销至五百千，即内外仆从工食赏号，已及百千。处平常无事之时，非有兴造营作，而费用如此。无怪国家承平日久，所入愈多，而用愈不给也。

十五日。接守蓉仙、黄海垣、胡受伯、瞿景伊、黎恕堂、张晓亭、萧忠训共七件，皆贺中秋信也。《申报》载闰七月廿六日周捃藻禀谢松阳厘局差委，相距未及二十日，由浙而沪，列入《申报》，流传已数千里，亦由内海及长江两处轮船之便使然也。是日邀集讲舍生之隶省外者数人作中秋会：潘碧泉、夏瓶仙、李杜生、陈子俊、何梅阁、殷翰卿；瓶仙之弟夏彝恂、杜生之弟李卯生，则校经堂肄业生也。此外则李寄庐、徐仁熙、吴月卿、刘小山、刘若华、晏皓轩、易叔辉及经生、杏农、韵民诸人。月卿、小山并为寅伯邀饮不至。分东西两席会饮，周旋竟日。

十六日。邀吴月卿、刘小山早饭。并为月卿致书王吉甫。令月卿出浏阳门以步度省龙，令小山出水鹭洲以步度岳龙。明知其无益，而不能不尽人事。大抵富贵家求地之说，出钱为功果耳。地道与天道，悠远不可知矣。所受之福分，与人世所谓机缘，又各有所值焉，不可以理测也。以吾生平遭际准之，颠倒错忤，不可穷诘，于此岂有当哉！念之怃然。曹识山、李召甫枉过久谈，送之出门，遇周志钦、胡止斋二人，相避门右，吾以门首时有过客游望，不为意也，比询知，使人追寻，而去已远，颇愧无以对之。

十七日。陈金垣、刘筱崧、余佐卿、李华卿、罗汝循过谈。华卿见示笙陔叔信，使人叹惋。姜昆山、黄次珪枉顾，均思得一见，而适相歧左，皆由仆人不谙事情之过。

十八日。左癸叟为其母补开七十之筵，一往祝之。邓鸣之、左子栗陪至厅事，张力臣、陶少云、汤幼庵、黄子襄、陈舫仙相与会谈。陈子常自浙江回，语台州事甚详。左锡九、焦赞臣、燕远卿、邓成书次第至。文擅湖、刘靖生二人新选入讲舍来见。锡九并告知王壬秋次子王庆来之丧，亦今时美才也，为之怃然。盖病殁夔州旅次，劳鹭卿、孙公符为经纪其丧。其报丧至家，亦公符也。锡九询问应办事宜，为具语之。

十九日。史契泉大令自天津带到冯瑞堂信，并所刻《醒世金箴》十部，大率辑录扶鸾训词。询知冯瑞堂在史光辅营充当哨官，光辅为契泉之从兄，契泉从张朗斋关外襄办文案，以知县留甘肃，送部引见，谋就曾沅甫宫保于山海关，甫至，而沅老已南行，又随回南，张罗引见之资。据所陈述，皈依左恪靖甚至，盛称西域蚕桑之利，并谓必设行省以固边防。所言与诸所闻绝异。蔡浩楼之兄蔡蓉仙偕黄笛帆来见，任宇田偕邹柳帆来见。笛帆谈地学，柳帆谈相法。笛帆呈示三图，云水帘洞一地甚佳，约九月初一往相度。林尊三亦献一地图。准以鄙人生平遭际，恐徒费奔走经营之劳，无济于用也。

二十日。以史契亭由上海赴京之便，顺致黎莼斋一信。接刘岘庄制军、彭作新协戎及曹识山、盛展奇、凌问樵各信。张寿荃、陈舫仙、尹和伯过谈。以王庆来之丧，致唁王吉来。凌问樵缄：补恤无告堂二缺，一王任氏，一罗马氏，并年老无依者也。与张笠臣酌商九月朔日致祭船山先生，派潘碧泉、夏瓶仙二人司理祭仪；祭文一通，由李杜生撰拟。湘阴义合围事，屡缄示吴莼庵、盛展奇，竟一无办理之法，并原缄所指示皆匿而不宣，其才力心思诚有未逮也。至是益觉李镜涪之为人，为一邑所必不可少，以稍能任劳怨，致为李仲云倾挤，而强被以罪名，邑人至引以为戒，无敢任事者，亦实见人才之销乏也。

廿一日。曹识山托致易笏山一信，因加一信，由孙春皋廉访转递。余子兰来见，并求借居城隍庙，因饬人通知何象山太守。回拜刘荔樵、凌问樵、周志钦、胡止斋。便赴刘云樵之召，同席张笠臣、陈舫仙、刘荔樵、周陶希及意城。

廿二日。接郑陶斋、陈展堂、聂仲芳、董厚斋各信。罗星潭、李梅臣、李健斋、袁子文、张笠臣、余佐卿过谈，遂尽一日之力。罗星潭本以贵州候补道赴都引见，上书言事，朝廷谓其能知洋务，改发直隶，荐粤人陈彝亭庭诏修造气轮船，縻费万金而不能驾驶，与郑陶斋合赔银至七千之多。以上书见知而取困如此，则亦好事之过也。

廿三日。大雨竟日。李梅臣邀同罗星潭、钟瑞亭、邹少松、曾介石、李健斋、余佐卿相就午酌，未午已至。询知邹少松以子瀞邀午饭，属早就席。迨诸客并集，专候少松，乃至过午。梅臣与吾，均至劳倦。罗星潭见示前岁入都条陈时务策五条，上荷朝廷嘉奖，以为能知洋务，改发直隶差委。睹所陈奏，殆略闻洋务情形，而不揣时势，不察本末缓急，遂欲以一隅之见，见之施行，宜合淝相国置之闲散，两年不给一差也。其五条中，整学校、练民兵，并文武两途，均欲改法易制，并选举考课而更张之，其势固必不能也。三曰精机汽器械；四曰参西国之法例，收用南洋流寓人民，则亦今日言洋务者之常谈也；五曰握朝野之利权，专据开矿及加征鸦片烟税为言。所以上倾朝廷之听，在十馀年后，可以扫敌国之穴，犁寇雠之庭，不必震慑强邻，自馁其气数语而已。惟言贵州苗疆利病及请复四川机器制造局两片为佳。制造局已前撤去，至是复奉旨设立。苗疆七弊，尤为剀切：一、土官朘削。二、屯军有名无实。三、采买需索。四、挽运领价虚縻。五、古州、八寨、丹江、都江等厅无丁粮税课，侵吞采买价银，征取白粮，苛索夫银钱、柴草钱。六、苗民轮流赴各衙门值役，谓之行夫；有征发则全境皆往供役，馀夫折钱二三百，谓之大水夫；不应役、不纳钱则捕押，责索贿赂；每年仍征取夫价、柴草钱。七、各属地形交错，谓之插花地，彼此延搁推诿，词讼盗贼，无理论者。宜废土司，除屯军名目。采买、挽运两项，岁须银三万六千五百三十馀两。岁支兵米六万三千六百馀石，各府、厅、州、县岁折采买、挽运（秋）〔银〕改米五万七千三百九十二石四斗，不敷米六千二百五十五石五斗二升，宜以各府、厅秋粮及改征米每石折价七钱五分，加火耗添针坐平共收贵平银一两，解交粮道库转发各营，摊发兵丁自行采买。以挽运银一万七千二百馀两，弥补不敷米六千二百五十五石五斗二升，尚可余银一万一千馀。再定章程，严禁浮征，去其夫役之苦，割正插花地界，可以永保苗民安静无事。于苗民冤苦情形，言之颇为剀切。然亦岂独苗民然哉！吏失其御，纪纲法度荡然无存，州县积弊，大抵然也。阅之三叹。子瀞上海专足信，接到黎莼斋、曾劼刚、黄泳清、龚振之各信。院生张德森来见。

廿四日。回拜罗星潭、钟秀亭、李梅臣、罗韩生、张雨珊。是日为先光禄公诞辰，率儿辈上供，兼邀罗星潭、钟秀亭、李梅臣、刘栗桥、张笠臣、余佐卿（左）〔午〕饭。黄子寿过谈，与罗星潭故有姻谊，留其同酌，以新病愈辞。余佐卿又以其夫人病不至。星潭述及万藕舲之言：国家与西洋通好，意相羁縻而已，勿真认作通好。岑彦卿以能狙击洋人，朝廷特加眷顾，此可以悟矣。盖示星潭以求仕进之方也。君子所以自立，信、礼而已。管仲之言曰：招携以礼。又曰：政令已行，虽睹利败，不欺其民；结约已成，虽睹利败，不欺其与。霸者之事功，亦不越信、礼二者。万藕舲身为大臣，而所见猥陋如此，犹为国有人乎？闻之浩叹而已。

廿五日。罗叔循自湘阴回省。诣蔡浩楼、蔡蓉仙、黄笛帆谈。晤劳稚云，询知劳凯臣中秋后由西安扶榇回归，大约九月可到。便过余佐卿一谈。接夏彝恂、朱香荪二信。

廿六日。况颜山枉谈。胡止斋、周志钦、罗麓生、李镜浯、蔡蓉仙、蔡浩楼、夏浩轩、戴渭春次第过谈，遂尽一日之力。刘牧村邀同裴樾岑、黄子寿、罗小垣宴集定王台东（洲）〔涧〕草堂。便道回拜况颜山、严少韩。是夕闻陶子箴丁忧之信。十二属就试者殆逾万人，亦殊苦矣。黄子寿叙述刘彦臣江华政绩，多可听者，其言上司考校属员在言事红白禀，属吏考校上司在一批；在官十馀年，以视穷究上司之底蕴，仅得一李筱荃制军而已。即此一语，知其为有内心也。

廿七日。邹少松、罗小垣、王西筹、左锡九、左长卿、余佐卿、张鹤臣、李邵甫、李寄庐、周莹斋、周少卿及子瀞、健甫过谈。周莹斋带到其尊人周昌辅一信，当以一信复之，并致送纹银廿两。院生王炳斋来见，王西筹之子也。夜过张寿荃谈。

廿八日。李寄庐来见。随拜邹少松、李辅堂、姜昆山、唐夔友。以唐君精医，转托昆山邀请。李辅堂亦言胡翰卿大令学潮医术极佳，为多孙体气为其母所误，急图一补救之，过此恐无及也。晚邀邹资山、袁予文、罗麓山、李镜浯、罗小垣及意城小酌。罗小垣以邹咨山与罗研山相为攻讦，心嗛之，辞不至。咨山亦以病，坐未定即辞去。

廿九日。延请唐夔友大令诊视多孙，乃由养知书屋至玉池别墅，尚未及通知也。接王梦虎、孔庭兰各信。是夕，邀彭伯昂、黄笛帆、常健吾、郑少乔、夏浩臣、罗叔循及达珊小酌。余佐卿报知何小宋调江督，黎简堂由苏抚擢闽督。此亦在人意中。而朝廷于此一席独吝之曾沅浦，曾不计曾沅浦有恢复东南之功，彭雪芹保折固不足以动听也，此亦当国诸臣之过也。

三十日。微雨。回讲舍料理祀事。李梅臣、余佐卿、张笠臣、李健斋、张寿荃、张少荃、朱炳垣及健甫至久坐，遂尽一日之力。监视诸生演礼，亦自斐然成章。笠臣语及夏彝恂之荒唐，几于脱尽范围，越礼犯义。生平崇事汉学，排击宋儒，以为固漏，其行谊遂至于此。自乾隆之末开此风气，传流至今，其效亦略可观矣。

故常疑壬秋高材博学，为吾楚之杰，尤善启迪后进，然其流弊亦足以贻害人心风俗，即笠臣所言亦可知也。是夕，笠臣至讲舍行省牲礼，因留晚酌。袁予文适至，因邀左长卿同席。接张超堂、蔡绵生各信。余佐卿示知湘抚已调涂朗轩，湘藩庞省三，豫抚李子和，河督勒少仲，黔抚林贞白，黔藩沈应奎际田，鄂臬蒯蔗农，秦臬叶百英。亦可谓大更动矣。

九月

九月初一日庚寅。致祭王船山先生，以是日为船山生辰，讲舍岁一致祭。首事李次青、朱宇恬、张笠臣及意城陪祀。次青回平江，宇田、笠臣、意城三人至。诸生潘碧泉、夏瓶仙、李杜生、陈子濬、左绍明、黄荃生、邓觐秋、吴子荫、殷翰卿、江竺仙、何梅阁、文擅湖、刘靖生、张德森、罗巨生及经笙、杏农，并额外罗枬卿、陈子常、易叔辉、润民、希初等，均经派有执事。宇田、笠臣、意城、左锡九、罗小垣五人与祭，并留讲舍早饭。是午禁烟公社会讲，集者十六人：熊鹤村、朱宇田、左锡九、陈程初、黄子寿、张笠臣、凌问樵、左长卿、罗小垣、任宇田、韩勉吾、余佐卿、周荔樵、周惠生及意城。大概言禁烟公社与思贤讲舍相附丽。初定章程岁凡四集，以屈子、周子及船山先生及曾文正公生日，略志景仰先贤之意。今岁开立思贤讲舍，专祀船山先生，即日开馆，及九月朔日祭期，为春秋两次会讲，以后当遂为定例。数十年来，确然知天下所以贫弱及人心风俗之日趋于浇薄，实起自鸦片烟。近来又实见学校之衰敝，关系尤巨。所以开设此两局，由近及远，由小推大，以待贤哲之兴。要先使人知务本向学而已。因推论汉学、宋学所以纷争，及人才所以虚乏之由，以戒勉讲舍人士，并令注名于册，相与共守此戒。

初二日。汤翰屏为其母作生日，一往贺生。便过李玉阶中丞、崇星陔方伯，慰其奉召入都之信。便过曾重伯谈。接到刘小山信，仍属赴乡一行，而此三日均有事，无暇远行，天气又复阴雨，须在途次住宿，断无地之可求，徒以多病之身，奔驰往返，以了积孽而已。左癸叟、李镜浯、彭鼎山、闵新吾、左佩勋、易桂生过谈。致玉舲禅院超凡一信，以喻公墓地文契寄之，并属修治其庙垣。

初三日。李辅堂为仲云召致宾客会吊，是日李玉阶中丞，崇星陔方伯，孙春皋廉访，夏芝岑、郭定轩、裴月岑、谢小庄、李仲京、但少村、邹少松、唐稚泉、陈少轩、朱星垣各观察，何相山、张南屏、姜昆山会祭，陪宾则徐云渠、周笠西、俞鹤皋、黄子寿、张笠臣、陶少云及意城数人而已。朱枫桥、闵养吾、袁宇文、余佐卿、欧阳可舟、曾重伯、左长卿次第过谈。接黄石山、胡秋樵、王梦虎、邓宝臣、冯少坡各信。冯少坡由寅伯荐致邓宝臣，派办乐亭柴草局。

初四日。润民回县，寄刘绍西、吴晴研二信。又寄复黄石珊、张超堂二信。李镜浯、左长卿、彭稷初过谈。就刘韫斋前辈处邀请邓双坡、朱香荪、左锡九、韩勉吾及意城小酌，酒肴均极精良。在京师与双坡会饮，月或数见，不知其酒量之洪大，与韫老、锡九、勉吾四人皆豪于饮。吾亦乐其酒味之醇厚，得尽十馀缸，自来无此畅饮也。

初五日。由刘小山约赴河西视所相鮀树下地，绕由巴巴岭北行，几逾四十里之遥。其山为罗（信）〔姓〕屋后一坡，又连举两顶南出。刘小山于此求穴，深所不解。比下坡，出其屋前，则见举顶处尚有脉气。其下又举一顶，直下回抱之，略成砂体，谓此中或有小结。刘小山所指一坡，万无可结穴之理。归至真人桥，晤刘小山，则落蓬桥张氏购得举顶处一地，始于昨日立契，价九十缗。因语刘小山：彼眼法实高于君。然吾不一往视者，以此一干冲，无明堂，而外水东出至桥头铺，此山东向，为顺水局，即有穴法，亦无取也。是夕宿山查铺，径由小路来此，约近十里。

初六日。回至家。吴月卿适先日回至城，得一谈与黄笛帆相地情形。接张笠臣信，并寄示夏彝恂所著《大夫士有东西房辨》，以墨守郑氏之说，至改《聘礼》退负右房为退负左房，正阎百诗所讥汪尧峰自造典礼者也。稍为纠正之，以复笠臣。

初七日。偕吴月卿、王吉生循浏河而东，至车马桥，阅吴月卿所相坳上地，张姓祖茔也。山势方西趋，独出一峰旁落。月卿极以谓佳，吾意不谓然也。是夕过腰塘，至凉伞树，宿王吉生宅。

初八日。早雾。吴月卿约早赴金塘，至饭后乃能成行。所看金塘及白家山二处而已。月卿极道团头河萧姓山一地之佳，竟亦不能往也。金塘为盛姓公业，恐不易求。是夕高健吾、王鼎臣来见。鼎臣为王云溪同年之孙，寒苦废学，而资质甚美，仍劝之就学，岁当资给其学费也。

初九日。王吉甫邀同高健吾治席相款。饭后，月卿、吉生陪同至铁炉冲、摇钱冲、三子墙三处。铁炉冲仅一带结小地，而为许雪门之业，可不必过问。摇钱冲、三子墙皆王吉甫所相地，亦有形局，而月卿极轻视之，恐犹不免人之见存也。是日雨。至东山渡河，行程阻滞，得诗一首。以张笠臣约为重九之会，恐不及践也。是夕，邹少松过谈。接李麓渔及义合围诸人二信。

初十日。大雨。接邹子香、胡郁生、李麓溪诸信，大抵经营馆事而已，阅之怃然。彭稷初、盛展奇、朱炳垣、李麓渔过谈。回拜黄子冶。张笠臣邀作小重阳之会，同席裴樾岑、吴云谷、李香缘、张文心、朱香荪及意城共八人，所治皆洋菜也，各极醉饱。香荪有诗，香缘即席和。香荪并和昨日东山原韵，格律浑成，吐属亦极名贵，无愧一堂风雅。

十一日。以将与黄笛帆赴衡山相地，留致吴月卿、王吉生二信；又致彭稷初一信，并致程资。祝澹溪来见，衡阳进士也，以仆人皆外出，不及延见。夏彝恂来言，唐小宋茂才求入思贤讲舍。其家计甚寒，方馆某氏义塾，脩入为丰，而乐弃之以就讲舍，亦可谓有志之士矣。是日雨，下午忽见晴霁，知会黄笛帆、蔡蓉仙由大西门登舟，而归玉池别墅料检行李。聂仲芳夫人以事就谈。天时已晚，一切什物多不及照料，仆人又无得力者，酒壶乃带至三尊之多，足证知其昏乱也。年老气衰，颠沛为多，重以人事之纷杂，遂心适意之事一生未曾见，真乃天穷，无所逃也。

十二日。行六十里，泊鹞子岩。舟人吕姓，甚懒惰，微风扬帆，其行甚缓。数百里奔驰，未知此行究竟何如？念之茫然。

十三日。雨。行六十里，泊马家河。盛展奇乘坐冯乐庵炮船赴衡州，尾船行，问讯，家人拒之。冯乐庵并派水手帮同舟人牵挽，而吾不知也。比泊舟，展奇、乐庵枉过，始知之。乐庵并言：衡山县下三十里炭汤子，山水甚佳，必有结作；其地名曰油麻田，大地名曰三山戌。黄笛帆为述李次青修岳庙情形，所信任者曰鲍雨亭，曰李尧臣，曰李益隆；亲信二人，曰艾海筠、曰李济南。陈右铭加派衡州监工四人，曰旷子石，曰旷海臣，曰方芳溪。彭雪芹所致意城书，一皆实据也。省城诸公，一以符介臣谣言疑之，不知鲍雨亭、李益隆辈，万无可信用之理也。最奇者，李国柱采办新田瑶山木料，实由鲍雨亭持李次青信亲托之周蝶园太守，李次青旋告崇星陔方伯，一被罪李国柱，言鲍文俊并不知情，周蝶园乃并次青信申复。次青多受小人之累，以自损其名，终以不悟，亦一奇也。以扶鸾□术相煽。刘六岩已死，赵连城复继之。胡茂生亦别立有一坛。

十四日。大雨。读《墨子》经上、经下及经说四篇，奥涩不可句读，亦时有讹误，而其文义亦有耐人寻味。《经上》曰：任，士损己而益所为也。曰：卧，知、无知也。梦，卧而以为然也。曰：为，穷知而悬于欲也。曰：循所闻而得其意，心之（之）察也。执所言而意得见，心之辨也。曰：法同则观其同。法异则观其宜。《经下》曰：可无也，有之而不可去。说在尝然。曰：学之益也。说在诽者。曰：诽之可否，不以众寡。说在可非。《经说上》曰：义者，以天下为芬，而能利之；不能必用。孝，以亲为芬，而能利亲，不能必得。曰：骚之利害，未可知也；欲而骚。是不以所疑止所欲也。廧外之利害，未可知也；趋之而得力，则弗趋也。是以所疑止所欲也。曰：所为与所不与为相疑也，非谋也。曰：圣者用而勿必，必也者可勿疑。曰：自今在诸古也。自古在之今，则尧不能治也。曰：倡而不和，是不学也；智少而不学，功必寡。和而不倡，是不教也；智少而不教，功适息。曰：论诽之可不可，以理之可诽不可诽。理之可诽，虽（非）〔多〕诽，其诽是也；其理不可诽，虽少诽，非也。行五十里，泊雷打石。

十五日。晴。十里，过漉口，小泊。过昭陵滩，泊贯庭。计行七十里。忽雨忽晴，而暖燠不改。登舟五日，风平浪息，为数年来所罕见。盖作势蓄雨意，俟抵衡山乃雨，雨久乃风，以阻吾归舟耳。生平舟行，所遇皆然，殆亦司空见惯，浑闲事也。夜过冯乐庵、盛展奇谈。乐庵言昭陵滩上尚有形局。予过昭陵滩，见小山一簇，略成星体，临江山势左右环抱，方指示黄笛帆，以为三台下衔一金泡，当有可取。乐庵言尚在此内二里许，此山亦外蔽也。信然，则此地亦不弱矣。

十六日。大雾。是日申刻立冬。行九十五里，过油麻田，泊姜边河。冯乐庵言炭汤子地尚佳，上五里，其油麻田诸山，则其山后幛也。盖山势逆而上趋，沿江直上，未知其言果确有征否?

十七日。大雾。行二十五里，泊衡山县下香马头，其下关湘州水口甚佳，建塔其上。冯乐庵、盛展奇谋泊城河柾候，力止之。蔡蓉仙已由九仙观雇夫柾迎，顺道绕至七贤桥，视黄笛帆所相地，大疃中诸水并会，宜有（绍）〔结〕作。所相一金泡甚园满，而无穴情，弗敢取也。回至山查桥，天已就暮，舆人李仆又病，计已行三十馀里。又约廿里，蔡蓉仙率舆夫相迎途次。至九仙观，夜久矣。见蔡浩楼之父蔡英才，年八十馀，亦长斋，真极有善气。又其兄蔡云亭，及刘子骏，相见久谈。

十八日。偕蔡蓉仙、刘子骏、黄笛帆及旷新民至李次青新置大禾田庄屋，相所购定地基，因横出汤木垅下，过山至弥陀寺，视黄笛帆所相地，即水帘洞右溪发源处也。其左溪亦有数源，皆行山涧中，并未一开堂局。喜其山势左右关阑，水虽直出，而收束极紧。下山，至水帘洞尚约三四里，过旷景湘宅小坐。至水帘洞，小憩李次青新建之雪浪亭，坐观水帘洞瀑布。石板中有朱子镌天下第一泉五字，又水帘洞三字，又高山流水四字。李次青亦镌夏雪晴雷四字。其亭旁石板，在洞侧稍前，镌字几满，而题名者为多，署年曰景定，曰绍定，并南宋之季世也，馀多系元明人结衔。九仙观左旁有石板，方广数丈，上镌九仙飞升之坛六字，并大逾二三尺，九仙宫侧，有飞升坛，阔数丈。梁天监三年，真人张如珍修真于此，有八仙人来迎，同时飞升。唐懿宗咸通七年，衡州刺史奏建九仙宫云云。前行为人凿去字一行，不知何故。

十九日。偕蔡蓉仙、刘子骏、黄笛帆相度樟树桥两地、白云寺一地。风雨陡至，寒甚。由云峰岭过云峰寺，气局轩朗，溪水环抱。其前溪边樟树数株，大数十围，盖数百年物也。旷咏生、王润生恒卿来见。本以微行，不欲使人知名姓，而不能禁人之传播也。

二十日。大风雨。偕蔡蓉仙、黄笛帆至岳庙，小憩三元宫。戊申秋九月，与刘霞仙、陈懿叔为南岳之游，曾住此二十日。道人李宝琳尚在，年七十三矣，适中风，步履蹇滞，相见话旧，尚略得其仿佛。其徒石笏、醇溪，往时皆十馀龄，扶杖履相携。今醇溪出迎，年已逾五十。询问石笏，化去已二十年。西房邓镇岳，勤勤相待，并往时童子也。醇溪之徒润农，则又晚出者矣。旷子石来见，相随至圣殿，见所厢大柱十六，并合十馀木株，并未加勘合，中多空隙，头大十馀尺围，尾小皆不及半，必不足以胜重，此所至可虑者也。石柱则多至三四节。旷子石极口贬斥鲍雨亭，并历述其前后所陈诉李次青者，皆一意拒绝之，言之颇形愤激。鲍文俊、李益隆及所商同之李国柱三人者，殆未宜轻恕也。闻鲍文俊设局龙潭局，往视，惟晤彭寿庭，经管出纳，鲍君闻已赴衡山县城也。

廿一日。风，阴，寒。旷子石来见，历诋鲍文俊，兼及艾景清，谓李次青任此大役，而所倚用四人：鲍雨亭、艾景清、吴道生、李际南，一皆武弁而不能明事理，木石诸工作，皆屏绝衡山人，下及小工亦然。衡山霜园石灰最有名，价值不过二百馀，此次改用湘潭雷打石石灰，价三百馀，而灰远不如，此其蔽也。李益隆包办采买，所运木料，皆据为私利，运至一宿河，与周桂七勾通为利。周桂七又假曾沅浦宫保之名，强运取木料三分之二，运至工所者数千根，开报已至三万。询之杨木工，四分包木工：李、杨、邓三分，其一则吴道生所派周姓也。凡包工三万二千，现已逾四万工。问何时可以蒇工，曰：须俟明年五月。然则鲍雨亭、李益隆六万五千之包价亦万不能支矣。而旷子石直以为一切须改作，念此为之茫然。是日回船，蔡蓉仙仍同行。此来所见七贤桥、枫树桥、野鸡冲，并大塅开阳，至接官亭大路，山势皆南趋，盖县龙行度也，重重包裹，如九龙泉、蚺蛇赶龟一带，形局皆可观。因函告刘子骥、黄笛帆，语以大山气未化而水直泻，乃无地可言，诸君就山求地而不解循山寻脉，殆未为知地者也。蔡蓉仙言及始议修岳庙时，李仲云举木工梁如松，因邀同陈西岩估计工程，至为精核，约须钱七万馀缗。其后李益隆但照其原估之数核减而已，于工程缓急实茫然也，其意专恃采买为营私网利之计而已。

廿二日。阴，寒。行百五十里，至三门，上距朱亭六十里，下距漉口三十里。冯乐庵仍奉其营官廖君之命，以所带炮船枉送，亦恃其水勇之力，摇橹剪流而下，盖以涂朗轩中丞有即日履任之信，兼赶赴省迎迓。并闻已接省信，两江总督已补授何小宋，曾沅浦宫保竟允开缺，以谭文卿补授陕甘总督，而以陈俊臣补授浙江巡抚。沅浦假期未满，先允开缺，枢府诸公，于此未免调侃过甚，亦失朝廷所以优待功臣之本意矣。

廿三日。行百廿里，泊湘潭城下。冯乐庵过谈。湖南水师选锋五营，陈程初统带。湘潭本别为一营，罗星垣物故，杨眉生作霖改为选锋后营，并隶之陈程初。衡州为澄湘营，廖清亭德茂管带。洪江水师一营，周步瀛礼濂管带。常德水师一营，杨名声管带。凡共水师八营。

廿四日。巳刻抵家，急遣人至讲舍，意城与张笠臣、左长卿正在校试诸生，至者五人。朱宇田又预备肴馔，因至讲舍，邀同笠臣、长卿小酌。黄子寿亦至。以《三代及汉以后学校异同论》试诸生，竟无有能知其义者。接筱荃制军、谭心可、黎少琨、冒哲存、孔庭兰、焦赞臣、熊绍香、槃希、鹤九各信。

廿五日。黄恕皆为其子觐丞受吊，陈程初、陶少云、黄子寿皆在，会张南屏、姜昆山两大令至，陪同恕皆一谈。随往拜孙春皋、郭定轩、何相山、裴樾岑、邹少松、郭含万、李黼堂、陈程初、余桐轩、黄次圭、蒋□□、孙公符、曾重伯、蔡浩楼、陶子缜。陶君见赠所刻《淮南许注异同诂》，并语及其从兄陶仲渊，现奉讳家居。去岁曾得其一书，谋至湖南求事，予未有以应也。晚邀吴月卿、蔡竹泉、王吉生、易叔辉及寅伯、健甫小酌。

廿六日。吴月卿、王吉生赴乡，以百五十缗资其应用。此事累人，竟无穷期。裴樾岑、邹少松、曾介石及子瀞、健甫过谈。回拜张力臣、陶少云、曾介石、方兰生、任籥门、萧雨亭。李玉阶亦相与就籥门一谈。与孙公符相遇张力臣宅，得一畅谈近事。晚就讲舍，左长卿、李梓岑、李定庵、陈子濬来谈。玉阶中丞见示邸抄，江督已简放左季高。是有三忧：一、李相军费取给江厘，恐不能保其终；二、改票盐章程；三、与鄂督水火。吾未敢信为得人也。接陈俊臣、方柳桥二信。

廿七日。大雨竟日。诣朱香荪、余佐卿及寅伯、健甫处。见张亮甫、盛海南。香荪处会张笠臣亦至，谈颇畅。笠臣于盐务本末利病，言之亹亹；即查照曾文正所定官运章程，亦可岁筹百万以外，左相于合淝必有参差，然就其平日持议言之，于盐务必有裨益。其言至为扼要。晚接张旭春信。朱枫樵过谈，因以王理庵姻事托其转达杨子介。健甫开示陈谷泉锦春名，属为方柳桥道意。

廿八日。以去岁新建支祠定期十月朔致祭，与意城约同赴县，而竟日风雨不息。意城欲改定十二日，以是日为西太后万寿庆节，可以蟒服故也。吾以《礼经》四时祭皆筮日，即家礼亦然，然筮日必以上旬，上旬以内，期皆可用，不必定就花衣期也，但得风息，即开行耳。因属船人舣舟草潮门，以伺风色，并知会左巨云、蔡竹泉、蔡蓉仙、易叔辉诸同行者，俟船人来告启行之节候也。

廿九日。风，雨，寒。李黼堂、左巨云过谈。适往六堆口料检什物，崇星陔方伯枉过未晤。张笠臣函告：星陔初八日回京，属少留二日，一往公饯之，已柬订定王台为公饯之局也。因告意城，并专足赴县致吴晴研及席山一信，并属席山函约达山赴县，改定初八日致祭支祠。

三十日。雨，寒。回拜崇星陔、孙春皋。便过黄子寿谈。接吴月卿信，并寄到金塘市石子坑地契一纸，其下为王瓜塘，盛均泽、均时公业也。直长四丈，横广三丈六尺，而地价乃至三百串之多，使人惘然，终莫知其宜否也。

十月

十月初一日庚申。由上海文报局黄泳清递到黎莼斋一信，告知日本参赞已定子瀞，属赴上海相候，并述及英、法公使已商定仍留曾劼刚办理，而合淝伯国适以奉安东太后山陵至京，所以保全黎莼斋者甚至。是日与黄恕皆、陈舫仙、李辅堂、李次青、徐云渠、周笠西、俞鹤皋、黄子寿、陶少云、陈程初、汤幼庵、张笠臣及意城公饯崇星陔方伯于定王台东涧草堂，恕皆、黼堂以病，舫仙、次青以回家不至，凡为主者十人。

初二日。晴。遣周兰徵赴凉伞树，寄吴月卿一信。午刻上船赴县，意城与左巨云、易（淑）〔叔〕辉、蔡蓉仙随行。询问蔡竹泉，据易叔辉言已前行矣。是日行六十里，泊靖港。

初三日。巳刻抵县，席珊已为料理耕心堂支祠住宅。董厚斋大令、胡受百贰尹、龚瓶庵千戎及饶葆丞、李咏仙、刘绍西、杨景皋、盛耀堂、蔡竹泉及亲族来见者相属，竟日酬应甚烦。晚次，朱楚珍、李笏潭、李镜涪、吴晴研过谈。

初四日。回拜董厚斋、胡（百受）〔受百〕、龚瓶庵、熊秀峰、陈子信、熊懋卿、宋筠仙及黄振斋处久谈。鹤九邀同意城、席珊、炳文及左巨云便酌。子瀞、健甫自省至。

初五日。雨，寒。竟日宾客未尝止息。亲友〔有〕馈酒食者，为召冯乐庵、闵惺吾、易叔辉、左巨云及席珊、子瀞、秉文、健甫、鹤九会食。惺吾辞不至，秉文亦赴其岳家斋食，凡会食者九人。晚过熊绍香、杨景皋两处谈。玉舲赴华容，取道县城，来见。是日专足回省。

初六日。雨。竟日酬应，无复馀晷。董厚斋明府邀同意城及饶葆丞、俞让泉晚酌，归后二鼓过矣。拟定支祠章程八条。

初七日。宋筠生、饶葆丞治席枉就，同席左巨云、席珊、子瀞、健甫共八人。往邹少香处致吊其父子香大令。便过蔡勤斋、蔡蓉仙、蔡虞臣、李咏仙、盛耀堂及汉舟、蟠西一谈。

初八日。准少牢馈食礼，以是日丁卯肃修支祠祀事。本房相礼执事不敷分派，约汉舟、蟠西、荣覃、镜芝、兰生、玉堂、润生、良生、懋官九人会祭。是午，并偕本房子姓馂祭之馀，凡三席。料检未税旧契，凡得廿八张，其中地契十一张，有为邓陋斋二十年前购定者，竟亦不辨其在何处也。董厚斋并契根小费亦却不受。晚次，俞赞泉、饶葆丞、易淑子、周良臣、张鹤庵、张丙乾诸人过谈。专足回县，接到曾沅浦宫保、邹闻生二信。沅浦函速回省，云有要事枉商，深以茫然。

初九日。大雨竟日。邀李泳仙、蔡琴斋、龚黼丞、李少楼、常健吾、刘绍西、易清溪、杨景皋早酌，与商书院冲庄业。另以肴烝送致秉文处，邀殷竹坞、周良臣，属意城往陪。晚复邀王西筹、左兰生及秉文、鹤九小集。觐堂之女许字王氏，属兰生招致其家，为之遣嫁。

初十日。雨。邀易兰生、周良臣、吴晴研便酌。殷竹坞、易桂生、陈兰池、陈南林、李镜浯过谈。家人专足至，递到吴月卿一信，当以一信复之。月卿信又（信）〔言〕大塘冲一地由大石岭发脉。未知能否求得其地？系谁氏之业？均未言之。所云周姓者，未知即业主否也。

十一日。吴晴研治席相就，邀同饶葆丞、易兰生及子瀞、秉文、健甫、鹤九诸侄早酌。随赴李镜浯之召。适陶子缜学使至，就舟次一谈。自起盥漱未毕而客至，至夜久不能止息，如胡道生、闵惺吾、易泮芹，并云数十里枉就一见，尤愧无以对之。省足回，顺寄曾沅甫宫保、吴月卿二信。

十二日。雨。为聂仲芳致书刘岘庄制军、梁檀圃方伯，为子瀞致书黎莼斋，兼致陈展堂、聂仲芳二信，并候聂仲芳眷属赴江南船便带交，闻以初八日开行。陶子缜学使、崇辛陔方伯次第过县，而仲芳眷属至今无信也。蔡蓉仙、蔡葆初、李韵农、樊延龄、闵新吾并过谈。杨景皋交到书院冲、虎狼冲、宋家垅老契凡七纸，其李永兴堂新契，应候呈明一切情形，再行领取。

十三日。为冢妇曾及五女适左氏者入主节孝祠，并为从弟妇李袝入主。宾客集者百馀人，设酒食十二席，款之诗礼堂。相礼则毛俊卿、李晴景、樊延龄、盛耀堂；亲友则殷竹坞、胡道生、李泳仙、李春谷、李炯斋、李作霖、李艺林、蔡琴斋、蔡慵仙、蔡铨士、蔡云涛、蔡葆初、蔡绵生、吴莼庵、吴吉甫、吴亮生、吴丁生、吴伯良、吴子和、李聘农、李少楼、姚让泉、姚春溪、熊南山、熊玉田、熊福畴、熊金门、陈熙堂、陈兰池、陈长林、陈子覃、杨星堂、杨恕生、杨景皋、易清溪、易兰生、易淑子、易桂生、李小山、李伯伦、李仲芳、李福覃、李鹤庵、张恒卿、张迪丞、张介生、高粹之、高时泉、龚黼丞、龚芸窗、朱学山、朱楚珍、朱炳垣、常健吾、罗璋卿、萧涵江、周良臣、王西筹、闵惺吾、顾鼎吾、刘绍西、胡宣猷、金世俊、吴贤佑、吴晴研、萧子远、唐桂生、梅子宣、夏书山；书吏则冯厚庵、常鲁清、刘蓉台、陈文蔚、唐倬云、蒯恒浦、江雨时、蒋砺山；委员则宋筠孙、李吉人、饶葆丞、冯敬亭、俞澹泉；地方官则董厚斋、胡受百、熊秀峰、陈子信、熊懋卿、龚瓶庵、袁香亭；左府至者，兰生、润生、笃生兄弟；郭姓至者为多。其他贺客及趋奔效力者，则亦不能详记也。是日崇辛陔、陶子缜并由县开行。聂仲芳夫人适至，以所致江南各信托其便带。

十四日。回拜亲友枉至者。田春亭参戎、汤筱庵司马并自省至，询知送其族兄汤辅辰太史赴汉口，谋迎候谭文卿，求其奏调西行，而将假鄙人一言为之介绍，馀不敢任也。晚邀董厚斋、宋筠生、胡受百、熊秀峰、陈子信、李吉人、熊懋〔卿〕、龚瓶庵、饶葆丞及意城十二人会叙。席珊持示佩珊（示）〔信〕，商农已于朔日物故，闻之怃然。宋筠生传示县幕刘瑞衡一缄，以荐其亲戚一人，宋筠生不能位置，遂加诟詈。其人为李玉阶中丞所荐，意盖有所恃也。如杨敬庵因善坐踞张玉亭振兹一席，皆有所恃而然。

十五日。雨，寒。蔡蓉仙约同王翠峰出北门茶亭，西至燕子窝、界碑塘两处看地，并过漕溪港一处，皆县龙枝蔓缠护也。玩其龙势，无甚结作，而微开钳口，似亦安稳有馀。早邀易兰生、易赞周、易叔辉便酌。而殷竹坞必治席相款，以是夕枉谈。汤筱庵因求缄达谭文卿，乃属子瀞以寻常通候信托其便带。

十六日。雨。杨景皋约意城及子瀞、秉文早酌，适与胡道生约赴看牛冲阅所新置山地由远送桥进，在蒋光云宅上。问道冠山蒋余庆宅，尤人所共知也，而以一饭迁延，舆人以日短难于往返，竟不及往。晚邀胡道生饭。杨星堂传述槃希之言，谋为汉舟设法，予愧无以应之。会李福覃、危子敬及镜芝、南笙并在坐，均有所求请，相对惘然而已。

十七日。早邀常南赓、朱楚珍、李少楼商议育婴堂存款，随传书院冲总承佃人倪长才、徐亦金、谢瑶阶改立佃据。询（姓）〔悉〕徐亦金一庄分佃易钟运以虎狼冲一石八斗，承佃倪姓一庄分佃李达五以宋家垅一石一斗五升，承佃谢瑶阶一庄亦分佃向（信）〔姓〕，凡得佃七户，可云烦杂矣。晚赴龚黼丞之召其子龚燮安并在坐，同席易兰生、左巨云、李聘农及意城、子瀞。

十八日。稍料理酬应事宜，闵新吾馈菜，因邀新吾及饶葆丞、李镜涪小酌。夏辉南、李朗陔、毛俊卿、盛耀堂、王西筹、周良臣、李福覃过谈。晚次，胡受百来见，述及义合围堤工宜一往察视，因发张大发、曾富有二人示之，属令到围后谕知此两人综理修堤事宜，较之堤长之充役者或较为得力也。既以语胡贰尹，复传蒯恒浦至详语之。

十九日。雨。偕意城及左巨云回省。留一麻阳船相候至五六日，陈程初又派其坐船枉迎，乃与意城分坐一船。王西筹亦随行。刘绍西、易兰生、左兰生、蔡蓉仙、蔡葆初、饶葆丞、陈熙堂、吴晴研凡十馀人枉送舟次。董厚斋明府为张设接官亭，亦枉送舟次。俞淡泉亦至。以胡道生约往看其所置道冠山地，因先偕冯乐庵、蔡容轩乘坐炮船入洋沙湖，由紫花台渡湖登岸。积雨已至月馀，泥涂盈尺。至蒋光云宅，遣人导至看牛冲，与胡道生所开示图说绝不相符，惟有苦恼而已。是日奔驰往返，盘旋一湖之中，至日夕始回坐船。是夜泊扁担夹。

二十日。雨。自扁担夹开行。陈程初令哨官方昆林护送坐船，至县相迎，予已前留吕姓麻阳船候四五日矣，乃与意城分船坐。方昆林奉程初命治馔相款，至湾河口，过船就食。而麻阳船行甚缓，坐船至省，日未晡也。留城候诸仆从，夜久乃起运行李。询问讲舍从学者，半已辞归。李次青亦以母病未来省。人事萧条，可胜怅惘。

廿一日。雨，寒。接彭仲莲、区维瀚、陈辅宜各信。辅宜为陈国卿之兄，并有寄邓宝臣、陈国卿二信托转递。张子健家报称：张子健中邪，病甚剧，云为胡德厚索逋，称相觅已四十年，今始得之。背遭击楚，作青紫色，大或如碗，卧地爬沙，上床则增剧。张子健之荒诞，造孽必多，而年未三十，乃有四十馀年之积债，则前世缘也。鬼神之理，渺茫不可知，而此则遣仆人李三前往，得之亲见者。当以钱五串资其医药，并属其家备楮镪之祷祝之。此亦一奇闻也。

廿二日。雨，寒。曾友山司马名树苞，蜀人官黔者递到曾挚民、黎少琨二信。挚民并寄示代黎简堂陈复禁烟事宜一折，于洋情亦尚未能深悉。两处公馆检点冬衣，并料理两处家事，劳顿两日，未能回馆，兼有少需应酬之处，皆不暇及之。闻邹少松撤厘差，代者为裴樾岑，由李筱荃制军缄寄李玉阶中丞，以少松年力望轻，属改委也。其馀新到人员来见者甚多，实苦酬应之累。

廿三日。回拜翁筱珊衡州守、文橘生岳州守、李翰卿通判、严少韩、阮葆之、陈金垣、吕季兰太史、陈子仁、黄子厚、史吉阶、曾友山、彭丽生、任芝田。并就陈舫仙、裴樾岑、邹少松、孙公符、成静斋、张力臣谈。翁筱珊、文橘生并已赴任。罗星潭亦自湘乡回省，曾一来见，询悉已回四川。曾友山两日来见，并为仆夫所拒。曾重伯来谈，交到沅甫宫保寄洪琴西一信，托为转递。朱香荪来谈。

廿四日。任芝田、刘伯固、余佐卿、胡幼森、焦赞臣及寅伯过谈，遂尽一日之力。文擅湖校订《尔雅注疏》颇精核。如《释诂》：鞠、訩、溢：盈也。言訩字衍，因注引此〔《诗》〕降此鞠訩，连及正文。《释草》：葍：藑茅。茅字衍，因楚词复茅而连藑茅为文。皆有见地。其勤学骛正，实一美才也。意城见示子瀞来信，当以一信复之。曾沅浦属代璧洪琴西见寄思诚奠分，为函致朱宇田，托其寄达扬州。因询知其管事三人：一王惠泉，一李弼臣，一刘锡纯。在乾升管理会计事宜，即刘锡纯也。

廿五日。雨，阴，寒。陈金垣、王西筹过谈。致方柳桥信，托陈谷泉锦春带赴潮州。谷泉工书画，与方兰生交好，仍求一言之柳桥，与为提唱也。又致郭定轩、张笠臣二信，为定轩询问义成围租款由岳麓山长经收，曾否报解？为笠臣询问刊勘志稿，曾否完毕？亦接龚眉生一信。

廿六日。晴。已两月馀不见太阳，相与谓之瑞日。裴樾岑、刘牧（庄）〔村〕、曾友山、彭丽生、成静斋、黄子寿过谈，（偬倥）〔倥偬〕竟日。彭仲莲专足守候回信，拨冗为之，凡寄彭芍亭中丞及仲莲二信。又陈伯涛锐、李翰卿文蔚、涂次衡景涛并须一见，而皆为仆人所拒。又有黄菊泉者，云相有一地，经胡幼森代达，亦枉顾，而未及一见。晚过朱香荪饭，同席裴樾岑、张笠臣、孙公符及意城。曾友山言贵州岑彦卿所治冤狱，令人骇然。湘乡人杨海泰以军功保提督，缘事谪戍贵州，与朱其骧为赌友。朱亦以保举官广西知县，乞假家居。有石某者，故曾枢垣中丞之门丁也，以钱款与人构讼，官不为理。适杨海泰、朱其骧召伶人刘姓会饮，语及石事，杨愤然曰：此曹官人，当杀之而踞其城。其语闻于中军何雄辉，乃以告岑彦卿，捕刘伶严讯之。刘不任受刑，言有反征：是日杨海泰高唱：朱家天子杨家将。是此二人自谓。岑彦卿遂捕杨海泰、朱其骧及同饮者八人，尽杀之，刘伶亦与焉，而以反状上闻。刑部因议并发配其家属宁夏，给披甲人为奴。曾友山所解，即杨海泰之妻也。岑彦卿既戮杨海泰等八人，贵州人无不称冤者。岑闻之，乃下令悬赏二百金：但称冤者，皆畔党也。能具其语上告，即赏二百金。于是相戒不敢谈。曾友山谓其（噬）〔嗜〕杀亦明季张、李之流也。因论岑武夫，领一军守边，仍须有控御之者，或可驱之以临阵敌忾；控御不得其人，尚虞其泛驾，岂可令司封疆之任乎！曾友山一候补知县能言之，而枢府诸公相与推奉之为一时人物，则亦由其多金酬应之力也。为之三叹。

廿七日。往裴樾岑、刘治卿、朱岳霖、任籲门、余佐卿、刘伯固诸处谈。因至西城河致吊劳杉卿。询问凯臣出都情形，先送其母、妻至汉口而后奔丧，亦颇疲于奔命矣。龚眉生上海来信，言得龚振之京师信，黎莼斋已奏派子瀞充当日本参赞。又得朱宇田、周芝窗二信。邹少松晚过谈，以申报厘务经收事宜，求为致意筱荃制军。此殊无足轻重，然不能不一周旋之。邀涂次衡、刘伯固、余佐卿、李定庵小酌。次卿已回乡矣。

廿八日。至金塘市相度吴月卿所购地，夜宿盛雁峰宅。月卿经营此地，亦多出其力也。有子五人，所见者三人：一盛福畴，一盛少楼，一盛楚臣。少楼业医，经理药室事宜。馀子皆理市务，惟楚臣业儒。雁峰年六十，家亦小康，诸子皆有执艺。是夕殷勤相款，并与商议营葬事，雁峰皆慨（慨）〔然〕任之。其地左近故有石灰窑，艺石工者亦有之，仓卒营葬，以此二者为尤要，并因以此相托，留钱四竿，为运石灰之费。

廿九日。仍循旧道回城，盖金塘市十五里，车马桥；又十五里，鹿子岭；又十五里，东山；又十五里，大桥；以此十五里程途为最巨。大桥十里至城，盖又不止十五里也。周三在车马桥下浸入行李一塘中，颇受其累。接邹闻斋、俞勉卿二信，以为勉卿议湘阴书院之局，仍为傅青馀所留也。

十一月

光绪七年辛巳岁十一月初一日己丑。接桂皓庭、周芝窗、易叔辉各信。遣周兰徵往湘阴，致吴晴研、刘翊清及简秋、子瀞、炳文一信。初遣李祥恺行，因定计放一金塘市船赴县，再遣周兰徵也。桂昊庭曾倡议刻《古经解》，由国鼎臣捐给刻资，至是欲托言之段培元都转，筹拨盐务闲款，多刻有用之书。又以陈京甫议清理广粮厅旧署基地，建置骆文忠公祠，谋仿曾文正公祠旁思贤讲舍成式，建立习礼堂，并属寓（言）〔书〕陈京甫主其事。兼寄示新刻所著《潜心堂集》，于鄙人由粤东内召及出使英国，两制序文相贻，并刻之集中。拳拳之谊，（致）〔至〕可感也。又以习礼堂署书相属，盖预为骆文忠祠开设学堂之计，宜急以一书复之。裴樾岑、邹少松过谈，并为少松寓书李筱荃制军，缘前奉制军书，有转致曾沅甫宫保之言，久未能作答，顷闻沅甫宫保已有寄书，因一申论其本末也。

初二日。冬至。大风。杨子介、盛少小楼过谈。以毛杏荪回湘阴，属附金塘市船以行，并寄子瀞一信。杨子介并属寓书蔡竹泉，补书交之，而毛杏荪已开舟行矣。意城邀同范芰沅、言舫丞、殷辅轩、李召甫晚酌。始见《申报》，高碧湄十二日物故；左恪靖十四日请训，大约二十日内外即可出都矣。碧湄才人，终身蹭蹬，而左恪靖发扬蹈厉，一往无前。两人生命悬殊，而《申报》依日汇叙之，为增感喟。

初三日。函约任篇门赴金塘市，始知已定即日回湖北，因约而改北归之期。毛苻荪回县，便致蔡竹泉一信，以杨子介之意速其来省也。接子瀞信，始知蔡葆初、吴亮生沙田围旧业，皆有意设法为骗局，幸子瀞处事尚有条理。吴、蔡两家并湘阴巨族，所以不能有振兴之望，正惟人才猥下之故，无足怪也。吴槐农、魏伯勤、左巨云过谈。

初四日。以曾友山回黔之便，致复曾挚民、黎少琨二信。又复守蓉仙一信。李定庵回湘乡。是夕邀曾友民、任芝田、盛少楼、刘伯固、余佐卿、曾重伯小酌，本意为盛少楼，至今午往催，始据所居馆人告称，昨日已回金塘。芝田、重伯并以事不至。接曾劼刚信，以八月廿四日发行，凡两月馀始到。并寄示与法国争论安南事宜及与俄国争论事宜三款：一、海参葳设立领事；一、旧案十二起；一、请交出白彦虎。立言自为得体。

初五日。周兰徵自县回，带到子瀞一信，言洪家冲地紫衣络棺，甫启穴，热气上腾，芦席盖厂，其力能掀去之。人皆惊其气之旺。其理亦不可晓也。原约地果相安，即留陈夫人一棺。子瀞以其地气已有吉征，欲并曾媳一棺移县合葬。予终疑其去水地必不相安，仍属起伊永一棺合葬金塘市，而移邹夫人一棺与陈夫人合冢，此心亦殊安也。回拜潘小农、蒋寿臣、陈舫仙、凌问樵、黄麓荃、曾重伯，于重伯处见李笏生、李和度父子。笏生曾官沧州知州，僧邸防堵天津，曾调营差遣。初见面，若甚悉者，谈及始恍然也。范芰沅枉谈。张笠臣为消寒之会，邀同熊鹤村、彭丽生、邓双坡、裴樾岑、朱香荪及意城会饮，樾岑以事不至。

初六日。接李福覃及子瀞二信，各以一信复之。诣黄用侯、齐慎庵两处致吊。用侯之子曰伯端者，极精能，从刘南舟甘肃，得保知县。询知用侯曾任临湘，刘南舟为其县试所取士也。

初七日。钟雨阶、陈子仁、邹少松、曾重伯、欧阳可舟诸人来见。钟君为唐苹洲之婿，陈君则以留署溆浦，为忌者所倾。接胡受百信，当以一信复之。人客倥偬，欲一清理应办事件，竟不可得。

初八日。辰刻，偕两孙起柩寄园，径送北关外新码头，李华卿、罗汝梅、曾重伯及寅伯、子宽均枉送，而令（樾）〔渌〕安护送灵柩至金塘山。另属周兰徵起篪儿灵柩合冢；留李祥恺修筑洪家冲墓地，起邹夫人灵柩与陈夫人合冢。十馀年耿耿之心，至是借以稍慰。而李祥恺、周兰徵承办各事，数日无来信，未审如办理如法否。北望湘山，为增凄恻。以衰老之身，经营妻若子葬事，至二十馀年而未有定，非独命途之舛，吾才之不给亦可知矣。约任籥门为主葬，日午往探，（于已）〔已于〕前日行矣。改约韩勉吾，未卜何如。接李仲（挈）〔絜〕信，由孔庭兰寄到。至是始接其唁信。满娃亦无安问。此女长育于熊绍香，缺于庭训，宜有然也。又接黎莼斋、罗楚卿二信。朱香荪邀同彭丽生、张笠臣晚酌，笠臣不至。

初九日。晴。为彭丽生致书刘荫渠制军，托其侄孙彭清钊。为清臣致书李筱荃制军，兼致李仲絜一信。是日接李仲絜、盛展奇二信。诣李玉阶中丞、庞省三方伯、邹少松、裴樾岑、黄子寿、张力臣、陈星斋。并回拜曾友山、成心畬、余端甫、钟禹阶。裴樾岑邀同邹少松、张笠臣及意城会饮朱香荪宅。闻周兰徵回，急传问，篪儿灵柩今夕宿回西渡。吴月卿亦随至。为之悲喜交集。李祥恺往迁邹夫人灵柩，尚未知何如也。

初十日。邹少松荐湘乡陈古笙同赴金塘相度，而以盛展奇信函求白沙卡务，为致书裴樾岑，并函复展奇。又函致易芝生及曾重伯。耽延过久，傍晚乃至金塘市。借居盛君时宅，即原山主也，与其兄君泽共分得此业。渌安护送灵柩船已先至，住宅则周南山先日觅定者也。王吉生、盛小楼皆至，相与料理。

十一日。盛小楼邀赴回龙桥、万家桥两处相度李、黄二姓之业。万家桥屋，地名大屋塘，山有来脉，两砂前抱，而无穴情，盖一小阳宅基也，本巽向，而用作卯向，收水颇佳。盛雁峰、王吉生过谈。吴月卿自渡头市陆行至，知篪儿灵柩已将至，遣两工往迎。比至，日将晡矣。吴月卿于此山立窝穴，反复视之，窝前一乳，形局尤正。陈古笙所见正同。月卿至，各持一说不相下。而乳前出一尖角，左趋仍似牛角砂体，不能不取正吴月卿，其持论亦极坚也。

十二日。诣金塘舟次视灵柩，便过盛雁峰小坐。次第起灵柩至山，行开山礼。王吉生、盛楚臣赞礼。吉生并治席相款，兼诣灵柩行礼，又率其妻舅龚葆吾及葆吾之子克明至。同席凡九人：盛雁峰、盛小楼、盛楚臣及吾与月卿、渌安也。是日以鞭炮迎柩者颇多，所知者，盛松龄、许大有、盛永泰、盛自中、颜荣华、盛理堂、盛汉阶、盛君时、盛石岑及本屋诸人。

十三日。卯正，起柩入窆。予至山，天已明矣。数日幸无风雨，既经安葬，盖厂以后，风雨亦可无虑，此又蹇运之偶邀天幸者也。与吴月卿循山行，其馀气前趋，凡结两穴，然皆不足取。三里，至道都，突起一玉屏，土星垂乳结穴，群水大会，立乾巽向，于大河为出水向，而向前诸水皆朝拱，绕出两山间，袁家山一峰当其前，形局尚佳。据月卿言：马园尚有一怪穴，相距约十二里，不能往也。盛雁峰邀同吴月卿、王吉生、龚宝吾及渌安午酌，吉生、宝吾皆不至。道都山旁为易氏宗祠，山前又系王姓，不知为谁氏之业。

十四日。与吴月卿步至凉伞树王吉生宅，适吉生为其宗人主葬，小坐厅事候之。移时，吉生归，并偕其从弟王书堂至。高建元、董从高亦随至。相与会茶。吉生并见赠《七省治海全图》，后附《吴淞口放洋图》、《江东形势图》，镇洋邵子显学博承烈所著，但云湖都转刻之广陵，其子小湖观察又刻之南昌。询知小湖现管义宁州厘务，王书堂治茶，来往义宁，此图盖其新刻者也。于时上海甫通商，香港尚未知名，旅顺口之小姑山，所西人所最属意，及北海及温州口，号称收船要口，皆不见于此图。固知中国言形胜者，征之载记，不如西人身亲履勘目击之为有据依也。

十五日。吴月卿诣段冲之大塘冲，并邀董从高同行。是日治四席款待左近迎柩者，盛姓人为多，曰盛均时，曰盛心田，曰盛春芳，曰盛有年，曰盛茂华，曰盛晓峰，曰盛汉阶，曰盛理堂，曰盛永泰，曰盛自申，曰盛文理。其稍清秀者，曰盛意城，曰盛石岑。其盛均时之兄曰盛均泽、盛汉阶之父曰盛又东皆不至。均泽赴省未归，又东年八十馀，未邀也。盛松龄父子至者二人：盛少楼、盛少卿。其父盛雁峰，以行医他适，楚臣亦以事不至。此外则高健元以经营地事有劳，王吉生尤殷勤，其王万美、宋明亮、颜荣华、许大有、刘酉州，皆以鞭仗迎柩者也。王吉生、刘酉州皆以事不至。略记其名于此。天气微热，恐又为雨征也。

十六日。雾。治席款吴月卿，并邀盛均泽、盛均时、王吉生、盛雁峰、盛小楼、盛楚臣小酌。吉生之侄禹门亦至。于盛均时处见夏筱峰，询知道都夏氏也。吴月卿所相三地：一道都，未知为夏氏公业否；一马园；一大塘冲，距断冲为近。昨往托之李显村，始知任籥门为傅青馀所相地，即此也。籥门公言之，无稍隐秘，其家因据以居奇，恐不可得矣。月卿见示秋怀诗六首，诗格在陆放翁、范石湖之间，低吟浅唱，悱恻芬芳，始知月卿诗笔之清也。

十七日。雨。方料理旋省，而一雨涔涔竟日。吴月卿偕盛小楼赴高健元之召。独处一室，检阅《半山文集》十馀叶，而天已晚。天气沉闷已甚，恐非数日所能了。治墓诸工谋暂停修筑，幸沙土已平棺，不甚为累。独念李祥恺才力短绌，料理洪家冲墓地，未知曾否完工。愁云塞空，为增慨念而已。

十八日。由石子坑回省，幸未遇雨，而大风严寒，至夕始能入城。接曾挚民、周步瀛、周闻生、李寄庐、易淑子、易叔辉各信。遣李德椿赴洪家冲，致刘翊清及简秋一信。轿工回石子坑，寄吴月卿及渌安一信。晚次，王吉来自乡至。朱香荪过谈。

十九日。晴。诣意城一谈。林贞伯中丞谋邀意城至黔相助，先属曾挚民探询其肯远行与否。挚民并属鄙人为劝驾。六十之年，诸子能相继述，无远适数千里以为人役之理，亦不待相劝也。王吉生晚谈，夜至始行，殊以为苦。接汤斐斋、郭大振二信，斐斋并馈炭及金橘。王吉生言大塘冲地仍为我谋，然恐议论繁多，徒为累也。

二十日。周桂坞、常鲁青、徐兰士、张鹤臣、吴晴研、李麓渔及镜芝、子瀞、健甫次第过谈，遂尽一日之力。潘碧泉来询明岁之局，言陈子常仍邀请设帐其家，以吾留否为定。闻夏瓶仙亦有觅馆之说。诸生知向学者多不愿留，吾衰且病，时怀惧心，亦不能为之强留也。

廿一日。接黄子寿、袁予文、瞿景伊、曹识山各信。易叔辉自县来，又接陈熙堂、毛荇荪二信。周南山自金塘回，又接吴月卿及渌安二信。李得甄自洪家冲回，又接简秋一信。郭定轩、余佐卿、易兰生、胡荔云、李召甫过谈。回拜裕蓉坪太守、宁钦若刺史、刘香亭参府，及诣裴樾岑、邹少松、傅青馀、刘馨室、周桂坞、胡镜浦、陈枬皆、黄振斋、夏子常、唐鲁英、柳小华。其张晓亭参府及欧阳慎仿、可舟昆季，以道远未及绕道一往。柳小华又带到陈宝珊一信，并寄画梅。

廿二日。阴，寒。邹少松、黄子寿、杨子介、饶岱霞、易赞周、焦赞臣、王吉生、吴晴研、何心田、柳小华、蔡竹泉、左长卿及意城、寅伯次第过谈。盖自朝至夕，未尝少息，亦极人世之苦趣矣。接黎莼斋、梅子宣及刘绍西等公信，极意谋留董厚斋，亦公论然也。朱香荪邀同傅青馀、裴樾岑、邹少松、张文星晚酌。少松、文星均以事不至。

廿三日。王吉生回金塘，便寄吴月卿及渌安一信。意城继张笠臣为消寒会。余佐卿邀同邹少松、周桂坞、陈程初、胡少芝、余端甫晚酌。

廿四日。接孙公符、刘康侯、姚庶侯、彭作新、彭仲莲各信。熊鹤村过谈，以易虎文邀集多人会议家事，无一至者，独鹤村以与易念园尚书为总角交，必强我与偕，至则与鹤村二人相对语，询以沈润生、姚裔云皆至亲，宜一至而犹不至，此外有能勉强一至者乎？则称长沙同姓易岳生、易周丞，湘潭同姓易竹斋，至者三人。因邀共语，所见各异，而皆无当事宜。乃稍与处断，令鹤村一力任之。是夕为邹少松饯行，并邀裴樾岑、但少村、刘定甫及意城同酌。

廿五日。意城邀同邓双坡、裴樾岑、张笠臣、朱香荪、黄子寿为消寒会。子寿以赴湘阴迎候左季高相国辞，而是午季高相国已至省，子寿仍不至。

廿六日。邀周桂午、余端甫、陈丹阶、易兰生、余佐卿、胡少芝及子瀞晚酌。接易凤洲、曾岳松、柳小华三信，皆有所请托，心甚苦之。易凤洲名尔卓，其兄尔元，四十年前与同应试相习也。

廿七日。闻讲舍诸生以馀两日宴叙，未及回馆，急求告归，乃往为之解馆。与左长卿小坐一谈。何子中、湛少帆亦至。王石卿、刘定甫、邹少松邀同意城诣刘韫斋前辈小酌。韫老意兴极豪，各有醉意，始相与罢去。

廿八日。易兰生、周陶溪过谈。兰生以闻左季高将至，有所请托，吾颇为之失笑。已而左季高至，力诋沈幼丹，以为忘恩背义，而不自知为忘恩背义之尤者也。其言直隶开河事，颇能自成其说，言之娓娓。驺从乃至百馀人之多，亦云豪矣。

廿九日。周桂坞、张笠臣、左裔云过谈，因留早餐。回拜左季高、郭定轩、刘定夫、吴云谷、杨丽夫、杨鹏海、张雨珊、谭星可、李叔和、梁选卿，并为裴樾岑、李仲京致贺，兼过李黼堂、黄子寿、姜昆山谈。黼堂病目，一往慰问，门者谓其目已失明，谢客十馀日矣。接陶幼瑜一信。

三十日。郭定轩过谈，往拜夏芝岑、何相山，及诣王云生致吊。因赴邓双坡之约，仍设刘韫斋前辈处，同席王石卿、傅青馀、张笠臣。子瀞递到刘肇溪一信。终日倥偬，为无谓之酬应，正不知以何为名，念之怦然。晚次，易兰生、吴晴研过谈。

十二月

十二月初一日己未。黄子寿、周桂坞过谈。以恪靖左君邀饮，吾因与意城公致蔬肴数品，令意城往陪，吾不往也。子寿、桂坞传致左子栗之意，强令一往，而不知吾往无以为名。子瀞亦至言之，皆于事理有未谙也。张文心、刘牧村公饯裴樾岑于朱香荪斋舍，并约往陪。陈丹阶见示本府转行院札，录粘国史馆奏稿，纂办儒林、文苑、循吏、孝友列传，饬各省确查举办。自嘉庆十三年御史徐国楠奏请办理，时故大学士阮元以编修充国史馆总纂官，网罗故实，成儒林、文苑、循吏列传共十四卷，正传一百六人，附传八十六人。其后续行编入者，仅循吏龚其裕等十馀人，而孝友一传至今阙如。应请旨特谕各省督抚确切访查咨报，务以本人著述及实在事迹为凭。近年各省通志次第修办，其入祀乡贤名宦、题旌孝子诸人，礼部皆有事实册。此外私家著述详审可据者，亦可兼供考证，应一并调取以备参稽。通计已入国史者，儒林八十七人江苏廿九人，浙江廿三人，直隶五人，河南二人，陕西三人，湖南一人，湖北三人，江西三人，山西三人，山东五人，福建三人，安徽七人，文苑七十四人直隶五人，山东六人，安徽十一人，江西三人，江苏廿二人，浙江十八人，陕西二人，山西二人，湖北二人，福建一人，贵州一人，汉军一人，循吏三十六人奉天三人，山西六人，顺天一人，浙江二人，汉军一人，河南一人，陕西二人，直隶二人，安徽二人，山东一人，江苏二人，湖南二人，福建四人，云南二人，江西二人，广东二人，贵州一人，通一百九十七人。湖南儒林列入王船山夫之，循吏列入严乐园如煜、钟云卿谦钧。其实应入列传者，固不乏人也。

初二日。何相山、曹识山、李召甫过谈，为柳小华致书张子衡，并复陈宝珊一信。李香缘致（荐）〔饯〕裴樾岑于朱香荪斋舍，邀同左锡九、张笠臣及意城会饮。县志适于是日成书，急刷一部致送裴樾岑，以此书专录裴序，知其已定初三日赴辰沅道任，赶催刷送。本意兼送一部左季高，而已于是日卯刻起程赴湘阴矣。

初三日。王壬秋自蜀回过谈，并见贻《湘军志》一部，凡十六卷，作两巨册。随诣张笛帆，吊其太夫人，晤张花楼、张鹤臣、张临澄。又吊张立之之丧，晤其婿梁鹤安。次第诣张南屏、刘治卿、周桂坞、王壬秋。接邹闻生、孔庭兰二信。镜芝晚过，遣人探询简秋，已于今日回县矣。

初四日。接李玉森、周昌辅、盛展奇三信。昌辅信由周介峰之子和幹递到，并索取找寄周镜帆干脩银廿两，当复一信，仍交和幹带去。张南屏、周桂坞、余佐卿、龙树棠、陈尧圃、易叔辉及怡仲、达珊过谈，树棠、尧圃五人并留晚酌。

初五日。连日燥热似深春，至是始风，微凉。李仲京、苏紫溪、周桂坞、任芝田、王吉生、罗顺循、罗汝梅过谈。回拜龚云浦、苏紫溪、黄昆浦、宁钦若、黎盈庭、熊鹤村，及过张笠臣谈。接喻小冈信。谭燮甫告知李华卿言易虎文家事，陈尧圃、易岳生辈居以为利，似其情节尚可信，因属易叔辉略往谕之。

初六日。雨。龚云圃、易淑子、吴亮生、吴晴研过谈。意城邀同黄芍岩、王石卿、傅青馀、李香缘、朱岳舲、黄子襄早酌。芍岩、青余以事不至。朱香荪邀同龚云圃、刘定夫、吴云谷、张力臣、李香缘晚酌。终日疲于酒食，意甚苦之。

初七日。王吉生、吴晴研及子瀞、秉文、怡仲过谈。接毛荇荪信。秉文来诉陵子市义渡事，所捐韩湾围田廿四亩，为平远堂之业，而具呈报捐，则西清公主之，捐约又列耕心堂名，韩湾围文契固尚存秉文处也。西清公此等举动极不妥，而岁月已久，无可言者。秉文必欲于此搜求，亦殊可以不必也。

初八日。雨。周桂坞、张笠臣、邹少松过谈。接张寿荃信，求言之左恪靖，调赴江南。恪靖与予水火，寿荃早经知之，不知何以有此托也。笠臣语及王壬秋，约章皆不能行，外间议论，颇咎及鄙人之举壬秋为坏乱风俗。壬秋长于言教而缺于身教，固亦当与之约，而不知先有此约，已足使人惊疑也。其中如岁加给钱八百串包诸生火食，设长案讲堂，每食传梆会餐。以院长包治酒食，固宜骇人听闻也。

初九日。雨，风。接易卓超信。复张寿荃信。回拜李仲经、刘治卿、刘定夫、吴云谷、李香缘、李瑞南、王石卿、韩勉吾。并为邹少松送行。易淑子、易叔辉过谈。周南山、周兰徵随同吴月卿、盛小楼及（樾）〔渌〕安自金塘市乘便船回省，（樾）〔渌〕安述及吴月卿情形，似专为嗜利起见，非可任信者。末流之世，人心凋敝极矣，无怪其然也。

初十日。雨。余佐卿、胡道生、言舫丞过谈。接张小亭信，并致送虎胫骨二具。又接陈夔心信。李瑞南、李香缘、杨星堂、刘肇溪诸君枉顾，并为门者所阻。李瑞南尤数至，并屡为人言及之。仆人不晓事理之轻重，无如何也。

十一日。雨。接邹闻生、盛展奇二信。刘绍西、吴月卿、闵新吾、黄笛帆、盛均泽、董从高、刘若华、一心和尚、左绍明、张鹤臣次第来见，兼留吴月卿、董从高午饭，遂尽一日之力。一心和尚语及栗云偕刘希陶为浙江之游，栗云颇以诗画见知于时，酬应纷烦，遂以致病，顷送其还龙潭养病。住持文正公祠者，松培和尚也。是夕吴月卿又邀同盛小楼过谈。

十二日。雨，寒。接周浥藻二信。周桂伍、张笠臣、杨星堂过谈。罗汝梅定期十三日解馆，为治席款之，便邀胡道生、吴月卿、盛小楼、李华卿、易叔辉及达珊、炳文。达珊辞不至。王壬秋、余佐卿晚过一谈。

十三日。大雪。贾公祠寻秋草堂公饯李玉阶中丞，至者十六人：徐云渠、周笠西、傅青馀、朱禹田、俞鹤皋、陶少云、黄子襄、唐兰生、刘竹汀、王绶卿、龚云圃、苏紫卿、谢稼轩及余与意城、子瀞乔梓，承办者子瀞也。自十二点钟诣贾公祠相候，傍晚乃获登席，遂尽一日之力。

十四日。接周浥藻两信。亦复张小亭协戎一信。又接黎莼斋、黄泳清信，知莼斋已于腊之朔日出洋。见《申报》，黎简堂以病开缺，卫靖澜调苏抚，张香涛接卫靖澜晋抚之任。政府诸公于此真有作用。胡道生、盛小楼、徐晴溪、余佐卿枉谈，刘定夫亦至。

十五日。自十三日雪，凡三日，然十二夜雪深略及三寸，此三日则微霰而已。闵新吾、何子中枉谈。新吾守索闵氏谱序，子中则以归义新建魁星阁求书，并以顾亭林氏云，当为奎星，至今议论纷繁，无所取证，兼求跋语，以释群疑。其实钱竹汀已前言之，斗魁戴筐为文星六星，是以魁星与文昌并记于学，自宋已然。《大清通礼》亦载魁星之名，岂能擅改。略书数语晓譬之。

十六日。寅正立春。两宅接春行礼。刘绍西、朱次江过谈。接李仲絜信，谋充当日本随员，求寓书黎莼斋，径诣横滨投之。其势恐难行也。朱次江述及聂仲芳来信，知湖北缉私一差，由李筱荃制军扎派。日前得孔庭兰信，言之未详，然度其为湖北差委也。龚眉生新自湖北回，云孔庭兰尚有寄件，交清臣带南。清臣径携以归，讫今无信。闻筱荃制军近亦以言官陈奏，有交左季高侯相查办事件，心绪颇恶。清臣此行，徒为累而已，亦其蹇运然也。

十七日。晴。武陵陈舜邻骏声以所著《集芳草堂诗钞》二卷求序，为书一律还之。又接金敬民一信，为苏子熙、龚荣浦求书。金君名勋，贵州候补通判，自称门人，盖曾受学城南者。朱香荪过谈。吴月卿、董从高自金塘回省，道渡地以百五十金购得之，主笔者易锡圭，而实其族长易晓峰为之主持，以山为易氏公山，易锡圭实居其下，历由其管业，盖随山樵采之业也。外费又至四十金。金塘市外费亦几至百串。月卿此等举动，亦未妥也。

十八日。回拜王绶卿、陈（陈）舜邻，并过曾重伯，知曾沅甫宫保已于先日回省，急诣一谈。陈舫仙、韩勉吾、凌问樵、余佐卿并至。因偕佐卿赴张笠臣之召，同席吴云谷、王壬秋、黄子寿、张文心、杨鹏海、朱香荪。鹏海以事不至。接张超堂信，当以一信复之。

十九日。为东坡作生日，方谋款客，任燮臣、雍静山、罗小垣、曾重伯及渌安、子瀞、健甫次第至，遂尽一日之力。王石城以所著《大学中庸》见示，大抵祖述阳明之说以难朱子，亦时有深透处。朱子《大学》、《中庸》章句，原未能尽善也。石城所见，亦多未能融洽。其据阳明格物之说，以为扞格外物，则并致知诚意为一事，鄙人终不谓然也。是夕张文心、王壬秋、左锡九、张笠臣、余佐卿、朱香荪及意城同集，吴云谷、李香园以迎谒涂朗轩中丞，辞不赴约。

二十日。陈舫仙、黄子寿、易虎文过谈。询问虎文一切情形，始知谭燮甫所述陈尧圃事实，皆由姚裔云诬造，周笠西独为姚裔云作鹰犬，尽剪除易虎文党羽，以求遂其网利之计。末流之世，人心变幻，不可端倪如此，为之浩叹。是夕邀王绶卿、龚云圃、苏子钦、刘云樵、杨鹏海、刘肇溪小酌。绶卿赴益阳，肇溪则候至晚乃至。

廿一日。曾沅甫宫保、蔡蓉仙、杨星堂、梅子宣及渌安过谈。邀严又韩、於桐轩、谢莘田、沈润生、阮保之、刘牧村、傅竹轩晚酌。

廿二日。李仲絜专足至，是日回皖。寄复仲絜一信，兼致李筱荃制军及孔庭兰二信。衡州专足信寄复陶幼瑜、邹闻生、盛展奇三信。又寄任篇门、曹识山及一心和尚及鹤九各信。亦接彭作新、言湛甫、瞿景伊、舒叔俊、宋小梅、胡受百各信。周南山自县回，带到熊绍香、吴晴研及笏堂各信。回拜李玉阶中丞，兼过涂朗轩中丞，陈舫仙，黄子寿，傅青馀、竹湘乔梓。青余处晤陈程初、陈舫仙两君，得一畅谈。又接皮锡瑞、刘心民二信，则为意外之酬应，以皮君门人，从未一通书问，刘君江西安福县籍，以入学求助五十金，亦一奇也。

廿三日。任协臣、易赞周、左锡九、曾重伯、杨籽云、周嘉会次第过谈。再诣李玉阶送行，均值外出。致任篇门信，本交其子协臣带鄂，两日遣人诣舟次，均不可得见，闻沈佩玖言，颇以游荡负累烦多，未宜以银件交之，乃转托之玉阶中丞，俟见任篇门面交之。是日自祖母张太夫人以来，斋食一日，晚祀灶君，传为家法。两宅行礼，并率妇女儿孙辈洁斋致敬。是日接闵养吾、周昌辅、陈子濬、易桂生、李福覃各信。

廿四日。寄复周昌辅、闵养吾、吴晴研三信。并致熊绍香、梅子宣及怡仲各信。亦接刘伟青信，由刘肇溪递到。黄子寿邀同张笠臣、杨鹏海、王壬秋、左锡九、余佐卿午酌。适邀罗小垣、夏浩庭、杨星堂、刘肇溪、刘若华、晏洪轩诸人为小年之会，入夜方回，聚谈甚畅。

廿五日。寄复吴晴研、萧子远、唐桂生公信。又寄熊绍香、梅子宣及丰诒堂三信。诣曾沅浦宫保谈，以所营新居旁有靖州试馆公屋，为刘牧村租住，沅甫欲僦为书舍，属转告牧村求让也。左锡九邀同张文心、王壬秋、黄子寿、张笠臣、余佐卿及意城会饮朱香荪宅，语及陈文恭公，壬秋诋之甚力，锡九亦据其《五种遗规》详论葬经，为暗于闻道，所言亦为近理。吾独怪其在湖南奏毁濒湖各围，夺人民产业，蠲之水中，以开讦告之风，乾隆以前纯古之风，一变而为剧激，坏乱人心风俗，遂至不可挽救。吾于此实不解陈文恭之何以为心也。

廿六日。风，雨，稍寒。杨星堂、盛少康过谈。曾重伯后至久坐，语及家事，为之怃然。黄笏堂见贻《报晖堂集》，并枉诗。於桐轩邀同黄子寿、张笠臣、朱香荪、唐兰生及意城晚酌。

廿七日。雨，寒。料理年事，极形倥偬，而各（岁）〔处〕馈岁纷纭，终日不息，益信诸公从容安暇，有馀裕也。接黄海岩、杨子遇、张湘亭及文绶兰舫、区维瀚、萧忠训诸君信，均常通书问，而皆忘其号矣。

廿八日。由寅伯致吴晴研、萧子远、唐桂生一信。又致怡仲一信，而还言县工已前行。黄海垣处专工取回信，因便致海垣及文兰舫、张子遇三信。又寄复盛耀堂一信。香荪馈酒及豚拍，兼为启甚工。复书云：读山公启事之书，辱坡老土风之馈。既承珍品，并睹奇文。牺酌双壶，聊助卧垆之兴；豚肩两个，借增掩豆之光。冻雀交喧，馋狸起舞。小人歆其属餍，君子重其文辞。语杂庄谐，兼唐宋清华之体；功资醉饱，胪室家团聚之欢。宠贲鱼笺，感深鳌戴。百忙中为此，愧此腹枵然，不能工也。

廿九日。余佐卿、曾重伯、左巨云过谈。佐卿闻之唐稚泉，据唐泉伯信，李筱泉参案四款：一、新堤木关陋规；一、樊口堤工；一、其母太夫人接受寿礼；一、国制演戏。其后二款颇不类。左巨云实亲见其折稿，凡八款，而关税陋规已居其三，盖尚有宜昌盐规、江汉关节规也，与樊口堤工并列前。寿礼亦有之，国制演戏无有也，其馀三款皆不能记忆。问以言及其骄汰乎，则亦有之。巨云又言过武昌见王家敏若农，问参案虚实，力陈其无实据。恪靖云：如此当可一湔拂之，拟至安庆即行复奏。此则得之传闻，未可以云信而有征也。余佐卿语及王壬秋思贤主讲一节，曾宫保力言其不可，又执意赞成此议，真使人旁皇难为计也。吾于此盖亦久费踌躇矣。

光绪八年　壬午

正月

光绪八年壬午岁正月初一日戊子。元旦。两宅叩谒祖先，兼诣曾文正公祠及船山祠行礼。便过涂朗轩中丞、谢莘田、刘牧村、余佐卿诸处。意城率其两子子瀞、子宽至。李华卿亦至，久谈。偶成一律云：又添白发到尊前，五岁曾经壬午年。少日承平空想像，早春云物故清妍。檐声细碎风生树，曙色霏微雨涨天。乐岁民生凋敝甚，纷纭时局益茫然。常年除夕，爆竹如沸，从未有若今年之萧索者。兼与意城论时事，相与怃然。诗意亦微及之。

初二日。接李筱荃制军、董厚斋、彭溧樵三信。庞省三方伯过谈，述所得筱帅书，与所寄鄙人书大旨略同。萧屺山甫自京回省，泊舟江次枉见，而为奴子所阻，深以歉然。为曾沅甫宫保致书刘牧村，以两次往觅之，皆辞不见，迁延至今，乃一缄询之。

初三日。接胡秋樵信，并馈柚、炭。萧屺山、姜昆山、曾重伯过谈。与萧屺山言洋务，始终茫然。自南宋以来，此义锢蔽于人心七八百年，无怪其然也。回拜萧屺山。便过曾沅浦宫保、徐云渠、朱禹田、张笠臣、况南山、李瑞南、周荔樵、刘韫斋中丞。沅浦宫保出示张阆斋信。伊犁勘定疆界事宜，由张阆斋、刘毅斋、申竹珊主之。申君声名极不佳，似此事端重大，以任之申君，政府之志亦荒矣。阆斋言：分界事有三要，一边防要害，一往来取道之处，一布鲁特诸部落要害。窃以此三者皆非我所能持，且先审定旧时疆界与劼刚所定大致规模，而后准理度势，就现在所定疆界，权其缓急，一与辨争。如阆斋之言，固非力所能及也。

初四日。酬应一日。与庞省三方伯谈洋务极畅。于朱香荪《边事汇钞》一书，极口誉之。黄子寿谓与省三方伯谈论一切，颇能推求，其神不外散，以是知其为办事才也。可谓知言。涂朗轩中丞言：做官是苦人。一求受用，而百姓之承其累者多矣。苟思安闲暇豫，须是脱离一官。做一日官，即思吃一日辛苦。其（心）〔言〕亦殊耸切。是日各署均经一往，所见涂朗轩中丞、庞省三方伯、夏芝岑观察。其他各家，见面者为多。黄海华处坐谈稍久。

初五日。补昨日酬应所不及，大率投刺通拜而已。仅晤刘馨室、胡少芝、朱香荪数人。王壬秋、曾重伯晚过谈。邀左锡九不至。朱香荪言王壬秋年逾五十，而德不加进，声望为之大减。如吴蓂阶、罗顺循，皆心折王壬秋者，至是闻其谈论，不能无觖望，朱次江至更不欲往见，然则其道不足以启迪后生明矣。闻此为之怃然。

初六日。接裴樾岑、曹识山各信。吴云谷、张笠臣、黄子寿、庄翰堂、刘地山过谈，遂尽一日之力。刘韫斋中丞邀同邓双坡、王石城、傅青馀及意城春酌。本意顺过一二处，而苦为宾客纠缠，比至，诸君相候已久矣。计数一日之中，累于酬应者，通得四五时之久，馀为眠食之所需，其间稍可读书者，日或一二时，或竟无之，而又不能不困于家事之纷乘。日复一日，年复一年，销磨岁月，不容把玩，真可叹也。

初七日。复胡秋樵一信。又接周步瀛一信。是日方谢客，而黄子寿、左锡九、余佐卿至，出示王壬秋〔信〕，始知昨夕壬秋与张笠臣、余佐卿同诣曾沅甫宫保，语及《湘军志》一书，沅老盛气责之，壬秋不能对，乃以书自解。锡九、子寿相与筹商办法。

吾谓沅老得此书，亦足稍平其心，然遽求化去其嫌怨，固不可得也，此仍须商之王壬秋，尽交出其案卷及《方略》诸书，并所刻板片及刷就之百部，全数清交，徐筹改刻之法。已而张笠臣、朱香荪并至，所见并同。香荪以为壬秋在湖南无可自立之势，宜及时出游，俟一二年后人言稍定，始可回湘，为此书贬斥过多，不免犯众怒而动公愤也。

初八日。接周桂坞信。欧阳季临、余佐卿、张鹤臣过谈。左锡九约同诣朱香荪，为曾沅浦宫保解说王壬秋事，方约周鼎泰清检来往各数，复书辞之，而朱香荪亦随遣人来邀，乃往一谈，语及壬秋困迫之状，相与怃然。意城函约与丁次谷同枉过夜谈。

初九日。曾沅浦宫保过谈。李麓渔、易桂生遮要求馆，为之茫然莫晓所谓，因盛气以折之。随回拜丁次谷、汤斐斋、任宇田、王吉来、袁瑜笙、欧阳季临、孙次韩，遂尽一日之力。接守蓉仙、王绶卿、彭作新、瞿景伊各信。

初十日。微雨。刘地山、盛展奇、毛荇荪及渌安过谈。盛展奇带到邹闻生一信。本日以缮发各处信件，谢客一日。陈舫仙、汤斐斋诸君见过，晚阅门簿始知之，而亦至会客三四次。渌安回县，便寄复董厚斋、宋云生、胡受百三信，又致吴晴研及怡仲二信。吴晴研信内又加托二事：一、蔡葆初田事；一、萧屺山以其女寄养易汉乔家，其妾实主之，近其妾改适许氏，携带其女以行，屺山因属张笠臣寓书易兰生索取之，兰生于此似不能与闻，因属吴晴研为料理之。

十一日。雨。周桂坞专足告归，寄复桂坞一信，并为致书易笏山、曾挚民。又丐张笠臣为致书林贞伯。龚荣圃、张笠臣、左锡九、余佐卿过谈，为龚眉生荐致龚荣圃，已允携带同行，因询及左营参将改委韩鉴泉之说，并无其事，盖谣传也。

十二日。雨。丁次谷、汤斐斋过谈。传渌安来家交付赴县托办事件，两日不至，甫至寿星街清检字据，而渌安至，因开付一清单，送之出门。周氏女又携女客夹席坐，颇怪其不相体量，尽取字据诣书室，日将夕矣，除夕火盆置书室中央，仆人不知收检，从火盆下方翻跌上方，半顷不能起，遍体伤痛，小腹压火盆角，隐隐作胀痛。老年遘此，可危惧，而周氏女之太无智慧，亦所无可如何者也。

十三日。阴，寒。诣曾沅甫宫保、陈舫仙、凌问樵、张文心、曾重伯、陈程初诸处谈。沅甫宫保语及初四日参将署之变，深咎涂朗轩中丞处置之不善，言此等惟当应机立断，径坐堂皇，传三营兵至，问以肇衅之由，令直陈无隐，立撤参府之任，而后访查其倡首滋事者重治之，片时可了，亦必不使沾染以成气习。沅老此言，实足以当天下大事，而治兵尤其要也。其才识自足高出一时。

十四日。意城告知黄子冶仍回湘潭任，属为曹识山谋经课一席，当寓书海华老者转告之。阅壬秋《湘军志》一卷，极意表章塔忠武公，而于王初田亦颇叙其战功，湖南人士，多隐其名，似不免意为高下。张笠臣所述，实亦信而有征。盖以文字玩弄一世，所谓才高识寡者也。昔人言作史须才、学、识三长，壬秋才学有馀而识不足，此亦天分使然，不可强也。

十五日。接何心畬、王梦虎、叶小云三信。又接陈伯严寄示所著《杂记》及《七竹居诗存》、《耦思室文存》，并所刻《老子注》、《龙壁山房文集》五种。又杜云秋《杂著》、《河北精舍学规》——亦云秋所撰也。伯严年甫及冠，而所诣如此，真可畏。晚邀钟景唐、刘若华、晏浩轩、李麓渔、易桂生、毛荇荪为元夕小酌。麓渔、杏荪皆已回县，钟景堂为其主人所留。是夕小雨。

十六日。周南山自石潭归。接罗叔循信，并寄到其尊人研生所著经说，曰《周易训故大谊》，曰《禹贡义案》，曰《禹贡义参》，曰《诗古音疏证》，曰《水道古今表》，曰《十三经字原》，曰《经传金石假借字辑》，曰《北游记里录》。其《周易训故》、《禹贡义案》，最其生平专心致力之书，而卷帙皆不能全，良为可惜。又得张昆生、黎恕堂二信。李庆生、张笠臣、左锡九过谈。

十七日。接洪琴西信。蔡竹泉自湘阴来。又接到熊绍香、陈熙堂二信。朱香荪晚过谈，因论王壬秋《湘军志》，均取当时官场谣谤诋讪之辞，著为实录以相印证，尽取湘人有功绩者诬蔑之，取快悠悠之口，而伤忠臣烈士之心，竟莫测其命意之所在。其颠倒功过是非，任意低昂，则犹文人气习，不足怪也。

十八日。何琴初、蔡竹泉、姚桂轩、彭仁山过谈。回拜黄子诒、陈舫仙。便过曾沅浦宫保久谈。适洪劼卿及曾重伯至，语《湘军志》甚悉。晚为刘馨室招饮，同席邓双坡、傅青馀、刘祝庭、王壬秋。桂轩见赠《论语衍义》一部，录其在湖北军营与胡文忠公讲释《论语》义旨，援史事相印证，予曾为之序，甲戌赴都，其书尚未刊成也，(是至)〔至是〕始蒙枉赠。

十九日。为意城六十生辰，一往贺之。成静斋、胡尚之、陈德生、黄子诒、黄子襄并在，少谈归。盛耀堂、陈舫仙、黄子寿、张力臣、王壬秋相继过谈，自日午至亥、子，乃始稍息，不胜其惫。中间绍西、镜芝及罗允吉参错而至，多费酬应，精力衰颓，苦不能支。壬秋语及《湘军志》本末，曹镜初、张笠臣实不能辞咎，徒以为壬秋之过，尚未能知其底蕴者也。

二十日。李华卿、罗汝梅同日开馆，因邀盛耀堂、刘翊清及绍西、怡仲、达珊、秉生小酌。黄子寿、张笠臣枉过久谈。王壬秋以所刻《湘军志》板片及刷定十八部并行见交。函询曾沅浦宫保，复函属交子寿、笠臣。二君之来，盖承沅老之命，商酌领取。绍西、怡仲偕同喜田、育之、简秋、笏堂、槊希、绍覃、小春、新吾共十人，制幛为予寿，盖以在海外周六十，相距多年，因意城今岁六十，推论及之者也。接到张南陔、曹闰生二信。南陔寄示其世兄衍鋆条陈洋务八条，属为点定，大抵闻见之知，非真知也。

廿一日。据《楚宝》考知为屈子生日，与张笠臣约集同社会讲思贤讲舍，致祭屈子，至者十一人：熊鹤村、傅青馀、左锡九、黄子寿、余佐卿、彭畯伍、朱次江、曾重伯。予为宣讲云：《礼》称冠、昏、丧、祭、乡相见。窃疑冠、昏、丧、祭，并礼之大者；乡饮酒之礼，于义无取。据《周礼》党正以礼属民，饮酒于序，以正齿位之文，知此即养老之礼，其间升降揖让、进退周旋之节，尊贤尚齿之义，凡所以善人心、厚风俗，其义亦隐寓于此。今时学校不修，一切礼仪具文亦无存馀，人生自少至老，日在怠惰放肆之中，未尝稍有约束。天下滔滔，万方一概，于是群相习为放辟邪侈，莫知为非。鸦片烟之流毒，其源皆自怠惰放肆中来。禁烟公社之立，纠合同志，训饬子弟，而申之以会讲，正欲发明此义，使各怀震动恪恭之心，自不至流为此等败类。从古圣贤，皆成于戒慎恐惧。吾辈以中才而涉末流之世，内度之身，外度之人，忧勤惕厉，无有穷期，将为约束子弟，以推及其乡，必自检束其身始。初意思贤讲舍应得王壬秋主讲，为其学问文章，高出一世，又善开发人，使知向学之方。而其讥贬宋学、放溢礼法之外，亦恐足以贻误人心风俗。方谋与之约法，使从艰辛敛退用功，以冀其成就之广大。自《湘军志》一书出，乡人皆为不平，其势不能定议。须知天下事及之后知，履之后艰，各人成就一番功业，视之无甚奇也，而皆由艰难磨炼，出生入死，几经阅历，而后成此功名。轻易谈论，尚不能尽出曲折，岂宜更诬蔑之！道德文章，推极于圣贤境界，亦尽无穷。若恃其才气之优，偃然自足，遂以文字玩弄一切，是其倒乱是非，足使元黄异色，天下何赖有此。古人言史才须兼才、学、识三者。如此只是识不足也。吾湘近年尽知向学，所望于千秋者甚巨，而终至此席不能相属，吾尤以疚于心。然要知此等气习，学者切须慎防之。正虑才与学皆不能逮，而先务为放言高论，睥睨一切，风俗人心，因之日益偷薄，亦可危惧。吾是以推论之，使各知所警惕。熊鹤村申讲云：禁烟公社专为约束子弟起见，然道理广博，却从何处着手。但看今人，大患有二，一曰私，一曰偏。私者，人心之盘结深固不可解，而又以其偏济之，其弊遂至无穷。私起于人心之欲，大率相同，而其偏处，往往缘于学问，是尤人所宜戒者。去私去偏，而后见理明，见理明而后律身涉世，自有归宿处，正须于此用约束之功。意城原讲云：凡人身病痛，未有不由于名利者。以学问文章助其名利之私，其贻患尤大。若论圣贤事业，推究一层，又有一层境界，正是无止境。朱子自言，年逾七十，所言又胜前时。正使孔子之圣，年至八十、九十，其造（谊）〔诣〕亦当日进。所以吾辈兢兢业业，更无可放纵之时。凡所以立社之本，正须彼此相为发明劝勉，以求各自尽而已。酒后回拜文兰舫、黄子厚、阎镜蓉、陈杏生、何琴初、蔡竹泉、刘（结）〔绍〕西诸处。

廿二日。接欧阳季临、盛展奇及鹤九诸信。阎季蓉见示《佩韦山房文集》三种。晚邀姚桂轩、周芷香、刘绍西、何晴溪、蔡竹泉、杨敬臣及子瀞小酌。何晴溪见诉何梓岑构讼一端，因属刘绍西回县，一与理处。以李咏仙、龚黼丞并与何晴溪姻亲，姚葆丞又（见）〔与〕何梓岑乙亥同年，可以相为调处故也。世变日甚，人心日漓，所关亦非细故矣。

廿三日。彭仲莲递到彭芍庭中丞信。易叔辉与其侄易寿麟自县至，适是早邀王理安、易伯肫、易淑子、盛耀堂、王旭初、毛荇孙便酌，兼约李育之、李召甫；以叔辉至，辞育之、召甫，而改邀叔辉、寿麟。客未散，而焦赞臣及秉生至。是晚，朱香荪邀同傅青馀、黄子寿、张笠臣及意城夜酌。

（初）〔廿〕四日。周荔樵、刘地山（过枉）〔枉过〕。诣庞省三方伯谈。便诣李仲京、黎简堂问疾，晤简堂世兄黎佑生。兼过李香缘、姜昆山、陈云心。于意城处晤朱香荪、朱枫桥，久谈。

廿五日。庞省三方伯枉谈。刘绍西、樊延龄各以事来见。闻刘岘庄已抵省，以择日进城，泊舟水鹭洲。李仲京以中风不语，数日而殒，其症与黎简堂同。简堂不语数日，旋亦稍能言语，非独医药之功，所处之境地不同而心绪亦异。要之，老年所履之境，皆危境也。闻之倍增悚惧。

廿六日。易兰生、陈杏生过谈。入春以来，益觉精力之乏，意绪之烦，而每有酬应，讫无已时，万事毁弃，专供人奔走笔墨之役，而一不相谅，真无如何也。何晴初、蔡竹泉过谈。

廿七日。刘岘庄来谈，语及左季高至江南，陵跞一切。韩叔起以兵部郎中往见，一以属吏视之，坐次反在道员之下。而于查办湖北一案，提解各道员，一无回护。李伯相函属致意左公，无过改易曾文正旧章。始见即诋斥曾文正。因复李伯相书：曾文正旧章，人人思护持之，独若左公者，实为通天教主，不能为护法善神。观其气象，似已盈溢过甚，非吉征也。罗小垣自乡至，语及家庭间事，为之怃然。朱香荪、余佐卿、刘地山夜过枉谈。陈小浦亦有小聪明，为所私名银珠制一联云：银烛高烧，只恐夜深花睡去；珠帘半卷，似曾相识燕归来。极有风致。

廿八日。曾沅甫宫保、张笠臣、刘绍西过谈。回拜刘岘庄、但少村、陈少轩、陈舫仙、陶幼瑜、余芳城、余佐卿、张寿云。晚归，以朱香荪邀饭，重往赴之，同席张笠臣。

廿九日。左巨云过谈。樊延龄、毛杏荪及文思踵至，携其戚彭云程来谢，至日西始去，竟以坐谈废日。张笠臣以《湖南文征》应商事见示。一、世次倒乱：列陈季牧于陈鸿博长镇之先，已为失次，至列彭鹤田于石原后，列朱石湖于甑山后，竟以子先父矣。一、年代谬悠：郭季隗编列明代，而其文屡叙国朝及康熙年代。一、文词蹇陋：何景昭《读尔雅》，称年七十始见其书，而疑周公之书不应释《诗》及录戴记《大学》之文；朱甑山《论天主教》，不脱崔贞史辈人气习，乃谓西人历法无裨益用，又造近视、老光等镜以瞽中华之目。其言颇谬。吾以此等文竟须揭去之，以国史馆征求此书，恐资笑柄耳。

二月

二月初一日丁巳。接黄石珊、汤斐斋、陶子缜三信。子缜兼求寓书恪靖，求书局馆席，非绵力所及也。回拜翁筱山、陶幼瑜。是夕邀陈葵心、陈杏生、易兰生、张雨珊、周荔樵、孙次韩及意城、佩珊，次韩以事不至。询及孙桐生治状，葵心言：与相识十馀年，相待尤优，不敢毁之，却亦不敢诵其政迹。因论其所著《未信馀编》，痛诋曾文正，然无损其毫末。非但其笔墨之陋劣，极口痛诋，而是非真伪，不能相掩，必有能辨之。惟壬秋多布阵势，一重一掩，巧肆诟讥，乃成千秋万世之冤。正惟其不加诋毁，而相构以蜚语，使人自生疑惑。竟不料壬秋居心奇险至此，此亦吾楚之一厄也。

初二日。陶幼瑜、张笠臣过谈，始悉邹闻生力辞衡局收支。

于会计事本不工，避难而趋易也。晚邀张邵益、胡镜心、罗小垣、罗柢敷、曾重伯及玉舲、子宽、健甫小酌。柢敷又交到其尊人梅根《汉书沟洫志补注》一种，其书虽全，而修饰之功亦未及半，是以前详而后略，终不得为完书也。正月廿九日，院围后又一村（又）〔有〕夜逾垣者，刃伤击柝二人。询悉其情形：一人逾垣携带火药，二人在外巡逻。察其情形，意在纵火，非为盗也。涂朗轩专怀自足之心，而不求通下情，以处末流之世，践崇高之地，殆非宜也。此正月内乱机屡动，小民玩法久矣，能无怵惧！复张子遇信，谢其预寄盛耀堂襄校脩金也。

初三日。刘若华、刘翊清、胡厚吾过谈。接瞿子玖、胡道生及笏堂、玉舲各信。玉舲荐张立之之子嗣熙，朱枫桥亦荐其子世润。回拜曾沅浦宫保、吴云谷、易兰生、罗柢敷，并往吊李仲京、陈池生。晚邀朱香荪、阎季蓉、罗顺循、陈子濬、朱次江小酌。曾沅浦言，阎丹初、丁秩璜皆虐取小民，为国家计校锱铢之利，而遂以取重朝廷。君子当与论过，不当与论功。又言涂朗轩严惩斋民，全失仁恕之义。《传》曰：上失其道，民散久矣。百姓流离死亡，无过问者。彼自斋食，何劳大吏之推求乎？此之谓无学。此两段议论，皆似三代以上人语，耐人寻味。

初四日。裴樾岑、萧屺山、施澄侯过谈。接胡鼎臣及寅伯二信。道都地事，易姓连名十六人。为首者易长龄、易东周禀称：祠后井塘坡，道光中立有合约，不准出售，指为易锡圭盗卖。送禀者易万和，为轿工王升遏抑之，不令上谒，迨经传见，则至者又为易春和，一缝工也，似皆属无赖。董崇高、吴月卿两君办理此事，用费过多，而于此等未知解譬之，疑专为一身嗜利之计，以致有此议论也。晚邀李瑞南、李香缘、况颜山、陶幼瑜小酌，约子瀞来陪，以赴傅青馀召，辞不至。

初五日。回拜裴樾岑、萧屺山。便过但少村、傅青馀、黄子寿。回家后，刘牧村、曾介石、徐晴溪、胡镜心、胡厚吾、胡稚森纠扰，乃日夕。接邓弥之信，始知所荐入讲舍之邹代过、翟需义，经张笠臣传知，其信并未收到。翟生以母老不肯远适，又改荐万芳琛名祖恕。会张笠臣过谈，即以弥生信示之。大率额缺皆可补，满额二十名外，便不复能置议矣。

初六日。接聂仲芳、陈国卿二信。陈名今泽，由邹公让荐来，因转荐邓宝臣为之绘图，据云邓宝臣相待尚优，而为闵新吾极力倾轧，以至反眼相视。新吾殆亦非良善也。朱香荪、黄子寿、张笠臣又意城公请裴樾岑，邀同一陪。但少村、张南屏、彭丽生、徐仁溪、王寿田、蔡蓉仙、邓述之次第过谈。邓述之语及邹公让已于今春物故，闻之惘然。

初七日。雨，大风。回拜李冠卿、周步瀛、邓双坡、胡少芝、刘岘庄。晚邀杨柳青、郭海青、邓述之、徐仁曦、饶岱霞、罗叔循及秉生小酌。以徐仁曦邀同杨柳青来省为予相地，罗叔循又至，就便一邀海青、岱霞也。岘庄述及近事，相与感喟。言在京为恭邸言：政府、译署两处人才，固可知也。殿下义兼家国，地处亲贤，宜躬任其难，无可诿者。恭邸唯唯，稍以他语乱之。退以语翁叔平，叔平曰：此无他，中不足故耳。徐曰：不免有私，上意亦知之。恭邸亦知上之知之也，相与委顺而已。其心实两相猜，而又故相周旋，愈周旋亦愈猜忌。又谂亲属中才力无能及者，则亦相与委顺而任用之。又告言：圣人天资绝高，亦能好学，惟其质性浮动，无凝重之度，此为可虑。二事皆关国家根本至计，因记存之。

初八日。接李筱荃制〔军〕、彭雪芹宫保二信。雪芹见示廿八日接奉密谕：佛郎西兴师安南，有兼并之心，饬会商两广、两江、云贵各省督抚，急筹水陆防务。往论〔琉〕球事，以为不与理处，今日以施之琉球，异日必以施之高丽，不谓法郎西踵起行之，其患先及安南，可胜浩叹。见《申报》，知万藕舲、董韫卿已开缺。童薇砚开总宪缺，以侍郎候补，仍留上书房行走，则一奇也。馀则恩龄、铁祺均休致。以计典黜陟朝官，未有若此之甚者也。李冠卿过谈。兼闻鲍春霆正月廿六日抵沪，计旦夕亦当赴任也。

初九日。为易兰生致书冯展云，兼寄赠洋物，以报其馈赆出洋之意。为怡仲致书陈俊臣，兼以周浥藻托之。又寄复李筱荃制军一信，托李冠卿发递。曾沅浦宫保以是日移居贡院西街，一往贺之，见郑玉田、邓林皋两君。郑为南昌人，邓君己卯举人，馆重伯家。与沅浦宫保纵谈洋务，相与怃然。邀裴樾岑、但少村、吴云谷、刘定夫、张笠臣、黄子寿会酌。樾岑以庞省三、孙春皋、夏芝岑、郭定轩四人公请，未及终席。

初十日。鹤九、咏明来见，始知渌安已来省，竟不一过，而闻郑少樵、常健吾均来省多日，大概周春去后，任、刘辈愚顽不省事，一概不为通报也。晚邀李冠卿、周步瀛、陈舫仙、陈程初、黄子襄、曾介石及子瀞小（静）〔酌〕。李冠卿即日回常德，甫坐定，即告辞。

十一日。张兰陔寄示其世兄衍鋆条陈洋务八条，未暇披阅也。其长君国栋字义渊复专函催取，始阅悉其条款：一、整顿关税厘金；一、加烟膏税款；一、开煤铁各矿；一、制造轮船炮船；一、招练旧勇；一、设立公司、银行、货行；一、周恤侨寓外洋华人，以资联络；一、录用华人为讼师者，以资人才。八条中（如）〔于〕洋务情形，多中窾要，而要皆非本计也。略加批注，并寄复张义渊一函。左锡九、左长卿、张介卿、李仲芳、易淑子、罗叔循次第来见。早邀刘砺山及健甫、鹤九、希初、杏农、渌安、润民一饭。希初、杏农均外出不至。傅青馀邀同裴樾岑、黄子寿、张笠臣、陶少云及意城晚酌。

十二日。雨。寄复彭雪芹一信，仍托陈程初转递。刘绍西及席珊、鹤九过谈。回拜熊懋卿、陈子信、黄子厚、郑少乔、常健吾、殷少乔、刘绍西、刘祝庭、曾介石、欧阳可舟，兼往慰杨砥皆，并为张南屏、姜昆山贺其迁转之喜，竟日奔驰风雨中。仍过张笠臣一谈，出示恪靖奏稿，直截爽快，可谓能者，而其中曲折甚多，亦足征古今事局之成，其根源大率如此，此三代以降，流极于秦汉，人心风俗所以日趋于薄，而莫有能救正之者也。

十三日。何晴初专足寄到一书，当以一信复之。胡养吾、清臣、润生来见，润生带到汉舟一信。曾沅浦宫保见示涂朗轩信，并抄送正月廿四日上谕，饬即来京陛见。随诣沅浦宫保，筹商具折陈奏之方，始知阎丹初简放户部尚书，实由宝竹坡奏保，并卞濬生二人。周苇阶交恪靖查奏，实由陈伯平奏参，并刘荫渠为二人。伯平参刘荫渠，李果仙参刘岘庄，以自戕贼其乡人为义，楚风之不竞，宜有然也。朱香荪晚过谈。

十四日。蔡浩楼、夏皞民、罗小垣、涂峙衡诸人过谈。刘若华、胡厚吾、胡稚森汇抄罗念生遗著，凡五人分缮，所论述多未成书，而亦不可不谓之宏富矣。罗小垣述及刘治卿添设安化蓝田桥头一局，纳千金之贿，刘治卿得其半；汤翰屏三而局员门丁二，合得其半。由一梁姓者假商人之名为之。比开局，商人大哗。梁姓据以垄断商人之利，而诸业盐者皆不知也。乃展转退还其贿，幸不至溃裂而已。此事吾竟不知，闻此益为之慨然。

十五日。接寅伯县信，传朱楚珍之言，属汪景山寓书李少楼，可邀以必行，以存典公项向以八厘为率，杨景皋以一分为言，景山、少楼皆所不愿也。容见汪景山面议之。回拜汪景山、涂峙衡、余佐卿。因过思贤讲舍，并诣吊许又泉。余佐卿述欧阳可舟之言：县志中诋左恪靖（氛）〔气〕矜导谀。予不复记忆也，检查，乃在《虞恺仲传》中。左公于此亦盛怒，亦只好听之而已。

十六日。大雨。连日郁热，至是稍凉。是日为先光禄公忌辰，率儿辈上供。接邹资山、龚荣圃二信。资山之意求一局馆，而属言之中丞，预为酌度，亦稍亢矣。且谓厘盐局馆，专为优老之计，议论亦太创。此老晚年趋向如此，良由学术浅疏之过。晚次，易淑子过谈，知其即日回县，便寄寅伯、鹤九一信。

十七日。大风。朱雨田约至丝茅冲萱圃赏牡丹，凡魏紫及玉楼春两种，花开至百馀，可谓繁盛矣。同席吴云谷、傅青馀、予与意城四客；外邀邓双坡，以畏风不敢赴也。晚赴曾沅浦宫保谈，以奉上谕赴京，不欲径自具奏，（何）〔所〕言亦极有见。因论《论语》君不君，臣不臣，父不父，子不子四语，何等耸切，非独其道然也，职分之司，仪文之末，有各须自尽而不可易者。其语绝精。并言恪靖在江南，诃斥提镇，直举其名，为非成就人才之义。所论往往透过人一层，〔非〕泛举时事得之人言者。相与怃然叹息，不能不怀高举远引之心也。

十八日。炎儿、英儿并以是日生，亲友女眷至者数辈。杨柳青、徐仁羲、易晓峰、董崇高过谈，以有事须一出料理，往就姚春晓一商。杨柳青言：道渡地极不佳，适会易万友正在具控，而主其事者易松庭、易惟寅二人，乃令周兰徵具呈请追地价。乡人此等情形，极为可恶，亦须一整理之。

十九日。谢视侯来见，询知李健斋之子、成静斋之侄均经挑复，曾氏无人选者。视侯并见赠所刻《虚字阐义》、《读书说约》二种，《读书说约》后附族谱新式说、转地桴图说，盖留心《说文》形声训诂之学，而思以致用者。自叙为南海徐台英门人。台英字佩韦，曾任耒阳县令，视侯所从受知也。曹识山、言舫丞、李召甫同枉过。绍西亦以光裕事留省为料理。竟日以酬应虚度，思之惶然。

二十日。周惠生、易桂生、董从高、盛小楼过谈。邀谢视侯、熊秀峰、陈子信、常健吾、郑少乔、刘肇溪及子瀞晚酌。健吾不至，而诸人相候，为时久矣。周惠生以其尊人幼庵墓铭相属，事逾两年，而不及报命。若此类者，尚多有之，徒增心急而已。

廿一日。接周子俊信，周翰丞之季子也。罗柢敷偕罗礼门、罗振旃枉过。张超堂亦自常宁至，适予外出，未一见。绍西以光裕事留省为予料理，然恐无能为益。昨夕三鼓后，湘阴科试案发，易叔辉、李召甫、胡厚生、易赞周、左佩勋诸人皆获挑选，而叔辉、召甫两人名次在四十人以下，极为虑之。是夕三鼓闻爆仗声，知易叔辉已入学；起问之，所知惟叔辉及易赞周、嵇薪樵三人而已。

廿二日。回拜严少韩、黄次圭、张超堂、罗伯翼、俞稚竹、周惠生、姜昆山、於桐轩诸人。午邀文思、绍西小酌，兼约寅伯及李华卿。罗汝梅、易玉峰、易叔辉、罗叔循并集。杨柳青来询赴乡看地期日，因约徐仁羲一议，兼约胡让吾，以与胡道生有交代事件，须与让吾言之，以凭回县转致。当并交寄道生一信，并录示勤生馆章程七条。

廿三日。意城来谈。是日稍能谢免宾客，省居所未有也。朱香荪见示《湘军志·城守篇》，略就所知，商订凡十五条。曾沅浦宫保、朱香荪，皆约一谈，以香荪倡为讲学之议，亦须一往商也。沅浦言：《易》地上有水，比。先王以建万国，亲诸侯，圣人为释其义曰：上下应也。其初爻便称有孚盈缶。孚者，信也；盈缶者，信之昭著，人共见之，故曰有他吉。意外之遇，诚信之积也。其比也，或曰内比，或曰外比。内比者，积诚于心，自然相应。外比者，急求人贤而合之。五为比主，其用在舍逆取顺而已。水在地上，汪洋浩瀚，比之象也。惟有孚乃能比。今时中外之局，比道之成也。反复比之诸爻，可以憬然悟矣。沅老于诸经往往能得其精义，不易及也。

廿四日。接钟百魁镇军、蒋弋香通守二信。弋香署桂阳县，距今半年，至是一枉书，未达其义。陈金垣、黄次圭并枉过，询及次圭自泸溪解任回省，已莅一年，其同乡如但少村、吴春谷两观察，并未获一见。但少村任辰沅道，泸溪正为所属，疑其在官必有不惬人意者。其气象亦极萧索，恐难为振兴之望也。是日大雨，晚次，王吉生过谈。

廿五日。杨柳青、徐仁羲赴乡看地，两日雨不止，愁坐而已。历来看地遇此天气，必不能望有成，老病日增，愁叹何极。姜昆山、罗柢敷过谈。是夕邀严少韩、陈金垣、张超堂、涂峙衡晚酌。本邀黄次圭，以次圭方有家祭，勉强酬应，特遣止之。李寄庐至省，未知其局务能自全否，心甚虑之。

廿六日。往吊童研云，晤其戚桑笠湖，亦候补知县也。回拜黄瑟庵、杨鹏海、陶少云、但少村、蔡盂箴诸君。并为成静斋、嵇薪桥、张鹤臣三人致贺。诣朱香荪讲会。香荪约阎季蓉、吴蒉陔、陈子俊、罗顺循、成赞君、黄泽生六人，每月会讲一次，以六君皆为程朱之学，欲借以发明其义，用意良善，予不敢却也。比至，则至者阎季蓉一人而已。别邀左锡九、志和乔梓小酌。归询叔询、汝梅，始知顺循本允前往，为成赞君、黄泽生二人所阻。人心之骄亢不肯下如此，竟视一会讲为屈，岂尚可与为善哉！成赞君当为成镜泉族人，闻镜泉生平多行不义，其家法大略可知。赞君或亦假理学自饬，若刘克庵之为人也。

廿七日。杨鹏海、罗麓生、李镜吾过谈。接李筱荃制军、黎恕堂、李福覃及育之各信。恕堂托（其为）〔为其〕子定乾寓书鄂垣，以定乾为湖北候补巡检，五年无所得，假归二年，顷始回省也。午邀黄瑟庵、谭心可、李寄庐、姚春溪雨苍、易兰生、杨继芝小酌。季芝为移芝叟之孙，特邀一见。

廿八日。陈松生自海外扶其妻柩东归，一往唁之。便拜李健斋、罗麓生、易兰生、杨性农、曾重伯、欧阳可舟、萧希鲁，因与沅甫宫保畅谈。询之重伯，曾俊斯已回湘乡，由湘乡诣其父莀臣刺史连州任所。陈松生处晤黄次陶，询知为黄兰丞世兄，年甚轻，而与陈杏生为兄弟称，当别有亲谊也。常健吾、郑少乔、庄翰堂过谈。

廿九日。接马眉叔信，去岁十二月十四由天津发递，至是始到，将及三月矣。邀李健斋、黄子厚、萧希鲁、罗麓生、周励松、李镜涪午酌。龚振之、姚雨苍大约皆以馆事差事托谋者。萧振之亦言吴性斋人最稳适，而工于会计，兼耐辛苦，荐为我料理家事。吾以家事无所需人，胡道生开设勤生局，简秋不能为助也，吴性斋果稳实足资倚信，或可为胡道生之助，当一函询之。

三十日。接守蓉仙、陈云庵、吴松岩三信。蓉仙并馈茶叶等事。云庵信由其子寄莼送到，并领回信，实无以应之。松岩报其尊人约堂之丧，为致书相唁，并致挽幛。曾介石、李镜涪、刘绍西、周荔樵、王理庵、樊延龄、刘晓崧、朱次江过谈。曾沅甫专足约谈，竟为人客纠缠，至二鼓乃能一往。

三月

三月初一日丁亥。常健吾、郑少侨回县，寄胡道生及鹤九二信。并寄交县志廿一部，属令分部文武官及委员、山长共十分，首士七分，会议倡始四分。存者仅李试吾一人，馀则李仙伍之子絅斋，吴霞馀之弟仲芸，曹伯均之弟仲芳。杨性农过谈，所选《国朝古文正的》，上海已有检字本。鹤九专足寄到一信，随以一信复之。是日雨。

初二日。接陶幼瑜、黄惠廉各信。黄惠廉忘其号，其补天津同知，由我言之黎兆民以达于孙省斋，至是一考终矣，乃以卓异邀合淝伯相保举，缄报一切情形也。午邀杨性农、邓双坡、傅青馀、左锡九、陶少云、余佐卿及意城小酌。本相约为岳麓之游，以须借用陈程初坐船，程初请定初一日，而竟日雨不止。今早云意犹浓，往问程初坐船，尚未开泊马头，遂就家小酌，以左锡九易陈程初。邓双坡以避酬应，亦辞不至。谢视侯世兄冕叔名立衮来，谋随同杨商农出洋，盖不知出使重典，随员均经奏调，不能随便增加也。

初三日。托饶春晓代取上海仁和、清和两保险局息银，以息折四扣托之，取有收条一纸。便托寄黄咏清一信，又复守蓉仙一信。夏皡民、蔡蓉仙、周惠生、徐仁羲、杨柳青、李惠清来谈。惠生服阕入都，以赶就考差，即时启行。杨柳青代置陈姓山嘴坡一地，以为吉穴也，而高八极口诋之。予以事不能刻期往观，当即将山价付之。意城约邓双坡、李香缘、朱宇田、朱香荪、黄子襄为修禊之会，杨性农、傅青馀以赴夏芝岑之招不与宴。

初四日。仍遣高八随同杨柳青、李惠清至山嘴坡树立界碑。以周惠生北行之便，托带致李筱荃制府一信，并函寄孔庭兰。回拜曹竹筼、黄振斋、胡姜亭、欧阳可舟。并为饶春晓、刘竹汀致贺。春晓世兄号石顽，新入新籍者。兼为周惠生送行。晚赴曾沅浦宫保之召，以事相邀一谈也。

初五日。易玉峰、子瀞、寅伯过谈。沅浦宫保属为黄振斋言之但少村，往约少村，以明日见过为言。接周昌辅信，论学宫捐费事，并及县志，略以一信复之。与李华卿论成赞君、黄（让）〔泽〕生拒香荪之召，未知以何为名。李华卿述诸君之言，谓其不受香荪罗致，则尤悖于义。成赞君、黄泽生不独与次江交好，去岁朱香荪亦为两生请之裴樾岑，谓其好学，宜补给腊月膏火，樾岑转言之李仲京，仲京允诺而迟久不给，樾岑亦赴镇筸道任，朱香荪乃令次江携两生往见张文心，再言之仲京，乃得补发。为此区区数金之薪水，不惜枉道求之朱香荪，求之张文心，而论学则高亢如此，且至耻与香荪为伍。人心乖悖，乃至此甚，何以学为？孟子言吾为此惧。闻诸生之言，益滋吾道之惧也。

初六日。雨。以张南屏赴任武冈，托寄邓弥之一信，并致送县志。亦接周良臣、盛展奇、朱炳垣及鹤九各信。傅青馀招同杨性农、夏芝岑、陶少云、朱香荪、陈楠皆及意城小酌。便过陈舫仙一谈。晚归则贺客丛集，以明日生辰，枉至预祝。留饭者，张超堂、易兰生、张子健、易叔辉、罗叔循、绍西、子瀞、寅伯、子宽、渌安、顺孙，共十二人。馀武弁别为一席。

初七日。雨。以生辰，贺寿者坌集，外客并谢之，而亲友直入为礼，犹至七八席之多。每岁加增，酬应日广，意甚苦之。蔡竹泉又率其眷属多人自县至。女客已逾三席，又增加此数人，正恐坐席不能容也。曾符卿之子慕陶，思诚之子霖森，屡次邀请不至，以枉贺并留小集。年皆小于多孙，而体格逾倍，霖森尤有沉毅之气，曾氏之兴未已也。

初八日。易仲子往岳口就黄石珊，便寄石珊一信，又转寄李玉森一信，各寄县志一部。又致复董厚斋、胡受百、高粹芝、朱炳垣、盛展奇、胡道生、吴晴研各信，交蒋彬带县。回拜诸大府枉至贺寿者。并诣郭定轩吊慰。并（慰）〔诣〕曾沅浦宫保谈。兼晤李瑞南，知益阳事已了，徐熙堂、钱子宣即日已回省，王绶卿之力也。晚邀张南屏、姜昆山、黄子襄、庄翰堂、俞鹤皋及子瀞小集。郭定轩处见程裕之、吴诗才二人。

初九日。邓春田观察过谈，恪靖委代刘治卿办理督销局务者，其人颇能读书，究心宋儒之学。接柳小华、汤斐斋及子湝各信。子湝信由戴竹清递到。是日为寅伯至聂府报日，而其日为杨公忌日，聂老夫人能言之，选家竟不知也。寅伯竟以是日移居。

初十日。有修沟四委员来见，吾以闭门养疴，不涉外事，不敢见也。结衔为集费修沟，盖从首府何相山之请也。四君并旧充查团委员，长沙为候补知州张润生名春泽、知县张棣生名奉祥，善化为候补同知王小语名秉忠、通判冯仲权名承恩。陪蔡竹泉早膳，而易桂生至，嗣是李镜语、刘绍西、戴竹清踵至，陪坐久谈。日加申矣，姜昆山辞行，蔡辅廷协戎自贵州至，并枉见。但少村见示易鼎煌、李光绂皆得委，适陆安、舜民二人至带到易淑子一信，语新市张振兹事，为之怃然，因寄易叔辉一信，属其转达龚振生，携同吴性斋、徐仁羲来见。

十一日。接子湝、玉舲二信。亦由吴性斋寄胡道生一信。杨柳青在陈家洲枉候，以是日开霁，一视所购地，仆人但指为桃树湾，桃树湾乃在陈家洲对岸，仍由金塘渡江至陈宅，日已夕矣。所购地在陈宅之右，名山嘴坡，往视，则界碑皆起出，所开罗围，亦已挖毁。询知陈姓为明初遗业，契据久无存者。山嘴坡与旱塘坡骑岺分水，旱塘坡为众姓畜牧之地，有李新益者居其左近，以闻鄙人购置其山业，思挟以为讹诈之资，竟敢毁碑平界，而作中之李惠清，实李新益族人也。闻有李福成者颇助之，其情形颇涉狂悖。传示保正万锦章，又以事不至。

十二日。详看山势，杨柳青于地学，亦刘晓山之流亚也。是早就盛雁峰一饭，盛小楼、盛楚臣同在席。甫启行而雨，过鹿子岭大疃，风雨骤至，寒气逼人，遍体沾湿，狼狈万状。至东山渡河，风雨并息，抵家日未夕也。

十三日。接彭雪芹宫保、彭丽生、李芋生、邓子畴各信，盖皆专足递送者。邓子畴转致邹子敬之言，为其尊人索墓〔铭〕，至是始详悉云泉之丧，为凄惋者久之。陶少云邀同杨性农、傅青馀、龙芝生及意城午酌，并陪游所居之西园，观所谓白鹤泉，而一揽心远楼之胜。晚就曾沅浦宫保谈。

十四日。庄翰堂、易锡圭、彭煦斋、龚振之及寅伯过谈。龚振之以闻邵又村简放上海道，谋往就之。阅李芋生所寄《言易录》、《心斋图说》及所著古文，于宋儒性理之学盖尝究心焉，而能发明其大义，知其政声卓著之为有本也。彭畯伍晚过谈，始知见兄弟以排行为号，其第三兄曰秉珊，而畯伍实行五。

十五日。复彭雪芹宫保、李芋生二信，各以县志一部寄之，令仆人粘贴浮签，竟将两部之上函作为一起，下函作为一起，芋生信已发行，未及躬亲检视，比发雪芹宫保信，检视则皆下函也。所用仆从皆此类。芋生由专足送省，仍系一回县城，往追，则已行矣。乃致吴晴研一信，属其往李宅检换。并致李福覃一信。接袁予文、李梓岑各信。见《申报》，合淝伯相乞假一月省亲，三月二日奉旨，盖即太夫人仙逝之辰也。李梓岑约廿七日至平江，由平江赴鄂，已在此次假期一月之后。精力短乏，诸务丛委，实苦不能支持。两日以来，谢绝诸客，以图习静，心神较为清适也。

十六日。早雨。刘若华、熊石笙及兰生、裕林、虚堂枉过。谢客三日，稍稍清理笔墨一二日，而于此等酬应仍未能谢免也。接吴晴研信，知胡道生已归，而在县已开火食，而一无所营干，乃深受寅伯之累，为其急切求成，而未一通筹前后情事也。子瀞自乡回城，来过一谈。

十七日。刘绍溪来谈。接常健吾、毛荇农二信。回拜钱子宣、李瑞南、张润生、张棣生、王小浯、冯仲权。因过刘韫斋中丞贺生日。并诣但少村、邓春田、施澄侯、庄心陔、刘治卿、黄子寿、李黼堂及诣意城，并寅伯、健甫新居。

十八日。立夏。接张笠臣、张勉斋各信。钱斐臣、刘绍西、易兰生、毛杏荪及少羲过谈。李华卿应翁小山太守之召，赴衡州府襄校试卷，荐陈子濬代馆，适熊石笙亦于是日来供缮书之役，因留少羲一饭，少羲亦约明日回县，并有交代事件。立夏日称人轻重，可免病痛，俗语流传如此。吾自海外归家三年，岁一照行，均记其轻重之数，而不（计）〔记〕检存何处。兹乃录存日记中，以备考验：凤姨七十斤，梁姨七十二斤，炎儿五十一斤，英儿四十八斤，多孙五十五斤，顺孙六十六斤，一女七十斤，周氏外孙四十六斤，而吾一百三十二斤，较去岁似略减数斤。

十九日。风，寒。接黄海垣、孔庭兰、高粹之、饶岱霞、聂仲芳各信。杨性农、罗小垣、周良臣、曾重伯、蔡竹泉、蔡浩楼及少羲诸人过谈，竟日疲于酬应。陈家洲地，李新益展转求之罗小垣，言实见其承受王姓一庄，载明山嘴坡山土并陈姓旧坟，必欲据为李氏之业，吾亦并不与校，但责问其何以不一告明，而擅窃取界碑以去。小垣意在袒护，不尽合理，吾原听之杨柳青、徐仁羲，亦不屑与校论也。

二十日。新化人还，附寄邹子敬、邓子畴二信，并为撰邹公让墓铭一通，以非来使坐守，又将闲置之也。刘绍西亦专足守催致谭文卿一信，并前寄县志一部。亦接孔庭兰两信，抄寄初九日上谕二道，鄂垣于十一日接到，盖电报也。湖督以涂朗轩升补，南抚则卞诵生。沅甫宫保以张幼樵保阎丹初、卞诵生、张子衡三人，意在卞诵生；陈伯潜保沅浦、张子卿、张西山三人，意在张子卿，馀皆陪宾。数日而子卿简放兵部尚书，又数日而卞诵生授南抚，沅浦之言验矣。是夕复孔庭兰一信。罗小垣、余佐卿过谈。

廿一日。检广东奏稿六本交朱香荪。闻彭雪芹宫保至，急往见，而探言今午已泊靳家河，大约明日大早至，即上坡，以免酬应之烦。因过曾沅浦宫保、陈舫仙谈。沅老论自强二字之义，须重看自字。朝廷但一意自强，天下已焕然改观，非舍己而责之督抚也。督抚一意自强一省已焕然改观，非舍己而求之将帅也。故曰：为仁由己。今廷臣纷纷言自强之计，皆呓语耳。诚求自强，蠲弃铁甲船与炮台而废兵不用，而所以强者固在也。天下事只是一以贯之，二则无可自名。既云筹办边防，又云安边弭衅，只此便为二。一心可以理万事，二其心不可处一事。故曰：一者诚也，二则先已不诚。沅老此言绝精。

廿二日。接裴樾岑、汤小庵二信。彭雪芹宫保过谈。郭定轩夫人以是日受吊，不能不一往。便诣涂朗轩制军，贺其转官之喜，并回拜彭雪芹宫保、陶少云、胡少芝、阮保之。雪芹宫保尚未回船，询知吴云谷、秦啸石、韩勉吾、胡少芝均在舟守候，因并会同一谈。郭定轩处知宾四人：一广东杨友山，一云南周子莱，一湖北焦兰坡，一浙江张厚甫，吾皆不辨其为何人也。杨鹏海见示寄曾劼刚一信，论及云南开化、广南等府，界连安南，此时宝井之利已归英人，而矿产甚繁，法人亦心艳之。英人通商缅甸，以新街为码头，漾贡一江，英、缅共之，法人当于明山设立码头。明山近为李昭胜所踞，妄立天保堂名目，私抽客税，宜借法人之力歼除之，与法人共有明山，以收富良江之利。其言是也。然为安南目前救急之法，当由安南发之，非中国所能计议。要知四十年来处置洋人源流，本末俱失，至是已无可补救，姑顺其意，以求不失中国之利，一切预为之防，使其心犹有所戢而已。而观张侍讲陈奏之旨，与政府筹办边防之意，捕风捉影，去题万里，恐徒以滋事，不足云了事也。

廿三日。接胡楙仙、周良臣、胡道生各信。沈光裕又带到鹤九一信。曾沅浦宫保、刘牧村、盛展奇、刘翊清、杨星堂、黄子寿次第来谈，几尽一日之力。李次青专足枉迎，求一料检行李而不可得也。黎桐云、黄信田、盛展奇晚过谈，比客散，已三鼓矣。

廿四日。料检行李及（各）〔处〕酬应，凡复彭雪芹宫保二信，复杨鹏海、周良臣二信，又致子瀞一信，又为徐仁羲拟一稿，托之子瀞，转告汤斐斋明府。至日午乃能动身。钱斐臣、徐仁羲并留早饭。斐臣赴吊李次青处，相约同行。由西南渡过河，晤蔡浩楼，亦约同行者也。凡四十里至黄华市午饭，又廿四里，宿硖山口，夜已久矣。自雷家河渡河，遂为浏阳县地，距黄华市五里。

廿五日。四十里，至沙市街午饭。又三十里，宿社冈市。是日晴雨参半。距沙市街东北行五里，冷水坑，山水合抱。登山步之，龙气固不旺，而自可以安葬。

廿六日。十里，黄泥界，为平江、浏阳两县分界处。廿里，安定桥，早饭。又七里，坳头；李小晓、李晴川在此枉迎，并预备大轿执事。八里，至上沙塘。凡三次遇雨。钱斐臣、蔡浩楼并先后至。陪宾凡十馀人，所识独一周文斋。文斋之兄木卿，年几七十，而须发无白者，对之自惭衰老。是夕盛筵相款，同席周闻斋、刘勉臣、方云瞻、李小村。

廿七日。雨。以钱斐臣回省，托带家信并意城及子瀞乔梓二信，亦为雨阻，不能行。是日酉刻，李次青为其母成主，请馀题主。礼成，又盛筵相款，颇苦其菜之多而坐之久也。李心泉来就谈，与车田坊李氏为同宗，自云岑川李氏，亦平江望族也。次青长女夫彭稷初，次女夫黄少垣，又次女夫沈星海。是日始得与黄少垣晤谈一二语。晚次枉陪者：钱斐臣、王鲁生、李滋圃。滋圃住县城，（又）〔于〕次青为族父行也。是日写字竟日，即折扇亦书至十馀柄，手眼两疲。

廿八日。早大雨。饭后启程赴平江县，与周莐书同行，询知巴陵人，从次青受业，与黄少垣、喻虞臣为同学友。语及次青第三子桂岑，辛未生，年甫十二岁，诗文斐然成章，真足羡也。三十里，大桥。又二十里，渡河，住南街怡昌钱庄，次青所开也。又有会昌钱庄，与邱湛甫、杨静臣三人同开。平江钱庄但出票而不兑钱，经纪之便宜，无逾此者。管事佘玉生，款接极殷勤。是日行十里，遇大雨，少顷即止，晚复大雨。

廿九日。孔澄斋自沙塘赶至相陪，询知会昌管事者，一曰佘玉笙，一曰李宗藩，一曰钟竹泉，又有毛寄樵与孔澄斋，时亦为之照料。又有潘曜轩，运第一批茶叶赴汉口。此来所见孔澄斋、佘玉森、钟竹泉三人。午刻上船，行十五里至静冈，江边一小茅屋失火，极可怜。又六十里，泊张家排。

四月

四月初一日丙辰。廿五里，鱼口，即昌江口也。平江茶庄亚于安化，以长寿街为总汇。县城及张家排皆有茶庄，则皆邑人为之。鱼口茶庄较盛，亦有外帮。比年平江擅盐、茶之利。自平江乘汨水西行，江势回曲，多石滩，自长乐以下，稍平衍矣。乃知平江之富庶，亦地势使然。次青所居沙塘，形胜尤佳，水源数十里，开大（段）〔墩〕，又回合收转，于形家为最上局。由鱼口四十里，长乐镇。又廿里，武功市。又廿里，新市。又十五里，归义驿。又三十里，何家塘。两日大北风，凉甚。

初二日。三十里，河泊港，谒屈子祠其地即凤皇台，始知李次青创修，取资于平江盐票者也。祠僧松云，故湘阴喻氏子，能书，兼能摹汉隶，岁筹票款一百二十千供养诸僧，每盐一票，提给馀盐二十斤，岁约得盐四百斤。祠僧四人，曰涤尘，曰智慧，曰印东，而智慧最美秀。祠旁官署一，冒小山为（邑）〔宰〕时，河泊潭人忌平江创修此庙，控之官，诬以屯聚匪类，往捕，无有也，乃为外委，建衙署于此，令守监之，而其地四围阻水，居民仅一二家，外委住此两月，径去不返，署亦颓废过半。又十里，过磊石山。又九十里，鹿角。又十里，阻风，泊万石湖小港中，亦有洞庭行祠，步至庙，小憩，以雨归。

初三日。五十里，岳州。六十里，螺山，即鸭阑地也，故人王子寿之居在焉。自廿九日登舟以后，无日不北风。此两日清晨，南风微甚，过午则北风加劲且雨。生平遭遇，天与人交受其忤，至老不易。因思古人流离困顿，所遇皆此类，而厄艰之状或过之，非我一人然也。

初四日。阻风雨，舟小，坐起三尺馀地，雨则推篷，不复能看书，是并检点一二文字亦不能也。舟居日苦病，夜不能寐，颇以为苦。

初五日。行百八十里，至排州，已泊舟矣，舟人以风静水流，竭一日夜之力至此，恐北风复作，势不能行，又复开船东下。然则天固作势，留南风以待予之南返也。舟人能与天争东下之势，而不思其反，吾亦只能听之而已。又行六十里，泊东河脑。

初六日。北风复作，盖自廿九日开船后，仅初三日万石湖至岳州五十里得小南风半日，馀皆北风。初五日独无风，得放船行二百四十里。常时北风并午后始作，今日大早即作，意者距省仅及九十里，固不许其即至耶？奇矣！奇矣！午刻抵鲇鱼套，李太夫人灵柩亦已登舟，一往致奠，一切并孔庭兰为之料理。晚次，仍过船与李筱帅谈。

初七日。程尚斋、李伯行、李新吾过谈。张笠臣约得月楼会饮，以陈舫仙、谭心可均取道赴金陵，同约一谈，兼邀程尚斋、唐泉伯，因过力臣及尚斋一谈。尚斋处见邓砺山，竟不复记忆，询知为黄昌岐之弟，乃始悟数年之别。老病多忘，极自愧。兼知现署郧阳镇，已简放碣石镇矣。晚次回舟，由黄石矶曳缆而上，还舟已二鼓后，李筱帅过舟枉谈。

初八日。大雨。张小亭、萧星楼名忠训，湖北提标游击、瞿景伊、张芝生名锡寿、陈云庵名寿椿、易卓超过谈。李筱公命其子新吾及其侄伯行设席相款，程尚斋亦招饮得月楼。值风雨，筱公乃命济川轮船拖带红船过江。同席张笠臣、谭心可、陈舫仙、唐泉伯，仍昨日同席者也。就悦来栈发去家信一封。晚与筱公及次荃一谈。

初九日。致合淝伯相及王小濂二信。往拜彭芍庭、王小濂、恽星农、李篁仙、王若农、魏赓臣、胡听泉、张芝生、陈云庵，以耽延半日之久。就所熟悉者一与通拜，不敢泛及也。曹钟山名南英、丁小沧及江夏令蔡舜臣名炳荣又复来见，遣人答之而已。李篁仙称新授粤西藩司徐小山之贤，惜以向不识其人，不敢径与通拜，未能一见。又诵其与候补为诗钟之会，指事赋诗之联。《猿望》句云：北平射虎将军臂，西蜀啼鹃帝子魂。《龙舟竞渡》句云：北舟不竞难为马，南渡中兴忽化龙。又诵其挽李太夫人联云：母仪卓绝冠中朝，曾陪南岳，记春来桃熟，抠衣五福堂前，屡询寿母起居，邃阁深沉低落日；治迹流传尽名世，重叩西平，溯老去椿灵，执绋百花洲上，重感使君恩遇，江楼凄恻送慈云。又李次青母寿联云：老圃黄花，人随秋健；君山斑竹，天与春长。又湖南会馆曾文正祠联云：湖山风月；河岳日星。

初十日。送李筱荃制府坐船开行，王若农、邓砺山随枉过一谈。即放船渡江，易（超卓）〔卓超〕偕同胡其祥来见，并令所雇盐船胡姓者顺送长沙。会唐泉伯仍邀得月楼叙饮，同席张笠臣、陈舫仙、王懋生、魏赓臣。赓臣渡江枉见，遂留饮。旋偕泉伯、赓臣诣唐凤池，语添设小轮船事。比回船，则济川轮船以力小不能拖带盐船，乃与笠臣同坐轮船，而以行李仍置之平江李次青茶栈。管事潘曜轩，与笠臣同寓，并就一谈。

十一日。北风。行百五十里至排洲。平江船扬帆旁行，不甚假轮船之力也。彭芍庭见赠彭氏先集，曰《南畇文稿、诗稿》，则止斋先生定求所著也，其学兼宗朱、程。别有《密证录》、《姚江释毁录》、《不谖录》三种。《不谖录》亦彭绍升汇次南畇先生祭文墓志之属。曰《芝庭先生集》，则芝庭尚书启丰所著也。曰《秋士先生集》，为尚书从弟处士绩。曰《二林居集》，为尚书侄允初先生绍升。别有《测海录》六卷，分列朝圣德诗、思贤咏二种，各叙述其始末，而系以诗。曰《彭文敬公集》，则咏莪先生蕴章所著也。

十二日。北风。行百五十里至新堤。济川轮船机器已毁，反不如顺风扬帆之速，平江船以附轮船扬帆，则反出其前，是以收帆而行。来往江湖且四十年，夏日北风，殊不易得，在我则尤所未有也。意者张笠臣、胡其祥同行，其家方正兴旺，吾亦托其荫庇耳。熊叔雅以昨日夜半赶至，本以母病附轮船归，而以嬉游大醉，不能登舟，次日乃追及之，亦殊自苦矣。

十三日。一百一十里至南星港，时尚早，以轮船不谙水道，不敢前进，乃与张笠臣、胡其祥乘坐红船一游岳阳楼，历览仙梅亭、留仙亭及陶文毅印心石屋亭，回舟夜已久矣。遣人诣救生局谢静庵，索引泓水手一名。

十四日。百八十里至观音夹，为营田对岸。胡其祥雇小舟渡江，由营田回东塘。同船张芗生、张敬亭、罗湘农、熊叔雅，尚有四人。

十五日。百二十里至靖港。中间以机器损坏，修理至一时之久，其轮中铁围已融，缚绳以代之，盖数年以来专应官差，未稍休息，从未一施治也。是日雨，凉。

十六日。雨。六十里至长沙。子瀞过谈，知徐仁羲料理陈家洲事，已经乡人料妥，罗小垣于此不能辞咎。汪泽春折银千六百廿两，子瀞以姚太和日来受逼殊甚，而泽春又颇摇动，不可深恃，因将泽春折交其料理。世途逼仄，些少银钱亦无可安置，深以危惧。致李筱荃尚书一信，即交济川轮管驾官王靖臣带投。其管带问津船为马翰卿，管带知津船为杨习之，杨现丁忧，改派一张姓。曾岳松及健甫过谈。

十七日。诣文正祠之浩园致吊曾栗诚，与沅浦宫保一谈。随回拜龚兰溪、但少村、谢莘农、王石卿、於桐轩、陈程初、任芝田、张笠臣、聂伯均、劳凯臣、黄子寿、黄子襄，遂尽一日之力。出门二十二日，仆人呈阅所收信件：文莲舫、言湛甫、胡秋樵、张子遇、蒋弋香、姜昆山信，凡六通。

十八日。病不能出门，而人客络绎，竟未少息，计徐仁羲、盛小楼、李惠清、李敬亭、殷少乔、余佐卿、陈松生、刘砺山、胡厚吾及蔡浩楼及西枝。接胡道生信。亦由平江回船寄李次青及孔澄斋、余玉笙、钟竹泉各信。又接邓仲韩、曹咏生二信。仲韩为邓禹民太守之子，以其先集属序，由曹咏民为之转寄。

十九日。寅伯续婚聂氏，以是日巳刻亲迎，予为率领行庙见礼。初为传庚者，即由聂仲芳之母，请予至其家议定，至是请王咏生、张元畅二人为之媒说。宾客颇众，惟与王桐轩、杨海云、任芝田、余佐卿一谈。旋往傅青馀、左巨云处补贺。并过陈松生、朱香荪。闻香荪言，陈伯严正来省枉候也。曾沅浦宫保约往夜谈。饶葆丞亦过谈。

二十日。寅伯致送酒席，就便邀李敬亭、李惠清、殷少桥、徐仁羲、盛小楼、易桂生一饭。胡其祥、韩陛臣、任仙舫、蔡浩楼、张花楼、易叔辉及西枝次第来见，实增酬应之累。晚次，张惠吾、徐仁羲复至。

廿一日。热至不可耐。往时五月，无此热况也。子瀞过谈，送至中堂，而钱斐臣、陈伯严、易赞舟次第至，久坐。罗叔循自湘潭至。罗研生《汉书沟洫志补注》，颇有足资考证者。其云禹釃二渠即济、漯二水，漯水为一渠，先儒皆同，而孟康谓一渠出贝丘西（北）〔南〕[①] 为王莽河，故渎已湮，于是相沿以为其一即大河也，与班《志》所云釃二渠以引河者不合。济水入河，禹又疏而出之。孟子之言瀹济漯而注诸海，实足为禹釃二渠之证，所论至明确。别有济为禹釃二渠之一说。二篇引证极详，于同为迎河入于勃海之文，亦有证据。陈今泽信言：现居天津锅店街文美斋。

廿二日。陈子濬、熊石生来问疾，以天气稍和（缓）〔暖〕，往拜涂朗轩制军、庞省三方伯、孙春皋廉访、吴云谷、刘云樵、邓春田、陈伯严。便过曾宫保一谈。适黄子寿、曾介石、曾重伯均在坐，傍晚乃归。

廿三日。王石卿过谈。子瀞、寅伯、健甫均次第见过。以怡生三折、达顺一折交子瀞，尽敛所存，以归太和。以张笠臣营办票盐，与饶春晓、黄子襄及予瀞四人同议，子瀞亦分得廿张，强

---

①据《汉书沟洫志孟康注》。

我为之凑缴票本。生平所屡辞不乐受者，至是亦为所牵引，术者谓我年中当耗财，或应在此耶？恪靖于此举失之急迫，又未尝一正本清源。议论繁多，正惧无以善其后，心甚危之。

廿四日。大雨竟日，寒似初冬，前日盛暑，相距殆若四五月之久，于时令为极不宜。刘馨室过谈。接胡又笙信，并寄示新荷酬唱诗。又接黄子厚信。刘砺山、周良臣均至为我诊脉，并云肝脉太旺。任仙舫前亦云然。两宅上下无一适意事，肝气过郁，宜有然也。

廿五日。鹤九回县，便寄熊绍香诸信。傅青馀、刘牧村、张笠臣过谈。午邀钱斐臣、胡其祥、周良臣、韩陛臣、易玉丰、罗叔循及子瀞便酌。酒半，曾沅浦宫保见示上谕，四月十四日已奉署理粤督之命，特邀一谈。但少村、李梅臣在坐。始知李梅臣数日前曾为起六壬课，云系署理两广总督，期以十日内。颇许其占课之神也。

廿六日。回拜邓双坡、张寿荃、龙霁生、龙芝生、龙砚仙、周文斋、张芗生、熊叔雅、易赞周、周德生、周荔樵、杨鹏海、曾重伯、曾介石、欧阳荳舟、黄子厚诸处。晚邀任芝田、黄子厚、陈伯严、刘晓松、朱次江、罗叔循小酌。鹏海见示滇中信，刘永福、李昭胜并占踞安南土地，法兰西既与安南讲和，刘永福即遁归广西，李昭胜遂降法人，改换衣冠，安南黑旗兵亦皆溃散。法人照会滇省，请从红水开河，在蒙自县立马头通商，并先运开河机器开通红水。刘荫渠正谋堵击。时事正未可量也。

廿七日。接李福覃、毛荇荪二信。张笠臣邀同邓双坡、傅青馀、张寿荃、唐鲁英及意城晚酌。晚归，接龚兰溪都转、黄子厚大令及杨墨林、周良臣四信，均求荐曾沅浦宫保者也。日间，亲友及文武官又仆从人等求荐者坌至沓来，不胜其扰，峻词拒之，而如其不悟何也。

廿八日。张寿荃、李梅臣、钟景堂、樊延龄及寅伯、健甫过谈。王石城邀同邓双坡、傅青馀同饮刘韫斋中丞处。双坡诵彭云湄乾隆中考差诗：考信传来亦太凶，险希吓煞少司农。《子史精华》遭蠹蚀，《佩文韵府》久尘封。愁无佛脚临时抱，或有人枪意外逢。两艺皆成还一笑，原来此事也稀松。时有诏：自侍郎以下应赴考者，不准趋避。云楣方任户部侍郎也。又诵乾隆中西域功成祭告皇后文云：昔日金鸡戒旦，几曾宵旰分忧；今兹玉塞销兵，应亦人天共庆。又高宗八十圣寿自得一联云：窃比于我老彭，十分中才得一分，诏廷臣属对，彭云楣对云：粤若稽古帝舜，八旬外尚有三旬。真绝对也。又高宗有烟壶一具，上刻此地有崇山峻岭，茂林修竹，亦诏廷臣属对，即以烟壶赐之，彭云楣早朝语人云：今日当得烟壶之赏。或问之，曰：此不可早宣。及召对，称已属对。上问成语出何处，曰：朱子《四书集注》。即诵云：若周之赤刀大训，天球河图。上亦称善，即取烟壶赐之。或曰此纪晓岚先生事也。

廿九日。孙春皋、李与吾、黄子寿、万芳卿次第过谈。晚邀邓春田、但少村、张寿荃、周文斋、张笠臣及意城会饮。本为春田设此席，仆人乃误订邓双坡方伯，见人告知，而吾不知也。昨夕刘韫老处，双老自言及之，乃急遣人诣邓春田，请其另订一期，春田亦订是日。竟不知仆辈用何伎俩，以致有此，使人愤惋。

三十日。回拜李与吾、杨云阶、盛锡吾、王咏荪、李梅臣诸处。梅臣为起一课，占云南边事：申将寅时，以癸未日占，寅申相冲又相克也。四课三传，均化土克干。课象名反吟，主有兵事，而三传为全土局，终归和议。冲克重重，受人欺侮多矣。未土发动，为六月月建，又为明年岁支，主六月即验，迟则明岁，必不免军务。课象与所言，实合今日时局。子瀞与黄子襄公宴张笠臣，邀予与意城作陪，同席饶华亭，饶春晓之侄也。

五月

五月初一日丙戌。阴，凉。夜雨。健甫昨交子瀞银票，期以五月廿日，子瀞发还之，健甫仍以原票见交，而请认息银。予为诘其故，健甫历叙本末情事，子瀞于此亦失以诚相待之意，于义皆未尽合也。张笠臣经理咨送史馆书籍，发给写手已及三十馀千，笠臣不过问。以书询之，亦久无还报。往时笠臣酬应最为周匝，自汉口归，竟废酬应，岂以富有资财，多所引避耶？世俗人情，大抵然也，然而吾皆畏见之。余佐卿族兄余衡湘，以相术游黔、粤数十年，所言多中。佐卿引使相予，谓秋后恐不能安隐，仍当奉召出山。以事揣之，则滇事也。至是将益无所措手，闻此颇怀忧惧。政府诸公所以为心，亦须至此乃谋所以窘苦之，老病衰颓，其何堪也。晚接张南屏及邹闻生、李寄庐、陈熙堂四信。又接朱香荪一信。周良臣晚过谈。

初二日。接宋梅孙、周昌辅及橥希各信。绍西自县来省，朱香荪转托以所撰拟《湘军志》呈阅曾沅浦宫保，因以一书申言之。并复周昌辅一信，即交其侄孙定甫带县。

初三日。罗小垣、杨星堂过谈。吾以病不能见客，强与酬应。刘云樵以事见过，仆人乃直谢之，而其事颇费周折，正思一究问其详。王升辈视天梦梦，于外事一无所知，吾亦无如之何也。接周步瀛、陈展堂、陈葵心、张鹤臣、周浥藻各信。浥藻谋挈眷赴浙，左巨云赴玉环，实一良便，容与商之。又接彭作新、陶幼瑜、张南屏、汤斐斋、严少韩、张筱亭各信。又接魏赓臣一信。

初四日。接昆山、易卓超、龚振之、龚眉生、盛展奇、饶岱霞、任篇门、任燮臣、邓叔修、杨鹏海及鹤九专足送到一信。诣张笠臣，兼晤於桐轩、周闻斋、黄子寿、黄子襄诸君。鹏海见示杜鹤田中丞书，滇中已主用兵，法人构难恐未有已也。

初五日。端午。恭诣两宅祖堂行礼，并奉祀灶君。贺客纷集，惟留蔡竹泉、易叔辉及罗叔循、熊石生午酌。诣曾沅浦宫保谈。易赞周、周德生亦过谈。接言湛甫信，已奉补缺部复。马贵自安化回，带到金钱豹一只，长不过尺许，而爪牙已具，威力已足慑人，所谓野性难驯者也。

初六日。接邹少松、汤斐斋、盛展奇及经笙各信。斐斋以陈家洲事为我料理，日久未一致谢，而连得其二书，深悔谢信久具，未及封发，无以对之。致但少村、易芝生二信。但信专为盛桂敷补求一差使，易信则转致盛展奇信，意在稍求优差也。是日夏至，郁热至不可耐。

初七日。接黎莼斋、董厚斋各信。黄玉屏及东林过谈。玉屏并带到刘融斋所著《四音定切》、《说文双声》、《说文叠韵》及《昨非集文、诗》，及《持志塾言》及《艺概》，并七种。并致刘省庵之意，求撰墓铭。张笠臣见示呈稿一件，言宝、衡、永三府带销不行盐，乃康熙年间之案。其后另加增新引八万一千七百六引，一体运盐销集，乃乾隆年间之案。通湖、广两省另加宝、衡、永三府，共为七十七万馀引，乃嘉庆年间之案。后江督伊请减折引数，始将全纲七十七万馀引统作八折奏销，至己酉纲，湖广行六十二万馀引，四百斤成引。庚戌年，江督陆改纲为票，以六百斤成引归并计算。至辛亥纲，始永定大引四十一万三千四百五十六引，如以四百斤计算，仍是六十二万馀引旧额。前包振兴、万福来、庆长生等迭次禀请加引，奉批楚岸加新引十五万，已据新商认定，无可再加。今福庆祥、崧庆勋请专办上游三府，奉批准加引四万六千八百四十三道，应恳通饬运同及各督销局，嗣后有请认专岸者，只准就有票之商呈认，不准无票之商借词加增，以保鹾纲，而杜取巧。湖广原有运商二十七万二千引，本年收复引地，复增十五万引，又加平江二千引，又加宝、衡、永四万六千八百馀引，统计新旧四十七万八千馀引，较辛亥纲票额实多五万七千八百馀引。立言至为明畅，节录于此。

初八日。为子妇曾氏小祥之期，相礼者李华卿、易叔辉及寅伯、子宽。亲友至者左巨云、曾重伯、张惠吾、庄翰堂、饶瑞生、郭庆生、周鸿绵，约十馀人，凡设两席款之。又接周昌辅一信。罗筱垣及玉舲过谈。

初九日。接俞吉甫信并《粤鹾便览》一帙。罗小垣、张京生过谈。京生之弟庚三谋上书谈洋务，亦略有所见，要皆横渠所谓闻见之知也。询知黄鹤汀诸子近已析居，子纯外徙，子兴、子勤尚住本宅，子勤娶何赓云制府之女。京生寄居岳家，近亦分居，其庄屋岁可收谷百石。张南陔窘状，殊可念也。晚过曾沅浦宫保谈。两孙慕韩、霖生，并相陪送。

初十日。接蔡云涛信，以其子葆生为属。蔡竹泉、夏瓶仙、陈子濬、周芷窗、周稚云来见。复汤斐斋一信。此外凡致张笠臣、罗小垣、夏瓶仙、周芷窗凡四信，并有应交属之件，大约供人役而已，无一切己之事，故无谓也。

十一日。接唐鹤苔、周芷窗、龚振之、郭占鳌各信。又接周桂坞信，知思南委人署理，留候一年期满，尚未能到任也。邓少珉、黄麓生、徐仁羲、蔡葆生过谈。

十二日。韩勉吾枉过久谈。傅青馀约同邓双坡及意城公请刘韫老、王石臣。邓双坡诵池生春谒柳州黄山谷祠诗云：不作熙、丰绍述臣，瘴江烟雨可怜春。韫老亦诵池生直南斋诗云：世间几许闲鸥鹭，误被人呼作凤凰。其心境正与鄙怀同也。

十三日。甫出门，遇蔡浩楼、蔡蓉仙、蔡竹泉，为下舆，小立一谈。回拜但少村、李黼堂、傅青馀、彭小川、唐稚泉、邹资山、刘牧村、阮保之、王壬秋、刘云樵、张京生、周文斋。但少村之世兄但子娱，由部员简发四川直隶州，吾误以为从宦南来者也，至是始问而知之。仆人之愚谬如此，无如何也。

十四日。接张南屏、严少韩、黄子冶、文兰舫、苏子绥、萧星楼、张超堂、刘肇溪、吴顺臣、黄泳清、盛展奇、高粹之及龙炽应、郭大振、唐庆春诸信。大率求为推荐曾沅浦宫保者也。邓少岷、张鹤臣、刘牧村、张勉斋、曾重伯诸人过谈。李黼堂语及俞荫甫之风趣，自营生圹西湖，而先厝其夫人，题曰：清故俞曲园先生曲园夫人之墓。左方刻山向，右方刻诗二首，而于其墓道建左臺仙馆，立龛为位，曰曲园先生位、曲园夫人位。曲园者，以故居为号者也。亦建俞楼西湖，梅小岩题曰小曲园。左（台）〔臺〕仙馆内为书冢，以所著书之已付刊者，尽敛而埋之，而自序其略，名之书冢，而为铭曰：古有刘蜕之文冢，今有俞樾之书冢，愿后世诗礼之儒，无发斯冢。其风趣可想。而亦其学问文章，有以称之。子瀞见示所刻十二梅花书屋摹刻明人墨迹及《读书秋树根图题咏》，一时名流皆列名其中，征题至广且精。吾尤爱陈兰浦一诗，自饶一种逸趣。诗曰：此图我未见，见君自题诗。诗似昌黎老，文选理兼之。秋树几何高？盘根当崛奇。所读者何书？经史想可知。君家本乔木，老树两柯枝。今君又蔚起，华叶尤葳蕤。我诗殊不称，谅我老与衰。聊代尺素书，以写我所思。似若甚不经意者，要是老笔，不易及也。两书并求我为序其意。老年才尽，不能构思，亦实日为宾客所苦，如今日大早刘牧庄至[①]陆续至，曾重伯至，日夕始去。直费一日周旋之力矣。

光绪八年壬午岁五月十五日庚子。蔡辅庭镇军赴云南，便致刘荫渠制军一信。又复余吉甫一信，又复刘肇溪、高粹之、吴晴研及鹤九四信。杨云阶、张笠臣过谈。笠臣见寄荫渠制府书，以为有关天下大计，早至云南，当有裨益，蔡黼庭沿途耽延，不如由驿驰递之速。笠臣于盐法本末，言之历历，而以道光以来，纪纲废弛，其源由部臣之失其职，一切漫无稽考。如淮南引额，终曾文正之世，未一报部。沈文肃略报引数，而（消）〔销〕行多少及一切章程，户部竟无由知，惟一汇报其收数而已，户部亦遂听之。而后知国家之失治理，万事毁坏，立计者莫敢顾问，而因以成乎棼棼泯泯之天下，其所从来固远矣。晚过曾沅浦宫保谈。

十六日。数日前郁热至不可耐，至十四日北风凉甚，十五日雨，今早大雨，夹衣不足，加着棉衣矣，于时令极不宜，而寒热反复，一日数变，中土人心为之，而天象应焉，非偶然也。闻湘阴、浏阳皆有虫患，此亦自然之应。接潘小农、周步瀛、黎恕堂、瞿景伊、左长卿及区维瀚各信。

十七日。谭心可、左子翼、陈伯严过谈。子翼交到左季高中堂一信，常熟道中所发也。是午邀石慧夫、黄莘田、蔡黼庭、蔡竹泉、邓少珉、周德生、易赞周小酌。谭心可述及江南情事，以王勋农、左子翼相比，于声名极为有碍，闻之怃然。

十八日。专李祥凯赴上海，寄唐景星、徐雨之、张叔和、郑陶斋、姚彦嘉、刘省庵各信。即托左子翼分示祥云轮船，就便赴汉口，并寄张笠臣一信。李梅臣及寅伯过谈。笠臣赴汉口，留示

①此处疑有脱文。

永茂秋、春二纲，以大富贵寿考为记，七十三、七十八号应编作永茂贵记；颐孚泰春、秋二纲，以霖雨思贤为记，一百廿一、一百廿六号应编作颐孚泰霖记。姑录于此，以备遗忘。永茂者，江西永丰曹迪吾所立号也；颐孚泰者，浙江仁和吴璟所立号也。

十九日。接李瑞南、易小亭、聂仲芳、吴莼庵及经笙各信。回拜陈葵心、邓鸣之、左子翼、陈伯严，并诣曾沅浦宫保、邓春田、陈舫仙谈，始悉办理盐务已至决裂，恪靖于此行之过急，条理原未分明，亦由声名过大，指摘者多致此，非无由也。沅浦宫保处兼晤李梅臣、韩勉吾、曾重伯一谈。

二十日。雨，寒。接方柳桥、邓直卿、李宣伯、易淑子各信。又接张子遇一信。见《申报》五月初七日，刘荫渠已奉内召之命，接任滇督者岑彦卿也。既构英人之难，又欲使之构难法人，李兰生主持所议，贻误国家，岂有穷极！致陈舫仙一信，以所论盐务八条，属其转达恪靖。恪靖规复引地一折，朝廷似已心疑之，因鄂抚彭芍庭奏称宜循旧章，遽奉旨允准，中云或淮或川，朝廷并无成见。是并盐法蔑裂之。政府用人行政如此，殆不知所税驾矣。

廿一日。雨，寒。接董厚斋、施澄侯、杨星堂各信。意城信论张笠臣之为人，吾谓笠臣营私嗜利，是其本相，无害其为才术之士也。独以今时行径言之，乃似市井大猾，巧于相骗，而狠于相欺，殆不复可与言交矣。子瀞营利之意适与相感召，亦由其母留止其日本之行，以度岁为期，乃使承受此累。吾本无营利之心，笠臣亦不一与计议。其赴江南，来言增引之议幸成，亦承票运乎？吾谓价廉则诸子分受其一，否即不受也。笠臣初以三千一票相许，盖为此也。子瀞承之，而加至四千五百，又尽催取之以去。使出于笠臣之手，吾亦不必汲汲缴价矣。区区所损失，不足校论，独自念素无营利之谋，一与笠臣为缘，而固已受其累，何以能自立？

且何以能自解也？揆厥所由，刘岘庄之贻累为深，不能不追憾之也。易淑子、张勉斋晚过谈。

廿二日。雨，寒，又时作郁热，雨意方深矣。陈舫仙、杨岱青、谭心可、黄子襄、蔡浩楼、蔡竹泉次第过谈。杨岱青带到其尊人杨子穆一信，询知子穆尚在仪徵管带缉私营，而岱青以安徽同知留江苏管带济川轮船，舫仙以谋制造小轮船，约一至长沙，较量船身水式，兼一详询修造之宜与经费之所需也。据称浦东长生局为英人造船厂，其价昂于广东人所设船厂，而廉于上海机器局，其坚实则远胜之，然取则于济川轮船，亦当在七八千外也。

廿三日。雨，穷日夜不住，寒似冬十月，棉衣已检收者，皆取出之，历年所未有也。为邓少珉致书李勉林，又寄复张子遇一信。子遇求代撰合淝太夫人挽联，盖其起家由肃毅伯，而筮仕湖南，又得卓异，出筱荃制府之门。为撰一联云：内府颁参，上尊赐奠，备膺人世哀荣，翘瞻双棨堂前，荡漾旌麾凄爱日；属櫜从役，听鼓趋官，计数生平恩遇，联出大贤门下，追随杖履哭慈云。胡其祥、张宝臣及绍西、虚堂、席珊次第过谈。晚诣曾沅浦宫保谈，据称刘南云一二日即至长沙。

廿四日。达珊回广东，便致萧屺山、陈经甫、张南陔、方柳桥、陈兰浦、俞吉甫各信。达珊乃言陈兰浦已于正月物故，为之怃然。别有致桂浩亭、俞叔芸县志各一部，并以交之。陈程初过谈。意城邀同傅青馀、朱宇田、刘祝庭、陈舫仙、谭心可、张少联、黄子襄晚酌。为饶春晓谋设法腾挪之计，朱宇田以赴塘坡未至。

廿五日。胡道生、蔡竹泉、胡其祥、韩陛臣、胡少芝过谈。少芝并送到胡云阁先生《弟子箴言》及《闻妙香斋遗集》。似云阁先生于儒林、文苑二者皆有所不逮，姑存以俟参酌。

廿六日。朱禹田、汪景山约谈，会龚瓶庵先至，稍一陪谈，罗柢敷、梅子宣、胡稚生、庄翰堂、张石芝、易玉峰、易叔辉、饶华庭次第至，遂至尽一日之力。达珊为高济川、周晓丹、朱佛宜及黄兰洲、张缦卿求书，竟至傍晚乃能为之，亦良苦矣。

廿七日。接邹资山、吴莼庵、朱炳垣、李召甫、吴晴研各信。易玉峰回县，亦寄吴晴研一信，拨给钱十六缗。龚瓶庵、龚兰亭、蔡竹泉、蔡辅庭枉过。赴洪家井看会，以连日太劳，挈英儿一行，以求一消遣也。适熊鹤村、陈子濬皆在，得一畅谈。

廿八日。张英甫、饶石顽、易淑子及达珊、健甫至，日午，尚为人客纠缠。旋出，回拜陈程初、但少村、聂松云、张石芝、罗晋锡，於桐轩、黄桐轩、朱宇恬、刘南云及董君文华、罗君德辉、欧阳君韫。随赴小西门为达珊送行，适徐筱浦及席珊皆至，归途乃遇大雨。过曾沅浦宫保谈，陈舫仙、韩勉吾均在，见曾劼刚信，语及法人构难安南始末，为之怃然。粤抚裕泽生专弁白玉至，并递到龚霭人、姚彦士、周晓丹致贺沅浦宫保信，并语及粤东情事，大率以海防为急也。余佐卿晚过谈。

廿九日。接高济川、王耕伯、李次青、刘绍西各信。文月亭又递到冒小山一信。但少村、文月亭、张石芝、胡其祥、陈松生、王吉生、左锡九、周良臣、徐仁羲、杨星堂、吴莼庵及席珊、玉舲、健甫、易叔辉过谈。及晨起至日夕，延接宾客，未暇休息。过一点钟乃能早食，甫举箸，又报客至矣。不知负何咎于人，而为所逼迫如此，惟有郁苦而已。

六月

六月初一日乙卯。晴，热。复张南屏信，以其子石芝回武冈，乘便递寄。又致郭含万、周荔樵、黄昆圃三信。聂松云、盛青霞、徐仁羲、胡其祥、韩陛臣过谈。以颐孚泰第一百二十一号戊寅春纲新票托胡其祥承办，兼致朱禹田一信，从扬局挪移。禹田扬局毛松亭及省局王惠泉皆久所信任者，亦与胡其祥交好，可资照料。大率鄂事托之胡其祥，湘事托之王桐轩，虽有支（消）〔销〕，较之自行承办者当稍佳也。此事已涉足其中，竟亦不能蠲置之，皆为子瀞之故也。

初二日。郁热已极，晚次急风甚雨，飒然而至，恐此片时中诸围受害者多矣。回拜文月亭、阮申之、左锡九、王壬秋。兼闻瞿子玖已抵家，一往唁之。因过傅青馀谈，语及时局，所忧方深。并一诣曾沅浦宫保。晚邀陈松生、聂松云、聂伯元、余佐卿、邓鸣之、左巨云、曾重伯小酌。初约刘南云、李梅臣、韩勉吾、王壬秋，均辞不至。

初三日。秉文回县之便，寄董厚庵、朱楚珍、刘肇溪、吴晴研、萧子远、唐桂生各信。又寄复李次青一信。朱禹田、周荔樵、周岳峰、罗叔循及清臣、秉文过谈。

初四日。接张笠臣信，则部复及三省会议，均经咨到金陵，部复以未指明纲分、未报明捐数相诘，而言非川省立限截运，则来源无由而清，非先办分成配销，则去路无由而止，并饬详查本部历年奏案会商。其于原奏运销一次之语，竟举淮南票运按轮循环，犹是纲法遗意，此次所谓运销一次，自是循照旧章，按轮核计云云，则颇为新票立言矣。川督咨留川盐每月六百引济楚，按年递减，限三年截止川盐一万三千斤成引，鄂督咨拨淮盐赴五府二州，与川盐配销，似此则所增新票不至竟废，于事局为稍有转机也。函中言鄂局起咨与湘局不同，只开一的名的保，连收照预厘送局，另封小费四千八百文，局书为代办呈禀，并有甘结互结等事，同名之票，不别分记，以鄂章循环之商，凡同名者销足一票，即可起咨，比湘局为圆通也。

初五日。王桐轩邀早饭，同席黄芍岩、易芝生、汤啸庵。询问桐轩司事号王心怡、殆即其族人也。芍岩语及屠啸篔始归，约十馀万金，营运至四十万，以事心嗛子其本房，遂决计求继远房，凡得二人，年皆长矣，以家授之，数年之中，又累至六十万，亦宁波一巨富也。芍岩所居曰灰塘，有温泉而不一经营，力劝其购置营治之，亦近省一胜景。南人固陋如此，故为可笑。庄翰堂晚过谈。以文昌书局印刷书籍，经中丞札饬原约试办一年，庞省三刻期收回书板，吴云谷不一传饬遵照，而责庄翰堂转谕，文昌书局置不理，庞省三因责其抗违，属庄翰堂据实禀明，以凭转禀分明。其实印刷书板由中丞札饬，正须中丞札收，诸公纷纷扰扰，皆于事理未能分晓。

初六日。雨，阴凉。是日为初伏日，凉似深秋，于时令极不宜。接吴松岩、盛展奇各信。饶石顽、王壬秋、梅子宣过谈。壬秋言恪靖劾论合淝子弟之横。询其何处得此语，曰闻之余佐卿，佐卿闻之威毅，言京信云然。佐卿之言当不虚。吾言恪靖南来，倒行逆施，无一当理者，颇疑其为暮气。如佐卿所言，亦适为肆意妄行之一证也。

初七日。庄翰堂、李凤巢过谈。意城、健甫随至。凤巢为李次青从侄，主办文昌书局，领官书板印刷，捐助公惠局用款，自裴樾岑、但少村、吴云谷皆不谓然，庄翰堂亦未尝不加推助，于是庞省三方伯力主收回书板，上言涂朗轩中丞，檄饬照办。翰堂又于其中奔走周旋，虑院札下，次青引以为怪也。吾谓天下万变，皆私心为之，书板去岁由李玉阶中丞札发，此次亦必得中丞一札乃能收回，此一定之理。吴云谷欲令先缴还，传李凤巢面谕之，亦必不能推阻。李凤巢各书有未刷完，不能成部，请告缓数日，皆无不可通融者。而庞省三专讲官话；李凤巢恃刘祝庭之势，据公惠局为公款；吴云谷又碍李次青情面，不一宣谕；庄翰堂以官书板为公惠局垄断，心怀不平，又惧李次青之谴怒；——四人者，水火相交，以激成方伯之禀揭，皆此一念之私之歧出者也。

初八日。赴瞿子玖处，吊其尊人春皆之丧。便回拜吴云谷、张文心、刘馨室、袁瑜笙、陈松生、聂松云、王石臣。兼过曾沅浦宫保谈。周文斋、黄子寿、黄子襄三处，并往一晤。炎暑终日奔驰，困乏已甚。

初九日。接蒋弋香、彭作新、周昌辅各信。饶石顽、张惠吾过谈。张文心送到遗著四种，曰《病枕忆得》，盖六十八岁时追录少年所作诗，而自叙二十五岁时有《澲涛园初刻》，三十岁又编新作曰《买薇集》，抑何刻诗之早也？曰《姜斋诗分体稿》；曰《姜斋诗编年稿》；曰《龙源夜话》。所存四疏、两行状，及《斗蚁赋》、《仿符命》杂文数篇而已，与所命名之意不符，然多可补入集中者。谭心可、饶石顽又晚过谈。张南屏以其子张誉托言之曾沅叟，求充武巡捕。

初十日。大雨，凉。接郭南轩、黄桐轩各信。曾沅浦宫保奏报初十启程，而宣言是日家眷上船，十三日身自上船即开行，吾故疑其为军谋也。早起遣人视之，则已行矣，急登舟一送之，大雨倾盆而至，复命多孙、顺孙一往送之。从行者韩勉吾、李梅臣、萧希鲁、葛江村数人而已。庄翰堂、吴云谷及健甫过谈。开具达珊、余吉甫、张南皆、高济川、朱佛宜、方柳桥、陈京甫、唐庆春，托之沅浦；健甫又添入张元达广权，绳生之子、王桐绶先达，逸梧之弟二名，因并交之。

十一日。雨，凉。邓复心、庄翰堂过谈。邓君以拔贡截取同知，周荔樵为通其意，求一见也。午邀谭心可、黄子襄、饶石顽及子瀞、健甫同酌，相与会商补救加引之法。朱香荪、孙次韩枉过，均以太和存款求为说法，而所议实为通筹全局，不能议及一二人之私也。绍西荐王荔村清查太和帐务，闻其侄华庭在店总理，已不足恃也。

十二日。健甫赴汉镇，便致张笠臣一信。接虞朝佐信，求为沅浦宫保道其名。其人实一巡捕才也，惜其信迟到一日，未及与张誉同荐。庄翰堂过谈。

十三日。接袁予文、瞿景伊、彭丽生、朱楚珍四信。曾重伯、徐仁羲、盛小楼过谈。重伯见示沅浦宫保湘潭信，并录示十一日奉到寄谕一通，以滇、粤水陆防堵为言；并及沅老与岑彦卿当已起程赴任，而其立言则谓以防土匪为辞，而云暗中布置，云不动声色，正不知政府诸公是何等心境，何等见解。晚次，李冠卿军门至，庄翰堂、杨星堂踵至，夜久始罢去。

十四日。回拜李冠卿、邓复心。兼诣王逸吾谈，知近有《续古文辞（汇）〔类〕纂》之刻，起姚姬传，终吴南屏，凡得三十徐人，湖南则曾文正、孙芝房、周星叔皆得与焉，余存吾、周半帆、邓南村则皆遗之。周昌辅、左巨云、饶石顽、朱咏生过谈。据饶石顽所述情形，太和直不足自存，朱咏生言鼎泰之虚乏，其势殆又可危也。不谓今年耗败至此。汤都司昭泽赴甘肃，为致刘毅斋一信。又致复曹韵生、邓仲韩二信。

十五日。接曾挚民、钟瑞廷、陈葵心、张笠臣各信。笠臣述及新放常德守高抟九，汉中人，其兄为丁未同年，在京与李莼客相识，而盛称莼客之狂，不可一世，于校经堂为不宜。莼客之狂所素知，然无害其为耿介也。意城邀同黄芍岩、刘子梅、周闻斋、龙霁生、谭心可晚酌，心可不至。王壬秋亦邀同陈松生、杨鹏海浩园看月，予以赴意城之约，亦不能至也。

十六日。奇热不可耐。周昌辅来此作竟日谈，与论义利之辨，因及本朝士大夫无不经营生计，其风自闽、粤、江、浙沿海各省开之，浸及于京师，盖亦西洋风气之流溢中国者也。中国言义，虚文而已，其实朝野上下之心无一不骛于利，至于越礼反常而不顾。西洋言利，却自有义在。《易》曰：利物足以和义。凡非义之所在，固不足为利也。是以骛其实则两全，骛其名则徒以粉饰作伪，其终必两失之。近来于此看得分明，不似向时之拘牵文义也。陈子濬、易叔辉晚过谈。

十七日。接张南屏、黄子厚、毛杏荪、周良臣、龚兰亭及秉文各信。随复秉文一信，盖由龚瓶庵专弁送到者。箴士递到笙陔叔一信，当复一信。兼致衡唐叔一信。

十八日。接裴樾岑、方存之、俞吉甫三信，存之并寄到郑司直《日知堂集》，刘仲肩《读诗日录》、《春秋疑义录》，刘献白《大易阐微录》凡四种，并枣强先正。郑司直名端，康熙中任偏沅巡抚，所著尚有《政学录》、《朱子学归》、《孙子汇征》，并采入《四库全书存目》；刘献白《大易阐微录》亦入《存目》。惟仲肩先生书无传，值岁饥，其家人持以易米，存之闻而恤其家，兼求其书刻之，斯可谓贤矣。存之任枣强令，有政声，即此足见一斑。傅青馀、王荔村、饶石顽及绍西过谈。

十九日。复裴樾岑信，托庄翰堂递寄。易叔辉回营田，托带彭丽生、吴晴研及蟠西三信。又由森昌信局寄张笠臣及健甫二信。闻左景乔夫人物故，急往视殓。癸叟甫补玉环厅缺，遽遭此变，徒积累而已。与邓鸣之、左延生一谈，二君皆自命能知地理者。

二十日。接黄石珊、言湛甫、黄麓泉、杨馨堂、熊石生各信。麓泉并借得《学案小识》一部，仍求分给王小云缮写。闻涂朗轩制府廿一日交卸即行，先往一送，并以瞿景伊及清臣托之，便据黄石珊来信言岳口水灾事，交给一阅，兼述及石珊吏才，并及魏赓臣。朗轩素称坚僻，听否未可知，聊竭吾心而已。便过任禹田，不晤。

廿一日。卞诵生中丞以是日接印，涂朗轩交印即启行，专使各为致贺而已。任禹田、朱枫桥过谈。曾重值以是日移居沅浦宫保新宅。为张惠吾致书邓春田。绅士积轻之势，重以懒废，苦为诸君纠缠不已，徒耗心力，以资人诟讥，无如何也。

廿二日。卞诵生中丞枉过。彭稷初、盛雁峰、盛小楼次第过谈。稷初亦带到其尊人丽生一信，并其祖两峰先生名宧事略。李祥恺自上海回，带到黄泳清、龚振之二信。李勉林督办福建船政局，亦今时一奇局也。仁和保险股份单存唐景星处，竟展转不肯缴还，李祥恺上海之行，虚劳往返。广东人行径皆强盗耳，万无可以自存之理。举国人心如此，其终陆沉矣乎！据黄泳清信，仁和股二千，应派积存银八百五十四两七钱四分七厘，按照新章以八百五十两派作新股，似又与所刻公司章程歧异，正恐皆诡语也。

廿三日。回拜卞诵生中丞、彭稷初比部。途次见路人惊顾失慎，询之为贡院西街，急遣人走视曾重伯，始知为老照壁一伞店失火，牵累至数家，幸尚无风，水龙至即扑灭之。晚次易赞周、周德生过谈。接张笠臣信。录示（录）江督批禀，知督销局共四件：一、补解捐款二万；一、补缴请给十票咨文预厘银，并核示数目；一、录江督批督销局发给预厘执收应用旧式，不得更换新式；一、催新票起运。并由五百里牌行。

廿四日。回拜卞诵生中丞，以昨日往，值其外出故也。兼过王桐轩，谈其承办领运为王心怡，其族兄弟也，年五十馀，为其三代用人，方拟以所得新票托其代办，因往一商。《申报》纪载时政，有足书者，亦有足慨叹者，略记数则。一、六月初二日上谕，历叙内阁侍读学士文硕参邓承修、陈宝琛于步军统领衙门安拿举人古铭猷，参劾崇礼立言失体；御史邵积诚又参文硕纠弹叶绍昉语多诬陷，皆各请旨申饬，乃烦朝廷和解，以屏除门户党援为言。而于翰林院侍读温绍棠陈具时局多艰、吁恳励精勤政一折，乃至传旨申饬。兵部奏：甘督咨，六（月）〔年〕十二月十八日公文一件、札付十张，至七年十二月十六日始行到兰。讯据代投是项文札之外委褚廷琭，称在西宁青海衙门当差，七年九月奉差进京，经同标千总蒲养年托带银九包、信三封寄京友陶金寿，至十月初十日陶金寿送来公文六角，称即蒲养年等札付。并称收有陶金寿名片，住香炉营头条胡同。当查书吏名册，并无陶金寿，惟有已革甘肃科经承陶业英；密札司坊官传讯，据北城吏目陈瀛称，陶业英已经回籍，俟传获送部等语。即此一折，部吏之矫诬，堂官之掩饰，情形毕具。张香涛奏参害民不职九员，另片保五员，请旨嘉奖勉励：一署太原府马丕瑶，候补直隶州方龙光，朔州姚官澄，阳曲县锡良，万泉县朱光绶，太原县薛元钊。实保六员，而片称五员。一省之大，乃得良吏六人，此则其可喜者也。

廿五日。立秋。寄复张笠臣一信，兼缄寄唐凤篪、黄泳清及健甫。又为张奎生致朱禹田一信。亦接周昌辅、周良臣、朱香荪三信。香荪并递示刘希陶《东游日记》，所录诗文并佳，而一种哀厉凄清之旨，使人读之恻然。周良臣、陈松生、曾重伯、吴莼庵、吴丁生、周昌辅次第过谈，虚费日力多矣！

廿六日。左太夫人成服之期，一往致唁，与傅青馀、黄子寿一谈。旋过刘定夫、张文心。作书与卞诵生中丞，论朱肯甫所定校经堂章程与曹竹铭所言之失，知其不乐受，然予不能默也。鼎泰主事者周锦章、朱润生二人次第至，以银钱紧逼，求更一扶持之。但允属曾重伯稍从缓提取存款，馀并须盐票定局，乃可置议。

廿七日。王逸梧太夫人堂奠，约七点钟陪吊，以六点二刻往，卞诵生中丞已前往矣。与黄子寿、俞鹤皋、杨鹏海、笛帆、任禹田诸人同陪庞省三方伯，孙春皋廉访，夏芝岑、郭定轩、陈少轩、但少村、刘定夫诸观察，刘云樵镇军，何相山太守。杨鹏海述及刘荫渠之去位，以招十三营，严旨饬令招满二十营。政府一意主战，荫渠老成持重，与政府意牾，故有是命。沿富良江据地收税者：刘永福，广西人，踞明山，在富良江南，所谓黑旗兵者此也；李昭胜，云南人，据保胜，在富良江北。商船出入富良江，两人皆有税课，名曰天保堂。李昭胜已降法人，刘永福则尚与法人相持，屡有杀伤。政府诸人一意启衅，贻害国家，莫测其心境所属矣。左锡九、袁绶瑜、言舫丞、刘砺山来谈。

廿八日。接黎莼斋信，言自抵日本，见其派参议伊藤赴德国考求民政，派上野景范充奥公使，又派使赴意大里，又派一亲王赴俄行贺加冕礼，而独不遣使中国，莼斋屡以为言，置不顾。其轻中国至矣。又接朱禹田、周昌辅及鹤九各信。李黼堂、饶华庭、饶石顽、张奎生及意城过谈。询之饶华亭，太和实托鲁裕生、欧鲁亭、颜老寿、韩子兰四人为各票号居间，各票号已面辞之，与左锡九所闻正合。太和一切处理，皆不得法，子瀞但责之无礼，而不计所行之安否，殆难用此以处世矣。意城见示俞鹤皋送到裕时卿一信，历叙其窘苦之状，其意尚若思得诸人之小助，亦就便为李黼堂言之，似其意不甚属也。

廿九日。以子瀞所派永茂（永茂）贵记送督销局起咨呈缴预厘，缄致易芝生料理，得其回信，尚须候鄂局咨件也。接陈云庵信，知已得襄河张家湾厘局差委。任禹田、朱香荪、何永清、蔡浩楼、胡少芝、刘翊清及子瀞过谈。宇田见示两次呈稿，其首名曰周振华，所议章程十条，亦殊周密。禹田述及卞诵生中丞爽直，优于前数任，惟于洋务未甚曙然。予曰：此朝廷意也，虽合淝，于洋务发用处，亦不逮所知之半，馀皆委顺以从中枢之意，此又本朝朝局如此，明以前所未有也。人之聪明不甚相远，而涂径既分，则其两相背驰也，遂有天涯之别。数十百年，人才日益寡乏，岂不由此哉！

三十日。接姚彦嘉及健甫两信。亦复健甫及鹤九两信。过陶少云、朱香孙谈。余佐卿、龙海门、龙曙初、李定庵、罗柢敷、罗尚卿过谈。陶少云四子益谦名镜莹，读书能文，工篆隶，以疾卒，左癸叟之女夫也，少云为述其遗言，闻之悲痛无已。香荪言见蜀人沈孟兰名锡周，以即用县分发湖南，为言王壬秋主讲四川尊经书院，坏乱人心风俗甚剧。蜀人本极浮动，得此毁坏藩篱，益相习为无忌惮，贻害至无穷。蜀人怨丁稚璜曰盐务，盐务累者，商人而已，不足为巨害；曰吏治，所坐独在不知人耳，其心意勤勤，尚求整顿，非有他也；独于学校延一王壬秋，为无可解说。壬秋得此一段议论，殆真无以自解矣。

七月

七月初一日乙酉。周昌辅赴江南，致聂仲芳一信。亦接胡其祥、韩陛臣一信。昌辅以六十生日诗求和，为和一诗，即送其赴江南。邀左锡九一谈。意城亦枉过，李次青、罗小垣并至，与左锡九会商票号情形。大率张笠臣诸君一意网利而已，不计人情事势之安，此吾所甚不取。因属小垣仍就饶春晓所托之鲁恕生、欧鲁亭、颜光寿、韩子兰四人议之。

初二日。殷竹坞、张勉斋、易赞周、罗柢敷过谈。易叔辉亦自县至，带到胡道生制备木器数事。周兰徵、周南山自乡桀谷回省，盖仍不能满千缗也。陈杏生来谈，述其原委，由陈少轩转托丁子开以事来问，有假予名帖言事者，一考究其确否也。

初三日。赴马王庙回拜李次青。早邀邹咨山、陈葵心、殷竹坞、易芝生及子瀞小酌，其意专为子瀞饯行也。陈葵心至逾两时之久始至，暑日久候，尤为烦苦。邹咨山告言：新化经学始于欧阳棣字文思，号了翁，渊博为一时之冠，专治汉学，精于《三礼》。次则吴思树，号建轩，为邹叔绩之外祖，著有《通史》一千卷，为朱笥河门人，以书献之笥河，未及发还，而笥河卒，思树亦旋卒，其书遂失传。今惟存《上朱笥河书》，言《通史》体例甚备。又有《黄河论》七篇。次吴国琅，字仲良，为邹咨山姑丈，专精汉学。次邹文苏，字望眉，叔绩之父，治算学、乐律，兼通《三礼》。叔绩算学之精，其家传然也。此四公者，皆无成书行世，故为可惜。

初四日。接黄石珊、吴莱庭二信。石珊已补兴山县缺，以新例先补正途二人，再补各班一人，遂蒙叙补。书中历叙四月赴省，回至汉川之汪家嘴，舟覆呼救，有炮船过，竟置不顾。船将沉矣，乃得民船拯救，舟中人皆幸免，而行李损失多矣。又以刊刻《夏忠靖集》及《安愚斋集》，助刻资廿两，以志景仰先贤之意，其心亦殊可嘉，由其子棣生送至。龙海门、黄笛帆过谈。

初五日。余光勤赴黎平，便寄周桂伍一信。子瀞赴日本，便寄黎莼斋一信。又专李祥恺、周兰征赴上（沪）〔海〕，寄徐雨之、黄泳清二信。又便寄张笠臣、姚彦嘉二信。亦接张笠臣一信，言票事本末甚悉。回拜邓春田、龙霁生、龙研仙，中途遇雨而返。罗小垣及麓安过谈。又寄衡唐、笙陔两叔信，并托子惠代寄。自立秋后，奇热为数年所未有，本日一雨，又复作凉，今岁天时反复，亦一奇也。

初六日。邓春田、余云涛、罗小垣、罗叔循及子惠过谈。小垣强予函致刘牧村，求一留之，并多方自为粉饰。春田至，问之，则直责其终岁不一至局，予亦无词以解也。

初七日。黄海华已刻物故，一往哭之。黎简堂初五物故，亦至是始报知，兼往一奠，晤其兄镜吾及彭润生。已而郭定轩至，出示所拟遗折，为之改订，兼拟开一节略，呈卞诵生中丞，请其入奏。李次青亦随至。回拜王逸吾、瞿子玖、余云涛、张奎生、陈舫仙，兼一过左巨云。

初八日。子瀞始以是日成行，遣李祥恺随行赴上海，加给张笠臣、姚彦嘉二信。（门）〔船〕泊草潮门外，一往送之，满船宾客，坐席为满。又为宋祥、柳诚致萧屺山一信，为刘翊清致陶幼瑜一信。郭定轩、但少村、吴稚云、胡幼森过谈。是日青石桥失火，闻延害至数十家。

初九日。王逸吾、刘牧村、黄镜亭过谈。镜亭为黄汉皋之子，并携到黄汉皋《尚书集传异同商》、《春秋传说辨正》二种。询知黄玉屏为其从侄，镜亭赴省时，玉屏尚未抵家也。接张笠臣信，并江督复奏缉私情形。又接黄子寿寄到何愿船《朔方备乘》一部，及《直隶水道》，及《中俄交界图》。寄张子衡信并县志一部，托余云涛递寄。

初十日。回拜郭定轩、李次青、傅青馀、李辅堂、龙霁生、龙研仙。并诣孙春皋慰问，青石桥火警烧及臬署辕门也。李次青处晤刘祝亭、任宇田、马吉山，并永定吴赞臣，善谈相法，所言亦时有合者，并语及笙陔叔在永定加意学校，极有声誉。

十一日。接曾沅浦宫保、张笠臣二信。沅浦信由永兴发递，盖耒河以上，滩高水涸，无由上达瓦窑坪，即在永兴登岸也。笠臣抄寄恪靖第二奏，立言极得体要，胜第一奏远矣；又六月十九日上谕一通。亦寄李次青一信，并以此二件送览。又寄龙研仙一信。郭定轩、舒棠阶、周闻生过谈。定轩见示所撰黎简堂事略，并述卞诵生中丞之言，以为太无声色，良然。因为另拟一通。

十二日。诣玉池别墅，迎祖先神主食新，以养知书屋奉祀三代神主，以上并祀玉池别墅，食新当先尊者。而中元之祀，仍只就养知书屋行之。是午便邀余云涛、张勉斋、盛展奇、舒棠阶、吴竹云、吴祐覃、毛荇荪会饮。

十三日。早约吴赞臣与衡唐叔及意城谈相法。以盛展奇回县之便，寄吴晴研一信，兼致鹤九，同料理租事。是午荐新，奉祀祖先，兼邀胡幼森、易叔辉、易寿麟、李华卿、罗汝梅、熊石生及子惠、寅伯、子宽同酌。

十四日。接健甫信，随以一信复之。又函致王逸吾。郭定轩过谈，商议黎简堂事略宣付史馆事。意城邀同李次青、邹咨山、殷竹坞及衡唐叔午酌。数日郁热，至不可耐。天时反复，凉热无时，殆无若今岁者。

十五日。往拜卞诵臣中丞、李次青、姚桂轩、王理安、谭燮甫、王壬秋、陈亦渔、唐兰生、邓少弥、邹闻生、黄子寿，及过衡唐叔谈。是日中元，以各处久谈，至夕方归荐冥资祖先，易叔辉亦枉至照料。

十六日。为先太夫人忌辰，率子及诸孙行礼。接陈俊臣、王逸梧、殷竹坞及健甫湖北信，并意城函告：子瀞以阻北风，尚在湘阴。郭定轩、周步瀛枉谈。本以家忌谢客，而此两公皆以事至，不能不出应之。晚次，文擅湖、易叔辉过谈。是日大雨，凉甚，已着绵衣。

十七日。雨，凉。接吴晴研信，由熊满老者送到，仍以一信交带。又接子瀞湘阴一信。易赞周、张鹤臣过谈。询知张寿云、笛帆昆仲，均尚可以自给。晚邀李次青，王逸悟，龙霁生、研仙，任芝田，邹闻生及衡唐叔便酌，霁生、逸梧均不至。

十八日。回拜周步瀛、邓双坡。赴刘祝庭午酌，同席邓双坡、傅青馀、李次青及意城。

十九日。郁热，雨。黄子寿、储冰芗、饶雨亭、金敬明、杨景皋枉过。接张笠臣、易凤洲及子瀞、健甫〔信〕。当复笠臣信，及函致子瀞，以健甫旦夕告归，不另书致也。凤洲名培基，甘肃候补县丞，求转托之谭文卿制军。子瀞亦为熊秀峰求荐永绥厅敬修书院，属托之裴樾岑。终日为此无谓之干求。末世人失其职，请托公行，人心浮动，尤君子之所忧也。晚次，王壬秋、朱次江、蔡蓉仙过谈。

二十日。回拜李勋吾、龙芝生、彭稷初、李小屏、丁子开、储冰芗诸处。易椒生过谈，易兰生之弟，询知兰生六月初二日始由湖北起行，溯襄河而上，恐此时尚未能抵陕西也。又接邓幼弥、蔡蓉仙二信。朱香荪夜来谈，诵其挽黄海华联云：五十载官场独立，俯垂忧国泪，郁抱济时心二语为海老旧句，可惜生时太晚；千百年公论堪凭，诗笔继涪翁，政书兼汉学，岂徒江夏无双。

廿一日。接周湘浦、吴聘廷及席珊三信。亦致周荔樵一信，相与营营焉供众人无谓之驱遣而已。黄子襄、饶雨亭、李玨丞及寅伯来谈。玨丞，常宁人，交到其五世祖李希天继圣所撰《奇男女衍义》二帙。常宁李氏多藏书，自李希天始也。晚次复接盛展奇、胡厚吾二信。

廿二日。范芰沅、李小屏、周镇山枉谈。镇山以熊家山团谷事纠缠两年，至今未了，言熊家山作梗者熊寅阶，勾通本府为祟者熊云程，尚有一持公论者，则熊镜秋也。镇山为周为贵之侄，昨接周湘浦一函，即为贵之子也。是午邀周步瀛、刘祝庭、陈程初、陈冰芗、李小舟及意城便酌。

廿三日。早邀范芰沅、易淑子、蔡蓉仙、杨景皋、易椒生及席山便酌。龙芝生、周镇山、易叔辉过谈。回拜高抟九，始知其与唐稚泉同居。并过熊鹤村一谈。

廿四日。接胡其祥及健甫二信。以多福汇兑利和一款，汉口并无此字号，随以一书询之朱禹田，并以席珊专足赴县之便，致吴晴研一信。朱禹田管事曰王惠泉，遣其友人李弼臣来言，利和实长沙钱庄。我自托禹田汇兑汉口，王惠泉有意相蒙，不独我不能知，即禹田亦不知也。胡其祥来信，绝不一言今时办法，使人茫然。熊鲁儒来见，曾沅浦旧部也，保举总兵，名上珍，谋赴粤投效，意在求一书道意。如此类多矣，皆力辞之。是夕夏瓶仙、易叔辉及东林过谈。

廿五日。熊寅陔、熊镜秋、张振轩、张少韩、李召甫及意城过谈。致复胡其祥一信，并寄张笠臣信，托其转交。刘若华、朱次江过谈，一出酬应，朱枫樵、周芷窗、尹和伯、左佩勋、蔡竹泉、殷翰卿、吴赞臣次第至，遂尽一日之力。周南山赴乡料理租事，亦至相候竟日，真亦人世之苦趣也。

廿六日。接合淝伯相信，盖五月十七日交欧阳定果带南者，距今两月馀矣。健甫亦自汉口归，言鄂票久经起运，昨复停罢，盖彭雪芹以张笠臣钩结左子异、王勋农、柳竹溪情形发之于左相，愤激而为此也。笠臣不足惜，子澥迟回数月，与笠臣为缘，一意网利，以贻无穷之累，于鄙心尤不能无歉然，盖亦父兄之责之所不能辞也。

廿七日。接吴晴研、邹子翼、殷默存及笙陔叔各信。诣黄海华、徐杏泉两家致吊。便回拜李瑞南、瞿子玖、守蓉仙、王锡芝。

王君为王衡丞侄孙，在营保举道员，吾竟不知也。守蓉仙、余芳臣、陈靖廷诸人过谈，靖廷为陈二阶学博之孙。

廿八日。王逸梧、张雨珊、范芰沅、罗尚卿及席珊、莘生次第过谈。莘生送到其父玉舲一信，当以一信复之。

廿九日。卞颂臣中丞、王寿田、黄子襄、曾重伯过谈。回拜彭丽生、李健斋、李黼堂、傅青馀、陈靖廷、欧阳心泉、欧阳可舟、曾俊师、曾重伯。王寿田自江南回，带到王梦虎一信，且言十四日过金陵，适合淝伯相至，一见左相，即就黄昌期，留宿其家，十五日即起行赴天津，左相招饮，亦不赴也。欧阳心泉至合淝致唁李伯，亦道金陵。左相以加盐引为人指摘，名声大损。察其本原，皆骄矜之一念为之也。卞诵臣之论左相亦云然。

八月

八月初一日甲寅。寄左恪靖一信，并附奏稿二通，一论法人通商云南事宜，一论高丽构衅日本事宜。本于十八日缮就，又展至廿八日，稍候传闻信息。又以盐法交涉张笠臣、左子异及子瀞，意城多所疑难，其实鄙人立言极委婉，亦不敢语及实情，原以事关大局，求有益无弊也。坐是相持至今日，始由胡万昌递寄。亦接杨鹏海、张笠臣二信。鹏海见示刘永福禀稿，自称越南三宣副提督，叙法人三月初八攻破河内省，毁其城，遂乘轮船上攻山西。安南遣前河内总督陈廷肃、三宣副使阮有度与议和，法船又上驶至屯鹤江口距东京一日程，为山西、宣光二水会流处，亦名三江口，又上至兴化省河，仍由山西回河内，并往南定、山西、北宁等省详勘地势。现在议于南定、山西两处之三江口开设洋场，可以由洮、泸二江上通云南洮江上流即保胜，泸江上流即河杨。刘永福久踞保胜，所谓黑旗贼者是也。滇督授以游击衔羁縻之，安南亦资其力以御法人，分其右营驻太原省，左营驻兴化省，前营驻宣光省，而仍听其驻军保胜。张笠臣信则有法人已到蒙自之信，盖刘永福禀在五月廿九日，张笠臣信在七月廿六日，相距两月。上海所得各处信息，多系电报，想不虚也。其云神机营发兵五千，用日新、镇东等轮船载赴高丽。载兵事已见《申报》，恐未必为神机营兵也。又接唐凤篪、邓少岷二信。胡少芝、曾俊师、张奎生、易椒生过谈。

初二日。庞省三、黄子厚过谈。李健斋、李定庵、陈靖廷次第至。昨夕闻报余佐卿之丧，原约上午一往哭之，至为人客纠缠，午后乃能出门。余方城述及一切情形，为之怃然。接姚朵云、徐叔勤各信。亦函致曹竹铭、傅青馀、杨鹏海、彭丽生。终日扰攘，为无谓之酬应，亦极人世之苦趣矣。欧阳星泉、欧阳可舟、曾俊师、曾重伯及衡叔晚复过谈。

初三日。寄复合淝伯相一信。又寄张笠臣及子瀞二信。亦接周步瀛、涂峙衡二信。王逸梧过谈。又接黄子厚、彭丽生二信。逸梧语及去岁论日本情形一疏，与许竹筼言之，竹筼为语及倭事本末，始恍然知所言之误。盖今之论者，皆谓西洋难与为敌，日本易与耳。吾观其君臣之相为警惕，而知其政教之行为有本也。诸公欲以无本之术，虚骄之气，以求胜于日本，于人与己两失之，未敢信谓然矣。

初四日。雨，郁热。接阎季蓉、胡其祥二信。张介生、王旭初、李石生、李梅生、苏赉序、李梓岑、方云瞻、邓幼弥来见。聂仲芳家信言：王莼农、柳竹溪均已撤差，新票大有相持之势，实皆张芝岑意气之盛有以致之。小人行径类然。子瀞不悟，以与之为缘，贻累及家，此可叹也。

初五日。接曾沅浦宫保信，知已于七月十二日接印。又接袁予云、瞿景伊、任篇门各信。回拜卞颂（丞）〔臣〕中丞、庞省三、但少村、邓春（雨）〔田〕、朱禹田、王惠泉、李弼臣、张昆生、任西堂、涂峙衡、黄子厚、李梓岑、周文斋、彭伯昂、李石生。于梓岑处见李次青、彭丽生。并回拜张寿泉、晏圭斋。

初六日。雨。接邓弥之、张笠臣、彭丽生各信。张超堂、石慧夫、徐仁羲、赵少青过谈。赵少青为胡万昌管事者，询悉停止《申报》之由王石卿为之，因《申报》载入刘韫斋中丞堂戏，及益阳唐蓬洲县民滋事两端，涂朗轩、庞省三先后持停止《申报》之论，王石卿乃一力奉行。其停止《申报》，欲迫使不载湖南事，是徒激之使发泄而已，其愚诚不可及也。

初七日。雨。但少村、彭稷初、殷少侨、徐仁羲、易赞周枉谈。因过意城处，晤刘祝庭谈。接张叔平、樊延龄及清臣各信，又接鹤九一信。张叔平〔信〕由王汝成学博带县，托鹤九递上，以所近刻《天文图说》、《蚕桑经世》、《（桑蚕）〔蚕桑〕通考》、《蚕桑补辑》、《蚕桑图说》、《遵义正安蚕说》、《贵州橡茧诗》、《湖州蚕桑乐府》各种书见贻，并《古今集联》一部。邓弥之亦寄到潘应斗所著《白石山史评补》、曾家模所著《春秋述朱》二种，又《都梁耆旧诗存》一帙，并有潘、曾二公及许国焕、谭宪诸人诗。又彭笙陔学博亦开具新化周恭先、吴思树、孙起栋、黄鹤、谭爱莲五君行实见贻。吴建轩为吴兰乐之兄，已由邹咨山开交。孙白沙则孙石溪先生之兄也。弥之亦荐彭笙陔之子彭廷炽及袁生应麟入思贤讲舍，盖皆新化人，为彭笙陔所托者。

初八日。雨。接胡其祥信，随复一信。并寄张力臣及子瀞二信。又因韵民回县之便，寄熊秀峰、吴晴研、萧子远、唐桂生及鹤九各信。是日入闱，分三路点名，湘阴日午始毕，湘乡日夕始开点，不审何以迟延至此。闻添加给签一事，宜其反致耽延也。

初九日。接周惠生、俞吉甫、常健吾各信。惠生信言国史续编儒林、文苑各传，竟欲废隐逸一门，而所编各传，但以《江南通志》为底本。王逸梧、瞿子玖并以忧去官，惠生又不任纂修之役，湖南遗老求厕名其间，殆亦难矣。李麓渔、吴莼庵过谈。张惠吾来见，报知已奉派辰州缉私巡船管带。

初十日。雨，寒。回拜李瑞南、谢莘田、王桐轩、朱禹田、李次青、张超堂、王逸梧、任禹田、朱香荪。并视陈舫仙病状。兼晤王云生。龙研仙谈及邓春田相处情状，颇以为怪。及闻任禹田语及：陈舫仙实一力提挈之，所深相结纳者，正在舫仙、研仙二人，并于左相有深契，无怪其陵跞一切也。香荪告知饶春晓、左锡九病势。锡九患筋骨痛，服桂枝附片，痛愈甚，香荪急以六（位）〔味〕地黄丸投之，病遂大减。由老年血不养筋，急以补阴为主也。

十一日。瞿子玖与健甫相过久谈。王逸梧出示《汉书补注》卷五十八，仅得《公孙弘传》一篇，引国朝诸儒之说为多。其校订经史之功，实远出宋明诸儒之上，即此亦可汇为一书，实不朽之盛业也。逸梧博学多能，虚心善下，良不易得。子玖言国史馆编次各传，黄觐瑜、黄再同均与编纂之列，此为可喜。

十二日。寄复曾沅浦宫保一信。接蒋弋香、胡受百各信。刘伯固、张惠吾及意城过谈。王壬秋晚复来谈。接张笠臣〔信〕，知李小川参案，兼及笠臣、子瀞诸人，交彭雪芹查办。雪芹为解释笠臣、子瀞，而坐王六波、蔡子庚、张芝岑诸人。

十三日。邓春田、王桐轩过谈。春田以闻诸龙研仙，自为解说，而所处办事件，无一不成罅漏。任雨田谓其烟瘾重大，诸事漫不经心，又其嗜欲过多，恪靖以此任之，是不求有益盐务者也。

十四日。回拜刘伯固、瞿子玖、邓鸣之、蒋少白。少白新选四川龙川府，假归湘乡，蒋之纯方伯孙也。邓鸣之摹刻左景乔《邵州杂咏》十首，后加跋语，极言景乔待其弟季高侯相之厚，而讥侯相所以报其兄之薄。吾意不谓然也。因与语及盐票事，而属令会商左巨云，同诣子翼言之。左氏骨肉不相存恤，而所行多不谊，吾为恪靖危之。

十五日。接姚彦嘉、黄海垣、俞吉甫、张立臣及达珊、子敬各信。亦前寄子敬一信。正以两折稿不欲令立臣见之，以防其造言传播。张超堂过谈。晚邀陈葵心、李次青、张寿荃、吴称三、蒋少白及衡唐叔为中秋之会。蒋少白述及张香涛与方菊人抵牾情状，竟以方菊人不亲递手本，为张香涛所斥，菊人因一切持例与抗。香涛乃有此等卑浊之见，亦足见其立身求理之疏也。然香涛方以经营八表自负，而先不能处待一藩司。书生目论，大率如此。兼闻香涛保奏四十九人，以张幼樵为首，张振轩、岑彦卿皆与焉。且谓天下之人才已尽于此。果如所言，是所保竟无一人也。湖南与其选者，惟一黄再同，以志节为名，相为崇奖可也，未足以当天下之巨任也。

十六日。接陈松生信，为言福建船政局章伯和、游雅斋约来一见，期以巳、午之交，而未见至。李祥凯自上海回，带到黄泳清一信。仁和保险局多福一折，济和保险局顺福、延寿、殷和三折，其仁和局分出馀款千八百五十金，另立福寿公一折，此件并言明每年六月初一日即由汉口招商局拨兑，亦殊省事。袁瑜笙、陈秋垣来见。晚邀晏圭斋、张超堂、殷少侨、殷默存、盛耀堂、张介生、王旭初、徐仁羲有预兆鹿鸣之会，超堂、仁羲以病，少侨以外出不至。往邀易叔辉，亦外出。而李华卿、罗汝梅亦竟日不回馆。此会应者盖寥寥也。袁瑜笙言彗星十四夜见。

十七日。接陈展堂、苏子青、陶幼瑜、张南屏、姜昆山、苏少泉、毛杏荪、姚彦嘉各信。章伯和、游雅斋、曾绍兰祝龄、龙海门、魏叔容、李石生、钱斐臣、罗小垣、饶石顽、易焕臣、易叔辉及寅伯、杏农、殷少侨、徐仁羲次第见过。龙海门告言：刘云樵丁内艰，已委谢国彩军门接办，李次青旧部也，求一书抵次青托荐。询知龙海门亦次青旧部，遂以一书与之。衡唐叔为韩宣楼求志（部）〔书〕，韩陛臣之从弟也。以素未见其人，泛滥求请，力所弗给，惟属赴县领取而已。

十八日。风，雨，大寒。昨日郁热，寒暑表至八十一分，今日遽退至六十九分。致张笠臣及子瀞二信。处分票事，兼属左巨云告知子异。回拜凌问樵、袁瑜笙、陈秋垣，及致吊唐少轩。易寅吉率其子易孝友、侄孙易艺庵、易干臣，送交其高祖易实庵先生事迹及所著《古贤齿录》、《女齿录》三种。朱枫樵、张鹤臣、饶石顽、李召甫次第来见。接易芝生信，致送票单及永茂贵记咨文。晚复寄胡其祥一信。

十九日。接黄子厚、李召甫二信。意城见示子瀞信，论劾恪靖者，秦钟简、李映、李鸿逵凡三人，闻尚不止此。是日张振轩、涂稚蘅、范芰沅、吴爱吾、罗小垣、左佩勋、刘伯固、张超堂、刘子源、钟郁云、左子异、凌问樵、胡静惺、徐仁羲、张鹤臣、盛小楼、彭作新来见。罢精竭神，奔走酬应，自晨起至夕，未尝暂息，殗苦极矣。而为左子异陈说利害，一以静镇处之，自谓无事，乃知其与张笠臣本领相为沆瀣，宜其两相投合也。吾湘专出此等人才，良亦非幸。恪靖生平陶淑之功，亦云烈矣。

二十日。彭作新、曹泳芝、张小亭枉过，仅一见小亭。盛小楼及箴士来见，晚邀宗人翰舟、云覃、席山、寅伯、经生、杏农、子宽应乡试者七人小酌。外加左佩勋、李召甫、易叔辉三人，召甫适以是日归家。接张笠臣及子瀞二信，知松筠十君子上疏隆礼大院君，都人啧啧称善，而疑吾前疏必招物议。岂知鄙人之具此疏，正以举世无知者，谋一警觉之，使有能知此义，则此疏亦可不上矣。鄙人终身与世背趋，皆此类也。以为不知而误蹈之，此张笠臣与子瀞浅处，固不免世俗之见存矣。

廿一日。彭作新、彭稷初、张振轩、李麓渔、龙海门、李石仙及衡唐叔、意城枉谈久坐。穷尽一日之力，荏苒光阴，良可悼惜。接朱宇田信，语言含糊。专足约王惠泉一谈，前日适以人客纷杂，为李祥恺辞去，今日亦于人客纷忙中见之，其实左右两客厅尽可分坐，仆人不知办也。劳苦中更兼郁闷，生平受此辈奴隶之累尤深。邀李梓岑、刘伯固、涂稚蘅、章伯和、游雅斋、曾祝龄、魏叔容、李石生晚酌。至者伯固、稚蘅、伯和三人而已。因并邀李华卿、罗汝梅一叙。

廿二日。邀曹润生、彭作新、彭伯昂、彭稷初、张振轩、尹和伯、胡静惺、罗小垣早酌。伯昂、和伯以事不至。张振轩、李麓渔均以回家辞，麓渔是早已行，振轩早至，云仍须一践约，比往速之，则又他出，终席竟不一至，亦足见其荒乱矣。盛小楼、李惠清以李心益应缴山价来城说法，诞谬殊甚。末世之人心，竟莫测所终极，心甚危之。

廿三日。回拜曹润生、彭作新、黄子寿、章伯和、王惠泉、左子异、张寿泉、王桐轩。兼赴曹竹铭学使处道喜，仆人乃以亲拜为言，吾从未以此施之人，而此劣仆竟为之而竟言之，无如何也。又过陈舫仙谈，与商减票事，均不能得其要领。张笠臣、左子异两人嗜利无耻，终以不悟，殆亦天夺其魄矣。

廿四日。为先公生辰，诣养知书屋行礼。接张笠臣及子瀞二信。随复张笠臣一信。又因熊老者回湘阴之便，寄复陈熙堂、易直卿、吴晴研及秉文、鹤九各信。李华卿见示彭荔樵信，知周浥藻没于松阳厘局，而不详其时（心）〔日〕，现皮鹤泉署松阳县事，已定派马贵前赴松阳，料理一切。意外之变，使人摧伤，亦未敢遽尔宣露也。李次青、曹竹铭、易梦周过谈。

廿五日。风，寒。张午瀛、罗汝梅、梅子宣过谈。午瀛为左佩勋荐看地者，据所陈山水情形，似于形局尚为熟悉，未知究何如也。周荔樵函示：延请梅子宣训课其两小侄。此李麓渔、胡养吾、胡稚生所争欲就者，以先受梅子宣之托，不欲负约，其实梅子宣又远不逮此三人也。

廿六日。接魏赓臣、唐泉伯、文兰舫、董厚斋、黄子治、严少韩、聂松云、冒哲存、陈靖庭陈二阶孙、晏圭斋、李杜生、周觐堂各信。又曹提督志忠、广东通判朱尔田及邹传薪三信，则皆忘其号矣。周觐堂有土一方，在二里墩墓左，思就我售之，已属经生回县经理。又接盛展堂一信，恋处家中，不肯赴馆，而属我营求善地，真所谓不自揣量者也。

廿七日。李次青、钱斐臣过谈。斐臣以为子瀞携带咨文赴鄂，因遂以永茂贵记纲票托之，并缄致张笠臣、王桐轩、胡其（详）〔祥〕及子瀞，以笠臣前信，汉上有承租者，租价可千六百金，合起咨费六百七十五两，申平廿八两三钱五分，共得二千三百零三两三钱五分，即时租出，由王桐轩拨兑来省，如无承租者，即托王桐轩转致王心怡，仍从乾顺泰毛松云处挪款领运，朱禹田六月初旬已有汇缄存此，凡三月矣。凡此波折经营，皆子瀞贻之累也。

廿八日。接胡其祥、张笠臣及子瀞三信，知子瀞已于廿三日赴上海。随复张笠臣一信。并缄致王桐轩，托其照料租票事，并可就其生生庄拨兑。乃为子瀞所累，使老年心境纷扰及此。本定廿五日遣李祥剀、马贵二人赴鄂，李祥剀留鄂候信，马贵径赴浙江料理周浥藻身后事件，而苦为北风所阻。鄂信已交钱斐臣转托张笠臣、王桐轩料理。马贵附舟东行，交寄陈俊臣、唐砚农、皮鹤泉其子麓云，赴试部门、彭溧樵四信。

廿九日。赴吊余佐卿处。王壬秋、刘伯固、汤小安、李叔和均在陪吊。便回拜傅青馀、（李）〔朱〕香荪、彭丽生、彭玉书、陈松生、张昆生、范芰垣、周荔樵、王石臣及狄君翰源、黄君泰藩。狄为狄朗斋之子，黄为黄觐瑜之从弟。接陈子濬、吴莼庵二席〔信〕。子濬交到段柱湖《诗钞》、张琛浦《贡玉堂集》二种。

三十日。易赞周、周德生、李水三、李麓渔、刘伯固过谈。伯固以黄子寿约赴湖北一行，就便诣江南。杨广源、陶鹤林、李玉钦包起造菜园临街左右房屋二栋，共钱六百二串，是夕领钱百串。

九月

九月初一日甲申。诣船山祠行礼。会者十一人：熊鹤村、傅青馀、李次青、黄子寿、王壬秋、左长卿、彭稷初、任禹田、朱次江及予兄弟。意城仍行宣讲之仪。吾为开讲，言公社开立四年，自去年以来，逝者三人，周幼庵之盛德长者，李仲云之声誉，余佐卿之英年俊才，皆不易得。馀人惟黄子寿、朱禹田两家子弟，循循礼法，读书能文，辉光日新，最足欣慕。近日张笠臣以其子牵涉盐务新引，万人指目，几无以自立。鄙人却有所见道理须发明者。四民各有恒业，始见《管子》书。而《考工记》言，国有六职：坐而论道，谓之王公；（坐）〔作〕而行之，谓之士大夫；审曲面势，以饬五材，以辨民器，谓之百工；通四方之珍异以资之，谓之商旅；饬力以长地材，谓之农夫；治丝麻以成之，谓之妇工。四民至与王公并论，而兼及妇工。王后亲织元纨，公侯之夫人加之以纮綖，自庶士以下，皆衣其夫。尽男妇无敢闲旷废业者。《大雅》之诗曰：妇无宫事，休其蚕织。为褒姒言之，非谓周衰并妇功皆废也。《皋陶谟》叙禹自言：濬畎浍距川，暨（益）〔稷〕播奏，（树）〔庶〕艰食鲜食，贸迁有无化居。并农工商三者，圣人皆自任之。三代学校之制，七岁而入小（岁）〔学〕，十五入大学，至二十成丁；任为士者，修士之业，任为农工商者，修农工商之业。四民各有所归，而学亦终不废。孟子言舜发畎亩之中，农也；傅说举于版筑，工也；胶鬲举于鱼盐，商也；管夷吾举于士，以罪系而用之。然《史记》固言管仲少时尝与鲍叔贾。孙叔敖之举海，百里奚之举市，盖皆商也。四民虽各有业，而德（民）〔成〕名立，则亦委国而任之。汉世去古未远，其规模尚存，如朱买臣之负薪，梁鸿之赁舂，兒宽游太学，遂为诸生都养，皆处之泰然。公孙宏举贤良文学，不中第，遂归，牧豕海上。（式卜）〔卜式〕亦归牧羊，无所嫌也。至唐尚文学，而士始贵，绝远农工商之上。至明发明性理之学，以贤圣自任，而士愈贵。然而士愈贵，而为士者愈多，而人心风俗亦遂愈趋愈下，其终尽天下为游食无业之人，而使四民者皆失其业。是以圣贤生于今日，必务重四民之业，尽天下之人纳之四民之中。即吾辈教家亦然。子弟材质高下，当使各有本业，必不可使无业游食而以士为名。孟子曰：民为贵。民者，四民之各有职业者也。四民之外，不得谓之民。少时读《汉书》，见高帝困辱贾人，有市籍者重征之，不使任仕宦。窃心以为疑。其后读贾生《治安策》及《史记·货殖传》，所称计然、白圭、郭纵、乌倮之属，皆奇特非常之才，而富商大贾之奢僭，至晚周已莫可穷诘。盖三代学校，至战国而尽绝，士皆失其养，如《论语》所叙长沮、桀溺、荷蒉荷篠之丈人，皆一时奇士，而其时学校犹存，是以成其才而定其志。战国学校既废，而士之负才积学者，一不得其所养，遂流而为游说以干时，处则为任侠，其愿者为商贾，而用其心计以趋时规利，奴仆生产，上拟王侯。高帝并天下，不能兴复学校，以整齐天下人心，而务以力胜之，于是隆孝弟力田之科，而屈辱商贾，而其力卒无以相胜。至于今日，而商贾之权势，所至交通大吏，而农民受役于有土之家，下比奴仆。儒生之言，犹袭汉初之说，重农务本而薄视商贾，是谓名与实两不相应。然详汉时屈抑商贾之令，正谓其挟术专利，役使平民，不知有信义耳。至于今日，而商贾营利，专恃信义以济之，非有信义，则人莫不顾。而士大夫专尚虚浮，以规时好，无知有信义者。苟守信义，相与见谓迂远不达事情，终亦无能自立。盖商贾营利之心，至一倍二倍而止矣。《诗》曰：如贾三倍，言其极也。士大夫所至，动求十倍百倍之利，是张笠臣之失，不在营商，而在以士大夫之本领营商贾之利。窃观西洋以商贾为本计，通国无不闲；中国重士而轻视农工商三者，乃至一家一邑之中，有职业者不逮百分之一，闲民居其九而又过之，民安得不穷？国安得不弱？所以尽人吸食鸦片，始由闲民之多，而终一出于懒惰苟偷，并食力者皆以吸食鸦片为固然而不知愧。公社开立四年，不能望其有益，而吾意中却未尝不求益。至于今日，乃觉悲叹之意多，而希冀之心少。其故有三。当初设立公社，原以劝善规过为义，须使社中多为利国便民之事。今此盐务加引，乃使一省承其害，而无有劝阻之者，则是劝善规过之谊未至也，此可叹者一。左相一开茶引，一增鸦片烟税，一加盐引，耗散湘人财力，动逾百万。初闻增鸦片烟税，竟相与居积，亏折至数百万，犹谓武人富厚，不知礼义，宜有此也，继乃闻士大夫亦多有之，则是开立禁烟公社，曾不足以警动一时之人心，而以屯积鸦片烟为利，尚为从前所未有，此可叹者二。初开禁烟公社，同社诸公无不踊跃，以约周笠西、俞鹤皋，则皆辞，尝叹言人心识量各别，或求济世利人，或求自守，皆其识量然也。今此一举而使人言沸腾，乡人坐承其累，则亦何以自解？此可叹者三。是以鄙心郁郁数月，以为劝善规恶，一有未尽，社中宜分任其咎，而鄙人之咎为尤深。敬请诸公一发其蒙而释其义。李次青言：雍正初元，上谕亦宣示四民之义，禁止闲民，以为博塞皆出闲民。圣人整齐天下，深切著明，莫大于此。至论左相规复引地，本属正办。张笠臣因承其意上请，于义无不合者。徒以其子年少气浮，矜张过甚，以致指摘交集，贻累大局，于吾楚固亦无所咎悔。左相求效太急，于此微失权衡，要无害其为大臣任事之力。熊鹤村言：吾家居闭门谢交游。盐务纷扰，至于银钱窘迫，百货为之阻滞，吾皆不能知。要之，世事至今日，大抵艰窘，惟鸦片烟一物，恰是流通，不独不能劝减，且方有日增之势。直须以严法峻刑，耸动天下耳目，方能有效。王壬秋言：蜀人与鸦片烟相习，莫知其非。张香涛典学四川，诘诸生：鸦片烟何味，而公然嗜之？蜀人传以为笑，言张公独未知其趣耳。吾初至尊经书院，馆生三百人，吸烟者至二百七十馀人，吾皆汰之，推举不吸烟者，得七十馀人，自是馆生无嗜烟者。吾惟语以万事皆足立名千古，饮酒嗜茶，亦可成名，独吸烟无名，而一有（无）〔此〕嗜，万事皆废，是真自弃也。馆生始各悦然于吸烟之非。吾率诸生演习乡饮酒礼，乃识古人宾兴贤能，必于乡饮行之，自是圣人用意精微处。今大吏保举人才，动称某也贤，某也能，为一时之冠，言之无所顾忌。若合一乡之人，公推之乡饮揖让之中，而后以其名上达，真有不敢轻易加品论者。是以后世儒者，谓乡举里选行之今日，必至徇私，是不达圣人立法之精微者也。诚令以乡饮礼宾兴贤能，敢为虚诬者亦鲜矣。即如今日公会，衣冠正坐，莫不肃然，即是先王礼乐之遗。明人讲学，犹能此义。正须勤勤为之，亦是吾人检束身心之一助。左长卿言：古人乡饮酒礼，亦由平日本原深厚，敬老亲贤，视若固然，而后礼意始能周浃，非可一旦骤然行之，以能望有益。终竟后世人才，不能尽使人无疑。是以《周礼》闾胥比长，从五家起，设一官管束，积二十五家，又设一官董率之，亲近周密，最是古人良法。其四民之业，盖各有其本务，不知所谓士者，从何优养之？疑大抵皆农民，农民中秀者乃为士耳。吾为之原讲云：详古学校之制，尽天下之人皆纳之学，八岁入学，至于十五之年，其学已有立矣，《学记》所谓七年视论学取友，谓之小成，盖此时也。九年大成，则已及冠矣。不能为士，则为农，为工，为商。凡为士者，以致用也。《周礼》府史胥徒，凡庶人在官者，皆士也。西汉之制犹然，郡县所辟除，大抵皆学校之选也。乡举里选，即在汉时，不必皆得人。要之，王者兴贤讲能，无可行其猜疑之理。圣人以诚动天下，未有严杀可以化民成俗者，未有猜疑可以造士求贤者。方今鸦片烟之流毒，几于有家者不能保其子弟，有国者不能保其人民，诚欲治天下，必自禁鸦片烟始。诚欲禁鸦片烟，必自挽回人心风俗始。诚欲挽回人心风俗，必自学校始。二千年来，人才所以日下，由学校之不修也。此关天下全局，非一时一事之计。壬秋之言，勿论比长五家也，今且自治其家，而所滞碍固多矣。勿论学校也，今且督教其子弟，是诚探本端原之论。君子所以自处，与其所以衡量天下，诚有未可一概论者。人心风俗之积，圣贤相承一二百年，乃可与言此也。

初二日。刘伯固赴湖北，致黄子寿一信。庄凤喈赴监利，致陈程初一信。易叔辉赴县，致盛展奇一信。何永清、殷少乔、罗柢敷、周栗卿、周舜笙过谈。罗叔循亦自湘潭回省。范芰沅邀同意城、盛桂敷、王紫庭晚酌。

初三日。接张笠臣、胡其祥、易卓超、焦赞丞及怡仲五信。怡仲信述周浥藻致病之由，竟以赴玉环厅为左癸叟致贺，感受海风，致久不愈，以殒其生。本有差事在身，何以能远赴海外至逾月之久，即此足知其冒昧。彭稷初、王吉生过谈。往拜卞诵生中丞、庞省三方伯、但少村观察、曹竹铭学使、李香缘、冒小山、守蓉仙、李次青、何伯源诸处。卞诵生语及晏同甫八月廿五日物故，年八十三矣。温岷叔年八十四，尚健在，惟馀一孙，游荡无度。闻之怃然。

初四日。接沙田围杨甫亮、杨文明、戴三元公信，论吴作新一庄当差亩费事宜，因缄属吴晴研确查，并将原信付县，以凭查考。又接广东总兵张殿雄及李小屏及润民三信。偕同张午瀛过劳口河十馀里，至陈家湾小塘坡看地，适遇雨。其地两水相交，微有形局，而穴情极模糊。凡看地遇雨，其事必无成局，生平遭遇，多如此也。

初五日。王子明、罗尚卿过谈。适闻子宽次子长儿殇，宜一往视，而苦为王子明纠缠半日之久，真觉无谓。与意城商议太和存款，应具呈报明，以各汇局相持方急，则馀所欠无复能过问矣，此亦今时例文所必不可少者，因并各折汇开交之。

初六日。雨。前日雨，赴陈家湾看地颇狼狈。昨日大晴，今日又雨，天时不可测如此。龙海门来见，以病谢之。缄询王逸梧，以所著《汉书补注》引沈钦韩、朱一新说最多，其学皆有根柢，询其行号籍贯。沈字小宛，一字文起，江苏人，道光中学者，著有《汉书疏证》，尚未刊行；朱字蓉生，义乌人，现官编修。朱君在京师已闻其名，与陶子缜、黄再同为丙子同年。

初七日。足癣作恶，正似前三岁悟元和尚治癣情形，又发寒厥，似陈右铭医治情形。急延黎旭楼诊之，言下焦虚寒，前所服药无对症者，为拟一方。未知究属何如，惟苦精力不得自支而已。接周步瀛、张笠臣及衡唐叔三信。卞诵臣、朱枫樵过谈。卞公语及盐务情形，言江南候补道黄子春者，欲举盐票尽空之；函询朱宇田，久处乡间，无可与商者。将坐视其败坏决裂，一无挽救之术，而吾楚之为累深矣。

初八日。接袁予文及鹤九二信。意城过谈。又接朱禹田一信。昨日一病，遂至委顿，知其精力衰敝甚矣。

初九日。年年重九之会，不虚佳节，已定邀邓双坡、王石臣、傅青馀、朱禹田、黄子寿、龙芝生、王壬秋、左锡九及意城，重续辛未十人之聚。以初七寒厥，精力不支，不敢宴叙，遂停此会。朱宇田、冒小山、朱枫樵、周良臣、李铜士过谈，禹田、小山均久坐。因询及江南情形，据称彭雪芹复奏之件，实属核实，柳竹溪在署极为谨饬，非能为恶者。意城见示张笠臣条陈盐务事宜十二条：一，设内地分局；二，先缉内地之私；三，严拿囤户；四，听地方居民缉私；五，严缉浙私，以保汉口销路；六，定缉私赏罚；七，请五府二州设立配销分局；八，请将配销盐厘裁减，摊入售价，减价敌私；九，宝、衡、永三府并请设局，并加抽邻税；十，请将湘局先缴局费等项改归后缴；十一，请准淹销补报，仍严定章程，峻防捏报；十二，增设湖广督抚经费；外又请收复澧州、监利两处引地。地势、人情、事理三者，均极精透，笠臣自是美才，独苦其心术太坏而已。

初十日。乡试放榜，解元陈梅生，其兄陈兰生亦中试，余为求科举入闱者也。亚元唐鲁英。所知如夏瓶仙、夏彝恂、左绍明，仅及三人。而陈复心兆琛则陈隽臣中丞之四子也。校经堂生中试六人，曰陈嘉言即梅仙，曰夏时济即彝恂，曰罗芳成字伯詹，曰罗以礼，曰陈兆琛学使送入校经堂，而未赴馆，曰徐树景。由学使挑选送入，人才固较优也。思贤讲舍得二人，曰夏时升即瓶仙；曰左肇南即绍明；曰潘学海碧海，实得优贡，亦思贤讲舍肄业生也。接裴（裴）樾岑观察信。夏瓶仙、曾介石、吴莼庵过谈。

十一日。接高玉屏、姚庶侯、晏圭斋、张笠臣及子湝各信。左绍明、曹咏生过谈。笠臣信言十二条已奉文咨商涂朗轩，并有减半之说。意城告言，洪侍御良品（接）〔揭〕参滇南报销，王夔石、景秋坪均被牵连。言路至今日，亦了无忌讳矣。

十二日。范芰沅、蔡浩楼、吴玉亭枉过。郭定轩、吴云谷、高抟九各送闱墨，而抟九送至十册之多，云谷亦有拟作。第一房陈建常，第五房熊会心，第六房刘人俊，第七房沈锡周，第八房熊起涛，五君皆有拟作，而熊起涛拟作三篇，各立一义，出笔老健，殆名手也。中式诸卷中，以第四名张永寅为最佳。盖所取多刻至之文，而多不能细切，独张作有奥折之笔，是有得于明人风味者。晏圭斋及玉舲晚复过谈。

十三日。致张笠臣信。晏浩轩过谈，以荐晏圭斋赴湖北志局，悉欲同往，属加入一名，此于势固不可行也。接储鹤乔、殷少乔二信。是夕闻饶春晓物故，言者谓黄子寿母子实迫促之，为之怃然。

十四日。李祐生回辰州，托递文兰舫、李宣伯、邓直卿三信。晏圭斋、晏浩轩赴湖北，托递彭芍庭、魏赓臣二信。汤斐斋、刘牧村、冒小山、庄翰堂、袁守瑜、曾重伯过谈。斐斋述及场内情形，知一切皆前定。李烈堂、刘彦臣、陈理斋，皆好官也，而能时文者、尤以龙禹门为最，即第八房龙起涛也。

十五日。接刘石臣国柱，广东同知、欧阳敬庵道庄，五斗司巡检及达山各信。敬庵并寄《汉书》、端砚，由朱佛宜带到。又接文擅湖一信。黄子寿太夫人七十寿辰，一往致贺。便拜郭定轩、吴云谷、高抟九、张旭初、汤斐泉、刘牧庄、何伯元、唐鲁英、余尧渠、杨砥皆、余芳城。兼过刘韫斋中丞及李次青谈。又诣叶恂予、杨雪渔两星使。叶恂予高、曾三世典试湖南，撰至公堂联云：文字话因缘，赖有高曾规矩在；江山供物色，由来沅澧芷兰多。亦佳话也。黄子寿处晤刘彦臣、杨友山、刘牧村、聂伯元、黄子赞，宾客杂遝，惟同席数人一谈而已。以经生荐之叶恂予。初谓幕府尚无人也，开交李杜生、文擅湖、周良臣、傅允仲四名。竟已延定四人，始悟捷足之敏速也。

十六日。范芰沅赴浙江，致陈隽丞中丞一信。又由郭定轩处致复裴樾岑一信，由石门来足致复袁予文一信。亦接彭溧樵、易伯吨、吴晴研、黄笏堂各信，又接汤幼庵、易赞周、毛荇荪及易经浩、刘藻章各信。经浩为易午珊之孙，藻章则自称刘云笙侄孙，大率皆求告贷者。

十七日。叶恂予、杨雪渔过谈。赴吊黎简堂、许杞台两处。李次青、黄子寿、龙芝生、王壬秋并在黎处陪吊。许处晤其族（其族）人许舜予，询之其兄许凖吾，藩署幕席也。许氏故浙人，以幕世其家。龙芝生告言：叶恂予方谋延一品学兼优者，托人觅之，而于我所荐拒而不纳。诸君学行，实亦未足取信也。

十八日。黎处约请陪吊，六点钟往，曹竹铭、庞省三已前至，陪吊者李次卿一人而已。孙春皋，夏芝岑，郭定轩，陈少轩，但少村，刘定轩，叶恂予、杨雪渔两星使次第至。坐候卞颂丞中丞至两时之久。徐云渠、黄子寿、瞿子玖、张笛帆、严象文亦皆至。吴云谷最晚至。因留一饭。随过龚荣圃、王逸梧。荣圃为言刘韫斋中丞两孙俱中式，急报仅及十日，可云神速。《申报》载张香涛清查库款一折，大致分列三案：一、军需报销；一、善后挪移；一、交代未结。三案盈绌虚实，相为勾连隐互于其间。三案不清，遂生五弊：一曰筹垫；二曰滥支；三曰拨抵；四曰借动；五曰隐匿。所言极为透澈。各省情形，大概略同。其云繁碎缴绕，吏之所乐，而官之所苦也。混淆牵搭，盗臣之利，而国家之害也。奸蠹窟穴之所藏，帑藏漏卮之所在，不出此五者。香涛力与清理，不避劳怨，斯可谓难矣。

十九日。王逸梧、冒小山、余尧衢、夏瓶仙、盛展奇过谈。接姚彦嘉信彦嘉信由镇江全泰盛信局寄常州保婴局，详及刘咏如办盐情事，尚在子瀞未抵上海以前。此时局面，又已小变矣。夏瓶仙述及思贤讲舍肄业生二人，可以补入者，一张祺字鹿苹，衡阳人，一罗兆麟字叔莼，衡山人，并年始冠，而专力于学。询及瓶仙房师，即沈孟南锡周也，朱香荪适有信来言，而未蒙枉见，闻即上（界）〔届〕进士，分发湖南者。

廿日。致左季高侯相一信，交冒小山带去，便邀冒小山早饭。接胡其祥、常健吾二信，知仰高书院董事为李少楼、左南生二君。吴邵亭及炳文来谈，因留炳文与冒小山同酌。又以小山道汉口之便，寄复唐泉伯、张笠臣、胡其祥三信。

廿一日。诣龙霁生、芝生、研仙、陈舫仙谈。兼致吊饶春晓。谭心可枉过，又约同诣舫仙会商增加引票事。左子异、左枫生又于日内赴江南，然则恪靖舐犊之心，盖亦老而弥笃也，终虑以是陨其家声。舫仙、心可所见与鄙人同，而办法不无小异，然自以为无能逾鄙人之言也。

廿二日。雨，风，寒。接罗楚卿信，言攸县阴山港分局议裁，仍留一绅巡查偷漏换票，出自总办张寄农之意。又接龙研仙信，示及邓春田即日赴金陵，为恪靖作生日。裁撤干脩，持之必愈坚矣。邀高抟九、汤斐斋、守蓉仙及意城午酌。民穷财匮，生计日殚，而大局方务操切，左相又益之强狠，凡此皆乱征也，所谓多行不仁，以迫人于危亡者也。

廿三日。接张寿泉、杨咏荪、余尧衢及玉舲各信。玉舲转递到陈润（生）〔信〕，盖曾在闽经理盐务，记任闽臬时曾一见之，与叶眉初交好，眉初盐务亦托其经理，即叶恂予星使之从叔也。杨咏荪则为其弟杨星堂谋事者也。张旭春、吴邵亭、夏瓶仙、文擅湖过谈。晚邀但少村、吴云谷、刘定夫、邓双坡、王实丞、傅青馀、王壬秋、龙芝生小酌。云谷以病，定夫以自宴客，辞不至。

廿四日。寄李少楼、左南生及衡唐叔及槃希、鹤九各信。李次青、彭作新、张小亭、龙海门、朱枫桥、易赞周、梅子宣、张子健次第过谈。子健灞坡、傅家湾，并为张念一强砍山树，强邀穀石，其夫妇乡居，为张念一所逼，又复来信。虽由张氏家运使然，亦足见人心风俗偷敝之甚，非佳兆也。

廿五日。於桐轩、文月亭、熊鹤村、黄绂麟过谈。绂麟一字荣甫为黄南城太守之子，李次青属为一见者也，致送所刊滇南李扶九《古文笔法百篇》，计文百篇，分二十类，每类多者六七篇，少者二三篇，亦属创例。其意专以时文义法求之，如云就题字生情，一字立骨，皆时文家法也。

廿六日。接张笠臣信，言李次青事极详，当即缄告次青。又接胡其祥、钱斐臣、朱枫樵、罗尚卿各信。黄子襄、张时泰、张子健过谈，语及张蓉初事，因致张春和、张葆丞、张懋亭、张三元及时泰公信，属其调处。赴王实丞之召，便过谭心可一谈。实丞约同邓双坡、傅青馀、李次青及意城晚酌，意城以足痛不赴。

廿七日。董彬台文华，现管带金盘岭营，曾宫保旧部也、汤斐斋、熊鹤村、周昌辅、嵇彛酬、庄履青、李铜士过谈。以汤斐斋明早回浏阳任，一往送行。便回拜欧阳见亭、李黼堂、守蓉仙、於桐轩。并为刘韫斋中丞贺其两孙中式之喜。兼过左锡九及健甫处视疾。

廿八日。接李肃毅、曾威毅两制军及陆存斋、胡受百各信。存斋寄到所修《归安县志》及《万卷书楼丛书》三续各种，及所自著《千甓亭砖录》三续、《疑年录》二种。张小亭、张旭春、冯融涛、吴莼庵、李镜涪过谈。冯融涛为冯乐庵之弟，询知以乐庵新婚旷氏，为其妻家一无赖者讦控，赖姜昆山一力维持，冯融涛因就衡山一省视也。

廿九日。雨。接周砺松、罗尚卿、文擅湖各信。亦复张寿泉、但少村各信。守蓉仙、袁绶瑜、曾重伯过谈。赴胡少芝招饮之约，同席姚桂轩、周昌辅、吴秋帆，秋帆为胡少芝西席，桂轩以雨不至。戴世荣夫人为予三从姊妹行，来告言有私山树木倚近祖茔，其家字受益者，直据为公地，载入谱中。屡凭族众理处，戴受益不允。因为寓书戴受益、戴庆堂、戴徵名，责令调处，以矜孤弱，以世荣之子竹清年少，而性亦柔弱故也。

三十日。雨，寒。诣庞省三、孙春皋、龚荣圃、阎象文、黄荣甫、瞿子玖、陈诒生、黄子寿、巢子城诸处谈。陈松生枉过，据称已定十一日启程回伦敦参赞之任。曾重伯见示沅浦宫保家信，并录示议处谢恩折稿，立言极得体；并录曾劼刚信，令在香港添设文报局，此恐未宜，想沅浦宫保亦能见及之也。

十月

十月初一日甲寅。为周步瀛致书卞诵臣中丞，为易赞周、嵇簃酬、邹改之致书曹竹铭，为朱峰乔致书罗伯翼。接卞颂臣中丞回信，似于周步瀛尚无甚猜疑也。龙海门过谈，意在谋取周步瀛洪江水师一缺，亦略一及之。易叔辉迎其母及家人赴湘潭。是日雨益甚，闻江水大涨，高于去年夏秋间，良非佳兆。叔辉过湘阴时，西门水平马头，则亦满河水矣。晚过意城一谈。

初二日。闻健甫侄先夕戌刻身故，急往哭之，并视其敛，夜久始归。其兄寅伯情意甚笃，敛具一切从丰，帐房为刘佐周、盛海南。其终日料理一切，王鞠生、杨海云、严子玉及子宽。相礼则樊延龄、熊石生，祝生则张少琨也。邓子石、盛月台、盛桂敷并稍留襄事。李次青来唁，因与谈唐稚泉晋捐事宜，持议极坚，劝令湖督、晋抚二信可暂从缓，大率湖督具奏不能阻之，晋抚或可从缓也。

初三日。瞿子玖、彭伯昂、彭作新、黄子寿、张时泰、张葆丞、张茂亭、张子健为张念一事过谈，遂至纠缠竟日之久。接盛展奇、衡唐叔及槃希、京生信。又接张笠臣一信。当复衡唐叔、槃希二信。彭作新来告，知署保靖参将一缺。王笛帆亦来谈地事。是夕又复周步瀛信，以步瀛前有信告言已具禀乞休，询之卞颂臣中丞，并无意督过之，因以一缄报慰也。又寄复张笠臣一信。

初四日。接胡其祥、邹闻生、周芝窗及京生各信。为李次青致唐稚泉一信，为杨渭滨致易芝生一信，又复周芝窗、邹闻生二信。王逸梧、陈兰生、陈梅生、嵇辨酬、杨渭滨、翁两明、张葆丞、张子健过谈。竟日会客及为人作书信，罢精竭神，然不能了一日之事，而亲友周旋中又从无一适意者。事杂心烦，蹇运所值，或宜然也。

初五日。接张笠臣、钱斐臣、彭丽生、易芝生及汉舟、子湝各信。彭丽生以其门人赖少皋属题杜云龙小像，实为开封府知府，而县志仅云韩王府审理正，以其失于考证，并称其家藏有遗像及杜公自赞。县志至此时已四修矣，其家匿不以告，而烦赖少皋之表章乎？吾不敢信谓然也。

初六日。寄复邹少松一信，以余芳城枉托，相距二十日，竟无暇及之。张懋亭、王旭初过谈，以孟氏所藏刻本《兰亭》见示，云为四川石地地方石刻，不类唐宋人书，大率明杨升庵为之，后题右军王羲之书，盖游戏之笔也。《晋书》王羲之传，但道是王右军书，则右军亦羲之自称，而其本官则领右军将军会稽内史也，结衔无专称右军者。《兰亭序》亦只有右军初拓本，无大字刻本。升庵狡狯，以欺眩后世，孟氏遂据以为羲之书。世无别本，此亦欺人语耳。是日健甫始成服，往为料理，周旋竟日。相礼为樊延龄、殷翰卿、熊石生、盛海南四人。宾客仅李次青，黄子寿、子襄诸老，馀皆亲友后辈也。鹤九母子亦以是日至。席珊亦自乡至。

初七日。罗伯翼、黄子明、周昌辅、周召甫、易叔辉、杨星堂及兰生、鹤九过谈。杨星堂并赠《阳宅辑要》一部。鹤九回湘阴，顺致衡唐叔及翰舟二信，衡叔信早交唐老者，至是始检出，翰舟（率）〔索〕帮款，即由鹤九拨付之。

初八日。接崇星阶、陶幼瑜、瞿景伊、周履青、欧阳泰各信。并由欧阳生寄到《张氏丛书》一部。寄左季高侯相一信，盖自八月初一、九月廿日，至是凡三论盐务事宜，诚知其强狠，于鄙言无所采纳，然姑以发其蒙而牖其明。苦前一书为意城所遏，未能稍畅言之，过是而补救益难矣。湘乡萧氏寄到萧智汉《新增日月纪古》、《艺林新编》、《山居闲谈》三种，萧智湖《石渠堂杂著》一种，萧智渊《日池家铎》三种。萧智汉尚有《氏姓谱》、《行己内篇》二种。萧智汉字云泽，号五江，亦湘乡名下士也。

初九日。大雨。李次青、陈松生、潘碧泉枉过。周陶西以是日邀酌。东林亦以是日会议上林寺事，次青强邀一行，吾以健甫之丧未及旬日，不宜出外酬应。上林寺与沩潭寺、开福寺、岳麓寺为附省四大丛林、今独上林寺为法门丛林，西枝始开道场，旋为人构害，而相继住持者，大率枉利自私，东林有愤焉，欲竟改为十方丛林，使法门僧众不得据为己私，任宇田、傅青馀均力赞之，吾亦与画诺，惟谢不得会议耳。

初十日。接黄信田、胡静惺各信。信田名运藩，办理衡州督销局务，调赴桃源者也，曾荐石慧夫为我相地，徐仁羲邀同赴县，至今无信，兹荐其侄方舟茂才凤歧，求一书投合淝伯相，颇无以应之。《申报》载伦敦新报言：红河之源起于云南，其河口在安南之东京，前经法人加尼鸦寻出，奴巴斯再往查勘，果合由水道与云南通商之议。自一千八百七十四年盖在同治十三年甲戌，法、安再立和约，安廷应允，自后安南为法国保护之国，并准法国舟楫在安南之红河往来。于今法廷责安南不依约，踞其东京。因引欧洲之难柔河，其源在德国，其口在土耳其，仍归德国管辖，中国应照此例管辖红河口。然而积弱之势已成，无能考求及此。即知之，亦非今时诸公力之所能及也。

十一日。陈松生赴伦敦，寄曾劼刚、马清臣二信。梁姬以怀镜二十具属马清臣分致赫尔斯、金登干、谛盘生、阿里克、贝音斯、格非斯、马尔铿、林希、哈尔得、克罗斯、旁斯苐得、费音斯、希斯、魏克斯诸女眷。接张笠臣并张奎生信，似左季高复奏已定百二十票，收捐百万，计八千一票，每合银八千零卅三两有奇。笠臣、子瀞昏昏一梦，至是稍苏醒矣。

十二日。连日雨，寒。积阴至月馀日矣。傅青馀、胡道生、罗汝梅、罗叔循及席珊过谈。达珊邀李召甫充记室，召甫为王子明所留，不能往，因以罗汝梅荐之。接胡其祥十月初五日信，所居为汉阳长裕和盐仓。

十三日。接张笠臣、胡其祥、黄方舟、胡道生各信。随复张笠臣、胡其祥、钱斐臣，并寄子瀞一信，以胡其祥告言子瀞已回至汉口也。黄方舟为黄信田之侄，求一书投合淝伯相。其人有俊秀之气，文亦条畅，而所求实有难以接应者，不敢屈从。守蓉仙过谈。是日为先太夫人生辰，率诸子及孙上供。

十四日。接汤斐斋、吴莼庵及曹军门志忠及鹤九诸信。守蓉仙亦交到两名，一黄运藩，一端木廷琛。张时泰、张葆丞过谈。张子健固无赖，而又多滋生事端，不独养赡其夫妇，兼无岁不受其累，敬告天地三光，愿生生世世不与此种人为缘。如刘锡鸿、张子健，皆天地阴阳气化所不应生长孕育者出。所谓乱世之人才流极败坏，以有此一种人物者也。

十五日。接彭芍庭中丞、晏圭斋、易淑子、张笠臣各信。笠臣并托转致李次青一（次）〔信〕，论唐稚泉、李芝岑清算捐款情形，持论极为平允。彭伯昂过谈，云日内当赴彭丽生之约，询知丽生尚在湘阴书院。李次青旋至，告言丽生今日已至省，适有一书与论杜云龙仕履，以丽生为杜云龙像赞，明述鄗人于乡先辈考证尚有疏略，而云其曾官禹州牧，历开封守。检核《河南通志》职官表，实无其名。杜云龙当明之末造，距康熙十二年始修县志，声影犹相接也，仅著其为韩王府审理正，则恐丽生所述之未为确征也。

十六日。接文擅湖信，以先世捐置节孝祠田，与文庙董事相与争持，属函言之姜昆山。吾不愿与知也，而纠缠不已，使人茫然。是日为亡侄健甫家奠之期，照料宾客，尽一日之力。

十七日。为健甫侄成主，仍往照料（之）〔一〕日。健甫在日，吾每惜其聪明太过。去岁数与言相随讲舍读书，意不愿也。其卒也，吾心乃极悲伤，以其才实不易得。造物生人，若此类必非偶然，必非偶然，而深痛其早逝。今岁李伯相世兄李伯行、李筱荃世兄李新吾兄弟同中，陈俊臣世兄陈复心亦中，陈辅羲世兄陈叔和亦中，刘韫老两孙世兄亦同中，孙春皋世兄，此外陈右铭世兄陈伯严，及阎丹初世兄、张振轩世兄，知名者甚多。吾家子侄辈，仅健甫一举人亦不能容，家运可想，心尤痛之。与意城同饭两日，食量大减，从前最为善啖，月馀小病，便至如此，老景可畏。顾视景光，去日遂多。自健甫物故，每夜梦回展转，万感交集，不知涕出之何从也。

十八日。为健甫侄发引之期，权存寄园，即去岁寄存曾媳处也，对之凄然。彭丽生、彭作新、龙海门、易叔辉过谈。汤斐斋寄白炭、金橘，专足守信，因以一信交之。是日接唐泉伯、周良臣及衡唐叔、鹤九各信。又接沅江邓家塍，为邓笠臣家眷，大率朱炳垣捏造之信也。随复鹤九一信。

十九日。接黎莼斋、张南屏、刘伯固、罗伯翼、王逸梧、周步瀛及关军门镇国、王大令源狄各信。关君现署福建陆路提督，王君则为汤筱安递送《申报》者也。瞿子玖、黄子寿、余尧衢、周良臣及敬修过谈。予玖、子寿均久坐，遂尽一日之力。

二十日。以罗叔循、易叔辉东游之便，寄左季高中堂一信，并复刘伯固信。亦接梁檀圃、唐泉伯及子瀞汉口各信。周荔樵、周陶希、彭伯昂、彭毓青、沈孟南、龙芝生、李健斋、陈海鹏枉过，皆所必应会者，而皆为仆人所阻。陈海鹏以围墙事约今日枉过，守候竟日，偶赴六堆口，竟至相左。沈孟南则屡致意求一见者也。晚次，朱次江过谈，并领取刘希陶《东游日记》及近著今体诗一册，且告言陈伯严近已来省。

廿一日。接邓述之、张旭春、熊绍香、李华卿、易直青各信。寄复子瀞一信。李健斋、陈程初及衡唐叔、麓安、懋官诸人过谈。健斋将为浙江之行，求函致陈俊臣。易直青始求书投曾宫保，继又求投萧屺山、华尧峰，殊苦人也。

廿二日。寄曾沅浦宫保一信，并复高玉屏信，即托其转投。

又复邓述之信及寄吴晴研并鹤九二信。罗叔循、易叔辉始于今日启程赴江南。周良臣转致刘彦臣之意，致送《明文明》一部，意求经营永州府刘如九襄校馆席，刘彦臣属其托人一荐，（彦）〔良〕臣从中为玉成之。吾与意城并与刘如九不相通问，无以应也。

廿三日。寄合淝伯相一信，由上海黄咏清转递。又寄张笠臣及子瀞二信。李次青、黄季度、徐仁曦、周石樵、周惠生、周顺循、李弼臣、易椒生及静修来见，纷扰竟日，精力衰颓，苦不能支。弼臣来询钱斐臣兑银一节，而言扬州信有初准起运百廿票之说，旋又停止。李次青言诸人相与维持，李次青、欧阳静山各得六十票，此百廿票之议所由来也。礼义廉耻，国之四维，至是毁坏无馀矣。在官者无学识，遂至无所不至，于恪靖又何责哉。

廿四日。接李芋生信，并寄到《兴国州志》，盖陈秋门侍御稿本也。芋生吏治为鄂垣之冠，文章学术亦进而日上，亦一奇也。周翰城、吴莼庵、易直卿过谈。致庞省三一信，为邹咨山馆事；致孙春皋一信，为张勉斋求贵州差事；（为）〔致〕吴云谷一信，为罗汝梅求志局事。终日碌碌，为人而已。殷少乔、周翰城、徐仁羲晚复过谈。亦过意城，论陈程初毁墙事，绝可怪。

廿五日。接胡其祥信，知子瀞廿日已启程回南，盐票事一如部议。吴陶村邀同出南门，过（百）〔白〕沙井，至宁福寺小路杨家山，土人谓之杨总兵山也，为江苏沈光裕堂旧置之业。疑其穴情尚未的，局势尽小，然实一地也。询知地师吴文仪为吴莼庵族人。杨家山现归闵姓，沈光裕堂所开茔基前隙地，又为地师杨姓售去，实周姓看山者为之经营，吴文仪皆与相识。因托一谋之，成否亦听之而已。是夕，唐稚泉邀同傅青馀、俞鹤皋、刘祝庭、任禹田、汤幼庵、陈诒生会议与次青核算晋捐事，陈诒生不至。

廿六日。接冒小山、左佩勋各信。俞鹤皋函致朱慎甫从祀浏阳乡贤事实，求为立传。蓝楚臣来见，传致程商霖、夏竹轩、颜节山三人之意，以陈俊臣寿序，见贻礼品。蒯云生、蔡蓉仙、王寿田枉见。蒯云生以巡检带炮船，宋楚卿南来募勇，乘坐其长龙船，云至湖南五六日矣。罗汝梅言陈伯严两次枉过，竟不能知。如陈舫仙、黄坤圃，并所欲一见者，尽却之，而固竟日会客不少休，真使人郁闷。

廿七日。张季澄、黄履衡、王煦亭来见。接盛展奇一信。方以英儿小恙，延黎、徐两医诊视，又为张季澄致夏芝岑一信，为盛展奇致但少村一信。竟为诸君受役无穷已！尹和伯约同诣茶园铺，兼蒙枉谈，知冯次山年八十，尚能步行三十里，陪同相地，可谓老健矣。与和伯酉刻上坐船，船人永州刘姓，号为永州把杆者也。开泊水鹭洲。是日郁热殊甚。

廿八日。北风大作。由水鹭洲开行百廿里，申刻抵一宿河。遣高八雇觅舆人，郭弥之闻知，意其为鄙人也，遣三元来视，小坐一谈。阅朱次江《圹息堂杂记》，存此数月矣，舟中稍暇，始一披览。与尹和伯谈说之时为多；刘南洲屡次相邀，以和伯稍谙西洋制造也。南洲于此，亦殊可取。

廿九日。偕尹和伯赴茶园铺。过吴家巷，刘春生之居在焉。与和伯小憩卸肩岭，同登前山，望狮子桥出水处，距刘春生之居所谓双塘坡者约里许，山水尚觉会聚，惟前源流稍长耳。又五里，过飞龙桥，山水大会，亦佳境也。至丛木桥田庄，尚早。与和伯步至刘氏宗祠后山，和伯指为外穴，吾意不甚取也。

十一月

十一月初一日癸未。偕尹和伯至金家湾，相所谓人形山地者，往返约五里。致祭祖茔毕，即由丛木桥山庄启程，过飞龙桥，又偕尹和伯相视瓦公塘山地，相距飞龙桥约二里。和伯绕出山背，逾越山岭数重，约七里许。是日凡步行十馀里，回至一宿河，过郭弥生处一谈，并晤其六兄西山，盖十馀年不相见矣。郭黻卿仍陪至舟中小坐，询知郭黻卿、李石渠仍在上海办理厘务。

初二日。大风，寒。由一宿河开行七里，至湘河口，阻风。丛木桥墓租，拟托之正泰，每年秋收径送一宿河。其兄弟存者二人，曰郭晓初行三，曰郭花汀行六。当俟罗佃纳租价省垣，再一缄托之。

初三日。风，微雪，寒甚。下午开行八里至湘潭，泊舟十八总。和伯往觅冯次山，遂为欧阳子钦所知，枉顾馈炭。夜久，和伯始归湘河口。两日寒不可支，至是始得炭为温。欧阳子钦开设十三总仁裕有烟行，前岁过湘潭，亦承其款接，颇愧疏略，竟未一往视也。

初四日。由湘潭五十里，泊炭塘子。三日阻风。与尹和伯泛论时事，语及法人诸同寡，自云影相之术，积思二十六年始盛行，在西洋亦尝闻之，不知其人在汉镇多年也。舟中携带王实丞《四书疑言·孟子》二卷、朱次江《扩息堂杂记》二册、李杜生杂文一册、方云詹杂古一册，皆存之书案数月之久，无暇及之，至是始获为之点定。益叹平时扰攘，万事俱废，虚糜岁月为可惜也。

初五日。抵家而闻意城之变，盖初一日事也，急往哭之。健甫以十月初一日，意城又以今月初一，家运可知。而吾以衰病之年，万事抵牾，乃又有此奇变，自顾亦不能堪。接张笠臣、胡其祥、韩陛臣、任籲门、谢视侯、言湛甫、李少楼、左兰生及鹤九各信。又接刘参将百禄、徐经历沄、龙都司炽应，大率皆求事者也。张笠臣枉寄九日黄鹤楼二十七律，谢视侯寄示其家谢大猷乾隆己酉拔贡及谢允恭师白先生门人《易说》数篇。哀号困惫之馀，不复能详阅也。左佩勋过谈，谋为江南之游，求一书以行，与约即由省启行也。晚次王壬秋、席珊过谈。

初六日。朱宇田、黄子寿、刘伯固、左巨云、尹和伯、蔡蓉仙、蔡浩楼、盛小楼、李育之过谈。宋楚卿为涂朗轩募勇，盛小楼以同乡里求一小差使不可得，罗云汉、李万达尚营求不已，而楚卿仅一见访六堆口，吾以意城之丧，例在假中，不能出门酬应，无从与言也。

初七日。刘伯固过谈，语及曾重伯、左巨云往来交际情形，深为可虑。是日为意城成服之期，宾客杂沓。晤汤幼庵，询问捐案，先缴捐免保举银两，盖新定部章也，截至同治五年以后。刘伯固捐案，未及询其年月。部定章程，略近诓骗，为之浩叹而已。

初八日。微雪，寒甚。致程尚斋、张力臣、钱斐臣、胡其祥、韩陛臣各信。黄子襄、饶华亭过谈。以饶石顽为县所拘，谋邀李次青以公义出之，三次遣人邀李次青，竟不至，因属黄子襄约刘祝廷、陈德生会集草潮门，商同办理。刘伯固、徐仁羲、吴赞臣继至。赞臣屡过意城，未闻其言有凶耗也，特召问之，乃言与翁汝明皆有是言，并以告言舫丞。翁汝明语陈程初，其言信然。倘真有数然耶？

初九日。接钱斐〔臣〕、胡其祥钱住扬州南河下全楚栈。胡住汉阳长裕和盐仓义利生票号、易叔辉三信。黄子襄、刘伯固、汤小安、吴莼庵、左佩勋过谈。子襄闻之张旭初，太和票号欠款为言路所纠，饬楚抚追缴。竟以一御史挟制朝廷，为商人追缴欠款，亦蒙照准。纪纲法度，扫地尽矣，为之慨叹。汤筱安学地理于杨月轩，月轩曾为择安天灯日期，仍属筱安代托拣取修造天灯杆之期。

初十日。左佩勋赴江南，致恪靖一书。观其所行，固非正言至论所能入也。陈舫仙、朱香荪、黄柚笙、黄子载及席珊来谈，遂尽一日之力。朱次江《圹息堂杂记》，录其亲戚杨滋春诗六首，极有韵味。《游雪崖洞》诗云：子春心肠膈俱冷，面目常教世人哂！迂谈倔辩总恼闻，不待其来先避影。中云：谓此寒士不宜热，五月西山正飞雪。真乃清空一气。

十一日。接区司马维翰信，知现署松桃厅同知。宋楚卿、瞿子玖、任禹田、王桐轩、汤肖安、黄子襄、彭健吾、饶华亭、黄杭生、曾重伯过谈。易梯衢亦自县至。又邀石慧夫、徐仁羲来住。终日倥偬，竟为人客所困苦，为之浩叹。为饶石顽寓书陈诒生，属其一诣卞诵臣中丞，询悉其原由。据张旭初言，则直是御史为商人索债，中丞为之着追，亦末世之奇闻也。举朝士大夫无一有识者，欲无免乱，得乎？梯衢之孙叔麟、仁羲之子寰友并同至。

十二日。接黄笏堂、傅青馀二信。周良臣、吴莼庵过谈。亦诣曾重伯，与言周良臣传馆事，兼晤袁守瑜、赵莲仙谈。莲仙，赵玉班之第三子也，为曾温甫之婿。

十三日。倩石慧夫、徐仁羲往相度杨家山地，还言无穴，与吾所见参差。省龙带结，自成形局。若此者不多见也。晚邀易梯衢、陈熙堂、张鹤庵及席珊与石慧夫、徐仁羲、徐寰友会饮。席珊不至。甚悔未一邀尹和伯。和伯议论地理绝高，而所相度各地，并龙穴砂水皆无之，是以人皆言其无所征信，当令与石慧夫一相校论。

十四日。尹和伯、汤肖安、陈熙堂、彭伯昂、用德生过谈。接饶岱霞、张禹珊、袁绶瑜及黄钦钺各信。钦钺为黄惠廉之弟，现在汕头海关，所陈洋务事宜，积成一册，大率皆常谈也，又不能行之今日。又接周岳峰、易赞周、袁予文三信。

十五日。接左恪靖、张南屏、盛展奇、张雨珊各信。周瀛士自上海至。陈伯严、朱次江正约今日枉过，因并留瀛士一饭。瀛士，周莲史前辈之弟也。席珊为子瀞持示王荔村信，皆据张笠臣信为言，而笠臣语言不足倚恃决矣，钱斐臣、王荔村及六安，皆不足当笠臣一舞弄也。

十六日。接萧屺山、魏赓臣及高州通判张寿增信。唐稚泉、张寿珊、李翰生、殷默存、陈熙堂过谈。以徐仁羲回县之便，寄任西堂一信，并复李少楼、左兰生、吴晴研及鹤九各信。闻席珊言，始知李试吾亦已物故。罗长清、李试吾皆近年县城巨室，先后物化，恐亦非佳兆也。下午诣子瀞，适陈德生至，久候；瞿子玖、龙树棠又在坐久谈。

十七日。致卢德采一信。刘彝廷、何永清、陈熙堂、黄梓诚及席珊、麓安过谈。梓诚为汤肖安之甥，肖安属令代购饭谷也。是日闻彭师母以昨日亥时物故，一往哭之。陈福绥、劳凯臣并在。彭实庵学博有孙二人，曰念苏，曰桐生，闻皆诚实。为购置棺木者，即所谓梁如松者也，其人亦尚有老成之风，与周为灼并效力藩围后杨氏。

十八日。麓安赴汉口，致程尚斋、张笠臣、胡其祥三信。亦接文兰舫、周瀛士、孙次韩及鹤九、秉生各信。李次青、凌问樵、陈诒生及清臣、简秋过谈。次青述及唐稚泉捐务，潘子泉、王桐轩、黄昆圃、胡秋樵、黄子忠群起与为难，其情形有甚不可恕者，亦必为天心之不能佑者也。唐泉伯、张笠臣相与为至交，诚无怪其然矣。

十九日。汤肖庵、李次青、张寿荃、黄子襄、饶雨亭、彭健吾枉谈。因述及卞诵臣中丞传讯饶石顽，因遣人诣张旭初，令饶石顽来此，就问其情形，始知言路又有续劾十人一疏，兼牵及李次青、陈舫仙、刘祝汀、凌问樵、谭心可诸人，或曰王夔石信云然。适见《申报》，王夔石已允开缺养亲，相代入（告）〔阁〕者，翁叔平、潘伯寅二公，当世号称贤者，同时秉政，亦近今一美谈也。

二十日。以寅刻树立养知书屋天灯，未刻安神座，犹今李榕峰廉使所论修方之法，壬申至今十年，重换新柱也。傅青馀、胡春篁过谈。因偕青馀诣种福园就问左巨云，适有刘夫人，其夫为记名提督，阵亡，遗一子，与唐妪同居。唐妪子亦阵亡，其次子亦邀难荫，而诬以与左巨云为奸利，浮言四兴。庞省山方伯听之，捕唐妪考讯，竟莫得其踪影。刘夫人力保唐妪无他。省城谣言之可怖如此。与傅青馀商议邀左子健一谈，竟以病辞，屡邀不至。左相后人转务贪淫，而不能一持正论如此，极以慨然！

廿一日。王壬秋、李麓渔过谈。壬秋言曾重伯至其家，甫就坐，其家遣急足追回，言湖北有六百里文书至，举家闻之惊惶。因遣人赴抚辕询之巡捕，其言果信，而秘未发下。先数日已有湖北围城之言，盖撤旧勇募新勇，旧勇不听撤也。涂朗轩之昏悖以致乱也，宜哉！

廿二日。李次青、周瀛士、黄子襄、饶雨亭、李麓渔及席珊过谈。饶春晓以愚昏为张笠臣侮弄，饶石顽又继之以险恶。据李次青言，恐其事将至决裂。子澥一念之贪，遂至与笠臣相比，殆亦家运使然也。

光绪八年壬午岁冬十有一月二十三日乙巳。寄聂仲芳、张南屏、冒小山、罗汝循、吴晴研各信，亦接言湛甫、胡镜心、欧阳子钦三信。是日以梁氏生辰，〔邀〕石慧夫、易梯衢、徐寰友、李麓〔渔〕、龚梅生及席珊、寅伯会饮。彭伯昂、黄笛帆、周良臣过谈。周瀛士言：无锡李秋亭金镛，故贾人，以治赈能耐辛苦，为合淝伯相所激赏，会吉林求调贤员，遂以荐之。故与姚彦森岳钟相识，挈以偕行。在吉林奉檄勘山，阻冰不得渡，从者欲返，遂自脱足裹行縢，行冰雪中，不顾从者。姚彦森以不能与共艰苦，自免归。亦一奇人也。彦森为姚彦嘉之弟，亦经吉林奏调。吴清卿帮办吉林军务，多求坚忍耐苦之才，合淝所荐，正其选也。

廿四日。接刘伯固信。易梯衢回湘阴，遣周兰徵从行，兼运饭谷。顺致吴晴研、萧子远、唐桂生及槃希各信。李黼堂、黄笛帆、李荔园、李麓渔枉过。黄笛帆言相度昭山一地，拟令石慧夫随同往视，可以循省城山脉而下，约明（山）〔日〕北风，即放舟行也。朱香荪、张芗生夜过，因诣子瀞商所事。香荪见示《秋怀》四律、《无题》十四律，雄丽凄清之辞，寄慨无端，真杰作也。

廿五日。接彭仲莲、程福绥二信。傅青馀、李次青、黄子襄、陈伯严过谈。东茅巷彭氏成服，兼处分家事，程福绥固请鄙人一至，因与彭丽生、俞鹤皋、丁子开、易敬亭、劳凯臣十馀人同其孙彭祖谷处理应行事宜。程福绥出示遗属，周详恺切，蔼然仁孝之言。以其遗命分给实庵、辅臣二房及赵、罗两家姻亲约三千金；易罗生为其内侄孙，分给铺屋一所；又捐赈费一千、学宫五百。一夕处分完毕。其恤无告堂捐租三百五十石，则候清检文契捐缴。又加捐彭氏宗祠三百，实一美举也。傅苏家来见，具言前岁洪江情事，可为扼腕。此时谋差务，大非易事，与为一言，则亦无不可也。

廿六日。接彭作新、黄季度二信。亦致刘韫斋中丞、劳凯臣二信。又以周瀛士回沪之便，托寄陆存斋、姚彦嘉二信，并各寄县志一部。傅青馀、彭念苏枉谈。念苏、桐生为实庵学博之孙，彭氏佳子弟也。以彭氏馆事，邀周良臣一商而久不至，足知良臣所遇之参差也。

廿七日。彭念苏邀同石慧夫赴河西。接徐仁羲信，仍以相代营度山地，欲令其子权摄，只好听之。张国卿过谈，盖湘乡籍，寓居省城，具告周浥藻与同寓湖南会馆，其赴松阳，皆所代为料理一切者也。晚次，寅伯遣任仆告知移居被窃一事，办理极未妥协，然亦家运使然也。念之忧怖。为熊鹤村、朱香荪致朱宇田一信。

廿八日。接张絜园、钱斐臣及涵万之侄人亮及笙陔叔及绍西〔信〕。人亮以友山、梅生信，知曾过一宿河，谓必至其家吊涵万之丧也。绍西录示贺全福和致祥议单，承领新票为阳静山、李韵府、汪冰臣三人，绍西实发其端，而证成其事者王荔村也。绍西前已为我带去三票，胡其祥经手一票，由子瀞函致王荔村，并以一函托之。徐仁羲必欲令其子（代）〔带〕赴永州，其前办理文案为罗绣谷，因致罗君一函，托其照料，即交徐寰友带赴永州。熊鹤村、韩陛臣枉谈。诣三尊炮一视寅伯新居，狼狈殊甚，由王桐轩一言累之。家运蹇极，凡相助者无不相害者也。

廿九日。接赵玉斑、罗柢敷二信，亦寄赵玉斑一信。王桐轩、龙海门、李福覃、易牧吾、毛荇荪均自浏阳回湘阴枉顾，王桐轩述及寅伯一家之昏蛮，与樊延龄、殷墨存辈之暗于事理，凑成一扰乱之局，虽由家运使然，实亦人谋之不善为之。罗汝梅已就安仁馆，犹复以早解馆而多支脩为请。以今年所值事变言之，力固真有不给矣。

三十日。龙海门、汤肖安、黄子襄、饶雨亭、彭健吾枉谈。诣六堆口问罗汝梅解馆日期，因丁百川谋避年内接印，日内尚不启程赴安仁，汝梅仍定初五日解馆，急须一见。劳凯臣今日枉过，适往六堆口，相左。晚乃接周良臣一信。知吾蹇运所招，凡与人谋，皆出入蹇运中者也。

十二月

十二月初一日癸丑。接曹润生、殷少乔、韩陛臣、吴晴研各信。曹润生录示所上汰兵章程十三条，知陈伯平近有沙汰弁兵一折，饬各督抚查奏办理。润生议各营并裁一半，尤以多裁员弁为宜，额设参将、游击，多可裁汰，合数营归并一营，惟镇（捍）〔筸〕道标练兵可以全裁，语言极可听，然必非今时所宜行。伯平不谙事理，不达时宜，固无怪其然也。傅青馀、劳凯丞过谈。亦诣周步瀛、宋楚卿、王逸梧、王壬秋、左锡九、朱香荪、左子健各处谈。王壬秋方宴客，询知为李黼堂、邓葆之、曹镜初、黄小麓，皆素好也，因亦相就一谈。

初二日。致徐仁羲、吴晴研、萧子远、唐桂生及笙叔各信。宋楚卿过谈，述及曾重伯行径，为之惘然。诣但少村、吴云谷、王桐轩、李瑞南、黄子寿、陈诒生、周荔樵、蕙生诸处谈。少村语及湖北练军滋事，先为言路所纠闻系张叔平观察所为，涂朗轩又一意粉饰，隐情惜己，苟幸无事。谕旨以其所奏不符也，乃专派李筱荃、彭雪芹二公查办。朗公以非才而据高位，倾覆宜也。然此一端，贻累后人固已多矣。

初三日。邹默林、汤肖安、余衡湘枉过。接俞吉甫及达珊二信。吉甫枉寄陈兰浦《东塾丛书》、俞诚甫《百孝诗图》、俞仲华《荡寇志演义》。仲华为吉甫之兄，诚甫为仰山之弟，所谓仰山不知为何人也。出拜卞诵臣、庞省三、孙春皋、夏芝岑、王石卿、於桐轩、李辅堂、李介生、陈茀绥、刘祝庭、邓葆之、傅青馀，探知言路受票号贿属，为之索逋，卞诵生承其意旨为掩捕之计。时事如此，恐唐世清流之祸将见于今日，殆亦非细故矣。

初四日。寄李筱荃一信，由唐凤篪转递，亦以一信托之。接陶稚瑜、周良臣及槃希各信，当复槃希一信，并赔给吴丁生帮脩四十两，交经生支用。拜邓春田、张旭初、郭定轩、龙霁生、黄昆圃、曾重伯、汤肖安。老友邹墨林自河南归，仅得一见，相距且三十年，承其枉过，知与汤肖安为亲谊，往与一谈。以罗汝梅解馆回湘潭，并一往送之。龙研生询及开托邓春田一单，属与补开，计熊俊元、易镕陶、张德乾、罗家彦、吴钧庄、曾夔、蔡德麟、郭先蕙、陈嶙、饶恩培，凡共十人。

初五日。接张超堂、张笠臣、姚庶侯、张梓卿及绍西、鹤九诸信，又接朱宇田一信。阅《申报》，李果仙以滇案牵连，解任候讯。阎丹初追劾司员三人，一姚彦士觐元，广东藩司；一董华甫俊翰，荆宜施道；一杨鸿典：均革职。景秋坪未列衔，盖以滇案回避。而此三人实远在滇案之前，谓其声名贪劣，物议沸腾，未知果何指也。方菊人亦开缺来京。出拜守蓉仙、刘牧村、胡秋樵、刘韫斋中丞、瞿子玖、周闻斋、唐鲁英、徐云渠，及寅伯所移新居，盖即左恪靖往岁旧居也。

初六日。王逸梧、张湘生过谈。石慧夫自河西回。又接张笠臣、张超堂及鹤九信，各以一信复之。

初七日。接常健吾、殷少侨二信。寄复曾沅浦宫保、俞吉甫、韩勉吾、朱禹田、殷少侨各信。邀宋楚卿、施澄侯小酌。楚卿出示其子樵仙、笠仙暨其侄德藩诗文。笠仙年十一，长炎儿一岁，馀皆十七，长多孙一岁，而今古文诗赋皆已斐然成章，吾甚愧之。楚卿言石子坑地不确，而极言其经营地学颇有所见，因举其亲戚文湝谦，住柏叶铺文家洲（良）〔粮〕栈，于地学能尽其精微。因记其名，明岁诣杨梅山，当就便一访之。

初八日。曾重伯见示沅甫宫保录寄德商密尔色特探报法事六条。其一言法廷于中历九月廿六日通国会议与中国交涉事宜。其一言前于六月十九日通国会议增兵筹饷，兹探得法外部已集有巨款，而增兵尚无明文。其一言唐薇卿吏部赴安南探访法情，先委令赴安南，由汇丰昌行领见法酋阿奇雍，派在副将威士部下。其一言德人阿克克呀丛兼通法国、中国、越南语言，其人现在越南，可以效用。其一言西贡法酋赴越南所属安治、衍黎、安年各村，购办米石，约及四百万佛郎。其一言法国额忌特报馆九月廿九日之报，今向晋源详询，知属子虚。又交到其父曾栗诚所著《炮攻要术》六册、《电学举隅》一册。又接到阎季蓉信。周荔樵、罗筱垣枉谈。

初九日。接曾沅浦宫保、张笠臣、黄季度、殷少侨各信。易叔辉、罗汝循自江南回。是日偕周荔樵赴俞家冲，相视黄昆圃山地。初云在白田铺下，比往，乃径南至石燕铺。回往约及八十里，转至洞田铺，已入夜矣。计夜行二十里。属家人通知协署留南门城，二鼓后乃得入。北风，寒甚。

初十日。接到胡其祥、左佩勋、龚振之各信。又接曾沅浦宫保信，以意城之丧，枉书致唁。周蕙生、罗小垣、陈子长、梅子宣及清臣、麓安过谈。易叔辉、罗汝恂述及江南情事，闻之怃然。

十一日。接龚振之、卢德彩二信。卢德彩为购置汪家塘一屋，为前单所未列名者，其价又颇昂。据云为吴月卿所误，亦一奇也。蔡蓉仙、王寿田过谈。是夕复卢德彩一信。是日微雪。

十二日。王实丞、王壬秋、朱香荪来谈。出拜邓双坡、傅青馀及其子竹湘、王逸梧、陶少云、俞鹤皋、杨石泉、施丞侯、王石卿、刘牧村、王槐轩、彭丽生、张荫亭。接高玉屏、聂伯源二信。以龚眉生赴县之便，致吴晴研、萧子远、唐桂生及衡唐叔、喜田、檗希、鹤九各信。

十三日。寄彭丽生、吴晴研及汉舟、槃希、子惠、箴士、敬修、鹤九各信。石慧夫往杨梅山一带，徐仁羲又自县至。朱峰乔、李弼臣过谈。弼臣并带到朱宇田一信。胡其祥拨回银三百，亦从宇田处汇交。

十四日。接张宝臣、张寿安信。随复宝臣一信。徐仁羲论石慧夫眼力不如石韫山，因遣周南山往各山相视，其所论大冲双塘宁乡贺氏所定生基，并由石慧夫致杨松柏一信，盖彭氏佃人也。周南山为言其形局，尚属行龙之带结者，不如石慧夫所云也。

十五日。家人以岁尽，打扫屋宇，亦因以检理两案书籍。致陈舫仙、王逸梧二信。亦接任熙堂、鄷慕唐及鹤九各信。蔡竹泉自县至，王吉生亦自乡至。闻徐仁熙述董厚斋近事数则，使人怃然。自王夔石以来，更莅五任，仅一李玉阶稍能考求吏治，而苦其学识力量均有未足。王夔石之污私，邵汴生之昏庸，涂阆轩之耄荒而庞然自大、不察下情，皆无可与言治。卞诵臣语言明爽，方冀其有所建白，而所行乃多拂人望。吏治民风，日趋日下，都不介意，而苛举细故，以求逞志一二人。程子言：为政在先识体。圣贤之言，不但论事之要义，抑亦观人之实据也。

十六日。接陈靖庭、熊绍芗二信。靖庭为陈二阶之孙亦有地舆枉献。石慧夫自杨梅山回，所言与彭伯昂略同。以李华卿将解馆，治席款之，便邀石慧夫、蔡竹泉、徐仁羲、易叔辉同酌。瞿景伊过谈，知已补宜章守备。据涂朗轩奏稿，其班次尚在一百数十名之后，而得叙补者，李冠卿军门之力也。

十七日。朱香荪、盛少康过谈。夏任斋《仪礼图说》，成于乾隆十年，远在张皋文之前；大致略同，而各有得失。张皋文于郑氏东房西室之说，仍列室当中，而连西房为一；任斋则直划分东西。疑东西皆当有房，士大夫所同，而北堂直通东房为一，并无间隔，则尤任斋之误也。然治《仪礼》能及此，亦吾楚杰出者矣。熊石生抄录，讹误太多，甚烦审订之力。

十八日。为意城家奠之期，一往哭之。庞省三方伯，孙春皋廉访，夏芝岑、郭定轩两观察，及但少村、吴云谷、何象山、况颜山、李兰生、张旭初诸公，其馀文武诸君，约百馀人，周旋竟日。与陈德生、胡尚之论左宅事宜，相与慨然。是日接曹咏生、张勉斋、杨籽云、张旭春各信。又接董厚斋一信。晚归乃闻左锡九之丧，为之凄惋，不能自已。

十九日。接王荔村、吴晴研及丁惠良各信。惠良为丁禹生之侄，往在广东派充补巡捕者也。左锡九没已二日，昨晚始获闻知，至是乃往一哭。随至草潮门，与陈舫仙、陈程初、黄子襄谈近事甚悉，并与程初商及办法，令其疏通涂朗轩、卞诵臣二处。观其所为，徒足偾事而已，未敢冀诸公行事之能稍中肯綮也。

二十日。接张叔平、张笠臣、王荔村、左笃生、戴筠新各信。又由黄梓诚传示钱斐臣信，知其已抵九江也。叔平寄示其尊人晓峰观察《澄观集》诗二卷，又《黔西诗文纪事》一册，其《游红岩山记》并拓得红岩碑三幅，邹叔绩《安顺府志》所据以为高宗伐鬼方碑者也。其记云足以证邹君之误，而不详其果为何碑，大率诸葛公摩岩碑也。其上为曝甲山，有诸葛公祠，历古传言诸葛公屯军处也。又接邓弥之一信。是日为意城成主之期。接张笠臣信，急须与傅青馀一商。身居丧次，不能出门，约其一至草潮门。为书与邓双坡前辈，又为饶石顽拟一稿，所以极意挽回票案，颇尽心力为之，亦甚不解大府举动之果何为也。董厚斋遣其弟正斋大令来吊。郭子美世兄荫生亦至。

廿一日。雨，风且寒。为意城出殡之期，步行送至北城外文昌阁。路祭凡八处，惟陈程初、黄子襄、胡尚之三人迎祭北城外，因相就致谢，得一小坐。计程由西长街绕出南城，经走马楼以达府正街，出北正街，盖在十里外也。接黄石珊、胡其祥、王惠泉、吴晴研、郭占鳌各信。易叔辉、熊石生来见。

廿二日。接陈俊臣、范芰沅二信。箴士亦递到衡唐叔一信。寄复曾沅浦宫保信。又以鹤九回县之便，寄吴莼庵、吴晴研二信。回拜董正斋、陈舫仙、王逸梧。途次闻左癸叟已抵家，就便一往慰唁。邹夔祥、殷少桥、李华卿及敬修、兰生、鹤九过谈。

廿三日。接刘岘庄、陶幼瑜、姜昆山、董厚斋、邓弥之、龚瓶安、言湛甫、龙树堂、邹闻生及子濉、虚堂、亮廷各信。亦复曹韵生、王荔村、龙树堂及亮廷各信。年下料检人事，终日倥偬，而索债告帮，踵门环集，心甚苦之。晚次，黄涤凡、余芳城、李育之、杨星堂次第见过。以易叔辉回营田之便，便带县城吴晴研一信。

廿四日。接胡受百信。又接曾沅浦宫保信，属为陈舫仙寓书潘伯寅。不知（寅伯）〔伯寅〕居政府要地，别有投契，非可以故交论也。是日小年，风雪寒甚。治席款石慧夫、易叔辉。

廿五日。接邹少松、王荔村、王壬秋及子瀞樗植山庄一信。少松寄还余佐卿其子德铨曾一函催银九百四十两，交到汇票八百两，其百四十两须索银于吴云谷。云谷境非宽裕，恐未必能归楚。王逸梧、陈舫仙过谈。叔辉回家为风雨所阻，至是始能开行。

廿六日。马贵自浙江扶周浥藻灵柩至。接皮鹤泉、范芰沅二信。又接常健吾、陈杏生、彭荔樵、黄杭生、罗楚卿各信。健吾、荔樵、杭生、楚卿并有事故，须一回报。周顺笙诸人并欲隐匿浥藻之丧，以俟之开正，吾不谓然也。急遣一女登舟，扶榇回乡，并遣石慧夫同行，以便营葬缪家坡。随一登舟哭之。吴恪生亲送信件求帮，为之怃然。稍与资助，供其烟瘾而已，无如何也。

廿七日。巳刻立春。接曾沅浦信，以闻王逸梧传述京师议论，不能不以相告。又致陈杏生及经生二信，以守蓉（生）〔仙〕送到沅陵关聘，询问陈文蔚尚在省城，因以经生信交其带县。亦接毛荇荪信。又接周昌辅及欧阳泰二信。欧阳生前寄到《张氏丛书》，至是始知其由杨石泉带南监印，周君携以先行者也。

廿八日。接黄子冶、汤斐斋、张筱亭（二）〔三〕信。黄子寿、黄少海、左佩勋过谈。询知佩勋岁暮来省之意，则恪靖以万金属之亮甫创置义学，以岁租千石为期。子异私语以购置八百石，子健又用其资居积营运；置买甫四百石，而已无价可交矣。所以来省，为领田价耳。左公生平行事，专务铺张，大率如此，所谓不揣其本而齐其末者也。

廿九日。接刘荫渠、陈福西及衡唐叔各信。又接汤幼庵、杨馨堂二信。王实丞、李弼臣过谈。是夕杨馨堂复遣其家室来告贷，本意以四缗资之，无劳此一举。人事丛杂中，无端相扰。李祥凯忽来告，言门首有情急可厌恶者。急令其钱数百枚资给之，比出，则为众人诃逐行矣，于心颇为之怃然不适也。

三十日。复刘荫渠制军信，即交其来弁带常德。又缄致李华卿。并接聂仲芳、王荔村各信。先以王荔村信商之傅青馀，旋接青馀信，所言正同。以应酬礼物为梁姬沮格，所言至无状，为之忽忽不乐。征兆又多拂违，未知明年景象又复云何。衰年多病，无心求吉，极人世事变，一皆坦然视之。惟时局纷纭，可忧正多，不能不怀耿耿耳。

光绪九年　癸未

正月

光绪九年岁在癸未正月初一日癸未。晴，暖。十馀年来，每值元日，辄纪以诗，多仿香山纪年之例。昨岁衰颓已甚，所值又无一惬心，意绪益寥落矣。勉赋一诗云：晴烟霭霭上朝暾，坐阅年华①更掩门。才尽芳洲鹦鹉赋，梦寒春草鹡鸰原。眼前万事随云变，镜里衰颜借酒温。身世苍茫成感喟，盛衰反复与谁论。才尽句伤健甫自鄂归而病，梦寒句伤意城也。笠臣时在武昌。李华卿、龚眉生枉过。是日以例谢客，所见惟此二人，子侄则寅伯。遣人觅黄子襄、饶石顽。子襄约明日邀同一枉过，亦云今日四处相寻未见也。

初二日。雨。子瀞从樗植墓庐寄到一信。庞省三方伯、黄子寿、曾重伯过谈。陈俊臣寿文苦索鄙人一书，年老尤所不能任，又苦人事倥偬，搁置数月之久，开春酬应稍简，又不乐外出，乃为书之，而省三方伯相过久谈，子寿继之，所书盖未及半也。晚次，黄子襄过谈。

初三日。晴。黄紫城来商王荔村事，适李次青专足递到一信，并转达欧阳静山信，因径缄致静山，兼托静山转递王荔村及绍西

①此处又有“极望长天”四字。

一信。静山约于初二日至汉口，寓仁泰丰茶号。其所立盐号曰仁和厚，曰聚和谦，大约平和盐号也，应如何拨归长沙之处．尚未及与商。接到子瀞信转述秉文信，言饶葆丞以元日巳刻物故湘阴督销局。为之怃然。

初四日。阴。致庞省三信，亦接陆存斋、唐凤篪、汤肖安各信。除日与家人抵牾，中怀郁郁，讫今未能稍释，良由薄福，所遭遇多此类，反求诸身而莫知其故也。晚次，朱香荪过谈，为傅青馀、裴樾岑、李芗缘、张文心四人商汲引之术，皆非鄙人所能任也，使之去离湖南以求美仕，尤非鄙心所愿。须得一当，以使湖南蒙被其利益。居今日时势，固亦有难言者矣。

初五日。雨。接苏紫溪、文兰舫、潘小农、严小韩、汤斐斋、言湛甫、黎树棠各信。又有瞿世湖者，在苏紫溪处，以清泉学官奉讳，由衡永道荐充办理文案，自云受业城南书院，吾亦不复记忆矣。

初六日。接宋楚卿、张力臣、王荔村各信。秉文又专足寄到一信。当复秉文信，并函寄衡唐叔。守蓉仙、黄子冶、严少韩、唐蓬洲过谈。以期丧，至今日始出门贺岁。所见卞诵生中丞，庞省三方伯，夏芝岑观察，吴云谷，黄子寿、子襄数处。其未见者：孙春皋，郭定轩，邓春田，朱宇田，王实丞，刘子梅，刘祝廷，陈葵心，李辅堂，傅青馀、竹湘，程佛西，黄麓泉，彭荔樵，张旭初，王石卿，於桐轩，杨云阶，杨鹏海，俞鹤皋，郭荫生，姚齍云，黄黻麟，黄次圭，王惠泉，李弼臣，凡二十馀处。至黄子寿处，适陈舫仙先至，畅谈，为设晚餐。

初七日。小雨。接易卓超、陈葵心信。贺岁所见：刘韫斋前辈、刘馨室、唐兰生、聂伯元、朱香荪。其馀官则但少村、谢小庄、陈少轩；绅则黄恕皆前辈，陶少云，龙雩生、芝生以下约数十百人，皆未获一见。

初八日。补拜何相山、施澄侯、李作舟、江小舟、曾重伯、欧阳可舟、盛月台诸处。午刻，为守蓉仙饯行，便邀王桐轩、陈佛西、黄黻麟、汤肖安、瞿景伊及玉舲便酌。蓉仙以料检行李，辞不至。肖安述及王槐卿指摘高济川生平，真今之小人也。吾以其文笔书法，皆能胜人，曾为言之曾沅浦，竟不知其行径若是之支离也。

初九日。雨。但少村、吴云谷、陈舫仙、彭荔樵、李华卿过谈。是日邀龙霁生、芝生，王壬秋，王逸悟，瞿子玖，任禹田，周荔樵，周荟生，曾重伯，龙研仙小酌，至者霁生、壬秋、逸吾、宇田、荟生五人。瞿子玖在墓庐度岁，是日回城，枉过赴席，而为门者所阻。仆人过劣至此，真穷于为计也。

初十日。接何子循及鹤九二信。张奎生递到张笠臣公信。又接裴樾岑、魏赓臣两观察及徐寰友三信。饶石顽来见。是午邀陈葵心、张花楼、易芝生、石慧夫、李作舟、聂伯元、孙次韩及寅伯便酌。伯元、次韩均不至。

十一日。大雨。接朱香荪、陈葵臣二信。乔荪开具手折，叙保五人，一傅青馀，一裴樾岑，一李香缘，一张文心，一瞿子玖，欲我遍为请托。所保是也，所以谋为一保则非。非其义之所应为者，皆妄也。一涉于妄，先无以自立，遑言保人乎？香荪，好事而未达于义者也。黄子冶过谈。出拜张子遇、唐蓬洲、瞿子玖、李庆斋、但少村，惟晤少村，久谈。

十二日。傅青馀、王惠泉、邹沅帆过谈。沅帆为叔绩之孙，专送所刻邹氏遗书，谋咨送国史馆。叔绩遗书七种，曰《读书偶识》十一卷，曰《五均论》二卷，曰《颛顼历考》二卷，曰《红崖碑释文》一卷，曰《南高平物产记》二卷，曰《敩艺斋文存》

八卷，曰《敦艺斋诗存》二卷，曰外集一卷。又推类及叔绩之父邹文苏望之，曰《景山遗集》一卷；叔绩之兄邹汉纪伯申，曰《黔筱园遗稿》二卷，其子世琦伯韩《洋桥诗存》一卷附焉；次兄邹汉潢仲辰，曰《萝谷诗》五卷、《南癸词》一卷；又次兄邹汉嘉叔升，曰《海帆诗存》一卷；其五弟邹汉章叔明，曰《叔子文存》一卷、《叔子诗存》一卷；其六弟邹汉池季深，曰《滨竹遗稿》七卷，内《春秋说》一卷、《六合》一卷、《滨竹山房文存》一卷、《滨竹山房诗存》三卷、《滨竹山房诗馀》一卷。叔绩学行，湖以南无及者，兄弟六人皆知名，季深于诸弟中又其杰出者也。

十三日。雨。接王荔村信。亦致王若农、王荔村二信。郭海青以失察高丽人入城，经盐道禀请记过，已批饬撤差，枉以相求，为致书郭定轩，并致傅青馀，为言之卞诵臣中丞。然其势多恐不能挽回，徒累我为供经营而已。是日本邀张子遇、黄子冶、唐蓬洲、严少韩小酌，子冶、蓬洲、少韩均已回任，改请潘小农、钱子宣，兼约刘云樵、刘祝庭、黄子寿、黄子襄。子寿以病不至。

十四日。雨。接陈展堂、吴晴研及笙陔叔三信。瞿子玖、王惠泉过谈。邀刘馨室、邓双坡、王实丞、傅青馀、陈舫仙、唐兰生晚酌。

十五日。雨。回拜蒋稚侯、潘小农、张子遇、钱子宣、邹沅帆、黄幼森、刘云樵，兼为但少村贺生日。接黄澈麟、周履青及汉舟、育之、笏堂各信。晚邀陈葵心、陈可亭、龙海门、石慧夫、邹沅帆、张炳乾、毛杏荪、易叔辉为元夕小集，葵心、海门不至，兼邀麓安。周履青前岁完姻，吾为助婚费四十金其岳家开设上坡子街乾和布庄某姓，去腊遂已生子，其母周子佩夫人属函告，并致谢也。周步瀛过谈。证以潘小农之言，其在洪江，民商无不感悦者，闻其辞差，相就攀留。潘小农为代请于中丞，中丞乃乘间抵罅，苛及其总哨李君。以此用人，其不足服人之心而尽人之力也，决矣。

十六日。大雨。朱禹田过谈。以张力臣、郭海青两事，就傅青馀一谈。左巨云晚过，就商其祖母讣书。

十七日。大雪。寒。接陈船斋、龙树棠、邹子周三信。子周名世忱，为邹叔绩胞侄，石湾盐局差委，邓春田以节省经费裁撤之，皆左相刻薄寡恩之渐染也。张子遇、王壬秋过谈。程商农以陈俊臣寿屏属书，数月未一催取。俊臣寿期以二月，因乘张子遇回永之便，属其便带衡州。商农一字芗邻，程春圃之子也。

十八日。延李华卿为儿辈开馆，兼邀彭荔樵、饶岱霞、石慧夫、易叔辉小酌。潘碧泉过谈。子瀞录示饶石顽所奉院批，于人情事理盖两失之，而专意挫折一张力丞，以为票号专利之计，使人失望。

十九日。接虞朝佐、庄曾翔二信。寄王荔村一信。回拜崔青旋、文兰舫、陶少云、瞿子玖、朱宇田、周步瀛、龙芝生、李黼堂、朱香荪，兼致吊左锡九，见香荪挽锡九诗：灯前古谊同斟酌，醉后雄心互激昂。两人投契之深，于此可见。香荪述潘少白之言：温饱二字亦天理。圣人尽天下之人养欲给求，极温饱而止，皆天理也，过是则为人欲。黼堂谋刻所撰《耆献备征》，求助合淝伯相，此恐未易置议，刻费约六千以上，亦无此力量也。

二十日。雨。接吴云谷、傅青馀二信。知郭海青事已获转旋。张奎生过谈。约傅青馀一叙，以事不至。治席款盛展奇、李麓渔，兼同石慧夫、易叔辉小酌。

廿一日。接李黻堂、张雨珊二信。雨珊荐衡阳罗旸生思贤讲舍，属言之左长卿。但有馀缺，可径列入其名也。裴樾岑、陶稚瑜、刘牧村、陈葵心、张海青、曹春湖过谈。曹春湖为曹咏生从弟，在衡州管带炮船。

廿二日。接曾沅浦宫保、朱禹田、黄杭生、熊鹤村各信。亦寄复朱禹田、张笠臣二信。文兰舫、胡其祥、熊石生过谈。回拜裴樾岑、陶幼瑜、陈德生、阮保之、左癸叟、张禹珊、胡其祥各处。周步瀛过谈，洪江管带炮船，已辞差委，龚云浦权摄。龚眉生告言新市典铺除夕被劫，龚瓶安闻信，驰赴新市办理。嗣查知典铺闻长寿街之乱，请县差营兵自卫，以有此谣也。时事可忧者多，吏治民情，日益奇幻，无能自立之理。

廿三日。朱香荪过谈。亦过龙研仙，以闻廿四日北行，相就一谈。晚赴但少村之召，同席裴樾岑、傅青馀、王壬秋、吴云谷。樾岑语及黎莼斋缄致总署，言日本遣使改装易服，赴中国绘画地图，并约山东流民称乱。总署为之咨行各省，涂阆轩下其事府县。适有高丽人至永顺，武营奉檄，遂据以为日本人，解送镇筸。裴樾岑集所属研讯，实高丽人也，资遣以行。省垣亦以高丽人入城，苛及守城委员。陈金垣亦解高丽人诣江督。其端乃发自黎莼斋。不料莼斋巧于迎合如此，宜其飞腾以上，与时合趋也。

廿四日。接唐蓬洲、杨鹏海、傅青馀、萧峙莼各信。谢国彩、李丽垣、钟锦堂过谈。晚邀王碧泉、李弼臣、胡其祥、黄紫城、徐仁羲、易叔辉小酌，弼臣、紫城不至。峙莼充杨石泉书记，谭文卿督甘，加派充文案。

廿五日。朱香荪邀同裴樾岑、傅青馀、吴云谷、盛锡吾早酌，云谷、锡吾不至。就便回拜谢国彩、翁筱山、余芳城，并为张花楼致贺。兼问瞿子玖病状。晤李黼堂，得一会谈。

廿六日。接李筱荃制军、龙海门、朱禹田各信。王逸梧见示其弟王先恭所注《魏郑公谏录》第一卷，见谏权万纪任心弹射一条言：治书权万纪、侍御史李仁发，俱以告讦为正，附下罔上，多行无礼，以取强正之名，诬房元龄，斥退张亮，无所肃厉，徒损圣明。圣心以其无所避忌，欲以警厉群臣。若群臣信挟回邪，犹不可以小谋大；若群臣素无矫伪，空使上下离心。以元龄、张亮之徒，犹不得申其枉正，其馀疏贱，孰能免其欺罔？朝廷未能举善以崇德，岂可进奸而自损乎！此疏正可为今日之鉴。晚邀裴樾岑、邓春田、但少村、吴云谷、翁小山、陶幼瑜、朱香荪小集。

廿七日。接聂仲芳、韩勉吾、董厚斋、王荔村各信，董厚斋信由彭韵青带到。又接聂缉庆、左菊生、杨韵生三信。杨馨堂、彭韵青、邹子周、李丽源、李子谦来见。杨韵生信由杨馨堂带来。李子谦则李仁峰之子也。晚次，周良臣自县来，带到盛展奇一信。

廿八日。蔡蓉仙、吴伯常、钟佐廷、吴翔光、言湛甫过谈。接到晏圭斋、饶岱霞及西枝各信。回拜李冠卿。晤陶少云一谈。傅青馀邀同裴樾岑、但少村、吴云谷、王壬秋、朱香荪晚酌。

廿九日。《谏录》载太宗听告讦之言，案验多谬。魏征进曰：凡欲致化，必在上下相亲，朝廷辑睦。今则告讦者进，遏恶者不齿。君子苟免，小人遂志，莫相劝诫，任其是非。国俗如此，何以求化？又时上封（事）〔人〕① 请太宗亲纳表奏，以防壅塞。征以为乖大体，是使人君不任百司而亲庶事也。太宗亦言常虑群臣不遵法式，致有冤滞。而言每见告密之徒，殊不罣意，宜体此心，务以德养人。高丽番僧求学至中国，游莱州，太宗以为觇国虚实，令勿遣来。魏征曰：陛下所为若善，此等固当取则；若不善，虽（距）〔拒〕② 蛮夷，亦无益也。《通鉴》载：贞观十年，上谓群臣曰：朕开直谏之路，以利国也。比来上封事者，多讦人细事。自今复有为是者，朕当以谗人罪之。本日有上书求资助者，为家人所格。偶赴寿星街，其人门首言：小人高受之之子也。吾亦不复记忆，令以百钱给之。比至寿星街北，始忆及高受之馆湘阴多年，其子亦就馆为

①据《魏郑公谏录》同文校改。

②据《魏郑公谏录》。

生，不意其流落至此。急遣人觅之，已去远矣，为之恻怆于心，不能自已。接朱炳垣及西枝、鹤九二信。当复西枝、鹤九及吴晴研三信，交秉臣转递。

二月

二月初一日壬子。复刘岘庄、曾沅浦、朱禹田三信。亦接周昌辅、钟景堂二堂〔信〕。袁绶瑜、曾重伯，及成廷顺、谢祥发、彭西庚领运票盐三船户，以钱斐臣并未给付船价，兼来问信也。邀周良臣、吴伯良、钟佐廷、蔡云涛、徐仁羲、彭韵青午酌，适龙炽应敬和及经生至，因并留饮。曾重伯交到胡子威著述三种，曰《始诵经室读书记》、(一)〔曰〕《新订毛诗谱》、曰《北海三考》。子威专主郑学，所云三考者，《郑君事迹考》一卷、《郑君注述考》一卷、《郑君师承考》一卷。序言郑子尹著有《郑学录》，事例略同，为之补正其失而已。

初二日。邹燮祥、瞿景伊、龙敬和过谈。燮祥自海外归，致送西洋物事，遣人璧还，则已回乡。相距两月之久，已全不复记忆，至晚始忆及之。老病衰颓，可笑如此。接王荔村、吴伯良及鹤九三信。

初三日。寄曾沅浦宫保、程尚斋、王荔村三信，沅浦信由潘碧泉带呈。又为袁叔舆致夏芝岑一信。亦接文擅湖、王逸梧各信，彭丽生、左长卿、盛展奇过谈。陈燮庵来见，陈松生之子也。

初四日。王逸梧缄询大德僧称起于何时。释氏相称曰仁者，曰大德，当起自隋唐时，为语录之恒言。永嘉禅师诣曹溪，祖曰：大德自何方而来？元挺禅师有讲华严僧问真性缘起，师曰：大德发一念问时，是真性中缘起。维那叱问拾得，拾得曰：大德且住。

南岳怀让禅师语录：有大德问如镜铸像。则直以大德名僧矣，此皆在贞观之后。《魏郑公谏录》：太宗言：有上封事，请集大德礼拜。知此为隋唐以来通称。又问瑶池殿所在。瑶池殿惟见《谏录》。《玉海》引《实录》：飞霜殿在元武门北，层阁三成，引水为洁渌池。唐世宫殿，名目繁多，亦时有更改，疑瑶池殿为飞霜殿改名。《政要》载贞观七年，吴王恪为齐州都督。《谏录》亦引其语。而太宗自述供养太上皇。玩其词意，太上皇时尚在也。唐《本纪》：贞观九年，太上皇崩。十年，徙蜀王恪王吴，出为齐州都督。疑太宗自言爱怜诸子，不能同在一处，但据诸王受封，当据就邸言之。《政要》载其事贞观七年，与《谏录》之兼言及太上皇相合。《政要》以为齐州都督，则误也。《谏录》实不误。此注反引《政要》，系之出为齐州都督之时，抵牾多矣。

初五日。接刘岘庄、王逸梧、文毅夫、殷少乔各信。曾挚民、夏麓生、钱斐臣、杨子岩过谈。文毅夫名有亮，管带天津练勇，近为宋楚卿调带一管，云与健甫交好，绍西、斐臣在鄂，均与往还。斐臣并述及欧阳静山之为人，绝不可恃，与李次青之言歧左。末世人心，固不易测，所历皆畏途也。

初六日。左景乔夫人堂事，携顺孙一往致祭。便过王逸梧、曾挚民、彭丽生、夏麓生、邓双坡。王逸梧仍枉过夜谈。以刘岘庄函商：筹款三千金，以纂辑《湘军志》任之逸梧。宜探知逸梧意旨，乃可与岘庄酌商办法。逸梧意在独任，然须得重金主修，乃能任之。

初七日。延李麓渔课炎儿读，便邀冯乐庵、杨子岩、盛展奇、易叔辉并邀钱斐臣小酌，斐臣以事不至。是日复刘岘庄一信，并因盛展奇赴江南之便，致左季高侯相及王若农、李键斋各信。又致傅青馀、凌问樵二信。青馀随枉过，并商定公宴刘韫斋、朱禹田二局。于朱禹田一局，邓双坡、傅青馀皆不乐从，亦度朱禹田不任受席资也。

初八日。接到高济川、黄石珊、何子循、曹识山及达珊、席珊各信。石珊为瞿赓甫观察及杜贵墀求县志，云杜君主修《岳州府志》，借为规式也。瞿赓甫兼充湖北通志局提调。高济川信由唐柳村带到，兼得唐曦臣一信。又接周良臣信，属谋舒叔俊阅卷馆席。非分之干，不情之请，乃多施之藐躬，亦殊可怪。陶采之，唐峻峰、唐柳村来见。峻峰原字管青。

初九日。寄复吴晴研、朱香荪及席珊三信。又接鹤九一信。邀曾挚民、傅青馀、江少洲、黄子寿、凌问樵早酌，问樵适已赴乡。《谏录》载：治书御史权万纪奏房元龄、王珪考绩不平。诏侯君集案之。征言不可推鞫。君集因论魏征阿党固执。征言：元龄、王珪，俱是国家重臣，其所考者既多，或一两人不当，只是见有左右，终非阿私。此事便不可信，何以堪当重委？假令错谬有实，未足亏损国家；穷鞫若虚，失委大臣之体。且万纪常〔每〕① 日常在考堂，必有乖违，足得论正。当时鉴见，一无陈说。身不得考，方始纠弹。无益于上，有损于下，诚惜伤于政体。又曰：大臣进一人，则疑其亲故；抑一人，则疑其夺权。闻一人之言，即谓可信。新来言者，何以明其无私？下多轻上，皆有为而来，渐不可长。又：今临朝堂，以至（今）〔公〕② 为言，退而行之，乃未免私僻之事。心所爱，则虽僻不以为非；心所嫌，则虽正不见其是。皆今日朝廷所宜省览者。

初十日。接张笠臣信，并子瀞传示王荔村信，因转以一信属

---

①据《魏郑公谏录》。

②据《魏郑公谏录》同文校改。

之傅青馀。罗小垣、王惠泉、张奎生过谈。

十一日。彭丽生定巳刻思贤讲舍开馆。朱宇田、李次青、张笠臣、凌问樵四首士均未至省，因往一送馆，随就於桐轩一谈。回至浩园，傅青馀、朱次江小坐，以事他适。公社会讲者：熊鹤生、彭丽生、王壬秋、左长卿、罗小垣、黄望之及予七人而已。予因论公社创立五年，人事变迁，老成多至凋谢，言之痛心。而此公社实亦未见有益，所以守而弗失，正以此理须待发明，使后生晚进知有此一段议论，积久自有益处。尝论《周礼》以九两系邦国之民。两者，相为对待，即此以知彼，因彼以证我。盖天之生万物，惟人最灵，灵则必不能相安无事。圣人熟体人情，知人心之灵，必使有所倚附系属，以达其生而遂其性。方以类（群）〔聚〕，物以群分，圣人因而用之以成化，多方为之联属。曰牧以地得民，封建之所由始也。曰长以贵得民，六官之长皆能致民。曰师以贤得民，大司乐及师氏保氏之属，并有教道国子之责，以致邦国之民。曰儒以道得民，大司乐合国之子弟，而使有德有道者教焉，所谓儒也；周之衰，而孔、孟氏继作，而儒益尊。曰宗以族得民，宗法所由立也。曰主以利得民，则工艺之事，饬伐八材，阜通货贿，为利源所自出。曰吏以治得民，自卿大夫以下，比闾族党，皆能以礼属民，而射饮之事兴。曰友以任得民，则以文会友之事也。曰薮以富得民，山衡林麓，擅地以为居积之资，其力皆能役属其民，圣人亦遂任之以广其利，而使四民之业有所归。而后王者养民之政，分而属之于人，以联合之，而国本斯固。秦汉以来，举九者所以系民而尽废之，以成乎泮涣乖违之天下，至于兄弟亲戚不相保，乡里不相恤。独孔、孟氏斯文一脉之流传，犹略有存者。汉世经生弟子相从受业，动数千人。唐（文）〔世〕一变而为文章，如韩退之泰山北斗，天下宗仰，李翱、张（藉）

〔籍〕之徒，皆附之以立名天下。至程、朱出而道益尊，信从者益众。历元至明，数百年相袭以成风俗。国家治经之儒，旷越汉、唐以上，而前代讲学之风至是而尽废，遂使天下之民一无所系属。奸民之雄者，乃假会堂为名，私立名目，以相勾结。《书》曰：天降下民，作之君，作之师。君、师二者，一不足以联属其民，乃相奖以急入于邪，亦势之所必趋也。乾隆以后，各县皆立书院，学校为最盛。而一以利诱之，于学问源流本末，全失所以为教，直使败坏人心风俗，有损无益。所以创立校经堂、思贤讲舍，求一挽学校之陋。而此禁烟公社亦遂相附以行，期使贤士大夫及后进聪明之士共相讲习，以窥知圣人立学之旨，因以系属人心，使骛于学。不敢希儒者以道得民之盛，亦庶几齐合人心，使不至于涣散，略存古人以文会友之义。王壬秋言：圣人范围天地之道而不过，曲成万物而不遗，尽天下知愚贤不肖而受其范围，虽有越礼犯义，而不使过。人之聪明才智各有所尚，圣人不能持一义以督行之，使曲尽其才而不遗一物。今当先分别士、民二者。苟为利禄之事，皆民也，惟士为加于民之上。庄生言：龙逢、比干，皆受人之役，食人之食。是以孔子终身仕而未尝仕也。左长卿言：今人学孔、孟不得，当学楚狂、沮、溺一辈人，竟去而不之顾。予谓此非也。圣人作用固自绝人，要其大致，不越知幾而已。吾辈学圣人，岂能依仿圣人事迹为之。于此亦自当有审幾之知。自汉徵求隐逸之士，史不绝书。明代犹有此典，（而）〔至〕国朝而又废。处今之世而言知幾，人亦无重之者。时之所趋，以成乎风尚。时所不尚，人心忽焉，无所取重，固不足以为名高。大抵天下人心风俗，成乎学校，而必归本于吏治。吏治之敝，吾辈不当其位，不能议也。由学校以端求人心风俗，吾辈固亦有应尽之职，与可以自为之功用，岂能尽逃而去之？熊鹤村言：林文忠初禁烟，定吸烟者重辟。使能行之，烟无难禁。吾谓近日人心之坏，实由吸烟始。然本原全不在此。当时开立禁烟公社，为各家自约束其子弟，非敢谓能收禁烟之效也。今本原之地全失，即使禁烟，有何益处？且须发明其义，使人之心中省得，则一日禁烟有一日之益。严法峻刑以冀净绝根株，吾未见其能禁绝也。

十二日。熊绍香自县来，带到吴晴研及翰舟二信。徐云衢过谈。晚邀夏鹿笙、尹和伯、罗小垣、王理安、龙海门、熊绍香、唐峻峰、唐柳村小酌，会鹿笙、峻峰并已回县，而绍晞适自湖北归，乃改约绍晞。

十三日。回拜宋云生、谭心可、徐云衢、麻小竹、陈少轩、周史樵、龙海门，兼过朱香荪一谈。晚赴王实丞之召，同席邓双坡、傅青馀、周荔樵、周惠生。

十四日。瞿景伊、殷少乔、李杜生、陈子濬及绍晞来谈。以绍晞回县之便，顺致吴晴研及鹤九二信。唐兰生邀饭，同席傅青馀、黄曙庐、王荩臣。曙庐为黄瑾瑜之弟。是夕接易淑子一信。

十五日。接曾沅浦宫保、黄子冶、周翰臣、王荔村、王旭初、吴恪生各信。陈舫仙、龙霁生过谈。诣思贤讲舍会讲，申明义利之辨。旋回拜杨石泉、朱枫桥。兼致吊李荔峰，晤翟湘晓大令，在湖南三十馀年矣。是日绍西回湖北，便致程尚斋一信，属王荔村诣局商办。绍西原约午刻启程，会舫仙、霁生枉过久谈，绍西遂已行矣。

十六日。为先光禄公忌辰，谢客一日。用舟自澧州来，带到衡唐叔一信，子瀞亦相继过谈。是日杨石泉、左癸叟枉过，并急欲一见者，又值用舟在坐久谈，原不妨并见。仆人愚劣，心实苦之，无如何也。

十七日。询知熊绍芗以七十寿辰避客来省，为治面食款之，兼邀其侄熊石生来陪。接胡受百、罗麓生、周昌辅、殷少乔及一心、西枝两禅师信。又接广东候补同知徐沄一信。邹少松来足回江西，寄复少松一信。又复黄子冶一信。回拜杨石泉，并为刘馨室、龙霁生送行，兼晤龙研仙一见。赴吴云谷之召，同席傅青馀、杨鹏海、盛锡吾、朱香荪。青馀、鹏海语及省城知医者，唐夔友小东街外，王五楼瑞生通泰街、葛星南怡年息息相关，及慈利县尹朱玉如熙宇，皆能通知医理者也。

十八日。雨。熊绍芗回县，顺致吴晴研一信。用舟以同升典欠款来省，即移寓绍芗所住房。回拜但少村、陈舫仙、陈葵心、唐懋阶、盛锡吾、黎子坤。黎名嗣韶，新选湘阴学官。与邓双坡、王实丞、傅青馀四人公宴刘韫斋中丞。见邸抄，知张叔平观准、俊星东启二人为御史刘恩溥劾奏，派广少彭寿会同都察院查办。伯王与阎丹初查办东陵事件，牵及副都统景瑞，据所叙，估工领去银廿四万，工匠所得九万馀而已。视云南报销案亦正相当也。

十九日。龚眉生求代致龚荣甫一信，令易叔辉书之。接周昌辅、胡镜心二信。刘馨室、殷少乔、钱斐臣、戴柏生、龙海门、罗小垣、杨子荣及东林来见。罗叔循亦自湘潭来。石慧夫见示武昌王兰谷所撰《地理点穴心法》，言之自能成理，周史樵所录赠者也。兰谷名崇实，字若虚，嘉庆时人。

二十日。陈葵心、李黼堂、王惠泉、石韫山、酆慕堂过谈。接到朱香荪、张力臣及翰舟各信。回拜刘馨室、张小云及诣王五云谈。黄桐轩邀同傅青馀、汤肖安、张源畅晚酌。玉舲子本郊字滨森，以书求荐一馆。

廿一日。但少村、左长卿过谈。寄复吴晴研及汉舟二信。邀何永清、胡镜心、石韫山、酆慕唐、石慧夫、罗叔循及用舟午酌。李华卿、易叔辉诣试书院甄别，诗题名花是长卿。叔辉函询出处，盖王摩诘云：芳草为君子，名花是长卿。《本草》：徐长卿一名石上长卿，盖药名也。并为诗一首，并属令传示华卿也。

廿二日。接蔡蓉仙、易淑子二信。蓉仙求馆求课，淑子又为沃臣之子小楼求馆，均无以应之。朱香荪过谈，语及曾文正公疏稿有代陈鄜人请裁屯卫事宜，冯景亭《显志堂集》有代苏抚请减苏松粮额各稿。香荪留心时事，性复强记，未易及也。

廿三日。接曾劼刚、殷汉卿二信。彭丽生、龙海门、易泮芹过谈。回拜劳梦渔、唐夔友、於桐轩。便过刘祝庭谈。刘韫斋邀同邓双坡、王实丞、傅青馀、王壬秋午酌，青馀以疾不至。於桐轩奉檄赴耒阳任，就便一走贺也。

廿四日。接邹资山、唐懋阶、张奎生各信，奎生并枉示其尊人信。唐楠生、朱峰乔、殷少侨、酆慕唐枉过。属周南山料理讲舍新斋，为发缮咨送史馆各书之计，令酆慕唐校订。易泮芹求供缮录，令于是日移居厅后一房。

廿五日。雨。邀彭丽生、陶少云、李黼堂、王壬秋、陈丹阶、左长卿、唐懋阶晚酌，少云、懋阶、长卿均以事不至。会子瀞至，因并留酌。

廿六日。致合淝伯相一信廿一日期，托宋楚卿来弁由汉口招商分局转递，兼致宋楚卿一信。唐柳村求书抵沅浦宫保，为致一书，并复高济川一书。为致挽陆星农一幛，并唁其子蔚亭太史。盖去腊所缮，至是始发行。衰病颓唐，诸多延废，大率如此。又接赖古愚、张力臣、王荔村、毛杏孙、邓子直各信。邓子勋、吴聘廷来见。傍晚，偕石慧夫、石韫山两君登舟赴湘阴相度去岁所（构）〔购〕地。行五十里，泊新康。

廿七日。大南风。八十里，至湘阴，始及巳刻也。致黄子寿、黄石珊、唐曦城、竹虚、邓子勋、吴晴研、萧子远、唐桂生各信，并于风浪中急遽为之，竟不意终日为人忙迫如此，可笑之至。魏郑公疏论待大臣以礼云：处之衡轴，为任重矣。而信之未笃，则人或自疑。人或自疑，则心怀苟且。心怀苟且，则节义不立。节义不立，则名教不兴。名教不兴，而可以固太平之基，保七百之祚，未之有也。夫委大臣以大体，责小臣以小事，为国之常也。今委之以职，则重大臣而轻小臣。至于有事，则信小臣而疑大臣。信其所轻，疑其所重，欲求致治，其可得乎？任以大官，求其细过，刀笔之吏，顺旨承风，舞文弄法，曲成其罪。自陈也，则以为心不伏辜；不言也，则以为所犯皆实。进退维谷，莫能自名，则苟求免祸。大臣苟免，则谲诈萌生。谲诈萌生，则矫伪成俗。待之不尽诚信，何以责其忠恕哉！臣或有失，君亦未为得也。夫上之不信于下，必以为下无可信矣，若必下无可信，则上亦有可疑矣。上下相疑，不可以言至理矣。又言：国家重惜功臣，不念旧恶，但宽于大事，（忽）〔急〕① 于小罪，临时责怒，未免爱憎之心。君严其禁，臣或犯之。况上启其源，下必有甚。川壅而溃，其伤必多。欲使凡百黎元，何所措其手足！此则君开一源，下生百端之变，无不乱者也。此疏所言，多切中今日情事，廷臣无知此义者矣。易淑子、吴晴研来舟小坐。以石韫山引看塞港一地，速舟子开行。四十里，至塞港，日始加未也。偕石韫山、石慧夫至神山嘴、南竹山步视龙脉，多可疑者，因稍指示之。今时谈地学者，大率如此。吾于求地，亦若汉武之求仙，一切羁縻宽假之，冀遇其真。观武帝求仙之效，可以卜此事之终无所得也。是夕韫山回家。郁热已甚，大南风竟日，风雨将立至。平生遭际类然。吾视看地又重于做官也。

---

①据《贞观政要》改。

廿八日。清明。先夕大雨雷风，是早风稍息，因雇舆偕石慧夫、石韫山同赴新市。过石韫山家小坐，晤其兄石他山。四十里，至大路铺午饭。又廿里，至新市，寓向万泰火铺。途次相地三处，惟三星桥一田穴尚有形局。大路铺何氏鲇鱼山祖茔，左右均无砂，一水环绕，穴前一大塘聚水，宜其发富也。是夕张笃吾、张业臣过谈。

廿九日。唐聘廷巡司枉顾，张鹤庵及舜民亦至，因陪同石韫山诣五坡洞，至山主王广怀家小坐，询悉地名邱家冲，原名湾刀陈。登山细审，龙穴砂水皆无之。旋过毛氏象鼻挑盐、张氏蜘蛛霸网、张氏倒挂金钩三地。蜘蛛霸网则张少衡先生祖茔也，实一美地，葬法尤佳。其上有胡道士宅，水法亦尚。或曰：此亦阴地也。张业臣允为我谋之，不敢谓然也。张鹤庵邀午饭，同席吴吉楼、曹苹浦，其馀杜姓、彭姓、仇姓，仅一通姓而已。张笃吾、张业臣及舜民并馈食物。徐仁羲亦自家至。

三月

三月初一日辛巳。雨。石韫山、徐仁羲见过早饭。正料理开行，张业臣引刘笃吾过谈，年七十五，出所著《太乙简明数表》见示，属为序之。谈至逾时之久，而天色愈见阴晦。虑大雨之将至也，稍留候。张鹤庵、张笃吾及舜民纷至，强邀移住其家，极费辩争之力。石韫山以冷塘冲一地，刘笃吾以杨树桥一地，均约便道相度，竟皆不能往也。是日终竟无大雨，徒以刘笃吾一谈，相累竟日，大都蹇运为之也。姜渭源自县回新市，固邀夜酌。

初二日。小雨。自新市向万泰开行。姜渭源、张鹤庵、张笃生，张业臣、徐仁羲、石韫山及舜民均枉过相送。石慧夫径由新市回县。石韫（生）〔山〕并约便道相度冷塘冲地。张笃生之父熙林年六十，家教整肃，子弟皆循谨。岁租不过二百石，而以俭约治家，岁用常有馀。颇心重之。四十里，至茅岭，偕卢德彩相视所购茅岭地及汪家塘屋场。致周岳峰一信，以游湘山与周姓参差，思及此一为理处也。

初三日。至蔡家塅，适周德生携其侄清庭至，稍与理处，属卢德彩照办。旋偕卢德彩至陈家冲相视李姓（属）〔屋〕场，至县已将夕矣。董厚斋、吴小农、胡（百受）〔受百〕、龚瓶安、罗命三枉顾，已而罗麓生、李镜浯、易清溪、易淑子、易仲子至，留偕石慧夫小饮。邓子纯至县数日，吴晴研并所致子纯及黄子寿二信并交易淑子，竟至累日问讯，不以给之，使人气愤。子瀞专足至，速予回省，以一信复之。卞诵生中丞洵为不体谅人情，然子瀞始动于贪之一念，后又误于躲避之一念，实亦自取其咎矣。

初四日。黎紫封、陈荟农、王汝臣、龚兰亭、唐曦城、高粹之、吴伯良、钟作霖亭、吴莼庵、蒯恒浦、何晴初枉过，耽延甚久。诣二里墩、南泉寺、王家山、书院冲、紫花台、洪家冲展谒各坟茔。晚归，吴晴研、达珊招饮，同席唐曦城、石慧夫及佩珊、秉文、鹤九共八人。是日过殷竹坞谈。

初五日。鹤九约同唐曦城、石慧夫早酌，适郭光宗、徐仁羲至，并留饮。随往回拜董厚斋、胡受百、罗命三、吴小农、龚瓶安、黎紫封、陈荟农、王汝臣、左静庵、任熙堂、罗子昭、李芾棠、仇福田、袁香亭、李少楼、左笃生、李咏仙、常南赓、高粹之、吴伯良、钟佐亭、李镜吾、罗麓生、唐曦城、欧阳晴溪、龚黼臣、何卓斋、何晴初。闻之鹤九，李芋生已回县，因往一谈。语及开河一节，涂朗轩意在开通冯姓河，计长五十八里，淤塞久矣。柴林河长六十二里，仅多四里工程。陈程初听信萧忠恕、左光培之言，谓其工程稍直，可省经费。芋生因言大禹治水，不过顺水之性而已，柴林故河，但加疏瀹，其功顺而易。冯姓河久淤，则皆民业也，其势逆而难。今柴林河亦有淤占，而河身自在，是为民占官基，官得而治之。冯姓河已失故道，强加疏瀹，则为官夺民业。且因河故道而治之，与径开河道，其功孰为难易，不待辨也。于是论者皆言柴林河须工费三十万，恐难成功。芋生竟估十二万，役夫数万人，分十四局经理，数月而工竣。又于其中开通府场河，俗名襄河，盖汉水支流也。往时府场河由唐嘴河横穿入柴林河，汉水中夹流沙，易致淤垫。芋生别引府场河入江，又于柴林汊河径开一道出新滩口，与正河相会，汊河出省约近二十里。于柴林河外分引府场一河，又别开一汊河，工费仅及十二万，自是人心始服。芋生明晓事理，其言绝可听。傍晚回船，人客坌集，排进涌出，不可辨识者多矣。县署董正斋、狄仲华枉过，竟忘记拜晤。精力衰惫，竟至如此。

初六日。早大雨。龚黼丞及玉舲、佩珊、鹤九并至。玉舲又以回复总局禀稿见示，属为点定，遂至迁延，巳刻始能开行。常鲁青、冯厚庵、陈文蔚皆任粮总，鲁青与李福覃家为亲谊，因属处置李氏帮款。福覃之弟寿昆与其叔同至舟中，稍以义谕之；似福覃兄弟视其叔为优也。是日行五十里，泊乔口。

初七日。大南风。阻风乔口，适值生辰，石慧夫枉诗，次韵一首云：人生蟪蛄斗春秋，泛泛沧浪不系舟。蛩蚷因依甚矣惫，鲲鹏徙运快哉游。清湘一棹欣联袂，多病微躯似赘旒。惭愧生辰邀隽句，因风阻滞①亦良筹。是日阻风，重得一首云：黯淡春晴略似秋，忘机相与泛虚舟。千帆散乱凫鹥下，小市荒凉鼠雀游。江

①此处又有“随风浪迹”四字。

迴双流萦玉带，天清远岫结旌旒。因风转遂偷闲计，比较人间胜一筹。又得感怀一律云：风势低昂榆柳秋，尽收景物入扁舟。衣冠棨棨蜉蝣世，征逐纷纷蠓蠛游。三月春深劳汲瓮时久晴，春水未生也，九重天远蔽悬旒。旌麾罗列惊人眼，谁与诸公借箸筹？是日午刻风稍平，行三十里，泊白沙洲。入夜大雷雨，热极不能成寐。数日郁热殊甚，两日大雨，而热逾甚，又历来所无也。

初八日。大北风，江无行舟，仍泊白沙洲。魏郑公论韦宏质轻议宰相疏云：宰相有奸谋隐慝，则人人皆得上论，至于制置职业，固是人主之柄，非小臣所得干议。古者朝廷之士，尚各守官业，思不出位，况韦宏质贱人，岂得以非所宜言上黩明主！此是轻宰相矣。后汉太学诸生，颇干时政，其时谓之处士横议。望陛下知其邪计从朋党而来，每事明察，遏绝将来之渐，则朝廷安静，邪党自销矣。又言：待君子也敬而疏，遇小人也亲而狎。狎则言无不尽，疏则情不上通。夫中智之人，岂无小慧，然才非经国，虑不及远，虽竭力尽诚，犹未免有败，况内怀奸宄，其祸岂不深乎！夫虽君子，不能无小过，苟不害于正道，斯可略矣。既谓之君子，而复疑其不信，何异立直木而疑其影之曲乎！陛下诚能慎选君子，以礼信用之，何忧不治？不然，危亡之期未可保也。

初九日。雨。行四十里，抵省。闻诸王壬秋及子瀞之言，急往见卞诵生、庞省三，均辞不见。因诣但少村、黄芍亭、黄海岩、李瑞南、周荔樵、李子瑞、邓述之、邓子俦。随赴刘祝廷之召，同席邓双坡、王壬秋。据刘祝廷言，专为黄子襄、王壬秋饯行。子襄未至，闻其以初十启程赴京，竟未获一见。

初十日。接到文兰舫、潘小农、守蓉仙、张子遇、姜昆山、朱玉如、陶幼瑜、俞吉甫、李次青、彭仲莲、陈静庵、黄子厚、周闻生、蓝树卿、徐佛臣、张宝臣、言湛甫及西枝、玉舲各信，盖皆赴县后陆续收存，（是至）〔至是〕始获批阅。朱玉如名熙宇，官慈利知县，以医学著名者也。徐佛臣名修璎，亦求馆者，名甚熟而忘其来历。裴樾岑已授福建臬司，湖南又去一好官，为之心恻。为何相山贺其六十生辰，便拜陈舫仙、黄子襄、谢莘田、左癸叟、任禹田诸君。

十一日。雨。但少村、彭丽生过谈。接周桂坞、黄子冶、邹闻生、周芝窗四信。当复芝窗一信，以芝窗求馆但少村已逾三年，而讫不一得，乃向我求荐一襄校馆席。长郡各属开考久矣，自度绵力，亦不足任此，略举其大概。桂坞由黎平回思南本任，盖沈际田新政也，以沈际田与林贞伯颇有抵牾，林宽厚而沈矜肃骏厉，气味固各别也。

十二日。寄王荔村汉口及达珊、石龙二信，亦接殷少乔一信。吴翔冈、刘筱崧过谈。筱崧为刘牧村之弟，求留校经堂一年，尚未准曹竹铭学使来文。吴翔冈以王石卿奉上宪谕，饬传案讯究屯谷居奇情事，求援于我。吾以时事如此，岂宜与闻，惟属具呈申叙而已。此时非甚荒歉，谷价亦尚平，无故出示平粜，又苛及屯谷之家，以访闻传讯，日取无事之民而扰乱之，非吾所敢知也。

十三日。接姚彦嘉、黄子厚二信。陈蕙堂、陈德生、饶石顽过谈。往拜施澄侯、於桐轩、王逸梧、彭丽生、黄桐轩、黄咏生、张超堂、曾重伯。并于重伯处晤黄少溪、袁绶瑜谈。曾介石适外出未晤，仆人辈竟注定介石已先归，殊可怪异。

十四日。雨。吴翔冈、舒蒲生过谈。午邀陈蕙堂、邓子柔、张超堂、周石樵、孙次韩、黄祐森、舒蒲生小酌。蒲生以是夕赴试，先至告辞。晚过子瀞，固求一书抵恪靖伯相，因以一书交之。

十五日。大雨。接沈彦徵、王若农、张寿泉、唐蓬洲、汤斐斋、刘朗山、罗汝梅、酆慕唐及鹤九、秉生各信。杨石泉、王逸梧过谈。李华卿为翁小山太守邀赴衡州襄阅试卷，乞殷少乔代馆，因邀同李华卿、李麓渔、石慧夫、易翰芹及用舟一会饮。蔡竹泉晚过谈。

十六日。雨。左子异、马子安过谈。接盛青霞、彭咏青、梅子宣三信。回拜杨石泉、但少村、朱禹田、彭荔樵、周良臣、瞿子玖、刘牧村。是夕邀於桐轩、唐夔友、黄海缘、文月亭小酌。

十七日。朱禹田、於桐轩、蔡蓉仙过谈。彭荔樵见约为彭太夫人题主，五十年老门生，于义无可辞。及见所具柬，实兼书主，乃以此等笔墨之役烦及老人，彭荔樵、劳凯臣于此亦属不情之请矣。

十八日。致王荔村及子澣汉口一信，亦接储鹤乔、彭作新、蔡蓉仙、衡唐叔、用章、秉生诸信。朱香荪、黄子寿、徐仁羲、饶石顽、马子安次第过谈。追求饶石顽所递清折，则并所负八家票号款目，开列天成亨七万三千子澣开五万九千、蔚泰厚五万七千六万三千、蔚盛长八万六千五万五千、新泰厚三万九千三万、百川通六万七千五万二千、蔚丰厚四万三千三万、日升昌二万二万、汇源涌六万一千三万，并八家零尾数共四十五万零四百六十七两六钱七分。饶石顽意在多开数目，领回银两，再行清理票号；饶花亭又与票号朋友暗与分成。人心变幻，真不可测量，为之悼叹。

十九日。刘伯固自湘乡来。往拜徐云衢、刘韫翁、聂伯元、董厚斋、吴云谷、李黼堂、於桐轩、春云书、王壬秋、刘伯固、左子异、陈德生。

二十日。以杨斌回县之便，致李芋生、罗麓山、李镜浯、易淑子、吴晴研各信。唐夔友、罗柢敷、殷黼仙过谈。

廿一日。徐仁羲赴永和，便寄陶幼瑜、张子遇二信。亦接言湛甫、杨馨堂二信。何相山、左癸叟、张超堂、陈靖廷、邹燮祥、吴赞臣、蔡竹泉过谈，以太和饶花亭变诈百出，略与考究，一发其覆。令马子安分别票捐及他款，开具两折，详悉函达但少村。太和所递清折已成铁案，此间难于挽回，先使但少村知其厓略，以为后图。黄幼海晚过，言陈伯坪再劾涂朗轩而加片奏参黄子冶，大率毛举细故而已。

廿二日。接育之、敬修衡州信，当复一信。李黼堂、饶石顽过谈，语及陈丹阶物故之信，为之茫然。询知以急症陨。人生奄忽朝露，可危可惧。彭伯昂带到袁予文一信。

廿三日。寄王荔村及绍西一信。致吊陈又炳夫人、陈丹阶。便拜谢国采、左子异。又以顺孙、炎儿小恙，邀唐夔友诊视。刘定夫、王桐轩、王理安枉顾。晚邀王壬秋、彭伯昂、刘育堂、邹燮祥、刘伯固、罗柢敷、蔡竹泉小酌，壬秋、伯昂不至。

廿四日。彭太夫人成主属题，彭丽生、任秉之二人枉陪。便道回拜杨石泉、刘定夫、曾重伯，晤胡子威久谈。甫回家，杨石泉、刘伯固、彭伯昂、彭丽生、王逸梧、张超堂、汤肖庵次第枉过，至二鼓后始散。

廿五日。彭诒生约陪吊，所见俞鹤皋、丁子开、任秉之三人而已，少坐即辞去。回拜任昂千。便诣吴云谷、黄子寿、陈舫仙、邓双坡、吴莱庭各处谈。接李芋生、朱香荪、曾重伯各信。合淝伯相与法国公使议保护安南事，先以富良江为界，江以北归中国保护，江以南归法人保护。法廷犹以所议太滥，撤其公使回国，益发兵拟西贡，遂据有安南南定省，进规北宁。北宁近距安南国都，一举而遂剪灭之，亦意计中事也。其事底蕴，究不得知。然要安南审幾应变之术贸然无所知晓，而以求援中国为请，固亦知中国之必不能往援也，其实情终匿而不宣，自毙而亦使中国承其敝，其智计更出高丽下也。重伯见示广东信，言之颇悉。

廿六日。刘育堂、吴莱庭、邹燮祥、曾重伯、胡幼森、钟景堂、盛少康过谈，遂尽一日之力。晚次，马子安至，语及盐捐本末，饶石顽全未昭晰，致令当事得所借口，此时当急求补救之法。人谋诚有未尽，然展转贻误，实亦天为之也。

廿七日。风，寒。又改御重棉矣。接朱宇田信。陈舫仙、欧阳茀轩、刘育堂、马子安、周良臣、吴纯庵过谈。晚闻易叔辉将由寿星街还湘，一往视之。胡幼森复过谈。末世风俗嚣陵，人心变幻，而急行操切之政，不务通知下情。陈葵心、吴莱庭皆年逾七十，家居自守，以小故牵连为累，动逾年岁。政治不修，民气因之郁塞，至今日而遂极矣。

廿八日。致王荔村、张笠臣及绍西、子瀞各信。谭心可、吴莱庭、胡幼森过谈。莱庭语及戴逸夫之为人，博通众伎而踪迹绝奇，尤善医。莱庭幼患咯血，逸夫治之百日，至今尚强健也。逸夫名戴尧，通州人。王菽源先生任湘藩时，曾致之幕中，盖亦旧交也。未数日，辞去，资之盘费及衣服衾褥，一无所取。言其奇门绝精，兼善书画，客常德以画名，客澧州以书名，专以书画易米以馈贫者。以书易米，遂不及画，亦隐者流也。

廿九日。孙赓堂过谈。易叔辉回营田，雇舟送之。其病势似已深，为之怃然。朱香荪、蔡竹泉、蔡蓉仙、蔡浩楼、邓子诚并过谈。邓君为浩楼之甥，向未见也。接张森甲、周良臣、曹识山三信，良臣以蒋孝恽名见示，张森甲当即新市所见之张笃吾也，其言皆不近情。石慧夫自湘潭回。

三十日。立夏。接张云翰询知张森甲为八尺坳张氏，号云翰，其父名辅乾、危笙陔及子瀞二十五日（汉）〔信〕。回拜孙庚堂、谭心可、王桐轩、周昌辅。闻廿五日半夜，陈诒珊之子自彭氏归，盖本留宿彭宅以俟送殡，因子病赶归，夏芝岑观察之婿也，道遇巡街委员费小香、朱树之呵止之，舆人亦以恶言相加，于是鞭其舆人二百，并曳陈下舆，带至巡防局，知其为陈诒珊之子也，委员先回中丞，中丞力赞之，郭定轩承风记其劳绩。夏芝岑知势不可敌，传谕委员，令诣陈谢过。委员回言：院宪属认真，道宪又属陪礼，莫知所适从矣。须回明院宪，请示办理。芝岑遂亦不敢复言。此亦所谓乱政亟行者也。

四月

四月初一日辛亥。刘育堂、钱斐臣、邓子勋、盛月台、陈熙堂、张静轩、吴莼庵次第过谈。陈熙堂之兄陈豁堂所置鹤龙湖矶流嘴洲土典给陈敬吾。熙堂以小忿，与相持者十馀年。前岁稍与理处，无异言矣，又持一旧契，划出其西一行，以为另一契也，呈示其契，又移东作西，改钱主为钱姓。其辞屡穷，而其坚持仍如故。已属蔡竹泉为之理断。诪张变幻，亦已多矣。钱斐臣由汉口招商局递到陆存斋十万卷书楼所刻丛书廿一种：一、兰雪堂本《蔡中郎集》十卷兰雪堂，锡山华氏。明正德中刻；二、唐段公路《北户录》三卷，盖记岭南物产也；三、宋司马光《切韵指掌图》一卷；四、附邵光祖《检（图）例》；五、《许国公奏议》四卷，宋吴潜撰；六、王质《绍陶录》二卷；七、张栻《诸葛忠武侯传》一卷；八、陈元靓《岁时广记》四十二卷；九、董逌《广川画跋》六卷；十、郑杓《衍极》五卷，盖论开辟以来字法之变；十一、苏易简《文房四谱》五卷；十二、谭友闻《自号录》一卷；十三、上官融《友会谈丛》三卷；十四、刘士瑄《诗苑众芳》一卷；十五、《元本九经排字直音》二卷；十六、元吾邱衍《周秦刻石释音》一卷；十七、徐勉〔之〕《保越录》一卷；十八、许叔微《注解伤寒发微论》；十九、《注解伤寒百症歌》五卷；廿、倪士毅《作义要诀》一卷；又廿一、宋刘攽《汉官仪》三卷，则戏局也，武昌书局亦曾刻之。

初二日。雨。接钟景堂、马子安及席珊、鹤九、经笙各信。晚邀吴莱庭、谭心可、左癸叟、左子异、劳凯臣、胡幼森、曾重伯小酌。凯臣云已赴贵州。心可语及新引，节节错误，以有今日。子瀞乃以一身承其累。其才实不足以堪事，而用心过巧，见利则争先，遇事则引避，万无两全之道，其终必归于两失，亦人事自然之应也。

初三日。雨。易玉峰由湘潭回县，顺致易叔辉、胡受百、吴晴研、杨景乔各信，亦致王荔村及绍西、子瀞二信。左佩勋递到恪靖伯相一信。马子安过谈。是夕邀孙庚堂、谢国采、董明台、欧阳茀轩小酌，谢国采以病未至。

初四日。雨，寒。接方柳桥、陈京圃、刘石臣、刘伟青、陈国卿及达珊各信。伟青现署河州。柳桥潮州运同被劾，未知能否自免。吴云谷过谈，知昨庄翰堂来言一节，出自盛锡吾关照之意。任秉之与王石卿同见方伯，询知城步萧高一案，并未一及鄙人。城步前令王维屏已物故，案由今令汤铭发之。至是始知此案流传，已阅两月有馀。人皆言萧高实系顶凶，以六十千钱雇令过堂，临刑始大呼称屈。至是予始询知其略。是夕邀钱斐臣、周昌辅、朱枫乔、陈熙堂、左佩勋及寅伯、鹤九小酌。

初五日。大雨。陈诒生、罗伯翼、罗仲衡、刘育堂过谈。戴伯生亦偕徐丽山至，丽山为其徒。刘西山相得昭山一地，云可以转售之我，伯生因缄约其来省。适以客至，未及细谈。寅（生）〔伯〕约同何永清及文思、席珊、佩珊、鹤九午酌，兼为其处分家事。观寅伯所开底数，情义兼至，办理极为妥协，议论见解，均可取也。

初六日。大雨。又接子瀞汉口廿九日信及左长卿、邓子柔二信。入夏以来，未睹星日。汉口信言彗星又见东北。汉口自前月误传斋匪廿八日举旗，大府无晓谕弹压之方，相与惊扰。关道恽公遽送其眷属，武昌居民因之迁徙。距今十馀日，惶惊未有已也。在官无堪事之人，方且挟猜忌之私，行操切之政。武昌、汉口，日捕乱民诛之，而未必其果为乱民也。吾自去夏以来，困扼迍邅，所至颠沛。外察时事，内顾吾身，正未知侧足之何地也。徐丽山以潭人刘友山所购置杨翕亭枫树坡对角茶坡山亦名施家坟山山穴一方，照原契十九千文见售，因邀刘友山、徐丽山、戴伯生、石慧夫、殷少乔、易翰芹午酌。会刘育堂至，并留饮。石慧夫另看有三地：一、白田铺邹姓山，有三明堂，乾巽向；一、西塘尾石连塘锅蒂坡张姓生基，为周姓筑短墙其前，两边有夹耳贵人；一、田心桥任家冲，水绕三堂，有昭山作朝。三者皆省龙分枝者也。并云前岁所置邹连城田心桥一地，为其地行龙带出枝脚，相距约二里许，乃结此地。

初七日。雨。接守蓉仙、杨鹏海、陈葵心、吴爱吾各信。吴莱庭、胡幼森、陈熙堂、蔡竹泉过谈。回拜盛锡吾、陈诒珊、李黼堂、俞鹤皋、黎紫封、罗伯翼、罗仲衡。兼为孙庚堂、左子异送行。并诣刘韫斋前辈谈。陈诒珊适病，晤其世兄陈君实及朱峰乔，论任秉之轻传谣言事。其为任秉之（与）〔抑〕俞鹤皋，尚难臆定。以鹤皋述汪铁生语询之锡吾，全属子虚，殆亦喜为凿空之言者也。

初八日。彭丽生传洗眼方，自今日始。正月初八，二月初十，三月初五，四月初八，五月初五，六、七月初七，八月初五，九月初三，十、十一月初十，十二月初八，闰月十五。接陶幼瑜、周昌辅、易（叔）〔淑〕子、李端生及子湝各信。盛锡吾、俞鹤皋、左桂叟、王寿田、蔡蓉仙过谈。是夕寄子瀞汉口信，而闻胡万昌信局云：汉口初三日信足至今未至，外间谣（传）〔言〕纷传，会匪所在蠢动，此次信件须稍后一二日乃行。

初九日。曹春湖、朱峰乔、胡浴生、欧阳苐轩过谈。彭丽生邀至讲舍。相者黄生愚，甘肃同知，为恪靖所劾，相法甚精，邀往一叙。瞿子玖、陈葵生并至，兼出示张笠臣信件，于子瀞极有违言，盖亦公论然也。

初十日。接左静庵、任熙堂、刘小楼、罗子昭信，并示知新报兴贤堂董事及汤都司昭泽信。蔡竹泉回县，顺寄吴晴研及敬修二信。任秉之、吴莱庭、黄生愚、殷竹坞、殷龤仙、胡幼生、张鹤皋过谈。鹤皋自新市来，为言岳州陈陵矶后一地，可以代谋，请石慧夫同往相度。吾终不敢信谓然也。

十一日。寄复文兰舫、守蓉仙及京生三信。又以欧阳苐轩署常德协，致李冠卿一信。亦接王荔村、周覲堂、张立臣及子瀞各信。文月亭过谈，又递到冒哲存、冒小山二信。回拜杨石泉、黄子寿、任秉之。公饯杨石泉贾公祠寻秋草堂，会者黄振斋、朱宇恬、刘祝庭、黄子寿、谭心可、陶少云、杨云阶、陈舫仙、左子健共十人。

十二日。邓双坡、彭丽生过谈，相与述近事，多可慨叹。范文正言：人主纳远大之谋，久而成王道；纳浅近之议，久而成乱政。刑法之吏言丝毫之重轻，钱谷之司举锱铢之利病，往往谓之急务，应响而行。或有言政教之源流，议风俗之厚薄，陈圣贤之事业，论文武之得失，往往谓之迂说，废而不行。岂朝廷薄远大之谋，好浅末之议哉？最切中今日情事。彭龟年疏言：匡衡上言元帝：治性之道，审己之所当戒而齐之以义，然后中和之化应，巧伪之徒不敢比周（之）〔而〕望进。夫治性系于人主，而衡乃及巧伪之徒。盖正直之人，知君性之偏则以为惧，从而救正之；巧伪之人，知君性之偏则以为喜，从而逢迎之。近日进退人才之际，惟伤于太急，言急则难信，行急则难久，令急则难从，政急则难及。察其黜陟先后，若有成画，操纵取舍，若有机数。伤急之中，又损陛下质直之性，臣恐有巧伪之徒误陛下也。真德秀疏言：在廷之士，有劝陛下以亲近端良、不讳己过者，必君子也；不惟听受之，又当奖擢之。有劝陛下以疑忌人言，恶闻阙失者，必小人也；不惟拒绝之，又当摈斥之。今时朝政，惜无以此言上达者。

十三日。接胡其祥、韩陛臣及子瀞各信。致吊陈丹皆，晤张笛帆、俞鹤皋、何伯元数人一谈。午邀曹识山、殷竹坞、彭伯昂、黄生愚、张鹤皋、刘晓崧、郭黼卿、易椒生及席珊小酌。识山已回湘潭，黼卿与佩珊并入场，吾初不知今日六县合复也。

十四日。杨石泉过谈，言从卞诵臣处见张力臣致三家信二封，语语牵涉幕府，穷极小人变态，公然言之。力臣之为此书，可云胆大。饶氏之呈缴此书，亦可云心险之至矣。此事终莫知所究竟也。席珊、兰生、子梅并至。王逸梧编次《魏文贞故事拾遗》，为检《古文渊鉴》，增入数条。至是得近刻《全唐文纪事》，又增入十馀条。元戈直《贞观政要辑论》，引唐宋诸家说，评论得失，可增入者尚多，并举以告逸梧。

十五日。致左季高相国、刘岘庄制军、杨石泉中丞三信，以石泉取道江南，所致季高相国一信，即托其带交。亦接广东徐叔勤信，并寄到孔氏《岳雪楼法帖》十二册。孔少唐郎中广陶汇刻唐宋以来列朝名人书，并其尊人炽廷太史及纫兰州同书；太史故有书名，纯用小欧体。收藏古迹亦云多矣。

十六日。接彭仲莲、狄仲华二信。又以兰生、子梅回县，寄吴晴研一信。黄子寿、吴莱庭、胡幼森、陈子濬、刘若华、易筱楼、欧阳清溪、殷黼仙过谈，遂尽一日之力。吴聘廷、彭荔樵、冯石臣又以次过谈。又接蔡葆初、吴聘廷二信。

十七日。陈舫仙、唐管青、唐柳村过谈，并由柳村带到唐羲臣一信。本约彭伯昂、戴柏生偕诣易家湾，适伯昂赴乡，改约何永清。正在料理行李，风雨交至，势不能行，因过王益吾一谈。

十八日。热极。诣陈舫仙谈。约同何永清、戴伯生赴易家湾，雇舟夜行，傍晚登（行）〔舟〕，而浓云四布，电光闪灼。舟人畏风，移泊水鹭洲。是夕大风，而郁热如故。

十九日。大风微雨。六十里至易家湾，日未午也。偕何永（晴）〔清〕、戴柏生诣枫树坡，距菱角塘里许。其地九曲水来朝，葬坟几遍，以周姓形局为最，程姓次之，郭姓又次之。地为杨姓之业，百馀年来，所得地价盈千，讫无一发者。与何永清巡视来龙，知其并无结作也。其龙起伏停顿，势方西趋。石慧夫于地学，原未甚了然也。

廿日。舟人自幕云司入夜开行，抵省约及丑初，泊省河，寂不闻更鼓声。各城外均派有巡查委员，知官吏之失职多矣。接曾沅浦宫保、胡受百之子穆翰、张恒卿之子锦云、胡镜心、盛少康、彭溧樵及西枝各信。李万达自鄂回，又带到宋楚卿一信，并承惠丽参官燕。偕何永清、戴柏生回家早饭。午邀唐竹虚、唐管青小酌，同席石慧夫、殷少桥、黄笛帆、易汉芹诸人。唐柳村已赴广东，席珊、佩珊、泳生已先期回家矣。是日府试案发，常鲁青之子案首；所识前列者：李召甫、左佩勋及鹤九。

廿一日。雨，寒。接於桐轩、冒小山二信。小山信由文月亭送到，盖求荐冒哲存于合淝伯相也。王逸梧过谈。讲舍章程未及三年，多已毁失，彭丽生、左锡九数有求请，因各以一信复之，另议数条，以资循守。鄙意以为一日示惠，开无穷希幸之门，一事徇情，即万端废弛之本，不能悉从所请也。

廿二日。雨，寒。接周桂伍、周昌辅、杨星堂各信。往拜吴云谷、何相山、丁次谷、陈程初、黄子寿、陈葵心、朱禹田、龙研仙、葛星南、劳云卿、曾介石、曾岳崧、曾重伯，并往吊唐研农夫人。见湖北奏案，会匪约期三月廿八夜子时起事，居民纷纷搬徙，汉口汹扰尤甚。有把总朱元度，得其谋乱之状，以告督标中军，尚令具结，乃回明督辕查办，时已戌刻矣，于一空宅中捕获四十馀人，军火皆具。稍迟一时，城内举火，到处皆响应矣，亦险矣哉！然即此足见下情之不通。百姓皆知其反状，迁徙以避之，而在官漠然不知，朱把总以告，尚令具结，始为代达。勤求民瘼，当不如此。两湖竟以其蔽聪塞明、庞然自大为当官经济，祸乱之生无日矣。闻湖北事，可喜尤可惧也。

廿三日。接文湝谦、朱佛宜及子瀞三信。亦寄子瀞汉阳一信，子瀞寓汉阳江口长裕和盐仓也。陈程初、陈葵心、周幼峰、胡镜心过谈。程初述及湖北会匪之变，经营日久，汉口搜起英雄结小帽至七千具之多。汉口居民搬徙逾半，而在官漠然不知。朱把总告变，尚勒具甘结。上下之情暌隔不通，一至于此，然其愦愦亦可知矣。

廿四日。鹤九回县，寄吴晴研、萧子远、唐桂生信，以钱二十缗饷[1]。殷竹坞、张笛帆、彭丽生、吴莱庭、胡幼森、蔡竹泉过谈。合淝伯相初奉督办滇粤三省军务之命，其行否尚未定也，彭丽生以其世兄稷初为属；张笛帆亦请行，其立言且欲得合淝奏调；冒小山亦为其兄哲存求荐。士民失职而生越分之思。三君者，于

①此处疑有脱文。

情又不能却，徒使区区多受人贱简而已。处末流之世，即求所以自处，良亦难矣。

廿五日。雨，寒如深冬。为夏芝岑贺其六十寿辰，便拜陈舫仙、李黼堂、黄子寿、张笛帆、刘牧村、常鲁青。舫仙已于今早开行。李黼堂处晤杨鹏海，云接杜鹤田信，滇事将有溃决之势。唐鄂生驻军蒙自，感瘴气，物故甚多，饷项又苦不给，未见敌而已岌岌不能支矣。当事诸公贸焉主战，吾且奈之何哉！李华卿自衡州回，殷少侨尚须小住数日，并得一会谈。

廿六日。阴雨。接殷少乔、酆慕唐、朱少炳各信。吴云谷、高抟九、瞿子玖、盛少康、黄生愚及育之来谈。胡少芝邀同吴秋帆、周昌辅、陈怡仲晚酌。怡仲，陈瀛舫之仲子也。便过吴莱庭一谈。

廿七日。回拜高抟九、刘子梅、周昌辅、唐竹虚、欧阳清溪、唐管青、吴聘廷。以石慧夫将回皖北，料理舟楫之需，一往为之经画。

廿八日。寄王荔村、吴晴研、朱禹田、欧阳清溪各信，亦接吴聘廷、朱芗荪各信。吴莱庭、欧阳清溪、蔡蓉仙、唐管青、殷默存、周良臣、吴莼庵、邓子柔、殷少侨、蔡竹泉次第过谈。芋舲、清臣又旋至。夏日舒长，酬应至十馀辈，而日已西矣。不使一日稍有馀暇，心甚苦之。

廿九日。接小春、秉生二信。赴老庙相视曾栗諴茔地，与介石、重伯一谈。途次见涂朗轩、卞诵生前后两任告示：一禁止私宰，一劝各乡捐育婴谷，并委员监办，所在张贴。巡检、典史稍明事理，盖有所不屑为也。诸公政迹，原不过以文告涂饰耳目而已，而所涂饰如此，能无慨叹！

五月

五月初一日庚辰。致王逸梧一信，以所著《中山国事表、疆域图说》，予为序以授梓，录稿与商。瞿子玖、周昌辅、左佩勋、李弼臣次第过谈。盛佐卿亦自县至，带到盛玉成、吴晴研二信。并知盛展奇消息：四月三日乃从汉镇赴金陵，住至月馀之久。子瀞来信，未一言及。是日，石慧夫回皖，李麓渔、易汉芹均回家过端午。

初二日。复韩陛臣、吴晴研二信。回拜何相山、高抟九。是日，陈程初、黄子寿、俞鹤皋约至贾公祠寻秋草堂公饯何相山，同席徐云渠、王雁峰、何伯元、周笠西、朱宇恬、陈怡生、陶少云共十一人，未刻毕集，何相山傍晚始至。坐候至三时之久，极以为苦。

初三日。寄合淝伯相、沅浦宫保二信。接刘毅斋、苏紫溪、宋楚卿、何心畬、曹星楼、黄子冶、严少韩、唐蓬洲、邹资山、张笠臣、王逸梧、杨肖安、邹闻生、吴松崖、吴聘廷、徐仁羲、杨馨堂及鹤九诸信，大率贺端及求馆二者。是日因发信谢客，颇觉清静，而收阅各信及处分节帐，正苦日力之易耗也。

初四日。雨。数日来仅初一日大晴，嗣是又阴数日而雨，兼日日北风。人心偷敝已甚，宜天亦厌弃之，殆难以自立矣。为何相山、高抟九、黄子寿贺喜，兼过杨鹏海、周荔樵谈。邀周昌辅、唐竹虚、唐管青、黄玉屏、曾介石、曾岳崧、曾重伯晚酌。（黄）〔杨〕鹏海见示杜鹤田信，二月廿九日，法人攻取安南之南定，进攻北宁，其立意在收取东京。刘永福据有保胜，已历多年，中土恃以抵拒法人，恐未足以也。滇、粤并募勇为防。此举关系不小，要莫非天也。

初五日。微雨，郁热殊甚。钱斐臣谈及席研香票二十张，向系总租，托函询研香，意图合力为之。因语以研香管理外事为文丽峰，须先与文君议之，俟得其端倪，乃可商之席研香。丽峰、斐臣并与罗小垣为姻（诣）〔谊〕，与言先托小垣一问。斐臣之意不谓然也。是午邀彭丽生、吴莱庭、陈葵心、邓子柔、蔡蓉仙、左佩勋、杨佑吾过午节。外如刘育堂、欧阳清溪、朱聘廷、杨馨堂，并以事不至。以诸旅寓省城者，并乘节序一邀之也。

初六日。雨。接汤斐斋、傅羽凡、刘九如及子瀞、秉生各信。傅羽凡名绍霖，黔人，游（募）〔幕〕于蜀，有上庞省三、孙春皋条陈十则，言察吏安民之方，非吾力所能提振者矣。亦致吴云谷、朱香荪、彭丽生、聂伯元四信。荐吴国霖接办殷默存馆席。伯元之慢师固已至矣，吴聘廷以穷故，不暇择耳。瞿景伊、欧阳清溪、唐管青及用舟诸人过谈。管青明日告归，询其家，距吴南屏故宅不逮二十里，乃书数行，属为吴嘉甫丐取南屏遗著。嘉甫现官湖北。其弟乡俗称曰吴妙七者，恐不足胜此也。

初七日。雨。接守蓉仙信，于承荫之代理其缺，又至大相抵牾，其逼使告病，则文兰舫为之也，此时更无可置议矣。吴云谷、李黼堂过谈，遂尽一日之力。唐管青回县，顺致吴晴研及炳文二信。

初八日。雨，寒。寄张笠臣及子瀞二信。是日为冢妇曾大祥之期，李华卿、陈子濬、殷汉清、张鹤臣四人相礼。胡浴生、曾履初并留饭。曾重伯云赴凌问樵处，询知问樵新有妻丧也。

初九日。雨。接文兰舫、李冠卿、彭作新、黎树堂、欧阳茀轩、左佩勋诸信，傅青馀、刘育堂、唐竹虚、瞿景伊过谈。又诣陈德生、陈程初两处谈。

初十日。微雨，晴，北风，寒甚。瞿景伊、吴国霖及玉舲过谈。亦诣朱香荪、王逸梧，逸梧赴乡不晤。晚接蔡蓉仙信，求为其祖若林立（林）〔主〕。并接西林一信。吴莱庭、胡浴生过谈。

十一日。微雨。接盛展奇、罗楚卿二信。彭丽生、陈德生、左佩勋过谈。从陈程初处取阅左恪靖筹办海防一折，满纸虚骄之气，影响之谈。绝不意此老暮年笔墨之支离，乃至于此。略举其谬：构衅越南者，法兰西也，而通折痛诋（英利吉）〔英吉利〕。法兰西所欲通商者，云南也。两粤于越南并为边境，而铺张江口白茅沙地险之可恃。法兰西并无□□□□□□，而欲督率提镇与之致死。又不明顺逆之势，直谓但有外国兵轮闯入海口，不服查禁，即悬重赏掳取其船。与西洋通商逾四十年，犹言和局可暂而不可常。援引宋人之言，能守而后能战，能战而后能和，为此阔远无稽之论。与西洋交涉，得失利病，亦在官者所应知也，犹言林则徐为忌者所间，事权不属，不克竟其设施；陈化成力扼吴淞，不幸右路先溃，致夷兵萃于左路，遂以身殉，当有任其咎者。一片梦呓之言，不过借以诓惑朝廷，盗取世俗之名耳。即倪抱存、杜鹤田辈，就今时大势纵为此言，犹为下下等。奏疏出之左相，绝不一筹及天下大局，而据吴淞一口自诩其部署之略、应敌之方，如东坡在黄州说鬼，寄情放诞而已。且以洋务自任，竟视通商大臣为海防之专责，以战为功，不知其他，是所职司亦未一反求其故也。欺心昧良，以求歆动天下耳目，谓之无耻可矣。晚接刘伯固、魏赓臣、陈展堂三信。

十二日。晴。北风甚厉，凉气仍未退也。曾挚民早过谈，因留饭，随往回拜。并诣傅青馀、黄子寿、汤肖安谈。朱香荪函示况颜山署宝庆，所遗督销局提调，乞一荐盛锡吾。当致易芝生信：探询是否定人，仍属香荪谋之吴云谷、龙研仙。晚得芝生回信：

已调靖港局唐君接办。姚裔云调靖港分局，丁子开补湘潭分局。陈舫仙濒行寄声，言一切情形已告黄子寿转达。相距二十日，三诣子寿，均值外出，吾亦不甚为意也。盖舫仙行时，言须一见卞诵生、庞省三诸人。吾因与言：若见庞省三，可一探之，所云绅士传述鄙言者，果何人也。至是子寿始告述两君之言，一意支离，诘其实，尽诿为不知，是用其狙诈猜忌之术以相待也。吾虽不肖，不为诸人所重，亦何至以狙诈相尝试？此不可与处矣。子寿不知辨此，反以酬应为戒，意欲鄙人以缄默取容。吾于酬应亦至简矣，外事都无所闻，而慨论时事，固常有之。瞻乌爰止，于谁之屋？古人有隐忧焉。隐情惜己，自同寒蝉，所不能也。

十三日。接潘小农、蔡蓉仙、盛展奇各信。展奇信述合淝至金陵，与恪靖议论不能甚合，此自在人意中也。朱香荪过谈。接秉文、荇农等信，报钧台伯母之丧，专待鄙人赴县料理。　此行心早筹之，一切用费，亦待取给于我。在钧台伯父家读书十馀年，服虽疏而情固亲也，于义亦无可辞。惟其家事调处极不易，容至县议之。

十四日。小雨。料理赴县。致王益吾、易芝生、吴云谷三信，以罗楚卿阴山港稽查托之云谷，以多福百九十五缗之券托之芝生。傍晚开船，五鼓抵县，中途亦遇小雨，天气稍凉。是日，用舟陪同周静陔来见，开设集义钱庄者也。

十五日。早起岸。李子瑞、罗命三枉见。易仲子、易晴溪、易泮芹继至。吴筱农、龚瓶安、胡西园、毛涟西、张掖廷、傅右衡、张介生、左笃生及诸亲友见者数十人。是日未刻，始获行成服之礼。龚振之自荷兰回，具知李勉林同日由上海护榇南行，昨始过县，由轮船拖带上驶。急以一函寄唁，并便寄家信，即由振之带省。

十六日。晴，热。龚辅臣、蔡勤斋、李聘农、盛玉成、周良臣、胡厚吾、左润生、张秉乾镐丞之婿，张俊儒为其胞弟、顾鼎吾、张介生次第枉过，略记其相知者而已。良臣与兰生共言龙姓略有资产，以西枝一案，销磨净尽。吾心亦为之恻然。刘精仙、江绍箕、彭介之、陈符卿辈处置太不得法，至流为猖狂悖戾，盖亦不明理之过也。

十七日。吴筱农、龚瓶安、陈文蔚、毛俊卿、李镜涪、李凯山、陈熙堂、易淑子、易仲子过谈。周良臣、张介生、蔡虞臣处置武庙事，两次来议，兼带刘精仙来见。令保正王甲书立料妥字据。此来为西枝僧了此一场议论，亦佛氏之一因缘也。

十八日。为胡太夫人家奠之期，李子路、罗命三、王汝臣、龚瓶安、袁香亭、吴筱农、胡西园文武官并至。李芋生相见一谈。张蔚廷过谈，语及张鹤庵来信，云将有岳州之行，为余相度陈陵矶一地。盛暑远行，为友人任此烦累，闻此为之怃然。

十九日。接林煜南黑龙江信，易筱亭从陈国瑞戍所带来者也。李泳仙、常鲁青、蔡蓉仙、蔡虞臣、易筱亭、韩陛臣、胡其祥过谈。是日，胡太夫人成主，宾客颇烦。内厅设一席，予与兰生、晓春、席珊、闰生、鹤九、端一诸昆弟子侄同饭。高八自省至。

二十日。胡太夫人灵柩归葬长岭祖茔之阳，先往山相度，以为时尚早，过殷竹坞及西枝两处谈。竹坞亦来城送葬，未晤。直由卸肩岭寻其来脉，两砂直前相包，又横出一山作案。自高祖以下，坟皆巽向，直东南而山势自前趋应，作壬丙向。以指示易(叔)〔淑〕子、易仲子、张俊儒及炳文，云可留为镐丞二嫂百年归骨所也。

廿一日。回拜李子瑞、胡（百受）〔受百〕、西园、王汝成、罗命三、龚瓶安、袁香亭、李咏仙、蔡勤斋、虞臣、李芋生、罗麓生、李镜涪、吴百良、高粹之、张介生、杨景皋、罗子昭、张掖廷、傅允仲、左笃生、李聘农、吴筱农诸处。鹤九约饮，已将往矣，舟人忽来报言北风大作。乃急料理登舟，一切都未及清理。是早，子瀞自汉口回；由岳州乘舆，两日夜至县，亦可谓神速矣。

廿二日。大雨。接王若农、李健斋、张南屏、张子遇、周步瀛、姚庶侯及京笙各信。自昨下午开行，傍晚雨至。夜半大雨，泊白沙洲。今早抵省，大雨倾盆，至下午始息。此次赴县料理胡太夫人丧事，往反行程，均止一夜，数十年所未有也。去县，庄理卿同舟；回省，易叔辉同舟。

廿三日。大雨。接王荔村、周昌辅、彭丽生三信。吴莱庭、唐竹虚、吴国霖及寅伯过谈。见《申报》，始悉今岁会试，入词垣四人：何维栋、郑祖焕、俞成庆、彭青藜。前传为八人者，误也。

廿四日。大雨。彭丽生见示试卷四本。萧文昭的是名手，朱香荪所荐，皆上选也。次屈升寅、龙振甲、吴润溥。吴莱庭、吴国霖过谈，国霖意在营求讲舍一缺，而取列最下，无如何也。李华卿处见李云溪，询知为李叔和之兄，今岁中式之李梦莹，尚为其诸父行也。与子瀞谈近事，语及周蝶园尚有雄直之气，亦今时仕宦所难能也。

廿五日。回拜况颜山、姜昆山、傅青馀、彭丽生、俞鹤皋、贺仪仲、曹咏生、曾重伯、袁守瑜。曾重伯告言萧希鲁缄称：合淝伯相电报沅甫宫保，已派铁甲兵船四号驰赴廉州观动静，俟各船启行，伯相即驰赴天津，将谋入觐陈机宜。与鄙人前信，似亦不谋而合。

廿六日。大北风，阴，凉。午后晦暗如将夜，已而大雨，微似初冬景象。为龚瓶安、龚兰亭致书李冠卿军门。亦接邹咨山、龚瓶安、周荔樵各信。邹咨山信由黄竹亭带到，盖黄汉皋学博之孙也。

廿七日。雨。接曾沅浦宫保及黄佑生、李召甫、胡宣猷、虞朝佐各信。往回陈少轩、陈云庵、丁子开、朱香荪、陈德生。以郭海青看城一差托之陈少轩，少轩慈善，尚不虞有他也。

廿八日。一雨七日，凉中又时作郁热，使人畏怖。接笙陔叔及经笙二信。姜昆山、龚兰亭、张时泰、言舫丞、唐竹虚、殷默存及文思、箴士枉见。笙陔叔信，即由箴士带到者也。

廿九日。接王荔村信，并为许友于逊斋乞书，兼以欧阳静山一款相询。朱峰乔、酆慕唐、邹沅帆、吴莼庵及东林、席山枉谈。

六月

六月初一日己酉。早雨。周荔樵信，代王实丞催问《四书疑言》序。实丞求此逾年矣，是日始一为之。夏忠靖公、周半帆先生两集成，各令刷一百部。唐竹虚、周昌辅、钟景唐过谈。景唐留省谋事已历年馀，席珊亦以为言，乃以万钱饷之。朝廷本有捐免保举之例，吾仿其意，捐免荐馆。盛耀堂、蔡蓉仙，皆援此例行之者也。

初二日。接李次青、邹田书、陈葵心、易寿鼎各信。陈葵心、陶采芝、彭伯昂过谈。亦诣王逸梧谈。邹田书为邹少松之世兄，托荐仆人汤福曾宫保处。

初三日。寄王荔村、张寅宾二信。寅宾名德明候选同知，代唐凤篪接办汉口招商局务者也。亦接冒小山信，仍为冒哲存求荐合淝伯相处。为陈葵心缄致孙春皋。又接周荔樵信，知王实丞已由吉安回省，所撰《四书疑言》序，即托荔樵转交。将往六堆口，已乘舆出门矣，忽有自道间邀截回家，自称赵汉章，父赵光楚，湘潭人，其父曾办厘务，现撤差家居，渠欲踵行之，挟以必允。吾本以乞病家居，谢绝酬应，亲友谋事者环集于前，心甚苦之。如赵君者，尤可谓唐突无理者也。

初四日。黄子寿、吴莱庭、张允安过谈，允安，张立之之子也。是日邀丁次谷、姜昆山、董厚斋、董正斋、黄王咏生、贺仪仲、陈云庵便酌。正斋以疾辞，仪仲、云庵并先期告归，乃属子瀞来陪。席间，董厚斋言鄂人周筱泉地学甚精，子瀞约同往河西相度也。

初五日。文月亭、杨蔚滨过谈，询知杨墨林与黄昆圃并以狭斜之游，相与以拳勇争胜。昆圃贿属傅姓主控，而周荔樵为之居间。其平日声名本极恶劣，高抟九中于两县之言，故发之暴耳。

初六日。接王梦虎、袁香亭、赵毅斋、钟景唐各信。亦寄李次青一（次）〔信〕。毅斋为赵大令诗贞之子，光景极窘，求得一馆，苦无以应之。回拜王实丞、董厚斋、董正斋、吴筱农、陈子玉、萧惠麟、冯月卿、熊叔雅、唐鲁英，并就便一诣刘韫斋。萧君与李华卿亲谊。冯君，树堂从子，浙江候补知县，求书抵陈右铭者也。闻卞诵生中丞擢湖督。一贬斥英香岩，以明与洋人抵牾，遂为高阳倚重如此。吾且喜其去湘，士民之气，或幸一少苏也。

初七日。北风，阴。陈葵心、罗楚卿过谈。致易芝生、刘祝庭二信。祝庭本约同邓双坡、王实丞、傅青馀、陈诒生、陈德生会饮，以目疾得洗眼方，斋食，不未赴召。南城外逃荒者屯聚，地方官一置不理，函告祝庭，与在坐诸公一议。此等并宜发给口粮，资遣出境，不宜使屯聚也。

初八日。为胡其祥致龚瓶安信，以胡云亭事托之。为东林致李咏仙、常健吾信。傅青馀、胡浴生、梅子宣、韩陛臣过谈。东林、用舟、易翰芹继至。青馀言，何小宋为林颖叔复奏，乞病不赴召。颖叔质性近于亢，非时尚所宜，至是亦颇服其高也。

初九日。李祥恺、杨毓吾遣舒三贵、游五由刘世贵船运到谷钱，随将高姓孙家桥屋价兑付清讫，内多福票三百六十串，不能不为垫付也。坐是检理两日之久，幸曲折情形周南山能知其略。老病多忘，只益茫然而已。是日吴莱庭七十生辰，拟治席款之，乃并胡浴生亦随同引避，求之不得也。

初十日。接合淝伯相信，知已奉旨回津。督办三省军务之命，度在所必辞也。姜昆山、吴莱庭、周良臣、熊石生、马子安、周昌辅、柳浦山、陈诒生过谈。浦山迭就姜昆〔山〕、张旭初馆席，欲相接续，求之唐蓬洲。姜昆山允为设法。始知唐夔友与唐蓬洲为至交，可以情托之，未知究竟何如也。

十一日。雨，凉。接兰生信，便致吴晴研一信。回拜姜昆山、黄海缘、刘牧村、李黻堂、陈诒生、柳浦山。

十二日。大雨，凉，已而郁热，雷雨交作。是日入伏，岁事殆无望矣。接周荔樵、易桂生、李仁峰各信。为周荔樵致书吴云谷，为从九吴暲求差使。吴莱庭、彭伯昂过谈。是日曾重伯除服，盖（诚栗）〔栗诚〕之丧，至是二七月矣，遣多孙一往致祭。亦接重伯信，言《方略》一书，存之张笠臣处，至今未收到也。

十三日。遣王升泽（周）〔同〕高八恭田赴汉口，寄招商局张寅宾一信，并息折五件：仁和保险公司九百十一号多福堂廿股，九百九十二号福寿公卅七股，凡二扣；济和保险水火公司一百五十二号顺福堂廿股，一百五十三号殷和堂廿股，一百五十四号延寿堂廿股，凡三扣。每股五十金，惟福寿公千八百五十金，馀皆千金也。又寄李次青一信，交文昌书局李凤巢转寄。俞鹤皋、邹沅帆、蔡竹泉、戴柏生、杨渭滨过谈。《申报》载：合淝伯相初一日已回天津，潘琴轩中丞亦即以次日回皖候部文。

十四日。大风雨，凉甚。接曾沅浦宫保、陈葵心、钟藩甫三信。藩甫之言，与叔辉所述胡其祥之言正相反。人言固难信也。吴云谷、翟子英、彭丽生、张肇益过谈。丽生持示陈子濬拟援越南事宜前后十条，多考求法国情事，文笔亦简老，比之前岁，进益多矣。各条中有我所未详者数事，如咸丰八年，法人驻兵船北圻，侵踞嘉定、边和、安江、河仙、永隆、定祥六省。同治五（人）〔年〕，法人乐克里由印度入藏，欲由滇入越南，察看澜沧江上游，因滇境阻梗，改道洱江东行，以达越南之北圻。同治九年，法商涂普义由汉口赴云南，请由红江转运军器入滇。光绪八年，法使宝海至天津，拟办法三条：一、请华兵已驻北圻退驻境上；一、就边外保胜地方为通商口岸；一、中外互约保护越南北圻全境，拟于滇、粤界外与红江中间，两国派员勘分保护界限。宝海电达法外部，将西贡法酋德未肋尔撤回。无何，法国政府诸人屡次更换，遂党德未肋尔之议，又撤宝海回国。凡此诸事，吾皆未能详知，不审陈子濬何以缕缕言之如此。

十五日。为杨广源、陶鹤林致书李咏仙、常健吾、张翊廷、罗子昭。亦接曹咏之一信。韩陛臣、刘恭寿、刘普贤过谈。回拜翟子英、吴云谷、曾卓儒、余芳城、曾重伯、俞鹤皋、彭伯昂、钱斐臣、韩陛臣。

十六日。接王逸梧、杨毓吾、李祥凯信。黄子寿、黄少海、杨渭滨过谈。郭弥生见示郭花亭信，以黄子冶大令因邑人阻拒杨子钦之子应试，倡言罢考，禀讦廪生李传沅等五人，以为其事发之自我，属求为转旋。十年前识一欧阳子钦，动辄毁及之。潭人之不可与为缘如此。

十七日。大雨，晦冥，凉，使人畏怖。为王益吾永慕庐铭。一切心思钝滞，衰惫极矣。黄小泉、周元吉、蔡长林过谈。蔡长林之父蔡石岩，江苏同知，云在两淮进谒，距今二十一年矣。

十八日。雨，凉。裴樾岑廉使早过。随回拜朱星垣、翟子英、黄小泉、黄少海、唐蓬洲，兼诣裴樾岑，日夕尚未归也。

十九日。傅青馀邀同裴樾岑、朱香荪早饭。便过黄子寿谈，适王惠泉在坐，谈鄂事甚悉。接罗楚卿及玉舲、鹤九，又接罗汝梅、朱次江各信，意在求荐樾岑馆席，因并一询及之，未能即定议也。

二十日。接唐研农、彭丽生、胡少芝及子瀞各信。唐蓬洲、彭伯昂、杨渭滨过谈。遣龚振之探询傅氏构衅事，始略悉其始末，由何菊农达之马开科，由马开科达之高抟九。菊农，何赓云之子也。杨生之获咎，良亦宜然。吾终不欲与闻，然非询悉其情状，所言各殊，竟亦莫辨其由来也。

廿一日。朱宇田、周步瀛、朱香荪、左癸叟过谈。彭伯昂告言准廿二日回石门，便寄袁宇文一信，兼以其八十生辰，以八金饷之。

廿二日。接胡受百、王荔村、杨墨林及子瀞四信。诣张笠臣谈，并晤裴樾岑、欧阳静山。周蝶园亦至，（谋）〔素〕不相识，未与见也。晚邀裴樾岑、谢小庄、陈小轩、吴云谷小酌。

廿三日。欧阳静山、周步瀛过谈。晚邀胡少芝、周霁原、曾俊思、袁守瑜、刘恭寿、刘普贤、曾重伯小酌，周霁原以事不至。

廿四日。接易桂生、吴莼庵、周昌辅、酆慕唐各信。回拜王实丞、王逸梧、左癸叟、朱禹田、刘云樵、王绶卿、黎端甫、周荔樵、周步瀛，兼为卞诵生、吴云谷两处道贺，并为裴樾岑送行。周蝶园甫（在）〔自〕汉口归，亦往一致谢。蔡浩楼、蔡蓉仙、蔡竹泉、吴莼庵、左绍明过谈。终日扰扰，可笑。

廿五日。接黄仁辅信，知已以知府分发湖北。周蝶园、王桐轩、周霁原、胡浴生、蔡竹泉、陈葵心过谈。

廿六日。热极而风雨交作，天黑如（檠）〔磐〕，暑日所未有也。王绶卿、欧阳静山、龙研仙过谈，遂尽一日之力。终日以其精神耗散于应酬，相顾亦自皇然也。

廿七日。雨，凉。接陈葵心、易小楼、罗楚卿各信。张笛帆、罗毓松枉过。邀欧阳静山、彭丽生、傅青馀、张笠臣小酌。

廿八日。接王荔村、邹沅帆、危辅臣各信，亦为郭大振致韩鉴泉一信。刘云樵、曹咏生、钱斐臣过谈。又接李冠卿军门信，所托龚瓶安、龚兰亭二事，并承允诺。

廿九日。回拜但少村、王桐轩、刘彦臣、张笛帆、张寄农、谢视侯、龙研仙、周霁原、罗小垣。未刻诣贾公祠公饯卞诵生中丞，计偕徐云衢、王雁峰、朱宇恬、周笠西、俞鹤皋、黄子寿、陶少云、陈诒生、刘祝庭共十人。

三十日。接王实丞、樊延龄、胡静悭各信，当复王实丞信。是日闻轮船放气声，知潘琴轩中丞必已至也，探视，果然，专足持柬，一往劳之。

七月

光绪九年岁次癸未七月初一日己卯。接曾沅浦宫保、王逸梧、王实丞各信。亦致宋楚卿、王若农、李健斋三信，由龚振之赴上海之便，沿途顺递。诣潘琴轩中丞。便拜陈少轩、钱子宣、蒋弋香、吴莱庭。晚归，邹沅帆、陈子濬、钱斐臣过谈。陈少轩见惠石门碑十四种：一石门铭，一阁道碑，一山河堰碑，一杨孟文碑，一杨伯邳碑，并大幅；其馀石门、石虎、玉盆衮雪大字石刻，及诸小碑，大率汉、魏及唐人石刻。石门在褒城县，即古褒斜谷也，距南郑五十里。少轩寄寓汉中府，故能得此碑。

初二日。先日大雨，夜半尤甚。是早雨住，大北风，寒甚。王升泽、高恭田自上海回，带到张寅宾信，并上海徐雨之、张叔和、郑陶斋信，寄示洋刻《图书集成》章程。又接陆存斋信，并寄所刻《皕宋楼藏书志目录》一百二十卷，收藏之富可知。李冠卿、凌问樵、王实丞、刘祝庭、王惠泉、张鹤臣、单仲允过谈。绍西亦自湖北归，述悉王荔村尚在料理饶智元已给刘祝庭、黄子寿等各票，其议论方长也。

初三日。接胡其祥、徐仁溪、龚瓶安、周昌辅、龙树棠、易桂生、聂仲芳各信。又接广东俞君文莱一信。亦致合淝伯相、曾沅浦宫保、徐雨之、张叔和、郑陶斋、黄咏清各信。周步瀛、陈葵心过谈。陈少轩见惠倪云林山水画幅，辞不敢受。记云林自题一律：我爱陈君贤父子，能将舟楫寄芳村。三薰三沐爱敬客，能述能承慈孝门。水影云容归画笥，松醪秫酒泻陶尊。淹留竟日无尘杂，消受清风秋树根。后书戏为明远作，似云林宿陈明远宅，为之作画。诗亦有意致也。又记裴樾岑诵刘霞兄寄黄子寿云：才从江上送归鸿，又向天涯叹断蓬。万里乡心云栈北，十年人事海波东。鹃啼早悟时多故，麟出谁知道易穷。莫纵狂歌骇燕市，世间马耳过东风。

初四日。四日大北风不息，亦历来未有之奇也。接袁绶瑜信，并示黄少溪所著书四种，一曰《道德经大义》；一曰《论语析疑》；一曰《蘧斋问答》；一〔曰〕《读书指要》，意合孔、孟、释、老而并尊之，历诋汉、宋二家之学，其文非甚奇，而持论特创。瞿子玖、黄子寿、邓子柔、言舫丞、易淑子、严辅邦、李邦华、易叔辉过谈，遂尽一日之力。

初五日。卞诵臣中丞、钱子宣、曾莅臣过谈。亦往拜高抟九、龚云浦、苏紫溪、周步瀛。

初六日。立秋。秋前大北风凡六七日，自来所未有也。周荔樵以是日完娶，一往致贺，为媒说者沈科亭，沈咏生之兄也。便拜卞诵（生）〔臣〕、李冠卿、瞿子玖。闻卞诵臣语潘琴轩，其词绝悖。卞诵臣任府尹，劾奏其兄；任闽抚，直斥闽督英香岩中堂为汉奸。于天下之事本无所知，用其一隅之见，庞然自以为是，兄弟朋友之义皆所不顾。自非衰敝之世，岂能（庸）〔容〕此狂谬诡谲之行哉！李次青、陈楚藩、邹沅帆、左佩勋、易桂生，晚次陈少轩、左癸叟，又相继过谈。陈楚藩为陈嘉甫兄弟，送吴南屏遗著来省。

初七日。接盛展奇、周岳峰及槊希、鹤九各信，又接胡鼎臣及易炳华、汤世珍各信。易为湘阴人，官都司。汤自称与姚彦嘉姻亲，皆无因至前者也。亦致李勉林信，托黄子寿转寄。潘琴轩中丞过谈。傅青馀、周步瀛、张笠臣、蔡浩楼、蔡竹泉见过，遂尽一日之力。

初八日。彭雪芹宫保、陶少云、钱斐臣、朱枫乔、易叔辉、胡厚吾及绍西、用舟、子惠、鹤九过谈。回拜雪芹宫保、李次青、夏舒山。雪芹述及恪靖之老（悖）〔悖〕，有为思议所不及者。展转为王（勋）〔莼〕农求开复，雪芹拒之。又转托雪芹及杨石泉求之肃毅伯相，伯相允之，以回天津，寝其议。遂径开募十三营，仍以三营属之王莼农。两月不出奏，僚属皆以为言，直列入王莼农一名。奉旨：王某曾有旨勒令回籍，何以尚逗留江南？仍饬勒令回籍。不独自损名望，并王莼农加以幽闭，肃毅即欲奏调而不能矣。其不知进退如此。古人言保晚节末路之难，惟学可以自保。如恪靖者，亦岂非不学之过哉！至力庇其子左子异，雪芹得其私书以示恪靖，恪靖竟置不问，谓其字皆俗体，非左子异所为，则直以强狠纵使为恶而已，吾窃为左氏伤之。陶少云见示其子陶益谦镜堂《惜阴书屋遗稿》，求为铭墓。附刻行述一卷，其长子陶煌所撰，文笔亦致佳也。

初九日。接殷默存、吴陶村、黄笛帆、常健吾各信。毛濂西、傅允仲、张介生、罗汝梅、常伯寅过谈。询之伯寅，府试第一人常炳生，其从兄也。常鲁青亦已来省。两日稍热，而大北风至竟未息。

初十日。苏紫溪、唐蓬洲、王逸梧、黎紫峰、张翊廷、朱韵泉、蔡竹泉、蔡浩楼、邹沅帆过谈。苏紫溪精地理之学，言屡过朱洲，知其形局必有结作，昨始得之，属一往相度。王逸梧亦言，近得刘象高谈地学绝精。初以言形势无过佘云阶，及与刘象高审定各处，知所见迥出佘云阶之上。云阶，佘星垣之兄也。适会欧阳清溪为予相度磊石山地，兼绘一图，举以询之苏紫溪。紫溪言，山龙趋入湖中，不以随龙枝脚为护送，无嫌一脉专行也。

十一日。诣潘琴轩中丞、但少村、刘彦臣、陈葵心、刘定夫、酆吉堂、黎紫峰、王汝臣、毛濂西、傅允仲、曾介石、曾莀臣、曾重伯、曾俊师。于琴轩中丞处晤王逸梧，久谈。黄子寿、蔡竹泉、李丽源过谈。

十二日。接曾沅浦宫保六月十八日书，及蔡汝循、龚眉生、毛澧浦各书。毛澧浦荐葛濬源，以看地为名，意在求荐一馆，未敢允之。蔡竹泉及绍西并于是日回县。致吴晴研、萧子远、唐桂生及槃希各信。邀谢视侯七人小酌。

十三日。雨。接袁瑜笙信。是日荐新，率儿辈上供祖先，因邀应试诸公为尝新之会。先夕谢视侯、张寄农、黎紫峰、王汝臣、毛濂西、张翊廷、傅允仲就饮。今日凡邀客二十馀辈，至者欧阳清溪、张介生、易淑子、罗汝梅、蔡虞城、毛杏荪、常伯寅、左佩勋、胡厚吾养吾、唐竹虚、李华卿、李麓渔、易翰芹，及用章、子惠、咏民。养吾、咏民不至。

十四日。寿星街奉祀高祖以下神主，以是日荐新，率儿辈上供。仍于六堆口邀集曾介石、曾莐臣、周霁垣、张惠甫、罗柢敷、罗茀生、徐仁羲及绍西、新吾小酌，莐臣、霁垣、绍西皆不至。寿星街头门铁环、铁键之属，屡次被窃，继查知分街捕快曰左松，曰贾贵，责令查追，亦置不理。至是系贾贵门首，求限明日追赔，而贼终不可得。法敝民顽，至斯极矣。

十五日。接李石仙、王逸梧、左长卿三信。文月卿、易淑子过谈。邀李次青、王实丞、刘定夫、张笛帆、周步瀛、唐鲁英、凌问樵小酌，问樵已归。次青见示所编《南岳志》二十六卷，凡分十四类，征引浩博，而一出之典雅，祝旷《岣嵝》旧志犹稊稗也。次青独力任修岳庙，而以往来南岳见闻考证所及，辑成此志，为功南岳多矣。属予为序之，所不能辞也。

十六日。王朗青、刘彦臣、张笠臣、言舫丞、夏舒山、高直斋过谈。涂次衡继至，述及潘琴轩有意招致之，兼欲任以教读，渠意不欲也。院署原有军务一席，左恪靖之遗也，岁由军需善后局开报千金。自王夔石废此席，遂亦并为例收之款，归其私橐，嗣是相援为例。琴轩能稍分此款，延致涂次衡，亦可资笔墨之助也。晚接吴恪生信，以母丧告。馈以十千之数，而止其讣告之烦，度其亲友间亦无有能资助之者也。

十七日。大雨。接张子衡、梅子宣、蔡少蕃各信。函致易芝生、易懋卿。亦接易芝生一信。高抟九过谈。回拜王朗青、李次青、龚云浦、刘祝廷、杨芝仙、陶少云、张笠臣、张惠甫、福世侯、刘彦臣、沈咏荪、齐卓然、王汝明、张云生、傅青馀、傅竹湘各处。避雨陶少云宅。李次青处晤彭丽生、王理庵。往见吴寘陔、庄翰堂，不晤。蔡少蕃自称蔡勉斋长子，蔡蓉仙之侄也，函求资助。其初生时，犹湘阴巨富也。人事变幻可惧。

十八日。阴，凉。董冰台、杨渭滨、周昌辅及玉舲过谈。昌辅以太湖协田名魁之子名瑞麒者，应得二品荫生，部议以未经引见难之，复经光绪二年以卓异保举引见，例得承荫，属一言之左相。此时但办承荫，自以由县具文归本籍办理为妥，容再查考。

十九日。由周霁垣赴黔之便，致曾挚民、周桂伍二信。亦接王梦虎、龚兰亭、区维瀚、陈葵心、周荔樵各信。周步瀛、刘牧村、王寿田、蔡蓉仙、陈子章过谈。周荔樵以已故巴陵县饶诗德、候补县邓子骏属一为潘琴轩中丞言之。而吾于琴轩踪迹甚疏，人不能相谅也。

二十日。大雨，凉甚。北风一发二十馀日，谷实不能坚好，重以雨寒，岁收殆无望也。接李健斋、黄次珪、陈诒生、酆慕唐各信。陈少轩、饶雨亭过谈。李健斋并录示曾劼刚致张振轩书，力主用兵之说，而又以不入安南境地为言，以为不可使衅端自我而开。其意直谓以虚声慑服洋人而已。徒以虚骄无实之言，荧惑朝廷之听，何为者哉？劼刚于此，失使臣之职矣。

廿一日。凉甚。接曾介石、吴晴研、吴莼庵各〔信〕。诣张笠臣、常鲁青，贺其子入学之喜。便拜左子健、朱香荪、涂次衡、曾静臣、董厚斋、董正斋、金耀廷。左子健昨日辞行赴金陵，顷往送，已开行矣。陈诒生、酆吉堂、庄翰堂、吴莱庭、左笃生、杨渭滨、毛杏荪来见。

廿二日。雨，寒。接刘静生、杨畅亭、左佩勋及鹤九各信。亦以毛荇荪赴县之便，寄吴晴研、炳文、鹤九一信。又寄赖古愚一信。李次青、钱斐臣过谈。

廿三日。大风雨，寒。接李勉林、李楷山、黄子寿各信。子寿将有沪渎之行，笠臣、子瀞并谓其托词沪渎，实则谋至金陵翻驳盐案。如此则情势均不能顺，恐未然也。曾介石来谈，为其戚友左更良潭局文案一缺，经但少村调赴洪江托口，属为斡旋，适得但少村回信，遂以与之。

廿四日。潘琴轩中丞、福世侯、董厚斋过谈。昨得周荔樵书，巴陵前令饶诗德，潘琴轩中丞曾语及之，其家室与其一孙极穷乏，属言之中丞。（言）〔吾〕以其言太无因，置不理也。董厚斋始语及饶诗德字厚田，即琴轩中丞自云南奉诏北行，守冰（庭洞）〔洞庭〕湖之舵杆洲，饶君为供给其火食者也。其意求得一厘金干馆。此极顺理成章之事，惜周荔樵不一详言之，至未一与琴轩言及，此荔樵之过也。

廿五日。毛濂西、傅允仲、余尧衢、李楷山、周芝窗及麓庵、舜民过谈。李次青邀同邓双坡、王实丞、傅青馀、陈葵心晚酌。晤庄翰堂，知饶桂轩已回局，就便一诣谈。

廿六日。接徐雨之、张叔和、郑陶斋信，并寄示《古今图书集成》、《殿本廿四史》书样。以三百六十金头等样式定《图书集成》一部。《殿本廿四史》以百元为约。此同文书局章程，较之点石斋百五十金增加至二倍以上，板式相较，所争无几，正恐同文书（屋）〔局〕未必能及西洋点石斋之信实也。曾重伯见示沅浦宫保家信，并录示李雨苍寄缄及复李雨苍缄，读之怃然。其探报法人在越南情形，新任西贡总督波滑，又添设东京总督夏文，前充暹罗领事，现已赴河内任。水师分布广南省之会安、度南及各扼要海口，断越南接济，并分布中国海口，以觇中国动静。法国有最大轮船六只，已有三只载兵三千名前赴海防，内载有水雷船二只，长八丈，阔三尺；浅水炮船八只，船身如鸭形，平底阔面，长十四五丈，宽四丈，均赴河内。头等铁甲船三只，约载五六千

（顿）〔吨〕，停泊海外，可以开炮轰击越南顺化都城。法人占据越南之南圻，名曰甘孛治，华人谓之高棉国，即明世真腊，兼并占城，所以为名，后又为越南兼并者也。陈葵心、戴柏生、李海涛及润民、东林枉过久谈。

廿七日。言舫丞、欧阳清溪、唐竹虚、张笠臣及绍西、箴士、子瀞诸人过谈。胡浴生告言，衡堂叔以廿二日疾终澧州学署，专澧足至省。适汝舟、子惠均已赴县。吴莱庭处亦有信。两年中一家当门户者乃去三人，可为悲叹。

廿八日。为李楷山致书欧阳静山，为庄理卿、庄凤喈致书王若农。邀姚桂轩、陈葵心、吴莱庭、陈诒生、曹润生、涂次衡、周荔樵、胡浴生早酌。朱枫乔过谈，语及胡云亭、钟藩甫以事相构，周良臣、吴莼庵、单仲允互相造言生事。吾皆不能知，所知独胡其祥、韩陛臣曾以相求，为寓书龚瓶安属令理处而已。

廿九日。接陈国卿、周芝窗二信，又以绍西赴鄂之便，寄王荔村一信。陈国卿所托代谋者，一唐沅圃军门，一裴樾岑，一陈舫仙，一曾沅浦宫保，并属由胡万昌缄示天津锅店街文美斋。吾力皆能言之，而苦诸公位置国卿者正不易也。张笠臣邀同彭丽生、傅青馀、李次青、朱香荪晚酌，香荪以病不至。笠臣述悉邓双坡、黄子寿相持情形，高抟九亦极不谓然。始悟黄子寿及陈德生所收六票，由汪君递交卞诵生，意在转告左相，求免注销也。汪君为汪莼卿之子。子寿用心太深，至于溃决四溢，殆难以自解也。是日热极，下午雨。

八月

八月初一日戊申。接易卓超信。尹和伯、常炳生、刘葆吾、邵兆平、彭赣钦诸生枉过。尹和伯见示新刻所注《阴符经解谊》，适曹咏生亦见示新刻刘念台先生《人谱》，盖蒋弋香刻之桂阳县署者，即金溪赵氏本也，为曹咏生旧藏，弋香仿刻之。

初二日。接李芋生信，盖为单仲允强使寓书芋生，芋生亦强为予一诣李子瑞，大都牵迫于人情者也。蒋弋香、李次青、王理安、盛少康过谈，遂尽一日之力。以张笠臣生〔辰〕，为致酒面，系以两小诗云：今年生日异他年，应集笙歌敞贺筵，我亦举觞相庆祝，万丝银面五千鞭。　郎君入学正当时，也为阿翁进一卮，扇橐荷包兼致贺，包他联榜又联枝。

初三日。接周良臣信。王亦陶、陈龙门、陈麓生过谈。往拜孙春皋、唐夔友、丁次谷、王桐轩、刘纪堂、王逸梧、劳恺臣、蒋弋香、彭丽生、芝棣、张笠臣、奎生、黄坤浦、王亦陶、张庆勋，及致吊朱秬泉及何伯元之夫人。朱宅陪宾为闵丕斋，何宅陪宾为黄子希，即何宅西席也。朱秬泉子存者二人：一朱稚泉，一朱肖泉。

初四日。蔡葆初、刘定夫过谈。接王益吾、王亦陶各信。彭丽生邀同李次青、刘祝廷、张笠臣、陈寿田、冯石臣晚酌，祝廷、笠臣不至。李次青告言，廷寄查询节次保举各员，意城名列第一。乃以身后微名，上邀朝廷记录。潘琴轩中丞竟不一枉示，其惑于卞诵生狂悖之言，殆已深入肺腑矣，为之怃然。

初五日。李次青、周良臣过谈。湘人名周群菁者，以入学张罗，具柬称乡愚弟。以为必老年也，询之李麓渔，则年二十馀，其从兄周群莪为子湝妹婿。其妄自尊大如此！因戒门者，凡入学具柬，一概辞之，以不乐见周群菁之狂肆，恐或相踵效尤也。

初六日。为李次青致书张寿泉，又致潘琴轩中丞一信。李杜生、李茀生、熊笏卿及东林过谈。笏卿为易芝生外甥孙，芝生令送致子瀞所交颐庆长、颐庆增二票预厘银，而扣存鄂咨，殆犹黄子寿所授意也。为复易芝生一信，仍令熊笏卿带还。

初七日。接陈展堂、李次青二信。守蓉仙、贾清臣过谈。清臣为次青赏擢武员中稍具识解者。当复次青一（次）〔信〕，又致王逸梧一信。守蓉仙亦递到经笙一信，知张叔平尚留滞辰州，以（买）〔卖〕画为生，而所待以养者十馀辈，是以日在困顿中。如叔平之不善自谋，殆亦难与为计也。数日热极，是夕大风微雨，稍凉。

初八日。为曾媳禫服之期，谢客一日，为文告祖，并率两孙行升祔之礼。亲友至者三席，相礼则黄荃孙、邓觐秋、酆慕唐、李华卿；执事则袁瑜笙、梅子宣、熊石生、易翰芹；其诸宾客庄翰堂、朱峰乔、曾重伯、李麓渔及诸子侄及亲友后辈共二十五人。

初九日。接黄桐轩、王益吾二信，亦致夏辉南及炳文二信，为意城拟请从祀三公祠公呈，子瀞原稿立言多未得体也。陈少轩过谈。又接郭大振一信，其言亦谓琴轩中丞遇事咨问，省城亦遍传此言，而实无此也。楚人好谣，自古为然，无足怪也。

初十日。接盛展奇、姜昆山、吴莼庵各信。吴莱庭、邓子柔、陈镜亭、饶雨亭来谈。陈镜亭送其大父《易解》，求送国史馆，并言其从兄陈亮斋为刘毅斋办理粮台，以知州留甘肃补用。

十一日。接何相山、酆慕唐二信，亦寄欧阳静山、朱宇田二信。以禹田去秋相假万金，即以欧阳静山扬州代存万金一折交还宇田，以清款目。子瀞邀同李次青、李作舟、王逸梧晚酌，作舟方应嵇伯润之召，即日赴苏州。

十二日。接苏紫溪、张南屏、邹闻生各信。韩勉吾、葛瀚丞、李弼臣过谈。勉吾自京回，述叙曾沅浦宫保之去粤，实以张幼樵一疏，而李兰生为之主持。言路（萧）〔嚣〕然主战，廖仲山直请以办理法兰西事交醇王一人。不独迎合朝廷意旨，直欲借此援系醇邸。小人胆大无耻，一至如此，可胜骇愕。

十三日。兰生至省。接到翰舟、槃希二信，亦接经生一信。即以致吴晴研信便附致槃希。往拜潘琴轩中丞、守蓉仙、福世侯、周稚威、闵丕斋、金耀庭、王霁亭、黄次圭诸大令、黄芍岩军门、酆吉堂、贾清臣、韩淦泉、瞿子玖、周荔樵、杨鹏海、王怀钦、黄子寿、黄子襄、吴定邦、韩勉吾、李作舟、杨绳之、陈镜亭、颜芸斋。随赴彭溧樵之召，处置彭怡生家事，仅得一彭丽生作陪，夜久始归。

十四日。接黄子冶、朱宇田、殷少乔、杨星堂各信。方料理节事，李麓渔乃以求忠书院课文求审定。人事纷集，颇以为苦。

十五日。以子寿赴上海之便，顺致徐雨之、张叔和、郑陶斋、聂仲芳此信未交带各信。随接徐雨之、郑陶斋信，似《图书集成》已有定局，八月内即可开刻。所托之子寿者，正以点石斋与同文书局同时并举，不能不相（防）〔妨〕碍，欲得一准信，乃敢汇寄书价也。唐竹虚、徐仁羲、李华卿及麓安、寅伯枉过。晚邀张昆生、邓子柔、杨绳之、葛濬源、酆慕唐、李麓渔、杨毓吾为中秋之宴。适王亦陶枉过，为仆人所阻，旋得其一信。是夕踏月至陈程初、周步瀛。步瀛已开回安仁，程初外出，因至邓双坡处谈。张昆生见示溆浦艾式成古今体诗，极有奇气，闻其人通天文之学，亦知堪舆小术，辰州近时一学者也。

十六日。裕蓉坪、徐仁羲枉过。蓉坪屡约来见，适赴刘韫老，未晤。邓双坡、王亦陶、王实丞、傅青馀为公局致贺韫老两孙同中乡举之喜，予辞不至。邓双坡固以为言，乃于傍晚时一至小坐。

十七日。接汤斐斋、姜昆山、朱香荪各信。陈兰荪、龙树棠、言舫丞、戴柏生及东林过谈。日为此等无谓之酬应所苦，生世果何为也？杨绳之、杨翼之求字，告言今下午起程回常德，方拟书交之而傅青馀至，张笠臣及子敬亦随至，因留饭至夕。青馀告知潘琴轩见询之语，回答太不得体，又全失事实。蹇运所值，无往而不抵牾。于此亦颇疑青馀之有意相倾也。

十八日。风，寒。回拜吴云谷、但少村、裕蓉坪、张紫联、李次青、黄子寿、李黼堂、陈兰森、曾介石、曾重伯，遂尽一日之力。龙树堂枉过，本以诗求资助，两日竟忘之，精力之衰如此。晚次，刘筱崧过谈。

十九日。雨，寒。接宋楚卿及清臣信。以子寿上海之行阻风江次，遣人约一至家，谋竭诚晓谕之，而已于昨下午开行矣。胡子威、曾重伯、胡镜心、张懋亭过谈。朱峰乔善星家言，为予推星度所值，云自去年四月入壁水度，为本命劫度，至甲申年八月始出此度。计此年半之中，耗财受气，所历皆然。至于偶尔相值，尽化寇仇，几无侧足之地。始悉星家言之有验。而彭用舟推言甲申五月出度，黄涤帆又推言甲申二月。以询之赖古愚，与朱峰乔略同。计此一度中，步步皆危境也，使人思之茫然。

二十日。雨，寒。陈少轩、陈程初、李芋生、彭丽生、彭念苏、酆慕唐、葛濬源、唐竹虚、徐仁羲过谈。易桂生属为瑟铭，以汉中府制备乐器，易兰生方督厘汉中，谋仿长沙府学宫为之，桂生不能言其制，铭文大小不能知，因属令详悉考求。慕唐已就洪秋帆馆席，来告言二三日内即启行。

廿一日。龚振之赴县，寄常健吾一信，兼致其母挽幛。亦接饶岱霞、戴柏斋二信。朱禹田过谈。晚次，王实丞、张笠臣及子瀞复过久谈。盛展奇专足守取回信，略书数语寄之。

廿二日。裕蓉坪、唐蓬洲、凌问樵、张芳城过谈，芳城为张寿荃之侄，遣赴城清理太和存款。随往回拜裕蓉坪、朱禹田、凌问樵、李芋生、邓子柔。与芋生谈及近时事局，相与怃然。夏星泉、张茂亭、张时泰相与议论张寿安事，迫以不得不由县清理。不谓张子健之累人，竟至于此。处今之时而遇此等无理，正未知所终极也。

廿三日。接李次青信，论府学事宜。当遣人问毛濂西、傅允仲，则已回县矣。吴云谷过谈，语及盛锡吾采办铅斤事，为庞省三方伯所持，属为解说。方伯于鄙人构怨方深，将更阶之厉而已。锡吾性亢，于仕宦非宜，以处今之世，求免难矣。黎紫峰、王汝臣、夏舒山、夏星泉过谈，夏舒山递到鹤九一信。

廿四日。接文兰舫、严少韩、邹闻生、陈国卿四信。又由胡万昌送回七月初三日所寄曾沅浦宫保一信。沅老七月廿二日交卸，其起程时距发信之日已逾二十日，而不能递到，信局之荒谬如此。吴云谷为其尊人作生日，一往致祝。旋为曾重伯贺其亲婚之喜，为媒说者凌问樵、龙研仙，送亲则唐伯清、唐存之，其馀宾客约二十馀人。便道诣高抟九、唐蓬洲、黄子襄、邓星伍诸处谈。

廿五日。雨，寒。任禹田过谈。张雨珊、冶秋昆仲来省，一往致唁。便回拜成静斋、李次青，次青外出。孙次韩为冶秋照料人客，询知恽彦彬纠劾公符之信，传闻甚确，恐难自立。

廿六日。雨，寒。蒋弋香、王实丞过谈，述及湖南吏治之坏，一意苛扰百姓，纵官吏为非，暴虐奸宄，通上下皆然，乱机已兆矣。风俗人心，益加偷敝，恐为祸必不远也。无智愚皆知忧之，独在官者不悟，此所以可慨也。闻之怃然，终日不能自适。

廿七日。毛濂西、傅允仲、罗子昭、左笃生专足递到一信，当以一信复之。守蓉仙、严秬香、艾式成、丁子开过谈。晚邀李次青、韩勔吾、黄子襄、严秬香小酌。本邀凌问樵、曾介石、曾岳崧、欧阳可舟诸人明午一饭，而以韩勔吾、黄子襄并称明日赴乡，诸人因亦力辞。曾重伯适送酒席，即邀今午一叙也。

廿八日。雨。接韩勉吾、朱香荪、任禹田及玉舲四信。潘琴轩中丞、周履青、傅苏海过谈。凌问樵、李次青开设山东赈局储备仓，约一会议，比至而诸人已散，惟与次青、问樵二人商议办法。随过彭丽生、严秬香、任禹田。闻曾沅浦回湘乡，其眷属并于今日抵省，一往视之。七月初三日由胡万昌递寄沅浦宫保一信，距宫保启行时已逾二十日，又不于途次递投，直至今兹，始行送还。闻其家当专足赴湘乡，即以此信托其汇呈。琴轩中丞见示肃毅伯相信，述及直隶水灾之剧，并于安南军务，滇、粤军皆与刘永福犄角。粤西奏报，直谓不独滇境不准通商，即红河亦不准其通商。不悟法酋若踞有保胜，直将自立税关，不复与闻中国，岂粤西所能禁阻。其不明事理如此。李兰生主张清流，贻害国家，大祸在眉睫间而不知悟，则亦真无如之何矣。

廿九日。雨。接龚荣浦、朱香荪、葛瀚丞三信。盛锡吾、张崑生、欧阳可舟过谈。晚次，徐仁羲过谈，述及厘局提调陈国仲之言。但少村以举荐罗德辉，据为罪状，明言攻之。自但少村受命下诵臣，谋空去子瀞缴领盐票银九万馀两，蓄意与我为难，借端以抵其罅，亦早能知之。而求请者方踵门而至，反复开谕，讫无省悟，只能忍心置之而已。

三十日。李梅臣、汤肖安、葛瀚丞过谈。梅臣于张幼樵之赴陕西，越、法之定新约十五条，皆不能知；而所述陈右铭劾奏张幼樵一节，吾亦尚不知也。随诣余氏商议迁居湘乡之计。并过王益吾、张笠臣谈。笠臣言：皖人朱养初，为黄子寿司会计，探访饶氏家计极详，前捕送范清华、饶禹亭，皆用朱养初之计也。亦可谓精能矣。

九月

九月初一日戊寅。接郑陶斋、陈子濬、张崑生、周昌辅、罗楚卿各信。曾慕陶、曾霖生过谈。是日致祭船山祠，就便一开社讲，到者熊鹤村、彭丽生、傅青馀、凌问樵、韩勔吾、左长卿、李次青、龙研仙、黄望之、朱耻江凡十一人。嵩焘宣讲，言开设此会四年，以禁烟为名，亦期相与讲求持身涉世之方，亦明知其无益，姑存此规模，以待贤者之兴。数年以来，亦觉人心风俗，日趋凉薄，然亦勉强相安。自增加盐引，受累繁多。生计日益萧条。察察人心之偷敝，亦竟穷于思议。今年山东、直隶水灾，奉天雨灾，江南里下河一带水灾，广东风灾，南洋楮达地陷之灾，《申报》所载，穷见叠出。湖南去岁歉收，今年便觉饥荒，又兼以虫荒、水荒，然亦竟得中稔，较之各省灾荒，固为胜之。此为可幸，亦最为可惧，以人心风俗尚不能及山东、直隶、奉天一带之纯朴，而反幸邀天眷，此尤当猛省者。自古世道之乱，原本人心风俗，而其患皆起于士大夫。吾亦自觉数年以来，德业未尝有进，且岌岌有日退之势。张子云：士君子处治朝则德日进，处乱朝则德日退。此亦自然之理。用此展转以自趋于乱，吾辈士君子之责，亦何辞以自解？所以汲汲望君等之相与维持之。彭丽生言：窃观今日人士之敝，莫甚于无耻，尤莫甚于好利，其终归于放肆。晋人以清谈致乱，其时犹知崇尚名节，顾惜清议。今则一世不顾。自乾嘉以来，学者一意诋毁宋儒，直将作人的规模，毁坏净尽。人心风俗，安得不坏？嵩焘复言：丽生所论三弊，深中今日学者隐微，而无耻为尤可惧。孟子云：耻之于人大矣。孔子论士，发端便说行己有耻。此语包罗最广。如宗族称孝，乡党称弟，尚属其次。尚有心，自然不敢不孝，不敢不弟。耻者，动于心之不自安也。人生大弊，只坐好利。要须是有耻，则利中多少层节，自然推勘分明。是以耻之一字，于人士尤为吃紧。放纵与（利与）〔好利〕两途，然其归宿则一。一念之无耻，可以无所忌惮，无所顾惜。此三语足当今世士人顶门一针，吾特一与申明。熊鹤村、彭丽生因极论张幼樵之文章气节，议者犹或非之，心为之不平。嵩焘谓幼樵聪明而优于才，其志节正待养成。朝廷所以用之，则全失其宜，直是纵令讦告。进退大臣，视其一言，其权势之煊赫，至于倾动朝野。所以然者，以李兰生为之奥援耳。自古岂有居显要之地，与政府交相结纳，而可云气节者乎？韩勔吾因言京师议论，谓其在翰院与张振轩世兄交密，谋以军务邀求保举，张振轩因奏请帮办军务。恭邸以翰林近臣，不当奏调为言，张幼樵乃大惧，谋之陈伯潜。伯潜以为必一参劾张振轩，乃可以解释人言，因请以擅调近臣议处直督。京师知此者，皆心非之。嵩焘谓勿论其他，只肃毅伯相为幼樵添设问津书院名目，岁致千二百金，幼樵坐受此脩数年，既转副宪，乃推以荐之黄再同。以一翰林，坐受地方大臣千二百金之干金，徒以其为权要人也，曲意（罗张）〔张罗〕之，而竟腼然受之不辞。既以副宪居风宪之地，不宜受此无名之惠，辞之可也，又举以属之黄再同。此有二义：再同亦有梗直之名，幼樵欲与共享此利，以为此义取也，无不可受也，是强与同污也。且以明肃毅此举，并非为渠而设。若荐之他人，肃毅必不肯允，而与黄子寿数十年至交，以属之再同，肃毅必不肯违异。是使与者受者皆甘心受其笼络，此小人心计之尤巧者也。吾直不敢以谓然。张幼樵首参李肃毅，卞诵生首参曾文正，皆以此上邀朝廷之眷，即此可以定其为人矣。君子成人之美，如幼樵之才，犹能崇尚名节，亦今时士大夫所难。独苦李兰生无大臣之才识，而一意援引之，使行其刻薄矫激，以成一时操切之政，关系实非浅鲜。非知道之君子，谁与辨之？乃击鼓而罢。是日诸生听讲者：刘若华、陈子濬、李子韶、张鹤臣、刘静生、萧权衡，凡六人。

初二日。接艾成式及汉舟、槃希信，当复汉舟、槃希一信。张雨珊、冶秋邀请陪吊，所陪潘琴轩中丞，曹竹铭学使，庞省三方伯，夏芝岑、郭定轩、但少村三观察，盛锡吾太守。孙春皋廉访则大早已致奠去。其馀各官，未暇候也。同在张处照料者：徐云渠、王雁峰、彭丽生、傅青馀、李次青、俞鹤皋、成静斋、陶少云、陈程初、任雨田、姚斋云、周笠西。闻诸周笠西之言：孙公符参案，经林贞伯奏复六款，多骇人听闻者。贵州学政一缺，不以畀之孙君诒而畀之孙公符，亦孙氏之不幸也。

初三日。接张超堂，聂仲芳二信。蒋弋香、夏舒山、袁绶瑜过谈。弋香与唐蓬洲皆牧令中贤者。舒山见述各情，始悟毛濂西诸君前信，迫于李子瑞之拘求。一县得一好官，即一县治；一省得一好官，即一省治。如卞诵生，所谓为乱者也。枢府诸公以其叱英香岩相国为汉奸，从而奖励之，强任以疆事，若惟恐乱之不速者。此非人之所能为也，天也。

初四日。接盛锡吾信并所绘越南国图，当以一信复之。今西贡河及保胜之红河，舆图皆不载，疑《明史》所谓新州港者，即今西贡河也。《明史》称：占城遣使言其地东至海，西至黎人山，南至占腊，北至阿本喇补，凡三千五百馀里。是占城一国，地已不小，占腊尚在其南。其所叙佛灵山、邦都郎，今皆不知为何地，古今异名者原多也。大率红河即黑江，其枝流出自开化者，为盘龙江，出自蒙自之学海者为强江。保胜或即宣光之保乐州。上出盘龙江者，与强江合流为宣江。分流出海凡数口，最南曰神符海口，近距南定省，北上为河内省，又北上为北宁省。法人滋扰河内，轮船皆入此口，顺化都城在其西南。越南地势椭长，清华、宣平、南定三省又东迤横出海面。越南之距法人，竟亦无可扼要以守者矣。瞿子玖、谭伯均、陈子濬过谈。回拜黄小泉、蒋弋香、黄子厚、张笠臣、张惠甫，至晚始归。

初五日。董厚斋、易叔辉过谈。接常健吾、艾成式、张笠臣各信。《申报》载：刘永福与法人相持，屡荷胜仗，乘胜进围河内。阅之神王。此时枢廷有一二能者，极可设法调处，以操全算。惜乎京师无一知洋务者，将终至不可收拾也。黄小泉告言：三四日来，夕阳西下，红光亘天，至夜久犹然。昨夜视之果然。今日云重天阴，西方犹隐隐见红光，入夜犹然。此亦氛祲之一端也。

初六日。曾沅浦宫保回省，急往一见。成静斋、凌问樵并先后至。沅老述及在粤销患无形数事。洋人枪毙一人，伤二人，陈尸于市，人情汹汹，各国领事府皆戒严。谕广州府萧屺山弹压，并出示晓谕。而先令邓安邦料理枪毙一人，厚恤其家，使具领掩埋，枪伤二人，给与养伤之资，使各就医以去。人心遂以大安。所费二三百圆，府县无知料理者。其一裁减兵饷二成，各营遂相约不复领饷，文武官皆惧。时藩司上详抚部已批准，沅老固不允也，至（自）〔是〕传集三营将官，密令具禀督抚及两提军乞情，以便转湾，如是军心亦大定。此皆所谓销患无形者也。始终不一治海防，京师大哗，而洋人以是相与倾服。能知洋情者，固洋人所最心服者也。周荔樵为其子完姻，一往道贺。陈少轩、艾成式、戴柏斋过谈。

初七日。田月村、邓葆之、彭丽生、张笠臣[1]。本为邹云泉书

---

[1]此处疑有脱字。

写墓志，饬门者谢客，而丽生、笠臣并过久谈，草率成章。下午诣曾沅浦宫保谈。

初八日。接唐羲臣、朱禹田、王荔村、邓星五、饶岱霞、葛瀚丞、言湛甫、龚眉生、易菊生及敏夫、鹤九、寅伯各信。亦寄潘伯寅尚书一信，由日升昌邓星五汇递，惟得其一回片而已。又由邓子柔寄况颜山太守一信。龚少兰、少溪、王惠泉过谈。回拜邓葆之，田月村，龚少兰、少溪，张雨珊、冶秋。

初九日。微雨。吴莱庭、张冶秋过谈。张笠臣约为重九之会。自去夏至今，佳节皆虚度，笠臣始举行也。同席吴云谷、熊鹤村、傅青馀、李次青、邓葆之、彭丽生共八人，合五百十二岁。云谷年最少，才五十一。笠臣、葆之各五十三。吾与青馀各六十六。丽生七十七。鹤村八十三。实在王午云处会饮，分两局围棋。有诗云：午云湖上有高楼，九日招酣酒百瓯。荆树几枝花正放，楸枰两局子分投。时方凉薄君青眼，客尽英年我白头。赖有少年狂兴在，秋行春令寄清讴。又叠前韵为诗云：才向王维问倚楼，又同张旭倒琼瓯。酒多情绪诗难写，客自流连辖漫投。叙齿欲追伊洛侣，衔觞岂必华峰头。却因重九生奢望，高处年年共醉讴。

初十日。接徐雨之、郑陶斋、邓弥之、彭笙陔各信。笙陔并寄示所著《诗通□》，由邓葆之送到。黄绍晞、张晦甫过谈。

十一日。接黄幼森、盛锡吾二信。锡吾见示重订越南国图，并徐晓山所绘图。徐图盖详于文而略于事，于西贡及保胜扼要之处多从阙如，则并绘图之意亦失之矣。孙春皋、郭乔生、郭兰生枉过。是日李次青、俞鹤皋、成静斋、陈德生、黄子襄邀集浩园，会议意城附祀三公祠，予为之主。到者十二人。王逸吾、瞿子玖皆未登席。其留饮者：徐云渠、彭丽生、王雁峰、李次青、俞鹤皋、成静斋、陈德生、陈璞山、李仲穆、任禹田。惟凌问樵、汪镜清二人书到而久候不至。迟延太久，入夕始归。

十二日。为戴柏生寄刘毅斋通政一（席）〔信〕。又以易淑子回县，托转寄黄石珊一信。并寄陈宅及吴晴研、萧子远、唐桂生各信。胡子和、易淑子过谈，胡子和亦带到胡其祥一信。邀王逸梧、瞿子玖、张雨珊、张冶秋、翁少兰、翁少溪及子瀞小酌，少兰以病不至。

十三日。雨。曾沅浦宫保奉到八月廿三日寄谕，以张振轩奏称增筑炮台、招集渔船各节，均未办理，奉旨诘问，属拟陈复一稿。成静斋告言：王若农致王朗青信，彭雪芹已奉旨办理军务。据称法事益急，并有兵船驶至广东。而杨鹏海接云南信，则称八月十八九两日，黑旗大获全胜，掳法人火轮船二艘。二说参差过甚，而似皆非诳语。守蓉仙过谈。是夕邀邓葆之、成静斋、凌问樵、杨鹏海、杨芝生、张晦甫小酌。本邀李梅臣、龙研仙，梅臣、研仙适已赴乡，改约芝生、晦甫也。

十四日。接顾籽良、左佩勋及笙陔叔及用舟、子惠各信。易叔辉、危笙陔来见。邀周蝶园、盛锡吾、钱子宣、蒋弋香、守蓉仙、董厚斋、邓复心小酌。适曾沅浦宫保以复奏折稿见示，彭雪芹又适枉过，均以客在坐（及未）〔未及〕照料，极以歉然。

十五日。接朱禹田、黄麓森、杨鹏海、张逸廷、罗子昭、刘筱楼及翰舟各信。亦复朱禹田、张掖廷及翰舟三信。回拜刘晦复、徐云渠、俞鹤皋、李次青、成静斋、黄麓森、唐继武、郭乔森、郭兰森、张元畅、朱香荪诸处。晚过曾沅浦宫保谈。李次青处晤欧阳容堂、任禹田。曾宫保处晤刘南云、欧阳可舟。

十六日。接陈少轩信。彭雪芹宫保过谈。子瀞邀集徐云渠、王雁峰、俞鹤皋、成静斋、任禹田、李次青至舍小酌，酌请四人诣院署投递公呈，为故意城弟从祀曾文正及三公祠，并宣付史馆。

回拜彭雪芹宫保、周步瀛、张笠臣、张惠甫、陈柏商太史，并为周顺循唁其失怙之戚。随过王实丞会饮，同席邓双坡、傅青馀、李次青、周荔樵。晚归，知刘南云、魏钰名、余尧衢枉过。

十七日。接徐云渠、汤肖庵、李次青、彭雪芹宫保各信。曾沅浦宫保、潘琴轩中丞、李次青、周步瀛、魏钰名、郭荫生、瞿景伊、蔡竹泉枉过。自朝至夕，未稍休息。

十八日。接左季高中堂、杨石泉、彭雪芹、魏钰名、朱芗森各信。回拜刘南云、魏钰名、钱子宣、郭荫生，并为王咏生太夫人祝寿。赴彭雪芹宫保之约，凡二席，十四人。邓双坡、王实丞、李次青、陶少云、凌问樵、王逸吾、杨芝仙、胡少芝、曾重伯、李萼楼、朱秋航、陈程初并同席。雪芹求缮折者，以魏伯勤荐之。李次青又荐陈炳初，陈寿林之子也。雪芹因缄辞魏伯勤。比相见言之，又以接许在前，因并言之。惟于魏钰名、易筱楼力辞不允，亦各有因缘，不能强也。

十九日。彭雪芹宫保早过谈。曾沅浦宫保以是日为其孙慕陶完姻，一往道贺。便诣李次青、朱香荪、张力臣三处久谈。沅浦宫保所见洋务极精透，识解尤远且大。吾初自视方今言洋务当首屈一指，与沅老谈，自愧不如，其神识过人远矣。

二十日。为李玉清润金致书裕蓉坪，并以饶岱霞托之。为郭海青致书郭定轩。彭雪芹宫保、张笛帆枉过。邓双坡前辈邀同王实丞、李次青、凌问樵、陈程初陪宴彭雪芹宫保，次青已于是日回平江。是夕，又以意城从祀文正公祠，寓书曾介石，托求沅浦宫(后)〔保〕抵京后言之同乡诸公，同与维持之。

廿一日。接胡其祥、姚庶侯、朱炳垣、彭韫青、陈子濬及席山、清臣各信。王寿田、黄昆圃、余尧衢、朱峰乔、邓子柔、杨渭滨、蔡竹泉、梅子宣及一心和尚过谈，遂尽一日之力。凡枉书及过谈者，大率谋馆、求事、乞资助而已。余尧衢乃为黄子厚假贷三百金，为赴豫候补之资。不情之请，生平未敢施之于人，而层见叠出以施之我，真理所不解者也。

廿二日。邓子柔赴金陵谒见恪靖侯相，便复恪靖一信。亦接陈云庵信。为曾沅浦宫保送行，便回拜陈来星、黄子润、李黼堂、张笛帆、任芝田、凌问樵、周蝶园、王亦陶诸处。来星为陈舫仙之弟。黄子润寓居黄曙楼宅。曙楼，黄觐瑜之弟也。

廿三日。陈子濬随同沅浦宫保赴清浦，留递潘君封鄗一信，文笔绝佳。补寄杨石泉、陈舫仙二信，并托沅浦宫保带交。接袁子文信，由彭伯昂带到。诣沅浦宫保及张笠臣两处谈。

廿四日。寄胡其祥信。又以黄幼森家属赴耒阳，寄复於桐轩一信。王旭初、杨馨堂、易小楼、吴鹤臣、陈燮庵、陈筠庵过谈。黄东发言当时大弊，曰民穷，曰兵弱，曰财匮，曰士大夫无耻。此四者，自古末流之世之通患，而于今日情事为尤切。更涉世故四十年，深悟士大夫之无耻，无往不极其致。其端兆自人心，而其害必中于国家。求免于危乱，难矣。

廿五日。以杨馨堂回县之便，致吴晴研一信，亦接杨馨堂信，求资助。诣周荔樵，贺其太夫人生辰。便拜李筱屏、严秬香、周芾棠、俞鹤皋、胡希元。自廿二夜大风三日，至是始有寒意。吴蓂陔、魏伯琴晚过谈。

廿六日。接殷少侨、严秬香及鹤九各信。诣朱佛宜宅，贺其子完姻之喜，陪者王宾义、朱航仙。王为王半溪之侄孙，得询知半溪仅馀一孙，与王宾义从昆弟二人而已。便拜陈少轩、王绶卿、刘云樵、任禹田、张笠臣、黄昆圃、陈右铭，并久谈。

廿七日。接朱宇田、李连城二信。禹田荐曹谷辰充当讲舍监院，因函告彭丽生，当并陆恒斋、左绍明三人酌定一人，并开示补肄业生：黄兆斌监吾，惺溪先生之曾孙也；善化杨廷瑞，陈文泉之婿；湘阴彭锡畴。凡三人，托其记存。刘云樵、黄子润、李芋生、周良臣、左佩勋过谈。刘云樵一军亦派随王绶卿军门同由海道赴粤。黄子润为黄非云之子，寓居黄曙楼宅，并言黄润森、黄季度皆其从兄弟。润森之弟云阶，现官广东通判。子润、润森皆喜谈地学。

廿八日。致孙春皋、苏子熙二信，亦接孙春皋、唐泉伯、洪秋帆、王实丞、陈松生及经笙各信。陈少轩、王实丞、彭丽生、周芾棠、姚雨苍、盛海澜、彭韵青、王理安及文思诸人过谈，遂尽一日之力。回拜李芋生、周芾棠、唐鲁英、柳仲平。终日会客，晚见门簿，专谢丁次谷一人。仆人之谬如此。

廿九日。接张寿荃及子瀞信。黄昆圃约同萧隽云出南门看地，先至石人冲之石竹坎张姓山，其山尽处即何子贞前辈葬地。旋至木莲冲、莲塘两处，系省龙分枝，前后枝脚均作小结。木莲冲为汤姓生基，莲塘则蒋姓山也，均略有形局，而非上吉地。回至石马铺午饭，昆圃治席相款，颇为烦费。尚有阿弥岭一处，以天时近晚不能往。

三十日。接欧阳静山、高济川、黄子厚、彭丽生及毛濂西、陈笛舫、任西堂、刘小楼、罗子昭、张翊廷各信。刘云樵、瞿景伊、唐竹虚、蔡竹泉、蔡浩楼、夏心泉、张子健来见。知刘云樵以明日起程赴粤，随往送行，便过朱宇田、谭心可、丁次谷。宇田方谢客，旋亦枉过，与商思贤讲舍及欧阳静山函示轮船及存款二事。

十月

十月初一日戊申。接夏舒山、周良臣、钟景堂各信，亦复毛濂西、陈笛舫、任西堂、刘小楼、罗子昭、张翊廷公信。陈右铭、熊叔雅过谈。谭心可、成静斋以是日入督销局接办，一往致贺，兼为邓春田送行。便拜黄海缘、柳浦珊、张笠臣。谭心可处晤曾岳松、陈质臣，黄海缘处〔晤〕罗子鸿，张笠臣处晤陈右铭、杨石山。陈右铭述叙京师所闻李兰生、张幼樵轶行，兼诵李兰生为左相竹枝词。其一云：军营弄惯入军机，饭罢中书日未西。坐久始知春昼永，八方无事诏书稀。左相初入觐，上问能早起否，答言：在军营弄惯。弄惯二字，盖楚语也。又每入直，动云：坐久了，可以散罢。八方无事诏书稀，则所在军机处常诵之语也。又一联云：细君爱听恭（惟）〔维〕语，独步京城豆腐干。左相如夫人善为豆腐干，以馈诸要人，在军机常言：语老妾云：王爷及诸中堂大人并称汝豆腐干独步京师。此等皆外人所不能知，李兰生常举以告人，知必兰生所自撰也。两人同为国元老，同直枢密，而轻薄如此，京师论者亦皆不谓然也。

初二日。接王实丞、左长卿二信。谭心可、傅青馀、王逸吾、丁次谷、陈来星过谈。是夕邀萧隽云、任芝田、王寿田、黄昆圃、瞿景伊、蔡竹泉小酌。本意邀夏舒山、黄子润、李筱平、彭伯昂，伯昂赴乡，诸君亦展转歧左。大率终日为人客所苦，遂致一切疏忽，老年精力衰惫，真所不能堪也。

初三日。寄左季高中堂一信。何伯元邀请陪吊，同集者徐云渠、傅青馀、王雁峰、俞鹤皋、陶少云、陈程初、杨友山。时各官皆已前至，所陪曹竹铭、吴云谷数君而已。随拜王逸梧、刘象高、萧陆仙、黄昆圃、邓葆之、曹竹铭、刘韫斋中丞。何诗荪始回省，即觅得一地绝佳。其次弟竹生，官福建长泰县，亦以是日抵家，得相见，一相慰问。

初四日。接洪秋帆、吴斗枢、朱峰乔三信。彭丽生过谈，述酆翰甫之言，与吴斗枢信语略同，云平江人钟蔚霞讦李次青七十二款于京师，凡万馀言。询之吴云谷，讫无知者，其为谣言无疑。又接李少楼、左笃生信。黄振斋、闵萃吾、李笃生、袁绶瑜过谈。

初五日。邀同刘象高、萧陆仙相度木马田先茔。黄昆圃亦请偕行，并言山势均趋张姓地，杨梅山不可立穴。每一至山，愈见张姓地之佳，惜其葬法亦微有不合。象高、陆仙均（观）〔劝〕迁改先茔。自葬（法）〔后〕三十馀年，无日不存此心。而无如吉地不可得何也！

初六日。雨。刘象高先启行赶入城。询知健甫葬地平田冲，相距百叶铺三四里。与萧陆仙、黄昆圃从百叶铺步行。访得葬地在李在田宅后，山垂一乳，左右有砂，而穴情未甚的确。陆仙、昆圃皆不谓然也。本意赴月塘，至雷公塘凤山寺视陆仙所相地，竟为雨阻。至渡头桥，闻渡头桥至月塘不过数里，拟候明日晴雨何如，再定计一往相度。

初七日。雨。一雨两日夜，入秋以来所未有也。通计三十馀年为父母及妻若子觅地，每一出门必遇雨。不独地不可得，并一看地，天亦若厌之。德薄能浅，滥叨富贵，而犹欲求身后之荫，宜为鬼神所忌。然耿耿愚忱，但求得一安稳而已，不敢有冀幸之心也。即此亦足征门祚之薄，而为天心之所不属也。萧陆仙所云凤山寺一地，距渡头桥四里，竟以阻雨而不能一往相度。其地距马头坝甚近，柑子园李氏有田在焉。由竹山口至月塘，距凤山寺不过里许。黄昆圃以病先归。邀萧陆仙过家一饭，易小楼、易翰芹同坐。

初八日。出门三日，所接各信为邹燮臣、邓双坡、龚云舫、左佩勋及子湝、鹤九，及接陈俊臣信，以山东赈捐相属。回拜周稚威、陈右铭、周文斋、祝澹溪、吴斗枢、王实丞、谭心可、成静斋、左癸叟、曾岳松、彭伯昂、王荔村、钱斐臣，并往唁刘祝廷。周文斋示及吴斗枢所述酆君之言，已见明文，所牵引尚多，非仅李次青一人。仰观朝政及疆臣所以奉行，专务导扬虚诬倾侧之风，以销磨善气。窃以为天下之乱征，无有逾于是者矣。

初九日。雨。接唐曦臣、陈松生及鹤九信。诣潘琴轩中丞、李次青、曾慕陶、霖生各处。观沅浦宫保赏寿仪品。据琴帅述合淝伯相信，一意主战，且请闭关绝使，先发制人，犹为揣摩时尚，至于曾沅老退位不得志之人，尽情描摩，未免过伤忠厚，且属阻止沅老北行。吾谓北行无关紧要，进退原自绰然，姑求免言路之乘隙相抵而已。竟不谓人心之险，遂有如此，真衰世之风也。龙海门、蔡星庚、蔡竹泉、王荔村、朱幼炳、瞿景伊及绍西过谈。

初十日。接曾挚民、杨性农、毛荇荪各信。陈右铭、李次青、瞿子玖、周荔樵、龙研仙过谈。陆勤畲以李辅堂之命来见，周荔樵亦以邓复心相托，而不知时政方崇猜忌、务操切，言之徒为累也。各有闲愁数不清。为之浩叹而已。

十一日。雨。寄彭雪芹宫保一信，亦致李次青一信，托其带赴粤东。是日为曾文正公生辰，诣祠行礼，会者熊鹤生、彭丽〔生〕、俞鹤皋、陈程初、周荔樵、朱耻江七人。便道为李次青送行，为李黼堂唁其夫人之丧，兼至傅青馀、杨砥皆、曾重伯诸处谈。砥皆病甚，见其子湘臣，心甚悯之。

十二日。雨。接宋楚卿、周芾堂、李星陔、李恺山各信，又接阎季蓉一信。王亦陶过谈，以意城附祀曾文正祠事，托询之沈佩玖。恐部文出，遂不复能具奏，及此时为之，听从部议准驳可也。

十三日。雨。为先太夫人生辰，率子及两孙上供。致潘琴轩信，为周镜帆、周昌辅、唐羲城、周芾棠四人，求给与一书院馆席，以周芾棠谋就周步瀛教读，步瀛已定人，展转为谋此，然固不可必得也。

十四日。接张花楼、傅苏海、吴聘廷、汤幼庵各信，亦致熊鹤村信，随亦得其回信。黄子厚过谈，多为不情之请，余尧衢又方怂恿为之，使人茫然，莫知所为计也。

十五日。雨。接王亦陶、熊鹤村信。周步瀛、萧陆仙、黄昆圃、赵汉溪由龙敬和荐至过谈。萧陆仙、黄昆圃言白田铺山场，游氏之业也，有蒋生者，故与昆圃善，托为谋置，昆圃始于前日冒雨一往，颇心赏之。自初七日由木马田回省，专候晴霁即陪同陆仙相视，苦为雨阻。昆圃乃能冒雨一行，为捷足之先。度必不肯相让，虽未知其果佳与否，回念己酉至今三十馀年，反复颠倒，万端抵牾。天时人事，大概可知，恐世泽之未可常也。

十六日。早起微雪。接潘琴轩中丞、彭丽生二信。谭心可、成静斋、欧阳茀轩、龙海门、蔡浩楼、蔡竹泉过谈。黄海垣太夫人堂期，一往致吊。便拜曹泳生、黄子厚、左笃生、丁次谷，兼一唁周笠臣。

十七日。雨。沈咏荪、凌问樵、欧阳茀轩、龙海门过谈。黄昆圃邀同王实丞、周荔樵、龙研仙、曾重伯、萧陆仙晚酌，重伯以事不至。萧陆仙出见其二子，曰煦初，曰善采，并始及冠。幼者入学已五年，长者去岁始入学，皆能应经课，亦美才也。

十八日。周笠西夫人堂期，约往陪吊。至者王雁峰、邓双坡、傅青馀、俞鹤皋、陈程初、罗镜秋、但少村，皆陪吊者也。当道并已前至，所陪庞省山、高抟九、施澄侯、孙芳城、王实丞数人。随往陈右（箴）〔铭〕畅谈，吴云谷亦至，两君皆通知史学，相与辩论今时得失，所见亦多合也。

十九日。接左佩勋、梅子宣、李华卿各信。为曾岳松贺其完姻之喜，傅青馀、成静斋、凌问樵、曾介石、董冰台、黄昆圃并在。回拜刘牧村、俞辅臣、曹咏生，并过张笠臣谈，兼诣刘祝廷，吊其夫人之丧。

二十日。雨。接胡受百、黄幼森、樊延龄、吴国霖各信。陈绥之、刘筱松、夏心泉、张子健、蔡竹泉、梅子宣过谈。吴云谷见示八月廿二日《申报》。以闻但少村、杨鹏海、张笛帆诸人之言：正阳门狐徙，见《申报》。予固未之见也，询之云谷，始以见示。盖八月初三日午刻事。据称自城楼窗棂络绎而出，或黄或黑，或大或小，逾两时始尽。最后一白者首尾长丈馀，眼赤有光，张目四顾，并向西而去。此已通灵，能前知，而于正昼示象如此，必非佳兆。

廿一日。接吴斗枢、周良臣、黄子厚、龙树棠、李华卿、易赞周各信。陈右铭、萧陆仙及其子萧煦初、萧善采、张舫臣、张稚泉、黄笛帆、吴国霖来谈。萧陆仙地学出自陈雪楼，于形局微有所得。所言白田铺一地，闻有蒋姓者为之关说，黄昆圃素识也，且谓昆圃实意为我谋。信然，其情极可感，然不敢以望之同时诸人也。

廿二日。雨。接胡浴生信。亦致但少村一信。往拜庞省三、高抟九、唐蓬洲。兼诣唁李黼堂、杨湘臣。并为董厚斋贺其署任沅陵之喜。杨湘臣处晤周笠西，得一畅谈。

廿三日。雨。寄合淝伯相、欧阳静山、胡其祥、黄泳清四信。亦接但少村、柳浦珊、胡其祥、毛丰浦及亮廷各信。杨景皋、李召甫枉过。罗汝循亦自石潭来，云伯宜一房虽已别居，而家产未析，所私积岁租三百石，兄弟六人亦难以取给，当与柢敷仍以三股品分。叔循尚有同母弟一人，应归叔循赡养，如此乃可与兄弟相安也。陈右铭有正阳门关帝庙签本，以八月初三日狐徙事，发签本占之。皆集宋人句也。其诗曰：忽然夜半一声雷，万户千门次第开。若是无心涵有象，许君亲见伏羲来。

廿四日。庞省三过谈。邀王实丞、曹润芝、王荔村、龙研仙、杨景皋、罗叔循及绍西、子瀞晚酌，实丞以事不至。李菊圃以贵西道超擢黔藩，其生平处心积虑禁革罂粟。贵州竟以罂粟为百姓生计所自出，吾语曹润芝，属其转告曾挚民以达知菊圃。曾宫保言：百姓生计日穷，饥无食，寒无衣，颠沛流离，在官者一无过问。无论罂粟为利为害，而固小民之生计也。无所裨益于民而先夺其生计，是之谓不仁。曾宫保之言，当深思之。方今万事凋敝，民穷财竭，政教礼乐，人心风俗本原之地，无一能考究及之，何暇推求罂粟之害，以滋扰无事之民乎？罂粟诚宜禁止，要非今日之急务也。

廿五日。雨。朱枫乔、蔡浩楼、蔡竹泉、左佩勋、左鞠生及新吾、寅伯来谈。接萧陆仙一信，云白田铺之梨子山地已有成议。急往探问，陆仙与黄昆圃皆已外出。乃诣朱香荪、次江乔梓，久谈。

廿六日。雨。接王若农、彭丽生、萧陆仙、陈国卿、梅子宣、杨墨林各信。又接吴莱庭、李瀑仙二信。陈幼方、熊叔雅、萧陆仙、黄昆圃、彭俊五、陈伯勤过谈。以思贤讲舍节次失窃，院长注意周南山，特往相度，如彭用舟、罗巨卿、萧叔循失窃情形，竟无可为解说。陈幼方言，合淝派李山农观察宗岱办理山东矿务，幼方以催山东协济黔饷，与谈洋务甚悉，以是稍知洋务机宜。李瀑仙纠正李黼堂《耆献类徵》数则：一，熊钟陵、刘黄冈顺治己丑同年，并列文苑一卷三百四十一、一卷三百八十五，若先后辈然，其馀乾嘉后阑入康熙前者尚多。一，三惠皆在文苑，子半农卷三百六十，孙松崖卷三百六十六，厥祖研溪转在三百八十五。一，罗台山亦列文苑，即欲存其人，幸勿刻《郑堂记》。一，九卿有斌良，文苑又有斌良，后载满汉同姓名录未拈出，若即梅舫，请存文苑。疆臣有吴荣光，文苑亦有吴荣光，若系重出，请存疆臣。南雷、亭林不入隐逸，不足显其节，入隐逸又不足显其学。宗炎，黎洲母弟，节概并同，何独入文苑？白泉在隐逸，二曲不见，何也？后言：先进合淝李公有言，诗文不经百诗勘定，未可轻以示人。请予为之审定，以交黼堂。所言均极精确。数年以来，求事者纷纷，吾皆无以应之。略择其情不可却者，汇交谭心可、成静斋、陈少轩观察丕莱、傅苏海州判寿石、任芝田太守鹤年、熊叔雅孝廉瑞昌、王仲霖孝廉济光、刘凤鸣馨室之孙、贺师晋丹麓之孙、庄曾燮理卿，惕甫子、彭祖溧宝庵之孙，字念苏、杨耀赓景皋、钟昌杰景堂、樊鉴裴延龄、李寿麟育之、张荣耀花楼、张晋湘方城寿荃之侄、柳壁光谱山及郭泽涵麓安，共十七人；龙都司炽应、黎参将玉升、毛守备道生，管带巡船三人，共合二十人。

廿七日。大雨。接萧希鲁、李丽源、周良臣三信。凌问樵以山东赈捐约至储备仓集议，至者傅青馀、陈程初、龙研仙数人而已。回拜朱冠臣太守、陈幼方、谭心可、成静斋。杜鹤田由滇北返，入城小住，闻之汤肖安及寅伯，一往拜之，以出门辞。是日风雨交至，寒甚。

廿八日。雨。杜鹤田中丞、韩陛臣、刘静生、万方琛、萧叔衡过谈。晚邀谭心可、成静斋、陈幼方、萧希鲁、曾介石、曾岳松、曾重伯便酌。谭心可、陈幼方相与论及沈际田之为人，多可笑者。吾谓此种人所在有之，左相亦知其坏，而不能不入其彀中。独曾文正之门，此辈人无敢至前者。以是知君子立身之必有本也。凡能谄者必能骄。在下位不援上，在上位不陵下，只是一（幅）〔副〕本领，万无偏得其骄与谄者之理也。

廿九日。大雨。为意城小祥之期，前往一奠。接周稚威、周荔樵、汤昭泽及经笙各信。又接任西堂、毛濂西、常健吾、危松林、李泳仙、李少楼、张逸亭、左笃生公信，仍留张荫亭主讲仰高。李瀑仙、左癸叟、陈云庵、嵇星畴、言舫丞、吴智川及荇农、子宽过谈。晚诣萧陆仙、张笠臣谈。

三十日。大雨。复周稚威、谭心可信。亦接心可一信。邀彭伯昂、陈云庵、韩陛臣、李麓渔、易叔辉及秉文、寅伯、子宽小酌。秉文赴王荔村之约，子宽齿痛，均不至。寅伯述及彭丽生之言，直是无理取闹。此老崛强而不明事理，未易以语言晓譬也。

十一月

十一月初一日戊寅。雨。谭心可枉过久谈。接曾重伯一信。亦致彭丽生一信。韩陛臣为其父六旮七十，求为寿序。询知韩霞蔚尚为其曾祖，吾少时犹及见之，即据以立言，亦足见吾老且衰也。晚次，周芾棠来见，始为言曾觅馆周步瀛、丁次谷两处，又托潘琴轩中丞给与一书院馆，高抟九仅允周镜帆、周昌辅二人，芾棠与唐羲臣独缺，而于芾棠言可荐与一书启馆席，因属芾棠一往见之。

初二日。雨。接吴智川、张笠臣及荇农信，亦致张笠臣、彭丽生、易叔辉各信。萧陆仙过谈，以白田铺梨子山地，蒋姓为之关说，苦雨十馀日，竟至不能出门，两遣人催之，尚无回报也。

此皆由蹇运致然，然而苍苍之所以相扼，殆莫知所终极矣。是晚，子瀞邀同王亦陶、周蝶园、丁次谷、谭心可、成静斋、曾介石会饮。

初三日。晴。致程尚斋、胡其祥二信，并以鄂票四十一号吴琼之浙江仁和颐孚泰承运预厘收票寄交胡其祥，以凭收还预厘，并托韩陛臣汉阳江口裕长和盐仓转寄。凌问樵、周稚威、陈伯严、黄昆圃、张保丞、张时泰、张茂亭、易叔辉过谈。

初四日。晴。致陈右铭信，以《罪言存略》及两疏稿相示。出诣潘琴轩、孙春皋、陈少轩、施澄侯、周季鸾、余芳城、陈云庵、李瀑仙、韩陛臣、蒋弋香。弋香述及周筱棠总署情形，一听命李兰生，然见总署白事，必盛气凌之。又绝迹不一至，而凡总署事待以裁决，实不能持一谋、发一议。日行公件，都无端绪，惟日夜倚伏清流，希朝廷意旨，以其间位置所亲信以为爪牙。人知其必误国，专恃所云清流者，劫持朝廷，相与导引，以固其位。闻此极为危惧。

初五日。阴，寒。接方柳桥、李少楼、左笃生各信。亦致陈少轩一信。陈右铭、朱香荪、吴象文、彭韵青、罗汝询、罗叔循、周河鉴、易赞周过谈。少楼、笃生信并关订黄少溪主讲仰书，即由周和鉴带省。洪秋帆关订周昌辅主讲昭潭，亦即由周河鉴带交。

初六日。接陈少轩、张笠臣各信。董厚斋、彭少湘、俞陔谱、李汉乔、李瀑仙、黄涤凡、周芾棠、易叔辉过谈。蒋鹤庄观察前日枉顾，思一往候，而为人客所苦，竟不能出门。终日敝精竭神，为无谓之酬应，思之怃然。

初七日。接彭丽生、李楷山及翰舟三信。回拜蒋鹤庄、张南屏、董厚斋、俞陔谱、彭少湘、刘祝廷。张南屏旋又过谈久坐，胡道生、李华卿继至。子瀞见赠王菉友鄂宰四稿：一曰《夏小正正义》，二曰《弟子职正音》；三曰《毛诗重言》；四曰《毛诗双声叠韵说》。外又有《蛾术编》二卷，于声音训诂之学多所发明。近时山东人，无能及菉友者。

初八日。接潘伯寅信，由邓星五递到。又接易芝生、张笠臣及席珊信。当复席珊一信。又为沈裕致董厚斋，为周荔樵、罗德辉致谭心可、成静斋，为李瀑仙致李黼堂各信。又致唁李庆斋一信。熊石生过谈。

初九日。接周履青、刘若华、周良臣各信，亦致朱宇田一信。黄昆圃告言，白田铺山地已有成局。急思一诣商，而苦为人客纠缠，下午始能一往。晤萧陆仙，知其二子煦初、善采即日回常德。王梦虎、瞿子玖、李瀑仙、庄翰堂、周良臣、刘若华、陈尧圃次第枉过久谈。

初十日。接苏子熙、程尚斋、李汉乔、熊鹤村、彭念苏各信。王惠泉及箴士、荇农见过。王亦陶邀同傅青馀、周肖芗、陈程初、丁次谷、曾介石及子瀞晚酌。为程初语及李汉乔事，托为方伯言之，程初慨然应许，亦公道之不泯于人心者也。

十一日。接丁燕山、裕蓉坪、曹志忠、龚振之及寅伯各信。燕山并寄到《石钟山志》及彭雪芹所辑《希贤录》，为修莲花峰周子墓而作也，及方存之《周子通书讲义》，凡三种。偕萧陆仙、黄昆圃赴白田铺相度新购梨子岭山地，为中说者蒋福田、游五美二人。山业及游姓居屋，即在山前。

十二日。朱宇田、吕信臣、蔡浩楼、黄涤凡、韩陛臣过谈。偕萧陆仙、黄昆圃赴阿弥岭相度蒋姓田穴，随候梨子岭诸人来家足价，傍晚方至，计游泰然、游五美、游秀升、游秀冬四人。中人至者蒋福田。外则萧陆仙、黄昆圃同至小酌。

十三日。为龙绍棠致书黄小泉。并复洪秋帆一信。又寄胡其祥一信。亦接况颜山、毛荇荪二信。刘璞堂过谈，求为其兄果敏公墓铭，致礼甚重，家人以鹿茸为贱体所宜，率尔受之，责问已无及也。

十四日。接李瀑仙、周荔樵二信。亦致朱禹田一信，以韩陛臣传示胡其祥信，武穴销数月内可以了清，欲从汉镇拨兑乾顺泰，缄禹田欲令王惠泉通知汉镇也。萧陆仙、左子异枉过，陆仙却谢礼甚坚，无词以解其意，使人增一惆怅。昨日受人一礼，今日为人见却一礼，均于心不能释然。圣人辞受取与，权衡至当，要求其心之安而已。此二者，于心皆不能安也。

十五日。料理诸事，偕萧陆仙、艾成式及杏农赴县，雇吕姓麻阳船，叠次乘坐之旧船人也。箴仕、子瀞过谈。午后开行，至四鼓泊（湾）〔濠〕河。

十六日。自濠河开行，廿五里至县。寅伯、鹤九早已预备，请其父之主升祔。人（各）〔客〕坌集，李子韶、胡受百、罗品三、吴小农、黎子诚、王汝成、龚瓶安及胡受百之子胡西园并至祠行礼。鹤九铺张过甚，于事非宜，然已无如何也。吴晴研治席相款。晚偕萧陆仙、艾式成缓步文星桥。寅伯、鹤九相候至日夕，始登席。

十七日。接唐曦城、盛展奇、朱丙垣各信。偕萧陆仙、艾式成至五里墩相度先茔，便道一谒夏忠靖公墓。赴各处回拜。人客至者益众，不胜其惫。

十八日。致祭支祠祖先，连起两日五鼓，人客坌集，精神耗惫已极。吴小农、罗品山公致筵席，即邀同两君及易淑子、玉舲早酌。请萧陆仙赴蔡家塅相度，而令希初陪同艾式成赴洪家冲。往唁冯厚庵、常健吾。及与欧阳晴溪商议前赴磊石山。是夕为馂馀之宴，以飨子姓之助祭者，凡二席。外惟一艾式成。易叔辉自营田至，邀令入席，不肯赴也。

十九日。偕萧陆仙赴磊石。易淑子偕黄席森来见，石珊大令之子也，云先赴河家塘相迎，方力辞之。辰刻开行，三十里至东塘而雨，过谢公渡，日已夕矣。至河家塘，欧阳晴溪遣人导至黄蔗村家，相称为果三者也。黄博五、黄海航皆至。四十馀年同学老友，阔别亦三十年矣，盛席相款，怃然为之不安。黄月塘亦来见，瀛帆先生之从孙也。西席为李佩生，李艺林之侄，同宿一室中。

二十日。大雨竟日。历公悦围、荻湖围、白塘湖至凤凰台，雨益甚。土人云，烂柴港无舟可渡，宜由河伯潭雇舟前进。绕道至屈子祠，去岁由李次青家赴湖北，曾一游。住持僧松筠，充神鼎方丈，其徒涤尘，迎款甚至。祁阳廖葵生茂才与其门人赵春林读书祠中，以其家世任长江水师守备把总，故就祠中肄业也。

廿一日。晴。由河家塘至磊石山三十里，先日仅行二十里，至是将雇舟前进，以值晴霁，仍舆行十里至烂柴港，无桥梁及渡，而所雇之平江胡姓船适至，复坐至山前登岸。唐曦臣、柳春和并迎至庙首，陈笛舫亦至。乃登山，由龙窝后山历象山、棋盘山、凤形山，凡起玉屏土星五重，以棋盘山为中，前对凤凰台，后列两牛角砂为后托，所传为巡司坡者也。托柳春和为树立碑石，陈笛舫亦允为集众一议，商量庙后立坟之法。

廿二日。放舟行一夜，辰刻抵县。随寄陈笛舫、柳春和二信，由管带红船陶元品带交。蔡葆初偕同胡少轩、陈熙堂偕同易阜卿来见。宾客至者纭纷，未易纪其数也。

廿三日。冬至。大雨。致祭祖先，与族人会食。闻懋官、鹤皋、泗泉皆嗜烟，痛加训饬，以族人衣食稍足，如此三家盖亦无几，又尚可与为善，不能坐视也。李子瑞馈席，约李芋生、杨琴堂、龚黼丞、李镜浯及萧陆仙、艾式成及槩希共酌，式成以病不入坐。竟日为人客所困，罢惫万状。

廿四日。大雨。本意冬至大祀后即诣殷竹坞，便赴南泉山，今日可一至蔡家塅。苦为雨阻，至欲一诣殷竹坞，属择二里墩移碑日期不可得。因函请竹坞，属玉舲转递。畏人客之纷扰，料理登舟，人不知也。适李伯伦至，察知其行色，送者又复纷集。李镜吾、胡西垣、梅菉庵渔星、殷小竹送至舟中，小坐。开行二十里，泊濠河口。

廿五日。微雨。泊三叉矶。舟行甚滞，终日见后行之船超越而前，戏成一绝云：顺风不进船身劣，偶滞泥沙底已穿。人与此船同偃蹇，故应三日与周旋。艾式成言：邵子元运之说，推至十二万（中）〔年〕，察其实不然。天地之运不过二万年。天行一周而有岁差，积至二万年而复如是，天运不逾二万年也。积大易之数，亦不逾二万，是可以测天运矣。由伏羲至今，不过五千年。上推至盘古，其数不可知，然亦必相距无几日，至多不过万年。而天地之机，已将尽泄。下此殆将不及万年，必归于浑沌矣。此言极为有理。吾意天地之合有两义：其一，西人所云彗星遇星球辄扫而灭之，恐地球亦将有破裂之一日。其一，西人开矿，深或数百丈，远辄数十百里，其法渐行于中国，地气一泄有馀，必将有掀腾崩裂之一日。其间或有缘崖谷以幸免者，必皆目不识丁者也，其人遂为盘古氏。盘古氏之人，其数必多，而皆不识文字，不明理道，以力相与雄长。积之久，又将有圣人者起，开而明之。此亦天地自然之会合也。

廿六日。辰刻抵省。接左季高侯相、成静斋、殷少乔各信。静斋信示知侯相亦订瞿子玖主掌钟山讲席，属由鄙人转致。潘琴轩中丞枉谈，其意颇不满于张振轩。

廿七日。接李召甫、李子韶、饶岱霞、杨墨林各信。谭心可过谈久坐。李仁峰、艾式成亦至。督销局委傅苏海洪江，属金局委周芷窗郴州，均来通知，以苏海、芷窗居处，两局皆不知也。昨在湘阴，见王旭初自郴假归，数月不回局，窃忧芷窗所补即王旭初之缺。但少村蓄意作难，诸人又皆不肯恋馆，以授之隙，皆湖南蹇运所值也。

廿八日。接汤斐斋、陆太史继辉号蔚亭信。李麓渔回家，请易小楼为权馆席。并令周兰徵随同艾式成赴同溪寺及昭山，循省龙而归。知地事必不可得，姑用此以验艾式成目力而已。回拜谭心可、成静斋、吴云谷、左子异、萧陆仙、黄昆圃、李廷章、郭定轩、周定轩、守蓉仙、陈幼方、程少溪名颂芳，程馥溪之子、龙研仙，兼为周荔樵贺生日。晚过陈右铭谈。王理庵亦来谈，并见示所著《三国志训纂》一卷。

廿九日。大风雨。杨湘臣邀请陪吊，周笠西、俞鹤皋、王云生、汤肖安共五人，同城官至者夏芝岑一人，馀惟成静斋、彭少湘、龙研仙、瞿子玖数人而已。便拜凌问樵、胡芷岑，及过张笠臣谈。萧陆仙、胡芷岑、瞿子玖亦过谈。

十二月

十二月初一日丁未。接程尚斋、陆蔚亭、瞿子玖、李瀑仙、李仲絜、魏伯琴、张笠臣及用舟各信。亦致朱禹田、王惠泉、瞿子玖三信。吴云谷，傅青馀，刘牧村，曾介石，曾岳松，盛佩卿、王霁亭、邓佛心三大令，及绍西、子惠、秉生过谈。盛佩卿为盛锡吾族弟，王霁亭与东林交好，邓复心则周荔樵之同年也。子玖见示陈伯平信，操心虑患，自惧流为小人，以几于有道之归，当遂能有树立。然其终自视为有益纪纲，则终暗于事势，而徒使赐为多言者也。

初二日。致汤斐斋、刘彦臣二信。陈右铭、周定轩、萧陆仙过谈。右铭询及天津条约本末。盖因粤督值换约之期，闭关不报，乃踞粤城，而移师天津。时俄使普理雅廷求还雅克萨、尼布楚故地，直督谭仲岩不敢为具奏。会俄廷遣使送官学生赴都，道出黑龙江，邀请黑龙江将军特普钦具奏。枢臣不知其地直抵黑龙江，漫以为瓯脱不足计，许之。普理雅廷大感服，与直督会商所以应付英人之计，以四条定议：一、有要事赴京会议，每年仅准一次，入京所携带不准过二十人，住京不准过二十日；二、开天主教之禁；三、免洋货内江税则；四，赔兵费二十万。英使额尔金允诺，而为廷旨驳斥。展转贻误，枢臣终无省悟。言之浩叹而已。

初三日。寄欧阳静山、胡其祥二信。亦接胡其祥、邹闻生、左伯翊三信。瞿子玖、韩陛臣过谈。《会典》载乾隆三十年上谕申饬甘督杨应琚延请在制之府丞史茂主讲甘肃书院。未知甘督因何具奏，殊所未喻。圣人为申其义，义正词明，则由甘督具奏之误也。当时并未著为令，亦未议处。距今百二十馀年，从未闻有例禁。子玖叙述傅青馀之言，以为载在处分则例，傅青馀昨日面语云：杨应琚、史茂皆得严议。查《会典》无之，正未知傅青馀所言之为何意也。

初四日。接朱香荪、樊延龄、陈右铭及檠希、玉舲各信。曾介石、曾重伯、陈尧圃、龙树棠、左绍明过谈。晚邀李瀑仙、邹芷帆、周定轩、韩陛臣及绍西、子惠小酌，以周紫安馈酒席，便邀诸人一叙。是日为篪儿忌日，只益此心之悲悼而已。

初五日。接曾挚民、赖古愚二信。又由毛杏荪带到李祐覃、易牧吾信。但少村、刘祝廷、王惠泉、熊鹤村过谈。王惠泉告知汉镇乾顺泰已拨收胡其祥银三数，而仍以汉镇收条为验。胡其祥于此一件，独不肯由信局递寄，亦稍拘执矣。

初六日。大风雨。李祜覃、毛杏荪、艾式成枉过。以祜覃、杏荪回县之便，寄吴晴研、萧子远、唐桂生及玉舲、鹤九各信。亦接黄韵清上海一信，始知前寄肃毅信，以近冬至，海船无达天津者，当由陆路递寄，为日宜稍多也。

初七日。接毛丰浦、朱香荪〔信〕，亦致崔清如、吴云谷两观察及笙陔叔及用舟各信。回拜但少村、盛朴人、周稚威、熊鹤村、李芋生、丁次谷、黄少海、胡子威，及诣高抟九、张笠臣谈。刘祝廷邀同李廷章、傅青馀、谭心可、陈德生晚酌，便道相过一谈，青馀、心可均尚未至，未及留饮。

初八日。雨。接陈右铭、朱香荪、杨琴堂各信。聂宝善堂邀同傅青馀会议曹棣楼田事，知为曹泳芝主持。聂伯元、聂季萱力不能堪事，其管事聂镜堂又愚懦，因诣曹泳芝，已赴桂阳差次。便过朱香荪，并回拜陆勤畲、蒋弋香、王逸梧、瞿子玖。是日日夕雨意方浓，而满天发红光，透入云际，岂自九月至今，赤黄气渐次退消，又时一发见耶？

初九日。雨。接於桐轩、欧阳静山二信。亦寄席砚香、唐羲臣、欧阳静山、胡子威、张笠臣各信。又复杨琴堂一信。曹寿泉过谈，为曹咏芝之子，属为聂宝善堂处理曹棣楼事。佩珊、寅伯过谈。佩珊语及席珊情形，为之怃然。

初十日。大风，阴。两日日夕，红光并透云气。据李祥恺闻之陶鹤林，五鼓红光倍甚，皆阳气发露之征也。邓星五递到达珊一信，蒙还银二百两。自广东乞归，借贷如云，此为第一次还款。陈幼方及文思过谈。亦诣陈右铭谈。

十一日。接唐曦臣、陈熙堂、郑湘洲、陈伯严各信。本属寅伯专足诣唐羲臣，适以事未行，因加信（加）〔交〕羲臣来便带湘。王益吾、艾式成及文思过谈。晚致俞鹤皋一信。湘洲为郑蓟之之子，穷困可念。

十二日。接张超堂、周良臣、傅青馀、朱香荪各信。复於桐轩、张超堂各信。王梦虎、朱禹田、陈旭初、盛小楼过谈。陈旭（堂）〔初〕为祥兴理事，杨佑吾、周子安属为与议存款也。

十三日。微雨。致恪靖侯相、张子衡、吴晴研及子惠、玉舲各信。又寄复欧阳静山一信。亦接李瀑仙、胡子威二信。瀑仙举湘潭谭心兰《春秋释》、善化陈子方《水经补注》、新化欧阳磵东《易鉴》、辰州李觉化《易鉴溯源》，皆未见其书，惟寄到谭心兰《味义根斋全书》一部。王梦虎、李廷章过谈。是日闻守蓉仙物故，思一往视，而李廷章已前知会与傅青馀、谭心可、陈诒生、黄子赞会同枉过，商议刘祝廷事。候至日夕，乃诣守处，晤其西席欧阳福丞，稍与部署一切事宜。

十四日。微雨。接徐云衢、杨馨堂及鹤九三信。张南屏及文思、箴士、子瀞过谈。南屏言接广东信，彭雪芹宫保初至，寓广州府，亦时至法国领事府，以各国领事无一留居省城者，其房屋皆已空出，雪芹亦时寓此也。似此情形，西洋为患必烈，然无他故，讹索兵费而已。

十五日。接夏舒山信。为炎儿举行冠礼，请胡子威、陈伯严为宾，李华卿、李瀑仙相礼，朱次江、曾重伯、寅伯、顺孙执事。用一加之礼。冠辞、醮辞皆依用《家礼》，惟命字辞曰：汝弱加冠，循名求实。勉汝夙成，昭告汝字。字汝含章，金贞玉粹。德辉不炀，勤思汝事。是日亲友观礼者凡数辈，另席款之。

十六日。接张笠臣及杏农二信。回拜张南屏、唐蓬洲、陈右铭、邓双坡、周步瀛、周笠西、王益吾，谭心可、曾介石、曾霖生及昨冠礼宾佐胡子威、陈伯严、李瀑仙、朱次江、曾重伯。于王益吾处见储冰香，始询知储鹤乔近署贵西道，即李菊圃方伯遗缺也。杨梅山地无穴情，每岁一展墓，辄深自咎憾。亲友往观者无不力诋之。往岁得洪家冲、石子坑两地，皆拟迁移，为意城、志城力阻。今岁刘象高、萧陆仙、黄昆圃皆以为宜改葬，又适得白石铺一地，乃令子瀞、寅伯诣广济真人殿求签以决之，一得廿八签，一得四十八签，皆风水上吉语。鬼神弄人，理所未喻，大抵皆命数使然耳。夏舒山晚过谈。张南屏递到刘希陶近刻《犊鼻山房小稿》、《南游笔记》二本。

十七日。接张昆生、张晋湘方臣、蔡竹泉、殷默存及子惠各信。黄芍岩、陈右铭、况颜山、谭心可、庄翰堂、蔡浩楼、蔡蓉仙、王荔村、聂敬亭、曹沛生、曹寿镬及绍西过谈。盖自早起至夕，未尝暂息，茫然自觉其无谓也。

十八日。雨。接黄冬生、王益吾、陈伯严、朱香荪、李瀑仙各信。冬生为虎痴先生之孙画绘事，熊鹤村为之关说。是日遣炎儿往胡子威、陈伯严各处，谢襄事冠礼之劳。晚邀王亦陶、李廷章、黄芍岩、俞鹤皋、丁次谷小酌。

十九日。雨。寄李次青、方柳桥二信。亦接赵玉班、韩勉吾、李子瑞、殷竹坞、陈子濬及箴士、秉生各信。刘祝廷、饶雨亭及绍西过谈。晚邀陈右铭、吴云谷、李芋生、朱香荪、黄幼海、张笠臣小酌。

二十日。寄殷竹坞、吴晴研二信，亦接李次青、张子遇及本畴各信。曾霖生完姻，前往致贺。便拜张南屏、唐蓬洲、况颜山、潘介繁、张方丞。并诣守蓉仙故居，询其家事。周稚威、谭心可、殷竹坞、周芷窗、王吉生、徐仁羲过谈。李次青信铺张刘永福战迹，并述及雪芹宫保以力拒洋人不与相见为义。而谭心可乃言潘琴轩中丞接云南信，官军已与法军交战，溃败不能支，退保大湾，盖滇境与越南交界地也。

廿一日。接罗伯翼、陈子濬、王荔村各信，亦致王益吾、张笠臣二信。谭心可、成静斋、龙砚仙、饶雨亭、盛少康、刘翊清枉过。狼狈竟日，以供无谓之酬应。张子遇来便守候回信，竟不暇及也。

廿二日。接朱香荪、张笠臣及玉舲、杏荪各信。香荪诗笔雄浑，高出诸人之上，而于吾诗所注意处，一见辄为抉出之，可云知言，于吾亦为知己也。是日清检字画，谢客一日。复张子遇大令一信。

廿三日。大风。接於桐轩、聂仲芳、黄幼森、龚兰亭、盛敏臣、杨馨堂各信。邓子柔、徐仁羲、箴士、玉舲、子宽过谈。是日为祀灶君之期，斋食一日。吾母尝言，祖母所传家法如是，宜谨守之，吾不敢违也，每岁于是夕恭率家人行礼。

廿四日。接邹闻生、言湛甫、张伯羲、盛展奇、樊延龄、李麓渔及笙陔叔、清臣、敬修各信。黄子寿、王荔村枉过。荔村以闻子寿至，悄然以去。是夕，以小除日，邀邓子柔、艾式成、杨佑吾小酌，子寿亦遂留饮，谈金陵事甚悉，而自上海小住，考览洋务，亦颇能见其深，所言多中事理，当事诸公尚无有能及此者矣。

廿五日。接合淝伯相、彭雪芹宫保、裴樾岑、陈展堂各信。合淝信言刘永福挫败，朝廷亦稍悟主战之非，遣张幼樵赴津，密函合淝，因出十月十三日所寄一书示之幼樵，言少年喜事，正谓吾辈耳。原书直揭高阳，不但咎及张幼樵诸人而已。虽不能无怨憾，且当发明此义，以开示诸君之锢蔽。诸有怨毁，所不计也。

廿六日。接魏赓臣、刘彦臣、易琴轩、周芾棠及书堂、鹤九各信。李芋生、张芳丞、王荔村过谈。回拜刘馨室、黄子冶、黄子鹤、张冶秋。便访孙次韩，问孙公符信息。据冶秋言，其行径诚多可议，亦多出于仆从之口，由其平日待仆从严刻，所行又不轨于道，易以传播也。易琴轩为易波臣之子，于易筱楼为从兄弟，从刘毅斋关外办理粮台。

廿七日。微雨，稍寒。接张子衡、曾挚民、文兰舫、吴晴研及槩希、子惠、子湘各信。又接王荔村信，述近事甚怪，正不解诸公是何等心境，使人畏悸。亦致陈右铭、朱香荪、王荔村、吴晴研及槩希各信，槩希有专足来省也。

廿八日。雨。接张寄农、酆慕唐、李华卿、饶岱霞各信。亦接王荔村信，当复荔村信，并寄程尚斋信，而闻信局已收，期俟明正乃发行也。便致陈右铭、朱暝庵各信，录示叠次和韵诗。

廿九日。微雨。接刘彦臣、黎盈庭、周芷窗、杨馨堂、艾式成、龚振之、韩陛臣各信。亦为新森给玉舲一信。馨堂省居两载，田园屋宇弃而不顾，而又无所执业，惟一意向我需索。无厌之求，无因之请，此亦事理之不可晓者也。傅苏海、曾重伯①，适值回玉池别墅。苏海本急欲与一见，屡遣人访之，每次见过，皆为仆人阻遏，使此心为之茫然。

三十日。晴，暖。接陈少轩、陈程初、姜昆山、杨馨堂及玉舲、箴士各信。又接陈右铭、朱香荪各诗信。于料检年事倥偬之际，回信至五、六次。湖湘旧俗，以是日治酒食，谓之年饭。率领两宅诸子叩谒祖先。为玉舲处理其子辛生事，稍资给之。寅伯、新吾、箴士诸人皆稍能述其详，玉舲亦自以一书申论之也。

①此处疑有脱字文。

郭嵩焘全集

十二

史部四

日记五
光绪十年至光绪十七年

岳麓書社·长沙

全书总目录

本册说明

本册为《郭嵩焘日记》的第五册，始于清光绪十年（1884），止于光绪十七年六月十二日（1891 年 7 月 17 日）。

郭嵩焘之子郭焯莹《郭氏佚书叙目》称："先兵左自道光十八年入试京师，随所见闻及起居酬接，按日记之，终于卒之岁。"可知郭嵩焘一生日记，长达五十馀年。光绪二年十月，郭嵩焘奉命出使英国，抵达英国伦敦后即按照总理衙门的要求，将其自光绪二年十月十七日上海启程，至同年十二月初八日抵伦敦期间 51 天的日记，整理成书，并加上若干议论，寄呈北京总理衙门，后由同文馆于光绪三年以《使西纪程》书名刊行。除此之外，郭嵩焘的日记，直到 1980 年代以前，一直未有刊行。其手稿先是珍藏于郭氏家宅，1950 年代，由湖南省文物管理委员会装订成 40 册，由湖南图书馆收藏。1980 年，湖南人民出版社委托杨坚将其整理校点，分为四册，以《郭嵩焘日记》书名出版。1984 年，钟叔河主编的"走向世界丛书"，复将郭嵩焘出使英、法两国的日记，包括往返途中及回国后一段时间的日记，并与《使西纪程》刊本对校，以《郭嵩焘：伦敦与巴黎日记》书名出版。

此次收入《郭嵩焘全集》的日记，即在杨坚所整理的《郭嵩焘日记》的基础上，并参考 1984 年版《郭嵩焘：伦敦与巴黎日记》，按照湖湘文库古籍整理的统一要求，由梁小进、马美著重新整理而成的。本次的重新整理，将原来的四册改分为五册，改正了1980年版《郭嵩焘日记》中的一些文字和标点符号的错误；并根据全书统一的体例，将郭嵩焘本人已经删除的内容，及原编者在日记正文中添加的文字，均予删除。

这部分的日记，是郭嵩焘在他生命最后阶段的记录。郭嵩焘的一生，在政治上屡受挫折，几起几落。但自光绪五年三月他从英国辞职回乡以后，就再没有重登政治舞台。然而，郭嵩焘毕竟是一位心忧天下的爱国者，在闬里闲居之时，他仍然在关注着自己的国家，除了积极参加省城长沙的各项社会活动之外，他还经常与友人商讨国是，仍然在孜孜不倦地提出自己的主张和建议。这部分日记，就全部是这诸多方面的记载。

作为一位中国近代的杰出洋务运动思想家和政治活动家，郭嵩焘的日记，逐日记载了他的政治社会活动，他对于时代的思考及其政治主张、读书心得、学术见解，以及社会交往、起居行踪，内容极为丰富，对于研究郭嵩焘和他的时代，具有十分珍贵的史料价值。

目　录

日记五

光绪十年

光绪十一年

光绪十二年

光绪十三年

光绪十四年

光绪十五年

光绪十六年

光绪十年　甲申

正月

光绪十年岁次甲申春正月初一日丁丑。元旦。试笔一诗：承平五见甲申年，开国规模尚俨然。二百四番春浩荡，六旬七叟野盘旋。愆阳或恐时多故，构衅仍忧计未全。向曙云霄黄赤气，傥依阊阖奏钧天。是日雨，两宅叩谒祖先。李华卿、文瑞生、左签芝及寅伯踵至贺岁。闻施澄侯协戎专足诣杨厚庵，由潘琴轩中丞奉旨饬厚庵募勇驰赴福建，厚庵仍以终养辞。据合淝伯相来信，何小宋闽督一席久思更换，初属意沅浦宫保，李兰生讥其过涉平易，力持之，所以谕令厚庵赴闽，思以闽督一席畀之，至是或遂迫而授之沅帅。凡此皆有定分存焉。而厚庵守志不出，所谓能见几远引者也。

初二日。大雨。庞省三、刘牧村、庄翰堂过谈。子瀞亦至。省三言接刘绶卿信，抄寄腊月中彭雪芹宫保接奉谕旨，饬令防堵琼州，并申明遣派将弁，不必亲往。沿海防务，多是虚縻，惟琼州实是可虑。雪芹年老多病，往必不宜，不独瘴厉之侵人也，闻此稍以慰幸。

初三日。雨，大风。王亦陶招饮。便过陈程初、邓双坡、陈右铭、刘馨室、周步瀛、周笠西、唐赓友、丁次谷、胡少芝、黄幼海及过子瀞。比至亦陶处，坐客皆已久候。同席傅青馀、陶少云、王筠生、丁次谷、刘贻棫。

初四日。微雪，雨。孙春皋过谈。出拜潘琴轩中丞，庞省三方伯，孙春皋廉访，夏芝岑、郭定轩、但少村、吴云谷、唐稚泉、陈贻珊六观察，况颜山太守，杜鹤田中丞，张南屏，福视侯，沈咏荪，刘韫斋中丞，刘祝廷，董冰台，贾清臣，李黼堂，黄子寿，张笠臣，姚裔云，周荔樵，陈诒生，李芋生，易赞周，唐鲁英，易芝生，朱宇田，王惠泉，王荔村，曾重伯，曾霖生，傅青馀，彭祖荫，杨鹏海，俞鹤皋，春云书，祝澹溪，吴斗枢及过文思处。所周旋无多，然已尽一日之力矣。

初五日。雨。接文月湖、周步瀛、陈右铭各信。出拜高抟九、陈少轩、周蝶园、蒋弋芗、左逸仙、钱子宣、王桐轩、王咏生、春云书、施澄侯、张懋阶、曹咏生、王逸梧、瞿子玖、徐云衢、任宇田、陶少云、朱香荪、汤肖安、左癸叟、郭海青、饶岱霞、黄昆圃、聂伯元、劳恺臣、盛锡吾、陆勤畬、何伯元、成静斋、李华卿、刘牧村、张笛帆、庄翰堂、左子异、刘贻椷及寅伯。在香荪处久坐，诵其近作绝句云：败书飞到举朝慌，老李回头顾老张。羽檄星驰三百里，讲和还要李中堂。

初六日。雨。接崔清如、徐培元、潘小农、严少韩、董厚斋、刘彦臣、瞿景伊、彭作新、黎树堂各信。潘琴轩中丞、黄芍岩、但少村、李芋生过谈。琴轩中丞久坐，告言庞省三述李兰生之言：今时督抚中文武兼资惟刘仲良、吴子骏二人。而以接何小宋闽督任必刘仲良，接左季高江督任必吴子骏也。是与卞诵生皆应运而生，恰与李兰生相凑拍。夫子与封人，皆天之人也。

初七日。大雪。率孙本含恭诣广济真人殿求药签，因问病源为痰？为虫积？为肾虚？为脾虚？示以肾虚、虫积。自来医生皆不主此，于吾心实隐合也。因问杨梅山地安否？签示平安二字。傅青馀邀晚酌，同席王亦陶、陶少云、周蝶垣、张笠臣、唐鲁英。

与陶少云、唐鲁英至其东园观雪景。

初八日。立春。致曾沅浦宫保信，托曾慕陶汇寄。陈右铭见示喜雪诗。率两宅诸子迎春，叩谒祖先。

初九日。雪，寒。回（往）〔拜〕潘琴轩中丞，庞省三方伯，孙春皋廉访，夏芝岑、但少村两观察，高抟九，张南屏，曾重伯。芝岑、少村、重伯皆外出。孙春皋详询田价屋价，其意将谋（改）〔解〕职，就求一家居也。高抟九为饶氏详请鄂局预厘，弥补黄、刘两处欠款，张笠臣、王荔村并谓发谋自黄子寿，本日晤高抟九问之，竟出自抟九之意，吾甚以为非宜。抟九尚有担当，能为百姓了事，而苦不明事理。又为卞诵生之操切，颇力效之，致多不利人口。（于其）〔其于〕鄙人尤心存膈膜，至不能一尽言，倘亦所谓前缘有不足耶？然亦以是决其所诣止于是，不足为良吏也。

初十日。接陈右铭、朱香荪信。右铭见示喜雪诗，香荪见示杂感诗，均各和韵为报。郭定轩、曾重伯过谈。

十一日。接彭海丰信，知彭仲莲已归葬，盖即彭仲莲之弟也。王亦陶家人报称，亦陶于是日辰刻物故，一往哭之。晤丁次谷、孙子成，知亦陶之子王藕村在衡州府雷家市厘局，尚未归也。张笠臣邀同陈右铭、傅青馀、杨鹏海、朱香荪晚酌。

十二日。夏芝岑、郭定轩、王益吾、黄昆圃枉过。定轩为何棠生谋箴言书院馆席，缄询胡少芝，已定学博张君兼理，当即缄达定轩。是日李麓渔至省，即送镆儿入学。便邀张鹤臣、周午楼、曾慕陶、曾霖生、左巨云、左谦之、寅伯、子宽陪饮，霖生、巨云均以事不至。

十三日。接黄石珊、张笠臣、朱次江及玉舲各信。亦致吴晴研、萧子远、唐桂生各信。周步瀛、曹咏生、黄子寿、左巨云过谈。子寿、咏生坐至二鼓后始去，谈及陈程初管带选锋营水师，终岁不一操练，相与吸食洋烟以消日，自咸丰十一年制造船只，二十馀年未一改造，船身损坏至不能演放大炮。闻之怃然。闻常德杨名扬营规尤坏。亦可想见王夔石十馀年以来，万事虚诬苟且，其效遂有如此。

十四日。微雨，寒。接宋楚卿、何心畬、汤斐斋、黄咏清、俞鹤皋、李芋生各信。俞鹤皋转致陈葵心惠寄粤东橙橘。黄咏清递到洋人一信，竟不详作何语也。回拜吴小农、潘小农、任昂千、杨名扬、陈程初，即赴龙研仙之召，同席凌问樵、陶少云、胡尚之、韩子兰、黄昆圃。

十五日。致彭雪芹宫保、李次青二信，以周步瀛赴粤之便，交其带去。兼致唐棣生、李仁峰二信，亦接唐棣生一信。朱禹田过谈。以元夕，率领两宅子孙恭谒祖先。邀艾式成同李麓渔、杨佑吾、张洁臣小酌。

十六日。雨。诣周步瀛、陈右铭谈。瞿子玖、邹子敬、邓子柔枉过。晚邀黄芍岩、周步瀛、陈程初、谢国采、董冰台、曹咏生小酌，程初、国采、咏生不至，添邀周荔樵、黄昆圃、龙研仙及子敬。

十七日。回拜夏芝岑、何相山、任秉之、邓复心、黄子寿、王逸梧、左癸叟、李黼堂、俞鹤皋、杨云陔、刘祝廷、俞陔甫、邓双坡、杜鹤田、曾重伯、欧阳可舟、邹子敬、邓子柔、张少莲。随赴李芋生之召，同席龙琴堂、林幼鹤。

十八日。致潘琴轩信。邹子敬、邓子柔过谈。回拜徐心畬、裕蓉坪、张子遇、黄次珪、朱禹田、邓星五、聂伯元。并诣吊王亦陶，询知其子王耦耕雷家市差所以十四日回省，计十一日午刻专足赴衡，往返未满四日，凡行七百馀里。孙子成为照料宾客，小坐一谈。

十九日。雨。蔡蓉仙、蔡浩楼过谈。邀易芝生、曹咏生、邓子柔、邹子敬、王荔村、欧阳可舟、曾重伯、徐仁羲及玉舲晚酌，芝生、玉舲不至。盛月台有人赴县，托寄吴晴研、萧子远、唐桂生一信。

二十日。雨。接王益吾、艾式成信。益吾送阅所著校订晁昭德先生《郡斋读书志》，以汪刻衢本为主，陈刻袁本合校，至为精核。晚邀刘馨室、邓双坡、傅青馀、但少村、吴云谷、谭心可、成静斋、陶少云小酌，邓双坡以弟丧辞，心可则至今未回省也。

廿一日。雨，雷。接潘琴轩中丞、毛俊卿及翰舟、绍西、子瀞、寅伯诸信。李华卿、毛荇生过谈。琴轩信言合淝伯相初八日电信，属其简器练军，以备缓急。恐边事必棘矣。伯相意筹用兵必调琴轩为统领耳，然于事何济！晚邀张子遇、裕蓉坪、钱子宣、吴小农、蒋弋香、王桐轩小酌，裕蓉坪、钱子宣辞不至。子遇之父张念龢刺史，现任高唐州。

廿二日。雨。致恪靖侯相一信，交丁次谷转寄。亦接苏紫溪、於桐轩、张子遇、张少莲、王荔村各信。荔村亦见示俞君光煜一信，程尚斋、高抟九诸君皆不免失之卤莽矣。欧阳福丞、罗汝梅、李华卿、庄理卿、毛杏荪及秉文过谈。

廿三日。雨。致程尚斋信，并致王荔村属其转递。亦接朱暝庵、龙树棠及玉舲三信。因约玉舲至，以县城应料理一切事，开单付之。曹咏生过谈。炳文以是日回县。

廿四日。致刘岘庄制军一信，交邓子柔、邹子敬带赴宝庆。亦接陈诒生、王荔村二信。是日李华卿开馆，便邀郭海青、饶岱霞、罗汝梅及文思、箴士、新吾、秉生及戴庚生作陪，海青、庚生、新吾不至。罗汝梅固求一书赴广东，饶岱霞、饶琼笙同时为此请，朱耻江又为其亲戚闵桐荪求书赴山东。四民皆失其职，乃多出位越分之思，皆世道之忧也。

廿五日。接刘祝廷、易梯衢信。苏紫溪、张芳臣、张笠臣、胡其祥、韩陛臣、李镜浯过谈。张笠臣见示魏伯勤、钟念祖二信，述越南战事差详。所云嘉林江，则由河内赴北宁之路也。粤西兵败于建昌及嘉定等名目，徐小山、盛锡吾两图皆无之。又见示程尚斋信，李韵亭、欧阳静山、汪冰臣皆幸无恙。乾裕为胡雪岩、王夒石同开汉镇之银号，今已全归王夒石。胡雪岩之阜康，葛诚斋之怡源，徐雨之〔之〕宝源祥，皆名著东南，阜康竟至亏负二千馀万，亦历古所未闻矣。

廿六日。雨。接胡竹湘、言湛甫、聂伯元信。胡其祥、韩陛臣、多子寿过谈。回拜苏紫溪、陈程初、任芝田、陈笛舫、赵朗垣蓉生之子、龙琴堂、李鸣九、黄子寿、黄子襄、彭少湘、丁次谷、丁荫甫、赵吟芳振卿之弟、张雨珊、熊镜蓉、李瀑仙、杨柳青、李敬吾、李文阁、颜选青、胡其祥、韩陛臣。并吊杨绶峰、黄海缘之丧。便诣朱香荪畅谈。随赴陶少云雅酌，同席傅青馀、俞鹤皋、成静斋、左癸叟。闻谭心可已回局，便往一拜，并拜成静斋。

廿七日。接易小楼及辛生二信。庄翰堂、子瀞过谈。又接吴嵋松、李华卿二信。嵋松信云由太平街甘怡兴移寓南门甘怡盛，自称为吴云台之弟。柗台有一弟已早故，莫辨其真伪也。晚次，李冠卿来谈极畅。

廿八日。接王荔村、刘馨室信。回拜李冠卿、李黼堂、任小垣、黄麓生、李荔村、多子受、吴松岩、张子遇、陆勤畬、王少堂。随赴丁次谷蓼园之召，同席傅青馀、成静斋、陈程初、黄子冶、任小园及子瀞，并约王莼农不至。便过张笠臣谈。

廿九日。接黎少昆、李召甫、张笠臣及杏农各信。王益吾、陈右铭、任小垣、李仁峰、熊石生过谈。晚邀陈笛舫、李镜浯、朱枫乔、胡其祥、韩陛臣、易仲子及新吾小酌。

三十日。致傅青馀、陈程初、朱瞑庵三信，亦接瞑庵一信。又以胡其祥、韩陛臣回县，致炳文一信。谭心可枉过久谈。邀黄子襄、庄翰堂、赵吟篁、吴松岩、李仁峰、李瀑仙、王理安便酌。本约张雨珊，不知其已回乡也。闻左相再疏请开缺，赏假四月，在署调理，而令皖抚裕护理督篆，皖藩卢护理抚篆。高阳以是相戏弄，左相负强，必不支矣。

二月

二月初一日丁未。雨。致傅青馀、谭心可、陶少云、张力臣、陈笛舫及寅伯各信。亦接傅青馀、陶少云信。曹咏生、陈笛舫、徐仁熙、李仁峰过谈。刘琪美军门见荣致谭心可信为徐仁熙求差委，属转送，因加一信托之。是日揭示来往宾客不准求信求事，然于此等顺理成章，则固不必执一己之见，以阻塞寒士之生涯也。

初二日。雨。复黎少昆信。遣杨佑吾、艾式成随同陈笛舫赴磊石。庄翰堂之母七十寿辰，前往致贺。忽报张笠臣是日卯刻物故，一往哭之。同至者傅青馀、李黼堂、张笛帆、唐鲁英、翁立明数人。是夕，邀陈右铭、盛锡吾、谭心可、李芋生、朱瞑庵、瞿子玖；前约黄子寿、黄子襄、凌问樵，并以事辞。徐仁熙抄示左相奏请开缺上谕，直是准其开缺，赏假四个月安心调理，李兰生直与屏置不用矣。不独非所以待勋贵，抑亦非用人之道。高阳所以误国甚多，此又不足论也。

初三日。雨。郁热殊甚。守蓉仙从弟多子受请为题主，裕蓉坪、恩小农为陪宾，黄荃生呈阅仪节。随过谭心可谈，心可言张笠臣谋加引票，使恪靖一生名望倾毁无馀。恪靖引疾而笠臣先逝，其中盖有夙孽，非偶然也。吾在广东，为恪靖毁其一官；恪靖在江南，又为笠臣毁其一生之名。湘人相为构陷，亦天之巧行其报施也。念之惘然。

初四日。雨，大风，寒。接何相山、郭荫生、赵吟篁、李瀑仙各信。陶少云、王惠泉过谈。闻曾沅浦宫保署理江督，已见《申报》。探知正月十三日已饬皖（督）〔抚〕署理，廿日改派沅浦宫保而令皖（督）〔抚〕无庸署理，倘尚有言官陈奏耶？丁次谷邀同傅青馀、陶少云及子瀞公奠王亦陶。与王耦耕偶谈，孙子成为陪宾。回拜张南屏、孙芳丞、曹咏之、黄子润、黄芍岩。兼诣曾重伯、曾慕陶、曾霖生三处道贺。并诣唐鲁英，贺其侄唐斐泉简放陕安道之喜。曾重伯出示曾劼刚拓寄合淝伯相书，一力主战，发八难以诘伯相：一言法人喜夸大而无功实，躁急而畏难，轻于发端，怠于持久。必能战，事方易了。二言法人之意不专在越南。两粤之煤矿，滇南之金矿，皆所属意。试问何以待之？三言寿昌河经海防以出海口，有岛曰倍达陇，法人谋在此岛开建船厂，近距琼州，尤难相处。四言英人注意西藏，俄人注意高丽，皆视我应付法人为行止。五言法人之可畏，不在陆而在水，不在滇、粤一隅，而在各海口。此时各国公议保护通商口岸，其力亦不能逞。六言法人树党相争，议论参差，必不能勤远略。七言法人在西洋孤立无与，不能持久。八言此时不力战，是中土之为国不能及德尔噶斯噶之小邦，中土之官兵不能及一刘永福孑遗之逃虏也，可辱安所终穷！末言当立驻越大臣，以红河南与法人，而经营红河以（南）〔北〕。法人如踞越地而有之，则我亦踞红河以北之越地而有之，亦足与法人相持。一意与合淝作难，而为此矜张无实之言，与京师议论遥相应和，诚不解其何心也。

初五日。大雨。接刘总兵万胜、闵惺吾、张蓉仙、王益吾各信。惺吾亦专为刘万胜道意，求列名县志。天雨日短，偶检《汉书》百官表更互考求，遂已就晚矣。

初六日。阴，寒。接夏舒山、胡受百、郭芳兆各信。芳兆似为郭弥生之子。陈右铭、张南屏、胡西园、袁绶瑜、蔡竹泉过谈。张南屏告言，李子瑞于初二日丁其母之丧，似尚未禀报到省，委署尚无人也。

初七日。接阎季蓉、易淑子、易翰芹及玉舲、子淮各信。杨性农过谈，患右肾偏枯之症已及一年，得予所寄《医林解错》方服十馀帖，遂已能行走。年七十九矣，云今年适当重游泮水之年，又辄乘舟来省，足云健者。

初八日。雨。接翁少兰、翁少溪、邹闻生及鹤九各信。陈耘恕、周稚威、黄子润、李石仙、钟景堂过谈。王梦虎亦自县至，始知陈俊臣已三缄召之，决计为山东之游。是日张笠臣家成服，傅青馀、黄子寿、张笛帆、瞿子玖、谭心可、王荔村至者约十馀人，内官场中周铁园、林少芗及费君三人。瞿子玖挽联最佳，云：其才辩足以倾倒一时，使专精文学之中，立说述书，定能传世；既富贵而又坎壈终老，空扰攘尘寰以内，电光泡影，遽了浮生。

初九日。雨。接赵吟篁、熊叔雅、李瀑仙各信。亦致陈俊臣一信，由王梦虎带赴山东。又复熊叔雅、李瀑仙、易淑子三信。晚邀王梦虎、王寿田、黄子润、李石仙、蔡竹泉小酌。贾清臣过谈，始知董冰台之署永绥副将，潘琴轩实主之，以不欲令董冰台管带此营，商之卞诵生，藉使去省也。

初十日。接张干臣、易振卿、周荔樵、黄昆圃各信，亦复张子衡及子淮二信。黄昆圃、庄翰堂、朱香荪过谈。吴云谷缄示翰堂：庞省三传潘琴轩之言，即日以曹镜初接代李次青一席。盖由仰承卞诵生之意旨也。卞诵生奏保高抟九、李香缘、张子遇三人，李香缘遂简放襄阳府。枢府之于卞诵生，亦可谓同道相济者也。

十一日。接王益吾信，并枉赠新刻《魏郑公谏录》、《中山国事表》、《中山疆域图说》。亦致潘琴轩中丞一信，以约今日出门，恰值国忌，有一二事须早告者，只能以一书言之。黄子寿、胡浴生过谈。陈少轩屡见过，昨日遣人枉探，约以出门便道一过。两日不能出门，特一诣视，所言恐皆难以相酬也。

十二日。接唐曦臣、唐管青、易卓超、易仲梓、毛杏荪各信。出拜潘琴轩、左逸仙、陈耘恕、王桐轩、王益吾、邓双坡、陈右铭、曹咏生、聂伯元、刘牧村、张笛帆、任禹田诸处。魏荫亭、左逸（益）〔仙〕、曹咏生及京生过谈。

十三日。接席砚香信，亦致曾沅浦宫保一信。王益吾、庄翰堂、王理安、龙树棠、裕蓉坪过谈。亦诣刘韫老、魏荫亭、董冰台谈。晚邀易芝生、易墨卿、左癸叟、张雨珊、胡浴生、左佩勋及佩珊、经笙小酌，佩珊、佩勋均已回乡。〔致〕沅浦宫保〔信〕，由周荣华赴江南之便，交其便带。自前岁五月恪靖侯相增加引票，事变烦生，大和存款，牵连被毁。卞诵生因风生浪，多方诋娸，庞省三从中相构，乃使老病之身，亦几为时所不容。蹇拙衰颓，劫运重叠，非偶然也。

十四日。接闵新吾、常健吾、黄麓泉三信。亦复常健吾、黄麓泉、唐羲臣三信。朱禹田过谈。艾式成交到阅视磊石山地说，极力诋其不可用，并以封交唐曦臣。晚邀苏子熙、施澄侯、陈程初、孙芳丞小酌。

十五日。小雨，郁热殊甚。致潘琴轩一信。亦接胡浴生及兰生、经笙信。知左逸仙定十九日接印，因以一信为经笙辨之，属其转达。邓双坡、张冶秋、朱香荪、蔡竹泉、徐仁羲过谈。艾式成能读书而有张孟阳之陋，省居求事，无过问者，乃为荐之饶岱霞宅，以蔡、萧二氏子附学，而吾为供岁脩。为艾式成计，亦为诸家计，所谓勉强求全者也。

十六日。雨，凉。接郭芳兆信，郭弥生之子也。又接周稚威、李瀑仙二信。亦寄吴晴研一信。徐仁曦、艾式成过谈。以先光禄公忌辰，率儿辈行礼。谢客一日。

十七日。又接李瀑仙信，固邀为贾祠之会，仍力辞之。回拜杨性农、李黼堂、周文斋、邓复心、黄子冶、李芋生、张冶秋、张小元、易芝生、易默卿、周昌辅、陈兰生、黄昆圃、萧陆仙、黄少春、左逸仙、李楷山。王桐轩邀酌，三次改期，原约仅予与汤肖安二人，傅青馀已赴湘乡，王雁峰、陈诒生皆不至，另邀周荔樵一人，竟席为之不安。

十八日。郁热殊甚。接朱瞑庵信。黄幼海、盛小楼、邓述之、萧陆仙携其二子萧曙初、萧蟾采并枉谈。是日为炎儿、英儿同日生辰。

十九日。大雨。李瀑仙、徐恒山过谈。予以饮食稍多，致患腹泄，徐恒山知医，为多生治疾，就便请其诊视。遣人探问张文心，谋与一谈，而日有酬应，约相过叙，予亦以病不能出门也。

二十日。大雨。接李镜浯、王荔村及鹤九、秉生各信。镜浯又递到罗麓山一信，由罗健叔带来，麓山之次子也。张文心、罗健叔、李楷山及荇农、寅伯过谈。罗健叔述及颜鲠臣、颜选青父子之陵轹乡里，亦所谓世济其恶者也。

廿一日。接张雨珊及经笙信。回拜春云书、陈右铭、裕蓉坪、王逸梧、张文心、吴云谷、黄子寿、陈诒生、涂次衡、邓述之、罗健叔、艾式成及其子艾思诚。有铭述及潘琴轩就商折稿，乃条陈京师海防事宜，曹咏生为之道意。其请京师添兵万人，并以辽河为第一重海防，于事绝远，于职事又并非所宜言。所见如此，何足与深言！初以右铭为从所约，自附不入幕之宾，未敢一语询及。至是具道其旨，益服所见之胜人也。

廿二日。接舒叔俊、胡其祥、周昌辅各信。吴云谷过谈。张南屏、刘馨室先后邀饭，皆力辞之。闻张旭初以八千金捐补攸县一缺，为孙令光燮久病而不肯开缺，悬以待承顶者。庞省三方伯初以询之唐蓬洲，蓬洲不屑为也，张旭初乃欣然为之。以官为市，而方伯为之居间，纪纲扫地尽矣。此大乱之征也，闻此为之慨然。

廿三日。接殷少侨信。亦致李子瑞、吴晴研、张雨珊三信。春云书、周笠西、刘馨室、陈右铭、瞿子玖、盛展奇、蔡竹泉、盛少康、周良臣过谈。自黎明起盥漱，而（马）〔春〕云书至，客去，就食未毕，周笠西继至，遂至日夕始反书室，惫不可支。

廿四日。雨。接周荔樵信。周闻斋、涂次衡、任禹田、杨性农、李作舟、冯小亭、袁绶瑜、黄笠芸、陈来星、王理安、张鹤臣、吴象文及子瀞、一心过谈，直尽一日之力。晚邀萧陆仙、邓述之、吴晴研、李楷山、罗健叔、刘若华、蔡蓉仙小酌。又误以胡载墀为胡其祥，临席复辞不至，恐为仆人所阻遏，实无如此顽劣之仆人何矣。

廿五日。大雨，风，寒。复殷少侨信。亦接曼华信。周镜溪、张肇涵及京生过谈，又由京生带寄李子瑞、吴晴研二信。回拜龚云浦、董冰台、杨心田、周笠西、周闻斋、陈来星、黄笠芸、杨性农、周荔樵、周定轩、李佐周。并赴子瀞、子宽，为处分家事，宗人至者文思、箴士、新吾、寅伯。晚邀姚桂轩、涂次衡、周良臣、盛展奇、梅子宣、萧蟾采，其兄曙初以赴岳麓不至。

廿六日。大风，雨，寒。复舒叔俊一信，又为叔俊致曾沅伯一信。黄芍岩、谭心可及子瀞先后过谈久坐。约周定轩、李瀑仙赴思贤讲舍料理咨送史馆书籍，已定期廿八日，今日当检取各书，以凭交付，竟为人客纠缠至夕。竟日陪诸人闲谈，莫名一事，自笑亦自恨也。杨性农重游泮水，见人索楹帖，以王逸梧为最胜，云：大年从古属文人，当代数耆英，清望早齐姚惜抱；皇路无心希达宦，幽居饶晚福，诸生重见惠仁和。瞿子玖云：文物巍然汉三老，风流依旧鲁诸生。亦佳。

廿七日。雨。诣姚桂轩，晤庄翰堂诸人，述及高抟九议论绝奇。默察在官行径，皆为乱者也。便过成静斋、朱芗生、张湘生、张奎生。

廿八日。大雨。接刘定夫信，专足递到，当以一信复之。又接席山一信。熊绍香自县至。成静斋、罗小园过谈。诣王益吾。便赴寅伯晚饭，同席吴晴研、文思、经生、秉生诸人，新吾以事不至。

廿九日。雨。接张翊廷、常健吾、罗子昭、刘小楼信。又接周定轩、李瀑仙信。又接一心和尚信。盛青霞、熊绍香、翁汝明、蔡竹泉及离欲过谈。晚赴刘馨室之召，同席邓双坡、但少村、陈诒珊。外有吴云谷、张南屏两君，并以事不至。

三月

三月初一日丙子。雨。寄复张翊廷、常健吾、罗子昭、刘小楼信。亦接朱香荪、李佐周各信。杨性农、陈右铭、王理庵、罗叔循、罗子和过谈。据理安述及曹镜初之顽悖，曹咏生之骄蹇。当道诸公之昏谬，直是凑成一乱局而已。各局岁支数万金，皆以养官也。惟通志局若王理安、吴蓂阶之积学，何兰生、胡子和之世家，姚桂轩、谭燮甫之耆宿，月支薪水十馀缗，尚亦非过，而当事诸公相与痛心疾首，实不能容。曾文正在江南开设书局，耆年有名望者月支五十金凡数十人。胡文忠在湖北，直名翘材馆。以视今当事诸公狭隘凉薄，岂可同日语哉！政乖而民困，乱本成矣，吾不知所税驾也。

初二日。接冯小亭、周良臣、朱香荪及子瀞各信。因致丁次谷一信。回拜陈右铭、张南屏、曹咏生、陈诒生、谭心可、成静斋、罗小垣、曾介石。又以陈诒珊物故，一往致唁。朱香荪、曾介石过谈。晚邀盛青霞、熊绍香、周定轩、罗小垣、李瀑仙小酌，定轩、瀑仙均枉诗。

初三日。雨。接周昌辅、玉舲、子瀞各信。郭定轩、曹咏生、张肇涵、贾青臣过谈。晚邀陈右铭、丁次谷、李作舟、王逸梧、瞿子玖、任雨田、曾介石小酌。卞诵生得电报：潘琴轩办理广西军务，庞省三署湘抚。传闻北宁失守，徐小山驻谅山府，所部兵自行溃散，廷议以潘琴轩调补粤西。至是而徐小山虚浮之气，始一泄无馀。其实任粤藩时奏称径捣西贡及由新嘉坡进兵，种种昏谬之谈，识者早知其必无幸矣，特政府诸公不能辨耳。兼闻岑彦卿节制滇粤三省防务，合淝伯相节制沿海七省防务。衰敝之世，贸然思一张挞伐之威，李兰生所为如此，速敝之术也。

初四日。大雨。接唐蓬洲、周芝芗、周定轩、李瀑仙、龚眉生各信。子瀞见示荔村信，语多不可解。高抟九支离怪诞，荔村但述其行径之诡异，亦不详其意旨。乱世之人才，应如是矣。凌问樵、彭少湘、胡少芝过谈。亦复朱香荪及子瀞、玉舲各信。

初五日。接程尚斋、陈少轩、钟祥开、龚振之、丁次谷、周良臣、盛展奇、陈熙堂、李召甫、王理安各信。钟祥开名紫云、记名总（名）〔兵〕，以管带炮队正副两营，驻扎象山，盛耀堂就其教读馆，特饬来湘求寄威毅一信，而以鄙人生辰，兼致寿幛。受之则无以为名，不受则于盛耀堂颜面为有未便。惟以同邑兼有亲谊，其人又尚英拔出众，所寄物事所值无几，与之为波靡，与之为无畦町，正以拒之过严，耀堂必为所轻，坐是勉相酬酢，实乖生平之心也。为潘琴轩、庞省山致贺。便拜朱岳舲、凌问樵、彭少湘诸处。黄芍岩、曹咏生、蔡竹泉、蔡蓉仙、蔡浩楼、盛耀堂、毛荇荪、胡浴生先后过谈。

初六日。朱禹田招赴萱圃，陪同刘韫斋、邓双坡两前辈、成静斋、杨鹏海为赏牡丹之会，酒食亦极丰腆。回接胡受百、胡西园、杨子岩及佩珊、鹤九各信，当复杨子岩一信。是夕杨肖安、左癸叟、周定轩、李瀑仙及亲友以预祝为言者凡数十人，酬应极为疲乏。

初七日。接汤斐斋、刘耀远朗山、王惠泉各信。历年生辰，宾客岁有增加，而若张超堂相距四五百里辄如期而至，欧阳清溪、徐仁羲、熊绍香、蔡竹泉之流之为亲友而同县者，固勿论也。坐是周旋竟日，内外各得四席，于事实为不宜也。

初八日。微雨。接黄幼森、周良臣、盛少康、张森甲各信。谢寿一日。庞省三、孙春皋、夏芝岑、郭定轩、但少村、吴云谷、陈少轩、高抟九、张南屏、福视侯、陈程初、春云书、施澄侯、张懋阶、曹咏生、贾清臣、刘牧村、陈金垣、胡云岩、邓复心、王桐轩、黄次圭、丁次谷、周稚威、钱子宣、黄芍岩、陈幼方各官至者数十人，馀皆亲友之常相往来者也。周良臣、徐仁羲枉过夜谈。良臣开交大塘冲地图，在龙潭寺左近，山主为蒋晴川。

初九日。接周定轩、饶岱霞、朱香荪各信。潘琴轩、熊绍香过谈。子瀞函告丁次谷、曾介石、黄芍岩、刘贻樾，谋演剧徽州会馆，为补祝生日之庆，急函谢之。时陈诒生承办公饯潘琴轩，亦谋演剧湖北会馆，吾亦函致陈诒生请勿列名。年来心绪恶劣已甚，甘为寂寞而不乐繁华，甚不愿诸公之为此也。晚次，张超堂过谈。

初十日。接文兰舫、文月亭、张奎生、盛耀堂各信。黄芍岩、陈诒生、陈幼方、姚舸丞、周定轩、李瀑仙过谈。是日属门者谢客，而会客终日，女客至者亦数辈。大率曾沅帅赴江南，潘琴轩赴粤西，鄙人实以一身承其累：凡宾客至者，皆求一书以为投效之资者也。

十一日。雨，大风，寒。致曾沅浦、陈舫仙、钟祥开、盛展奇、吴伯良、钟佐廷、吴晴研各信。沅浦宫保信为钟祥开作，兼以盛展奇、冒小山托之。舫仙信为盛展奇作，兼以易卓超托之。亦接王壬秋信，寄示二诗，又《宜都祷风塞江祇文》。盛耀堂及子瀞过谈。

十二日。雨，大寒。接易兰生、黄子厚、盛耀堂及鹤九各信，大抵非意相干，对之郁愤而已。往拜潘琴轩、黄芍岩、蒋弋香、谢莘田、涂次衡、曹咏生、张芝岑、张惠甫。晚次，涂次衡、庄翰堂、庄凤喈、蔡竹泉过谈。亦致潘琴轩、吴晴研及鹤九各信。

十三日。接陈燮庵、朱禹田、袁绶瑜、王益吾各信。又接宋寿镛信，自叙宋东震之孙，以曹公塘田售之衡叔，以佃租未清，归咎原主，经韩宣楼播弄，子惠欲以官势压之。其原中则萧子远，因将原缄寄交子远处理。是日为潘琴轩启程赴粤之期，公饯贾公祠，凡三席，周笠西、俞鹤皋、谭心可、成静斋、张笛帆、黎桐云、黄子寿、黄子赞、陈诒生、杨鹏海、黄芍岩、刘祝廷、杨云阶共十四人。未至者黄恕皆、朱禹田、俞开黼。

十四日。微雨。接陈右铭、王荔村、陈国卿、朱瞑庵及槃希各信。闻任憩棠物故，往唁其子任小棠，兼回拜李香缘、陈右铭。晚次，黄子润、杨景皋、张超堂、徐仁羲过谈。遣李祥恺探询酆文质漕坊情形。询之西牌楼、三泰街两地团总，善化县问案委员申玉襄之贪悖，骇人听闻。近年吏治不修，穷于思议，天下之乱决矣。李兰生贻误国家，为祸多端，尤在一意行操切之政而不知人。横览当世人才，皆自速其敝者也。身为楚人，更为吾楚伤之。

十五日。雷，雨。黄芍岩、方翰卿、曾岳崧、萧陆仙、萧蟾采、梅子宣、蔡竹泉及席山、子瀞过谈。潘琴轩既率洋枪队及苏子熙所部二千五百人西行，又饬方翰卿、杨云阶各募四营，云阶因约黄昆圃开募一营。两君募勇之资皆取之湖南，有伤湖南元气多矣。罗云翰、郭占鳌固请从军，为言之黄芍岩、方翰卿。芍岩允于方翰卿、杨云阶处各荐一人，而人才皆属中下。其馀文武求荐者实多，鄙人既鲜酬应，又最不善言语，直无可陈荐。是夕月食。阴雨，不辨所食分数。梅子宣托荐其兄梅渔星，实无词以应之。

光绪十年岁次甲申春三月十六日辛卯。雨。接丁次谷、黄子润、李芳浓及子瀞各信。回拜方汉卿、陈诒生、劳梦渔、曾岳崧。并为孙春皋、夏芝岑、但少村致贺。少村述及潘琴轩、庞省三意见颇深，即潘琴轩与鄙人所言，亦可得其大凡矣。龚芸圃、吴云谷、李黼堂、邹闻生、王理安过谈。刘韫斋前辈约观出，凡三席。所识邓双坡、黄芍岩、陈碧泉、李植丞、李叔辰、汪景山数人而已。邓弥之撰送长联极佳：校士得奇才，收来将相门生，重整乾坤开寿斝；爱民如赤子，留作湖湘大老，普涵星岳入春尊。

十七日。大雨。接子瀞信，知将赴县，急遣人以书往，则已行矣。另由熊幹廷致吴晴研、熊绍香各信。张超堂过谈。蔡竹泉亦随至。往年置买浏阳门外及南城外太乙寺进冲烟坡刘玉章山地二所，浏阳门外以葬张璞庵舅，其后改葬水部头，本日专李祥恺往视浏阳门外地，已为张子健盗卖。烟坡十丈之地，四抵分明，今且为丛冢矣。长沙人心之顽悖，远甚他县。如此类，湘阴人所必不敢为者也。

十八日。晴，热。李黼堂递到两淮运判陈建勋一信，并枉示彭雪芹及胡传钊二信，所论洋务，皆呓语也。又接黄子润、李麓渔二信。麓渔以浏阳吴镇唐之托，相强以枉道干人，绝不料今日人心漫无顾畏如此，真世道之忧也。晚过陈右铭谈。

十九日。接常健吾、张翊廷、刘小楼、罗子昭及子湝各信。欧阳清溪、李楷山枉过，谢不见。今日较清适也。晚次，用舟过谈。用舟以承受宋寿镛曹公塘田石，属函托陈文蔚，以此一由陈文蔚从中作梗故也，因并托之萧子远。凡两信，并交用舟寄县。

二十日。接盛展奇、李楷山、危辅臣及汉舟、檠希、玉舲、润民各信。陈右铭、徐仁羲、毛杏荪过谈。

廿一日。郁热，微雨。接杨厚庵、瞿子玖二信。亦复翰舟、蟠西、润民，兼致吴晴研、玉舲、炳文一信。回拜朱禹田、谭心可、成静斋、吴云谷、李黼堂、俞鹤皋。兼诣杨芝生，以新自乾州回省，厚庵信即由其带下。亦诣陈右铭，并往东茅巷吴宅致唁。李黼堂言得京师信，比校两朝张、李，言明世张、李以寇乱，今日张、李以清流；明世张、李乘天下有事以称乱，今日张、李因天下无事以造乱；明世张、李犯朝廷以济其欲，今日张、李借国家以行其权；明世张、李各树一帜以横行，今日张、李合为一党以狂逞；明世张、李荼毒搢绅于有形，今日张、李陵跞衣冠于无形；明世张、李由外以及内，今日张、李由内以及外。其言绝沉痛，亦所谓古之伤心人也。

廿二日。大雨。接熊绍香、危辅臣及子瀞各信。亦寄席珊、佩珊一信。邹子翼、田研生、张超堂过谈。席珊信以寅伯赴老屋湾，托其便带。

廿三日。雨。接苏子熙信。瞿子玖、左子异、姚汝和、王荔村过谈。子异语及恪靖之意，以朝廷或终用之，则两广、闽、浙各海口，不如江南之驾轻就熟，故于开缺谢恩折内声明：海防吃紧，当即移驻白茅洲，俟二三月后察海防情形缓急，再行回籍。此举甚未妥，何以解于前此再四请开缺？即今日之恋栈，而前此之要君，亦无词以自解矣。亦由左右无人之过也。

廿四日。接邓直卿信。谭心可、陈程初、蔡浩楼、蔡竹泉过谈。晚邀邹子翼、姚舸丞、张超堂、罗柢敷、欧阳清溪、唐管青及汝舟小酌。又接言湛甫、龙树棠二信。

廿五日。雨。接彭雪芹、杨厚庵、董厚斋、李翰卿、张晦甫各信。杨芝仙、蔡竹泉过谈。回拜吴云谷、谭心可、黄子寿、黄子襄、李荔村、田砚生、左子异、邹子翼、易厚卿、劳恺臣。而黄子襄赴贵州，劳恺臣赴京，并已前行。谭心可将为江南之行，张超堂托寄曾沅甫宫保信，即托谭心可带交。

廿六日。寄合淝伯相一信，盖二月廿四日书就，约交周文斋带呈，文斋至是始专足来取。亦寄文斋一信。又寄复杨厚庵一信。庞省山、贺学山、周定轩、李瀑仙、罗小垣、徐仁羲、蔡蓉仙、蔡竹泉及新吾过谈。

廿七日。接方翰卿信。罗小垣、樊延龄枉过。回拜庞省山、邓双坡、鲍春樵、李作舟。兼为王咏生贺其世兄完姻之喜。晚次，王逸吾、吴莼安过谈。

廿八日。寄合淝伯相一信。以庞省山见示伯相信，言海防日棘，属就嵩焘求方略，再以一信寄之伯相：不必求方略于我，为是言以寄其忧愤而已。我亦有何方略可陈，亦为是书以发其忧愤而已。

廿九日。寄潘伯寅信，罗小垣以张同兴有扬州之便，由扬寄苏，不过一二日，属交其转托张敬之递寄。亦接朱香荪、王荔村、罗小垣及子瀞各信。刘馨室、邹闻生、汤翰臣、黄涤凡过谈。汤翰臣送到其祖海秋诗集二十六卷、《浮邱子》十二卷。

四月

四月初一日乙巳。大风，雷雨。寄苏子熙、涂峙衡二信，并交席珊带投。亦接黄芍岩、龙海门、刘彦臣、王逸梧各信。逸梧并见示李莼客信，论阎丹初极确，谓其勤吏事，有清节，而苦无学术，不谙大（学）〔体〕，其所任用率少年纨袴，遇事风生，捷给奉迎，毛举苛细，恐将来坏事，为二董、王、姚辈所窃笑。诚不意丹初亦工于趋时如此。因并复黄芍岩、王逸梧二信。又致李佐周一信。见《申报》：礼亲王世铎、额勒和布、阎敬铭、张之万、孙毓汶同入军机。同治初元，曾一为入政府，除旧布新，为历来所未有。今又再见，此二十三年中两大变局也。周德润入总署。王德榜授广西提督。张之洞奉召入京陛见，殆将畀以军机之任也。其责恭邸，以为每于朝廷振作求治之意，胶执成见，不肯实力奉行。屡经言者论列，或目为壅蔽，或劾其委靡，或谓簠簋不饬，或谓昧于知人，则仍由言官制其进退之权也，而朝廷之意，于此亦可略睹矣。王荔村见示《春柳》诗，盖为恪靖作也。中云：青青人去犹呼柳，燕燕春来本姓王。又云：柳郎才调悲残月，张绪风流忆昔年。极雅切。至云：者番官渡雄心减，前度书堂午梦稀。秋日捕蝉曾恶噪，春江打鸭自惊飞。可云调侃矣。又云：湖上云来空怅望，江南春尽莫缠绵。讽刺又深婉也。

初二日。寄复彭雪芹宫保信。亦接王荔村、李佐周二信。回拜刘馨室、李香缘、王少唐、李子瑞。即（拟）〔诣〕斗姆阁，蔡浩楼、蔡蓉仙及蔡竹泉、蔡葆初、蔡星庚相与迎候，又邀周稚威、王树棠、孔桧舲作陪。本约作匾字，竟至纷扰终日。晚赴朱香荪之召，同席李香缘、吴云谷、瞿子玖，朱耻江亦同作陪。

初三日。致李佐周、（左）〔李〕瀑仙二信。李香缘、李佐周、黄子寿、田砚生、徐仁羲过谈。何伯元以立中生正命题，李华卿见询，茫然不知也。语出管子，《法法》篇上云：政者正也，犹云建中立极以行政也。

初四日。接李次青信，并托递张南屏、凌问樵、金春江三信。亦寄黄子寿一信，交邹子翼带投。盛肇康、蔡蓉仙、蔡浩楼、蔡竹泉枉谈。又致陈程初一信，以李次青荐其族兄西墀观察元钺承办岳州救生局，须一达之程初也。吴松岩亦谋此席，议论数有返复，潘琴轩力庇一谢静庵，一切议论皆不能行，故知大府不求达下情，万事隔膜，亦只以自蔽而已。是夕殷湘龢、杨洛皋枉过。湘龢为竹坞之子，洛皋则杨琴堂所托也。

初五日。寄复李次青一信。又遣杨佑吾赴县，带复左逸仙、易叔辉及子瀞二信。丁次谷、王少唐、曾介石过谈。熊绍香自县至，盖由平江调湘潭，尚未知所调缺究属何如也。王荔村晚至一谈。人情变幻离奇，竟至穷于思议，皆衰世之征也。

初六日。雨。接陈葵心、陈可亭、瞿景伊、殷竹坞各信。傅青馀、黄次圭、李芋生、朱香荪、李华卿过谈。青馀告言：撤退枢府诸公，并严谕伯相，亦责其胶执成见。是殆欲逼使附和廷臣主战耳。诚不意洋务为祸之烈至此。劻贝勒乃奉总理行营事务之命，尤使人茫然莫喻其义、殆未知所究竟矣。

初七日。雨。致翁小山一信，蔡浩楼托为主持九仙观捐款也。又为欧阳清溪致郑少侨、常健吾、张掖廷、罗子昭公信，属子瀞代达。亦接曾沅浦宫保、周陶希、丁次谷及经笙各信。张南屏枉谈。

初八日。大风雨，寒。数日郁热殊甚，至今日换戴纬帽，乃作奇寒，反复亦太剧矣。接刘云樵、易叔辉二信。左佩勋、李华卿、蔡竹泉过谈。左佩勋约同况颜山、林竹修、施聘臣、盛绰卿会饮左丰生宅，邀请甚力，亦力辞之。

初九日。接刘云樵、易玉峰二信。回拜张南屏、福视侯、田樾村三大令，黄铭三少尉，孙芳丞、彭玉书两军门，傅青馀，瞿子玖，成静斋，杨鹏海，俞鹤皋，李芋生，陈诒生，曾介石，左长卿，吴麟臣，汤翰屏，陈守如。并以杨云阶带兵赴广西，一往视之。云阶语及云南战迹及洋务情形，均有见地。知凡崛起立声名者，必非幸致也。

初十日。寄易叔辉信，并各种药品，由易仲子转寄。吴云谷、福视侯、陈程初、龙海门、杨咏生、左长卿、曾霖生、周定轩、李瀑仙、吴莼庵、王逸吾次第过谈。

十一日。立夏。致朱禹田、王惠泉、周定轩、艾式成四信。唐夔友过谈。晚赴朱香荪谈。

十二日。接李次青书，由李西墀带至。询知次青三月十三日从广东北归。陈耘恕、瞿子玖、张冶秋、龙研仙、谭广生过（次）〔谈〕。龙研仙言攸县西乡与茶陵交界，地名良江，其地民气纯厚，居民皆足自给，使人神往于其地也。

十三日。接鄷慕唐及佩珊、秉生、子瀞各信。子瀞言：罗麓山、颜鲠臣构讼，左丰生为颜鲠臣挟持，左逸仙至不敢与理断，子瀞传集颜鲠臣、罗麓山，数语解譬，各自洒然寝息。闻此稍为一快。杨云阶、庄翰堂、颜芸斋、曾重伯、蔡竹泉枉谈。

十四日。接黎树堂、邹闻生及笙陔叔诸信。又以王福回湘潭之便，寄复鄷慕唐、熊绍香二信。回拜杨云阶、陈程初、熊鲁如名上珍，提督、吴云谷、李黼堂、王益吾、张冶秋、孙公符、龙研仙、龙海门、陈耘恕、联植生、李西墀、高菊生、颜芸斋、李佐周、谭广生。云谷告言朱铁桥到省，高抟九闻其至，即行诣谒，拒不纳。成静斋劝其趋见庞省三，曰：吾有将材二人，庞君至，当以语之，不可枉吾道以求见也。盖庄辛庵闻之钱子宣，其言如此。

十五日。雨。接王益吾、黄桐轩、陈熙堂及鹤九各信。周笠西、李瀑仙过谈久坐。瀑仙言，彭丽生扃门课试讲舍生，乃先出避之，防封门后不能出入也。又以时事方棘，力言当驰赴京师，稍图补救。吾因告以讲舍缘始，谋一洗三书院陋习，专以读书立身为义，设立章程，以资循守，力荐彭丽生主讲。不意彭丽生一入讲舍，毁弃章程，肆意妄为，稍加戒谕，遂成仇雠，今之扃门课试，亦其一端也。天方生此一辈人坏乱天下，无大小皆然，于何补救之？使犹能听人补救，彭丽生亦何至怪诞如此？即此可以悟矣。瀑仙于人情世变，历练未深，未易明此也。

十六日。大风，寒。接董厚斋、周定轩、毛杏荪、王荔村各信。亦复荔村、定轩、王益吾各信。林贞伯、张芳丞、左子异、王寿田、蔡竹泉过谈。子异述左相之意，捐银四千金，开北城外碧浪湖，从铁炉塘新河口浚入。计其工程，恐非数万金可了，以碧浪湖现为平地，须浚至丈馀，乃可引江水灌入也。

十七日。大风，寒。接左逸仙、多子受其兄多祺亦有信，号介寿、王益吾、王荔村各信。又接周昌辅信，并所著《朱子不用小序说》，当以一信复之。王梦虎、龙海门、蔡竹泉及一心过谈。

十八日。大雨，寒甚。接黄芍岩、张芳丞、胡其祥、吴莼庵、樊延龄各信。又接魏碧峰及翰舟寄赠诗句。钱子宣、曾莀丞过谈。回拜王梦虎、王寿田、林贞元、钱子宣、刘牧村、黄麓泉、左子异、叶伯铭、瞿翰池、欧阳福丞、杨湘臣。兼为孙春皋贺寿。并诣吊张笠臣、陈吟舫二处。张芝岑处，何伯言、吴子初两人为知宾，就询近事，卞诵臣专为百姓生事，多出情理之外。疆吏如此，以致乱无疑矣。

十九日。接龚振之、樊延龄及子瀞各信。傅青馀、余尧衢、李敦仁、曾介石、姚舸丞、龙研仙、周定轩、李瀑仙、朱香荪、蔡浩楼、蔡竹泉次第过谈。李敦仁曾随左恪靖署庄浪副将，语左相办事铺张无实意，颇轻之。蔡浩楼述及李次青家近事，为之惊悸。似此，祸乱之成必速矣。龙研仙语及攸县西有槚山者，距鸦江桥八里，鸦江桥距明月大桥十馀里，又西四坌，则醴陵小路也。槚山西北鸦江桥险要可扼，其东长脊岭，地僻而民风亦为纯朴，约五月中一往相度。

二十日。为王寿田致书曹仁祥军门。鹤九自县来，带到子瀞一信。以王梦虎山东之行，邀同王寿田、曾苠臣、曾重伯、张芳城、吴莼斋、左佩勋小酌。

廿一日。接笙陔叔永定专足一信，以缴山东赈捐，属惺吾代缴，并致惺吾一信。惺吾已赴扬州，缴款尚须从缓。罗小垣过谈。回拜魏弼峰、李晓村、王益吾。因诣邓双坡、朱佛宜，贺其子婚礼。兼诣张力臣宅陪吊，见王壬秋联云：壮岁相逢意气欢，尔时才识无双，官职声名齐到手；三致千金隐沦晚，独恨经纶未展，竹帛歌钟两寂寥。全不属对，而调侃固多矣。

廿二日。微雨，郁热。接区君维瀚，卸署松桃任，接办瓮洞厘务、汪君树廷，其兄汪藩侯，湖北候补府，没于蔡甸厘局、姚汝和、田研生、周芷窗、罗汝梅、熊绍香、龙树棠、王荔村、余尧衢及子瀞各信。彭玉书、王寿田、蔡竹泉、殷税农、殷黼仙、彭智斋过谈。

廿三日。郁热尤甚，已而大雨如注，数月阴雨，所未有也。接酆慕唐信。胡少芝、李召甫过谈。见《申报》，恪靖奉诏入都，曾沅浦宫保得以安其位，未尝非时局之幸也。

廿四日。阴寒，雨。接王荔村信，亦两回信，以荔村录示江督批札，于鄂局办理情形亦有关系。又接姚汝和名灿元一信托求事，多愧无以应之。庄翰堂及箴士过谈。

廿五日。雨，寒。接王益吾、张掖亭、罗子昭、刘小楼信。亦寄复汤斐斋、董厚斋、刘彦臣三信。并复张掖亭、罗子昭、刘小楼信。兼寄胡其祥、韩陛臣、吴晴研信。回拜王少堂、潘仲乔。兼为夏芝岑贺生日。并赴吊陈诒珊、劳孟余。

廿六日。雨，寒。接王益吾、瞿子玖、周定轩三信。蔡竹泉、王梦虎联姻，借花厅写庚帖，彭玉书为之传庚。因约李华卿及寅伯分写西庚，并留小食。朱禹田、何永清及文思、子宽过谈。

廿七日。雨。忽寒忽郁热，一日中气候屡变。接彭丽生信，并递示李次青信，知南江月形山先垄被盗发，仅棺有凿痕九处而已，喜尚不如传者所言也。回拜王梦虎、朱禹田、凌问樵、潘仲乔、李卫廷、丁次谷、唐夔友、李芋生。芋生适往林幼鹤处，随枉过一谈。周小樵亦枉谈，周诗樵之子也。

廿八日。接周文斋、曹咏生、潘小农及子瀞、寅伯诸信。成静斋、王汝成、黄幼海、李瀑仙、联植生、易怀钦、巢子城、毛荇荪过谈。易怀钦来就郡试，询知冕南诸子应试者仅一易彦臣。

廿九日。喻仪廷自广东赤溪厅回萍乡，取道省城，带到喻叔芸一信。又接张子喻、洪秋帆二信。李华卿偕王紫筠过谈。殷竹坞自县至，为言四月八日移碑，劫于子弟辈议论，以书阻止之，盖有不得已也。闻之怃然。此不揣事理情势，而一意与我作难，门祚之衰，恐无日矣。

三十日。接邹闻生、艾式成及杏农各信。阎季蓉、王荔村、王树阶过谈。季蓉语及黄海华之孙凤九，其冢君黄子勉之子也，在厘局数年，但少村初为其亲友求海华书抵丁秩璜，海华不允，少村挟此恨，遽将黄凤九差事撤出。人心之可畏如此。

五月

五月初一日乙亥。接周步瀛、阎季蓉、吴莼庵、王荔村及经生、子瀞各信。亦寄吴晴研、萧子远、唐桂生、陈熙堂、熊绍香、易梯衢各信。回拜谢国采、傅青馀、瞿子玖、阎季蓉、黄幼海、王汝成、王恕皆、何晴初。兼为春云书贺生日。但少村、王惠泉、蔡竹泉过谈。

初二日。雨。接李次青、颜芸斋、张芝岑、朱瞑庵、王荔村、张芳城各信。亦致王荔村、王益吾、阎季蓉各信。李芋生、庄翰堂、黄干臣、陈敬亭过谈。又约王荔村及子瀞会议张寿荃款项。张芳城守候省城至年馀，亦觉无词以谢之也。

初三日。寄李筱荃制军一信。并寄李仲絜、孔庭兰、张寅宾三信。亦接欧阳静山、汤斐斋、唐蓬洲、於桐轩、姚庶侯、陈熙堂、李瀑仙各信。瞿子玖、龙海门、邓美田过谈。晚邀魏弼峰、王汝成、李西墀、彭玉书、巢子城、何晴初小酌。庶侯信述及夏福鸾之言，绝可怪愕。

初四日。寄复欧阳静山一信。亦接李召甫、何心畬及佩珊各信。张芳城、王惠泉过谈。

初五日。以时节率两宅诸子诸孙恭谒祖（谷）〔先〕。接周步瀛、董冰台、左逸仙各信。并接徐叔勤自羊城寄到《渊鉴类函》一箱。又接周陶溪信，并馈食物。午邀艾式成、黄涤凡、蔡竹泉、胡浴生、毛荇农、左佩勋、李玖余、李召甫及鹤九为端午蒲觞之叙。涤凡、召甫、浴生均以事不至。

初六日。接周良臣及炳文、杏农各信。知子容之妻物故，意求资助也。黄涤凡、杨佑堂往相猴子石、金盆岭二地。是日府试案发，左氏三人前列，鹤九列第七名，理安屡列前数名中，至是抑置第十六。是午邀同阎季蓉、高鞠生、颜芸斋、陈靖廷、黄干臣、黄幼海小酌。

初七日。接龚云圃、胡其祥、王益吾、周良臣、刘翊清各信。丁荫甫、罗麓山、周良臣、吴莼庵、袁守瑜、蔡竹泉、蔡葆初次第过谈。终日以无谓之酬应，疲于奔命，不胜其苦。晚过李作舟谈。

初八日。接李次青、王荔村、李佐周及玉舲各信。周石荷、易清溪、易仲子及子澣、鹤九过谈。石荷为周昌辅奔走劳苦，亦（谊）〔义〕士也，因述周昌辅侄孙周绍安、周和万事。绍安为锐安之孙，和万则周介峰之子也。周氏皆乡愚，不明事理而喜倡狂，则亦由周昌辅昏谬之所致也。

初九日。接陈俊臣、曾挚民、钟祥开、张枏皆及其子衍鋆，似号少皆、汤斐斋、姜昆山、严少韩、张卓斋、周昌辅及子澣各信。回拜但少村、谭心可、成静斋、陶少云、王益吾、左癸叟、左子健、左子异、余尧衢、丁次谷、丁荫甫、王少唐、黄幼海。邀同唐夔友、阎季蓉、曹悟生、黄子冶晚酌。曹悟生语及涂次衡、李兰生并与（藩）〔潘〕琴轩抵牾。次蘅随琴轩至梧州，遂取道赴广西。李兰生求庞省三调回，益触潘琴轩之忌，其苦境又过于涂次衡也。曹悟生能诗善画，见其书扇句云：一江飞雨楼头过，十里寒云雁背开，戎马至今馀我辈，江山终古费人才。自有一种气概。见周瀛士信，始知其由上海来楚，可谓健于行步者矣。

初十日。雨，寒。接周步瀛、吴端甫、周良臣、吴晴研各信。诣龙研仙，为皞臣夫人贺生日。便过周瀛士谈。齐小安、阎季蓉、左子健、谭心可、严福君、陈敬亭、陈楚藩过谈。吴端甫其兄嘉甫，尚在安徽候补信即由陈楚藩交到。领取吴南屏遗稿。请邓美田训课儿辈拳伎，因留饭。周步瀛住羊城大北门直街中约。

十一日。接黄幼海信，为涂牧鸿儒求粤东清理积案章程及训诫浅语，当以一信复之。周瀛士、谭心可、夏树吾、罗顺循、罗叔循次第过谈，询知叔循昨日至省。

十二日。接魏赓臣、周瀛士二信。陈程初见示彭雪芹宫保以天津和约为大忤，疏陈五可战、五不可和。至是始悟南宋诸君子之议论，皆此类也。恪靖亦于议和后奏饬黄芍岩募勇五营赴防广西，盖皆习闻南宋诸君子之风规，取声名于棼棼泯泯之天下也。黄芍岩、李瀑仙、熊石生、熊筠生、黄干臣枉谈。

十三日。陈幼方、黄子寿、黄涤凡过谈。回拜黄芍岩，谭心可，成静斋，王梅君，李炳南，俞鹤皋，吴云谷，瞿子玖，周笠西，齐小安，刘韫斋、杜鹤田两中丞，陈幼方，严福君。并至劳孟余、熊彝臣两宅吊唁。兼贺曾栗诚夫人生日。

十四日。李佐周、李炳南过谈。始知炳南为李勉林之子。彭雪芹宫保约李勉林接替李次青，勉林允之。而以修墓久（以）〔未〕竣工，不能往赴。迨和局成，滇、粤渐次撤防，遂不复作出山计矣。勉林兄弟四人，未析居，眷口五十馀人，岁租仅及四百石，亦难以自给矣。是夕雨。

十五日。大雨。以李性源回平江之便，顺致李次青一信，又致谭心可、成静斋二信。亦接王益吾一信。偕黄涤凡出南门相度金盆岭、猴子石二地，归途乃遇大雨。曾重伯过谈。

十六日。风，寒。接陈展堂、区维瀚、黄幼海、谭心可、周良臣、吴莼庵、黎甲臣、李佐周各信。成静斋、俞鹤皋、瞿子玖过谈。晚邀周瀛士、黄芍岩、陈幼方、周稚威、徐衡山、李炳南、罗叔循小酌。又接杨性农信，启视则寄子瀞书，兼寄到墓表一篇。

又接安乡（学）〔博〕曹君兆蓉一信，则以山东赈捐滥厕贱名，叙述捐赈事宜也。

十七日。接吴莼庵、黄咏清二信。徐恒山录示彭雪芹宫保五不可和、五可战疏稿，多为虚浮无实之词以眩惑朝廷，亦由上窥朝廷意旨然也。其五可战：一曰揣敌情可战，二曰论将材可战，三曰察民情可战，四曰采公法可战，五曰卜天理可战。南宋诸君子疏陈兵事，传美史册，至今使人欣赏叹慕者，皆此类也。夏树吾、王益吾过谈。益吾言，天津和议成，集矢合淝者层见叠出。彭雪芹宫保犹然，蚩蚩之朝官又无足论矣。

十八日。接刘翰秋信。张蔚卿、周瀛士、龙研仙、周定轩、李瀑仙、张翰秋、齐小庵、庄翰堂、黄涤凡及东林枉见。小庵求为篆书，函令子瀞代作。

十九日。接合淝傅相、刘岘庄、张寅宾各信。亦复安乡曹学博一信。周荔樵、杨湘丞过谈。李友兰大令新卸平江事回省枉过，急思一问平江情形，而为仆人所阻遏，真无如何也。晚就朱香荪谈。

二十日。雨。接周良臣、张鹤安、饶岱霞及子湕各信。子湕并寄到江西书局近刻武英殿聚珍板五十四种。周良臣告知与黄涤凡同赴湘阴看地。回拜李友兰、张蔚卿、周荔樵、黄子寿、傅青馀，酬应竟日。黄桐轩、江竹生、孙次韩、张芝岑、周良臣过谈。

廿一日。雨。周良臣求致刘彦臣信，当书八行交之。接周芝轩信。黄小泉、李石仙、夏树吾过谈。

廿二日。大雨。致陈伯严信。亦接陈伯严、李瀑仙各信。李佐周约同王益吾、瞿子玖、罗柢敷及子静晚酌。柢敷已回湘潭。益吾、子玖告言：劾合淝傅相甚者，为粤人梁星海太史，益吾之甥婿也。《申报》亦载刘省三军门以兵部侍郎内召，方谋与法人逞志于一战。言路之嚣，有由来也。三四日郁热已甚，是日下午大风，寒意懔然似深秋，气候乖异如此。

廿三日。张蔚卿求书抵曾沅浦宫保，因以一书托其呈递。接董厚斋一信。刘馨室过谈，以其子刘小馨见属，托言之曾宫保。子瀞又传丁次谷之言，亦以其子丁荫甫榕森见属，托言之谭心可。以鄙性之善忘也，略一记存之。

廿四日。接邹子异、张冶秋、傅青馀各信。回拜张南屏、黄小泉、刘牧村、熊鹤村、唐葆吾、张芝岑、张晦甫、李芋生，并诣李黼堂谈。知李幼梅已自浙南回，赴乡营葬。李芋生述及龙艮山任汉阳县，征收骡马税蔡甸，其家人司事者颇多苛扰。彭九如少宰寓居汉阳，为言之龙艮山，撤去其家人。已而具禀彭九如少宰盘踞把持。彭九如大怒。卞诵生愈益庇之。艮山内不自安，力求交卸，已解任矣。会钦使至汉阳，绅士仍列其事状控之钦使，奉批提讯。卞诵生所至陵践无足责，龙艮山规合其意旨，于彭九如匡正办理税务之家丁，直加以盘踞把持之名，以自贻累，宜矣。

廿五日。阴，凉。接聂仲芳、杨默霖、易叔辉及鹤九各信。黄子冶、张蔚卿、唐葆吾、罗顺循、萧希鲁次第过谈。子瀞晚复见过，出示首府传送饶智元一件，肆行（倜）〔侜〕张之术，皆世道之忧也。

廿六日。接李瀑仙、张晦甫各信。彭伯昂自石门带到袁予文正月一信，仍求荐馆，逾月而已物故。至是彭伯昂并赴书送到，为之怃然。吴云谷、陈幼方、夏树吾过谈。

廿七日。为紫梅致吴晴研一信。亦接黄麓泉信。并交到唐确慎公《读礼小事记》前后编二帙。李芋生、殷默存及子瀞过谈。谭心可晚至，言见高抟九，语及饶石顽与子瀞相讦事。王益吾、瞿子玖并至，大率谋为之理处，而未得其法也。

廿八日。寄李次青信，由志局递去。次青钱庄在平江县东街，一曰贻昌，一曰阜昌。森昌信局，平江亦有分局也。又致余隐吾及佩珊二信，余住湘乡府馆巷义烈祠对角，交其来足杨庆带去。据称湘乡聚益协钱庄可以兑省票。夏树吾、盛小楼、张晦甫、蔡蓉仙、浩楼、竹泉过谈，并以曾澄侯函责艾海云，何简陆求书解说，因附致曾澄侯一书。

廿九日。接黄石珊及席珊二信。席珊赶至思恩，与苏紫溪军门相见，遂相从至龙州。发信之日为四月晦日，云旦夕即由思恩前进。而湘中传言苏军已饬回湖南，五月可到。究未知何如也。周瀛士、李佐周过谈。姚彦嘉屡约一来湖南，思得一叙谈，属瀛士以书约之。

闰五月

闰五月初一日甲辰。早微雨。寄潘蔚如、刘芝田二信，由子淮屡函见托也，即函交子淮投呈。亦接欧阳静山、龚振之、易叔辉、李瀑仙各信。丁次谷、李佐周、罗顺循、易仲子过谈。高抟九恃一下诵生，倒行逆施，悍无所顾，要之无真气，易与耳。次谷虑事过深。近日人情变幻，亦实不可以理测。天下之乱，皆在官者为之也。颇为一言处理，所能识者理而已。在官者之变幻莫测，固不可以理推也。

初二日。熊绍芗、蔡竹泉、胡其祥、韩陛臣过谈。回拜谭心可、成静斋、黄绍溪、欧阳心泉、曾重伯、曾霖生、邓双坡。《申报》载梁星海编修钦辰，梁星海名鼎芬，此传者之误简放安徽池太宁广道，距参劾合淝未逾月也。前年廖仲山寿恒亦以参劾合淝，逾日即授学政，全失所以待大臣之体矣。欧阳心泉以合淝如此宜去位，属鄙人力言之。然出处大节，正恐非人所能代谋也。

初三日。致谭心可信。欧阳心泉、鄞慕唐、周昌辅、钟佐廷过谈。樟树港危氏，仅一举人危松林，又暗于事理。危紫垣之子危芍庭及孙危桐生，与其弟妻构讼，枉相投诉，因以正论晓譬之。吾于此皆有世道人心之忧。询其所据以相争者，易氏奁田，谋以给之其女，黎少琨之孙妇也。

初四日。熊绍香回县，致张掖廷、罗子昭、吴晴研、易淑子及玉舲各信。亦接易仲愉一信。是日闻吴云谷署衡永道，陈右(调)〔铭〕奉调湖南办理营务，二者均差强人意。遣杨佑吾、李祥剀赴乡枭谷。下午大风雨。

初五日。致谭心可、朱香荪、曾重伯、吴云谷各信。又以陈伯严专足赴江西，寄陈右铭一信。亦接陈熙堂、周昌辅、易仲愉各信。朱耻江、蔡浩楼、蔡竹泉、李登云、杨蔚高①。李名向荣、杨名文鹤，并两武员。李，平江人，与唐荫云有亲谊，人尚儒雅；杨则苦求荐事者也。

初六日。雨，风，寒甚。接瞿景伊、龙树堂二信。李黼堂过谈。为吴云谷贺其署衡永道之喜。便拜黄子寿、杨鹤生、黄子赞、傅青馀。鹤生为杨海琴世兄，与黄子赞并宜一见，仆人于此全无审量，无如何也。

初七日。大雨，寒。接苏紫溪、刘彦臣、阎季蓉、曾重伯、朱禹田各信。亦致曾重伯、王益吾及复瞿景伊一信。夏树吾过谈。主方及脉理，言之若有把握，而服药都不见效。医道之精微，固难言也。

初八日。朱耻江递到彭笙陔一信，并寄所著《诗达诂》见示。

---

①此处疑有脱字。

又接瑞苐侯、周瀛士、王益吾、吴云谷各信。马见田、唐葆吾、李瀑仙、萧蟾采、梅子宣过谈。李瀑仙告言，长沙典史饶心泉选刻《经世文续编》，颇采拙作。未知所选刻者何文，属瀑仙查考见示。

初九日。接李华卿信，知顺孙患肾痈疮恙，急召吴医往视之。回拜吴云谷、马见田、林贞伯、黄子寿、唐葆吾、周瀛士、钟佐廷、韩陛臣、胡其祥、曾慕陶，并借观曾沅浦宫保两次奏稿。

初十日。接孔庭兰、刘若华二信。廷兰并寄到所拟《轮船事宜章程》。又接陈舫仙、谢国采、陈伯严三信。吴云谷、钱子宣、陆蔚亭、王益吾过谈。

十一日。接龙研仙信，槚山求屋事已有端倪，随以一信复之。瞿子玖见示陈右铭信，并寄其太夫人墓铭。凌问樵、朱峰乔、蔡竹泉过谈。熊干庭自县来，便寄吴晴研一信。

十二日。暑甚。接王益吾、瞿子玖二信。江惕诚来见，为陈子卿女夫，在晋昌二十年，晋昌收后，来往江南扬州谋事，穷而相投，不知鄙人之穷于时乃尤甚也。益吾见示《天禄琳琅》跋后，刊本亦将告成，盖皆不朽之业也。

十三日。接蒋弋香、常健吾二信。亦复王益吾一信。李芋生、黄幼海、易淑子过谈。芋生述及筠溪一案，乌、孙两使，锻炼周内，苛及无辜，暗无天日，与卞诵生同为乱民而已。夫是之谓妖孽！

十四日。阴凉，雨。寄复吴晴研、玉舲二信。回拜陆蔚亭、瞿子玖、张方城、陈幼方。子玖言，卞诵生在湖南诋毁鄙人，在湖（南）〔北〕诋毁彭久馀宗伯，专意侵犯有德望者，以显示陵践绅士之大用，即此是乱。吾谓百姓之乱犹可治，官人之乱乃真乱也。无可挽救。吾辈惟有避乱之一法而已。

十五日。微雨，阴凉。张南屏、周瀛士、易淑子、张紫海过谈。淑子与炳文意见甚深。考求淑子行径，多涉迂谨，而未能通晓事理，又质性卞急，所发多不中肯綮，然其心实无他也。柳村假窃吾名，致信瑞苐侯，接瑞苐侯〔信〕始知之，柳村又函求加荐之瑞苐侯。生平多为此曹所累，亦过涉宽厚之故。

十六日。微雨。周瀛士回上海，顺致聂仲芳一信。亦接傅青馀一信。瞿子玖、刘牧村、杨子卿、夏树吾、蔡竹泉过谈。

十七日。为熊彝臣军门题主，陪宾者陈程初、周稚威、吕信臣、熊鲁儒。因熊氏解席，便邀林贞伯、邓双坡、陆蔚亭、叶伯铭、杨紫卿、周荔樵便酌。

十八日。接吴晴研及翰舟二信。回拜姜兰圃、陈伯严、吕信臣。旋赴傅青馀之召，同席夏芝岑、俞鹤皋、瞿子玖。时池荷初开，设席水亭，颇有清趣。尚有邓双坡、杨蓬海二人，并以事不至。

十九日。致傅青馀信。亦接傅青馀、曾重伯二信。重伯见示江南电报：闰月朔，法兵逼近观音（巅）〔桥〕营，声言当赴谅山，请官军让路，并请官说话。万重暄往，法军言三日内定至谅山。两军各施放小枪。初二日，法兵复至。王德榜、方长华军火适到，方友升援军亦至，法人大败，退屯离观音桥三十里。时潘琴轩方驻谅山之西朝阳山，派队助桂军守北宁，谷松琶亦添队。伦敦电报称谅山之战，华兵四千人，法兵七百人。法使巴德诺当至京诘问，法兵船尽赴北洋也。其撤回法国之兵，一概留华。潘奉谕旨，不准稍退示弱，并令陈伯潜赴津会议续约。

二十日。致但少村、朱香荪二信。亦接王益吾、瞿子玖、但少村各信。回拜张寿荃、谭心可、成静斋、杨紫卿、郭金鳌、张芝岑、张惠甫、李黼堂。晚归，郭金鳌复至，得一见，始知郭华亭觑觎子美义庄，煽动八房万馀人，以赡族为名，谋逼使归之大公。翘生、兰生皆幼，不能与争。金鳌为述其事以告亲友。奏案明言十一世祖伯翔公以下，岂能听从翻异！正泰由华亭理事，其谬如此，即其兄晓初亦不谓然也。

廿一日。热极，晚微雨。接赵朗垣、黄笏堂、杨佑吾各信。汤斐斋、杨栗甫、刘朗山、陈伯严、李瀑仙、贾清臣过谈。

廿二日。大雨。接杨馨堂信。回拜汤斐斋、杨栗甫、张寄农、李芋生、刘朗山。兼过曾重伯、曾慕陶两处。为探询曾俊师住处，适重伯外出。比过慕陶，始知俊师实寓重伯处也。

廿三日。大雨。接子瀞信。始知龚兰亭有姻事，亟往贺之。又接黄冬生信求助，盖去岁熊鹤村为之说项，宁乡黄虎痴先生之孙也。黄涤凡自湘阴回，与敬修、秉生同枉见。

廿四日。雨。接王益吾信。益吾勇于为文，每信必得数作，可为畏友。黄芍岩、俞鹤皋、陈幼方、胡其祥、韩陛臣枉过。芍岩三奉谕旨募勇赴粤西，而以母病不欲行，来谈极详。

廿五日。阴，凉。接绍西、鹤九二信。陈诒生邀酌，同席傅青馀、张寿泉、李黼堂、周荔樵。就便回拜黄少春、俞鹤皋、龚兰亭、曾俊师。箴士、玉舲过谈。

廿六日。雨，凉。胡其祥回县，便寄吴晴研、周良臣二信。亦接到翰舟、鹤九二信。张寿荃、蔡竹泉、汝舟、箴士、兰生、炳文次第过谈。吴柱臣晚至，并致一书求资助。

廿七日。入伏。湘俗忌伏日雨，是日竟得无雨。廿一日遣李祥剀赴汉口，为北风所阻，改定廿四日，李祥剀又病，改派王升、高八。已登舟矣，仍为风阻。今日想可畅行矣。顺致张寅宾、汪植新二信。并致汪藩侯奠分四十金。亦接兰士岳州一信。黄芍岩、王益吾、张芝岑、黄涤帆、彭伯昂过谈。

廿八日。接黄子寿、李次青信。子寿递到陈伯涛《抱碧斋诗文》三卷。李廷章、刘少臣、陈伯涛、袁绶瑜过谈。是日邀集张寿荃、傅青馀、陈诒生、俞鹤皋、李黼堂、杨鹏海小酌。鹏海接到粤西信，谅山失守，诸营尽溃。凡此胜负之数，无足欣戚。惟王阆青方驻营谅山，存亡未可知，不能不一惘怀耳。

廿九日。杨云以书求助，饷之以千钱。回拜刘少臣、李廷章、张琨生、李芳畦，因过王益吾、曾重伯谈。重伯以送俊师、履初入场，尚在曾慕陶处，未及一见。庄翰堂、吴聘廷、蔡蓉仙、蔡竹泉过谈。

六月

六月初一日癸酉。大北风，郁热。盖自廿一日遣李祥剀赴鄂，为北风所阻，凡十馀日未转风，亦一奇也。接陈右铭信，又连接陈伯严二信。亦因李信源专足赴平江，顺致李次青一信。盛雁峰、罗赞卿过谈。赞卿为尚卿之弟，吴少云荐致桂东，为王少卿经理帐房事务。

初二日。大北风，阴，郁热。接李南炳信，自陈李寿朝之子，求资助。亦以兰生回县之便，致常健吾、易淑子二信。张芝岑、艾式成、易叔辉过谈。夏树吾专主热剂，于叔辉为宜，病容似已略减。是夕雨，风。

初三日。寄合淝傅相一信。并寄黄咏清信，属由海道递天津。接周昌辅信，当复一信。易淑子自县来，遣人探询兰生尚未启行，原信得以面交。李觐楷、彭伯昂枉谈。去岁易芝生语其号为庆陔。陔、楷，一声之转。询知罗允吉以知府分发陕西，已早抵省。而昨见《申报》，恪靖奏保人才，刘康侯得以道员引见，可望放缺。

惟刘伯固有妻丧而不能归，并闻李觐楷言始知之。

初四日。接曹咏之、周翰臣、闵新吾、盛展奇及箴士各信。翰臣荐其戚周炳照求荐事，新吾、展奇则皆迫使以书求人者也。杨毓吾自下荫塅寄到一信，当以一信复之。

初五日。接张寿泉信。王益吾、李华卿枉过。回拜李觐楷、欧阳季临、曾友信。便过裕蓉坪、丁次谷。见《申报》闰月廿日法人有哀的美敦书径达总署：急撤北圻防兵，索赔兵费三百五十兆法郎，限七日回信。以合淝伯相前次定约，虚言无信，不欲再与伯相闻问，欲径赴京与勖贝勒立约。三百五十兆法郎，合之英金盖一千四百万磅也。

初六日。接黄次圭信。亦致朱禹田、凌问樵二信。子澥示廿五日《申报》，津、沪来往轮船并已停轮，战事当遂成矣。邓美田、言舫丞、蔡竹泉、蔡浩楼过谈。邓美田以凌问樵奉委募勇驻扎各城，属一荐充哨官。言舫丞则为姚裔云托处理刘姓事也。惟黄次圭托转求王益吾、瞿子玖言之庞省三，转折太多，难与为谋矣。

初七日。接朱香荪一信。亦致龙研仙一信。裕蓉坪、谭广生过谈。晚诣朱香荪、龙研仙谈。

初八日。接钟祥开、朱香荪、易叔辉各信。陈程初、刘少臣、李廷章过谈。龙研仙言攸县槚山风土人情尚为朴厚，其地险亦可恃，龙姓世居之。为代觅伏波庙之甘坑住屋一所。距槚山三十里为桃水，亦可避地。陈程初见示卞诵生、方汉卿两信，叙谅山地势最详。潘琴轩驻扎幕府在镇南关内三十里，方军扎文渊洲，在关外八里，距谅山三十里。西南距北宁分左右两道：左曰谷松，距谅山百四十里；右曰屯梅，距谅山百二十里。直前三十里为观音桥，即与法人交兵处也。法兵驻屯牙，距观音桥三十里，旋退扎七十里之夹郎。卞诵生信言，江南电报：曾沅浦宫保授为全权大臣，会同赫德赴上海另议条约。中法衅端或可不虞决裂矣。

初九日。接江彝珍、易叔辉、朱禹田、龙研仙各信。亦致龙研仙、易叔辉二信。傅青馀、丁次谷、张芝岑、黄幼海过访。闻陈少轩本日物故，一往哭之。晤吴湛清、刘幻吾两君。刘幻吾为潘小农女夫。吴湛清名廷谋，精于地理，所讲元空八卦，盖其乡人蒋大鸿之遗也。便过曾介石、李佐周及子瀞谈。

初十日。接曾沅浦宫保、曹仁祥、周昌辅、吴晴研各信。曾介石、张芝岑过谈。高抟九传讯黄子寿、刘祝廷、张芝岑及子瀞。刘、黄各遣抱告，子瀞遣谭贵往。吾谓传讯当与饶智元辨驳，黄子诚稍能言语，可以与之相诘难，谭贵无所用之。比张芝岑述悉一切情形，始信吾言之有见也。

十一日。接王汝成信，专足收取回信，当以一信复之。李佐周过谈，述及子瀞所言，与张芝岑所述不相符合，盖只以意揣度而已，因以一言告之。林贞伯、黄涤帆晚过谈。

十二日。接邵幼村、赵朗垣、朱香荪、王荔村四信。亦致曾沅浦宫保、陈舫仙二信。以欧阳泰赴江南，交其带投。萧希鲁、龙研仙过谈。希鲁从曾慕陶处录示闰月廿八日派充全权大臣上谕，以陈伯潜会办，邵幼村、刘康侯随同办理，凡所言似皆为求战之计，非议和也：一、兵费抚恤，万不能允；一、越南仍旧封贡；一、分界必于关外；一、准通商保胜。似此恐无一可行。左相虚骄之气，贻祸国家决矣。

十三日。接潘琴轩、朱香荪二信。回拜裕蓉坪、汤斐斋、姜兰圃、谭心可、李芋生、陈程初、曾介石、曾慕陶、曾重伯、曾俊师、王荔村、萧希鲁、谢视侯，并为裕蓉坪贺其新婚之喜。

十四日。寄李与吾军门信，交江彝珍带投。亦接杨馨堂、酆慕唐及翰舟各信。又王守自汉口交萧叔衡一信，据称初四日已抵汉口，萧叔衡自汉口开行，当在十一日以后，以此前并南风，不能开行也。信不载时日，而云上海如何开支，尚无信至，恐此事亦归干没矣。张琨生、许辛吾、杨秉生及子瀞、炳文过谈。

十五日。接陈俊臣、吴斗枢、张掖廷、罗子昭、周定轩各信。陈少轩以是日成服知会，往，晤周铁垣、刘幻吾两君，其馀候补四五人，竟不能知也。便过王逸吾、陈伯严。逸吾言接吴奠阶信，张香涛至粤，实缺提镇往见，皆不命坐，其气焰甚张。伯严出示吴奠阶信，直谓粤防一无可恃，虎门天险亦甘心弃之。不料一时重臣，昏悖至于此极！其时香涛未至，盖并彭雪芹、张振轩而深刺之也。晚过庄翰堂、左癸叟、朱香荪三处谈。方德泰与刘顺兴相构事，多由左子异主持。世道之变亟矣，所忧未知何极也。

十六日。接张寄农、陈伯严、李瀑仙、艾式成、易淑子五信。张寿荃、李芋生、罗仲衡、张晦甫、胡宣猷、陆蔚亭枉谈。

十七日。立秋。郁热不可耐，令门者谢客，稍觉清静。惟杏农、鹤九稍一相过而已。

十八日。末伏。雨。致曾沅浦宫保、钟祥开、欧阳静山、刘芝田、赵朗垣各信。亦接王益吾一信。谭心可过谈。钟祥开信言：有刘月卿者，持书往投，并云从杨子穆处来，又往裴樾岑去。吾固不知其人也，未知杨子穆、裴樾岑二处皆假名投书否？人情变幻，未易测量。

十九日。接荇农信，求考费。回拜黎子城、周小崧、魏碧峰、张琨生、许辛吾、刘绍臣、李廷章、罗伯翼、罗仲衡、陆蔚亭、张叔平。便过周铁垣、李黼堂、鄞慕唐、陈笛舫、危松龄。

二十日。接张寅宾、李仲絜、胡道生、王逸梧各信。张叔平、刘佐臣、凌问樵、曾介石、胡养吾过谈。王升、高八自汉口归，所致汪植新信，已送交武昌府王子泉太守，其帐房唐已千书立收条。杨佑堂、周兰徵亦自乡枭谷回。仁和、济和保险局合股，今岁计息不及九厘，皆海疆开衅贻之累也。

廿一日。接黄桐轩信。周铁垣、彭韵清、杨秉生、李久馀过谈。日为酬应所苦，至不能一近书案，付之浩叹而已。

廿二日。热极，微雨，风。接周昌辅信。陈笛舫过谈，询知吴斗枢所争极微末，张掖廷、任西堂所见亦殊太小。

廿三日。风。接刘芝田及子滙信。亦复黄桐轩一信。李黼堂、李瀑仙、左佩勋过谈。

廿四日。接鹤九信，知考试经古，内学湘阴取（钱）〔录〕二人，外学湘阴取录四人，恰无一相识者。而范君名为善书，又经取古，无人能与争拔矣。陈幼方、张南屏、魏弼峰过谈。

廿五日。回拜刘馨室、王逸梧、刘佐臣、王桐轩、陈金垣、夏彝恂、余尧衢、左子健、左子异，及过刘韫斋中丞谈。庄翰堂、张卓斋枉过，知李万达已委带岳州巡船。日前闻谭心可言，盛际唐巡船可以补李万达。吾谓盛际唐能知，似不宜撤换。心可谓际唐自请告退，为与局员不相惬故也。盛际唐所不能相惬，李万达何以堪之？未见其能久也。

廿六日。接龚勷丞、朱楚珍、高粹之信，告胡受白之丧，当复一信，并致吴晴研一信。左子异过谈，告知杨在元重任台湾镇，为张幼樵所劾，力言其狡猾取巧。因追忆前在福建为之平反参案，尚与周发商坐沈文肃所派遣送滬之火轮船，其狡猾实出意表。此尚天道之未尽泯者也。

廿七日。雨。接王汝成、朱香荪二信。傅青馀邀同林贞伯、刘馨室、张紫联、李黼堂便酌。黼堂诵浙人编造联语，以讥胡恕堂、晏同甫。盖恕堂奉旨帮办浙江军务，至扬州，具疏劾论晏同甫；同甫奉召赴都，而恕堂遂授浙抚。浙人联云：胡为乎天外飞来，看这番八年八月初八日，竟坐起八人大轿，惊心八面威风，方显出拔贡生八行文字；晏如也梦中唤醒，算将来三千三百有三程，只落得三品虚衔，回首三潭印月，最难忘本部院三颗关防。盖浙抚本兼盐政，又署理学政一缺也。

廿八日。大雨。寄彭雪芹宫保，瑞苐侯都转，周步瀛、刘云樵两军门，李次青、张寅宾各信。广东回信并寄周步瀛分送，次青信则由李性源回平江之便带投。亦接童驺吾诵丞一信，童研云之世兄也。朱枫乔、朱雨亭、熊石生、熊云生及绍西过谈。晚邀汤斐斋、丁次谷、谢视侯、张琨生小酌。斐斋见示十八日曾沅浦宫保奉谕申饬，以所允恤款银五十万为负委任，并责陈伯潜素能直言，此次亦随同迁就。是枢府蓄意以求一战，而鸡笼山已有十五日法人击毁炮台电报，刘省三方铺张战功入告。人心丧失久矣，何以为国！

廿九日。微雨。致吴斗枢、朱香荪二信。陈伯严、杨景皋、李召甫过谈。晚邀张叔平、刘绍臣、李廷章、陈幼方、曾介石、曾俊师便酌。刘绍臣、曾俊师不至。

三十日。微雨。接李次青、黄涤凡二信。亦复李次青一信，由贾清臣汇寄。又致刘毅斋一信，交杨佩笙带投。彭伯昂、箴士、寅伯过谈。晚邀酆慕唐、张介生、朱雨亭、杨佩笙、李福覃、左佩笙、毛荇笙、徐蕃友小酌。

七月

七月初一日癸卯。致刘毅斋信，由杨佩笙带投。亦接王荔村、王汝成各信。黄子寿过谈，语及粤藩龚君邀集各国领事，属以调处法事，各领事慨然允为保护粤东一口，断不令法人侵扰，见之《申报》，以为必出张香涛、彭雪芹之意，万非龚君所能自主。其言最为有见。大率内外臣工相率以欺罔朝廷为事，二百馀年积成此风习，相视为固然。尝论明之季世，无君道而有臣道。本朝季世，君道未若明世之失德，而臣道之亡久矣，无智愚贤不肖，统归一欺字，蠹国病民，所不顾也。晚邀刘朗山、龚兰亭、胡浴森及绍西、荣覃、寅伯、经笙、杏农小酌。浴森、经笙不至。

初二日。接周定轩、朱香荪二信。致孙春皋一信。为傅青馀贺生日，为曾俊师贺其入学之喜。回拜瞿子玖，黄子寿，翁少兰、少畦，唐鲁英，李芋生，王汝明。为陈少轩观察题主，胡曲臣、吴湛清、刘幼吾三大令枉陪。晚邀彭伯昂、黄涤凡、李召甫、李麓渔、李久馀及箴士、润民、咏生便酌。彭伯昂为瞿子玖邀同看地。润民以疾辞。

初三日。致傅青馀一信。亦接孙春皋、傅青馀二信。周铁垣、周芾生、徐仁羲过谈。请彭伯昂相视白田铺新置地。黄少春、吴湛清、李瀑仙晚复过谈。少春奉二十日电寄曾沅浦宫保，饬令举独当一面之才，募勇赴闽助防。即此足见恪靖之乱，于军务似全无知晓者，不独洋务也。

初四日。接王逸梧、唐曦城二信。彭伯昂、欧阳春皋、徐仁羲过谈。欧阳清溪与其嫡堂叔欧阳松生争讼，而为松生之侄欧阳勉仁所持。唐羲臣、黄博五、殷竹伍三老为之调处，不从。吾书谕之，亦不从。唐曦城犹以相托。此尚可以理论乎！

初五日。致李菊圃、曾挚民二信，交陈幼方带去。菊圃信五月廿日书就，挚民信闰月十一日书就，至是幼方始能成行也。吴湛卿、王益吾、左长卿、李佐周、罗伯翼过谈。

初六日。阴，郁热。接吴云谷、黄芍岩、左长卿各信。回拜张南屏、洪秋帆、吴湛清、刘幼吾、王益吾、瞿子玖、谭心可、成静斋、何伯元、何诗荪、周芾生、李觐楷、黄芍岩、张芝岑、张惠甫各处。

初七日。接鄷慕唐、周良臣，亦复吴云谷，及致胡其祥、韩陛臣、吴晴研各信。以事烦冗兼病目谢客。致胡其祥及各县信，交毛荇荪带去。亦以书谕之，未与面叙也。为王鞠生书愔德堂匾，王益吾所托也。

初八日。大雨。接毛杏荪及鹤九信。杏荪求荐调优缺，鹤九借钱。夏树吾、张鹤庵、张蔚廷、吴湛清枉谈。蔚卿、鹤庵以张秉乾考试拔贡，来省料理。

初九日。雨。为吴湛清、刘佐臣连致季高侯相二信。湛清信论洋务，佐臣信贺其孙怀生入学之喜，两君皆求以兵事自效也。又寄吴晴研及汉舟、槩希、咏民、懋官、佩珊一公信。成静斋、瞿子玖、张鹤庵、张秉乾过谈。

初十日。雨。接苏子熙、彭葆初、区维瀚各信。为左佩勋、左怀生贺其入学之喜。兼回拜张蔚廷、张鹤庵、张炳乾。唐仙舫、庄翰堂及寅伯、麓安过谈。夏彝恂、李杜生、文擅湖晚复过谈。

十一日。雨。寿星街荐新，恭诣行礼。接刘南云信。张琨生求《罪言存略》一书，因并所刻书分致张寄农、谢视侯、李芳畦、魏弼峰、许辛吾六君。邀曾俊师、曾重伯、曾慕陶、曾霖生、曾履初及麓安、寅伯为尝新之会。

十二日。接胡浴生一信。亦致成静斋一信。子瀞过谈，知所编次《沅湘耆旧集》补编、续编目录已成，病中亦尚能清理及此，精神才力均是难得。

十三日。养知书屋荐新。致曾沅浦宫保、刘南云二信，托曾慕韩附家信递寄。邀张蔚亭、张鹤庵、左巨云、左千孙及子瀞、子宽为尝新之会。

十四日。接朱香荪信。李黼堂过谈。晚邀王逸梧、瞿子玖、左长卿、李佐周、陈伯严、龙研仙晚酌，亦为逸梧、子玖略致饯行之意。黼堂述及黄海华往馆文孔修家，告言《春秋》一部之占。予在京师亦闻之寿阳相国滚州相国黄袱崇祯钱之异。相与怃然。

十五日。致李少楼、左笃生信，与商明岁山长荐致夏瓶仙。又致王逸梧信，亦接其回信，见示李莼客文。拔贡案发，湘阴范泽廉，陪者张华焱、刘冕南；湘潭胡氏昆仲胡元仪、胡元直，一府学、一县学，亦佳话也；长沙郑业敬，善化黄履初，湘潭陈又新，益阳周沐霖，宁乡童光海，略知其名而已。熊鲁儒过谈，知前夕庞省三专两弁诣黄芍岩，大有开募多营，外攘内备，一举并行，然皆未计及饷项之所从出也。

十六日。为先太夫人忌辰，率诸子及孙辈上供。接欧阳静山、王荔村、熊鲁儒及清臣各信。张蔚廷、张炳乾过谈。王荔村晚复过谈，述及静山友人李端仁之言，与李次青所言又有参差，大率各有心性。末流之世，宜有然也。

十七日。微雨，阴，寒。黄芍岩、王益吾、王荔村、李端仁、袁绶瑜、熊石生及秉生过谈。

十八日。阴凉。黄芍岩枉谈，知初九日谕旨为卫靖澜奏调。不应左相之调而应卫靖澜之调，固为无谓矣，仍劝以力辞。惟芍岩不肯为直言，恐仍不免迫使一出耳。闻杨石泉募勇赴福建，卞颂生亦募二十营以备缓急。不独军饷无所出，即军火器械举无所取资。举国梦梦，相与蒙蔽朝廷，以苟偷富贵。明世之季，无君道而有臣道。本朝君道未尽失，而臣道之亡久矣，非一世之积也。为王益吾送行，兼过傅青馀、谭心可、姚桂轩、张寿泉、黄麓泉、杨森云、黄芍岩。并往贺胡子威、胡子政、陈伯勤。晚归，丁次谷、曾介石、朱枫乔、周芝窗复过谈。

十九日。致王益吾信。亦接熊石生及鹤九、润民信。周春江、李瀑仙、周芝窗、周幼云、朱峰乔、曾重伯过谈。朱峰乔述及其与朱雨亭、易小亭近事，高挎九之与差役朋比，诈索乡人，竟出意外。吏治如此，斯为大乱之征矣。

二十日。接胡其祥、朱香荪、瞿子玖各信。亦复瞿子玖、朱香荪、胡其祥，及致李瀑仙、龙研（生）〔仙〕各信。又以熊石生信询之寅伯。成静斋、黄芍岩、王益吾、瞿子玖、贺静庵、左佩勋过谈。是日致贺新进，贺礼十四分。

廿一日。接周瀛士、胡浴生、左佩勋及子瀞各信。郭定轩、谭心可、陈程初、瞿子玖、黄幼海过谈。

廿二日。雨。回拜郭定轩、谭心可、李廷章、周春江、钱子宣、陈程初、黄幼海。定轩求借《评点史记》，比往，又谢不见。告其门者云：本有书面交，天雨，恐致沾濡，不敢以交将命者，容后晴霁送往。盖自王夔石、卞颂生习为骄蹇不恭，流风所被，亦云久矣。

廿三日。大雨竟日。致王益吾、李瀑仙二信。又接寅伯信，为熊石生挪取料理赴江南费用。又接曾慕陶信，意在邀请袁绶瑜为曾霖生授读，盖苦左长卿之严谨也，而欲使我函知沅浦宫保及介石，然则由我倾及左长卿一馆，于义固未安也，容与介石商之。李瀑仙过谈，并交到所校咨送史馆书籍。湘阴新入学籍二十八人，具柬者十三人，略取其微有姻亲及世谊，分别助喜：左佩勋干青、李霈生泽鸿、王云艭汝济、黄仙阶伦杭、易襄辅忠藩、宋养源东焕、刘资生祥兰，以上并微有姻世谊。刘晋斋藻鉴、刘晓斋锡畴、刘少苏锡洵、杨澍岑懋霖、黄岭松邦翰、吴少林斌，此外则左念慈劬生、王焕猷、王慕曾、吴祖鼐、朱佩蘅、刘寿丁、宁树蘅、张国桢、任宣赞、张森甲、陈熙照、彭寿祺、吴伯辅、谢炳焕、任炳文。又得张云汉森甲，朱丽泉佩衡二柬，森甲为辅乾之子，佩衡为朱楚程之子。又刘寿丁、张文炳、王慕曾各柬。

廿四日。大雨至未刻始息，盖两日两夜，街水有深至数尺者。接王益吾、周定轩及佩珊各信。亦致郭定轩、龙研仙及复周定轩及佩珊各信。又为杨渭滨、胡浴生及周荣华、罗云翰致周春江一信。

廿五日。接李次青、周春江、郭定轩、王荔村各信。次青信回信属递平江县城贻昌号为长寿局绅陈研香凤藻以江西陈永全诬讦之总局，属通其意于但少村也，随致但少村一信。又为王益吾《东华录》致朱禹田一信。又致吴晴研及佩珊二信。李廷璋、王益吾、龙研仙、陈研香、朱楚程、朱丽泉、樊延龄过谈。

廿六日。接方柳桥、张寅宾信。余尧衢、李瀑仙、张鹤庵过谈。张寅宾寄示仁济和保险公司与马眉叔辩论公柬，此款竟成虚悬，亦事势所迫致然。中土人心之变幻，万不足语富强之基，然亦不料此局倾毁之速至此极也。

廿七日。接但少村、朱宇田、刘少臣信。张琨生、许辛吾、张鹤庵过谈。午邀王益吾、瞿子玖、黄子寿、谭心可、成静斋、李佐周、龙研仙小酌。以益吾《东华录》书板商议存留湖南，并邀诸君一会议也。

廿八日。致李次青、瞿子玖二信。亦接子玖一信。为子玖题其大父鲁青先生自济图、大母课子图。离欲和尚过谈。

廿九日。曹咏生、曾莀臣过谈。王益吾以《东华录》板片由刘少臣、李廷章二人倡议集股承受，龙研仙、刘瑞云亦皆接允，于是瞿子玖为邀林贞伯，吾为邀朱宇田、李瀑仙，钱子宣为邀萧芗泉，皆有成议。益吾因邀同钱子宣、黄子寿、谭心可、瞿子玖商议一切章程，吾为定议四条：一集股，二缴费，三存板，四印书章程，亦尽一日之力。毛荇荪见示瞿念峨、瞿子纯致米澄林一书，以收支一缺托补毛荇农，坐定使我言之总署，恐非鄙力所能及也。

八月

八月初一日壬申。接王益吾、李佐周、李召甫、易淑子、熊绍香、周昌辅及玉舲、茂官各信。亦致朱禹田、李佐周、李少楼、左笃生、熊绍香、吴晴研、易淑子及玉舲各信。孙公符、左佩勋、熊石生、梅如心及荇农过谈。

初二日。接曾沅浦宫保、戴竹卿二信。戴庚生信由苏照吾带省，竹卿尚在子湝处。回拜林贞伯、傅青馀、王益吾、任秉之、崔厚卿、叶柏铭、曾惺吾、陈砚香、范炳森、李作周、曾介石、曾莐臣、曾重伯、曹润生、郭乔生、郭兰生。并为高抟九、周笠西贺生日。曾莐（生）〔臣〕赴江南，约候轮船之便，比往拜，已开行矣。是日闻左季高侯相已奉督办福建军务之命，大约何小宋一席必以属之。傅青馀坐功极深，而吝于传授，多为虚空阔大之言，惟所言八字诀最佳：守中实下，息妄养微。摄生之道，无逾此矣。

初三日。致王益吾、钱子宣、陈伯严、李瀑仙各信。亦接朱禹田、朱香荪、陈伯严、蔡勤斋、黎树堂、易友升各信。林贞伯、王益吾、瞿子玖、周良臣过谈。钱子宣信为杨振清作，陈伯严信为李升作。敝精竭神于无谓之酬应，无因之笔墨，日不暇给，即此亦是地狱变相也。前生积累之薄，于此可证。

初四日。接王旭初、李瀑仙二信。亦致朱禹田、黄子寿、龙研仙、但少村各信。但少村信为孙次韩、李华卿邀请免撤王旭初：

在郴局以罚款为董竹村禀撤，既知其冤，又自以为误听人言，再禀乞留。撤则百发百应，撤而复留，自来无此办法，徒累我为效奔走而已。终日作此等书札，真亦无如何也。

初五日。接胡其祥信。亦致胡其祥、唐鲁英二信。黄少春、王益吾、李瀑仙、张啸石、朱耻江过谈。《申报》载七月十五日谕旨，以御史吴（珣）〔峋〕一奏，周家楣、吴廷芬、崑冈、周德润、张荫桓、陈兰彬均退出总署，并称战局已成，倘再有以赔偿等词进者，即交刑部治罪。嗣吴峋又奏军机拟旨抑扬其词，预为议和赔偿地步。其昏悖如此。缘周小堂、吴蕙吟皆略知洋务，常念海防未足深恃，法国未易与敌，宜给恤银，以弭边衅。言路据此为罪状，大率言者尚不止一吴（珣）〔峋〕也。轻易大臣以殉言官之狂吠，天下之乱，由是成矣。如何如何！

初六日。接陈子濬、周煦山及子瀞各信。回拜黄芍岩、蒋鹤庄、张元畅、张啸石，及诣李麓渔谈，以召致易华生为英儿伴读，探询其宜否，似此子尚能沉潜向学也。

初七日。接李次青、王益吾、朱香荪、朱次江、毛杏荪各信。黄芍岩、瞿子玖、袁绶瑜、李丽源过谈。晚罗筱垣自乡来，历言洪秋帆在潭事状，言去官后厚酬其幕友，到处为之解说。其言亦未足深信。然自顷数年，大吏不一考求吏治，殆甚于道光之季。固亦无怪其然也。

初八日。接王荔村、胡浴生、陆勤馀、陈船斋、饶岱霞各信。亦复王荔村一信。李镜浯、蔡葆初、蔡兰生、子瀞、寅伯过谈。

初九日。接陈熙堂、易叔辉二信。当复易叔辉一信。又接姜琨山、邹闻生、周昌辅及子瀞信。王益吾、瞿子玖、李芋生、言舫丞及虚堂过谈。

初十日。接李佐周、余尧衢及玉舲各信。亦复李佐周，及致郭定轩、李瀑仙、周良臣各信。崔厚卿过谈。晚邀李镜浯、周良臣、徐仁羲、胡浴生及书堂便酌。子瀞见示黎莼斋所刻《古逸丛书》一帙，为《琱玉集》卷十二、卷十四，其全书皆亡矣。十二卷后书：用纸十九张。天平十九年岁在丁亥七月日。十四卷后书：用纸十五张，天平十九年岁在丁亥四月写。为《古逸丛书》之十六，不著撰人名氏，分类杂采古事，所云天平十九年，盖唐元宗天宝之六年也。莼斋此刻极是雅观。凡为书四十册，此间索价八十金。面有星吾校字监刊督印记图章一方。

十一日。接黄子寿、周步瀛二信。亦致胡子威、余尧衢、吴晴研及玉舲各信。黄笛帆及子瀞过谈。朱峰乔晚过谈。

十二日。接左逸仙、龚瓶安、王逸吾、陈熙堂、易仲子及经笙各信。为俞鹤皋贺生日。便回拜张南屏、黄子冶、陆勤馀、周笠西、陈诒生、周荔樵、曾岳松、曹竹铭。在周荔樵处闻黄润生之丧，就便唁其兄黄桐轩。兼以陈松生之丧，并李芋生之女丧，一往致唁。严少韩、刘牧村、姜兰圃、李佐周枉过，并以外出，未及晤谈。

十三日。大风，热。接曾挚民、潘小农、文兰舫、於桐轩、王梦虎、董冰台、言湛甫、张超堂、周良臣、胡浴生各信。亦复张超堂一信。并函致马眉叔、李次青、周春江、谭心可。夏树吾枉过久谈。庞省三自早通知，候至日夕始至，遂废一日之力。

十四日。大风，凉。接林贞伯、欧阳静山、李瀑仙及佩珊各信。姜乔西、徐仁羲过谈。子瀞邀陪王逸吾、瞿子玖、丁次谷、李佐周小酌。

十五日。雨，凉。接沅浦宫保八月四日信。致黄芍岩、朱禹田二信。曾重伯告言，接沅浦宫保家信：法人续调兵四千，定造浅水兵轮廿五艘、军衣六千，为攻台之计。各电所言并同。台防殆未易支也。早诣玉池别墅，邀周良臣、李楷山、蔡虞城、蔡兰生、易华生、李麓渔及荇农早酌。晚邀艾式成、杨荪云、姜乔西、刘若华、徐仁羲、李麓渔及荇农集饮养知书屋。

十六日。微雨。回拜庞省三、周春江、严少韩、张文心、刘牧庄、黄子寿、王益吾、瞿子玖。周铁园及玉庵过谈。

十七日。雨。接王益吾信，亦连得子瀞信，并递示王益吾一信。余尧衢、郑炽卿、王日章、蔡兰生过谈。

十八日。雨，寒。接李次青、王益吾、袁绶瑜及寅伯各信。亦复次青信。蔡浩楼交王恕堂带来一信，属寓书郑小山，提唱九仙观捐事。董正斋、吴子初、江迪臣、姜乔西、黄笛帆、徐仁羲枉过。

十九日。雨。接李西墀、罗赞卿、胡少芝、李祐覃、周良臣、朱香荪各信。周笠西、王澍堂、胡其祥、王益吾、李佐周、李瀑仙过谈。周瀛士、姚彦嘉自上海至，始探知马眉叔消息。本有寄眉叔一书，拟交益吾带递，今知仍须递上海也。罗稷臣充天津水师总教习，严又陵充天津水师营务，并闻彦嘉言始知之。

二十日。微雨。接殷少乔、王益吾、易仲子各信。亦致翁小山、刘少臣、易梯衢、马小庄、王益吾、易仲子各信。翁小山信为蔡浩楼所托，交王恕堂带投也。成静斋、庄翰堂、王恕堂过谈。

廿一日。阴，凉。致左季高伯相、高粹之二信。孙春皋、但少村、张冶秋过谈。回拜周瀛士、姚彦嘉、胡其祥、王益吾。兼为张南屏贺生日。

廿二日。阴。接蔡虞臣、吴芑生、吴芹生、吴晴研、萧子远、唐桂生及敬修各信。诣朱香荪及寅伯、鹤九、咏民，回至养知书屋。吕信臣、殷默存、蔡竹泉过谈。晚邀周瀛士、姚彦嘉、张啸石、胡其祥、曾岳松、胡少芝及子瀞小酌。彦嘉呈示轮船图及裕生船厂议单。

廿三日。致曾沅浦宫保、李次青、马眉叔三信。又为周良臣致恪靖侯相一信。接曹韵生、曹春湖、周昌辅、殷默存及郭大振、离欲各信。瞿子玖、李芋生、胡其祥、张芝岑过谈。

廿四日。接张卓斋信。回拜林贞伯、龚云浦、张冶秋、孙公符、俞鹤皋。便赴孙春皋、但少村之召，会拟徐寿蘅奏件，仿照东征局章程，接济恪靖侯伯闽饷，至者徐云渠、周笠西、陈诒生、俞鹤皋、陶少云、杨鹏海、成静斋、曾岳崧共九人。夏芝岑、郭定轩、蒋鹤庄、周小轩并相陪作主人。晚过周瀛士、姚彦嘉，不晤。

廿五日。雨。鹤九回县，便带高粹之、盛展奇二信。又致张子衡一信，董厚斋为其弟董正斋托谋一差也。亦接盛展奇、李楷山、瞿子玖、周昌辅各信。张南屏过谈久坐。

廿六日。大风，寒。接赵朗垣、李瀑仙、王益吾各信。亦致曹竹铭、邓弥之、张南屏各信。周瀛士、姚彦嘉、龙树棠、江彝珍过谈。

廿七日。接刘少臣、罗星潭、周良臣各信。罗星潭以都司杨开泰属为推荐。亦以蔡兰生回县之便，致吴晴研及玉舲二信。林贞伯、龚云浦、龙研仙过谈。李瀑仙邀贾家祠陪同王益吾小酌，益吾固辞不至。同席周铁园、单子辉、谭心可、刘牧庄。单名家荣，广东连州人，大挑知县。外邀陶佩皋名棣，亦知县，亦以事不至。

廿八日。接瞿子玖、王益吾二信。亦致瞿子玖一信。王益吾、张雨珊过谈。汤斐斋、丁次谷公请贾公祠，陪同谭心可、成敬斋、陈程初、瞿子纯及子瀞小酌。程初、子纯均不至。《申报》言鸡笼、淡水皆已为法人占踞，为患遂已深矣。

廿九日。周顺、柳树仁等始告称：彭丽生以足疾，欲倩周定轩代主初一日船山祠祀事。因拟是日举行社讲，属王惠泉知会。周瀛士、姚彦嘉过谈。李华卿以曾霖生馆事相属，枉至久坐。

三十日。接陈展堂，艾式成、王益吾三信。回拜王绍堂、单子辉、黎筑云、李廷章、谭心可、李黼堂、刘照之、张雨珊、张冶秋、周瀛士、姚彦嘉，并诣船山祠相视祭品。兼过曾重伯、曾霖生。晚邀周瀛士、姚彦嘉、张雨珊及子瀞小酌。

九月

九月初一日壬寅。微雨。诣船山祠行礼。接周步瀛及玉舲二信。周癸生枉过，步瀛属令面求一书抵曾沅浦宫保，恐无所益。未刻，为禁烟公社一会讲，集者熊鹤村、周定轩、龙研生、朱次江及子瀞五人而已。并邀周瀛士、姚彦嘉二人一会讲。吾言所以立社之意，以道光初鸦片烟始行，百姓生计日就凋敝，人心风俗亦日趋浇漓。道光之季，倡为禁烟之议，天下遂致大乱，为害之烈至此。相与立此社，以为约束子弟、劝戒亲友之资。至今五年，人事之迁流运会，风尚之日趋于污下，但见有坏处，并不见有好处。即同社诸君，死者数人，在远不能合并者又数人。存者且相率引避，较之前数年人怀欣冀之心，今皆无之。尝窃论圣人修《春秋》，期以斡旋世运。而自《春秋》成，一变而为战国，三代礼乐政教荡然无存，然独赖孔氏之言，稍存文武之大法，使后人有所考览。值昏浊之世，必将有善气之一动而留贻人心，此亦天地自然之机，圣人之道德功用，收束三代以前之局，实关天地之大运，未易窥量其用心，要其义无以逾此。诚果得数人维持其间，斡旋补救，使其道施显于世，而天下以治，否则存其说天地之间，俟后人之修明之。斯道之显晦，虽圣人亦莫能自主也。大抵人心随世俗为趋尚，王纲不立，学校不修，此理不明于世，而世俗相沿之议论从风而靡，莫有能辨知其得失者。如西洋自汉通中国，莅唐而由海道通市，历今千馀年，未尝有异也。而洋布及时辰表沾被中国，未尝不利赖之。所最为害中国者，鸦片烟而已。今人相与沉溺鸦片烟之中，而侈口诃骂洋人，竟莫测其何以为名。故吾人读书论世，首在明理。理明，自然随事可以理处，消患未萌。今纷纷无识之议论，盈堂盈室，朝廷为之茫然，封疆大吏及当事者亦皆茫然，其原皆发于读书纵横之言，则学校不修之（道）〔故〕也。因与熊鹤村、姚彦嘉反复辨明此义。是日主办者王直斋茂才，朱宇田所令经理讲舍者也。

初二日。接黄芍岩、瞿子玖、周昌辅、朱香荪各信。亦致曾沅浦二信、黎莼斋一信。沅帅二信，一交瞿子玖，为朱香荪说法；一交周瀛士。莼斋信则向其求畝所刻《古逸丛书》也。又复周步瀛一信。周瀛士、姚彦嘉回上海，过谈。成静斋、李伯均、易仲子、夏树吾次第枉过。

初三日。接李宣伯、蔡葆初二信。吴云谷寄到衡阳魏锡蕃《乡党典义》四部。瞿子玖、李祐孙、李石仙、李瀑仙、易牧吾、夏恕吾、张鹤臣、欧阳福星过谈。以子玖言下午即开行，因往一送。便拜谭心可、吴小农、李宣伯、李祐孙、张元畅。

初四日。接黎少琨、黄幼森、朱香荪三信。为张南屏致梁琨圃一信。谭心可、陈伯严、张芝岑过谈。黄桐轩枉约为其弟咏荪题主，期以初九日，未知其堂事之速如此也。

初五日。接傅铭孙、李瀑仙、王笠村三信。箴士赴县，顺致吴晴研及玉舲二信。出拜施丞侯、但少村、林贞伯、左癸叟、吴冀陔、龙研仙、张芝岑。并致吊黄咏荪，与黄桐轩一谈。

初六日。瞿子玖濒行，言时事如此，但有所发明，稍解今日人心之惑，渠亦可为代上。因令仆人谢客，朱峰乔、李华卿枉过，亦谢不敢见也。

初七日。接朱香荪、周定轩二信。寅伯由种福园徙居轩辕巷，遣家人一往照料，就便为白氏探询接贵街屋事。谢客两日，稍觉清静。

初八日。致合淝傅相、李次青二信。以初三日瞿子玖枉过，为言时事日棘，但有呈奏之件，可交代进，乃为万言疏稿，寄合淝傅相鉴定，转交子玖，度子玖取道天津，必尚在此书到津后也。接李瀑仙一信。亦复朱香荪一信。刘朗山、周史樵及育之过谈。

初九日。黄桐轩邀请为黄咏荪题其神主，周荔樵、张元畅、王鞠生、劳叔甫四人作陪。往拜严少韩、刘牧村、刘筱崧、陈云庵、彭心莲、张小云、彭念苏、张芝岑、张晦生、张湘生。接李瀑仙、朱香荪各信。并接仰高书院生员蒋荣光、周汇清，童生傅卓煌、黎光鼎等二十四人公函，乞留黄绍溪主讲，其意盖不乐余尧衢之谋此席也。

初十日。雨。为李瀑仙致杨厚庵宫保一信。亦接陈舫仙一信。与丁次谷约赴白田铺相度所置山地，甫出城而雨作，至黄土岭小坐，回城尚未及早餐也。言湛甫、曾重伯过谈。周史樵见示胡馀庵庆宣所著《图史提要》、《水道源流》二书。

十一日。雨。接王梦虎、郭大振、李绍楼、左笃生各信。熊从芝、蔡蓉仙、陈云庵、张筱云、刘筱崧、李佐周过谈。秉生于是日物故，遣杨佑吾往视，并为经理棺殓各事。两年在营当差，沉潜谨慎，亦殊可惜。

十二日。接聂仲芳、胡子威、饶岱霞各信。亦为李升、贾春致严少韩一信。黄子冶、丁次谷、黄桐轩、陈伯严、吴萁陔、周定轩、周芾棠、李镜浯、王荔村、李瀑仙过谈。李华卿研墨求书，甫成数幅，而人客纷集，至竟日不能了一酬应，为之茫然。

十三日。雨。接陈伯严、张小云二信。亦致朱禹田、曾重伯二信。言湛甫、傅介臣过谈。林贞伯邀同龚荣圃、陈程初、徐仲霖席春渔、孙筱皋晚酌，原邀李黼堂、丁子开不至，夜久始登席，意颇苦之。

十四日。接孙次韩、王荔村、周昌辅、刘芹生各信。周笠西、丁笛梅、曾重伯、吴晴研、杨景皋过谈。子瀞见示桂未谷《札樸》十卷，凡分六类，曰《温经》，曰《览古》，曰《匡谬》，曰《金石文字》，曰《乡里旧闻》，曰《滇游续笔》；山阴李柯溪所刊行。

十五日。雨。接朱香荪及用（汝）〔舟〕、鹤九三信。回拜黄桐轩、席春渔、丁荫甫、言湛甫、李镜浯。并诣黄子寿贺其母寿。兼吊陈松生之丧，与丁子开、张芝岑小叙。子瀞约陪张南屏、黄子冶、汤斐斋、丁次谷、任筱棠晚酌。

十六日。雨。为傅介臣、江愓诚致恪靖一信。为张筱云致杨石泉一信，为陈云庵致黄子寿一信，为刘朗山致李冠卿一信，兼致唁其夫人之丧。又复李少楼、左笃生及用舟、玉舲、鹤九各信。郭式亭、周定轩、吴晴研及敬修过谈。

十七日。雨。接魏赓臣、朱禹田二信。亦致张南屏、王荔村二信。谭心可、王荔村、傅介臣、罗南卿、张冶秋过谈。魏赓臣信言下诵生令招衡胜五营赴闽，杨石泉来文仅调两营，馀所募之三营，去留均无下文。左相主令两湖募二十营赴闽，奉旨施行。全不一体量事势，皆乱征也。

十八日。大雨。接刘少臣、马眉叔、高粹之及佩珊诸信。朱倬夫、陈程初、李芋生、林贞伯及六庵、西庚过谈。刘少臣丐刘岘庄至其家题主，岘庄函辞，改而相请，并邀林贞伯作陪，无词以谢之。衰病远行，于事为不宜，复函允廿四日启行，往返总在半月内也。晚诣谭心可不晤，因就易翰卿一谈。

十九日。大雨。接曾沅浦宫保、欧阳静山、张笛帆及鹤九各信。亦致周岳峰及鹤九信。谭心可、李小屏祜孙、罗汝梅、袁绶瑜及子瀞、六庵、国宾过谈。

二十日。大雨。致文兰舫、李宣伯、李佐周、王荔村、刘晓崧、曾霖生、李瀑仙、傅介臣、周定轩各信。亦接杨性农一信。黄麓泉过谈。由恕皆前辈传示彭雪芹宫保一书，所言去事理绝远，不独不明洋务而已。其通饬各州县毁撤教堂，贻祸必烈，所谓知小而谋大，力小而任重者也。是日立冬。八月内盆兰忽开并蒂花，已而菊花亦开并蒂，并在上房丹墀内。花厅置菊花数十盆，亦开紫红并蒂花。至是凡三见。

廿一日。大雨。复杨性农、朱倬夫二信。亦致林贞伯、谭心可二信。回拜龙琴堂、龚云浦、林贞伯、朱倬夫、杨筱泉、李芋生、曾重伯。晚约谭心可、张惠甫，并约王荔村，为心可与惠甫之父笠臣先年借款事，略加处置，其事竟亦无征也。自刘少臣约赴湘乡，凡五六日大雨不止，衰年冒雨远行，心甚惮之，因缄致林贞伯，属其往代，幸免此一行。

廿二日。接周定轩、李祜生二信。林贞伯过谈。昨日以雨，丐贞伯代行，今日乃见开霁，贞伯运气胜似鄙人多矣。杨鹏海邀同李黼堂、俞鹤皋、谭心可、姚裔云赏菊，厅前菊山一座，亦盛观也。陈伯严见示杜云秋湖北信，述及刘璞堂之言：亲见张幼樵、何子峨跣足狼狈之状，幼樵逃避彭田，尚在鼓山后也。与潘炳年公揭情形，无一不符合。信又言大府晓示人民攻击法船，小民无知，既不辨耶稣、天主之为二，亦不辨英、法、德、美之为四，于是拆毁教堂之案层见叠出。所云大府者，谓鄂督山。与彭雪帅会同张香涛通饬各县拆毁教（民）〔堂〕、驱逐教民，如出一辙。乱本成矣。俄人且声言助法夷，而责中国欺陵太甚，势不至激成各国之交乘亦不止也。

廿三日。阴。接邓弥之、朱香荪、曾重伯、陈船斋及佩珊、子瀞各信。李宣伯、彭少莲、谭夔甫、姚少轩、李镜涪、李佐周及西枝过谈。宋刘公是先生敞言：仕有三耻：相时而为道，耻也；希俗而为功，耻也；饰义而为名，耻也。刘忠宣大夏言：处天下事以理不以势。史称邱文庄濬在位，以宽大启上心，以忠厚变士习。嘉靖中，朝议讨安南，翁襄毅万达上书毛襄懋伯温言：揖让而告成功，上策也；慑之以不敢不从，中策也；芟夷绝灭，终为下策。顾端文宪成言：官辇毂，志不在君父；官封疆，志不在民生；居水边林下，志不在世道，君子无取焉。

廿四日。微雨。接李次青、朱香荪，又接李仲絜、满女信，知其患病甚剧也。伍展峰、胡子威、陈伯严过谈。子威治《礼》，确守康成，自述少时读郑注多疑义，其父命之曰：且将郑注反复玩味，先求通知郑义，推究其所征据本末，取信于心，乃可发其所疑。嗣是于郑注不敢轻议。

廿五日。雨。接瞿景伊、朱香荪二信。亦致李瀑仙一信。李祜生、王荔村过谈。曾岳崧以其岳家事属为言之县，其事甚猥，而相讦告者又无赖者也，不足为理处。

廿六日。雨。致李宣伯信，又为李祜生致文兰舫一信。张南屏、胡其祥、范芰垣、李瀑仙过谈。是日寒甚。老病衰颓，精力益加短乏，每日两餐，参以人客，便了一日工夫，常至十日半月不能一近书案，旷工废日，实为可惜。

廿七日。微雨，阴寒。接周岳峰、易瓒舟及子瀞、鹤九各信。龙研仙过谈。回拜邓双坡、王绍唐、伍展峰、胡其祥、胡子威，并诣陈金垣吊其母丧。晚归，易叔辉适自县至，为之心喜。

廿八日。阴，寒。接李宣伯、周昌辅、李佐周及玉舲、炳文各信。亦复瞿景伊一信。严少韩、周定轩、易仲子、谭广生、姜翘西、翁汝明、易瓒舟过谈。天寒日短，两餐外会三数客，便了一日工夫，深以为苦。

廿九日。雨。接李宣伯、王荔村、李瀑仙信。并接陈右铭游西山诗片。沈咏荪、言舫丞过谈。舫丞并交到徐子元履历，述及子元谋重刻高安朱文端公所辑《历代循吏传》，并为补入《明史·循吏》，以其书呈阅庞省山，兼上启一通，叙明著书之旨。省三大怒，掷还其书，以告司道痛诋之。此亦可谓无咎之灾矣。

三十日。大雨竟日夜不息。接朱倬夫、陈笛舫及笙陔叔及玉舲、炳文、经生各信。亦致熊绍芗、易淑子、吴晴研、玉舲、炳文、经生、鹤九各信。胡其祥、胡少轩过谈。

十月

十月初一日壬申。接李次青、刘照之、饶岳生、胡其祥、左巨云各信。亦致李次青、胡其祥、韩陛臣各信。郑少侨、刘照之、饶岳生过谈。刘照之交到刘石臣一信，求荐致杨厚庵宫保。饶岳生言其父葆臣与谭心可交好，求荐致谭心可。

初二日。接李佐周及炳文二信。回拜张南屏、严少韩、李黼堂、黄子寿、谭心可、郑少乔、曾霖生、左长卿。并为庞省三中丞贺生（平）〔日〕。罗汝梅见示《南游日记》一帙，盖随郑陶斋由西贡至新加坡，游历暹罗、（佛柔）〔柔佛〕两国都，又回至西贡，缘彭雪芹宫保遣陶斋约会暹罗以图西贡者也。所叙陈宏音、刘乾兴、吕成诸人之议论，多可慨者。西贡江口曰芹滁江，山曰头顿山，芹滁江口外有岛曰昆仑山，周围约百里，为入西贡门口，法人建炮台其上，中国地图皆未一及之。

初三日。阴，寒。接李佐周、刘照之二信。又接佩珊信，并转致翰舟、橥希、润民、茂官各信。亦致李仲絜及佩珊二信。傅青馀、姚保丞、胡少芝、夏树吾过谈。闻杨厚庵宫保抵省，以一柬迎候之。

初四日。接刘楚臣、胡幼森、李瀑仙各信。杨厚庵宫保、张冶秋、谭心可、熊鹤村、黄子寿、言舫臣、陈守愚过谈，遂尽一日之力。刘楚臣名元勋，以总兵服阕入都，求书抵恪靖，至金陵投书，并蒙恪靖录收，以书来谢也。

初五日。接联梓生、李瀑仙、李镜浯三信。亦致朱宇田、王荔村二信。回拜杨厚庵宫保、俞鹤皋、杨鹏海、傅青馀、张冶秋、李幼斋、左癸叟、朱香荪诸处。徐子元、陶少云过谈。

初六日。接艾式成信。丁次谷、黄幼海、曾岳松、龙研仙、张鹤臣、龙海门、黄次圭、言湛甫、李瀑仙过谈。镇日以会客为事，其苦万状。黄幼海托荐其侄黄申甫于杨宫保。龙研仙为置横山住宅，以将随同杨宫保赴上海，转托其兄龙靖臣来沧为之照料。荐致杨宫保各员：胡寿嵩廪生、庄曾翔候选理问、易芝炳抚标左营战兵、姜晓吾都司、姚德丰蓝翎都司、郭占鳌蓝翎守备、周荣华抚标左营花翎都司、黄昌清通判、汪祺元知县、席时熙春渔，贵州候补知府，博清额巴图鲁、联恒花翎同知、刘绍汉巡检、沈翰运同衔湖南候补通判、何佑堂游击衔都司、熊上珍总兵、袁瑛世袭云骑尉，外尚有黄次圭文桐、艾式成作模二人。

初七日。致杨厚庵宫保一信。又托李镜浯带致炳文一信。接龙海门、周定轩、李瀑仙、李镜浯及席山五信。回拜厚庵宫保、陶少云、龙研仙、丁子开、唐懋阶。并过刘韫斋前辈谈。龙研仙、唐懋阶约赴贾公祠陪杨厚庵宫保，主人则研仙、懋皆、张冶堂、唐鲁英、唐捧之、李素存共六人，吾（以）〔与〕诸公多无甚周旋，不欲取扰也。

初八日。张冶秋过谈，始知曾重伯亦随曾岳松赴江南。晚邀杨厚庵宫保、李黼堂、黄子寿、张冶秋、龙研仙小酌。冶秋以病辞，特先过一谈也。

初九日。接周松臣煦山、毛杏荪、李佐周、周昌辅各信。亦复毛杏荪、李佐周、周昌辅三信。兼致杨厚庵宫保一信。俞鹤皋、左长卿、贺静斋过谈。龚振之自江南回，语及刘康侯之为人，亦可谓应（连）〔运〕而生者也。晚邀郑少侨、胡子威、吴蓂陔、黄幼海、陈伯严、袁绶瑜小酌。

初十日。与俞鹤皋、杨鹏海约同诣火宫殿祝贺慈禧皇太后五旬万寿，会者十七人：熊鹤村、刘馨室、徐云衢、周荔西、傅青馀、王雁峰、何伯元、俞鹤皋、成静斋、陶少云、杨鹏海、刘祝廷、左癸叟、李素存、胡少芝、李冲穆，而予实领班。刘馨室为寓公，刘祝廷则应列西班，今并以阶资叙论而已。丁次谷过谈，语及白田铺地，经王萝泉相度，尚多可疑处，此心益为之茫然。

十一日。接曾沅浦宫保、陈伯严、刘朗山、李冠卿、欧阳季临、朱禹田、陈子濬各信。以曾文正公生辰，例有祭祀，会者五人：熊鹤村、彭麓生、俞鹤皋、周荔樵。随诣施澄侯处唁其母丧，便过萧煦初，探问黄昆圃、萧陆仙消息。并回拜林贞伯、周稚威、梁少穆。晚次，龙研仙、龙靖臣、何丙农过谈。丙农名维政，研仙曾荐送思贤讲舍者也。

十二日。接徐云渠信，托为陈守愚位置思贤讲舍，与陈伯涛、何丙农三人并以世家能文，不俟考录者也。是日以顺孙姻事订庚兼过礼，左癸叟倩陶少云媒说，因亦请俞鹤皋为男女二家之媒，其实为媒者寅伯也，二君实书与庚帖。并请汤肖庵、周荔樵作陪。

女客二席，则实以曾府诸人宜一邀请，阅视过礼物事也。

十三日。接裴樾岑、酆慕唐、艾式成各信。亦致欧阳季临、张冶秋、龙研仙各信。回拜陶少云、俞鹤皋、任筱棠、成静斋、李觐阶、福视侯、郑少侨、欧阳静山、朱香荪。并往唁孙公符，晤孙次韩一谈。

十四日。王萝泉、丁次谷两大令约同诣白田铺相度旧置山地。次谷疑左砂尚有结作，萝泉又疑左砂下围田为山势所趋。经三次相度，始注定此地，而扦穴略上，界碑又有移动，尚费口舌。子澥亦同行，于地学极有见地。由白田铺（由）〔回〕城，家人遣急足至，报言杨厚庵宫保新募各营在马厂滋事，因急驰回。适张冶秋、龙研仙枉过，述悉滋事情形，仅右营一哨，已由厚帅驰赴马厂，诛其哨官。正以各营尚能弹压，故尚易处办也。晚归，接李仲絜、陈伯严及佩珊三信。

十五日。接黄石珊、王旭初二信。亦复陈伯严、张冶秋二信。欧阳静山过谈，述及淮北增加引额事，沅帅实未能深考，于国于商，两无所利。因言及陈伯潜与陈舫仙交相抵牾，舫仙于此稍失见机之智，亦由其骄矜之气有以致之也。晚接龙研仙信。前日廷寄令所募十二营合并湖南八营，拣练裁汰，并为十营；各营千馀里至省，忽闻裁汰逾半，致有马厂之变。昨晚急奉廷寄，令携带所（幕）〔募〕十二营迅速赴闽，不一及湖南八营。两日之间，政令纷歧如此。醇邸及阎相之才，尚足与当大事乎？吾自醇邸与左相竭力图开海衅，日夕忧惶，至于眠食不安，而于廷旨反复参差，尤见朝政之乱，殆无复承平之望矣。《明史·五行志》载：崇祯十年九月，早晚见红光。自去年九月朔至今，合闰月计之，一年又两月矣，而红光未见消散，天气可畏如此，而廷臣一无省悟，相与为诬诳。诚不意秦汉以来，习为上骄下谄，乃至有今日也。

十六日。微雨。接彭雪芹宫保、周桂坞、黄子寿、陈墨林及槩希、经生各信。杨厚庵宫保过谈。回拜王松楼，并诣傅青馀、朱香荪谈。晚过杨厚庵宫保，晤其记室杨勉旃、吴仙桥、张冶秋，并为商定咨行文件。似其幕府之才，于文移皆稍涉疏泛也。

十七日。阴，寒。接张子遇、左逸仙、罗叔循各信。当复张子遇、左逸仙二信。左府于是日搬运木器。黄子寿、张雨珊、张冶秋、龙研仙过谈。雨珊见示庞省山中丞移杨厚庵宫保一咨，极口诋毁，直檄文耳。末流之世乃有此人才，为之浩叹。

十八日。阴，寒。接龙自艮、陈熙堂、江惕诚、李少楼、左笃生各信。张冶秋，龙研仙过谈。蒋鹤庄惧累，诣张雨珊自陈；冶秋、研仙亦惧累，力辞从军之役，冶秋遂已还寓报慈寺矣。鹤九、润民俱自县至。

十九日。左府于是日运送嫁妆，俗谓之铺房，烦费颇剧。省城风俗奢靡无理，踵事增华，多出分外。接蔡竹泉、朱香荪各信。胡道生、张冶秋、龙研仙过谈。玉舲晚至，带到炳文一信。

二十日。雨。阴雨数日，昨日稍获开霁，今又雨，于喜事为尤不便也。接李菊圃、吴小农二信，菊圃并寄示禁烟奏稿及告示，其言皆是也，而非其时。圣人云：授之以政不达，达字盖难言矣。晚行告祖礼，便邀李华卿、袁绶瑜、胡道生、胡幼森、王旭初、饶应麟及绍晞、云覃、玉舲、佩珊、新吾、国宾、荇农、鹤九、润民小酌。子澥、炳文、寅伯、子宽均以事不至。

廿一日。大晴。十九铺房，本日亲迎，幸见晴霁，真幸事也。宾客至者如云，酬应苦烦。为媒说者俞鹤皋、陶少云，均以公钱杨厚庵宫保未肯留宴，外客仅得二席，内客八席。

廿二日。往杨厚庵宫保处送行。是日请新妇兄弟，外客五席，内客一席。先日觐仪六七十分，是日亦约二十馀分。省居三年，绝未一酬应，诚不料亲友枉情者如是之多。报施往来，惧难为继。亦足见省城风气之华靡，前二十年所未有也。

廿三日。接赵朗园、欧阳季临、艾式成、龙研仙四信。为庞省三贺其头品顶戴之喜。回拜高抟九、裕蓉坪、蒋鹤庄、张南屏、丁次谷、唐夔友、王绍唐、谢莘田、林贞伯、邓双坡、刘馨室、郭定轩、黄幼海、陈程初、龙敬亭、胡少芝。是日本不设席，以左癸叟约来此，因便邀俞鹤皋、陶少云、欧阳静山、傅青馀、龚云浦、陈程初、杨鹏海、张元畅、汤肖庵、周荔樵、胡少芝、王荔村作陪。癸叟竟不至。次韵朱瞑庵移居诗云：浮世苍茫一叶身，有同大海着微尘。校量荣辱原多事，准备安闲作幸人。暴虎岂闻徒手搏，截鲸专待九河湮时举行填塞海口之策。移居蒋诩犹堪羡，开径先求二仲邻。茶园铺罗佃遣其亲戚黄汉臣报知：唐姓于祖坟上开土立穴，属函致黎敬吾礼处。大率十一月中必一往相视，非一信所能为力也。

廿四日。左少卿、李麓渔过谈。回拜各处，兼为成静斋贺其太夫人生辰。静斋适病，晤张莼生之弟张静庵。其馀各处，仅一传简而已。夏芝岑以龙研仙适在坐，邀入一谈。

廿五日。为彭心莲致书鲍春霆。亦接林贞白、龙研仙、张超堂、胡浴生、左佩勋、周定轩及作舟、子惠、寅伯各信。曾霖生方约周芾棠冬馆，令周定轩寓书邀之，忽闻霖生已改约袁绶瑜，定轩乃函止芾棠，然恐不能相及也。邀李华卿、袁绶瑜、李麓渔、王旭初、易叔辉、杨祐吾及荅农、檠希、炳文晚酌。

廿六日。接周昌辅及兰森二信，亦为兰森致吴晴研一信。邀张南屏、严少韩、黄桐轩、王桐轩晚酌。

廿七日。接周定轩信，亦随复一信。庞省山、张治秋、赖绍愚、黄晓墀、胡西园过谈。黄晓墀见示所著《台湾杂记》，知其在台监修台北府城，颇著有劳绩也。晚邀裕蓉坪、钱子宣、谢莘田、洪秋帆、周稚威、王绍堂小酌。

廿八日。接李瀑仙、王荔村二信。亦为杨穆林致刘康侯一信。郭定轩、欧阳子卿、周定轩、李楷山过谈。晚邀盛锡吾、唐夔友、王萝泉、黄子冶、张文心、汤斐斋、丁次谷小酌。锡吾以事不至。

廿九日。接喻小舫、魏碧峰、韩陛臣、李楷山、曾慕陶、曾霖生各信。小舫官刑部主事而求荐军营，碧峰则为其伯卿为新墙厘差也。回拜林贞伯、何研荪、左癸叟、李芋生、汤斐斋、王萝泉、赖少愚、张荫楼、欧阳子卿，兼致吊郭海青。晚邀赖少愚、张荫楼、欧阳子卿、黄晓墀、胡坤厚、彭荔樵、毛杏荪小酌。

十一月

十一月初一日辛丑。致邓弥之、周定轩、周昌辅各信。弥之信由张荫楼带赴武冈。丁次谷、黄麓泉过谈。麓泉携示邓弥之复罗秉臣一缄，与前见复一缄略同。周定轩题黄晓墀《台湾杂记》三绝句云：海外山川海上城，援军隔水檄纵横。就中一策尤堪用，招集民番代戍兵。　谈到瀛洲客不知，鸡笼鹿耳海环之。何缘外国详风土，百首西堂旧竹枝。　新从闽海唱刀环，台北台南记往还。幕府昨逢馀节度，地图先问钓鱼山。魏赓臣枉过，因邀周步瀛小集一谈。

初二日。接黎莼斋、余尧衢、俞鹤皋、周荔樵各信。亦致曾沅浦宫保、成静斋、俞鹤皋、周定轩各信。丁次谷、陈澍甘、汤肖庵、王辰丽、刘朗山过谈。诣魏赓臣，其船已开行赴衡，因诣周步瀛、陈伯严谈。陈澍甘为俊臣中丞之七世兄，王辰丽则槐卿孝廉之世兄也。高瑞亭枉过，并开示屋图，适诣陈伯严，未晤。

初三日。接言湛甫、周定轩二信。熊鹤村、俞鹤皋、陈澍甘、刘朗山、夏恕吾枉过。鹤村为福辑五州牧瑞求事，属言之庞省山中丞。故茶陵州牧也，撤省另补凡十馀年，年逾七十矣，难为进言也。鹤皋语吴世钦、陈贻文事，与陈澍甘所述绝相反。人心变幻离奇，穷于思议，要其诪张为幻，固自不能掩也。

初四日。接俞鹤皋、成静斋二信。亦致曹咏生一信。陈澍甘邀至曾文正公祠议吴、程两姓事，至者俞鹤皋、傅青馀、陈贻生及区区四人。傅青馀以同乡之故，极意袒护吴姓。褊（姓）〔性〕颇不免正言之，而固不能行于末流之世矣。

初五日。接胡浴生、杨子荣、龙研仙及少卿、鹤九各信。往拜俞鹤皋、杨鹏海。兼诣王梦虎宅，询问王寿田消息，并为胡养吾谋其教读馆席，因晤贺少诚，即梦虎女夫，为贺静臣之弟。

初六日。接李次青、凌问樵信。亦复李次卿、李冠卿、言湛甫各信。俞鹤皋、张冶秋、龙研仙、陈澍甘、刘少臣过谈。研仙寄句云：鄂渚有书至，长公适来前。东陵冬水落，波浪徒溅溅。王鲔潜深渊，飞鹏入九天，缴饵无所施，往事将徒然。答句云：长公顷来告：言往就君前。激浪不到天，虚闻水溅溅。人且不可问，如何敢问天。已矣吾何言，气数或使然？

初七日。与丁次谷及子瀞约同赴县，次谷以事小有耽延，予遂先期开行，雇小麻阳船二只：一刘姓，去夏曾乘坐赴县；一吕姓，留候次谷、子瀞。是日以料检行李谢客，惟刘朗山一过谈。傍晚登舟，随即并行。

初八日。阴。舟行竟夜，以是日巳刻抵县，至面榴轩。吴晴研随至。往觅炳文、寅伯、鹤九，皆不至。龚瓶安、殷竹坞、余尧衢、陈文蔚、盛展奇及诸亲友枉视。吴晴研、萧子远、唐桂生治酒食相款。适易淑子、易泮芹至，邀食皆辞，惟炳文入席小坐。

至夕北风，丁次谷及子瀞恐今夜不能赶到。

初九日。专周兰徵送致胡其祥一信，晚得胡其祥回信。左斗才、李韵仙枉谈。随出门回拜左斗才，并晤胡子明、熊叔雅、吴小农、涂愉生、龚瓶安、罗品三、黎子城、周小崧、熊绍香、李咏仙、蔡勤斋、左笃生、李少楼、高粹之、李镜涪、常南赓、常健吾、陈文蔚、钟佐廷、吴伯良、盛展奇、刘小楼、罗子昭。晚赴余尧衢之召，同席吴小农、易淑子、玉舲、炳文、经生、寅伯、鹤九。胡其祥、韩陛臣晚复见过。

初十日。是早微雪。恭诣光禄公祠致祭。龚黼丞、夏舒山、萧涵江、张蔚亭、蔡勤斋过谈。宾客络绎，急出避之。因过殷竹坞、萧涵江、夏舒山、张蔚亭、王旭初及翰舟、蟠西谈。方治席会饮诸昆弟子侄之从祀者，丁次谷与子瀞适至，因留熊叔雅陪同小酌。

十一日。偕丁次谷及子瀞诣洪家冲相度陈夫人葬地，次谷历历言之，均前诸君所未道，深悔吴月卿之假术营私，误人不浅。回过南泉山相度，亦微有形局，次谷极不取之。

十二日。大风雨雪。胡其祥以请封改题，仍举行世俗题主之礼，函请主其事。与丁次谷及子瀞、炳文偕往。先过韩陛臣家小憩，风雨交作。胡其祥、胡云亭迎于小桥，云亭及其子子安周旋竟日，次谷、子瀞、炳文留宿其家，吾以从丁至十馀人，滋扰过甚，乘夜回县。风雪严寒，抵城已夜深矣。

十三日。接胡其祥信。罗品三、郑少侨、张掖廷、罗子昭过谈。敬芝家诉言炳文更换韩湾围堤事，传俊文、胡致和询之，历言首事田在南、许恒六、许应宾、李春方与炳文交好，其条示更换堤册者，邓为德也。始知此段议论，自杨俊文、胡致和发之。谋为之处理，炳文又持意见甚固，未易与置论也。

十四日。与丁次谷约赴蔡家墩，浓云密布，雨意将作，去岁萧陆仙指定田穴一处，将往视而遇雨。此次约次谷来县，初遇风，前日又遇雨，今日仍恐不免。似此遭际，地之不佳，不必言矣。

十五日。微雪。偕丁次谷诣蔡家墩、茅岭墩、王家塘相度所购山地四处，次谷皆不谓然，为增闷损。其间惟蔡家墩后山稍可安葬而已。是夕就宿刘世桂庄宅。

十六日。从蔡家墩回城，人客坌集。致唐曦城一信，属鹤九专寄。左逸仙邀同丁次谷、吴小农、余尧衢及子瀞晚酌。见示傅青主书册，略论经史及诸子，示其子眉。无款识，亦无年月。逸仙定为傅青主书信，然吾与诸公不能辨也。

十七日。以顺孙姻事，亲友致贺者至数十百人，补开筵席酬之。至者四席：熊绍香、李咏仙、龚黻臣、李镜吾、张恒青、陈熙堂、高粹之、吴伯良、冯厚庵、朱楚珍、王旭初、李叔昆、李楷山、易清溪、吴晴研、易淑子、陈文蔚、常健吾，及翰舟、简秋、子惠、慰霖、希初、茂官、宝生及诸弱小，共三十二人。晚次，郑少侨、刘小楼、危松林、陈笛舫、李咏仙、龚辅丞、李镜吾、常健吾、高粹之、罗子昭、左笃生及槃希、玉舲、子瀞、炳文公宴丁次谷，谬及鄙人。终日在醉饱之中，于心颇不能释也。蒋尧臣见示蒋杨氏分关，立言极妥善。

十八日。炳文、鹤九公宴丁次谷，属其厨工治馔。予为鱼刺所中，竟日不适。左逸仙过谈久坐，次谷遂已登舟，遣人追视之，已开行矣。路用并食物所需，皆不及备，为之怃然。胡其祥又自乡至，为易赞周致曾沅浦宫保、凌问樵二（问）〔信〕。又致易淑子信，属转致易少堂。料检诸事，倥偬万状，登舟遂已傍晚，开行至濠河口。

十九日。微雨。舟行甚缓，至白沙洲，日已夕矣。鱼刺在喉，颇不自适。然能批阅《近思录》二卷，前时在家，不能及此。

二十日。雨。午后抵省。接林贞伯、文兰舫及笙陔叔三信。见《申报》十月十七日，高丽叛臣洪英植谋称乱，以高丽属日本，杀王妃之弟闵咏翊，矫召日本公使入王宫，诛戮大臣。华军与战于宫门。日本公使及日人之在高丽者，并逃赴仁川。高丽叛臣金玉均、朴咏孝、徐光范亦随公使逃赴仁川。似此，日本之谋高丽亦狡矣。高人之轻叛其国，人心涣散，抑又可知。然要皆廷臣倡言开法夷衅端，阶之厉也，可为三叹。李次青、刘朗山过谈。朗山述及陈澍甘、陈贻文之懦弱无能，吾楚省运之坏，殆几无以自存矣。

廿一日。大雨。接冒小山、汤昭泽信。张子衡寄示所著《海防二十四宜条议》。诣聂伯元、黄绍西，贺其家喜事。并致唁丁子开、姚裔云。便回拜邓双坡、李次青、李廷章、刘少臣、胡芝庭、左癸叟、邹闻生、刘牧村、刘小崧、邓复心、赵辅臣、崧芍廷，遂尽一日之力。

廿二日。接黄子申、唐羲城及寅伯、姜海堂四信。闻庄翰堂物故，一往哭之。其病仅五日，盖十七日往见李次青，归而病：然其患气症并喘则已深矣。是夕为梁姨祝寿者凡二席。先公五十生辰，未能如此，虽境地不同，亦足见力量之薄，无能一阻止之。

廿三日。易玉峰、杨子荣回县之便，顺致玉舲二信。接佩珊一信。是日梁姨三十生辰，丁次谷送演清华班梨园乐部，女客多至五席。丁次谷、黄子冶观出一日。育之自衡州归家，亦留会饮。

廿四日。雨。接杨厚庵、汤肖安二信。回拜张南屏、丁次谷、王桐轩、姜兰浦、周荔樵、李芝岑，兼为余尧衢之母贺生日。张南屏如夫人仍公演梨园一部，唱手若刘汉波及庆麟麻子，亦佳品也，李子荣亦次之。

廿五日。雨。接欧阳静山、王荔村、朱幼丙三信。亦致周昌辅一信，以高抟九送到湘潭脩金，交其领收，而已于初十日解馆回湘，未及致送。李瀑仙过谈。

廿六日。大雨。接黄芍岩、阎季蓉、黄冬荪、易泮芹各信。又接欧阳静山、刘希陶二信。静山专寄冬息，希陶寄示《犊鼻山房小稿》三册，由张南屏送到。当复静山、希陶二信。姚雨苍、易淑子枉过，并由县至省者。

廿七日。雪。接王梦虎信。刘祝廷、刘小崧及子瀞、寅伯过谈。祝廷语及李次青调处太和事，属令依府断暂领三成，并收回所断子瀞三千，并求领鄂岸扣存预厘二百一款，而云黄子寿领款不在内，即渠亦不能完案，暂得此度岁而已。抑何言之易也！

廿八日。微雪，寒。接子瀞信，知高抟九方以李次青为刘祝廷理处，传见子瀞，责成呈缴所断之三千金，亦太无理矣。李次青、丁次谷、熊鹤村、张雨珊、朱幼丙及子瀞次第枉谈，遂尽一日之力。

廿九日。雪。接瞿景伊、王荔村二信。回拜李次青、林贞伯、成静斋、陈舫仙、傅青馀、朱香荪、李佐周、周稚威。李次青处晤李黼堂谈：黄子纯伪造其弟黄子申信，为再三之渎，或曰子寿教之使然。闻黄子纯在省浪费过甚，所以有所举动。

三十日。微雪。接於桐轩信。回（信）〔拜〕刘牧村、黄桐轩、福视侯、陈金垣、李黼堂、朱纯卿、盛璞人、唐鲁英、张雨珊、张冶秋、胡子威、龙研仙、张芝岑、张晦甫、李芋生，兼诣丁子开吊其母丧。晚就子瀞陪同李次青、刘少成、张雨珊小酌。

十二月

十二月初一日辛未。接孙次韩及檠希、玉舲信。亦致陈伯严、龙研仙、黄幼海、孙次韩各信。又以蔡兰生回县，致吴晴研、萧子远、唐桂生及檠希、玉舲各信。福视侯、左癸叟、胡子威、黄幼海过谈。胡子威见示《胡氏家牒》十一篇。

初二日。雨。接李仲絜家信。刘朗山过谈。晚邀李次青、刘绍臣、李廷章、成静斋、张雨珊及子瀞小酌。

初三日。接陈金垣、吴莼庵、盛展奇、夏心泉及檠希、寅伯各信。黄子赞、陈澍甘、任萼堂、张鹤臣、胡其祥、韩陛臣、钟佐亭、易淑子、刘月卿、徐仁羲过谈。晚过周笠西，以湘阴查办牙帖札委殷竹坞，仍须与张雨珊会办，彼此可以筹商，初议极允，不可易也。

初四日。接殷默存及佩珊二信。亦致朱禹田、王惠泉、曾介石，及复佩珊信。饶岱霞、刘月卿、殷默存、徐仁羲过谈。李次青邀同邓双坡、杨容堂、成静斋、黄石仙小酌。容堂以事不至。

初五日。阴。接王惠泉、贺师晋、黄冬荪、王旭初、龙树棠、梅如心各信。亦复朱香荪、汤肖安各信。左癸叟、彭蔚卿、梅子宣、周笠西过谈。晚邀任萼堂、张鹤庵、胡其祥、韩陛臣、刘月卿、钟佐廷、徐仁羲小酌。请饶岱霞诊视易叔辉，语及明春宜慎防加病。

初六日。雨。接姚灿元、吴晴研、萧子远、唐桂生及用舟、寅伯各信。亦致成静斋信。回拜王绍堂、俞鹤皋、瞿子纯、瞿子瑞、龚瓶安、黄子赞、任萼堂、胡其祥、韩陛臣、钟佐廷。兼诣姚裔云、张万生致唁。姚裔云处，熊耀南为之照料人客；张万生处，周绍生为之照料人客。张万生之父张霖生，为武冈学张应楼之胞叔。绍生，周笠西之胞侄也。复龙树堂信，附诗云：酒价安排送四千，开缄喜得两诗篇。人言万事都成例，明岁无诗要扣钱。以此两年每季送钱四千，此次枉寄二诗，故云。

初七日。阴。接李次青、朱宇田、成静斋、黄冬荪、易芝炳及少卿各信。亦由毛荇荪回县之便，致熊绍香、陈熙堂及玉舲各信。傅青馀、言舫丞、王荔村、毛荇荪及松云、常乐过谈。邓双坡述及漳州府有开元寺，唐时古刹也，城外有天宝山，朱子有开元寺联云：五百年逃墨归儒，跨开元顶上；十二峰送青排闼，从天宝飞来。同治初，广西贼窜漳州，寺毁于兵，左相因即寺基建立书院，吴子骏为拟一联，左相大乐，书之。联云：经始问何年，果然逃墨归儒，天使梵王纳土；筹边曾此地，恰好修文偃武，我从涨海班师。

初八日。致曾沅浦宫保一信。亦接龚芸圃、王荔村、陈熙堂、朱暝庵、陈船斋各信。胡其祥、韩陛臣、钟佐廷、饶琼生过谈。赴刘祝廷、刘绍臣两处叙饮，祝廷处同席为傅青馀、李次青、陈诒生、陈德生；绍臣处同席亦傅青馀、李次青、陈程初、张雨珊、李廷章。晚过邓双坡，为刘祝廷料理债项。

初九日。雨。接王夔石、傅苏海、李佐周各信。回拜吴湛清、李次青、张雨珊、张冶秋。并为杨鹏海贺生日。

初十日。雨。接丁次谷、罗楚卿、周昌辅、张鹤臣及玉舲、简秋、槃希、鹤九各信。盛小楼、李次青、俞鹤皋枉过。邓双坡邀同李次青、傅青馀、李黼堂、林贞伯晚酌。汤肖安为左绍明馆事，属致陈伯严一信。邓双坡诵张椒园门联云：人皆憎老物；天未丧斯文。自亢已甚。

十一日。雪。致周昌辅、吴晴研及玉舲各信。丁次谷、吴湛清、陈梯云过谈。子瀞见示桂未谷《札樸》、万充宗《经学五书》，属为校订，数月未及为之。《札樸》亦（五）〔六〕种，曰《温经》二卷，曰《览古》四卷，曰《匡谬》一卷，曰《金石文字》一卷，曰《乡里旧闻》一卷，曰《滇游续笔》一卷，凡共十卷。未谷官顺宁知县，是书盖成之滇南也。《经学五书》曰《学礼志疑》，曰《礼记偶笺》，曰《仪礼商》，曰《周官辨非》，曰《读春秋随笔》。

十二日。为丁次谷致曾沅浦宫保，为陈金垣致刘南云，为易叔辉致程尚斋，共三信。亦接易仲慧一信，为其父昀荄廉访求表墓之文。盛小楼为金塘石子坑商置墓田，遣李祥凯、周南山同赴乡相度。

十三日。接曹咏生及玉舲二信。赴唁孙春皋、李石渠、余开黼、孙次韩四处。便过但少村、谢莘田、周稚威、陈舫仙、陈梯云、易仲惠。兼诣张南屏，贺其调署衡山之喜。夏恕吾及箴士、寅伯过谈。

十四日。龚振之赴山东，致陈隽臣、邵小村二信。小村求书天后宫联匾，并书寄之。曾重伯自金陵回，带到王紫诠一信，并寄所著书五种。又接黄涤凡、任萼堂、丁次谷三信。张南屏、曾重伯、易仲惠过谈。

十五日。接欧阳静山、曾介石及京生三信。丁次谷、李幼眉、黄涤凡、李华甫过谈。曾重伯约往看庆云轮船，因偕重伯、霖生同行。管驾官梁冠臣、管机器何春涛，并广东人。言上海船厂，西洋一名祥生厂，广东人二：一名均厂邓姓，一名发厂李姓。略与言及制备轮船情形，亦不能详也。

十六日。雨。接玉舲信。亦致高瑞亭、李玉森、王荔村各信。李黼堂邀同邓双坡、林贞伯、傅青馀、周笠西、李次青午酌，陈程初邀同李次青、傅青馀、张雨珊、刘绍臣、李廷章未刻，程初已先数日约定，因辞李黼堂而就程初，比至，则惟次青、青馀二人至，而黼堂反在酉刻，青馀中席，仍拟黼堂也。汪景山、丁荫甫、张惠甫、龙靖臣过谈。

十七日。接陆蔚亭、汤肖安、胡道生及翰舟、槃希、玉舲各信。亦致但少村、谭心可、王荔村、朱香荪各信。李次青、黄涤凡、刘映洲及悟元和尚过谈。悟元募修园通寺及海潮寺放生池，属为之作启，央求竟日，心甚苦之。

十八日。接黄涤凡、周诗樵二信。回拜李次青、李黼堂、李芋生、陈诒生、朱香荪、张晦甫、汪景山、丁次谷、丁荫甫、福视侯各处。李祥恺、周南山自金塘回，盛小楼所求售金塘冲一庄已立契，原业户盛永泰，佃人万英才、万星阶并偕小楼之弟盛楚臣来省。

十九日。立春。雨。接张超堂、姜昆山、易仲瑜三信。李芋生、胡子威、曹竹铭过谈。以李华卿解馆之期，治席款之，兼邀易铁桥、盛展奇、殷黼仙、易叔辉及达珊小酌。是夕亥刻接春，雨涔涔竟日不止也。诣箴士宅，晤谭燮甫小谈。

二十日。接胡静惺、周昌辅、周芾棠、王荔村各信。亦复张超堂、周昌辅二信。史少海过谈。荔村信知张芝岑、湘生、奎生兄弟三人，与夏芝岑、洪秋云两君之世兄，并以赌案，高抟九签差四十人严捕，亦一奇闻也。

廿一日。接谭心可、黄幼森及佩珊，亦复周昌辅及子惠二信。盛展奇、罗小垣过谈。熊鹤村以与周笠樵叠韵诗见示，因亦为和一首。甫半日，鹤村复叠一首，笠樵又叠两首。予因叠三首答之。鹤村兴致高迈，诗趣更浓，亦寿征也。

廿二日。雨。接舒叔俊、王旭初、曾重伯、吴晴研及经（京）

〔笙〕、荇农各信。玉舲自县回，述悉近事数则，多骇人听闻者。回拜曹竹铭、李瑞南、王少唐、韩宝臣名受卿、陈楚生名珩李石渠、史少海、周荔樵、李佐周。并致贺但少村、曾霖生。兼诣龙研仙，致唁其叔霁生太守。

廿三日。微雨。致李芋生、孙次韩及佩珊、玉舲各信。诸为年下检点各事，烦苦万状。精神衰惫，不复能支。丁次谷及箴士、子瀞过谈。是日奉循祖遗家法祀灶君，率家人内外分班行礼，致斋一日。又复舒叔俊一信。

廿四日。雨。接彭芍庭、盛敏臣、李西墀、李华卿各信。亦致左逸仙、吴晴研。及复盛敏臣、孙次韩、熊鹤村各信。两宅并率领家人奉荐祖先。专足送致佩珊一信。

廿五日。雨。接聂仲芳、何心畬、欧阳梓卿、胡西园、周昌甫及佩珊、让亭、曼华各信。蔡浩园、王树堂枉谈。

廿六日。雨。赴吊孙春皋方伯夫人。兼回拜陈舫仙、余云涛、李抟霄、黄望之。适黄子寿久病新愈，得一畅谈。春皋方伯处晤沈佩九、刘馨室、刘祝廷、陈程初。

廿七日。雨。接曾挚〔民〕、李次青、周芾棠、杨墨林、殷竹伍、易淑子、毛荇农各信。余尧衢及玉舲过谈。尧衢述及胡其祥、钟佐廷提档私销，汝舟与知其事，而经笙极力为之播扬，与觐堂可云三奇矣。

廿八日。雨。致张南屏、王惠泉二信。张信为庄理卿及毕庵馆事，王信为熊鹤村。接文兰舫、张子遇、唐蓬洲、左逸仙、董冰台、（梨）〔黎〕树堂、言湛甫、瞿景伊、罗云汉、罗赞卿、陈船斋、张俊儒、梅子宣、朱次江各信。又接陆大令永基勤畬信。回拜李瑞南、成静斋、陈舫仙、左癸叟、余尧衢。

廿九日。雪。接於桐轩、钟祥开、周史樵、吴蓂阶各信。蓂阶以王益吾约赴北闱，求书抵江南，为北行之资，兼示其子宗实和熊鹤村讴韵诗二首，以有独任林宗事贞隐之句，故以见示也。接王惠泉信，仍叠前韵，寄慰鹤村。

三十日。雪，微见日。致黄次圭、陆勤畬、吴湛卿、王荔村、殷墨存、李瀑仙、王菊生各信。亦接熊鹤村、刘静生、吴湛卿、王荔村各信。易芹生、左巨云、曾慕陶及子瀞、寅伯、子宽枉至辞岁。鹤村又以讴韵诗至，此老精力弥满，真寿征也。

光绪十一年　乙酉

正月

光绪十一年岁次乙酉春正月辛丑。元旦。雨，寒。率两宅家人奉谒祖先，并诣王船山先生祠、曾文正公祠行礼。家居数年，岁旦皆有一诗纪事，亦成一律云：宿雾连山近七旬，晓云已报岁华新。四时舒惨无全势，半世疏闲是幸人。天上楼台长似梦，人间雨雪暗回春。愿闻鼎鼐调元老，折棰无劳动塞尘。

初二日。雨，寒。蔡炳生递到殷少侨一信，当以一信复之，据称辰州南卡专差约初四日取信回辰也。李华卿、曾慕陶、张鹤臣、蔡炳生、李芳农、周书麟及玉舲、寅伯、子宽贺岁，稍一见之。

初三日。接熊鹤村信，以元旦和其讴韵诗三首，仍和答也。诣各处贺岁：况颜山、韩宝臣、王绍唐、唐夔友、丁次谷、黄子冶、黄桐轩、王桐轩、陆勤畬、吴湛清、钱子宣、谢莘田、邓复心、刘韫斋、林贞伯、席春渔、邓双坡、唐稚泉、张紫联、傅青馀、刘馨室、朱香荪、李黼堂、周笠西、龙琴堂、赵朗园、俞开黼、李抟霄、陈程初、周步瀛、熊鲁儒、姜兰浦、熊肖芳、陶少云、何伯元、成静斋、黄幼海、李幼斋、黄麓泉、黄子赞、黄恕皆、王菊生、丁子开、易仲惠、陈诒生、瞿子纯、瞿子瑞、黄子寿、俞鹤皋、杨鹏海、周笠樵、熊鹤村、吴萸陔、左癸叟、李瑞南、余尧衢、李华卿、李佐周、张花楼、陈伯严、蔡浩楼、周子顺、张芝岑。及回拜单安荣子辉、许寿藩、刘培泽、唐崇寿、齐廷桢少庵，则皆不记其行号也。舆中展阅《老学庵笔记》，载青城山上官道人，巢居食松麨，年九十，见人但粲然一笑。有所请问，不答，而云病喑。放翁见之丈人观道院，忽自语养生曰：为国家致太平，与长生不老，皆非常人所能。然且当守国使不乱，以待奇才之出；卫生使不夭，以须异人之至。不乱不夭，皆不待异术，惟谨而已。放翁大喜，从而叩之，则已复言喑矣。惜无以此言告知朝士，以上达醇邸者。

初四日。接黄麓泉信，并传示邓弥之信。李瑞堂、王树堂、蔡浩楼枉过。诣各署贺岁：庞省三、曹竹铭、孙春皋、夏芝岑、但少村、郭定轩、高抟九、张南屏、严少韩、祝□云、吴斗枢、吕信臣、周句赓、春书云、崧灼亭、张茂陔、陈梯云、李登云、周铁园、裕蓉坪、盛朴人、盛锡吾、刘贻棫、汤斐斋、洪秋帆、周稚威、黄次圭、文月亭、徐子元、史少海、杜鹤田、陈舫仙、李石渠、刘祝廷、徐云渠、朱禹田、易芝生、王荔村、李廷章、唐鲁英、唐楙阶、黄振斋、李芋生、胡子威、杨子端、孙次韩、谭燮甫、谭广生、聂伯元、左绍明、袁绶瑜、张元畅、任筱棠、龙研仙、陈耘恕、曾慕陶、曾霖生、罗君虎、陈德生、嵇粹酶、杨渭滨、翁少兰、翁少溪、余云涛、饶岱霞、左子健。其储备仓之黄正已、福源巷之陈开瑞、小东街之刘丞祖、高马头之朱光奭、黄泥塅之舒福昌、小桃源之黄圭堉、长沙城隍庙之李梦莹、高升巷之黄国忠，则皆不能记其号也。

初五日。雨，雪。子瀞侄言，吴湛清告知：杨厚庵、庞省三互相揭，外间并云鄙人为厚庵主稿。去岁丁次谷亦言之，询其言所自出，则得之成静斋。今吴湛清之言，亦由此语展转附会。而成静斋之为此言，究莫测其何说。因念厚庵甫至省，即延张冶秋、龙研仙为谋主。庞省三与厚庵构衅，厚庵泰然处之，冶秋、研仙积愤不能平。吾初闻之傅青馀，谓夏芝岑言中丞有痛诋厚庵一咨，语绝新奇。因（拟）〔诣〕厚庵询之，言但接善后局文，出以相示，则解饷详文也。并出咨复一文，仍以索饷为言。吾谓此当径咨中丞，立言尤须委宛，为拟定一稿。次日，张冶秋携示中丞一咨，则先夕始接到。吾所拟一稿，以是并未发行。适黄子寿至，因张冶秋之愤怒，言似此厚庵岂可不一报之？冶秋随去。厚庵始邀冶秋、研仙偕行，至是皆引嫌辞，不敢往。吾亦揣冶秋必有一文与参谋议，静斋与冶秋交最深，或相与嫁名于我，以求自解。厚庵与我交疏，来省月馀，仅三见耳，不应波及于我。子瀞谓冶秋鼻似鹰嘴，其心必多险诈，此语实信而有征也。因稍记其略于此，其言无足深辨，要以见张冶秋为人，万不足与交矣。

初六日。大雪。自去冬十一月十五雪后，讫今略及两月，雨雪相间，雪意终未足也。至是日夜大雪，未尝暂住，亦向来所罕见也。致复黄芍岩、李次青二信。两日人客多须一见，皆为仆人所阻遏。

初七日。接吴莫阶信告行期，为致曾沅浦宫保一信。文正公祠僧荔云见问体佳否，告以左臂作痛十馀年，近乃增剧，殊不佳。荔云曰：喜神生命之原。常使此心喜悦，则免病苦。予深服其言。人世营营之私，自谓无之，而上忧朝廷，下念民生之艰，无日不以疚心。环顾一时之在仕者，皆为国家生乱者也，几视此身无地可容。荔云一言，乃深中鄙心之隐微。去岁莲洲论清心之要，与荔云此论，并今时士大夫所不能道者也。

初八日。微雨，寒。庞省三中丞枉过。旋回拜庞省三、孙春皋、夏芝岑、但少村、郭定轩、高抟九、朱咸庚星垣、杨兆霖、欧阳子坚。并为成静斋、丁次谷贺喜。夏芝岑处见石刻杨椒山先生长联云：爱惜精神，留此身担当宇宙；蹉跎岁月，趁时光报答君亲。

初九日。阴。致但少村、郭定轩二信。孙春皋、但少村、郭定轩、丁次谷枉谈。定轩勤勤好学，得吾书皆手自写之。所批注《礼记》为虫蛀逾半，十九不可辨识，定轩皆搜索十一，录而存之，不以为劳，亦殊可佩服。周荔樵晚过。

初十日。接周瀛士、朱次江二信。罗顺循过谈。晚邀黄子冶、汤斐斋、丁次谷、李芋生、李佐周、余尧衢及子瀞小酌。次江见示《十竹斋笔记》二册，凡六卷。每岁得三卷。其粹语云：浮而不实，躁而不静，游移而不专，治事则偾，谋生则困。　好贤而不能去己之私，则终其身之所取，皆悦我者也。　圣功归宿，在于明辨，辨之弗明，必无定识。无定识则无定力，故众论淆之而疑，利害临之而变。　处危险事，须坚定担当；处繁难事，须从容料理。　干戈扰攘，是谓寇乱。纪纲陵替，民肆官偷，群嚣盈廷，大臣重足，是谓政乱。寇乱可平也，政乱则不可救。寄陈子濬诗云：和风习习柳毵毵，草长莺飞月又三。遥想故人怀我处，杏花春雨大江南。　宝刀银烛共辉光，绣幕沉沉夜举觞。一盏醇醪程普醉，李郎应不亚周郎。

十一日。阴，寒。接杨鹏海信。亦致朱次江、吴晴研二信。吴鹤臣、李彦卿过谈。晚邀席春渔、姜兰圃、徐子元、王桐轩、丁荫甫、汤肖安及寅伯小酌。

十二日。阴，寒。接李冠卿、陈幼方二信。林贞伯、张南屏、吴湛清及东林来谈。东林语人法双忘之旨，引《心经》无苦、集、灭、道四谛；苦、集者俗谛，灭、道者真谛。《楞严经》云：见苦，断集，证灭，修道。《涅槃经》释之云：苦者，所谓无量诸苦；集者，所谓无量烦恼；灭者，所谓无量解脱；道者，所谓无量快乐。四谛皆无，即人法两忘之义也。晚邀刘馨室、邓双坡、傅青馀、李黼堂、陶少云、陈舫仙小酌。

十三日。接鄷慕唐、柳正厚及翰舟、檠希各信。黄桐轩、夏树吾、王玉章及席珍来见。邀林贞伯、龙琴堂、陈诒生、俞鹤皋、成静斋、杨鹏海、陈程初及玉舲晚酌，杨鹏海以公宴夏芝岑不至。

十四日。接林贞伯、黄子赞信。亦致殷竹坞、胡幼森、吴晴研及翰舟、檠希、炳文各信。丁次谷、谢汉池及勉吾来见，所致县信即交勉吾带送。晚邀左癸叟、余云涛、周荔樵、瞿子瑞、瞿子纯、翁少兰、翁少溪及子宽小酌。子瑞、少兰、子宽三人皆不至。

十五日。阴，寒。自初六大雪至今，夜间或见星月，昼常沉阴，已十日矣。为但少村贺生日，便回拜郭定轩、文兰舫、张南屏、李友兰、唐蓬洲、任昂千、张文星、徐心畬、文月亭、李幼梅、余暨墀、欧阳福丞、罗顺循。以上元佳节，率两宅家人奉祀祖先。接易卓超一信，言五河厘局总办许佛珠观察相待极优，亦不亚于黎友龄也。易仲子自县城至。

十六日。阴，寒。接瞿子玖、刘蓉台、陈文蔚各信。傅青馀旋又递示子玖一信。太后万寿，移居储秀新宫。恭邸报效垂四十万，醇邸代请入祝嘏，申饬不许。醇邸参谋密勿，大事奏决行之，枢臣备员而已。徐阁学直斥神机营以借英款五百万，自西山试办铁路，近又借美款一千万，为经武之费。时事如此，吾辈不知所投足矣。晚邀熊鹤村、胡子威、陈伯严、朱次江、李瀑〔仙〕、黄幼海小酌。子威病足，往催始辞。次江至晚方到。鹤村以八十五岁老人坐候半日，于心颇不适然。

十七日。微雨。接王益吾信。回拜曹竹铭，文兰舫，徐心畬、陈耘昶、邓复心、朱莼庵、王螺泉、汤斐斋、黎桐云、左子健、李幼梅、杨少泉。晚赴李芋生之召，同席龙琴堂、余暨墀。

十八日。阴，郁热。接曾沅浦宫保、胡子威、李瀑仙、朱次江各信。亦致黄芍岩一信，由子瀞汇寄。两宅西席并于是日开馆。便拜陈程初、李友兰，并为张南屏送行。晚邀罗汝梅、罗顺循、夏树吾、易叔辉、左巨云、左谦之陪同西席李华卿、李麓渔小酌。文兰舫、徐心畲、裕蓉屏、朱次江、龙研仙过谈。西庚亦自县至。是夕为张南屏再致胡幼笙一信。

十九日。微雨。致林贞伯、张南屏、张晦甫三信。亦接殷默存、陈熙堂、吴晴研、萧子远、唐桂森各信。回拜裕蓉坪、王之和、李春舫、唐懋皆、熊叔雅，及为张南屏送行。胡幼森抵省过谈。酆慕唐、张秉乾及荇农并至。兼约夏树吾诊脉。晚赴黄子冶、丁次谷、汤斐斋公召，同席陈程初、瞿子纯、李春舫。

二十日。微雨。接林贞伯信。约李笠村过谈。又接高瑞亭、李佐周、张小屏各信。谭心可枉谈。晚邀李瑞南、王螺泉、余暨墀、李幼眉及子瀞小酌。本约文兰舫、徐心畲，均已回任；左子健则赴唐楙皆、陈程初之约，未能至也。

廿一日。微雨。接李佐周信。李荔村过谈。巳刻邀欧阳子卿、熊叔雅、酆慕唐、张秉乾、曾重伯及荇农、西庚早酌。候重伯至申刻始至。晚赴陶少云之召，同席邓双坡、傅青馀、陈舫仙、左癸叟。

廿二日。大风，阴，寒。接刘月卿、龚振之及翰舟各信。又接刘世贵一信，亦为其子求事。回拜赵朗垣、谭心可、张雨珊、李荔村、彭炳武辅臣、李黼堂、龙研仙。

廿三日。大雪。胡少芝及寅伯、泳民过谈。致吴晴研、萧子远、唐桂生及玉舲信，交西庚带县。晚赴俞鹤皋之召，同席傅青馀、李黼堂、陶少云、陈程初、杨鹏海。

廿四日。雨。接易兰生、晏圭斋、袁绶瑜、饶岱霞各信。孙春皋、赵朗垣、胡少之过谈。兰生信交罗少春带省，以陕西同知奉讳南归，为求差使。圭斋方与邹子翼构难，于事极不宜。赴熊鹤村春酒之约，便道一拜谭子裕。鹤村本请斗诗牌，前两日来约，惧其多备海菜也，戏书其请帖云：笔下无诗斗不来，枉劳相约斗诗牌。多防雅会翻成俗，海带蛏蚶要尽裁。是日鹤村与杨鹏海各成一诗，计六人，各受字一盒，凡百字，平仄各半。先拈一题，鹤村拈得华林射马，鹏海拈得旗亭画壁，罗瀛桥、俞鹤皋、李黼堂皆不乐受题，予最后至，试拈一题，为沧海钓鳌。受字一盒，仅七阳韵有湘、相、凉、狂、塘五字，馀韵或三字，或二字，凡百字中无一字与题相近者。为编次一联云：岛屿盘盘上，嵌空万水凉。诸人皆已登席，予亦不乐检寻，相与一笑而罢。鹏海诵集对之奇者，出语为：春情欲动梅心觉，对云：夏礼能言杞足征。着想真奇。

廿五日。阴，寒。接曾沅浦宫保、熊鹤村二信。李佐周、谭子裕、罗少春过谈。回拜吴云谷、韩宝臣、周稚威、刘范吾、罗少春、胡少芝。随赴周笠西之召，同席邓双坡、傅青馀、但少村、李黼堂。

廿六日。微雨，阴，寒。接黄子润信，为贺竹荪贰尹求书抵杨石泉。韩宝臣枉谈。邀谭心可、赵朗垣、黄子寿、张雨珊、唐鲁英、唐懋阶、言舫丞、胡少芝晚酌。黄子寿以病，遣其子望之代陪。鲁英、懋皆、少芝并以事不至。

廿七日。自初四、十二，至是凡三见日。接李泳仙、常南赓、常鲁青、常健吾、高粹之、郑绍侨、罗子昭、刘小楼、李佐周各信。又接怡裕、宝林、豫顺、颐丰、怡茂、豫丰六钱庄一信。贺竹荪、张鹤臣、夏树吾过谈。夏芝岑枉过。赴傅青馀之召，同席邓双坡、林贞伯、李黼堂、陶少云、杨鹏海。便道一诣韩宝臣。黼堂述悉咸丰初元以道员简发江西，沿途戒严，稽查尤密。道过新野，值新野令出城，相遇城隅，随遣差盘诘文凭，因以一诗投之云：新野城头晓日开，旌旗簇簇宰官来。相逢顷刻难传柬，却顾轻车枉费猜。东道多情劳问讯，西江于役敢迟回。为言年少承恩重，我本湘南一秀才。

廿八日。大雨。致裴樾岑，兼致朱禹田、郑绍侨、李韵仙、罗子昭、刘小楼、常健吾及玉舲各信。以意城除服之期，一诣致奠。随诣王桐轩，贺其署篆龙山之喜。便赴孙春皋方伯之召，会议捐事。凡四席，至者徐云衢、王雁峰、周笠西、傅青馀、俞鹤皋、成静斋、陶少云、陈诒生、杨鹏海、陈程初及予凡十一人。孙春皋有兄丧，倩夏芝岑、但少村、郭定轩作陪。高抟九、裕蓉坪、周小轩、庄心庵、李友兰、严少韩并至。

廿九日。阴，寒。接左季高相国、张蔚卿、俞鹤皋、李佐周、王理安、周良臣、殷默存、张鹤臣、饶岱霞及少青、鹤九各信。韩宝臣、易仲子、易铁桥过谈。回拜吴云谷、唐鲁英、唐懋皆、李芋生、俞开黼、周小轩、左长卿。并诣云贵会馆致吊孙春皋之兄孙兰舫。成静斋约饭，同席陶少云、陈舫仙、刘贻棫、彭辅臣。

三十日。致朱宇田、俞鹤皋、谭心可、王荔村各信。亦接宇田、荔村二信。王桐轩、彭笙陔、曾重伯过谈。晚赴子瀞之约，同席黄子冶、丁次谷、李佐周、张雨珊。亦约汤斐斋，辞不至。子瀞出示白阳山人画松、梁山舟楷书《蒋氏祠堂记》，皆佳品。

二月

二月初一日辛未。接俞鹤皋、邹文生、黄冬荪、王荔村、酆慕唐及清臣各信。唐鲁英、李端人、王荔村过谈。邀谭子裕、左长卿、王惠泉、王理安、易铁桥、杨景皋、李华卿小酌。李端人又带到欧阳静山一信。

初二日。接唐羲臣、毛荇生、俞鹤皋、朱香荪信。亦致杨鹏海、朱香荪二信。并为酆慕唐致左季高侯相一信。回拜夏芝岑、吴云谷、黄子冶、谢国采、王菊生、左癸叟、彭笙陔、曾重伯、张芝岑、张晦甫。并往拜李丹崖，晤谈半日，不知为李和甫长子，庚辰翰林也。既询知其号，始记忆得之。晚赴黄幼海之召，同席傅青馀、张文心、涂谷臣；所约尚有熊次衡、唐夔友均以事不至。羲臣信由其子唐峻峰带到。

初三日。接於桐轩、董厚斋、刘牧村、杨厚庵宫保、王梦虎、胡浴生、李佐周及用舟、经生各信。李丹崖过谈。邀唐峻峰、易铁桥、李华卿、李麓渔、易叔辉、杨佑吾早饭。晚赴杨鹏海之召，同席傅青馀、李黼堂、俞鹤皋、陈程初。唐峻峰名西庚，在澧安卡十九年。其弟管青、麓衡；麓衡，以小吏游宦广东者也。

初四日。春分。热甚。接李宣伯、李瀑仙、翁少兰各信。亦致易芝生信，为柳浦珊薪水折改名柳德民。李宣伯之卒，闻诸文兰舫，其子小屏为其遗书以告亲友，然当就便讣告，庶为合礼也。谢国采枉谈。育之及其子希初并自县至。唐峻峰回县，便复唐曦城一信。

初五日。致丁次谷、李瀑仙、李佐周、黄植斋各信。又为李小屏转递贺吉斋一信由青石桥德和祥递送。杨景乔及杏农来报左长卿之丧，盖气病吠痛，两日而卒，至于贫不能敛。乃传左绍明与议往代，而分束脩三之一以赡其家。绍明自以年望太浅不敢任，而荐其族兄左凤山焘。景皋言此亦出长卿门人秦雨泉、韩养山、刘哲勤之意，哲勤即刘子梅之子也。思贤讲舍门斗周顺来告，新示条规粘帖一日，为彭丽生之子彭俊五揭去，因条规示谕一人占住两房不给膏火，平江李子韶元音、长沙张子善万达、善化萧叔衡文昭、湘阴吴国麟楷各携带子弟三四辈占住两房，且当门树芦栅，为一房以处生徒，谋借彭麓生之力以相抗也。士风之猥劣如此，天下之乱，殆不可终日矣。

初六日。接经生信。俞鹤皋、丁次谷、李佐周、蔡浩楼、夏树吾过谈。往访彭作新不晤。晚邀韩宝臣、王桐轩、赵辅臣、刘幻吾、王菊生小酌。本约刘贻棫，而仆人因刘贻棫之名，讹为刘诒烈。然闻其言，颇通达事理，亦仕宦中之表表者。

初七日。接翁小山、左逸仙、李次青各信。又接冯少堂信，当复一信，以知为彭俊五主使，略举近事告知。龚云浦、彭作新、刘少臣、龙研仙过谈。庞省三见示卞诵生初二日咨，彭雪芹宫保奏调龚云浦赴粤东，闻为严象文主使，相与为醉梦而已。

初八日。大风，微雨。致彭雪芹宫保信，及致陈笛舫、李少楼、左笃生各信。亦接左佩勋一信。回拜龚云浦、刘少臣、陈舫仙、邓复心、王石卿、文月亭、曾尚仁、曹韵生。晚邀李丹崖、俞开黼及子瀞小酌。

初九日。雨，寒。接杨鹏海、江绍成及笙陔叔各信。亦致杨鹏海、周荔樵、李佐周各信。胡其祥、韩陛臣、曹咏生、梅星渔枉见。适李仲絜女携其所生子来宁，由鄂抵省。

初十日。雨，寒。接陈伯严、李佐周、朱瞑庵、李福覃及翰舟、佩珊、玉舲各信。亦致李佐周及复鹤九各信。又为鹤九致左凤山一信。回拜陶少云、杨鹏海、陈程初、曾省吾、殷竹坞、胡其祥、韩陛臣、毛荇荪，及诣朱香荪谈。兼致吊王云荪。

十一日。致翁小山、唐蓬洲、丁笃生各信。亦接姚庶侯、徐云渠、张晦甫、俞鹤皋各信。仍复姚庶侯一信。吴爱吾、盛晓楼、黄植斋过谈。晚邀殷竹坞、胡其祥、韩陛臣、钟佐廷、毛荇荪及佩珊、咏民、炳文小酌。

十二日。阴。复徐云渠一信。亦接李佐周、李瀑仙二信。以二嫁姐生辰诣贺，晤周蝶园、汤肖庵、王荔村诸人。随诣贺李丹岩，丹岩致其父和甫之命，以联幛为我贺生。

十三日。雨。为夏树吾致苏子熙信，为易慧麟（为）〔致〕魏赓臣信。诣庞省三中丞致贺。回拜林贞（臣）〔伯〕、周荔樵、王石卿、潘仲乔、龙研仙。兼以彭师母除服之期，一诣彭诒生，与彭念苏小坐一谈。晚赴子瀞之召，同席丁次谷、陶少云、李佐周、汤肖庵。

十四日。大雨。接邓弥之信，由夏顺之、万介甫两生带到。盛小楼、胡其祥过谈。晓楼以贸易资本告贷，如数给之。晚赴子瀞处观剧，同席傅青馀、龚云甫、陈程初、杨鹏海、周荔樵。闻刘汉波歌声，使人忘倦。

十五日。雨。接陈船斋、张雨珊、吴国霖各信。为李廷章贺生日。兼过陈舫仙、周蝶园。晚赴李黼堂之召，同席邓双坡、傅青馀、王雁峰、俞鹤皋、杨鹏海。谈滇南昆明湖、莱（海）〔州〕海心亭之胜。宋芷湾昆明湖联云：千年事迹三杯酒，万里云山一水楼。孙髯海心亭联云：有亭翼然，占渌水十分之一；几时闲了，与明月对饮而三。黼堂因诵孙髯汤阴岳庙龛联云：凛凛生气，悠悠苍天。孙髯盖撰昆明湖长联者，此又以少胜也。黼堂为祖母作生日，在京师乞许滇生师联云：荻画遗徽，教忠敦孝；枫纶笃眷，宜子宜孙。又撰何运台小笠得重孙联云：盛事家传，一堂五代；名门泽衍，四世三公。盖其尊人两人尚书，曾有五世同堂之庆也。二联皆仅寻常语，而面面俱到，自然合拍。

十六日。雨，寒。接曾沅浦宫保、陈笛舫、张雨珊、李佐周各信。陈舫仙过谈。以先公忌辰，率家人上供，谢免宾客。舫仙商议轮船事，往返再四，不获一见，略延与谈。

十七日。接黄石珊一信，亦致刘伯固一信。吴春帆、曹芗溪、李宣伯均有讣至，而无妥便致唁。芗溪与周杏农前辈先后物故，两人情好亦甚笃也。旧交零落，只益凄然。张治秋过谈。是日雨渍而郁热过甚，必不能望开霁。

十八日。风。接高篙渔、萧煦初、潘仲乔各信。篙渔信由李莼楼递到，盖由北通州移寓南通州一年矣。亦致吴晴研、毛荇荪及玉舲、用舟各信。胡其祥、韩陛臣、钟佐廷、彭诒生过谈。诒生言陈诒珊之子曰君实；陈福绥之子曰子骏，以拔贡授小京官；曰仲夔，秀才；曰叔和，举人。陈炳堂老者子孙之昌盛，未易几也。

十九日。大风雨，寒。是日庞省山中丞甄别书院，命炎儿、顺孙同诣应试。风雨竟日不息，颇深悬念。京生自县至，李召甫亦来寓此，就试书院甄别。

二十日。接叶小云、张雨珊二信。回拜刘必新、张雨珊、张冶秋、周昌辅、陈伯涛、龙研仙。并为邓双坡祝生日。随会同李佐周诣思贤讲舍送诸生起学，给与二月膏火。至刘晓崧处小坐。晚邀龚云浦、彭辅臣、刘少臣、杨鹏海、曹咏生、李召甫及京生小酌。咏生已回衡州，召甫外出。是日闻潘琴轩物故之信。

廿一日。雨。接张秉乾、左佩勋及席珊、经生各信。邓弥之枉过，知其已入讲舍。为李丹崖送行。邓双坡前辈生日，公送同庆班戏局。邀同傅青馀、陈德生、陈诒生、陶少云、刘祝廷、林贞伯、周荔樵、李幼眉小酌。

廿二日。大雨，风，寒。为经生致书林贞白，亦接林贞白回信。邓弥之、袁绶瑜、吴爱吾、徐仁羲、张鹤臣、李佐周、丁次谷枉谈。李丽源、李召甫住此数日，亦至是始获一见。

廿三日。大雨，寒。致复瞿子玖、王益吾二信。子玖信托傅青馀附寄，益吾信托王菊生附寄。戴竹卿自江西万年桥带到子湝一信。又接刘蓉台、陈文蔚、常南赓、常鲁青、高粹之各信。回拜魏质斋、邓弥之、韩宝臣。兼致李丹崖一信，录致折稿一通。

廿四日。接高篙渔、王筱原、王旭初、彭笙陔、吴晴研各信。李新吾又由武昌递到李筱荃制军一信。亦复彭笙陔一信。又为易桂生致常南赓、常鲁青、高粹之一信。胡其祥、戴竹卿、杨柳青、徐仁羲、杨梓卿及经生、子瀞过谈。

廿五日。阴，郁热。复李筱荃制府一信。亦复子湝信。并致王荔村信。邀杨柳青、胡其祥、杨梓卿、徐仁羲、易仲子、戴竹卿、易桂生小酌。

廿六日。阴，郁热，下午风。寄李筱荃制府信今日始开行。又为杨子青致杨石泉制府一信。亦接左凤山、吴爱吾、毛荇荪、刘少苏及达珊、佩珊、鹤九各信。魏质斋、刘朗山、罗楚卿、黄笛帆、王旭初、胡幼森过谈。

廿七日。致陈诒生一信。回拜魏质斋、周蝶园、刘仙舫。并诣孙春皋方伯言三事：一、萧陆仙帮款；一、黄桐轩；一、吴湛清。随诣思贤讲舍，送其开馆，且赴禁烟公社之会。会者熊鹤村、傅青馀、陈程初、邓弥之、李佐周、朱和生、黄植斋及子瀞共九人而已。唐鲁英、李幼梅、曾重伯并临时告辞。馆生廿人，顽劣万状，稍开谕之。鹤村示人读书立身之道，以坚忍为义；青馀言当去其自便之心，并为至言。以邓弥之山长甫开馆，不以齿论，别设一席，而邀其子邓幼弥、其女婿钟子昭，同入公社一席。

廿八日。雨。接徐心畬、刘牧村、毛杏荪、赖少愚、李少楼、左笃生、李佐周各信。亦致曾沅浦宫保、黄石珊、邓弥之、毛杏荪及玉舲各信。本以冯家冲培补罗围，遣杨佑吾赴县，而为风雨所阻，徒增此心之郁苦而已。

廿九日。专杨佑堂赴县，带去寄毛杏荪及玉舲、鹤九三信。亦接刘韫斋前辈、林贞伯、李次青、黎莼斋、周昌辅、左干青各信。黎莼斋讣信由李苏甫自上海带到。苏甫者，李勉林之侄也。回拜况颜山、齐筱庵、夏彝恂、朱和生、梁岱云、黄桐轩、盛锡吾。并诣文正祠，与邓弥之论处事之法。李佐周及子澥并至。随赴吊瞿石云夫人，陈仲孚为之知宾，询其兄弟三人行号：一曰海隅，一曰石士，一曰雨农。

三月

三月初一日庚子。雨。接程尚斋、唐蓬舟、贺竹荪、胡幼森各信。亦复林贞伯一信。并以鹤九专足任升回县之便，致吴晴研及玉舲、鹤九三信。黄桐轩、王菊生、胡其祥、盛展奇、熊鹤村枉过。菊生以李叔和之托，求寓书杨石泉，谋投效福建。前黄子润亦为贺竹荪求之。此等无谓之笔墨，苟可以邀免，从未敢轻易应人之求也。鹤村前在思贤讲舍诵一出边联求对，见示试帖诗八章，皆开春所为；庞省三亦云封印后得时文十篇。联云：熊署正为试帖八首，庞中丞作时文十篇，一样用心无用地。今来言，已勉强属对矣：郭侍郎创讲舍廿间，朱学使（效）〔校〕圣经千卷，两人为首有为时。以朱肯甫修复校经堂，而余创立思贤讲舍，课额凡二十名也。

初二日。雨。致复李次青一信。徐季衡夫人物故，一往致吊，始知季衡去冬已入都、讣告亲友为非宜。翁少兰、□云生知宾。坐谈久，吊者竟无一人。随赴刘韫斋前辈之召，同席成静斋、邓弥之、杨鹏海。兼邀陈舫仙，不至。

初三日。微雨。接吴聘廷、樊延龄、杨柳青、易仲子四信。李瑞南纳孙媳，一往致贺。并回拜朱岳舲、邓述之、黄幼海。希初自县至，以育之谋入盐行股分，属将股分银见交。此大谬也。盐帖希冀者多，赖有督销局维持。育之乃欲于其中分润，而未商明有股分之人，亦足见其妄想无理矣。

初四日。雨。接朱香荪、李华卿信。亦致丁次谷一信。邀魏质斋、邓弥之、邓述之、徐次蘅、李佐周及子瀞午酌。本邀朱岳舲，岳舲已先日回乡。柳兰徵、李华卿、柳春樵过谈。春樵为柳浦珊之子，稍为处分其家事，交柳兰徵管教。

初五日。早雨，雷。接林贞伯、龚荣圃、朱香荪及子瀞、经生各信。再接易开甲汉秋一信。朱禹田邀赏牡丹。岁陪刘韫斋前辈一游，已成常例。适雨甚，往催韫老，决意辞席。与邓双坡、傅青馀、杨鹏海、朱岳舲六人会饮。蕅尊出纸求书，与双坡、青馀三人各书一联。晚邀彭笙陔、周昌辅、杨襄臣、袁绶瑜、邓幼弥、盛展奇小酌。

初六日。雨。接常南赓、冯厚安、高粹之、常鲁青、刘蓉台、陈文蔚公信，当以一信复之。又接易小楼、黄冬荪、李召甫及玉舲各信。龚荣圃过谈。龙树棠、盛展奇、胡其祥、杨籽卿、王旭初、盛海南、易仲子、毛荇荪、易铁桥、李麓渔、张卓斋并为予先夕贺寿，因留酌。胡其祥、杨籽卿及子瀞、子宽并以他事先去。

初七日。微雨。接韩宝臣信。以生辰酬应贺客，至晚始能更衣，午间留饭者，内外各三席。曾重伯、慕陶、霖生三人至，始知唐鲁英亦是日生，往时竟缺为一贺，遣人投刺称祝而已。

初八日。阴。接殷少侨、龚振之及鉴湖、京生各信。鉴湖，名立钰，寅伯以麓安之托，求得聂宅一书投陈展堂，展（安）

〔堂〕赴台湾，遂持以投聂仲芳。以谢寿，回拜庞省三中丞，孙春皋方伯，夏芝岑廉访，但少村、郭定轩观察，高抟九太守，李友兰、严少韩两大令，春书云协戎，崧灼亭参府，张懋陔游府，周铁园迪元、裕蓉坪、任秉之、李瑞南、钱子宣、谢莘田、刘范吾、赵辅臣、王螺泉、瞿斗南伯常、史少海、赵广盈厅。清彦、胡云卿、朱纯卿、黄捕厅。国忠、陆勤畲、姜兰浦、吴湛清、徐子元、黄桐轩、柏思台、罗大令德辉、刘大令锡禧，此皆在官者；刘韫斋前辈、杜鹤田、林贞伯、邓双坡、傅青馀、刘馨室、黄子治、丁次谷，皆罢官者；陈程初、彭辅臣、陈梯云、刘朗山、曾挚友、龚荣圃，皆武员之在事者；李玉坡太史、赵朗园、汪景山、齐小庵廷桢、陈伯严，则皆寄寓也；李黼堂、李幼眉、魏质斋、杨鹏海、周文斋、俞鹤皋、黄子寿、黄尚之、陈诒生、刘绍臣、俞开黼、曾挚友①、张超堂、陶少云、唐鲁英、唐懋皆、朱枫乔、周荔樵、陈舫仙、聂伯元、张云邕、熊鹤村、邓弥之、邓幼弥、汤肖安、李笠村、左子健、张花楼、张鹤臣、周笠西、龙琴堂、成静斋、庄理卿、曾重伯、曾慕陶、曾霖生、杨籽卿、朱和生、王菊生、邓述之、胡其祥、盛月台、盛海楠、李瀑仙、易铁桥、易仲子、言舫丞、张芝岑、彭怡生、孙次韩、袁绶瑜、黄冬荪、左千之、饶岱霞、杨渭滨、李佐周、柳春桥、盛展奇、梅子宣、何璞元、黄芷阶、范业瑜、吴国霖、李麓渔，外惟黄云岑之弟黄圭育，竟忘其号。兼诣湘乡试馆、昭忠祠，致吊龙霁生之丧。并过李芋生谈。

初九日。接谢国采、张南屏、聂仲芳、盛展奇各信。又丁次谷转递刘韫斋前辈一信。亦致陶少云一信，以其长君陶守谦所撰益谦行状，求撰墓铭，至是始能拟就也。其嗣君六人：益谦行四；

①此人重出。

长曰煌，守谦；次曰宸翼，懋谦；三曰觐仪，履谦；五曰经藩，扮谦；六曰焯，鸣谦。魏质斋、张超堂、王惠泉及席珍、玉舲过谈。子瀞邀陪邓弥之、周文斋、刘绍臣、邓述之、李佐周、王理庵晚酌。绍臣以事不至。

初十日。阴，郁热。接姚庶侯一信。陶少云枉谈。回拜魏质斋、左逸仙。彭辅臣邀同傅青馀、魏质斋、俞鹤皋、成静斋、陈程初晚酌。今春宴会较多于往岁，而肴馔精美者，刘韫斋前辈、朱禹田、丁次谷三处为最。次谷所用厨工萧姓，即黄子冶湘潭庖人也，今供役粮道署，彭辅臣亦用以治庖款客，而菜之精美更驾次谷而上之，盖亦加倍用功之作矣。

十一日。接王益吾一信，郭定轩有兄明轩之丧，一往致唁。幕友程莱芝枉陪。便致唁王绍堂，吊其尊人焕堂明府，（斋）〔齐〕小庵枉陪。并致吊姚裔云，汤憩如枉陪。询及裔云两子，一号寿慈，一号畏甫。以定轩处设奠一日，必应一往，遂及姚、王两处。就便回拜陶少云、李黼堂、周荔樵。

十二日。寄复韩宝臣一信。亦接黄桐轩一信。李佐周邀同邓弥之、张雨珊、陈伯严、王理安及子瀞晚酌。

十三日。阴，郁热。回拜李芋生、陈敬亭。与傅青馀、成静斋、陶少云、李瑞南、汤斐斋、丁次谷、左逸仙、李幼梅、左子健及子瀞同为刘韫斋前辈贺生，演泰益部出。刘汉坡、刘万才、汤裕新、顺臣、红云、吴太池，并极一时歌声之选。李幼梅出示娄县杨古芸葆光所书扇端七律五首，言杨君吏隐浙江凡二十五年，始获一署黄岩丞也，其（时）〔诗〕为赴黄岩留别之作，云：忆从橐笔走杭州，俗状尘容不自由。历劫不磨馀傲骨，好山相对解离愁。此行喜值三元夕，无分称雄万户侯。自笑头衔联簿尉，敢云屈宋是同俦。　卅年侘傺老诸生，敢向风尘诉不平。历尽炎凉仍避热，傍人门户为多情。弦歌雅愿追吹籥，著录何当拟辍耕陶宗仪《辍耕录》成于黄岩。一命期于物有济，斯言聊以壮吾行。　白云亲舍望依依，局促当年游子衣。微禄未能供旨蓄，馀生无以报春晖。泷冈何日传遗训？防墓于今怅远违。手泽幸存思骨鲠，善柔早识世情非箧中藏先太夫人所书昌黎《谏佛骨表》。　不堪别绪付西湖，况更骊驹迫首涂。奖藉齿牙劳厦庇，解推衣食慰饥驱。人情只觉于吾厚，尘海相逢亦自殊。天下论交皆俊侣，澹台踪迹未应孤。　敢道哦松吏亦仙，时艰何以解颠连。须知下邑萑苻靖，岂恃岩疆锁钥坚。琴瑟大堪消悍气，溪山还许仰先贤朱文公以黄岩六潭山为溪山第一。江天日暮思无极，早盼邮筒寄一笺。

十四日。郁热。接刘伯固、张肇涵张静轩之子、陈熙堂、朱香荪、朱次江各信。亦接龚云浦一信。李玉波、徐定生过谈。晚邀周文斋、刘祝廷、唐鲁英、唐懋皆、张超堂、彭诒生小酌。张雨珊言龚果斋医道甚佳，寓居药王街合顺仁土栈。

十五日。大雨，郁热。顺孙呈示殷和甫信。亦致陈诒生一信。回拜李玉坡、傅青馀、胡子明、黄幼海、徐定生、邓弥之、李佐周、王理安、彭臧仲，并为高抟九贺其擢升庐凤颍道之喜。兼拜杜少鹤，以傅青馀、杨鹏海、陈诒生倡议为予作生日，列入杜少（楼）〔鹤〕一名，从未一与识面，不能不一往拜也。

十六日。雨。为盛展奇致左子异一信。亦接刘彦臣、龚荣甫、殷和甫各信。陈伯涛、张超堂、嵇彝畴、庄理卿枉谈。晚次，丁次谷、左佩勋、吴爱吾、盛展奇、易铁桥又枉谈。加致玉舲一信，交展奇带县。

十七日。大雨。接梁檀圃、方翰卿、瞿景伊、瞿翰池、刘牧村、樊延龄、凌问樵、易叔辉、黄幼森、黄晓墀及清臣、子瀞各信。为刘韫斋前辈贺生日，便回拜许杏村、蒋寿山、李芋生。芋生旋过谈，出示龙芪臣、龙政敷公致高瑞亭信，为我置租百石而不详其地名，未知究何如也。晚次，陈尧辅过谈久坐。

十八日。雨。接朱香荪一信。复王益吾信，交王菊生汇寄。回拜江质夫。因诣庞省三一谈，以省三中丞为卞诵生制军所劾，部议镌三级调用，奉旨镌五级改为留任，一往相慰藉也。

十九日。阴。接周昌辅一信。邓双坡、林贞伯、傅青馀、杜少鹤、龙琴堂、李瑞南、丁次谷、陈诒生、陶少云、龚荣圃、彭辅臣、陈程初、杨鹏海、汪景山、张元畅、李芋生、左子健公演泰益部，为予补贺生日。傅青馀、杨鹏海实发其议，而陈诒生一力成之。泰益部之刘汉波、刘万才、汤裕新、杨和、蔡胡、刘顺臣皆善歌，同庆部之杨秋葆、盛桂林并佳，京师之陈长庚、余三盛、张尔夔亦无以过也。风云、吴太池、陈雨生、允秀、庆翠皆有名，而声音不甚亮。

二十日。早大雨。接李次青、陈熙堂二信。陶少云专送泰益部，因邀少云、傅青馀、丁次谷、陈诒生及子瀞晚酌。魏二、邓美廷、庆梅皆佳。

廿一日。接任谔堂、毛荇荪二信。亦复荇荪一信。又为周荣华、易芝炳致崧灼亭一信。江少舟、张芝岑、樊延龄、夏恕吾过谈。荇荪信报易叔辉之丧，盖十八日由省回营田，十九日辰刻抵家，戌刻物故。为之怆然终日。

廿二日。接杨馨堂信。林贞伯为其子完姻，一往致贺，陈诒生敛股分送乐部并酒席，受其乐部，退席。诒生不肯退还已派之股分，因补送仁和部。会者邓双坡、彭辅臣、陶少云、杜少鹤、李芋生数人而已。丁次谷遣其子荫甫来会饮，另邀江少舟、江质夫、李佐周、易铁桥、李麓渔、左千之及荣覃、子宽诸人同入坐。

廿三日。为鉴湖致聂仲芳一信。庞省三、蒋寿山、杨景皋及简秋枉过。鉴湖为简秋四子，名立钰，寅伯为求得聂仲芳之母一信，往投陈展堂，因台湾封口，阻滞上海。龚振之为言于聂仲芳，投呈往见陈展堂一信，仲芳询及鄙人何以无信，简秋因赴省相求也。回拜邓双坡、傅青馀、陶少云、杨鹏海、陈诒生、左子健、李瑞南、丁次谷、丁荫甫、龚云浦、陈程初、彭辅臣、龙琴堂、朱芋生、张元畅、杜少鹤、汪景山，并谢其公送乐部之惠。并诣高抟九、黄子寿、成静斋、赵朗垣、蒋寿山、雷惠舫、张九安。兼致吊姚裔云，晤李介生、黄子懋。

廿四日。大雨。接陈伯严、彭云程、黄冬荪及佩珊、寅伯各信。龙萸臣、龙研仙、李瀑仙过谈。回拜庞省山中丞。并诣孙春皋、夏芝岑、但少村、余暨池、陈舫仙、江质夫、江少舟、龙萸臣、龙研仙。随赴邓弥之之召，同席傅青馀、俞开黼、涂次衡、李佐舟。接阅佩珊来信，忧思过甚，非少年所宜。

廿五日。阴，寒。接李丹岩、赵朗园、王旭初及佩珊、鹤九各信。玉舲自湘阴来，询知十六、二十两信均未接到，盖渠十八日启行，盛展奇尚未到县也。毛荇荪专递一信，又更在后矣。寅伯邀同邓弥之、李芋生、钟佐廷及子瀞小酌。

廿六日。阴。致刘芝田、李次青二信。芝田信托为赵朗垣位置科场贡院修井、文闱督率士子二差。亦接汉舟、槃希一信。为江氏完姻，诣贺江少舟、江质夫，以高亲之礼相款。兼诣郭定轩、张晦甫谈。并诣陈舫仙，吊其子妇之丧。晚邀李玉坡、蒋寿山、李芋生、龙萸臣、龙研仙小酌。

廿七日。接周昌辅信。钟佐廷、易铁桥、黄桐轩及绍西、虚堂、兰生、玉舲、东林、破疑过谈。作书竟日，是夕又接朱香荪一信。

廿八日。微雨。致李佐周、张雨珊、周荔樵、柳兰徵各信。

彭诒生避其母远去，其家相与惊扰。稍与理处。彭念苏、陈仲夔、陈子政三人皆在，但虑所交代之言未必能奉行如法。晚赴陈伯严之召，同席邓弥之、刘定夫、李佐周、张雨珊，并陪诸人一游蜕园。自胡恕堂没，此宅归周渭臣。不至蜕园十四年，沼溪石山，遂无一存，风景全非矣。念之怃然。

廿九日。郁热，雨。致李芋生一信。亦接吴国霖一信，以其父吴锡龄托为庞省三一言。陈诒生邀同蒋寿山、朱纯卿、杨鹏海、陶少云、李幼梅小酌。

四月

四月初一日己巳。子、丑之交大雨。接邵小村、李芋生、胡其祥、王菊生各信。亦致张寄农、胡其祥二信。江石年、彭念苏、罗辅臣过谈。辅臣为罗楚卿之子，罗仲常谋接代攸县局馆，因为函询之张寄农。偶见蔡君谟书小诗五首：绰约新娇生眼底，侵寻旧事上眉尖。问君别后愁多少？得似春潮夜夜添。　隐居何事可谋生？尧舜难当畎亩耕。若得一犁春雨足，石田茅屋起歌声。　布谷声中雨满篱，催耕不独野人知。荷锄莫道春耘早，正是披蓑叱犊时。　一代君谟是主盟，醉翁书法有真评。君看落笔飞扬地，犹有风流不尽情。　苏黄墨本人争购，响拓双钩几乱真。何似君谟遗迹少，为君频拂案头尘。后二首为李东阳观君谟墨本作。

初二日。大风。接黄桐轩信。丁次谷、彭念苏过谈。晚为彭诒生处置家事。邀江石年、刘筱崧、刘若华、彭臧仲小酌。

初三日。接文兰舫、黄冬荪信。汤云卿为予用太乙针针左臂痛处，自廿七日针后，距今五日，再针一次。左臂之痛始自丁卯冬，凡十有九年，其伏根已深，未易就痊，但求不至有瘫痪之症而已。陈程初、彭念苏及玉舲、泌庵过谈。

初四日。为泌庵致韩葆臣一信。又致吴晴研、萧子远、唐桂生信。亦接朱禹田、殷竹坞及泌庵、寅伯各信。寅伯为蔡勤斋求派大公董事。龚果斋、张雨珊、罗筱垣、熊绍香及佩珊过谈。果斋脉理似较时医为精，能窥知病源所在，用药亦稍异于人。果能于病有当，则亦未敢知也。

初五日。大雨。接殷竹坞信。诣春书云、李黼堂、俞鹤皋、杨鹏海、张雨珊谈。便赴高抟九之召，凡四席。同席傅青馀、陈诒珊、杨鹏海共四人。

初六日。雨竟日夜不息。接丁次谷、毛杏荪及经生各信。陈程初邀集开福寺修禊亭会饮，同席李黼堂、陶少云、左子健及子瀞，子健以病不至。开福寺亦会芳园旧址，山寺联为韩桂舲书，云：紫微集凤；碧浪潜龙。马氏据湖南时，碧浪湖亦包络会芳园中也。归途（早尚）〔尚早〕，因过龙琴堂一谈。

初七日。雨。接张雨珊、余云涛及席珊各信。回拜刘定夫、郭定轩、李友兰、严少韩、张茂陔、刘韫老、刘馨室、刘祝廷、瞿子纯、夏麟伯、汤斐斋、曾重伯、江绍根。旋赴龚云圃之召，同席林贞伯、杨鹏海、陈程初。

初八日。接龙镜和、周昌辅二信。为裕蓉坪贺其署篆常德之喜。便诣曾霖生谈。邀龚果斋、熊绍香、易铁桥、李麓渔及玉舲午酌。朱禹田以李黼堂捐置思贤讲舍书一百种，治席款之。邀同邓弥之、李佐舟一陪黼堂，兼属子瀞作主人，以子瀞亦文正祠董事之一也。

初九日。以玉舲回县局，加复殷竹坞一信。又为陈诒生致凌问樵一信。回拜龚果斋、吕信臣。于信臣处晤俞伯均、彭勤吾，知夏芝岑廉访以债交李德灼，与信臣相持方急，谋为高抟九言之。

与傅青馀、陶少云、俞鹤皋、陈诒生、陈舫仙、陈程初、龚荣圃、彭辅臣、黄子赞、周荔樵、李幼梅、唐鲁英、唐懋阶公饯高抟九，懋阶为主人。仁和部尚三、萧三、庆玉，亦刘万才、汤裕新之亚也。秋桂、春风亦佳。

初十日。大热，雨，雷。两日微见阳光，遂至郁热不可耐，亦近数年中土之奇景也。接张寄农、周良臣、王旭初及清臣、荣覃各信。徐仁羲过谈。邀刘定甫、左逸仙、李少渠、江绍根晚酌。适曾重伯至，因并留饮。

十一日。阴。接戴竹卿、易叔子、易仲子、吴邦彦及子湝及各〔信〕。亦为王旭初致但少村一信。罗小垣过谈。邀徐云渠、黄正斋、傅青馀、王雁峰、张紫联、唐夔友小酌。黄正斋不至。合丁酉、甲辰、丁未三榜同年，作一小团拜，甲辰四人及徐寿衡季父一人；丁未一人；丁酉同年仅一黄恕皆，以病不能酬应；黄正斋则丁酉拔贡同年也，亦辞不至。丁酉一榜同年，亦太萧索矣。李艺垣守清江，署其堂曰慕莱，以清江为老莱子故里，用寓思亲之意。因考皇甫谧《高士传》：老莱子，楚人，躬（楚）〔耕〕蒙山之阳，楚王就见之，请授以政，逃之江南。是老莱子与庄子同邑。《汉书·地理志》：蒙县属梁国。其逃之江南，未详何地。清江亦江南地也，于此有老莱子遗迹，而艺垣用其思亲之意，寓官于此，殆亦望云亲舍之意也。

十二日。致李佐周一信。亦接佐周一信。熊绍香、王理安、罗柢敷过谈，询及罗叔循情事，云日内当来省也。

十三日。大雨。接黄石珊、周荔樵、易仲子各信。李芋僧、龚果斋过谈。芋僧枉约廿日赴攸，并传示龙研生信，今日已回县矣。

十四日。晴，凉。自去岁十一月来，未有终日清明，若今日者。丁次谷、曹咏生过谈。接邓直卿一信。诣黄子冶，贺其纳孙妇；陈诒生，祝生日。兼吊陈舫仙子妇之丧。并回拜刘昌燮、江绍根、江绍舟、蒋弋香、陆勤畬、王萝泉、卢丽生、罗柢敷、陶少云、崧灼亭、曹咏生、曹镜初、左逸仙，及因寅伯移居西长街，一往视之。

十五日。阴。致郭定轩、邓弥之、刘祝廷、李硕臣、李佐周、张雨珊各信。邓子勋、邹次庭、钟佐廷过谈。邓直卿一信即由子勋递到者也。是日偕丁次谷及子瀞诣杨梅山，至枫树铺遇雨，就宿马龙港钱斐成宅。其子咏生及其西席周仁渠同饭。

十六日。偕丁次谷、钱斐臣及子瀞同诣杨梅山。次谷于张、夏两姓坟茔皆不谓然，而于先茔又多可疑之处。次谷本意欲邀同王螺泉同为审度，吾以此地多是不能惬意，但求略可安坟，不待深论，至是又悔不及邀同螺泉一行也。是日斐（钱）〔臣〕治（度）〔席〕相款。王翰垣观察枉谈。

十七日。未刻，偕次谷、子瀞回城。接到彭作新、杨墨林、罗柢敷三信。柢敷以其尊人罗研生先生行述见示，经王壬秋、李佐周为之点定，予亦稍以所见，为校正数条。

十八日。大雨，寒。接李咏仙、龚㰊丞、罗子昭、刘小楼、李少楼、左笃生、常健吾、高粹之、吴训臣、姚春西公信，及朱宇田、杨墨林、张雨珊各信。又接席珊、鹤九二信。当复李咏仙等公信，并寄吴晴研、玉舲、鹤九各信。为孙春皋贺生，刘小圃贺履任。并回拜朱纯卿、柏斯台、余尧衢、邓子勋、邹次庭。兼诣庞省三，告以赴乡辞行，为避下诵生之锋也。

十九日。雨。致彭芍庭中丞一信，为邓子勋说项。兼致张雨珊信。旋亦得雨珊信，及玉舲、子瀞各信。邓弥之、李佐周、黄幼海过谈。为陈诒生作生日，与邓双坡、傅青馀、李瑞南、卢丽生、陶少云、刘少馨、朱纯卿、杜少鹤及子瀞公送泰益部，一往就席。是日在寿星街检点行李，英儿入问：今日在此乎？抑即去乎？其母告以今日即去。因持其母而泣。予问何事，其母答言：询知其父即去，心自悲耳。予闻怃然。以此次与李芋生约为攸县槚山之行，意在避嚣，迟速不能预期，英儿所不及知，而闻予去而泣，与此意隐相感触。及诣陈诒生，连观三出：刘顺臣《集贤村》，为伯牙碎琴；盛庆林《铁观图》，为思陵殉社稷；杨秋保《七星灯》，为诸葛公五丈原。悲凉凄惋，朋友、身世之感，并集于怀，泫然流涕，忽触及寿星街情事，尤忽忽不乐，恐此感触之非吉征也。

二十日。雨。接朱香荪一信。亦致唐懋阶、刘祝廷二信。诣黄幼海送行，便过邓双坡、陈伯严。伯严言罗星士挈家来此。即往问讯，而以病辞。因过朱香荪谈。随（便）〔赴〕黄子冶之召，同席张文心、丁次谷、汤斐斋、张雨珊及子瀞。

廿一日。雨。接徐仁義一信。蒋弋香、李芋生、刘育堂、胡道生过谈。丁次谷、邓弥之、李佐周同治席相款，王萝泉、李芋生及子瀞四人为宾，会饮荷花池。是日寒如初冬，皆着重绵。

廿二日。晴。接李佐周信。为罗瀛桥、陈程初贺生日。并回拜刘育堂、谢莘田、裕蓉坪。兼诣黄觐瑜、李芋生、易仲子谈。李芋生言：三代之兴，首隆礼乐，而授时为立政之本。中国圣人立教所以异于夷狄，扶阳抑阴、贵男贱女而已。明太祖定服，父母皆斩衰，乱阴阳之纪而礼坏，琴瑟皆失其传，而所用之乐多杂夷器，而乐亦坏。自利马窦用西法推测二十四气，相沿至今，自汉承用太初历二千馀年，专主夏正，至明之季，中国相沿之正朔，已潜移为西法矣。此三大政皆为用夷变夏之渐，是以可惧。予闻怃然。记乙卯年杭州见邵蕙西，语之曰：往来江浙屡矣，今日始知其人心风俗，皆有折入于夷之势。蕙西请究其说。曰：西洋人重女，江浙亦重女；西洋人好楼居，江浙亦楼居；西洋人好游，江浙亦好游；风俗人心皆急趋之。一代之兴，首定圜法，以转移天下货物，谓之国宝。江浙统而归之洋钱，上海商贾总汇，但知有洋钱而已，并不知有银钱。所用之洋钱且须申平，使驾出银钱之上。是国家制用之大经，皆暗移之洋人。此尤情势之显见者。蕙西曰：此相沿数十年，不始今日。吾曰：如此尤可危。或起自此一二年，犹亦力与挽回，为其机初动而根不深也，愈久乃愈可惧。蕙西亦为怃然。

廿三日。阴，凉。接姚庶侯、翁少溪、蔡竹泉、李筱池、罗仲常、刘若华、黄芷陔、吴智川各信。黄芷陔为其父黄晓墀求书致裴樾岑。又接黄冬荪一信。龚果斋、曾重伯、黄涤凡、李麓渔过谈。

廿四日。大雨，寒。气象视道光二十八九年更萧瑟矣。接黄桐轩、黄冬荪及佩珊三信。诣黄觐虞，贺其母夫人之寿。并回拜陈复心、常鲁青。兼诣成静斋。晚次，成静斋、徐仁羲及子瀞过谈。

廿五日。大雨，寒。〔接〕胡道生、熊绍香、陈伯涛、王旭初及玉舲、鹤九、鉴湖各信。亦为王旭初致吴晴研及玉舲二信。为夏芝岑贺生日。并回拜曾重伯，张雨珊，黄子寿、望之，李瑞南。仅一见曾重伯谈。丁次谷、陈复心过谈。

廿六日。雨。接朱禹田、董厚斋、王桐轩、欧阳静山、陈云庵、李少楼、左笃生、杨馨堂、殷郙仙、王菊生各信。亦致但少村、黄觐虞、王菊生各信。晚邀王萝泉、丁次谷、邓弥之、李芋生、张雨珊、李佐周及子瀞便酌。黄涤凡晚过谈。

廿七日。接但少村、李仁峰、黄植斋及鉴湖二信。亦致玉舲一信。凡李少楼、左笃生及鹤九、希初所托事件，并于玉舲信详之。李芋生邀同丁次谷、邓弥之、李佐周、张雨珊及子敬晚酌。

廿八日。寄王益吾、李次青、欧阳静山各信。亦接彭作新一信。邀黄敬舆、陈复心、陈伯涛、罗柢敷及子瀞午酌。黄桐轩、杨景皋过谈。敬舆酒后留作对联数付。

廿九日。接黄芍岩、胡子威及鹤九、润民二信。随复鹤九一信。李笠村、陈复心过谈。复心从兄巽轩太史及祁阳陈仲莲太史现放浙江知府，询之复心，始悉其号。

三十日。大雨，阴晦。接魏质斋、苏子熙、曾重伯三信。当复重伯一信。任满以廿八日邀黄敬舆一饭，留书对联一二付，而渠以紫云款一联索书，指为李华卿代求，又首先持以索书，心颇疑之。及询知紫云者，果其号也。斯亦可谓胆大妄为者矣。乃于是日遣出之。有骆铉者，字子蓉，以书求助，其词甚哀。此等盖常有之，稍一酬应，且至接踵而至，而未若此书之哀迫者。以天色近晚，应俟明日再加考核。

五月

五月初一日己亥。雨。阴凉中重以郁热。接韩葆臣、周翰臣、骆子蓉、张雨珊、吴晴研、萧子远、唐桂生、张卓斋、李运英各信。罗瀛桥七十生辰，公宴之定王台，陈璞山为主办，会者陈诒生、俞鹤生、李黼堂、陈德生、黄子赞，共八人。子瀞以事不至。卞诵生是日午刻接任，吾以赴乡避之。接印后，即诣寿星街、六堆口两处枉拜，并传仆人至舆前，询问赴乡何事，何日赴乡。殆闻知其相避而故为是款曲乎？终不敢信其为美意也。

初二日。雨。接姜昆山、赵朗垣、马小庄、李芳农、周昌辅、胡耀琼、姜晓吾各信。亦致黄敬舆、马小庄二信。曾重伯、罗瀛桥、柳杏南、谭燮甫过谈。子瀞邀同黄子冶、丁次谷、李玉生、李佐周、张雨珊小酌。兼为子瀞、子宽处分家事。

初三日。雨。为子瀞致陈俊臣一信，亦致黎莼斋信，并交子瀞带去。以将赴乡，谢免宾客，陈伯严枉过，竟不知也。

初四日。接曾挚民、潘小农、周昌辅、瞿景伊、张鹤臣、黄子韶、李佐周各信。子瀞服阕赴官，定期未刻登舟，一往送之。时以王姬小病，未能登舟，又须一诣墓庐及冯树堂及佩珊各处，乃为定期初九日开行，先诣各处，登舟后即长行，以省湾泊劳口之烦。吾亦以此须多耽延数日乃能赴乡。

初五日。雨，凉，阴晦。诣两宅率家人拜祀祖先。邀刘若华、刘筱崧、王理安、罗顺循、易铁樵、吴智川为蒲酒之会。本邀左佩勋、黄涤凡。佩勋回湘阴，涤凡则今日始知其已回城。以杨佑吾入坐，已得八人，不便再邀。王理安语及志局收存各书，并为高传九运交曹镜初；曾文正公十八省通志，寄存袁漱六宅；并余苹皋典押书籍三百金，皆由鄙人经手，不能不往清厘。匆匆赴乡，久谢酬应，恐此各书遂将属之曹镜初矣。

初六日。雨，寒，阴晦。水势日涨，三官殿前园地已为水浸，寿星街屋虑不免水患也。邓弥之、李佐周、樊延龄、黄涤凡、庄凤喈及文思过谈。十馀日来以赴乡谢客，而终日为此等酬应，心甚苦之。

初七日。雨，寒，阴晦。三日雨不止，江水大涨，深以危惧。致李弼臣及寅伯二信，亦接董正斋一信。以闻寅伯西长街住宅已进水，遣人视之，水深二尺许，已移居北门陈宅。本属仆人，令接至六堆口，权为避水之计。易五见其已迁居，遂不复言。然亦狼狈极矣。恐此一二日内，寿星街避水必不能免。

初八日。雨。致邵小村、聂仲芳及席珊三信。并交寅伯汇寄。李瑞南、丁次谷、陈伯严枉谈。卞公闻之李香缘，以陈伯严优于文，谋致之幕府。伯严以其先施也，往见之。出而见语，所言虚浮无实，无适听者，于洋务尤远。彼此言论不能相入，而可以共事乎？因悟国家遇有事变，聚讼盈廷，无与辨其是非，相率为冥行而已。明者视之，真不直一噱。故曰：谈言微中，可以解纷。虚浮无实之言盈天下，能辨知者谁哉？

初九日。夏至。阴雨不止，江水大涨。寿星街水已平街，住宅势须避水。盖自道光以来无此水势也。以子瀞北行道湘阴，顺寄韩宝臣、吴晴研、王旭初及玉舲四信。又致熊鹤村、丁次谷、王君豫三信。亦接张南屏、龚瓶安、王君豫。君豫，理安新改字也。又接用舟、子惠一信，由翰泉带到。四月十六日交带，至今始到也。

初十日。接周荔樵信，知孙君诒物故京师，闻之怃然。探询以考差寓内阁，仆人往蹙之起，则已卒矣。其家运如此，可为叹惋。并接聂仲芳、黄桐轩二信。亦致周荔樵、孙次韩、彭虎臣三信。邀丁次谷、邓弥之、李佐周再为子瀞话别，并（贺）〔和〕子瀞留别四诗。张应楼枉过，携示刘希陶所为文二篇。

十一日。稍见晴霁，今岁所未有也。接唐蓬洲、刘牧村、刘绍臣、孙次韩、黄桐轩各信。邓弥之、刘少臣、张荫庐枉过。晚次又接胡其祥一信，知已于四月廿日抵汉口，并转示其弟达夫一信，言仁和、济和保险公司，银分七年归还，每年四期。收银存麦加利银行。须俟收满数期后，如何发交各股分，当有章程布告也。

十二日。子瀞本定初九启行，以事耽延，改定十三日。加寄用舟、子惠一信。子瀞邀同黄子冶、丁次谷、李佐周小酌，又以事为彭姓邀集多人在舟滋扰。子瀞此行，变故多端，正恐一二日尚未能启行也，吾亦不能不留候之。

十三日。阴，热。雨意甚重，两日水退约计二尺，恐天雨且复涨，数日幸无风，闻沿湖围田溃者尚少，正虑此未足上厌天心也。子瀞以是日启行，由家登舟，便道枉过。时事如此，惘惘出门，鄙心亦为凄然。

十四日。致李芋生一信。张雨珊、陈鹤春、刘朗山过谈。陈俊臣中丞诸子，所见者三人：鹤春、澍甘、复心，皆不失旧家风范。

十五日。接瞿子玖、李芋生、李佐周、熊绍香各信。以将赴乡料检一切，致王君豫、黄敬舆、张雨珊各信。又为欧阳泰致郭定轩一信。龙研仙过谈。易卓超亦自县至。

十六日。大风，凉。接王益吾、钟祥开二信。以易卓超远至，治席款之，兼邀李华卿、李麓渔及寅伯同酌。本定是早赴樗植塘，坐是耽延半日。日午启行，李佐周、李瀑仙、刘朗山、黄子诜、魏良士又相继至。顺致郭宝轩、邓弥之各信。由水（陆）〔路〕赴杨石潭，至晚始达樗植塘。子宽已先数日至，照料一切，并邀何永清为予作伴。而予正为避宾客而来，周旋太过，转觉不安。

十七日。风，阴，凉甚。遣二人回省，致复钟祥开及严少韩、黄子诚各信。谒意城茔地，葬此三年矣，为之凄然。随偕何永清相所新置石峰寺地，其山举顶开面，直趋山势尽处，又复开面，不似砂体。丁次谷、王萝泉以中节屋基为正穴，则举顶反在旁，山脚又皆斜趋至前，不敢信谓然也。下午遣周三至瓦雀塘，带致杨佑吾一信。

十八日。阴，凉。天气全似秋冬之交，历来无此夏景也。偶读《庄子·渔父篇》，所谓四患者：好经大事，变更易常，以挂功名，谓之叨；侵人自用，谓之贪；见过不更，闻谏愈甚，谓之狠；人同于己则可，不同于己，虽善不善，谓之矜。似全备此四端，当以恪靖侯相为最。年逾七十，意气未衰，要之，为大臣不当有此。是日以赴石峰寺，周三、李三并留同一行，今早始获回省。

十九日。阴。何永清告归，雇舆送之。李祥恺来，带到裕时卿、凌问樵、王梦虎、张翊廷、李瀑仙、周良臣各信。又接子宽一信。李瀑仙信由陈伯严转寄，周良臣信由吴子初带寄。张翊廷信则以胡西二选江华训导，托为照料；裕时卿信恐属湘哲生伪造，求为资助者也。随遣李祥恺归，便复李瀑仙一信。沙田围挡堤费开报至一百馀千，便属李祥恺会同熊干廷一往查视。

二十日。阴凉，微雨。诣宝树湾，适何永清至，因留饭。冒雨回樗植塘，衣服为之沾濡。粟筱南参府自罗汉庄来见，为子宽料理庄屋者，以事谢之。

廿一日。早大雨。周三自省送到周荔樵、胡其祥、周昌辅三信。荔樵信言周荟生十三日电信，已得广东试差，函周荔樵就试京兆，为照料家室之计。当复荔樵一信。并致俞鹤皋、杨鹏海二信。以张翊廷托照料胡西二考验，转以托之二君也。胡其祥亦系要件，应回复，遣周三行后，始检得之。令周南三追其暂回，其行已远，不能及也。

廿二日。瓦雀塘陈佃、饶家老屋易佃来见，询知饶家老屋、寒蒲塘两处租谷，每元银十两，粜乡厍谷至二十一石有奇。谷价之贱如此。

廿三日。看书两日，眼蒙滋甚，泪浓如胶，至不可开，又不能构思，稍一着想，即心冲不已，殆天之限制之，无如何矣。

廿四日。危笙陔来，询知由省城指引来此。前日粟参府为子宽经理营造事，来此求见，亦报谢之。以避事来乡，不欲再涉酬应，家人辈竟敢导引人赴乡相扰，不胜愤懑，当一查明惩处之。

廿五日。早雨。以周工赴省接子宽，便寄家信，并寄胡其祥、李玉生、李华卿三信。李祥恺来乡，接到俞鹤皋、陈船斋、王旭初及子瀞、寅伯、子淮、玉舲各信。黄子明、李召甫并子明之子元卿及佩珊先后枉顾。因留一饭。为（其）〔李〕召甫撰其尊人李鹿苹《竹石山房遗诗》序。下午微雨，子宽自城至。

廿六日。雨。李祥恺回城。自沙田围开来三名：一刘敬亭，一刘湘甫，一刘庆堂。寄邓弥之、李佐周及寅伯、顺孙各信。子宽以五鼓赴桃木洞，日夕始返。

廿七日。大雨阴晦，日夜不息，对之悚惧。孙春皋出示禁止两县举办城隍会，在卞诵生莅任以后，盖犹承涂朗轩、庞省三之遗意，原属无谓。近已越城隍会期，卞公忽传两县，谓必举行。反复数日之间，已非政体，抚、藩两大宪自为参差，百姓安所观望？区区小节如此，其他可知，宜足以致天灾也。

廿八日。接杨毓吾信。亦致吴筱农、杨毓吾二信。子宽以是早回省。诣荷叶冲黄子明处，其弟黄子英适先日赴省，见其侄湘芸、湘丞，湘芸即子春之嗣子也。与子明与李召甫登其后山，相视太夫人墓地，并见示曹识山遗著经说三种：一、校易经郑注得失；一、诗大小序辨说；一、大学中庸古本参考。著论三种：一、诗集六册；一、文集四册；一、杂著一册。其经说文章征引皆极博，惟稍庞杂耳。诗笔戛戛独造，无所模仿，而多失之生涩，大（有）〔可〕删存。自审精力不足任此，当以属之王理安君豫。罗叔循及简秋先后至，简秋与国宾求差使，吾欲以畀之麓安，简秋不愿也。

廿九日。罗叔循回省，致家信及子宽一信。以丁次谷约随便工来此，属子宽为之照料也。

六月

六月初一日戊辰。周三来，带到舒叔俊、李芋生、张琨生三信。当复张琨生一信。并见《申报》，知瞿子玖已得浙江学政，刘叔涛司成为王益吾本缺，亦可接补。《申报》载丁秩璜奏山东一带歉收，似系旱荒，而镇江、大通、芜湖、九江一带迭报水灾，广东、广西水势并涨，西江围基冲没，为数十年所未有，而京师求雨不得。大率雨势自海南直达长江，流溢数千里，其馀又多苦雨少也。

初二日。接王益吾、杨鹏海、张雨珊、李芋生、李佐周、李华卿及顺生各信。丁次谷约枉顾山中，因属苏大为挑运行李。苏大携诸信至半日，丁次谷始行。适黄子明馈菜，因并邀一谈。省城赛城隍会之风，由来已久。涂朗轩屡出示禁之，无应者。庞省三始力禁之。今岁孙春皋承庞省三之风，出示严禁。卞诵生至，方力反庞省三之政，议弛其禁。孙春皋力争乃已。外间已得卞诵生弛禁之说，竭力经营，而卞诵生已因孙春皋之请，变易前说。于是人情汹汹，交哄市中者累日，孙春皋犹力持之。迨初一日，长沙令李友兰诣城隍庙示禁。闻者大噪，毁其舆。孙春皋始惧，将弛禁矣，卞诵生大怒不允。是夕，方伯以下均集院署，多人亦哄至院署。孙春皋急驰归。数千人尾之，大诟，毁其大堂，焚其舆。上房火发，延烧至花厅。乃舍而哄至庞省三公馆，毁其大门，焚其舆，喧噪竟夕。卞诵生、孙春皋相与悬示，并呼于市中，准其赛会。旋又出示申论，而其毁伤已多矣。善化令严少韩亦受伤，鼻傍洞穿一孔。长沙守刘小圃乞假不出。予视天下愚夫愚妇，一能胜予。百姓之蠢动，在迎其机而遏止之。无故激使狂逞，颠倒反复，变幻百出，而不自悟其非。国家用人如此，吾且奈之何哉！

初三日。寄李佐周及子瀞扬州一信。丁次谷回省，陪同至石峰寺阅所定穴，乃在旧屋之上，可以顶脉立穴。地法之巧，惟明眼人能辨之。至是始为心折。

初四日。李召甫早至，携笺索书。陈尧辅与少炳继至，亦携笺索书，并携其父子诗文杂著，求一校阅，喧扰竟日。询知少炳即由尧辅处回湘阴，因寄示王旭初及希初一信。

初五日。周三自省至，带到杨厚庵、丁次谷、俞鹤皋、李佐周、李华卿及寅伯及各家信。并见《申报》：湖南主试陈琇莹、谢隽杭，皆不知其何人，大率近科翰林也。

初六日。周三回省，寄复丁次谷、俞鹤皋、李佐周，并附家信递送。以前寄佐周书，欲令士绅呈请弛禁，以顺百姓之情，不虞两日府县及士绅力请皆峻拒之，一滋事而遽弛禁也。如此，更无办法。佐周昨书未达其义，故再一申论之。

初七日。数日稍晴，而不甚热，水象也。雨鸠又早晚啼不已，恐仍不免有雨。《申报》载沿江水势日有增加，未知究何如也。

初八日。接张琨生、熊鹤村、李佐舟各信。鹤村并寄到《楼瓯五十叠》刻本。梁姨太太冒暑至，丁次谷及子瀞屡以为言，而吾意雅不欲其至，以赴乡原为避嚣图清静也，有家则实增一累而已。

初九日。李召甫、李九如枉过。九如为麓渔之弟，馆沙坪陈氏，以得麓渔信，知鄙人避地此间，特走邀召甫相存问。时方午餐，召甫力言已在黄子明处，饭罢始来此也。

初十日。晚大雨，风，雷。连夕有防窃贼之警，家人竟夕为扰。询知甲长董姓，近地有袁姓者，素无赖，疑予或有携带衣物，又闻眷属至，因有此扰。因为书告甲长，俾通谕近地人民，或不至（失）〔生〕窥伺之心乎？

十一日。周三自省带到裴樾岑、李佐周、胡其祥其祥住汉口万安巷对河长裕和盐仓、易仲子、毛杏荪、梅子宣、李紫阳各信。紫阳名炳华，竹浯同年之孙也，王桐轩令龙山便差递到。又知桂皓亭灵柩自郧阳抵省，与汪景山夫人均经讣告，桂世兄坛字周山寓西长街万福栈，似须在省暂住也。又由杨景皋递到子权一信，喜田之子，尚有事相求。

十二日。润民昨下午至，求借寓思贤讲舍，为谕周顺、陈树仁，视有房屋，回明监院，准与借居，并有应办事件，书谕王升。

十三日。周三自省送到聂仲芳、黄桐轩、刘朗山、桂周山各信。见《申报》，知张朗斋简放广西巡抚，台湾道刘兰舟开缺，以陈展堂署理，盖皆刘省山之意也。

十四日。梁姨赴宝树湾见满嫁姐。是日郁热殊甚。李召甫晚至，见贻甲鱼四，生平常食不杀生，戒仆辈纵之江中。

十五日。热甚。浓云四起。据《申报》，沿江雨势未已，知近地必有雨也。杨佑吾自下荫段至此，开呈粜谷清单，所收现钱二百馀千而已，石谷七百而无人承受。自李祥恺经理租务数年，岁有延欠，而谷价亦日益钝滞。杨佑堂自谓经手不至有迁延，然自昨岁至今，谷价愈贱，期谷皆未能获利，负欠尤多。李祥恺之贻累，亦云深矣。用人实难，而所收租谷不满二千石，经理亦大不易。县城殷实之家，一二传而即销落，大率由不能经理之过。念之茫然。

十六日。周三自省来，带到彭笙陔、周昌辅及子宽、炎生、顺孙各信。周昌辅寄示十二都读书团彭钰一信，言韩宝臣访闻至八十馀案，已发者十馀。其近地周德贤、周有玉两家，皆年逾五十，以耕种勤力积资至二三千金，平生足迹未一至城市。忽来差八名，合轿杠二十馀人，经团保处理，约即诣县具呈，给差费钱三十八串。次日入城歇户，周耀南历数某家某家皆纳资除名，势不能不有花费。次日具呈，差黎华钟来传呼，签拘具呈团保一干收押。诸人大惧，引避而归。所知新市李清溪费百馀千，刘会文竟被收押，费百金脱归。周耀南索周德贤出钱六百串，至今相持未了也。吏治如此，怪矣！怪矣！

十七日。梁姨太太回省，便寄刘少臣、朱禹田、李芋生、熊鹤村、李佐周、周昌辅、谭广生、吴晴研及玉舲、子宽并家信。刘少臣处撰寄刘苠臣墓铭一篇，谭广生处撰寄谭丽生墓表一通。广生求之逾年，刘少臣则赴乡后始送到行状，而催迫家人甚剧，因并拟寄之。

十八日。拟杨砥皆墓表一通，以杨襄臣请之勤也。思念周昌辅寄示彭钰一信，欲一理处，徒滋怨而已，恝置之，又不能。稍有仁民之意，亦足为心累也。

十九日。自入伏后，溽暑烦蒸，日益加甚。乡间较城稍为清静，庄屋亦尚透风，每日夜扇不能停，汗亦不少收，实数年所无也。

二十日。周三自省带到邓弥之、张雨珊、李佐周、熊鹤村、桂周山、周昌辅、吴孟亭、杨毓吾各信。熊干庭亦偕至，带到刘绍轩一信。

廿一日。致王益吾、李次青二信，托王菊生代递。又致龙琴堂一信。又由熊干庭致陈笛舫一、杨家声十、刘培元三、陈楚杰四公信，属处理沙田围搪堤事。

廿二日。前日以周三至，思一函复王益吾，交其带送王菊生，以晚间为之，目疾遂为之增剧。

廿三日。李召甫至，用《周易》卦数为予推算命理，云天年为豫，后天为颐，一年主一卦。云传自邵子，亦时有相合处。

廿四日。早大风雨，须臾而已，郁热不改。中午大雷，亦一声而止。阴晴相间。下午浓云密布，雷声殷殷，而热气不为少减，殆交秋久雨之征也。

廿五日。阴，微雨，雷。先立秋二日，天气如此，收成必不能佳。张雨珊至，述及初一日之闹，卞公实激成之，而屡次告示指斥绅士，注意乃在周笠西、李植臣。此公心境，真是不可测量。

廿六日。阴。周三自省带到曾沅浦宫保、朱禹田、李芋生、李华卿、易铁桥及子瀞汉口一信。芋生、华卿、铁桥述及彭丽生、俊五父子，其言绝怪，而一以支离闪灼出之。王升一信述之稍详。大率能明事理者太少，谣言沿之以兴。又接顺孙、希初二信。又接熊定臣一信，即熊天保也。

廿七日。立秋。雨。致合淝傅相、曾沅浦宫保、李次青、马眉叔、李芋生、邓弥之、李佐周、胡其祥及子瀞各信。子宽与润民同至，又带到韩陛臣一信，并述及罗柢敷语罗叔循事，为之怃然。

廿八日。微雨。浓云锢阴，自廿六日下午至是，三日不解，全似十月天气，且凉甚，亦历古所未有也。然每日傍晚浓云中犹作黄赤气，则直起自前岁九月朔。两年之久，间有显晦，然终未除也。以《春秋感精符》之言推之，是名曰《日空》，大非佳兆。

廿九日。锢阴不改。拟一赴文家塅，与冯树堂作半日谈，询知相距二十五里。往返五十里，则无复有清谈时矣，因遂不往。

七月

七月初一日丁酉。李春联自省带到吴云谷、龙琴堂、李芋生、李佐周、周昌辅各信。据佐周信：彭丽生寄信以四月廿二日，周顺得其信以示幼弥，幼弥以告弥之，共谋隐匿。至六月中，有刘君者自衡州来，语李子韶：俊五谋以乡试纠集多人，与鄙人构衅。子韶以告弥之，弥之仍固秘之，而其语稍闻。佐周乃召子韶诘之，具得其端委。次日始收得彭丽生信，盖弥之知事不能隐，又悄属周顺送投也。彭丽生、俊五父子实未到省，乃知前日谣言，即彭丽生信中语。弥之秘不以交佐周，而又泄其语于外，无识者交相传播。推究其由来，则邓弥之之无识者为之也。濂溪论善恶皆有刚柔之分。刚恶曰隘，曰强梁；柔恶曰懦弱，曰无断。隘而济之以强梁，彭丽生是也。懦弱而加之以无断，邓弥之是也。亦人类之一奇对也。是日锢阴益甚。李召甫晚谈，并用烽韵枉赠一诗。

初二日。大雨，稍见日，又雨，锢阴。遣李春联回省，带复龙琴堂、李佐周、周昌辅三信。王君豫拟清泉刘君八十寿序，由顺生送阅，殆即易卓超所托撰者，其意盖欲假我名衔，不能不一修饰之。

初三日。锢阴，至下午稍解。门首稻田皆黄，可打稻矣，罗佃云尚须少候四五日，然则得六七日晴霁，即获稻可以逾半。默察天意，恐未必能收成之望，正以阴凉沉锢，雨意犹未有已也。

初四日。微雨，亦见日，而锢阴未解。罗柢敷、陈子濬先后枉顾山中。柢敷所述家庭之参差，子濬所述遭遇之颠连，均为之怃然，不能自适于心。李召甫晚过，意在行文录科，求致炳文一信，为之料理。

初五日。晴，热。陈子濬回省。周满复自省至：从四川新归者，由刘岘庄荐至张月卿，月卿时任四川臬司，转荐后任如冠九，如冠九内召，遂归。并知新授臬司为崧锡侯，由四川盐茶道擢任者也。

初六日。罗佃以是日打稻，穲稏声相闻。深虞天雨之至，得一日晴霁，即是一日之幸。周满告归，详询四川一切情形，知黄翰仙、唐次云皆有廉干名，而陈洛君之富，将遂致百万矣，闻之亦足喜也。

初七日。为张琨生致何相山一信，求定敬修书院一席。又吴诚斋廉访建立一小书院，距镇筸城三十里，并求兼摄之。兼致张琨生、张禹珊、张冶秋、罗叔循三信。初谓五六日内当有工人至，至今无信，当是候初九日专工来接也。

初八日。乡居两月，日可读书一卷，心境亦为稍清。而每读书，眼目辄至蒙翳，偶一构思，又加怔忡，此犹疾病之有因者。乃至遍身作痛，由臂以及肩项，几至不能转侧。大解尤秘，间数日一腹痛，亦不能多解。坐是意绪颓然，满目生悲。本来公私事要无一适心处也。

初九日。接家信，并李佐周一信。中元祀祖，乡俗以初十日为始。家中专工力相接回省，举中元荐新祀祖之仪。是日下午雨。

初十日。阴凉，下午微雨。是日自樗植塘回省，由廖家渡过陈家渡，至新马头，值陈程初、左子异、易春亭、陈云浦相聚燕饮。询知相约同相度铁炉塘开河事，当依小山穿田而出。陈家渡相距碧浪湖约三里许，估工约长五百七十馀丈，宽五十馀丈，深二丈五尺，共得土方六千馀，需费约四万馀缗，得左恪靖为之倡，尚不难集功也，因同一往相度。

十一日。阴。计前后所得数日信：赵玉班、蒋寿山、黄桐轩、郑少侨、王君豫、罗允吉、易梯衢、周昌辅、盛展奇、张卓斋及子瀞各信。亦致张琨生、张雨珊二信。当得张琨生回信。至李佐周处久谈。始悉彭丽生、彭俊五之谬诞并由邓弥之酿成。弥之昏惑不明事理，讲舍彭丽生毁坏章程之后，又得邓弥之之昏懦以为之继，遂不可复振。佐周决计辞监院一席，吾亦听之。

十二日。寿星街奉祀高祖以下三世神主，修荐新之礼。便邀龚果斋、易铁樵、李华卿、李麓渔、杨祐吾、危笙陔及玉舲、寅伯、子宽同馂。

十三日。接邓复心、丁次谷、龚振之各信。又接谭心可一信。亦寄胡其祥及子瀞二信。六堆口荐新，率两宅家人行礼。便邀丁次谷、张琨生、李芋生、李佐周、王理安、罗柢敷、李子昭小酌。次谷、佐周并辞不至。函致李芋生，属并邀高瑞亭；芋生已前出门，信未及投也。

十四日。两日热甚，今日尤热。接李小屏、张琨生二信。张雨珊、李石仙、邓弥之过谈。弥之见示黄煦春、谢玉芝二名，并谢玉芝诗文杂著，其气概见解迥异寻常，亦新化晚出之人才也。

十五日。奇热至不可耐。黄敬舆、李梓岑、龙研仙、盛耀堂、朱幼丙、吴智川、龚果斋过谈。左佩勋馈菜，便邀萧子纯、李石仙、朱次江及佩勋同食。子纯为左子异邀饭，辞不至。是夕以中元焚镪事竣，恭请祖宗神主仍回飨室。

十六日。大风，阴，而热不解。接吴冥阶、李小屏、彭笙陔、李佐周、左佩勋、张琨生、朱次江、梅子宣及鹤九各信。邓弥之、黄桐轩、刘静生枉过。以是日先太夫人忌辰谢客，弥之固求一见，颇以正论责之。

十七日。雨。致朱禹田信。亦接朱次江一信。李佐周过谈。下午诣邓弥之、王君豫谈。

十八日。大雨。接钟佐廷信，两次运到照油四百四十五斤，由杨金榜船送到。诣周荇农、裕时卿两处致吊。询之湘哲生，略得时卿近状。荇农冢子钰生及孙春浦皆得一见。便过龙琴堂谈，琴堂于时局颇能留心，言近事颇详。

十九日。雨。致李佐周、王理安二信，亦得其回信。并接常健吾及子瀞二信。是日以雨不能赴乡，拟就李芋生谈，先过六堆口就龚果斋诊脉。凤姨太太以矿学五百种移置五开间屋，云已见蚁。因检视各书箱，则《通志堂经解》、《三通》、《仪礼经传通解》、《顾亭林全集》诸大部伤损过甚，劳检终日。所心郁郁者，湖省之有此物，实为天地之戾气，而要乘衰败之气以生。今天时人事，吏治民情，流极败坏，凑拍一时，衰败之征具矣，念之益自危惧也。

二十日。大雨。接李香缘一信。亦致吴晴研、槩希、鹤九各信。又为舒韦斋致夏芝岑一信。李幼枚、李佐周、舒棠陔过谈。李香缘信极述卞诵生倾慕之意，始知此次见顾之殷，因香缘之言也。试问此身有何希冀？如此君者，又岂正言所能入乎？不敢谓香缘此举之果有见也。下午诣李芋生、朱香荪、朱次江、彭笙陔、曾履初谈。芋生处并晤高瑞亭、易仲子。

廿一日。微雨。接夏芝岑、黄觐虞及笙陔叔及翰舟、玉舲各信。觐虞为郑家毓求讲舍肄业；笙叔为赵克邦求科举永定县附生，又湘阴监生郭庆兰，兼欲为其女订婚何伯元之子。春华山佃人送验稻禾，三月大雨，稻颗初结实者皆已生芽，此自意中事，而雨势尚未有已，秋收恐无望也。

廿二日。微雨。致李黼堂、龙研仙二信。并为翰舟致书用舟、子惠，求乡试帮费。监利逃荒难民二起，一起举首曰李本义，一起举首曰周盛玉，持印票求助。

廿三日。大风。寄胡其祥、李芋生、李佐周、周昌辅，并由胡其祥致子瀞一信，随亦接子瀞信，知尚在汉皋养病。岳州救生局戚玉泉医道极高，子瀞此次病症颇不轻，得戚玉泉诊视，遂以次就愈。胡升自皖来，询知李氏住宅在庐州府小榴河。安庆为李和甫住处，芜湖为李季荃住处。安庆管带春字营炮船段小湖；芜湖管理电报局龚良举，合淝孝廉也，为李伯行所荐：均可致信。伯行管事曰沈竹林，亦在芜湖，有信皆能专送小榴河。

廿四日。雇船赴杨石潭，适接李佐周信，当以一信复之。张超堂及清臣过谈，启行已过午矣。易铁桥、李麓渔相送江次。是日北风甚厉，二鼓始抵樗植堂，顺孙随行。

廿五日。遣苏大、李二还省，便寄邓弥之、李佐周二信，属王升分送。佐周狷士，而性苦卞急，两次戛然辞去监院一席，亦颇难为处理也。邓弥之一意为乡愿，徒贻学校之害，万不足资师法。

廿六日。易茉生专足递到一信。以易渥芝、易玉珵二名见属，当以一信复之。适子宽至，因属转托之徐云渠、丁次谷，或有一得也。并询及王理安，至今尚未补出。晚接子瀞汉口一信。

廿七日。子宽赴桃木洞验视芽谷，五鼓即行。刘祝廷偕魏小塘枉过，语傅青馀、黄子寿两人轶事甚悉。惟饶智元呈求乡试，卞诵生、曹竹铭皆批准，黄子寿禀求扣留不理，吕夔堂详请亦不理，子寿稍觉失据也。

廿八日。李祥恺自省来，带到彭芍庭、瞿子玖、邓子勋、张琨生、胡其祥、盛耀堂、杨芾生、董政斋、钟景堂及鹤九、敏夫、鉴湖各信。又接朱香荪诗信、彭芍庭回信，由邓子勋递到。董政斋已得乐平缉私卡差事，张子衡以应鄙人之托者也。敏夫求致书张子衡，鉴湖求致书邵小村，皆无以应之。李召甫过谈。

廿九日。致李筱荃制军、李丹崖、李仲絜、聂仲芳、胡其祥、李佐周及子瀞、鹤九各信，并交李祥恺带省。另寄丁次谷及子瀞一信，先日交子宽带省。

三十日。雨。接丁次谷一信。敏夫专足重至。致子湝一信。

先夕顺孙患腹泄，竟夕不能成寐。就近接医士董玉章诊视，早起吞吴茱萸一钱，泄亦随止。

八月

八月初一日丁卯。致陈右铭、李香缘、王君豫、朱次江、李佐周各信。以陈姓约今早赴省，书此交之，并附一家信。早间雨住，微见日。以顺孙体弱，宜归家养息，因留候明日顺孙带省。然雨势方未有已，若见风雨，仍须候家人来接也。下午携顺生由樗植塘尾上莲花坡，循山绕颜灞而回，约行三里许。前后乡里三月，始绕前山一周。

初二日。送顺孙回省，轿工雇自乡间，不能遣人护送，心甚念之。佩珊过谈，并交到陆家隆谷单，知今岁租项亦已收清。

初三日。雨。赴省轿工昨夜始回，带到各信，早间始阅悉，计李黼堂、朱禹田、丁次谷、王理安、李麓渔、夏树吾及清臣、子瀞、顺孙及王升信，共十封。顺孙回省无风雨，天气不热，亦不凉，甚为放心。顺孙信言，左相七月廿七日物故，未详何地。福建电报由厦门转递上海，又转递武昌。自武昌以上，未设电报，四日内亦未必能径达湖南。顺孙信言由其家赴告，则亦非讹传也。丁次谷信言李次青有筹饷、筹边各十款，并言其已经回平江，即由平江赴滇，吾皆未接其信也。

初五日。自昨日闻恪靖侯左相之丧，伤感不能自已。计数三四十年情事，且伤且憾之。伤者，生平交谊，于国为元勋，所关天下安危；憾者，憾其专恃意气，可以为一代名臣，而自毁已甚也。凡其所以自矜张，自恣肆，皆所以自毁也。曾文正之丧，顾念天下，若失所凭依，怅然为之增悲。恪靖之视胡文忠、江忠烈，遗泽之及人者，犹未逮也。此其所以憾之也。略为挽辞三章，以见意云：国运屯邅日，臣心况瘁时。功成文武并，道大古今疑。劲气同官慑，深谋圣主知。老成经国计，生死系安危。西法争新巧，深机在远交。甘闽归缔造，朝野互讥嘲。不允须臾愤，翻随议论淆。多防经术误，远略责包茅。　触眼伤沉浊，谁言古道存。攀援真有术，排斥亦多门。直以功勋旧，无烦气谊敦。荒山馀老泪，酬酒与招魂。

初六日。李召甫来谈。初二日曾告佩珊，召甫训蒙极相宜，佩珊以为然，至是以告召甫，盖黄子明方拟兄弟析居，无力能延师也。下午家中专苏大、周三、李二三工来接。

初七日。接李少荃傅相、姜琨山、邓述之、李镜涪、李佐周、朱幼炳、李启耀、陈象生及槃希、子瀞、鹤九各信。又接欧阳静山一信。自樗植塘回家，熊绍香适自县至，张子遇过谈。

初八日。接曾沅浦宫保、胡其祥、罗汝梅、邓弥之、樊延龄各信。诣陈右铭、陶少云、丁次谷、成静斋、罗东旸、曾介石、曾俊师、曾慕陶、曾霖生、李梓岑、张子遇、瞿翰池、张超堂、蔡盂箴，及过寅伯、子宽、润民，略示送场之意。

初九日。致曾沅浦宫保、胡其祥及子瀞三信。诣李黼堂、陈舫仙、杨鹏海、俞鹤皋、黄子寿、刘祝廷、傅青馀、李芋生、龙研仙各处谈。并以梅小岩寿序交之李幼枚，值幼枚外出，因交李黼堂收存。

初十日。熊绍香回县，致吴晴研及玉舲二信。亦接王桐轩一信，并寄到楠木桌柜。李芋生、李芝岑、曾慕陶、朱枫乔、黄涤凡、龚果斋、周昌辅、易仲子次第过谈，遂尽一日之力。崔清如、朱星垣两观察送到题纸，首：而尽力乎沟洫；次：质诸鬼神而无疑，百世以俟圣人而不惑；三：故说诗者不以文害辞，不以辞害意，以意逆志，是为得之。诗题：蓬莱文章建安骨，得安字。题皆有意，然解作法者或鲜矣。

十一日。阴，郁热，恐又为雨征。接胡其祥、欧阳泰二信。杨仲霖送到所著《读史臆说》一册。仲霖，杨性农之孙也。诣刘韫斋前辈、孙春皋、林贞伯、龚云浦、李健斋、陈诒生、邓弥之、李佐周、张雨珊、张冶秋、张芝岑、张晦甫、王菊生各处谈。

十二日。雨。接韩宝臣信。亦致张子遇、孙次韩二信。出拜曹竹铭、郭定轩、夏芝岑、崔清如、吕夔堂、周新之、邓吟亭、严少韩、朱星垣、李瑞南、黄子冶、汤斐斋、刘少臣、彭虎臣、邓双坡、刘馨室、罗惺士、周笠西、王螺泉、胡少芝、唐鲁英、唐懋皆、彭笙陔、曾履初、张掖廷各处。唐懋皆见示学政单，知王益吾已得江苏学政，湖南学政为陆伯葵宝忠，与陆蔚亭同宗同县，京师又同居也。

十三日。雨。接唐蓬洲、於桐轩信。亦复王桐轩、欧阳静山二信。静山缄示，回信由平江仁和厚钱号转递也。又致朱香荪一信。龚蔼人、刘定甫及张冶秋枉约过谈，并为阍者所阻。

十四日。接瞿景伊、周昌辅、王旭初、朱暝庵及鹤九及悟元及李寄庐夫人各信。亦复韩宝臣一信。回拜龚蔼仁、刘定甫、张雨珊、张冶秋、龙际云、龙莨臣、龙研仙各处。晚邀孙春皋、陈右铭、罗惺士、李健斋小酌。

十五日。雨。两宅并率家人诣祖先前行礼。张冶秋、张子遇、龚果斋、易铁桥、李麓渔、危笙陔、曾霖生枉贺。晚邀邓弥之、张雨珊、张掖廷同为中秋之宴。李芝岑屡邀不至，亦一奇也。据称李次青函称，廿日内外准抵家，意在送其诸弟三场完毕，即赶回家。是夕又接子瀞汉皋一信。

十六日。大雨。接苏紫溪、黎少琨、龚瓶安、杨墨林及玉舲各信。本约翰舟、云覃、经笙、杏农、寅伯、子宽、咏民小酌，寅伯、子宽不至，翰舟以患病亦不至，云覃、经笙直延至日夕始至。适李韵仙、彭岳青、黎汉青次第至，均经留饮。否则二三子伍持候于三四时之久，亦太无谓矣。李佐周、梅如心、刘映洲及悟元过谈。

十七日。致黄石珊、吴晴研、易仲子及玉舲各信。亦接易仲子、张卓斋二信。刘定甫、刘瑞云、李梓岑、曾介石、朱幼炳、邹闻生过谈。晚邀晏圭斋、张超堂、黄石史、殷少乔、蔡蓉仙、易淑子及寅伯小酌。瑞云传黄丙湖之言，有意承办轮船，犹鄙人前议也。云当与龙研仙、李健斋共议之。

十八日。左季高侯相以是日成服，一往行礼。兼致吊孙君诒及徐云渠夫人吴姓。并为李瑞南贺寿。回（家）〔拜〕刘绍臣、刘瑞云、张子容、刘育堂、赵吟篁、吴称三、余尧衢、萧希鲁、陈鹤春、李韵仙、彭毓青。于孙君诒家晤其弟季桢，于徐云渠家晤其亲戚何幼梅。晚邀曾介石、闵新吾、萧梓萸、陈子濬、张秉乾、曾履初小酌。初邀曾俊师、曾慕陶、曾霖生、邹闻生诸人。闻生即日回衡州局。俊师诸人皆以斋辞，曾沅浦宫保向日生辰，皆饬其家斋食数日也。

十九日。林贞伯、盛展奇、吴智川、左亮甫、左佩勋过谈。晚邀刘绍臣、刘瑞云、李健斋、龙际云、龙萩臣、龙研仙小酌。适黄子寿至，入席久谈。朱炳垣又随至，三鼓始散，精气虚惫已极。

二十日。接张南屏、邹子翼、晏圭斋、黄晓墀、龚黼臣、陈象生、龙树棠、龙炽应、易椒生及子瀞各信。黄晓墀信由甘捷存带到。捷存从左恪靖办理文案，六月由闽回湘乡试，住马尾局一月。晓墀在裴樾岑处总办文案，兼充随员，相待甚优。张小云亦资其力，得一营员小差使，为之心慰。晚邀刘育堂、赵吟篁、吴称三、吕信臣、左亮甫、周史樵小酌。原邀张子容、萧希鲁，均经回家。

廿一日。致陈程初并复易椒生、龚鞴臣三信。亦接曾挚民、任宇田、潘小农、胡静惺、李佐周、李瀑仙、陈厚受、郭占鳌各信。胡静惺、吴爱吾过谈。回拜林贞伯、龚蔼人、刘定甫、谢莘田、王雁峰、彭伯昂、龙琴堂、朱香荪、梁选堂名宝纯，安化人。并诣丁次谷谈，适晤任昂千、曾介石。李佐周以王理安为子瀞所刻《韵补正》见询，吾意不如并《韵补》刻之，庶为完书。

廿二日。微雨。致龚蔼仁、晏圭斋二信。亦接陈俊臣由其五世兄子声、七世兄澍甘递到、龚蔼仁、陈程初、任鹗楼、周昌辅各信。龚蔼仁、刘瑞云、熊鹤村、龙琴堂、周昌辅、梅子宣过谈。接圭斋信三日，今日拨冗复之，并为杜仲丹求县志，就便托其带送，而圭斋已于是早行矣，为之怅然。

廿三日。为刘瑞云、黄蘋湖拟轮船章程九则。陈右铭、黄桐轩、胡浴生、殷默存及翰舟过谈。诣邓弥之、熊鹤村、王理安各处谈。鹤村处晤杨鹏海，语及王益吾及其兄礼吾应何贞老城南课，有本届乡试题。贞老衡文之法，与鄙人所见略同。

廿四日。微雨。为先光禄公生辰，率家人行礼。午邀丁次谷、胡静惺、徐仁羲、龚果斋、李华卿及翰舟小酌，次谷、静惺皆不至。

廿五日。雨。接陈笛舫、酆慕唐、陈船斋及子瀞汉口各信，知子瀞十八日由江宽轮船赴金陵。丁次谷过谈，始知刘韫老新有次孙之丧。韫老孙，长曰湘士，次才甫，次达卿。湘士、达卿皆举人，皆放浪无行，惟才甫善良，许星樵之婿也，以（傺）〔瘵〕疾卒。予自廿三日以赴乡谢客，韫老处尚不能不一往视也。张子遇、龙研仙晚次过谈。

廿六日。大雨。接王益吾、吴晴研及玉舲各信。熊鹤村、龚果斋、陈子濬、胡浴生过谈。为常南庚书寿屏十二幅，苦为人客纠缠，下午始能就几案，精神疲惫已甚。

廿七日。接周昌辅、李铜士及鹤九各信。亦致玉舲一信，并所书常南庚寿屏，交李文斌便船带县，玉舲昨信即交其带来者也。晚又接李健斋、刘瑞云、龙研仙公信。刘若华、王理安枉过。诣陈右铭谈，始知其世兄陈伯严已自上海回，并晤龚荣甫一谈。

廿八日。复王益吾一信，交王菊生附寄。亦接萧诗莼一信。周笠西、贾清臣过谈。王惠泉枉过，以所受张义德管塘冲山地转鬻之陈印可堂，本可以原契交之，无待重立契，因李祥恺所交上一契极有疵谬语，不能不以新契为据。用人不得力，所在皆为累也。

廿九日。接朱炳垣、熊鹤村及鉴湖各信，鉴湖信由新吾带到。王菊生过谈，益吾《东华录》原板存讲舍者，菊生即日取赴江南。益吾昨信言及，然不如是之遽也。诣刘韫斋前辈、李黼堂、彭笙陔、曾理初各处。王君豫晚过谈。

九月

九月初一日丙申。接高抟九、朱禹田、王梦虎、胡浴生各信。亦致陈隽臣、朱宇田、王惠泉三信。隽臣信交张子遇带投，为其尊人高唐牧清理交代也。俞鹤皋、龚果斋、胡浴生过谈。

初二日。致龚蔼仁、吴云谷、俞鹤皋，亦接胡浴生、湛少帆二信。龚云浦、王惠泉、易云畴过谈。云畴，铁桥之子也。

初三日。接龚蔼仁、俞鹤皋、李佐周、萧诗莼、王君豫、龙研香〔仙〕及鉴湖、新吾各信。亦复龙研仙、王君豫二信。丁次谷、李黼堂、李佐周过谈。新吾为其妻兄邹理全求为经营，始知誊录滋事，即邹曙台之子也。卞诵生一意为百姓生事，誊录口角，而调兵捕得之，殆未易解识也。俞鹤皋并送致宁乡周铁贞所著《得一录》，大抵纪录乡里善举，亦所谓好行其德者也。

初四日。雨。接朱香荪、盛展奇、盛质臣、湛少帆及翰舟各信。亦为萧诗莼致毛荇荪一信。王君豫、张鹤臣过谈。

初五日。雨。接王君豫、李树覃、龚振之及用舟、子惠、玉舲各信。亦致龙靖臣、湛少帆、李杜生、刘静生、周宗濂、邓季宾、陆勤畲各处函分。陈舫仙、龚果斋过谈。

初六日。致罗品三、盛展奇、盛质臣及翰舟、用舟、子惠、玉舲各信，并交县足带去。又致丁次谷、朱宇田、王理安各信。亦接余尧衢、周昌辅、丁次谷、王理安、李华卿各信。诣陈舫仙、龙研仙谈。晚次，李杜生、文擅湖、袁绶瑜过谈。杜生并述及邓季宾为邓星海之子，有意同诣谈，以事未果。星海任广东知县，曾延之课读。

初七日。致余尧衢、周昌辅二信。亦接上海两广捐局公信；郭光熙、唐廷枢、李文明、陈维翰、韦华国、徐润、叶道广、冯赞经、郑廷江、梁应棉、李朝觐，凡十二人，大率皆广东人也。并闻严佑之周历两省查看。

初八日。接李咏仙、李仁峰、余尧衢各信。亦致李咏仙、刘祝廷、王菊生、陈伯严、龚云圃各信。邀丁次谷同赴湘潭。是日乡试榜放，潘碧泉、李杜生、李卯生、袁守瑜、文擅湖、黄望之、陶履谦、朱次江——相知中式者为多，而湘阴独缺。舟次甚缓，是夕仅至湘潭。

初九日。微雨。二十里至易俗河。从郭弥生处雇夫六名，偕丁次谷至茶园铺丛木冲。罗福已自广东归。随登山审视，天色尚未晚也。

初十日。自丛木冲回船，诣郭弥生小坐，询知郭黼卿已挈眷赴苏，意在就合淝伯相求差使。正泰郭华亭四家，闻近已至四十馀人，丁财之盛可羡。丛木冲田极星散，来往四十馀年，至是始一巡田屋。门首八丘，丛木桥上二丘，门首田实十丘，中为唐姓提出二丘作公业。贺家塘田三丘。尖江坝田二丘。李家塘田十四丘，今为十二丘。李家塘上下凡三，一名辰山塘；山边一塘名上辰山塘，田十二丘所承荫也，凡四亩。唐、刘二姓凡六亩，共承荫此水。罗福求挑浚此塘，以谷二石给之，且告以田亩甚宽，而租谷仅十二石，原定修理塘坝及完粮一切皆佃人之事，吾一切从宽，但欲使佃人受我之益，非向例也。因志其略于此。下午开行。廿里，马家河。又廿里，泊上湾。

十一日。十里至朱洲，有厘局分卡。从朱洲市街尾过桥，有菜地一区。朱洲小港从左入大河，其右砂甚厚，逆大河水，抄入桥口。丁次谷从菜地后寻求来脉，知自土山下脉入湖，仍开一平地小嶂。从嶂角落脉入菜地，局势尚紧。未知苏紫溪所相逆水砂之地，即此园否？次谷眼力却是高人数等。地势朝西，次谷以为宜作甲山庚向。下午雨。三十里，泊漉口。

十二日。雨。二十里，山门。十五里，昭陵。十五里，淦田。三十里，朱亭镇，倚高山，湘水折而北下。罗小垣谓镇后有地，非知地者也。镇前有书院，有魁星楼，尚得地势。丁次谷着油靴上岸，遣周南山随行，吾不能从也。

十三日。大雨竟日，雇夫七名，不能行。次谷从山右相度一园，约今早一往省视，竟亦不能上岸。朱亭徐六桥为龙政敷丈人，其子曰福申，曰小桥。福申为生员，管理育婴堂公事，雇夫一切，皆其力也。

十四日。雨竟日不止。丁次谷就船回省，顺寄家信及熊鹤村一信。雇定舆夫七名，只能冒雨开行。二十里，鹅公岭。又廿里，石鞘头。又十里，龙滩桥，出朱亭之水，亦一小川也。宿谭姓店，店人谭风亭，其店曰万泰，告言龙靖臣被窃一案，为龙方山父子，靖臣本家也，其远房居衡山者龙裁缝，凡三人，勾引湘潭积贼黄开桂。被窃后，以属谭风亭、何恕德探贼踪迹。比获到黄开桂，送之淦田局总，王莼甫遂诬谭风亭、何恕德受赃。谭风亭往诉，贼自言其诬，王莼甫以移之朱亭司。贼又诬谭风亭。又往诉，贼又自言其诬，盖为中人所使也。何恕德径诣王莼甫，以十馀千了之。谭风亭不悟。龙靖臣夥友陈焕章以控之王莼甫，王莼甫遂断风亭赔赃五十千，归谭氏陆续缴送。二十千忽以毛小退还。陈焕章两次控县，以图诈索。属我为之昭雪，恐非棉力所及也。

十五日。雨。凡雨四日，略无寒意，而时一作郁热，真奇景也。十里，至水源冲，知此水曲折行六十里出朱亭，又上至排山岭，为潭、攸分界处。过岭一水，南出县河。又过一岭，张家园，一水绕南而西，而北，出渌口。又二十里，伏陂冲，宿陈姓店。其西席曰龙佐唐，龙靖臣房侄也。随赴乾冲相度，正如伏陂冲后，又有一水，出冲与伏陂冲水合流，出樌山，北出醴陵之渌口。

十六日。诣龙政敷谈，遂登山顶，绕乾塘冲一周，知此冲地势非宜起造者，以水势不能收束者也。再四审度，只能为寅、艮二向，始悟龙政敷住宅水城之佳。据云老契为隆庆四年契，今尚收存其家，守之三百年，非苟然也。下午，陈秋林邀同龙政敷、龙佐唐小酌。龙政敷言：山树仍照围计数除根，一人伸一手从上起围，以一尺二寸为始，每根一百二十，少或一百一十，每加一寸，加钱十文。厚砖六文一口。泥木工包工，每工一百二三，小工八九十，与湘阴略等。惟粮价至重，几与江浙等。每粮一石，折钱四千九百文。每田一石，纳粮七斗五升。田十三亩为一石，每亩纳租谷十仓桶。每桶一斗四升，六桶合八四乡戽谷一石。所受谷都、加都、共都、馨都、芝都、民都田共二百八十七亩五分，得租二千八百七十五桶，合八四戽乡石四百七十九石零一桶。合湘潭大石，七桶半一石，共湘石谷三百八十三石零三桶。计粮廿一石二斗八升三合，按二千八百文一石，实共钱五十九千五百九十二文。询之龙政敷，则二千七百可以折扣，尚应少钱二千馀。龙靖臣在省以二十八石三斗六升二合，扣算钱八十五千零八十六文，实多算钱二十千零四百九十四文。又有二月所受六户粮七石一斗六升九合，计田八十五亩，又彭姓田一十一亩五分。

十七日。龙政敷、陈秋江、唐济美、吴华松枉顾。传开益至，以屋式示之，令呈一图，并令周南山偕唐济美往视城冲、罗子山两处树山。

十八日。致龙际云一信。龙政敷、朱冠英、陈焕章、陈秋林过谈。饬周南山偕同陈焕章相视所置田亩。乾冲隶谷都，而所受田曰谷都，曰共都，曰嘉都，曰馨都，曰芝都。岁租仅及四百馀，而分隶五都之地，可云星散矣。刘来新来见，即刘槐卿之子也。

十九日。《说文》常用之字，见之《惜抱轩笔记》：廣宽大，廣大屋，鱻新鱼，鲜鱼名，邍高平，原水原，撎拜揖，揖让也，㫗敦厚，厚山陵（原）〔厚〕，坌扫除，糞秽也，勥勉强，强有力，㤅慈爱，愛行貌，罤昆弟，昆同也，𢚧愁也，憂优柔，竆国名，窮困也，零雨下，落艸木落，薏十万，意志也，億安也，屚屋屚，漏刻漏，䇓待也，须须发，婬私逸，滛水溢，竢待也，俟大也，㚷恶臭，臭气也，匪盛帛〔器〕，篚车笭，𣨛生卒，卒士伍，𨑩至也，弔弔丧，殁亡也，没入水，𤕟窗疏，疏疏通，㒳再也，兩斤两，卪符卪，節竹節，𥨍窜殛，竄逃窜，猒饱也，厭压也，癈病也，廢屋顿，儶儶贰，携提携，屰顺屰，逆迎也，展展转，䙅展衣，珏视也，先即簪，迻迁移，移禾相倚，暨日颇见，臮及也，晨晨早，晨辰星，气氣也，氣氣稟、或作槩饩，厝砺石，措措置，刱创业，刅、创伤创，卟稽疑，䭫下首，稽稽留，隫沟陵，𧷗、瀆四渎，霿云覆，侌古文，陰阴阳，乑下乑，陲危也，垂边垂，𠬸治乂，乂芟草，艾《五行志》引《洪范》：艾，恒暘若，𠷎词也，𠷎谁何，疇田畴，遦、摜皆惯习也，贯钱贯，𥨍地室，𢕟重复，復反复，䈞厚也，竺厚也，笃马行迟钝，叙次第，𢽳列次，序东西序，钦幸也，覬幸也，冀冀州，䢦先导，衛将帅，帥佩巾，率捕鸟毕，䌛随也，邎径行，甹甹蘖，𢼸微妙，覹见也，微隐行，𥨸穷鞠，𥶡理讯，𦍡鞠养，鞠革球，䈮酒母，𡫯窒塞，㥶塞，诚，塞隔也，𢓜使聘，俜使也，荓伻也，辡辨讼，辩辩治，辨辨别，诅、䛸隶借作祝，爪覆手，叉指爪。

二十日。遣吴大赴樻山探问龙靖臣，则行李已回，靖臣仍赴湘潭也。彭开益呈阅屋图，间架九间，前后四进，此间实无此地基。周南山偕陈焕章踩看田亩，至三日三夜，寂无音讯，田段星散，所不待言。周南山借此为汗漫之游，亦一奇也。

廿一日。阴。周南山晚归，尽四日之力，踩踏共加都、共都、馨都、芝都、民都所受田亩，计租不过三百石，而占地五都之广，又田亩皆星散，无成段落者，殆未易经理也。

廿二日。陈俊章早至，与周南山踩踏谷都田亩，盖即乾冲本都，以近置，复据称须两日乃能竣事。大抵一亩之田，占地常约二三里。不解此间置业何以若是之星散，盖亦骇人听闻矣。龙靖臣专足告闻，下午始抵家。

廿三日。接李芋生信，并令蒋福田来此帮同经理屋事。龙际云、龙靖臣次第过谈。适陈俊章与周南山踏田归，因并留饭。探询由省至樻山，一出朱亭，过排山岭，山路九十里；一出淦田，山路八十里；一出神湖港，过大桥，七十里。神湖港在渌口上游。

蒋福田自狼林陆行过神湖港，询以大步桥，不能知也。据龙靖臣：由泗汾至大步桥，又为攸县小河，可通舟楫；大步桥至槚山，不过四十里。

廿四日。大雨竟日。龙靖臣专足相接，又自枉过言之。以方经理营造，不便远适。旋回拜龙靖臣，便诣长塘弦，赴龙际云之约。西席龙际虞及其侄龙学能相陪盛馔。途次陂口湾，冒雨一相视屋场。际云言：比近塞里湾文姓山场、胡家垅刘姓屋、楼下湾文姓屋，皆可营求。本约一往相度，为雨所阻。生平不结天缘，不结人缘，随事抵牾，千态万状，知所谋必无成也。即乾冲屋旁刘姓田、吴姓田，均向我求售，此所必应收买者，以接受田石为累如此，屋场又不可用，不敢承允。至油子塘蔡姓田百亩，有屋有山场，合为一整垅，其下四十亩又别一垅，皆整段，亦向我求售，则更无力矣。高瑞堂不谙田亩事宜，于湖南情形尤（所）〔非〕所习，实为受累不小也。

廿五日。大雨日夜不止，而郁热滋甚。末流之天，有此奇景！致龙际云一信。兼令周南山往视陂口湾、塞里湾两处屋基。

廿六日。龙政敷早过。接龙际云信，邀看各处屋场。初至文坪，甲卯向。次至寨里湾，丙向，在长塘弦左右，并与际云缓步往视。此外楼下湾文姓业，寅申向；实稼堂，未向，龙宠廷业，际（堂）〔云〕租其屋为学堂，其（姓）〔侄〕学能、侄婿易春帆在此肄业。胡家垅，申向，刘姓业；中间屋场，巽向，欧阳氏业；毛家湾，艮向，亦龙氏业也。中间屋场、毛家湾并有下砂，山向亦可用，惟两旁屋均饶裕，独中栋出售，颇为不便。晚赴龙政敷之召，同席尹岳泉及龙靖臣。政敷之子琴生出见，极美秀。

廿七日。微雨。龙际云枉过久谈，陪看周家屋场，寅申向；韩家垅，甲庚向，龙春江业也。晚赴龙靖臣之召，同席尹岳泉、龙政敷，即昨共饮者也。夜半乃能终席，困惫万状。

廿八日。风。先夕雨意甚重，幸为风所散。龙靖臣、龙政敷往送，遂留饭。巳刻开行。三十里，龙滩桥，午饭。又三十里，宿花亭。

廿九日。接龙际云一信。三十里，抵朱亭。先遣蒋福田、周南山雇船，仍托之徐小桥，始雇定一小倒划，价五千六百。船只无多，船人又苦讹诈，足见风气之敝。寻丁次谷所相李姓园地，凡平列三园，大率次谷所相中间一园，以未得园门，未往视。左右两园皆与中园同向，就大势观之，无结地之法也。始由朱亭赴檟山，大雨两日，并山势不能辨，及今始略能辨之。知朱亭万无结作。朱亭水口上新桥开大洋，颇有巨室，计此间殷实之家，必尚多也。步至周家园，遇一老者，询知为郭德鉴，郭霁庵之族人也，年八十馀，尚强健，能行田，邀入其家小坐。是日开行四十五里，泊昭陵潭。

三十日。四十五里，至朱洲，仍往丁次谷所相之园。视其前砂中间一塘，仍灌入田，流出园塝下。正惜左旁朱亭河逼近园地，右边坪甚大而无出水，于地法为不可晓。又九十里，至湘潭小泊。又行三十里，宿昭山下暮云铺。

十月

十月初一日丙寅。以蒋福田回湘阴，舟中致李芋生一信，芋生现在牛阑桥夏家屋场庄上，距县四十五里。是日行六十里，以午刻抵家。二十日中汇收各信：杨厚庵、刘祝廷、刘牧村、魏弼峰、李次青、黄石史、黄厚斋、邹闻生、罗仲常、王旭初、左佩勋、周昌辅、胡其祥、常健吾、陈子俊、朱暝庵、熊鹤村、胡浴生，及席珊、子瀞、荇农各信。又接副将傅永贵及陈焕章及周瀞溪、陈秀廷、(韩)〔严〕少韩等信，则皆言事者也。顺孙又交到欧阳静山、陈伯严各信。熊干廷来此，述及各围情事，因致义合围杨子云、沙田围陈笛舫、陈楚杰、刘培元、杨家声各信。

初二日。接喻少冈、邓弥之及清臣各信。当复弥之一信。李仲絜派一哨船接取其家室，其哨官彭梅村游击来见。蔡竹泉、罗叔循过谈。顺孙告言：送曾履初赴江南，得见刘伯固、龙研仙，并同船由上海北行。急遣人往探，已于未刻开行矣。喻少冈世兄喻竹孙得选拔，并寄到贡卷十本，现惟赵玉班存耳。

初三日。接瞿子玖、张南屏、熊鹤村及子瀞各信。傅青馀、黄幼海、瞿子濬、黄子寿、王君豫、吴智川、易云畴、刘若华、蔡浩楼、蔡竹泉、彭虎臣、龚果斋次第过谈。

初四日。风，阴，微雨。接李佐周、周昌辅及李韵仙、龚黻丞、张掖廷、常健吾、罗子昭、刘小楼、彭岳青公信。回拜邓双坡、刘馨室、陈右铭、罗悝士、孙春皋、黄幼海、刘康侯、陶少云、朱香荪、李瑞南、彭虎臣。随赴黄子寿之召，同席龚蔼仁、傅青馀、俞鹤皋、陈舫仙。

初五日。雪。接赖古愚以其侄子佩相托、毛荇荪二信。欧阳静山、俞鹤皋过谈。回拜吴云谷、邓弥之。诣龚蔼仁，日已夕矣，谈至夜久始归。炳文自县来。

初六日。回拜崔清如、朱星垣、但少村、赖子佩、沈星海、李黼堂、陈舫仙、傅青馀、俞鹤皋、杨鹏海、欧阳静山、欧阳鲁亭、陈程初、张雨珊、张冶秋、左逸仙、李石渠、周笠西、瞿子濬、曾介石、文擅湖、李杜生、李卯（子）〔生〕、成静斋、李健斋诸处。炳文、子宽过谈，请改订支祠祭事冬至前一日。

初七日。致李黼堂，并复李咏仙等公信。询知信由彭岳青发递，因径递彭岳青处。亦接陈幼方、朱幼丙及兰生、寅伯各信。邓弥之、蔡竹泉、龚果臣、罗叔循、何子诚过谈。晚诣丁次谷谈，语及时事，多可慨者。邓弥之函遣谢生玉芝来见。

初八日。周笠西、朱星垣、李佐周、朱枫桥、吴国霖、彭梅村过谈。晚约欧阳静山小酌，商定承受谦和太一票，从胡其祥之请也。是日赴寄胡其祥一信，商议办法。

初九日。接曹镜初、朱香荪及子瀞南京信。彭作新、朱岳舲、龙际云、张鹤臣、朱枫桥过谈。约黄幼海、沈星海、瞿子濬、刘康侯午酌。并赴龚荣甫之召，同席傅青馀、俞鹤皋、杨鹏海、陈程初、刘祝廷、唐懋阶。

初十日。微雨。致瞿子玖一信。亦接黄石珊、李黼堂、吴智川及玉舲各信。为邓弥之饯行，兼约李佐周、陈伯严、朱次江、龚果臣、蔡竹泉、罗叔循晚酌。

十一日。雨。诣曾文正公祠，为其生日致祭，到者熊鹤村、张芝岑、朱次江四人而已。随偕鹤村为邓弥之送行。往拜曹竹铭、李瑞南、赵载庵、黄子冶、谢莘田、王绍唐、龙琴堂、龙际云、朱卓夫、刘毅吉、彭作新、朱岳舲、唐鲁英、唐懋皆、曹镜初、王菊生、欧阳子卿、袁绶瑜、萧叔衡、王麓槩、郑六峰、王吉来。并一诣欧阳静山，已于是早回平江矣。晚赴陈右铭之召，同席邓弥之、刘康侯、刘毅吉。

十二日。致成静斋、王菊生、朱暝庵各信。亦接李瀑仙、成静斋、朱幼炳各信。崔清如、龚果斋、蔡竹泉及槩希过谈。

十三日。接邓弥之、黄植斋、梅子宣及用舟、子惠、鉴湖各信。亦复黄植斋，及致陈伯严、李佐周及寅伯各信。以先太夫人生辰，率家人行礼。李佐周、王菊生、袁守瑜、徐仁羲、徐先稚及新吾过谈。用舟、鉴湖各信即由新吾带到。

十四日。致成静斋信，兼为黄桐轩及夏国宝、徐先稚言求。亦接龙研仙、陈程初、喻恭和、李佐周各信。亦接成静斋回信。程福绥夫人成服之期，一往致唁。回拜刘瑞云、黄丙湖、刘康侯、陈伯严、曹润生、邓幼弥、崔清如、吴赞清、钟雨阶。喻信即为雨阶之子近光求讲舍肄业也。

十五日。接黄桐轩、张雨珊、朱香荪、李佐周各信。亦复张雨珊、黄桐轩二信。刘瑞云、李健斋、刘康侯同邀至贾公祠小集，同席傅青馀、陈右铭、黄丙湖，右铭不至。晚邀龙际云、曹咏生、彭作新、何子诚及檗希小酌。

十六日。微雨。接檗希信。孙春皋、丁次谷、言湛甫过谈。次谷以湘乡捐款与庄惺安相持，托函致曾莼臣。言湛甫言所居左近有二地：一桃李坳之狭冲，为山龙，系李姓地；一龙头铺大路旁，在言氏宗祠左近，系湛甫田庄，其地皆可谋得之，属以便一往阅。

十七日。微雨。致李冠卿、朱禹田、曾莼臣、曾介石各信。亦接盛敏臣、盛质臣、徐仁羲及檗希各信。黄芍岩、吴湛清、杨鹏海、彭伯昂、吴智川、蔡竹泉枉谈。

十八日。微雨。接胡其祥、杨仙芸及荇农，及子瀞汉口信，知已由沅浦宫保派办洋务差使，回汉料理眷属。诣李佐周、黄幼海、陈右铭，并外出不遇。

十九日。致王惠泉、王菊生二信。亦接阎季蓉、余尧衢、陈船斋、刘若华、王菊生各信。黄幼海过谈。诣刘韫斋中丞、吕爕堂、严少韩、左逸仙、黄芍岩、刘祝廷、杜鹤田、杜少鹤、彭伯昂、张雨珊、张冶秋、龙际云，惟一见韫斋中丞久谈。晚次，杨景皋及玉舲、敬修过谈。玉舲亦致余尧衢之意，求定黄子厚仰高一席，郑少侨荐其同年庾福农，亦将赴都应礼部试也。

二十日，接朱禹田、黄芍岩、邓弥之、朱香荪、王惠泉、黄冬荪各信。陈右铭、俞鹤皋、龚果斋、蔡竹泉过谈。右铭并送阅高文良所刻《山法全书》，及近人平江张峭崖所著《理气象数溯源考》。

廿一日。接丁次谷、易铁樵信。亦为黄幼海致陈隽臣中丞一信。郭金鳌、徐仁羲、罗仲常、易云畴、易幼亭、蔡竹泉、蔡浩楼过谈。刘祝廷邀同李黼堂、黄芍岩、张雨珊、冶秋、俞开黼、郑云生晚酌。黼堂、雨珊、云生不至。

廿二日。接余云涛、周荔樵二信。丁次谷、龚果斋及清臣、子宽过谈。龚云浦邀观同庆部，同席傅青馀、陈诒生、俞鹤皋、黄芍岩、刘祝廷、杨鹏海、唐鲁英、唐懋皆、彭虎臣。本部柳春林，外部王永秀、凤林，各能擅场。尚山、唐和与杨保和、刘汉波，同一高唱入云也。廿一夜九点钟起至三点钟，历四时之久，流星如织，由西北流行至东南，一大星前行，小星盈万随之，亦一奇变也。

廿三日。致陈程初、傅青馀、胡其祥及子瀞各信。亦接王惠泉、胡其祥二信。但少村、陈程初、丁次谷过谈。

光绪十一年岁次乙酉冬十月二十四日己丑。接朱香荪信，属为次江致合淝傅相书。诣成静斋，贺其太夫人生辰。便诣崔清如、刘定甫、但少村、丁次谷、郑少侨、刘毅吉、俞鹤皋、朱香荪、王君豫、王辰丽。晚次，黄幼海、李佐周、张雨珊、胡浴生过谈。

廿五日。雨。致刘定甫、李佐周二信。亦接王君豫、胡浴生二信。诣龚蔼仁、吴云谷。是夕，公饯龚蔼仁于止园，傅青馀与俞鹤皋、俞开黼、汤肖安五人为主，得一畅谈。始知龚蔼仁、傅青馀均有得于性命之理，亦皆有所承受。青馀馆贺耦耕先生幕中，偶与一缝工谈，语多元妙，因叩其所学，曰：此地非可谈者，当以暇就一寺院言之。于是约至某寺。明日往，则缝工先在。与至客堂相对坐，教以摄心存养之方。已而缝工起，以手击其顶门。忽忽随缝工以行，有云生足下，俯视齐州九点烟，大地山河皆在指顾。忽见空中金光数十道，缝工指示：古来仁圣贤人，精气常存，不可泯灭。能养此精神，使不泯灭，即常存矣。天地古今，只须臾耳。旋掣之返，入寺，见己与缝工平坐榻上，瞥然而惊，忽若梦之初觉者。缝工问曰：适所见记忆乎？曰：然。曰：只如此做去，久自有得。回署小憩，再诣缝工叩之，茫然不知所谓。乃知所与谈者，幻形为缝工，而非缝工也。龚蔼仁年二十，患咯血之症，稍习坐功，年逾四十矣。一夕，忽梦一赤脚婢来传主母之命，请其一见。至一院落，有大厅，中设圆桌，左右各列圆几。就下几坐候，须臾，一妇人出，年可四十，就上几坐。问曰：闻习坐功，有乎？曰：有之。曰：是有秘诀。屈一足向后，而坐其上不动；申一足向前，惟所动之。上黄庭，下丹田，前幽室，后命门。存想其中，是为守中。又问曰：知汝何人？曰：不知。曰：我即是汝，汝即是我。有二语相告，当谨志之：活着一日做一日的事，见着一人救一人的命。自是遂日有所得。两君皆有所自来也。

廿六日。大雷雨。致曹竹铭信。亦接丁次谷及悟元信。经生以酉刻至，询知廿四日始自湘阴开行，距喜期仅一日，一切礼仪均须来省备办。计路程一百三十里，势必不能宽裕矣。檠希父子之昏谬，皆此类也。

廿七日。接李佐周、龚蔼仁信。吕燮堂、俞鹤皋、刘瑞云、史吉阶过谈。诣崔清如、刘定甫致贺。兼拜但少村、汤斐斋、王绍唐、曹咏生、罗端生、王楚岩。惟檀斗生、吉子馨已开行，未获一见。

廿八日。辰刻雨。俞鹤皋、汤肖安约陪龚蔼人为岳麓之游，借陈程初坐船。同游者：傅青馀及龚蔼人幕友高云士。竟日无风雨。小憩万寿寺之寄旷山房，夏芝岑所营建也。因步行至响鼓岭，上云麓宫，回憩爱晚亭、吹香亭，日夕始登舟。龚蔼仁枉赠四律，为和四律答之。

廿九日。雨，大风。接龙际云、李仲絜、李佐周、汤肖安、易玉亭、杨仙芸、黄子诚、杨加申、刘培元、陈楚杰及翰舟、杏农、润民各信。亦致龙际云、李芋生二信。邀彭伯昂、李芋生、俞开黼、郑少侨、张雨珊及用舟晚酌。

十一月

十一月初一日乙未。微雨。致龚蔼仁、张禹珊信。亦接夏芝岑、龚蔼人、何子诚及清臣各信。芝岑荐徐生承基入讲舍，云徐子筠之子，盖徐石泉刺史之孙也。易仲子寄示黄石珊黄陂留别四诗。李佐周、盛玉成、蔡竹泉过谈。晚邀但少村、吴云谷、朱星垣、黄丙湖、刘瑞云、胡少芝小酌。丙湖、瑞云并辞不至。

初二日。雨。接张雨珊、朱暝庵信。暝庵并馈轻裘，当复暝庵一信，还赠之。雨珊为换丰泰盐帖，两次缴银四百二十两，共申平十五两九钱六分，局用银廿一两二钱，共银四百五十八两一钱六分。六吉应派银二百廿九两一钱五月初六代赎帖银二百七十两，扣钱四百五十千，润民应派银一百十两前缴五十两，尚短六十四两。刘定夫、言舫丞、龚果斋过谈。

初三日。阴，寒。致欧阳静山、吴晴研二信。亦接李佐周、黄冬荪、徐仁羲、史吉阶各信。诣林贞伯、刘瑞云、黄子寿、李佐周、李芋生。林贞伯方患气疾，晤其弟林梅仲。晚赴唐懋皆之召，同席傅青馀、俞开黼、陈程初、龚云浦，青馀不至。

初四日。致易芝生、陈程初信，亦接易芝生、易玉亭及清臣、寅伯各信。丁次谷、龚果斋、吴智川、蔡竹泉过谈。晚诣陈右铭谈，始知右铭已定明日回江西，得一畅谈，并出示李芋仙之子文琛致伯严信，为之怃然。

初五日。雨，风。接龙际云、黄晓村、黄冬荪、杨仙芸各信，亦致朱禹田、王惠泉、龚果斋各信。李芋生过谈。杨佑吾自乡归，为下荫塅柴薪耽延两月有馀，柴价未能全收，然约计亦两百千矣。

初六日。雨。致朱禹田信。亦接何子循、殷默存、易翰芹各信。为易云阶夫人贺生辰。便拜李黼堂、龙琴堂、任芝田、瞿子纯、张芝岑、张惠甫。兼诣李君若致唁，晤金时卿，金竹虔之世兄也。因便一诣西枝，并见离欲、来因、法喜，来因一字素蕉也。

初七日。致合淝傅相、曾沅浦宫保、周荔樵三信，傅相信即由荔樵转递。亦接林贞伯、胡浴生、史吉阶、周芝窗各信。以将赴县，专意料理各信，属家人谢客数日。

初八日。致曾挚民、李次青、黄子襄、陈幼方、黎少琨五信，亦致瞿子纯一信，托其便带。又致李冠卿、言湛甫二信，交清臣便带。又致黄恕皆一信。因喻小冈恭和之子喻庶三兆蕃得拔贡举人，因钟苠墀近光递到试卷，分致恕皆前辈。亦接黄恕皆、何子循、李杜生三信。又接胡其祥信，知子瀞已南旋。随致丁次谷一信，次谷始告闻已（近）〔进〕省也。朱香荪、王惠泉过谈。

初九日。雨。回两省赈捐局公信，以所知惟唐景星、徐雨之二人，仅举二人之号。又致程尚斋、翁小山、唐蓬洲、丁笃生。亦接黄恕皆回信允致贺，然恐不能多、易卓超、胡静惺、朱香荪、瞿子纯各信。刘祝廷、余尧衢、盛少康、易厚庵及佩珊、经生、良生过谈。晚，王荔村过谈。

初十日。接於桐轩、周昌辅、李杜生各信。亦致合淝傅相、欧阳静山、胡齐祥三信。傅相信本交俞开黼带呈，因开黼尚须沿途耽延，以俟轮船开江，因改由森昌信局递寄。韩陛臣、钟佐廷、盛展奇枉顾。

十一日。复於桐轩信，又由俞开黼再致合淝傅相一信。丁次谷过谈，叙述近事，为之怃然。子瀞信言浙江省城种德堂倭磺可用。汉口有成银号管事董达夫、董仁甫，杭人，与胡其祥交好，可以托之。

十二日。接赵朗园、张卓斋、胡浴生三信。以十五日支祠祀事雇舟赴县，并约佩珊、寅伯同开行，而皆请俟明日。杨佑吾为雇一麻阳船，极小，随行人从几无所容，顺孙又固请偕行。盛展奇、罗叔循、危笙陔、杨佑吾并送至舟次。龚果斋欲枉送，以眷属人众，力止之。午刻开行。六十里，至靖港，日夕矣，舟人夜行七十里，三鼓抵县城。

十三日。辰刻上岸。韩宝臣、罗品三来见。以行李未及检点，遣甘时雨赴金塘围探询胡、汤二姓事实。盛展奇、盛耀堂、易清溪、梅星渔、吴晴研、萧子远、唐桂生、李镜涪枉见。竟日人客不息，则皆族人也。若翰舟、檠西、简秋、绍西、用舟、子惠、笏臣、润生、子佩、懋官、宝生，此外皆不能记忆。玉舲、炳文、子宽、鹤九各有交代应办事宜。吴晴研治席相款，并邀翰舟、玉舲、子宽同酌。

十四日。致瞿子玖、阎季蓉二信。为意城、健甫升祔支祠，恭诣行礼。回拜韩宝臣、吴小农、黎子峰、周小崧、罗命三、龚黼丞、吴舜臣、熊雨畴、李咏仙、高粹之、萧函江、萧诗莼、罗麓笙、李镜涪、郑少侨、罗子昭、刘小楼。韩宝臣馈席，因即邀韩宝臣、吴小农、黎子峰、周小崧、罗命三、郑少侨晚酌。

十五日。微雨。致祭光禄公支祠，本房佩珊、炳文、寅伯、子宽、敬修、端生、顺生、橘生、安檠、朴金与祭，人数视往岁为多。邀请执事翰舟、檠西、绍西、荣覃、用舟、子惠、玉舲、润生、子佩、国宾、润民、懋官、宝生凡十馀人。罗子昭、李聘农、李彦卿、盛展奇枉谈。回拜李咏仙、蔡勤斋、蔡盂箴、常南赓、常健吾、何卓初、何晴初。并致唁杨芾生、王旭初及玉堂。是夕，会集宗人执事者食馂。

十六日。冬至。雨。举行宗祠大祭，恭诣行礼。常南庚过谈。佩珊与吴晴研约处置盐行事宜，会同檠希、润民、小春、润生、懋官、宝生公议。晚邀罗麓山、李咏仙、龚黼丞、李镜浯、罗子昭、常健吾、高粹之小酌。晚次，宋希源、冯厚庵、陈文蔚、盛敏臣、盛质臣、盛荻秋、易翰芹、吴莼庵、盛展奇过谈。

十七日。大雨。接宋希源及杨克卉、蒋其庆、蒋秀亭公信。杨子云、汤少芸、甘时雨枉见。晚邀吴舜臣、熊雨畴小酌。鹤九席邀毛荇生及玉舲、佩珊、炳文枉陪，就便一邀舜臣、雨畴。是日往唁李少楼，李镜浯为知宾。

十八日。雨。接唐羲臣、黄月堂信。亦复唐羲臣一信。晚邀欧阳清溪、黄柘村、张鹤臣、胡静惺、易清溪、熊薰圃及玉舲便酌。殷竹坞、朱幼炳来见，留饮，固辞而去。是日送酒席至四五起，另饬顺舜邀吴晴研、张颂儒及珮珊、炳文、寅伯、鹤九同饮。

十九日。雨。接李朗陔、朱炳垣、朱幼炳各信。盛展奇、冯厚庵、蒯恒圃过谈。为处理胡玉韬、胡仁廷事，本定十八日回信，以是日人客纷集，无凭料检。是夕胡静惺、胡五槐适至，因前约汤小芸会同汤朝康赴省，乃急托翰舟函致汤小芸仍来县城料理，约再留县三日。韩宝臣枉过，重馈肴品，面约盛展奇、翰舟、檠希、绍西、用舟、子惠晚酌。

二十日。雨。接陈子濬、王炳生、杨子云、蒋旭亭、刘翊卿及莲俦各信。亦致熊春溪一信。盛展奇为其弟耀堂求荐教读馆。春溪为熊彝臣之弟，其父字从芝，尚健在。罗子昭及子惠枉至，属令诣县为胡姓捐款，不欲使冯厚庵、蒯恒圃任其事也。胡道生自其家至县相存问，因并留佩珊、鹤九、良生小酌。甘涤庵、刘廷鉴、冯厚庵、蒯恒圃、胡仁廷、胡玉玺来见。

廿一日。接邵光鼎、莲俦、经畬各信。罗子昭、子惠过谈，为料理胡家事。下午诣二里墩恭谒姚山公祖墓。

二十二日。接夏锡九、汤迪澧少川信。两次专人至王通垸催汤绍蓂来县，绍蓂不自回信，而令易燮臣之女婿汤少川回信。绍蓂字小芸、名迪洪、蒯恒甫、胡静惺、盛展奇、翰舟、槩希来见。是日恭诣南泉寺、大垅、长岭、紫花台、洪家冲、虎狼冲六处省墓。大垅祖墓凡三。还城，日已夕矣。

二十三日。为梁姨生辰，内外人客坌集。正拟是日回省，检理笔墨酬应，致常健吾、李咏仙、龚辅丞、吴舜臣、熊雨俦、高粹之各信。亦接夏锡九、王炳斋及觐堂、用舟各信。酉刻始能登舟，送者如云。适有轮船南上，遣人探询，则黎尔民自湖口粮台挈眷回湘也。并允轮船就便拖带，因开至扁担夹，泊舟以就之，并过船一谈，知轮船为胡雪岩还帐，归之尔民者也。义合围与宋希源以洲堤构讼，遂毁其所修之堤，围人杨子云、张冠南、刘小苏、蒋其庆、易恒臣同至扁担夹，求为申论。

廿四日。五鼓开船，值大雾，停舟濠河口。天明，由轮船拖带，行七十里至新康，转北风，黎尔民所坐红船张帆两幅，仍得相伴以行，至三叉矶，日夕矣。

廿五日。自三叉矶开行，辰刻抵省。接王益吾、严伯雅、瞿景伊、朱芗生、胡其祥及笙陔叔各信。又接花翎总兵资勇巴图鲁刘万胜一信，自陈在湖北黄安县捐银二十两，而县志未列其名。容一查之。

廿六日。阴，寒。始有冬意。接易卓超、易仲子二信。西枝过谈，见赠《龙舒净土文》、《西方公案》，皆修净土法也。易铁樵、龚果斋、杨厚甫及新吾枉过。

廿七日。致韩宝臣、张南屏、吴晴研及玉舲各信。张鹤臣过谈。随诣丁次谷、李佐周、陈杏生谈。

廿八日。接李芋生、陈尧辅、吴爱吾各信。亦复李芋生一信。刘瑞云、丁次谷、李佐周、吴智川过谈。回拜陆宝忠伯葵、傅青馀、陈舫仙、黎尔民、杜少鹤、李芋生、陶少云、陶履谦，舫仙尚赴湘乡未归也。

廿九日。接周步瀛、张南屏、李佐周、张鹤臣各信。亦复张南屏、瞿景伊及致朱禹田、王惠泉、朱香荪各信。张南屏托为其弟正翚荐致合淝傅相及曾劼刚，属交其弟正云。周步瀛为陈隽臣管带精健营马步各军，驻营安徽宿州之时村，防缉私盐。是日，顺孙举一女。

三十日。接刘瑞云、刘祝廷、陈杏生、胡其祥、彭心莲各信。亦复刘瑞云一信。李黼堂、黎尔民、李芋生、吴爱吾、吴智川过谈。闻郭定轩廉访仙逝之信，代者为但少村。中丞屡檄催吴云谷回湘，而屡恝置之，不以一缺相饷，亦其不近人情之一证也。

十二月

十二月初一日乙丑。接朱禹田、丁次谷、李彦卿及子瀞各信。诣但少村、吴云谷、左逸仙、李黼堂、成静斋、李健斋、刘瑞云、俞鹤皋、黄子寿、黄望之。赴李芋生之召，为与龙琴堂议婚，枉约与傅青馀同为媒说，并为书庚，因留酌。俞鹤皋面交龚蔼人枉寄麓山留别分景八帧，并九叠留别诗八帧，另为麓山留别图寄俞鹤皋，谋刻之麓山寺壁，诗画与其书法并清逸可喜，甚为宝之。

初二日。接丁次谷信。亦致刘瑞云及子瀞二信。诣吕燮堂、孙燕臣、刘绍臣、张慰农张南屏之弟，一号见田，一号慰农、刘祝廷、朱香荪、熊鹤村。便赴杨鹏海之召，同席但少村、吴云谷、刘绍臣、张雨珊、杜少鹤。

初三日。周吉岭杨惠五大义团来告：三十夜仓谷被窃。为函致周振凡、刘耀藜、李星陔、熊星斋、李薪六、李振声及保正沈协邦，跟究周子逢并其诸子，闻行窃者周三、周四，并周子逢之子也。亦接饶岱霞一信。又复张南屏、丁次谷二信。王惠泉过谈，定明岁思贤讲舍之局。

初四日。接曾沅浦宫保、杨耔云及莲俦各信。丁次谷约同王萝泉赴鸽思桥看地，早赴朱张渡，候萝泉不至。比至鸽思桥，则萝泉已先至，询知由大西门过河。因偕行至山，询其地名曰塘下，其前为陈家屋场，稍右为石嘴头，山场为陈辉轩之业，有侄名陈福成，任院署房科，其佃人谭姓云尚可购得，因以属之。谭姓屋在山左，亦陈辉仙之业也。

初五日。连接曾沅浦宫保信，并罗仲常、吴智川信。亦致丁次谷一信。汤绍菉、汤绍川率同汤昭康、彭锡周、陈锡七来见，询其原委，胡镜惺之贻误为甚，至此颇难为计也。是晚子瀞过谈。

初六日。接周福绥芸斋及玉舲、鹤九各信。诣吊郭定轩、徐云渠夫人，并致唁徐寿鸿。便拜萧承虞、严少韩、李瑞南、黄子冶、刘云樵、龙琴堂、唐懋皆、张雨珊、汤肖庵、曾慕陶。归家传见汤绍川。张鹤臣、吴国蔚、易厚庵枉见。

初七日。接王铭山、龙树堂二信。铭山信由李丽源带到，据称曾荐巡丁一人名戴福湘。茫然不知所谓。丁次谷及李瀑仙夫人枉见。传见汤秋屏、汤致渠，不至。傅青馀、刘祝廷、黄振斋、余尧衢过谈。

初八日。阴。自十一月以来，天气和暖如春时，虽阴且风，而无凉意，历年所未有也。接周德生信。张雨珊、周梅村过谈。托罗小垣致李寄庐家一信。据称张同兴开设龙阳盐号，即在李寄庐住宅前，张同兴少君张质斋现来省，其管事曰谢爱堂，即以交之。是夕，汤晴秋、汤敬渠、汤秉成聿修、汤绍川、胡道生先后过谈。胡、汤两家语言各别，而多方违异，不肯开诚一言，人心变幻不可测如此。是夕雨。

初九日。雨。接刘耀藜、李星陔、周正凡等信。亦致胡道生、胡静惺信。因道生已至省，知两家相为避就，不乐与理处，遂止不发递。是日即遣杨佑吾、周南山赴周吉岭查勘失谷情由。李佐周、张鹤臣过谈。是夕邀胡道生、汤晴秋、汤敬渠、汤聿修、汤肇川、汤绍棻小酌，并为处理汤昭康、胡五槐事。

初十日。接张卓斋信。诣贺但少村，并过陈舫仙、王萝泉谈。晚赴吴云谷之召，同席杨鹏海、刘少臣、但少村、庄心庵。但少村见示湖北电信，左相一缺，阎相坐补；张子卿已得协办。丁未同年，大拜者已至三人，然此后亦难为继也。

十一日。接韩宝臣、吴聘廷、易铁樵、胡道生各信。亦复韩宝臣信。并致常健吾、刘小楼、郑少侨、张掖廷、罗子昭公信。又寄胡静惺及玉舲、炳文各信。丁次谷、陈杏生、胡道生、汤敬渠次第过谈。

十二日。微雨。左逸仙、陈舫仙、李健斋、罗赞清、胡道生次第过谈。健斋见示恪靖侯相祭文三通，分命其诸子为之，文采均可观也。

十三日。接李咏仙、彭岳青、毛汇湘三信。亦致成静斋一信。诣刘馨室、邓双坡谈。治席丁次谷宅，邀同王萝泉、黄子冶、汤斐斋、张雨珊、李佐周及子瀞一谈。

十四日。接成静斋、胡其祥、陈熙堂各信。亦复陈熙堂一信。诣唐懋皆、黄振斋、刘康侯。并致吊王绶卿，晤周瑞堂，渭臣军门之侄也。晚邀黎尔民、陈杏生、刘竹廷、汤绍安、刘溥贤小酌。

十五日。接周丽松、杨景皋及晓春三信。亦致龚蔼人、俞鹤皋、胡道生及玉舲各信。陆伯葵、黄湘蘅过谈。胡五槐告言：汤岳云为汤绍莱之侄、姚海云为汤绍明之僚婿，能辨知汤姓诸人；朱某及碓匠熊某，能详言汤昭康、彭锡周、陈锡九之情伪。似所言尚多可信，不如汤敬渠、汤绍莱之虚诞。唐懋皆四十生日演泰益部，同人公致贺，凡五六席。惮于酬应，惟同席陈诒生、朱莼卿、曹筠溪、曹竹苏、陈寿嵩，馀惟彭虎臣、刘云樵、唐鲁英、龙琴堂、卢丽生、彭诒生，相见一寒暄而已。

十六日。接朱香荪、张超堂二信。当复张超堂一信。诣左文襄宅致吊，晤陶少云、陈定中、陈程初、王勋农。兼闻黄恕皆前辈之丧，一往视之，晤其侄黄子云。并回拜陆伯葵、李芋生。便过周惠生，新自广东试差乞假省墓，兼有妻丧也。

十七日。雨。昨日晴暖，便似深春，今则竟日凄风苦雨，又残秋景也。雨、晴反复，变态百出，入夏后往往有之，皆冬景所无也。接常健吾信。是日督饬家人扫洗舍宇，无宾客之扰，稍觉静谧。致黄子荣、朱香荪二信。

十八日。微雪。接黄石珊、韩宝臣、毛荇荪、易仲子及玉舲各信。陈尧辅、杨馨堂、盛明章、黄涤帆、王惠泉及绍羲过谈。以李华卿十九日解馆，治席款之，并邀李麓渔、黄涤凡、危笙陔、罗叔循、杨佑吾同酌。

十九日。左文襄治丧，奉文赐祭一坛，遣吕夔堂太守行礼。长沙县周兴之、善化县孙燕臣备办祭筵十三席，羊六头。马小庄来家照料。是日傍晚，胡玉韫、宋希源、易铁桥及清臣纷至沓来，李麓渔适解馆回家，须往料理，极以为苦。清臣又述及解归提标一呈，为中丞驳斥，其意盖知其求得提军照应，必绝其生计，其刻薄实出天性，闻此为增心痗。忽不自觉为门限所触，倾跌于地，头额及鼻准受伤，肿且出血，右手痛尤剧。无咎之灾，实出意外，由仆人太无伺应之过也。是夕邀龚果斋诊视。

二十日。微雨。接易叔子及槃希信。黄恕皆以是日成服，本约一往，以伤额而止。龚果斋再至诊视。送《东华录》与黄芍岩本应二部，以病不能检取，暂送一部。并为谢吉刚及笙陔叔料理事宜。末世人心变幻，稍存仁义之心，即动必受累，思之惘然。

廿一日。接丁次谷信，亦复次谷信。并致黄芍岩信，又致赵世兄信，并致赵玉班幛分，由黄芍岩转致。又接子潍一信。江西厘局提调冯培芝，为冯景亭前辈之世兄名植芳，江西候补府。张子衡督销一席，马仙楣观察接办，子潍尚可留办南城万年桥局也。又接杨子云及子瀞、新吾三信。杨子云信托名吴莼庵、张冠南、刘小苏、易恒臣四人公信。

廿二日。微雨。复常健吾及鹤九二信，接任宇田、朱香荪、李芋生各信。龚果斋、晏云端、伍敬亭踵至，为治臂腕痛症；伍敬亭由周子安引至，晏云端由李寿庭引至。左千之及佩珊过谈。

廿三日。阴。接张雨珊、张南屏、胡西园、夏锡九、何祐堂及荅农、润民各信。寅伯自县归，述及宋希源及箴士情形，始知笙陔叔前信及宋希源所言，皆矫诬失实者也，王萝泉、陈舫仙枉询病状。

廿四日。雨。复鹤九信。翁立明、绍羲、子瀞过谈。杨默林亦自福建回，不敢邀见也。

廿五日。阴。接曹韵芝、熊石笙、邹闻生及希初各信。周惠生枉过，并致年礼。其妻丧应致一幛，而延未致送，似此酬应，为稍溢也。

廿六日。接刘晓松、蔡兰生及觐堂、让廷各信。又接刘蓉台、陈文蔚、唐佐云贺信。又接黄石史、杨馨堂信，纷纷告贷。稍肯应人之求，便自取累，为增闷损。又接熊绍香、毛荇荪、翰舟、简秋、用舟各信。晋扬四子鹤皋，张禹珊之婿也，专人致贺。询之，其兄曾彝、绍菊，其弟琴安，皆同居，而遣贺者则鹤皋也。询之庄心庵，彭芍庭中丞之子曰伯衡。

廿七日。接胡其祥、周昌辅、胡静惺、彭韵青、陈熙堂、朱瞑庵各信。亦致熊绍芗、蔡兰生、吴晴研，并复朱瞑庵、周昌辅各信。玉舲过谈。南堤亦有字玉林者，为席珍之兄，以事来省，为席珍致贺年礼。

廿八日。接陈右铭、魏赓臣、姜琨山、刘牧村、王桐轩、王梦虎、周步瀛、瞿景伊、喻小冈、张干堂、酆慕唐、唐鲁英、周芝窗、吴元固松岩、刘棻远及湘潭罗鼎、王植等廿四人公信。亦致俞鹤皋、黄次圭及新吾各信。料检年事，倥偬百端，又值病困。陈右铭代致张干堂瑱、张倪仙昆季信，属为言之曾沅浦宫保转告马臁云观察，不知宫保于鄙人极寂寞也，然固不能不一理落，徒增烦苦而已。

廿九日。接凌问樵、聂仲芳、朱香荪、王荔村、杨馨堂信。亦致但少村信，并复朱香荪、王荔村二信。料检两宅年事，多手自清理，未敢稍有安暇。致但少村信，并湘潭公信付去，于事稍有关系，不敢壅于上闻，虽有訾毁，所不计也。

三十日。除夕，下雪子。接但少村、罗顺循信。龚眉生来见，询知随同龚荣甫自城步回，外间传述各情皆非事实，眉生见闻所及为较确也。左千之、寅伯、子宽枉至贺岁，此外人客，皆辞不见。

光绪十二年　丙戌

正月

光绪十二年岁次丙戌正月初一日乙未。元旦。微雨。是日寅正一刻立春。率两宅家人叩谒祖先。子瀞、寅伯、子宽兄弟枉见贺岁。每岁元旦必有纪事一诗，诗云：一冬晴暖物含新，向晓檐禽解唤人。难得年光初转律，真成朔旦好颁春。天低云重微沾雪，雨细风轻净洗尘。伤臂未堪拘礼数，强扶衰病整冠巾。

初二日。雨，寒。饶应林、周福林及玉舲贺岁。本谢免诸客酬应，此等径入书室，无由却之。下书室以屋漏，湿所张画，颇费料检之工。是夕大雪。

初三日。雪，晴，阴。致俞鹤皋、李佐周二信。左逸仙为郭定轩求志铭，刘瑞云为其父楚元求碑铭，皆催逼甚急，苦精力短乏，不暇及也。开年两日，稍谢宾客，为撰成之。

初四日。接俞鹤皋、胡道生二信。鹤皋并询陈子印住处，当复一信告之。左逸仙枉过，就商志稿应添载一二事，具以告之，以病臂不能见客也。

初五日。致曾沅浦宫保、韩宝臣、张干堂、张倪仙、胡道生、吴晴研、萧子远、唐桂生及檠希各信。沅浦宫保信为张干堂作，韩宝臣信为檠希、经笙作，皆有专足守催。邀丁次谷、李芋生、李佐周及玉舲、子瀞、寅伯、子宽午酌。

初六日。接曾挚民、文兰舫、潘小农、於桐轩、蒋弋香、区维瀚、言湛甫、黎树堂、杨墨林、罗云翰各贺信。亦致唐蓬洲一信，托周兴之转递。文思过谈。

初七日。阴。陶少云、黎尔民各邀饮，陈程初、唐懋皆又邀同公贺陶少云，并以臂痛辞之。子瀞、子宽邀同丁次谷、李佐周及玉舲、寅伯就饮。寅伯、新吾在县以借项相持，次谷为抱公愤，因告玉舲一为理处。

初八日。接李佐周信。闻张南屏仍回长沙，周稚威署常宁，朱莼卿署桃源，而求荐者已踵至。并以病谢客辞之。罗麓山、子瀞过谈。

初九日。接朱香荪信，当复香荪一信。林梅仲忽来报林贞伯之丧，竟以气痛致殒，为之怃然。

初十日。致孙春皋、但少村二信。以周兴之接於桐轩耒阳任，黄幼森又至失馆，托孙春皋荐致周兴之。但少村信则李佐周托为其弟求调近者也。王阳言：屈伸俯仰以利形，进退走趋以实下，吸新吐故以练藏，蓄意积精以适神。以养生之术见之章奏。亦由西汉尚黄老之学，凡此皆老氏之支流也。

十一日。接苏紫溪、孙春皋、但少村、李佐周各信。亦复李佐周一信。周稚威、朱莼卿枉过。以病不见客，然相距多日，并不及专足致贺，仆人疏谬可笑。胡道生过谈半日。

十二日。接韩宝臣、刘朗山、金少卿、陈船斋四信。李佐周过谈。遣人探询子瀞，尚未下乡。是日大风寒甚，亦于下乡不宜也。

十三日。阴，寒甚。唐介繁奉其母书至。日望龚果斋至，顺孙乃言至已数日，枉见，为门者所阻，而吾不能知也。

十四日。刘嘉甫再四求见，以病不能见。据称欲得便衣一谈。使人询之张冶秋，其人行谊究何如也。蔡竹泉、蔡浩楼枉过。

十五日。雨雪，寒甚。元夕，诣两宅率家人叩谒祖先。邀张禹珊、张冶秋、龚果斋、胡道生、蔡竹泉、杨佑吾小饮。以冶秋将入都供职，适以病谢客，乘元夕之宴邀同一谈也。

十六日。雪，寒。此两年无奇寒酷暑，去冬和暖，常若春时。三日以来，寒噤至不可耐。方患臂，又值齿痛，其苦尤甚。抚念穷民无衣食者，为之惘然。接韩宝臣专足递到一信，致送经笙干脩，当复一信，并致经笙一信，仍交专足带赴湘乡。亦致胡道生一信。

十七日。寒。致张冶秋一信。易炳芝、唐介繁及子瀞过谈。阴雨且寒，日益加短，转瞬已至夕矣。

十八日。接张冶秋、丁次谷及子瀞各信。亦复次谷一信。蔡竹泉、唐介繁及寅伯过谈。是日微见日，旋阴而寒如故。

十九日。致吴云谷、李健斋、周静溪三信。亦接唐兰生、周桂坞、曾岳心、朱瞑庵及子瀞各信。接瞑庵信，始知刘伯固已自都南旋，兼为广西太史刘嘉树致意，其言谓鄙人粗谙洋务，意求有所考正也。刘伯固、徐仁羲、戴柏斋过谈。

二十日。三日或阴或晴，而寒气不减，亦往时春景所未有也。为李佐周致但少村一信。似少村于此有意为之，意或佐周前信语稍激烈，必欲转致之少村，于此稍拂其意耶？以此相累，致书至四次之多，虚费精力，为之惘然。接黄幼森一信。李麓渔自乡至。

廿一日。阴，寒。接程尚斋、易卓超、罗瑞生、李佐周及子瀞各信。送英儿及外孙周葆闾启学，命杨佑吾代为照料。晚邀刘伯固、刘康侯、曾慕陶、曾霖生、杨佑吾及慰霖陪同李麓渔小酌。本为伯固设席，而麓渔适至，便就开馆。康侯、霖生不至。

廿二日。雨，寒。周五楼过谈。刘伯固抄示黄蘗禅师诗。十馀年前曾见之，所传语句时有参差，正未知何人附会为之。

廿三日。雨，寒。致喻小冈、於桐轩、黄幼森三信。亦接寄禅一信，论诗极有会悟，录见各诗，皆清逸绝尘，楚僧无其匹也。又接子瀞、炳文、鹤九各信。

廿四日。致彭伯衡芍庭中丞世兄，及复炳文、鹤九信。亦接上海、两广赈捐局唐景星、徐雨之公信，经理局务者李朝觐也。亦接杨仙芸、罗赞卿二信，皆托求局务，各以一信辞之。蔡竹泉、蔡葆初过谈。

廿五日。大雨，雷，寒。复杨厚庵、俞鹤皋信。亦接杨子卿及翰舟、经笙各信。怡仲之妻求资怡仲回家。属子瀞函致左癸叟、唐鹤台二君为谋之。

廿六日。大雨，雷。（寄）〔接〕杨厚庵、苏紫溪、彭伯衡、曾澄侯、陈右铭、喻小冈。亦致盛锡吾一信，托转递喻小冈。又复汤肖安及翰舟各信，以肖安有信托荐王少云应周荔樵处教读，此时想早定局也。玉舲过谈，递到吴晴研、萧子远、唐桂生一信。

廿七日。雨，风，寒。致曾挚民、李次青、周（伍）〔桂〕坞三信，由桂坞专足带思南府署。接方翰卿驻广西归顺府防营、刘又愚、俞鹤皋、盛锡吾各信。刘又愚求致泸州夏淑轩观察及王壬叔二信，求盐务差使。正思致壬叔一信，可就便言之。用舟、咏民过谈。

廿八日。雨。接沈星海、俞鹤皋、欧阳子卿三信。亦复沈星海、俞鹤皋二信。鹤皋约魏俪辛来见，因病告缓数日。兼致朱禹田一信。龚果斋过谈。晚间黄子厚亦至，恰与鹤皋议延魏俪辛主讲仰高一席，转使多此一番周旋，甚觉不适。是日中丞甄别三书院。

廿九日。阴，寒甚。长日苦短，惟觉老景之逼人也。遣人诣吴云谷，仍以二月初赴岳州。枉承问疾，闻其乞假，相报问耳。

三十日。阴，寒。复欧阳子卿一信。子瀞、咏民见过久谈。

子瀞述及黎尔民之意，始知前日枉顾，盖有为也。

二月

二月初一日乙丑。阴。接杨性农、王惠泉及寅伯各信。性农并寄到《移芝室诗古文集》一部。是日王辰丽开馆，兼邀李麓渔、易铁桥、李筱溪、危笙陔及用舟、润民小酌。筱溪、润民并已回县。

初二日。早雨，午后晴。接徐仁羲、周瑞堂二信。吴云谷过谈。寅伯邀同丁次谷、李佐周及子瀞、子宽枉至小饮。

初三日。早晴。俄顷云起，大雨竟日，甚奇。接黄芍岩、朱禹田及子瀞各信。亦复子湝一信。王惠泉、庄理卿、庄季含过谈。禹田函商文正祠值年首事，与鄙意微有不同。禹田欲合淮商公局为十人，公局本禹田主之，比年增加湘商二人：朱禹田、杨容堂；西商二人：萧小泉、刘晴轩。此次增加值年首事，则傅青馀、俞鹤皋、杨鹏海、陈程初也。其李次青、凌问樵二人，前数年邀入之。公局自公局，值年自值年，不能混同为一也。

初四日。雨。致曾沅甫宫保，为黎尔民言督销事宜。亦接杨丽峰、邓辅臣二信。萧小虞递到潘季玉赴书季玉住阊门内西百花巷。李芋生、丁次谷及子瀞、荇农、懋官、敬修来见。邓辅臣为邓宝臣之弟，其义子侵盗其资装，名龚锡畴。龚兰廷之族人有意庇护之，因以相告。

初五日。雨。接吴晴研、朱幼炳二信。龚果斋及用舟、慰霖过谈。遣人至余尧衢处探询黄子厚行踪，云于今日抵省，因属用舟一往视之。

初六日。雨，风，寒甚。接李佐周一信，当以一信复之。王绶卿受吊成主，延请一题，俞鹤皋、周瑞堂、李荫堂枉陪。随往拜李芋生、李黼堂、傅青馀、俞鹤皋、杨鹏海、周惠生，至夕回家。胡其祥、韩贝臣枉过，久候至二鼓，始辞去。寒紧乃似严冬。

初七日。雨，寒。致吴晴研、萧子远、唐桂生及鹤九各信。又寄玉舲一信。易椒生专足递到一信，为其侄易堂镜求入讲舍，当以一信复之。欧阳季临自湘潭至。

初八日。雨，寒。邀胡其祥、韩陛臣、欧阳季临、王竹轩及子瀞、荇农午酌。王竹轩为欧阳季临之戚，以府经历候补贵州有年，奉讳回湘，服将除，其友人刘君任仁怀厅，召之赴黔，因求一书抵李次青、曾挚民。刘君名启瑞。吾于王君无一面之识，季临乃相偕至省求书。此等酬应，太觉无谓。李芍臣过谈。

初九日。雨，寒。接朱禹田信，亦复朱禹田信。并致俞鹤皋、王惠泉、胡其祥及用舟各信。黄子厚约初四日来省，至今无信，关件仍交还用舟，听从酌定。黄子厚、魏丽辛，吾亦不复过问也。

初十日。致李黼堂信，亦接李黼堂一信。回拜吴云谷、李瑞南、丁次谷、黄子冶。并诣孙春皋、何伯元、陶少云、刘馨室、邓双坡、周笠西、左逸仙、陈诒生、朱暝庵、陈舫仙、徐云渠、徐寿鸿、熊鹤村、黎尔民、左子栗、左子健、左子异、曾霖生、陈仲宽、余尧衢、李佐周、龙琴堂、龚荣甫。兼视周惠甫病。并诣成静斋、林少梅致唁。静斋处照料人客者为黄子焘。晚次，黄子冶、汤斐斋、丁次谷邀同汪铁珊、王萝泉及子瀞枉过会饮。

十一日。接黄子明、罗子昭、唐继武、易堂镜及玉舲各信。当复黄子明一信。又为欧阳季临致李次青一信，托其戚王竹轩。黄子厚、胡其祥、钟佐廷及佩珊、秉文过谈。

十二日。接丁次谷、李佐周、陈尧辅、陈熙堂各信。往贺二太太寿辰。与韩陛臣、胡其祥、钟佐廷一谈汽轮船事宜。回拜朱星垣、汤斐斋、汪铁珊、王萝泉、盛锡吾、魏丽辛、王惠泉、朱菊生、唐懋皆、龙际云、张芝岑、彭贻荪、欧阳季临、曾慕陶、龚果斋、曹芸樵、陈定生、蒋幼怀。兼诣刘韫斋前辈谈。是夕复陈熙堂信，并为其孙大纯致张鹏庵一信。

十三日。邀陈尧辅、胡其祥、韩陛臣、钟佐廷、李召甫、毛杏荪及佩珊、炳文小酌。午刻，诣思贤讲舍开馆。监院李佐周，董事傅青馀、俞鹤皋、杨鹏海、陈程初、朱菊生及子瀞毕集。诣船山祠、文正祠两处行礼。诸生呈递履历者八人：张子善、黄伯屏、俞斑黼、黄芷陔、吴国霖、唐继武、朱稚泉、嵇舜畴。新补二人：左佩勋、凌拔枬。自备资斧二人：周次农、易怀清。随同住斋二人：危笙陔及杏农。凡共十四人。是日大雷雨。

十四日。雨。接瞿子玖、何子诚、刘月卿、黄晓墀各信。刘馨室、刘朗山及笠云、寄禅过谈。传黄伯屏、俞斑黼、张子善、凌拔枬、黄芷陔、吴国霖、左佩勋、易怀清八人，各四人一班来见。

十五日。微雨，阴。自十一日郁热，十二日乃大寒，十三日又热，十四日又寒，本日忽寒忽热忽风，气象百变，即此足征天人感应之理。接刘希陶、刘馨室、汤斐斋、易铁樵各信。刘馨室、陈舫仙、龚果斋、丁次谷、李芋生过谈。刘定夫馈菜，因留次谷、芋生及李佐周、子瀞小酌。

十六日。春分。雨，寒。接但少村、黄石珊、刘佐臣、杨默林、盛玉成、周惠生、黄桐轩及常健吾、刘小楼、姚雨苍、吴舜臣诸人公信。又接周丽松一信，为其子寿藩名荣曜求信致谭剑甫、魏梧庄两君。亦致周惠生、彭心莲二信。陈子濬来见。是日为先光禄公忌辰，率家人上祭，谢客一日。

十七日。大雨竟日，寒甚。致丁次谷一信。亦接清臣一信。

沈星海、易铁樵、胡幼森、杨汝襄、杨熙春来见。汝襄、熙春为阎季蓉门人，以季蓉之命执贽称弟子，询知为杨性农族孙也。晚次胡其祥过谈。

十八日。早大雨，午后晴。接姚雨苍、杨汝襄、杨熙春信。傅青馀、黎尔民、黄子钧、李镜臣、熊友竹、李丽源、李华卿、周翰臣、蔡兰生次第过谈，遂尽一日之力。晚次胡幼森来见。

十九日。阴，寒。接李芋生、欧阳季临、曾慕陶各信。诣邓双坡、傅青馀、崔清如、但少村、夏芝岑、刘定夫、吕藕池、周蝶园、周兴之、孙彦臣、谢小庄、杜仲丹、黄振斋、陈舫仙、黎尔民、俞鹤皋、杨鹏海、黄子寿、黄子钧、汪景山、赵再庵、易芝生、易茂卿、张南屏、杨芝仙、春云书、崧灼亭、张懋阶、陈程初、刘馨室、赵朗垣。春日悠长，会谈处多，亦尚有馀晷也。

二十日。阴，寒。接朱香荪、张蔚卿、汤斐斋、龙镜如各信。亦致张南屏一信。是日以讲舍有应补者八缺，而求补至五六十人之多，乃召试之，至者二十七人。李华卿、李麓渔及子瀞来谈。

廿一日。阴，寒。吕信臣递到筀陔叔一信，当复一信，仍交吕信臣转递。永定胡曾先亦尚在省，亦可便带。邓双坡、吕藕池、王辰丽、张南屏先后过谈。周瑞堂求为王绶卿神道碑，实苦竟日酬应不暇。

廿二日。阴，寒。录取讲舍补课生九人。李瑞南、龙琴堂、朱峰乔[①]。琴堂见语：明日诣朱宇田。宇田以廿四日生辰，惟属琴堂寄贺而已。晚传唐绍武与商，其兄继武，现服龚果斋方，日见功效，宜缓归家。果斋方拟随同张冶秋、周惠生二人北行也。吴斗枢见赠《孝廉堂课文》一部，盖祝淡溪所选刻者也。

---

①此处疑有脱字。

廿三日。雨。接胡浴生一信。新录肄业生九人：衡山李少笙登云年最长，文笔为盛；湘乡葛昆生炳庚；（澧）〔醴〕陵黄瑞生宗泽，治《尚书》，气宇最佳；善化帅干堂兴藻，徐子中树科，《书经》；醴陵刘汉岑国英，治《礼记》；善化陈翙梧炳蔚，《书经》。皆可成就之才。惟罗少庚緦，习《论语》能篆书，佐周谓其气焰不可近，来见殊不然，稍以正论语之，亦能领受。其一人则吴智川邦彦，习《书经》也。合原肄业之张子善达蕃，习《周礼》、黄伯屏鼎爕、俞斑黼莱庆、黄芷陔景芬，习《春秋》、唐继武祖培，习《书经》、吴国霖润溥、谢习伦玉芝、嵇粹醻金寿，习《书经》、左佩勋干青，共得十八人。外则商籍之泾县朱稚泉荣曾、凌拔枬恩凤，皆有课名；商额黄伯周黄小泉之孙，自备膏火、刘心渠；均次第来见。

廿四日。雨。诣张南屏、凌问樵致贺。便拜李瑞南、沈星海。兼致吊郑筱珊尚书、周芋僧。偕陈诒生、俞鹤皋同赴吕爕堂之召，小饮定王台之东涧草堂。夏芝岑树梅其前，今岁开花极盛。傅青馀榜其前楹曰：问梅。姜白石词有西楼雅集语，夏芝岑因榜其左楼曰西楼，重辑《定王台志》，亦可谓盛举矣。姜白石人日定王台《一萼红》词云：古城阴、有官梅几许，红萼未宜簪。池面冰胶，墙腰雪老，（雪）〔云〕意还又沉沉。翠藤共，闲穿径竹，渐笑语（北来）〔惊起〕卧沙禽。野老林泉，故王台榭，呼唤登临。

南去（惊起）〔北来〕何事，荡湘云楚水，极目伤心。朱户黏鸡，金盘簇燕，空叹时序侵寻。记曾共西楼雅集，想垂柳还袅万丝金。待得归鞍到时，只怕春深。

廿五日。雨。接黄桐轩信，并馈楠木器具。李瑞南、龙琴堂、周寿藩过谈。李佐周函询何介藩之子入讲舍，茫然莫知所云，遣询顺孙，亦不知为何人。其孟浪如此。

廿六日。雨。接熊绍芗信。求忠书院取回炎儿、顺孙两卷。

炎儿卷为左逸仙评阅，一味粗心。顺孙卷似已取录，而未列案，大率有意为之。诣曾文正祠浩园，为郑筱珊尚书陪吊，司道公祭，崔清如、但少村、夏芝岑、刘定夫、谢小庄、吕藕池、张南屏、孙彦臣皆至。陪客则傅青馀、徐云渠、王雁峰、周笠西、陶少云、俞鹤皋、李幼枚、陈程初、曹筠溪、曹介藩诸人也。林少穆先生督两江，试钟山书院，委道员续立人点名，诸生不应名，而赠以联云：尊姓原来貂不足，大名倒转豕而啼。续大恚，以告林文忠，文忠大笑，以为工绝。又有名贾瑚字小桥者，或以联嘲之云：姓名已入红楼梦，夫婿曾鏖赤壁兵。又浙江黄菊卿，或误其姓为王，答以诗云：江夏琅琊未结盟，共头三画要分明。他家自接周吴郑，敝族原连顾孟平。须向九秋寻菊有，莫从四月问瓜生。右军若许涪翁代，孤负笼鹅道士情。又初彭龄任漕督，奉使南来，官衔牌前导误作糟督，亦以诗示长沙令云：平生不作醉乡侯，况复轺轩速置邮。岂有尚书居麹部，漫劳邑宰筑糟丘。读书自应分鱼鲁，过客公然类马牛。闻道贤侯近迁转，武冈是否五缸州。时长沙令陈大光新擢武冈州牧也。

廿七日。早微雨，郁热。接玉舲信。刘馨室、丁次谷、赵朗垣、张冶秋、周惠生次第过谈。长日阴晦，一瞬已久。次谷语及所荐讲舍之刘信渠，为成静斋之婿，与刘国英实别一人也。

廿八日。雨。致复王桐轩及玉舲信。又致王雁峰、俞鹤皋、陈璞山、罗瀛桥四信，并以船山祠及城南书院名宦、院长二祠碑记石刻寄之。当接俞鹤皋信，以为必应嵌入祠壁。至是陈璞山始遣人舆致碑石城南。是日大雨，雷。

廿九日。大雨，雷。接王雁峰、曾澄侯信。当复雁峰一信。又接周寿藩一信。徐仁羲、戴柏斋求信，并力求一见，亦惟能一力拒之。晚致朱香荪一信。是夕大雷雨。

三月

三月初一日甲午。雨。致谭敬甫、黄敬舆、张冶秋、周惠生各信。陈芸敏太史典试来南，勤勤致问，并以纸求书，因托惠生带京转交。谭敬甫信为周寿藩作，黄敬舆〔信〕为徐仁羲、戴柏斋作。又为吴筱琨致李韵仙、龚辅丞、李镜浯、蔡勤斋、张掖亭、何晴初、吴酉堂、吴竹铭公信。兼致吴晴研一信，并交润民带县。胡镜心、王炳斋、龚果斋、易铁桥及子瀞、润民过谈。因留龚果斋、李佐周及子瀞午饭。

初二日。雨，寒。接韩宝臣、周惠生、俞鹤皋、朱香荪、巢子诚、胡少芝、李人懋各信。杜仲丹、瞿海如、彭臧仲、巢子诚、胡静惺、刘朗山及寄禅过谈。张子善、黄伯屏、俞班黼、罗少庚、周次农、易怀清、左佩勋先后相就请业。

初三日。苦雨数日不止，日在晦蒙否塞之中，使心气为之不扬。接寄禅及鹤九各信，亦为龚果斋致曾沅浦宫保一信。王雁峰邀同左逸仙、陈怡生、潘子珍、陈璞山、李芍臣、彭念苏会饮城南书院，为修禊之游，并约至妙高峰相度船山祠碑记，谋嵌之壁，皆为雨阻。便过杜仲丹、周惠生、曹鹤轩、龚果斋谈，兼为惠生、果斋送行。

初四日。微见日。龚果斋、崔厚卿过谈。是日，林梅仲邀请为林贞伯中丞题主，专请邓双坡、傅青馀、左楚英、黎尔民作陪，因留一饭。晚过刘馨室、杨芝仙。命炎儿偕同顺孙赴县应试，并请王辰丽及荇农陪同送考。

初五日。雨。接朱香荪、王荔村二信。复韩宝臣、王荔村二信。杨芾生自县至。偕同周荔西、龙琴堂、傅青馀、陈诒生、俞鹤皋、朱禹田、陶少云、杨鹏海、陈程初十人，公请吕夔堂、张南屏、孙燕臣浩园小集。

初六日。阴，郁热。接曾沅浦宫保、周春浦及鹤九各信。春浦交到荇农前辈遗著《思益堂日札》十册、《诗集》六册、《文集》二册、《词钞》一册、《守默斋试帖》一册，计共二十册。略一披览日札、诗钞两种，可以付刊。是夕以初七生辰，枉过预祝者：易铁桥、胡其祥、饶岱霞、郭庆生、李麓渔、杨佑吾、刘朗山、周子安及诸武弁及家子弟二十馀人。是夕大风，雷。

初七日。大风。亲友贺生者，皆谨辞之。其有径入，命多生设位答拜。是日内外共备十席。内三席，外三席，历年常例也。讲舍门人二十馀，另备三席。丁次谷、黄子冶各馈肴馔，子瀞亦馈菜。乃邀李芋生、李佐周集厅后小室一谈。易玉峰自县至。

初八日。大雨，风。为李麓渔、杨佑吾致胡其祥一信。亦接玉舲一信。为李黼堂贺其六十生辰，因陪邓双坡、陈诒生、王吉来及芍臣、幼枚小饮。兼诣斗姆阁，以蔡浩楼为予生辰诵经五日，一往拈香，晤其董事陈春林，陈程初兄弟行也。掌坛黄冠一人：李晓云；执事二人：总兵黄佐卿、从九王恕堂；拈香一人：朱润泉。便诣崧锡侯廉访谈。回拜崔清如方伯，夏芝岑、刘定甫、萧小虞、但少村、吴云谷、谢小庄各观察，吕藕池、周铁园、汪铁山、李瑞南、谢莘田、瞿伯常、张南屏、孙燕臣、刘幻吾、丁次谷、汤斐斋、王萝泉、黄子冶、吴湛清、胡云卿、史星陔、黄桐轩、冒小山、左逸仙、沈星海、罗小鸿、唐夔友、王绍棠、姜兰浦、黄铭山、刘韫斋前辈、邓双坡、傅青馀、杜少鹤、孙春皋、俞鹤皋、杨鹏海、陶少云、陈诒生、陈德生、王雁峰、徐云渠、黄子寿、吕信臣、吴斗枢、唐懋皆、聂伯元、孙次韩、周笠西、刘馨室、汪景山、赵朗园、龙琴堂、熊鹤村、瞿海如、春云书、崧灼亭、张懋皆、陈程初、刘祝廷、贾清臣、龚荣圃、樊子琳本德、梁□□华龄、颜懋园武林、张怡仲寿昌、刘□□培泽、熊鲁儒、刘朗山、李芋生、李佐周、李华卿、汤肖庵、彭念苏、翁少兰、翁少溪、张花楼、左千之、饶岱霞、郭庆生、罗赞卿、张芝岑、吴子初、黎尔民、曾慕陶、曾霖生、舒□□瑞昌。亲友子侄辈不拘礼数者，不复记也。

初九日。阴。接易达恩玉亭、周昌辅、毛杏荪、龙琴堂各信。亦复龙琴堂一信。丁次谷、胡其祥早过，因留饭。李麓渔、杨佑吾亦至，因为料理杨鹤龄接受子瀞盐票事。下午微雨。

初十日。雨。胡其祥回湘阴，顺致吴晴研及玉舲二信。朱禹田邀集萱圃小叙，同席邓双坡、龙琴堂、俞鹤皋；朱岳舲以有从母之丧回塘坡。萱圃新添坐落数处，仍登小楼观江涨。

十一日。早雨。龙琴堂、傅青馀、黄子冶、丁次谷、俞鹤皋、陶少云、李芋生、杨鹏海、陈程初、李佐周醵金治席浩园，为予补作生日，并予与子瀞为十二人。程初以事不至。左逸仙闻之俞鹤皋，补入一分，仍为十二人。自庚辰年公饯彭雪芹、刘岘庄于此，曾一陪游浩园，距今七年，未一涉足。是日，李芋生以初次谒文正祠，与黄子冶、丁次谷并先诸客至，相与循石桥步园一周。次谷、佐周及子瀞仍至斋晚谈。

十二日。早晴，午后阴。接文兰舫、杨仙芸、王旭初、罗振常四信。亦致朱香荪、巢子诚二信。沈星海、刘朗山及一心、寄云过谈。刘沁渠来见，成静斋之婿也，自备资斧肄业讲舍，逾十日始来一见，自言肄业城南旧门生也。其何树珊一人名锡祺，云为曾氏荐至讲舍，至今不来见也。谭燮甫、吴爱吾过谈。

十三日。微雨。寄复周步瀛、王梦虎二信。并交刘朗山带山东转寄。回拜左楚英、冒小山、李芋生、龙际云、赵君豫、任芝田。并诣王惠泉吊其母丧。随赴刘蕴斋前辈之召，同席傅青馀、陶少云、李幼枚、唐羲友、丁次谷、左逸（山）〔仙〕、张文星。外李瑞南、汤斐斋二君不至。

十四日。接子湝、玉舲及顺生各信。亦复玉舲、顺孙二信。子湝寄《艾千子文集》一部。李芋生寄所选刻古文一部，分三目：一曰《道学内篇》，一曰《文学外篇》，一曰《唐宋八大家文》。

十五日。早晴，午后阴，微雨。龚云甫、李芋生、徐仁羲过谈。李幼枚邀同刘定夫、黎尔民、杨鹏海晚酌芋园，观牡丹，睹壁间石刻。因询汪啸霞旧刻《德范词源》册，为尹文端公、袁随园小像，展转流传，集为巨册，白兰岩得之琉璃厂肆，予为刻之，李黼堂藏之芋园。因为李幼枚言，当觅拓工拓存数通。

十六日。大风，寒，雨。接程尚斋、叶筱岩、黄次珪、赵吟篁、瞿景伊、陈船斋及杏农各信。冒小山、吴莼庵及西枝、离欲过谈。李少笙以修谱乞假三月，葛昆生以母病乞假一月，黄伯屏以恕皆少宰堂事乞假十日。应经课者：张子善、俞班辅、罗少庚、谢锡伦、黄瑞生、凌拔枏、刘汉岑共七人，功课应查者数人而已。

十七日。晴。接张超堂、单子诚二信，又接雷颖生一信。亦致朱禹田、巢子诚二信。熊鹤村、章伯和、徐仁羲枉过。雷颖生信由章伯和带到，并寄到西垣师《可青山馆试帖》求序。徐仁羲约同杨佑吾赴县，因便寄示杏农、炎儿、顺孙一信。为刘韫老贺生日。并诣但少村、吴云谷、李瑞南、唐蓬洲、陶少云、黎尔民、陈定生、龚荣浦、龙琴堂。兼吊黄恕皆。并诣嵇辨酶吊其母丧。熊鹤村诵其《自嘲》诗云：此身虽在室家中，无异丛林作寓公。日膳双鸡烹用蛋，天寒一鹤蛰如虫。留宾对奕常难胜，课子传经总不通。刻刻扫除明镜地，频年未睹一时空。

十八日。为杨芾生致谭敬甫一信，又致张超堂、曹镜初二信。

亦接李黼堂、傅道勋、赵吟篁各信。又接李次青一信。吴云谷、丁次谷、杨芾生、易铁生、李麓渔及子瀞过谈。

十九日。阴。昨晴稍热，今又阴矣。接钟祥开及鉴湖二信。吴云谷告言派罗赞卿磊石局帮办，因传赞卿告知，属诣谒吴云谷。为徐云渠贺生日。便拜左逸仙、熊鹤村、蒋少怀、王荔村。少怀约相就一谈，因至养知书屋。宁钦若、黄铭山、江竹仙、蒋少怀次第见过。院试诸生有和杜工部《花底》、《柳边》二诗，为戏拟二首：江上濛濛雨，阶前艳艳花。浅深迷宿雾，早晚怯晴霞。金粉装涂屋，宫盐曲引车。风光容易过，一散似抟沙。不道春光暮，仍余柳色新。依依湖上路，袅袅汉南春。眠起成三影，轻狂信一身。章台飞絮尽，攀折为何人。

二十日。阴。接曾沅浦、黄幼森、赵朗垣各信。陪吊黄恕皆少宰宅，在官者：崧锡侯、瞿清如、况颜山、刘定夫四公。为候瞿清如，几至日夕。回拜宁钦若、孙彦卿、黄铭山、江竹生、周文斋。随诣瞿清如，贺其夫人生辰。兼视张南屏之疾，晤其弟慰农。下午，大风雨，雷。家人往视张南屏之疾，署中述其事甚怪，乃为一文属慰农宣读云：国有常刑，官实司之；于何征信？取证供词。人心变幻，百出不穷；匿情狡辨，爰有熬供。熬供不承，情真弗治；但一自承，尽从吏议。罹法科罪，岂忍为残；国法森然，明神所监。嗟汝之罪，官疑未决；汝自承招，官非汝迫。临刑视汝，怦然涕淋；一念之仁，有感于心。汝即乘之，据为冤抑；嗟官之仁，汝岂弗识？汝虽冤死，亦命使然；官惟执法，非故汝冤。于惟张君，三至长沙；民欢士感，无有疵瑕。汝自谓冤，殃吾贤令；阴阳一理，于义岂顺！今吾为汝，宣佛持经；超度汝魂，元关紫庭。多焚冥镪，资汝游衍；为解汝冤，逍遥息偃。天地万物，大哉皇皇；生死顺逆，在变皆常。汝魂有灵，当知辨此；超然悟澈，霍然病已。

廿一日。晴。唐曦城递到一信，适周氏女亦专信告知病势已笃，求梁姨赴乡，遂于是早启行。亦复唐曦城一信。炎儿、顺孙专足寄回一信，知县试案发，案首为刘瑜，炎儿第七，鹤九第九，顺孙第十二。并接胡道生及杏农及怡仲家各信。

廿二日。为赵朗垣致卢艺圃一信，亦致赵朗垣一信。接唐懋皆、吴智川二信。又致刘岘庄、刘希陶、刘康侯三信；三君皆有母丧，各以挽幛寄之。梁姨自乡回，具述适周氏女病状，盖已不可为矣。是日阴，凉。

廿三日。雨，凉。周小樵函报周氏女之丧。致杜仲丹、李芋生、沈星海各信，皆约饭，以女丧告辞者也。兼辞笠云、寄禅之召。接朱香荪信，知次江始终为湘人官京师者所持，未及覆试，当以一信复之。周氏女衣衾棺木并取之省城，并遣周南山赴里佳段经纪其丧事。

廿四日。接朱禹田、江竹生二信，当复江竹生一信，以代宁钦若致送笔墨，于事未宜领受也。曾挚民、黄子寿、李佐周过谈。是日李芋生邀同杜仲丹、李黼堂、李佐周会饮。新有适周氏女之丧，遣辞不赴。

廿五日。接朱香荪、姚庶侯信。回拜曾挚民，况颜山。兼贺左逸先署石门县事之喜。姚庶侯信述及宝庆院试枪替一案，由领花红之日问得之，牵连责及学官不先举发。时政以操切刻薄为事，亦其证也。

廿六日。接萧屺山、韩宝臣、吴晴研及玉舲各信。炎儿、顺生自县回，杏农为述县中情形，多可笑者。王辰丽、杨佑吾均回省。辰丽诣何家塘黄氏，佑（堂）〔吾〕陪同徐仁羲看地，固知所言之万不足取信也。

廿七日。数日阴寒不解，历来春景所未有。复萧屺山、韩宝臣信。亦致合淝一信，即交曾挚民带投；致曾沅浦宫保一信，则以托之曾慕陶也。李瑞南、王辰丽过谈。邀曾挚民、周闻斋小叙，（文闻）〔闻斋〕已于是日赴鄂，（及）〔即〕属子瀞陪同曾挚民一谈。

廿八日。接陈子濬、胡道生及虚堂各信。李黼堂、李芋生、王荔村过谈久坐，略尽一日之力。

廿九日。接韩宝臣、刘彦臣、龚果斋、赵君豫四信。亦复韩宝臣、刘彦臣二信。以韩君枉商海防捐输，不能不与一商。谢复刘彦臣馈君山茶，便荐李升、陶升，此等亦徒自取诟怨而已。曾挚民、黄桐轩、盛少康过谈。是夕雨。

三十日。大雨，风，寒。致曾挚民信。诣嵇彛酶致唁。便拜曾挚民、黄子厚、周笠西、龙琴堂、左少青。为料理左少青订婚张南筹事，现有曹南桥为之料理，而持之急惟陈滋生、程子朴二人，皆黄氏姻亲也。是日，李佐周、李芋生及子瀞并为料处，因约左少青至讲舍一叙。省城一哄之议论，从风而靡，能辨知其得失亦鲜矣。

四月

四月初一日甲子。雨，寒。致盛杏荪、马眉叔、聂仲芳各信，交王正钧随同曾挚民大船赴鄂，由鄂赴上海。又致李朝觐一信，并广东赈捐洋银二百元。龙琴堂、陶矩林、巢子诚过谈。陶矩林从刘毅斋伊犁三年，具述金和甫将军顺之泰侈浪费，管带四十馀营，不满六营之额，又益之以苛刻，盗饷以自肥，略无顾忌；继之者锡子猷将军纶尚有气概，非金之比也。伊犁清理边界，北、中、南凡派三人；中路长顺，有干才。陶矩林于西域情形尚为熟悉，可谈。王玉章递到一函，托荐致其亲戚潘南寿号赤亭，玉章盖梦虎之世兄也。

初二日。雨，寒。自三十日至此日，雨或大或小，昼夜不息。接王荔村信。亦致龙琴堂一信。罗抵敷偕其侄振旃枉见。黄瑞生、张子善、俞班黼、左佩勋各以事来问，黄瑞生辑《文选》为予七十寿文一篇，凡三千馀言。邱松篔晚至，为予诊脉。是夕立夏。

初三日。晴，寒意尚未灭也。致夏芝岑、欧阳静山、王荔村三信。亦接夏芝岑、王荔村二信。黄子冶、丁次谷、黎尔民、潘赤亭、陈尧辅、易铁桥及子宽、鹤九过谈。晚次，胡浴生带到玉舲一信。

初四日。接李韵仙、彭岳青信。诣刘子昭、徐紫垣两处致吊。便拜李甫卿、王铭山、陈程初、陈璞山、李芋生、章伯和、张雨珊、杜仲丹、陶矩林、汤斐斋、黄子冶、朱香荪。兼过寅伯，为其母作生日，观所陈设，亦尚有条理。斐斋之弟立甫工医，往觅不见。

初五日。接周昌辅、梅渔星及炳文各信。又接姚庶侯信，述及新进生刘鹏程、书办彭舜臣，交通员生李登青、学署签押宋姓，额外苛索不遂，揭发之，以此责学官之失于觉察，亦太无理矣。是日为三嬢姐六十寿辰，前往致贺。李芋生、王子钧二人为之接待宾客，所晤丁次谷、徐恒山、熊叔眉、左庆生、李佐周诸人。

初六日。接周芷湘傅介生、余德镛二信。德镛为佐卿世兄，其母近就其姊夫陈洛君富顺县任。芷湘寄示所撰《周易管见》四种：一、《图象》分上下两卷；二、《易案》；三、《易范》；四、《读易心得》亦分上下两卷。鹤九回县，便致吴晴研及玉舲二信。胡玉韬过谈，询其来意，殊涉谬诞。初三日后大晴三日，为去冬以来（为）

〔所〕罕见，至今日又浓云密布矣。傍晚郁热殊甚，是夕雨。

初七日。雨，大风。接龚蔼人、槃希、佩珊各信。姜兰浦、张禹珊及绍西过谈。回拜黄芍岩、黄次圭、李黼堂、李芋生。即赴杨鹏海之召，同席李黼、吴云谷、陈程初、李芋生、况颜山；况以事不至，适王壬秋回省，因并邀一谈。

初八日。阴，郁热殊甚。接笠云和尚信。朱鞠生、张晦甫、欧阳子卿、周子顺过谈。晦甫告言：吕燮廷追取高抟九断帮黄子寿一款甚急，由卞诵生札催之故，委员承审者直云此由大府硬断，更不以情理论。即此足知人事之变矣。是夕雨。

初九日。雨，大风，寒。回拜王壬秋、李佐周。便过罗叔循，与罗柢敷、罗振旃一谈。孙春皋、龙琴堂邀同傅青馀、俞鹤皋、李芋生午酌。是日以三侄女与罗叔循定庚，兼为之铺房。

初十日。雨，寒。曾霖生赴金陵节署，便致曾沅甫宫保一信，以子瀞求为子宽说法也。是日，青荫之三女出适罗叔循，为之资遣，随往致贺。便拜刘彦臣、许福珠、曾霖生。又致朱蓢生、周瑞堂二信。亦接易桂生一信。

十一日。阴。接赵君豫信。刘彦臣过谈。罗柢敷馈席，邀杜仲丹、王壬秋、张雨珊、李幼梅、李佐周、李镜甫及子瀞小酌。雨珊、幼梅以事不至。镜甫本属添请，适亦以事外出，未能再往催也。李麓渔见示李筠庵、李紫美二信，述及三阳团常姓被窃，于周兴平、任玉贵家搜得赃款十馀事，团总刘玉华方欲一加惩治，周族周又超、周克举主使呈控诬良，反令团总刘玉华为受讼累，求为理处。因询知三阳团附入达义团，为以一书谕之。

十二日。郁热，阴。接曾沅浦宫保信。亦致李咏仙、龚黼丞、吴舜臣、熊雨畴、高粹之、李少楼公信，并吴晴研及玉舲各信。公信盖专为冒小山张罗计也。赴笠云上林寺之召，同席李黼堂、王壬秋及子瀞，黼堂以家忌不至；僧人则东林、西枝、寄禅，并开福寺之海会和尚。

十三日。致黄芍岩、周史樵二信。亦接胡静惺、胡浴生及兰生各信。丁次谷过谈，始知许福珠曾枉顾，竟为高四所隐匿。下午大雨，盖自昨日郁热已极，决其为雨征也。至是复凉甚。

十四日。阴，午后晴。寒气转甚，亦一奇也。接蓝滋丞及翰舟信。又由简秋带到麓庵一信，并李咏仙诸人公信。当致龙琴堂一信，并公信交之。为陈诒生贺生日。并回拜傅青馀、沈星海、李芋生、彭笙陔、殷竹坞、曾惺愚、刘育唐诸处。李芋生、黄芍岩、蓝滋丞、李佐周并枉谈。

十五日。阴。致黄次圭、吴晴研二信。龚果斋自江南回，枉过一谈。子瀞邀同龙琴堂、傅青馀、陶少云、李黼堂、李芋生、龚荣圃晚酌，荣圃以事不至。

十六日。阴，且凉且郁热，苦燥万状。致黄柚笙一信，以孙春皋为荐衡山熊次衡馆席，速其径赴衡山也。李楷山自县来，想闻麓安受累之言，自求解释耳，然恐无术以求掩其迹也。又致蓝滋丞、龚果斋二信。接滋丞回信，则已启程回县矣。

十七日。阴，大雨。先夕郁热不可遏，已而大风，夜半寒甚，闻风声凄厉似深秋，使人惊怖。致赵吟篁信。过邓双坡、丁次谷两处谈。闻陈右铭次子仲宽以脱症物故，急往视之，晤陈耘恕一谈。赴西枝处小饮，同席殷竹坞、王壬秋、李介生，外惟李黼堂以眼疾辞，子瀞则自宴客，不能来也。

十八日。早雨，阴。接李仲絜及兰生、玉舲各信。刘定夫、左少卿枉过。为孙春皋贺生日。回拜林梅仲、於桐轩、许福珠、李介生、陈月楼、瞿海如、瞿式似。随赴汪铁山之召，同席丁次谷、张文心、任筱棠及子瀞，其黄子冶、汤斐斋二人，皆以事不至。

十九日。雨。郁热已极，而天气实凉，使人不可耐。致聂仲芳、韩宝臣二信。仲芳属为席珊寓书唐薇卿，因托邓双坡一言，并寄仲芳转达。冒小山、王壬秋、李佐周、左少青、张鹤臣先后过谈。西庚为其父怡仲病困杭州，谋赴浙迎致，以询子瀞，始知三星栈来函称同乡曾凑盘费劝归，即出子瀞，以子瀞寓书左癸叟、唐鹤荅、张海英在去腊十一月，同乡帮款在今年正月，其为子瀞所托无疑。究其病状，似以穷流为无赖，以坐受三星栈供养而已，并无他病也。是夕大风雨。

二十日。阴。接李咏仙、龚黼丞、吴舜臣、熊雨畴、高粹之、李少楼及绍西、荣覃等公信。於桐轩过谈。晚邀傅青馀、俞鹤皋、陈程初、陶少云、李黼堂、杨鹏海小酌。黼堂以齿痛辞，改邀李幼梅；幼梅亦不至，乃约子瀞一陪。

廿一日。雨，寒。接张掖廷信，以其子张恺邦相属，当以一信复之。刘松照、汤少韩、龚果斋过谈。炎儿母子均患伤寒。为延少韩、果斋各拟一方。晚邀邓双坡、孙春皋、龙琴堂、李芋生、李佐周及子瀞小酌。

廿二日。雨，寒。接魏赓臣、傅介生信。蒋幼怀函示会试湖南名数，所知者桂阳陈复心，为陈隽臣中丞之子；衡阳李杜生、李卯生昆仲；长沙余尧衢四人而已。诣孙春皋、翁少兰，贺其孙若弟完姻；陈程初、罗瀛（交）〔桥〕，贺其生辰。兼赴吊皮鹤翁之夫人。便诣刘定甫观察、唐懋皆、刘松照。于孙春皋处见王吉冈，为王鼎臣之族叔；于皮鹤皋处见彭次谟，为彭辅臣之孙。晚邀冒小山、黎尔民、张伯和、罗柢敷、左少青、左子栗、左子健、左子异小酌，冒小山以疾辞，左子健亦以事不至。一日之间，寒热百变，下午以后，寒益甚。

廿三日。阴。接唐蓂阶镇篁镇信。并递到上海筹办两广赈捐李朝觐等公函，缘唐蓂阶籍隶广西，屡次由镇篁汇寄捐款，因托其转递也。罗瀛〔桥〕过谈。晚邀黄子冶、丁次谷、汤斐斋、汪铁山、任筱棠、沈星海小酌，斐斋临席告辞，欲一补请王萝泉、张文星不可得。闻炎儿服龚果斋药，病势反增，为之竟日旁皇，莫知为计。

廿四日。阴，郁热，雨。接欧阳静山、黄柚笙及子澌信。蒋寿山、区祝三枉见。晚邀张雨珊、蒋幼怀、李镜生、江竹生、朱菊生、龚果斋小酌。初约瞿海如、瞿式似，海如、式似均经告辞。自廿日至今，凡五日宴客，颇觉困惫。

廿五日。阴，郁热已极。接苏子熙、瞿景伊、湛范仙、李咏仙、龚黼丞、姚雨苍、高粹之、吴舜臣、熊雨畴及子惠公信。成梓臣、龚琴堂、李幼枚、周翰丞、傅介臣过谈。回拜李瑞南、张晴皋、区祝三、成梓臣、李黼堂、李幼枚、蒋寿山。兼贺夏芝岑生日。并为吴云谷、刘彦臣贺喜。

廿六日。雨。致曾介石、戴竹卿及子澌各信。丁次谷、郭杏生及玉舲过谈。闻陈右铭至，一往慰问，辞不见。见进士报，门人中式者二人，一李杜生，一余尧衢；而陈伯严与焉。三人皆佳士也。

廿七日。先夕及早大雨。致潘祝年啱信，并致俞鹤皋、唐懋皆、罗叔循各信。陈稼荪及玉舲过谈，稼荪为陈少轩之子，来南营求馆席，此恐未易得，而尤属意曾沅浦宫保，谋得一书往投。海客谈瀛洲，越人谈天姥，各就所知以求神仙之术，不自知其无当也。王辰丽自家回馆。

廿八日。阴，寒。致胡少芝及玉舲信。亦接陈熙堂及子澥信。张超堂、刘松照、孔桧舲及慰霖、玉舲过谈。回拜夏芝岑、程凯云、李芋生、汤斐斋、周翰丞、张超堂。并诣刘祝廷，贺其幼子新婚之喜。是夕雨。

廿九日。雨。接马眉叔、李朝觐及玉舲各信。亦致李丹崖、易芝生、易懋卿各信。马眉叔信由王正钧、周南山自上海带回。左子异、刘松照、盛肇康、张掖亭及鹤九过谈。料理诸求书者，积至数十起，颇觉其惫。诣各斋舍，所见刘翰岑、黄瑞生、罗少庚、张子善、徐子中、陈翙梧、杨熙春、黄芷阶、左佩勋数人而已。

五月

五月初一日癸巳。雨。接曾沅浦宫保信。周小衡、余衡生过谈。咏民亦自县至。为春云书贺生日。便过黎尔民、俞鹤皋谈。是日讲舍解馆，以黄瑞生与监院抵牾，大为李佐周所斥，亦颇督责及鄙人。幸鄙人语言皆有节奏，尚不至为所持。黄瑞生文笔稍佳，便自戛戛独造，又语言戆直，于世情涉历尤浅，其器宇远不能及刘汉岑，文笔亦稍逊之。讲舍人才，竟以醴陵为独胜也。晚致丁次谷及子瀞二信。

初二日。雨，寒。接李佐周、左佩勋、郭云山即郭占鳌各信。丁次谷、王霁亭过谈。诣罗叔循，始知其已移居，因往以督销局折交之，并加戒谕。据许福珠初政，就本局及河局撤去七人，所知左癸叟、言舫丞、易凤楼、陈子霞，皆属实缺，支俸薪以为生者。撤此诸人另补，其苛刻倍胜于成静斋矣，正恐为害方无穷也。

初三日。雨。接韩宝臣、蒋幼怀、盛敏臣、龙琴堂各信。亦复韩宝臣、龙琴堂、李佐周各信。裴隽臣、黄滋生来见。闻张少屏自江南至，一往慰问。并回拜裴隽臣。便诣黄子冶、周笠西、李佐周各处谈。晚传左镜生、左衡生，质问黄滋生之言，参差过甚，然而黄氏之凶狡、左氏之昏愚，殆皆不可思议矣。而吾湘士绅之以播散谣言为乐，不顾事理之安，抑亦乱征之一端也。

初四日。大雨。接李佐周、席珊二信。亦致李佐周一信。陈右铭、冒小山、朱枫桥、李佐周、左少卿过谈。晚邀周翰丞、赵吟篁、张掖廷、张超堂、王汝民、易怀清及鹤九小酌。

初五日。雨。接刘康侯、易卓超及虚堂各信。刘伯固、李召甫过谈。两宅叩谒祖先，率家人行礼。午邀王辰丽、李鹿渔、易铁樵、胡浴生、龚果斋、王雪芬、李九如、黄芷阶、徐子中、周次农、杨熙春、左佩勋、危笙陔、杨佑吾、蔡兰生及杏农、咏民会饮。

初六日。微雨。接欧阳静山、刘毅吉、吴晴研、唐宗翰各信。是日郡试，湘阴与宁乡、浏阳合考。

初七日。阴。复欧阳静山信。刘谷怀过谈，语及刘希陶与刘岘庄、刘坚吾兄弟情形，始知希陶之坚僻，有异乎人心之同者，其浪费亦最甚，至今贫不能为生。闻之惘然。李芋生过谈。

初八日。稍见日，热甚，亦时作阴，恐雨意未止也。接蒋幼怀及寄禅各信。亦致左子异一信。黄柚森、江竹生、左子异过谈。子瀞赴县，云将由县赴京，谋解捐广西，一往送之。就便致胡其祥信件。晚次黎尔民、子瀞过谈。是夕雨。

初九日。大雨，郁热犹甚。两年以来，（有）〔无〕此奇景！接周兴之、蒋弋香、刘云樵、王荔村及鹤九各信。亦复王荔村一信。丁次谷、言舫丞、周笠西过谈。郡试正场案出，咏民乃为炎儿所误，列入二牌，为之怃然。

初十日。居然见日。接周笠西、黄子纯二信。亦复周笠西一信。子纯荐其邻人毛盛吾，属为位置。又为陶升致吴云谷一信。

左子异、李桤山过谈。晚为左子栗、子健、子异昆仲邀同黄季梅、章月初、章伯和、吴子初诸人集议左、黄姻事，稍为据理处断，力斥群言之嚣，众皆翕然无异词。惟议论滋事、簧鼓一时者实为黄竹兰，亦随傅青馀、俞鹤皋、杨鹏海、龙琴堂诸人避匿不至，足证长沙人造言生事之无谓也。周笠西晚过谈。

十一日。阴，凉。接李桤山信。陈程初邀饮开福寺复禊亭，同席傅青馀、陶少云、俞鹤皋、杨鹏海、李幼梅。鹏海、幼梅不至。而吾独携英儿同往。寺基为紫微山。后为碧浪湖，湖中有小岛，为凤嘴州；前有井，为潜龙井。五代楚王马殷会春园基也。寺联为紫微栖凤，碧浪潜龙八字。寺僧宝觉并慧林、寄禅三僧，并来款接。宝觉并出示寄禅《开福八景诗》。

十二日。阴，凉。接文兰舫、潘小农、朱莼卿、宁钦若、严少韩、言湛甫诸贺节信。言湛甫并荐杨性农之孙世圭入讲舍。龙琴堂过谈。亦就周笠西谈。是日湘阴府试，初复交卷以午刻为度，亦考试之一苛政也。

十三日。稍晴。接笙陔叔信。亦致周笠西信。汪景山、刘凯云、李少卿过谈。诣贺云谷。兼吊盛锡吾之丧，晤其弟佩卿及胡烈五，胡小梧之兄也。便拜夏芝岑、刘瑞云、黎尔民、周晓丹、杜仲丹、陈程初、刘祝廷、李篁仙、刘谷怀、李芋生、彭伯昂、陈稼森、但少村、朱禹田、朱菊生、曾重伯、张雨珊、丁次谷、成静斋诸处。

十四日。阴晴各半而甚凉。接周莲丞、李黼堂二信。刘瑞云、丁次谷、刘范吾、左少青过谈。又甘健存象乾过谈，以保举知县，谋谒选京师，求函致李傅相、曾沅浦宫保，张罗引见之费。人心岂有穷极，稍与讲说，亦虚费唇舌矣。

十五日。微见日，风，凉。接刘馨室、程凯云、张卓斋、周昌辅各信。亦致丁次谷、李黼堂及用舟、子惠、玉舲各信。但少村、陈稼荪、张禹珊过谈。下午回讲舍，便过王辰丽、左子异、王汝明。比至讲舍，李佐周已回，俞班黼、黄伯屏、黄芷陔、张子善、左佩勋来见。

十六日。日色无晶光，凉气侵人，全似初冬。接丁次谷信。刘谷怀、李芋生过谈。陈诒生邀同许福珠、傅青馀、李瑞南、李黼堂、黎尔民晚酌。晚接子瀞县城信，当回一信。并致张雨珊一信。

十七日。晴，凉。近午又浓云密布。罗少庚、谢习伦、帅干堂、杨熙春汝襄、黄伯周来见。为刘谷怀点次《新宁志稿》十五卷，因以一书与之。丁次谷、张鹤臣及慰霖过谈。接易淑子一信。

十八日。致王益吾、瞿子玖二信。亦接邹传遡次庭，为邹咨山之子、徐先稚二信。陈程初、俞鹤皋、杨鹏海约同诣贾公祠饯送夏芝岑观察，到者徐云渠、王雁峰、何伯元、许福珠、周笠西、龙琴堂、傅青馀、李幼梅、陶少云、黄子寿、李仲穆，凡共三席。允到而不到，康云渠及黄南城之弟翊丞而已。是日，湘阴合六县府试二复，一往视之。而闻徐子元枉顾相示，以黄子寿讦控子瀞，得严批，咨江南、浙江，押令回籍。适丁次谷见过，乃知此事传闻已多日，诸君皆匿不以告，至是始奉批也。

十九日。接裴隽臣信。盛锡吾家邀请题主，陈右铭、萧小虞、况颜山、李瑞南、刘彦臣为知宾，灵前执事则胡烈五、刘范吾也，可云整齐矣。便过李黼堂、朱香荪，香荪已移居寿星街，便以一书寄之。曾重伯过谈。

二十日。阴。是日夏至。接子瀞及槩希、玉舲各信。亦复子瀞、玉舲并致用舟、子惠一信。周晓丹过谈。又致张雨珊一信。下午大雨，风，雷，凉甚。阴阳错乱如此，良由天运使然，而政教人心风俗均足以致之，抑亦天人感应之征也。

廿一日。早雨，阴。接朱香荪、张雨珊及用舟、子惠、子瀞各信。为张南屏题主。刘彦臣、孙彦臣及区祝三、王畅卿、谢绍堂、刘小馨等六人枉陪。便道为崧锡侯、吴云谷贺喜，锡侯之兄崧峻峰已调江苏巡抚故也。并回拜汪景山、朱香荪、许福珠。晚邀许福珠、陈诒生、陈定生、李黼堂、刘瑞云、曾重伯小酌。接李进德信名道藩，住中新屋，意在求馆而已。

廿二日。阴，郁热。廿日壬子破大雨，雨势未有已也。复用舟、子惠、子瀞二信。由家赴讲舍，便过周笠西、龙琴堂谈。是日湘阴合八县三复。

廿三日。雨，凉。致钟佐廷、吴晴研及子瀞三信。周翰臣、邹次庭、李召甫过谈。召甫述及黄子明之累：太极斋本银一万八千两，亏折无存，反负累至数千、万金，是不独倾其资，贻累且未有已也。又接蔡辅廷信。辅廷名春元，以副将归贵州抚标补用，曾托曾挚民照料，一署归化协，仍求信为说项也。

廿四日。苦雨晦冥，全似冬景。记己酉年大水，为略近之，使人忧惧。接俞鹤皋、陈程初、李麓渔及子湝各信。亦复俞鹤皋一信。吴云谷、李佐周过谈。杏农、子权、鹤九、咏民均至。子权为玉堂别字。下午，江竹生又偕润民过谈。

廿五日。阴，郁热。丁次谷、李芋生、江竹森、胡浴生过谈。回拜左逸仙、黄桐轩、周晓丹、唐鲁英。任筱棠邀饮，同席刘彦臣、丁次谷、沈星海；未至者张文心、汪铁山二人。是日府院四复，凡共五场。

廿六日。阴。接王梦虎、陈定生、杨蓬海、崔厚卿及聂宅一信。亦复陈程初、杨蓬海信，并致杨佑吾信。孙彦臣、陶少云、陈稼荪枉过。汪景山邀同丁次谷、陈程初、钱子定、李幼梅晚酌，幼梅以事不至。是日府试长案，顺孙得首，鹤九、润民、炎儿并在十五名前，慰农亦列二十三名。

廿七日。阴，郁热。下午大雨，风。李佐周、左子异、张雨珊过谈。曾重伯邀同王壬秋、李黼堂、陈伯严食所治洋菜，亦别有风致也。

廿八日。阴，凉。接丁次谷及子瀞信。陈右铭、易铁桥、李文阁过谈。李瑞南邀饮浩园，同席许福珠、陶少云、陈右铭、萧小虞。晚过一心、荔云谈，晤沩山方丈万乘。是夜雨。

廿九日。雨。接合淝傅相、苏子熙、郭殿臣及傅协戎永贵江南信。诣吕燮臣、李瑞南、葛宴江、洗雪耕、区祝三各处致谢。并回拜吴云谷、傅青馀、俞鹤皋、杨蓬海、左绍明、陈定生、孙彦臣、江竹生、唐鲁英、唐懋皆、刘子昭、刘育棠、吕信臣诸处。但少村、吴云谷、朱星垣、萧小虞公请至浩园小酌。同席傅青馀、俞鹤皋。

三十日。稍见日。致丁次谷、俞鹤皋二信。王雁峰、洗雪耕、葛宴江枉过。回拜左逸仙、黄子冶、丁次谷、邓双坡、陈右铭、周笠西、陶少云、黎汝民、萧小虞、陈程初、龙锦堂、瞿海如、李佐周、王子钧、饶心泉、蒋幼少怀、张小屏、裴隽臣诸处。回拜道喜之客尚未及半也。

六月

六月初一日癸亥。阴。接周昌辅信。亦致周笠西、周昌辅信。并因荇农、润民回县，致玉舲、子瀞二信。李瑞南、曹芸轩、龚果斋、陈稼森、郭杏生、周玉亭过谈。是日令王辰丽先生及炎儿、顺孙移至讲舍读书，稍免在家酬应之烦。

初二日。雨，谚所谓甲子雨也。接杨晴寰及刘知贤、李长寿信。周笠西、蒋幼怀、饶心泉、左子异过谈。

初三日。雨。致曾沅浦宫保、曾劼刚、聂仲芳三信。亦接刘松照一信，随复一信。萧小虞、裴隽臣、左子异、左亮甫过谈。

初四日。阴晴相间。接李华卿及玉舲、子瀞信。当复玉舲、子瀞二信。焦清浦过谈，询知为焦听堂长孙，在关外从刘毅斋、张朗斋，得保同知直隶州。诣左亮甫谈。

初五日。晴。接刘岘庄、余云涛、姜晓吾、杨佑堂各信。回拜刘定夫、朱莘垣、刘彦臣、於桐轩、吴湛清、王雁峰、刘康侯、陈诒生、徐静轩、汤斐斋、彭笙陔、曾重伯、谭燮甫、曾卓如、陈璞山、黄子钧、夏芝岑。回讲舍后，丁次谷、邱松贫过谈。

初六日。小暑。俗谓是日南风，可冀久晴。接余尧衢、李佐周二信。黄桐轩、左亮甫、龚果斋、李佐周过谈久坐。

初七日。接阎季蓉一信。为钱子宣贺署道州之喜。便拜丁次谷、陈舫仙、李芋生、邓子柔、曹镜初、曹筠轩、龚果斋、焦清浦、潘碧泉、吕信臣、祝淡溪、吴斗枢、李黼堂并唁其弟妇之丧。日间闻黄瑞生病甚，一往视之，当属凌拔枬为之经营医药。比拜客回，则已物故矣，为之怆然。

初八日。接盛展奇及汉舟、蟠西三信。亦复蟠西及子瀞二信。李芋生、龚果斋、彭笙陔、曾履初过谈。良生自县至，各信皆由良生带到。

初九日。接韩宝臣、黎少琨及寄禅、子瀞各信。黄季枚、黄树棠、刘汉岑枉见。公请夏芝岑观察，就其宅演泰益部，同席龙琴堂、傅青馀、卢丽生、俞鹤皋、陈诒生、王壬秋、黎尔民、杨鹏海、陈程初、陶少云、唐懋皆、萧小虞、朱星垣，少云、楙皆、小虞、星垣皆不至。

初十日。接吴晴研、瞿景伊二信。蒋旭亭、蒋孝翔、蒋孝禄、蒋贵和、吴昭纪、熊干庭、姜晓吾缠扰半日，心甚苦之。钱子宣、皮麓云、罗柢敷、龚果斋过谈。致蒋幼怀、张鹤庵及玉舲、寅伯各信。

十一日。左亮甫过谈。闻陈定生太夫人之丧，一往唁之，晤成丽松，成静斋之四世兄也。谢莘田、沈星海邀同张雨珊、赖子佩小集福建会馆，颇有园林之胜。李芳农送到黄子诚见示黄子寿大文，子寿、望之父子相继为恶，诚不意黄南老之后遽有此种人物，可为浩叹。

十二日。接熊鹤村信。亦致胡其祥、韩陛臣一信。诣熊鹤村、卢丽生，兼致吊陈定生之母。并为吴湛清、陶少云致贺。王润生、左亮甫及子瀞、寅伯、张芝岑过谈。

十三日。接阎季蓉信。丁次谷、葛燕江、陈舫仙、黎尔民、饶心泉、裴隽臣、蒋幼怀、左亮甫、李少笙、杨汝襄过谈。

十四日。张慰农约为张小屏处理其家事，同至者王畅卿、单子辉、刘小馨、区祝三、饶心泉、蒋幼怀。晚次，裴隽臣及子瀞过谈。是夕大雨，雷。

十五日。致朱禹田及子瀞二信。亦接湛范仙一信。张雨珊过谈。为李佐周贺其太夫人生辰。便过但少村、王壬秋，皆不晤。饶心泉见示余易斋思诒《刍言》四条，及推广文化及行用汽轮车二疏，皆所谓取快口舌之间者也。为逐条纠正之。是日阴，至夜仍大雨，雷。

十六日。阴。接瞿子玖信，并寄到《皇朝三通》一部。冒小三、周笠西、龚果斋及子瀞过谈。因事回玉池别墅。

十七日。阴。接朱禹田、王壬秋、杨渭滨三信。亦致湛范仙、吴舜臣、李咏仙、龚黼丞、毛杏荪、吴晴研及鹤九各信。庄心庵过谈。以回讲舍之便，一过朱次江，为言京师得二友：一毛石君庆蕃，江西人，一乔茂萱树楠，四川人，二君皆能稍知鄙人，亦一奇也。

十八日。致曾沅浦宫保、王壬秋、饶心泉、蒋幼怀各信。回拜庄辛庵、赵辅臣、陈绂生。便赴黎尔民、左子异之召，同席萧小虞、王雁峰、王壬秋、徐寿鸿、陈程初。程初以赴湘阴迎接彭雪芹宫保，不赴席。

十九日。接易淑子、易汉秋二信，因为汉秋致张掖廷一信。汉秋为易子云章誉之孙，易静存绍准之子。静存与殷潄滨、易湘帆、蔡佑邻同领营田煤帖，为李东和揭控，煤帖讫未成议。静存家稍饶裕，亏累各费悉以问之，遂为柳其桢所殴。殷竹坞亦以煤帖事蔽之，以与张掖廷姻亲，属与理处。言舫丞、易汉秋、裴隽臣、江竹生、龚果斋过谈。黄铭山馈菜，因留江竹生、龚果斋小酌。

二十日。接黄次圭及佩珊二信。姚庶侯、盛敏臣、朱次江各馈食品。龚果斋、左少卿枉过，以少卿不足与谈，仍拒不见。危笙陔以母病告归，咏民适至，乃以危笙陔住房授之。子瀞属致子惠一信，酌定冒小山帮款。

廿一日。接李杜生信，求函托合淝傅相、沅浦宫保，为张罗计。与余尧衢同一张罗，而命意各别，其势皆不能行。丁次谷、熊鹤村、姚庶侯、熊翰森、蔡蓉仙过谈。

廿二日。致但少村、朱禹田二信。亦接陈右铭、但少村、熊鹤村各信，又复熊鹤村、但少村二信。夏芝岑、孙彦臣、姚庶侯、龚果斋过谈。

廿三日。阴。接王桐轩、区维瀚各信。下午闻雷声。郁热已甚，或为雨征，或遂作势放晴，并于岁收有关，正恐未必天心之能从人愿也。

廿四日。接子瀞信，知已赴樗植山庄。胡其祥自县至，与易桂生枉过。为吴云谷贺其太夫人之寿。便回拜孙彦臣、唐懋皆、姚庶侯。晚邀彭笙陔、姚庶侯、邓子柔、左亮甫、朱次江、曾履初小酌。易铁桥晚至，与易桂生同议一事。公会鬻田，易寿凯主之；割谷，易耀昆主之，则易铁桥之侄也。

廿五日。阴，热。接黄幼海、喻小冈、罗柢敷各信。亦复罗柢敷及致玉舲二信。喻小冈信由荣咨岳递到，盖去冬托盛锡吾递寄一信，至夏间始由盛佩卿递去，至是始得其回信。胡其祥过谈。所收欧阳静山谦泰和一票，由胡其祥租运，并前岁预收各票捐银五百，在庚辰秋纲内，奉江督票收，准由下纲扣还。厘捐分作两票，一票三百，一票二百，并以三百一票交胡其祥领还。胡其祥故有信实，即以循环票交其起咨，亦不取其字据也。下午大东风，雨。过陈右铭谈。

廿六日。接黄晓墀、吴聘廷二信。朱岳舲枉过，言总商改派四人，一魏鹤龄，一黄寿嵩，一张少连，一周孚九。仍相约一至，相与交卸。黄伯坪、罗少庚、谢习伦来见。方拟赴朱岳舲之召，傅青馀、俞鹤皋、杨蓬海并至，言朱宇田总办淮南公局事尚无端绪，属不必往。黄子寿旋过谈，述及都门近事，尤使人茫然。晚赴刘彦臣之召，同席徐云衢、杜仲丹、沈星海，外有王雁峰、何伯元、黄滋圃三人，皆不至。

廿七日。接曾沅浦宫保、张叔平、蔡浩然三信。丁次谷、朱橘生过谈，始知朱禹田一意为成静斋任咎，致为诸人集矢，其实静斋邀请杨容堂诸人议此，诸人固皆与议者，今一诿之禹田，亦由禹田自相招承之过。许福珠以此札委魏鹤龄、黄寿嵩、张少连、魏召亭、李明轩、周孚九、张同兴及王某六人司淮南总商。周孚九管事，李明轩、张同兴管事，谢爱堂、魏召亭管事，王莲仙实与其议。湘岸事势，至是又一变矣。而闻具呈指控朱禹田者恒吉三票，则禹田所自经理者也。外惟刘瑞云、杨容堂二人皆同任商总者。朱禹田呈复，立言全不得体，由未能深察事情之过也。易铁樵、易耀昆来见。

廿八日。接庞省三、张冶秋、易铁樵三信。亦为易铁樵致玉舲一信。庞省三信述及英兵在缅甸攻莽冈，屡为野夷击败。缅王子命增亦力图恢复。张冶秋信则言英人定议：每十年准缅甸派一大臣来中国，不称贡，称进而已。至西藏游历，并及通商，我皆持之。泰西无侵灭人君之例，缅甸自为王而已。庞省三不知洋务，故其言如此，冶秋为稍得其实也。

廿九日。热极，近两年所未有也。接赵朗垣及鹤九二信。冒小山、董春元枉过。鹤九以其父遗言归房，不欲持嫡母丧。再三谕之，而持之益坚。志城之乱命，贻累为深，未易理谕。日来以家事，种种恶心，为之慨叹。

七月

七月初一日壬辰。复瞿子玖、毛荇生及鹤九、汝舟、子惠各信。亦接毛荇荪一信。王植斋、龚果斋及子瀞、寅伯过谈。

初二日。阴雨。傅青馀、刘彦臣太夫人并寿七十一，往致祝。顺诣刘韫斋前辈两孙湘士、文卿、夏芝芩、黄子寿、董春元。兼为崔清如贺其加二品顶戴之喜。

初三日。阴，凉。接常健吾、吴舜臣、熊雨畴、子惠、炳文公信，亦复一信。并致朱禹田、崔厚卿各信。闻彭雪芹宫保至，往探，云泊三汊矶，亦云泊水鹭洲，以避嚣也。便拜邓双坡、龚云浦、黄子冶、黄笃友、陈伯严、荣咨岳、左子异、龙琴堂，皆不晤。

初四日。雨，凉。初一以前之热向所未有，比日又复凉。正当收割之际，不宜久雨，甚为虑之，接陈右铭及槃希、经笙各信。於桐轩、吴湛清、沈星海、龚云浦、董春元过谈。龙琴堂、左子异继至。於桐轩并托致张芝岑兄弟一信，因以一书抵张晦生。彭雪芹宫保、丁次谷、李泳生、朱菊生又枉过谈。因随诣大西门外回拜彭宫保。

初五日。接陈子濬、萧涵江、朱铁桥各信。亦复萧涵江一信。刘彦臣、孙彦臣、龚果斋枉过。彭宫保再至久谈。往唁徐子元太夫人之丧。便过丁次谷、王壬秋。

初六日。大雨。致丁次谷信。亦接丁次谷、李召甫二信。李华卿、易铁樵过谈。回拜薛叔平、冒小山、文擅湖。随赴傅青馀之召，至者邓双坡、孙春皋、夏芝岑、萧小虞、卢丽生、龙琴堂、俞鹤皋、陶少云、杨鹏海、黎尔民、陈璞山、李芋生、唐鲁英、唐懋皆、黄子寿、陈舫仙及子瀞，共四席。是日大雨，而郁热不可耐，至晚尤甚。雨意方浓，大有碍于收秋，兼闻比日西水已至，尤可虑也。

初七日。致彭雪芹宫保、瞿子玖信。亦接宫保复信。并湛范仙、李咏仙、龚黼丞、吴舜臣及子瀞、寅伯、鹤九、西庚各信。陈舫仙、丁次谷、言舫丞及玉舲、子宽、鹤九次第见过。

初八日。致复瞿子玖一信，并初一信，交傅竹湘汇寄。彭雪芹宫保、黎尔民、易铁樵、易逸仙过谈。随回拜彭宫保、陈舫仙、李健斋、刘秋云。是日阴，郁热作势，为明日立秋雨之地也。

初九日。立秋，又末伏。致曾劼刚、冒小山、湛范仙各信。亦接黄芝田一信。刘子昭、沈星海、李芋生、张晦生过谈。黄芝田信以梅山团社谷为徐、常、刘三姓侵害，徐云甲、徐至川至殴伤社正张兆箕，廪生徐修璎与常健吾反助其恶，屈抑团公社正，属托湛范仙为之开说，交团绅唐礼勋带县。又接杨景皋一信。是日大晴。

初十日。接冒小山一信，随复一信。张小屏、刘溥贤、刘国荣过谈。询之溥贤兄弟，西席为刘春洲，同来应试。过李佐周、王壬秋谈。又接郭九如、檠希二信，当复九如一信，盖为邓辅臣与龚姓相持，求为处断。两家各有情节，信属九如考究清晰，尽易了也。是日诣养知书屋，奉迎祖先。

十一日。接子瀞信。瞿海涛如及玉舲、希初过谈。海涛为瞿景伊之子，以其父遗言就求墓地，因属玉舲为应付之。

十二日。接李小屏、黄文照二信。贺汪铁山五十生日，及裴隽臣完娶之喜。裴隽臣处，区祝山为知宾。彭雪芹宫保与陶少云结姻，邀陪邓双坡同为媒说。早宴陶少云处，陈程初、黎尔民、唐懋皆作陪。晚宴彭宫保处，祝淡溪、陈舫仙、李幼梅、李健斋、黎尔民、陈程初作陪，并邀同陶少云会饮，俗谓之会亲也。

十三日。寿星街食新，率家人上供。邀陈稼荪、刘溥贤、刘国荣、王辰丽、李麓渔、危笙阶、杨佑吾及润民诸人小酌。下午大雨。

十四日。刘秋云、魏伯勤、易铁樵过谈。养知书屋荐新，便邀左千之、左寿云、王辰丽、李麓渔、杨佑吾、危笙陔及润民小酌。

十五日。致湛范仙、吴晴研及玉舲各信。徐佛臣及玉舲、希初来见。以书谕希初，饬令回衡局。以希初之愚，妄想营利，其终受人诓骗而已，皆所谓不安本分者也。是日大风，入夜风稍息，中元焚化楮镪，尚不至为风阻。

十六日。为先太夫人忌辰，率家人上供，谢客一日。曹咏生及玉舲、秩甫枉过。秩甫言接其父达珊信：张香涛之在粤，公私俱困，怨讟烦兴，其办理海防，报销至千四百万。亦难乎其自处矣。

十七日。大风雨。接易铁樵信，拟交玉舲带县，招之不至。稍检理联幅酬应，天气渐短，又苦阴雨，忽不知日之已夕也。玉舲晚过谈。

十八日。接曾沅浦、陈夔心、李华卿各信。亦致李华卿一信。回拜吴云谷、李质堂、曹咏生、赵绍堂、周笠西、汤斐斋、杜仲丹、张小屏、曾重伯各处。以天晚回讲舍，应回拜处未能遍也。

十九日。接曾沅浦宫保（后）〔信〕，即致陈舫仙一信。并致曹镜初及子瀞二信。丁次谷、李芋生过谈。晚接曹镜初回信。并接用舟、子惠一信。

二十日。致程尚斋信。亦接姚庶侯、曾介石二信。陈舫仙、江竹仙、魏伯勤过谈。为何伯元贺生日。便拜丁次谷、吴湛清、姜兰圃、李黼堂、俞鹤皋、李芋生、王壬秋、易青连、张寄农、谢视侯诸处。

廿一日。致刘彦臣、孙念臣信。刘彦臣、孙念臣、区祝三、冼雪耕、沈星海、王壬秋、李佐周、李华卿、邱松筼、言舫丞及子瀞过谈。

廿二日。接李镜浯信，任筱棠、李健斋、罗春浦枉过。昨托刘彦臣、孙彦臣以所闻叩之崧锡侯，两君转以托之筱棠耳。

廿三日。复李镜浯及致刘彦臣、沈星海及玉舲各信。亦接刘彦臣、沈星海二信。黄子冶、姜兰浦、俞鹤皋、朱枫乔过谈。

廿四日。接刘朗山及翰舟、蟠西、子惠、杏农各信。杏农亦随至，带到玉堂、本燮二信。陈右铭、常师直、王梦虎、陈君实、谢视侯、曾重伯过谈。子瀞亦随至。谢视侯枉赠所著《读书说约摘览》，专言所制转地桴，用水力疏水，盖即黄河所用混江龙之类，专用以㕞沙者也。夏芝岑见示《岳游草》一帙。《宿祝圣寺》云：响汇百泉当夜静，焚安一榻傍云眠。《月下舟行》云：五岳豪情孤客梦，满船明月一帆风。自饶清趣。

廿五日。致俞鹤皋信。交还夏芝岑《岳游草》一帙。亦接俞鹤皋一信。廿四日戌刻，志城妻张氏物故，一（皆）〔往〕哭之。是日酉刻，仍往视敛，至者刘祖湖、盛月台、吴国霖、范彦儒、郭霖生及子瀞、杏农、润民数人而已。是日郁热已甚。

廿六日。郁热，阴。下午风，郁热稍解。晚雨。致裴樾岑信，闻王仲霖赴闽，便致交投，兼唁其夫人之丧。丁次谷、刘静生、李少笙过谈。

廿七日。雨。鹤九自县来，以讣书须改订一二事，兼请子瀞来此商议，其情亦可念。杏农、咏民诸人相与叙谈。以致裴樾岑信，补致王仲霖一信托之。

廿八日。雨。夏芝岑过谈。寅伯为其母成服，一往照料，遂留竟日。相礼则范彦儒、吴国霖、胡幼森及杏农；执事则盛海南、郭杏生；知客则刘祖洲。吊客得一陪谈者，丁次谷、李佐周、陶少云、黄子寿、朱枫乔数人而已。

廿九日。接刘静生、鉴湖、寅伯、玉舲各信。又有金羲者，曾以所书联句张罗至此，复具一信附对联求帮，因直谢之。龚果斋、钟佐廷及子瀞过谈。

八月

八月初一日辛酉。数日阴晴不定，而郁热如旧。致李黼堂、陈舫仙、李质堂、杜仲丹各信。亦接陈右铭一信。杜仲丹、龚果斋过谈。从杜仲丹处借金山钱锡之熙祚《守山阁丛书》二种：一、河间纪迟叟容舒《唐韵考》。徐铉校定《说文》，所用翻切一从《唐韵》，见于铉等进书表。容舒以为翻切一法，其上一字必同母，其下一字必同部，谓之音和；间有用翻隔法者，亦仅假借其上字，而不假借其下字。因其翻切下一字，参互钩稽，展转相证，犹可以得其部分，乃取《说文》所载《唐韵》翻切，排比分析，各归其类，以成此书。一、《古韵标准》，新安江慎修永著。以《诗》三百篇为主，谓之诗韵，而以周秦以下音之近古者附之，谓之补韵。分平上去声各十三部，入声八部。每部之首，先列韵目。其一韵歧分两部者，曰分某韵；韵本不通而有字当入此韵者，曰别收某韵；四声异者，曰别收某声某韵。大旨于明取陈第，于国朝取顾炎武，而复补正其讹缺。凤氏以急病速归，审视，已邀请医师数辈，仍由龚果斋、易麓泉公定一方。

初二日。阴，郁热。致任筱棠、祝淡溪二信。亦接李黼堂、杜仲丹、杨渭滨三信。祝淡溪、龚果斋及六安、咏生过谈。午后雨，郁热略平。

初三日。接湘乡葛实英等十四人公信，及夏锡九、子瀞、寅伯各信。亦致刘彦臣、陈程初及玉舲、鹤九各信。以凤姨病邀龚果斋、李仙竹诊视。陈右铭见示高文良公《山法全书批注》，首为高氏先三世墓图；卷一《撼龙经》为龙（去）〔法〕星辰部；卷二《疑龙经》为龙法枝干部；次曰《疑龙十问》；次曰《卫龙篇》；次曰《变星篇》叶九升认为杨公之书，为之作注，而义意驳杂，与十问稍异；次曰《断制粹言》；次曰《龙法枝干部辨龙歌》叶九升著；次曰《辨龙歌图说》；次曰《山水忠肝集摘要》。

初四日。接刘彦臣回信。以满女回合淝之便，致李筱荃、李仲絜二信。任雨田奉母丧南归，一往唁之。顺拜刘彦丞、王桐轩、盛佩卿、区祝三、冼雪耕、傅青馀、傅竹湘、陈舫仙、谢视侯、张寄庐、周小崧、李芬溪、周砺松、曾重伯、彭笙阶、曾慕陶。又于重伯处晤毕鼎臣。

初五日。微雨，郁热。午后大风，稍凉。致李质堂、吴晴研二信。亦接易卓超、李祐覃、刘静生、曾重伯各信。潘碧泉、蔡竹泉、蔡浩楼、蔡兰生过谈。适回讲舍，便过陈右铭及陈伯严、文道溪，道溪他出未晤。杨琴堂自县至，家人赶足追回。

初六日。阴，大风，凉。接唐懋皆信，并示《陟慕台望母》诗。午邀杨琴堂、易铁樵、吴莼庵、盛展奇、李召甫、李麓渔、杨佑吾小酌。接江竹生信，为炎儿、顺生相定应试住宅，颇以慰心。

初七日。微雨，阴，凉。致吕燮堂、李质堂二信。亦接李质堂、周昌辅二信。黄桐轩、黄尧民、周荣斋、周砺松、李伯伦、李仲芳、顾健吾、裴隽臣过谈。丁次谷、张雨珊同枉过。

初八日。大雨，寒。似已成霪雨之势，晚禾收成恐无望也。接李镜浯信，亦为周子安致周砺松一信。毛杏荪及离欲过谈。下午接周砺松信，又以一信复之。文擅湖、刘静生晚过。

初九日。晴而凉气加甚。接胡其祥、周砺松、王辰丽三信。杨汝襄、陈筱皆、蔡竹泉枉见。文道溪、陈伯严来谈。

初十日。接陈展堂、邱松篔及子瀞、兰生、咏生四信。亦致胡浴生一信。朱雨田约早饭，便拜魏必峰、於桐轩、孙春皋、郭黻卿、周五云、李伯伦、李仲芳、顾健吾。至雨田处，逾半日，诸客始至，惟杨鹏海以疾辞。同席傅青馀、俞鹤皋、陈程初、朱岳舲。以湘阴明日院试，炎儿、顺孙、润民觅得一小寓，一往视之，并晤龚果斋及杏农。

十一日。致龙琴堂、吴晴研及玉舲各信。饶应麟、罗荩生、胡浴生、杨馨堂、张鹤臣及子惠、经笙过谈。往视儿辈院试场文，润民文极有作意，当可冠场。便过李黼堂、陈舫仙谈。以昨归闻李芍丞之耗，夜久矣，下午始便道一慰问黼堂也。

十二日。接刘牧村、邹闻生、巢子诚各信。周砺松、彭岳清、李九如、刘小松、周五云、姚棣青、左佩勋、王雪芬过谈。又接陈靖庭、韩宝臣信。亦致蔡竹泉及子惠各信。

十三日。接欧阳静山、李质堂、王荔村各信。亦致潘碧泉、王荔村二信。李端人、朱菊生、毛杏荪、张筱屏过谈。回拜王绍棠、王梦虎、龙琴堂、黄子寿、黄望之、陶少云、陶履谦、余云涛、黎尔民各处。晚邀张鹤庵、罗健寿、胡幼森、黄尧民、李祐覃、郭黼卿、毛杏荪小酌。黼卿、杏荪不至，而岖山偕祐覃至，因留酌。

十四日。接文兰舫、潘小农、严少韩、宁钦若、言湛甫、胡耀琼各信。丁次谷、周定轩、潘碧泉、龙琴堂、王螺泉、唐鲁英、邓双坡、萧小虞、陶少云、黎尔民并枉过。邀王梦虎、周砺松、彭岳青、李端人、罗仲芳、王荔村、蔡竹泉晚酌。是日湘阴挑复案发，顺孙取进十八名。

十五日。接王益吾、黄祉田、黄幼森、李质堂及子瀞、鹤九各信。又接韩宝臣信，当复韩宝臣一信。率两宅家人诣祖先前行礼。罗顺循、朱次江、潘碧泉、龚果斋、易铁樵、易裕亭、黄尧民枉过。是日邀同周定轩、黄芷陔、谢习伦、杨汝襄、左佩勋、凌拔枬、吴智川、王雪芬、周次农、黄学澄、黄稚生、李麓渔、危笙陔、杨佑吾及杏农、润民小酌。黄稚生为黄祉田之子。专候周定轩一人，至日将夕，始获登席。定轩言溆浦刘厚甫士先，年八十四，尚任沅州府学教授，盖丁酉同年也。数十年不相闻问，竟不谓同年中尚有存者。

十六日。接魏赓臣、熊绍香二信。蛰存之妻张恭人行大祭礼，一往襄事。偕丁次谷、张子联、傅青馀、黄桐轩、王桐轩、陈治生、李芋生、周定轩、李佐周诸人一谈。晚归，盛展奇、李仲芳枉过。

十七日。接姚康侯、熊干庭、曾重伯各信。亦致曾重伯、姚庶侯二信。李端人过谈。知怡元主事者为杨鲁亭、刘多山，其同伙则杨斗元、王干堂与杨鲁亭三人也。刘定甫、刘祝廷枉贺久谈。

十八日。复欧阳静山信。接李咏生、熊鹤村、姚庶侯及槃希、经生各信。张恭人以是日出殡，同送至长春园，寺僧慧林为之照料。随回拜但少村、汤斐斋、杜少鹤、汪景山、李质堂、朱宇恬、朱岳舲、朱鞠生、李瑞南、曹咏生、周定轩、周砺松、裴隽臣。兼为曾履初、曾慕陶贺喜，并回拜曾苼臣、曾重伯、蒋幼怀、饶心泉、张小屏各处。

十九日。交京生带致玉舲一信。亦接黄芷阶、熊干廷一信。刘祝廷寄示《一贯真机易简录》五卷。金谿傅金铨撰《玄微心印》二卷，所言皆摄生方也。是日公祝俞鹤皋生辰，会者十一人，以鹤皋为宾，傅青馀、龙琴堂、卢丽生、陶少云、陈程初、李芋生、李佐周、唐鲁英、唐懋皆及子瀞。懋皆以事不至。

二十日。致杨蓬海一信。回拜刘定甫、吕燮堂、刘彦臣、丁次谷、谢莘田、姜兰浦、沈星海、萧小虞、汪铁山、黄子冶、任昂千、刘范吾、齐筱庵、邓双坡、周笠西、龙琴堂、成静斋、陶少云、黄子厚、龚荣甫、易清濂、王壬秋、陈伯严、张寿云、黎尔民、王绍棠、徐定生、杨笛仙、陈德生、翁少兰、曾慕陶、左少卿、左子栗、左子健、左子异各处。晚过朱香荪、朱次江谈。

廿一日。接李质堂、杨蓬海二信。亦致杨蓬海、李佐周二信。回拜孙春皋、吴云谷、葛燕江、区祝三、冼雪耕、梁少庚、普达泉、於桐轩、王桐轩、朱星垣、孙彦臣、赵韩池、黄桐轩、陈程初、刘祝廷、祝淡溪、吴斗枢、黎梓峰、周小崧、吕信臣、谢小庄、张文星、俞鹤皋、杨蓬海、姚明山、傅青馀、杨襄臣、黄子钧、李云乔、刘少臣、李芋生、易铁樵、皮麓云、谭燮甫、卢德生、任西堂、潘碧泉、唐鲁英、唐懋皆。兼为夏芝岑致贺其文孙完娶之喜。是夕微雨。

廿二日。接陈伯严、李佐周、丁次谷、黄芷陔及玉舲各信。亦致夏芝岑、朱暝庵及复伯严信。李质堂、黄子厚、刘鄂生、盛展奇、郭杏生①。伯严寄示益阳吴缉熙所著《声均表》二十一卷，《诗均徵》二十一卷，《中星表》一卷。数日郁热，连二夜微雨，而郁热不解。

廿三日。接夏芝岑、朱暝庵、朱莼卿益濬、区维瀚各信。亦复夏芝岑一信。徐云渠枉顾。子瀞至久谈。是日午后雨。

廿四日。雨。接左逸仙、易梯衢信。为崧锡侯、夏芝岑贺生日，为冼雪耕贺其署理祁阳之喜，兼回拜徐云渠、黄子寿、区祝三、王壬秋、李佐周、涂次衡。兼晤李云乔。次衡处得一叙谈。易梯衢信由郑富春船带省，想系营田熟船也。

廿五日。雨。接丁次谷、李韵生、王植斋各信。亦为丁次谷致曾重伯一信，随以重伯回信转致丁次谷。邱（篔松）〔松篔〕、胡幼森、郑芳洲过谈。

廿六日。接朱宇田、陈程初、张鹤庵、林丰琯勿村先生之世兄昆仲信。程初函示湖北善后局江君麟瑞信，江又转示湖北江村协捐公所联筱棠葑告启，言严佑之广文、金苕人观察来电，章丘、齐河、济东、海丰、沾化、滨州、范县、濮州以及顺天、保定、天津、河间、河南滑县等处堤埝同时溃决，告哀助赈云。转折亦稍

①此句疑有脱文。

多矣。启中言湖北藩幕任俊三、藩署蒯稚农、藩经历托午桥，粮道街张子华诸处皆可代收捐款，稚农盖蒯蔗农方伯之世兄也。崧锡侯、张仁甫枉过。晚邀朱岳舲、陈舫仙、刘少臣、陈璞山、李廷章及子瀞小酌。

廿七日。接蒋幼怀信。亦复蒋幼怀，及致罗麓生、毛杏生及玉舲、炳文各信。李质堂、蔡竹泉过谈。汪彦卿送诗二首求资助。晚邀王壬秋、文道溪、陈伯严、李云乔、涂次衡、黄子厚小酌。

廿八日。致曾沅浦宫保、魏弼峰二信。亦接陈云樵、魏弼峰、黄子厚、殷默存、梅子宣各信。为黎尔民贺生日、李质堂贺喜，及回拜崧锡侯、李翥峰、杜仲丹、李芋生、熊鹤村、彭诒孙、陈子常诸处。晚邀张小屏、饶心泉、黄铭山、刘鄂生、裴隽臣、蒋幼怀、江竹生小酌。

廿九日。接丁次谷、蒋幼怀二信。亦致饶心泉、蒋幼怀二信。朱岳舲、徐仁羲过谈。丁次谷、黄子冶、汤斐斋、徐熙堂、任筱棠约同公饯张文悝，兼请（冯）〔傅〕青馀、陈程初、张雨珊诸君。青馀已回湘乡。雨珊为孙春皋相地，未能回城。凡会饮者八人，黄子冶承办。

三十日。接黄半坞、李进德、蒋幼怀各信。李瑞南、於桐轩、龚云浦枉谈。陈守如、唐继武来见。张鹤庵晚过。

九月

九月初一日辛卯。早雨，日出郁热。致祭船山祠。首事傅青馀、俞鹤皋、陈程初并早至。陶少云、朱次江亦至。午刻至者，张子容、熊鹤村、任禹田、曾重伯及子瀞。通李佐周及吾，凡十二人。少云以是日宴客，不与公社之会。少云、鹤皋，并此次新列名者也。吾为开讲云：禁烟公社之起，原约每月一会，至言格论，互相印证，足资取益，亦可稍遂朋友谈宴之乐。继又恐其太烦，定为每季一会。旋又减至春秋二会。而自己卯至今，每会到者加少。去春一会，已两次不复举行。今任禹田既自京归，张子容又来省，特为两君开此一会。冀闻名论，以无负立社之本意。张子容申讲云：在乡曾有讲约为乡人示禁。一曰勤。士农工商，皆少一勤字不得，只如士不耕而食，不织而衣，出门则有舆马，试问何德足以堪之？所以自解者，君子劳心而已。而又终日嬉遨，或至欺陵攘夺，横行乡里，乡人拭目以伺其倾败，其能久安享乎？世途逼侧，生计愈穷，商人既无所得利，为农工者不足以自赡，则思改而他营，终日奔驰，转益穷困，何如各就其本业，益加勤勉，兼日力而为之。几见能勤苦者衣食尚有不足乎？一曰俭。俭之义甚广，今不具论。人生五十以上，亲友为寿文颂之，必云如何俭约，如何不乱要钱，如何分惠亲党。及死而求为墓志，或竟称其奢侈，则必大怒。颂妇人者必谓如何主持中馈，如何赞助其夫以治其家，如何宽恕，若曰宫粉胭脂，修饰仪注，衣服必四幅云，首饰必珠翠，见者亦益大怒。一切求为奢丽，而又乐使人诵其节俭，此又何心乎？一曰禁止鸦片烟。鸦片烟之害，尽人知之。所以成瘾，则积渐为之也。只如见人吸食鸦片烟，相就吸一口，自谓无害也，明日又吸一口，后日又吸一口，或稍拒之，则将曰昨日已吸矣，今吸一口何妨。如此，欲不成瘾不可得矣。须是斩斩截截，百口劝之，终不一吸，人将曰是真能不吸烟者，亦不复劝之，即所保全大矣。须是忍定此一口气，省得后来无数懊悔。一曰安分。生平着鞋，但用羽毛，不用缎子。或问之，曰：缫丝必兼蚕煮之，数百条生命，以当一履，心诚有不忍也。今见工役下贱皆缎鞋，即此一端，二十（前年）〔年前〕所未有也。未经粤寇以前，人心犹为质朴。经乱以来，日益加侈。吾力持此议以行之，一乡人心犹有知警者。有侄女适田家，寄宫扇求书，函责之曰：妇人主中馈，宫扇岂扇火之物乎？却还之，因言吾家妇女有持此者，吾当自受罚。乡人相称必曰老爷。此二字何可当？犹之称老父也，试问所行足当此否？不足当此而安然受之，即折福多矣。一曰息争。鸟雀相聚则斗，鸡亦然，犬牛亦然。凡斗者，横行之物也。人之生也直，故无斗。树木亦无斗。其有斗者，心之横出而不审之于理也，是自侪于禽兽者也。所为议约甚长，略举此数端可以厕入公社讲约者，未知有当一二否？吾又为原讲曰：子容居乡，躬行实践，非徒以言感人也，而所言深入腠理。人生斯世，与人为类者也，必求有益于人。乡人耳目见闻，未甚沉溺，易于导之为善。至城居者，视乡人为亢矣，气习相沿，至久而益难反，强使为善而亦不能从也。故乐集诸贤，以稍发明其义。或有一二人闻而知感，则此一二人已受益矣。大率生世有两大害。一曰好利。极天下之人未有不好此者，然一喻于利，终身为小人之归矣，须是审度一义字。一曰好胜。万种争端，起于好胜，极其量遂以乱天下，戕贼人民以求一逞。人心一念之微，感召天地鬼神，以成祸福治乱。天人感应之理，非有二物，只是一气。如今日乍冷乍热，三四十年前为童子时，岁或一见之，未为常也，近年竟成常局。此由人心乍水乍火，乍寒乍热，通彻于此。天地乖戾之气，皆人之气为之也。以天地原是积气而成，人生其间，充满流动，感气独多。天地者，受裁于人者也，如何能与人别异？要之，阴阳消长之理，虽当剥极之时，而微阳潜伏于下，以为来复之机。民彝物则之理具于人心者，即潜伏之微阳也。吾辈当养此微阳，以待天心之复。世运风俗转移之机，动于人心一念之悔。人心之复，即天心之（由所）〔所由〕复也。君子视其心与天心相应，视天下之人心与吾心相应，是以不敢不自重，以求稍有益于世也。

初二日。接韩宝臣、瞿子纯二信。亦致吴云谷一信。为夏芝岑、张文惺送行。便回拜李瑞南、於桐轩、盛佩卿、唐蓬洲、龚云浦。是日处理黄伯周失窃衣服事，于心颇不能释然。

初三日。致丁次谷信。亦接次谷信。荔云、寄禅过谈。寄禅见示近作，并佳。荔云诵其送别夏芝岑观察一律云：空门如满忝相知，官廨甘棠系去思。卧辙攀辕情郑重，弓蛇塞马事离奇。一官早具陶潜酒，半局权收谢傅棋。莫便西江赋归隐，碧湖吟社要新诗。

初四日。接张干堂信。陈守如、黄棣轩、李子政、李啸冰诸门人来见。啸冰名继璠，醴陵人，李瑞南荐讲舍者也。吴萱陔堂期，一往吊之，其子小陔甫入学，尚未复试也。晤周笠西一谈。见朱香荪挽联云：我老哭同年，凄凉哀泪连年尽；君才死异地，零落残魂何处招。其词甚哀。

初五日。阴，郁热。复张干堂信。又为干堂致谭敬甫一信。又致刘静生及子瀞信。亦接刘静生及芋庵二信。杨蓬海、王惠泉及虚堂过谈。

初六日。接毛杏生、陈熙堂、玉舲、寅伯各信。是日致祭五贤祠：一曰赵恭毅公申乔，一曰潘中丞宗洛，一曰李中丞发甲，一曰吕光禄卿谦恒，一曰宋藩司致，皆有功于分闱者，祀之长沙郡属坐棚。岳麓院长徐云衢主祭，到者十馀人，无几相识者。首事四人，则陈璞山、陈竹友、李仲穆、唐少穆。祭毕留饭，同席魏仲初、康云衢、徐云衢、陈星海、陈璞山、李仲穆。此外周荔西、俞鹤皋、吴斗枢、潘子珍、陈德生及子瀞，馀人皆不能道其名姓也。便道回拜杨鹏海、俞鹤皋、李健斋、刘子昭、赵子诚、易芝生、易懋卿。玉舲信言，张雨珊已于初三日抵县城矣。

初七日。致刘彦臣、吴晴研二信。接吴国霖一信。刘彦臣过谈。夏芝岑见赠《岳游草》、《湘湄骊唱》二帙。

初八日。接丁次谷、曾重伯、蓝滋丞各信。滋丞为蓝萼臣之弟，专函致送顺孙贺仪，由徐仁羲送到，未敢受也。陈程初约至储备仓商议顺、直、东、豫赈捐事，同时至者，黄子寿、刘祝廷、俞鹤皋、陈舫丞、任宇田，共七人。

初九日。复曾重伯信。张小屏过谈。为多孙完姻周氏，于是日过礼。省城风气，踵事增华，吾力未足胜之。是日偕家人登屋后小楼，追溯十馀年情事。独熊鹤村诗老兴味犹昔，度此日必有佳句，诗以讯之。旋得鹤老和章，知正邀集诸贤为重九之会。并得陈伯严、曾重伯和诗。仓卒成诗，重伯格律深稳，吐属名隽，真不可及。

初十日。接熊鹤村、徐仁羲及佩珊、书堂各信。亦复徐仁羲及致熊〔鹤〕村，及复蓝滋丞信。又得熊（熊）鹤村信，以重伯诗署鹤村衔，竟留不缴。记重伯诗云：京华北斗三时别，文字南天一老尊。佛选十千花满坐，节逢重九酒常温。起四语倜傥非常。郁热至十馀日，是夕尤热，至不能成寐。

十一日。接刘彦丞、吴莼庵、陈象生及玉舲、西庚各信。玉舲信述及盛展奇、吴莼庵、冯厚庵所开之柴煤行，经多人拆毁，吴莼庵颇致受辱，又有蔡益斋为诸人拥至县署。民气嚣张如此，可忧之甚。然诸人专利之心，亦自足以致此也。莼庵信亦自言之，然固不能为计也。李丽源、黎浩楼及虚堂之子顾吾来见。

十二日。接李咏仙、夏舒、吴顺臣、龚巘丞、熊雨畴、高粹之、易钦熙、蔡云涛公信，当以一信复之。回拜张小屏、吴小农。并致吊李芍丞。晤徐慕韩、王桐轩。是日，邓双坡、孙春皋、龙琴堂、卢丽生、李质堂、陈诒生、（皋）〔俞〕鹤皋、陶少云、陈璞山、杨蓬海、陈程初、林梅仲、唐鲁英、唐懋皆、翁少兰、黎尔民、傅青馀、李芋生凡十八人公贺顺孙入学，治席相款，会饮养知书屋。青馀、芋生均以赴乡，未入宴。

十（二）〔三〕日。致俞鹤皋信，亦接鹤皋回信。为多生完姻，始为媒说者陶少云也，其后过庚，少云适回安化，乃倩黄子寿、张力臣二君为之，至是乃以陶履谦、黄望之二人原媒，是日邀请小酌，俗礼所谓陪媒也。兼请曾重伯、黄芷階、子瀞、子宽、杏农作陪。子瀞、子宽均各有事、黄芷陔以事辞。是日周府送奁装，烦费过甚。省城风气日益繁华，大率皆由妇人喜铺张，各怀争胜之心，极其心力以图饰美观。自为两孙完姻，即寒家俭朴之风，一变而为奢丽，实皆妇女辈开此风气，正以两家相为炫胜，竟无力与相持也。晚接李镜涪、陈程初二信。

十四日。大风，热气微减。接张鹤庵及荔云、寄禅二信，亦复荔云、寄禅信，并致曹镜初、易梯衢、易玉峰各信。为多孙完姻，不敢宴客，亦遂不敢受礼，凡诸亲友送联幅者皆已书款，又不能如喜幛之款另书绽上也，勉强受之。是日送者络绎，深苦酬应之烦也。

光绪十有二年岁在丙戌秋九月十有五日乙巳。微雨，风，寒。接曹镜初、张鹤庵及玉舲、鹤九各信。诣黄子寿贺其母生辰，与俞鹤皋、黄子钧、徐定生诸人同席。便道回拜董厚斋。陈伯严枉过，出示湖北李香缘所寄电报：九月初六日，张香涛奏调陈右铭、洪琴西二人，皆一时人望也，外有分省知府桑彬、广西候补府石承霖、试用县陆维祺，共五人，奉上谕并发往广东。香涛此举差强人意。

十六日。午刻，为多孙完姻。相礼者黄芷阶、杏农，执事者李华卿、罗叔循，读庙见文则子宽也。孙春皋、萧小虞、李瑞南、於桐轩、丁次谷、洗雪耕、区祝三、黄铭山、陶少云、黎尔民、张仲潜皆直入贺，颇费周旋。送亲者周五楼。外客则李华卿、黄芷陔、张鹤臣、罗叔循，馀皆家人子侄辈也，内外凡共十席。原媒为陶履谦、黄望之。本约巳初迎亲，屡请不至，将午乃径发轿，使人要陶履谦、黄望之于路令径往周氏，幸入亲时犹午正也。为此两人，耽延约及两点钟也。

十七日。阴。接李佐周、易清溪、李祜覃各信。玉舲、泳民并自县至，又带到陈友生、黄晓山及子权各信。世途人心之险侧，所在皆然，徒使人望之生畏而已。朱岳霖、黄桐轩、曾重伯、郑湘洲及讲舍黄伯周、吴国霖、吴智川、左佩勋、徐子中及理庵来见。

十八日。接黄幼森、汪彦卿及荔云、寄禅各信。亦致曹镜初信，并付《通志》书价。汪彦卿自托为萧石渠师外孙，求资助。左少卿、李石仙枉谈。回拜崔清如、崧锡侯、吴云谷、普达泉、但少村、刘定夫、萧小虞、崧灼亭、李瑞南、汪铁山、於桐轩、丁次谷、董厚斋、谢莘田、姜兰浦、黄子冶、黄桐轩、王桐轩、任昂千、王绍棠、刘彦丞、孙彦臣、饶心泉、黄铭山、邓双坡、孙春皋、刘馨室馨室回粤，回拜其子少馨、洗雪耕、区祝三、朱岳霖、刘竹洲、黄子寿、望之、陶少云、履谦、黎尔民、林梅仲、李质堂、刘祝亭、陈程初、张怡仲、成静斋、蒋幼怀、罗枨敷、罗叔循、罗训循、罗肫甫、曾重伯、曾履初、曾慕陶、徐定生、周笠西、熊鹤村、李作周、李镜臣、皮鹤泉、皮麓云、唐鲁英、唐懋阶、潘碧泉、刘静生、涂稚衡、李石仙、易芝生、易懋卿、易铁樵、易赞周、姚庶侯、张鹤庵、黎子峰、周小崧、劳伯平、裴隽臣、朱菊生、张芝岑、陈伯严、龙琴堂、杜仲丹、王雁峰、陈诒生、李瀫堂、翁少兰、朱枫樵、黎韦生、吴小农、吴子和、谭燮甫、彭诒生、言舫丞、孙次韩、朱香荪、朱次江、俞鹤皋，郑茀臣及诸亲友凡百馀人。

十九日。接李丹崖信。龚果斋枉谈。荔云、寄禅开碧湖诗社，王壬秋两次枉约，皆未能赴，是日以展重阳之会，属离欲为治三席，到者王雁峰、陈程初、陈伯严、文道溪、涂稚衡、罗顺循、朱次江、曾重伯、曾履初、李石仙、易赞周、龚果斋、周稼舫、胡少卿及荔云、寄禅、来因三僧而已。吾携英儿前往，途遇杏农、咏民、炎儿、顺孙。尚未能满三席也。是日阴，下午微雨。

二十日。接周瀛士、熊鹤村信，亦复熊鹤村、陈程初，亦为李石仙致刘荫渠一信。槃希、绍西自县来见。邀葛燕江、洗雪耕、区祝三、王桐轩及杏农、润民小酌。周瀛士信，由金元直侍御奏请商人承办鼓铸，瀛士意欲集股分为之，属言之南北两洋。商办视官办为优矣，然以求利，未见其益也，容再以书询之。

廿一日。接王雁峰、彭念苏、李端生、戴竹卿、郭九如及子湝各信。端生、竹卿，皆从子湝襄办万年桥厘局者也。晚接丁次谷、熊鹤村二信，随复鹤村一信。以顺孙入学，邀陪历年所受业者王辰丽、李华卿、袁绶瑜及认保胡浴生，并约邱松贳、龚果斋作陪。

廿二日。阴。为区祝三致吴云谷一信。晚邀李瑞南、於桐轩、董厚斋、丁次谷及子瀞小酌。次谷临时告辞，改约郑少侨，亦不至。吴少亭为予治耳患，久不愈，本日上药，痛甚。

廿三日。雨。接吴云谷、丁次谷、熊鹤村、李佐周、罗顺循及芋庵各信。吴少亭、周湘泉、龙研仙过谈。吴君治耳恙，周君为补齿也。晚邀祝淡溪、吴斗枢、刘毓唐、吕信臣、魏笔峰、黎子峰、周晓崧小酌。

廿四日。阴。接胡静惺信，亦致潘碧泉、李华卿二信。沈星海、李芋生、朱枫桥枉谈。晚邀但少村、吴云谷、刘定夫、朱星垣、萧小虞、庄心庵小酌。云谷、定夫并辞，因邀俞鹤皋作陪。

廿五日。阴。接潘碧泉、李少笙、方柳桥、唐鲁英、曾重伯、饶石顽及寄禅各信。李质堂、张子德、胡浴生、吴少亭枉顾。本约质堂午饭，先六日约定，临时告辞，亦稍涉不情矣。是夕〔邀〕林梅仲、任禹田、刘瑞云、唐鲁英、唐树皆、陈程初小酌。

廿六日。接潘祝年、丁次谷、张雨珊、涂峙衡、胡少卿各信。亦致丁次谷、陈伯严二信。回拜陈隽臣、朱星垣、陆伯葵、沈星海、洗雪耕、区祝三、任禹田、郑少侨、成子诚、王莼农、胡子威、刘瑞云、龙研仙、任芝田、周五楼、陈舫仙、李黼堂各处。接刘汉岑、凌拔枏公集《文选》句为予七十寿文，较黄瑞生原作为更优。醴陵近岁文学之盛，固为吾邑所不及也。傅青馀过谈。

廿七日。雨。接熊鹤村、易赞周信。公宴陈隽臣于浩园，陈舫仙、陈程初、黄子寿、唐鲁英、李幼梅同为主人，子寿、幼梅均不至，黄望之代子寿作陪。便过李佐周谈。

廿八日。致萧屺山信。亦接丁次谷、熊鹤村、李召甫各信。急须出门酬应，苦为事缠扰。陈隽臣复至，因留畅谈，一饭而日已夕矣。

廿九日。雨。接刘静生、陈伯严、王辰丽三信。熊鹤村来谈。李黼堂、洗雪耕、涂峙衡、吴莼庵、盛展奇、吴少亭相继至，遂尽一日之力。廿八日遣顺孙赴金塘展墓，是夕大雨，至今日夕未已，杨佑吾骑马先归，顺孙与张子德未知阻雨何所也。

十月

十月初一日庚申。雨。接陈伯严、周兴之、朱次江、胡浴生、王辰丽、刘棻远月卿各信。又接丁稚璜赴信。诣崧锡侯、吴云谷、但少村、刘彦臣、刘韫斋中丞、李质堂、李黼堂、成子桢、黄子山。刘彦臣处晤赵韩池，言曾与周陶溪过寒舍相见，茫然不复记忆。

初二日。大雨，风，寒。接陈伯严、文道希、朱次江各信。亦复陈伯严、朱次江二信。孔静皆、周静和、吴少亭以次至。诣刘定夫、萧小虞，贺其尊人生日。并回拜杨仲琳、萧叔蘅、张雨珊。杨仲琳为杨性农之子，见贻所著论曰《博约堂文钞》，曰《经义寻中》，曰《读史臆说》，曰《瑞芝室家传》，凡四种。

初三日。大雨，寒。致陆伯葵信。杨仲琳过谈。为崔清如贺生日。便诣孔静皆，兼诣李黼堂、杜仲丹两处久谈。

初四日。雨，寒。接寄禅信，请评展重阳会诗甲乙。汪铁山邀同任筱棠、黄子冶、汤斐斋、丁次谷、谢莘田及子瀞晚酌，食品皆极精美。

初五日。晴，寒。接易恽生及子瀞信。王朗青、常鲁青、盛展奇、邱松篔、吴少亭次第至。晚邀黄子山、任芝田、李佐周、龙研仙及檠希、绍西、玉舲诸人小（配）〔酌〕。本约张雨珊，以还家告辞。

初六日。接彭伯衡芍庭中丞世兄、周昌辅及翰舟各信。谭燮甫、罗柢敷、张鹤臣、吴少亭、毛杏荪、蔡竹泉过谈。竹泉、杏荪互相辨论，颇恶其烦。炳文存心太不可问，使人茫然。邀熊鹤村、周笠西、罗瀛桥、卢丽生、王雁峰、李芋生午酌。笠西以事不至。

初七日。雨。致杜仲丹、罗顺循二信。亦接程尚斋、言湛甫、杜仲丹、罗顺循及润民各信。遣多生致吊胡西二。任炳之、易铁桥过谈。

初八日。接丁次谷、湛少帆二信。孙彦臣、蔡竹泉过谈。晚赴李佐周之约，同席杜仲丹、祝淡溪、周笠西、萧叔衡。是日罗顺循约枉过一谈，候至日夕，方赴李佐周，而顺循偕陈伯严至，晚归始询知之，深以歉然。

初九日。致陈葵心、罗顺循、李瑞南各信。亦接易卓超、胡其祥、毛杏荪、吴国霖、胡子瑞各信。寅伯亦为吴聘廷求书致粤中当事，所开名单十馀人，所识惟方照轩一人，而曾以公事摧抑之，所以不敢致怨谤，惟恃我一切尚能持正而已。高济川、阎象文虽有一面之识，不能有请托也。熊鹤村见示《醉蟹》诗云：拣得团脐好，先将美酿倾。持螯须浅酌，入瓮尚横行。介胄争排挤，糟邱托死生。醺醺终一世，到口解馀酲。斗诗牌得此，亦殊一高唱也。

初十日。大雨。接黄莅舲信。熊春溪、陈尧辅过谈。郭茀卿到省，始知九月一宿河火警，渠家适当其厄，其父郭弥生，因挈其全眷就其丈人易梯衢以居。梯衢方穷窘无聊，赖惺惺相惜，何以为怀？饶心泉、蒋幼怀邀同任筱楼、汤斐斋、丁次谷、董厚斋小酌。

十一日。雨。接苏子熙、朱次江、李丽源三信。亦致朱次江、王雁峰二信。是日为曾文正公生辰，诣祠行礼。到者熊鹤村、傅青馀、俞鹤皋、陈程初、陈舫仙、刘瑞云、李佐周、朱次江、黄望之及子瀞。许福珠独后至，贸然而来，贸然而去，在坐者咸目笑之。回拜孙彦臣、朱岳舲、欧阳子卿。并为刘彦丞贺其升补武冈州已奉部准之喜。熊春畦、王旭初、郭黼卿及理庵过谈。周子安录示下诵臣裁兵一疏，湖南马兵一千二百廿四名，战兵七千八百五十五名，守兵一万三千七百四十四名，共二万二千八百廿三名，共饷银三十三（两）〔万〕七千馀两。宜尽裁马兵，就战、守各兵挑九千人，分为步队十八（名）〔营〕，以勇粮给之，需饷三十二万四千两，省银一万三千两作为养兵、修治军装器械之用，挑练一营即裁勇一营。言之抑何易也！裁额兵三之二，员弁且不啻三之二，而加给练饷，养兵之费犹如昔也。又使轮流移防要地，号令如孙吴，才力如韩彭，行之末流之世，必无敢任此者矣，而何言之易也！可笑可叹。终云每年可节省一万三千馀两，既裁额兵三之二，又尽裁防勇，而所省止此，何乐有此一裁？

十二日。接刘希陶、朱香荪二信。希陶于武冈寄舍，构亭曰爽昕，为亭东向，得迎朝日也。联云：晨光拂先觉；生气抱初阳。吾欲以挹字易出语拂字。刘彦丞、郭鞴卿、胡道生过谈。张子德偕顺孙展墓杨梅山、茶园铺，由湘潭放船归，李佐周晚过谈。

十三日。致朱岳舲、杜仲丹、彭玉书、彭作新各信。亦接许鹤年云杭州人，求帮助及子瀞各信。朱菊生过谈久坐。是日为先太夫人生辰，率家人上供。便邀欧阳子卿、胡道生、张子德、邱松篔、陈尧辅及箴士、杏农小酌。子德、箴士不至。杏农以病不能久坐，不赴宴。

十四日。雨。接杜仲丹信。汪景山、朱岳舲、张子德过谈。令杨佑吾陪同张子德相度白田铺地，据称穴场在游姓宅内，山势所趋，气尚未止，所开小窝，非穴情也。其言似尚有理，然而求地益难矣。

十五日。复刘希陶信。亦接曾沅甫宫保、裴樾岑、韩宝臣、朱次江及清臣各信。杜仲丹及子瀞过谈。胡道生年七十三，其夫人适年六十七，合得一百四十岁，乡人念其转水溉田之劳，环集其室，举觞称寿，引所画相，属嵩焘弁言其上。遂作赞曰：古稀偕合，于今尤异。匪稀其年，曰惟行义。行义如何，敦友睦亲。和于族里，惟朴惟纯。在公无私，处喧无竞。韬光敛华，厥施逾盛。秋旸涸泉，万口嗟嘻。君引江流，灌而溉之。化愀以忻，嘘植苏槁。曰君之赐，穰穰载道。祝君多祉，纯嘏尔常。诜诜子孙，既繁以昌。婆娑二老，万福来集。比年合岁，百有四十。图象写形，望之若仙。我为赞辞，于万斯年。黎尔民邀同萧小虞、陈诒生、任芝田、李幼枚、左子异及子瀞晚酌。

十六日。阴。接朱少炳、邱松篔、易恽生及玉舲各信。为胡道生题其画像，为夫妇合得百四十岁之庆。冬日苦短，稍一迁延而日已夕矣。吴绍亭枉过。所治耳患，略就痊可。

十七日。接丁次谷、彭廷炽、钟荣授字荐夔，为钟葛民之孙、胡浴生及笙陔叔、寅伯各信。廷炽为彭笙陔之兄，荣绶为钟情田之孙。亦接朱次江一信。回拜谢友梅、杜仲丹、陶少云、傅青馀、孔静皆、朱枫乔，及致吊徐芷沅、丁子开、龙岘仙、周五云诸处。岘仙未出，晤其从弟荔仙。晚赴左子异之召，同席陈程初、黎尔民、李幼枚、黎伯鄂及子瀞。

十八日。微雨。接左佩勋信。亦致复笙叔一信。孙谷庭方伯及蔡蓉仙、胡道生、吴绍亭枉顾。

十九日。雨。〔接〕周昌辅、邹闻生、胡浴生各信。亦为胡浴生致易仲惠一信。周昌辅托荐蒋德昭，邹闻生托荐刘盈科；昌辅指名丰泰、福隆，闻生指注厘局司事。其事皆甚微，然非吾力所及也。致贺孙谷廷、黎尔民，因过李芋生久谈。是夕接周砺松、湛范仙信。

二十日。复周砺松、湛范仙并致左子异信。亦接朱次江、左佩勋、胡西园信。丁次谷、祝淡溪、任绍棠、张禹珊、黄芝舲、熊春溪、蔡蓉仙过谈。诣陶少云，贺其世兄履谦之喜。便拜黄莄舲、王梦虎。

廿一日。接熊鹤村及子瀞、寅伯信。范彦儒、黄芷陔、左佩勋来见。吕藕池太守邀同李质堂、陈舫仙、俞鹤皋晚酌。

廿二日。接夏芝岑信，并寄所刻《岳游草》、《湘涓骊唱》二册。亦致任筱棠一信。李芋生、左子异过谈。陈舫仙及子瀞承办公饯崧锡侯方伯之局，到者徐云渠、傅青馀、俞鹤皋、陈诒生、李质堂、陈程初、许佛珠、黎尔民、杨蓬海、杨棣仙、黄望之、刘祝廷，共十五人，未到者陶少云、李幼湄，黄子寿则以其子望之代也。

廿三日。接李仲絜、周小崧及玉舲各信。崧锡侯约诣文正公祠，与陈程初同往照料。初定九点钟，候至十二点钟始到，陪游浩园。回拜汪镜青，兼诣崧锡侯送行。为李芋生作生日，会饮子瀞宅，到者傅青馀、卢丽生、俞鹤皋、黄子冶、丁次谷、陶少云、陈程初、李黼堂、李佐周、杨蓬海十三人。龙琴堂以病不至。寅伯、子宽晚过谈。

廿四日。致杨蓬海及子湝二信。亦接杨蓬海、毛杏生各信。诣贾公祠为崧锡侯饯行，到者傅青馀、俞鹤皋、陶少云、杨蓬海、李幼枚、陈诒生、陈程初、左子异、陈舫仙、许福珠及子瀞凡十二人。回拜陆伯葵、宁钦若、赖子佩、左子异、杨棣仙、左亮甫、张雨珊、陈伯严。晚赴刘彦臣之召，同席任筱棠、丁次谷、汤斐斋、汪铁山。晤刘星伯大令，本科即用知县，新到省者也。

廿五日。接罗柢敷信。亦复毛杏生及玉舲信。欧阳子卿、欧阳月庵、贾清臣枉谈。李瑞南、於桐轩公送清华部，因邀汪铁山、丁次谷、黎尔民、任筱棠、李质堂、李芋生、陈诒生、龙琴堂及子瀞小酌。琴堂以疾辞。再邀杨蓬海，又以事辞。外邀左亮甫、江仲仙、李华卿、罗柢敷、梅子宣、袁绶瑜、李麓渔、危笙陔及荇农、子宽同观。

廿六日。接赵朗园、周次农信。王雁峰、黄芷陔、熊春溪枉谈。黎尔民邀同董厚斋、汪铁山、丁次谷、李质堂、龙琴堂、任筱棠、汪景山、陈诒生、杨蓬海、李芋生送仁和部，兼邀李瑞南、於桐轩、李佐周小集。子瀞以人多未入席也。

廿七日。接赵吟篁、黄石珊信。吟篁荐袁笃栽以勤入讲舍。石珊寄《兴山县志》一部、吴星桥翰章《双溪文钞》一部。星桥为吴云谷从弟，著书甚富，年三十而没，石珊为刻存其文也。曾介石、杨商农、陶少云次第过谈。诣讲舍，会同李佐周招集诸生，定冬月初五解馆之期，以将赴湘阴，预示期也。

廿八日。接刘朗山、盛展奇、左佩勋各信。亦致但少村、王雁峰、陶少云、祝淡溪、陈伯严、曹镜初各信。黄次圭、吴绍亭、龚果斋过谈。致陈伯严信，交还益阳吴缉熙所著书三种：一、《音均表》一卷内分列二十一表；《音均徵》二十一卷杂引经、史、子并古词、诗、赋；《中星表》一卷，则所不能知也。陈舫仙枉过久谈。

廿九日。接蔡竹泉信，以屡次求见不得，函寄禀稿，决计与毛荅生相讦控，以性命抵之。因以其禀稿授李麓渔交还，谕以毛荅生可怜人，与拼命何益，极其量不过两相撤差而已。必欲与委员为难，又非渠力所能及也。属其安命，反躬自咎，不必尤人。易小楼过谈。料检行李赴县。午后偕子瀞、顺孙登舟。舟行甚缓，傍晚始抵新康，夜半大南风，泊乔口。

三十日。北风。行抵门泾江，遣周南山先赴县，寓书秉文料理祀事。舟行至申、酉之交始抵县。吴晴研预备酒席相款。罗麓山、杨琴堂、李镜涪、易清溪、萧子远、唐桂生、易泮芹，毛荅生及槃西、玉舲、润民、舜民、六安、咏生诸子侄辈均至。

十一月

十一月初一日庚寅。恭诣光禄公祠行岁祀礼。所邀请外房执事者，相礼则槃西、云覃、子惠、经生，读祝则杏农，执事则用舟、六安、咏生、玉舲、懋官、宝生诸人。先夕告祖、省牲诸礼，皆子瀞为之。卯初行礼，精神多恍怫，不能贯注，衰征毕见矣，自顾茫然。韩宝臣、吴小农、秦丽春、罗命三、周小崧、黎再虞、金梅臣次第过谈。随往回拜，并回拜县幕石梅村。兼过黄子厚、杨琴堂、罗麓山、蔡勤斋、虞箴，所见韩明府而已。吴舜臣、熊雨畴、熊绍香、高粹之、易清溪、吴莼庵、盛展奇、盛耀堂诸人过谈，不能尽详其名号也。

初二日。接唐曦城、毛荇荪及笙陔叔各信。亦致唐曦城岁例，交鹤九转寄。是日，子瀞率领顺孙诣二里墩、长岭、书院冲展墓，先携顺孙诣宗祠及光禄公祠展谒，精力衰惫，惮于赴乡。随赴夏舒山、李咏仙、龚黼丞、湛范仙、常健吾、吴舜臣、熊雨畴、李镜涪、熊绍芗、高粹之、张掖廷、盛展奇、易清溪及用舟、子惠、慰农、炳文、鹤九，诸家人子侄辈，均一往视之。

初三日。大风雨。左子异专足寄子瀞一信，便寄家信一通，交其带省。南泉寺、紫花台、洪家冲三处远墓，不能不就猪羊一往祭扫。昨日子惠、杏农相礼，子惠受寒，改请六安。子瀞亦不赴乡，即由顺孙主祭。周定轩、吴莼庵、易清溪、罗麓山、刘砺吾、盛展奇、常鲁青、吴丁生、李楷山、蒋旭亭、蒋绍禄、杨子云过谈。韩宝臣明府馈席，因邀明府、黎再虞、周小崧、秦丽春、罗命三、吴小农、黄子厚、金眉臣、湛范仙、龚黼丞、张翊廷、常键吾及子惠、玉舲午酌。小农以与争论有所避，子厚以回家辞，并吾与子瀞共十四人。

初四日。雨，风。接朱少炳信，亦接子惠信。夏舒山、张旭春、常鲁青、任西堂、刘励吾、李镜涪、胡其祥、韩陛臣、钟佐廷过谈。与李咏仙、龚黼丞、周定轩、湛范仙、常健吾、吴舜臣、姚雨苍及子惠、子瀞会同相度金丝堂形势，以张雨珊言庙右手不宜过高，而新建节孝祠金丝堂前，竟高过观德门，于体制亦不宜。晚约周定轩、易玉峰、毛荇生小酌。

初五日。晴，骤然而雨，骤然而晴，近一两年时有之，历来无此冬景也。接毛荇生信。高粹之、黎云浦、王季森、刘翊清、梅子宣、易寅斋、易泮芹、蔡南生、陈熙堂、殷竹坞、盛展奇、陈象生、易玉峰过谈，不胜其扰。早邀胡其祥、韩陛臣、钟佐亭、张旭春小酌。旭春以还乡辞。晚邀罗麓山、熊绍芗、夏舒山、李咏仙、李镜涪、金眉臣、易清溪小酌，舒山以出外辞。由金眉臣、易清溪及玉舲送席，便邀诸人一谈也。

初六日。接周定轩及西枝、东林信。吴伯良、蔡孟箴、蔡绵生、吴小昆、杨子岩、顾鼎吾、危辅臣、龚黼臣、蒋旭亭、杨子云过谈。早留周定轩饭。晚邀石梅村、魏伯琴饭，以伯琴馈菜，便约石梅村一叙，竟屡辞不至。

初七日。湛范仙、韩陛臣、胡其祥、钟佐廷、熊绍香、蔡竹泉、吴晴研、梅心如、梅子宣、易玉峰、毛荇荪、盛展奇、周筠斋及檠希、玉舲、荇农、润民、国宾等均枉送江次。韩宝臣大令以次均于昨日枉送，遣人以名柬告辞而已。午刻开行，是日阴雨，北风，寒甚。五十里，泊乔口夹，所谓下鼻浦也。

初八日。北风，阴，寒甚。下午抵省。接杨仲霖信。亦致张雨珊一信。雨珊适于前日赴湘潭。李佐周及子宽过谈。

初九日。接汤复阿、戴仲山、东林、寄禅各信。丁次谷枉谈。

闻陈右铭至，便往一谈。适刘绍臣在坐，叙琼州黎事甚详，而日已夕矣。随过邓双坡、李佐周、李华卿谈。

初十日。雨。致陈右铭信。亦接李佐周、罗仲常二信。仲常，罗楚卿之子也。姚庶侯、龚果斋过谈。诣陈舫仙、曾介石、曾慕陶贺喜，便过任筱棠，均不获一晤。

十一日。接但少村、杨晴寰、萧叔衡各信。陈右铭、董厚斋、李丽峰、言舫丞、易铁桥、李绍濂过谈。杨晴寰缄属为其从弟春江荐馆，正虑无以应之。

十二日。寄湛范仙。李韵仙、龚黼臣、吴舜臣、高粹之、常健吾、钟佐廷及玉舲各信。亦接汤复阿信。诣但少村、傅青馀、杨蓬海、俞鹤皋、李芋生、孙春皋、李瑞南、李黼堂。并为陈右铭送行。晚邀陈右铭、龚云浦、朱香荪小酌，得一畅谈。黎尔民枉过。

十三日。致朱禹田信。亦接丁次谷、罗仲常二信。诣北门外文昌阁公祭左文襄公灵榇，以由史家坡卜葬（梅眉）〔杨梅〕河，陈程初主办公致路祭也。会者八人：周笠西、俞鹤皋、何伯元、龚云浦、李幼枚、陈子元、陈程初及予。随往拜丁次谷、龚云浦、萧小虞、陶少云、黎尔民、刘瑞云。并诣草潮门舟次，为陈右铭送行。

十四日。接吴孟亭信，为其女婿刘本钊求荐馆席。孙春皋、傅青馀、孔措陔、贾清臣、易铁樵枉过久谈。白日苦短，不知谈顷而日已夕也。曾慕陶来言河西吴家湾去岁有吴神仙火化事，男妇奔走乞水治病，为大吏所禁，毁其棚厂，驱逐其司香火者，而求水治病未能绝也。曾氏小儿亦曾求治，允为建庙，乃因关圣庙旧址，谋附建一龛，方购砖木，而县差十馀辈至，并捕吴姓一人押县。于是相与具结不复立庙，而案不结，仍指拿某姓二人到案。

相与以为曾氏之贻累也，求代为之解说。遣王升诣县言之，始知吴家湾修庙事发自中丞，仍指名拿究二人，可谓穷极幽眇矣。然于民间利病欣戚举不以为意，独于此等纤细无关轻重，考之详而发之暴何也？李冠卿以裁额兵事，数百里来省相商，乃一不与交谈，甫抵省，即迫之回常。以气陵人，乃至斯极，吾甚惧其不能胜也。

十五日。接朱次江及经笙一信。为黄沐生、仇福田商顶汪景山质当事。萧小虞、李黼堂、朱菊生来谈久坐。菊生交到朱禹田开示淮盐公所手折三扣，各项头绪始稍清晰。次江见示《送陈右铭之粤东序》，托慨深而婉。但其意谓廉使为贫而出耳。廉使诚不免此，然义更有进者：尽古今人才，只有狂狷两途。曾文正公，狷者类也。吾辈守之，仕不必求进，禄不必求丰，苟得行其志焉斯可矣。万钟之禄，不以为泰；不得行其志而退，终身泊然。其有不足，舌耕笔耨，取给一身而无所歉。左文襄公，狂者类也，知有进取而已，于资财无所校量，日费万金不惜也，而亦不可与居贫，闲居静处，则心不怡而气不舒。如廉使为人，非能以吾辈所守之义绳之者也。天地广大，涂辙纷歧，要归于守正，为益于人而已。仅以为为贫而出，廉使亦不任受也。

十六日。接张鹤臣及子瀞二信。祝淡溪、余尧衢、李芋生、罗顺循、李祜覃过谈。遣多孙诣黄子寿，为其嫡母祝寿。

十七日。接赵小班、言舫丞、王梦虎各信。小班为赵玉班之子，求为其父撰墓表。其兄弟四人：紫轩、瑞轩、凌轩、小班，小班故号华轩也。刘定夫、黄芍岩、龙琴堂、王梦虎、蔡蓉仙、杨蓬海、陈尧辅、蔡竹泉过谈。遣多孙诣龙岘仙，吊其夫人之丧。

十八日。接王阆青、欧阳紫卿二信。诣汪景山、任小棠、曾慕陶三处谈，始知曾莨臣十二抵省，十六已回湘乡。比日思一往视，苦为人客纠缠，今日始一往访，已先两日归矣。

十九日。致丁次谷信，以《金鹗书院记》、《舫泊记》，属转达刘彦臣、陈舫仙。亦接次谷信，及子宽一信。回拜刘定夫。并诣崔清如，吴云谷、汪铁山、胡列五、石平甫、文长庚、周笠西、任宇田、刘祝廷、余尧衢、熊春溪、张芝岑、张惠甫、孔静陔、赖子佩诸处。

二十日。寄复韩宝丞、吴晴研及槃希、子惠、玉舲各信。亦接曾慕陶及笙陔叔、槃希二信。赖子佩、朱菊生枉过久谈。蔡竹泉、蔡浩楼继至。曾慕陶信荐其妻兄丁佩苍入思贤讲舍。但少村招同孙春皋、傅青馀、陶少云、龚云浦、朱冠臣晚酌，少云以事不至。闻丁次谷言，陈舫仙数日病颇重。便道往观，已霍然矣。兼回拜劳伯平。

廿一日。致曾沅浦宫保一信。亦接刘鄂生、易筱楼二信。周昌辅自乡至，治席款之。适郭弥生至省，因便邀郭弥生、易小楼、李华卿、李麓渔、危笙陔同酌。

廿二日。接丁次谷、周昌辅、毛荇农及西枝各信。任小棠、朱菊生过谈。昌辅适于是日辰刻返乡，此信由县城转寄，为日已多矣。熊鹤村邀酌，同席罗瀛桥、傅青馀、王雁峰、俞鹤皋、李黼堂、杨蓬海共八人，合得年五百四十岁。外陈程初及子瀞二人均赴乡未归也。是日斗诗牌，凡为字盒十，每盒百字，平声五十字，仄声五十字，各就字盒中排赋五律一首，标题曰：寻梅。所受字盒惟四支韵六字，馀皆不足四韵，乃就六韵编五言长韵一首云：一饮村醅好，欢娱近水湄。矶边投细影，竹外笑斜枝。波动鲈还乐，花开鹭未知。盘翰偏满兴，坠岛绕千思。腴味来应嚼，团洲眺自疑。馀怀须倚石，轻趣袅游丝。

廿三日。子瀞专足寄到一信，当以一信复之。是日为梁姨生辰，人客坌集，酬应为烦。早面内外五席，午餐四席，未免烦费。所知蔡竹泉、龚果斋、张鹤臣、周小樵、易小楼、饶应麟、左千之、李华卿、李麓渔、危笙陔诸人，馀则家子弟为多也。汪景山过谈。

廿四日。致曾沅浦宫保、凌问樵新进之世兄凌仲岑、欧阳紫卿名耀堂各信。亦接兰森一信。陈性门来见，自言为陈春台、陈春泉之叔，以任西堂言陈德生为陈春台求得龙琴堂一信致韩宝臣，开支谢敬五十金，此说李芋生知之数月，予闻之任西堂，即以告龙琴堂，陈德生特令陈性门为之解说耳。

廿五日。接刘荫渠、陈尧辅、王荔村各信。亦致丁次谷一信。又复王荔村一信。夏升自高抟九处告归，询其故，以出息太微对。庐凤本饶地，巡道管理临淮等六关，不至寂寞，恐别有情由也。

廿六日。接翰舟一信，又接易（叔）〔淑〕子信，言浏阳东局收支已由局员禀撤，另须谋馆，为之惘然。诣普远泉、刘彦臣回拜，兼为孙谷臣贺喜。晚邀王萝泉、黄子冶、丁次谷、汪景山、汤斐斋、任小园小酌。

廿七日。冬至。接李筱屏、罗柢敷、丁次谷及玉舲各信。熊鹤村诗牌十匣，每集多不过七八人，无满十人者。本日为冬至消寒会，本定熊鹤村、罗瀛樵、王雁峰、杨蓬海、李佐周、陈伯严、罗顺循、朱次江共九人，罗瀛桥以赴乡辞。适萧希鲁、李石仙到省，恰符十人之数，共领诗牌一匣。吾所受字匣得八庚韵，凡八字，因凑成八韵云：此处云霄接，能移九宇晴。万机尘海企，六曲舞扉轻。滴薛台腔擅，翩鹅散锦名。车巅骢奋拥，岸角鸟柔鸣。字荷膏升砚，身逢岭变琼。桐珊重箭胜，枫戛五枚擎。环庆豪姿阔，河津热浪生。敧床应搁笔，文史问苍瀛。

廿八日。接张叔平、丁次谷、唐曦城、周介封、陈熙堂、梅星渔及李寄庐家信。龙阳李宅每季分给八竿，而信言八月未收到。县城交鹤九寄唐曦城二十金，接来信，以为谢函也，启视，则反问及此款，皆理所不能晓者。言舫丞、易小亭、易小楼及清臣来见。

廿九日。为曾孙女周岁之喜，亲友至者二席。接熊鹤村、杨蓬海、朱暝庵三信，暝庵馈羊肉，并枉诗云：曾翅珍腴不易谋，瓦铛文煮烂羊头。倘将食品方官品，也算人间三等侯。并枉书云：左、李如羊肉，非椒桂不馨；曾文正如鱼翅，得鸡豚益美。随答云：临餐口辄与心谋，只合齑盐伴白头。忽怪菜园羊踏破，尽凭食肉觅封侯。丁次谷、蔡蓉仙、龚果斋过谈，因留果斋晚饭。是夕熊鹤村、杨蓬海各叠韵示诗，戏答云：峰高海阔鹤家乡鹤村屡邀雁峰、蓬海斗诗为乐，笑语寒灯烂有光。十客蹲鸱神奕奕，千言走马阵堂堂十人各受一枰，枰百字，凡得一千字。枰盘堕地闻山响，云雾漫天说海防。长日阳生诗酒内，尽收隽语入宵觞。鹤村又因诗牌失去一字示诗，并答云：一枰纵横各十字，上下齐边刚满百。次江一枰翻倒地，数得九九其一失。命仆燃灯照几榻，谓此完全不可缺。仆人懒惰随口应，已饬明日再寻觅。朱暝庵昨日馈蒸菘，并云菜蔬有真味，类仆之为人。因答一绝云：咬得菜根闻古语，岂知真味菜根存。先生觋我仍称比，一饱侏儒更感恩。暝庵今日更馈羊肉，仍答此诗意也。

十二月

十二月初一日己未。阴。接吴赞清、易小楼二信。亦致吴晴研、萧子远、唐桂生及玉宇信。便致熊绍香、陈煦堂等各信件。又致傅青馀、俞鹤皋、杨蓬海、李芋生信。为龙琴堂、卢丽生作生日。黎尔民、言舫丞过谈，盖因左亮甫为左竹斋家事主谋，语侵左子异，欲得一理谕之，询及左卓山，始知为左潜山之兄，久宦浙江盐大使，其家颇富饶也。

初二日。接王辰丽、段默存及立钰鉴湖上海信。亦致谢爱堂一信，转致李寄庐家帮款。谭心可过谈。李芋生及子瀞均于是日回省。

初三日。接凌问樵、李佐周信。问樵信言陈海雏携鄙书求事，已为位置，鄙心茫然不复记忆。海雏盖陈诒生之子也。回拜谭心可、吴筱村、王子章、史备三。并诣周荔樵、王桐轩唁其弟丧，荔樵外出，就其子周五楼一谈。是日为龙琴堂、卢丽生作生日，会者傅青馀、俞鹤皋、李芋生、杨蓬海、李佐周及子瀞共九人。佐周以患咳不肯登席，小坐一谈而已。

初四日。接舒叔俊、刘鄂生、龙琴堂、任小棠、李佐周及清臣各信。亦复龙琴堂、任小棠、李佐周各信。沈星海、姚庶侯、彭笙陔、朱枫桥、陈尧辅、龚果斋、李石仙及寅伯过谈。寄禅又至，呈示各信。遂尽一日之力。

初五日。接谭敬甫、李福覃二信。亦为易筱楼致裴樾岑一信。袁守瑜、龚果斋、言舫丞枉过，皆为营谋馆事。时事日益艰难，而营求者亦日见其繁。诵《北门》之诗，可想见衰世之气象也。

初六日。接杨蓬海、卢丽生二信。蓬海见赠其所著《坦园丛稿》十二册：曰《眼福编》初集十四卷，二集十五卷，三集七卷；曰《词馀丛话》三卷。甚可观览。区祝三、任筱棠、丁次谷、殷默存、李福覃、龚果斋次第过谈。

初七日。接周渭臣、胡列五及玉舲、润民各信。周瑞南、周惠臣、彭诒生、胡其祥、钟佐廷、李石仙、毛荇生、梅子宣枉过，遂尽一日之力。瑞南为周渭臣之侄，惠臣则周尔充之子也。

初八日。致曾挚民、李次青二信。又复舒叔俊一信。贵州信交李石仙带黔。亦接易卓超信。丁次谷、王绍棠、张惠生、胡其祥、毛荇生、江竹生过谈。回拜区祝三、周惠臣。并诣陈舫仙，贺其世兄子元姻事。兼为黄子冶唁其媳之丧。随赴龚云浦之召，同席但少村、陈伯严及子瀞。

初九日。接李冠卿、陈伯严、江竹生及檗希各信。亦致刘彦臣、孙彦丞、言舫臣各信。为杨蓬海贺生日。便过谢莘田、黎尔民、左子异、刘瑞芸、周荔樵谈。

初十日。微雨。致谭心可、龚云浦、杜少鹤、李佐周各信。亦接李佐周、杜少鹤及玉舲、润民各信。李石仙、韩陛臣、毛杏生过谈。

十一日。微见雪子。接龚云浦、李佐周及一心信。张雨珊、汪景山、刘鄂生、钟棣生过谈。午邀胡其祥、钟佐廷、常鲁青、钟棣生、毛杏生及理安小酌。钟棣生言殷竹坞已至省数日。盛展奇、胡幼森并至。

十二日。阴。致言舫丞、吴晴研及檗希、玉舲及陈象生、陈酉生各信。亦接言舫丞、饶岱霞各信。李杜生、李卯生、翁汝明过谈。晚邀谭心可、周瑞堂、黎尔民、张雨珊、李幼枚及子瀞小酌。本邀陈舫仙，以方宴客辞。翁汝明始自江南归，言曾沅浦处情事甚悉。

十三日。致黄石珊及笙陔叔二信。以闻胡其祥言黄石珊处时有信息往还，故以奉托也。傅蔗生、朱宇田、盛展奇、胡浴生过谈。晚邀汪镜青、李荔村、孔静皆、余尧衢、李杜生、李卯生小酌。静皆赴益阳，尧衢有从昆季之丧，皆不能至。

十四日。接陈葵心信。萧屺山、左子异、吴少陔、言舫丞、蔡蓉仙过谈。刘定夫邀同徐云衢、俞鹤皋、龚云浦、陈伯严、子瀞晚酌。

十五日。微雨，寒。回拜萧屺山、傅蔗生、谭心可、李杜生、李卯生、李芋僧、朱宇田、朱菊生、彭笙陔、曾重伯、周瑞堂、唐懋皆各处。谭心可处晤陈舫仙，因论及许福珠为人，（可多）〔多可〕怪愕。晚接张干堂信，致礼甚丰，启视，则预祝明年七十生辰也。似所送皆出家藏，而福山寿海堂幅又出新制。向不敢受人重礼，于张干堂、张倪仙昆仲，尤觉无以当之。

十六日。微雨，寒。接杏农、箴士及丰诒堂信。周荟生以是日受吊，与傅青馀、俞鹤皋同往知宾，所陪孙谷臣、崔清如、但少村、刘定夫、春书云、崧灼亭、颜茂垣数人而已。出门即遇吕藕池，不及一陪。颜茂垣言：王绶卿所带五营，裁留三营；颜茂垣、樊子琳守城，蒋云浦出防。又驻益阳者为陈萃山。颜、樊皆不喜酬应，并俞鹤皋亦与不相识也。过孙春皋、陈诒生，诒生外出未晤。余尧衢、刘牧村、易铁樵、文月舲过谈。子瀞邀同黄子冶、丁次谷、於桐轩、任小棠、张雨珊、陈程初晚酌。

十七日。雨。接刘云樵、冒小山、刘鄂生、张超堂及槃希各信。亦致吴晴研及玉舲信。孙春皋、陈舫仙、李芋生、金桂生过谈。陈璞山邀同傅青馀、罗瀛樵、黎尔民、陈程初及子瀞晚酌。

十八日。雨。接胡浴生、毛杏生、李召甫、龚振之各信。亦复张干堂一信。李健斋、龚梅生来谈。罗瀛樵邀同李黼堂、陈璞山、康云渠及子瀞午酌，然亦至申刻始入座。本邀熊鹤村，鹤村乃病痰咳气蹙，闻瀛樵言始知之。

十九日。雨，寒。接朱禹田、彭心莲、李九如及任秉之刺史信。又由谢爱堂递到李寄庐家信。亦复朱禹田一信。赖子佩、朱菊生过谈。子瀞邀同萧小虞、李瑞南、谭心可、龚云浦、李芋生晚酌。

廿日。微雨。复彭心莲信。又接朱禹田、冼雪耕、甘大有及玉舲、鉴湖各信。李杜生、左奎士其子日升，其孙鸣凤、文义达、易淑子、杨景皋过谈。

廿一日。雨。接刘希陶、张雨珊、易汉秋、涂次衡各信。当复刘希陶、张雨珊二信。周荔樵、王惠泉、周筱樵过谈。晚邀吕藕池、刘彦臣、孙彦丞小酌，邀子瀞作陪。

廿二日。雨，寒。接子湝及笠云二信。回拜谭心可、陈舫仙、李黼堂、常石麟、左魁士、李健斋各处。随诣傅青馀，观新开菊部名永和者，凡三席：孙春皋、龙琴堂、卢丽生、俞鹤皋、杨蓬海、陶少云、黎尔民、陈诒生、李芋生、李佐周、陈程初、陈璞山、区祝山、翁少兰及子瀞，罢席已三鼓矣。

廿三日。雨，凌，寒。接韩宝臣、张鹤庵周荔樵及子瀞三信。亦复韩宝臣、张鹤庵、周荔樵三信。王梦虎过谈。杨佑吾自乡归，所存银款，颇受其累。是日祀灶神，斋戒一日，盖自祖母传示家教如此。是夕雪。

廿四日。凌，寒。接罗顺循、左子异、梅心渔各信。亦复罗顺循、左子异二信。并借给胡子威银四十金。罗顺循及玉舲、寅伯过谈。是日俗名为小年，率两宅家人谒祖先上供。

廿五日。雪，寒。接吴湛清、赵朗园、周荔樵各信。亦致周荔樵一信。罗华卿、庄理卿枉过。李黼堂邀同傅青馀、张海帆、周笠西、李芋生、李佐周晚酌。黼堂见示徐寿蘅议建京师两湖昭忠祠启，并复徐寿蘅书，专论兵事原始，不列李文恭公名，其于劳文毅公则妻父也，劳凯名亦列名公启。皆乡里先辈，与兵事相终始，不应见遗。义正词严。而阅公启，可指责处极多。京师会馆建此祠，亦殊无谓也。是夕，雪深几及一尺。

廿六日。阴，寒。为彭诒生致左子异一信。刘牧村、丁次谷、周荔樵过谈。於桐轩邀同黎尔民、蒋幼怀、吴子初、张晦生及子瀞晚酌。是夕雪。

廿七日。阴，寒。接文擅湖、左子异、胡其祥及子瀞各信。亦致谭心可、江竹生二信。李瑞南、曾祝如、石平甫过谈。为吕藕池贺生日。便回拜李瑞南、刘牧村、曾祝如、王梦虎、李佐周。精力疲乏已极，检点人事，日不暇给，徒以累心而已。县粮总刘干堂、唐倬云、陈文蔚公致年礼，受其野鸡，以年糕、黄芽白报之。

廿八日。阴，雨，寒。接邹闻生、黎尔民、曹韵生、蓝滋丞名浚瑛、梅子宣及箴士、敏夫、经笙各信。亦复黎尔民、邹闻生、任小棠各信。左子异过谈。子瀞从下江带到书数部，多属新刻本。

廿九日。接陈今泽信，知数年来尚能自谋生，与何星畲镇军亦尚有交谊，枣强县王凯臣为荐致之曾劼刚，然正恐难为位置也。是日料检书室及各用人薪食，谢客一日。

三十日。雨，雪，寒。接邓葆臣、秦丽春、杨馨堂各信。亦复杨馨堂，及致饶心泉信。率两宅家人奉谒祖先。除夕大雪。

光绪十三年　丁亥

正月

光绪十月三年岁在丁亥正月初一日己丑。元旦。雪，寒。率两宅家人奉谒祖先。便过子瀞、子宽。每岁元旦谒船山祠、曾文正祠以为常，以雪凌过甚，夹道树株积冰下垂，塞出入途径，乘舆不能行，不及一往。犬马之齿，开正便已七十，感赋一律云：严云曙色暗重城，斗柄巡檐北望明。十日溟濛三尺雪，一寒抵折九冬晴。哀鸿转忆流民景，冻雀犹闻报晓声。衰病忽惊年七十，裳衣颠倒梦朝正。饶应麟及子瀞、子宽至。

初二日。阴，寒。罗叔循来见。分遣多孙、顺孙往各处贺岁，宾客至者皆谢之，稍觉清静。

初三日。雪。玉舲、子瀞来见，子瀞就商团拜事，于诸常来往者相聚一谈，省春酒之烦，亦省事之一法也。

初四日。雪。十馀日雪凌不解，至是寒益加甚，向所未有也。黎尔民、李幼枚过谈。

初五日。大雪。李芋生及箴士过谈。前厅桂树一株、屋后枇杷树三株，为雪凌所压，枝叶皆折，督工人为剔除冰雪，用木枝之。大凌至半月不解，城中树木，受伤多矣。周吉岭树木颇繁，岁以雪凌雕零，至是遂恐折尽。乡里穷民日检柴为薪，于何取给？所在寒饿，天心殆不可问也。

初六日。阴，凌，寒。本意初十内外乃一出门，以雪凌道无泥泞，便于行走，一修贺岁之仪。所见刘韫斋前辈、卞诵生中丞、曾履初、聂伯元四处而已。馀则孙谷臣、崔清如、傅蔗生、普达泉、吕藕池、刘彦臣、孙彦臣；及候补道谢小庄、但少村、朱星垣、庄心庵、刘定夫、吴云谷、萧小虞；候补府李瑞南、赵载庵、况颜山；候补州县谢莘田、蒋弋香、沈星海、於桐轩、董厚斋、汪昂千、王子文、黄子山、曾祝如、赖子佩、罗华卿、黄桐轩、石平甫、葛燕江、汪铁山、区祝山、盛竚卿、沈咏荪、连书翘、王桐轩、姜兰浦、胡小筠、黄子冶、汤斐斋、丁次谷、刘少馨、王绍堂；寓公杜鹤田、少鹤，孙春皋、邓双坡、林梅仲、傅青馀、汪景山、陈伯严；武员春书云、崧灼亭、张茂阶、颜茂垣、樊子琳、赵韩池、戴厚臣、贾清臣、龚云浦、李质臣、熊春畦、陈程初、王梦虎、刘祝廷、董绍穆；文员饶心泉、黄铭山、刘鄂生、刘竹洲、祝淡溪、吴斗枢、刘毓唐、吕信臣、周句赓；馀则谭心可，陈舫仙，俞鹤皋，杨蓬海，黎尔民，任小棠，张怡仲，龙琴堂，李芋生，徐云衢、寿鸿，王雁峰，何伯元，张花楼、鹤臣，李佐周、子和、镜生，蒋幼怀，李华卿，袁绶瑜，曹春台，汪镜清，任宇田，孔静皆，余尧衢，陈璞山，谭燮甫，唐鲁英，唐懋阶，易赞周，胡子威，罗瀛桥，黄子寿、望之，陈诒生，吴子初，李黼堂、幼枚，杨棣仙，易青莲，翁少兰，曾慕陶，彭诒生，李君若，黄子钧、伯屏，周荔樵、五楼，胡烈五，左壬之，饶岱霞，左少卿，左子健、子栗、子异，李荔村，成静斋，齐小庵，危显廷，周笠西。约百馀处，皆稍知字号者。其以名帖通拜者，不详记也。

初七日。雪。回拜瞿伯常、萧叔衡、余云涛、陈德生、张芝岑、张晦甫。随赴荔云之召，同席王雁峰、曹咏生、徐寿鸿、陈伯严及寄禅、稻香。稻香治素食绝精，云主厨者马王庙张姓也。

初八日。阴，寒。龚云浦及文思来谈。炳文亦自县至，云濠河及新康皆阻冰，向所未有也。《申报》载重伯数诗，其律法竟欲突过其伯父劼刚，极可诵也。《留别亲友》二诗云：转蓬走马身何定，怨李恩牛迹已陈。一剑随身添胆壮，双丸刺眼觉愁新。故人别雨如黄叶，乡国离云起白蘋。美酿千樽钢百炼，莫言龙性竟全驯。　青阳逼岁一帆催，絮雪抟风扫不开。偶展二严空富贵，静因一念释疑猜。玉颜几日成离恨，贝齿当时诩辨才。一样湖光山翠里，烟波谁见画船来。《将入都谒伯父，先成长句奉寄，即以留别叔祖父》：使节卸持三属国，崇班新压五诸侯。防风后至劳重译，尔日前驱已八驺。儋耳归帆同玉局，歌头按板忆琼楼。更闻桂苑蒐军实，神笔中宵几运筹。　韃腰作吏还征福，鞅掌从公亦太劳。臣里未容闲海鹤，君门申命重山鳌。日还花诏来辜月，雪里蒲轮挟怒涛。忠义一家成习尚，鳣连南北卫神皋。　花外双旌小驻时，难忘尊俎夺胭脂。罢调蝉雁还评画，倦注虫鱼自写诗。镇将弓衣迎马首，词人箭袖誉蛾眉。阿咸亦厌西头屋，来看先生倒接䍠。　威毅江淮坐啸清，榴花惜别此重经。山容尚记龙东走，水宿频随雁北征。稗海波深红雪冻，煦园月朗绿醽倾。平原十日期难满，又飐鞭丝别瓮城。

初九日。大雪，凌，寒。南方雪凌至半月不解，向所未有也。城巷街衢冰冻不可行，乡间景状不可知，茅屋不足以胜雪，柴薪又无可取，以瑞雪而流为灾异，天心盖可畏也。接王壬秋、龙季和、刘棻远各信。又接笠云一信。李瑞南及子瀞见过久谈。

初十日。阴，寒。致刘彦臣、孙彦丞、吕信臣三信。亦接朱瞑庵及笠云二信。瞑庵馈菜，附以小诗，为答一绝云：阶前积雪似堆沙，风透帘栊冻咬牙。忽枉珍肴教领略，味香原出老诗家。丁次谷、李佐周过谈。

十一日。阴，寒。周荔樵及寄禅过谈。黄桐轩以其所收质库之票三十馀纸，属言（言）之汪景山，请压至五月，留候收赎。阅所质衣服，为之怃然。是亦岂五月所能办此者？然景山固已欣然允其稍留。自揣吾力，未足以庇之也。

十二日。立春。阴，寒，晚雪。率两宅家人奉谒祖先。接曾沅浦、戴仲山、饶石顽、杨墨林各信。潘碧泉过谈，以曾接李质堂关聘，又奉檄署沅州府学，意尚踌躇，未能自决也。

十三日。雪。接李筱荃、周励松二信。吴云谷过谈。熊春畦邀请春酌，再辞不获。所请惟俞鹤皋及予两人而已。便拜刘牧村、曹咏生、彭虎臣、王萝泉、狄在华、孔晋阶各处。

十四日。微雪。接吴渔川、荔云及子瀞各信。孙彦臣、丁次谷、盛展奇枉过。危笙陔亦自县至。江竹生晚过，遂留小酌。

十五日。阴，寒。接谭敬甫、任禹田信。为但少村贺生日。便拜庄心庵、刘子昭、易清濂、刘云樵、谢友梅、杨襄臣、劳伯平、徐定生、吴少陔、黄子襄、潘碧泉、皮鹤泉、程颂藩伯翰、黄再福、卢丽生。兼过傅青馀、熊鹤村两处谈。鹤村年八十七，病两月，精气衰矣，而诗兴未减，诵其开春试笔诗云：乾坤幻境杳难知，十日阴寒异昔时。三径全铺云母片，一园尽变水晶枝。怀人琢句心犹勇，望远凭栏力不支。寄语东风莫迟滞，池鱼急待解玻璃。言去岁新蓄池鱼数百头，池冰已逾数寸矣。邀陈稼荪、盛展奇、危笙陔、杨佑吾为元宵小集。

十六日。阴。寒气益增。接曾挚民、文兰舫、潘小农、左逸仙、朱莼卿、严少韩、言湛甫各信。又接杨默林信。亦致吕信臣又笠云信。吕信臣、朱次江、张鹤庵过谈。

十七日。阴。接聂仲芳、杨性农、黄桐轩各信。言湛甫以提标前营都司与乾州协中军都司对调，意不乐赴乾州，以为应与提标后营及永定营两都司对调，以两都司亦有应回避之处，而乾州无之也。既自言之，又托杨性农代达，而不知此非士绅之所宜言者也。

十八日。晴。寒气犹甚。接陈隽臣、赵吟篁、袁笃莪、毛荇荪及鉴湖各信。李鼐堂、陶少云、杨蓬海、张禹珊枉过久谈。陈子元赴江南，必应一见，又为仆人所阻。隽臣信言：时局艰难，祸患之来大而且速，平之无术，避之无方。读此为之茫然。

十九日。阴。接傅竹生、易卓超、朱次江及笙陔叔及寄禅信。回拜谭心可、文兰舫、谢国采、张雨珊。便赴陈舫仙之召，凡四席，所知者：傅青馀、李瑞南、丁次谷、朱禹田、俞鹤皋、杨蓬海、谭心可、陈诒生、陈程初、王莼农、陶少云、唐懋皆、易芝生、刘湘士、欧阳子坚、曾慕陶、曾履初、李佐周及子瀞诸人。兼为陈子元送行，未及见也。

二十日。阴。回拜刘彦臣，朱禹田、菊生，王莼农，左子异，陶少云，龙研仙，李瑞南。便赴颐园团拜之会，凡五席：李瑞南、丁次谷、於桐轩、董厚斋、傅青馀、龙琴堂、陈诒生、俞鹤皋、杨蓬海、黎尔民、陶少云、李质堂、刘祝廷、陈程初、卢丽生、蒋幼怀、张怡仲、李佐周、陈璞庵、谭心可、唐鲁英、唐懋皆、李芋生及予与子瀞、子宽。未到者：萧小虞、朱禹田、汪景山。

廿一日。雨。致李冠卿、吴晴研、萧子远、唐桂生、毛杏荪各信。亦接易瓒舟一信。袁笃莪枉见。晚邀周荔樵、蒋幼怀、熊春畦、吴诗堂、吴渔川及子瀞、子宽小酌。

廿二日。微见日。接陈伯严及徐云渠、王雁峰、俞鹤皋、陈程初公信。当复徐云渠，并致陈程初信。以笙陔叔汇缴永定捐款银六十二两八钱，属交纳直东捐局，并捐册交付陈程初也。

廿三日。晴，寒。雪冻未销，满屋皆漏，沾滴遂无已时，闷苦之至。饶实芝、罗顺循枉谈。两宅西席朱枫乔、王修园并约廿四日开馆，今日尚无一至者，岂皆为寒阻耶?

廿四日。雨。接张雨珊、李仲絜信。朱枫乔自县至。诣养知书屋，为炎儿、顺孙送学。便邀张鹤安、危筌陔、郭黻卿、左千之昆仲奉陪朱枫乔。朱菊生、张芝岑过谈。

廿五日。阴，寒。致龙琴堂信，亦接其回信。周瑞堂、朱晓篁过谈。瑞堂出示周渭臣《嘉峪关》诗，谋刻之石，属为一跋。子瀞、子宽、寅伯次第过谈。渭臣军门寄示《嘉峪关》诗，盖巡边所至，登临游览之作。其诗雄深雅健，苍凉边塞之声，称其雄才大略。《寰宇记》：酒泉有鸿鹭山；引《穆天子传》，西循黑水至（璧）〔碧〕[①] 玉之山，即此。明《一统志》谓之嘉峪山，其西麓即今嘉峪关也。自汉通西域，西北皆出玉门关，其南曰阳关，谓之南道北道。明初弃边外沙瓜地，乃建置嘉峪关，间别中外，遂为河西边界之锁钥。今西域万馀里尽隶版图，往时玉门、阳关，皆为内地，顾视嘉峪山雄扼夷羌之险要，犹衽席也。天下事变不常，控制中外，必先形胜。今时要害，不在雍、凉，而在北边之近草地者。军门干济之才，必有以豫筹之数十年之前而制其胜。此诗老将临边之概，特其为之先引乎？黄觐虞太守为书而勒之石，嵩焘并记跋其后，以告来者。

廿六日。阴，寒。接敬修及悟元二信。龚果斋、易铁樵枉谈。回拜周笠西、邓双坡、朱香荪、陈伯严。便赴吕藕池之召，同席李质堂、张琴堂、俞鹤皋、杨蓬海、陶少云、李幼枚及子瀞共九人。

廿七日。阴，寒。接罗顺循、吴晴研、梅星渔各信。亦致龙

---

①据《寰宇记》校改。

琴堂、罗顺循、吴晴研、萧子远、唐桂生及玉舲各信。谭序初、李芋生、胡浴生、梅子宣、郭黻卿枉过。

廿八日。晴。雪冻未甚融。龙琴堂、贾清臣过谈。回拜谭序初。并诣杨厚庵宫保、萧小虞、李芋生、翁小山、徐心畬。兼为黎尔民贺其子完姻，为李佐周贺其弟子和完姻。

廿九日。阴，寒。接任秉之信。周次农、周小樵来见，守候半日，不敢出接，以虑相踵至者，竟日不得息也。达珊自乡来，询知席珊已于前日抵家。陈展云尚在台湾，必因事故撤差也。

三十日。雨。致罗顺循、吴晴研二信。晴研信，与约数事：一、加盐、厘两局赁钱。一、笏堂、希初两边住屋，均至二三年不纳赁钱，应追缴，并议丰诒堂赁钱。一、典受丰诒堂长岭田，另归一公，与书院冲一律。一、盐行股分，另立一折，载明每票应分数目，再候批注。一、丰厚街各屋，无岁（一）〔不〕加修理，应加考究。一、代小春清还旧欠，其二百串仍应由六吉收还，我处五十串亦应由收还，仍作养知存款。以各家积欠均未清，不应专责成小春。一、小春帖费应扣还，槃希嫁女借钱四十串亦应扣还。其馀借款尚多，应准从缓。一、润民清还吴委员住宅，修理费短开钱二串四百文。一、耕心、养知义庄帮款，应分四起：支祠、两宅赁钱归义庄；盐行股分归帮款；丰厚街正街前及承受丰诒堂宅赁钱归养知；义合、韩湾及诸存款归支祠。四项分别，各须稍有存馀。共计九款。其馀各条，则私家用费，不记录也。丁次谷过谈。李麓渔亦自乡至。

二月

二月初一日己未。雨。接黄石珊、罗顺循、吴诗堂各信。又有黄绩者号雪逵，永州府经历，荐零陵朱耀祖号月浦入讲舍，以小吏莅仕湖南者也。龚果斋、梅子宣及子瀞过谈。亦复笙叔、子瀞二信。黎尔民邀观菊部，陪陈伯严、陈绶卿，凡三席，所识萧小虞、龙琴堂、陶少云、杨蓬海、陈诒生、唐懋皆、陈程初、陈璞山、李荫堂、陈韵仙及子瀞，馀皆不相识也。

初二日。雨，风，寒，雷。致龚果斋信。杨厚庵宫保、王韵生、李祐覃、张鹤庵、刘静生、毛杏生及杏农过谈。回拜黄子厚、余尧衢。并过丁次谷谈。陶少云邀观泰益部，同席傅青馀、龙琴堂、俞鹤皋、陈璞山、李芋生、龚云圃、唐鲁英。

初三日。雨。接周瑞堂、文擅湖及玉舲、炳文及寄禅各信。又接罗顺循信。亦致周瑞堂、吴晴研、陈酉生及玉舲各信。黄子厚、毛注经、毛荇荪、张秉乾及达珊过谈。毛注经为毛俊卿之子；长曰益三，次曰锡纯，并就督销局馆；注经则就一教读课席。

初四日。接曾沅浦宫保、李健斋、张卓斋、左启鳌魁士、王吉来及子瀞各信。亦致王吉来、周瑞堂二信。李益轩来就西席，于是日起馆，龚果斋所荐也。因邀果斋及曹筠轩、王韵生、李麓渔陪酌。罗顺循荐王修原，于去冬定议，约廿四日开馆，而迟延十日之久，闻方以讼事迁延，乃急切改订李公。年已六十四矣，精神恐不能支，又不善解说，始终为罗顺循所误。去岁邓弥之荐一王辰丽，荒误子弟一年，罗顺循又然，名士之不可恃如此。

初五日。雨。接周瑞堂、周次农二信。回拜孙春皋、刘祝廷、黄滋圃、刘静生、瞿海渔、任霁堂、吴渔川、彭笙陔。便诣李质堂，约陪吕藕池、俞鹤皋、杨蓬海晚酌。

初六日。接殷竹坞、徐寿鸿信。寿鸿过访，至坐书斋半日，不一通报，来缄愤愤言之。裴仁、叶升之昏谬乃至于此。是日三书院甄别，命顺孙考岳麓，炎儿考城南，吾亦为之谢客一日。

初七日。雨。致黄次圭信。亦接殷少侨及玉舲信。丁次谷、王雁峰、朱禹田、黎尔民、张芝岑、潘敬甫过谈。是夕，子瀞邀陪熊鹤村、罗瀛樵、傅青馀、王雁峰、俞鹤皋、李黼堂小酌。郭弥生、瓛卿父子挈眷来省，陈氏诸女随至者三人。

初八日。雨。接丁次谷、吴聘廷、吴国霖、吴子初各信。回拜朱禹田、谭心可、徐云渠、徐寿蘅、曾醒愚、戴炳堂、涂次衡、狄在华、欧阳子卿、殷竹坞、殷少侨各处。欧阳子卿处晤（子其）〔其子〕寄和及其族孙月庵，月庵年少文秀，而有神力，闻得异人传授，颇多奇迹。晚赴李健斋之召，同席谭心可、黎尔民、孔静皆、李幼枚。

初九日。雨。致傅青馀信，亦接周荔樵、龚樾浦信。荔樵信亦为龚樾浦求补讲舍一席，即前黄雪逵所荐者也。回拜彭晴峰庆桂、姚棣卿、曾祝如。随至傅青馀处，会同黎尔民、俞鹤皋诣黄子寿，详论张、饶一案，至两时之久，粗有转机。然其母子反复百变，终未识能否就绪。又苦为傅青馀推延半日，为时无几，不及与商议定妥。夜久乃获赴萧小虞之召，同席谭心可、陶少云、傅青馀、杨蓬海、李瑞南。

初十日。雨。致聂仲芳、吴晴研及槃希、玉舲各信。罗春浦、盛协和、刘定夫、周荔笙、周小樵、欧阳价人、欧阳月庵、张鹤庵、孙春皋过谈。聂仲芳信为殷少侨托荐其弟邦怡肄业同文馆，少侨已回县，属交钟棣生转递。陈程初有子妇之丧，一往唁之。便过子瀞，陪同但少村、刘定夫、朱星垣、萧小虞、李瑞南、龚云浦、陶少云、黎尔民、杨蓬海观泰益部。

十一日。大雨，风，寒。致刘毅斋信，为张鹤庵代张秉乾求事，将谋为关外之行也。并以致聂仲芳信托之钟棣生，因加致殷少侨一信。亦致徐云渠、张翊廷二信。张翊廷属为其子函致曾沅浦、杨石泉诸公求差使，不知此两处皆无可望也。刘定夫邀同傅青馀、朱禹田、陶少云、萧小虞晚酌。

十二日。雨。接杨蓬海、张翊廷、欧阳汝砺信。蒋弋香赠其《爱吾诗存》一部，内分三种：一、《醉园诗存》，为其兄蒋跗棠诗稿六册；其嫂氏储啸凤《哦月楼诗存诗馀》二卷；其次兄蒋次园《诗存》五卷。是夕为二嫁姐生辰。与萧小虞、俞鹤皋、黎尔民、李幼湄、龙琴堂、陈稚臣、李芋生、李佐周、张怡仲、罗叔循诸人一会谈。宁钦若、刘牧村、谭心可、李健斋、郭弥生、黄望之枉过。

十三日。阴。致陈隽臣、杨蓬海、龙琴堂、张翊廷各信。李质堂、祝淡溪、盛协和、杨松龄枉谈。子瀞邀客四席，到者无多，因令陪酌，计邓双坡、傅青馀、萧小虞、李瑞南、刘祝廷、李质堂、龚云浦、谭心可、王雁峰、龙琴堂、陶少云、俞鹤皋、杨蓬海、黎尔民、李芋生共十五人。心可、云浦先去。终日纷扰，为人作书信及与人客会谈以尽日力，良自惜也！

十四日。晴。接张芝岑信。李杜生、李卯生来见。回拜宁钦若及杜生、卯生。便赴子瀞处，公请吕藕池、朱冠臣、刘彦丞、孙彦臣观仁和部。四君各具赏，反令烦费，于事颇为不宜。

十五日。公祀长沙定王。陈璞山、李仲穆、唐少韩诸人为首事。刘少秋为帮办首事。所识惟徐云衢、王雁峰、祝淡溪、吴斗枢、周笠西、俞鹤皋、罗瀛桥数人，馀皆不知其名号。四拜朱冠臣、刘牧村、李质堂、唐懋皆、祝淡溪、谭心可、张子容、易芝生、易懋卿、李健斋、陈子怀。并为孙彦臣补贺生日。兼问吕信臣之疾。陈伯严、张芝岑、吴子应、梅子宣、盛展奇过谈。晚赴李佐周之召，同席李黼堂、俞鹤皋、龚云浦。

十六日。雨。接周瑞堂、蓝滋丞、龚樾浦、梅子宣各信。亦致李杜生、李卯生一信。又致谭心可信，与商胡其祥租票事。是日为先光禄公忌辰，率家人上供，谢客一日。

十七日。忽雨忽晴。郁热殊甚，础石皆润。致韩陛臣唁信。并致李质堂、张芝岑、黄植斋各信。范秉生、蓝滋丞、张芝岑、黄涤凡过谈。是夕大风雷雨。

十八日。雨，寒。接质堂、顾见吾信。亦致裴樾岑信，为朱峰乔代其子晓篁求差使也。是日为炎儿、英儿兄弟生辰，英儿适十岁。留周诗樵、易铁桥小酌。

十九日。以致裴樾岑信交朱峰乔，兼致峰乔一信。接朱禹田、周荔樵二信。是日思贤讲舍开馆。诣船山祠及曾文正公祠行礼。首事惟傅青馀、俞鹤皋二人及子瀞及黄植斋先至，熊鹤村晚至与宴，青馀、子瀞皆赴唐懋皆之约。是日上学者十四人：俞班黼、黄伯屏、刘汉岑、凌拔枬、谢习伦、罗少庚、徐子中、左佩勋、黄棣轩、李子岐、陈翙梧、陈守如、唐绍武、李肖冰。商籍二人：嵇彛酶、朱稚泉。待补五人：欧阳醴泉、周次农、杨松龄、潘敬甫、龚月浦。

二十日。雨。接邹子翼、邹代藩及槼希、寄禅各信。涂岵衡、龚果斋、郭黻卿及寅伯、笠云过谈。诣杨厚庵宫保，吊其冢妇之丧。并为葛燕江、吴翔冈、李仲穆致唁。兼回拜龚琴堂、任禹田、刘瑞云、任芝田、陈汝霖、陈笛舫、陈伯严、廉德生、范秉生、魏伯琴、盛展奇。并为邓双坡、汪景山贺生日。便道玉池别墅，适子瀞、子宽会同蒋幼怀调处生日款接宾客事宜。

廿一日。大雨，寒。接吴莱庭、陈子濬、夏尚忠、蔡浩楼、蓝资生及翰舟、槼希、玉舲各信。易云畴、陈汉寰皆相从讲舍为抄胥，与危笙陔而三矣。吴竹筠来见，吴莱庭之孙也，遣赴岳麓读书，倜傥英俊，可爱之甚。

廿二日。雨。致朱宇田、朱岳舲二信。亦接子瀞一信。回拜杜仲丹、张雨珊，并致唁李华卿。随赴唐懋皆之召，会者十馀人：李瑞南、傅青馀、龙琴堂、卢丽生、刘祝廷、陶少云、杨蓬海、朱樾轩、黎尔民、唐鲁英及子瀞。惟萧小虞以事不至。诸生后至者：李少笙、吴智川。又自备资斧者刘信渠。

廿三日。雨。寒甚。接周瑞堂、陈伯严信。龙琴堂、周瑞堂、胡浴生、杨佑吾①。因令浴生、佑吾持信往张芝岑、饶石顽，属其以诚实了事，无再诪张，迄未得其要领也。李瑞南邀同傅青（云）〔馀〕、俞鹤皋、陶少云、杨蓬海、曾慕陶浩园小酌。蓬海、慕（唐）〔陶〕不至。

廿四日。晴，寒甚。接李友兰、林问樵、张蔚卿三信。黄玉屏黄汉皋之子，号锡九又带到黄瑚一信。亦致蓝资丞一信。为吕藕池、孙彦臣贺其卓异之喜，兼为朱禹田作生日。便拜黄芍岩、李黼堂、汤斐斋、彭笙陔、曾履初、蓝资丞、吴竹�。询之彭笙陔：邹代藩字价生为邹叔绩侄，能古文之学；邹代立字伯礼为邹子翼之子，工图学及勾股测量；又有伍子奇者，亦能文。罗叔循、罗和生、王京山来见，意在创开浏阳盐局也。

廿五日。晴，寒。接陈隽臣、杨蓬海、陈云庵、杨汝襄、周昌辅各信。亦复蓬海、昌辅、云庵三信。李幼枚、区祝三、盛展奇、易桂生、彭笙陔、曾履初过谈。曹子诚亦自乡至。

廿六日。接李幼枚、易卓超及鉴湖、寄禅各信。任筱棠过谈。任禹田邀同谭心可、傅青馀、龚云浦、黄子寿、李幼枚晚酌，心可、幼枚不至，改约刘定夫。黄子寿遣黄望之代赴。

廿七日。接姜昆山、黄柚荪、郭九如及寄禅各信。谭心可、

①此处有脱文。

刘瑞云、黄芍岩、王梦虎、龙琴堂、邹伯礼、邹价人、龚果斋、李新六、毛杏荪、郭翰卿枉至。翰卿即郭九如之孙也。邀巢子城、盛展奇、魏伯琴、达珊、席珊、佩珊小酌。

廿八日。阴。接丁次谷、陈骏声字舜邻信。亦复姜昆山、丁次谷信。诣凌问樵宅，贺其三世兄叔泉完姻之喜，询知二世兄仲城，为易海青女夫；五世兄寿生，为曾符卿女夫；叔泉就姻夏氏，为夏实吾女孙。送亲者夏小川，媒者陈寿康，知宾则陶小溪、易赞周、曾慕陶也。并回拜吴云谷、任筱棠、黄芍岩、周荔樵、区祝三。兼为王雁峰贺生日。陈煦庭来见，并呈阅陈太霞先生《习隐堂诗钞》。持其父陈骏声舜邻一信，远来相觅，询知为太霞先生之孙也。

廿九日。晴，寒。致丁次谷一信。胡其祥、罗麓山、李镜浯、毛荇荪过谈，皆以贱辰来省致贺者也。往觅陈伯严不晤。晚赴李幼枚之召，同席吕藕池、李质堂、黄芍岩、俞鹤皋。

三十日。致陈伯严信。罗麓山、李镜浯、陈稼荪、吴诗堂、吴渔川、任霁堂过谈。王壬秋自京南返，枉过夜谈。

三月

三月初一日己丑。接朱禹田信，随复禹田一信。丁次谷、蒋幼怀、吴诗堂、盛展奇诸人过谈。七十生辰，亲友枉见存问，朱禹田、李芋生、胡其祥、韩陛臣所贶为最隆。省城风气华靡，诸人于鄙人又颇过于炫饰，为之惶然。晚就王壬秋谈。

初二日。致陈伯严信。邹子敬、常鲁青至。李芋生、丁次谷、罗麓山、李镜浯、蒋幼怀、文应麟、吴诗堂、盛展奇、易玉峰、陈霁生、罗叔循均以贱辰枉至相助，稍一留饭。料检一切，多自为之。两宅各持意见，无能承其意者，多自取闷而已。

初三日。致邹子敬信。陈伯严、涂次衡为碧湖修禊之会，会者三十馀人。所识王雁峰、王壬秋、龚云浦、陈程初二三老宿外，胡子威、易瓒舟、熊叔雅、陈玉山、王吉来、罗顺循、曾履初、曾慕陶数人与相识，馀皆不能举其名。分韵赋诗，予分得条字韵。随赴熊鹤村之召，同席罗瀛桥、傅青馀、俞鹤皋、李黼堂、杨蓬海。以候子瀞，傍晚始登席。是日闻李次青升黔藩，曾挚民调滇藩，而唐鄂生以巡抚衔专办云南矿务。

初四日。接姚庶侯、邹子敬、张超堂各信。又接瞿子玖、阎季蓉、李月涛各信。季蓉寄示所撰赠七十寿序，属杨熙春昆仲为制屏幅。大率寿期已迫，不及书也。是夕邀萧小虞、李瑞南、黄芍岩、陶少云、左子异、李幼枚及（小）〔子〕瀞小酌。

初五日。接曾沅浦宫保信，致送寿礼至厚。县人来省枉贺者至数十人之多，深愧无足以堪之。屋小无能一容宾客，仆人又无堪事者，巨细皆须躬自料检，全恃子瀞、子宽兄弟为之料理外事，稍免烦虑。些小部署，固亦不能不身任也。

初六日。致盛展奇信，属邀集县城诸人玉池别墅，观五云部灯局，计本家及亲友凡八席，不能遍也。女席亦四席，不能遍。两宅周旋，颇致烦倦。晚留丁次谷、朱芋生、李佐周、蒋幼怀四人小饮。

初七日。以七十生辰，亲友相集称庆，得子瀞、子宽为之照料，吾一切不问，惟留丁次谷、李芋生、李佐周、蒋幼怀、邹子敬小酌。先约定便衣不行礼，较往岁转觉散逸也。是日分定六堆口治外席，寿星街治内席。自卞诵生中丞以下，官绅枉贺者三百馀人。是夕小雨。

初八日。大风雨。卞诵生中丞、孙谷臣方伯、崔清如廉访、傅蔗生、普达泉、谢小庄、但少村、朱星垣、刘定夫、萧小虞、庄心畬、吕燮堂、赵再庵、朱冠臣、况颜山、刘彦臣、孙彦臣、春书云、崧芍亭、张茂阶文武各官均枉至贺生，一往谢之，诸老辈处亦便道一往。是日治席十二桌，到者八席。查阅所请人客，参差不齐，颇以疚心。

初九日。晴。接唐茂皆、陈熙堂二信。又接黄昌期一信，为予贺生日。昌期与予同岁生，日月小于予。其以一信相贺，盖亦以自寓也。是日治馔八席，到者六席，老弱混杂，亦列官其中，于心颇不自惬。涂稚衡见示碧浪湖禊集诗，并其弟稚蓤一诗。予于此会分得条字韵，未及为也，适涂稚衡枉临，遂书与之云：出郊便觉马蹄骄，胜景良辰许见招。唤雨鹧鸪啼木末，迎暄翡翠集兰苕。万殊趣舍从人悟，百感沉冥借酒消。为问海棠花事过，尽输冶叶与倡条。

初十日。接魏弼峰、张雨珊、陈右铭各信。是日约何伯元、周笠西、李黼堂、刘少臣、徐寿鹤、徐寿鸿、张雨珊小酌，以国忌不能演出，诸君皆不乐赴戏局者。诸公一例辞谢，雨珊最后以一信来辞，因以一信复之。

十一日。接李筱屏、周芷窗信。当复芷窗一信。又接邹闻生一信。丁次谷、陈煦庭、黄芷阶枉谈。是日邀徐子元、李幼梅、左子栗、左子健、左子异、周春浦、陈伯翰、瞿海如午（邀）〔酌〕，到者幼梅、春浦二人。而春浦未正即至，陪谈半日之久。诸人皆屡请不至，为之茫然。

十二日。接黎尔民信。亦致龚果斋信。稍寄李益轩脩金。姚彦嘉自江南来为予贺生日，适会今日补请在城亲友，因并邀一酌。凡治八席，仅及四席而已。邓双坡、王梦虎、任芝田、陈德生、易清濂最为老辈，馀则张元玉、胡少芝、杨季端、周荔樵及劳氏竹林。丁次谷初来作陪，随又代约李芋生，诸客迎送，仍鄙人自任其劳也。

十三日。趋唁杨厚庵太夫人之丧。午邀吕藕池太尊以下约三十人，皆府厅班也。到者吕藕池、朱冠臣、瞿伯常、谢西梅、赖子佩、刘少馨、陈汝霖、汪铁山、蒋弋香、陈雨霖、黄桐轩、丁次谷十二人。外邀姚彦嘉、陈诒生、李芋生作陪。

十四日。阴。郁热已极，必雨征也。接丁次谷、戴竹卿、左鸣凤及怡仲、箴士各信。潘小农、杨景皋、槃希、绍西、兰生诸人过谈。润民回县，顺致吴渔川一信，属其托罗命三转交。卞诵生中丞会饮。

十五日。接陈煦庭信。潘小农过谈。十四日本约傅青馀、陈舫仙、邓双坡陪卞诵生中丞，邓双坡以病辞，改约陈程初；程初赴潭迎接彭雪芹宫保，至十三日夜尚未归，又改约龚云浦。本日罗云翰言，程初实于十三日赶回省城，叶升不及探问，竟索还请帖，徒令此心怦然无以自安。仆人之愚劣亦可慨也。

十六日。早大雷雨，已而晴霁，郁热至不可耐。致谭心可一信，贺其母生辰。又为陈诒生、张紫联贺生日。为杨蓬海贺其侄新婚。并回拜恽莘耘、潘小农、姚彦嘉。晚邀孙谷臣方伯，崔清如廉访、傅蔗生、普达泉、但少村、刘定夫、朱星垣、庄心庵六观察会宴，兼邀俞鹤皋、陶少云、黎尔民作陪。

十七日。郁热至不可耐，晚大雷雨。为刘韫斋前辈贺其八十生辰。便拜刘少臣、范炳生、常健吾、常鲁清、魏伯琴、盛展奇，独胡其祥、钟佐廷二人以外出辞。韫斋前辈处湘士、理卿昆季回拜，吕燮堂知宾。所晤陈程初、黄芍岩、张紫联、涂稚衡、李爵卿、曾慕陶、李幼眉诸人。晚邀潘小农、刘彦臣、孙彦丞、於桐轩、董厚斋、宁钦若、姜兰圃、单子辉、区祝三、全铁琴、周蔚棠、齐小庵、祝淡溪、吴斗枢、刘毓唐、饶心泉、黄铭山、陈诒生、蒋幼怀听同庆部，凡四席。本约任小棠，而竟未一具柬，子瀞以事烦未及清检，由仆辈无一得力者之过。子瀞、子宽辛苦多日，始终未一登席。

十八日。接胡浴生信。丁次谷、胡其祥、龚果斋过谈。黄景斋先生以是日开馆，留杨景皋、杨佑吾陪饮。赴唁杨厚庵宫保，兼吊黄振斋之丧。晤王睦卿、询问振斋现存三子：曰子芹，办理厘务；曰子光，随侍；曰子栗，官湖北佐杂。随赴刘韫斋前辈之召，凡四席，傅青馀、李质堂、陶少云、王壬秋、熊叔雅、余尧衢、涂稚蘅、黄望之、张海防凡十馀人，率五人四人一席，湘士、礼卿迎送款接。

十九日。阴，郁热已极，乡间亦颇望雨也。接左佩勋信。亦致丁次谷一信。李石仙、黄玉屏、谭广生、李镜涪、杨景皋过谈。为徐云渠、聂伯元之母贺生日。并贺盛绎卿署任永明之喜。倥偬竟日，并人事细冗亦不能一清理，酬应之为累，使人益生厌苦。晚次李佐周过谈。

二十日。阴，郁热。致毛廉卿信。黎尔民、胡其祥、瞿海涛及玉舲过谈。诣朱香荪、葛燕江、李君豫三处致吊。

廿一日。阴。接朱莼卿、邓复心、吴舜臣及兰生、经笙各信。致陈展堂信，为汪圻、汪垲求照拂，从汪铁山之请也。刘定夫、姚彦嘉、陈尧辅、徐子元过谈。接方子听讣告，知其父筱圃通奉物故，其家住庐州东城九狮桥，所必应致唁者也。

廿二日。寄程尚斋、刘南云及达珊、佩珊各信。周春圃、吴子杰、盛少康过谈。为黎尔民送行。兼回拜刘犁生、潘小农、吴筱农、刘定夫、谭心可、宋楚卿、彭砚秋、姚彦嘉、曾慕陶。并询知醇邸已定计不巡阅南洋，曾重伯渐次归家，莣臣现亦来省，然一二日即回湘乡。

廿三日。接吴少陔、周春圃、吴子杰及麓庵各信。亦致区祝三、吴渔川、吴少陔各信。赖子佩、黄伯屏、巢子诚、曾莐臣过谈。黄伯屏传其从父黄锡九之意，索还黄汉皋所著《周易尚书异同商》及《春秋传义》，并以交之。吴少陔函取益阳夏任斋先生所著《仪礼图说》，由王益吾之命收入《经解续编》者也。晚次黎尔民过谈。

廿四日。早大雷，雨，风。致於桐轩、吴晴研信。亦接於桐轩及润民、西枝各信。为刘彦臣贺其世兄姻事，兼回拜曾莐臣、於桐轩、赖子佩、翁少兰。并诣王萝泉唁其妻丧，赵岳卿司狱陪坐一谈。曾莐臣外出，晤彭笙陔、曾履初，知曾重伯家信云于初十日自上海启程回湘也。

廿五日。接左魁士及左斌臣等十馀人公信。又接槃希信报翰舟之丧，当复槃希一信。并信致左子异、左亮甫，属邀集左晋章、左蔼堂、左建孚、左海瀛、左斌臣同至省城，为料理左竹斋、左鸣凤父子事，以海瀛、斌臣、亮甫皆助左竹斋；晋章、蔼堂、建孚则助左子异以与竹斋为梧者也。子湝专足回江西，通致戴竹清及敏夫、子湝一信。是日下午，始能料理回讲舍。

廿六日。接左子异信，亦为黎尔民致曾沅浦一信。於桐轩、熊春溪、姚彦嘉、邹子敬、巢子诚及西枝和尚次第来谈，遂尽一日之力。

廿七日。接裴隽臣信，以予七十生辰，兼致贺礼。彭笙陔、曾履初、龚果斋、言舫丞及席珊过谈。亦诣李佐周谈。

廿八日。换戴凉帽。是日大风，寒。接周荔樵、湛范仙、曾慕陶及荔云信。亦复冼雪耕、裴隽臣信。黄桐轩、涂稚衡、周五楼、张芝岑及一心过谈。回拜恽莘耘、童宝臣、唐聘廷、蒋幼怀。

随赴龙琴堂、李芋生定王台之召，同席孙春皋、邓双坡、傅青馀、陈诒生、俞鹤皋、陶少云、陈程初及子瀞共十一人，未至者周笠西、李黼堂、李佐周三人。

廿九日。大雨，寒。接寄禅信。丁次谷、唐鲁英、童葆丞、张芝岑过谈。谭心可邀同傅青馀、俞鹤皋、李黼堂、陈程初、陈舫仙、刘绍臣晚酌。

四月

四月初一日戊午。阴，寒。接张鹤庵信。余尧衢、姚彦嘉过谈。赴吊陈定生之母。潘敬甫见示杂体诗一卷，吾爱其《夜坐书怀》云：黄花香渍一庭雨，翠柏寒生古院风。《寄友人》云：月明崖洞孤松瘦，雪压平原万竹低。为得坡公风韵。

初二日。阴，寒。乡间望雨甚急，而地气不动，旱势将遂成也。接黄次圭、王荔村、李咏仙、湛范仙各信。当复李咏仙、湛范仙信。彭雪芹宫保、邹子敬、郭福清、吴爱吾过谈。午邀各寺僧之枉贺寿者，多以上林寺佛会告辞，到者西枝、自修、微妙、敏基四人。自修住持开福寺，微妙住持桐溪寺，敏基住持神鼎。此外宝明、妙空均允赴约，临时以赴乡辞。西枝、自修、敏基皆湘阴人，微妙则皖南石台县人也。

初三日。晴。寄复曾沅浦宫保信，本三月十三及廿日所书，至是乃交曾慕陶发递。又复李咏仙、湛范仙信，及致王壬秋、曾慕陶、丁次谷、张芝岑信。王雁峰邀同熊鹤村、谭心可、罗瀛樵、陈璞山及子敬午酌。因与彭雪芹宫保约三点钟叙谈，半席辞诣彭宫保，同席邓双坡、王壬秋、陈程初共五人。宫保养驯鹤，为雪压屋毙之，瘗为鹤冢，以诗哭之，中有句云：千岁仙禽犹有劫，百年人事竟无凭。是夕，草潮门外火警。初闻钟声惊起，罗云翰报称草潮门，急遣人驰视，知尚在城外也。

初四日。接李杜生、巢子诚及达山三信。朱禹田邀集丝茅冲之蓤圃，禹田、岳舲昆仲作陪，凡二席。傅青馀、俞鹤皋、李黼堂、王壬秋、杨蓬海、唐鲁英、唐懋皆、朱樾轩及子瀞共十二人，惟陈程初、李佐周二人不至。周春浦晚过一谈。

初五日。接蒯蔗农、周春浦、张芝岑及达珊、润民各信。亦复周春浦、张芝岑二信。邹子敬枉谈。以李佐周病归，检查诸生功课，凌拔栩、刘汉岑、谢习伦、李肖冰、徐子仲、黄棣轩、陈守如、俞斑甫、黄伯屏、罗少庚、陈（㓸）〔翙〕梧、周次农、李子岐、左佩勋、吴智川、杨崧龄、潘敬甫凡十七人。敬甫另给膏火，不在额课之内。请假者三人：欧阳醴源、黄芷陔、唐绍武。惟李少笙竟日不呈示功课，其人必非能守分者也。下午雨。

初六日。杜仲丹过谈。回拜彭砚秋，并闻曾重伯自江南回省，一往视之。唐鲁英邀同傅青馀、朱禹田、朱岳霖、俞鹤皋、陈程初午酌。晚次达珊过谈，述叙李鉴堂秉衡中丞相待之优，朱曼伯寿镛观察、张缦卿赓云太守、刘蔗泉恩濬太守均待之有恩。蔗泉为刘博泉恩溥之弟，其保举亦深赖之，而其人语言颇无伦类，李鉴堂中丞极不谓然也。

初七日。致陈右铭、方柳桥、马眉叔、聂仲芳及玉舲各信。陈信以达珊托之，方信以吴聘廷锡霖、唐柳村庆春托之。右铭、柳桥二信交达珊带粤。眉叔、仲芳二信交姚彦嘉带至沪渎。玉舲信则交王升带县，为草子坳佃人周吉元二子周慎堂、周棣华为王满殴伤，由陈秀庭主使为之，不能不一与理处，以所掘毁者为吾家佃人，所殴伤垂毙者又吾家佃人也。陈程初、张芝岑、曾重伯、姚彦嘉及达珊过谈，因留彦嘉、达珊晚饭。遣王升赴沪兼领保险局息折：一、仁和福寿公股本第九百九十二号，计三十七股，规银一千八百五十两；一、济和延寿堂股本一百五十四号，计二十股，规银一千两；一、济和殷和堂股本第一百五十三号，计二十股，规银一千两；一、仁和多福堂股本第九百九十一号，计二十股，规银一千两；一、济和顺福堂股本第一百五十二号，计二十股，规银一千两。并光绪八年四月初一日给，原以六月初一日为期；而九、十两年领取息银，并扣至三月底止。后列董事唐景星、徐雨之二名。见《申报》，以自十一年后未给息银，去岁由旗昌洋行收回，招商局重起息银七厘，以三月初支放也。

初八日。接黄桐轩、姚彦嘉及兰生各信。又接区太守维翰、赵司马绍华二信。致吊刘幻吾母丧。便过杨厚庵宫保、俞尧衢、陈伯严、郭弥生、罗叔循，并晤其侄罗振旃谈。并过养知书屋，晤吴诗堂、吴渔川，为言湘阴考棚滋事，顽悖可憾；董厚庵奉委至县，但主查问，并不及办理此案一节，亦属无谓。下午雨。

初九日。微雨。接姚雨苍信。亦致陈煦庭一信。周荔樵、罗小垣过谈。约陈程初诣黄子寿，便过俞鹤皋。群知其难也，鹤皋遂亦辞不肯行。比至，反复辩论，立言日益新奇，而持之甚坚。其心诚未易测。专利求胜，古人所不能堪，未知何所恃而言之无忌如此。

初十日。致胡其祥、钟佐廷、吴莼庵、冯厚庵各信。亦接蓝滋丞、龚振之、张超堂各信。丁次谷、张芝岑、顾建吾、吴丁生、刘浥清及兰生来见。胡其祥各信即交兰生带县。是夕大雨。

十一日。接周荔樵、丁次谷、欧阳醴源、王旭初、胡荣光及用舟、子惠各信。是日天甫明，闻扣门声甚急，昨曾孙女久病，度必有变，问之，已于寅刻物故矣。急归家料理，葬之南城外所购刘姓山。旋赴吊王菊生处。便过汪铁山、盛芾卿、翟伯常、李黼堂、龙琴堂、任筱棠。兼诣吕燮堂，已出接新臬台，闻昨夜泊舟湘阴也。次谷转示曾介石一信，荐其女婿刘少瑚入讲舍，因复次谷一信。补缺须候，即住房亦须稍候也。

十二日。致李次青、丁次谷、吴晴研及王舲各信。亦接周荔樵及少卿、润民各信。丁次谷、齐小庵、姚雨苍、王旭初过谈。邀东林、渌门、松筠、常静、笠云、宝明、寄禅、离欲八和尚斋食。是夜大风。

十三日。雨，寒。复湛范仙信。润民信告言：绍年女弟许嫁胡氏，而为绍年所持，不得迎娶。因致玉舲信，属与槃西、用舟严谕之。吕燮堂、易铁樵过谈，略言及黄子寿事。专利负强如此，而在官者皆畏之，世道之所以不复能昌也。

十四日。立夏。接陈春初信，为致玉舲一信。又接程尚斋、周晓丹及玉舲三信。又致周荔樵一信。诣唁易清濂妻丧。便过刘少梁、姜兰圃、齐小庵、李佐周、王壬秋。兼诣庄心庵，不晤。豫东屏廉使枉过，亦恰值外出也。

十五日。接刘希陶、周荔樵二信。亦致王逸吾、刘希陶、刘绍臣，兼托绍臣代递逸吾信也。为李佐周、蒋幼怀两太夫人祝寿，便过左逸仙、阎少韩、谭心可、李芋生、曾介石、曾重伯、彭笙陔、徐定生。兼回拜豫东屏廉使。是夜雨。周自庵前辈《日札》及《诗集》，并寄交王逸吾。

十六日。致龙琴堂、傅青馀、卢丽生、俞鹤皋、李芋生信，约同为孙春皋祝寿。任筱棠、左楚英并为其子完姻，一往致贺。回拜豫东屏廉使、董厚斋、刘绍臣、张雨珊、陈璞山、李石仙。石仙已前赴湘乡校阅。刘绍臣处晤王西园孝廉，知昨致王逸吾信即交令带江南也。

十七日。郁热。午后大风雨，寒。接孙春皋、庄季涵二信。

亦致李芋生信，以方与傅青馀、卢丽生、龙琴堂、俞鹤皋、李芋生六人同为孙春皋作生日，春老以书告辞，因寄芋生商酌行之。瞿海如、陈煦庭枉谈，遂尽一日之力。李佐周以谢寿，小坐一谈。

十八日。雨，大风，寒。接毛杏荪、玉舲二信。丁次谷、殷竹坞、李芋生、易铁樵、王旭初过谈。诣孙春皋贺生日。并致吊傅蔗生观察。便过傅青馀、陈诒生、黄子冶。兼为吕藕池贺其署粮道之喜。

十九日。致复瞿子玖、阎季蓉、曾沅浦宫保三信。亦接瞿海如、周希陶二信。瞿子玖信并《汉事会最》四函，交傅青馀觅寄。是日辰刻，顺孙举一子，为初得曾孙之喜。陶少云、左千之、朱枫桥、巢子城、陈汉帆、易云畴、危笙陔及子瀞并枉贺，丁次谷、杨景皋亦至。

二十日。致赖子佩信，缘徐心畬函复周芷窗事，赖子佩以见示，故一为解说也。李芋生、曾履初、龙琴堂枉过。午邀谭心可、张子容、刘绍臣、王壬秋、张雨珊、任芝田及子瀞小酌。

廿一日。致但少村信。亦接殷竹坞、李芋生、郭茀清及王升汉口信。李佐周、蔡蓉仙、陈煦庭过谈。但少村信即交陈煦庭送投。邓双坡邀同傅青馀、龙琴堂、陶少云、杨鹏海、丁勉初、林梅仲、陈德生观泰益部。陈诒生亦至小坐。

廿二日。雨，郁热。接熊峙衡、曾莣臣信。为陈程初、罗瀛桥贺生日。便拜董厚斋、张景逸、李黼堂、俞鹤高、林梅仲、赖子佩、陈定生、刘秋云、谭燮甫、曹筠轩、龚果斋。

廿三日。微雨。接但少村、盛展奇、陈春初及槃希各信。崔清如、刘祝廷过谈。邀杜仲丹、李黼堂、殷竹坞、李芋生、李佐周、瞿海如晚酌。杜仲丹以孙病买舟回巴陵，未及终席。张芝岑晚过谈。

廿四日。雨。接周春浦信。亦致王升汉镇董家巷维新栈信，以保险股票五份由森昌寄之，另由胡万昌加致一信。邹子敬过谈。回拜崔清如、於桐轩、沈星海、赵朗园、周笠西、杨商农、周荔樵、彭笙陔、彭臧仲。兼为史少海尊人史海涛贺生日。本约回拜殷竹坞、邹子敬，子敬相距过远，竹坞又已移居，未及往。随赴陈程初之召，同与席者傅青馀、俞鹤皋、卢丽生、任芝田、王雁峰、谭心可、陶少云、劳颉卿、曹筠轩、曹竹初、陈诒生、黄望之、李芋生，而唐懋皆为之作主人，唐鲁英及子瀞均为出知单，其实程初尚只五十九，未及六十也。

廿五日。雨，寒。天气惨似深秋，严风砭人，为之神悚。致李黼堂、周春浦各信。周自庵前辈所著《日札》及《思益堂诗钞》已寄交王逸吾。其《思益堂文钞、词钞》、《守默斋试帖》并检还春浦。李黼堂允为代制丝绵衣被，以洋银二十元托为制之。亦接黼堂、觐堂各信。常健吾、黄西樵、胡其祥及玉舲自县至，便留午饭。是日为曾孙洗沐，剪胎发，俗谓之洗三朝。为择除日吉期，距生时盖七日也。以吾年七十，又见一代传人，名之曰道传，字曰习之，乳名曰福馨。

廿六日。微雨，风，寒。致杨抱真、邹子敬、李芝岑各信。亦接丁百川信。周荔樵、黄西樵、常健吾、易铁樵及玉舲过谈。周荔樵告言：杨秉卿由广东知县改四川，补秀山县，在任八年，其母林，杨临川之夫人也，去岁迁居省城，年七十九以卒，求为之题主。杨秉卿在广东曾檄署乳源，至今尚能记忆也。

廿七日。雨，寒。接陈伯严、程伯翰、罗顺循、胡子威、袁守瑜、潘碧泉、何理元、朱次江、周颖生、王吉来公信，为左长卿家求干薪，当回一信，令求曾沅浦。盛少康过谈。邀左逸仙、严少韩、刘牧村、区祝三、张景逸及子瀞晚酌。本邀沈星海，星海以赴平江辞，始改邀区祝三也。

廿八日。接张卓斋及荇农信。亦致彭伯昂、张鹤臣信。又寄韩宝臣信，论考棚滋事，签差太多之弊。萧小虞、刘彦臣、龚云浦、胡其祥过谈。亦赴豫东屏贺其迁入臬署之喜。随回拜胡其祥、常健吾、黄酉樵。卞诵生中丞邀同谭心可、陈程初午酌。湖北电信自京师报称卞被劾牵涉多六字，随报十八日上谕有恩露圃、薛云阶驰赴广西查办事件之信。赴广西必道湖南，所以隐其事也。

廿九日。接文枫阶、张鹤臣信。亦致常健吾、黄酉樵信，以甘裕庭之子甘瑞祥、仲甫及邵庆生为县差所持，使早归传中丞之命，以免苛累。杨商农、谭燮甫、杨景皋、李祜覃、甘雨时枉谈。俞鹤皋邀同熊鹤村、罗瀛樵、傅青馀、李黼堂、谭心可、杨鹏海晚酌。

三十日。雨。天气仍寒，而时作郁热，亦雨征也。接潘小农、欧阳苇轩二信。亦致任小棠、蒋幼怀、常健吾、黄酉樵各信。回拜萧小虞、庄心庵、刘彦臣、龚云浦、唐蓬洲、陈舫仙、刘秋云、任芝田。接县信，为吴世鑫常泰店友倪子亭为县役李林所陷，并诬以考棚事。因并交健吾、酉樵两君，一与解说也。

闰四月

闰四月初一日戊子。雨。接李云桥、易芝生、任小棠信。亦致文兰舫、欧阳苇轩二信。崔春圃、殷竹坞、涂次衡、张芝岑、龚果斋过谈。昨欧阳苇轩信告称：辰河拟造炮船十艘，为巡缉之用。因荐致龙镜河、郭云山，俾资管带。并属与文兰舫太守商之。

初二日。大雨。接周荔樵、蒋幼怀二信。庄心庵、龚云浦、常健吾、张蔚卿过谈。幼怀信言：电报称，恩相已改派嵩申。庄心庵又言并无此电报。中丞亦不能知何以有此传言。然则诸言奏案情事者，大率皆得之传闻，未足为确征也。

初三日。雨。接曾沅浦宫保信。亦致杨厚庵宫保信。刘绍臣、李芋生、王润生、陈春初过谈。瞿海如邀同王壬秋、李幼枚、俞伯钧晚酌。王壬秋扇端见袁昶赠诗云：边符中秘罕兼长，君独能兼向与扬。指画雪山连北戒，梦携丹器侍西行。来游气欲消疵疠，往事真同算海桑。一鹤翩然独南返，丸星更出照何方。

初四日。雨。致韩宝臣、陈程初、朱禹田、区祝三信。亦接周芷窗信，以其子晋藩、祚藩求荐岳局小差，无以应之。是日为杨临川夫人题主，周荔樵、熊叔雅、孙咏春、王寿铿四人作陪。便回拜张蔚卿。晚邀彭笙陔、易芝生、易懋卿、曾介石、曾重伯、曾慕陶、曾履初小酌。

初五日。接陈程初、黄子明二信。任禹田、张蔚卿、毛杏荪、李召甫过谈。玉舲回湘阴，以节事应检理者属之。午邀孙春皋、龙琴堂、俞鹤皋、陈定生、唐鲁英、唐懋皆小酌，懋皆不至。

初六日。接刘展吾、杨景皋、胡浴生信。诣刘韫斋前辈、刘祝廷、曾慕陶谈。便回拜但少村、孙彦臣、宁钦若、王桐轩、黄铭山、杨次可、蒋幼怀各处。晚邀任筱棠、唐蓬洲、丁次谷、汪铁山、黄子冶、汤斐斋、沈星海小酌。子冶、斐斋皆病，星海赴平江，至今未回省也。是夕雨。

初七日。雨。接刘希陶、朱禹田、李芝岑、毛杏荪各信。亦致朱禹田、朱岳舲信。但少村过谈。午邀熊鹤村、王雁峰、杨商农、张蔚卿、涂次衡、陈伯严、罗顺循小酌。

初八日。接俞鹤皋及笙陔叔、绍西、鹤九各信。亦致张蔚卿、曾重伯及复鹤九信。王梦虎、蒋幼怀、陈煦庭、蔡蓉仙、梅子宣过谈。刘希陶信因陈璧臣学博荐周寿江入讲（学）〔舍〕，前亦曾荐新化魏宏济，暂不能来也。

初九日。晴。接易梯衢、张蔚卿、王荔村各信。亦复王荔村信。李佐周、毛荇荪、黄芷陔、龚月浦来谈。笙陔叔亦自永定至。久谈，因与毛荇荪并留午饭。寅伯、玉舲、席珊又次第过谈，遂尽一日之力。席珊守催黔信，竟未能一近书案也。

初十日。接韩宝臣信。诣黄子寿贺其子姻事。并致吊吴湛清、赵朗垣之母。便回拜周小崧、王梦虎及笙陔叔。并赴李黼堂之召，同席邓双坡、傅青馀、俞鹤皋、陈德生、王壬秋、杨蓬海。本邀李芋生，陈德生所以代芋生也。

十一日。致李次青、赵朗园、张雨珊及佩珊、玉舲各信。亦接张叔平、韩宝臣、周笠樵、张雨珊及佩珊、子瀞各信。王升汉口董家巷维新栈四月廿八日来信，股票仍须寄上海核验，约以十五日为期。据此，恐须五月初乃能还乡也。丁次谷、言舫丞、单仲尹、陈守如、黄伯平过谈。伯平送交张叔平寄到诗扇一柄，由其族祖黄干臣自洪江带省者。书言雄溪晤刘海珊军门，因留课其子，与史备三刺史至相契。雄溪即洪江也。下午，豫东屏、刘彦臣、胡浴生及子瀞过谈。

十二日。微雨。致韩宝臣、湛范仙、黄西樵及玉舲各信，以长湖团之朱运昌、杨辅臣、陈尚群、李景恩字容光，公呈一禀：西湖禁止马贩游牧，构讼多年，冒小山为出示立碑，兹有杨道生勾引马（贬）〔贩〕伍同顺违禁放马，向其拦阻，即行送惩多人，并将案内无名之徐品金、李绍轩即李志上之侄收押，二人皆书院冲佃人也。韩宝臣一切听命于家丁，宜有此也。任小棠、左佩勋、周子俊、盛少康过谈。

十三日。大雨，亦凉亦郁热，昏闷不可耐。接曾沅浦宫保、韩陛臣、盛展奇、周闻生各信。瞿海如、常健吾、盛展奇、盛丁生、盛友丞、王实丞过谈。实丞主讲鹭洲书院，所遭遇乃出人情意计之外。江西吏治如此，尤所罕闻。

十四日。早大雨。接陈笛舫信。为陈诒生贺生日。为於桐轩贺其回任之喜。并回拜豫东屏、刘彦丞、宋楚卿、魏弼峰、王实丞、张禹珊。东屏廉使处兼晤张海帆一谈。

十五日。雨，雷。致但少村信。於桐轩、王润生、龚果斋、梅子宣、张湘生及笙陔叔、李少笙、黄芷陔次第就谈，并熟人也，然遂已竟日酬应，无须臾之暇，精力实不支也。是日稍见日，而郁热至不可耐。申刻雨，稍凉。移时更作郁热，入夜尤甚。尝论天人感应之理，此最为明征。中土人心乍水乍火，乍寒乍热，反复百变，不可测量，天气遂亦随人心以同归于不可测量。凡此皆非天也，人也。海外三年，无此天也。

十六日。接但少村信。亦致丁次谷、王润生信。黄介夫过谈。介夫、健农昆仲早约枉过，盖为其祖恕皆先生求墓碑也。以事回玉池别墅，过王壬秋一谈。杨蓬海邀同熊鹤村、邓双坡、傅青馀、俞鹤皋、李黼堂、王壬秋晚酌。

十七日。雨，郁热已极，午后复凉。接杨抱真信。亦致丁次谷一信。卞诵生、丁次谷、张蔚卿过谈。晚邀黄子明、周小崧、王润生、常健吾、笙陔叔、文思、子宽小酌。

十八日。雨。接黄锡九、易芝生及营田公信，所知惟毛濂清、单仲尹，首名吴齐岳、柳和晖等，则殷竹坞所指名争洲地者也。殷姓牛头洲，是其祖业，其后续出之新洲，则因牛头洲比近，据而有之，此次潮洲又与新洲比近，众姓捐作义渡费，正其设法巧争者也。吾皆不能与能。赵朗园来见。晚邀王辰丽、王雪芬、任霁堂、吴诗堂、吴渔川、盛展奇及箴士小酌。

十九日。微雨。接罗柢敷、杨籽云、陈熙堂信。张雨珊过谈。

下午赴陈伯严蜕园之召，同席刘定夫、萧小虞、王壬秋、张雨珊、陈伯涛。王壬秋言张香涛在山西奏称，身在一隅，而不忘经营八表之志。在粤东有人用其语为联云：八表经营，只落得山西禁烟、广东开赌；三公会办，且先看颍川革职、丰润充军。以张香涛办理广东洋务，同时陈伯潜会办江南洋务、张幼樵会办福建洋务，伯潜落职，幼樵发军台效力也。

二十日。晚大雨。接左佩勋、盛少康信。亦复左佩勋信。回拜卞诵生、孔擂皆、黄子明、曹润生、曾重伯、黄介夫。并致吊胡云卿之母。陈舫仙过谈，仍欲为黄子寿了清饶款，托为张芝岑关说。吾实不能与闻也。

廿一日。接胡极垣信。回拜陈舫仙。便赴陈诒生之召，同席邓双坡、孙春皋、龙琴堂、卢丽生、俞鹤皋、谭心可、陈程初、王雁峰、杨蓬海、李爵卿，共三席。是日郁热已极。

廿二日。微雨。接顾健吾、李麓渔及西枝信。丁次谷、左逸仙、笙陔叔、盛展奇及润民过谈久坐，遂逾申、酉之交。是日府试案发，炎儿及增儿均列前十名，应稍料理所事，而苦为人客纠缠，心甚苦之。下午大雨。

廿三日。微雨。致易笏山、蒋幼怀、李佐周三信。亦接蒋幼怀、李佐周、龚月浦、黄西樵及玉舲、子瀞各信。张蔚卿枉过，求托易笏山代筹江苏书局差事，致笏山信即以交之。

廿四日。雨。接杨商农、盛少康及西枝各信。亦致西枝一信。区祝三、刘静生、易铁樵及子瀞过谈。日日雨，日日郁热。时雨时止，时郁热时凉，而雨为多，郁热亦为最甚。中国乃有此天，岂果天为之哉？人心之积而为反复变幻，不可端倪，至今日极矣。天人之感而必应，诚宜有然。念之危惧。是夕大雨倾盆不少息。

廿五日。大雨。是日壬子。楚谚云：五月壬子破，大水穿山过。其为水征无疑。回拜但少村、吕燮堂、左逸仙、於桐轩、区祝三、吴东珊、李黼堂、黄子厚、陈伯严、陈舫仙。随赴傅青馀之召，同席熊鹤村、邓双坡、龙琴堂、俞鹤皋、李黼堂、王壬秋、杨蓬海。

廿六日。雨。接洗雪耕、易小楼、朱晓航及衡州协邓第武各信。於桐轩、朱峰乔过谈。於桐轩以所承受张姓晏珠塘田一庄，强予受之，其中镠镐正恐不免，拟先令杨佑吾一往相度。下午，丁次谷过谈。

廿七日。大雨。接马眉叔、姚彦嘉、冒小山及槩希、经生及危笙陔各信。但少村枉过。姚彦嘉至太仓，述候补巡检刘友山及夏润民之言，知钱氏之母韩氏尚健在，年七十八矣；有同母姊一人，即夏润民之妻也。在上海即知之，而不知其为双生。其同母兄钱及之，亦韩氏出，当时竟不知也。及之物故，有子四人，并同居。其母尚在，无可迎致之理。刘友山之兄刘晓山，任太仓州卫千总，寓居夏润民宅，其言必皆可信。数日雨不止，入夜更大，仍作郁热，竟不知此之为何天也。

廿八日。忽晴忽阴，郁热犹甚，恐尚为雨征也。致刘彦丞、左逸仙、任小棠三信。诣左逸仙，贺其赴任益阳之喜。并回拜刘彦臣、潘菽坡、龚荣圃、俞鹤皋、周荔樵、汪景山。因朱峰乔端阳解馆回县，就便归家料理。

廿九日。阴，郁热已极，下午忽大凉。接裴樾岑、任小棠、盛少康、李佐周各信。涂次衡、盛少康及怡仲、离欲过谈。润民亦自县至。杨佑吾赴晏珠塘相度於桐轩所强受之田一庄，适当庆云峰过脉之处，其无地决矣；田业亦不甚佳，以山冲无水源，不能受旱故也。

五月

五月初一日丁巳朔。接钟佐庭、李瀑仙及玉舲各信。丁次谷、李佐周过谈，是日解馆回家。王升住房失窃一事，仍系陈一为之，易五与为内应，经王升自行查出，本应送官究办，然恐其终身无以自立，反复筹思，仍惟责令缴赃而已。并诣养知书屋，处理一切。便过子瀞一谈，以今日约启程入都，一往致送。仍以事须料理，行期尚未定也。

初二日。郁热。接韩宝臣、任小棠二信。亦致小棠、玉舲二信。於桐轩、丁次谷、张景一、王梦虎、易铁桥、张鹤臣过谈。润民回县，以吴宝生、吴小坤事枉商，吾以此非亲友所以处理也，直须申官，饬照办理。

初三日。接金昌黻信，金伯钧之子也，自言随焦怡润赴甘肃，求资助盘费。以四洋馈之。并致吴诗棠、吴渔川、龚果斋、言舫丞各信。晚过朱香荪谈。

初四日。接周春浦信。亦复周春浦及笙陔叔信。周文斋来城，求借住文正祠东厅，语以讲舍现空（去）〔出〕可住，听从其便可也。蔡玉堂、蔡竹泉来见。

初五日。接程尚斋、文兰舫、欧阳苇轩、韩宝臣、李瑞南、朱莼卿、丁百川、梁华龄力峰、言湛甫、黎树堂、王恕存各信。又接浏阳王经山一信，询知由罗叔循送到，乃约罗叔循、郭黻卿考求王经山情形。以端午佳节，率两宅家人上供祖先。邀同黄景斋、杨佑吾、陈汉帆、易云畴及杏农过养知书屋早酌。中午会饮玉池别墅，凡用圆桌二席，黄景斋、王润生、蔡玉堂、蔡竹泉、龚果斋、胡浴生、周小樵、龚月浦、杨汝襄、杨熙春、唐绍武、陈汉帆、易云畴、杨佑吾及怡仲、杏农、多生，共十八人。两日郁热沉闷，至不可耐。

初六日。阴雨。接曾沅浦宫保、胡其祥及槃希各信。回拜孙谷臣、谢莘田、裕蓉屏、王实丞、龙琴堂、李黼堂、李幼枚、王畅卿、张菊仙、陶少云、徐寿鸿、张缘玉诸处。张菊仙为张子遇世兄，寓居裕蓉坪公馆。

初七日。雨。接郭宝清字伯衡，定轩观察之子。住山西长治县城中后巷、傅寿名□□，笙楼学博之子、姚舸丞、王壬秋及槃希、经笙各信。丁次谷、聂伯元、龚果斋过谈。次谷云将赴河西为我相地，为西枝缄阻其行。晚次，易赞周、吴竹云过谈。留竹云住，力求回岳麓，甫辞去而大雨倾盆，使人追之不及，心为耿耿。

初八日。雨。致槃希信，交蔡玉堂带县。为周荔樵贺其母生辰。便过周闻斋、傅青馀、陈舫仙谈，闻斋已于昨日回平江。左逸仙邀同俞鹤皋、王壬秋晚酌。孙谷丞方伯过谈。

初九日。孙春皋、刘彦丞、吴湛清、袁守瑜、徐仁曦、李幼湄过谈。刘彦丞述悉蒋寿山疏论卞诵生凡六条，曰枉杀无辜，曰盗贼充斥，曰补署不公，曰浮冒厘金，曰克扣军饷，曰操守不谨。中丞得京信云，此稿实曾劼刚所手定也。两星使五月初二日抵樊城，大率当由水道南来。此次或当有鉴于川滇之失，亦未可知也。晚次，易麓泉、李麓渔过谈。

初十日。大雨，寒。接吕月峰、戴厚臣、聂伯元、任小棠、龚果斋、李麓渔、吴云谷及笠云、炳文各信。聂伯元以醴陵杨明亮承修岳庙石路三十馀里，衡山彭令禀请暂缓，而势不能中止，枉商办法。为改定所具呈还之。陈舫仙与子宽为刘莀臣之女许字英儿，从刘绍臣之请也，是日各传草庚。晚邀傅青馀、俞鹤皋、杨蓬海、李佐周、周荔樵陪同王壬秋小酌。以托王壬秋代主讲思贤讲舍，是日乃一会议也。

十一日。大雨，寒。闻西水大涨，而雨势不已，恐又将成灾也。王畅卿及寅伯过谈。熊干庭携带吴大年来见，吴晴研之侄也。非分之干多，无辞以谢之。

十二日。阴，凉。接任秉之、刘云樵、罗瑞泉各信。亦复韩受卿、钟佐廷及玉舲、炳文各信。刘绍臣、张子容、聂伯元、姚舸丞、柳春樵、蔡蓉仙、蔡竹泉过谈。晚邀左逸仙、谢莘田、沈星海、区祝三小酌。

十三日。接陈程初信。丁次谷、陈伯涛过谈。回拜孙春皋、谭心可、张子容、刘少臣、左逸仙、曾卓如。并诣曾重伯，贺其母生日。晚赴龚云浦之召，同席傅青馀、杨蓬海、李佐周、李幼枚。云浦见示院咨，两星使钟祥途次，咨提九员候质，一但少村，一龚云浦，一庄心庵，外则朱益濬莼卿、钱绍文子宣、杨宗诚抱真、段长佑前道州告病者、郑以蒸前嘉禾县丁忧者、严嘉瑜从九。在坐皆无知者。未解何以入弹章。蓬海言从杨商农处见劼刚抄示折稿，简陈六条，并注射中丞。在省人员半路咨提，已属奇异，而咨中丞办理，竟若与中丞无涉者，则尤奇也。是夕大雨。

十四日。大雨竟日。接陈程初、聂伯元及子瀞樗植塘信。亦致王壬秋及玉舲及复子瀞信。赖子佩、吴宝廷、王金山、王荔村、蔡玉堂、任酉如、蔡竹泉过谈，遂尽一日之力。晚赴孙春皋之召，同席傅青馀、龙琴堂、俞鹤高、范小溪。

十五日。阴，郁热。接易赞周、庄季涵及槃希信。亦致朱禹田、汪景山及玉舲信。郭鞴卿、罗叔循过谈。回拜萧小虞、张海帆、吴宝廷、左千之。及以思贤讲舍一席授之王壬秋，先至讲舍料理。诸生谒见者：罗少庚、杨汝襄、杨熙春、黄伯屏、吴棣轩、黄伯周、唐绍武、龚月浦，凡八人。李佐周小坐即去。

十六日。雨。致但少村及子瀞信。亦接罗叔循及韫明及子瀞信。汪景山、罗小垣、钟棣生、黄笛帆、朱禹田过谈。随回拜汪景山、陈伯严、陈伯寿、周笠西。兼诣丁次谷谈。陈舫仙、成静斋并会晤次谷处。

十七日。雨。接但少村、吴莼庵、陈西生、郭黼卿各信。黄芷阶、胡浴生过谈。是日小暑，盼望一转南风，稍获晴霁数日，而雨凉乃似深秋。灾势殆已成也。

十八日。雨。致曾沅浦宫保及吴舜臣、吴莼庵信。蒋玉墀、蔡玉堂、蔡竹泉过谈。蔡玉堂以沙田围堤外洲土与长沙刘达泉相持，其事绝异。人情变幻，至于不可穷诘，真世道之忧也。是日雨。星使至。

十九日。寄上合肥傅相、裴樾岑及黄惠和三信。亦接易卓超一信。龚云浦、罗小垣、曾重伯、曾履初、顾镜秋及经生过谈。

二十日。稍见日。致卞诵生中丞、朱禹田二信。亦接卞诵生、黎少琨二信。董春元、吴诗堂、吴渔川、朱禹田过谈。黎少琨言李次青大病，状似中风，其年已六十有七，情形极可虑。是夕微雨，雷。

廿一日。接盛芾卿、王壬秋、罗尚卿及润生各信。闻傅青馀中痰之信，急遣人往问，已于辰刻物故，一往哭之；易铁樵、李文阁、李麓渔均在。随诣龚云浦、但少村。便赴曾重伯之召，同席陈舫仙、石平甫、萧介生、黄元村、黄望之、袁守瑜，主人则重伯、慕陶、履初也。

廿二日。接沈星海、朱峰乔信。亦复沈星海信。并为朱雨亭致函陈展堂，为吴诗堂致函聂仲芳。诣沈星海，贺其世兄婚礼。兼诣陈舫仙谈。晚次，涂次衡来谈。

廿三日。为朱雨（禹）〔田〕致陈展堂一信。为吴诗堂致聂仲芳一信。为龚云浦致刘定夫、况颜山二信，则涂次衡之托也。丁次谷、陈稼荪过谈。晚次，朱次江、李佐周及子宽过谈。次江与涂稚蘅、陈伯严在龚云浦处斟酌复刘定夫、况颜山文件，所言一皆闪灼，本可以直切行之，而多为瞻顾支展之言，亦殊不解其意之所属也。

廿四日。入伏。傅青馀成服之期，一往行礼。接丁次谷、曾慕陶信。当复次谷一信。彭诒生以是日辰刻物故，棣楼师遂无后，并往为处理家事，晤程伯翰、彭桐生、彭吉阶，询知彭念苏有子一人，可以为诒生立后，因请其祖母来议，不允。彭吉阶亦有子，而其妇见恶于其姑，并其子弃之。但令吉阶立一抚书，可并其母子接归抚养，属程伯翰与吉阶商之。况颜山枉谈，旋往回拜，不晤。龚云浦晚过谈。

廿五日。接吴宝廷信。亦复吴宝廷、曾慕陶二信。又得蒋幼怀一信。知星使此来，交涉中丞者，岸费一端之外，有朝贺及丁祭逾越典礼，已由同城各官分别呈复，此外有无事端，尚不知也。晚次，李芋生过谈。

廿六日。接区维瀚及西枝信。出拜周文斋、庄心庵、杨商农、万发元，均不晤。龚果斋、王荆山、郭瓛卿过谈。

廿七日。数日奇热，寒暑表已过百分。致李幼梅、唐绍武、郭瓛卿三信。亦接蒋幼怀、李麓渔二信。周文斋、易铁樵、蔡蓉仙过谈。

廿八日。复黄锡九玉屏信。亦接子滙万年桥信。龙研（生）〔仙〕、戴竹卿过谈。竹卿言子滙万年桥卡每年比校由八千增加至一万一千，意求调建昌李家渡卡、新淦横江渡卡、饶州大航渡卡，皆佐杂班卡也。所隶县分，亦恐记忆不甚清也。

廿九日。致蒋幼怀信，及复王荆山信。就朱峰乔谈。彭诒生成服，其家来告，囚遣多孙一往，云知宾者仅乃俞伯钧，亦并无他客也。

三十日。阴雨数月，五月犹重棉，入伏后奇热不可耐，寒暑表廿六、七两日一百零二分，廿八日一百分，廿九日稍缓，降至九十八分，今日又九十九分。以酷热谢客，亦不出门。李芋生过谈，言居家之常及子弟授学之方，极有条理，可以为法。晚，周福临至，为取一齿。下午飞雨一过，而热愈甚。

六月

六月初一日丁亥。接李镜涪、黄子成及笏堂、润民各信。亦复李镜涪、黄子成二信。陈伯严、黄笛帆、蔡蓉仙、徐仁羲过谈。黄笛帆言少时在浏阳，所居左近之青山寺，晤一云游道士，自号钟子明，四川人，年百有二岁。与同宿青山寺，教以丹术，言先求得元关一窍，乃可以开关。时尚未婚也，如其言习之。逾年，能一月不食，丹经所谓气足不思食，精足不思欲，神足不思睡，少年气尤易足也。其母督之完婚，迫于家计，不复能练习，以致坐废。求其术，秘不以告，然亦非衰老之年所能及也。

初二日。接李佐周、吴宝廷信。亦致李佐周、区祝三、程伯翰、彭桐生信。易铁樵、周诗樵及怡仲枉过。

初三日。雨。接佩三信。王壬秋邀饮开福寺，同席张禹珊、陈伯严、胡子政、罗肫甫、曾重伯、王瑞徵及荔云、寄禅、自修、宝明、度修、道香诸僧，王吉来昆仲亦在坐。大风雷雨。区祝三过谈。

初四日。二伏。接李芋生信，亦复李芋生信。邹闻生来省数日，当以回拜，以暑热不敢出门。子宽过谈。是夕雨，俗谓之穿秋漏伏，日须一雨也。

初五日。下午雨，雷。接王壬秋、杨佑吾二信。李冠卿专弁报称今日准至省，约先枉谈。箴士枉过，借钱廿缗，为移居计。

初六日。致瞿子玖、杨佑吾二信。亦接钟佐廷及玉舲、炳文各信。李芋生述唐筱崧之意，求为李容海谋一差使，属致书子玖言之卫静澜中丞。前托傅青馀寄还子玖《汉事会最》一书，芋生亦自其家检得，即交唐筱崧带赴浙江，因遂以一书与之。邀周文斋、邹闻生、张禹珊、李芋生早酌。芋生适赴傅宅，酒半乃获一至。

初七日。大风，阴。致萧小虞信。回拜周闻斋、邹文生、葛燕江、杜仲丹、李芋生、易淑子、易仲子、唐小崧。并唁黄用侯夫人之丧。周云申方、张芝岑为陪宾，周云申即飏园之弟也。彭桐生、聂伯元过谈。杨松龄、左佩勋继至。是夕雨。

初八日。雨，郁热。接陈子元、陈舜邻、丁次谷各信。但少村、萧小虞、贾清臣、罗尚卿、黄恺臣枉过。黄恺臣为黄凤德子孙，其族人侵占黄凤德墓道，求援于我，谕令由乡邻处理，不足涉讼也。下午，周文斋，彭笙陔枉过久谈。亦致沈星海及玉舲、炳文二信。星海信为聂伯元经修南岳庙石路，属言之方伯。玉舲、炳文信即由杨金榜船递县也。

初九日。复陈舜邻信。亦接沈星海复书，当送聂伯元、贾清臣一阅。钱子宣、王梦虎、李佐周及子宽过谈。诣丁次谷、陈伯严两处谈。

初十日。微雨。自初一日以来，晴雨相间，而晴为多，而西北风累日不息，历来夏景所未有也。接陈隽臣、易寿梓、饶岱霞各信。亦致但少村、任小棠、言湛甫各信。刘彦臣、谭心可过谈。为普达泉太夫人贺生日。便拜但少村、萧小虞、邓双坡、周文斋、钱子宣、朱莼卿、周云方、李冠卿、王梦虎、瞿海如诸处。

十一日。复陈隽臣信。接黄幼农、黄桐轩、曹志忠各信。任小棠、朱莼卿、陈尧辅、易铁樵、易叔子过谈。易叔子以曾交意城手，求选入《耆旧续编》内，杨大山、柳南洲二人诗稿，系其家写存本——检还不可得，盖自张力臣以来，若此类遗失者多矣。选稿二箱，尚取存书斋也。诣丁次谷，唁其子妇之丧。

十二日。雨。接任小棠信。随致李冠卿信。闻但少村言吴云谷已回省，急须一往慰唁，苦病不出门也。李冠卿、任禹田、陈煦庭过谈。顺诣李佐周谈。

十三日。接李冠卿、苏子西、於桐轩、曾重伯、任小棠各信。亦复李冠卿、任小棠、曾重伯。本以李冠卿信代致任小棠展转递阅，小棠熟悉例案，所见固能胜人。

十四日。接唐曦城信，由其孙唐祺福唐峻峰之子。唐氏诸子：长峻峰，三管青，四柳村。送到，盖乡间误传鄙人为奉朝命，将出山也。其子唐柳村，需次广东，四月内曾函托之方柳桥并吴聘廷二人，柳桥已允为谋一差使矣。是日三伏。阴，北风，雷，大雨。

光绪十有三年丁亥岁六月十五日辛丑。接宝廷吴明府、郭巘卿、殷默存及子权、润民各信。润民信由寅伯送阅。李佐周之母七十生辰，往贺。便拜吴云谷、王实丞、谭心可、李黼堂、李冠卿、刘祝廷、刘彦臣、任小棠、李友兰。黼堂处晤俞鹤皋，小棠处晤蒋幼怀，祝廷处晤李友兰，均获畅谈，并略悉恩露圃、薛云阶两星使办理各案情形。祝廷并告言，陈华川知养生之术，自号静修子，属一往访之。窃意近今言养生者颇多，真知修炼之术，所见傅青馀、龚霭人、李芋生三人，而所得各不同。李芋生自言得性功多，而谓青馀得命功多。青馀于此甚秘之，芋生又言之太易，惟龚霭人尚肯言其大略。大率治心最难，非有治心之功，不足言养生也。

十六日。接左逸仙、胡道生、盛耀堂、李佐周各信。当复李佐周一信。冼雪耕寄何永清十元，得何永清收件，因送致区祝三转致雪耕。杨抱真、秦春舟、言舫丞及怡仲过谈。秦君为秦丽县丞之从弟，初从湘阴赴广西，亦以县丞试用广西，道省小住。

十七日。接曾沅浦宫保、刘希陶、张蘧仙、吴燮卿各信。亦复吴宝廷、张蘧仙二信。张蘧仙为张子遇之子，送致其受业师吴燮卿一信并五律四章，文笔华赡，元瑜书记之才也，籍隶贵州，谋赴广西龙州，就苏子熙求事。因语张蘧仙：吴君所求一馆，裕蓉坪之力提挈之有馀也，何为远赴龙州瘴疠之地乎？

十八日。复曾沅浦宫保、区祝三、陈伯严、李华卿各信。亦接易赞周信。李华卿、龚果斋、寅伯、东林过谈。晚次李芋生来谈。

十九日。立秋。致周荔樵信。亦接周荔樵、张蘧仙信。裕蓉坪过谈。周子安、瞿合茂述悉瞿荣昌事，知陈伯严之议论出自寄禅，属自诣寄禅言之，而遂假命召东林至。稍一与辨明之。

二十日。接言湛甫、李芋生、陈煦庭各信。亦致李芋生、区祝三信。邀李友兰、钱子宣、朱莼卿、杨抱真小酌，兼邀周荔樵作陪。函告荔樵，兼为仆人言之，而未列名客单，遂不往催。问之，又辄答以不能来。傍晚荔樵至，则言并未往催也。仆人昏谬如此，为之惘然。

廿一日。复李芋生信。区祝三过谈。辞朱云樵、饶岱霞，而允殷默存，皆非意料所及。晚邀李冠卿、吴云谷、况颜山、裕蓉坪小酌。原邀但少村，会有子妇之丧，辞不赴也。

廿二日。易叔子见示黄石珊家信，并近著古文二篇。谭序初巡抚湖北，不逾二三月，极力摧折一黄石珊，岂非所谓前缘耶？

晚邀吴燮卿、秦春舟、陈煦庭、钟棣生、易铁樵、易仲子小酌。

廿三日。接李芋生信。亦致区祝三、王桐轩二信。卢丽生、周荔樵、李芋生过谈。周荔樵以与吴晓村明府银钱轇轕，属言之庄心庵。暑甚，惮于出门，因托王桐轩为之理处。芋生、丽生并为朱云樵事，属再言之区祝三。一皆无谓之酬应也。

廿四日。致熊鹤村信。以鹤村八十七，今日其生辰也。赠以朱履，而系以诗云：苦热不出门，偏值先生寿。于此费斟酌，竟日心语口。往贺徒为烦，不往恐滋咎。朱履银丝面，持以祝骀耈，请示国家例，官民行已久。无已且请示，不为烦渎否？先生倘谢客，吾亦免奔走。或开东阁宴，请从诸老后。有酒入吾唇，相就饮一斗。得鹤村复诗，言将避客岳麓山也，其谢朱履云：银丝足引年，彼此共长久。赤舄公自宜，贱子则否否。亦有意趣。王桐轩、龚云甫、李冠卿过谈。

廿五日。接李芋生、炳文、润民各信。亦致区祝（生）〔三〕及复炳文、润民信。仍叠前韵致熊鹤村云：八十七年人，于礼足称寿。生平寡酬应，万事不挂口。同城有此老，礼缺心怀咎。况当晚近世，典型馀寿耈。愿更及百龄，天地共长久。未知夫子履，得适尊足否？适足不需杖，可以利趋走。吾愁决吾踵，忝从大夫后。跪进黄石屦，雅意钦山斗。钱子宣、王梦虎、黄笛帆及寅伯过谈。

廿六日。接易淑子信。亦致孔搢皆信。又接唐懋皆信，唐懋皆旋又过谈。为区祝三贺其赴任之喜，并为其父云甫贺生日。便拜但少村、朱冠卿、赖子佩、龚云圃、王壬秋、曾慕陶、俞鹤皋。鹤皋告称：陈伯严、孔搢皆用寄禅雇工之言，以公义为名，兴风作浪。其事绝奇。

廿七日。致孔搢皆、王壬秋二信。亦接朱宇田、吴燮卿、王壬秋各信。朱冠卿、但少村、刘彦臣、孔搢皆、陈伯严、瞿彦堂、黄涤凡来谈。涤凡言少时在醴陵古寺中遇蜀人钟子明，授以养生之法，行之数月，能四五十日不食不饥，所谓气足不思食，精足不思欲，神足不思睡也。晚次王壬秋过谈。

廿八日。接陈伯严、吴聘廷及玉舲信。又接唐懋皆信懋皆字作楙畡。并为萧小虞送行、况颜山贺生日。便过刘韫斋前辈、唐鲁英、唐楙畡、邹闻生。

廿九日。致李冠卿、任小棠、丁次谷各信。亦接李冠卿、任小棠、丁次谷、戴竹卿、陈舜邻各信。以李幼枚母夫人六十生辰往贺，晤俞鹤皋，始知邓双坡物故，以是日成服，因一往吊唁。便过陈伯严、李佐周谈。

七月

七月初一日丙辰。致朱禹田、王壬秋信。亦接王壬秋、蒋幼怀及玉舲、炳文各信。吴诗堂、吴渔川、陈文蔚、易云霖枉过。秦春舟辞行。幼怀信告称，恩露圃、薛云阶已定初三日拜折启行，并咨院：但少村观察照常当差，李冠卿、李友兰、杨抱真各回信，馀俱候旨。然则龚云浦、朱莼卿二人恐不免挂碍，以庄心畬、钱子宣诸人皆无任可回，云浦、莼卿之不饬回信，当有后命也。王金山、聂伯元晚次过谈。王金山并述叙王石卿、吴宝廷之言，能行之专勤，或不至有阻（硬）〔梗〕。

初二日。熊干庭回县，便致玉舲、炳文一信。聂伯元属书重修岳庙石路启，为改定交之。为孙彦臣之母贺生日。顺拜秦春舟、胡芗珊、陈煦庭。兼以吴诗堂赴沪，稍助行资。彭友胜、周子安以了处瞿事，相就请示。予谓诸君为人了事，自是善举，然吾遇事一以礼断之，礼所不许，即直截断以为不宜，吾于此不能有分文之助也。

初三日。接常健吾、常鲁青、冯厚庵、钟佐廷公信。又接李华卿、李召甫、梅子宣、李子岐、黄冬生各信。当复常健吾等及李华卿、李召甫各信。张雨珊、罗叔循过谈。

初四日。接吴夑卿及子瀞二信。李冠卿、朱禹田过谈。为张元芋太夫人贺生日。顺拜卞诵生中丞，及为李冠卿送行，兼拜春云书。晚邀陈文蔚、周五云小酌，以是日为多孙妻二十生辰，稍具肴品为宴饮也。

初五日。早微雨。入伏后酷热至四五十日，雨后郁热尤不可耐。接合淝傅相一书。亦为吴夑卿致苏子煦一书。李芝岑、区祝三、李佐周、袁叔瑜过谈。复子瀞信，并致绍西信，均交子宽觅寄。

初六日。酷热。接张文卿、蔡浩楼、张雨珊各信。亦致王壬秋、李寄庐家各信。杨曙堂来见。厘局收支接办，毛杏生一席而已。炳文文案，徐霖生接办。回拜李芝岑、杨曙堂，并诣裕蓉坪、沈星海、傅竹湘、陈舫仙、余尧衢、龙琴堂诸处谈。

初七日。阴，郁热尤甚。接王壬秋信。亦复壬秋及致孙春皋信。随接春皋信。卞诵生中丞过谈，深以讲舍畀之壬秋为非宜，颇为力（辦）〔辨〕之。陈煦庭、易云霖、郭黼卿并过谈。

初八日。刘彦臣赴武冈任，孙彦臣署衡山，一往道贺。便过邹闻生、黄子钧、王金山、彭笙陔、曾重伯、曾履初谈。

初九日。微雨，郁热之气稍减。接唐楙畡及子瀞二信，亦各复一信。子瀞见示胡君家传，胡其祥之父也，简洁廉峻，殊不易得。易铁樵、顾健吾、杨松霖、胡浴生过谈。杨抱真回新化任，枉过一谈。

初十日。早微雨。致区祝三、笙陔叔二信。接陈程初一信。丁次谷、曾慕陶、蔡蓉仙过谈。为李友兰、杨抱真送行。便过刘定夫、蒋弋香、黄子厚、陈笛帆、任小棠、张晦生诸处。

十一日。晴，热。蔚霖、恺臣、秉文并自县至。与朱峰乔、李麓渔谈。人事丛委，兼多拂心之事，为之怃然。

十二日。雨，凉。是日荐新祖堂。便邀黄西桥、周佩泉、王金山、罗叔循、朱幼炳、周五楼、左千之、慰霖、玉舲、炳文、凯清、咏民，在家则朱峰乔、陈汉帆、易云畴、杨佑吾，凡设两席款之。

十三日。雨。玉池别墅荐新祖堂。便约区祝三，为之饯行，并邀陈伯严、孔搢皆、余尧衢作陪。适经生自县至，并留酌。

十四日。阴。接杨厚庵宫保、张鹤臣二信。为普达泉贺生日。便拜刘彦丞、孙彦臣、林梅仲、俞鹤皋、况颜山、张荫农、周小崧、蒋幼怀、刘干臣。

十五日。微雨。致刘彦丞信。亦接刘汉岑及槃希信。李佐周、李韵仙、毛荇荪、蔡竹泉、蔡浩楼及玉舲、凯清过谈。经生告言子惠十三日仙逝。李韵仙宗祠购置蔡寿民屋，子惠兄弟转典以居，其宅朝东，正坐西方，今年三煞方也，子惠以今春移居，稍加修理，致有此变。韵仙之言如此。阴阳禁忌之说，自古有之，太史公谈论六家要旨，所谓阴阳家拘而多忌者是也；然要皆有命存焉。子惠驯谨守成之姿，此可惜也。

十六日。阴，凉。接刘汉岑、张伯羲信。常鲁青、张崧云、龚果斋过谈。子瀞自乡还省，夜过一谈。

十七日。雨。接黄晓墀、周荔樵信。亦复张文卿信。兼致意蔡浩楼、夏皞民。为任昂千贺喜。为崧灼亭贺生日。便拜杨厚庵、庄心庵、李韵仙、常鲁青。兼致吊黄用侯夫人，本定今日成主，以忌生不能公服，令改定十八日。路途辽远，既往致吊，便属以常服行事。枉陪者全铁青、许星房。是日但少村、俞鹤皋、李筠庵、李麓渔、李玖愉枉过。

十八日。接但少村、李麓渔信。为任昂千、刘彦丞贺喜，为赖子佩贺其母生辰。便拜董厚斋、区祝三、李质堂、陈定生、彭伯昂诸处。黄笛帆、子权过谈。

十九日。杨佑吾赴乡，便致周砺松、周静溪一信，以王姓阻修草子坳田塍，实为周振山、陈秀庭二人主摆；至借郭亮亭之势，言已与我说明，并周砺松、周静溪理处各节，亦皆肆口抗违，其昏劣竟至于此，仍属砺松、静溪二人一晓譬之。龙琴堂、王梦虎、蔡竹泉、李召甫过谈。午邀易叔子、胡浴生、李麓渔、李玖愉、胡镜帆及子权、楙官、丁年小酌。晚赴龚云浦之召，同席陈伯严、朱次江，陈芾棠伯平，勉亭之弟也。

二十日。接李华卿、盛耀堂二信。亦复李华卿，及致孙谷庭、但少村二信。杨子端、吴敬涵、胡止斋、易铁樵过谈。邀李咏仙，常鲁青，江雨时，毛杏荪，蔡兰生，张松云，陈象生、端生、增生晚酌。

廿一日。接但少村、黄桐轩、周春浦、李麓渔、郭黼卿信。亦致黄酉樵、周佩泉及檠希各信。黄滋圃、任禹田、余尧衢、黄子诚、熊诒生、张芝岑及润民过谈。润民与子诚、诒生为僚婿也。自十九日起，逐日加热，与在伏无异，正当院试之期，颇以为苦。

廿二日。接曾沅浦宫保、李华卿各信。亦复黄幼农、黄桐轩各信。张芝岑、王金山、钟景堂、丁次谷及子瀞过谈。是日湘阴、益阳院试。

廿三日。接吕信臣、周荔樵信。亦复黄幼农、黄桐轩、周荔樵各信。卞诵生中丞、黄子寿、朱幼炳、王伯奇、曾重伯、曾慕陶枉谈。亦就任禹田、胡少芝谈。

廿四日。接阎季蓉及子瀞信。亦致林幼梅一信。宋楚卿、徐芷沅、毛濂溪、黄芷陔、龚果斋枉谈。回拜卞诵生中丞。便拜刘干臣、孙春皋、李辅堂、杨安臣、陈诒生、王壬秋、钱子宣、周荔樵、黄子寿、杨子端、易子延。

廿五日。大风雨，而郁热犹盛。致谭心可、蒋弋芗二信。诣任小棠谈。王梦虎、李寿昆、毛治经过谈。

廿六日。阴，凉。吴云谷、蒋弋芗、区祝三、林绍梅、任禹田、朱枫乔、周沛泉、易叔子、慰农、炳文、润民、复初均过谈。润民、复初均入学籍。复初去岁始学为文，仅一应县试头场而已，其父简秋遣应院试，遽尔获隽。二房入学籍甚难，而复初得之反易，事理之不可测如此。

廿七日。接黄芷陔信。致唐鲁英贺生日。顺诣刘韫斋前辈、吴云谷、区祝三、左子异、但少村、裕蓉坪、李芋生、谭心可诸处。罗仲衡、易铁乔、黄笛帆、蔡竹泉、蔡兰生、陈象生、子瀞过谈。

廿八日。致卞诵生中丞信。亦接卞诵生中丞、蒋幼怀及子瀞信。但少村、任小棠、王辰丽、王宪芬、陈笛帆、袁绶瑜、易叔子过谈。晚邀刘干臣、杨子端、左子异、罗蘧生一字仲衡、王伯奇、曾重伯小酌。伯奇、重伯均以事不至。

廿九日。致唁刘考轩、刘谷怀昆仲。张啸石自闽回过谈，询知馆侯桂舲镇军处，去岁改馆刘璞堂，顷始告归也。蒋幼怀、周荔樵并录示十七日谕旨，标明具折者三人：蒋正嵩、屠仁守、龙湛霖。所言一皆无实据，又不能中事理，两星使并与昭雪；而曾沅浦宫保请旨陛见，特饬鄂督裕寿山接署，曾沅浦不复能返江南矣。此皆省运致然也。

八月

八月初一日乙酉。接刘璞堂、黄锡九、盛展奇、子瀞、茂官各信。亦致孙彦臣信，转达彭氏二百之馈。徐云渠、谭心可、王梦虎、黄师竹、张松云、蔡竹泉过谈。黄师竹为黄锡九世兄，黄汉皋之孙也。见邸抄，深以裕寿山接署江督为疑。谭心可言：偶值其出都，便令接署，非有他意也；并言沅浦宫保所以待将军、都统甚优，决不至有异议。稍以慰心。吴茂泰名藩辅，以门人礼来见，朱峰乔所为之先容者也。

初二日。接杨安臣栗甫、唐继武、丁次谷、蒋幼怀各信。亦致吴晴研一信。李佐周、刘南园及玉舲、理庵、润民过谈。回拜刘彦臣、丁次谷、龚云浦、杨宝吾、邓雪鹭。并为周笠西贺生日。旋赴唐鲁英之召，同席卢丽生、俞鹤皋、陶少云、朱俊卿、李少高、李介生、黄煦楼、黄望之、陈程初及唐楙畯，观清华部。蒋幼怀传述任昂千之意，问遣家人送一痞棍吴春山，而无书问，属询其详。殊为愕然。

初三日。接钟棣生信。亦复杨栗甫、蒋幼怀及致玉舲一信。并以盛耀堂家信属玉舲带县。

初四日。接京生信。亦复钟棣生及京生信。蒋幼怀、彭桐生、易琴仙枉谈。精力短乏已极，人事纠纷，日不暇给，诸求文求书者追迫日至，而心愈急，亦愈求偷闲。老景颓唐，知非长视久生之道也。

初五日。接俞鹤皋、殷少乔、周芷窗、易叔子、罗蘧生各信。亦致傅竹湘一信。王式清、宁钦若、黄笛帆过谈。

初六日。接傅竹湘信。亦致丁次谷、朱星垣、刘定夫、左子异各信。又接丁次谷、王壬秋二信。诣吊邓双坡。便拜庄心庵、刘定夫、孙彦臣、谭心可、李健斋、丁次谷、黄子冶、龚云浦、刘海山、王式臣、张海帆、卢丽生、熊鹤村、朱香荪、朱次江诸处。刘定夫语及罗蘧生见托一事，云保甲局委员胡少卿曾传高源昌质讯，能语其详，因传令一见，其人极明晓事理，亦候补之有吏才者也。

初七日。秋分。接觐堂、理安二信。孙彦臣、丁次谷、王壬秋、李佐周、袁笃栽过谈。回拜庄心庵、王壬秋、李佐周。并诣杨厚庵，询知尚在乡间营求葬地。厚庵纯孝，所不易及。闻龚果斋言得地甚佳，而其意乘此多求一二善地，为百年之计，其才力精神自足任此，鄙心但有愧叹而已。

初八日。接蒋幼怀、易淑子二信。亦复蒋幼怀一信。亦为吴晴研致玉舲一信。章煜堂、殷黼宣、王宪芬、单仲尹枉过，并以谢客未晤。约王吉来、甘雨时及觐堂来此，到者仅一觐堂。

初九日。风，凉。接刘定夫信。赖子佩、葛燕江、欧阳静山、罗麓山、朱峰乔过谈。人客坌集，馀谨避之而已。

初十日。微雨，寒。接李黼堂、周荔樵、黄笛帆各信。亦致周荔樵、陈熙堂信。曹咏生、梅星渔过谈久坐。黼堂从浙江代制丝棉被及长短衣，由吴诚斋带回，据称系托陈庆农为之，庆农为陈璞山之侄，在浙候补。

十一日。接易卓超、危笙陔二信。回拜石平甫、齐小庵、欧阳静山、赖子佩、葛燕江、俞鹤皋、黄子寿、成静斋、徐寿鸿、左子栗、左子异、赵光海、黄藕亭、曹咏生、陈舫仙、王辰丽、王宪芬、方莲仙、单仲尹、周佩泉诸处。方莲仙不知何许人，所居极僻陋，询知其一小书吏也。仆人之昏谬如此！李健斋、王吉来过谈。俞鹤皋处晤毕芷堂，贵州候补道毕莼斋之从弟也，人甚明爽，可谈。黄植斋来谈。

十二日。致李黼堂、张禹珊及玉舲各信。亦接钟棣生、张禹珊信。族姓复初、侄孙韫明同入县学，以是日领奖赏，因治席邀同单仲尹、胡浴生、易琴仙及觐堂、麓安午酌。本意邀吴茂臣，适于先夕开行矣。

十三日。雨。致卞诵生中丞、李健斋及玉舲信。随得卞诵生、李健斋、钟棣生各信。回拜萧小虞、李瑞南、谈绍青、龙海门、戴厚斋。

十四日。微雨。接李冠卿、言湛甫专足信，当复冠卿、湛甫二信。龚云浦一军一无改易，先后以公义为王梦虎、李健斋言之，均不录。龙海门谋从乡间（躐）〔猎〕得之，言湛甫又谋以实缺人员兼带，皆妄想也。

十五日。晴。接於桐轩、左逸仙、姜昆山、刘云樵、冼雪耕、裴隽臣、杨抱真、吕月峰、韩宝臣、秦丽春、陈展堂、李杜生、孙省斋、杨馨堂、李召甫各信。又接聂仲芳一信，并退还所致曾劼刚信及邓双坡所致唐薇卿信，由曾衍勋递到，盖犹四月以前信也，云以事耽延汉镇，仍托森昌信局递寄。是日以中秋节，率两宅家人谒见祖先。早偕黄景斋、陈汉帆、易云畴、杨佑吾及润民与家子弟会饮养知书屋。晚邀吴莼庵、蔡竹泉、陈稼荪、黄笛帆、周小楼、胡浴生、王润生、易华生及思贤讲舍诸生李少笙、谢锡伦、龚月浦、杨汝襄、杨熙春、黄棣春、杨松龄、吴智川、李肖冰、潘敬甫、刘汉岑、凌拔枬，合黄景斋诸君及家子弟共三十人，每席十人，会饮玉池别墅。

十六日。接陈伯严信。亦与润民一信。县城新进诸人投书者八人，知行号者三人：陈均竹猗，行一，赖守高少皋，行三，曾北政世藩，行五。陈均以为河家塘，黄在中亦以河家塘，稍有姻谊。柳大荣两书蒋瀛藻，以县城蒋姓，均馈以一千。毛召华、方光藻及赖、曾，应付数百文而已。刘祝廷、张雨珊、左子异过谈。周炳臣、蔡竹泉、易铁樵、易仲子、易琴仙亦来见。晚邀欧阳静山、王实丞、张海帆、俞鹤皋、李黼堂、李健斋小酌。

十七日。接余尧衢、盛展奇、陈船斋及槃希信。孙彦臣、李芋生、龙海门、何青梯、李佐周过谈。诣任昂千吊其祖母之丧。晚邀葛燕江、吴湛清、赵朗垣、王绍棠、王桐轩、齐小庵小酌。燕江、湛清以疾辞。适胡秋樵自新宁来省，枉过一谈，因留会饮。孙彦臣以豫东屏六十生日，求代中丞为寿文，此尤无谓之酬应，而无力拒绝之。

十八日。接曾挚民、文兰舫、任秉之、盛缔卿、吴宝廷、欧阳茀轩、言湛甫、黎树棠、罗瑞泉、黄毓森各信。谈绍青过谈，述及在甘肃与鞠生同乡，有交谊，曾署秦安县及甘州府，秦安苦旱，而沿卫河上游之葫芦河有水利可资灌溉，自制水车数十具，教民转水溉田，而秦安实隶秦州，州牧陶模，浙人也，至禀藩司谓其不宜，并谕后任善永毁（澈）〔撤〕之，藩司委员往查，百姓争诉毁弃沟渠无从转水之害，其事始白。时任甘督者左文襄也。而行政一邑之地，为民兴利，且至相与阻挠，而陶模两三年间升府转道，至授直隶臬司矣。末流之世，人心可畏，闻之怃然。晚邀萧小泉、恽辛耘、庄心庵、李瑞南、龚云浦、陈程初小酌，云浦以疾辞。

十九日。接黎尔民、李黼堂、傅竹荪、周翰丞及玉舲信。亦致李黼堂、傅竹荪二信。易铁樵、孙芝泉。[①] 芝泉为周翰丞姻亲，新从保靖差旋者也。补送同县入学礼八人：杨文灼经田、易维藩、

①以下疑有脱文。

殷敦复、黄洸、吴贤彦、李识荆耕庚、张国庆、袁寿筠。是日未刻黄南坡夫人告终，走唁黄子寿，晤俞鹤皋、陈德生、唐鲁英、谭心可、陶履谦诸人。询问服制，吾以黄缘村必应称承重，其议始定。是夜仆妇胡妪遗火竹帘，睡后约时许乃发，举室惊扰，幸尚未穿及楼板，得以及时救熄。

二十日。致周笠西信，随接笠西回信，并经生、理庵各信。为曾沅浦宫保贺生日。便拜李瑞南、汤斐斋、刘绍臣、曾星畲诸处。胡浴生、罗蘧生过谈。晚赴但少村之召，同席杜仲丹、俞鹤皋、祝澹溪、张禹珊。

廿一日。陈璞山、李仲穆承办真西山、李忠节、刘忠毅三祠祀事，同诣行礼，因留早（赡）〔膳〕，与徐云衢、王雁峰、周笠西、俞鹤皋、陈璞山同席。便拜陆伯葵、朱星垣、孙彦臣、杜仲丹、刘祝廷、李芋生、龙琴堂。晚归，刘定夫、姜兰浦、陈煦庭、李麓渔过谈。

廿二日。致刘定夫信。亦接曾沅浦宫保、巢子城、蒋幼怀及荇农信。诣卞诵生中丞、刘绍臣、李瑞南久谈。刘绍臣、罗蘧生、吴子初、蔡竹泉、罗尚卿、李麓渔及新吾过谈。王桐轩邀晚酌，同席王实丞、俞鹤皋、李镜西、周笠樵。

廿三日。接聂仲芳信。亦致孙彦臣信。刘定夫、李瑞南、孙彦臣、李幼枚过谈。经生自县至，以咏民与吴小昆相讦，因偕吴竹铭、吴宝山来省求为理处，实吴佑堂一人贻之累也。

廿四日。为先光禄公生辰，率家人上供。致玉舲、韫明二信，交经生带县。诣傅青馀宅陪拜，晤范小溪、段再山两君。诸陪吊者：俞鹤皋、陈舫仙、卢丽生、李芋生、李幼枚数人。便道为裕蓉坪贺生日。兼问黄子寿生母之病。并回拜春云书。

廿五日。接俞鹤皋、张雨珊、胡其祥及玉舲各信。亦致俞鹤皋一信。陆伯葵、胡云卿、张雨珊、蒋幼怀、周定轩、陈熙堂、罗小垣、蔡兰生过谈。终日为人客纠缠，苦恼万状。

廿六日。诣五公祠致祀，徐云渠院长主祭，首事为陈璞山、陈竹友、李仲穆、唐少韩四人，馀则周笠西、俞鹤皋、王雁峰、康云渠、潘子箴、祝淡溪、吴斗枢。随诣黄子寿，知为陈定生、周荔樵以罗瀛桥不应称继祖母之言，一就正于我。此世俗之通称，不可违也。傅青馀以是日成主，属为题之。范小溪、谢友梅、周芸园、钱铁琴、李芋生、李幼眉。[①] 其仪式一依贵州所行礼。便道过子瀞，及诣讲舍，示定九月朔船山祠祀事，举派首事四人：李登云、罗龣、黄鼎燮、凌恩凤。晚邀但少村、林少眉、周笠西、刘绍臣、徐寿鸿、李芋生小酌。比客至，则所请者徐云衢也，坐客皆不敢僭坐，喧扰半日。仆人皆谬如此，真无如何。

廿七日。接周昌辅、周定轩、黄冬荪及玉舲、经生、润民各信。亦复胡其祥及玉舲二信。为傅青馀送葬，小坐南门城房，始知查城委员即王桐轩也，候补各员充牣其中。随往拜易芝生、易懋卿、董厚斋。便赴东茅巷彭宅之召，会者俞鹤皋、王雁峰、曹芸轩、劳伯平、彭稷初、彭石渠，馀多不知其名。彭稷初面斥李庆生、李福生，手麾之不令入坐，亦殊快人意，然亦未免稍过矣。

廿八日。接易芝生信。亦复玉舲一信。邀胡云卿、龚果斋为梁姨诊脉，兼约周定轩、罗小垣、张雨珊早饭。定轩已赴益阳，适俞鹤皋枉过，因并留之。余尧衢、易懋卿、危笙陔、蔡竹泉及子瀞过谈。

廿九日。阴，凉。连日郁热已极，乡间望雨尤甚，恐未易得此也。本日因求书者积压过多，稍谢客一日，略一检理。慰霜过

①以下疑有脱文。

谈。是夕雨。

三十日。雨，寒。接崔贞史、周昌辅、周砺松、周镜溪、陈熙堂各信。是日料理赴讲舍。又以傅哲生堂期，一往致吊。便道回拜胡秋桥、胡云卿、曾介石。傅处晤卞柳门，曾介石处晤汤立夫，皆早知其人，至是始一见。晚次接陈诒生信，以其子开设力薪曲局，与陈力新相混，至起差揭取其招牌，陈诉于我。答以与孙彦臣交情，我固不能及诒生也，当自陈诉，无待他人解说。

九月

九月初一日乙卯。致祭船山祠。讲舍诸生李少笙、罗少庚、黄伯平、凌拔枬、刘汉岑、徐子中、谢习伦、李子岐、黄棣轩、唐绍武、杨汝襄、杨熙春、李肖冰、吴智川、潘敬甫、龚月浦、黄伯周与祭者十七人外，寄住讲舍者刘信渠、段诚斋、李卓夫、陈毓嵩四人，其未至讲舍者杨松林、左佩勋、欧阳醴源、俞班甫、陈守愚、周次农六人，邀请与祭，到者熊鹤村、俞鹤皋、杨蓬海、任禹田、周荔樵、李幼眉、朱次江七人，幼眉、荔樵并一至行礼，未登席。适任小棠枉过，因留入坐。是日雨。

初二日。晴。致左子栗、左子异、蒋幼怀、黄景斋、陈诒生各信。亦接邓复心凤凰厅邓子骏、文佩阶溆浦县文光宸、罗伯翼、余尧衢、左子栗、蒋幼怀、言湛甫及玉舲、润民各信。杜云帆、丁次谷、袁绶瑜、张翊廷、左子栗、梅子宣、李石仙、汤雨亭、陈熙堂、彭稷初、危笙陔次第过谈，纷扰竟日。汤禹亭游府求留看城一差，郭乔生所托也。乔生名人凯，为郭子美之子。

初三日。接瞿子玖、张翊廷、潘小农、姚庶侯、梅子宣及子瀞各信。回拜刘云樵、杜云帆、张翊廷、彭稷初、李石仙。并诣杨厚庵宫保谈。兼致吊刘牧村、黄子野，以牧村新有弟丧，子冶新有孙妇之丧也。

初四日。接陈熙堂、李召甫、梅星渔信。亦致玉舲一信。王壬秋、俞鹤皋、龚云浦、龙海门、左少卿、周炳臣、王雁峰、危笙陔次第枉过。到馆四日，酬应未尝暂息，心甚苦之。晚次易铁樵、易淑子、易仲子及慰农过谈。

初五日。接萧润清信，自承为萧涵江之孙，父曰子朴。自致陈熙堂一信，并发交所求预领年节分款。陶采之、吴渔川、左佩勋及新吾过谈。杨佑吾亦自乡归，卢德采悖谬已极，亏累至二百馀千，恐未易追取也。晚次，朱峰乔、龚果斋、彭稷初过谈。

初六日。接陶采之、胡其祥、周荔（枝）〔樵〕三信。亦致刘谷怀一信。俞鹤皋、周瑞棠、熊鹤村、蒋幼怀次第过谈久坐。杨佑吾、子瀞又以事来商。竟日为酬应所苦，精神无暇他及矣，而求信求文求作书者，纷至沓来，日相敦促，亦可谓命之穷也夫。鹤村倡修任陂石瓮桥，以长歌代启，极有意致。因及道光初年赴京师，道过茌平，见赵瓯北重赴琼林，归过茌平题壁诗云：征途日日转劳薪，乍见夭桃始觉春。满面黄埃投旅店，一群红粉看诗人。蓬飞已醒游仙梦，花落难沾学佛身。为语缠头无别物，合将新句写罗裙。

初七日。致谭心可、余尧衢、任筱棠、胡其祥及子瀞信。亦接周渭臣、谭心可、余尧衢、曾介石、蒋幼怀各信。任昂千、沈梦兰、刘云樵、谭心可、李健斋、董春元、李芋生、余尧衢、周荔樵、陈曼秋、任芝田、黄子厚、周春浦、柏思台枉过，竟无片刻之馀闲矣。

初八日。接常健吾信，当复一信。并致孙彦臣一信。回拜任昂千、沈梦兰、谭心可、李健斋、刘云樵、董春元、任芝田、李仲穆、程伯翰、李黼堂、陈曼秋、王荔村、蒋幼怀。便赴彭稷初东茅巷之召，为彭海春立嗣：名祖彝，字聪叔。亲友集者数十人。彭稷初于此极有处断之才。彭氏欲延稷初之弟石如为聪叔授读，石如力辞，亦为合理。因改定王吉来。吾力荐朱峰乔，稷初未甚理落，程伯翰、劳伯平皆以谓然。予为留饮，与俞鹤皋、潘子珍、陈璞山、任禹田、劳伯平同席。

初九日。接朱禹田信。亦致卞颂生、魏午庄二信。魏午庄为张翊廷之子张荫龄托其照拂，即送交张翊廷。偕诸儿为登高之会，邀熊鹤村、罗瀛峤、王壬秋、张翊廷、董春元、彭稷初、李石仙、李小屏午酌。翊廷、春元并辞。王壬秋允至，临席始辞，惟多示不测而已。

初十日。朱峰乔、蔡蓉仙、蔡竹泉、黄涤凡枉过。诣豫东屏贺其七十生辰。便回拜但少村、周瀛桥、柏思台、王壬秋诸处。随赴陶少云之召，同集者李瑞南、龙琴堂、卢丽生、俞鹤皋、杨蓬海、唐鲁英、唐楙畩、陈程初、李幼眉、李芋生、陈璞山、杜蓉湖，凡三席，演泰益部。

十一日。接卞颂生、易清濂、熊鹤村、蒋幼怀及玉舲、杏农诸信。罗伯翼、盛展奇、易仲子、易玉峰、郭黼卿、熊干庭过谈。为孙彦臣饯行，同席徐云渠、李质堂、俞鹤皋、潘子诚、杨蓉堂、劳德扬、陈程初、陈璞山、张菊生、李芋生、李幼枚、刘祝廷、唐鲁英、唐楙畩，仍就陶少云宅演仁和部。

十二日。阴。接杨性农、汤肖庵及玉舲信。亦致黄柚生、吴晴研及子瀞、玉舲信，交熊干庭带县。朱峰乔、杨秋浦、杨辅臣枉过，为加训饬，因询及杨琴堂曾患中风，近亦能步履如常矣。

十三日。阴。接蒋弋芗、张鹤臣、张伯羲信。亦为胡浴生致冼雪耕一信。并复蒋弋芗信。王梦虎、萧松亭、黄涤凡、张松云枉见。又接戴竹清及子湝二信。是夕微雨。

十四日。阴。接胡道生信。亦致熊鹤村、蒋幼怀、萧松亭各信。回拜方翰卿、刘绍臣、杨商农。便赴李幼枚之召，偕陈程初会饮刘韫斋前辈宅，演泰益部。致幼怀信，托以二事。一为张蘧仙托致湘潭吕月峰传谕福源和典：姚庶侯去岁存典九百千，属候其子清理。一为黄涤凡托致醴陵黄纪石：原断其家祖坟山后来脉为王姓影射争占至平允，无以王姓翻控，稍示游移，以其山地黄子寿廉访实同有七代祖茔，当与一照料也。

十五日。接蒋幼怀及子瀞信。亦致易芝生、左子异、彭稷初及子瀞信。胡道生、黄涤凡、左子栗、左子异过谈。居讲舍半月，自朝至夕，以酬应人客为事，传诸生至，竟都不及一见，今日乃一得遍阅诸生功课：李少笙、谢习伦、黄伯屏、周次农、罗少庚、李子岐、徐子中、陈惠吾、唐绍武、黄棣轩、杨汝襄、杨熙春、刘汉岑、凌拔枬、李肖冰、欧阳醴源、黄伯周、潘敬甫、左佩勋、吴智川、杨松龄，未到者俞班甫、龚月浦、陈守如三人，凡共二十四人。潘敬甫、龚月浦添课，黄伯周商额，杨熙春无课而最肯用功。

十六日。接易芝生、盛青霞、胡浴生各信。彭稷初、彭石如、吴柱臣、易赞廷过谈。王实丞、朱佛宜各为其子完姻，一往致贺。王实丞处知宾王桐轩、饶心泉；朱佛宜处知宾朱绍兰、张鹤臣。兼致吊范芰沅之母、傅竹湘之妻。傅竹湘知宾周芸园、言棣臣。范芰沅得陪坐一谈，稍悉山东情事。便回拜吕藕池、萧小虞、李芋生、王壬秋、周荔樵。兼为杜云蕃、彭稷初送行。并拜彭石如。

十七日。接丁次谷、唐羲臣及笙陔叔、危笙陔各信。亦致吕藕池、唐羲臣、丁次谷各信。张雨珊、罗小垣、任际唐、萧润卿、盛展奇过谈。又以萧润卿借银作盘费赴甘肃觅其叔萧叔瑜，因为致萧涵江一信。是夕雨。

十八日。雨。接任芝田、毛荇荪二信。亦致吕月峰信。朱禹田、程伯翰、梅子宣及子宽过谈。致吕月峰信，即由子瀞转达张雨珊带赴湘潭。

十九日。雨。接曾沅浦宫保、於桐轩、吕藕池、蒋幼怀、黄毓生各信。吕藕池录示十一日谕旨，河工拨饷二百万，并派绍诚、陈宝琛、潘骏文随同办理河工。曾沅帅信言全黄已注洪泽湖，议于洪湖上下分筹出路：一开浚桃源成子河，引漫水由杨庄旧黄河至云梯关入海，派徐州道办理；一、开浚清河县碎石河张福口，亦引漫水出杨庄，派淮扬道办理；从苏司库提银廿万，江宁司库提银十五万，淮商捐银四十万两每票四百。信系九月初八发递。得此二信，于心稍慰，然大局岌岌矣。诣唐宅贺生，李黼堂之妹也。便回拜但少村、王畅卿、潘椒坡、赵朗园、周瀛樵、朱禹田、朱菊生、曹镜初、刘静生。

二十日。阴。接朱晓航信。诣陶少云、龚云浦。随至玉池别墅，邀杨商农、刘静山、张鹤庵、罗小垣、黄涤凡、盛展云晚酌。

廿一日。接丁次谷、刘静生、罗伯翼、顾建吾、盛展奇各信。随并丁次谷、任芝田两信加缄达之谭心可，随得心可一信。陈程初、李芋生过谈。

廿二日。接秦丽春、唐柳村信。亦致唐曦臣、萧润清各信。前以唐曦臣信称唐柳村现得委署，以为上春致方柳桥书曾以托之，必出自方柳桥之照拂，至是始知唐柳村自求分府琼州，由琼州府檄饬代理文昌县青蓝头司巡检也。龚云浦过谈。

廿三日。微雨，郁热。复曾沅浦宫保信。并致孙彦臣、聂伯元、刘静生三信。彦臣、伯元二信并交静生带赴衡山。回拜陈程初、戴厚臣、罗伯翼、沈梦兰。因赴唐澄之邀观泰益部，同席徐云衢、俞鹤皋、陶少云、刘祝廷、陈程初、黄煦楼、李次芹、李幼枚，主人枉陪者唐鲁英、唐澄之、唐恺之昆仲。晚归接朱芗生、周春浦二信。

廿四日。雨，风，寒。接杨厚庵、刘希陶、龚觳丞、杨澍生、常南赓、常鲁青、高粹之、易清溪及玉舲、子瀞各信。亦复杨厚庵一信。刘子祥、萧小虞、刘小山、王梦虎、罗小垣、蔡蓉生过谈。晚就朱香荪、朱次江谈。

廿五日。接周荔樵、熊鹤村二信。回拜萧小虞、李质堂、龚云浦、刘子祥、刘海珊、李健斋、邓子直、樊梓林、彭笙陔、曾重伯。晚次李芋生、丁次谷过谈。钱伯士南来，就俞鹤皋、傅竹湘、朱香荪、李芋生托其周旋钱氏事。吾固知其为姚彦嘉所累也，与芋生、次谷商议，竟无善处之法。

廿六日。阴，微雨，寒。致吴藕池信，并致龚觳丞、杨澍生、常南赓、常鲁青、高粹之、易清溪公信，及胡其祥、钟佐廷、吴晴〔研〕、萧子远、唐桂生及玉舲信。亦接李冠卿、盛青霞及席珊各信。戴厚臣、彭笙陔、李石仙、李小屏、涂夔卿枉谈。盛青霞信由涂夔卿送到。

廿七日。阴。接俞小冈、李友兰、曹志忠、高宝吾、李小屏、陈子濬、蓝滋丞、盛展奇、涂夔卿及子瀞各信。昨夕始专陈满赴县，使早接子瀞信，可以省此一行矣。熊金门、易铁樵过谈。

廿八日。接合淝傅相、曾劼刚、张冶秋、吕藕池及兰生、子瀞、润民、玉舲各信，亦接李次青、杨澍生、新吾、敬之各信。李芝岑自贵州回，枉过一谈。

廿九日。致谭文卿、张雨珊、陈伯严、熊鹤村各信。亦接周桂坞、陈伯严、熊鹤村各信。鹤村倡议修河西桥，集诸人议之，皆非捐户也，以书讯之，而系以诗云：发愿修桥要写捐，广开盛宴集群贤。多愁捐户中无几，未领捐钱费酒钱。任雨田、涂夔卿、李芳农过谈。

十月

十月初一日甲申。致李冠卿、卞颂生、吕藕池、徐心畬、黄铭山、朱暝庵各信。亦接卞颂生、蒋幼怀信。幼怀亦递示醴陵黄屺石大令信。卞颂生信为李补生小屏求荐朗江书院，吕藕池信为张鹤臣求留义学馆，徐心畬信为张松云求事，黄铭山信为盛青霞、涂夔卿求转达沈梦兰，与昨谭文卿信为董春元求差委，张雨珊信为熊金门求免重允竹木帖，陈伯严信为允刘应元至讲舍。大率每日书缄往复，皆此类也。终日排遣不尽，有何馀力旁及？俞鹤皋、彭念苏、彭聪叔、涂夔卿、雍芝田过谈。

初二日。接胡其祥、周芝窗及玉舲各信。诣萧小虞、刘定夫贺其太翁生日。便拜但少村、谢绍棠、沈星海、李芝岑、龙琴堂、周笠西、任禹田、傅竹湘、丁次谷、任小棠、曾介石、曾慕陶。晚赴朱星垣之召，同席龚云浦、陈程初、俞鹤皋、王桐轩。

初三日。致陈伯严信。亦接张雨珊、邓直卿、陈伯严及席珊各信。朱峰乔过谈。午刻赴熊鹤村之召，至晚乃获登席，同席俞鹤皋、李黼堂、周瑞堂、黄介夫、曾重（者）〔伯〕。未到者朱雨田、陈程初、谭心可、杨蓬海。熊鹤村谋修任陂港石桥，邀此一席，自诵其寄李次青诗云：善人远宦二千里，尺一难从塞雁通。幸遇萧何今运饷，岂如殷浩昔书空。黔中俸稍分仙鹤，湖上桥旋映彩虹。莫让蔡襄为善独，孳孳心事定相同。

初四日。为杨厚庵太夫人堂期，一往陪吊，询知卞颂生中丞已先期致吊矣。孙谷臣、豫东屏、普达泉、谢小庄、但少村、刘定夫、庄心庵、恽辛耘、吕藕池、任昂千、沈梦兰、陈雨霖，共十二人。陪吊则周笠西、俞鹤皋、谭心可、李幼枚、李质堂、陈程初、唐鲁英、张雨珊、王雁峰、陶少云、徐静轩、龚云浦诸人也。席间晤其幕中杨美章，前岁曾一见之，吾已不复能忆及也。

初五日。接易卓超、蒋幼怀、熊金门、龙研仙各信。亦致李幼枚、蒋幼怀二信。幼怀录示电报，萧小虞已被劾落职。语言轻肆，年少气盛，宜有此也。晚邀周瀛桥、徐寿鸿、邓直卿、程伯翰、涂次衡、周荔樵、龙研仙小酌。研仙不至。

初六日。接朱香荪、陈伯严、李麓渔、朱次江各信。任芝田、刘绍臣、黄铭山过谈。左子异见惠鱼生一席，因邀陈伯严、罗顺循、朱次江、彭念苏、龚果斋及子宽便酌。伯严、顺循、子宽不至。

初七日。接沈星海、周荔樵及子瀞湘阴信。星海信报李次青之丧。丧期以九月廿五日，初三日其家已得信，盖由黔电报直接汉镇，由汉镇至省，转寄其家，仅止八日，电报之便如此。丁次谷、钱子宣、胡其祥、钟佐廷、黄江楼、徐仁羲过谈。虚堂、兰森，不与见也。朱香荪晚过畅谈。

初八日。致胡云卿、钟佐廷及虚堂、兰生各信。钱伯士、朱次江及素蕉过谈。为胡云卿母夫人志铭，属蒋幼怀追之急，勉强应付之。

初九日。接冼雪耕、姜晓吾及虚堂各信。亦致玉舲一信。谢小庄、胡云卿、徐云衢、彭聪叔、曾慕陶过谈。晚邀胡其祥、钟佐廷、曾履初小酌。适谢视侯、徐仁羲枉过，因并朱峰乔会饮。

初十日。接蒋幼怀、王恕存及亮亭各信。孙春皋、丁次谷、马小庄、谢视侯、钟棣生过谈。随诣曾慕陶送行。

十一日。为曾文正公生辰，往年到者数人，今年人数稍多。

熊鹤村、龙琴堂、李质堂、俞鹤皋、陶少云、杨蓬海、李芋生、任禹田、周荔樵、涂稚蘅、陈松云、张芝岑、朱次江，凡二席。鹤皋、少云约同诣杨厚庵宫保，贺其太夫人成主之礼，会任禹田过谈，比至，则主已成，诸人皆各散去，因与厚庵小坐一谈，徐静轩为之款客。是日黄子冶、言舫丞各馈食品。邀本祠涂稚蘅、张芝岑小酌，稚蘅已他去，然已惶扰竟日矣。陈尧圃、杨景皋枉过，均不及与一谈。

十二日。致曾沅浦宫保、王桐轩、曾重伯、周陶溪及用舟各信。亦接杨琪光、曾重伯、杨佩生、易淑子、盛昆西及虚堂各信。樊紫林、陈定生、胡其祥、钟佐廷、翁少溪、郑莆臣、涂夔卿、易仲子过谈。

十三日。为先太夫人生辰，率家人行礼。致丁次谷、陈定生、谢视侯及兰生各信。亦接陈定生、丁次谷、蒋幼怀各信。庄心庵、柳春樵及寅伯来谈。

十四日。接姚彦嘉、朱暝庵、李召甫、郭黼卿各信。亦复朱暝庵一信。是日为杨厚庵宫保太夫人送葬，并为林梅仲太夫人贺生日。顺拜孙春皋、沈梦兰、戴惠亭、周瑞堂、陈定生、张海帆、谢视侯、徐云渠、黄子冶、刘绍臣、刘省卿、陈笛帆、王桐叔、李芋生、马小庄、刘祝廷、李质堂、龙研仙、王桐轩、劳伯坪、谢小庄、蒋弋芗、吕信臣。于吕信臣处晤侯济川及其子俊生、德生。杨太夫人城外设公祭，陈程初主办，到者周笠西、俞鹤皋、李质堂、王梦虎、陶少云、杨蓬海、王雁峰、曹竹苏、唐鲁英、谭心可及予共十二人。

十五日。接孙春皋信。亦致宋楚卿、吕信臣、曾慕陶各信。刘省卿、李芋生、谢视侯、唐羲臣、易椒生、易怀清、柳春樵、唐砺金、周荔樵过谈。致吕信臣赆仪并系以诗云：作善降祥闻古语，谁言此语竟成空。十年薄宦家长窘，一病随身道更穷。归去还愁今后日，操行真有有贤风。祝君将养仍强健，略寄情怀薄贶中。宋楚卿信为范彦儒荐馆。亦托李芋生言之傅竹湘，为蓝浚瑛滋丞荐馆。杨景皋亦以为托。然察竹湘处系大馆，非杨景皋所能任也。

十六日。接熊鹤村、胡浴生二信，亦接韩宝臣及玉舲二信。熊鹤村、董春元、盛展奇过谈，亦尽一日之力。鹤村倡修任陂港石桥，携带石工李义顺来就，定议捐款以五百金为度。鹤村属意刘韫老。其家尚颇拮据，因力止之。黄江楼晚次过谈。

十七日。接陈君实、陈云樵、李芋生三信。亦致李芋生、丁笃生二信。齐小庵、劳伯平、彭聪叔、易仲子、吴爱吾及东流生员王者香来见。致丁笃生书，即为王者香求饬清泉人蔡兴园退还其子，其妻文氏尚不足问也。

十八日。接丁次谷、蔡雨堂、周荔樵、易仲子各信，亦复仲子一信。诣黄子寿，吊其嫡母之丧。便拜刘馨室、裕蓉坪、丁次谷、李黼堂、任雨田、陈伯严、翁少溪、易椒生、易怀清、沈星海、李华卿。刘馨室处晤邓华玖，邓双坡方伯之世兄也。晚次，冯厚庵、盛展奇及子宽过谈。

十九日。接宋楚卿，丁次谷，左子栗、子异，陈象生各信。子异并见示六合团熊福田、廖辉庵、曾石泉、周溪泉、朱敬庭、程盈廷等三十人公信，专护程海帆而痛诋周燮昌，而及所举新社正尚莘田、张其祥二人，张其祥亦与周燮昌同滋事者也。危松舲赴乡，欲兼盘王家田、侯宗塘二仓。熊福田以王家田程海帆所收，均有簿据；侯宗塘周燮昌所收，无簿据，所以必得一盘。遂至住乡二十馀日，并此未能查明，而徒张列四条云：免递悔呈；两仓过戽；两造用费自有调理；社正另举。未免袒护周燮昌太过，宜诸人之不能允也。亦致裕蓉坪，丁次谷，曹镜初，左子栗、子异各信。诣黄子寿贺（主）〔生〕。便拜孙谷臣、豫东屏、谭心可。并赴吊赵辅臣，晤其宗人赵绍羲及其侄赵虞卿。

二十日。从讲舍解馆。接黄幼森、陈象生、梅子宣、曾湘槎名延龄各信。王梦虎、丁次谷、袁绶瑜过谈。因偕次谷诣任筱棠谈，适江铁山在坐，得一会谈。便过卞颂生中丞，与谈河务机宜。

廿一日。接黄海帆信。亦为梅子宣致杨秉清一信。诣北城外送黄子寿嫡母之殡。便过龙琴堂、庄心庵。同送殡者李质堂、俞鹤皋、谭心可、杨蓬海、唐楙畡、左子异、周荔樵、杨晴川、郑云生，仍由陈程初备办路祭。陈笛帆、罗爕卿、梅子宣过谈。晚次诣朱香荪谈。

廿二日。接刘考功、刘谷怀、刘彝庭、张翊廷、常健吾及润民各信。卞颂生中丞、豫东屏廉使、罗小垣、李聘农、易铁樵、彭聪叔、谢视侯过谈。

廿三日。接杨秉清信。亦复张翊廷、常健吾及玉舲信。谢视侯、蒋幼怀过谈。晚赴李黼堂之召，与宴者熊鹤村、周笠西、罗瀛桥、张海帆、俞鹤皋、陈德生、谭心可、李芋生、杨蓬海，宾主共十一人，凡二席。

廿四日。接陶采之、欧阳子卿、盛展奇及子瀞各信。蒋幼怀、翁汝明过谈。诣蒋弋芗吊其尊人致斋太守之丧。并为朱冠卿贺生日。便拜严少韩、周荔樵。晚邀刘馨室、谭心可、陈定生、刘绍臣、张海帆、谢视侯小酌。张海帆、谢视侯力辞不至。

廿五日。接樊紫林、吕月峰、龙琴堂、陈定生、蒋幼怀各信。亦为欧阳子卿致卞颂生中丞一信。萧小虞、欧阳价人、彭子峰、彭石如、左佩勋枉过。晚邀孙春皋、龙琴堂、卢润生、俞鹤皋、李黼堂、陶少云、杨蓬海为李芋生作生日。

廿六日。接曾沅浦宫保、谭心可、谢视侯、朱次江各信。亦致但少村一信。诣周瀛樵，贺其尊人莲丞八十生辰，陪同孙谷亭、豫东屏、但少村、刘定夫、陈程初、王雁峰、李幼梅小饮。晚邀欧阳价人、陈笛舫、彭石如、言舫丞、彭念苏、彭聪叔、盛桂敷便酌，桂敷不至。

廿七日。接但少村信。陈芙初来见，新选永明训导，询知为陈隽臣之侄。兄弟二人，长曰荪石编修，于行居二，次即芙初。隽臣子十人，长者早逝，余以第三为次，曰亦渔，曰子声，曰鹤春，曰澍甘，曰复心，曰芝田。复心为丙戌翰林。陈氏科名人物亦云盛矣。卞颂生中丞过谈，见示治黄两议，皆黄河北决时事也，当时稍采取其言，不至有今日之患。袁笃斋、左佩勋过谈。欧阳价人晚过。

廿八日。接胡其祥、熊金门、欧阳价人、言舫丞、毛荇荪、朱少炳及玉舲、荇农各信，又接孙彦臣、区维瀚、盛展奇各信。亦寄曾沅甫宫保、曾劼刚、□抱存三信。周笠西、曹韵生、欧阳苐轩、董春元、谢视侯过谈。诣周荔樵、黄望之，唁其父母之丧。旋赴孙谷廷、豫东屏、普达泉、吕燮堂、任昂千、沈梦兰浩园之召，到者十二人：徐云渠、王雁峰、李质堂、俞鹤皋、陶少云、杨蓬海、陈程初、唐鲁英、李幼眉、陈定生、刘绍臣。定生、绍臣以在制中，未登席。

廿九日。大风，寒。复毛杏荪信。亦接胡其祥信。赴吊刘南云，其子少南，继子也。陪宾为宁少清。询知萧希鲁亦同归。晚赴周瀛桥之召，同席但少村、吕燮堂、任昂千、王雁峰、陈程初、余尧衢、李幼枚、王桐轩、周笠西。

三十日。接蒋幼怀、周卓群及玉舲各信，亦致李芋生、董春元、常健吾、蒋幼怀、熊金门及玉舲、荇农各信。严少韩、董春元、蓝滋丞、盛展奇、李华卿及韵生过谈。谈少清见贻驼绒褥，询之董春元，始知其官甘肃，为谭文卿所纠也。蒋幼怀致吴云谷之意，以黄幼农宜章盐局差务尚未委人，属言之曾沅浦宫保，求得一差。正恐幼农委查河工，一二月后仍须返局也。

十一月

十一月初一日甲寅。接合淝傅相及易仲子信。亦致彭雪芹宫保、吕月峰二信。诣周荔樵、黄望之襄视成服之礼。便回拜宁钦若、李芋生、唐鲁英、唐楙畡、陈芙初、彭伯昂、董厚斋、彭聪叔、曹韵生、丁子康、胡子威。晚次，周卓群过谈。卓群名柱坤，近改名道庸，宁乡人，亦一俊才也。

初二日。接於桐轩、龙琴堂、谢视侯、周定轩、常健吾、蓝滋丞、徐仁羲及润生各信。刘瑞云、彭玉书、宁钦若、陈尧辅及玉舲过谈。晚诣陈程初谈，以熊鹤村集捐修任陂港石桥，为地方所阻，属俞鹤皋请县示查禁，是否关系地方利病，托陈程初一往查明，始能定议。

初三日。复周定轩、龙琴堂信。李黼堂过谈。回拜刘瑞云、彭玉书、王绍棠、谭心可。并为孙谷亭方伯夫人贺生日。

初四日。阴。致但少村信。亦接左佩勋、杨琴堂信。吕燮堂、彭伯昂、彭石如、张鹤臣、蓝滋丞及咏生过谈。是夕微雨。

初五日。阴，寒。接黄栎生、但少村信。亦致杨琴堂信。晚邀谈少清、欧阳苇生、黄栎生、蓝滋丞、彭伯昂及玉舲、咏生、润民小酌。彭伯昂赴乡，欧阳苇轩以事不至。

初六日。接殷少乔、周卓群二信。陈程初开豫赈捐局于李中丞祠，到者徐云渠、周笠西、俞鹤皋、李质堂、谭心可、杨蓬海、唐鲁英、李幼梅、刘正凡数人。便过刘绍臣、张海帆谈。并回（堂）〔拜〕吕夔堂。

初七日。雨，风，寒。雨虽不大，然半日未尝止息，秋后所未有也。接杨石泉、杨子端、周笠西、刘静生、秦丽春、蓝滋臣及泳生各信。但少村、贾清臣、李芋生、彭念苏、任筱棠过谈。子瀞自上海归来见，言张屺堂之治河，求得此差，袁瑜笙诸人亦皆派往，必非能尽心河务者也。

初八日。冬至。晴。致蒯蔗农、龚黼丞、周镜溪、周笠西各信。亦接李华卿及子瀞二信。黄芍岩、王壬秋、龙琴堂、张禹珊过谈。李华卿荐衡山李樾庄茂才教读，言与唐惕生、杨篴江皆衡山石门人也。

初九日。致陈程初、熊鹤村及玉舲各信。亦接陈熙堂、饶石顽各信。黄栎生枉过，领取蒯蔗农方伯信。为卞颂生中丞贺生日。兼诣刘韫老谈。便回拜黄芍岩、张雨珊、王壬秋、黄滋圃、彭笙陔、黄栎生。

初十日。接黎莼斋、罗晋锡名培钧，罗忠节之侄，随同黎莼斋使日本、李芋生、李镜浯、易小楼、陈熙堂各信。亦致李芋生、丁次谷及子瀞信。刘伯固早过谈，遂留饭，语时事甚悉。李勉林以病不能出使日本，沅浦宫保为委充南洋随员，伯固亦为合淝傅相委充北洋随员，所以优礼贤者及名臣之裔也。晚次，周笠西过谈。

十一日。接丁次谷、张禹珊、罗伯翼各信。亦致沈星海、李华卿及佩珊各信。萧小虞、毛杏荪、易厚斋、张花楼、余尧衢过谈。子瀞亦至，并传胡其祥之言：十二三日可一到省。

十二日。接陈程初、程伯翰、周卓群及简秋各信。亦复程伯翰信，及为黄昌清致陈右铭一信。昌清，黄子冶之世兄也。沈星海、王绍棠、傅竹湘、罗赞卿枉过。诣卞颂生中丞及但少村谈。

十三日。致丁次谷信，以陈右铭信属交黄子冶。亦接彭雪芹宫保、丁次谷及槃希各信。汤斐斋、沈星海、欧阳敬庵、彭笙陔、龙研仙、曾履初次第枉过久谈。

十四日。接胡浴生、周荔樵及覲堂、敬修、寅伯各信。荔樵去岁为唐朗云借银五百，今又为借三千，为捐过班计，非吾力所及也。敬修以与同事郁小晋同办衡局文案，总局有撤去一人之说，郁君势力非渠所及。寅伯为胡子仪为救生局差事，原管义仓事，以救生局薪食稍丰，托缄致文兰舫太守，此则不情之请也。胡其祥自县至，因并邀子瀞、佩珊一饭。

十五日。接陈伯严、朱次江信。回拜刘定夫，秦庭英，柏斯台，赵岳青，汤斐斋，何巨川名象堃，益阳人，中甘肃举人，傅竹湘，周笠西，左子栗、子健、子异、峰生叔侄。遣杨佑吾至白田铺查询范芰沅谋置游姓山地事。陈定生所谋在塝下，范芰沅又出其上，益信言地学者之颠沛无理也。

致但少村信，饬裴文录存，乃写入日记中，其言亦有关系也：昨奉明谕，主意精妙。然据以上详，当先回明此义必出自中丞，叙入详文为不宜也。顷接衡局文案郭立卓信，言奉饬裁人并局。衡局文案二人，郁君方董，年七十馀，精力衰矣，渠所任事为多。郁君与翁太尊亲谊，衡郡七属皆有干脩，其世兄又馆吕观察处，不忧贫也。渠又贫，倚馆为生，然自度势力不敢望郁君，求为一言。窃度各局开支，多出清分，王夔石、陆心农位置诸人，遍布各局，留贻至今，即有过犯，辄调他局，裁撤尤所不及。南北本属一省，台端又当事任，位置一二亲友，准之人情事理，无可訾议。从前留用外省士绅，所处多属要地，并未闻有得力者。汰除浮冗，应从此始，以求核实，抑亦主张公道之一义。其各局分办，当稍复骆文忠之旧，专择其能胜事者，官绅并用，一切襄办会办名目，概可裁省，不独省费，亦必能有实际，伏乞斟酌施行。愚昧之见，实亦极有关系也。

十六日。致卞颂生、但少村、沈星海、陈伯严、李华卿各信。亦接李华卿信。周仁庵、李华卿及子瀞过谈。

十七日。早微雪。接卞颂生但少村、陈伯严及玉舲三信。闻文思昨日亥时物故，一往哭之。询知十三日微患小恙，十五日夜起，旋检取衣服，痰忽上涌，遂不能言。七十馀老人，精气已尽，不可以病言也。便过丁次谷谈。尹和伯、易（叔）〔淑〕子枉过。陈程初夜过。

十八日。接李朗陔、饶岱霞及玉舲各信。胡其祥、易淑子、仲子、厚甫枉谈。沈星海署任郴州，并一过谈。庄裕之亦至久坐。

十九日。接熊鹤村、周定轩、张翊廷、周卓群及觐堂各信。亦复周定轩、张翊廷及致刘祝廷信。又接刘祝廷信。周笠西、李小庵过谈。晚邀常鲁青、胡其祥、盛月台、盛桂敷、庄裕之及佩珊、子瀞便酌，庄裕之已于是日赴乡。

二十日。接张干堂信。亦复李朗陔信。玉舲、理庵过谈。为沈星海贺其署任郴州之喜。便过陈舫仙、成静斋、陈伯严。张干堂信并述其弟为傥仙之丧，为之惘然。龙琴堂生辰，李芋生为集分致送泰益部，席设子瀞颐园，刘馨室、孙春皋、卢丽生、俞鹤皋、陶少云、陈程初、杨蓬海、董厚斋共十二人。

廿一日。复张干堂，及偕周笠西致徐云渠信。亦接谭绍暄谭燮甫之子及觐堂信。谭心可、周笠西、张雨珊、戴钦之、胡其祥、殷竹坞过谈。回拜殷竹坞。便赴任筱棠之召，同席沈星海、丁次谷、杨蓬海、陈璞山、蒋幼怀及子瀞共八人。璞山以其夫人患病，未登席。

廿二日。接黎少琨、周昌辅、杨默林及子瀞、鉴湖各信。沈梦兰、张芝岑、胡其祥、朱峰乔过谈。

廿三日。致曾劼刚信。亦接朱幼炳信。诣贺沈梦兰调署零陵。并诣玉舲，为文思成服。是日为梁姨生辰，内外共五席，邀殷竹坞、胡其祥，皆不至。

廿四日。复於桐轩、吴晴研、萧子远、唐桂生各信。亦接黄江楼信。诣余尧衢贺其母七十生辰，刘谷亭、任昂千、沈佩九、陈程初、余鹤皋、李芋生、左子异、徐寿鸿、左峰生并集。樊紫林、龚果斋枉过。

廿五日。接曾沅浦宫保、张雨珊、邹闻生、陈向新各信。亦致但少村、谭心可、沈星海及复张雨珊各信。尹和伯、徐衡珊过谈。尹和伯以照相留饭，因集家人照一总相。朱枫桥昨日即解馆归家，因为检校炎儿功课，遂尽一日之力。

廿六日。接胡子宜、罗澍泉、李仁峰及绥初各信。回拜但少村、恽辛耘、陆伯葵、朱卓夫、程伯翰、龙琴堂、陈伯严。便赴余尧衢之召，同席李质堂、俞鹤皋、陶少云、李芋生、杨蓬海，凡四席，所识唐夔友、陈程初、徐寿鸿、蒋幼怀、黄子厚数人而已。

廿七日。为胡子宜致文兰舫一信。又致张雨珊信。亦接曾沅浦宫保、谭心可、李冠卿、李九如及左佩勋、龚月浦、唐绍武、杨松龄公信。杨芝仙过谈甚畅。尹和伯为照全家福相。数日郁热似深春，是日五鼓，微雨一过，而热加甚。

廿八日。接但少村、熊鹤村、易淑子及寅伯信。易淑子并馈肴馔，为朱澄秋心鉴言督销局务也。周笠西、黄子厚过谈。回拜杨芝仙，便赴李仲穆、熊春溪两处之召。李仲穆处会者十馀人：罗瀛樵、俞鹤皋、李黼堂、陈璞山、刘少秋、任雨田、程伯翰、丁子康。熊春溪处会者为多，所识陈程初、王梦虎、蔡蓉仙三人而已。同席七人，程初，梦虎外，询知易春亭、刘宾临、刘采臣、唐少白。熊彝臣夫人亦极老实，然语言尚略有筋节，不如彭海春夫人之昏懦，难与为言也。

廿九日。接黄石珊、朱次江、张兆蓤及佩珊各信。兆蓤为张小野之侄，充瓮子洞救生局司事，始知胡子宜所谋者即此席也。赴吊文思。便拜李瑞南、黄子厚、曾重伯。并诣卢丽生，贺其七十生日。李华卿、龚果斋、易玉林、李召甫过谈。

十二月

十二月初一日癸未。接黄昌岐、钟祥开名紫云、欧阳介人、张雨珊各信。亦致但少村、陈舫仙及复钟祥开、欧阳介人、张雨珊信。唐少伯、刘寿蘅、蔡本源、蔡蓉仙、罗曙泉及敬修过谈。遣陈满赴茅岭及下荫段晓谕卢德采、游湘山、缪孚四等。以吾向待佃人宽厚，遂至肆行无忌。末世之人心，不能稍有宽假如此。(俯)〔仰〕窥天象，俯察人事，深忧治世之不能复睹也。

初二日。微雨。接瞿子玖、谭心可、但少村、喻小冈、周镜溪各信。心可信言：张雨珊、徐寿鸿所拟各条，已前由心可径致之颂生中丞，鄙人所改订甚多，盖先由心可上达，而后见示者也。

初三日。寄合淝傅相、曾沅浦宫保、谭心可各信。亦接黄幼农、李召甫各信。黄彤轩、喻庶三、易淑子、欧阳茀轩过谈。是夕天鼓鸣，急雨一过。

初四日。微雨。接唐绍武、李召甫信。亦致吕藕池、李芋生及子瀞信。诣吕藕池、段豸山、蒋玉墀、喻庶三、陈伯严谈。吕藕池以接差未晤，询知沈仲复中丞赴粤西任，取道永州，于今日过省河也。

初五日。雨。数日间见雨，而细如尘，随又晴霁，本日始略成雨。黄子寿及周荔樵太夫人并于是日堂期，前往陪吊，黄处宾客为盛，在官惟孙谷亭、豫东屏、但少村、任昂千、沈梦兰、唐夔友数人而已。晚赴李芋生之召，本为龙琴堂贺生日，琴堂病不能赴，乃改就卢丽生，并孙春皋、俞鹤皋、李黼堂、陶少云、杨蓬海共八人。

初六日。阴，寒。接易寿梓及玉舲、子瀞各信。亦复寿梓及玉舲信。以寿梓求为朱澄秋觅督销局差委，意甚急切，未敢以是求得之谭心可也。彭聪叔、丁子康过谈。

初七日。雨。接黄幼农、李芋生、李佐周三信。亦复李芋生一信。因李质堂、陈定生各有索书之件，检理酬应联、匾，至尽一日之力。

初八日。阴，寒。致瞿子玖、殷竹坞、李召甫各信。亦接殷竹坞、戴竹卿及子湝信。敏夫自万年桥归，各信皆所带归。询知亮亭又已前往，李端生全家相就，犹时有讹索，诚亦不胜其累矣。子宽为议受郑氏田庄，袁伯琴、袁干堂兄弟为之关说，郑绍珊、郑子珊并来此晚饭。良生自县至，并带到槃希一信。

初九日。雨。吕藕池过谈。熊干庭自县至。为杨蓬海贺生日，邀席三桌，观仁和部。同席卢丽生、俞鹤皋、王雁峰、陶少云、李芋生，馀客无相知者。

初十日。雨。接舒叔俊、涂稚衡、郭申绶子仁及鹤九各信。郭君，湘潭人，见示治河、堤防、疏浚三篇，名言至论，高出今人一切议论。卞颂生中丞、丁子康、彭聪叔、易玉峰过谈。

十一日。雨。接李荔园、陈熙堂信。赵朗垣、郑湘洲、丁子康、任雨田过谈。子瀞告知刘馨室之丧，盖初九日事也，一往哭之。询之小馨，临终吐痰二口而逝，盖并无病征也。陪客为左咏臣，左翘西孝廉之子也。

十二日。雨。接陈展堂、王辰丽、朱次江及达珊、玉舲各信。亦致吴晴研、萧子远、唐桂生及复朱次江及佩珊各信。李芋生、李华卿过谈。人事纷集，日无稍暇，心甚苦之。

十三日。雨，雪，寒。致罗小垣、张鹤臣二信。段枝山、张干堂过谈。回拜张干堂、郭子仁。并诣豫东屏谈。俞鹤皋邀同李质堂、陈程初、李芋生、陈舫仙、谭心可、张雨珊、杨蓬海、唐鲁英、陈定生诸君议办省城团防章程。

十四日。阴。致张干堂信。亦接罗小垣、张干堂、郑湘舟信。熊鹤村过谈。亦过丁次谷、黄子襄谈。赴彭聪叔之召，由丁子康、易凤楼二人出名，同席李黼堂、王雁峰、俞鹤皋、任雨田。

十五日。雪，寒。接张超堂、龚果斋及彝重各信。寅伯亦由吴松龄递到一信。复龚果斋及致钟佐廷及槊希、怡仲二信。涂次衡、黄植斋、吴松龄过谈。晚次又接张荫庐寄到石刻二件。亦致朱次江一信，以其尊人香荪老者求观所致合淝傅相、曾沅浦宫保、曾劼刚各信也。

十六日。雪，凌。接卞颂生、吕藕池信。亦复吕藕池并致喻庶三信。诣卞颂生、谢小庄、董厚斋。小庄署盐篆，厚斋署道州，一往致贺。

十七日。雨，凌，寒。接朱次江、李召甫及席珊、寅伯信。胡秉宣及清臣枉过。黄景斋以是日解馆，因留清臣与陈汉帆、易云畴陪同一饭。晚赴王植臣之召，同席张海帆、林少海、陈德生。

十八日。阴，寒。接马小庄、曹镜初及玉舲信。亦致任昂千、谢小庄、张超堂、曹镜初各信。陈雨霖、袁瑜笙、聂季萱、丁子康、陈彦农祥兴管事、栗竹亭泰茂管事、常蔚卿咸和管事、易淑子及麓安过谈。

十九日。致卞颂生中丞、任昂千、林少梅三信。亦接卞颂生中丞、王辰丽、殷默存、朱次江及笠云信。丁次谷、任禹田、陈彦农过谈。晚赴卢丽生之召，同席孙春皋、俞鹤皋、李黼堂、陶少云、李芋生、杨蓬海，盖借东坡生日，为蓬海补祝生辰也。

二十日。复王辰丽信。亦接周定轩、黄冬荪、张鹤臣、刘朗山、易淑子、刘棻远月亭各信。聂伯元与沈星海联亲，星海请陈雨霖，伯元请与相陪，并涂谷臣、余尧衢同席。

廿一日。致罗小垣、朱禹田、李华卿信。亦接涂次衡、文擅湖、蒋幼怀、李华卿、李祐覃各信。回拜段芰山、陈雨霖、沈润生、彭晴峰、周笠西、任雨田、龙琴堂、袁瑜笙。并为谢小庄贺其履任之喜。玉舲邀同李芋生、杨景乔及用舟、子瀞、芋庵、新吾、麓安晚酌，为与其兄少清析分其父遗业。

廿二日。接朱宇田、吴少陔、陈舜邻、柳春樵各信，又接陈文蔚、唐倬云信。亦复吴少陔、蒋幼怀信。（吴）〔陈〕舜邻为其子陈煦庭托留洋药局一席。黄涤凡、罗小垣过谈。李黼堂诵醇邸赠福建林初平太史诗。太史工医，为醇邸治病，小瘥，因以诗赠之云：病亦何妨久便疑，秋风一榻渐难支。前缘遥结八千里，妙解不惭三世医。塞马看空无得失，石羊叱起更神奇。欲绥突厥先安内，青琐鸿裁触我思。注云：治标先顾本，初平之言也。即云治国，何莫不然。其诗格律老成，饶有寄托，可味玩。

廿三日。申正立春。接林少梅、於桐轩、盛耀堂及槩希各信。孙春皋、彭晴峰、罗小垣、石芳亭怡生管事过谈。是日接春，率两宅家人叩谒祖先，晚次恭祀灶君，合两家皆致斋一日。

廿四日。阴，寒。俗谓之小年，率两宅家人叩谒祖先。致吴晴研、萧子远、唐桂生及经生信，以蔡竹泉家人回县之便，兼有拨兑款项。

廿五日。阴。接凌问樵、姚彦嘉全泰盛信局递到、吴渔川、盛展奇、钟佐廷、盛青霞各信。言舫丞、翁汝明过谈。

廿六日。阴。接吕藕池、熊绍芗及荇农、炳文、职思各信。亦复於桐轩、盛耀堂、吴少陔及虚堂各信。闻刘韫斋前辈之丧，一往问之。谭心可、成静斋、杨晴川为照料人客。便过朱芗生、朱次江并子瀞，晤盛海南一谈。

廿七日。复舒叔俊、李黼堂、周昌辅、蒋幼怀及职思各信。亦接魏赓臣、韩受卿、徐心畬、陈熙堂、喻小舫、喻庶三各信。为吕藕池贺生日，便拜刘定夫、但少村、孙春皋、周肖轩、谢莘田、陈金垣、李辅堂、谭心可、张尧臣、杨晴川、俞鹤皋。

廿八日。阴。致孙谷亭、龚果斋、殷默存、吴晴研、陈熙堂各信。亦接易淑子一信。刘韫斋以是日成服，一往唁刘湘士，所见丁次谷、汤斐斋、严少韩、王萝泉、谭心可、陈程初、成静斋、陈定生、徐定生、张元裕、李幼湄数人。便拜陈舫仙、沈星海。

廿九日。阴，雨。接黄雪逵、盛巘卿、洗雪耕、裴隽臣、陈子元、刘云樵、邓第武子侯、吴少陔、冯乐宾、卢丽生、张卓斋各信。又曹云祥军门信名志忠。亦致卢丽生一信。陈程初、张海帆过谈。

三十日。雨。接吴宝廷、秦丽春、瞿培根、言湛甫、黎树堂各信。瞿君任辰州经历，致书求言之文兰舫，量与调济。亦一奇也。又接黄幼农、文兰舫、左逸仙、梁祝峰泸溪县、吕月峰、苏紫溪、陈展堂、吴诗棠、聂伯元各信。邀周卓群、易淑子、周小樵、陈汉帆、杨毓吾小酌，湘俗名之吃年饭也。

光绪十四年　戊子

正月

光绪十有四年戊子岁正月癸丑。元旦。雪，寒。率两宅家人叩谒祖先，并诣广济真人殿、船山及曾文（忠）〔正〕公两祠行礼。遣人投刺贺岁，而自下颂生中丞以下，多亲至者，所见惟子瀞及饶应麟。以闻郑州河决之信，耿耿数月。元旦例赋一诗，遂首及之云：郑州八月闻河决，历历忧危逼岁除。三百日还尧历转，四千年是禹功馀。江淮分合难为计，云物灾祥不用书。时事正艰身病在，漫天风雪守吾庐。

初二日。雪。接萧燮勋信，托寄家信银两，盖幕游台北府宜兰县，其家住周吉岭下周仁冲，吾初不知其人也。黄子诚、罗叔循、郭瓞卿、李花农、蔡炳生枉过拜年。其他衣冠之客，一皆谢之。是夕大雷。

初三日。雪，雷。郭杏生及寅伯、冬生贺岁。复朱次江信，以次江函示上合淝傅相书，为其被谤辨诬，略论洋务大要，文笔俊爽，而字句间有失当，稍举以告之。

初四日。阴，寒，雪，雨，雷。王梦虎及子瀞过谈。豫东屏见示《疆事识馀》二卷，载伊犁牧长唐达子，年七十馀，善蒙古语，牧群失马千里外，能追寻弋获。一日与陟高冈，见尘起，问曰：来马若干，能辨之否？曰：无马，盖二牛四驼云。比至，果然。其尘起处犹在十里外也。问其故，曰：无他术，用山泉冷水洗面年多，故能如此。又载固安营外查获天主教人傅降，所带皆不经之物，有银瓶三，盛药水似酥油，莹白无味，上粘小红签，一曰领洗，一曰坚振，一曰终传。内有一信，叙教民娶一教外妇人，大怒诘责；又一信代此妇谢罪，谓当恕其无知，即日行（顶）〔领〕洗礼，又责娶妇者年已二十馀，尚未作第二次坚振工夫云云。（顶）〔领〕洗当为天主堂受戒。西人婚姻，不由天主堂受戒，不得为夫妇。坚振则不知何说也。

初五日。阴，雷。致豫东屏信。新年例应致贺，往拜卞颂臣中丞、孙谷廷、豫东屏、谢小庄、吕藕池、陆伯葵、任昂千、沈梦兰、但少村、刘定夫、朱星垣、裕蓉坪、赵载庵、朱冠臣、况颜山、李瑞南、范小溪、段再山、董厚斋、陈雨霖、沈星海、汪铁山、严少韩、王桐轩、罗华卿、王绍棠、黄子冶、汤斐斋、易子昭、钱子宣、李质堂、陈程初、刘祝廷、樊紫林、颜茂垣、戴厚臣、春书云、祝淡溪、吴斗枢、戴惠亭、孙春皋、林少梅、汪景山、李黼堂、张海帆、俞鹤皋、杨蓬海、杨晴川、唐鲁英、唐楙畡、李镜西、李幼枚、任小棠、（李）〔朱〕香荪、朱次江、袁守瑜、劳绶辅、劳伯平、陈定生、徐静轩、徐定生、陈舫仙、谭心可、易芝生、徐寿鸿、聂伯元、聂季萱、李芋生、易淑子、胡子威、傅竹湘、陈诒生、王实臣、王春乔、罗春圃、周瀛桥、彭笙阶、曾重伯、曾履初、曾君容、彭聪叔、朱宇田、朱菊生、李仲穆、孙次韩、王雁峰、徐云渠、全铁琴、黄铭山、马小山。是日仆人开具名单遗漏太甚，途次增至数十人之多，亦多不能记忆也。

初六日。大雪，寒。拜贺庄心庵、萧小虞、恽辛耘、丁次谷、姜兰圃、谢莘田、周肖轩、朱莼卿、龙琴堂、易清溪、任禹田、熊鹤村、卢丽生、周笠西、陈伯严、杨芝仙、易椒生、王壬秋、王吉来、李镜生、张花楼、张鹤臣、成静斋、何伯元、何诗荪、陶少云、左子栗、左子健、左子异、左峰生、左蘧生、左少青、余尧衢、王梦虎、崧灼亭、张茂陔。晚赴吕藕池之召，凡三席，约同复席者十二人：王雁峰、李质堂、俞鹤皋、陶少云、陈程初、陈舫仙、徐寿鸿、李幼梅、谭心可、唐鲁英及予与子瀞，鲁英是日却未至。其外幕友一席，所知卢丽生、沈佩九、任筱棠三人。

初七日。大雪两日，雪深逾尺，凌久不解。小家房屋，多至坍塌，与去岁开春情形正同，又成雪灾矣。接朱次江、梅子宣及子瀞信。亦复朱次江信。及属子瀞为聂仲芳之母六十寿辰，为集屏分，致送寿屏。

初八日。晴。致曾沅浦宫保、杨石泉、周渭臣、刘璞堂、谭心可、朱次江各信。亦接梅子宣一信。韩宝臣、李芋生过谈。晚邀董厚斋、韩宝臣、黄纪石、严少韩、陈金垣及子瀞晚酌。以黄纪石见饷酒席，便邀诸公一饮也。

初九日。阴。致但少村信。接朱瞑庵、朱次江、梅子宣各信。致但少村信即交梅子宣投交。连岁受其纠缠，只好以一信谢之。竟岁为人作书佣，以取受者之厌，亦实自厌也。下午小雨。

初十日。接谭心可、朱瞑庵二信。亦复朱瞑庵一信，以瞑庵为朱莼卿求寓书曾沅浦宫保，资其开复，殆未易置议也。

十一日。接李咏仙、龚鬴丞、吴舜臣、高粹之、范秉生及用(汝)〔舟〕公信。又接韩陛臣信。亦寄周桂坞、李芋生及寅伯信。又复李咏仙等、韩陛臣信。李咏仙等信以两头塘下垅蔡家塝取土伤龙脉，经韩陛臣之弟芾生投明大公，差拘地主马青云及取土之蔡南田收系之，旋经开释，乃至主使其父蔡德俊服毒拚扰韩芾生家，属言之韩宝臣明府，照主拚例治罪。此实人心风气之所宜整顿者。诣普达泉，吊其太夫人之丧。便拜韩宝臣、左逸仙、黄纪石、吴宝廷、石平甫、唐夔友、柏师台、涂谷臣、董厚斋、谢绍堂名重尃、胡迪臣名醴源、易清濂、吴翔冈、吴诚斋、饶心泉、史绍海、谈绍卿、谭华林谭仁芳之弟、徐恒山、龚云甫、赵朗垣、张怡仲、蒋幼怀、王子均、王云生、陈璞山、皮麓门、罗瀛樵、程伯翰、李笠村、王壬秋、杨作霖、陈程初、黄广熊黄正斋世兄也。

十二日。接朱暝庵、周昌辅、周定轩、袁笃（裁）〔栽〕各信。亦复朱暝庵一信。回拜李瑞南、曹芸轩、蒋其顺。便过朱暝庵谈。共宴吕夑堂、任昂千、沈梦兰，凡三席；徐云衢、王雁峰、俞鹤皋、陈舫仙、谭心可、杨蓬海、陶少云、唐鲁英、陈程初、李幼梅、李质堂、予及子瀞，共十三人，设席李质堂之归省庐。

十三日。接朱次江、李麓渔及槩希、萫农各信。亦复周昌辅信。诣卞颂生中丞谈。经笙自县至。韩葆生枉过久谈。

十四日。阴，寒。致李咏仙、龚黼丞、范秉生、吴舜臣、高粹之及炳文信。亦接欧阳伯元、罗伯翼二信。欧阳子卿过谈。伯元在芜湖督销局。子卿住芜湖两月有馀，伯元信即交其便带也。

十五日。元夕。率两宅家人叩谒祖先。接罗赞卿、傅寿名洪江缉私局、毛立贤，锡纯澧安青石陂卡各信。回拜孙谷廷、吕藕（芝）〔池〕、陆伯葵、谭心可、但少村、张海帆、梁少牧、彭虎臣、石芳廷、王荔村、欧阳子卿、戴敬之、王惠泉、杨襄臣。晚邀韩宝臣、吴宝廷、欧阳子卿、周子峻为元宵之会。杨佑吾、陈汉帆、多孙、顺孙本令同席，而已先时开饭，家人并不一回明，殊非邀客之本心也。

十六日。阴。致藕池及子瀞信。亦接郭巘卿信。子瀞信本意分致李质堂、李幼枚，因本日会饮李质堂宅，托其转致也。谭心可、黄桐轩、罗尚卿、罗襄卿及子瀞、子梅枉过。华卿并告言李印川已至，请示开馆之期。黄景斋亦至，可以同日开馆。

十七日。阴，郁热。接但少村、李健斋信。亦致谭心可、但少村、丁次谷各信。卞颂生中丞、欧阳子卿过谈。是日两宅开馆，邀李华卿、易纯卿、罗叔循、郭歗卿陪宴李印川、黄景斋。

十八日。雨。接曾劼刚、丁次谷、吴宝廷三信。亦致但少村、丁次谷二信。但少村已为位置易淑子、梅子宣二人，吕藕池亦为位置李祥恺。定计不为人言事，开春言此三人，幸皆应手定局，然非其本心也。

十九日。雨，雷。接曾挚民、殷少侨、潘小农、文枫阶、胡其祥及经笙各信。经笙信以罗庆生振祺为属。子瀞又见示李佐周一信。亦致李幼枚一信。家人观灯出，因约丁次谷一谈，到者罗叔循、易纯卿、周小樵及黄景斋、杨佑堂数人而已。

二十日。致钱子宣、任禹田二信。亦接谭心可一信。李黼堂、周文斋、任雨田、彭稷初及子瀞过谈。

廿一日。大风，寒，雨。昨日郁热太甚，宜有此也。接邓直卿、龚黼丞、蔡蓉仙、常鲁青、冯厚庵及少卿信。龚琴堂、朱次江过谈。黄子襄之母李成服，一往唁问，所知罗瀛樵、陈德生、王壬秋、陶履谦、俞伯均、舒蓉洲、徐定生数人。便拜谢莘田、涂谷臣、梁少牧、姜兰圃、赖子佩、王畅卿、娄峻山、刘云乔、黄滋圃、刘子祥、刘永清海珊、邓子俟、但少村、李黼堂、周闻斋、张雨珊、陈伯严、蔡麓臣、张尧臣、蔡麓丞、李芋生、龙研仙、周春浦。

廿二日。复吴少陔信。刘云樵过谈。（拜回）〔回拜〕卞颂生中丞、卞柳门、孙谷庭、吕藕池、沈梦兰、左逸仙、庄心庵、齐小庵、陆伯葵、林少梅、龙琴堂、任筱棠、刘祝庭、曹韵生、黄子冶、彭稷初。

廿三日。致卞颂生中丞、张雨珊二信。亦接卞颂生中丞、陈伯严、陈熙堂、周砺松各信。张雨珊及子瀞过谈。麓庵自县至，始知秦丽春与顾春山有交涉，书信为熊昆源所持，因得肆其猖獗也。

廿四日。接毛杏荪及子瀞信。亦复周砺松一信。周文斋、黎劭穆、邓子侯、熊鹤村、任筱棠、龚果斋、柳春樵、李召甫、李幼梅枉过。易铁桥、易云畴自县至。胡其祥亦至久谈。

廿五日。接韩宝臣、区祝三、方子听、陈舜邻、毛杏荪、吴晴研及子瀞各信。亦复毛杏荪信。熊鹤（皋）〔村〕过谈，询以新年有佳作否，曰：罗瀛峤踏雪来访，兼枉诗，起句押缝字，立答一首曰：游子征衣母昔缝，山南山北历重重。万千变幻云过眼，七十归来海荡胸。浊酿煮温桐石冷，高轩闯破雪泥封。论交正想壶公至，应许蓬莱顶上逢。易琴轩、易仲梓枉过。回拜孙谷庭、梁劭穆、周闻斋、邓子侯、熊鹤村、胡其祥、盛月台、盛海枬。并为谢小庄道贺。易铁樵兼课读英儿、多孙。邀同黄景斋、胡其祥、陈子濬、李召甫、易云畴、陈汉帆小酌。

廿六日。接许仙屏、叶小云、赵朗垣、张蔚卿、易小楼各信。周春浦、周啸虹、周啸云、俞鹤皋、李芋生过谈。龙琴堂相约春酌，已力辞矣，本日复柬邀，并属李芋生道意，因往赴之。同席孙春皋、徐云衢、林少梅、李芋生。

廿七日。接刘佐臣、蒋幼怀、酆慕唐、熊鹤村及星生各信。胡其祥、胡幼森、闵惺吾、刘子昭、左佩勋及少清、玉舲、麓安、星生过谈。其祥、幼森均先去，留惺吾、子昭、玉舲、麓安午饭。

廿八日。雨。致刘佐臣、蒋幼怀、丁次谷各信。亦接易瓒舟信。杨熙春询之熙春：杨光琪号仲林、吴爱吾、戴柏生、胡其祥过谈。熊干廷携带蒋绍禄、清池父子、蒋炳昆、邓怡臣及其内侄蔡静夫，相扰半日，始询知蒋氏昆弟四人，承佃义合围耕心堂田九十亩，大曰蒋南品，佃廿亩；二曰蒋昌福，佃四十亩，即蒋绍禄之父也；六曰蒋泰初，佃卅亩；七曰蒋旭庭。旧佃字犹蒋旭亭之名，其实已分诸昆弟，蒋旭庭并未承佃也。

廿九日。微雨。致张雨珊信。亦接文兰舫、丁次谷、张雨珊各信。龚云浦、朱瞑庵过谈。丁次谷告言其子荫甫已回省。佩珊亦专函告称，陆家垅后山竟为涂姓盗（买）〔卖〕与人作茔地生基。可怪之至。当缄告佩珊，饬令吴佃挖毁之。

三十日。阴，郁热。湿蒸之气，使人不耐。胡其祥、龚果斋过谈。龚云浦毅安六营归刘福星子祥，广西人统带，其前营王之福、广东人镜泉，扎沅州，左营龚盛喜，为龚云浦之侄式如，扎靖州，右营宋元春，河南人溪亭，扎益阳，中营金福田，江苏人聘山，上海人，扎辰州，后营潘才复，安徽人克轩，扎金盆岭，副前营欧飞林，宁远人翼峰，扎岳州，其分带水师营者，刘永清海珊也。

二月

二月初一日癸未。郁热，晴又阴。接易卓超、龚月浦、胡幼浴信。为赵载庵、任昂千道贺。为沈梦兰送行。便拜周肖轩、石平甫、丁次谷、丁荫甫、罗俊藩、龚云浦、刘云樵、朱澄侯、李黼堂、周笠西、蒋幼怀、朱峰乔、李荔峰、彭聪叔诸处。李黼堂、周笠西处久谈。时事颠倒反复，百出不穷，相与感喟而已。

初二日。雨，寒，风。接韩陛臣及蟠西信。左枫生、玉舲、麓安、子瀞、炳文过谈。属麓安告知少卿，分给其子锦臣、楚臣资本。炳文自洪江来，言傅寿名号初海。

初三日。雨。致陈展堂、易小楼、萧夑勋、张雨珊、陈程初、黄植斋、熊鹤村各信。陈展堂信为易仲梓、易琴轩两君求差使，即交其带赴台湾。喻庶三、蒋幼怀、胡其祥、锦城、楚臣、云程兄弟来见。少卿所以处置诸子，亦太失宜矣，无如何也。是夕周啸云、汪景山过谈。

初四日。阴。[1] 黄幼海、熊鹤村、陈树藩信。王实丞、汪景山、张雨珊、李笠峰、黄铭山、熊石笙、陈子濬、易仲梓次第枉过。黄桐轩屡托为广货行换帖科则言之张雨珊。雨珊商议办法，以科则通行之例不可减，而旧帖成数可以加增，则捐款自减。为书此以示黄桐轩。

初五日。雨。接左佩勋、江翊丞、李韵仙、龚黼丞、吴舜臣、高粹之、范秉生及用舟信。周笠西、黄铭山、谢国采、黄桐轩过谈。子瀞邀同熊鹤村、丁次谷、陈定生、陈志臣、张雨珊、涂次衡晚酌，次衡不至。便过汪景山、袁伯琴谈。子宽夥开钱庄，袁伯琴为司会计也。

初六日。雨，大风。接黄屺石、曹志忠仁祥、罗赞卿各信。子瀞告言：闻之陈舫仙，刘伯固病故；刘康侯又以事牵涉，经杨石泉奏参，归案审讯。未知其家因何遘此鞠凶？闻之为增恻惋。

初七日。晴。接□少琨十一月廿二日贞丰州发、张鹤臣信。又接一信，托为仇春藻谋事，款书姚本任，不辨其为何人也。欧翼峰过谈，知已奉委与潘克轩二营调防省城，与樊子琳、颜茂园两营相替代。晚次，胡其祥、韩陛臣、韩钰生、易翰片枉谈。

初八日。春分。接韩葆臣、刘瑞芸、张端范各信。刘定夫署衡永道，一往致贺。便回拜庄心庵、庄秉文、王实丞、喻庶三、王壬秋、张雨珊、涂次衡、彭石如、左子栗、左子健、左子异、左枫生。随至贾公祠，为处理周彦伍事。黄铭山为主，而任昂千、

①此处疑有脱文。

朱誉之同任其名。至者王实丞、周笠西、俞鹤皋；周氏则周静陔、周绍文、周春浦、周啸云、周啸虹，馀皆未与通名姓也。

初九日。致俞鹤皋、刘定夫及玉舲各信。亦接欧阳子钦、张雨珊二信。闻汪铁山物故，一诣视之。便过任筱棠、张精一谈。铁山抚一子，才十二岁。任筱棠、汤斐斋为料理一切，并晤黄子冶、严少韩、杨容堂诸君。晚邀龚云浦、刘云樵、樊子琳、戴厚斋小酌。

初十日。致任筱棠、高粹之信。先池与张端范来言，其从昆弟张道晋讹索无已，高粹之曾为理处，因为缄至粹之，以理谕解也。蔡竹泉邀同蔡蓉仙、蔡虞珍、蔡亮生来此，喧聒半日。旋诣丁次谷，为其子丁荫甫姻事道贺；晤黄笃友谈，黄子冶之孙，黄小鲁之子也。

十一日。微雨，郁热。接倪豹岑、闵惺吾、毛荇荪各信。亦致张雨珊、胡其祥及玉舲各信。范秉生、胡其祥、钟佐廷、殷默存、柳春樵及子瀞、兰生、韵生枉过。

十二日。致常健吾及檠希二信。为二嫁姐贺生日，陪同熊鹤村、俞鹤皋、彭棣轩、刘湘舟、罗春圃、蒋幼怀、郭黻卿、左子异、张精一小酌。回拜周荔樵、钱子宣。并诣孙谷廷。晚次，钟佐廷、盛展奇、蔡蓉仙、蔡虞丞、蔡蓉轩及绍羲枉谈。

十三日。阴，雨。接王稚蕃、盛耀堂、钟景堂、危笙陔、周卓群各信。邓鸣之、盛展奇、蔡竹泉、蔡蓉轩、李楷山、杨景皋及兰生、敏夫过谈。晚次，朱瞑庵至，举邓鸣之所评沈梦兰、刘彦丞之语告之，瞑庵亦决其不然，所见与鄙心同，然大吏之不能陶成人才，实今日之通患也。

十四日。雨，风，寒。接周励松及彝重、杏农各信。邀张精一、胡其祥、范炳生、钟佐廷、盛展奇及敏夫、炳文早酌，敏夫不至。

十五日。雨。致韩宝臣、盛展奇、常健吾、槃希、玉舲各信。亦接杨熙春、袁笃栽各信。黄桐轩、左佩勋、张鹤臣枉谈。邀蔡蓉仙、蔡孟箴、蔡竹泉、蔡蓉轩、胡其祥、盛展奇、绍羲、敏夫、国宾早酌。晚次吴松亭至，约出南门，为予求地，并不携带行李，以求简便，因给钱四千，听从远近迟速为食宿早晚之需也。是夕雷。

十六日。雨，雷。接盛展奇、易仲梓、胡浴生及子湝各信。亦致傅竹湘及复子湝信。胡其祥、钟佐廷、顾季甫、易仲梓过谈。是日为先光禄公忌辰谢客，而为易仲梓所苦，兼求致书傅竹湘，所致陈展堂一信，徒属之易琴轩，又颇乏谨饬之操，为之怃然不适于心。晚次傅竹湘过谈。随致胡其祥一信。

十七日。雨。是日卯正地震。赴吊皮鹤泉、黄子襄之母及易芝生。兼为吕藕池贺其移居粮署之喜，并贺景吉人署善化事、王黼臣完娶。凡吊者三，庆者三。并诣孙谷庭、但少村、刘牧村、朱誉之、汪伟斋、杜仲丹、陈治臣、邓鸣之、范炳生、胡其祥、钟佐廷、李芋生。易芝生处陪客为熊笏卿；皮鹤泉处陪客则周静陔、左子栗、左子健；黄子襄处陪客则陈舫仙、谭心可、陈定生、唐鲁英、李直卿；王黼臣处则其长兄王台生也。是日校经堂、思贤讲舍同开馆，本约一诣讲舍，奔驰竟日，不暇及也。

十八日。接曾沅浦宫保、刘考功、刘谷怀信。为任雨珊、龚云浦、樊子琳送行。顺拜唐蓬洲、王壬秋、李炳南、蒋颂臣。炳南为李勉林之子，易芸陔之婿也。蒋颂臣、李芋生及子瀞过谈。

十九日。微雨。致李芝岑信。以李次青方伯以廿三四日堂期，遣陈满送致奠仪，子瀞、寅伯均有寄件，蒋幼怀汇寄挽幛至十馀件。相距过远，往返动须七八日，真觉费事。以须封信，谢客一日。

二十日。大雨。复刘考功、刘谷怀信。亦接张超堂、周荔樵及经生信。经生信在耒阳发递，而已前自耒阳回湘矣。龚云浦、涂次衡过谈。次衡与龚云浦交最深，亦言欧阳翼峰、潘克轩之营制远不能逮樊子琳，以樊子琳犹为湘军之留贻，龚军则席砚香所定营制，意主耐战而已，未尝有本源训练之功也。

廿一日。阴。接文兰舫、李华卿、陈子濬信。亦致王壬秋、周荔樵信。属王壬秋检校《续编沅湘耆旧集》，令陈子濬、袁笃栽、周卓群、陈树藩、庄凤喈、郭澂卿、易翰芹分司校对缮写，料理讲舍之前厅以居之。壬秋适以是日赴湘潭，乃属荔樵暂行经理。李黼堂、陈程初、徐仁羲、戴柏斋过谈。

廿二日。致朱禹田、张超堂、吴竹云三信。亦接吴宝庭一信。禹田信贺其生辰，兼为戴柏斋求甘肃茶局事；张〔超〕堂信唁其父隶潭之丧；竹云信唁其祖莱庭之丧。亦接李炳南信，致洋口蘑。炳南，李勉林之世兄也。王实丞过谈，语时事多可慨者。杨琴堂自县至，年七十七矣，所居距省百里，以一日至，可云健者。

廿三日。雨。顺孙偕杨佑吾赴金塘展墓，约今日回省，极为念之。接周荔樵、朱次江二信。亦复朱次江信。李幼枚、邹夔祥、任禹田枉过。邹君名理堂，参将，随曾劼刚赴洋者，现将赴京，就劼刚求差使也。午间，治席款杨琴堂，邀黄景斋、易铁樵、易云畴、杨佑堂同酌。佑堂滞雨，未能回省也。

廿四日。致合淝傅相及任雨田、周荔樵及玉舲信。亦接周笠樵及槃希信。李傅相〔信〕，交龚云浦带呈；玉舲信交杨琴堂，徒为诸人扰累而已。卞诵生中丞、龚云浦、戴厚斋、黄子厚过谈。杨佑堂偕顺孙自金塘回，询知昨日阻雨，留住金塘一日，幸未回城也。

廿五日。接曾沅甫宫保、瞿子久、梅子宣、姜渭源各信。亦致谭心可信。曾宫保信二通，其一为志仲鲁编修道意，裕庄毅公之孙也，其父长乐初□赴两楚为庄毅公谋一专祠，编修现尚未至，想在鄂尚有耽延也。龚云浦过谈。

廿六日。接张冶秋、谭心可、盛展奇又兰生各信。亦复盛展奇，并致佩珊一信。潘克轩、张雨珊、范芰沅枉谈。陈满自平江回。又接李芝岑信。

廿七日。接梁少穆、徐云渠信。亦复徐云衢信。回拜卞颂生中丞。便诣庄心庵、庄秉文、王雁峰、郑少侨、张晦甫、黄子厚、欧阳翼峰、潘克轩、黄望之、唐鲁英、刘达泉、张子俊试用从九，名义中、曹筠轩、李黼堂。邀熊鹤村小饮，便设席桐石园，以就鹤村。鹤村请仍就芋园，赋诗一章，落句：何似芋园春色好，海棠花下醉琼筵。予因就请单尾和一诗云：养老兼知为养贤，从珍就室岂徒然。芋园、桐石凭君定，准备馋饕赴盛筵。是夕，芋园陪同张海帆、熊鹤村、罗瀛樵、俞鹤皋、杨鹏海晚酌。黼堂述及郑筱珊前辈言陈舫仙在山西情形，大率用其才力之所极，以取效栾黡、羊舌鲋，颇悔往时视之为逾其量也。

廿八日。雨。致但少村信。亦接但少村、李镜浯信。回（信）〔拜〕谭心可、朱菊生、汤斐斋、陶少云、周瀛桥、范芷沅、王壬秋、周荔樵、张雨珊、涂次衡诸处。邹子敬、周静溪到省枉顾。

廿九日。接樊子琳、吕月峰、盛展奇各信。亦复盛展奇、李镜浯及槃希、玉舲各信。刘瑞云、欧阳子卿、邹子敬枉谈。周春溪、张鹤臣亦至。邹子敬乃专以鄙人生辰数百里枉贺，拟稍检理小房一间，接令来家居住。

三月

三月初一日壬子。致复文兰舫、樊子琳、左子异、高粹之、吴晴研各信。亦接朱禹田、左佩勋及觐堂、子瀞各信。龙琴堂、王勋农、徐仁羲、戴柏斋过谈。邹子敬移住下房，数百里远来贺（来）〔生〕日，诚愧无以堪之。

初二日。接周昌辅、周卓群二信。昌辅见寄寿礼，并枉七言长古一篇。闻卞颂生中丞得电报擢督闽浙，杨石泉调甘督，王夔石回任湘抚，因诣中丞处致贺。兼一晤徐云渠。并回拜刘子祥、王勋农、左子异、刘瑞云、戴海舟、欧阳子钦。晚邀喻庶三、邹子敬、邓鸣之、蒋颂臣、周春溪、左佩勋小酌。春溪不至。

初三日。雨，郁热。接沈星海、朱禹田、张超堂、朱次江、郭松山各信。亦寄复瞿子玖信。丁次谷、欧阳子钦过谈。熊鹤村为禊集之约，同席罗瀛峤、张海帆、李黼堂、杨蓬海共六人。本邀俞鹤皋及子敬，均以事不至。壁间见谢麟伯小诗四章云：京都士夫少奇气，乃出沧江一老翁。留翁不得劝翁去，岳麓寺前霜叶红。　黔秦陇蜀七十载，垂老倦游来帝京。铜驼荆棘有心泪，白发云霄无限情。　苦忆吾乡北庄叟，见时相忆定长沙。肯辞湘上山水窟，来看并州桃李花。　肯与贫人共年谷，先生隐德有天知。抱中弱息清羸甚，还语衰翁好护持。

初四日。大雨。接邓子侯协戎、陈子濬信。亦复邓子侯、朱禹田、朱次江、陈子濬、张超堂、周昌辅各信。朱禹田、戴柏生过谈。荐戴柏生为禹田办理茶务，禹田因欲一见其人，因传令往谒。

初五日。雨。接长乐初将军、朱次江、李召甫三信。召甫信由佩珊带到；长乐初信由文道希带到，而信言遣其子仲鲁太史来湘，曾沅甫宫保亦早述及志仲鲁来湘之意，询之文道希使者，皆不能知也。诣杨商农畅谈。

初六日。晴。接韩宝臣、秦丽春、邓弥之及玉舲、荇农各信。以明日生辰，人客坌集，留饮者：丁次谷、欧阳子卿、胡其祥、钟佐廷、李芋生、毛杏生、蔡竹泉、盛展奇、左千之、李印川、陈汉川及绍西、佩珊、炳文、鹤九诸人。其寿星街人客，则令多生款陪，大率黄景斋、邹子敬、易铁樵、易云畴。外郭弥生、罗叔循、郭黻卿诸人，必皆就近至玉池别墅也。

初七日。接罗麓山、蔡勤斋、李镜涪、陈今泽各信。是日以生辰，子瀞为之照料宾客。寿星街款待女宾，吾处清闲之地，而一切皆须手自检理，亦殊惫也。以初八日男客多至六七十人，因将县城亲友及来往至熟者，分设五席款之。仍邀丁次谷、李芋生、邹子敬、胡其祥及棨希内书房小酌。

初八日。诣卞颂生中丞、孙谷廷、豫东屏、吕藕池、谢小庄、任昂千、景吉人、春云书、但少村诸处谢寿。并为李黼堂贺生日。是日治十席款诸亲友，到者九席。文道希自京至枉谈，并留酌。宾客可纪者：孙春皋、王实丞、熊鹤村、龙琴堂、卢丽生、李质堂、刘祝廷、王梦虎、钟瑞庭、陈程初、俞鹤皋、陶少云、杨蓬海、左子栗、陈德生、曹筠轩、谭心可、丁次谷、王桐轩、董春元、谈肇南、胡其祥、钟佐廷、涂稚衡、王壬秋、朱次江，此外多不能记其行号也。

初九日。雨。接陈右铭、丁次谷、吴宝庭、樊子琳各信。胡其祥、韩陛臣、钟佐廷过谈。陈右铭信谓当引河出贾鲁河，由宿迁西北小河出刘老涧，绝中运河入六塘河，出灌河海口，其下即黑水洋也，路近而势顺。又言前任河北道，曾于沁水入河上游置闸坝十馀所，开沟渠引水灌田，春时开闸，入伏闸闭。河水伏汛为最巨，沁水最大，不至助河为患。二说极中肯綮。

初十日。致钟佐廷及玉舲二信，并交鹤九带县。黄桐轩、欧阳子钦过谈。思贤讲舍诸生二十三人公送寿幛，邀请一饭，并约陈树藩、庄凤喈、易翰芹、蒋炳坤、毛杏荪五人。晚次走访文道希、陈伯严，始知道希并未在陈处，仆辈之谬诞如此。

十一日。郁热不可耐。接刘又愚、李召甫、黄屺石、毛杏荪及檠希、兰生各信。刘又愚又寄示其子刘伯周一信，则已于正月二日物故矣。李黼堂、戴海舟、裴隽臣、董春元过谈。

十二日。雨，风。致吕月峰、吴宝庭、刘湘士、刘达卿、罗麓山、蔡勤斋、李镜浯及玉舲信。亦接熊绍香信。毛杏荪、熊石生、熊金门、文达彦过谈。文达彦精相法，为言杨厚庵、陈舫仙皆将出山。吾谓两君志趣各不同，而皆有战功，国家有事，必将起用，文君所言，抑亦国家之不幸也。晚次，丁次谷及檠希过谈。

十三日。接李黼堂信。朱禹田邀为蓤圃展上巳之会，到者熊鹤村、王实丞、俞鹤皋、王壬秋、陶少云、周笠樵、周瀛桥、李幼枚、余尧衢、邓鸣之、曹铭之、张幼湖及子瀞，并禹田、岳舲昆仲，共十四人，凡三席，惟李黼堂、杨蓬海、龙砚仙三人不至。熊鹤（皋）〔村〕即席赋诗，可云老健。便过龙琴堂、任筱棠、文道希三处，仅一见琴堂。

十四日。阴，雨。接涂稚蘅、罗麓山、李镜浯各信。黄子勤、甘雨时、盛展奇过谈。黄子勤为振斋同年世兄，兄弟存者三人：子勤居四，六曰子光，七曰子寿。晚诣陈伯严、文道希谈。闻梁星海来省，王逸吾之侄婿也，因劾奏合淝落职，始自粤东来，以知文道希来此，相就一见也。

十五日。致豫东屏、吕藕池、李黼堂三信。亦接吕藕池、刘彦臣、冼雪耕、黄幼森及徐寿衡、曾劼刚、龙芝生、张冶秋三十人公信及楚臣信。为翁小山贺喜。过杨厚庵宫保、聂伯元谈。其子立朝枉陪。王桐轩过谈。晚赴罗瀛桥之召，同席熊鹤村、俞鹤皋、李黼堂及子澿共五人。

十六日。微雨，郁热不可耐。接黄彤轩、刘考功、谷怀、彝庭昆仲信。亦致李黼堂信。王碧山、欧阳子钦、夏皞民、蔡竹泉、蔡蓉仙、江雨时及子澿、楚臣过谈。任晓棠亦枉谈，知翁小山接任后，首府一席已力辞之。

十七日。接欧阳子钦、陈熙堂各信。为翁小山贺喜。便回拜聂仲芳。杨蓬海主办生日会，同席孙春皋、龙琴堂、卢德生、俞鹤皋、李黼堂、陶少云、李芋生共九人。聂仲芳、朱枫樵、丁次谷、熊金门过谈。

十八日。雨，凉。数日郁热，至昨日尤甚，知必为雨征也。接刘定夫、区祝三、丁次谷及席珊、子澿各信。李黼堂与我联名邀请徐云渠、王雁峰、何伯元、李质堂、刘祝廷、陈舫仙会议裕庄毅公呈事，外惟陈隽臣、周瀛桥两君不在省城。午邀王碧山、欧阳子钦、夏皞民、蔡竹泉、甘雨时及槃希、席珊小酌。

十九日。致钟佐廷、熊绍香、罗麓山、李镜浯各信。为聂仲芳太夫人贺生日，顺诣豫东屏、陈舫仙、朱岳霖、朱菊生、王碧珊、欧阳子钦、李伯祥、黄鼎臣诸处。豫东屏为福壮武公胞侄。壮武公以东屏胞弟益谦为子。其子延龄，字希九，出使美、日诸国充参赞；其中表绪龄，字芝山，同寄小照一纸。东屏以见示，始询其详也。欧阳子钦、席珊、江彝珍晚过谈。廉访之子铁龄，字西湄，书法仿褚河南，绝佳。

二十日。雨。接杨蓬海、左亮甫、涂稚衡及槃希各信。亦致玉舲及吴晴研信，并钟佐廷各信，概交槃希带县。又致李黼堂、杨蓬海、丁次谷及檠希、子湝各信。丁次谷、李芋生、周荔樵、危笙陔及子瀞过谈。

廿一日。雨。接李黼堂、张鹤臣及佩珊、子敬各信，亦复李黼堂信。文道希、曾重伯、蔡蓉仙、蔡竹泉、董春元、杨明登、欧阳子钦枉过。

廿二日。雨。接黄幼农、蒋幼怀、吴少陔、欧阳子钦各信。是日谢客，惟子瀞、寅伯、子宽过谈而已。亦为子宽致马小庄一信。

廿三日。雨。为王桐轩致朱星垣一信。诣翁小山，未晤。陈程初邀赴开福寺小酌，以聂仲元约陪司道，至则程初亦至，孙谷廷、豫东屏、吕藕池、谢小庄、但少村、庄心庵、李质堂、俞鹤皋、陶少云、陈程初、谭心可、陈舫仙、余尧衢、陈伯严、张元裕、熊叔雅及子瀞，凡四席。早知陪客如此之多，吾固可不往矣。

廿四日。雨。接张海帆、陈伯严、黄西樵、周佩泉、常健吾及莘生各信。彭稷初、危笙陔、左千之及子瀞过谈。

廿五日。大雨。为董春元致谭敬甫一信。亦致李黼堂、朱禹田、黄桐轩各信。任晓楼光晙递到刘谷怀寄件；唐仙槎秉钧递到薛叔耘寄件。午邀梁星海、文道希、张禹田、陈伯严、彭稷初、余尧衢、曾重伯小酌。星海、重伯、稷初均不至。道希又与约星海约谈，甫登席而去，名士之未易与交接如此。

廿六日。大雨。致涂峙衡信。与子瀞往复函商呈递之件。是日营建左局街住宅。张禹珊、杨毓吾同定日期，数日雨势未尝暂息，未知天意之竟何如也？禹珊定酉初二刻六分开工，将近酉时而雨住。多孙自沙坪回，带到席珊一信。

廿七日。雨。江水大涨，而雨势不已，可危惧。接吴宝廷、杨琴堂及玉舲各信。翁小山、张蘧仙、姚惠泉过谈。回拜余蓉初、裴隽臣、任筱棠。便赴吕藕池之召，凡四席；李质堂、陈舫仙、谭心可、俞鹤皋、陶少云、聂仲芳、杨芝仙、杨蓬海、左子异、李幼梅、余尧衢、陈程初、唐鲁英、王实丞、曾重伯、曾履初、陈伯严及子瀞，共十九人。

廿八日。阴，又大雨，雷。接子瀞信。约王雁峰来此，适丁次谷至，稍一出陪。黄彤轩、夏皞民、蔡蓉仙、蔡竹泉次第来扰。雁峰与俞鹤皋、周瀛桥随至，因同诣卞诵生中丞呈递三呈：一、裕庄毅专祠；一、福壮武、邓忠武专祠；一、刘霞仙中丞、李次青方伯及意城弟附（祠）〔祀〕曾文正祠。便回拜翁小山、张海帆、孙春皋、陈诒生，均留坐久谈。

廿九日。大雨。致王壬秋信。亦接黄石珊、王壬秋、陈励松名守柏求帮助信。贾清臣、言舫丞、朱蓝田、左千之及子瀞过谈。赴张海帆之召，同席熊鹤村、周笠西、王实丞、李黼堂、李芋生共七人。

三十日。大雨。天气昏沉，于雨寒之中时作郁热。闻闽、粤皆大水，可为危惧。接左逸仙、湘浙生、张超堂信。亦复长乐初将军、吴宝庭信。又致文道希信，以长乐初信托其带交。

四月

四月初一日壬午。接李佐周信，亦致李芋生信。文（希道）〔道希〕、聂仲芳及子瀞过谈。晚为九老之会，为李黼堂贺生日，会者孙春皋、龙琴堂、卢丽生、俞鹤皋、李芋生、陶少云、杨蓬海。

初二日。接杨性农、董厚斋、蓝滋丞、陈煦庭各信。杨性农信由陈悦韶孝廉递到，陈煦庭之弟也，就馆景吉人处。

初三日。致曾沅浦宫保、曾劼刚、李佐周、张超堂各信。丁次谷、陶少云、李芋生、李幼枚、蒋幼怀公送清华部为予贺生日，已力辞之，而以集资不肯还领为言，李质堂、杨蓬海又求列入，因并邀之，兼约任筱棠、杨芝仙、聂仲芳及子瀞小酌。

初四日。雨。致聂仲芳、李幼枚及李韵仙、龚鱭丞、常健吾、范炳生、高粹之、吴舜臣、黄酉樵、周佩泉公信及玉舲信。回拜景吉人、黎竹云、李芋生。便赴刘祝廷之召，同席王实丞、王雁峰、王壬秋、李鱭堂、陈德生。

初五日。大雨。接李质堂、丁百川信，亦复李质堂信。龙研仙、裴隽臣、饶石顽、吴爱吾、邱竹轩、张芝岑及席珊、镜芝次第见过，遂尽一日之功，闷苦不可言状。

初六日。接玉舲、炳文二信。随复玉舲一信。诣聂仲芳、李质堂、刘达泉、龙研仙谈。是日公复吕藕池筵席，至者李质堂、陈程初、陈舫仙、谭心可、聂仲芳、俞鹤皋、陶少云、杨蓬海、杨芝仙、李幼枚、左子异、（俞）〔余〕尧衢、唐鲁英及子瀞，共十五人。曾重伯不至。

初七日。复丁百川、张芝岑二信。罗小垣自乡至，语及石芳亭赴常德，怡生事无可置议。小垣于此，恐不免有私相挪移之弊。

初八日。晴，热。接罗尚卿及兰生信。诣汪铁珊宅致吊，兼诣卞颂生中丞谈。孙谷庭、豫东屏、谢小庄、但少村、庄心庵、朱星垣、翁小山、任昂千、景吉人公宴吕藕池，兼及鄙人及李质堂、陈程初。

初九日。致蒋幼怀、盛月台及子瀞信。亦接子瀞信，令增孙以文赋就正。刘韫斋中丞堂期，刘湘士、刘达泉属往陪吊。便过李质堂、曾重伯、曾履初。晤彭笙陔谈，并见其孙尧民。易仞云见贻其祖易良举所著《资治通鉴纲目集览正误补订》三卷、《读史拾馀》四卷内绪论二卷、正议一卷、疑义一卷、《楚南先贤志吟》五卷。

初十日。郁热如伏，晚乃大风雨。接黄笛帆、张芝岑信。刘湘士、达泉请为韫斋中丞题主，张海帆、易笏山作陪。并晤何绍仙、邓子石、李幼枚、俞伯均诸人。易笏山假归，径还龙阳，至是来会韫斋中丞之葬，旋复枉过，因偕诣朱香荪畅谈。

十一日。大风雨，寒。复刘彦丞、邓弥之、邓葆之各信，又致蒋幼怀信，以各信托其转致。亦接孙兰江沄信。朱枫乔、左千之过谈。孙观察信即由朱枫桥递到。曹芸轩又枉过。

十二日。致丁次谷、张芝岑二信。亦接丁次谷一信。易笏山、余凤笙、余尧衢过谈。余凤笙告知区维翰字丽泉、陈宝贤字幼方。并来往至熟，屡问其号而屡忘之，精神仿佛，自少已然，此亦关禀赋之薄。又接罗培钧日本信，盖从黎莼斋出使，充当神户领事。记去岁刘伯固曾言及之，不复能记其行号也。

十三日。接蒋颂臣、张芝岑及郑少桥、殷炳儒、李韵仙、龚黼丞、吴舜臣、姚雨苍六人公信。又毛杏荪、钟佐廷及用舟各信。又韵仙、少侨、黼丞、炳儒四人公信，则为邑侯韩葆臣乞寿文者也。出南城为刘韫斋中丞送殡。便回拜何绍轩、陶少云、余尧衢、陈伯严。并为龙研仙贺喜；其弟丽仙，旧识也，亦不能记忆。

十四日。复毛荇荪及席珊、用舟各信。李冠卿、段再山、张芝岑、饶石顽枉过。张海帆约午饭，询知为李伯昆，铁梅先生之世兄也，急往一见，知为潘霨如邀赴贵州四年，以家事须料理北归，便道南来，海帆之世兄续海为其女夫，就视其女也。海帆父子及李伯昆四人同酌。

十五日。接孙兰江、周荔樵、罗柢敷、易铁樵各信。亦复周荔樵及李韵仙、龚黼丞、殷炳儒、郑少桥公信。回拜李冠卿、孙谷廷、豫东屏、殷再山、蒋松甫、余尧衢。并为周肖轩及蒋幼怀太夫人贺寿。何少轩、徐蘅山、张怡仲诸人作陪。左子异邀同李质堂、李黼堂、陈程初、陈舫仙、陶少云午酌。

十六日。雨。致谭心可、张芝岑二信。早起孙谷廷方伯枉过。张香汀、蔡蓉仙、蔡竹泉、朱晓航其弟号竹亭过谈。是日曾履初完姻，一往致贺，晤曾介石、曾重伯。顺拜翁小山、任昂千、任筱棠、李伯昆、张海帆，伯昆已于先日登舟矣。

十七日。接丁笃生、张干堂及郑少侨、任西堂、黄西樵、周佩泉公信。又接陈熙堂信。亦致朱俊卿、张芝岑、谭心可、左千之各信。又为杨振清致曾介石一信。钟瑞廷、李九如过谈。李九如本派耒河分卡查河，奉调浏局，接办程绅永德事。程永德又接办浏局毛绅振藻事。毛振藻调赴耒河，与九如接替。比（与）〔至〕浏局，则毛绅一缺久经裁并，局员吴宝廷调赴湘潭，新调之彭晴峰尚未到省，九如伥伥无所从，回省请示。总局颟顸如此，亦可笑也。为左千之所纠缠，处理朱南田、饶石顽事，因并邀邱竹轩、张芝岑、左千之小酌。会李九如至，并留一饭。

〔十八日未记〕①

十九日。阴，热。接左佩勋信。亦致李镜浯、吴晴研及秉文各信。左子异、吴绍轩、徐仁羲过②。谭心可邀午酌，同席陈舫仙、曾介石、曾重伯、彭石村、刘谷臣、杨蓬海。是日为福儿周岁之期，凡设四席款亲友女眷，学堂另一席。罗树泉、王义斋来见，并留饭。王义斋为王春晓之子，罗树泉带以来见。

二十日。雨，郁热。是日卯刻，左局街新宅上梁，自诣行礼。接瞿子玖、俞鹤皋信。亦致韩宝臣信。俞鹤皋、易铁樵、左佩勋、

---

①“十八日”阙。

②以下疑有脱文。

郭黼卿、左千之枉谈。瞿子玖信历数阎季蓉不恭之状。季蓉挟一得自矜，负气稍过，其《杭州归兴》五绝句尤为无理。致韩宝臣信，由恺卿回县之便托带。

廿一日。阴，郁热，亦时凉。天气之乖违，未有甚于此数年者也。接张芝岑、左佩勋及玉舲信。亦致左子异、左佩勋及玉舲信。许艺田来见。王实丞招饮，同席周笠西、张海帆、李黼堂、陈德生、刘祝廷。

廿二日。阴，郁热。接唐继武、吴爱吾、左佩勋、王旭初及虚堂、怡仲各信。刘少臣、王雁峰、戴湘舟、曹筠轩、张鹤臣过谈。为陈程初、罗瀛桥贺生日。顺拜娄峻山、钟瑞庭、钱子宣、聂仲芳、俞鹤皋、何少仙、王雁峰、左子异、左丰生、程伯翰、黄子寿、刘鹄臣。晚复就朱香荪畅谈。

廿三日。雨，大风，寒。雨势连月不已，而每雨必先作势，忽燠忽寒，若有鬼神相与戏弄于其间。中国之天，皆中国之人心为之也。致刘祝廷、李黼堂、李幼枚、陈德生各信。於小亭、龙芝生过谈。

廿四日。晴，寒。接区祝三、黄晓村、张芝岑各信。亦复张芝岑，并致席珊、玉舲、润民信。回拜刘绍臣。便赴王桐轩处，公宴陈程初、刘绍臣、杨芝仙、聂仲芳四公，同席李质堂、刘祝廷、俞鹤皋、陶少云、周瀛樵、谭心可、汪伟斋、张元裕、李幼枚、左子异、翁少兰、唐鲁英、李芋生。共四席。

廿五日。接席珊专信，正与交易清溪带县一信持论各别，其事正未易处断也。回拜彭晴峰、杜仲丹、任少昉。旋赴李黼堂之召，与龙琴堂、卢德生、俞鹤皋、李芋生、陶少云、杨蓬海同贺孙春皋生辰，蓬海以目疾不至。晚复赴陈程初之召，凡四席，李质堂、刘祝廷、谭心可、陈舫仙、俞鹤皋、陶少云、李芋生、李幼枚、张怡仲、汪伟斋、张元裕、翁少兰、龙研仙、左子异诸人。

廿六日。阴，凉，卜者知为水征也。接高粹之、李人楚及席珊各信。亦复席珊一信。张子卿、盛展奇、李麓渔过谈。周荔樵见示《续耆旧集》抄本，言发抄五日，所得不逾三四叶也。周荔樵荐一星士黄谷臣混名黄铁嘴推算星命，吾心极不谓然。家人首令推算吾命，乃云此命终身劳碌，不为自己，专为他人，生平汲汲养老者，顾少者，专为人所倚靠，不能倚靠别人，此债恐未易了，尚须十馀年劳心费力，无有安享之日。并云尽管为人出力，尽管不讨好，此后却比从前稍顺。若肯求功名，无难出将入相，却偏是恬淡不顾功名。予在室闻之，亦自怃然一笑也。以所言一无顾忌，因名之为铁嘴云。

廿七日。雨。接孙春皋、盛月台信。亦复孙春皋、盛月台二信。陈子濬及子瀞来谈，始知保甲局处理金明府子元一案，外间谣传及湘阴各大族，其实毫无闻知也。昨有陈五安者，会同曹万顺、胡万兴来诉各情，已据理晓谕之。朱星垣、庄心安、任昂千均于此怀虑，殆为谣传炫动也。

廿八日。热。接陈隽臣、吴晴研、金小竹跃治及子瀞、玉舲、星生各信。亦致蒋幼怀一信。陈复心太史过谈。兼传岳麓肄业生刘蝉堂、曾雨丞，询以把持廖姓一事，刘蝉堂之强横，与廖顺吾同为非类廖顺吾、廖碧山二人来见，顺吾极非善类，此事无可了之法也。诣张紫联、易虎文名芝炳两处致唁。并回拜但少村、於晓亭、连棣生、陈复心、戴海舟、刘湘士、曹润生、陈冶臣、陶兰村、李芋生、瞿海如、龙研（生）〔仙〕、黄介夫。晚次，蒋幼怀过谈。

廿九日。接曾沅浦宫保、曾重伯、蒋幼怀、朱香荪、朱次江、易仞云、梅子宣、陈象生、黄涤凡、左佩勋及怡仲各信。亦复蒋幼怀、曾重伯、陈象生、朱香荪、朱次江五信。王实丞、张海帆、任昂千及子瀞过谈久坐。

三十日。接郭觳卿信。亦致蒋幼怀信。傅竹湘、李芋生、甘寿崧甘裕亭之子过谈。诣唁刘小馨、湘浙生。便过王壬秋、周荔樵、周卓群、涂峙衡、张雨珊谈。峙衡外出，雨珊则已赴乡也。

五月

五月初一日壬子。热。接朱禹田、甘裕亭、欧阳翼峰、朱次江、黄冬荪、蒋幼怀及鉴湖各信。亦复朱禹田、欧翼峰、程伯翰、江竹仙、黄涤凡各信。程伯翰实已于前月廿三日北行矣。为春书云贺生日。兼诣聂仲芳，唁陈展堂之妻丧。诣曾仲伯，唁其姑夫罗允吉之丧。便过俞鹤皋。随赴孙春皋之召，同席龙琴堂、俞鹤皋、谭心可、李芋生、范小溪。

初二日。热。接朱香荪、张蔚卿及清臣信。王芝圃、罗小垣、戴钦之、龚果斋过谈。涂稚衡为其母作生日，凡三席，所知谭心可、陈德生、曹筠仙、陈璞山、周瀛樵、陈同叔、陈梅生、王晴昉，馀皆不能知也。

初三日。接刘彦臣、於桐轩、盛竽卿、秦丽春、黄雪逵、刘元勋处州镇、刘有富福建候补参将、陈澍霖湘阴千总及易鉴衡信。亦复孙兰江、聂仲芳信。朱次江、聂仲芳、曹筠轩及东林、席珊、六安过谈。连日郁热，至是益甚，寒暑表已过九十一分。

初四日。雨，风，凉。接韩〔宝〕臣、朱暝庵、罗赞卿、韩陛臣及炳文、杏农各信。丁次谷、左子异、龚果斋过谈。诣翁小山、任昂千、徐星畲、郑衍泗诸处。

初五日。雨，寒。率两宅家人叩谒祖先。接张海藩信。亦致合淝傅相、张海藩二信。邀刘绍臣、夏彝恂、龚月浦、左佩勋、唐继武、李印川、易铁桥为端午之会。其陈汉帆、易云畴、杨毓吾及六安诸人，另设一席款之。

初六日。接吴宝廷及晓春二信。宜仁趾简放盐道，于前夕抵省，又避五月之期，谋缓至六月接印，枉过一谈。朱次江、周荔樵及子瀞亦过谈。

初七日。晴，热。晴雨寒热，两三日一变，不意中国之天有此奇景，诚非天之为之，人为之也。致合淝傅相及韩宝臣二信，傅相信送交聂仲芳递寄。往吊刘馨室之丧。孙谷廷、陶少云、李幼枚及子瀞同至一谈。回拜宜仁趾。便过豫东屏、刘绍臣、聂仲芳、谭心可、任芝田、蒋幼怀。

初八日。接黄桐轩、夏彝恂、左子异、朱次江，亦致左子异、聂仲芳二信。是日刘小馨邀为其尊人题主，王卺卿、陈金垣、全铁琴、陶少云、陈德生作陪。俞鹤皋、朱次江过谈。往拜孙谷廷、但少村、庄心庵、何绍先、傅竹湘、任筱棠、周荔樵。又于但少村〔处〕晤王鼎臣。

初九日。阴，热。接朱宇田、聂仲芳、吴舜臣、易（云仞）〔仞云〕、朱次江及玉舲、荅农诸信。陈程初、谭心可、任筱棠过谈。邀王鼎臣、杨芝仙、刘绍臣、聂仲芳、左子异、朱次江及子瀞早酌。黄景斋先夕回馆，以昨出外酬应一日，晚归就寝，竟不及知。自晨起会客，至晚不能息，即本宅西席周旋，亦至晚始获一见，精力自苦衰惫，应付不及也。

初十日。风，凉。昨日热如伏日，今日又凉似深秋，反复变幻如此，真奇景也。接聂仲芳、朱次江信。回拜王鼎臣、卢丽生、汤斐斋、丁次谷诸处。何绍仙、丁次谷、谭心可、李九如过谈。晚赴陈伯严之召，同席熊鹤村、杜仲丹、王壬秋、王实丞。

光绪十有四年戊子岁五月十一日壬戌。微雨。致陈隽臣、朱禹田、李黼堂各信。亦接李黼堂、王稚迁二信。又接李华卿信及刘汉坡、金小竹诗文。任昂千过谈，因述陈程初、黄铭山之言，欲为任昂千处置一事，而皆辗转相传述，尚不知其踪影。程初一意见好，而不晓事理，殆非宜也。

十二日。夏至。大雨，风。接文兰舫、文枫阶、丁百川、黎树堂、言湛甫、唐楙畡、欧阳醴源、黄植斋及星生各信。亦致李幼枚一信。刘绍臣、陈炳初过谈。过子瀞处，晤周瀛樵一谈。

十三日。阴。接朱次江、王壬秋信。亦复瞿子玖、王壬秋、朱次江各信。张禹珊、朱峰乔及寅伯、润民过谈。

十四日。大雨，凉。接苏子熙、董厚斋、冼雪耕、朱次江及东林、子瀞各信。张雨珊、罗东旸来谈。诣卞颂生中丞、林少梅、谢兰阶、张精一、陈炳初、张雨珊诸处谈。唐楙畡枉过，亦便道一诣回拜。

十五日。雨。致刘绍丞、陈程初、朱次江信。亦接任禹田、刘绍丞、黄石珊、傅寿名字海及檠希信。欧阳子卿、周荔樵、江石年、江建吾过谈。多孙先日举一女，往视，体格声音，均极洪大，惜乎其为女不为男也。诣朱香荪，与其子朱次江同坐畅谈。

十六日。接曾挚民、黄幼农、欧阳茀轩、朱暝庵、朱次江各信。亦致区祝三、冼雪耕、朱暝庵，并为夏彝恂致卞颂生中丞一信。欧阳继初、钟瑞堂及席珊枉过。继初一字咏霓，欧阳子卿之子也，兼知绘事，见贻团扇一柄。

十七日。接沈梦兰、刘瑞云、罗赞卿、吴竹云及子瀞信。亦致俞鹤皋、朱湘荪信。戴海舟、罗赞卿、徐仁羲过谈。

十八日。阴。接黎少琨信。朱峰桥、张鹤庵过谈。致康云渠、朱暝庵二信。又接康云渠、毛荇荪二信。邀龚瑞堂、任芝田、罗东旸、欧阳子卿、欧阳继初、魏伯勤晚酌。本邀谢视侯，辞不至。

是夕雨。

十九日。雨，凉。致祝淡溪、朱次江二信。卞颂生中丞、张精一过谈。出拜庄心庵、齐筱庵、刘瑞云、吕月峰、傅竹湘、李艺垣、王壬秋、周荔樵、张禹珊、涂稚衡、杨商农。

二十日。雨，凉。接区祝三、朱次江、毛荐荪信。周瀛樵、朱菊生过谈。遣王升赴汉口，连日北风，不能开行，凉气亦特甚，皆水征也。

廿一日。微雨，凉。致吴晴研及玉舲二信。吴湛清、刘瑞云过谈。蔡竹泉、张鹤皋相与以乡里琐屑枉告，其事微也，而人心风俗之敝，于此亦可想见；不足一与置议，而亦以张鹤庵之言告知张精一，以蔡竹泉之言告知盛展奇。

廿二日。雨。接陈船斋、易椒生信。耿苹野、王桐轩、祝淡溪、曹筠轩、李叔琨过谈。《申报》载船政局委员董紫珊太守毓琦治河二策，甚奇而确。其一曰固本。外洋铁坪之法，用铁螺成柱入土丈馀，出土丈馀，中络铁条，名曰铁水坪。其柱末入土者尖，有螺纹，旋转而下，入坚如钻，锲土如胶，每柱数节，每节镶螺而上，每堤一丈，用一柱护之，永无溃决之虞矣。船政局濒海为堤，累石为之，旋筑旋圮，用西洋铁水坪之法，十八年如新也。一曰清源。黄河发源星宿海，及青海汇而为一处。积石山之南，为川蜀诸山脉所阻，逆流绕积石而北，至河套，入尤门，盖逆流者千馀里。若顺其势，南濬入海，于水姓尤便。青海，积石之间，与金沙、鸦龙二江相距不远，由积石之上挖百馀里，与金沙、鸦龙二江合一，复由金沙江白那山挖五十馀里，通澜沧江而出南海。复于澜沧江白水河挖三十馀里，通于怒江而出缅海。三处分黄河之源，中土永无河患矣。金沙源在青海，澜沧江源在前藏，所挖之处隶于云南，皆中华自主。铁柱之说，取法西人。道黄河使出外海，不入中国，船山亦有此议。《汉书·沟洫志》：齐人延年上书，请案地图观地形，令水工准高下，开大河上岭，注之胡中，东注之海。是其议已创自武帝时也。

廿三日。大雨，郁热。致沈星海、董厚斋、孙彦臣、於桐轩内附致李华卿、江竹生、盛耀堂三信、洗雪耕、王桐轩、蒋幼怀各信。遣王升赴汉口，顺致吴晴研及玉舲二信。翁小山过谈。随传问廖碧山、廖顺堂、廖德南。乡人愚劣，可笑亦可悯也。晚次王桐轩过谈。

廿四日。大雨。接韩宝臣、唐曦城信。黎霖甫、邵炳蔚、蔡竹泉过谈。黎霖甫为黎肇琨之侄，麓安导引来见；邵炳蔚则蔡竹泉导引来见也。陈程初招饮开福寺赏荷，出城始知水势浩瀚，开福寺全在水中，须过渡乃达。同席李质堂、王壬秋、李幼梅、陈伯严、易赞周、朱次江、曾重伯、曾履初、饶石顽，凡二席。

廿五日。大雨。接刘瑞云、朱次江、柏斯台信。亦复唐曦臣岁助廿两，即交带去及致盛展奇信。展奇信即交邵炳蔚带县。耿苹野、王桐轩过谈，知近委帘缺，所知者三人：段豸山代理武冈，王甽卿代理祁阳，黄雪逵代理新田。

廿六日。大雨。致张禹珊及子瀞、润民各信。段豸山、赵岳卿、蒋幼怀、张雨珊过谈。任昂千、金耀廷、叔平继至枉谢。马云楼太守与谢叔平，均因任昂千一禀，撤去保甲局差，亦可谓不善行其德者矣。

廿七日。接龙研仙、黄涤凡二信。回拜陆伯葵、段豸山、宁(若钦)〔钦若〕、柏斯台、耿苹野、薛叔坪、刘少珊名作屏，知县新禀到者、赵岳卿、祝淡溪、翁小山、丁次谷、曹筠轩、彭稷初、李幼梅、周啸虹。并诣彭溧樵吊其母丧，陪客为熊叔雅、程仲夔二人。便过子瀞。回拜江石年、江建吾昆仲。

廿八日。接俞庶三、蒋幼怀、朱雨亭世澍，朱晓篁行二，朱雨亭行三各信。为杨芝仙贺其完婚之喜。便回拜马杏农、金耀亭、吴湛清、唐蓬洲、陈舫仙、谭心可、邹闻生、王壬秋、王理庵。兼托谭心可致声何雨亭，以丁次谷极称何雨村地学之佳，询之心可，实字雨亭，非雨村也。朱雨亭由宋子霖带到，官参将，充台湾镇海前营帮带。

廿九日。接刘考功、刘谷怀、刘彝廷、曹云祥军门、区祝三各信。豫东屏、傅竹湘、周肖虹一字小衡，以其父字麓衡也；其弟肖云孝廉过谈。为孙谷廷、李幼梅贺生日。便过但少村谈，兼晤林梅仲。

六月

六月初一日辛巳。复刘定夫、左逸仙、谭心可、刘考功、刘谷怀、刘彝廷、蒋幼怀各信。亦接席珊、玉舲、子权各信。子权并荐张汉秋来省求事，张保田之孙也。陈舫仙、俞鹤皋、张雨珊、饶石顽、钟佐廷、欧阳价人、欧阳继初过谈。晚次景彬卿、王鬯卿、戴海舟枉过。

初二日。接张禹珊信，见示修灶之期。回拜景彬卿、王鬯卿，兼为宜仁趾道贺。随赴傅竹湘之召，同席俞鹤皋、陶少云、李芋生。

初三日。寄曾挚民及席珊、子瀞信。亦接绍西、用舟、新吾信，为处置易清溪事，而席珊持意见颇坚，未易轻议也。王鬯卿、姚惠泉过谈。询知姚庶侯灵柩已为其兄髦士扶运来省；张蘧仙已赴直隶乡试。

初四日。接谭心可、俞鹤皋、吴舜臣及子瀞、鹤九各信，当复俞鹤皋及鹤九信，以鹤九信由周定轩专足递到，即借以复周定轩也。傅竹湘、朱峰乔、吴叔芬枉过。李芋生、王梦虎又次第过谈。

初五日。接易卓超、江竹生、周笏山各信。又由子瀞传示张芝岑信。亦致郑茀生、吴晴研及玉舲信。杜仲丹、刘祝廷、欧阳子卿、袁笃（裁）〔栽〕过谈。是日申刻，顺孙又举一子。

初六日。接傅竹湘、易仲梓二信。亦复易仲梓一信。傅竹湘、郑茀生偕荔云过谈。子瀞缄示卞颂生中丞具奏裕庄毅、福壮武请（荐）〔建〕专祠，刘霞仙中丞、李次青方伯及意城请附祀曾文正祠，并请国史馆立传，已奉俞允，闻之喜慰。

初七日。接朱峰乔、陈汉帆及佩珊各信。亦复陈汉帆一信。傅青馀夫人来言与范青华交涉帐务，其事颇轇轕，未易为料处也。

初八日。致谭文卿、刘彦臣二信。亦接袁笃栽及敏夫、子瀞各信。王升五月廿三日赴汉口遇北风，廿九日始到；此月初三日登舟，又遇南风，未克何日始到。王壬叔昨夜所居室火，因至讲舍视之，遇俞伯均、皮少泉、邓子勋谈。俞鹤皋、段豸山、李芋生、蒋颂臣、蔡竹泉过谈。

初九日。接朱次江信。亦复朱次江及李芋生信。张雨珊、易铁樵及寅伯来谈。雨珊以陈舫仙之言，谋为王壬秋公助其修造之费，为定先议数次定人，仍分三等集费，庶不至为空言。是日次曾孙洗三朝，为之命名曰道伊，字任之，乳名禄宜。

初十日。初伏，热甚。接蒋幼怀、袁绶瑜、李芋生信。邀段豸山、王㒚卿、何绍仙、唐蓬洲、杨岱青、王桐轩早酌，蓬洲不至。诣吊刘子昭，晤冒小山、沈佩九。并为段豸山、王㒚卿送行。

十一日。接周荔樵信。亦致袁绶瑜、朱次江二信。王壬秋、傅竹湘、袁绶瑜、易淑子、张雨珊、汤翰屏、欧阳继初、蔡蓉仙过谈。汤翰屏以负累杨岱青，求为缓颊，比遣人往陈舫仙，已先为处议矣。

十二日。接朱瞑庵、朱次江及虚堂信。亦复虚堂一信。蔡竹泉、蔡蓉仙、傅竹湘过谈。

十三日。接陈展堂、钟佐廷、李九如及兰生各信。诣卞颂生中丞谈。冒小山自河南至，奉局札劝赈捐，兼谋为捐复知县计，不独经营不易，且亦非其时矣。

十四日。雨，雷。接兰生、西枝二信，颠倒作奇想，使人心为不欢。傅竹湘、文应麟及寅伯过谈。子瀞晚至。

十五日。早雨，凉。午后大晴，热。接袁叔瑜、张雨珊、周荔樵、朱次江及子湝各信。亦致张禹珊、周荔樵、朱菊生、朱次江各信。龙琴堂、李芋生、宋子霖、杨岱青过谈。晚接蒋幼怀信，知韩宝臣、左逸仙均经调帘，当复幼怀一信。

十六日。复丁次谷、钟佐廷及致玉舲一信。宋子霖、蔡秉生来见。宋子霖邀求一见卞颂生制军，而所言极不合法。武人无识，多此类也。

十七日。致卞颂生、李黼堂信。亦接颂生、黼堂回信。宋子卿、易翰芹、李芳农过谈。翰芹见示泮芹苏州信，求事数千里外，不困何待！

十八日。阴，热。致刘省三、裴樾岑五月廿八日、苏子熙六月朔、曹云祥五月廿八、陈展堂五月廿八、雷颖生六月廿日五信。各信皆早书就，本交宋子霖带闽，而行期久未定。闻李芋生言杨芝仙十五日启行，往视则行舟已前发矣，乃以苏子熙信托之欧阳翼峰，裴樾岑、曹云祥信托之森昌信局，陈展堂信则仍俟宋子霖带闽也。罗筱垣、张雨珊、周荔樵过谈。王升自汉口回，仁济保险局息银日益微矣。

十九日。阴，热。接朱菊生、左佩勋信。亦复朱菊生信。左佩勋、袁叔瑜均以非分之事相干，而叔瑜益涉无理矣。龙琴堂递到韩宝臣信，以蒋幼怀误传鄙言，宝臣尤以临澧交卸为惧也。是夕大雨，雷。

二十日。接周荔樵、裴隽臣信。朱峰乔、袁叔瑜、曾重伯及席珊、经生过谈。诣宜（趾仁）〔仁趾〕唁其母丧，裕蓉坪、全铁琴、俞伯均作陪。兼贺谢小庄重署盐道之喜。便（回）〔拜〕林少梅、王实丞、陶少云、唐鲁英、冒小山、赵岳卿、彭溧樵、黎叔雄衡毓，黎汝民之侄、丁鼎臣策勋。十馀日未一出门酬应，积累已多，因天气太热，略至数家而已。

廿一日。接易卓超信。谢小庄过谈。寅伯以徐定生之托，为王绍堂承认所欠房租，兼及傅竹湘事。竹湘办理错误，未易转旋，亦由一念之愤，未能考察事理，反致自处于无名。李芋生言之最悉，惜其不能早听也。

廿二日。早小雨。接周荔樵、左佩勋、黄植斋、蒋开径、陈序玉，亦致张雨珊、周荔樵、黄植斋各信。吕藕池及寅伯过谈。

廿三日。雨。接吴宝廷、王壬秋二信。亦致陈程初、姚彦嘉、王壬秋各信。宁钦若、徐对山、徐仁羲、欧（初）〔阳〕继初过谈。对山为徐芷潭之子，记癸丑夏与徐芷潭相见益阳，距今三十六年矣。

廿四日。两日并下午雨。致陈展堂、雷颖生二信。亦接刘毅斋、张秉乾二信。陈程初、冒筱山、陈金垣、彭溧樵过谈。陈金垣能知天文，言三月荧惑守轸，又与天星同度以扶助之，五月底始入角度，主官民皆有大灾，兼主兵火。吾尝以人事卜之，知必不足以迓天休，天象所不敢论也。

廿五日。接耿苹野信。亦复吴宝廷信。宋子霖、黄涤凡来见，宋子霖赴台湾，致陈展堂信即以交之，并为致刘省三一信。傍晚大雨。

廿六日。接吴晴研及李寄庐家信。张海帆、吴称三、周卓群过谈。称三述及刘希陶以陆氏事，致与沈梦兰、刘彦臣抵牾特甚。直道之不行于今久矣，亦足见吏治之敝，殆不复可思议也。

廿七日。接吴称三信。亦致张雨珊、谢爱堂、吴晴研各信。谢爱堂信即转托寄李寄庐夫人一信。回（信）〔拜〕曾祝三名庆溥，代理新化帘缺、吴称三、徐对〔山〕、王绍堂、谭心可、熊鹤村诸处谈。吴称三录示冯梦华论学书，语皆朴实有着落。

廿八日。热，午刻微雨。俞鹤皋早过谈，令周小樵回乡料理一女除服升祔事，是日万寿圣节，便邀徐对山、徐仁羲、江石年、江建吾、欧阳继初、周五云小酌。周五云临席告辞，所谓不恭之甚者也。

廿九日。热。诣周笠西谈。便赴吕藕池赏荷之召，同席王实丞、俞鹤皋、任筱棠及子瀞，本约李幼梅，幼梅以其母生辰，不能赴召。

三十日。立秋。恰于立秋时小雨，是日末伏，均不宜雨也。接易卓超、张鹤庵及玉舲信。玉舲又转示易梯衢一信。朱枫乔枉谈，为彭溧樵求事。

七月

七月初一日辛亥。阴。接阎季蓉、李星路及鹤九信。陈汉帆、周南山等自各庄回，凡五十馀日。谷值仅及八九百。平江茶庄不及往岁之丰。下荫塅谷亦无过问者。往岁谷项略及千缗，今年所收三百馀缗而已。亦由乡间艰于银钱之故。李星路为其子秉臣求事，多无以应之。黄涤凡来见。阎季蓉为历代爵制考，思订为一书，而言关中贺复斋究心宋贤之学，人品绝高，谋就关中访之，又举武陵朱研北有文集，曾选入《皇朝经世文编》，思欲附名国史文苑传也。晚次王壬秋过谈。

初二日。雨，凉。气象略似深秋。专足致罗小垣信。亦得罗小垣回信。并接孙彦臣、左逸仙、吴宝廷、罗瀛樵及子瀞各信。周翰臣过谈。回拜豫东屏、吕藕池、唐蓬洲、王绍棠、龚云浦、黄滋圃、龚兰亭、廖逵宾、杜仲丹、曾重伯诸处。曾重伯见示沅浦宫保信，东西两坝均已走占，运河水骤涨一丈有馀，仍由去秋所开成子、碎石二河以出云梯关，至是足见鄙言之有实征矣。豫东屏又言后藏与英人构衅，事尚未了。平地风波，由驻藏大臣不明事理之过，实亦缘枢府无人，以致此也。

初三日。微雨。接长乐善、罗柢敷二信。亦致卞颂生中丞、左逸仙二信。诣宜仁趾吊其太夫人之丧，俞伯钧、全铁琴作陪。公饯卞颂生中丞于浩园，到者徐云衢、王雁峰、俞鹤皋、陈舫仙、陶少云、谭心可、周笠西、张雨珊、左子栗、陈程初及子瀞共十二人，共陈程初为之承办也。是夕大雨。

初四日。阴，雨。接苏子熙、李咏荪、吴燮卿、冒小山、张光裕湖北恩施县生员，求资助，又接刘彦丞、孙彦丞及怡仲、兰生各信。亦致谭心可、春书云、朱禹田、张鹤庵各信。李咏荪、吴燮卿均入苏子熙幕府；咏荪文笔优长，颇不易得。午后郁热，雨。

初五日。雨。自立秋日始，锢阴以雨，忽如散尘，忽如倾盆，于时令极不宜。接罗顺循、张鹤臣、胡其祥信。亦复冒小山、罗顺循信。晚过王壬秋、陈舫仙谈。

初六日。阴，雨。接朱江次信，并示政论四篇。丁次谷过谈。又接蒋幼怀、易云仞二信。回拜刘小馨、刘少馨、唐蓬洲、陈伯严。便赴龚云浦之召，为卞颂生制军饯行，约与陈伯严同陪。

初七日。晴，微雨。接江竹仙信，亦致李芋生、喻庶三信。

罗小垣及寅伯过谈。

初八日。晴。接佩珊信，当复一信，李芋生过谈。寅伯以城隍会邀往其家一观，遂携英儿一往，晤陈伯严、罗顺循，邀坐一谈。询问顺循前信所言，始知罗叔循之昏谬，无可为保家之计，亦罗氏之不幸也。

初九日。致耿苹野、郭弥生、罗叔循、曾重伯及玉舲、子瀞各信。亦接郭弥生回信。曾俊师、郭弥生过谈。罗小垣、殷默存、徐仁羲、杨松龄、陈镇藩次第见过。

初十日。下午大雨。冒小山、刘若华过谈。若华馆刘康侯家两年，移馆李伯冈家，近以乡试来省也。麓安之弟复初亦来省录科。

十一日。雨。接李芝岑及寅伯信。以前呈请李次青及刘霞仙中丞及意城附祀曾文正公，彭稷初大不谓然，遂并不一关白，李芝岑因奉县行知，始以书来谢，并书谢中丞。

十二日。复李芝岑信。接张叔平信，并寄示所著《蚕桑俗歌》十册，兼刻其尊人霁峰观察上官相书稿。回拜崔清如、刘子祥、刘海珊、杨商农、汤性和、曾俊师、江春木。兼视子瀞咯血之症。谢视侯、杨怀庆、徐仁羲过谈。是日祖先前荐新，邀易铁桥、陈汉帆及六安、国宾、复初午酌。李樾庄是日补岁考，王景斋患伤风，易云筹、杨佑吾以事不至。谢视侯以所录天隐子《神仙诀》见示，所言养气长生之术凡五门：一曰斋戒，二曰安处，三曰存想，四曰坐忘，五曰神解。程舜敷以为即司马子微所著也。

十三日。接孙兰江、段豸山、刘希陶、易翰芹及用舟各信。亦致蒋幼怀信，以李芝岑信托其寄平江杨石峰。何梅阁、杨怀庆、徐仁羲过谈。是日寿星街祖先前荐新，李樾庄竟日外出，黄景斋病尚未愈，便邀易铁桥、易云畴、陈汉帆、杨佑吾及六安、复初小酌。

十四日。接陈伯严信，并示其尊人右铭廉使家信，力訾绍葛民赶办合龙时改变土工章程，以图省费，延误半月之功，否则五月中即可合龙。因论办理河工各员，乖舛谬误，不可胜纪，而以合龙希之天幸，此五月十一信也。至廿一日伏汛大涨，东西两坝均走占，水深至九丈，分流出铜瓦厢，言者遂据以为庆，其实南流出云梯关，北流出铜瓦厢，皆由河势加涨，自顺其就下之势也。鄙人去年九月一疏，力言南北须并开二河，至今日其言又验。时无听言服善之大臣，国势亦随以倾。志士仁人，所为发愤而慨叹也。

十五日。接姚彦嘉、蒋幼怀二信。亦致用舟、玉舲、子湝各信。汤性禾、汤宝山、傅竹湘、瞿海如、盛耀堂过谈。回拜张海帆、欧阳静山、吴宝廷、郑子惠、文月亭、鲍星泉、刘云樵、李芋生、谭心可、曾俊师、杨怀庆、左子异、黄煦梅，兼唁张紫联夫人、李幼梅太夫人之丧。是夕以中元焚楮钱，奉荐祖先，率家人行礼。徐衡山晚至久谈。

十六日。下午微雨。为先太夫人忌辰，率家人素食致奠。致朱次江一信。谢小庄、庄理堂见过。以忌日谢客，谢小庄为订廿日陪饯下颂生制军之约。

十七日。致周笠樵信。亦接周笠樵、李栗园信。嘉定钱氏一信，由周笠樵递到，而隐匿其事，不以相闻。窃疑笠樵与钱子宣商通，为挟制之计，其事皆成于家室，故以书责之。接笠樵回信，始悦然于其家人并无交涉也，而吾家人之昏谬，则真出人意表矣。涂次衡过谈，为言陈小亭与唐小山事，可为慨叹。

十八日。接余隐吾山房信，亦致谢小庄、徐云衢各信。龙研仙、朱枫乔、吴藩甫字懋丞过谈，亦诣谢小庄谈。

十九日。接豫东屏、徐云衢、左子栗各信。亦复左子栗及欧阳静山信。徐次鹤、酆慕唐、唐训彝、倪敬亭枉见，唐训彝之兄唐倬云本与陈文蔚同充粮总，而为常健吾所倾，为函致玉舲一询之常鲁青，恐非鲁青所能为力也。又复馀隐吾山房信，并以朱禹田茶务清单并银四两八钱五分一厘零找补之馀利寄之，以家用平与省平稍有参差，为申作五两。

二十日。谢小庄为卞颂生制军饯行，相约与徐云衢、庄心庵、崔清如作陪。庄心庵以接王夔石中丞前赴湘阴。凡三客，设三席，围全二十，肴馔三十二品，演清华部，自来赴席未有此之丰腆者也。

廿一日。下午雨。接合淝傅相、陈隽臣、耿苹野、朱禹田、李果仙、朱峰乔及子瀞、润生各信。左逸仙、李召甫及席珊、子宽过谈。

廿二日。阴。致孙谷庭、李质堂、朱宇田及子瀞各信。亦接陈镇藩及子瀞信。杜翊丞、彭聪叔、曾重伯及席珊过谈。李笠村、张鹤臣、余衡士、徐仁羲继至。

廿三日。微雨。接李质堂及席珊信。亦致刘祝廷、朱峰乔信。卞颂生制军、黎同人过谈。晚次左逸仙枉过久谈。

廿四日。接黄石珊、周荔樵、张鹤臣三信。回拜卞颂生制军。兼诣王夔石中丞。便拜唐蓬洲、龙琴堂、黎小楼、刘省山刘壮敏公世兄、陈寿亭陈炳初之父、徐云渠、徐次鹤、陈澍甘从兄荪石、兄复心两太史。其弟芝田亦来省应试、李石仙、李多节坚甫、杜翊丞、杨继之、杨纯之、黎彤云、熊春溪、瞿海如、瞿式似、王壬秋、涂次衡、陈伯严诸处。

廿五日。接王畅卿、黄雪逵、聂仲芳、邓葆之、阎季蓉、陈镇藩、江翊丞、陈熙堂各信。回拜裕蓉坪、蒋弋芗、但少村、戴厚堂、俞鹤皋、陈璞山、龙研仙、邓子元、翁少兰、曾俊师，兼吊李鼒堂、李赤琴庶母之丧。陪拜者彭笃生，其西席也。

廿六日。接蒋幼怀、龙研仙二信。亦复幼怀、研仙二信。为卞颂生制军送行，便过汤斐斋。兼晤周兴之谈。王夔石中丞、唐蓬洲、欧阳静山、黄棣生、翁汝明、杨纯之、杨松龄、周荔樵过谈。王壬秋枉过，兼托递复合淝傅相一信。

廿七日。接周荔樵、罗赞卿、陈竹猗三信。亦致谭心可一信。竹猗名均并呈阅所著订正嘉兴李笃孙《说文辨字》。隆书村观察枉过，新选衡永道者。刘采九、曹筠轩、张雨珊、王芝圃、殷默存、李召甫、左佩勋、杨松龄、吴镇藩、柳春樵、戴柏生及席珊、辛生过谈。龚果斋、胡浴生晚过。

廿八日。致陈舫仙、涂次衡、周荔樵、李芝岑信。亦接李芝岑、涂次衡、周荔樵信。俞鹤皋、唐鲁英、黎小楼过谈。涂次衡晚过。是夕大雨，雷，风。

廿九日。雨。接吕信臣、钟景唐及笙陔叔及寅伯信。易仲子、吕德生吕信臣之子枉过。回拜王夔石中丞、豫东屏廉使、隆书村观察、赖子佩、王绍棠、彭晴峰、李质堂、刘采九，并为翁小山贺生日。

八月

八月初一日庚辰。雨。致谭心可、张雨珊信。王子寿之世兄传乔。赵司狱嵩，号岳卿。黎衡毓号叔雄。丁策勋号鼎臣。亦接方翰卿、周昌辅及席珊、佩珊、子瀞、寅伯各信。为陆伯葵贺其太夫人生日，便回〔拜〕王绍棠、邓琼□、赵又班、魏乃农各处。汤斐斋、丁次谷、任小棠过谈。午邀冒小山、欧阳静山、陈舫仙、刘省卿、黎小楼、左子异小酌。

初二日。阴。接邹子敬、易赞周二信。谭心可、张雨珊、任岳秋、李樾庄、易淑子过谈。李樾庄递到衡山李少甫杜所著《周易集要》一书，熊崎衡刻之湘乡者也。

初三日。阴，微雨。接胡浴生信。为左子异太夫人贺生日，并诣李大中丞祠致祭。晤徐云衢、周笠西、俞鹤皋、曹竹苏、柳静阶、陈德生、陈璞山诸公。隆书村、任昂千、丁次谷、汤斐斋、王芝圃、吴子杰、蔡盂箴、任际唐、杜翊丞过谈。

初四日。致朱禹田信。亦接周昌辅、黄幼森各信。文擅湖、郭少源唐曦臣孙女婿、许惺吾、杜翊丞、龚果斋、杨怀庆、谢淦堂、徐仁羲、殷默存过谈。亦诣任昂千、章丽峰、刘静生、文擅湖。随赴左子栗、子健、子异兄弟之召，凡二席，计冒小山、陈雨霖、胡小浯、陶少云、周瀛樵、谈少卿、石星田、陈炳初、李伯强、胡少芝。陈雨霖临席不至。

初五日。接王壬秋、李笠村、陈熙堂、易文斌各信。亦致庄心庵一信。致祭五公祠，会者康云衢、周笠西、潘子珍、俞鹤皋、柳静陔、陈德生、罗瀛樵、陈璞山、黄亦城，共十馀人。为隆书村送行。便拜黎嗣峰、丁研庚、姚棣卿、邓幼弥、邓子竹、黄小鲁、曾重伯、任岳秋、任西堂诸处。丁研庚、姚棣卿、左佩勋复过谈。

初六日。接陈展堂、蒋幼怀信。恽辛耕、楼显章、欧阳介人、欧阳复初、杜翊丞、郭少沅、胡浴森、吴松亭、杨松林过谈。

初七日。接李华卿、李九如、周巡检化南，字仁庵各信。庄心庵、陶南村过谈。为王实丞贺生日。便回拜恽辛耕、庄心庵、陈程初。庄心庵处晤龚云圃一谈。

初八日。接龙研仙、曾慕陶二信。亦复龙研仙一信。任西堂、朱峰乔过谈。是日为入闱之期，李樾庄、易铁樵及复初皆在此进场，湘阴应点，已及巳初矣。

初九日。下午大雨，风，凉。致李黼堂、朱禹田二信。孙春皋、黄晓墀、胡茂生、周荔樵、周五楼过谈。

初十日。接裴樾岑、魏伯琴及敬修各信。王夔石中丞、崔清如观察遗送正场题纸。魏伯琴、郭弥之、寅伯、希初过谈。

十一日。接蒋幼怀及敬之、子瀞信。敬之专一女仆求过节之资，为一书并钱数缗寄之。幼怀见示主考单，龙芝生已得江西学政，王壬秋于数月前已决知之，亦一奇也。湖南为张亨嘉，侯官人。其间知名者甚少，大率癸未、丙子两科为多也。

十二日。接黄冬荪及玉舲各信。为俞鹤皋贺生日，晤陶少云及伯均。便拜孙春皋、李黼堂、刘祝廷、吴竹云、王壬秋、涂次衡、夏彝恂，兼晤邓鸣之、荔云、寄禅。仍过朱香荪、朱次江及子瀞谈。邓鸣之以蜀人刘沅《观音经注释》属序，涂次衡以章寿麟《铜官感旧图》属题。以拜客过贡院，见多人环集，仰天哗言类衣、类风筝，不为意也。王升亦见之，言风卷贡院试（院）〔卷〕，飞扬满天，逾二三时之久。由寿星街宅诣朱香荪，市人环集，仰天喧哗如故。晚归，小张乃言：初若大油纸一二张，无数小油纸同飞，愈转愈高，历数时之久，直上天顶，有乌云一朵，大如椠，环小鸟无数，冲天而上。未知是何祥也。初十日杨佑吾实见流星近日南飞，不可以数计，亦历一时许乃已，时方在巳午之交也。市人见者，或以为日中飞雪。此二者皆历古所未闻之变异也。

十三日。接沈星海、於桐轩、文擅湖各〔信〕。亦为文擅湖致沈星海一信。任筱棠、张雨珊、吴竹云、陈月卿过谈。顺孙出场甚早，询之则中丞督催甚急，以第一场至天明始齐卷，点名已逾时矣。

十四日。阴。接朱禹田、盛芾卿、邓子侯、黎树棠、欧阳苐轩、段豸山、罗树泉、张超堂各信。超堂信言其子峻崖与堪舆陈右之来省相视旧坟，亦可谓勤矣。李弼丞、廖荫臣过谈。廖为杜翊丞乡人，善子（评）〔平〕之术，遂作竟日谈。

十五日。中秋节。率两宅家人叩谒祖先。接朱次江信。早邀陈右之、张峻崖、黄景斋、周小樵、杨佑吾、易云畴及六安会饮玉池别墅。晚邀刘采九、廖逵宾、黎紫峰、黄晓墀、丁研耕、陈月卿、吴竹云会饮养知书屋。来见者周五云、左千之、易华卿。

十六日。阴。接孙彦臣、彭晴峰、丁研庚及佩珊、敬修各信。亦复丁研庚一信。是日秋试完毕，便邀李樾庄、易铁樵及荣覃、经笙、理安、荇农、润民、复初小酌。赵小班过谈，询知其兄弟存者四人，曰振仙、曰锐仙、曰凌仙、曰小班。

十七日。三日皆小作微雨。致曹云祥、刘绍臣及复佩珊信。李石仙、李坚甫、江子馀、蔡蓉仙、黄芷阶及虚堂过谈。邀任岳秋、蔡蓉轩、蔡盂箴、殷少乔、姚棣卿、江竹仙、黄棣生、易叔子、吴子坚、盛耀堂、胡浴生、李召甫、左佩勋、吴懋丞、李伯伦、李仲芳小酌。

十八日。复杨性农、阎季蓉、李果仙三信。亦接李召甫及用舟二信。丁次谷、李蓉镜、李祜覃过谈。邀江子馀，曾介石、曾俊师、曾履初、汤（念）〔性〕禾念祖，汤小秋之子、汤宝山、邓子元、邓幼弥、邓子竹、杨继之、杨纯之、魏乃农、吴亦英、刘若华、陈澍甘、李石仙、李坚甫、王理安、龚果斋小酌。江子馀、曾俊师、汤性禾、汤宝山、杨继之、陈澍甘六人并亦回家。

十九日。复黄石珊信。亦接钟景唐、陈子濬及用舟各信。王金山、陈文蔚、黄芷阶、吴叔芬吴舜臣二子并列学籍，曰仲勤、曰叔芬、曾重伯过谈。晚邀陈子濬、龚月浦、杨汝襄、杨熙春、杨石峰、王金山、李蓉镜、刘汉岑、凌拔枏小酌。杨性农、阎季蓉二信本交杨汝襄，因询之杨熙春，回常当俟九月，乃改交杨纯之带常。

二十日。接刘绍臣、刘瑞南、王芝圃、文兰舫、黄幼农、丁研庚及寅伯各信。亦致陈程初、蔡孟箴信。丁次谷、王梦虎、周步瀛、涂次衡、吴爱吾、吴莼庵、周丽生、吕德生、毛锡纯、蔡孟箴及经生、寅伯过谈。

廿一日。接陈程初及子瀞、星生各信。亦致陈舫仙、王吉来二信。本日致奠真文忠、李忠节、刘忠毅三公祠，会者徐云衢、祝淡溪、周笠西、俞鹤皋、潘子珍、曹竹苏、陈璞山诸公。饭后便拜孙谷庭、崧灼亭、龚云浦、周步瀛、王实丞、陈舫仙、周笠西、陈伯严、张少泉。

廿二日。接毛廉卿、王芝圃、易淑子三信。孙谷庭、龚云圃、俞鹤皋、朱峰乔过谈。秋分后日渐短，忽不知日之已夕也。晚次陈月卿、郑湘舟、杨景皋过谈。

廿三日。风，凉。接周渭臣、聂仲芳、董厚斋、易卓超、文擅湖各信。陈舫仙、周筱舫、张鹤臣过谈。周筱舫名世熙，任小棠、蒋幼怀两君先后荐补讲舍额缺者也。

廿四日。为先光禄公生辰，率家人上供。接湛范仙、吴孟庭、易云仞及寅伯各信。韩宝臣、王桐轩、黄晓墀、王芝圃、邓子廉、巢子城、陈右之、张峻崖过谈。为裕蓉坪贺生日，便回拜长礼庭、吴松崖、周荔樵、黄子冶、黄小鲁、韩宝臣。

廿五日。致但少村、湛范仙二信。亦接刘朗山、傅苏海、陈君实鸿运，陈诒珊世兄及玉舲信。周肇荣来省，始知周芷窗来省乡试，卒于旅次，其岳州下水卡核算一席肇荣谋接办。询知其弟周幼荣为生员，才具较开展，乃以其名寿藩肇荣名祚藩达之但少村，并易淑子澧安局稽查，亦欲属之易竹屿，因并韩宝臣所托王司马及宁钦若之名，一并开交但公。

廿六日。接但少村、王实丞、王芝圃信。亦复但少村一信。朱澄秋、黄小鲁、汪润生、龙研仙、易云仞、熊春畦、郑湘舟、黄桐轩过谈。

廿七日。接梁少穆、刘汉岑、周荔樵各信。戴柏生持寅伯信来见，始知前致朱宇田信，为其戚杨顺森语知戴柏生，且极力为之解说，禹田亦已释然，并属诣见鄙人，自陈一切。徐仁羲、殷默存朋比为奸，真为无赖矣。黄彤轩、周荔樵、杜彝臣、易淑子及楚程过谈。

廿八日。接刘柱臣名元勋，处州镇，似记其号为柱臣、周笠樵、易卓超、周肇荣各信。亦复周肇荣信。李幼枚邀请陪吊，王夔石中丞、孙谷臣、豫东屏、但少村、谢小庄、庄心庵、恽辛耘、裕蓉坪、林少梅数人同陪，吊者则李质堂、陈程初、俞鹤皋、陶少云、周笠西、陈程初也。便道拜王夔石中丞、唐蓬洲、朱澄秋。并为龚云浦、崧灼亭送行，为长礼廷、周笠西道贺，以笠西两子周颖生、周霖生并得优贡也。晚邀黄小鲁、丁次谷、任筱棠、汤斐斋、杨商农、涂次衡、周荔樵、龙研仙小酌。斐斋以病辞，小鲁、次衡俱不至。

廿九日。接刘景韩、易淑子、周肇荣、杨商农、刘汉岑、盛耀堂各信。任昂千、杨丽夫、瞿式似、巢子城、廖逵宾、罗蓉舫枉过。

九月

九月初一日己酉。雨。致祭船山祠，王壬秋已前赴湘潭，属为主祭。熊鹤村、俞鹤皋、陈程初、陶少云、周荔樵、朱次江、黄植斋咸集，因留饭。便拜任昂千、景吉人、汤斐斋、廖逵宾、刘达卿、彭笙陔、杨丽夫各处。晚归，杨舜笙、戴柏斋、张峻崖、黎翠波黎少琨之侄、周肇荣过谈。接郑笏庵启寿、傅苏海寿名、李敬吾、罗麓山、常健吾及槃希各信。

初二日。雨。接子瀞信，知附祀文正祠部文七月初八日到院，书吏不一通知，顷始由县知照也。过丁次谷谈。便赴孙春皋之召，盖为俞鹤皋祝生日也。同席龙琴堂、卢丽生、李镜浯、陶少云共七人，杨蓬海、李芋生二人不至。

初三日。大雨。三日雨未息，是日加大。致合淝傅相、刘景韩、马眉叔、姚彦嘉、朱寿九五信。但少村、任筱棠过谈。

初四日。雨。致孙春皋、龙琴堂、王芝圃、常健吾、罗麓笙、李镜浯各信。亦接丁百川沅陵、文枫阶溆浦、言湛甫各信。往黄煦楼，为其母夫人成服。便拜刘牧村、宁钦若、蒋松甫、汪润生汪铁山之侄、王雁峰、蒋玉池德璜、李勋吾光炯、孔静皆、李笠村、瞿海如、瞿式似、朱菊生、杨舜笙、左子异、周沃棠、周定轩。晚归，杨怀庆、徐仁羲、殷默存过谈。

初三日。雨。接左佩勋信。於晓亭名以仁、贺子博、周仁庵、张峻峰、王芝圃、蔡蓉轩过谈。

初六日。晴。接吴安臣、梅子宣及荇农各信。吴名宗稷，著有《元空精义》，讲论地理之学，呈示其草稿二帙。午邀欧阳紫卿、贺子博、杜彝臣、陈右之、张峻峰、曾重伯小酌。

初七日。接蒋幼怀、饶岱霞、李宝田名俊清，呈诗求荐事及润生各信。刘祝廷、彭笙陔过谈。祝廷属言陈华川号静修子知养生之术，亦与饶岱霞善，颇能遗外声利，所得远出饶岱霞、吴湛清之上。吴湛清见示所著《参妙经篇》一帙，自号皖桐水村九如道人原名庚阳，似（与）〔于〕《参同》、《悟真》等篇亦有所得，刘祝廷均能辨知其深浅，可谓能究心矣。

初八日。致曾沅浦宫保、聂仲芳、马眉叔、黄芍岩、丁次谷各信。亦接丁次谷信。邀韩宝臣、蒋松甫、李芝岑、杨怀庆、周翰丞、周定轩小酌。

初九日。接王阆青、吴维允维允名仲翔，沈文肃之亲戚，在船政局多年、丁次谷、蒋幼怀、戴竹卿及敏夫、子湝各信，以陶少云生辰诣贺。顺拜韩宝臣、郑少侨。是日郁热已极，夜半小雨。

初十日。雨。致罗麓生、李镜涪、常健吾、吴晴研及玉舲各信。是日致谢土神，李樾庄、黄锦斋、易铁樵及咏民相礼，陈汉帆、易云畴、杨佑吾、六安、复初执事。为豫东屏、何绍轩之父贺生日。并为朱兰生贺喜。是科中试者湘阴四人，所知刘励吾、王恕皆两人，亦无交情，馀则一左一杨，左佩勋亦得副榜。此外所知则两门人刘静山、李少笙、朱菊生三人而已。安化贺弼、平江欧阳潞欧阳静山之子亦相知，馀皆不相闻也。为陶少云贺生日，邀观新泰益部。龙琴堂、卢丽生、俞鹤皋、李质生、陈程初、唐鲁英、左子栗、左子异，凡二席。以家人需人应用，甫上灯告归，夜间贺寿者均系晚辈，未暇详其人数也。危荣斗，号显亭，为候补同知，亦枉贺。

十一日。雨。为凤姨四十生日。接曾沅浦宫保信。亦致朱禹田一信。演新泰益部。内堂八席，外堂五席。丁次谷、罗柢敷、彭聪叔、欧阳继初及席珊、子瀞六人，即在书房会饮。

十二日。阴。接谭敬甫信。以凤姨生辰致情者过多，仍延请外客一日。演泰益顺部，则丁次谷、汪景山、陈璞山、陶少云、李芋生、蒋幼怀公送也。另邀裕蓉坪、韩宝臣、王桐轩、熊鹤村、王实丞、危显亭、杨怀庆、郑少侨、左子异、朱峰乔约四十馀人，到者十四人而已。汪景山以病，李芋生以赴乡，均不能至。酬应两日，实已精罢力竭矣。杨怀庆送戏，竭力辞之。龙琴堂又有此议，则直恐资人口实，无可受之理也。

十三日。阴，郁热。致周笠樵、蒋幼怀二信。亦接熊鹤村、蒋幼怀、周荔樵、王旭初及玉舲、子湝、敏夫各信。陈伯双、冯孟华、欧翼峰、韩宝臣过谈。晚邀汪景山、黄彤轩、欧阳子卿、张芝岑、子宽小酌。

十四日。微雨。接刘省三、刘少笙及怡仲信。亦致常健吾、陈文蔚及玉舲信。豫东屏擢山西藩司，接任者为薛叔芸，此亦湖南近事之可喜者。回拜陈伯双、冯孟华两星使，并为豫东屏道贺。便回拜吕藕池、谢小庄、裕蓉坪、刘定夫、崔清如、刘彦臣、韩宝臣、左逸仙、丁次谷、冒小山、冼雪耕、唐蓬洲、李质堂、陈程初、陈舫仙、陶少云、汪景山、俞鹤皋、龙琴堂、谭心可、蒋幼怀、左子栗、左子健、左子异、陈璞山，大率皆来贺生者，以彼此来往当一报谒，不为谢生日也。

十五日。致陈程初信，以左子异立意创置内湖轮船，为一主其议，知会在城四十人，属程初为传知。左逸仙、冼雪耕、欧绣芙、郭巘卿过谈。蔡蓉仙、何涤尘来见，求以陈程初所具公呈，属送致翁小山太守。

十六日。接朱菊生信。刘彦臣、何绍仙、廖鸿逵、王壬秋、喻庶三、徐仁羲过谈。菊生荐入讲舍之李发科，周笠樵多为播弄，亦无谓矣。

十七日。接谭敬甫、高篙渔、曾重伯、陈镇藩、蒋开径各信。亦致师竹生信。王梦虎、王汝明、盛展奇、蔡蓉仙过谈，致师竹生信即交蔡蓉仙转致。晚邀刘彦丞、左逸仙、韩宝臣、冼雪耕、何绍仙、刘牧村小酌。韩宝臣已回湘阴。闻其西席石梅岑以争脩金，与韩宝臣相搏，亦一奇闻也。

十八日。接徐云渠及子瀞信。亦复徐云渠信。子瀞以其父事实册并李次青方伯事实册呈递院署，咨送国史馆，稍为改定编次。陈笛舫、危笙陔及松云和尚枉见。松云方与超凡修辑《莲池谱》，属为之序。超凡名省庵，住持玉舲寺；松云则住持凤皇台屈子祠也。

十九日。接朱次江、蒋幼怀、张鹤臣各信。亦复朱次江一信。洗雪耕、瞿海瑜、左佩勋、吴莼庵过谈，瞿海瑜遂坐至一时许。终日陪人谈论，真无谓也。晚次唐蓬洲过谈。

二十日。微雨。接俞鹤皋、周荔樵、黄性田、曾履初、江竹生、樊子琳、张蔚卿、熊鹤村、翁少兰及兰生信。亦复周荔樵信。回拜黄性田、师竹生、王壬秋、周荔樵。为商议开办轮船事，治二席，邀集浩园一议，到者陈舫仙、谭心可、陶少云、陈程初、王梦虎、刘祝廷、朱菊生、张雨珊、欧阳紫卿、杨怀瑾、贺子博、黎小楼、左子异及子瀞十馀人，未登席者尚多有之，人心之不齐如此。

廿一日。接黎尔民、左子异、周荔樵、胡浴生、蔡绵生、冒小山及玉舲各信。亦复黎尔民、左子异信，黎信即交子异转递。朱燮卿、彭笙陔、徐仁羲、罗绩熙名教均，邵阳人，甲辰年侄、曾履初过谈。为左逸仙送行。回拜唐蓬洲、宁钦若、李翰卿丁未年侄，陕西人，候补知县，徐心畲、况颜山、王云轩名槐铭，候补知县、钟瑞亭、朱燮卿、任芝田、傅竹湘、陈澍霖诸处。是夕左子异过谈。

廿二日。接苏紫溪、周绍臣、左佩勋、张汉秋信言五月托王子权致缄道意，竟不知有是事也、毛杏荪、周丽生及檠希、荇农各信。亦致谭心可信。陈隽臣、罗梴敷、毛杏荪、左佩勋过谈。晚次杨怀觐、徐仁羲见过。是日邀请陈右之来家，以日昨同杨佑吾相度白田铺地，颇具眼法，宜以相托也。

廿三日。接曾沅甫宫保、谭心可、周昌辅、张昆生、黄性田及寅伯各信。寅伯又寄示左佩勋一信。黄性田见示所著古文一帙，亦稍讲求性理之学。陈舫仙、张峻峰过谈。

廿四日。接曾挚民信。亦致黎尔民、聂仲芳、姚彦嘉、陈舫仙各信。贺子博、陈炳初、娄峻山、王梦虎、易云仞、陶南村过谈。回拜陈隽臣，便偕隽臣赴王壬秋之召，陪同陈伯双晚酌。邵燮廷枉见，湘人之稍知地学者。

廿五日。致李黼堂信。亦接李黼堂、杜彝丞及经生信。喻庶三、张汉秋枉见，始询知张汉秋为张葆田之孙；子权即玉堂，张葆田婿，于汉秋为姑夫，五月内接其一信，直住至今日，不知其何为也。

廿六日。接易琴轩、李召甫、毛荇农、周仁庵化南，桥头巡检，驻靖港、熊鹤村各信。亦致但少村一信。陈程初邀饭开福寺，陪陈隽臣中丞；同席王壬秋、俞鹤皋、唐鲁英。便过龙琴堂谈。邵燮廷、陈右之、杨佑堂两日就近城十馀里中相度山地。自揣此生万不能得佳地，然求一可安葬者不可得，则真难矣。

廿七日。接涂次衡、冯石丞、黄晓墀、易云仞、但少村各信。陈隽臣、刘静生、顾健吾、杨松林及席珊、子瀞过谈。周荔樵亦至。竟日酬应，不胜其惫。又时有家事须理处，竟无馀暇检理及文字。穷月累日，如出一辙，岂非冤苦！

廿八日。雨。接杨厚庵宫保、谭文卿、任芝田信。亦致卞颂生、魏质斋、黄石珊、谭心可各信。卞颂生信为黄晓墀；魏质斋〔信〕为易云仞；黄石珊信为余光勤；谭心可信为潘参戎，席珊所托也。为李质堂贺生日。顺拜欧阳绍云欧阳静山之子、冯石丞、秋星侯名寿南，浙人，候补直隶州。诣王夔石语轮船事，兼递意城及李次青事实册，请咨国史馆，并语及任鹤田，允与位置帮办。晚邀陈隽臣、张昆生、王壬秋、陈程初、范芰沅小酌，芰沅以赴乡不至。

廿九日。雨。接王夔石、黄世珊、黄性田、熊鹤村、周卓群及子瀞、炳文各信。亦复王夔石、熊鹤村二信。孙春皋过谈。晚赴唐鲁英、俞鹤皋之召，为陪陈隽臣中丞，同席陈程初、王壬秋。

三十日。接谢祝侯、凌拔枬、江质甫、周定轩、冯石丞、张卓斋、周荔樵各信。回拜陈隽臣、杨显臣、胡云樵、陶少云、孙春皋、杨炳村。随赴李质堂之召，以质堂生辰，陈程初倡送菊部，凡二席，同席龙琴堂、卢丽生、俞鹤皋、刘祝廷、陶少云、陈程初、唐鲁英、陈定生、韩荫堂、李义堂。韩荫堂为李质堂亲谊，兼为理家，义堂则其从弟也。

十月

十月初一日己卯。致左子异、胡少芝、周定轩各信。杨商农枉过久谈。晚邀但少村、刘定夫、恽辛耕、庄心庵、俞鹤皋、唐鲁英小酌。熊干庭自县至。

初二日。接朱禹田、王实丞、张鹤臣各信。邀胡道生、黄性田、冯石丞、陈右之、邵燮廷、黄涤凡小酌。燮廷、涤凡皆已赴乡看地，亦可谓勤矣。胡道生引见其子胡酿卿，求为荐一馆，愧无以应之。

初三日。致合淝傅相、曾沅浦宫保信。亦致蒋幼怀信，托其转递裕寿山公件。亦接张琨生、彭荔樵二信。

初四日。立冬。晴。接丁次谷、彭荔樵、陈伯严、蒋幼怀、胡道生、盛展奇、吴智川并接子瀞信。知刘彝庭（往）〔枉〕过，为门者所阻，并见示《刘武慎公行述》三册、《行状》又一册、

《倚庐述略》一册，又《别录》一卷，亦未免过涉繁文也，皆出谷怀手笔。蒋幼怀告称漕督卢艺圃物故，李筱荃接任漕督，为九月廿六日事，《申报》尚未载入。是夕微雨。

初五日。致杨厚庵宫保、曾劼刚、彭荔樵三信。亦接彭荔樵、李麓渔及席珊信。刘彝庭、张鹤臣过谈。李质堂邀陪陆伯葵，陪宴者予与俞鹤皋二人而已。

初六日。雨。接曾沅浦宫保、范芰沅、宋子霖各信。亦接子瀞信，为丁次谷询其来见之意。豫东屏过谈久坐。郭黻卿亦自潭回。

初七日。雨，大风，寒。致冯颉卿信。亦接左佩勋、冯颉卿信，为张鹤臣、张卓斋求事。旋接子瀞信，亦为张卓斋、易卓超求事。卓超来信未及此，亦遂不与一言，皆精神短乏之故。为孙谷庭贺兼署臬司之喜。并回拜豫东屏、但少村、丁次谷、冒小山、刘彝庭、王实丞、谭心可、赵朗垣、林少梅、祝淡溪、俞鹤皋、曹镜初、郑秋宾名元鸿，署善化学各处。冬日苦短，忽不知日之已夕也。晚次陈淑峰来谈。

初八日。雨。又接曾沅浦宫保〔信〕，由差弁杨崇海送到，兼致食品，发递在初六日接到一信之前。亦致但少村、丁次谷二信。刘彝庭、周瀛樵、陈淑峰、陈璧生、周卓群过谈。

初九日。接丁次谷、盛耀堂及清臣、经生、子瀞各信。亦致龙琴堂、盛耀堂、陈程初各信。清臣管带炮船，偶责一勇，为总哨魏某申斥，以其勇与魏某为亲谊也。其情节确否不可知，原信并送陈程初一览。

初十日。接但少村、陈程初、（朱）〔丁〕次谷、易淑子、左千之各信。陈淑峰、龙研仙过谈。为徐心畬太夫人贺生日，兼为豫东屏送行。便过丁次谷、李翰卿、李黼堂谈。随赴俞鹤皋之召，同席孙春皋、龙琴堂、王实丞、卢丽生、李黼堂，为陶少云作生日。

十一日。致刘岘庄信。是日为曾文正公生辰，诣祠行礼，会者熊鹤村、俞鹤皋、陶少云、张子镕、周荔樵、刘彝庭、〔谭〕心可、张芝岑、刘顺伯、陈君豫，凡二席。刘淑峰、刘璧生过谈。

十二日。致曾宫保信。亦接王鼎臣、龙琴堂及子瀞、星生信。邀刘彝庭、周瀛樵、范芰沅、刘静生、左佩勋、郭巘卿晚酌。

十三日。接高篙渔、（臣）〔王〕实丞、秦丽春、杨汝襄、杨熙春、左佩勋及少卿、松臣信。是日刘韫斋前辈卜葬河西，陈程初知会青龙庙公设路祭，到者八人：丁次谷、汤斐斋、张海帆、成静斋、谭心可、俞伯均、予与程初。随赴杜仲丹谈。又值先太夫人生辰，率家人上供。便邀李樾庄、陈右之、邵燮廷、黄涤凡、杨毓吾小酌。

十四日。微雨。致曾沅浦宫保信。亦接龙琴堂信。以高篙渔托荐扬州安定书院，并王定安鼎臣见示《湘军乘》十五卷，有所参证，略以告之沅帅，并属刘彝庭带投。为林少梅太夫人贺生日。回拜同邑刘励吾、左癸生、王曙皆三孝廉。刘彝庭、曾介石、曾履初过谈，因留晚酌。

十五日。接马眉叔、黄石珊、姚彦嘉、胡其祥、韩陛臣各信。亦致王实丞、丁次谷、刘彝庭三信。王鼎丞寄示《湘军乘》十五本，为检校一过，参订亦数十条，并两书为曾沅浦宫保言之。

十六日。接左逸仙、丁次谷二信。亦致王壬秋、杨汝襄、杨熙春三信。恽辛耘、庄心庵、钟佐廷、顾春山及绍西过谈。

十七日。接方柳桥、胡其祥、韩陛臣信。左千之及寅伯过谈。以发各处信件，饬门者谢客，而不能止可径入内室者也。

十八日。复方柳桥其世兄二人：长兰生，次松台、马眉叔、黎尔民、姚彦嘉、王实丞、李笠村、李召甫、陈舫仙、杨怀瑾各信。又接马眉叔〔信〕，所筹商事宜，均蒙允可，惟以李黼堂阻挠之故，使此心为之不适，直不欲与闻也。周荔樵过谈。

十九日。复高篙渔信。亦接胡浴荪及理庵信。随为胡浴荪致刘祝庭信。高篙渔〔信〕由蔚丰厚郝汉臣递寄，询之郝君，与篙渔素交也。是日陈氏女三十生辰，为治席邀集亲友二席：黄景斋、易铁樵、陈右之、钟佐廷、胡敏斋即胡玉翰、顾春山、徐仁羲、易莼卿郭弥生女婿、罗叔循、郭黻卿、杨毓吾、易云畴、易玉峰，会饮至夕。王吉来过谈。

二十日。致马眉叔、黄石珊、王壬秋、李弼臣信，又为黄石珊致蒯蔗农一信。接杨厚庵宫保、陈程初、杨栗甫、王壬秋、吴智川及荇农各信。荇农前为吴安臣名思稷，在左营保举县丞送阅所著《玄空精义序》，自言受秘诀于何秋帆。并言其法出卢师竹，三传至何。阅所画图，大率任星舟所习亦与之同。谓是杨筠松、蒋大鸿之真传，究未知其果否也。李召甫、黄涤凡、杜彝臣及席珊、佩珊、子敬过谈。

廿一日。阴。蝇、蚊之属均未收敛，亦向所未有也。接欧阳静山、韩宝丞、刘祝廷信。亦复杨厚庵宫保、裕蓉轩、韩宝臣、杨栗甫、欧阳静山、龙研仙、李炯斋各信。晚接易淑子信，极言陶南村经历庆墉为官场中之有心人，与最相契，赠联云：站住脚便放胆做去；摩着心从对面想来。语极有意。

廿二日。微雨。致孙谷庭、龙琴堂及复子瀞、敏吾、戴竹清信。亦接任岳秋、黄酉樵、李炯斋、吴竹铭公信，及罗教均号绩熙，甲辰年侄、胡道生、曾岳松各信。龙琴堂、胡浴生、邵燮卿枉谈。是日左局街新宅安堂龛、安床，一往照料。子瀞见示梁少穆一信。

廿三日。雨。接秋嘉禾号鹭若、蒋幼怀二信。随复幼怀一信。

秋君为福建候补府，官福建时属吏也，以其子秋新侯刺史相托名寿南，愧无以应之。易玉峰及玉舲过谈。日短天阴，光阴弹指，一瞬已夕矣。

廿四日。雨。接龙研仙信。亦致任岳秋、黄西樵、李炯斋、吴竹铭及吴晴研信。杨厚庵、裕蓉坪过谈。为杨商农贺其子新婚。便回拜杨厚庵、周笠西、左子异、李佐周。子异处晤贺子博，新自上海归者，言马眉叔、姚彦嘉、聂仲芳情事甚悉。陈展堂枉过未晤。

廿五日。雨。接姚彦嘉、陈镇藩信。亦致檠希一信。段豸山、刘瑞珊、佩珊、玉舲、席珍过谈。檠希信即教玉舲带县。是日侄孙冬生完婚，一往见礼。便拜陈展堂、丁次谷。

廿六日。雨。接王壬秋、李召甫、张超堂信。亦复王壬秋，并致徐衡山信。陈德生、王壬秋、王润生、黄笛帆、庄理庵枉谈。送王润生至门首，忽遇一人，自称曹笏生，为曹西垣从侄，求馆、求帮助，纠缠半日，以千钱馈之，真恶客也。并称同事左敬安、刘春台。是夕接姚赤城信，言古楼团武生易志清，五鼓时（鸣）〔闻〕犬吠甚恶，启扉视之，见三人，一负一担一随人，潜步其后，至三塘坪，入易登四家，志清当扭获一人，馀二人逃逸，当查担内衣服数十袭，负内（刚）〔钢〕刀二柄、麻索二根、制钱一串。次日即有萧为善邀席领赃，随经团保送局，并控易登四窝户，从而攻击者十三团。忽易文光声称：已告知鄙人，手书到县，言三贼误入易登四家，并无窝夥情弊。县署因示期质讯。因为函致李咏仙、龚黼丞、李炯斋、蔡勤斋、常健吾、高粹之、吴竹铭，属用舟转达核实，一为查考。

廿七日。阴。接沈星海、李荔村、易仲梓、丁次谷、徐衡山各信。亦致丁次谷、徐衡山，又为毛濂溪致杨厚庵信。杨厚庵、陈展堂、杜仲丹过谈。子宽生辰，丁次谷邀往观出，同席丁次谷、徐芷沅、左子异、陈炳初。

廿八日。雨。致杨厚庵信。邀陈展堂、丁次谷、刘瑞云、曾介石、李芝岑、李佐周早酌。佐周不至。初邀杜仲丹、刘瑞珊，皆先辞。晚赴子瀞处，陪俞鹤皋、王壬秋、李芝岑、陈炳初晚酌。

廿九日。雨。接曾沅浦宫保、左千之二信。昨闻陈展堂言：道江南及湖北，晤诸乡人，皆以轮船为大不便于民，大率皆衡州人也。彭雪芹宫保终身以洋人为大憾，亦遂不复考究，衡人习闻其说，又惧轮船行或分衡州小炮船之利。顷接沅浦信，并录示创置内湖轮船一批，殆亦蔽于衡人之说也。

十一月

十一月初一日戊申。雨。致王鼎臣、黄石珊信。亦接杨厚庵宫保、周荔樵、黄彤轩及子瀞、理安各信。徐对山、萧兰村枉见。对山为徐芷庭之子，益阳巨富也，军兴以来，三次捐输，皆至万金，对山乃求觅差使，为赡家之计，其官则道员三品衔，兼赏花翎也。秉文为钟祥开镇军求寓书卞颂生，又为毛荅荪求调他局，因言蒋松甫办理湘阴厘局，所行多为荅荪纠正，而不能听从，荅荪急谋引避也。周荔樵晚过谈。邀王润生、吴安臣、陈佑之、邵燮廷、黄涤凡、杨佑吾晚酌，皆精堪舆之学者。

初二日。阴。回拜杨厚庵宫保、陈展堂、谭心可、长礼廷、裕蓉坪、郑子惠、段豸山、陶南村、徐衡山、龙琴堂、汪镜青、李笠村、王壬秋、刘秋云、徐对山、曾介石、曾履初、陈伯严、陈定生、朱禹田、朱菊生。天时苦短，三四处小坐，日已夕矣。

初三日。阴。接韩宝臣、胡道生、陈树藩及用舟、子瀞信，亦致曾沅浦宫保、陈展堂、韩宝臣、胡道生及用舟各信。又托陈展堂带致新宁刘岘庄、刘坚吾、刘希陶、刘谷怀、江荩臣、江郁文、江子方、江范吾、江质甫、江月卿十人公信。秋新侯、郭巘卿过谈。

初四日。阴。致但少村、周荔樵信。亦接朱禹田、周荔樵、胡浴生信。陈伯严、吴智川、徐仁羲及子佩过谈。

初五日。阴。接曹霖生及席珊信。杨怀瑾、徐仁羲、徐对山、欧阳复初过谈。因令多、顺两孙分析，移居新宅，送礼者纷纷，扰攘竟日。

初六日。接黄芍岩、徐仁羲及佩珊信。是日巳刻，多、顺两孙移居新宅，龙琴堂、陶少云、陈程初诸君枉贺。刘霞仙中丞、李次青及意城附祀曾文正祠，亦于是日申刻入主，送者数十人，留饮者五席，相礼则陈炳初、刘少秋、徐芷沅、张葵生也。李芝岑及子瀞各奉其父主升坐，刘霞仙中丞则鄙人承办入主一切事宜，稍尽友朋之义而已。

初七日。微雨。接曾介石、左佩勋信。陈展堂、丁次谷、左佩勋、邓华山、朱峰乔、王辰丽、郭巘卿过谈。邓华山，粤人，能西洋油画，巘卿荐之为小照者也。往拜王夔石中丞、但少村、朱星垣、刘定夫、吴云谷、朱叔宜、秋星侯、陈雨初名宝树，新选兰山县陈子宣之世兄也、何绍轩、饶心泉、陈展堂、李少高、俞鹤皋、蒋幼怀，又为金春江吊其母之丧。本诣王夔石中丞有应面叙者，(本)〔乃〕为人客纠缠，适值午、未之交，武闱新中式者相聚，簪花为宴，致不能见客。而闻合淝傅相患风痰之症，不能语言，使此心忽忽不乐。金春江处晤朱叔宜、全铁琴。

初八日。寄合淝傅相、王夔石中丞二信。任芝生、黄涤凡、江彝珍及子瀞、炳文过谈。又为吴晴研致炳文一信，属其转达。

又接星生信，托荐兴贤堂管理帐务，并属炳文为谋之。

初九日。接刘秋云、阎季蓉、张汉秋信。季蓉信言已就慈利渔浦书院一席，为本科解元康吉人所创建。其乡里有吴蔼人名恭亨，为文峻洁有体，诗学山谷。刘馀生（新）〔及〕今秋上书之金跃冶，亦慈利人也。又寄到《龙太常集》一部，太常名膺，字君御，万历时以直谏名，所著书有《纶滍文集》、《纶滍诗集》、《隍中诗》、《九芝集》、《术蛾稿》等名，今其裔孙汇刻为一集。

初十日。微雨。接卞颂生、董子珊、杨怀瑾各信。亦致子瀞信。董紫珊因秋益山寄到《治河管见》一部，盛称鄙人赏其铁柱之说，实无有此也。邓华山为画像，因留晚饭，郭潄卿所荐也，陪同至此，尽一日之功。是日闻左子异太夫人之丧，一往致唁，晤陈寿田、陈炳初、王梦虎、徐芷沅、贺子博诸人。张燮钧、钟瑞亭、刘瑞芸过谈。

十一日。早雨，午后晴。接陈程初、杨怀瑾、左佩勋各信。亦致黄彤轩及子瀞、炳文信。回拜张燮钧、钟瑞亭、耿苹野、王畅卿、刘瑞亭、李芋生、张子容、王桐爵。并诣江次致吊萧杞山，晤其弟萧理卿及唐鲁英、翁少兰。兼于张燮钧处晤何相山，随往道贺。

十二日。接龙琴堂、夏皞民信。亦复龙琴堂信。曹绍臣邀同陈程初午酌，曹云祥之世兄也，方谋修复东岳宫，慧仙道人亦至，求为之倡。以距藩署近，属仆人往探，云正会庄心庵观察。比往，则孙谷廷方病，陆伯葵往拜不能见，乃见其世兄。会客者，谷廷之世兄也，仆人之谬如此。

十三日。致曾劼刚、孙谷廷、蒋幼怀三信。亦接蒋幼怀及星生二信。王夔石中丞、林梅仲、陈雨初、邓华珊、郭潄卿、杨怀瑾过谈。下午雨。两次令杨佑吾陪同邵燮廷、陈右之赴乡看地，两次遇雨，不独地不可得，即得之亦必非吉兆。历试皆然。足知吾命之蹇，而葬地之必无可谋也。

十四日。阴，风，微雨。致朱藕尊、周荔樵信。亦接孙兰江、周荔樵、朱藕尊及简秋、子澣各信。左子异之母以是日成服，一诣致吊。便回拜陆伯葵、任昂千、欧阳翼峰、刘紫垣、贾清臣、林梅仲、王壬秋、童文卿、王斗极及笙陔叔。童文卿为童圭农之子。王斗极为王润生之子。本日见徐定生，为言王斗极到省一月有馀，专求为其父表墓，来见三四次，吾皆不能知，此皆仆人之过也。

十五日。阴，寒。接欧阳介人信。亦致陈璞山、欧阳介人二信。杨商农邀同成静斋、王壬秋、徐寿鹤、张雨珊、汪镜青晚酌。刘定甫约过谈，以须检理，稍展缓一二日，日内已属仆人谢客也。

十六日。雨。接刘彦丞、崧芍庭、陶少云、张子容、任芝田各信。刘定夫、耿苹野过谈。

十七日。雨。任芝田约过谈。以赴陶少云之召，便过芝田一谈。晤刘秋云，随就少云晚酌，同席龙琴堂、王实丞、卢丽生、俞鹤皋、李芋生，外惟孙春皋、李黼堂、杨蓬海，均以病不至。

十八日。晴。接於桐轩、吴宝庭、杨霁初、任芝田、蒋幼怀、吴舜臣、陈树藩及杏农各信。亦复杨霁初名煦荣，贵州都江通判，丁忧回籍、任芝田、蒋幼怀各信。又为陈树藩致徐蘅衫一信。李召甫、李子谦李仁峰之子、周笏山、周小樵、李弼臣、毛焕章枉谈。亦诣易椒生、易镜青。送还易兰生借约。

十九日。冬至。晴。接徐蘅衫信。王斗极来谈，乃以其父王润生墓表，来省一月有馀，闻徐定生言及，乃始知之。询其归期，云候示乃行，是殆将为坐守之计也。

二十日。晴暖似深春。接姚彦嘉信。欧阳介人、吴智川及敬修枉过。并由欧阳介人录示唐蓬洲诸人致陈心田信。谢小庄以创修四川馆，任听委员徐纶之讹诈肆扰，介人枉求已累月，实懒于询问，亦足见吏道之敝也。

廿一日。接刘岘庄、李筱屏、李炯斋、龚振之、殷默存各信。恽心耘、杨霁初、欧阳介人及星生过谈。为王夔石中丞贺生日。便拜谢小庄、龙琴堂、唐蓬洲、李佐周、黄子冶、黄小鲁、陈雨初诸君。胡子威枉过，以其弟胡彝甫所刻《万历本通鉴考》一部见赠。

廿二日。接刘希陶信。亦致曾沅浦宫保、但少村二信。恽心耘托为其亲谊胡式嘉裕燕求补淮安府缺，属转言之曾宫保也。冒小山、陈舫仙过谈。遂尽一日之力。

廿三日。接玉舲及楚臣二信。为梁氏生辰，亲友贺者麇至。瞿子玖早过，因留与郭斆卿面食。晚次，邀李樾庄、黄景斋、易铁樵、杨佑吾、欧阳介人、易云畴及家人子弟小酌。

廿四日。为玉舲致谭心可信。亦接周韶希、但少村、谭心可各信。又因玉舲专足之便，致李炯斋及子瀞、玉舲各信。回拜瞿子玖、冒小山、严少韩、谢视侯、胡子威、胡彝甫、任岳秋、杨霁初。随赴李芋生之召，到者龙琴堂、卢丽生、王实丞、俞鹤皋、陶少云。此外孙春皋、李黼堂、杨蓬海均以疾辞。此会恐未足常恃，少云、芋生承办，亦过涉丰腆。

廿五日。接曾沅浦宫保、黎尔民、毛俊卿、李仁峰及子瀞各信。唐蓬洲、周丽生、毛益三毛俊卿之子，毛锡纯之弟、邓华珊、郭斆卿枉过。毛俊卿信即由毛益三带到。

廿六日。致於桐轩、刘希陶、卢丽生、李炯斋及檠希、玉舲、子瀞各信。亦接周汝霖、洗雪耕各信。但少村过谈。晚次欧阳介人、邵燮廷来谈。

廿七日。接冯颉卿、易玉亭名易达恩，易云陔之侄，云舫伯、周氏姊之女婿、龚眉生、朱藕生各信。亦致凌问樵、李湘浦、邓时雍各信。邓君为禹民太守之子，以李湘浦现办省河厘务，求充司事，亦遂为一言之。问樵信则为庄季含求荐与一小馆。终日为此等酬应，摒挡不尽，极以为苦。冒小山、李小石、俞鹤皋来谈。李小石为李香雪之子，所言多中肯綮。

廿八日。接李祐覃及笙陔叔及炳文信。李小石、李芋生、吴爰吾、周幼云周芝窗之次子及绍西过谈久坐。欧阳介人、殷默存又至。

廿九日。雨，郁热殊甚。隆冬有此，亦奇景也。接彭鼎臣名铉宾，浏阳人，枉诗，兼以所为诗求序、李镜涽、杜彝珍、易淑子及道人彭慧光各信。慧光，东岳宫住持也。为卢丽生、王壬秋贺生日，便回拜顾少唐、李小石、齐小庵、但少村、蒋松甫、戴泽荣名朝普，上界〔届〕进士、傅竹湘、瞿子玖、张禹珊、陈程初、朱峰乔、彭聪叔诸处。是日又为杨毓吾四十生辰，午刻乃知之。李小春过谈。

三十日。大风雨。接曾沅浦宫保信。亦致黎小楼信。黄子诚、蔡雨亭、杨怀瑾、黎小楼及绍羲过谈。笙陔叔承受熊彝臣傅家冲田业，函托一询，令杨毓吾往探，绍羲亦偕往议之，笙叔亦未免过图便益也。蔡雨棠会同彭义才、陈念青、陈萼楼、任有馀、胡永祥、高松阶七户，议将沙田围外塘嘴洲粮田四十馀石充入公费局，云出陈程初之意，属一询之。

十二月

腊月初一日戊寅。雪。致陈程初、王夔石中丞信。亦接郭黻卿及子瀞二信。子瀞信述县事数款，皆使人茫然。大势所趋，万事敝坏，人心从之而靡，无可与共语者。生今之世，为今之人，多生积累，盖亦可知矣。

初二日。阴，寒。接徐仁羲信。回拜陈舫仙。陈程初过谈。赴龙琴堂之召，同席孙春皋、王实丞、卢丽生、俞鹤皋、陶少云、李芋生，凡八人。

初三日。阴，寒。早微雨。接翁小山信。亦致曾沅浦宫保、黎尔民、聂仲芳、马眉叔、姚彦嘉、翁小山各信。刘希陶至久谈，会黄涤凡治席邀丁次谷、蒋幼怀，便留希陶小酌。幼怀亦以病不至。

初四日。阴，寒。接吴称三信。亦致谭心可信。诣陈右铭、刘希陶、王壬秋、黄芍岩、刘湘士谈。王壬秋处晤张怡庭，张东墅之弟也。

初五日。雪，寒。致子瀞信。恽星耘、刘达卿、罗小垣、熊子俊过谈。熊子俊为熊鹤村之侄，与李弼臣、毛焕章皆乾升夥友也。荔云邀陪刘希陶，同席王壬秋、曹介藩、朱次江及寄禅、一心。

初六日。阴，寒。接唐楙垓、吴智川信。亦致寄禅和尚信并诗，以番银四饼赠之。诗云：四大皆空空不来，馋僧也要吃清斋。一诗换得一斗米，四饼添装四担柴。大雪漫天成幂房，枯藤拄地即根荄。闻师早晚衡山去，饱咏山园日夕佳。

初七日。阴，寒。接刘希陶、张鹤臣及子瀞、子湝各信。陈右铭、但少村、黄芍岩、任筱棠、李华卿、黄涤凡、罗小垣、张怡庭、姚蜚誉过谈。赴周荔樵之召，同席孙幼谷、薛叔芊、徐蘅衫、王实丞、熊海门、欧阳翼峰共八人，食品甚丰，归家已报四鼓矣。

初八日。接沈星海、刘希陶、王壬秋、朱宇田各信。为裕蓉坪贺署澧州之喜，为丁佩苍贺新婚。便拜长礼庭、王绍棠、杨蓬海、黄子襄、黄子诚、张怡庭。丁佩苍处晤丁继开、汪仲霖；仲霖为汪笏生之子，本科举人也。

初九日。阴，寒。接易卓超、易玉峰、王壬秋、蒋幼怀及笙陔叔、子瀞、玉舲、莕农各信。亦致裕蓉坪、长礼廷、蒋幼怀、黄涤凡各信。王壬秋荐宁乡范燮勋来见并枉诗，诗甚劣，行径尤奇。壬秋可云好事。丁次谷、郑子惠、杨鹤琴、罗小垣、黄涤帆次第过谈。

初十日。阴。接熊春溪、长礼廷信。亦致笙陔叔、佩珊、子瀞各信。邀陈右铭、刘希陶、黄芍岩、王逸吾、瞿子玖、王壬秋小酌。子玖赴乡未至。

十一日。雨，大风，寒。接孙兰江、宋子霖、刘希陶、朱幼炳、吴智川及笠云、寄禅各信。邀陈雨初、黄小鲁、李芋生、李作舟、周荔樵晚酌。

十二日。雨，寒。接陈右铭、杨霁初、李华卿信。亦复李华卿、熊春畦二信。以不乐与春畦通信，语言又苦直切，乃由笙陔叔转达。李樾庄解馆，稍治肴品款之。便赴王壬秋之召，同席陈右铭、王逸吾、刘希陶、张冶秋、瞿子玖。子玖以赴乡不至。

十三日。阴，寒。接樊子琳、邹希尚、周汝霖、王壬秋各信。又接松云、智刚省庵信。周汝霖转致其业师周希尚信，为赵朗垣有捐赈为其母建坊之议，托为赞成之，并列邹学时、周汉、刘谦恕三名，亦莫知其何意也。刘祝廷过谈。

十四日。微雨，寒。接杨琴堂、李麓渔、周汝霖、易翰芹及槃希各信。亦致陈雨初、王壬秋各信。曹筠轩、罗小垣枉过。闻子瀞已回家患病数日，一诣视之。

十五日。阴，寒。接周渭臣、董春元、王壬秋、熊绍香、欧阳价人各信。亦致樊子琳、谢菱堂二信。又接王益吾信，并见赠《续经解》全部、《清嘉集》三编、《江左制义辑存》各一部。当复王益吾信，并致玉舲一信。黄景斋解馆，邀同易铁桥、陈右之、杜彝珍、易云筹便酌。邵燮廷、杨佑吾、易翰芹晚至一谈。

十六日。阴，寒。接姚棣卿桂东学官，荣炳、毛濂溪、易翰芹、吴智川、龙镜河及笙陔叔各信。瞿子玖、韩陛臣及用舟、绍羲过谈。姚髦士过谈，并写立范家坪田契。接蒋幼怀信报称：腊月初八日奉上谕，明年举行亲政恩科。

十七日。阴，寒。接黄彤轩、欧阳价人、周昌辅各信。裕蓉坪、谭心可、刘希陶、张雨珊、王梦虎、周小樵过谈。陈右之、邵燮廷自乡归，地事仍无所得。雨雪泥泞，山行良苦，参差颠沛，以累友朋，天之所以处吾家者，亦可知矣，为之惘然。

十八日。致翁筱山、陈右铭、李佐周、周荔樵、周昌辅、钟佐廷及槃希、玉舲各信。又接亮亭信。为裕蓉坪送行。便拜徐星畲、陈雨初、黄子冶、黄小鲁、任昂千、张海帆、唐兰生、熊海门。随赴卢丽生之召，同席杨蓬海、王实丞、俞鹤皋、李芋生、陶少云，共七人。孙春皋、龙琴堂不至。

十九日。阴，寒。接刘希陶、吴少陔、张汉秋、陈熙堂各信，又接荇农信。亦为饶岱霞致书但少村，随亦接但少村信。傅寿山、欧阳苐轩、饶岱霞过谈。李麓渔、易淑子由局回乡过宿。陈右铭邀同王壬秋、张雨珊、王逸吾、瞿子玖、刘希陶小酌，希陶不至。

二十日。接周定轩、张超堂信。亦致佩珊信。以吴晴研开交耕心、养知二折还之。李佐周邀同刘希陶、王壬秋、王逸吾、瞿子玖、傅少湘、罗春圃晚酌，到者希陶、壬秋及予三人而已。陈右之、邵燮堂自乡回，地事仍无踪影。

廿一日。阴，寒。接周笠樵信。亦致周荔樵、蒋幼怀二信。

朱次江、邵燮廷过谈。天寒日短，顾景岌岌。朱次江言京师惟毛实君庆蕃，江西人、乔茂萱树萱，四川人可与深谈。

廿二日。复张超堂及致玉舲、槃希、润民信。易铁樵、易云舟、陈右之、邵燮廷并赴湘阴，以铁樵邀令相度莲知所置徽山地，李华卿又新置下泥港地，偕往一阅，致有此行，实非鄙心所愿也。晚次接朱暝庵信，询问各事端，当复一信。

廿三日。阴，寒。接曹云祥、黄子光昆仲、钟佐廷、陈文蔚、毛杏荪、盛展奇及玉舲、炳文各信。亦致刘希陶、郭瓛卿信。丁次谷过谈，语及但少村、庄心庵之言。闭门却扫，不交人事，乃以蜚语招无端之疑怪，实所未喻。是日腰痛殊甚。向无此症，而忽及身见之，不免老态逼人之感。是日为祀灶之期，祖传斋食一日。晚诣两宅，率家人恭祀灶君。

廿四日。雨。接刘希陶信。湘俗以是日为小年，率两宅家人上供祖先。早邀杨佑吾、陈翰帆共饮养知书屋，中午加邀龚果斋共饮玉池别墅。晚接沈星海一信。

廿五日。微雨，寒。接韩宝臣、翁小山、吴少陔、陈象生及玉舲信。李华卿、姚髦士、左佩勋及笙陔五爹过谈。亦致孙谷廷、谭心可二信。孙信为杨霁初求贵州饷差，谭信为傅寿山求局差。随接孙谷庭、谭心可二信。

廿六日。复沈星海、韩宝臣及玉舲、鹤九、虚堂各信。亦接魏赓臣、文兰舫、刘彦臣、黄幼森、周幼云其兄稚云，少云，为周芝窗之子及谢协戎濬畬、湘阴典史周兆麟、千总陈澍霖各信。谭心可、左佩勋过谈。又为熊彝臣家及熊春畦处置家事，极费唇舌。

廿七日。接陈右铭、朱暝庵及笙陔叔及怡仲信。亦致朱星垣、陈右铭信。熊叔雅、张卓斋过谈。晚邀郑子惠、段豸山、唐蓬洲、王啓卿、李汉卿、秋新侯小酌。郑子惠言：闻翁小山得京信，大内失慎，灾及保和殿。接右铭信，始知中丞得电报：十四夜由贞广门失慎，延烧太和门。稍视保和殿工程为轻，要亦非常之灾矣。

廿八日。雨。接丁百川、蒋弋芗、黎树堂、黄屺石、熊叔雅、欧阳介人、朱瞑庵各信。亦致瞿子玖、陈程初、朱瞑庵、欧阳介人、熊叔雅、王荔村各信。

廿九日。雨。接林少梅、梅子宣、王荔村及笙陔叔信。亦致林少梅及笙叔信。上供祖先，率两宅家人行礼，湘俗谓之年饭。杨毓吾料理年事，不暇过饭，惟与陈汉帆及子及两孙会饮。

光绪十五年　己丑

正月

光绪十有五年己丑岁正月初一日丁未。元旦。雨，雪。率两宅家人敬谒祖先。随赴思贤讲舍、船山祠及曾文正祠及附祀两龛行礼。过刘希陶，据笠云云：除夕相与联吟达曙，方卧未久也。因过笙陔叔及子瀞两处。多、顺两孙留早饭。回至左局街，并约杨毓吾、陈汉帆小酌。遣柳玉诣各署道贺，自王夔石中丞、孙谷庭方伯以下亦皆枉贺。元旦纪年诗久已成例，诗云：忽忆生年就学初吾年十二始就外傅，重周甲子七旬馀。追思盛日怜花鸟，犹及乡风饱稻鱼。阴久如人无意绪，愁多视岁有乘除。太和庆典寒冬火，惆怅禨祥太史书时闻太和门被灾。

初二日。雨，雪。致朱禹田、丁次谷二信。亦接丁次谷信。谢诸拜年客。左千之、李花农、张卓斋直入书斋，不能拒之，多费周旋之力。荔云言与刘希陶除夕相对作诗，自诵其句云：埋头竟日惟偷懒，愤世终年只学乖。除夕从容一尊酒，故人潦倒独开怀。修行老衲苦思肉，应供伽蓝怕赶斋。但把肥鸡作檀越，拜登时复下前阶。荔云言希陶畏斋食，亦不受友朋之馈，但有送鸡者，必拜受之。值逢两日雪，因用其韵赋雪云：飞霰半空惊鹤舞，颠风一夜笑龙乖。漫天寒景随元日，何处人间有好怀。青眼看山登快阁，白头倚醉赋高斋。凭谁就问袁安卧？雨暗柴门草没阶。

初三日。雪。拟为人日之集，约王壬秋、李佐周诸君小饮，以小启相订云：春宵剪韭，雅称乡风。雪后看梅，恰逢人日。四簋涂公之约，远寻薇署觞规涂朗轩任湘藩时为四簋之约；六联高适之诗，近就草堂题赠。借添韵事，仍请便章。亦稍申饯远之情时丁次谷赴扬州，王壬秋赴天津，朱次江亦就试礼闱，先约除拜年之礼。刘希陶过谈久坐。是夕大雪，深尺许。

初四日。晴。是日立春。接丁次谷信。亦复丁次谷信。李芋生、黄雪逵枉过。诸言拜年者皆不敢见。往时年节皆赴两宅行礼，是夕亥时春，晚间行走颇不敢自恃，分属儿辈为之。

初五日。雪。接刘希陶信，亦复希陶一信，以希陶见示《仪礼周礼句读》，属为审正也。黄雪逵枉过久谈。昨日立春晴，前后两日皆雪，兼寒甚，亦奇。

初六日。雪，下午晴。接陈隽〔臣〕、瞿子玖二信。诣王夔石中丞、张燮钧学使、孙谷廷、吕藕池、谢小庄、朱星垣、但少村、刘定甫、孙春皋、翁筱山、任昂千、景吉人、徐心畬、徐熙堂、陈雨霖、唐夔友、潘椒坡、严少韩、范小溪、段豸山、蒋松甫、刘牧村、易子昭、况颜山、王彤轩、郑子惠、李翰卿、王邕卿、邓琼史、秋新侯、钱子宣、王绍棠、何绍仙、曾祝如、黄子冶、黄小鲁、陈雨初、丁次谷、王云轩、周铁垣、王实丞、陈舫仙、饶心田、黄铭山、徐蘅衫、徐云衢、徐次鹤、王雁峰、蒋玉樨、任小棠、张海帆、李黼堂、李幼梅、李稚城、聂伯元、汪景山、张怡仲、蒋幼怀、黄铭山、陈定生、瞿子玖、汪晋卿、春书云、张楙陔、陈程初、李质堂、刘祝廷、罗春圃、贾清臣、欧阳翼峰、刘笏云、袁绶瑜、张元裕、熊鹤村、卢丽生、黄在福、孔静陔、熊次衡、熊叔雅、陈璞山、孙次韩、彭笙陔、曾履初、林梅仲、黄雪逵、赵岳卿、祝淡溪、吴斗枢、戴惠亭、王庆善子馀，二府、李芋生、易赞舟、皮麓门、唐鲁英、唐楙陔、唐兰生、唐赞育、马小庄、刘湘士、刘达泉、丁佩苍、谢雨田、罗瀛樵、彭聪叔、李贞、程颂芬、全铁琴、曹鸿绶、杨显楷、俞鹤皋、杨蓬海、翁少兰、杨襄臣、黄子钧、傅竹湘、吴少云、黄子襄、黄望之、周荔樵、陈怡生、章丽峰俊、左千之、郑茀庵丞。便赴刘希陶之召，同席王壬秋、李佐周。

初七日。晴。接朱宇田、杨蓬海、欧阳介人各信。亦致瞿子玖信。常静邀集上林寺，同席王壬秋、刘希陶、梁季云。便过朱瞑庵谈。晚邀丁次谷、王壬秋、刘希陶、李芋生、李佐周、瞿子玖小酌。

初八日。接丁次谷、於桐轩、盛芾卿、冼雪耕、梁少穆、区祝三、彭晴峰、杨显廷、龚兰圃各信。亦致丁次谷、王壬秋、杨蓬海各信。诣王夔石中丞、庄心庵、周少轩、赵载庵、杜礼堂、谢莘田、李小石、於晓亭、朱澄秋、唐蓬洲、陈右铭、陈伯严、姜兰浦、娄峻山、杨梅生、长礼庭、危显庭、杨厚庵宫保、王益吾、陶少云、王壬秋、李佐周、龙琴堂、瞿海如、瞿式似、左少卿、易椒生、彭溧桥、吴少陔、周春浦、何伯元、成静斋、徐子元、罗顺循、王梦虎、胡少芝、刘少馨、周笠西、周家濂，周渭臣军门之子、范芰沅、陈德生诸处。王夔石中丞处见李黼堂，使人心为不欢。

初九日。阴。接刘希陶、李海珊各信。亦致曾沅浦宫保、欧阳伯元、欧阳介人、刘希陶、龙琴堂及子瀞。李萼华、黄植斋及东林枉过。回拜谭心可、隆虚村、阮保之、耿苹野、柏斯台、王润生、刘子元，兼为张燮钧送行，及补拜翁小山、任小棠。并诣汤斐斋，晤丁次谷、成静斋一谈。黄植斋荐冯乐宾鑫鉴入讲舍，刘希陶荐武冈王竹珊德铭、萧芝馨星烂求局务。

初十日。接龙琴堂、丁次谷信。张燮钧、杨显臣、卢丽生过谈。龙琴堂以孙春皋团拜之议，必欲就新屋为之，两宅地板均与新屋不合，徒使人多费周章而已。

十一日。接冼雪耕、曾沅浦宫保、黎汝民、黄石珊各信。石珊现署汉川，钟祥本缺竟为人谋去，宦途行径，固为可畏。陈右铭、龙琴堂、饶石顽过谈久坐。石顽近日造诣，颇有所得于心，其言多可听也。

十二日。接沈星海、刘静生二信。亦复周渭臣、刘静生二信。刘静生荐刘荫南讲舍，并示其《菽园诗存》一册。荫南名焱羲，刘绍臣从弟也。熊鹤村过谈。

十三日。阴。暖。接文枫阶、吴宝庭、秦丽春、言湛甫、熊鹤村各信。陈程初约早酌，同席李质堂、俞鹤皋、孔搢阶、陶少云。询知陶少云已于十二日送其子陶履谦赴礼部试。席后诣孙谷庭、但少村、文兰舫、刘小山、陈少卿、孙彦臣、彭晴峰、沈咏荪、王萝泉、黄滋甫德、蒋荣甫其顺、彭虎臣、刘云樵、邓子侯、杨显臣、樊梓林、秦丽春、王实丞、周荔樵、陈炳初、张轿瑞，少农、李少笙诸处。

十四日。阴，暖，风。接李杜生、丁次谷及星生信。亦致丁次谷、龙琴堂、刘希陶各信。朱禹田邀萱圃小酌，同席刘希陶、俞鹤皋、王壬秋、杨蓬海、唐兰生、周荔樵、张怡仲、蒋幼怀。其未到者陈程初、孔搢阶二人。李杜生荐其弟李少春鑫锡入讲舍。

十五日。晴。诣两宅率家人叩谒祖先。复冼雪耕并致龙琴堂一信。为但少村贺生日。为谢小庄贺加二品顶戴之喜。并谒聂伯元谈。孙谷庭、但少村过谈。早间李华卿、陈汉帆同饮养知书屋。杨毓吾亦自乡归。晚邀黄雪逵、秦丽春、樊子琳、黄滋圃、杨显臣、刘云樵作元宵之饮，黄滋圃告辞，乃以席珊代之。

十六日。微雨。接区祝三、朱禹田、龙琴堂、欧阳介人各信。

亦复朱禹田、龙琴堂，及致钟佐廷、欧翼峰各信。陈少卿、周荔樵、俞伯均、吴爱吾及星生过谈。

十七日。接龙琴堂、刘希陶信。亦致刘希陶信。文兰舫过谈久坐。是日为团拜之会，孙春皋、龙琴堂、王实丞、卢丽生、王雁峰、俞鹤皋、李芋生、杨蓬海、刘祝廷、陈程初、唐鲁英、李质堂，会者共十三人。

十八日。雨。接龙琴堂、朱禹田、李少楼、吴国霖及槃希、子瀞各信。徐心畬、陈心田、易燮堂、蔡蓉仙、龚景斋过谈。易燮堂承受南洲田二千亩，有涂元善者，以新垦之三百亩充入斗姆阁，由易燮堂为之说合，因属开具事略，当一询之赖子佩，无他轇轕，便可承受。

十九日。接易卓超、喻庶三、王雁峰及楚臣信。亦复李少楼及槃希信。又为李少楼致李镜涪、钟佐廷二信。回拜翁筱山、徐心畬、陈少卿、赖子佩、陈星心、赵耀亭、俞鹤皋、俞伯均。赴郑茀庵之召，同席王壬秋、刘希陶、张雨珊、樊子琳及荔云、常静、道芗三上人。饶石顽见示《楚杂事诗》一百首，语语深稳，其交涉湘阴者：汨罗遗庙水冥冥，日夜秋声下洞庭。梦雨神风招不得，只留残碣记昭灵。引《楚三闾大夫昭灵侯庙记》，武安军节制馆驿巡官守京兆府咸阳县尉萧振撰。梁开平元年，楚王马殷请封屈原昭灵侯，遂新其庙，为之记。记云：我太尉中书令楚，道惟济物，德必通神。思阙政而咸修，想忠魂而有感。遂拜章上疏，请爵遥封。爰旌感应之功，是锡昭灵之号。又云：古木苍藤尚俨然，屈累遗憾满湘川。祁阳令长浑多事，欲禁端阳竞渡船。引《青琐集》：汨罗江上有屈子祠，以渔父配享。唐末有洪州衙前军校，忘其姓名，题一绝云：苍藤古木几经春，旧祀祠堂小水滨。行客漫陈三酹酒，大夫元是独醒人。《全唐诗》：萧结，庐陵人，五代时为祁阳令，州符下取竞渡船，结批其符尾驳止之。又云：群玉峰头拥翠岚，故园相忆柳毵毵。云僧若问今年事，金殿宣名第十三。引《小草斋诗话》：孟宾于与李昉相友善，昉入宋官翰林，宾于仕马氏为零陵从事，后入南唐为郎，昉寄诗曰：幼携书剑别湘潭，金榜标名第十三。昔日声尘喧洛下，只今诗价满江南。宾于后隐玉笥山中，号群玉峰叟。案马令《南唐书》称：孟宾于，湖湘连上人，天祐末登进士第，还湘，马殷辟为零陵从事。又云：碧湘湖上少风波，欸乃一声渔父歌。危亡旧事那堪说，三十六湾春水多。引马希范袭为楚王，奢僭过度，戴偃非之，著《渔父诗》百篇以献，希范怒，谓宾佐曰：偃献吾诗，想其为人务以渔钓自娱，赐碧湘湖以遂其性。即日使迁居湖上，潜禁士庶无与之交。

二十日。阴，寒。接陈程初及佩珊、咏民各信。是日以段豸山送仁和部灯曲，便邀陈右铭、林少梅、丁次谷、彭晴峰、黄雪逵、任筱棠、蒋幼怀、刘希陶、王益吾、王雁峰、唐鲁英、唐兰生、王壬秋、王孟虎、陈程初、陈璞山、龙琴堂、杨蓬海、李芋生、裴隽臣、胡浴生，共四席。未到者王实丞、孙春皋、王彤轩、瞿子玖、李质堂、娄峻山、张雨珊、刘祝廷，共八人；惟孙春皋、王实丞、刘祝廷均先期辞谢，馀并于是日告辞，竟不便补请。陈程初信转述黄子襄之言，为其侄赓陶求补讲舍课额。

廿一日。阴，寒，微雨。接唐羲臣、盛展奇、盛玉成及玉舲各信。亦复盛展奇及佩珊信。唐羲臣信由其孙玉怀递到。万桂生、蔡蓉（生）〔仙〕过谈。桂生为万石臣之次子，人甚清俊。晚邀彭笙陔、郭弥生、周荔樵、罗叔循、孙次韩、曾履初、左千之春酌。遣人赴易家湾致罗小垣信，催令来省。

廿二日。接刘月亭名棻远，现馆泰安府、刘朗山信。亦致王实丞、赖子佩二信。刘月亭、刘朗山信由许燮廷鼎九带到，许奉张朗斋中丞委赴桂阳召募矿师。杜彝珍、黄伯周、周小樵、周玉亭过谈。陈右之、邵燮廷自湘阴回。南风潮湿，兼暖甚，必雨征也。

廿三日。阴，微雨。接陈舜邻、李佐周、罗小垣、王实丞、蒋幼怀、廖逵宾、胡浴生、周丽樵、刘希陶、饶智元各信。子瀞递示陈汝霖信，荐其门下刘佐尊补思贤讲舍。赖子佩、唐玉怀、危子琳、罗赞卿过谈。易铁桥、易云畴自县至。杨蓬海邀同王实丞、王壬秋、陈程初晚酌。所邀况颜山、王菊生二人均辞不至。

廿四日。阴。接王实丞、刘希陶、张卓斋各信。亦复王实丞、刘希陶信。为谢小庄贺生日，为刘牧村贺赴任。便（堂）〔拜〕吕燮堂、王福全新署宁乡、赖子佩、陈舫仙、周定轩、顾少庚诸处。便赴翁小山、任昂千、景吉人八闽会馆公宴，徐云渠、王雁峰、李质堂、陈程初、王梦虎、俞鹤皋、杨蓬海、王益吾、孔撂陔、张子容、唐鲁英、唐楙畡、陈定生、唐兰生、聂伯元、曾履初，凡四席。

廿五日。阴。接杨性农、黄彤轩、丁次谷、胡幼森、饶石顽、徐蘅衫及子瀞诸信。亦致陈程初、刘希陶、钟佐廷信。郑子惠、王实丞、涂卓斋、庄裕之、李镜涪过谈。

廿六日。阴。积阴廿馀日，中间见日者数日，偶得微雨，未尝闻檐溜也，但见一种晦蒙否塞之气而已。致翁筱山太守书。亦接翁小山、周荔樵、陈云樵各信。周仁庵过谈。是夕雨。致翁筱山信，以吴国霖、吴智川及经笙三人托荐阅卷。

廿七日。雨。致刘希陶、周荔樵、左佩勋三信。亦接阎季蓉、刘希陶、左佩勋、杨耔云及佩珊、子瀞各信。阎季蓉信由李蓉镜带到，并致送向修梅《秦人宅藏稿》四册，求选入《耆旧集》。唐蓬洲枉过久谈。晚邀黄景斋、李镜涪、庄裕之、易椒生、万桂生、危子琳、唐玉怀及寅伯、子宽小酌。是日寒甚。

廿八日。接周荔樵、刘希陶、左佩勋信。亦致刘希陶信。为王夔石中丞贺其生子之喜。便拜但少村、刘定甫、孙春皋、翁小山、景吉人、瞿子玖。晚邀易铁樵、李子韶、陈右之、邵燮廷、左佩勋、易云畴及萫农小酌。

廿九日。接刘希陶、张云汉及慰霖、觐堂、子瀞、秉文、寅伯、茂官各信。亦复刘希陶信。刘希陶、李佐周、熊叔雅过谈。晚邀罗晓垣、杜彝珍、言舫丞、杨熙春、李蓉镜、杨佑吾及麓安小酌。

三十日。雨。接刘希陶信，当复刘希陶信。王桐轩、翁少兰、陈敬亭、郑湘舟、吴国霖、张卓斋过谈。晚赴唐鲁英、唐兰生之召，同席李质堂、俞鹤皋、陈程初、王逸吾，外惟张雨珊以回乡不至。便拜王壬秋、王理庵、李佐周。益吾已前赴唐处，往约偕行不晤。

二月

二月初一日丁丑。接陈子濬、周卓群及寅伯信。段豸山、李质堂、易燮堂、涂卓斋过谈。晚邀瞿子玖、汪晋卿、孔搢陔、陈伯严、熊叔雅小酌。

初二日。接陈右铭、左佩勋、欧阳煦鉴各信。周道南军门过谈。刘定甫邀同徐云衢、俞鹤皋、王壬秋、王益吾晚酌。

初三日。致陈右铭、陈伯严、瞿子玖及佩珊、玉舲各信。亦接陈伯严、朱禹田信。李弼臣、饶髦士、李镜涪及绍西过谈。回拜周道南、詹子安、任昂千、李友兰、裴隽臣、谭心田。并为瞿子玖送行，为但少村贺其纳孙妇之喜。子玖处晤朱鹗生五、朱翘生六兄弟。翘生以主事分部，便应北闱乡试，与子玖同赴京也。

初四日。接李少楼信。亦致朱禹田、刘牧村信。瞿子玖、周荔樵、李吉生过谈。连日林少梅、黄实丞招饮，以开年困于酒食，心绪又极不佳，皆谨辞之。

初五日。接合淝傅相、王益吾、成静斋、周汝霖及笏堂各信。亦致王益吾、成静斋各信。欧阳介人过谈。

初六日。接王夔石中丞信。亦复夔石中丞、毛廉卿及子湝各信。夔石中丞并给示议停铁路各折：余联沅一折最先。次则屠仁守、吴兆泰一折。洪良品、张炳琳、林步奇一折属之御史。徐会澧、王文锦、李培元、曹鸿勋、王仁堪、高剑中一折属之书房。徐折十二月初八，此三折十二月十八日同上。次则翁同龢、孙家鼐一折，属之毓庆宫。次则奎润、乌拉喜崇阿、昆冈、松森、祁世长、景善、孙诒经、薛允升、丰烈、文治、李端棻、明桂、徐致祥、冯尔昌、李端遇、溥殷、奎郁、李鸿逵、盛昱、溥良、黄卓元，通六部九卿凡廿一人一折。游百川一折。文治既列名公折，又自具一折十二月廿一日。余联沅劾李相兼及承办商人广东陈承德凡五款：一有害于舟车，二有害于田野，三有害于根本谓其逼近宫阙，四有害于风俗谓村氓尽被洋人煽惑，五有害于财用，而推论洋人亦不能行，引英法海底铁路及英俄交界铁路为证海（国）〔军〕复奏力驳之，后并劾及沈保靖、周馥以为识见卑小、马建忠、伍秩庸以为惟利是视。屠仁守折专主通州铁路不可开，洪良品折并同，言密迩宫廷，虽有百益不能偿此一害。徐会澧折为条陈中一款，用意并同，后言必不得已，请改添德州、济宁，以通河运。翁同龢谓只可行之边地，不可行于腹地，请暂缓办。奎润公折谓津、通百姓呈诉二三百起海军复奏：仅有天津人王有庆求让菜园、候选训导于世棻求让坟前馀地两呈，他处无具呈者，而举津、通人以船车负贩为业六万人，以一家五口计之，凡三十万人，皆无衣食之资，专为百姓生计言之。游百川折略同，并论及股分只利于富商，无利于贫民，另片劾陈承德、伍秩庸、乐贤堂、植德堂诸人集股渔利。文治折凡□条：损己以益敌害一；开门以揖盗害二；伤人坟墓庐舍害三；专贫民之利害四；失天下之人心害五言近年电报之设，行路伤心，复设铁路，与敌人以利权云云；仿行西法，奸黠者蒙利，良懦者受害，一处不已，行之各处，一省不已，推之各省，势必驱良懦尽化为奸黠，坏天下之风气，害六。且言所谓利者，臣下之利，非君上之利，外洋之利，非中国之利，一二人之私利，非千万人之公利，隐刺李相为最甚。海军复奏言兴修铁路二利，一利于海防，一利于河运；不修铁路二害，废已成之功害一，绝将来之望害二。其列名者：醇亲王、庆郡王奕劻、李中堂、张曜、曾纪泽、礼亲王世铎、额勒和布、张之万、许赓身、孙毓汶。大率诸折所据以为言者：一曰资敌，一曰扰民，一曰夺民生计。海军所驳，于洋务事宜尚有考究，惟资敌一节未分明。下午大风雨雷，而郁热益甚。

初七日。晴，郁热。接王壬秋信。张海帆、欧阳荑轩、梁岱云名文镛，昆圃、仲玉之弟过谈。为但少村饯行，并邀刘定夫、庄心庵、周肖轩、俞鹤皋小酌。

初八日。阴，风。接黄滋圃、殷少乔、凌拔枬、毛荇农各信。亦致陈程初、龙琴堂信。丁次谷、刘希陶、黄雪逵过谈。晚邀赵载庵、徐心畬、顾少庚、刘牧村、王绍棠小酌，赵载庵不至。是日郁热尤甚，下午大风，寒。

初九日。大风，雨，寒。致陈程初信。亦接郑湘舟、钟佐廷及润民、茂官信。欧阳介人及寅伯过谈。回拜黄芍岩、陈定生、王益吾、龙琴堂、成静斋、张海帆、杨商农、刘世璜。并为周肖轩贺其捐升道员之喜。为黄雪逵送行。

初十日。大风微雨，寒甚。接王益吾、成静斋、周次农、周卓群信。亦致周肖轩、左逸仙、成静斋信，并荐郑湘舟及席珊阅卷于左逸仙，然闻翁筱山荐人甚多，独于区区所托，一置不理，人情大可见，而苦诸公之不能相谅也。张子初岳州长江水师镇台、陶少云、吴智川过谈。

十一日。阴，寒。接袁笃栽、周卓群及杏农各信。荫景陶过谈，豫东屏方伯之侄也。询知铁龄行二，号西湄；延龄行四，号锡九，随同出使日思巴尼牙，于渠并为从兄弟。陈苏生名曾佑，壬午举人。回拜张子初、杜仲丹、陶少云、荫景陶、周荔樵。并诣汤斐斋吊其夫人。兼为但少村送行。

十二日。接王益吾、李芋生及润生各信。是日翁小山太夫人八十生辰，及二�生日。均一诣贺。胡其祥、韩陛臣、钟佐廷、绍西、佩珊、炳文均过谈。中丞以是日甄别书院。人客坌集，扰攘半日。

十三日。雨，寒。接陈右铭信，亦复陈右铭信。思贤讲舍开馆，与熊鹤村、俞鹤皋、陶少云、黄植斋送学，因陪院长王实丞、监院周荔樵小酌。

十四日。微雨。接袁笃栽及子瀞、杏农信。笃栽开示中丞派阅甄别书院名单，凡十五人，所知独何廷俊、潘介繁二人，馀皆不相闻知。李小春过谈。晚邀张精逸、胡其祥、韩陛臣、钟佐廷、杨景皋及绍西、炳文小酌。

十五日。致豫东屏、王益吾二信。亦接王益吾、荫景陶、易翰芹及檠西、绍西、用舟、玉舲、玉堂、润臣、茂官公信。诣左子异吊其母丧。并回拜刘牧村、彭晴峰、秋新侯、张精一、熊鹤村。左宅人客繁多，仅得与黄芍岩、陈定生、长礼亭、贾清臣一交谈而已。

十六日。接曾沅浦宫太保、翁小山、陈树藩、蒋开径各信。

当复翁小山一信。安化缄请吴智川襄校试卷，智川已应左逸仙益阳之召，因托翁小山补荐杨景皋。左子异邀请陪吊，王夔石中丞、吕燮堂、谢小庄、长礼庭、贾清臣，所陪数人而已。夔石中丞论及刘希陶具呈事，因询武冈事本末，为稍言其略。中丞以谢小庄之言，甚疑朱冠臣处理之未善也。胡其祥、韩陛臣、钟佐廷、冯乐宾、邵燮廷过谈。

十七日。致王夔石中丞、陈程初、杨商农、钟佐廷及玉舲各信。亦接刘吉元名祥胜。记名总兵，浙江带楚军五营、苏子熙、黄棣轩、王稚蕃、杨松龄、唐绍武、李花农各信。杨商农、黄芍岩、姚髦士、殷黼仙、殷逊孺、王梦虎、王维翰梦虎子，名作屏、杨景皋及茂官过谈。接夏芝岑讣，询知其世兄长曰鹤生，三曰毓峰，四曰芰舲。是夜雨。

十八日。雨。致汤斐斋、周荔樵、陈右之各信。并以陈炳焕、王维翰二名属子澥达之陈炳初。是日约同陈右之赴杨梅山展墓，昨夜雇定两轿而雨作，竟日不息。杨毓吾同炎儿赴县，邀陈右之同行，计省城附近地甚不易求，只好县境求之，不在高语大地，在求穴真而已。晚就杨商农一谈。

十九日。晴。复曾沅浦宫保，及致周荔樵、杨商农及玉舲信。亦接周荔樵、杨商农、易赞周各信。去冬沅浦宫保枉寄燕菜，由欧阳东海带到，此次寄寿礼，又由刘太山带到。刘太山乘庆云轮船接其西席张星甫、刘云浦两君赴江南。以绣屏、火锅、针黹、暖靴四事寄之。而刘太山又以假回湘乡，适欧阳东海来见，遂以交之。是日炎儿赴县应试。陈右之、杨毓吾俱以事偕行，胡浴生、杏农、麓安、顺生皆随赴县。李季梅、李筱屏过谈。季梅谋诣曾挚民，以其亲戚杨诒孙实馆挚民处，因母老不能远离，辞不往，适李果仙以岑彦卿之约，谋赴云南，季梅因求一书，与果仙偕行也。

二十日。雨。接陈程初、汤斐斋、李筱屏、周荔樵及鹤九专足送到一信。又接杨岱青信，以其侄小云朱卷见寄，知已于去岁领乡荐，杨子慕观察之孙也。张卓斋来见，已由厘局委派澧安局填票。

廿一日。阴。接欧阳捷吾、龙琴堂信。亦复龙琴堂及致玉舲、炳文、润民公信。是日致祭长郡坐棚五公祠。便拜吴云谷、龙禹门、刘少珊作屏、任芝田。随赴李质堂之召，同席王雁峰、陈程初、俞鹤皋、陶少云、陈定生、唐鲁英、唐楙畡、唐兰生、李玉堂、唐致堂。

廿二日。接姚彦嘉、周卓群二信。亦为杜彝珍致周肖轩一信。周靖之、周凤翥求售常家冲下茅塘一庄，纷扰半日，由周子安一人成其议，周凤翥乃其佃人也，因留午饭，令陈汉帆与多孙陪之。是日增儿赴县应试，便寄炎儿、顺孙信。邵燮廷过谈。

廿三日。雨。致周肖轩、朱宇田、丁次谷各信。亦接丁次谷、张鹤臣、饶岱霞、杜彝珍及用舟、慰霖信。又接钟佐廷、高璧臣、刘曙南公信。丁次谷过谈。周吉生在裴仁峰房内检得初十日周肖轩回信一件、郭占鳌贺年信一件，均存放其书包内，并不缴上，其顽悖如此。

廿四日。阴，寒。接张蔚亭、李镜浯及玉舲信。亦复钟佐廷、高璧臣、刘曙南及炳文信。秋新侯过谈。晚邀徐云渠、杜仲丹、周笠西、陈舫仙、谭心可、陶少云、陈定生小酌。周笠西辞不至。

廿五日。阴，寒。接曾沅浦宫保、雍芝田、杨籽云、陈象生、陈春生、朱禹田、龙琴堂、张蔚卿、饶岱霞及杏农各信。往拜王实丞，陈右铭，王益吾，李佐周，丁次谷，汤斐斋，谭心可，易懋卿、爵卿，李国琛李质堂之世兄，李季湄，李小屏。并至东山草堂查问坐钟事。

廿六日。雨，寒。致龙琴堂、陈右铭二信。亦接陈右铭及笙陔叔二信。龙琴堂旋过谈。晚邀吴云谷、黄芍岩、杨商农、邹闻生、李季湄、李小屏、易楙卿便酌。原邀任芝田，芝田急须归家，未能践约也。

廿七日。晴。接裕蓉坪及子瀞信。朱峰乔过谈。为英儿行冠礼，请王实丞为之加冠，请陈右铭、王益吾、李佐周作陪。相礼四人：黎东湖、周次农、杨松林、潘敬甫。赞冠者一人：易云畴。外则席珊、寅伯、冬生、吉生诸子侄。陈右铭以伤风不入席，其孙师曾来此观礼，因留酌。

廿八日。接曾沅浦宫保、雍芝田、曹云祥及楚臣信。又据子瀞信称：县试初场已出案，宗人皆列头牌，惟鹤九一人二牌。回拜王实丞、陈右铭、王益吾、李佐周。因赴刘公祠陈程初之约，为王雁峰七十生辰公祝也，所知者胡菊丞、李翰卿、两王桐轩三大令，徐云衢，何伯元，卢丽生，俞鹤皋，杨蓬海，陈定生，陈德生，陶少云，唐鲁英，唐兰生，李质堂，刘祝廷，黄子赞，瞿海如，王益吾，吴少云，贺鹗堂，馀多不相识。

廿九日。雨。致陈程初、龙琴堂信。亦接李季楣信。钱斐成过谈。陈定生邀同黄芍岩、俞鹤皋、谭心可、陈程初、李爵卿晚酌。邵燮臣、易云畴同自乡归。历来看地，遇雨必无所成，恐又虚此一行也。

三月

三月初一日丙午。接陈敬亭、龙琴堂及子权信。龙琴堂、蒋幼怀均以鄙人生辰，邀集诸人，见饷乐部。李芋生过谈，因以曾沅浦宫保信件商之，芋生见解高出诸人之上，遇事能有发明，吾尝就商所行，以自考证，亦稍有益也。是日雨，寒。

初二日。接马眉叔、龙琴堂信。刘湘士、刘达泉及其侄仪议分析，邀同陈程初、谭心可、张海帆、成静斋、丁次谷、汤斐斋、李幼枚、陈翊丞、邓子石同主其事，其从弟庆生亦陪宴，集议竟日，始能定局。

初三日。接凌问樵、冼雪耕及玉舲、杏农各信。亦复冼雪耕及玉舲信。李芋生、周昌辅、王梦虎、王理庵、陈敬亭、袁笃栽过谈。

初四日。接彭晴峰信。亦致曾挚民、成敬斋二信。谭心可邀同俞鹤皋、陶少云、陈定生、杨商农、刘鹄臣早酌，以伤风久未愈，奔走饮食，遂亦加剧，日方素食，不能不告辞。以周昌辅数十里枉顾，治席相款，并邀龚果斋陪酌。陈右之、邵燮廷二人亦皆自乡归，并留酌，惟杨毓吾以腹疾不至。

初五日。雨。接成静斋、黄滋圃、周菊生、李佐周、熊干亭、熊绍香及咏民信。周菊生名荣耀，励松孝廉世兄也。致送陈伯勤拔萃卷资，又以杨小云朱卷示顺孙，令其致情。小云为杨子慕观察之孙，其叔父杨岱青往来湖湘，以其朱卷寄顺孙，因并及我。积阴累月，间雨间晴，点缀而已。

初六日。雨。接吴约庵吴渔川改字曰约庵、龙琴堂、朱禹田、韩宝臣、郭巘卿、邹子敬各信。以明日生辰，邹子敬专足送致寿仪，张超堂亦遣其子张峻峰来贺生日，兼致寿仪，均相距四五百里，深使人为抱不安。是夕李芋生、蒋幼怀、裴隽臣俱至，蔡竹虔亦自县至，合诸亲友子侄，凡二席。是日黎明以前雨，大雷。

初七日。接韩宝臣、秦丽春、毛廉溪、毛杏孙及玉舲信。以伤风连服杜□珍、龚果斋、杨毓吾方，转益加重，至是咳嗽愈甚，遍身作痛，并水浆亦不思食矣。早间贺寿者纷纭，特延龙琴堂、王实丞、王梦虎、李芋生、胡其祥至内书房小饮。是日延请女客。龚果斋、杜彝珍、易麓泉、汤立甫次第诊视，仍主易麓泉方。下午大风，寒。

初八日。雨，风。接翁小山、丁次谷二信。亦复翁小山、丁次谷信。并寄经生一信。又复合淝傅相、马眉叔、姚彦嘉三信。又接戴竹卿及子瀞二信。诣各署谢寿：王夔石中丞，孙谷廷方伯，吕藕池、谢小庄两观察，翁小山太守，任昂千、景吉人两大令。其顺路投片者：徐云渠京卿、刘定夫、朱星垣、徐心畬、段豸山、丁次谷、田月村、黄铭山、张海帆、饶心泉、卢丽生、蒋幼怀、裴仁峰、任筱棠、全铁琴、王子馀长沙同知、舒仁甫通判、赵岳卿、刘祝廷、唐鲁英、唐兰生。并为李黼堂贺生。是日龙琴堂倡送仁和部，到者王实丞、王雁峰、李质堂、俞鹤皋、卢丽生、陶少云、杨蓬海、王梦虎、唐鲁英、李芋生、王益吾、杨商农。惟孙春皋、陈定生、谭心可三人不至，朱禹田则本不在城也。

初九日。雨，寒。接黄幼森及湛范仙、周砺松、黄酉樵、周佩泉、任岳秋五人公缄。子瀞见示县案名单，知增之第五，慰霖第七，炎儿第九：郭氏凡三人。又有名郭德琳者，不知其何许人也，或曰其居在长乐。是日段豸山、丁次谷、龙禹门、何绍仙、赵岳卿、王萝泉、王桐轩、蒋幼怀、裴隽臣公送（青）〔清〕华部，因邀黄铭山、张峻峰同酌。子宽亦自县归，属其陪款。徐薌衫晚来诊视，是夜咳嗽甚剧。

初十日。雨，寒。接丁次谷、张鹤臣、蒋幼怀各信。亦致丁次谷一信。丁次谷及杏农、子宽枉视。炎儿随同坐船回省，上午已到。增侄由陆路，乃下午乃能到省。是夕苦咳，不寐且汗，感率成句：成仁取义生平志，老死柴门亦数然。岂分三医连四表，竟愁一药送馀年。惭无身后完存稿，尽有人间未了缘。病亦无名人更幻，此身原不落言诠二句原作：家国友朋多负负，来生犬马志犹坚。

十一日。雨，寒。接文兰舫、刘彦臣、区祝三、黄石珊、丁次谷、杨蓬海各信。亦复丁次谷、杨蓬海及致陈程初信。左千之及经生、子宽过谈久坐。有欲与陈右之相商之处，为相与坐谈，及复各信，亦甚伤气。晚次陈右之、易铁樵及六庵就谈。徐蘅衫初九晚枉至诊视，今日再至。

十二日。早大雷雨。致曾宫保、谭心可信。亦致丁次谷信。丁次谷、吴赞卿、杨毓吾及寅伯过谈。吴赞卿自陈脉理之精，一与诊视，所言与诸人全别，因令主一方，并缄告子瀞，属其延请诊视。是日置谭家湾彭姓山地一丈九尺，彭学超为之首。

十三日。雨，雹。致王益吾信。亦接鹤九一信。丁次谷、吴赞清、张峻峰枉视，并因杨毓吾及席珊诸人陪同一饭。是日稍用心，又为留吴赞卿一饭，分示杨毓吾及裴仁峰、柳玉诸人，而颠倒错谬，莫可自名，晚间始问知之，生气不已，是夕竟不能寐。

十四日。雨。接聂仲芳、陈雨初二信。吴赞清枉至诊脉。聂仲芳信由聂渭璜带到，仲芳本家，相从上海者也。饶岱霞、言舫丞均枉过请一诊视，适方困卧，未能请见。

十五日。雨。接王益吾、丁次谷、左佩勋各信。亦致孙春皋、唐蓬洲及复王益吾、丁次谷各信。吴湛清、胡其祥及子宽过谈。丁次谷见过，不令阍者通报，垂询病状而去，其情尤可感也，吴湛清多通杂艺而喜为大言，为时论所不属，子瀞举以相戒。吾与相识久，亦极知其语言之轻易。而所行亦尚未有甚悖理处，其所主方，亦自斟酌，亦不敢过服也。

十六日。雨，寒甚。接孙春皋、王益吾、丁次谷信。（信）〔王〕益吾荐医士周菊泉，年亦逾七十矣，当一延致之。寅伯过谈久坐。次谷函询唐竹虚，人尚在也，而穷老特甚，其医术为兼书理，优于时医也。周菊泉、杜彝珍同至，为主一方。

十七日。雨，寒。接钟佐廷、左佩勋、张鹤臣信。亦为钟佐廷致玉舲一信。吴湛清、丁次谷、胡其祥过谈。次谷（作）〔昨〕在学堂探问，不肯入内，其情极令人感。

十八日。雨。致聂仲芳、姚彦嘉二信。亦接曾沅浦宫保、陈隽臣、曹云祥、李花农、王旭初诸信。周菊泉、吴湛清、丁次谷、杨毓吾以贱病集议，竟莫得一定论，病症遂恐日深矣。

十九日。雨。[1] 孙彦丞、黄幼森、蒋幼怀信。又致夏洛舲一信。吴湛清、言舫丞、饶岱霞次第就视。主方各有不同因缕述病势，一询之夏洛舲，要皆不能体察病情下药也。

二十日。晴。致子瀞信言病情。吴湛卿宿此，早间即入诊脉。易铁桥、李麓渔及席珊、寅伯、子宽、左千之次第来视。陈右铭闻予病，枉蒙就视。所言脉息，言人人殊，而右铭为最近理，所拟一方，丁次谷亦力主之，然大抵皆凉品也。陈右之以家事赶归。数月才见晴霁，方定明日一赴杨梅山，而忽有此。生平于地事，种种歧误如此，为之惘然。

廿一日。晴。致陈右铭及佩珊二信。吴湛清、陈右铭先后（先）〔为〕诊脉，亦皆不能言其病状也。左佩勋及子宽过谈。

廿二日。雨。致陈右铭、王益吾二信。丁次谷邀同熊峙衡为诊脉。益吾次吾初十夜枕上一律，索予诗文稿为之审定，至是为和答云：枉荷名篇征敝稿，语言郑重意殷然。欲提铅椠从求字，愿向穹苍更假年。延阁道山终有分，儒林文苑恐无缘。乾坤沉浊生悠缪，敢许微词待惠诠。是夕，陈右铭携同其亲戚李冶凡枉就

①此处疑有脱文。

诊脉。

廿三日。致陈右铭信。亦接陈右铭及佩珊信。吴湛清、李芋生、周荔樵、陈象生及荅农来谈。

廿四日。接丁次谷信。亦复丁次谷、左佩勋信。陈右铭、李冶凡枉视，吴湛清亦来视，所言脉理虚实，各持一说，使人茫然。是日湘阴、宁乡、浏阳三县府试，陈象生亦在家入场，而家人方持斋，顷间语及始知之，殊为无谓。又接曾沅浦宫保信，以澄波轮船来湘之便，即令顺孙乘便赴金陵，其管驾官名王金相，适予方病，顺孙料理北行，亦尚未能完备，而其意必欲留澄波轮船七八日，急切启行，吾亦只能听之而已。

廿五日。复曾沅浦宫保及陈右铭信。以顺孙因予方病，不能遽行，澄波轮船当回江南销差，而二月中遣归之刘岱山适至，即乘澄波船东下，因顺复沅浦宫保一信也。亦接陈右铭、左佩勋二信。

廿六日。接佩珊信。亦致陈右铭及佩珊信。陈右铭、李冶凡枉至诊脉。蔡竹泉、陈象生、王誉章前询其号，似是作屏及冬生枉视。易铁樵亦相就一谈。湘阴案发，盛泽棠第一，询知即盛海南也。增之第五，炎儿第八，第九则左子重之子念恂，第十则李仲云之子相钧也，与炎儿同以人情标列，亦世情之所必有也。

廿七日。接杨景皋、玉舲及星生信。亦复玉舲及致黄辅青、李馨陔、任岳秋、常健吾一信。四君为兴贤堂首士，新旧交替者也。彭菊圃、钟石生来视疾，彭君为曾重伯家专医，钟君则以治痒为名者，钟佐廷所荐也。

廿八日。接朱禹田、龙琴堂、吴智川、丁次谷、陈程初各信。亦复朱禹田、龙琴堂并致刘秋云及回复聂宅一信。熊均堂、饶岱霞、蔡兰生、陈象生过谈。又邀请陈右铭、李冶凡诊脉，与彭菊圃、熊均堂数人各有见地，亦均与病症相近，然不能不以右铭所言归向，以免淆杂。

廿九日。接韩宝臣、杨商农、李佐周、左佩勋、杨咏仙名渭仪，厚庵宫保之三世兄也、周卓群、雍芝田、危荣斗显廷、周耀祖汝霖及清臣、虚堂、西芝各信。盖皆病后所接各信，为家人积压不以上闻者。致陈右铭及咏民信。丁次谷、易铁樵、萧南村过谈。陈右铭、李冶凡枉至诊脉。

三十日。雨。致陈右铭、张雨珊二信。亦接陈右铭、张雨珊、周幼荣周芝窗之二世兄各信。盛展奇、蔡竹泉、萧南村枉视。随请陈右铭、李冶凡诊脉，二公初视疾即主下，馀不敢应也，展转至昨夕，始一用之，至是凡泄五次，而病犹未解，李君仍主下，右铭以为宜暂缓一日，所用一皆清凉之品也。

四月

四月初一日丙子。阴。致陈右铭、陈程初、周荔樵三信。亦接陈右铭、周荔樵及子瀞信。彭溧樵、朱峰乔枉顾，以病不能延见，而所言东茅巷屋事，吾不能为力也，只好令属寅伯言之。受屋者陈展堂，而为之经营聂亦峰夫人也，亦颇不易与斡旋。今日为湘阴府试初复，子瀞见示太尊命题，如授至君子不以绀，割截无理，亦至不能着笔，恐儿辈于此窘矣。严少韩代理善化，段豸山又代理长沙，两首县均急于交替如此。

初二日。接唐羲臣信。亦致朱暝庵信。陈右铭、李冶凡枉就诊视，一力主下，而病势纠缠无已，不能不勉从之。郭弥生枉顾，适以复子瀞信属稍候，而竟行矣。段豸山约枉过，亦不至。

初三日。雨。接孙彦臣、陈心田、言湛甫、朱暝庵、周卓群、蒋开径及楚臣信。亦致陈右铭信。段豸山、蔡竹泉、陈象生、钟石生枉视，钟君为李姬治颈痒也。陈右铭、李冶凡同来诊视。

初四日。雨。致陈右铭信。右铭旋偕李冶凡枉过诊视。易铁樵、邵燮廷来谈。所置谈家湾地，初有居住沙湖桥之彭发清来议赎，继又有居住下泥港之举人彭子梅备价承买，而彭学超等竟敢毁掘界石，移树华表，并圩成一新坟。长沙人心之悖逆，远出情理之外，直不可与居。陈右之、邵燮廷于彭姓小公山中扦穴，亦不相宜，此事颇不易调处也。

初五日。雨。致陈右铭信。亦接陈右铭、杜仲丹、游年德及李馨陔、黄辅青、任岳秋、常健吾公信。谈家湾地事喧嚷数日，终莫得其底蕴。本日召问中人张茂华，始略得其原委，而多所隐匿。长沙乡民狡诈极矣，而愚劣亦实甚。为示限三日，令其了处，未知究何如也？邵燮廷、杨佑吾亦偕至一谈。

初六日。立夏。阴寒，雨。接曹□祥、戴厚臣、吴宝廷、湛范仙各信。亦致杜仲丹一信。蔡兰生、陈象生过谈。陈右铭、李冶凡枉过诊脉，王实丞亦偕至小谈。十馀日来寒气砭人，有如深冬，重裘尚有不足，此为水征，亦历来四月未有之奇景也。

初七日。雨。接龚云浦、冯石丞、李召甫、张卓斋及玉舲信。亦致刘毅斋一信。又接兰生一信，竟视我为其子侄，随便取用银钱，一无顾虑者，其言绝奇。

初八日。雨。致丁次谷及虚堂信。亦接丁次谷及星生信。陈象生、蔡竹泉过谈。陈右铭、李冶凡重至诊脉。昨日周瑞清、周均堂、宋又清、张茂华为谈家湾地事见杨毓吾言之，毓吾未能据事理相辩难也。今日令王泽周往传诸人，则已回乡矣，势不能不经官也。陈右铭折扇，李芋仙书七律四首，记其《陶然亭题壁》云：日下一亭闻海内，到门日日有诗流。百来不厌归皆醉，四序皆佳兴倍秋。蝴蝶助酣香国梦，芦花吹白酒人头。寒沙浅水南洼路，摇兀轻车似小舟。

初九日。雨。接周荔樵、巢子城、梅子宣、黄幼森及佩珊各信。亦致陈右铭、周荔樵信。蔡竹泉、陈象生过谈。

初十日。大雨。致曹云祥、孙兰江、蒋幼怀各信。孙兰江信托朱峰乔觅递，亦致峰乔一信。接雍芝田信，与袁笃栽及慰霖、鹤九同求为转达，而于势均有未能，无如何也。

十一日。大雨。接蒋幼怀、杨承霖信。亦致周荔樵一信。以杨承霖谋赴北闱乡试，讲舍一缺，可以其弟熙春接补。陈右铭、李冶凡枉过诊脉。陈象生来谈。

十二日。大雨。接曾沅浦宫保、任芝田、欧阳介人、左佩勋各信。亦致欧阳介人、李镜浯二信。谈家湾地事，经团总周钧堂、黄正隆、周瑞清、张茂华邀集彭振楚、彭兰亭、彭海和、彭梅生出具甘结，于彭学超、彭岐东、彭春阳三房长外，又添彭士仲、彭佩文二人，均列名具结，随给与团总、中证等四人路费伙食钱十串，皆段豸山一人之力也。

十三日。大雨。致李筱荃、卞颂生、谭心可、任芝田、欧阳介人各信。李筱荃、卞颂生二信即托谭心可附寄。接润民等信，亦以数语复之。王梦虎、蔡竹泉、杨景乔、左千之枉顾。

十四日。稍见日，又雨。接刘炳英及子瀞信。刘君，蔡竹泉所荐至讲舍者也。王梦虎、蔡竹泉、杜彝珍过谈。陈右铭、李冶凡枉视，因留右铭谈，所莅办事情形，多可听者。

十五日。雨。接左佩勋、黎佑生、龚果斋及子瀞信。陈右铭、龚果斋及慰农、六安、鹤九过谈。黎佑生为黎文肃世兄，函告湘潭丛木冲祖茔来龙为石灰窑所伤，属往禁阻。此事已前闻之，竟不能往视，只增惶悚。

十六日。接沅浦宫保信，并知曾重伯中式会试二十五名。是日李友兰署长沙接印，娄俊山赴任碣百镇，惟能遣人道贺而已。方拟稍致物事，为陈右铭、李冶凡称（致）〔谢〕，遣人往探，右铭已于今日赴平江矣。顺生已定廿二日开行，适左媳病甚笃，恐未必能成行。沅浦宫保信亦称慕陶、霖生等初十自金陵启行，须廿五六乃抵长沙也。十五日府试案发，炎儿取列第五，增之第八，同往谒见太尊。案首欧阳奎，年八十五，实年七十九，道光十二年出考，距今五十八年，时年方二十也。

十七日。接饶石顽信。亦复黎佑生、饶石顽二信。蔡蓉仙、蔡竹泉过谈。蔡蓉仙以涂元善所捐斗姆阁龙阳所属南洲之苎麻腰田二百十五弓，录示翁小山太尊批语，似尚须一托之赖子佩司马也。石顽传述黎佑生之意，此所急应料处者，而必得亲身一往，非可遣人料理，亦非可冒昧请示者。为之旁皇两日，莫知为计。

光绪十有五年己丑岁四月十八日癸巳。雨。致合淝傅相、曾沅浦宫太保二信，本书交顺孙带投者，以虑启行尚无期日，傅相拜紫缰之赐，曾重伯捷春闱，由沅甫宫保电报传示其家，均宜及早称贺，先由轮船信局递寄。龚果斋过谈。荇农见示所著《说文偏旁变易录》，一曰《部目》十四篇，二曰《说文谐声偏旁录要》凡十七部，三曰《说文偏旁省文录要》，四曰《说文偏旁古文录要》，五曰《说文阙声录要》；专示初学以考求《说文》门径，最为简要。

十九日。雨，寒。接曾沅浦宫保信。李冶凡枉过诊脉。李花农亦自县至。又接鹤九信。陈右铭赴平（居）〔江〕展墓，告言其乡人欧阳润生观察霖在郑州工次主收稭料，用为总办者朱理斋，朱禹田之本家也，理斋又倚任谢次华，长沙人，皆为河工极耿介能干之才，托转言之朱宇田，为谢次华谋一事，以朱禹田所办盐茶二者，皆需人料理也。禹田乡居不易见，姑记其名于此。接区维瀚信号丽泉，广东知府。

二十日。雨，阴。接丁百川、姚彦嘉、周荔樵各信。亦致任筱棠、杨商农、李佐周、周荔樵各信。熊干庭复自县至，知秉生家与健甫家争置普田巷住宅，皆由润民一人蓄谋嗾使为之。子弟辈以诡变相尚，非家庭之福也。

廿一日。雨。接胡浴生信。亦复丁百川，及致谢菱堂及槩希、玉舲、炳文信。熊干（堂）〔庭〕回县之便，属槩希诸人处理润民事。

廿二日。大雨。接刘牧村、任筱棠、周卓群各信。亦致周荔樵、李蕙生各信。闻佩珊久未回县，盐行仅用李蕙生一人。熊干廷言：屡以事诣盐行告闻，常不能见一人。亦属不成局面。彭雪芹宫保、杨岱青并至，以病未能一见。杨岱青管带福安轮船，曾慕陶、曾霖生、曾源长即乘此南归，顺孙意在附此船东下也。

廿三日。晴。接任筱棠、吴智川信。以料理陈镜吾夫人回县，仍回寿星街。丁次谷枉至久谈。王梦虎、蔡竹泉继至。

廿四日。阴。接曹云祥、周荔樵及子瀞各信。闻孙谷廷方伯仙逝之信，遣人往视，则无疾一笑而逝，盖昨夕事也。子瀞言前日彭棣仙军门方与客会谈，忽大吼一声而逝。又接萧小虞信，称其尊人廉泉大令亦以无疾沐浴更衣而逝。同时闻此三事，人生真如朝露，念之怃然。

廿五日。阴。接张超堂及怡仲二信。王梦虎、易云筹来见，以将由金陵赴京，即趁福安轮船东下，特来一见也。

廿六日。微雨。以顺孙附福安轮船由金陵赴京，先夕往照料，兼致合淝傅相、曾沅浦宫保、曾劼刚、瞿子玖、张冶秋、凌问樵、聂仲芳、姚彦嘉、左枫生、范秉生、吴渔川、萧小虞凡十二信。

以孙妇病甚剧，不能成行，仅将姚彦嘉、萧小虞二信交王升带赴上海，各信只好留存候寄。

廿七日。雨。接吴宝廷、易玉亭及怡仲、小春各信。又接丁次谷、但少村、沈星海、黄雪逵、龙镜和各信。亦致丁次谷信。王升至上海，有应请领免税单诸事以托之聂仲芳，仍检所寄聂仲芳信，加数语交王升带呈。丁次谷、李冶凡过谈。

廿八日。晴。接左逸仙、黄石珊、萧涵江三信，荇农又见示润民一信。亦复曹云祥一信，又为陶鹤林、杨广源致曾慕陶一信。杨佑吾来谈，言医理亦颇有中肯处。

廿九日。复左逸仙信。李芋生枉过久谈。彭荔樵闻薛叔耘有出使西（京）〔洋〕之信，曾为其旧属，谋托曾劼刚荐充随员，求一书携赴京师。王梦虎亦有此请。允节后启行后交与之。

三十日。接黄滋圃、欧阳价人、彭晴峰、曾慕陶、文荫林及子瀞信。亦复吴宝廷信。罗伯翼见寄茶叶、火腿。文荫林之弟名彝珍，应清江试，求寓书龙芝生，未之许也。至是始知其取古而不能入学，使早为之请，或不致此，心颇悔之。文荫林名贤超，应新建县试。两生文笔皆清秀可喜，颇思一成就之，而未知其机缘何如也。

五月

五月初一日丙午。大雨两日，初见阳光，郁热至不可耐，知必为雨征，而果得大雨。比年天气乖忤，至今年极矣，此可惧也。致陈右铭、龙芝生、黄石珊三信。刘炳英、蔡竹泉过谈。是夕郁热作燥，至不能睡。

初二日。雨。接彭溧樵、翁小山、毛荅荪、张泽溥督销局脩金为张正名及炳文各信。亦致翁小山、周荔樵、马小庄各信。翁小山转致宁乡王福泉大令寄吴孟笃信件，孟笃即吴少陔字也。

初三日。雨。接盛纾卿、邓子侯信。亦致杜仲丹、杨景皋信。周荔樵令周次农之弟周石勋供缮写，甫数日病归，现在讲舍前厅者，周卓群、杨景皋二人而已。景皋又已回县过节。

初四日。晴。接周荔樵、李佐周、李华卿、李镜涪及怡仲、星生各信。亦复李佐周、李镜涪信。又为镜涪致刘曙南、高碧臣、钟佐廷信。李少楼及笃厚生、吉生叔侄，皆昏愚不晓人事，再属佐廷诸君了处之。

初五日。接樊子琳、言湛甫、文兰舫、刘彦丞、韩宝臣、於桐轩、杜仲丹、龚月浦、万寿崧各信。以是日端阳节，率两宅家人谒祖先。早饮养知书屋，易铁樵、龚果斋、胡浴生、陈汉帆、易云畤、周小樵及荅农、六安、炎儿、英儿。晚饮玉池别墅。

初六日。接刘康侯信。李冶凡、欧阳子卿、欧阳稷初来谈。周南山亦同回，言至芜湖，稍知李仲挈踪迹，亦并未能一见也。

初七日。致合淝傅相、曾沅浦宫保、曾劼刚三信，交王梦虎带呈，又为彭溧樵致曾劼刚一信。黄彤轩、王梦虎、蔡竹泉过谈。

初八日。致龙芝生、黄石珊、任筱棠三信。亦接松云、省庵信，领取《神鼎法嗣谱序》。王梦虎、杜彝珍枉过。

初九日。大雨。顺孙北行，致台淝傅相、曾沅浦宫保、曾劼侯三信，就便带寄凌问樵、刘康侯、瞿子玖、张冶秋、左枫生、范炳生、吴渔川共十信。任筱棠、胡湘浦过谈。湘浦精地理之学，杜仲丹荐至久谈，因留住。申刻，孙妇左氏卒。

初十日。接陈程初、秦丽春、胡浴生、黄幼森、李麓渔各信。亦致周荔樵、陈程初信。初九日申刻，骤闻孙妇左氏昏不知人，急趋视，则已焚冥镪送终矣。探其手，犹温润如生，以为固未死也，延至今早始就冷。此女质性纯良，又宜子，深以惨伤。即请胡浴生及荇农为相礼棺敛之。陈夫人之卒以五月六日，儿妇曾氏以五月八日，今孙妇以初九日。节后数日，三世妇人相继逝，而吾老人乃又为孙妇料理后事。人生如电光石火，岂能把捉。老年感痛常多，亦自然之势也。左蘧生、陶抝谦枉视，略与一谈。

十一日。接胡其祥及子瀞各信，知增儿数日内忽患咯血，心甚念之。柳少珊及箴士过谈。

十二日。阴。忽热忽凉，一日数变。接朱禹田、张叔平及绍晞、润民各信。叔平寄示所刊楹联及诗，由沅陵训导戴平甫带到，戴君名华巨，以俸满来省验看者也。

十三日。接赵朗垣、沈梦兰、冼雪耕、刘牧村、黄雪逵、杨显臣、龚兰亭、李少楼及槃希信。黄小鲁、杨商农过谈。是日午刻，为孙妇行成服礼，宾客至者数十人，徐芷园、易铁樵、龚果斋及荇农四人相礼，就孝堂与陈舫仙、陶少云、傅竹湘、周荔樵、左佩勋诸人一谈。

十四日。接张鹤臣、黄彤轩及佩珊信。亦致李少楼及佩珊信。是日为多生之女周岁，因令至养知书屋叩谒祖先，并行（捽）〔晬〕盘试周之礼，约其外祖母小酌。

十五日。接曾沅浦宫保、冼雪耕、易卓超各信。汤斐斋、曾介石过谈。是日为孙妇初七之期，稍治肴馔奠之。

十六日。阴，凉。为赵朗垣及子湝致方佑民一信，为杜彝仲致陈展堂一信，又致汤斐斋、陈程初、赵朗垣、朱暝庵各信。亦接朱暝庵、汤斐斋各信。黄彤轩、钟佐廷、盛月台及西枝、离欲过谈。随人无得力者，惟多受酬应之累而已。

十七日。雨。接王益吾、陈展堂、戴厚斋各信。亦致子瀞信，以西枝和尚见示《洞庭庙碑》，乾隆初重修，实由文蔚公倡捐，后又有郭大修者捐修庙外石岸。事且百年，无有知此者矣。

十八日。晴。接丁百川、吴聘廷、黎树堂、谢鹤鸣信。亦致王益吾、成静斋、黄小鲁各信。巢子城、钟佐廷过谈。

十九日。接王益吾、黄小鲁信。寅伯邀看长沙城隍会，易铁樵、周聘农同坐，聘农，周砺松世兄也。郭巘卿自岳州回过谈。西枝以洞庭庙所树新碑为钟佐廷一人为之，据佐廷言：树碑者熊南山、刘绍堂诸人，渠知其议，而固未与闻也。然新碑立言实未妥，当再一考究理处。是夕雨。

二十日。接胡湘浦信。胡湘浦、柳庆之枉过。胡君于河西桃花岭看有一地，重过言之。柳君则为曾孙禄宜治病者也。亦请龚果斋、杨毓吾同拟一方，日久气不上申，不能不一调理。易玉峰、易五园自湘阴至。

廿一日。微雨，晴，郁热。善化城隍会已出，因天气作势将雨，乃复改期。接周卓群、蒋融台及子瀞各信。蔡竹泉、杜彝珍过谈。闻高抟九简放湖南藩司，陈鹭洲由皖抚入为府尹。下午雨。

廿二日。大雨。接成静斋及佩珊信，又接左佩勋信。陈右之自常宁至。胡毓吾偕胡湘浦相度桃花岭地，归言其情形。胡湘浦之于地学，盖犹未入门径者也。关茂生偕炳文来见。

廿三日。大雨。接周荔樵信。亦复王益吾、周荔樵二信。检理张子健存款数目。与易铁樵、胡湘浦、陈右之一叙。

廿四日。大雨。接合淝傅相、王益吾、任昂千、张超堂各信。王升汉口来信：四月廿九自长沙启行，至上海料理诸事，回至汉镇，仅及半月，汉口阻南风，民船不能开行，未知到省何日。益觉李黼堂去岁阻难轮船，使人追憾无已。

廿五日。阴，郁热。接李镇军新燕、周定轩、毛荅荪及经生信。亦致周定轩、周荔樵信。寅伯以善化城隍会，邀至其家一观，至则会上已改道由学宫街出通泰街，乃属易铁樵至王梦虎家探问，于是偕寅伯及蔡棉生同至梦虎宅，其中栋为黄息之租住，款接甚殷，询知为李佐舟女婿，汪景山之外孙也。是夕微雨。

廿六日。大雨。接郑少侨、张逸亭、湛范仙、毛濂卿、蔡勤斋、常健吾、黄友樵、李星陔、黄辅卿公信。又接李少楼信。为李佐周致沅浦宫浦一信。润民、端生、鹤九、楷青并以应试来省一见。

廿七日。接区祝三信。亦致李佐周信。李冶凡、曾慕陶、曾霖生枉过。子宽以一心和尚所开白霞寺事略见示，并疑陈程初与袁松龄相比以求胜，吾谓此不足以疑陈程初也，径须一自往言之，求于理有得焉，斯可矣。

廿八日。接周荔樵、李佐周、王稚迁名传乔，子寿比部之孙也、刘朗山、熊绍湘及敬修各信。刘惠皆名毓琨，刘镇军琪美之弟，行八、李镜浯及其季子子坚、黄辅卿、李星陔过谈。

廿九日。接王壬秋、周荔樵、蒋幼怀各信。王泽洲自上海回，又接沈铁侪新派招商局、周胜庵周瀛士世兄，名晋元、姚彦嘉各信。幼怀信告知湖南本科正考官高赓恩，顺天宁河人，丙子翰林；副考官陈冕号冠卿，顺天宛平人，癸未翰林状元。周定轩、秦春洲秦丽春之弟、欧阳继初、龚果斋过谈。

六月

六月初一日乙亥。接喻庶三、周荔樵、李佐周、蒋幼怀、陈稼生、陈敬廷各信。亦致翁小山、蒋幼怀、周荔樵、王益吾各信。前见电报、喻庶三即用知县，《申报》竟无其名，接来信始知其实为翰林也。是日孙妇启攒，请徐芷沅、周五樵知宾，饶湘生饶心畲世兄、王春樵王实丞世兄亦至。予以足心肿烂，不能酬应，不敢见客也。

初二日。接周荔樵、欧阳芰初、危绍山三信。周荔樵、李冶凡过谈。段豸山枉过久谈。

初三日。接周渭臣及笙陔叔信。周渭臣并寄其《剑水诗钞》二卷，属为点定并求序，由其世兄莲甫送到。其侄周瑞堂已两年不至省，想经以分发远行需次也。

初四日。为孙妇移柩长春园，以待择地。周荔樵、李冶凡、关茂生过谈。周荔樵以徐蘅衫之托，为全铁琴张罗赴道州任之费，予以全铁琴任布理问多年，升任道州，当无亏累，而闻人言亏累已数万金，无肯与通银钱者，乃展转托之周荔樵，问及鄙人六堆口、寿星街二宅各有存款，可以通挪，初不知全君之为债帅也。周荔樵反复商议，由伍东屏大令出具借帖，并以其府正街房屋一所、南城外田一庄两契作抵，言明一年期满不能归还，即将此两契租息抵还息银。王实丞亦为之担保，实丞与伍东屏为同乡亲谊也。伍东屏与全铁琴至交，为之尽力。张贻仲、蒋幼怀均在场也。是夕雷雨。

初五日。雨。接蒋幼怀、左友琴信，亦复蒋幼怀。姜昆山新有夫人之丧，托蒋幼怀为言，请予题主，以病三月，尚未出门酬应，不敢应也。左友琴为左孟辛之子，罗小溪女夫也，托为谋一局馆，未有以应也。是日禄宜曾孙周岁，陈设文具及冠顶朝珠，听其玩弄，谓之试周，并携之谒见祖堂。

初六日。接钟祥开、李佐周、陈汉帆各信。钟君信由倪仁辅鼎勋、胡炳耀鼎元带到，两人皆钟营办理文案者。亦复李佐周及致王雁峰信。雁峰以陈璞山六十寿文见委，因转以属之。

初七日。接苏子熙、左佩勋、萧桂林各信。萧桂林住子母洞，在台湾就馆，有银信寄家，托转递。其信由陈莲溪带南，其叔玉兰及子长青自向陈莲溪处领取，仍行缴验。萧桂林名夑勋，去岁亦曾托寄家信也。蒋幼怀、李镜吾、胡炳仙过谈。

初八日。热极，阅寒（星）〔暑〕表已至九十八分。接丁次谷、张鹤臣二信。杜仲丹过谈，并传知黄小鲁之言：《礼记质疑》多同旧说，应标明来历。此恐有与儒先暗合者，当就小鲁询之。

初九日。热极。接左逸仙、周荔樵、王雁峰信。亦致黄小鲁、王稚迁、李辅堂、周荔樵各信。王稚迁信由李黼堂送到，回信并交黼堂也。李冶凡过谈。六安、屺山来见，因畏暑热，不能出户，辞之。

初十日。接李黼堂、朱次江、李玖瑜各信。杨商农、唐竹虚过谈。竹虚言北乡谢次山善言阴阳，可令相度新宅。又接黄小鲁信，论《质疑》檀弓两卷中，期而犹哭，见归安沈氏：哭者呼灭，及有祷祠之心焉，见《礼记集注补正》。容再考。席珊来谈，示及子瀞昨日大泄病倦，竟尚未知也。又闻太原中丞升任云贵总督，邵小村承其缺。湖南大吏调动过多，州县实承其累，枢府不能辨也。

十一日。接刘诚庵信。亦复丁次谷信。并致任小棠信。李冶凡、段豸山、李佐周过谈。闻孙春皋物故，急遣人往视，如未入殓，当扶病一往哭之，殓后便当衣冠，此时尚不能为此周旋也。

十二日。接刘子祥名福兴，毅安营统领、黄子谅名文熙，黄瑞荪之父及虚堂、吴翔冈、左佩勋各信。往视子瀞之疾，熊春堂、蔡竹泉并在，小坐一谈。途晤王理安见访，似欲有言，属同过子瀞，不至。以学署试单定十三日善化、湘阴合棚，而无牌示，因遣人至县学周小崧处，属令诣学署请示，始知今日方提复初棚，云明日提复二棚，而是日二棚案亦竟未出。自有院试以来，无如此之谬诞者。

十三日。接任小棠、秦春洲及鹤九信。吴湛清、黎钦堂、唐竹虚过谈。黎钦堂在台湾多年，归就湖南谋一差使，有书托之太原中丞，属为加托。闻庄心庵委署岳常澧道，陈雨霖、段豸山均将赴任，遣人道贺，并唁谭心可夫人之丧。数日酷热，寒暑表已至一百分。

十四日。接朱香荪、龙竹云、周春溪及西枝各信。亦致苏子熙、王旭初、朱香荪各信。秦春洲以解饷求保，托缄致苏子熙军门。王旭初家以旭初馆夏麓生处，寄回银百金，为夏麓生之子夏少林及其侄夏少祥卡扣还帐，惟给其家钱十九缗，尚迟至经年之久。少祥之胞兄夏畏之，为旭初女兄之夫。夏少祥之无良，颇(尚)〔出〕意外，为致王旭初一信详告之。

十五日。是日为湘阴合善化院试之期，胡幼森、陈翰帆及六安、顺生送炎生入场者，至辰刻始归，而陈翰帆赴乡枭谷，竟分陈满分析，因急遣周南山往代陈满料理。蔡蓉仙、刘炳英、蔡竹泉过谈。蔡蓉仙以斗姆阁道人陈志恒串通地痞陈墨林、汪子林，设法讹诈住持道人何涤尘，赖地方公愤，竟将汪子林捕送长沙署，非是则何涤尘百喙无以自解矣。属令告知陈程初，必以驱逐陈志恒为义，庙规庶可一正。是日北风，阴。酷热稍退，而郁蒸之气不解，以明日初伏，作势将一雨也。

十六日。初伏。阴，郁热。接周幼荣、胡湘浦、龙竹云各信。关福生名树勋吴玉吾名泽芬及绍西、慰霖、友松、剀清、子佩来见。下午周定轩、彭岳青勋、蒋岳楼瑶光、杨亨衢赓元来议兴贤堂事，杨亨衢、蒋岳楼皆邑廪生也。毛荇荪及席珊、经生复至。是夕微雨。

十七日。晴，热。致沈星海、李华卿、曾介石、王实丞、张雨珊各信。周荔樵过谈。邵燮廷、蔡竹泉及炳文、子宽见过。

十八日。接张雨珊、曾介石、刘炳英、张松云及讲舍肄业生公信，盖为杨石峰撤馆而发也。信为理庵送到，因传理庵一问之。易汉秋及理庵过谈。

十九日。接吴智川信。亦为吴智川致陈程初一信。又致周荔樵一信。以杨石峰一缺补刘生炳英。黄瑞荪之父黄子谅刻瑞荪遗诗曰《纪瑞堂诗草》，意在张罗，先以洋银四圆馈之。寅伯见示黄晓墀开寄倪钦堂行径及曹云祥之妻李来历，诋訾甚力。然黄晓墀及其子芷陔均非善人也，必于曹云祥、倪钦堂有违言，创为此论，吾皆不敢信也。

二十日。接陈程初信。亦致张雨珊、李冶凡信。李冶凡、左佩勋、杨毓吾过谈。养知书屋出一新闻：子权寄到帖费足钱三十串，其十串即存放书房柜下，初次往取，直云无此，二次往取，仅存二串二百五十文而已。此事极费推求也。周小衡、张松云枉过，并馈食品。

廿一日。接卞颂臣、张雨珊信。左佩勋、刘澄庵名守正、张松云、翁汝明、蔡竹泉、颜选青枉过，多以非分相干，颇费语言应付。

廿二日。昨半夜后院试案发，湘邑挑取四十二人，吾家子弟入选者，慰农一人而已。接杨石峰信。亦致玉舲、子权二信，交炳文带县。张弼臣、张曙帆、熊春堂、周小衡枉过。弼臣为张全盛炭行主，与李雨颐争行利，而理不足相胜也，纯借李心荷之力为之主摆。李友兰惑于李心荷之言，屈法以枉之，无怪此次官声大逊往年。末世之政刑，所以成乎乱者，大率此类。

廿三日。接罗赞卿及屺山二信。亦致李星陔、黄黼卿、周定轩及玉舲各信。盛展奇、蔡竹泉、蔡兰生、陈象生过谈。院试案发，所知如盛海南及慰农及常氏昆仲，皆以府、县前十名入挑案者，皆除名，于是府、县前十名遂无一入学者，未免近刻而远于人情矣。盛展奇为万立昌议出籍事，盖谭军门仁芳义子也，本籍浙江，置田屋丰仓三十年，与出籍年例相符也，邑人议论参差，予为处断，令捐四百千入兴贤堂，特书告李星陔、黄黼卿。

廿四日。阴，风，凉。致盛展奇信。黄黼卿、蔡竹泉、刘炳英、李冶凡及经生过谈。询之黄黼卿、知李星陔已于昨日回县。

廿五日。大雨，阴，寒。陈右之、邵燮廷赴河西相地。历来相地出门遇雨，未有能幸成者也。李冶凡、易铁桥入内视疾，以昨半夜陡发狂烧，兼咳嗽结胸，致成插气，竟夕昏迷。久病（味）〔胃〕口不开，又忽遘此疾，使此心为怀耸惧。

廿六日。二伏。大雨穷日夜不止。自初伏雨后，每日必雨，凉气特甚，至今日遂作狂雨矣。岁功于此必无望矣。熊春堂、彭菊圃、李冶凡次第枉视，主方大约相同，而冶帆独主进补剂，以四五月来皆服李冶帆方，未尝烦他医，不能不依用之，恐未必能奏效也。接玉舲、子瀞二信，于玉舲信仍不能无疑。

廿七日。大雨。李冶凡、蔡竹泉枉谈。乡人李润春、吴介南来见，为胡姓田事，以邬俊卿之讹诈，实李尧宾、徐汉元为之主谋也，稍据理晓譬之，令其在乡理处。

廿八日。接曾沅浦宫保、李佐周二信。李冶凡及慰农、咏民来视。本街修栅阑，家人不乐出费，吾以四百枚给之，使查问主修者何人，则团总李庚生及铺商王茂生、高意顺也，集费亦已不资，而云经手尚须赔垫，吾不敢信也。是日凉意未甚解，而郁热特甚，雨势未有已也。

廿九日。接李润生名星科、陈稼生、左佩勋、刘诚庵、张海藩各信。亦致唐南生、张海藩二信。海藩之子粟海赴都乡试，仍以其妹许字李伯昆之子叔东为继室，李伯昆为李铁梅之世兄，托其内弟荔湖为之订庚，以是日缔姻之期，海藩特书相告，故亦以一书贺之。李冶凡、陈稼生、李润春过谈。润春为处理邬、胡两姓事，走省相告。长沙乡民之顽悖，远胜外县，非语言所能喻也。李润生信为谢岳生贰尹带到信自苏子熙连城大营发，兼馈肉桂。

三十日。接黄海航、陈子濬、庄国增及寅伯、茂官各信。海航令其孙干庭来省谋事，深以茫然。李冶凡、蔡竹泉来谈。

七月

七月初一日乙巳。致周肖轩、王益吾、周荔樵各信。亦接王梦虎、王益吾、李佐周各信。邹瑞臣、蔡竹泉枉谈。邹瑞臣为王益吾所荐，极称其医理之佳，与谈，盖实有所见，优于他医远也。闻陈右铭回省，遣人往探，并邀其一谈，而云方为人客纠缠，亦人事自然之应也。晚次，陈右铭枉过久谈。

初二日。接陈右铭、周肖轩、劳绍芗、李召甫、李麓渔、周南山各信。亦致陈右铭一信。沈仲复中丞、谭念孙、周荔樵过谈，以病不能酬〔应〕，沈仲复、谭念孙竟不敢请见。谭君名祖昌，由中书截取同知分发湖南，与劳绍芗至好，绍芗信即由其带到也。

初三日。接吴维允、唐柳村、左佩勋、周卓群、黄涤凡及佩珊各信。亦复佩珊一信。罗晓峰、左佩勋过谈。罗晓峰医理亦有所见，然视邹瑞臣似又稍逊一筹。达珊以母病，遣其夫人回湘省视，吴维允、唐柳村诸信皆由其便带来（湘）〔省〕者也。

初四日。致陈舫仙、俞鹤皋、唐南生各信。亦接巢子诚、周荔樵、唐南生、吴智川及觐堂信。任筱棠、李佐周、邹瑞臣枉谈。

初五日。接周荔樵信。亦致玉舲一信。俞鹤皋、唐南生、陈稼生、欧阳稷初枉过。鹤皋、南生均先日约来见，家人一例以病谢之，全不知有轻重，无如何也。

初六日。雨。接欧阳季临、欧阳稷初及觐堂信。欧阳紫卿、陈汉帆过谈。觐堂必向借贷，竟至为无厌之求，亦近无赖矣。是日三伏，每入伏皆雨，正恐收成不能佳也。丁次谷自石门归，枉过久谈。

初七日。致刘康侯、刘希陶、陈右铭、周荔樵各信。亦接陈右铭信。陈舫仙、易春亭、罗晓峰过谈。晚次刘瑞云来久坐。

初八日。接周荔樵、李召甫、李麓渔及觐堂各信。欧阳翼峰、黄彤轩、张松云过谈。

初九日。致周小田，任秉之，左逸仙，夏鹤生、毓峰、芰舲昆仲，周肖轩，陶少云，任筱棠，蒋幼怀各信。亦接敏夫、子湝二信。以周谷田、方子箴〔挽幛〕托之周肖轩；以夏之岑挽幛托之陶少云；以任秉之太夫人〔挽幛〕托之任小棠；以左逸仙夫人挽幛托之蒋幼怀。是日书挽幛十分。外惟席研香、莫善徵，未知于何处递寄。蔡符生住省城、黄子春夫人、张东墅夫人当另寄，且须另致情。省城酬应之烦，以此区区，竟须两日工夫料理矣。

初十日。接任筱棠、王益吾二信。亦致王益吾、姜昆山二信。日来以胡凌云事，多生气愤。忽有曹桂者上书，言为吴海门掣去票钱二百八十串，吴海门托鄙人关说，致县不肯出票。全不知其原委。省城诪张为幻，百出不穷，亦难乎其自处矣。是夕诣养知书屋迎接祖先。

十一日。立秋。大雨，雷。黄彤轩应缴滇捐款目，仅据黄幼农帮银四百。令凑千金交纳，或可希幸万一。两年以来，三次将所存用支用一百，惟馀一百而已。其昏劣如此，宜所处之穷矣。

十二日。接姜昆山、任筱棠二信。亦致任筱棠信。是日养知书屋荐新，率家人诣祖先位前上供。适陈右之、邵燮廷自乡归，便邀易铁樵、陈右之、邵燮廷、胡浴生、陈汉帆、杨毓吾及杏农、咏民、多孙、顺孙同酌。询知咏民已于是早赴开福寺矣。

十三日。阴，雨。接谢岳生信，新从龙州回湘，前带到李润生信件者。杨商农枉过久谈。是日玉池别墅荐新，率家人诣祖先位前上供，便邀易铁樵、陈右之、胡浴生、陈汉帆、杨毓吾及荅农、多孙小酌。顺孙补岁考，炎儿以雨不至，邵夔廷亦以事赴乡也。

十四日。雨。邓弥之过谈，会大雨，久坐。东山新宅荐新，与胡浴生、杨毓吾、陈汉帆及荅农会食。

十五日。中元。晴。接欧阳子卿信，见馈台党。足疮与英儿之米疖，纠缠数月，旋愈旋发。去岁两宅修造，岂其有所干犯耶？不独一病数月，为历来所未有，即区区疮疖，为患无已，亦一奇也。

十六日。接傅书三信名佑名，傅笙楼之长子，言傅苏海一家尚滞洪江，其次兄嘉桂，有子登道，字润台，其送书三信来此者，即润台也。笙楼子孙，仅遗一润台而已。苏海有女三人皆未嫁，闻之怆然。又接刘希陶、刘律樵及子瀞信。刘律樵为荩臣制军次子，以其亲戚梁谷丞名焕章，号少连、刘蕴腴托荐馆席。潘岳云枉视，其外科尚为有名，因予病足，子瀞、子宽属来一视也。

十七日。接丁次谷、曹云祥各信。亦复丁次谷，及致傅书三、傅润台信件。李佐周及傅书三、傅润台旋来见。潘岳云重至，言疮毒湿气期使宣泄，所用拔毒散，宜稍作痛也。

十八日。大热，寒暑表至九十五分。接王益吾、李佐周、江彝珍、吴晴研诸信。李芋生、刘若华来谈。熊干庭亦自县至，为言易兰生从弟易彦丞自陕西归，带有信件见寄，并易怀卿踪迹。兰生前为报捐县（城）〔丞〕，渠意不甘小就，大率须加捐知县。

十九日。大热。接易兰生、黄滋圃、王益吾、谭心田、李佐周、陈右铭及子瀞各信。亦致王益吾、陈右铭、谭心可、李佐周信。邵燮廷自魁园回省，所置山田，幸已有成，实廖拔南、黄子畬两君为之作合也。并与陈右之、邵燮廷、黄子畬会谈。邹瑞丞、易研承亦至久谈。易研承为易直卿之子，伯曰厚卿，易冕南之二子也，兰生信并由其带至，信言谭文卿目疾已愈，当可在陕西销假也。

二十日。大热。接王益吾、李佐周及子瀞信。益吾为邹瑞丞托荐盐厘局馆，昨晤瑞丞，已略言之，然正恐不易图也。下午风雨一过风一响，雨一洒，戛然顿止，而热如故。柳少珊过谈。傍晚大雨。晚雨，雷。

廿一日。接李麓渔、傅书三、周卓群、钟佐廷及寅伯、景成各信。景成名本诏，其六品衔捐名须成，在营当差。潘岳云、柳少珊来谈。

廿二日。致王益吾及复周卓群信。亦接余云涛信，由蒋幼怀递到。为柳少珊处置家事，始知其崛，绝难以理喻。下午大风，凉，雨。

廿三日。接王益吾、蔡兰生及玉舲各信。亦复王益吾、钟佐廷，又为吴少陔致玉舲一信。罗叔循、杨毓吾过谈。陈右之、邵燮廷赴乡料理魁园新置田山事。

廿四日。接曾挚民、龙研仙、徐端士、熊鹤村各信。亦致龙研生、熊鹤村各信。翁述唐、许莘吾、邹瑞臣枉过。翁述唐，湘潭人，云南候补道。曾挚民并寄有缅燕、普茶、熊掌、茯苓等事，并由翁述唐带到。许莘吾名辅堂，曾任茶陵学，衡阳人，枉馈平江术。徐端士名寿麟，徐海宗之子也。

廿五日。丁次谷、左逸仙并专足约枉谈，而久候不至。周子安自上海回，曾在京两月，语京师事甚悉。裕寿山补盛京将军，张香涛调鄂督，李筱荃补粤督。闻日间接有电报，未知确否？是夕雨。

廿六日。接王益吾、杜彝珍、俞鹤皋、阎季蓉、熊鹤村、余衡士名德铨，余佐卿之子及清臣各信。左逸仙、潘岳云、胡浴生枉过。邵燮廷自乡归，所谋地事尚无成局也。

廿七日。大风，凉。接王益吾、吴少陔、余衡士及玉舲、子权各信。又接龙镜河信，缄荐曹云祥，薪水不能敷用，又欲求荐致杨芝仙，抑何不惮烦也。刘毅斋枉顾畅谈。卢宅报卢丽生之丧，使人怃然，不能自释。

廿八日。接王益吾、李结甫信。李芝岑、李佐周来谈。李结甫见贻《百果山房文集、诗集》，及《字学举隅》、《纠缪字弗》、《东录汇审》、《双声叠韵文》，凡六种。其年七十有五，李阊坛先生之子也，家学固有渊源矣。晚次，陈右铭来谈。

廿九日。黎英杰、陈汉帆、左佩勋枉谈。黎英杰为陈汉帆荐理田庄事，杨毓吾经理贸易，势不能为人用，不能不别求之。丁次谷过谈。子宽因徐寿鼎一言，遽托次谷蔽罪王升，以求遂徐寿鼎之奸，其去事理亦远矣。邬俊卿所恃为主谋，李尧宾、徐翰元也，徐寿鼎又因李尧宾、徐翰元之言，颠倒是非，为之关说。人心之陷溺，岂有穷极乎！

八月

八月初一日甲戌。致曾劼刚、丁次谷信。亦接周荔樵、黄雪逵、易椒生及子瀞信。熊鹤村、徐芷沅枉过。黄雪逵荐其西席夏琼林，请属周肖轩给与一差使，言之太易，非绵力所及。晚次又致王益吾、丁次谷二信，次谷信以致劼刚信托其转递，益吾信则以所收求科举者七人托其代致：长沙职监徐福澄，例监余继昌、余锡珪、余元甲；善化附生盛治；湘阴职监易渥芝、例监易藻章也。

初二日。接王益吾、杨怀瑾、杨石峰信。亦致谢菱堂及玉舲信。永定王缉唐呈阅其尊人王淡吾遗诗，谋选入《耆旧》续集。杨怀瑾置南洲土田数千里，争讼烦多，方与龙阳、华容两县人民相持，求为援手，无以应也。

初三日。接丁次谷、熊鹤村二信。因诣视新建福壮武、邓忠武二祠。便过王益吾、陈右铭、龙琴堂、周笠西、杨商农、成静斋谈。龙琴堂旋即枉过。杨景皋随至。陈右铭自诵其臬署联云：执法在持平，只权衡轻重低昂，无所谓用宽用猛；问心期自慊，不计较毁誉得失，乃能求公是公非。并谈悉其历来办理之法，多可听者。杜理堂年七十，傅竹湘送阅其寿序，载其长子云藩，以翰林官户部主事；次鹤泉，大挑广西融县知县；次蓉湖，大挑湖南候补知县；四梅生；（四）〔五〕蒲生。吾所见梅生而已。

初四日。接龚黼丞、李咏仙、常南赓、常健吾、高粹之、王曙皆、刘砺吾、彭岳青公信，为周筱崧学博求寿文。又接西枝和尚一书。王益吾邀开福寺禊，因小酌，同席陈右铭、张雨珊、李佐周、王吉来、朱次江、吴少陔，惟杨商农以事不至。陈程初新修有船房一座，瓦亭一，茅亭一。英儿欲随一游，因携往，谈宴竟日。

初五日。致丁次谷、俞鹤皋二信。鹤皋以公祝王夔石制军寿文属为拟稿，次谷则以浙人寿文由涂舜臣代拟，属为点定也。刘瑞云、欧阳伯元、曾岳松过谈久坐。晚次，陈舫仙、朱次江及怡仲又次第至。竟日人客纷扰，讫不得暇。

初六日。接朱香荪、周卓群及玉舲及饶岱霞、左裔云信。亦致王实丞、左裔云信。张燮钧枉过。闻陈右铭得江西督销局务遣人道贺。又缄示荇农，为怡仲料理赴浙事宜。

初七日。接蒋幼怀信，录示帘官单，刘彦丞派内收掌，内帘相识者沈梦兰、王子馀、孙彦臣、左逸仙、龙禹门、熊体泉、赓夔石、潘樵菽坡、张次侯。所不知者杨永芬、沈赞飏、刘榆生星伯三人。诣养知书屋送炎儿、顺孙入闱。便过陈右铭畅谈。

初八日。炎儿、顺孙、杏农、润民、易铁樵、胡浴生皆在家进场。天气虽阴，而郁热已甚，恐为雨征。接周荔樵、刘若华、左巨云信。亦致周荔樵、黄黼卿信。周荔樵旋过谈。

初九日。接萧桂林信并托递家信。萧住子母洞之周仁冲，因交周南山觅递。张雨珊、黄甫清、李筠（安）〔仙〕过谈。筠仙，李星陔之子也。

初十日。两日郁热，闱中烦苦，近数科未有也。接周荔樵、李佐周信。亦复周荔樵、李佐周信。涂稚蘅及琴庵枉见。琴庵，晋扬之长子，送其弟毓华乡试。炎儿、顺孙出闱甚早，首题为《子曰觚不觚觚哉觚哉》，非所能措笔者，吾亦不敢奢望也。

十一日。阴，风，凉。接王益吾、张叔平、周觐堂信。叔平并寄示各种石刻。凡三游大酉洞，分前后各五洞，皆有记有诗。其撰联云：读万卷书，行万里路；登九峰岭，得九洞天。又云：古洞千年，岩厅客到；奇书万卷，石室天开。又义义联云：学足春夏秋冬，无间三百六旬日；教遍东西南朔，不过十八万部书。李芋生、易泮芹过谈。

十二日。接王萝泉、黄甫青信。亦复黄甫青信，又致郑少侨、毛濂溪、湛范仙、李韵仙、蔡勤斋、龚黼丞、常健吾、张翊廷及用舟、玉舲信。晚次，丁次谷过谈。

十三日。接李芋生、黄棣轩、刘惠吾、李新麓、周荔樵信。

又接潘小农、沈星海、韩宝臣、於桐轩、洗雪耕、区祝山、黄雪逵、杨显臣各贺节信。欧阳静山、张昆生过谈久坐。陈右之自乡回。

十四日。致陈程初、李幼枚、成静斋三信。亦接程初、幼枚、静斋信。又接易玉峰及子瀞信。黄麓生来见名电寰，以其先生黄纪宦世凤《史略便蒙》，求为付刊，此书已收入县志，并为补一序，然尚未足付刊也。晚邀曾岳松、欧阳伯元、裴隽臣、易砚承、左巨云小酌。本邀李芝岑，不至。

十五日。阴，寒。以中秋令节，率两宅家人叩谒祖先。接段豸山、黄甫青、周荔樵、朱次江信。亦致李咏（山）〔仙〕、龚黼臣、毛濂青、郑少樵、张翊廷、湛范仙、常健吾、蔡勤斋及用舟、玉舲信。邀陈右之、邵燮廷、黎英藻、李秉臣、杨毓吾、蔡兰生早晚会饮。

十六日。接黄麓生及子溎信。当复子溎一信。是日为福壮武、邓忠武两公迎主入荷花池专祠，与成静斋同诣行礼。随遣黎英藻、李秉臣分道赴湘阴、长沙各乡收取新谷。顺孙出闱，补置酒作中秋，邀同胡幼森、杏农、润民、炎儿小酌。

十七日。接丁次谷信，随复次谷一信。张海帆、欧阳季临、易叔子、易泮芹、陈树藩过谈。请陈右之、邵燮廷赴昭山斟酌地事。家用工力无多，分遣三处随行，颇苦人力之乏。晚邀李绍甫、许莘吾、张莼生、戴星垣、欧阳季临、笙陔叔小酌。本邀曾介石，介石贸焉归家，不一通知，亦一奇也。

十八日。致傅竹湘、朱次江信。亦接文兰舫、王理安、傅竹湘信。刘瑞云、杜仲丹过谈。晚邀魏乃农、邓幼弥、曾慕陶、曾霖生、曾履初、曾源长、曾君融小酌。候慕陶至日夕，乃就坐。君融辞不至。

十九日。接李少笙、杨商农、庄季含、欧阳季临信。去岁荐庄含章金陵就凌问樵谋一差使，问樵随为嘘植，而其文案罗润生方为其子谋，乃造为谣言，谓鄙人荐书由庄季含伪造，遂竟以此被撤。人心险幻百出，为之心悸。午邀陈子濬、刘若华、王理安、罗柢敷、张鹤臣、杨熙春、殷少桥、盛耀堂、杨景皋、左佩勋、易淑子、易椒生、胡幼森、易铁樵及慰霖、荇农、经生、理安、寅伯、复初、润民会饮。王理安以疾辞。景皋、耀堂已于本日回县。杨熙春出示阎季蓉信，言有吴霭臣、田春山二人求得一见。吴蔼臣约十月始至，田春山来省乡试，当可一见也。

二十日。接刘绍臣信。亦致陈隽臣、凌问樵信。又为朱次(谷)〔江〕致曾沅浦宫保、马眉叔、刘康侯三信。聂仲芳为沈轶侪能虎求书挂屏，亦交朱次江带去。俞鹤皋、李华卿、关德生过谈。田春山、杨熙春晚过。

廿一日。接聂仲芳、黄石珊、刘牧村、苏子熙各信。亦为李华卿致翁小山信。苏子熙之兄斐然军门没于祁阳寓次，子熙自连城大营讣告。聂仲芳高祖藻亭先生《艺兰图》，惜抱先生为题额，李春湖先生诗最佳，为各房子姓转鬻于人久矣，仲芳始收得之，属为题诗。

廿二日。微雨，寒。接翁小山、潘小农、吴宝廷、丁百川、李佐周、李久瑜、王实丞、崧峻亭各信。自三月以来，未经出门酬应，以天气稍凉，出拜崔清如、吕藕池、翁小山、姜昆山、丁次谷、黄铭山、任筱棠、王实丞、陈舫仙、张海帆、唐兰生、刘湘士、周荔樵、李质堂、刘祝廷。又以子瀞、子宽各率其子诣南岳献香，一往视之。李久瑜充靖江厘局，查河局员刘墨庄恩绶，江西人任用巡勇胡汉卿陵轹局绅，反厚庇之，厘局差事，固不易当也。

廿三日。接刘瑞云、周荔樵、李佐周及玉舲信。亦复玉舲信，本交来船李文明带送，因咏民回县之便，即以交之。李佐周以其新撰《说文逸字辨证序》见示，盖辨正遵义郑君《说文逸字》之作也。刘少迪、刘若华来见，少迪为刘律樵之亲戚，托荐局馆，愧无以应之。

廿四日。接瞿子玖、傅竹湘信。亦复傅竹湘、欧阳伯元及李咏仙、龚鬸丞、常鲁青、常健吾、刘砺吾、王澍皆、高粹之、彭韵青公信。又接左佩勋信。李镜浯过谈。李佐周邀同王益吾、张雨珊、张芝生、罗柢敷、夏惠农晚酌。是夜大点雨，一洒而过。

廿五日。接欧阳伯元并鹤九信。诣王夔石制军谈。并拜张燮钧、郑子惠、徐衡衫、朱冠臣、唐稚泉、耿苹野、汤斐斋、陈程初、春书云、徐云衢、杜仲丹、谭心可、李幼枚、林少梅、陈芋僧名晋蕃，甘肃道台、傅竹湘、唐鲁英、唐楙畡、彭笙陔、曾君融、曾慕陶、曾霖生、曾源长、欧阳季临、欧阳伯元、王实丞、周荔樵、张雨珊、涂稚蘅、俞鹤皋、杨蓬海、江芝甫名孝朴，凡共回拜三十一人。是夜雨。

廿六日。微雨。接李筱屏、左巨云信。回（信）〔拜〕周肖轩、徐心畬、黄小鲁、姜兰甫、谭文卿、杨厚庵宫保、杨开光、谭心可、王雁峰、陈诒珊、陈定生、刘瑞云、陈伯严、杨商农、王益吾、易椒生、易研承、何伯元、陶少云、陶履谦、左子健、左子栗、左子异、孙次韩、曾岳松、钱子宣。并诣吊孙春皋、卢栗生、何绍仙之父何仙槎、陈璞山之夫人四处。卢丽生女夫郑少槎代陪客。

廿七日。大雨。接陈展堂、萧小虞及鹤九、经生各信。郑子惠、黄石生、左佩勋、周卓群、左巨云过谈。诣左巨云致吊其父左癸叟。便拜谢小庄、谢友兰育婴堂、王桐轩、秋新侯、邓子元、张少泉。便诣陈程初谈，以郑子惠传夔帅之言，欲以初四者约绅士之约①，商量李质堂、陈舫仙两处为公宴之所。

廿八日。雨。致陈程初、李质堂、李小屏信。亦接李小屏、张芝岑、李幼枚信，随又复幼枚一信。丁次谷、张雨珊过谈。陶月樵、郑仁和、虢扬芳、郑文华四人来谒，并葡萄围人也，为王旭初之妻讦控来省，稍以事理喻之。

廿九日。致王夔石制军信。亦接张超堂信。炳文过谈，因子权领帖事，使人气闷。致玉舲一信，交炳文带县。

三十日。接丁次谷、危笙陔、徐端士信。亦致王实丞、丁次谷信。王夔石制军过谈。曾霖生亦至。晚邀杜仲丹、王益吾、杨商农、李佐周、张雨珊、（王益吾）、李筱屏、陈伯严小酌。本邀黄小鲁，小鲁不至，以李筱屏补之。

九月

九月初一日甲辰。接方佑民、赵朗垣、杨商农、张芝岑各信。亦复杨商农、张芝岑信。以鹤九回县之便，致玉舲一信，并谕怡仲、子权。是日船山祠、定王台两处祭祀，并诣行礼，英儿亦随行，因留浩园一饭。同席王实丞、俞鹤皋、杨蓬海、郑茀臣、陶少云。

初二日。接王实丞、张芝岑信。亦致李质堂、陈程初及复张芝岑信。梁岱云来见名文镛，湘潭梁昆圃大令之弟，见赠王蓬心手轴，甚佳，然所求在一馆，吾力不足以应之，遂辞不受。陈程初、李幼梅过谈。

---

①此句疑有讹误。

初三日。雨。致马眉叔、沈铁侪名能虎，招商局会办、严又陵、姚彦嘉〔信〕，交顺孙带投。回拜李友兰、谢莘田、刘云乔、黄滋圃、杨显臣、邓子侯、蒋云甫、夏毓峰名敬豫，夏芝岑次子、陈舫仙、杨鹤琴、傅竹湘、曾慕陶、曾霖生、曾源长。两次往拜慕陶兄弟，皆以外出辞，未知其所挟何意也。

初四日。大雨。接丁次谷、黄彤轩、周昌辅各信。又补致聂仲芳一信，并交顺孙带投。顺孙以是日上轮船，随同慕陶、霖生赴金陵，往视其行。诣王夔石制军、朱星垣。随赴李质堂处，为公宴王夔帅，兼贺其六十生辰，同席谭文卿、徐云渠、王雁峰、何伯元、王益吾、陈舫仙、俞鹤皋、杨蓬海、周荔西、陈程初、陶少云共十三人，未到者李黼堂、朱禹田、谭心可三人。是日谈燕甚欢，三鼓始归。

初五日。大雨。接佩珊、玉舲二信，又接曾挚民、刘若华、张卓斋（二）〔三〕信。杨商农邀同丁次谷、任筱棠、陈程初、张雨珊、王益吾、左子异、李幼梅浩园小酌，筱棠、子异不至。就便一视子瀞、增之父子疾，瘠削可怜，使人心神为之不适。

初六日。雨，寒。致龙琴堂信。回拜曾重伯，晤陈舫仙谈。便过谭心可、李芋生、冒小山、蒋松甫、杨梅生。出大西门，谋一登曾霖生舟，雨甚泥泞，恐小舟上下为难，未能通刺。曾霖生旋过谈。文月舲、王玉章继至。玉章为王梦虎之侄。文月舲善相法，谋荐至刘子祥营当差。刘子祥到省未来见也。

初七日。微雨。接龙琴堂信。冒小山、彭笙陔、裴隽臣、陶南村、祝淡溪、魏乃农、伍子耆、胡子宽名庭坦、胡朴臣名启钰、薛蔗泉名焘次第过谈，遂尽一日之力。胡子宽名（启）〔庭〕坦为光伯太史之子，朴臣名启钰其孙也，以新刻胡光伯《楚颂斋诗集》见饷。薛蔗泉以其曾伯祖薛岳田嗣昌《佩韦堂诗钞》见饷。《楚颂斋诗》

无前序，胡子宽欲乞鄙人为补述之。

初八日。雨。王益吾、龚果斋过谈。随诣吴少陔、王益吾，并约益吾同递刘武慎公请建专祠呈。便赴夔石制军之召，同席谭文卿、李质堂、王益吾、陈程初、杨蓬海、陈舫仙、陶少云，外惟俞鹤皋一人以事不至。

初九日。雨。致谭文卿、陶南村二信。南村信由寅伯转交。为陶少云贺生日。随诣孙春皋宅行成主礼，陪客徐心畬、潘子珍、王桐轩、李芋生，相识四人，馀皆未能通名。王桐轩、周荔樵过谈。

初十日。雨。接佩珊、觐堂、棨西、韵生各信。是日乡试放榜，蒋幼怀于昨夕致送题名录，予已就寝，今早始及见之，所知惟周声溢周笠西次子、张百均、俞莱庆、鲍文浚，伍国霖略闻其名而已。解元善化罗维垣。第六名为桂阳夏寿田，知其才气必获隽也。冒小山、陈金垣、邓弥之次第过谈。以凤姨明日生辰，赴养知书屋，便过子瀞，晤言舫丞、熊春台两君。是夕易铁桥、陈右之、李秉臣、胡浴森、蔡兰生及子宽诸人会饮。

十一日。晴，暖。接王梦虎、蒋幼怀信。早间面席，添入龚果斋、杨毓吾、左千之诸人。诣周笠西，贺其子霖生乡举之喜。回拜谭文卿。随赴陶少云之召，同席王实丞、李质堂、陈程初、陈舫仙、陈定生、李少高、李芋生、杨蓬海、王益吾、李稚岑、唐懋皆，共十二人。外龙琴堂、唐鲁英、唐兰生、俞鹤皋、傅少湘五人不至。是日王夔石制军、刘定夫、孙儒卿、左逸仙、蒋幼怀各送闱墨。

十二日。微雨。致芋舲信。为王筱山言书院门斗事。陈程初邀同谭文卿、王益吾、李幼梅小集碧浪湖。刘子元过谈。

十三日。雨。接陈展堂、曾岳松、何伯元各信。亦复何伯元一信。诣绍石庵、刘定夫两观察。回拜刘子祥、刘海珊、陈金垣、王莼甫、曾岳松、邓弥之、彭晴峰、吴雁洲。随赴杨子端之召，凡三席，多少年不知名者，所知陶少云、陈程初、唐兰生、陈定生、徐芷沅数人。同席黄子光、朱六谦、赵再庵、龙禹门均送(围)〔闱〕墨。

十四日。微雨。接曾慕陶、陈程初信。亦致王益吾、陈程初及玉舲信，玉舲信交杨毓吾带县。高曦亭、陈冠卿两星使，刘彦臣，汤斐斋，陈虞琴其父字舜邻，其兄字煦亭，王小山，蔡蓉仙，刘若华过谈。是日邵燮廷赴昭山。

十五日。雨。接吴智川、胡浴生、王益吾、周卓群各信。回拜高曦亭、陈灌荪、赵载庵、张自侯、潘椒坡、龙禹门、长礼庭、谭心可、俞鹤皋、曾重伯、鲍蓉泉、余班黼、朱莼卿。兼过张芝生、张少联，吊其父紫联同年之丧。过张鹤臣，吊其父花农之丧。相者黄莲甫来谈相。张芝生见交其父临终时见寄遗书，以城防及轮船两事相属，谆谆言之，或当有见，读之为怃然也。

十六日。雨。接周步瀛及兰生信，亦复周步瀛信。龙禹门、张自侯、张海帆过谈。李质堂邀观仁和部，同席王雁峰、陈程初、刘祝廷、陶少云、王益吾、杨蓬海、徐寿鹤、陈定生、谭致堂、滕吉生。吉生为滕升平之子，吾误以为质堂次子也。

十七日。接李炯斋、左佩勋、胡浴生及星生信。林少梅、陈笛舫、韩陛臣、钟佐廷、周卓群、沈静轩及笙陔叔过谈。陈定生为李质堂集分，贺其世兄入学之喜。经李质堂邀请，初次以病，二次以与王夔石制军同日，邀请改期，昨日乃云陈定生邀分，至今日始办，而予始觉疲倦，不愿赴，乃以一诗谢陈定生、李质堂云：当歌对酒人生乐，何况嘉宾集盛筵。衰病不堪连日醉，阴寒更怯九秋天。偶游赡部真如梦，稳睡荒斋自得仙。寄语诸君须满饮，主宾除我尽能贤。初以出李质堂之意，结句为征歌莫负主人贤。旋见陈定生亦传柬邀请，乃改结句如此。

十八日。致曾沅浦宫保、刘康侯，并致顺孙家信，交胡幼森带金陵。刘康侯信以胡幼森馆事奉托，宫保信则为左氏说法也。是日清理各求书屏联，尚未及半，借以谢客一日。

十九日。雨。接朱禹田、吴智川及笙陔叔及左佩勋信。亦致徐蘅衫、周荔樵、欧阳伯元各信。回拜绍石庵、孙彦臣、曾祝如、於小亭、陈逸臣、陈笛帆、沈静轩。并诣谭文卿、王益吾、蒋幼怀、黎小楼、成静斋及笙陔叔诸处谈。欧阳价人、欧阳伯元枉过。

廿日。雨。接徐蘅衫、王益吾、杨景皋及子权信。亦致檠希信，交李芳农带县。李召甫、张卓斋枉见。赴陶少云之召，同席王实丞、李质堂、陈程初、李芋生、陈定生、杨蓬海、王益吾、唐榯畡、李稚琴共十人，陶履谦亦出陪。是日郁热，江水日涨，蚊虫啮人，所在群飞，为历来所未有。闻湘阴四城皆水，下游围田多溃，九月水落而忽有此，亦一奇变也。

廿一日。雨。致汤斐斋、徐蘅衫及杏农三信。绍石庵、易仲子、杨景皋过谈。长生亦自县至。笙陔叔及杏农来议长生家事，讫无成说也。

廿二日。阴。接左佩勋、刘锡章炳英信。晚邀郑茀轩、钟佐廷、韩陛臣、李召甫、易仲子、左千之小酌。

廿三日。阴。自中秋节后，阴雨连月，江水大涨。天气早着重棉，而又时作郁热，至不可耐。蚊虫啮人，多而且悍，九月间景象，旷古所未有也。接李召甫、李锡蕃及佩珊、玉舲各信。李锡蕃来索文稿二本，殊使人茫然。刘瑞云、胡道生及寅伯过谈。熊彝臣家告言：其父以彝臣寄款约三千金，率长工熊昌林窖之厨房，尽为熊昌林盗取，惟与贮水满坛而已，今夏为昌林之侄所知，以告熊春溪，春溪追得宝纹十（定）〔锭〕，遂挟以赴汉口，恣为嫖赌之计，而置馀银不问。其宗族催令彝臣妻赴县控追，来求我一信，询知县城惟与魏伯琴有亲（诣）〔谊〕，为书告玉舲，与魏伯琴共议之。是夕，邵燮廷归，买得湘潭三都八甲大竹湾中嘴秦姓山场一块，与冯姓山毗连，尚在相持，不能窖立界碑，须设（位）〔法〕一调处，未知究竟何如也。

廿四日。郁热。甫住雨，微见天光，郁热又作，真奇景也。邀谭文卿、林少梅、张海帆、陈舫仙、王益吾、陈程初小酌。程初以赴岳迎候邵幼村中丞不至。适子瀞外出，约其一饭，又以病辞。是日谈宴甚畅。

廿五日。接刘希陶、陈淀生、陈象生各信。子瀞演清华部，邀同丁次谷、陈舫仙、陶少云、俞鹤皋、杨蓬海、李芋生、张禹珊、蒋幼怀及笙陔叔小酌。席上见张禹珊扇端书吴梅村三诗，偶忆得之云：槎浦冈头自种田，居然生计胜焦先。赤松采药深山隐，白鹤（弹）〔谈〕[1] 经古寺禅。（仲孺）〔孺仲〕[2]清名交宦绝，彦方高行里闾传。曲江细草新蒲绿，回首铜龙对策年。翠竹黄花一草堂，柴门月出课耕桑。苏林投老思遗事，谯秀辞征住故乡。强饭却扶芒屦健，高歌脱帽酒杯狂。莫嗟过眼年光易，征调初严已十霜。 晚岁风流孰似君，乌衣子弟总能文。青箱世业高门在，白发遗经半席分。正礼双龙方矫角，释奴千里又空群。外家流辈非容易，肯信承宗有右军。二鼓后归，附录于此。

廿六日。接刘瑞云、蒋幼怀、周次农各信。亦致周肖轩、谭心可、欧翼峰三信。姜兰浦、王午村过谈。晚邀王实丞、丁次谷、李质堂、陶少云、陈淀生、李芋生小酌。是日郁热已极，至夕大

①②据《梅村家藏稿》。

风雨，凉。

廿七日。雨，寒。接文兰舫、欧翼峰、黄心田名运藩、湛范仙、邓弥之及虚堂各信。邹闻生、邹瑞丞、左佩勋、胡道生、汤绍濂、邵燮廷过谈。随请邵燮廷赴幕云铺料理新置秦姓山事。邓弥之以尹梓森补讲舍见属。黄心田以其兄黄镇南补南澳同知，求早赴任见属。湛范仙以其族湛炳吾修万善山观音像，为叙观音证果来历于屏风见属。其他琐琐相求者不足记存也。

廿八日。雨。接谭心可、周莲甫及子瀞信。又接顺孙十八日金陵信：初十日开行，十一日抵汉口，以大风停泊两日，十四日开行，十六日抵金陵。长江水势浩大，虽北风逆行，而其速如此。为李质堂贺生日，并回拜刘采九、谭聘臣汝玉，中书、曾重伯、刘瑞云、李芋生、陈伯严。并诣周笠西、黄小鲁，贺其世兄乡举之喜。

廿九日。雨。接左巨云、陈象生及经生、咏生各信。亦复左巨云一信。李佐周、陈龙门枉谈。佐周言闻之李介生，铁路工程已议停止，云因天坛灾变，前后九十馀疏。此言却不甚确，以《申报》所不载，无从得此捷信也。

十月

十月初一日癸酉。致合淝傅相、王壬秋、王益吾信。得傅相五月初三日书言铁路事，思以一书痛陈之，而自病后，日为酬应所苦，求得一二时辰稍近书案而不能，此信实成于十三日，至廿八日乃发行也。亦接曾沅浦宫保、王益吾信。沅帅信〔言〕京师近事，初徇张香涛之议创开铁路，旋又徇黄漱兰之议不借洋债，致有缓办之说。然则昨所闻七十馀疏，坐此传讹耳。王益吾信言接缪筱珊书，在江南见王壬秋，似其回南，至江南亦多日矣，而吾两信才去数日，颇有后时之叹，使此心为增歉然。又致朱禹田，所言事甚繁。张笃吾之子张锡恩来见，自言与杨益丞约同往福建谒孙竹堂军门求差事，携带盘费，在戏园失去，求借盘费。张笃吾住新市，记上年在新市曾一见之。遣人问之杨益丞，亦与不相识。其中又别有因依，亦殊不足信。

初二日。雨。数日阴寒，而蝇蚊群飞啮人，略无收敛，未知为何（详）〔祥〕也。接周道南军门、邹礼丞、盛展奇及星生、荇农各信。又接熊鹤村、周荔樵见示诗缄。黎松圃、欧阳醴泉、周次农、易鉴衡、胡厚滋名丁炎，陈定生荐讲舍、蔡蓉仙、蔡竹泉枉过。亦诣龙琴堂、李佐周谈，询知胡幼森尚未开行，以与徐芷缘约同赴江南，两人性皆迂缓也。龙琴堂处晤吴紫亭、常碧秋两君，知吴君新就绍石庵馆，琴堂谓周笠西以属夔石制军夺之俞伯均者。以询佐周，始悉周笠西函托沈佩玖，佩玖为陈达夔帅，夔帅为书复云：刑、钱重席，宜资老手为之。绍石庵本已前定俞伯均，至是乃改订吴君也。是夕和熊鹤村诗云：修桥众力尽能帮，收获艰难只自伤。家计几年遭白骗，世情一梦抵黄粱。吟成四仄三平句，费尽千回百转肠。何不放怀天地外，还归走马乐徜徉鹤老所居曰走马楼。　顽民一气本相通，都在昏天黑地中。肯信财多原是累，休嗟道大莫能容。衰年奔走真无谓，公费捐充却有功。地自增加人自骗，与君烦恼两无穷先生尽烦恼，人尽骗，是两无穷也。又叠前韵答复诗之意云：我年七十待人帮，九十奔驰我亦伤。一别光阴过寒露，数传产业只高粱。安排种秫沉冥饮，翻费哦诗锦绣肠。且喜任陂桥路稳，衡流免共水昌徉。　此桥潭、善路原通，长在先生杖履中。租课亏盈宜自料，乡民诡诈倍难容。只愁虚费衰颓力，毕竟难收整顿功。承佃人多须早募，看看岁逼又年穷。

初三日。致王夔石制军、朱禹田、陈伯严各信。亦接陈伯严、吴少陔信。为崔清如、李稚秦贺生日。并吊姜兰圃妻丧。便拜齐筱庵、黄芍岩、陈淀〔生〕、李少笙、王益吾、李少溪、胡鞠生、黎松圃、徐词卿、郭弥生、罗叔循诸处。陈满自乡归。接李秉臣信。

初四日。雨。致王益吾、熊鹤村、陈淀生、周荔樵各信。亦接王益吾、陈淀生信。龚果斋、李九如过谈。

初五日。雨。接周荔樵信。周笠西、王稚迁枉过。李质堂邀同王雁峰、刘祝廷、滕茂亭、陶少云、杨蓬海、李芋生、王益吾、李稚秦、陈淀生、谭致堂音酌。

初六日。接王夔石制军、朱禹田、周仁庵化南，桥头巡检、宋子麟季保，参将，现在台湾、易岳清堂倬，瞽者、易研臣、周次农各信。王吉来、杨景皋、龚果斋、邵燮廷枉谈。李稚秦邀同王实丞、王雁峰、李质堂、胡尚之、陶少云、陈舫仙、李芋生、陈淀生、杨子端音酌。

初七日。邵幼村中丞抵省。接刘瑞云、黄性心、周次农、胡浴生、丁次谷、刘静生、吴晴研及清臣信。樊子琳过谈。诣邵幼村中丞谈。

初八日。致王实丞、丁次谷、曾重伯三信。亦接曾重伯、周仁庵、胡幼森、易铁樵及佩珊各信。冒小山、樊子琳、刘云樵、秋新侯、王稚迁、蔡蓉仙、蔡竹泉、李晓云斗姆阁道者、松云屈子祠住持次第过谈，遂尽一日之力。笙陔叔邀同杨景皋、沈静轩及子敬、寅伯、荇农、长生小酌。适观生自县归，询知箴士仍留湘阴。新吾与箴士来往用数镠镐烦多，稍就其簿批消，笙陔叔亦愿稍给银两为之断结。

初九日。接周肖轩、饶岱霞及笠云及笙陔叔信。亦复周肖轩及笙叔、笠云信。又致佩珊、玉舲二信，交熊干庭带县。蔡竹泉、饶应麟过谈。

初十日。复周道南军门、陈象生信。亦接苏子熙、言湛甫、周昌辅、张芝岑、胡浴森各信。易五楼名凤仪，广西人，办理苏子熙后路粮台，指捐川南知府、冒小山、涂稚蘅、巢子城及笠云过谈。崔清如方伯邀饭，已允一赴，适会客半日，时已交申矣，而无速客者，遣人探之，则所谓十馀人皆已告辞，乃急往辞之。为陈程初贺其移居新屋之（新）〔喜〕。为王华笙贺新婚。便道回拜隆虚村衡永道，隆文、邵小村中丞、李友兰、冒小山、唐蓬洲、蒋松甫、易五楼、秋新侯、樊子琳、刘云乔、陈舫仙。王夔帅奏请起用四人：陈右铭、陈舫仙、徐熙堂，皆所宿知者，已奉交部带领引见之旨。并过舫仙，一与道贺。外姚彦士方伯，闻其年近七十且病，势难赴京。

十一日。雨。接周荔樵、胡浴生、李薪麓信。亦复张芝岑、胡浴森信。是日为曾文正公生辰，诣祠行礼，候至巳正，至者李质堂、陶少云、涂稚蘅三人而已。回拜易五楼、刘瑜生、梁铣棠号星伯、任晓棠、朱香荪、彭履安诸处。徐人熙、蔡蓉仙、蔡竹泉、李召甫过谈。

十二日。雨。接周卓群及笙陔叔信。唐蓬洲、蒋松甫、欧阳季临、李樾庄、罗筱垣、危笙陔、徐词卿过谈。盖自早餐甫毕会客，至午餐尚无休息。排日如此，岂非冤苦！

十三日。微雨。接胡浴森信。亦与子瀞往复论王益吾、杨商农、周荔樵三人位置相宜之法。是日为先太夫人生辰，率家人行礼上供，便邀王稚迁、李樾庄、李华卿、罗小垣、徐人熙、徐词卿小酌。外惟黎松甫以赴湘潭不至。

十四日。阴，微雨。接龙镜河、蒋幼怀、陈树藩各信。为林梅仲太夫人贺生日。便拜唐蓬洲、胡云卿、黄芍岩、梁铣堂、唐鲁英、刘秋云、彭溧樵。

十五日。微雨。接周荔樵、熊鹤村及佩珊信。亦致翁小山、谭心可、刘祝廷、周荔樵及佩珊信。王夔石、谭文卿两制军、傅竹湘、邓立山、郑苇庵、刘祝廷、左佩勋、易砚丞、陈树藩、邵燮亭过谈。刘祝廷见示龙际云蜀中来信，内言陈君辅年七十馀，通黄庭内景之诀，欲刘祝廷前赴四川同学长生不老之方，兼及鄙人，否则以千金邀其来湘。因语刘祝廷：是果有道者，岂能以此区区远涉数千里之途乎？属一询之龙际云，且问陈君辅学问究何如也。熊鹤村重次前韵寄诗二章，亦再和答之云：痞俗城乡各有帮，世风越看越心伤。休嗟处处藏奸宄，但祝家家足稻粱。天下几人顾名义，从来此辈少肝肠。万弓洲土论收获，君自焦烦彼自徉湘俗云：徉徉不躁。即此徉字。　君怀略与鄙怀同，招惹人欺在意中。百怪撄心增狷急，一生处世尽宽容。物情但作醯鸡看，心地须收汗马功用黄山谷诗意。身世高粱同一幻，年衰日暮更途穷。

十六日。大雨，风。接翁小珊、曾岳松、周荔樵、唐鲁英各信。亦复曾岳松、熊鹤村、唐鲁英信。冒小山、李质堂过谈。为王夔石制军送行。便过谭文卿、邓立山谈。

十七日。雨。接涂次衡、夏皞民信。丁次谷邀同汤立甫为予诊脉。黄芍岩、李佐周继至，久坐畅谈。吴绍亭晚至，耳恙至今未除也。夏皞民信为蔡浩楼说法，专指新疆刘毅斋、广西苏紫溪言之。毅斋现回家，魏梧庄署任新疆巡抚，似不如广西之直截。

十八日。雨。接张鹤臣信。赴吊张紫联、姚铭山两处。便过左千之处。随赴李质堂为王夔石制军饯行，凡三席：谭文卿、徐云渠、王益吾、王雁峰、何伯元、陈舫仙、谭心可、杨蓬海、陈定生、陈程初、周笠西、陶少云及子瀞，共十五人。不到者（三）〔四〕人：黄芍岩、朱禹田、李辅堂、俞鹤皋。是日姚处陪吊为徐熙堂、王伯屏。

十九日。微见日。接任鹗堂、殷默存及广东候补州徐沄信。为王夔石制军设席贾太傅祠作路饯，添入李幼梅一人。诣吕燮堂廉访谈。并为李稚秦之子秋舫、李健斋之子伯祥、蒋幼怀之女姻事称贺。兼回拜周步瀛、周瑞堂、胡少芝。

二十日。接李华卿、苏骏卿名玉标，辰州府生员，随李爵卿办武穴盐局信。亦为王稚迁致曾沅浦宫太保，为易砚丞致凌问樵，又致李芋生、陈程初各信。彭溧樵、朱枫桥、任卓吾任鹗堂之子、苏骏卿、陈尧甫、易砚丞、蔡竹泉、邵燮廷次第过谈。周定轩、张翊亭又至久谈。

廿一日。接李筱屏信，亦复筱屏一信。与陈右之赴新开铺阅视所受许姓山地。晚赴彭履任之召，同席陈程初、祝澹溪、邓旭初邓双坡方伯之次子、常寿民常文节公之孙、左千之，意为陪媒也。常寿民为言：夏武彝孝廉为夏竹轩之子，程香林之婿，程春圃之孙婿，陈隽臣之外孙也。

廿二日。接戴厚臣、左福生为熊彝臣夫人代书、苏云轩、张雨霖递袁松林手折各信。彭雪芹宫保之孙履安定婚胡少芝之女，于今日过礼，与陈程初同主媒说，周旋竟日。兼为唐鲁英之子莘耘贺其新婚。并回拜喻庶三。并唁问刘定夫。

廿三日。接凌问樵、王旭初及虚堂信。钱子宣及来因过谈。胡少芝女归彭氏，以未刻铺房，与陈程初同诣胡宅。奁具凡用五十六抬盒，肩挑木器十人，及诸压奁具者共一百四十馀人，可云华靡矣，而吾意窃以为烦费过甚也。再诣李伯祥道贺。其第三弟世元未见。长沙土俗：先日回门，次日转步。仍未获一见。晚赴胡少芝约，与陈程初、陶少云、唐楙畡、杨子云、胡少轩同席。

廿四日。接杨正仪芝仙、区维瀚、黄心焯黄瑟庵之弟、姚雨苍及子湝、毓夫、亮廷各信。早赴东南渡谭家湾相视彭姓山地，北城外汤家坪相视李姓山地。

廿五日。接谭心可、蒋幼怀、龙研仙信。亦致崔清如、谭心可、蒋幼怀。心可信为何绍仙求差事，清如信为姜兰圃求留火药局差事。终日为人效笔墨之劳，甚无谓也。邀喻庶三、梁铣堂、彭荔樵、周定轩、张翊廷、吴竹云、周荔樵晚酌。

廿六日。接熊鹤村、雍芝田、周荔樵各信。亦复周荔樵及致裕蓉坪及达珊、虚堂、亮甫各信。刘谷怀、周桂生、易叔子、黄麓生枉过，均未晤。润民亦自县至。今日以书写屏联，谢客一日，而若蔡竹泉、席珊、润民及诸女流自县至者，纷扰半日，心甚苦之。

廿七日。为易赞廷致易懋卿一信。回拜刘谷怀、翁述唐、陈芋僧、王雁峰、俞鹤皋、杨蓬海、谭心可、彭笙陔、曾重伯、曾履初各处。并赴斗姆阁公议之约，所知会诸公无一至者，惟朱月轩、师竹生、刘晓峰、刘春霖、王澍皆、蔡竹泉，皆曾任庙董者也。陈程初最为喜事，亦不一至。所议一节，不能不由鄙人处断，能办与否，则所不敢知也。

廿八日。接王益吾、左佩勋、陈树藩、傅祐名，号书三信。亦致达珊一信。为彭雪芹宫保之孙履安姻事，为之主媒，以是日完姻，奔驰竟日。彭氏主人为彭振卿，雪芹宫保之从弟也。馀则祝澹溪、邓旭初、李季藩。胡氏主人为胡少芝，陪客则陶少云、杨子云。回至养知书屋，晤黄子诚、黄登之及咏民谈。

廿九日。雨。接崔清如、易卓超信。亦复崔清如、王益吾信。钱子宣、杨商农、欧阳介人、蔡竹泉、蔡蓉仙、陈尧圃过谈。

三十日。雨。郁热。致邵小村中丞、王实丞、张雨珊、姜昆山、杨景皋各信。晚邀刘谷怀、陈玉山、杨鹤琴、倪钦堂、孔搢皆、李伯祥、彭履安小酌。履安先辞。伯祥往催，始以有事辞。

十一月

十一月初一日癸卯。雨。易懋卿、邵燮廷过谈。邀同陈右之赴湘潭茶园铺，雇舟偕行，是夕宿枯树望。致邵小村中丞书，本荐王升、李湘二人司签记，因闻王升事迹多端，又终日出外遨游，言者纷纷指摘，因并留示子瀞一信，属一推究其实迹。

初二日。大雨。郁热无风，雨势未有已也。过易家湾，往探罗小垣，一蒙枉顾。是夕泊湘潭十总。

初三日。雨。郁热无风，苍蝇飞舞，不知其冬景也。午刻抵易俗河，随雇夫赴茶园铺，申刻抵丛木桥石嘴头庄屋。询问石灰窑在观音山下，相距约五里，已属令陈满明早一诣视之。

初四日。大风雨，苦累万状。登墓省视八字石板及旁柱，仅存左方道口石阑。旧岁所见，一皆无存，急待修整。为雇石工文焕亭，以钱七缗包修。又存钱一千三百，以治三砂土，及一应小工费用。遣陈满至观音山阅视，正当过峡处为李丽生之山，租与楚、胡窑户烧石灰，黎毓生、杨寿士号新五并有祖墓，曾经示禁未能也。拟出钱买之，以免多生议论。又石坝左右两棚，为郭子美、黎毓生、郭花亭为其三兄燮卿之田佃人所把持。三事并费经营。冒雨回船，便过正泰栈访郭花卿，适已回家，不晤。坐船移入小河，四路探求，至夜久始获登舟。与罗若农议折四年租谷，通作九百五十文一石。丙戌年与顺孙扫墓，粜谷四石，尚存八石，合下三年共四百四十石，共折钱四十一串八百。开报修塘整坝钱三千五百，又存修墓钱八千三百，惟令罗若农拨兑钱三十串。仍赏钱一千。虹塘小憩，晤两道士，一名刘合钦安化人，一名汤宗棠萍乡人。寓岳庙清和宫，所供邱真人。云将赴浏阳，道省寓玉泉山。见遗南岳寿字印，途次未能给与钱文也。

初五日。午刻至湘潭，因与罗小垣有约，不能不一泊舟。往拜杨梅生、杨森吾不晤。便谒陈莘田明府。旋就欧阳季临、欧阳伯元一谈。旋即开舟至易家湾，杨梅生坐小舟追至岸花亭一谈，仍派一炮船护送至易家湾，就罗小垣一谈。谢继勋、张兰生来见，张为陈右之馆主人，谢即杨梅生所派护送之哨官也。

初六日。雨。冒雨至张家湾相度陈右之所购秦姓地，本冯氏山也，于心不能无疑。回舟，罗小垣馈菜，因留早饭。是夕泊靳家河。

初七日。大风雨。下午抵家。致刘瑞云及子瀞二信。与杨佐吾、陈右之商议，先令会同至杨梅山相视墓地。陈程初、傅竹湘并约初八日喜筵，遣足往辞。

初八日。雨。接邵小村、姜昆山、李仲絜、瞿子玖、姚彦嘉、熊鹤村、李育之、毛荇生、刘子元、潘敬甫各信，盖赴潭后陆续收到者。又接佩珊、顺孙二信，知顺孙已于十月廿六日赴上海。往唁刘定夫、杜云桥。于定夫处晤丁次谷、熊次侯二君。又诣傅竹湘，晤唐夔友。随赴陈程初之召，坐客五席，与王雁峰、何伯元、陈定生、王益吾、汪搢卿同席一谈。

初九日。接严又陵、丁次谷、杨景皋、蒋幼怀各信。亦复丁次谷、蒋幼怀二信。又致邵小村中丞一信。严又陵现充天津水师学堂事宜总教习，保举知府；罗稷臣充总办水师营务处行辕翻译官，以道员归直隶候补。阅历学问，两人可以方驾。前接吴维允信，亦稍知其略。

初十日。接曾霖生、易春亭、易小亭各信。亦致朱禹田信。朱晓航、易云畴、邵爕廷来谈。适陈右之、杨毓吾自杨梅山回，相与言及魁园上首新置园，批载极为奇诡。邵爕廷乡人为所侮弄，不能不令杨毓吾再一往勘。长沙人心之变幻，无可言者。闻此为王兰生所为，邵燮廷尚给予编手银廿金，亦可谓（斫）〔丧〕尽天良者矣。是日雇船赴湘阴，梁姨必欲随行，只好令陈右之迟数日，与毓吾偕行也。是日大晴，而北风不息，日落时西方乌云甚重，又雨征也。是夕泊三叉矶。

十一日。夜半开行。下午过濠河，水势泛涨，江面甚阔，不减夏秋时，皆历来未见之景。旋抵县，寓面榴轩。冯厚庵、高粹之、陈象生及槃希、佩珊、箴士、玉舲、炳文、咏民、端生随至。

十二日。缄催陈右之来县。李莼斋、龚（黻甫）〔黼丞〕、熊绍香、吴燮卿、常鲁青、易清溪、毛荅荪、李咏仙、钟佐廷、吴莼庵及舜民、韵荪枉过。因天气晴暖，诣近城南泉寺、长岭、瓦窑湾凡三处、虎狼冲凡六处坟地展谒。佩珊晚邀槃希、咏民觞我于面榴轩，同席玉舲、炳文、鹤九，而韩宝臣始自乡归，约一枉顾，候席散始至一谈，夜久矣。李镜涪、杨兰田、杨松龄、易楚农随至，以不相干涉之言嘈嘈来告，心甚苦之。

十三日。复黄石珊一信。石珊四子康生长子笃生物故，次棣生，次席生为皞丞女夫，其时方归宁，云即有便足回汉川也。吴莼庵、盛耀堂、李海珊、钟佐廷、杨松龄、陈象生、酉生、冬生均至，适方赴乡展墓，又至纠缠数时之久。以天晴无风，赶赴紫花台、洪家冲两处，傍晚始回。胡其祥、魏伯勤、关茂生、关福生、李惠生枉见。

十四日。接董春园、熊彝臣夫人并家信一件。熊绍香、毛荇荪、盛展奇馈菜，早邀胡其祥、陈右之、熊绍香、盛展奇、毛荇农及玉舲、鹤九、咏民小酌，晚邀胡其祥、陈右之、钟佐廷、关茂生、关德生及佩珊、寅伯、炳文小酌。回拜韩宝臣、邓羹梅、易幼轩、刘谷秋、周筱崧、陈癸生、袁香亭、李咏仙、蔡勤斋、李莼斋并其子达生、龚黼丞、高粹之、常鲁青、常健吾、李星陔、胡其祥、钟佐廷、吴伯良、魏伯琴、易清西、李敬吾、冯厚庵、吴燮卿、张蔚廷、顾春山、顾季甫、吴莼庵、左润生及关源新、彭述古堂二处，遂尽一日之力。李少楼、李吉甫枉顾。杨琴堂亦遣其孙杨清河来见。是夕诣祠，行告祖礼。是夕席珊自省带到子瀞一信。

十五日。雨。卯刻致祭光禄公祠，本房到者席珊、佩珊、炳文、寅伯、鹤九、端生。延请外房执事者槃希、绍西、荣覃、用舟、慰霖、怡仲、觐堂、经生、韵生、屺山、子沛、玉舲、子权、凯山、咏民、茂官、宝生、星生、仲孚约二十人。陈右之、易玉峰、杨毓吾及席珊枉过早饭。即偕陈右之展墓二里墩，并相度甘姓祠堂地基。记庚戌、辛亥年间曾一相度，时甘姓坟二冢，亦无树木，今坟冢累累，树木成阴，迥异往时景象矣。阅墓碑多载光绪年月，知皆在光绪以后也。自二里墩回，便过炳文、咏民、佩珊三处。兼晤胡其祥、韩陛臣、蔡玉堂、蔡云涛谈。蔡彬士、常鲁青、易顺卿、常健吾过谈。韩宝臣邀同李韵仙、龚黼丞、钟佐廷及玉舲晚酌。

十六日。微雨。毛濂卿自乡枉顾。满堂宾客，丛坐十馀人，排进排出，至不能接谈。喧扰半日，赖韩宝臣明府枉过，得以遣客。蔡勤斋、龚黼丞、常鲁青、冯厚庵、盛展奇治席枉临陪饮，为人客所苦，午后乃获登席。胡其祥、韩陛臣、钟佐廷邀同毛濂溪及用舟、玉舲、炳文、寅伯晚酌。炳文、用舟不至。常健吾、游崧乔、任琢吾、钟棵生、毛注经、蒋蓉台、张松云、张韦云、董竹生、张蔚廷、仇丹吾均以事枉求，略记其号，纷纷扰扰中，多未能详其名姓也。陈象生邀同易梁舆晚过一谈。

十七日。阴，寒。寄家信，交杨毓吾便足递省。早邀毛濂溪、胡其祥、韩陛臣、钟佐廷及槃希、绍羲、用舟小酌。张翊廷、巢子城、蒯恒浦、吴莼庵、徐国来、杨子云、江雨村、易梁舆、易兰亭来见。人客纷纷，不能尽记其姓名也。晚次蔡丙生自乡至。与陈右之商议，就县境相度山水，拟向牛口塅一行。

十八日。阴。致张翊廷、巢子城、危辅臣及茂官信。亦接炎儿家信。早邀李韵仙、李莼斋、蔡勤斋、龚辅臣、常鲁青、常健吾、冯厚庵、高粹之小酌，晚邀张翊廷、盛展奇、关茂生、关德生及绍西、佩珊、玉舲、炳文、咏民小酌，以各处送菜者繁多，随便邀同一酌也。绍西、玉舲述及秦伯昆始终情事及秦伯昆议论，为之悚惧。是夕常鲁青、杨毓吾及用舟过谈。

十九日。大风雨。接毛杏荪信。盛青霞、江雨时、易仲子过谈。蒋松甫馈菜，适有女客数辈至，因即留饭。随诣夏书山、冯厚庵、蔡玉堂、蔡云涛、毛杏荪谈。所见惟毛杏荪、毛注经。

二十日。大风，晴。蒋松甫自省至枉谈。胡其祥、韩陛臣、钟佐廷、朱枫乔、朱晓航、夏敬之夏鹿笙之侄、刘春霞刘翊臣之子、倪敬亭、李镜涪、蔡虞箴、盛展奇、梅子宣、周筱崧次第过谈。蔡玉堂、吴莼庵馈菜，辞之不获，因移置玉舲处，属邀同玉堂、莼庵共享之。本定十九回省，而为风阻，今日冒风上船，又苦人客纠缠，下午始能成行。易仲子、毛杏农及佩珊、炳文、经生辈同送上船。是日请陈右之赴牛口塅，以韩宝臣明府述张雨珊之言，牛口塅大可觅地也。是夕泊南门港。

廿一日。阴，寒。接曾沅浦宫保、於桐轩、马眉叔、钱溯灏、陈子濬、刘朗山、龙研仙各信，盖皆赴县后家中所收存者。是日四鼓开行，下午抵省，易铁樵、易云畴、蔡兰生、李秉生及炎儿均即时来见。

廿二日。阴，寒。接合淝傅相及陈树藩、张卓斋各信。便至两宅，及草潮门，问视增儿旧症。

廿三日。阴，寒。接朱香荪、刘牧村信。亦致钟祥开、钟佐廷及玉舲信。钟祥开信寄交玉舲，送倪敬亭及屺山带闽安面投。是日为梁姨生辰，内外宾客環集，留面者易铁樵、易云畴、易赞廷、蔡兰生、李秉生及锡山、杏农，及家子弟诸人。易兰生易懋卿之子、丁次谷、黄次圭及子瀞过谈。易子延闻将出差湘阴，约枉过一谈。

廿四日。阴，寒。接周荔樵、刘子祥信。亦复於桐轩信。易子延、区祝三、陈厚堃、王实丞、李果仙、朱次江过谈。诣翁小山、陈舫仙、丁次谷，仅一见翁小山。

廿五日。接傅竹湘、朱次江信。林梅仲、王壬秋、张鹤臣、李子韶、朱幼炳、易兰生过谈。因王次圭、易子延两大令明日奉差启行，宜往一送，便过王实丞、陈定生、李果仙诸处，仅晤陈定生。

廿六日。微雨。致王实丞、谭心可信。诣邵小村中丞、崔清如方伯、郑子惠、潘树坡、邓履吉名嘉绚、林梅仲、王益吾、陈伯严、王壬秋、俞鹤皋、曾重伯、李质堂。并诣笙陔叔及黄季良处贺喜。季良行四，完姻者其弟少侯，行五。并晤舒滋生，舒仲和之季子也。随赴刘祝廷之召，以祝廷六十寿辰，予方赴湘阴，今日补请观出，相识者陈程初、李芋生、唐楙畡、郑云生、吴雁洲诸人，同席则邓孝侯、邓旭初昆季、杨季良杨云阶之子、黄次庄、常人吉，惟邓旭初与相识，馀则相见始通姓名也。易玉亭、黄笛帆来见。

廿七日。接王实丞、刘康侯、李麓渔及笙陔叔、丰诒各信。吴湛清过谈。回拜陈厚堃、李翰卿名蔚文、区祝三、龙禹田、吴湛清、陈程初、李芋生、傅竹湘、张禹珊、涂稚蘅、龙琴堂、李佐周、汤斐斋，归家已夜久矣。

廿八日。接翁小山、余尧衢、朱次江、曾重伯各信。亦致曾重伯、翁小山、丁次谷各信。李果仙以邵小村中丞馈菜见遗，便邀果仙、王壬秋、杨商农、李佐周、陈伯严、王逸吾、李芋生、陈禹珊、涂稚蘅及子瀞同餐，逸吾、芋生、雨珊、稚蘅四人不至。晚次罗小垣、杨顺生、易湘浦、邵燮廷过谈。朱次江自江苏带到莫觐廷炳琪所著《治河刍议》、《边防末议》二书，治河主兼开徒骇河，与大清河分流入海，边防主重兵守高丽，亦能自摅所见。杨顺生为朱禹田姨侄，述及禹田甘肃茶事极不佳，由用人不得力。末流之世，本无可信心者，而禹田气运之衰，亦可见也。

廿九日。接黄昌岐、吴渔川、刘滋生绳武，武慎公之孙并顺孙十(有)〔月〕廿九家信。知已于廿六日抵都。是日邀罗小垣、易仲子、朱幼炳小酌，幼炳不至。易铁樵、易云畴、陈佑之、邵燮廷、蔡兰生、李秉臣并同入坐。傅竹湘传示杜云藩之意，邀请题主，询知杜氏昆仲曰云藩小军机、曰鹤泉广西知县，曰蓉湖湖南知县；周蝶园之弟曰云侪并周瀛帆之子。

十二月

十二月初一日壬申。雨。致李筱屏信。亦接曾沅浦宫保、周荔樵、李筱屏信。任筱棠、罗小垣过谈。邵燮廷回湘阴，馈以四十金，以高峰台地事托之。罗小垣回湘潭，亦以何堂仙地事托之。今年于此事花费颇多，究未知何如，实亦无营谋之知能，又于此事终竟茫然，亦只能付诸自然之数而已。

初二日。雨。接秋新侯、孙稚省、胡子宽胡光伯之子，其弟号璞臣、易鉴衡各信。亦复刘世兄绳武，滋生、杨毓吾及玉舲等信。又为易云畴寄李质廷一信。云畴附危笙陔炮船赴岳州，毓吾、玉舲二信一并交带。清理各处求书联匾等事，遂尽一日之力。

初三日。接裕蓉苹、丁次谷、欧阳伯元、周丽生及经生各信。亦致李筱荃制军及发顺生家信住台基敞小头条胡同户部左堂曾（客）〔宅〕。是日杜云藩、杜蓉湖请为其尊人理堂司马行成主礼，徐心畬、傅竹湘、俞伯均作陪，馀相识者徐熙堂、何绍仙数人而已。询知杜鹤泉交代未清，今年尚不能还湘也。

初四日。雨。接陈隽臣、江质夫、黄彤轩各信。王雁峰、王益吾、李果仙、李芋生过谈。回拜绍石安、夏渭泉辰州府、李友兰、姜昆山、沈星海、段豸山、王绍棠、何绍仙、董厚斋、刘秋云、师竹笙、黄铭山各处。夏渭泉为新简长沙遗缺府，即补辰州，闻李果仙言始知其曾枉过，仆人竟未及通报。绍石安到任后两获晤谈，于盐署事宜都能考求，殷殷然求为深远之计。与官场往来议论，殊不易得此见解也。

初五日。接吴湛清信。亦致杨毓吾及玉舲及讷生家信。丁次谷、姜昆山、王午村、唐鲁英、刘秋云、周丽生、易鉴衡、李筱屏过谈。任筱棠邀晚酌，同席杨商农、李友兰、丁次谷，菜极精腆，宾主五人，铺（歠）〔啜〕无几存馀矣。

初六日。雨。接熊鹤村信。亦致丁次谷信。又为丁次谷、任筱棠致曾沅浦宫保信，为钱子宣求开复。董厚庵、钟佐廷、李子谦李仁峰之子、盛展奇、蔡竹泉、蔡蓉仙枉过。是日陈程初约会议江浙捐务，家人以扫舍宇，无人工，不能出门。熊鹤村重叠帮字韵见示，因再和之：莫嗟衰老少扶帮，二犬殷勤为汝伤。岂有因缘依矮屋，定由辛苦守高粱。先生抱膝吟寒夜，石匠攒眉诉苦肠石工李某求领桥费。黄耳独夸精力健，任陂相伴走徉徉。　昨日今朝事不同，弹棋赌酒①小园中。依刘快得刘成武，摘阮须寻阮仲容。石磴茶亭虚夙愿，路灯洲土庆成功。旅㛿有戒偏双至，惟恐诗翁兴致穷。先生有前后自来犬歌。

初七日。接曾劼刚、毛荅荪、李麓渔各信。亦复熊鹤村信。闻臬使沈梅荪已到，仍住鱼塘公馆。段豸山、耿苹野过谈。

初八日。接李佐周、左佩勋及寅伯、鹤九信。易懋卿、仇伯祥、周松琴、陈尧辅、钟石生过谈。李佐周亦至，与子瀞同坐一谈。

初九日。阴，郁热。接唐曦臣、易砚丞、罗赞卿各信。李星河、徐定生、李子韶、张惠斋、黄笛帆过谈。为沈梅荪廉访贺其接印之喜。为杨蓬海贺生日。便拜周肖轩、赵载庵、熊次侯、易子延、王镜芙、顾少庚、谭文卿、熊鹤村、张海帆、葛燕江、李叔和、王壬秋、王理安，并一观王益吾新屋，规模阔大宏丽，过于谭文卿宅第也。唐曦臣信言由其子西庚送到，询之来足，西庚至河塘，仍转回家。

初十日。复唐曦城信。并缄致唐竹虚。接张南陔、钟子琴、左千之各信。彭玉书为其子完姻，一往致贺。沈梅荪廉访、龙禹门、江少村其父江禹村，曾莅仕广东、邓春坊过谈。邓君工医，询知为邓谷臣侄孙；谷臣两子，曰小初，曰云谷，今皆抱孙矣。张南陔名经赞，其子义澍，尚能通知洋务。

十一日。接龙禹门、周荔樵、李佐周及玉舲、子瀞信。亦复周荔樵、李佐周二信。蒋松甫、袁守瑜、张鹤臣过谈。丁次谷邀同王益吾、杨商农、张禹珊、李佐周、（王益吾）、任筱棠及子瀞晚酌，菜极丰腆。

---

①赌酒二字，又作拈韵。

十二日。雨。接张鹤臣、钟棣生、陈云樵各信。王镜蓉名兆涵，四川人、张禹珊、钟子琴、潘椒坡枉谈。

十三日。致玉舲、炳文信，交张惠斋带县。邓履吉、饶应琳枉过。诣陈舫仙贺其孙诒仲完婚，诣俞确士贺其弟完姻。便拜沈梅荪、江又村、陈仲英、邹闻生。便赴杨蓬海之召，同席王雁峰、李质堂、陈程初、陶少云、陈定生、唐鲁英、李稚琴、王益吾，外俞鹤皋、陈舫仙二人不至。

十四日。致翁小山、罗小垣二信。亦接翁小山、段豸山、吴湛清、熊鹤村、左佩勋及子瀞信。谭文卿、仇福田、张鹤臣、张兰生及席珊过谈。佩珊亦自乡至。罗小垣信为张兰生解说，究不知其情形何如也。

十五日。接杨梅生、陈雨初、赵朗园、李季梅、周昌辅、李筱屏各信。亦致常鲁青、钟佐廷及用舟、玉舲信。欧阳伯元、彭溧樵、张馨三、张琴伍及子瀞过谈。郭黼卿亦自岳州回省。因易铁樵解馆，治席款之。便邀盛展奇、易叔子、易仲子、李秉臣及席珊、佩珊小酌。

十六日。接韩陛臣、吴智川信。亦致曾沅浦宫保、李佐周二信。陈仲英、胡懋生过谈。谭文卿交到王鼎臣编辑《湘军记》二十卷计十二册。陈仲英见赠所刊《婺学十四种》计三十六册，皆其守金华时所搜辑者：金仁山所著经说及史及诗文、年谱共八种，吕东莱、何北山、王鲁斋、许白云、章枫山遗文各一种，《金华徵献录》一种，何北山基、王鲁斋柏、金仁山履祥、许白云谦，并当宋、元之交，所谓金华四先生者也。又赠所拓《佛顶尊胜陁罗尼经》石幢，为唐仪凤中西域婆罗门僧佛陁波利所授，大中十一年金华刺史李蠙树石幢刻之，于知仁书，沈咸镌。接韩陛臣信，始知前传胡其祥物故为讹言，心为稍慰。

十七日。接王益吾、李筱屏、左逸仙、陈定生各信。亦致陈定生、王益吾信。欧阳伯元过谈。亦诣李佐舟谈。王实丞邀同俞鹤皋、李芋生、林少梅、杨蓬海、陶履谦、陈伯严晚酌，履谦不至。

十八日。复左逸吾信。亦接危笙陔及玉舲信。以往岁为生日会之约，李黼堂自去秋以后，屡辞不赴，遂至停罢。此次特一补行之。邀王实丞、龙琴堂、李黼堂、俞鹤皋、李芋生、陶少云、杨蓬海、陈定生小酌。黼堂、琴堂不至。适子瀞来谈，因留饮。

十九日。接丁次谷、张鹤臣、李麓渔各信。黄小鲁、萧文斋、文应琳、郑湘洲过谈。陈航仙邀同谭文卿、李质堂、陈程初、王益吾、陶少云、杨蓬海、陈淀生、唐鲁英、唐兰生、瞿式似、刘秋云①，适陈子元亦自江南归，并得一晤谈。

二十日。接黄小鲁、林少梅及用舟信。诣邵小村中丞吊其母丧，晤丁次谷、郑子惠、徐星畲、陈程初诸君。随拜沈梅荪、崔清如、丁次谷、熊铁生。沈梅荪处晤左楚英，偕坐久谈。周蔚堂过谈善化县丞。晚邀沈星海、丁次谷、任筱棠、李佐周、张禹珊、欧阳伯元、袁绶瑜晚酌，次谷、筱棠不至。

廿一日。接周昌辅、盛志臣冕臣信由其弟志臣递到、欧阳伯元、沈星海、钟子琴、杨耔云、胡道生、杨鹤琴各信。亦致林少梅、欧阳伯元、周昌辅、孙伯平孙省斋之子、钟佐廷、盛志臣及玉舲各信。张馨山、张琴伍、盛海南、盛志城、倪仁甫过谈。诣沈梅荪、黄小鲁、黄笃友、王益吾、翁筱山、左楚英、陈舫仙、陈子元、聂伯元、聂季萱、陶少云、左子异、杜云藩、杜蓉湖。扰攘竟日，困惫殊甚。

---

①此处疑有脱文。

廿二日。雨。数日郁热，知为雨征，而一阴即雨，又何速也！接李召甫、陈淀生、李筱屏、左千之各信。亦致吕藕池、吴湛清、李筱屏、钟子琴、周昌辅、左千之、钟佐廷及玉舲、子瀞各信。南抚一席已奉电信，由陕抚张公调补，廉使沈梅荪暂行护理，臬篆委吕藕池观察兼署。

廿三日。雨。接曾沅浦宫保、吕藕池、罗树泉、凌问樵、刘牧村、李佐周、李筱屏、黄伯周、汤寄松汤子惠之子及荇农各信。亦复李佐周、李筱屏信。李芋生过谈久坐。是夕率两宅家人祀灶神，斋食一日，谨守先太夫人遗法，云传自祖母张太夫人也。

廿四日。雨，微见雪子。致龙禹门、沈星海二信。亦接李仲絜家一信。李绨卿光纶自县来见，问何事，曰：求派差使。斯真奇矣。是日俗名小除夕，率两宅家人上供祖先。

廿五日。晴。接但少村、魏赓臣、谭心可、朱禹田、黄小鲁、杜云藩、黄屺石、翁小珊、蔡绵生、陈发生及席珊各信。亦致钟祥开、黄小鲁、翁筱山、杜云藩、倪仁甫、胡其祥、韩陛臣、钟佐廷及玉舲信。秋间接钟祥开〔信〕，为倪仁甫、胡焕炳二君带到县城，晤倪敬亭，乃以自承，因以回信托带，昨倪仁甫来省取信，始知祥开前信为仁甫带到，非敬亭也，因再以回信托之。钟祥开信由蔡绵生带县，交玉舲转交倪仁甫。

廿六日。阴。接黄彤轩、胡其祥、李仲挈、黄幼森及顺孙家信。亦复胡其祥、吴少陔信。沈梅荪廉访护抚篆，吕藕池兼署臬篆，一往致贺。并贺王益吾迁居稻谷仓新宅。便拜谭心〔可〕，李质堂，耿苹野、耿小苹乔梓，曾重伯。是日养知书屋整理天灯，重树灯竿，一往相视。

廿七日。阴。接马眉叔、张超堂、张馨山、张琴伍、王梦虎、彭溧樵、王旭初（家）〔信〕，并由寅伯递示王桐轩、王星田昆仲信。亦复张超堂信，并致翁筱山。周昌辅二信。丁次谷过谈。晚邀段豸山、熊次侯、潘椒坡、葛燕江、龙禹门、耿苹野小酌。

廿八日。雨。（次）〔接〕任秉之、陈心田、曾重伯、娄峻山、韩宝臣及檗希各信。亦复檗希、曾重伯信。并稍清理笔墨酬应。每值岁暮，必一清检，今年老气衰，敷衍了事而已。

廿九日。雨。致邵小村、陈雨生、李芋生各信。亦接邵小村、文兰舫、崧灼亭、沈梦兰、洗雪耕、黄雪逵、黄滋圃、李秉臣各信。李芋生、杨毓吾来谈。子瀞缄告昨夕门房被焚，由仆人烘衣所致，受惊不小。当往视。工匠十馀辈即日修整完工，可云神速。

三十日。雨。致邵小村中丞、韩宝臣、周瑞臣三信。亦接邵小村、韩宝臣、彭晴峰、丁次谷、邹瑞臣各信。次谷又递示李友兰一信，又由湘潭十一总仁泰药号由森昌信局递到唐昭濬、唐哲斋、刘盖南、刘文德公信，专言九、十两都交界之石灰冲挖取峡石一事。山主李利生，窑户杨时拐。曾经杨森吾、刘盖南请示严禁，竟将禁碑毁弃。开春必须一理落。是日率两宅家人上供祖先，俗谓之年饭，以示岁暮展敬之意。

光绪十六年　庚寅

正月

光绪十有六年岁次庚寅正月初一日壬寅。元旦。阴，暖。率两宅家人敬谒祖先，便诣曾文正祠、船山祠行礼。因过子瀞、子宽。吾之知人事，自庚寅年始，是以庚寅以后事粗能记忆，以前则皆茫然矣。用此意为诗一首：忆我十三初学诗，外家父老见称奇。道光庚寅随先太夫人居外家，诸长老多见称许①。饱看世事成今局，不道岁华犹往时。晴暖一冬无雨雪，江湖万里有寒饥。堪嗟精力已衰老，济世谁闻数米炊②。年老气衰，非复向时精爽矣。是日谢客，来见者子瀞、寅伯、子宽及杨毓吾、文应琳、易华生辈数人。

初二日。雨，而郁热未解。致黎莼斋、李仲絜及顺孙家信，并托邵小村带交，因致小村一信。郭黼卿来见。是日以小事与家人违言，至于忿怒。老年喜顺恶逆，能知体会者鲜也。

初三日。邵小村中丞以是日成行，诣送，得一畅谈。左千之来小坐。李幼眉装示越南使臣阮惆叔名思僩，号云麓来往诗札数十通征诗。阮君诗清婉可诵者录存数章。《南旋诗》云：三月燕台花正飞，征人万里共春归。恨无佳作留鸿爪，回望群仙隔紫微。金殿昼长听法曲，玉楼宴罢赐宫衣。徘徊天上人间别，拟向星河乞织

---

①末四字又作有雏凤之目。

②此两句又作当时雏凤嗟衰朽，梦醒钧天事岂知。

机。《梦中闻江声夜起》云：江船塞水水不行，宛转激为风浪鸣。鹦鹉孤洲渺无际，渔阳遗掺犹不平。谯楼更鼓断复续，樯竿疏灯翳更明。关山岁暮尚行役，征人此夜难为情。月殿霓裳紫玉笙，梦中仿佛漱云英。游仙一枕凄然觉，坐听潺湲澈夜声。《舟过湾洲寄怀长沙四君》云：展君梅荔图，挥扇生清风。咏君贾傅作，江雨来濛濛。欢言美倾盖，良会如转蓬。湘波虽北流，尺素未易通。倚棹望南岳，紫云摩苍穹。恨无生花笔，放光朱陵宫。因彼飞雁回，致之莲社中。日夜秋声起，萧萧江上枫。天涯此别久，觞咏何日同。愿言折芳杜，高歌怀桂丛。《晓发》云：飞炮鸣金漏未终，梦回柔橹起烟丛。波纹迎棹微微绿，日影摇窗渐渐红。墨砚尚惊留积冻，羔裘已觉入暄风。天青云白帆千叶，回首湘阴雨雪中。《连日北风抵湘阴作》：黄花洲畔云覆城，青草湖边舟自横。万里波涛迷楚泽，五更风雨助江声。鱼龙水阔疑宵起，鸿雁天寒想北征。借问岳阳楼上笛，可能吹雾借新晴？《泊舟湘阴》云：渺渺湘烟落木多，暮寒料峭入渔歌。云起酿雪先成雨，江面微风暗起波。退笔愁书笺背草，重裘闲引睡乡魔。兰荪岁晏无消息，一水东来是汨罗。其初见幼梅诗云：坐忆郢中歌白雪，偶来公子本乌衣。和幼梅诗云：书回自觉添蛇足，痴绝还应笑虎头。并清丽可诵。瞿子玖题云：侨札当年缟纻欢，新诗一卷最波澜。岂知风雨（相）〔湘〕江别，倏忽烟尘海市寒。归义忍虚重译贡，固存终赖圣恩宽。孤吟绝徼知何似，应有新亭泣未干。王益吾题云：牙签锦轴灿琅玕，湘上曾联贶使欢。白雉梯山知圣泽，朱鸢穷徼尽儒冠。敏关昨效秦庭泣，横海谁登汉将坛。空使多情李长吉，怀人展卷一心酸。是夕丁次谷招饮，同席陈程初、王益吾、陈子元及子瀞、赵载庵、徐心畬、郑子惠。赵载庵等三人皆不至。

初四日。雨。致朱次江信。罗叔循来见，知以湘潭徐、冯两姓事，为之处理，昨日始回省，因及欧阳季临之诞谬，末世人心类然也。

初五日。雨。杨商农、左子异过谈久坐。本意诣养知书屋为五日之宴，以久谈，将近已夕矣，遂亦惮于出门也。

初六日。雨，雪。诣沈梅荪、崔清如、吕藕芝、翁小山、李友兰、姜昆山、周蔚堂善化县邑、饶心田、黄铭山、戴星垣善化学、春书云贺岁。便拜曾重伯、曾履初、李芋生、聂伯元、聂季萱诸处。陈程初、陈舫仙主办团拜，到者谭文卿、王雁峰、李质堂、李芋生、王壬秋、陶少云、陈淀生、杨蓬海、傅竹湘、王益吾、唐鲁英、唐兰生、汪晋卿及子瀞，演同庆部。

初七日。阴，微见日。接沈星海、唐蓬洲、左子异各信。亦致王益吾、李幼梅二信。王益吾及素蕉过谈。素蕉以沈咏荪所作《小绿天庵图》素题，且谓适诣王壬秋求题句，壬秋谓须鄙人先为之，而鄙人于应酬诸作一置经年，因壬秋之言，乃属素蕉小坐，即书一律与之。

初八日。接翁筱山、黄石珊、吴少陔信。亦致翁筱山、文兰舫、杨鹤琴、蒋幼怀、吴少陔、左千之及子瀞信。又接李幼梅、蒋幼怀回信。晚邀萧文斋、罗叔循、郭黼卿、周五云、左千之、杨佐吾及寅伯、子宽小酌。

初九日。接李华卿信。亦致沈星海信。李次青之四子桂岑完姻，星海当赴平江，以联、彩、鞭、烛四事为贺，托星海便带。郑子惠、李芋生、朱次江、李华卿、欧阳价人、杨梅生枉过。

初十日。接瞿子玖、王益吾、於桐轩、盛黼卿、杨显臣、易五楼湖南候补府，办理苏子熙粮台及顺孙家信。亦复王益吾信。吕藕芝、李佐周过谈。晚邀王壬秋、杨商农、李华卿、范芰沅、罗顺循、陶履谦、朱次江小酌。壬秋病齿，芰沅赴山东，适欧阳价人来见，因邀一饭。

十一日。接丁次谷、朱次江、钟佐廷各信。杨梅生、刘云樵、黎小楼过谈。回拜杨梅生、刘云樵。便过陈程初、李质堂、徐心畬、刘湘士，晤质堂一谈。

十二日。自初七日开晴，数日便已暖如深春。接全铁琴、任昂千、欧阳伯元、吴湛清、周昌辅由其子莹斋带到、袁绶瑜各信。诣沈梅荪、徐云渠、任筱棠、熊铁生、朱香荪、朱次江诸处。即赴吕藕芝之召，同席谭文卿、徐云渠、李质堂、周笠西、陈程初、陶少云、俞鹤皋、杨蓬海、陈舫仙、王益吾、唐鲁英及子瀞春酌。

十三日。致翁小山、丁次谷、朱次江信，亦接翁小山、丁次谷、张蔚卿、张鹤臣各信。绍石庵、蒋幼怀、李筱屏、俞寿臣、曾履初次第过谈。

十四日。接李筱屏、唐柳村二信。亦复朱次江信。王阆青赴都过顾，吾不知也，陶少云为言，始知为仆人所阻。而终日会宴，竟无已时，用人不能得力，无如何也。席珊自乡来，邀赵再庵、徐心畬、郑子惠、丁次谷、王桐轩小酌。本约酉刻，以徐心畬有周肖轩之约，改用午刻，扰攘竟日矣。晚次朱次江过谈。

十五日。立春。阴，微见日。致曾霖森信。亦接盛展奇、胡懋生亦自署梅生及子瀞见示左子异信。以元宵节兼迎春，率两宅家人谒祖先。便拜王阆青、绍石庵、杨厚庵、杨棣仙、龙琴堂、王壬秋、李佐周、陈伯严、杨商农及亮生、寅伯谈。李召甫自高沙回乡，道省枉见。

十六日。接张寄庐及麓安信。回拜谭文卿、长礼庭。即赴王益吾之召，凡六席，官绅夹杂，所识者朱冠卿、丁次谷、龙禹门、曾祝如、谭文卿、王阆青、王实丞、林少梅、徐云渠、王雁峰、陈程初、刘子元、俞鹤皋、陶少云、杨蓬海、陈舫仙、陈淀生、唐鲁英、唐兰生、李稚琴、王壬秋、李佐周、李质堂、王菊生及子瀞、寅伯，馀不能尽识也。左子异属代递轮船公呈，列名者八人：三品衔候选郎中刘蔚昌、刘鸿年，道衔候〔选〕郎中黄廷璐，浙江候补道黎福昌，江苏候补道欧阳炳，记名提督王衍庆，知府衔陕西候补直隶州贺庆铨，浙江候补知县黎玉屏。

十七日。致绍石庵、翁筱山及玉舲信。亦接黄彤轩信。谭文卿、丁次谷、蒋松甫、刘稚馨、萧南村次第见过。

十八日。阴，郁热。寄顺孙家信。兼致曾劼刚、瞿子玖两信。又致李筱屏信。陈心田来见。为陈右铭贺生日。便拜朱星垣、何伯元、谢小庄、陶少云、左子健，询知子栗、子异并随同王闿青赴文襄公葬所。晚邀王闿青、樊子琳、李质堂、王益吾小酌，入席已二鼓矣。

十九日。雨，大风。接李筱屏、陈骏声、罗顺循、汤兴闰字寄松信。回拜唐稚泉、朱冠臣、赖子佩、葛燕江、谢莘田、曾祝如、陈心田、朱莼卿、易子言、顾少庚、王绍棠、龙仙源名恩锡、陈金源、张荣枢、赵盛卿名绍华、况颜山、张茂阶、樊子琳、黄滋圃、颜茂源、王实丞、汪艮山、傅少湘、李黼堂、李稚琴、李幼梅、俞鹤皋、杨蓬海、杜云藩、陈淀生、刘秋云、翁少兰、黎小楼、王雁峰、王理安诸处。

二十日。大风，寒。接欧阳伯元、张鹤臣信。公饯王闿青，会者谭文卿、徐云渠、李质臣、陶少云、刘祝廷、唐鲁英、唐继之唐兰生之子、王益吾、陈程初、陈淀生，设席陈舫仙宅。以英儿欲随往观出，致陈子元一信，不谓其回明舫仙，别设一席相款，使此心为抱不安也。易铁樵自县至。

廿一日。阴，寒。接曾沅浦宫保、翁筱山二信。亦致翁筱山、吴少陔二信。王实丞、吴少陔、贺子博过谈。子瀞邀陪丁次谷、陈舫仙、王益吾、杨商农、李佐周、陈志臣晚酌，陈舫仙不至。是日闻段豸山署理湘阴之信，韩宝臣调署辰溪，二者皆足相安，于吾心亦稍适矣。

廿二日。晴，霜厚逾寸，寒。接周荔樵、李佐周、王稚迁各信。亦复周荔樵、李佐周二信。曾祝如、顾少庚、黄次圭、张雨珊、蒋松甫、任卓吾任鹗堂之子、易华卿来见。荇农自县至。李华卿以张梧庄悟禅小照属题句，并枉过一谈。

廿三日。易铁樵、荇农并于巳时开馆。朱幼炳及慰农自县至枉见。幼炳本约廿五日开馆，延至本日始到，寅伯不令诣曾重伯就期起学，又与展期至廿六日，亦太不明事理矣。是日约杨毓吾、易赞廷及家子弟陪饮，纷扰竟日。

廿四日。接杨商农、余松阶名德中，余佐卿之子信。亦致黄次圭、蒋幼怀信。并致送周措阶、张雨珊、杨商农三处喜事。俞鹤皋过谈。是日杨毓吾、易铁樵偕同周保閶启孙妇左氏遗榇，就葬东南渡谭家湾。

廿五日。接陈□屏名鸿贤，贵州候补府、丁百川、於桐轩、秋新侯、黎树堂、言湛甫、陈树藩、戴竹卿及子湝、敏夫、亮亭各信。亦致蒋幼怀一信。诣谭家湾相度孙妇墓地，亦有形势，而彭姓营葬已遍，陈右之于丛冢中扦一棺，而曰此正穴也，吾固未敢信也，亦别无证据。杨毓吾为作辰戌向，以天马山为案。吾视其向首，中为一金星。右为挂榜山，左为天马山，诸山之下又特起一蛾眉金星。下带一朝拜山，正朝金星，则面面俱到，今朝天（朝）〔马〕山，其势偏左，乃出蛾眉金星之左肩。吾视其土色，原不甚合意，亦不乐与争也。晚次，熊鹤村见示初六日约同诸人小集，王（秋壬）〔壬秋〕题其请客单一律，鹤村及陈伯严相与叠韵，俞确士继之，连成巨册。予亦叠韵书其后：良辰盛会不同欢，最怕吟诗胜怕官生平有二怕：一怕做官，一怕做诗。老去胸无半点墨，诗成人尽九还丹。群喧时亦怜孤寂伯严诗有和成却忆玉池叟之句，四美中还见二难鹤老与王壬秋、陈伯严、俞确士四人相与叠韵，而伯严与鹤老并叠至二十首。笑我寻春牛背稳，只驼蓑笠不驼鞍。

廿六日。接王益吾、戴厚轩、熊鹤村及子瀞各信。亦复王益吾一信。为张雨珊、周撍阶贺其世兄喜事。便回拜沈福田、胡云卿、谭文卿、王益吾、王菊生、谭心可、杨商农、陶少云、陶履谦、张海帆、区祝三、赵荣辉、陈程初，遂尽一日之力。

廿七日。郁热。接郑陶斋及郑寿南陶斋之叔，忘其号、周卓群、倪仁辅及玉舲信。李芋生过谈久坐。是日公请崔清如、吕藕芝、绍石庵三公，设席李质堂宅，陈程初为之主办，谭文卿、王益吾、徐云衢、王雁峰、周荔西、陶少云、俞鹤皋、杨蓬海、唐鲁英、陈舫仙及子瀞，凡为主者十四人。子瀞、舫仙先行，陶少云亦随去，陪坐者十一人而已。

廿八日。大风，凉。接刘谷怀、熊鹤村信。亦致熊鹤村、钟佐廷信。杨毓吾自韩家湾回，与商新坟外向。鹤村信谓叠韵诗已成长卷，得一诗为跋，顿觉生色，如龙之点睛，其势便欲飞去。因用其意再叠一章：诗酒兼旬已尽欢，敢攀屈宋作衙官。蔡邕隐语夸齑臼，房琯孤怀避牡丹房琯常言（丹牡）〔牡丹〕之会，琯不与焉。二十叠还添句易鹤村已叠二十章，自谓观止矣，因鄙人跋后一诗，又叠一章，两三番已叹才难。真龙腾掉睛休点，更欲骑龙逐锦鞍。

廿九日。雨，寒。接蒋松甫、李华卿、梅子宣、熊鹤村信。亦复蒋松甫。并致谭心可信，以区祝三、杜蓉湖、裴隽臣、陈西生四人托之。李子韶、张鹤臣及晴庵晋扬之五子、素蕉过谈。熊鹤村见示盼雪诗，叠用前韵，再答一诗：诗老看云意更欢，颁春还盼满城官。待看春雪花飞白，来照诗翁在面渥丹。天亦如人偷懒易，雪真比我做诗难。只愁几日梅花尽，驴背寻春要解鞍。陈志城邀同丁次谷、王益吾、杨商农、李佐周及子瀞晚酌。

二月

二月初一日辛未。接王益吾、周荔樵信。亦致姜昆山、王益吾、周荔樵各信。回拜绍石庵、翁筱山、李友兰、冒小山、张子容。便赴李质堂之召，同宴者谭文卿、徐云渠、俞鹤皋、陈程初、陶少云、陈淀生、李芋生、杨蓬海、王益吾、唐鲁英、傅竹湘、李赤琴、陈舫仙及子瀞共十六人。王雁峰、刘祝廷、唐兰生诸人不至。绍石庵告言：张香涛制军赴衡州查矿产者二人，道省仅一差帖禀知，（尚）〔未〕上岸两委员并姓欧阳；赴宝庆者二人，一高佩兰湖北通判，贵州人，一王天爵湖南未入，现在省。问张香帅大致计议何如，则言议造轮船四只，专运煤铁，其煤铁仍由商人贩运。李辅堂所造之谣言，竟预为张香涛言之，亦可谓鹈鴂之先鸣者矣。

初二日。阴，寒。接龙研仙、殷默存、张兰阶、罗尚卿、钟佐廷、周荔樵、汤兴润字寄松各信。亦复龙研仙一信。焦立洲翊舟、蔡蓉仙、易楙卿过谈。稍一清检书籍，竭一日之力为之，而疏漏百端，知精力之衰惫极矣。

初三日。阴，寒。接熊鹤村、龙研仙、焦立洲翊舟、刘幼馨各信。龙研仙以广东补用巡检熊清涟，求书与李筱荃，托其照顾；昨以书告之，谓巡检一官如蚁，非疆吏所能庇护，何足以劳书札。顷书来，仍固以请。此由不知官场体例，以有此也。冒小山过谈久坐。熊鹤村两以诗至，吾以一诗答之，仆人已先遣发来使，未及书交。诗云：谁将鹦鹉比高欢，入邺先谋设酒官。拂舞鸣鸠须让白，骠骑司马尽推丹。诗成竟枉褒嘉及，语重真惭负荷难。二十叠诗才四叠，罢驴那许逐雕鞍。前日熊鹤村以廿九日《望雪》、二月初一日《感事》二诗通示诸君子，因就纸尾和一诗，未能写入日记，今日鹤村有诗为谢，始追录之，诗云：哦诗对酒老颜欢，光禄原来是大官。广集杂诗分甲乙，旁参小注杂铅丹诗皆有小注。人真老健成章易，天却衰颓下雪难。谬想天师施法力，要将圆顶控行鞍鹤村诗有要将天师来用法（诗）〔句〕，此答其意，天师轿用圆顶也。日记每日一书，而遗脱者甚多，非得鹤村诗，竟忘之矣。

初四日。阴，寒。先夕小雨。致王益吾信。亦接王益吾信。绍石庵及慰霖枉过，石庵并录示海军咨行詹事志锐奏各省内江试行轮船，请由各省察看情形详议复奏；湖督裕咨行候选知府常璋、中书科中书黄翰鼎请合制轮船移泊岳州，上至湘潭，经厘局议驳二件送阅。

初五日。接许竹筠、姜昆山、丁次谷、黄彤轩、饶岱霞各信。袁绶瑜、朱冠卿过谈。亦诣左子异谈。便赴张雨珊为同人公会，凡十七人：谭文卿、李质堂、陈程初、俞鹤皋、陶少云、陈淀生、杨蓬海、李芋生、傅竹湘、唐兰生、王益吾、唐鲁英、黄望之、陈舫仙及子瀞，不到者徐云渠一人。

初六日。雨。致李筱屏信。亦接蒋弋芗、李筱屏信。袁绶瑜重过，一出见之。吴湛清、陈尧辅、任霁堂、蔡竹泉次第至，遂尽一日之力。沈梅荪中丞又过谈。回拜杜翘生。并贺杨商农之次子完姻。随赴张雨珊之召，同席谭文卿、俞鹤皋、陶少云、陈淀生、杨蓬海、王益吾、张子容、陈舫仙、黄望之、瞿海如、王吉来、曾重伯及子瀞，馀多不相识。

初七日。雨。接王益吾、接刘海珊、单子善名家荣，通道县、区维瀚区维瀚号丽泉、周介生、汤寄松各信。亦致王益吾一信。孙彦丞、任筱棠过谈。晚邀冒小山、蒋松甫、区祝三、黄次圭、赵岳卿、蒋幼怀小酌。是日兼邀邓春坊，适已赴巴陵丞任，不及一改药方也。

初八日。雨。接玉舲、佩珊、兰生、韵生各信。况颜山、冒小山、龙研仙、熊春堂、钟佐廷过谈。晚邀彭鹿笙、师竹生、李子韶、任霁堂、易懋卿、蔡竹泉及席珊小酌。终日纷扰，竟无片刻清暇，只益皇然。

初九日。阴，寒。接曾沅浦宫保、陈程初及寄禅信。曾沅浦宫保信由庆云轮船梁都司廷超带到，并致寿礼。易兰生之母以是日成服，一往致吊。便拜文兰舫、况颜山、孙彦丞、姜昆山、刘祝廷、唐楠生、李芋生、龙研仙、俞伯均、周荔樵。文兰舫患中风，就李芋生家取送《医林解错》一部，并致文兰舫一信。

初十日。阴。致陈程初、李芋生、杨商农各信。亦接陈程初、李芋生信。张鹤臣过谈。早邀邹瑞臣、钟佐廷、顾春山、谢晋纶、熊春堂、钟石生、萧南村及慰霖、咏民小酌。林少梅又邀同王实丞、王益吾、陈程初、左楚英晚酌。

十一日。阴。接王壬秋、袁绶瑜、危笙阶各信。亦复王壬秋，及致槃西、佩珊、玉舲各信。陈伯严、张鹤臣、柳少珊过谈。熊鹤村再叠欢韵诗见赠，均随笔和之，而来足已去，致未写复，偶忆存之：少年岂识老人欢，但得佳诗胜做官。莫笑颓唐双玉管，真同烹炼八琼丹。耽吟更觉虚心甚，斗险还愁着语难。蹇步谁能追骥足，况骑生马不施鞍。

十二日。阴，寒。复曾沅浦宫保信，由梁都司廷超带呈。亦接黄石珊、易叔子、刘幼馨各信。回拜黄芍岩、刘云樵、倪兰舫。并为翁小山贺其太夫人生辰。并诣樗全堂贺生。子瀞令钟佐廷、熊春堂及慰霖陪同小酌。

十三日。阴，寒。接曾重伯信。亦致李筱荃、刘绍臣、张南陔、曾重伯及子瀞信。夏瓶仙、刘稚馨、常鲁青、柳小珊过谈。晚次钟佐廷又过谈。

十四日。接李筱荃、丁次谷、陈程初、曾重伯、朱瞑庵各信。李筱帅信以腊月廿六发行，几至五十日始能递到。凌幼甫、袁绶瑜过谈。亦过曾重伯谈。晚赴耿莘野之召，同席陈程初、姜昆山、孙彦臣及子瀞，外黄芍岩、丁次谷二人不至。

十五日。接曾沅浦宫保、陈隽臣、黄彤轩、李华卿、杨景皋、黄剑农各信。是日定王台公祭，到者徐云渠、康云衢、周笠西、王雁峰、罗瀛樵、俞鹤皋、陈程初、李赤琴、潘子珍、曹竹苏诸人皆所熟悉，馀多不能辨也。聂仲芳简放苏松道，赵再庵代理长沙府，前往致贺。顺拜夏瓶仙、唐鲁英、唐茂垓。并过文兰舫谈。便过左子异，探问黄芍崖，不及见。周荔樵、左佩勋过谈。

十六日。微雨。接周荔樵、杨商农信。亦致吴维允一信，并所求字一卷，合李筱荃制军、刘绍臣、张南陔诸信十三日已送交均托之。刘稚馨、李友兰、黄芍岩、言舫丞、彭咏清、仇福田、张卓斋及席珊、楚臣、复初过谈。是日为先公忌辰，诣养知书屋率家人上供。

十七日。微雨。接杨蓬海、易晓楼、吴智川信。亦复杨蓬海、周荔樵、杨商农，并致陈伯严、文兰舫、文应琳各信。常鲁青、仇福田及席珊过谈。又为仇福田、常鲁青致钟佐廷一信。

十八日。微雨。接杨商农、陈伯严、罗少庚、周丽生及席珊各信。亦复陈伯严信。公饯翁小山，兼请赵再庵、李友兰、孙彦臣、姜昆山，凡三席，设宴李质堂宅，到者谭文卿、俞鹤皋、陶少云、陈程初、杨蓬海、唐鲁英、唐楠生、张雨珊及子瀞共十一人。

十九日。阴。致合淝傅相、聂仲芳、马眉叔及顺孙家信，交袁绶瑜由上海带京。亦接朱瞑庵、曾岳松、危笙陔各信。回拜陈展堂、王勋农、任芝田、曾岳松，及为姜昆山送行。曾重伯处询知曾介石亦已至省。随赴崔清如方伯之召，到者八人：徐云衢、谭文卿、陶少云、杨蓬海、唐鲁英、陈程初。

二十日。微雨。接秋新侯、姜兰圃、曾霖生、俞鹤皋各信。亦致段豸山、俞鹤皋、朱瞑庵、李华卿及子瀞信。以夏芗泉见示思贤讲舍试文，尚属全卷，可望取录，属转达之益吾。易尧阶、黄幼森、李华卿、曾介石、曾履初过谈。

廿一日。微雨。接危笙陔信。亦致孙彦臣一信。辰刻致祭真文忠公、李忠节公、刘忠节公诸祠，与徐云渠、王雁峰、周笠西、罗瀛桥、潘子珍、俞鹤皋诸君同席，子珍因托函致孙彦丞也。诣赵再庵道贺，兼为翁筱山送行，为王莼农贺其到局之喜，便回拜李春坊、彭稷初。回家后，适区祝三来见，偶一会之，吴爱吾、萧文斋、危笙陔次第至，使人烦闷。

廿二日。晴。数日小雨，未足（资）〔滋〕润。夜寒，遽尔开霁，恐成春旱。接吴湛卿、彭荔樵、韩宝臣及星生各信。亦致易懋卿及子瀞信。初接彭信言思贤讲舍考课事，以为溧桥也，子瀞言非溧樵手笔，询之为彭聪叔，然尚恐是托名也。翁小山、黄涤凡过谈。

光绪十有六年岁次庚寅二月二十三日癸巳。雨。致朱禹田信。亦接朱禹田、何绍仙、李石仙、李小屏及炳文信。闻陈右铭廉访自江西旋省，一往谈，兼告陈伯严以所举萍乡彭茂才鸿年，王益吾检视其试卷，并详告之。王莼农、杨景皋、任霁堂及子瀞来谈。

廿四日。早见雪。致陈右铭、王益吾、王莼农信。亦接陈右铭、郑子惠、吴少陔、曾挚民信。又以缪南交来省，诉称鸭家坝上馀地为我家及徐姓承坝水馀地，为周绳宝悄开田一丘，借为引坝水溉田之计，为致团总胡永斋、徐伯宗，保正吴佳培一书，属谕止之。王壬秋过谈久坐。

廿五日。阴。致王益吾、杨蓬海、蒋幼怀信。亦接王益吾、丁次谷、杨蓬海、蒋幼怀及小春信。陈右铭、陈展堂、冒小山过谈。询（之）〔知〕下荫塅来省为游富友，非缪南交。游富友本与周绳宝①，心颇疑之，召询杨毓吾。胡永斋、徐伯宗一信，宜且缓发。

廿六日。晴。积阴数日，地气不上升，仅得微雨而已。接王益吾、王莼农、黄彤轩各信。亦复王益吾、王莼农信。杨商农邀同陈治臣、陈淀生、李佐周、王益吾、左子异及子瀞午酌。本约张雨珊，适以回乡不至。

廿七日。微雨。接赵朗垣、左佩勋、陈树藩、黄彤轩及玉舲、子瀞各信。孙彦丞、邵燮廷过谈。李佐周邀同丁次谷、王壬秋、陈治臣、杨商农、王益吾及子瀞晚酌。闻张子容有上院署论五事利害：一轮船、一矿务、一开宝庆河、一电报、一禁止运钱出外，大率阻难张香涛制军新政，其言则皆呓语也。是日又接刘人杰、刘锡畴、刘藻鉴、刘锡瀚四人公信，称其族人文德之妻蔡氏为北城外天鹅塘李十一拐匿其家，经文德访寻，即持蔡氏投明团保，为李姓多人劫去，并殴伤文德等，赴县控告而无力起差，代为函诉。询问信所自来，则经斐文峰收存两日，以今日乞假归家，始告柳玉呈上，其情形极为可疑也。

廿八日。雨。刘小楼、龚月浦过谈。亦接龚月浦、黄小墀信。晚邀陈右铭、陈展堂、王莼农、倪钦堂小酌。两接陈右铭信，以王实丞患急症，右铭前往照料；邀其一至，再三告辞。友朋之谊，

①以下疑有脱文。

亦人所难及也。

廿九日。雨。接陈右铭、谭心可、王益吾、陈树藩各信。亦致文兰舫信。陈右铭、黄剑农、罗少庚过谈。闻王实丞以是日寅刻物故，一往哭之。周荔樵、饶心泉、伍东屏照料人客，因小坐一谈。丁亥秋为易云仞致魏梧庄一书，竟未能出关，是年云仞亦即物故，今其家仍将原书送还。阅其书，乃误梧庄字为质斋。精神恍忽，乃至于此！连两夕大雷雨。

三十日。雨。致王益吾信。罗振旃罗伯宜之子、易鉴衡及冬生过谈。倪钦堂邀王梓堂谈相，属往见之，似其相法尚微有把握，不为探刺影响之言。敬亭亦谙相术，议论尚多相合。晚邀任芝田、王壬秋、陈治臣、李佐周、彭溧樵、左佩勋小酌。易卓超适至，留其小坐，戛然已去，遣人觅之，云拜客未归也。

闰二月

闰月初一日辛丑。接彭溧樵、黄晓墀、朱瞑庵、徐仁羲、龚月浦及子瀞信。是日思贤讲舍开馆，王益吾主讲，会饮者熊鹤村、俞鹤皋、陶少云、黄植斋、郑茀庵。诸生至者十六人；孙姬瑞为孙君诒世兄，气宇极佳。回拜唐稚泉、葛燕江、何绍仙、凌幼甫、潘子珍、陈淀生、刘小楼。天气近晚，所应回拜者多不及往也。黄晓墀并送所刊《晚香尺牍》二卷。

初二日。微雨。致陈右铭、王莼农、陈展堂、王益吾、陶少云、李芋生信。亦接陈春初及佩珊、经笙信。邀王梓堂谈相法，邀致陈右铭诸君，为各相其命运行度也。易卓超亦至。丁次谷、蒋松甫、黄晓墀均过谈。是夕大风。

初三日。接周荔樵、周定轩、陈树屏及寄禅信。又接顺孙家信正月廿八日发。黄德堂、龚月浦过谈。回拜李友兰、孙彦丞、丁次谷、龙禹门、蒋松甫、张桂堂、陈程初、冒小山、黄小鲁、梁选堂、黄少溪、李芋生、夏寿蘅、王壬秋、龚月浦、黄建农、易卓超、易玉峰。

初四日。致沈梅荪、王益吾、黄植斋，及复戴竹清及敏夫、子湝信。亦接倪钦堂、易淑子、黄晓墀芷陔及清臣信。又接黄桐轩信。陈右之来，王润生亦自湖北至。

初五日。接王益吾、周筱田、黄芷陔、左佩勋、周荔樵各信。亦复周荔樵信。顾少庚、黄次圭枉谈。邀黄绍溪、梁选堂、刘小楼、黄晓墀、周定轩、易卓超、龚月浦小酌，绍溪辞不至。

初六日。雨。接周晓丹、王益吾、易卓超信。亦复王益吾信。早邀黄德堂、王润生、陈右之、邵燮廷、杨景皋及经笙小酌。诣沈梅荪、吕藕芝两处谈。晚赴李芋生之召，同席俞鹤皋、陶少云、傅竹湘，外杨蓬海及子瀞皆不至。

初七日。接钟子琴、李恺山、黄泳清三信。王宅行成服礼，一往致唁，周荔樵、龙禹田、刘幻吾、杨炳卿作陪。便拜裕蓉屏、杜蓉生、顾少庚、何绍仙、区祝三、陈展堂、黄芍岩、左子异、王壬秋、张雨珊。

初八日。接杜翘生、李筱屏、刘小楼、陈树藩各信。黄德堂、蔡竹泉过谈。诣谭文卿、王益吾、陈右铭、龙琴堂、任筱堂、杜翘生诸处谈。

初九日。致陈隽臣、周渭臣、吕藕芝、王壬秋、王益吾各信。亦接王壬秋、周卓群信。段豸山、胡其祥枉过。本因复陈隽臣信，属仆人谢客，以昨段豸山约各署谢委后即枉至一谈，以为必在午后，不虞早间即至也，因自往一谈。随赴陈淀生之召，同席王莼农、王益吾、李芋生、李赤琴。致吕藕芝信，以李子谙、陈麓生、周聘农、陈树藩、彭咏清五人，托分别荐一襄校馆席。

初十日。接冼雪耕、周荔樵、李筱屏及席珊、玉舲、润生各信。段豸山、冼雪耕、姜兰浦、龚黼丞、李镜涪、常鲁青、胡其祥、韩陛臣、钟佐廷、盛展奇、龚果斋、张卓斋及敬修、鹤九过谈，遂尽一日之力。李禹吾巡江至省枉顾，仆人并不一通报，闻高八言始知之，时日已夕矣。

十一日。致冼雪耕、任筱棠、杨蓬海、王壬秋、黄德堂各信。亦接刘瑞云、杨蓬海、王壬秋信。吕藕芝、杨梅生、黄植斋、饶岱霞过谈。回拜刘子祥、刘海珊、杨显臣、杨梅生、刘云樵、黄滋圃、左子异、左泉山、李与吾、王莼农。在子异处闻刘毅斋至省，一往视之，未晤。李与吾赴衡阳问彭雪芹宫保起居，亦未及晤。晚次李芋生过谈。是夕雨。

十二日。雨。接曾沅甫宫保、黄次圭及槃希、荇农各信。是日为二嫁姐七十生辰，前往陪宾，所见沈梅荪、崔清如、吕藕芝、赵载庵、王子馀、李友兰、孙彦臣、谢小庄、瞿伯常、丁次谷、唐夔友、胡小梧、陈金垣、段豸山、陈展堂、张贵堂、王茂生、张怡仲、邹闻生、陈梅生诸人，馀多莫知其名号。以崔清如申初始至，与陈程初、俞鹤皋、李芋生、任芝田、陶少云诸公相候至傍晚始回。

十三日。阴。张南甫中丞、罗少庚过谈。子瀞、敬修旋至，傍晚始去。王益吾邀同谭文卿、李质堂、谭心可、陈程初、唐鲁英、李星和晚酌。

十四日。接朱瞑庵、毛丰浦及笙陔叔信。亦复朱瞑庵及致王壬秋及席珊、佩珊信。张南浦中丞、沈梅荪廉访、丁次谷过谈。旋回拜张南浦中丞。晚邀龚黻丞、李镜吾、胡其祥、韩陛臣、钟佐廷、盛展奇、吴竹云小酌。

十五日。接王壬秋、朱幼炳、蔡维琛及子瀞信，以传示笙陔五爹信，相与评议其事也。回拜颜茂园、樊子琳、朱乔生、朱寿九。并致吊龚云浦。适冯石丞见过，久谈。随赴谭文卿之召，同席李质堂、黄芍岩、陈程初、王益吾、左子异。谭文卿本约午刻，是日兼邀易寿梓、李星六、蔡竹泉、熊玉森、吴兰森纯庵之侄、盛文机展奇之侄、易少湖镜湖之子晚酌，以为尚可一陪，不虞谭文卿处傍晚始登席，比归，客散久矣，幸是日先令炎儿照料人客，得以代陪一酌。

十六日。接唐兰生、吴智川二信。为朱冠臣、况颜山贺其署任之喜。兼回拜秋新侯、彭晴峰、陈汝霖、姜树堂、刘毅斋、陈舫仙、陈梅生、蒋云圃名其顺，管带振字营，惟在陈舫仙处久谈。晚邀刘子祥、刘海珊、杨显臣、杨梅生、黄滋圃、刘云樵小酌。显臣以患气坠，不能耐坐，未登席而去。

十七日。致王壬秋信。亦接王壬秋、王夔石制军、倪钦堂、李筱屏、黄彤轩各信。张南浦中丞以是日辰刻接印，一往道贺。并贺李友兰京察。并诣刘毅斋、王壬秋。随诣草潮门代为陪客：谭文卿、王雁峰、李质堂、俞鹤皋、王壬秋、陶少云、陈淀生、王莼农、王益吾、李芋生、左泉山、刘寿伯，计共十四人，凡三席。

十八日。朱冠臣、李友兰、李佐周、盛展奇、蔡竹泉、盛敏臣、吴兰生过谈。段豸山见示陈矩生、饶岱霞、张卓斋三处关书，裴仁竟留之不遣带还，缄询子瀞，始知仆人之谬也。

十九日。接杨性农、阎季蓉、李筱屏、冯实丞及子瀞、荅农各信。又接王忠训一信，稚迁之侄也。皮麓云为其父鹤泉治丧，属往陪宾。顺拜沈梅荪、周建勋名联庆，新到候补府、陈展堂、汤斐斋久谈。冒小山、李果仙过谈。阎季蓉并寄示蒋道林《桃冈日录》、《渔浦课艺》，并求撰渔浦书院楹联。前寄朱幼芝《畲经堂房文集》。

二十日。致江蓉舫、赵再庵、朱禹田各信。亦接子瀞、寅伯信。致江蓉舫信，以易卓超托之。致赵再庵，托及李佐周、吴孟笃、刘若华、杨熙春、杨景皋及荅农六人，恐竟无还报也。胡其祥、韩陛臣、钟佐廷、刘若华、左佩勋过谈。熊子杰为朱禹田致送书局支款，一至小坐。

廿一日。接朱禹田、朱暝庵、陈志臣三信。回拜李果仙。随诣草潮门，以是日请司道崔清如、沈梅荪、吕藕芝、绍石庵、谢小庄、周肖轩、唐稚泉七人，陪客则李质堂、王雁峰、俞鹤皋、陈程初、陶少云、王益吾，凡三席。是日郁热殊甚，沈梅荪终席后尚坐至数刻工夫，归家已三鼓矣。是夕大风，雷。

廿二日。雨。接龙禹门、焦翊舟、丁次谷各信。秋新侯、易鉴衡及虚堂、慰农过谈。亦诣冒筱山谈。王壬秋邀同谭文卿、殷竹坞晚酌。

廿三日。雨。致李筱屏、李佐周信。亦接李佐周（李佐周）信。以冒筱山赴云南之便，宜复夔石制军信，一经会客，则竟日纷扰，无力能遣出之，因谢客一日，稍觉心地为之清凉。

廿四日。雨。接殷竹坞及经笙信。亦致王益吾信。何相山方伯过谈。邀朱冠臣、况颜山、裕蓉坪、冒筱山、段豸山晚〔酌〕，况颜山以前赴宝庆，辞不至。

廿五日。雨。致王夔石制军信，以冒小山赴滇之便，托其便带，并寄《湘阴图志》一部。接杨琴堂及佩珊二信。蒋松甫、胡其祥过谈。致吊龚云浦。兼回拜周铁元、何象山、齐筱庵、殷竹伍、黎小楼。并为孙姬瑞贺新婚，晤孙次韩一谈。晚邀李果仙、李筱屏、刘若华、何梅阁、杨熙春、江石年子瀞之婿小酌。

廿六日。晴。致丁次谷信。亦接陈树藩、丁次谷信。胡其祥、

盛展奇、盛敏臣过谈。是日龚荣甫宅请题主、便诣张南浦，适值出外，未一传帖。

廿七日。接刘筱钟、陈金垣信。筱钟信属询王莼农靖港局务，及领祭葬银两。陈右铭、朱雨田、丁次谷、杨纯之、郑湘舟、熊玉山、胡其祥、钟佐廷诸人过谈。晚至养知书屋，适宝树湾专足至，满�以是日未刻物故，因缄询子瀞，明日必得一赴乡，当可同行也。

廿八日。以满嫏姐丧事当一往赴，是早雨，饭后雨止即行。至劳口，炳文亦至，檀木岭午饭，抵宝树湾，日已晡矣。何绍堂、何寿臣、何锡蕃、李育之皆至。绍堂为何永清之弟。寿臣始自达珊处回湘，永清子也。锡蕃又为何寿臣之子。是日始行含敛之礼。

廿九日。亲视满嫏姐大敛，相礼二人：周尚甫、魏子健，并年七十。西席魏子宜，为魏子健族弟。是日令何绍堂陪同陈右之相度所看山地，吾亦赴下马塘相度所置周敬之田屋。下午回宝树湾，中途大雷，大风雨交作，日夕始抵宝树湾。子宽亦随至，言涝口遇风雨，并见冰块，而天气益加郁热。

三月

三月初一日庚午。自宝树湾回省。接王益吾、冼雪耕、杨纯之，袁绶瑜、曹云祥、龙镜和、黄电寰其祖纪宦，名世凤，著有《史略》一书及屺山、鹤九各信。又接刘定夫一信。并此赴乡三日内家人所收存也。廿八日赴乡，有复刘筱中一信，交其专足带去；复杨性农、阎季蓉二信，交杨纯之带去。接纯之信。知尚未启行也。

初二日。大雨。致段豸山、曾重伯二信。亦接陈右铭、曾重伯、左佩勋、毛荅荪、周莹斋、黄德堂及楚程等信。重伯信言劼侯前月廿三物故，电寄南京，由南京转达武昌，乃由驿递寄湖南。展转传递，尚只八日工夫，计程四千馀里。因过曾介石、曾重伯一询劼侯病状，亦不能知也。左巨云、蔡蓉仙、黄彤轩、蔡竹泉过谈。

初三日。接吕汉祚信。陈右铭、段豸山过谈久坐。子瀞为饶岱霞邀请蒋幼怀，幼怀以事不至，同席胡小浯、区祝三、李果仙、张雨珊、彭荔樵、饶岱霞。

初四日。以曾重伯北行，致刘谷怀及顺孙信，比送往重伯处，则已开行矣。又以敬修赴沙坪之便，致席珊、佩珊信。亦接朱瞑庵信，当以一信复之。又接言湛甫、杨蓬海二信。随复蓬海一信。言烟澂言湛甫之子、刘海涛、曾介石、丁次谷过谈。陈展堂完姻诣贺，先过陈淀生，因偕李质堂、陈程初、王莼农同往，陪客章实庵、唐子琴。便拜张南浦中丞、何象山方伯、崔清如观察南浦、相山均赴吕藕芝之约，未传帖。崔清如亦外出、朱禹田、朱乔生、朱寿九、王莼农、文月亭。是日为周吉生议婚胡氏，先与定庚，便约胡其祥、韩陛臣、易铁樵、蔡兰生、萧南村、李秉臣及荇农小酌。是夕大风雨，雷。

初五日。接朱禹田、罗赞卿、陈稼生、胡其祥、韩陛臣各信。亦复朱禹田信。又接龚兰亭信。彭荔樵邀同王益吾、张雨珊、皮麓云、张馨山及子瀞晚酌。是日郁热已甚。

初六日。雨。接冼雪耕、邹子敬、史晓清名含章，户部员外郎、万桂生万石臣子、张峻峰张超堂子各信。亦复区祝山信，以冼雪耕信件并区祝山所备办也。是日以生辰，致贺纷至沓来，实苦应接不暇。晚赴龙禹门之召，言约谭文卿、朱禹田、陈右铭四人，比至，仅右铭一人在焉。馀则朱莼卿、屈午桥。酒罢回家，贺者盈门，酬应甚惫。

初七日。阴。接左佩勋、焦翊舟、区祝三、盛展奇、盛冕臣、梅子宣、毛杏荪及楚程各信。又接胡浴生、庄季涵二信。是日以生辰，宾客繁多。为丁次谷、王萝泉、李果仙、周荔樵、胡其祥、韩陛臣别设一席。下午李镜涪、钟佐廷、易淑子、易仲子、毛杏荪并自县至，并胡其祥、韩陛臣二人亦不敢邀入内书房。计共五席，贺生日者约二百馀人，倥偬竟日。

初八日。为丁次谷致合淝傅相信。并寄刘谷怀及顺孙信。为李果仙致李筱泉信。是日子瀞为增之完姻，一往照料。人客陈汝霖、陈金垣、耿苹野，候补官至者数人。媒氏任芝田、蒋幼怀。上亲朱景乔、朱润孚、魏月亭。予与张雨珊、王莼农、陈展堂、李果〔仙〕诸人久谈。随诣张南浦中丞，何相山方伯，沈梅荪廉访，吕藕芝、绍实庵两观察，赵再庵、王子馀、沈梦兰、李友兰、孙彦丞、唐稚泉、黄铭山、王萝泉、赵伯蓉、洪恭寿、任筱棠、李果仙。并为李黼堂贺生日，为潘椒坡贺其署任之喜。

初九日。接曾沅浦宫保、聂仲芳、李果仙、唐祖植镜海先生之孙各信。李果仙、黄觐虞、王壬秋、任筱棠、胡其祥、易鉴衡过谈。子瀞邀王梓堂论相，一往谈。晤傅竹湘，小坐。晚致李果仙信，并致程仪，资其启行。王壬秋为传彭雪芹凶耗。

初十日。致李筱荃制军、周晓丹、刘绍臣、张南陔四信，由南陔专足带粤。又复邹子敬一信。易仲子过谈。寄复陈熙堂信，并助以缗钱，交炳文带县。

十一日。阴，寒。昨日郁热已甚，晚大风，遂凉，今日加寒，似深冬矣。接黄滋圃、杨商农、陈笛舫、陈树藩各信。但少村过谈，值将出门，随诣谭文卿、王益吾、周肖轩、但少村、秋新侯、杨蓬海、杨商农、陶少云各处谈。

十二日。雨，寒。致王益吾、杨蓬海、冼雪耕三信。亦接王益吾、言湛甫、刘若华、张鹤臣各信。又接槃希一信。张南浦中丞、左泉山、刘若华、杨汝襄、张峻峰、左佩勋、陈右之来谈。为何相山贺生日，便拜区祝山、左泉山、耿苹野。所致洗雪耕信，即交区祝山专足递送。

十三日。雨，寒。接黎莼斋、王益吾、杨汝襄、陈汉帆及顺孙家信，闰月中旬自京师发行，尚未言及曾劼刚病状也。黎莼斋枉寄日本史一部，家集一部，刻其祖黎静圃安理，其父雨耕恺，其从兄伯庸兆勋，其兄鲁新庶焘、椒园树蕃各诗稿，并莼斋所自著《丁亥入都纪程》，又附刻莫芷升庭芝，莫子偲之弟、郑子行班，郑子尹之弟、章子和永康各诗稿，并《丈雪禅师语录》共十一本。又由王益吾递到李正则昌洵，李勉林之侄寄到影北宋本《二李唱和集》：李文正公昉、李侍中至两人唱和诗，中国无传本，贵阳陈衡山榘得之日本，模刻之。又德清傅懋元郎中云尤《游古巴诗董》、《游秘鲁诗鉴》、《游巴西诗志》三种，共一册。陈衡山与李正则同充黎莼斋随员，傅懋元则奉使游历各国者也。诗文均有奇气。

十四日。雨。致张南（湘）〔浦〕中丞信。亦接西枝信。蒋松甫、沈星海、李九如过谈。黄小鲁邀同陈右铭、任筱棠、汤斐斋晚酌，斐斋不至。便拜沈梦兰、李友兰，均已外出。

十五日。晴。接陈云庵、吴聘庭、黄芷陔、杨蓬海、王益吾信。亦致杨蓬海、王益吾信。邀左泉山、黄幼森、杨汝襄、张峻峰、毛荇生及槃希、玉舲晚酌，毛杏生已回县。杨汝襄语及杨性农家事，亦以杨仲琳尚能保家，杨纯之不能及也。

十六日。接萧夔勋信。谭文卿、区祝山、王梓堂及子瀞早至，以王梓堂约早至，因邀谭文卿一谈相法也。回拜潘小农、沈星海、耿苹野、胡云卿、钱子宣、周鼎卿、王莼农、朱禹田、杜仲丹、刘福畴；福畴为伯固之子，自江南乃叔康侯处南归。

十七日。立夏。接李筱苹、戴昆田、刘若华、盛展奇及经笙信。以彭宫保遗折事，屡与李筱屏以书函相商。张子初镇军、陶少云、王洣生、蔡竹泉过谈。

十八日。接陶少云、王益吾及清臣；及顺孙家信，闰月廿五日发，已逾二十日矣。亦致王益吾信。王莼农、陈程初、罗小垣过谈。为彭雪芹宫保呈递遗折，稍与斟酌办理，诣张南浦中丞一言之，兼过黄觐瑜。

十九日。夜雨。接曹云祥、龙镜和、李锡蕃及虚堂四信。为谭文卿、徐云衢贺生日。便过王益吾、王彤轩谈。陈右铭过谈。

二十日。雨。接凌问樵、段豸山、朱瞑庵及子瀞、佩珊各信。亦复盛展奇、易鉴衡、戴昆田及佩珊各信。朱月轩、周瀛樵、邓弥之过谈。

廿一日。雨。接吕藕芝信。亦致吕藕之、王益吾、陈程初信。耿苹野过谈。回拜周瀛樵、邓弥之、朱月轩，并过绍实庵、蒋幼怀。吕藕芝并见示段豸山信。延请李子韶襄校。并致送陈麓生、徐砚耕脩金。因传李子韶一见。

廿二日。雨。接左佩勋、陈树藩、蔡兰生信。朱禹田邀赴丝茅冲，同席邓弥之、张雨珊、唐鲁英、周荔樵，惟陶少云辞不至。下午回城，便诣王益吾、张雨珊谈。以是日为陈元姑议婚王菊生，与益吾商定一切也。

廿三日。阴。〔接〕王益吾及椠希信。亦复王益吾信。子瀞过谈，述叙耿苹野前后情事，颇以怃然。胡道生、蔡竹泉枉过。为道生致玉舲一信。

廿四日。雨。接王益吾、陈树藩、杨汝襄各信。子瀞见示初七生日分单，为陈淀生经手者二十三人：谭文卿、陈舫仙、陈展堂、王莼农、杨蓬海、王益吾、王壬秋、俞鹤皋、唐鲁英、唐兰生、陶少云、张雨珊、李赤琴、左子异、左泉生、傅竹湘、杨商农、黎小楼、聂伯元、黄芍岩、李质堂、陈程初、陈淀生。为蒋幼怀经手者，子瀞暂收存，未以告闻。黄次圭、杜仲丹、区祝三、龚果斋过谈。为西枝撰洞庭庙田补记，交素蕉转寄。

廿五日。晴。致曾沅浦宫保、何相山、邓弥之、邓葆之及玉舲、子瀞各信。亦接何相山、冯厚庵、杨商农、雍昌杰芝田、杨棻筱珊。益阳人，呈阅所为诗文，并惠诗、易砚丞及虚堂各信。虚堂信并为赵伯蓉大令廷光求列门墙。吾力不足庇人，且厌人之倚附，非虚堂所能知也。耿苹野、黄德堂、杨商农、陈玉山及法成、寄禅、素蕉过谈。

廿六日。郁热。接王益吾、赵朗园、余云涛、周履清各信。亦致李筱苹及法成信。郑茀臣、左佩勋、李凯山及笙云过谈。诣吊王实丞，陪客为周荔樵、王湘帆。赴王莼农之召，同席吴翔冈、陶少云、张雨珊、左子异，昨单尚有李幼梅，亦避不至。是夕雨。

廿七日。阴，郁热。致曾挚民、王益吾及子瀞信。亦接张卓斋、陈玉山、黄德堂信。李筱苹过谈。曾挚民信无妥便，以江甥石年回新宁之便，属其便递宝庆府城，旋因外孙出麻（诊）〔疹〕，四月十一日乃始启行。

廿八日。晴，热。接王益吾及虚堂信。亦复王益吾信。王实丞宅题主，陪吊者黄耔云、龙禹门、伍东屏、周荔樵，馀不能尽识也。随往陈程初、周子资两处贺其新姻之喜。程初处陪客者各武员，所识惟陈同叔一人。周子资处晤其次兄蹑云，兼询知其长兄春圃已以知县分发江苏。兼晤瞿子元，始知其与兄海云、式（秬）〔耜〕三人已析居。便过陈伯严不晤。虚堂旋过谈。虚堂为赵伯蓉大令廷光先容，求列门下，吾力不足相庇也，属虚堂婉辞之。

廿九日。阴，热。接左佩勋、徐人熙、刘若华、刘榆生保靖县，号星垣、翁筱山各信。亦致易梀卿信。蒋秋泉通守枉见，为蒋申甫先生之弟。有王氏妇，其家与徐书田开设盐店；书田没，其子炳堂接管店务。数年，王氏夫没，遂自下成，以店归徐谷贻、徐炳堂兄弟。亏负咸亨泰盐行银三百二十两。咸亨泰一意勒追王氏，督销局檄县追比，亦以徐姓为徐云衢父子所庇，盐行不敢追问故也。吾固难与处理矣。

三十日。致周小田、周肖轩、赵再庵、潘椒坡各信。以高抟九挽幛托之赵再庵，以周谷田托之周肖轩。接荇农及炎儿信。回（信）〔拜〕蒋秋泉、李友兰、宁钦若、林少梅、钮鹤汀、陈芋僧本号玉山。并诣但少村、谭文卿、陈展堂、王益吾谈。

四月

四月初一日庚子。热极，寒暑表已至九十度，略近伏日矣。致赵再庵、周笠樵二信。亦接任禹田、马眉叔、左佩勋、李筱屏、李芰生及子瀞、凯山各信。周步瀛、龙琴堂、周荔樵、彭荔樵过谈。晚邀蒋秋泉、耿苹野、龙禹门、周瀛桥、张雨珊小酌。本分两日宴（序）〔叙〕，本日尚有葛燕江、王镜湖，均以病辞。明日朱莼卿、张次侯，谢莘田、谢心畬、向海门、黄德堂。因诸人皆告辞，归并今日一席。杜仲丹以善化王耘蓬逢年孝廉诗稿二本交《续选耆旧集》局，因检书房所藏各集，凡五种：一、常宁王卜子祚隆《一峰遗草》一册，一、湘（湘）〔乡〕言云笙友恂孝廉《琴源山房遗诗》二册，一、善化黄倬恕皆宗伯《介园遗集》二册，一、宁乡赵震青璘《一鹤山房集》一册，一、湘潭郭正斋新楷《覆瓿草》一册，并交易华卿带送周荔樵。又续交左孟辛诗文稿二本。

初二日。热极。由广通恒寄家信赴县。陈玉山、龚月浦、李剀山枉谈。往拜绍实庵、沈梦兰、韩宝臣。随赴陈玉山之召，同席王莼农、陈程初、左佩勋；酒半，又赴周笠西之召，同席但少村、王益吾、蒋幼怀、周瀛樵。以郑茀臣家应考事，从讲舍觅得蒋幼村朝斌，亦善化廪生也，托其转语熊果山：当令郑氏执贽求见，勿复有他言。未知能一听从否？又有龚惠吾家凯，亦善化廪生，令同诣熊果山议之，讫未定妥。

初三日。雨。接周荔樵、周幼云芷窗子及子瀞信。又接玉舲信。沈梦兰、潘椒坡、罗伯翼过谈。又接周荔樵信，因为致龙琴堂信，以赵朗垣、赵惠生出售通泰街二宅，与龙琴堂定议，为张贻仲阻难，属我担承之。并复周荔樵及与杨景皋一信。

初四日。微雨。接龙琴堂、易玉峰、陈树藩及玉舲、荇农、子瀞、敬修各信。亦致周荔樵信，以龙琴堂回信示之。谭文卿、李质堂、区祝三、於晓亭以仁、邓弥之、黄健农过谈。回拜潘椒坡、张子容、罗伯翼。

初五日。晴，北风。接胡道生、罗少庚信。亦致左佩勋信。耿苹野、左佩勋、潘敬甫过谈。左子异邀同李质堂、陈淀生、周瀛桥、陈展堂、邓弥之午酌，展堂、弥之不至，增入左泉生。

初六日。致张南浦中丞、裕蓉坪、耿苹野、王益吾及玉舲各信。亦接刘岘庄、刘绍臣、裕蓉坪、李华卿、黄健农及星生各信。黄德堂、陈云庵、寄禅、素蕉过谈。亦诣耿苹野谈。

初七日。接况颜山、潘敬甫、周履清各信。陈芋僧、彭廉泉、罗少庚、李恺山过谈。邀黄德堂、张芝生、张子容、陈季莼、罗伯翼、黄健农、言炯丞、陈云庵此为陈燮庵、陈理庵之子，与陈云庵大令同号午酌。子容下乡。陈季莼为陈云庵大令之子，持大令信见交，数次往觅，竟不一见。草子坳佃人周吉元来报：潘明发侵占山界开田，从山开一小圳，截断水路，使承荫之田水源俱断，其胞叔潘恒炳、堂弟潘月楼并居左近。必拘潘明发讯办。年年侵占，议论无已时，真可骇怪。

初八日。微雨。接曾沅浦宫太保、彭佩之彭宫保四孙：长佩之、见绅，次履安、见绥，三勤补、见绶，四锦云、见绛。惟次孙履安出继二房、张南浦中丞、左佩勋、周卓群及子瀞信，知增之已得县首。亦复张南浦，及致陈程初信。回拜奇敬庵宝庆争以接刘岘庄信为之称屈，特往拜之，犹能扶病出见也、邓畅夫、李质堂、李乔生、江又村，及唁刘湘士之丧。晚赴王菊生召，同席张雨珊、吴少陔、王益吾及菊生之兄子钧。

初九日。雨。接周昌辅信。杨琴堂自县枉访，年八十矣，老态龙钟，而不惮远役如此。潘椒坡、裴隽臣、孙恕堂过谈。治席款杨琴堂，便邀易铁樵、杨佑吾、萧南村同酌。

初十日。雨。致黄健农信。亦接左佩勋、李育之及佩珊信。回拜阮葆之、陈伯严、王壬秋。便赴谭文卿之召，会者十二人：徐云渠、陶少云、周瀛樵、张雨珊、王益吾、黄觐虞、汪晋卿、唐兰生、左子异、李幼梅及子瀞。未至者王雁峰、李质堂二人。是日赴吊陈炳堂之父寿庭陪客陈芝台、王梦虎弟妇陪客苏耐愚。

十一日。接罗伯翼信。亦复曾沅浦宫保信。并以仁济和五折由杨毓吾缄托复源盛汉口郭家巷毓秀坊谢及三代领。五折名目：一福寿公一千八百五十两，计三十七股，第一万六千八十三至一百十九号；一延寿堂一千两，廿股，第一万六千一百六十至七十九号；一殷和堂一千两，廿股，第一万六千一百四十至五十九号；一多福堂一千两，廿股，第一万六千六十三至八十二号；一顺福堂一千两，廿股，一万六千一百廿至三十九号。并光绪十三年正月初一日给。即交管带庆云轮船梁冠臣都司庭超带汉口递交。又接黄健农一信。回拜文兰舫、朱莼卿。便赴上林寺东林之召，同席徐云衢、周笠西、陈程初及笠云、定禅、能悟上林寺当家、智华常静徒孙四人，仅程初初逾六十，馀皆七十以上。同上藏经阁高楼。是夕雨，热。

十二日。雨。接夏皞民及炳文信。炎儿随同荇农回省，便往视之，兼过李佐周谈。随赴张芝生、张少联之召，同席任小棠、周荔樵、江又村、阮葆之及子瀞。

十三日。接何绍仙、陈子濬、张卓斋信。亦致彭佩之、陶少云信。奇敬庵、赵伯蓉过谈。易铁樵来言与傅竹湘谈论一节，立言极不得体。赵再庵为人岂能与张海门比论，亦万非傅竹湘之力所能及。铁樵此等，未免孟浪。是夕雨。

十四日。复陈子濬信。顾少庚、傅竹湘、黄德堂、周聘农过谈，孙恕堂亦随子瀞见过。闻陈诒生物故之信，一往致唁。晤文再吾，询知为文小吾之弟，诒生妻侄也。

十五日。雨。致绍石庵、王益吾、李筱屏各信。亦接绍石庵、王益吾、李筱屏、李质堂各信。诣周肖轩贺生日。诣蒋幼怀贺其母生日，便回拜潘椒坡、顾少庚、赵伯蓉、蒋秋泉、周聘农。蒋秋泉回洪江，潘椒坡赴清泉任，兼与送行。

十六日。雨。接饶岱霞、盛展奇、盛冕臣信。亦致段豸山、盛展奇及玉舲信。是日刘武慎公祠安座，邀陈展堂、邓畅夫、盛静斋、李质堂、刘祝廷、陈程初、陶少云、杨蓬海、黄子赞、唐鲁英、李赤城、李幼梅、王益吾及子瀞至荷花池早酌；李质堂、刘祝廷、黄子赞、唐鲁英、王益吾五人不至。礼毕方邀登席，子瀞以刘若华信引至他室见示，诸人乘隙登舆而去，留者邓畅夫、陶少云两人而已。随过王益吾一谈。

十七日。接陈隽臣、刘子祥、凌问樵、曾霖生、王益吾及荇农信。欧阳介人、陈伯严过谈。伯严见示其尊人右铭廉访信，言鄂中近事：殚竭府库之财，搜括及绅民，提取存典公款以事机器，为织造洋布之计。亦太不谙事势矣。

十八日。雨。接左佩勋及子瀞信。亦致王益吾信。吴宝廷枉见，语其在龙山情事，与外间传言又有参差。吾意宜自上书论之，据称已具禀上陈，然其曲折情形，滞碍甚多，未易与昭洗也。

十九日。接高篙渔、陈伯严、蒋幼怀、黎树堂信。亦致王益吾、王壬秋、陈伯严〔信〕。昨闻王壬秋已回省，比遣人致信，则犹在湘潭。陈伯严、张禹珊过谈。

二十日。晨雨，阴。接王益吾、周荔樵、郑湘洲、胡镜心各信。葛燕江过谈。朱星垣物故，一往唁之。并致吊陈诒生。便回拜齐筱庵、周吉人名继昌，候补县，贵州人、陈星田、陈金垣、伍东屏名瑞培，库大使、李岳生名嶽衡，曾霖生所荐诸处。

廿一日。接黄小鲁、王益吾二信。亦复黄小鲁、王益吾二信。龙禹门、龙琴堂、郑少侨过谈。黄小鲁缄借南菁书院丛书内蔡中郎《明堂月令集证》，为蔡立青云所辑，兼询及张介侯辑本，则固未之见也。龙琴堂以价售赵惠卿住宅方有议论来告，为致周荔樵一信。并致左佩勋一信。

廿二日。雨。接龙禹门、周荔樵、陈尧辅三信。钱子宣、区祝三、王润生、陈尧辅过谈。江又村亦枉过。周昌辅又自乡至，为治席款之。为陈程初、罗瀛樵贺生日，顺拜龙禹门、葛燕江、孙彦臣、钱子宣、杨蓬海、傅竹湘、陈璞山、唐鲁英、唐楙畡、王莼农、左子异。

廿三日。早雨。接刘炳瑛、张广运二信。以朱星垣成服之期，一往致吊。便拜沈梦兰、陈德生、陈耀先。晚归。钱子宣、顾寿生名贻谋，江夏人，候补通判、王润生为言也。孙彦丞、陈展堂、王莼农次第过谈。钱子宣言香帅开造湖南电报，委陆馨吾、盛朴人及子宣会办。又闻盛杏荪有捐置内湖轮船二艘之说，张南浦中丞颇为惶惧，谋设法止之。张南浦不明洋务，不足言矣，张香涛亦不得谓为能知洋务者，可笑亦可叹也。

廿四日。接舒叔俊、龙禹门、毛荇荪、周荔樵各信。亦致吴维允信。春间由刘稚馨交还信件，并托陈展堂带闽。黄子襄、翁汝明、周荔樵过谈。晚邀但少村、周肖轩、陈展堂、张禹珊小酌。原邀周笠西、陈淀生，皆不至。

廿五日。微雨。接戴竹清及子湝信。致卞颂生、聂仲芳、马眉叔三信。凌幼甫、黄少春、裴隽臣、席沅生过谈。因陈展堂赴福建粮道任，一往送行，并交托带各信。苦为人客纠缠半日。晚邀陈芋生、倪钦堂、郑少侨、裴隽臣、熊春棠、孙树棠、左佩勋及炳文小酌。

廿六日。雨。接姜兰浦信。亦致陶少云信。从张南浦中丞处取奏稿寄彭佩之兄弟，并由少云寄衡也。唐鲁英、陶少云及东林过谈。

廿七日。大雨竟日。致王益吾信。亦接王益吾及子瀞信。杨商农、张海帆、王润生、焦笠舟、刘炳焕、李麓渔过谈。杨商农以营田易如松强占易申甫屋基，属转告易铁樵。申甫为易蓉舫之子、易若农之侄，蓉舫为商农丈人，是以代述申甫之意。晚与杏农、润民、复初、韵生一谈。

廿八日。大雨。接李仲絜、杨蓬海二信。亦复杨蓬海一信。韩宝臣、顾寿荪、龙琴堂过谈。亦诣龙琴堂谈。是日为湘阴府试之期，易铁樵、萧南村及润生并同入场。

廿九日。大雨，寒。接郑慎安、吴少陔、仇福田各信。亦致吴少陔信。陈文蔚来见。一雨逾月，郁蒸烦闷，寒燠百变，极不可耐，仿佛戊申、己酉时情状也。

五月

五月初一日己巳。雨。接杨蓬海、任雨田、吴少陔、杨汝襄、杨熙春及佩珊信。亦复顾慎安、吴少陔及佩珊各信。顾寿荪、吴宝廷、李子香、陈季萱过谈。李子香为龙琴堂遣至，由韩宝臣托也。月来两接任雨田信，托为朱菊生议婚，菊生实已赴京，当令雨田就近议之。

初二日。晴。接曾沅浦宫太保、王益吾、王梦虎、周聘农、左千之及玉舲、星生各信。亦致王益吾、周聘农、杨蓬海各信。韩宝臣、李子香、王壬秋过谈。龙琴堂为韩宝臣张罗解款，属李子香出具借约，而龙琴堂自保之，因致李子香一信。

初三日。阴。接任雨田、黄石珊、陈敬亭名汝琛、黎恺元名岳钟，自诩能看地，为堪舆觉正、李秉臣及敬修各信。亦致李秉臣、王壬秋、周荔樵各信。为裕蓉坪贺喜。便回拜唐稚泉、黄芍岩、顾寿荪、刘辅卿、周筱崧、俞鹤皋、席沅荪。

初四日。雨。接段豸山、於桐轩、丁百川、杨商农、吴智川、左巨云、周荔樵、黄滋圃、杨显臣、饶岱霞各信。商农亦传示谭若泉信，为咸恒泰借复盛仁名控逼王氏孤弱。吾为详复杨商农一信，辨正其是非。总由人心陷溺蔽惑，一鹜于利，能辨知其非者诚无几也。

初五日。雨。接郑子惠、唐蓬洲、崧灼亭、言湛甫、王壬秋各信。亦复王壬秋信。以端午节，率两宅家人谒祖先。早邀易铁樵、李玖如、唐介生、萧兰村及杏农、润生、复初小饮寿星街。午邀王润生、王旭初、邵燮廷、席沅荪其兄麓生为陈右铭之〔西〕席，次兄曰石荪、陈季萱、龚月浦、左佩勋、蔡竹泉、易铁樵、唐介生、萧南村、杨毓吾及炳文、端生、子佩、复初、润生饮养知书屋。亦致葛燕江信，以左瑛及本骧宜稍宽假，俾得终试。下午致葛燕江信，以左千之及君超托之。

初六日。大雨，阴晦尤甚，使人心怖。接王益吾、陈季萱二信。亦复王益吾、段豸山二信。萧韵生、饶应琳枉见。刘达泉自江南来，语及刘湘士外室冷氏行迹甚不可测，然固无难一考而知，因告达泉：此两日内必得一与料妥，其关系亦颇巨也。

初七日。雨。接刘绍臣信。亦复丁百川信。绍臣信由萧文峰带到名炳堃，广东候补府。为张旭初致吊，以上林寺东林、西枝、荔云约往迎取藏经，便过上林寺，到者仅予与康云衢二老，以雨当另择期，亦并不一知会也。周荔樵过谈。

初八日。雨，郁热。接子瀞信。萧文峰、区祝三、龙琴堂、易弼臣及离欲过谈。萧文峰太守即刘绍臣所托带信者也。易弼臣、周励吾为长沙府义学两塾师，吾方谋为宋惠人设主，祠主易、周两君，闻此特诣相商耳。

初九日。晴。接杨商农、张鹤臣、蔡兰生各信。亦致玉舲一信。往陈诒生家陪吊，晤陶少云、胡尚之谈。旋诣张南浦中丞、萧文峰、刘湘士各处。上林寺迎接藏经知会各处，以初七日曾往一次，不欲重往，而途次遇迎经诸僧凡两次，盖遍历省城大街，至申刻尚未抵寺也。随诣府城隍庙，晤易笠吾、周弼臣一谈。

初十日。晴。接董厚斋、刘子祥、蒋幼怀及子瀞信。幼怀见示留馆报单，湖南留馆四人：陈梅生、曾重伯、杜乔生、吴雁洲。李氏昆仲则杜生分部，卯生以知县用。闻周肖轩有黄门之戚，于今日成服，一往致唁，陪客三人，均未一与考知名姓也。俞鹤皋见示湘蔗生昆弟信，长湝溥、次湘溥、次济溥，以草潮门住宅托之俞鹤皋、李黼堂及鄙人，自述其亲戚全铁琴刺史、舒芸浦通守、尚鹤生少尉三人。因致鹤皋一信。

十一日。晴。接梁少穆、段豸山信。冼雪耕过谈。询问黄德堂踪迹，盖冼雪耕启行后渠始报到也。此次府试关防太松，前列者多出捉刀，闻此次有赋无诗，不能不令兼赋为之，荇农力不足相助，遂至纠扰竟日。

十二日。晴。数日热如入伏。接李秉臣信。亦复段豸山、李秉臣信。谭文卿、区祝三、周聘农、巢子城、罗小垣次第过谈。罗小垣言约石芳臣为料理杨鹤琴怡生一款，盖展转迁延，已四年矣，亦由小垣居心之不良也。易兰生自陕西回已及半月，因致送土仪始知之，久未能一往视，深以歉然，诚不解终日倥偬之为何事也。

十三日。晴，接杨商农、左佩勋信。亦复杨商农、左佩勋二信。易兰生自陕西回，即往见久谈。便拜区祝三、冼雪耕，兼为祝三送行。

十四日。晴。热。阶前见蚁移穴，大雨征也，亦不宜暴热至此。致王益吾一信。唐鲁英约早过，因治肴候其早饭，并约罗小垣、李麓渔会饮。鲁英至，正以石芳廷事枉商，杨鹤琴于此颇不近情，因属罗小垣一详询之，恐此不免稍费唇舌也。化成、志刚枉过，志刚为神鼎资圣寺请藏经，始自京回也。

十五日。致李筱荃、刘岘庄两制军信。筱帅八月七十生辰，寄寿星缎幛，由区祝三带粤。岘帅信以李麓渔回宝之便托带。陈程初约赴开福寺午酌，同席谭文卿、王壬秋、王益吾、李幼梅。晚归，便过龙琴堂、李佐周谈。诣杨商农，值其外出，不获一见。

十六日。晴。昨日风稍凉，今复奇热。接刘牧村、黄桐轩、王益吾信。致罗小垣信。裕蓉坪、杨商农、陈芋生过谈久坐。府试案发，左昭经列首左海门之侄，危中旦危松龄之侄，次增之、常寿熙常健吾之子、周长清周子安之子，次炎儿、范燮和范芰沅之子、易泽鸿易楙卿之子、蒋光濬蒋幼怀之子，次慰农，盖无有无来历者矣。

十七日。晴，热。接小山、丁百川沅陵、梁祝峰泸溪、单家荣通道、刘榆生号星伯，保靖、梁少穆平江、秋新侯、刘海珊各信。冼雪耕、钱子宣、罗小垣、文应麟、李麓渔过谈。

十八日。晴，热。寒暑表至九十六度。接胡心畲信名瑚，子彦，胡少芝之兄，胡默卿之孙，珏轩之子，以盐大使候补广东。往拜沈梅荪、吕燮堂、赵再庵三处。

十九日。郁热至不可耐。致王益吾信。亦接王益吾、张诚斋二信。文应麟来见。似此酷热，亦历来所罕见也。是夕大雨。

二十日。晴，热。接姜昆山、萧子远二信。赵再庵、龙禹门、陈春亭、江又村、钱子宣、陈伯严、李恺山过谈。

廿一日。接张诚斋信。杜仲丹、郑芾轩及荔云过谈。是日闻陈象生物故，为之怆然，陈氏子弟之最优者，其家运亦可想也。

廿二日。热极。接裴隽臣信。亦致黄子襄信。邀李冶凡、杨毓吾、陈厚堃视禄孙疾。夏清泉、钟佐廷过谈。是夕雨。

廿三日。热，雨。接黄子襄及笙陔叔信，又接吴宝廷、黄雪逵。亦致胡其祥信，交萧子远带县。黄次圭、王紫筠、黄笛帆、蔡竹泉、蔡蓉仙过谈。

廿四日。中午微雨。易铁樵以母病告归，请夏清泉代馆。是日以长沙城隍会，寅伯约至其家，陶南村、周聘农、蔡棉生同坐一谈。往约陈伯严，久候不至。

廿五日。接孙伯平孙省斋方伯世兄、易卓超及佩珊信。亦致刘达泉及复佩珊信。黄芍岩、王韵生、顾伯铭顾寿荪之子、冼雪耕过谈。回拜黄芍岩、陈程初、俞鹤皋、葛燕江、龙禹门、江又村、陈春亭、黄次圭、钱子宣。又诣易兰生致唁，便过谭文卿、王益吾谈。

廿六日。微雨。刘达泉、邓仲韩邓禹民之子、周聘农过谈。郭黼卿邀至其家观善化城隍会，晤郭弥生、彭建生——黼卿之妻兄也。

廿七日。接巢子城及玉舲信。亦复巢子城信。巢子城以病回县，告贷钱六缗，如数送去，则已行矣，使此心为之不适。赴吊周肖轩处，与陈程初、谭心可、邹闻生、张禹珊诸人一畅谈。

廿八日。阴。接玉舲信。周聘农约为相度新开铺一地，邵燮廷、陈右之、杨佑吾、杨景皋、周聘农次第过谈，遂尽一日之力。

廿九日。微雨，凉。接王益吾、胡其祥及槃希各信。以检校《礼记质疑》一书，谢客一日。为杨鹤琴物故之信，运主耗财，无如何也。又接姚彦嘉信，报其弟岳松凶耗，亦自久患痰咳气逆，为之怃然。

三十日。早雨，午后晴。接张卓斋信。沈星海、张禹珊、俞班黼过谈。与张禹珊论谢宝树牙帖事，并以彭祖让、张广运两人托之。

六月

六月初一日己亥。晴。致王益吾信。亦接王益吾、欧阳复初、戴竹卿、胡其祥、左佩勋、罗绍庚各信。蒋松甫过谈。胡其祥信由其从弟炳轩名厚坤带到。

初二日。初伏。竟日作势，幸尚未雨。接顾寿笙、余云涛二信。亦致王益吾一信。席沅荪、李佐周过谈。

初三日。致王益吾信。亦接王益吾及屺山信。致吊杨鹤琴陪宾贺学山，见其子次琴；长子少鹤闻已至湖北。便拜沈星海、冼雪耕、赵伯蓉、蒋松甫、陈秋农新署湘阴典史、邓仲韩、席沅荪、王莼农、李质堂、童子城、杜仲丹、张雨珊、陶少云、陈冶臣。晚次韩宝臣过谈。

初四日。致韩宝臣、朱瞑庵信。寅伯交到黄鞠云一信。李子香、陈春亭、江彝珍、陶南村、罗翊卿、侯体仁过谈。亦诣何相山谈。便拜刘秋云、童子诚、黎小楼。晚次韩宝臣、李子香过谈。

初五日。接冼雪耕及端生信。亦致王益吾信。黄小鲁、李楷山及离欲、咏民过谈。日久不见朱香荪，昨偶过往拜，始闻其病，以书讯之，但回言病重而已，今日正思一往视，而闻昨酉刻已物故，急往哭之，则次江赴京久无信息，惟晤其亲戚施箪庵照料人客而已。

初六日。晴。接曾沅浦宫保、王益吾、熊鹤村、左巨云各信。王莼农过谈。晚邀韩宝臣、龙禹门、冼雪耕、葛燕江、江晓村、陈春亭、陈曜轩小酌。

初七日。〔接〕周荔樵、酆慕唐、言湛甫、顾寿生各信。朱香荪家成服，往唁，晤施箪庵、黄苐泉二人。苐泉，其家西席也，为黄瑞云从弟。晚邀刘达泉、邓仲韩、童子诚、黎小楼、邹闻生、周聘农、郭黼卿小酌，黼卿不至。

初八日。微雨。致李筱荃尚书、曾沅浦宫保、刘绍臣、萧文峰、曾霖生及顺孙信。亦接左佩勋、张宝臣及咏民信。以清检《图书集成》，邀刘若华、江兆谦二人与萧兰村三人检齐卷数，并写信，谢客一日。李筱帅信交周子安带粤，刘绍臣信交萧文峰带粤。

初九日。接李筱荃尚书由何相山方伯送到、陈伯年、邓仲韩、李凯山各信。亦致熊鹤村、左佩勋一信。又复陈伯年一信。

初十日。致谭敬甫、舒叔隽、黄子襄、巢子城及玉舲信。舒叔隽〔信〕由子襄递寄，巢子城信由蔡竹泉带县交玉舲觅寄，入伏后时阴时雨，两日凉风袭人，乃类深秋，恐不能有丰稔之望也。

十一日。忽凉忽热，雨意方隆，伏日无此景也。王桐轩自保靖回，叙述辰守夏渭泉政声，不难其勤能而难其宏忍也。易笠臣、周弼臣过谈。并绘交宋惠人太守祠图，须经费千馀缗，恐非赵再庵所能任也。

十二日。二伏。晴。致王益吾、杨商农信。亦接王益吾、张芝岑信。回拜王彤轩，便过谭文卿、王益吾、易兰生谈。易研丞来省，询知住城南书院，为应试计。

十三日。雨。致周肖轩、王莼农、周桂伍、王彤轩各信。亦接熊鹤村信。韩宝臣、赵伯蓉、刘仁甫过谈。仁甫以部选石门县，莅任两年有馀，前岁调省，又逾两年，问年尚只廿八岁也，以随父任四川报捐得缺，顷因奉委赴龙山提案，枉过一谈，其言论尚多明晓处也。

十四日。雨。接吴聘廷、周聘农及子瀞、寅伯信。亦为周聘农复欧阳稷初一信。王雁峰过谈，为宋子麟季保求信，询知其亲戚也。易铁樵自乡回，其母病已就愈，兼为杨商农之托，处置其家易松如与易申甫相与构难事，得以一言解譬之，并悉易翰芹已于五月抵家矣。晚次王益吾、左佩勋过谈。

十五日。阴凉微雨，伏日无此景候也。接陈芸敏信。诣李佐周为其母祝寿。便过龙琴堂、杨商农谈。寅伯遣其子君超携带长乐郭凤鸣并其孙郭华甫来见。郭庆生亦来见。为致李湘浦一信，交其带粤。郭凤鸣诉称：长乐祖山绵亘四五里，康熙年间接受胥姓业，今二百年矣，所葬百馀冢，蓄植树木约千馀缗，忽有近地刘岳青谋占其山一角为牧牛地，刘岳青向与朱楚珍交好，家小康，携其家眷一房居县城，朱楚珍之子亦颇为之画计，因为缄致玉舲，属与槃希分别设法谕止之。

十六日。晴。接刘云樵信。宋子麟、裴隽臣过谈。诣子瀞一视其疾，其形容颇委顿，似属虚症，苦时无明医，难为拟方耳。便道陈伯严，以外出不晤。下午雷，微雨。

十七日。为邓仲韩致曾沅浦宫保信，为郭凤鸣致玉舲一信。亦接麓安一信。亦致邓仲韩一信。接郭凤鸣一信。陈程初过谈。往吊杨鹤琴，晤其弟斗垣及其子少鹤，陪宾则仍贺学山也。下午雨。

十八日。接合淝傅相、王益吾、周荔樵、何仪卿、耿苹野各信。亦致（何）〔陈〕伯严及复王益吾、周荔樵信。何相山方伯过谈。每日下午风、雷及雨，竟成常例。

十九日。接刘云樵信。亦接唐柳村及顺孙家信。唐柳村〔信〕由其侄砺金带到。又有僧妙空一信，由全泰盛信行递到，居萧山祇园禅寺，住持僧名普勤，信凡千馀言，无一通语，兼寄陈程初、易笏山、庄心庵及不知名者数信，不知其为何人，以意揣之，大率江西游僧悟元所为也。

二十日。接欧阳芰初、任霁堂、吴少陔、毛荇荪及子瀞信。亦复吴少陔及为萧兰村致段豸山一信。欧阳介人、曾介石、曾君融、胡其祥、胡炳轩、陈镇藩过谈。晚邀王彤轩、赵伯蓉、刘仁甫、杜仲丹、刘辅卿、何仪卿；本为易兰生当约一饭，而以病辞，因约及诸人。

廿一日。接周桂伍、巢子城、王益吾、李伯强、刘若华各信。亦为欧阳伯元致沅浦宫保一信，并复欧阳芰初信；两件均交欧阳价人递寄武穴，因致价人一信。桂伍复谢致唁一信，由夏清回家之便带到，桂伍误以为专使也。

廿二日。立秋。上午阴凉，雨意甚重，过午晴。接欧阳介人信。赴吊柏斯台之母、刘达泉之兄。便拜但少村、陈葆初、刘仁甫、王桐轩、邓仲韩、王雁峰、周荔樵、曾介石、曾君融、唐兰生。兼为熊鹤村贺其九十生辰。见沈梅荪联云：直与古桐同不老，从来仙鹤本长年。始知鹤村曾馆沈梅生尊人小梅陕西盐茶道幕，庭有古槐，云系唐时物也。胡其祥、欧阳介人、邵燮廷、易耀坤、易赞廷过谈。慰农又偕诸从西生、恺卿、顺卿过谈。是夕大雨。

廿三日。致王益吾、黄小鲁二信。严升自祁阳归，述及耿莘野之为人，真所谓刻薄寡恩者。末流之世，只有此等人才，无如何也。以久患伤风，颔下及鼻旁各生一恶（毒）〔疮〕，不能不谢客。

廿四日。接王益吾、周荔樵、董春元、蒋颂臣名达顺，甘肃知州，现在黄右富镇军处各信。以下颔及鼻疮痛苦不可耐，邀李冶凡、杨毓吾同主一方，盖牵连及两眼昏痛，头顶、太阳尤沉闷不堪，老年患此，恐非佳兆。

廿五日。为何仪卿、胡心畬致李筱荃制军一信。亦致刘绍臣、赵朗园二信。接徐芷沅信，知达珊已于初二日抵家矣。李冶帆、孙恕堂、吴湛卿、吴舫臣、李海涛、杨毓吾为予治鼻疮，各开一方，仍依李海（寿）〔涛〕治法。子瀞三次致书言之，非此，又为李冶帆所误矣。下午雨。

廿六日。接宋子麟、蒋颂臣、吴湛清、黄涤凡、龙琴堂、陈伯严及玉舲、子瀞各信。又复陈伯严一信。以病谢客。蔡竹泉及咏民、子宽过谈。张耀南来视疾。

廿七日。接曾挚民、周石泉同丰仁、朱幼炳、吴清泉、黄涤凡、郭黼卿及子瀞信。周石泉信为易裕亭求事。李海涛、黄涤凡、熊春堂过谈。子瀞、鹤九亦次第至。

廿八日。中午雨。自廿三日谢病延医施治，知此毒来势甚深，然不甚以为意也，乃甫施治而所患增剧，自是张耀南、李海涛次第延请，用箍药箍至三日，而满鼻肿痛坚硬，牵至明堂、两太阳及头顶均至昏痛沉闷。适郭子美家语及四川赵成章以西藏为人疗疾，常奏奇效，因令郭黼卿往问之：疮症作痛，可用法力降服否？赵成章即偕郭黼卿来省，言此肺风疽，非飞疔也，两日可以疗治，不必施治。即夕为治没药八包，敷药一碗，言三服即可消肿止痛，其馀五服，专取收功而已。心甚疑之，而闻其法术神奇，言此症亦极明爽，廿七日即令调药敷贴。兼属不动膏药。渠稍视之，即先将膏药揭去，而后敷药。是夕痛楚非常，犹谓或可收摄毒气也，次早则满面红肿，比前增剧矣。李海涛见之，遂辞不肯施治，勉强邀至，稍换膏药，仍告辞而去。坐是三日未能起坐。似此疮非鄙人所应有，恐有孽缘，而赵成章为发其毒而散使四溢，则真孽障之所从生矣。

廿九日。中午微雨。城隍祠僧来止来视，自言能知外科，守候一日，为贴膏药，意极殷勤，而未敢深信之，所开药方及言施治各法，均不敢照行。已三夜不能安寝。三十年前，术者推吾数当得七十二。乙酉避地樗植堂，有老医年八十，能断人寿数，亦云可七十二。吾尝用此为惧。去岁大病，自揣尚无死法。今此之痛，意外横生，使人不及防，其沉重远过昨年矣。枕上成三短句云：七十二龄吾数定，支持岁月要工夫。何图墁鼻需人凿，凿破乾坤一窍无。　入山采药一枯藤，来止禅师妙擅能。露地水牛因果在，去来吾亦打包僧。　抛撇诸雏事远游顺孙北行，屡函速归，不从，近闻已至金陵矣，人心各自有春秋。膝前两稚零仃甚，地下知吾瞑目不？

三十日。接周荔樵、罗顺循、言舫丞、萧子远及笙生、子瀞外〔各〕信，多前两日收到，以吾未能起坐，致未送阅。又接顺生金陵一信。早闻邱能谦之名，而不知其住处，昨左巨云告言住轩辕殿巷，急遣人邀之。渠亦以为鼻疽非疔，与赵成章之言略同，心颇惮焉。其视之亦稍易，则尚不知鄙人此疾之深也。贴膏药若作恶剧，亦与赵成章①。勉强起书三日日记，兼复巢子城一信，为玉舲将前信寄还，只好由皇城堤高升栈转递也。

七月

七月初一日己巳。接王益吾、朱幼炳二信，因为幼炳致玉舲一信。又致陈程初信，并将悟元所致程初及庄心庵、易笏山各信交之。邱能（履）〔谦〕、熊书堂及子瀞并来视疾、其馀诸客，概从谢免。

初二日。接李华卿信。邱能谦、蔡竹泉来视疾。子瀞告言：贺子博谓曾劼刚家属所以不能遽归者，以存洋行银五十万，洋例身后资产当有遗嘱，无遗嘱者国家收入之，劼侯无遗嘱，例应由其国家收入也。子博此论甚确，然聂仲芳、刘康侯在沪，必能设法理处，独惜劫侯身后有此波折，不能无累于其声名耳。

初三日。邱能谦、周晋阶来视疾。慰霖、杏农、易铁樵并至。炎儿前日患伤风，咏民、毓吾各以表剂投之，势转剧。朔日，来止就诊其脉，曰此寒毛疔也，急擦之，则表散矣。乃以针挑之，凡数十挑，神气顿爽。其母今日来告言。吾谓：非来止，再逾一二日必无及矣，即以为观世音菩萨降临可也。

初四日。致王益吾信。亦接玉舲信。邱能谦来视疾。来止过谈，言脉理尚为有见，较胜时医也。

初五日。接夏彝恂、周丽松、王益吾及子瀞各信。益吾并以李佐周信见商，因复益吾、子瀞，并致兴贤堂董事刘砺吾信，由

①此处有脱文。

子瀞转递。邱能谦、熊书堂均来视疾。

初六日。接曾沅浦宫太保、曾霖生、周荔樵、王益吾、危鹤乔、刘礼臣、王萝泉各信。亦复周荔樵信。邱能谦及来止来相疾。胡其祥及炳文、子宽过谈。

初七日。接胡其祥信。亦致李佐周、危鹤乔、刘礼臣及子瀞信。又接左巨云信，报杨厚庵宫保物故之信。邱能谦来视疾。

初八日。致曾沅浦宫太保及湛范仙、周定轩、彭毓青、郑少侨信。亦接李佐周、张秉乾、李麓渔及鹤九信。沅浦宫太保信交胡其祥转交胡炳轩带投。胡其祥、盛展奇、蔡竹泉过谈。邱能谦来视疾。焦翊周名奉璋、熊玉生名藻自县至。

初九日。大雨。接江雨时信。邱能谦来视疾。子瀞过谈，言李佐周所刻《说文逸字辨证》仍应由讲舍典受，盖王益吾原议也。

初十日。接左佩勋信。亦致王益吾信。荇农、寅伯来谈久坐。寅伯以傅竹湘、范清华事，颇极意为之经营，而饶石顽方极力为之搪抵，则诸所言必皆不足恃也。人心变幻不可测量，士大夫又多持意气，不一以理自处，此世事之最可慨者也。是夕诣养知书屋奉接祖先。一息尚存，仍须勉强支拄，躬自料理。惟满面膏药，不能行礼，命炎儿代之。

十一日。接王益吾、王壬秋、李佐周各信。亦复王壬秋一信。邱能谦来视疾。炳文亦过谈，知县城考试事故繁多，极费调处。晚次黄小鲁过谈。

十二日。接周定轩、刘若华信。亦复吴松岩，及致危鹤乔、刘礼臣信。周定轩、湛范仙、彭育青、曾介石、曾君融过谈。是日玉池别墅接祖荐新，率家人行礼。适会胡其祥、蔡竹泉见过，便留酌，合易铁桥、杨毓吾、萧南村、陈右之、李秉臣、唐介生江及多孙，共十人。

十三日。致翁筱山、郑子惠、李华卿及复子湝信。养知书屋荐新，率家人行礼，因邀龚果斋、吴智川及荇农、复初、润民小酌。

十四日。接王益吾、喻庶三信。洗雪耕、子瀞先后过谈。邱能谦来视疾。旋接子瀞信，知为徐子卿、蔡孟箴处置江雨时事，粗有端倪。人心风俗颓敝久矣，倡言滋事，君子固当慎之。

十五日。致王益吾、任筱棠、周定轩各信。亦接黄小鲁信。子瀞、寅伯来谈。寅伯专述王韵生铺张之言，吾实不乐闻也。是日为湘阴院试之期，子瀞前往送考，云各家滋事者均尚安静无他，亦由子瀞昨日文正祠集议之力也。炎儿出场，询知文题则苗浡然，次片言可以折狱者一章，诗题金釭衔壁得釭字。是夕烧包送祖，躬诣料量，以检包头昏，几至蹉跌，凡两次，遂不复敢拳身，亦见其衰矣。

十六日。接王益吾、任筱棠、欧阳稷初各信。亦复王益吾信。邱能谦来视疾。何伯元六十生辰，其诸子具柬者八名：维朴诗荪最长；三维棣棠生，任长沙学；二曰搢，以次曰棨，曰櫄，曰榦，曰植，曰杰，皆不知其号。以太夫人忌辰，诣养知书屋上供。增之呈示试文，清空一气，于应试为宜，因语荇农：生平不乐与人争进取，其教子弟亦然，所以为增之营取县案首，原别具有深意，亦不欲使炎儿与争进取也。由今思之，增之不得案首而进学自有馀，炎儿非此恐难冀幸其有得也。

十七日。雨。自先夕大雨倾盆，竟夜不少停，至日午微小，而终日淋漓，使人心悸。接徐云渠、黄滋圃二信。徐云渠传示谭文卿劝输顺天赈捐公缄，当以一缄复之。箴士过谈。

十八日。致志仲鲁、钱西眉、延锡侯兄弟、任雨田各信，并托文兰舫带京。兼致文兰舫一信。子瀞过谈。

十九日。接潘小农、胡道生、朱幼炳及玉舲各信。易玉峰自营田至。文应麟及炳文过谈。潘小农信托为刘幻吾说项。

二十日。接张叔平、段豸山、王桐轩及子滸信。谭文卿、胡其祥、黄次圭及慰农、润生过谈。邱能谦来视疾。张叔平信由申荫唐带到，亦候补班也，并录示新著《黄花井》诗。是日子滸为张雨珊作生日，令多孙诣陪。

廿一日。接周介封、江雨时、王益吾信。亦复王益吾及玉舲信。又复段豸山信。胡其祥、易铁樵过谈。

廿二日。接李玖余信。彭育青、左佩勋及觐堂过谈。以复段豸山信，语及前二都事，深恐其言未足凭信，特约彭育青一详询之。始杨源丰货店为杨老镛之子杨树吾所开设，以铺张过甚，远近争赴之，未及一月，亏耗已逾千金。四乡强丐亦闻而踵至，屯聚至数十人，团总彭丙阳即育青弟，局绅周镜溪、黄晓村、吴海臣至为之集团商议巡防之法。未几，杨（丰源）〔源丰〕竟出一窃案，计赃百馀千，初诬保正周振声，继诬彭达元、任见中，扰累地方不小。房东任恭田借势作威，尤为无理。不能不一详告之。

廿三日。接龙禹门、邓葆之、唐曦丞、焦翊舟、易梅臣、易桂生、吴智川各信。亦复高篙渔、史晓清及玉舲信。曾履初、易玉峰、文应琳、萧文斋及寅伯过谈。是夜四鼓始发湘阴挑案，炎儿与增之及左谦之并列挑案。

廿四日。接王益吾信。亦致龚蔼人、刘采九、王益吾及玉舲信。胡其祥、易玉峰并来取寄县信，以炳文即时开行，即以交之。是日挑复善化、湘阴二县。五鼓发案，即于是日挑复。并数夜候案，未能安睡，其不近人情处与张香涛同，良亦衰世之人才也。

廿五日。接王壬秋信。亦致何相山、王壬秋及达珊信。何相山信为江晓村、黄次圭求差事。易铁樵与其宗人易梅臣、易桂生相构，稍为理处之，因属易泮芹邀集易雨宜、易抑轩来一会，〔抑〕轩竟不至。是日顺孙自江南归，所坐江安轮船也。周冕卿、李质堂、刘瑞云枉顾，以方谢客，未敢延见。

廿六日。接瞿子玖信。亦致耿苹野、王益吾〔信〕。又接易桂生信，始知雨宜、逸轩之不至，以耀坤谋从中渔利，二人不敢承领。至今始知易铁樵处事之不当。以公行之，但须审量人之能受与否，以求相安；以私意行之，而务为陵藉，可乎？瞿子玖信由朱菊生带到，兼馈大饼、皮杏仁二事。

廿七日。接谭敬甫、王梦虎、寻聘臣名世珍，江苏候补府、龙镜河、虞朝佐、易镜澄，署湘阴典史、觐堂、玉舲各信。先夕五鼓发案，炎儿、增之皆幸入学；慰霖挑取，未附学也；左谦之亦幸入学；此外蒋幼怀光濬、范芰沅、周子安、江雨时四人之子及关树勋，皆属相知，所属望者。刘子元、周荔樵、龚果斋、李祜覃及绍羲过谈。

廿八日。接曾沅浦、周渭臣、陈右铭、张寿荃、王益吾、王壬秋、熊鹤村、易铁樵、易桂生各信。亦致王益吾、王壬秋、熊鹤村、陈伯严、易雨宜、易逸仙各信。张寿荃信为吴宝田芸事，属为之转旋，其事亦颇奇离，然非所能为力也。任筱棠、杨商农、李佐周、易铁樵过谈。

廿九日。接江质甫信。王益吾来谈。又接陈程初信，以顺天赈捐分别寄信各处，以陈隽臣信委之鄙人，兼劝蒋小吾、魏召庭诸人。

八月

八月初一日戊戌。接曾沅浦宫保、王益吾、陈伯严、王壬秋、段豸山、蒋秋泉申甫先生之弟、杨汝襄、杨熙春、易梅臣、易桂生、李秉臣各信。亦复王壬秋、陈伯严、李秉臣信。是日为十二县新进生员复试之期，润民早至为送考。子瀞见过久谈，并示所著《庄子集释》、《说文经字正谊》二种。

初二日。接王益吾、张雨珊、刘海涛及子瀞各信。亦致陈隽臣、王益吾信。朱雨田、俞鹤皋、李筱屏、裴隽臣、蔡蓉生、蔡竹泉、吴智川、吴宝田、易雨初、易玉之、易耀琨、易梅臣、易翰臣枉谈。易铁樵亦至。稍为易桂生筹定一切。竟日酬应，疲惫至不可支。致陈隽臣信，为顺天赈务公派书致隽臣，兼托劝之蒋小吾、魏邵堂、魏荫庭诸君。

初三日。复段豸山信及致玉舲、润生信。亦接胡其祥及润生信。是日为新生谒圣之期，炎儿次第赴三宅叩谒祖先，兼以灶君诞辰，率两宅家人行礼，便照料炎儿各事。陶少云率其孙存之枉见。左千之、周书林及增之来见。

初四日。接梁兰溪、左佩勋连来二信、凌问樵、刘仁甫、焦听春各信。梁兰溪名伯阶，安化贡生，以书求为六十寿文。刘仁甫名朝阳，石门县知县，赴龙山提案，虑与保靖对调，属为之陈说。不知官场调委，非士绅所能与闻也。又接钟佐廷、顾春山二信。是日邀各县新进生之涉亲戚者八人小酌：黄树瑚、关复生、凌寿松问樵之子、胡定丞少芝之子、陶伯成少云之孙、曹君融、左谦之及增之，令炎儿作陪。

初五日。接冒小山、巢子城、周昌辅、黄涤凡、张鹤臣、蒋幼怀信。亦致胡少芝、蒋幼怀及子瀞信。旋得子瀞回信，可谓能决。又接杨籽云、易雨初、易桂生各信。是夕治馔款荇农，为本年西席也。兼邀闵新吾、萧文斋、文应琳及复初、润民小酌。是日以芹酌具柬者五人：宋盛焜、徐舒乐、王宗旦、钟理赓、许开运。许家饶裕，称谓颇简，以四百了之；惟黄桂昌以亲谊加送二千。

初六日。接朱禹田、周小田、王辰丽一号稚清及佩珊〔信〕。亦复朱禹田及佩珊信。并致寅伯信，属与李子韶为炎儿圆媒。陈伯严、易桂生、周五楼过谈。

初七日。阴，风。接王桐轩、梅子宣、李筱屏及觐堂、寅伯、西庚及浙人沈敏信。亦致彭荔樵、朱次江、周荔樵、张雨珊及苻农及王辰丽各信。终日倥偬，料检一二小事，而已不胜其惫。老病颓唐，自伤而已。

初八日。接张雨珊、刘瑞（堂）〔云〕、王梦虎改号孟顺、周荔樵各信。亦致段豸山、刘瑞云及炳文信。钱子宣、左巨云、易华生过谈。子瀞至久谈。

初九日。接倪钦堂、俞鹤皋、左谦之及玉舲（谦之）各信。亦致俞鹤皋信。以张南浦中丞初十日巡阅各营，思与一谈，先遣人通报，以忌辰辞，遂不复出。稍有关于大局，多见阻滞，末流之气运固然也。

初十日。接郑胜庵宁乡县、吴少陔、易岳青信。亦致江质甫、郑胜庵、吴少陔信。邱能谦来视疾。数日以芹酌具柬者，曰易飞翘，曰任祖岱，曰刘锡瑛，曰左昭经，曰陈森甲陈树藩之兄，已先期回县，曰杨希震。左昭经以府案首入学，闻其家饶裕，所费至六七百金，不宜营此小利，故未送。刘善涵，浏阳新进生，亦援湘阴例具柬加送二千。周长清情分又稍异，送致二圆。杨希震亦许开运之比。

十一日。接龚月浦、张芝岑信。亦致张芝岑信。张芝岑旋过谈。本约张芝岑——与其庶母刘以田事争论，互相投诉，可邀集平议之，而其庶母已赴乡，芝岑孑身至此，无可处断。达珊自乡来，与子瀞偕至久谈。

十二日。接陈舫仙、周晓丹、张南陔、王吉来、张芝岑及子瀞信。丁次谷、甘雨时、张芝岑及达珊及离欲过谈。张南陔、周晓丹信由达珊带到。晚邀丁次谷、钱子宣、任晓棠、刘瑞南、张雨珊、朱菊生及达珊、子瀞。达珊辞不至；菊生回丝茅冲，约傍晚入城，亦久候不至也。

十三日。致王吉来信。亦接饶岱霞、王益吾、翁小山、梁少穆、李友兰、言湛甫各信。子瀞邀陪陶少云、陈淀生、王益吾、李佐周、傅竹湘、易兰生小酌，以病尚未全愈，不能多食，略一陪谈而已。

十四日。接王益吾、吴智川、王吉来及槃希、玉舲、经生、丙文、润生各信。润生以其弟艾生完婚，向我想方。亦复王益吾及玉舲信。以十千资艾生姻费而已。

十五日。中秋节。率两宅家人叩谒祖先。早就养知书屋邀同易铁樵、陈右之、邵燮廷、周赞廷、江兆骞及英儿、多孙、顺孙。炎儿以客多，陪食其母。蔡竹泉、李凯山、易华生及寅伯均以贺节小坐。往约达珊，已于辰刻回乡。晚就玉池别墅添邀龚月浦、刘若华、夏香泉并萧兰村，共坐九人。江兆骞、周吉生，令陪炎儿同至东山草堂会饮。

十六日。命炎儿与增之及胡定丞往见学使张燮钧。王哲辅名以宣，钱塘人，湖南候补县、吴湛清、李子韶、蔡竹泉、蔡蓉仙、唐梓峰来见。唐梓峰新设同仁普济医药局，而陈新吾为之管理文案。

十七日。接王益吾、丁子俊二信。亦致王益吾、陈淀生及子瀞信。丁子俊名良禄以广东盐大使需次三十年，住光塔街，其信由其族兄丁汉卿自粤带来，并馈锡蒸盆及小隋碑石拓。邱能谦来视疾。

十八日。接刘彦臣、潘小农、唐蓬洲、刘牧村、於桐轩、秋新侯、彭晴峰、蒋秋泉、黎树堂、杨显臣、刘采九、罗赞卿、危笙陔、萧叔衡、王益吾各信。亦致王益吾一信。

十九日。熊鹤村、刘若华来谈。炳文亦自县至，意求一见。钱子宣、夏香泉来告言：张子健时就离欲讹诈，离欲老实，未与校也。来因接掌院事，乃致之长沙县署。张子健之不道，亦云至矣，吾一切不与过问也。

二十日。大风，寒。接陈展堂、董厚斋、赵朗园、刘子祥、刘海珊、陈淀生、吴智川、梅子宣、王益吾及子瀞各信。亦致王益吾及子瀞信。邱能谦来视疾。邵燮廷、张卓斋及炳文、寅伯过谈。是日陈右之、杨毓吾同赴乡相度地事。

廿一日。接史晓清、龚月浦、吴智川信。亦致王益吾、龚月浦及佩珊、子瀞、寅伯信。吴湛清、李芋生、曹逸吾、王子云及来止过谈。

廿二日。致史晓清信。又为史晓清致曾沅浦信；为罗叔循为〔致〕杨梅生信；为吴智川致杨显臣信，由吴爱吾求为其次子芝轩说项也。亦接周荔樵、黄柚生二信。又致周荔樵、钱子宣、王益吾三信。致荔樵信以冯树堂遗诗五册交之。致子宣信即交炳文带往。

廿三日。接段豸山、潘椒坡、耿苹野、周卓群、王益吾及子瀞各信。亦致王益吾一信。张禹珊过谈。

廿四日。接易玉芝、吴智川信并馈画。亦复王益吾，并致张雨山信。炎儿十八日往衡山县进香南岳庙，度往返当在十日外，上午已回，则两日抵衡山，进香后即步至上封寺，回宿丹霞寺，廿一日回至衡山，又两日抵省，仅得六日，可谓神速矣。是日为先光禄公寿辰，诣养知书屋率家人上供。刘砺吾、盛展奇、蔡竹泉及寅伯过谈。

廿五日。接张雨珊、俞班甫、易铁樵信。又接曾沅浦宫太保信。是日以陈氏元姑许嫁王润生，属寅伯原媒，以是日订庚兼过礼，纷扰竟日。自移居省城，凡五为人嫁女：一、易燮臣之女嫁张氏，一、陈郁文之女嫁罗氏，一、槃希之女嫁罗氏，一、作恭之女嫁罗氏，并与遣嫁两女同。此次以陈女来省，偶为媒说，其家竟无力遣嫁，王润生又一意铺张，不能不为承办，而一切烦费，又无如此次之甚者矣。

廿六日。接周幼云寿藩，周芝窗之次子、易牧吾、徐国来、戴惠亭善化学、蔡兰生各信。有具禀求助者名超彬，号云阶，湘阴秀才，送信者曰姓周，以钱二千馈之。

廿七日。接於桐轩、黄石珊、俞名文莱广东知县，俞同甫之世兄、罗树泉、萧子远各信。亦致王益吾信。寅伯来谈久坐。顾寿荪、李凯山枉谈。

廿八日。接黄次圭、耿苹野信。耿苹野〔信〕由齐小安带到。顺孙意主定婚李质堂之女，以邓双坡诸子多浮薄，不欲就之。只能听其意向。唐鲁英曾为汪晋卿之女作伐，尚拟一问之。陈右之、杨佑吾自乡归，言于下荫段朱家屋场后得一吉穴，足为一喜。

廿九日。接郑子惠、刘星柏保靖县，名榆生、丁百川、单子善名家荣各信。亦致陈程初信。随接陈程初、王益吾、张超堂三信。是日回拜张燮钧、何相山、沈眉荪、吕燮堂、绍实庵、赵载庵、孙彦丞、沈梦兰、丁次谷、但少村、洗雪耕、黄小鲁、任筱棠、蒋幼怀、李质堂、陈程初、陈淀生、唐鲁英、唐梾畡、唐兰生、杨子端、李黼堂、李稚琴、李幼枚、傅竹湘、欧阳静山、童子诚、黎小楼、李芋生、黄铭山、春书云、俞鹤皋、熊鹤村。在官惟沈梦兰陪祀曾文正祠不及见，馀皆晤谈。

三十日。接郭杏生、周子安及佩珊信。回拜周肖轩、周蝶园、钱子宣、顾少庚、齐筱安、谭文卿、周笠西、王益吾、陶少云、刘瑞云、张禹珊、何伯元、王莼农、左子异、陈芋生、王雁峰、周荔樵、杨商农、王吉来、李佐周、陈璞山、胡少芝、易兰生、黄子襄、黄子赞、黄望之、李叔和、王菊生。何伯元以其次子何竹荪名维搢以知县候补福建，属致书刘景韩（伯方）〔方伯〕，因就见何竹荪一谈。

九月

九月初一日戊辰。接欧阳芰初、萧叔衡、周聘农、焦莩庄、崧芍庭信。是日致祭定王台及思贤讲舍致祭王船山先生，前诣行礼，即留讲舍早饭。便[1]丁次谷、龙禹门、顾寿荪、杜仲丹、龙琴堂、徐云渠、张芝生、焦莩庄。定王台晤徐云渠、王雁峰、康云衢、潘子珍、陈德生、周笠西、陈璞山诸君。讲舍同席者：王益吾、熊鹤村、陈程初、陶少云、张禹珊及子瀞共七人；李佐周仅一到，以事未留酌。陈矩生、张卓斋、李凯山过谈。瓦雀塘佃人陈在田承佃已二十年，李秉臣改佃与罗上华，前后两佃相持，特传集两人一喻之，仍属杨毓吾理处。

初二日。接王益吾、陈在田信。顺孙议婚李质堂之女，议初三过庚，似太涉匆遽，因以一书谕之。是日为陈氏内侄女议婚王菊生，为之送奁妆，俗所谓铺房也。蒋树人过谈。

初三日。接王益吾、曹云祥、陈雨初、张芝岑、周云阶各信。是日遣嫁内侄女归王菊生，随往王菊生处致贺，并贺其兄王同叔现奉署佛冈同知。并回拜张海帆、何绍仙、蒋树人诸处。王益吾

---

[1]以下疑有脱文。

送到公贺名帖，竟有二十人之多，经手为王益吾、陈淀生二人；王雁峰楷、何伯元庆涵、周瀛樵声澍、俞鹤皋锡爵、李质堂朝斌、汪晋卿概、陈程初海鹏、李芋生钠、唐鲁英启瑞、李稚琴榛、李幼枚辅耀、左子异孝同、傅竹湘屺孙、易兰生润芝、张雨珊祖同、黎小楼玉屏、王菊生光泰，其一人为刘省卿本鉴，则竟不相知名也。系刘果敏世兄，亦旧识。所公贺者六人：谭文卿、陶少云、王莼农、胡少芝及吾与子瀞。与三月贺寿同者：李质堂、俞鹤皋、张雨珊、唐鲁英、李赤琴、傅竹湘、左子异、陈程初、黎小楼、王益吾、陈淀生十一人。初七日又添入丁次谷、李芋生二人。谭文卿、陶少云、王莼农三人则此次公贺之宾也。上次所无者：何伯元、周瀛樵、李芋生、李幼枚、易兰生、王菊生、王雁峰、汪晋卿及刘君九人。上次如陈舫仙、陈展堂、黄芍岩皆不在省，此外则杨蓬海、王壬秋、唐兰生、左泉生、杨商农、聂伯元六人未入此次公分。

初四日。雨。接熊鹤村信。杨商农、冯实丞、萧闻生、刘若华、易裕亭、文应琳过谈。晚次童子诚枉过久谈。

初五日。阴，寒。接陈星田湘潭县调兰山县信。晚邀欧阳静山、杨子端、李芋生、易兰生及子瀞小酌。

初六日。接王益吾、陈淀生信。彭丽斋过谈。诣周桂坞谈。便赴淀生、益吾公局，以谭文卿、陶少云之孙入学籍，吾子与王莼农、胡少芝及子瀞〔之子〕均入学籍，诸君相与为贺。胡少芝不至，主人亦多以事不至，至者李质堂、陈程初、汪晋卿、陈淀生、李赤琴、傅竹湘、王菊生、张雨珊、唐鲁英、王雁峰、李芋生并王益吾十二人。其十一人皆不至。

初七日。三月祝寿公分吾不敢承。转致陈淀生为寿，因约就王益吾家会饮，淀生又不任受，即就养知书屋为之，到者谭文卿、李质堂、丁次谷、陈程初、陶少云、左泉山、陈淀生、李芋生、张雨珊、李佐周、李稚琴、杨商农、王益吾、唐鲁英、王莼农、陈子敬舫仙世兄、傅竹湘十七人，未至者七人，以原单二十三人，又添入丁次谷一人也。

初八日。致王益吾、熊鹤村及子瀞信。亦接子瀞、玉舲二信。是日陈氏内侄女与王菊生行回门礼，约寅伯来此一陪。

初九日。接凌问樵、段豸山、周云阶住走马楼周顺兴衣店及槃希各信。又接王益吾、何伯元信。亦复王益吾、段豸山、彭晴峰现代理刘牧村桂阳县缺、易玉庭、李华卿各信。亦复王益吾、段豸山及玉舲信。是日以两局公宴，当往致谢，凡诣谭云觐、王雁峰、何伯元、李质堂、陈程初、黄芍岩、周瀛樵、汪晋卿、俞鹤皋、杨蓬海、丁次谷、陶少云、陈荫臣陈展堂世兄、陈子敬陈舫仙世兄、左泉山、左子异、傅竹湘、李芋生、唐鲁英、唐兰生、李稚琴、李幼枚、张禹珊、杨商农、李佐周、黎小楼、易兰生、刘省卿、聂伯元、陈淀生、王益吾、王莼农、王壬秋、王菊生三十四人。并回拜林少香、邓复心、陈朴生。是日杨石泉、陶少云、李仲云夫人生日，兼往致祝。彭丽斋、李恺山及希初过谈。彭丽斋为咸丰泰事，邀同李利和来见。询知咸丰泰为薛小阶、谈宝林两人夥开，其管事文楚田，与徐寿鼎相与为无赖，诪张百变。长沙人心斲丧久矣，见文楚田，始悟此辈强足以为暴，辨足以乱真，使人畏悸，忧其遂以召劫致乱也。王益吾谋刻朱右曾《春秋左传解谊》，属其门人范荔泉本礼觅其稿本，范君以属周莪卿孝廉保璋求之，其书为朱公裔孙栋甫茂才所藏，言欲自持此书来湘谋一馆，吾谓不如寄与三十金，令抄一份寄湘为妥。

初十日。接姜昆山、黄芷阶、胡其祥、姜晓村信。亦致李佐周信。刘省钦、黄剑农、彭丽斋、李汉湘、文楚田、蔡志衡、蔡浩楼、蔡竹泉过谈。赴王莼农之召，同席谭云觐、黎小楼、李省堂、罗密垣，凡四席，所识惟成静斋、吴翔冈、杨商农、张雨珊、刘省钦、陈淀生数人而已。以凤姨十一日生辰，傍晚即回六堆口，与易铁樵、陈右之、杨佑吾、张卓斋诸人小酌。

十一日。接李佐周信。以凤姨生辰，家客及亲友枉贺者三席。仍赴杨子端之召，同席谭文卿、陈程初、王益吾、陶少云、张雨珊、李稚琴、陈淀生、傅竹湘、唐鲁英、刘省钦、黎小楼、左泉山及子瀞共十三人。周荔樵、杨佑吾及寅伯等又为凤姨作生日，中席而归。

十二日。接王壬秋信。诣朱次江吊其尊人朱香荪。潘碧泉、萧叔衡陪吊。随赴王莼农等公分，凡三席：谭文翁、李质常、陈程初、陶少云、陈淀生、张雨珊、王益吾、李稚琴、刘省钦、黄望之、陈子敬、左泉山、陈志丞及子瀞。言舫丞为子娶妇，欲一趋贺，以道远不能往。

十三日。阴。致刘景韩、何伯元、王壬秋三信。景韩信为何伯元托为其子竹荪大令一加照拂，凡六七日之久，竟不暇及之，精力衰惫，亦略可想。

十四日。致段豸山及玉舲信。兼以段豸山尊人锦谷通守生辰，致寄寿幛，交孙树堂带县。诣陈伯严谈。周肖轩、吴湛清、彭溧桥过谈。随赴陶少云之召，盖陈淀生、陈程初所集公分，同席谭云觐、李质堂、陈程初、陈淀生、张雨珊、王莼农、傅竹湘、王益吾及子瀞，共会饮十一人。

十五日。致陈淀生信。亦接陈淀生信。是日为黄望之祖母生辰，前往致祝。与陈德生、徐敬轩、陶少云、周次峰同席。便回拜丁次谷、葛燕江、黄次圭、王绍棠、何绍仙、秋星侯、李翰卿名蔚文，新到候补县、张燮钧学使、龙禹门、陈淀生、言舫丞、张源芋。

十六日。接熊荨庄、毛廉卿、黄芷阶〔信〕。亦致王益吾一信。丁次谷过谈。随赴黄望之之召，同席谭文卿、陈程初、陶少云、陈淀生、张雨珊、周荔樵、陈德生、唐鲁英、陈子敬，主人则黄子襄、黄望之、黄沅生，馀客多不相识。

十七日。数日阴无雨。接段豸山、胡其祥、毛荇荪、梅子宣及玉舲、莕农各信。又接张鹤村、刘若华、裴隽臣三信。张海帆邀同谭云觐、陈程初、林少梅、张雨珊午酌。

十八日。致黄芷阶、胡其祥、张陛臣、毛荇荪及玉舲信。亦接龚月浦信。蒋松甫、李芋生过谈。遣邵燮廷赴青山铺经营易公仙杨姓山地。黄芷阶为黄景山镇军吴淞镇求县志，因以一部寄之。晚次王菊生过谈。

十九日。接刘屏藩名怀德，湘阴人，福建候补县，现办台湾旗后税厘局、周砺松、杨汝襄、杨熙春、危笙陔各信。周桂伍、盛展奇、邱能谦过谈。晚次，彭丽斋、李利和来，述沈梦兰情状，皆徐寿鼎以势力御使之。使人骇怪。

二十日。致王益吾信。连接王益吾两信，即转饬王福传示吕生汉祚。子瀞告知自乡回家。蔡竹泉、王子云来见。

廿一日。诣陶少云及笙陔叔二处谈。陶少云次子懋谦兵部主事以少云生辰，假归祝寿，至天津病，其弟履谦内翰赶至天津，劝之还京，不可，至上海，病益笃，勉强乘轮南行，至芜湖遇贺少章孝廉溯，其邑人也，护之行，逾日卒于舟次，贺少章为之装病，用棉被护之至汉口，用包杠杂诸货物上趸船，始行棺敛，以西洋轮船之例，有死者即弃之江中也，微贺君则竟不能回乡矣。少云言之怃然。并晤杜蓉湖。是日盛展奇、蔡竹泉及虚堂过谈。荇农亦自县至。

廿二日。接黄芷阶、易铁樵及席珊信。席珊、铁樵均为江又村事，聒聒言之。子瀞过谈。黄望之以公局祝其母寿，仍邀会饮：

谭文卿、王益吾、陈淀生、陈程初、李质堂、唐鲁英、张雨珊、傅竹湘、王壬秋、陈寿及子瀞，合十二人。主人则黄子襄及黄望之、黄松甫、黄翼之，盖望之胞兄弟三人也。

廿三日。接裴樾岑、杨子介、李佐周三信。亦复李佐周一信。江又村、黄笛帆、李久馀、蔡竹泉过谈。裴樾岑信荐其友人李希文茂才宗穆，兼托之何相山。杨子介荐其子道完茂才骧留，托荐之陈展堂。

廿四日。接许竹筠、张莼生信。亦致王益吾一信。许竹筠信病中接到亦不记何日，并有属书之件，搁置案头，致逾数月，英儿检出，阅之茫然。张雨珊过谈。随诣张雨珊、李佐周、王壬秋、杨芝仙、棣仙，以闻杨厚庵宫保灵榇日内可到，一往问之。张纯生信由严鼎臣带到鼎臣名禹门，臬司狱分府辰州。

廿五日。立冬。两月无雨，井源有枯竭者。乡间盼雨尤殷。廿二、廿四两夜火灾迭见，亦由久晴干燥之故。接熊鹤村、胡其祥、王益吾及子瀞各信。回拜颜仲斋名镡，候补通判，新到省、周蝶园、严少韩、顾少庚、顾寿孙、汤斐斋、刘子元、任筱棠、徐寿鹤、陈伯涛、易茂卿。随赴李质堂之召，同席陈程初、陈淀生、唐鲁英、王益吾、李稚琴、傅竹湘、黄望之及子瀞共十人。未到者：谭文卿以病，陶少云、张禹珊则皆有服制也。

廿六日。接黄月舫名荣本，龙山黄伯海、黄凤喈之从侄也、王益吾、龚月浦、张卓斋、周定轩、张芝岑及润生各信。邵燮廷自乡回，置就青山铺振家屋场，即陈右之绘图所谓易公仙者也。中人杨召卿同至。山主名杨桂先。此但中下地，价值未免过贵，然计数十年购地，浪费已多，近日尤多横出无谓之财，皆命运所值然也。绍实庵观察枉过，适赴易兰生之召，同席陈淀生、李芋生、谭朴吾、左子异及子瀞七人，肴馔均极精腆。

廿七日。雨。两月亢阳，得此一雨，亦稍慰人心。接曹润生信，并示其《涤心斋文集》，盖皆其在军营时文移缄牍之属也。所录稿本，凡两巨册。

廿八日。大风，寒。接王壬秋信。亦复王壬秋信。是日为顺孙订婚李质堂之女，以是日过礼并写庚，媒人为陈程初、蒋树人。写庚为周荔樵、曹逸斋。周荔樵久候不至，蒋树人并写庚。曹逸斋又携其侄曹瀛槎至，而皆不肯留饭。便回拜绍实庵、王哲辅名以宣、刘仁甫名朝阳，并为李质堂贺寿。

廿九日。晴。致李芋生信。亦接王益吾信。陈玉山、周定轩、左佩勋过谈。子瀞、子宽携带百岁老人周成友来见，由周保和与其孙怀仁送省，周氏谱载其生年乾隆五十六年辛亥八月，今年已满百也。

十月

十月初一日丁酉。接子瀞一信。亦寄达珊兄弟一信。李芋生、陈伯严、左佩勋、易弼臣、周砺吾过谈。

初二日。接黄石珊、杜仲丹、张芝岑及达珊、子瀞各信。亦致赵载庵、欧阳介人各信，赵载庵信为周昌辅、易弼臣、周砺吾馆事，欧阳介人信则以黄笛帆承修岳路赴潭劝捐，为戴峙昭所持，托介人为之维持也。是日趋谒张南浦中丞。晚邀周桂伍、黄子襄、陈朴生、杨蓬海、周荔樵及笙陔小酌。本邀李稚琴，恰值本日寿辰，不便邀之。巡捕李松林名洪斌，现左营守备呈示制钱事宜手折。

初三日。致张南浦中丞、周定轩信。亦接周定轩信。冼雪耕、易玉庭过谈。是夕赴李稚琴之召，同席谭云觐、陈程初、陈淀生、唐鲁英、王益吾、唐兰生、李芋生、傅竹湘、蒋树人、黄望之、杨愓甫杨子端之子。

初四日。为顺孙议婚李质堂之女，于是日致送奁目，俗谓之铺房也。周荔樵过谈。回（信）〔拜〕陈子惠，晤其尊人陈德生。接王益吾、周昌辅二信。

初五日。接裕蓉坪、耿苹野送入学礼，无信、彭佩之、彭理安、彭勤补、彭锦堂信彭刚直公四孙，求撰墓铭。徐寿鹤、黄季良黄用侯之四子、李九如、易玉亭、邵燮廷过谈。

初六日。致王益吾、龚月浦信。亦接舒叔俊、彭佩之、张宝臣、尚五林名岳樵，湘阴人，并送所绘山水四轴各信。以顺孙姻事，是日安床，下午至养知书屋。

初七日。复裕蓉坪、耿苹野二信。亦接陈右之一信。闻杨厚庵灵榇已抵省河，急往视之，则以花衣期内，不能入城，尚泊舟水鹭洲。便回拜吴鉴堂名澍霖，湖北人，由肇庆府调补永顺、钟杰寅名英，福建驻防，新放岳州府、龙禹田、丁次谷、汤斐斋、严鼎臣名禹门，候选佐杂、龚兰亭、余勋臣名虎恩，平江人，新安镇总兵、陈淀生。急思就杨芝仙一谈，尚须稍缓一二日。是夕邀请陈程初、蒋树人、曹逸斋、周荔樵，俗所谓陪媒也。曹抑斋言金陵电报至其新宅，曾宫保有初二日考终之信，闻之怃然，不能自适，未知究何如也。

初八日。接段豸山信。顺孙以是日续娶李质堂军门之女，陈程初、蒋树人为媒，送亲者李企农行四、李卜臣行五，浙江盐大使二人。吾不敢接见宾客，所见惟丁次谷、洗雪耕、谭文卿、王益吾、李芋生、周搢陔、杨商农、李佐周、陈子常。留饮者曾逸斋、周荔樵、王菊生、周五楼，馀皆家客及子侄辈也。

初九日。雨。致陈程初信。借船过水鹭洲。顺孙生辰，陪同杨佑吾、荇农等早膳。慰霖、子佩并留小酌。从陈程初借其炮船送水鹭洲，致吊杨厚庵宫保，偕子瀞同行。与杨芝仙久谈。便回拜何相山、沈梅荪、吕藕之、绍实庵、但少村、孙彦臣、丁次谷。还至东山草堂。刘仁甫、左泉山、郑茀臣、杨景皋、吴智川、周五楼——东厅已开席；西厅则胡其祥、邵夔廷、邱斐泉、郭庆生及家客数人。

初十日。接王益吾二信，又罗子昭一信。亦致王益吾一信。回拜谭云觐、王益吾、谢小庄、周肖轩、阮保之、陈伯严、杨商农、李佐周各处。是日邀请李质堂、陈程初、蒋树人晚酌。罗子昭信由其子庆生带到。

十一日。阴。诣曾文正公公祭，实为文正公八十寿辰也。左谦之得子，遣人报喜，留浩园会饮：熊鹤村、陈程初、王益吾、周荔樵、傅竹湘、李佐周、刘寿伯、黄望之及子瀞，会者十人。随回至别墅，料理赴湘潭。胡其祥、陈右之及兰生枉见。

十二日。致王益吾及玉舲信。亦接杨梅生、李召甫信。召甫之子玉泉名贵垣并其弟香树名人果均赴高沙道省，甚疑区区一馆未足供诸人之纷扰也。朱莼卿之弟艾卿太史投卷名益藩。孙树堂、李玉泉及笙陔叔及子瀞过谈。

十三日。雨。接余云涛信，为谭军门附祀事。亦缄致陈程初、余鹤皋、杨蓬海诸君，属子瀞转致。周桂伍过谈。自九月即议定偕炎儿及增之展墓（宁）〔湘〕潭，展转延至今日，又以先太夫人生辰，率家人上供，谓趁夜开行，可乘月色径至易俗河，甫起行李而雨作，涔涔不已，势不能不登舟，竟不及开行。罗镜帆来见，询知为罗春山之子，委署保靖县张家湾巡检，并于今日登舟。

十四日。晴。南风甚微，郁热已甚，而无北风，殆留以待阻我归帆也。日夕始抵昭山，泊舟鹞子岩，计行六十里。

十五日。晴，南风，郁热。四十五里抵易俗河，日将夕矣，以天晴月满，急雇舆赴丛木桥，夜行三十里，方初更时分也。罗贵罗桂亭春间赴广东，其父年八十，燃香进神，致将庄屋烧毁，五月至今，尚未检盖，其田又分种唐姓唐若云，甚费处理，询问罗贵留种一半，一子甫十馀岁，粗任耕作，然其勉强枝拄，亦可想矣。

十六日。早起至石灰冲，阅视所伤龙脉，真令人发指。佃人又为唐姓所持，并培修田塍亦禁不令取草皮。传保正杨光照、团总唐星海，皆外出。去岁包定石工及修墓之费，至今尚未兴工。罗贵已赴广东，无可追问。因重给洋银二圆，责令十九日兴工，并交代刘守德督催。启行至茶园铺，晤唐星海一谈，回舟日已夕矣。二鼓抵湘潭县，陈雨初送差未回，因往拜其幕友章香舲，语以石灰冲示禁存案，知罗东旸亦馆县署。随往拜杨梅生、杨笙吾，笙吾回家，仍未及见。是夕接龚月浦专送一信。因家人属购置物件，湾泊片时，县署致送酒席，杨梅生又派炮船护送，多添一番酬应，受累多矣。哨官谢仲清，名继勋，适仆人回船，已催令开行。是夕行三十里，至鹞子岩，以风过大，仍即停泊。杨梅生初以调船未至，派四人护送，力辞不获，已而船至，前派之四人，仆人竟不回明饬令消差。开行即转北风，炮船曳缆，四人撑篙，仅及卅里。

十七日。北风，阴，微凉。复龚月浦信，并致席沅生信，来足亦饬随船回省。护勇四人及炮船水手相与戛篙曳缆，冒风行，而北风愈发愈劲，日夕始抵平塘。又十里，泊舟枯石潭。是夕雨，满船皆漏，炎儿、增之及诸仆扰攘竟夕。

十八日。雨，风。杨梅生派一炮船及护勇四名，颇力辞之。开船两日，下水船无一行者，赖得护勇四名，又谢仲卿加派四人驾驶，冒风行二十里，未刻抵省。闻曾劼刚柩船已到，急登舟吊问，与吴渔川久谈。

十九日。接丁次谷、王益吾、胡浴生，又接龚月浦信，并赴湘潭后所收存，至是始及见之。又接倪钦堂、彭晴峰、易云畴、陈树藩及炳文各信。龚皵丞自县枉见。杨厚庵宫保灵榇以是日入城，一往行礼。吕爕堂、谭文卿、徐云渠、王雁峰、周笠西、李稚琴、李幼眉、陈程初、李质堂、唐鲁英、左子异诸君咸在。便回拜黄麓生、王益吾、张雨珊、丁次谷、李质堂、李企农、李卜臣。

二十日。阴，寒。接刘康侯寄件，由其侄恭寿递到。子瀞邀同丁次谷、黄翰仙、黄子襄、杨商农、王益吾及笙陔叔晚酌。子瀞并告知：夏清在府署闻电报，两江总督已简放刘岘庄。吾以为沈仲复署督，必王夔石接督，而诸人言张朗斋朝眷方隆，言者谓此席必属之张朗斋。果刘岘庄接补，则亦出人意表矣。

廿一日。晚雨。致曾履初信。接王益吾信，并示黎莼斋自奈良至新宫访徐福墓绝句十二首，及陈景文所刻影宋本阮逸注《中说》十卷。谭云觐过谈。晚邀龚皵丞、吴渔川、刘恭寿、曾履初、陈汉帆、梅子宣小酌。

廿二日。雨。致黄子襄、李佐周二信。亦接王益吾、欧阳介人、黄子襄、李佐周及亮廷各信。曾劼侯灵柩以是午入城，比往，则人客已散，惟与谢竹轩、吴渔川、李企农一谈。谢湘乡人，官总兵。李企农亦在此陪客。便拜钱子宣、韩宝臣、张次侯、黄小鲁、黄汉仙、王鞠荪、谭荫生名明德，谭胜达之子，傍晚始归。虚堂之子谷吾自江西归，言虚堂近亦往万年桥；子湝一小差，亦颇受其诸父诸昆之累矣。

廿三日。阴，寒。致王益吾信。亦接王益吾及玉舲、理安各信。钱子宣、黄次圭、李佐周过谈。遣顺孙往谒张次侯明府，盖乙酉荐卷房师也。

廿四日。雨。亢阳数月，必反报以恒雨，恐难望晴霁也。致谭云觐、王益吾、李佐周三信。亦接王益吾、丁次谷、左佩勋、李佐周各信。盛展奇、盛莲舫、盛树斋过谈。省居见闻所及，多使人心郁，盖风俗人心之敝极矣，以利相交，以气相胜，夫且不知有君父，何论朋友，遂恐大乱必于是成也。

廿五日。微雨。致方右民、黄小鲁、丁次谷、周荔樵、余云涛信。方右民信即为余云涛所强求也。亦接周荔樵及子瀞、长生各信。回拜谭云觐、王益吾、张雨珊、杨芝仙及笙陔叔各信〔处〕。谭云觐适外出，与其子谭朴吾一谈。是日炳文约回县，便寄李惠生口分谷八十八石应出自吴晴研，单复开九十六石及玉舲二信，竟未来取。

廿六日。微雨，大风。丁次谷、李芋生、张雨珊过谈久坐。本定是日赴县，泊舟大西门，不能下，遂不及登舟。因过陈伯严、周笠西谈。盛展奇晚过。伯严见示电报，其尊人右铭廉访本月十七日奉旨补授湖北臬司，亦一喜也。

廿七日。晴，暖。昨日以大风，令周吉生先上船，午后始获开行，易铁樵、陈右之、盛展奇、杨佑吾均枉至舟次。闻谭云觐奉旨入都陛见，殆皆以备江督之选也。是日北风微甚，而舟行甚迟滞，抵暮始过下泥港，凡行四十里，泊丁子湾。

廿八日。南风。行九十里抵县，日才过午也。县为预备马头，并设鼓乐，心殊不安。段豸山及陈秋农少尉培成来见。陈矩生、张卓斋、易清溪、甘雨时、易发嘉号楚农并过谈。询知县尉荣子馨怀德，两学刘谷秋廷棫、周小松作翰，千总陈桂生澍霖，外委袁香亭成名；惟荣子馨、刘谷秋二人新至，未及一见。熊绍芗枉谈，询知其九老会次序：绍芗居首，次萧涵江，次夏书山，次殷丙儒，次李咏仙，次王石山，次龚黻丞，次蔡石岩，次江瑞亭，并年七十以上，亦可谓盛会矣。

廿九日。段豸山送酒席，因邀豸山及刘谷秋、周小崧两学师小酌，令玉舲作陪，遂尽一日之力。罗子昭、易若农、吴燮卿三家之事，并略言及之。李莼斋、李镜浯、常健吾、何晴初、熊春堂、蔡竹泉、胡植生胡浴生之弟及长生、端生来见。晚雨。

三十日。雨。昨日大晴，云起即雨，冬景所未有也。毛濂溪、李镜浯、冯厚庵、左棫生敏夫之弟、吴兰生陶村之子、吴晴研过谈。李惠生治席相款，同席槃希、玉舲、炳文、咏民及炎儿及周吉生。随往拜段豸山、荣子馨、陈秋农、刘谷秋、周小松、陈矩生、张卓斋、饶岱霞、熊绍香、李镜浯、李韵仙、李莼斋、龚𪻐丞、蔡勤斋、常健吾、盛展奇、江雨时、高粹之，及用舟、慰霖诸处谈。湘阴俗祭祖先夕致告，诣光禄公祠行礼，云覃、荇农相礼，玉舲、咏民、炳文、复初执事，先时派炳文省牲。

十一月

十一月初一日丁卯。雨。接易淑子信。致祭光禄公祠。寅伯、增之并于先夕至，增之带到其父子澣一信。本房与祭者炳文、寅伯、炎儿、端生、增之、伯俊数人，外则云覃、用舟、慰霖、敬之、觐堂、玉舲、荇农、经笙、复初、韵生、麓安、舜民、子沛、咏民、曾依，皆帮同相礼执事者也。夏书山、李咏仙、龚𪻐丞、罗子昭、高粹之、钟佐廷、蔡寿涛、杨笏生杨存斋七爹之孙，杨澍生之从弟过谈。陈矩生送酒席，便邀矩生、罗勤甫、张卓斋、钟佐廷及秉文晚酌。

初二日。熊春堂馈菜，便邀易仲梓、熊春堂、易玉峰早酌。胡其祥、钟佐廷、盛展奇、杨树臣、蒯恒圃过谈。吴燮卿重至控诉，所事仍属玉舲为理处。适李戊生至，颇以利害谕之。段豸山邀同龚𪻐丞、李莼斋演新庆部，莼斋不至，因邀槃希、玉舲相陪。

初三日。雨。久定初二展墓，初一雨不止，势不能成行，一切未及预备，昨日才能料理，不谓半夜即雨，至晨未息。熊绍香馈菜，因邀绍香、胡其祥、易仲梓、韩陛臣及子沛、咏民早饭。随率炎儿、增之诣两祠堂行礼，以雨不能下乡，即属子沛、咏民带同赴乡相礼。

初四日。仍请子沛、咏民偕同炎儿、增之展墓。常健吾、钟佐廷、高粹之、高敏臣枉谈。为龚黻丞与用舟贸易事，托其调处。胡道生自乡来见，因留道生与李惠生、子沛、咏民、炳文晚酌。

初五日。接胡其祥信。亦致胡其祥一信。张逸亭、龚（黼）〔黻〕丞枉谈。是日陈椝生、夏舒山、李咏仙、龚黻丞、李莼斋、李镜涪、蔡勤斋、朱学浦、黎林圃、常鲁青、常健吾、胡其祥、韩陛臣、龚兰亭、高粹之、冯厚庵、钟佐廷、李艺林、易清溪、顾吉甫、江雨时、周筠斋、关茂生、李惠生及用舟、玉舲廿六人公送新庆部，并酒席六桌。适胡其祥见贶酒席二桌，因并酒席自任之，以免复席之烦。蔡勤斋不至，以子蔡盂箴代之。李艺林亦以病不至，其子李隽臣代之。关茂生赴省，其弟复生代之。是夕雨。

初六日。接易翰芹、易淑子、夏尚忠，似号质甫及子瀞各信。段豸山、蒋松甫、杨琴堂、朱学甫、冯厚庵、蒯恒甫、盛展奇、吴夑卿、吴晴研及亲族男妇，填门塞户，竟日纷扰，求事告帮，众口同声，苦累万状。令玉舲缄示熊干廷、邓为德诣三合围，丈分储芳、存仁两处田亩。堤上玉林、蕙堂昆弟来见，询知为同仁、锡珍之弟，衣食亦尚能自给，亦随同诸人令其弟求助。李朗陔枉过，求荐左子异馆。咏生求荐蒋松甫馆。周景堂求荐事，以□□□理记存之。

初七日。雨。午刻登舟，段豸山枉送江干小坐，亲友送者男妇并集，扰攘半日。三十里，泊青泥望。濒行接杨琴堂信，致馈食品，以料理登舟，未及复书。

初八日。雨。北风甚微，舟行迟滞，入夜始抵下泥港。登舟后颇受风寒，嚏洟交作。是日行八十里，泊三叉矶。

光绪十有六年庚寅岁冬十有一月初九日乙亥。微雨。自三叉矶开行，午刻至省。接李筱荃制军、刘省三部院、左逸斗、黄彤轩、易卓超、王绍棠、谈绍卿名定基，前甘肃固原州知州，今春仍赴甘肃、夏经笙、周昌辅、黄涤凡、巢栖凤各信，盖赴县数日中所收得者，其中多所求请，然有必应回信。刘岘庄补江督，谭云觐奉诏入都，陈右铭放湖北臬司，陈舫仙放江苏臬司，多已见《申报》，为之慰幸。邱能谦、左巨云及子瀞过谈。

初十日。阴。接李麓渔及韵民及朱学甫信，亦致王益吾信。丁次谷、李佐周过谈。诣王益吾不晤。麓渔信并报曾挚民之丧，怃然竟日。自省城十馀（人）〔年〕所见，时政吏治，民情风俗，皆足为乱阶，无日不怀危惧。丁亥八月闻郑州河决，淮、黄合并南趋，预筹备乱之方，稍拟章程数条，度省城可与计事者仅一陈舫仙，时舫仙回湘乡，腊初至省，急趋与谈，约会集谙人议之。逾数日，乃闻陈舫仙、谭心可、张雨珊另有章程上之中丞，饬城绅会议。往视，直欲尽绅商贫富，用法苛扰之。以诸君所见如此，吾言岂能相入，卷怀之箧笥，四年未敢示人。近来数与谭云觐尚书谈，明达有力量，谓可资其主持，举以告之，兼告佐周，甫数日而云觐尚书忽奉内召之信。所私用为保全乡里之计者，竟无足胜此任。与佐周谈及此一节，慨然太息而已。

十一日。冬至。晴。接王益吾、於桐轩、邓仲韩名时雍，邓雨民之子信。亦致张雨珊信。周桂坞、李芋生、张雨珊、蔡棉生、李凯山过谈。陈右之为曾氏相地回，亦见邀一谈。

十二日。大风，雨。昨日郁热，兼潮湿如春（秋）〔夏〕之交，知必有风雨也。接刘星田保靖县一信。以子瀞赴县，寄段豸山、钟佐廷、李惠生、李痦生及玉舲各信。又以杨商农之托，致易萼楼、易籽云一信，以易申甫蓉舫之子、易松如争屋旁地，托铁樵为之理处，铁樵乃据易南极松如之侄旧借申甫地一块，剖分各半，而两家所争置不一问，真乃奇异。据易荩臣籽云之子、易澮秋籽云之孙所开图说，层层辨驳，铁樵直是横决无理，只好托萼楼、籽云二人为处断之。杨商农、王菊生及子瀞过谈，以风雨不能赴县。王益吾递到阎季蓉《石门县志》一部，以雅洁胜，而纪山水特详，由其文笔之高迈也。

十三日。接黄幼农、刘星伯名榆生，保靖县、赵朗垣、何仪卿、周子安、张雨珊各信。亦复於桐轩、张雨珊信。洗雪耕、江晓村、李质堂、王益吾、龚月浦、曾介石、曾履初、左佩勋过谈。

十四日。接江筱村、杨商农二信。张南浦中丞、盛展奇、朱幼炳过谈。诣陈伯严、陈子瀞贺喜。便拜丁次谷、王莼农、左子异、杨商农、周定轩、刘瑞云、曾介石、吴渔川、曾履初、曾君融。便赴李质堂之召，同席张雨珊、王益吾二君，闻并邀王莼农、陈程初、陈淀生，皆不至。

十五日。阴，微雨。接江质甫、李佐周、唐紫峰名济民，新设同仁普济局、盛展奇各信。亦复李佐周信。佐周并见示所为王益吾《葵园记》。熊鹤村、黄涤凡、张子梅枉过。

十六日。郁热，下午雨。接王益吾、裴隽臣、盛文棂彦垣信。亦为杨商农致易梯衢一信，以闻易懋卿言萼楼不理外事，当托梯衢会同籽云、羽仪理处，商农重以为请也。欧翼峰、左佩勋并有相托之言，与渔川枉过，均未及见。回拜张南浦中丞，便过张雨珊、俞鹤皋、陈淀生、周荔樵、李芋生、但少村、陈程初、欧翼峰，所见淀生、芋生、翼（飞）〔峰〕三人，惟南浦中丞处久谈。

十七日。微雨。接萧子远信。韩宝臣、冼雪耕、刘映洲名国胜，参将，从陈程初办理赈捐、萧子远、孙恕堂过谈。老病气衰，为无谓之酬应，心甚苦之，而无如何。

十八日。晴。接陈定生、龚月浦、周聘农、李朗陔、易淑子、仲梓、倪钦堂信。王莼农、左泉山、蔡蓉仙、黄涤凡、孙恕堂过谈。

十九日。致王益吾信。李筱屏枉过久谈。周保和佃种陶家隆田，遣其子与沈协邦来见。

二十日。阴。致何相山、惠菱舫、左子异、袭月浦、胡其祥各信。亦接王益吾、左子异、龚月浦信。蒋少穆枉谈，至半日之久，以自龙南府任满入都引见，乞假省亲，道省城，盖别十馀年矣，始知延李申甫主讲书院数年，今年已考终矣，伍崧生仍主讲成都书院。所言多可听者。

廿一日。阴。致孙彦臣、李朗陔信。朗陔信由专足诣胡其祥，便带县交钟佐廷转交。黄小鲁、李子韶、任霁堂、周幼云、萧子远、郭仁熙、郭华甫来见仁熙名炳堃，华甫名翊朝，居长乐，仁熙之父梅林名开光、华甫之父湘南，皆已物故，其家衣食稍足也，其叔凤鸣，去岁曾一见之。

廿二日。微雨。接陈隽臣、冼雪耕、王午庄、李佐周、龚月浦及清臣信。亦致李佐周信。为龙琴堂贺生日，便拜周吉人名继昌，候补县、凌幼甫、黄小鲁、李本钦名定明，提督，台湾带兵多年、陶少云、王莼农、黄子舆履初，新翰林、罗石帆维垣，新翰林、彭笏臣文明，新用刑部主事、蒋少穆、徐静轩、李佐周、曾履初、曾敬诏、曾君融诸处。外刘钜、刘铎兄弟两孝廉，同考取学正，亦一往回拜。

廿三日。雨。接戴惠亭、姚髦士及笏堂、子濂信。亦复王益吾及致陈雨初、蒋幼怀、聂季蘧信。是日梁姨生辰，贺者踵至，留早面者三席：易铁樵、陈右之、邵爕廷、李楷山、盛展奇、左佩勋、郭仁熙、郭华甫、李玖馀、杨毓吾、周书林、邱斐瞻、萧文斋、郭庆生、饶应林、萧南村，馀皆家子姓辈也。中午两席。

廿四日。晴。接王益吾、黄小鲁、王同叔、任芝田、袁笃粸及子敬各信。李芋生、胡云卿、刘松瑚、王韵生、陈稼荪及蕙堂来见。求馆求资助，杂至沓来，无日无之，亦人世间一种苦趣也。李本钦军门馈食物。

廿五日。阴，寒。接吴湛清信。亦致陈右铭、於桐轩、任芝田信。右铭信以柳荣、夏清二人荐之，桐轩信别为龚月浦荐襄校馆也。冼雪耕过谈。晚邀蒋少穆、陈笛舫、刘秋云、王润生、曾介石及子瀞小酌，子瀞以疾不至。

廿六日。阴。致合淝傅相信，以子瀞定廿七北行，因缮交之。接芾堂、子瀞信。李佐周过谈。子瀞邀同丁次谷、陈程初、陈淀生、王莼农、李佐周、王益吾、李芋生晚酌，程初、莼农、芋生、佐周皆不至。

廿七日。接周荔樵、姜兰浦、胡其祥、李祜覃及子瀞各信。亦致陈右铭、王益吾二信。右铭信为孙君诒夫人所求请。黄次圭、黄彤轩、黄铭山枉见。李祜覃并示所致张雨珊、金时安二信，为之浩叹而已。

廿八日。接文兰舫、黄屺石、陈笛舫、陈展堂各信，展堂并寄有食物多种。周桂坞、张蔚卿过谈。回拜周肖轩、陈笛舫、陆松之、陈伯严、任筱棠。并为周渭臣夫人贺生日；为王壬秋夫人致奠，陈程初、瞿海如作陪。因过子瀞谈。

廿九日。接任雨田、王益吾、李芋生、李祜覃各信。亦复李芋生、王益吾及致玉舲信。张爕钧、任筱棠、欧阳价人、罗小垣过谈。

十二月

十二月初一日丙申。雨。致张南浦、张燮钧、聂仲芳、刘康侯、马眉叔、蒋幼怀及子瀞各信。上海各信并合漉傅相信均交子瀞便带。亦接陈仲英、段豸山、赵朗垣、蒋幼怀、饶岱霞各信。又接张南浦中丞回信。晚过谭云觐谈。又接任雨田信，并托转致谭云觐信，以建兰、素心兰等品三十八盆相饷，欲托假四百金，不知谭君已奉有内召之命也。然任雨田之言不能不与代达，就便一与言之。

初二日。阴。接邓时雍、王旭初信。回拜张燮钧、黄芍岩、韩宝臣、刘子元、龙（岘）〔砚〕仙、张蔚卿、张鉴堂诸处。并过子瀞谈，以今日登舟长行，船泊西湖桥，相距过远，不能往，仍就其家一叙。

初三日。微雨。接李筱屏、彭廉泉、冯厚庵各信。亦复陈仲英信。凌幼甫、盛理垣、盛展奇、蔡蓉仙、杨馨堂、邵燮廷过谈。李炳臣亦自乡至。谭心可邀同徐云渠、谭云觐、陈淀生、王益吾、李幼梅晚酌。晚接子瀞信，知以风不能开行，尚泊舟水鹭洲也。

初四日。微雨。接耿苹野、吴智川、吴芝轩智川之弟各信。亦致陈伯严、李佐周、杨商农、李筱屏信。再接李筱屏回信。黄芍岩、张鉴堂过谈。

初五日。晴。接杨性农、郑子惠、蒋幼怀〔信〕。亦寄子瀞信。易铁樵解馆回湘阴，子瀞信即交其带县递交。杨次琴、丁次谷、李芋生、易玉亭过谈。晚邀黄芍岩、李本钦、张蔚卿、杨稚琴、罗筱垣、张鉴堂、盛展奇及达珊、寅伯小酌，黄芍岩、李本钦、杨稚琴皆辞不至。性农重宴鹿鸣，其乡试中卅六名，与曾文正、俞荫甫同。县权缘、天源眠、娥皤婆、辰巾身、贤筵前韵绝句五首。

初六日。接丁次谷、王梦虎、盛礼垣、吴少陔、阎季蓉、庄曾辉、欧阳介人、左巨云及用舟、慰霖各信，及顺孙传致李质堂信言其次子号得斋候补广东，不详其名，亦不载其何名，可谓昏矣。亦致瞿子玖信。刘岘庄尚书、张蔚卿、李凯山过谈。瞿子玖信即（接）〔托〕岘庄尚书带京，并寄新刻经说，属转致徐寿衡、张冶秋。

初七日。致刘岘庄制军、吴少陔二信。亦接左佩勋、盛展奇二信。诣刘岘庄舟次，适值外出。张蔚卿尾轿以行，至江干，竟攀舆絮聒，观者如堵，莫详其故，真谬品也。晚再过岘庄舟次谈。张鉴堂、王耔云来见。

初八日。微雨。接陈淀生、张鉴堂、杨性农、周荔樵、李朗陔、黄涤凡、易玉亭及玉舲各信。汤斐斋、王吉生、李企农过谈。王壬秋、徐静轩、张寿泉、张海帆、陈庾山名乃绩，本年进士，分部、张小琴名兆琪，张月卿中丞世兄、汤斐斋、刘仁甫枉过，则皆不及见也。赴吊黎尔民，晤陶少云、陈淀生、林少梅、陈伯严、左子异、李幼梅、王雁峰、李芋生。

初九日。雨。致合淝傅相、李筱荃、刘岘庄、陈舫仙、陈淀生、黄幼海、任筱棠、朱佛宜各信。傅相信为黄幼海、黄小鲁所托；筱荃信为陈佛宜、王同叔、李得斋、丁子骏四人、朱佛宜所托；舫仙信为丁荫甫、汤斐斋所托。丁次谷、彭溧桥、张蔚卿、龚月浦、盛展奇及笙陔叔过谈。赴吊何性泉及回拜唐蓬洲、沈梦兰、汤斐斋、谭云觐、张寿荃、张少泉、聂季薳、张小琴张月卿中丞世兄、成静斋、谭华林、谭半江诸处。过王壬秋，知又以昨日赴湘潭也。

初十日。雨。接黄小鲁、娄峻三、朱佛宜、彭溧樵、席麓生、石生、沅生、李友兰、刘朗山及端生信。张寿荃、谭心可、曾履初、龚月浦、张芝岑及达珊、寅伯过谈，扰攘竟日。聂季蓤假其兄聂伯元名，邀同左子异、陈伯严陪同张寿荃、张少苓小酌。李友兰信为冒哲存求转达刘岘庄。

十一日。接陈展堂信。亦致王益吾信。刘瑞云、李佐周、邱能谦、龚月浦及达珊过谈。陈右之自乡回，询之，始知专向河西觅地，未赴湘乡。盛展奇来见，出示各种，颇近无理，严切谕之。

十二日。接王益吾、丁次谷、周定轩、李福覃各信。亦复王益吾信。并复李友兰、耿苹野、彭晴峰各信。闻杨商农有子丧，一往致唁。晚邀胡其祥、钟佐廷、易兰生、徐仁羲、陈树藩及笙陔五爹小酌。钟佐廷未至。

十三日。致王益吾信。与谭文卿、陶少云、王莼农及子瀞公酬秋间贺入学之局，凡请十九人，到者王雁峰、李质堂、俞鹤皋、陈程初、李芋生、陈淀生、唐鲁英、李赤琴、张雨珊、李幼梅、傅竹湘、王益吾、王菊生十三人，〔不到者〕何伯元、杨蓬海、周瀛樵、汪晋卿、易兰生、黎小楼、左子异七人。吾又于其中补请三月贺生一局七人：丁次谷、王壬秋、杨商农、李佐周、唐兰生、陈荫丞展堂子、陈松云舫仙子。次谷、壬秋、商农皆不至。此外朱禹田、黄芍岩、刘省钦、聂伯元、左泉山，均以未在省酬应，无凭往邀。

十四日。阴。接倪钦堂、张健书，号子初，岳州镇、吴巨川、胡其祥、盛展奇及槃希各信。又接欧阳芰初信，现由武穴调赴沙市。过陈伯严谈，知其尊人右铭廉访以初四辰刻接印，黄子寿即以初四巳刻无疾而逝。是日公饯谭心可，凡五席，所知徐云衢、王雁峰、李质堂、陈程初、俞鹤皋、李芋生、陈淀生、李稚琴、唐鲁英、唐兰生、李幼枚、谭心可、傅竹湘、黄子襄、王益吾、王菊生、黄立甫黄望之之弟、陈松云、张禹珊、李荫堂宁乡人，官知府，素不相识、黎小楼，馀尚有不知名者。

十五日。接张少荃、丁子骏（张少荃）、王益吾、倪钦堂、龙镜河、王桐轩、段豸山、史晓清、唐紫峰、盛展奇及笙陔叔、国宾各信。亦致蒋秋泉、段豸山、李惠生及玉舲信。史晓亭名含章，求书致曾沅浦谋一馆，未及出示，又欲求书与刘岘庄，何其烦也！是日拜何相山、张海帆、春云书、邓子侯、沈星海、孙彦臣、刘仁甫。

十六日。胡其祥、胡炳轩、钟佐廷、朱晓航、胡岳甫、殷默存过谈。出拜沈眉荪、吴燮堂、绍实庵、沈梦兰诸处。

十七日。接刘若华及玉舲二信。是日谢客，诣养知书屋。达珊、佩珊兄弟忽至，以家事交讼于前。席珊之罪过，皆由达珊成之。记往岁与意城言达珊之浪费，有似与钱为仇，必挥霍净尽乃已，殆亦生性然也。

十八日。接刘岘庄信，所商周肖轩一节，不能不与一商，往探，尚未回寓，因留养知书屋午饭，再往，仍未回。便过笙陔叔一谈，孙彦臣晚过一谈。

十九日。接黄芍岩、黄子襄、欧阳芰初、盛展奇、罗树泉及玉舲信。周肖轩、丁次谷过谈。又接子瀞岳州信，知初九日抵岳州，守风已三日矣。

二十日。致何相山、赵再庵、陈程初、周晓丹、刘绍臣、王益吾、张雨珊各信，并致彭溧樵一信，以周晓丹、刘绍臣二信并交溧樵带赴广东也。是日曾履初知会：万寿推恩，赐祭曾文正公祠祭一坛，示期午刻，前往照料。委员赵再庵，逾一点钟始至。与王益吾、俞鹤皋、李质堂、陈程初、王鹤岩、陈淀生诸人作陪。便赴傅竹湘，为其母贺生日。并过但少村、黄子襄谈。是日酬土神，来因和尚相就奠谢。

廿一日。雨。接张寿荃、黄健农、李佐周、李麓渔、汤兴闾、刘达泉、彭溧樵、熊鹤村、张超堂各信。亦致沈眉荪及复熊鹤村、李佐周、张寿荃信。傅竹湘邀酌，李质堂、陈程初、陈淀生、黄子襄、王益吾、李稚琴、李芋生、王菊生、陈松云、蒋树人、张雨珊，馀不能尽识也。是日寒，晚小雪。

廿二日。接陈雨初、言湛甫、周聘农及鹤九各信。亦复张超堂、刘瑞云信。沈眉荪、裕蓉坪枉过久谈。黄小鲁、裴隽臣继至。小鲁并交到陈雨初信。早起知昨夕下雪已盈二寸，已而晴。

廿三日。雨雪子，寒。致丁次谷、钟佐廷、槩希、玉舲、鹤九诸信。亦接丁次谷、俞班鰴、龚梅生各信。谭文卿、沈星海、俞班鰴、刘映洲过谈。是夕大雪。

廿四日。雨。接段豸山、郭占鳌信。是日为小年俗节，率两宅家人敬谒祖先上供。闻曾沅浦太傅灵榇至，一往致奠。便拜钟文卿、裕蓉坪、任小棠、王益吾。上午养知书屋会饮，下午玉池别墅会饮，并留陈右之、邵爕廷、杨佑吾、李秉臣、袁绶瑜、张卓斋同酌。

廿五日。雨。接蒋秋泉、罗赞清、唐紫峰、梅子宣、易泮芹、李剀山各信。亦致李芋生信。邵爕廷、黄涤凡过谈。晚邀邵爕廷询问八月所值易公仙地，在青山铺下手，进刘家小冲杨姓左侧山，就青山铺杨德隆栈问杨召钦四先生。

廿六日。接刘彦丞、唐蓬洲、姜昆山、王遐龄、陈仲英、朱学甫、周昌辅各信。亦致谭云觐及复朱学甫、周昌辅信。李芋生、王壬秋、任筱棠、龚月浦及寅伯过谈。是日巳刻立春，诣两宅行礼，并率家人叩谒祖先。

廿七日。雨。接郑慎安宁乡县黄广焌正斋同年之子、黄树吾、毛杏荪各信。亦复黄树吾信。曾忠襄公启柩入城，一往致奠，兼陪张南浦中丞。何相山、沈眉荪、吕燮堂、绍实庵、但少村、唐稚泉、赵再庵、沈梦兰外，惟见刘小馨、蒋树人、刘南山，为不常见者，(惟馀)〔馀皆〕熟人也。随出大西门送谭云觐，兼为沈眉荪、绍实庵贺加衔之喜，为吕燮堂贺生日，为孙彦臣送行，为李幼枚贺其子新婚之喜。

廿八日。雨，寒。接郑子惠、吴少陔、蔡兰生、耿苹野、聂季薳各信。亦复聂季薳及致曾慕陶信。龚月浦及笙陔叔、寅伯过谈。月浦见示夏致轩信，专足由湘潭取得，席石生家管事也。据称石生与其兄麓生有违言，以致相持不缴田价，乃从广通恒以三百金贷之。又接亮廷之子滋生、麓生信。

廿九日。阴，寒。接王益吾、周肖轩、朱禹田、周桂伍、董厚斋、钱子宣、秋新侯、崧芍亭沅州协、刘予祥、刘海珊、黎恕堂、区维瀚现署遵义府，似号云樵，不甚记忆、曾慕陶、危笙陔各信。亦致周肖轩、王益吾、朱禹田三信。闻李佐周有弟妇之丧，岁事匆遽，不及往视，专足一问而已。

三十日。阴，微见日。接潘小农、黄屺石、王壬秋及檠希、少卿各信。诣两宅祖先前上供。俗于除夕供神，谓之吃年饭。亦复王壬秋信。又诣壬秋及李佐周畅谈。晚邀刘若华、龚月浦、杨佑吾、萧南村团年。陈汉帆至，留同小酌，与佑吾并以年事不暇。炎生晚至，同与家宴。

光绪十七年　辛卯

正月

光绪十有七年辛卯岁正月丙寅。元旦。阴。率两宅家人叩谒祖先，并诣船山祠、曾文正公祠拈香。试笔诗云：六十年前辛卯日，人民和乐岁丰穰。几经江海怀襄势，化作乾坤战斗场。道光十年辛卯大水，自嗣东南水患三四十年，中间事变多矣，盛衰治乱之几，实始道光辛卯也。今日朝廷真有道，古来事变渺无方。升沉饱历成衰病，回首人间忧患长。便诣笙陔叔及子瀞家两处。郭黼卿、袁绶瑜、文应琳、王菊生、周书麟、杨毓吾、易华生、陈翰帆及寅伯、子宽、增之、观生十馀人径入贺岁，一留小坐，馀皆遣人辞谢之，稍得一日清闲。

初二日。阴，寒。接文兰舫、陈星田、杨熙春信。亦致杨蓬海、杨毓吾信。欧翼峰、周荔樵、罗叔恂、蔡炳生、李花农径入贺岁，一留小坐。

初三日。接何竹荪信。饶旭初、左谦之、邱斐瞻贺岁小坐。诸以礼至者皆谢之，稍觉静谧。

初四日。晴。接饶岱霞信。文应琳、龚月浦及子宽过谈。岱霞信叙述增之具缄保释谭贵，大拂段豸山之意，具文将送信之颜四解交长沙惩办，增之得其文移，毁之，再具缄申说，段公因饬家人陈益来省究问。因传陈益及增之至，严加训斥。

初五日。晴。笙陔叔过谈。晚邀陈伯严、李筱屏、朱次江、吴渔川、萧文斋、聂季蕿春酌。

初六日。接娄峻三、殷少乔、罗少康、李佐周信。亦致王壬秋、沈眉荪、龚月浦信。龚月浦、张湘生、左巨云及席珊过谈。晚邀任筱棠、黄小鲁、丁次谷、汤斐斋、彭荔樵、李华卿、陈矩生、蒋幼怀小酌。

初七日。阴。接袁绶瑜信，并寄示黎莼斋《续古文辞类纂》目录、姚赋秋上合淝傅相论袁世凯专意为朝鲜生事情形文稿，及近著诗一册。刘彦丞、杨毓吾过谈。晚邀李质堂、李润卿、陈程初、欧翼峰、刘子元、李芋生、陈淀生、周荔樵小酌，程初、淀生、荔樵均不至。是夕雨。

初八日。致陈展堂、陈芸敏、陈荫丞信。荫丞为展堂世兄，以闽信二件托之。亦接陈荫丞信。诣张南浦中丞、何相山方伯、沈眉荪廉访、吕燮堂、绍实庵两观察、赵再庵太守、沈梦兰大令、邓子侯协镇、长礼庭参府、张树皆游府及文武候补及士绅亲友百馀处，惟见兰浦中丞、眉荪廉访、邓子侯三人。亲友则唐楠生、李芋生、熊鹤村、沈敬轩、王菊生、吴渔川、曾敬诒及笙陔叔五六处，得入门供茶食。

初九日。接黄屺石及玉舲、荇农、达珊信。补贺岁一日，仅见何相山、但少村、成静斋、俞鹤皋、易兰生、刘云樵、龚幼甫数人，又俞鹤皋处见朱宇田，馀皆不晤。计两日贺岁，官场则周肖轩、谢小庄、唐稚泉诸观察，况颜山、周蝶园、丁次谷、陈汝霖、周建勋联庆太守，沈星海、王子馀、蒋弋芗、宁钦若、吴湛清、赖子佩、谢莘田、范小溪、刘彦丞通守，赵伯容廷光、凌幼甫厚增、王碧珊肇奎，王亦陶之孙、韩宝臣、朱莼卿、江筱村、柏斯台、齐筱庵、顾寿生、顾少庚、伍东屏瑞培、刘仁甫朝阳、周吉人继昌、陆尔贞咸亨、陈金垣、姚芷阶良楷、谢友梅桢观，管育婴堂、黄次圭、洪恭寿，洪秋帆之子、柳省吾思诚、蒋松甫、胡云卿、易子言念祖、葛宴江、冼雪耕、李炳南昌濬、於晓亭以仁、欧阳巨若楫、严少韩、薛叔平逢年、王哲辅以宣、陈春廷徕松、姜兰圃、王镜芙兆涵、杜蓉生庆元、颜仲斋镡、阮保之、刘小馨诸大令，其馀佐杂则徐蘅衫、王福泉理问、道库大使陈祉清鹏运、府司狱赵若卿嵩、戎厅周炳焕、长沙捕厅饶星垣、善化汪福元廷仪、陶南村。士绅依街道叙之：周笠西、彭溧樵、朱次江、瞿海如、汪景山、张元裕、黄炳初黄蔼士之子、黄子冶黄小鲁乔梓、黎小楼、刘秋云、蒋幼怀、裴隽臣、萧文斋、徐静轩、刘子元、朱禹田、朱菊生、王菊生、罗顺循、徐云渠徐寿鹤乔梓、李筱屏、罗春圃、任筱棠、张海帆、袁绶瑜、潘碧泉、聂季蓤、陈寿松、陈希甫、周桂伍、曹春台、熊鹤村、黄子赞、陈璞山、蒋树人、谭心可、李质堂、周敬阶、陆松之、黄耔云庆章，黄恕皆之侄、林少梅、唐鲁英、唐懋晐、唐兰生、王廷义、吴斗枢、李芋生、凌奎耀凌问樵之子、易赞周、刘祝廷、陈守愚、马小庄、陈程初、易凤楼达铭、吴祥冈、陈淀生、李本钦、罗瀛樵、陈荫丞、蔡菊生、李黼堂、李稚琴、李幼枚、李铭勋李禹门之子、言舫丞、翁少兰、翁小溪、杨蓬海、郭人凯郭子美之子、杨瀚光杨砥皆之子、傅少湘、刘子隽大镛、潘子箴、吴小云、黄子襄、黄望之、王雁峰、周荔樵、欧翼峰、贾清臣、周云侪周蝶园之弟、金寿铭、王铭忠两君皆未详其履历、朱艾卿益藩，朱莼卿之弟、王莼农、左子异、何伯元、陶少云、王益吾、谭朴吾、陈逸臣、陈矩生、俞班甫、徐芷沅、易兰生、杜云藩、王壬秋、李佐周、吴少阶、陈德生陈庚山乔梓、俞恪士、陈伯严、陈玉山、周莲甫家濂，周渭臣之子、杨锡侯觐堂、龙琴堂、胡少芝、杨商农、曹逸斋、张芝生，约略记之如此。

初十日。致朱禹田、欧翼峰信。亦接朱禹田、雍静山及檠希、用舟、玉舲、秉文公信。张南浦中丞、欧阳介人、沈用舟、王吉生及子宽过谈。

十一日。致李惠生及槃希、用（汝）〔舟〕、玉舲、炳文公信。亦接欧翼峰信。回拜杨梅生、刘云樵、樊子琳、熊铁生、左逸仙、郑胜庵、吕月峰、汤斐斋、陈淀生、左子异、杨芝仙、欧阳介人、曾慕陶、曾霖生、曾履初、曾君融。并往吊黄觐虞之弟黄曙楼、李介生之丧。曾霖生处晤刘冕章，自言与曹逸斋轮日（料照）〔照料〕，李处晤李景亭，稚琴之世兄也。

十二日。晴，暖。接龚霭人、段豸山、王益吾信。亦致但少村、王益吾、段豸山信。吕燮堂、杨梅生、毛荅荪、吴湛清、郑胜庵过谈。龚霭人寄示《乌石山房诗》七八两卷，盖皆归田后作也。并所示四世循吏传，及其父文海赠公墓铭。其七世祖龚其裕官至两淮运使，祀江西名宦瑞州吉安；子嵘官江西饶九南道，祀饶州名宦；孙一发官至云南镇南州知州，祀河南虞城县名宦；曾孙景瀚官甘肃兰州府知州，祀兰州名宦，是为霭人之高祖；曾祖式谷，安徽和州知州；祖福康，靖州知州。屡世仕宦，自其高祖以上四世祀名宦祠，亦从古罕有之家世也。是日邀饭者五处：吕燮堂十三，但少村十七，聂季萚十五，林梅仲十六；李质堂、李芋生、陈程初、陈淀生、王益吾、王莼农、张禹珊、谭朴吾八人公设音尊，一并辞之。

十三日。致区翼峰信。但少村、区翼峰、李华卿、沈眉荪、於晓亭枉过，均久谈。晚邀杨梅生、杨显臣、刘云樵、樊子琳、贾清臣小酌。杨梅生以事急还湘潭，杨显臣又方病，与宴者四人而已。

十四日。两日郁热，寒暑表入暖度六十二分。致佩珊信。亦接佩珊、达珊及子瀞三信。闻刘祝廷前日物故，往唁，晤陈同叔一谈。顺拜李春舫、严少韩、梁少穆、黄次圭、韩宝臣、袁虞生诸处。虞生舟居，闻十六即回金陵销差。

十五日。阴。接蒋幼怀及金生信。是日元夕，率两宅家人叩谒祖先，上供。韩宝臣、冼雪耕来见。约杨毓吾及达珊、席珊、寅伯、子宽、炎儿、多、顺两孙为元夕家庭之宴。

十六日。微雨。致何相山、王莼农、欧翼峰、李筱屏信。亦接李筱屏、区丽泉名维瀚，现署遵义府、陈雨初、於桐轩、黄滋圃、杨显臣、区翼峰、杨汝襄、吴海涛名肇基、周镇藩为吴肇基曾外祖，周邦庆之父也及达珊各信。丁次谷、陈伯严、蔡蓉仙、吴海涛过谈。回拜周桂伍、陈伯严、杨商农、刘子祥、杨显臣。贵州陈树屏宝贤、区丽泉两太守常有信至，而皆不记其号，年老气衰，比年尤善忘矣。

十七日。微雨。接丁次谷、夏潄蘅、饶岱霞信。亦致李佐周信。黄彤轩、龚楣生、饶应琳及达珊、席珊过谈。是日以炎儿姻事，为新妇制备衣服，因诣养知书屋一加料理。

十八日。雨。致丁次谷、李佐周、李筱屏信。亦接凌问樵、李佐周信。诣安徽会馆致吊赵再庵之兄赵密庵之丧。便过陈淀生、左子异、王莼农三处。

十九日。阴。接丁次谷、李筱屏、陈子元及星生信。亦致刘若华信。次谷见示石门县舆图，测量四至及四境相距及各山水道里度数极为详备，然于绘图本意不甚符合。似此测量，统六十三州府计之，文牍亦太烦矣。绍实庵观察枉过久谈。吉生自营田归，胡其祥遣其族侄锡高伴送。

二十日。雨。接黄石珊、胡其祥及达珊信。又接黄虔僧名彝罂，长沙生员，城南门生、黄彤轩、张鹤臣、周昌辅信。周石泉、易玉亭、李祜覃、姚芷阶候补通判，姚寅陔之侄也、曹咏生过谈。晚邀胡云卿、黄次圭、顾寿荪、江筱村、凌幼村、刘仁甫小酌。

廿一日。雨。接吴渔川信。晚邀韩宝臣、朱莼卿、葛燕江、洗雪耕、赵伯蓉、王镜芙小酌。赵伯蓉临上席时始遣人告辞，可云无礼。

廿二日。雨。接刘若华信。丁次谷、曹咏生过谈。任蔚南、沈静轩继至。晚邀沈星海、陶少云、陈淀生、王益（信）〔吾〕、王菊生、周荔樵小酌。丁次谷见示鄂督札发会典馆奏行章程，于会典各府厅州原图加绘各州县分图，议章程五条：一、总图具经纬度数，分图按马道开方；一、省图、府厅图、州县图以次递详；一、图说宜增修；一、疆界宜详察；一、绘事宜择人。大率总裁翁叔平、许星叔诸人之意也。

廿三日。雨。任蔚南馆师至，即以是日开馆，并邀罗叔循、郭黻卿、杨毓吾、寅伯、子宽及炎儿、英儿、周吉生同酌。

廿四日。雨。接黄幼森、刘康侯、丁次谷各信。亦致谭云觐、许竹筠、丁次谷及子瀞各信。又接唐柳村、唐峻峰及唐竹虚信，知唐曦城已于去冬十一月物故。是午邀张海帆、林梅仲、俞鹤皋、张禹珊、王莼农、左子异小酌。前邀谭心可、李稚琴，皆以事不至。

廿五日。阴。接沈星海、何绍仙、杨熙春、彭佩之、黄晓墀、易云畴各信。亦复沈星海、刘若华信。诣周笠西、王益吾、陈质丞诸处谈，并晤陈矩生一谈。

廿六日。致唐峻峰、唐管青、唐柳村兄弟、杨熙春及素蕉和尚信。亦接杨熙春、文应琳信。应琳昨日来此借盘费，今早遂已启行，是并不需盘费也。李芋生、孙恕堂过谈。是日寅刻惊蛰。

廿七日。阴雨多日，而苦沉闷，不甚见雨点，至今塘水涨不及尺，甚可虑。接龙禹门、丁百川、刘星伯、张次侯、秋新侯、刘若华各信。又有名张名安者，自洪江寄来，大约张小野诸孙辈也。丁次谷、周桂伍、袁绶瑜、刘若华、黄铭山枉谈。

廿八日。阴。每日积阴，每夜常小雨，农民望雨甚急，甚非佳景。接顾寿生信，亦为顾寿生致绍石庵一信。终日为人效奔走，自顾亦良可厌。

廿九日。接李芝岑、沈星海、李祜覃及囿吾信。杨斗垣、彭岳青枉顾。丁次谷以吾病再四临视。晚邀邓子侯、刘子祥、赵耀廷、吴湛清、於晓村、龚小亭小酌。

二月

二月初一日乙未。接刘景韩、翁筱山、张兰陔、王梦虎、吴松岩、周荔樵、何竹笙、顾寿荪及绍羲、炳文各信。是日晤陈矩生、张卓斋。

初二日。致陈矩生、周荔樵信。亦致玉舲信，交卓斋带县。又致许竹筼星使信。亦致仓少平、李稚荃喧信，交王君以宣带交上海，并交代芜湖不泊船即由上海转寄也。

初三日。胡云卿、孙树堂、杨毓吾先后诊视，病症实较轻减，而症候日益危急，决知其非佳兆也。接危笙陔、毛荅荪及荇农信。

初四日。丁次谷、胡云卿、徐蘅衫皆枉顾病。杨毓吾、熊干廷及君容侄至，并久谈。

初五日。熊干庭至省，述炳文事甚详，然炳文此田已售与邓维德，多生兄弟岂能自守，当更与设法。丁次谷、胡云卿来过。子宽、炎儿、左巨云过谈。

初六日。接苏玉标号骏卿信，保举训导而又系武衔，自言与杨厚（保）〔庵〕宫保有旧，而不知鄙人名退身隐，不为一为地也。又接丁次谷及达珊信。胡云卿来视病。箴士、子宽并至。此数日大病危急，深受胡云卿凉药之累。

初七日。接吴松甫岩信。陈隽臣过谈，为其远来，不敢不一接(及)〔见〕，而实不能交谈，一叙寒暄，惟告以病势如此，恐此生无复相见之期，勉图一晤而已。

初八日。以胡云卿（云）〔为〕主方，日见沉重，其意专主攻伐，及稍进清凉之品，实与吾病症相反，乃召邱能谦、言舫丞、孙树堂会商，而胡云卿与丁次谷适至，更无他议，惟主阻进热剂而已。两公之意，勤勤可感，遂停药一日，服易乐泉一单方而已。

初九日。席山荐周吉人明府为予诊视，延之至，则其见解及所主方实在诸人之上，会言舫丞、孙树堂两君先至，会同斟酌。

初十日。接欧阳芰初、熊鹤村〔信〕。芰初并送致多礼，尤所惶然。周聘农并送诗幅及诸食品。张庚三兰陔同年之世兄自粤回湘，在粤廿馀年，多能谙悉洋情，然此时洋务早已罢议矣。周荔樵枉见，不能交谈，握手数语而已。

十一日。任蔚南为主方，言脉理甚悉。周吉人亦随至，言必进大参，蔚南又以为不可。人各主所见，而不知就病情及本人形状斟酌，此医术之所以难言也。

十二日。接胡其祥及玉舲信。闻王莼农将回江南，王子馀赴衡州府任，遣人致送，并问周笠西病，兼致贺唐子明，并回拜柳思诚。

十三日。黄次圭荐其乡人郑说吾来视疾，盖但少村新自南京延至者，所见似出诸人之上，因令主方服之。丁次谷、黄次圭枉过久谈。

十四日。接段豸山、饶岱霞信。亦复段豸山及致李芝岑、胡其祥信。以定明日之期，遣吉生赴营田，遣陈炳安赴平江也。

十五日。接易寿梓信，以黄石珊由汉川交卸赴京，寿梓当回省城，适张香帅开设两湖书院，欲乞湘阴行文保送。此为顺理成章之事，不能不一与料理，乃为议一申文稿，交钟佐廷带县。郑说吾来视疾，黄次圭亦随至。

十六日。接黎莼（农）〔斋〕、高篙渔及子瀞信。黎莼斋并寄郑子尹《汗简举正》八卷，张香涛刻之广雅书院者也，黎莼斋用西洋石印法别行之。致郑说吾（说）〔信〕。李芋生、杨毓吾过谈。彭笙陔枉过，急求一见，而苦不能谈。孙恕堂来视疾。罗树泉、蔡竹泉并来视。

十七日。致彭笙陔、周荔樵信。亦接彭笙陔及鹤九信。又接李召甫、李筱臣名廷楷，武冈州同信。亦致张南浦中丞信。郑说吾来视疾。陈右之自常宁至。

十八日。炎、英两儿并于今日生日，炎儿又值二十，家人均赴养知书屋午饭。致赵再庵、沈梦兰、李廉丞信，亦（又）〔致〕佩珊一信。王菊生、易厚甫、笙陔五爹及寅伯、子宽均至，寅伯始自湘潭归也。

十九日。接陈舫仙、邓春舫信。以专足接邓春舫来省，方奉委查义学捐谷，不能来也。郑说吾来视疾。

二十日。接周荔樵、李佐周、朱次江各信。亦复李佐周、周荔樵信。丁次谷、杨毓吾过谈。

廿一日。致朱禹田一信。亦（致）〔接〕朱宇田、王益吾、周幼云、刘若华、江质甫及刘怀德福建知县，现办台湾安平厘务，不知其行号也及达珊信。周荔樵过谈。（彭）〔郑〕说吾来视疾。又接罗锡章信署理保靖张家坝巡检，不知其行号，想系罗春山之子也。

廿二日。邱能谦、周聘农、杨毓吾枉顾。邱能谦用药过猛，然两年以来为我诊脉，所言皆有明验，与胡云卿所言适相反也。是日为周吉生外孙安床及陈设一切，一皆令萧南村为之，竟不及一往视也。

廿三日。接刘云樵、郑慎庵、黄屺石、姚彦嘉、周昌辅、杨熙春各信。亦致刘岘庄、陈展堂、黄幼农、姚彦嘉及子瀞家信。去岁接姚彦嘉信，至今始复。甫发信，又由汉局递到彦嘉一信，并馈高丽参一斤，使人惘然。李佐周见过久谈。

廿四日。雨。雷。陈满回，带到李芝岑回信，云廿五日乃启行也。亦致绍石庵、王益吾二信。

廿五日。微雨。接绍石庵及笙陔叔二信。笙陔叔并传示绍西一信，谋为其子求事也。再致王益吾一信。李质堂枉过视疾。周昌辅见示所为张徐氏烈妇诗，嫌其着笔沾滞太甚，病中不能构思，略拟一诗：东海有贤媛，出为张氏妇。妇道心自知，妇职凛无负。一朝姑病百无瘳，割臂回生底死求。姑亡夫又患咯血，重剜臂肉悄相投。经年侍病痛澈髓，割臂在身痛无几。忍痛和药人不知，一尺宝刀藏袖里。吁嗟一身血肉能几何，一割再割割已多。为姑为夫身岂惜，但惜无力回沉疴。终拚一死随夫去，白日昭昭照人世。

廿六日。接佩珊、席珍二信。周吉生接亲回。胡其祥、易仲梓过谈。亦致达珊、席珊一信，以满�明日小祥，接佩珊信始知之，略致一二物事也。

廿七日。阴。本为周吉生定期廿五日搬亲，而其岳伯胡其祥既无筹算，胆又太小，延至廿六日始抵省，因就今日午刻起坡，内外高亲均须人照料，于是家中男妇均往助喜，仅我以病留家。子宽自乡归，枉过一谈。陈满自沙坪回，接达珊一信。

廿八日。阴。接聂仲芳、熊绍芗及席珊信。郑说吾来视疾。子宽传示蒋幼怀之言，将以乐部为予作生日，属为力辞之。

廿九日。晴。致陈舫仙信，由其世兄陈松云转递。接刘彦丞、袁绶瑜、黄涤凡信。闻韩宝臣已奉饬知回任，一遣人致贺，韩宝臣随即过谈。刘彦丞遣使送寿礼，属顺孙复信谢之，以散生不足当礼也。

三十日。接刘希陶、倪钦堂、陈冶丞、罗翊卿及笙陔五爹、子湝、兰士、星生各信。亦致张南浦中丞一信，以希陶抄寄各件属令转达，不能不为上呈。蒋福田名良眷，保举提督，为希陶带信来省者、刘紫钦名胜得，保举参将，为钦堂带信来省者、杜翊丞、蔡兰生枉谈。蔡兰生在祁阳，以病回省。始闻耿苹野撤任之信。

三月

三月初一日乙丑。接王益吾、刘康侯、余云涛、赵朗垣、戴竹清各信。子湝、箴士过谈。本定初二日为炎儿姻事过礼，李芝岑不就廿二日启行，延至廿五日，恰得大北风数日，并在平江小河，须借东南风以行者。廿八日转南风，恰可行至磊石山。重湖之阻，非北风即尺寸不可行，到省竟无期日。而吾不能不一往照料，下午至养知书屋，江竹生、萧闻斋均在此帮忙，人力尚自有馀。

初二日。接槃希、子湝、经生、寅伯信。亦复槃希、经生信。又为江竹仙致韩宝臣一信。又接张南浦中丞、黄彤轩、王稚迁三信。遣人探询蒋福田军门，则已于今日东下金陵矣。李葆生来视疾。

初三日。接王益吾、杜仲丹、欧阳介人及寅伯信。亦复欧阳介人、王益吾各信。又复欧阳芰初及为芰初致刘岘庄制府信。周昌辅自乡来视。杨商农、周聘农并枉顾。是夜雷雨。

初四日。连日郁热，讫今尤甚。平江李氏是早抵省，本定初二过礼，因就今日吉期行之，请李子韶及寅伯分任两家媒说。陈程初以初七生辰，积分资十七人：徐云渠、李质堂、谭文卿、俞鹤皋、陈淀生、陶少云、杨蓬海、杨商农、李芋生、李佐周、王益吾、黄子襄、黄望之、唐鲁英、唐兰生、陈冶丞。以病不能周旋，又初七、初八两日已定局，初九日以后当料理炎儿姻事，万无暇及此，又以久病之躯，竟不能与诸公一叙寒暄，何足当此盛礼，因切属陈程初婉辞之。是日连作小雨。

初五日。大风，寒。接邹子敬、李佐周及达珊信。亦复李佐周、达珊信。又致杜仲丹信，以《礼记质疑》一部遗之。又致欧阳介人一信。

初六日。雨，寒。接杜仲丹、饶岱霞及玉舲信。周笠西、张雨珊、丁次谷、李芋生、蒋幼怀、胡其祥入内谈。县城亲友胡其祥、韩陛臣、钟佐廷、盛展奇、顾吉甫及玉舲、六安、鹤九，又长乐本家郭凤鸣名绍岐及其侄孙华甫名炳坤、仁熙名翊朝，并为鄙人生辰，来省致贺。是日演泰益部，冬生、凤云为管班，气象迥异从前矣。坐家女眷为尤多。是日及晚，贺生者内客外客皆满四席。

初七日。雨，寒。以病谢诸贺生者，并于寿堂行礼，不准入内面视，稍得一日清闲，而又苦为女客纷扰。是日内客六席，外客坐满五席以未设花厅，不便同内客观剧，演仁和部。与唐鲁英同生日，中午闻顺孙述李芋生之言，始知其五十整生也，赶送一幛，皆不受。

初八日。雨，寒。接王益吾、郭华甫仁熙及经生信，华甫并赠诗。是日丁次谷、李质堂、王益吾、王菊生、陈淀生、蒋幼怀、吴渔川、胡其祥、韩陛臣、钟佐廷、顾吉甫、李玉笙及玉舲、子宽送清华部，便邀王畅卿、洗雪耕、刘仁甫、顾寿生、陈金垣、张馨生名广桂、张南阶之世子、聂季萱、周聘农、易仲子、易厚甫，共设五席。

初九日。接荣子馨县尉、龚瓛丞、高粹之、王洣生各信，并初七日送到，至是始见之。荣子馨与段豸山信，并饬顺孙回信。是日李氏举行铺房之礼，由李子韶传媒，王菊生、子宽料理竟日。

初十日。接蒋秋泉、张超堂、毛荇荪、梅子宣、刘子祥各信。刘子祥并馈枇杷膏、梨膏二缸，制法颇精，由刘子元送到。又接王益吾信，知已改就城南一席。随致王益吾、张雨珊二信。以益吾讲舍一席谋交杨商农代办，属雨珊料理也。张庚三、文旭初、左佩勋及席珊、子湝、子宽过谈，为处理寅伯茶庄事。是日劳勚过甚，下午忽患寒厥，皇扰至夕。郑说吾、邱能谦并至。邓春舫亦自岳州至。春舫所拟方：姜、附、吴萸、川椒加甘草，群医主方，无此干净者。

十一日。接邓春舫来家，曾介石、绍羲适至，因并留一饭。陈仲英过谈，语及耿苹野在祁阳政迹之劣，张南浦中丞直谓由我保举。如耿君之为人，真不直一与揄扬也。

十二日。接张雨珊、陈雨初、左佩勋及玉舲、觐堂各信。亦复陈雨初、张雨珊信，以益吾荐杨商农代馆，而益吾实已受关开馆，一月之中，两次开馆为不宜，不过知会肄业生叩谒而已。雨珊传示益吾信，实已退关，似此不能不照办。

十三日。接朱禹田、易小楼信。亦复朱禹田、张超堂信。又为子湝致合淝傅相一信，为欧阳芰初致刘岘庄一信，为周聘农致杨彦槊一信。是日为炎儿完姻，李次青方伯之中女也。人客丛集，以病不能周旋，一例谢之。送亲为李桂岑，留王菊生、李寄农二人款陪。

十四日。接盛稚臣兄弟、杨商农信。随复杨商农信。傅竹湘、曾履初、易玉峰过谈。是日分请外客，不料司书帖者竟发唐稚泉观察一帖，竟至枉临赴席，甚以为累。外客四席，为唐（稀）

〔稚〕泉特设一席。

十五日。雨。接左佩勋、裴隽臣、李楷山及子湜信。又接吴瑞生信。是日邓春舫、郑说吾、黄子沛、朱菊生、杨蓬海——来诊脉者五人。黄子沛由曾履初荐至，履初并陪同来视。前后病情均经缕述，所诊脉息亦不甚相远，惟主方则各不同，并至互相訾謷，此医道之所以难言也。仍不能不由邓春舫主之。萧南村随同黄次圭赴醴陵。

十六日。雨。邓春舫移居客店，屡访求得之。枯坐竟日，惮于行动，不料胡云卿十剂凉药，遂使阳陷日深，无可转旋，殊为可虑。

十七日。阴。微雨。接袁绶瑜、易仲子、韩（贝陛）〔陛臣〕及席珊各信。始将谭云觐、徐云衢寿（寿）礼，唐鲁英、王申甫王绶卿军门之中子喜仪检点致送。杨毓吾、玉舲、炳文过谈。

十八日。雨。接盛展奇、陈佑之、李九如及达珊信。亦致韩宝臣一信。是日为胡其祥作生日，兼请李氏高亲。胡其祥、李玉生及玉舲皆邀入久谈。

十九日。雨，奇寒。数日重裘御火不能解，亦三月中奇景也。接江晓村、耿莘野、陈右铭、盛展奇各信。玉舲过谈，语及时事，为之惘〔然〕。吾湘县运必至溃败不可支，亦由省运根柢之地乱源已全具也。

二十日。雨。盛展奇过谈。是日咳嗽增剧，委顿遂至不堪，家人至于相泣，吾亦不敢望有生理也。盛氏来省五人：盛恕堂、盛礼垣、盛吉光，此外则盛莲舫、盛展奇。

廿一日。邱能谦及邓春舫、任蔚南并以姜、附为必不可少，而病反增。求之广济真人，竟不准服此等药物，尤使人茫然莫详其故也。是夕服神药一剂，而咳不止。

廿二日。阴。咳嗽太剧，病势殆不可支矣。接黄幼农信属将帮黄桐轩四百金（邀）〔缴〕还汉局福文义，颇难于作答。韩宝臣及席珊过谈。邓春舫、任蔚南、邱斐瞻久坐谈病症，药实不误，而无如病不应点何也？

廿三日。咳嗽仍旧，而气衰不可支矣，一切不能省问，而诊脉诸君邓春舫、任蔚南、言舫丞、孙树堂终日劳扰，苦不堪状，最后李筱屏过谈，遂成久坐，尽一日之力。

廿四日。致韩宝臣信。亦接吕月峰沅陵、张次侯蓝山、彭晴峰桂阳及韩保臣复信。又致李小屏一信。邓春舫、邱能谦并来诊脉，李芋生枉顾久谈，杨商农、李佐周亦同至。

廿五日。接李小屏、绍西信。又接刘希陶专足递寄一信，并致食物，当复一信交来足带回。邓春舫、任蔚南、邱能谦同诊脉。

廿六日。接饶应琳〔信〕：沈梅荪擢甘藩，吕燮堂署臬，谢小庄署粮篆。杨商农以是日开馆思贤讲舍。邓春舫、任蔚南、邱能谦来视疾。郭瓛卿、达珊并来相问。

廿七日。蒋幼怀枉谈。邓春舫来诊脉，任蔚南、陈右之同至，经生亦至。虽无周旋之烦，亦自觉精力不能应接。是夕雨。

廿八日。立夏，阴。致李次云信。亦接子湝信。请邱能谦与邓春舫商议，用重剂而又中变，诸君之计亦穷矣。向例以立夏日集家人次第称之，去年予犹得一百十八斤，今存九十斤矣，故(固)〔知〕此病脱肉之多也。

廿九日。晴。接杨商农及子瀞京师信。邓春舫将告归，邀同邱能谦商议治法，甚费斟酌。王菊生及达珊、席珊、佩珊、寅伯、增之、冬生来视疾，略与一二言，已自不胜其惫。

四月

四月初一日甲午朔。致王桐轩、张雨珊、杨商农三信。以邓春舫将回巴陵，邀邱能谦为公拟一方，遂至久坐。任蔚南、麓安并至。是夕传达珊、席珊、佩珊兄弟至，稍为处置其家事。

初二日。致周肖轩、李小屏、王益吾三信。亦接周肖轩、李筱屏、黄幼森、杨熙春、文应琳及金生及席沅生兄弟信长麓生，次石生，次沅生。邱能谦来视病。致周肖轩信，为金生及杨熙春谋位置一小席而未能也。

初三日。接马眉叔、彭晴峰贺生日、周茀生名衍龄，荇农前辈之孙，江苏候补县及史含章、苏玉标信，二君者生平绝无因缘，而邀求一馆，遂至屡缄连幅，絮聒不休，真不可解。史勋臣、蒋少穆枉顾，阅门簿始知之，竟不及一与相见，此病苦累，未究所终也。马眉叔办理机器织布局，〔致送〕所制双龙及斜纹布二匹，并所著《尺算徵用》、《法国海军职要》二书。邱能谦来视病。唐竹虚自乡至，丁次谷以病邀致者也，亦为诊脉一次。

初四日。接合淝傅相、王益吾二信。邱能谦、唐竹虚各立一方，两相违异。家人辈屡求广济真人神方，多与唐竹虚同，因以叩之，仍为主唐方，真不可晓。是日少白龙王出巡，英儿许充护卫，随行竟日。是夕雷雨。

初五日。姚梯青馈笼猪、苡米，桂东学官也，似闻稍有挂误。英儿以出水豆，今日不能随侍出巡。邱能谦、唐竹虚各拟一方，分上下午兼服之。

初六日。晴。巳刻雷雨一过。《家礼》久经刻成，两遣询之王益吾、张雨珊，求初印底本不可得，想因鄙人一病，此书遂搁置耳。

初七日。接丁次谷信，并馈蛤蚧二双。致王益吾信，亦接王益吾回信。唐竹虚来视疾，其意专主扶阴，鄙心不谓然也。

初八日。接左佩勋、郭杏生及金生信。邱能谦来视疾，主方甚合鄙意，叩之广济真人殿、东岳宫，乃为主唐竹虚之方，不令一见阳药，真使人茫然莫晓所谓。是日郁热，下午雷雨交作。

初九日。接丁次谷信。唐竹虚来视疾，寅伯、子宽随至，谈茶事甚悉。今日茶务大畅，寅伯展转不及料理，由其蹇运使然。丁次谷用唐竹虚之言，服药两帖，胃已渐开，气亦渐平，未免言之过易。

初十日。晴，寒。接周肖轩信。亦致周肖轩、王益吾、席麓生、席石生、席沅生、龚月浦各信。左巨云、左谦之来问疾。金生亦至，以周肖轩信现派金生办理岳州核算也。席氏昆仲信由其管事人李遇唐转递。

十一日。上午寒甚，重棉不足御寒也。致黄小鲁、沈星海二信，由姚梯青有手折托转呈之星海也。唐竹虚来视疾，兼邀任蔚南拟方。

十二日。接黄小鲁、沈星海、陈星畬、耿苹野、陈右之各信，又接李巡检长祚号子香一信，去岁为韩宝臣出名借贷者也，原定办理帐房，忽力辞之，经手借款尤多，因以公禀来求处断也。

十三日。致龙琴堂、蒋幼怀并佩珊各信。亦接龙琴堂、蒋幼怀、樊子琳、黄健农、欧阳季临、周昌辅、徐仁羲及荇农各信。又接陈敷诗一信陈稼生之弟也。又谭德琳昆樵一信，云家三十年旧交，曾任沅陵学官，全不能记忆，想系益阳谭孝廉也。询之果然。又接竹逸堂李寄庐家一信。唐竹虚、任蔚南来视疾。玉舲来见，言明日即回（信）〔县〕，致珮珊一信即交其带去，为由耕心堂拨还周吉生百串之数也。

十四日。接倪钦堂、龙霁亭、黄滋甫、吴智川、高涤臣高蓉初之子、唐澍安名濂，自言为李芋生之女婿，吾竟不能知也、易淑梓及虚堂各信。亦因张卓斋赴县，致玉舲一信。是夕雨，风。

十五日。复聂仲芳一信。亦接凌问樵、吴智川二信。陈程初、张芝生过谈。芝生与巴陵方氏联姻，甫四日而议论繁兴，细问之，芝生处置事理实未能尽善，然如省城所传述，则多无影响，固知湘人之好谣也。服唐竹虚方，咳嗽稍减，而诸症一无成效，遣人叩之广济真人，属且停药数日，而降示一单方，乃用茵陈、栀仁极凉药二品，茫然莫晓所谓，然不敢照服也。是夕大雨。

十六日。雨。接周桂伍、黄次圭、萧南村三信。唐竹虚、任蔚南来视疾。自二月朔一病，凡三阅月未尝一至花厅，比日始稍扶病观花草生气，尘土之积厚矣，稍督工人抹拭之。

十七日。接胡其祥信。遣李秉臣偕陈满赴乡桌谷，并清检周吉生外孙旧存款目，全数与之。杜仲丹过谈。是日闻谢小庄观察之丧。

十八日。致王益吾、李芋生二信。亦接荇农一信。李佐周、姚梯青过谈。邱能谦来视疾，为拟一方，遣张贵叩之广济真人，竟专主唐竹虚方，不准增加一味，亦一奇矣。是日闻粮道一缺已檄委但少村观察，专足一往致贺。

十九日。接王益吾、李子香、刘海珊、欧阳茀轩、易玉峰信。唐竹虚来视疾，牵及唐柳村、任蔚南、易小亭、易铁樵，周旋半日。下午刘云樵过谈，为添一营移驻衡州。

二十日。致王益吾〔黄小鲁〕、张雨珊、刘子元三信。唐竹虚来视疾。王益吾、李芋生、左巨云及素蕉来谈。

廿一日。大雨。接陈骏声、李石仙、周步瀛三信。骏声子名镇藩，省居最久，而皆忘其行号。刘子元枉过，以昨信为李佐周坟山事，托其携带地契登山查验，使旧业蒋姓不得据为口实，一切听从公山处理，似刘子元传言可以照办，未知究何如也。下午闻杨蓬海物故，深以怆然。月前尚蒙枉顾，为予诊脉，而不意其遽逝，人生若朝露，其足恃乎！

廿二日。接杜仲丹、黄小鲁、周幼云、苏玉标号骏卿、陈长生、陈春初、朱雨亭朱峰乔之子各信。熊鹤村、任筱棠、杨商农、张学曾住荆塘围过谈。唐竹虚、任蔚南来诊脉。

廿三日。接李炳臣信。陈满亦自乡归，言瓦雀塘陈佃插秧尚未及半，田亦尚有未开犁者。杨佑吾挟意气强使耕作，恐非其力所及也。

廿四日。大雨。接凌问樵、韩宝臣、邓春舫各信。韩宝臣原定初七接印，吾以其日不佳，属改就初九日，已出示矣，忽赶于初七视事，闻是日机兆甚不佳，所谓自取者也。

廿五日。大雨。接张芝生、左佩勋二信，始知方氏已具控。芝生平日为人多不应情理，人皆不乐与理处，吾前所示三条，属李芋生言之，李芋生以示孙小皋，稍张大其词，芝生又不能委宛以求息事，遂致相持，徒使两家损坏颜面而已。盛冕臣、谭半江过谈，气喘艰于言论，深受其累。

廿六日。晴。接陈云樵、沈星海信。唐竹虚来视疾。黄小鲁过谈久坐，述张香涛制府所以款接俄世子情形，至为详悉。星（沈）〔海〕信专言姚梯青事，因属任蔚南转告之。

廿七日。接王益吾、任蔚南及萃夫信。萃夫以笙陔五爹之命，以长子过寄兰士，以三子过寄荣覃，已立抚书矣，其夫人忽有翻异，事遂中悬，而远来相告，吾不知其所以用心也。然闻其夫人议论，亦近于不贤矣。盛展奇、任蔚南过谈。

廿八日。致王益吾、丁次谷二信。亦接吕月峰、江幼村、张鹤臣各信。邱能谦、唐竹虚来视疾。任蔚南以是日解馆回乡，闻其母夫人方患病也。

廿九日。接陈隽丞、丁次谷、刘瑞云、李华卿各信。亦致席沅生及用舟、慰霖及李竹逸堂寄庐夫人信以去冬并端节二分寄之。左巨云、左谦之过谈。盛金城来见，以病咳未延入，询知为光伍之子也。刘虞山、徐蘅衫来视疾。是夕雨。

三十日。雨。接王梦虎及荇农、炳文各信。又接韩宝臣信。绍羲、席珊过谈，始知前寄李仲絜物事，本交子沛带往，家人以交之子湝，子湝方由江西起咨赴京，若风马牛之不相及也，使人愤闷。

五月

五月初一日甲子。接方佑民、陈展堂、欧阳茀轩、余云涛及云覃、子湝、炳生各信。又接王洣生、杨汝襄、杨熙春信。亦致易懋卿一信。罗顺循过谈久坐。周荔樵旋至。

初二日。接郑慎庵、黄次圭、马眉叔、吴智川、朱佛宜各信。易懋卿、盛金城、李质堂、唐柳村过谈。唐竹虚来诊脉。

初三日。致唐子明、黄小鲁二信。亦接黄小鲁、黄屺石、张次侯、崧芍庭、黎恕堂、陈子濬、陈树藩、周卓然、吴智川各信。唐竹虚来视疾。陈子濬亦自乡归。是日微雨。

初四日。接文兰舫、刘彦丞、席麓生、席沅生各信。又接孙彦臣、罗树泉、陈冶臣各信。

初五日。晴。接唐子明、杜仲丹、左佩勋、张卓斋、张芝生、李玖瑜各信。亦复杜仲丹、王益吾二信。是日为重午俗节，率两宅家人叩谒祖先。午邀唐竹虚、唐柳村、易铁樵、盛展奇、盛冕臣、杨毓吾、陈右之及席珊便酌。

初六日。接陈舫仙、翁小山、王益吾、易卓超、江竹仙各信。陈舫仙〔馈〕茶叶药品由张啸石带到。易卓超馈堂桂信笺。张芝生偕其子张逵吉来见，知方、张两姓事议论方长也。

初七日。下午雨，大风。致杜仲丹信。亦接杜仲丹、张芝生、赵朗园三信。邱能谦、唐竹虚同至诊脉，为拟一方，遣人叩问广济真人，属且缓服，先服神水，只好依照办理。杨墨林之母物故，求贷钱治丧，以廿缗馈之。

初八日。接潘小农、顾少庚、刘云樵、余勋臣、姚梯青、朱幼炳各信。亦致杜仲丹一信。

初九日。接王益吾信。李芋生、李佐周、洗雪耕过谈。李筱眉来见，李眉生廉访之世兄也。并馈其尊人《苏邻遗诗》二卷，以所居网师园与苏子美沧浪亭相近，因自号苏邻也。下午李筱屏、盛展奇来谈。

初十日。遣人回拜李筱眉，已开行矣。致黄小鲁、李筱屏二信。亦接黄小鲁、杜仲丹、席沅生、黄幼森各信。盛展奇、经生、刘朗山过谈。唐竹虚约一诊脉，以宾客盈坐，未暇及也。李质堂以予久病，荐一道士为持诵《三官经》，王菊生又荐三省庵僧。予以胡云卿去腊禁我服补剂，今春以阳陷之症，连进表剂凉剂，若有宿孽然。家人以和尚清净，用王菊生之言，以是日起经，两宅皆斋食。

十一日。接曾介石、杜仲丹、李筱屏各信。亦致周肖轩、杜仲丹、丁次谷各信。唐竹虚来诊脉。杜仲丹荐平江涂春泉医理至精，即往邀请，即于昨日回平江。此与李筱屏言陈程初水师哨官李姓，往请，适奉委往扬州。而吾此病不得医者之缘，亦太奇矣。

十二日。接丁次谷、王芷庭、盛展奇、盛耀堂及槩希、金生、荇农各信。亦致张芝生一信。李友兰、黄次圭及用（汝）〔舟〕枉见。

十三日。雨。接黄彤轩、龚月浦二信。月浦并馈水碗。唐竹虚来诊脉。病源实由胡云卿不谙脉理，以致阳陷，然自二月中旬以后，周吉人、郑说吾、邓春舫医治两月之久，服药皆不得力，干咳气喘，遂成锢疾，诸君当与胡云卿同任其咎，正惟于医理未能精究耳。

十四日。接张芝生信。亦复张芝生、席麓生、席沅生二信。任蔚南昨夜回馆，特邀一谈。黄次圭告辞回醴陵。下午接李麓臣一信。李质堂为言《三官经》足以治病，盖道人为之。王菊生又荐一僧，盖准提禅寺之松岳也。家人以道士荤食为不宜，乃用准提寺僧，凡五日，至今日始毕，而吾病固未清减也。

十五日。致刘瑞云、李佐周二信。亦接杨彦槩、陈子元、周荔樵、王桐轩、张蔚卿、周聘农、刘若华、文应麟各信。亦随复周荔樵信。张海帆枉见，以气喘干咳，惮于酬应，不敢约见。唐竹虚来视疾。饶旭初枉见。

十六日。夏至。接右铭、刘若华、吴（巨）〔智〕川、饶石顽各信。刘星伯、周荔樵枉顾。闻刘星伯着花衣，力辞之。陈右铭馈参燕。饶石顽见赠《十国杂事诗》十八卷，征引书籍至七百馀种，诗五百馀首，字字稳练，实美才也，因以一信复之。柳荣荐其本家柳仲农来视疾，言脉理甚悉，似较胜于群医，急依方服之，究未知能稍见功否也。

十七日。接其祥及金生信。亦与金生一信，然以示李筱屏而不以示盛展奇等，则非鄙意之所属也。两日甚热，寒暑表已至九十三度。

十八日。阴。接罗赞卿信。柳仲农、邱能谦先后来视疾。唐竹虚已于辰刻回县。日来痰咳转甚，病势极形危惫。

十九日。雨，凉。接李佐周信。亦复李佐周、杨商农二信。柳仲农来视病。自廿日用李质堂之言，延僧人诵《三官经》，至十二日病势增剧，自十六日柳仲农来视，服药两帖，而遂惫不可支，思之不得其故。李筱屏来信，因召谭兰亭家并金生晓谕之，并令传集展奇、莲舫二人，杜其昏谬侥幸之心，未知能见信否。

二十日。早微雨。接姚彦嘉、王大令道隆、罗赞卿及金生各信。柳仲农来视病，所言病状至允，而服药无甚效，以为今日当略减，而反加重，未知何故。

廿一日。接李筱苹信。亦致李筱苹、丁次谷二信。连日干咳转甚，气喘随之增剧，几至不能自支。遣王升诉之广济真人，指示药方，且言可生则治生，不可生则求速，不能堪此磨难也。

廿二日。郁热，微雨。接丁次谷、杨商农、李筱苹及经生各信。王益吾过谈，一意求表章鄙著，愧不足以堪之。

廿三日。接於桐轩、龙禹门、彭晴峰、秋新侯、陶南村、刘海珊、言湛甫、龙镜河及金生信。又接张安民（安）信，不知其号，想系张小野之孙。是夕终夜大雨倾盆，可悸。张雨珊晚次过谈。

廿四日。大雨。接丁次谷、李筱屏信。亦复李筱屏一信。席珊告言张芝生与巴陵方氏相构事，经陈淀生为了妥。子宽告言景吉人已于廿日接印，吾竟不能知也。

廿五日。大雨连日夜不息，河水骤涨至数丈，使人忧悸。接王益吾信及谭兰亭家、李寄庐家二信。以一片谕之谭氏，忧其溃败不可收拾也。曾介石过谈。

廿六日。雨竟不止，岁事殆无望矣。王益吾见属检存文稿交渠订正，勉强搜辑一日，得文百馀篇。精力衰惫，不可支矣。

廿七日。早微雨，午后晴。张卓斋、杨毓吾及席珊、子宽并枉至久谈。干咳气喘已逾四月，讫无少减，恐无复求生之望，勉强支持，以文稿检交益吾，为身后之托。

廿八日。接王益吾信。检取现存各稿，以类装成六本，求益吾鉴定，并致益吾一信。左巨云、陈树藩、杨毓吾及寅伯、子宽并来视疾。

廿九日。午雨。是日长沙城隍神出巡，家人遣儿子迎会酬神。向例长沙以廿四、廿五两日，善化以廿六、廿七两日，今年此四日大雨倾盆，展期数日而仍遇雨，神意盖亦不乐此矣。接欧阳芰初、左巨云二信。

六月

六月初一日癸巳朔。大雨。接王益吾，亦复王益吾一信。柳仲农来视疾。张卓斋、蔡兰生来谈。是夕大雨竟夜。

初二日。早雨。致周荔樵信，以《慎庵诗钞》属其补选。致李佐周信，以四十以前抄存诗稿九卷属其鉴定。左巨云过谈。是夕大雨竟夜。

初三日。早微雨，午后大晴。接戴竹清家及席珍二信。任蔚南、邱能谦、柳仲农次第来诊脉。夜雨。

初四日。大晴。善化城隍神出巡，屡为雨阻，本日始获举行。接冯锦堂冯厚庵之弟禄庵及席珍、敏夫信。长乐宗人郭炳堃来见。李竹庐之子李子阳名丙华自龙山来，询知以乡试之年，先谋赴省用功也。

初五日。李芋生过谈，力本不能接见，以虑此身无久存之理，仍延入一谈。是日喘咳并作，困惫至不可支。

初六日。阴。雨意甚浓。积欠各信稿，皆有关系，而不能缮写，连日为顺孙口授，令各举一草，而心力亦不能自支矣。下午复大雨倾盆，雷。

初七日。早大雨。接王益吾、周翰臣、周砺松、彭岳青信，并为九和团团谷事，适张卓斋回县，并以寄之玉舲，属为转达。复王益吾信，并以杂文一卷，属之清缮。

初八日。初伏，雨。复陈舫仙、陈子元、黄幼农、马眉叔、姚彦嘉五信，由全泰盛递寄；陈展堂一信，由森昌递寄；陈右铭、陈伯严二信，本交易铁桥带鄂，铁桥竟已回家。自二月铁桥索信赴湖北，吾病不能书，磨受四月之久，彼日口授顺孙书之，铁桥又恝然归去，诚所谓不遇时者也。是日凉，吾以病躯，着重绵矣。

初九日。晴。久病医药无效，只好从家人之意，求龙王宫神方，已进五帖，药品多未经服。昨日一方，皆五味子、乌梅收敛之品。今日服柴胡、粉葛，开阳明经表。不知何意，只好依方服之。松云、化成两长老来问疾，并馈食物。

初十日。晴，接李佐洲信。并承阅定旧诗稿四本。病惫已甚，不能复视也。唐竹虚自湘阴至，枉临诊脉。左巨云来视疾。

十一日。晴。接子贵、区祝三二信。黄铭三来视疾，以病惫不敢延请。子宽荐一邓道人诵经拜斗，早起闻经鼓声始知之，然吾身后不做道场，今身前一预为之，人事诚不可量也。

十二日。热。寒暑针至九十二分。告知王益吾，顺生亲递，以吾久不能作书也。唐竹虚来诊脉，柳（竹）〔仲〕农主方极有见解，人亦殷勤，来往十馀次，服药不少，然而讫不见效，只好以钱四千送之。又令陈右之商请邵燮廷赴乡经营已看各地。

郭嵩焘全集

七

史部三

湘阴县图志 二

岳麓書社·长沙

全书总目录

本册说明

本册为郭嵩焘《湘阴县图志》的卷十七至卷末。

据郭嵩焘在“日记”中的记载和他为《湘阴县图志》所作的《跋后》、《又跋后》两文，《湘阴县图志》一书，始撰于清同治六年（1867），最后成书于光绪七年（1881），由湘阴县志局刊刻。关于此著的成书过程，郭嵩焘在《又跋后》中指出：此著“凡三刻”，“辛未、壬申（即同治十年、十一年）之交一刻，旋罢去；庚辰（即光绪六年）再刻，幸已竣工；至是复改刻各图，迄辛巳（即光绪七年）之冬乃成”。因此，现存的郭嵩焘所著《湘阴县图志》有两种版本，一为光绪六年的原刻本，一为光绪七年的改刻本。其原刻本，由于校订和监刻者的失误，以至“各图芟削混淆，全失其旧，并稿本毁裂之，尽刊去其开方计里之式，刻法又益粗率”。郭嵩焘乃迫不得已，属人“重加摹写改刻”，并增补一些内容，于光绪七年冬完成。

作为清代湘阴县最后一部县志，《湘阴县图志》上承道光三年（1823）所刻《湘阴县志》，记述了此后近六十年湘阴县的山水地理、人文历史和社会变迁，使我们基本上能够了解到近代前期湘阴一县的自然和社会状况，具有较高的史料价值。在体例上，该志一反明代以来志书的成规，以图名志、图经志纬、表传相宜，亦堪称一部佳志。因此，该志曾先后得到曾国藩、裴荫森、梁启超等的赞扬，认为“诚为杰构”、“殆合迁书、班志之长”，是为一代“名志”。

此次收入《郭嵩焘全集》的《湘阴县图志》，系采用光绪七年的改刻本为底本，以光绪六年的原刻本和部分原稿本（即《湘阴县志稿》十九卷，现存湖南师范大学图书馆）为参校本，进行整理校点，厘正了改刻本的一些错误。

湘阴县图志卷十七

氏族表上

周官小史，掌邦国之志，奠世系。古者建国以民数为本，领之司徒。小司徒，又以九比之数，辨其贵贱。而史官司记录，又为之奠世系以知族姓源流，后世因之有主客户之分。《禹贡》则壤成赋，而即继之以锡土姓。盖其由来远矣。魏晋以降，始相纂述为谱学，有司职掌兼及谱牒，《魏书·官氏表》、《唐书·宰相世系表》稍存其略。方志之书，若《华阳图志》载及大姓，《蜀中氏族谱》详记族姓宗派，犹古制之遗也。自汉纪世族，惟标地望，一姓之兴于其地，州里亦为增重。

历唐至今，田无永业，居无恒守，丧乱流离，转徙相仍，世家大族无传至数百年者。州县编审户口，遗制久废。土著客户之名，亦并不著之籍。国于天地必有与立；人民族姓之盛衰隆替，一县之兴废系焉。

爰考自宋以来科名人物、家世谱牒，可甄录者，各依族姓以表系之。源流派别与传世久远，案籍推寻，如视诸掌。周官之登民数而稽其众寡，辨其施舍，宜取资于是。而观世族之升降，则生聚保持之难，与其康乐安平之效，亦可推知其故矣。

金鸡山邓氏。隶中塅局。出自汉高密侯禹。禹生平寿侯训，训生骘，建光元年封上蔡侯，徙封罗，卒于封所。延光末，骘还葬洛阳，子孙留居罗。骘传二十二世至进思、进忠、进玙。

进思唐岳州刺史	匡时五代楚荫补右散骑常侍					
进忠唐昭宗朝举进士，历官衡州刺史	德凝生子咸，咸生综、维，综生忠臣，维生孝臣	忠臣宋熙宁三年进士，历官吏部考功郎中，赠秘阁修撰	裳宋知惠州博罗县 渐凡传三世至灿，生圮、亮	圮凡传十三世至思文生鼎 亮宋咸淳六年举人	鼎县学生	持雍正己酉科举人，官直隶阜平县知县
		孝臣	渊宋崇宁三年进士，历官虞部员外郎，知怀州 深宋绍兴十二年进士，历官潼川路转运使，赠朝散大夫	槔宋知静江义宁县 楔宋建昌军通判	莹宋襄阳县录事 爚宋瑞州通判	
进玙生子匡符，匡符生倚，倚生珙	珙宋江南西路丰城县主簿。凡传四世，至桶生炳		炳宋绍熙三年举人			

案，《邓氏谱》：爚子垲，宋江华县尉。莹从孙鼎伯，元芦洪巡检。炳从元孙添文，元咸宁县教谕。以未见旧志，不著录。

邓家坝邓氏。隶白水局。其先曰孟全，出自金鸡山邓氏，居长沙万寿都，孟全传四世至朝相。明万历二十四年迁今地。

朝相明县学生。凡传六世，至自淮，生受栋	受栋以曾孙训诰，诰赠建威将军	添灯以孙训诰，诰赠建威将军	之连以子训诰，诰赠建威将军	训诰以军功保提督，赏伯奇巴图鲁名号 文友以军功保游击，加参将衔

右邓氏，唐进士一人，刺史一人；五代常侍一人；宋进士三人，举人二人，通判二人，知县一人；国朝举人一人，提督一人。

白茅村许氏。案，府志：许可崇迁今治，即罗县白茅村胡鼻岭，北有白茅城，疑即白茅村，隶申明局。今许氏杂居穆屯、新市、归义各局，故旧志称穆屯许氏为邑中五巨族之一。其先曰均，吉州五里牌人。案，吉州五里牌，今隶江西吉安县。五代唐同光元年迁湘阴，均生可崇、可鋈、可雄、可恭、可彤、可峰，其枝派并详于家谱。而铨、卜花，世次不详，附著于后。

可崇五代周广顺中，以大理评事摄湘阴县令。祀名宦	全曜	成宪凡传七世至亨隆，生宝卿		宝卿宋开禧元年进士，官桂州司理				
		成文	宜	世德	益宋元祐三年进士，知鼎州龙阳县。祀乡贡	惠凡传十世，至文诏生孟经、孟纶	孟经明正统中岁贡，凡传四世，至芳、镇	芳明万历中岁贡，官江西弋阳县训导 镇明万历中岁贡
							孟纶凡传八世，至松堂，生君用	君用康熙中，官辰州镇总兵
						恩凡传九世，至先翔生斌	斌明洪武中举孝廉	

可鋈	全𬀩凡传十五世,至文成,生俊	俊明直隶怀柔县主簿	立斌明四川成都仓大使				
可雄	全华	成德凡传十六世,至训得,生志谦	志谦明正德中岁贡,历官礼部仪制司郎中、西宁卫指挥司经历	发昇	清凡传四世,至荫荣,生太一	太一嘉庆癸酉科,钦赐举人	
可恭	全曙	尧凡传十六世,至训义生方任	方任明庄浪驿驿丞				
可形 可峰	全袒 全星	频祀乡贤 颂凡传六世,至郅隆,生晟	晟宋嘉定十年进士,官提点刑狱				

铨明景泰中,署长沙府知府

卜花明楚王府护卫指挥

右许氏，宋进士三人；明岁贡至指挥经历一人、知府一人、制科一人、护卫指挥一人；国朝举人一人，总兵一人。

金鸡岭陈氏。隶中塅局。其先曰翦，江南西路江州人。宋中叶，迁巴陵饶村。翦传八世至孟周，迁湘阴之鼓楼湾，孟周传六世至万美。明万历中，迁今地。万美生兴让，兴让生学礼，学礼生应瑞，应瑞生暹。其自明以前曰班，宋举人，官安仁县县丞；曰瞻，宋进士，官秘书丞知永州；曰政，明举人，官浙江都指挥司都事；曰太和，明举人，官灵璧县县丞。而其世次皆不详。

暹以孙梦麒貤封奉直大夫	文海以子梦麒诰封奉直大夫	梦麒乾隆十三年进士，历官甘肃狄道州知州	觉民例贡	鉴廪贡，绥宁县训导

牛口塅陈氏。隶白水局。其先曰唐晋国公旺，陈宜都王叔明八世孙，居江州德安县。旺传十五世至可兴，宋庆历中进士，嘉祐中迁湘阴。可兴传十四世至廷桂，明县学生，生辉。

辉明成化中岁贡	一元明县学生	启明县学生	光华监生	镇	天佐	之藩	仁璋以子洪道敕赠文林郎	乾道以弟洪道貤封文林郎	
								洪道嘉庆己卯科举人，官永顺府教授	则典署云南镇元直隶厅新抚巡检，保知县加五品衔

河北陈氏。隶文洲局沙田围。其先曰忠藩，江西新淦县人，明洪武中迁湘阴。子孝履、孝筠，俱县学生。孝履传十二世至名橓；孝筠传十二世至名青、名官。

名橓	正华	泽榉	立番	本浩监生，安徽候补县丞，署宣城县县丞
名青县学生	正物以孙立达貤赠文林郎	泽珍以子立达敕封文林郎	立达优廪生，光绪丙子科举人，拣选知县	
名官以曾孙春和诰赠振威将军	正棠以孙春和诰赠振威将军	泽昱以子春和诰赠振威将军	春和以军功累保总兵，加提督衔，赏超勇巴图鲁名号	

夹洲陈氏。隶文洲局。其先曰尚照，福建莆田县人。尚照生永秀，雍正五年迁湘阴。永秀生德山。

德山以曾孙有昇诰赠振威将军。	光裕以孙有昇诰赠振威将军。	名声以子有昇诰赠振威将军。	有昇以军功保提督，赏坚勇巴图鲁名号。

之运以孙宏勋赠奉政大夫。	开崑以子宏勋诰赠奉政大夫。	宏勋官安徽休宁县知县，加五品衔。

盛文以军功保游击。以上世系、源流未详。

右陈氏，宋进士一人、举人一人；明举人二人；国朝进士一人、举人二人、知县一人、提督一人、总兵一人、游击一人。

剑滩杨氏。隶大荆局。其先曰镇科。洪州丰城县人。五代唐同光中迁湘阴。案，《益阳县志》：五代唐同光二年，高安蔡邗领洪州三百户来潭州开垦。剑滩杨氏与白水冲张氏、棣园周氏，其先并洪州人，同光中迁湘阴，当即蔡邗所领三百户也。又，白茅村许氏、九桥王氏、一都彭氏、桃林吴氏、铜盆里吴氏，其先并吉州人，亦于同光中迁湘阴。吉州与洪州接壤，疑是时偕洪州户来潭开垦耳。镇科生琬乾，琬乾生首臻，首臻生九思。

九思宋雍熙元年举人，凡传十一世，至孟锦、孟先、孟鉴	孟锦明县学生，迁荆竹塘	采明永乐中例贡 暠明永乐中岁贡，官南直隶安庆府通判	富	正春	昂	廷明嘉靖中岁贡，官江西袁州府照磨
	孟先迁白江口					
	孟鉴迁白雁塘					

白江口杨氏。隶归义局。

孟先凡传九世，至天鸾、天锦	天鸾	应鹏	启继	之炳康熙甲午科举人，聘充广西己酉同考试官			
	天锦	应禘	启沃雍正丙午科举人				
		应祥	启瑞	之搴	懋楫	昭焌	培元道光壬午科举人

白雁塘杨氏。隶石子局。

孟鉴凡传十世，至子为	子为	鉴清	任贤	云祥以军功保提督，借补长江水师荆州营右哨都司

马公坝杨氏。隶中塅局。其先曰惟忠，江西丰城县人。本王姓，元末官利州安抚使。惟忠生铭孝，以避余诲祸，易姓杨。案，旧志：《杨世聪传》：祖惟忠不屈权奸，为余诲诬奏，所诬事未详。铭孝生元亮，迁平江。元亮生子清，明洪武中迁湘阴之大桥。子清生贵孙，贵孙生世财、世聪，世财居大桥，世聪迁今地。凡传五世至廷佾，明县学生，生东清、东演、东渭。

东清明万历中岁贡	邦宪增生	逢生县学生	枝焯县学生	茂炎监生	先威历官山东东昌府经历		
	邦宠顺治己丑岁贡						
	邦琮廪生						
		逢蔚增生	枝迈	茂淳乾隆己巳岁贡			
		逢说县学生			先博		
			枝任县学生	茂从		培鼎	敬廷道光乙巳岁贡
			枝遵	茂举乾隆庚午恩贡			
		逢朁康熙乙酉岁贡					
			枝建康熙五十四年进士，官山东海丰县知县	茂论乾隆庚午科举人，官四川荣昌县知县			
					先仪乾隆己卯科举人，历官浙江杭州府督捕同知		
				茂诣监生，以子先仪敕赠文林郎			
				茂诠监生，以侄先仪貤赠文林郎			
					先仔官云南昆明县县丞		
				茂谕官广东增城县主簿			
	邦彦县学生						
		逢招	枝从		先桂道光丁亥岁贡		
东演				茂苜			
	邦畿县学生						
		逢玉县学生	枝淮乾隆壬申恩贡				
东渭							

	邦辅	逢琼康熙壬午科举人,官贵州龙泉县知县	枝纶乾隆乙亥岁贡				
			枝绵乾隆壬申恩科举人,历官凤凰厅训导、湖北汉阳府教授	涛增生	先铎嘉庆庚申恩科举人,历官永顺府教授		
	邦鹏例贡	逢英附监生,加州同衔	枝修	茂锦	先标以孙大年,貤赠奉直大夫	培元以子大年,诰赠奉直大夫	大年官甘肃肃州知州,加四品衔
			枝亿县学生	茂曦凡传四世,至本浚		本浚	文鹤同治丁卯科武举

大桥杨氏。隶界都局

世财凡传十二世至国顺	国顺	昌光嘉庆癸酉科举人		
	国瑞以曾孙昺楠貤赠武义都尉	昌盛以孙昺楠诰赠武义都尉	宏连以子昺楠诰赠武义都尉	昺楠以军功保参将,借补长江水师提标中营左哨五队把总

三角坝杨氏。隶铜盆局。其先曰鳌，本萧姓，为杨廷用养子，遂从杨姓。鳌传五世，至启祥、启尧。

启祥	瑝乾隆十年进士，翰林院庶吉士 瑗乾隆辛巳岁贡，官辰州府训导 琳乾隆丁卯科举人，历官华容县教谕 琼乾隆丁卯科举人，官江苏苏州府海防同知，改官衡山县教谕	德炳 德谦嘉庆甲子科举人	培之嘉庆戊辰恩科解元
启尧	玟乾隆己卯科副榜		

大湾杨氏。其先曰添相，江西吉水县人，明洪武中迁湘阴。添相传十一世至之识。

之识	士法乾隆庚子科副榜

小桥杨氏。隶石子局。其先曰迪昌，江西高安县人，明洪武中迁湘阴。迪昌传六世至正琫、正乔。正琫生毓丰；正乔生毓秀，县学生。

毓丰	训龄	廷瑛嘉庆丁卯科举人，充国史馆誊录				
毓秀	亿龄	廷镜	同达	观岱	法庆	世俊同治庚午科举人

长乐杨氏。隶长乐局。其先曰忠衢，江西南昌县人，明洪武二年迁湘阴。忠衢传十世，至兴麒，生启德。

启德	应阀	胜略	载勋	隽道光己酉科恩赐举人

临泚口杨氏。隶临泚局。其先曰仲旺，江西清江县人，明正统中迁临湘。仲旺传八世至登岩，康熙中迁湘阴。

登岩监生	文章监生	武闱候选州判	世照廪贡生，官武冈州训导	忠傅以军功保知县，署广东凌水县知县

佘家垸杨氏。隶临泚局。其先曰觉荫，江西丰城县人，明季迁湘阴之马公坝。沉荫传五世。至支理，迁今地。

支理	茂典	先容	培益	春华以军功保总兵，加提督衔
谦万以军功保总兵，赏卓勇巴图鲁名号，为林兴围杨氏，而世系不详				

案，中峰杨氏隶三峰局，亦近时巨族。

右杨氏，宋举人一人；明岁贡三人、通判一人、照磨一人；国朝进士二人、举人十八人、武举一人、知州一人、知县五人、提督一人、总兵二人、参将一人、都司一人。

县前王氏。隶附城局。其先曰中行，郢州人，宋宣和三年进士，官潭州佥判，占籍湘阴。中行生继老。其先于中行者曰维岳，宋进士。后于中行者曰宗儒，明岁贡，官户部主事；曰以谦，明举人，官无为州训导；曰文彬，明举人，官崇宁县知县；曰永安，明举人；曰继志，明教谕，官乐安县教谕。而世次皆不详。

继老宋襄阳通判	正蒙宋主簿

案，继老、正蒙仕履见旧志《流寓王中行传》。《选举志》未著录，疑中行初居湘阴，继老、正蒙尚由郢州籍补官耳。

百亩圫王氏。隶归义局。其先曰旭旦，江西宜春县人，明洪武中迁湘阴。旭旦生用彰。

用彰明永乐中，官广西道监察御史。案，《王氏谱》：用彰一名士兴

枫树塘王氏。隶石子局。其先曰道常，江西丰城县县学生，明初迁湘阴。道常传五世至正教。

正教明万历中岁贡	有卿以孙之锜诰赠中宪大夫	文训以子之锜诰赠中宪大夫	之铉	邦蕃	立纪监生，以子本灏貤赠修职郎	本灏乾隆辛卯科副榜，官龙山县训导
				邦屏县学生，以子立恕貤赠修职郎	立恕乾隆庚辰恩科举人，官会同县教谕	
			之钛增生	邦翊监生，以子立槐貤赠修职郎	立槐乾隆壬申恩科举人，官江西万年县知县	
			之锜康熙丙子科举人，历官江安粮道江宁布政使。祀乡贤	邦光雍正八年进士，官云南阿迷州知州		
				邦霖乾隆乙酉科举人		

城南王氏。隶附城局。其先曰思宝，本刘姓，邵阳县人，明嘉靖中袭都指挥使职，避家难，迁湘阴。思宝传三世，至学刘，从继父姓为王氏。

学刘	启祖乾隆元年以耆寿，钦赐八品顶戴	宏显乾隆戊午科举人，官临湘县教谕

案，《宝庆府志》：邵阳指挥刘氏，其先曰玉盛，吉州太和人，官邵州刺史；十一世瑛仲，锦衣卫指挥；十三世朝宣，平越卫指挥；十六世仲思、思亲，职衔未著录。疑思宝为仲思、思亲兄弟行，其避难事迹无考。

韩湾围王氏。隶白马局。其先曰子旭，湖北沔阳洲人，康熙三十二年迁湘阴。

子旭	禹凝	文奇监生 正奇	鼎元嘉庆庚申恩科武举 志凌	 逢达道光辛卯科武举

九桥王氏。隶铜盆局。其先曰衮，吉州人。五代唐同光中寓居云南，避石晋乱，迁湘阴之埤山下。衮传二十一世至友彬，生宠、佐。

宠	朝裔	用征	立师县学生	之翰	文韬	启选以曾孙金楷貤赠武翼都尉	宗诒以孙金楷诰赠武翼都尉	祖志以子金楷诰封武翼都尉	金楷以军功补陕西兰州城守营参将，保升总兵加提督衔，赏健勇巴图鲁名号
佐	朝敕	用予	立柄县学生	之选	文茭	启羽	宗镩	祖权道光丙午科举人，充咸安宫安学教习	

锡福围王氏。隶临泚局。其先曰运筹，湖北沔阳州人，康熙中迁湘阴。

运筹	际虞	家玥	国璜 国宾提举衔，候选教谕	隆升以子昌南诰封奉直大夫	昌南县学生，以军功保知县留安徽补用，加知州衔，署舒城县知县

王思岩王氏。隶中塅局其先曰显坝，江西吉水县人，明洪武二十二年迁浏阳。显坝生伯明，伯明生琛。正统三年，偕弟广迁湘阴。

琛明县学生,凡传十世至祚彬,生宏演	宏演	兴江以孙平西诰赠武功将军	仁亮以子平西诰赠武功将军	平西以军功保提督,赏刚勇巴图鲁名号
广凡传十世至祚诰,生宏元	宏元以曾孙正枝诰赠振威将军	兆兰以孙正枝诰赠振威将军	光斗以子正枝诰赠振威将军	正枝以军功保提督,赏换乌勒西苏巴图鲁名号

王通垸王氏。隶白马局其先曰文远，江西吉水县人。元至正中迁袁州之萍乡县，再迁湘阴。文远传十四世至元解。

元解监生,以曾孙衍庆诰赠建威将军	正甡以孙衍庆诰赠建威将军	光陕以子衍庆诰赠建威将军	衍庆以军功保总兵,加提督衔,赏猛勇巴图鲁名号 衍畴以军功保游击

右王氏，宋进士一人；明举人三人、岁贡三人、主事一人、教谕一人、监察御史一人；国朝进士一人、举人七人、武举二人、知县一人、提督二人、总兵一人。

一都彭氏。隶塾塘局。其先曰滐。吉州庐陵县人。案，一都《彭氏谱》：滐，唐封正侯。旧志《流寓》：五代彭永存，其先大梁人。周显德间，以邓骘徙封罗侯，与许氏、李氏、戴氏随邓氏来湘居焉。邓骘徙封罗侯在汉延光中，旧志误为周显德间，府志易作以平邓骘功徙封罗侯来湘阴，乾隆《志》易作以功徙封罗侯来湘阴，遂以徙封罗侯属之永存之先，《彭氏谱》又易罗侯为正侯。展转相讹，愈不可解。要之，彭氏之先当为高安蔡邗所领洪州三百户来潭开垦之一，详见剑滩杨氏分注。又案，乙山《彭氏谱》：明参议谦之父贵，贵之父永存；永存，滐之十六世孙。以谦登第之年推之，永存当为元人，旧志列之五代尤误。五代唐同光二年迁湘阴，滐生鄹。鄹生子高、子达。

<table>
<tr><td rowspan="4">子高</td><td rowspan="4">署祖</td><td rowspan="4">介宋大中祥符八年进士，知柳州，传五世至里善，生文琮、文德</td><td rowspan="3">文琮传八世至拱辰，生晋侯、坤大、济川</td><td>晋侯</td><td>希诚明洪武十一年举明经，传十五世至清会</td><td>清会</td><td>先第道光己酉科副榜</td></tr>
<tr><td>坤大</td><td>希周明洪武初，官湘阴州同知</td><td>奎</td><td>琦明宣德中岁贡</td></tr>
<tr><td colspan="2">济川传五世至潜，生表</td><td colspan="2">表明嘉靖中岁贡，官浙江桐庐县知县</td></tr>
<tr><td>文德传十三世至淳</td><td colspan="2">淳</td><td colspan="2">仲春官江西宜春县知县</td></tr>
<tr><td colspan="8">子达宋政和中举八行，官广南提点坑冶铸钱司干办官</td></tr>
<tr><td>晃</td><td>鼎</td><td colspan="3">慥宋皇祐元年进士，历官太常博士</td><td colspan="3">子民宋元丰五年进士，历官员外郎，通判邵州
子中宋元丰五年进士</td></tr>
</table>

案，彭氏为邑望族，历年最久。《彭氏谱》载始迁祖泷，再传至子高、子达，而刘少师挚撰《彭慥墓志》次其家世，四传乃至子民、子中。犹称其世为潭之湘阴人，其时为熙宁六年，见《忠肃集》。《彭氏谱》竟不能详，故专次之于此。《选举志》：宋进士彭亚，宋举人彭宗燧，世次不详，或外徙，或别枝，皆无从考。

乙山彭氏。隶塾塘局。

郑浃之次子	子俊凡传十四世至永存，生贵	贵以子谦贵赠监察御史	谦明永乐四年进士，历官四川布政司左参议，祀乡贤。凡传七世至良玎、良璋	良玎明县学生，凡传七世至脩乾，生兰谱 良璋明隆庆中岁贡，官广西岑溪县知县	兰谱嘉庆乙亥岁贡	幸鲁	长春武生，官临武千总，以军功保升贵州古州镇总兵

案，旧志《流寓传》：彭永存，其先大梁人。《彭氏谱》作庐陵人。

大众塅彭氏。隶归义局。

瓘郻之二十世孙，明正德中自江西丰城县迁湘阴，凡传二十八世至述慕	述慕	珴嘉庆戊午科解元	绍谦道光己酉岁贡

图头湾彭氏。隶凤凰局。

子杰郑之次子，凡传十五世，至思义	思义明洪武中迁今地，凡传十一世，至启鸾，生崇九	崇九以孙大琛貤赠奉政大夫	昌贤以子大琛诰赠奉政大夫	大瑛以子符甲敕赠登仕郎 大琛候选同知	符甲道光己酉科举人，内阁中书，陕西补用知府

山底彭氏。隶塾塘局。

添弼郻之十八世孙，元延祐六年迁今地，凡传十二世至胜任，生永御	永御以曾孙芝亮诰赠振威将军	正星以孙芝亮诰赠振威将军	本恒以子芝亮诰赠振威将军	芝亮以军功保提督，赏瑚松额巴图鲁名号 世昇以军功保副将，赏冲勇巴图鲁名号，留湖南补用保升总兵，仍留南补用，署永绥厅参将

毛家坝彭氏。隶塾塘局。

世安鄹之十九世孙，明中叶迁今地。凡传十世至胜光，生渭英	渭英	会中	九凌	文兴以军功保总兵，赏效勇巴图鲁名号

樟树港彭氏。隶樟树局。

梦尧鄹之二十七世孙，明万历中自长沙高仓迁湘阴，凡传六世至宏佐，生光远	光远以曾孙道明，貤赠武功将军	家贵以孙道明诰赠武功将军	有朋以子道明诰封武功将军	道明以军功补江南京口水师左营都司，保升副将

凤凰台彭氏。隶凤凰局。其先曰子英，沔阳州人，明嘉靖中迁湘阴。子英传八世，至学庠，生成英。

成英以孙华翰貤赠奉直大夫	宏发监生 宏显监生以子华翰诰赠奉直大夫	华友道光己亥恩科举人 华翰候选州同 华夏	如苏布政司经历衔	原铣同治丁卯岁贡

案，大桥彭氏隶归义局，彭家墩彭氏隶武昌局，皆邑巨族也。

右彭氏，宋进士六人、举人一人、制科一人；明进士一人、岁贡三人，州同知一人、知县一人、训导一人；案，希周官本州同知，见《职官表》，故《选举表》未著录。国朝举人四人、岁贡三人，提督一人、总兵二人、都司三人。

桃林吴氏。隶桃林局。其先曰思道，唐洪州人。案，《吴氏谱》：思道，唐咸通中官洪州节度使。洪州，唐置都督府，隶江南西道采访使，无节度使。思道生天申、天佐、天佑。五代唐同光中，天佑迁湘阴，天佐迁平江，天申别为铜盆里吴氏。

天佑凡传四世，至樵、抃	樵	嘉之宋宣和六年进士，官鄂州汉阳县尉									
	抃宋皇祐元年进士										
		采之宋宣和六年进士									
		文惠	迈宋绍兴八年进士，凡传六世至桂芳、梦芳。桂芳生炜，梦芳生和卿、寿卿、季孙、庆孙	炜明洪武中岁贡							
				和卿凡传十四世至成生		成生县学生	之彦县学生，道光癸卯科恩赐举人				

				寿卿	寅明正统丁卯科举人，官广东万州知州，凡传五世至子浦，生允继、允亿、允宏	允继凡传七世至成谟，生德远		德远乾隆丁卯岁贡			
						允亿明县学生，凡传七世至成谟，生德新		德新以孙炳崑貤赠中宪大夫	安裕以子炳崑诰赠中宪大夫	炳崑县学生，以军功保道员，留湖北补用	
						允宏明县学生，生子兴、习兴，习生崇魁、崇尧	崇魁	道皇康熙甲寅岁贡	大售县学生	邦怀康熙己亥岁贡	成能雍正壬子科举人
								道林康熙庚申岁贡			
								道旦康熙中岁贡			

							崇贤凡传五世至德绅，生安宝		安宝同治癸亥岁贡		
					孟芳明嘉靖中岁贡，官光禄寺丞，凡传五世至子昱，生允纪、允介	允纪凡传七世至德铨，生宾		宾乾隆戊申预行正科举人			
						允介明隆庆中岁贡，官南直隶临淮县知县	兴仝	三乐明崇祯中岁贡			
				季孙明举明经							

				庆孙 生子思达，思达生琏	琏 明成化丙午科举人，历官山东盐运使	廷让 明直隶真定县仓大使	必显 明嘉靖中岁贡，官浙江桐庐县知县					
							必用 明嘉靖中岁贡，官浙江金华府教授	凤 明广东保昌县典史				
						崇 明正统中岁贡，官四川南川县知县						

案，《吴氏谱》：道羽官桂阳州知州，为道皇兄弟行。旧志《选举》未著录。罗湘《骚雅集》明季邑人吴应台与鄷之馨、徐摇举、周良仕、吴羽道立社白鹤观，甲申后，应台历仕唐王、永明王，之馨隐于禅，摇举中隆武丙戌乡试，良仕以诸生入本朝充贡，羽道事迹无考。疑羽道即道羽，当与应台同仕永明王，授官桂阳。后湘楚投诚，羽道以格于功令，故其仕履不传耳。

铜盆里吴氏。隶铜盆局。案，《吴氏谱》：始祖天申，唐季官荆湖节度使。据史，宋始置荆湖路，唐为江南道，有采访使，无节度使。旧志：吴维申，字崧老，邵武人，祖骧知郴州，父振知宜章，与王继老为姻，因家湘阴。子四，皆娴经学，有领乡荐者居长渠塅。疑天申即维申，而朝代、籍贯误耳。

天申五代唐同光中迁醴陵，旋迁湘阴，凡传十五世，至世荣、世杰	世荣	昌明永乐癸未科举人，官广西布政司右参政		
	世杰	仪明永乐癸未科举人，官山东新城县教谕	时达明正统中岁贡，官河南项城县知县	

	敬德凡传十二世，至青海、青涟	青海以孙灼贻赠奉政大夫	峻乾隆壬午科举人，以子灼贻赠奉政大夫	灼乾隆五十四年进士，翰林院检讨改授内阁中书，历官陕西榆林府知府	心哲嘉庆丁卯科副榜		

					必哲	鸿举	大安以军功保知府，留安徽补用
				焜	恭先县学生	淮道光丙午科举人	
		青涟	凝辰	开达	楚珵咸丰戊午科举人		

栗头源吴氏。隶界都局。明时吴氏著籍者曰嘉聪，进士，官山西按察司副使；曰嘉言，官崇善县知县；曰琼，举人，官新城县知县；曰璞，举人，官户部郎中。而世次皆不详。

天佐五代唐同光中占籍平江，旋迁湘阴，凡传十六世至铁	铁明县学生	寅	孔皆明正德庚午科举人，官四川彭县教谕

案，旧志：明《选举表》有两吴寅，一正统丁卯科举人，桃林吴氏举人成能，贡生道皇、道林、道旦、邦怀、德远、安宝，道员炳崑之祖也；一正德九年进士，徙籍山西孔皆父寅，疑即徙籍山西之吴寅，而子孙或仍留原籍。谱称寅，明正统丁卯举人，与桃林吴氏谱重，故未著录。

桥后吴氏。隶新市局。其先曰文湘，江西丰城县人，明成化中迁湘阴。文湘生金堂，金堂生大贵，大贵生云龙。

云龙以子应台敕封儒林郎	应台明崇祯七年进士，官浙江浦江县知县。隆武建号，洊擢辰沅兵备副使。祀乡贤	宜振明廪生，以孙翼行貤赠文林郎	宏晋县学生	翼国监生	亮暄嘉庆己未岁贡	
			宏鼎县学生，以子翼祖敕赠文林郎	翼世乾隆丙辰恩贡	亮柏县学生	灿才乾隆己卯恩贡
				翼运县学生	亮模乾隆甲寅恩贡	
				翼祖雍正己酉拔贡，历官福建厦门海防同知	亮楷监生。以子璜貤封登仕郎	璜官广东潮州税课大使
				翼德雍正乙卯拔贡		
			宏道监生，以子翼行敕赠文林郎，祀乡贤	翼行乾隆甲子科亚元，历官河南信阳州知州		
				翼为监生，以子亮融貤赠登仕郎	亮融官安徽凤台县典史	
				翼传乾隆壬申恩科举人		
	景台	宜临	宏仕			

六都吴氏。隶申明局。其先曰俊甫，湘潭县人，元至正二十四年迁湘阴。俊甫传七世至胜远、胜颜、胜孟、胜松。

胜远凡传十世至开文，生运亨	运亨县学生	英樾道光二十四年进士，官浙江黄岩县知县		
胜颜　尚照	存週例贡	文蔚县学生	万锦康熙己丑岁贡	
胜孟凡传六世，至启祥，生道尧	道尧例贡	大绅官江西袁州府同知	宏猷历官山西辽州、保德州知州	瑛附贡生，历任湖北汉阳、云梦、房县等县知县 开煦附贡生，官巴陵县训导
			宏焘廪贡生。历官顺天房山县知县	
胜松凡传六世至启相，生道凯	道凯	大云官乾州协标左哨千总 大全嘉庆丙子科武举，官九溪营守备		

石板吴氏。隶中塅局。其先曰元三，明南直隶江都县人。洪武初，中山王徐达定湖南，元三充右护卫，占籍长沙。元三传三世，至髦梓，永乐中迁湘阴。髦梓传十一世至文正、文升。

文正以孙赟貤赠奉直大夫	名昇以子赟诰赠奉政大夫	赟道光癸卯科举人，历官山东平度州知州
文升监生，以侄孙赟诰赠奉政大夫	名植监生	国镛光绪己卯科举人，庚辰进士

狮子岭吴氏。隶高坊局。举人一人曰鸣鹤；又武举一人曰浩，官贵州千总；曰禧德，以军功保总兵加提督衔；曰盛典，以军功保副将。惟鸣鹤为狮子岭吴氏，浩、禧德、盛典，并里居亦不详。

鸣鹤道光丙午科举人

案，大洪山吴氏隶营田局，栗山吴氏隶石子局，唐马吴团吴氏隶白水局，又青山吴氏、一姓围吴氏，并县旧族。旧

志《流寓》载：吴仲堪，兖州人，大观中进士，官朝请大夫，居湘阴兴化寺前。今莫辨知为何族也。

右吴氏，宋进士四人；明进士三人、举人七人、岁贡八人，知州一人、制科一人、知县六人；国朝进士四人、举人十二人、拔贡二人、恩贡三人、岁贡八人、武举一人，道员一人、知府二人、同知二人、知州三人、知县三人、总兵一人、副将一人。

桥亭李氏。隶申明局。其先曰阡，河南新野人。汉延光中，随罗侯邓骘徙罗。阡之裔曰廷铨，生申之。湘阴县族流传之远，无如桥亭李氏。宋、明时著籍者：曰孝孙，宋进士；曰逊明，举人；曰仕荣，明岁贡，官郁林州州判；曰兰明，岁贡，官凤翔县知县；曰晟明，岁贡，官淮安府通判；曰奎明，岁贡，官高安县知县。而世次皆不能详。

申之宋政和二年进士，知全州灌阳县，凡传十世至永良，生尚义、尚仁	尚义明成化甲午科举人，官南直隶巢县知县		
	尚仁	玉山	自昭明隆庆中岁贡

案，旧志称：桥亭李氏与金鸡山邓氏、穆屯许氏、桃林吴氏、乙山彭氏、长里戴氏，为宋时邑中六巨族，今戴氏微而长里之名亦无有能举之者。

荆塘围李氏。隶临泚局荆塘围，错居县城、安山桥、桃林各处。其先曰唐，唐西平王晟之七世孙，居庐陵谷村，为今江西吉水县地。唐传十九世至仰光、仰茂，案，仰光字重九，仰茂字重十。旧志《流寓》皆称字。元至正初，迁湘阴。

仰光凡传十四世至秩官	**秩官**以曾孙文益诰赠振威将军	**协泗**以孙文益诰赠振威将军	**太常**以子文益诰赠振威将军	**文益**以军功保提督，赏容勇巴图鲁名号，补云南腾越镇总兵						
仰茂凡传四世至式祖，赓生，生成	**成**明弘治元年恩贡，官江陵县训导，升道州学正	**道明**明弘治中选贡，官南直隶寿州州判	**鹏**明嘉靖中岁贡，官江西奉新县知县，以子廷龙赠监察御史	**廷佐**	**启**明嘉靖乙卯科举人，历官云南弥勒州知州、益王府长史					
				廷龙明嘉靖三十二年进士，历官江西按察使，祀乡贤	**照**明万历中选贡，官国子监助教					
					勋明万历中选贡，历官浙江富阳县知县	**盛春**明天启中选贡，官广东乳源县知县	**象玉**明万历中例贡，官鸿胪寺序班			

文观乾隆癸巳岁贡	
天柱康熙辛卯科解元，官山东蒲台县知县 天权乾隆癸酉岁贡	遵植候选同知 遵蕃中书科中书
观青县学生 观泮县学生	
象珠明崇祯中选贡，官衡州府教授 象琯康熙中岁贡，官湘阴县县丞 象瑛康熙中岁贡	法甲以子遵植诰封奉政大夫
	锦璋以孙遵植貤赠奉政大夫
	凡传八世至锦璋

神仙坳李氏。隶申明局。其先曰公寿，平江县之岑川人。出自唐成王皋，明初迁湘阴。公寿生福景，福景生志富，志富生秀海，秀海生子春。

子春明洪武中岁贡，官福建龙溪县县丞	项明县学生	文琏明县学生	伯乔	益春	世袭	一元	仲瑚	之洧	泮飞乾隆己卯科举人

高华冲李氏。隶申明局。其先曰迁伍，江西丰城县人。元元统中迁长沙之下泥港，明洪武中迁湘阴。迁伍传十三世至逢璜，生发芝。

发芝以曾孙星沅诰赠光禄大夫	世亮以孙星沅诰赠光禄大夫	畴嘉庆甲子优贡，官桂东县教谕。以子星沅诰赠光禄大夫	星沅道光十二年进士、翰林院编修，历官两江总督、太子太保，谥文恭	杭道光二十四年进士、翰林院编修	辅燿同治庚午优贡，以教职用，署安仁县训导；丙子科副榜，浙江补用道
				概以捐输赏举人，候选道加盐运使衔	
				桓廪生，官江西布政使司、护理江西巡抚	
			星溶增生。官桃源县训导，以侄杭官貤封儒林郎、翰林院编修	廷柱监生，保举分缺先用通判，加盐提举衔	
				桢县学生，官湖北巴东县知县，加同知衔	
			星渔县学生运同衔		

曹公塘李氏。隶申明局。其先曰泗，江西丰城县人。明初偕族弟宏迁湘阴。

泗凡传十六世至逢玺,生新甲	新甲	成以子南英貤赠修职郎	南英嘉庆庚午科举人,官绥宁县教谕	峻泉同治丁卯府学岁贡
宏凡传十四世至仲纯,生年溥	年溥县学生,以曾孙国良诰赠振威将军	程发县学生,以孙国良诰赠振威将军	新澍道光癸卯岁贡 新源以子国良诰封振威将军	国良以军功保总兵

文洲围李氏。隶文洲局。其先曰文璧，福建莆田县人，雍正四年迁湘阴。

文璧州同衔	名世监生,以孙廷俊貤赠文林郎,晋赠奉直大夫	德藻优附生,以子廷俊貤赠修职郎,晋赠奉直大夫	廷俊道光戊子科副榜,官辰州府教授,加盐提举衔

涝溪桥李氏，隶中塅局。其先曰福，江西吉安县人。出自唐西平王晟，明初迁湘阴。福传十一世至宏举，生枝胜。

枝胜	茂楷	盛化	大刚道光庚子科武举 大交道光癸卯科武举

石牛冲李氏。隶申明局，错居县城。其先曰肇兴，江西南昌县人，明洪武元年迁湘阴。肇兴传十三世至培源，生世梁。

世梁以子得春敕赠文林郎	得春道光二十七年进士,山东即用知县,改授永州府教授	运芳同治壬戌恩科,并补行己未恩科举人

白马市李氏。隶白马局。

斐然以曾孙振绅貤赠中宪大夫	奎亭以孙振绅诰赠中宪大夫	焕炳以子振绅诰赠中宪大夫	振绅监生,加捐县丞,以军功保甘肃同知,补缺后以知府升用,赏戴花翎

车田坊李氏。隶长乐局。其先曰秀，平江县之岑川人，明洪武中迁湘阴。秀传九世至春雷，生启超，县学生。启超生枝藻，县学生。枝藻生宏纲。其壬戌恩科钦赐举人，曰昭翼，亦车田坊李氏，

而世次不详。

宏纲雍正癸卯岁贡，官芷江县训导	世隽	懋信乾隆己亥岁贡，官宜章县训导

许家墈李氏。以军功保参将一人曰湘容，保都司一人曰春堂，而世次皆不详。

湘容以军功保参将 春堂以军功保都司

石桥墈李氏。隶桃林局。其先曰元迎，江西丰城县人，明洪武中迁湘阴。元迎传十七世至隆典。

隆典以军功保总兵，赏奋勇巴图鲁名号

县城李氏。其先出自唐西平王晟。明中叶，由江西吉安府吉水县谷村迁湘阴。始祖宗贵，生焕、文亮、应时。

启凰	邦誉	正祥	国用监生	清琇监生	泰灏以孙钠貤赠中议大夫	家熙以子钠诰赠中议大夫	钠湖北府经历，累保知县、直隶州，历任郧西、钟祥等县知县，荆门州知州，补兴国州知州，署汉阳县知县三品升衔。

案，丁家垅李氏隶武昌局，河南市李氏隶归义局，酾塘围李氏隶临泚局，并邑旧族也。

右李氏，宋进士二人；明进士一人、举人三人、岁贡七人，通判一人、州判二人、知县六人；国朝进士三人、举人八人、武举二人、优贡二人，总督一人、布政使一人、州判一人、提督一人、都司一人、参将一人、总兵二人、知县二人。

禄塘铺邵氏。隶石子局。其先曰维，宋康节公雍之弟。嘉祐中，官左卫率府率，占籍湘阴。维生珪、玘、琥。

珪宋崇宁三年进士，凡传六世，至宣，生廷燧	廷燧元延祐五年进士，凡传七世至宗义、宗智	宗义	万宁	良琬	金人	演明嘉靖庚子科举人，官河南阌乡县知县	椿明嘉靖中例贡		
		宗智以子敏赠户部主事	贵明四川盐亭县典史						
			富	良瑛	金华明万历中岁贡				
			敏明成化八年进士，历官户部主事、山东布政司参政，以孝义旌，祀乡贤	良玠	金斗明县学生	梁	棣	魁明嘉靖中岁贡	
				良珽	金英	汨	楷		
						洛明万历中岁贡			
						濄	果	乌	璧明嘉靖中岁贡，官江西安仁县县丞
玘宋元祐六年武科中第									
琥凡传六世，至宏，生廷瓒	廷瓒元延祐二年进士								

右邵氏，宋进士一人、武科一人，元进士一人，明进士一人、举人一人。

铜含口胡氏。隶丰仓局。其先曰皺，洪州南昌县人，刘宋阳山县男藩之二十六世孙，唐侍御史，迁新吴县之华林，为今奉新县地。皺生珰，膳部员外郎。珰生令斌，潭州都督，迁西山。斌传四世至宠，宋景德中官西川都统制。宠生子道，知峡州。子道传十七世至曰贤，明初迁湘阴。曰贤生左孺。左孺生友云。友云生从明、臣明。

从明明天启丁卯科举人，历官南直隶苏州府同知，祀忠义	士谅居脍鱼桥，凡传五世至南宗，生光玉	光玉	宏远	都训	美山以军功保游击，留福建补用，署同安营灌口汛都司
臣明	士徵　景虞	以礼 亨礼	之沛 之壝县学生	南万 南英道光乙未岁贡 南瑞乾隆己酉恩科武举	植本咸丰丙辰岁贡

营田胡氏。隶营田局。其先曰伯龙，江西人，明洪武中迁湘阴。伯龙传六世至永福，生本佐、本忠。

本佐 本忠	国治 国清乾隆丙子科举人	家凤	开英道光辛巳恩科举人，官耒阳县教谕

许家坝胡氏，隶三峰局。其先曰登高，江西吉水县人，明洪武初迁湘阴之荆塘。高登传十世至其扬，迁今地。

其扬	中饶	先铭县学生	德资	昭翥乾隆庚子科举人，官武陵县教谕，选补江西吉水县知县

案：其扬养于荆塘张式，子孙从张姓。昭翥初名坤藻，乡试中式后始复本姓，易今名。

晒谷石胡氏。隶大荆局。其先曰济，江西奉新县人，明天顺中迁湘阴之洞井源。济传七世至启仁，康熙中迁今地。

启仁	胜安以孙添锡貤赠昭武都尉	应灏监生	添谟监生，以子发容貤封修职郎	发容嘉庆癸酉科举人，历官城步县教谕
		应沅监生，以子添锡诰封昭武都尉，以孙世琬貤封奉直大夫	添棠官直隶长芦盐知事	
			添锡候选都司衔，以子世琬诰封奉直大夫	世琬以通判署湖北德安府知府 世富官江苏溧阳县丞
			添爵官云南宾州吏目 添松附贡，官浙江临平镇税课大使	

新市胡氏。

佳照嘉庆庚午科恩赐副榜

桃林胡氏。

炳先同治壬戌恩科恩赐举人

林湖胡氏。

贵廷以军功保提督，赏诚勇巴图鲁名号

案，荆塘围胡氏隶临泚局，庄家岭胡氏隶白马局，并旧族也。而各族可纪者，并自明初迁湘阴。宋《科举志》已有胡添辉，宣和三年进士，而世次不能详。

右胡氏，宋进士一人；明举人一人；国朝举人六人、武举一人，知府一人、提督一人、都司一人。

前二都黄氏。隶高坊局，错居石子局之油铺坪。其先曰玉武，江西丰城县县学生，明洪武中迁湘阴城北，再迁今地。玉武生篪。黄氏皆始于明，自明以前著籍者曰抗，宋进士；曰振，宋进士，官鼎州司户；曰子雅，宋举人；曰天禧，元举人。其世系皆无可征。

篪以子钺赠户部主事	钊明成化中岁贡 钺明成化十一年进士，历官南京户部员外郎、太常寺少卿	本潮明万历中岁贡，凡传八世至道镕，生生溥	生溥监生，以孙齐昂贻赠昭武都尉	业修以子齐昂诰封昭武都尉 修秩道光辛巳岁贡，世系未详	齐骥以军功保知县，留安徽补用 齐昂以军功补安徽广德营都司，调补寿春营都司

青狮桥黄氏。隶长乐局。其先曰荣一，江西宁州人，明洪武二年迁湘阴。荣一生崇福。

崇福	公远	希道	澄	仲显	惟尧例贡	卷例贡，官浙江台州府通判 甲明天启中岁贡，官四川眉州州判 道伸监生，以孙锦诰赠朝议大夫	森州判，知五品衔，以子锦诰赠朝议大夫	锦州同，加运同衔 缦以知县分发河南，加同知衔 大中监生，由州同加知府衔

案，惟尧，旧志作永乐中例贡；卷，旧志作宣德中例贡。《黄氏谱》均未著年代。甲与子先炳同死献贼之难，见《一统

志》，其为天启岁贡无疑。自天启元年上距宣德末年，凡一百七十八年，又前至永乐末年一十一年。惟尧，甲父；卷，甲兄。其充贡之年，不应相距如此之远，旧志缺。

河塘黄氏。隶归义局，错居凤凰局、桃林局。其先曰元琛，宋婺州金华县人，知江南西路临江军，占籍清江县之大中坊。元琛传十五世至先仕，明贡生，嘉靖中迁湘阴。案，先仕字象六。旧志《流寓》作黄象六。先仕生楫，楫生如璞、如珪。如璞传四世至名登、名标；如珪传四世，至名连、名铨。

名登 县学生	道昇 康熙丁丑恩贡	儒 雍正己酉岁贡						
名标	道长 增生	德钠 廪贡	修江 附贡	齐植 乾隆庚寅恩贡，以曾孙钦鼐貤赠资政大夫	万存 监生，以孙钦鼐诰赠资政大夫	世铭 嘉庆二十四年进士、内阁中书，官江南海阜同知，加知府衔，以子钦鼐诰赠资政大夫	钦龄 候选知府，加道衔	伦秩 官江南淮安府通判，保升知府
							钦鼐 历官江苏扬州府知府，保加道衔	
						世晋	钦彦 同治甲子岁贡	
			修洛 雍正癸卯恩科举人，聘充贵州己酉科同考试官					

			修洙	金印乾隆己卯科武举				
名连县学生	道源	德栋	修文	齐瑛监生	万铠	世仪以孙伦燕貤赠奉直大夫	钦标以子伦燕诰赠奉直大夫	伦燕署安徽来安县知县，加同知衔
名铨康熙辛未岁贡			修昶	齐义监生	亨万监生	世崇光绪乙亥恩科举人，以孝廉方正考取知县，分发湖北		
						哲濬县学生	源廪生	恖芬光绪己卯科举人

瑞林台黄氏。隶黄谷局。其先曰明，江西丰城县人，明嘉靖中迁湘阴。明生子江、子书。

子江凡传十一世至朝经、朝绶	朝经乾隆壬申恩科举人，官邵阳县教谕 朝绶乾隆丙午科举人，官衡阳县教谕
子书凡传十一世至朝鼎	朝鼎乾隆辛卯科举人，官沅陵县教谕

佘家冲黄氏。隶石子局。其先曰宗一，江西清江县人，明洪武二年迁湘阴之女子桥，再迁今地。宗一传十二世至象智、象甲。

象智 象甲	开仁 开鉴乾隆丙午科举人	庆英	介繁同治壬戌恩科，并补行己未恩科举人，任平江县训导

脍鱼桥黄氏。隶界都局。其先曰子谅，江南西路分宁县人，宋嘉

泰中迁湘阴。子谅生仲珍、仲连、仲球、仲玑。仲球传八世至诚，生凤德。

凤德祀忠义	元春官抚标参将

乌塘黄氏。隶营田局。其先曰绶，出自宋秘书丞庭坚。明初，自江西分宁县迁湘阴。绶传七世至新诞，生文和。

文和以孙庆诰赠武显将军	章润以子庆诰赠武显将军	庆以军功保提督，补福建严州协副将，赏固勇巴图鲁名号

阳雀潭黄氏。隶白马局湾斗垸。其先曰时奇，善化县人，明天启四年迁湘阴。时奇传五世至应泗。

应泗以曾孙海清诰赠振威将军	呈汉以孙海清诰赠振威将军	金山以子海清诰赠振威将军	海清以军功保提督，赏彦勇巴图鲁名号

樟树港黄氏。隶樟树局。其先曰荣宗，江西丰城县人，明洪武元年迁长沙。荣宗传五世至国琦，嘉靖中迁湘阴之馆驿桥，再迁今地。国琦传六世，至梦鼎，生子茵。

子茵	昌隍	先阯	席珍以军功保参将，加副将衔，署浙江乍浦协副将

文洲围黄氏。隶文洲局。其先曰腾应，福建上杭县人。顺治初迁江西之南昌县，旋迁长沙。康熙二年迁湘阴。腾应生美生，美生生明章。

明章	世兰以曾孙本富诰赠振威将军	锡光以孙本富诰赠振威将军	源万以子本富诰赠振威将军	本富以军功保总兵，赏敢勇巴图鲁名号 仁亲以军功保参将，赠副将衔 本丰以兄仁亲难荫，世袭云骑尉

案，新开市黄氏隶界都局，桥港黄氏隶归义局，桥山围黄氏、酬塘山黄氏隶白马局，并邑旧族。

右黄氏，宋进士二人、举人一人；元举人一人；明进士一人、岁贡三人，州判一人、例贡至通判一人；国朝进士一人、举人八人、武举一人、岁贡二人，知府三人、同知一人、知县一人、提督二人、总兵一人、副将一人、参将一人、都司一人。

长里戴氏。自宋时迁湘阴五巨族，长岭戴氏其一也。据三梓桥《戴氏谱》：“长里为望江岭入牛口塅处，元季戴氏避乱居江西丰城县，明初复徙居三梓桥。”是三梓桥戴氏，为长岭戴氏之遗，而其世次皆无可考。

若讷宋初拜朝奉郎
敦复宋绍兴六年武科中第
昂宋绍兴八年进士，官提点江西刑狱
邦用宋嘉定十七年举人

树冲戴氏。隶营田局。其先曰元亮，江西大庾县县学生，明洪武三年迁湘阴。元亮生万聪、万明、万儒。

万聪明县学生	芝	百台	兴意凡传五世至锡乾，生而灏	而灏	本支	文光	运晋乾隆壬子科举人
			兴爵凡传五世至锡类，生而洵、而藻	而洵	松县学生	文炤	运增道光辛巳恩贡
				而藻	植县学生	文炽雍正乙卯科举人，官山东富国场盐大使	
万儒明县学生	纬明洪武中例贡						

丰仓戴氏。隶丰仓局。其先曰庚六，江西吉水县人，明初迁湘阴。庚六传十二世至启桂，生世楚。

世楚	应英	昌益	洪福以军功保总兵

戴家坪戴氏。

美思以军功保总兵

右戴氏，宋进士一人、举人一人、武科一人，朝奉郎一人；国朝举人二人、恩贡一人，总兵二人。

金鸡山龚氏。隶中塅局。其先曰庭珪，福建光泽县人。五代唐粤国公愈之十九世孙，明初偕族侄兴迁湘阴。庭珪生正式、正常。宋《选举志》有龚舆，乾道五年进士，官福建都转运使干办官，而世次无可考。

正式	铻	札	浍	卿明天启甲子科举人，官四川合江县知县，传十三世至猷献		猷献	文达候选同知	
正常	镮	榔	泾	勋顺治己亥岁贡，官广东韶州府训导	墀	应九	国正廪生	骥嘉庆己巳恩贡
兴	金槐	尚思	膺	天铤	之锈	宏誉乾隆丁未岁贡		

县城龚氏。

绪统以曾孙绍基貤赠武翼都尉	猷嘉以孙斌诰赠武德骑尉	育才武生，以子斌诰赠武德骑尉	斌武生，以军功保守备，赏戴花翎，补醴陵汛把总，升补湘阴汛城守千总
	猷盛武生以孙绍基诰赠武翼都尉	迺仪以子绍基诰赠武翼都尉	绍基武生，以军功保游击，留湖南补用，赏戴花翎，历署衡阳协副将，常德中营都司，镇筸镇前营、左营、中营游击

右龚氏，宋进士一人；明举人一人；国朝恩贡一人、岁贡二人，训导一人，游击一人、守备一人。

赤竹墩张氏。隶申明局。其先曰诚，江西进贤县人，明初官中郎中，致仕后偕从弟必达迁湘阴。自明以前著籍者，曰隽华，宋举人；曰廷老，宋举人；曰霆，宋举人。而世系俱无可考。

诚居赤竹墩	文燧明举孝廉，历官福建漳州府推官	用楫	宏明成化中岁贡，官四川庆符县训导	希贤	晖明县学生	廷松明河南临颍县仓大使			
					时	廷桂明廪生	翘	有年明县学生	之纲明天启中岁贡，官广东乳源县知县
				希相明廪生		廷宪明江西雩都县巡检			
	文灿	用林	正明嘉靖中岁贡，官南直隶铜陵县教谕						
				希文	宝明万历中岁贡，官四川涪州训导				
	文美	用糖	洪秀	高明正统中岁贡，官广西兴安县知县					
必达居严家坊	友道	自清	廷献						

圭明永乐戊子科举人，官浙江平阳县教谕
奎明永乐癸卯科举人，官南直隶徽州府通判

案，旧志《张诚传》，张圭、张奎，皆其后。赤竹墩《张氏谱》未著录，杉木江《张氏支谱》称："圭、奎为宏治中岁贡。"正之五世孙，年代倒置，殆不足据。又称"晖之弟明，明天启中岁贡。晖为之纲，高祖之纲，亦天启中岁贡”。于明辈行太悬远，疑有误。

机纺湾张氏。隶临泚局荆塘围。其先曰荣珊，江西吉水县人。明洪武中，官忠义卫知事，占籍湘阴。荣珊传十世至启训、之成。启训居机纺湾，之成居牛口塅。

启训	祖立以孙乾珀貤赠文林郎	正权以子乾珀敕赠文林郎	乾珀乾隆庚午科举人，历官甘肃两当县知县			
				坤澜乾隆己亥恩科举人		
		正桂以侄乾珀貤赠文林郎	乾瑚	坤湞以弟宾鸿貤赠武略骑尉		
			乾琇监生，以子宾鸿敕赠武略骑尉	宾鸿嘉庆戊午科武举，官宜昌千总	文彪以军功补永兴县二司把总	
之成	祖来	正宪县学生	廷禄乾隆辛卯科顺天乡试副榜	琳道光己亥恩贡		
	祖荣	正笏嘉庆己巳岁贡	乾佐道光丁酉岁贡			
	祖柬	正行监生	乾瑞监生	坤濬	文焕以军功保副将，留湖北补用，赏勉勇巴图鲁名号，谥刚愍	资万世袭骑都尉
			乾越以孙宗翰诰赠资政大夫	坤鉴以子荣诰封奉直大夫	荣附贡生，中书科中书，改甘肃环县知县	

				坤鼎以子宗翰诰赠资政大夫	宗翰县学生,以军功保道员,二品顶戴、按察使衔,署甘肃西宁兵备道	

麻沙洲张氏。隶文洲局沙田围。其先曰嵩龄，本吴姓，山东曲阜县人，明洪武中迁湘阴。国朝康熙中滇藩之乱，改从张姓。嵩龄传十二世，至奇峻、奇亿。

奇峻	安定	邦特乾隆丙子科举人	
奇亿	安辉	邦芝	先拔乾隆庚寅恩科举人

长塘张氏。其先曰庭溪，江西人，明洪武中迁湘阴。庭溪传十一世，至之圭。

之圭	宏犹	启寿	开俊乾隆丙子科举人

白水冲张氏。隶石子局。其先曰必海，洪州人，五代唐同光二年迁湘阴。必海之裔曰弼。

弼凡传十七世,至臻	臻康熙中以孝行旌,祀孝义	宏勋	大经	世逵以曾孙彪貤赠武显将军	金鉴乾隆甲寅恩科副榜,以孙彪诰赠武显将军	端笏以子彪诰赠武显将军	彪以军功保副将,留江苏补用,赏协勇巴图鲁名号

新市张氏。隶新市局。其先曰子民，江西丰城县人，明洪武中迁湘阴。子民传十二世，至时若。

时若	良达以子尚忠敕赠文林郎	尚忠历官浙江石堰场盐大使、馀姚县知县

一姓围张氏。隶白马局。其先曰荣义。江西吉水县人，明中叶迁湘阴荆塘之南塘，再迁今地。荣义传十二世，至之珍。

之珍以曾孙光泰诰赠建威将军	承彦以孙光泰诰赠建威将军	先高以子光泰诰封建威将军	光泰以军功保提督，赏壮勇巴图鲁名号

刘家湾张氏。隶临泚局荆塘围。其先曰道源，江西吉水县人，元末迁湘阴。道源传十四世，至明翰。

明翰	政清	大立	有凤以军功保提督，赏奋勇巴图鲁名号

石鼓河张氏。隶新市局。其先曰子通，元进士。先世自山西洪洞徙南昌，再徙桂林。至元中，子通官平江知州，遂家于县龙门源。子通生受，迁湘阴石鼓河。受生胜祖、胜宗、胜文。

胜祖生世忠，世忠生维清	维清明成化中县学生，生华，华生孟澄	孟澄明中书舍人，生显通，显通生明凤，明凤生文先，文先生兴信，兴信生永嘉，永嘉生世湖	世湖监生，以曾孙自牧诰赠荣禄大夫	抡梁贡生，候选州同，以孙自牧诰赠荣禄大夫。寄籍顺天，后呈归原籍	学皋贡生，州同职衔	朝盐库大使职衔	观海原名道宝，咸丰辛亥恩贡，直隶乐亭昌黎学训导，奉天盖平、昌图学教谕，甘肃河州州判	鼎勋县学生，湖北同知 云县学生 惠畤遇缺先选县丞
						昱五品衔，贵州候补府经历	昌武游击衔，补用都司，赏戴花翎	
							道瑜五品衔，江西候补知县，历任萍乡典史	

							璠贵州仁怀都司	
					学尹嘉庆庚午举人，辛未进士，历任福建归化、莆田、闽清、侯官知县，台湾府北路同知，署兴化府知府，以子自牧诰赠荣禄大夫	自牧县学生，布政使衔，浙江候补班遇缺题奏道员，瑚松额巴图鲁，赏戴花翎	崇澍原名鸿，县学生，广西候补知府，赏戴花翎	
							琇县学生，刑部江西司行走郎中 莹盐提举衔，两淮候补盐大使 恩濬国史馆誊录生，议叙候选通判	

							恩澄国史馆誊录生，议叙候选州判	
胜宗传十一世至抡礼				抡礼贡生	常熿贡生，州同职衔，以子理纹诰赠奉政大夫	理纹同知衔，贵州候补知县，罗斛州判		
胜宗传十四世，至道贵							道贵以子发扬诰赠武显将军	发扬花翎，副将衔，参将
胜文传十五世，至发鼎							发鼎以子橘泉诰封昭武都尉	橘泉花翎，尽先都司

文洲围张氏

光德以军功保总兵，借补长江水师提标中营中哨守备 有德以军功保总兵 云魁以军功保参将，世系均不详

案，少槐塅张氏隶浒田局，古培塘张氏隶白水局，并邑巨族。

右张氏，宋举人三人；元进士一人；明举人二人、岁贡五人，中书一人、知县二人，教谕、训导三人，制科一人；国朝进士一人、举人八人、武举一人、恩岁贡四人，道员二人，郎中、知府、同知、通判、州同、盐大使各一人，知县四人，州判二人，提督、总兵、副将、参将各二人，都司三人。

文家铺刘氏。隶文家局。其先曰朝胜，江南西路丰城县之紫溪村人。宋景炎中，迁湘阴之黄谷市。朝胜传六世，至子荣，明洪武二十三年迁今地。子荣生文谦、文忠、文宣、文广、文学。自宋刘氏著籍者，曰义民，淳熙七年进士，官磁州军州事，尚在景炎之前。而明《选举志》著录者数人，曰子英，永乐癸未科举人，官垫江县教谕；曰荣祖，岁贡，官南溪县知县；曰文徽，宣德己酉科举人，官镇州府通判、扬州府同知；曰朝仪，岁贡，官广安州州判；曰士贡，举明经。文徽疑与文谦等兄弟行，子英与子荣兄弟行，士贡与士升兄弟行，为文家铺刘氏先疑，而世次无可考。

文谦一名濡，明直隶定州判官					
文忠	光文明成化癸卯科举人，官直隶宁津县教谕				
文宣	光宇明崇祯中岁贡				
	光世	宝明嘉靖癸卯岁贡，官南直隶常熟县县丞	大体明万历中岁贡		
	光贵明嘉靖中岁贡，官江西泰和县训导。凡传八世，至思演，生仁其		仁其	盛育	德友以军功保游击，补浙江归安县菱湖千总
文学	光哲凡传六世，至之英，生士升，之愈生士勤		士升生思文，思文生仁宏	仁宏	盛典乾隆己亥恩科举人，官平江县训导
			士勤生思孟，思孟生仁刚	仁刚乾隆庚辰恩科举人	

道贯冲刘氏。隶丰仓局。其先曰化祥，江南西路南昌县人，宋景炎二年占籍巴陵，再迁湘阴。案，《刘氏谱》：化祥，宋景炎二年知岳州。《通志》未著录。化祥传六世至兴瓒、兴权。兴瓒生伯秀、伯铎，兴权生伯凤。

伯秀凡传六世至学宏，生之略	之略康熙丙寅拔贡		
伯铎凡传十世，至思校，生仁煌	仁煌	盛锡	远泰以军功保游击，署福建泉州城守营参将
伯凤凡传八世，至之湄，生尚谧	尚谧	思孝	仁和以军功保参将，署福建漳州镇中营游击，护漳州镇总兵

刘家塘刘氏。隶文洲局沙田围。其先曰世乾，江西丰城县人，明洪武中占籍湘潭。世乾传四世，至开阳，迁湘阴之乔口，再迁今地。开阳传四世至颜梯，生国聘、国选、国逊。

国聘	大鹏	守贵	光璇	炳武县学生	中培乾隆乙卯科举人	之镛嘉庆庚午科举人、翰林院典簿		
国选	大本	守谧	光清	坤武县学生	策乾隆己卯科武举			
国逊	大陞	守训	光灿	琏武	中惪	兴都以孙蘅章貤赠文林郎	文荣以子蘅章敕封文林郎	蘅章道光甲辰恩科举人，大挑知县，分发河工签泒北河，署长垣县事
					中官监生	兴月监生	文镃乾隆己亥恩科武举	
	大阼	守谱	光辉	良武县学生	中式监生	兴申监生	文源	荩章同治庚午科举人，拣选知县

县城刘氏。隶附城局。其先曰宏玉，明南直隶上元县人，隆庆中迁湘阴。宏玉传五世，至圣志，生芝棠、芝楷。

芝棠廪贡生，敕授修职郎 芝楷监生	嗣曾乾隆丙午科举人，官新田县训导 嗣燮监生，以孙汇瀚诰赠朝议大夫	远墉嘉庆庚午科举人 远陛监生 远和监生，以子祥瀚诰封朝议大夫	祥俊廪生，以军功保知县，留甘肃补用，署甘肃渭源县知县 祥汇监生，以军功保直隶州知州，以知府用，历署甘肃安定、张掖等县知县，安西直隶州知州 祥瀚县学生，以军功保同知直隶州知州，分发山西，补赵城县知县，追赠知府，入赵城县名宦祠

六都刘氏。其先曰振秀，江西人，明初迁湘阴。振秀传七世至章瑞，生贞龙。

贞龙	元池监生	时旸同治庚午科举人

石牛冲刘氏。隶申明局。其先曰宗一，河南上蔡县人，明洪武中迁湘阴。宗一传十三世，至永键，生大濊。

大濊以曾孙正隆诰赠武显将军	吉栩以孙正隆诰赠武显将军	昌秩以子正隆诰赠武显将军	正隆以军功保副将加总兵衔，赏劲勇巴图鲁名号，借补保靖营参将

磊石刘氏。隶磊石局。其先曰乐安，江西人，明末迁湘阴。乐安生敬寰，敬寰生之麒，之麒生见邦。

见邦以曾孙三元诰赠振威将军	兴贵以孙三元诰封振威将军	先进以子三元诰封振威将军	三元以军功保总兵，借补长江水师三江营都司

刘家坝刘氏。隶仁和局仁和围。其先曰启凤，长沙石潭市人，明万历九年迁湘阴。启凤传六世，至惟修。

惟修 盛诞	先行 远绍	芸田 锡华	松亭以军功保总兵，补福建金门协副将 敏清以军功保花翎都司，加游击衔 淇清以军功保知县，分发四川补用

案，锅底塘刘氏隶塾塘局，贺家湾刘氏隶仁和局，畎口刘氏隶白马局，并邑旧族。

右刘氏，宋举人一人；明举人四人、岁贡六人，知县一人、州判一人、训导一人、县丞一人、制科一人；国朝举人十人、拔贡一人、武举一人，知县三人、知州一人。

汨罗周氏。隶凤凰局，错居归义局、石子局。其先曰源泗，江西丰城县人，系出濂溪周子，明洪武中迁湘阴。源泗生安隆；安隆生兴华，县学生；兴华生廷魁，县学生；廷魁生永雄、永通。永雄，县学生，生俊；俊生万珊，县学生；万珊生志广。永通生岱，岱生万洪，万洪生志鸾。

志广	存诚明万历中岁贡，历官广西桂林府通判	良仕顺治乙酉岁贡，官常宁县教谕						
		良才廪生	之望	嗣蕃	寀	富榜乾隆辛巳岁贡	锡熙嘉庆庚申恩科恩赐副榜	
		良相员外郎	之桢县学生	嗣殷县学生	德县学生	尊参增生	锡瓒乾隆乙丑岁贡	

						尊望雍正甲辰科举人，官福建罗源县知县		
			之幹	嗣政	俨	尊桂县学生	锡江县学生	嘉缃嘉庆壬戌府学岁贡
志鸾明县学生	存忠	尚廉	之华	嗣昌	蒽	尊翰乾隆己亥恩贡		

山陂冲周氏。隶高坊局。其先曰荣六，江西丰城县人，系出濂溪周子，明洪武中迁湘阴。荣六传四世，至益亮、益振。

益亮凡传十二世至枝镛	枝镛监生	曜崑县学生	培芬同治乙丑岁贡		
益振凡传八世，至三涟	三涟以孙锡溥貤赠文林郎	垂世县学生，以子锡溥敕赠文林郎	锡溥乾隆四十年进士，官甘肃宁朔县知县，祀乡贤	鸿碟县学生	炳枝同治甲子科兼补行辛酉科举人
				鸿琛县学生	谌枝同治七年进士
					谔枝县学生，光绪元年举孝廉方正
			锡渭乾隆甲午科举人，官陕西紫阳县知县	鸿棻诸生	
				鸿棃诸生	

茅坪周氏。隶长乐局。其先曰成泰，江西南昌县人，明洪武中迁湘阴。成泰传十四世至嘉诗、嘉书、嘉易。

嘉诗以孙志传貤赠文林郎	之捷以子志传敕赠文林郎	志传乾隆庚子科亚元，官山东费县知县			
嘉书	之昌	志章县学生	政藻嘉庆己未恩贡		
嘉易	之礼	志训	政游	先顺	甫文县学生，以军功保通判，留安徽补用，署望江县知县

梓木洞周氏。隶高坊局。其先曰大立，巴陵人，明季迁湘阴。大立传六世，至启荣，生德坤、德惠。

德坤	昌业嘉庆辛酉科副榜，充八旗官学教习		
德惠	建业	肇绪	文翔以军功保副将，加总兵衔，赏鼓勇巴图鲁名号，借补长江水师金陵营左哨都司，署甘肃巩昌营游击

棣园周氏。隶高坊局。其先曰斛，洪州新吴县人，五代唐同光中迁湘阴。斛传九世，至用初、用礼。周氏迁湘阴者，以棣园为最先，而若山田源周氏、燕塘周氏，并迁自宋时。《选举志》载：宋进士曰“望之”、曰“一龙”。明举人曰生文，而诸家谱叙不详及明以前，不知其为何族也。

用初凡传十世，至贵化、贵冕	贵化监生	嗣澍嘉庆己卯科举人	藻裔道光甲辰恩贡			
	贵冕	嗣濂				
用礼凡传十世，至贵莹	贵莹	嗣渭	裔槐	超灿	群和	沃棠咸丰六年，补行壬子、乙卯两科举人
						卜瀍咸丰六年，补行壬子、乙卯两科举人
		嗣渊	裔桢	超炽	群墉	

观音湖周氏。隶石子局。其先曰朝王，江西丰城县人，明洪武中迁湘阴。朝王传十二世，至永溥。

永溥	琛道光二十四年进士，官安徽繁昌县知县

南塘周氏。隶樟树局。其先曰应元，江西泰和县人，明洪武初占籍湘潭。应元传四世，至政，成化初迁湘阴。政传十一世，至裔灼，生登榜。

登榜以曾孙明煜诰赠振威将军	南友监生，以孙明煜诰赠振威将军 从璞以侄孙明煜貤赠振威将军	梦梨道光庚子科副榜，以子明煜诰赠振威将军	明煜以军功保总兵，赏强勇巴图鲁名号

山田源周氏。隶界都局。其先曰承弼，江南西路丰城县人。宋南渡，偕子作哲迁湘阴。作哲传四世，至子章、子文。

子章凡传十四世，至家光，生声龤	声龤	振钟监生	发藻咸丰戊午科举人，麻阳县教谕
子文迁兰溪滩，凡传十四世，至家宝，生声来	声来以孙河清诰赠武功将军	振兰以子河清诰封武功将军	河清以军功保总兵，加提督衔，赏捷勇巴图鲁名号

燕塘周氏。隶高坊局。其先曰锠，江南西路隆兴府人，宋绍兴中迁湘阴。锠传八世，至丁一，生大乾、大元。

大乾	仁孝	泰明弘治中岁贡，凡传十世，至贤达，生卜吉		卜吉县学生	祖甲	开扬以曾孙兰亭诰赠振威将军	邦雨以孙兰亭诰赠振威将军	大训以子兰亭诰赠振威将军	兰亭以军功保提督，补安徽皖南镇总兵
大元	仁魁	耀	汝琼	允澄	彦祖	弼明县学生	加瑞	宗炳明万历中岁贡，官广西桂林府通判	

白鹤洞周氏。隶界都局。其先曰则宗。案：谱称，则宗，元至顺庚辰进士，官浏阳知县。《通志·职官》未著录。江西丰城县人，元末占籍浏阳。则宗传五世，至伯琦，明正统中迁湘阴。伯琦生必铨，必铨生胜沧、胜济。

胜沧凡传八世至之克，生天度 胜济凡传八世至之寿，生舒芳	天度乾隆辛卯岁贡，凡传二世至明镒		明镒以子政藩貤赠登仕郎	政藩翰林院待诏
	舒芳以曾孙国兴诰赠建威将军	衡昌以孙国兴诰封建威将军	明意以子国兴诰封建威将军	国兴以军功保提督，赏强勇巴图鲁名号，借补长江水师提标中营副将

丝茅坪周氏。隶林市局东合围。其先曰希圣，湖北监利县人，康熙中迁湘阴。希圣传三世，至应宗。

应宗以曾孙有胜诰赠振威将军	鸿祥以孙有胜诰赠振威将军	鸣亨以子有胜诰赠振威将军 鸣钰以侄有胜诰赠振威将军	有胜以军功保总兵，加提督衔，赏额特和恩巴图鲁名号

周家辋周氏。隶仁和局仁和围。其先曰正钧，湖北监利县人，康熙中迁湘阴。正钧传四世，至辉万。

辉万	荣达 荣章	盛泰 盛春	南侯以军功保总兵，赏彪勇巴图鲁名号 敦厚以军功保参将 清元以军功保副将，赏骁勇巴图鲁名号，谥贞愍

运以孙才富诰赠武显将军	多徽以子才富诰封武显将军	才富以军功保总兵，借补华阳营前哨一队千总

小江周氏

启泰乾隆戊午科副榜
泽华乾隆乙酉科武举

公悦围周氏

长春以军功保参将

文洲围周氏

大馥以军功保参将

斗仑坝周氏

有昇以军功保游击。以上世系均不详

案，楚塘周氏隶黄谷局，亦邑旧族。又旧志《流寓》载：“周炎，靖江人，任湘阴尉，因家焉，终宣德郎、道州宁远令，子孙居板桥。”是又当有板桥周氏，而今无可考。

右周氏，宋进士二人；明举人一人、岁贡三人，通判二人；国朝进士二人、举人十四人、武举一人、岁贡四人，知县一人、教谕一人、提督一人、总兵六人、副将一人、游击一人、参将三人。

六都朱氏。隶申明局。其先曰崇尧，南直隶吴县人，明万历中迁湘阴。宋《选举志》有举人朱殊，未详其族姓所自。

崇尧	德兰明廪生 德熄	明贵 明奎	基才 兆才	之宣明隆武丙戌科举人 之宸	巽元雍正癸卯恩贡	任澍	修身乾隆乙巳恩贡

案，明崇祯中岁贡，有朱之瀚，疑为之宣兄弟行，《朱氏谱》未著录。

望东桥朱氏。隶文家局。其先曰国才，江西丰城县人，明洪武初，官长沙校尉，居湘阴。传十四世，至能让、能荣、能佩。

能让居佘家冲 能荣以曾孙楚善诰赠武显将军 能佩	良桢 良圭以孙楚善诰赠武显将军 英道光戊子副榜	光耀 光新以子楚善诰赠武显将军	昭汉 楚善以军功保总兵	炳同治己巳岁贡

案，兴家园朱氏，隶浒田局，亦邑旧族。

右朱氏，宋举人一人；明举人一人；国朝举人一人、岁贡一人、总兵一人。

黑鱼塘黎氏。隶二峰局。其先曰福清，江西吉水县人，元末寓居华容县，明洪武五年迁湘阴。福清传十世，至永瑞，生正禄。宋《选举志》有进士黎九德，在各族迁湘阴之前。明世著籍者曰瑛，举人，官郁林州知州，而诸家谱皆不详。

正禄	朝宏	世文	宗学	德盛乾隆庚寅恩科武举

牌楼塅黎氏。隶大荆局。其先曰文广，江西吉水县人，元至正中迁湘阴。文广传十三世，至兴敏，生之钲、之铭。

之钲 之铭	顺沂 顺源	国庆 家庆嘉庆庚午科恩赐副榜	修诚嘉庆丁丑府学岁贡

四户垅黎氏。隶文家局。其先曰士奇，长沙县人，明成化八年迁湘阴。士奇传十世，至以敷、以仁、以晃。

以敷	宗洙乾隆庚戌恩贡	彬嘉庆癸酉岁贡			
以仁	宗盛	天瀊	朝文	光瑜同治壬戌府学岁贡,以军功保通判,署贵州永从县知县,加保同知直隶州知州	庭耀武生,以军功保游击,留湖南补用
以晃	宗恒	天章从九品衔	国瑛武生	镇南咸丰六年,补行壬子、乙卯两科武举,以军功保守备	

右黎氏，宋进士一人；明举一人；国朝举人一人、武举二人、岁贡三人，通判一人。

六都韩氏。隶申明局。《选举志》有“宋绍定二年举人韩圭”，而《职官志》“韩溟，咸淳中任湘阴县丞”。本传言：“溟，忠献之孙，占籍湘阴，居板桥。”绍定二年下距咸淳三十馀年，则圭著籍在板桥韩氏之先。韩氏于湘阴族派单微，纪载多失详，故莫详其源流也。

峻勋以军功保同知,留江苏补用
正国以军功保知府,赠太仆寺卿

案，韩家山韩氏，隶三峰局，近年亦称盛族。

右韩氏，宋举人一人，国朝知府赠太仆寺卿一人、同知一人。

营田易氏。隶营田局。其先曰景文，江西吉水县人，宋大理寺评事延庆十四世孙，元末迁湘阴。景文生斗北，斗北生先。《选举志》有元举人朝用；明举人公全，官安县教谕。不能详其世次。

先明洪武中岁贡，官交阯谅山府知府，赠广西布政司参政，谥忠节，祀乡贤。凡传八世，至之兰，生瑚、复	瑚	乾奇	元澳监生	超监生，官浙江东阳县县丞			
		乾职	元澧监生，以孙文勋貤封奉直大夫	焕柱嘉庆丁巳岁贡，官会同县训导	文焘嘉庆癸酉科举人		
					文煦嘉庆戊辰恩科举人		
				焕楷候选州同			
					文照嘉庆戊辰恩科举人		
				焕枟以子文勋诰赠奉直大夫	文勋候选州同，加捐封典	橄章廪生，候选训导	
					文渌		
	复	乾禹	元会例贡	焕秀		倬章道光癸卯科举人	
				焕选嘉庆戊辰恩科举人	文芝	鉴章同治七年进士，江西即用知县	
			元魁监生	焕泰增生			

		乾文	元淳监生	焕琨增生	文卿附贡生，中书科中书	珪章以军功保知府，留安徽补用，加道衔，赠光禄寺卿	鸣鼎荫监生，以知县用
			元龙监生	焕暄嘉庆十三年进士，历官山东兖州府知府	文濬道光乙未恩科顺天举人，历官户部郎中、山东青州府知府，降补奉天府新民厅同知		
					文会道光己亥恩科举人		
				焕袓县学生			
			元级乾隆辛亥岁贡				

三塘坪易氏。隶文家局。其先曰邦达，江西南昌县人，出自晋春陵令雄，元至元中迁湘阴。邦达传六世，至原清、原海。

原清凡传九世，至守祖，增生，候选州同，生高品	高品县学生，以子崑曜貤赠修职郎	崑曜乾隆壬申恩科解元，官安仁县教谕	焕咸	熙治道光乙酉科举人，官沅陵县教谕
		嶷曜乾隆庚辰恩科举人		

原海	文英明宣德中岁贡，官四川绵竹县知县

复兴围易氏。隶临泚局。其先曰大琦，江西南昌县人，明县学生，成化中占籍监利县。大琦生世端，县学生。世端生元贵，元贵生廷选，廪生。廷选生栋，县学生，明季迁湘阴。栋生明德、明贤。

明德	仕运	宗爵以子祖典诰赠昭武都尉	祖耀例贡生,以弟祖典貤赠昭武都尉	昌邦以弟昌勋貤封武德佐骑尉,以侄孙章玉貤赠朝议大夫			
				昌勋乾隆甲寅恩科武举,官江西吉安府城守千总,以孙章玉貤赠中宪大夫	化孚监生,以子章玉诰赠中宪大夫	文玉附贡生,官龙阳县训导,以弟章玉貤封中宪大夫	
					化洪官湖北潜江县高家场巡检	章玉道光己酉科举人,官户部主事	润芝署陕西郃阳县知县,加同知衔
			祖典乾隆壬子科武举,官四川酉阳营游击,署绥宁副将				
明贤凡传四世至祖		祖	昌瑞以曾孙光南诰赠振威将军	尔云以孙光南诰赠振威将军	玉璜以子光南诰封振威将军	光南以军功保提督	

大众塅易氏。隶归义局。其先曰万辉，明中叶自县东三塘坪迁今地。万辉传十二世，至大儒、大贤。

大儒 大贤以孙堂俊貤赠文林郎	焕典嘉庆戊辰恩科恩赐举人 焕禧以子堂俊敕赠文林郎	堂俊咸丰二年进士、翰林院庶吉士,改授内阁中书

右易氏，元举人一人；明举人一人、岁贡二人，知府一人、

知县一人；国朝进士三人、举人十五人、武举二人、岁贡二人，知府一人、知县一人、训导一人、提督一人。

营田钟氏。隶营田局。其先曰湛，江南西路南昌县人，案，《谱》称：宋中叶湛知潭州，《通志》未著录。占籍平江。湛传九世至顺淑，顺淑迁湘阴杖紫岭，再迁今地。《选举志》“元举人淑昭”，系出长乐，而世系不详；营田钟氏有钟棫者，嘉庆己卯岁贡，亦不能详其派别也。

顺淑凡传四世，至玉悬，生子四：文鼎、文宪、文铎、文魁	文鼎凡传十世，至显才，生仰唐	仰唐乾隆辛丑岁贡，嘉庆戊午科恩赐副榜			
	文宪凡传十世，至显灼，生仰珩	仰珩以子昌澍貤赠修职郎	昌澍嘉庆己卯科举人，官安仁县教谕		
	文铎	万潮凡传八世，至道修，生显忠	显忠以孙良保诰赠武显将军	明才以子良保诰封武显将军	良保以军功补湖北宜昌镇前营游击，累保总兵
		万源凡传七世，至志元，县学生，生道乐	道乐嘉庆甲子科举人		
	文魁凡传九世，至道脉	道脉嘉庆丁卯科副榜	显震增生，候选训导，加五品衔		
颖淑居新开市，凡传十六世，至昌英	昌英积功保道员，留江西补用				

右钟氏，元举人一人；国朝举人四人、道员一人、总兵一人。

翁家疃翁氏。隶黄谷局。

九良以军功保总兵	

案，旧志载翁肃，字叔，元建宁人，庆历时进士，知袁州。爱山水，卜居湘阴。长子迈，通直郎；次逑，承事郎；三靖，朝请郎；四崇，领乡荐。而族姓不著见。

右翁氏，国朝总兵一人。

狮子岭莫氏。隶高坊局。其先曰元保，明时由江南西路吉安府迁湖南长沙。传十一世，至如仁，徙居湘阴。传五世，至首选。

首选	克问	宏材	炳琪同治癸酉科举人

右莫氏，国朝举人一人。

湘阴县图志卷十八

氏族表下

黄柏疃沈氏。隶界都局。其先曰勋，江西丰城县人，元初占籍湘阴。勋生有福，有福生惟琦、惟珍，其后展转为沈家埌沈氏，而世次不详。

惟琦 惟珍	文亨 克恭明洪武丙子科举人	万名	魁明洪武庚午科举人，官南直隶宁国府教授

沈家疃沈氏。

正福以军功保总兵

右沈氏，明举人二人，国朝总兵一人。

夏家桥夏氏。隶附城局。其先曰膺，衢州人，五代时避吴越钱氏，迁鄱阳，为今江西德兴县地。膺传十五世，至复。复生希政，元季官湖广行省都事。希政生时敏，明洪武中官湘阴县教谕，生原吉、原启、原礼，占籍湘阴。原吉官户部尚书，三代皆赠如其官。

原吉明洪武庚午科举人，官户部尚书，赠太师，谥忠靖，追赠汤阴伯，祀乡贤	瑄明恩荫尚宝司丞，历官南京太常寺少卿，祀乡贤	崇文明成化十年进士，历官通政使	宏敷明儒士，官礼部主事	佐明嘉靖中岁贡										
			宏济	佑明廪生	守约明廪生	应晓明县学生	谊明崇祯甲戌岁贡	之馥	镕廪生	而清	桃凡传五世至成才		成才	开鹏以军功保总兵，加提督衔，赏锋勇巴图鲁名号
									录县学生	而淇奉祀生	梧奉祀生	宗炳增生	大鼎优附生	阶平道光甲午科副榜

										而淳	榕	宗熖以孙平高诰封武翼都尉	宏运以子平高诰封武翼都尉	平高以军功保游击,借补长江水师三江营前哨二队把总
								之寅	铭	而汩	枋凡传五世至成杭		成杭	开凤以军功保总兵
原启明洪武中岁贡,官广西太平府知府	瑛													赓廷县学生,累保候选教谕,盐提举衔,赏戴蓝翎

案，杨士奇所撰《夏原吉神道碑》：公弟二人，原启、原礼；子四人，琉、瑄、瑛、璘。原启殁，爱其子如子。《楚宝》称"原吉薨，长子琉前卒，拜其次子瑄尚宝寺丞，瑄与叔父原礼入谢"。原礼以何官入谢，《楚宝》不能详。旧志与《夏氏谱》并未著录原启有子，《夏氏谱》乃以原吉子瑛为原启子，皆义之难通者，因附著之于此云。

大众疃夏氏，隶归义局。其先曰友忠，黄冈县人，明中叶迁湘阴。友忠传十二世至立本。

立本咸丰丁巳，补行壬子、乙卯两科钦赐举人		
高华诰赠奉直大夫	代宗诰赠奉直大夫	镇崑以军功署安徽铜陵县知县，赏戴花翎，加盐提举衔

右夏氏，明进士一人、举人一人，知府一人、少卿一人、主事一人；国朝举人二人，总兵二人、盐提举衔一人。

东湖甘氏，隶三峰局。其先曰从矩，世居丹阳。唐季，从矩官洪州丰城县都钤辖，案，《宋史》：建炎初，以诸路帅臣兼要郡守臣带兵马钤辖，次要郡带兵马都监，并以武臣为之副，称副总管、副钤辖、副都监。其后，益、泸、夔、广、桂五州牧，又皆以都钤辖为称。据此，则都钤辖为州牧别称，宋始有之，从矩当是宋时知洪州耳。遂为丰城县人。从矩传十九世至渊。元至正中，官潭州提举，占籍湘阴。案，渊字洪叟，《旧志·流寓》作甘洪叟。渊生祥甫，祥甫生宁生，以子镛贵赠承德郎。宁生生镛、钟、锐。

镛明洪武九年人国子监，历官巡抚广东监察御史，祀乡贤	棠	泉	景廉明嘉靖中岁贡					
			景昭凡传十世，至士吉，生肇赞			肇赞	开治	时化县学生，以军功保道员，留安徽补用
	霖明永乐庚子科举人，历官南京户部主事、常州府知府	湘明举贤良方正，官顺天府知事						
		溥明县学生	景让明廪生	辥	灼明嘉靖己酉科举人			
		潮明县学生	万聪明府学廪生	林明贡生	邵明贡生,武冈州学训导			
					纪	世安明县学生，历官山西孝义县知县、广西义利州知州、广东道监察御史	承宪明贡生	衷虚明贡生，传四世，至孔照
		孔照以孙光耀诰赠奉直大夫	维楚以子光耀诰赠奉直大夫	光耀候选州同，捐请封典				
			隽和以孙云亮诰赠武功将军	如松以子云亮诰赠武功将军		云亮候选参将，加副将衔		

	霖传十三世至南谷		南谷以曾孙大有诰赠振威将军			裕隆以孙大有诰赠振威将军	开华以子大有诰赠振威将军	大有以军功保举记名提督
钟	粟明廪生	海	景增明廪生。凡传四世，至仲义、仲迁			仲义凡传十世至星平	星平以军功保总兵	
						仲迁凡传十一世至瑞年		瑞年以军功保总兵
			景平明宏治壬子科举人，历官河南宜阳县知县	蓝明嘉靖中岁贡	熇	仲立明县学生	缙顺治辛卯岁贡	
		济明正德中岁贡，官四川成都经历						
锐明举贤良	桀明宣德乙卯科举人，官山西石州同知	沾明正德中岁贡，官四川南充县训导	景英明万历中岁贡	苠明万历中岁贡				
			景辅明县学生	华	燇	仲春明万历中岁贡，官南直隶上元县县丞		
				芸明万历中岁贡，官江西吉安府教授				
		准明县学生	景献明万历中岁贡					

右甘氏，明举人四人、监察御史二人、制科一人；国朝道员一人、提督一人、总兵二人、参将一人。

临泚口段氏。隶临泚局。其先曰朝源，江西吉水县人。元中叶，占籍长沙县之大贤都。朝源传六世，至友志，迁湘阴之牛口塅。友志传十五世，至盛亨，迁今地。

盛亨以曾孙大贵诰赠武显将军	永元以孙大贵诰赠武显将军	远申以子大贵诰赠武显将军	大贵以军功保副将，加总兵衔，补广西梧州协副将 大有以军功保副将，赏回勇巴图鲁名号

志道明洪武中岁贡，官福建汀州府推官
仁玉以军功保游击。以上里居、世次，皆不详

右段氏，明推官一人，国朝副将二人、游击一人。

徐家塅徐氏。隶文家局。其先曰仕忠，江西新昌县人，明永乐中迁平江。仕忠生日新，迁湘阴。日新传五世，至廷大，生胜科。

胜科	守身 摇举明隆武丙戌科举人	应隆	昭来廪生，以孙名彝貤赠文林郎	衍芳雍正癸卯恩科副榜，以子名彝敕赠文林郎	名彝乾隆十六年进士，官河南新郑县知县 名孚乾隆甲午科举人
				复芳乾隆己未岁贡。案：复芳及名翰，世系并未详	名翰乾隆乙酉岁贡

界都市徐氏。隶界都局。其先曰继英，南直隶吴县人，明嘉靖

中，偕侄良谟占籍湘阴。继英生崑，崑生承光，良谟生承荣。

承光	养琦	捷可明崇祯中岁贡	开基县学生	百师以子世佐敕赠文林郎	世佐雍正乙卯科举人，官直隶长芦严镇场盐大使，敕授文林郎	凤藻乾隆辛亥岁贡	治宝道光辛卯岁贡
				百堵康熙辛卯岁贡			
承荣明县学生	上卿明县学生	应泰明县学生	开禧县学生				

虾蟆石徐氏。隶武昌局。其先曰受益，江南西路丰城县人，宋元庆中占籍湘阴之蓝家洞。受益传五世，至景华，明洪武五年迁今地。景华传十二世至巩麟，生大化。《选举志》：徐子高，明洪武中举人，历官监察御史，而世次不详。湘阴徐氏，以虾蟆石为最先。子高或蓝家洞徐氏支派，亦未可知也。

大化县学生	铎嘉庆辛酉科钦赐副榜

黄泥塘徐氏。隶三峰局。其先曰苏祖，南直隶吴县人，明初迁湘阴。苏祖传五世，至西山，生文显、文耀、文灿。

文显凡传六世至梠，生炳常 文耀凡传六世至槐，生炳熙	炳常 炳熙县学生	祖得 辅朝	德芳道光乙未恩贡 堂赓以军功保知县，加五品衔，署安徽庐江、建平、贵池、铜陵等县知县，补全椒县知县 受廪生
文灿明万历中岁贡，官穀城县教谕			
			泽畴甘肃候补知县，加运同衔 有福以军功保副将。以上世系未详

案，石子涧徐氏隶石子局，族合凤凰局之青龙冲徐氏，邑巨族也。徐家湾徐氏隶仁和局，亦邑旧族。

右徐氏，明举人一人，制科一人；国朝进士一人、举人四人，知县一人、副将一人。

县南郭氏。其先曰思铭，鄜州人，明洪武中官广西苍梧县河泊使，占籍湘阴。思铭生敬。

敬洪武中,举贤良方正	

县城郭氏。其先曰姚山，由江西庐陵县迁广东南雄州保昌县，再迁湘阴。四传至应魁，应魁生遇贤、遇豪、遇杰。应魁以孙熊诰赠奉政大夫。而遇贤、遇杰，分居城南、城西，因称城南郭氏、城西郭氏。

遇贤	显监生	世伟	家光嘉庆甲子科举人,拣选知县		
			家篁监生	先俊武生,营守备署辰州营左哨千总,赏戴蓝翎	
		世僖	家瑞县学生,以本生孙昌猷貤封奉直大夫	先嘐以本生子昌猷貤封奉直大夫	
		世称嘉庆辛酉科拔贡,辛未召试五台。道光戊子科举人,桑植县学训导,以子家铨诰赠朝议大夫	家铨澧州直隶州学训导,加运同衔		
			家镛同治甲子科举人,候选教谕,加五品衔		

	炎	世仰貤封修职郎	家睿嘉庆癸酉科拔贡，新宁县学以教谕衔管训导事		
	勋	世仁监生	家惇嘉庆癸酉科举人，咸安宫官学教习报备，以知县用	先绶县学生，候选训导加五品衔	
遇杰诰赠奉政大夫	熊贡生，候选同知，报捐封典。以曾孙嵩焘诰赠光禄大夫	世遴廪生，以侄孙崑焘貤赠荣禄大夫	家陶贡生，以从侄嵩焘貤赠中宪大夫	岱焘县学生，即选训导加五品衔	
		世遵廪生，以孙嵩焘诰赠光禄大夫	家暾监生，以子岧焘诰赠中宪大夫	岧焘县学生，贵州补用道员	虎宣光绪乙亥恩科举人、工部主事，加员外郎衔
			家彪议叙八品，以子嵩焘诰赠光禄大夫	嵩焘道光丁未科进士、翰林院编修，署理广东巡抚、兵部左侍郎，充出使钦差大臣，赏戴花翎	刚基县学生，候补六部员外郎
				崑焘道光甲辰恩科举人、内阁中书，加四品卿衔、三品顶戴，赏戴花翎，以子庆藩诰封荣禄大夫	庆藩优廪生，保举知府，分发浙江补用，保升道员，加三品衔，赏戴花翎
		世暹敕赠承德郎	家骥布政司经历，加捐封典	先梅以子庆蓉诰赠奉直大夫	庆蓉监生，候选同知

		诚世乾隆壬子科举人，甲寅召试天津，历任内阁中书兼典籍厅事协办、侍读	家暄嘉庆丁卯科副榜，候选教谕		
		谆世候选县丞，以子家声诰赠奉政大夫	家声浙江绍兴府、湖州府、严州府同知，杭州府、严州府总运通判，署建德县知县	先桐以子昌猷诰赠奉直大夫	昌猷甘肃候补同知
		诠世以本生孙嵩焘诰赠光禄大夫	家莲	作恭议叙八品	立卓湖北候补，从九品
			徵畴原名家彬，道光丙午科举人，以六部员外郎分部补用	寿鋆县学生，广东候补县丞	
	熙监生	世斌县学生	家桓	峰焘廪生，候选训导，加五品衔	
		世璥从九品衔，以孙崙焘诰赠奉直大夫	家相县学生，议叙八品。以子崙焘诰赠奉直大夫	崙焘优廪生，候选训导，加五品衔	
	纯	世谐县学生	家恩	先誉	立朝江西候补巡检
	元	世经	家璧	焜浙江候补，从九品	

右郭氏，国朝进士一人，举人九人，副榜一人，拔贡二人；

兵部侍郎一人，署巡抚一人，内阁中书二人，四品卿衔一人，加三品衔二人，六部员外郎二人，主事一人，臬司一人，盐运使司一人，道员三人，知府二人，同知二人，通判一人；知县一人，校官八人，佐杂三人。

中塅焦氏。隶中塅局。其先曰琼，世居湘阴。案，《焦氏谱》：琼以前世系未详。元末，从明太祖金陵，以功累擢福建卫指挥佥事；洪武十四年，调征云南，道卒洞庭。案，琼墓在县北虎狼冲，焦氏藏有洪武十四年谕祭文。子孙流寓长沙。琼传八世，至俊，嘉靖中，迁今地。俊生立，县学生。立生天衢、天卫。

<table>
<tr><td>天衢明万历中岁贡</td><td>大顺明县学生</td><td colspan="2">友孚凡传六世至正贵，生世裕
友论凡传六世至正得，生世音</td><td>世裕以子桐良诰赠朝议大夫
世音</td><td>桐良咸丰癸丑恩贡，官永州府教授，加运同衔
作猷同治壬戌恩科举人</td></tr>
<tr><td>天卫明县学生</td><td>大本明县学生</td><td>友和</td><td>文藩</td><td>宏志乾隆己卯岁贡</td><td></td></tr>
</table>

案，《明史纪事本末》：洪武十四年秋九月壬午命傅友德、蓝玉、沐英帅师征云南。琼从征云南，当在十四年。《焦氏谱》作十三年，误。

右焦氏，明指挥佥事一人，国朝教授一人、举人一人。

傅家冲傅氏。在明为监察御史傅霖，而世次不能详。盖其后衰微至矣。

霖明洪武中，官陕西道监察御史

傅家湾傅氏。隶中塅局。其先曰澄，洪州南昌县人，五代唐同光中，随弟潞占籍巴陵。案，《谱》称潞同光中知岳州，《通志》未列名。澄传十六

世至伯高,明贡生,迁湘阴之长乐。伯高生友榆、友椿,并县学生。友椿迁傅家山。友榆传五世,至孟忍,迁今地。

孟忍凡传七世至坤伟,生之熊	之熊以子先正貤封修职郎	先正乾隆己酉拔贡,历官湖北郧阳府教授	安宗道光壬辰科举人,官会同县训导,赠国子监学正,世袭云骑尉

傅家山傅氏。隶白水局。

友椿凡传十世,至理常,生之纲	之纲	培英	俊廷	文胜以军功保都司,留浙江补用,署金华协右营都司
		梦赉	丙照廪生,同治元年举孝廉方正,以直隶州州判分发湖北 文光以军功保直隶州知州,留福建补用,加知府衔,署惠安县知县	

仁和围傅氏。隶仁和局。其先曰维璧,福建上杭县人,康熙中迁湘阴。维璧生文略。

文略	上交	学喜	以德以军功保总兵,赏坚勇巴图鲁名号

案,傅家河傅氏,隶长乐局,亦巨族也。

右傅氏,明监察御史一人;国朝举人一人、拔贡一人、制科一人,直隶州知州一人、州判一人、教授一人、总兵一人、都司一人。

蒋家坪蒋氏。隶中塅局。其先曰成四、成九,江西丰城县人,出自汉山亭乡侯澄。元末,成四官长沙府通判,成九官岳州府经历,明洪武中占籍湘阴。成四生暹,成九生维孙。

暹明永乐丁酉科举人，官巡按广西监察御史	文亨明宣德中岁贡，官献陵卫太仓副使	伯淳明成化中岁贡，官南京都督佥事。凡传六世，至儒珩、儒甜、儒效、儒吉、儒吕	儒珩明崇祯中岁贡			
			儒甜县学生	之植雍正丁未岁贡		
			儒效县学生	之骥康熙中岁贡		
			儒吉	之骐康熙戊辰岁贡		
			儒吕	之驻县学生。凡传四世，至世绩，生琳、环	琳官广西永福县鹿寨分防县丞	
					瓌县学生，以子恭镒貤封修职佐郎	恭镒附贡生，官宜章县训导
				之骢	常泰乾隆甲子科举人。凡传五世，至裕铨，生葆龄	葆龄以军功保副将，署福建漳州镇标左营游击
					常藻	徽嘉庆戊辰恩科举人，充国史馆誊录
惟孙凡传八世，至儒学、儒德、儒瑞、儒璜、儒璋、儒瓒	儒学	之音县学生	常淑	继瑗乾隆癸卯岁贡		
	儒德顺治癸巳岁贡	之宾以子常晋貤赠修职郎	常昇康熙丁亥岁贡	继俨	世瑝乾隆辛未岁贡	
			常晋康熙乙未岁贡官城步县训导	继曾乾隆戊午科举人		

	儒瑞	之菁县学生	常祐雍正辛亥岁贡				
	儒璜明增生	之棻明隆武丙戌科举人	常尊康熙辛巳岁贡	继琬 继万康熙庚子科举人 继宽雍正甲辰科举人,官广东和平县知县	乔祚乾隆癸未岁贡		
	儒璋明县学生	之棐县学生	常肆	继统监生	世琳乾隆癸酉拔贡	定成官广东番禺县德慕里司巡检	
	儒瓒顺治戊子拔贡,官山东兖州府通判				世玕官安徽泗州吏目,改任山东盐运司经历	定恂官江西乐平县典史	
	儒光凡传五世至世匡,生定聪		定聪	裕岸	光隆	孝友	泽煦甘肃庆阳府经历
				裕晴以孙孝勋诰赠奉政大夫	光桂以子孝勋诰封奉政大夫	孝勋县学生,以军功保知州,留甘肃补用	

玉连以军功保副将，世次不详

右蒋氏，明举人二人，都督佥事一人；国朝举人五人、拔贡一人，知县一人、游击一人、副将一人。

三姊桥苏氏。隶高坊局。其先曰福二，江西丰城县人。明洪武二年，流寓长沙，十七年迁湘阴。福二生仕通，仕通生子高，子高生斌斓。

斌明永乐庚子科举人，官广东合浦县主簿	仲衡凡传十一世，至先昶		先昶	藻同治壬戌恩科举人，官沅陵县教谕
	仲相明成化戊子科举人，官河南唐县知县	纯明宏治戊午科举人，以孝义旌祀乡贤	柰明嘉靖庚子科举人，历官四川顺庆府推官	
斓	仲时	铨明嘉靖中岁贡		

兰茗河苏氏。

学禹康熙辛丑岁贡，世次不详

右苏氏，明举人四人，国朝举人一人、岁贡一人。

县城常氏。其先湖北监利县人。康熙初，有按察司照磨名谕臣，迁湘阴。一传至应龙，生枝柏。《选举志》：明永乐中岁贡常庸，官江西安县知县，而里居、世次不可详矣。

枝柏监生	光灿庠生	世理监生	道纪贡生，以子肇赓诰封奉直大夫	肇赓光绪己卯科举人，候选州同，五品封职
		睿哲		

右常氏，明知县一人，国朝贡生一人、举人一人。

将军坪宋氏。隶中塅局。其先曰纶，山东阳信县人，明宣德中以江夏县丞升任湘阴县知县，占籍湘阴。纶生信敏。

信明县学生	嵩明县学生	湘	集明万历中岁贡						
			采明嘉靖甲午选贡，官云南嵩明州学正，祀乡贤	汝和明万历己丑岁贡，官辰州府教授					
敏明宣德壬子科举人，历官翰林院孔目，南直隶徽州府通判	凯明举贤良方正，官浙江仙居县县丞	泾明县学生。凡传五世，至之沛、之洙		之沛顺治丁酉岁贡	橐	建勋监生	坚乾隆己酉岁贡		
							基监生	祥晋	光甲道光己亥恩科举人
				之洙	柏	丰勋县学生	凡传四世，至开孝	开孝以子炽昌敕封修职郎	炽昌咸丰丁巳补行壬子、乙卯两科举人，官衡阳、武陵县教谕，加五品衔

		沧明正德丁卯岁贡，官山东登州府通判							
	端明成化八年进士，历官南直隶徽州府同知	瀛明廪生，祀乡贤							
	岑明成化庚子科举人								
	山明成化甲午科举人，官江西抚州府通判								

案，旧志《选举》不录宋敏、宋岑、宋山，而于宋端注曰“山东中式”，其为未籍湘阴无疑，故《选举表》概未列入。《氏族表》专纪世系，并著于篇，以备考鉴。

张家岭宋氏。

惟名以军功保都司。世系未详

右宋氏，明进士一人、举人三人，通判一人、制科一人；国朝举人二人，都司一人。

县西林氏。隶白马局。其先曰福，福建福清县人，明洪武中官衡山县典史，占籍湘阴。福生士宏。

士宏明宣德中岁贡，官山西平定州知州	禄贵	善卿明举明经

古塘园林氏。

本喜以军功保都司。世系未详

右林氏，明知州一人、制科一人，国朝都司一人。

一都范氏。其先曰直谅，宋参知政事、谥文正仲淹曾孙也。南渡后，占籍衡山县。直谅传六世，至训清，元初迁长沙。训清传四世，至兴旺、兴华，明初迁湘阴。

兴旺居范家坊	添清	以亮	凡传十一世，至文元	文元	必蓉	镕同治乙丑岁贡	
					必芝	赓咸丰辛亥岁贡	
	添佐	以贵	凡传十一世，至上荣	上荣	东城	骏惠咸丰辛亥钦赐举人	
兴华居栗山	添政	以宏明县学生，以子奎赠户部主事	奎明天顺元年进士，历官户部主事、浙江温州府知府	召文	凡传八世，至新缜，生瞻霖	瞻霖以子骥诰封奉政大夫	骥道光戊子科举人，官直隶高阳县知县，加同知衔

右范氏，明进士一人，国朝举人二人。

公悦围姚氏。隶归义局。其先曰永秀，江西泰和县人，明初迁湘阴。

永秀	通明天顺己卯科举人 琬明正德中岁贡 渊明贵州吏目 海明四川射洪县典史

县城姚氏。隶附城局。其先曰拱乾，明南直隶上元县人，嘉靖元年迁湘阴。拱乾传七世，至开镛，生枝苌、枝华。

枝苌	学富从九品衔，以曾孙暹贻赠通奉大夫	焕监生，以孙暹诰赠通奉大夫	邦彦道光甲辰恩科举人，官邵阳县教谕，加国子监学正衔，以子暹诰赠通奉大夫	暹同治二年进士，官江西峡江、安仁、瑞昌南城、靖安等县知县，加知府衔 用霖广东候补府经历
枝华	学达 学远	文雅以侄腾汉贻赠文林郎 文江以子腾汉敕赠文林郎	腾汉道光庚子恩科举人，广西候补知县，改授泸溪县教谕，升任宝庆府学教授	

右姚氏，明举人一人，国朝进士一人、举人二人。

开福山程氏。隶中塅局。其先曰宗贵，明南直隶休宁县人，洪武中迁湘阴。宗贵生应瑞，应瑞生文政，文政生聪，聪生谦。

谦明浙江丽水县仓大使	沂明成化二十三年进士，历官户部主事，祀乡贤 澎明嘉靖中岁贡	天玺明嘉靖中岁贡
祖钰以军功保参将。其世次皆不详		

右程氏，明进士一人，国朝参将一人。

东湖郑氏。隶三峰局。其先曰菊隐，福建莆田县人，元季隐居湘阴，号安节先生。菊隐生德翁，德翁生用修。

用修明举经历	伯祥明景泰中岁贡	

	伯龄	秉奎明弘治己酉科举人，官河南唐县训导。凡传十三世，至斐佐，生文成	文成以曾孙阳和诰赠振威将军	克绳以孙阳和诰赠振威将军	清淇以子阳和诰赠振威将军 荣科以军功保都司	阳和以军功保提督，赏健勇巴图鲁名号

长乐郑氏。隶长乐局。其先曰太安，江西金谿县人，明成化中迁湘阴。太安传八世，至之吉，生应亨、应福。

应亨 应福	长标 长杭县学生 长权	有隽乾隆壬午科举人 有昭乾隆癸卯科举人 有光嘉庆辛酉科钦赐举人

汨罗郑氏。隶归义局。其先曰文秀，江西丰城县人，明初迁湘阴。文秀传十三世，至启祥，生崇拔。

崇拔附贡生	道峩	德声道光辛巳恩科举人

归义郑氏。其先曰克敬，官将军，明洪武时由江西丰城县迁湘阴沙溪市，再迁今地。克敬传十六世至垂仁。

垂仁	光华以子先攀敕赠征仕郎，以孙祖焕貤赠朝议大夫	先攀中书科中书，以子祖焕诰封朝议大夫	祖焕光绪乙亥恩科举人，拣选知县，加同知衔

樟湖岭郑氏。隶文洲局。其先曰荣耀，江西吉水县人，元至正十七年迁湘阴。荣耀传十四世，至逢印，生朝尊。

朝尊	次韩以子理权敕赠武略都尉	及棨监生，以弟理权貤封武略骑尉 理权道光丙午科武举，官龙阳县城守千总，以子耀湘敕封武德骑尉	云山贡生	连山以军功保都司，赏戴花翎，归湖南抚标补用 连湘武生，以弟耀湘貤封武德骑尉

	科瑶	理枝武生		耀湘武生，以军功保守备，补安化营把总 翥高同治壬戌恩科武举

右郑氏，明举人一人，制科一人；国朝举人四人、武举二人，提督一人、都司一人。

金鸡山司马氏。隶白水局。其先曰化龙，明洪武中迁湘阴之禄塘，再迁今地。化龙生信先，信先生念祖、效祖。

念祖	宏	琴	铠明正德庚午科举人，官浙江金华县知县		
	宁	璇	钱	栋	沛荣明天启中岁贡
效祖	宇	瑛	钺明嘉靖中岁贡，官南直隶仪征县县丞	楹官四川盐课提举司库大使	
	宪明嘉靖中岁贡，官四川库大使				

右司马氏，明举人一人、贡生三人，大使二人。

萧家冲萧氏。隶中塅局。其先曰来章，江西安福县人，元元贞中迁湘阴。来章传四世，至韶，生凤。

凤	纯	大吉以子泮赠监察御史	淮明嘉靖癸卯科举人，官四川资阳县知县。凡传七世，至士诚，生塘	塘以孙立照貤赠奉直大夫	本麟以子立照诰赠奉直大夫	立照署安徽青阳县知县，加同知衔

			泮明嘉靖壬子科举人，官直隶沙河县知县行取御史			
	绎明正德庚午科举人，官南直隶盱眙县训导					

案：明代萧氏称邑望，有曰萧鳌者为邑人，杨廷用养子，遂从杨姓。入国朝，杨氏以科第显而萧氏无闻，嘉庆十三年戊辰恩科邑人某，梦观天榜云：“湖南领解者湘阴人萧姓，榜发则杨培之也。”

青山萧氏。隶营田局。其先曰逸山，江西庐陵县人，明嘉靖中迁湘潭，继迁湘阴之乌塘，再迁今地。逸山生宗海，宗海生文光、文明。明时著籍者曰应乾，选贡，官常州府通判；曰伯牧，举明经。而不详其世次。

文光	大芳	之续	朝洛	理华以曾孙国仕诰赠武显将军	振茂以孙国仕诰赠武显将军	相定以子国仕诰赠武显将军	国仕以军功保总兵，赏烈勇巴图鲁名号
文明	大美	之统	朝湟	理泰	振起以孙国瑜诰赠奉直大夫	相印廪贡生，以子国瑜诰赠奉直大夫	贡淮廪贡生 国瑜由从九累保州同，加五品衔 炳麟廪贡生，广东候补县丞

辉廷以军功保副将。世次不详

东凌以军功保总兵，借补长江水师三江营左哨都司，别为韩湾围萧氏

右萧氏，明举人三人，通判一人、制科一人；国朝知县一人、州同一人、县丞一人、总兵二人、副将一人。

城南唐氏。隶附城局。其先曰待征，武陵县拔贡生，雍正六年官湘阴训导，占籍湘阴。待征传九世，至方矩，生大刚。明《选举志》：隆庆中岁贡唐朝卿，官江西太和县知县，而里居、世系皆不能详。

大刚嘉庆己卯科武举

文家铺唐氏。隶文家局。

得胜以军功保总兵，加提督衔，赏捍勇巴图鲁名号

案：唐家坊唐氏隶穆屯局，唐马吴团唐氏隶白水局，皆邑巨族。

右唐氏，明知县一人；国朝武举一人，总兵一人。

新市涂氏。隶新市局。其先曰成，江西南昌县人，明洪武五年迁湘阴。成传五世，至瑞瑄。案：明崇祯中岁贡。涂允昌当出自新市涂氏，而《涂氏谱》未著录。

瑞瑄	伏安	珂	朝政明嘉靖中岁贡，官四川梓潼县教谕
	伏迅	璧	朝节顺治丙戌岁贡
	伏岷	柏以子用宾赠河南尉氏县知县	用宾明万历八年进士，官河南尉氏县知县，祀乡贤

涂家桥涂氏。隶樟树局。其先曰演义，江西南昌县人，明洪武初迁湘阴。演义传九世，至麓眉。

麓眉县学生	世绅 玟县学生	若尼 琳府学生	听思	崧菉从九品	蔚湘监生，保翰林院待诏，浙江候补县丞，五品顶戴	授心以军功保把总，卒于军

右涂氏，明进士一人，国朝县丞一人。

喻家坊喻氏。隶白水局。

成龙明万历中岁贡，官四川重庆府同知	栋明万历中举明经，官山西繁峙县县丞

右喻氏，明同知一人、制科一人。

七里街湛氏。隶浒田局。其先曰自正，江西丰城县人，明洪武二年迁湘阴。自正传三世，至应科、应序。应序迁木盆塘。

应科明县学生	宠明县学生	希元明万历中岁贡，官辰州府通判	纯莹	焘康熙癸未岁贡	方濂	圣明县学生	道心乾隆丁酉岁贡

木盆塘湛氏。隶中塅局。

应序凡传十六世至常煦	常煦	受益监生	宗和同治壬戌恩科举人，考取宗室官学教习，署甘肃中卫县知县，补文县知县

右湛氏，明通判一人，国朝举人一人。

桃林娄氏。隶桃林局。其先曰全，江西庐陵县人，明初占籍湘潭。全传三世，至佐，迁湘阴。佐传三世，至锈。

锈明天启甲子科举人，官陕西泾州知州，赠太仆寺少卿，追谥烈愍，祀乡贤	惺伯以父锈荫授户部云南司主事，转清吏司郎中

右娄氏，明举人一人，荫郎中一人。

左家塅左氏。隶文家局。其先曰志远。宋南渡后，自湘北南阳街迁邑东罗塘。志远生大铭，宋嘉定七年甲戌进士，官浙江路采访使司，传五世至伏岳，迁直塘，生承一、承二、承三，并明县学生。承一迁今地，生得广，官长沙卫，八传至天寓、天民、天位、天眷；承二生得真，官云南腾冲卫军民使司，三传至经，明嘉靖中岁贡；承三迁清泉冲，九传至天鉴。

天寓凡传八世，至启栋				启栋	宗裕以孙新镒诰赠昭武都尉	昭度以子新镒诰赠昭武都尉	新镒以军功保参将，署福建泉州营洪赖乡都司
天民明廪生，生之俊、之英。之俊生应芬、应慈；之英生应昂	应芬凡五传，至人笃			人笃以孙宗朝貤赠文林郎	启蕃以子宗朝敕赠文林郎	宗朝廪生，保训导，安徽候补知县，赏戴花翎	
	应慈凡四传，至逢来		逢来以孙富文诰赠武显将军	人俨以子富文诰赠武显将军	富文以军功保总兵，借补长江水师沅江营守备，赏戴花翎		
				人哲以子有才诰赠振威将军	有才以军功保总兵，赏戴花翎		
	应昂以孙定波绨赠文林郎。	以铨雍正乙巳岁贡，官乾州厅学正，以子定波敕赠文林郎。	定汉凡三传至人磊	人磊以孙宗功貤赠儒林郎	启尧以子宗功敕赠儒林郎	宗功历官安徽定远县泸桥主簿，泗州州同	

		定波雍正壬子科举人，官山西平顺县知县	逢本以弟逢霖貤封修职郎			
			逢霖乾隆庚辰恩科举人，官郴州学正	人睿乾隆己亥恩科举人		
天位凡五传，至定泾	定泾以曾孙光培累赠振威将军	逢棨以孙光培累赠振威将军	人智以子光培累赠振威将军	光培湖北竹山协都司，保升总兵，记名提督，赏加阿什洪特巴图鲁名号。赏戴花翎		
天眷明万历乙酉戊子两中副榜，官直隶行唐县知县。凡五传，至定师、定有、定谦	定师县学生	逢圣县学生，以曾孙宗棠累赠光禄大夫二等侯	人锦以孙宗棠累赠光禄大夫二等侯	观澜廪生，以子宗棠累赠光禄大夫二等侯	宗棫廪生，以弟宗植貤赠修职郎	
					宗植道光乙酉科拔贡，壬辰恩科解元，官新化县训导、桂东县教谕、内阁中书，以子澂诰赠中宪大夫	澂廪生，官浙江玉环厅同知，以知府补用，赏戴花翎
						浑同治庚午科举人

					宗棠道光壬辰恩科举人，历官太常寺卿、浙江巡抚，升闽浙总督，调陕甘总督，太子太保东阁大学士，世袭一等恪靖伯，加一等轻车都尉，晋封二等恪靖侯，紫禁城骑马，钦差大臣督办新疆军务	孝威同治壬戌恩科举人，钦赏主事 孝宽县学生，议叙主事
			人特	芳澍县学生，以孙昭泽貤赠奉政大夫	宗德县学生，以子昭泽，诰赠奉政大夫	昭泽盐提举衔，官浙江下沙场盐大使
	定有	逢稜	人封以孙葆真诰赠中宪大夫	启念以子葆真诰赠中宪大夫	葆真附贡生，官云南元谋县知县	
		逢标以曾孙日昇貤赠武显将军	人与以孙日昇诰赠武显将军	启鳌以子日昇诰赠武显将军	日昇以军功保提督，赏质勇巴图鲁名号，赏戴花翎	
	定谦乾隆丁丑岁贡					

天鉴凡六传至逢岱		逢岱	人注以孙宗树貤赠修职郎 人春以孙宗灿诰赠武功将军	英监生,以子宗树敕赠修职郎 启煜以子宗灿诰赠武功将军	宗树县学生,湖北补用县丞 宗楙县学生,议叙州同 宗灿以军功保参将,署甘肃肃州游击,赏戴蓝翎	

右左氏，宋进士至采访使司一人；明副榜一人，知县一人、知州一人、道员一人、卫官二人，岁贡一人；国朝举人七人、拔贡一人、岁贡二人，侯一人、伯一人、轻车都尉一人、大学士一人、总督一人、巡抚一人、太常寺卿一人、主事二人、内阁中书一人、道员一人、知府一人、同知一人、州同一人、知县二人、校官三人、县丞一人、主簿一人、盐大使一人、提督二人、总兵三人、都司一人。

登龙桥龙氏。隶高坊局。其先曰秀二，江西人，明初迁湘阴。秀二传八世，至元沛，生善世、善骧。善世生永明、永昌，善骧生永粜。

永明明天启中选贡,历官贵州道监察御史,监两广军	之芬	仕荣县学生	祖勋	章县学生	廷梓县学生 廷光道光辛丑恩贡	中骥道光丙午科举人 在霄咸丰己未岁贡

永昌	之珏	生仕纹，仕纹生祖逵，祖逵生俊昭	俊昭以曾孙有升貤赠武显将军	儒道光戊子恩贡 恒久以孙有升诰赠武显将军	培先以子有升诰赠武显将军	有升以军功保总兵，补长江水师提标中营后哨守备
永粩	之玠	仕寿	祖贤乾隆己酉科举人			

畎口龙氏。隶白马局。其先曰富，益阳县人，明洪武中迁湘阴。富传十五世至朝喜，生开镩。

开镩	廷选以曾孙汉清貤赠振威将军	忠良监生，以孙汉清诰赠振威将军	世盛监生，以子汉清诰赠振威将军	汉清以军功保副将，加总兵衔，赏戴花翎，留浙补用副将，同治三年署金华协副将 鼎铭监生，归部选用县丞，加五品衔，赏戴蓝翎

福来以军功保游击。世次不详

右龙氏，明监察御史一人；国朝举人二人，总兵一人、副将一人、游击一人。

中疃鄞氏。隶中塅局。其先曰遇春，南直隶寿州人。明洪武十四年，从西平侯沐英征云南；十五年，乌蒙芒部畔，战殁石承山寨，世袭百户。遇春生则宽、则荣，占籍湘阴。

则宽常德卫左千户所百户											
则荣常德卫左千户所百户	敏常德卫左千户所百户	福常德卫左千户所百户	贵常德卫左千户所百户	盛常德卫左千户所百户	世勋常德卫左千户所百户	大有常德卫左千户所百户	伏昭	钺	世文明廪生	盈	之馨明崇祯癸酉科举人

右酆氏，明举人一人。

畋口谈氏。隶白马局。其先曰伏，江西南昌县人，明初迁湘阴。伏生士奇。

士奇明吏部主事、浙江湖州府知府

案，《谈氏谱》称：《湖州府志》公守湖州，兴学校，辟射圃；有绎志亭遗迹，金华童冀曾撰《记》。卒葬德清县，祀名宦祠。

右谈氏，明知府一人。

杉木江顾氏。隶中塅局。其先曰郭信，南直隶泰兴县人，明成化中迁湘阴。郭信传五世，至颜，生鹏摇。

鹏摇明贵州游击	明敏	梦祥	尚良监生	必倜监生	成纹县学生	隆湘县学生	南英道光壬午科武举 名世县学生，以军功保训导
					成绥	隆澜	寿世咸丰辛酉科拔贡，湖北试用知县

右顾氏，明游击一人，国朝拔贡一人、武举一人。

桃林曾氏。隶桃林局。其先曰扬西，福建晋江县人，明崇祯中迁湘阴。

扬西	允龙顺治丁酉科举人。案，旧志：允龙入善化学，盖以邑人拨入善化学，如岁贡刘来垣以攸人拨入湘阴学。见《选举表》

洞坑曾氏。隶凤凰局。其先曰暄，江西永丰县人，宗圣五十六世孙，明成化中迁湘阴南仑。暄传十一世，至兴信、兴任。兴信迁洞坑，兴任迁临沘市。

兴信以孙光先貤赠文林郎	毓贤以子光先敕赠文林郎	光先乾隆十年进士，官浙江象山县知县	辉越乾隆甲寅恩科举人 遇唐乾隆戊申乙卯两科副榜，官新田县教谕

临沘市曾氏。隶临沘局。

兴任凡传六世至昭攀	昭攀	泗美以军功保提督，赏坚勇巴图鲁名号

右曾氏，国朝进士一人、举人三人，提督一人。

营田田氏。隶营田局。其先曰应彰，江西吉水县人，明洪武二年迁湘阴。应彰传七世，至永，生孟璇、孟玘。

孟璇县学生	仲游	伏瑶	学旦	金音	喜雨雍正甲辰科举人,历官江南馀东场盐大使,广西镇远县知县	
孟玘凡传七世,至之苗		之苗	家明	有约以孙名魁诰赠武显将军	传藻以子名魁诰赠武显将军	名魁以军功保提督,赏振勇巴图鲁名号,借补浙江太湖协副将

韩湾田氏。隶白马局。

仕拔以曾孙明山诰赠建威将军	上列以孙明山诰赠建威将军	黄熙以子明山诰赠建威将军	启泰历保尽先补用游击,赏戴花翎 明山以军功保副将,借补岳州镇中营游击,调补华阳中营游击

右田氏，国朝举人一人，提督一人、副将一人、游击一人。

河塘孟氏。隶归义局。其先曰江，河南太康县人，明成化十三年从吉简王就藩长沙。

江凡传十世至启谟	启谟雍正五年进士

案，孟氏偕同里宋氏、韩氏、赵氏、草氏、陈氏来湘阴，号曰“河南六户”。

右孟氏，国朝进士一人。

倪家江倪氏。隶丰仓局。其先曰万春，南直隶吴县人，明成化三年迁湘阴。万春生少泉。案，《倪氏谱》：万春，官长沙府通判。

少泉凡传八世至如璘	如璘	士希雍正丙午科举人

右倪氏，国朝举人一人。

高株山瞿氏。隶文家局。其先曰天作，南直隶武进县人，明洪武初迁湘阴。天作传八世，至承恩，生永旸。

永旸明廪生，以孙信昭貤赠承德郎	懋农增生，以子信昭敕赠承德郎	信昭雍正十一年进士，历官户部主事、四川资阳县知县

三姊桥瞿氏。隶申明局。

定国以军功保参将，补湖北宜昌镇标中营游击

三峰山瞿氏。隶三峰局。世居南京应天府洗马巷，明洪武中有名若淮者徙居湘阴黄茅洲，为三峰山陶户之一。传二十二世，至孝全。

孝全	廉逵貤赠昭武都尉	永禧候选从九品，诰赠昭武都尉	遵度贵州候补府经历，加六品衔 遵训以军功保游击，赏戴蓝翎，署永州镇左营永明汛守备、常德提标前营都司

右瞿氏，国朝进士一人，游击一人，都司一人。

熊家疃熊氏。隶文家局。其先曰志明，江西丰城县人，出自晋黄州刺史增，元至正中迁湘阴。志明生仲琦、仲卓。仲琦居熊家疃，仲卓居县前。

仲琦明县学生。凡传十一世，至显钰，生荣选	荣选	光照乾隆丙子科举人

县前熊氏。隶附城局。

仲卓凡传十一世，至逢信，生应礼	应礼	光咸以曾孙铁生诰赠振威将军	宗翰以孙铁生诰赠振威将军	绍楚以子铁生诰赠振威将军	铁生以军功保提督，赏奋勇巴图鲁名号，赏戴花翎

大湾熊氏。隶石子局。其先曰富，江西南昌县人，明嘉靖初迁湘阴。富传九世，至正宠，生启信。

启信以曾孙有常诰赠振威将军	兴发以孙有常诰赠振威将军	学善以子有常诰赠振威将军	有常以军功保提督，赏倭什洪额巴图鲁名号

长乐熊氏。隶长乐局。其先曰安鼎，江西饶州人，明初迁湘阴。安鼎传十世，至兴聪，生之儒。

之儒	祖桂	德谱	由藻	品佳以军功保总兵，赏恒勇巴图鲁名号

南堤熊氏。隶附城局。其先曰俊，江西丰城县人，明洪武中迁湘阴之高华岭。俊传四世，至志选，迁今地。选传五世，至逊连，生惟谦。

惟谦以孙凯貤赠武略骑尉	德祥以子凯敕封武略骑尉	鳌武生，以孙济辅诰赠武显将军	彰善以子济圃诰赠武显将军	星源以军功保参将，加副将衔 济圃以军功保总兵，赏效勇巴图鲁名号，借补长江水师江阴营左哨都司，署江阴营副将
		凯武生，卫千总衔		

右熊氏，国朝举人一人，提督二人、总兵二人、都司一人。

青竹庙袁氏。隶樟树局。其先曰岱山，江西丰城县人，元末迁湘阴。

岱山凡传十五世至荣邦 必富 必贵明永乐中岁贡，官广东番禺县典史	荣邦乾隆丙子科武举

右袁氏，国朝武举一人。

大众塅何氏。隶归义局。其先曰海祥，江西丰城县人，初迁平江。海祥生心二，迁湘阴。心二传十五世，至嘉祐、嘉宣、嘉猷、嘉乐、嘉亮、嘉特、嘉岸、嘉本。

嘉祐以子大铁貤赠修职郎	大铨例贡生	启治嘉庆辛酉岁贡	
	大铁乾隆乙酉拔贡，官新田县教谕		
嘉宣乾隆乙未岁贡	大凤嘉庆戊寅恩贡		

嘉猷	大岗	启构以孙瑞祥诰赠武显将军	德纪以子瑞祥诰赠武显将军	瑞祥以军功保总兵，赏撰勇巴图鲁名号，借补沅州协晃州营守备
嘉乐	大士	启暹	德象	昌登以军功保总兵，加提督衔，赏彪勇巴图鲁名号
嘉亮	大贤例贡生	启南乾隆癸卯科举人，历官山西岢岚州知州		
嘉特	大杰	启祥咸丰乙卯岁贡		
嘉岸	大松	启云以子德陞诰封武德骑尉	德逵以弟德陞貤封武德骑尉	
			德陞咸丰戊午科武举，充补兵部差官	
嘉本	大聘县学生	炳忠光绪乙亥恩科举人		

文洲围何氏。隶文洲局。其先曰文占，湖北监利县人，康熙三十八年迁湘阴。文占生朝瑞。

朝瑞监生	坤元监生	星槎监生	雨龙同治壬戌，并补行己未恩科武举

右何氏，国朝举人二人、拔贡一人、武举二人，总兵二人、

都司一人。

大湾晏氏。隶石子局。其先曰子忠，江西南昌县人，明成化中迁湘阴。子忠传八世，至朝瑞，生天相。

天相县学生	臣鯾乾隆丁酉拔贡

右晏氏，国朝拔贡一人。

文星桥高氏。隶附城局。其先曰德胜，江南西路吉水县人，唐南平王崇文十一世孙，宋末占籍安福县。德胜传十七世，至日鸾，迁湘阴。

日鸾凡传七世，至林	林以孙元浩貤赠武德骑尉	宏翥优生，以子元恺敕封武信骑尉 群英县学生，以子元浩敕封武德骑尉	元恺乾隆丙午科武解元，敕授武信骑尉 元浩乾隆壬子科武举，充补兵部差官、候选守备	开椿嘉庆己卯科武举，历官龙阳县城守千总 开雅嘉庆戊寅恩科武举，历官长安营守备

城南高氏。隶附城局。其先曰万宝，由江西安福县于明季迁居湘阴县城南门。传四世，至乐闲，生本坤。

本坤	立纲	而康以子蔚霞诰赠奉政大夫	蔚霞以军功保知县，补授甘肃清水县知县，加同知衔

右高氏，国朝武举四人，知县一人。

营田殷氏。隶营田局。其先曰音亮，安徽定远县人，明洪武初官岳州卫指挥使，因家华容。凡传十二世，至可久，由华容迁湘阴。

可久凡传五世,至天珍	天珍	志清	道栋监生	雄乾隆戊申预行正科武举		
		志洪	道行监生,以孙家傿诰赠中议大夫	豪正府学生,以子家傿诰封中议大夫	家傿候选知县,加运同衔	
					家伟敕授登仕郎	邦惠同治癸酉科拔贡,四川试用直隶州州判

殷家坪殷氏。隶樟树局。其先曰崇山，江西丰城县人，明洪武中迁湘阴。崇山传十五世，至永和、永恒。

永和 永恒	远曜 远鉴	长有	鸣岐以军功保总兵,赏敏勇巴图鲁名号
		尚质县学生,陕西候补知府	

右殷氏，国朝武举一人，拔贡一人，总兵一人。

小江蔡氏。隶黄谷局。其先曰邦文，江西人，明嘉靖九年迁湘阴。邦文生宗富。

宗富	良魁	时聘	宪鹏	秉成县学生	居琩嘉庆四年钦赐进士,授翰林院检讨

埽帚口蔡氏。隶临泚局。其先曰荣精，江西丰城县人，明洪武六年迁湘阴中洲。荣精传八世，至琏，生邦舜、邦栋。邦舜居埽帚口，邦栋居城南。

<table>
<tr><td>邦舜凡传八世至光瑶，生德宗</td><td>德宗以孙渭川诰赠武功将军</td><td>文泰以子渭川诰赠武功将军</td><td colspan="3">渭川以军功保总兵
东祥以军功保副将，加总兵衔，赏雄勇巴图鲁名号</td></tr>
<tr><td rowspan="2">邦栋凡传五世至之芍，生正起</td><td rowspan="2">正起</td><td rowspan="2">大祚</td><td colspan="3">光英嘉庆丁卯岁贡，官麻阳县教谕</td></tr>
<tr><td>光藩诰赠昭武都尉</td><td>先广诰赠昭武都尉</td><td>树德候选都司捐请封典</td></tr>
</table>

右蔡氏，国朝进士一人，总兵二人，教谕一人。

楚塘危氏。隶凤凰局。其先曰泰兴，江西馀干县人，明正德元年偕兄烈迁湘阴，烈迁樟树港。

烈凡传九世，至良会	良会	星灿廪生，历官沅州府教授	文汉以县丞分发湖北，署监利县县丞，保知县，加知州衔
泰兴凡传九世，至映辰	映辰嘉庆庚辰恩科恩赐举人		耀垣光绪己卯科举人 源汉贡生

右危氏，国朝举人二人。

县城曹氏。隶附城局。其先曰玉溪，江西丰城县人，元初迁湘阴。玉溪传十二世，至一昌，生启参。

启参	世典以孙宗元貤赠武德骑尉	代陞从九品衔，以子宗元诰赠武德骑尉	宗元嘉庆戊辰恩科武举，营守千总	支骥候选直隶州知州，以孙昇运诰赠奉政大夫	子卓县学生，以子昇运诰赠奉政大夫	昇运候选同知

白马市曹氏。隶白马局。其先曰彦万，长沙麻林桥人，明中叶迁湘阴之樑木垅。彦万传十世，至尚彝，生胜链，居今地。

胜链以曾孙仁美诰赠振威将军	家宾以孙仁贤诰赠武功将军，以孙仁美晋赠振威将军	盛清以子仁贤诰赠武功将军，以子仁美晋赠振威将军	仁贤以军功保副将，加总兵衔，赏强勇巴图鲁名号 仁美以军功保提督，赏励勇巴图鲁名号

右曹氏，国朝武举一人，提督一人、总兵一人。

河塘谢氏。隶归义局。其先曰伏弈，江西吉水县人，明洪武十四年迁湘阴。伏弈传十二世，至应芳。

应芳	南嘉庆丙辰恩贡	珍嘉庆甲子科亚元，官永顺县教谕

右谢氏，国朝举人一人。

营田柳氏。隶营田局。其先曰福三，临湘县人，明成化中迁湘阴。福三传十二世，至世纯、世煌。

世纯	贤烈以孙和暄诰赠奉直大夫	太良布政司经历衔，以子和暄诰赠奉直大夫	和章布政司理问衔，以弟和暄貤封奉直大夫 和暄嘉庆戊寅恩科举人，官兵部员外郎
世煌	贤瑾	太宝	和铭道光辛卯科副榜，官泸溪县教谕

志城以军功保参将

栗桥柳氏。

三喜以军功保总兵 逢春以军功保参将。以上世系未详

右柳氏，国朝举人二人，总兵一人、参将二人。

石水江欧阳氏。隶中塅局。其先曰彝，江西庐陵县人，出自文忠公修，元泰定中迁湘阴。彝传四世，至中端、中瑞。中瑞后迁汨罗。

中端明洪武中官南直隶松江县主簿	嘉缙明县学生 嘉绩	玺明宣德癸丑岁贡，官江西安仁县县丞 夔 忠明天顺辛巳岁贡，官四川彭县训导	曮明县学生 敏明天顺癸未岁贡	显明成化丁亥岁贡，官山东齐东县训导	

汨罗欧阳氏。隶凤凰局。

中瑞凡传四世至勖	勖明成化中迁汨罗，凡传四世，至永雄，生远仁	远仁以孙藻貤赠儒林郎	明恺以子藻敕赠儒林郎	杰道光己亥岁贡 藻候选州同 汉道光庚子科举人

右欧阳氏，明岁贡四人；国朝岁贡一人、举人一人。

牛口塅邹氏。隶白水局。其先曰元隆，四川江津县人，明洪武中迁湘阴之塔寺前。元隆生銮，銮生孟熊，迁今地。孟熊传七世，至之隆，生世荣。

世荣	生瑜	嗣武	垂鉴	寿庚道光癸卯科举人，两淮盐大使、浙江候补知县 寿镜湖北候补州同

旷公桥邹氏。隶归义局。其先曰福六，江西南昌县人，明洪武初迁湘阴。福六传十六世，至万勇。

万勇监生	用庚同治丁卯科举人

长发以军功保参将。世系未详

右邹氏，国朝举人二人，参将一人。

大众塅仇氏。隶归义局。其先曰甫清，江西新建县人，明洪武二年占籍巴陵之八仙桥。甫清传四世，至寿俎，明正统七年迁湘阴。寿俎传十二世，至立本、立扬、立纯。

立本	崇经从九品衔，以子文汇貤赠修职郎	文汇咸丰辛亥恩科举人，官安乡县训导
立扬	有道以军功保提督，赏利勇巴图鲁名号	
立纯	宗佑以军功保提督，赏倜勇巴图鲁名号	

右仇氏，国朝举人一人、提督二人。

城江桥巢氏。隶丰仓局。其先曰璜琪，江西瑞州府人，明洪武中偕弟岳迁湘阴。

璜琪凡传六世，至尚用、尚宾	尚用	兴凰	胜翰县学生，凡传四世，至逢裔，生德谟	德谟	盛照	文煊	名坊咸丰二年武进士
			胜瑞凡传四世，至逢发，生德堂	德堂	日升以军功保副将，署浙江象山协副将		
	尚宾	兴禹	胜鼐凡传四世，至逢桂，廪生，生德懋	德懋	盛书	文迪	家源以县丞，留安徽补用，署滁州吏目
岳凡传六世，至尚金	尚金	兴冠从九品衔	胜甲增生，凡传四世，至逢拱	逢拱县学生	邦光嘉庆辛未岁贡		

右巢氏，国朝武进士一人，副将一人。

洪源洞冯氏。隶长乐局。其先曰召太，江西人，明洪武中迁湘阴。召太传十一世，至发元，生时。

时县学生	诏县学生	忠持以孙勋诰赠昭武都尉	恕吉以子勋诰封昭武都尉	道敦以子宗钦诰封武德骑尉	宗钦以军功保守备，归湖南抚标候补
				勋咸丰戊午科武举，以军功保都司 文庵武生，以军功保都司 煦以军功保知县，留江西补用，加同知衔	

富堂以军功保总兵
连陞以军功保游击
文质以军功保游击。以上世系皆不详

右冯氏，国朝武举一人，总兵一人、游击二人。

清泉冲姜氏。隶申明局。其先曰信三，江西丰城县人，明洪武初迁湘阴。信三传十五世，至本璧，生棠勋。

棠勋	垂瓒	卓同治壬戌恩科举人，官浙江淳安、遂昌等县知县

武昌庙姜氏。隶武昌局。

世友以军功保总兵

东庄围姜氏。

志文以军功保都司

右姜氏，国朝举人一人，总兵一人、都司一人。

东塘毛氏。隶石子局。其先曰幅，平江县人，明正统中迁湘阴。

幅传十三世，至德亨，生际霖。

际霖县学生	英构	晋蕃同治丁卯科举人

案，毛家河毛氏、东塘毛氏，同出自平江县，皆巨族也。

右毛氏，国朝举人一人。

洞冲虞氏。隶丰仓局。其先曰槃，江西吉水县人，宋雍国公允文五世孙，元湘乡州判。槃生必泰，皇庆中迁湘阴之御洗沟。必泰传六世，至伏什，迁今地。伏什生元亨、元利。

元亨	万聪 万俊	斌明浙江临安县仓大使 冕明广东海阳县巡检。凡传十一世，至学棠	学棠监生	懋成	光赞	绍南以军功选授云南开化府同知司狱，累保知府，留浙江补用
元利	万全	景凡传十一世，至学智	学智	猷懋县学生。以军功保知县，任浙江武康县知县，加同知衔		

右虞氏，国朝知府一人、知县一人。

樟湖岭任氏。隶文洲局。其先曰子明，江西丰城县人，明洪武中迁湘阴。子明传十世，至明纮。

明纮	会嵩	典渚	清芹以军功保知府，留安徽补用，加道衔

毛塘任氏。隶塾塘局。其先曰宾一，江西吉水县人，元初占籍长沙之十三都。宾一传三世，至景德，迁湘阴。

景德凡传十四世，至孔语，生孟谔、孔诲，生孟贤	孟谔例贡。以曾孙应庚貤赠资政大夫	开本以孙应庚诰赠资政大夫	科进以子应庚诰封资政大夫	应庚以军功保直隶州知州，留广西补用，加运同衔，留署永宁州知州、太平府知府
	孟贤从九衔，诰赠奉直大夫	开来监生。以子镇南诰赠奉直大夫	镇南州同衔	湘杰同治癸酉岁贡

顺丰围任氏。

友章以军功保总兵	友德以军功保游击。以上世系未详

案，九斗冲任氏，隶高坊局；塘湾任氏，隶埶塘局，皆邑巨族。

右任氏，国朝知府二人，总兵一人、游击一人、都司一人。

漕溪港江氏。隶三峰局。

绍华官浙江兰溪县知县

汪家洞江氏。

成祥以军功保部兵，借补长江水师湖口营左哨都司

右江氏，国朝知县一人，总兵一人。

文洲围谭氏。隶文洲局。其先曰必达，江西南昌县人，明洪武中迁长沙之谭家园。必达传十二世，至文潜，迁湘阴。文潜生克绳。

克绳以曾孙仁芳诰赠振威将军	耀庭以孙仁芳诰赠振威将军	达高以子仁芳诰封振威将军 达明以侄仁芳貤封振威将军	仁芳以军功保提督，赏冲勇巴图鲁名号，借补陕西汉中镇宁昌营游击，任榆林镇总兵

右谭氏，国朝提督一人。

沅潭万氏。隶临泚局太和围。其先曰康隆，湖北监利县人，康熙中偕子祖朋迁湘阴。祖朋传三世，至祥槐。

祥槐以曾孙化林诰赠振威将军	宏皋以孙化林诰赠振威将军	恩举以子化林诰赠振威将军	化林以军功补贵州威宁镇总兵，保加提督，赏强勇巴图鲁名号	时耀以父荫入国子监，候选同知直隶州 时雍候选知府

右万氏，国朝提督一人。

樟湖岭章氏。隶文洲局。其先曰季生，江西南昌县人，明初占籍巴陵。案，《章氏谱》季生以举人官岳州府府知。季生传九世，至福詹，明季迁湘阴。

福詹	家维	启元	兴礼	承魁	美佐	文德	高槐	必莲茂以军功保总兵

右章氏，国朝总兵一人。

盐泉塅卢氏。隶丰仓局。其先曰文斌，江西庐陵县人，明初偕弟文美迁湘阴。文美传八世，至应治。

应治明县学生	一逵明县学生。凡传四世，至贝	贝	廷圭	启禽以曾孙胜照诰赠振威将军	开鹤以孙胜照诰赠振威将军	先盈以子胜照诰赠振威将军	胜照以军功保总兵，留四川补用，加提督衔，赏建勇巴图鲁名号

右卢氏，国朝总兵一人。

临泚口颜氏。隶临泚局。其先曰秀山，湖北沔阳州人，复圣七十二代孙，康熙中迁湘阴。秀山传三世，至怀经。

怀经	宗祜监生	邦达	其政县学生。以军功保直隶州知州，留江苏补用，加知府衔
	宗祐	邦选	湘波以军功保总兵
	宗祥	邦进	厚坤以军功保副将，借补无锡县外委

右颜氏，国朝知州一人，总兵一人，副将一人。

陶家塅陶氏。隶中塅局。

树恩以军功保总兵，赏志勇巴图鲁名号，补长江水师海门营前哨守备，署江南瓜州镇标瓜洲营游击

右陶氏，国朝总兵一人。

石灰冲董氏。

长锐以军功保知县，赏戴蓝翎

麟以军功保都司

右董氏，国朝知县一人、都司一人。

顺丰围金氏。隶仁和局。

昌言以军功保总兵，赏利勇巴图鲁名号

右金氏，国朝总兵一人。

案，湘阴罗氏二族，一韩湾围，一牛口塅，并旧族也。而明凤阳府推官罗存仁、国朝姚安府通判罗君聘两家，谱皆

未著录。而自宋以来著籍者，曰宋进士夏侯孚先、康彦文、桂琳、赵希哲，宋举人晁世基，明主事秦万章、秦良首，得仁施为政，明进士崔谕、鲁文，明举人慕子长、艾俊文、艾廉、古永昌、余良，知县吕文昌、羿忠、宁兴邦、宁谦，国朝雍正中副榜杜一松，本属湘阴稀姓，或更衰微，其里居、世系不可得而详也。军兴以来，寒门单户著籍者甚繁，但得其里居及族望之别皆详纪之，无者阙焉。其他丁户至千以上，及号称富室者，所在有之，如廖家塅廖氏、武昌庙伏氏、葛家坪葛氏、小桥单氏、族合姜家坪单氏、徽山向氏、向家洞向氏、白药塘潘氏、狄家坪狄氏、蓝家洞蓝氏、梅家塅梅氏、丁家河丁氏、东庄围盛氏、临沘口方氏，各为其地之望族，为附著之于此。

湘阴县图志卷第十九

山志

县境诸山枝干凡三：一为湘水以东、汨水以南诸山。源出江西连云山，历浏阳及长沙境，出县东分三枝，一出长沙缪家坳为飘峰山，一出长沙毛家坳西为隐居山，一出毛家坳北为明月山。明月山一枝为县境东南诸山之总汇，西北趋为达摩山，纵横百馀里，东南界长沙，得山地之六七，俗谓之“东大山”，径北出神鼎、密岩诸山以趋县治；西南出玉池、胡鼻诸山。胡鼻山纵横亦百馀里，俗谓之“西大山”，其南皆隶长沙，在县境者分数枝西趋，尽于扬沙湖。神鼎山又别出一枝为团螺山，北出新市，而西尽于归义。其中出于密岩山者，亦别出一枝为马阑仑，北尽于营田，又与趋县之枝干为三。一为汨水以北诸山。又以罗水为界，凡分二枝：一自平江入县境为线草岭；一自巴陵入县境为界碑仑，汨罗、玉笥、磊石诸山所从出也。一为湘水以西诸山，见之图籍者曰黄华岭，曰锡江山，曰玉照山，曰青草山，今皆为平阜。其南境稍高者曰樟湖岭，盛夏水涨，濒湘以西皆为泽国，惟樟湖岭隆然峙立水中而已。今略条其枝干以次叙之，而以高山大嶂为之纲，凡水源所自出，山势之分合行止可以类推，故亦标列之，以俟考求舆地者览焉。

湘水以东、汨水以南之山，一曰飘峰山。分数枝，南出曰将军山，西出曰乌石山。俗名麻石山。

案，飘峰山出长沙缪家坳，于县脉别为一枝，在县东稍北。南出一枝曰栗田源，径西云鹤山，而将军山雄峙其右，其上分数枝，南出李家塅，北出画江冲，西极于下荫塅，有虎形山、乌龟山。又北出石门源，西濒湄水。西出一枝曰乌石山，亦分数枝：曰白茅岭、大石坡、汪家岭，曰茶子坡、东茅坡，并西濒湄水。

其别枝北出者，曰芭蕉洞、石子坳，曰羊鬓岭、读书坪，曰狮子岩、大沙坡，曰甑盖山。并北极于鸭子湖港，界平江。

一曰隐居山。案，《晋书·陶澹传》："逃罗县郫山中"，即此。《史记·韩信传》："萆"山而望赵军。颜师古云："隐蔽于山间，疑郫、萆字同训。"北自狮子口入县境，西出曰西隐居山，其东出长沙境曰东隐居山，径南又折而西入县境，曰汉家山。

案，隐居山与县脉，同出毛家坳，东隐居隶长沙，西隐居隶湘阴。而东隐居分枝入县境者为多，其南出者曰莲花坳，曰东坡坳，曰上下常山洞，曰许家坝；山案，许家坝南受栗山塅、虎山坡诸水，又别出数小枝。逶西曰汉家山，又北分二枝，东出曰塾塘坳，西出曰雁塘冲，并北界东隐居山右水以达阳江塅。

其别枝西出者又分数枝，南出曰楠木洞、南阳山、仰天坪、蔡家洞，北出曰牛形山、云台山、道观坡、白石山、野鸡冲、学堂坡。径西烟竹山又分数枝，一枝南出折而东曰长塘山；一枝南出曰何家坡；一枝北出折而南曰灵鹫岭、曰阳江塅山；一枝北出曰庙堂坡、金星山，并界东、西两隐居山水以达阳江塅。

西隐居北出数枝曰黎家洞，曰四方岭，曰三枣坑，曰桃花坑，曰樟树冲，曰三陵坡；南出数枝曰栗山塝，曰神沙冲，曰横板坑，曰虾蟆山，曰团山；逶西折而北曰樟树坑，曰石子坑，曰茶子山。南界书台桥水；水自山左脉分流。北界上任桥水，水自县脉毛家坳分流。会出复古桥以达阳江堨。

其县脉自东北逶西曰黎家坳，径西逶北学堂山，又折而南道仙岭，径西明月山。

案，县脉自毛家坳北出分数枝，左曰南仑、黄福源、栗坡诸山，右曰天心坪；径西分数枝，一枝牛皮山，径北麻子山；一枝狮子嘴，一枝团山；稍西礼嘉堨诸山，一枝逶南又折而北宋家嘴诸山。

其县脉径西至黎家坳，左出白羊山，右出稍折而西桃花山。

县脉又西东桥山，左出乾塘冲诸山，径南金山垅、胡家嘴、油草坑诸山，稍北折而西荷包山。

县脉逶南又西铜盆坳，左出根树冲诸山，右出回龙坡，径北龙护山。又西分三枝，一枝折而东桃花山，一枝径北五魁山，一枝西出又北马头山。

县脉又西天井坳，左出鱼子山。

县脉西过万家坡，折而北又过方家坳，稍西学堂山；又折而南道仙岭，左出羊狮堨诸山。稍南逶东乌龟山，又南逶东射马山；径南张家坳、丝瓜垅诸山；稍西陶朱坪诸山。

县脉西出庙岭，过木石山，稍折而北明月山，左出一枝逶东曰仙人迹岭；径东曰龟形山。逶南筲箕坡又分数枝，曰清溪桥诸山，曰白石山，曰羊角岭、竹山坡，曰玉梅山。南界阳江堨水，北界李家堨水，以达湄水。

自毛家坳分枝北出入县境，逶迤行三十里，至明月山屹起高峰。

县脉自明月山逶南至玉山，又西北达摩山。

案，玉山俗名龙虎埭，为东大山入脉处，开嶂百馀里，而以达摩为主峰。

县脉自玉山径大龙山，南出遥岬，折而西剑锋坳，又西过敞坡为达摩山。其自玉山出遥岬，径南风毛岬、古驾岬、长岬、大贤岬至龙凤山，南界长沙，分二枝东出，自玉山出者曰螺丝石、马家山、郑家山、上下坛山，尽东毛家坊诸山；又东透南塔坡；又东透南茅栗坡，西出一枝藩基岭。自风毛岭出者曰垂钟石，径东横挡山，透南华盖山、鱼尾山，分数枝北出曰鼋潭洞、太原山、西塞、银堆坳、箕弓岭；分数支南出曰陈家洞、白石山、真珠山、羊角脑、人形山、松伽山、范家山、狗尾山，并东南界阳江塅水。

龙凤山以西曰艾蒿坡，曰周吉岭，曰斗岭，透北邀月磴，西出白水洞，又西纨绮坡、町坡，分数枝曰黄蒲园，曰坡阴岩；北径龙头坑、白果树，又西樟阳岭、象鼻嘴，曰纱帽山；径西灵官坳、泉水岭、堕石岭、狮子岩、龙门石，曰蟠石岭；径西夹石坳、悬珠岭、铁罗山，北极象鼻峰。曰流霞坞，曰白羊洞，北极鹿角寨。案，以上并子母洞左界之山。并西界毛连江。龙凤山径南曰天车岭、竹山岭，径西上下长坡，又西云白坞，又西大黑坡、萝华洞，径西石枧坑，并西南界长沙之洋桥。

达摩山南出曰豹子岭，案，子母洞正当豹子岭南。曰丝茅岭、凤形山，曰伞墩岭；径西马蹄岬、流珠岭，又折而南眠羊山，曰张家山；出小洞，径南龙象山。曰珠树山，曰仰天坡；径西山陂冲，北出望峰尖，南出竹根坡，又南石鼓坑、彰功洞，径西出窑头山。达摩山又西出熊家山，径西朝山它、木通岭，又一枝北出鹤塘坡；径西船形山，案，以上子母洞右界之山。并西界毛连江，是为县境东大山之南嶂。

县脉自达摩山北出猫公寨，案，寨名原始，宋时盖谓屯兵处为寨，明季乡民结寨避乱，遂援以为山名。逶东又北翠屏山，又东真珠坡，逶迤至塘冲。塘冲，东即新开市。

案，达摩山北出牛角坡、酸梅岭、筲箕岭至猫公寨。其南子母洞，有上下二洞。东白鹤洞，西黄獭洞，北双狮洞，有大小狮形山。径北它子石、高几山、龟形山，又北月形山，逶东人形岭，又北大木山、笔架山、翠昕山，西界芭蕉桥水。白鹤洞南避风石、苦瓜洞，逶西又北石门洞、真珠岩、白鹤山，逶东又北周家山、神仙岭、虾蟆石，又东狮形山、象形山，尽于龙滩头，为东大山之北嶂。

县脉自寒香岩东出蓝家岭，西出傅家洞、青石坑、豹子岩，南出箫鹤坑。县脉又北出翠屏山，又北真珠坡：其西船形山、杨柳坡，北尽于峰头堘；其东静德山，东径张家塝、羊鬟坡，东尽于界头市。南出数枝，曰方家山、印家坞，曰南竹山、徐家山，曰竹根岭，曰三斗垅、神台山，是为源塘冲；曰箭坡，是为杨家塅。北出数枝，曰甑盖山、昆山坞、龟形山，曰竹山、月形山、罗家山，曰琉璃坡、孙家山，曰牛富山、鸬鸶峦、虎形山、棉花坡、石子坳，是为苏溪塅。并东濒湄水。

县脉又自塘冲逶北出老虎坳，其西窑坡，出高山岭，逶南梨树岭，又南桃花山、虎形山，径西团山，西界城江桥。其东小隐居山，案，旧志：神鼎山以晋陶澹炼丹鼎得名，故亦名此为小隐居山。南尽于苏溪塅，曰靓坡、青山嘴、石子坡寺山坳；北尽于黄花坪，曰新基坡、金塘坳。并东界湄水。

县脉北出梨树坳，又北神鼎山，折而西逶南密岩山。

案，县脉北过老虎坳，至梨树坳，其西成子洞、蛇山，逶北烂柴坡、大小丫髻山、马头山。丫髻山西出一枝，毛栗坡径南道山坳；马头山西出一枝，狮形洞。其南桃花坡。案，丫髻山、马头山分枝合景塘坳水，通为丰仓，西南出板桥。其东数枝，曰香炉山、腾云坡、金斗坡，东极上黄柏塅；曰界山坡、牌楼墈、方家坳，东极下黄柏塅；曰曾子坳、仙峰岭、狮形山、樊家山、蕨萁塝，东极沙溪市，并濒湄水。

县脉北出烟霞仑，迤东至神鼎山，神鼎山，主峰俗名千峰顶，而名其下曰神鼎洞。其西罗汉洞；其东万松岭，东尽于团山，迤南钵盂峰、调狮岫；其北岳神尖，为神鼎最高峰，迤西榆树山，又西狮子岭，径北仰天坡至团螺山，东尽于团山。

岳神尖北老虎岩，东尽于檐抛石，又北黄金坡、香炉山、袁家山，东出上武昌分数枝，其南宋家山，极于马嘶塅；稍北径东碓子坳，极于仓场坪；又北栗坡，东极檀山坡；又北剪刀石，径东迤南桐梓坡，迤北三爪塝，又北烟竹坊。并东濒湄水。

黄金坡又北萝深洞、狮形洞、冷水洞，北出团螺山，又北寒婆坳，分数枝，东出一枝岭上坞、月形山，东极牛形嘴；又北麻石坳，迤东白沙坳，折而南莲花塝，又东迤南鸟立山，又东迤南履石源、丝茅源，出栗江塅，东极龙井坡；又东它子石，东极犁头嘴；又北林子坳、大坡，东出千顶岭、祝家岭；又北金家坳，东出狮形山、南竹山，并濒湄水。又北鄷家岭、羊角脑，北极新市，濒汨水。

白沙坳又分一枝，北出径北禾石岭、人形山，迤东金龙山，迤西乌龟山、猫公山、划船岭，北濒汨水。寒婆坳又分一枝，西出珠岭山，稍北牛形山，折而西长龙山，是为下武昌；又西出一枝，獭子山，北极于团山，濒汨水。

仰天坡分一枝，西出船形石，径西红花田，折而北七公石，径北高岭，逶东华林山，北极于蟠龙堘。

高岭分枝，西出天平山，逶西杨柳坪，径北下马寮；高岭又分枝，西出杨家坳，稍北象鼻山，径北逶东桐梓山，逶西贞心山，西北至归义，横出百丈口。

其七公石分枝，西出金鸡坳，又西象鼻岭，径北徐家山，逶东龙秀山，西极于旷公桥，北达归义。

其岳神尖分枝，北出龙家山，折而西安山，北达旷公桥。

县脉自岳神尖西出景塘坳，稍北夹石，北达安山桥；又自景塘坳逶南勒马山，北出郑家山，径北石牛嘴，东北达旷公桥。其南，丰仓。分上丰仓、中丰仓、下丰仓。

县脉又由驼古坳，西出密岩山，分枝南出葫芦山，径南小密岩山，东出分数枝，曰牛形山，曰象坡嘴，曰凹斜坡，曰九峰山，曰蛇形山。西南界狮子桥，其西界山坡，亦分数枝，曰阿弥坡、曰窑金坪，西南邓家坊诸山，界百水江。

县脉西北出古礤坳，逶西新开江岭，折而北凤嘴山，又西高岭，又西峡山口。

案，县脉西自熊家坳出古礤坳，分一枝北出周景坊，径北大众塅，逶西船形山、鸦雀山、高泉山，又折而西螺丝山，径北七星台，逶西树山，又折而北眠羊山，径西磨形山，北濒吕览渡，为汨水支津。案，周景坊分枝，西出濒栗桥，径北殷家桥，西北出板滩。古礤坳之南分数枝，曰马坡堘，曰蕨萁坡，曰菱角坡，逶南曰棠华岭，西尽于熨斗山，又南出一枝黄藤坡。

县脉自新开江岭北出黄家坡，又南出数枝，一枝蕨萁坡，西出凤坡；一枝窑塘坡；一枝龙家坡；一枝横坡。又南出数枝，曰龟形山、傅家山、案，旧志：傅家山，逸人柳斗珍结庐处。曰蛇形山、曰虎形山、曰徐家坡，南出闵家山，并南界白水江。

县脉又自黄家坡折而东出凤嘴山，又西高岭，分枝北出杨梅塅，迤东狮子山，又北乌龟嘴，又北李家岔，又北和尚坡，稍东观音坡，北极高山墚。一枝迤西月形坡，又北凤形山，又北喻家嘴，北界蟠龙桥达板滩；南出一枝香炉山。

县脉又自高岭南出夹山口，又分枝北出牌楼峰，分数枝，迤东曰鸭蛋坡、仙人坑，稍北杨梅山，又北朱家山、九龙山，西北鸡公山，稍西一枝狮形山，北极于寺坪：一枝梅山坡，一枝马栏坡，一枝蝴蝶坳，一枝石头坡，一枝傅家坡。

县脉自峡山口西出凤形山，过西冲，至五仑。

案，县脉自凤形山分一枝北出冯家垅，折而东马栏仑，又东黄家山，又东径北戴家山，又北石子涧、轮头山。

马栏仑又分一枝北出栗山，一枝迤西北出社坛湾，折而东燕窠山、蛇形山，径北河岐山、社坛湾；又分一枝北出木鱼山，其东狮形山，其西象形山；又一枝稍西猪形山，又西团山，又西营盘山，案，营田市东上、下两营盘山，并岳武穆屯兵处。又西迤北壕埠头，折而东千秋坪，径北野猫洞，又东横山、营盘山，案，两营盘山仅隔田家汊一水。并濒汨水。千秋坪又分一枝，西出大边山，径北小边山，极于营田；又北牛形山，大边山又分一枝，南出西山，径西野鸭山，折而北杜家山，其南牛形山。社坛湾又分一枝，西出翻关托，稍北大洪山，折而南钟家坪，西出伏天坪，又西稍南鸭婆山，又西黄陵山。案，《一统志》：黄陵山，一名湘山。

马阑仑又分一枝，西出葛家坪，又西团山，又西杉树山，径西水庙山。

县脉自凤形山又分数枝，南出曰金山冲，曰栗山冲，曰桃树坡，曰金鸡坡；又一枝迤西横出船形山，径西虎形山，界白水江。凤形山分数枝，北出曰金盆山、曰龙波山、曰蒋家坡，稍西蛇形山，径北清明山，又西大小横山，折而北分枝出祝家岭，逶西又北出黎家山，又分二枝；右出南竹山，左出木鱼山，一名斑竹岩。折而南出木母山，逶西又北蜈蚣山，又北熊家山，径北香炉山。案，香炉山与黄陵山仅隔一港，山脉曲折环合。

五仑铺分一枝，北出金凤山，又逶西一枝北出分数枝，一枝径北仙人顶，横出老鼠山；又西一枝猫公山；又西一枝宋家岭，东出贺家山、猪石垅，西出凤形山、高峰台、万春山；又西一枝独峰，又西一枝窑头山。径北牛形山；又西一枝徐家山、船形山，南出一枝高峰山，并西界湘水。五仑铺分一枝南出胭脂坞，逶南鸭坡岭，又南船形山，又西一枝花园坡，又西一枝和尚坡，并界牛口塅。案，自李公桥以下通名牛口塅。

县脉自五仑西出斋公岭，折而南谢家垅，又南郑家山，又南出县治。

案，县脉至斋公岭，北出一枝田家垅，又西北出一枝羊鬓坡，又折而北学堂垅，北极于马头山；又西一枝板凳形，南出月形山，又西飞凤山，折而北三峰山。分上峰、中峰、下峰。旧志：明建文中，有逸人张元元者结庐兹山，自号三峰，故山以名。

飞凤山又西出一枝汤家山、苏家山；又一枝金盘峺，西北出尖山、万朋山、东陵山。并界湘水。

斋公岭南出一枝长仑、高家岭、五里墩，又南出一枝五龙山、紫金坡。

县脉自谢家垅南出十里巷。又南郑家山。西出小墩山。东出夏家山；县脉又自郑家山南趋县治。

达摩山西北出黄獭洞，又北虎形山，径北出玉池山，折而西胡鼻山。旧名胡鼻寨，云胡鼻先生炼真处。《一统志》作“吴鼻”云。青山上有吴鼻岩。

案，黄獭洞北出虎形山，折而西分枝出避阴坡，径西团山，界巴江桥；即毛连江。又北出南枧坑，为鲇鱼山；又北出北枧坑，为玉龙山；又北玉池山。

玉池山脉北出天门山，又西八尺坳，分数枝，逶西一枝花园岖、晒谷石；稍东一枝金牛岭、乌龟山，北出茅岭，并西界盐泉塅；又东一枝天井山；又东一枝铁炉坳，逶东栗山，北出小团山、鲇鱼岭；又东一枝甘家山，并东界城江桥；其西出玉池山之背为大岭樟；又西熊家岭，又西神仙坳，又西彭家坳，又西七里树、文峰坳，折而南分水洞，又西胡鼻山。

胡鼻山南出高华岭，又南雁峰山，逶东老鸦坡，南出井坡岭，又南五株坪，又南九峰山，《一统志》谓之“九龙山”。北出低华岭，又北黄狮岩，逶东鹰窠尖；又北狮子岩、仙童岭，又北逶西金鸡山。

案，胡鼻山，俗名西大山，开嶂亦百馀里，以胡鼻为主峰。胡鼻山分一枝东出王家岭又东白霞山，一名“霞峰台”。山后有岩曰百岁岩。胡鼻山南出大岖分一枝，东出飞燕山；又东勒马山，又南至高华岭，东出九峰山；案，高华岭东九峰，桥山脉自高华岭而下叠起九峰，东尽于桥边，因以九峰名桥。又南雁峰山，分一枝东出半山，又东流珠岭，又南至老鸦坡、螟蛉岭、李家山，分一枝东出猴子石岭，又南至戴家坳、井坡岭、蜈蚣岖；分一枝东出藤树岭，又南至界碑山；分一枝东出黄家山，又南至何仙姑岭；分一枝东出尹家山、蜘蛛山、金鸡岭，又南至黄藤坑、猪嘴石、大岭；分一枝东出龙塅坑，又分一枝东出全山坡；又分一枝东出罗家山；又南至五株坪，分一枝东出甑盖山；又南径韩家坳至九峰山；案，九峰山，由五株坪出脉叠起，九峰亦名九龙山。自胡鼻山以南，以九峰山为名者凡二。分枝东出香炉山，并东界毛连江；又南界长沙界碑山。是为西大山之南嶂。

胡鼻山北出界山埰、毛栗晒、邵家岭、低华岭羊角脑，分一枝东出至椿树岭；又北至黄狮岩，逶东至鹰窠尖，分数枝：东出一枝凤形山，一枝水桐岭、香檀坳、岑公岭，一枝清泉山；又北至狮子岩，分数枝东出：一枝雷家山，一枝鮀鱼山、官山坳，一枝走马厅，一枝麻子石，一枝窠风坳；又北至仙童岭，出金鸡山。是为西大山之北嶂。

而金鸡山别为一枝，西出山右，又分数枝北出：一枝万灵山，旧志云：李显光修炼处。一枝玉玲峰，一枝吴胜坪，一枝黄家坪，一枝白山冲，一枝寺山冲。金鸡山折而西至坳上，又西西家坡，又西石灰岭，又西大麻石，又西花石岩，又西油榨岭；稍折而北，西出望江岭，又西香山寺岭，又西卸肩岭，又西金牛嘴，又西邓家山，花石岩分枝北出狮形山，油榨岭分枝北出龙洞坑；又分一枝西北出蓼家垅，香山岭分枝北出宋家山，卸肩岭分枝北出遗秀山，邓家山逶东一枝蝉联山、胡家山。并北界白水江；径东邓家山，逶南尽于挂榜山，界洋沙湖。

金鸡山西凤凰台址分枝南出苏家垅；又分一枝南出柏甫冲。西家坡分枝南出师姑垅；又分一枝南出万善山、黄土墈，花石岩分枝南出磨井湾；又分一枝南出桐梓山、钱家岭，又分枝南出郭家岭；又分枝西出白羊坡，逶北虎形山，径南中墩岭、甘家岭，香山岭分枝南出长岭，卸肩岭分枝南出竹石坡；又分一枝南出南泉山，邓家山分枝南出金凤山；又分一枝南出娄家山、木鱼山。并南界涝溪桥水，达扬沙湖。

胡鼻山西出曰仙坛岭，又西猫公尖。其北自黄狮岩西出者曰开福山，又北自仙童岭西出者曰海鰕山。案，是山广曲如鰕，讹为海佳大山，遂相沿名海大山。南自文家山西出者曰檐飞岩，又南自大岭西出者曰回龙山。

案，胡鼻山脉西出在县境者，四大枝、二小枝，在长沙境逶迤至县南者又数枝。金鸡山为北一大枝；仙童岭西出海鰕山，又为北一大枝；逶北出高山岭，又北虎形山，逶南西凤山；又北出一枝勒马山，径北雨坛山，逶西段家山。脉自海鰕山西出棘山岭，逶北杨家岭，逶南岳田坞；又自棘山岭西出涂家垅，逶北鲇鱼山；脉又西出熊家岭，逶北鞍子岭，又北柑子垅；脉又西出玉著坡、虾蟆山，逶南紫花台，北界涝溪桥，南界杉木江，达扬沙湖。

黄狮岩西出开福山，为北一小枝：逶北虎形山，逶南油榨塝、石牯牛；脉自开福山西出王家仓，逶北道林冲，又北南竹山；脉又西出庙墩岭，又北树山，北界中塅，曰石水江。南界田名塅，曰竹簰江。出双叉口，达杉木江。

胡鼻山西出高它岭；又西仙坛岭，案，《一统志》：青山，其峰青秀，一名仙坛岭，岭有石壁刻“杨鼎峰读书处”六字。为中大枝：逶西霞峰台、木形山、仙坛岭；稍北猫公尖，西出石子岭，逶南李家山、北云峰、暮霞垅。脉又西出淮西岭，逶北象鼻山，又北雷公岭、壁灯山、仓坞坪，逶南红泥岭；脉又西出冯家冲，逶北油榨塝，逶南杨泗岭、菜子坡，北界杉木江，南界石桥塅，以达洋沙湖。

高它岭南出文家山为南一小枝，又南扁山，折而西檐飞岩、芋头坡、牯牛坡、唐家岭，右出数枝曰药苦坡、曰谭家岭、曰回龙坡，左出数枝曰倒挂岭、横板石、羊角岭、堕石岭、藤形岭、月形山、霞峰山，曰棠花坞、曰生基山、曰凤形山、蛇形山、关门石。脉又西出板冲坳，又分数枝，逶北杨梅山、牛阑山，逶南乌石头；又南来龙山、刘家岭，东出檀山嘴。脉又西出东茅坡、刘高岸，又西灵芝冲，又西聚龙山，西极范家塅；又南出凤岐山，北界石桥塅，南界文名桥。出双江塅，以达扬沙湖。

胡鼻山逶西水石壁、晶子山，又南出径熊家山、高华岭、雁峰山；逶西虎尾山，又南出螟蛉岭；逶西夏家山、千子山、蜈蚣山、高朱山、狮子岭、龙王坑。脉又南出井坡岭，逶西薄荷岩、松柏岭、文藤坑；脉又南出界碑山，逶西关山套、六鸡坡；脉又折而西出回龙山，又为南一大枝。稍北顿石坑，又北周家坳，右出张家山，左出鸭形山。脉自周家坳出蛇湾，右出新霞坞、锦凤山、鳝尾坡，左出五里墩、废寺岭，径西至上下高湾、黄栗坡，折而南道神山；脉又北出路边冲，折而西石冲，右出莲花形，左出缺塘岭；脉又西北出凤坡，径西船形山，逶南庙岭，北界文名桥，南界龙潭桥，达扬沙湖。胡鼻山南出大岭，折而西老虎岩，又西木鱼山，又南自长沙洪家坳西入县境曰尖伽山。

案，胡鼻山脉出大岭、回龙山，南界长沙。回龙山径西老虎岩，又西仰天坡；逶北飞凤山，又西白石坡；逶北龙塅山，又西木鱼山；逶北大石岩、淡竹岭，又西开石岩；逶北金龙山。脉又逶西北出洋麻山，又西坳上，下为左家塅。又折而北虎形山。并西界龙潭江。

胡鼻山脉又南出长沙洪家坳，逶西折而北入县境，北出曾家坡；又北虎背岭分枝，西出流星冲，径西樟树镇，折而北马鞍山；分上、中、下三山。又西出梅塘岭、向家坪、虎形山。北界文泾江，南界樟树港，入湘水。脉又北出烟墩岭，逶东地皮山；脉又北出弥陀山、宝盖山、营盘岭，案，营盘岭西南距赤竹城五里，疑南宋时知县事胡昭避杨太之乱移县赤竹城，于此立营。稍西又北长岭，逶东凤凰山；又东万家山，又东竹根坡、西公坡，又分枝西出古塘岭、蛇形山，径西瓜瓢山，稍折而北茯苓窠，又北木鱼山。北界麦子湾，南界文泾江，入湘水。脉又北出道观山，逶西打蓝坡；脉又北出洞坑，逶西塞塘岭；脉又北出早禾冲、萧家嘴，北尽于女洲山，亦名五魁山，又名印山，俗谓之龟山。东界龙潭江水，入扬沙湖。

洪家坳又西出一枝入县境曰尖伽山，逶东折而北蜘蛛山，径北万家坡，又东傅家冲，径北罗山嘴；尖伽山逶西金鸡岭，又西照霞坞，又西夹山口，入长沙界；北出金台山，又折而北麦子坡，又折而北西成坡，逶南船形山，又西金凤山，又西鲇鱼山，南界苏蓼围之西闸口，径北会樟树港水，入湘水。

自东西两大山开嶂百馀里，屹立数千仞，以山名者数十，湘阴得三之二焉。馀若飘峰、隐居、神鼎、密岩，皆县东名山也，亦皆有嶂。山南自猫公尖以下，北自团螺山以下，其势渐平。所谓山者，部娄而已。东湖扬沙湖，各汇山水数十里，而无大山藩蔽其外，斯亦形势之犹有阙欤。

汨水以北、罗水以东之山曰线草岭，北出曰断坳仑、曰石奔山，南出曰乌石尖，案，县东北名高峰曰尖，胡鼻山有猫公尖、鹰窠尖，神鼎山有岳神尖，皆沿以为称。折而西曰智源山。俗名智峰山。

案，线草岭东出平江福寿山，逶迤入县境，其下为线草洞，分三枝南出：一枝六莫坳，稍东赛羊寨，又南四面尖，其下为万家洞；又南笑岭，其下为屋角洞；又南逶西望诸尖，其下为烂泥洞；又西杖梓岭，其下为杖梓洞；又西钟家山，右出大它山，其下为八丈洞；又西细珠山、大珠山、李家山，稍折而北乌石尖，右出邓家洞，分一枝西为走龙坡，下为蔡家洞。逶南又西左出阳谷仑、戴家岭、甑皮山、黄谷山，又分二枝：一枝南出虎形山、乌龟山，一枝北出野猫坡、斋公坪、乌石尖。

又北虾蟆岭，右出大洞，左出小洞；又北雁坡岭。

又北智源山，案，旧志：智源山，古李云慈大仙炼真之所。分数枝右出，一枝庙家山，一枝大坑，一枝井坡，一枝邵家洞，一枝陶家洞、黄花坳，分数枝左出，一枝狮子驼岭、黄谷尖，一枝朝山坑、智源洞，一枝石涧洞、生基仑，一枝丝瓜台、龙形山，一枝露田坡、鹅形山，一枝陈家洞。

又北虎口仑，右出巴公岭、蓝家洞，左出马齿山。

又北排山仑，右出杉木洞，左出太平山；又北磨珠尖，右出蛇嘴、孟公洞、大胜坪，左出茂树洞、杨蓝洞、高华山。

又西折而北硃砂坳分一枝，右出庙坳，逶北度东山、金鸡塝，逶南望官仑、宜家山。

又南霞家山、羊角仑、硃砂坳；又西驼背岭分一枝右出烟竹坡、虎形山、晒谷、石龟山。

又西两斗垅；又西逶南八斗垅分一枝，右出斧形山、鲇鱼山；智灵山，分一枝左出猫嘴山、虎形山、高庙山，稍折而西挡扒山、螺丝山、牛皮岭，南极于长乐镇。

又西仰山铺，又西逶南石塘山，右出鬼谷洞、凤形山、观马山；右出小水洞，又西赵家坳；右出天寿山、凤形山、狮形山，右出竹鸡坡、赵家山，又南白须坳，左出杨宜洞、梁家山、海家山。

又南东头冲分一枝，右出雷公山，逶南螃蟹形，左出黄家仑、猪形山；又南天井山分数枝左出，一枝灵官山，一枝西山岭，一枝南坛岭、大红山，一枝五路岭，东出蜈蚣形，西出锡福山。

又南逶西风坛岭，右出陈家洞，左出李家山、馒头山、朱家山；又西大岭，右出狄家洞、刘家洞，左出雾笼山、虎形山、道观山。

又南逶西杨家岭分一枝，右出白牛尖；左出老晒坡、向家山。又别分数枝，一枝羊角山、林家洞、凤形山、卓望山、江家洞，一枝老虎坡、红花山、道头坪，西极于黄谷河，一枝荆谷坡。大小傅家坡分数枝左出，一枝五坡洞，一枝驼背岭，一枝百龄山、石仑山、鱼形岭，一枝梁家山。

又西大塘岭，右出大塘坡、罗家山、范家山、钟家山、冯家山，又西逶南牛石山；左出张家山、龙形山，右出蔡家坳，折而西清镜山，西极于小江口。

罗水自北流注汨水，自乌石尖以西，凡左出之山皆尽于汨水，右出之山皆尽于罗水。其自吕览渡以下，汨、罗二水既分，汨水又析为二，右出南阳洲有木鱼山，径西枫树山，逶北三尺墩，又西湛家山，逶北黄花仑；左出古罗城有大枝山。皆以沿湖墩阜名为山者也。

北出断坳仑，径西曰得瑞尖；俗名瞌睡尖。又北出石奔山，径西曰得胜寨。

案，线草岭北出一枝狮形驼，其下为焦家洞；稍北马形尖，其下为大小洞；又北对山仑，其下为油草洞；又北轿顶山，其下为白石洞，又下为蓝家洞。又北红花岭，左出龙形山、狮形山、虎形山；又北逶西断坳仑，左出易公洞，右出潘家洞、毛远山。又西双尖，左出上石洞、下石洞，其下亦为蓝家洞；右出福缘山。又西耙头尖，左出高华山，右出峡石洞。又西金盆架岭；又西得瑞尖，左出中嘴仑、团山，右出向家洞。又西八十洞，西尽于扶桑山。

其福寿山，又北出一枝曰石奔山，其下亦为向家洞，折而西左出大龙山。又西丛茅尖；又西雷师坳，左出牛埠山，其西亦为向家洞。又西得胜寨，左出鲇鱼山，右出两虎岩，其下为洪源洞。又西小寨山，左出大寨洞、小寨洞，右出青山坡。又西铁门扆岭，左出木鱼山、穿山坳，右出白蛇坡、虎榜山。又西庄家坳，左出燕子坡，右出池公洞。径西濠湖仑，左出虎形山，右出马坡园。

又北，自平江岑川洞东入县境，曰尖峰。

案，平江岑川洞别出一枝入县境，曰行龙山，其北界巴陵，稍北迤西尖峰，其下为孙家洞；又西和尚岭左出为药子坪岭，又西猪形尖左出洪源山，又西红花尖左出九龙山，又西出巴陵岐沙街为斗仑尖，左出敖家湾，径南团山合福寿山，东入县境诸山脉，尽于三江口，西界罗水。

自罗水以东，山入县境，亦开大嶂，而杖梓岭为特峻。南出智源山，其主峰曰八角尖，《一统志》谓之四角峰，为东北第一巨峰。其北得瑞尖，又北得胜寨，又北红花尖，并高千仞，又其次也。邑人相称但曰蓝家洞、在智源山西北。向家洞、在得瑞尖北。洪源洞。在得胜寨北。盖蓝、向二姓聚居于此地，因以名。亦犹达摩山为县主峰，而以子母、黄獭、白鹤三洞之名为最显云。

汨水以北、罗水以西之山曰转龙山，径南迤西曰界碑仑。

案，罗水以西，北界巴陵，约广八十里，山脉为繁。迤东入县境曰转龙山，西越分水桥，别出一枝曰石头仑，南出龙过大山；又南石子仑，左出长仑山、虎形山、株山棱，右出横坡，径南硃砂仑，南尽于剑滩，有试剑石。

石头仑又西潘家坳，南出何家岭；又南羊婆垅；又南田家洞、潘家坳；又西界碑仑；又西周家岭，南出鹅形嘴、驼鹤嘴、元坡、周家岭；又西蒋家岭，南出松林坳；又南鹰嘴塝，右出数枝，曰姚公山、曰凤形山，左出数枝，曰高林台、童子坳，曰梅家坌，曰万松仑，曰荡步山、高仑。

高仑又分数枝，曰李家山、曰虎形山；屈而北凤形山，曰晴霞山，曰朝山岭、铁珠山、贡堂山，曰白石山，曰乌龟山、梅仑山、邱家山、鹰嘴塝；又南莲花形，右出凤形坡，西北尽于浒田。左出数枝，曰石板坡、桐山嘴、献花台，曰木瓜垅、大龙山、螺蛳山，曰上下漫霞山、曰虎形坌、蛇形坌，曰翻观垅、筲箕坡、李家山、黎家坌、蜈蚣山；径南白石山、水口山，逶西阳谷仑、虎形山，径西螺蛳山、莲花形；又南转轮山；又南金家垅，右出十八石垅、船形嘴，左出凤形山；又南道家山，右出讬头山，并南界罗水。

罗碑仑又西梅花岭，又西营盘岭，案，营盘岭为巴陵新墙驿道之后蔽，疑故明湖北巡抚章旷守新墙于此立营，其西乾坡岭下有营头岭，又下有营盘岭，知当时立营不尽于一处。南出汨罗山，俗名烈女岭，一名黑鱼岭，上有屈原墓。又西南出玉笥山。《湘中记》谓之地脚山，一名石帆山。

案，梅花岭南出湛家坳，逶东卫家山，逶西水庙山，又南稍西廖家山，西出江家山、凤形山，南出洞侧岭、狮形山，东出潘家山。

潘家山分二枝：左出一枝牛丫山、长坡，又分二枝，一枝筲箕山、凤形山、龟形山、十八石垅，一枝罗公洞、猪形山；右出一枝窑基山、龙形山、太阳坡、西山坡，东尽于双江口。

廖家山又西道观坡，折而南箭毛坡，左出苗山塝，右出一枝，南径窑坡岭，至程家墩，其西曰香炉山、莲花墩、枫宸山，曰桃花墩，曰长坡岭，曰蛇形山，曰团山；其东曰吴家山、豹山，曰老鼠坡，曰狮子仑，西尽于双江口。

箭毛坡又南傅家岭，分二枝，一枝东南出马鞍墩，又南观音岭，分数枝，屈而东北曰廖家山、月形山、汤家山，曰红马山、回步山、丙突岭、包公山，曰大陂坡，并东界双江口；案，凡两水相交，并名双江口。观音岭又南桐树岭，分枝右出虎形山、徽山，左出相公岭，又分数枝：一枝龙形山，径南狮鼓山、象鼻嘴，南尽于黄谷市；一枝猪形山、人形山、枫树嘴；一枝牛形山、木鱼山、黄谷仑，南尽于瑞林台；一枝狮形山、桐树嘴，又南长坡，左出戴家岭、窑嘴山、龙洞岭、外华山，南尽于蔡家河；一枝逶西杨家岭、杉木仑、丝桐山，南尽于小江口，汨罗二水会于此。

长坡右出剪刀峡，又南汨罗山；一名烈女岭，上有屈原墓，旧传屈原姊女嬃葬原于此，因名。又南船形山、木鱼山、叉口仑，南尽于吕览渡。

傅家岭，一枝西南出窑山岭，稍南黄鳝垅，左出数枝，曰马家墩，曰庵岭、曰月形山；右出数枝，曰虎形山、黄家寨，曰丁家岭、曰叶家坡、曰翁家岭、黄鳝岭。

又南烟墩岭，左出数枝，曰凤形坡、曰余家山、危家山、龙王山，曰石子岩，南尽于南阳市；右出数枝，曰观音塝，曰长坡、甑皮山、谢家山，南尽于白水塅；曰马王山、船山、欧家山，又西逶北凤凰台、水马山、月形山、木鱼山、凤形山，西北尽于凤凰港；逶南一枝曰黎家石、金泉山、朱家石、烟墩岭。

又南高仑，逶西斗仑埂，径北玉笥山，其西姊归山，案，《水经注》：姊归，县东北，有屈原旧田宅。原迁江南，宅于玉笥山故，即其旧居以名之。濒罗水。

营盘岭又西掉头山，又西仙姑岭，西南出磊石山。《水经注》亦谓之五木山。《九域志》：磊石山，一名万寿山。《磊石山志》：一名龙寿山。

案，营盘岭又西大兴岭，南出栗山、冯家山；又西方塘岭，南出香炉山；又西长坡岭，南出稽山岭、木鱼岭；又西老贯岭；又西高唐岭，南出兔子岭；又西乾坡岭，南出营头岭、师姑岭、桃林山；又南枫树岭、晒谷岭、唐家岭、湛家岭，南尽于桃林冲；又折而西南出金星岭、雷公岭、翰墨岭；又西掉头岭，南出九华岭；又南折而西高仑；又南竹鸡岭。

又南当头岭，右出数枝，曰安公山、莲华山、望仙山，曰木鱼山，曰船形山，曰贺公山；左出数枝曰江家山、铁炉岭，曰琉璃墩，曰赤土山，曰飞子仑、红土山，曰南林坌，曰踞家山、雨师台、当头山。又南逶西乌龟山，尽于白塘湖。

掉头山又西和尚岭；又西周公岭，南出棋盘山；又西麻子仑，南出左青山；又西石鼓岭；又西黄源岭，南出大路岭；又西白虎岭，南出筲箕岭；又南石头仑、将军山，南尽于穆屯观。

黄源岭又西木石岭、罗家岭、黄狗岭；又南逶西蜈蚣山；又屈而西长山岭，径南镜子仑，左出数枝，曰黄柏岭、藤山，曰金山，曰大夫仑，曰湖坛岭、包山岭，右出数枝，曰黄金仑，曰冷家山，曰宋家山、蛇形坡，曰画山坡，曰马家墩，曰金盆山、老虎洞，曰鄷家墩，西南尽于烂柴港。

木石岭又西甘棠岭，南出株山嘴；又西枫树岭，南出黄家寨；又西仙姑岭，南出杨家岭；又西普庵岭；又西牯牛岭，南出月形山；又西烟墩岭，南出笔架山。

其仙姑岭南出郑家岭、萧家岭；又南缘紫山，径南磊石山，凡数峰，曰凤形山、曰旗杆峰、曰象山、曰狮山、曰龙窠，西尽于石马嘴，濒湘水。

自罗水以西无高山，而汨罗山、玉笥山、磊石山名独显。磊石山踞有洞庭之胜，其势稍峻，县北山脉亦尽于此云。

湘水以西、沘水以东之山，曰樟湖岭。

案，湘水以西无高山，惟樟湖岭稍高数丈，乔口水与资水故不相通。湘西山脉皆出安化县南仙女峰，夹沘、资二水东北趋县境。而自《水经注》已言“高（口）① 水又西北，右屈为陵子潭，东北流注湘，为陵子口。”则是樟湖岭一山，四面阻水，自道元时已然矣。其山横出沙田、文洲二围之间，北极窑头山、小岭、矮岭、香炉山、大岭、神头山，南出响龙山、木鱼山；又折而西虎形山、金鸡岭，横至牛头岭。

其鲇鱼湖北别出鲇鱼岭，又西青竹湖别出青竹岭；又北易家山，高仅逾丈，袤长亦三四里；径西逶北出王家塞，南有长湖山。

湘水支津又曲出白乌潭西，其东黄华岭；其西青山。案，《荆州记》：青草湖南有青草山，湖因山名。青山，分上、中、下三山，绵亘十三四里，弥望皆青草，当即古青草山。《水经注》：磊石山，亦或谓之青草山者，误。

案，黄华岭为梁湘阴县治，岭路亦名黄华驿，东出虎形山，西出磨盘山、丁家山。其西径锡浦而北，有大障山；今为官山，在大障湖南，亦濒湖，草山也，水涨则没入水中。旧志：县西北九十里大障山。春水涨，山为障蔽，故名。盖假为之辞耳。又越横岑口而北，有戴

①据王国维校《水经注校》（袁光英、刘寅生整理标点，上海人民出版社 1984 年 5 月出版）删。

家山；又北严家山。

又北青山，分上、中、下三山。其上青山，逶东赴兵山，逶西查家山；中青山，逶东虎形山，逶西月形也，又北径九龙山；其下青山，逶东官家山，逶西陈家山，又北径鰕湖山。是为锡水以东、湘水以西之山。

泚水东溢为锡水，其锡水西、泚水东之山，曰玉照山。

案，泚水东出陵子潭，其北佘家垸有佘家岭；又北复兴围有卸骑岭；径西袁家岭，折而东三合岭，袤长约五六里；又北锡福围有牛婆岭，逶东龙驹岭、百子岭，东尽锡口戍；西北出玉照塘为玉照山。是为锡水以西、泚水以东之山。案，《水经注》："湘水径锡口戍东，左派谓之锡水，西北流，屈而东北，注玉水，水出西北玉池，东南流，注于锡浦，谓之玉池口。"道元所云玉池，即今玉照塘也。玉水出玉照山，锡水出锡江山。《水经注》言玉水东南注锡，锡水东北注湘，则玉水尚在锡水之北，锡水自出湘水之南。水道，地势，与今舛忤过甚，故疑锡浦为今观音夹。

溶水以东之山，曰锡江山。

案，泚水东北出三官潭。其西古塘围有蒋家岭，稍北鹅矢岭，逶东龙口山；又东狮川山，稍北朱家岭；又北一姓围有大岭；又北酬塘围有酬塘山；又越淖金河而北，葡萄围有葡萄山；旧志：山有葡萄，本大如盘，故名。又北畎口山；旧志：宋岳武穆擒杨太于此。又越锹下江而北径萧婆镇，西有锡江山；又北南金山。案，南金山北至明下亦有私埂，濒洞庭湖。

湘阴县图志卷第二十

水志

县境诸水经流凡三，曰湘、曰澬、曰汨。湘水分界县境为东西；汨水又横出县境之东，界分南北；而澬水纵横县西二百馀里，乔口、临沘口、埽帚口，亦时与湘水相出入。《水经注》称："瀖水又在罗水南，流注于湘。"道元于汨、罗两水源流未能深究，而固明析为二水。《寰宇记》："青草湖在磊石山，其南罗水出焉，其东汨水出焉。"语最分明，而于罗水经行之地，未一论及之。明茶陵李文正公谓"汨、微二水当入九江"，其言至允，然亦混汨、罗为一。罗水源短于汨，自东北入县境所收诸水，实倍于汨。汨、罗二口与湘口皆径达洞庭，是汨、罗当别为二水。

《楚南水道考》据《山海经》"长沙之山，沘水出焉"，因以安化敷溪江为沘水，而以为北出益阳泉交河。敷溪江水由益阳西南入澬水，泉交河由益阳东南至烂泥湖，东出乔口，西北出毛夹口，与澬水通，而实别为一水。则以沘水当九江之一，宜为泉交河，不宜以敷溪水北出泉交河为言。其注洞庭实分二口，沘水出小青口，澬水出大青口。其二水之溢入县境者，南出乔口，西北出益阳毛夹口，又东北由八字脑入县境，东出临沘口为沘水，北出沅江齐湖口为澬水，交错于县西境；又东北决出茶头河，径屈家潭入洞庭；西北决出分金河，径龙疃湖入洞庭。澬、沘二水且与湘水混合为一，不辨分流之为何水矣。

湘阴受诸水之委，北注洞庭，百馀里之地，实与五水相灌输。自有宋诸儒以《禹贡》九江当洞庭，其说确不可易，而所据入湖之水，资、湘、沅、澧四者而已，其馀五水皆别入沅。朱子欲以入湘之蒸、潇二水易无、澧二水，可云精核。然蒸、潇之入湘与无之入沅，地势皆在上游。但计水源长短以当九江之数，均之无当也。《禹贡》之云九江，言其委也，非究其源也。

以九江言洞庭，则亦纪入洞庭之水而已。自晋以湘州领郡，凡纪楚地故实，统谓之。《湘中记》：湘水于九江源最大；《水经注》亦以湘水统洞庭。如言湘水左会资水，湘水左则沅水注之，湘水左则澧水注之，直以湘水当洞庭之经流。《楚辞》之湘君，犹今洞庭君也。故总其纲曰湘，西会资水曰资湘，又西会沅水曰沅湘，三水同入洞庭，故得三湘之名矣。案，《舆地志》："蒸、潇、沅三水会湘为三湘。"蒸、潇自入湘，不得言会。《水经注》云：潇者水清深也。亦不以南会潇水为名。资、沅二水源流足与湘抗，而皆与湘水会，故通谓之三湘。江、汉二水之名中江、北江，亦此例也。《禹贡》叙澧水于过九江之前，澧水自别入江，无由东与湘会。湖南北之名，肇始于唐，犹相沿以辰、常诸郡隶之湖北，固谓洞庭一湖西尽于沅水。其澧州之溢入洞庭者，本非禹时旧迹，安得据后世洞庭一湖之泛滥以释《禹贡》乎？《元和志》：巴陵城对三江口，岷江为西江，澧江为中江，湘江为南江。唐时洞庭自布袋口以下，犹能辨知为湘江与澧水入江处别为一口。《明史·地理志》因之。《禹贡》九江不得有澧水，明矣。

三湘九水，经纬分明。湘阴汨、罗二水与溢出乔口之沘水，允足当九江之三。此外则巴陵之微水、龙阳之龙潭水，水源皆逾二百里。湘阴之湄水，溢出为东町口，亦庶几焉。案，凡数始于一，极于九，九者言其多也，故曰："九江孔殷。"《禹贡》言九山、九川、九泽，承上九州言之，皆言其多也，正亦不必实指其数，必求其数以定九江之名，当于注湖各口源流分合求之。以三湘为经，而以六水为之纬，错综出入数百里间，其注洞庭，实各为一口。《禹贡》九江，诚无以易。

此稍次而论之，以补《水经》之遗，而通古今之变，著之于篇云。

湘水出长沙北十里，东受涝塘河水，《水经注》谓之涝溪水。阳江水自北来，入之。

案，涝塘河口东十里至罗汉庄，北受仙人潭水，径北五十里河上桥入县境；北受阳江水，源出黄福源，为县脉东出长沙毛家坳左界水；西南行四里，左受南仑水；又西二里，右受盐沙塘水；又西南里许，左受黎家洞水；又里许，左受来龙坑水；又西里许，右受铁石冲水；又西南七里，右受柳家坝水；又南二里，书台桥东会来石坑、三台石、龙驼坑、古壁石四水自左入之；案，三台石以下为东隐居，右界水。又西里许，铜盆坳水西会方家坳水，自右入之。

又西里许，双龙桥水自右入之，其上承二源：一欧家山，北承明月山左界之水，又南会大坳左出之水；一垂钟石，南承古驾岬右出之水，又北会玉山左界之水，曲折出双龙桥。

又南五里，多男桥东会柏梓塘、虾蟆岭二水，自左入之；又南五里，明月桥西北会老虎坡、龙坡尖、羊角脑、毛塘诸水，自右入之；又南里许，左受徐家桥水，其上承五源、沙坡坳会诸水；西出又会蔡家洞水，折而东逶南又西左会许家坝水；又西右会梅树湾水，出徐家桥；又南里许，右受虾公冲水；又南四里，右为陈家洞、张家坑诸水，左为汉家山水，并会于长沙之河上桥。案，阳江水南出长沙境，约行三十里，东西水源曲折来会，得山地三之一，约广二十里。

湘水又北二十里东受夏源港水，俗名下泥港。毛连江水自北来入之。

案，夏源港东北三十里至小洋桥；入县境；北受毛连江水，源出荷塘，为县脉自玉池山西出彭家坳左界水；逶东径白茅城南五里，左受熊家岭水；又三里，右受石桥湾水；又折而东里许，左受罗星桥水；又南三里，达摩山、望峰尖二水会出石楼脚，自左入之；又西南二里，右受高华岭水；又南二里，梓木洞水西自小洞、石鼓坑、竹根坡，东自周吉岭、白水洞、黄蒲园诸水，会出蓝家冲，自左入之；稍南，右受殷家坝水；又南二里，右受高桥水；又南里许，右受田家坝水；又南二里，右受响水坑水；又南里许，右受喻家坳水；又南里许，右受荷陂坝水；又南里许，白果树水会九斗冲诸水，自左入之；又南里许，右受周家坳水；又南三里，右受龙家桥水；又南里许，右受登龙桥水；又南四里，右受大坝口水，南出小洋桥。其萝华洞、纸槽坑诸水西南出甘家冲，李阳洞、大黑陂诸水西南出湖溪，并界长沙与小洋桥水会，出大洋桥。案，毛连江水南出长沙境，约行二十四里，东西水源曲折，来会得山地三之二，约广二十里。

湘水又北五十里至蓼湖洲入县境，西受乔口水。《水经注》谓之高口水。

案，乔口入湘处为柳林江，东界蓼湖洲，《水经注》所谓鼻洲也。北曰乔口，其自南口入者谓之夹河。《水经注》："上鼻水自鼻洲上口受湘水，谓之上鼻浦。高水北与下鼻浦合，自鼻洲下口受湘川西通高水，谓之下鼻口。"是夹河为湘水左迤会高口水北出，而郦道元又云下鼻浦受湘川西通高水，明高水与湘水互相出入，非沩水之经流也。以其南出临沩口上，故谓之高口水。

湘水又北，二十里至铁板洲，樟树港水自东来，入之。案，樟树港口，即古哀江。

案，樟树港南阳雀湖上承三水：一东南出傅家冲北注寺石桥，一西南出尖伽山，一南出白茅台合注杉木桥，并自长沙洪家坳折入县境。又南受苏蓼围西闸水，东会麦子坡水；又南受苏蓼围东闸水；东会西陵塘水，北注铁炉湖，径鱼尾洲会阳雀湖水西入湘，并自长沙夹山口入县境。案，樟树港水，以尖伽山一源为最远，约行十五里，东西曲折，亦约十五里。

湘水又北五里至角门滩，门泾江水自东来入之。案，《水经注》湘水东北合门水，谓之门泾口。《释名》："直波曰泾。泾，径也。"门水，径出湾河，故曰门泾口，其江则门水也。展转承讹为文泾江。又五里，北注门泾口；俗谓之湾河口。逶东七里，东受麦子湾水，北出书院潭。

案，角门滩为文洲围夹河，其东镇江围，《一统志》谓之武洲，今名夹洲，西北通白乌潭，东对门泾江。门泾江东受青矶桥水，上承二源：一东南受柳家冲水，又东苏家冲水，会出青矶港；一东南受铁炉塘水，又东板冲水，东北受白竹塘水，又北两头塘水合九家坝、雷鸣坝、周家坝诸水会，出邵家坝，右会青矶港水，径青矶桥西入湘，北五里出门泾口。又北麦头潭东南受敖公塘水注蚌湖，东北受牛阑口、李家冲二水，径赤竹城，西注新桥，会出麦子湾口。案，门泾江水，以铁炉塘源为最远，约行十五里，东西八里；麦子湾南北二源，约共八里，东西四里。凡小冲一水入江者不列名，馀均仿此。

湘水自门泾江西北分流出濠河，又西出白乌潭，注临泚口。《水经注》谓之陵子口。《楚南水道考》引《山海经》"长沙之山，泚水出焉"，定高口水为泚水，临泚口为泚、湘二水交会处。其名相沿已久，《水经注》讹为陵子口，于名义无取，并泚水之经流亦失之矣。

案，湘水自夹洲西北出濠河，分流折而西出白乌潭，又西马洲滩，南受西港水，北受牛皮滩水，又西逶北大风潭，又北屈而东为陵子潭，西受临泚口水，皆湘水之左迤者也。

《水经注》："高水西北屈为陵子潭，东北流注湘，为陵子口。"以今地道求之，盖水矶口首受沘水，西北注茶湖潭，从西港决出陵子潭，东北流注湘，为陵子口，当为今芦林潭。道元以此当沘水之经流，其时锡水径西而东南入湘，与沘水分流，沘水无由越锡江山之北入湖。《楚南水道考》以沘水当九江之一，与当时水道疑有未合。然自道元时，沘、澬二水源流各别，而澬水入湖处，实分东、西二口，西曰大青口，东曰小青口。今沘水与澬水同出河港溪，中间时有分合，其决出乔口入湘者名小江口，其决出角碧口入湖者名小河口，沘小澬大，分析甚明。《楚南水道考》析为二水，似非无据。《水经注》以洞庭一湖通系之湘水，其沘水之决出乔口及临沘口，皆与湘水相出入。故通谓之湘浦。案，锡水入湘谓之锡口，沘水入湘谓之临沘口，以沘水支津东临湘水，并非水源尽处，故得临沘之名。临潼、临洺，皆其例也。《水经注》误为陵子口，沘水源流遂至湮没，而以其上源南出乔口者，谓之高口水，固亦不能定此水之为何名矣。湘水北出濠河，径扁担夹，《楚南水道考》谓之涔河渚。有中洲水西南出牛皮滩，注大风潭，西北出乌鸦夹，注陵子潭，即古涔河也。案，《说文》"涔，渍也"，《淮南子》"牛蹄之涔"。凡水泛出，而深可渍，曰涔是水歧出为三，道元所云"西接三津泾"，疑即此。

湘水又北八里径汝洲山，一名印山，俗谓之五魁山。东南受扬沙湖水。案，《水经注》："湘水北得三溪水口，水东承太湖，西通湘浦。又北，东会大对水口中，西接三津泾。"扬沙湖上承五水，魁楼江兼受横江、玉江二水，合悬藤港、梅子港为三。道元所云北得三溪水口，疑即此。

案，扬沙湖上承五水：一梅子港即涝溪桥水。水。源出金鸡山仁寿桥，右受柏甫冲水；又西株山嘴，左受峡口水；又西径石坝桥，右受竹山塅水；折而北径黄土塝，右受邵家坝水，上承甘家冲、石灰岭、大麻石三源；又西迱南，右受许家塅水；左受宋家坝水，出涝溪桥；又西周家桥，右受刘家湾水；又西顾家洲，东北受罗沙江水，源出油榨岭，会诸小水出黄金坝，有古梅子市，明《一统志》犹名梅子港；又北受南泉山水，注扬波潭。

一悬藤港水，俗名杉木江。上承二源：一出仙童岭，稍西石板冲出周树桥，左受大吉垴水；又西，左受大坡岭水；又西出中垴；又西，左受生基坝水、注石水江。一出王思岩，西出叶公坝，左受低华岭水；又西出弹琴坝，右受油榨塝水，左受彭家坝水；又西出田名垴，注竹箨江，北会石水江水，出双义江，径枫山垴，名上杉木江；又西出杉木桥，名下杉木江。又，北径紫花台，注铁炉潭，曰瓦子江，右会梅子港水。案，横江水，源出藤形岭，纳水多而曲，蔓出如藤，疑古悬藤港在横江桥以下，而自明《一统志》以杉木江当悬藤港，今其地尚有悬藤庙。

一魁楼江，南有古魁楼市，《图经》名之魁楼水，其上又承三水。案，冯家冲诸小水径入湖者，并统于魁楼江。一玉江，即玉石桥水。源出仙坛岭，稍西，左受马公坝水；又西右受猫公尖水，出玉石桥；又西左受牛栏山水，右受北云峰水，出石桥垴，右受戴家垅水，出通南桥。

一横江，即文名桥水。上承二源，一源出高它岭，南会胡鼻山、高华岭二水；又南会雁峰山水，径藤形岭；又西会夏家山水，出杜家坝。一源出螟蛉岭，南会松柏岭、大岭、确臼坡诸水，北径石家垴，会杜家坝水；又西右受霞峰山水，出石阑坝，左受伍家坝水；又西棠花坞、两头塘诸水会出关门石，自右入之；又西逶北，右受乌石头水；又西北出文名桥，左受迓嘉冲水；又西右受三塘坪水；又西出范家畽，右会玉江水。名双江口。

一龙潭江。源出老虎岩，西会木鱼山、开石岩诸水，出大坝；又西，右受戴家垅、鹅公塘二水；又西，洋麻山、左家疃、乌石冲诸水会出彩虹桥，自左入之；又西屈而北，左受馆驿桥水；又北折而东，右受马家冲水；又北，左受蛇丝塘水，出紫江湾，名紫江；又西北，出龙潭桥，名龙潭江，左受斗谷垅水；又北，废寺岭、君子冲诸水自右入之；又北，左受葛家坪水；又北，堨上湾，右受许家冲水；又北，右受梅花塘水；又北，左受营盘岭水；西北径蒋家坪，左受凤凰山水，北出双江堨；右会双江口水，注魁楼江，为扬沙湖；又西北会悬藤港水；又北会梅子港水，西入湘。案，扬沙湖水，魁楼江约行五十里，梅子港、杉木江约行三十馀里，东西曲折，得山地五之一，约广四十馀里。

湘水西五里出湘阴城南，东受东湖水。案，东湖水深入数里，折出南港，与湘水相对。道元所云“东会大对水口”，疑即此。

案，东湖上承百水江，《一统志》谓之白水江，发源玉池山，左右受纳诸水以百数，故名百水江。其上源大者四，曰梅林江，源出玉池山，上受南枧坑、北枧坑来源，出培基堨，西受胡鼻岩、低华岭东诸水。又北，鹰窠尖南界水，会出王家桥，径梅林江，右受八尺坳水；又北，左受清泉冲；又北，径盐泉堨，左受苏家冲、小寺冲二水；又北，右受何家冲水；又北逶西，径茅岭堨、狮子岩、洞冲会金鸡山东诸水，出小娘桥，自左入之；西北出虞公桥。是为玉池、胡鼻两山右界水。

其东一源曰芭蕉桥水，源出黄獭洞，会诸小水出芭蕉桥，左受玉池山东界水；又北，左受八尺坳东界水；又北，双江嘴、猫公寨左界水，东会老虎坳左界水，出新桥自右入之；又北，左受李家嘴、袁家冲二水，径城江城东，出城江桥；

又北，烂柴坡左界水出玉鼎桥，自右入之；又西出板桥。是为达摩山、猫公寨北趋县治左界水。

其北一源曰丰仓水，源出岳神尖，径上丰仓；又西，右受景塘坳水，径中丰仓；逶南，左受马头山水；径下丰仓；西出延龄桥，南会板桥水；出狮子桥，小密岩山、蓑衣塘水自右入之；又西出铜含口。是为神鼎山西趋县治左界水。

铜含口稍北，左受萤火冲、高坪二水，又北出双江口；又北一源曰石坝水，源出密岩山；稍西，右会长子冲水，西出马家堰；右会古磉坳水；又西，左受邓家坊、窑坡二水，出石坝；又西，右受棠华岭水，左受仓场湾水，出双江口。是为密岩山、古磉坳西趋县治左界水。

双江口又北，李公桥，左受王家冲水；又北，马坡塖、龙顶坡南界水会出大塘冲；又北会新开江，黄家坡诸水自右入之；又北，右受荷塘冲、瓦塘冲二水；又北逶西，右受傅家山水；又西，高岭、夹山口南界水，东会宋家垅、段家冲，西会横塘冲、何家坡诸水，出闵家巷，自右入之；又西，江家冲水出竹泉港，自左入之。是为金鸡山北界水。

又西，右受泉塘冲水，左受藕花塘水；又西，右受岳塘冲水，径黄石滩；又西，左受石桥堰水；又西，右受大星塘、泥鳍冲二水；又西，左受吴胜坪水，出张公桥；又西，左受胜坡冲、白家堰二水；又西，左受陈婆桥水；又西，左受寺山冲水；又西，西塘东冲诸水，西会邓家冲水，自右入之，又西出观音潭，花石岩、寺坡冲诸水自左入之；又西径大小月湾塘，右受陈家塘水；案，月湾塘下有巨石如牛口，因名牛口堰。自李公桥以下十馀里，皆以牛口堰为名，为县东第一大堰。又西，左受鸬鹚堰水，其上为侯家堰。右受板桥水，径吴家洲，出菱潭港为东湖。

湖尾有金鸡湖、陆家湖、牛角湖、团湖、牧槽湖诸名目，右受学堂坡水，左受金鸡垅水；又西，左受望江岭水；又西，左受香山寺岭水，径文星桥，出银锭港；又西，马家塘南界水，会颜家垅、铁家冲诸水，自右入之；又北受夏家山水；又西，胡家垅、瓦窑岐诸水径羊角浜，自南会东湖水，出河泊港，西入湘。案，百水江源远者东出猫公寨，约行七十里，南至白茅城，北至夹山口，曲折来会，得山地五之一，约广六十里。

湘水又出城西，折而北三里，东受漕溪港水；又二十二里，西北出芦林潭；又北八里，西受锹港水；又北七里寨，港水自东入之。

案，湘水径西过县城，又北过流水沟，东受漕溪港水。其南源出桃花洞，北源出飞凤山，径西北为御洗沟；又北会范家坡水，出漕溪港；又北，东受铁家汊水；又北径官禄港，东受三峰山水；又北，白泥湖水绕出黄茅洲南，名小河；屈行三里，分流出黄茅洲北；又北采桑江，皆白泥湖水之溢出者也。又西，径老鼠夹、六塞港俗名马矢夹二口，分受鹤龙湖水。

又北，西受芦林潭水。湘水分流出陵子潭；北，左受马眼港、油市港三水，出新窑潭；又北，元潭渡；又北，鹦鹉潭；又北，左受二沟水，出阳雀潭；又北，白鸡潭；又北，埽帚口，《水经注》所谓锡水也。北受后江潭水注三阳潭，《水经注》谓之“三阳戍”。又北出芦林潭。案，《水经注》：“锡水西北流，径锡口戍，屈而东北，注玉水。出西北玉池，东南流，注于锡浦，谓之玉池口。又东北，东湖水注之，上承玉池之东湖也，又东北注于湘。”道元叙湘水北径锡口戍东，而以玉水注锡浦者为玉池口，又东北注湘。是锡水自会玉水入湘，与陵子潭东北注湘为陵子口者，各为一口。今芦林潭当为陵子口，又北三十五里观音夹当为锡口。自观音夹西北青山、虾湖山，径北至玉照山，为玉水所自出；又西北萧婆镇、锡江山为锡水所自出。锡水源远玉水，自东南流注之，会出锡口，正与今观音夹相当，夹西一湖犹名玉池湖。道元时玉照山、锡江山水犹南流，其后青山以西尽为湖水所啮，并水源亦失之，乃以洮水决出之津当陵子口，又以洮、湘二水决入之津当锡口，今名埽帚口。道元所叙水道益无可考，玉水或别汇为湖，谓之东湖。道元牵合玉池为名，遂与今县东之玉水互混，后人益出玉池湖之名，以附会之，误矣。

又北，西受锹港水，《水经注》谓之“望屯浦”。上承大障三湖水，自西北溢入于湘，今并为湘、洮二水相为出入之支津。

又北，东受寨港水，上承白泥湖，凡四源，皆出县脉：一自凤形山径西冲，北出晁家垅，西北右受白芦塘水；又西，左受棘山冲水；又北逶西，右受熊家桥水；西出双江汊、范家坝，南会长塘、包公塘二水，自左入之；又西猪石嘴，左受杨家垅水；又西石子滩，右受田家汊水；出白泥湖又北，板桥港水会诸水，自右入之；又北，右受田家汊水；又北出断港，右受罗家汊；水又北受黄润港水，出寨港。一自五仑北出萝蔔塘；西，左受阙家垅水；又西逶北，右受宋家岭水；又西，右受万春山水；又西，径小杨公嘴，出白泥湖。一自阙家垅南出窑头山，西径徐家冲，出白泥湖。一自五仑西出黑鱼塘；又西，右受高鼎山水；又西，左受寺前垅水；又西逶北，右受徐家山水，出白泥湖。一自马家塘南出两头塘，左会板凳形水；又西，右受泥鳝冲水，径秋粮湖，右受白洋塘水；径内湖，出白泥湖。案，漕溪港水源六里，寨港水源约三十里，东西曲折，约广十里。

湘水又北，十里至黄陵山，黄水自东入之。

案，湘水出寨港北，东受龙船港水；又北，东受黄陵港水，《水经注》谓之“黄水”。源出凤形山北龙波山，右会荷塘冲水；又北逶西，右受油子塘水；又北，右受何家坡水；又北，右受斗仑坝水；又北，南托、北托二水自左入之；又北，左受鹅公塘水；又北，翻关托北会鸦公山、荞麦垅二水，南会曾家坝、杉树坝二水合出枧桥，自右入之；又西黄甲桥，遂名黄水矣；又北，麻仑垅水会诸水自左入之；又北，左受张家垅水，右受赵家塘水；又北逶西，左受钱家垅水；出羹脍湖；《水经注》亦谓之“太湖”。右受乌塘水，上承南、北二源，南源出黄丝塘，北源出望仙塘；会西北诸水，出下黄山；又北，会郭公桥诸水入羹脍湖，出黄陵港。案，黄陵港水源约三十五里，东西曲折，约广十里。

湘水又北径营田七里，东受土星港水；又北八里，兔耳港、《水经注》谓之东町口。汨水分流，自东入之。

案，湘水自黄陵港北，过牛头洲，出营田；又北，东受土星港水；又北，南江潭东受兔耳港水，汨水支津也；汨水自归义百丈口，南受新桥水，分流西出曹家河，县界北出之水皆受而纳焉。其新桥水源出岳神尖，左会殷家湾水，右会船形石水，出红花田；稍西，右受虾蟆石水；又西，出鸭公坝，右受新塘冲水；又西，文家洞、夹石、景塘坳、牛洼仑诸水会，出杨家坝，自左入之；北出双江嘴密岩山，左会古磉坳北界水，出马王桥，又合诸水自左入之；又北，左受高家坡水，出旷公桥；又北，左受乌梅塘水；乌梅塘下大众塅，为县北一大塅。又北，周家坳、金鸡坳诸水，出自单托，又会东、西两托水，自右入之；又北逶西，左受苕塘水；又西，右受大石坝水；又北，左受高塘水；又北，左受蒲圻疃水：出百丈口汨水；又西，径古罗城，南出下滩门，右受闸口水；又西，出王家口析为支津，汨水折而南出涂家坪，百亩托、花坪台二水汇为道胜湖，自东南来入之。

又西径观音湖南，受锡江口水，上承四源：东源曰殷家桥水，出中山；径北逶西出夹城东，左受曲尺塘水；又西，左受牛车坝水，出殷家桥；又西，右通百亩托；又北，左会板滩水。

稍西一源曰板滩，又上承二源。其东一源出君子塘，左会黄家坡北界水；又北，左受梨园冲、古培塘二水，右受栗山冲水；又北，出栗桥、狮子山水，会毛家冲诸水，自左入之；又北会诸水，出三星桥，左受和尚坡水；又北逶西，出继善桥，左受孙家塘水。其西一源出夹山口，左会荫坡水；稍北，右受杨梅塘水，左受胡家垅水；又北，左受鸭蛋坡、仙人坑二水；又北，马鞍塘、老福塘、蓝家冲诸水自右入之；又北，出车塘坝，右会继善桥水，出蟠龙桥；又北，左受蜈蚣塘水，出板滩。

又西一源出龙洞冲，径北左受油铺冲水，右受烂泥塘水；又北，径鹤巢湖，右会板滩水，出锡江口汨水；又西，出谢公渡，左受角山桥水，源出排二峰、凤形山；右会乌龟塘水，左会排山冲水；稍西，右受黄谷塘水；屈而北，葫芦桥水会诸水，自右入之；又北，左受马阑仑水，右受五塘冲水；又北，右受蔡家坝水；又北，右受冯家坝水，出角山桥汨水；又西，出枫林湖、石子涧、王思塘、栗子塘、社坛湾诸水会谢家垅水，自左入之汨水；又西，左受菖蒲垅、寥家汉二水；又西逶北，径茶湖，左受鹅公桥水；又西，黄婆塅，田家汉诸水自左入之；又北，径宝塔洲注古湖，《水经注》所谓东町湖也，左受林塘塞水；又北，左受古塘塞水，上承北托，其南托西南出黄陵港，自古塘塞西北并汇为东町湖，西出兔耳港。案，汨水自百丈口分流，曲折行五十里，县脉北界诸水约行三十里，东西水源约广四十里。

湘水又北，出白鱼圻十五里，至沉沙港，东会汨水入洞庭。

案，《水经》："湘水北过罗县西，渭水从东来流注之。"《说文》："渭水出豫章艾县西，入湘。"别出"汨"字云："长沙汨罗渊也，屈原所沉水。"屈原所自沉处实在罗水。《水经注》析东町口为渭水，而叙汨水径罗县北，谓之罗水，流注于湘，为汨罗口，即春秋之罗汭。是道元分渭水与罗水为二而合汨、罗为一，所谓汨水即罗水也，与《说文》之云汨罗渊者正相符合。惟叙罗水源出豫章艾县，混入渭水而一以汨水为名，于是移汨水之名于渭水。《寰宇记》之分汨、罗二水，其源出于《水经注》，而实与道元所叙情事互异，然自是专以汨水为名，而渭水之名隐矣。案，《庄子·达生篇》："与齐俱入，与汨偕出。"郭象云：回伏而涌出者，汨也。《周书·决汨九川》云："汨罗者，与水偕逝之义，所以哀屈原。"《史记》言"贾生过湘水，投书吊屈原"，亦不言汨水。以汨名水，实自《水经注》始。而云"汨水又西，为屈潭，即罗渊也"，是道元所云汨水皆合罗水言之，全与渭水无涉。

道元别渭水于汨，而以东町口当渭水，即今百丈口，实为当时湄水经流，其后水源歧出，百丈口又引渭入湄，而为汨水分流之支津。桑氏独标渭水之名为湄、罗二水，其源仅逾百里，渭水源远流盛，故特纪之。案，《水经注》以东町口当渭水，以汨罗口当汨水。所谓汨水即以汨罗渊为名，而叙罗水出豫章艾县桓山，正渭水发源处，遂混渭、汨为一。《广韵》因通渭、汨、溟为一字。《说文》汨"从水，冥省声"，渭"从水，買声"。声形俱别，安得并渭为"莫狄切"？然自是渭水遂以汨水为名，莫之能辨矣。

汨水既受百丈口水，别析为支津，为湘水入湖之始。自东町湖以北，连洞庭为一湘水，与汨、罗二水逶迤入湖，无大山之障隔，故道元皆以湘浦为名。其实渭水、罗水直达洞庭，并不倚湘口为灌输洞庭之名，九江，汨、罗允当其二，以与濱、沘两水经流皆径入湖，未尝专注湘水，故别著之。

湘水又北十里，西受白泥港水，又北二十里，径琴棋漳。俗名琴棋望。东案，琴棋望北，瓶河口，出鲇鱼洲；南，西受柴蚌湖水，径后湖墩，出琴棋望，北为鲇鱼洲口，今已淤。据《水经注》：湘水北径磊石山，西北对青草湖，西对县城口。巴陵吴舍人云"琴棋望当为城基望"，刘宋故城在此，因名。道元所云县城口，即今鲇鱼洲故口也。至小河口，东会罗水入洞庭。

案，《水经注》：湘水左合决湖口，水出西陂，东通湘渚白泥港、西荷叶湖；又西南，西汊湖，当《水经注》之西陂矣。《荆州记》："青草湖南有青草山，湖因山名。"今自观音夹以西，上青山、中青山、下青山绵亘十馀里，即古青草山也，尽西皆为湖地。西陂当即青草湖之西汊，决入湘水，故谓之决湖口。

湘水又北，出琴棋望，东会罗水。《水经注》据为"春秋之罗汭"者是也；而又云"汨水西径罗县北，秦立长沙郡，因以为县，谓之罗水"，又混汨、罗为一。其实汨、罗两水源流各别，罗水南出小江口与汨水会，中间忽分忽合，《一统志》因云："汨罗江分二水，一南流，曰汨水；一经古罗城，曰罗水。至屈潭复合。"但据中间分合为言，不知汨源自出义宁州，罗源自出巴陵。其入湖处南曰汨口，北曰罗口，中间两水合为汨罗渊。而其源流曲折，遂无有考览及之者。汨、罗两口与湘口分注洞庭，当九江之三，未宜以湘口一源统括之矣。

汨水东自平江黄旂疃入县境西十二里，赤马江水自北入之。

案，汨水东入县境，右受乌石尖水，出龙孟桥；又西出芦箭河，右受余家冲水；又西，恒树滩；又西，径长乐镇，右受赤马江水，上承数源，其东三源，上承阳谷仑、智峰山水，出双头桥，北会虎口仑水；其北三源，上承磨珠尖、硃砂坳、两斗垅三水，会出长蛇堰。又西，左受曾家塅水，右受八斗垅水，出鸭婆桥；又西，左受牌楼巷水，出龙头湾入汨水。

汨水又西二里，朱港水自北入之；又南迤西二十里，北受大水垅水；又西五里，北受苏家湾水。

案，汨水出长乐镇西，屈而北，朱港水自西口决入东口，积淤为洲，曰中洲。朱港水上承数源，北源一出赵家坳，一出仰山铺，又会西山湾、营汉冲、许家塅诸水，出横板桥；南源一出东头冲，右受大堰水，左受麻家桥水，径北会横板桥水，出朱溪桥，东入汨水。又西迤南，余家河右受三波桥水；又南流弓滩，右受丁家河水；又南雅家河，右受石塘冲水；又南迤西，右受丁家湾、刘家塅二水；又西王家河，右受大水垅水，上承天井山、凤坛岭、大岭三源；又西，右受苏家湾水，上承大岭、西界一源；又会细筱冲、大筱冲两水，出苏家湾；又西迤南五波潭，右受孙家湾、毛家冲二水，出毛家河。案，汨水东入县境至毛家河，其南皆隶平江。北受诸水，源远者十六里，近者六七里，得山地三之一，约广四十五里。

汨水又西三里，湄水自南入之。

案，湄水源出白鹤洞，南至遥岘，右会玉山北界水，左会酸梅岭东界水；迤东，右会明月山大坳北界水；又北迤东，出龙滩头，右受石门坝水，左受殷家坳、枧坑诸水，出脍鱼桥；又东，左受蓝家坝水；又东，右受尹公桥水，县脉自天井坳至庙岭分二源，会诸水自南入之。

又东，径界都市，右受礼嘉塅水，上承二源。一东南出毛家坳，右会天心坪水，又西南出黎家坳、铜盆坳，左会龙护山水，合出松江桥，左受桃花山水，右受棉花冲水，出清和桥，是为南源。一东北出缪家坳，径栗田源，出三转桥，又南会麻子山、清水塘二水，出寒溪桥，是为北源。又东折而北三里，右受画江冲水，左受欧江桥水，又北右受石门源、蓝家源二水，左受苏溪塅水，源出邓家岭；历湄水湾，稍北折而东，出新开市，湄水之名实源于此。案，《释名》：湄，眉也。是水湾出如眉，故名湄水湾。左右会诸水出石子坳；又东，左受莫家冲水；又东，左受乌石冲水；又东，左受沙溪市水，县脉自老虎坳、烂柴坡分二源会诸水自西入之。

又东，右受大塘冲水；又东迤北，左受芦陂塘水，县脉自丫髻山、岳神尖分二源会诸水自西入之。

又北，双江口、鸭子湖水自右入之，南受飘峰山水，源凡五：曰蓝溪滩，曰蓝家塅，曰株山嘴，曰读书坪，曰下港口。自是湄水以东分属平江。

又北，左受鲁造桥水，上承二源，南源横山坝，北源九斗塝，为上武昌东出之水；又北迤东，左受栗江桥水，黄金坡、团螺山、韩婆坳分三源会诸水自西入之；又北，左受它子石水；又北，左受贺家坝水；又北，左受大疃水；又北，受诸小水，出赵公桥，入汨水。案，湄水约行十五里，西起白鹤洞，东极鸭子湖，约广四十里。据《隋书·地理志》：罗有湄水、汨水。是隋唐间湄、汨二水尚分。《水经注》湘水右会东町口，濆水也；又北汨水注之。所谓濆水，实湄水也，当径出东町口。

汨水又西三里，南受梅家桥水；又西迤北四里，南受张公桥水，北受石鼓疃水；又西十里小江口，北会罗水；又西三里，出吕览渡。

案，汨水过赵公桥，径新市北，出张家河，又淤为洲，右受襄亭桥水，左受梅家桥水；又西逶北，左受张公桥水，源出团螺山；西屈而北，右受何家冲水，出团山桥，东会福寿桥水，上承二源，西源出癞子山，东源出长龙山，是为下武昌北出之水。径团山桥北，出张公桥，注石鼓河，右受石鼓疃水；又西，左受天平山水；又西，左受硃砂桥水；又西逶北，小江口北会罗水；又西，吕览渡分流为三，罗水南出半步滩，汨水西出百江口，又析为支津，出曹家河，径古罗城南，西出兔耳港，入湖水。案，梅家桥水约行十二里，张公桥水约行十六里，石鼓塅水约行六里。

汨水自吕览渡与罗水分流，径西折而北四十里挽船湾；又东北，会罗水。

案，汨水出吕览渡，西至翁家港，径古罗城北；又西，径昭公夹，右受胡公桥水；又西潭口渡，决出杨家挖，径河塘市，东通罗水；又西洋湖潭，右溢为长港，出青江湖，右受向母湖水，北出三汊港；西南决出龙溪港，通黄金湖；西北决出大江湖，径北决出道汊湖，通罗水；又西，径青泥湾，出荆柴港；东南受王家口决出之水；又西逶北，右受黄金湖决出之水；又北，右受大江湖、低沙湖决出之水；又西，径东町湖出挽船港，东北会罗水。

汨水又西四里，径汨罗戍南，又与罗水分流，径西逶南十四里，出沉沙港，西会湘水入洞庭。

案，汨水自挽船港会罗水，径河泊潭，《水经注》所谓“又西为屈潭，即罗渊也。”案，《荆州记》：沿汨西北去县三十里，为屈原潭，即原自沉处。《一统志》：汨罗江分二水，至屈潭复合，今名河泊潭，去古罗城三十里。又西径黄金潭，《水经注》谓之汨罗戍，南出麻蒿头，又与罗水分流，案，《水经注》：“汨水又西，径汨罗戍南，西流注于湘。”实为汨水之经流，南出沉沙港，曰汨口；北出小河口，曰罗口。道元通名之汨罗口，而罗水之名遂隐。南受古塘塞决出之水，自香炉湖溢入；又西，径甑皮洲南；又西北，出沉沙港。案，汨水入县境，行百十四里，自小江口与罗水会，行三里复分，至挽船湾复合，约行四里又分。小江口以下浸寻漫为湖地，港汊纷歧，水涨辄连为一，而其经流分注洞庭，界画截然。《水经注》通汨、罗为名，相沿至今，而罗水一源言水道者不及焉。汨、罗二水源流各别，其入湖处实分两口，与湘水皆径达洞庭，未宜淆混。

罗水东北自巴陵关王桥入县境西六里，北受分水桥水；又西逶南六里，北受敖家疃水；又南五里，三江口水自东入之。

案，罗水源出巴陵罗内，一名罗裹。以北斗岭周环罗列其中，有九源三井，谓之罗内，故得罗水之名。其东清水岭一源，西流为柘港，曾罗内水出关王桥入县境；至周家湾，南受分水桥水；又西逶南，右受敖家墩水，源出石头仑，会诸小水自北入之；又南，右受长仑山水。

又南，左受三江口水，上承三源。一源北出巴陵界水口桥，为洪源洞水，北受尖峰、和尚岭、红花尖、宝架尖左界水，南受丛茅尖、得胜寨、濠湖仑右界水，出落马桥。一源稍南出平江界同心桥，为向家洞水，北受丛茅尖、得胜寨、濠湖仑左界水，南受断坳仑、耙头尖、得瑞尖、扶桑山右界水，出毛家桥。一源又南出线草岭，为蓝家洞水，北受马形尖、轿顶山、红花岭、断坳仑、耙头尖、得瑞尖、扶桑山左界水，南受东茅坡、乌石尖、智源山、邵家洞、排山仑、磨珠尖南界水，出太原桥，北会毛家桥水。

又西，左受望官仑水，右受谭家坳、刘家湾二水；又北，会落马桥水，出三江口。

罗水又西逶南三里，北受金坑桥水；又南二里，南受大龙桥水；逶西二里，南受毛公冲水；又西逶南六里，苦竹港水自北入之。

案，罗水出三江口西，右受上下石桥水；又西，龙过大山左界水南出金坑桥，自右入之；又西，硃砂坳右界水北出大龙桥，自左入之；又西，左受毛公冲水；又西迤南，成永桥俗名渡头桥。左受雷公湾水。又西，右受魏公桥水，上承三源：东源出潘家坳；西源出界碑仑，会诸小水南出双溪桥，是为大荆驿南出之水。东受狄家疃水，又南，东受新桥水，南出大塘冲；又西一源出周家岭，东受毛家坳水，西受高塘冲水，南出乌龙嘴，西受梅家坌、万松仑二水，为苦竹港；又东，会大塘冲水，出魏公桥罗水；又西，右受青山冲水，左受神仙冲水；又西，右受牌楼冲水；又西南，出田家嘴。

罗水又西屈而南十里，虾蟆港水自北入之；又西南，受游家冲水；又西二里，南受寿星桥水。

案，罗水出田家嘴，西右受虾蟆港水，源出鹰嘴塝；会献花台水，出常家冲，西受老鸦冲、鸡公晨二水，出画塘冲，东会施家堰水，西会常至塅水，出火石桥罗水；又西，石塘山、门家坳诸水会出游家湾，自左入之；又西，八斗垅、白须坳诸水会出寿星桥，自左入之；又西，右受漫霞山水；又西屈而南，右受土坡冲水；又南，左受绣组塘水；又西，左受洗马塘水；又西迤南，龙滩湾左受何家桥水；又西折而北，左受江家洞水，右受港口水，西北出黎家湾。

罗水西南十五里龙滩湾；屈而北七里，黄谷疃水自北入之；又西六里，北受大陂冲水；又西迤南五里，南受成差港水，北受龙华桥水；又南迤西十里，南受寥家塅水，出小江口入汨水。

案，罗水出黎家湾，西右受黄谷疃水，案，《水道提纲》：汨水至归义驿西北，有一水自东北伏井驿之东南来会。即今罗水出黄谷铺南入汨水，自《明志》已无伏井驿之名矣。上承三源，东源出蒋家岭，会诸小水出浒田冲，西会新塘冲、梅花岭二源，出牛车坝；是为浒田冲西出之水。折而南，径野猫冲，右受郭家坝水；又南，右受接龙桥水，上承潘家山、洞侧岭二源，会诸小水出，西接龙桥，曰双江口；又南，右受汪家塅水；又南，左受尹家冲水，右受五丝塘水，其上承廖家山、观音岭、斗坡仑三源；又南，右受屯塘水，左受托坪水；又南，右受丁家塅水，出梁家桥，左受接龙桥水，源出单家冲；西会关山铺水，东会大口冲、金家塝诸水，出东接龙桥，南出黄谷塅罗水；又西，大坡、相公岭、牛形岭诸水会出，大陂嘴自右入之；又西逶南，右受瑞灵台水。

又南，左受成差港水，上承五源：东源出道头坪、傅家坡、白牛尖；南源出甄家垅、莫家垅，会诸小水，出成差港罗水；又南，长坡、窑嘴山诸水会出，龙华桥自右入之；又南逶西，右受龙形港水；左受廖家塅水，出小江口与汨水会。案，罗水东北入县境，约行八十五里，至小江口与汨水会。自小江口，以北东西水源曲折来会，得山地三之一，约广六十里。

罗水又西三里，北受三井垅水，出吕览渡，与汨水分；屈而北，出半步滩四里，牛港水自北入之。

案，罗水会汨水，又西，右受杉木仑水；又西，右受三井垅水；至吕览渡折而北，出半步滩与汨水分；又北，右受牛港水，源出马鞍墩，会诸小水，出廖家坝；西受原丝塘、盐包冲、沙塘冲、老虎冲四水，径汨罗山西注三塘湖；西南出牛港罗水；又西，陈家河西南决出伍家嘴，径河塘市东通汨水；罗水又北折而东，径南阳市出江暮潭，右受南阳桥水；又北逶西，右受野鸡冲水，出狮子口。

罗水又北逶西八里，北受濯缨桥水；又西逶北十四里，径高沙湖；又北十四里，径挽船湾入汨水；又北逶西四里，与汨水分，北出黄金潭；又北十里，烂柴港水自东入之。

案，罗水出狮子口西，左受郑家湾水；又西，右受濯缨桥水，案，《一统志》："玉水发源玉笥山即此。"湘阴多以玉水为名。《水经注》：锡水东北注玉水。其源出玉照山，是为县西之玉水；其县南玉石桥水，亦名玉水；百水江源出玉池山，亦当名之玉水。上承二源：南源出长仑，北源出龙背头，径卧龙坑，越玉笥山西，出濯缨桥；又西逶南折而北，出闸口，右受大蛇港水；又西折而南，汇为高沙湖、牛栏湖、白湖；又南决出道义湖，东径长港通汨水，西溢为黄金湖、大江湖，并通汨水；又西折而北，出鸭舌港。

罗水又自高沙湖东，西北决出鸭舌港，右受刘溪港水；又北逶西，右受赵家冲水，出挽船湾与汨水会；又西北，出黄金潭，与汨水分；罗水又北，右受凤凰港水；又北，溢为莜麦湖；又北，右受烂柴港水，上承二源。

东源出营盘岭，会诸小水，西南出枫树坝，北会老贯岭、界仑、长冲岭诸水，西出白虎坝；又北会金星岭水，出徐家坝；是为桃林冲西出之水。又西逶南，会诸小水出新桥；又东一小源，出石峡里，会豹山冲水；又会诸小水出黄家桥，西会新桥水，曰双江口；又西北，出仁让桥，南受枫树冲水；又西，出王家桥，北受曹家塅水；又西出管口，北受姜家田水；又西逶北鲇鱼洲，南受白水塅水；又北汇为白塘湖，东受郑家坑、吴家湾、管洲嘴诸水。

西源出掉头岭，西会新塘岭、长冲岭二水，西南出穆溪，东受九华岭水；又西逶北，出张家桥，南受关山嘴水；是为穆屯西出之水。又西，白虎岭水会诸小水出七里桥，自北入之；又西，径白塘湖，出烂柴港。

罗水又北三里，石马嘴水自东入之；又北迳西二里，出小河口，西会湘水，入洞庭。

案，罗水出烂柴港，北径磊石山南，东受石马嘴水，源出甘棠岭；西会江家岭、仙姑岭诸水，出卢家桥，南受蜈蚣山、白药冲二水，出书林桥；又西，径新塘湖，南受马家墩、鄷家冲二水，北受张家冲水，出石马嘴，其下为络丝潭。是为磊石山南水。罗水又西二里，出小河口，其仙岭西、普庵岭会诸小水，出西塘冲，汇为上下河塘湖，径半升米坳北是为磊石山北水。其半升米坳，遇水涨，罗水南受湘水，径磊石山东出坳，北达涵湖。《水经注》谓之“苟导径”，下又云：湘水东北为青草湖口，右会苟导径北口，与“劳口合”。似此西塘冲口，即《水经注》之劳口。入洞庭。案，罗水入县境，行一百四十七里。自小江口以西与汨水合，东北受诸水源，远者约行四十五里；其南界隶县境，斜长约三十五里。

泚水，支津，西自益阳水矶口入县境，东八里，出乔口分流，北出沙嘴二十二里，出茶湖潭。

案，泚水源出宁乡寒波坳，会益阳东南诸山水，北出泉交河；案，《益阳县志》：水自铜坑冲下，东会大泉陂、泉塘冲二泉水，故名泉交河。东十五里，汇为烂泥湖，溢而西出，至三里桥入湝水；溢而东出，至长沙北界水矶口入县境。

南受神沙港水；又东，出柳林江，入湘水。其分流由沙嘴北出，东受沙田围三港水，曰楠木港，上承莲子湖、黄心胆湖、上下长湖、七亩湖、茶山张湖、菱角湖、茭叶湖水；曰长湖港，上承刘家塘、小水湖、大白湖、罗家湖、马长湖水，又汇为长湖；曰大塞港，上承万子塘、土沙塘、白水塘、长径湖水。案，县境湘水以西，南受泚水，其下百馀里，皆为泽国。凡围地洼下处，通谓之湖，用以潴法纪水开土门以泄之；其入江处，曰闸口，源长者曰港。

又北，径杨柳围、文洲围、军民围，南出茶湖潭，乔口水会湘水；北径夹洲溢出为夹洲河，又径夹洲岐分为三：

一西出白乌潭，左受夹洲河西出水，上承镇江、德兴二围之长湖、杨家湖、车水湖、狗头湖、烂泥湖、宛湖、马湖，又北，径马洲滩，左受文洲围东港、西港二水。案，西港南径打金汊，曰内西港；北出湛公塘，曰外西港。东港亦名老港。注东港者，杨柳湖、高湖、彭家塘、伍家湖、黄泥湖、老鸦湖、野猪湖、小长湖、朱场湖、孙家塘、大蠡湖、腰带湖、打水湖、长湖、驼角湖、枕头湖、田竹湖、小林湖，及合兴围之小中湖、大中湖、沙湖、毛湖、地脚龙湖、双挑湖，大有围之殷家湖、荷皮湖、三角湖，赵家围之赵家湖，东庄围之小塘湖。注西港者，竹沙湖、大团湖、新塘湖、大鼻湖、蛇塘、刹吟塘、窑头坝、灰塘樟湖、载湖、大小官湖、老虫湖、长湖、巢步湖、鲇鱼湖、扬沙湖、上下鹭鸶湖、任针湖、斗子湖、茭草湖、明水湖、鸡啼湖、团湖、玉道湖、芦花港、水长湖、黄柏湖、九莲湖、豺狗湖、青竹湖、月湖、镜渡湖、大林湖，及杨柳围之杨柳湖、崔家湖，军民围之苏公塘、杨公塘、土马塘，东庄围之大小甘塘，冷公围之齐梁湖、冷公湖、莫家湖、鲫鱼湖。又北，径成洲夹，右受牛皮滩水，东通涔河渚，又承义兴围之窠连湖、大小深湖、鸭脚湖、长湖、大湖、莲花湖及白鸟夹水；左受魏家湾水，西承金盘围之白水塘、新塘、三角湖、黄荆塘，荆塘围之荆塘、迎皮塘、思家湖、萧婆塘、枫交塘、戴家塘、公池塘，湾斗垸之苏家托、桂家托，韩湾围之李家托、潘家托、白水托、师婆托、乔塘、新塘，三合围之上下矶湖水，其下矶湖、鸭婆湖，又分流出三合围之北，曰新闸口，又分受三合围之乔子湖、柴头湖二水；又北，右受南阳围沤麻湖水；又北，径临沘潭与沘水会，右受深沟水，东承南阳围之翠头湖、长湖、沙箕湖、荷皮湖、草夹湖、窝蓬湖，小三阳围之深泥湖、刘家湖、门口湖，左受林兴垸之伴山湖、牛洼湖、晏公湖；又北，左受马眼港之小托、长马湖、芦别湖、三角湖、团马湖；又北，左受油市港水，西承王土围之车头湖、大小王土湖、二潭湖，太和围之东湖、西湖、大东湖、太和托、长陂湖、李家湖，又分流出太和围之北，曰三沟水，又北新窖潭，右受三阳围之深泥湖、锅底湖；又北，右受龙口水，东承下三阳围之下李公湖、半边湖、牛车湖，定丰围之瓜藤港、灵官湖，广兴围之半节港、高湖，大小永兴围之土塅；又北，径白鸡潭，左受毛家塘水，又北径埽帚口，为泚、湘二水溢出之支津。又东北，出芦林潭，湘水径夹洲分流北出。

一东北出湾河，左受义合围新闸口水，又北，左受鸡心滩出水港水。

一西北出濠河，左受义合围白鸡港水、围东荷叶湖，围西三角湖、虾蟆湖、黄狗湖汇为鹅公湖，其下曰牛角湖、连耳湖；东出灵官坝，曰新闸口；西出金家洲，曰白鸡港。濠河又北，径千石洲，左受大港水，西承仁和围之周长湖、双联湖、大小团湖、蒋公湖、长湖、大湖、鸭子湖、菱角湖、白湖、紫檀湖、竹心湖、雄长湖、曲尺湖、黄泥湖、菱角湖、望天湖会出老闸口，顺风围之杨子汊、四方湖会出闸口，其北鹤龙湖，西会保赋围之上下菱草湖、牌楼湖、连耳湖、长湖、上下罗家湖，北径漠沙湖、杨柳湖、乌龟疃，出老鼠夹，入湘水；又北径长湖港、竹头湖、老虫湖、七星湖、鲫鱼湖、黄泥湖、鹰窖湖、三塘湖、平湖、阿石湖、倒塘湖、辽蓬夹、深居湖、鯗鱼湖、水仙窖，出六塞港，入湘水。案，旧志：鹤龙湖有四十八子湖，见于明世《湖潭册》者十有五，其名存者三：长湖港、三塘湖、老虫湖。盖自定丰围径西，又南至南阳围，皆鹤龙湖地，相沿为民业，随俗立名，失其旧者多矣。

沘水支津出茶湖潭西二十里，径东茅江，折而北透东十八里，出八字脑；益阳西陵港水西自兴化口来会，东北出关公潭十六里，径三官嘴分流，东南出鹤巢湖十二里临沘口，东北出三官潭十四里，东受寮白港水，西溢为淖金河；又北四十里，西出为郑家河，与资水会。

案，沘水支津出茶湖潭，西径楠木坳，右溢为新窖口；又西，东茅江右受陈柴湖水；折而北，沙滩窖右受反沙湖水；又北透东，鲫鱼湾径新窖北口，东受荆塘围西之黄土塘、胡家塘，黄荆围之黄丝湖、蓼根湖、红菱湖、黄泥湖、野猫湖，王通垸之大塘、寺塘，王家寨之彭公塘、中间塘、鲁闸塘、万子湖、牛阑湖、蚌湖、白湖、石头湖，分出王家寨、两闸口；又西，溢为汝阳港。沘水支津又北出八字脑，西通兴化口，是为沘水西入县境之经流。

西自益阳西陵港入县境，南受福星围之雷打湖、茶架湖、三角湖、上下担水湖、上下白沙湖，朱公围之朱公湖；东北出关公潭，南受王通垸之深水湖、玉池湖、菱角湖、王家塘水，北受社坛港水；又北，受一姓围鱼城湖、雷公湖、大小毛塘、老鸦湖、七水塘、荷陂塘、鸦雀湖、河埠托、夹港湖、洪公湖；又北，右受湾斗围西九婆塘水；又北，左受塞沘围案，沘水东出三官潭，歧分为二，塞紫围正当其冲，旧名塞沘口，沘、紫音近，亦通为梓。下坝湖、栗山塘二水，北出三官嘴，分流为二，东南出鹤巢湖，右受白湖、张马湖水，左受复兴围之竹鸡塘，佘家垸之莲花湖、双湖、毛家湖水。

又东，左受马眼围西分出金鸡港水，右受三合围东判官湖水，出临泚口；东北出三官潭，径罗家河又北出对风潭，左受屯田围之龙塅、大托、黄家托水；又北，径稠木港，右受复兴围北之杨公塘水，左受乔山围之七星塘、蛇塅、二娘湖水；又北，径寺深潭，左受寺汊湖水；又北，左受陈家湖、青鱼湖二水，右受金银湖水；又北，右受寮白港水，东承东合围之团湖、新塘湖、横塘湖、三塘湖、泥鳅湖，佘家垸北之北塘、狐皮塘、棕丝塘，复兴围东之陈家沟、木心托水，出白艳湖；东会木头湖、杨林寨、草棕塘水，西北出寮白港，入泚水，西溢出为淖金河，左受滩湖、茶湖、王家湖三水；又西，左受沙港水，南承塞泚围之李家塘、红菱塘、大树托、苏家托，山门垸之罗家坝、龙王塘，黄公围之黄公托，庄家围之大托、下池塘，酬塘围之新塘汊，汇为黄土湖，出沙港。

又北，溢为酬塘湖、淖金河；又西，右受长湖水；又北逶西，右受大顺围之左家托、东托、一托，葡萄围之大托、东塘汊，汇为东塘湖，出猫公湖；右受杨柳湖水，左受长湖、虾鬚湖、坦湖水；西北入资水、泚水；又北，大汊潭，右受大胜湖水，左受莲蓬塞及大顺围之北托、长竹湖、夹港湖水；又北，老龙潭右受纯湖，及聚贤围之东汊、纽口湖、陈婆湖、欧家汊水；又北，右受上下塘、大海塞、塘塞三水，左受李公港、雷公塘、菱塘塞、黄泥湖四水；又北，龙家河东出西港，与锡水通；又北逶西，右受猪婆疃、按部湖、苏湖、大下湖、蚌石湖、矢湖水，左受长湖、李家中湖、碓臼湖、南夹子水，出郑家河，西入资水。

泚水支津东出临泚口，与湘水会；又北西，溢为埽帚口，《水经注》谓之锡浦。曰锡水；又北三十里，西径西港，与资水会；又北十四里，出蜘蛛江；又北三十二里，径荷叶湖，入洞庭。

案，沘水支津东出临沘口，会湘水，北出锡浦，西溢为埽帚口；出后江潭，左受锡福围之团湖、野猪湖、竹子湖、大小慈埸湖、小南湖、草皮塘水；又西逶北，左受管山湖水；又北，出淘金港，左受纯湖东出之水，及聚贤围之龙鬟湖、白湖、团湖、下牛夹水；径风潭河，西溢为西港。案，《一统志》：百丈江自沅江界流入，分二流：一东流至横岑口入湘，一南流径后江潭至埽帚口入湘。埽帚口，即《水经注》所谓锡口也。《水经注》叙“锡水东南流入湘”，今锡江山沦为湖地，锡水源流俱失。埽帚口，实湘水之西迤北注洞庭者，北出淘金港与大帐三湖之西汊通，径东出锹港入湘，分流北出横岑口，俗谓之“横口河”，径黑鱼港入荷叶湖。其锡水经流，北径沈家坪，西溢为西港，与沘水通，沘水似不得东南流出埽帚口以入湘。今百丈江名已无考，以地势求之，即今西港也。

左受老虫湖、牛头湖、道士汊、河塘湖、大小桃步湖，右受枫照湖、担水湖、滋润湖、今名滋泥塞。大小蚌壳湖水；西通沘水支津，出龙家河；又北，出长下江，右受沈家湖、青草湖、鰕湖水，左受鸬鹚塞、史军湖、玉照塘水；径玉照山东出蜘蛛江；又北，毛竹江右会荷叶湖水，左会西汊湖、屈家潭水，注柴蚌湖；又北，会窖口湖、婆塞湖水，入洞庭。

其锡口，东北出锹港者，南有荷杯湖、茶湖、鳝湖、长条湖、干坝湖、白湖，北有坞林塘湖、油麻帐湖、樟木湖汇为横岭湖；案，横岭湖又分大帐、鹤照、北头三湖。旧志名大辗三湖。东径梽湖，出锹港；又北，受匏竹湖水，分出白茅夹。其横岭湖水，又北出横岑口，右受雷公湖、砗石港水，左受上下石子塞水，北径殷公潭、天心河出黑鱼港，右会杨树湖、玉池湖、梅洲湖水，注荷叶湖，分流东出白泥港。案，白泥港，《水经注》谓之决湖口。南距青山十三里，自青山以北皆洞庭湖地。其以湖名者，洞庭之子湖也。湘水右逶，而湖水自东口决出与湘水会，故谓之“决湖口”。

资水西会沘水，自沅江齐湖口径酬塘山西入县境；六里，东受淖金河水；又北二十四里，出为莫沘河，俗名簟子河。与沘水会；又北二十四里，茶头河西溢为锹下江；又北，出屈家潭，入洞庭。

案，资水南径酬塘山西入县境，左受高液湖水，右受莫林塘水；又北，左受猪鬃湖水；又北，径畎口山，出为莫沘河，左受团林港、长汉湖、沈下湖、黑鱼疃、西撞湖、蚌湖诸水，东径郑家河与沘水会资水。

又北，右受大小鲤鱼湖、竹港湖、深湖、长湖诸水；又北，径小闸口，右受烂泥夹、门扇塘、大塘湖、草夹湖，左受上塞湖、新洼口、湖长港、猴狮湖、竹港湖、铁罗塘诸水，出茶头河，西溢为锹下江，右受长下塞、女婿湖、南大鳝湖，左受南夹子湖、青头湖、竹筐湖，出黄獭窟河。

茶头河又北注屈家潭，右会懒湖、西汊湖，左会香炉湖水，注柴蚌湖，入洞庭。案，资水纵横流注县境凡四口：曰水矶口，曰兴化口，曰莫沘河，曰黄獭窟河。《楚南水道考》始据益阳泉交河水东北出临沘口者为沘水，与资水忽分忽合，又数歧出为支津，而以溢出沅江齐湖口者为资水支津。于是，沘水入湖之小青口亦为资水所夺。今略叙次二水西入县境源流本末，以补《水经》之遗。其行度分合，实两不相混云。

资水又别出黄獭窟河入县境十二里，左受锹下江水；又北四里，出分金河；又北十二里，出北港，注龙疃湖；又北十二里，出沙洲口，入洞庭。

案，资水又自畎口山下分流，西北出为黄獭窟河入县境，右受扎寨港、东婆塞、猴下湖诸水，又会锹下江水；北出牛池河，右受赢丝湖、沙湖二水；又北，出分金河，分流为二，东注北大鳝湖，出新港口；又溢为漉河，入洞庭；西径北港，注龙塅湖，出沙洲口，入洞庭。案，《水经》：“资水东北过益阳县北。”郦道元注云：“资水东北出益阳县，流径山峡，名之茱萸江。县有关羽濑，南对甘宁故垒；又东迳益阳县北，谓之益水，益阳故城在今县北歧头下。资水又出其北，其决出益阳县南，与沘水会。自在《水经注》后，《楚南水道考》据敷溪江为沘水，以为北出泉交河。然敷溪江之入资水尚在安化县境，无由越资水而东以与泉交河会。泉交河在益阳西境，源流皆自为一水，是湘阴所受之高口水别为沘水者，当以泉交河为得。其实《宋史》元丰六年，令荆湖诸州开沟洫置斗门，以便民田；旋又开修青草湖直河。其时，洞庭湖地已多占为民田，若今围垸之类。资、沘诸水旁午交通，如淖金河、西港、锹下江，皆宋时沟洫故道，而其支津实各分注洞庭湖，自《水经注》不列沘水之名，遂使洞庭九水湮没其一。《楚南水道考》别沘于资，为功甚伟，惜于源流分合未一讨论，犹为阙而弗备云。

湘阴县图志卷第二十一

赋役志户口　地亩额征　解支
杂税　蠲振　积储　收恤

国家岁取于民，曰丁银、曰地粮。地粮有本色，有折色。自汉以来，名目日繁，其近而可征者莫如明，盖征解各部寺者无虑数十百款，又有协拨及留南米折款目。而终明世，兵饷一出于卫，占田开屯为永业。其后，蓟辽用兵，加征辽饷。然自万历以后，定总征分解之法，百姓但知有钱粮加派，无能举其节目者。国朝改卫归标，地粮所入，悉充兵饷；而征收款目，一循明制。又以次裁汰归并，使从简约，总其大端，曰米、曰饷、曰南折。三者之中总其大端，曰征收，曰起运，曰存留。历代取民之经制，无有简核如今日者。而因革损益，相沿以为名而著之籍，固不可以无纪也。钱粮银数，曰两、钱、分、厘、毫、丝、忽、微、尘、纤、渺、漠、茫、沙、漂、灰。漕粮米数，曰石、斗、升、合、勺、抄、撮、圭、粒、粟、颗、糠、秕。丈量田亩，曰项，曰亩，分厘以下，并同钱粮。亦历代相沿算法。案，《宋史》：太宗诏更改权衡之式，始有丝、忽、毫、厘之名。是此算法肇始宋时。乾隆三十一年，定钱粮尾数以厘为断，五毫以上准为一厘，不及五毫者删除；米石以勺为断；五抄以上准为一勺，不及五抄者删除。其州县田单，前列细款，仍存其旧，以符《赋役全书》款目。于是一切简而易知，参差影射无所容矣。夫极之至繁至赜而以简行之，是以简者不可易，而繁且赜者不可略也。爰推明因革之由，讨论分合之宜，总其大纲，条其细目，以备考览；而商税、仓储、恤政，皆隶于户政，亦并详焉。

丁银者，起于力役之征。周官小司徒均土地、稽人民，周知其数；乡大夫岁时登其夫家之众寡，辨其可任者征之。三代所谓力役，役其力而已。至秦而屯戍兴，更卒一月复为正卒，用民之力特勤。汉初为算赋。《汉仪注》：人年十五至五十六，出赋钱，人百二十为一算。文帝时令民三年一事，岁赋四十。景帝益宽其徭役，年二十始傅。武帝又加口赋，《汉仪注》：民年七岁至十四出口赋，钱二十三。其后数有减免。然汉制卒践更，过更皆出口算，是一夫而税与役兼。及魏晋制户调之法，户岁输绢绵，《通考》：晋法，民年十六至六十为正丁，课田五十亩，岁输绢三匹，绵三斤；十五至十二、六十一至六十五为次丁，课田二十五亩，绢绵半输；十二以下、六十六以上为老小不事，是合田及户口二赋为一也。其后通定口税三斛，以次增至五石，力役滋繁矣。隋制十八成丁，旋以二十二成丁，立输籍之法。五党三党共为一团，定户上下，此后世州县立团之缘始。役丁为十二番。开皇三年，减十二番，每岁三十日。丁男一床，租粟三石，北齐制户税为一床，有妻者输一床，无妻输半床。桑土调以绢绝，麻土调以布。绝以匹，加绵三两；布以端，加麻三斤。唐因之，为租庸调法。民年二十一成丁，十八以上各给田一顷，以二十亩为永业，馀为口分。丁岁输粟二石，谓之租；随乡所出输绢、绫、绝各二丈，绵二两，布加五之一，麻三斤，谓之调；力役岁二十日，闰加二日，不役者日输绢三尺，谓之庸。其后杨炎两税行，丁口之赋，始均入田亩。宋以二十至六十为丁，雍熙元年，〔令〕[①] 江浙、荆湖、广南民输丁钱；大中祥符四年，除荆南等路旧输丁钱。《通考》：湖广、闽浙，因伪国旧制，岁敛丁身钱米为丁口赋。大中祥符间，除丁钱而米输如故。皇祐三年，诏减潭、永、桂阳监丁米，以最下数为准，岁减十馀万石。其后复命转运司，裁定各路丁米及钱绢杂物，无业者与放除有业者减半。至绍兴十四年，始尽放湖南诸郡丁钱为上供，椿数如故。熙宁中，行免役法，令民输钱顾役，于是又增一丁税。元制，江浙、湖广仍宋夏秋两税之例。至元十二年，定湖南改科门摊，户输一贯二钱，旋与夏税并征，视江浙差重。而元制户籍科差，又别为元管户、交参户、漏籍户、协济户诸名目，以定税则。明初编赋役黄册，以百十户为一里，置里长一人；十户为甲，置甲首一人。排年充役，在城曰坊，近城曰厢。乡都曰里，里编为册。户三等，曰民，曰军，曰匠。民年十六曰成丁，成丁而役，六十而免。役三等，曰里甲，以户计为甲役。曰均徭，以丁计为徭役。曰杂泛。上命非时为杂役。皆有力役，有雇役。州县验册丁口多寡，事产厚薄，均适其力。鳏寡孤独不任役，附十里后，曰畸零。其后稍变为力差，为银差，而丁银之役起矣。嘉靖中，一条鞭法行。通计一县之徭役，均派于丁粮。力差则计其工食之费，量为增减；银差则计其交纳之费，加以增耗。计口编征以代徭役，谓之徭银，于是丁皆输银，役皆官募，民甚便之。国朝康熙五十二年恩诏，嗣后征收钱粮，但据康熙五十年丁册为常额，续生人丁，永不加赋。五十五年，令以新增人丁补足旧阙，其馀丁归入滋生册内造报。雍正二年，始令各省丁银均摊入地粮内征收。至雍正七年，湖南一例编征。自是丁银与地粮合为一。乾隆三十七年，并编审之法亦永停，制法日归简便。而户口生息，州县遂无过问者。

①据郭嵩焘光绪年撰《湘阴县志》（湖南师范大学图书馆藏稿本）改。

自汉以来，书史所载，丁口皆统于郡县，户增耗无可考。晋世南徙，始有侨人；唐又别为寄庄户、寄住户，总名主客户。宋制以户口多寡为殿最，州县增报客户日多，税则亦分轻重。明世黄册尚有土著、客户之名，而税稍均矣，其后亦遂无主客之分焉。国朝编审户口，据万历六年黄册，谓之原额。湘阴原额一万五千七百五丁，国初开除三千五百一十九丁；嗣更三藩之乱，开除三千五百五十二丁。康熙十九年至五十年，审复二千八百六十六丁。雍正七年，豁除流沙五总溢亩，抵补阙额随粮丁二丁八分二厘三毫五忽六尘一纤九渺二漠六茫七沙八漂，实在一万一千四百九十七丁一分七厘六毫九丝四忽九微三尘八纤七漠三茫二沙二漂；每丁派征银一钱三分八厘二毫六丝三忽一微四尘七纤三渺三漠，实征银一千五百八十九两六钱三分五厘九毫七丝五微二渺七漠八茫一沙三漂。其后编审滋生二百二十六丁，概不加赋。至乾隆三十七年停止。顺治十三年，定五年编审人丁一次。康熙五十五年至乾隆三十七年，凡十一次。

又有更名户口者，明世藩庄丁口也。原额十一丁，三藩之乱开除五丁。康熙十九年以后，审复四丁，并为永额，每丁派征银一钱四分一厘六毫九丝八忽三微四尘三纤一漠五茫，实征银一两四钱一分六厘九毫八丝三忽四微三尘一渺五漠。康熙五十五年，编审滋生八丁，亦不加赋。

屯丁者，明世屯卫所丁口也。康熙二十六年裁长沙各卫，而以湘阴屯丁归并岳州卫，丁粮仍由县征收，拨入屯丁一丁三分七厘六毫七丝一忽六尘八纤四渺。康熙三十五年，审增一丁，每丁派征银二钱；闲丁十三丁，每丁派征银二钱，实征银三两七分五厘三毫四丝二忽一微三尘六纤八渺。康熙五十八年、乾隆四年，两次编审滋生闲丁二丁，亦不加赋。凡共征丁银一千五百九十四两一钱二分八厘二毫九丝六忽六尘七纤二渺二漠八茫一沙三漂。

地粮任土作贡，其来已远。三代田赋什一，曰贡、曰助、曰彻，皆授田于官，籍民力以耕以输。是以三代之政，详于役而略于赋，一以赋之成数总而课之丁户。春秋鲁宣公十五年税亩，哀公十二年作田赋。疑周世诸侯各行其国之政，赋法必多变更。魏李悝之尽地利，秦商鞅之开阡陌，亦事会所趋然也。

汉兴，制田租十五税一，文帝遂除田租；景帝令民半出田租，三十而税一，遂为永制。桓帝延熹八年，始令亩敛税钱。案，汉制：口赋出钱，田租无税钱者。章帝建初三年，以谷贵封钱，取布帛为租。盖封钱以重谷之权，取布帛为租以通谷之变，亦即魏晋以后绢绵充赋之始。《通考》误合为一，疑当时已税钱。此税钱出常赋之外者，非也。灵帝中平二年税天下田，亩十钱，名“修宫钱”，则因税钱而加征。《尔注》以延熹税钱，即亩十钱者，亦误。晋立课田之制，丁男一人，占地七十亩，课田五十亩；不课田者户输米三斛，远者五斗，极远者输算钱人二十八文。案，晋课田之制，盖尽敛田归公，课民耕种，馀户仍输米三斛，赋敛最重。《通考》以课田五十亩，户皆有田，据为良法，误。成帝咸和五年，度民田十分取一，旋除度田之制，计口税米，增至五斛。宋、齐以后，悉仍此制。案，宋元嘉中，始兴太守孙豁上言：年满十六便课米六十斛。即晋世课田之制，非谓一丁税米六十斛也。《通考》谓与晋制悬绝，虑非一岁所赋，误。

隋承齐、周之制，授民田，并课种树。于是有租调之法，租以粟，调以绢布。唐因之为租庸调。案，叶梦得言：“自古田皆在官。秦汉以来，豪强兼并，侵占耕种而已。元魏稍立田制，至于齐、周皆相承授民田。授田者，不听迁徙。唐之立法，听民迁徙，并得自卖口分永业。民始有契约文书，而公田尽变为私田。其后兵革既起，征敛烦重，杂取于民，远近异法，内外异制，不得不变而为两税。”叶氏之论如此。据《汉书》，萧何买民田自污。贡禹有田一百五十亩，被召之日卖百亩供车马。是自汉民已得买卖田土，而晋、宋讫唐分授民田，不闻稍有扞格。疑当时田土虽得更互买卖，而总属之官，若今之官庄然。至两税行，而后天下尽为民田矣。

至大历初，亩税青苗钱五十，地头钱二十。其后倍收青苗钱，又制天下九等税钱，及杨炎行两税法，始案大历十四年垦田之数均收之，岁以夏秋两税，省租庸杂徭。自是遂为永例。

宋世制税有五：曰公田之赋，曰民田之赋，曰城郭之赋，曰杂变之赋，曰丁口之赋。制所税租又有四：曰谷，其品七；曰布帛丝绵，其品十；曰金铁，其品四；曰物产，其品六。其输有常处，而或移近输远谓之支；移其入有常物，而或一时所须，变而取之，谓之折变。熙宁《会计录》：荆湖南路钱谷、绢帛、丝绵、茶铁、薪炭、齿革、翎簳，通夏税四十四万八千三百六十四贯，通秋税一百三十六万八千二百四十八贯。而自景德四年，定荆湖南北等路，年额上供米六百万石，谓之"米纲"；郡县各认岁额直抵京师，谓之直"达纲"。其后方田之法行。赋额日增。案，熙宁二年，郏亶上言云：国朝之法，一夫田四十亩，出米四石，盖亩税米一斗。终宋世，田不加赋，惟加田额及杂派尔。

南宋以后，所纳诸课，准价折钱，又别科米麦。于是湖南有"土户钱"、"折绳钱"、"醋息钱"、"曲引钱"，名目甚繁。盖终宋世军徭日兴，多为之名，取给百姓而已。

元世江南税粮，依宋旧例折输绵绢杂物，旋定输米三之一，馀并折钞。案，元制秋税输租，夏税输木绵布绢丝绵。其折输者，随时估直高下以为则。而湖广改夏税为门摊，旋复改门摊为夏税，而并征之科粮，视江浙差重。

明初定夏秋粮，曰米麦、曰钱钞、曰绢，其后益分析绢纱名目，而米麦仍听以银钞钱绢代输，曰"折色"，输米麦曰"本色"。正统中，米麦一石折输银二钱五分。于是湖广、江浙、闽广皆输钱入内承运库，谓之"金花银"，后遂遍行于天下。自起运兑军外，每粮四石，输银一两，为永例。案，《明史·周忱传》："京师百官月俸，皆持俸帖赴领南京。米贱时，俸贴七八石，仅易银一两。忱请检重额官田、极贫下户两税，准折纳金花银，每两当米四石，解京兑俸，民出甚少，而官俸常足。"据此，则金花银缘始惟江南重额及下户行之。周忱以宣德五年巡抚江南折纳金花银，当在宣德之末，正统以后始通行之各省。《明史》称江南米贱，俸帖七八石易银一两，盖通领运诸杂费言之。当时折兑官俸，允为官民两便，自是遂并入地粮银。又为“纲银”、“一串铃”诸法。纲银者，举应役岁费，丁四粮六总征之。一串铃者，伙收分法解也。嗣是民间输税，只收本色及折色银。嘉靖中，始有加派，而提编、均徭诸事例兴焉。万历九年，行一条鞭法，总括一州县之赋役，凡额办、派办、京库岁需诸费，及土贡方物，皆计亩征银，折办于官。案，明制税则凡三，曰赋、曰贡、曰课。《康熙志》载湘阴额贡天鹅二十，青鹤等禽二十，又别禽二，麂皮一百六十五，杂皮一百七十六，淘河翎五千九百六十，鹅翎三百七十，鸭翎一万八千八百有三，缎匹五十有七，额课、商鱼、窑纸、棕茶等钞三万四千六百四十九贯，鱼鳔三百五十七斤，鱼油七千六百三十五斤，天顺酒钞一百八十三贯，纸钞一百四十一贯，茶棕桐树钞一百五贯。至是折征天鹅银二十两，缎匹银一百二十三两，鱼课熟铁银一百八十六两七钱二分，本折酒纸钞银一百六两六钱三分。以是折派虽多而民不扰。案，一条鞭之名，起于嘉靖中，至万历九年始通行之，天下为永制。四十六年以后，三次加征辽饷，名“九厘饷”。崇祯中，复加征三厘，既而概征，每两加一钱，名曰“剿饷”。后又加练饷一分。自明洪武十四年以黄册审丁成赋，其后二十年，复令州县随粮定区，总核境内土田，编类为册，状如鱼鳞，号曰“鱼鳞图册”。至万历初，张居正行丈量法以均赋役，田额亦有增加，于是各直省钱粮，依照丈量成则，统并于“一条鞭法”，谓之“额征”。其一条鞭法后，又有加征颜料、绢价等银，以丁四粮六分派，谓之“新加”。

国朝循用明制，又合额征、新加为一。各州县科则，亦有参差，不能尽归一例。而自康熙三十年，巡抚永兴朝疏言湖南经乱以来，荒熟田亩多隐混，请分别丈量，熟者定为实征，荒者招垦，重编鱼鳞册。于是，湘阴田额亦有减免。三十五年，以田亩开垦渐多，饬照龙阳南湖下则，一例减征。其时，又有流沙五总抵补阙额之征。至雍正九年，巡抚赵宏恩复请豁免。乾隆二年，特诏湘乡、浏阳，较附近之长沙等县所完钱粮，每田一亩俱重二三分，湘阴钱粮，较湘、浏二县尤重。长沙粮额最为适中，应比照长沙则例，确查减免；又经巡抚张渠汇题核减。视明世粮额减免逾半矣。历代田额，无籍可征。《赋役全书》所谓原额者，即明万历时旧则也，凡三等，曰田、曰地、曰塘。（曰）〔田〕[①] 有上、中、下，又有水乡田、湖田，地有秋税，即肥、瘠二则，以夏秋税则轻重为名。塘有鱼水之差。而湘阴山乡水乡，科则迥异，略言其类：凡万历时所定科则，谓之"原额"，为田六千四百四十七顷二十八亩三分六厘六毫三丝二忽五微，内上、中、下田五千六百一十七顷九十一亩九分六厘三毫二丝六忽五微，每亩科秋粮米一斗一升七合八勺二抄，科夏税丝二分四厘二毫四忽三微一尘四纤八渺，每米一石派征银三钱九分四厘九毫一丝五忽九微三尘八纤。　水乡田八十九顷九十九亩一分一厘七毫六忽，每亩科秋粮米六升九合五勺一抄三撮四圭二粒，科夏税丝一分三厘五毫七丝三忽七微，每米一石派征银同。　湖田一百九十六顷五十八亩二分九厘一毫，科秋粮米、夏税丝，与水乡田同。　堤内高田二百五十三顷三十亩七分八厘九毫，每亩科秋粮米九升五合六勺三抄九撮五圭六粒二粟，科夏税丝二分一厘七毫一丝八忽，每米一石派征银同。　堤内外淤托田二百八十九顷四十八亩二分六毫，每亩科秋粮米三升七合一勺五抄五圭六粒八粟，每米一石派征银同。为地七百顷五十六亩四分九厘三毫七丝六忽六微一尘九纤三渺五漠五茫，内秋地六百三十八顷二亩七分四厘三毫七丝六忽六微一尘九纤三渺五漠五茫，每亩科秋粮米三升七合七勺，每米一石派征银同。　夏税地六十二顷五十亩七分五厘，每亩科秋粮米二升一撮二圭一粒，科桑丝五钱六分五厘三丝二忽六微，每米一石派征银同。新增书院地基三亩，每亩科秋粮米一升八合，派征银同。为塘湖五百五十五顷一十亩一分三厘二毫二丝三忽三微八尘六渺四漠五茫，内塘五百五十四顷九十亩四分八厘二毫二丝三忽三微八尘六渺四漠五茫，每亩科秋粮米二升二合二勺，派征银同。　湖一十九亩六分五厘，每亩科秋粮米三升三合三勺，派征银同。雍正九年，收回平江县民潘文明寄庄原额田一百一十六顷六十一亩一

---

①据文意改。

分四厘七毫七忽五微，每亩科秋粮米一斗一升七合八勺二抄，科银七分四厘二毫二丝六忽六微，科夏税丝二分四厘二毫四忽三微一尘四纤八渺。原额地二十二顷七十三亩五分六厘四毫二丝三忽三微八尘六渺四漠五茫，每亩科秋粮米三升七合七勺，科银二分二厘七毫五丝一忽。原额塘一十二顷五十二亩一分六厘五毫七丝六忽六微一尘九纤三渺五漠五茫，每亩科秋粮米二升二合二勺，科银一分三厘九毫八丝六忽。通计原额田地、塘湖七千八百五十四顷八十一亩八分六厘九毫四丝，内除远年荆棘坍卸失额田九百七十四顷七十一亩八分，雍正九年豁免流沙五总溢亩抵补阙额田一百五十九顷六十九亩五分七厘五毫六丝七忽二微。实在成熟田地、塘湖六千七百二十顷四十亩四分九厘三毫七丝二忽八微，原额粮七万六千九百三十石八斗八升一合九勺六抄九撮七粟。内除荆棘坍卸失额粮九千五百四十六石五斗七升。康熙五十三年，报垦照龙阳南湖下则减粮一万二千九百一十石四斗八合零；雍正九年，豁免流沙五总溢亩抵补阙额粮一百五十九石六斗九升五合零。乾隆三年，比照长沙县则，减免粮一万八千一百八十三石七斗五升三合零。又寄庄报垦照寄庄地则减粮三百四十七石一斗七升五合，比照长沙县则，又减粮三百五十六石六斗一升九合零。实征粮三万五千四百二十六石六斗五升九合五抄九撮一圭二粟，原额并新加颜料绢价银三万七百三十两九钱二厘一毫一忽五微八尘八纤四渺一漠五茫，内除康熙三十年丈量案亩起科，合算比《赋役全书》原额减零尾银四尘二纤六渺六漠，又失额无征银三千七百七十两九分二厘六毫零。康熙五十三年，报垦减则银四千五百二十两二钱二分一厘五毫零。雍正九年，豁免流沙五总溢亩抵补阙额银一百九十九两五分七厘九毫零；乾隆三年，比照长沙县则减免银五千七百九十七两三钱一分五厘九毫零。实征银一万六千四百八十四两二钱三厘九毫七丝三忽一微九尘七纤四渺七漠九茫四沙六漂。国朝节次丈出开垦，及民首出自垦者，谓之“额外”。为田二百四十七顷七十八亩五分七厘一毫二丝，内乾隆十一年，开垦水田一百七顷二十五亩五分四厘八毫，科粮一百七石二斗五升五合四勺八抄，科银一百六两八银二分七厘一毫二丝八忽四微二尘六纤七渺五漠。　乾隆十四年拨归益阳县寄庄田三顷七十四亩九分，科粮三石七斗四升九合，科银三两七钱三分四厘二丝七忽四微三尘一纤二渺五漠。　乾隆十六年，开垦水田三顷八十五亩八分二厘三毫二丝，科粮三石八斗五升八合二勺三抄二撮，科银三两八钱四分二厘八毫三丝三忽二微。　乾隆十八年，开垦水田三十顷八十八亩，科粮三十石八斗八升，科银三十两七钱五分六厘六毫七丝三忽。　乾隆二十七年开垦水田一百二顷四亩三分，科粮一百二石四升三合，科银一百一两六钱三分五厘。通计额外水田征粮二百四十七石七斗八升五合七勺一抄二撮，征银二百四十六两七钱九分五厘六毫六丝二忽五尘八纤。明世藩田，入国朝募民纳价，案民赋起科，谓之"原额更名"。案，明制承宋、元以来入官田、百官职田，及赐诸王寺观庄田、学田，及没入官田，通谓之官田，其馀为民田。国朝一体编征，凡由官田改编者，谓之"原额更名田"。为田一十八顷八十六亩，分上、中、下三则起科。内上则田一顷一十五亩，每亩科粮一斗一升七合八勺二抄，每粮一石派征银三钱九分四厘九毫一丝五忽九微三尘八纤。　中则田二顷五十亩，每亩科粮九升五合六勺三抄九撮五圭六粒二粟。　下则田十五顷二十一亩，每亩科粮六升九合五勺一抄三撮四圭二粒，派征银并同。为湖地六十六顷六十亩七分四厘二毫四丝，每亩科粮三升七合七勺，派征银同。为笋山三顷三十六亩，案，湘阴民赋并无山则，均照民地则例，每亩科粮三升七合七勺，派征银同。通计原额更名田地科粮四百六石九斗六升六合二勺九抄八圭，内除康熙五十三年报垦笋山减则粮四石一斗五升零，乾隆三年比照长沙县则，减免粮一百四十二石六斗六升五合零。实征粮二百六十石一斗四升五合七勺四抄五撮六圭七粒；科银一百六十两七钱一分七厘四毫七丝四忽四微六尘六纤九渺一漠一茫。内除康熙三十年丈量案亩合算，减零尾银一纤六渺六漠八茫；康熙五十三年报垦减则银七钱三分九厘二毫零；乾隆三年比照长沙县则，减免银四十两七钱七分九毫零。实征银一百一十九两二钱七厘三毫二忽七微四尘八纤二渺四漠五茫八漂。召变藩田，丈出溢亩，谓之"额外更名"，为田并地、湖六十三顷六十亩三分四厘五毫七丝四忽，科粮二百四十五石二斗二升八合一勺九抄九圭五粒四粟，内除康熙五十三年报垦减则粮六十八石二斗九升五合零，乾隆三年比照长沙县则，减免粮五十七石五斗三升四合零。实征粮一百一十九石三斗九升八合四勺六抄二撮四圭九粟，科银九十六两八钱四分四厘五毫二丝一忽五尘七纤二渺八漠七茫。内除康熙五十三年报垦减则银一十二两九钱一分九厘六毫零，乾隆三年比照长沙县则，减免银一十七两七钱六分九厘五毫零。实征银六十六两一钱五分五厘二毫八丝一忽四微一尘三纤六渺三漠三茫一抄三漂。

卫田旧隶长沙卫，所谓“军屯”也。自明景泰中，以卫军领运，遂有水卫、旱卫之分。凡水次受兑转漕者，谓之“水卫”。顺治七年裁卫军，而水卫仍存屯户之名，专领漕运。湘阴屯户五姓，殷、单、胡、杨、湛，皆居县北营田。所受卫田多隶华容，在湘阴者仅存十顷七分，改隶岳州卫，仍充运粮军田。湘阴水卫田十顷七分，实征米一百二十石，每米一石派征银五钱六分，征运费银一两二钱五分，征北费钱一千二百五十，由岳州卫征收，馀田展转贸易，而犹存卫田粮籍。科粮视民赋为轻，并归州县征收，依旧额曰“屯田”。为田地塘坝三百四十七顷二十四亩九分一厘二毫三丝二忽二微五尘，除坍卸失额，实存田地塘坝三百四十顷九十六亩一分三厘一丝二忽二微五尘。每亩科粮四升四合四勺四抄四撮四圭四粒五粟。科粮一千五百四十三石三斗二升九合四勺五抄五撮八圭四粒六粟，内除坍卸失额粮二十七石九斗四升五合零。康熙五十三年报垦减则粮三百一十二石三斗七升零。实征粮一千二百三石七升五合九勺四抄三撮七圭七粒三粟。每粮一石，征银四钱四分一厘三毫五忽，谓之“屯饷”。案，明制卫田惟征屯粮无杂派，后稍加征军需银。顺治十五年，湖南巡按御史上官铉始令照武昌左卫则例，改征银，于是一例编征屯饷。科银六百八十一两一钱四分三厘九毫七丝九忽四微七尘九纤二渺五漠七茫，内除失额无征银十二两三钱三分三厘八毫零。康熙五十三年报垦减则银七十一两二钱五分九毫零。实征银五百九十七两五钱五分九厘二毫九忽二微五尘三纤八渺九漠一茫二沙六漂，而湘阴屯田仍分中、下二则。县册载，中则成熟田二百五十顷二十九亩一分三厘，每亩科银一分九厘六毫一丝五忽四微二尘六纤九渺六茫，应征屯饷银四百九十一两六钱六分一厘；下则成熟田九十顷六十七亩，每亩科银一分一厘七毫三丝一忽九微八尘九纤一渺一茫六漂，应征屯饷银一百六两三钱七分三厘。自顺治十三年清田归运，凡隶各卫屯田典卖与民者，责令运军回赎，自是典卖军田有禁。而湘阴县屯籍丁户，皆因承典屯产、签派领运，旧额屯田牵混典买，亦无从清还运军。乾隆六年，始令民买军田，田去差存，加征帮费以济漕运，于是乎有津贴。乾隆四十一年，定湘阴县屯田每银一两，科津贴银七钱三厘四毫七丝一忽八尘二渺九茫，解粮道库贴给运军。不入钱粮奏销分数，实征银四百二十两九钱。

自唐贞元时，定两税法征收地粮，有夏税，有秋粮，历代相沿行之。其目有二，曰"本色"，曰"折色"。自明以前，夏税兼收米绢钱钞，米者本色也，绢钱钞者折色也。洪武中听民以银准米，不为例。正统元年，始折征金花银，自是赋入多折银输纳。至一条鞭法行，专以银为折色矣。推原明世立法之由，征本色者，曰"漕运"，曰"南粮"，所谓粟米之征也。征折色者，曰"夏税丝"、曰"农桑丝"、二项秋粮内带派。曰"新加绢价"、曰"新加颜料"，二项丁四粮六带派。所谓布缕之征也。其力役之征四则，曰均徭、《明史·食货志》：嘉靖中，以三事定均徭曰"银差"、曰"力差"、曰"马差"。曰"里甲"。《明史·食货志》：嘉靖中以八事考里甲，祭祀、乡饮、科贺、恤政、公费，皆有额派。曰"民壮"、曰"驿传"。而军屯隶卫所者，每军受田五十亩为一分，正粮十二石贮屯仓，听本军自支；馀粮六石，为本卫所官军俸粮。所谓馀粮者，即屯税也，大率亩一斗二升。湘阴自明时额粮七万六千九百馀石，本、折二色，归入一条鞭者，名目颇繁，而南粮为存留专款。其军屯及官田之隶藩庄者，不在额征之内。国朝节次开垦，而粮则视原额减免逾半。顺治二年，颁行《赋役全书》，分别原额、新增，由直省布政司十年一修辑，于是粮额一以《赋役全书》为准。而湘阴额征本色米，皆起运，无永折存留诸款目。

《赋役全书》“漕运”项下载，原额成熟粮三万五千四百二十六石零，额外升科粮二百四十七石零，内照科起运正兑及加四耗米八千五百九十七石九斗七升五勺五抄九撮五圭二粒七粟。内原额正兑米八千六百三十三石六斗，代编监利县正兑米九十七石五斗四升一合二勺八抄二撮一圭，每石加四斗，耗米三千四百九十二石四斗五升六合五勺，除节次减免及失额无征，实科原额成熟正兑米六千一百一十二石七斗三升一合九勺五抄四撮七圭九粒，加四耗米二千四百四十五石九升二合七勺八抄一撮九圭一粒六粟，额外升科正兑米二十八石六斗七升五合五勺八抄七撮七圭三粒，加四耗米一十一石四斗七升二勺三抄五撮九粒一粟。更名成熟粮二百六十石零，额外更名升科粮一百一十九石零，内照科起运正兑及加四耗米九十三石九斗三升一合二勺一抄五撮二圭一粒六粟。内原额正兑米四十七石九斗八合一勺九抄五撮四圭六粒二粟，每石加四斗耗米，二十二石八斗三升九合二勺七抄八撮一圭八粒五粟；额外升科正兑米二十八石三斗八升二勺四抄七撮五圭一粒，加四耗米一十一石三斗五升二合九抄九撮六粟。除节次减免，实科更名正兑米六十七石九升三合七勺二抄五撮一圭五粒四粟，加四耗米二十六石八斗三升七合四勺九抄六粒二粟。实共科漕运正兑米六千二百八石五斗一合二勺六抄七撮六圭七粒四粟，案，《赋役全书》载：实征成熟粮三万六千五十三石九斗八升八合九勺七抄九撮一圭八粒一粟，除起运正兑米六千二百八石五斗一合二勺六抄七撮六圭七粒四粟，南粮折色米四千五百七十七石九斗一升五合一勺八抄六圭九粒八粟，其馀并入粮折纳。四耗米二千四百八十三石四斗五勺七撮六粒九粟六颗，外科里纳米五百五十八石七斗六升四合九勺四抄八撮一圭五粒六粟，内每正米一石，科盘脚米二升、船脚米七升。赠贴米一千二百四十一石七斗二勺五抄三撮五圭三粒四粟八颗五糠八秕，内每正米一石，科贴运米二斗。

“南粮”项下载，原额额外成熟粮内科正米及加二五耗米五千六百六十石四升六合四勺四抄四撮七圭四粟。内原额正米九千八百八十石四斗，代编监利县正米一百六十九石三斗三合六勺二抄七撮二圭，每石加二斗五升耗米，二千五百二十二石四斗二升五合九勺六撮八圭。除节次减免及失额无征，实科原额成熟南米四千四百九十五石六合六勺二抄五撮三圭六粒八粟，加二五耗米一千一百二十三石七斗五升一合六勺五抄六撮三圭四粒，额外升科南米三十三石三升五勺三抄四圭，加二五耗米八石二斗五升七合六勺三抄二撮五圭九粒六粟。更名原额外成熟粮内，科正米及加二五耗米六十二石三斗四升七合四勺六抄八撮六圭五粒七粟。内原额正米五十四石二斗五升四合四抄三撮六圭三粒二粟，加二五耗米一十三石五斗六升三合五勺九撮四圭八粒七粟。除节次减免，实科更名南米四十九石八斗七升七合九勺七抄四撮九圭三粒，加二五耗米一十二石四斗六升九合四勺九抄三撮七圭二粒七粟。计共科南粮正米四千五百七十七石九斗一升五合一勺八抄六圭九粒八粟，加二五耗米一千一百四十四石四斗七升八合七勺三抄二撮六圭六粒三粟；外科里纳米六百七十七石一斗五升八合八勺五抄一撮一圭五粒四粟五颗四糠九秕。内每正米一石纳船驴脚米一斗五升，每石折银一两。

"地粮"项下载，原额编入条银并加增颜料绢价及额外条银一万六千七百三十一两九丝一忽九纤九渺七漠九茫四沙六漂，内原额条银三万七百三十两九钱二厘一毫一忽五微八尘八纤四渺一漠五茫，除节次减免及失额无征，实科原额条银一万六千四百八十四两二钱三厘九毫七丝三忽一微九尘七纤四渺七漠九茫四沙六漂，额外升科条银二百四十六两七钱九分六厘一毫一丝七忽八微一尘二纤五渺。更名额内额外条银一百八十五两三钱六分二厘五毫八丝四忽一微六尘一纤八渺八漠五沙一漂。内原额条银一百六十两七钱一分七厘四毫七丝四忽四微六尘六纤九渺一漠一茫，除节次减免，实科更名条银一百一十九两二钱七厘三毫二忽七微四尘八纤二渺四漠五茫三沙八漂；额外条银九十六两八钱四分四厘五毫二丝一忽五尘七纤二渺八漠七茫，除节次减免，实科额外更名条银六十六两一钱五分五厘二毫八丝一忽四微一尘三纤六渺三漠五茫一沙三漂。实共科地粮银一万六千九百一十六两三钱六分二厘六毫七丝五忽一微七尘一纤八渺五漠九茫九沙七漂，其屯田一项额征实银，不另起科编征。

漕运征本色米，岁转漕京师，充兵食及百官廪俸。明初设粮长领解漕运，给以勘合，直达京师。宣德以后，行支运法，建仓淮安、徐州、临清，量地远近，运兑诸仓。于是湖广民粮皆兑淮安仓，官军以次递运入京、通二仓。其后令民粮运至淮安瓜州，径兑与卫所官军领运，谓之“兑运”，仍与支运并行。景泰七年，悉改支运为水次交兑，谓之“改兑”。自是官军长运遂为永制。国朝改归官兑，于岳州水次解交运军。而粮长名目，至康熙四十三年始行革除，通由州、县派拨户书押兑，仍循明制，以正兑、改兑米为名。正兑米入京仓，充八旗三营兵食；改兑米入通仓，充王公百官廪俸。案，明制，苏、松、常、嘉、湖白粮充官禄，馀粮充军储。今制三品以上始支食白粮。湖南漕运皆正兑，无改兑。湘阴额征正兑米六千二百八石五斗一合三勺，案，康熙二十四年颁行《简明赋役全书》，只载起运存留切要款目，删去丝抄以下尾数。其后减则摊算，尾数日增。乾隆三十一年，始定钱粮尾数以厘为断，米石以勺为断。自是，催科执照只载勺、厘。

其随粮派征者曰正米，加耗四斗；案，明宣德六年改由卫军兑运，以地远近给路费耗米，湖广石加耗八斗，其由民运至淮安兑运，止加四斗。而《明史·食货志》载，京、通两仓岁漕四百万石，加以耗米入仓者凡五百十八万九千七百石。是兑费耗米，自明已收仓耗。今制以一斗五升随船作耗，以二斗五升随正兑米解京仓。嘉庆五年划出二升七合六抄在水次，给丁日晒飏米。嘉庆七年收回划出米石，改由粮道库随漕项下，案粳米时价折给。曰加征赠贴米二斗。案，明制，漕粮支运、兑运，皆由里长承运，兑交卫军。国朝改为官收官兑，酌定赠贴银米。康熙十一年，定湖南四耗之外，加耗二斗充运军挽运盘剥，名曰“贴运”，亦曰“二耗米”。耗米额征之外，随粮另起编征，曰漕耗米六升。案，明制，运军兑粮私耗，名曰“里纳米”，为兑漕、办公杂费。《通典》载：乾隆八年清理漕耗，以此项若遽议裁，非但运军无以济运，州、县修仓铺垫亦无项可动，自是一例随漕带征。《户部则例》载：湖北正米一石，收漕耗七升；湖南正米一石，收漕耗六升。而《赋役全书》载：里纳米内盘脚米二升，船脚米七升，实科米五百五十八石七斗六升五合九勺。是正米一石科米九升，比较《户部则例》逾额米一百八十六石二斗五升五合八勺。《县册》载：里纳米五百九十六石一升六合，通起运漕米正四二耗。九千九百三十三石六斗二合一勺，以石加六升准之，数适相符。比较《赋役全书》，又逾额米三十七石二斗五升一勺。

随漕项下归并条饷内编征者，曰随漕轻赍折色米三斗六升；案：明宣德六年改行兑运，始有耗米。成化以后定随船给运四斗外，馀折银谓之“轻赍”，嘉靖元年，户部议轻赍本资转般，而取其赢馀归太仓，以脚价为正粮，失立法本意，是明时轻赍已入额解。国朝定解通济库，归仓场侍即支销，实征米二千二百三十五石六升四勺六抄八撮，每石折银五钱，实征轻赍银一千一百一十七两五钱三分二厘。曰随漕楞木、松版、席片；案，明宣德中，始置京、通仓。正统十年设通济库于通州，而仓日增，版木、席片之征亦明制也。《户部则例》载正米二千石，征楞木一根、松版九片。雍正四年，令楞木核算价值，俱征松版。乾隆六年，改征一半折色。十四年，全改折色。嗣是需用版木，仍征本色，存贮充裕，照旧停征，由仓场奏明办理。凡楞木一根，折征银五钱；松版一片，折征银四钱五分，随漕解通济库。嘉庆五年以后，带征本色三分之一，存剩折银解部；又正米二石征方席一领，例征本色三分折色七分，每领折银一分。雍正二年，改征本色一分七厘，折色八分三厘。雍正十二年，准以茶席二领抵交方席一领，应征本色版、木席片皆征银给丁买办交纳。湘阴额征楞木三根一分零，应征银一两五钱五分一厘；额征松版二十七片九分一厘零，应征银一十二两五钱六分；额征芦席三千一百四领二分五厘六丝，应征银三十一两四分三厘。共银四十五两一钱五分四厘。其每船带解毛竹，另由粮道库给价，不入额征。曰随漕浅船银；案，明初行海运，永乐中浚会通河、造运船，受三百石以上，名“浅船”，其后并入民粮派征。国朝承之，凡运船以受四百石为一浅，承运军船，额支三修银七两五钱；十年大修，额支料价银二百八两七钱七分三厘，均于此项内动支。如有不敷，动支驴脚。其十年大修，加支造费银三百九十二两二钱五分，动支津贴。湘阴额征浅船银五十六两二钱一分，解费银一两三钱六分五厘。　　以上随漕三款，原案兑运正米归地粮内带派，由布政司移解粮道库，除节次减免，实应征银一千二百二十两二钱六分三厘，解费银一两三钱六分五厘。《赋役全书》载：随漕轻赍、席木、浅船等项，实征银一千六百二十一两九分八厘六毫九丝三忽九尘一纤九渺五漠五沙九漂，解费银三两三钱六分四厘七毫，逾额银四百二两八钱三分五厘三毫。《县册》载：征银一千六百三十一两二钱八分六厘，比较《赋役全书》又逾银六两二钱二分二厘六毫零。查乾隆三十六年，桃源县奏销册造报轻赍等银二百四十五两四分七厘，《赋役全书》开载：实征银一百五十三两七分六厘，逾额银九十一两九钱七分一厘。特饬查照《赋役全书》征解造报。盖轻赍等项并入地银编征，未经案款核定，即《赋役全书》亦不免有承误之处也。曰漕费银；案，漕费银与漕耗米，皆随漕杂款，乾隆六年裁革。旋因州、县挽运需费，照旧征收。《户部则例》载：湖南正粮一石收漕费银自五分至一钱三分，湘阴石征银九分六厘，通正四二耗征银九百五十三两六钱二分六厘，案九七平色折，实银八百九十七两二钱六分七厘，内京脚银四百八两九钱一分，淮脚银九十三两四钱六分五厘，解交粮道库馀银三百九十四两八钱九分二厘，由县支销，以正粮石加九分六厘准之，实只银五百九十六两一分六厘一毫二丝四忽八微，《赋役全书》不列此款。

南粮者，明世田粮额征留南备用者也，亦有本色，有折色。顺治十四年，颁行《赋役全书》，内开南粮本、折，昔留南用，今抵军需。盖自国初支充军饷，南粮一例改折，谓之“南折”。康熙以后，凡漕项银两案解粮道库，于是南折归并漕项，曰“南粮正耗折色”。南粮正米四千五百七十七石九斗一升五合一勺，每石加二斗五升耗，共米一千一百四十四石四斗七升八合八勺，通正耗米每石折银六钱五分八厘八毫，实征银三千七百六十九两九钱一分三厘。曰南粮里纳驴脚米。南粮正米一石征船驴脚米一斗五升，亦曰“里纳米”，共征米六百八十六石六斗八升七合二勺。每米一石折银一两，以八钱充饷，以二钱给解役。《县册》载：征驴脚银六百八十六两六钱八分七厘。

明万历时一条鞭法行，一切杂派，均入丁、田二项编征，谓之“条银”。其条银后加征者曰“九厘饷”，又有明时为杂征，不入条银。国朝一例编征，曰“熟铁正扛银”，曰“本折钞银”，曰“班匠银”。又有明时免征国朝复编征者，曰“不准优免银”。至雍正七年，合地丁编征，通谓之“饷”。于是民赋惟征粮饷，则又一条鞭后之一条鞭也。

九厘饷者，明万历四十九年增辽饷三百万，令天下田赋亩加三厘九毫；明年复加三厘九毫，又明年复加二厘，通前九厘，遂为永额。国朝因之，谓之“九厘饷”。案，府志称康熙时滇、黔用兵，经略洪承畴复奏行之。承畴以顺治十年经略湖广、云贵十六年，以病回京。滇、黔用兵在康熙十八年，以后与承畴无涉。顺治十四年颁行《赋役全书》，御制序言：九厘银旧书未载，今已增入。其时，承畴正以经略驻长沙，并无此奏，似国初裁明冗赋诸款内，实未及九厘饷一款。其后增丈及民垦田，通案科则，一例征九厘饷。而节次清查减免，及失额无征亦减明时额征之半焉。原额九厘饷银一万一千七百三十一两一钱九分二毫五丝，内除康熙三十年丈量，案亩起科，合算归正减零尾银九分七厘四毫零，又除失额无征银一千四百八十四两四钱四分五厘五毫零。康熙五十三年，报垦减则银一千九百七十三两九钱一分五厘九毫零。雍正九年，豁免流沙五总抵补阙额银二十八两六钱九分八厘七毫零。乾隆三年，比照长沙县则，减免银二千八百二十三两四钱三分五厘三毫零。实征银五千四百二十两五钱九分七厘一毫五丝五忽一微四尘六纤三渺六漠三茫四沙六漂，额外九厘饷实征银四十四两五钱二分九厘三毫二丝七忽二纤七渺二漠九茫三沙九漂。原额更名九厘饷银六十三两二钱八分一厘二毫九丝二忽五微六尘九渺二漠三茫，内除康熙三十年丈量科算减零尾银一尘九渺九漠一茫，康熙五十五年报垦减则银六钱九厘七毫零，乾隆三年比照长沙县则，减免银二十一两三钱六分五厘九毫零。实征银四十一两三钱五厘五毫四丝九忽二微八尘六渺四漠一茫四沙八漂，额外更名九厘饷银三十八两一钱三分一厘七毫九丝九忽二微四尘一纤二渺三漠九茫，内除康熙五十三年报垦减则银一十两五分三厘六毫零，乾隆三年比照长沙县则，减免银八两九钱三分一厘五毫零。实征银一十九两一钱四分六厘六毫一丝二忽八微四尘五纤五渺二茫八沙九漂，通征九厘饷银五千五百二十五两五钱七分九厘。

熟铁正扛银者，渔课也。盖自汉时有陂池鱼税；宋初荆湖路承马氏之遗，湖潭、陂塘聚鱼之处，皆纳宫钱，或遣官吏主之；淳化元年，始令经市货卖，乃收税。元置山场河泊之课，乃有专司。明时湖地多隶藩庄，而编入课则者仍有官潭、民潭之名。编户凡二，曰湖户，曰网户，课额颇为繁重。案，《湖潭册》载：官、湖二户，课米一十六石三斗；民湖一百四十三户，课米一千四百九十三石七斗五升。官湖网户课米一千七百四石三斗五升，民湖网户课米四千三百七十六石八斗。节次开除，逃户亦时有减免。而额解熟铁正扛银，即从渔课编征。国朝弛泽梁之禁，归并湖地编征，而统列入条饷，仍抵编工部熟铁正扛银，实征鱼课银一百八十八两四钱八厘。原额熟铁正银一百八十六两七钱二分七厘五毫，每银一两加京扛银九厘共扛银一两六钱八分五毫四丝七忽五微。《县册》载：渔课银一百八十八两七钱一分四厘，比较《赋役全书》逾额银三钱六厘。

本折钞银，明时为门摊商税；领于税课司。国初亦编入条饷，一曰户部项下本折酒纸钞银，一百六两六钱三分，遇闰加征银三两一钱九分；一曰工部项下本折熟铁钞银，四十四两九钱五分四厘，遇闰加征银一两二钱三厘。原编本折钞银四十四两九钱五分三厘五毫一丝八忽五微七尘，遇闰加征银一两三分三厘三毫三丝二忽五微七尘。

班匠银者，匠户之徭直也。明时供江南人匠七十五名，每名纳银一两八钱，遇闰加银六钱。盖皆出于匠户，三年一直班，故谓之"班匠银"。国初存匠二十一名。康熙三年，定每名每年正征带闰，纳匠价银六钱。康熙五十二年，归并条饷，实征班匠银一十二两六钱。

不准优免银者，明季爵禄冗滥，优免繁猥。国朝概为厘正，裁以充饷。其初不入奏销，后并条银分数一例造报，实征银七十两九钱一厘。原编不准优免银七十两九钱九毫五丝九忽七尘二纤六渺五漠。

编征地丁银内，又有加一耗羡。自明时为加耗私征，康熙中裁减官吏供亿，知县岁支俸薪数十两，而吏无工食，于是一切取给私征，遂与正供同重，民亦便之。雍正二年，提解地丁耗羡银两，开支养廉，而各省加耗，轻重亦各不同。湖南定额一钱，实征耗羡银二千五百五两四钱五分二厘一毫。乾隆五十一年，定耗羡随同正项报解，各官养廉案季由司库动支。嘉庆五年，改由州县坐支，计支知县养廉银九百一十两，县丞、典史养廉银各六十两；新市巡检养廉银九十两，大荆巡检养廉银六十两，应解司库耗羡银一千一百六十二两三钱二分三厘六毫，其随漕轻赍等项耗羡银一百六十三两一钱二分八厘五毫，移解粮道库。自雍正以来，耗羡提解藩库收支实数，年终奏闻，不归部核销，其后一体报部。乾隆七年，令九卿科道及督抚筹议耗羡银两一款，湖广总督孙嘉淦请复年终奏闻之旧例。盖以耗羡归官则为私征，归公则为公费。而督抚以下养廉，皆于此取给，其馀以备公用，为法至善。一归部核，即与正项钱粮无异，滞碍必多。嘉庆十七年以后；始随同正项钱粮统计分数以定考成，于是正耗、额征并重矣。

国朝编征各款，归并田粮，于是催科定则凡三：曰“饷”，分夏、秋二税，夏税曰“上忙”，秋税曰“下忙”；曰“米”；曰“南折”。《县册》分都编征，又与《赋役全书》开载额内、额外田粮稍有参差。盖万历时，《鱼鳞图册》州、县已无存者，而更名开垦，名目繁多，其间又屡有减免，民间更互典卖，改都拨户，全失其旧，无可清厘。所恃钱粮旧册，犹可一稽其成数而已。

其民田按成熟粮起科者曰二十五都，征条饷银二万四千四百五十四两六钱二分六厘，征正耗米九千七百六十石三斗三升一合，征南折银四千三百六十九两四钱三分一厘。内西二十五都，曰“西半里”，征饷银一千一百五十四两三钱五分八厘，米三百六十四石八斗七升五合，南折银一百九十一两四钱五分九厘，即万历以后修筑围垸，所谓南湖下则者《赋役全书》分立名目，曰“水乡田”、曰“湖田”、曰“淤托田”。

国朝节次开垦，曰“垦都”，征条饷银二百五十八两四钱五分四厘，征正耗米六十六石七斗七升五合一勺，征南折银三十三两八钱三厘。西乡起镇江、德兴诸围，下至聚贤、金城诸围；南乡傍山、猪婆二围；北乡窑鸺、公悦二围，谓之沿河十八弓。自明世为藩庄，统曰“流沙五总”。案，今公悦围粮册入二十二都，窑鸺围粮册入二十一都，盖粮额挪移变更失其故者多矣。国朝并入民赋，即《赋役全书》所谓原额更名。

其后节次开垦，亦垦都也，《县册》列其名曰“升科”。内顺丰、大顺、纱帽翅诸围，皆在沿河十八弓之内，即《赋役全书》所谓额外更名。案，流沙五总诸围，均建自康熙以后，而于其间分别自明以来，有粮额者曰原额，无粮额者曰额外。征条饷银三百四十一两四钱四分一厘，征正耗米一百六石四斗九升六合，征南折银五十三两三钱五分九厘。内流沙五总饷银二百四十三两八钱三分七厘，米九十石七斗七升，南折银四十二两四钱二厘，升科饷银九十七两六钱四厘，米一十五石七斗二升六合，南折银一十两九钱五分七厘。其西乡粮册，名目为繁。原修官围曰“西二十五都”，续修民围曰“垦都”，官民各围在沿河十八弓内者曰“流沙五总”。案，一总东起傍山，西起文洲，下至保赋地段，为长又别分三柱。续修各围曰“升科”，其升科粮额，仍并入流沙五总，以别于垦都。东乡亦有垦都，则又清丈增垦者也。

检阅《县册》编列各款，参差出入，研核莫辨。盖积久而飞洒挪移之弊，亦所不能免矣。而额征总数，载之《赋役全书》者犹可推求，准合通征条饷银二万五千五十四两五钱二分一厘。案，《赋役全书》载原额额外地丁九厘饷银二万三千七百八十五两七钱六分二厘五毫，更名额内额外地丁九厘饷银二百四十七两二钱三分一厘七毫，屯田丁饷银五百九十八两三钱四厘五毫，外带征班匠银十二两六钱，本折酒纸钞银一百六两六钱三分，熟铁正扛银一百八十八两四钱八厘，本折钞银四十四两九钱五分三厘五毫，另派不准优免银七十两九钱九毫，统入条饷内编征。通征正耗米九千九百三十三石六斗二合一勺，案，兑运正米六千二百八石五斗一合三勺加四耗，米二千四百八十三石四斗五勺，皆兑交运军起运。其赠贴二耗米一千二百四十一石七斗三勺，折解粮道库；又有减存赠贴米名目，每船旗丁一正、一副，仍照旧例旗丁十名科算，额领津贴银一百五十两，行月米折银八十八两三钱，三修银七两五钱，京脚银四十两五分五厘，由粮道库支领。其晒飏米折，另案时价折给屯粮项下应领运费，北费则各卫情形不同，州县兑费又在此外。通征南折驴脚银四千四百五十六两五钱九分四厘。

明制额征诸课，分解各部寺，皆有常例，而款目极繁。嘉靖中通征本色及折色银，定税粮之法凡八：曰原额稽始，曰事故除虚，曰分项别异，曰总归正实，曰坐派起运，曰运馀拨存，曰存馀考积，曰征一定额，即万历通行一条鞭法所由仿也。国朝因之，颁行《赋役全书》，总各州县所属钱粮为三类：曰实征，曰存留，曰起运。由布政司汇纂成编，申部颁州县各二，一存户房，一存学宫，使士民通知。

自明时坐派起运，其目凡七：曰户部项下，曰礼部项下，曰兵部项下，曰工部项下，曰光禄寺项下，曰宗禄，曰随漕项下，一用总征分解之法。国初一切承明之旧，惟宗禄改归户部，而诸部无南北之分，皆解京师。又起运诸款，改解布政司库，不复由府州运京。案，顺治初，征解各款统归户部管理，后复分属各部寺收支。顺治十四年，颁行《赋役全书》，内开起运部寺仓口种种分晰。康熙三年，复改归户部。而自顺治九年以后，部寺冗款，节次裁充兵饷。至康熙中，田粮杂征，通名“条饷”，存贮布政司库，由巡抚春秋二季造具拨册报部，户部核明存库银数，留支本省兵饷及邻省协饷，馀银解部充饷，无常数，谓之春秋二拨。其条饷中新加绢价、新加颜料、熟铁正扛银、本折钞银，至今尚存其名云。

所有国初分解部寺诸款，户部项下曰京库米，曰安芦仓米，抵编监利县京库米；案，明制京库米每石折银二钱五分，即所谓金花银也。外银一两，加京扛银三分，滴珠银一分。曰派剩太仓米；案，明制漕粮馀米，每石折银六钱。曰折色布；曰本折酒纸纱；曰富户；案，明制北京富户四名，每名银二两，秋粮带征起运。自元世近仓输粟远仓，每粟一石，折纳轻赍钞二两。富户输远仓，下户输近仓。明初并定为富户科则编解。曰黄绢；曰新加北绢；旧志载：黄绢银八百一十五两五分三厘八，丝三忽，新加北绢银二百五十九两三钱三分五厘四毫五丝，犹可推见明季新加绢价银数。曰解南农桑绢；曰解南折布米；曰解南户口钞；案，明永乐二年，令民户纳食盐钞，由丁口带征，谓之“户口钞”。以上三款，明时分解南京户部。曰代编沔阳州干鱼；曰宗藩诸项；案，明制，宗藩禄由县编征者，有米折，有租课，有茶价银，有祭祀银，有民校等役工食银。国初一例起运户部。曰摘裁冗款；曰九厘饷。礼部项下曰药味。兵部项下曰江济水夫；曰安芦仓米，抵编监利县江济水夫。工部项下曰缎匹银；曰翎毛；案，明制，湘阴有额征天鹅银。曰猫竹；曰都水司料；曰军器；曰胖袄裤鞋；曰安芦仓米，抵编黄麻；曰熟铁；曰绫纱纸价。光禄寺项下曰甲丁库供应。曰新加颜料。旧志载：新加颜料银三百六十两九钱八分七厘五毫，犹可推见明季新加颜料银数。　案，以上部寺各款，皆解折色银，并加京扛水脚等解费。随漕项下曰二六耗轻赍；曰楞木松版，曰浅船银，曰运粮官军行、月二米。案，国初额征行、月二米二千二百七十九石七斗，代编监利县米三十六石五升八合七勺三抄，每石折银四钱，除减免外，实征银五百二十六两三钱五厘五毫。《户部则例》载：湖南运船三帮，每帮运粮千总一名，例支行米三石；每船佥运军十名，每军例支行米三石，月米九石六斗，并石折银四钱。乾隆四年，改给运军本折各半，于减存赠贴二耗米石动支，其后本色米仍折给银七钱，加增银两，于道库随漕银内动支。乾隆五十四年，运军行、月米一体折银七钱，于南米馀剩款内动支，概由粮道库支给，别无征解之款。

自明时漕粮皆由民兑，随漕款目，另起编征，归入起运额内。国朝一切官征、官解，其随漕项下并入条饷编征者，一仍明旧。南粮一款，改充漕项，州、县岁支经费，别为成额，统名曰“存留”。旧解部寺各款，有归入起运项下者，有归入存留项下者，一总其成于藩司。其径解粮道库者，独有南折。此外，随漕名目，均解藩库，转解道库。《赋役全书》载起运银一万六千三百九十六两八钱三分，解费银一百一十七两九钱六分，遇闰加银四两二钱一分三厘。案，《县册》载：起运项下除拨补驿站不敷银一百六十六两八钱七分四厘，实起运银一万七千六百六十四两六钱八分五厘。

其漕运粮米，国初裁卫兵，留湖北九卫一所、湖南一卫，领湖广漕运。康熙十年，分定湖北五卫一所、湖南五卫，而湖北漕船派为三帮、湖南派为二帮，每帮设千总二员，轮流领运。雍正四年，湖南改派三帮，增设岳州卫千总二员，头帮荆州卫、荆左卫，领运船六十七；二帮荆右卫、沔阳卫，领运船六十三；三帮岳州卫，领运船四十八。湘阴漕米，旧隶头帮荆左卫，案，道光中奏停头帮疲船一号，荆州、荆左二卫，各领运船三十三，而荆左卫派兑长沙、湘阴、湘乡、醴陵、宁乡、茶陵、常宁、华容、澧州、安福十州县漕米，每船兑米八百石有奇。

自咸丰二年兵事起，江路梗塞，巡抚骆秉章请改征漕米折色，支充军饷。通起运一正四耗，每米一石，折银一两三钱，解粮道库候拨。同治二年，巡抚恽世临请并赠贴米二斗，折价提解。同治六年，巡抚李瀚章请仍留赠贴米，津贴州县，旋经户部议驳，自是漕粮停运，历今二十馀年。议者谓造船出运，非仓卒所能取办，京通仓支放俸饷，亦尚有馀。数年以来，犹时有侵耗，无虞缺乏。民间改折漕价，岁久称便。骤难议复漕运，依此法行之，不独以宽民力，亦以济实用也。案，国初湖南漕米支充兵糈，至康熙七年始行起运，而例定被灾地方亦准改折漕价，或截拨他省。雍正十三年，黔省用兵。嘉庆三年，三省用兵。湖南漕米，亦屡经拨充军糈。

《会典》载州县钱粮起运全完，方准存留，即明税粮之法，所谓运馀拨存也，其目有二：曰存留，曰协拨。

存留项下，其目又有三：曰官俸吏役工食，曰均徭，曰祭祀杂支。案，存留各款，向例开除，荒田一例摊除，名曰“扣荒”。雍正十一年，令各州县裁减祭祀公费，均于存公银内拨补，以足原额。乾隆三年，令各省大小衙门人役工食，均于地丁项下案额定之数全行支给，免其扣荒。

官俸吏役工食，旧存银一千八百二十四两一钱三厘二毫，今存银九百四十三两九钱八分五厘三毫。旧守道分派书吏四人，各支工食银十二两。顺治十四年各裁银六两，康熙六年全裁。　巡道分派书吏一人，支工食银十二两。顺治十四年裁银六两，康熙六年全裁；快手一人、铺兵一人，各支工食银七两二钱。顺治十四年各裁银一两二钱，康熙六年全裁。　知府旧支俸银七十二两，顺治十四年裁存银四十二两九钱五分六厘；禁子一人，支工食银七两二钱，顺治九年裁存银六两。　通判门丁二人，各支工食银七两二钱。顺治九年各裁存银六两，并知县以下俸银，均由司库地丁银内支给。外官但支俸银，无俸米。案，汉世制禄起二千石至百石斗食，并用以名官。东汉取半钱谷，晋、宋以后加给绢绵，隋世始有职田。唐制禄凡三：曰俸钱，曰禄米，曰职田，又加给白直执衣，以民丁中男充役，而岁收其课。宋世名目益繁，日月料钱，为常禄；曰职钱，即宋制授官以差遣为资，所谓寄禄也；曰禄粟；曰傔人餐钱；曰茶酒厨料；曰薪稿炭盐；曰增给；曰公用钱；曰给券，则为出境备饔饩也；曰职田。元世制禄始用银，以定为率，每五十两曰“定”，而给俸仍兼用至元钞。诸路、府、州、县亦有职田，无职田者，量给麦粟。明制，给俸有二，曰本色，曰折色。本色又有三：曰月米，曰折绢米，曰折银米。折色又有二：曰本色钞，曰绢布折钞。而终明世，钞法梗滞，钞十贯直二三十钱。于是诏禄之典为虚设，一切皆取给留南备用之征。**正从七品，俸银四十五两。**旧制，知县俸薪银六十三两四钱九分，顺治十四年裁银十八两四钱九分，见存俸薪银四十五两。又，旧支心红纸张银二十两，康熙十七年裁；油烛银十两，顺治十四年裁；修宅家火银二十两，顺治九年裁；送迎上司伞扇夫银十两。顺治十四年裁；修理仓监银二十两，康熙十七年裁；供应银一百二十两，顺治十四年裁；县仓原剩银支给囚粮十两九钱九分七厘二毫。康熙十七年裁；备用银七十两，康熙十七年裁。**正从八品俸银四十两。**旧制，县丞俸银二十四两二钱二厘、薪银二十四两，共四十八两二钱二厘。顺治十四年裁银八两二钱二厘，见存俸薪银四十两。明制，教谕从九品，训导未入流。国朝因之，并支俸薪银三十一两五钱二分。康熙四年，裁训导俸，亦裁后复设，训导不更设俸，就教谕俸中支半。乾隆元年，进教谕正八品，训导从八品，各加俸二十四两二钱四分。于是教谕、训导皆给八品俸。又，旧制教谕训导喂马草料银二十四两，康熙四年裁训导银十二两，十七年全裁。**从九品以下，俸银三十一两五钱二分。**巡检、典史同。**雍正中，增给各官养廉，视职事繁简加隆杀焉。而定湘阴县知县养廉银一千两，县丞、巡检、典史养廉银各六十两。**知县，旧存银一千一百四十三两六钱八分七厘二毫，今存银四百五两；县丞，旧存银九十八两六钱二厘，今存银七十六两；儒学，旧存银二百四十二两二钱四分，今存银一百五十两九钱三分三厘三毫；典史，旧存银八十一两九钱二分，今存银六十七两五钱二分；巡检，旧存银八十九两六钱五分六厘，今存银一百八十三两五钱七分六厘，均由司库地丁银内支给。**其吏役工食，亦沿明制。**案，州、县书吏，汉掾史之属也。在《周礼》曰“府”，曰史。州县隶役，汉循行干小史之属也，在《周礼》曰“胥”、曰“徒”。掾史以下皆有秩，曰百石、曰斗食、曰佐史，制禄最优。六代、隋唐以后，曰僮干、曰伍伯，渐沦为下役矣。**康熙元年，裁书吏工食，所存役食而已。**旧制，书吏各支工食银十两八钱。顺治九年，裁银四两八钱。库书、仓书，各支工食银十二两。顺治九年，裁银六两。县丞、典史、巡检、书吏、教谕、训导、学书，各支工食银九两二钱。顺治九年，裁一两二钱，康熙十七年全裁。湘阴县书吏十二人，库书一人，仓书一人，门子二人，皂隶十一人，旧制十六人，雍正六年裁皂隶四人，添设仵作二人，学习仵作二人，仍与皂隶一例开支工食。乾隆二十七年裁五人，拨给大荆司巡检弓兵。民壮十六人，亦名步快，旧制五十人。顺治十六年裁二十人；雍正十二年又裁三人；乾隆七年又裁二人；乾隆二十七年裁五人，拨给大荆司巡检弓兵；乾隆四十一年裁二人，拨设澧州清化司巡检弓兵；嘉庆三年裁二人，拨设麻阳县民壮。马快八人，库子四人，禁卒八人，斗级四人，轿伞夫七人。自门子以下，旧制各支工食银七两二钱，顺治九年裁银一两二钱，各支银六两。马快八名，旧制加草料银十两八钱，顺治十六年裁。县丞、书吏一人，门子一人，皂隶四人，马夫二人。自门子以下，支工食银与县同。典史同，教谕、训导、学书一人，门斗三人，旧制五人，康熙四年裁二人，各支工食银七两二钱。斋夫三人，旧制六人，各支工食银十二两，康熙四年裁训导斋夫三人，后复设训导、斋夫，工食各半分支。膳夫二人。旧制各支工食银二十两，顺治十四年裁三分之二，存银一十三两三钱三分三厘三毫三丝。新市巡检书吏一人，皂隶二人，各支工食银六两。弓兵八人。各支工食银四两五钱六分七厘。乾隆二年，移平江大荆驿巡检隶湘阴，原设书吏一人，皂隶二人，仍旧。惟于本县皂隶内拨去五名，步快内拨去五名，充大荆司巡检弓兵。大凡吏属十九人，役属九十四人，门斗、斋夫之属不与焉。而散吏白役不在经制中者，县曰十房，吏、户、礼、兵、刑、工为六房，分户房曰南漕房、曰饷房、曰库房，分刑房曰承发房，后又添立柬房、招房名目，而所职益微矣。曰三班，民壮为民班，皂隶为皂班，马快为马班。县丞以下曰书差。无虑千馀人，一皆仰食百姓。此外狱囚，日给食米一升，冬给绵衣一袭，夜给灯油，病者给医药，亦得由州县报销。

均徭，旧存银五千七百八十七两三钱九分三厘八毫，今存银四千九百二十二两九钱六分。自元制设水、陆二站，陆站置马，水站置船，以供驿传驰报军务；设急递铺，递文书。明世因之，皆编入征徭，设驿马八十四匹，排扛夫五百名。又设笙竹、营田、磊石三水驿，驿置船八，共船二十四；本府递运马船五。自明世皆设驿丞领之。国朝裁水驿，设笙竹、归义旱站二。乾隆二年，拨归大荆旱站一驿，路阻水者，置归义、黄谷二渡，而铺兵悉仍旧制，存均徭之名焉。其笙竹、归义、大荆三驿，驿马各四十二匹，排扛夫各六十三名，通计排扛夫一百八十九名，每名支工食银七两二钱，小建扣除，闰月加领。实支银一千三百六十两八钱。明制设走递夫马，亦均徭也。旧设排夫二百五十名内，拨协大荆驿排夫四十名，本县轿伞夫六名。乾隆二十二年，大荆驿拨归湘阴，定置三站，每站设排夫六十五名，又抽拨长沙桥头驿排夫各二名。脚马一百二十六匹，马夫六十三名，兽医三名，每驿马夫二十一名，兽医一名。每马一匹，支草料银十八两、药饵银一两。马夫六十三名，各支工食银七两二钱；兽医三名，各支工食银五两七钱六分，均小建扣除，闰月加领。实支银二千八百六十四两八钱八分。旧设脚马六十九匹，内拨协浏阳、安化二县马六匹，拨协大荆驿马二十匹。乾隆二十六年，大荆驿拨归湘阴，定置三站，每站设马五十匹，马夫二十五名。乾隆二十四年，抽拨甘肃省马各七匹，马夫三名半。乾隆四十年，抽拨醴陵县双簰铺马各一匹，马夫半名。此外，每站岁报倒马十六匹八分，原报倒马二十匹，因拨减马八匹，以五分之二摊算报倒。每匹银十四两，应领马价银二百三十五两二钱，内扣倒马皮张每匹一两，应领银二百一十八两四钱。修理号房、棚厂、槽钄 银五十九两二钱一分，原修理棚厂银七十两，因拨减马八匹，亦按数摊扣。实共应领银八百三十二两八钱三分。另赴按察司库请领，不列存留款内。其归义、黄谷二渡，水夫四名，旧各支工食银四两五钱七分五厘，顺治十四年裁存二两二钱八分七厘五毫外，修船银每渡四两，二年一修，岁支银二两，顺治十四年裁半，康熙十七年全裁。嗣是，修船经费：每年小修，桐油四十斤，石灰三十斤；五年大修，银四两，桐油八十斤、石灰四十斤。由县捐办。实支银九两一钱五分。案，明制，协编城陵矶递运所红船二只，内都司一只，在省听差一只。每船水夫十名，各支工食银七两二钱，带闰银一钱二分；每船修费银十二两。协编鹿角驿站船水夫六名，各支工食银六两，带闰银一钱。以上二款，并每两加解费银三厘。又协编城陵矶递运所马船六只，内左右布政司、督粮道、上江防道、上荆南道、岳州府各一只，每船水夫十六名，各支工食银七两二钱，带闰银一钱二分；每船修费银十八两。协编城陵矶站船水夫二十四名，各支工食银六两，带闰银一钱。以上二款，并于潘文明寄庄内，由平江县征解，岳州府支给。又本县编水夫四名，笙竹驿站船四只，水夫八名，各支工食银六两，带闰银一钱；笙竹驿马二十一匹；又荷塘驿马一匹，每匹支银三十两，带闰银五钱；荷塘驿扛夫四名，各支工食银七两二钱，带闰银一钱二分。本府递运所，修船银八两，临湘驿支应银二十两，笙竹驿支应银三百五十两，均属协拨及支应县官之款。康熙六年，添设驿盐道，以后征解，驿盐道拨给本县驿站支领。乾隆四十四年，改由按察司管理。嘉庆五年，并改归驿站项下坐支。其铺司兵，有徭编，有永充。案，元制，置急递铺传达文书，每十里或十五里设一铺，佥民户及漏籍户充铺兵，铺五人。至元二十年，令富民避差，承充者改充站户，站户贫者改充铺户，除其差佥。于是遂有永充之名，旋改急递铺为通远铺。国朝循明制，仍存徭编、永充之名，而一皆出于召募。其笙竹驿路改由南堤，于是置驿县城，亦改笙竹铺曰县前铺，铺司兵额参差，倍于元时，犹明制也。县前铺，徭编五名，永充十名。县南涝溪铺，徭编四名，永充九名；袁家铺，徭编五名，永充六名；文家铺，徭编四名，永充八名；界头铺，徭编五名，永充七名。县北长仑铺，徭编五名，永充六名；五仑铺，徭编三名，永充九名；陆塘铺，徭编四名，永充六名；杨梅铺，徭编三名，永充九名；大塘铺，徭编六名，永充二名；归义铺，徭编七名，永充三名；石头铺，徭编四名，永充九名；黄谷铺，徭编四名，永充六名；太平铺，徭编四名，永充八名；关山、新塘二铺，均徭编四名，永充七名；大荆铺，徭编六名，永充五名。通徭编七十七名，每名银六两，带闰银一钱。永充一百一十七名，每名银一两八钱，带闰银三分。实支银六百八十三两八钱一分。旧设营田巡检弓兵十二名，亦分徭编、永充，康熙五十六年裁。雍正十二年添设新市大荆弓兵，不编徭。又，旧设迎送皂隶二十名，亦编徭，顺治十四年裁半，康熙十七年全裁。

祭祀杂支，其目又有八：一曰祭祀之用，旧存银一百三十四两二钱四分二厘，支仓米六石六斗。每石折银三钱五分，共折银二两三钱一分。康熙十七年，裁霜降祭祀银二两五钱。雍正五年，加先农坛祭费银二两六钱六分；十二年，令粜借田馀谷充先农祭费，旧支银仍裁。乾隆十二年，设雩祭，又支地丁银五两。乾隆十三年，匀派各州县祭费，加增银一两二钱一分，又加新建夏忠靖、易忠节二祠祭费，共银六两。嘉庆六年，加文昌庙祭费银二十三两八钱三分。共存银一百七十两九分二厘。详见《典礼志》。二曰朝仪之用。旧存银三十五两六钱六分六厘。今裁。案，明制，天下官三年一入朝，自十二月十六日，以次引见，至二十四日。湖广以十九日，府、州、县官先于午门外行礼，正旦大朝，府州县官应天门外南序立，如常朝仪。本府应朝盘缠银二十二两，本县应朝盘缠银正官四十两，首领官二十五两，书吏十两，造册纸札工食银六两。三年一次，每年分派银二十四两三钱三分三厘。顺治十四年裁三分之二，康熙十七年全裁。修理龙亭仪仗银二两，康熙十七年裁。三曰庆饮之用，旧存银十六两，今存银六两。门神、桃符、春牛、芒神、花鞭等项银四两，顺治十四年裁。　乡饮二次，银一十二两，顺治十四年裁存六两。四曰学校之用，旧存银一百六十七两五钱，今存银五十六两五钱。县学廪生二十名，每名支仓米二十石，每石折银六钱，顺治十四年裁三分之二，康熙二年全裁。康熙二十四年，复存银四十八两米银，给廪生日粮，各支银二两四钱。膳夫二名，裁存银十三两三钱五分三厘，给廪生日膳，各支银六钱六分六厘六毫，其膳夫银另归吏役工食。　岁贡盘缠银十五两，康熙十七年裁。　岁贡、生员，花红、旗扁、酒席银十二两；正陪二名赴考，脚力银各二两五钱。以上二项，共银十七两。二年一贡，每年派银八两五钱。五曰科举之用，旧存银五十八两三钱三分三厘四毫，今存银二十九两三钱三分三厘四毫。岁科考，每年派试卷、供应、给赏银二十二两，顺治十四年裁半，康熙十七年全裁。　科举生员，以二十二名为率，每名盘缠银三两，花红银九钱，酒席银一钱，共银八十八两。三年一次，每年派银二十九两三钱三分三厘四毫。　新旧会试举人，以一名为率，给长夫银二十四两。三年一次，每年派银八两。如新中数多，本年暂于备用银内支给，次年照名加编。如有及第出仕者，照名减编，今随人多少改于布政司库支领。六曰操赏之用，旧存银二两五钱，今裁。霜降祭祀操赏银二两五钱，康熙十七年裁。七曰恤贫之用，旧存银四十二两，今存银四十三两二钱。旧额孤贫二十名，每名支布花银三钱、仓米三石，每石折银六钱。乾隆六年，令天下孤贫口粮，皆照下江例，每名每日给米一升，遇闰加增，小建扣除。原米有馀者，拨给不敷州县。尚不足者，于地丁银内支补。如无本色米者，照湖南兵米之例，每石折价银六钱，布花银亦照下江例停止，并作孤贫口粮支给。八曰供备之用，旧存银一百九十两，今裁。供应银一百二十两，顺治十四年裁。　备用银花七十两，内正官明暖轿等银十二两六钱。岁贡呈讨作兴银四两，府学生员花红银三两，进学花红银一两，修理文庙银五两，修理各衙门、铺舍银十两，修理院司、公馆银五两，正官新任行香讲书银一两一钱，宪纲造册纸张银四两。此外一切杂用，均于备用银内动支，如有存剩，申报存案，作正支销，康熙十七年裁。康熙二十三年，令各省修理文庙，银照旧存留，以供修葺，旋亦并裁。

协拨项下，其目又有二：

曰拨运。运解赴省供支各款。旧拨银六十九两二钱七毫二丝二忽五微，今存拨运银三十九两九钱四分七厘。时宪书拨银十两四钱二分二厘九毫，每银一两加解费银二分五厘，共银二钱六分五毫七丝二忽五微。　科举银五十七两九分，每银一两加解费银二分五厘，共银一两四钱二分七厘二毫五丝。康熙十七年裁，康熙二十三年复留一半，银二十九两二钱五分八厘六毫二丝五忽。

曰协济。协济邻府县各款。明制赋役，有拨补，有代编。拨补之法，以此县之有馀移补他县钱粮之不足支用者，犹正额也。代编则为他县加派，其原起于嘉靖之季。州县驿递烦扰，通融损增，遂推及钱粮杂征一切权宜行之，其后遂为永制。案，明制，协编款目，今可考见者：曰代编监利县兑运正米九十七石五斗四升一合二勺八抄二撮一圭；曰代编监利县南粮正米一百六十九石三斗三合六勺二抄七撮二圭；曰代编监利县兵部项下江济水夫正扛银一百六十五两三钱九分六厘八毫八丝四忽一微三尘六纤二渺；曰代编监利县工部项下黄麻正扛银一百八十两九钱二分四厘八毫七丝一忽九微五尘一纤二渺，带闰银六两七钱四厘七毫八丝二忽五微八尘八纤八渺；曰代编沔阳州户部项下干鱼正扛银一百二十四两八钱一分九厘五毫。以上代编各款，皆加派也。　曰协编岳州府城陵矶递运所红船经费银一百七十两七钱一分六厘；曰协编鹿角驿站船经费银三十六两七钱九厘八毫；曰本府递运所修船银八两；曰长沙临湘驿支应银二十两；曰醴陵荷塘驿马一匹，银三十两，带闰银五钱，扛夫四名，工食银二十八两八钱，带闰银四钱八分。以上各款，皆拨补也。　曰平江县潘文明寄庄，抵编岳州府城陵矶递运所马船经费银八百一十两七钱二分，抵编城陵矶站船经费银一百四十六两四钱。以上二款，则以寄庄粮银由平江县征解，岳州府支给，亦拨补也。

国初裁免冗赋，代编、协济之款，以次清厘，拨归本县。《赋役全书》载拨运存留项下，旧存银六千四百六十六两四钱八分三厘八毫二丝五忽，节次减免。案照科则扣荒，实存银四千三百九十两一钱九分二厘。康熙中，裁减吏役工食、心红纸张一切冗款；归并存留项下，实存银一百九十四两六钱八厘。雍正、乾隆以后，节次裁减民壮工食，归并存留项下，实存银三十五两八钱三分七厘。其原解兵部江济水夫正扛银，除节次减免，实存银三百六十九两七钱二分九厘。雍正六年，收回平江县潘文明寄庄额征条饷，除节次裁免，实存银四百七十七两一钱六分七厘。归并驿站项下支销，通存留项下银五千四百六十七两五钱三分三厘。嘉庆五年，统由本县坐支馀剩银两，提解布政司库。案，例定驿站项下，另款造报铺兵、渡船等经费，统入存留项下。外又起运项下拨补铺兵苦役扣荒工食，实存银一百八十两九钱七分七厘。案，存留项下，旧系坐支。乾隆中，一例解司库，应给各款，分别赴领。嘉庆五年，仍改归坐支，而各官俸银仍于奏销后赴司请领，不归坐支。自康熙以后，存留款项，案则扣荒。雍正十一年，加祭祀补荒银两。乾隆二年，加工俸补荒银两，皆赴司请领，于是又有补拨名目。《县册》载存留项下银一千五百二十八两五钱五分，内官俸及岁贡花红、旗扁、科举盘缠、会试长夫、拨运时宪书留半、科举等费，均系不应坐支款目，共银三百六十五两三钱四分八厘，另解布政司库，转发其拨补扣荒银两除补支银七十二两二钱一分三厘外，仍应赴司请领银二百九十两四钱二分四厘。而吏役工食内有抽解长沙府禁卒饭食银八两，长宝道执事银六两五钱五分七厘；按察司刑具、饭食银四两，抚部院吏役工食银二十两八钱八分五厘，抚部院轿后执事银五两九钱五分四厘，则又吏役工食内抽提拨解者也。驿站项下原改协驿站银二千二百五十四两一钱九分九厘；江济水夫改协驿站银三百六十九两七钱二分九厘，代编城陵矶红船经费改协驿站银一百七十两二钱，裁减心红纸张一切冗款，改协驿站银一百八十六两五钱三分五厘，收回平江县潘文明寄庄改协驿站银四百七十七两一钱六分七厘，节次升垦，加增地丁补拨驿站银六百五两二钱九分七厘，起运项下补拨驿站不敷银一百六十六两八钱七分四厘，通存留坐支项下银五千七百五十八两五钱五分一厘，官俸等项应赴司请领者不在此内。

国朝定制岁课考成，案银数课最。康熙二年，定各部寺起运钱粮，总作十分考成以定殿最。其后起运充饷，并存留项下，亦有裁扣充饷者，统入分数；其杂项钱粮，不入分数。而起运杂项钱粮未完，一例议处；存留支剩银，列入奏销，亦与杂项钱粮同科。起运存留之外，仍有支剩银，宽为之程，使官民之力均有馀裕，以备上供，国家经制亦云优矣。

明制杂税有领于税课司者，门摊商税是也；有领于河泊所者，湖洲杂课是也。国朝弛商贾杂征，其商都渔课，一例编入条饷。旧存杂税科则，曰牙杂税银。案，《史记·货殖传》注驵侩会两家交易，如今之度市。是牙侩自周以来有之。唐建中时，市牙各给印纸，人有买卖，随日署记，为牙帖所自始。宋熙宁五年，置市易务，许诸行铺牙人充本务行人。元丰时，令民有交易，官为之据，因收其息。元世，牙例课遂入经制。国朝额设湖南省牙帖一千一百一张，科则二两至一两。湘阴额设牙帖十九张，征银二十四两九钱。咸丰六年，捐领牙帖新加税，银五十二两五钱。曰茶引。国朝额设湖南茶引二百四十道，由湘阴等十七县给行户坐销。湘阴额销茶引十道，每引征银一两，计征银十两；每引一道，征纸价银三分三厘，计征纸价银三钱三分。曰牛驴税银。案，牛驴税，原始汉武帝马口出敛钱。东晋货卖牛马，皆榷估。至宋相沿税耕牛，崇宁中敕诸县典卖牛马契书，并从官司印卖。元制民间马、牛、羊，百取其一。自明以来，并入门摊。湘阴额征银二两一厘。曰当税银。每当户一座，征银五两。湘阴县城、新市、临泚口，旧设当户六座。咸丰二年经乱以来，城乡当户遂无一存。同治十三年，复开设质当户二座。此外，田房税契，尽征尽解，无定额，案，田房税契，原始东晋之散估。凡文券率钱一万，输估四百，卖者三百，买者一百。宋始名印契钱。崇宁三年，收钞旁定帖钱，田宅契书，皆从官印卖后，亦谓之“勘合”。乾道十年，定交易十一贯，纳税钱一贯。咸淳中，始减税契钱什四。元世各务契税，皆用契本。岁定契本三十万八百道，每道钞一两五钱。至元二十一年，令契券用契本，其黏用务官契尾者，俱命禁之。明制，田宅契券请印，征其值百之三，而总于税课司。国朝契税，一因明制，由布政司颁给契尾，民间契据投税，黏连契尾，汇解布政司钤印。乾隆十四年，始定契尾连票编列字号，先于骑缝钤印，颁发州县，凡黏契尾于骑缝处载明契价，截分后副同季册，汇解布政司察核。通谓之杂税，不入钱粮奏销分数。湘阴例无芦课，其新编入者曰“疃港湖草租”。乾隆四十年，杨姓民人充入官荒地二千九百亩，每亩纳草租三分，计征银八十七两，统入杂课内，解缴布政司库。

其盐引定额见于旧志者，湘阴额销淮盐一千七百七十引，每引子盐四十一包六分九厘六毫。乾隆初，每引加二十斤，改子盐四十四包一分二厘一毫，加纳税银二分，由商人交纳，解布政司库。嘉庆中，加销额盐二千九百六十七引，又加销融纲八十六引，凡淮盐一引重三百六十四斤，由仪征改包运赴各岸。水贩运脚，至湘阴，每包银三厘。例定盐价，湘阴每斤银三分七厘四毫，梁垛场盐加价二厘，曰“梁盐”；安丰场盐减价二厘，曰“安盐”。嘉庆十年，两江总督铁保奏定每引加十斤，道光十年，总督琦善再加十斤。道光三十年，总督陆逵瀛改行淮南票盐，每引加二百斤，加半完课，始以六百斤成引。会兵事起，江路梗塞，川、粤私盐充积，于是解抽盐厘充饷。同治二年，总督曾国藩议复淮纲，分楚岸为湘岸，招商承票，定每票五百引，每引六百八十八斤，仍循道光三十年课则。而加抽各省厘税，归并课则完纳。两湖、江西、安徽各设督销总局，州、县、市镇当冲要，亦设分局督销。计岸以定票额，听从商人贩运，由局查验挨轮定价，视销行引数收纳税厘，不定各州、县引额。于是，湘阴亦设分局经理督销事宜。

咸丰四年，开办厘捐。湘阴城乡商贾交会处，设局凡九，准算缗法折征，以千取二十文为率，汉法：二缗一算。凡口赋出钱百二十为一算，二缗一算，盖千取六十，颜师古注引李斐臣瓒，诸说皆误。岁解军需局万馀缗。咸丰六年，湖北巡抚胡林翼奏请捐领牙帖充军饷，定上、中、下三则，由布政司颁给印帖，更换旧帖者折缴半值；湖南亦放其法行之。于是牙帖亦视旧加增。盖国家经制所入，曰地丁钱粮，曰盐课，曰关课，凡三大宗。钱粮取之田亩，盐、关各课取之商贾。而地丁之领于州县者有常额，是为正供。商贾盈虚聚散，无定程也，是以盐课总其税于运商。而设关惟于江河要津，其市易敛散，不为限制，悉弛以与民，州县杂课并入门摊，为数甚微。以经制所入，足以制国用，故得宽为之程，以免苛扰。至于军兴用繁，而一切课税兴焉。

自汉以来，得失利病之数，盖可言也。文帝十三年，除民田租。至景帝元年，始定三十税一之制。盖免田租者十三年。其时何以制用哉？《史记·平准书》：汉初山川、园池、市井租税之入，不领于天下经费；又令重贾人租税。文帝承之，故除田租而用有馀。案，三代制用百物皆民上供，而商贾输货贿周官，廛人敛纹布、总布、质布、罚布、廛布入于货，府国凶札，则市无征而作布，明商贾无货贿之征，乃作布以济用。至于算缗、均输之法行，而利析锱铢矣。六代散估之制，晋制，货卖钱万，输估四百，谓之散估。盖即算缗遗意。后魏有税市之令，入市者人一钱，其店舍又为五等收税。案，店舍五等，内分行者，曰“过税”；居者曰“住税”。即今行厘、坐厘之分。历唐，沿而不革。长安二年，凤阁舍人崔融议罢关市事条内言，不限工商，但是行人尽税。时唐有天下九十年，而此制未除。至德元年，始税天下商贾，遣御史籍江淮富商訾，什收其二，谓之“率贷”。建中三年，行括钱令及税间架，除陌钱。军用浩繁，而稗政亟行焉。又设宫市，使科取市物。宋因之，置诸路场务，就所产折科和市。其后，熙宁中变而为市易，笼市井之利归之官。南宋以后，添派经总制钱、月椿钱、版帐钱。经制总制，尚有窠名。经制窠名，有添酒钱、净利钱、赡军酒息钱、常平钱，又有封椿不封椿，系省不系省钱。月椿、版帐则岁科派之，州县不问，所从取给。元世定商税，而湖南行门摊课例，亩加税一两二钱。其后，复令城镇立务纳课如旧制。明设抽分场局，而府州县皆有通课司局，明置税课司聚宝洲，在县南四十里、文洲围周家港北，一名大湾洲。及河泊所官，终明世惟视时缓急增减而已。自唐以前，湖南盖为荒服，言经制者弗及焉。宋制潭州七务，税五万贯。元世商税，湖广行省至六万八千八百四十四锭九两九钱。明万历六年，总入商税额数，湖广各色钞二百六十九万八千六百四十一贯一百七十三，其盐、茶诸课领于所司者不与焉。《明史·食货志》称："关市之征，宋、元至烦琐，盖宋之征敛急矣。"元、明之世，商课所入略相等焉。国朝始一总于关榷而免商贾杂征。较而论之，商贾，天下之大利。时平弛禁以优民，事急敛税以佐军。二者相权，乃为良法，武帝之用侈矣。《迁史》谓其取足大农，民不益赋而天下用饶。唐建中时，非甚贫匮，琼林、大盈二库，私积充焉。无故加增诸税以病民，斯非聚敛之过耶？宋世科税繁猥，殚力以输西北边者，盖亦有不得已也，是以民不加怨。王安石乃亟行苛敛，取无事之商民而尽扰之，而宋以敝宜矣。明制诸府州县有税课司，有杂造局，有批验所、河泊所各官，处承平之时而已析利无遗。夫既著为常额，则官吏之侵牟亦常十耗五六。其后，税额日增，民病矣，而济国用无几，诸无科则者终不敢议焉，仓卒无以应变。一切派之田亩，本末舛逆，伧攘横决，以讫于亡。末流之世，军务繁兴，所以待变者当夙豫于平时，则茶酒诸课是也。案，汉天汉三年，始榷酒酤，历代相沿。至宋，置诸州酒务，潭州八务，岁课五万贯以上。元制，湖广岁办酒榷九万定，又分办杭州酒榷九万定。唐建中元年，始榷茶。宋置榷茶六务、十三场，而蕲州务受潭州茶，凡二类：曰片，曰散。令商人入钱榷货，务随所射茶给券，谓之"交引"。建炎初，设潭州合同场，置司领焉。元置江淮榷茶都转运司，并领荆湖茶税，旋复置潭州等处提举司。《宋史·食货志》论盐法置合同场，收引税钱，与茶法略同。终宋、元之世，盐茶、酒税并重，盐之有纲，茶、盐之有引，皆肇始宋时。明始除茶、酒税，而县置税课司科及杂征。讫于军兴，一意加增，田赋无议及茶酒之利者。轻重之势，亦稍舛矣。

明以后，烟种遍于内地，视茶、酒之利亦略等焉。承平无事，宽徭薄敛，休养商民馀力，资其贸迁，一切无所征求。军兴税起，事定税除，听疆吏视物土所宜，而不立科则；听所司引用士人经理，而不责成地方官。民以不烦，用以不匮，此则今制之优于古者多矣。

恤政专及湖南，始于唐元和四年免湖南等处今岁税。宋乾德元年，免潭州管内无名配敛；八年，诏长沙等县为贼掳掠，蠲其逋租，而后专及长沙属县。绍兴二年，湖寇平，免沿湖民前二年逋租。自是，湖南被寇州县，数有蠲除。庆元五年，蠲潭州等处科纳承平时黄河筑扫铁缆钱；元贞元九年，发粟振潭州诸路，又振事之初见于史者；其后贞元十年、皇庆二年三年、泰定元年二年，给潭州路振粟各有差。至顺元年，粜米五千石振湘阴等州。终元世，恤政特优。《明史》因灾蠲振，皆通湖广言之。天顺三年旱，知县韩璟振贷；嘉靖十年大水，再振；万历十七年饥，知县王京祥再振。则由富民捐资救荒，皆私振也。国朝康熙十八年旱，蠲赋。二十三年吴逆平，以用兵供应繁苦，诏免漕粮三分之一。雍正五年水，巡抚布兰泰颁发藩库耗羡银三百五十两以资振恤，随奉特诏动支公项并发给司库帑银振恤，仍由省城采买谷石内，拨济湘阴二千石。乾隆七年水，十一年旱，十七年复旱，二十九年水，三十二年复水，四十三年旱，均经分别借振缓蠲。而十七年知县张宗衡、四十三年知县王业铨，亦董率邑民捐资振济焉。嘉庆十二年旱，缓征。道光三年水，十一年复水，十四年复水，十五年旱，十八年水，十九年水，二十三年水，二十八年、二十九年水，咸丰十年、十一年水，同治二年四年水，亦屡报灾缓征。

而道光二十九年，巡抚骆秉章委候补知府夏廷樾，视振湘阴为最著。先是，道光二十八年水，举人郭徵畤倡振，设振厂文洲围、仁和围、白马寺、临泚市等处，而借给帑银修治堤防。至是年夏，水益剧，谷价腾踊，乃开常平仓谷平粜，而煮粥分济四城饥民。已而饥民集县城数万人，廷樾驰至，急诣邑人郭嵩焘商振事，谋先建棚厂五仑铺以处饥民。数日成十馀厂，才容数百人。而饥民至者日众，嵩焘日夜循视，询悉围民各具一小舟避水患。城北隙地广数百顷，水深三四尺，小舟聚泊其中。乃治印帖，点按小船人数，俾执以领振，两日而事定，碾常平仓谷散给之。凡再逾月，而令富民捐资备冬振。具其事上闻，知县刘松岭等皆纪录有差。仍借发帑银治堤工。自是三十年讫咸丰十年、十一年，同治二年、四年，借帑银凡七，共银三万二千八百一十六两六钱九分六厘四毫二丝，其陆续缴还司库者八千二百六十两八钱四分七厘六毫。同治八年大水，又借发帑银八千两。

盖古荒政劝分，自三代已然。宋仁宗令富民入粟佐振，秩以官爵，遂著为令。隆兴七年，湖南旱，立赏格以劝积粟之家，凡出米振济，优于进纳。嘉定十年，沿江被水，募湖南民入粟补官。元世因之，大德十一年，湖广各行省饥，诏民以私粟振贷，量授官。终元世，惟助振得入资授官。明洪武四年，定入粟补官备振令；嘉靖八年，复立备荒劝纳法。国朝定例，捐资一万以上者特奏补官，而常例计资给冠带。湘阴捐振奖叙，仅道光二十九年一举行而已。

案，自汉蠲租赈贷，皆据一州一道为辞。宋以后，始有蠲免荆湖被寇州县租税之诏，亦无有专及一二县者。偏灾一隅，特诏振恤，岁颁恩命：国家勤恤民隐，旷越前古。历考史册，唐宪宗元和四年免湖南荆南等处今岁税，明太祖洪武九年悉免湖广、陕西等省今年租赋，最为旷典。而国朝自康熙三十年通免各省起运漕粮；三十九年免湖南通省地丁钱粮；四十五年再免；五十年通免天下钱粮，三年一周，而湖南以五十一年免征。雍正十三年，免湖南、湖北、江西额征钱粮各四十万两。乾隆元年，豁免各省漕项银两；乾隆十年，通免直省钱粮，仍诏各该省应免之年或遇水旱登记档册，于开征之年补行豁除；三十一年，普免各省分应征漕米；三十五年，以太后八旬万寿，普免各省地丁钱粮；四十二年太后升遐，推广慈仁，再免天下钱粮；五十五年，恭值八旬万寿，通免各省钱粮，诏案各省额征银数，分三次按年轮免；五十九年，普免各省应征漕粮；六十年诏，将嘉庆元年各直省应征地丁钱粮通行蠲免，又诏湖南剿捕苗匪将全省来岁应征钱粮俱行豁免。通计康熙中，普免天下漕粮者一；分免湖南钱粮者二；乾隆以后，普免天下钱粮者五、漕粮者三，专免湖南钱粮者一。而乾隆六十年，诏"据各督抚查奏，各省节年未完地丁正耗银一千七百十馀万两，粮谷米豆三百七十五万馀石，全行豁免，内奉天、山西、四川、湖南、贵州、广西六省向俱年清年款，并无积欠，此等省分小民踊跃急公，转未得一体邀恩，著于下年正赋宽免十分之二。其常例恭值庆典豁免钱粮积欠者，不在此例"。此皆值国家升平，非有水旱灾荒而恩施稠叠，推阐无遗，三代以来未有之仁政。臣民永同庆戴，以非专系之湘阴不具列焉。

汉之初兴，贾生常论积贮矣；晁错承之，遂请入粟郡县。五凤中，司农丞耿寿昌，始请建常平仓，然第行之边郡而已。

齐永明中，湘州出钱二百万市米布为储，始推而及之州郡。

隋开皇五年，诏诸州当社立义仓，亦名“社仓”，而后民储兴焉。

唐世常平藏粟九年，以次至三年，义仓积贮尤丰，其江南道总六百七十三万九千馀石。其后，仓储多给他费，益置常平本钱，诸道津会课商贾税赡常平本钱而和粜行矣。

宋乾德元年，置诸州义仓，每税石加一斗，贮之，于是义仓亦为官储。淳化五年，复置惠民仓。天禧四年，置荆湖等路常平仓。大率义仓敛之民税，惠民常平皆官籴。而惠民专备荒歉，常平敛散则兼以制国用。熙宁中，置诸路常平提举及勾管官领之。王安石因之行青苗法，而义仓亦岁税之民，徒为聚敛之资而已。朱子在崇安，请常平米六百石为社仓。至淳熙八年，诏推行其法于诸州。嘉定中，真德秀知潭州，亦仿其法行之，易谷九万五千石，分十二县置社仓。而其时已不免科派之弊，盖社仓者绅民行之，利多于弊。案：朱子少居出崇安，乾道元年除武学博士，请祠归。三年，崇安水，奉府檄行视水灾。四年，请常平米六百斛贷诸民，即社仓所由始。七年，建社仓五夫里。淳熙五年，差知南康军，盖家居十四年，经营社仓亦十一年。八年，除直秘阁，改提举两浙常平盐茶事，始请推行崇安社仓法于诸郡。官行之，弊多于利，亦势然也。

元至元六年，立常平义仓法，而后义仓复置于社。

明初设储备仓，给钞籴粮，令州县四境分储之，则又合常平、义仓为一。永乐中，诏天下府县多设仓储，移预备仓于城内，于是社仓又兴焉。而预备仓，设仓官领之。弘治三年，诏定州县预备仓积谷多寡以为殿最。正德五年，革仓官，令州县领其事。邑仓储可考者，明初设际留仓，贮漕运。旧在治南，正统中迁广储门内。嘉靖四十四年，分巡道苟延唐增设新仓，而磊石分建永际二仓，专储漕运，所谓水次仓也。设预备仓，备振贷。分南仓、北仓、东仓、西仓。案，旧志：南仓在三十里，北仓在三十五里，东仓在二十七里，西仓在二十四里。湘阴旧分七十二里，明初改编三十二里。顺治十一年改编二十里，康熙元年复改编二十五里。今名里曰都，洪武初尚仍旧里。永乐中，移预备仓县城，令各里社置社仓。嘉靖三十二年，知县张灯改预备仓曰“惠民仓”，邑人萧淮有记。万历二十年，知县俎守节又设常平义仓六塘铺，明季毁于兵，积贮旧额无可考。

顺治十一年，诏清查各府州县预备常平仓积谷多寡。次年，定州县罚锾积谷入常平仓，因预备仓旧址，改名“常平”；又令官民捐输。康熙十八年，议县城立常平仓，乡村立社仓，镇店立义仓。嗣是各州县均有积储，归并钱粮交代。

康熙四十三年，定州县积储，大县一万石，中县八千石，小县六千石，馀按时价易银，解存藩库。四十七年，仍令州县官捐谷本管仓内。雍正三年，以南方潮湿，改换稻谷收贮；又令湖南动支库银十万两，采买谷石，分贮各府州县。于是湖南府州县仓米，改而储谷。四年，湖广盐商捐买谷银十万两，分发湖南四万两，就近采买存贮。乾隆初，各州县报捐例监，准捐谷入常平仓，名曰“监谷”。案，雍正四年定江南积贮米谷，照河工议叙贡监之例改收本色米谷，每银一两收米一石或谷二石，其后遂通行各省。又岁动支库银采买，旧例常平积谷，每岁存七粜三。俟秋收后买补归仓，遇荒则出借平粜，于是又有粜价溢额。乾隆十三年，定各州县常平仓谷，照雍正年分作为定额，溢额谷石及出借征还馀剩谷石，以次出粜，提贮司库，报部听拨。其捐监所收本色银两，由司另案存贮，遇有振恤，即于此内拨用。自是湘阴常平定额谷三万九千九百五十九石九斗三升五合一勺，其通省溢额谷内，另拨出三十万石，备邻省告粜之用。嘉庆十一年，停运闽米，又划还湘阴常平仓谷三千石。案，乾隆三年，动拨湖南仓谷十万石，运往闽省，至是复拨还。嗣后递相交收，有侵挪则采买归补，而科配富户无宁岁矣。咸丰三年，巡抚骆秉章檄各州县常平仓谷变价提充军饷，折缴谷价一万八千四百七十二石九斗，而常平积谷一空，绅民承领采买未缴谷，一百石三升五合一勺而已，其馀一万五千三百八十七石，无案可稽。盖积渐侵亏然也！

其社谷一出民捐。乾隆十年，始置县城及新市二仓，例定岁修由息谷内动支，造册报销，一切由官经理。嘉庆四年，改归本地绅民承办。六年，复令各州县修葺社仓，报明存案，无庸地方官估勘兴修。于是湘阴呈报社仓十七所，贮谷八千三百六十七石六斗九升五合三勺。至道光初，并虚籍无一存者。国家盛时，民间生计一皆朝廷精神所贯注，功效所致，非偶然也，同治元年，巡抚毛鸿宾檄各州县捐置社谷。先是咸丰二年，巡抚张亮基檄各州县举办乡团，湘阴东、西乡二十五都，都所隶一社为一团，就团分远近设局以领之，始定为二十九局。至是知县夏献钰，分饬团绅捐置各团社谷。洎同治三年，巡抚恽世临始一力督成之。知县吴学澄按局照元年捐数推广办理，官司其籍，春秋敛散，各社自为经理。社谷存储，稍多于旧。邑南四局，曰附城局，领六团，共储社谷一百六十三石三斗。　曰中塅局，领十七团，共储社谷一千二百八十四石。　曰樟树局，领十九团，共储社谷一千四百八十二石。　曰文家局，领十三团，共储社谷九百五十三石。邑东九局，曰白水局，领十团，共储社谷一千一百一十六石三斗四升。　曰丰仓局，领十一团，共储社谷一千一百四十六石五斗二升。　曰申明局，领四团，共储社谷四百五十四石。　曰高坊局，领十一团，共储社谷九百二十五石。　曰铜盆局，领七团，共储社谷一千四百三十石四斗。　曰塾塘局，领四团及彭族团，共储社谷一千四百八十石八斗八升。　曰界都局，领十五团，共储社谷三千四百一十石。　曰武昌局，领十九团，共储社谷一千二百三十四石一斗四升。　曰新市局，领五团，共储社谷三百二十三石二斗三升。邑北十二局，曰三峰局，领十三团，共储社谷七百七十石三斗一升四合。　曰石子局，领十七团，共储社谷一千六百九十四石二斗三升七合。　　曰营田局，领十三团，共储社谷九百一十六石七斗四升四合。　　曰归义局，领二十一团，共储社谷一千三百三十石二斗三升六合。　　曰凤凰局，领十五团，共储社谷一千一十五石一斗一升三合。　　曰黄谷局，领十七团，共储社谷五百五十一石八斗八升七合。　　曰桃林局，领八团，共储社谷八百五十六石八斗三升。　　曰穆屯局，领四团，共储社谷五百一十三石七斗六升。　　曰磊石局，领九团，共储社谷三百三十六石四斗七升。　　曰浒田局，领五团，共储社谷二百二十六石一斗九升。　　曰大荆局，领十一团，共储社谷六百五十七石四斗五升。　　曰长乐局，领九团，共储社谷一千五百四十石三斗七升。邑西四局，所领围团，多毁于水，其能储积社谷者，沙田、文洲、东庄、三合、荆塘、古塘、王通、金盘湾、斗韩湾、仁和、义合、顺丰十馀围而已。曰文洲局，共储社谷二千三百一十三石一斗一升四合。　　曰仁和局，共储社谷九百六十八石二斗四升。　　曰临市局，共储社谷一千三百三十四石六斗。　　曰白马局，共储社谷一千一百五十八石六斗九升。据《县册》，各团局社谷三万六百二十七石五斗五升五合，而所储谷盖有加焉。案：社谷实数，一以各团开报为凭。三峰、营田、石子、归义、凤凰、桃林、穆中、磊石、大荆开报不详，仍依县册开载。其董率劝谕，邑绅陈嵘之力为多。各团储谷亦有建置社仓者，馀多寄存公庙，储谷积年多有侵耗。同治十三年，知县冒沅遣县丞、巡检、典史，分团查验，所至馈遗供给、收取规费，存谷少者辄耗其半。案：定例不准佐杂官擅受民词，而乡里争讼就巡检、典史审断，所费无多，民甚便之。会藩司涂宗瀛申明佐杂擅受之禁。于是籍查团谷为名，以资调剂。于是乡民渐以团谷为累矣。

《周礼》：乡师岁时巡国及野，振万民之艰厄。历代推广仁政，均所不废，其目曰养济院，曰育婴堂，曰救生船。

后汉元和二年，赐胎养谷人三斛，为育婴之始。晋义熙十一年，平江陵，穷独不能存者，给其长振，为养济之始。《梁书》：普通三年，置孤独园，恤老幼。《唐书》：会昌五年，置悲田院，养病坊。至宋而其法始备，凡贫乏应居养者，给居官屋，以常平息钱赡之。崇宁中，令州县置居养院、安济坊，给常平米。而常楙知广德军，建慈幼局。真德秀知潭州，亦建慈幼仓：则又一时之创设焉。至淳祐七年，始设慈幼局，收养遗弃小儿。元世因之，有振粜粮、红帖粮之名。贫乏户口，置文帖书姓名口数，人日给米一升。明初始置养济院。国朝定制，各省城置普济堂，州、县听官民捐置，而收养孤贫。湘阴额定二十名，每名岁支折色口粮银二两一钱六分，遇闰加支银一钱八分，均于地丁项下支销。《通志》载：湘阴普济堂，乾隆三年知县王有德建。而旧志无考，《职官志》亦不载王有德名。而养济院，实始明万历中知县陈美，旧志不详其地。其建立镇朔门外者，正在乾隆初。《通志》或误分尔，道光中毁于水，知县夏廷樾属邑人郭家声重修。

旧志载：育婴堂在城东，雍正十三年，知县孔毓瑾建。今其遗址已无可考。乾隆、嘉庆间，邑人黄德彰，捐县北冯家墩田二石四斗八升；熊之森、熊之义，捐麻塘田七斗五升；许志道，捐营田田一石七斗一升，充育婴堂公费，陆续积存钱三千馀缗，而育婴堂讫未设立。道光十一年，岁有水患，书院膏火无从取给，率动用育婴堂存款；营田田亩，亦经售出。同治十三年，知县冒沅请之陕甘总督左宗棠，以所捐存银五千两，画捐银二千两充育婴堂经费；又另集资置买果益桥田一石二斗六升，虎狼冲田一石八斗，小范塅田九石二斗八升五合；又阳西塘田三升，六塘铺田二石，书院冲田一十三石二斗一升，杉木江田一石，姚家冲田二石一斗，樟湖岭田五石八斗，贺家冲田一石八斗，洪家垅田十七亩二分八厘，麻塘田七斗五升；又涌金街铺屋二所，石街口铺屋一所，二甲铺屋一所，南堤八甲铺屋一所。外存典钱二千缗，建立育婴堂于衙后街，收养婴幼四十名。县北大湾头彭思齐，捐置育婴局田二十石，其地育婴者犹赖以取济。同治三年，巡抚恽世临申溺女之禁，知县齐德五与邑人焦桐良，议令各乡团仿百人社之法行之，所保全甚众。前二都影珠台庙，亦有育婴局。同治十二年，玉玲寺僧石心捐金鸡山刘家垅田四石一斗五升五合，为其本团曰唐马吴团育婴费。

雍正九年，以洞庭风波倾覆之险，发银二十万两，筑舵杆洲石台，避风停泊，以次添设洞庭湖救生船。乾隆二年，添置救生船二十八只，改造大船十八只，分归巴陵、华容管辖。其后分湖东西，定东湖救生船十二只，归岳州府同知管辖。而隶湘阴县境者四，曰磊石、曰琴棋望、曰白鱼圻、曰白花洲。案：白花洲在土星港南，地皆濒湖，其后移置此船于县南青泥望。每船工食银三十两，三年一小修，五年一大修。委员勘估，岁冬添设守风渔船二十只，每船工食银一两，由司库耗羡项下动支。其后裁岳州府同知，各船工食，知县分赴司库支领，积久皆为具文矣。同治七年，岳州敦善堂分设救生红船四号于磊石，属邑人唐懋瓒董其事，例支救生船经费，由敦善堂支领。敦善堂实起于道光之季，巴陵吴士迈倡为之，经粤寇之乱，局款耗散无存。于是岳州守丁宝桢、浙江衢州镇总兵刘培元，倡捐重理其事，具详巡抚骆秉章，酌提厘金局罚款应用，清理吴士迈旧置田产，并例支司库救生船费，亦归入经理，属巴陵吴允固董其事。同治十年，知县丁兰徵谋别设磊石救生局，上言布政司，请由邑绅分赴府属及常、辰、衡、永四属劝办输捐。会布政司吴元炳、按察司涂宗瀛，派员分赴岳州、磊石、南嘴管理救生局务，其局遂废。至是救生局归官经理者七年，而亏空日多，局事亦多坏。经陕甘总督左宗棠咨请督抚查办，于是巡抚李明墀，檄委候补道裴荫森，驰赴岳州审度情形，呈请省绅四品卿郭崑焘、总兵陈海鹏、候选道李槩、江西候补府黄庆光总司其成，选派员绅分理各局事，磊石局仍由唐懋瓒经理。同治十年，邑人张楚英妻杨氏捐黑鱼塘田一石四斗四升、县城房屋二所、乌龙嘴房屋柴山窑业，捐备县河捞检，由泗洲寺僧验实，报明经管董事，发给棺木葬费，亦救生局之支流也。

湘阴县图志卷第二十二

水利志

湘阴泽国，水利所关尤巨。自明时，湖广以上荆南道、下荆南道管水利。康熙九年，改上荆南道曰岳常道，其时澧州尚隶岳州府。雍正七年，升澧州为直隶州，遂为岳常澧道。而长沙府属水利工程，独有湘阴、益阳，仍隶岳常澧道；乾隆十年，始改归长宝道管理。盖宋以前言水利者，多主周、汉沟防之制，浚渠溉田，其堤堰惟以节水势因时蓄泄。案，《禹贡锥指》称：孙叔敖作寿春芍陂，有五门。隋赵轨修之，更开三十六门，召信臣作穰县钳卢陂，有六石门，名“六门陂”。马臻筑镜湖塘，周回三百里，疏为二门，川水发，则开高门受水，使游荡陂中，以分杀其怒；平川，则仍闭以蓄水，遇旱即开下门以溉田。盖古陂堰之制如此。

荆湖以南水利，唐以前无论及者，至宋始议经理。案，《日知录》称：《唐书·地理志》一渠之开，一堰之立，皆记之。其县之下，实兼河渠一志。东南陂湖水利，见于《唐书》者甚详，而洞庭一湖独阙。元丰六年，令鼎、澧等州开沟洫，置斗门，以便民田。崇宁十年，遣仓部员外郎沈延嗣，提举开修青草洞庭直河。靖康中，臣僚言东南历代皆有陂湖蓄水，祥符、庆历间，民始盗湖为田，乞尽括东南废湖为田者复以为湖。然则侵占湖地为田，盖亦自宋始矣。而当时朝廷措置之方，惟主疏通湖道，广开沟洫，犹见历代经营水利之大略。

明洪武二十七年，分遣国子生遍诣天下督修水利，陂塘湖堰，建置为多。终明世，于水利尤加意经营。永乐二年，命湖广等处湖北卑下圩岸倾颓者，督有司治之。正统十一年，修洞庭湖堤。滨湖州县之有堤堰，当肇于此。万历二年，修复荆、岳等府县老垸堤。旧志载：万历时，所修惟荆塘、垦田八千二百四十八亩，堤五千三百四十四丈。塞梓垦田六千四百九十亩，堤四千三百五十丈五尺。二围而已。其古塘、垦田五千五十一亩，堤三千七百三十七丈五尺。军民垦田一千三百九十八亩，堤一千七百四十丈。二围，则建自崇祯时。

国初以招垦定考成，州、县岁垦百顷以上有叙，其时所垦者荒田也。康熙以后，国家殷富，民务于耕，于是沙田、垦田九千三百二亩，堤三千九百七十一丈五尺，康熙二十八年修。庄家、垦田六百八十五亩，堤一千一百四十丈。黄公、垦田六百五十七亩，堤一千二十丈。鲁家、垦田一千一百八十四亩，堤一千五百丈，以上康熙三十年修。杨柳、垦田六百七十七亩，堤一千三百五十丈。葡萄、垦田九百六十亩，堤一千五百四十九丈，以上康熙三十二年修。金盘、垦田三千一百二十亩，堤三千三百四十五丈。湾斗、垦田一千一百五十八亩，堤一千三百九十丈五尺。韩湾、垦田七千一百八十六亩，堤五千八百四十丈。买马、垦田九百四十亩，堤一千二百二丈五尺。佘家、垦田二千八百九十亩，堤三千三百九十六丈。以上康熙三十三年修。东庄垦田二千六百三十亩，堤四千丈。康熙五十三年修。以次兴修。

康熙五十五年，以湖北、湖南兴修堤垸工程赏助银六万两，令督抚酌量分给。雍正六年，复赏助银六万两。湘阴原建十六围，亦同分领修筑，遂为官围。其后，冷公、垦田九十亩，堤三百丈。赵家、垦田六十亩，堤四百丈。以上雍正十二年修。三合、垦田七千亩，堤二千一百八十丈，雍正十三年修。林兴、垦田六百六十亩，堤一千一十丈。乾隆元年修。大有、垦田八百亩，堤一千丈。复兴、垦田七千亩，堤三千七百八十丈。锡福、垦田七千一百亩，堤四千七百五十丈。合兴、垦田一千二百一十亩，堤九百丈。三阳、垦田二千七百亩，堤一千七百丈。小三阳、垦田四百亩，堤二百丈。马眼、垦田八百五十三亩，堤六百八十五丈。以上乾隆二年修。酬塘、垦田八千八百亩，堤二千六百四十五丈。傍山、垦田三百亩，堤一千九百丈。蜂湖、垦田二百二十亩，堤五百丈。猪婆、垦田九十亩，堤三百丈。杨柳坪、垦田七百三十亩，堤四百七十八丈。黄荆、垦田一千六百六十亩，堤一千七百九十丈。王通、垦田五百亩，堤一千丈。金汉、垦田一百九十亩，堤四百丈。大顺、垦田一千二百六十亩，堤六百二十丈。义合、垦田六千亩，堤四千丈。仁和、垦田一万六千三百亩，堤五千九百七十四丈。案，仁和围原有黄花、丁家、合兴三小围同时修筑，其后始并为一围。窑背、垦田八十亩，堤二百五十丈。公悦、垦田三千亩，堤二千丈。荻湖、垦田九百亩，堤一千三百丈。茨塘、垦田四百亩，堤八百丈。芦子、垦田九十亩，堤二百丈。以上乾隆四年修。福星、垦田四百亩，堤七百三十四丈。东托、垦田五十亩，堤一百丈。屯田、垦田四百亩，堤八百丈。乔山、垦田一千二百六十亩，堤一千七百五十丈。义兴、垦田一千三百亩，堤二千丈。广兴、垦田五百亩，堤一千丈。团山、垦田四百四十亩，堤六百四十丈。以上乾隆五年修。镇江、垦田四百七十九亩，堤六百三十丈。乾隆八年修。文洲、垦田一万七百二十五亩，堤二千九百三十四丈五尺。一姓、垦田八百亩，堤六百二十丈。太和、垦田五千七十亩，堤二千八百六十六丈四尺。以上乾隆九年修。朱公、垦田七百七十二亩，堤六百五十一丈五尺。桃源、垦田五百二十六亩，堤八百六十三丈。东合、垦田七百三十八亩，堤一千七百六十五丈。王土、垦田二千一百三十二亩，堤二千七百二十六丈。金城、垦田一千一百亩，堤二千一百六十丈。顺丰、垦田一千四百八十亩，堤一千三百五丈。南阳、垦田一千七百五十四亩，堤二千二百八十丈。定丰、垦田六百九十亩，堤九百三十七丈。永兴、垦田七百五亩，堤九百七十丈。小永兴、垦田二百一十亩，堤三百三十二丈。纱帽翅、垦田五百二十亩，堤八百七丈。以上乾隆十年修。德兴、垦田一千八百三十五亩，堤一千五百九十九丈五尺。聚贤、垦田九千八百八十八亩，堤四千三百五十二丈八尺。保赋、垦田一千一百二亩，堤一千六百五十四丈。下三阳垦田一千一百三十亩，堤一千三百五十丈。以上乾隆十一年修。陆续开垦为民围。通官、民六十九围。案，湘阴旧称官、民六十六围，其马眼、小永兴、纱帽翅三围亦私埂也。乾隆二十八年，巡抚乔光烈以无碍水道，原有报垦并渔课科则一并准其升科。自是遂为六十九围。

其后，田有冲决，堤有包挽，核之旧册，多至参差，而粮税一依常则。乾隆十二年，禁止濒湖筑堤垦田，于是已修之围未升科者，统为私垸，一例禁毁。案，雍正元年，定开垦水田以六年起科，旱田以十年起科，永著为例。而民间讼狱滋繁，书吏因缘为利。至道光十一年以后，连岁大水，官、民各围废者十三四，私垸所存亦仅矣。

今总各围大势论之，沘水西由兴化口径八字脑，分二枝：一枝南出三汊河，注乔口；一枝东北出临沘口。湘水自濠河西流径斗米洲，北会沘水。是为上游各围：南曰沙田围，西附车公、野鸭两私垸。樟湖一岭界之；岭北曰文洲围，岭西曰杨柳围、西附陈家私垸。曰杨柳坪，而文洲围包其外；径北曰合兴围、文洲围东堤附大月形私垸，合兴围东堤附小月形私垸。曰大有围、曰赵家围、曰东庄围、曰军民围；径北虎脑洲，旧志谓之武洲；逶西曰冷公围；东附韩家私垸。又西，曰荆塘围；荆塘围之南曰黄荆围，北曰三合围、曰金盘围、曰王通垸；亦名王家寨，西附私垸，名新王家寨，亦名义成围。三合围西北曰湾斗垸、曰韩湾围、曰金汊围，今废；西越八字脑河以达兴化口，曰朱公围、曰福星围；东越文洲合兴、夹河有小洲二围，南曰镇江，北曰德星，俗谓之夹洲围，今废。自文洲围以下，诸围皆相比附。惟朱公、福星二围，别附益阳西林垸。而荆塘围加筑间堤防内灌，又为上下诸围之关键云。案，县西南上游围二十二，已废者三。

南界濠河，西径临沘口，东北注芦林潭，以会于湘。是为中路各围：南曰义合围。湘水至鳊鱼潭，分二枝，东出湾河，西北出濠河。义合一围界其中；北附泥洲私垸，东北附鸡心滩私垸。鸡心滩西北，又附金家洲私垸。濠河西北曰仁和围，北附一围曰顺丰围，逶西小洲曰义兴围，又西曰南阳围；北堤外为南林洲，加筑一堤以护险，因名南林围，亦私垸也。西距临沘口，东曰小三阳围、曰三阳围、曰下三阳围；又东，曰小永兴围、曰永兴围、曰广兴围、曰定丰围，并北临鹤龙湖；又东，濒江，曰保赋围，与县城相望。自小永兴围以下；五围皆废。案，县西中路围十三，已废者五。

兴化口以北至萧婆镇，又东北至琴棋望。是为下游各围西南曰古塘围，南附一围曰东托围；南堤稍东，又附侯家私埂。北附一围曰一姓围；又北，曰塞梓围；西南为陆家营，旧无堤，近亦于东南筑堤一段。迤东曰屯田围、曰乔山围，今废。塞泚围小河南通临泚口，曰林兴围，北曰马眼围、曰佘家垸、曰复兴围；佘家垸之东曰东合围、曰王土围、曰太和围；径北，曰锡福围；又北，曰聚贤围；又北，稍东曰团山围，即青山也。复兴、东合以下七围，今废。塞泚围之北曰黄公围、曰鲁家围；迤东曰庄家围；又东，稍北，曰买马围；径北曰酬塘围；东北曰桃源围。五围环列酬塘东南，酬塘、桃源两围既废，乃于南近庄家、黄公两围间之毛家垅，横筑一堤，为二小围曰山门垸，曰朱公托，以附于沅江八垸。又北，曰葡萄围；又东北，曰大顺围、曰纱帽翅；又北，曰金城围，亦名莲蓬寨，道光初废。案，县西北下游围二十六，已废者十二。

其县南诸围，湾河口南曰傍山围，今废；稍下，五里猪婆潭，曰猪婆围、曰蚌湖围。北附傍江私埂，又北附青竹庙私埂二：南曰黄家围，北曰丛羊围。

县北汨水分出谢公渡，又北观音湖，曰窑背围；又北河塘市，北曰公悦围，西北曰荻湖围。公悦围东附乐、修私埂两围，西南附孟家私埂。汨水又北径玉笥山下，有斗仓私埂；南为涂家坪，西南又附罗家私埂。汨水又分出狮子口，又北曰茨塘围，又北迤西，曰芦子围，原有上、下二围，西附罐罐私埂，名“大兴埂”，亦假芦子为名，因名下围曰中芦子围，而名罐罐私埂曰下芦子围。则皆湘水以东诸围也。

乾隆八年，巡抚蒋溥疏请近湖荒地禁民筑垦。至乾隆十二年，巡抚杨锡绂复以为言，于是特诏查禁。乾隆二十八年，巡抚陈宏谋奏毁杨林寨私垸，查明县属私围二十八，禁毁者二十五：车公、野鸡、附沙田围西。陈家垸、一名显东垸，附杨柳围西。大月形、附文洲围东。小月形、附合兴围东。何家垸、胡家垸、附镇江围西。韩家垸、附冷公围东。嘉兴垸、黄荆围西小河对岸。侯家垸、附古塘围南。傅家山、附乔山围北。傍永兴、傍广兴、二垸当永兴广兴之中，后通为一垸。周家蓬、附锡福围西。杨林寨、当东合、太和、锡福、聚兴诸围之中。上、下塘、附聚贤围西。白石井、上青山旁。猪兜墩、中青山旁。大新堤、下青山旁。青矶垸、樟树港北。案，乾隆十八年清查升科，知县张宗衡具报车公、侯家、青矶三围自愿告废，是本为民围而以规免升科，并入私垸。窑头垸、附傍山围东。傍江垸、附蚌湖围北。观音垸、窑觜围小港西。乐修垸。附公悦围东。存留升科者三：马眼、小永兴、纱帽翅。

其莲蓬寨私垸，倚附金城一围，亦经禁毁，而未列入私垸名目。乾隆三十三年，邑人朱逢辰呈请修筑，于是又有查禁莲蓬寨之案。

其后嘉庆六年，巡抚祖之望奏请清丈升科，经巡抚马慧裕历勘长沙等九州县，又有续报湘阴私垸三十四：回龙洲、附沙田围南。龚家托、附大有围东。王家寨、附王通围南。鸡心滩、附义合围东北，土人亦名护义围。汪家洲、附义兴围南。南林洲、附南阳围西。熊家墩、张家滩、扁担夹、并附定丰围东。白托垅、附乔山围北。天保垸、附葡萄围北。沈家坪、附团山围西，与白石井垸相连。鸡公觜、附莲蓬寨私垸北。王家坊、猴下潭、下白矶、上白矶、八百亩、亦名西托。公安托、七百亩、亦名东托。左家托、萧婆镇、以上九围，皆附锡江山王家坊，在锡江山西。萧婆镇在锡江山东，即马慧裕所云锡江山东、西二垸也。刘家垸、谢公渡北。谢公渡垸、刘家垸西假谢公渡为名，土人谓之铁铺围。宋家垸、谢公渡垸西，其北为牛皮湖。涂家垸、河塘市南，通谢公渡支津，曰“檀木港”，涂家垸在檀木港西南，已久废矣。湛家垸、涂家垸西，南连刘家垸。青泥湾、湛家垸西，韩家垸，韩家垸西，地名。青泥湾，一名“青杨湾”，土人谓之“陈家围”。私垸相连者三。胡家垸、河塘市东，为汨水经流，南曰小洲，古罗城在焉；北曰大洲，胡家垸依古罗城为基。鸡公鞘垸、附胡家垸南，今并入胡家垸。彭家垸、大洲，一名翁家洲，即故南阳里，屈原旧祠地也。孟家垸、附公悦围西南，荻湖围南。南阳垸、汨水北烈女岭下，即楚塘也，分上、下二垸。下南阳垸，在龙王山下，为今南阳市。樟木潭、附下南阳垸，前有江暮潭，因以为名。作樟木潭者，音误尔。慧裕上言：“各围均筑自乾隆二十八年以前，未经列入应留、应毁册内。湘阴锡江山东、西私垸二道，均有碍水道。先经禁毁，不准修复。其馀原报及续报私垸，分别办理。应平毁者三十六，听其冲溃、不必平毁者二十四。”案，湘阴私垸，皆起于乾隆盛时，嘉庆以后无复私垦者。青泥湾，东连韩家垸。窑鞘围，附南铁锣坪，有茶木垅垸。芦子围西，有罐罐垸，一名大兴垸。玉笥山南有斗仑垸，涂家坪西南有罗家垸，并北乡私垸。义合围北有泥洲垸，青竹庙南有王家垸，青竹庙北有丛羊垸，并县南私垸，未经列入册内。又婆塞湖西，地濒洞庭大湖，有高阜约高一丈、广四里许，当时亦经开垦。其地曰“至明下”，四围皆巨浸。此正濒湖一大私垸，亦未列入册内，今亦废。

道光五年，御史贺熙龄复上言请禁私垸，而引湘阴莲蓬寨、杨林寨、傅家山、上下塘为辞，并称莲蓬寨、杨林寨已更名修复，又经查出莲蓬寨更名廖家山，杨林寨更名郭家湾，均于道光元年以前勘明禁毁。于是巡抚康绍镛乃奏称杨柳坪一围，当上流出水之冲，宜设法刨毁以资疏泄。又有查禁杨柳坪之案。案，杨柳坪，南连杨柳围，东、北面均包入文洲围之中，历来未列入私垸，亦不能据以为阻塞水道。至辛卯以后，水患频仍，官、民各围日就沦废，私垸存者无几，讦告之风熸矣。

案，湘阴青草一湖，以磊石山为界。《水经注》：“湘水自汨口西北迳磊石山，又东北为青草湖口。”《荆州记》：“巴陵南有青草湖，湖南有青草山。”案，《水经注》：湘水迳磊石山西，北对青草湖，亦或谓之青草山也。道元盖以磊石山当青草山。据《寰宇记》：青草湖有青草山，冬春水落皆青草。今县西鰕湖山，上接青山，绵亘十馀里，不甚高，与《寰宇记》正合。疑此即青草山，文省为青山。详见《山水略》。《南迁录》：“洞庭西岸有青草洲，南名青草，北名洞庭。”《一统志》：“青草湖在县北一百里。”皆据磊石山以北言之。是以郦道元叙湘水自锡口北得望屯浦，湘浦也。案，《一统志》：县西二十里有上锡江、下锡江。今自埽帚口径芦林潭以北，皆郦道元所谓“湘浦”也。自汨口西北迳磊石山，又北得九口，并湘浦也；案，县西资、湘二水，忽分忽合，支津歧出，北界石城山、磨盘洲，又西晒鱼嘴、漉湖嘴，又西沙洲口，正值磊石山西北，当为九口故迹。东北为青草湖口；案：此即磊石山北湘口，自上言之曰湘口，自下言之曰青草湖口。宋黄庭坚《过青草湖》诗云：“乙丑越洞庭，丙寅渡青草。似为神所怜，雪上曰杲杲。我虽贫至骨，犹胜杜陵老。忆昔上岳阳，一饭从人讨。行矣勿迟疑，蕉林追獦獠。”右合苟迳北口与劳口合，又北同拌口，皆湘浦之右迤者也。屡以湘浦表之，正见地势平衍，为湘水入湖之津涯。《水经注》又云：湘水北迳白沙戍，又北右会东町口，左合决湖口水出西陂。西陂者，邑西潴水地，即今荷叶湖、西汊湖诸水由白泥港入湘者也。案，石城山北石城湖，由西泥洲东入湘。又，在磊石山北，则青草湖口漫入之汊湖也。其县东诸水别汇为湖，见于《水经注》者三：曰东湖；曰太湖，即今羹脍湖，出为黄陵口；曰町湖，出为东町口。案，今汨水径谢公渡分二枝，一枝南出兔耳港，一枝西会河泊潭出沉沙港。两港中地旧名青草湖，即郦道元所谓“东町湖”。皆西入湘。《水道提纲》亦以磊石山东北西对湖中石录山为青草湖地。是磊石山以南尚为湘水经流，不得概之为湖，明矣。

隋唐故城在今白乌潭南二十五里，高口水出焉，有乔口镇北四十里锡水出焉，有锡江戍。其时都会多在西乡，疑宋、元以后渐沦为湖。《宋史》"浚青草洞庭直河"，必在磊石山以下，湖水既失疏浚，淤积日深，遂至上泛湘浦，故道都为所夺，其势极于婆塞湖、龙坳湖以南，若今荷叶湖上泛至青山北境，皆洞庭湖地。《荆州记》所谓"青草湖南有青草山"，六代、隋唐以后，湖水泛滥亦上极青山而止。今资水支津自毛夹口入县境，分出临沘口，直下为郑家河，中横出为淖金河；其由酬塘山西入县境者，直下为奠沘河，中别出为黄獭窟河。湘水支津西出为横口河，又西出为埽帚口，直下为淘金港，蜘蛛江、西港横界其中，与资水通。径西，自青山以至畎口，多资、湘二水支津所过地。案，《宋史》"令荆湖诸州开沟洫置斗门"，疑今资、湘二水港汊纷歧，皆当时沟洫故道。其间名为湖者，则用以潴水，当时所谓置斗门者也。而欲径南自乔口以北，概之为湖滨荒地，有碍水道。于古今地势，漫不一加考究，蒙窃惑之。

康熙时修建诸围，北极于葡萄山，为今西北诸围尽境，大率因山势及洲渚高处以为基。其后，加建诸围，转相因依。国家休养生息，至乾隆之初，号称极盛。乾隆五年，特下广劝开垦之诏，零星地土听免升科，富民争起应之，报垦无虚岁；亦会其时无水旱之忧，民殷物阜，绰有馀力。六七年间，增修至数十围。当时抚臣屡疏，乞禁湖滨垦田，诚亦远见。

至乾隆十二年，始诏洞庭濒湖荒地永禁筑垦。其时奉行诏书，无能仰体朝廷勤民之心，亲行履勘，谘考利病，一切由委员迎合附会。于是议乾隆十一年以前报垦者列入岁修，其未经报垦者皆奏毁之。诸围已成，各护其私，相率贿通书吏报毁，而耕种如故，一切规费兴焉。奸民又阴持其短长以为利，日相讦告，而刺取一二富户为讼端。案，乾隆十六年，巡抚范时绶疏称：湘阴、益阳续垦田千馀顷，系濒湖隙地，请暂免升科。已在奏毁诸围之后，盖亦察知其弊，而不敢上陈，稍以是杜其讦控耳。惜在任未久，不及经理以规久永。乾隆二十八年，巡抚陈宏谋奏毁杨林寨一围，不知为东合、太和、锡福、聚贤之保障，而力决去之。前后倾家数十，讦讼愈繁。而所以护其私亦愈力，法令皆格不行，人心风俗日以浇薄。强有力者据以为无税之田，开垦愈多。延及道光之季，诸围溃决无馀，而民力已前殚矣，至是讼亦止息。

盖尝考之古之言水利者，惟主于疏浚，为之沟洫，以分其流，为之湖陂，以制其泛，使水旱有所资，以供蓄泄。战国始以堤防遏水；唐、宋以降，疏浚之力愈穷，堤堰之功亦愈密。疏浚者，朝廷疆理山川，经之纬之。以前民用而施利无穷，其用繁。堤堰有官修、有民修。规画一隅之地，取资民力，以防水患，其功约。而百姓规近利而无远略，利害时亦参半，良有司于此为之度地，以治堰浚渠以通江。凡堤外有滩有湖，必岁加疏决，无使壅积，而转其土以行堤。是以堤堰与疏浚，仍各视其工大小，互相为用。雍正六年颁发帑金，合各属堤塍加高修筑；其支河淤塞之处，亦照岁修之例，自行挑浚。仰见圣人廑心民事，修堤与浚河并重。而自来未闻官吏有议及疏浚者，自鹤龙湖以下，通江支渠深不逾尺，湖身略与地平。旧时锹港观音夹，引湖水入湘者，皆至淤塞弃地以与湖，不为经理，而又责民以与水争利，强夺其已成之功，使书吏罢民因缘为奸利，贤良之吏如陈宏谋亦蔽于所见闻，贻累至今，君子病焉。

抑考洞庭一湖，为患尤在江水，与他湖情形异。太湖一水，分三江以泄，其势又有三十六浦八汇十四渎，纵横引其流，以节宣之，而达于海。鄱湖受吴西之水以注之江，江势方东趋无能倒灌入湖，湖水得有所泄。洞庭湖水北注，而江水西自虎渡口、以东至白螺矶，横截数百里，江水涨则灌入湖，而逆流至湘阴，上为湾河口所扼，全湖惟所游荡。《禹贡》：沱江故道久湮。而长江别开九穴十三口，西起松滋，东距监利，遗迹具存。案，十三口，在松滋南岸者，曰采穴；在江陵北岸，曰獐浦穴、曰郝穴；在石首北岸，曰小岳穴；在石首南岸，曰杨林穴、曰宋穴、曰调弦穴；在监利北岸，曰赤剥穴；在潜江内河，曰里社穴。凡名穴者九。在江陵南岸，曰虎渡口；在公安支河东岸，曰油河口；在石首北岸，曰柳子口、曰罗堰口。凡名口者四。合之为十三口。《荆州府志》称：宋以前诸穴开通，江患差少。案，《唐书》：曹王皋为山南东道节度使，塞古堤广良田五千顷，规江南废洲为庐舍，架江为二桥。荆俗饮陂泽，乃教人凿井，是穴口旁皆有湖陂，自唐时已渐塞矣。元时渐堙，大德间，重开六穴：郝穴、一名“鹤穴”见《晋书》。杨林穴、小岳穴、宋穴、调弦穴、赤剥穴，元季诸穴复堙。明嘉靖三年，江陵筑塞郝穴以遏水；隆庆二年，复开郝穴、虎渡口。议者以采穴在诸穴之首，及獐浦、赤剥等穴，俱宜疏浚，于是又浚调弦口。今存者，调弦口、虎渡口；而公安之油河口，今名“黄金口”。亦通流入洞庭。以地道求之，九穴十三口，南北交通，皆在江陵数百里之地，非徒分江水之势，亦使洞庭一湖有所宣泄。案，蒋常泰《流沙五总垦田记》：“县属河西，旧无水患。自明万历中，湖北筑黄檀大堤，由荆沿沔，扼吭绝咽，洞庭吞泄不通，濒湖地土变为涂泥。”据《宋史》：绍兴二十八年，监察御史都民望言：江陵县东三十里，沿江北岸古堤一处，地名黄檀。建炎间，邑官开决，放入江水，设以为险阻。夏潦涨溢，复州千馀里皆被其害。去年因民诉，始塞之。乞令知县随时修补，勿致损坏。是黄檀堤，即《唐书》所谓古堤，由来已久。明宣德九年，修江陵沿江堤岸。正统二年，修江陵近江决堤，亦不始于万历。其始修堤以护田，而穴口仍通，无碍水道，后遂并夺穴口以为田。江口既塞，而湖地之淤积亦日深矣。调弦、黄金各口，但能泄江水而输之洞庭，洞庭泛滥，下流终承其害，卒使湖南北交病。传言为川者决之使导，多分其流，以杀其势，而江水自畅行。然则今之洞庭，激而上泛，由水受逼，以与民争地，不畅其就下之机，而务捐弃上游之地，以恣其洋溢，亦岂知水利者哉？

国初定例，开垦则升科，报荒则豁免。地利既尽，民情帖然以勤于耕，则敦本务实之效也。嘉庆以后，停免清丈升科，而粮税亦为成额。户部诸臣，无体国经野之远猷，一切以虚文相饰。开垦者为无税之田，而骩法之民据为厚利；报荒者无免征之例，而无田之粮依限催科。就湘阴一县言之，各围废者十二三，每岁申报堤工、完纳粮饷，尚存虚籍，列朝劝垦务农，敦庞博大之气，无有能推求研审、知其崖略者。同治四年，巡抚恽世临始议清查各州县废垸，察看地势高下，无论官围、私围但度可以修筑与否，听民垦复，以溃围无著钱粮摊入完纳，以期国与民两利。世临旋罢去，议寝不行。善夫！县丞嵇文醇之言曰："欲防水患，必疏通水道，就低洼处开支河数十道，河底开深一尺，高阜堆积成田，亦加高一尺。但无溃溢之患，又何禁开垦之有？"文醇熟谙吴中水利情形。当道光之初，湘阴犹号全盛，洞庭濒湖查禁开垦，徒为苛扰，无益政体，蠹然于心，不敢斥言之，而议其略如此。未及十年，而水灾作，公私各围连岁溃决无馀，水势转剧，又谁为阻塞水道者而使之激荡哉？明魏呈润有言："雨者，水气所化。"值全盛之时，无旱潦之忧，无故攘夺民田，举濒湖以上数十百里之地，导横流而使之逆行，而所奏留奏毁各围，又略不一考求地势之宜，熟计其利害，为民规久远。嘉庆初，巡抚祖之望知其弊，因请分别升科，而不能推原朝廷勤民之旨。具其事上闻，亦为部议所持，民气郁而水气亦为之播荡而不得所归，其致沴也宜矣。

湘阴水利之有渔课，肇始宋时，历元、明以河泊所官领之。其类有湖、潭、港、塘、汊、滩、池、塞、夹、窖、陂、托等，以潴水大小为名。自明时分别官、民湖潭，而为官潭者凡七：曰上窑潭，曰驿马潭，曰芦林潭，曰鳊鱼潭，曰罗子湫，曰琴棋潭，曰黄荻潭。馀皆民湖。编户凡二：曰湖户，曰网户，均有定额。国朝渔课仅及明世十之一二，而湖地开垦日广，亦或摊入地亩编征。东北乡有湖、有堰，又或专主水利，无渔课。《洞庭志》载湖名，隶湘阴者百二十有五。盖一湖又领数湖名，谓之子湖。其地或微甚，虚存其名而已。今以明世湖潭册为之纲，而塘汊之稍成巨浸者，各依地道论次之。

在县东境者：

南，五十里，上窑潭，在沙田围东。

四十里，铁炉湖、水出鱼尾洲，入阳雀湖。《洪武册》：孙湖塞，东至山，南至长沙；深泥湖，西至河，北至陀鹤洲；铁炉湖，在陀鹤洲南，疑即孙湖塞。又册称：孙湖塞南有毛塘湖，东至山，南至西港，西至大河。今苏蓼围西港北，田以百亩隶湘阴，疑即毛塘湖并入地。驿马潭。在陀鹤洲北。三十里，阳雀湖。水出樟树港。《洪武册》：樟树港东至法华寺，南至山，西至大河，北至郭家山。疑阳雀湖旧并入樟树港，今郭家山无考。

二十五里，鳊鱼潭，在文泾江西。平江湖。在傍山围，水出鳊鱼潭。见《洪武册》。一十五里，猪婆潭、在猪婆围下。《洪武册》：三十六湾，东至赤土岸，南至文泾江庙，西至岸，北至书院潭。今猪婆潭在湾河中，疑旧并入三十六湾。蚌湖、在蚌湖围东，水出麦子湾。《洪武册》作“蚌蛤湖”。龙潭。在蒙江湾下，水出扬沙湖。十里，铁炉潭。在紫花台，水出扬沙湖。五里，竹根潭、在会泉寺西，水出扬沙湖。扬波潭、在双林寺南，水出扬沙湖。扬沙湖、水出扬沙港。《洪武册》：扬沙湖，东至扬波湖，南至双江口，西至本家田，北至扁担夹。铁炉、竹根、扬波三潭，均未著录，疑旧并入扬沙湖。书院潭、在扬沙港口，见《洪武册》。东湖。在城东，一名澄鲜湖，水出南港，旧隶县学。自南宋以后，析南堤左、右为东西湖，于是一湖而兼东、西之名。《洪武册》分西湖为西湖放生池。

北，二里，漕溪港。见《洪武册》。五里乌龙潭。在三峰山下。《洪武册》作“三峰潭”。二十里，白泥湖。水西出赛港入曾家潭。《洪武册》作“大戴塞”。白泥湖湖中有长湖、东湖、内湖、秋粮湖诸名。又《册》称：三峰潭北有湖洲、池平湖。今无考，疑并入白泥湖。二十五里，鸡林湖。水西出。芦林潭。《洪武册》作“鸡啼湖”。四十五里，羹脍塞。水出黄陵港入湘。《洪武册》：羹脍塞，东至横山，南至香炉山，西至大河，北至黄陵庙。塞东有黄山、横山。疑即黄山之讹。五十五里，鹤巢湖、水出观音湖。观音湖、水出谢公渡。《洪武册》：鹤巢、观音湖，东至杨添相湖，西南至山，北至武塘江。今鹤巢、观音，析为二湖。武塘寺西为谢公渡，在鹤巢、观音湖北，疑即武塘江。枫林湖、水出古湖。《洪武册》：枫林湖，东西南至山，北至付英江。今枫林湖北有牛皮湖，水径枫林湖入古湖，疑即付英江。古湖。水出兔儿港入湘。见《洪武册》，中有茶湖。疑即古湖东汊也。六十里，南江潭、在营田北。《洪武册》作“伴边潭”。又册称：周公潭，东至土星港，南至白花洲，西至木头夹，北至兔儿港。单花潭，东至白鱼岐，南至周公潭，西至梅竹湖，北至碗子潭。今并曰“南江潭”，白花洲当即新洲。桃花滩、在百丈口西。《洪武册》：桃花滩，东至百丈口，南至张元春湖，西至灰滩，北至湛家湖。向母湖。在公悦围，水出龙塅闸口入汨。《洪武册》：向母湖，东至琴棋潭，南至毛竹港，西至沅江，北至杨林潭。是县西亦有向母湖，当即今上塞湖，与此别。六十五里，江暮潭、在南阳埂西，北承莲子湖诸水。《洪武册》作“南阳潭”。茨塘湖、在茨塘围中，有长湖、大湖、围湾湖、犁耙湖诸名，水出金沙洲闸口入汨，《洪武册》作“茨塘按山湖”。陶江湖、在荻湖围南，水出柘港。《洪武册》作“枫贵湖”。黄荆湖、在荻湖围西，水出大江湖。荻湖。在荻湖围水出湛家坝入汨。《洪武册》：黄荆麻荻湖，东至青菜湖，南至龙鬓江，西至余家市，北至大江湖。今黄荆、麻荻析为二湖，龙鬓江一名“龙秀港”。七十里，大江湖、在黄荆湖北，水出挽船湾。《洪武册》：小江湖，东至大湖，南至大江湖，西至握城，北至阴步汀。今并曰大江湖，握城、阴步汀无考。牛栏湖、在荻湖围西北，水出鸭舌港入汨。《洪武册》作“鸡鸣牛栏湖”高沙湖。在牛栏湖北，水出鸭舌港入汨，见《洪武册》。今湖西有低沙湖，北有白湖，疑析高沙湖为名。七十五里，香炉湖。在兔儿港北，水出沉沙港入湘。《洪武册》：东林塞，东至湖，南至兔儿港，西至大河，北至高沙步，疑即香炉湖。高沙步，疑即麻蒿头。八十里，兰茗河。界平江。《洪武册》作“兰石江”又《册》称：兰石江北新塘，东至官堤。兰茗河居新市上游，无围垸，所云“官堤”疑明初沿河筑堤防汨水冲决，如今傍山诸围耳。八十五里，河泊潭、在鸭舌港西北，见《洪武册》，一作“河步獭潭”。据盛弘之《荆州记》：罗县北带汨水，西流注湘，去县城三十里，名屈原潭。《水经注》：汨水又西为屈原潭，即罗渊也。又西径汨罗戍南，西流注于湘。今河泊潭，距古罗城三十里，正古屈原潭也。黄荆潭、在河泊潭北，《洪武册》：漏塞，东至凤凰台，南至沉沙港，西至本家潭，北至山黄荆潭，东近凤凰台。疑旧并入漏塞。凤凰港、在凤凰台西北，水出黄荆潭入汨。《洪武册》作“凤凰江”。白塘湖、水出烂柴港，会汨水入湘。《洪武册》：白塘湖，北至蒻丝潭。今磊石山下有蒻丝潭，俗名药师潭。椀子潭。在莜麦湖西。见《洪武册》。九十里，莜麦湖。在沉沙港北，水出小河口入湘。《洪武册》：大田湖，东至小河草鞘，南至沙口，西至官潭，北至沙婆潭，疑即莜麦湖。沙婆潭无考，当在琴棋潭北。九十五里，琴棋潭。在琴棋望下。一百里，新塘湖、水出小河口入湘。《洪武册》作“新塘”。案，《水经注》：湞水西流积而为陂，谓之町湖。累石山在罗口北，湞水又在罗水南流注于湘，谓之东町口。今汨水分支，南出兔儿港，其北名青草湖，当即郦道元所谓町湖。获湖围内小湖，亦名青草湖，则展转为之名耳。以地道求之，东町港，即今“兔儿港”。道元变湞言汨，以别于罗水道，经纬分明，而后人多失考。详见《山水略》。大堰。在青冲塝，其东北刘家堰，水出长乐市西。一百一十里，鄢家堰。上承铜盆桥水，其下长蛇堰、新培堰，水去长乐市东。一百二十里，南山堰、在南山鞘，水出黄谷河。灵官堰。在蓝家洞口，水出黄谷河。以上诸堰潴水，无渔课；《洪武册》未著录。

在县西境者：案，凡围皆有湖以潴水，有闸以泄水。洼下之地通名为湖，完纳渔课。其闲亦间有旧湖平为田，或因水道分歧，又别立名以识之。今稍次其著者。

南，五十里，回龙潭、在乔口。《洪武册》作“回龙江汀”。赖婆潭、在乔口西。《洪武册》作“赖婆滩”，东至回龙潭，南至河，西至黄茅潭，北至大小中洲。黄茅潭，疑即沙田围内黄心胆湖。长径湖、在沙田围。《洪武册》作“长敬塘”。案，《一统志》：县西南六十里菱湖，西接乔江。今西堤内有菱角湖，南连茶山、张湖、七亩洲湖，北通上长湖、下长湖。菱叶湖，广三四里，当即旧时菱湖地。大白湖、在沙田围。《洪武册》作“大白塘”。楠木港。在沙田围。《洪武册》作“楠木塘”。四十里，鼻湖、蠡湖、在文洲围。见《洪武册》：今鼻湖，南接大团湖，西通竞渡湖，西南通巢步湖。《洪武册》大团作“大塘”，竞渡作“竞婆”，漕步作“漕婆”，俗又讹漕步为“茶盘”。杨柳湖、在杨柳围。见《洪武册》。崔家湖、在杨柳坪围，见《洪武册》。大小林湖、在文洲围。《洪武册》：长港凌湖，东至白湖，南至蠡湖潭，西至西港，北至山塘，即今大小林湖。山塘湖、在东庄围。《洪武册》：山塘，东至右港，南至罗山，西至干塘，北至左港。右港即今东港，干塘即今大小甘塘。白沙塘、在军民围，见《洪武册》。杨家塘、在白沙塘北，见《洪武册》。苏家塘、在杨家塘北，《洪武册》作“孙公塘”。茶壶潭、在军民围西堤外，《洪武册》作“茶壶滩”。陈家托、在军民围西堤外茶壶潭下。《洪武册》作“陈托”。荆塘、在荆塘围，围凡九塘。因塘又分九村，而以荆塘为大九塘，在围中者七。在军民围者曰白水塘，在黄荆围者曰红菱塘，其水仍荫二村田，《洪武册》：上下宗塘，东至田，南至西港，西北并至田。今荆塘南为谢公塘，水出荆塘，疑谢公塘为上宗塘，荆塘为下宗塘。荆、宗音相近，故讹宗为荆耳。迎陂塘、在荆塘围。《洪武册》：迎陂塘，东至田，南至本塘，西至官堤，北至三官堤。荆塘围建于明万历中，而《洪武册》所言四至，曰堤、曰官堤、曰古堤、曰小堤不一。知明以前已有堤垸，今自乔口以下概目为湖荒，非也。俸湖塞、在义成埂内。《洪武册》：俸湖，东至湖，南至湖，西至高沙湖，北至查老湖。高沙湖属益阳西陵围，与在县北者别。查老湖疑即福星围之茶架湖。石头湖、在俸湖西。《洪武册》：石头湖，东至田，南至山，西至江汉，北至高沙湖。江汉疑即通益阳小思湖之港。关公潭。在金盘围北堤外。《洪武册》未著录，《县册》作松江潭。

西，三十里，上矶湖、下矶湖、在三合围。《洪武册》作“上贵湖”。柴头湖、在三合围。《洪武册》、《县册》并作“相见湖”。湖旧有柴头寺。《洪武册》作“抬头寺”，今名柴头湖，以寺名也。判官湖。在三合围。《洪武册》：神头塘，东至相见湖，南至官堤，西至张马塘，北至陵子口。三合围建于雍正十三年，据此，则明初已成围垸。二十里，鸬鹚潭、在义合围北堤外。《洪武册》未著录。白乌潭、在仁和围南堤外，见《洪武册》。沙湖、在义合围。《洪武册》：沙湖，东至三十六湾，西、南、北至大河濠河。据此，则义合围皆沙湖地。长湖、在仁和围围中，湖大者有大湖、鸭子湖、黄泥湖、望天湖诸名。《洪武册》：神门塘，东至版筑池，南至白乌潭，西至河岸，北至柘林潭。柘林潭，在义兴围北堤外。据此，则围中诸湖，俱为神门塘地界。四方湖、顺丰围小湖，《洪武册》未著录。大小深湖、在义兴围。《洪武册》：龙背湖，东至板滩，南至神门塘，西至梁思聪潭，北至柘林潭。深湖当即龙背湖地，今俗犹呼义兴围曰“龙背湖”。草夹湖、在南阳围北，见《洪武册》。沤麻、白水二湖、在南阳围，《洪武册》作“殴槲白湖”。昂头潭、在仁和、顺丰二围北堤外，《洪武册》作“厥头潭”。牛车湖、在下三阳围，《洪武册》，未著录，当为鹤龙湖子湖之一。鹤龙湖、原名学粮湖，今为民业，完纳渔课，水出西二十里六塞港，旧称湖内子湖四十有八。见《洪武册》者十有五：曰下阴塞，曰水冲窑，曰陈七娘湖，曰上下摇棚，曰白湖港，曰三塘湖，曰老虫湖，曰黄四娘湖，曰大白湖，曰小白湖，曰郑八夹，曰上下夹，曰高思夹，曰杨柳湖，曰仙人湖，馀无考。陈柴湖、反沙湖、在张湖山对岸。《洪武册》：南水湖、乌龟湖、刘家塘、土泥长港四处，俱东至小思田，南至车茅江，西至沙滩窖，北至石头汊。小思田，即今益阳滩头围西之小思湖。车茅江绕二湖南沙滩窖，在二湖西、湖以北为嘉兴埂。埂北为长港，东南出新窖口，西北出鳜鱼湾。今《县册》：陈柴湖作乌龟湖，反沙湖作“沙滩团湖”，嘉兴埂作“刘家湖”，疑《洪武册》之南木湖、乌龟湖即今陈柴湖、反沙湖地。朱公湖、在朱公围。《洪武册》：松湖江、女娘港、鲨鱼窖，俱东至王家塘，南至高沙庙，西至张家江，北至大河。王家塘在王通垸福星围，南有高沙岭，疑旧有高沙庙；西为益阳西陵围，濒资水。疑旧名张家江，以四至推之，当为八字脑河暨朱公、福星二围各湖地。鸦雀湖、在古塘围东堤外，《洪武册》作“鸦雀塘”。七水塘、在古塘围，《洪武册》作“七水圫”。老鸦湖、在一姓围。《洪武册》作“老鸦塘”，北至大塘。大塘疑即大毛塘。雷公湖。在一姓围。《洪武册》作“雷公塘”。四十五里，荷皮塘、在塞梓围，西与沅江沔湖圫各半分界。《洪武册》未著录。黄土湖、在塞梓围北堤外，水出淖金河。《洪武册》黄泥下港东南至田军，西至高林湖，北至皂金窖。田军无考。今屯田围，疑即屯军之田，因以为名。淖金河。《洪武册》作皂金窖。三十五里，张马湖。在韩湾围北堤外，《洪武册》作“张马塘”。三十里，陵子潭、《洪武册》作“上清潭”，东南至陵子滩，西北至沅潭。陵子滩，即今刘家坝。马湖、在马眼围，一曰长马湖，一曰团马湖。《洪武册》：马眼湖，东至新窖口，南至大河，西至周公托，北至深水湖。周公托无考。又《册》称：张家、木头二汊，横头、史人港二处，俱东至杨林寨，南至团头，西至新窖口，北至焦石港。焦石港为杨林寨内出水港，沅潭以上为新窖潭。则此新窖口当即油市港，非黄荆围之深窖口也。白艳湖、在东合围北堤外，《洪武册》作“白湖”，东至范家墩，南至大河，西北至新窖口。今《县册》仍称上白湖、下白湖。阳雀潭。在鹤龙湖北，《洪武册》：阳雀潭，东至岸，南至沅潭，西至岸，北至白旧潭。白旧潭即今白鸡潭。

北，三十里，芦林潭、三阳潭、在锡江口南，《洪武册》：白湖，东至芦林潭，南至三阳潭。案，白湖为横岭湖子湖，与在东合围北者别。磁场湖、在锡福围，一曰大磁场，水出后江潭；一曰小磁场，水出大磁场。并见《洪武册》。后江潭、在锡福围北堤外，即锡水。见《洪武册》。杨林寨、在太合围北，旧为私埂，水出檫白港。见《洪武册》。轩竹湖、一名管竹湖，在锡福围西，水出锡江。《洪武册》作“东城干竹湖”。莼湖。在聚贤围东，水出淘金港。见《洪武册》。四十里，龙鬓湖、在聚贤围，水由荷塘湖，北出西港。见《洪武册》。大胜湖、俗名大汊湖，水出老龙潭河。《洪武册》未著录。老龙潭。在聚贤围西堤外，《洪武册》未著录。三十里，大帐、鹤照、白头三湖。今名横岭湖，水出横口河。《洪武册》称荷杯湖、茶湖、管霸湖、油麻帐、猪形、搅白湖、栳湖、张公塘、膳湖、长条湖，均横岭湖子湖也。《册》又称：横岭港外栳港，疑横岭港即今横口河外，栳港即今锹港也。大帐三湖，旧志讹作“大辗三湖”。引《水经注》：北得三溪水口，即此。道元明言水东承太湖，西通湘浦，三水之会，故曰三溪，非指三湖为三溪也。太湖在湘水东，与大帐三湖无涉。五十里，酬塘湖、在酬塘围，水出畎口河。见《洪武册》。高液湖、酬塘山北，界沅江朗山湖。见《洪武册》。东塘汊、葡萄围南，受围水，出皂金河。见《洪武册》。莫林塘、在葡萄围西，水出畎口河。《洪武册》：蒲塘托，东至黄茅岭，南至皂金河，西至罗盘洲，北至大丈山。龚仑江塞，东至黄茅岭，南至皂金窖；西至皂金窖，北至大丈江。葡萄、畎口二山，均未著录。以地形推之，黄茅岭即今葡萄山，大丈山即今畎口山，大丈江即畎口山下之河。东塘汊，连葡萄围内之毛家托当为葡萄托莫林塘，当为龚仑江塞。长竹湖、在大顺围东，水出老龙潭。《洪武册》

未著录。莲蓬寨、在纱帽翅北，旧为私埂，《洪武册》作连边寨。沉下湖、西接长汊湖，抵畎口，水出萁泚河。《洪武册》作“神下大泊湖”，东至芦茅山，南至大丈山，西至沅江，北至沅江。以地势求之，大丈山即畎口山无疑。蚌湖、西接西撞湖，资水支津会于此。《洪武册》：黄花塞东至林潭塞，南至湖岸，西北至沅江。又，林潭塞，东至神山汊，南至岸，西至沅江，北至蚌市口。黄花塞当即西撞湖，林潭塞当即蚌湖。猪宗湖、在畎口对岸，西界沅江小口塞，水出畎口河。《洪武册》未著录。菱塘汊。南接雷公塘，北连长湖、碓臼湖，水出郑家塘。《洪武册》未著录。四十里，道士汊、右连老虫等湖，水出西港。《洪武册》作道士夹。河塘湖、在聚贤围北，南受龙鬓湖水，出西港。《洪武册》作“荷草塘”。桃步湖、有大桃步、小桃步，在河塘湖西，水出西港。案，《洪武册》：有陶婆塞、小陶步，疑小陶步本名小陶婆，讹婆为步，今又讹陶为桃，故称大、小桃步湖。大海塞。在桃步湖西，南接许家湖，北连塘塞，水出郑家河。《洪武册》作“大夏塞”。北，五十里，玉池湖。在青山东，上承杨树湖水，会梅竹湖水出新港。今港塞，仍出荷叶湖。《洪武册》作“玉池百丈湖”。六十里，荷叶湖、长三十馀里，南接杨树湖、玉池湖、梅竹湖、横岭湖诸水，由白泥港入湘。《洪武册》：玉池百丈湖，北至荷叶湖，即此。滋泥湖。在西港北，南接枫照、担水等湖，北连鸬、鲤鱼、竹港等湖，水出西港。《洪武册》作“滋润湖”。七十里，鰕湖、在鰕湖山西，水东出长下江。《洪武册》作“鮀湖”。山曰鮀鰕湖山。史军湖。在鰕湖北，西接按部湖水，东出蜘蛛江，见《洪武册》。八十里，玉照塘。一名玉池湖。案，县境玉水三，一玉池山水，一玉笥山水，一玉照山水。《水经注》：东湖水，上承玉池。今玉池山水，正由百水江入东湖。而《水经注》叙之“锡水”下云：水出西北玉池，东南流注于锡浦，谓之玉池口。玉池山在县东南，无因流注锡浦。道元申言西北玉池，正以别于东南之玉池，其言“南流于锡，谓之三阳逕”，即今三阳潭，为今玉照山水无疑。据《水经注》，是玉照山水由长下江南出锡口，其山北濒湖，必与湖阻截后渐为湖水所啮，乃改而北流尔。所谓三阳逕南三戍，盖即锡口戍。《水经注》于一名两水，多申引言之。东湖以玉照山水东汇于湘浦为名，当为今横岭湖。横岭湖南会锡江口为锡浦，东出锹港，为望屯浦。芦林潭别为湘水支津，会锡水以出望屯浦，古今水道绝异。而以今地势证之，《水经注》故迹犹可推考而知也。横岭湖水，旧由西汊出锡江口，因湖民构讼，改水道北出汀江桥，由荷叶湖入湘。九十里，西汉湖、南接獭湖，广十馀里，长二十馀里，水出黄花滩。《洪武册》未著录。大塘湖、南接门扇塘，北连草夹子湖，水出茶头河。《洪武册》未著录。屈家潭、见《洪武册》，旧说据为屈原潭，误。上塞湖、北连猴子、猴下、长港诸湖，西接东婆塞，南界沅江旁边夹，水东出郑家河。《洪武册》未著录。竹筐湖。在猴下湖北，水出锹下江。《洪武册》作"竹下沙湖"。一百里，女婿湖、《县册》作尔胥湖，在锡江山南，东连长下塞，在萧婆镇南，水南出锹下江。《洪武册》：锡江槎头滩句洲、蒙叶二处，俱东至湖，南至江，其槎头滩西至句洲，北至芦茅山。芦茅山疑即锡江山，槎头滩疑即女婿湖。锡江山在玉照山西北三十馀里，据《水经注》，湘水北，迳锡口戍东左派，谓之锡水。是锡水为湘水支津，别无锡江之名。此山距锡口，中隔资水支津凡三，无由迳通湘水。旧志：锡水入玉池湖，分一枝出山下，亦强为之说耳。南大鳝湖、在黄家坊南，水南出锹下江。见《洪武册》。螺丝湖。在黄家坊西南，水西出牛池河。《洪武册》未著录。百二十里，北大鳝湖、在黄家坊北，水由新港口出黄花滩。《洪武册》作大鳝。窖口湖、在北大鳝湖东，水由晒鱼嘴出黄花滩，《洪武册》未著录。婆塞湖、在窖口湖西北，水出黄花滩。《洪武册》未著录。漉湖、在新港口稍东，水出黄花滩，见《洪武册》。龙塅湖。在北大鳝湖西，水出王家湖，界沅江。《洪武册》未著录。百三十里，丁家团湖。在龙塅湖北，为县西北尽境。《洪武册》称：南下坡港、谭家池，俱东至漉湖。漉湖疑龙塅湖、丁家团湖地，今自大鳝以下通名青草湖。

湘阴县图志卷第二十三

典礼志

礼有五经：曰嘉、曰军、曰吉、曰凶、曰宾。案，《周官》以吉、凶、宾、军、嘉为次，《晋书·礼志》、《隋书·礼仪志》因之。《贞观礼》以吉、宾、军、嘉、凶为次，《唐书·礼乐志》因之。《宋史·礼志》以吉、嘉、宾、军、凶为次，《明史》因之。《仪礼》以嘉、宾、凶、吉为次而阙军礼，江氏永《礼书纲目》因之。《通典》以吉、嘉、宾、军、凶为次，秦氏蕙田《五礼通考》因之。今遵《会典》次序如此。州县典礼大者曰祭祀、曰学校。而五礼节目，具详《会典》，通行之州县，为有司职掌，其目亦可详也。

嘉礼：

曰朝贺。元旦、冬至、万寿节，文武官朝服诣万寿宫行礼。万寿节、元旦，俱蟒服七日，元夕蟒服三日，立春蟒服一日。

曰开读诏书。恩赦荡平、庆贺诸大典。颁诏天下，由各直省誊黄，分布州县，文武官朝服出迎东郭外，具龙亭、卤簿、鼓吹，至公廨，诏使奉诏授展读官，展读官跪受，诣开读案前宣读毕，还授诏使，奉置龙亭，退；知县奉诏颁示所属地方，凡诏书经过，文武官出跪道左迎送。

曰宣讲圣谕。月朔望，知县率僚属诣明伦堂，宣讲御制训饬士子文；次诣讲约所，设木铎，宣讲圣谕十六条。案，康熙九年，颁圣谕十六条：曰敦孝弟以重人伦，曰笃宗族以昭雍睦，曰和乡党以息争讼，曰重农桑以足衣食，曰尚节俭以惜财用，曰隆学校以端士习，曰黜异端以崇正学，曰讲法律以儆愚顽，曰明礼让以厚风俗，曰务本业以定民志，曰训子弟以禁非为，曰息诬告以全良善，曰诫窝逃以免株连，曰完钱粮以省催科，曰联保甲以弭盗贼，曰解仇忿以重身命。雍正二年，颁御制《圣谕广训》；雍正九年，定州县城及乡村设讲约所，置约正一人，直月四人。立二籍：一记善，一记过，直月掌之。月终以告约正，授于其次月朔会，耆老里长集讲约所，宣读《圣谕广训》十六条。乃推乡里有善者及有过者，命直月分别书之，直月宣读记善籍；其记过籍，约正及耆老里长公阅还授直月，岁终汇册报官，行劝惩之法。嘉庆元年，令并宣读钦定《律条》，约正一人，约副一人，通曰"约赞"；宣读二人，曰"约讲"。县城知县以下官并集乡村，则举监生员举行焉。今六都申明亭、十三都审问厅，均旧讲约所。

曰授时。直省布政司，各给钦天监时宪书印。岁四月，颁来岁时宪书式于直省布政司，刊刻成书，钤用监印；孟冬月，颁朔，由府行县，知县率僚属朝服行礼讫，颁布士民。

曰迎春。先立春一日，知县率僚属迎春东郊。舁芒神土牛安置仪门外，立春日，祀芒神，击鼓。各官执彩仗环击土牛三匝，以劝东作，谓之"鞭春"。

曰耕藉。雍正四年，颁耕藉礼于直省州县。季春亥日，祀先农毕，知县蟒服就耕所，司旗举青旗，田鼓间之，司钲引铜钲立旗鼓之前，叠鼓鸣钲，歌《禾辞》，知县秉耒，巡检一人进鞭，典史奉青箱播种。九推礼毕，升观耕台，庶人终亩，知县率僚属朝服谢恩，颁赏老农耆民。

曰乡饮酒。孟春望日、仲冬朔日，岁再举行于学。大宾一人，择年高有德者为之，位西北南面；次介一人，位西南北面；次一宾、二宾、三宾，位大宾西，东上南面，皆专席；次众宾，位西序东面；僎一人，助主人乐，宾者也，择出仕家居者为之，位东北南面；知县为主人，位东南北面，次一僎、二僎、三僎，位僎东，西上南面，皆专席。案，乡饮酒义，宾主，象天地；僎、介，象阴阳。《仪礼》：主人一相，迎宾于门外。一相，即僎也。馀为赞者，为弟子，别无一僎、二僎、三僎之名。《仪礼》：主人献众宾，众宾之长拜受者三人。郑康成氏注：乡饮酒义据此以为三宾，其实皆众宾也。郑氏三宾、众宾之分，证之《仪礼》，殊为无据。明世制乡饮礼，遂立三僎，以与三宾相当。恐非《仪礼》僎、介之义。次僚属，位东序西面；司正一人，学官为之，位主人东北向。设律令案于主介间，设尊案于东序，设乐西阶下，赞及执事序立西阶上。主人迎宾庠门外，揖宾入。主人就东阶，宾就西阶，三揖三让乃升，北面再拜。宾介以次即席，司正由西阶升，北面立揖，宾主皆立，宾答揖。司爵酌酒于觯，司正扬觯言曰："恭维朝廷，率由旧章，敦崇礼教，举行乡饮，非为饮食。凡我长幼，各相劝勉，为臣尽忠，为子尽孝，长幼有序，兄友弟恭，内睦宗族，外和乡里，无或废坠，以忝所生。"司正饮酒，饮毕，授觯司爵，揖退复位。执事者举律令案于堂中，读律令一人诣案北面立揖，宾答揖，读毕，退献宾。主人起北面立，司爵酌酒授主人，主人受爵诣宾。司馔举馔案于宾前，主人奠爵于席，降再拜，宾答拜，主人退复位。宾酢主人：宾起，介从，东面立，司爵酌酒授宾，宾受爵诣主人，馔案从，宾奠爵于席，再拜，主人答拜，宾复位。主人起献介，介酢主人，如前仪。司爵酌酒献三宾、众宾讫，奏乐，工升鼓瑟，歌《鹿鸣》，笙磬作；歌《南陔》，间歌《鱼丽》。笙由庚，司爵酌酒、司馔供羹三，乃合乐，歌《关雎》。工告乐备，撤馔，主人就东阶，宾就西阶，再拜，主人送宾庠门外，揖，如初仪。

曰开印、封印。钦天监择吉具疏，由礼部颁行各直省。知县以下开印、封印，皆朝服行礼。

凡此皆嘉礼也。仪节详《会典》。此外，《会典》未具仪节者：

曰上任。知县上任，诣城隍庙致告，而后入公署朝服拜印，望阙谢恩。以下文武官拜印，同；而不先诣城隍庙。

曰行香讲书。知县上任，诣各庙行香，其谒告文庙曰"释菜"。礼毕，诣明伦堂讲书。设直讲生三人，以次轮讲。三揖，北向坐。讲毕，三揖退，给纸笔加奖焉。每朔望，均诣庙行香。案，明洪武十七年定朔望，行释菜礼，郡县长吏以下诣学行香。

曰宾兴。乡试前一月，择日具书柬，集科举生员，结彩大堂，设乐簪花。知县、学官东西坐，科举生员列坐两旁，具筵席，三爵三揖退，有例给科举银两。

曰送学。择日集新进生员于大堂，簪挂花红。新进生行庭参礼，知县拱立答揖。鼓吹导引，率领谒文庙。礼毕，知县、学官行交拜礼。新进生谒学官四拜，学官立受两拜，陪受两拜。

曰开征。岁以二月开征夏税，曰“上忙”；以八月开征秋粮，曰“下忙”。而漕粮开征，率择期出示晓谕。知县补服祭柜及仓神、库神，具花红赏完粮花户。

曰开仓。常平仓出粜及买补还仓，皆具补服祭仓神。公行典礼如迎春、上任、开印、封印，皆照式举行。其关系风教者，数十年来旷废多矣。道光十四年，知县刘湄三八告期，宣讲圣谕广训，犹稍见礼教之遗云。

其军礼曰霜降祭祀操赏。康熙以后，此款久裁。而每岁霜降，武官祭旗纛神，简军实，谓之“迎盔甲”，犹沿以为例。

春秋坛庙祭祀，吉礼也，而祠祭吉礼中亦有凶礼。案，《晋书·礼志》：日食、祈雨，皆列祭礼。《唐书·礼仪志》，《宋史》、《明史·礼志》列之军礼。《周官》凶礼之别有（四）〔五〕① 凶札、祸灾，皆凶礼也。郑康成注：凶札、岁祲、祸灾，如宋大水五礼。《通考》有荒礼、有灾礼，并列凶礼。

曰救护日月食。设香案月台上，旁置金鼓。阴阳生报初亏，知县以下素服行救护礼；阴阳生捧鼓进桴，知县击鼓三，众鼓齐鸣。少顷，阴阳生报食甚，行礼如前。最后，报复圆，更常服行礼如前。凡日月食，遇庆贺期，停止庆贺。

曰祈雨。先一日斋戒，禁止屠宰。至期，祭山川坛；次日，

①据《周礼·春官·大宗伯》改。

祭社稷坛。又次日，雨缨素服诣城隍庙、龙王庙行香，凡七日。得雨，择日行报祭礼；七日不雨，暂停开屠，仍斋戒如前礼。凡祈雨设坛，僧会司率僧众，道会司率道众，左右列侍讽经，祭山川社稷，朝服用牲。祭后，仍雨缨素服，报祭，朝服如常祭仪。

曰祈晴。行禜祭礼，伐鼓，用少牢，视水来之门祭，皆补服，凡三日，禁止屠宰。所祭门，用黄纸书某县城门之神，报祭则焚之。三日雨不止，伐鼓用牲于社，朝服行礼，雨止报祭，均如常祭仪。

其宾礼，则安南国三岁贡期，道县境，皆用船。知县验邮符，供廪饩，拨兵防护出境，皆具名柬以致遗焉。

州县通行典礼，祠祭为大，是曰吉礼。

邑中秩祀，为庙三：

曰文庙。案，汉高帝十二年过鲁，以太牢祀孔子，诏郡国守令先谒庙、后从政。后汉永平二年，诏学校祀孔子。魏正始二年，以颜渊配。唐贞观四年，诏州县立庙，以左邱明等二十二人配；开元十年，诏以颜子十哲从祀；曾子位十哲次，图七十子及二十二贤像于庙壁。宋元丰六年，诏以孟子同颜子配享，祀韩愈等列二十二贤之次；大观二年，诏子思子从祀；淳祐元年，以周敦颐、张载、程颢、程颐、朱熹从祀；咸淳三年，以颜子、曾子、子思子、孟子配享，进颛孙师于十哲。明嘉靖九年，厘正祀典，称至圣先师孔子，四配称复圣颜子，宗圣曾子，述圣子思子，亚圣孟子。十哲以下称“先贤”，左邱明以下称“先儒”，罢封爵。国朝康熙三十五年，升周敦颐、程颢、程颐、张载、朱熹、邵雍为先贤；康熙五十一年，升朱熹十哲之次。雍正四年，定直省府县学春秋二祭，用太牢，一如太学之仪；乾隆三年，升有若为十二哲；光绪四年，定两庑从祀先贤七十九人，先儒六十六人，通共一百四十五人。　春秋二祭，帛一色白，用篚，牛羊豕同俎，爵三、登一、铏二、簠二、簋二、笾十、豆十，设中和、韶乐、文武、六佾；四配位，各帛一，用篚，羊豕同俎，爵三、铏二、簠二、簋二、边八、豆八；十二哲位，各帛一，东西共篚，羊豕同俎，东西各一，每位爵三、铏一、簠一、簋一、笾四、豆四；两庑先贤，东西各设一案，帛一、用篚俎；二先儒东西各设一案，帛一，用篚俎一，每两位爵一、簠一、簋一、笾四、豆四，祭以二仲上丁共支祭费银四十两，外支香烛米三石六斗，每石折银三钱五分，实银一两二钱六分，由学官支销。

曰武庙。案，关帝，蜀汉建兴时，追谥壮缪。元天历元年，封英济王，遣使祀其庙。明洪武二十八年，诏立庙京师；万历中，加封天尊，名号多不经。国朝顺治元年，定五月十三日致祭；顺治九年，定封忠义神武大帝；雍正三年，增春秋二祭；雍正七年，令直省、府、州、县关帝庙三祭，均用太牢；乾隆三十二年，加封灵佑；四十一年，追改壮缪，谥曰忠义；嘉庆十九年，加封仁勇；道光八年，加封威显；同治九年，加封护国；咸丰五年，升群祀为中祀，乐用六成，舞用六佾，历代皆以关平、周仓从祀。自唐开元十九年，诏诸州立太公庙，以春、秋上戊日释奠，宾贡武举，准明经、进士行乡饮酒礼；上元元年，封武成王，依文宣王庙例，以张良为配，称亚圣，择古今名将白起、韩信等十人为十哲；建中三年，增定配享名将范蠡、孙膑等六十四人；政和三年，又增损为七十二人，号曰“武庙”。明洪武二十年，罢武庙，专尊孔子。国朝以春秋祀关帝，亦曰武庙。　　春、秋、五月十三日三祭，帛一色白，用篚，牛羊豕共俎，爵三、登一、铏二、簠二、簋二、边十、豆十。春秋二仲由礼部诹吉致祭，三祭共支祭费银三十五两七钱四分二厘。

曰文昌庙。案，《明史·礼志》：梓潼帝君，姓张，名恶子，居蜀七曲山。仕晋，战殁。唐、宋屡封英显王。道教谓梓潼，掌文昌府事及人间禄籍。元加号帝君，因相沿祀于学校。据崔鸿《后秦录》：张恶子立庙，始于姚苌。唐中和中封顺济王，宋咸平中，赐号曰英显王庙；元延祐三年，封文昌司禄宏仁帝君；明景泰五年，敕建文昌宫；国朝嘉庆六年，定春秋二祭，用太牢，祭仪与关帝同，春祭二月初三日。《明史·礼志》云：文昌生辰秋祭，由礼部诹吉。道光以后，加生辰一祭，春秋皆诹吉致祭，共支祭费银二十三两八钱三分。

为坛三：

曰社稷坛。案，《礼》：“诸侯祭社稷。”秦废社稷之祀，而民间皆有里社。汉高帝二年，令县为里社，立灵星祠以后稷配。灵星，天田星也，主农祥。后汉建武二年，始修社稷之祀。梁天监四年，始为坛。隋开皇初，令天下郡、县二仲月并以少牢致祭，自是州、县皆有社稷之祀。国朝雍正二年，定各县称县社之神、县稷之神为坛，于西郊北向。湘阴城西阻水，并于东郊建坛，南向。春、秋二祭，各帛一、爵三、铏二、簠二、簋二、笾四、豆四，共俎，一羊豕，祭以二仲上戊，共支祭费银十两。

曰神祇坛，而神祇坛所祀者三：曰云雨风雷，案，《周官》：以槱燎祀风师、雨师。秦立风伯、雨师庙。汉史为坛二。唐天宝五年，加祀雷师，与雨师同坛。明洪武元年，加祀云师，始合为一坛，名“天神坛”。曰山川，案，《礼》：“诸侯祭山川之在其地者。”汉文帝令侯国境内山川，各自奉祀。历代皆专祀名山大川。宋元丰三年，立四望于四郊。明洪武二年，始合为一坛，名“地祇坛”。曰城隍。案，《礼》：“八蜡，祭坊与水庸。”城即坊属，隍即水庸属。《明史》称吴赤乌二年，已建立城隍庙。唐始令天下通祀城隍。宋熙宁中，加城隍封爵。明初，封府城隍公爵，州城隍侯爵，县城隍伯爵，其后定称某县城隍之神。顺治初，定直省、府、州、县合建神祇坛，案，《会典》中设云、雨、风、雷之神。左某县境内山川之神，右某县城隍之神。为坛于东郊，南向。　　春、秋二祭，各帛一，凡七；爵三，凡二十有一。共俎一、羊豕，铏二、簠二、簋二、笾四、豆四，祭与社稷坛同日。原支祭费银十二两；乾隆十三年匀摊派，出银二两，共支银十两。曰先农坛。案，汉文帝开藉田祀先农。宋元嘉二十一年，始为坛，下其礼于州、县，而历代州、县讫未一举行。雍正四年，令直省、府、州、县建先农坛及藉田，并于东郊神祇坛之北，以仲春亥日致祭，行耕藉九推之礼。帛色青，爵三、羊豕同俎，铏二、簠二、簋二、笾四、豆四，旋议耕藉祀先农，诹吉行礼，仍定三月亥日。支祭费银二两六钱六分；雍正十二年，令府、州、县耕藉及先农坛祭费，动支藉田存谷，不入存留经制。

文庙有崇圣祠。案，宋大中祥符元年，封圣父齐国公；庆历八年，立庙圣殿后。元至顺元年，进封启圣王。明嘉靖九年，建启圣祠，以先贤颜无繇、曾点、孔鲤、孟孙激配享，以先儒程珦、朱松、蔡元定从祀；万历二十二年，以周辅成从祀，位东庑程珦上。国朝雍正元年，追封五世木金父肇圣王，祈父裕圣王，防叔诒圣王，伯夏昌圣王，叔梁纥启圣王，更名启圣祠，为崇圣祠，雍正二年，以张迪从祀，位西庑朱松上；咸丰七年，以先贤孔孟皮配享，位颜无繇上。　　春、秋二祭设五案，各帛一，用篚，羊豕同俎，爵三、铏二、簠二、簋二、笾八、豆八。五配位，各帛一，用篚，爵三、簠一、簋一、笾四、豆四、羊豕同俎。东西各一，五从祀位，各爵一，凡五。东西各帛一，用篚。东二案，西一案，各簠一、簋一、笾四、豆四，羊豕同俎，东西各一。
春、秋二祭，先祭崇圣祠，学官行礼，朔望行香，同。原支祭费银七两，乾隆十三年匀摊补给银一两，共支银八两。

武庙、文昌，皆有后殿，案，雍正三年，追封关帝三世光昭公、裕昌公、成忠公，而名氏阙轶。康熙十七年，解州浚井得古砖，纪壮缪祖讳审，字问之；考讳毅，字道远，解州守。王朱旦为之记，而未及上闻。咸丰五年，升关帝中祀，进封三代王爵。　　春、秋二祭，各帛一，凡三，爵三，羊豕同俎，铏二、簠二、簋二、笾八、豆八。嘉庆六年，建文昌庙后殿，神牌书“文昌帝君先代神位”，祭仪与关帝庙后殿同。　　春、秋二祭，皆先诣行礼。以祀其先焉。

而城隍别有庙，为祈祷、行香之所。春、秋二祭，皆于神祇坛，厉祭主城隍。案，《礼》：“王祭太厉，诸侯祭公厉。”汉时有厉坛，康成注《礼》：“民间私祀。”历代皆废祭，明洪武三年定厉祭礼，直省、府、州、县皆设厉坛于北郊，县曰邑厉，岁以清明日、七月十五日、十月朔日致祭，无祀鬼神。《会典》：厉坛，中设城隍位，左右各设位，祭用羊三、豕三，米饭三石，尊酒香楮具城隍，用帛一。原支厉祭银十二两，乾隆十三年匀摊补给银一两，共支银十三两；原支厉祭米三石，每石折银三钱五分，乾隆十三年匀摊补给银二钱一分，共支银一两二钱六分。常雩则及三坛。案，《春秋左氏传》：“龙见而雩。”自汉废常雩之礼，遇旱乃雩。晋永和时设雩坛，后亦废。明嘉靖十一年，复建雩坛，皆以旱致祭。国朝乾隆七年，始定孟夏行常雩礼，雩祭后七日无雨，则祈神祇坛，次祈社稷坛，皆七日一告祭。仍无雨，祈祷如初。三复无雨，乃大雩。乾隆十二年，定直省、府、州、县通行常雩礼，于神祇坛合祀云、雨、风、雷、山川、社稷、先农，祭仪与春、秋二祭同，凡五。案，遇旱祷山川坛，七日祷社稷坛。更七日，祈祷如初。惟不得行大雩之礼，亦不得别设雨坛。其城隍、龙王皆别祀，诸非方祀，而民间相沿求晴雨者皆祀。先期禁止屠宰，而祭必以牲，示特杀。支雩祭银五两。其祈雨及于龙神，祈晴及于火神，禜祭惟于城门，则又雨旸不时之祭也。龙神起于雍正五年，造龙神大小二像，命各省迎请展祀。乾隆二十四年，定春、秋仲月辰日致祭火神者，荧惑星也。旧有庙在市心井，曰“乾元宫”。案，宋建中靖国元年，建阳德殿，祀荧惑，亦曰“离明殿”。嘉泰元年改建开元宫。《辽史·礼志》：“天会四年朝日于乾元殿。”今相沿以火神庙为乾元宫。乾隆二十一年，巡抚陈宏谋檄各府州县以春、秋仲月戊日致祭。

又有刘猛将军者，治蝗神也。案，《周官·族师》：“春秋祭酺。”杜子春云：酺者，为人物灾害之神。康成云：“蝝螟之酺。”宋庆历中，螟蝗为害，诏修酺神之祀。其后嘉定元年大蝗，祭酺，颁酺式于郡县，然终不列于常祀。元季，刘承忠官指挥，能捕蝗，元亡，自投于河，百姓立庙祀之，号刘猛将军。雍正二年，敕各省建立刘猛将军庙；道光十五年，湖南旱蝗，一时府、州、县立庙几遍；咸丰七年，敕封保康刘猛将军；同治四年，加封保康普佑刘猛将军。

马王者，为故明旗纛庙神之一。案，《周官·校人》春祭马祖，夏祭先牧，秋祭马社，冬祭马步。康成注：马祖，天驷星。先牧，始养马者。马社，始乘马者。马步神，为灾害马者。隋时，以四仲月致祭。唐、宋因之。明洪武元年，令天下卫所立旗纛庙；二年，立马祖诸神庙，为四坛，春、秋致祭；五年，合为一坛，而卫所不别立庙，即并入旗纛庙致祭。国初，定武营霜降一祭，支祭祀操赏银二两五钱，康熙十七年裁。皆列在祀典。而《会典》所载，无遍及府、州、县明文。

其天后宫，祀宋林氏女。历元、明封天妃；康熙二十三年，加封天后；五十三年，定福建湄州春、秋致祭，又定清口春、秋二祭。吕祖阁，祀唐进士吕岩。嘉庆九年，敕封帝君，立庙江南清河县，春、秋致祭。广济真人殿，祀李真人，元至大间，生长沙浒渡河，名育万，坐化为神，立庙龙潭山；道光五年，敕封广济真人；咸丰三年，加封宣威广济真人；同治十年，加封宣威灵感广济真人，春、秋致祭，邑皆有庙。洞庭湖神，康熙十八年敕封；雍正二年赐号涵元汇利洞庭湖神，立庙常德府，春、秋致祭。旧志载磊石山洞庭庙，四月初八日致祭，并由地方官筹办。案，唐天祐三年，封洞庭湖君"利涉侯"、青草湖君"安流侯"，为洞庭湖神封号所由始，其时并祀青草湖神。元致和元年，封洞庭湖神忠惠顺利灵济昭佑王，自是专祀洞庭湖神。若名宦乡贤之附于文庙，始于明洪武二年；忠义孝弟节孝之附于文庙，始于雍正元年。案，四祠附文庙左右，春、秋二祭，学官分诣行礼，每祠帛一、爵三、羊豕同俎、簠一、簋一、笾四、豆四，原支名宦、乡贤祭费银七两。乾隆十三年匀摊，补给银一两，共支银八两。其忠义、节孝二祠，不别支祭费银两。此皆天下之通祀也。

其特祀于湘阴者，曰黄陵庙，案，唐韩愈《黄陵庙碑记》称"刘表立碑，曰湘夫人碑"。晋太康九年，立碑，曰"虞舜二妃之碑"，自唐时为湘灵庙。天祐二年，封懿节庙。晋天福二年，又封昭烈庙。宋元丰六年，知县王定民移舜祠像于黄陵庙。国朝康熙七年，知县唐懋淳重修黄陵庙，专祀二妃，仍曰"湘灵庙"，以六月十四日致祭，用帛一、爵三、羊豕同俎、铏一、簠一、簋一、笾四、豆四。曰汨罗庙，案，唐天宝七年，敕所在忠臣自傅说而下十六人，置祠宇致祭。长沙郡楚三闾大夫屈原，梁开平元年，封屈原昭灵侯；宋元丰五年，改封忠洁侯；元延祐五年，加封忠洁清烈公。《拾遗记》：楚人为之立祠，汉末犹在。《水经注》：罗渊北有屈原庙，庙前有汉太守程坚碑记。《一统志》：汨罗庙在县北汨罗江上，庙旧在南阳里，即今翁家洲也，后徙建公悦围北。濒江，数毁于水。乾隆二十一年知县陈钟理徙建玉笥山上，以五月初五日致祭，用帛一、爵三、羊豕同俎、簠一、簋一、笾二、豆二。曰三闾祠，案，自宋时立庙县城，名三闾行祠，致祭皆于汨罗庙。雍正七年，令各直省查历代帝王陵寝及忠烈、名贤祠墓，动用存公银两料理修葺，造册报部。雍正九年，重建屈子祠，加春、秋二祭。于是春、秋祭于县祠，以上丁致祭，其汨罗庙仍以五月初五日致祭，祭仪并同。凡黄陵、汨罗、三闾三处，共支祭费银八两。曰夏忠靖公祠，案，雍正七年，令各直省修葺忠烈、名贤祠墓。雍正九年，建夏忠靖公祠，春、秋致祭，祭仪与三闾祠同，支祭费银三两。曰易忠节公祠。案，雍正七年，令各直省修葺忠烈、名贤祠墓。乾隆四年，建易忠节公祠，春、秋致祭，祭仪与三闾祠同，支祭费银三两。

案，州县典礼，莫大于祭，祭礼莫大于文庙。历代推崇，屡有变更，而从祀之典尤繁。魏正始二年，始以颜子配。案，《后汉书·儒林·孔僖传》：永平二年，幸鲁，以太牢祀孔子及七十二弟子。是阙里七十二贤从祀，自汉已然。至是，始祀颜子于太学。而自永平二年，以周公为先圣、孔子为先师祀于学。至唐贞观二年，罢周公，以孔子为先圣，颜子为先师。唐贞观二十一年，以左邱明、卜子夏、公羊高、穀梁赤、伏胜、高堂生、案，《史记》：伏胜、高堂生，皆不名。张晏据伏生碑云：《名胜索隐》引谢原云，鲁人高堂伯。则伯是高堂生字，宋大中祥符二年加从祀诸贤，封爵，称高堂生。遂相沿至今。戴圣、毛苌、孔安国、刘向、郑众、杜子春、马融、卢植、郑元、服虔、何休、王肃、王弼、杜预、范宁、贾逵二十二人配。开元八年，诏颜子十哲从享，曾子位十哲次，图七十弟子及二十二贤于庙壁。开元二十七年，追赠十哲侯爵，加颜子公爵，曾参、颛孙师、澹台灭明、宓不齐、原宪、公冶长、案，《史记》："公冶长，字子长。"

何晏《论语注》引孔安国："公冶，姓；长名。"《家语》："公冶苌，鲁人范宁云：'名芝，字子长'。"南宫适、公皙哀、案，《史记》："公皙哀，字季次。"《家语》："公皙哀，字季沈。"皆称其不为家臣。《史记·游侠传》以季次、原宪并称。曾点、颜无繇、商瞿、高柴、漆雕开、案，《史记·弟子列传》："漆雕开，字子开。"《家语》：漆雕开，字子若。据《汉书·艺文志》：漆雕启。《史记》作开者，避景帝讳。宋世家微，子启亦作微子开。公伯寮、司马耕、樊须、有若、公西赤、巫马施、梁鳣、颜辛、汉《史记·弟子传》："颜幸，字子柳。"《唐书·礼乐志》作"颜柳"。文翁《礼殿图》亦作颜幸。《咸淳临安志》作"颜韦"。今《会典》从《文献通考》作"颜辛"。冉孺、曹恤、伯虔、公孙龙、冉季、秦祖、漆雕哆、颜高、案，《史记·弟子传》有年名者三十五人，无年及不见书传者四十二人。颜高字子骄，在四十二人之次。《家语》："颣刻，字子骄，少孔子五十岁。孔子适卫，子骄为御。"《正义》亦引此作"颜高"，而《史记》以为无年名。《汉书·人物表》作"颜刻"。漆雕徒父、壤驷赤。案，《史记》："壤驷赤，字子徒，秦人。"《家语》穰驷赤，字子从。《氏族考》有穰氏。古人字必从名，似子从、子徒皆与驷相应，疑驷赤为名也，而历代相沿以为壤驷氏。商泽、石作蜀、任不齐、公夏首、案，《家语》：公夏守，字子乘。《阙里志》一作"公夏乘"。公良孺、后处、秦冉、奚容蒧、公肩定、案，《史记》：公坚定，字子中。《家语》：公坚，字子仲。今《会典》从《唐书·礼乐志》作"公肩定"。颜祖、案，《史记·弟子传》：颜祖，字襄。《家语·弟子解》：颜相，字子襄。《唐书·礼乐志》作"颜襄"。今《会典》从《宋史·礼志》作"颜祖"。鄡单、句井疆、罕父黑、案，《家语》：宰父黑。《氏族考》：宰父以官为氏，不著罕父。朱氏《弟子考》亦从《家语》。秦商、申党、公祖句兹、荣旂、县父、案，《史记》：县成，字子祺。《家语》：县成，字子横。无县父名。《家语》又有"县亶"。《广雅注》作"县亶父"。《索隐》"亶"作"丰"。《朱氏弟子考》引王应麟疑"县丰"即《礼记·檀弓》之"县子瑣"。唐宋封爵皆不之及。《唐书·礼乐志》以县成为"县父"，未详所据。左人郢、燕伋、郑国、颜之仆、原亢、案，《家语》："原桃，字子籍。"《史记》

引《家语》“桃”作“亢”。《正义》亢又作穴。旧本《家语》作“炕”作“桃”者，字讹。乐欬、案，《家语》：“乐欣，字子声。”廉洁、案，文翁《礼殿图》作“廉瑀”。颜何、叔仲会、狄黑、邽巽、案，《家语》：邽选，字子饮。《史记》：邽巽，字子敛。《索隐》作“邦巽”，文翁《礼殿图》作“国选”。盖亦避汉讳，改邦为国。文翁在《史记》前，必有所本。孔忠、案，《家语》：孔弗，字子蔑，孔子兄，孟皮之子。《史记》引《家语》作“忠”。公西舆如、案，《家语》：公西与，字子上；“公西蒧，字子尚。”《史记》皆作子上，《阙里述闻》误合为一人，而遗公西舆如。公西蒧、施之常、秦非、颜哙、步叔乘，案，《宋氏弟子考》引《广韵》注《孔子弟子》：少叔乘氏，有太叔、仲叔，则有少叔。《氏族考》无步叔氏。六十七人皆伯爵。案，唐赠典见《礼乐志》及《唐会要》，并十哲为七十七人，而杜佑《通典》增入蘧瑗、林放、陈亢、申枨、琴牢、琴张六人。据宋大中祥符二年考定弟子名数，取蘧瑗等五人，而去公夏首等十人，以符七十二人之数，则《通典》所增入，至宋乃始从祀，而据以为开元礼，此不可晓。因考《史记·弟子传》、《家语·弟子解》所载，并七十七人。文翁《礼殿图》七十二人，均互有异同。《家语》有陈亢、琴牢，《史记》无之；《史记》有公伯寮、秦冉、颜何，《家语》无之。《家语》有薛邦，《史记》有郑国，司马贞云：郑、薛字讹，《史记》避汉讳改邦为国。《家语》有申绩，旧本作“申续”，《史记》有申党，《礼殿图》有申枨、申棠，王应麟据《汉王政碑》云：无申棠之欲定为一人。《家语》有县亶，《史记》有鄡单，徐广云：县亶，一作“鄡单”。《礼殿图》有蘧瑗、林放，《家语》、《史记》皆无之。开元礼所据者《史记》，宋大中祥符中定从祀七十二人，所据者文翁《礼殿图》，明嘉靖九年厘正祀典所据者《家语》。《家语》：“琴牢，字子开，一字子张。与陈亢并见《论语》、《开元礼》。据《史记》不列其名，而《通典》兼列琴牢、琴张。琴张，赠南陵伯；琴牢，无考。则未知其承误之由矣。大中祥符二年，加赠十哲公爵，曾参以下侯爵，定从祀七十二弟子，增陈亢、林放、申枨、蘧瑗、琴张五人，去公夏首、后处、公肩定、颜祖、鄡单、罕父黑、秦商、原亢、乐欬、廉洁十人，左邱明以下二十一人皆伯爵。案，贞观二十一年，以左邱明等配享。其时孔子为先圣，颜子为先师，配享二十二人，左邱明位卜子夏上。永徽中，改颜子与左邱明并从祀。开元八年，始定颜子十哲从祀，子夏升入十哲，曾子位十哲，次列于二十一贤之上；开元二十七年，加七十二贤封爵，图像庙壁，于是二十一贤亦皆图像，而左邱明退居七十二贤之下，历明称先儒。至崇祯十五年，以左邱明亲受经圣人改称先贤，位西庑第三十二，申枨之次。同治四年，定两庑位次，又改列西庑第三十三。元丰七年，以孟子同颜子配享，案，永徽中，以颜子与左邱明从祀，旋仍称先师，配享；总章元年，以颜子、曾子配享。开元八年，定颜子十哲，而颜子仍配享，曾子改附十哲次。封荀况、扬雄、韩愈伯爵，并从祀。大观二年，封孔鲤、孔伋侯爵，以孔伋从祀左邱明之次。崇宁四年，复公夏首等十人侯爵，并从祀。政和五年诏邹县孟子庙，以乐正克、公孙丑等十八人从祀。淳祐元年，以周敦颐、张载、程颢、程颐、朱熹从祀。景定二年，以张栻、吕祖谦从祀。咸淳三年，诏升颜子、曾子、子思子、孟子配享，升颛孙师于十哲，以邵雍、司马光从祀。案，《礼记·昭穆篇》：祀先贤于西学。盖神道尚右之义，故自汉祀周公为先圣，东向；祀孔子为先师，南向。唐制因之，孔子东向，颜子南向。宋始定祠祭正位南向，配位西向。颜子配享，与闵子十哲从祀之位同作一列。而七十二弟子以下从祀诸贤，并图像殿壁上，以东西直下为次。崇宁三年，以增入曾子配享，颜子移至孔子帐座旁，于配食礼未协，乃改闵子十哲以下东西向，颛孙师以下从祀诸贤，分列东西庑，并以东西直下为次，以礼图颁示天下。政和以后，始定两庑诸贤，东庑首颛孙师，西庑首林放，以东西相向为次。咸淳三年，以颜子、曾子、子思子、孟子配享，并西向，而升颛孙师十哲，又改十哲以东西相向为次。《元史·祭祀志》始定四配位，均东西相向。《开元礼》设先圣神座堂上，两楹间其时尚扫地而祭。开元八年，始肖像七十贤以下皆画像，自从祀诸贤移列两庑，渐并易为塑像。明嘉靖九年，厘正祀典，始除设像之制为木主。元皇庆二年，以许衡从祀；至顺元年，封颜子兖国复圣公、曾子郕国宗圣公，子思子沂国述圣公，孟子邹国亚圣公，以董仲舒从祀，位七十子下。明洪武二十九年，罢扬雄从祀；正统二年，以胡安国、蔡沈、真德秀从祀；八年，以吴澄从祀；弘治八年，以杨时从祀；嘉靖九年，厘正祀典，立启圣祠，以先贤颜无繇、曾点、孔鲤、孟孙激配享，定称至圣先师孔子、复圣颜子、宗圣曾子、述圣子思子、亚圣孟子，十哲以下称先贤，左邱明以下称先儒，从祀申党即申枨，罢申党及公伯寮、秦冉、颜何、荀况、戴圣、刘向、贾逵、马融、何休、王肃、王弼、杜预、吴澄等从祀，蘧瑗、林放、卢植、郑众、郑康成、案，宋大中祥符二年，加封从祀诸贤，称郑康成遂相沿至今。服虔、范宁各祀于其乡，以后苍、王通、胡瑗、欧阳修、陆九渊从祀；隆庆五年，以薛瑄从祀；万历十二年，以王守仁、陈献章、胡居仁从祀；四十二年，以罗从彦、李侗从祀。国朝康熙三十五年，升周敦颐、张载、程颢、程颐、朱熹、邵雍为先贤；案，崇祯十五年，改周、程六子称先贤，位汉、唐诸儒之上。然其时但行之太学，未及颁行天下。五十一年，升朱子位十哲之次；五十四年，以范仲淹从祀；雍正二年，复蘧瑗、林放、秦冉、颜何、郑康成、范宁从祀；案，乾隆十八年定从祀位次，东庑首蘧瑗，西庑首林放。咸丰七年，增祀公孙侨。礼部议，公孙侨年先于蘧瑗，宜首东庑。移蘧瑗首西庑，林放移位东庑之次，澹台灭明移位西庑之次，其馀先贤悉仍其旧。增祀县亶、案，《家语》：县亶，字子象，徐广疑与鄡单一人。唐、宋封爵，皆不之及。明嘉靖时厘正祀典，全据《家语》，亦未增入，至是始列从祀。牧皮、乐正克、公都子、万章、公孙丑、诸葛亮、尹焞、魏了翁、黄榦、陈淳、何基、王柏、赵复、金履祥、许谦、陈浩、罗钦顺、蔡清、陆陇其二十人。乾隆二年，升有子于十哲，为十二哲位，复吴澄从祀。道光二年，以刘宗周从祀；三年，以汤斌从祀；五年以黄道周从祀；六年，以陆贽、吕坤从祀；八年，以孙奇逢从祀；二十三年，以文天祥从祀；二十九年，以谢良佐从祀。咸丰元年，以李纲从祀；二年，以韩琦从祀；三年，以公明仪从祀；七年，以公孙侨从祀；九年，以陆秀夫从祀；十年，以曹端从祀。同治二年，以毛亨、方孝孺、吕柟从祀；七年，以袁燮从祀；十二年，以陆世仪从祀。光绪三年，以刘德、许慎、张履祥从祀；五年，以辅广从祀。

凡先贤七十九人，先儒六十七人，盖孔门弟子可考见者，《家语》、《史记》、文翁《礼殿图》，而参差出入，阙轶实多。近世夏宏基《弟子传略》、朱彝尊《弟子考》多所订正，而朱氏尤精核。

自唐以来，未经入祀，见于《家语》者三人：曰薛邦，案，《史记·正义》：与郑国一人。据《史记》："郑国，字子徒"；《家语》："薛邦，字子从。"《正义》以汉讳改邦为国，遂并疑其姓字之误，亦别无证据也。曰孔璇，案，《家语》："叔仲会，字子期，少孔子五十岁，与孔璇年相比，执笔记事于夫子，迭侍左右，为与叔仲会同传，故不别标璇名，而《祀典》独阙。"曰司寇会叔兰。案，《家语》"子游从孔子适卫，与将军子兰善，使受学于夫子"《礼·檀弓》司寇惠子，郑司农注云：卫将军文子、弥牟之弟惠叔兰也。《家语·弟子解》并孔璇七十七人将军子兰一人，附见《言偃传》。

合并者一人：曰申绩。案，旧本《家语》作"申续"。陆德明释文引郑康成云：申枨即申续。《咸淳临安志》：申枨，字子续。而《家语》云申续字子周，《史记》申党字周，王应麟引《史记》作申棠，邢昺《论语疏》申枨，《家语》作申续，《史记》作申党，而《开元礼》封申党邵陵伯，申枨鲁伯。宋祥符中，加申党淄川侯，申枨文登侯，并列从祀。明嘉靖九年，罢申党，专祀申枨。

见于《史记》者一人：曰颜浊邹。案，《史记·孔子世家》：弟子三千，身通六艺者七十二人，如颜浊邹之徒，受业者甚众。司马贞云："非七十七人数也。"《吕览》："颜涿聚学于孔子。"《汉书·人物表》，颜烛邹与陈亢、林放、申枨同列五等。

明嘉靖时罢祀一人；曰公伯僚。案，《史记》："僚，字子周"。

《正义》作“申缭”。胡寅据《家语》谓《史记》失之。明弘治元年，程敏政请黜其祀，至嘉靖九年始罢，而《史记》及《礼殿图》皆列其名，《汉书·人物表》：公伯寮，与公肩定、子石、琴牢同列四等。子石，公孙龙也。是自汉以前，皆据为孔子弟子。

见于《左氏传》者二人：曰仲孙何忌，曰仲孙说。案，《史记》：“南宫括，字子容。”司马贞云：“《家语》作南宫绍。案，其人是鲁孟僖子之子仲孙阅也。”孔安国以南宫适即敬叔，鲁大夫。郑康成《礼记》注于“南宫敬叔”云：“孟僖子之子仲孙阅”；于“南宫绍”云：“孟僖子之子。南宫阅，字子容。”是南宫适，一作括，又名说；一作阅，又名绍，凡五名，自汉释为一人。《汉书·人物表》列南容三等，南宫敬叔四等。颜师古于“南容”注云：“南宫绍，字子容”；于“南宫敬叔”注云：“南宫适又分适、绍为二人。”近世夏宏基《弟子传略》辨正适绍，字子容，为一人；仲孙阅，字敬叔，为一人。五代冯继先著《春秋名号归一图》：仲孙阅，即南宫敬叔，僖子之子，孔子弟子，不及括、绍，与夏说合。

见于《小戴礼》者三人：曰孺悲，案，《杂记》孺悲之孔子学士丧礼，士丧礼于是乎书。是孺悲亲受礼孔子，有传经之功。曰公罔之裘，曰序点。案，《射义》：“孔子射于矍相之圃，子路延射，公罔之裘、序点扬觯而语。”《家语》载孔子与门人习射矍相之圃。是二子，皆孔子弟子。

杂见者五人：《庄子》有常季，郭象注孔子弟子《淮南子》有季襄，高诱注孔子弟子案，朱氏引证孔子弟子尚遗季襄一人。《晏子春秋》有孔氏之徒鞠语，汉鲁峻石《壁画七十二子像》有子服、景伯。案，何晏《论语集解》引孔安国云：景伯，鲁大夫子服。何忌、杜预注《左氏传》，景伯名何。唐刘怀玉作“孔圣”。《真宗录》亦以子服景伯在七十子之间。

《乐记》：宾牟贾侍坐于孔子，问乐。是亦弟子也。

其曾子、子夏弟子见于诸子及《汉书·艺文志》者尤众。

《孟子》七篇有段干木、《吕氏春秋》云：“学于子夏。”高子、徐整云：子夏授诗于高行子，王应麟云：“即孟子所谓高子。”曾西、赵岐云：曾子之孙。《经典序录》：曾申，字子西，曾子之子。子夏以诗传曾申，左邱明作传以授曾申。陆德明亦云："受诗子夏。"申详、郑康成《礼记注》"子张子"。赵岐云，泄柳申详，亦贤者。王氏《礼记章句》以为"子张弟子"，康成亦以子张颛孙氏，而申详别氏为疑，是以赵岐仅注为贤者，王氏盖必有所本也。又七十子之子，惟曾申、申详屡见《礼记》及孟子书，以为曾子、子张之子，故不别标弟子。要其为孔氏之徒无疑也。沈犹行、赵岐云：曾子弟子，《公羊穀梁传》屡称"子沈子"，当即沈犹行。公明高、赵岐云："曾子弟子。"《史记索隐》云："万章、公明高并学于孟子。"子襄。赵岐云："曾子弟子。"案，咸丰三年，增祀公明仪。赵岐注云："公明仪，贤者。"孔颖达据《礼记》：子张之丧，公明仪为志焉。定为子张弟子。

《礼记》有檀弓、胡寅云：曾子门人，纂修《论语》。乐正子春。郑康成云：曾子弟子。

《史记》有馯臂子引弓。《弟子列传》："孔子传《易》商瞿，瞿传楚人馯臂子弓。"

《汉书》有桥庇子庸、《汉书·儒林传》："商瞿传《易》以授桥庇子庸，子庸授馯臂子弓司"。马贞云：桥庇，《世本》作"桥疵"。公孙尼、《艺文志》："公孙尼子二十八篇。"颜师古云："七十子之弟子。"世硕、《艺文志》："世子二十一篇。"颜师古云："陈人，七十子之弟子。"景子、《艺文志》："景子三篇。"颜师古云："宓子贱弟子。"王史氏、《艺文志》："王史氏二十一篇。"颜师古云：七十子后学者。李克、《艺文志》："李克七篇。"颜师古云："子夏弟子。"芊婴。《艺文志》："芊婴十八篇。"颜师古云："齐人，七十子之后。"

韩非子、孔子之后，儒分为八，有子张氏、子思氏、颜氏、孟氏、漆雕氏、仲良氏、公孙氏、乐正氏之儒。陶潜《圣贤群辅录》：颜氏传《诗》，孟氏传《书》，漆雕氏传《礼》，仲良氏传《乐》，乐正氏传《春秋》，公孙氏传《易》。《晋书》有公孙段论《易》二篇云："汲郡人发魏王冢，得之。"则韩非所云"公孙氏"，当为公孙段。韩氏愈言：子夏之学，其后有田子方。李颐云：名无择，魏文侯师。皆名氏表见者。《汉书·儒林传》序："田子方、段干木、吴起、禽滑厘之属，皆受业子夏。"而

《史记·吴起传》："学于曾子。"《汉书·人物表》作禽屈厘，列四等，而列吴起六等，实亦七十子之徒。朱氏所引独不及陈良，以赵岐注陈良儒者，不言七十子之后，岂谓孟子之言，必徵信汉、晋以后诸儒耶？案，赵岐注"牧皮"："事孔子学者。"盖以牧皮名氏，他无可考见，不敢径以孔子弟子目之。其增入从祀，亦但取证孟子。窃尝论之，《五经》传注皆晚出，传闻异辞，未足据依。左氏亲受经圣人，其言孟懿子、南宫敬叔师事仲尼，自所目悉，《论语》亦载孟懿子问孝，而孟子论陈良豪杰之士，岂孔孟所论定，尚待后儒取传闻之辞以为证据？南宫适之为敬叔与否，存疑可也。仲孙何忌、陈良二人之应补祀，允无疑义。《史记·儒林传》："鲁诸儒抱孔氏之礼器往归陈王，而孔甲为博士。"徐广曰：孔子八世孙，名鲋。《通鉴》称：孔鲋藏书秦世。是孔鲋固有传孔氏礼器及藏书之功，案，《孔丛子》，六卷，孔鲋著。汉武帝时太常孔藏以所著赋及书附焉。《汉书·艺文志》无《孔丛子》，而儒家有《孔藏》十篇，杂家有孔甲《盘盂》二十六篇。晁公武《读书志》疑《孔丛子》即《汉志》孔甲《盘盂》。然颜师古注："甲，黄帝史。或曰夏孔甲。"《孔丛子》亦不得名《盘盂》书。观孔臧所附，则《汉志》所谓《孔臧》者即《孔丛子》也。其书本杂录孔氏之言，当传自孔鲋。《隋书·经籍志》："《孔丛子》七卷。"亦云"孔鲋撰。"郦道元《水经注》亦引《孔丛子》之言。是其生当秦世焚书之时，孔氏遗言记录为多，比之河间献王收藏先秦古书，其功实为过之。亦应在从祀之列。

明嘉靖时，厘定从祀先儒并左邱明二十九人，其后增祀者六人。国朝升祀左邱明，又升祀周敦颐等六人，凡祀先儒六十六人，盖推广从祀三十八人，其以名臣从祀者九人：诸葛亮、陆贽、范仲淹、欧阳修、韩琦、司马光、李纲、文天祥、陆秀夫。其间范仲淹首以《中庸》授张子、司马光《资治通鉴》上续《春秋》，尚有关于经义。以两庑从祀典礼，合名臣忠节为一，窃所未安，明程敏政考正祀典持论甚正。嘉靖中，定从祀诸儒，欧阳修以濮议、陆九渊以王学方昌，则又专以私意行之，其后陈献章、王守仁均列从祀，与朱学为二，案，《明史·儒林传》以朱、王二学分编，盖朱、陆异同，自分门径，而未至显树之敌。王学行，而后门户攻击，纷如聚讼矣。何以解于荀况之毁子思、孟子哉？因考唐初诸儒从祀，皆以传经之功，公羊、谷梁以《春秋》，伏胜、孔安国以《尚书》，高堂生以《仪礼》，后苍以《礼记》，杜子春以《周礼》，毛苌以《诗》，无可易者。而齐人田何传《易》独早，独阙从祀，《太平御览》引《毛诗正义》，荀卿授诗鲁国毛亨，亨授赵人毛苌，今荀卿之祀久废，又议及毛亨，亨所传《诗》既无传注，前后《汉书·儒林传》亦不列其名，于义无所据。"程门四先生"尚阙游酢，案：酢年辈先于杨时，当时称游、杨。《宋史·道学传》以谢良佐、游酢、吕大临、杨时为"程门四先生"。《宋史》不载游酢所撰书目，而杨时为酢墓志，称酢所著书有《中庸义》、《易说》、《诗二南义》、《论孟杂解》，又自称受学二程之门，有友二人，曰"上蔡谢显道公其一也"。是酢所学不后于杨、谢。道光二十九年，谢良佐始由河南巡抚奏请入祀，至今不及游酢。国朝衡阳王夫之学宗横渠，躬行实践，其辨正陆、王得失，精于陆氏陇其所著《周易内传》。自汉以来言《易》者，莫或逮之。光绪二年，署礼部左侍郎郭嵩焘，奏请王夫之从祀两庑，为礼部尚书徐桐所持；嵩焘因上言王夫之学行为朱子以后一人，而书未甚显，请竢论定再议，亦奉旨驳斥，则以湖南僻陋，无能知王夫之学行。而崇显褒大之后有儒者此议，必不能废也。窃谓从祀大典，非若名宦乡贤，例由督抚题请，而部臣制其准驳之权，应饬廷臣集议其当否，以为之准。案，《明史》：

嘉靖十九年，礼部议复薛瑄从祀，请下廷臣会议。于是议当祀者二十二人，议缓者二人，议不必祀者一人。奉旨公论，久而后定，宜竢将来。万历四年会议胡居仁等从祀，主胡居仁二十五人，主王守仁、陈献章俱十五人，主蔡清五人，主罗伦二人，主吕柟一人，礼部亦请竢公论之定，徐议于后。盖从祀大典，允宜慎重于此。如今曰九卿会议，竢之部臣议准后，一集内阁画诺，无敢异同其议驳者，不复宣示，非朝廷饬交会议之意也。至于蘧瑗之从祀，屡废屡复。《史记》载：定公十五年，孔子适卫，主蘧伯玉家；哀公二年，再主伯玉家；哀公十一年归鲁，孔子年六十八。而《论语》载蘧伯玉使人于孔子，当在归鲁以后。《史记》谓蘧瑗孔子所严事师友道一也，瑗从孔子游固久列之，从祀可也。案，陶宏景《真诰》：蘧瑗在三千人之数，不与弟子之列。公孙侨卒于昭公二十年，孔子年三十，距适郑时二十七年，其年辈与孔子远不相接，当时礼臣不加考订，亦准从祀。案，蘧瑗、林放之从祀，以文翁《礼殿图》列其名，固亦有所本也；公孙侨之从祀，未详所本。秦氏蕙田论从祀义旨：一曰传道，一曰传经。案，《礼》“释奠于先圣先师”。郑康成注：先圣，若周公、孔子；先师，若礼有高堂生，乐有制氏，诗有毛公，书有伏生，可以为师者。是汉儒释经以先圣道统所系，先师六艺所原始，亦兼此二义。两无所取，于礼瀆矣。谨述其略，以竢议礼之君子详焉。

又案，名宦、乡贤二祠附于文庙，始明洪武二年；忠义孝弟、节孝二祠附于文庙，始雍正二年。案，雍正二年，令各府、州、县建忠义孝弟祠学宫之内，祠门内立石碑，刊列姓名其上，已故者设位祠中；节孝祠择地营建祠门，内立大坊，标题姓名其上，已故者设位祠中。盖忠义孝弟祠，以待士庶之行义者；节孝，旧惟建坊，至是始列祠祀。旧志所载，于明为详。而于名宦祠追祀许可崇一人，于乡贤祠追祀屈子、周式、许频、许益四人。府志无屈子、周式，殆旧志增入尔。疑皆许氏私奉入祀。旧志以许可崇创立县治，而不能详其时。详见

《兵事志》。据《宋史·李植传》，今县治实由植建立，其政绩亦多可纪。前后以知县入《宋史·列传》二人：曰李植、曰余良肱；入《宋史·儒林传》一人：曰徐梦莘；入《元史》一人：曰谢端，皆有治行。而以创立县治之功归之不可辨识之许可崇，于诸贤政绩则皆略焉，非所安也！其祀明知县四人：黄思让、孙初、宋纶、王京祥；教谕一人，史九韶；主簿一人：刘昇。黄思让见《一统志》，宋纶、刘昇并见明《一统志》，不言祀名宦，所据旧志而已。国朝所祀皆统部湖广总督七人：李荫祖、顺治十二年任。丁思孔、康熙二十七年任。吴琠、康熙三十三年任。李辉祖、康熙三十五年任。郭世隆、康熙四十六年任。额伦忒、康熙五十二年任。杨宗仁。雍正元年任。偏沅巡抚三人：赵申乔、康熙四十一年任。潘宗洛、康熙五十年任。李发甲。康熙五十五年任。布政使一人：郎永清。康熙三年任。湖南提学道一人：彭而述。顺治三年任。湖广提学道二人：蒋永修、康熙五年任。姚淳焘。康熙五十年任。案，明万历四十一年，分置湖南提学，国初仍之。而顺治三年，湖南固尚未隶版图也，顺治十八年仍改湖南广提学，通名提学道。康熙四十二年，始设提督湖广学政。雍正二年，分设提督湖南学政。旧志列衔并误。又推及明提学佥事一人：高世泰。明崇祯中任。其祀名宦司考者三人；李荫祖、额伦忒、赵申乔。赵申乔与李发甲，又别有专祀，馀皆无题祀名宦明文。案，雍正十年，令各直省建立贤良祠，即从近年为始，外任文武大员有政绩者，准奏请入祠，或当时入祀贤良，因移祀之名宦尔。

大率雍正初元，推广祀典，各州、县相沿奉祀，嗣后无入祀者。同治七年，巡抚刘琨请以原任学政、通政使钱沣，大学士祁隽藻祀名宦。同治十二年，巡抚王文韶请以原任巡抚恽世临祀名宦。湘阴亦未奉祀。盖自明名宦、乡贤二祠，一付之公议，朝廷不制其准驳之权。大率子孙强有力者，皆得入祀。如明祀名宦四人，子孙皆占籍湘阴。

雍正以后，凡入祠者，皆归题奏，由部核准。案，雍正二年，礼部议名宦、乡贤，相沿岁久，冒滥实多，应令各省督抚、学臣造具事实，册结送部核准，分别留祀；若无事实，报部革除。三年，又议名宦、乡贤照节妇例，年终汇题。是从前入祀名宦、乡贤无事实者，尚应报部革除，而亦无遵行者。是以近百馀年题祀者无几，入祀典为加慎矣。

窃谓明以来，郡、县皆有学，所祀统部，当于郡学，县学惟祀知府、知县以下。明知县杨开祀忠义祠，宜改祀名宦；国朝知县如唐懋淳、陈钟理，又允宜补祀者也；原祀陆陇其，则尤牵引无谓。查核各府、县志，所祀统部名宦，又互有参差，举废自由，未能画一。屈原楚宗臣，没于汨罗，建立专祠，亦不得援入乡贤。其应祀者，在宋惟周式、邓忠臣，而祀典反阙。府志载祀明乡贤九人：甘镛、夏原吉、易先、彭谦、邵敏、苏纯、程沂、李廷龙、吴应台；国朝乡贤二人：王之锜、吴宏道。道光二十九年，题请入祀一人：娄琇；咸丰十年题请入祀一人：周锡溥。旧志增明乡贤二人：夏瑄、涂用宾。其入祀明乡贤，而旧志并未列名者二人：傅霖、周一启。傅霖、程沂并见《楚纪》，而程沂旧志无传；涂用宾、周一启并见《选举志》，其生平事迹均无可考，而率增入祀典，舛矣。忠义孝弟祠，题请入祀者二人：明知县杨开、黄凤德。其由邑人奉祀，与乡贤重出四人：甘镛、夏原吉、易先、苏纯；专祀明孝义三人：宋瀛、宋采、张志高，国朝二人：张瑧、蒋儒英。较而论之，乡贤之祀，由来久远。国朝又增祀忠义孝弟，盖乡贤必生平、学行、事业完美无缺，而忠义孝弟则其大节一端之可纪者，所以表章人士之志行，为法至备。

历明数百年，胪列入祀，参差舛忤，讫今因漏就简，不加厘正，心滋恧焉。记曰：有其举之，莫敢废也。府志载明乡贤九人，增入夏瑄、娄琇二人；国朝二人，增入周锡溥一人：凡十四人。原祀忠义祠：黄凤德及国朝旌表孝子张瑧、左孝威，凡三人，皆无可议者。案，雍正三年，京师建立昭忠祠；嘉庆七年，通敕各省城建立昭忠祠；咸丰以后，专祠益繁，各府、县亦得援案建立昭忠祠。凡入祀忠义祠者，当以昭忠祠为准。而明制惟有乡贤祠易先、邵敏、苏纯、娄琇，皆以忠孝大节著闻，应改祀忠义孝弟祠。明知县杨开殉张献忠之难，道光二十八年，邑人请祀昭忠祠，礼部议昭忠祠无及前代者，应祀忠义孝弟祠。而杨开故有惠爱，宜祀名宦祠。邑人请祀昭忠祠者，误也。详见郭嵩焘《忠义孝弟祠题名碑记》。其应补入忠义孝弟祠者傅霖及《明史》附载《孝义传》甘准，其已入乡贤祠者，不得重祀忠义孝弟祠。此皆关典礼之大，似未宜听从各府、州、县学意为出入，致滋歧异。

补案[①]**光绪十一年**

文庙始于明初。雍正二年，并准忠义孝弟、节孝二祠附祀文庙，兼定年终汇题之例。是以从前各祠设主，各从其便，雍正以后始归核实。因考湘阴旧志：明世入祀名宦，知县四人：黄思让、孙初、宋纶、王京祥；教谕一人：史九成；主簿一人：刘昇；并追祀五代周知县一人：许可崇。国朝所祀，则皆雍正以前督部大臣；入祀贤良祠者，兼及从祀两庑之清献陆氏，凡十六人。其乡贤、忠孝二祠所祀皆明人，又多两祠兼入。国朝惟王之锜、吴宏道二人祀乡贤。道光以后，题请明知县杨开及娄琇、左孝威入祀忠孝祠；周锡溥入祀乡贤祠。其间，参差遗误甚多。光绪九年，重修文庙，详考名宦、乡贤及忠孝祠祀典，有必应厘正者，名

---

①此志刻板约在光绪七年告竣，其后在文字上编者又有修改，在原按语之后增写了光绪九年至十一年厘正四祠祀典之事。为不重新镌板，便补在《典礼志》之末，而以每行上空两格、在补页之中缝页码处注以“又十八”（“十八”，即原按语之末页）进行标示。本次整理，依据作者本意移此，标题亦为整理者所增。

宦自许可祟后，得宋名宦五人：曰余良肱、曰王定民、曰李植、曰徐梦莘、曰胡嘉元，名宦二人：曰王文彪、曰谢端，并惠绩彰著。余良肱、李植入《宋史·列传》，徐梦莘入《宋史·儒林传》，谢端入《元史列传》，皆应补人。明名宦，应补三人：曰梁汝璧；曰张灯，并应列刘昇之后、王京祥之前；曰黄仁荣，应列王京祥之后。国朝名宦尤著者七人：曰唐懋淳、曰徐良楝、曰张宗衡、曰陈钟理、曰刘体重、曰李蓉镜、曰夏廷樾。其抚部以上非有专政在湘阴者，似未宜屈祀之，县学此名宦祠之应厘正者也！至乡贤、忠孝二祠，自明以前亦有应厘正者，如屈子应祀之忠孝祠，不得为乡贤；其应祀乡贤者，宋七人：曰周式；曰邓忠臣，应列原祀许益之前；曰邓深；曰龚舆；曰彭宗茂；曰许宾卿，列许益之后。明八人：曰夏原吉、曰甘镛、曰彭谦、曰夏瑄、曰程沂、曰李廷龙；旧志有周一启、涂用宾二人，仅见《选举志》，事迹皆不能详。国朝三人：曰王之锜，曰吴宏道，曰周锡溥。忠义孝弟祠，当首屈原，宋一人曰许频；明十三人：曰易先、曰邵敏、曰苏纯、曰甘准、曰喻成龙、曰娄琇、曰胡从明、曰左天民、曰知县杨开、曰黄凤德、曰宋采、曰宋瀛、曰张志高。国朝三人：曰张愫、曰蒋儒英、曰左孝威。旧志所有，不敢变更，其兼祀二祠及有互混，稍加审定，此乡贤及忠义孝弟二祠之应厘正者也！通计国朝名宦七人，有在雍正以前，有稍出雍正以后，一皆宦迹昭著，为邑人讴颂所不忘。夏廷樾最后，亦在四十年外，取凭事迹、舆论，另行呈请。乡贤及忠义孝弟二祠，非经题奏，不敢擅加一人。所有厘正，各祠祀典相应呈请台前赏准，详定存案，以资循守，深为公便。经知县韩受卿准与具详。于是四祠各立新主，旧主大小不如式者，并销毁之。

至光绪十一年厘正四祠祀典。于是自明以来五百馀年，又上推至有宋之初，名宦、乡贤及忠义孝弟祠之祀，详征博考，稍有据依，以资观感。以有关于典礼之大者，为一邑掌故所系，补著之于篇，使后有考焉。

秩祀祠庙之外，皆泛祀也，而总其类有四：一曰沿祀。或古昔贤人有功德于民，及足迹所共莅，立庙祀之而不列祀典；或明以前本列祀典，祠庙相沿至今；或今制祀典颁行府、县，而乡村别立祠庙；或工艺之家推原事始，以私报祭；及商贾客籍修立会馆，祀所主神，皆谓之沿祀。二曰越祀。古皇列祀下及郡县，在礼为僭。唐、宋以后名臣及岳渎之祀，义无所系，而祠庙兴焉。隆其俎豆，于分为宜；语其由来，于义为诞。故曰其神是也而祀者非也，谓之越祀。三曰淫祀。祠庙丛猥，名号不经，重以附会虚诬，谓之淫祀。四曰异祀。宫观寺院，唐、宋以来相沿祀祷，有历传数百年者。《明史·礼志》如北极宫、灵济宫、灵显宫、大圆通寺、大德观、显应宫，皆以时颁祀。因汇取二氏寺观之遗，标而存之，谓之异祀。邑庙最古者曰黄陵庙，康熙七年重修，知县唐懋淳有记。案，唐长庆元年，有韩愈《黄陵庙碑记》；明崇祯六年，有余自怡《重修黄陵庙记》。县南十里青竹庙，亦祀舜与二妃。

三闾祠在县北六十里汨罗江者，相沿为汨罗庙。乾隆二十年，知县陈钟理改建玉笥山上，有《重建三闾祠记》。案，唐太和二年，有蒋防《汨罗碑记》；梁开平元年，有萧振《三闾庙记》，宋淳祐八年，有胡哲《经理汨罗庙记》；元致和元年，有刘行荣《重建忠洁清烈公庙记》；明嘉靖二十年，有戴嘉猷《重修汨罗庙记》；崇祯二年，有余自怡《重修汨罗庙碑记》。祠右有女媭祠一，在县城，旧名曰行祠。明嘉靖二十二年知县梁汝璧重修，临湘罗奎有记。案，罗记称：祠旧在广照祠，宋、元以来已失其址。是祠之建，在宋以前。旧志所称磊石山行祠、临泚市行祠，今并废。祠山庙在城北。案，祠山在广德州五里，旧为横山。唐天宝中赐号曰“祠山神”。张姓，南唐时封广德公。宋景德中，以“祠山庙”载在祀典，诏本军葺之；康定中封“灵济王”，又赐庙额曰“广惠”；宝祐四年，改封“真君”；元泰定中，加封“普济真君”，《明史·礼志》，祠山庙祀广惠王，张渤又以祠额为封号云。因考《宣城志》载《颜鲁公横山碑》云：新室之乱，野火燎其祠，建武中复立。是祠起于西汉。《四明图经》载《高闾张王庙记》云：武陵龙阳人，生西汉末，居苕霅白鹤山。欲自长兴之荆溪，凿河至广德，以通舟楫。化形为异物，驱役阴兵。夫人李氏见而异之，遂隐形遁去。居民思之，即横山立祠。《舆地纪胜》又载《张王庙碑》云：神为西汉张安世，婺州之石门有张王行庙，世称“张车骑庙”。宋稗载：神姓张，名渤，乌程县人，化为大豨，疏凿圣渎。于是詹仁泽因之编辑

《张王事迹》为祠山家世编年。是神名张㓜，至宋始详。其以为张安世者，安世之孙名张勃，附会及之也。《明史·礼志》沿作“张㓜”。《岳阳风土记》：“轩辕氏有裔子，曰张㓜，佐禹平水土，分治彭蠡、洞庭，受封于罗。”① 合诸说观之，神之附会殆由此尔。

马伏波庙，旧名升德庙，在城西濒江。案，旧志：“马援征五溪蛮，经此。”援征五溪蛮，军出武陵，无由至县境。本传：建武十七年，援讨李广皖城。会交阯反，拜援伏波将军，督楼船将军段志南击交阯。时援由皖浮江而上，正取道县境，庙祀宜也，旧志误。

关壮缪庙，在城北，曰武庙。嘉庆二年，知县李兆文有《重修武庙记》。案，武庙旧在东湖堤南。康熙二十九年，知县何诜虞始建于此，而称东湖堤南曰“古关帝庙”。其乡村祠庙不可胜纪，而专祀者二十有二。一在东湖堤南，曰古关帝庙，明万历二十九年知县杨师程建，乾隆四十一年知县李舟重修，邑人王邦光有记；一在县南二十里袁家铺西，一在县南二十里矮梓冲，并曰忠义寺；一在县南三十里新塘冲，曰二圣庙；一在县南四十里界头铺；一在县东五十里新开市；一在县东五十五里望塔洞；一在县东九十五里间塘；一在县北四十里枫树塘，乾隆二十一年掘土得关刀，即其地立庙；一在县北六十里归义驿；一在县北六十五里公悦围北，曰关圣殿，即汨罗庙故址也；一在县北八十里兰苕河；一在县北八十五里黄谷市；一在县北百二十里懒塘冲，曰武圣庙；一在县北百二十里狄家塅；一在县北百二十里扶桑山；一在县西东港；一在县西西港。而金盘围碧云寺，亦专祀关帝，其下有潭曰关公潭，泚水支津也。距关濑为近，其名当有所本。又沙田围云台山、云雷山、王通垸、九真坛，亦专祀关帝。

---

①查宋范致明撰、明吴琯校《岳阳风土记》无此语。岳州从宋太宗淳化四年（993）起不领湘阴县，《岳阳风土记》全书未载湘阴事，故此段文字出处似为他书。

文昌阁，在堤南先农坛西，左为魁星阁，右为朱衣阁。其村镇专祀者十：一在县东五十里下丰仓，一在县东五十里伍家垅，一在县东七十里源塘，一在县东七十里新市，一在县东七十里明月山北，一在县东百一十里汉家山坳冲，一在县北六十里归义驿，一在县北七十里楚塘，一在县北八十五里牛尾洞，曰梓潼庵。

灵惠庙，在县东白鹤山下，今废。案，灵惠庙，祀晋处士陶澹。宋乾道中，以祷雨有验赐庙，额曰“灵惠”。为邑庙之最古者。①

岳武穆庙凡二。一在县北营田。案，旧志：飞平杨幺于此，兴营田。本传：绍兴四年，为荆南岳鄂制置使，议兴营田，盖在襄阳、随、枣之境。营田逼近洞庭。杨幺之乱，居民盖鲜存者。飞借杨幺馀众为兵，即兴营田于此，以资馈运，事当有之。一在县北磊石山，道光十年巡抚康绍镛有记。案，磊石山岳武穆旧祠久毁。道光十年，巡抚康绍镛捐赀，属知县陈晋恩重建，并以所藏岳穆“墨庄”二字，石刻刊之祠壁，立石为碑记以识之。祠亦旋毁，同治七年重修。

名贤阁在城北三峰山，今废。案，明天启中，邑人娄琇建，祀屈子、夏忠靖、易忠节。

二贤祠在文庙西，今废。案，明成化中，知府钱澍建，祀夏忠靖、易忠节。

娄烈愍公祠在县北千秋坪墓侧，同治六年邑人田实颕等倡建。

花石岩庙。祀明烈妇何逊敏妻潘氏。逊敏，善化生员，避流寇之乱，挈家至此。忽传寇至，潘以首撞石，喷血死，士人立庙祀之。因名其地为花石岩，历久灵异特著。今庙有花石，相传即潘氏喷血石也。

喻公祠。在县东黄石滩，祀明重庆府同知喻成龙。同治十一年，邑人黄世崇求得其葬地，前已属之马氏。郭嵩焘为赎出之，于其旁立庙，以孝子杨本显配祀。

城隍庙，凡县治皆有之。而县南樟树镇，县北归义驿、大荆驿，县东新市，皆有城隍庙。樟树镇稍北，即故赤竹城也，南宋

---

①在“泛祀”之“异祀”后，已称黄陵庙“为邑庙最古者”，其庙三国刘表即已立碑，而此庙始建于宋，当非“最古”之“邑庙”。

初权立县治赤竹城，当有城隍庙，后遂移建于此。而新市城隍庙之建，实始明景泰间，谓之城隍行庙。长乐市又有都总城隍祠，以元顺帝驻跸于此，因沿为顺帝时特加封号。案，元官制有都总管、有都统制。上都建城隍庙，亦曰都城隍；都总之称，未知所本。

县北百三十里智源山、蓝家洞，均有灵官庙。案，《明史·礼志》：隆恩真君，玉枢火府天将王灵官也，宋时从萨守坚受法。永乐中立庙，宣德中封“隆恩真君”，封萨守坚“崇恩真君”。成化中敕庙额曰“显灵宫”，自是灵官之祀遍天下。而五显祠又假借灵官为名，《明·会典》载：宋时敕封显聪、显明、显正、显直、显德五王，事见《开禧敕书》，即左氏《春秋传》所述五行之官，是谓“五官”，祀为贵神是也。一云五星之精，宣和中赐庙额曰“康济”。而钮玉樵云：明太祖定天下，敕江南立尺五小庙，祀从征将士，取五人为伍之义，因名五圣庙。因考洪迈《夷坚志》已有五圣庙，郎瑛《七修类稿》又称五通神，即五圣。柳宗元《龙城录》亦载五通神。是五通起于唐时，则淫祀也，与五显之祀异。李盱江又云：五通司五行之沴气，若今天符庙。据《医经》所云：“天符岁会之气，故病者辄就祷焉。”是亦因五显之祀而展转附会者也。《陔馀丛考》已混五圣、五通、五显为一，今俗又一被以灵官之名，盖相沿之误。县东玉池山祖师殿前，亦有灵官殿。

洞庭庙凡九：在磊石山者，自汉已有之。明制，四月初八日致祭于此。顺治初，赐额曰“天地同流”，庙有建文三年铜钟；一在城西伏波庙右，唐太和三年建，道光八年重修，知县唐古特有记；一在县南三十里青泥望；一在县东七十五里新市；一在县北六十里土星港；一在县西三合围；一在临泚口；一在仁和围；一在扁担夹，与县城相望，即古涔河渚也；其在县北河泊潭之左者，曰洞庭行祠，有元延祐元年钟铭，一名“君公庙”。案，《钟铭》称：洞庭行祠，尹公施愿治之。俗以治庙人名庙，遂讹洞庭神为尹公神。

龙王庙凡五：一在城北；乾隆中建，道光二年重修，知县徐瑧有记。一在县南十八里雨坛山，居民祷雨处也；一在县北六十五里金沙洲；一在县北七十里龙王山；一在县西樟湖岭。县东堤南仰山祠，亦祀龙神。案：明时仰山祠列祀典，祀宜山二龙神。县东六十里密岩山，亦有仰山祠。

水府庙凡十有六：案，南唐保大中，封三水府神，马当为上水府，采石为中水府，金山为下水府。县境水府庙之盛，始于明世，里长承运粮米，相率祀水神，故凡里皆有之，或曰洞庭君，或曰徐王，或曰晏公，或曰萧公。其庙有专祀，有通祀。而称水府庙者十有六。一在县南白云峰。一在县东二十里黄石滩，康熙二年大水，滩石忽见"开石驱蛟"四字，盖不知何年所凿，至是始显云；嘉庆二十年重修，教谕袁承祚有记。案，袁记云：庙祀洞庭君并波斯神，据施闰章《英佑侯萧公庙碑》云：侯姓萧，名天任，淦人，生于元末。永乐十四年，遣使西洋，航海几覆，赖侯救得免，诏封英佑侯。《续通考》："永乐三年，封元萧天任水府英佑侯。"与施说小异，而至今水府庙多沿英佑侯封号，明人误以倭奴为波斯。施闰章所谓遣使西域者，使倭也。相沿以为倭神因转为波斯神。此袁记承误之由也，今俗又误"倭"为"矮"矣。一在县东二十五里竹泉港。一在县东五十里郑家坊。一在县东七十里新市。一在县北五里乌龙嘴。一在县北十五里高顶山。一在县北四十里邹家冲。一在县北四十里黄甲桥。一在县北六十里白鱼岐，康熙二十九年郭承运有记；乾隆五十六年重修，陈永谟有记。案，陈记言："庙祀徐王，相传为吴将徐盛。其墓在楮木冲。"湘阴安得有徐盛墓？语殊不经。考《明史·礼志》："金阙真人，祀南唐徐知证；玉阙真人，祀南唐徐知谔。"《九国志》：知证，昇元中封江王，进封魏王。知谔，昇元中封饶王，进封梁王。庙祀于闽，宋初赐庙额曰"灵济"。明永乐十五年，成祖梦神自海滨至，因加封号立庙祀之。于是府、州、县亦相率立庙，相沿以为水神。徐盛之祀不他见，尤与湘阴无涉。凡庙祀多涉附会，而亦各有所本，陈记误。一在县北六十里河南市，一名"都甲庙"，庙旧在涂家坪，有明成化十六年钟，国初毁于水；徙建河南市，钟未移也，相传移钟则雷电交至云。一在县北八十里桃林。一在县北八十五里麻塘。一在县北百里傅家河。一在县北百里关山冲。

县南十五里枫山塅萧公庙，亦水府庙也。县西南阳围、县北樃山，皆有徐王庙。县东石龙山庙祀神，亦曰"徐王"。县南湾河口飞来寺，旧名"水府庙"，祀神曰"晏公"。案，《留青日札》载：太祖渡江取张士诚，舟覆，有神救之。问："何神?"曰："晏公也。"《续通考》："晏公，名戍仔，临江人，明初封平浪侯，立庙祀之。"县东六十里源塘冲亦有晏公庙，皆祀以为水神。县北苏家山关山祠祀神曰平浪王，则又径易晏公封号为王矣。城西濒江徐晏庙，合祀二神，亦旧水府庙也。县南彭家坝曰靖江庙，新市亦有靖江庙，亦祀水府神。《楚南水道考》：靖江王庙，祀东吴大将丁奉。杨泗将军庙尤盛于湖以南。案，宋嘉熙二年有四郎神，封顺圣将军，旋封助顺侯。或云："神，杨姓。"或又云："杨泗将军，即柳将军。"《续通考》：明嘉靖三十二年，诏立柳将军庙。将军名匡，山东人，宋时从军战殁，尝见神于河道，为水神。以其著灵杨泗之交，故相传以为杨泗将军。县南湾河，县西韩湾围白马寺，县北归义驿、榔山丁家冲、新塘枫宸坝、球鸣桥、马厅，皆有庙。而县北二十五里彭家坝，有"青龙山庙"；七十五里白水塅，有"汴洲殿"；八十里江家河，有"锡福山庙"；百里浒田，有"七泽庙"；百一十里渡头铺，有"紫云庙"；百二十里大荆驿，有"长仓山庙"，皆祀杨泗将军。

工艺所奉，则仓圣阁在县东七十里嘉礼塅，祀仓颉，六书原始，亦一艺也。药王庙，一在城西，一在城北城隍庙西，凡治医者奉祀焉。案，药王庙祀唐孙真人思邈。自明立先医庙，祀伏羲神农黄帝，于是各府县亦相率立庙，名三皇庙。而医者所奉，惟孙真人号曰药王，先医庙配位之一也。轩辕殿，缝人所祀，一在城东，一在城西。杜康庙，酒家所祀，在城东。案，《世本》：仪狄始作酒醪，少康作秫酒。《说文》：少康，杜康也，葬长垣。《文选注》：康字仲宁，或云黄帝时宰人。鲁班庙，木工所祀，一在城东，一在城西扁担夹。案，《史记》：黄帝姓公孙，名曰轩辕。《论语注》：公输子，名班，鲁人。庙祀以名，所以为工艺之祀。而书吏所奉则萧何，名曰"案牍庙"。

其远（乡）〔商〕① 建立会馆，江西曰"万寿宫"，祀许真君

①据稿本《湘阴县志》改。

逊，在城隍庙东。案，晋许逊，旌阳县令。宋大中祥符间，封妙济真君。其南昌旧宅，名曰“玉隆观”，旋改观为宫。政和间，赐额曰“万寿宫”。县北六十里河塘市、县东七十里新市，皆有万寿宫。福建曰“天后宫”，在城东北。江苏曰“三元宫”，在城东南。案，道家有上元天官，中元地官，下元水官之名。郎瑛《七修类稿》云：天气主生木，为生候；地气主成金，为成候；水气主化水，为化候。其用司于三界以三时首月候之故，曰三元。三元正当三临官，故亦曰三官。宋景濂《跋揭傒斯三官祠记》：天、地、水三官之名，始于张鲁之祖陵及父衡，而三元日之名见于《魏书》。归有光《三官庙记》谓：“如汉茅盈之属，江苏所祀者三茅君耳，而相承为三元宫。”县北长乐市亦有三官庙。凡此之属，皆沿祀也。

其越祀，则有舜庙，在县西古皇华驿。案，皇华驿，在今仁和围，即白乌潭旧治。庙有碑，漫漶不可识。据王定民《笙竹书院记》：“县城旧亦有舜庙，定民移祀黄陵。”康熙中，知县唐懋淳始罢舜祀，专祀二妃。

版筑池庙，祀殷傅说，在仁和围老闸口。案，仁和围建于乾隆四年，版筑庙之建，义取祀始事之神。而据明洪武四年《湖潭册》，已有版筑池之名。是庙缘始，疑尚在明以前也。庙前为灵官洲，今所祀灵官神，而版筑庙犹沿旧称。穆屯庙，祀周穆王，在县北八十里穆屯。案，旧志：周穆王驻跸处。今庙已改穆屯观。

昭烈庙，祀蜀汉先主，在县东百里汉家山。案，旧志：建安十三年南征长沙、零陵、桂阳三郡，先主驻军此山，因名汉家山。

三圣庙，祀汉张桓侯飞，一在县南十三里涝溪桥，一在县南三十里杨梅山，一在县北八十里蒋家冲。案，《夷坚志·涪江张桓侯庙》：绍兴初，张浚宣抚蜀中，有死卒更生，传神语欲助顺。未几，金娄室兀术犯汉中，皆败去。浚因承制，追封忠显王。是桓侯，在南宋已有封号。

剑滩庙，祀晋许真君逊，在县北百一十里剑滩。案，旧志：许旌阳斩蛟试剑于石。今裂石犹存，因名其地为剑滩。

张公庙，祀唐御史中丞张巡，在县东飘峰山下马公坪，其村坊祠庙奉祀者颇多：一在县东五十里硖石曰“三合庙”；一在县北六十里罗家巷曰“岳府庙”；一在县北百三十里牌楼黎曰“梅仓山庙”，盖以其地梅仓山为名也。明月台，合祀唐御史中丞张巡、睢阳太守许远，即唐时所谓“双庙”者：一在县北四十里大众塅，一在县北五十里佘家冲。

县城旧有雷将军庙，祀唐雷万春，今废。案，旧志：夏忠靖公原吉始生，其母梦之；彭参政谦始生，其父亦梦之。邑人萧淮传其事，因为立庙县境及长沙东北乡。雷大将军庙之盛，自此始。而村坊附会为名者，所在有之：县南二十里洪家冲曰“雷辖庙”，道书以为南岳辖神者也；县东四十里柏甫塅曰“柏甫庙”；又东五十里新开市曰“影珠庙”；县东六十里周家坊曰“福星宫”，祀雷将军，亦兼及杨泗将军；又东七十里双龙桥曰双龙山庙，土人名之雷父庙，因转讹为“雷胡”云；又东至后二都“清溪庙”；又东至一都“塾塘庙”；县北大荆驿“荆山庙”，复讹“雷”为“黑”，案，流俗相沿，以古名将为“南岳辖神”，“黑”，盖“辖”字之转音。县东何家冲有三神庙，祀廖、彭、雷三神，以夏忠靖公母廖氏、彭大参父贵卿，均有梦徵。合祀之，则尤渎礼之甚者。

包公庙，祀宋包孝肃拯，一在堤南古关帝庙右，一在仁和围。

长湖庙，祀明刘少保綎，一在县南三十里低华岭北，一在县南四十五里馆驿桥，一在县东六十里将军塅。案，《明史》本传：刘綎，南昌人，以功进左都督。所用镔铁刀，百二十斤，天下称“刘大刀”。万历二十七年战殁辽东，赠少保，立祠曰“表忠”。

山川之祀，为一省之望者，曰南岳。东湖堤南有南岳行宫，县南二十里范家塅、县东三十里金鸡山，均有之，苏铨有《金鸡山南岳庙碑记》。县北六十里归义驿、七十里凤凰台、八十里穆屯冲之东塘，均有南岳行宫；而县东北八十里黄谷市，有黄谷庙；县东北百三十里宏山桥，有宏山祠；皆祀南岳。县北百五里长乐市、百二十里大坪塅，有二岳庙，又合祀南岳、东岳焉。南堤又有南岳辖神庙。案，《考古略》称：神，蒙古人，名阿儿思兰。元时以忠显校尉为潭州总管，监修岳庙，以廉惠集事。庙成，遂祀之。县东十里鄟家垅，县南三十里唐家坊，县北五十里营田，八十里桃林冲，八十五里踞象山，皆有之。县北九十五里新塘冲，又有南岳丁公庙。案，《龙鱼河图》：五岳有君、有将军。《癸辛杂志》载：宋时征讨皆于衡岳借兵云。衡岳庙四门，皆有侍郎神，惟北门主兵，其主司乃张子亮也。朝廷每有兵事，前期差官致祭，以开门尺寸，许兵数寓简，亦云“移铁础”。视出兵之数，出兵几万，则启门若干尺。事毕，遣使告谢，仍举础塞门。道家因附会，取古名将为南岳辖神。《明史·丁德兴（下）》，衡州人，呼“黑丁”。诏立庙祀之，故至今相沿呼黑神。

县南十里紫花台，祀神凡三：案，宋时封杨濑兄弟皆侯，曰靖远，曰镇远，曰绥远，立庙祀之。今村坊各庙所祀三神，大率沿此。县东北三十里古陂塘金月庙，〔六十里大虫段明月台〕① 并同。而县东高坊庙，祀神曰刘三总管。案，宋淳祐十一年，赐唐将刘行全、德全、待全兄弟，庙额曰“显应云神”，淮甸人，黄巢之乱，御寇有功。庙祀始于闽，祷雨辄应。其封号曰总管，当在元时，今俗相沿以为南岳大总管。

县北刘溪港有刘溪庙，小江塅有青镜山庙，并祀刘三总管。县南樟树港有白茅台，县北河塘市西有大埠台，玉笥山下有寿仙台，常家冲有九州台，又合祀刘三总管、杨泗将军，及南岳辖神。县东邓家坊庙为最大，兼祀所谓三神者焉。至武昌上下庙，云祀兄弟二神，则又广灵将军、助圣将军之遗也，而俗亦相沿以为雷将军。县西白马庙，云祀唐张（抃）〔忭〕②，为张巡部将，号白马将军，亦曰南岳大总管。案，《南岳总胜集》：“岳庙有忠靖王殿。”吴致尧碑云：王，讳（抃）〔忭〕③，唐天宝间家于滑之白马。张巡守睢阳，筑台募死士，得南霁云二人。乞师贺兰，进明弗许。二人誓云：“死为岳渎厉鬼，不放进明。”逾月，皆死。王示梦其家云：“帝命辅南岳为司徒。”政和二年，封“灵佑侯”；八年加封“佑顺

---

①据郭嵩焘《湘阴县志》稿本增。

②③据《唐书·张巡传》及本志此《案》后之“无张忭名”语改。

灵显公"；建炎初，潭州奏封忠靖王。王讳传记不一，或曰翼，或曰乂，或曰轸。据《唐书·张巡传》：南霁云、雷万春、姚訚等三十六人皆遇害。《姚訚传》又称别将二十五人，可纪者二十一人，其四人逸其姓名，内有张惟清、张重、张恭默，无张忭名。而白马神附会者尤多，或曰屈原乘白马投于汨罗，或曰屈原投汨罗有白马将军驰救不及，或曰闽王审知尝乘白马军中，号白马三郎。各以所主为名，无足深穷。

县南中塅岳府庙，祀神曰"戴公"；县东石塘庙，祀神曰"九爷"；县北卢家桥，祀神曰"六爷"：皆名为南岳总管，加荣禄大夫之称。凡此庙祀别名约有三：或曰台，如长湖古庙名锦绣台，及万寿山之高峰台，踞象山之雨师台，百丈口之花平台、七星台，浒田之献花台、高林台，牛皮滩之瑞灵台，芦箭河之禹林台，蓝家冲之影珠台是也。或曰山，如金龙山、长龙山、扶桑山、智灵山、高华山、洪源山是也，所祀神类名南岳总管，而倚附雷大将军者为多，亦或兼及水神晏公之属；或曰神，如石塘庙曰石塘神，源塘庙曰晏公神，金盆湾庙曰三圣神，外如藕花神、都亭神之属，则又兼祀其方之土神。而县南神山冲庙，亦谓之南山案。村俗相沿，不可胜纪。

其淫祀，则城北有华光祠，县南藤形岭、县西义合围，均有华光祠。祀神曰华光大帝，盖眼神虚鉴之遗。华光见《法华经》寿业师语：古灵禅师，佛虽不圣，且能放光。盖取此意，而承讹为华光大帝。

城东有车家山祠。城南有灵顺祠。祀神曰"娘娘"。或名送子，或名催生，亦郊禖之遗。自汉武帝时立高禖祠，魏以后并为坛。宋景祐四年，祀青帝，配以伏羲、帝喾，以禖神从祀；政和二年，始以简狄、姜嫄为禖神。郡县亦多建立广嗣宫，祀禖神焉。至元罢高禖之祀，而淫祀起矣。或又名送子观音，援入释氏，则尤诞也。

县东南胡鼻岩，山神庙也，而曰"昭烈圣母"。县南仙坛岭，县东九峰山，皆有仙姑庙。长乐四里垅有七仙姑庙，县西塞泚庙亦曰"刘姑圣母"。古塘围崇湖寺后有枫树二株，名姑嫂树，祀神亦曰“姑嫂二神”。县东南高家坊亦有姑嫂神，荆塘围大荆塘庙曰“荆塘神”。案，旧志：明初，每值阴雨，塘下闻鼓乐声。土人怪而掘之，获神像，覆以瓦器，为立庙祀，灵验甚著。

县东石桥湾有昌马庙。土人相传：国初，菖蒲塘掘得一神像，又同时浚井马家坝，亦得一神像。因合祀之，号曰昌神、曰马神。

县北神塘有金山七胜庙。相传：神，湖北金山人，洪氏兄弟七人。唐天宝中安史之乱，同死王事，乡人祀之，号曰“七圣”，后又或讹为“七胜”。考湖北京山县，为汉竟陵县地，晋置新阳郡为新阳县。隋改名京山县，属郢州，并无金山县名，安史之乱亦不及郢。《续通考》：宋建炎三年，金人侵临安。钱塘令朱跸战死。时尉曹十将金胜、祝威亦战殁，乡人立祠祀之，曰“金祝二太尉庙”。淳祐十年，赐庙额“灵卫”。此或因尉曹十将有金胜名，展转讹为金山七胜耳。县南金鸡垅廖家坪又有金垅山庙，祀神亦曰金山七圣。黄陵之南有蜈蚣庙。案，旧志：岳飞征杨幺立营于此，以地多蜈蚣，因为立庙。因考《明史》，洪武八年遣湖广行中书省参政吴云使云南遇害，诏立庙祀之。或当时于此立吴公庙，展转承讹耳。今土人又呼其地为虞公庙，改祀洞庭神。

县城乾元宫旁旧祀虾蟆神。乾元宫前有古井三，相传明末有人卧井侧，梦神饬虾蟆散毒井中，因守候天明，禁汲者无得取水，汲者弗信，乃自掬水饮之，遽卒，于是为立祠祀之。果尔，是神固有救护生人之功，何以当时不考知其姓名而以虾蟆名也。则亦淫祀矣。

县北管洲冲、碧塘冲，皆有程爷庙，云邑人程蒙颖有异术，祀以为神。

县东铜含口有秦神庙，牛口塅有陶神庙，栗觜头有周爷庙，飘峰山东北有周公殿。

县北夹石有张葛神，邓家冲有罗四殿，河塘狮子仑有赵公庙。

若此类者甚繁，皆不详其缘始。或曰明世粮长有毁家以纾一都之患者，死，常庙祀之。亦古者殁而祭诸社之义。而不曰祠，而曰庙、曰殿，又不著其事实，是亦淫祀而已矣。

二氏之居曰异祀，旧志所列尤繁，今略次其见存者。

在城寺观凡二：兴化寺，唐武德中建，在城北。有宋元符三年碣；明成化十二年，邑人吴寅有《重修兴化寺记》。东明观，宋绍兴中建，在城东。吕祖广济真人、刘猛将军诸祠，皆附焉。明成化六年，邑人夏瑄有《重修东明观碑》。案，碑称观建邑南八十步万寿山，莫知其创于何代。永乐十三年，文皇帝有事，于武当塑元帝像，遍率天下工巧，无称旨者。或言湘阴东明观塑像特异，因命中贵人偕工至，摹得之。亦略见当时东明观之盛。而旧志所云“建自绍兴中”者，盖亦无左证也。

县南五里，南泉山有双林寺，宋绍兴中建，古丛林也。明正德十三年，长沙府知府陆相有《游双林寺记》。嘉靖三十年，邑人阙宗文有《重建双林寺记》。稍东余池坝有慧泉寺，元至正元年建。

南二十里，寺山冲有明山寺，唐太和三年建。有铁佛寺。又西南营盘岭有西林禅院，旧名西宁庵，明弘治中建，而祠碑云“建于唐时”，寺后有洞曰观音洞。径西，文泾江有文泾寺。

南三十里，龙潭江有龙潭寺，唐会昌六年建。逶西，樟树港有法华寺，唐武德九年建，亦旧丛林也。又南，朱家冲有金山寺。径南，尖伽山有尖伽古刹，界长沙。又西，金台山有金台寺。又西，涂家坊有金凤寺。

东南十四里，黄山坝有台山寺，明成化五年建。又东，中塅有道林寺。稍东，天乐庵，庵后有岩曰普陀岩。

东南三十里，金鸡山南观冲有黄华观，唐咸通十三年建。

东南三十里，仙坛岭有仙姑观。又西，高华岭有高华寺，明永乐中建。又南，雁峰山有雁峰禅林，明成化中建。又南，雁坡有青山庵。高华岭西霞峰山有紫霞观，或云乌石寺。

南四十里，界头铺东庙塘冲有回龙庵，庵旧在仰天坡，明万历中建，后移建于此。又南，有金龙寺。

其在县东者：濒湖有泗洲寺，唐太和中建，嘉庆十八年重修，知县张若云有记。又东，万福禅林，即万缘庵。唐太和中建，康熙五年重修，知县唐懋淳有记。

东十里，板桥有板桥寺，径牛口塅至石灰岭，有大觉寺，明洪武二年建。稍南，甘家冲三峰寺。稍南，黄土塝有万善庵，康熙中建。又南，侯家湾有山辉寺。径东，藕花塘有玉玲寺，明正德十年建。初建茅庵山顶。康熙中，长沙陈氏军田捐给山地，遂移建山麓，渐次推广为名刹。又东，庵冲有吉祥寺，唐会昌六年建。又东，大塘有大塘寺。又东，乌衣塘有圣瑞寺。俗谓之“白茅寺”。又东，关山口有延寿寺，俗谓之“关山寺”。唐元和中建。玉玲寺北，闵家庵有万名庵。又北，油草塘有会仙庵、白茅庵，南蓑衣塘有福兴寺。又南逶西，九峰山有东林寺，唐太和三年建。

东四十五里，胡鼻山有仙峰寺，山半有仙坛观。东南，白霞山有治平寺，唐开元中建，唐时铜佛存焉。又东，清泉冲有清泉寺，寺有明正德十年钟，嘉庆初重修，邑人徐声亮有记。其南，雁峰山东有雁坡庵。又南，响水坑有崇福寺，唐元和五年建。径南，廖家坡有白马庵。

东五十里，密岩山有仰圣寺，旧建山北，乾隆二十四年徙建山上。

东六十里，神鼎山有资圣寺，宋大中祥符中建，僧家所谓“法门丛林”也。案，邑丛林仅存神鼎一处。稍南，清泉山有伴云庵。又南，烂柴坑有密云庵。又南，油麻坡有腾云庵。又南，庙塘冲有崇宁寺。又南，马头山有神泉寺。其东，神鼎洞有小神鼎寺，顺治九年建；其北，老虎岩有接引庵，明洪武中建；稍西，榆树山有玉佛寺。俗名榆树庵。逶东，萝胜洞有石云寺。又北，狮子石有准提庵。逶东，张家洞有复兴寺。又北，盛家峺有西方庵。

东六十里，玉池山有玉池古刹，梁乾化六年建，中有祖师殿，明吉王施大铜镜寺中，色黝黑，像皆铜铸。稍北迤东，伍家垅玉池寺，明弘治十三年建，案，玉池寺旧名“光教寺”，唐太和中建，在玉池古刹东。明弘治中徙建，改名“广福寺”。乾隆四十六年改名“玉池寺”。有弘治大钟。西出梅林江有梅林寺。

东六十里，达摩山有明心寺。俗名“达摩寺”。稍西，茶子坡有法华庵。俗名“苏家庵”，为明季苏氏施宅。又东，龙象山有龙象寺。俗名“□田庵”。又西，象鼻山有老人庵。径南，廖家坡有白马庵。

东六十里，白鹤洞有白鹤观，唐大中三年建。稍西，双狮洞有竹林庵，顺治十八年建。西北，翠昕山有慧日庵；东北，翠屏山有藏经殿，明崇祯八年建。又北，刘家洞有福胜庵。稍东，静德山有法云寺，康熙七年建。又东，横塘有柏树庵。又东迤北，牛富山有福缘寺。稍南，清水塘有水镜寺，明万历中建。又南，三斗垅有源塘寺，亦明万历中建。

东七十里，大龙山有大龙寺。又东，毛家坊有般若禅林。俗名“鄞家庵”，明季举人鄞之馨施宅；庵左有“慈悲庵”，之馨妻桂氏施宅，今废。其南，太原山有等觉寺，宋绍兴中建，亦古名刹也。又南，垂钟石有钟石寺。又南，青石坑有青坑庵。又南，陈家洞有广善寺。又南，真珠山有真珠庵。稍东迤北，松伽山有松伽庵。又东，庵冲有祇园庵。

东八十里，飘风山有湘峰寺；山半，有碧云庵。其南，石子岭有云鹤寺；其北，芭蕉洞有慈云庵。迤西，麻石山有林泉寺。又南，雨坛岭有云集寺。又南，石门源有石门寺，唐开元中建。径西，苏溪塅有延寿寺，俗名“枫梓寺”。明永乐三年建。稍北，寺山冲有如伽庵。又北，沙溪市有报国寺。

东南九十里，隐居山有宏济寺，寺碑云“汉末鲁子敬建”。东北，三枣坑有永福寺。又东，戴公塘有金凤庵。其西，上任桥有上任寺。又西，铜盆市有铜盆寺。稍北，龙护山有龙护寺。其东，隐居山西云台山有九龙庵。又西，许家冲有沧海庵。南出周家冲有宝林寺。径南，汉家山山脚冲有昙云庵。又北逶西，冷水冲有塾塘寺。冷水冲北灵鹫山，旧有灵鹫寺，今废。

东北七十里，管沙塘有福林寺，宋太平兴国中建。俗谓之“少天王寺”。又北，高岭有天王寺。又北径西，元山塅有华严庵。又西，新塘冲有洪山寺。又北，金鸡冲有普静庵。又北，天平山有甘棠寺。又北新市有寺二，曰心月禅林、曰自在庵。新市旧有白云庵，明天启中建，今废。

其在县北者：

五里，乌龙觜有水口寺。稍北，汤家山有关山寺。逶东，铁家汉有华严寺，宋绍兴中建。又北，三峰山有中峰寺。旧名“伽蓝庵”。稍东，寺坝有观峰寺。径东，寺前垅有云静寺。又北，庵冲有鼎峰寺。又东，金凤山有善慧观。

北三十里，禄塘铺有金陵寺，顺治中建。又东，杨梅塅有慈济禅林，俗名“杨梅寺”。唐太和三年建，亦旧丛林也。又东，杨梅铺有万福寺。又东，旷公桥有国泰寺，宋治平中建。逶南，瞿家湾有莲香庵。径西，归义镇西高泉山有普济寺。俗名“高泉寺”，明夏忠靖公读书处。寺有泉，甘美。

北三十二里，清明山有福寿禅林，旧名“天竺庵”，俗谓之“清明寺”。明成化五年建。北出新桥有显庆寺，唐会昌中建。径北，锡江口有武当寺，明洪武中建。西出大湾有嗣兴禅院。俗名“大湾寺”。又西，逶南清平塅有清平寺。又西逶北，营田东寺塅有青山寺，唐贞观元年建，有明成化二十一年钟。案，青山寺即古万寿寺。《宋史》“太平兴国七年，湘阴万寿寺松根芝草生”，即此。

其在汨水北者：

六十里，武夷山有永庆观，俗名“武夷庵”。明宣德中建。又北迤西，望湖桥有望湖寺，嘉庆十八年建。又北，河南市有澄岚庵，康熙三十三年建。又北，河塘市有水月禅林，宋太平兴国元年建，亦古名刹也。径东，翁家洲有南阳寺。又东，吕览渡有福禄寺，五代唐清泰中建。又东，杉木仑有山峰寺。稍北，草鞋洲有白沙庵。迤东，小江塅有净土庵。又北，楚塘有莲花庵。又北迤东，廖家坝有乾山寺。又北，徽山冲有兴隆庵。稍东，道冲有道冲寺。在瑞灵台北。又东，青陵冲有青陵寺，顺治中建。又东，寺冲有龙泉寺，在黄谷市北。唐元和十年建。又东，庵冲有片峰庵，在太平铺南，唐太和元年建。又北，关山铺有宝林庵，唐贞观中建。又东，丹霞冲有丹霞寺，唐太和元年建。又东，长冲有高山观。又东，毛家冲有显坛观。径北，新塘铺有万松寺。又东，莲花塘有莲花庵。又北，大荆驿有禅林寺，梁贞明中建。又东，潘家塝有大募寺，唐太和中建。

北八十里，凤凰台有瑞云庵。稍东，白水塅有永隆庵。又北，寺冲有安国寺，唐贞观元年建。又北，曾家垅有祇围庵。又东，虎形觜有塝塘庵。

北八十里，桃林有云济寺，唐元和十三年建。稍东黄土坝有万松林寺。又东，麻塘有庆司庵。

北九十里，穆屯有穆屯观。径西，新塘冲有永兴寺，在磊石山东。磊石山旧有万寿寺，唐元和中建，寺藏有明永乐四年地契。

其在罗水东者：

六十五里，刘家洲有戴花寺。又北，枫树坪有福星寺。又北，红花山有崇善寺。又东，枫树桥有岳峰寺，明永乐三年建。稍南，东塘冲有崧山寺，唐元和十五年建。稍东，天井山有天井寺。径东，三波桥有祈福寺，唐大中十三年建。稍北，傅家河有茶摩庵。

东北百一十里，长乐镇有佑圣观，唐咸通十年建。逶东，龙头湾有上仙堂观。又东，枫树塘有小山寺。稍北，操场坪有极乐观。稍西，鲁公塘有师公庵。又西，曹溪冲有曹溪寺。径西，汊塘湾有龙形寺。又北，天寿山有马嘶寺，唐太和中建，寺旁有天寿寺。逶西，石塘山有永兴寺，唐元和中建。稍北，江背塅有万善庵。又北，渡头铺有西乾寺，梁贞明十年建。又北，曾家冲有天竺庵。又北，刘思桥有皇庆寺，梁乾化中建。

东北百二十里，智源山有福果寺。稍西，庵土冲有魁岩寺。又西，龙形山有龙寿寺，宋太平兴国元年建。逶南，智源洞有大龙庵，稍东，雁坡岭有戴臼庵。又东，蓝家坊有上集真观。又北，洪山桥有下集真观。逶西，南冲有云阳寺。径东，福缘山有道山庵。又北，寺冲有般若寺。俗名“大龙山寺”。又北，马家冲有法华庵。稍西，道观冲有天德观，宋太平兴国元年建。又西，梅花塅有延寿观。径北，黄石滩有孔雀庵。逶东，濠湖仓有灵应庵，顺治十一年建。稍南，虎榜山有一举庵，康熙三十二年建。径西，水石桥有水口寺。又北，孙家洞有摩诃禅院。又北，洪源洞有九龙山寺。

其在县西者：

沙田围东响龙山有保安寺，五代晋天福二年建，亦古名刹也。径西，麻沙洲有云来山寺。其北，文洲围有普济庵，康熙三十八年建。径北稍东，有清水矶寺。又北稍西，有来福寺。又北稍西，羊古脑有钟陵寺。东北，鲇鱼岭有金沙寺。又北，神头山有来圣寺。径西，石马头有芦花寺。又北，茶湖潭有玉潭庵，雍正元年建。又西北，荆塘围东闸口有新泉寺，乾隆中建。极西，福星围高沙岭有高沙寺。径东，义合围有飞来寺。西北，临泚口有泗洲寺。其北金鸡港，有吉祥寺，唐会昌六年建，今废。又北，佘家垸有云济寺。

又北稍东，锡福围有锡福寺，明成化中建。北有团洲寺。又北稍西，聚贤围南有金口寺。北有竹影寺，今锡福、聚贤均毁于水，惟存寺基而已。径南稍西，塞泚围有乾口寺。其北乔山围，有乔山寺，今废。又北，畎口山有胜林寺。径北，玉照山有玉照寺，今移建青山下之鰕湖山。

凡寺皆祀观音，其专以观音名寺者沙田围观音阁，正临乔口，晋义熙二年建；新市观音寺，唐开元中建；桃林观音阁，有明弘治五年大钟，亦曰大钟寺；归义观音寺，明正德中建；县南棘山岭观音寺，一名飞来庵；县东小影珠山有观音庵。县北百四十里，洪源洞亦有观音寺。盖湘阴一隅地，而二氏之祀百有馀区。为稍录存其名，以知古今寺观之遗焉。

湘阴县图志卷第二十四

学校志

自三代创立学校，人心风俗之原必基于此。其典礼多可纪者：汉武帝令天下郡国立学校官，仿蜀郡守文翁之法，招下乡子弟充学官弟子，为除更繇，高者补郡县吏，次为孝弟力田。于时郡国皆置文学掾以主之。元帝时，又置五经百石卒史。平帝元始三年，广立学官：郡国曰学，县曰校，置经师一人；乡曰庠，聚曰序，置孝经师一人。郡、县官学生实仿于此，而乡学、社学亦始此云。

隋、唐州县及乡并置学。学官有博士，有助教。学生视县上、下为额。湘阴中下县，置学生三十五人。开元二十一年，敕百姓得立私学，欲寄州、县学者听，于是学校遍于里闾矣。

五季学校弛废，至宋庆历四年，始令府、州、军、监立学，由转运司选部属官为教授。熙宁六年，改由中书门下差遣。然其时天下州、府学官五十三员，荆湖南路仅潭州一员而已。元祐元年，令诸郡皆置教官。元符二年，行三舍法，州补上舍一人、内舍二人，岁贡之，则岁贡生所自始也。案，《汉书·儒林传》：博士官，补弟子员。郡国县官上二千石，察可者与计偕，诣太常，受业一岁，通一艺以上，补文学掌故；其高第为郎中。《唐书·本纪》：州县学生，州县长官补长史主焉。每岁仲冬，州县馆监举其成者送尚书省。是州县学历汉、唐为选举之一途。自宋以太学充贡始，一出于太学。崇宁元年，始令州县立学，并置主学官；县学生三等。湘阴中县，置学生四十人。由县学选升州学，三年贡大学。州给常平钱，县用地利所出，及非系省钱，充养士费。而州县主学官，由转运司差署。终宋世，皆以知县官兼领。

元升湘阴为州，置学正一员，由行省及宣慰司选授。自是学校始有专官。学生以十五人为定，多者至数十人。

明仍元制，府曰教授，州曰学正，县曰教谕。而湘阴仍为县，县学生二十人；案，《汉书·儒林传》“增置博士弟子员满百人。”《魏书·儒林传》“置五经博士生员千馀人”，为生员之名所自始。分置训导二人，各训十人。案，《唐书·百官志》：岁终考学官训导多少为殿最。明世设训导，专司训课。其名盖沿于此。给月廪米，人六斗，而学官加给月俸。其教以专经，又以礼乐、射御、书数分科设教。案，洪武二十五年，定礼、射、书数之法。礼者，颁行经史、律诰、礼仪等书，须熟读精通。射，以朔望习于射圃。书，依名人法帖。数，务通九章之法。而乡试中式者，亦以骑、射、书、算、律五事试之。是乐、御二者，统于礼，而乡试之骑即御乡试之律，又礼中之事也。其后，复命增广生员，不拘额数。宣德元年定府、州、县增广生员，悉如正额；又有额外生，谓之入学寄名。正统十二年，始准考选待补增广员缺，谓之附学生员，无定额。其后，附学生日众，始以岁、科两试高等者充补禀膳及增广生。县间岁贡一人入太学，率以廪膳生员久次者充之。自明初取入学额。属之巡按御史及布、按两司。正统元年，置提学官，专以按察司副使佥事提督学政，而湖南统于湖广提学。万历四十一年，分置湖南提学。凡在学者以岁试六等定其优劣，行赏黜，谓之岁考。继取一二等为科举生员，谓之科考。

国朝府、州、县学额，悉如明制。顺治四年，令取录附学生员，上学四十人，中学三十人，小学二十人。十五年，改定府学二十人，州县上学十五人，小学四五人。康熙九年，加定中学十二人，取录学额。康熙十二年，令岁、科两考均照额取录。雍正二年，始令各直省人文最盛州、县，小学升中学，中学升大学，大学升同府学，于是大学定额十五人者反为中学矣。而自康熙六十一年以后，登极、覃恩，大学加取七名，中学加取五名，小学加取三名，亦为定制。咸丰元年，兵事起，令各直省、府、州、县报捐军饷，加广学额。中额，每银万两，加广永远学额一名，仍以十名为限。于是咸丰七年、八年，巡抚骆秉章两次题请加广湘阴永额十名；咸丰十一年，署理巡抚翟诰题请以湘阴捐款，加广长沙府学永额二名。其馀捐款，以银二千加广一次学额一名，亦以次举行焉。同治五年，陕西巡抚刘蓉奏，知府易佩绅所部果健营报捐积欠勇粮银六千五十两；福州将军英桂奏，闽浙总督左宗棠报捐未领养廉银一万两，均照加学额一次。而提督彭芝亮，亦以积饷银捐广学额。湘阴岁、科两试，取入学额，遂增至二十五名。其应广一次学额，仍分年加广，率至三十四五人。其廪膳生二十名，增广生二十名，悉仍旧额。

武学始于宋庆历三年，未几罢，熙宁复置。至崇宁时，始令考选升贡法悉仿儒学，而以州都监领教谕事。宣和中，复罢州、县武学，寻复置之。南宋以后不复置。明正统六年，设两京武学，以教谕、训导各一员领之。崇祯十一年，令府州县皆设武学提学官，一体考取。案，宋时，武学所习武经而已。明则取武官弟子娴骑射者，送学读书，谓之“武学生”。十年以上业无所成，追廪还官，送营操练。是武学生黜退送营，犹儒学生黜退充吏也。崇祯以后，始以校武取士矣。国朝仍之，统归儒学官管束。其后，推广学额，文、武学一并加增。

湘阴立学，始于宋元丰六年，知县王定民有记。案，旧志称：创始庆历四年。据《宋史·选举志》，庆历四年始令府、州、军监立学，其县学始于崇宁元年。王定民记：因邓氏家学移建孔子庙，盖犹私学也。其时上距庆历已三十九年。若据邓氏家学为言，则当祥符、天禧之交，又在庆历四年以前二十八年。盖自宋初创立书院之名，各县官民皆仿为之。其在汨罗者，当为唐以来旧学之遗。其后亦改称书院，此皆可推考史传而知其大略者也。崇宁初，徙建学城东义胜坊，即今学也。案，旧志：王定民建学于笙竹书院，崇宁中以地濒江改建。据王定民《笙竹书院记》邓氏青竹之馆谋迁邑舜祠前，定民因易舜祠为孔子庙，犹仍“笙竹书院”之后，不名学也。崇宁初，实始立学，不得名徙建以孔子庙。肇始定民，故存其原始于此。南宋初，徙县治，学废。绍兴二十四年，知县徐梦莘，出公钱三十万修之。淳熙中，建仰高亭于大成殿后仰高山上。案，崇宁四年，诏文宣王殿以“大成”为名。政和三年，颁“大成殿”名于诸路州学。庆元三年，知县黄荣始立学舍，置田。宝庆元年，知县林采建尊经阁。案，旧志：邑人邓綍有《尊经阁记》，今无可考。嘉熙元年，知县赵希鄂重修。案，郑旭《重修大成殿记》称：“宋学肇始王定民，而赵希鄂踵成之。”《希鄂传》亦载其修学事。旧志乃不一及之。元季毁于兵。

明洪武二年，知县黄思让修复旧学，并建进德、修业二斋。正统中，知县田赋加修。天顺元年，毁于火，知县汪让稍新之。至成化二十一年，县丞郭宾复修，李本有记；案，李记称：县学岁久颓圮，成化丙申，教谕林锐请于巡抚刘敷，命知县梁辅司其费。旋各以致政去，县丞郭宾、主簿覃广继成之。盖发端林君，而成于郭君，记载甚详。其时，知县事为周蕃，故旧志系之周蕃，又称宣德间知县宋纶、正统间知县田赋重建。以时考之，洪武二年己酉至宣德纪元五十七年，又十年正统纪元，又四十三年为成化丙申。其间，宋纶、田赋数年之间两次修葺，必有一误。黎淳《科贡题名记》载“己酉重建”。己酉为宣德四年，而明《一统志·宋纶传》不载其修学事，《田赋传》有之，此必为一事，旧志误分尔。其天顺元年，知县汪让因火重修，见夏瑄《重修县署记》。其时，距成化丙申又只二十年，而云“岁久颓圮”，此所不能详矣。主簿朱敏相继建文昌阁于大成门西，已又建立名宦、乡贤祠，而因文昌祠基为之，又移文昌祠明伦堂前。案，《明史·礼志》：道家以梓潼掌文昌府事及人间禄籍，至元加号帝君，而天下学校亦有祠祀者。是文昌之祀于学，宋、元已有之。邑学至是始有文昌祠，其改建明伦堂前者旋亦颓圮。雍正十一年修，乾隆十五年重修。至嘉庆三年，文昌祠升列祀典，不复更祀于学。其后五十四年，为嘉靖十七年，知县蔡金建櫺星门，改治頖池。案，《明史·礼志》：文庙在太学东建大成门，门左右列戟二十四，又前为櫺星门。其后，嘉靖九年令天下文庙通立櫺星门。据《明史·礼志》，圜丘坛内，壝去坛十五丈，四面櫺星门，外垣去壝亦十五丈。门制同文庙，立櫺星门。盖以圣人况天尔，而櫺星门未详何说。因考《后汉书·祭祀志》制郊北为重坛，外为壝，重营四通道以为门，中营神五星之属，外营神二十八宿之属。《隋书·礼仪志》：圜丘坛四成，五星列第二成，二十八宿列第四成，众星三百六十座列内壝之外。宋制为坛三等，星辰皆从祀。天圣六年，始筑外壝，周以短垣，置櫺星门。盖以众星三百六十环壝四面，故谓其门曰"櫺星门"。明制，圜丘坛二成，设星辰位从祀，而外壝仍相沿为櫺星门。《汉书·郊祀志》："令天下立灵星祠。"贾逵云："灵者，神也。是天田星之祀，亦假灵为名，言者附会农祥之义，迂矣，其易灵为櫺。"《说文》："櫺，楯间子。"盖门下为横櫺，亦以櫺象星尔。又五十一年，为万历二十年，知县（爼）〔祖〕① 守节复修之，邑人涂用宾有记。案，涂用宾记称："始修于洪武四年，再修于前令杨公。"盖在宏治初。考湘阴县学，修于成化二十一年，旧志系之周蕃，以周蕃知县事，学始成也；杨玺继之，或又稍补其缺，故涂记又系之杨玺，其实一事耳！旧志载知县黄震昌、张燈、王京祥、黄仁荣续修，黄震昌、张燈嘉靖末任，王京祥、黄仁荣万历初任，相距皆不远，当与爼〔祖〕守节为一事，涂记言黄震昌、张燈、李应春、刘芳声、王京祥、黄仁荣，俱泽在士林，不言其修学，大率小有葺治，非兴修也。又三十二年，为天启四年，知县黄秉乾重修，衡阳陈宗契有记。

国朝康熙三年，知县唐懋淳修，郑旭为之记。旋更三藩之乱，至二十三年，知县吴士俊重修。三十四年，署知县董绍舒重修，黄州张希良有记。四十三年，训导毛凤翙以学署地建名宦祠，邑人蒋常尊有记。案，旧志称：成化中，长沙府知府钱澍创乡贤祠于文昌阁西，而又以名宦、乡贤二祠并列。据蒋记：名宦旧无祠，寄祀乡贤祠中。是当时合祀名宦、乡贤于一祠，是始分建。其后，雍正元年，知县罗士修稍有修葺，未尝更新也。雍正八年，建魁星阁、迎秀门楼。案，魁星之祀，顾炎武《日知录》：主奎星。盖据《孝经援神契》，"奎，主文昌。"然《星经》载，奎十六星，无言

①据稿本《湘阴县志》及湘阴现存旧志改。

主文昌者。钱大昕《十驾斋养新录》："主魁星。"盖据《史记·天官书》，"斗魁戴匡六星为文昌宫"，故文昌魁星并祀，于学并起自宋时。《养新录》亦据《新定续志》谓：始于南宋，至明始盛。邑学魁星之祀，旧志无考，雍正八年以魁星阁久废，改建学旁迎秀门楼。乾隆十二年，知县徐梁栋重修文庙，有记，又有邑人吴宏道记。又加修頖池石阑，邑人杨枝建有记。案，雍正元年，令各省、府、州、县学宫及祭器应行修葺，愿捐修者听。徐记：由绅士汇资三千馀金。至是州、县文庙皆由捐修矣。三十八年，知县李郁文重修；邑人李世泮，亦涓广学署地基焉。至道光五年，知县徐鋐重修，则一由士绅主之，绘图阙里，略仿其规模。大成门左，曰名宦祠、曰忠义孝弟祠；门右曰乡贤祠，曰诗礼堂，皆有外垣。建钟鼓楼于大成门外左右，又前左为毓粹门，右为观德门，又前宏道门；外有太和元气坊，其前頖池也。又前圣时门，又前櫺星门，左右二坊，左曰金声，右曰玉振。又前宫墙，左门榜曰"德配天地"，右门榜曰"道冠古今"。大成殿后，左门曰"景行"，右门曰"仰高"。神庖神厨，夹两门之中。案，《明史·礼志》载："门外东为牺牲厨，西为祭器库。"《阙里志》："在大成殿后。"祭器库在庙右，前为斋宿所，又前为演礼堂。而建节孝祠观德门外，东向。

康熙二十五年，御制孔子先师赞，及颜、曾、思、孟四配赞，颁行各府、州、县学，刻石大成殿内壁左右。大成殿前，建立御碑亭，左刻圣祖仁皇帝御制碑文，右刻高宗纯皇帝御制颜、曾、思、孟四配赞。崇圣祠前甬道，建立世宗宪皇帝册封孔子五代王爵碑。案，圣祖仁皇帝训饬士子文、世宗宪皇帝谕正士习、高宗纯皇帝谕正士习、谕正文体，皆宜勒石学宫，以广教思。其康熙四十三年御制平定朔漠碑，雍正三年御制平定青海碑，乾隆十四年御制平定金川碑，乾隆二十年御制平定准噶尔碑，皆告成太学；直省、府、州县学，亦得刊立石碑，以光盛典，皆所宜举行者。道光三十年，建尊经阁仰高山上，通计前后捐修工程五万馀金。其专修大成门、櫺星门頖池及各坊，分别承办，不在此内。亦有捐广左右地基者，皆别具其事于碑。咸丰元年，知县庄心庠详请援例给冠带。于是湘阴县文庙规制宏丽，遂甲于湖以南。自康熙二十二年御书“万世师表”扁额，颁直省文庙恭悬。其后雍正二年颁额曰“生民未有”，乾隆二年颁额曰“与天地参”，嘉庆二年颁额曰“圣集大成”，道光二年颁额曰“圣协时中”，咸丰二年颁额曰“德齐帱载”，同治二年颁额曰“圣神天纵”，光绪七年颁额曰“斯文在兹”，遂为纪元盛典。

明伦堂为学中讲堂。案，《后汉书·本纪》：永平十五年，幸孔子宅，御讲堂，〔命皇太子、诸王〕① 说经。自宋时立学皆有讲堂之名，始见《元史》，其名当亦起于宋时。堂两廊为斋舍，堂后为学官宅。明初立学；学官或一人，或二人，未有定制，而颇重其选。故洪武时，史九韶以教谕祀名宦。至正统中，始定县学教谕一人，训导二人，生员二十人，分住两斋，谓之“坐斋”，斋以一训导领之。县学置斋二：曰进德，曰修业。案，《通考》：元丰二年颁学，令太学置八十斋。学舍名斋，自宋始。《元史·选举志》：元祐二年定升斋等第，上两斋曰游艺、曰依仁，中两斋曰据德、曰志道，下两斋曰时习、曰日新。斋别立名，自元始。生员入学十年，学无所成及有过，送部充吏；所犯重者，发充附近儒学膳夫斋夫，满日为民，俱追廪米。故明制待士最优，教士亦最严，其后诸法寖废不行。而终明世，生员食廪膳者犹存坐斋之名。

至国朝，通生员皆入月，学宫置斋舍而不坐斋，斋舍亦废。明伦堂东北隅立卧碑，起于明洪武十五年，颁禁例于天下学校，镌勒卧碑，不遵者以违制论。顺治九年，定卧碑八条，颁刻学校。一、生员父母愚鲁或有为非者，当再三恳告，使不限于危亡。　一、生员立志学为忠

---

①据中华书局点校本《后汉书·明帝纪》增。

臣清官，凡利国家爱民之事，更宜留心。　一、生员居心忠厚正直，读书方有实用，出任必作良吏；若心术邪刻，读书必无成就，为官必取祸患。常宜思省。　一、生员不可干求官长、交结势要，希图进身。　一、凡有司官衙门不可轻入，即有切己之事，只许家人代告，不许干与他人词讼。　一、为学当尊敬先生，若有讲说，须诚心听受，毋妄行辨难。　一、军民一切利病，不许生员上书陈言，如有一言建白，以违制论，黜革治罪。　一、生员不得纠党多人，立盟结社，把持官府，武断乡曲。所作文字，不许妄行刊刻，违者听提调治罪。　其洪武十五年，颁行卧碑八条：一、毋轻至公门；一、劝戒父母不得非为；一、一切军民利病，农夫、商贾皆可言之，惟生员不许；一、生员有学优才赡、治经通澈、年至三十愿出仕者，准将述作文字，呈本教官具呈提调正官，亲赍赴京，奏闻面试；一、尊敬先生；一、为师长者，竭忠教训；一、提调正官常加考校，行其奖黜；一、在野贤人君子练达治体敷陈王道，许赴有司告给文引，亲赍赴京面奏，不准坐家实封入递。　其后又增饬例禁十二条：一、说书以宋儒传注为宗，行文以典实纯正为尚，剽窃异端邪说者弗录。一、天下利病，诸人皆许直言，惟生员不许。一、事不干己，辄便出入衙门，以行止有亏革退；若纠众打帮骂詈官长，为首者问遣，馀尽革为民。一、习举业，不许浮夸怪诞、记读旧文，冀图侥幸。一、生员考试不谙文理，廪膳十年以上发附近充吏，六年以上发本处充吏；增广十年以上发本处充吏，六年以上罢黜为民；未及六年发社。一、有司朔望行香，迎至明伦堂讲书。一、诈冒籍贯及原系娼优、隶卒，及曾经犯罪，问革、变易姓名，访出拿问。一、岁贡，府学一年，贡一人；州学三年，贡二人；县学二年，贡一人。一、应贡生文理不通，另取补贡，不许但挨次滥补。一、选贡，府学二人，州学、县学一人，以充恩贡。一、子午卯酉年科举，初场试四书艺三道，经艺四道，文限六百字；二场试论一道，表一道，判语五条；三场试经史、时务策五道。一、教官贤否不齐，一考再考，无进改，送吏部别用；其不肖者，不必考文学，即送按察司问理。明伦堂西南隅，明天顺三年刊立科贡题名碑，华容黎淳有记。案，明制：学官考课，以科举为殿最，县三人为最，故为题名碑，以纪其胜。今题名碑记皆无存者。乾隆中，邑人蒋继楷摹朱子所书忠孝廉节，刊于岳麓书院讲堂者，泐石置明伦堂左右。

学有射圃，以习射，亦明制也。洪武三年，令郡县学诸生皆习射，于是因文庙后圃为射圃。嘉靖五年，制敬一箴，颁天下府、州、县学，使各建亭于文庙后，曰敬一亭。知县黄震昌建敬一亭于射圃前，亦建射亭曰观德亭，其后析射圃地为启圣祠。国朝废射圃，益虚其地为崇圣祠前甬道。敬一亭前有山曰仰高，宋淳熙三年建亭其上。明成化四年，税课局大使黄杨因其基修复之，曰仰高亭。乾隆二十一年重修，知县范元琳有记。岁久倾废，道光三十年，始因仰高亭遗址建尊经阁。

尊经阁，藏庋典籍，盖亦起于宋时。案，《文献通考》：知江州周述，言庐山白鹿洞学徒数千人，乞赐九经肄习；其后，知潭州李允则，亦乞以书藏岳麓，诏赐书院名，并赐中秘书，为郡县学颁发书籍之始。宝庆元年，知县林采建，案，旧志称：尊经阁，知县林采建，邑人邓绰有记，记文未著录。醴陵丁椿《尊经阁赋序》称：宝庆旃蒙作噩，舟泊湘阴，翘首江上，层阁乃邑大夫林公新建于环庠，扁曰“尊经”。乾隆二十一年，邑人杨茂论《尊经阁记》称：邑尊经阁，宋元祐中知县林采建，误。以贮东林义学之书。案，《玉海》：大观二年，赐诸州藏书，阁名稽古阁。旧志未著录。其基在仰高山后，明所建敬一亭遗址也。乾隆二十一年，邑人胡孔义复于其地建尊经阁。自明永乐中，命儒臣辑《五经四书性理大全》颁于学校；宣德中，又颁《五伦书》，每册首盖以御宝，皆藏于学，为学官职掌。嘉靖三十年，邑人李廷龙又捐置《性理大全》、《家礼仪注》、《资治通鉴》。

国朝康熙以后，颁发书籍见于学册者，曰《圣谕广训》，曰《御制朋党论》，雍正三年颁；曰《剌恶诗》，雍正四年颁；曰《上谕文武和衷》、曰《外官相见仪注》、曰《文武属员相见仪注》，雍正九年颁；曰《上谕儒释道书》、曰《允吕留良四书讲义》，雍正十一年颁；曰上谕二百七十二册，雍正十三年以前节次颁；案，康熙以后，历朝上谕均颁发府、县学，而学册多失详。曰《文庙供献祭器乐器图》，乾隆元年颁；曰《十三经注疏》、曰《二十一史》，乾隆三年颁；曰《钦定四书文》，乾隆六年颁；曰《钦定史》，乾隆七年颁；曰上谕十册，乾隆八年颁；曰《御纂周易折中》、曰《钦定书经传说汇纂》、曰《钦定诗经传说汇纂》、曰《钦定春秋传说汇纂》、曰《御纂孝经集注》、曰《御纂性理精义》、曰《御选古文渊鉴》、曰《御纂四书日讲解义》、曰《五子近思录》、曰《朱子全书》、曰《大学衍义》，乾隆十一年颁；曰《御纂资治通鉴纲目三编》，乾隆十三年颁；曰《清汉书上谕》，乾隆十六年颁；曰《钦定周官义疏》、曰《钦定仪礼义疏》、曰《钦定礼记义疏》，乾隆二十二年颁；曰《御选唐宋诗醇》，乾隆二十八年颁；曰《祭祀仪注》，乾隆三十年颁；曰《御纂周易述义》、曰《御纂诗义折衷》、曰《御纂春秋直解》，乾隆三十五年颁；曰《御制乐善堂文集》、曰《御制乐善堂诗集》，乾隆三十七年颁；曰《大清律例》，乾隆四十一年颁；曰《吏部处分则例》，乾隆四十八年颁；曰《学政全书》，乾隆四十九年颁；案，《学政全书》凡十二册，其雍正颁一部二册，乾隆十年颁一部，十三年颁一部二册，乾隆七年、乾隆二十一年颁一部八册，前八册缴。曰《钦定文庙乐谱》，乾隆五十二年颁；曰《佩文诗韵》，嘉庆五年颁；曰《军卫道里表》，嘉庆十九年颁；曰《大清通礼》，道光八年颁；案，《大清通礼》二十四册，乾隆二十七年颁一部一十二册缴。曰《礼部则例》，道光二十七年颁；案，嘉庆十四年颁一部缴。曰《钦定黜异端以崇正学四言韵文》、曰《御制性理论》，咸丰三年颁。案，《学政全书》载：乾隆元年，颁发《律书渊源》于各省书院及所属各学，又令各督抚动用存公银两购买《十三经》、《二十一史》颁发各学。其御制各书，自康熙四十五年颁行直省刊刻传布以后，历有颁发。乾隆九年始令各省督抚藩司，每学每种给发二部，以备士子钞诵。其御纂"三礼"，俟告成后再行颁给。当时各学给领参差，故所藏互异。即《学政全书》所著录未经给领者，尚多也。

其邑人捐置书籍见于旧志者，曰《十三经注疏》、曰《二十一史》，乾隆九年王之锜捐；曰《二程遗书》、曰《朱子全书》、曰《张子全书》、曰《宋名臣言行录》、曰《薛敬轩读书录》、曰《王学考》、曰《呻吟语质疑》、曰《松阳讲义》、曰《吕子节录补遗》，乾隆二十一年杨士洁捐，并归学署藏庋，经乱以来，无一完者。咸丰七年，邑人郭嵩焘与教谕邹孔撍、训导黄一鸣收辑残缺，置之尊经阁，郭嵩焘有记。同治五年，黄一鸣捐置：曰《十三经注疏》、曰《二十一史》、曰《皇清经世文编》；邹孔撍捐置：曰《皇清经解》、曰《佩文韵府》、曰《朱子全书》、曰《船山遗书》。

书院肇始宋初，即学也。案，唐制：州、县立学，百姓亦得立私学，其寄州县学者听。开元二十六年，令里别置一学，仍择师教授。其时学制，若今书院。《文献通考》：南唐昇元中，白鹿洞建学馆。其石鼓书院，唐元和中衡州李宽建。唐时，百姓听立私学。石鼓书院之起，亦私学也。其时但名学馆，宋初始有敕赐书院之名，其敕赐四书院置助教兼令在职官提举，亦即学制也。庆历以后，始令天下置学。淳祐六年，敕建潭州湘西书院，州学生月试积分高等，升湘西、岳麓书院生，又积分高等升岳麓精舍生。潭人谓为"三学生"。是书院又在州学上，疑当时法制初立，未归画一。州县学亦或名书院，其由敕建书院者宜在州学上也。元始定各路设教授、学正、学录，府、州设教授，下州设学正，县设教谕，书院设山长，而教谕、学录升学正、山长，学正、山长升教授。于是，书院与学始分，而同置官领焉。山长又位教谕上者，县皆有学，而书院著录必在名胜之地，故稍重其任，而其制仍与学无异。明始一出于学，中叶以后，始有书院听州县自置，以辅学校之不及，不复置官领矣。宋元丰八年，知县王定民建立笙竹书院，实为湘阴置学之始。旧志列次书院：在宋曰笙竹书院、案，王定民记：濒江青竹之馆，邑民邓咸建。既久旷废，乃易舜祠为孔子庙改建。其时云建学于南浦，则犹在邑南笙竹圻也。案，笙竹圻东，犹名书院冲；亦名其江，曰书院潭。曰汨罗书院。案，《通志》载：元至元间，茶陵张希辙充湘阴清烈书院山长。元封屈原清烈公，书院亦以为名。在明曰仰高书院，嘉靖三十二年知县张燈建。国朝乾隆十二年，知县徐梁栋因府馆旧址改建，仍曰仰高书院。嘉庆十四年，知县李其丰改建城南，为明察院行署旧址，东、西凡十二斋：东曰敬业，曰居仁，曰存诚，曰崇德，曰富有；西曰乐群，曰由义，曰养性，曰尚贤，曰日新，皆各为院。而外门左右置二斋，东曰明道，西曰正谊。前为讲堂，后为先师庙堂，讲堂后为魁星阁。旧设生员正课十名，附课十名；童生正课二十名，附课二十名。咸丰七年，知县诸桓加广生员正课五名，童生正课十名。光绪四年，左爵相宗棠捐银五千两，充书院、育婴堂经费，外一千二百两新修三斋，曰兴诗、曰立礼、曰成乐，修藏经阁房二间，贮捐置书籍；其三千两捐充膏火；增生童正课三十名；馀归育婴堂。李尧栋、李铨士捐新斋地基长七丈、宽五丈六尺，常肇赓、李世芳承修，亦动用书院经费钱四百千有奇。自宋以来，书院掌教曰山长。乾隆元年，令书院聘请院长，必须“经明、行修”足为模范者，其后遂定书院称院长，不得复称山长。其村坊市镇建立学馆，曰社学，其制与书院同。宋邓氏义学，天禧中，邑人邓咸建。元丰六年，改建笙竹书院。东林义学，案，旧志：邑人张迪以东林义学监书无所贮，请于郡复旧学，知县徐梦莘成之。梦莘修学为绍兴二十四年事，义学当建于绍兴以前。县东盐泉塅东林庵，旧志称唐太和三年建，疑宋建义学其地，因以为名。亦社学也。明初教士一出于学，罢书院之名，百姓立学皆曰“社学”。洪武八年，诏天下立社学，各州、县、乡、社皆有学。正统元年，令社学生补儒学生员。其儒学生员岁试等下者，六年以上罢黜，六年以下发社充社学生。其时城东府馆西亦有社学，旋废为税课局。案，明制：州、县学岁贡生，于太学视宋制太学贡充之，法尤较优，故士皆出于学。所谓社学，实古家塾党庠之义。中叶以后，学制渐弛，而社学废、书院兴矣。乾隆元年，上谕以书院导进人才，广学校所不及，令府、州、县学并建，无递升之法，则书院实古侯国之学。大哉，圣言足尽书院广学之义。盖《岁甄录》：生员之良者，肄业书院，犹宋三学递升之法也。《通考》以为宋兴，未有州、县之学，先有乡党之学，所见殆舛。国朝亦申明社学之制，湘阴仍以税课局改建社学。顺治中，令提学限定名数取准社生，而其制亦无可考。康熙八年，巡抚周召南檄州、县建义学，取诸生中“学充、行端”者二人为学长，督课生童；月朔，州县官亲临考课，捐资奖励，造就人才，多者注以“上考”。知县唐懋淳建义学学宫之左，旋废。

其各乡家塾义学，旋建旋废，所在有之。顺治中，杨邦宗捐置杨氏义田，建义学，是为“马公坝杨氏义塾”。乾隆二十年，知县陈钟理有记。乾隆中，易宗爵捐置易氏义田，建义学，是为“复兴围易氏义学”。嘉庆二十一年，宁乡袁名曜有记。百馀年来，无复存者。今县北桃林教场有四姓义塾，凤凰台大湾头有彭氏义塾，凤凰台义塾，彭宏发妻许氏建，捐置田五石。大湾头义塾，彭思齐建，捐置田十石。县东八尺坳有张氏义塾，六都有吴氏义塾，上洞冲有虞氏义塾。

州郡试士曰贡院，肇始唐时，亦曰试院，而县无闻。《唐书·选举志》：诏明经、秀才、俊士、进士，县考试，州长重覆。自唐以来，乡贡士皆历县试。案，唐制：乡贡皆怀牒自列于州、县，试已，长吏以乡饮酒礼宾贡之。此为乡贡历乡试之证。州、县学生，州、县长官补长史主焉。此为县学生历县试之证。至宋而所举日多，然大率不过十馀人，故州有试院而县无试院。案，《四库全书提要》：邓忠臣《同文馆唱和诗》十卷。同文馆本高丽使馆。忠臣等同考试，即其地为试院。其《问柳子文》诗注称：同舍十九人，犹今同考试官也。是宋时京师试士，亦假诸馆院为之。顺治九年，定各州、县考试照入学例定名数，县考取二倍，府考取一倍。其入府学者，即于各州、县内量拨，不必另送。据此，县、府试当沿于明，而明制府学生仍别行录送。康熙三十九年，令府、州、县考取童生，不必限数。自是，应考者始日多矣。湘阴考试向在县署；乾隆五十年，始于文庙旁隙地建立考棚，其西云路门有射堂以校武焉。知县李昺有记。光绪三年，增建东云路门，各为阁道以避雨雪。郭嵩焘有记。

宋至道二年，赐茅山书院田，为学田之始。皇祐以后，稍增赐诸州学田；熙宁四年，定州给田十顷为学粮。其后崇宁中，州、县皆置学，得用地利所出，及非系省钱，充养士费。大观二年，又给天下学田；绍兴二十一年，籍庵院绝产，并拨以赡学。于是学皆有田矣。湘阴学田，实始庆元三年。知县黄荣立学舍，置田养士，而今无可考。惟东湖水利，自宋隶之学，亦名学湖；嘉定间为豪民侵占，学官黄乙、晁百乘等复之，案，宋时主学官由转运司差署，与今书院院长略同，故不列入职官。至今犹存。案，旧志载：学湖水利，东抵禅林寺，西抵土瓦陶圻，南抵双林寺，北抵县岸。嘉庆十七年，邑人彭畴具控熊德志、王永泰据占学湖。道光二十六年，教谕刘书棠重理其事，而熊氏实受之刘文彬为世业，无由夺之。因查学湖，自宋时已有侵占，今所贻留者犹宋嘉定时晁百乘所清理者也。明洪武十四年《丈水征课图册》载：东湖晁受轻一户；课米一石五升；西湖王谷保一户，课米二石八升。所称晁受轻一户，犹沿晁百乘为名。盖自宋筑南堤，已析堤左右为东西二湖。侯延年诗“卧虹堤影东西水”，是东西湖之称，必自南宋始矣。晁百乘清理学湖，亦仅能据旧籍指东湖言之。于是东湖为学湖，而西湖为民湖，相沿已数百年。嘉庆以后重谋清理，皆据旧志所载四至为讼端，而其地已多无可考，故略为论著之如此。元至元二十三年，诏江南州县学田岁入释奠外，廪给师生及士之无告者，又今振贫粮之缘始也。明洪武十五年，令天下府、州、县田租入官者悉归于学，俾供祭祀及师生廪饩；设直学一员，司出纳。故明世赡学田为最丰，皆免科田地也。国朝一例改归民田，而学租听学官经理，仍其田曰“学田”。顺治十四年，定各州、县学租归学政衙门，为修学及赡给贫生之用。湘阴学田原额田塘二百六亩九分，内成熟田塘一百七十四亩九分。内袁家铺田三十五亩，团仓坪田九十三亩，长仑铺田十亩，许家坝田六十八亩九分，通报荒田三十二亩。计中则田九十五亩九分四厘，亩纳租八斗；应得租七十六石七斗五升二合。下则田七十八亩九分六厘，亩纳租四斗。应得租三十一石五斗八升四合。科租微矣，学册载租一百一石八合七勺。盖其间中则塘二亩三分、下则塘一十三亩六分五厘，并未计租故也。内每年由学官完饷银二两九钱一分，漕米一石五升七合二勺，南米五斗八升一合七勺。每租一石，照例价扣银四钱。岁支文庙、文昌宫诞期祭费银一十一两，修理文庙银六两，看守文庙斋夫工食银二两，额解振贫银一十一两七钱二分三厘。此明以来相沿之学田，由学官经理者也。

其学宫田，由邑人捐置者：曰乔山围田一百五亩五分八厘八毫，内乾隆二十一年，黄禹选等捐田二十五亩，地名小石灰洲；馀皆置买民田。曰三合围田五十亩三分，内乾隆二十一年，席世琰捐田二十五亩三分；嘉庆三年，杨世盛母易氏捐田二十五亩，地名傅家山。曰锡福围田二十五亩三分，乾隆二十一年，朱开贻捐，地名栗头冲，知县范元琳有《捐修学宫田记》。曰仁和围田四十九亩三分，内荀玉琢捐田二十六亩三分，地名大湖寨，馀皆置买民田。曰突峰田五斗三升，嘉庆九年，常世理捐，地名赵家塘。曰葛家坪田六斗二升五合，道光元年，王存典捐。曰荻湖围田六石八斗，道光十三年，彭宏显捐。案，此田旋亦售出。曰三塘桥田三石七斗八升，曰熊家塘田四斗，咸丰三年，熊厚安捐。曰鸦雀塘田四斗，曰牛口疃田四斗；同治元年，张鹤汀捐，地名张家坪。曰学正街铺屋一所，咸丰元年，何启发捐。曰樟树镇铺屋一所，同治十二年售出。以备文庙岁修及祭祀之用。同治十三年，焦北纯、鄷焕斋、王恭让等捐石灰冲田二斗六升；光绪元年，龚猷献等续捐置牛口埛田一石一斗七升，作文庙长香费。

其春秋释奠相礼生，亦有膳田：曰五仑铺田三石二斗七升，则乾隆十六年知县徐梁栋清理公田拨充者也。文昌祠旧附祀文庙，乾隆三十三年，生员郭炯等捐置御洗沟祭田三石七升为惜字会，教谕李大绅有记。

其后嘉庆初建立文昌阁，又有公置香火田，归庙僧经理，亦提存谷二十石，备岁修之需。

书院旧有蒋家桥田八石八斗，明御史李廷龙置，钱匡均有记。案，钱记称：置田一十二石，秋粮六石六斗，岁入租九十五石，在县北四十里蒋家桥鸦雀塘。旧志云："八石八斗"，盖除报荒二石二斗尔。乾隆四年，知县梅廷模议修书院，请以鳊鱼、芦林二潭鱼利，发交绅士生息。至乾隆十二年，知县徐梁栋以鱼利积存银，创建书院。其膏火之费，由绅士捐置者：曰锡福围田二十亩，举人蒋常泰捐。曰塞泚围田二十八亩六分，生员胡天健捐。曰义合围田一十九亩九分，生员蒋继统捐。曰仁和围田二十亩，监生李天楫捐。其时科租八十七石而已。乾隆十三年，县丞顾见田监修文洲围西港石闸，镜渡湖水得以疏泄，涸出湖地六百六十七亩，募民开垦。知县徐梁栋，因请拨入书院五百亩，其一百六十七亩留充文洲围公田。乾隆二十三年，生员徐豫来复捐入马眼围田四百亩。于是，师生廪饩为丰矣。其后陆续捐置：曰铁家汊田六斗，乾隆五十年，刘月有捐。曰鲇鱼冲田一石九斗，嘉庆十六年，熊光盛捐。曰塞泚围田十亩，嘉庆十七年，王翼先捐，地名罗家湾。曰龙家桥田四斗，嘉庆十七年，龙受明捐，地名彭家背。曰杨家冲田六斗，嘉庆十八年，蒋尊傅捐。曰新塘湾田五斗七升五合，嘉庆十八年，黄荩臣捐。曰马公坝田一十七石四斗一升五合，内原置田一十二石二斗七升，咸丰以后续置田五石三斗四升三合，共失额田一斗九升八合。曰陶家巷田四石四斗六升，曰邓家塘田二石八斗二升，曰陈家铺田二石一斗，曰文洲围双莲湖田一石，道光四年置。曰枫林塘田五斗，咸丰七年，何海环捐。曰罗家墩田八斗，咸丰八年置。曰袁家铺田七斗，曰烧酒塘田五斗，曰铜含口猪背垅田九斗，同治三年，吴长滨等捐。曰三阳围田一十三亩，同治四年置。曰西塘田五斗三升，曰麻塘田七斗，曰汪家坡田一石七斗，同治十年置。曰傅家冲田六斗。案，傅家冲另有园土二所，每年合折租八缗，供书院祭祀之用。其芦林潭草山，则乾隆二十八年知县刘善模因案拨入；太和围麻子塘草山，及龙鬒夹草山，则嘉庆十七年，知县陈光诏因案拨入。其后，又捐置保合围草山，又置东门外房屋二所，镇朔门外房屋一所，其书院右旁隙地为菜园，亦岁有租入，皆归董事经理。而围田拨充膏火者，值开垦之初，募民承耕，亩纳银五钱或三钱。至嘉庆初，议加租课，致成上控，知府陈三辰饬亩加银二钱。道光之季，水患频仍，积欠日多，书院几至停废，始议清查田亩，照民田承佃。咸丰七年，知县诸桓拨入义成围田二百五十二亩，肄业诸生课额亦有加焉。案，义成围为王家寨私埂，未经升科者。而车头岭故有税，则稍为外堤自护而已。以困于书差之诛求，捐充书院膏火田四十石。

考棚自乾隆五十年修建后，邑人杨世盛捐三合围田二十亩，知县李昺有记。杨宗烈捐三合围田七亩五分，田荣然捐三合围田十亩，颜宗德捐南阳围田十亩，周旬宣捐佘家垸田十七亩，为岁修经费。

其后，嘉庆二十三年，廪生胡先聘等捐办县试卷费，又得酬塘湖田六十三亩。胡先聘、危胜万、殷昆烈、汤达五、罗良富、唐孔，上六姓公捐田十石，以五石捐入文庙，以五石捐充考棚卷费。其后并归入考棚。自是，岁科县试，发给卷价。道光以后，酬塘湖田毁于水，卷价无从取办。至二十四年，蔡培耀捐入荆塘围叶家托田八十亩九分，渐次推广，并府县试卷一例捐办。二十八年大水，围田决溃无馀。邑人郭徵畴乃议合并文庙公款，岁科两试承办试卷。案，卷价每本五文，按人数多寡预备。县试礼房规费二十七千一百文，府试礼房亲供册结规费四十五千文，院试礼房亲供册结规费四十五千文，兵房规费共四十七千五百文。生员岁试卷价每本十二文，科试卷价每本四百八十文，府学岁科两试卷价每本并四百八十文。其抽解费，岁试每牌银七钱五分，科试每牌银二钱五分。其乡试卷亦归公备办，按科举生员名数，由董事经理。咸丰元年，知县庄心庠通饬公田之在诸围者，一应堤工，由民户摊修，钱漕不在免科之列，由知县捐赔，亦从郭徵畴之请也。

同治四年，蔡先治之妻易氏捐田五十石五合三勺，内沙田围杨家湾田一十一石九斗七升，荆塘围白水村田一十三石四斗八升九合，王通围新托坪田八石六斗九升四合七勺，仁和围黄华六柱田一十一石九斗五升，黑泥头田三石九斗一合六勺。充学官月廪。故事，入学生员贽见学官，送卷覆试，曰“印卷费”，至是始议裁免。于是内阁中书易堂俊、湖北候补道吴炳崑、贵州候补道郭仑焘、候选训导郭峰焘、候选理问吴汇菁，创设兴贤局，又益推广捐输。陕西候补知府彭符甲、浙江候补知府虞绍南、举人焦作猷等踵成之，续置宾兴田：曰义合围田五十九亩五分四厘六毫，地名一柱、二柱、五柱，李其源之妻蔡氏捐。曰仁和围田六十二亩七分六厘，地名盘盘山，蔡培炜捐。曰仁和围田三十二亩三分，地名六十号、三柱，吴玉枫捐。曰金家塅田二石六斗，康家坪田六斗，易碧裁、唐荫廷、何诚裁、何仁裁、吴顺理、杨崑山、杨慎徽公捐。曰谭家大坵田五斗四升四合，义社堂捐。曰荆塘围南塘湾田二石九勺，吴云樵捐。曰牛口塅井湾田一十三石五斗二升，又金家塅田三石八斗，曰孙家垅田一十石六合五勺，曰彭家坝田九石八升，曰蛇丝塘田三石三斗五升，曰新塘冲田一石三斗三升，曰桃花塘田六斗一升，曰荆塘围走马鞘田二十四石四斗一升，曰沙田围陈家湾田一十三石三斗二升八合，曰万家坪田三十一石八斗四升六合，曰汪家塅田五石六斗一升，曰曹家塅田二石六斗五升，曰棋星坪田四石七斗五升，曰喻家塅田一十九石二斗七升，曰戴家垅田五石八斗一升五合，曰青垅冲田一十一石七斗二升五合，曰豹山冲田一十五石四升五合，曰私塘冲田九石三斗九升，曰斗仑坝田六石九斗二升，曰唐家山田四石八斗四升，曰周家坝田二斗，曰何家桥田二斗二升，曰王家桥田八斗，曰杨家井田二石五斗七升五合，曰坞塘田三石三斗五升，曰吴仙垅田二斗九升，曰显庆寺蔡家坝田一十二石三斗五升五合，曰萧家塅田一十一石五斗二升，则皆捐赀公置者也。所置房屋，曰玉带街屋一所，以建兴贤堂；曰学门口铺屋一所，曰衙横街铺屋一所，曰三井头铺屋四所，曰丰厚街铺屋一所；曰衙后街屋一所，仓屋一所，衙门口屋二所。而以所置田提充学租一百六石五斗二升一合；岁致两学官月廪谷各四百石，学书门斗半之，馀存以备完粮及田庄岁用之需，仍由学官年终开报。其府学印卷费，每岁科试，合致钱一百九十二缗，间年合致钱一百二十八缗，由兴贤堂致送。

举人赴礼部试拔贡、优贡及京官初次入都，各致路费钱四十缗。恩贡、岁贡、副贡二十缗，具呈县、府以申于督抚司道，存案为永制。

湘阴县图志卷第二十五

物产志

湘阴物产，向无专纪。屈原作《九章》玉笥山，中有《橘颂》，盖述当时物产也。《史记·货殖传》："楚地饭稻羹鱼，果蓏蠃蛤，不待贾而足。"今湘阴俗实然，其物产微。自唐、宋以来，不入贡额。明《一统志》："长沙各县出葛布、斑竹。"《一统志》："湘阴出鸬鹚。"《通志》："湘阴出鹧鸪。"唐郑谷《鹧鸪》诗："雨昏青草湖边见，花落黄陵庙里啼。"为《通志》所取证，然郑谷适在县境闻鹧鸪，遂以入诗，非邑专产。见于传纪者如此。《周官》"司徒"辨山林、川泽、丘陵、坟衍、原隰之名物，总其类曰动物，曰植物。山林动物毛，植物皂；郑众注："皂物，柞、栗之属。"川泽动物鳞，植物膏；郑众注："膏物，杨柳之属。"康成云："膏当为櫜，莲芡之属，有櫜韬。"丘陵动物羽，植物核；郑康成注："核物，李、梅之属。"坟衍动物介，植物荚；郑康成注："荚物，荠，荚、王棘之属。"原隰动物裸，植物丛。郑康成注："裸物，兽浅毛者；丛物，萑苇之属。"湘阴东南皆山，其西泽国也。大川环之，南为冈陵。西南濒江，地平衍；而北则原隰之地焉。是以物产无甚丰者，亦颇皆有之。

于谷则稻，凡二种：曰糯，曰粳，皆有迟早，各数十种。又有陆稻，曰"干禾"，俗谓"粳"，曰"黏"。据《说文》："稴稻，不黏者。"《方言》：江南呼"粳"为"秈"。秈，即"稴也"。然则"粳"当为"秈"，而"糯"为"黏"。而粳中又自有黏、不黏之分，一种稷稻，尤不黏者，俗名“麻黏”，亦皆被以黏名矣。今制，南漕有粳米、秈米，盖又专以白粮为粳。而湖南漕运，征收稜米，凡禾密而谷实长，曰“稜”。

粟，案，《说文》：“粟，嘉谷实也。粱，禾米也。稷，齋也，五谷之长。”《尔雅翼》：“古不以粟为谷名，凡米有稃，曰粟。”据《说文》“粱、粟皆非谷名。而九谷中，稷、粱二者，诸家皆假粟为名。”《尔雅》“粢，稷”，郭注：“今江东呼粟为粢。”《礼记疏》：“稷，粟也。”陶宏景云：“粱，粟类。”李时珍云：“粱，即粟也。”徐锴又据《本草》：“稷即穄，一名粢，楚人谓之稷，关中谓之糜。”是又以稷为黍。《本草》：“稷之黏者为黍，粟之黏者为秫”，即《说文》所谓“秫，稷之黏者”。稷也，黍也，粟也，秫也，直混为一矣。《农书》又言：“黍、稷同类，粱、粟同类。”近程氏瑶田《九谷考》，据郑注《月合》“首种谓稷”，今诸谷、高粱最先定稷为高粱、粱为粟，段氏玉裁、王氏引之皆主其说。而考古人言禾、言苗、言嘉谷，皆主粟言。《说文》：“禾，从木，象其穗。”《淮南子》：“禾，穗垂而向根。”《孟子》：“恶莠，恐其乱苗。”莠与粟相似，惟粟穗屈而倒垂，即禾字象形之义。《诗》“诞降嘉种，维秬维秠，维糜维芑。”郭注《尔雅》：“虋，赤粱；粟、芑，白粱、粟。”《说文》释禾为嘉谷，而释黍为禾属。而黏则所谓禾，嘉谷实指今粟言之。而别释稷为齍者，又以齍盛为义。《周礼·小宗伯·六齍》郑注：“齍，读为粢。六粢，谓六谷。”稷为五谷之长，故得专粢名。郑训“五谷”：麻、黍、稷、麦、豆。《月合》：“中央土。”食稷，稷主土，为五谷之长，故以名官，非谓其早种也。粟者，稷实，后世通名为粟，而稷之名隐矣。《礼记章句》以粟青者为稷，亦曰青粱，黄白者为粱。此亦误。稷主土，色黄，赤、白二者为别种。青者，实小，今人亦罕种之。五谷皆有别种，不得专以青者为稷也。

黍，《尔雅翼》：“黍有赤黍、黑黍。”《诗毛传》：“秬，黑黍；秠，一稃二米，亦黑黍。”《齐民要术》：“黍亦名穄，有赤、白、黑、青、黄五种。”《尔雅》：“众，秫。”郭注谓“黏黍”。《说文》：“黍，禾属。而黏糜，穄也，黍之不黏者。”黍、稷、粱，皆有黏、不黏之分。今俗顾反之，以黏者为糯，而以不黏者为黏。

玉蜀黍，《本草》：苗叶似蜀黍而肥小。亦似意苜，苗上别出一苞，故名苞谷，亦名玉米。疑此为九谷粱，别种内则黄粱，当指此。《农书》名高粱为蜀黍，因名此为玉蜀黍。

粱，案，《曲礼》：“粱曰芗萁。”《礼记章句》“萁，茎也。粱茎高大”。《汉书·五行志》“萁服”，颜师古注：“萁，草，似荻”。《广雅》：“荻粱，木稷也。”是粱，称芗萁，正谓今高粱。《经传通言》："粱者即粟。"《农书》所谓黄粱、赤粱、白粱是也。六谷之粱，当即《说文》穄穈也。《本草纲目》："卢穄即蜀黍，以其叶似卢，故名芦穄，与黍为类而大，故名蜀黍。"《农书》亦谓之"蜀秫"。《广雅》："䅟，䵖、榜程，穄也。"䅟有坚义，榜程有高大义，实今高粱也。贾思勰以黍为穄，苏恭以稷为穄。传注家多从贾说，因据粟以为粱，而谓古无蜀黍，其误久矣。《农政全书》言今人以蜀黍为秫，而不知有粱秫之秫。《说文》："秫，稷之黏者。"崔豹《古今注》："秫，稻之黏者。"苏颂《图经》"秫，黍之黏者"。孙炎注《尔雅》："秫，黏粟。"其实，黍、稷、稻、粱黏者，通名为秫。《广雅》："秫，糯也。"《晋书·陶潜传》："公田二顷五十亩种秫。"即今糯稻。

麦，《广雅》："来，小麦；麰，大麦。"吴普《本草》："大麦一名穬麦。"别种荞麦，名乌麦，凡二种：曰甜荞，曰苦荞。

麻，《尔雅翼》："麻有实，曰苴；无实，曰枲。麻实亦曰黂。"今俗牡麻，名花麻，色白。苴麻，名子麻，色青，子亦不任食。《本草》："麻子味甘。"李时珍云："大麻亦曰黄麻，即今火麻，入药品。"古麻，谷食，亦充边，实常品，不应古今异产。《本草》："胡麻，亦名巨胜。"陶宏景云："胡麻，绩黑者为巨胜。"沈括云："胡麻，西域种，张骞得之大宛。"王氏《诗稗疏》："巨胜见《纬书》，胡麻见《本草》，皆出六国。"未是。胡麻，周时已布于中国。《嘉祐本草》：曰"油麻"。寇宗奭云："比胡地之麻，差淡。"《名医别录》："胡麻生上党川泽、青蘘，巨胜生中原川谷。"胡麻与巨胜，及《嘉祐本草》之麻，自分三种，有中国产，有西域产。古麻亦自分可食者、可绩者，而统名麻，子，统名蕡，房，统名荸，音转为苴，俗呼芝麻；又荸、苴音转，一作脂麻，言有脂油也。今人通谓胡麻，西域种，而麻之名隐矣。

豆，《尔雅翼》："九谷，菽居其二，有大豆、小豆。"《说文》："尗，豆也；荅，小豆也。"李时珍云："大豆，黑白、黄褐、青斑。"《吕氏春秋》："大豆圆。"《诗毛传》："荏菽，戎菽也。"《笺》云："大豆，今豌豆，正圆。一种白，一种斑。最大者蚕豆，色紫褐，亦名大豌。"《管子》："伐山戎，出戎菽布之天下。"郭璞云："今胡豆即此。"李时珍云："小豆三四种。"邑产：曰绿豆；曰白小豆，俗名饭豆；曰黑小豆，穞豆也，俗名药豆；曰棕豆，俗名泥豆，其蔓生者曰藊豆，俗名蛾眉豆；曰刀豆，亦名挟剑豆；曰豇豆，荚长，盈尺而小，俗名豆角荚，有紫、白、青、斑数种，皆入蔬品。一种荳豆，野豆也。《本草》"一名鹿豆"，即《尔雅》蔨鹿藿。

薏苡。《本草》：薏，苢仁，列草部上品。《本草纲目》入之谷部，《授时通考》

从之。《农政全书》："叶似黍。"李时珍云："苗似芑黍，一名芑实。"内则黍稷、稻、粱、曰黍、黄粱。五谷各分数种，不应专出白，黍，黄粱。疑白黍即此黄粱，则今玉蜀黍耳。

于蔬则芦菔，俗名萝蔔。《尔雅》："葖，芦葩"。郭注："宜为芦菔。"一曰莱菔，河北曰"蔓菁"，郭注《方言》"芦菔"，江东谓之温菘、蘴䓒、芜菁，赵魏谓之"大芥"。是莱菔亦兼菘、芥之名。《经典释文》：葑作蘴。《诗》："曰葑曰菲曰葍，盖一类别种。《尔雅》：（非）〔菲〕①，芴"。《广雅》："芴，土瓜，亦曰薏菜。"郭璞云："似芜菁，赤色，即今胡萝蔔。"陆玑《草木疏》"菲似葍"。郭璞云："葍、大叶，根如指，正白，即今野萝蔔。

菘，俗名白菜。《埤雅》云：菘性凌，冬不凋，故字从松。别种二：一曰黄牙白，一曰乌茎白。

芥，俗名青菜，《本草》名腊菜，三种：曰青芥、曰紫芥、曰白芥。

荠，俗名簵菜，二种：曰大荠、曰小荠。《尔雅》：菥蓂，大荠。郭注：亦曰老荠。小荠，曰沙荠。

芸苔，俗名油菜。《授时通考》：一名台芥，种出西域云台城。

菠薐，俗名菠菜，一名赤根菜。西域种，《唐会要》：波罗国献菠薐菜。

莙荙，俗名甜菜。

同蒿，《授时通考》云：形、气同蓬蒿，故名。

藜蒿，《尔雅翼》："藜，茎、叶似菉。"王刍可"蒸为茹。"崔驷云："藜似蓬，名蓬蒿，茎红，一名红藋。"凡蒿类皆可食，而略分青、白二种。《尔雅》："蒿，菣蔚，牡菣。"郭注："今人呼青蒿为菣。"牡菣，无子者。是青蒿得专名蒿，蔚亦青蒿种。《本草》："一名齐头蒿。"《尔雅》："蘩，皤蒿。"郭注："白蒿。""莪，萝"。郭注："今莪蒿也，亦曰蘪蒿。"《说文》作䒖。《本草》："一名抱娘蒿，抱根丛生。"《埤雅》："一名角蒿，结角，长二寸许，俗名四月豆。"《尔雅翼》："莪即蘩，始生为莪，大为蒿，盖白蒿也。"《尔雅》："苹，藾萧。"郭注："今藾蒿也。""萧，荻。"郭注："即

①据《尔雅》改。

蒿。”崔驷注司马相如《子虚赋》：“薪萧，一名薛。”陆玑疏：“叶青，白色。”郑注《礼记》：“萧，芗蒿。”《说文》，“萧，艾蒿也。”陆玑疏：“荻，蒿，或云牛尾蒿。”《尔雅正义》：“薪，萧蒿别种，俗名牛尾蒿。”是苹、萧当为一种。《尔雅》：“购，蔏蒌。”郭注：“蒌，蒿也。”陆玑疏：“叶似艾。”二者皆近，艾为白蒿别种。《尔雅》：“拜，蔏藋。”郭注：“蔏藋亦似藜。”《正义》：“名灰藋，一名藋蒿。”蒿种繁，皆野生，亦有可种者。

芹，二种，曰白芹、曰紫芹，统谓之水芹。陆生者曰陆芹，《尔雅》：“芹，楚葵。”《说文》别出莶，云“菜，类蒿”。陆德明《尔雅音义》云：蕲古芹字。

苋，苋凡五种，邑产但有赤苋、白苋。《尔雅》：“贵，赤苋。”郭注：“今苋菜，赤茎者。”荀爽易云：“苋，叶柔，根坚且赤。”是又以赤苋为正。董遇亦云人苋。人苋，今白苋也。别种曰马齿苋，《本草》：“又分二种：大叶者名豚耳，小叶名鼠齿。”

冬苋菜，茎叶俱似戎葵，近秋种之，次年夏始易畦，治他蔬。《农书》因有春葵、秋葵、冬葵之名。此正古之食葵入冬尤良。《尔雅》：“莃，菟葵。”郭注：“叶有毛，汋啖之滑“。疑即此，今俗亦名锦葵，为药。冬苋，《南州记》：“东风菜，陆生，作羹，人甚重之，已不能辨其为葵矣，俗又讹东风为东苋耳。”

蕹菜，《南方草木状》：“蕹叶，似落葵而小。”《授时通考》：“蕹者，壅土成，南方之奇蔬也。”《菜谱》不录。今蕹菜有二种：曰子蕹，曰藤蕹。据《尔雅》：“蔠葵，蘩露。”郭注：“承露也。”《正义》云：“葵类之可食者，后世所谓藤菜。”陶宏景云：“落葵，一名承露蕹。盖蔠声之转耳。”《南方草木状》所谓“蕹似落葵”，正据今子蕹言之，实亦蔠葵之属。

葵，《农书》：“葵有紫茎、白茎二种。叶小者为鸭脚葵，四时可种，不人常蔬。而葵别种颇繁。”《尔雅》“蘵，黄（除）〔蒢〕。①”《本草》谓之苦蘵，《唐本》云即龙葵也，亦谓之苦葵，大者蜀葵。《尔雅》：“菺戎葵。”郭注：“今蜀葵也。”俗谓之黄葵，子可食，亦谓之向日葵。《左传》：“葵犹能卫其足，遂以此一种专葵之名矣。”

莴苣，《说文》：“蘧，菜也。”《本草拾遗》谓之莴苣，结台曰莴笋。

苦苣，《广雅》：“荬，（蘧）〔藘〕② 也。二种，曰香荬，曰苦荬。香荬，形似

---

①据《尔雅》改。

②据《广雅疏证》改。

莴苣，亦有台，不可食；苦荬，叶稍歧出。”《尔雅》：“荼，苦菜。”徐锴云：“苦菜，即野苦苣。”《嘉祐本草》：“苦苣，即野苣，野生者，又名褊苣。”《诗毛传》：“芑，菜也。”陆玑疏：“芑，菜，似苦菜。”《齐民要术》云：“即蘧也。”与香荬一种，叶稍长，亦名苦蘧。然则《诗》曰：荼，曰苦、曰芑。皆此一物尔。

苜蓿，西域种，《汉书》作苜蓿，俗谓之木耳菜。

藿，《诗毛传》：“藿犹苗也。”李善引《说文》：“豆之叶也。”今《说文》作尗之少也。俗亦名“豆藮。”《类篇·草木萌》曰：藮，即许君所谓少也。

薇，项安世云：“蜀人谓之大巢菜。”苏轼诗名“巢菜”为“元修菜”，即此。一名野豌豆。《尔雅》：“柱夫，摇车。”《正义》引《本草拾遗》：“翘摇，蔓生如登豆，俗名野蚕豆，亦名小巢菜。”陆玑诗疏：邛有旨苕。苕，饶也。幽州人谓之翘饶。茎叶可食，如小豆藿。翘摇，蔓生，类薇，亦薇属也。

蕨，《尔雅》：“蕨，虌。”《释文》云：“初生似鳖脚，故亦名鳖蕨。”又一种水蕨。《吕氏春秋》：“菜之美者，有云梦之薑。”《尔雅》：“麋从水生。”即此一种迷蕨。《尔雅》：“綦，月尔。”郭注：“紫綦也，似蕨。”陆玑《诗疏》言：采其莫，亦谓之酸迷。疑《庄子》所谓“迷阳”即此。

菥菜，俗名地菜。《正字通》：“沓菜，其生踏地，故名。”

葶菜，《齐民要术》：“葶菜，味辛，俗名辣菜。”

汨罗菘，生湖滨下湿地，茎叶似葶菜，俗名葶为辣菜，因名此为湖辣菜。

繁蒌，《尔雅》：“蔜，蔢蒌。”郭注：“今繁蒌也，或曰鸡肠草。”《尔雅》一作“蕿。”《玉篇》谓之“子菜”。今俗名鹅肠菜。

羊蹄，《尔雅》：“藚，牛蘈。”《诗毛传》：“蓫，牛蘈也。”陆玑疏：“扬州人谓之羊蹄。”《本草》：“一名牛舌菜。”《纲目》云：“羊蹄，以根名；牛舌，以叶名。”《正字通》：“蓫，一作蓄，一作堇。”《方言》：“蘸葇，堇菜也。”郭璞云：“亦苏种类。”

鸡腿，《本草》：“翻白草，一名鸡腿根，一名天藕。根如小白术，皮赤，中白，可食。”

大青莓，《本草》：“叶长三四寸，面青背淡。今贫民采其叶和米为茹。”

堇，《诗毛传》：“堇，荼菜也。”《尔雅》：“啮，苦堇”，郭注：“堇葵。”以上十种，皆野蔬类。

笋，《尔雅》："笋，竹萌；篙，箭萌。"《说文》："篙，竹萌也。"《周礼》："箈，菹。"郑注："竹萌。"箈、篙同字。段注《说文》因谓笋掘诸地中，如今冬笋。篙已抽出者，如今春笋。其实箭、竹通名为竹许，义与《尔雅》同也。今俗名小笋，一种苦竹笋，味苦。

芦笋，《玉篇》："苇之未秀者为芦。"《本草》："中空有节如竹，故名芦笋。"

苽，《尔雅》："出隧，蘧蔬。"郭注："似土菌，生菰草中。"《正义》菰草生大菌，曰菰首，南方呼菰为茭，故谓蘧蔬为茭白。据《尔雅》："葋，茭。"《说文》："葋，芨也，茭，草根也。"《广韵》："藁苇根可食者，曰茭。"苽之名茭以此。《说文》："苽，雕胡，一名蒋。"郑注《周礼》"六谷"，引食酱之文："稌，黍、稷、粱、麦、苽。"因以苽列入九谷。《西京杂记》："苽蒋有米，谓之雕胡，有首谓之绿节，亦名苽，首九谷。"考苽，盖二种，结实生米不成菌，为牡茭；根成菌为茭笋。

藕，《尔雅》："芙蕖，其茎茄，其叶蕸，其本蔤，其华菡萏，其实莲，其根藕。"《说文》"蕸"作"荷。"《诗》遐、何字通。蕸，即荷也。今俗称藕。花曰荷，盖专以叶为名。

芋，《史记》谓之蹲鸱。《尔雅翼》："芋，大者谓之芋魁，魁大子繁，为白果芋。"《本草》："有水芋、有旱芋。"又一种土芋，亦名土豆，亦名黄独；一种山凫茈，如种芋法，岁孳生，亦名乌芋，皆芋属也；一种罗汉芋，磨浆煮食，名磨芋，亦名鬼芋。《本草》："蒟蒻，鬼芋。"《汉书·四南夷》"蜀蒟酱"，即此。

藷萸，《博雅》："藷萸，薯蓣也。"《离骚草木疏》以藷、萸二物，引《尔雅》："藒车，乞舆。"舆、萸字通，是萸为揭车。《汉书刊误》："《上林赋》诸柘诸山芋"，字当作藷，是藷为山芋。吴氏盖以揭车亦山药之属，与《齐民要术》"揭车煎水避虫蛀"说各异。而今山药实分青、白二种，俗名根，大者曰脚板藷。

甘藷，《异物志》："甘藷出交广，故名番藷。"《岭南杂记》："番藷有红、白二种。"

百合，《本草》一名蒜头藷。一种地蚕，亦名甘露子，其根连珠。《桂林志》云即《说文》所谓蘘荷，一名葍蒩也。蘘荷有赤、白二种，地蚕盖白蘘荷。《本草注》又分赤者为蘘荷，白者为覆苴，今亦名洋白合。

木耳，《说文》："萸，木耳也；蕈，桑萸也。"是木耳亦名蕈。《本草》述桑耳、槐耳、良柘耳次之，今又以榆耳为最良一种地耳。《本草》："一名地踏菰。"

菌，《尔雅》："中馗，菌；小者菌。"郭注："中馗，地蕈也。似盖，亦曰馗厨。"《说文系传》："地蕈，似钉盖者名菌。今菌类极繁，大者当名馗厨尔。"

紫苏，《尔雅》："苏，桂荏。"郭注："苏，荏类。"《方言》云："苏，亦荏也。"《说文系传》："任，白苏；桂荏，紫苏也。"

荽荽，《仪礼》："实绥、泽。"郑康成注："绥，廉薑；泽，泽兰。"绥、荽同字。《说文》作"葰"，云"薑属，可以香口"。《菜谱》称："荽荽，张骞得种于西域，故名胡荽，一名香荽，亦假绥为名尔。"

茴香，《本草》谓之莳萝。俗名小茴香，一种实大，裂成八瓣，名八角茴香。

薑，《说文》："薑，御寒之菜。"《齐民要术》称："茈，薑。"李善注《文选》："薑之息生者，株本紫色。"

椒，《尔雅》："椴，大椒。"《本草》："一名花椒，大者秦椒，小者蜀椒。"一种蔓椒，野生；一种胡椒，家圃，无种者。《酉阳杂俎》："胡椒，生西域，蔓生，有细条，与叶齐。叶叶相对，晨开暮合，条上结子，类汉椒，叶合则裹子于中，今名夜关门。草子，不甚辣，谓之野胡椒。一种番椒，有红色、青色二种，亦假椒为名。"

韭，一种山韭，《尔雅》谓之："藿"；《说文》谓之"韱"，一种水韭，《字林》谓之"荟"，皆野生，可食。

葱，《广志》："葱有冬、春二种。"《四民月令考》：葱曰小葱、冬葱曰大葱。一种山葱，《尔雅》谓之"茖草"也。《系传》、《管子》所云："桓公伐山戎，出其山葱，即此。今亦名胡葱。

蒜，《唐韵》："张骞使西域，始得大蒜。"崔豹《古今注》："蒜，卵蒜也，亦谓之小蒜，西域种，十许子，共一株，为大蒜。"《图经》云，"小蒜，野生，一名蒚"，即《尔雅》："蒚，山蒜。"据《夏小正》："十有二月，纳卯蒜。"卯通卵，谓形如卵，即《古今注》所谓"卵，蒜也"。《尔雅》别出"蒚，山蒜"，《郭注尔雅》："莞苻蓠，其上蒚。"云蒚者，谓其头台首也。《说文系传》：草生华，先抽茎。台蒚取义，当如此。言结台，而其本不丰，犹今独"瓣蒜"矣。疑大、小二蒜，古皆有之。西域种，或较大，遂夺大蒜之名以与之尔，今俗以蒜为大蒜，而以䪥为小蒜，殆又失之。

䪥。《尔雅》："䪥，鸿荟。"《说文》："䪥形似韭。"《礼记》作薤，俗名畠子。《本草》"䪥，有赤、白二种。一种山䪥"，《尔雅》谓之"劲"，俗亦名野畠。

蔬之馀则榇，《尔雅》："槚，苦荼。"郭注："早采者为荼，晚取者为茗。"一名荈。《释文》云："荼埤苍作榇。"今榇户杂采枸骨叶充之，名八角榇；其次称金树，似榆皮，有星点，其叶亦充榇，名矮脚榇；又次柳芽、芧栗叶而榉柳叶，亦充甜榇。又一种黄芽叶，始出如椿，拌榇饮，味甘。《南方草木状》："棹树干，干、叶俱似椿，以其叶渍果。"疑即此。

烟草，姚露《旅书》："烟草，一名淡巴菰，出吕宋。"明崇祯时，禁民间私种烟草。盖其流起于明季。

枲耳。《尔雅》："卷耳，苓耳。"郭注：《广雅》云"枲耳也"，亦云"胡枲，形似鼠耳"。王逸注《楚辞》："卷耳，一名葹。"《广雅》云："葹，常枲也。"即此。陆玑疏谓之"耳珰"。《荆楚岁时记》谓之"鼠鞠草"。《本草》："鼠鞠草，一名鼠耳，俗名鼠枲。野生，春采之，和粉为餈"。

于瓜蓏则西瓜，经传通名瓜。《广雅》所引瓜属异名，皆此。《本草》："一名水芝。"据《五代史》载：郃县令胡峤陷契丹，周广顺三年亡归，云契丹破回纥得西瓜，状如中国冬瓜，而味甘，峤因得其种。胡氏启源因以为西瓜所自始。古言瓜者，皆甘瓜也"今甘瓜南方"种者甚少。疑《五代史》特言回纥西瓜种为大耳，亦以西域种良，故名西瓜。一种色白、皮薄，名北瓜；一种子瓜，小而椭圆，瓤少子多，西北乡沙地多种之。

南瓜，《授时通考》："南瓜色黄，有白纹界之；又有番南瓜，色黑绿、蒂尖。种出交、广，故名南瓜。"

冬瓜，《广雅》："冬瓜，菰也。"《广志》："一名地芝。"①《齐民要术》："十月区种，冬堆雪著区上为堆，乃胜春种。"故名冬瓜。今皆夏种秋收，并春种亦无有矣。

王瓜，《本草》云："胡瓜，西域种。"《拾遗录》云："大业中改名黄瓜，一名王瓜。"《礼记·月令》"〔孟夏之月〕② 王瓜生"。郑康成云："萆，挈也。"《夏小正》作"王萯"。郑诗笺，疑"葽"即"王萯"。《吕氏春秋》作"王善"。高诱注："善或

①此处疑误。据原著所载，"地芝"之谓出自《神仙本草》，而《广志》之载则为："冬瓜，蔬蚷。"（见北魏贾思勰《齐民要术》引文）
②据《礼记·月令》补。

作瓜，瓠瓤也。”是。《月令》王瓜，为今栝楼入药品，今俗名寸金瓜，为胡瓜，亦王瓜别种。

越瓜，俗名菜瓜，《本草》谓之稍瓜。

布瓜，俗名丝瓜。

苦瓜，《岭南杂记》：“一名锦荔枝。”闽省皆为常馔，北方不入蔬品，江东人名之“癞蒲桃”。

瓠，俗名瓠子，亦曰白瓜。

壶卢，《本草》：“壶卢有甘、苦二种。”壶，酒器；卢，饮器，兼象其形。陆佃云：“项短大腹曰瓠，细而合上曰匏，圆肥曰壶”。《诗毛传》：“匏谓之瓠；又壶，瓠也。盖一物，可食，亦可作壶，盛药饵。今通名瓠子为瓠，而别名瓠为壶卢瓜。”

茄。《授时通考》：“茄有紫、青、白三种，种出暹罗。一种白而扁，犹名番茄；一种水茄，亦分紫、青、白，今通名白者为水茄。”

于丝枲则桑，《授时通考》：“别为桑政。”邑产，亦饲蚕，然无知课种者。

柘，《书·孔传》：“干，柘也。”《说文》：柘、桑，蚕。《书》：柘叶，亦饲蚕。

葛，《书·孔传》：“卉服，葛越之属。邑产，皆野生，谓之葛藤。”

麻，《本草》：“雄，枲麻；雌，苴麻，一名苎麻，今统谓之黄麻。”《尔雅翼》：“檾叶似苎而薄，一名白麻。”郑注《周礼》：“苘，纻之属。”《类篇》：“苘，麻属。”《说文》：“檾，枲属，檾即苘也。”邑产惟有纻麻。《说文》：“纻，檾属。细者绖，粗者纻。”纻、苎同字。王祯《农书》：“纻麻有二种：一种紫麻，一种白苎。岁凡三刈，曰首苎，曰二苎，曰三苎。首苎最粗劲。”《集韵》：“可为绳，谓首苎也。”今俗名紫麻，为青麻。

棉，《禹贡》：“织贝。”蔡沈《集传》：“南夷木棉，精好者谓之吉贝。”据《通雅》云：“吉贝，木棉树也。”木棉始见梁时。《南史·林邑传》：“吉贝树，花如鹅毛，纺之作布。”《旧唐书》：“吉贝草，缉花作布。”《新唐书》作古贝。今岭南木棉树遍地有之，不以织布。《南史·高昌国传》：“有草实如茧，中丝如细纑，名曰‘白叠子’，织以为布。”正今棉。白居易诗谓之“桂布”，盖桂管所出，实西域种，元时始栽植，内地置提举司领之。至元二十六年，湖广亦置木棉提举司。疑宋以前棉布皆出西南夷，但谓缉木棉成之，遂移木棉之名于草棉尔。《唐书》径以为吉贝草，误。

栟榈，《说文》："棕"，栟榈也，可作萆。萆者，雨衣。栟榈皮名"棕"，因相沿以为树名。

蒲，《尔雅》："莞苻蓠"，郭注：今西方呼蒲为莞蒲。是蒲、莞一物。据《说文》："蒲，水草也，或以作席。莞，草也，可作席。"《本草》："莞，一名白蒲。"《诗》郑笺："莞，小蒲之席也"，《广雅》谓之"葱蒲"，今俗名"席子草"。又一种蒻蒲，《书》："底，席。"《孔传》："底，蒻苹也，亦名蒻蒲。"《说文》谓之蒲子，盖蒲类小者。

台，《尔雅》："台，夫须。"陆玑云："莎草也，可为笠。"《尔雅》又云："薃侯莎。"郭注引《夏小正》："薃也者，莎蔺也。"《名医别录》："莎，一名夫须，亦谓之簦。"《国语》："簦笠。"韦昭注：簦，夫须也。又一种箬，《本草》："箬，根、茎皆似小竹，叶与箨似芦荻，取其叶为笠，今俗名蓬叶。"

虎鬚草，《授时通考》："灯心草，一名虎鬚草，取穰为灯炷，其草亦可织席。"

蓝，《说文》："蓝，染青草也。"《本草纲目》："蓝有五种，一蓼篮，二菘蓝，三马蓝，四吴蓝，五木蓝。"别种甘蓝，可食。邑产，作淀者，亦名大蓝。《尔雅》："葴，马蓝。"郭注："大叶冬蓝。"则今板蓝也，与大蓝种别。

茈草，《尔雅》："藐，茈草。"郭注："可以染紫，一名茈莨。"郑注《周礼》："染草，谓之紫茢。"

茜草，《说文》："茜，茅蒐。"《尔雅》："茹藘，茅蒐。"郭注："今之蒨也，可以染绛。"《本草》："一名地血，一名过山龙。"

鼠尾草。《尔雅》："葝，鼠尾。"郭注："可以染皂。"吴普《本草》谓之"山陵翘"。邑产别有画箱子、冻绿树，土人多取之以染青绿。

于果则梅，案，《说文》："梅，楠也。"梅一作楳柍，柍，楳也；某，酸果也。是某为梅本字，而楠假梅为名，故字从楳。《尔雅》："梅楠。"郭注："似杏实酢。"误。"时英梅"，郭注："雀梅。"即《说文》之柍梅也，为梅别种。许君时已通作梅字。

杨梅，郭注《尔雅》："时英〔梅〕①"，"雀梅"。《名医别录》："雀梅，名千

①据《尔雅·释木》补。

雀，梅别种也。”疑即此。邑产，尤少。

桃，邑产，多毛桃。《尔雅》谓之榹桃。别种桃花，竹叶，名夹竹桃，花黄而大，有丝，名金丝桃，均无实。

莺桃，《尔雅》：“楔，荆桃。”郭注：“今樱桃。”《本草纲目》：“形如璎珞，谓之樱。”《说文》：“莺桃，莺鸟所食，故亦名含桃。”

核桃，《本草》：“一名胡桃。盖亦西域种。”

李，邑产，多青皮李。

薁李，案，《尔雅》：“唐棣，移；常棣，棣。”《说文》：“移，棠棣也。棣，白棣也。”陆玑疏：“唐棣，奥李也。”一名车下李，花或白、或赤，成实如李。常棣，白棣，树也，如李而小似樱桃，正白；又有赤棣树，子赤如郁李，而小郁树高五六尺，实如李，色赤。《急就篇注》：“常棣，子熟时正赤，俗呼山樱桃。”《授时通考》：“棣，郁李，一名珠玉李。”《正义》引《晋宫阙》：车下李，郁也；奥李，奥也。《诗毛传》：“郁棣，属奥蘡，薁也。”是唐棣，正《诗》所谓郁与常棣一类，异种而与奥别。段注《说文》以棠、常音同，花赤者唐棣，花白者棣。郭璞云：“唐棣，今白移，似白杨，江东呼‘夫移’”。《艺文类聚》引《三家诗》：“常棣之华作夫移之华。”直合常棣、唐棣为一矣。《齐民要术》：“婴奥，今车鞅，藤实，俗名山葡萄，其蔓即木通。”是郁、奥二种，子大小各别，而皆似李。《广雅》：“山李，爵梅。”爵梅，郁也，又以郁为今杨梅。陆疏亦并引之详。郭璞之意：白移似白杨，不云“子可食”，盖直以移为杨属。崔豹《古今注》“移杨一名移柳”。疑《尔雅》所谓唐棣，移杨属，非郁也。《广雅》以郁为雀梅，后人遂亦假杨梅为名。其实三者种类各别也。

杏，邑产，名梅李，味酸。

银杏，《本草》：“白果，一名鸭脚子。”

梨，邑产，有白梨、紫梨数种。白梨亦名雪梨，而皮质甚粗，尤多小而酢者。

棠梨，《尔雅》：“杜，赤棠，白者棠。”《本草》：“实如小楝子，可食用。”接梨树，良。

阳檖，《尔雅》：“檖，萝。”郭注：“今阳檖也，实似梨而小。”陆玑疏：“檖，山梨也，一名鹿梨，一名鼠梨，今俗名猪矢梨。”

枣，

樲棘，《尔雅》：“樲，酸枣。”《诗毛传》：“棘，枣”；《说文》，棘，小枣，丛生者。樲、棘，盖一物。

枳椇，《本草》：一名鸡距子，俗名拐枣。

楔枣，《广雅》：梬，枣樗。《玉篇》：樗，梬枣也。《说文》：梬枣，似柿。今之楔枣也，俗名牛奶柿。

柿，邑产，甚小。《授时通考》谓之椑柿。

枇杷，枇杷无异种，邑产，亦胜于诸果。

林檎，《学圃馀疏》："花红，即林檎，一名来禽。"

山楂，《尔雅》："朹，檕梅。"郭注："赤色，如小柰。"《本草》："山楂，一名朹子。"

安石榴，《授时通考》："种出安石国，故名。"

橘，橘种甚繁，宜近水，故西北乡为盛。一种枸橘，似橘而干多刺，结实如枳实，多取以编篱，故名懒架篱，亦名臭橙子。

卢橘，《本草》："初生青卢色，黄熟则如金，故有卢橘、金橘之名。"《橘录》："一名金柑。"

柑，《本草》："树似橘，少刺，实亦圆大，俗名橘红。"别种佛手柑，亦可渍食。

柚，《尔雅》："柚，条。"郭注："似橘实酢。"《诗》："有条有梅。"条即此。《书孔传》："小曰橘，大曰柚。"

橙，《埤雅》：柚属。柚皮苦甘者，乃橙尔。《授时通考》：树似橘有刺，实似柚而香。

枸橼，《南方草木状》："枸橼子，亦名香橼。"《学圃馀疏》：香橼，实大而香，盖橘类之最大者。

木瓜，《尔雅》：楙，木瓜。《齐民要术》："楙叶似柰，实如小瓜。"

榛，李时珍《本草》："榛如荆，丛生，其实作苞如栎，一苞一实。"《说文》："亲实如小栗。"榛，木也。《字林》："榛木，丛生也。榛、栗本作亲，而榛自为丛木。"《礼记》假借榛栗为名，以亲、栗本亦丛生耳，榛行而"亲"废矣。

榧，《尔雅》："柀黏。"《本草》：柀子，一名榧实。《尔雅翼》："榧，似黏。是榧亦黏类。"

栗，《说文》：栗，木，其实下垂。《图经》：栗三种，曰板栗，曰锥栗，曰茅栗。

板栗谓之大栗，锥栗谓之旋栗，茅栗谓之杼栗。《尔雅》：栩，杼。《说文》：柔，栩也。样，栩实也。《系传》：样，俗谓之橡。《玉篇》：橡，栩实也。《草木疏》栩，柞栎也。《尔雅》：栎，其实梂。孙炎云：栎实橡也。今茅栗梂。汇生诗曰苞栎、曰苞栩，皆言其树丛密，实一物尔。《尔雅》又云"栵栭"，郭注：江东呼为栭栗。《诗》"其灌其栵"，即此。《广韵》云：楚呼栭栗为茅栗，或作茅栗，传写之讹。芧、杼同字，一名小栗。《诗》《尔雅》所述，皆此。

槠，《本草》：槠树如栗，有甘、苦二种，甘者曰石槠；亦曰石栗，苦者曰苦槠。

龙眼，《续博物志》："龙眼，小于荔枝而圆。县北郑氏园有数株，结实与闽、粤同。"

蒲桃，《群芳谱》："有十种蒲桃。"邑产曰紫蒲桃，俗作葡萄。

蔗，《授时通考》：湖南所生大者围数寸，高丈许。今家畦偶一种之，非常产。

莲实，二种，曰红莲，曰白莲。

菱，《尔雅》：菱，蕨攈。《说文》：楚谓之芰。《武陵记》云：两角菱，三角、四角芰；又一种，小而韧，俗名铁菱角。

芡，《说文》：芡，鸡头也，今亦名鸡头菱。《广雅》一名苍。

茨菰，《尔雅》：芍，凫茈。《本草》：小者为荸脐，大者为地栗。《纲目》一作莀茨，皆音之转尔，今亦名慈菇。

胡颓子，《本草》一名半含春，结实如山茱萸，亦有碎星斑，生青熟红，味涩。

君迁子，《本草拾遗》：生湖南，树高丈许，"子中有汁，甜美"。

南烛，《本草》："一名南天烛，结实成簇，生青熟紫，其味甘酸。"

无花果，《授时通考》："树如胡桃，叶如楮，亦谓之木馒头，状如小梨，佛书谓之优昙钵。"

落花生。《群芳谱》：花落即生，故名。湖地多种之。

于药则黄精，《本草》："根如嫩生姜，色黄。"

萎甤，《尔雅》："荧，委萎。"《本草》："女萎，一名萎甤，一名玉竹。"

元参，《本草》："茎有节，叶似芍药。"

苦参，《本草》"一名木槐，叶似槐，根味苦。"

细辛，《管子》谓之“小辛”，《广雅》谓之“少辛”。《本草》：“根细而直，色紫而柔，味如椒。”

牛膝，《广雅》谓之“牛茎”。《本草》：“根直，下生有节，似牛膝，故名。”俗亦名“接骨草”。

续断，《类篇》谓之“虎许”，《广雅》谓之“裹”。《本草》云：“大蓟，苏蒢。”苏颂并云：“根似大蓟，与蓟别。”

蓟，《本草》：“有大蓟、小蓟二种，大蓟生山谷，小蓟生平泽，俗名刺芥。”《尔雅》：术山蓟、杨枹蓟、赤枹蓟，是术通名“蓟”。杨蓟、赤术，赤蓟，苍术也。

香附，《本草》：“生于莎草根下，其根有须，须下结子，亦名雀头香。”

荆芥，《广雅》：苏，莯；芥，蘆。《说文》：“莯，耕多草也。”荆芥，丛生，亦苏属。《本草》云：“茎穗同功。”

桔梗，《尔雅》：“蒡，隐荵。”郭注：“似苏。”《本草》：“桔梗，叶名隐荵。”《广雅》：“一名犁如。”

香薷，《本草》：“叶似茵陈，穗似荆芥，花似水苏。”《博雅》：“香莯，苏也。”莯、薷同字，盖苏别种。

藿香，《本草》：“二月苗，七月穗，夏取叶用之，似藿而香，故名。”一种淫羊藿，亦名仙灵脾。《本草》云：“湖湘间皆有之。”

白芷，《说文》：“虈，楚谓之蓠，晋谓之虈，齐谓之茝蓠。”江蓠，蘼芜也。徐之才云：“蘼芜，一名江蓠，芎䓖苗也。”樊光云：“藁本，一名蘼芜。”崔豹《古今注》：“芍药，一名将离①；文无，一名当归。”文无，蘼芜也。《楚辞通释》：蘼芜，当归苗。是芷与芎䓖、当归三者同名蘼芜。据《楚辞扈》“江蓠与辟芷”，芷、江蓠实二物。疑芷自名蓠，而蘼芜别名江蓠。《说文》：盖通释尔。

芎䓖，《尔雅》：“蕲茝，蘼芜。”《博物志》：“蘼芜，苗曰江蓠，根曰芎䓖。”《说文》：“江蓠，蘼芜。”段氏注：芎䓖苗也，有二种，似藁本为江蓠，似蛇床而香者为蘼芜。《本草》：“芎䓖生山谷。”《左氏传》谓之“鞠穷”。蘼芜，一名微芜，生川泽。是芎䓖、江蓠、蘼芜三者又各别。今以大叶者为芎䓖，小叶者为蘼芜，《尔雅》谓

---

①查晋崔豹撰《古今注·问答释义》，“将离”为“可离。”

之“蕲茝”。江蓠，蕲、芹字通，俗或以芹菜根充芎䓖，一名药芹，皆假借芷蓠为名尔。

蛇床，《尔雅》：“盱，虺床。”郭注：“蛇床也。”《本草》：“一名墙蘼。”《名医别录》：“花、叶似蘼芜，取子用。”高诱注《淮南子》：“蛇床臭，蘼芜香。”

藁本，《管子》：“五臭畴生，蘼芜、藁本、白芷。”

当归，《尔雅》：“薜，山蕲。”郭注：《广雅》曰：“山蕲，当归。”叶似芎䓖。今俗名“土当归”。

杜若，《本草》：“杜若，一名杜蘅。”陶宏景云：“根似高良姜”，今遂以杜若为高良姜。

薄荷，《本草》：“根、茎皆似紫苏，但叶不同。”

艾，《尔雅》：“艾，冰台。”郭注：“今艾蒿。”《本草》云：“苗、茎类蒿。”

茵陈，《广雅》：“因尘，马先。”《本草》：“一名马矢蒿，有花、实者青蒿，无花、实者茵陈。”据此正《诗》所谓“蔚”。陆玑疏：“蔚，一名马新蒿。”邵氏以马新即《广雅》马先。是茵陈非蔚，驳之误矣。惟陆玑疏云：“蔚，牡蒿；又云：结角如小豆。”是直误并角、蒿为一耳。

南星，《本草》一名“虎掌叶”，形似之。根圆、白如老人星，故名“天南星”。

茺蔚，《尔雅》：“萑，蓷。”郭注：“今茺蔚也，一名益母。”《诗释文》引韩诗“中谷有蓷”，茺蔚也。《本草》：“茺蔚子，名益母。”

葶苈，《尔雅》：“蕇，葶苈。”《名医别录》：“一名蕇蒿。”郑康成注：《月令》靡草，葶苈之属。《图经》云：“葶苈子，扁黄，似黍。”

车前，《尔雅》：“芣苢，马舄、车前。”郭注：“江东呼为虾蟆衣。”陆玑疏：“喜当道生。”车前，当道也。《图经》云：“车前子如葶苈，色赤黑。”

覆盆，《尔雅》：“茥葐蓋。”郭注：“覆盆也。”《本草》：“蓬虆，谓之覆盆。”苏颂云：“蓬虆，覆盆苗也。子与麦同熟，俗名大麦莓。”《正字通》：“莓，草名，古谓之藨。”大麦莓子，色乌赤，俗名乌藨，亦名插田藨。”

芙明，《尔雅》：“薢茩，芵茪。”郭注：“芙明也。”《本草》：“芙明子，一名羊蹢躅，今俗名青葙子。”

牛蒡，《本草》：“恶实子似蒲桃核，外壳如栗莯。”一名大力子。俗采实捣汁冷淘，当暑食之，曰凉粉。

蒺藜，《尔雅》："茨蒺藜。"《说文》引《诗》，"墙有茨"作"墙有荠。"《楚辞》亦谓之"资"。今俗名刺蒺藜。

萉麻，《本草》："子如牛螕。"故名蓖。

地蔃，《博雅》："地葵，地蔃也。"《本草》一名鸭舌草，丛生，一干数十枝，子繁细，其茎可为帚，俗名铁扫帚。

木贼，《本草》："草有节，治木骨者用之。"

泽蕮，《尔雅》："蕍蕮。"郭注："今泽蕮。"《本草》："泽蕮，一名水蕮。"《诗毛传》："藚，水舄也。"《尔雅》亦云："藚，牛唇。"《图经》云："泽泻生浅水中，叶如牛舌。"实与藚一物。

旋覆，《尔雅》："蕧，盗庚。"郭注："旋蕧似菊。"《本草》："一名金沸草，花色黄，一名金钱花，一名滴滴金。"

连翘，《尔雅》："连，异翘。"郭注："一名连苕。"苏恭云："叶似水苏，有大翘、小翘二种。"

旱莲草，《本草》："生下湿地，苗似旋覆，有二种，一种花白者，鲤肠也；一种花黄紫，即小连翘，俗名黑兜草。"

地黄，《尔雅》："苄，地黄。"郭注："一名地髓。"《本草》："地黄，一名芑。"《图经》云："叶似车前，实作房，如连翘，俗名土地黄。"

豨莶，《尔雅》："菺蘸，豕首。"郭注："一名蟾蜍。兰〔今〕① 江东呼豨首"。《本草》："似苍耳，亦似地菘，俗名猪膏母叶。"

地菘，《本草》："天名精，一名地菘，根名土牛膝，子名鹤虱。"《图经》："天名精，一名豕首。香气似兰，名蟾蜍兰；状如蓝，名虾蟆蓝。其味甘辛，名麦句姜。"而《本草》云："豨首，似地菘。"疑《尔雅》"蘸"为今"豨莶"，以与地菘近似而相混耳。

苍耳，《本草》："苍耳，叶似茄，一名野茄。"《埤雅》误。《尔雅》："芩耳为苍耳，因谓枲耳，苍耳也"，殊误。今俗名羊矢草。

---

①据《尔雅·释草》补。

紫葳，《本草》："紫葳，一名陵苕"；又云："陵时，一名陵苕。"吴普云："紫葳，瞿陵。"李时珍云："是瞿，麦根。"《唐本草》："紫威，陵霄花也。"《说文系传》："因谓陵苕即陵霄。"《图经》："陵霄花，蔓生，依大木久延至颠，故名陵霄。"花黄赤，与陵苕绝异。紫葳本陵苕花，今亦以陵霄花充之。

海金沙，《本草》："根细如线，引竹木上，状如蒲黄。湖湘间皆有之。"

马蔺花，《说文》："蔺，莞属。"《玉篇》："似莞而细，一名马蔺。"《本草》："马蔺花即蠡草花，叶似䪥而长，中抽茎，开紫碧花。"《尔雅》："芄，东蠡。"《集韵》："叶似蒲，丛生。是马蔺即《尔雅》之芄。"《释草小记》引《唐本草注》："荔实一名马蔺。"《月令》："荔，挺出。"郑注："马䪥也。"《广雅》："马䪥，荔也。"苏颂《图经》："马蔺子，一名旱蒲。北人音讹呼为马兰子。今马兰形与韭䪥相类，其为荔无疑。荔、蠡音近，实一物尔。"

芫花，《本草》："春抽苗作，花有紫、赤、黄、白四种。花尽叶乃生，似柳而青。"《图经》："一作荛花。"洪迈《容斋随笔》："小人争斗，按擦皮肤，辄作肿赤，如被伤以诬人。俗名泥鳅花。"

款冬，《尔雅》："菟奚，颗冻。"《广雅》作"款冻。"颜师古《急就篇注》："以其凌寒叩冬而生，故亦名款冬。"

麦门冬，《尔雅》："蘠蘼，虋冬。"郭注："门冬，一名满冬。"《本草》："麦门冬，叶如韭根须，连结十四五枚。"楚地名之马韭，一名"禹馀粮。"

萹蓄，《尔雅》："竹，萹蓄。"郭注："似小藜，赤茎节。"《诗毛传》："竹萹竹也。"《本草述》："扁竹、射干二种，而于射干云：名乌翼，即今扁竹。"《玉篇》："鸢尾，射干。"《广雅》："鸢尾、乌蓮，射干也。"《本草》："亦名蝴蝶花。"今蝴蝶花，近根处节密如竹。《本草述》称："扁竹促节。"疑射干即扁竹根。《说文》："萹，苋也；薄水萹，苋也。"是扁竹本亦分二种。《尔雅》有萹蓄不及射干，《广雅》有射干不及萹竹。《神农本草经》但举方名，而不详其种类。疑以根叶异用而误分耳。

淡竹叶，《本草》："淡竹草，茎如铁线，叶似稷，长尺馀。"北乡多有之。

黎卢，《本草》："根有须似葱，故名葱管。北人谓之憨葱，南人谓之鹿葱。"

庵蕳，《本草》："叶似菊而薄，俗名菊花蒿。"

骨碎补，《本草》："一名石庵蕳，俗名石板姜。"

白头翁，《本草》："一名野丈人，似白薇，近根处有白茸，故名。"

千里芨，《本草》："一名千里光，治眼疾，俗名九里光。"

水甘草，《本草》："春生水旁，叶似柳而无花，俗名水杨柳。"

贯众，《尔雅》："萹苻，贯众。"《广雅》："一名贯节。"《名医别录》："谓之草鸱头。"

石菖蒲，《本草》："菖蒲，名尧韭，凡五种，生池泽。叶肥者，白蒲也，一名泥菖蒲。生溪涧、叶瘦，溪荪也，一名水菖蒲。小者生水石间，瘦根密节，名石菖蒲，又分三种，一高尺馀，一高四五寸，一叶长寸许，谓之钱蒲。"《说文》："�春菲，昌蒲也。"今石菖蒲悬生水石间，叶向上。疑《说文》"茚菲"，即此"溪荪"。《楚辞》谓之"荪"，亦谓之"荃"。

蒲公英，《广雅》谓之"哺公"。《唐本草》云："蒲公草，一名构耨草。"寇宗奭云："今地丁也，有黄花、紫花、白花三种。"

夏枯草，《本草》："生平泽，冬至后生，夏至后枯。"

谷精草，《本草》："收谷后荒田中有之，一科丛生。"

龙胆草，《广雅》："陵游，龙胆也。"《本草》："苗高尺馀，开花如牵牛，作铃铎形，俗名草龙胆。"一种石龙胆，经冬不凋，邑产无之。

鹅不食草，《本草》："石胡荽，生石缝，一名鹅不食草，俗名铜钱草，有大铜钱、小铜钱二种，小者良。"

刘寄奴草，《本草》："一茎直上，花如秋菊。"

蕺，《本草》："一名鱼腥草，叶似荇，三角。"《说文》作蒩。

地榆，《本草》："根如柳，根外黑内红，一名酸赭。"

卷柏，《本草》："生石上，拳挛如鸡足，一名万年松。"

地锦，《本草》："一名血见愁。"布地生络石藤，亦名"地锦"，与此异。

地钱，《本草》："一名连钱草。"《庚辛玉册》云："叶圆似钱，引蔓抟地。"

以上草本。

菟丝，《尔雅》："唐蒙，女萝、菟丝"；又云"蒙玉女"。《诗毛传》谓之松萝。《广雅》谓之菟邱，《本草》谓之黄丝。草初生如细丝，遍地，及长缘树，其根渐绝于地，而寄空中，无叶有花，结实如粃。

木鳖，《本草》：种子土中，取雌雄相配，及生则去其雄，六月结实，实中子数十，状如鳖，一头尖者雄种。一种番木鳖，结实如栝楼，实中子亦如木鳖，引蔓野生。《本草》：番木鳖，一名马钱子。

瓠瓡，《尔雅》："果蠃之实，栝楼。"李巡云：子名栝楼。高诱注《吕氏春秋》："王善或作王瓜，瓠瓡也。"《本草》："栝楼根曰天花粉。"

马兜铃，《本草》："蔓生，附木，结实圆而长，叶脱实垂如铃，中有子似榆荚。"

牵牛子，《本草》："牵牛花似金铃，名草金铃，子有黑、白二种，其蒂似茄，亦名天茄花。色类红蓝，采以渍姜，俗名姜花。"

天门冬，《尔雅》："髦，颠棘。"葛洪云：天门冬，一名颠棘。《本草》云：天棘，根也。

荵冬，《说文》荵冬草，《名医别录》作"荵冬"，其花曰金银花。

土茯苓，《本草》：土茯苓，即土萆薢，根如菝葜，圆大如卵，连缀生，有赤、白二种。

何首乌，《本草》云：其蔓名交藤，雌雄共生。根有五棱，白者雄，赤者雌。

乌蔹莓，《尔雅》：拔，茏葛。郭注："似葛，蔓生。江东呼为龙尾。"《本草》：龙草，一名五叶莓，藤柔而有棱，俗名五爪龙。

木蓪，《尔雅》："离南，活莌"；又云："倚商，活脱。"陈藏器云："通脱木，叶似蓖麻，其茎空心，中有白瓤。"《本草》谓之"通草"，而《广雅》云："附支，通草，亦名燕覆。"木通，蔓藤绕树有节，每节出二三枝，枝即通草。湖南州郡皆有之，今俗以附支为木通，而以通脱木当通草。

钩藤，《本草》："状如蒲桃藤，中空，茎间有刺，如钓钩，色紫赤。"

石楠藤，《本草》："藤紫绿色，一节一叶，帖树处有小紫瘤。"湖南诸山有之，一名丁公藤。

络石藤，《本草》："蔓延帖石，叶有尖、圆二种。"

斑珠藤，《本草》："生山谷，经冬不凋，子如珠而斑，俗名斑珠窝。"

菝葜。《本草》："一名金刚，根蔓，生而坚，叶圆大。其根须如刺，俗名金刚刺。"

以上藤本。

枸杞，《尔雅》："杞枸，檵。"郭注："今枸杞也。"陆玑疏："一名地骨。"《本草》："枸杞，根名地骨皮。"

杜仲，《本草》："树高数丈，叶似辛夷，取其皮折之，中有白丝，其状如厚朴。今俗亦名冻绿树。"

茱萸，《说文》："茮属。"《尔雅》："茮椴，丑莍。"郭注："莍萸子，聚生成房。"郑注："内则三牲，用藙煎茱萸也。"《尔雅》谓之"椴"。《广雅》："茱萸，一名越椒。"

乌药，《本草》："根如芍药，吴楚山中多有之，产岭南者良。俗名鳑鲏树，以叶似鳊鱼，故名。其气似樟，亦名矮樟。"案：药品中有黄药、红药，皆草本，所在有之，实一种也。根或黄或红。

黄檗，《说文》："檗黄，木也。"《名医别录》："黄檗，子如石榴皮，黄而苦。"李时珍云："今俗讹省作黄柏。"

小檗，《正字通》："小檗，皮外白，里黄如檗，皮而薄，子赤似枸杞。"

枸，《诗》："南山有枸。"《本草》："枸骨树，一名白女贞，肌理甚白，叶厚硬，有五刺，俗名枸骨刺。取其叶充椮，名八角椮。结实如女贞色，绯红，皮薄，味甘，核有四瓣。取其木皮煎膏以黏鸟雀，谓之黏樆。"

虎刺，《正字通》："一名伏牛，似黄檗，茎有刺，视小檗尤小，俗名老鼠刺。"

辛夷，郭注《山海经》："芍药，一名辛夷。"《广雅》："挛夷，芍药也。楚谓之留夷。"扬雄《甘泉赋》谓之雉辛，《苕溪渔隐》以"迎春"为"辛夷。"而《本草》云："辛夷初开似笔，故名水笔花。白者为玉兰，红者为木笔，今皆以木笔为辛夷矣。"

芜荑，《尔雅》："无姑，其实夷。"郭注："无姑，姑榆也。"《说文》:"梗，山枌榆，有刺荚，可为芜荑。《齐民要术》："分姑榆、刺榆、山榆三种"，合《尔雅》《说文》证之，则一种尔。杜子春训《周礼》："牡樟为枯榆，即姑、榆音转。"《本草》云："芜荑，山榆仁。"

女贞，《本草》："女贞，一名冬青"；又云："冬青、一名冻青，女贞别种。"《本草述》："冬青子红，女贞子黑，或云即今蜡树。"

金樱，《本草》：“金樱子，一名山石榴。”

苦楝，《尔雅翼》：“楝叶如槐而尖，实如小钟，名金铃子。有青、红二种，苦者曰苦楝。”

蔓荆，《说文》：“荆，楚木。”《广雅》：“牡荆，蔓荆也。”《本草》：“牡荆，所谓黄荆条。又有白荆，有紫荆。蔓荆，枝小，弱如蔓，盖荆别种。”

五加皮，《本草》：“五叶交加，故名。”《仙经》：“一名金盐。”

枳实，《本草》：“橙叶有两刻，枳叶似之。橘、枳皆多刺，橘与柑分在刺，橘与橙、枳分在叶也。色青、中实、少穰，名枳实；老大而色黄紫，多穰，名枳壳。”

楮实。《本草》：“即今构树子。一名谷实。”

以上木本。

茯苓，《本草》：“山中古松枯折，槎枿枝叶不复，上生谓之茯苓拨，距四面丈馀地掘取之，拨大者茯苓亦大，其抱根者曰茯神。”

猪苓，《本草》：“枫之馀气所结，曰猪苓。”

紫石英。《本草》：“大小皆具五棱。”县东麻石山有之。

以上寓木。

案：药品野生者甚繁，而无专产。其间名目或不见于《本草》，如路边筋、地蜈蚣、飞天蜈蚣、半边莲、田边菊、犁头草、瓢内珍珠、马炼丹、鸦蛋子、野南瓜树、灰苋菜、醉仙桃、水灯芯、龙腾蓖、南蛇藤、藜辣根，凡数百种，方家多用之。北乡有草名千金拔，其性善拔；又有名摇竹梢者，别分山摇竹、水摇竹，均莫详其本名。其他已别见者，不重录。

于竹木则竹，《书·孔传》：“筱竹箭，簜大竹。”《说文》：“簜大竹、筱小竹，箭属。箭矢，竹也。竹大小二种，皆阔节者。”《尔雅》：“莽，数节。”郭注：“竹类，节间促。”《广雅》：“莽竹，稠节，则今马鞭竹也。”邑产大者曰南竹，次曰淡竹，质薄取沥。《本草》谓之篁竹，亦名水竹，次曰青竹、曰苦竹。旧志：笙竹，驿江边产，竹尤小，曰笙竹。”其异种者，曰斑竹，出黄陵山；曰赤竹，出白乌潭；曰紫竹；曰烟竹。《竹谱》谓之菡竹，曰方竹，出玉照山。别种曰天竹、曰观音竹、曰凤尾竹。

松，邑产最盛，岁披为薪，故多拳曲。

柏，《尔雅》："柏，椈。"《说文》："柏，椈也。"《本草》："柏，阴木也。"凡木皆向阳，柏独西指，其叶侧生，俗名扁柏。

枞，《说文》："枞，松叶、柏身。桧，柏叶、松身。"今俗名松，曰枞。而名枞曰杉。松别种叶长稍柔而树小，曰罗汉松；蔓生细叶如松，曰牌楼松。

桧，《禹贡》："栝，柏。"《广韵》："栝，桧也。"《尔雅翼》："桧，今人谓之圆柏，并桧、柏皆名为柏，而桧之名隐矣。"《广雅》："栝，柏也。"其误已始于张楫。

樧，《说文》："樧、枯并出。"徐弦云："樧俗作杉。"段注《说文》依《尔雅》正"黏"为"樧"，而于"枯"云："未详。"许君列"枯"于"枞"、"柚"、"机"之后，疑枯即《尔雅》"黏"。陆德明《尔雅音义》："黏或作杉"。戴侗《六书故》："杉木多生江南，亦谓之沙木。"《桂海虞衡志》："沙木高大，叶尖成丛，与杉异，又别沙于杉，而今杉木实尖叶成丛。"湘潭罗舍人云："樧宜沙地，谓之沙。木因沙讹为杉耳。"《授时通考》："杉有赤、白二种。"

樱，《说文》："细理木。"郭璞云："樱似松，有刺。"刘渊林云："楔似松，有刺。是樱、楔一物，今俗名松杉。"

桂，《本草》："牡桂为大桂，兰桂为小桂。桂花本名。"木犀以根叶似桂，冬夏常青，假桂为名。一种丹桂，花色赤，一种月桂。

梧桐，《尔雅》："榇，梧。"《正义》："梧似桐，而皮青"；又云："荣，桐木。"罗愿云："桐与梧异，桐又自分数种，有实可取油者，有材中琴瑟无实者。"《说文》及郭璞注《尔雅》，皆通名梧桐。贾思勰因别为青桐、白桐。青桐子可食，白桐无子。一种取油者，名罂子桐；又一种水桐。

椐，《尔雅》："椐，樻。"郭注："肿节可以为杖。"《说文》："椐，樻也。"《广韵》："樻，梧树，生长数尺，质轻多节。"盖梧别种。

榆，《尔雅释》：榆三，曰櫙茎。郭注："今之刺榆。"《诗》："山有枢，曰无姑。"《广雅》："山榆，毋姑也，曰榆白枌。"孙炎云："榆白者，名枌。"《说文》："梗山榆有刺。"是又以山榆为刺榆矣。陆玑诗疏："驳马，梓榆，树皮青白。驳荦，遥视似马。"崔豹《古今注》："六驳，叶似豫章，皮多藓驳。"则又榆之以斑驳为名者。

樟，《广韵》："豫章，木也。"颜师古《汉书注》："豫、章，二木，生七年乃可分别豫者枕木，章者樟木。"《本草》："枕木即钓樟，樟之小者。"《尔雅》："棆，无疵。"郭注："棆，楩属，似豫章。"疑棆即枕，为樟别种。而樟自名豫章，师古强分析尔。《玉篇》："楩木似豫章。"《尔雅》："梅，楠。"樊光云："荆州曰梅，扬州曰楠，益州曰赤楩。"《诗》："有条有梅"，即此。陆玑疏："梅似豫章，楠叶大，木理细于豫章，又析梅、楠为二种。今亦无梅称，而统名楠为大叶樟。"

槐，《尔雅》："櫰，槐。大叶而黑。"《授时通考》："槐有青、黄、白、黑数种。又，守宫槐，别名紫槐。"邑产，青、黄二种为多。

檀，《诗毛传》："檀，强韧之木。"

枫，《说文》："厚叶弱枝，善摇，一名桑桑。"《尔雅》作"欇欇"，俗名大叶枫。一种刺枫，有刺，叶尤大；种鸡枫，结实如鸡形。

椆，《类篇》："椆木寒不凋，有红、白二种。"

梓，《尔雅》："椅，梓。"郭注："即楸。"又云："椇，鼠梓。"郭注："楸属。"又云："槐小叶曰榎，大而皵，楸；小而皵，榎。"郭注："槐当为楸。"又云："榣，小榎。"郭注："今之山楸。"郑注《礼记》："夏榣也，夏即榎。"郑注《考工记》："榎，梓属，即楸。"《说文》："椅，梓也。梓，楸也。槚，楸也"。榎、槚同字。陆玑《草木疏·楸疏》："理白色，曰梓，梓实桐，皮曰椅。"《齐民要术》："梓名子楸。"是梓，椅、楸、榎一类别名。陆玑云："椇，山楸之异者，一名苦楸。"《诗》："北山有椇"，与榣同名山楸。孙炎云：《诗》："条，梅条，榣也。"又，《说文》："檜，梓属。"檜、檍同字。《诗毛传》："杻，檍也。俗名牛筋树，皆楸别种。"

杨，《尔雅》："杨，蒲柳。"《诗》："不流束蒲。"郑笺云："蒲，柳"。陆玑诗疏："蒲柳二种，皮青曰小杨，皮红正白曰大杨。其叶皆长广似柳。"崔豹《古今注》："杨二种，白杨，叶圆；青杨，叶长。"俗名水杨。一种红杨，名榉柳，皮似檀。郭注《尔雅》作"柜柳"。杨柳一种，惟白杨当别名杨尔；又一种黄杨，小而坚。

柳，《尔雅》："柽，河柳；旄，泽柳。"《说文》："柳，少杨也。"《本草》："枝扬起者谓之杨，弱而垂流者谓之柳。泽柳一名垂丝柳。正《本草》所谓柳者，俗亦名线柳。柽柳，赤茎而小，俗名观音柳。"

杶，《禹贡》："杶，干。"《说文》"亦作櫄"，又别出楯。杜预注《左氏传》："楯，杶也。"郭璞云："似樗，俗作椿。"

樗，《唐本草》："椿、樗二树相似。樗木疏，椿木实。"《图经》云："椿叶香，樗叶臭。"北人呼为山椿。今俗名椿。曰香椿而名樗；曰臭椿，一种山樗。《尔雅》："栲，山樗。"郭注："栲似樗，生山中，亦类漆树。"陆玑疏："山樗叶差狭，吴人以其叶为茗。方俗无名，此为栲者栲叶，如栎皮厚木可为车轴。”据《说文》“柷，山樗也，柷、栲古今字”，是。《诗》：“山有栲”，正樗别种。

谷，《诗毛传》：“谷，恶木。”《说文》：“谷，楮也。”陆玑云：“缉其皮为布，又捣为纸，谓之谷皮纸。”郭璞《山海经传》：“谷，一名构。”《名医别录》：“楮实，一名谷实。”陶宏景云：“即构。是楮、构、谷三者为一物。”《酉阳杂俎》：“叶有瓣曰楮，无曰构，又析楮、构为二。”王氏《诗稗疏》：“构、谷二种，通名为楮。构高数丈，皮间有汁如漆子，即楮实。谷叶粗枝细，略如灌莽，故《毛传》谓之恶木。其时亦未知有纸布之用尔。今谷皮纸，亦名楮皮纸。”

栗，《诗毛传》：“栗行，上栗。”《左氏传》作“行栗”，盖表道树木最坚。栗实可食者，灌木也。木坚者曰黄栗、曰焦栗，皆有实，味涩不可食，令俗名黄栎树、瓦栎树。据《诗》：“苞栎。”《尔雅》：“栎，其实梂。”是栗实可食者。正名为栎，而栗自为坚木。栗、栎字交混久矣。

桹，《南方草木状》：“桄，桹树，似栟榈。”李善注《文选》：“枸榔树直而高，其用与栟榈同。邑产桹树，皮似栟榈而坚，有瘿，俗名包桹。”

槲，《尔雅》：“樕朴，心。”郭注：“槲樕别名。”《诗毛传》：“朴樕，小木也。”《正义引》作斛樕。《说文系传》：“今小槲树，栎属。”《诗》郑笺：柞栎也。陆玑《草木疏》引三仓云：“棫即柞也。”《尔雅》：“棫，白桵。”郭注：“桵，小木也。”《诗》亦云：“棫朴。”《毛传》：“樸枹，木也。”郑笺：“白桵，相朴属而生。”郭注《尔雅》：“朴属丛生者为枹，引《诗》“枹栎”证之。是朴，樕也、柞也、栎也、棫也，与槲，五者同为栎属小木。《图经》：“槲高丈馀，与栎相类。”《系传》释樕，以小槲树别之。是槲自为一种小而坚、叶有刺者。柞，《本草》一名凿子树。一种叶尤小无刺，俗名油柞。

梂，王氏《诗稗疏》：湖湘间有梂树，一种白梂，一种赤梂，俗名血梂。疑即《尔雅》桵白者棫也。

赤楝，《尔雅》：“梾，赤楝、白者楝。”郭注：赤楝，叶细而歧锐，皮理错戾，丛生山中；白楝，大木叶圆。”陆玑疏：“楝叶似柞，木理赤者为赤楝。今一种木色赤似柞，丛生开花，名阳雀花，可食。疑即《尔雅》‘梾，赤楝’。”

椋，《尔雅》“椋，即来。”《玉篇》作棶，《唐本草》注，叶似柿，其木坚重，煮汁赤色，俗名椋子树。

乌桕，《本草》作乌臼。《说文》："桕。"《六书故》即"乌桕"。膏物也，一名鵶舅子，榨成油，可为烛，俗名油子树，亦取其叶染青。

山楂，《本草》："山楂叶类茗，取油与乌臼同，而楂尤良。又一种有花无实，能耐久，通名楂。"

皂荚，《广雅》："一名鸡栖子。"《本草》："皂角三种，一种小如猪牙，名猪牙皂；一种长而瘦；一种肥厚多脂，俗一名肥皂。"

木槿，《尔雅》："椵，木堇；榇，木堇。"在释草中。郭注：似李树华，朝生夕陨，亦曰王蒸。《诗毛传》："舜，木堇也。"樊光云：其树如李华，朝生暮落，与草同气，故在草中。

杬。《尔雅》："杬，鱼毒。"郭注："皮厚汁赤。"李善注《文选》："杬木，树皮厚，剥干之，色赤，煎汁藏众果不坏烂。"《说文》："芫，鱼毒也。"即今芫花。《本草》："芫花，茎干高二三尺，所在有之，盖草本。郭注《尔雅》，亦不主鱼毒为芫花也。

于花草则蜡梅，《梅谱》："蜡梅名黄梅，本非梅种，以与梅同时香，又近色似蜜脾，黄庭坚谓：类撚蜡所成，故以名之。"

迎春，《花木考》："合欢，一名迎春。"《本草》："迎春花，状如瑞香，色微黄。"据《韩文考异》："辛夷花，北人谓之木笔，南人谓之迎春。木笔亦借迎春为名，而迎春花较小，色白，有黄围，今俗名金腰带。"

瑞香，《庐山记》："一比丘昼寝，闻花香酷烈，觉求得之，因名睡香。人以为瑞，应名瑞香。"《洛阳花木记》："杂花八十二品，首瑞香。"《花木考》："二十四候风信，每候五日，一候瑞香，二候兰花，三候山礬。"《灌园史》："瑞香即《楚辞》露甲。"庐山僧始易名瑞香。

木兰，《广雅》："木兰，楼栏也。"颜师古注《司马相如赋》："木兰皮似桂而香。"《正字通》："木兰枝叶俱疏，花内白外紫，一名杜兰，一名林兰，其木肌细心黄，大者可为舟。邑东七都聂家大屋木兰一株，前明物，大数围，叶如鞋而厚，花大如莲，内白外紫。"《花谱》亦谓之木莲。又一种珍珠兰，树本高一二尺，由南海移植，俗名鱼子兰。

牡丹，《广雅》："白术，牡丹也。"吴普《本草》："以白术为芍药。"崔豹《古今注》：“芍药有二种，一草芍药，一木芍药，花大色深，俗呼为牡丹。”《唐本草》注：牡丹根似芍药，肉白皮丹，故与芍药同；称白术而别之，为牡丹，其根为丹皮。《本草》：“一名鹿韭，一名鼠姑。结子黑色，似与今牡丹花异。牡丹花大无实，故假借牡丹为名。”《酉阳杂俎》：隋朝《种植法》不言牡丹。开元末，裴士淹使过洛阳，得白牡丹一窠；至德中，马璘领太原，复得红、紫二色。今遂与戎葵比盛。是此花自唐中叶以后名始显。

芍药，《广雅》：“挛夷，芍药也。”《楚辞》谓之“留夷”。王逸注：“香草。”《诗毛传》亦云：“芍药，香草。”《司马相如赋》：“芍药之和。”杨雄赋“芍药之羹”，是芍药香可食，似与今芍药花异。《本草》：“芍药花有赤、白二种，根亦随之，故药品有赤芍、白芍。”

紫荆，《本草》：“荆凡数种，有黄荆、白荆、紫荆。”陆玑《诗疏》：“楛似荆而赤，今亦名赤荆，而紫荆尤以花胜。”

山礬，黄庭坚《高节亭山礬花诗序》云：江湖南野中，有一种小白花，高数尺，春开极香，号为郑花，予请名曰“山礬”。野人采郑花叶染黄，不借礬而成色，故名。《韵语阳秋》据为“玚花”。《高斋诗话》：“玚花，即玉蕊花也。江南山山有之，取供染事不甚惜。”《容斋随笔》亦云：“玉蕊花。”《渔隐丛话》：“疑山谷所见白丁香花非郑花。”《丹铅录》谓即“栀子花”。《学圃馀疏》：“山礬，一名海桐树，花碎白而香，叶可染绛。”《群芳谱》云：“即芸香花。”诸说纷歧，大抵假借他花名之。《本草纲目》：“郑礬叶似栀子，白花黄蕊，甚香，今无能知山礬之名者。”邑产小白花四出，香甚烈，正名郑花，以其花小，白如桂，亦名春桂，至今犹存郑花之名。《本草纲目》云：“郑礬是也。”

山栀，《说文》：“栀木，实可染黄。”《广雅》：“栀子，桶桃也。”司马相如赋：“鲜支。”司马彪注：“即今支子也。”谢灵运云：“林兰，支子也。”《图经》：“叶似李，结实如诃子。”《山谷诗话》：“栀子花六出，惟山栀子花八出，香尤烈。”《佛书》谓之“檐蔔花”。

踯躅，《本草》：“树高三四尺，花似山石榴，俗名杜鹃花，一名映山红。”禄塘铺仙人山，有花二月开时，其红遍山，似映山红，叶如山茶花，瓣大如莲，二蕊相并，一仰一覆。移植他所，花即不开。俗传宋邵琥葬母时所手植，名山曰仙人山，亦名其花曰仙人花。

海棠，《本草》：“异种有黄海棠、梗海棠、垂丝海棠树。叶类棠，故名海棠。”

《群芳谱》："秋海棠，名八月春，草本。又一种荷包海棠，花作苞，如荷包。一种洋海棠，大叶抽穗作花，色深红。"

紫薇，俗名痒树。《拾遗记》："元熙元年，令民间园囿皆植紫薇，以为压胜。唐时植之中书省，因名紫薇省。"

绣球花，《玉堂杂记》：有白绣球，白居易名之彩球。《花木考》名"粉团花"。

素馨，《花木考》："一名六月雪，一名玉芙蓉。"

月季花，《方物略记》："月季花，一名四季花。"《群芳谱》："一名胜春，有红、白、淡红数种。"

木芙蓉。《本草》："木芙蓉。一名拒霜。"

以上木本

藤，陆玑《诗疏》："藟，一名巨苽，似燕薁，叶如艾，白色，今谓之椎櫐。"《本草图经》云："即千岁櫐。"《名医别录》：千岁櫐，一名櫐芜。《本草拾遗》："蔓似葛，一名巨苽。"《尔雅》："诸虑，山櫐。"郭注："江东呼櫐为藤，似葛而粗大"；又云"欇虎櫐"。郭注：今虎豆荚有毛刺，江东人呼欓欇，在草曰藟，在木曰櫐。《山海经传》："櫐，一名縢。"谓可缄縢也，今相承作藤。

紫藤，《南方草木状》："紫藤，茎如竹根，开紫花甚繁。"

黄藤，《本草》："钩吻，一名黄藤。"

苌楚，《尔雅》："长楚铫弋。"郭注："今羊桃也，叶似苎麻，取其条浸水能黏，俗名藤桃胶。"

芄兰，《尔雅》："雚，芄兰。"《说文》："芄兰，莞也。"陆玑疏："芄兰，一名萝摩。江东人呼白环藤，一名雀瓢。"《诗稗疏》引《嘉祐本草》："萝勒，一名兰香，处处有之，俗名翳子草，为能治眼翳也。疑芄兰即此。此二种，邑产皆有之。又一种蒴兰，叶似蒴，高数寸，开浅红花，类兰，枝叶柔弱，故诗以喻童子。与萝勒二者，皆非藤本。"陆据《说文》："雚，小雀也。"故以雀瓢当之，而《说文》自训"芄兰为莞莞，小蒲也"。与今蒴兰为近。

蔷薇，《本草》："蔷薇花，一名牛棘，大如钱，有五色。"《花谱》并列蔷薇十姊妹，又别出刺蘼为缫丝花，其实一种也，有刺，故名刺蘼子，名营。实入药品，亦名蔷米。今俗以淡红花为蔷薇，五色具而花朵丛聚者为十姊妹。别种野蔷薇，花单瓣而香多，取以编篱。

荼蘼，《群芳谱》：“色白似酒，因名酴醾。”《荆楚岁时记》：“酴醾，本酒名，以花色似之，名酴醾也。”《学圃馀疏》：“酴醾，即木香，有红、白诸色。今酴醾，叶圆稍大，花纯白，木香叶尖，细花。白微，小实，二种也。”

玫瑰，《草木考》：蔓生篱落间，一名金盏草，一名徘徊花。花类蔷薇，色紫，枝条柔细，亦编架护之。

薜荔。《山海经》“小华之山，其草萆荔生石上，亦缘木生”。《离骚草木疏》云：“即薜荔。”《楚辞通释》：“蔓生，缘木上，结实亦名木馒头。”《花谱》：“薜荔，一名长春藤，一名巴山虎。”日华子云：“长春藤，一名龙鳞薜荔。”《嘉祐图经》：“络石藤，宫寺及人家亭圃种以为饰。薜荔、木莲、地锦、石血，皆其类也。但木莲茎叶大如络石，地锦叶如鸭掌、蔓著地，石血叶尖而赤。”《本草》所谓络石藤，叶有尖、圆二种是也。《尔雅》：薜山蕲、薜白蕲、薜山麻、薜庾草、薜牡蘈，凡五见。郭注：山蕲，当归。而于庾草、牡蘈，皆云“未详”。疑山蕲、山麻皆今薜荔。“山蕲状其气。”王逸云：“薜荔，香草是也。山麻状其形。”《释名》：“庾，露积之名。”《集韵》：“一名薜庾，是草生，而委积能贮露，故名庾草矣。”《说文》薜、牡蘈今薜荔，皆结实；牡蘈盖无实者。

以上藤本

兰，《尔雅翼》：“一叶一花，兰数花蕙。”《离骚辨证》：兰、蕙实二种，据盛宏之《荆州记》“兰名都梁香”。《梦溪笔谈》“蕙名零陵香”。《南方草木状》：“蕙，一名薰草。”《南越志》：“零陵香，一名燕草，一名薰。”李善注《文选》：“叶曰蕙，根曰薰。”《诗毛传》：“蕑，兰也。”《说文》作“葌”。《本草》谓之“水香”。李时珍云：“今省头香，古谓之兰。盖花叶俱香者，所谓都梁香，别为泽兰。”《广雅》：“虎兰，泽兰也。”吴普云：亦名水香。今所谓兰，皆泽兰。盖此二种，与兰相混久矣。花开异时，故有春兰、夏兰、秋兰。

瞿麦，《尔雅》大菊，蘧麦。郭注：一名麦句姜。《说文系传》瞿麦小而华色深者，俗谓石竹。《广雅》：“茈葳、陵苕，蘧麦也。”《尔雅》：“苕，陵苕；黄华，蔈；白华，茇。”吴普《本草》：紫葳，一名瞿麦，一名茇草。《诗稗疏》：瞿麦凡数种，有洛阳锦，有剪绒，有剪春罗，有剪秋罗。疑《诗》“苕华”即瞿麦，今洛阳锦也。剪秋罗，赭黄色者，蘽、石竹；花细白色者，茇。

玉簪，《群芳谱》：玉簪，一名白萼，一名白鹤。仙紫色者，曰紫鹤。

藼花，《说文》或作蘐，或作萱，《诗》作谖。《本草》：萱，一名宜男，一名忘忧。《南方草木状》：宜男花，荆楚号曰鹿葱，今俗名黄花菜。又一种龙爪花，五出，色黄，略似藼，亦名鹿葱。

旋华，《本草》：旋华，一名鼓子花。

芙蕖，《说文》：芙蕖，其叶荷，其华菡萏，其实莲，今通名莲。别种海芋，名观音莲。

凤仙，《南方草木状》：“指甲花，自大秦国移植南海，花色白，盖木本也。今此花草本，浅红色，亦蒙指甲名，俗谓之凤仙。《方书》谓之透骨草。”

燕脂，崔豹《古今注》：“燕支花，西域以染红。”李贺诗作“红脂花”。亦有红、黄诸种。

莪葵，《尔雅》：“菺，蚍衃。”郭注：“今荆葵。”《诗毛传》“荍，芘芣也。”陆玑《诗疏》：“荍，一名楚葵。”崔豹《古今注》：“荆葵，一名莪葵。”今俗名一丈红。

芭蕉，《南方草木状》：甘蕉，一曰芭蕉，结实可食。别种曰凤尾蕉，大本抽条成叶，攒刺如铁，亦名铁蕉。曰美人蕉，凡数种，一种开花色红，名红蕉；一种类芦箬，高尺许，抽茎作花，色白，如玉簪，亦名干蕉。洞冲虞绍南，自台湾移美人蕉种，四时开花，状如兰色，深红，结子坚实。

鸡冠，《本草》：一名五色苋，叶似苋，花分五色。

马尾苋，《尔雅》：“蓫薚，马尾。”《广雅》：“常蓼、马尾、商陆也。”《说文》：“募，草。”荀爽易：“苋陆，陆坚于苋，苋根小，陆根大，即今马尾苋。”

羊踯躅，《本草》：羊踯躅花，黄羊见之则踯躅、分散，俗名老虫花。

夜合，《本草》：“合欢，一名合昏，一名夜合。木似梧桐。”《古今注》：“青棠，一名合欢。”盖棠属也。今南方夜合花，草本，俗名晚香玉。

蘜，《尔雅》：“蘜，治蘠。”郭注：“今之秋华菊。”《说文》：蘜，日精也，以秋华蘜治蘠也，分二种，与郭璞说异。《博物志》菊有一种，甘菊可食。苦者不宜食。《尔雅正义》据为日精、治蘠之分。今一种野蘜，大如钱，俗名金钱菊，缘墙生，当为治薀尔。《菊谱》“菊种：三百六十花种繁者无逾菊”。

蓼，颜师古《急就篇注》：蓼生水中，曰水蓼；生泽，曰泽蓼。即《尔雅》蔷，虞蓼。大者，马蓼，一名水荭，即《尔雅》红，茏古，一种木蓼，即《尔雅》蒤虎杖。

罂粟，《本草》：“一名御米，含蕊，类酒罂，中有白米，可煮食。”苏轼诗所谓“罂粟汤”是也。西洋人采其花为膏，名阿芙蓉。

芸，《说文》：“草也，似苜蓿。”《仓颉解诂》：“芸蒿，似邪蒿。”沈括云：“今谓之七里香。”《尔雅》：“權，黄华。”郭注：“今谓牛芸，似茯蓿。”盖芸大者，又名權也。

杜蘅，《本草》：叶似葵，形如马蹄，故名马蹄香。《广雅》云：“一名楚蘅，与杜若种别。”

簕香，《桂海虞衡志》：簕香，状如白茅，亦名“九里香”。

蘮蒘，《尔雅》：“蘮蒘，窃衣。”郭注：“似芹子，有毛黏人衣。此草随处有之。”

虎耳，《本草》：“虎耳草，一名石荷叶，状如荷盖。”

鸡脚，《本草》：赤茎对叶，如白合苗，俗名鸡脚叉。

千日红，《花谱》：“千日红，花开如野菊，瓣小而韧，簇成球，耐久。”一种白者，名“千日白”。

万年青，《花木考》：“万年青，一名蒀，阔叶丛生。”

四季青，《花木谱》：“叶似菖蒲而小，开花三瓣，色白。”

雁来红，《花谱》：“叶经秋深红色。”

曲节草，《本草》：“曲节草，一名六月霜，性寒，状如豆叶，一名蒁豆青，俗名佛指甲。”

吉祥草，《花谱》：“叶似兰而柔短，开紫白花，成穗结小红子。”

书带草，《花谱》：“一名秀墩草，叶似韭，植之阶除，蓬蓬四垂。”

鼓筝草，《尔雅》：“傅，横目。”郭注：“一名结缕。”颜师古云：“结缕，根细如线，衔而鼓之声如筝，今俗名鼓筝草。”

马鞭草，《本草》：“一名龙牙，节生紫花。”

酸浆草，《尔雅》：“葴，寒浆。”郭注：“今酸浆草。”江东呼曰“苦葴”。《本草》："一名三叶酸，一枝三叶，一叶两片，至晚叶合，俗名灯龙草，亦名老鸦酸。"

三白草，《本草》："叶如商陆，茎如蓼，其颠三叶，入夏白，馀叶仍青，治癣，一名癣草，俗呼猫公树。"

景天，《本草》："一名辟火，盆养置屋脊，云可辟火。"

石蒜，《本草》："一名一枝箭。"

石韦，《本草》："一名石兰，一名七星草，俗名骨牌草。"

瓦松，《本草》："一名向天草。"

蘥，《尔雅》："蘥，雀麦。"郭注："即燕麦也。"苏林云："所在有之，农家弃而不刈。"

稗，《正字通》："有水稗、旱稗二种。"《说文》："稗，禾别，䅭黍属。"《九谷考》："䅭似黍，农人谓之野稗，亦曰水稗。"《六书故》："稗实似赍，害稼。"《孟子》："荑稗。"《尔雅》："蕛苵。"郭注："蕛似稗，布地生。"《众经音义》："今之稗子是也。是蕛，亦通名稗。"《尚书》："粟之有秕。"秕即稊。《释草小记》引《淮南子》："离，先稻熟。"离、藜字通。稊即藜属，先稻熟，稗实与稻同熟。北方兼种之，收为粮御冬。疑藜自有实而不得，借藜为蕛。《尔雅翼》："蕛米细。"《广韵》："稗似谷而细。"今米中有小米相杂者，蕛也，不脱稃者，稗也，其桴稍分厚薄，盖一类二种。

莠，《说文》："禾粟（上）〔下〕生莠，禾粟之莠生而不成谓之童节。"许意：已成谓之莠，不成谓之童节。《诗毛传》："稂，童粱。"陆玑云："禾秀为穗不成，谓之童粱。"《正义》：因以稂为谷之有稃而无米者，农家谓之"扁子"。《尔雅》："稂，童粱。"郭注："莠类也。"韦昭注《国语》："莠草，似稷无实。"盖蕛、稗二者害稼，稂、莠二者害苗。陆玑以禾穗不成为稂，疑误。罗愿云："《尔雅》：'稂、童粱。'孟狼尾，实一物。今狼尾草较狗尾穗长，歧出，皆有稃无米。"罗说近之。莠即今狗尾草。

茅，《尔雅》："藚，蕢茅。"郭注："华赤者为蕢。"又云："藗，牡茅。"郭注："白茅属。"疏云："藗，茅之不实者。"《本草》："白茅，一名兰根，凡茅皆白，其浅赤色者蕢茅也。"一种单叶上竖，名独脚茅，根入药品。

菅，《尔雅》："白华，野菅。"郭注："茅属。"《说文》："茅，菅也；菅，茅也。似茅、菅一物。"陆玑云："菅似茅而泽滑无毛。"杜注《左氏传》："菅，苫也，蒯类。"《释草小记》："菅，芒草，亦呼曰'荻'，盖苕类也。"

菉，《尔雅》："菉，王刍。"郭注："菉，蓐也。今呼鸱脚莎。"《诗毛传》："绿，王刍也。”《疏》亦引作鹿蓐，俗名鸭脚莎。《本草》：“鸭蹠草，一名竹叶菜。”

蒝，《上林赋》：“薛莎，青蒝”，张楫注：“青蒝，似莎，生江湖。”《南都赋》：“薕芏，蒝莞。”李善引郭璞《山海经注》：“蒝，青蒝，似莎而大。”《周礼》：“巾车，棼蔽。郑康成注：棼读为蒝。蒝、麻以为蔽。是蒝亦麻属也。”

莱，《尔雅》：“厘，蔓华。”郭注：“一名蒙华。”《说文》：莱，蔓华也。《诗毛传》：“莱，草也。”陆玑疏：“莱叶可食，名莱蒸。盖通作藜。”《玉篇》：“莱、藜，草也。”《诗疏》亦引田卒污莱，以莱为草之总名，非有别草名之为莱。玩《尔雅》、《说文》蔓、华之义，疑莱抽茎丛生，布地似蔓，亦通作藜。诸家即以藜蒸当之者，误也。

蓬，《尔雅》：“啮，凋蓬，荐，黍蓬。”郭注：别蓬种类。谓蓬有此二种尔，郑樵以凋蓬为米茭，黍蓬为野茭。盖因凋苽牵入凋蓬；非郭意也。《埤雅》：“葭，泽草；蓬，陆草。”杨慎《卮言》：“旱蓬，青科也，结实如黍。”疑青科即黍蓬。《尔雅》又云：“葥，王蔧。”郭注：“王帚也，似藜，江东呼日落帚”；又云：“荓马帚。”郭注：“似蓍，可为扫帚。”崔骃云：“黎草似蓬。”《说文》蓍，蒿属。三百茎蓬，一本五六十茎，故郭璞释马帚，以为似蓍。李时珍训马帚亦名铁扫帚，即蒿草。《说文》：“蓍，蒿也。”李意即据蓬为蒿，疑失之。《释草小记》：“荓、蓬音相近，荓即蓬。”《广雅》马帚，屈马第也。《尔雅》拜蔷藋，庄子谓之拔蔧。拜、拔音近，而义为屈，疑皆为蓬葥，王彗当即葥蓬。《列子》朔蓬之簳，盖蓬茎稍壮实者。

萑苇，《本草》：“中空色白，葭也，苇也，芦也；中空色青，苍菼也，萑也，荻也；中实者蒹也。”《说文》：“萑初生曰菼，一曰萑，一曰骓萑：未秀曰蒹。蒹一作蒹。”陆玑疏：“萑或谓之荻，荻一作藡。”郭注《尔雅》：“菼萑实中，江东呼为乌蓲。”是萑初生未秀，皆实中不独蒹也。《说文》葭、苇之未秀者，苇大葭也。郭注《尔雅》“葭华”云：“即今芦葭，芦云苇也。”其萌虇云：“江东呼芦笋为虇。”凡经言萑苇、言蒹葭、言葭菼，皆并举二物。《说文》所谓“八月萑为萑葭、为苇萑，苇其已成者尔。”《说文》又云：“艻，苇华也。”郭注《尔雅》：“苇丑艻。”云：“其类皆有艻秀。”《方言》：“锥谓之锴”。颜师古云：蒹，锥。锥即《说文》之菼，一曰骓。骓、艻音转，实一物。《系传》云：艻者，抽条摇远，生华无莩萼，今人取以为帚，曰苕帚。郑注《礼记》“桃茢”云：“茢萑，苕也”；又云：“茢菼，帚也。”是艻承作苕，而苇华亦可通作萑苕、萑苇一类别种。

蒛，《尔雅》：“蒛，委叶。”郭注引《诗》：“以茠蒛蓼”。王肃说《诗》：“蒛，陆秽草。”

蓱，《尔雅》："苹，蓱。其大者蘋。"郭注：浮蓱，江东谓之"薸"，又云："莕接余其叶荇。"《说文》："苹，萍也。蒉，大蓱也。莕，萎馀也。莕或作荇。"《唐本草》："蓱有三种，大者蘋，中者荇，小者蓱，皆入食品。"《图经》："蘋，蓴属，亦名水葵荇，一名凫葵。"《颜氏家训》："荇菜，亦名猪蓴。"今人以浮蓱四叶者，为蘋叶；繁细者，为蓱紫。茎为荇，不以入食品。

藻，《尔雅》："莙，牛藻。"郭注："江东呼为马藻。"陆玑《诗疏》："藻生水底，有二种：一种叶如鸡苏，一种叶如蓬蒿，谓之聚藻。"郭璞注："三仓薀藻，类细叶蓬，茸生，每节长数尺，细茸如络丝，长者二三十节。"杜注《左氏传》："薀，聚藻。牛藻者，大藻也。"莙当为薀音之转尔。

茿，《尔雅》："茜，蔓于。"郭注："多生水中，一名轩于。"《说文》："茿，水边草也。"《系传》云：似细芦，蔓生水上。

莽，《尔雅》："葞，春草。"郭注："一名芒草。"《正义》引孙炎云："俗呼茵草。"《名医别录》："莽草，一名葞，一名春草，可以毒鱼。"郭注于《尔雅》"卷施草，拔心不死"云"宿莽也"。《楚辞》亦谓之"施，宿莽"。盖通谓之莽，今毒鱼者水莽也。

乌韭，《广雅》："昔邪，乌韭也。在屋曰昔邪，在墙曰垣衣。"《名医别录》："垣衣，一名昔邪，一名乌韭，一名天韭，今瓦沟草，丛生，类韭者。"《广雅疏证》以为苔属，非也。《别录》云："屋游，生屋上阴处，则瓦苔矣。"

菭，《说文》："菭，水青衣也。"《系传》云："水土之润气所生，故曰水衣。"此外，碎米花、爆竹叶、转珠莲、称金草、枯桠叶、毛腊烛、剪刀草、酸筒草、破铜钱、铁马鞭，凡数十种，多以充食入药品，而皆不能详其本名。

于鸟则鸡，一种翻毛鸡。《桂海虞衡志》："翮翎，皆翻生向外，性尤驯狎。"一种竹鸡，《本草》谓之山菌子，好居竹林，故名，亦可畜。

雉，《说文》：雉有十四种，首曰卢诸雉。《尔雅》："鸬诸雉。"郭注未详，而别有十四种，雉首曰鹞雉，即《说文》之"摇"，盖重出。总其名，曰翚、曰鹞而已，以毛质方言异名。贾逵训《左氏传》，五雉亦取《尔雅》。《方言》："翚、翟一物。"《礼记》翟亦作狄。《禽经》：首有采毛，曰山鸡；腹有采毛，曰锦鸡。山鸡即《尔雅》之翟，山鸡也，俗名野鸡。别种鹎鸡，水田有之，小者禾鸡。

鸭，一种洋鸭，肥大有冠，泰西种。

凫，《尔雅》："舒雁，鹅；舒凫，鹜。"郭注："鸭也。"郑注《礼记》："鹜取其不飞迁，是皆以鹜为鸭。"而《礼记疏》引李巡云："凫，家鸭名；鹜，野鸭名。"《说文》："鹜，野鸭。"与《尔雅》异，今通以凫、鹜为野鸭。又一种鹥苍，黑色。《集韵》："鸥也。"《埤雅》："凫好没，鹥好浮。"《说文》："鹥，凫属。"鸥，水鸮、鹥鸥，种别而皆善浮，今亦名白鸥为白凫。《尔雅》："鸩，沈凫。"郭注："背有文，长尾善没，故名沈凫。"今野鸭有背文者，鸩也。

鹅，《说文》："鴈，鹅也。鴈、雁字别，野曰雁，家曰鴈。"

雁，《玉篇》："大曰鸿，小曰雁。"《说文》："鸿，鹄也。"《本草》："鹄大于雁，色白，一名天鹅。是鸿、鹄、雁一物，而小者雁。又一种，鸧鹅。"《本草》谓之"驾鹅"，《说文》谓之"駉鹅"；又一种鸛，陆玑云："鸛雀似鸿，亦谓之鸛。"鹅有乌鸛、白鸛二种。湖滨间有之，皆野鹅属，今俗名天鹅。苍黑色，即驾鹅也。

雀，《说文》："依人小鸟。"《月令》作"爵"。高诱《吕览注》：宾爵，栖宿堂宇，有似宾客，俗名麻雀。又一种色黄，曰黄雀；一种稍大，食麦，曰麦雀，俗名麦啄子。

莺，《尔雅》："皇，黄鸟。"郭注："黄离留，一名抟黍。"又云："仓庚、商庚。"郭注："即鵹黄。"又云："鵹黄，楚雀。"郭注："即仓庚。"又云："仓庚，鵹黄也。"凡四释其名。陆玑疏亦谓之黄莺。

脊令，《尔雅》："鵰鸰，（雝）〔鹡〕渠。"郭注："雀属，飞则鸣，行则摇。"《说文》：雝，一名石鸟，一名〔雝〕鶏，一名精列。精列者，脊令之转音。

扈，《尔雅》："扈，鴳。"郭注："今鴳雀。"又云"桑扈、窃脂。"郭注："青雀好盗脂膏。"又云："春扈，鳻鶞；夏扈，窃元；秋扈，窃蓝；冬扈，窃黄；棘扈，窃丹。行扈，唶唶；宵扈，啧啧。"郭注："诸扈，因毛色声音以为名。"《说文》引作九扈，以扈鴳为老扈鴳也。《左传疏》引贾逵、樊光诸家之说，并作老扈、鴳鴳。高诱《吕览注》："鴳，亦名冠雀。庄子谓之斥鷃。"《说文》："鴳，扈也。"是扈当名"鴳"。据左思《吴都赋》"四扈推移"，疑一扈而四时异名，惟桑扈、棘扈二种异尔。行扈、宵扈，又状其飞宿之声。《说文》："鴲，瞑鴲也。鴲、脂同音。"《广雅》："小青雀也。"与郭璞说同。桑扈窃脂，即此。瞑鴲，亦即《尔雅》所谓宵扈。孔颖达《诗疏》训窃为浅，窃脂，浅白色。邵氏驳之："以青雀不得云浅白。不知浅白正淡青色也。"

郭璞训窃脂说本郑氏诗笺，于诗义亦迂回矣。

子巂，《尔雅》："巂，周。"郭注："子巂，鸟。"《说文》："巂、周，燕也。一曰子巂周。"杨雄《蜀王本纪》作"子鴂。"常璩《华阳国志》作"子鹃"。蜀王名曰杜宇，故一作杜鹃。《史记》作"秭雉"。徐广云"即子规"也，俗谓之"阳雀"。

乣，《尔雅》："燕燕，乣。"郭注："一名玄鸟。"《说文》亦作"乙燕"。燕，玄鸟也。《尔雅》又："燕，白脰乌。"燕与燕燕自别，今俗通名燕。

画眉，《禽鸟类考》："画眉，状如山雀而小，额左右白毫二道似眉，因名。"

鹊，《说文》："雗鸴，知来事鸟。"《集韵》："一名乾鹊，一名鸩鹊。"乾鹊即《说文》所谓"雗鸴"也。鹊本作舄，《说文》云："舄者，知太岁之所在，今俗名喜鹊。"又一种山鹊，《尔雅》："鸴，山鹊。"郭注：长尾嘴赤，是山鹊专名鸴。《庄子》谓之鸴鸠。一种练鹊，俗名拖白练。

鸠，《尔雅》："鶌鸠，鹘鸼。"李巡云："今之班鸠也。"《说文》："鸠鹘，鸼也。"鸟类多以鸠名，《说文》属之鹘鸼，是班鸠专名鸠。

祝鸠，《尔雅》："隹其，鴂鴀。"郭注："今鹁鸠。"《诗毛传》："鵻，夫不也。"《说文》："鵻祝，鸠也。"杜预注《左氏传》：祝鸠，鵻鸠也，孝鸟。《诗疏》引《尔雅》作鹁鸠，今疏亦名鹁鸪。

鸤鸠，《尔雅》："鸤鸠，鴶鵴。"郭注："今之布谷也。"

鵧鸠，《尔雅》："鵧鸠，鵯鵧。"郭注：江东名为"乌臼。"《荆楚岁时记》："此鸟先鸡鸣，声云"加格、加格"，一名、鵶鸼。"

雎鸠，《尔雅》："雎鸠，王雎。"郭注："雕类。"江东呼之为"鹗"。《说文》"白鹰，王雎，鹰属也，今俗名鱼鹞。"

鹰，《尔雅》"鹰，鶆鸠。"郭注："鶆当为鶇字之误。"杜注《左氏传》："爽鸠，鹰也。"《尔雅》鵍鸟、鹰隼为二类。陆玑云："鵍，鸱也。鸱，一名鹞。"《说文》："鸱，雃也；鵰，鸱也。"《广雅》："鵰鸱，谓之弋。"孟康云："雕也。"《说文》"雕，鷙也。"《广韵》："鷙，鵍之别名，今俗名鹞鹰。"《尔雅》："茅，鸱。"郭注："鸧，鸱也，似鹰而白，今俗名白鹰。"《尔雅》："鷣，负雀。"郭注："鷣，鹞也。"又云："晨风，鹯。"郭注："鹞属，今俗名红鹰。"《说文》："隼，一曰鷙。"陆玑云："隼，鹞属。"韦昭云："隼，鹗也，尤善捕雀。"今俗名雀鹰。诸家鹰、鵍皆无分别，段氏谓鵍者，鸱非鹗，鹗大雕。《埤雅》："雕似鹰而大，然则大小异尔。"《月令》："鹰化为鸠，鸠化为鹰，鸠者布谷。”《列子》：鹞为鹯，鹯为布谷，布谷复为鹞。是鹰正通名鹞，鹰鸠相化，故亦名为鸠尔。

鸽，《说文》：“鸠属，状类鹁鸪，故亦名鹁鸽。”

戴鵀，《尔雅》：“鵖鴔，戴鵀。”郭注：“今亦呼为戴胜。”《吕览》作“戴任”。《方言》：“鳲鸠，谓之戴鵀，或谓之鹖。”郭璞注《方言》：“尸鸠，布谷，非戴胜。戴胜似山鹊，毛冠俱有文饰。”《诗稗疏》：“布谷、戴胜，一类二种，通名鳲鸠。”《广雅》：“结籥，布谷也。尸鸠，戴胜也。”是戴胜亦名尸鸠之证。

鴽鹑，《尔雅》：“驾，鴾母。”郭注：“鴽也。”《说文》：“鴽，鹑属。郭，鴽也。”是鴽、鹑二物，今统名鹌鹑。《月令》：“田鼠化为驾。”《淮南子》作“化为鹑”。

鹧鸪，《禽经》：“越雉，一名随阳鸟。”

百舌，郑注《礼记》：“反舌，百舌也。”《本草》：“鹊鹝，似伯劳而小。”李时珍云：“鹊鹝即白舌，状如鸲鹆，色灰黑，有斑点，入秋而蛰，与燕同。”《风土记》以“祝鸠”为“反舌”，误。

乌，《说文》：“乌，孝鸟；鸦，楚乌。”《尔雅》，“鸴斯，鹎鶋。”郭注：“鸦，乌也，小而多群，腹下白小。”《尔雅》：“纯黑、反哺者乌；腹下白、不反哺者，鸦。”鸦即《诗》“鸴斯”，乌类也，故郭璞谓之鸦乌，今统名乌鸦。

鹦鹉，《说文》：“鹦鹉，能言鸟也。”《礼记》作婴母。《释文》：“婴或作鹦母，或作鹉古。今文字之变尔。”

鸲鹆，《荆楚岁时记》谓之“花鸲”。一作鸜鹆，俗名八哥。

鹖鴠，《月令》作“曷旦”，《说文》作“鶡鴠”。《方言》作鹖鴠，一名号寒鸟。

鵙，《尔雅》：“鵙，伯劳”。郭注《左传》曰“伯赵”。郑康成《礼记注》作“博劳”，《夏小正》作“白鸠”，《楚辞》作“鹈鴂”。鵙、鴂同字。一名白鹩。

鴷，《尔雅》：“鴷，斲木。”罗愿云：“班者雄，褐者雌，今俗名‘啄木’。”

鸭鸫，《正字通》：鸭鸫，催明鸟，俗名铁夹子。

翠鹬，郭注《尔雅》：“似燕，绀色。”张揖云：似雀，雄赤，曰翡；雌青，曰翠。湖滨产小翠鸟，无赤色者。郭璞亦云：鸿，小鸟，青似翠，食鱼，当即《尔雅》鸿尔。

鸳鸯，《玉篇》："匹鸟，雄曰鸳，雌曰鸯。又一种溪鶒。"徐弦《说文附字》作"谿鶒"。水鸟，俗谓之紫鸳鸯。

鹭，《尔雅》："鹭，舂锄。"郭注："白鹭也。"《诗毛传》："鹭，白鸟。"

鸬鹚，《尔雅》："鹚，鷧。"郭注："即鸬。"《说文》一作"鸕鶿。"鶿、鹚同字。鸕鶿谓其喙似针。司马相如《上林赋》亦谓之鸬，俗名"水老鸦"。又一种䴔鸬，郭璞谓之"鱼䴔"。异色而小，曰䴔䴖，《上林赋》谓之"交精"。

鹈鹕，《尔雅》："鹈，鴮鸅"。郭注："今之鹈鹕，俗呼淘河"。《说文》："鹈胡，污泽也。"《汉书·五行志》："鹈鹕，或曰秃鹙。"《尔雅》："鵹鹕。"郭注："身青头白。"孙炎亦云："谷鹕，俗名白头翁。"

鸱鸮，《尔雅》："鸱鸮，鸋鴂。"陆玑《诗疏》："鸱鸮，似黄雀而小，或曰巧妇。"郭璞注《尔雅》"桃虫，鷦"云："鷦䳸，桃雀也，俗呼为巧妇。"似鸱鸮、桃虫一物。《庄子》谓之"鷦鷯"，《荀子》谓之"蒙鸠"，皆此。《玉篇》鷦鷯，亦作刀鷯。《说文》："鸱鸮，宁鴂也。雒鷚，桃虫也。刀鷯，剖苇也。三者各物，不相附丽。"据陆玑云：鸱鸮，喙如锥，取茅莠为巢，以麻紩之如刺袜然。与《尔雅》所云"刀鷯、剖苇"者正合，疑即一物。王氏《诗稗疏》：鸱自鸱，鸮自鸮，鸱鸮自鸱鸮。盖鸱，鹞属，鸷鸟也；鸮，鹏属，恶鸟也。鸱鸮自为鷦鷯小鸟。自《集传》混入鸺鹠恶鸟，而鸱鸮之名始隐。

鸮，《诗毛传》："鸮，恶声之鸟。"陆玑《疏》："鸮，大如班鸠，绿色，贾谊所谓鹏鸟是也。"贾公彦《周礼疏》：鸮、鹏二鸟，俱夜为恶鸣者。《异物志》："山鸮，体有文色，土人名之曰'服'。"《诗稗疏》："鸮似班鸠，而绿，鹏似鸮而黑。"

鸺鹠，《尔雅》："鵅，鵋鵙。"郭注以鸺鹠为鵋鵙。又云："狂，茅鸱、怪鸱、枭鸱"；又云："萑，老鵵。"郭注："木兔，似鸱鸺而小。"鸺鹠之属凡五，郭璞以怪鸱即鵋鵙。《说文》："萑，鸱属，有毛角，所鸣其民有祸，一名鸱鸺。"《诗稗疏》："枭即鸺鹠，一名鸱鸺。"《唐书·五行志》："鹠鸺，一名训狐，今俗谓之'鬼车'。"陆玑《诗疏》："流离，枭也。"《尔雅》："鸟少美长丑为鹠鷅。"《说文》：枭不孝，鸟鹠鷅少美长丑。《毛传》但云"鸟也"。是流离别为鸟名，不得目为枭矣。

蝙蝠。《尔雅》："蝙蝠服翼。"郭注："或谓之仙鼠，今俗名檐鼠。"

于兽则牛，俗名黄牛，一种水牛。《玉篇》："犺，水牛；犹，水牛。"犺者能浮，牤者能沉。古鸟兽毛质异者，皆异名。

马，案：《史记》以驴骡为匈奴奇畜。《说文》：“驴兽，似马，长耳。”驴父马母曰骡，是中国有驴骡起自汉时。今江汉间皆有之，而湖南无畜驴者，邑产但有马驹。

羊，《尔雅》：“羊，牡羒、牝牂、夏羊、牡羭、牝羖。”郭注：“羒，吴羊白。羝羭，黑羝也。”《说文》：羝，牡羊也。夏羊牡者曰羭。与《尔雅》合。郭注黑白异者，吴羊纯白，夏羊有黑有白。夏羊，今谓之绵羊。

山羊，《尔雅》：“羱，似羊。”《说文》：“苋山羊，细角者。一作羦。”《集韵》：“羪，野羊”。《后汉书·马融传注》：“完羝，野羊也，并同字。”今山羊细角，似兔而大。

豕

山猪，一种豪猪。《说文》：“豕鬣如笔管。”崔骃云：“豪猪，一名貆。”一种野猪，《广雅》云：“野猪小者名豨。”

犬

豺，《尔雅》：“豺，狗足。”《说文》：“狼属。”

狼，《尔雅》：“牡貛、牝狼。”又云：貒子貗。郭注：“貒，豚也，一名貛。”《说文》：“貛，野豕。”貒、貛同字。一作貆。《说文》：狼似犬而训貛，为野豕意。盖通貛为貆，一作貆。郭璞注《山海经》：“豪彘，貆也。”李时珍云：“貒，猪貛；貛，狗貛。则因《说文》而强分尔。”今俗以纯黄为狼，黄黑者为貛。

獭，《说文》：“水狗，食鱼。”今谓之水獭。一种旱獭，山獭也，亦谓之紫獭。

猫

狸，《说文》：“伏兽，似貙。”《正字通》：“狸，野猫。头圆如猫，曰猫狸；头锐如貙，曰虎狸。善援树食果，一名果子狸。面白尾似狐，曰牛尾狸，一名玉面狸；领文如豹，香似麝，曰香狸，一名灵猫。山中猎犬，往往捕得之。”

鼠，一种田鼠。《尔雅》云“鼸鼠”。《夏小正》名“嗛”，《说文》一作鼢。一种水鼠，《玉篇》：“鼣，水鼠名。”一种竹鼠，《说文》“鼫，竹鼠也”。《埤雅》：“一名竹鼬。”一种白鼠，《玉篇》：“鼳，似鼠而白。”一种黄鼠狼，《尔雅》：“鼶鼠，形似狼，一名狼猫。”

麂，《本草》：“似獐而小，牡者有短角，黧色，豹脚。獐，麂之属。”东大山间一有之，不多见也。

猬，《尔雅》："汇，毛刺。"郭注："猬状似鼠。"《玉篇》："似豪猪而小。"

兔

蝯。案，《说文》：蝯凡五类：曰夔母猴，似人。曰禺母，猴属，头似鬼。曰为母，猴也，其为禽好爪下腹，为母猴形，曰猴夔也。曰蝯，禺属，《尔雅》："猱蝯，善援；玃父，善顾。"列之禺属。郭璞谓："猕猴之属，寄寓木上，亦与《说文》'禺'同义。"《说文》："内兽足蹂地也，字作厹。"小篆作蹂，故亦名猕猴。曰猱，《集韵》："猱本作夔。"段氏引鲁公为，檀弓作公叔禺人，证为禺一物。蝯、猱视兽微别，以其似人故谓之夔，以其头似鬼故谓之禺，以其利爪故谓之为。古义如此，实一物尔。《说文》："玃，大母猴，犹玃属；狙，玃属，与猴为类。蜼，禺属。蜼如母猴，卬鼻长尾，与蝯为类。"陆玑疏："猱，猕猴。楚人谓之沐猴，老者为玃，长臂者为蝯，骏捷甚于猕猴。蝯白腰为獑猢，猱亦作獶。"郑注《礼记》："獶，猕猴也。"《埤雅》："猴善候，蝯、猴属长臂，善啸，便攀援。此蝯、猴之别：猴行纾，故从夔；蝯行捷，故从禺。字从虫，以其栖木。"《说文》谓之母猴者。母、马音近。言其大也，音转为猕猴，亦为沐猴。

于鳞介则鲤

鲩，《尔雅》："鲩。"郭注："鲜鱼。"俗名草鱼，亦名鲜子鱼。

鳟，《尔雅》："鮅，鳟。"郭注："似鲜子，赤眼，俗名红眼鱼。"

鲔，陆玑《尔雅疏》：鲔，似鲂，头大。其头尤大者，谓之鲢，或谓之鳙。《说文》：鲔，鱼也。鲢鱼，鳙鱼也，不互训。今俗名鲔，为鲢，而别名鳙，为大头鲢。

鲂，《尔雅》："鲂，魾。"郭注："江东呼鲂鱼为鳊。"《说文》："鲠，一作鳊。"头小，故一名缩项鳊。

鲭，《说文》"鲋，鲭"并出，鲭，鲭鱼也。《广雅》："鲋，鲭也。"《玉篇》："鲭，鲋也。"《尔雅翼》："鲋，鲼也。"而《尔雅》云："贝大者魧，小者鲼。"是贝亦有鲼名。《说文》："鲫，乌鲗鱼。"鲗或作鲫。盖鲭为本名，亦通作鲼，俗作鲫者，相沿之讹尔。

鲚，《集韵》："白鱼，一名鲚。"

鲦，《尔雅》："鮂，黑鰦。"郭注："即白儵鱼。今俗名白鲦鱼，大者曰鰦鱼。"

鲭，《本草图经》：青鱼，一名鲭，形似鲩。

鳜，《尔雅》："鱊鲚，鳜鲟。"郭注："小鱼，似鲋子而黑，俗呼为鱼婢。"今鳜鱼实大于鲋。《玉篇》：鳜，大口，细鳞，有斑文。《正字通》："鲈鱼，巨口，细鳞。"疑所谓两腮鲈者即今之鳜。《说文》："齐谓黑为卢，经传皆借作鲈。"斑文正黑，故名鲈也。其小者名鳜，鲟斑文未散尤黑，今俗亦名鱊子鱼。

鳢，《尔雅》："鳢。"郭注："鲖也。"又云："鲣大鲖小者，鲵。"郭注："今青州呼小鲡为鲵。"《集韵》："鲡与鳢同。"《诗毛传》："鳢，鲖也。"《说文》："鲖鱼，一曰鳢。鳢，鲖也。"《玉篇》："鳢同鳢。"《说文》别出"鳢云鳠也"，与毛、郭同。然鳢实似鳠而黑，有七点斑，类北斗，俗名七星鱼。

鰋，《尔雅》："鰋，鲇。"《诗毛传》："鰋，鲇也。"《说文》："鮀，鲇也。鲇，鰋也。鰋，鮀也。"鰋、鲇互训，与《尔雅》合。郭注分释为二，云："鲇别名鳀，江东呼鲇为鮧。"据《说文》"鳀，大鲇也。"《类篇》："鳀，一作鮧，一作鳀。"《本草》："鮧鱼，即鳀。"《博雅》："鳀，鲇也。"《广雅》："一作鳊。"《类篇》："一云鳀，重千斤。"鳀、鳀、鮧、鳊同字，鲇之大者。郭训"鲇"为"鳀"，殆误。《正字通》："鰋鱼身圆偃，腹平着地，今亦名鲇鱼。"

鳠，《尔雅》："鲆，大鳠。小者鮡。"郭注："鳠似鲇而大，白色。"《广韵》："鮡，似鲇而大。"《六书故》："鳠，一作鲽。"段注《说文》："鳠鱼，俗讹为回鱼，声之误尔。"《集韵》本亦云鮠。《说文》又云："鮀，鲇出。"是鱼似鲇而肥，故亦名肥鮀鱼。段注失之。

鲿，《诗毛传》："鲿，扬也。"《说文》同。陆玑疏："鲿，一名黄颊鱼，大而有力，解飞谓之扬。"今鲿鱼鳍竖而鲠，故以扬为名，陆玑疏误也。一名黄颡鱼，《续博物志》："食黄颡鱼后饮荆芥汤，即死。"

鲨，《尔雅》："鲨，鮀。"郭注："吹沙小鱼。"李巡亦云："鲨者鮀也。"《尔雅》名义多重出，鲂名鲆，鳠亦名鲆；鲇名鮀，鲨亦名鮀。不必泥《说文》之鮀以附《尔雅》。今俗名茅花鱼，头上有沙。

鳡，《集韵》："鳡，鮀也。"《说文》："鲉，哆口鱼。"《本草》："鳏鱼，一名鳡鱼，一名鮥鱼。体似鲩而口大，颊似鲇而色黄。"郭璞注《山海经》，亦以为黄颊鱼，今俗名黄鳡鱼。

鮆，《尔雅》："鮤，鳠刀。"郭注："今之鮆鱼。"《广韵》："鮆，一作鲚。"《说文》："鮆刀，鱼也。九江有之，常以三月顺流上，今亦名鱽鱼。"

鳣，《尔雅》："鲤，鳣。"《说文》："鲤，鳣也。鳣，鲤也。"郭注分释为二，云"鲤，赤鲤鱼；鳣，江东呼为黄鱼。"颜师古云："鳣一作鱏。"《玉篇》："鱏，鲔也。"《尔雅》："鮥，鮛鲔。"郭注：大者名王鲔，小者名鮛，鲔似鳣而小，人呼鮥子。《类篇》："鲔，亦名黄鱼。"是鳣、鲔同类异名，而《尔雅》、《说文》之鳣，自属鲤。《诗·硕人》"鳣鲔"。《毛传》云："鳣，鲤也；鲔，鮥也。"潜鳣、鲔与鲦、鲿、鰋、鲤并列，《毛传》云鳣，大鲤也。似在海为鳣，在江为鲤，故鲤亦可名鳣，鳣小者百馀斤。盖海鱼随潮而上，湖濒岁常有之，俗名鱏鳇鱼。

鲥，《尔雅》："鳉，当魱。"郭注："海鱼似鳊，肥美多鲠，最大者长三尺，名当魱。"邵氏《正义》引全祖望之言：《尔雅》鳖鯠与鲥音相近，鳖即鲥也。其大者当魱。邑四月，鲥鱼至大者尺许，盖《尔雅》"鳖"。

白小，《说文》："鰷，白鱼。"《类篇》："小鱼。"杜诗兼取之曰"白小"，俗名银鱼。一种稍大口，刺如针。《正字通》："鱵鱼。"俗名针觜鱼。

纹鱼，新市东北五波洞，岁春夏之交出纹鱼，长寸许，身方，上旬首仰向上，中旬首平，下旬首曲向下，俗名博博石。盖邑产之异者。

鳝，《尔雅》："鳛，鳝。"郭注："今泥鳝。"《集韵》："鳝或作鳅。"

鲜，《说文》："鲜，鱼。"《玉篇》："鲜一作鲃。"《后汉书·杨震传》作"鳣"。太子贤注引《都讲》云："蛇，鲜。"《集韵》："鲜亦作鳝。"

鳗鲡，《说文》："鲡鳗。"并云："鱼也。"《本草》："鳗鲡似鲜而大，俗名白鳝。"

鰕，《尔雅》鰕凡三见：曰"鰝，大鰕"；曰"魵鰕"；曰"鲵，大者谓之鰕"。《说文》："鲵，刺鱼也。"《释文》："魵，小鰕别名。"郭注释"魵"从《说文》："出岁邪头国，而释鲵似鲇，四脚。"是魵、鲇二者皆异物。《庄子》："鲵、鳝为类。"《说文》以鳝次鲵，而云鲵刺鱼，疑鲵小鰕魵大。鰕鰝则今海鰕尔，非邑产。《释文》谓魵、小鰕者以别于鰝、大鰕。"

蟹，《尔雅》："蜎蠌，小者蟧。"郭注："或曰即蟛蜎，似蟹而小。"《说文》作"蟛蜞"，《类篇》作"蟛螆"。邑产小蟹、蟛蜎之属尔。

蛙，郑注《礼记》："蝼蝈，蛙也。"《急就篇注》："蛙，一名蝼蝈，色青。"《说文》："蛙，虾蟆属。"《本草》："虾蟆背有黑点，蟾诸背黑无点，子即蝌蚪。"《尔雅》：

"蛙黽，蟾诸。"郭注似"虾蟆居陆地，在水者黾。"《说文》引《诗》"戚施"云："即此。黽鼋，詹诸也。"是蟾蜍、虾蟆、蛙，凡三。今俗名虾蟆曰癞虾蟆，盖混蛙为一矣。

龟，《尔雅》："十龟"邑产，山龟、水龟皆有之。

鳖

鼋，《说文》："鳖，甲虫，鼋，大鳖。"《尔雅翼》："鼋，鳖之大者。"

蚌蛤，《尔雅》："蚌，含浆。"郭注："蚌即蜃。"又云："魁陆。"郭注："魁状如海蛤，圆而厚，外有理纵横。即今蚶。"又云："蜌螷。"郭注："蚌长而狭者为螷。"又云："蜃小者珧。"郭注："玉珧即小蚌。"《说文》："蛤，蜃属，有三：一牡蛎，一海蛤，一魁蛤。"《说文》又云："蚕，蚌属，似蠊。修为螷，圆为蚕。蠊长寸而白。"鱼部又云："鲕，蚌也；鲒，蚌也。"《集韵》："蚕，蛎本字。"《广韵》："鲕，一作螷。"《类篇》："蛤蜊，海蚌，一作合梨。"《玉篇》："蠊，小蚌。"《本草》："一名蝛蜐。"邑产，通谓之"蚌"。长狭者螷，圆厚，外有理，纵横者蚶，小白者蠊。珧当作蠊属。《类篇》："蚬，小蛤。"蚬、蠊音转尔。

蠃。《尔雅》："蠃小者蜬。"郭注："螺大者如斗，盖今海螺。"《本草》："蜗蠃生溪水中，小如田蠃。田蠃即蜬也。"蜗蠃俗名螺蛳。

于虫则蚕，《尔雅》："蟓桑茧。"郭注："即今蚕。"

蛾，《说文》："蛹，茧虫。破茧为蛾。"《埤雅》："茧生蛾。"凡物生虫蛀，老辄为茧成蛾。俗名飞蛾。

鼄蝥，《尔雅》："次蚩、鼅鼄、鼄蝥，一物三名。"郭注："今江东呼蝃蝥。"《说文》作蠿蟊。俗名蜘蛛。一种壁钱。《本草》："似蜘蛛，作白幕，如钱帖墙壁。"

蠨蛸，《尔雅》："蠨蛸，长踦"。郭注："鼅鼄，长脚者俗呼为喜子。"

蝇虎，崔豹《古今注》："形似蜘蛛，善捕蝇，一名蝇蝗。一名蝇豹。"

螲蟷。《尔雅》："王，蛈蝪。"郭注："似鼅鼄，在穴中，有盖。俗名颠当。"

以上丝虫

蜂，《尔雅》"土蜂、木蜂。"郭注："土蜂，即马蜂，今荆巴间呼为蟺。"又云："果蠃，蒲卢。"郭注："细腰蜂，俗呼蠮螉。"《说文》"蜾蠃，细腰土蜂也。"今俗名"泥蜂"。《本草》："木蜂谓之露蜂，俗名黄蜂。"《方言》："蜂大而蜜者，谓之壶蜂。"

《说文》：蠠蜂，甘饴也，俗名蜜蜂。别种金花虫。竺法真《登罗山疏》："金花虫文彩如金，俗亦名之金蜂。"

蟋蟀，《尔雅》："蟋蟀，蛬。"郭注："今促织也。"一名青蛚，《说文》作"悉蟋"。一种灶马，生灶下，似蟋蟀，股有针，俗名灶鸡。

莎鸡，《尔雅》："翰，天鸡。"郭注："莎鸡，又曰樗鸡，今俗名络纬。"

螽，《尔雅》释螽凡五，蛗螽，蠜；草螽，负蠜；蜇螽，蜙蝑；蟿螽，螇蚸；土螽，蠰谿。《诗毛传》"斯螽，蜙蝑"。郭注：蜙，蚣也，俗呼蜻蝣。土螽似蝗而小，今谓之土蝶。《释文》："蝶亦作'虴'。"《集韵》："蜙蝑，一名虴蜢。"《方言》谓之"蟅蟒"。《本草》："蛗螽，一名蚱蜢。"《诗稗疏》："今湖湘间通名蚱蜢。螽，青蚱蜢。草螽，小纺绩，色尤青蜇螽。"陆玑所谓"青而长者，俗名长蚱蜢。执其股，则自春蟿螽。"陆玑所谓"斑黑色虴蛨之最大者，俗名大蚱蜢，土螽，蚱蜢小者，土褐色。盖同类异种。《说文》："螽，蝗也。"《春秋书》："螽皆蝗，螽、蝗实一物。今别以害稼者为蝗尔。"

蛱蜨，《说文》"蛱蜨"，俗作蝶，一名蝴蝶。见《庄子》。

蜻蛉，《尔雅》："虰蛵，负劳"。郭注："或曰即蜻蛉。"《说文》："蜻蛉，一曰桑根。"《淮南子》："水虿化为蟌。"高诱注："蟌，蜻蜓也。"罗愿云："附物施卵，仍为水虿。"

蜩，《尔雅》蜩类凡七，曰"蜩，蜋蜩"，郭注"五彩具"。曰"螗蜩"，郭注引《夏小正》"螗蜩者，蝘胡蝉也，江南谓之螗蛦"。曰："蚻，蜻蜻。"郭注引《方言》云"有文者谓之蠽。"曰"蠽茅蜩。"郭注"似蝉而小，青色"。曰"蝒，马蜩。"郭注"蜩中最大者"。曰："蜺，寒蜩。"郭注"寒螿也"。曰"蜓蚞，螇螰。"郭注"即蝭蟧也，一名蟪蛄。"《说文》：蜩，蝉也；蜺，寒蜩也。蚄蚗，蝉属；蠽，小蝉蜩也；螇螰，蛁蟟也，一作蚒蚗。《方言》谓之"蛥蚗"，《类篇》："蛥蚗，蝉属。"《广雅》："蛥蚗，蚻也。"《玉篇》："蜻，蚻也，蝉属。"《诗毛传》："蜩，蝉也；螗，蝘也。"孔颖达疏："蜩、螗皆蝉也。"梁宋谓"蜩"为"蝘"，楚谓之"蟪蛄"。陆玑《草木疏》："蝘，一名蛁蟟。"数者都无分别。惟《方言》析蛥蚗、蝉为二，蝉大者谓之蝒马，小者谓之麦蚻，有文者谓之蜻蜻，黑而赤者谓之蜺，而别出螯蜩、寒蜩二种，皆同类异名。

螗蜋，《尔雅》："不过，蟷蠰。其子蜱蛸。"郭注："蟷蠰，螗蜋别名。"又云："莫貈蟷蜋蛑。"郭注："蟷蜋有斧虫，江东呼为石蜋。"李巡云：螗蜋子，即蟰蛸。郑注《月令》："螳蜋、蟏蛸母。"《说文》一名"斫父"。

蛣蜣，《尔雅》："蛣蜣，蜣蜋。"郭注："黑甲虫噉粪土。"《说文》："渠蜘，一曰天社。"《广雅》："天社，作天柱，蜣蜋也。"

蜉蝣，《尔雅》："蜉蝣，渠略。"郭注："似蛣蜣，身狭而长，有角，黄黑色，丛生粪土中。"《说文》："蟲蟟一曰浮游。"《方言》作"蜉蝣"。《广志》："蜉蝣，在水中翕然生。"《淮南子》"朝秀不知晦朔"，高诱注"朝秀，生水上，状如蚕蛾，一名孳母，朝生暮死"。是又以蜉蝣为水虫，《诗稗疏》：蜉蝣二种，一种生湿处，一种好集木槿树，今俗名凤子。盖各据一物为名，疑蜉蝣即今虾蜢子，色白，身长，风雨将至，群飞户牖间，触之则羽落而槁矣。《桂海虞衡志》谓之"天虾"。

蠦蜰，《博雅》："蜰，蠦蜰也，亦谓之飞蠊。"《本草》谓之"翡廉"。陶宏景云："作廉姜气，今亦名臭虫。"一种大者，《名医别录》谓之"行夜虫"。《本草》亦谓之"气盘虫"，亦有翅，飞不能远，触之则气出，俗名樟木虫。孔颖达所谓"臭恶之虫，害人衣物"盖指此。

蛣蜣，《尔雅》："蛣蝹，强蛘。"郭注："今米谷中蠹，小黑虫。"又云"强蚚"。《说文》："强亦作蟗，今俗名铁蛣牛。"

蠸，《尔雅》："蠸舆父，守瓜"。郭注："今瓜中黄甲小虫。"戴侗云："瓜蝇。"

蝇，《埤雅》："青蝇，乱色；苍蝇，乱声。青蝇大，苍蝇小。"

蚊，《说文》："秦晋谓之蜹，楚谓之蚊"。

蚤，《说文》："啮人跳虫。"

虻，《说文》"啮人飞虫。"韦昭注《国语》："牛马虫，大曰虻，小曰蝱。"

蝑蜙，《说文》："虫在牛马皮者。"

螕，《说文》："啮牛虫，通俗文狗虱曰螕。"

萤，《尔雅》："荧火即炤"。《诗·东山》谓之熠耀。

蠛蠓。《尔雅》："蠓，蠛蠓。"郭注："小虫，似蚋，喜乱飞。"《史记索隐》云："蜚鸿，蠛蠓也，其在甕中者名醯鸡。"

以上羽虫

蛇，《酉阳杂俎》有草蛇、木蛇、水蛇、土蛇四种。别种，百节曰竹根蛇；两头曰轵首蛇，一曰歧头蛇。《韩非子》："螝一身两首。"螝，一通作虺，今谓之"老蚓"，所在有之。若积首蛇，则异种耳。

蜥蜴，《尔雅》：蝾螈、蜥蜴、蝘蜓、守宫，盖一物四名。《说文》："在壁曰蝘蜓，在草曰蜥蜴。"蝾螈，蛇医。又析为三，崔豹《古今注》："蝘蜓，一名龙子，一名守宫，善上树。其长细者名蜥蜴，短大者名蝾螈，一名蛇医。"《唐本草》：石龙子即蜥蜴，形小而长。蛇师，头大尾小而短，色青。蝘蜓，即守宫，生屋壁间，一名蝎虎。《方言》："守宫，亦谓之蜥蜴，其在泽中者楚谓之蛇医，或谓之蝾螈，齐谓之蛷螋。"凡二种，又与诸说异，俗亦名壁虎。

蝍蛆，《尔雅》："蒺藜，蝍蛆。"郭注："似蝗而大，腹长角。"高诱注："《淮南子》以为蟋蟀。"《广雅》："蝍蛆，蜈蚣也"。玩《尔雅》蒺藜之义，似蜈蚣近之。

虿，《说文》"虿，毒虫。"《通俗文》：虿，长尾，谓之蠍。

百节虫，《淮南子》："蜡，知雨将至。"高诱注："大如笔管，长二寸，此虫春雨多即出，疑即蜡也。"《篇海》亦谓之"蝲蛯虫"。

蝼蛄，《尔雅》："螜，天蝼。"郭注："蝼蛄也。"《说文》一名蠹，《本草》："蛄蝼，亦谓之硕鼠。"《方言》：南楚谓之杜狗。今俗名"土狗"。

蚓，《尔雅》："螼蚓，蜸蚕。"郭注："即蛩蟺也。"《说文》蚓作螾。侧行者俗名曲蟮。

蚿，《尔雅》："蛝马蝬。"郭注："马蠲，俗呼马蠾。"《博物志》："百足，一名马蚿，生茅茨中，今俗名蓑衣虫。"《说文》："蛷，多足虫。"郑注《周官》貍虫䗪肌蛷之属，《通俗文》"务求"，谓之"蛷蛷"，生屋隙。今俗名"草鞋虫"。

蚁，《尔雅》："蚍蜉，大蚁。小者蚁。"郭注："大蚁马蚍蜉。"又云："蠪打蚁。"郭注："赤驳，蚍蜉。"又云："螱，飞蚁。"郭注："有翅。"罗愿云："螱，白蚁所化。"

鼠负，《尔雅》："蟠，鼠负。"又云："蛜威，委黍。"郭注："鼠蝜，别名。"《玉篇》："蟅，鼠蝜"。《本草》："蟅，一名地鳖。"陶宏景云："多在鼠坎中，鼠背负之，俗名地虱。"

负版，《尔雅》："（传）〔傅〕①，负版。"《柳宗元集》："蝜蝂，负重小虫。"

蜚，《春秋·庄二十九年》"有蜚。"《左氏传》："为灾也。"刘歆以为"负蠜性

---

①据《尔雅·释虫》改。

不食谷，食谷为灾，以蜚为草虫。”此《说文》所本《公羊传·纪异》也。何休注：“臭恶之虫，南越盛暑所生。以蜚为负盘。”此郭注《尔雅》所本。《尔雅》：“蜚蠦蜰”，则《本草》所谓蜚廉也，郭注失之广。《五行记》“有蜚”作“有蜰”，盖因《尔雅》而承，误耳。湘潭罗舍人云：“蜚，负盘。今人谓之掀盘虫，最伤稻花。”

负盘，郭注《尔雅》：“蜚，负盘，臭虫。”以“负盘”释“蜚”，非也。负盘即今啮人臭虫，俗亦谓之“蜰虫”。

虱，《说文》：“啮人虫。”

蟫，《尔雅》：“蟫，白鱼。”郭注：“衣、书中虫，一名蛃鱼。”《尔雅翼》，“蟫，似鱼，黄色。既老，则身有粉如银，俗名蠹鱼。”

蠹，《说文》：“蠹，木中虫。”《本草》：“木蠹虫，亦名蛀虫。”

蠋，《尔雅》：“蚅乌蠋。”郭注：“大虫似蚕。”《诗毛传》：“桑虫。”《说文》：“蜀葵中蚕也。”《广志》云：“藿蠋，有五色者；槐蠋，五采有角，甚臭。此虫所在有之。”《尔雅》：“雠由，樗茧；棘茧；栾茧；蚢，萧茧”，皆蠋类也。今生葛藤者尤大；老即成蛹。

盘蝥，《说文》：“盘蝥，毒虫也。”《本草》：“班蝥，一名龙尾，大豆叶上取之。”

蝤蛴，《尔雅》：“蟦蛴，螬。”郭注：“在粪土中。”又云：“蝤蛴，蝎。”郭注：“在木中。”今通名蝎，所在异。又云：“蝎，蛣蝠。”郭注：“木中蠹虫。”又云：“蝎，桑蠹。”郭注：“即蛣蝠。”又云：“蠰，啮桑。”郭注：“似天牛。”戴侗云：“天牛亦名桑牛。”《诗毛传》：“蠋，桑虫，即蝤蛴。螟蛉桑虫也。”陆玑云：“螟蛉，色青、细小。是蛴螬在粪，蝤蛴在木，其在桑者亦名桑螵蛸。”

蛓，《尔雅》：“蛅，毛蠹。”郭注：“即蛓。”又云：“螺，蛅蟴。”郭注：“蛓属。”《说文》：“蝒，毛蠹；蛓，毛虫。”《类篇》：“蛓音刺，作蝀。”今俗名“刺毛虫”，有棱角，五采色，螫人，老而成踊，壳如雀卵。”《本草》谓之“雀瓮”。是《尔雅》“蛅蟴，即蛓”其有毛无采棱者，蛅也。蝒、蛅同字。

结草虫，《古今注》：“一名结苇，好于草末，折屈草叶，以为巢窟”。

尺蠖，《尔雅》：“蠖，蚇蠖。”郭注：“今蝍蝛。”《说文》：“蠖，屈申虫也。”《方言》：“蠀蝛谓之蚇蠖。”郭注：“一名步屈。”

蜎，《尔雅》：“蜎，蠉。”郭注：井中小蛣蟩，赤虫，一名孑孓。《说文》：“一作目，小虫也。”今水中蛆，自罄折者。

蛆，《说文》：“蜡，蝇胆也。胆，蝇乳肉中也。”段氏《注》：“已成为蛆，乳生之曰胆、曰蜡。”

蛭，《尔雅》：“蛭虮。”郭注：“江东呼水中蛭虫，入人肉者为虮。又云：蛭蝚，至掌。”《本草》“水蛭，一名至掌。”《韵会》：“有水蛭、石蛭、草蛭、泥蛭四种，今俗名马蟥。”

蜗，《尔雅》：“蚹蠃，螔蝓。”郭注：“即蜗牛。”《说文》：“蜗蠃，虒蝓，不互训。”段氏《注》：“虒蝓今生墙壁间，湿处无壳，有两角，俗呼延游。”《释虫小记》：“蜗亦自分二种，与延游别。”崔豹《古今注》：“蜗，亦名陵螺。”

蚰蜒。《尔雅》：“螾衙，入耳。”郭注：“蚰蜒也。”《方言》蚰蜒，或谓之入耳，北燕谓之蛆蚭，今窗壁黏虫，展转谓之蜒蚰。凡物皆能化虫，有若谷壳能飞者，《左氏传》所谓谷之蜚，亦为蛊，有若枯枞梗，长寸许，不辨首尾，亦不具虫形，足参差甚长，善缘牛马尾屈身束之，尾断乃已，俗名“铁线”。盖物已化虫，而犹存本形，有此二种，乡间时见之。

邑产鱼稻为丰，亦出纸、出白鹤黄獭洞，名“洞纸”。布、出荷塘者稍著，名“荷塘大布”。绢、名“土绢”。淀、名“土靛”。曲、名“土曲”。米粉、出茶湖潭。油、芸苔子、萆菜子，曰“菜油”；芝麻子，曰“麻油”；楂子，曰“楂油”；桐子，曰“桐油”；木棉子，曰“棉油”。糖、糯、粳二米为之。陶瓦器；案，三峰山陶户十二姓，相传明季张、杨、彭、瞿、李、庞六姓人，踞此地开窑。国初增入吴、王、谢三姓，为九姓窑户。至嘉庆时，窑户疲难，又得苏、李、刘三姓人帮费，合为十二姓。他姓无能阑入，亦习俗，据以为利致然也。其酒酱醯出家酿，无行远者。自海禁开，粤商居棌为利，邑产无多，值益昂。而新市江中独产金，奸民凿山穴地求之。道光之季，淘金户常万馀人，金产微，获利无几，数年亦罢。父老言乾嘉盛时，濒湖开垦无虚土，山木蔚然成林，地无遗利。其后水潦岁作，田卒污莱，所在童山硗确，物产日啬，将非人事之推移然哉！军兴以来，嚣然务于战功，而地利益微矣。

湘阴县图志卷第二十六

营造志城池　公廨　监狱　桥渡　冢墓　祭器　水龙

湘阴故城可考见者七：

一古罗城。《元和郡县志》："今县东北六十里，故罗城。"《括地志》："罗故城在湘阴县东北六十里。"今汨水西径吕览渡，至小洲分流南出谢公渡，经古罗城南，距县治六十里。又南十里曲尺塘，亦有土城，凡七门，旧名夹城。"案，旧志：夹城未详何代建。以地道求之，当为梁罗州治。汨水至小洲，又南径涂家坪，出观音湖。城又在汨水南，盖夹汨水为城，故名。

一长乐故城。县东北百五里。亦名古罗城。旧志不录，地当天岳山之阳。梁罢岳阳郡，又置县，疑即此。岳阳治屡建屡废，至今并蒙古罗之名。

一城江城。县东四十里。案，《明史注》：县东有湘滨废县，即此。东南诸山水径城江桥，至板桥西，出铜含口。城江桥以古城濒江得名，后又移城江之名以名城。隋省湘滨入罗，唐又省罗入湘阴，疑唐时当建县治于此，距古罗城正六十里。

一白茅城。县东南四十五里。案，府志：五代许可崇迁今治，即罗县白茅村。疑即此，在今胡鼻岭北。湘阴建置既繁，自宋以前代有迁徙，故城遗址为多，惜旧志失于疏证尔。

一黄华城。县西南二十五里。案，府志：刘宋故城，在县西北五十里。隋唐故城，在县南二十里白乌潭。白乌潭，在今黄华岭下；刘宋故城不详何地。《水经注》称："磊石山西对县城口。"疑湘阴故城在古罗城西北五十里，府志误属今县耳。梁时汨水以北增置玉山、岳阳二县，湘水以西增置药山、重华二县，湘阴必稍南徙，故尝以谓黄华城为梁、陈湘阴县治。同治八年，土人于黄华岭掘得古砖数方，文曰"大明七年太岁癸卯六月二十八日茹氏造。”字法奇古，类汉隶。邑人罗鉴、黄世崇步循其处，自黄华岭至丁家山逶长里许，又掘得数方，下有基，或广数尺。盖故城遗址也。砖文或曰景平，或曰元嘉，或曰泰始三年太岁丁未，下方或曰“守军国”，馀字漫灭不可辨。泰始丁未下距元徽二年湘阴立县治，时凡九年，上推至景平、元嘉之世，又四十馀年，砖文所纪年代凡历四世五十三年，是黄华城尚在湘阴未立县治以前。因考《元和志》：长沙西北七十里故尉城，孙权使程普为长沙西部都尉建城于此。《宋书》：王僧虔割益阳、罗、湘西三县地立湘阴县，而湘西县在宋为今衡山县，齐、梁以后为今湘潭县，中隔长沙、新康诸县，无因割其地以隶湘阴。疑自吴建尉城后，遂因其地为湘西县。刘宋城砖意或湘西县时有增筑。晋宋以后城县归并，迁移甚繁，而纪载多从阙。如就当时割三县地立湘阴县推之，湘西县治宜在此，距今一千四百五十馀年。水啮岸圮，土人乃以时掘得之，亦足资考古者之一证矣。

一赤竹城。县南十七里。案，旧志：绍兴初，胡昭迁治于此，疑宋南渡改治赤竹城。《李植传》：“县经杨幺荡析”，明指赤竹城言之，以著植迁今治之由尔。

而县境故置玉山县，当在玉笥山左近。今玉笥山南名“山市”，东有斗仑埂，或即玉山县治。

隋亦置玉洲，案，《名胜志》：玉笥山，汨水经其下。隋开皇初，设玉州于此。而旧志独阙。湘阴故无城，明嘉靖三十三年，知县张灯于城西建守望台。邑人萧泮有记。其后四十四年，巡道苟延唐建议修筑，知县彭以复踵成之。凡七门：南曰通津，北曰广储，西曰望湘，东曰文星，西南曰来薰，西北曰挹清，东北曰镇朔。李廷龙有记。万历中，邑人王秀峰于镇朔门右凿城以通巷，名“秀峰巷”。国朝康熙三年，知县唐懋淳重修县城，因秀峰巷之旧为门，而废来薰门；其挹清门，稍易为水阙，号“水门”。懋淳有记。其后邑人王之翰，益捐秀峰巷左右隙地建城门，号曰“迎秀门”。雍正四年，巡抚布兰泰以湘阴县城坍塌，宜设法修葺，上闻，亦讫未举行。乾隆十七年，知县张宗衡增修沿江护城堤，长五十九丈二尺。乾隆十九年，知县陈钟理加修迎秀门，邑人王应选又捐城旁馀地。

至三十八年，知县李舟始修文庙东甬道以达迎秀门，皆王氏三世所捐地，故明知县王京祥之裔也。李舟有记。同治十三年，知县冒沅重修县城，取土石于护城堤，而堤遂废，于是环城树杨柳以杀水势，弥望葱郁，城势椭长，赢于北而缩于南。周城七百八十五丈，计四里三十六分里之十三；南北径长三百六丈，计一里十分里之七。凡七门，皆有城楼，通七百九十雉。

其与城池相附丽，若亭台、坊表之属，有关名胜人文，在县城者：

先月阁。宋大观二年，县尉袁梟建。在旧学前，今废。

文星亭。宋绍兴中，知县徐梦莘建。在县治南，今废。

观澜亭。宋绍兴中，知县徐梦莘建。在县学西序，今废。

明秀阁。宋绍兴中，邑人邓深建，在东湖秀峰巷口。明嘉靖中，知县张灯重建。今废。

仰高亭。宋淳熙三年建，在文庙后仰高山。一名肃清亭。明成化四年，税课大使黄杨重修，有记。国朝乾隆二十一年重修，道光三十年再修。　明泰和杨士奇《肃清亭》诗云："红尘市里浩漫漫，车马东西引避难。独向高亭出尘外，青山天际卷帘看。"

平远亭。宋时建，在县治后圃长垣外，旋废。

阅武亭。宋时建，在县治后圃，后改建西楼。

西楼。宋淳祐四年，知县胡嘉建，有记，今废。

笔峰亭。宋咸淳五年，知县陈兰孙建，在市心井前，今废。兰孙为之铭云："巍巍笔峰，宅是邑南。谁凿而平，暗然中含。文运之复，一亭函三。上应卓笔，突兀天参；下有德林，渊泉地涵。相我多士，漱芳濯潭；惠我千室，吸井酌甘。君子之德，百世可耽。"

浮香亭。宋县丞黄锜建，在城东。旧有古梅一株。今废。

观风亭。明嘉靖二十一年，知县梁汝璧建，在县治后圃，今废。

笙竹亭。建时无考，在笙竹驿西，今废。

望岁亭。光绪元年，知县冒沅建，在笙竹驿后圃。

在县乡者：

凤凰台。旧志：轩辕南巡，张乐洞庭之野，有凤凰鸣其下，故名。在县北一百里。　周耀祥诗云："翘首凤凰台，苍茫暮景催。雁声云外渡，帆影日边来。水学行蛇曲，山如勒马回。古皇张乐地，遗迹满蒿莱。"

黄陵亭。《水经注》："湘水北径黄陵亭西，合黄陵水，西流迳二妃庙。"是黄陵山南旧有亭，今废。

屈原宅。沈亚之《屈原外传》："原栖玉笥山，作《九歌》。"罗含《湘中记》："屈潭之左玉笥山，屈平之放栖于此。"今玉笥山有屈原宅，而大洲旧建屈原祠。真德秀《吊屈原赋》所谓"南阳里"也，亦名屈原宅。　宋彭淮《玉笥山三闾宅》诗："玉壶清锁寒江色，两岸菰蒲风索索。白云红树古今愁，青山远水离骚国。瓣香来吊大夫魂，口不能言空啧啧。魂之生兮世莫容，肮脏一身天地窄。修门一去不复返，正坐椒兰在君侧。绵绵心绪漫多思，恋逐彭咸归楚国。魂之去兮二千载，凛凛照人霜月白。空令儿辈撷芳华，吟到大招呼不得。依然欸乃听渔歌，愁煞三闾孤愤客。当时黑白不可辨，今日丹青犹有赫。吴山烟锁子胥祠，汨罗水绕三闾宅。"

陶澹故宅。《晋书》：澹结庐长沙临湘山中，州举秀才，转逃罗县埤山中。盖由隐居山转入白鹤山，今白鹤山下有澹故宅。　郑国贞诗云："层峦回互处，争传陶隐居。四山云木合，白鹤还有无。寒烟蔽崇冈，灵泉绕丹炉。宏景既已遐，渊明亦云徂。寥寥千载后，丘壑长空虚。"

杜公亭。宋庆元六年，主簿潘惟一有记。《一统志》：杜公亭，在东湖，为杜甫系舟地，旧名"故人亭"。元丰六年，知县王定民重修，名"诗翁亭。"绍兴六年，知县李植重修，名"清风亭"。至是，知县赵善邢更名"杜公亭"，今废。　宋侯延年诗云："杜老诗中系画船，吟馀物色故依然。卧虹堤影东西水，夹镜湖光上下天。朝野艰虞仍避地，江湖衰病几经年。孤亭遗址空惆怅，岸草汀花满夕烟。"

泳飞亭。宋宝祐元年，主簿邵庶有记。淳熙元年，知县徐梦莘建放生亭于南堤。宝庆中，知县左说重修，亦名泳飞亭。今废。

望京台。《元史》：至顺三年，顺帝自靖江迎立，登此北望，因名。在今县北长乐镇。

分桂轩。明御史傅霖故宅。霖与夏原吉同师事学官史九韶。九韶言：唐太史奏，月中桂子落天台，后二百年当应。迨宋世南渡，史氏之先得红木樨于天台山中，献之高宗植复古殿前，制诗称赏。于是史氏以丹桂别他族，因栽桂一枝于泮池。霖分取一小枝构此轩，原吉为序其略，并诗云："粤昔丹桂生蟾宫，天香散漫飘穹窿。世人仰望莫能折，举头但欲排天风。后来仙子不自惜，呵叱银蟾鼓云翼。衔将桂子落天台，要使人间共培植。天台一种三百年，鬼神隐护世莫传。史家先世积德厚，得从此地更移迁。当时不敢自怡赏，持向金门献君长。龙颜一笑栽殿前，更洒宸章为优奖。宸章焕赫事实殊，史家桂泽当何如。敷荣发秀异他族，流芳奕叶生名儒。林林接踵为时起，事业功名真继美。迩来复有紫岩翁，学德宏才古君子。承恩典教来罗湘，霏霏花雨菁莪芳。只缘辽渺丹崖远，心悬丹桂常旁皇。旁皇未易乘风去，日夕行吟泮池处。彼苍又若阴相之，池上还存古桂树。色香虽匪丹崖浓，根株却似丹崖丰。丹崖桂泽裕厥后，泮池桂泽将无同。池边弟子商岩裔，重义崇仁心靡替。稔知师意感师恩，爰辟书轩分此桂。吁嗟史翁何贤哉！吁嗟傅君真奇才！史翁之桂由祖植，傅君之桂从师来。书轩况尔数椽小，桂树分来相映好。秋风吹破丹砂堆，万斛清芬散龙脑。傅君傅君日树兹，岂惟玩好香色奇。是宜笃志励所业，光前振后期如师。清狂踏雪寻梅叟，辛苦移家看竹友。纵情娇物徒自疲，师友传承事何有。傅君傅君重勉旃，于今正是清秋天。及时吐华著芳誉，相期史氏同绵绵。"

独醒亭。明嘉靖二十一年，知县戴嘉猷有记。乾隆二十年，知县陈钟理重修，王立楷有记。旧在南阳洲屈子祠前，其上有桥名濯缨桥，乾隆二十年知县陈钟理移建屈子祠玉笥山上，并亭徙建祠左；又于祠右建招屈亭，敞前楹为藏骚阁，祠后筑坛曰骚坛。郭嵩焘《独醒亭》诗云："浮世纷纷醉到今，千年看得几人醒。九歌哀怨孤臣泪，三户销沉半角亭。生死江鱼终磊砢，废兴秦鹿总沉冥。赖有贤侯知此意，遗祠烟雨满沙汀。"

招屈亭藏骚阁。周樊祥诗云："百花摇落此登楼，三楚风云望里收。万嶂天连巴郡远，九江春入洞庭流。波平浅渚芳兰杜，雨歇空林叫栗留。忽听沧浪烟外唱，渔翁何处弄扁舟。"

骚坛。乾隆二十一年，王立槐有记。邑人黄德然建。　周韫祥诗云："一卷《离骚》万古心，千秋坛坫此登临。江声北控荆门壮，云气西连峡口深。三户兴亡空慨叹，《九歌》哀怨未销沉。我来欲续沧浪曲，坐对烟波思不禁。"

连天楼。在磊石山洞庭庙后。　明范奎诗云："已到灵虚殿，连天复有楼。置身在海市，极目尽沧洲。玉枕云为幔，珠帘月作钩。休惊波浪阔，大块一浮沤。"

栖碧亭。建时无考，在磊石山，今废。

飞云楼。在县西临泚市。

名贤阁。天启初，邑人娄琇读书三峰山，梦三人张盖相访，一屈子，一夏忠靖，一易忠节，因建此阁。久废。同治十一年，邑人杨蔼堂、万兴仁、张拔群、李旭庭重建。

娄太仆故宅。在县北千秋坪。

和邻阁。雍正中，邑人杨枝建建，在县南杨梅山下。今废。

八景台。嘉庆八年建，在城南河泊港口；光绪元年，知县冒沅重修。

西坊。在县西保赋围，嘉庆十八年，知县张若云建坊于此，以补邑西方之阙。其后改建魁星阁，仍旧名曰西坊。

明世，忠、孝、节、义、耆 、寿、科、宦，皆有坊旌表，亦有纪遗爱及建坊以表道者，因为之立名。旧志多不详其由。县前所立曰宣明坊、善政坊、德化坊、阜民坊，县东曰文笔坊、修仁坊、闻弦坊、朝英坊、善胜坊、处仁坊、生春坊，县南曰澄清坊、文明坊、宣仁坊、承流坊、仁寿坊、思贤坊、万寿坊、美俗坊、德政坊、东明坊，县西曰荣归坊、望湘坊、挹爽坊、丹桂坊，县北曰折桂坊、达尊坊、迎晖坊、忠节坊、兴贤坊，案，今兴贤堂之左，旧名兴贤街，疑即旧建兴贤坊处。今皆废。其可考见者：

元老坊。为夏原吉立。元老坊前为市心三井，中凿为池，环植桂树，绕以石栏，与元老坊相接。其东则清华坊也，为县城一名胜。嘉庆中，清华坊毁于火，李氏谋重建，邑人不允，李氏讼之都察院，知府周如兰委员查勘，平池及井，并石栏毁之，而古迹遂湮。

忠节坊。为易先立。

步蟾坊、绣衣坊。在望江岭，并为彭谦立。

双桂坊。为甘霖、甘桀立。

甘霖又立昼锦坊。

文林坊。为张奎立。

登俊坊。为刘文徽立。

桂芳坊。为宋敏立。

宾贤坊。为易公全立。

世科坊。为慕子长立。

冲霄坊。为古永昌立。

文魁坊。为吴寅立。

登第坊。为姚通立。

文焕坊。为邵敏立。

世英坊。为黄钺立。

书香坊。为郑秉奎立。

步青云坊。为甘景平立。

三凤坊。为邵演、苏柰、萧淮立。

萧淮又立崇文坊。

进士坊四。一鲁文，在长乐市；一范奎；一邵敏；一程沂。

鲁文又立解元坊。

经魁坊二。一苏仲相，在河街；一苏纯，在秀峰巷。

亚魁坊二。一刘文光，一刘颉。

清华坊。御史李廷龙为其父李鹏立。

奕世传芳坊。为李成寿、李道明、李鹏、李廷龙、李勋、李启、李盛春立。

又有春榜元魁坊、秋榜元魁坊，则总坊题名者也。今惟元老、昼锦两坊存，馀皆废。

国朝惟应旌表者建坊：

孝子坊。为张愫立。《明史》附《孝义传》三人，皆宜建坊，而旧志不载。

百岁坊五。一明易仁寿妻万氏。仁寿，明末诸生，建坊当在康熙时。一刘仁宏妻邹氏，平江县训导刘盛典之母，乾隆五十二年建坊。一熊逢玉妻郑氏，乾隆五十五年建坊。一周腾蛟，乾隆五十六年建坊。一熊应绂、熊逢玉父子，嘉庆二十年建坊。

节孝坊应旌格者尤多，详见《士女表》。

明初县置桑枣园，教民种植。湘阴桑枣园二：一在望江岭下，一在北冈仓下。

嘉靖中废浮图始为象教，用以饰观昭示功德。自形家倡为风水之说，于是建塔亦与学校相附丽。

屈原塔。《一统志》：屈原塔，在汨罗江边，宋玉、景差招屈原魂于此。后人因为建塔，今汨罗江边有土墩数处，高丈馀，近屈原墓。士人谓之疑冢，当系屈原塔遗址。

文星塔。乾隆五十年知县李昺有记。在文星桥南。　李枝扬诗云："楚山楼榭少，湘泽水云多。八景空风月，双桥老薜萝。池形登塔阔，天影入江拕，东望湖心处，萧萧响芰荷。"　焦桐良诗云："无烟无雨复无云，塔上昂头绝俗氛。浅绿双湖生夕浪，残红八景驻斜曛。雄风到此觇罗国，边火何时罢楚军。一样登临忧世意，空言我愧范希文。"　周谔枝诗云："文星桥畔水清涟，一塔高嵌半壁天。地接潇湘馀澒洞，气凌霄汉长风烟。鹤巢隐约苔痕护，鸟路玲珑石磴悬。几度凭临怀旧迹，摩挲碑篆更留连。"

状元塔。嘉庆三年知县李其丰有记。在县北乌龙觜。谚云"乌龙出角状元生"，因名。乾隆五十年知县李昺修。至是踵成之。　焦桐良诗云："江干古塔锁乌龙，头角凌空试箭锋。高处遥遥观九井，半空叠叠拥三峰。爪鳞欲活波掀动，霖雨将来云护从。今日登临喜无恙，十年前正望狼烽。"

拱极塔。嘉庆七年易焕柱有记。在县北白鱼圻。　钟道乐诗云："旷野平芜楚岫东，浮图七级镇琼宫。矶横北渚鱼冲浪，塔耸南天鹤舞风。远浦帆收千顷碧，夕阳晚照一江红。琴棋望近渔灯炯，高跨东湖气象雄。"

齐云塔。县东北石鼓河。

官所居曰署。曰宅。《鲁语》："署，位之表也，宅，章之次也。"韦昭注："宅，有司所居。"曰衙。《唐书·仪卫志》："天子居曰衙。"《张仲方传》："两省官入朝，宣政衙门未开。"《地理志》："东都宫，武成殿，亦曰正衙。"盖宣政前殿曰"衙"，后遂以为通名。又《北史》："长孙晟为内衙宿卫。"是天子居曰衙，肇始隋时。《唐书·舆服志》：州县长官在公衙，已沿为官署矣。凡官所治曰署、曰衙，居室曰宅。

曰堂皇。《汉书·胡建传》："与护军诸校列坐堂皇上。"崔驷注："室无四壁曰皇，凡临民莅众曰堂皇。"曰厅事。《隋书·郑译传》："坐厅事。"《集韵》："治官处谓之听事。"后语省，直曰听，故从厅。凡官治事处曰厅。曰公廨。《玉篇》："署也。"《魏志》："军还洛阳，更修治北部尉廨。"《昭明集》："江州刺史檀韶请周续之与祖企、谢景夷在城北讲礼，所住公廨近马队。"《论衡》："地有邮亭为长吏廨。"廨本即署，亦沿为馆舍。左思《吴都赋》："廨署棋布。"李善注："藏官物曰公廨。"则据唐制为言，非廨本训，凡邸舍曰公廨。

湘阴县署，宋绍兴五年知县李植建。十三年，知县晁公似加建厅堂，寻毁于火。三十年，知县钟绍恭重建，又建独醒、眉寿、学道、爱人、平易四堂。乾道七年，知县宋鹏建敕书楼。绍定六年，知县林冈建谯楼，楼外建宣诏、颁春二亭。明洪武二年，知县黄思让建署左前后二厅，署右库前两翼为吏舍，中立戒石，前为仪门，门东为狱。永乐中，改宣诏、颁春二亭为申明、旌善。宣德中，知县宋纶建吏舍于架阁库之西。天顺元年，知县汪让重修，夏瑄有记。嘉靖十七年，知县蔡金更谯楼为门。三十二年，知县张灯改公堂旧名"福民"者曰"牧爱堂"，并建赞政厅，处幕属；又即谯楼门左右建钟鼓二房，明末毁于兵。国朝顺治中，知县冉应奇重修。康熙三年，知县唐懋淳增修，旋更三藩之乱。三十四年知县许国檀，四十三年知县蒲易藩续修。乾隆十九年，知县陈钟理建寅宾馆于堂左。咸丰四年，粤寇陷县城，县署多被焚毁，知县恩霖集民捐重修。署后土山旧有亭曰平远亭，后改建西楼。

县丞署，宋时在县署北三百步。明移建署东二百步，故尉署也。乾隆十三年，县丞顾见田重修。而自乾隆中以县丞专管水利，于是移治县西三十里临泚口，建县丞署临泚市后，后毁于水。

典史署，在县署左。旧有主簿署，在县署右，后改建笙竹驿。

学署在县学左。康熙三年，教谕徐子有建明伦堂，知县唐懋淳及子有皆有记。时县已裁训导，其后复设训导，别建训导署县学之右。乾隆八年，改建明伦堂，堂左右分建教谕、训导署。

新市巡检署，在县东北七十里新市镇南。大荆巡检署在县北百二十里大荆驿西，旧设驿丞，隶平江。乾隆二年，由平江拨归湘阴，改建巡检署。而归义、大荆两驿，皆有公廨，以备往来驰驿者。旧设营田巡检署，县北五十里濒江。康熙十六年，裁归义巡检署，县北六十里亦旧驿丞署。乾隆二十三年，移新市巡检驻归义，二十六年仍移驻新市。

笙竹驿丞署，县南三里濒江。驿丞署南有河泊所署。案，今南港名河泊港，而汨水北径玉笥山出鸭儿港下，亦名河泊潭，其地名河泊市。疑当时县境分隶河泊所。官凡领渔课之地，皆假河泊为名尔。国初裁笙竹驿丞，改驿路南堤，因移笙竹驿于县署右。案，《磊石山志》“山南棋盘峰下巡司坡”云：“明置巡检司署。”据张舜民《南巡录》：“湖中有土山巡检司。”是宋时设巡检司于此。所谓巡司坡者，必宋时故署。明世，有营田巡检，无磊石巡检。此志误也，旧志亦不载。

医学在县南惠民局，官一员，医生五名；阴阳学官一员，阴阳生五名。今并裁。其诸司分廨一曰察院行署。嘉庆十四年知县李其丰改建仰高书院。一曰布政分司行署。一曰按察分司行署。乾隆十年知县徐梁栋变价发千总桂芳建造营房。一曰府馆。乾隆十二年知县徐梁栋改建仰高书院。嘉庆十四年再移书院城南。遂为城隍庙地。自是县城行馆皆假借为之。而归义、大荆两处驿道旧设行馆，供张承应大吏之过境者。

凡建置堂院有关政典者，皆公廨也：

一曰书院。自乾隆十二年，诏天下皆立书院，辅学校之不逮。知县徐梁栋因府馆旧址，建立仰高书院。嘉庆十四年，知县李其丰改建城南为明察院行署。自是书院遂为永制。光绪二年，知县冒沅因陕甘总督左宗棠捐入经费银一千二百两，增置新斋房并藏经阁。

一曰考棚。乾隆五十年，知县李昺创立，为岁科两试选士之所。道光中，增置云路门。光绪元年，知县冒沅复增置东云路门，东西各为阁道，属之至公堂。

一曰兴贤堂。同治四年，蔡先治妻易氏捐置宾兴费田五十石；内阁中书易堂俊、湖北候补道吴炳昆、贵州候补道郭仑焘、浙江候补知府虞绍南等推广捐输，建立兴贤堂。并详见《学校志》。

一曰育婴堂。雍正十三年，知县孔毓瑾建立城东，旋废。其后捐积育婴堂经费，且历百年，而未能建立堂宇。同治十三年，知县冒沅因陕甘总督左宗棠捐入育婴堂经费二千两，始另集捐费，建立育婴堂于衙后街。详见《赋役志》。

《广韵》云："狱，皋陶所造。"《说文》："囹，狱[①]也。"囹圄所以拘罪人，汉以前通名狱。案，《郑志》："夏曰钧台，殷曰羑里，周曰圜土。囹圄何代之狱？焦氏答曰：秦狱名也。汉曰若卢，魏曰司空。"据《史记》："桀召汤囚之夏台。"《索隐》云："狱名。"夏曰钧台。皇甫谧曰："地在阳翟。"《春秋左氏传》："夏启有钧台之享。"杜预注："河南阳翟县有钧台陂。"《汉书·地理志》："河南汤阴县有羑里城。"《说文》："文王拘羑里，在汤阴。"不云狱名是钧台。羑里本皆地名，夏时亦享诸侯于钧台。《索隐》误矣。圜土，周别狱。《周官》：以圜土聚教罢民，凡害人者置之圜土而施职事焉，以明刑耻之，司圜掌之。上罪三年，中罪二年，下罪一年，乃舍以嘉石平罢民。有罪而未丽于法，桎梏坐诸嘉石，役诸司空，皆罪人充役者。即汉制城旦、舂鬼薪、白粲之属，轻者役诸司空，重者别为圜土以拘之。宋崇宁三年，令诸州筑圜土以居强盗，贷死者即放此制。郑康成注《月令》："囹圄，所以禁守系者，若今别狱。"语最分明。苏林云《汉仪注》："狱二十六所，名诏狱者三。主奉诏就狱者，若卢其一也，亦有都司空狱，如淳云，都司空主罪人。"徐广云："司空主刑徒官，皆汉别狱名。"《郑志》以为魏曰司空，亦误。《韩诗》："宜犴宜狱。"乡亭之狱曰犴，朝廷曰狱。韩婴所云盖汉制，是县、乡、亭皆有狱也。

---

①据《说文》，"狱"为"系"字。

《汉官仪》："县道官有狱司空。"则又以掌县道刑徒，沿司空城且为名。案，《明史》称："汉诏狱二十六所。"据《汉仪》狱二十六所，不云诏狱。云诏狱者三，曰廷尉，曰上林，曰若卢。廷尉，汉刑官，宜有狱，其馀府寺多别置狱。若卢，属少府。武帝置八校尉，隶北军。其步兵校尉掌上林苑屯兵，则上林诏狱正如明锦衣卫狱，而明锦衣卫掌狱者镇抚司也，故一曰镇抚司狱；其东西厂狱，则汉内官请室之类。惟汉分主刑禁，而明一切假之诇察为特异尔。《明史》征引疑误。东汉始置郡国中都官狱。据《汉纪》："建武时，省诸狱名，郡国置中都官，狱必裁省。"西汉所置诸狱总隶之中都官，而《汉书》不详。班固云：建武永平新免兵革之祸，以口率计断狱少于哀、成之间什八。此犹可推见其略者也。《玉篇》狱亦谓之"牢"。《韵会》狴犴曰"牢"。《易林》亦云"犴牢"。蔡邕云："囹，牢也。圄，止也。罪人所舍，止出入。"是假牢名狱，起于汉。亦以禁止出入、展转，名为"禁"。宋、元以后亦谓之监，明有所监制也。今制，刑部有提牢厅，掌南北监禁。

旧志：宋绍兴五年，知县李植创建库狱。明洪武二年，知县黄思让于仪门东立狱。国朝乾隆二十一年，知县陈钟理兼立女禁，又立外禁房，以系罪人未成谳者。案，宋景定四年，诏禁置窠棚私系囚。今制，监狱俱分建内外监，斩绞重犯禁内监，军流以下禁外监，妇女别为一监，不准私设班馆。而州县收系人犯，常多监狱地严提讯，出入弗便也。外禁房与内外监，异地以羁散犯，亦曰散禁。典史为县管狱官，仪门东为典史署。监禁在署南外，禁房在仪门西。

例设刑具，曰板：笞用小竹板，杖用大竹板。小竹板重一斤八两，阔一寸五分；大竹板重二斤，阔二寸，梢各减五分。曰枷。以干木为之，长三尺，阔二尺九寸，重二十五斤。今制，罪重于杖者枷示，即古者桎梏坐诸嘉石之义。自一月至三月，满日仍科杖。曰铁索。以铁为之，绁颈以钳，承以贯索，亦谓之练。共长七尺，重五斤。轻重囚皆用。曰杻。以干木为之，长一尺六寸，厚一寸，为两空以械手，亦曰手靠，或以铁为之。死罪重囚用。曰镣。以铁为之，连环绁罪人足，重一斤，亦名曰钛。徒罪以上用。曰夹棍。用木三根，中挺木长三尺四寸，旁木各长三尺，圆径一寸八分，下方阔二寸，自下而上至六寸。于三木四面相合处各凿圆窠，径一寸六分，深七寸，夹罪人两胫。鞫重情用之。曰拶指。用圆木五根，各长七寸，径圆，各四分五厘，夹罪人五指。鞫妇人重情用之。其私设匣床、大镣、大枷、夹棍、重板，有禁。案，《唐书·刑法志》：杻枷钳锁，长短广狭皆有定制。其酷刑曰“大枷十号”，则来俊臣辈所创制。《宋史》曰掉柴、曰夹帮、曰脑箍、曰超棍。《明史》曰一封书、曰鼠弹筝、曰栏马棍、曰燕儿飞、曰烙铁、曰懒杆。著之史为禁例，则当时亦通用矣。而皮掌、戒尺以警细故薄犯，亦州县常刑也。

曰桥渡。累石为梁曰桥，造舟以济行者曰渡。一沟之水必有桥，一港之流必有渡。稍论次其著者。

城南义渡

旧分县河、扁担夹二渡。道光二十九年，以捐振馀资添置义渡，合而经理，共置六船，以三船岁一轮修。郭嵩焘有记。道光元年，置蒋家坪田四石五升。咸丰元年，建渡船亭。城南邑人李颐和捐地基五丈，夏晴川捐地基一丈七尺，置南外街铺屋一所。九年，易宾南、盛紫垣、颜邦翰等捐酬塘山田十四石。

城东南

堤桥二：一恩波桥。宋咸平中邓咸母许氏修南堤，始为木桥。人因谓之邓婆桥。元初邑人黄仲规改为石桥，桥旁立廛市，名曰镇湘桥。至正中重修，又名恩波桥。余阙有记。明时又名隐虹桥。国朝康熙三年，知县唐懋淳重修，仍名邓婆桥。懋淳有记。同治十一年，知县胡鹗荐重修。郭嵩焘有记。一文星桥。宋淳祐五年，知县胡哲建桥亭。案：邓婆桥址旧石刻有淳祐六年四字，疑邓婆桥亦以是时举修，而旧志失考耳。咸淳五年桥坏，知县陈兰孙重修，又名魁星桥。兰孙有记。明嘉靖十三年桥圮，知县刘璧重修。三十二年桥圮，知县张灯重建。国朝顺治中，知县赵完璧修。雍正十三年，知县宋廷旃重修，仍名文星桥。粮储道李正茂署榜曰“保兹东郊”，邑人杨茂淳有记。乾隆五十五年，邑人吴大缙重修，加建石栏。知县王廷瑛有记。道光十六年，蔡培耀重修桥道，起南堤，径望江岭以南建石路。雍正十一年，蛟发金鸡山，毁南堤民居二段各数十丈，土人因名曰龙塅。其北一段，累石为堤，名石龙塅；南一段筑土成，名泥龙塅，蔡培耀修建石路，并改为石堤。道光二十七年，李得春、吴益宣、郭家相、李家聪、夏阶平等醵金置田，修理石桥栏干，名曰桥栏会。于是沿文星桥石路皆建有石栏云。

县①东

万家坡水流径文昌阁北，有余家桥；稍东，望江岭水北流，有桐木桥。二水均注东湖。南堤之右，俗所谓西湖也，实为城南驿道。夏家桥为城北驿道，旧名湖风桥，夏家山水径桥南入东湖。

又北，湖上桥。傅家冲水径桥南入东湖。乾隆十二年重修，知县徐梁栋有记。嘉庆十一年，邑人夏大鼎重修，而王新有为建石路，起接官亭，径长仓铺，南北通衢，桥道称巨观焉。

东湖上承黄石滩水，径牛口塅，有张公桥。雍正九年，邑人张之成修；至乾隆四年，其子祖来等始踵成之，广二丈，长二十五丈有奇。乾隆二十年，如县陈钟理为之记。又东，有义渡，邑人司马正矩置。捐置松树港田一石四斗。又东北，受莲花塘诸水，有陈婆桥。明正德十年，贡生陈辉之妻余氏修。又东北，受方冲水，有毛公桥。咸丰中，邑人闵志书重修。又东，黄石滩南受东长冲水，有石桥。又东高家田，有寿佛桥。同治九年，玉玲寺僧归一

①据其所记系城郊东湖及此《桥渡》篇之后，有“县东前二都”、“县东后二都、一都”、“县东诸水”之专载，“县”字疑为“城”字之误。

与其徒石心修，广二丈，长十一丈。又东有新桥。又东南，受林家冲水，有会仙桥，邑人周会仙修。其上三元桥。又东北，受夹山口水，有落马桥，有闵家巷桥。案，闵家巷桥三，其一为邑人闵志书重修。又东乌鸦嘴，北受新开江水，有徐家桥。又东盘江石，有李公桥。康熙十九年，邑人李象瑄修，因名，象瑄有记。又东双江口，北源上承袁家洞诸水，有高桥，有汇秀桥。南源上出铜含口，有铜含桥。又上承二源，北源诸水所会曰狮子桥，南源诸水所会曰虞公桥。虞公桥者，明景泰时贡生虞维琪修。案，《选举志》无虞维琪名。又会东来二源，北源会玉池山西北诸水，径茅岭，有大娘桥，维琪妻谢氏修，长六丈许；南源会洞冲诸水，径虞氏祠前，有小娘桥，维琪妾龙氏修。又南稍西；有姨娘桥。又南有福郎桥。大娘桥东南会盐泉塅水，有黎家桥。　　又东南，有和尚桥。又东南，有刘家新桥。又东南，有福星桥。乾隆八年，邑人李年隆修。又南，柳西桥。又南，承梅林江水，有梅林桥。又南，枫树坪有怀缘桥。乾隆中，邑人刘应思修。应思字怀缘，故以名桥。又南，玉笥桥，邑诸生杨而道修。又南稍西，王家桥。又西，澹竹桥。又西，陈江桥，邑人吴中国修。上承二源：北源受王思岩以东水，有德源桥。乾隆中，邑人吴大鹏修。又西霑公桥，邑人吴仲霑修。南源受低华岭水，有秀源桥。又西大石桥。是为玉池山西北诸水。

狮子桥又东会二源：北源受神鼎西北诸水，曰延龄桥，邑人钱伦滔修。又东北，沙陂湾有下新桥、上新桥，邑人胡月山修。又东北，下丰仓有石桥。又东北，中丰仓有大桥。又东北径密岩山，有利步桥。又东，四德桥。南源曰板桥。又东，曰阑江坝桥，邑人胡玉林修。上承二源：一受神鼎以西水，有玉鼎桥。又东，喻家桥。又东，城江桥。俗讹为常工桥。又东双江嘴，上承二源。一受望塔洞水，有月来桥。又南，芭蕉桥。又南，关山桥，一团山有新桥。又东牛郎桥，又上承二源：一受西家坳六水塅诸水，有马阑桥；一受双狮洞水，有金家桥。又南，长寿桥。又南，花石桥。又南，下关山桥。又南，双狮桥。又南，上关山桥。是为玉池山东北诸水。玉水所由名也。

又东湖尾东北受斋公岭汪家冲诸水，有板桥。东南受侯家塅水，有五会桥，邑人侯绍圣修，皆径牛口塅西入玉水。

县南三里

扬沙湖，有余家嘴义渡。水源五：北源上承金鸡山诸水，出吴家洲，有义渡。同治中，邑人吴谦修。又东洋波潭，北受油榨岭水，有施家桥、罗沙桥。又东，周家桥。同治中，邑人毛世泰等重修。又东，榴木桥。又东，枧桥。又东，涝溪桥，上承二水：南曰黄山坝，受高冲水；北曰枫树桥。又东，曰石坝桥。原名柳树桥。嘉庆十九年，邑人侯尊三修，亦名侯家桥。又上承二水：一汇狮塘冲将军坪诸水，有狮子桥，嘉庆二年修；一汇金鸡山诸水，径柏甫塅，有仁寿桥。逶南一源，上承低华岭、仙童岭以北诸水，出杉木江，有铁炉潭渡。又东，杉木桥。又东，萧公桥，邑人萧锡盛修。又东承二水；一曰涂家桥，临驿路；一曰大坝桥，同治六年邑人张宏柱修。稍南，双汊江会水源二：南承竹簰江水，有汯水桥。同治中，邑人张宏柱修。又南，神应桥，邑人张晟妻罗氏修。又东，出袁家铺南有杨木桥。又东南，有邻睦桥。又东南，詹家塅有探春桥。又上承两水：一汇王思岩以西水，曰枫树桥；一汇低华岭以西水，曰新桥。北承石水江水，有同人桥。嘉庆二十一年，邑人李黄中等修。又东，两座桥。出袁家铺北，又东，万福桥。又东，万寿桥。又东，同春桥。又东，刘公桥。南受陶家巷水，有左公桥。又东，胜凤桥，邑人吴达夫等修。其南受狮子岩水，有观音桥。又东，周树桥，道光初邑人鄷周树修。南受梧桐冲水，有新桥。东受石板冲水，有龙坝桥。又南，一源上会三水，出魁楼江，旧名双江口，有五搭桥，嘉庆中邑人蒋世玕修。

一水由文家山会仙坛岭诸水出双江口，有通南桥。东径下石桥、上石桥，邑人张宗琳修。又东，李婆桥。出淮西岭驿路南，又东稍南玉江桥，邑人杨学周修。又东，玉石桥，邑人戴修来等重修。又东新桥，一名玉峰桥。道光元年，邑人杨本郁修。又东南利济桥，原名立极桥，今改。邑人杨毓水妻张氏修。又南敦睦桥。乾隆中，邑人杨茂诣修。

一水由高华岭西会诸水出双江口，有冠缨桥。一名长桥。又南径凤岐山下；有翠峰桥，邑人易堂举修，翠峰其字也。又东南，古桥。又东，横江桥。又东南，出文家铺北有文名桥。又东南，望东桥。南受陈家冲水；有西山桥。又南受狮子岭水，有月形桥。东受高华岭水，有板栗桥。又东坝头桥。

又一水由长沙戴公桥会诸水北出蒋家坪，有高木桥。又南新桥。又南龙潭江，其东受君子冲水，有石桥。又南，龙潭桥。又南，田家桥。乾隆三十年，邑人蒋常伦修。又南受新塘水，有馆驿桥。乾隆四十二年，邑人黄万龄等重修。又南，桃花桥。一名上馆驿桥。田家桥。又东，黄栗桥。嘉庆四年，邑人易美元修。上受二水：一东汇淡竹坡、廖家坪诸水，径界头铺南，有楮木桥，明成化八年改置驿道于此，因建桥；一南汇陈家冲左家塅诸水，有彩虹桥。嘉庆四年，邑人熊沛建、左斐中修。五搭桥为诸水所会，入春水涨，嘉庆中邑人蒋世玕于此置义渡焉。

县南八里

有鸡心滩渡。十里有青竹庙渡。十五里有麦子湾渡。其东有新桥，上受赤竹城诸水。二十里有杨泗庙渡，稍北有湾河渡。又南二十五里文泾江，上承南塘、陶家垅诸水，有青矶桥。乾隆中，邑人陈献南修，嘉庆十六年，邑人杨丰美重修。又东，有刘公桥。又东稍南，四搭桥。原名夏至桥。又东南，祝公桥、清溪桥。南受六塘、李婆塘诸水，有何家坝。南三十里樟树港，旧有大河义渡船五，邑人危良翰修。乾隆五十九年，置卢家冲曾家塘田十石五斗，文洲围田二十石。案，明末邑人黎明聪尝修樟树港义渡，今废。上承金鸡岭大垅及傅家冲诸水，汇为阳雀湖港，南有樟南义渡。傅家冲水径法华寺西，有寺石桥。又东，楠木桥。大垅水径樟树镇南，有杉木桥。又南，枧桥。东受鸡公塘、朱家冲诸水，有观音桥。又南，涂家桥。嘉庆中，邑人涂儒添修。又南，石桥。又南四十里鱼尾洲，有石桥。东南受金台山、金凤山、苏蓼围诸水，北流径樟树港入湘。

县东六都。前二都之水

南出长沙夏源港，有小洋桥；北承荷塘水，有坝桥。稍南，西受胡鼻峰以东诸水，有里仁桥；东受玉池山以南诸水，有罗星桥。南出巴江桥。又南，万缘桥。又南，凝秀桥。东会达摩山诸水，有棕桥。又南，福星桥，西会高华岭诸水，有李公桥。明嘉靖中，邑人李玉玺建。上有九峰桥，又东南会梓木洞诸水，有万寿桥；梓木洞限口有大兴桥。西出桥坪，有官禄桥。官禄桥又西出万家塅，有复古桥，邑人李珂建。并出万寿桥。又南，三姊桥。桥西桐木冲，有李氏三姊墓。相传明时修此桥者李氏三姊妹，当时亦称李氏三姐桥。又南，西受文家冲水，有高桥。又南周家桥，又南玉带桥，又南毛连桥。其坡阴岩、九斗冲诸水，自东南来会，有凤形桥，广一丈五尺，长二十丈，任氏祠在焉。径新桥东江桥出毛连桥。又南，西会五株坪诸水，有龙家桥。又南稍西，左家桥。又南西会燕塘水有登龙桥。又西南同善桥，长五丈。又西南小洋桥，出长沙大洋桥，径西入湘水。

县东后二都、一都之水

南出长沙涝塘河。其东一水源出东隐居山，径东坡冲，有东坡桥。又西，童家桥。又西稍南，横板桥。又西，寿星桥。又西，徐家桥，出长沙河上桥。稍西一水，源出西隐居山，有双凤桥。其东南有南仑桥水入焉。又南稍西，真君桥。又西，上任桥。又西北受黎家坳水，有添福桥。又南稍西，复兴桥。其南一源上受三台石水，有中塘桥；东南受古壁石水，有周家桥：总会于落马桥。西北，径井桥坝、书台桥。上会复兴桥水，出复古桥，邑人彭方美修。稍西北受铜盆坳水，有吴公桥、上栗桥。又西北受双龙桥水，上承二源：一欧家山水，径樟树桥、檀溪桥、狮啸桥入焉；一垂钟石水，径寿星桥、集贤桥入焉：并会于栗桥。嘉庆二十三年，邑人周桂林修。又南径阳家江，东受多男桥水。又南唐家桥。西会毛塘诸水有明月桥，明天启中修。又西南径阳江塅，有阳江桥。南出河上桥。又西，真珠桥，上受张家坑水。又北受大兴桥水，出沙湘桥：并会于河上桥，出长沙。

县东诸水

东北由新市赵公桥入汨水，曰湄水。

源出白鹤洞，有真人桥。又东北，有鹤风桥。又东北，有回龙桥。又东脍鱼桥。案，《楚志》：脍鱼桥，湘阴县东六十里。晋时里人刘倩赘陶澹家，四月八日脍鱼于桥上，方砍鱼尾，或报曰：“汝家举宅上升。”倩弃之。今每岁是日，见无尾鱼逆水上至桥而退，即指此。又东，天任桥。又东，张公桥。其南，有尹公桥，上承二源：东受芭桥冲水，有团山桥；南受明月山水，径新桥、晏家桥，有清溪桥。又东，关山桥。又东，殷家桥。又东稍北，径界头市，有天缘桥。又东打鼓塅，其南三源：一受铜盆坳之水，有增寿桥，乾隆二十四年陈吴氏修。又北有双狮桥；一受乌沙冲之水，有南冲桥；一受天心坪之水，有高元桥。西径高燕桥，与双狮桥水会。又北，八任桥。又北，松江桥。又北，清和桥。又北径李家塅，有仙人桥。入涓水。

其东南一源，有培基桥，上承长沙毛家坳诸水，西径寒溪桥，入涓水。

其东一源，有三转桥，上承栗田源诸水入涓水。又北，有其珍桥，邑人周其珍修。其东有登先桥，受画江诸水入涓水。

又北鸭滩桥，邑人周维修、周联书修。其西受寺坳水，有欧江桥。径大桥市，又北有大桥。其西一源受刘家洞水，有横板桥。东径聚星桥，入涓水。

又北径沙溪市；有双龙桥。其西一源有黄柏桥，受鸦雀岭之水，径欧家桥、梭墩桥、署仕桥入涓水。又北，横挡山有木桥。又北，双江口有义渡。其西一源出神鼎山，有双石桥。稍东，受月形山诸水；有阴功桥：合流径马嘶塅，有遇石桥。又东，义石桥。又东，芦陂桥。其东一源，自长沙福临桥，至鸭子湖入县境，有木桥二。其南，有碧云桥。咸丰中，邑人黄世耀修。受飘峰山以北水，径蓝溪滩，合流至读书坪北，有槐树桥。又西北，犁头觜有木桥，与神鼎山水会于双江口。又北，西会楠木塅水，有鲁造桥。又北，西会团螺山水，径青山坝，有同乐桥，邑人金香信修。南会中同乐桥水，径下同乐桥、文峰桥、栗江桥，入涓水。

又北，桥墩有木桥。又北，新桥。又北，赵公桥，平江赵氏修。乾隆中，乡贤吴宏道曾一修之，故亦名吴公桥。新市又置三义渡：毛家河曰上渡。乾隆三十年，邑人毛兴湘、毛兴潮捐置一船；五十六年，邑人毛之丰、毛菜、毛椝添置一船；嘉庆二十一年，知县阎肇烺为之记。道光二十八年，又添置一船。前后捐置黄鹤塅田一石，翁家塅田一石，龙须坡田三斗二升，雁塘田一石，土地墩田六斗，东冲田四斗五升，胡家坪田一石一斗。稍西张家河曰中渡，乾隆四十六年，公置二船。置三保铺屋一所，六保铺屋一所。咸丰十一年，拨一船为孙家河渡，其六保铺屋亦拨归孙家河渡。同治六年，石仑山添置一船。置水口山、小江塅等处田一石四斗六升。江西丰城县客商甘涤凡添置一船，又捐钱二百四十千，生息为岁修及工食之资。涂家河曰下渡，邑人张华旦修。涂家河上承孙家河南入一水，自白沙坳径金龙山，有毛家桥，邑人毛肇基修。又北有梅家桥。

县东逶西诸水，北入汨水，大小凡数源。

一源自夏家洞径长龙山，有杨树桥。又北，有福寿桥。

一源自韩婆坳径珠盘山，有檀山桥。又东北合夏家洞水，径团山，有团山桥。又北，有张公桥，出石鼓河。

一源自杨家坳径杨柳坪，有杨柳桥。又北，有霍家桥。又北，有硃砂桥。出窑洲河，有义渡。又西，北径归义驿，有京街渡。

一源自夹口径文家洞口，有文家桥。又北，有安山桥。又北，有济渡桥，邑人何来寿修。

一源自岳神尖径萝深洞，有万名桥。又北，有丫头桥。又北稍西，有猫公桥，明何瑶九修。又西，望花桥。又北，合硖石水至山边坝，有双江桥。

一源自汪家洞径杨家岭，有马王桥。又北合山边坝水，径双江桥。又北，有旷公桥。又北径大众塅，有福星桥。又北稍西，有明月桥。又北，有鲁子坝桥，邑人何乾万修。又北，有道士桥。又北稍西，径高泉山，有高桥。又北，东南受坳腰塘水，有下马桥。又北，有师家桥。又北，有朱家桥。又北，有新桥，出百丈口。

一源西北出谢公渡，大小凡数源：一自石子塘径驿路，有栎桥。又北，有万载桥。乾隆四十二年，邑人柳胜华等修，何嘉宣有记。又北，径贺家坪，有三星桥。乾隆中修，道光十六年重修。又北稍西，径大屋塅，有继善桥。嘉庆十年，邑人曹煌猷之妻何氏修；知县李其丰有记。又西北，盘龙桥。道光二十六年，仇作亭等重修。一自夹山口径喻家塅口，有百福桥。又北，有彭家桥。又北径车塘坝，与栎桥水会于盘龙桥。又北，有板滩桥。嘉庆八年，邑人吴乐三修；知县李其丰有记。一自獭塘径夹城，又西北，有殷家桥。嘉庆中，邑人曹盛周修。又西北，有木桥。又西北径武夷山，有石桥，与板滩桥水会于双门口。又西北径窑嶆围南，有赵公桥。乾隆中，邑人周展齐修。又北，径锡江口有观音渡。又西，出谢公渡。一自排二峰径禄塘，有望仙桥。又西北，径海公坝。又西北，有大坝桥，邑人张雨嗣重修。

其东有葫芦桥，受余家冲诸水，出大坝桥。又西稍北，有莲花桥。乾隆三十九年，向位台等修。又北稍东，有青竹桥。又北，新桥。明嘉靖三年，邑人葛潭彬修；咸丰九年重修。又东北，南受枫树塘水，有唐家桥。嘉庆十五年，何宣五妻高氏修。又北，彭家桥。同治元年，邑人彭大琛、吴北堂重修。又北，柳家桥。乾隆二十一年，吴正瑶妻李氏重修；邑人刘绍濂有记。又北会诸水，出谢公渡，有角山桥。乾隆十三年，殷禹书等修。谢公渡亦有义渡。嘉庆中，邑人何宣五妻高氏置；咸丰中周家义重修。案，谢公渡西入町湖沙嶆，旧有万俊桥，邑人吴家俊修，今废。

其南有数源：一曰土桥，受石子涧诸水，径石桥，出枫林湖；一曰鹅公桥，受大湾诸水，径关山桥，出茶湖。

县北诸水

自烟霞塘径流水沟入湘者，有汇涉桥。自桃花洞径御洗沟，出漕溪港入湘者，有大桥，一名漕溪港桥。乾隆二十九年，邑人张芳莲修。漕溪港西北有乌龙嶆义渡。自三峰山出小港入湘者，有寺前桥，邑人杨之先修。自白泥湖汇诸水经赛港入湘者，有数源：

一自黑鱼塘径石头塘，有石头桥。又西稍北，有傲马桥，邑人殷天珍修。又西北，有金马桥，邑人殷天珍修。径寺坝桥，出马头山。

一自萝卜塘径独峰，有古峰桥，邑人谢启柏修。又西稍北，有戴公桥，邑人戴克箴修。又北，有石桥，邑人戴克箴修，一名梅江桥。又北，有树山桥，出淮西坝。

一自邵家冲径晁家垅临驿路，有晁家桥。又西北径伍家塅，有广福桥，出双汊港。

一自官路塘径伍家坝，有大桥。又西北径仙人顶，有小桥。又西北，有三塘桥，邑人殷天珍修。又西北径熊家河，有熊家桥，会于双汊港。又西北径石子滩，出杨公觜，有南北义渡亭，置渡船二。南渡置田一石一斗，北渡置田五斗七升。

一自彭家垅径板桥港出神山觜，有板桥。又北，赛港有芦林潭义渡亭。嘉庆中，邑人吴乐三、吴爱周修；道光十九年吴家科等重修。旧置山田五石二斗六升。道光中，蔡浑元堂捐置田一石四斗；同治中，吴科文捐置田六斗三升，蔡琴剑堂捐置田二石九斗四升。

自羹脍湖汇诸水入湘者凡三源：即黄水也。

其东南一源，又上承三水：

一自冯家垅西北径白雁塘，有胡婆桥。雍正中，邑人胡冯氏修。又北，径东塘，有文公桥。又西北，有樟树桥。

其北二源：一自翻关托径上纯塘，有上纯桥，邑人钟梁材修。径下纯塘，有下纯桥。其北受钟家坪水，有玉公桥，邑人钟玉悬修。又南丝瓜桥，一受葛家坪诸水，有冯家桥，邑人钟仰奎修。又南径枧桥，邑人易熊氏修。合樟树桥水。又西，有黄甲桥。乾隆元年，邑人殷天珍修。又西北，有上升桥，邑人吴乐三修。又西北，下直桥。

一自昙司氹径柳家大垅，有石婆桥。明成化中，钟万玺妻石氏修。又西径乌塘，有萧公堤桥。殷家汊，有殷公桥。康熙四十九年，邑人殷天珍修。

一自大义塘径槐花塅南，有郭公桥，邑人易焕柋修。皆西注羹脍湖入湘水。

其南出一源，有鱼口坝义渡亭，置船二。咸丰中，邑人殷家彦之母刘氏置。捐置田三石二斗一升，熟土一所。径羹脍湖西北有营田河义渡，邑人易元澧、田任章、柳太良、易文沐置。

县北汨水经流

北出长乐镇入县境，有长乐义渡，邑人黄森、周禹甸捐置；镇有望京桥。元至正中，为邑人钟叔昭建。

镇东二水，一自乌石尖西径钱家坑，有龙孟桥。又西径芦箭河入汨水，有义渡。一自智峰山径陈家洞，有跃池桥。其南受智源洞之水，西北径龙形山，有双顾桥。合流西径杨家塘，有钟家桥。其北受杨蓝洞诸水，有铜盆桥。稍南，独石桥。又西稍南，有青狮桥。又西，有黄公桥。又西径乌龟山，其北受石子培诸水，有鸭婆桥。又西稍南，有新二桥。又西南，有罗家桥。又西南，有赤马江桥，入汨水。

长乐西二水，一自虎形山径官门，有水口桥。又西南径牛婆岭，有史家桥。又西南，有樟树桥。又南，有横板桥。又南径朱港，西承二源：其西北一源，受白须坳之水，有杨树桥。径吴家仑，有麻家桥。西南一源，受麻石园诸水，有大仑桥。又南，有仁义桥。又南，有阿婆桥。合流出朱港入汨水，有朱溪桥。一自泉水冲径西山岭入汨水，有三波桥。

汨水径南折而西，有傅家河义渡。又西，有丁家河义渡。又西，有兰茗河义渡。乾隆十八年，邑人吴翼经捐置；知县张宗衡有记。

又西，黄谷河会诸水入汨，曰罗水。径关王桥入县境。稍西北受转龙山水，有转龙桥。又西径周家湾，有陈家桥。又稍西北受巴陵福林坳水，有分水桥。又西南，有十全桥。又南三江口，其东南上承三源：

一出蓝家洞，有花桥。又西北，宏山桥。又西北，坑口桥。又西北，太原桥，旧名鲁公桥。

一出向家洞，界平江，有同心桥。又西，合意桥。又西北，山枣桥。又西北，横岭桥。又西，馀石桥。馀石桥者，盖因女子桥馀石成之，石板薄而极坚，相传为仙迹也。又西，毛家桥。又西会蓝家洞水，有女子桥。又西，刘思桥。

一出平江岑川径洪源洞，入县界，有水口桥。又西北径洪源山，北受樟树冲水，有樟树桥。又西，有新桥。又西，有花桥。又西稍南，落马桥。又南会刘思桥水，稍西入三江口。

又西径甘家塅，北受长冲、青树冲诸水，有上石桥、下石桥。又西南径八公塅，北受河源坝诸水，有金坑桥。又西南芦花桥。南受东山冲诸水，有大垅桥。又西南，有剑滩渡。又西南，渡头铺有成永桥。俗名“渡头桥”。东南受马秀塘水，有杨丝桥。又西南，石平桥。北会大荆驿二水：一出界头仑，有营盘桥。左受潘家坳水，有升平桥。合流径狄家塅，有双溪桥。又南，杨家桥。又南径折桥塅，东受喻子垅诸水，有折桥。一出刘家坳，有刘大桥。又南，有浸水桥。又南，水口桥。会折桥水南出魏公桥，入罗水。旧志所谓李公桥也，并以修桥者为名。又西南径江背河，有三里桥。又西，有缘桥。北受丹霞冲诸水，有火石桥。又西径螺丝山，有翁家桥。南受施家冲诸水，有双龙桥、寿星桥。又西南，石磅桥，一名干家桥。乾隆六年，邑人李懋昭修；嘉庆中，懋昭子珍重修，长十丈馀，桥旁古樟一株，传为数百年物。又南，卓望桥。嘉庆十八年，监生黄联经修。东受胡家冲诸水，有枫树桥，桥以枫树为名，亦数百年物也。又西，新桥。又西，㮽石桥。又西，何家桥，入罗水。

又西南径黎家湾，其东北承二源：

一为关山铺之水，出关山冲，有五福桥。又西南，有接龙桥。

一为浒田之水，出蒋家岭，径鲁公塘，有周家桥。又南双江口，西北受麻塘水，有猫公桥；受牛丫山水，有敏公桥：合出麻塘桥。又南，接龙桥，入双江口。又南，有大桥。又西南，有文星桥。又西南，三星桥。又西南，黄谷桥。又西南，梁家桥。明嘉靖二十一年，知县梁汝璧建，故旧名梁公桥，会关山铺水入罗水。

又西，黄谷市有义渡。又西，胥家滩，北受深坑冲水，有白羊桥，一名铁炉桥。又西南瑞林台牛皮滩有永成义渡。又西南李家滩，东南受白牛尖水，有成山桥；受大塘岭水，有鹏大桥，邑人周祖武修。又南，西受道冲一水，有龙华桥。明初，邑人叶应元修。下为油步滩义渡，嘉庆中，邑人罗于诗、周富民又增置田焉。又西南，北受高家冲水，有平心桥。又西南，小江口入汨水。

又西北径吕览河，有义渡，故名吕览渡。又西径古罗城北，有义公渡。置大洲熟土八亩二分，小洲熟土二亩五分。又西，昭公峡有义渡。道光中，邑人胡传有置；咸丰九年，传有子举忠重修。又西，聚贤渡。嘉庆十年，邑人彭相武等倡置。捐置大洲熟土五十五亩七分。又西，河塘镇有河塘渡。道光九年，邑人黄齐义修置船四，捐置高家坪田四石，公悦、湛家埂熟土共二十七石七斗五升。周韫祥有记。右受柘桥港水，有新桥，邑人黄齐义重修；有福星桥，邑人黄德钠修。又西，左受河南市水，有澄岚桥。又西，有洋河潭义渡，邑人郑道琼置。又西熊家嵴，右受长港水；有孟家滩义渡。又西稍南，有青泥湾渡。

汨水自百丈口分一支津，径古罗城南，有曹家河渡。又西，有李家河渡。又西南，有刘家坪渡。又西稍北，有鸡公滩渡。又北，有王家口渡。道光中，邑人余高轩、李昆山、龚九如、刘晓峰修，置田三石二斗，一名四义渡。分为二流：一北出檀木港，与汨水经流合，有檀木港渡；一西径樟树港，出观音湖，有赖皮坑渡。其南受百亩坨、鱼子塘诸水，有石桥。其西决入牛皮湖，径望湖山，有望湖桥，邑人黄齐鳌修。

罗水自小江口入汨水，过吕览渡，分流径大洲东北，有半步滩义渡。乾隆五十七年，邑人胡楚材修。又西萧家河，右有一源受叶公塘之水，有花桥。又西南径徽山，有步月桥，邑人彭枝櫆修。又西南，姊妹桥。又南，母子桥。乾隆中邑人周展书母子修，因名。又西南，烈女桥。又西，余家桥，径三塘湖，东受桐木桥水入焉。又北稍西，有陈家河渡。又西北，有伍家嵴义渡。同治五年，邑人向贵陞重修。捐置胡家冲田一石二斗。其南支津出河塘镇，有仁义渡。嘉庆中，邑人彭清凤等修；道光中，彭枝櫆等重修。捐置大洲田一石七斗二升。又东北径南阳市；右受莲子湖、翁家桥、三星桥诸水，有南阳桥。道光初，邑人黄修文修，周嘉缃有记。又北稍西狮子口，有二义渡亭：一为道光中邑人黄钦龄修，置船二；一为同治中邑人徐敦义修，置船二。捐置青龙冲、傅家塘田三石。又北稍西，有斗仑湖义渡。又西径玉笥山，有名山市义渡，邑人郑任章修。右受朱山、廖家塘诸水，有濯缨桥。乾隆二十年，知县陈钟理修。案，桥旧在公悦围濒江。明洪武二年，知县黄思让建。见书志。嘉靖二十一年，知县戴嘉猷重建。见戴嘉猷《独醒亭记》。乾隆二十年改建。见王之槐《骚坛记》。又西径茨塘围，有三星渡，邑人欧阳任善妻刘氏修。又西，文家仑有义渡，邑人彭思齐修。捐置田一石四斗二升。又北，有余家市渡。右受洞坑水，有高家桥，邑人高宏纲、高宏组修。

汨水北凡二水：出白塘湖者上承水源五。

一白水堨水西出，有李婆桥，邑人周赞廷之妻李氏修。

一青龙冲水，自吕仙塘径茅头坝，有砖桥，邑人荀之玕修。又西南，有冰洁桥，邑人黄万铉妻荀氏修。又西南，有青龙桥，邑人荀之玕修。又西，有黄家桥，一名下青龙桥。邑人黄万卷修。又西稍北双江口。

一桃林冲水西出，有集秀桥。又西，古石桥。又西，复兴桥。又西稍南，将军桥。又西南，双墩桥。又南，杨林桥。又西南，宋家桥。又西南，石崇桥。又西南，杨家桥。又西南，新桥。又西径双江口，会青龙冲水，又北有仁让桥。嘉庆六年，邑人吴爱周修。左受丁家冲、枫树园诸水，有存斯桥，邑人黄万铠妻周氏修。又西，王家桥。又西，同心桥。邑人高国英、何会万修。一名何家桥。又西稍北，曾家桥。

一穆屯冲水，左受唐家坊水，有赞公桥。道光二十八年，邑人吴安达修。右受石鼓岭诸水，有乐善桥，合流径和尚桥。又西，穆屯桥。明洪武中，邑人吴庆孙修。乾隆三十四年，吴君林重修。又西，张家桥。又西，许家桥。又西北，球鸣桥。

一大陂冲水西南出，有万丰桥。又西，七里桥。白塘湖又置三渡亭。案，嘉庆中，邑人李加杞尝修白塘湖义渡，捐置田亩。今废。

上渡，邑人彭思齐修，置船二；捐置田一石六斗六升。下渡，邑人彭成瑛修，置船二；捐置田五石三斗五升。其在鸦雀园者，为北渡。邑人彭思齐修，置船二。捐置田二石二斗六升。

出新塘湖者，上承木石岭、甘棠岭诸水，西出有桥头冲桥。又西稍北，有卢家桥。又西，书林桥。康熙六十年修。

县西

泽国也，桥工多在各围以内。沙田围，有会口桥、大石桥、长湖桥。文洲围，有崔家湖石桥，由金沙台过断金汊，有拱石桥；由石码头至茶湖市，有婆婆桥。荆塘围，有月明桥。嘉庆中，邑人柳和暹修，亦县西一佳胜也。黎彬诗云：“湖光山色两周遭，雁语虫吟破寂寥。贪看月华明似水，不知身过月明桥。”三合围桥二：一通白马市大路，曰接龙桥；一通关公潭大路，曰双龙汇石桥。仁和围，有小支口石桥。酬塘围，有万里桥，今废。青山西北三十里大塘湖，有刘公桥，长百四十馀丈。邑人刘希尧、子怀璧、孙得源相继修。桥径湖汊通萧婆镇，为邑中桥工之最巨者，今淤废。青山东至营田过横口河，有汀江桥。嘉庆中，邑人田利凯修。

义渡，则有锡福围小河渡。嘉庆中，邑人蔡大蔚、蔡大复修，今废。临沘市中渡，邑人易文玉、杨忠雅、颜邦直倡修，并建渡亭。三阳夹临沘市小河渡，道光二十六年，邑人郭家骥修。甘家洲义渡，邑人甘在衮倡修。太和围沅潭义渡，邑人易橄章修。白马市义渡，上通韩湾围。而韩湾亦设义渡，邑人许元秀捐修；咸丰六年，罗仲康重修。

古贤名墓有应修葺者，亦营造之一也。

湘阴历古流传最远者：二妃墓。《通典》：“黄陵，即二妃所葬。”《括地志》：“二妃冢，在县北青草山。”《元和志》：“二妃墓，在青草湖上。”康熙四十六年，邑诸生黄金榜、黄希宪修墓，知县蒲易藩书立墓碑；康熙六十年，营田司巡检陈承贤重修，知县罗士修重立墓碑。今巴陵君山亦有二妃墓。　郭嵩焘诗云：“满湖烟雨泊黄陵，斑竹青林几废兴。两地一丘同仿佛，三春孤树记攀登。年年雨过沙痕涨，片片云飞水气蒸。合著哀猿添守户，空山苦雾长寒藤。”自注：“君山二妃墓，树甚奇古，千年物也。”

屈原墓。《通典》：“罗江有屈原冢。”明《一统志》：“屈原墓在汨罗山上。”汨罗山，即今烈女岭，在汨水东北。元致和元年，知县孙天才买田三十六亩，州士彭翼飞输田五亩，益之为墓田。明南海邝露有《浮湘礼三闾墓田》诗。　国朝康熙六年，知县唐懋淳有《三闾墓田蠲税记》，后墓田为庙僧鬻去。康熙四十六年，邑人黄道昇捐金赎归墓田四石三斗八升。同治六年，邑人黄世崇有《重立楚三闾大夫墓碑记》。周嘉緗诗云："女萝薜荔长山隈，凭吊秋风曳杖来。冢土未销江介憾，渚宫长剩劫馀灰。黑鱼岭上寒猿泣，狮子滩头杜宇哀。二十四坟何处是，残碑无字蚀苍苔。"

五代楚衡州刺史邓进忠墓。县东四十里密岩山。

宋太常博士彭惝墓。刘挚《彭博士墓志》云："葬归政乡永宁里之土塘。"

宋左卫率府率邵维墓。县北三十里凤形山。

宋秘阁修撰邓忠臣墓。县东四十里小密岩山。

宋进士邵珪墓。县北三十里寒牛山。

宋桂州司理许宝卿墓。县东大塘园。

元进士邵廷瓒墓。县北三十里禄塘凤形山。

元进士邵廷璲墓。县东六十里双石桥。

明赠户部尚书、湘阴县教谕夏时敏墓。县北六十里石井巷。

明户部尚书夏原吉墓。城北夏家山。大学士杨士奇铭其墓。太常寺少卿夏瑄、通政使夏崇文，皆祔葬墓侧。　郭嵩焘诗云："臣里山川少日游，尚书事业有荒丘。南湖烟雨林泉渺，北伐旌旗涕泗流。遗直如公真大度，老成当国有深谋。我来下马寻残碣，古木西风飒飒秋。"

明都指挥佥事焦琼墓。县南三里虎狼冲。

明御史甘镛墓。县东五龙山。

明甘妃墓。城北夏原吉墓西，地名大明山。明御史甘镛女弟，永乐中选入宫，甫三月卒，遣归葬，有《石留表记》凡六。墓砖字多漫灭，惟提调官长沙杨某数字可辨。　周燮祥诗云："金椀曾闻瘗此陵，前朝遗憾草青青。可怜绝代倾城色，犹傍湘江帝子灵。玉骨几时还故里，香魂应尚恋宫廷。只今琼佩空销歇，日暮西风兰茝馨。"

明赠广西布政司参政易先墓。县北五十里栗桥。　易焕祥诗云："仗节捐躯四百年，我公浩气尚森然。蛮夷控御需长策，性命仓皇愧苟全。兵溃茶笼嗟失驭，地留铜柱待筹边。英魂直结三闾伴，湘浦春深哭杜鹃。"　曾光先诗云："十里松楸古，青苍拱墓门。悲公无俗泪，寿世有忠魂。夕照明危碣，回风绕墓村。南荒何足守，遗憾及中原。"　杨瑝诗云："血指挥戈夜誓师，忘身志欲静边陲。何人首建捐交议，终古灵旗风雨悲。”　　易昆曜诗云：“在昔文皇时，版章拓交趾。充员重选人，公遇感知己。受命何英毅，岂效儿女子。朱辐莅南邦，边檄舆情喜。秩满愿借寇，挽留不得徙。猖獗肆边逆，四面狼烟起。师中亦丈人，破敌鲜长技。陷郡日渐多，竖子望风靡。鼠窜而猿惊，洵哉肉食鄙。大儒震其邻，筹练无宁晷。寇焰势方张，挺义坚孤垒。守臣殉社稷，靡他之死矢。轰轰海天昏，五月重围里。粮尽绝援师，危城孤万里。九距攻益急，臣瘁已尽此。浩气塞两间，七尺躯难委。地维赖以尊，天柱赖以峙。安得子长笔，编传读本纪。”　　易元绂诗云：“气薄谅山云，力排泸江水。蛮烟瘴雨盗如麻，獐怯麋奔人似鬼。巍峨一柱撑天难，淋漓血洒朝日丹。皇天震怒鬼夜哭，军民惨淡摧心肝。朔风飕飕起天末，雁帛传书报宸阙。九重震悼锡褒旌，千秋庙食湘江滨。自从沧桑兵燹作，祠宇倾颓随社屋。”　“圣人崛起表精忠，无古无今祭祀同。大吏忭舞宣纶綍，梓材䑋趋邦工。罘罳阀阅接天起，近倚宫墙宗庙美。珠袍玉貌俨如生，秋菊春兰长不已。慵愚疲茶愧云礽，憾勿为国开荒榛。会当仗剑出关去，万里蹴蹋安南平。”

明四川布政司左参议彭谦墓。县南五里望江岭。

明御史蒋暹墓。县南十里蒋家坪。

明户部主事邵敏墓。县东六十里神鼎山。

明户部主事程沂墓。县南十里杉木江。

明举人旌表孝义苏纯墓。县南十五里芙蓉园。

明阌乡县知县邵演墓。县东罗塘。

明濬阳县知县萧淮墓。县北五十里大坟山。

明赠御史奉新县知县李鹏墓。县南十里杉木江。

明江西按察使李廷龙墓。孙应鳌铭其墓，县南五里望江岭。

御史萧泮墓。县南扬沙湖。

明重庆府同知喻成龙墓。县东三十里高家田。同治十一年立碑墓道，并购置墓地，横十丈五尺，纵十丈六尺。　　郭嵩焘诗云：“乱离经代少征文，乡里先贤怆旧闻。馈运艰难邛僰道，边烽抵触虎狼群。故人无恙生秋草，断碣谁寻隐暮云。三百年来人事变，披榛重与展遗坟。”

明合江县知县龚卿墓。县南十里金针港。

明赠太仆寺少卿娄锈墓。县北五十里千秋坪。　　周燮祥诗云：“孤城赤手扼西壕，狐鼠纵横笑尔曹。含血已钩颜杲舌，乱头仍挟礼修刀。鹿车魂寄秦关远，马革尸封楚塞高。寂寞千秋坪上路，寒烟落日满蓬蒿。”　朱畸祖诗云：“血战秦关险，魂归楚塞长。千秋古道上，驻马吊斜阳。浊浪迷青草，悲风冷白杨。年年寒食节，谁与奠椒浆。”　戴开浚诗云：“冬青树下感沧桑，抔土犹埋烈骨香。一代兴亡归劫火，百年墟墓又斜阳。秋声飒沓愁风雨，老泪纵横泣莽苍。今日为公新马鬣，九泉从此不荒凉。”“当年骂贼殉孤城，星落旄头惨大营。守郡从来多烈死，常山以后见先生。仓皇定策心逾壮，慷慨登陴剑一鸣。热血模糊归马革，重湖风怒吼涛声。”“纵读《离骚》拟《大招》，魂归华表鹤飘萧。榆关夜渡三千里，麦饭春香百六朝。公自姓名光史策，我偕歌哭到渔樵。澧兰沅芷幽芳远，南楚衣冠讵寂寥。”“名流多是宰官身，抗手齐扶大雅轮。有酒不须浇赵土，长歌好为吊孤臣。鄂王营外风云壮，屈子祠前日月新。一种精灵托霄汉，瓣香心事遍同人。”　吴淮诗云：“黄茅小山不知数，逼迳草枯走孤兔。呼童载酒剪茅茨，为访当年烈愍墓。道旁父老对予言，墓在断港丛芦边。幽宫凄凄隙地小，去墓一尺犁为田。娄家子孙已零落，无人祭扫来荒阡。君今吊古到岑寂，我愿觅途为君先。既闻此言感且异，旋见孤丘乱塍寄。隧口何曾有石人，陇头久已无碑记。乃再拜曰某某来，谨以醁酒倾之地。于时霜高风日清，忽有阴风起重闳。我闻先生守泾州，流贼猖狂扼上游。大鬼跳梁小鬼哭，野狐白昼声啾啾。孤忠力竭乃致命，睢阳张许为同俦。自应血食重万古，何乃败冢依山丘。墓旁隐隐见华屋，中有主人餍粱肉。何不解囊新此土，激顽起懦敦风俗。此心耿耿无从说，归来一啸晚天碧。林间有墓不知名，华表峨峨高七尺。”

明浦江知县吴应台墓。县北八十里兰茗渡。

明孝子艾蓁墓。县南五里望江岭。

明义士蒋之棻墓。县南十里女洲山。

国朝孝子张愫墓。县北三十里天鹅觜。

江安粮道王之锜墓。县东四十里密岩山。

龙泉县知县杨逢琼墓。县北八十里万家垴。

海丰县知县杨枝建墓。县东三十里邵家坪。

进士孟启谟墓。县北四十里孟家滩。

翰林院庶吉士杨煌墓。县南十五里范家坪。

宁朔县知县周锡溥墓。县北五十里药铺田。

内阁中书郭诚世墓。县东五里侯家垴。

海阜同知黄世铭墓。县北六十里虎形山。

繁昌县知县周琛墓。县北五十里谢公渡。

孝子杨本显墓。县东三十里藕花塘。郭嵩焘为立石，表其墓道题曰“杨孝子墓”。　郭嵩焘诗云：“乡里流传孝子名，阿兄相见感平生。荒村小屋凄凉景，落日孤坟黯淡晴。野鸟翻翻栖断木，流泉瀌瀌送寒声。我来买石为题墓，转忆千秋万古情。”

内阁中书易堂俊墓。县东四十五里铜含口。

其邑人捐置义山，始于宋时漏泽院。案，汉建和三年，诏死者无亲属于官壖地葬之。其时盖亦通行之郡县，实为义山之始。至宋以官地瘗贫民，遂著为令。其后崇宁元年，乃令州郡皆置漏泽院，收葬贫民。明以来可考见者，御史李廷龙捐置周家桥义山，案：文星桥西岸、湖上桥北岸，义山二，皆李廷龙捐置。知县彭以复有记。

国朝附城及各乡团皆有捐置：一在城北董家坡。康熙中，邑人王樟捐置。一在城北邹家山、王家山。道光中邑人高道真捐置。一在城北钟家山。道光十二年，邑人李试吾捐置，长二十一丈，宽九丈。一在城东杜家垅。康熙四十三年，邑人蒋之琪捐置，知县蒲易藩有记。一在县南五里永香寺。乾隆四十五年，邑人陈文政捐置。一在县南三里虎狼冲。嘉庆十一年，邑人姚应韬捐置；同治九年，邑人李试吾续捐置；光绪二年，邑人刘庆让暨子和暄等续捐置。宽三十丈，长十一丈。一在县南八里卸肩岭。嘉庆十九年，邑人姚应韬捐置。一在县南冷水冲。姚均平堂捐置，横直八十二丈，南抵邵家山，北抵丛木塘。一在县北二里御洗沟寺山岭侧。光绪五年，邑人韩霞蔚遗命其孙城等捐置，周围横直九十二丈四尺。一在县南三十里龙翔港北。樟树市北。一在县西十里酬塘围了公山。邑人黄素存捐置。一在县北五里三峰山。道光中，邑人杨之先、杨之翰捐置。一在县北五十里黄陵庙。道光中，邑人易焕枟、柳太良捐置。一在县北六十里湛家垸。河南市东南，邑人李香珍置。一在县北六十里土星港。土星港义山凡二，一易焕枟捐置，一殷家彦之母刘氏捐置。一在县北九十里河泊潭北。

光绪四年，夏毓衡、盛国光、钟德辅、僧志善、王正枝、吴翊勋等倡捐钱三百缗生息。累年季冬修培义山塌冢，名大寒会。

典礼所需器用，并归营造，祭器其尤重者。

明隆庆元年，教谕赵珠以瓦器象、笾、豆；知县彭以复捐铜爵九十八；邑人李廷龙捐铁炉七、铁瓶二、铜爵四十；训导虞大治亦捐铜爵。明末毁于兵。国朝康熙元年，邑人李象琯获铜爵六，有隆庆款识：李廷龙捐者三，彭以复捐者二，虞大治捐者一，送贮文庙。雍正元年，令各省府州县学祭器应行修葺，愿捐修者听。于是文庙祭器屡有捐置：云雷尊、象尊、牺尊，以上张良玙捐。龙勺、龙幂、爵、登、铏，以上蒋常翰捐。簠、簋，以上蒋继赞捐。笾、豆、俎、篚、祝板、坫、棜，以上苏钟捐。庭燎，苏鉴损。铜炉，训导胡国灵捐。铜香盘，邓文典捐。银杯、银盘，以上王之锜捐。盥盘，蒋继楫捐。锡炉瓶，周长陛捐。小锡炉瓶五；蔡大禄捐。又补祭器三十六。柳和暄捐。道光元年，重修文庙，添置祭器。承尊与爵，皆以案，不设棜、坫。其爵、铏、簠、簋、笾、豆，分设两庑及崇圣祠者，亦略具焉，灯、炉亦皆有增置。

武庙、文昌阁祭器，道光三十年始略置备，而武庙旧置大铁炉，亦燎具也；三闾祠、城隍庙皆有之。

磊石山洞庭庙，古铜鼎一，乾隆中掘土得之，无款识。

雍正十八年，令各省、府、州、县设水桶、水铳、钩镰、麻搭之属，分贮各城门，令文武官派定人兵为救火之用。营兵所职，救火亦其一也。案，《通考》：“宋制，诸镇监官，掌巡逻盗窃及火禁之事。是营兵兼主救火，亦始于宋。”乾隆八年，巡抚蒋溥颁翻车、水柜、大斧、钩镰、麻搭、扛绳之式，令官制造。乾隆二十一年，巡抚陈宏谋颁行救火条规，令人烟凑集之处，设大水桶注水备用，即由铺民捐置；并令制造渍水挤筒。其救火兵役民壮，由知县、县丞督率，兵丁由千把督率。各将救火器用，派定操演。制备白布号衣，注明民壮兵丁，以凭辨识。救火水夫，亦设夫头五名，每名月给工食银三钱；制五色旗五面，每名领水夫十名，以旗为识。所管夫运水一石，由夫头验明，给筹一枝以凭验发钱文。各项经费，准将自理赃赎及库贮闲款，详明动用。其水铳、水桶、钩镰、麻搭，均奉例制备，流传交代。营兵救火器具，亦令州县照式制备，分给移交。是以湖南火政差详。

营兵升屋救火，亦相沿操演之一法也。其铺户捐置水桶，名曰太平缸，置瓦缸三具或五具，垒土为台以护之。湘阴涌金街口东城根简家巷，皆照式设立。而苏州会馆制备水铳，范铜为之。名曰水龙。其法置小沙锣一、旗一、竹灯炬八、竹竿四，水筹大者百，小者倍之，皆有职掌。遇火警，鸣沙锣集众。掌旗者先诣火所，度地势要害，募水夫，以十二人舁水铳，视大旗所止处安置；二人掌龙头；六人压扛；四人压桶；外以二人挹水，二人验发水筹，八人执灯炬旁列，四人执竹竿辟除闲人以护水铳。凡三十人，皆给号衣，以时演习，名曰水龙会。道光之季水铳敝坏，不复修治，各处所设水缸亦无一存。三十年，举人郭徵畤重议制备水龙，由市户集捐置水龙二架，旋毁于兵。同治十年，邑人周家友等复集捐置水龙三架，进贤街置水龙公屋一所，又置进贤街房屋一所，三井头房屋一所，以租息并馀存钱息充水龙公费。每年四月八日，试演一次，由郭峰焘、李耀南等议立章程存案。同治九年，由市户集捐，造铜水龙一架，安置东明观。光绪三年，由市户集捐，造铜水龙一架，安置兴化古寺。

县西三十里临泚口，北六十里河塘市，东北七十里新市，均经制备水铳。临泚口岁被水，水铳亦废。河塘市、新市犹存。

湘阴县图志卷第二十七

团保志

咸丰初，广西寇起，蹂躏遍东南。湘乡曾文正公以侍郎居丧，奉旨帮办湖南团练，号召湖湘子弟，起一旅之师，水陆交持，荡平皖、鄂、江、浙数千里之地，成功甚伟，实亦汉唐以来未有之创局也。湘阴一县之地，起家将帅，波属云委。而县乡办理团保，积十馀年，聚三百一十八团，创立二十九局，若指臂之相联，柯干之相附。源流本末，亦不可以无纪也。

因考唐以前兵皆徭役也，自府兵废而召募兴。

至宋，民兵始盛。其原起于周广顺中，选秦州税户充保毅军。宋因之，号曰义军。自宝元时，籍陕西乡弓手为保捷军，继是诸路义勇名目猥繁：曰忠顺，曰强人，曰强壮，曰义勇，曰弓箭社，以备河北、陕西边防，荆湖义军土丁、弩手以备苗防。至熙宁时，变而为保甲，隶之巡检。于是悉天下之民，二丁取一，以为保甲，授弓弩，教之战阵，充民兵。

南宋以后，有湖南乡社。乾道四年，始给荆湖义勇钱米，仍假甲三千，弓矢旗帜，官为造给。于是乡兵亦给官粮矣。其后淳熙中，赐潭州土军名曰飞虎军。而各县乡兵，大率以弓弩手为名。

元制，州县有捕盗巡军弓手，领于县尉巡检司。其店舍聚落二十户以上，设立巡防弓手；不及二十户，依数差补。其后定百户选差当役者，本户差税令依九十九户完纳，给各路弓箭十副，府、州七副，司县五副，置备防盗。

明始置州、县民壮，案，《涌幢小品》载：“天顺初，令召募民壮，鞍马、器械悉从官给；本户有粮免五石，仍免户丁二名。其后始令州、县选取，每月操一次，遇警调集，官给行粮，是民壮之始本募兵而优其役，惟领之州、县以备调发尔。后遂为州县徭役矣。”立《佥民壮法》：州、县七八百里以上，里佥五人；五百里，里佥四人；三百里，里佥三人；百里以上，里佥二人。富民上直于官，雇募充役，亦曰机兵，在巡检司者曰弓兵。嘉靖二十二年，增州县民壮：大县千人，次县六七百人，下县五百人。盖自明以卫领军，兵有常籍。而供役州、县，犹取之徭役。案，洪武十三年，诏军民已有定籍，其以民为军者禁之。景泰元年，始遣御史募兵。王圻《续通考》言：明取兵之途有籍选，盖景泰以后之政也。万历中遂以选练乡兵为道，将考成矣。

国朝以丁税摊入田亩，不复编徭。民壮隶县者十六人，案，旧志：原编民壮七十六名，国初存民壮五十名，节次裁拨，存十六名。弓兵隶巡检司者十八人，案，旧志：原编弓兵十五名，国初存弓兵八名。乾隆二年，添拨大荆驿巡检弓兵十名。皆沦为隶役矣。而保正仍由佥充。定制：州县地方十户立一牌头，十牌立一甲长，十甲立一保正，责成稽查奸宄，而大率为州县传宣号令供贱役而已。咸丰以来，州县督办团练习枪槊，名曰练勇。其法仿于嘉庆三年办理三省教匪，龚景瀚为坚壁清野议，廷臣言事者力主之，颁其议于直省。曾文正公既奉旨帮办团练，光禄寺少卿黄兆麟因请饬派编修郭嵩焘等分办各州县团练。曾公方谋练兵讨贼，知团练为具文，不屑意也。巡抚骆秉章为《筑堡说》，下各州县放行之。咸丰五年，知县黄维瓒始分团练二十九局，分治各都团务。

县南四局

一曰附城局，领六团：曰北关团，曰汛爱团，曰望江团，曰涝溪铺团，曰敦仁团，曰长湖团。

二曰中塅局，领十七团：曰南山团，曰忠信团，曰玉石团，曰仁厚团，曰永清团，曰和顺团，曰仁义团，曰中塅团，曰涝溪团，曰花石团，曰黄土团，曰上金鸡团，曰丛羊团，曰柏甫团，曰毛公团，曰大吉团，曰下金鸡团。

三曰樟树局，领十九团：曰樟树团，曰仁里团，曰六合团，曰沙坡团，曰上仁丰团，曰合义团，曰大义团，曰仁寿团，曰东庄团，曰守望团，曰安居团，曰如意团，曰下仁丰团，曰青矶团，案，青矶团，析为上青矶团、下青矶团。曰油麻团，曰永和团，曰赤土团，曰致祥团，曰青竹团。而安居团、东庄团之间曰福星山，乃隶长沙，别置福星团焉。

四曰文家局，领十三团：曰古楼团，曰忠义团，曰高华团，曰义合团，曰狮岭团，曰永宁团，曰纯良团，曰纯厚团，曰流江团，曰永丰团，曰范家团，曰双江团，曰石桥团。

县东九局

一曰白水局，领十团：曰唐马吴团，曰胥龙江团，曰熨斗团，曰高桥团，曰关山团，曰仁里团，曰梅义团，曰古棓团，曰乌衣团，曰周景团。

二曰丰仓局，领十一团：曰城江团，曰芭蕉团，曰枫头团，案，枫头团，析为上枫头团、下枫头团。曰双狮团，曰郑家团，曰望塔团，曰道观团，曰白竹团，曰虞公团，案，虞公团，析为上虞公团、下虞公团。曰汤家团，曰丰仓团。案，丰仓团，析为上丰仓团、中丰仓团、下丰仓团。

三曰申明局，领四团：曰西南团，曰东南团，曰西北团，曰梅林团。

四曰高坊局，领十一团：曰尚义团，曰仁义团，曰新化团，曰达义团，曰顺风团，曰纯厚团，曰纯风团，曰登龙团，曰沙仙团，曰望江团，曰九和团。

五曰塾塘局，领四团：曰南团，曰东团，曰西团，曰北团。

六曰铜盆局，领七团：曰铜盆团，曰南仑团，曰笃敬团，曰清溪团，曰高燕团，曰礼嘉团，曰三圣团。

七曰界都局，领十五团：曰潘家团，曰界都团，曰鱼桥团，曰白鹤团，曰义合团，曰新开团，曰苏溪团，曰黄柏团，曰大义团，曰双石团，曰西水团，曰画石团，曰画栗团，曰大桥团，曰沙溪团。

八曰武昌局，领十九团：曰杨树团，曰八里团，曰祝家团，曰新桥团，曰驼子团，曰栗江团，曰楠木团，曰芦陂团，曰读书团，内附犁头团。曰芭蕉团，曰蓝溪团，曰同乐团，曰武昌团，曰马嘶团，曰团螺团，曰神鼎团，案，神鼎团，析为上神鼎团、下神鼎团。曰审问团，曰夹石团，案，夹石团，析为上夹石团、下夹石团。曰水庙团。

九曰新市局，领五团：曰豫筹团，曰涂藻团，曰梅家团，内附仁厚团。曰寓农团，曰兰苕团。

县北十二局

一曰三峰局，领十三团：曰石头团，内附甘田团。曰仁里团，曰晁家团，曰归政团，案，归政团，析为上归政团、下归政团。曰县前团，曰漕溪团，曰乌龙团，曰理顺团，曰中峰团，曰大梅山团，曰小梅山团，曰白泥团，曰清水团。

二曰石子局，领十七团：曰石子团，曰寺坪团，曰正风团，曰仁义团，案，仁义团，析为东仁义团、西仁义团。曰夹城团，曰培风团，曰龙潭团，案，龙潭团，析为上龙潭团、下龙潭团。曰大义团，曰栗山团，曰李公团，曰葛家团，曰田静团，曰白雁团，曰小桥团，曰五家团，曰油铺团，曰大湾团。

三曰营田局，领十三团：曰营田团，曰大义团，案，大义团，析为上大义团、下大义团。曰乌塘团，案，乌塘团，析为乌塘南团、乌塘北团。曰军民团，曰千秋团，曰界家团，曰苏仑团，曰守望团，曰黄甲团，曰仁里团，曰唐山团，在湘水西者曰锡福团，曰青山团。

四曰归义局，领二十一团：曰归义团，曰居仁团，曰敦义团，曰杨柳团，曰甘棠团，案，甘棠团，析为上甘棠团、下甘棠团。曰东仁团，曰乌梅团，曰金鸡团，曰旷公团，曰石牛团，曰栗桥团，曰薰化团，曰小洲团，曰仁德团，曰六合团，曰聚贤团，曰保安团，曰河市团，曰公悦团，曰丰厚团，曰仁义团。

五曰凤凰局，领十五团：曰圆头团，曰大缘团，曰六柱团，曰青龙团，曰徽山团，曰清江团，曰白水团，案，白水团，析为上白水团、下白水团。曰周公团，曰文家团，曰栗团，曰枫树团，曰楚塘团，曰凤凰团，曰清平团，曰五常团。

六曰黄谷局，领十七团：曰托坪团，曰太平团，曰高山团，曰龙山团，曰敦厚团，曰里仁团，曰为美团，曰戴花团，曰山里团，曰墩土团，曰河竹团，曰瑞灵团，曰由义团，曰小江团，曰大桥团，曰关山团，曰寺塘团。

七曰桃林局，领八团：曰地字团，曰天字团，曰和字团，曰麻塘团，曰仁和团，曰人字团，曰椆山团，曰狮子团。

八曰穆屯局，领四团：曰仁合团，曰亦仁团，曰习礼团，曰义合团。

九曰磊石局，领九团：曰书林团，曰三甲团，曰八甲团，曰天竺团，曰一甲团，曰大义团，曰马厅团，曰兴源团，曰三保团。

十曰浒田局，领五团：曰恳阳团，曰纯风团，案，纯风团，析为上纯风团、下纯风团。曰四美团，曰义和团，曰双江团。

十一曰大荆局，领十一团：曰荆山团，曰守望团，曰升平团，曰一心团，曰安稳团，曰永顺团，曰仗义团，曰正化团，曰乐善团，曰尚义团，曰仗福团。

十二曰长乐局，领九团：曰仁义团，案，仁义团，析为一约、二约、三约、四约、五约。曰宏山团，曰绍升团，曰五美团，曰安善团，曰尚义团，曰保合团，曰合义团，曰贞吉团。

县西四局

一曰文洲局，二曰仁和局，三曰白马局，四曰临沘局，而以附近各团隶焉。凡编三十五团，其已废之围不复能立团，虚具其名而已。

凡二十九局。分隶二十五都。领三百一十八团。团佥二三十人至百人，自备旗帜、长枪、鸟铳，由各团绅教练。知县官岁一集各团练于局，点验而校试焉。而期会一出局总，盖即宋世保甲都教场之遗意，使兵皆素习。甲与乡皆互相联，用以缉盗有馀，然卒收其效者无几人焉。故夫良有司任之以保境而卫民，操之固有本矣，行之固有宜矣，断非可立一切之法，行督责之术，概之天下以求济者。而曰团练行即贼可灭，天下可平。宋苏辙论古民政不可复者三，保甲其一也。所谓为之愈详而民愈扰，事之愈力而功愈难，其卒也聚而为盗。国家岁糜饷糈千馀万以养兵不足恃，而徒以一文书下之州县，使各自食其力以御贼，遂为经国之长计。犹幸行之不力，不至假团练之名攘夺百姓，则亦恃今天下未有若王安石之才力能推行其术者。龚景瀚之言曰："其要必先择良吏。"苟能此矣，又何天下之不可平哉？

湘阴县图志卷第二十八

兵事志

湘阴蕞尔一县，大政无可纪者。然自秦建罗县，历二千一百三十年；刘宋建湘阴县，历一千四百十四年。其间事迹多矣！吴蜀中分荆州，迄于六代，兵事益繁。晋分荆州地置湘州，湘阴适当州冲。杜弢、王敦之乱，祸滋烈焉。历代兵争利害相持，略可纪数。后梁宣帝据江陵，与陈争巴、湘，反覆侵夺，积三四年，此兵事之一见。五代马殷据楚，杨行密屡陷岳州，遂以湘阴屏蔽一湖，此兵事之再见。宋世南徙，荆湖群盗纵横，聚韩、岳百战之师，次第翦除，此兵事之三见。国朝迄三藩之变，阻洞庭为险，积二十馀年，此兵事之四见。往来攻战，一以湘阴为冲，而战功无闻。盖由县境本无水陆扼塞以资控蔽，非要害必争之地故也。然而往来骆驿，防御巡警，亦极人事得失之林，而尽古今之变矣。自春秋以来，至于今日，凡兵事之隶于县者，及祸变反覆，奇闻轶迹，足资考览。汇著于篇，详次其时代焉。

周

景王八年，当春秋昭公五年，楚伐吴薳射军于夏汭，楚子以驲至于罗汭。吴子使其弟蹶由犒师，楚师济于罗汭。见《左传》。

案，《水经注》："汨水又西径汨罗戍南，西注湘，春秋之罗汭矣。"即指此。杜注："罗水名。"《春秋地理考实》谓："楚之东境别有罗水"，不确指为罗地。而"夏汭"下引《荆州记》："夏水入江处谓之夏汭。"即今汉口，距汨罗口五百里，并吴、楚相持要害地。蒋氏所谓"别有罗水"者果何在耶？当春秋时，楚境西至于罗。《左氏传》："吴公子庆忌出居于艾。"为今义宁州，与罗接壤。襄、昭以后，吴数深入楚地，而江南云梦为楚境之隩区。楚子之军罗汭，盖自上游出奇以附吴之背，遥与夏汭之师为声援。以地势求之，正今汨罗口。蒋氏仅据楚东境为言，殆亦未深考耳。

赧王二十年，楚顷襄王迁屈平江南，平至江滨，作《怀沙》之赋，于是怀石自投汨罗以死。见《史记》。

案，《甲子会纪》：周显王二十六年戊寅，当楚宣王二十七年。屈原生。《离骚》："摄提贞于孟陬，惟庚寅吾以降。"《楚宝考异》以历法推之，周显王二十六年戊寅，正月二十日日值庚寅，为屈原生日。又四年，威王立；又十一年，怀王立。张仪诈楚，在怀王十六年，屈原年三十二，已前被绌。怀王三十年入秦，而顷襄王立。立三年，怀王卒。原作《天问》、《招魂》，《招魂》，屈原作。见《史记》。王逸注误。当在是时。令尹子兰复谮原，迁之江南。以事揆之，当在顷襄王四年，赧王之二十年也，于时原年五十。顷襄王立六年，秦楚平。《哀郢》云："外承欢之汋约兮，谌荏弱而难持。"当指此。至十九年，秦伐楚，割上庸、汉北地；明年，拔西陵；又明年，取郢江南；更五十六年而楚灭。本传："其后楚日以削。"实始顷襄王之十九年。《哀郢》云："至今九年而不复。"原迁江南九年，当顷襄王之十三年，国事日非矣。《怀沙》盖继《哀郢》而作，《楚辞通释》辨《哀郢》为伤楚弃故都迁陈。顷襄王二十一年，秦拔郢，襄王东北保于陈，秦遂收洞庭江南。明年，尽取巫、黔中郡。如《通释》说，则原自沉为殉楚难，义尤正矣。《荆楚岁时记》："屈原五月五日投汨罗。”《隋书·地理志》云：“五月望日，今荆襄竞渡以望日云。”

赧王三十七年，秦与荆人战，取洞庭五渚江南。见《战国策》。《秦策》作“五都”，《燕策》作“五湖”，《史记》引策文作“五渚”。

案，秦昭王二十九年，取洞庭五渚，当楚襄王二十一年。襄王四年，迁屈原江南。楚时名洞庭以南皆曰“江南”。鲍氏补高注，证五都之误。当从燕策。“五湖”，《索隐》：五湖具区、洮、滆、彭蠡、青草、洞庭。据《史记·楚世家》：“洞庭、江南、巫、黔中皆今湖南及黔蜀地。中出五湖于文为不类。”当从《史记》。“五渚”，《舆地广记》：资、沅、澧、湘同注洞庭，北会江，名之五渚。《水经注》增入微水，谓之“麋湖口”。盖皆以水名渚。《毛诗故训传》：“渚，水洲也。水岐成渚。”巴陵吴舍人云：“楚词《湘夫人》：‘帝子降兮北渚’。湘水至君山北会江，北渚当即‘君山’。”《史记》连洞庭五渚为文，五渚皆湖中岛也。君山当北渚，磊石山当南渚矣。

汉

和帝永元五年，窦瑰徙封罗侯。永元十年，梁棠兄弟徙九真还，路由长沙，逼瑰令自杀。见《后汉书·窦融传》。

案，《后汉书·梁统传》：肃宗纳梁竦女为贵人，生和帝。窦后养以为子，遂谮杀梁贵人，并构梁竦死狱中，家属徙九真。窦宪亦与谋焉。永元九年，窦太后崩。竦兄松子扈，遣从兄祖奏记三府。和帝感悟，追封竦褒亲愍侯，自九真征还竦妻子，封子棠乐平侯、雍乖氏侯、翟单父侯。窦瑰之死，梁棠兄弟所以报其父仇也。瑰至罗有吊屈原文，其词哀艳，凄惋动人。史称窦瑰好经术，节约自修，其死也固非其自致之咎。悲哉！

桓帝延熹五年，艾县贼焚烧长沙郡县。见《后汉书》本纪。时贼乘刺史车屯据临湘，杀长吏。见《东观记》。于是拜太常冯绲为车骑将军讨之，车至长沙，贼诣营乞降，荆州平。见《后汉书·冯绲传》。

案，汉艾县为唐分宁县，明置宁州，今为义宁州，西与罗境接壤。其焚烧长沙郡县，必往来罗境，史略其文耳。汉昌县始见《吴志·周瑜传》，《后汉书》不载。建安十五年，吴分长沙立汉昌郡，拜鲁肃汉昌太守；建安二十二年，吕蒙复拜汉昌太守。以后无闻。疑汉昌立县在此时。汉末群盗之起，兆端于艾县。以天岳山为之阻，其西则罗境也，中间地旷远。冯绲既平贼，因析罗县地立汉昌以镇之。蜀既据有荆州，袭取长沙。吴因东据汉昌为守，又立汉昌郡，屯戍为重镇以防蜀。旋与蜀画湘水为界，长沙改属之吴，罗与汉昌诸县仍隶长沙，汉昌郡遂废。建安二十五年，魏文帝受禅。吴亦旋有荆州，于时汉祚已终。改名吴昌，当在是时。东汉之季，罗县亦为要防矣。

晋

怀帝永嘉五年，湘州流人杜弢据长沙反。见《晋书》本纪。时蜀人杜畴、蹇抚扰湘州，流人汝班、蹇硕聚众应畴，推弢为主攻，破郡县。命荆州刺史陶侃讨之，见《晋书·杜弢传》。振武将军周访共征弢。弢作桔槔打官军船舰，访作长歧枨拒之。贼从青草湖密钞官军众数倍。访夜令军士多布火而食，贼谓官军益至，乃退，访急促渡水北，断桥，贼隔水不得渡，遂归湘州。访复以舟师造湘城。见《晋书·周访传》。弢遣将王真以舟师断官运，侃使督护郑攀、伏波将军陶延邀击，大破之。王真遁还，侃谕之降，弢败走，遂克长沙。见《晋书·陶侃传》。

案，《周访传》："贼从青草湖钞袭官军。"是访与弢相持，正在县北境。而复促贼北渡断桥，盖访负水为阻，驻军南岸以趋湘州，而隔贼水北。当在今汨罗江。贼既不得钞袭，乃由间道回湘州以自保。史传但浑言尔！《陶侃传》"王真"作"王贡"；又有"参军王贡叛降杜曾"，前后两出"王贡"。《杜弢传》作"弢"，"使其将王真为奇兵，出江南"。当从弢传。

安帝元兴二年，桓玄自号楚王，加九锡。南阳太守庾仄起义兵，袭冯该于襄阳，走之。桓济之子亮起兵罗县，以讨仄为名，自号"平南将军"。湘州刺史、南蛮校尉羊僧寿与荆州刺史桓石康共攻襄阳，仄众奔散。长沙相陶延寿以亮乘乱起兵，遣收之。玄遂徙亮衡阳。见《晋书·桓元传》。

宋

元徽二年，湘州刺史王僧虔以巴峡流民多在湘土，表割益阳、罗、湘西三县缘江民，立湘阴县。见《楚宝·宦迹》。

案，《南齐书·王僧虔传》："巴峡流民多在湘土，僧虔表割益阳、罗、湘西三县缘江民，立湘阴县。"不言建自何时。据《宋书》太始七年，以王僧虔行湘州刺史。元徽二年，江州刺史桂阳王休范举兵向阙，僧虔起义兵赴京师，加平南将军，其冬以侍中王蕴为湘州刺史。是元徽二年，僧虔在湘州亦无几暇矣。本传称"僧虔领侍中入齐迁湘州刺史"，以时计之，僧虔两任湘州刺史，相距仅亦数年。《晋书》：元康中，李特乱蜀，巴蜀流人数万家布荆湘间，杜弢乘之称乱。其后义熙中，谯纵复据蜀，久乃定。巴峡流民处湘土久，不复能还郡，僧虔表立湘阴县，沿江安插，立之令长，以法约束之，流民乃安。史言僧虔所在以宽惠著称，而不知其干济如此。

齐

永元三年，荆州长史萧颖胄、雍州刺史萧衍起义兵，奉荆州刺史南康王即位，江陵改元中兴，以杨公则为湘州刺史，帅众东下。见《齐书》本纪。时湘州行事张宝积发兵自守，未知所附，公则军及巴陵，仍回师南讨，军次白沙。《水经注》："湘水又北径白沙戍，在县北五十七里。"宝积释甲以竢，公则抚纳之，湘境遂定。见《梁书·杨公则传》。公则帅师赴夏口，乃除刘坦长沙太守，行湘州事。齐安成太守刘希祖移檄湘部，始兴内史王僧粲应之。诸郡蜂起，惟临湘、湘阴、浏阳、罗四县犹全，坦遣尹法略拒僧粲。会建康平，公则还，州贼始散。见《梁书·刘坦传》。

梁

武帝大同元年，南康王会理为湘州刺史，多信左右。行湘州事刘纳每禁之，会理心不平，证以赃货，收刘纳送建康，令腹心于青草湖为盗，杀纳。见《南史·梁南康王续传》。

武帝太清三年，侯景寇建康。湘州刺史河东王誉帅军入援，至青草湖。台城没，侯景援立简文帝，矫诏班师，誉还湘镇。见《梁书·河东王誉传》。

简文帝大宝二年，侯景浮江西寇。湘东王绎以王僧辩为大都督，帅诸军赴之。军次巴陵，闻景将宋子仙、任约已陷郢州，僧辩因据巴陵城。见《梁书·王僧辩传》。绎命罗州刺史徐嗣徽自岳阳，据此，罗州刺史又似以岳阳郡为治所。武州刺史杜崱自武陵，引兵会僧辩。景帅大兵趋巴陵，僧辩乘城固守。绎拜胡僧祐武猛将军赴援，僧祐至湘浦。胡三省注：湘水入湖之口曰浦，即湘口也。景遣任约帅锐师急追之，僧祐引兵西上至赤沙亭。会信州刺史陆法和纵兵夹击，擒约送江陵，景焚营遁。见《通鉴》。

元帝承圣元年，拜王琳湘州刺史。琳以平侯景功纵暴建康，王僧辩启请诛琳。琳令长史陆纳前赴湘州，径上江陵陈谢。帝执琳下吏。见《南史·王琳传》。陆纳遂引兵袭湘州，据之。诏王僧辩等共讨纳。二年，陆纳遣其将吴藏、潘乌黑、李贤明等下据车轮，胡三省注：车轮，据湘江之要，在县北，今车轮洲，已圮于水。僧辩军至车轮。见《通鉴》。陆纳夹岸为城，前断水势。僧辩稍作连城以逼之。诸军水步竞出，大战于车轮，陷其二城。贼大败，归保长沙。帝遣琳和解，湘州平。见《梁书·王僧辩传》。

陈

文帝天嘉元年，太尉侯瑱都督湘、巴五州诸军，将兵逼湘州。周遣贺若敦、独孤盛赴援，见《通鉴》。敦遂渡江次湘州。俄而江水汎溢，江路遂断，敦增修营垒，示以持久。湘、罗之间遂废农业。见《北史·贺若（琛）〔敦〕① 传》。侯瑱袭破独孤盛于杨柳洲，在湘江口。《陈书·侯瑱传》作"西江口"。《通鉴》注："西江"谓湘江也。盛收兵登岸筑城自保。周湘州城主殷亮降，侯瑱借船送敦等渡江，敦乃自拔北归，巴、湘遂入于陈。见《通鉴》。

废帝光大元年，贞毅将军到仲举、右卫将军韩子高以疑忌诛，湘州刺史华皎不自安，遣使句引周兵，又奉后梁萧岿为主。岿授皎司空，令巴州刺史戴僧朔、岳阳太守《通鉴》注：湘阴县，"梁置岳阳郡"。章昭裕等并隶于皎。陈以吴明彻为湘州刺史，遣抚军大将军淳于量帅兵舰继之，又遣寇武将军杨文通出茶陵，巴山太守黄法慧出醴陵，司空徐度会诸军以袭皎后。皎陈白赢闻徐度趋湘州，乃自巴郢乘风下战。淳于量、吴明彻募小舰当皎大舰，受其拍。拍尽，乃以大舰拍之，皎军舰碎，大败，奔江陵。周将拓跋定趋巴陵；巴陵已为徐度所据，乃回湘州。至水口，不得济，诣军降。皎党皆伏诛，岳阳太守章昭裕以昭达之弟获免。见《陈书·华皎传》。

---

①据《北史·贺若敦传》校改。

隋

炀帝大业十三年，岳州校尉董景珍、雷世猛、旅帅郑文秀、徐德基等谋叛隋，奉罗令萧铣为主。铣聚众数千人，适颍川贼帅沈柳生来寇。罗铣遣召柳生降，拜车骑大将军，帅众往巴陵，景珍遣徐德基、郭华诣军迎谒。柳生杀德基。铣陈兵入城，景珍亦执杀柳生，于是铣自称梁王。见《唐书·萧铣传》。

唐

昭宗天复元年，黄巢从子浩众七千为盗江湖间，自号“浪荡军”。欲据湖南，陷浏阳，杀略甚众。湘阴强家邓进思率壮士伏山中，击杀浩。见《唐书·逆臣传》。

案，《唐书》本纪：僖宗光启二年，湘阴贼邓进思陷岳州；昭宗天复二年，岳州刺史邓进思卒，其弟进忠自称“刺史”。天祐二年，岳州刺史邓进忠叛附于马殷。据此，天复元年进思据岳州已十六年，何由率壮士伏山中击杀黄浩。黄巢始从濮盗王仙芝称乱，在僖宗乾符二年；广明元年，陷京师；中和四年，伏诛。距天复元年，凡十八年。而自乾宁元年，刘建锋、马殷据湖南，至天复初，亦已八年。黄浩为盗江湖，岂能延至十八年又阑入马殷地？此史误矣。考宋路振《九国志》：唐中和初，进思为浏阳镇将。黄巢之乱，进思阴养死士防寇盗，会巢弟浩《唐书》云“巢从子”。剽掠江左，号“浪荡军”，转入湖外，大掠浏阳。进思与弟进忠谋帅壮士伏山冢间，候浩军半过横击之，浩军大败遁走。县以事闻于州，奏授进思岳州刺史。进思卒，进忠袭位。天祐二年，马殷将许德勋袭荆南，还经岳州，进忠开门纳德勋，举族归长沙。殷授德勋岳州刺史，令进忠权知衡州军州事，旋奏授刺史。《通鉴考异》据《马氏行年记》：荆南节度使成汭援鄂州，败死。殷将许德勋与武贞节度使雷彦威军会于荆江口，乘虚袭江陵还，军入岳州，降刺史邓进忠，事在天复元年。《九国志》所云“天祐二年”者，误也。是进思击杀黄浩，实在中和间。唐自僖宗以后，群盗分据州郡，朝廷就授刺史。中和三年，淮南将韩师德陷岳州；四年，杜洪复陷岳州，称刺史；光启二年，杜洪陷鄂州，进思乃乘间袭据岳州。史臣记载从略，书法又复参差，乃令事迹俱就隐没。又据《唐书》，进思破黄浩在浏阳，与旧志设伏金鸡山击杀浩异。合史传推之，浩由湖外转掠浏阳，必出没湘阴县境。进忠设伏，候浩军半过横击，其为经过要隘无疑。所以名之“强家”，正谓其家子弟众强，固知其在湘阴也。《唐书》不著进忠，而旧志言进忠设伏，亦与《九国志》合。

五代汉

隐帝乾祐三年，武平节度使马希萼与楚王希广争立，置靖江军袭长沙，岳州刺史王赟败之仆射洲。希萼乃诱辰、溆诸蛮为寇，希广军屡败希萼。因悉发兵趋长沙，攻岳州不克，至湘阴，焚掠而过，军于湘西，诸蛮军于岳麓。希广以战舰五百艘屯城北津，属于南津，以骑兵屯驼口，扼湘阴路；步军屯杨柳桥，扼栅路。水军指挥使许可琼叛附希萼为内应，城遂陷。见《通鉴》。

五代周

太祖广顺二年，南唐遣边镐定湖南，授武安军节度使。召朗州留后刘言入朝。刘言乃遣副使王逵、行军司马何景真、指挥使周行逢等十人，发兵分道趋长沙，克沅江、益阳。边镐告急于唐逵等，再克湘阴桥口，遂至潭州。边镐弃城走，王逵入城，自称武安节度副使。见《通鉴》。

广顺三年，以大理评事许可崇摄湘阴县令，旧治在白乌潭。可崇迁今治，奏减县租。见《一统志》。

案：湘阴徙县今治，通志言“广顺间”，《一统志》言“广顺三年”。据《五代史》：南唐保大九年并湖南，为周广顺元年；二年冬，朗州留后刘言遣王逵等十指挥击走边镐，尽复马氏故地；三年秋，王逵遣潘叔嗣杀刘言；显德三年，叔嗣复杀王逵，湖南始为周行逢所据。计广顺三年中，南唐边镐及刘言、王逵，迭相吞并。许可崇何时摄县事，于史无征。以事揆之，疑为南唐所置。史称南唐收湖南租赋以赡戍兵，务为苛刻，人皆失望。许可崇奏减县赋，当在是时。《十国春秋·百官表》，惟南唐设官甚备，闽王审知亦置大理卿，此外无有。大理评事摄县事，实宋制，或系宋初，或南唐已有此制。必非刘言、王逵等所置无疑，《一统志》所云“广顺三年”，疑属“二年”之误。

宋

太祖乾德元年，宋师入湖南潭州，判官江礼帅乡兵二千人拒慕容延钊于湘阴，力战死。见《十国春秋·江礼传》。

徽宗大观二年，知县刘岜以三寨兵抗恣患，苦之。营田寨、得胜寨、磊石寨，为三寨。张舜民《南行录》：去黄陵庙十五里，有土山寨巡检司。是营田旧名土山寨。任渊时为学生员，献议引益阳县例乞带兼辖。岜请于州，得上闻，于是县令始兼兵马都监衔。见旧志。

高宗绍兴二年，荆湖等处宣抚副使韩世忠讨刘忠，驻兵岳州之长乐渡。县东北长乐镇，时属平江县。见《宋史·本纪》。建炎以来，金人掠岳州，陷潭州，湘湖盗起。刘忠有众数万，据平江白面山。韩世忠自豫章引兵至，与贼对垒，伏兵白面山下，拔营进击。贼方迎战，伏兵已驰入中军，夺望楼，植旗盖。贼回顾惊溃，大破之，斩忠首，湖南遂平。见《宋史·韩世忠传》。

绍兴三年，以岳飞为荆湖南北制置使，将兵平湖贼杨太。见

《宋史·本纪》。时太据洞庭，众二十馀万，张浚以建康东南都会，洞庭据上游，恐滋蔓为害，请因盛夏乘其怠击之，具奏请行。至醴陵，尽释杨幺。楚人呼季曰么，故呼杨太为“杨幺”。谍者，俾招谕诸寨。见《宋史·张浚传》。会召浚还防秋。飞请留八日破贼，浚许之。贼党黄佐降，飞表授佐武义大夫，佐招杨钦降，亦授武义大夫，钦复招余端、《本纪》作“全琮”。刘铣来降。飞夜掩贼营，降其众数万。杨浮舟湖中，以轮激水，其行如飞，旁置撞竿，拒官军舟。飞伐君山木为巨筏，塞诸港汊，以腐木乱草浮上流而下，择水浅处挑贼来追，草木壅积，舟轮碍不行。飞亟遣兵击之，贼奔港中，为筏所拒。官兵乘筏举巨木撞贼船，船尽坏。幺投水，牛皋擒斩之。飞亲行诸寨，慰抚籍少壮为军，果八日而贼平。见《宋史·岳飞传》。

案，旧志称：杨幺聚众四十万，屯县北蒲桃山。考之《宋史》，杨幺始见于建炎三年。绍兴三年，荆南统制罗广，至鼎州讨杨太，统制王𤩽遣崔增等与杨太战于鼎口，又战于阳武口。统制石世达与杜湛合兵，败湖贼于龙阳州。四年，程昌寓取杨太皮真寨。太乘大水，遣将杨钦攻破鼎州社木寨。《岳飞传》：“张浚至潭州，飞遂如鼎州。”是太众实聚鼎州，而据洞庭为险，濒湖皆设寨，出没为寇。《一统志》：“县北武穆屯，岳飞讨杨太屯兵处”；又：“磊石寨，岳飞置。”《李植传》：“植知湘阴县，县经杨幺荡析，植披荆棘，立县治。”前令胡昭，徙县治赤竹城避杨幺，名新城。其时湘阴受害实深，蒲桃山设寨事当有之，然非其屯聚处也。案：今竹山头，为聚贤围垦田处，有土墩三，土人称头墩、二墩、三墩。相传杨太踞蒲桃山，设望墩于此。

又案，岳飞讨杨幺，二月受命，至六月寇平。参政席益犹疑飞玩寇。盖飞惟设间诱降其党，不一部署战事，而以其间布置要害，预防杨太窜路。本传：“伐君山木塞港汊，浮草上流。”必在湖东远地，太所不及防。官军屯驻鼎州与相持，而以夜掩贼营，降其众数万，捣得其巢穴，逼使乘舰东窜。是以一战而巨寇平。所谓“港汉上游”，必多在县境无疑也。

绍兴五年，以奉议郎李植知湘阴县。县经杨幺荡析，植披荆棘，立县治。见《宋史·李植传》。

案，府志：“古治在白乌潭，五代许可崇徙今治”，即罗县之白茅村。旧志又载：“白茅城，县东四五十里。”今其址尚存，疑白茅城即隋唐故城。《元丰九域志》：“湘阴县，潭州东北百六十五里。”正与白茅城相值，今县治在长沙北百二十里。或宋时仍徙故城，一迁赤竹，再迁今治。李廷龙《城池记》：“至宋徙今治。”盖自是而县治相沿至今。旧志：前令胡昭避杨幺迁赤竹城。赤竹城，距县十七里，濒江，不应避寇如此之近。史称县经杨幺荡析，明谓赤竹城既毁，乃徙今治。如旧志所载，则前后徙治裁三四年，亦不得云立县治矣。

宁宗嘉定二年，知县王相修筑南堤。县南东、西二湖，先无有障之者。相始筑堤其间，延袤数里，民依以居，谓之南堤。见《一统志》。

案，旧志：宋嘉熙四年，知县黄洪嗣修筑；宝祐元年，权县事主簿邵庶加筑，不著始筑之时；庆元六年，主簿潘惟一《杜公亭记》言“南堤旧有亭，传为杜甫系舟地”，元丰乙丑，知县王君定民重立。考庆元六年，尚距嘉定之前九年，已名为南堤，杜公亭当南堤之西岸。神宗元丰八年，王定民重建。是南堤由来已久，非嘉定二年始筑明矣。元余阙《恩波桥记》，言宋时邓氏妪作大堤，绝湖以属之洲，为木桥二。邓氏妪者，邓咸母，所谓邓婆桥者也。邓咸，天禧间人，则筑堤当在天禧以前。唐懋淳记言：创始宋咸平。其后乃相承名为南堤尔。县境东南皆山，百水江受诸溪水出铜含口，径城东汇为湖，故名东湖。县治南北通衢，东湖泛滥为阻，因起城岸径湖为堤，自东而属之南，名“南堤”。为桥二，泄水而注之湘。今俗析堤左右为东、西湖。《一统志》“县南有东、西二湖”，尤误。案，明世《湖潭征课图册》已分东、西两湖，大率为分别征课计耳。

开庆元年，向士璧知潭州。元将兀良哈觧兵自交阯北还，前锋至城下攻围急。士璧亟力守御，闻后队且至，遣王辅佑帅五百人往觇之。以易正大监其军，遇于南岳市，一战有功，潭州围遂解。见《宋史》本传。元兵掠湘阴而北，知县赵希鄂断文星桥御之，县城获全。见《通志》。

案，陈兰孙《文星桥记》称开庆已未，边尘澒洞。令尹赵君断桥御贼，正指此事。旧志《职官表》：希鄂嘉熙元年任。距开庆元年二十三年，疑嘉熙元年为开庆元年之讹。

恭帝德祐二年，元兵驻巴陵县黄沙，见《宋史》本纪。右丞阿尔哈雅《宋史》作“阿里海牙”。招宋潭州守臣李芾不应，乃移兵长沙，拔湘阴。见《元史·阿尔哈雅传》。时李芾除知潭州兼湖南安抚使，甫至潭，游骑已入湘阴、益阳诸县，仓卒召募，缮器械，峙刍粮，栅江修壁。遣将于兴帅兵御之湘阴，兴战死，元兵遂围长沙，除夕元兵登城，芾死之。见《宋史·忠义传》。

案，《通志》：县北百四十里得胜寨，于兴御元于此战死，一名于兴寨。案，得胜寨在县东北向家洞，古驿路由长乐市径流澌桥，距向家洞数里。得胜寨正据向家洞之脊，西可望洞庭，为宋时三寨之一。考《宋史》本纪，元兵以八月驻巴陵县黄沙，十月围潭州。于兴御之得胜寨，正当县北冲要，最为确证。《阿尔哈雅传》“移兵长沙，拔湘阴”二语括尽当日行军大势。《通志》：“元伯颜下鼎、澧，阻洞庭之险。以偏师走沅江，遣游骑至湘阴河西青山潜渡湘。”全与史传异。而自元至元十年，度宗咸淳九年。下襄阳，授阿尔哈雅行荆湖等路枢密院事；伯颜自鄂东下，阿尔哈雅遂留镇鄂。至元十一年，恭帝德祐元年。下岳州，传檄郢、归、鼎、澧等州，皆下，乃移兵长沙。《通志》谓自沅江渡湘，又系之伯颜。盖承旧志之讹者多矣。

元

成宗元贞元年，升县为湘阴州。见《元史·地理志》。

案，《成宗本纪》：“升诸县为州，以户为差，户至四万五万者为下州，五万至十万为中州。下州官五员，中州官六员。”湘阴于时为下州。自元贞元年，历明洪武元年，凡为州者七十四年。

明

吴元年，元顺帝至元二十四年。平武昌，遣左相国徐达徇荆湘诸路。见《明史》本纪。达遣骠骑卫指挥、同知唐胜宗徇长沙，湖湘平。见《明史·唐胜宗传》。洪武二年，陈友谅故将饶鼎臣以茶陵叛潭州，指挥严广讨平之。于是湘阴土酋吴仁琮、湘乡土酋黄宁、李祥、湘潭土酋刘玉攸、县土酋王崇德，皆款服。见《郡国利病书》。

案：陈友谅以至元二十年僭国号曰汉，都江州，尽有湖广、江西。至元二十一年，明取江州，友谅奔武昌，明遂取南昌。至元二十三年，友谅大治舟师攻南昌，太祖自将往援，败友谅康郎山，厄其出湖之路，友谅穷窘，突围出，至泾江口中矢死，子陈理还据武昌。太祖既下荆湖，友谅将周文贵、饶鼎臣复数叛，土酋亦多响应。据《通鉴纪事本末》：元至元二十四年，太祖即吴王位，平汉。常遇春徇赣州，兵次吉安，守将饶鼎臣走，已而鼎臣复肆剽掠，王国宝击斩之。《明史·

蔡迁传》：从常遇春攻赣州，取南安、南雄诸郡。还，追饶鼎臣于茶陵，疑鼎臣茶陵人。太祖扼友谅湖口，移书云："公之湘阴，刘腹心人也。"不著其名，而友谅将有平章刘震昭，未知即湘阴刘否。合诸军计之。盖皆一时事耳。至元二十七年，太祖北伐。明年即位，建元洪武，鼎臣称乱未久。疑《郡国利病书》"洪武二年"，当作"吴二年"。

嘉靖四十四年，知县彭以复修湘阴县城。见《通志》。先是闽、广寇起，犯江西，见《明史》本纪。湖南震惊。湘阴故无城，闻警奔窜。四十三年，巡道荀延唐檄推官翟台相基修筑；四十四年，郡守蒋宏德复檄宝庆卫幕闵轫摄县事踵修之，知县彭以复继至，工始竣。见李廷龙《城池记》。

隆庆元年，湘阴湖寇乱，授张应防御千户，讨平之。见《通志》。

案：明自正德以后，寇乱日生。嘉靖中，衡、永、澧、宝反者数起，长沙所属益阳、宁乡、湘乡、浏阳土寇殺然称乱，见于郡县志者特详，而史传无征。微特民俗之偷也，朝政亦多阙矣。世宗方崇信道箓，喜吉祥，四方寇变，壅不上闻，亦于此得其概矣。

庄烈帝崇祯十年，临、蓝矿寇刘新宇、郭子奴等剽掠湘潭。湘乡土寇江长子、李大用等与临、蓝贼合焚湘潭，乘船抵郡城，围攻急。见《通志》。湘阴知县余自怡募乡勇堵御，贼旋解围去。见《一统志》。

崇祯十六年，张献忠陷长沙。见《明史》本纪。献忠至湘阴，分军为二，一军上长沙，一军下荆州。卜于洞庭湖神，不吉。献忠领舟数千将北渡，俄而风起，舟覆溺数千人。献忠怒焚舟，遂陆行至长沙。见《明史纪事本末》。贼至湘阴，知县杨开帅家属十七人投水死。见《明史·张鹏翼传》。

案，蓝鼎元《鹿洲集·杨开传》：张献忠至湘阴，火攻其城。开集民兵突烟出，保白鹤洞。长沙陷，为贼将杨天桂所执，诱之降，开不应。贼夺其冠。开曰：“还吾冠，见先人地下。”挈妻子六人沉水死。而旧志载开募勇白鹤山，有义勇黄凤德、县役钟调元、邵受琏、程可行、钟楚贵五人者，同被执死。道光二十八年，邑人郭徵畴等列其事请于巡抚骆秉章，题请入祀忠义祠。案，《一统志》载：“贼磔黄凤德，并戮其妻。”而未著其妻姓氏。据《黄氏谱》：“凤德妻刘氏，凤德死，刘氏抚其子春元成立。”是其妻并未与难。道光二十七年，题祀凤德忠义祠，并揭其妻于碑，似尚失考。同时死难者，据《一统志》，尚有诸生谭景悦、萧赞、黄文炳、黄甲、甲子先炳、谭孔昭，凡六人，至今无能举其名。《选举志》载：“黄甲，天启时贡生，官眉州州判。”父子殉节，其风尤烈，而其详皆不可考。

国朝

顺治二年，大兵下南都，李自成毙于通城九宫山，其将刘体仁、郝摇旗议归，故明湖广总督何腾蛟骤入湘阴。长沙知府周二南往侦，以千人从贼迎击，杀之。腾蛟与监军荆西道佥事章旷谋，遣部将万大鹏往抚。贼问来意，答言“督帅以湘阴褊小，不足容大军，请移长沙于是”。其党袁宗第、蔺养成、王进才、牛有勇皆归腾蛟。见《明史·何腾蛟传》。自成兄子锦，奉自成妻高氏及高氏弟一功，拥众三十万，归故明湖北巡抚堵允锡。唐王聿键合其十三家，营号曰“忠贞”，置之荆州，赐李锦名“赤心”、高一功名“必正”。见《明史·堵允锡传》。顺治四年，桂王由郴监国，腾蛟在湘阴，进武英殿大学士。孔有德等帅师下湖南，明总兵王进才故守益阳，退保长沙，与狼兵将覃遇春哄，大掠而去，并及湘阴。大兵逼长沙。进才走湖北，腾蛟不能守，走衡州。见《通鉴辑览》。章旷身扼湘阴、平江之冲，湖南恃以无恐，大战岳州，又大战大荆驿。县北百二十里，距巴陵新墙四十里。会王进才掠湘乡去，旷亦走宝庆、长沙，遂失。见《明史·章旷传》。湘阴县丞扶云凤迎降。见《明季稗史》。

案，《永历实录》载：腾蛟与堵允锡分汛任战守，腾蛟任湖南，守湘阴，图岳、武；允锡任湖北，守常、澧，图荆州。顺治二年，腾蛟议出师，监军道章旷帅马进忠、王允成出岳州，腾蛟帅满大壮、吴胜继之，堵允锡帅高必正、李赤心十三家营围荆州。会大兵至岳州，进忠、允成军溃。大兵遂渡江，蹂高、李十三家老营于草坪。腾蛟泛舟磊石驿，溃归长沙，画新墙驿保湘阴，诸军退走，独章旷帅标兵数千捍湘阴。案，王敔所撰《蕫斋公行述》称："何腾蛟屯湖南，堵允锡屯湖北。李自成馀党既降，二公安置无术，南北不协。衡阳王夫之走湘阴，上书章旷，指画兵食，且劝调和二公，以防互溃。"盖是时何腾蛟驻长沙，章旷监马进忠、王允成军，驻湘阴。其冬，腾蛟师出湘阴，旷乃进取岳州。《永历实录》所称腾蛟任湖南，守湘阴，亦通举前后大势言之尔。顺治四年，恭顺王孔有德入湖南。旷以孤军拒战，檄王进才、王允成相接应，皆溃走，焚湘阴而南，旷败退长沙。腾蛟已先奔，旷转战三百里，至衡州。大兵至衡山，腾蛟走永州，旷守祁阳，腾蛟复走全州，旷屯白牙市，在东安县东二十里。牵制大兵使不得南，未几卒。《旷传》又称，旷修湘阴城，陆立大荆、新墙二戍，水立磊石营，与大兵相持数十战。旷自守新墙，与敌垒相望。顺治三年，大兵从间道窥湘阴，旷帅覃遇春遇之潼溪市，在巴陵东南七十里。满大壮、陈友功为两翼夹追；左梦庚部将杨幺，导大兵泛洞庭攻沅江，旷檄马进忠败之，斩幺，力守湖南、北经年。据此，旷实力扼湘阴。大兵趋潼溪，绕湘阴之东，旷亦力却之。史称湘阴，平江之冲，无关长沙要害。疑误。而旷周旋衡、永之交以规湖南，亦未尝一走宝庆也。案，《宝庆志》载："顺治二年，明副将张先璧掠新化，巡抚章旷自长沙单骑驰至新化，檄先璧还长沙。"时何腾蛟议出师，调集诸军。章旷方以佥事监腾蛟军，奉檄往招先璧。顺治三年，旷守湘阴，始擢巡抚湖北。《宝庆志》称巡抚章旷，误。而其时章旷仅一至新化，檄张先璧还。《长沙志》载甚详，尤为确证。王进才，故李自成偏裨，为高、李所轻。十三家营渡江驻荆州草坪，进才独留屯湘阴，兵二三万，翱翔巴、湘间，亦不听约束。王允成自岳州溃退，亦屯湘阴。大兵至，进才、允成大掠，合营南走沅、溆。其时旷守新墙，亦恃为后援，以是败退。史称进才守益阳，由长沙掠湘阴，又走湖北，尤非实事。案，府志：黔兵应调，至饷匮，怨望。会兵哗，由湘阴噪而上，黔兵与营兵争出，矢石相交，郡遂陷。史称"与狼兵哄"，即指此，而府志为得。其实覃遇春与满大壮所部辰、麻峒兵，从旷守新墙，亦无由与王进才哄也。又腾蛟开府长沙，使游击将军吴学将亲军守湘阴，转战平江、袁宁间。腾蛟议出师，檄诸将刘承允等扼湖为守。承允至，留部将杨友龙守湘阴，旋召还。而宜章侯卢鼎，故左良玉监军，帅部将武自强、白良辅归腾蛟，腾蛟令守湘阴，旋亦退屯长沙。皆当时扰攘，以守湘阴为名者。附著于此。案，《岳州府志》："何腾蛟拜表出师，与监军李膺品先赴湘阴，而兵部主事杨锡亿亦从章旷于湘阴，则仅存其名而已。"

顺治九年，明将李定国遣马进忠、冯双礼陷长沙，略地岳州。先是定国陷桂林，孔有德自经。见《通鉴辑览》。进陷永州、衡州，直抵长沙，长沙守将退保岳州。于是湘阴以上皆伪置将吏，马进忠、冯双礼屯长沙，定国屯衡州，遣其将张胜国次湘阴。顺治十年，大兵南讨定国，檄进忠、双礼退保衡州迎战，兵溃，奔宝庆，大兵复定长沙。见《府志》。

康熙十二年，吴三桂叛于云南；十三年，伪将张国桂陷长沙，偏沅巡抚卢震弃城走，副将黄正卿迎降，于是常、岳、澧、衡皆陷。顺承郡王勒尔锦出荆州进讨，安亲王岳乐出江西，由袁州直取长沙。三桂亦以兵七万据岳州、澧州各水口，拒荆州江北之师；以兵七万据萍乡、醴陵，拒江西之师。而贼将吴应麒据岳州，阻湖为险，以遏官军，凡六年，粮皆取给湘阴、常德。十七年，安亲王复浏阳、平江。大兵云集湖南，三桂势日蹙，乃由长沙走衡州，僭号，未几死。十八年，贝勒鄂鼐察尼等以水师分泊君山、扁山、香炉夹、布袋口截粮道，遂复岳州，见《圣武记》。长沙贼将弃城遁。顺承郡王取湘阴、华容诸县，进复澧、常、衡、永诸州府。湖南平。见《通志》。道光二十二年，通城乱民钟人杰称乱。巡抚吴其濬帅兵防堵，至县城，闻贼势方盛，遂驻军焉。知县刘礼章，令邑民集资募勇，为城守计。会总督裕泰捕斩钟人杰，县城解严。

咸丰二年，广西金田贼洪秀全围长沙，九十日渡湘，出龙回潭趋益阳。时都统福兴营靳江河、湖南提督向荣营岳麓山。贼造浮桥径出河西，诸军不能御，至益阳掳民船数百，折而东抵临湘口。时湖北巡抚设江防土星港，县北六十里。扼湘水之冲，而设分防临湘口，断木为楗，累土石塞江口。贼留三日，决堑出芦林潭，县北三十里。而分陆兵掠白马寺，县西四十里。东会于临湘口；又分兵横出扁担夹，以窥湘阴县城。扁担夹者，县河西岸泊船步也。知县庄心庠闻贼由临湘口水陆并下，度必出鸡心滩取县城驿道，急撤西岸民船。民船泊者多皆观望，莫肯先动。邑人郭徵畴召营兵悬赏百千，使夹二炮往，令曰："敢有不开船者，炮轰之！"于是船皆驰泊扬沙湖。须臾，贼大至。千总萧捷三、外委杨载福截江，列大炮轰击，贼遁走，县城获全。

咸丰二年，广西贼掠湖南，围攻省城。廷议专主团练，恃民力御贼，特诏礼部侍郎曾国藩督办湖南团练。于是光禄寺少卿黄兆麟奏请饬派翰林院编修郭嵩焘等十馀人，分办各府、县团练。

咸丰三年，县民周甲募勇神鼎山，环山树旗帜，所募兵皆以"义勇"为名。寺僧莫知其由，惊惧甚。千总萧捷三急发营兵捕周甲，至反状悉，具械送周甲省城，其众始散。

咸丰四年，贼将曾添养等再陷湖北。曾添养因进据通城，窥伺湖南。其年二月，遣别将林大彀帅水贼列舟数千掠湘阴。值天雨江涨，近城数十里津港毕至，纵掠而去。四月，贼复大至，踞湘阴城，列舟江次。时侍郎曾国藩奉督办军务之命，帅水师驻长沙，贼不敢进，分兵趋靖港，溯沩水而上，出宁乡，大掠湘潭。国藩遣副将塔齐布帅陆师、守备杨载福帅水师迎击，悉焚所掠船，而塔齐布并督周凤山一营，共千人，击贼逾万，大破之。贼复由靖港奔湘阴，悉众窜还湖北。

案：是时贼舟逾万，横行长江数千里，无敢遏者。曾添养之窥伺湖南也，先遣舟师侦官军动静，以其间掠取军实，既而大举南寇。知长沙所恃曾公水师，未敢轻犯，乃绕出湘潭谋夹击，亦借虚声以慑官军，其蓄谋甚狡而坚。曾公恢复江南，百战以平巨寇，实此战为之肇端也。

咸丰四年四月，湘阴乱民马发榜导贼掠牛口塅县东二十五里。东南，趋梓木洞县东南七十里。稍西，出长沙之棠冲园，至谭家山折而北，仍回湘阴。先是，贼掠湘阴，马发榜聚众诈乡民财物，贼退牛口塅，团总唐万源捕马发榜，谋沉之渊。会知县恩霖遣役至牛口塅，句当公事，询知其故，械致县城，系之狱。顷之，贼大至，恩霖弃城走，马发榜毁狱出，诱贼至唐家山，在牛口塅内。获唐万源，支解之。遂以团练怵贼掠梓木洞，而西横扰百馀里。

咸丰四年，贼将曾添养据通城，遣兵陷岳州，分据巴陵之岑川、新墙，窥伺湘阴，别将掠地至长乐镇。团绅黄森等会团众青丝桥迎击之，贼出不意，惊溃，追斩甚众，擒数十人。浒田监生张聘三亦以团众击贼，生擒十二人。并列其事以闻，巡抚骆秉章遣弁驰劳之。于是黄森、郑义然、周先度等奋起治团练自效。湖以南皆知有长乐团名，县东北境恃以防堵者亦数年。

咸丰五年，县民邵河青居禄塘铺，以邪术诱惑乡民谋为乱，并煽大湾杨姓聚众千馀人，旗帜、器械皆具。团绅邵玉峰知之，亟邀集其族人谕以利害，执河青送县。知县蔡炳镛谋寝其事，并玉峰系之狱。贼党日夜诇伺，人情汹汹。巡抚骆秉章廉得其情，谋发兵捕剿。会邑人郭仑焘至，骆公喜，曰："是足以办此矣！"问"需兵几何"？仑焘因言："是初起，首逆已擒，馀党易与耳。即兵往株连无辜，为害百姓多矣。请得一干员往治之。"乃委同知陈丕业会同知县蔡炳镛查办，檄各团绅传谕"各族捕治首乱者，馀置不问"。于是邵姓复捕送邵虹彩一人，又得鲁先成、鲁高万、杨忽之、杨得俊、杨单幅五人；团绅复捕得吴世保一人，号称"吴道人"，亦以传习邪教为名者也。凡诛八人，数日而乱定。炳镛为请于巡抚骆秉章，赏给邵玉峰六品顶戴。

光绪元年，平江匪民施连发等，煽乱北乡何家塘彭、黄诸大族，从者数千人。黄世崇时家居，廉得其情，召其族子弟谋从乱者数人，细诘之，具以实告。乃急会同诸房长逐户清查，谕令自首，缴出所受山堂诸名目号布千馀，彭、欧等诸大族皆仿效为之，推究为首者数人，械送之县，转解省质讯，旋纵之归。至光绪四年，平江匪民张元复有聚众为乱之案，知县于学琴募勇至新市防堵，凡两月始定。其冬，巴陵匪民魏康民复起，长乐戒严，复募民防堵，县城设立团局。局绅李耀南、郭峰焘因设法穷诘称乱形迹，募人侦伺，捕得乱首梅乐普等诛之，时四年除夕也。县城迁徙者纷纷，至是亦稍定。

湘阴县图志卷第二十九

灾祥志

自汉初伏生《尚书大传》已言阴阳五行，其后夏侯始昌推《五行传》相授受。而刘向为《洪范五行传记》，言灾祥感应之理，其说独显。班氏《五行志》叙论董仲舒治《公羊春秋》，始推阴阳。刘向治《穀梁春秋》，数其祸福，传以《洪范》，与仲舒错。至向子歆治《左氏春秋》，言五行传又各不同，则亦人自为说矣。《唐书》以为举天地万物附之五行，旁引曲取，迁就其说，失圣人之本意。自是史书不言征应，而"五行志"之名仍而不改，则以事类相附，研核易明，而使"庶征休咎"附诸阴阳五行，以知修省之方而示调爕之宜，亦史例也。一县之志，不能备具五行。而《天文志》有伏见早晚、邪正存亡、虚实阔狭，及五星行度合散、犯守、陵历、斗食。班氏所谓"阴阳之精，本于地而上发于天"，亦与五行相发明，而其事应固不系乎一郡一县。前史以分野主之，既阔远而远定占。案，《周官》："保章氏以星土辨九州之地，所封之域，皆有分星，以观妖祥。"《春秋元命苞》"轸星散为荆州"。《史记·天官书》："二十八舍主十二州，斗柄兼之。""翼、轸，荆州"。《汉书》以十二次定星纪，而甘德星占、石申天文与《太初历》所推，又各不同。《太初历》申曰"涒滩，在翼、轸"。石氏戌曰："掩茂在翼、轸"。甘氏亥曰大渊献在轸角亢。《晋书》目张十七度至轸十一度为鹑尾之次，于辰在巳，曰大荒落。楚之分野，长沙入轸十六度。《唐书》称："李淳风撰《法象志》，因《汉书》十二次度数，配以唐州县。而僧一行以天下河山之象存乎两戒。""辰次与节候相倚，有岁差迁徙。"但据两戒分之，"翼、轸，鹑尾，全楚之分。翼当南河之北，轸当南河之南，其中一星主长沙。”“其以云汉升降，自坤抵艮，以定地纪。”“于分野之说详矣”。《明史》论天文分野：“《晋书》始角、亢，以苍龙为首；《唐书》始女、虚、危，以十二支子为首。今始斗、牛，以星纪为首。”其言“鹑尾之次，起张十六度至轸九度，轸旁小星曰长沙，长沙府应其地。”历代史书，言分野者如此。

元、明以来，兼用回回历、西洋历，推测之术日精。历代所传分野占验之学，废而不讲矣。其阴阳杂占，若《史记·天官书》：“荆州，丽北斗权星。”《后汉书》：“北斗四星曰权，主荆州。常以五卯日候之，癸卯当长沙。”石氏《星经》：“二主楚。”《宋史》：“斗二曰璇，其分为楚。”《星经》：“玉衡星主荆州，北斗第五星也。”《史记》言“吴楚之疆，候在荧惑，占于鸟衡。”《正义》：“鸟衡，柳星也。”一本作“注、张”也。《星经》：“三台六星，上台二星，下一星主荆、杨。”《晋书》：“荧惑主楚”；又“天车五星①在毕北，次四东南星曰司空，主填星，主楚。五星有变，各以所主占之。”《隋书》：“九坎九星，在牵牛南。九坎东十二国星，魏西一星曰楚。其星有变，占以其国。”《宋史》：“天市垣二十二星，东西列，各十一星。西垣第二星曰楚。”《史记》又推天干：“丙、丁，江、淮、海岱也。”《汉书·天文志》：“丙，楚。”《淮南子》以十二支分野，又称“寅，楚”。而皆未著占法，大抵五星合散守犯，皆有常度。其与人事相应者，以所见为之机兆。原夫灾祥所自，莫不始乎微而终乎著，起于一方一事而极乎天下。顺逆之机相为征应，而氛祲见焉。故曰和气致祥，乖气致沴。一邑之微，感应符合，岂有异哉？《元史》称“妖孽祸眚，非有司言状，则亦不得具见。”是以偏方下邑，阙而弗纪者多也，而犹恃有郡县之志，存其崖略。旧志所列汉以来流星见翼轸者甚繁，

①《晋书》作“五车星”，并谓“五车者，五帝车舍也，五帝坐也，主天子五兵，一曰主五谷半耗。”

于义无取，今并不录。道光二年壬午四月朔，日月合璧，五星联珠。同治三年甲子七月朔，同。四十二年中，休祥叠见，臣民所同庆幸。为所关者大，不敢僭入，亦不录焉。班氏《五行志》，专述灾眚。《宋书》别为《符瑞志》，列五行之前。《宋史》兼采祥异，明休咎之符，使人因其事以考其时。盛衰得失之机，可以推见，不宜略也。自国朝以来，庶征祥异，一以所见著于篇。其以天象、日星之变属之恒阴，案，《汉书》：星者金之散气，宜属金，而《五行志》人恒阴。而一切芝草瑞应，各以类从者，《宋史》例也。

《汉书·五行志》有恒阴，日月星辰之行附焉。《宋史》纪日异虹蜺，入之恒寒。《明史》恒阴纪晦雾，不及日星。今依旧志所载，及所见天象之异，列之五行之首。盖天文之大，非县志所得详也。而所见或远或近，或同或异，亦足以备参考。稍变通诸史之例，汇而存之。凡见天象者，不复次入五行祥眚焉。

唐

咸通九年十一月，有星出如匹练亘空，化为云而没，在楚分，是谓长庚。案，《汉书·天文志》：“长庚如一匹布著天。”《晋书》：“妖星二十一，十九曰长庚。亦彗类，此化为云，宜从《周官》十辉之占，不得名为星也。”

明

正德十五年七月二十八日，昼晦，星见如夜。

万历四十六年九月，蚩尤旗见于东南。一十九日灭。案，《晋书·天文志》：“蚩尤旗，类彗而后曲，象旗。或曰若植藿而长，或曰如箕可长二丈。”

国朝

雍正十一年，寿星见于南极。邑人何嘉宣颂云：“倬彼南极，于昭于天。星传老子，应候而妍。象符帝道，是谓灵祉。表见何私，维君子使。时则圣主，五辰协吉。品汇光昌，弧南炳悉。文耀乎离乡，精凝于丙位。弼我长垣，映而东壁。不随嬴宿，不入标魁。倪尔长星，华林举杯。云开远素，盖澹遥青。四瀛翘睹，九垓如荧。曾是蒸栗，曾是宝图，曾是金粟，曾是白榆。穆穆天子，日升月恒。重元继照，乙夜辉腾。圣祖鉴之，继序其皇矣。上帝耆之，纯嘏尔常矣。传元致颂，卢渥诗成。杨凭之表，王述之赓。一人元良，载笃其昌。跻彼公堂，万寿无疆。”

乾隆十二年四月初九日夜半，有白光如练，阔数丈，起东南隅，流向西北。光芒烛天，须臾灭，有声如雷。

嘉庆九年七月十一日夜，有星大如碗，自西北流向东南，散为五星。十六年夏，彗出长竟天。

道光十二年五月，日色照窗壁皆绿，凡十馀日。十六年七月，有星自南流，尾迹逾尺。隐隐如雷声。案，《汉书·天文志》：“天狗状如大奔星，有声，望之如火，光炎炎。”孟康云：“星有尾，旁有彗。”凡流星出，尾有声，为天狗。二十年四月，风雨昼晦。须臾日出云净，白气如环，相连满天，四望无极。二十三年七月，白气如一匹练，起东南亘天，月馀没。三十年七月，西方星斗，上下相撞击，光闪闪若惊。

咸丰元年九月初四日，日晕如环贯日中，逾时乃散。二年四月，有黑光如镜，与日相磨荡，久之合入日中，色微晦。八年六月，彗星尾曲如箕，光勃勃然贯北斗魁，向南行，日移数度，二十馀日没。十一年五月，彗长数十丈，贯天市垣，渐升，光亦渐缩，十馀日没。

同治五年九月初七日夜，流星自西南缓行向东北，赤黄有尾迹，声如雷。二十六日夜，流星如蛇诎折，尾曲，光芒四射，须臾诎如环，围渐大，光亦渐暗而没。案，汉建始元年，流星诎如环。《天文志》谓之“枉矢”，《晋书·天文志》谓之“蛇行”。二十八日夜半，红光亘天，阔数丈，光烛地如昼，须臾没。六年十一月初二日夜，流星自东南向西北，如月。已而散乱奔流，声如激矢。七年八月二十八日夜，北方有红光二小道，荡摇久之；俄而两星出云际，大如月，其下如一匹练，或曰“龙睛”也。是时霪雨弥月，江水大涨。至是风雨陡作，坏围堤尽，淹毙者千馀人。十二月二十三日丑时立春，是夕大雨，俄而星出满天，云尽敛而雨益甚，移时云黑如槃矣。八年二月二十八日，日向辰雨，天色黄赭。同治九年四月内昼晦须臾。

《汉志》：人痾人化，并入恒阴。人禀五行之全，不分属之五行也，同治十年三月，县北陈家湾陈氏女子化为男。

五行一曰水。《洪范·五行传》属听。

润下，水之性也，失其性为沴，其征恒寒。前史水灾、水变、雪霜、冰雹、雷震、鼓妖、豕祸、鱼孽、蝗蝻。案，《汉书·五行志》：“马祸、龙蛇之孽，属之恒阴。”《明史》并人痾、疾疫入恒寒。黑眚黑祥，皆属之水。

晋

咸宁二年，荆州郡国五大水。案，是时荆州领郡二十二，惟长沙、武陵、南平、南郡、江夏号为泽国。《五行志》称郡国五大水，长沙一郡宜在其中。

唐

大历二年，湖南水灾。

元和九年秋，岳州大水害稼。

太和四年夏，湖南大水害稼。五年；岳州大水害稼。

开成三年，湖南诸州大水。

宋

开宝三年，岳州水灾害民田。案：太宗淳化四年，湘阴改隶潭州，是时尚隶岳州，而县境实濒洞庭，湖南水则下灌县境，岳州水则上溢县境，无能免者。

熙宁八年四月，潭州江水溢，坏官私庐舍。

明

嘉靖十年大水。漂溺男女无算。案，明以前取征史籍。《明史·五行志》：水旱皆通湖广言之：嘉靖六年，湖广水；十六年，湖广水灾，尤甚。与旧志所载参差，无从取证。

万历十年大水。案，《明史》万历十四年湖广大水，四十一年湖广大水。其时江南、江西俱大水，湘阴无能独免，而旧志不载。

国朝

顺治七年六月初一日夜，大雷电，江水暴涨，田稼多伤。

康熙二年大水；五十五年大水。

雍正五年大水；十一年蛟水溢。坏南堤。

乾隆七年大水；二十九年大水；三十二年大水；五十三年大水。

嘉庆二十一年大水坏围堤。

道光三年大水；十一年大水坏围堤；案，是年辛卯，以后水灾岁见，录其尤甚者。

十四年水；十八年水；十九年水；二十四年大水坏庐舍，伤者数千人。二十八年大水逾数丈，围堤尽溃，毁民居无算；二十九年大水，城内多通舟楫，五月犹寒。

咸丰十年大水损坏田亩；十一年水。

同治二年水；四年水。七年五月有桃林冲蛟发，水骤涨二三丈，毁民居无算；八月江水大涨，至冬犹盛，围堤尽溃。

同治八年大水。九年大水，历年以此为最，围堤无一存者；十年大水；十一年水；十二年水。

光绪二年水；四年大水。

国朝道光十二年九月，桃林油草塘水红浊如黄河，三日复旧。三十年；县北数十里塘坝水无故涌沸尺馀，移时乃定。咸丰四年十一月，水沸。郭嵩焘纪异诗云："月临于亥日在房，焚巫不雨乃恒旸。嘎然水啸波扬扬，溃起一落三尺强。蹄涔之水皆腾骧，是日无风日色黄。势涌而上如探汤，五行纪异以类详。水动而顺德之常，厥征无乃阴干阳。汹波东汩徐与扬，有水不得施舟航。感而上腾气滂滂，洪范日咎僭蒙狂。敷陈五行备其纲，下邑小臣职渺茫。凛然自顾德否臧，何用琐尾稽灾祥。"

明成化十三年春，大雨冰雹，牛死无算。

弘治八年十二月，大雷电雨雪。

正德五年，洞庭冰合，人骑可行。

崇祯元年冬，冰寒，池鱼皆冻死。七年三月，大雨雹。

国朝康熙五十三年春冰寒，至二月不解。

乾隆七年十二月大冰，至明年二月不解。

嘉庆五年，九月雪。

道光十五年十二月，雷。十九年冬，大雪深三尺，道路皆冰。案，次年大稔，故占年者以雪深为瑞。二十九年八月，天鼓鸣。

咸丰四年正月，大雷电雨雪。十年四月，大雨雹。十一年十二月晦，大雪深五尺，池水皆冰，人畜多冻死。

同治四年八月，天鼓鸣。五年八月，复鸣，声如风涛。十二月初八日夜，星月满天，移时风起，大雷电竟夜，明日大雪。六年八月十六日，天鼓鸣，如翻水车数百轧轧争鸣，移时始息。案，鼓妖皆在达摩山左，近而莫知其声之所自起，前史亦谓之“山鸣”。七年正月二十九日夜，大雷电。二月二十七日夜，雨雹。三月初三日复雨雹。闰四月初一日，大雨雹。六月十三日夜，天鼓鸣，如水车数百齐翻，须臾有声如雷而息。

光绪三年冬冰寒，湖水皆冻，舟不能行，多饿死者。四年三月二十七日，雨雹。

宋乾道三年，荆湖南路蝗。七年十一月，洞庭湖巨鼋走沙拥舟，身广长皆丈馀，以首足压重舰没水。见《宋史·五行志》。

国朝康熙二年，蛟出黄石滩。

雍正十一年，蛟出金鸡山，水涨，毁南堤十馀丈。

道光十二年九月，桃林冲油草塘水赤，鱼充牣其中。自是岁以为常，值大风雨，鱼至，近塘沟壑亦往往得鱼。案，蛟所伏近地停水处，鱼聚且易长，数月可二三尺，蛟气感召然也。取而投之，地皮辄裂。当时民不解试蛟之法，以时伐而除之，至同治七年五月内蛟水果发。

道光十五年蝗，知县李蓉镜捕之力，灾亦少杀。

咸丰七年八月，飞蝗蔽日，自北而南，所过食草叶几尽，遗蝻遍地，知县袁慧业收瘗之，不为灾。

同治四年三月二十日夜，大风，仁和围落大龟如盆，甲有字，漫灭不可辨；小龟十馀从之：居民舁送之江中。六年五月，四都民家豕产象。七年五月，蛟水发桃林冲。

宋淳熙十四年潭州疫。十六年大疫。

元至正十五年，湖南大饥疫。

国朝道光十二年疫。三十年大疫。

五行二曰火。《洪范·五行传》属视。

炎上，火之性也，失其性为沴，其征恒燠。前史火灾、火异、草异、羊祸、羽虫之孽，赤眚、赤祥，皆属之火。

明景泰七年春，火作不常，县署厅灾，文庙南北坛皆尽毁，民居无算。

国朝乾隆六十年夏，犁头街火，延烧数十家。

嘉庆二十五年夏复火。术者以犁头街形如火字，宋笔峰亭遗址也。旧有井三，宜复之以资厌胜。于是因古井之旧，重凿一池曰清泉池，环以石阑。自是改名三井头。

道光三十年夏，丰厚街火，毁民居逾半。

咸丰四年四月，寇至纵火，石街口烧数十家。

同治四年，桃林黄氏民娶妇黎氏，甫入门，火随之至。自是日日火，乃还女黎氏。

宋太平兴国七年，湘阴县万寿寺松根芝草二本，转运使赵昌言献之；八月再生四本，昌言又献。见《宋史·五行志》。

淳化中，许频母彭氏墓侧芝草生。

嘉祐时，永成渡产芝，因名其地曰瑞灵台。

元祐元年，武安军言秘书省正字邓忠臣母坟前生芝草一本，紫茎黄盖。见《宋史·五行志》。

明天顺元年，文庙芝草生；乙塘瑞莲开。

国朝顺治元年，野麦自生，贫民采食之，人谓太平之兆。

雍正八年，南泉寺芝草生。

乾隆二十一年，玉笥山三闾祠芝草生。

道光二十三年，豆结实，成人面形。

道光二十七年，文庙大成殿前桂树左右石台各广丈许，其右石台生赤芝如云满其中，理细而文相纠结。起丁未二月，至明年戊申七月，鲜赤类新生者，居民分取作盆景，随尽。

明成化初，邵敏庐母墓，有白鹤翔集庐侧。

国朝同治三年二月，夜半群鸟飞鸣，如是者数夜。

宋建炎四年五月，洞庭湖夜赤光如火，见东北，俄转东南。《五行志》谓之血祥，即赤眚也。

五行三曰木。《洪范·五行传》属貌。

曲直，木之性也。失其性为沴，其征恒雨。前史木冰、木妖、狂人、服妖、杂祸、鼠孽、青眚、青祥，皆属之木。案，《晋书》：雨毛入恒旸，毛色白故曰白祥。《宋史》：雨黑水、黑米入恒寒，曰黑眚；雨土入恒风，曰黄眚。《明史》：以雨毛附之地，生毛，非例也。今一以雨类相从云。

宋熙宁元年三月，潭州雨毛。

明嘉靖元年夏，大雨七日。

崇祯五年九月，雨黑子如粟。

国朝康熙五年元旦，日赤无色，夜雨黑水。

雍正五年夏，霪雨害稼。

乾隆十九年三月雨黑水。大有年。三十二年夏，霪雨弥月，江湖并涨。

嘉庆二十一年夏，霪雨害稼。

道光十一年，霪雨，自四月至于六月。二十八年五月，大雨坏民田。其秋八月，大雨兼旬，晚谷皆生苗。二十九年夏，霪雨阴晦，不见星日者数月。

同治四年三月十一日夜，雨豆，状类赤小豆，红黑相间；大风坏民舍。五年十月十五日，雨黑黄子如豆而小，味腥。七年八月，大雨弥月；西水涨，围堤尽溃，存者沙田、文洲、东庄、军民、荆塘、义合六围而已。是岁诸围皆丰收，家有盖藏，至是悉没于水。八年三月，霪雨至二百馀日。

国朝顺治九年旱，竹结实可食。

雍正十年，松结实如豆，贫民采食之。

嘉庆三年冬，木冰。《五行志》亦谓之木介。

咸丰十一年十二月晦，大雪，树皆负冰如刀槊。

同治元年，麻塘熊氏民伐一树，锯屑如染茜，未几疡生于颈。占曰古树为祟，旋卒；已而其子得狂易疾，亦卒。

同治五年冬，桃李华。

宋太平兴国七年，田鼠害稼。

国朝咸丰二年四月，有鼠色白，横街过。其年寇围长沙，城无居民者数月。

五行四曰金。《洪范·五行传》属言。

从革，金之性也，失其性为沴，其征恒旸。前史诗妖、民讹、金石之异、犬祸、毛虫之孽、白眚、白祥，皆属之金。

唐元和三年，大旱。

宋崇宁元年，潭州旱。

开禧二年，湖南郡县旱。

元大德二年五月，大旱。

泰定元年，旱。

明天顺三年，大旱。

成化十三年，旱。

嘉靖二年，大旱，赤地千里，殍殣载道。十一年，大旱。

隆庆二年，大旱。

万历十七年，大旱。

国朝顺治九年，大旱。

康熙十八年，旱。五十一年，大旱，田野皆赤。

雍正三年，旱。

乾隆十一年，大旱，自三月不雨至八月。十七年，旱，自四月不雨至十二月。四十三年，大旱，贫民艰于食，饥荒尤甚。五十年，大旱，自四月不雨至七月。

嘉庆十二年，旱。

道光十五年，旱、蝗，知县李蓉镜祷于城隍庙，与誓不雨且毁庙，是日大雨，而距城里馀以外旱如故。

国朝乾隆七年三月，讹言兵至，民大惊。

道光十九年，民间讹言妖人取小儿脑合药，群相惊恐。日过午，小儿无敢行路者。

咸丰二年五月初四日，讹言兵至，民狂奔交错于道，呼号之声百馀里相闻，次日日出始定。

同治七年四月，讹言五月初十日厉鬼出，散食物毒人；夜呼门，应者即毙。八月菑人口逾半，至揭其语街衢间，四处传播。是日居民多不火食，酉后相戒无应门。其年八月，大雨坏围堤，损人口无算。谷已收者皆生芽，民食所耗逾半矣。

国朝康熙二年，蛟水溢。黄石滩石忽开，有文曰：“开石驱蛟。”

五行五曰土。《洪范·五行传》属思。

土生万物，而莫重于稼穑。土气不养，稼穑不成，金木水火沴之冲气为异，其征恒风。前史风霾、年饥、地震、山颓、华妖、牛祸、虫孽、黄眚、黄祥，皆属之土。

国朝嘉庆十六年夏，大风发屋拔木。

道光十年四月，大风拔古树一株，根尽出。十二年八月，大风三日夜。二十七年七月，大风卷东门城河小船篷，飞落民家屋脊。明年戊申、己酉，大水没屋脊者两年。

同治五年夏，热风，黄雾弥天。

唐大中五年，湖南饥。

五代周显德元年，湖南大饥。

宋绍兴五年，湖南大饥，殍死流亡者众。

元延祐三年，饥。

泰定二年，饥。

至顺元年，饥。案，《元史·文宗本纪》载："至顺元年四月，醴陵、湘阴等州饥，各赈粜米五千石。"旧志不载，而据府志载。至正十五年，湖南大饥，民以疫疠死者无算。考《元史》："潭州等路饥，发廪赈粜。"见之《本纪》者甚繁，《五行志》惟载延祐三年，泰定二年，馀不悉载。至正十五年，湖南大饥，事无可考。通湖南为辞，其非府、县私纪可知，未知其何所本也。

明宣德八年，大饥。

天顺四年，饥。

成化十四年，饥。

嘉靖三年，湖广郡县大饥，民相食，道殣相望。

国朝顺治四年，大饥，斗米银六钱，食木叶草根几尽。

康熙四十六年春，旱，饥。至三月雨，岁大熟，银一两粜谷十二石。　　五十二年，大饥。

雍正六年，大饥。

乾隆三十年，大饥。斗米钱三百。案，是时岁屡丰，米价以斗二百为率。二十九年水灾，骤增至三百，遂为大饥。至今日而斗钱三百，又为平价矣。

同治四年，饥，斗米钱五百。案，凡饥皆在水旱后，其值水旱之年称饥者不录。同治四年以前比岁丰稔，谷价无故腾踊，由江南初复贩运者多故也。

同治九年，大饥。

明嘉靖元年夏，大雨七日，风雷交作，沿江地震，至岳麓山而定，城郭多没。见《湖广通志》。

崇祯四年七月，地震有声。十月又震。

国朝康熙五十六年七月，地震。

乾隆四年八月，地震。

道光二十九年三月，地震。

同治三年，玉池山裂数十丈，广丈馀。六年复裂数十丈。

国朝乾隆三年，牛灾；五年，牛灾；十一年，牛灾，以人代耕。

同治七年正月初十日，民有讼牛者，系牛仪门外。会迎春，金炮声交震，牛惊而奔。从者辟易，径入宅门狂鸣击触。

同治十二年夏，牛灾。

光绪五年秋，牛灾。

宋熙宁九年五月，荆湖南路地生黑虫，化蛾飞去。

政和四年，野蚕成茧。

国朝乾隆六年秋，毛虫生庐舍皆满；十八年四月，木棉生土蚕，苗尽槁；其秋，虫生伤松；四十四年，虫伤稼。

咸丰七年，螟生伤苗。案，《尔雅》：食苗心，螟；食叶，蟘；食节；贼，食根，蟊。陆玑《诗疏》：“螟似虸蚄而头不赤，螣蝗也；贼似桃李中蠹虫。”段注《说文》：“蟊象，此虫缭绕于苗干之形，是此四种虫惟蟘为今蚱蜢之属，馀皆小虫。”《说文》：“吏冥冥犯法，即生螟。”李巡云：“食禾心为螟，言其奸，冥冥难知也。”罗愿云：“无足小青虫，江东谓之蟥虫”。《尔雅正义》：“食心之虫不可见，只视叶有缠丝，即知有蟥虫食苗心矣。”今南方农家，孟春月几望燃稭田野，谓之照蟥虫。郑笺云：“此四虫，恒害田中稚禾。”是岁禾有缠丝者，皆槁，近山处尤甚。

同治六年，虫伤松。

同治十二年，虫伤松。

湘阴县图志卷三十

艺文志

旧志《艺文》首录《离骚》，《人物志》亦列屈原忠节。据《史记》：周成王封熊绎于楚，居丹阳。《元和郡县志》：丹阳城在秭归县东南七里。《都邑考》：熊绎封丹阳，文王始都郢。《后汉书·郡国志》：枝江有丹阳聚。《通典》：楚文王自丹阳徙都枝江，亦曰丹阳。是文王再徙都郢，而丹阳实楚始封地。《水经注》：秭归县东北有屈原旧田宅。《荆州记》：秭归县北一百里有屈原故宅，其地名乐平。楚《胜迹志》：归州三闾乡，亦名归乡。案，今汨罗山，尚假借秭归为名，名秭归山，亦名烈女山。屈原，楚宗臣，居楚故都，其徙江南在顷襄王既立之后。《史记》叙顷襄王迁屈原至于江濒，作《怀沙》之赋，为时必不久。明《一统志》："屈原墓在汨罗山上，屈原卒而葬于罗。"不能据此遂谓屈原罗人。湘阴自唐以前，文学无可纪。《通志》载：唐景福间，湘阴胡恬能篆隶、词赋。略存其名而已。至宋秘阁修撰邓忠臣《玉池集》以后，代有撰述，而行世者无几。人文简陋，搜辑无从。略就宋以来故老遗文可考见者，依《四库全书·总类》铨次之。案，诸家著述无多，惟以经史子集分编，不复更分门类。而以官修书冠之篇首，其金石题刻一附之《艺文》，备参考焉。

宋《湘阴图志》。奉议郎、知县事胡哲撰，见《通志》。

案，古地志皆谓之《图经》，宋时诸路均有《图经》。云图志者，义系乎图也。此湘阴县志之初见于纪载者。

《洞庭谱》，一卷。见《宋史》。

案，郭仲产《荆州记》：“青草湖，一名洞庭湖；云梦泽，一名巴邱湖。”盛宏之《荆州记》：“巴陵南有青草湖。”刘澄之《湘州记》：“华容县东南云梦泽，一名巴邱湖。”诸说纷纭，称名互异。洞庭之名，实始见《国语》及《楚辞》。《周官》、《尔雅》但谓之“云梦”。郭注《尔雅》：“云梦，今华容南巴邱湖是也。”《水经注》：“湘水北至巴邱山，入于江。”巴邱以地名，非湖名也，不得析巴邱、洞庭为二。自唐以前，但名青草湖。《晋书》：陶侃破杜弢于青草湖。《梁书》：河东王誉入援，至青草湖。南平《阴铿集》有《渡青草湖》诗，无言“洞庭”者。是盛宏之所云“巴陵南有青草湖”最为得其实。

张舜民《南行录》：“洞庭西岸有青草洲，南名青草，北名洞庭。”范致明《岳阳风土记》：“洞庭南连青草，西亘赤沙。”其说盖沿于唐人，而亦本之《水经注》：“湘水东北为青草湖口，左会资水，又左沅水注之，又左澧水注之。凡此四水，同注洞庭。”遂疑青草湖专受湘水，洞庭湖兼受四水，因以南北为分，不知《水经注》所谓左者，西也，正析东西言之。其曰“四水同注洞庭”，则洞庭实为总名尔。范致明“南连青草，西亘赤沙”二语，亦是而犹未分明。赤沙湖，亦见《梁书》：“盖洞庭之西名赤沙。”今尚有东湖、西湖之称。其东则青草也，统言之为洞庭。自周以前为云梦之薮，《禹贡》为九江、云梦，以地言九江，以水言洞庭，以湖言青草、赤沙，又据一湖分言耳。

此志于《湘州图记》、《湘中山水记》、《长沙风土记》概不敢收入，而惟洞庭九水由湘阴入湖者五，西北两乡多属湖地，尤为水利所关，故并存其书目云。

元《古罗志》。

案，《四库全书提要》：《邓绅伯集》据《永乐大典》引《古罗志》云："宋邓深，字资道。"所称《古罗志》不著朝代及撰人名氏，而以宋邓深标题，当为元志无疑。

《揽馀集》。元同知于阗慕卨撰。卨以至顺中莅仕湘阴，遂家焉，号乐泉翁。

明成化《湘阴县志》。明知县宁德韩璟修。据《通志》，修于成化元年，至嘉靖三十年已散佚无存。

《旌孝诗》，一卷。明茶陵李东阳为山东布政司参议邵敏编。见《怀麓堂集》。

李东阳序云：

户部主事湘阴邵君汝学，早丧父，事母李氏甚勤苦，居常愉色。每出〔饮〕未尝至醉，值蔬果辄怀归奉母。母疾，衣裳不解带，日亲汤药，虽唾壶秽器，必手自浣涤，或激溅其面，弗见于母，母既安寝，乃徐而拭之。母丧，哀毁累日而后食，食必粥。葬之日，寝苫枕块，庐于凤山之墓三年，孝行甚异。门人龙乘云辈倡于乡，乡之人阴阳训术傅时省辈状于县，县大夫奏于朝。事下礼部，移御史，及按察下郡守，递为覆报，皆无异词。朝廷以例表其门为"孝行"。时君已自乡贡举进士，例得再建绰楔，至于是凡三焉。

今之例，有司以绰楔表于门者，凡科目之士，与孝顺节义异行之家皆然。表科目所以劝为仕，表异行所以劝为善。仕固将以求其行也，然仕者恒有，而行之异者不恒有。故苟有异行，虽州氓里妇，犹表而旌之。其礼加重，人之得之者亦加荣焉，况仕者之有是行哉！今表仕者于乡，乡之人起而慕之，而凡天下之为仕者劝。表异行于乡，乡之人起而慕之，而凡天下之为行者劝。鼓舞欣动之机，固各以其类应，有不可遏者，而况乎兼之者哉！天下之行，不必皆劝而后成，然亦有事于劝者。夫所谓州氓里妇，其行不出乎畎亩闺闼之间，及于人之耳目者近，近则未易遍。仕焉者，名籍在朝廷，勋业在台省，观望在天下，于此有异行焉，为之上者又表章之不暇，其所感动宜何如其盛也！今天子孝理隆洽，法制精密，善必闻，闻必劝。而君方以异行登显仕，膺旌异之典，是以其身系天下之化者，其责亦加重，夫岂可例而观之哉？

古者国有美政，乡有善俗，必播诸诗歌以风励天下，薰陶诱掖，盖有深于教令者，吾党有不得而辞焉。与君偕举进士者若干人，为诗若干篇。而东阳窃以乡士为国史，尤亲且近。因序其事以佐君励天下，庶几自吾乡始。

常熟桑悦跋云：

昔苏子瞻作《三瑞堂》诗云："君不见，董邵南，隐居行义孝且慈。天公亦恐无人知，故令鸡狗来①哺儿；又令韩老来②作诗，至今③三百年，名与淮水东南驰。"言得韩老之诗以为大瑞，故传其名于不朽也。旨哉斯言！湘阴邵君汝学资禀重厚，习古文辞；敦行孝道，母夫人卒，哀毁如不欲生，又为之庐墓，三改岁星，造化显其瑞。有司上其事，朝廷特为旌表其门闾。一时词林大夫士投赠诗文相继，既装潢成册，予取而阅之，皆金舂玉应，岂无韩公其人者乎！则君所庐之墓与天公之降瑞，可千万年也。虽然君以名进士为户部副郎，出守滇南大郡，声名飚驰，充其至移孝

①"来"，《四部丛刊》影宋刊《集注分类东坡先生诗》作"相"。
②"来"，《四部丛刊》影宋刊《集注分类东坡先生诗》作"为"。
③"至今"，《四部丛刊》影宋刊《集注分类东坡先生诗》作"尔来"。

作忠，又非特董生之偏于孝也。他日获传名臣，则又有司马子长、班孟坚辈为之执笔矣，岂韩老作诗而已耶？

明嘉靖《湘阴县志》。明知县浮梁张灯修。凡二册，距成化元年八十七年，为今志所缘始。书佚。[①]

张灯序云：

予始至湘阴，欲约民奢俭之中，无以察俗之好尚也；欲经治宽猛之宜，无以察民之性习也；欲会财赋出入之数，无以知物土之利、壤地之所产也。与夫形势之险阻，地里之远迩，沟浍之通塞，宫室之兴颓，尽事物之迹以为神化宜民之术。非按籍而求，则沿革不悉，见闻多格；讼狱、钱谷纷于一堂，府吏、胥徒伺于一人，耳目、手口疲于一时，不可以冥冥而决，又不可以察察而推也。于是考之邑志焉，庶乎为得其概矣。

第旧志修于成化初年，迄今又散佚无存，吾将安所取衷也耶？昔夫子言夏殷之礼，叹杞宋之无征，非圣人之聪明，限于所不逮也。盖礼之形器、名数，不能无今昔先后之异施。典籍既废，何以知其文而识其情？圣人之叹，叹礼之不传也。

今也得百里之地，以有人民之责，使无志以先知而预待之，欲求其施之适于时，以善其治于一邑，弗可得已。吾兹诚知所惧也，乃敝精竭虑，考郡省《一统》诸旧志，而日校雠之，揭其纲领，疏其条目，各类俱僭为叙论，以尽其愚，毋使后之视今、如今之视昔焉，则资后之人以可久可行之政，罔不在兹夫。

或语予曰："子之心则勤矣。吾闻古之为政者，修己以先人，取人以自益；今子言之，自子行之可也，而必欲责夫人以必能焉，

---

①此志成于明嘉靖三十三年（1554），清初已佚。二十世纪80年代初于日本东京图书馆发现（上钤"明治九年文部省交付"图戳），后由中国科学院拍摄胶片回国。

吾未之知也。今夫执途之人，而告之某也善，告之某也不善，途之人其不笑我以为迂且狂者哉？自今继子为令者，吾不知其何限也，不啻途人焉尔。逆知其行与否与，况以善而责之人，似自处以约而望人也，为过详矣，恕之道其然乎！"

予曰："局于所短者自画者也，用所长以济之斯已矣，私其所有者自狭者也。公已善以推之斯已矣！予方愧庸陋且拙，而度后之令聪明才智加于予什百千万者，宜其必众也。假使以予言为可行而行之，以此约俗之中焉，以此制政之常焉，以此经土之法焉，灿然备具，不劳按核延咨之详，宁不可以契其义以裕于政乎？是故吾能用所长以济吾之短，不失其为修己者也；吾能不私其善以与人，不失其为取人者也。惠泽之布，不必其己出而所及者为无疆矣。子其以为何如？"

客敛衽谢曰："太阿镆铘，器非不利也，持其柄以刃物，存夫其人焉耳，物且然，于人宁无待于所资乎？吾诚有感于子之言，以望夫后之人善用之者。"予遂定《湘阴志》为二册，以付梓人，并以述予僭妄之心，以解客之惑云。

曲靖梁拱辰序云①：

夫志，史也。王国之史，若《虞书》，志天文也；《禹贡》志地理也。侯国之史，若《国风》、《国语》，志民俗也。是皆治化攸系，古者莫不重之。郡亦有志，亦侯国之史之类也。善为令者，靡不知重之。或知所重矣，犹未免踵袭陈籍，徒纪夫名物、风土

---

①据日本国东京图书馆藏明嘉靖《湘阴县志》刻本，志前仅张灯、李廷龙两序，此则属志跋，题曰《湘阴县志后序》，并岭南虞大治《跋志后》、西蜀黄阁《湘阴县志跋》附于志末。

之旧迹，而于民生利害所关，未必能筹画曲当，可以传之久[①]永也，乌[②]足以言志乎？《湘阴志》旧虽[③]有刻本，迄今百有馀年，渐以湮没。典则献章，悉无可稽。

嘉靖辛亥，我瑞泉张公以进士令兹邑，厘奸搜慝，式勤作率。未三年，政成教举，恩覃化洽，凡宣力懋工于兹邑者，殆已恪供所事矣。惟志为邑旷典焉，乃曰以彰往，以察来，存乎志也。从政而舍是焉，昧所当务矣。遂择日咨辰辈相与纂定，疏列门目，公则量其可否，裁其去取；随事著论，凡四十馀条。要皆搜摭坟典，总括子史，摛华阐秘，黜繁秩乱，焕然有伦。凿凿可以措之事为者，且一念爱民忧时之心，自溢言外，而是志良可传矣。

后之为令者，苟有以谅公之心，率是而行之，稽星野以观分配之度，所谓以授人时者，于焉为不愆其期也；稽物土，以阜财用之资，所谓惟正之供者，于焉敛之有定式也；稽俗尚以观民风之趋，所谓郑卫之失中者，于焉约之以礼也；与夫孰有益于民，而为利所当兴，孰有损于民，而为害所当革，俱可以次第施行矣。是志岂不与古者王国、侯国之史并称耶，又岂但利一邑为目前之计耶？令兹邑者，慎所取裁焉可也。

志成，寿诸梓，湘阴士民咸相庆幸，予亦自幸得观其盛也。故不惭谫陋，赘言末简，以彰公之志。

邑人李廷龙序云：

岁嘉靖乙巳，惟楚督学宪臣，祇承天子命，纂修《兴都通志》。余以弟子员承乏属笔，仅得旧志一部，逸其半矣。盖邑大夫韩公璟志也，越八十馀祀，以故残缺而弗备，世远而莫传。

---

①“久”，日本国东京图书馆藏本作“有”。

②“乌”，日本国东京图书馆藏本作“恶”。

③日本国东京图书馆藏本无“虽”字。

孔子谓："文献不足，杞宋无征。"信夫，湘之缺典也已，余乃参郡志，集众思，手录成编，义从其简，事举其概，遵志例也。若夫因略以致详，秉笔而锓梓，实有待于作者。比及辛亥，瑞泉张公来宰吾湘，三年而政成化理，遂重搜补益，义例准《迁史》，裒集成帙，章程具矣。后有作者夫何为哉？虽然，志提封而城池未建也，志创设而仓廪未增也，志学校而义田未置、典藉弗存也。职官之代者几矣，贡举而仕者又几矣。矧吾乡租庸繁重，田鬻于邻邦而赋存焉，并于屯卒而民苦焉。土著之民，耕而食者仅四五；客户无征徭之及，而坐收田园、山泽之利者，殆居其半。民之逋负于公家，迁徙于异域者，视昔较甚也。兹皆世道之升降，政治之污隆系焉，可以弗志乎哉？

少尹刘君伯昇，司训虞君大治、黄君阁，佥议纂续，偕王生钥、邵生洛、孙生恩、严生大化，质于予，乃相与订讹补缺，参酌增辑。故《城池志》而知经理之略，《义田志》而知作养之意，《仓廪志》而知储蓄之备，《职官志》而知宦迹之当修，《贡举志》而知士习之当厚。志逋负、志流移，则知计亩以清税，而催科之方、劳来之政，并举之矣。系于政教焉者，岂其微哉？为政者据志以殚虑，必其锡福群生，以涤弊而振民，观风而设教。修明其政事，辑和其人民。而志之所志者，巨细毕举矣，不有以跻美先后而增光简书也哉！否则，虽志亦奚以为是？故可以兴，可以观。予于是乎言。

《课士录》。明知县山阴陈美撰。美以万历中知县事，著《课士录》以励学者。

《治标略》。明知县云南杨师程撰，见《通志》。程以万历中知县事，著《治标略》，大旨以为本治未然，标治已然，长吏无拔本塞源之力，姑治其标而已。

《节爱堂实政录》。明知县华阳王秉乾撰。秉乾，以天启初知县事，号所居曰“节爱堂”，作《实政录》以自记居官时事。

《慎刑录》。明知县婺源余自怡撰，见《一统志》。自怡，崇祯初知县事，自记其《治刑要略》，盖亦自治官书之类，藉是以自考镜尔。

国朝康熙《湘阴县志》，四卷。高淳唐懋醇修，距明嘉靖三十年一百二十八年。

茶陵谭绍琬跋云：

旧志一帙，讹者十七，阙者十三。得周君良仕、蒋君儒德、李君象琯、丁君佐、秦君正埈，共订异同。唐侯尤留意田赋，其时分纂诸君犹可考见云。

唐懋醇序云：

风诗所载，即十五国之志也。楚不列于风，而《离骚》实为楚风之史。九疑三湘，著山水之胜；江蓠薜芷，征物产之奇。上断帝喾，下道齐桓，中述汤武，穷古今之变。盖楚风在是，楚志在是。假令倚相、屈原生而同时，分左右史之职，相与陈坟典之秘府，漱邱索之芳芬。其所撰次，争光日月，岂仅以梼杌惩恶，颉颃晋乘而已哉。

湘阴，屈、宋之旧里也。官是土者，点染风骚，便足缘饰吏治。乃他邑之志，已有成书，而湘瞠乎其后，则何故欤！诚以志犹史也，据事直书，其义自见。书其所无，其失也罔；书其所疑，其失也诬。余自壬寅莅湘，陈发故府，杳不可问，欲创起义例，勒成一编，有志而未逮也。其间弥望荒残，所可志者，洞庭奔放之观，潇湘浩落之致而已。他如内署颓、城垣圮、学校无，可得志乎？田畴荒、里居析、风俗敝，可得志乎？而欲剽富庶于二京，倩壮丽于三都，岂不罔且诬哉！

迨莅治数载，余殚厥心，收离纠逖，修废举坠，始得以耳之所闻，目之所见，身之所阅历者，载之简端，为后人属藁地也。阅旧志，修于嘉靖辛亥，距明兴之初百八十年，距今百二十年矣。在百八十年以后，农服先畴，士食旧德，家有赐书，人矜博物，故其编辑而成之也易。在百二十年以来，物自盛而衰，风由正而变，典文残缺，名流凋谢，故其网罗而成之也难。

今天子留意郡国，采风之使，无岁不遣。湘临孔道，辅轩戾止，万一俯采方谣，征及邑乘，何以应之？恭逢中丞周，诞敷文教，移檄所属，共新厥典，爰集邑中绅士，以志事谋之于穷乡中。搜得遗编一帙，断残澌灭，几不可句，勉为考订，校其讹而注其阙，复出余七年之所见闻，与学博徐君厘正而润色之。五阅月，始克成编，为目者二十，为卷者四。而邑所当志，灿然明备矣。书成百二十年之遗事，按籍可求。而兴朝创制显庸，规模气象，庶几见之。后之司牧，视诸故府，则为规为随，固校若画一也。若曰搴芳屈、宋，揽华倚相，以视为吏治之润饰焉，亦浅之乎视此志矣。

黄冈徐子有序云：

太史公著“八书”，而班掾广之为“十志”，此郡邑之志所繇昉也。第永平受诏，历二十年，始克成编，则其撰次为独闲。家有赐书，父党桓君山辈相为校雠，则其见闻为独广。建元以前，点窜龙门，昭宣以后，始奋椽笔，则其增华加丽为独易，其详而有体，赡而不秽，良有以也。使屈孟坚之才为扶风作郡志，未必如《汉书》之核，而使生于今时，处于下邑，见闻无所取材，华丽无所踵事，安能以二十年之撰，次责成于五六月间哉？

湘阴名区，为古文人流连地。余谒选授教，适属是邑。登临名胜，颇偿寓目之望。而江左唐侯作牧于此，多历年所。余入官之始，为侯政成之时，侯不予鄙弃，坐我于光霁之庭，引我以骚雅之胜，私叹经术吏治等古人而上之。侯簿书之暇，不忘著述。凡葺城、建学诸所营建，皆勒石以纪，光昭艺苑。

一日，进余而谋曰："邑之有志，犹国之有史。国无史则陋，邑无志则僻。编辑虽劳，又乌能已？"余复于侯曰："湘之不待志者三，不可不志者三。湘水宕其南，洞庭汇其北，山水之不待志者也；三闾搴芳于前，忠靖驰声于后，人物之不待志者也；《九歌》奇而法，《九章》博而奥，《九辩》丽而则，艺文之不待志者也。独是地瘠于唐魏，税重于姑苏，失今不志，赋式之畸，何以平之？马困于虺隤，驿疲于奔命，失今不志，庸调之劳，何以节之？德色于借锄，谇语于取帚，失今不志，风教之流失，何以救之？侯之莅湘七年矣，奕有成局，画有成竹，摅损益之妙用，作沿革之实录，尚何难哉？"

侯然余言，埽闲轩而集名流，购遗书而综旧闻，其编纂之事则专属之谭子琰卿。谭子网罗放失，重以谘询，删繁刈芜，补漏缀轶，而每构一志，必请裁于侯，质疑于余。校订既确，方授之梓。其剞劂之费，则侯所捐俸，未尝向湘人而过问焉。

志成之后，炳炳麟麟，焜耀策书，其事详，其词赡，殆志之近于史者欤。范蔚宗自评其书，比方班氏，非直不愧之故。余于是志，亦云云也。

邵阳车万育有序云：

志者，外史之流也。古诸侯之国，皆有史以纪事，大者书册，小者简牍。湘阴为罗子旧都，左右载笔，宜有专官，而其书弗传，将文久而灭之故与微者之姓氏不见于经传，故史臣之名皆略之欤。抑经国之大业，不朽之盛事，敛采于前者，必积久而后发之欤。

康熙己酉，余至湘阴。适高淳唐侯宰是邑，出所修县志，相质且问叙焉。余惟志为纪事之书，或先事以立例，或后事以伸断，或错事以见义。古之良史不虚美、不隐恶、不激诡、不抑抗，惟其据事以书，不漏一事于词中，不溢一词于事外也。今侯之莅湘八年矣，山川草木，皆登临之所悉；疆里庸调，皆履亩之所周；而上下相习，耳濡目染。以是见之于志，如田夫之话稼穑，高下原隰，可手指而数计也；如梓人之谈兴作，画宫于堵，盈尺曲尽其制也。故其志山水，则穷高而极深；志人物，则阐幽而发微；志赋式，则中正而画一；志营建，则引绳而切墨；志廛肆，则货别而隧分。诸如此类，大抵不离实事者。

近是而珥笔，则为吾友谭琰卿。谭子酷嗜词赋，淹留下湘，屈宋风流，吐纳已久。以是润饰邑乘，多沉博绝丽之观。而其言，皆取实于事。盖本唐侯八年之绥辑，作湘阴千百年之论断，有直词而无曲笔，有质言而无绮语。视古良史，岂有愧欤？

志成之后，藏诸匮府，彰示来兹，俾后之治教师帅，皆有所考镜焉。行且辑方俗之鸿文，登之国书；综外史之实录，上之内史，则书册、简牍间固足昭回云汉也。区区县志云乎哉！

《尚书蔡注便读》。知县宿松罗士修撰。

《礼记删翼》。知县宿松罗士修撰。士修，康熙中知县事，刻《尚书》、《礼记》读本以课士。

乾隆《湘阴县志》，三十二卷。桂林陈钟理修，距康熙八年八十八年。

陈钟理序云：

邑应乎宿，天文以昭；民依乎土，地利以出。而山川之钟灵，蔚为德业文章，于是文献备焉。此方舆之不可以无志也。龙门作《货殖传》，述四方风土之宜，固后世郡县志之所自昉乎。郑夹漈以班史《地理志》为非，盖谓《禹贡》以山川纪则奕世不易，而以郡县纪沿革相仍成至，遂迷其所然。自《汉书》以下，莫不各仍其旧例，则固有不容改易者矣。

湘阴为九江之所汇，上承长沙，下达武昌，水陆襟喉，实当午道，在三楚之中剧为雄长。而文物则有三闾大夫依经立义，文词丽雅，为百世词赋之宗。邑乘尤不可以不重也！

旧志修于明嘉靖辛亥，至康熙初唐君懋醇始复修之，相距百二十年。今又八十馀年矣，明志已不可复见，唐志亦间摩泐。百年来，科第之蔚起，官师之淑慝，人物之臧否，风土之变易，赋役之轻重，户口之增损，孝义忠节之表著，其未入志者不可悉计。及今不续，后将安考？典章缺如，守土者之责也。

余奉命莅湘，有志于是。适季父榕门公抚湖南，有创修通志之举，檄取县志。余以循例回避候调，乃与广陵范君谋之。邑中外翰杨君茂论，孝廉蒋君常泰、王君立槐等，开局纂修。六阅月而书成，列其目为五十，其卷三十有二，并质之钱塘范浣浦侍御为润色焉。

夫志之所以修，岂惟是表封域、纪物产而已哉！盖将昭其得失以为劝惩焉耳。疆土之辟不广，则何以为养？庠序之义不明，则何以为教？重天文，所以责人事；审财用，所以辨物宜；食货宾师，固长民之具；军旅典礼，亦福民之极也。历之于事上临下，要之于可大可久，胥比物此志耳。

若夫组织风雅，托譬兰茝，要必本之忠君爱国，而不徒侈文词之末，其绪馀亦足以资多识也。念余莅湘以来，极欲以养以教，尽人事以辨物宜，欲与聚而恶勿施，微显阐幽，兴学造士，庶几循名核实，无愧斯志。而匆匆移调，诸务未遑，三复简编，增余惭汗，已谨志其缘起，后之人其鉴余之志也夫。

如皋范元琳序云：

古者纪事，书岁、书祀、书年，原夫十二月中星一岁，而周祭一岁，而遍禾一岁；而成而珥，笔者缺有间焉，则其纪事也必不详。

邑志，故纪事之书也，虽山川形势无间古今，而户口之登耗、田赋之盈缩、人材之盛衰、风俗之淳漓，与夫创建因革之异宜，方名物产之殊致，往往有数年一变、一年一变者，而动援往牒，以概来兹，谓天道人事，今犹古也，其必不然矣。

湘阴，古罗子国，代称胜地。窃谓必有古文、籀篆、竹书、世本，载秦汉名贤大业，闾里风光，如《岳阳风土记》、《襄阳耆旧传》，藏玉笥神鼎间，以待来者搜辑。乃望古茫茫，渺不可得，徒恃此邑志一编，留什一于千百耳。前明一修于韩公璟，再修于张公灯。国朝康熙八年，又再修于唐公懋醇，去今八十八年矣。顾其为书，捃摭遗文，金根帝虎之讹，触目皆是；田赋源流未详，学校选举次序亦混，山川古迹遗脱、附会为多；人物宋元以下，名臣高贤，表表史册者，间多遗漏，即以娄太仆夫妇捐躯殉国，去前修志时三十馀年而已，采访不真，并其妻黄氏姓名亦逸之，又曷怪彭大士夫妻、黎孺孝母子幽光潜德，沉埋于山崖墟莽间哉！况此八十八年，中沐国家雅化，休养生息，蒸蒸愈甚，户口日以繁，田赋日以广，人才日以胜，风俗日以纯，创建因革日光大而美备，方名物产炽极而丰，日争妍而竞奇，犹不及时收录，勒成一书，一传再传，即有人焉网罗旧闻，安知不以讹传讹、编载失实耶？

岁癸酉，元琳补湘阴县丞。明年，桂林陈执斋先生奉命来守湘阴，公馀披阅旧志，每废书兴叹，为元琳言其排缵不精、援证疏略，继此而搜讨往乘，拾缺补遗，其我与若事耶？乙亥秋，少司马中丞公建钺南楚，为先生季父例回避。先生以湘阴志属元琳葳其事。夫搜讨往乘，拾缺补遗，元琳则何敢惟是。上承中丞公口授编纂意指，元琳仅与邑中绅士杨君茂论、蒋君常泰、王君立槐等搜索故家旧籍，寻访父老遗言，键署校雠，较前志汰者十之二三，增者十之五六。六阅月，书成缮本，丐中丞公删定，崇实去浮，务衷诸道，以为百世惩劝。

呜呼盛矣！湘阴为屈、宋旧里，固文献之区，星霜数十变，其间所见闻异词，所传闻又异词，欲征于邑乘久矣。恭逢中丞公至，得重修于八十八年之后。元琳下吏，亦得挂名简末，实与有荣焉。由是考山川，则知阨塞；稽田赋，则思保聚；览循良，则悟观感之由；观学校、选举，则重教化之本；阅儒林、忠节、孝义，则揆彰瘅之宜。此中丞公责望属吏之雅怀，元琳与湘人士将共凛之，以观政教之有成也。

道光《湘阴县志》，三十九卷，补遗一卷。道光三年，知县元和徐鋐修，距乾隆二十一年六十八年。

知县无锡孙龄序云：

罗州襟湘带湖，为山水名胜，民物之殷，人文之盛，楚南称首治焉。惟地处孔道，抚斯土者，任繁事剧，期会维艰。求其采风问俗，谘文考献，以成一代之艺林者，卒多不暇。

余于丁丑春季，承乏兹邑。甫下车，即博稽舆论，搜罗载籍，参今昔之变通，察风土之厚薄。适都人士以志典久缺，公议重修。于是上考分野，下图疆域，山川之雄秀、形势之夷险、物利之所宜、租庸之所入，列学校者必书，载祀典者必录，以及褒忠崇节、纪异征祥，罔不纲举目张，粲乎大备。

盖国家承平有年矣，化浇者而使之淳，培瘠者而使之富，户版式增，民心益朴，生养休息。俾斯人得安居乐业于涵仁泳德之中，将见里登孝友之书，乡举贤能之籍，风俗蒸蒸日上，实有轶前志所未备者。则是书之成，虽一邑之志乘，亦足觇薄海同风之治也。

知县朔州蔚常春序云：

邑之有志，犹国之有史。志与史指归各异，而分类纪事、据事直书则同。

罗湘自屈、宋后，代生贤哲，崛起骚坛。前明如夏忠靖、彭襄毅、娄太仆诸公，炜煌邑乘，炳焕史册。官斯土者，披览旧志，未尝不低徊往复，想见其为人！

余备员南楚，今夏蒙大吏题补剧邑，乃由会同承乏于兹。适志书纂修将竣，邑绅等属序于予。

予惟志也者，所以记一邑之事迹，备观省而期征信也。自丙子岁天子诏修直省通志、郡志，于是湘邑奉上宪檄已三年矣。谋其始者，山左阎公肇烺，阅数月鲁公起元继之，衡别驾孙公龄继之。总其成者，则常宁令甘公庆增也。在昔乾隆丙子，桂林陈执斋先达，与邑绅辈协力纂修。兹复重加编辑，踵其类而增之。户口之殷繁，田赋之损益，建置之崇闳，典礼之陈设，与夫学校选举之隆，政绩人物之盛，艺文著述之多，典要裔皇，粲然大备。

今夫修志何难？亦难于采访耳。山谷率多潜德，采之不周则漏处士。或盗虚声，访之不实则浮。不得其人，则疑于伪；不历其地，则失之诬。如仅订讹补阙、删繁就简、约旨求精，犹属易事。是役也，诸君子新纂六十年以来事，择其人、履其地，采访务实，僻左周知，谅无有漏而浮伪而诬者矣。

余乐其将观厥成也，乃援笔而序之。

知县仁和徐铉序云：

士君子出宰百里，将宣上德化，与民休息，非周知一邑之风土人情、洞悉乎沿革兴废之由，必不能斟酌权衡以适于治。故莅官临民，必先考志。志者，制治之源流也。道光元年辛巳，余篆兹邑，甫下车即循求志乘。窃谓罗州山川、人物，秀甲湖湘，炳炳麟麟，必有饫观益畅者。讵志修于嘉庆丙子，三易暑寒，木已镌梨，书未成帙。此不独湘中人士无由考证，守土者又何征焉？今年秋入觐，旋任，取原梓版片印阅之，亥豕鲁鱼，不无讹误，乃延仰高山长俞君岱青、邑绅郭君存门设局书院，详加校雠，并倩书院首士李君六符、郭君甄士于监修斋舍之馀，兼督斯役，装潢成集，蔚然大观。余思湘剧邑也，亦名区也。自古罗建国以来，磅礴郁积，代有伟人。官斯土者，亦多负霖雨苍生之重望。余幸承乏兹邑，得以流览风土人情，与一切沿革兴废，方将仰承圣天子仁育义正之模，与斯民共乐太平，齐登寿寓。则是书观成，匪徒为征文考献之资，而实使莅官临民者得有所考镜以善其治，讵不庥哉！余方增建书院斋舍，而志书适成于土木竣工之日。自幸邑乘卒业，而湘水人文又将于是乎日新也。

教谕袁承祚序云：

湘志创于前明，国朝一修于唐公懋醇，再修于陈公钟理。越今数十年，复加编辑，阅三载而书成。首天文，终杂纪，分门别类，井井有条。诸名公叙其事而系以辞，言之详矣。余司铎于兹，责任参校。既竣事，因进三学之士，语之曰："士之为士，匪徒事佔、毕弋科名已也，必日进于高明，以蕲胜于古则，出可应君相之求，处亦无负乡曲之誉。一代人物，一代之事业，归之其所以焜耀史乘者，非苟然也。罗州人物，前代如夏忠靖，以相业显；彭襄毅，以功名著；易忠节不愧为臣，邵大参全乎为子。学问勋名，卓卓寰区，洵儒林中之杰出者，至今犹想慕其人。我朝自王侍御以下，掇巍科者不乏，伟人继起，应未有艾也。余自甲戌泠居数年，时与两庠士相接见，其能文章、负隽才者，莫不循循然矩矱先民。幸际作人之代，涵濡雅化，果能争自濯磨砺、廉隅敦实，学将簪毫玉笋之班，厕躬鹓鹭之列，于以黼黻皇猷，与忠靖诸贤后先媲美。岂惟一邑之盛，实邦家之光矣。此则余序湘志之意，与多士共期之而共勉之。

案，《明嘉靖志》邑人李廷龙主修，《康熙志》茶陵谭绍琬主修，董其成者知县也。《乾隆志》，由巡抚陈宏谋修辑《湖南通志》，檄取各州、县志。知县陈钟理谋于邑人杨茂论、蒋常泰、王立槐，又加修焉。至嘉庆二十一年，布政使翁元圻谋重辑《湖南通志》，各州、县通开志局，知县严肇琅、鲁起元、孙龄、蔚常春，历更四任，书始成。道光三年，知县徐铉重加编校，增《补遗》一卷。前后凡五任，及教谕袁承祚，皆有序。主修者黄朝绶、杨德谦、郭世偁、郑国贞、郭家惇，其后重加编校，则仰高书院院长善化俞东枝及郭世偁也。

《洞庭湖志》，十四卷。华容綦世基撰，湘潭夏大观、华容万年醇增辑。

安化陶澍序云：

洞庭，海内巨浸也。昔黄帝张乐于此，本以山得名。《山海经》："洞庭之山，在九江之间。"所谓九江，辰、沅、渐、溆、潕、酉、澧、资、湘也。九水中，五入于沅，与澧、资、湘潴而为四，同注洞庭以会江，若五口然。故《国策》又谓之"洞庭五渚"也。然皆后世所命名，《禹贡》但谓之九江，曰"九江孔殷"，曰"九江纳锡大龟"，曰"过九江至敷浅原"，曰"过九江，至东陵"，皆指荆州，无及扬州者。顾自秦汉以来，九江之称，或移之江北，移之淮南，移之彭蠡，只以《禹贡》有九江无洞庭，遂并九江之名而紊之扬州之域，俗儒耳食，入主出奴，至今犹聒。

欲志洞庭，此其大者，不容以无考也。

按，《汉书·地理志》“九江郡，秦置”，而未言其地。《郦注》谓“秦始立九江郡，治寿春”。此盖淮南郡治，非九江也。以寿春为九江，自元狩六年始。其实寿春背淮负淝，南膈灊霍，与江绝不相涉，不知武帝何由舍“淮”而以“江”为称？窃谓九江立郡，汉之误沿于秦，而其端则起于楚。楚国都江陵曰“郢中”，其后迁徙如鄢郢、如郊郢，皆以“郢”名。《史记》考烈王二十二年，东徙寿春，命曰郢。是仍施旧号于新邑也。洞庭九江，为附近国都之薮。郢徙，而九江亦随以徙，如东晋渡江，而南兖、南徐诸州，亦因之侨置也。然则其地安在？曰洞庭九江，在故郢之南二三百里间，则侨置亦当在寿春稍南，如今六安州境。《史记》“九江王英布都六”，即其地已。余持此论，惟万子弹峰深然之，以为前人所未及。

万子博学多通，戛戛独造。往时需次都门，适余案上有《洞庭湖志》稿，乃前长沙太守沈君廷瑛属余订定者。余方巡城鲜暇，因转行属之，俾竟其事。越十年，而以志成告。盖是志为华容拔贡綦世基所创，湘潭夏博学大观增辑，以遗沈太守。万子又增之，订讹补缺，倍于前书，其用力勤矣！余毋庸多及，而惟以“洞庭即九江”之说质之，冀达于古今者采正焉。

《听春馆集》，四卷。县丞无锡稽文醇撰。

沈阳蒋绍宗序云：

谨庄居湘阴，常绘《听春图》，因名其馆曰“听春馆”，弹琴赋诗于其中。观其于湘阴水利、民情，往复流连，概然不能自已。然则如谨庄者，官卑而识固远，趣淡而心尤勤，其志愿不可量也。

《阐贞集》。知县长白书绅，为郭先楠妻李氏编《翰林院侍读学士长沙周寿昌李贞女征诗启》。

案：私家集关系一县政教、民风，足资考揽，皆载入之。其自为书，载在国史本传，及列名《四库》，流传至今，而于县事无涉，概不编录。

右官书类凡十九种。

《易解》。宋彭宗茂撰。案，朱彝尊《经义考》：彭宗茂《易解》。

醴陵吴猎序云：

是编始于《屯》终于《复》，其要著于《乾》《坤》，其旨见诸《义例》，漕使赵汝谠寘之学宫。据《宋史·赵汝谠传》，提点江西刑狱，徙湖南，改知温州。不言为湖南转运使，疑"漕使"当作"提刑"，而《吴猎传》称其从张栻学。乾道初，朱熹会栻于潭，猎又亲炙湖湘之学一出于正，猎实表率之。据此，即宗茂之学亦可想矣！

《周易讲义》。明县学生左之俊撰。

《诗经纂要》。国朝贡生杨逢瞀撰。

《学庸集注详解》。贡生杨逢瞀撰。

逢瞀自序，取朱子章句节疏，句释于虚字，转折处非直绎其义理，必实体其语气。盖自著其所得于朱子之学也。

《易经说略》。山东海丰县知县杨枝建撰。

《易解》。县学生杨枝迪撰。

《书解》。县学生杨枝迪撰。

《四书约义》。云南阿迷州知州王邦光撰。

《养蒙诗训》。县学生王立楷撰。

《学庸讲义》。县学生王立楷撰。

《春秋年谱》，二卷；《春秋人物备考》，四卷。县学生李培纲撰。

《周礼撮言》。举人张坤澜撰。

《十三经要义》。县学生刘炳武撰。

《字画辨讹》。县学生胡申易撰。

《学庸讲义》。县学生黎顺潔撰。

《中庸贯》。举人杨培之撰。

培之自序云：

夫子于尧舜所传之中，特系之以庸。老庄也，杨墨也，索隐行怪者也。子思之作《中庸》，为隐怪者言也。《易》曰“一阴一阳之谓道”，指太极言，以天命为道也。孔子赞《烝民》之诗曰“为此诗者其知道乎”，指秉彝言，以性为道也。谈性道而遗彝伦日用，尚为知性命乎？朱子注《中庸》曰“明道不可离之意”，曰“见道之用广”，曰“兼费隐、包小大”。所谓道者无主名，圣人欲人穷力于日用彝伦，以自得乎穷神知化之妙，非徒张皇道之充塞，而故以无形影者示人也。读者会通其旨，则《中庸》之义贯矣。

《师白山房讲易》，十二卷。福建台湾府同知张学尹撰。

《诗义钞》，八卷。福建台湾府同知张学尹撰。

学尹自序：

大要以《御制诗经传》、《说汇纂》、《诗义折衷》为宗，而以朱子《诗传》、吕氏祖谦《诗记》、严氏粲《诗缉》三家羽翼之，偶有心得，亦附存之。因为释诗之说，曰：

夫作诗有由知人论世之大端，不可不篇为释也。其称物也博，而取义也精，不可不字为释也。其成文也曲而达，连而属之，而其义通，断而取之，而其义无不通，不可不句为释也。其短篇，篇为一章，其义简而赅；其长篇，篇为数章，或十数章，其义富而裁，分章读之，其精神各有所凝，连章读之，其血脉皆有所注，其反复咏叹，词愈复而意愈深，旨愈远、味愈长也，不可不章为释也。三百一十篇皆本于无邪之思，玩于物而不丧，丰于义而不牵，极其繁杂而其宗不离，昭质于神明，而其智不惑，惟中有主也，不可不统为释也。诗之寓言《易》也，其正辞《礼》也，其诰诫周详《书》也，其惩恶也严，而录善也恕《春秋》也，不可不通为释也。是所望于后学者。

《周官辑义》，十二卷。福建台湾府同知张学尹撰。

《礼记辑义》，六十四卷。福建台湾府同知张学尹撰。

《春秋经义》，一百二十卷。福建台湾府同知张学尹撰。

学尹别为《春秋经义提纲》一卷，发明《春秋》之旨，自"三传"《国语》及集诸儒之说二百馀家，意在以《传》证《经》，凡诸儒之舍《经》从《传》者，辟而正之，其论《春秋》有笔有削，有创立之文，有特笔，有省笔，而谨阙文，无例无讳。事具首尾，必通考以见义，而不可泥一字生义。至谓《春秋》大意，尽于《论语》"天下有道"一章。礼乐征伐自诸侯出，言五霸之事也，故曰天下无道霸者无道之名也。桓、文起而天王不敢致礼乐征伐以治诸侯。东周之不兴，桓、文遏之也，故圣人惧而作《春秋》，实能窥见圣经大原为诸儒所不逮。题曰《经义》者，明非传注诸家之义也。

《天文易贯》，十卷。永顺府教授陈洪道撰。

善化孙鼎臣序云：

此书有九善焉。

一则元、亨、利、贞，从画卦明其旨，此千古所未经明辨者，一善也。

一则伏羲画卦即立卦名，是编必先明伏羲立名之意，于卦名不略，二善也。

一则彖辞、爻辞各因义发明，若使于述彖辞处，先将彖传语意释之；于述爻辞处，先即小象语意释之，则有彖辞、不必有彖传，有爻辞不必有小象矣。此书于叙卦名、叙彖辞、叙彖传、叙爻辞暨小象，无相夺伦，三善也。

一则六十四卦，原是阴阳道理，此书能于天象、地象阐明，如言望、言岁、言昃食，历历证据，四善也。

一则伏羲是先天易，文王系后天易，先后天各处据理证明，五善也。

一则虚神实理，皆即往圣之意而宣明之，六善也。

一则系辞上下传，每段注于起结揭明，令其上下相承，一气贯注，七善也。

一则说卦传之乾为天、坤为地，八节以十字联贯，令烦杂者皆成一定之章，八善也。

一则全《易》终以《杂卦传》，圣人自有深意，是篇能发明当日扶阳抑阴之意，九善也。

夫读书贵体会实义。自汉至今，注《易》者不一家，无如是书之简确显明者。盖由于数圣人之精神相接，洞沏大原，即交易变易而得不易之理。故能综摄群言，独抒己见，而开《易》学之鸿濛也。故特谨书数语，以明是书之九善。

《易义补解》，三卷。永顺府教授陈洪道撰。

洪道自序云：

忆昔弱龄时，师事舅父巢鲁庵先生。一日，呼余前曰“知《易》义乎”？对曰：“未也。”先生曰：“《易》有数例，卦象之义四：卦象也，卦德也，变卦也，时义也；六爻之义十一：阴也，阳也，刚也，柔也，位也，应也，中也，正也，乘也，承及比也。而不观卦主，亦不明各爻之理；不知画卦筮法，亦不知阴阳老少之分。余由是统而观之，乃知六十四卦皆此道理。虽《易》道精深，要必先知有此数端，始可与论《易》也。”

岁丙申，守保靖学，日以读《易》为业。至岁癸卯，仇生星阶为余课幼孙读。星阶固精心于经学者。一日，与论及《易》。

生曰：“余于《易》有未明之旨数端，先生其明示之。”徐徐言曰：“图书皆绘生成之数，然不知水何以生于一？土何以生于五？又，天生者何以地成？地生者何以天成？且不知何以为生？何以为成也？《河图》有‘折补四隅’之说，何以于折一、折三，折二、折四之外，不论其馀，且不言诸卦之何以各宜位彼与此？至书与图何以必西南易位，且书何以有五数、无十数？先天既设有员图，而以《乾》、《坤》属子午，以《离》、《兑》、《坎》、《艮》之间属春秋分，何以析求诸卦于各节气？若不相合，至后天何以必置《乾》、《坤》于不用之地？岂开辟之后天地为闲物耶？而必一位西北、一位西南者，谅必有说。上下篇九卦，首《履》、《谦》、《复》而终于《巽》，以上篇四卦对下篇八卦，其必去首尾之三卦，意必有在《乾》为天节。八卦之属天属地，皆切画象言之。其中之为玉为金等，可分类别之欤？《杂卦传》义取互卦，其义至精。然《易》义多条，圣人之终以斯篇。而始言刚柔，终言刚柔。刚柔二字，其中有循次意义欤？若夫《复》言七日，《剥》言八月，先贤以辟卦为释，在先天员图必有正义；《巽》言‘庚’、《蛊》言‘甲’，何以夺取‘庚’、‘甲’革之，巳日乃革之？或取纳甲图说作巳日谓《离》为纳巳义果是否？又，《易》言天象者多，如言‘天行健’，及‘四时变化’、‘日中昃’、‘月盈食’，暨日月寒暑往来等义。非明于天道者，不知其入门之旨。”

余曰："子欲于《太极图说》、《正蒙》诸书之外，别寻蹊径，与此非可一言辩也。"因退而著为《补解》以授生。后月馀，生复命曰："是书不独能发注释之义，且能发以前所未发，盍急付梓以公同好乎？"

今仇生作古已数年矣，余记其起我之益，且追溯吾师诲我之始，深为寄慨。夫《易》道精微，而余论止此数端，良足贻笑然。鲁拙如余，亦得因前贤之旨而有所发明。则《易》义之见浅见深，其足耐人寻绎也，岂有穷哉！

《毖纬拾遗》，二十四卷。布政使衔浙江候补道张自牧撰。

自牧自序云：

谶、纬本两家之言。《图谶》妖妄，而《纬书》自具精理。五经如古文《尚书》中商、周各篇，戴氏《礼记》中秦、汉诸儒所撰各篇，实远出《纬书》之下。徒以《图谶》列于禁令，遂并《纬书》亦成绝学。后世纬学分为三途：捃摭遗逸，略存梗概，若孙氏《古微》、庄氏《经翼》之类是也；托名古经，私衍术数，若焦氏《易林》《归愚》《大衍》、邵氏《皇极》、黄氏《洞玑》之类是也；别立名目，自摅其说，若杨氏《太元》、卫氏《元包》、司马氏《潜虚》之类是也。三家造诣各殊，而揆其实，皆《纬书》之绪馀也。

论纬学之大者，当本之六经，参以周秦诸子，揭其微言，证诸史策。凡后世天文算法、阴阳五行、命卜星相诸家，即今西学所言化学、重学、光学、汽学、电学、机学，一切艺术，无不出于其中，知纬学为西学先河。则中外之习见胥化，而凡西人有用之学，吾儒当以不知为耻矣。爰就经疏及秦汉子史中搜辑绎文，杂引周髀、墨子诸书，以类相从，发明西学之源，亦见学术本无中外之分也。

《言易录》，二卷。兴国州知州李辀撰。

辀自序云：

光绪三年，承乏荆门县学生戴锦标者，穷《易》有年，著《周易变通》。一日持书求见，因语之曰：“《易》之为书，惟变所适，变则通矣。既云变，三百八十四爻皆变，非此变而彼不变也；既云通，三百八十四爻皆通，非此通而彼不通也。是故《易》为顺性命之书。天人之故、自然之理，非可以人为参与者也。”戴生颇信吾言，往复穷诘，积久盈帙，稍编次为上下卷。其果有当与否，以俟后之君子详焉。

《周易释例》，四卷。郭嵩焘撰。

嵩焘自序云：

圣人明言《易》之为书，不可为典要，惟变所适，而于《复》六三、《巽》九三皆曰“频”；《豫》上六、《升》上六皆曰“冥”；《临》上六、《艮》上九曰“敦”，《复》六五亦曰“敦”；《否》九五曰“休”，《复》六二亦曰“休”；《豫》上六曰“有渝”、《随》初九亦曰“有渝”。反复求之，而确然有以知其通。朱子《本义》以“大”训“元”，以“宜”训“利”。圣人赞《易》，义亦通焉。而《乾》《彖》传、《文言》传明释为“四德”。卦德兼者《乾》、《坤》以下七卦，而《观》、《晋》、《睽》、《姤》、《井》、《艮》六卦不及卦德。卦德多言“亨”，而爻多言“利”、言“贞”。言“亨”者，《否》初、《否》二、《大有》三、《随》上、《大畜》上、《升》四、《节》四六卦而已。言元皆连吉，“元”必吉也。而《比》卦专言“元”。谓元吉为大吉，则《家人》四“富家大吉”、《萃》四大吉无咎、《升》初“允升大吉”何以称焉？圣人观象系词必非苟焉而已。乃稍比次《易》义，推而衍之。焦氏循《易通释》，其辞博辨而不穷矣，而颇病其舍本义而专取义于互卦参伍以变，错综其数，未闻错综其言也。汉儒之释经也，强经以就己之说。焦氏之弊，以《易》从例。

今之《释例》，以例从《易》。无当于《易》之高深，而以经释经，由象以通其词，由词以通其义，亦期不以己意为歧说以乱经而已矣。

《毛诗馀义》，二卷。郭嵩焘撰。

嵩焘自序①云：

《传》曰：诵诗三百，授之以政，不达，使于四方，不能专对，虽多亦奚以为！盖《诗》之用广矣，而其于盛衰、兴废、得失之原，察之世变，征之人事，其词婉，其义深。夫子盖删而述之，以垂经世之大用。变雅诗人处人事之穷，而于君臣、朋友之间，反复推求，以通其意。情深而文明，悱恻而芬芳。君子读之，悲忧慨慕，不能自已。嵩焘自岭南告归，舟中酷热，日取《毛诗训故传》，讽咏吟哦，即其词以求其义，因其时以测其变，颇有所发明。以谂当时贤人君子，知取则焉。

《礼记郑注质疑》，四十九卷。郭嵩焘撰。

吴县潘尚书祖荫序云：

郑君注《礼》之功，如江河日月，不复可泯。宋人好异先儒，朱子于《礼》守郑《注》，不敢有所违反。诚大典之揞囊，群言之萃薮也。然所注既广，或有先后不同、彼此互异，按之经籍，时亦明而未融。盖宏纲大目，虽已包举，而繁文琐义，难于周检。故自魏氏以后，若王肃、孙毓、王基、陈统、孔晁、马昭之徒，各有所持，纷纭攻难，而其说终不妨并存；即皇侃专疏郑《礼》，而亦时有不同孔颖达《礼记正义》坚不破注，无一字出入，然其

①此《养知书屋遗集》之文多异，见本书第二卷《毛诗馀义序》。

疏《易》及《春秋左传》，则又时匡郑短。盖治经之道，贵于明辨审衷其是非，无取专己守残，阿党苟同也。

兹读郭伯琛丈所著《礼记郑注质疑》，条举其说，栉疏帚把，务融会于六艺，贯通于诸子，兼采宋以后诸家之义；平心衡量，无门户骑墙之见，无攻击争胜之心。国朝经儒林立，于郑学之卓然者阐扬申绎，几无复遗。而拾其阙失以归至是，诚亦高密之功臣也。是编也出，吾知读之者益知钻研于郑《注》，以求其得失之所在，而不致以陈汇泽之《集说》为足尽戴《经》之蕴，且以见尚博通而无墨守，正亦郑氏家法也。

《大学章句质疑》，一卷。郭嵩焘撰。

嵩焘自序①云：

《朱子章句》，改定《大学》古本，而补格物致知一传，以发明圣功之要。盖明善诚身，条理次第，躬行实践，深喻于心，确然有以。观其会通，而知其旨要，此亦足见圣贤授受之精微。循端竟委，莫能逾越。而经而理之综，而别之使以类从，昭示学者循章以求其义。而尤以格物致知为圣学之基，以圣经有所未详，补明其功，朱子之用心勤矣。

嵩焘少读是书，求之诸儒传记，或有异同，则亦窃以补经为疑。其后与闻先儒讲习之遗，知学以渐而几，而理以推而明。圣人下学上达之功，其本必在致知。又深以谓朱子补传为最有功于学者，读之既久，而后知《大学》一书于致知、诚意二者，实已反复推明，穷竟其义，无复馀蕴。

又窃疑章句之书，纲领条目之分疏，未足以贯通，圣经之全，

---

①此处《大学章句质疑序》与《养知书屋遗集》之文多异，见本书第二卷《大学章句质疑序》。

而或失之纤曲。老病无能，学殖荒落，终无能有所进益。稍以所见附之章句，而推陈其说，以还圣经之旧。于诸儒之说之有当者，亦间有采录。至于姚江良知之学，知行合一，其于致知、诚意二者之功，混而同之，惝恍恣睢，以失所据，固无取焉尔。

《中庸章句质疑》，二卷。郭嵩焘撰。

嵩焘自序①云：

《中庸》杂出《戴记》。《汉书·艺文志》有《中庸说》二篇，《隋书·经籍志》有《中庸讲疏》一卷。孔颖达《礼记疏》引郑元《目录》云："此书于刘向《别录》属通论，故颜师古《汉书注》以为非本《礼经》。"有宋诸大儒迭加表章，朱子定为章句，而后是书之精蕴，推阐无遗；其后，真氏德秀有《中庸集编》，元胡氏炳文有《中庸通》、景氏星有《中庸集说》，启蒙发挥朱子之说，粲然明备。自明以来，说《中庸》者于《朱子章句》始有异议，或别为章句。国朝李氏光地亦有《中庸章段》。今详考朱子分章之义，证以诸家之说，亦未有以相胜也。

通观《中庸》一书，圣人尽人合天之学也，而皆推而致之于用，其大端以知、仁、勇为体，以诚为归，而以慎独为审端致力之功。仲尼曰"君子中庸"以下，明知、仁、勇三达德之旨，以立其纲；"君子之道，费而隐"以下，由一身而推之有天下，以极于尊祖事天；"哀公问政"以下，极论存诚之功。而慎独之义贯乎始终，以著其功用焉。谨依《朱子章句》辨正其所疑。

盖道之大原本诸天，而衷诸圣。朱子之体道深矣，后儒莫有逮者。其于圣人之言，一以其体验而有得于心者，疏而证之，往往失于条理之密。《中庸》言"慎独至矣"，而分为存养、省察，

①此处《中庸章句质疑序》与《养知书屋遗集》之文多异，见本书第二卷《中庸章句质疑序》。

此条理之密也；又分存养致中，以位天地省察致和，以育万物，岂非条理之过密然与？《中庸》言费而隐至矣，而《章句》系之“费隐”，此条理之密也，又分言费之小、费之大，岂非条理之过密然与？《中庸》言诚至矣，而分为天道、人道，此条理之密也；又章比而条次之，岂非条理之过密然与？至于圣经明言知、仁、勇三达德，而屈“勇”于“知”、“仁”之下，好学近知，力行近仁，知耻近勇，明言困勉之功如此，而以为“勇”之次，曰以其分，曰以其等，愈分而愈疑矣。不揣冒昧，附于章句之末，稍明圣经之旨，而分章一仍朱子之旧。其释经之文，精确不可易者，稍仿赵氏顺孙纂疏之例，申引详说之。

朱子之言，身体力行之言也。岂敢万一庶几于是？聊质所疑，以俟贤者之折衷焉可也。

右经类凡三十种。

《重修太祖实录》，二百五十七卷；《宝训》，十五卷。**《成祖实录》，一百三十卷；《宝训》，十五卷**。**《仁宗实录》，十卷；《宝训》六卷**。明户部尚书夏原吉监修。

案，《明史·夏原吉传》：宣德五年，《两朝实录》成，赐金币、鞍马。杨士奇《夏忠靖公神道碑》：“重修《太祖实录》，命公监修。书成，赐钞、文绮。”其后修《太宗实录》及修《仁宗实录》，仍为监修。李东阳《夏忠靖公传》：“永乐九年，命同姚广孝监修《太祖实录》，洪熙元年，监修《太宗实录》，未成，遂并修《仁宗实录》。”《明史·艺文志》：《太祖实录》，建文元年，董伦等修；永乐元年，解缙等重修；九年，胡广等复修。《成祖实录》，杨士奇等修；《仁宗实录》，蹇义等修。而解缙、胡广传均不载其修《实录》事。《姚广孝传》称重修《太祖实录》为监修，《胡俨传》亦称重修《太祖实录》为总裁官。《杨士奇传》：修《太祖实录》，与黄淮、金幼孜、杨溥俱充总裁官，及修《仁宗实录》，仍为总裁。《蹇义传》：命与张辅、夏原吉同监修《太宗实录》。《艺文志》约举一人言之。《楚宝》载：《太祖实录》，凡三修。建文初，徐辉祖监修；永乐初，李景隆监修；其再修则原吉监修，又与史传参差，而原吉监修三朝"实录"，则又杨士奇、蹇义所不逮也。

《万乘肇基录》。明户部尚书夏原吉撰，纪洪武时事，见《明史·艺文志》。旧志未著录。

《兰台稿》。明太常寺少卿夏瑄撰。

《夏忠靖公遗事》，一卷。明通政使夏崇文撰。

案，《四库全书提要》云：是编追述原吉历官始末甚详，于世所传慈感蚌珠事，删之不载，体例颇为严谨。然原吉治水，功在东南，其方略亦不备载，殆以事具国史耶？是书当时无专刻本，嘉靖十三年，武进吴仲任湖广左参政，始刊行之，而跋其后，谓其与杨文贞公《三朝圣谕录》相出入，而其气象之宏阔，德器之优裕，遭逢之正大，或过之。杨文定公、李文正公皆有序，而刊本不载，惟载南昌张元祯一序，广昌何乔新、华亭钱福二跋。

《三巡疏议》。明江西按察使李廷龙撰，见《楚风补》。旧志未著录。

《神鼎山志》，一卷。国朝僧元揆撰。黄冈詹士懿有序。

《三闾大夫考略》，十一卷。县学生王之铁撰。

《明贤事汇》。县学生王邦翊撰。

《二十一史论要》。县学生张坤溶撰。

《磊石山志》，八卷。县学生王锡龄撰。

举人刘嗣曾序云：

凡史传载山川、风土、人物之文，曰“志”。志，谓记也。在天下则有《一统志》，在一方则有各省《通志》，有《州郡志》，又有《邑志》。夫志而及于邑，宜其详且尽矣，无乎不载矣。于一邑而又取其一山一水志之，作者之用心不亦过乎。然而自古之圣贤风流馀韵，历代英豪之骏烈丰功，与夫幽灵秘迹，雅唱高歌，往往多见于山巅水湄间。而或有邑志所未载者，则采奇选胜之士，咸乐为之搜逸补阙，隐者显而彰之，疑者辨而晰之，此意未始非昔人所心许也。楚南衡山为天下五岳之一，其有志旧矣；而长沙岳麓又有志，盖以岳麓虽列于衡山七十二峰之中，其重系于书院，故道南正脉。地以人传，作者之意盖有在也。吾湘南连衡岳，北绕洞庭，山则有若金轮神鼎，水则有若潇湘汨罗。凡境内之大观胜概，靡不备载于邑志。而自郡志以及《湖南通志》与《一统志》，谅亦采录勿遗矣。

若磊石者，在县北百二十里，岿然特立于重湖之东，与岳州君山遥相对峙，风帆上下，咸资为中流之砥柱焉，庸讵非境内之大观胜概也哉！顾其间自古圣贤之风流馀韵，历代英豪之骏烈丰功，与夫幽灵秘迹，雅唱高歌，散见于传记者所在多有。吾湘先达尝辑有《三闾大夫志》、《神鼎山志》、《保安寺志》，要皆为邑中之名区增华萃美，汇为成书，其亦可以上佐兰台石室之藏，下补舆图、传记之逸，岂直好事者之所为欤？

况磊石滨临洞庭，言洞庭者多及磊石。洞庭原赖龙神之呵护。磊石则为龙神之窟宅，礼隆禋祀，历被崇封，暨我国初荣颁匾额。猗欤休哉，似未可与境内之诸山同日而语也。

嘉庆已未之秋，邑人重修龙神庙。余友王君蓝江经理其事，几费心力。督修之暇，备考《一统志》、《湖南通志》及郡邑各志，并以所得诸家文集与夫目见耳闻，凡有系于兹山者，仍照《君山志》例分卷搜辑，又与同事周君梔褐互相校雠，厥工将竣，而书始成，出以示余。余乃叹王君读书能实有所得，而其用心为独至也。详观其书，一事一物，不遗参考；一人一名，必究源流：俾后之览者，知吾湘之襟江带湖，固山水一大交会之区，而其山巅水湄间之竞奇而争胜者，亦必如是为巨观也。

《典礼辑略》，二卷。县学生王锡龄撰。

贡生周嘉缃序云：

典礼昭垂，通于天下。经史纪载，互有异同。至各省、府、厅、州、县志，旁征杂引，遂有传讹传疑、傅会持剌之弊。而本朝《会典》一书，儒生多未获睹其随时变易之制，复有新颁上谕及通行部文、条例迭更，有为《会典》所未及登者，又无成帙，综核綦难。吾友王君蓝江究心礼教，取邑中公私应举祀典及郡县通行礼仪，编辑成书，分为上下二卷。援据经史，荟萃志书，考核详明，辨论精确，其大端一遵《会典》及通行条例，而于习俗旧仪之不戾于古者，间亦仍之，则又合夫人情自然之用也。

《通鉴纲目辑览正误补订》，三卷；《读史拾馀》，四卷；《楚南先贤志吟》，五卷。举人易焕选撰。

《全史骈语》，二十卷。永顺府教授陈洪道撰。督学渤海张镁、商邱陈坛、番禺梁同新、郜阳车顺轨皆有序。

《李文恭公奏议》，二十二卷。两江总督李星沅撰。

《史略便蒙》，八卷。县学生黄世凤撰。

郭嵩焘序云：

长沙唐陶山先生《读史蒙求》，约四言为文，盖取唐李瀚《蒙求》之义，而专系之史。喜其取便初学，而文辞典赡，贯穿全史，亦足为考古之一助。《隋书·经籍志》"杂史"有吉文甫《十五代略》一卷，注云：起庖羲至晋。又有《童悟》十二卷，约全史以为养蒙之资。所从来远矣。《宋史》别立《史钞》一类，大抵论述事要，参以论断。其间有《南史摭实韵句》三卷，则韵文也。至明赵南星《史韵》二卷，起汉至元；顾正谊《诗史》十五卷，又上溯《史记》，而皆鲜传本。《读史蒙求》一书，几于上掩前贤矣。

吾邑黄鸣阁先生博通史传，为《史略便蒙》八卷，上穷皇古，下讫元、明，亦颇著其废兴得失之迹，缀以韵语。其指陈事类，分别部居，未若《读史蒙求》之综核，而考览兴亡，规画大势，殆复过之。先生素有强记之名，世谓之"书厨"。读此，亦足知其记诵之博与其用心之勤矣。

《汨罗志》。举人黄世崇撰。

案，邑处士高有复撰《汨罗新志》，分上、中、下三卷。世崇重加考订，于山水古迹多所发明，亦稍分别门类，釐为十二卷。

《名媛氏族谱》，二卷。处士高有复撰。

《史综》，三百六十卷。布政使衔浙江候补道张自牧撰。

自牧自序云：

史纬一书，取材十七史纪传，如史、汉、南北史、新旧唐书、五代史，皆删其重复，归于简要，读史者便之然。但有史事而已，朝政掌故概从阙如。因取廿四史各志，参以《九通》、《一统志》、《五礼》、《通考》诸书，仿顾氏《春秋大事表》之式，凡历代选举、铨法、考课、班爵、诏禄、疆域、郡县、户口、田赋、漕法、盐法、钱法、关市、矿务、捐纳、度支、建元、授时、王会、礼服、礼器、乐制、乐器、经籍、艺术、兵制、兵器、武选、边防、刑法、工程、河务、屯务、海务，及祭祀、丧葬之礼，各为表以明之。因革损益之数，升降盛衰之由，昭若列眉，一览而知。各表之后采录儒先名论；鄙见所及亦附著焉，或亦读史者之一助也。

《译书》，二十四卷。张自牧撰。

自牧自序云：

自泰西分天下为四大部洲，而各洲所系之国，至是始昭若列眉。因就泰西纪载，分列各国，国自为传，毖纬拾遗，通论中外学术，译书则专纪事。纬学于中西学艺之由，究其渊源，证其同异，可以发徐光启、许鸿渐诸人三百馀年之蒙，译书于中外交涉之际，事求征实，理取持平，可以平陈少阳、欧阳德明诸人七百馀年之气矣。

《瀛海论》，三卷。张自牧撰。

湘潭罗汝怀序云：

漆园有言，“六合以内，论而不议；六合以外，存而不论”。盖目所未见、耳所未闻、心所未通，而论之议之，不顾其情之妄辞之诬，且率世之人皆出于诬与妄，而其害遂中于天下。国家瀛海之为纠纷轇轕，几一世矣。其始失于未得情势，而操之大蹙；继此日益蹉跌。大抵皆执振弱洒耻之常谈，而不自度量，卒至弱愈甚、耻愈增，则胥动以浮言倾动天下，冀人人忿而诛之。究其所为不足损其豪末，而耗吾之金币已数百万矣。侵寻不已，锢蔽愈深。力臣乃博考载籍，证以听睹，分别部居，不相杂厕。其土地之广隘，势力之强弱，皆较若列眉焉。至于援古证今，疏通知远，视至怪之为至常，识至难之为至易，所以祛疑解惑者，甚至而安边绥远之道，即具其中。子思子曰：“好学近知。”释之者曰：“好学非知，而足破愚。”是故智在破愚，破愚在学，学在好古敏求。不此之务，以终于愚；又不安于愚驯，至为诬为妄；且阿随他人之妄与诬而为之羽翼，则愚之甚矣。是编真足以破愚矣，亦惟好古敏求之士乃足以读之。

《蠡测卮言》，三卷。张自牧撰。

《绥边征实》，二十四卷。郭嵩焘撰。

嵩焘自序云：

尧、舜，三代封域可考见者，盖莫远于唐，莫狭于周。古之有天下，因朝会之国奠定之而已。其不与朝会者，王者不相强也，而屏之为夷狄，非有划然中外之分也。司马迁言黄帝北逐荤粥，《匈奴传》又称“其先夏后氏之苗裔，曰淳维”。乐彦《括地谱》：“汤放桀于鸣条，其子獯鬻避居北野，中国谓之匈奴。”獯鬻即荤粥，其原始于黄帝时，桀子亦君其国。历周，又为猃狁。懿王时，猃狁侵暴及泾阳，遂为夷狄深入中国之始。战国之世，燕、赵世有边患。赵筑长城，自代至阴山下，傍高阙为塞，燕亦筑长城，自造阳至襄平。秦并天下，筑长城，渡河，盖亦循燕、赵之旧，而西北因河为塞。自是以后，中国地逾万里，而边防战守之略益繁矣。

善夫班氏之论曰：“圣王制御蛮夷，来则惩而御之，去则备而守之，其慕义贡献则接之以礼，羁縻不绝，而常使曲在彼。”自唐刘贶述武指驳班氏之失，以谓详而未尽。后世儒者袭用其说，务为夸诞，而后汉、唐控御夷狄之大略绝于天下者七百馀年。新莽时，严尤论御匈奴无得上策者，周得中策，汉得下策，秦无策焉。刘贶反之，以为周得上策，秦得中策，汉得下策。周世猃狁未至强盛，畎戎之难，平王东迁，遂丧成周，安得有策哉！持论者徒曰间隔华夷，无穷兵而已。然不欲穷之于秦、汉疆盛之时，而乃欲穷之于靖康、绍兴积弱之日，此又何说也？班氏之言曰：“搢绅之儒则守和亲，介胄之士则言征伐。”董仲舒大儒，魏相名臣，皆搢绅之儒也。南宋之初，言战者一出于搢绅，而韩世忠、岳飞之流，犹断断〔断断〕然能以战自效。继是而文吏高谈战略，武夫将帅屏息待命，神沮气丧，功实乖矣。是以宋、明之世，议论多可观者，而要务力反班氏之言，常使曲在我。晋太始中，西河郭钦请及平吴之威，徙南匈奴杂胡塞外，最为要略。盖汉之失计，莫甚于处匈奴西河、美稷。平吴之初，谋臣武士之略，其机可用也，过此而固不能矣。唐世因之，令回鹘屯沙苑，留族太原，列舍云、朔间而不知惩。书生之言，竞其虚而不务详其实，持其末而不务究其原。于是论次秦、汉以来下讫于今明边防战守之宜，著其得失。其于历代成败之迹，折衷一是，不系功过，而兴衰治乱之大原，因是可以推见。命曰《绥边征实》，“征实”者，所以砭南宋以后虚文无实之弊也。后有君子，以览观焉。

《自订奏稿》，十六卷。郭嵩焘撰。

右史类凡二十三种。

《藏骚》，一帙。明举人徐摇举撰。

《菜根谭说》。国朝县学生左应昴撰。

《言行汇纂》，十卷。县学生王之钛撰，见《四库全书存目》。

《入德津梁》，二十八卷。县学生王之钛撰。

之钛自序云：

吾楚自濂溪以《太极通书》，开河洛不绝之宗。又二百年，赵江汉崛起元初，独得孔孟心法。我朝熊环川著《学统》、《闲道》诸编，其于朱陆异同、阳儒阴释之辨，致为兢兢。是编集自朱子以下诸儒论说，本《近思录》门目，而部分之用以自考云尔。

《闺训要纂》。县学生王之钛撰。

《诒谷初言》。江安粮道王之锜撰。

《孝弟琐言》。县学生蒋之驹撰。

《家训约言》。贡生蒋常尊撰。

《忠孝至言》。贵州龙泉县知县杨逢琼撰。

《省事要言》。贡生杨逢瞽撰。

《性理要言》。山东海丰县知县杨枝建撰。

《醒世要言》。处士易守祖撰。

《身世秘钥》。县学生易高品撰。

《密溪论林》。直隶长芦严镇场大使徐世佐撰。

《析薪编》，一卷。衡山县教谕杨琼撰。

《自箴语录》，二卷。赠格靖侯左逢圣撰。

《勿斋随笔》。县学生王立楷撰。

《心机语录》。贡生何嘉宣撰。

《养蒙集韵》。贡生何嘉宣撰。长沙陈士雅序："是书，皆曩哲立身治心之要。曹月川《家规》、陈克庵《格言》，不是过也。"

《直斋日录》。贡生黎修诚撰。

《庭训约言》。处士罗文沼撰。

《地理心得》，四卷。处士杨文纪撰。

《医学春台》，四卷。处士杨文纪撰。

《地理正宗》，四卷；《历理精论》，一卷；《天文约旨》，一卷。处士蒋国撰。

《奇门统宗》，二卷；《星宗要格》，二卷；《宅谱指要》，二卷。处士黎光泌撰。

《敏学斋臆说》。永州府教授李得春撰。

《搜神杂记》，二卷。处士周贶祥撰。

《天文识馀》，二卷。县学生陈兴镛撰。

《地理辨正直解》。县学生杨文晶撰。

《学颜编》，三卷。处士李金镛撰。

郭嵩焘序云：

李君晴寰为《颜子汇编》三卷：上卷，颜子及孔子以下语颜子之言，见于《论语》及诸经者，亦稍有所发明；中卷，诸儒论说；下卷，历代追崇典礼。其杂见于《庄》、《列》者不录，尚为严谨有法度。因考《四子书》以《大学》属曾子，《中庸》属子思子，而颜子无书。《汉书·艺文志》有《曾子》十八篇，《隋书·经籍志》、《唐书·艺文志》有《曾子》二卷，晁公武《读书志》有《曾子》二卷、《子思子》七卷，书皆不传。宋汪晫又辑《曾子》一卷十二篇，《子思子》一卷九篇，《孝经》、《大学》、《中庸》分篇，皆别为标目。而颜子之言惟张氏栻稍有采辑，名《希颜录》，明初陶宗仪始辑有《颜子》九篇。其后平江徐达左又为《颜子编》。嘉兴高阳又有增辑，为《颜子鼎编》。明季张星又有《颜子绎》，分内篇、外篇，大抵因庄子“心斋”、“坐忘”之说，以附会姚江之学而已。而以《颜子》名篇，则犹《汉志》著录《曾子》，以是为颜子之书也。

颜子之言，见于载记者无多。相距二千年，以末俗浅学，搜辑附会，成一家之言，亦见其诬矣。张氏《希颜录》世无传本。观李君所述，汇集经、传及诸儒之言，以求颜子学所从入，而想望其气象，不妄立篇目，则亦希颜之学也。乃取周子之言，名之曰《学颜编》，盖不欲李君效明人立论，妄以己见强合圣贤之旨也。

《闺训》，二卷。县学生李榱撰。

郭嵩焘序云：

老友李缦卿兆云以其子榱《闺训》遗著见示，盖其初娶时所录，以为刑于之基者也。其拳拳于孝友惇睦之谊、节俭之风，而尤以自重为义。所谓妇德者，尽此而已。而防微杜渐，举世人所陷溺沉锢、莫知其非者，一一谒其流而发其覆，岂徒以教家哉！士大夫立身制行，得失之机，贤愚之分，未有不由于是者也。而当其为《闺训》时，年甫及冠，初应试为弟子员。生质之美，学道之有得于心，求之今日，盖尤难之。而遽奄忽以死，其妻亦卒成其志以死。览其文而悲其用心之勤，又益以叹夫天之生夫人也，不幸而早死，以不得观其成，又岂独李氏之不幸已也。

《克念斋算草》。候选同知殷家俊撰。

《补格术补》一卷。殷家俊撰。

家俊自叙云：

格术之补奚为者？番禺邹君特夫览沈氏《笔谈》，慨格术之失传而补也。篇首以漏光之孔，拟凸镜之限；继将限影倒顺，反复推诠为格义。一隅之举，以俟通变者之触类而扩充之也。苟能充之，则撬之支、衡之系者，亦格也。桔槔之俯仰也，舳舻之左右也，坠与轮之，往复而周旋也，胥格之为也。凡在物之格，人所易知者也；推而至于八线之正馀，距纬之南北，日月之交食。举凡天道之阴阳剥复，以及人道之进退消长，与万类之相悖相反者，莫不中有一格，为之主持，使其势不两立而并行也。格之时义大矣哉！补斯术者其有爱礼之遗意乎，何忧之远也。

邹君躬通绝学，名动公卿，海内习算名家咸推重之。予心慕焉，惜游迹未历羊城，未由与之交也。邹君既卒，其友人刊其遗稿，而丁果臣先生尤喜此《格术补》一书，欲重刊于其《算学丛书》之中。谬谓余明算学，属为校之。余间以所见正其讹误，先生甚喜，寓书广州，友人以为宜并《邹氏遗书》中本改正之。广州友以邹君既往，虽有误，他人不能代正之也；必欲正之，宜别行。于是更属余为之笺，而左君壬叟、黄君玉屏，皆谓算例亦所宜补，故又为之补算与图。图算者，相辅而行者也。今之言算者喜新法，而余之言算乐推于古。景鉴者，墨子之遗术也，故又多引《墨子经说》傅会笺之。盖所笺已非邹君原作之式，而要惟补邹君之所未备，亦犹邹君所补已非《笔谈》格术之意，而要惟格术之所宜阐也。

《学古问津》，一卷；《居家鉴》，一卷；《童蒙便览》，一卷。候选同知左敬安撰。

《郭氏订正朱子家礼本》。郭嵩焘撰。自序云：

秦溪杨氏言：朱子服母丧，参酌古今成丧葬祭礼，又推之于冠、昏，名曰《家礼》。既成，一行童窃以逃，先生易箦，其书始出行于世。而观朱子跋张敬夫所辑《三家礼范》，言尝欲因司马氏之书，参考诸家，裁订增损，使览者得提其要以及其详，而不惮其行之难，顾以衰病不能及，并不一及《家礼》。琼山邱氏尊用《家礼》，别为订正刊行之，其引元应氏《家礼辨》，以为非朱子手编，即据《礼范跋》为说，未为无征。国朝白田王氏笃信朱子，亦言《家礼》非朱子之书。嵩焘窃求王氏之说，徒以朱子文集未语及《家礼》，因谓《家礼序》亦后人依仿《礼范跋》为之，则疑有未安者。意或《家礼》始成，遂亡去，不复省录耳。黄勉齐、李公晦、陈北溪诸贤皆身及朱子之门，其云是书失而复出，必非虚语。故如勉齐说，其后颇有增损、未及更定则可，谓非朱子之书则不可也。

盖《礼经》之亡，至秦而极。秦时所尚独法令，蔑视先王之礼若弁髦然，又禁民不得藏书，是以律令颇有存者。今可见者，《唐律》意犹三代之遗，历代相承，因时损益，圣人精义之学往往而在，而礼文顾阙焉。汉世儒者乃取《礼经》之遗，推明其意，转相传受，其仪文度数散见于诸传记，亦得汇次之，以稍推行于后世。二千馀年，天下相为法守，独康成郑氏及朱子之书耳。《家礼》一书，其大端一依司马氏《书仪》，而多本之郑氏。其于宗法所以系其族，行之尤力，言之尤详，诚欲敦本善俗，以蕲复乎古，舍是奚由哉！然三代之礼之言宗法，所以严事宗庙祭祀而已，冠、婚之礼，为之父兄者主之，于宗法无所系，则颇疑三代典礼之仅存于今日，皆杂以郑氏之说，朱子又以意推衍之。自宋以来，代详礼制，而于品官家礼，犹守朱子之遗说，其文或繁或略。民间所尊尚，但知有《朱子家礼》，不知其他，其间为今世所遵行者，盖亦十无二三也。

嵩焘读《家礼》之书，反而求之《礼》意，以推知古今因革之宜而达其变，稍仿秦溪杨氏《家礼附注》之例，发明所以异同，条次于后，以蕲合乎人心之安、而通乎事变之会，使人不敢疑礼之难行，以乐从事于复古。邱氏所订《家礼》为今世通行本，颇删削原文，参以己意，而益其繁，亦疑其增损之或未尽当。今一还朱子之旧，而疏通所疑，参稽讨论，要于可行，俟言礼之君子择焉。西河毛氏《家礼辨证》，求异朱子，至上訾《仪礼》，以为出于秦之末世。其言或有过者，弗敢从也。

右子类凡三十四种。

《渔父诗百篇》。五代楚戴偃撰。

案，《三楚新录》称："偃，湖南处士。"《五代史补》："偃，金陵人，流寓湘阴。"《通鉴》作"湘阴戴偃"。偃，实为湘阴人。邑人名能诗者，盖始于偃。

《玉池集》，十二卷。宋秘阁修撰邓忠臣撰。

案，《通考》据陈振孙《书录解题》载《玉池集》十二卷，言忠臣著述至多，尝和杜诗全帙；又《献郊祀庆成赋》，又《原庙诗百韵》，皆轶弗传，所存一二而已。《宋史·艺文志》亦载《邓忠臣文集》十二卷。是当时原止十二卷，其书亦久轶矣，旧志作二十卷，误。

《同文馆唱和诗》，十卷。宋秘阁修撰邓忠臣撰。

案，《四库全书提要》云：同文馆，本高丽使馆。忠臣等同考校即其地为试院，因录同舍唱和之作汇为一编，凡十一人。忠臣及张耒、晁补之、蔡肇、余干、耿南仲、商倚、曹辅、柳子文、李公麟、孔武仲；又有但题名而不著姓者二人：曰向、曰益。疑“益”即温益，向则不知何人也。耒、补之、肇、南仲、公麟、武仲、益七人，《宋史》有传；忠臣、倚并入元祐党籍，惟干、子文行事不概见；辅亦非靖康时为枢管者，楼钥误合为一，王应麟《困学纪闻》已辨之矣。忠臣诗“单阙孟夏草木长”自注“丁卯四月还朝”。丁卯为元祐二年，意即在是岁。子文诗“毛遂未至空连房”注：“同舍十九人，余独后入。”疑宋制，试官许先后入院。时共事十九人，集中阙六人。诸家专集，耒《柯山集》、补之《鸡肋集》、武仲《清江三孔集》，今尚存于世；肇有《丹阳集》、忠臣有《玉池集》，已佚不传，其馀不可考。残篇阙句，借此以见一斑。是书亦见《浙江遗书总录》，而《宋史》不著录。

《邓绅伯集》，二卷。宋潼川路转运使邓深撰。

案，《四库全书提要》云：《邓绅伯集》散见《永乐大典》中，原本不著名及时代，惟集中有《游罗正中磬沼分韵诗》，题曰“深得一字”；又有《集贫乐轩赏花分韵诗》，题曰“深得把字”，则其名当为邓深。《古罗志》：“邓深，字资道，知衡州，擢潼川，有《文集十卷》。”凌迪知《万姓统谱》亦载：“邓深，湘阴人。绍兴中进士。”仕履与《古罗志》同。是编《寓乌石》、《题岩石山》、《石鼓赠别饶司理》、

《别长沙驿渡》、《玉虚洞》诸作，其地皆近衡州，《探禹穴》、《溯峡》、《三游洞》、《峡江》、《滟滪堆》诸作，其地皆近潼川，与深宦游所历正符，为深集审矣。惟绅伯字不同，殆两字与黄虞稷《千顷堂书目》载有元《邓大隐居士诗集》。此集中《答社友》诗有"小轩名大隐"句，又有《自赋大隐》一律与之相合，而诗卷标题宋人而非元人。疑大隐即深别号。《大隐居士诗集》即此集之别名，虞稷误宋为元，亦未可知也。

《邓中丞家集》。宋虞部员外郎邓渊撰。

案，《通志·艺文》引高斯得《耻堂存稿·跋邓中丞家集》云，李公秀岩《朝野杂记》载："嘉泰二年，言者论今岁倡为攻伪之说。今阴阳已分，真伪已定，人心趋向以正，望播告中外，专事忠恪，奏可。其年二月朔，遂复赵忠定公资政殿学士；徐子宜、刘德修、陈君举、张茂献、薛象先后复官自便；又削《荐牍》中不系伪学一节。时朱文公、周益公、留卫公皆已斥贬还政。冬十月，诏文公以次对致仕；闰十二月，制复益公少傅、卫公少保。自是伪禁稍稍解矣！予始读之，甚伟言者。是举以为机括，转移之间，邪说遂止，善者获伸。国脉道命，至于今是赖。《记》不表出其人，为深可惜。及来湘中，得观《中丞邓公家集》，则知此疏乃公为察官时所奏也。彭忠肃公与往来之书，称其正论侃侃，扶持善类于荆榛摧折之馀，又深叹其措意恳恻，委蛇曲折之为不易。惜乎！公以谪死斯事，世鲜知之，不知后来秉笔者，果能搜罗纪载否也？据《宋史·高斯得传》，淳祐中移湖广提点刑狱，又改湖南转运判官。宋时诸路置提点刑狱，尚未有湖广名。本传载其"荐潭州通州"，及"发攸县富民陈衡老奸"状事，盖提点荆湖南路刑狱也。斯得两至湖南，所云至湘中观《中丞邓公家集》，为湘阴邓氏无疑。而不一著其名，《通志》遂以邓渊当之。渊，崇宁三年进士，下距嘉泰二年，盖已九十九年。彭忠肃为彭龟年，乾道五年进士。邓深绍兴十二年进士，相距不远，疑《邓中丞家集》即深《集》也。渊，大观初星变求言，上封事，蔡京恶之，左迁监酒，终知怀州。《耻堂存稿》谓其以谪死，《通志》据为邓渊者以此尔。旧志亦称其奏议剀切，而集不传，今仍依《通志》著录，而辨正之于此。

《夏忠靖集》，六卷；附录，一卷。明户部尚书夏原吉撰。

案，《四库全书提要》云：《原吉诗文集》六卷，载于《明史·艺文志》，后附《遗事》一卷。为其孙崇文所辑，刊板久佚。此本乃康熙乙酉潘宗洛提督湖南学政时，得其裔孙所藏，重为校刊。前有杨溥序，称其诗文平实雅澹，不事华靡。考原吉以政事著，不以文章著，然致用之言，疏通畅达，犹有纯实之遗风，以肩随杨士奇、黄淮诸人，固亦无愧也。

是书康熙四十四年教谕詹士懿重刊，宗洛时督学湖广，有序，又有金德嘉序，及邑人湛焘、左以鉴两跋，叙述甚详。其夏崇文所辑《忠靖遗事》一卷，据华亭钱福跋：宁乡袁侍御大伦得诸其孙通政公刊公集后，是此卷本为附录，其嘉靖刊行本则左参政吴伸校定，别本也。士懿以“遗事”不载《治水方略》，取原吉一疏附之，谓其始议浚刘家、白茆二港，以引苏州之水，浚范家滨以引松江之水，即《禹贡》“三江入海”之迹，委曲详至，于一疏见之，亦可谓能见其大矣。

旧志载原吉《谦谦斋集》四十卷，非原吉所自定者。吴仲校刊遗事跋云：“公之文章，有苏常所刻文集六卷。”则是吴人所刊行也。士懿重刊之本，即明世传本。旧志所称《谦谦斋集》四十卷，殆亦传闻无实之辞矣。

《慎独斋集》，八卷。明御史甘镛撰。

昌邑黄福序云：

以声甘公，富于文。自国子生尹大邑，所至有能声，抚字之馀，时有吟咏。其子霖收辑成帙，分为六卷，盖专为其诗集也。今《慎独斋集》尚有传本，为文者六卷，为诗者六卷。篇什盖多散佚。而其诗以古今体分编，犹符原本六卷之数；文集《杂著》中《自赞》一首中有云："何浩然之气郁不舒也，履道坦坦心若愚也！人鸩声色我恬如也？胡不泛泛随时宜也，而乃濯濯与众违也？"即此，亦足见其所守。今乃并其文集定为八卷。据《明史》：永乐四年，南征交阯，黄福以工部尚书督安南军饷，时镛正以御史巡按广东。其后福官南京户部尚书，镛子霖又适为南京户部主事。福年八十，至正统中始卒，盖镛之亡久矣。

《惜阴轩集》。明四川布政司参议彭谦撰。

《拙寓稿》。明太常寺少卿夏瑄撰，见瑄行状。旧志未著录。

《东轩杂咏》。明太常寺少卿夏瑄撰，见《楚风补》。旧志未著录。

《鞭后文集》。明南京都督佥事蒋伯淳撰。

《柏山文集》。明四川资阳县知县萧淮撰。

《公馀漫稿》。明江西按察使李廷龙撰。

《波楼集》。明衡州府教授李象珠撰。

《怀芳潜稿》，一卷；**《滋培集》，一卷**。明处士易仁寿撰。

案，仁寿生明季，隐居不仕，自号怀芳子。所著书皆轶，不传。

《江声初集》，《江声二集》，《四如小草》。明举人蒋之棻撰。

案，《沅湘耆旧集》：之菜善属文，有“罗江才子”之目，与同郡郭金台、赵而抃齐名，为司理蔡忠烈公道宪所重。甲申后，崎岖戎马，以劳卒于粤，年三十三。《楚风补》谓其年十九死于寇，殆传闻之误也。旧志称：之菜年弱冠，举于乡，而不详其仕履。《选举志》亦不列其名。《南窗漫记》言隆武丙戌开楚闱于衡州，之菜实为丙戌举人。《永历实录》：堵允锡提督湖广学政，校士湖南，与何腾蛟议招募，旁征人才，版授监纪府佐停岁贡生，以意改调除授。之菜当以赞允锡军幕赴粤。永历三年，允锡卒于浔州，之菜展转粤西，以顺治十二年卒于粤西宜山县，实为永历九年。其时李定国方定粤西，之菜或仕宜山县，或赞军务。旧志隐其仕履，致合当日情事，举无可考。惜哉！

《崇山集》，一卷。明举人鄷之馨撰。

案，之馨鼎革后栖隐神鼎禅院，自号崇山和尚。

《砍柴行者遗集》。明举人朱之宣撰。

案，之宣仕履无考，旧志亦不列其名。《沅湘耆旧集》称：戊子义师之役，楚人麻沸至，滇师抗命。收复后，当事因之成大狱，湖湘名士株连三百馀人，之宣与焉，系狱数年始解，集中有《释系奉别陶密庵年丈》诗是也。之宣《渡江》诗云：“寄语山中小儿女，阿翁行作上农夫。”玩其辞意，永历称号时必已授官莅仕。旧志以之宣被逮系狱，一切隐其实尔。

《吹香阁集》，二卷。国朝举人曾允龙撰。

案，允龙，字慎庵，故亦名《慎庵集》。

《乐贫园文集》，《三馀诗草》。国朝县学生王之钛撰。

《南村诗文集》。贡生吴瑞英撰，江夏詹士懿有序。

《竹庄诗选》。县学生吴瑞芳撰。

《享帚诗草》。县学生蒋之驹撰。

《艾晋草》。贡生蒋常尊撰。

《北游草》，《粤游草》。举人杨之炳撰。

《鹤湖诗集》。山东海丰县知县杨枝建撰。

《一雪堂诗文集》。江华县训导苏学禹撰。

《东游草》，一卷。县学生李文升撰。

案，文升父天柱，官山东蒲台县知县。文升随侍其父山东，故以《东游草》名集。

《学达堂遗稿》，《缶鸣集》。县学生许国定撰。

《登莱集》。县学生左应昴撰。

《鸣秋集》，《听松集》。县学生周大铉撰。

《培元集》。县学生易高品撰。

《雁峰高吟》，二卷。县学生杨梦说撰。

《元音遗集》。翰林院庶吉士杨瑝撰。

《遁斋文集》，二十卷；《拾遗诗草》，四十卷。直隶长芦严镇场大使徐世佐撰。

案，世佐为国初岁贡，捷可曾孙，以诗文雄视一世。国朝以来，邑人诗文集卓然名家者，大使及乡贤周公而已。旧志载：大使所著，曰《密岩文集》，曰《石林诗草》，无卷数。而其分集，有曰《詹詹集》者，曰《回川集》者。今考大使诗曰《山居集》者八卷，曰《客游集》者八卷，曰《海上集》者十二卷，曰《出塞集》者十二卷，总曰《拾遗诗草》，无《密岩》、《石林》诸名目。意或大使少作偶有此名，其自序以为邑乘列载所著某《草》、某《集》为非。其实盖欲以其晚年所订本为征信耳。

《秋潭草》。浙江海沙场大使戴文炽撰。

《栎寿轩集》。临湘县教谕王宏显撰。

《鲁岩诗集》。举人蒋常泰撰。

《爱古堂集》。贡生杨茂醇撰。

《瞩远园诗集》。华容县教谕杨茂谕撰。

《登峰堂诗集》，四卷。县学生杨茂诣撰。

《存古堂文集》。县学生王立楷撰。

《丛桂诗草》。县学生王立楷撰。

《南湖文集》。江西万年县知县王立槐撰。

《绮庄诗集》。举人王邦霖撰。

《樵古堂诗集》。副贡张廷禄撰。

大学士漳浦蔡新为之序：

惜其以瑰丽雄放之气，徒务为怀古、游览、兴感、激啸并称。施铁岩评其诗："行神如空，行气如虹。在晋则为阮嗣宗、左太冲，在唐则为陈子昂、李太白。"陆耳山亦赠之诗云："一卷初唐好风格，人间又见拾遗诗。"二先生者，皆深知廷禄之诗。

观蔡文端此序，亦足想见其诗矣。

《安愚斋集》，八卷。甘肃宁朔县知县周锡溥撰。

案，《沅湘耆旧集》：《安愚斋集》没于水，遂失全本。秦小岘司寇瀛按察湖南时，尝求其残稿序之，称其"文体高雅，开阖动荡，驱涛涌云，而议论一归于正大。其诗思俊拔，欣感促舒，中挑外引，而词旨弥见其清腴。所存虽约，皆世之可宝者也"。其后道光二十年，衡山曾传薪始为编校付梓，卷首列仁和韩葑一序，秦序亡矣。而序首称，予耳半帆周君名久矣，岁辛酉陈臬（湖）〔湘〕[①] 南访而见之。与《耆旧集》所载秦序正同。因考秦瀛以嘉庆六年按察湖南，继任者为汉军李亨特，韩崶又继之，则嘉庆七年冬矣，序称辛酉，宜为秦序。或岁久漫漶，误并两序为一也。诗文编次多与稿本参差。同治六年，其孙谔枝又搜得其遗稿未列者，属左宗植重加校订付梓。

《志古斋诗钞》。举人周锡渭撰。

《峭亭诗草》。贡生晏臣鲠撰。

《戆翁存稿》。贡生黎宗洙撰。

《凤楼草》。举人左人睿撰。

《恕思堂文集》。山东费县知县周志传撰。

《困勉斋文集》。副贡杨士法撰。

《醇庵文集》。县学生刘炳武撰。

《记程诗草》。举人刘中培撰。

《抱膝吟诗草》，二卷。新田县教谕曾遇唐撰。

案，遇唐字南坡，为象山县知县。光先之子，自号“烟波醉人”。《华阴道中》诗曰：“岳色微茫云际辨，河声浩淼日边来。极天关塞通乡梦，莽地风尘壮客怀。”《肃州》云：“五夜苍茫秦月色，三边肃穆汉军声。寒流春绕焉支渡，衰草秋连哈密营。”其诗多为雄壮语。

《芸洲集》。衡阳县教谕黄朝绶撰。

《四古堂集》。贡生吴灿才撰。

《青枫书屋文集》，《蝉雪初集》。县学生罗胜任撰。

《复斋文集》。县学生徐炳礼撰。

---

①据吴中韩崶嘉庆八年八月序（清光绪八年春三月《安愚斋集》刻本）改。

《砥海诗集》，六卷。处士徐柱撰。

《博古山房诗集》。县学生李宝成撰。

《湘堤诗草》。县学生郑国贞撰。

《历朝诗选》。县学生张坤瑢撰。

《石岭诗文集》，六卷；《弓冶集》，二卷；《粤游草》，二卷。处士周锡江撰。

《虫不雕集》。县学生周锡祜撰。

《菉竹山房小草》。处士骆宗鸿撰。

《郁湖诗草》。县学生吴天藻撰。

《同甫诗钞》。贡生陈觉民撰。

《玉吾诗稿》。举人彭珴撰。

《惺斋诗钞》，十二卷。桃源县教谕杨先铎撰。长沙张本序。

案，《惺斋诗钞》有《凤城纪行》、《燕台草》、《桃林草》、《游览拾遗诗》、《西江集》、《芳草堂诗》、《红雨山房集》，共十二卷，《红雨山房集》别有刊行本。

《幼梅诗草》，一卷。举人杨培之撰。

《宅心斋文集》，十卷；《地山诗集》，九卷。贡生周嘉缃撰。

《师白山房诗文集》，十卷。福建台湾府同知张学尹撰。

《宝敬堂文稿》，一卷。举人刘之镛撰。之镛自序云：

《宝敬堂初稿》付梓已久，毁于兵，无力重刻。因取近著《论辨发天人之秘》及有关经旨者刻之，存诸家塾，故所存为最约云。

《笛坞集》。举人杨昌光撰。

《雪映山庄诗草》。贡生黎彬撰。

郭嵩焘序云：

少时，闻里中父老言黎素斋先生轶事，意其俊迈磊砢，不可方物。间得其古文，读之甚严谨，有法度，窃独想慕其文，而惜其散佚不传。友人黎少琨为先生从孙，搜辑其遗文，得诗若干首刻之，属序于予。大抵里巷应酬之作，而绮思隽句，坌起涌出，沛然不可遏抑，抑可谓豪于诗者。夫湘水之源数千里，北达于江，汇为湖，吐纳宣泄，与资、沅、澧并会，实交于湘阴之西北境，渟洄涵肆，奇观瑰诡。越数千年，无以文名世者，岂山川之奇泄而无馀，其生才多而及其成之常艰欤？往读半帆周氏之文，纯实温雅，庶几作者，而其传未广。近吾友吴伯翼、李枚生并以杰特之姿，肆力于诗，撰述裒然。而枚生早逝，伯翼以贫废。吾湘之文，其终不振矣乎！先生生乾、嘉之世，文学昌明，俊才逸气，伏一世宜有意于斯者，惜乎未极其才力所至，而所传止于是也。予序先生之诗，而感于斯文留贻盛衰之故，庶使乡之后进感动而兴起焉。

《春航草》。赠恪靖侯左观澜撰。

《耻不逮斋稿》。举人周嗣澍铁农撰。

《草不除山房诗稿》。贡生周藻裔黼堂撰。

《集圣教序诗稿》。县学生吴家睦撰。

《读月山房诗集》。增生向慎徽撰。

《在山小草》。州同吴谦撰。

自序云：

避乱山中作。野老吞声之哭，终当付之一炬，其意不欲以邀名也。然味其言，固亦可悲矣。

《凤台诗草》。县学生李锦组撰。

《青峰遗草》。县学生戴祖畅撰。

《石桥诗草》。处士娄辉璜撰。

《竹坡山人拾遗诗草》，四卷。处士周嘉缙撰。

《爨桐馀响》。绥宁县训导陈鉴撰。

《左海诗集》，二卷。县学生彭宏受撰。

《瓣香堂诗集》，二卷。县学生曾凌云撰。

案，凌云，字襄臣，为洞庄大令光先之孙，性跅弛，负才傲睨。与彭左海宏受友善，唱酬甚富。其《夜坐》诗云："红蓼花残最寂寥，流萤空度可怜宵。不知今夜娟娟月，照到淮南第几桥。"其风致正自清绝，可味玩也。

《亦爱庐诗草》，四卷。处士易尔惺撰。　尔惺自辑其诗，曰《萍绿草》，曰《游蜀吟》，曰《闲居咏》，曰《集陶录》，凡四卷。每卷冠以小序。

《凤凰山樵诗草》。处士许岳南撰。

《云亭诗草》。县学生罗鸿章撰。

《吹香草堂文集》，二卷。安仁县教谕钟昌澍撰。

《止园诗文集》，三卷；《止园尺牍》，四卷。监生钟昌言撰。

《朴学斋存稿》。内阁中书左宗植撰。

案，宗植撰述甚富，尤精天文。其校定《开元占经》多所纠正，自谓一家之学。诗古文辞雄厚谨严，自半帆周氏后无能及者。卒后，其弟今相国恪靖侯为刻其遗著，曰《慎庵文钞》，二卷；曰《慎庵诗钞》，二卷。

《李文恭公诗集》，八卷；《文集》，十六卷。两江总督李星沅撰。

《观香室诗集》。候选同知李星渔撰。

《梧笙馆联吟初辑》。两江总督李星沅撰。

案，李文恭公夫人郭氏名润玉，号笙愉，鄠县知县湘潭郭汪灿之女，能诗。此集皆与文恭公唱和之作也，所著别有《簪花阁诗集》。

《小芊香馆遗集》，十二卷。翰林院编修李杭撰。

《敏学斋诗草》。永州府教授李得春撰。

《达观楼诗集》，四卷。奉天新民厅同知易文濬撰。

《西桥诗草》。浙江黄岩县知县吴英樾撰。

《竹林遗稿》，一卷。副贡周梦梨，县学生周从璞、周逢甲合撰。

《淮西诗草》。贡生徐德芳撰。

《谈秋水斋诗集》，四卷；《山阳闻笛草》，二卷。县学生戴开浚撰。

《白湖诗草》，八卷。监生熊化龙撰。

《南林诗草》。处士罗文沼撰。

《诵芬书屋文集》，二卷；《怀二山房诗集》，二卷。五品衔候选训导钟显震撰。

郭嵩焘《诵芬书屋集序》云：

予年十七，与同年生吴君西乔读书仰高书院。西乔为文劲悍，锋铓逼人，予心畏之。西乔亦独以予为畏友。其年，予补弟子员，西乔报罢，发愤归，键户读书。逾年，见其文，大惊。西乔曰："吾比年出入于《史》、《汉》，沉潜于诸子、百家之文，自谓有得也。"予闻，内惭，乃益研精覃虑，伏而读，仰而思，得文二十馀篇，西乔见之，亦大惊，持示钟君情田。情田叹曰："百年无此作矣。"情田，邑名宿，老于文律，于人鲜所许可。闻之，亦窃自喜。予年未冠，邑人士谬谓能时文，由西乔、情田两君发之也。予与西乔先后成进士，情田独抑郁以终。老而幕游，益肆力于诗古文辞，其卒也，又后西乔。予悲二君之才，显晦出处不同，而其诗与文皆有以自立，又一皆未竟其施，终其所就，未始不同也。

情田殁数年，嗣君仰禔裒辑所为古文辞，曰《诵芬书屋集》者示予，属为之序。悲夫！情田足不出里巷，其所考订阐扬，多关系一邑人文风化，其文有不可泯者。而予独念少时与情田相见，讨论文事，未尝不以古人相许与。二十年来，士之能文蕲进于古者益无多矣，岂独乾、嘉盛时不可见，即吾一身而世运之升降殊焉。序其文，而益怀老成凋谢之悲也。

《锄经堂诗集》，二卷。处士周履祥撰。

《石帆遗稿》，二卷。县学生周韫祥撰。

两江总督李星沅序云：

予因家可北，识周三调臣，复因调臣识乃兄石帆。

三子者皆吾邑诗雄也，而皆不遇，皆不永年。

当文场角逐时，可北性豪宕，剧饮狂䣛，人以为颠。调臣率掩抑凄凉，落落难合。惟石帆温雅和易，清谈如云，所至辄相与投分，先予入县学。继数同应秋试，掎裳连袵，把臂论心，顾尝伟视。

予以为读书经世，大用则大效，小用则小效。若可北、调臣，将终为山泽之臞也。既而可北死、调臣死，罗江回首，旧雨晨星，所望为鲁灵光者徒有石帆在耳。曾几何时，而石帆亦死矣！

石帆诗如其人，不事拍张，而情深调古，顿挫激昂，与可北、调臣为犄角。调臣诗，予既序而刻之，似与可北诗合订，又念石帆诸作不自收拾，南向惘惘，恐散佚无复存也。比两弟书来，乃并获石帆诗，汇为一帙。且悲且喜！

昔刘昚虚寄江滔，求孟襄阳遗文曰："相如有遗草，一为问家人。"予读之，呜咽流涕，不图三子之遇之年竟止于是，徒以半生心血郁为菁英，俾不才如予稍尽后死者之责也。九泉有知，当相向怃然，叹故人久要不忘也！

《鉴吾堂剩稿》，二卷。处士周睿祥撰。

《玉池山樵诗文集》，七卷；**《北园杂著》，一卷**。县学生周燮祥撰。

《昙华集》，二卷。处士周倬祥撰。

《桃林牧者诗钞》，六卷；《砚农诗话》，四卷；《罗湘骚雅集》，十卷。处士周觃祥撰。

《方园樵唱》，四卷。监生周燿祥撰。

《东瀍诗草》，四卷。县学生李道南撰。

《黄村草堂诗集》，二卷。县学生徐受撰。

《愚村诗钞》，四卷。举人吴淮撰。

案，淮诗，为长沙易氏校刊。淮与县学生徐受齐名，而诗笔雄杰，非受所及。自定《愚村诗钞》，断自丙午。丙午以后诸诗，均未编入，以尚非定稿故也。刊本多录丙午以后诗，而于其定本乃多芟汰，失淮本旨矣。

巴陵吴敏树序云：

今之负奇才气，欲有为于世，而早年颠倒不能自存活，孰吾枟台若哉？而乃一发其豪于诗，自其少之所作，凡数千首，尽芟去之，决其必当行于世者犹数百。吾之才，不足以知枟台，而又不能以知诗。然吾要知枟台之所为，非众人之所晓。而此数百首者，皆其艰难困阨之所存，与他日之所树立皆于此觇之，则枟台所以自豪于此诗者岂少哉！

《种竹山房诗草》。县学生伏森撰。

《香谷诗草》。处士黄道植撰。

《吟香馆诗草》。县学生崔绍煌撰。

《桐爨吟馀》。县学生毛隽章撰。

《萃星山房诗草》。监生高炳衡撰。

《曲江诗草》。处士张万坤撰。

《瓶莲馆诗草》。易青玉撰。

郭嵩焘序云：

吾乡易氏于吾家为世姻，有以德行才望著闻于时者，曰“又村先生”。先生有孙曰曙霞，才而早世。其妻吴氏，亦吾家世姻也，贤而有礼法，自曙霞之卒，撤环瑱弗御，屏铅华弗饰，常间至吾家，望而心敬其人。又因以叹曙霞之才，不及见其成立，为足悲也。

今年夏，曙霞之父曰仪臣，裒辑曙霞所为诗古文辞若干篇付诸梓，而以其诗曰《瓶莲馆遗草》者寄示予。予受而读之，情词绵婉，往往拟古而肖其形，于是又知曙霞之能诗也。曙霞生十馀年，积学能文，卓然思有以自立。观其所为《励志诗》，殆有意乎瑰奇卓绝之行，不欲以流俗自苟者。区区诗文之业，犹不足以尽曙霞之量，而曙霞不幸死矣。其所为诗止于是，其存是数十章者，果足以存曙霞之为人耶？

呜呼！士生世而才，不数数[①]然也。才矣，而或有成有不成。年寿之不齐，则命也。苗而不秀者，有以夫！有以夫！曙霞之生，予不及与之言，其卒也，予固将张之，况其有见于诗古文者耶！独以曙霞之才，而仅得此区区数十章者以传也。呜呼，其重足悲也夫！

《筠坡诗草》。县学生蒋光晓撰。

《六村诗集》。监生黄世培撰。

《巢溪诗草》。浙江兰溪县知县江绍华撰。

《罗湘唱和集》。监生陈隆钧撰。

案，隆钧与学官武陵张世纬善，因录其游览唱和之什为一集。

①“不数数然也”，《养知书屋遗集·文集》作“不数然也”。

《蛙鸟自鸣集》。永州府教授焦桐良撰。

《槐窗诗集》，一卷。县学生郭家相撰。

《青山草堂遗稿》。贡生萧贡淮撰。

《海青诗存》。内阁中书易堂俊撰。

《蓉舫诗存》。巴陵县学训导吴开煦撰。

《畚虚斋诗草》。县学生杨本震撰。

《今悟楼遗诗》，一卷。监生易冕章撰。

《锡山居士集》。郴州学正嵇赞撰。

《悔不堂诗草》。候选训导易文萱撰。

《思诒堂文集》。贡生吴景运撰。

《南塘诗集》。举人田实颖撰。

《雪樵诗草》。贡生何启祥撰。

《柘樵诗草》。县学生黄哲濬撰。

《可与不可斋诗草》，一卷。候选从九瞿永禧撰。

吴英樾序云：

禧臣早废学，游幽、并间，一为诗，辄得雄丽之句，于是人皆许其能诗。禧臣亦勤为之。其后游益困，豪宕感激一寓于诗，而诗益进。逾岁见之，已裒然成帙矣。幽、并气势雄杰，土厚而民朴，自古多感慨悲歌之士，傥亦山水之郁积然与！

郭嵩焘题云：

十载幽并意气雄，谈诗赌酒健儿风。归来万事都零落，惟有残编伴病翁。

《耐莛诗草》。浙江候补知府虞绍南撰。

《舜葱园诗草》。举人杨世俊撰。

《石竹山房诗草》，一卷。县学生李瀛撰。

《云路山房诗草》。县学生李人森撰。

《适其适斋诗草》。廪生殷邦恕撰。

《吟香阁遗诗》，四卷。县学生易金鼎撰。

郭嵩焘序云：

易生砺仲，与亡儿同入学籍，意相得也。闻其读书有常课，每得一书，日记其所诵习，校其多少尺寸以自程督。工金石篆刻，寻求古义，釐正文体，一皆循源溯流，深造而自得之。亡儿既卒，检所求刻石未讫事者大小二十馀，尽刻而还诸其家，曰：“吾不忍负逝者之托。”集中哭亡儿诗，所谓“拳石累累记姓名”者是也。

予既喜砺仲之厚于行而敏于学，以为今人所难①，而其于朋友之交，生死不渝如此，以是益有意乎其人。始终不及一见，而砺仲死矣。其生长于亡儿两岁，其卒也又后一年。病瘵才五六月，读书日程终守不懈，至病不能支乃已，距其死十馀日耳。

后又数年，砺仲从弟淑子馆予家，出所为诗曰《吟香阁草》者见示，亦皆有老成之风。年虽少，而读书砺行不以自恕，所成就宜然。吾独悲夫砺仲者，志意所存，莫究其所终极，而其才固必有成。其所为诗，寓情叙事，摅写胸臆，非欲区区托此以传者。然而其志未就，其艺未成，而不幸已死，则此遗诗数百篇者，固皆其精神意趣之所存，不可得而泯也。老病颓唐，思维后起之秀摧残剥落之惨，忽不自知衰泪之涔涔也。

《芸帆遗诗》。县学生李属春撰。

黄世崇序云：

呜呼！此同里县学生李属春《芸帆遗诗》也。芸帆年十四为县学生，见者诧为奇才。九应省试，辄报罢。家故贫，授徒里中，郁郁不自得。

---

①“以为今人所难”，《养知书屋遗集·文集》作“以为今日所难”。

同治辛未，芸帆有志从戎，立奇功塞外，携健仆一徒步走三千里，至西安。会邑人唐笏生没于肃州军次，归榇至西安。笏生者，芸帆莫逆友也。泫然泣曰："吾此来所倚恃者笏生，今不幸死，命也。"遂归，年已三十矣。须鬑鬑绕两颊，始专意诗古文辞。颇自负，酒后面赪，辄期期语人曰："百世后必有能知我者！"

光绪戊寅，予归里，芸帆手所为诗，乞予论定。时予有儿子钦逵之戚，恸甚，乃携之去。明年，门人刘昌桂子馥来鄂中，以芸帆之丧告，且以遗诗请序曰："此芸帆志也。"

予悲芸帆之殁，又惜其怀瑰琦卓越之才，仅仅以诸生终，而所欲传之百年后者亦止于是，岂天假之年，其所成就必什百倍，于是故靳而夺之速耶？然则其诗之传，尚在不可知之数，此尤可悲矣。

《尔尔斋诗集》。浙江候补知县邹寿庚撰。

《松竹山房诗钞》。处士龙光辅撰。

《清趣轩诗集》。处士邱世卿撰。

《慎斋初稿》。孝廉方正周谔枝撰。

《骚雅集前编》，四卷；《续编》十卷。湖北候补知县黄世崇撰。

《石珊诗文集》，十六卷。湖北候补知县黄世崇撰。诗集八卷：曰《湘中集》，四卷；曰《京华集》二卷；曰《武昌集》，一卷；曰《施南集》一卷。文集八卷：曰《湘中集》四卷，曰《京华集》二卷；曰《武昌集》一卷；曰《施南集》，一卷。

《湘阴诗征》，三十六卷。布政使衔浙江候补道张自牧撰。

案，道光初，周贶祥辑《罗湘骚雅集》十卷，黄世崇又为《前编》四卷，《续编》十卷，搜辑颇富。自牧又补入百馀家。五六十年间，人文亦称盛矣。

《无知知斋集》，二十四卷。布政使衔浙江候补道张自牧撰。

《鸿爪诗存》。贵州候补同知黎光瑜撰。

郭嵩焘序云：

肇昆自黔归，手一帙，示余，皆其从军所莅及感事述怀之作也。豪情壮语，杂以悲愤。然玩其辞，虽处羁旅艰难，而洒然有以自得于心。其于兵事倥偬、人民流离之情状，若独有深忧者。读其诗，究其心而贤之，而视其身穷且老无所憾，独憾不得藉手以奠安生民，于是又知其必有以自见于世也。肇昆少豪于酒，所为诗多纵肆。涉世既久，而气益敛，语益深。今其所为，盖皆得之艰苦阅历之馀者也。士非奇穷困阨，固无以成其才，岂独诗也欤哉！

《遗诗汇存》。四品卿衔内阁中书郭崑焘手书其祖世遵、本生祖诠世、叔祖诚世、父家彪遗诗。嵩焘校订刊行。

崑焘跋后云：先光禄公弱冠，患沉痔疡，医用刀针，伤其魄门，故终身不能正坐，由是绝意进取，专以文籍自娱。尝手钞一部，书法端凝，音读精审，允为家藏至宝。道光丁未、戊申间，撰《训家真诠》，实开罗忠节公《小学韵语》门径，而名物兼详，始意授侄儿庆藩诵读。庆藩未入塾而光禄公已见背，书稿亦为人窃去。所为古近体诗，手自编辑，题曰《守愚斋诗》，凡数卷。儿时常讽咏之。两兄自数龄就外傅，长而橐笔四方。予小子懵然，罔知爱惜。兵兴后，家屡徙，竟不知遗落谁何之手。吾父吾所逮事手泽之散佚已如此。吾家二百年来，世以文学相承。自吾祖以上，遗墨流传绝鲜。然则摧残剥落于零缣断简之中者，又乌可胜道耶？仲兄捡得先光禄公手迹，盖仅一时橐本，不逮十分之一二，而吾祖鸿渚公、本生祖吉皆公、三叔祖葵臣公遗诗，乃因之以不尽归湮没。吾服仲兄之勤，而益追怀光禄公之勤不置也。

《养知书屋诗文集》，十二卷。兵部左侍郎郭嵩焘撰。

《会合联吟集》。郭嵩焘撰。

嵩焘自序：

咸丰四年，湘乡曾公督师东下，嵩焘与霞仙刘公从行。至岳州，刘公留赞军务，而嵩焘归治饷湖南。其冬，水师溃于湖口，曾公间道走江西，收辑馀军。嵩焘驰赴豫章相见，曾公喜甚，为会合诗一篇，属嵩焘与刘公和之。已而在营者皆有和作，积久得百馀篇，乃汇存之，以志一时之盛焉。

《云卧山庄集四种》。四品卿衔郭崑焘撰。曰《诗集》十六卷，曰《文集》二卷，曰《抚幕疏稿》八卷，曰《筹笔尺牍》八卷。

《萝华山馆诗集》，四卷。贵州候补道郭岺焘撰。

嵩焘序云：

蛰存之丧既卒哭，其子龙允、虎宣哀辑其诗，编为四卷。蛰存自少喜经世之学，读书务通知古今，考求利病得失，故其为文深入事理之精微，曲折往复以尽其意。尤长于论断，遇事纠纷，群疑劫劫，徐徐推寻其本末，而论定其是非，节解关开，剖折毫芒，见者翕然称服。亦持此义论诗，流连觞咏，摅写心臆，超然若有神契，老于诗律者莫能逮也。嵩焘颇思综其生平所为，都为一集，而虎宣等以其诗编次为易，其他文无写定之本，尚待搜辑。忆岁丁巳尝为《仙枣亭觞月记》，用六朝骈骊之体，凄清绵丽，幽秀入骨，人颇惊其多艺，而不知其所学沉博宜有然也。居常言："人世可愧辱者二端：官所以治人者也，尽一方之利病宜责之官，而人故为恕辞曰'是尚能不苟取，斯亦贤矣'；士者所以表示四民者也，尽天下之事物宜责之士。'而人亦为恕辞曰'是读书者宜于世务有未谙也'，斯言也，必在官者皆苟贱不廉，而后人相矜许于是也。必为士者皆庸愚无知，而后人相宽假于是也。人惟恕之，而君子之愧辱逾甚，敢自恕哉?”呜呼！观此而埶存之所养，固可知矣。此予所以重为之悲也。

《食笋斋遗诗》，二卷。候选员外郎郭刚基撰。

巴陵吴敏树序云：

筠仙中丞亡其良子刚基，以书来告丧，且曰“吾儿之为诗甚悲，吾悲之，愿有文于子，以塞其悲也。初刚基为诗以呈吾，见其语悲，戒勿为。自是窃为之，不令吾见也。而其友人亦谓之曰：‘子家门方盛，年方少壮，何为于此?’答云：‘每为诗，不知悲之何自来也。’嗟乎！此所以悲吾儿也，岂其早死之效与，抑其不肯自惩创如此？岂达于生死、近古之知命者欤?”敏树窃惟古诗人之旨，多发于悲伤，盖有悲而不害者矣；未有不悲而能为诗者。筠仙之戒其悲欤！今之徒悲其死，胡为哉？惟恨其悲之不尽，传其悲于无穷，乃所以悲之耳！故序之如此。

案，《艺文志》分类，并按照年分资序编列。惟现存《人物》列已故者之后不以资序论也，郭岺焘为嵩焘、崑焘之弟，而刚基则嵩焘子也，其势不能列前，故稍变通为之。

《十二梅花书屋诗草》，八卷。浙江补用道郭庆藩撰。

《木樨香舍诗钞》，六卷。岳州镇中营游击田明山撰。

《簪花阁诗草》。两江总督李星沅妻郭润玉笙愉撰。

《柏心室诗草》，四卷。张学尹女梦龙撰。梦龙，字静斋，适衡山陈源，早寡，抚三子成立。同治十年，奉旨旌表节孝。

《红薇馆吟稿》。编修李杭妻郭秉慧知珠撰。

《养梅室诗集》。仇宗锷妻李氏撰。

《碧芙蓉馆遗草》。浙江候补知县邹寿庚妻罗金淑丽生撰。

案，金淑能诗善画，兼工篆刻，旁及五行日者家言，无不通知，而勤于操作，安贫习苦。邓氏《耆旧集》称其家纺塼织筐旁皆诗筒，煤烟尘迹间皆画稿。可以想见其风韵矣。

《**浣尘诗草**》。女士郭文瑛著。

善化贺熙龄序云：

长沙女士郭文瑛，适湘阴陈介泉，年逾二十而孀，仅遗一女。茹苦含酸，柏舟自矢，冰霜之操凛凛不渝，岂复藉诗词以自见哉！顾文瑛之诗，实有足传者。湘阴郭筠仙孝廉将为刊行，持以视予。诗凡三卷，其中悲逝、伤离、感怀、吊古，情辞悱恻，多哀楚之音。情随境易，固有不自知其然者在。文瑛固不以诗重，即以诗论，亦岂在宋普照、鲍君徽下哉？读其诗，悲其志，重其人，益为之感诵流连不已也！

《**清一诗集**》。僧清一撰。

直隶长芦严镇场盐大使徐世佐序云：

昔有比邱学诗于虞山蒙叟，叟教以适山情、助禅悦，扫除一切诗偈毒密，以灰香净涤而可。比邱曰："客有啖笋，而佳者问何物主人。"曰："竹也。"归而煮其箦，不熟，曰："主人欺我，如公之云，人将笑我煮箦。"蒙叟曰："开堂振锡，干偈澜翻，馊饭陈羹，所在塞屋。鸠摩罗什云：嚼饭与人，非徒失味；（又）〔乃〕① 令呕哕。子苦煮箦，不犹愈于饱呕哕之馀而果腹相夸耶？"比邱懡㦬而去。

神鼎故丛林，清一禅师提正印，登讲座，拈椎说法，听者云集。然其生平所作诗，了不涉佛子语，大都皆山光潭影、明月清风，入其肺腑中淘写而出。夫诗，人也，而天尸之得其本矣。唐杼山好作诗，晚乃放弃笔砚，曰："我疲尔役，尔困我愚，我将放尔，各归本性。若是乎诗，亦为禅累。然予以儒者之道，沂水春

①据南朝梁慧皎《高僧传·译经中·鸠摩罗什》改。

风之趣，则又浩然，所谓闻天籁而发清机者，其于佛理当复不远。”蒙叟曰：“沙门此言离欲，离欲则方寸虚而万景入，入必有所泄，乃形于辞。又曷云非禅也?”

清师属予序其诗，予无以云，聊举蒙叟之言云尔。后将有煮箦者，则非予所知也。

《**款冬禅室诗钞**》。僧鹤佣撰。

郭嵩焘序云：

鹤佣隐于僧，激昂伉爽，不事小节，与西枝皆以年少能诗有声。老友吴柠台尤善鹤佣，授以诗法。偶有所作，雄直豪迈，意气岸然，人不知其僧也。呜呼！使二僧者生长富贵，诗书得名师友陶成其所学，岂非佳士哉！西枝耽禅悦，罕与人接。鹤佣周旋士大夫，下至屠贩，务尽其欢，气日益豪，诗亦日益工。年三十死矣。且死，以诗授吾弟志城曰：“惟公为能传我。”志城乃属序而存之。予既喜二僧之多文词，而益悲夫鹤佣者早死，不尽其才为可惜也。

《**半偈斋诗草**》。僧东林撰。

《**西枝存稿**》。僧西枝撰。曰《湘山橐藁》，二卷；曰《东湖古阁禅馀草》，二卷。

右集类凡一百七十八种。

周铜钲。周燮祥《玉池山樵集·周铜钲歌序》：“钲，钟形而扁，两栾棱然。栾径舞高七寸有半，栾围二尺三寸有半，参分栾围去，一为舞围，鼓间凸起，作鹰隼、蛇虺状，质镂文如篆籀。甬其端长五寸，围六寸，空中，上下通甬，近舞约寸许，丰如鼓腰者寸。腰有乳四，厚五分，重四十有二斤。证诸《博古图》，盖周钲也。土人于洞庭湖之青山掘得之，藏营田易氏。”据《古器物铭》载："汉平周，金铜钲重六斤八两。"《汉书·地理志》："平周，属河西郡。"古彝器款识，纪某氏纪年，此亦纪地。钲本军中器，非家常有也。《博古图》有汉武铙，《说文》："铙，小钲。"《周官》："鼓人以金镯节鼓，以金铙止鼓。"郑注："镯，钲也，形如小钟。"此重四十二斤，用法不能详，然为周器无疑。

汉错刀。刀长二寸，博二分，径六分，环如大钱，肉好，各径三分。错金为文曰：直一千，藏丰仓吴氏。据《汉书·食货志》，王莽居摄，造契刀、错刀，其环如大钱，身如刀，长二寸，文曰"契刀五百"。错刀，以黄金错其文曰"一刀直五千"。是错刀莽制而文曰直五千，此直一千，《汉书》不载。莽造布货十品，小布一百以上，各加一百；至大布，长二寸四分，重一两，直千。疑当时钱刀四品中仍有品次，错刀亦由一千至五千，史文阙尔。

汉铜鼎。王锡龄《磊石山志》：乾隆中，土人于凤形山掘得古鼎一，两耳三足，面为回文，下如披叶，承以镂云，周轮有乳环之，无款识，重一十九斤。考磊石庙建自东汉，后废。元至正中，复移金沙洲洞庭龙神庙于磊石，疑此犹汉物。左耳为掘土者所伤，微有折损。

汉屈原庙碑。《水经注》：罗渊北有屈原庙，庙前有碑；又有汉南太守程坚碑，寄在原庙。据《魏志·刘表传》"评跨蹈汉南"。是汉南即汉之南郡。汉南太守碑，何以寄在原庙，不一详其始末。道元，北魏人，足迹未至南方，不知其何所据也。

汉黄陵庙碑。《水经注》：湘水径二妃庙南，世谓之黄陵庙。荆州牧刘表刊石立碑，树之于庙。唐韩愈《黄陵庙碑》："考《图记》言汉荆州牧刘表景升立，题曰湘夫人碑。今验其文，乃晋太康九年，其额曰'虞帝二妃之碑'，非景升立者。"而《水经注》不言晋太康碑，罗含《湘中记》亦云"二妃庙，刘表为之立碑"。

《通志》以《水经注》所引即晋太康碑，而相承以为刘表碑，窃疑道元当时必有所本。罗含，湘人，亦不宜承误如此。而晋太康碑历唐犹存，又不一著录，或刘表碑至晋太康重刻尔。

晋太康虞帝二妃碑。

宋大明七年茹氏砖。砖以今尺度之，径一尺五分，广五寸，博一寸七分，文曰“大明七年太岁癸卯六月二十八日茹氏造”。同治八年，土人于黄华岭掘得数方。邑人罗鉴与黄世崇步循其地，自黄华岭至丁家山，又掘得数方，文或曰“景平”，或曰“元嘉”，或曰“太始三年太岁丁未”，下方或曰“守军国”，馀字漫灭不可识。由泰始三年下溯元徽二年，凡九年，上推至景平、元嘉，四十馀年，距湘阴立县城时或远至五十二三年，岂是时湘阴已权立县耶？一城之建，历四代五十馀年，似又非事实也。郑樵《通志·氏族略》“茹氏”下引《官氏志》云：“蠕蠕入中国为茹氏，蠕蠕故号柔然，魏太武始改其号曰蠕蠕。”实当宋元嘉之世，其后升平中始通中国，距大明之世十五六年。以此砖证之，茹氏由来已久矣。所云“守军国”，当系官衔。宋世职官无此名，目文帝以荆州刺史兼领湘州入嗣大统，遂改景平二年为元嘉元年，其云“守军国”疑是文帝领湘州，已于此营立县治，旋复中辍，历久始成耳。用述其略，俟考古者详焉。

唐屈原墓碑。《通典》：“罗江有屈原冢，上有石碑，文曰：‘楚放臣屈大夫之碑’，其馀字灭矣。”不详建立年代，而系之屈原冢下，明非《水经注》所记之庙碑也。

唐杜甫过洞庭湖诗石刻。《渔隐丛话》载王直方《诗话》云：

“蛟室围青草，龙堆隐白沙。护江蟠古木，迎棹舞神鸦。破浪南风正，收帆畏日斜。云山千万叠，何处上仙槎。”此老杜过洞庭湖诗也。李希声云：“得之江心一小石刻”，潘子真《诗话》，亦载元丰中有人得石刻于洞庭湖中，不载姓氏，以示黄山谷，山谷曰："此杜子美作也。"今蜀本已收入《方舆胜览》，载江心小石刻。引王直方《诗话》，"隐白沙"作"拥白沙"，"南风正"作"南风止"，"何处"作"底处"。因考《唐书》本传：永泰元年，崔旰乱蜀，甫避地荆楚。会江陵乱，乃溯湘游衡山。集中《泊岳阳城下》诗"舟雪洒寒灯"，《缆船苦风》诗"舞雪渡江湖"，是甫入湘在是年冬。后又有《宿青草湖》、《白沙驿》诗。《青草湖》诗云："洞庭犹在目，青草续为名。"以南湖为青草湖，实始唐时。青草、白沙，皆在湘阴县境。玩诗意，盖渡湖后泊舟作也。凡风雪初霁必作南风，溯湖而上，遇南风则止。《方舆胜览》作"南风止"，极合渡湖情事。以谓误"正"为"止"者，非也。又永嘉元年冬，甫始至湖南，明年遂卒于耒阳，不应《过洞庭湖》诗有"南风畏日"之语，疑"南风正"当作"乘风正"。江行值日落收帆，正乘风时，畏见日斜。此诗未入甫集，后人展转刻石，不能详其年代，遂至牵合以就文义尔。

唐韩愈黄陵庙碑记。

案，碑为吴县沈传师书。

愈记引秦博士对始皇帝言："湘君者，尧之二女，舜妃者也。"刘向、郑玄亦皆以二妃为湘君，而《离骚》、《九歌》既有湘君，又有湘夫人。王逸解以为湘君者，自其水神；湘夫人乃二妃也。《山海经》云："洞庭之山，帝之二女居之。"郭璞疑二女帝舜之后，不当降小水为其夫人，因以二女为天帝之女。以予考之，璞与王逸俱失也。

尧之长女娥皇，舜之后，故曰"君"。二女女英，自当降曰"夫人"。《九歌》词谓娥皇为"君"，谓女英为"帝子"，各以其次第推而言之也。《书》曰"舜陟方乃死"，《传》谓"升遐南方以死”；或又曰“舜死苍梧，二妃从之不及，溺死沅湘之间”。余谓《竹书纪年》帝王之没皆曰“陟方”。“陟”，升也，谓升天也。其下言“方”，乃“死”者，所以“释陟”为“死”也。地之势东南下，如言舜南巡而死，宜言“下方”，不得言“陟方”也。以此谓舜死苍梧，二妃从之不及，溺而死者，皆不可信。二妃既曰以谋语舜，脱舜之厄，成舜之圣；尧死而舜有天下为天子，二妃之力，宜当为神，食民之祭。

愈意以湘君、湘夫人分属二妃，自为神尔，不必从舜南巡。考郭璞《山海经注》“天帝二女处江为神”，即《列仙传》“江妃二女”。《离骚》、《九歌》所谓湘夫人称“帝子”者，是也。

而《河图玉版》曰：“湘夫人者，帝尧女也。秦始皇问博士‘湘君何神’，博士曰‘闻之尧二女舜妃，死而葬此’。”《列女传》曰：“二妃死于湘江之间，俗谓为湘君。”郑司农亦以舜妃为湘君。

案，《九歌·湘君·湘夫人》，自是二神。江湘之有夫人，犹河洛之有虙妃也，安得谓之尧女？璞此辨确不可易！

盖自秦博士以湘君为尧二女，汉儒皆统言之。王逸始析湘君为水神，湘夫人为二妃，故刘表《黄陵庙碑》但题曰“湘夫人”；张华《博物志》亦云“舜二妃曰湘夫人”。

近世孙良贵《楚南诸水源流考》引《岳阳风土记》载：轩帝子张渤佐禹平水土，分治洞庭、彭蠡，受封于罗。古社稷之祀配以人神，山川亦然，张渤当配祀湘水神。罗泌《路史》：虞帝二女宵明、烛光，降于洞庭国君。所谓“洞庭国君”宜即分治彭蠡、洞庭之张渤，则湘夫人乃舜女，非舜妃。

周嘉绌《宅心斋集》亦引《海内北经》：舜妻登北氏生宵明、烛光，处河大泽，光照百里，据为湘夫人，即舜二女之证；又引《韩文考异》：“岳州、湘阴，并有二妃墓，未知孰是。”据罗泌

《路史》以君山为癸比氏墓。《帝王世纪》："舜三妃，长娥皇；次女英，生商均；次癸比，生二女宵明、烛光。"《大戴礼》谓之女匽，亦尧子商均就国，癸比当从二女于湘。癸比，即《山海经》之登比也。其言甚辨。而论湘君、湘夫人必求其人以实之，既舍二妃，而从二女，又别求一舜妃，是更生一疑窦矣。《龙鱼河图》：河伯姓吕名公子，夫人姓冯名夷，湘夫人，正河伯夫人之比，而湘夫人独显以屈原《九歌》，重以秦博士之附会，引其端尔。《宅心斋集》辨湘君即洞庭君，持论极精。以洞庭九水，惟湘为大，至唐始有湖南北之名。陈、隋以上，总名为湘。今岳州城北，尚有三湘浦。是洞庭君之名起于后世，在古只有湘君而已。其言足补郭璞所未及。郭璞"帝女"之训自释《山海经》，《水经注》亦以巫山神女为天帝季女，名曰瑶姬。古书言神异者亦何足辨其有无哉？宋黄氏伯思《东观馀论》据以为天帝二女，拘矣。

元丰中，以知岳州郑民〔瞻〕[①] 之请，封湘君为渊德侯。嘉定中，以湘夫人配之，于祀典为渎，而于屈原《九歌》分章之义实为允协。郭璞之辨，千古定论；昌黎文人之言，以好奇求胜尔。

唐韩愈祭湘君夫人文。

案，愈文云："退思往昔，实发梦寐，凡卅年，于今乃合，夙夜怵惕，敢忘神之大庇。"又云："旧碑断折，其半仆地，文字缺灭，几不可读，谨修而树之。庙成之后，将采玉石，仍刻旧文，因铭其阴，以大振显君夫人之威神，俾民承事，万世不怠。"

据古泉山馆《金石文》跋云：韩文公《祭湘君夫人文》，作于元和十五年十月。其黄陵庙碑则在后一年长庆元年。《韩

①据明、清《岳州府志》及宋元丰二年《重建岳阳楼记》校补。

文类谱》："祭文即刻于碑阴"，而《集》于《祭文》后，依石本附四十二字云："始将既修树旧碑，仍刻其文于新石，因铭其阴。旧碑石既多破落，文不可尽识，移之于新，或失其真，遂不复刻。"

案，公所称旧碑，即晋太康碑，《图记》误为汉刘景升立者。公祭文有"将求玉石，仍刻旧文"之语。其后不果，故复题记于后。然则祭文与此四十二字，当并是长庆元年后刻也。

赵明诚《金石录》："碑四面皆有字。"今其两面字，多处已磨灭不可读，此本盖七八十年旧物，字法完好可宝。然退之自潮移袁，入为国子祭酒，盖三年，而碑云"三十年"，盖书者误耳。考《昌黎集》凡三十年，于今乃合。洪兴祖本作"三年"，樊汝霖本作"累年"，石本作"卅年"，即《金石录》所据为"三十年"者。《韩文类谱》云："退思往昔，实发梦寐，凡三十年，于今乃合。"盖记畴昔之梦，非谓自贬所归朝也。

尝疑公以刚正自许，而乃眷眷于一黄陵庙，以私钱十万新其庙宇，又为文以祭之，丐石以铭之。意其必有所感召，今乃得于祭文。洪殆不细考樊本，载石本作"累年"。盖字画磨灭，从而意之尔。

唐蒋防汨罗庙碑记。

案，旧志作蒋昉，《通志》据《全唐诗》小传作"蒋防"。防，义兴人，官右拾遗，李绅荐为司封郎中，知制诰，进翰林学士。长庆四年贬绅，亦出防为汀州刺史。碑云："奉命宜春，是防又移袁州刺史。防有《合江亭诗石刻》，后题太和元年六月。"《通志》谓其官衡州刺史时所题，而衡州《职官表》不列防名，距此碑仅及数月，盖皆一时作尔。碑云屈原之祠有碑无文，《三闾大夫志》作屈原之坟。玩其下文云：俗以三闾投汨水而死，所葬者招魂也。尝以憾焉，极辨招魂而葬之诬。《铭辞》亦云："天高地阔孤魂魄兮"，始终不著庙祀之义，似属墓碑。

记云：

噫！日月明而忠贤生，日月翳而忠贤毙。明翳其天耶非耶？其数耶非耶？将适然耶？且昔抱大忠而生、抱大忠而死者，亦何可胜言。虽天倾地摇，山崩川竭，犹可得而评论焉。

及至轩辕氏之天，以道为日月，无明翳之变，故风后力牧得适其材焉；帝尧氏之天，以德为日月，无生毙之数，故羲和氏百工之徒得信其用焉；帝舜氏之天，以仁为日月，无亏盈之节，故十六族得宏其理焉；大禹氏之天，以公为日月，无氛霭之蔽，故皋陶、稷契之臣得专其任焉；殷汤氏之天，以信为日月，不皦不昧，故伊尹得符其志焉；文王氏之天，以心为日月，无薄蚀之变，故周召之伦得张其化焉；我大唐氏之天，以政为日月，故房、杜、魏徵得尽其讦谟焉。其馀，上自列国，下逮周隋，或以耳目为日月，左右为日月，一明一翳，非天之所为也，非地之所为也。故苌宏辟，伍员枭，范蠡、鲁连去，徐衍负石，三闾怀沙，良可痛哉！

然三闾者，以大忠而扬大义，沉吟楚泽，哀郁自赞，爰兴褒贬，六经同风。至于宋玉、景差皆弟子也，况吾党哉！

太和二年春，防奉命宜春，抵湘阴，歇帆西渚。邑宰马抟谓予曰："三闾之祠，有碑无文，岂前贤缺欤！"又曰："俗以三闾投汨水而死，所葬者，招魂也。尝所憾焉。案，《图经》：汨冬水二尺夏九尺，则为大水也。古之与今，其汨不甚异也。又楚人惜三闾之才，悯三闾之死，舟驰楫骤，至今为俗。安有寻常之水，而失其遗骸哉？安有不睹其骸，而知其《怀沙》哉？但以《楚辞》有小、大《招魂》，后人凭而穿凿不足征也。

愚则以为三闾魂归于泉，尸归于坟，灵归于祠为其实。郡守东海徐希仁洎马抟，以予尝学古道，熟君臣至理之义，请述始终符契，以广忠贤之业云。

於戏！后代知予者以此。又曰：屈碑立兮，谗人泣兮；屈碑摧兮，谗人揞兮。碑兮碑兮，汨水之隈兮。天高地阔兮，孤魂魄兮。

唐邓将军墓碑。岳州刺史邓进思碑，见李贽《藏书》，今已湮失。

后梁楚三闾大夫昭灵侯庙记。武安军节度馆驿巡官、守京兆府咸阳县尉萧振撰，将仕郎、守江陵府功曹参军柴嘏书并篆额。

案，梁开平元年，楚王马殷请封屈原昭灵侯，遂新其庙，为之记。萧振名不见于《九国志》。《记》云名参幕府，当亦天策府官属也。《宝刻类编》载：萧振撰《重修黄陵懿节庙记》，柴嘏书并篆额。开平元年九月二十五日建。而《昭灵侯庙记》实称开平元年十月二十五日建；《宝刻类编》未著录其《懿节庙记》，文亦无可考。疑误记，此碑又误十月为九月尔。

记云：

噫！楚怀失道，远君子而近小人；靳尚谗言，兴浮云而蔽白日。大夫含冤靡诉，抱直无归。叩阍而天且何言，去国而人皆不吊。徘徊泽畔，憔悴江滨，吟贝锦以空悲，佩崇兰而自喻。云装雨驾，东君忽尔来游；敛衽端著，詹尹于焉靡说。怀忠履洁，忧国爱君，惊禽而行欲绕枝，弃妇而岂忘回首。

《离骚》咏尽，不回时主之心；灵璅长辞，竟葬江鱼之腹。救溺之烝徒竞楫，招魂之角黍争投。寖为午日之风，播作三闾之事。式瞻遗庙，尚归崇基。绵岁月以斯多，黯精灵而未歇。然即金镛零落，兰橑摧颓。蜗蜒全染于杏梁，虫蠹半穿于桂柱。苔生玉座，尘压珠帘，蓬蒿渐蔽于轩楹，风雨垂侵于像设。我大尉中书令楚王，道惟济物，德必通神，思阙政而咸修，想忠魂而有感。况灵符祷请，事箸聪明，能资上相之兵威，克靖二凶之沴气。遂得拜章上疏，请爵遥封，爰旌感应之功，是锡昭灵之号。相府乃减净资于厚禄，模大壮于遗祠。

规圆矩方，上栋下宇。华棂锦簇，将日曜而月晖；彩槛带萦，或龙盘而兽走。飞檐鸟企，瑶砌砥平。灵官与鬼将争趋，海若共波神并侍。阴风瞑起，应朝泽国之灵；落月春深，但哭巴山之鸟。前依积水，回压高邱。占形胜于一隅，奠馨香于万古。

其或征人辍棹，归客凭轩。当洞庭木落之初，是枉渚波生之后。千声鼓枻，犹传濯足之歌；一纸沈书，曾吊怀沙之恨。风疾始知于草劲，火炎方辨于玉贞。当时之瓦釜虽鸣，异代之桐珪忽及。矧重新庙貌，光被纶音，固可大慰幽灵，全摅愤气。

想直躬而若在，披遗像以如生。爰终结构之功，欲纪经营之绩。岂期严命，猥及下僚。振道愧谭宾，名参幕府。居唯代舍，归来敢惮于无鱼；地实长沙，日晚谁惊于有鹏？从（车）〔军〕[①]稍暇，访古多怀。正吟招屈之辞，忽捧受辛之旨。勒他山之翠琰，序有土之殊功。风声永播于无穷，追琢便期于不朽。何人读罢，起三十（年）〔里〕[②]之沉思；今日斐然，惭二百年之述作。直书成事，用告将来。〔将士郎、前守江陵府功曹将军柴椴书并篆

①②据《全唐文》（中华书局1982年据清嘉庆十九年刻本影印本）校改。

额。]① 开平元年十月二十五日建。

宋长乐九乳滩钟。

案，《玉海》：端拱二年六月二十三日，潭州上言湘阴长乐九乳滩下得钟，制作精妙，上有古篆八十三字，画图以进。王氏应麟据宋时《实录》载入《玉海》，不言此钟流传何地。《福祐图经》已失载矣，其古篆不可辨识，盖亦蝌斗之遗，而不能证其为何代之钟，以端拱二年得之九乳滩，取冠宋世金石之首。

宋笙竹书院记。元丰八年，知县王定民撰。

记云：

古者诸侯得兴学以劝士，泮水之制异。辟雍所以明尊卑之序，化民而成俗也。盖治天下之术，莫先焉有舍以处之，有师以专之，有业以精之，有训以行之。天子、诸侯并举斯道，以加诸民，作于上而顺于下，教化行，习俗美。善夫董生之言，立大学以教于国，设庠序以化于邑，始以仁义礼乐，至于刑罚轻而禁不犯，其本可知矣。

县令诸侯之任，奉承天子，休命成就。夫人之材而不敢违，令有不行者不为也。以郑人论执政于乡校，子产欲行其善、攻其恶，虽有告毁者而勿听。况其政易行，责之未至，谓迂阔无益而不为哉。

我宋太平百馀年，明主绍隆四方，郡县郁郁文雅，宗公名卿不绝于世。虽汉唐之际，未可媲其盛。湘阴，湖南巨邑，士人为多。定民承乏于兹，咸喜余之来，造庭持牍以请曰："桑梓邻通城，公有最绩，闻以教育讲校为先。今濒江青竹之馆，里人邓氏，

①据清道光五年陶澍、万年淳等撰《洞庭湖志》校补。

家延学徒，久遂旷废，欲迁于邑舜祠之前，非公孰主厥事。”余亦嘉其来请，许之。

顾基亩褊甚，适黄陵已新大二妃之祠。余谓二妃，生嫔于虞，不宜死有异处，乃徙舜像合于黄陵，以表其祭。于是易舜祠为孔子庙而塑绘之。堂庑斋室，创作有次。士之升降，进退裕然。又后其庙立学，于以育士其中焉。

昔七十子，自远海于洙泗，从厄陈蔡，迨其殁，无异父丧。独子贡伤，其并去又三年居，然后归，以有若几肖；而子游之徒，日事以孔子旧礼，门人之不忘如是，其深乎。事孔子于当时，与事于后世，其义均不忘其道，亦不忍忘其貌。觌貌既尊，传道愈严。匪惟见士之志，亦有以见士之追古继善，而致其钦。是以学者趋于中，无异端之论。

耳不闻奇语，目不见怪行，然后各得其性之所近，传至于再三，或有背正而入于他。子夏之后，有田子方，子方之后，流为庄、周，皆出于孔子。流于远而乖其习，而所背至此矣。

方孔子之门而语仁智，已义同而理殊。仁之为爱也，智之为知也。使人爱己知己，由也；爱人知人，商也；自爱自知，回也。其义则一，其所见则殊。学也者，所以修性而养心也。性修则纯，心养则明。纯则不杂，明则不惑。冀舍修而教业充，力积久而道德实将有日矣。故谨书以志之。

宋元符三年兴化寺碣。碣在兴化寺，上镌“时元符庚辰六月日赐紫”十字，馀没入土中，疑为寺碑款。而树碑本未及撰人名氏，皆无可考。

宋岳飞“墨庄”二字石刻。在垒石山洞庭庙。道光十年，巡抚康绍镛檄建武穆祠于垒石山洞庭庙，左以所藏岳武穆书“墨庄”二字石刻刊之祠壁，知县陈晋恩监修，祠旋毁，移石刻于洞庭庙。

同治七年重建武穆祠，石刻亦未移也。

宋朱子“青泉”二字石刻。

案，石刻在县东三十里青泉冲岩壁，旁书“淳熙四年朱熹题”。《通志》疑是时朱子主管武夷山冲祐观，不应到此题刻。据《朱子年谱》：绍熙四年十二月，除知潭州荆湖南路安抚使。五年五月至潭州，长沙士子夙知向学，及邻郡数百里学子云集，士俗欢动。计其时邑人必有从学者。此石刻题字苍劲，非可伪造。疑朱子淳熙四年主管冲祐观所书，邑人从游者得其“清泉”二字，摹泐上石。旧志缺略，无可推考。今清泉冲、清泉寺，并假朱子题刻为名，宋时亦无“清泉”名目也。

宋朱子“忠孝廉节”四字石刻。

案，府志载：乾道元年，湖南安抚使刘珙重建岳麓书院，聘张栻主教事。乾道三年，朱子访栻于潭州，留两月，书“忠孝廉节”四大字，刊之讲堂壁。乾隆中，邑人蒋继楷刊石立碑，摹刻明伦堂左右。

宋杜公亭记。庆元六年，主簿潘惟一撰。

记云：

湘阴南堤，旧有亭曰“故人”，世传为杜工部系舟之地。元丰乙丑，知县王君定民重立，有序，第言伯仲旧游事，他无所闻。其后更名“诗翁”，又曰“清风”，而纪述亦莫之见，独舍人侯君延年诗云：“杜老诗中系画船，吟馀物色故依然。卧虹堤影东西水，夹镜湖光上下天。”至今为绝唱，亭废弗存久矣。

惟一作吏数月，暇日访求故址，荒秽侵迫，犬豕是游，徘徊太息而返。未几，玉牒赵侯善邢来视邑事。惟一间道斯亭之兴废，侯喟然叹曰：“亭固不可无，然邑有社稷，委之荆榛，春秋无祭，所兹又关政之大者。使乎居以岁月，与百姓相安于无事，当次第而举，子姑待之。”

既而侯以宽临民，以节俭用，期年财乃赢，遂鸠工会财，复社坛于县北，规模恢广，斯亭亦随以成，质而不华，因名“杜公”，属惟一为之记。

尝考《杜公集》，系舟固多，此则未之明言。盖公晚自蜀浮江南，游于楚，淹滞三湘，慨慕乎祝融之柴望，九疑之巡幸，湘渚之帝子，汨罗之大夫，长沙之太傅。因以发其伤时怀古之意，如过湘夫人祠，南入乔口，皆有留咏。湘阴界乎其中，舟楫之所必至，斯公之憩息于此，信不诬矣。

今亭面江枕湖，神鼎、白鹤耸其东，女洲、碧湾绕其南，修峰隐其西，秀水经其北。至若岸花汀草、江柳浦枫、狎鸥轻燕、落雁跃鳞，此动、植之概见者也；日出寒山、星垂平野、朝云细薄、夜月清圆，此晨昏之概见者也；春帆细雨、江风夕凉、远岸秋沙、舞雪渡湖，此四时之概见者也。然则杜公系舟之乐，其寓是乎？赵侯名亭之意，其以是乎？

杜公居酸辛憔悴之馀，志不获用，一饭思君，其忠愤感激，具见于诗。今侯忧时雨旸，视民疾痛，举切诸身，其亦杜公之意欤。亭成而始与民乐之，会季父次对来帅长沙，以嫌引去，邑人留之不可。登斯亭也，即以为茇舍之遗也夫！

宋贡士碑。嘉熙四年，提点刑狱许晟撰。

案，碑称：嘉熙四年春，天子有诏选贡士。惟时三山赵君希鄂宰湘阴，藉新田立贡庄，资送贡士赴举。时隶籍于学者吴浩、韩圭、邓亮、张霆，序而刻之贞珉。韩圭、张霆，并绍定二年举；邓亮，咸淳八年举；惟吴浩未见《选举志》，疑亦以贡士举礼部，而旧志漏耳。

宋西楼记。淳祐五年，知县胡哲撰。

案，记云：

县圃西楼，复平远亭之旧也。平远故址，在修垣外，易就倾颓，乃改建楼。经始甲辰九月，越乙巳春落成，縻钱五十万。楼基旧为阅武亭。哲视印，集乡士友来射，会者日众，亭隘弗容，乃撤亭而建斯楼，颜曰“观德”。明《会典》载：洪武三年，令郡、县学生皆习射，因文庙后圃为射圃，建观德亭。据此记，是乡射之礼，宋时犹通行。记文浅俗，不著录，而于此亦足备考古之一证也。

宋经理汨罗庙记。淳祐八年，知县胡哲撰。见《三闾大夫志》。旧志未著录。

案，记云：

县北六十里为汨罗江，原之正庙、故冢在焉。始至之日，谕公属士友相度，归语哲曰：“两山对峙，一水萦回，是为汨罗。其右为庙，其左为冢。庙之栋宇将摧，冢之荆榛如没；至于豪民削碑刻以泯故实，其情亦狡矣。”爰檄蓝田王君锜任归疆之事。僧善与董建庙之役，卜吉辨方，而执其领；鸠工聚材，而图其新。入深十三丈有奇，横广十六丈有奇。庙前东向为丈九十有五，南向为丈二百五十有三，详载之《图志》，则地之侵者归矣。又结庵以居焚献者，架桥以便往来者，縻钱三十万，取给于木之馀，县助其不足。

戊申七月兴役，九月毕，则庙之将摧者兴矣。庙木凡三百五十五，坟木凡六百五十三。有碑有籍，则两山之木，可收而数矣。据此记，祠墓基地及封植之树皆具，题曰《经理汨罗庙记》，是亦守令之责也。

因考朱子知潭州仅及两月，《祭三闾文》有“修俸讫工”

之语，是于庙亦有修建；真德秀知潭州，亦有《祭三闾文》。宋时礼教修明，于此见其概矣。

宋东湖放生亭记。宝祐二年主簿邵庶撰。

记云：

天地之大德曰“生”，凡飞潜动、植，囿形于天地间者，生意之流畅也。虽然生之者在天地，而所以生其生者在圣人。夏之成若商之去，网周之德及。虽鸟兽、鱼鳖、昆虫亦得以各正性命，况于人乎？

三代有道之长，率由是推之人臣，志于爱君者，欲推广此生意于流动充满之域，遇诞节必放生，亭之所由作也。嵩呼华祝，川泳云飞，于天于渊，在郊在沼，尽人物之性，与天地参。具文故事云乎哉！

亭经始于淳熙之甲午，已而中废。邑令左说复旧观。未几就圮，以宝祐甲寅之秋，乃撤而新之，栏楯其前后，梯磴其高低，丹垩其壁楹，疏豁高敞，名之曰“泳飞”。偶阅《图经》，则其名旧矣。是亦有数乎哉？不可无以识岁月云。

宋湘水驿记。宝祐六年，知县邵庶撰。

案，记称：

旧有驿创于令尹王君，岁久弗葺。予视其地，有夫子宫墙在焉，印洲文星森其前，而颓檐败壁，居其左。亟撤其旧而新之，扁曰“湘水驿”。据此，则旧驿在笙竹书院之左，亦创始于知县王定民，实名“湘水驿”。后书院废，乃移笙竹名于驿耳。

宋南堤文星桥记。咸淳七年，知县陈兰孙撰。

案，记称淳祐乙巳，令尹胡君命直学彭英、彭述，疏而复之。咸淳庚午，直学彭燧谋诸季父述，欣然任责。是此桥重修，彭氏实始终之。彭英、彭述无考。景定二年州举进士有彭宗燧，彭燧当为彭宗燧，偶遗一字尔。

记云：

郑子产以其乘舆济人于溱洧，孟子惜其惠而不知为政；徒杠舆梁成，民未病涉也。然则桥之兴废，亦可以观政欤。

邑文星桥，在堤南，跨秀水之中。流水本出白水江之板桥，支流数百步，汇于桥所，迤流而南，拱于县庠。邦人士以为南方文明之地，故水以秀名，其来尚矣。岁久桥圮，水亦湮塞。淳祐乙巳，令尹胡君乃命直学彭英、邑士彭述，疏而复之，作亭其间。

开庆己未，边城溆洞令尹赵君断桥以御贼，而亭遂坏。赵君秩满，桥幸复。不数载巨浸冲激，又坏。咸淳庚午，余既领邑之二年，每一过之，仅存略彴，肩不容并，轨不容过，顷谓直学彭燧曰“此君家旧德事也”。彭君慨然，谋诸季父述，述亦欣然任责。于是官为之倡，而率有力者为之助，或畚而土，或凿而筑，不逾月而桥复成。凡广一丈三尺，凡袤三丈九尺，规模视昔尤壮。方议作亭其上，或曰堤濒湖，不宜亭，亭久将压，桥必易圮。

越明年，湖果倒溢，堤岸一壑，而此桥宛然如鳌跨水，屹以不坏。湖山环绕，烟霏晦明，来者往者，载者负者，车者笠者，伛偻而提携者，安然如登康衢，而履坦道非此桥之一遇欤！

桥成，诸君合辞请名以“魁星”，而属余为记。余曰：斗魁戴筐，多士之祥。桥以利涉，岂士独当其奇耶？彭君曰：岁居心而仁，泽洽明堂，亮而泰阶平。凡三能两比之所临，百姓共福。又安知夫往来负戴者，无驷马车之过其上；而伛偻提携者，无龙钟老之出其间哉。

余既乐为之书，而又作而叹曰：今之邑非昔之比矣，邑政可以利民亦多矣。饥者欲食，寒者欲衣，颠连困苦者欲安乐苏息，焉得人人而济之，如此桥之能利涉乎。后之观政者，必有得吾心之同然矣。

元洞庭行祠钟铭。延祐元年铸，无撰人名氏。

元重建忠洁清烈公庙记。致和元年刘行荣撰。见《三闾大夫志》，旧志未著录。

案，记称：

祠产甚丰，为南阳寺僧所据。泰定甲子州守宋仲仁春卿籍其产归祠，新其殿宇。明年，孙天才元质来继守，庙东创斋舍，出其嬴馀贸田三十六亩；州士彭翼飞又输田五亩，益之为墓田。据此记是宋淳祐八年，至此八十年中，祠产一侵于豪民，再侵于南阳寺僧，专恃地方官清理。今其碑尚存，文字剥蚀多不可辨。《三闾大夫志》亦稍有修补，略存其概，以备参考。

元恩波桥记。合淝余阙撰。

案，此记不著年月，《元史·余阙传》：正统元年进士及第，历官翰林待制，乞免归。召为翰林修撰，拜监察御史，改中书礼部员外郎，出为湖广行省左右司郎中。以年推之，当在至正初。据旧志《选举》：黄天禧，至正七年乡举记言校艺部省，置前列。距天禧应举时当不远。元制，选考试官行省，与宣慰司、廉访司商议，差考试官、同考试官各一员，并于见任常选官内选差。阙当以至正七年充湖广行省考试官尔。

记云：

湘水出零陵，北至湘阴入洞庭。而湘阴诸山谷之水，则会于城南为湖，以入湘。方春、夏时，水潦降而洞庭涨，则湘水不能入湖，因以汗漫为大浸。州为湖南北孔道，凡行者之陆出，与夫乡民之有事于州者，每涉湖则有风涛之虞，否则又为舟人要阻之患。宋之时，州有邓氏妪，率其田人作大堤，绝湖以属之。州为二木桥以跨湖水，行者德之，谓之“邓婆桥”。当德祐末，桥毁，官复之。

迨元初，旋敝州人黄仲规，乃以私财，命其子惟敬率众为石桥，南北建石为崖，中垒石为高柱，布木面石，其上为屋九楹覆之，以与民为廛，易其名曰“镇湘桥”。历四十馀年，至元间，覆木又敝，屋且坏。惟敬之弟惟贤、惟德发其帑，得钱万贯，以告州人，将卒其先之功；州人乐为襄之，又得二万五千贯。乃撤覆木、施石梁，更作大屋，中为道左，右为市肆。桥广若干，袤若干尺，上可以任大车，下可以通万斛舟，饰以彩绘，远而望之，烂若长虹之饮湖中。行者之往来，与州人之市于此者，若由康庄而覆堂奥，不知有湖之阻焉。

夫水，天下至险，圣人为之舟楫以济民。而舟楫须人之力，人力有限，而涉者之无穷也；不须人而能济有无穷之力者，惟桥为然。夫桥之力大，故其费亦大，非若一舟楫之可以易具，非有司与大家之力所不能为。黄氏非有大世业、大廪藏，而为有司大家之事；力有不足，至父子相承，乃克成此，夫亦难能也。惟德之子天禧有才藻，通经术，屡领乡荐予校艺部省，时得其文以置前列，其擢第也，仰易尔。黄氏有子于此，必多益于人，如是桥类也。故为记之。

明磊石山青铜钟铭。建文三年，道士田兴隆撰。

案，钟铭序云：洞庭君庙，在金沙洲。至正甲辰，灵隐杜真人与其徒玉山唐公见其浪啮消圮，乃于磊石万岁山重兴龙宫旧址，于洪武后真人之徒詹得，名号旭山，继为楼阁、门庑阑楯，尚念未有大器以镇山，遂命凫氏范士，合金追蠡。

既成，以其事征铭。铭辞有曰："九江孔殷，水合洞庭。贝阙寥通，驱珠夜明。扣之应响，铿鍧其声，烈风停号，狂澜不惊。"于磊石山庙，原始叙述颇详。易忠节公有赠磊石詹真人《昭君怨》小词一阕云："遥望孤峰突起，屹立洞庭湖里。虽则是孤峰，有仙踪。　传说真人异状，长啸凤凰台上，端的会真人，似天神。"忠节颇负严正之气，而与詹道士游如此，即道士可知矣。

明赠户部尚书夏公夫人廖氏墓志铭。宣德五年，庐陵曾棨撰。志云：

宣德庚戌春正月丁卯，少保兼太子少傅、户部尚书夏公原吉卒。卒之后又八月，公之子瑄诣予泣拜请曰："先祖妣夫人既葬，未有铭，恐懿德久而遂泯。敢请一言，刻之石，庶几永终有赖焉。"予勿获辞，案状：

夫人姓廖，讳妙贤。世为荆州人，父瑞可，有学行，授徒于乡，元季侨居沔之玉沙。时忠靖公大父希政为湖广行省都事，兵乱死节。公之父时敏，奉母避地于沔，瑞可见而奇之，遂以夫人娶焉。国朝平定海内，时敏仕为湘阴儒学教谕，遂家湘阴。

教谕君殁，时公年才十有三，夫人守节自誓，孝养其姑刘氏，朝夕未尝暂离；姑疾，侍汤药尤谨；至寝食弗遑，忧见颜面。姑临终，执夫人手泣曰："汝事我孝敬，愿汝子妇他日如汝之事我也。"姑殁，葬祭皆克尽礼。夫人抚育诸子，教之务学，期底于成，诸子亦克祗承其教，有所植立。公既领乡荐，升太学，仕为户部主事，升右侍郎。迎夫人就养京师，蒙恩封太淑人。及公为尚书，赠父教谕君为资政大夫、户部尚书，夫人进封太夫人。方是时，朝之大臣罕有亲尚在者，独夫人年高，鹤发云冠，朱翟命服，伟然坐堂上，岁时自六卿以下，相率罗拜。人皆谓："太夫人盛福，世鲜及焉。”

上元节，禁中张灯，公奉太夫人入观。太宗皇帝知之，顾左右曰：“此贤母也。”赐钞千缗。永乐辛丑，议亲征北卤，公言：“今粮饷弗给，任一将可也，无烦圣躬。”遂坐免官。明年壬寅四月十八日，太夫人以疾终，享年八十。仁宗皇帝即位，诏复公户部尚书。公乞终丧，不许，遂加少保兼户部尚书，命给舟，载太夫人丧归葬湘阴县治之东北山之原，敕有司为造坟茔。未几，复加公兼太子少傅，赐诰命，追赠夫人为一品夫人。

太夫人三子，长即公，累官至少保兼太子少傅、户部尚书，赠特进光禄大夫、太师，谥忠靖；次原启、原礼；女二人，长早世，次适常州府照磨葛兴让。孙男四人，琉、瑄、瑛、璘。瑄为公后嗣，年才十有三，蒙恩命为尚宝司丞，给六品禄。女四人，长适傅时省，监察御史霖之子也；次适虞瑞，宗人府经历进之子也；次适宋敏，湘阴县知县纶之子也。馀幼。

铭曰：夫人之德，慈惠静真。秉节守义，训子于成。子既显荣，高爵厚禄。禄养以丰，享兹盛福。锡命推恩，冠服是煌。鸾诰荐颁，龙文天章。湘阴之原，爰视爰度。灵秀所钟，体魄斯托。懿范徽音，愈远弗忘。铭以昭之，永世其光。

明夏忠靖公神道碑铭。宣德五年，泰和杨士奇撰，庐陵曾棨书，毗陵胡濙篆额。

碑云：

公姓夏氏，讳原吉，字维喆。始家饶之德兴，曾祖复。祖希政，元末为湖广行省都事，兵乱死之；考时敏，为湘阴县学教谕，遂家湘阴。公自幼端厚好学，年十三，教谕公殁，益知自励。母夫人廖，守节教子。

公终父丧，即出教里塾，取束修以资养，而率其二弟恭侍婉愉，得母夫人欢心。出入乡闾，其长老皆忘年宾礼之，时已负钜人度，喜怒不形。里少年尝被酒侮慢公，里人共击之，詈之曰："汝小人不知乡有君子耶?"有鬼物白昼附人言祸福，惊动里中，或强公往视，卒无所言。他日复有言，或问之故，曰："夏公端人，吾不可以近。"公一无所动心。

洪武庚午，公以《诗经》选乡贡，入太学，遂擢户部四川司主事，授承直郎，进承德郎。漕务丛脞，凡仓庾府帑之出入，简牍之署，悉有条理。同官后至，于事有未通者，咸以质公，日环左右。公虽纷冗，必为之尽心，盖人人德公如师。升户部右侍郎，授嘉议大夫，巡抚福建。所过郡邑，考察吏治，咨访民隐，公明宽大，民人咸悦服。太宗皇帝入正大统，转左侍郎。逾月，升户部尚书，授资善大夫。永乐初，苏、松诸郡大水，命往治，发浙西兵民十数万，疏决壅滞，自松江、黄浦东北以达于海，水患乃息。而抚恤曲当，久不言劳；又抚绥饥民，发廪三十馀万石振之，散给有方。时转漕于东南，命公自南京抵北京，督视运送，给以锦衣卫官校，且命"有不率命便宜行事"。公于号令中备矜恤之意，人人效用。太宗巡守北京，公豫扈从，命兼行在礼部、都察院事。岁馀，车驾亲征北卤。今上以皇嫡长孙留守北京，命公辅导，庶事修举，京师肃然。太宗还京喜，赐公钞千缗、彩币四、表里、羊酒、鞍马。自是，屡奉命侍今上。有司奏公与吏部尚书蹇公历官九载，皆赐嘉奖，有"淳良笃实，如古名臣"之谕，太宗亲宴之别殿。无几，赐诰命，追封祖考，皆为资善大夫、户部尚书；祖母为夫人，封母为太夫人。重修《太祖皇帝实录》，命公监修。书成，赐钞千缗，织锦文绮衣一袭、文绮表里三对。北京宫殿成，奉勅召仁宗皇帝及今上于南京，二圣喜公至，赐宴劳，及钞、白金、鞍马。北卤复犯边，太宗皇帝将亲征，公言："今边储不足，请遣将，无烦六师。”遂罢官。

仁宗皇帝嗣位，即日复公户部尚书，公以母丧未终辞。仁宗曰：“国家不幸有大事，正朕与卿等协心比力之时，如卿以亲丧辞，则朕亦未当在此。”公乃不敢复言，遂加少保，仍兼户部尚书，赐玉带。今上正位东宫，加公兼太子少傅少保、尚书二职如故，赐诰命，追封曾祖、祖、考皆为荣禄大夫少保兼太子少傅、户部尚书；曾祖妣、祖妣、妣皆一品夫人，赐金章一，其文曰“绳愆纠缪”。且谕曰：“朕有过举，卿但具奏来，以此识之，朕不难于从善。”赐钞万缗，御用米二十石，胡椒百斤。公感知遇之厚，鞠躬小心，靡或不尽。修《太宗实录》，命公监修。仁宗皇帝崩，时今上建国南京，至则丧礼及即位之仪皆具，皆公三四人者所预定。上既嗣大位，公以旧辅，尤重倚任，公益孳孳惟谨，宠赍日盛。修《仁宗皇帝实录》，仍为监修。庶人高煦反，上亲率六师擒之，公豫扈从，还，赐白金、文绮等物甚厚。赐银图书一，其文曰“含弘贞静”，盖褒公之德云。明年，扈从巡北边，既还，上念公及少师蹇义等四人者，皆春秋高，思优逸之赐。敕嘉劳辍职，务仍其禄，朝夕侍上，备顾问，预谋议，而恩遇益厚。《两朝实录》成，赐白金百两，织锦罗衣一袭，文绮表里六对，鞍马赐宴。明旦入谢，暮归第，得末疾，遂薨。宣德五年正月二十七日也，寿六十有五岁。上闻讣震悼，遣礼部尚书胡濙赐祭，赠特进光禄大夫、太师，赐谥“忠靖”，赙钞万缗，敕有司营丧葬。官其子瑄为尚宝司丞，仍复其家，复屡遣濙等赐祭。朝臣自公侯贵戚，下至郎曹将校，咸往吊祭。卫卒巷氓，亦有太息流涕者。

公天性至孝，友待其弟原启、原礼皆厚。原启殁，爱其子如子。读书乡校时，教谕史九韶虽非授业师，遇之必拜，虽贵不变。既贵，九韶升教国子，月恒分之禄。九韶将老，朝廷从公请，命致仕。公与人交，久而敬，平生故人在患难，或赒给之。遇士之贫者振之，有颠蹶失所者援之。德虽微必报，而未尝存怨恶心。接人温然，处事善善长，而恶恶短。襟宇静深闳阔，不见涯涘。尝有从隶污公金织赐衣，惧欲逃者，公曰："污可浣，何惧为？"有吏坏公所宝砚石，匿不敢见。公召吏谕之曰："物皆有坏，吾未尝惜此。"慰遣之。于时卿大夫雅量，推公第一，知者盖比公王子明、韩稚圭之度，其在上前所言，必归仁厚，临政必酌大体，其预参几密，虽泯然无迹，盖有阴受其德者矣。故不问贵贱、疏戚、识不识，皆知其为善人长者。善文章，喜为诗，四方士重公名，得其一篇一咏，藏以为荣。

公配郑氏，有贤德，再封一品夫人。子琉、瑄、瑛、璘，女一嫁虞瑞，琉与虞氏女皆先卒。公薨之三月，归葬湘阴，其家以墓碑属予。予与公同朝三十年，晚益亲厚相知，又常为予道其平生，予岂谓遂志公之墓耶！铭曰：

溯夏厥初，以国为氏。衍于会稽，绵绵厥系。太末之邑，后来徙居。暨唐中和，复徙于番。懿夏之时，逢掖其服。诗书有承，德善有续。转鄂而潭，自公祖考。积厚必发，公奋起绍。燕歌鹿鸣，来与计偕。官任其贤，政用其才。繇司徒属，暨掌邦教。寅恭小心，宽仁允蹈。参决大议，洊任重负。不疾不徐，雍容雅度。如彼乔岳，嶷然不移。其气黯运，润泽良多。祇事列圣，既四十载。夷险一道，其舄几几。国有老成，堂有柱石。遽不憖遗，当宁兴恻。既荣且哀，隆隆宠光。呜呼忠靖，殁世不忘。

明重修县署记。天顺元年，太常寺少卿夏瑄撰。

案，瑄以正统八年侍母病还乡，旋返京师。天顺元年，改南京尚宝司卿，居南京二十馀年，晋太常寺少卿卒。此记似亦在事者，而天顺元、二年，瑄实未至湘阴，记文又实出瑄手笔，或京师作尔。

记云：

丙子春，湘阴旱甚，火作不常，讹言沸涌，或因而有所图。邑令尹宣城汪侯让，先期谕众曰："民吾子也，逸殆与同，而灾防不可以不豫。"又曰："灾，天所降也；力，人所为也。吾惟尽吾所当为，其降乎天者听之耳。"于是俾幕属之干者，视火之处，物无轻重，得者即律以盗；人无壮弱，力者即劳以赏。故壮者奔决潴水而杀其炽，悉撤竹茅而止其延，先风所向而断其势，弱者扶其耄稚，避诸空旷之所，而护其产之栖。措得其当，人情乃安。

未几厅灾，而救不迨，先民之急故也。侯露听政，里父老众相议曰："侯，吾父母也，子吾甚。"至灾作有防，民讹弗变，物完其故，老幼咸不失所，非侯之德与！夫德其德，而无报可乎？报而不称其心，非报也。且忍侯居灰烬之基，而无一椽之庇，是何以称其心而报其德乎？

众议定而复于侯曰：某山材充而馀，某工技专而巧，某能而可董其役，某勤而可辅其隙，某粟盈而愿助之公，某力众而愿效之上。侯以为学校养贤之地，南北坛祀神之所，亦经灰烬，宜先于彼，而后县治可也。由是各任其长，不数月，而厅堂、幕府、谯楼、吏牍之所及学校、二坛，俱复其初而宏其制，伟然焕发，以耸民视。时天顺改元之二月也。落成之日，侯命予记之。

嗟呼！侯之待其下者极其爱，下之报其上者极其诚，上下交孚而以义感，是皆可书也。昔子产御灾有法，而《春秋》美之。若侯也其似乎！虽然，侯岂望人扬己之善，而颂其休泽之侈耶？盖将假乎私而欲有所规也。

予闻之：饰其服者，必思盛其容；容不盛，则不足以称其服之华，故曰新浴者必振衣。况新其堂者，而德政可无必其新乎？

德政既新，而民俗可无必其化乎？夫新不新在我，而化与否在彼，故君子勉诸己而不强诸人。设使己能新而彼不能化，吾何尤焉！惟彼有可化之俗，而吾无可新之德政，是为愧乎！

或曰：以汪侯之贤，暨二尹赵君从、判簿严君志广、幕史季君昱诸公协相之和，而新其德政固不难矣。其如上有所碍何？予曰：不然，视其理之曲直，而权其从违之宜，惟理之适，何分之拘哉。

古之人强项不屈于万乘之尊，况上官乎，彼能不挫于外而伸于内者，是其养之正而守之素，有以立乎其中也。又岂徒贾其直而傲其上哉？侯勇于义，而急于行其所言，其必知所以处是矣。

明科贡题名碑记。天顺三年，华容黎淳撰。

记云：

湘阴为长沙巨邑，有儒学在县治南。宋元祐初建，崇宁徙县治东，国朝因之。洪武初，肇新天下文教。岁己酉，重建庙堂、斋庑及圣贤像。

予往年尝一过之，见其水湾山抱，文笔卓玉。黄陵、白鹤、神鼎、玉笥之峰峦，洞庭之波涛，又皆争奇竞秀，掩映出没于云霞烟霭之外，秀气翕然，皆聚学宫。信哉！产楩楠之林壑，集麟凤之郊薮也。

而章甫缝掖之流，游歌于兹。师道隆而友谊笃，长者崇礼法，幼者习谦恭，诗书讲诵之声，无间朝夕。岁时隽科名而登仕版者，迹累肩骈。

盖自洪武及今越三十馀科。而领乡荐者，自夏忠靖而下，凡三十一人；升甲榜者，自彭谦而下，凡四人，鲁文又以发解登第。材俊之多，楚南称首，亦盛矣哉。

就其间而论之，若忠靖当国四十年，屡陟孤卿，功存社稷，文章道德，为世表仪。沈魁之好古博雅，恪端师范；彭谦之正直，刚毅不侮；左迁、吴昌之有功，方岳、秦良之相导亲藩，艾廉、黎英、王文彬之牧民；甘霖、刘文徽之文学政事，著迹循良；宋敏、甘桀之通经勤政，有光继述；鲁文、吴寅之博洽清修，古永昌之公平简静，范奎之廉介卓立。此皆世所称豪杰士，而出于学，用于时，流芳百世不朽也。

天顺初，文徽以通判楚雄调镇江，考满最，部使者授诏旌异之，得推赠其父母，寖致显荣。而志敦本，始谋勒贞珉，题乡贡氏名于学，为后来者劝，乃上京师属予记之。

夫禀二五之精而为人，其得服儒冠、游庠序、谈经史，则人之秀者也。至于策名科第，奋庸邦家，则又人之最秀者。以湘阴山川之灵异，如彼风土之温醇如此，人之最秀者，甲于他郡县邑，不亦宜乎！虽然，论人文之盛美，有关于山川风土，而究其所以盛美则不专于此，盖必有本焉。诚以天理在人心者，不可泯没。而有圣天子在上，宗主斯文；贤师友在下，陶铸多士。其诵学修德之功，足以造就发扬之云耳。

前此群贤固皆心乎天理，流声名于不替。继此而来者，尚当储休振烈，勿昧厥心。务讲学以穷天理，使其智明；修德以践天理，使其仁熟。而勇以断之，以立道德，以建功名，以守艰贞之节。上不负圣天子，下无辱贤师友，而山川风土将亦炳焕其灵异，扬诩其光辉。殆又有如忠靖公之贤出焉，其敬懋哉！是用表岁以系人，备著群姓字、历官之详，而虚其左方，以候来者。

明仰高亭记。成化四年，税课局大使黄杨撰。

案，记称：成化戊子督税湘阴，谒文庙。与掌教陈君彦瑞、司训郑君恒观庙后仰高亭圮，乃捐俸鸠工修复，不逾月告成。

明重修东明观碑。成化六年，南京尚宝寺卿夏瑄撰，四川广安州知州吴寅书，南直隶扬州府同知刘文徽篆额。

明重修兴化寺记。成化十二年，广东万州知州吴寅撰，南京户部员外郎黄钺书，南京吏部主事夏崇文篆额。

案，记云：兴化距县治二百步，唐正明二年僧景幽仅创现址。宋太平兴国五年更赐寺额，元丰五年改今禅寺，绍兴二十年毁。历元以降，沿革不一。因考唐氏建元，并无“正明”。五代梁末帝改元“贞明”，宋时避仁宗讳，称“贞明”曰“正明”。是唐“正明”为梁“贞明”之讹。兴化寺之建，盖始于梁末帝时。旧志相承，以为建于唐武德中者，误也。

明重修圣庙记。成化二十一年，南京礼部尚书西蜀李本撰，南京吏部主事夏崇文书，南京户部员外郎黄钺篆额。

案，旧志有成化二十一年知县周蕃《修学碑》，邑人黄钺撰文，而《艺文志》仅载李本记。以文求之，盖为主簿覃广作。广四川富顺人，与李本为同乡。邑人夏崇文、黄钺又适同官南京，故本为撰文，崇文、钺书篆，实同此一碑耳。旧志析李本、黄钺为二碑，误。

明桃林灵济寺钟款。文刻“弘治五年三月造”，无他款识。钟式大于常钟，士人因相承呼“大钟寺”。又，涂家坪水府庙钟，文刻“成化十六年季秋铸”；清泉寺钟，文刻“正德十二年铸”。皆寺钟之传自明代者。

明游南泉山双林禅寺记。正德十三年，长沙府知府余姚陆相撰并书，长沙府通判宜山李华篆额。

明重修汨罗庙记。嘉靖二十年，知县戴嘉猷撰，见《三闾大夫志》，旧志未著录。

记云：

嘉靖辛丑春，拜官斯邑，凡再阅月，始克修祀事于汨罗。至其处，骇观遗像，覆以茅芜，咨嗟久之。因思佛老氏，斁伦灭性，乃今华宇满天下，稍就圮，辄修葺，惟恐后。忠节清烈，如我公是处仅专祠焉，祀废不知几何年矣，莫有议建之者。于是叹正学之不明，而异端之足以惑世也。

适有以南阳僧舍，数多所宜拆毁，请相去甚迩。遂发公帑馀金，命邑幕袁宪董其役，募夫徙建。凡为门、堂总若干楹，稍加涂饰，焕然一新。庖湢亭台，以次粗备，庶足以妥神灵，而于我国家崇祀之典为不孤矣。

摩挲断碑，乃知是庙元泰定间知州事宋侯春卿重建，并黜南阳僧徒归所侵地。去今二百馀年，庙再新焉。事如有待而废兴相乘，固亦有数存焉。若夫修葺以时，俾勿坏，则有望于后之君子。

嘉猷又有《独醒亭记》，云：

余既新三闾祠矣，往访求遗迹，乃知门外有桥焉，以“濯缨”名；祠下旧有亭焉，以“独醒”名，皆后之人想像我公，味其文辞而寓哀焉者也。

桥固无恙，如亭何辄为于邑。时好事何端辈解余意，欣焉任其事，不日亭告成。于此可以见忠节之感人，心所同，固有旷世相孚，不言而喻者矣。

因思怀王客死于秦，贻千古笑，职其由昏瞶为患云尔。使其清心寡欲，必能知上官、令尹之皆醉，我公之独醒，谗谤不行，而谋猷见听，楚其庶几矣，何至为秦所执也？

襄王嗣立，使其悟昏愦之为患，悔祸图新，必能知靳尚之皆醉，我公之独醒，移其所以信靳尚者而信任之，何至谪江南而怀沙以死哉？

大抵古今人才自有分数，沉溺富贵之场，依阿鲜耻，惟欲之快，而不顾人家国者十常八九。赤心谋国，慷慨论事，挺拔流俗之中，不以死生祸福婴其虑者百无一二焉。然又往往以谗疏以直放，则独醒之难全，岂特一屈原哉？

呜呼！百年旦暮，为日几何！以有限之荣枯，而无穷芳秽系之矣。瞻斯亭，能无感也夫？能无惧也夫？

明三闾行祠记。嘉靖二十二年，临湘举人罗奎撰。

记称：

屈子行祠三：一在磊石，一在临泚市，一在邑治广照寺。宋、元间，迁废靡常。祠在广照者，失其址，二百年未有议复者。

侯至治，巡视邑内，得当毁衙舍一所，在县东南隅约三百步，广深五丈，为庙一寝一，祀仪如汨罗。其所费取诸汨罗之隙地，为豪右湛明所侵者一千一百三十八丈，募民耕之。取其租以供新庙之祀，并勒石阴，以告来世。县城三闾祠致祭原始，具详于此。

明重建南泉山双林寺碑记。嘉靖三十年，贡生阚宗文撰，贡生苏铨书，登州府通判宋沧篆额。

明库藏记。嘉靖三十一年，举人宋岑撰。

案，记称：

嘉靖辛亥冬，瑞泉张公下车，再阅月，慨库藏之倾圮，相厥旧址，以其羡馀葺治之，旬日落成。嘉靖三十三年，萧淮《惠民仓记》：县旧有二仓，一贡上，曰“际留”，一振民，曰“预备”。际留之制今犹存，而预备久废。公捐俸为仓，易其名曰“惠民”。惠民仓，为预备仓，库藏当即际留仓也。《记》又称：公来未几，申复旧路，禁左道惑众斸科索扰民者。一夕，县旁舍火，几延官署，公默祷于天，寻得反风灭火。张公谓知县张灯，据此足见灯之政迹。

明仰高书院记。嘉靖三十二年，知县张灯撰。

记云：

考宋开宝尚书朱洞，来守星沙，作书院岳麓山下。是时州郡犹未立学，有裨风教不小。至乾道中，紫阳、南轩复讲道于是，慨州县庠序之教，多沉迷于俗学、利诱之习，不得不阐明论辩，而使人知进趋之有门也。一时鼓箧登堂者，至千馀人。书院之重于有宋，有自来矣。

我明因之，寻复修建如旧。星沙弦诵之化，历历可睹，如夏忠靖公、李文正公、张文毅公，相继叠出，弼亮熙载，讦谟宣猷，谓非涵育于是不可也。

湘邑密迩岳麓，士之得于耳濡目击之馀有日矣。自昔人才之盛，不有由然也哉！近年以来，不复如昔者，岂有司劝率之道有所未至，而求其如朱洞者未得其方耶！其责必有所归矣。予莅任以来，窃见县治旁有隙地，平原高广，前有湘水泼洄旋绕，文洲环抱如带，鹤龙湖渊深沉涵，天虚日晶，潜虬欲飞；方山三峰屹然特立，合藻蕴秀，含翠献奇，其胜概当不在岳麓下，乃捐俸鬻之。

鸠工采木，建书院五楹，楼房三楹，左右厢房各三楹，名以"仰高"。期诸生向道者，仰法朱、张，以为行止之地。于是，署教谕事石峰梁拱辰、训导东源苌燧、渔山何宝，率诸生邹金声、李照、王钥辈八十馀人，诵读讲论，相与砥砺，庶乎士知向学，浸浸乎高明之是图矣。诸生且亦自喜，藏修为有地也，请予记之。

予谓玙璠天下之宝也，弗琢则不成器；杞梓天下之良也，弗植则不成材。人才之生也，虽有美质，不敏而学焉，何以扩其本然之良，以端进步之矩哉！

夫以精粹如紫阳，超悟如南轩，俱不远千里讲道湘西，讲《中庸》义，越三昼夜不倦。今考其所以教人者，见之载籍，至精且详也，虚心以体之，涵泳以求之，毋挟所见，毋隳厥业，毋自疢自逸，以陨厥终。所谓希圣希天之功，即此而在矣。以此事君必能靖共尔位；为邦之司直以此临下，必能锡福无疆，为民之攸塈也。诗曰“先民是程”，言学贵知所法也；又曰“诞先登于岸”，言道贵造其极也。诸生诵此言也，服之无斁，以期无负于二公之教焉，则邹鲁之淳风可再见于湘矣。其为兹院增重，山川增辉，不既多乎！

明守望台记。嘉靖三十三年，直隶沙河县知县萧泮撰。

案，记称：

邑据洞庭上流，无城郭。治西尤滨江，瑞泉张公令是邑，为台曰“守望”；右建书院，以“仰高”名。据此，则台与书院并在治西。

明惠民仓记。嘉靖三十三年，资阳县知县萧淮撰。

记云：

县治旧有二仓：一则储赋税以贡上者，曰“际留”；一则储米粟以赈民者，曰“预备”。际留之制，今犹存其所以为上者，善矣。而预备久废，其如民何耗其粟而风雨之？吾不知荒歉之岁，民何恃而不饥也？且守者尝以此获罪，则养人者不几于害人矣乎！

岁辛亥冬，我瑞泉张公以进士来令吾邑，既视篆，进父老于庭，访惠民之政行之，则佥以是仓对公曰：“此于守者奚罪？有司不以时修葺之罪也。民命所系，可容缓哉？”

明年秋，会楚大比士，公有校文之行。冬，又有应朝之行。又明年夏，乃还邑。于是次第尽起诸废，而及于是仓，且曰：“赋重役繁，民力竭矣，此可复索诸民乎？”于是多方处之，或捐俸以济不足，秋毫无与于民。

中为堂，凡三楹，两翼为仓，凡十二楹，前为门，凡三楹。

经始于癸丑，讫工于甲寅之秋，总计仓之广可容粟数十万斛。规制维新，墙垣周匝，无复风雨之虞，而民胥以为惠矣，遂易其名曰“惠民”，属予记其事。

予闻救荒之策，惟储粟为上，平粜设粥，皆其下者。《周礼》散利之政，遗人廪人之设，其以是欤？然其责在有司，有司弗良，则自封不暇，而暇于惠民乎哉？自公之至也，维风起弊，节用爱人，民赖以有秋者三年，非但受一分之赐者矣，而于备荒之计又拳拳若是。是故急君之需，而亦不缓民之事。不以惠于有岁者是多，而以惠于歉岁者，是预其惠也，宁有穷哉！公将宅揆路惠天下矣，遗爱在湘，此其大者，得无书乎？

虽然，公不幸其有荒而彰此惠也，顾来者不可逆睹万一有之。又，在施惠者善体公意，何如使惠者非饥；饥者弗惠，恶在其为惠哉！体之，庶几无负公之实惠云。

明学田记。嘉靖四十四年，教谕钱匡之撰。

案，此记原名《义田记》，明世学田皆官田，故此名“义田”，以别于官田，其实皆赡学田也。乾隆四十年创建书院，犹赖此田为之基。

记云：

湘阴无义田，置田自今始。癸亥冬，匡之叨司湘阴教。适侍御李近麓公在告，每云“庠生多空乏，非义田无以赡用，吾当捐俸以倡，惜其未广耳”。适甲子春，学宪吴公行考选令，时有寄籍者二生，亦与其选。诸生以其籍贯新附，乃白郡邑俾核实，公曰：“以客民子而与优免之例，湘民何辜而代其役也？欲阻其进，又非君子同仁之视，使出金以易田，是两利俱存也。”遂谕之，俾出金各称其家，合公所助三十金，佥以致仕兆冈王公，谨格缄识，付藏以待。

比冬，郡首蒋公、节推翟公，闻其事稽核促成。近麓公亦被命案蜀，首倡之。遂买十八都民王伯聪田一区，在县治北四十里，地名蒋家桥、鸦鹊塘，共塘七口，计种一十二石，秋粮六石六斗；瓦房二栋，竹木山场系焉。仍伯聪等佃种，岁入租九十五石，出原缄七十有奇。歉于数者，近麓公与少尹平湖刘君、司训历山虞君、延亭黄君，各捐俸有差，始克就绪。时共成其美者，节推苏公仰亭、司训黄君南泉也；后先参酌，则宋生集、邹生金声、王生钥、邵生洛、严生大化、余生延孚、张生翊也；奉公任事、履亩勘踏者，约正杨中孚、赵泽也。匡之以公之美意不可负，故详议博访之，慎所事也。

初，公谓匡之曰："有田无记，难以垂远。用是烦君。匡之思是举有三善焉，馈赠是资，燕会是赖，空乏无措，于是焉苏，是为足用之善；湘邑客民，为稽籍而相竞者，凡考选则然，而今可免矣，是为息争之善；捐金可以附籍客居有志者，皆无所顾虑以勉于学，是为作人之善。"公之嘉惠后学亦至矣。

湘之士民将骎骎乎日底于盛，非公倡率之功欤？匡之以公命，恐后人之忘筌，抑又虑乎徇利者以公举为私藏也，于是乎记。

明城池记。嘉靖四十四年，江西按察御史李廷龙撰。

记云：

邑在春秋为罗子国，汉唐更置靡定，至宋徙今治，国朝因之。实为湖南首邑，衡岳要冲；潇湘之下游，洞庭之南际；大江之滨，扼塞之地也。艇舰咫尺公署，须臾即抵重湖。萑蒲间出入，漫无踪迹，夏、秋水溢殆甚焉。

嘉靖辛酉，广西寇犯江西，震及湖南。邑人闻者奔窜，罔知所之。盖无险可恃，守弗能也。是犹置金帛于巨椟，而委诸市廛之中；储米粟于仓廪，而撤其藩篱之蔽。我民其畴依哉！顾达士私为过计，庸人狃于故常，时事艰于财力，自非柄政者忧深虑远，剂量均平，参酌人情之宜，卜相居址之利，协衷和民，毅然任事，而欲成此重役，以永奠生灵。吁维艰哉！

乃岁甲子春，佥宪苟公、司理翟公爰谋经始，以西北在县署后，为要区，首创之；而东南逼近二湖，民居稠密，方有待也。

及乙丑秋，翟公谋诸郡大夫蒋公，檄卫幕闵公来视篆，鸠工率众，相基筑址，次第以举。无何，邑大夫彭公被命莅湘，首省工程，益励众志。越三月，民不告劳，而城工就绪。予小子按蜀言旋，则见里闾安堵，百雉连云，屹然为一巨观。父老儿童欣欣以告曰：“邑城矣，可恃以无恐矣。兹惟五公之功，我民其用休哉。”

予曰：“君子之仕也，所以为民也。是故有千百年之功焉，有数十年之功焉，有便其身、图苟且于目前者焉。五公共成厥美，城工底绩，其千百年之功乎！由是而庐并相睦，守望相助。邑人之怀德，自世世矣！小子曷足以赞扬休美？”

窃惟经营于五公者，群谋佥同也；竣事于二年者，施为有渐也。效义者董其役，佣力者给其资，不强其所难能者。财出于公帑，继之以赎金，民不告劳而成功易即也。滨湖邑里，宴然以宁，伊谁之功哉？湖南之外藩，衡岳之屏蔽，举在于兹。是知邑里之奠安，皇图之巩固也。一时之创制，将来之典则也。西山遗爱，传之不朽，五公辉映后先无既矣。

后之司牧者，以之和辑其人民，齐一其风俗，仁义以为丽，道德以为威。节其财用，以固其本；祛其悍戾，以防其渐。启闭惟期，缉弭匪懈，而示之以能守。视倾圮而修之以时，俾勿坏，联络其民人，训练其卒旅，而恃其有备。则天时、地利、人和三者备矣，王道其成乎！

城成，高一丈五尺，延袤五里许，为门有七。苟公讳延庚，峨眉人；蒋公讳宏德，巴县人；翟公讳台，泾县人；彭公讳以复，万安人；闵公讳轲，仁寿人。其馀各属之董治著劳，邑人之捐金效勤，有不可泯者，例得书。

明重修学庙记。万历二十年，尉氏县知县涂用宾撰。

记称：

学宫创于洪武四年，再修为前令杨公。嘉靖己亥，前令蔡公废泮池，撤其前门。万历戊子，祖侯捐俸重修。明世三次修学事略，见于此。旧志称成化中知县周蕃修，盖通前后任为辞耳。

明重修县学记。天启五年，衡阳陈宗契撰。

案，记称：

湘阴登举销歇，沿及世庙辛酉，六十三年矣。自公在事，义士和民，而学宫、庙庑与之更始。顷娄生锈、龚生卿并举于乡，暨邑诸文学黄甲、司马荣、吴之珩、涂胤昌、胡臣明等属予为记。

明重修汨罗庙碑记。崇祯六年，知县余自怡撰。

记云：

三闾故有祠在汨罗，去湘治七十里。予童子时读《史记》列传，掩卷久之，曰："安得一游先生弹衣振冠地耶?"长而读《骚》于放流眷顾，所谓"一篇之中三致意焉"者，未尝不想见先生之悲愤也。

崇祯二年己巳，吏于下湘。考《图记》：汨罗在治北。念为童子知敬先生，今得祀先生，何幸也！及问先生祠，则云自吾新安戴黄门前峰先生修葺后，至今缺然矣。

噫！仕于楚，师于楚。先生之忠，故万世臣鹄也。而在楚最著，即楚之忠若子文、若申包胥，及倚相白珩之对贤卿大夫不胜师。而古罗又得以汨罗私先生，牧夫樵竖过祠下者，亦知感慨。是祠安可以无修乎哉？

予同士民捐金三百两，命良民黄一风董其工，逾月告成。将享且有日，则集士若民而告之曰："祀先生，教忠也。忠，天性也。先生忧谗畏讥，而忠不衰，况吾人遭明盛之世乎？先生伤美人之迟暮，叩帝阍以陈词，而忠不替，况吾人事神圣之主乎？若夫志洁行廉，佩兰怀芷，忠固未有不贞白自好者，而吾人洁身靖职，固可哺糟啜醨，随流扬波乎？则愿祀先生者，忝稷非馨，肥腯非硕，求为先生所噱，而毋为先生所吐也。悲夫！楚怀入关，而风不竞，行吟泽畔，怀石自沉。先生一生忠愤，见于《哀郢》诸篇。至今读之，尚潸然出涕也！予谓'三户亡秦'，实先生激烈先之。则先生忠楚，能存楚也。夫忠楚能存楚，楚之忠不胜师，师先生足矣。况尔罗若士若民，桂酒椒浆，日得亲炙先生，而唯先生是师乎？"

予修先生祠毕，而教忠之训，不敢不申焉。戴黄门名嘉猷，新安绩溪人，以嘉靖辛丑至罗。予亦新安人，祠之成若有待也。庙之成以辛未，碑之成以癸酉。

明重建黄陵庙碑记。崇祯六年，知县余自怡撰。

记云：

有虞氏之勤民也，类禋群望，祀无不举。六龙飞辔，远及苍梧、九疑，清问下民，封浚山川，典固有大焉者，非所谓车辙马迹，驾八骏以宾瑶池已也。《传》称二妃从之，及于沅江之间，黄陵其故迹也。以后省方其勤，惟有虞氏独著；而后夫人相从，以省方其事，千古未之有也。意釐降沩汭，舜之治固成于内，风动四方，二妃实有左右功故，即时巡之远，必相先后耶！

己巳，予奉天子命，来莅古罗，有二大祀典：一曰黄陵，一曰三闾。夫黄陵为三湘七泽第一胜迹，见于古今歌咏纪载。庚午五月，例祀三闾，吏抱牒以请予曰："何之日望湘江而酹酒也？"六月十四，例祀黄陵，吏抱牒以请予曰："何之则又曰望湘江而奉牲也？"予曰："若是，则天子岁命有司奉行大典谓何？"问二妃庙貌，则久已鞠为茂草矣，予感慨久之。

辛未六月十四日，时予三兄右军，内兄光甫促予命舟行至黄陵，长江回抱，冈峦环合，地灵特异。登岸诣庙，则颓垣短棘，瓦砾满地，惟宋刻韩碑岿然草中。予布几筵，行礼毕，设席露坐，江声月色，古木寒蝉，不禁吊古之悲。时江陵王季豹、傅宣之，担簦偶及。是夕，同予瞻礼，因曰："是载在祀典，而有司数十年曾未一维舟庙前，不亦简乎？"速议建立，而梓材丹雘，委难其人。胡孝廉信可举吏黄河蛟曰："是固练于董事，而且恂心为质者也。"予酌之酒，捐三百金授之。采木鸠工，不数月轮奂堂阶，称其地势，揆其日影，克襄事矣。

考是庙建于刘表所由始也，修于昌黎所由名也。数千年之间，传闻最著者此耳。有司以敬神为首务，况帝妃日游衣冠之地乎？夫罗，岩邑也，比于楚之百城，若邯鄘之附鲁卫。若夫得从祝史之后，摄衣冠而奉岁事，称隶臣矣。

予宠多矣，后之君子，岁时苾芬焉，修葺焉。夫亦曰"有虞氏之勤民也，巡狩自冀州以及南服。一邑近在百里，其可弗勤乎哉？吾与后之君子共勉之而已。三兄时在衙斋，字右军，名自晖。光甫，予内兄，名汪耀先。碑成，长兄来湘，同予瞻礼。长兄名自明，字虚白。并记之。

高华峰"风调雨顺，国泰民安"八字石刻。

案，石刻在县东南三十五里高华岭石壁，壁高数十仞。八字横列，各高丈许，而刻不深，又为苔蚀。新雨初霁时一见之，邑人无能言者。

智源山顶石碣。

案，石碣在县东北九十里智源山顶，俗谓之“八角尖”。碑文漫没，不可辨识，惟存“天官、地官、人官”等数字而已。

以上二刻，旧志未著录，疑明人喜题刻，衡山、庐山石壁题字皆明刻也。故以附明碑后。

国朝

御书“九如天保”、“桂林一枝”、“斋庄中正”三扁。咸丰八年，郭嵩焘以翰林直南斋。御书三扁，命南书房钩摹于是。沈兆霖、许彭寿、潘祖荫、杨泗孙及臣嵩焘摹勒进呈，蒙恩各赏一分。咸丰十年，嵩焘以病假归，乃奉“九如天保”扁摹刻文庙诗礼堂，“桂林一枝”扁摹刻仰高书院，“斋庄中正”扁摹刻与贤堂。谨遵《四库全书》体例以冠《国朝金石》之首。

重修城池记。康熙三年，知县唐懋醇撰。

记云：

凡城筑之事，创始曰“筑”，完旧曰“城”。而完旧之难，较难于创始。盖创始之时，外有狡启之警，内有固圉之图。计利害者十之七，计劳逸者十之三；卒之寡不胜众，而长吏一呼，百堵皆作，此其所以易也。完旧之时，郊垒幸而未列，则吏安为固然矣；风鹤幸而未警，则民安为固然矣。一旦以怀安之吏驱偷安之民，有事畚插，其势不能，而故家世族，惮于征役，复起而中梗之，此其所以难也。

今天子御极之二年，懋醇承乏湘邑。下车以来，满目荒残。翌日登城，纵目展眺，见夫城以内，败瓦颓墙，足以窜苍鼠而穴狡兔焉；城以外，堕雉坏堞，足以塞幽径而填曲涧焉；而东、南两门，密迩长湖，洪涛啮射，如决溃堤，卒有水患，何以御之？予集谋邑人，告以杞忧，而言者动色，闻者充耳！未几，而洞庭春涨，浊浪排空，昔之窜苍鼠、穴狡兔者，今且游鱼鳖矣；昔之塞幽径、填曲涧者，今且委逝波矣。

水退之后，予复理前说，申告邑人，佥曰“唯、唯”。盖谋于利害未形之始，则同者半、异者半；谋于利害既彰之后，则同者见同、异者不复见异也。

召匠计之，约费数百金，而士瘠民劳，遽兴大役，鸠工辇石，于何取给？爰取薄俸所积，勉以从事焉。自颠迄趾，揣厚薄以为之规；自东南迄西北，程远迩以为之度；自经始迄落成，计日月以为之功。而仡仡言言，于是乎改观矣。考诸旧记，湘之城肇基于彭以复；禀度于上台，则有荀公、翟公；咨谋于邑绅，则有李公廷龙，非一人力也。予竭完旧之微劳，因追创始之鸿工，而独力经营，将伯莫助，较前人为况瘁者。故纪其始末，以告后来，俾毋畏难而苟安云。

重修学宫记。康熙三年，知县唐懋醇修，高淳进士邓旭撰。

记云：

儒者起而为令，则必移风易俗，俾邑之人回心而向道焉。顾治莫先于兴教，役莫重于建学。盖学者，人才之所由盛衰，而吏治之所由污隆也。今自学中来，钟鼓熟于耳，威仪习于目，芹藻芳于齿颊。一行作吏，此志益笃。登先圣之堂，罩然而深思焉；过先贤之庑，悠然高望而远志焉。

坐令木主堕丛棘，圣域鞠茂草；苍鼠长狐昼见于讲舍，牧儿荛竖趾错于经阁。其喟然兴叹，当何如哉？顾财匮于征缮，力疲于飞挽，自非留意风俗，雅志教化，未有不委学宫于草莽，而听其兴废也。

同年唐侯待选京邸，与予交洽，未几而得湘阴令。予问：“治湘何先?”曰：“先教化。”予闻而难之，方今守令责在催科，虽起文翁于今日，不能以俎豆易钱谷，以夏楚易敲扑。然由唐侯之经术，信唐侯之吏治；崇教兴学，知其胜任而愉快也。

厥后舫泊湘城，道经文庙，见厥殿岿如，厥门翼如，厥木维巨，厥工维良。问谁鼎建，则啧啧颂唐侯焉。

夫湘非无事邑，赋役繁于内，驿递剧于外，而房竹用师，大劳未艾，赋车籍马，非论道讲艺时也。侯于征调不遑之会，独能留意学校，以为化民成俗之本。吾以是知其志素定，而为政之源素裕也。邑士请记于予，以志不朽。

予观湘学灵钟岳麓，气吞洞庭，烝、潇、资、沅之水，回澜叠翠，与泮水相映，此亦天下之至文也。考诸邑乘，宋之学，肇于王公定民，赵公希鄂踵成之；明之学，肇于黄公思让，而宋公纶成之。此四公者，当时见颂，后世见思，勒入循良，声施勿绝。今学修之后，为湘士者，朝而弦诵，暮而登临，揽山川之奇胜，抽屈、宋之芬芳，则人文于此蔚焉。为湘令者，考度于定民，秉绳于希鄂；遵思让之遗矩，恢宋纶之成规。方轨前休，垂式后来，则吏治于此光焉。

而正岁月吉，率博士弟子，恭行祗谒，谈经衎衎，响如振玉。邑民环桥而观之，于以去其暴戾，进于雍容。吾见风移俗易，回心而向道也，爰述所闻，以为之记。

明伦堂记。康熙四年，知县唐懋醇撰。

记云：

乡国之学，不一其地；夏、商、周之学，不一其名，而厥义则一之于明伦。盖伦者人之所同，道里之远近，不得而间之；时代之先后，不得而隔之，故从其同而赅言之。

余以为明伦于国学易，明伦于卿学难；明伦于三代前之学易，明伦于三代后之学难。国学则天子身自为师，尚亲尚齿，环桥而观，靡然响风，故其明之也易；乡学则释耒横经、辍耕讲艺，力田之朴雕于城阙，孝弟之行薄于佻达，所以难也。

三代之前，上无异教，下无异学，民之视伦如布帛菽粟，不待别白而后知，如耳目见闻不待告语而后从事；三代之后，国异教，家殊俗，耰锄箕箒，动乖至性，德色谇语，安为固然，所以难易顿殊也。然有不畏其难者，文翁明之于蜀矣，程明道明之于晋城矣，陈襄明之于仙居，胡瑗明之于湖州、苏州矣。盖教之者不以难明之，故而听人之自明；学之者不以难明之，故而自弃于不明，则亦何乡国之异地，古今之异时哉！

予入湘谒学，见殿庑圮甚，鸠工新之。而明伦旧址，尚沉瓦砾，有志未逮也。掌教徐先生喟然念之，偕博士弟子经营荒度，予悉索薄俸佐其不逮。阅月底绩，先生为文以志其事，诸士复请记于予。予读先生记序，虞廷敬敷之训，阐三代绍修之旨，括汉、唐、宋、明广厉之文，其词质，其义博，虽濂、洛复生，无以易也。无已，取湘之表正人伦者，为诸士一质言之：三闾之志洁行芳，争光日月，可谓忠矣。而于高阳苗裔、皇考伯庸，推本所生而重言之。盖忠孝之美称于斯焉。厥后湘之以忠著者，曰忠靖，曰忠节；以孝著者，曰孙圆、曰邵敏。忠靖、邵敏，处臣子之常者也；忠节、孙圆，处臣子之变者也。当其常，而父乐得以为子，君乐得以为臣，纯忠纯孝，使人美而传之；当其变，则耻失其君，悼丧其亲，死忠死孝，使人壮而慕之。此虽其性情然哉！而常、变不失，厥有学问，未可诬也。

诸士欲明君臣之伦，当于忠靖、忠节求之；欲明父子之伦，当于孙圆、邵敏求之；欲明君父之同恩、臣子之同分、忠孝之同性，当于三间之言求之。无俟奉天经而谘孝，执前史而考忠也。虽然，此犹远言之。

徐先生经明行修，人伦师表，天下之所称为真孝廉者，身教立矣。以身为教，如景表之相随，不肃而诚，不诫而孚。游其门，亲其训，仪其行，将忠靖、忠节继起于朝右，孙圆、邵敏踵接于子舍，何忧伦之难明也哉！

予之记斯堂也如此，若其征工庀材，经始落成，徐记备矣，故概略之云。

教谕徐子有记云：

庠序、学校之名不一，皆所以明人伦，则学其统名而明伦，具学之要也。伦明则士端行，修廉耻，礼让相维而儒风以振也；伦明则孝亲敬长，忠厚乐易成风，而习俗以端也；伦明则尊卑上下之分明，而忠君爱国之心笃；伦明则圣贤精一之道著，而异端曲学之说消。虞廷命契，惟曰敬敷。五教，周礼大司乐掌成均之法，其教不外祇庸孝友。朱子白鹿学规，首列五教之序曰：学者学此而已。程子谓朝夕讲明正学，其道必本人伦。甚矣，学莫大乎明伦，故曰："明伦，学之要也。"

湘之学宫，旧制素称美备。历汉、唐、宋、元、明，名儒辈出，科甲蝉联，其间勒铭钟鼎，载在简编者未易更仆。数自兵燹来，泮宫鞠为茂草久矣。我国家崇儒重道，首厉学宫。唐侯莅政以来，多方培植，蠲俸修建。庙貌门墙，灿然一新，且训课时勤，士子得考道而问业，彬彬盛矣。

康熙甲辰，子有授本学教谕，履任初，见宫庙巍峨，心切瞻仰，而讲堂、宅署无复存者，唐侯为余假馆。夫馆，传舍也，不可以久，阅两月而三迁，飘摇风雨，诸生来请业者，皆露处焉。爰谓之曰："设建明伦堂，予岂托此？诸生岂立此？"诸生曰：

"唯，唯。"因是一二老成特达之士，义激于心，各勉其子弟助工有差，子有亦支俸鸠工，越两月而堂成。

堂之规模虽大逊前制，而远峰耸秀，近水环流，山川之形胜如故也；左岳麓，右洞庭，钟灵毓秀如故也。往昔所愿登是堂者，顾名思义，相与砥行砺名，庶无负朝廷作养人才之意也。

古者八岁入小学，知孝亲敬长之节；十五入大学，知君臣朝廷之分。斯学有其序，不至躐等而未也。非六经孔孟之书不读，非濂、洛、关、闽之道弗讲，斯趋学端而入德，有其门也而未也。《周礼》小胥掌学士之征令而比之，觵其不敬，而挞其怠慢者，斯劝惩之道，以昭而要之。有菁莪之化，乃有誉髦斯士之盛也；有文翁之化，而蜀之文学乃可比邹鲁也；有胡瑗之师范，而士之经义与时务俱优也。学之要，故在明伦；而明伦之要，不又有在乎！

邓婆桥记。康熙四年，知县唐懋醇撰。

记云：

湘邑居长岳之中，上接交、广、滇、黔，下达吴、越、巴、蜀，最为冲繁之区。城东一桥为陆行者所必经，湘水汇于桥左，诸溪涧之水汇于桥右。洞庭夏涨，湘波回流，退而与溪水合，其势益横，以一桥而当三湘之冲突、万壑之啮射，历岁逾时，其能免于溃决哉？

乙巳春，桥圮其半，始用舟渡。满载方发，舟重涛洪，力不及支，与波俱逝。盖邑人之病涉者势孔急矣！况南北分藩，轮蹄四集，除道成梁，非守土而谁责哉？予锐意兴作，命僧了义毕力募修。而疲邑穷乡，佥有难色，僧亦因而中怠。予复勉其卒事，捐赀五十金，以为士民倡。天诱其衷，协力毕助，鸠工征役，取之若寄，僧亦毅然以为己任。计经始之期，则即本年十月也，度工于龙见火见之后，召匠于雨毕水涸之时。农有馀力，僧有馀财，鼛鼓不勤，畚插恐后，盖桥虽未成，骎骎乎有必成之势矣。越明年季夏，适有土木之役，万众蚁集，不得已缚筏以渡，渡毕而水突涨，因叹洪涛之可畏，舟楫之难恃，而桥工之不可以不毕也。予申令邑人视前有加，戴星出入，不以为疲。筑者筑，甃者甃。僧亦杂胥靡中，辇石筛土，以为百堵助。未几，观厥成矣。桥成而增亭，以荫往来。自是陆行而堤，由堤而亭，由亭而廛，由廛而城，踏康衢，履周道，不复怒涛浊浪之惊。予喜甚，张乐设宴，集邑人落之。佥请碑于予，以志不朽。余考诸邑乘，此桥创于宋之咸平，修于元之至正，而重修于今日。几百年矣，其称名不一。曰邓婆，昭其始也；曰恩波，昭其德也；曰镇湘，昭其功也；曰隐虹，昭其象也。予不忘自始，仍以邓婆名之。嗟呼！一邓咸之母耳，荒度厥功，声施到今，为有司者，□何惮一修葺之劳哉？

案，高淳进士邓旭亦有记。

重修万缘庵碑。康熙五年，知县唐懋淳撰。

三闾墓田蠲税记。康熙六年，知县唐懋醇撰。

记云：

于古圣贤陵墓之地，而建为庙，所以崇明祀也。建庙而置庙田，所以荐馨香而昭明德也。顾置田而不蠲其田中之税，使耕是田者以全力给公赋，以馀力供祀事，则奉盛以告求忝稷之馨，尚不可得，安望明德维馨哉？

予谒选得湘邑，下车拂詹尹之策，问渔父之津，穷搴芳纫兰之幽，展独清独醒之墓，低徊久之。或为予言：古庙空山，阒其无人，则以庙田之就芜，而庙税之不少假故也。夫税不蠲则田芜，田芜则祀旷，徒使荔橘之将仅见于过客，颖栗之升莫虔于守土，岂所以昭祀典哉！

爰召庙中之旧僧以墓田给之，而尽豁其税，彼忝彼稷，自荐馨外无过而问焉。既请于上，复勒于石，使后之君子知明祀之足重，而区区升斗当别论云。

重修黄陵庙碑记。康熙七年，知县唐懋醇撰。

记云：

邑古迹，首黄陵，而祀典尤重。古迹者，通人之所尚。过其地，怀其事，想见其为人而已。祀典者，官司之所守，岁之丰凶在是，民之忧乐在是。况以湘名邑，鼓瑟之湘灵，实式凭之。而庙坏不修，沦于幽径，非所以崇明祀，而为民绥福地也。

予幼读韩子《黄陵碑》，忾然慕之。意庙当湖湘之间，鱼龙幻于前，香草馥于后，必有深林古宇乃足称名胜，而表壮观。谒选适得湘阴，冀寓目而偿所愿。会有履亩之役，取道入谒，则见山哀浦悲，鸟啼兽号。既而马踬砾中，舆人告曰："此即黄陵庙也。"予手披榛芜，方可展拜。拜讫仰视，中为虞帝，旁为二妃，皆露处蒙尘。嗟呼！谁实守土而坐听明祀之湮若是哉？

爰进湘人而谋曰："以秦皇帝之雄，一击于泰山之风雨，再荡于湘流之波涛；以韩吏部之豪，能烧佛骨于长安，而不能不修祀事于湘南，则湘君、湘夫人之灵彰彰矣！历四千年之祀，忽然中堕。数年以来，盲风怪雨，慜忽时作，绥丰罔歌，度亦湘灵之未妥，若或致之也。"余因决意修葺，撙节薄俸，鸠工庀材，阅月庙成，将塑像以祀，而揆诸祀典，有慎重而未敢决者。始皇问"湘何神"，博士对曰"尧二女，舜二妃"，未闻以舜为湘神也。刘表之署曰"湘夫人祠"，晋太康之署曰"二妃祠"，未闻以舜祠为署也。韩碑正王逸之谬，明二妃之为皇、英，而援楚祠湘君、湘夫人之说，以证之未尝为舜勒碑也。

其祀舜于黄陵，则自宋王定民始。邑旧有舜庙，密迩学宫，定民斥学而广之，并庙于学，遂以黄陵为妫汭而合祀焉。余甚非之，有虞氏平成之德，巍巍奕奕，祀于帝王庙矣。南巡不返，泪迹染林，祀于九疑山矣。生非其地，葬非其乡，皇皇帝庙，建于下邑，岂义之所安哉？而至以袗衣鼓琴，生而合欢，没而合祀，尤说之近于鄙者。今专其祀于二妃，颜曰“湘灵庙”，昭其旧也。

湘人复请碑于余，余笑谓：“昌黎叹太康之碑，断裂分散在地，其文剥缺，今韩碑亦复仆矣，安知今之所勒，不为韩碑之续乎！”湘人复进而请曰：“昌黎之修是庙也，假力于王堪；竖是碑也，丐石于张愉。今公官是土、修是祀，不假王堪之力而庙已新，不丐张愉之石而碑自永，又何让焉？且韩子之碑，虽断裂剥缺，终不与晋碑同沉者，以其文不朽故也。公宜有言，以垂贞珉。”予不能拒，遂纪其始末，以附韩碑之后云。

李公桥记。康熙二十九年，县丞李象琯撰。

记云：

湘阴东四十里，有盘桓石江者，石骨嶙峋，盘错两岸，湍流不息。其水发源玉池山，从望塔、双狮二洞逶迤四出二十馀里，汇于铜含口，激荡而下，过盘桓至白水江，由邑之东湖入于河。水集泛滥，澎湃涛声撼天地。前人砌石为墩，架木成梁，日久崩颓；后仍设木以济，水溢辄漂没，滟漫巨浸，两岸往来之人，目击胆战，伫立如堵，莫敢徒涉。

岁丁亥，象琯避地于斯，凛然心动。其时颠连困苦，家无储粟，乃不忖空乏，矢愿修桥，以便行者。无何，家忧外患，力不从心。

今年庚午垂七十，老将至矣，于修桥夙愿，犹有皇皇然者。季秋鸠工，审端经营，见古桥上百步之外，水势稍杀，西有石墈垂岸，东有石版高出水面，可为桥脚。因与诸人谋垂永久，甃石为梁，占费金钱不下三百。琯家无馀财，身口节啬，仅积稻数百石，尽行出粜，以供匠石。经始于六月，告成于岁终。横一丈五尺，过江三丈四尺，东砌石为堤，直接大路。环桥观者，群然顾余曰“非公愿力不及此”，遂名“李公桥”云。

南阳寺钟铭。康熙三十年铸，无撰人名氏。

铭称：“崇祯甲申春，左兵毁其殿宇。”

案，《明史·左良玉传》：崇祯十五年，良玉至武昌，纵兵大掠，居民呼曰“左兵”。《明史纪事本末》：“崇祯十七年正月，张献忠自岳阳渡江，弃长沙。二月，方国安、马进忠复长沙。国安、进忠皆良玉将，盖乘贼去，而以克复为名耳。”南阳寺距水路两驿均远至数十里，而亦为所毁，左兵之纵暴如此。

重修儒学记。康熙三十四年，翰林院侍讲黄州张希良撰，教谕詹士懿书丹，知县许国檀篆额。

记称：

湘阴县学颓废已久，前学博王君轩始草创殿庑，未竟厥事以去。康熙三十年冬，长沙郡丞董公绍舒来署县篆，谋新葺，命教谕詹君士懿、训导李君琼及弟子员之贤能者四人，共襄厥事，阅月告成。盖学修于康熙三十二年，而碑成于三十四年也。王轩任教谕在詹士懿前，疑与吴士俊修学同是一事。

重建名宦祠记。康熙四十三年，贡生蒋常尊撰。

记称：

吾乡学宫，兴废不一。国初承兵燹之馀，殿堂、门庑、池垣、宫署，次第修葺，独名宦无祠，每寄祀于乡贤祠中，历六十年所。今年司铎毛公以其署为启圣祠故址，捐俸庀材，自徙其署而西。次及名宦祠，计费不赀，则有宦裔许姓捐资，佐众以重建焉。据此祠毁于兵燹者六十年，至是始以学署基地重建。道光九年重立石。

二妃墓碑。康熙四十六年，知县蒲易藩书立；康熙六十年，知县罗士修重立。

“四柳先生曝书石”七字石刻。

案，石刻在县东四十里走马厅江侧，旁无款识。康熙中拔贡刘之略自号四柳先生，尝曝书于此，其门生为之刻石。

重修名宦祠碑。雍正二年，知县赵祚昌撰。

案，此记旧志未著录。

重修文星桥碑记。雍正十三年，知县宋廷旃修，贡生杨茂淳撰。

案，此记立言甚简，而中载癸丑夏蛟水泛涨，桥尽坏，并溃堤数十丈。宋侯鸠工伐石，岁一周功成。旧时南堤皆民居，至是毁南堤中二段各数十丈，遂相沿呼为“龙堍”。

易忠节公祠堂碑记。乾隆四年，严镇场盐大使徐世佐撰。

密岩山石谷记。乾隆六年，严镇场盐大使徐世佐撰。

记云：

永州多异山水，柳子厚以隽杰雄悍之才，来莅兹土，缒凿幽险，无有遁形。如万石亭、小石城山、钴鉧潭、小邱诸记，状山石之奇怪。读其文，欣然慕之，以不得见为恨！

乾隆六年三月二日，微雨空濛，擎盖蹑屐入山间。当密岩之前，夹小峰中大谷深邃。乘兴而前，望小峰石起如龟背，苔藓瑸瑞，多生黄花似菊，而小石隙中皆细木美草，芳香蓊葧。而密岩青壁，斗立万仞谷中，乱石如林，立者，仆者，望者，斗者，突者，钛者，箕踞者，鞠躬者，仰而视，俯而啄者，交股而卧者，负土而出者。初，壑中泉百折，咽石为笙簧之声，既进而止数十步，其上复鸣，湛然为井、为涧。群柳枝荫山半，巉崖峨出四五处，皆悬斗壁，上突起如砌，高者数十仞，若随风动摇，不可临瞰。

由崖而上约数十步，有大石踞壁间，临十仞之下形，如万斤之鼎，窍穴棱角，不可名状，灵虚逍遥，人物莫及。然后知永州之胜，乃在目前。第无有隽杰雄悍如柳子者，发摅幽趣，镂刻其形。而吾生二十有八年，于兹土亦未尝来此境乎？抑来而未之知乎？

坐而憩，云自山顶而下，及于壑。起而视，山石益奇。其远而隐见于山之际者，若涛起浪立，鼋鼍龟鳖，蛟龙鲸鲵，水族之怪，相与奔冲，出没上下于烟波淼弥之乡，而不可指数也；其近而迭出于左右者，若荒烟野雨，兔豕獐麂，狐狸鼪鼠，山间之物，卧起坐立，倚颈交角于寒郊蔓草中也。其巉崖四五，若仙楼玉台，巢云亭翠，轩凌风阁，天造地设，参差互立，东西相向，玲珑萧条于虚无缥缈之间，犹仿佛闻其珊瑚、玳瑁、铃铎、钩镮之声，可望而不可登也；其大石立壁上，若麒麟角端，怪兽之蹲踞而下视也，若老人髻发披髦，骑猊乘风，犹瞥见其须眉耳角也；其群柳若山仙古衲，持麈尾拂云烟；其青壁，斗峻直入云中，睨之无际，疑其上插天表，草木之气已通帝座也。而其身亦若遗世而来，飘飘乎于群云杳霭之中，不复知在人境也。

景益奇，兴益豪，志益坚。是日也，凄风寒雨，烟雾迷离。大壑之中，万仞穷崖之下，飞鸟灭绝，牛羊不来，而独坐于寂寥幽邈无人之境。至于云堆雾塞，咫尺不可见，而犹不去，何其壮也。盖山之险、石之怪，云雨以助其奇，故大有倍于寻常风和日明、天高气清之会者。人第知风和日明、天高气清之山川，其趣发幽人之兴，而不知其奇趣；更有待云雨而后出者，以其第能游于风和日明、天高气清之会，而不能游于凄风寒雨、烟雾迷离之中也。万石亭、新城、小丘等，使柳州冒雨而来，当有别境如斯者矣。

密岩山石崖记。乾隆六年，严镇场盐大使徐世佐撰。

记云：

宅之东北穹峦攒峰，上逼霄汉；其南嵁而为崖崖最奇峭，皆怪石垒成。

余自宅东行，径茂林中，林尽芳草蓊蔚，泉汩汩流，逦迤至崖下，初平。石如乱棋，或起，或仆，或斗，或笑，或坟其首，或呀其鼻，各为其壮。

稍上，大石五横立水上，水伏行，鸣于地中，声殷殷若雷，始奋。径数十步，土地开裂，清光迸出。又上，崖石势方起，草益深，石皆夹水而立，大者豁闳嵚崟，隐若一山。水百折，咽石而下，为笙簧丝竹之音，静与神会。又上，有涧深四五尺，澄澈下见底，沙石皆银，有潭可跨而立，藤萝幽荫，黑不见水，下有天光。俯而视，眉发皆清，肝胆皆出，有大石当半崖，可卧数人。为石床，隆其首，兀然而高；为石枕，苔青且厚为石茵。床之旁，圆而缜者为簟；方而滑者为砚；窍而其偏凹然而深为池。卧而吟，石若有声；起而书，石润而莹；仰而笑，群石皆应。又上，攀石而立，寒瀑数十尺如竖，下击石上，皆散如沙如霰，如万斛珠，溅首湿衣如雨；旁石壁峭立如削，有藤但覆石而不下，有泉但灌苔而不流，凡数处。又上，则足酸股栗，偻而憩，岩石逼人，冷风自生，凄神寒骨。其上斗绝，乃不可登。崖之高不至百仞，从其中而望，奇险迭出，隐然有千峰万壑之势。

夫草木之精，咸知趋时事为悦媚，蔚然而秀，欣然而荣；纡青曳紫，纷红竞缘，光华旖旎，芳香蓊葧，与时变化。而石冥然，不以时动。凡石之用，藏璞于山，可以辉岩谷；登器于朝，可以光法物；发声于庙，可以通神明；琢之为饰，可以备文章；悬之充耳，可以观德行。而是石也，体粗怪顽，不足为人用，人亦无用之者，任颠倒于月路风亭、云根雨足、冰岩雪窟之中，以成斯崖之胜，是造物者之以无用用之也。

余自放弃以来，益少志虑，杜门埽迹，不见一人，环山数里外皆云已死。远近流传，闻者太息，或造谤讟，相与笑谑。余亦自分愚拙，不堪当世之用，居常放浪不检，颓惰无聊，纵心山水之间，听林蝉野鸟之音，遨游偃息于鹿豕獐麂之侧。其顽钝无为，疏懒颓放，有类于兹崖之石者。是故乐而不厌焉！

重修文庙记。乾隆十一年，知县徐梁栋撰。

案，旧志：邑人吴宏道有碑，立戟门外。碑文浅陋，不著录。文庙泮池亦于是兴修，邑人杨枝建别有记。

记云：

乾隆六年夏五月，予奉命来楚南，冬十一月，乃秉檄视湘事。始至谒圣庙，顾瞻宫宇，狭隘郁塞，慨然伤之，谓罗湘文献之邦，所以妥侑先圣者，不宜如是其敝陋也。

维时学博为汉阳刘君家谟、澧水雷君声荣，皆贤而才，遂相与谋所以鼎新之者。而邑之绅士俱欣然急公，云集响应。不期月而累资至三千馀金，乃命工师庀材，程能先大成殿撤而新之，次崇圣祠，次两庑，次棂星门、泮池、钟鼓亭、仰高亭，及明伦堂东西斋。诸生不惮寒暑风露，董其事勿怠。

既复，得衡阳周君命育、酃县谭君泰京，先后来学掌铎，增美补偏，指画尽善，乃观厥成。昔之狭隘郁塞者，一转而为高明宏达矣。规制崇伟，丹雘裔皇，琴瑟俎豆，灿然炳然，不其盛欤！

于是进诸生而语之曰："吾党之所以自树者，亦宜如是。夫正其基址，勿倾以陂也；高其墉垣，勿陋以隘也；闳其栋宇，勿卑以暗也；储其材植，勿缺而弗备也；准其式度，勿偭而背也。仰至圣之宫墙，思崇德而广业，多士可以兴矣！

计其时，经始于壬戌之三月，落成于甲子之六月，凡三历寒暑。是秋举于乡者三人，吴君翼行魁其榜，次年举于南宫者二人，杨君瑝遂入翰林。盖数百年来科名之盛，莫逾于此。谓非先圣之灵，实式凭之乎？继自今，人才辈出，为醇儒，为名臣，与先朝忠靖、忠节诸贤后先辉映。予虽他日去此，回念汨罗玉笥间人文蔚兴，正学奋起，能无为之神壮欤？

雷公遗爱碑记。乾隆十二年，为训导雷声荣立，不著撰人名氏。今碑尚存明伦堂。旧志作二十一年立，误。

署江宁布政使王公墓志铭。乾隆十八年，宁乡陶士偰撰。

志云：

乾隆十有八年，前署江宁布政使湘阴王公，将以腊月朔日葬于县南小密岩山之吉壤。长君邦光函状致书，以贞珉之言属士偰。士偰逡巡再谢，书命愈坚，大端谓士偰二三十年来，南北驱驰，从公游最久，知公甚悉；又姻媾世讲、谊浃情亲，安肯置君而听悠悠者，随俗为文以失实也？士偰不能辞，谨按状：

公讳之锜，字孔嘉，号玉池。先世自豫章迁湘阴，至王父锡命公，声望著乡里。巡按白公上登，奇其才，欲荐于朝，力辞不果。厥考同书，公笃竹好善。两世并以公贵，赠奉政大夫。

公秉质岸异，能通六籍百家言，尤留心世务，高自期许，而慕范文正、富郑公之为人。丙子举于乡，五上公车不第，壬辰授山东金乡令。金乡固瘠土也。维时天子绥靖边陲，东省军兴旁午，茭刍、羸马诸需，或奉行无术，遂至驿骚科敛，重困穷檐。公严约胥吏，立《官买官解法》，秋毫无扰，民若不知有军储供亿者。地濒大泽，郊西一路尤洼，淫雨则弥漫淤塞。公巡视周度，为捍堤二十里，夹植柳荫，旁酾渠以导壅流，俾旱潦蓄泄；畊者降邱、宅士行李之往来，亦无苦揭厉。既抚字多方，民用康乐，乃兴学誉髦。学舍之圮者、黕者、湫隘者，捐资以葺以艧，加宏敞焉。诸生时至其地，指授经艺，课省勤惰，士蒸蒸蔚起。九载政成赴召，邑人攀卧塞涂，无童叟悉嗟叹流涕。

仁皇帝六十一年入觐，荷温纶。需次京邸，河督恪勤陈公借才江淮，出襄乃绩。宪皇帝二载召见，授工部虞衡主事。改刑部江南司兼摄现审司，殚心平反。大司寇静海励公特荐公贤，擢山西道监察御史，随持节河干，备陈疏瀹要务，宪皇帝嘉纳，赐克食及御书“福”字。又督理山东马颊河，逾年事竣，上益奖劳之，转江南分守常镇道。陛辞之日，赐御制《朋党论》、香珠紫貂、尚方药，恩宠有加。迨搴帷抵任，整纲饬纪，百度具修，兼摄剧郡，案无滞牍。旋奉大中丞张公题委扬关，复署江苏藩篆。

今上御极元年，调江安粮储道；越四年，署安徽按察诸司。扬历无暇日，缘制、抚两宪倚公若左右手，而公之廉明干敏、实克综理，裕如其在扬关也。历任阅七八岁，扬关之税，瓜洲及泰坝两处尤错杂纷拿。前任每搜括务尽，以求岁增赢馀。公恻然伤之，日正供固虑耗损，何至取之尽锱铢？且国家恩波若海，岂与小民争蝇头之利？特任事者于中不无自便耳。爰痛除积弊，凡舴艋贩鬻以遂微利者，免其税，且勒石永禁。民困以苏，而额数仍不减。上宪具知清慎，故久委任不获辞。迨调补粮储，语同僚曰：“人谓扬关利薮，予直若履畏途，今兹乃释重负耳。”然粮储统辖十郡，赋额居全省大半，若庐、凤、淮、徐，远在千馀里、数百里外，巡察难矣。旧时仓规巨万，恣取民间。胥役丁弁，从中交利所入，奸猾尤难除。公正己率属，密行廉访，罔疾色遽言，弊窦一一釐剔，有“活佛神君”之号。

至苏藩，财富倍他省，公会计度支，有条理而无琐屑。复值计典，举行贤否，册量衡石，皆虚衷别白，无幸荐、枉抑者。其权署臬事，惟允惟明。时久旱蕴隆，祷祀棼若，公曰："无庸。"乃推鞫成案，宽宥其可矜，摘释无辜牵累者数十犯，甘霖歘沛，囚脱于桁，农歌于野，咸谓公仁恕感召云。

顾尔时公年近耄，精力稍惫，又襟怀恬淡，乃亟请归老。上惜其才，毋许遽休，诏以简缺道补用，遂补太通兵备道。太、通夹处海滨，至则勘沙量卤，浚甽疏浍，终不以力衰告瘁。期年，乃予告原官致仕，盖积劳成痾，亦急流勇退也。

旋里后，步履渐康，日与乡邻父老道故言欢，泉石优游，翛然物外，见者拟于子房、长源。公故负海内望，勤于造进，笃于人伦。后生之才隽者，延誉荐引无虚日；荜门寒畯，或穷困来投，愀然同其忧，辄竭所有佽助，不足更继之，即质贷亦不倦。

见事敏决，遇同僚谘诇，不面誉以欺人，推诚置腹，必筹画万全而后已。士偰尝与同乡前辈论湖南人物含弘亮直，陈恪勤外，惟公为最。知言者其以为河汉哉！

公生于康熙甲寅年九月二十四日，卒于乾隆癸亥年七月初八日。元娶杨氏，继娶邓氏，封宜人。子三，邦光，庚戌进士，陕西西安府渭南县知县；邦直，贡生；邦霖，邑庠生。孙男七，立谦、立豫、立恒、立益、立咸、立晋、立震，刻有《言行汇纂》、《丹桂籍》行世。于法皆宜铭。铭曰：

郁郁幽宅，煌煌德华。浚明彰吉，国尔忘家。经纶黼黻，瑄琰无瑕。乘揽箕尾，魄奠崄岈。崇邱马鬣，储祐靡涯。

张公德政碑记。乾隆十九年，海丰县知县杨枝建撰，为知县张宗衡立。

张公桥记。乾隆二十年，知县陈钟理撰。

记云：

甲戌夏五，余秉檄来湘，远眺两湖，而知县东有白水江者，俗谓之“拨水”，其势奔腾浩瀚，较诸水为巨浸，沿流而上五十里，地名“胜波”，则势益急，湍激泼洄，惊飞骇走，称险域焉。虽土断川分，而势为东南之要道。秋、冬之交，负担蹇裳，乘舆儒尾；春、夏山水暴涨，涉者易随波以没。临流怅望，袖手徬徨，盖多历年所，从无有能利济者。

传闻邑诸生张君之成，尝梦苍髯老父，以筑桥怂恿之。君固慷慨好义，遂属石工买山凿岩取石，功未就而君卒。其子祖来、祖乘、祖荣、祖柬克成厥志，绩用告成。经始于雍正九年辛亥七月，竣工于乾隆四年己未十月。其高三丈二尺，广二丈，长二十五丈有奇，吞吐波涛，洵中流砥柱，不朽之功也！

桥之旁有山，峰峦峻秀，青松万点，柏叶千章，深林杂树，芊芊蔚若焉。山下爽垲轩豁，人烟丛集，桑麻纷郁，鸡犬嗥嘈，耕凿出入，以恬以嬉。其上游则张氏之别业也，广陌平畴，云连绣错，膏腴千顷，陂泽涟漪，辋川石壁，何以加兹？夫积而不能散者，膏火熬煎，多财为患。兹桥约费万缗，皆捐私橐，不借他山。迄于今往来驰驱，无事绳悬梯接，皆张公之力也。余嘉其义行，因为之记。

杨氏义田记。乾隆二十年，知县陈钟理撰。

记云：

昔宋范文正公居苏，置附郭常稔田，以济族人，号曰“义田”。其子孙至今守之，以赡族人不废。方文正作秀才时，即有志于是，而力未逮者几二十年。既而为西帅及忝大政，禄赐有馀，始克竟其志。未尝不叹敦本行义之难也！

余奉命来湘，即闻杨氏为湘邑巨族。下车后，绅士晋谒，有述玉宗先生者，周贫乏，焚逋券，有古长者风。当顺治壬辰，邑荒旱，先生茂菽不饱，遇流民颠踣道路，辄赒给不稍缓。外境闻其义，就食者日至，先生捐资浚水塘数口，既以济饥民，而灌溉者并享其利，邑人德之，名曰“杨氏塘”。迄先生已没，邑之人春不歌，杵不相，无老少皆为流涕。余识之于心，不敢忘。

今春，龙阳学博杨君茂论奉海丰公讳归，入谒，持其曾王父《义田条约》请记，以垂久远。始知玉宗先生即杨君曾祖，名邦琮，玉宗其号也。余览其条约，田在邑之藕坝、马公坝二处，田凡二百亩，岁入租三百馀石，除完课外，凡春、秋祭祀，及展各处坟墓，羊豕庶馐，皆办于此；且老有恤，幼有矜，嫁娶死葬皆有赡。岁择族之贤者主其计，而严其出纳。创立义学，延师以教。族之俊秀士束脩膏火具焉。游泮者三金，食饩者五金，贡成均者十金，登贤书者倍之，成进士者又倍之。以其所入，量其所出。敬宗收族，而无不足。

呜呼！世之绮罗纨袴之子，日饱粱肉而坐，跻华朊弃，其宗族不为收恤，比比而是，闻先生之风其能无愧也乎？吾闻以天地之心为心，则天下无不爱之民物；以祖宗之心为心，则天下无不和之宗族；以父母之心为心，则天下无不爱之兄弟。旨哉斯言！今先生可谓以祖宗之心为心矣。

先生之子孙，寖昌寖炽，科第蝉联，天之报施善人，固未有艾。吾愿杨氏子若孙，谨守先生之意，推而广之，仿范氏义庄规矩，以衣被族人；吾知先生后嗣，亦必有忠宣兄弟其人者应时并生，光远而自，他有耀也。

重修汨罗三闾大夫祠记。乾隆二十一年，知县陈钟理撰。

记云：

余家去罗湘仅千馀里，幼读三闾大夫《离骚》及龙门子长

《传》，流涕想见其为人。甲戌春，奉天子命来令湘阴，公馀访三闾沉渊故处，旧有祠，为湖水浸啮，垣瓦仅存，榱桷将圮。

噫嘻！忠贞之祀，风化之原，何任其荡析堕废，一至于斯乎？夫古之艰贞蒙难，系心宗社，宁死不悔者，三仁倘矣！三闾于楚为同姓，竭志尽忠，卒遭谗放，其萋菲之兰尚与廉来同。其君兵挫地削，入关不返，又与纣之自焚同。而其心之惓顾宗国，微文讽谏，至无可如何而后死，死而犹不忘谏者，又无不与三人同。

昔周道衰微，孔子删《书》，序《微子》一篇于《商书》之末，使后世君若臣知谗人高张、贤士仆蹶，而国随以邱墟，为天下笑。余读《离骚》，掩卷叹息，亦谓与《微子》一篇相表里。帝高阳之苗裔，则我祖底罪陈于上也；恐皇舆之败绩，则今殷其沦丧也；将远近以自疏，则王子弗出我乃颠跻也；仗清白以死，直则自靖，人自献于先王也。眷怀君国，呼天呼父母，一出于至诚，恻怛之意，其仁一也。三仁出而殷存，三闾沉而楚重，原之忠全楚之地，并宜崇祀勿替。

今仅一专祠，顾任其颓败不振，微特非所以妥忠魂，亦非所以振人心而厚风俗也。余咨嗟久之。爰与诸生登玉笥，四山啾啾，犹闻啼啸声。多士告余曰："此当年作九歌地也。"盍迁庙而祀于此。遂属周生富榜、黄生齐植、高生峻、杨生茂根等董其役，鸠金一千有奇，饬工庀材，徙三闾祠而新之，宏而甚丽也。其前为骚坛，又其前为独醒亭、招屈亭，又其前为濯缨桥。经始乾隆甲戌八月，竣工乾隆乙亥九月。庙成，诸生丐余言志其颠末。余以祀先生为教忠之大者，爰刻石而为之记。

陈侯德政碑。乾隆二十一年，阿迷州知州王邦光撰，为知县陈钟理立并刻。城北二里墩，是年又有刘公德政碑，为教谕刘家模立，而碑无可考据。所著录非独吏治之修也，民风士习之纯亦可想矣。

学宫蠲田记。乾隆二十一年，知县范元琳撰。

记云：

湘阴学宫，重修于乾隆七年，壮丽甲于一郡，盖十馀年于兹矣。邑诸生以工作馀资数十金称贷取息，裒益以为岁修之资，而犹患不足。先是，邑人捐入仰高书院田百馀亩为膏火资；今年春三月，修邑志将竣，又得耆老朱开贻捐锡福围田四石、黄禹选昆弟三人捐乔山围田四石、方世琰捐三合围田四石。余意以此三户田合前此馀项留为学宫岁修费，按亩计收租谷一石，务置囤一所积年存贮，择公正诸生三人总领其事；三年更易会计，出入登载于册，庶几无敢侵渔，倘有率作兴事，必会议以行。于是则诸君好德慕义之心，可以垂久而不敝矣。《易》曰："积善之家，必有馀庆。"《书》曰："作善，降之百祥。"余即其实而记之，所以昭与人为善之心，亦以著永终不敝之道云尔。

仰高亭记。乾隆二十一年知县范元琳撰。

案，大成殿后仰高山，宋淳熙中建亭，曰"仰高亭"。明成化中重建；乾隆九年，邑人黄士季尝修复之。至是，士季子之煌重建是亭，元琳为之记。

重建尊经阁记。乾隆二十一年，华容县教谕杨茂论撰。

记云：

湘邑旧有尊经阁，为宋县令林公采所建。丁椿所谓"穷江天于万里，莽湖山于一线，后瞰汨罗，前望碧湾"者也。代远年湮，问阁故址，鲜有知者。

乙亥冬，余修邑志，与同事诸君谒学宫，周视远眺，见仰高山后，地闳敞而势乏激昂之致。有善青乌之术者，谓此为瑶光之位，亦长离之降精也。是年崒嵂以起，黉宫之秀有胡君者，慨然以增修为己任，伐材鼎峰之阳，陶甓湘水之滨，漆胶丹青，咸市于廛，庀材鸠工，不数月而巍然焕然，耸人观瞻。阁为圆制，法乎太清，下墄文珉，上结藻井，辟以四门，承以三重，朱甍斐翼，雕槛纡萦，象以八卦，准以五行，荧煌照耀，以象六星，远而望之如翠盖亭亭，缥缈于碧落之中。嘻！其吾湘学宫之奇观也已！

夫阁以藏经也，藏经以广业也，广业以迪士也。《经》之学，心学也，易吾心之变化也；《诗》，吾心之好恶也；《书》，吾心之典常也；《春秋》，吾心之法鉴也。《礼》、《乐》，吾心之敬与和也。穷变化以顺时，审好恶以逆志；执典常以正轨，研是非以达权；主敬致和以平性。六经皆吾心中物矣。于是仰斯阁之岧荛，以卓其标；法斯阁之玲珑，以洞其识。远绝氛嚣，阁之清也，而取以养吾恬；延揽景概，阁之虚也，而用以拓吾度。揞拄乾坤，引延日月，阁之巍焕壮丽也，又非吾经纬参赞之极则耶？

胡君者，讳孔义，汉寿其字也。余尝慨慕其为人，而今且喜阁之成也。阁之成，盖以丙子春也。

独醒亭记。乾隆二十一年，县学生王立楷撰。

骚坛记。乾隆二十一年，万年县知县王立槐撰。

记云：

乾隆二十一年，湘人士撤三闾庙而新于玉笥山。余瓣香谒所为新庙者，临水濯缨。濯缨有桥，循桥登山，两亭岿然，一曰“招屈”，一曰“独醒”。直前有坛，额曰“骚坛”，坛高而闳，吾乡黄公所建也。

余讶若桥若亭，自昔有之。骚坛毋乃嫌于创乎？黄君曰：“惟楚无风，郁极必发。”三闾眷怀宗国，作《离骚》二十五篇，雄博瑰丽，称词赋宗。其徒宋玉、景差，摅情写志，感慨伤怀。三湘七泽间，为采风所不及者，骎骎乎大倡宗风矣。于是贾谊、刘安、东方朔、严忌、王褒、刘向、杨雄、王逸之徒相继，则其绮丽；抒其哀怨，鸿裁艳辞，乞灵争长。吾建骚坛于此，欲悬三闾为祠赋不祧之祖，披摛华竞秀，与二十五篇同原者，吾进之坛中；与二十五篇异流者，吾斥之坛外。先生其为我志之！余曰："玉笥为三闾作《九歌》地，《史记》云原赋《怀沙》沉汨罗以死，其他《离骚》、《天问》、《远游》、《卜居》、《渔父》等篇，不传作于何地。是天下之《骚》系于全楚，而全楚之《骚》系于湘阴。兹坛其所以志乎！夫别裁伪体，转益多师者，词垣之统论也。俯视千载，截断众流者，艺苑之大衡也。则且以三闾为牛耳主盟，宋玉、景差而下，历阶而升，树帜北面。其馀词赋诗歌之徒，悉逡巡庑下，奔走而驰骤之，昆仑、元圃、赤水、流沙，皆骚坛邱壑；鸾鸟、凤皇、文狸、赤豹，皆骚坛物产；杜蘅、兰茝、揭车、流夷，皆骚坛纫佩；一切雷填雨冥、风飒木萧、猿悲狖愁之声，皆骚坛鼓吹。非是者，厉色登坛，举袂而麾之。自古迁客游人，皆尝径此投吊三闾，异时有贾谊、史迁其人过焉。吾知不踯躅江干以垂涕，而徘徊堂庑以歔欷也。

黄公，名德然，字达山，邑高士，年八十捐金百两成坛，其孙齐铨董其役，并书之，以贞诸石。

神鼎山石鼎铭。乾隆五十年，贡生晏臣鲠撰。

元明泉铭。乾隆五十二年，训导向宗望撰并书。

铭云：

湘邑学署，在夫子庙仰高山旁，旧有元明泉，历久淤塞。余既莅湘，甘泉复溢，诸人士以为瑞。余曰："山下出泉，有蒙象焉。果行育德，作圣之功在是。"因铭曰："恶乎元止者静，恶乎明流者清。清可参元，静能鉴明。孟是取孔，亟称渊渊乎？嘻！余愧其未能。"

考棚碑记。乾隆五十二年，知县李昺撰，邑人张廷禄书丹。

记云：

罗州故称才薮，人文蔚起，秀甲楚南。癸卯秋，余莅是邦，即奉上檄试诸童子，厅事湫隘，至有露坐不能蔽风雨者，为愀然者久之。

越明年，邑人士有请建考棚之议。余方以兴作大事观成为难，而创始尤不易也。湘之人顾乃合志，乐输汇费，庀材画地于学宫之旁。广文涂公共襄厥美举，邑人黄齐植、张乾珍、左逢璨、高光甲、吴心业、刘相、黄伟、陈觉民、王大鳌、胡之沅十人董之，而周君锡溥、张君廷禄实综理其事，经费出入，必同稽核，无少糜滥。乙巳落成，东为衡鉴堂，西为艺圃；坐号在衡鉴堂前者伍伯捌拾有奇，在艺圃前者壹千伍伯有奇；自栏栅至内廨凡五进，后苦逼侧，又捐廉购民间隙地以益之。

嗣是凡两试诸生，咸得尽一日之长，而快广厦之庇。其东复移建忠义、节孝两祠，亦因考棚馀工而蒇事焉。于是颜生崇德倡举捐田，田生荣然、杨生武烈、杨生世盛、周生旬宣，先后共捐田陆拾肆亩伍分，书券付首事，藉其租为日久修葺费。

夫以一邑之中，举数百年未创之举，而复谋及久远，其为湘之风俗人心计者，岂仅一身一家之故哉！爰志其落成岁月，在事姓名及捐田亩数，泐为后之慕义者劝。

　　案，记称移建忠义、节孝两祠于考棚之东，以前两祠遗址无可考。道光元年始移忠义祠于名宦祠旁，而移节孝祠观德门外。

重修武庙记。嘉庆二年，知县李兆文撰，邑人高元灿书。

重修明伦堂记。嘉庆三年，教谕潘德宏撰，高元灿书。

记称：

学署建自前明。康熙中，县令唐侯重修；雍正甲寅，乡贤王玉池、吴达五两先生复鼎新捐建。旧制外为一门，内分两署，明伦堂偏立东斋。嘉庆丁巳，改建明伦堂于中，合两署仪门为一仪门，两旁左为书识科房，右为门斗公廨。凡三阅月告竣，即今学规制所由放。

重修磊石山洞庭君庙碑记。嘉庆五年，知县李其丰撰。见《磊石山志》。旧志未著录。

记称：

磊石山庙，旧为龙寿寺，一名万岁寺，唐时改建洞庭君庙，唐季封洞庭君“灵应百谷尊王”。历宋至元，迁庙于巴陵之金沙洲，累封“昭佑灵济顺利忠惠王”。元至正中封“都巡大帝”。以金沙洲地当湖冲，重兴磊石山龙宫。明洪武初，敕封洞庭湖神，命有司四月初八日致祭；建文中，复封“大力王”；嘉靖中，釐正祀典，仍称“洞庭湖神”。国初，封“护国平湖”君主，颁“天地同流”扁额，顺治十六年，洪承畴经略湖南，又建庙于巴陵鹿角山；康熙十八年，仍封“洞庭湖神”。自是，颁祀并于鹿角，而磊石古庙日就凋敝；雍正三年，加封“涵元汇利洞庭湖神”。庙盖屡修屡废，至是始更新之，增修后殿，为“连天楼”，辟前址为东西庑，建“灵虚殿”。其间叙述庙祀原始，至为详明，亦足以资考证。

易氏义田记。嘉庆二十二年，宁乡袁名曜撰。

记云：

余以嘉庆辛酉官翰林，时湘阴易惠斋祖典偕其兄子衡浦昌酌，俱以武举留京试兵部，朝夕过从，皆儒雅愿悫人也。旋隶宦籍，惠斋任四川游击，衡浦任江西卫守御。别十馀年矣，余以艰旋里，又病，未赴官，寓砚岳麓书院。时惠斋子际昌，侄昌基、衡浦、侄化醇、子化中，先后从游，言行皆有规矩，因知易氏之先泽孔长也。

越丁丑，化醇承其父武德骑尉湘藩昌邦之命，具状述其祖父三世捐置赡族义田本末，并缮《举行条规》属记其事。余为竦然，正容者久之。皇上湛恩汪濊，畅垓泝埏，以珍黄保赤，不越教、养二端。复恭默思道，阐绎《圣祖谕旨》、《世宗广训》，注明、颁发二章曰："人待宗族，必如四肢百体，务使血脉流贯，疴痒相关。"又曰："子侄之众，皆出祖宗一人之身。奈何以一人之身分为子侄，遽相视为途人而不顾。至于抉明宗族不笃之故，首以富者多靳为病根。"而反复周详，以家塾、义田相勉励。敷陈恺切，圣谟洋洋、广大精微之义备矣。宋范文正公参知政事得宰相禄，置义田宅，史册炳烺，游屐诗筒，题赞至今不绝。近时张得天先生为卿贰，时以其父置义田事入奏，荣荷先帝褒典，镌砥泐石，摅之无穷。论者谓我朝得姜氏继美于赵宋范氏尚已。今按易氏，自昭武都尉锦亭宗爵始以力田起家，富不过数万，辄捐其手置黄甲桥田百馀亩赡族；至其子昭武都尉芝垣、祖耀昆季凡五人，今其孙湘藩、功服兄弟，现已十数人。惠斋、衡浦宦弁员，禄入尚寡，传一二世，丁益繁，家日析日薄，皆非巨富。而乃锦亭倡捐于前，再世而芝垣昆季，复合志捐东三都田三百馀亩；三世而湘藩、功服兄弟，又合志捐古塘、佘家两处田八百馀亩，为贫族教读周恤，计田数较张氏、范氏有加。现已建塾延师课读，择综理管算出入。凡贫穷孤老、孀嫠给缮养，嫁娶给资费，女子嫁而贫寡者均与佽助，巨细粲列，网举目张，可谓意美法良！善能体皇上惇叙之教，绍先世积累之德，裕后嗣昌炽之基者矣。易氏以朴质为家法，毫无干誉沽名意。余将闻之大府，加以综核，达之奏牍，以风论海内，所以厚风俗而光盛治者，岂直易氏一族哉！

案，义田之盛，未有若复兴围易氏者，才四五十年，至道光之季，而已倾毁无馀矣。水患频仍，承其敝者甚繁，若易氏义田其一端也。

重修龙王庙记。道光二年，知县徐鋐撰。

遇仙桥仙济亭记。道光二年，易焕枟撰。

记云：

事不耳闻目见，而臆断其有无，或据所信而疑之，或传所疑而信之，皆惑也。《河上仙翁记》上老人其事，或传或不传，大都以神怪忽之。

予宅之左有桥焉，旧矣，未有以名之也。时传有遇仙于此者，遂以“遇仙”名。仙之与人遇也，能使久噎者食，久痪者走。其人其事，历历可指，遂作亭于上，以“仙济”名。

夫世安得有仙乎？或亦石隐者流，放其身于形骸之外，姓字不欲令人知，不轻与人。世碌碌者接而故指点其术，使久噎者食，久痪者走，令忽神怪者转而惑焉。然则事虽耳闻目见，犹在有无间矣。桥之名、亭之作也，又奚为乎？

其事一见于柳子贤攀，贤攀业治病哽不食者累日矣，归过乌塘，遇癯叟须鬑鬑隆背，赤足科头，敝褋短襦。柳询姓字，答以“乞人”，行且语，谓曰：“若病噎耶？吾能治之。”柳喜，邀与俱归。叟曰：“无庸，至彼桥上可也。”因折行至此，命出百钱，错综布桥端，起囊中银杯注药，醮田水令服。服讫，如寐觉，则身卧钱上，叟已渺矣。起纳钱归，病若失且健饭，人惊其异，趾错如门，佥以遇者为仙。

其后数年，又见黄起贵事。起贵，酧塘人，患废躄掌，据地暴面臀行，丐里市。忽蹀躞市中，类寻常人，见者交愕，诘之，秘不言，固问乃曰：“昨岁除行，遇老人蓝缕曳杖，立桥畔，悯予瘫也，止授丸药，曰："服此，必瘥。无为他人告也，归卧两日，起即堪步履矣。"

柳事，在嘉庆二十五年四月十七日；黄事，在道光二年正月二日。之二人者，予皆得而亲见之，地非远，事甚迩，闻见者非一人，流俗艳之，学士大夫不敢惑焉。抑又何也仙耶？独惟噎者、痪者可得而见？非仙耶，何能使久噎者食、久痪者走？其姓字不欲令人知，则桥之名、亭之作又乌能已乎？桥名，名以众人之口也；亭之作，从客请也。

重修洞庭庙记。道光八年，知县唐古特撰。

磊石山岳忠武王庙碑记。道光十年，合河康绍镛撰。

重修二妃墓碑记。道光二十二年，贡生吴景运撰。

案，记称：易焕枟与胡正榜、柳荣阳醵金为德星会，以供黄陵墓岁修之资。道光辛丑大水，墓甃石尽倾，于是又醵金为修复之，而泐其事于石。

磊石山钟亭记。道光二十三年，知县夏廷樾撰。

记云：

洞庭天下巨浸，南汇众流，浩无涯涘。中数山星立，舟行过者得就泊焉。天阴月黑，风雨震荡，四望如幂，莫辨垠岸。治北磊石山踞湖上游。道光初，前令元和徐侯建钟亭其上，募道士夜鸣钟以引行舟；又燃灯亭际，可望为投止地，舟人便之。徐侯任满去，邑绅黄公方村踵行之，后中废。岁癸卯，予自湖北之竹溪调湘阴，舟从湖外来，径磊石山下，舟人犹能指点其处以相示。既下车，黄君鲵溟来谒，语及钟亭事，知继徐侯建钟亭者君父也，已前卒矣。至是毅然请继先志，捐钱若干，撤其亭而新之，捐县北高家坪田三石一斗九升，岁以所入为经费。于是钟亭加设高炬，数十里外能望见焉。

夫天下急公慕义之事，于人所不求而熟思以得之，乃后知其利人无穷也。而行之一时，其力不足以及远，尝赖有人焉从后以持之。徐侯创始斯亭也，所谓人所不求而熟思以得之者也。黄氏两世承而行之，乃益有以善其后而永其利。夫惟人所不求以自致其力，而受其利者远且益多，既久安之，而不知其谁诒之利也，斯真善也与！予乐此举之成，而益嘉黄君之能成先志。为具其事泐之石，以告来者。

忠义祠明知县杨开家属题名碑记。道光三十年郭嵩焘撰。

记云：

道光二十有八年，长白裕公督楚之十二年，再举巡方之典。于是邑人合词以故明知邑事潮州杨公开殉张寇难事始末具呈，请祀于学。下其事于府、于县。县令刘公具以事实申之于府、于布政使司，以达巡抚都御史，会名以闻于朝。天子嘉焉，诏祀诸邑之忠义孝弟祠，而以邑民黄凤德同殉难者附焉。其从难之县役钟调元、邵受连、程可行、钟楚贵并杨公家属十七人，分别建祠，以垂示久远。盖去杨公死事之日已二百年，发其端者吴参军谦，举其谋者左舍人宗植，而卒成其事者吾叔孝廉名家彬者也。

明之将亡，盗贼窃发，赋役繁兴，其势岌岌不可终日。杨公至，则蠲苛徭，省急役，与民休息，其有德于吾民甚厚。寇至城破，死职耳，而迟回召募于数十里之白鹤山，势穷力屈，始以身殉，彼独何求与？其民卫从之严，艰辛困苦，相为维系，以抵寇鏄而待济也，盖其勤矣。夫至捐弃其家十七人，奉其一身以图于外，幸此城犹可复得，其终不可得而卒以死，其心尤有足悲者。始邑人以从祀昭忠祠请，部臣议谓昭忠祠祀本朝死节之臣，无及前代者，可祀之忠义孝弟祠。嵩焘窃意忠义孝弟祠之祀，各以其乡之人。杨公勤事于职而效死于民，祀之名宦祠可也。而邑人昧然以昭忠祠请，诚有过者。其立石题名者，若杨公家属十七人，若黄凤德之妻，皆无名氏可稽，则各附于其主之下，不别题名节孝祠。于是戒期伐石，周视堂宇，屹立永固。既蒇事，嵩焘为之记，并著杨公从祀忠义祠之略，以俟后之议礼者釐正焉。

案，题名碑据旧志：黄凤德妻无可考。苏溪塅黄氏谱载：黄凤德妻刘氏。旧志失于讨论耳。

重立楚三闾大夫墓碑记。同治六年，黄世崇撰。

案，《通典》：屈原冢，有石碑曰："楚放臣屈大夫之碑。"乾隆二十二年，邑人王邦翊建立，墓碑题曰："楚左徒三闾屈大夫之墓"。至是世崇仍复唐碑之旧，而记文特辨正疑冢之误，以俗传屈原疑冢二十四或曰十有二；又沿《招魂》而葬之说，谓冢旁有宋玉、唐勒招魂台，盖多出士人之附会。《通志》及《明一统志》纪载甚详，汨罗山为今烈女岭，亦非僻地，历二千馀年并无疑冢之说，不足辨也。

郭氏义庄记。同治六年郭嵩焘撰。

记云：

吾族自明季至今，存丁百馀人，犹有衣食不自给者。道光二十五年，从父莲舫公以从祖诚斋公遗命斸置义庄，以所质吾弟蛰存西门二宅充之，自四世祖以下诸房贫者，月有赡，岁有寒衣之费，行之二十馀年矣。嵩焘悯诸贫者生齿日繁，所赡或不济，乃稍推广附益，并及四世祖以上诸房，悉族之贫者皆赡给焉。莲舫公故有记揭诸祠壁，嵩焘复推明此意，为之后记。

呜呼！百人之族而为望姓，徒以科名稍为继续而已。其间丰裕者数家，自食其力以无忧困乏又数家，其贫不能自存者相望也。古之君子，一夫不获，曰"时予之辜"，岂以是为仁哉？不如是而道固有未尽也。乃使一族之人，饥者寒者，坐视而莫之救，虽稍资济之，而果能获其所与不能获其所，视三代之民固犹远矣。道德不足充人之志气，则士或嚣；职业不足尽人之程度，则材或枉。古之君子，非恃其力能养人而已，以道贞胜，而以人养人有馀裕也。此之弗能，而区区自致其力以推及一族之人，亦或有至有不至，均之于道未尽也。嵩焘窃用自疚，亦愿族之人以是自勉焉。

重修城隍神庙碑记。光绪元年，四品卿衔内阁中书郭崑焘撰。

城隍神，于古无征。城复于隍，见《易·泰卦》，治缮城隍，见《后汉书·班固传》，皆以资备御而已，未尝奉为神而祠祀之也。《左传》祝宗用马于四墉，又云祈于四墉。杜预以为“墉城也。城隍之有祀，殆本于此。”《北史》慕容俨镇郢城，城中先有神祠，俗号城隍神；《隋书·五行志》梁武陵王纪，祭城隍神。唐张说有《祭城隍》之文，杜甫有《赛城隍》之诗；李阳冰有《缙云城隍庙碑》：城隍神，祀典无之，吴越有之。宋欧阳修跋云：“今非止吴越，天下皆有，而县则少，大抵六朝以降，世屡易，而城隍之祀乃愈盛。然犹不列于祀典，未通于郡邑。”

明洪武初，从礼臣之请，自京都以达直省，并立城隍庙，京都遣太常寺堂上官行礼，诸府州县则守令诸官。由是庙祀遂遍天下，水旱疾疫皆祷焉，岁时报赛奔走相属。其为庙宏敞，常甲诸祠，盖古者地术列为常祀，城隍于义为地术，御菑患，有功德于民，崇而奉之，礼所宜也。

邑城隍庙，建自雍正中，历今百数十年，风雨之所飘摇，虫蚁之所剥蚀，榱栋朽敝，墙垣攲斜，濒倾圮者久矣。同治癸酉，如皋冒侯来署邑事，朔望瞻谒，慨然谋所以新之。越期年，政成民安，因集邑人士筹捐储费，庀材鸠工，攲者正之，朽者易之。复于神座两旁添塑地狱变相，事虽不经，而用是警为恶者之心，使之有所慑而不敢逞，亦神道设教之意也。

经始于同治十三年甲戌冬十一月，明年乙亥光绪改元冬十月讫工。经其事者，高州同耀崐，及儿子庆蓉也。既又属予为之记，因并稽溯缘起，推本祭义，以著于篇，以告邑之人，俾后有考焉。

重修考棚碑记。光绪六年，兵部左侍郎郭嵩焘撰。

邑考棚创自乾隆五十年。道光中，增置云路门。岁久剥蚀，上漏下渗，门壁不完。光绪元年，邑令冒公谋葺而新之，增置东云路门，各为阁道属之至公堂，以避雨雪泥泞。圮者墉之，剥者髹之，添设几案，编列号次，于是规制焕然一新。

自汉以来，所谓选举，贡其名于朝而已。东汉乃有试举之法，至唐而诸道下讫于县皆有试。宋兴，乃一试之于学。元、明以后，法稍备矣。然自宋诸科之试，常假诸寺院为之，则知其时与试者无多也。元、明定为县府试，一试之府、县之堂。至国朝，乃皆别立试院，文教日昌，人文蔚兴。五尺之童，提椠怀铅，争自濯磨，以与观光之荣。湘阴县试，多者至二三千人。闻诸父老，往时县试，彬然就列，无或哗嚣，而后乃稍陵夷，积久益失其故。

夫物之将盛也，必得其理；其将衰也，歧行逆施，荡而不知所归，其终亦困辱随之。以今日人才之盛，视往时何啻倍蓰，而学行固不逮远甚，则又未知应试者多少，盛衰之果何如也。古今治乱之大原，端本民风，而尤莫重于士习。官斯士者，以急正士气为先，庶几国家作育人才之意可以无愧，即修葺试院之功亦不至终泯也。

是役也，董其事者罗时松、龚猷献、李其昌，费至四百万钱，历光绪三年工竣。越三年，颜邦翰韩城请纪其事于石，而嵩焘为之记。

湘阴县图志卷三十一

名宦传

一邑之理乱，视邑令之贤否。其名甚尊，其责甚重。自唐以前，人文简略，莫能纪焉。南宋时，邑令胡公编辑《湘阴图志》，去唐未远也，而所纪录仅及五代之季。岂夫偏方下邑，无足较论其得失，虽有贤者，莫之省录与？然邑人文稍著见于世，实始宋时。则夫文翁化蜀之功，有宋诸贤任之，宜唐以前之汶汶无闻也。其自周宋之交讫于今时，几及千年矣，得可纪者仅七十人。而丞尉、学职，列名其中十有八人。难哉，其为贤令也！《传》曰："见其礼而知其政，闻其乐而知其德。"居今日而上窥古贤之政迹、隐德、轶行，犹将辨而知之。矧夫治乱之灿见于事，贤奸孅恶之昭著于人，影动声随，无能巧饰，则亦君子之所甚惧。而得其道者，坦然由之，终无悔也。是故知、仁、勇三者之为达德，凡事皆然。莅官临民其尤也，而要之以知为本。

五代周

许可崇，广顺间以大理评事摄湘阴县事。旧治在白乌潭，可崇迁今治。奏减县租，民德之。祀名宦。

案，唐制授官有试摄判知之名，历宋相沿为寄禄官，州县一遣京朝官及幕职为之，名曰知县事。《通考》：建隆三年，以朝官为知县，自大理正奚屿始。其后令试大理评事官，并历县著为令。是以大理评事知县事者，宋制也。其有员阙摄署，由诸州奏遣朝官，历县无名摄者。五季、南唐与楚交兵，湘阴实当其冲，县治迁徙，事当有之。而广顺中，南唐并楚，又迭为刘言、王逵、周行逢所据，亦无馀暇迁治减赋。《氏族表》白茅村许氏，始自许均，同光中迁湘阴，生可崇。是可崇自籍湘阴。白茅村者，即旧志相沿之白茅城也。隋、唐湘阴县治皆因罗故城，隶岳州。梁乾化中，南唐并岳州，湘阴必改隶潭州。其徙白茅城当在是时，嗣后旋隶岳州，旋隶朗州。至宋乾德元年定潭州，淳化四年，湘阴始隶潭州，其徙今治亦当在是时。许可崇摄县事，正在今白茅城，不得云迁今治。又以白茅城之名被之白乌潭，舛矣。名宦祠之祀，肇始明初。许氏子孙奉以入祠，相距且四百馀年。民虽德之，亦辽远不相及，此皆事实之无左证者。以《通志》列入名宦，流传久远，不敢废也，稍为辨正之于此。

宋

余良肱，字康臣，洪州分宁县人。治平中以大理寺丞知县事。县逋麦数千石，岁责里胥代输。良肱论列之，遂蠲其籍。

王定民，亳州人，元丰中任知县。初，邓氏建学笙竹圻，名笙竹书院。其旁有舜祠，定民即其地立孔子庙，为县学所自始。

朱辂，字国器，郴州桂阳县进士。绍圣中调任县尉。适提举湖南常平梁子美至，辂投以诗，梁喜而论荐。会县令魏洙以旷职获罪，辂曰："令罪而尉荐，人必以尉声卖令矣。"梁卒荐辂，而令亦免罪迁桂阳监，以母老免归。赋诗有曰："二千石禄今犹有，九十亲年古亦稀。"

李植，字元直，泗州临淮县人。建炎初，为东南发运司干办公事，寻以奉议郎知县事。县经杨么荡析，植披荆棘，立县治，发仓廪，振困乏，专以抚摩为急。丞相张浚督师江上，荐为朝奉郎通判鄂州。

徐梦莘，字商老，临江军进士。绍兴中，历官南安军教授，改知县事。会湖帅括田，号增耕税，他邑奉令惟谨。梦莘独谓邑无新田，租税无从出。帅恚其私于民，捃摭其过，莫能得，由是反器重之。

黄荣，庆元中任知县。创治学舍，括隐税，置田养士。先是崇宁中，令州县皆置学，得用地利所出，及非系省钱，充养士费。至是荣请于州，增给职钱。

幸元龙，字震甫，瑞州高安县进士。庆元中任县主簿，时万俟卨孙与民讼，元龙惩之，改判郢州。

案，《四库全书存目》：幸元龙《松垣集》十一卷。后为《事迹》一卷，载所判岳飞、万俟卨子孙争田事，云理宗敕委裁断。《松垣集》由元龙裔孙名鸣鹤者搜辑，所录事迹则鸣鹤传其《家乘》之言也。岳飞、万俟卨子孙争田事，亦不详为何地。观其所录，盖临安也，县志亦载其事。据《宋史·万俟卨传》：绍兴初避乱沅湘，湖帅程昌寓以便宜檄权沅州，是万俟卨避乱在今武陵、沅陵一带，亦不宜有子孙在湘阴。凡此皆传疑之言也。

王相，嘉定中任知县。筑东湖南堤，修延三里，民依以居。自是始有东、西湖之名。

案，元余阙《恩波桥记》：宋时邓氏妪作大堤，绝湖以属之州，为木桥二。邓氏妪者，邓咸母，所谓邓婆桥也。邓咸，天禧间人。国朝唐懋醇《重修邓婆桥记》言桥创始宋，咸平尚在。天禧以前十馀年先有堤，而后二桥附堤以立。庆元六年，主簿潘惟一《杜公亭记》言南堤旧有亭，传为杜甫系舟地。庆元六年，距嘉定以前九年已有南堤之名，其非嘉定二年王相始筑明矣。疑南堤经始邓咸母，至是增加堤而为民居，王相实有经营堤道之功，云始筑者非也。

杨翼，绍定中任县丞。敦尚节义勤于兴作，建尊经阁，置祭器，刊刻屈子《离骚》以授学者。

案，尊经阁，宝庆初知县林采建。杨翼绍定中任，与林采相接，所云："建尊经阁"，即此一事也。旧志作嘉熙中任，误。

赵希鄂，嘉熙中任知县。重修学宫，终宋世王定民创立孔子庙，历南渡学废。徐梦莘出公钱三十万修之，希鄂始重修，又籍新田、立贡庄，资送贡生赴举。时籍隶于学者邑人吴浩、韩圭等立碑记之。

胡哲，淳祐中以奉议郎知县事。创修《湘阴县图志》，经理汨罗庙，封植其墓树，日会诸生习射于后圃，建观德楼，以兴起文教为己任。

陈兰孙，咸淳中任知县。建会养堂以恤贫民；前令胡哲疏浚湖水、修文星桥，兰孙踵成之。

元

杨处仁，冠州人，皇庆中知州事。首停荒田之税，兴学劝农，流民复业，逋赋皆清。

王文彪，至元中任州事。伸冤抑强，士民仰若父母。湖湘间以廉介著闻，推文彪为最。

谢端，字敬德，遂宁州进士。延祐中授丞德郎同知州事。精明强干，猾吏束手不敢舞文法，豪民无赖者远避去；部使者行部旁郡，滞讼皆委端谳，剖决如流。绩誉藉然。

明

黄思让，淮安人，洪武初任知县。勤庶政，招流移，均赋减讼，兴建县学，治斋舍，并修葺县署，规画宏远，民忘其劳。祀名宦。

孙初济，南淄川县人，洪武中任知县。公廉正直，振贫理枉，遗爱在人。祀名宦。

李鸾，北平宛平县人，洪武中任知县。勤抚字，善催科。人怀其惠，亦惮其严。

彭希周，本名万成，希周其字也，又字坦明。元季与其季父添弼，共聚乡兵保白鹤洞。陈友谅据湖广，遣其弟友信攻掠山寨之未下者，希周拒之数月，比明兵至，借军资上之幕府。授本州同知，抚辑灾黎，诛锄强梗，旋征拜应天府太湖县丞。

案，《明史》：洪武元年闰七月，征天下贤才为守令。希周被征，当在是时。

史九韶，字三仪，宁波象山县人，洪武中任教谕。矜廉持重，训迪有方。夏元吉时为诸生，一见叹曰："名世才也。"元吉终身为执弟子之礼。迁南京国子监学正。祀名宦。

王寅，吉安庐陵县人，永乐中任知县。廉介慈惠，工诗文，邑人士相从问学，视若严师。

潘润，福州闽县举人，永乐中任教谕。明立学规，为士模楷。

宋纶武，定阳信县人，宣德中任知县。先是，永乐四年建北京宫殿，分遣大臣采木四川、湖广等省，至宣德中始罢。纶初履任，拣料布置，具有方略，民以不扰。岁歉振饥，全活甚众。祀名宦。

田赋，天津青县人，正统中任知县。修葺学校、坛壝，甃治街道，奸宄不法者惩之，吏畏民安。

汪让，宁国宣城县人，景泰中任知县。时婴火灾，公私庐舍，荡为灰烬。让料理区划，先学校，次分司、馆驿，以次修葺，民不知役。

韩璟，福宁宁德县人，天顺中任知县。莅政公勤，开辟田野，劝民积粟备振，造桥梁，除道路。时有芝草、瑞莲之应，人以为善政所致。

刘昇，沂州府莒州人，天顺中任主簿。民务水耕，昇躬督开垦，教以杂种五谷，勤求救荒之法，民始知有山田之利。祀名宦。

孙辅，山东峄县人，天顺中任河泊所官。会岁饥，县檄辅劝富民输粟。辅挟其子圆以行，时年十二岁。夜宿袁氏，被盗执辅，劫其衣装，将刃之，圆以身翼，辅骂贼甚厉，贼怒刺圆死，遂奔逸。县人哀其孝烈，以辅贷粟振饥，戕其子，奉行其令。声迹甚著。

案，旧志列孙圆孝友，《通志》因据以为湘阴人。孙辅奉县檄贷粟振饥，实任湘阴河泊所官，未宜阑入县籍。而孙圆以卫父死难，其孝烈有足哀者，因具其事于孙辅传中，以存其略。

陈彦瑞，宁波鄞县举人，成化中任教谕。工诗文，有行谊，动止必以礼法，勤于训课。

黄卓，吉安永丰县进士，弘治中任教谕。学问淹通，训士有声。

蔡金，梧州苍梧县举人，嘉靖中任知县。甫至，劾去僚属贪污者，修学宫前门，以五经课士，邑人皆兴起于学。

梁汝璧，重庆江津县进士，嘉靖中任知县。廉明温惠，凡有利害兴除，条而镌之，名曰板榜。擢监察御史，湘民立石志其德。

黄震昌，南康安义县举人，嘉靖中任知县。谨饬平易，以训课士子、振兴学校为事，士民怀之。

张灯，饶州浮梁县进士，嘉靖中任知县。始建仰高书院，修辑县志，立牧爱堂以治民事；筑讲武台以习兵。勤政爱民、百废具兴。以行取擢给事中。

陈以道，安顺永宁州人，嘉靖中任知县。以直忤当道归，行橐萧然。邑人竞遗之，不受，曰："吾携一片湘云归，作黔山清供，所受多矣。"

彭以复，吉安万安县人，嘉靖中任知县。湘阴故无城，长沙府推官翟台奉檄修筑。逾年，闵轲摄县事，踵修之。以复至，刻期督役工，始竣。

孟淮，字海泉，太源阳曲县人，嘉靖中任主簿。善书。勤于接士。佐县催科，革除规费；重建际留仓，以广积储。

马子文，饶州乐平县举人，嘉靖中任教谕。循循轨度不苟，言动训士，以德行为先，次及文艺。

陈纶，嘉靖中任训导。有文行，以身率士，贫者周济之，置祭器，讲习礼仪。卒于官。

王京祥，字景麟，徽州祁门县举人，万历中任知县。精敏仁惠，振饥恤民，勤求荒政。万历八年，张居正定议丈量天下田亩，按溢额田增赋，争改小弓，以求田多。京祥清理隐占，不为苛扰。以勤劳卒于官。祀名宦。

黄仁荣，南昌举人，万历中任知县。振饥苏困，务崇大体，延见父老，咨询疾苦，汲汲如不及。士民建祠祀之。

陈美，绍兴山阴县进士，万历中任知县。精习吏事，吏畏民安。刻《课士录》，修养济院，设立门簿，编载花户粮图，一清干没之弊。

杨师程，云南进士，万历中任知县。时用师于播，征调骚然。师程蠲俸充饷，厚值雇役，民不扰。而事集著《治标略》，大旨谓：本治未然，标治已然。长吏无拔本塞源之力，姑治其标而已。

案，《明史》：万历二十二年，遣邢玠总督川贵湖广军务，讨播州宣慰使杨应龙。旋命邢玠总督蓟辽，遣李化龙代之。以播州用兵，加四川、湖广田赋。二十九年播州平，始有蠲免湖广等处加租逋赋之诏。是师程蠲俸充饷，即所加之田赋也。播州为今遵义府，明置播州宣慰司。讨平杨应龙后，改置遵义府，国朝改隶贵州。其时邢玠、李化龙并兼总督川贵，以湖广、贵州与四川为邻，军饷征调之所从出也。

胡大臣，绍兴山阴县举人，万历中任知县。革除征收羡馀，怜马递之苦，躬自当之，不以累民。在任六年，吏畏民安，囹圄空虚，民称之为“胡青天”。

王秉乾，成都华阳县举人，天启中任知县。时边饷岁有加派，秉乾不忍科之民，核城中官地，令居民承买，得银数千金充饷。秉乾对父老泣曰：“此可权救一时，后此民困，将何极也?”尤精于鉴别，所拔士若龚卿、娄琇、胡从民，皆以文章节义有名于时。

案，《明史》：万历四十六年，加征辽饷三厘。是年诏书至，次年始行。而万历终于四十八年，其后三次增加，名九厘饷，适当天启之初。明制，南粮尽供县用，积贮存留为丰。而民地入官者一由县官主之，犹能时其缓急、轻重，以权应变而免诛求之烦。此则明制之差善者也。

余自怡，徽州婺源县进士，崇祯初任知县。会临蓝矿寇扰郡城，湘阴戒严。自怡募乡兵率以击贼，贼亦旋遁。著《慎刑录》，日所判事，必记之，用刑则加围其上，往复详审，用以自励。

杨枝起，字扶曦，松江华亭县进士，崇祯中任知县。长于听断。征比计月为限，设《勿欺簿》手授耆民，自注“荒”、“熟荒”者，设法蠲之。民感其诚，亦不忍有欺饰。

杨开，字泰生，潮州海阳县举人，崇祯中任知县。时寇盗充斥，赋役繁兴。开去其太甚，与民休息。在任三年，士民爱如父母。张献忠陷长沙，列城俱溃，开保白鹤山。县城虚无人，贼踪迹掩而执之，开不屈，囚之舟中，乘间投水死，妻子奴仆从死者十七人。祀忠义。

案，杨开保白鹤山，为固守之计，邑人从者甚繁。旧志载：白鹤山之难，从死者黄凤德，及县役钟调元、邵受琏、程可行、钟楚贵，凡五人。《一统志》又载：诸生谭景悦、萧赞、黄文炳、黄甲、甲子先炳、谭孔昭，凡六人。而忠义祠题名碑，仅及黄凤德等五人；并《一统志》所载，亦缺而不书。于时寇乱仓皇，人不自保，图书缺略，文献无征。杨开保白鹤山，张献忠至，遣将掩袭，当时必尚有召募之方、守御之策，至今皆无可推求，而从难诸贤掇拾灰烬之馀，即《一统志》所叙录亦多不能举其名。然则忠义之士一瞑，而万世不顾其名，卒亦湮没不彰，可胜慨哉。

赖万耀，字统绍，江西人，崇祯中任县丞。有惠爱。调署醴陵，死张献忠之难。

赵廷璧，河南举人，弘光中任知县。时明鼎革南都，初建号，左良玉复叛。湖广巡抚何腾蛟间道走长沙，檄诸将分屯湘阴，邑人惊徙无定居。廷璧倾诚交欢诸将，约束兵弁，民恃无恐。

国朝

贾珩，山西贡生，顺治初任知县。县经兵乱，民多逋亡，百里内外，茅苇弥望。珩力任招抚，请于巡抚，奏除荒粮数万，民稍安集。

韩有倬，顺天大兴县进士，顺治中任知县。招集流亡，市井居民渐归复业。时有所捕逐，下令大索，有倬多所保全。士民交通字迹，见即焚之，得免株连之累。

案，顺治四年，大兵定湖南。顽民起应明者，多假义兵为名。至顺治九年再定湖南，追治前狱，逮系三百馀人，湖湘名士多被牵引。邑举人朱之宣亦下郡狱，数年推讯无左证，卒得解。邑令韩公多所矜全，一应交通字迹皆销毁之，以故邑人被祸者少。旧志尽削其事迹，朱之宣以能诗稍见《沅湘耆旧集》，馀遂无可考者。《通志》因据以为元恶在逃，下令大索，人情汹汹，有倬白宪司弛其令，则益非事实矣。

唐懋淳，字盛际，江宁高淳县举人，康熙初任知县。廉干有声。修葺城池，营建学宫，重新黄陵庙，清理屈子墓田，及修恩波桥、编辑县志，勤政恤民，百废俱举。邑有虎患，檄城隍驱之，虎遂遁。史大成为《唐侯纪异序》载其事。在任十二年。擢工部都水司主事。

罗士修，安庆宿松县举人，康熙中任知县。严明敏干，勤于听断。尝署门联，以“暮夜金”为誓，士民传诵之。

詹士懿，武昌江夏县举人，康熙中任教谕。倡建学宫，编辑《夏忠靖公遗集》，学行渊懿，为士望所归。

赵祚昌，绍兴上虞县举人，雍正初任知县。性平易，不矜才气，专意附循。事有不便民者，屡为请命不惮。忤上官意，卒以诖误去职，邑民为之罢市。

刘家谟，武昌咸宁县贡生，雍正中任教谕。训士勤能，务曲成其才，孜孜不倦，卒于官。相与立石明伦堂，纪其德。

雷声荣，字藻书，澧州优贡生，雍正中任训导。耿介廉洁，不名一钱。尤严交际，一言一笑，未尝轻假人；而奖翼寒畯，意常勤勤。士民怀之。

徐梁栋，字二泉，常州无锡县进士，乾隆初任知县。风操严厉，诛锄奸猾，有干练才，新建仰高书院。县丞顾见田修理文洲围西港石闸，涸出湖地六百六十七亩，梁栋详请充归书院膏火，至今赖之。巡抚杨锡绂保奏州县贤能二人，以梁栋为首。

张宗衡，字莲湖，平阳曲沃县进士，乾隆中任知县。洁己爱民，厘奸剔弊，不受馈遗。壬申岁，祲发粟振饥，全活甚众，筑沿江护城堤五十九丈二尺，道光以后水患频仍，而城不受啮，其功施及数十年。

陈钟理，字执斋，桂林临桂县举人，乾隆中任知县。兴教劝学，以儒术润饰吏治，而惩奸摘伏，无稍假借。始至，捕治奸胥一人，逐其同恶十馀人，一邑凛然。为《劝民歌》十六则，士民传诵之。三合围民李大顺妻为鬼祟，钟理移牒城隍，妖祟顿息。巡抚陈宏谋于钟理为诸父，例应回避，士民诉请暂留，不可得。邑人王邦光为德政碑，刻之石。

李昺，肇庆德庆州人，乾隆中任知县。修造考棚，建文星塔，专以振兴文教为务。

顾见田，太仓州人，乾隆中任县丞。清廉自持，管理围田水利，奉公履正，一以保固堤垸为事，有“不吃民间一口水”之谣。卒于官，至无以殓，士民言之流涕。

徐铉，字慎堂，浙江仁和县人，嘉庆中以县丞升任知县。能通下情，勤慎爱民。建钟亭磊石山，募道士守之。夜则列炬以引船之自湖外来者，或值雾雨，则鸣钟使辨声而知所栖泊，行舟便之。历官贵州镇远府知府。

陈晋恩，字服籽，建昌新城县荫生，道光中任知县。日坐厅事接见士绅，以求通下情于民间。词讼平情处理，邑无冤民。历官甘肃秦巩道。

案，国家至乾隆、嘉庆之交，丰盛极矣。而民俗之浇漓亦孽牙于是。时湘阴一邑讦讼争夺，抢攘横决，亦数十年不能息。综其大要，约有四端：一曰讦控私垦。原始乾隆中巡抚陈文恭公奏毁杨林塞，其后又有查禁莲蓬塞、杨柳坪之案，奸民据为讼端，率指注富户为名，讹诈之风日开，而一切规费兴焉，往时敦庞谨厚之风气于是一变。一曰争夺草山。自乾隆中禁止筑堤垦田，于是濒湖浅水处皆成芦荡，名曰“草山”，取以粪田，干者以代薪。强民遂相与隐占为业，交争互讦，亦数十年。一曰揭控钱粮。原始嘉庆九年，县民郑文清具控银书，杨健安、艾淑和以旧例完纳钱粮，设立钱号兑收，由柜书登注，按给执照，民以苛索为言，嗣经布政司金应琦饬革银号，签派经承于寅宾馆征收钱粮，永著为例。一曰揭控漕粮。原始嘉庆十八年，县民李大扶乘兵部尚书初彭龄奉差过境，以厘正漕规为请，因之控省累年。至嘉庆二十五年，知县金德荣遣发熊宗藩、蒋三长军台，马可平、谭惟政等十馀人俱拟军，其积惯闹漕之许亿万在逃未获。道光八年，知县唐古特缉获许亿万，亦拟发遣军台。自是议定漕折，革除奸民漕规。晋恩承唐古特之后，历岁辛卯，水患频仍，讦告之风稍熸矣。钱漕章程，循守无失，民气亦为稍靖。晋恩以时延见士绅，与民休息，而颂声日作，将非时会使然哉！然而盛衰丰耗之机，于此亦可窥见其略矣。

李蓉镜，字鉴堂，秦州秦安县进士，道光中任知县。值乙未旱、蝗，蓉镜督乡民捕蝗，投之火，蝗遂以尽。祷雨城隍，牒以不得雨即日毁其庙，而自投劾以归。俄而大雨，而城以外旱如故，人以为诚感。

案，秦安李公，任事有气力，令出必行，数十年来罕见其比。尤善时文帖括之学，县经水旱，书院经费无出，至不能延请院长。李公遂兼摄之，每月课，必躬临讲说书义，士人相视若严师。一历县试，擢易章玉第一，其次郭嵩焘、吴英樾、宋开甲、姚腾汉，凡得两进士、三举人。自宋时由学应科举，必历县试，八九百年无此盛也。

刘礼章，字心斋，庐州庐江县进士，道光中任知县。廉静无为，与民休息。自堂皇以达署内外，常寂无人声，民间无差胥之扰，而亦无有骫法为奸利者。历官衡州府知府。

夏廷樾，字憩亭，南昌新建县人，道光中任知县。精明强干、听断如流。巨盗曾独手有徒众数千人，为患旁近县。廷樾廉得其情，掩捕之，斃之狱。一时讹言且劫狱，廷樾不顾。自是盗贼屏息，邑里人民亦无敢喧嚣者。历官湖北布政使。

案，宋元吏治，从容涵养，有宽缓之风；至明一变为严厉骏发，国朝又继之以宽大。较而论之，明世赋敛烦苛，刑法严急，故其功在附循；国朝除杂派之名，而赋有常经，严失入之条，而刑无重典，州县因循废弛，容顽保奸，积以成习，则又以振发昭苏、辨分良莠为立政之经。自执法者创为持平之说，尽人之贞淫、美恶、是非、邪正混而一之，往往宽假有罪，而蔓延及于无辜，曰天下安得有是非，但与留难窘苦，使两不得尽其情，而是非平矣。推及于盗贼匪类，亦皆平视之。以是沮丧天下之人心，而使乖戾之气日增日长，不可禁遏。国家之设官以行法也，持平之说行而法乃废。古之牧民者制田里、教树畜、明礼教、简贤才，有事于民盖繁也。今一切皆为具文，惟奉法以正民心而齐民俗，即教养之理寓焉。董是非、申劝戒，教也；为民保身家而禁其攘夺，则养政也。朝廷有恤刑之经，而官吏无祥刑之用。数千年来，玩法长奸，驱天下以急趋于乱，其源实在于此。廷樾捕治曾独手事，至今邑人言之藉藉。时承平久，官吏慎用刑。廷樾为立枷，使不得伸缩，七日乃毙。父老称乾隆中知县张宗衡，遣配积贼许志道；后六十馀年，知县徐铉，亦杖积猾苏标，人皆快之，而未若此之烈！百馀年来伸法以惩奸，惟此三者而已。

嵇文醇，字秉壹，常州无锡县人，道光中任县丞。甫至，召集差胥数十人，告之曰："汝曹宜各自食其力，归营耕耳，无留此以累吾民。"日召邑人士饮酒赋诗，萧然物表，而考求堤工水利甚悉。时方以围堤侵夺水道，督民平毁。奸民乘之构讼，文醇心忧之，著议甚详，见所著《听春馆集》中。

庄心庠，字寄渔，广州番禺县进士，咸丰初任知县。性慈和，不轻用鞭扑。广西贼由益阳转至临沘口，分股出鸡心滩。邑人郭征畴言于心庠，督彻民船移泊洋沙湖。贼至扁担夹，不得渡，县城获全。

案，明洪武时，令各布政司所属州县，皆建名宦、乡贤祠，祀其地之有功德于民者。终明之世，入祀者六人，追祀者一人，率由其子孙占籍湘阴奉以入祠。至雍正二年，定议入祀名宦、乡贤，由部核准，以后遂无入祀者。今详考其事迹，以辨知其历官临民之本末，于宋得三人焉，曰李植、曰徐梦莘、曰胡哲；于元得二人焉，曰王文彪、曰谢端；于明得五人焉，曰黄思让、曰张灯、曰黄仁荣、曰杨师程、曰胡大臣；于国朝得四人焉，曰唐懋淳、曰张宗衡、曰陈钟理、曰夏廷樾。盖功莫大于兴作，而德莫厚于振起人文。凡所至而使一邑焕然改观者，必良吏也。湘阴区区一隅之地，环而托命者数十万人，附循防禁，宽严异施，而要端本于爱民。循是以求之，千数百年之流传犹旦暮也。嘉庆中赵城刘公体重宰湘阴，后官江西布政使，卒祀名宦，入国史《循吏传》，而旧志不列其名，事迹亦无可考。殆由历县未久，政教声施之留贻，暗而未章与？并著其略，俟后之推求名宦者有考焉。

湘阴县图志卷三十二

人物传上

文章盛而人心漓，科名富贵昌而风俗薄。三代政教之失其源，一切功利之见被于天下，而渐于士大夫所从来远矣。故夫边荒下邑，累世不见仕宦，而敦厚之风，守而不失；嚣陵骄溢之习，有所慑而不生于其心。科第人文号称望邑者，往往愧之。湘阴陋邦也，垂二千年，列名史册不逾十人。而通才显仕固亦不绝，将使人心风俗之留贻不至澌灭以尽。果何道而能然哉？曰是本于学校而成于士大夫之自治。学校者所以明礼义也，礼义明而人心正。人才仕宦之腾涌而起，正资以维持乎世教。历宋至明以讫今日，迁流推移，其风荡然，莫知为礼义之遗而风化之源也。无已则姑使士大夫，自治其身与心以及其家；仕宦诗礼之族，知有礼义而无披猖恣肆之风。庶冀人心之犹有戢也。今之编次人物，一主斯义。其科名、世爵，以及儒林、文苑、忠节、孝友、义行，各以类从，著见于表，而于传略焉。所以传人物者，为其志节卓荦，可师可法，闻其名、睹其迹而奋然以兴，于以成德而善俗。君子之用心宜有然也。标举仕宦科分品目，非所事也。

唐、五代

胡恬，父为安州刺史，恬独好道，居县之白鹤山。善阴阳纬候之学，辞赋皆曲尽其能。景福间，鄂州旱，节度使杜洪与恬遇，恬为投符于江，俄而雨大注。酬以金帛，不顾而去。上蔡马处谦常从恬学，恬曰："吾之所学为身也，非以为人。以子纯孝恭谨故以相教，黄白之术，非所惜也，恐速子之祸耳。夫人资五气而生，积善者贻福，积恶者贻殃。视其所履，灾沴可知。善之不修，非禳请所及也。"

邓进忠，世为土豪，兄进思，中和初为浏阳镇将。黄巢之乱，江湖饥馑，进思阴养死士千人以防寇盗，会巢死，弟黄浩有众数千，剽掠江右，号"浪宕军"，转入湖外，大掠浏阳。进思与进忠谋率壮士伏山冢间，候浩军半过横出击之，浩军大败遁走。县以事闻于州，奏授进思岳州刺史。天复中，进思卒，进忠袭位。天祐二年，许德勋袭荆南回，出战舰临其城。进忠遣人献牛酒，开门纳德勋，大飨将士。德勋谕以祸福，翼日举族南归长沙，令权知衡州军州事。未几，奏授刺史。

案，《通鉴考异》：据《马氏行年记》，荆南节度使成汭援鄂州败死，殷将许德勋与武贞节度使雷彦威军会于荆江口，乘虚袭江陵，还军入岳州，降刺史邓进忠，事在天复三年。是时淮南将李神福围鄂州，杜洪求救朱全忠，全忠令荆南节度使成汭、武安节度使马殷、武贞节度使雷彦威救洪。马殷遣将许德勋，雷彦威遣将欧阳思会于荆江口，乘虚袭陷江陵。神福因逆击成汭于君山，破之，汭赴水死，许德勋还过岳州，进忠以城降。盖自僖宗光启三年，邓进思踞岳州，至是凡十八年。其时群盗袭据州郡，朝廷率假以刺史、留后、节度之名。中和三年，淮南将韩师德陷岳州。四年，杜洪复陷岳州，称刺史。至光启二年，杜洪袭鄂州，自称留后。邓进思乃乘虚陷岳州，进思邀击黄浩，当在中和四年黄巢败后。其据岳州，又后三年。湘阴自隋以来隶岳州，其时州将即杜洪也。

进思乘杜洪之袭鄂而取岳州，安得由洪奏授乎？路振《九国志》稍加润色为之辞耳。

邓匡时，以叔父进忠荫，补右散骑常侍。进忠卒，匡时归湘阴，治白鹤别墅，诗酒觞咏，萧然物表。邓氏入宋以科第显，皆匡时之贻也。

戴偃，能诗，尤好规讽，自号元黄子。马希范袭为楚王，奢僭过度，偃非之，著《渔父》诗百篇以献。希范览之怒，谓宾佐曰："偃何如人？"宾佐莫测其意，疑偃为希范所重，对曰：偃诗人，深为流辈所重。今方贫悴。大王哀之，置之髯参短簿之间足矣。希范曰："偃献吾诗，想其为人大抵务以渔钓自娱，赐碧湘湖以遂其性。"即日使迁居湖上，仍潜禁士庶无与之交，偃竟饿死。

案，《通鉴》："湘阴处士戴偃为诗多刺讥，楚王希范囚之。"《三楚新录》作湖南处士，《五代史补》作金陵人。而《九国志》言"其先金陵人，居湘阴，是偃固寄籍湘阴也。"《新录》但称"禁士庶无与之交"，而《通鉴》径云"囚之"。盖禁锢之湖上，不必囚系也。

任鹄，字射已。与廖融、王正己、陆蟾、王元皆一时名士。《题君山》云："不碍扬帆路，盘桓压洞庭。涛间四面白，云外一堆青。鱼跃晴波动，龙归石洞腥。终期托名画，为我簇为屏。"《送王正己归山》云："五峰青插天，直下挂飞泉。琴鹤同归去，烟霞到处眠。鼯跳霜叶径，虎啸夕阳川。独酌应怀我，排空树影连。"

案，《五代诗话》录任鹄诗二首，而不著其籍。《沅湘耆旧集》据为湘阴人。

宋

陈瞻，雍熙中进士，官秘书丞。咸平间知永州，湘乡刘秘丞鹭赠诗云："秋风清景雁初飞，半醉摇鞭出帝畿。名郡又分红旆去，故乡重见锦衣归。剖符虽暂宣皇泽，视草终须直紫微。从此南轩多倚望，好诗芳信莫教稀。"瞻在永州，有《朝阳岩》诗云："岩面郡楼前，岩端瀑布悬。晓光分海日，碧影转江天。向暖栖盘鹤，迎寒簇钓船。次山题记处，千古与人传。"刻之岩石，至今犹存。

许频，字仲先，以孝闻。淳化间，母彭氏卒。水浆不入口三日，哀毁骨立。葬逾月，芝草生墓侧。人以为孝感。追祀乡贤。

周式，以行谊著。为岳麓书院山长。大中祥符间，召拜国子监主簿，诏留讲诸王宫，固辞，赐鞍马中秘书，还山教授。追祀乡贤。

案，宋开宝中，潭守朱洞创建岳麓书院。至是三十馀年，李允则守潭，周式为山长而名始显。今书院文昌阁左合祀式与朱洞、刘鳌、李允则、刘拱、潘时，曰"六君子堂"。盖皆宋世于书院有创置兴复之功者也。全氏祖望论次宋元学案，以宋世学术之盛，安定、泰山为之先河。然皆肇自天圣、景德以后，无先于式者，独惜其无传书。弟子著籍者不越荆湖以南，无能讲习昌明其学。至求纂述其行迹不可得，而当时朝廷重之，士望归之，则其学之所沾被亦多矣。

彭介，字粲之。大中祥符中进士，出为浙江路签书判官，转柳州刺史。有惠政，禄入分赡族党，闾里仰食者尤众。

邓咸，匡时孙，天禧间创建笙竹书院于县南，湘楚之士，翕然归之，江夏冯京、安州郑獬皆从之游。子综维，维字公持，有行谊，名尤显。隐居力学，所居有卧云堂。中书蔡靖与友善，称为"卧云先生"。

邓珙，咸从子。为丰城主簿，尝夜归，闻库子曹从合家聚哭，问之，曰："库中失钱二百馀万，度不能偿必死，是以哭。"珙代输之。从饰二女以献，不纳。及其嫁，更以钱五万助之。

彭亚，皇祐中进士。至治平间，官秘书丞。母病乞归养，以朝奉郎致仕，时年三十九。人称其孝，而早达易退，其高量亦不可及云。

彭慥，字公谨。皇祐中进士。历官江州彭泽令，入为秘书省著作佐郎，知澧州石门县，迁省丞，移知南仪州事，改太常博士。至和中，辰州蛮乱，诸州议穷讨。慥独以为险穴莽谷，其人不可使，其土不可耕，此所谓石田也，不足劳吾民，独宜抚绥而已。已而师老财困，卒如慥策。彭泽有修山观，唐狄仁杰为置田千亩，观有堂祀仁杰。江帅欲移其田他观，慥请留半奉仁杰祀，屡争不可得。至以其议闻于朝，卒从之。石门获为伪印者，吏言论死则有司得以功免罪，否则当被议。慥曰："吾不以私利杀人。"遂傅生议。交阯岁贡，所过郡皆以乡兵护送，民病其扰，慥知南仪州时奏罢之。

彭子民，字彦修，慥子。与弟子中同举进士。子民为广西察访董必属官，苏轼谪儋州，必媚时宰，欲遣人害之。子民泣曰："人各有子孙，必感悟，只令小吏迫出官舍而已。"子民官至员外郎，通判邵州，以朝奉郎致仕。

彭子达，字梦觋。为国学奏名，乡举八行，由含光尉历江淮、荆浙、福建、广南等路提点坑冶铸钱司干办官，所至有廉声。

邵维，字宪夫。嘉祐间任率府正。子五：玘、琥、珪、琢、珣。孝友雍雅，兄弟同财产，里人为榜其居曰"怡怡堂"。玘举进士，珪亦举武科，琥少与玘、珪并游太学。琥忽归，往都峤山为道士，名彦肃，结茅以居。元符中，苏轼自岭表归，访琥于庵，留旬馀，为写《六一居士》、《醉翁操》并《玉川子》等篇，又有

《藤州对月送邵道士》诗云："江月照我心，江水洗我肝。端如径寸珠，堕此白玉盘。我心本如此，月满江不湍。起舞者谁欤，莫作三人看。峤南瘴毒地，有此江月寒。乃知天壤间，何人不清安？床头有白酒，盎若白露漙。独醉还独醒，夜气清漫漫。仍呼邵道士，取琴月下弹。相将乘一叶，夜下苍梧滩。"又《邵道士彦肃归都峤山》诗云："乞得纷纷扰扰身，结茅都峤与仙邻。少而寡欲颜常好，老不求名语益真。许迈有妻还学道，陶潜无酒亦从人。相随十日还归去，万劫清游结此因。"大观中，复自都峤归故居。一日忽失所在，留诗壁间："往往来来三十年，更无踪迹在西川。功成行满升天去，回首山头月正圆。"世传琥灵迹甚多，尝化一蓝缕道人至家，以啜残茗使婢遗主母，婢以不洁，倾于壁，水痕成一联云："碧桃红杏神仙府，粉壁朱门将相家。"既去，家人始觉，其子祺追至南阳，取笠渡江去，后闻在西川，结庵峨眉，莫知所终。

邓忠臣，字慎思，邓咸孙。熙宁中进士，官大理丞，以献《郊祀庆成赋》及《原庙诗百韵》，擢秘书省校书郎，知衡阳县，迁考功郎。事母周，以孝闻。母卒，护丧归里。饮食起居，哀慕之节，皆应古礼。范纯仁薨，礼官谥曰"忠宣"。忠臣为撰议，称为古之遗直。崇宁初，追夺纯仁谥，并坐忠臣撰议过实，罚铜，入元祐党籍，以领祠录终于家。后赠直秘阁学士，所著有《玉池集》十二卷。弟孝忠，杜门力学，屡辞朝命，时论高之。

案，邑文学至邓秘阁始显。陈振孙《书录解题》载"《玉池集》十二卷"，言其有《和杜全帙》，书轶不传。元好问《中州集》引祝太常简《诗说》，言王洙原叔生平不注杜，吴彦高《东山集》有《赠李东美诗》引云："邓忠臣字慎思，余柳氏姨之夫。"今世所注《杜工部诗》，乃慎思平生究竭心力为之者。镂板家标题托名王原叔翰林，而王公前、后记初无一语及此注，《后记》只言原叔作记，其不注杜诗可见。《四库全书总目》：《九家集注杜诗》，宋郭知达编。盖集王洙、王安石、黄庭坚、薛梦符、杜田、鲍彪、师尹、赵彦材九家之注，其后宜黄黄希及其子鹤，又有补注，原题《补千家集注杜工部诗》。今所行《集千家注杜诗》，首列王洙、王安石、胡宗愈、蔡梦弼四序，注中引洙、梦弼及引鹤注为多，则尚在黄鹤《补千家注》后也。因考王原叔序在宝元二年，实仁宗之十七年，其行辈在邓秘阁前。是《杜诗注》莫先王原叔，而观其序但称“搜裒中外书，定取千四百有五篇，分十八卷”，又《别录赋笔杂著》为二卷，合二十卷，并不及注诗之意。似吴彦高以为邓秘阁注杜诗托名王原叔者，必非无据，而始终隐其名。蔡梦弼《草堂诗笺跋》引欧阳永叔、宋子京诸本，及为《义说》《训解》，至数十家，不一及秘阁。秘阁于杜诗功最深，名又素著，岂果如祝廉夫所讥不自署名，因刊行王原叔编辑杜诗，并注属之耶?《千家注杜诗》引洙曰者，具见其论诗大略，惜无有能审正之以还秘阁之旧者。《宋元学案》：周锷传舅氏范忠宣公纯仁、右丞纯礼、待制纯粹。初娶妇翁胡右丞宗愈，再娶妇翁王学士觌。中表范开封正平，登党籍者七人，胡氏僚婿邓考功忠臣，亦在党禁。是秘阁为胡简修女夫，而吴彦高称其妻曰柳氏姨，当有前后两娶。即其师友渊源之盛，亦略可想见矣。

许益，字损之。元祐中进士，为衡阳县主簿。母丧三年不入室，有司举孝廉，授龙阳县令，致仕归，筑寓轩居之，再征不起。追祀乡贤。

邓渊，崇宁中进士。为鄜延经略使幕官，入奏边机，徽宗嘉其敏练，除国子丞，迁虞部员外郎。大观初，值星变求言，渊上封事，言多剀切，蔡京恶之，左迁监酒税，知怀州。

李申之，政和中进士。知灌阳县，乞致仕，转承仕郎归，自号勇退居士，杜门读书，征辟皆不就。

彭渊，字梦符。宣和中进士。自少为知县刘芑所重，就咨政事。时三寨兵抗恣，芑常患苦之。渊为划策，援益阳例乞兼辖，请于州，上闻，自是知县事得兼兵马都监衔。

邓深，字资道，一字绅伯。绍兴中进士。为太府丞提举广东市舶，以亲老求便知衡州，擢潼川路转运使。以盐酒虚额为民害，请于朝，捐川引四千七百，守令贪虚，奏劾之。虞允文贻书曰："不畏强御，思济斯民。挺然之操，未见近比。"后以朝散大夫终于家。爱东湖之胜，建阁居之曰"明秀"，亦自号"大隐居士"。有《绅伯集》二卷。

黄振，绍兴中进士。官鼎州司户，会其兄弟谋析产，振遗其兄黄抗书曰："弟幼未成立，美田地当尽与之，硗者是振所得也。"乡里称其孝友。

龚舆，乾道中进士，从朱子游。刚介廉洁，为浙东法曹，随上官按部，不受馈遗，上官大惭，以已受者还之。后知萍乡县，蠲俸代输逋赋，丞相赵汝愚南行道卒，舆驰赴吊祭，亲为扶榇。终福建转运使干办官，卒官。家无担石之储。

案，乾道三年，朱子监南岳庙，与南轩张子讲学长沙两月，绍熙五年知潭州，凡再至长沙。惟吴文定公猎从学南轩、兼师朱子，最有名。《宋史》谓"湖湘之学一出于正，猎实表率之者是也。"其他可考见者，醴陵黎贵臣，湘潭钟震，平江李儒用、吴雄、邹锐、李杞、李璠。《宋元学案》亦载湘乡萧佐兼受学朱子，皆在朱子帅潭时。龚舆生平仕履，未尝一与朱子相值，而旧志称赵忠定安置永州，道衡州暴卒。舆实亲往吊祭，其时必家居。朱子知潭州以绍熙五年，忠定薨以庆元二年，相距三年耳。其从朱子受学在甲寅帅潭之日无疑。自乾道以来，朱子之学盛行湖湘间，而纪载多失详。湘阴可纪者，龚舆一人而已。

彭宗茂，字尚英。隐居好学，读《易》三十年，作《易解》。敷文阁学士吴猎为之序，称其“始于屯，终于复，而其要著于乾坤”。赵汝说提举湖南常平，置之学宫。

许宝卿，字命九。开禧中进士。官桂州司理，有惠政。真德秀尝言：吾于学士院见永州何友兰，如横秋鹰鸷，风霜突兀；于湖南见潭州许宝卿，如阿阁凤凰，云霞自绮。时以为知言。

柳友直，游太学有声。不妄取与，或劝以治生，曰“伯夷亦治生耶”！

元

郑菊隐，号秀野。隐居邑之东湖，以字名其园。元统中，再聘不起。赐号“安节处士”。

明

傅霖，字泽民。洪武初以荐举授苏州府渠堰所大使，擢监察御史。廉介精敏，有能声。奉命和戎不果和，遂死于其地。祀乡贤。

案，傅霖奉命和戎，见《楚纪》，而不详其事。据《明史》，洪武中，太祖欲通西域，屡遣使招谕。二十四年，遣主事宽彻、御史韩敬、评事唐钲，使别失八里，为所拘留；二十八年，遣给事中傅安等使撒马儿罕，至其国被留；三十年，遣北平按察使陈德文等使哈烈，亦久不还。其国皆在今印度西南，大抵蒙古诸裔也。其偕傅安使哈烈者，又有郭骥一人，馀皆不详。傅霖奉命和戎，当即此。宽彻等至三十年归，傅安则永乐八年乃得归，馀多不传，而撒马儿罕、别失八里，自洪武时已入贡，哈烈诸国，永乐以后皆入贡，惟遮留诏使负远自恣而已。奉使诸臣，朝廷亦简视之，未尝有所赏擢。傅霖卒于何地，记载失详，恤赏亦不之及。《楚纪》所谓“和戎不果和”者，则亦非当时事实也。

徐子高，洪武中以人才荐拜监察御史。时疏江浙漕河，开溧水胭脂河，浚奔牛、吕城二坝，命子高监督工次，以勤劳著。

案，茶陵刘学士三吾，有《送林舫斋先生还湘阴》诗云：“闻道君恩惜鬓皤，归舟一夜趁湘波。故园三径秋光好，明月五湖归兴多。待漏不闻金马诏，采芝重咏白云歌。吾生亦有归休愿，羡尔幽居石上萝。”玩其词意冲和，必明初邑人著朝籍致仕者。其后三吾亦有《得告致仕》诗云“八十还家能有几，当时昼锦亦堪夸”，与前诗意若相应。三吾以洪武十八年召为左赞善，迁翰林学士，年七十三，八十致仕当洪武二十五年。三吾或于是时曾一告归，而林舫斋还湘阴，正在洪武中，实湘阴一胜事也，而仕履不详，并其名亦无可考。明初但有林士宏任山西平定州知州，行辈又稍后。人文掌故，记载脱遗者固多也。

夏原吉，字维喆。洪武中举人，荐入太学，出入禁中书制诰，擢户部主事。建文初，擢户部右侍郎，充福建采访使。永乐初，进尚书，浙西大水，命原吉往治。原吉请循禹三江入海故迹，浚吴淞下流，上接太湖，度地为闸以时蓄泄；兼浚白茅塘、刘家河、大黄浦，以利水道，农民大利。三年，浙西饥，复命原吉往振，发粟三十万石，给牛种。姚广孝还自浙西，称原吉曰“古之遗爱也”。召还理部事，凡中外户口、府库、田赋赢缩之数，各以小简书置怀中。时功臣赍赏、分封诸藩，增设武备百司；又发兵八十万问罪南安，造巨舰通海外诸国；营建北京宫阙，供亿转轮，取给户部。原吉悉心计应之，国用不绌。八年，成祖北征，辅太孙留守北京，已而从还南京，命侍太孙周行乡落，观民疾苦。原吉取齑忝以进曰：“顾殿下食此，知民艰难。”十八年，北京宫殿成，命原吉南召太子太孙，既还，因言连岁营建，宜抚流亡蠲连赋，以宽民力。十九年，成祖大举征沙漠，召原吉问边储多寡，因言“比年师出无功，军马储蓄，十丧八九，灾眚迭作，内外俱疲，乞遣将往征，勿劳车驾。”上怒，命原吉出理开平粮储，寻系之内官监，籍其家，惟布衣瓦器而已。明年北征，粮尽引还，至榆木川不豫，崩。闻至，仁宗走系所，哭告原吉，令出狱与议丧礼。原吉请罢西洋取宝船，及云南交阯采办诸道金银课。悉从之，诏复其官，寻加太子少傅，进少保，赐“绳愆纠谬”银章，建第于两京。宣宗即位，再赐“含弘贞靖”银章。宣德五年卒，赠太师，谥忠靖，著有《谦谦斋集》四十卷。祀乡贤。

甘镛，字以声。洪武中荐入太学，授休宁县丞。以堤堰事去官，父老四十馀人诣阙申诉，太祖赏劳，除知河南西平县，擢监察御史。永乐初，巡按广东，振兴庠序，招抚峒黎，卒于官。镛为学以不欺为本，署所居斋曰“慎独”，著有《慎独斋集》八卷。祀乡贤。

易先，字太初。洪武中贡生。永乐十六年交阯平，出为谅山知府。有善政，岁满当迁，士民乞留，诏晋三秩还任。宣德初，黎利叛陷交阯，谅山大震，或具舟请行，先曰：“吾为郡守，宜与城存亡。”坚守以待，会贼攻谅山，婴城固守，粮尽城陷，合家十八口死之。事闻，赠广西右参政，谥忠节。祀乡贤。

彭谦，永乐中进士。巡按四川，有豪右置私狱禁人，又有僧掘地室匿妇女。谦廉得之，悉按如法，四境萧然。以四川左参议致仕。著有《惜阴轩集》。祀乡贤。

蒋暹，字子升。永乐中举人，莅官监察御史，巡按广西。性严毅，遇事直陈利病，无稍阿回，人称其骨鲠。以亲老乞归，夏原吉时官户部尚书，赠诗云："客里频传送客钟，岂知孱质已成翁。狂歌强作江南调，薄饯聊随蓟北风。柑熟洞庭人定到，月明湘水梦谁同。凌云健翮须时奋，去去毋淹枳棘丛。"

夏瑄，字韫辉，原吉次子。宣德元年原吉薨，拜瑄尚宝寺丞，时年十三。入谢，进退有度，赐冠带。正统中，掌南京尚宝司事。会滇苗叛，上疏乞立功，不报；又疏陈七事，请假便宜募兵，亦不报；又上时政三事，迁南京太常少卿，卒。遣官谕祭，祀乡贤。子崇文，成化中进士，授南京吏部主事。时进士李文祥忤执政被谪，崇文疏救；又上书言边事，迁太仆寺丞。会星变，上言敬天在思孝，赏罚用舍，宜守成法。时有诏令诸司陈利病，复疏陈五事。累官至通政司。子宏济，以诗名，隐居不仕，邑人高之。

甘棨，宣德中举人。父锐，字致能，有学行，永乐中，县举贤良不赴。棨少尚志节，官山西石州同知，清廉端介，州人怀之。

范奎，字景星，天顺中进士。知温州府，廉能惠爱，人称"范青天"。偶与上官忤，即解组自免归，不复仕。

许铨，字仕明。景泰中，以精医充医学训科。署知湘潭县，决讼虑囚，人服其平。代归，所携一笥，中惟敝屦而已。时彗星见，大吏举问铨，铨条对甚悉。会长沙知府员缺，即以铨权知府事。以医学训科连权府县，人称异数。

蒋伯淳，字希朴，暹孙。成化中贡生。官南京都督佥事，清苦自励，卒于官，贫不能归，葬上元县大胜关山麓。著有《鞭后文集》。

邵敏，字汝学。成化中进士。自少研精性理之学。事母李，以孝闻。母病侍汤药，昼夜不离，秽器亦手自洁之。既丧，庐墓三年。墓树为鹿豕伤。一夕闻有声甚厉，起视则虎逐一鹿去。白鹤下翔庐侧旁，产芝数本。诏旌其门，已而以进士授户部主事，历官山东布政司参政。祀乡贤。时与敏同举孝行有甘准。

程沂，字宗鲁。成化中进士，授户部主事。修滞厘弊，当轴甚重之。祀乡贤。

苏纯，字草庭。弘治中举人。事母以孝闻。母卒，庐于墓，泣血三年未尝见齿。邑人举孝行，纯惊曰：吾岂以为名哉？寻以哀毁过甚卒。事闻，旌如例。祀乡贤。

许卜花，少有膂力，善飞槊。正德中，官岳州百户总旗。王守仁调平广西八寨大藤峡，进宣抚司佥事，已而入楚愍王护卫府。会世子英耀谋逆，飨愍王西室，令卒刘金以铜爪，击楚愍王脑，立毙。王弟武冈王惊救，被伤拘系。卜花破幽室出武冈王，授王府护卫指挥佥事。

萧淮，字汝清，嘉靖中举人。官四川资阳县知县，未满考，即乞罢，结庐望江岭，闭门治《易》。著有《柏山文集》。

萧泮，字汝化，嘉靖中举人，授四川教职。善造士，迁沙河县知县。廉洁公谨，在官惟携一仆，囊橐萧然。擢监察御史，假归，卒于家。

李廷龙，字近麓。嘉靖中进士。授徽州府推官，历官河南道监察御史，巡视两淮盐政，巡按四川、福建按察司副使，布政司参政，江西按察使，所至以廉直闻。廷龙家世仕宦，科第相望，而敦本励学，以礼让为教。修桥除道，务以利民，邑人德之。著有《公馀漫稿》。祀乡贤。

宋采，字公受，嘉靖中贡生。任嵩明州学正，以经义训士，多所成就。事亲以孝闻，邑人服其德量。祀乡贤。

彭表，字永端。嘉靖中贡生。任桐庐县训导，读书务踏实地，常慕司马温公之言："生平所为，期可以对人言。"署所居曰"素轩"，彭襄毅公泽为其族父，改籍兰州，表走京师从受学。泽既归，表又就省兰州。泽有《送别》诗云："汝昔南来喜欲颠，汝今南去倍凄然。孤灯野店邮亭夜，一榻西风暮雨天。聚散无凭嗟此会，暄凉重叙是何年？栀桥狮石牛眠地，西序无忘扫墓田。"并绘《皋兰别意图》赠之。

案，《彭氏谱》称弘治十年，彭光胜编辑《青山彭氏谱》，兰州一枝尚缺。至正德十年，乃遣从子彭表，持谱牒诣京师合辑《兰州谱》。于时襄毅公甫通籍于朝，似其徙籍兰州，已历数传矣，故于旧志《襄毅公传》，削而弗录云。

左天眷，字心南，万历时两中副榜。官辽东经历，迁直隶行唐县知县，深州知州，擢辽东兵备道。经略熊襄愍公廷弼，甚倚重焉。及廷弼被逮，遽弃官归。天眷幼时梦至一处，上书辽东第一关，及至辽东，适符梦中所见。目击边患方殷，度时事已无可为，归后徜徉山水，赋诗见意云："投老幽怀孰与传，披凉闲向北窗眠。梦乡一幻八千里，尘界三生四十年。过眼浮云变苍狗，伤心碧血饮黄泉。粱炊熟后身犹在，回首前因一泫然。"

案，康熙、乾隆两志，嘉庆省志，并列天眷知县，传内此依家谱录入。

喻成龙，字浚川，万历中贡生。官荣阳县知县，迁重庆府同知。奉檄督边饷，遇贼死。

案，《明史》，万历、天启之交，松茂、建昌、播州、永宁边番叛乱相仍，而永宁奢崇明之变，实陷重庆。成龙不死于战守而死于督饷，必前后边番构兵时事。旧志不详其本末，并年月亦无考。白水局故有喻家垅，而至今喻氏无一存者。佛寿桥右古墓一区，犹相沿呼为忠臣墓，居民取墓石平治道路，距墓五六尺尽犁为田，所馀墓树四五株，为马氏私业。同治十一年，邑人黄世崇清理墓界，江西补用县丞黄甲树碑墓道；郭嵩焘因赎取墓旁地纵横各得十丈六尺，建祠桥左，以孝子杨本显配祀，榜曰忠孝祠。

龚卿，字九如。天启中举人。任合江县知县，性鲠直，不媚权贵。罢归，筑八景台，怡情山水。子栋，举明经，官繁峙县县丞。

龙永明，天启中贡生。授岑溪县知县，清厘漕政，立法一归简易，以不扰民为本，尤勤于听断，至即与理处，有“升米完讼”之谣。擢兵部职方司主事，转贵州道监察御史，监两粤军。

娄琇，字元夫，天启中举人。历官陕西泾州知州。会宁塞逸贼屯蒲河，欲寇泾州。琇偕总兵董志义拒却之。崇祯七年，高迎祥、李自成自河南掠湖广之郧阳，复入陕西，分兵围泾州。琇募兵拒守，贼悉众攻之，城陷被执，骂贼死，妻亦从死。事闻，赠太仆寺少卿。乾隆四十年，追谥烈愍，祀乡贤。子惺伯，字愚庵，以父荫授户部云南司主事，转清吏司郎中。值国变，以忧愤死。

胡从明，字信可。天启中举人，官遵义县知县。迁苏州府同知，督运至河南，会闯贼大至，被执不屈，死之。

吴应台，字伯能，崇祯中进士。父云龙，字少湘。尝过洞庭拯溺舟，罄资给之。时邑兑运船亦被漂，悉与代偿。尝言：与不期多寡，期于当厄。人高其义。应台官浦江县知县，浙江俗停棺不葬，应台为置义冢，以文谕之。一时野厝者皆葬，能声甚著，浦人尸祝之。永历建号，擢辰沅道兵备副使。有《吊蔡忠烈公》诗云："翠柏森森映碧渠，孤臣遗祀古城墟。哭将贾傅同遗策，揖就灵均共卜居。香骨讵埋卑湿地，丹心长照汗青书。男儿几个真忠死，一笑风前竟自如。"亦足见其志之所存矣。祀乡贤。

鄷之馨，崇祯中举人。以端直闻，值变乱繁兴，度无可为，弃妻子栖神鼎山，清修皈行，耽习禅悦，人莫能见其面。

倪斌玉，崇祯中贡生。有学行，掌教江汉书院，钟陵熊伯龙、黄冈刘子壮皆出其门。河汾之业，流传湖外，士林重之。

李象珠，字明仲，崇祯中贡生。任衡州府教授。部选知县不赴，自放山水间，怡情书史，所著诗曰《波楼草》。

左天民，字任庵，廪生。张献忠陷长沙，索儒冠受伪职。天民避迹高家坊，为贼所得，骂贼死。有《高家坊雪中》诗云："雪里诸山尽伏藏，高家坊底露平冈。峰峦尽处梅花发，十里风来冷艳香。"空山无人，孤芳自赏，知其志趣远矣。

徐捷可，字五就，崇祯中贡生。性慷慨任事，西山兵事起，督运期程紧迫，民哗于途，抢攘甚。将治以谋乱之罪，株连数千人。捷可具其事上书总督，乞平其狱，事竟解。

杜若诗，字四始。父化，天启中贡生，官韩王府审理正。若诗年七岁，就塾读书。每夜归，预温被以待父寝。父奇之，问"谁使然"，对曰："儿依小学所言行耳。"父卒，事母益以孝闻。母卒，庐墓三年，足迹不入内户，里人称"杜孝子"。

蒋之棻，字天植，隆武建号时举人。幼善属文，有"罗江才子"之目，与同郡赵友沂而汴、郭幼隗金台齐名，司理蔡忠烈公尤重之。间关两粤，从事戎幕，终不一遂其志，以客死。著有《江声》二集、《四如小草》。《送青原和尚》诗云："万缘收拾上蒲团，春梦如今兴半残。清净莫留文字障，顽空悔冒宰官餐。容僧便觉天恩大，出顶方知佛法宽。岭表烟深难驻锡，好携明月度湘干。”昂头天外，亦隐见粤事之必无成也。

徐摇举，字翥鲲，明隆武建号时举人。文行高出一世，绝迹尘外，不与人相接。结庐紫木洞，预为生圹，坐卧其上，尝题壁曰：“每在稀粥中吹糠见米，几于苦荼内拨草寻根。”著有《藏骚》一帙。

朱之宣，字子昭，隆武建号时举人。国变后，隐于樵，自号“砍柴行者”。顺治四年，湖南底定。顽民起应明者自号“义兵”，用永历年号。顺治十年，再定湖南，追治前狱，湖湘名士被系者三百馀人。之宣系狱数年，卒得解。有《释系别陶宁庵年丈》诗云：“先生抗志砥回澜，孺子频劳望海观。岂意春风三月坐，却嗟冰窖一天寒。高歌每读同声咽，党锢初开众论安。归去沩山祛白业，慈光照我一毫端。”时宁乡陶密庵先生汝鼐亦在系中也。

案，宁乡陶之典《冠松崖集》，有《甲午春解事后赋别朱子昭还罗江》诗云：“春风祓兰畹，还我湘路清。相携出风雨，洗发莺花情。斗酒橘洲上，引满酌君行。白日照楚泽，阴云回景卿。遥觉枫林外，湖光亦媚生。割据青芳草，要自成楚伧。归搜旧砚铁，销作渔竿横。不然南山下，驱犊偕馌耕。食力还痛饮，尚友先渊明。庶几淡荒老，毕意为戏婴。由他八百里，自作雷霆轰。古乐在壁间，陶写存其声。辽海多奇书，勗哉事沧瀛。”长沙赵而汴《虎鼠斋集》，亦有《得朱子昭书》诗云：“前夕梦君来，尊酒为君设。今日得君书，远音凄以切。故人在沅湘，扁舟啸清洌。明月满江城，愁来深雨雪。张俭昔云亡，李笃词相涉。俯仰千载人，深情得缧绁。阅物久孤岑，失身在交结。悲哉侠士名，不如甘守拙。”陶诗为事初解时之宣还湘赋别之作，赵诗则还湘后却寄诗也。

玩诗意，两君皆于事有连。是以其诗嵚崎历落，孤愤自深。赵而汴《虎鼠斋集自序》亦云：甲午放归淮泗，正谓顺治十年狱解后事也。悲凉侘傺之音，至今读之，凄懔如在目前。

湘阴县图志卷二十二

人物传下

张瑧，年十岁值明季流寇之乱，随祖避贼，贼执其祖，将加刃，瑧哀号求释，以身蔽祖，连受创不顾，贼嗟叹释之。父遘疾，祷于神，愿减己算以增父寿。两事继母，曲尽子职。待异母弟，终身怡怡，析产让肥。妻丧遂不复娶，乡里称“全德完人”。年八十，康熙中以孝子题旌。

黎兴玠，年八岁，张献忠陷长沙，掠地至湘阴，执其父诸生嘉品，欲杀之。兴玠持父请曰：“愿释父杀我。”贼见其幼，举刀令申颈试之，泣曰：“此恐欺我，既杀我，复杀我父。乞如所请，杀我一人。”引颈就刃，贼感而释之。里人因字之曰“孺孝”。康熙时为县学生。

彭大士，早孤。事母李，以孝闻。顺治二年，李自成馀党至湘阴，执大士母索金。大士绐贼曰：“金因世乱匿井旁，可同往取之。”偕贼往掘金，遂赴井死，其母走以免。时大士年十八，妻仇氏归大士甫二十日，亦赴井死。里中有“孝子投井死，老母匿林生”之谣。

罗君聘，字文奎。顺治中从征云南。时洪承畴以大学士经略湖南、云贵。大兵至云南，饷运不给，因分驻宜良、富民、姚安等处就粮。以君聘督转运有成劳，檄授姚安通判。能因事立功而不扰民，方显用矣。遽以病乞归，徜徉山水以终。

蒋儒德，字克明。顺治十年，岁贡生。事继母以孝闻，友爱诸弟，好施予。先是顺治二年，李自成馀党刘体仁、郝摇旗入湘阴，儒德被执。同执者十馀人先后受戮，次及儒德。忽贼中一人跃起抱之，曰："此好秀才，不可杀。"遂得释。儒德从弟德瓒，字孝思，顺治中拔贡。事母以孝闻，选授兖州府通判，以母老弃官归。

儒英，县学生。事大母及母尤孝，负母避乱，常不得餐，旦夕必为母具食，无稍缺。析产与侄，薄田敝庐，取以自处。乡里义之。

常晋，字康侯，儒德孙。康熙中岁贡。有学行，性孝友。收恤宗族，未尝稍倦。族兄某死，妻易氏无子，常晋赡其衣食。及没，为营丧葬。从孙世煌幼孤，给产教读，资以成立。官城步县训导，修学宫，立学规，训课尤勤。九年引疾归，年八十七。子继曾，字省三，乾隆中举人。

之捷，字先子，县学生，儒英子。有学行，不求仕进，学者称"双江先生"。康熙中，滇逆之乱，负亲避废窑中，适虎至，拜求免亲，虎竟去。

常泰，字东晃，儒德族孙。乾隆九年举人。时功令分五经取士，常泰以全经获隽。主司吴绂、周承勃皆奇赏之。与杨茂论、王立楷、王立槐纂修邑志。壬申岁饥，佐知县张宗衡劝捐助振，全活甚众。以谒选卒于都门。

曾胤龙，字二见。顺治十四年举人。幼颖隽，读书一目数行。工诗古文辞。尝从江汉书院山长、邑人倪斌玉游，归语人曰："多士济济，惟熊子伯龙，将来是一人物。"著述甚多，无传书。

许君用，字赞可。母汪氏，梦虎踞卧榻，惊而觉，遂生君用。年十二，勇力绝人。顺治中，从云南总督麻勒军征土寇，积功授督标都司。后以平吴三桂功，擢辰州镇总兵。致仕归卒。

黄元春，字二长。父凤德，明季从知县杨开死白鹤山之难者也。元春少嗜学能文，伤父死于贼，遂入军籍，以武功自效，偏沅巡抚韩世琦倚重之。平滇逆有功，擢授抚标参将。

李象琯，字匪石，明江西按察使廷龙曾孙。祖勋，明万历中贡生，浙江富阳县知县；父盛春，明天启中贡生，广东乳源县知县。象琯康熙初贡生。安亲王讨吴三桂，驻军湘阴。以邑治新复，檄象琯招抚，授本邑县丞。两年，以劳咨送赴部，辞不赴。归田后，乐善好施。子观源，善属文，以孝友闻。

天桂，字月丹，明衡州府教授象珠孙。中康熙五十年解元。官山东蒲台县知县，县土瘠民贫，会有水灾，殚精振恤。逾年复旱，天桂露处祈雨，俄而大雨。民立亭祈雨处，曰“李公亭”。两解陕西军需，资斧皆自取备。尝捐俸创立义学，士民德之。卒于官，民相率哭吊甚哀。弟天楷，字孔，本县学生。好读书，不求闻达。将属纩，自书墓表，题曰“湘中鄙人”。

文观，字用宾，天桂子。乾隆三十八年岁贡。性敏悟，能诗文。岳麓书院山长罗典与友善，称为“群玉后身”。

刘之略，字仙章。康熙二十五年拔贡。以诗古文词授徒乡里。宅旁植柳四株，学者称“四柳先生”，又有石广数丈，尝曝书其上。及卒，其徒泐字石旁，曰“四柳先生曝书石”。

吴瑞英，字征育，一字南村。康熙二十八年岁贡。事母以孝闻，母病，祈以身代。母没，哀毁骨立，三年不饮酒食肉。著有《南村诗选》。

王之锜，字孔嘉，一字玉池。康熙三十五年举人。祖有卿，字锡命，以布衣负经世略。顺治初，军事旁午，运米西山，号“驼夫”。有卿言之当事，请以骡易夫，一骡负十斗，一夫押五骡，法行称便。尝上书巡按白上登，乞免湖湘浮粮徭役。上登奇其才，欲荐之朝，辞不就。父文训，字同书，道拾遗金，访而还之；见乞人衣蓝缕，辄为之补纫，时称“长者”。之锜幼失母，从父授章句。稍长，兄之铁授以时艺，不肯卒学，曰：“学所以学，治天下、理民物耳。经生八股艺，即工何益?”之铁奇其言，既以举人谒选，除山东金乡县知县。值军需旁午，车马刍茭，一征之民。之锜至，立官买官解法，约束胥吏不得扰民。县濒大湖，尝苦淫霖泛滥，为捍堤二十里，夹植杨柳，旁开深渠，俾旱潦以时蓄泄，民便之。词讼听民自投审，大者计旬，小者计日，一无留难。建文庙，葺学舍，暇辄集邑中耆老子弟，与讲孝弟仁让廉耻之道。以殿最署上考，以主事用。河督陈鹏年稔之锜熟于河渠，奏请襄办河务。雍正二年召见，授工部虞衡司，改刑部江南司，兼摄现审司事。刑部尚书励文恭公廷仪，荐擢山西道监察御史协理河南道事，旋奉敕查直隶、河南、山东、江南四省河道，复命备陈各省疏瀹要务，赐克食烘羊，并御书“福”字。四年，奉命修山东马颊河，授江南常镇道，赐《朋党论》及香珠紫貂尚方药。是时扬关、瓜闸、泰灞税务纷挐，商民苦之。之锜尽汰陋规，勒石永禁。凡舴艋小船逐微利者，概免其税。署江苏布政司，转江安粮储道，之锜正已率属，州县正供外，不溢升勺。署安徽按察使，会大旱，推鞠成案，出疑罪数十人，应时大雨。假归，诏以简缺道补用，遂补大通兵备道。仍以病归，未几卒。之锜以才能著闻，授常镇道。宪皇帝召对称旨。手授奏简，令上陈利病，得自具奏。江南总督那苏图、安徽巡抚孙国玺、两淮盐政高斌，皆疏荐其才；闽浙总督李卫，面奏江南十三道，惟常镇道臣王之锜是一好官。先是雍正三年，与阁臣何国宗等查阅山东、河南水道，时河南巡抚苛扰迂曲，又愎自用，会议河务，与之锜牴牾，具疏劾之锜。

上察其无他，仍超擢如故。而卒以道员终，不迁一阶，时论惜之。祀乡贤。

之锜兄之钛，字左仗，县学生，治经史之学，旁涉先秦、两汉及唐、宋人文。既得濂洛、关闽遗书读之，内返诸己，专以砥砺身心为事。每与学者言："吾徒终日讲论，当知圣贤人人可为也。"尝见李卓吾《藏书》，取焚之，曰："此害道书也，毋令误人。"尤不喜明袁黄所著《四训》，曰："似此作好人、行好事，全是为福报起见，正孔子所谓小人喻于利者也。"中年遍游豫、粤、燕、鲁，谒孔林，拜伏羲墓，尝言："学须经世，汶汶为乡人所见所闻不出闾巷，学安得进?"自书其坐右云："男儿自学道，志不图青紫。上溯孔与颜，而及宋五子。"辑有《言行汇纂》、《三闾志》、《闺训要纂》、《三馀诗草》，学者称"朗用先生"。晚年采朱子及元、明儒先论说，仿《近思录》，分门别类，编入《德津梁》一书，稿甫脱而卒。

邦光，字觐龙，之锜子。雍正八年进士。历官陕西城固、渭南知县，调山西马邑县，兴建学校，士习丕变。寻升阿弥州知州，有循声。归田后建"听虚斋"讲学，学者称"霁川先生"。著有《四书析义》。弟邦霖，字绮庄，乾隆中举人，著有《绮庄诗草》。

立楷，字勿斋，之钛孙。父邦翊，字辅三，读书求真实之学。年十九，县试第一，以病不与学院试，自是绝意科举。立楷廪生，幼好读宋五子书暨《太极图说长益》，从事身心之学，作《克复格日记》，视听言动以自考。每言古圣贤，惟在静处用功，到得动时便千条万绪，不可捉搦，惟非礼之来，一刀两断，庶不虚度一生。著有《学庸讲义》、《养蒙诗训》、《勿斋随笔》、《存古堂文集》。

立槐，字荫庭，立楷弟。乾隆十七年举人。有史才，与兄立楷纂修县志，继修通志。为巡抚陈宏谋所倚重，历官桂阳县教谕、龙山县训导。擢江西万年县知县，日坐堂皇听讼，目阅口决，案无留牍，民无冤狱。江西州县吏称廉明者推立槐为第一。致仕归，充本邑仰高书院山长。子本苞、本著，皆诸生，有诗名。孙存略，字经庵，监生，性豪迈，而与人为和同，无所可否；精医，为人治病，若不甚经意，而应手奏奇效。时黄氏元御医书未甚显于世，存略与之暗合，于黄氏《伤寒悬解》独契神悟。自道光以来湘阴言医者，推存略与焦教授桐良。桐良用功深，存略悬然天得，不谋成心，人尤以为难。著有《经庵医案》。

立恕，字方仁，之锜从孙。祖之铉，字二鼎，隐居栗山，自号“清溪老人”，躬耕钓。之锜贵，遣使迎致之，答诗云：“尔署阳城考，我甘原宪贫。”可想见其素履。立恕，乾隆二十五年举人。应礼部试不遇，以经义授徒乡里，馆谷稍丰，即以周族之贫乏者。兄弟五人，以友爱闻。后官会同教谕，卒于官。从子本灏，乾隆三十六年举人，龙山县训导，在官有贤声。

蒋常尊，字幼李，康熙四十年岁贡。明隆武丙戌举人。之蓁之子，之蓁卒，常尊甫九岁。祖元玉，口授诸经，辄通其义。既长，博通经史。偏沅巡抚赵申乔建义塾，闻常尊名，延主讲，多所成就。常尊自幼有名，长沙赵友沂奇其才，字以女。陶澹庵集中有《长沙雨中同郭幼隗朱子昭携蒋郎赴赵友沂中翰选婿即席索和苦雨》，诗中四语云：“谁与鱼龙平霸气，欲招花鸟出愁乡。朱弦暗拨阳春曲，白面新薰秘省香。”指常尊也。著有《艾晋草》。

继宽，字栗夫，常尊子，雍正二年举人。初官贵州贵定县知县，爱民如子，以强项忤上官，改官广东和平县知县。廉干有声，卒于官。兄继琬，字炎孙，诸生。康熙四十七年，就乡试武昌，泊城陵矶，风漂商船，继琬倾资拯数十人。后失足入水，有物浮之起，人以为善报。弟继凝，字弱庵，有行谊，工诗，自号“天放散人”。继万，字斯年，康熙五十九年举人。

世琳，字贡次，乾隆十八年岁贡，常尊从孙。父继统，字庞若，监生。雍正五年大水，韩湾、古塘、荆塘堤溃，发粟数百石振贷。遇荒，散谷振其族，计口授食以为常。世琳在太学，与修《文献通考》。大学士蒋文恪公溥为总裁，奇赏之，留京师三年。归，不求仕进，寄情山水以终。子定成，番禺德慕里司巡检，有能声。

世玕，字禹上，世琳弟。历官山东宣城、怀远知县，借补盐运司经历。所至问民疾苦，勇于任事，深为上官倚重。归田后，倡修县南文星塔。子定恂，乐平典史，亦有贤声。

杨逢琼，字幼丘，一字友松，康熙四十一年举人。官贵州龙泉县知县。县苗徭杂处，逢琼至，建义塾，授以经义，苗民始知向学；旧有照饷、杂派诸浮费，悉剔除之；严禁巫觋，定婚嫁仪制以合古礼。县有峰岩市，居民三百户毁于火，捐金振恤。会大疫，道殣相望，为施棺木，饥者计口授食。人皆德之，有“生佛”之目。致仕归，士民勒石以纪遗爱。年八十三卒，著有《忠孝至言》。

枝绵，字嗣远，逢琼子，乾隆十七年举人。官凤凰厅教谕，勤启迪，严如塾师。暇则率子侄读书，声朗朗达户外，非朔望不见邑宰。士论高之。擢湖北汉阳府教授。卒于官。

先铎，字声父，一字木莽，枝绵孙，嘉庆五年举人。官桃源县教谕，构精舍，讲学署中。擢永顺府教授，以老辞不赴。初先铎以能诗名，侍郎程思泽视学贵州，过龙阳驿舍，见先铎壁间诗极为奖许，名益著，著有《悜斋诗草》。孙本震，字芮荪，诸生，亦能诗，早卒，著有《畚虚斋诗集》。

杨逢曦，字海占，康熙四十四年岁贡。父邦琮，字玉宗，县学生。顺治九年李定固兵乱，邑复旱。邦琮煮粥振饥，开塘堰水以备荒，置杨氏义庄田二百亩。逢曦幼孤，年十五母殁，庐墓。事二兄以友闻，周贫乏，焚逋券。著有《学庸集注详解》、《诗经纂要补》、《省身要录》。

枝建，字利侯，逢曦子，康熙中进士。官山东招远县知县，县有旧规曰“京边一款”，岁得数千金，相沿入私橐；又有门役杂派，社长循例赍官。枝建并汰除之，镌诸石，人称“清白吏”。县盐额五百馀引，时议加引通商。校建力陈弊窦，事遂寝。建义学，作魁星阁。寻调海丰，请捐五王庄海滨积逋，革枣税。摄莱阳、栖霞、阳信诸剧邑，簿书纷沓，条理秩如。致仕归，民送至百里外，有流涕者，建祠尸祝，有“公来乐不已，公去思无期”之歌。著有《性理要言》、《易经说略》、《鹤湖诗集》。

茂论，字孔上，枝建子，乾隆十五年举人。十七年，煮粥振饥，施药饵，多所全活。官龙阳县教谕，捐俸倡修学宫。擢四川荣昌县知县，有善政，以劳卒于官。弟茂诣，字仲室，监生，著有《登峰堂诗》四卷；茂诠，字叔真，监生，治欧、曾古文之学；茂谕，广东增城县主簿。

茂淳，逢曦从孙。其祖曰逢蔚，字书升，康熙时县学生，事继母以孝闻。茂淳，乾隆十四年岁贡。年二十为蒋氏赘婿，蒋氏多藏书，茂淳假观忘寝食，所学日富。后充本邑仰高书院山长，讲学以经史为根柢，多士化之。

先仪，字凤来，茂论弟，茂诣之子，乾隆二十四年举人。以知县注选，分发安徽试用，历署亳州、泗州州同，天长、太平知县。官太平时，捕盗魁孙二弟置之法；寻勘宣城水灾，补虹县知县，署宿州知州。时宿州蝗蔓延河南，前牧被劾去。江督、河督、豫抚、皖抚并驻州督捕，旬日蝗尽灭。藩司范某劾以捕蝗怠延，罢归。三十六年，恭祝皇太后万寿，予开复，署安徽太平府同知，调署寿州知州、六安直隶州知州，旋补休宁县知县。县有命案久未结，先仪至，研鞫得实，平反之。总督某劾以承谳不当，复罢归。寻开复，分发浙江，历任桐乡、遂昌、钱塘、仁和县，摄杭州府同知。会总督陈辉祖籍巡抚王亶望家，以金易银事发，辉祖论死；先仪以未举发，籍其家，谪戍新疆。二年，恩赦归，复原职。又数年，卒于家。

本显，先仪孙。先仪罢官归，贫甚。父培晃，故良善，老而愈贫。本显力能任操作，终身不娶以养其亲，傭力所得，一资以养，而身常苦饥。冬寒则拥父足以卧，其卒也犹身拥父足。父疑其冰，视之死矣。里人号曰“杨孝子”。

庞而俊，字伟章，康熙五十二年岁贡。官宝庆府训导，立义学，勤月课，教士有法，凡十有八年。致仕归，囊橐萧然。及卒，贫无以敛。

杨之炳，字虎文，康熙五十三年举人。雍正七年聘充广西乡试同考试官，所取多知名士。工诗古文辞。著有《北游草》、《粤游集》。

苏学禹，字祇先，康熙六十年岁贡。官江华县训导，性廉介，不受馈遗。士有贫乏者，分清俸给之。躬亲训课，多所成就。年七十致仕归，装仅图史百轴而已。著有《一雪堂诗文集》。其兄学圣，字天牧，县学生，亦有行谊。

吴宏道，字达五。祖应台，明崇祯时进士，官辰沅道兵备副使；父宜振，明诸生。宏道，监生。事父母以孝闻，与诸兄析产，自取瘠者；抚孤侄如子。族弟某，贫困，数以腴田畀之，岁常散谷麦、施寒衣，以与里中穷民。河梁义渡，多出金创造。乡论韪之。祀乡贤。

翼行，字恒若，一字玉山，宏道子。乾隆六年拔贡，九年亚元。拣发山东，以知县用。历署临淄、武城、滕县知县。捕蝗导水，勘灾发振，皆著惠政。寻署东阿县知县，上东巡，召见温谕，准其实授。以丁母忧归，服阕补湖北公安县知县。到官，讼牒填委，阅之多旧案纠葛，叹曰："俗无嚣，官自惰耳！"率亭午坐堂上，吏捧案雁行以进。且阅且听，烛尽三条，可结十馀案，无或爽者，远近称"神君"。县故泽区，多曲洲回岸，浦溆深遂，丛芦菁苇之中，为群盗所窟宅。翼行能用计踪迹，掩捕其渠魁。每岁江湖暴涨，人民荡析，总督李侍尧临验，命具陈江流源委、防治宜泄之法，即舟中手书条对详明，不逾晷刻。侍尧喜曰："留心地方，是真县令，公安旦暮衽席矣。"旋调江夏，兼汉阳同知。江夏首县烦剧，无兼他篆者，有之自翼行始。二十七年，充湖北乡试同考试官。先是，归州获盗，上其状于大府，臬司以诬良罪州。俄而盗复行劫，州复以状上，臬司怙前过，属反其狱，故迟之。事闻，藩司、臬司俱得罪，翼行以迟延罣吏议罢归。越二年，复起为河南淇县知县，一以安民为务。时大兵征金川，道出河南，淇县尤当孔道，供支络驿，民不知扰。吏有禀屯户抗买马料者，翼行曰："无庸。我购之他邑，足用矣。"明年，调固始，邑有长堰潴水，溉田数万顷，豪民专利阻塞水源。翼行亲往督工修筑，无敢睚眦者。三十八年，署信阳州知州，以卓异赴部引见，寻卒。无子，以从兄之子亮魁为子。

亮融，字孟昭，翼行从子。父翼为，有行谊。亮融官安徽凤台县典史，尝夜闻邻人哭声甚哀，询知以贫鬻妻者，亮融怆然，急召娶者，如其资还之，邻人妻得以保全。

翼祖，字念庵，宏道从子。父宏鼎，字翊九，附监生，有行谊。为族弟某置田八十亩，三丧而三予之。所置田有人先世祖茔，召其人割还之。翼祖，雍正七年拔贡。官江南无锡县知县，为政清介，识大体。南汇海塘泛溢，白骨遍野，捐金瘗千馀棺。有兄弟争田者，羁一室，令同餐对坐，旬日彼此，涕泣交让。寻丁忧归。服阕，补南安县知县，民顽好斗，手书“让”字，逐户榜之，风遂变。数月调同安县知县，理冤狱，判疑案，时有反风灭火、蝗不入境之异。擢厦门同知。孙璜，广东潮州税课大使。

翼德，字聿修，翼祖弟，雍正十三年拔贡。早孤，事母以孝闻。尝选教谕不赴，曰：“吾岂以三公难换之岁月，博寒毡一席乎?”卒养母以终。里有孤子鬻于人，为代金赎之。又有贫欲出妇者，数出金俾全婚。卒之日，人咸悲之。

翼传，字衍书，宏道从子，乾隆十七年举人。幼读书，讲求义理。治《周易》，殚精卦爻、占象之旨，尝语人，曰：“书从难处索解，浅者自了然矣。”赴礼部试，自都迂道过从兄翼行临淄县署，数月辞去，曰：“此热闹场，非吾辈所乐居也。”归治茅屋数椽，研穷经史，怡然自得。

灿才，翼祖从孙。祖翼世，乾隆元年恩贡。灿才，乾隆六十年恩贡，授徒乡里，与学者讲“存心养性”之旨，著有《四古堂集》。

徐衍芳，字蕃盈，县学生。父昭来，字绳武，明隆武丙戌举人，摇举从孙，康熙时诸生。文行高洁，学者称“竹江先生”。衍芳，雍正元年副榜。治《诗》、《春秋》，讲习诸经异同。有未得其要者，必推明事实，极其终始。兄储芳，字畹兰，并有文名，号“玉峰居士”。

名彝，字有常，衍芳子。乾隆十五年亚元，十六年进士。初谒选，亲王某谓之曰：“尔满面善气，必能爱民。”历官河南新安、新郑知县，每录囚，辄怆然泪下。坐堂皇，盛暑必肃衣冠。二十四年，充河南乡试同考试官，所取多名下士。以病改辰州府教授，终宝庆府教授。弟名孚，乾隆三十九年举人。

孟启谟，字典光。雍正元年拔贡，四年举人，五年进士。家故贫，数岁牧牛，常携书席地读。稍长，益嗜学，寒则纳足木棉子中，率夜分不寐。登第后，读书玉笥山楼。一夕闻空中鸾啸声，寻有青衣老人前语曰："饵枣糕日，天帝将命汝校玉书九琳阁。"言讫不见，遂以是年重九日卒。

朱巽元，字廷选，雍正元年恩贡。讲《周易》，常有心得。邑人士治《易》学者，多从之游。

李宏纲，字三柱。雍正元年岁贡。事父枝藻、母黄氏，以孝闻。弟大锦，诸生，早死。父母相继卒，宏纲哀毁逾常，十日须发尽白。官芷江县训导，引疾归。孙懋信，乾隆四十四年岁贡，官宜章县训导。

周尊望，字渭元。雍正二年举人。官福建罗源县知县，清厘积案，开释无辜，一年囹圄为空；修学宫，建文星桥，士皆德之。卒于官，宦橐萧然，惟旧书数箧而已。

嘉缃，字书城，一字栀褐，尊望族孙。祖尊桂，字馥九，雍正时诸生，以经义教授乡里。父锡江，字虎林，幼孤力学。为浙江象山县知县，邑人曾光先掌书记，与仁和李铁岩、无锡戚兰坡结诗社，唱和甚欢。著有《弓治集》、《石岭文集诗集》、《越游草》。嘉缃，嘉庆七年岁贡。性强记，家贫无所得书，常借钞于藏书家，自谓"一诵可记六十年"，故涉猎最富。道光初，重修县志成，嘉缃多所纠正。时版已具，惮于改订，人以为病。著有《宅心斋文集》六卷、《地山诗集》九卷、《杂著》二卷。子履祥、睿祥、燮祥、贶祥、燿祥，皆有集。燮祥，字叔和，一字调臣，能诗，与从兄韫祥、邑人李道南并以诸生有时名，燮祥尤杰出，著有《玉池山樵诗钞》二卷、《文集》二卷、《骈文》二卷、《赋钞》一卷、《者园杂著》一卷、《千里面谈》二卷。

左以铨，字选三。父应昴，字星伯，崇祯时诸生，避乱山中，手一编不释。著有《登莱集》、《菜根谭》若干卷。以铨，雍正三年岁贡，与兄以铎从邑人徐昭来游，并以学行著选，授乾州厅学正，辞不赴。隐居授徒以终，号遁皋居士。

定波，号晏亭，以铨子。雍正十年举人。十三年聘充贵州乡试同考试官，选授山西平顺县知县，折狱明决，谢绝苞苴。乾隆二十一年，充山西乡试同考试官，寻举卓异。定波谓“盛名难副”，引疾归，宦橐萧然。布衣疏食，授子孙以经义，足不履城市者二十馀年。

逢霖，字霨亭，一字雨臣，定波子。乾隆二十五年举人。幼随父任，即有时名。以资当得知县，不就。改官郴州学正，每月课，召诸生谕以忠孝大义，议增书院膏火，复瑶学，倡设武馆；改建文昌阁，修复唐韩愈叉鱼亭、宋秦观桃花流水亭。官郴十九年，擢永顺府教授。卒于官。

人睿，字敬思，逢霖子。乾隆四十四年举人。善属文，为岳麓书院山长旷敏本所赏。在京师，湘乡谢侍御振定语之曰：“君才敏妙，非所及也。”两应礼部试，不第。归暴卒，年二十有九。著有《凤楼草》。

倪士希，字景贤，雍正四年举人。工诗古文辞，授徒乡里。尝言：“为学当身体力行，不可徒习词章。”出其门者，多以学行著闻于时。

邓持，字圣拳，宋秘阁修撰忠臣十九世孙。父鼎，县学生，知县蒲易藩数礼其庐，著有《奇门斗数订讹》。持，雍正七年举人，与邑人倪士希比屋居，日以古义相切劘。刑部侍郎钱文端公陈群，为持座师，雅重持，及持选直隶阜平县知县，手书“学道爱人”赠之。官阜平六年，数患水，县西堤筑辄圮。持率民以大藁贮土筑之坚，藁植一柳，排比如栉。堤赖以固，民皆德之。

吴成能，字演易。父邦怀，字庆也，康熙五十八年岁贡，讲求程朱之学。成能雍正十年举人，生四岁，父邦怀画八卦，告以奇耦之义，成能反复寻思，对曰：“变换画来，岂止此耶?”邦怀奇之，因字曰“演易”。及长，深明《易》理，多所论述，未及成书而卒。

瞿信昭，字常五。祖永旸，字东生，明县学生。奉母避寇，寇劫其母，永旸往救，为贼所缚，刺面截耳，死而复苏，哀恳身代，贼义而释之。母死，庐墓三年。信昭，雍正十一年进士。官户部主事，寻改授四川资阳县知县，劝农桑，修学校。会邑大水，捐俸振恤。以劳卒于官。

杨瑝，字元音。雍正十年举人。官零陵县教谕，乾隆十年进士，改庶吉士。工诗古文词，为大学士蒋文恪公激赏。尝即席赋梅花诗成，都下传诵。著有《元音集》。

培之，字幼嵋，瑝从孙。祖瑗，字次蘧，乾隆二十六年岁贡，官辰州府训导。培之，嘉庆十三年解元。初，培之之先本萧姓，为杨氏养子，遂从杨姓。是科未揭晓，邑人某梦观天榜，湖南领解者为湘阴萧姓。榜发，则培之也。治经学，充辰州书院山长。著有《周易述义注疏》、《中庸贯》、《幼嵋诗草》。

徐世佐，字辅卿，一字石亭，晚又自号遁斋。崇祯中岁贡，捷可曾孙。幼颖悟，读书目数行下，博通经史。雍正十三年举于乡。有文名，久游京师。大学士梁文庄公诗正、陈文肃公大受，及彭尚书维新、同郡罗尚书源汉，为之游扬延誉。客高平，和周宣猷《风舲馀咏七律》，一夕成三十首，人多传诵。选授长芦严镇场盐大使，寻署盐运司运判，以失察书吏被劾，谪戍乌鲁木齐。大将军文成公阿桂知世佐宿儒，题主桐华书院。时边疆初拓，专勤训迪，士气蒸蒸。河间纪文达公昀，时为侍讲，以谪继至，唱和甚欢。三十六年，皇太后万寿，献颂慈宁，赐环复原职。里居后，益肆力诗古文词，乾隆六十年重宴鹿鸣。著有《遁斋文集》二十卷，诗集曰《山居草》者八卷，曰《客游草》者八卷，曰《出塞草》者十二卷。子凤藻，乾隆五十八年岁贡。

戴文炽，字鲁朋。雍正十三年举人。父植，字厚村，诸生。母病，哭泣失明，及后为母请旌，目疾如失。康熙五十五年岁歉，罄谷数百石振贷。尝卖犊，有误认为己犊者，即畀之，人高其义。文炽，以举人注选授山东富国场盐大使，调信阳场盐大使，旋授浙江海沙场盐大使。所至爇香神前，以清廉自矢。公暇，与人士以诗文相往复，年七十馀，致仕归，聘充龙湖书院山长。著有《秋潭草》。

运晋，字康蕃，文炽族子。乾隆五十七年举人，授徒乡里，与学者讲求经学，每讲次必置酒，且饮且讲，期于义理畅达乃已。一时学者争出其门。

曾光先，字念兹，乾隆十年进士。任江西信丰县知县，调浙江，历署余姚、山阴知县，皆称职。上南巡，以卓异授寿昌县知县，旋调象山，三充浙江乡试同考试官。居官勤慎，谢绝苞苴。在象山六年，卒于官，士民德之，从祀丹山书院朱子祠。子辉越，乾隆五十九年举人。辉越弟遇唐，字衢叟，一字南坡，乾隆五十三年、六十年两中副榜，官新田县训导。好吟咏，自号“烟波醉人”，著有《抱膝吟诗草》。遇唐从子淩云，字襄臣，一字紫垣，诸生，著有《瓣香堂诗草》。

陈梦麒，字天石。乾隆十三年进士。历任浙江余杭、乐清知县，兴教劝学，发奸摘伏，民称“神君”。上南巡，营办行在，忽盗窃温州知府某金，大索不获，总督某专檄梦麒缉盗，用钩距之法，捕逮数人，一讯得之。会兵书某以舞文窃火符遁。其族弟，一尉乐清，一尉善化，皆与梦麟善，有循声，且株连逮讯，梦麟以百口保二人无他，事遂解。旋调甘肃镇番县知县，摄狄道州知州，引疾归。

觉民，字同甫，一字耕岩，梦麒子。诸生。性豪迈，散金结客。长沙周太守有声赠以诗云：“论诗酷比申韩律，多难频分管鲍金。”又云：“能苏万人瘠，白博一身强。”可想见其人。著有《同甫诗钞》。孙鉴，字藻卿，一字平湖，廪贡。官绥宁县训导。家贫甚，三旬九食，裕如也。著有《爨桐馀响》。

张乾珀，字千龄，一字寿南，乾隆十五年举人，选授江华县教谕。江华习近瑶苗，学校废弛，男女年三十馀不婚嫁。乾珀至，倡修学宫魁星阁，勤月课，谕民以时婚嫁，俗为之变。转迁湖北武昌府教授，擢甘肃两当县知县。两当近山多虎，终乾珀任无虎患，民多诵之。时用兵准回各部，道经两当，供支浩繁，乾珀日夕摒挡，不肯差派扰民。先是城隍庙近有张公祠，以祀前令浙江张某者也。至是，复刻乾珀像于左为生祠，寻以命案罣吏议，谪戍新疆。时年六十馀，书《大学》《诚意》、《正心》二章于寓壁，谪居未尝废学。卒于戍所。子坤溶，字和泉，著有《廿一史论要》。

坤澜，字伯观，乾珀从子，乾隆四十四年举人。家贫，淡泊自甘。绝意进取，终日闭门潜心经学。著有《周礼约言》。

易昆曜，字矗五，乾隆十五年解元。祖守祖，字念修，事母以孝闻，人号“小莱子”。康熙十年、十二年两值岁荒，出谷逾万石济人，著有《醒世要言》。父高品，字端士，诸生，有行谊，著有《培元集》、《身世秘钥》。岿曜少游幕有名，选授安仁县教谕，修学宫，建义学，增广学额。寻摄酃县教谕，以大计卓异，保知县。未及赴京而卒。兄崧曜，有学行；弟嶷曜，乾隆三十五年举人。孙熙治，道光五年举人，沅陵县教谕。

黄朝经，字履常，乾隆十七年举人。选授邵阳县教谕，常招生徒俊异者至斋舍，口授经旨，督课之，严如塾师然。从弟朝鼎，字象九，乾隆二十六年举人，官沅陵县教谕，亦有贤声。

张邦特，字卓伦，乾隆二十一年举人。好学笃行，为乡里矜式，教学至老，从者如云。从侄先拔，字萃夫，乾隆三十五年举人。纵游名胜，怀古放歌，尚气谊然诺，时人比之阮氏南北院，风流各擅云。

刘仁刚，字粹中，乾隆二十五年举人。好学励行，严取与义利之辨。尝被盗，知县某廉其贫，馈以金，却不受。老而益贫，忍饥读书，人以为难。

张廷禄，字卜一，一字雪川，乾隆三十六年顺天乡试副榜。善草书，工诗。时陆耳山先生锡熊、施铁岩先生培应，博学多通，有盛名京师，廷禄皆与游宴款曲。大学士蔡文恭公新尤激赏之。性豪嗜饮，数以所书易酒，不足则质以衣。而操行耿介，不苟取与。晚年归，客宁乡县署，适有疑狱，廷禄代白其冤，冤者酬以金，却勿受。尝醉书，顾所亲曰可将去藏之，二十年后必有知宝贵之者。年六十馀卒。著有《樵古堂诗集》。

周天度，字五龄，乾隆三十六年岁贡。事母以孝闻，母怒予杖，跪受之。与从弟某同居数十年，恩若同胞，及析产，推肥就硗，不使其弟知之。

周锡溥，字文渊，邑人称曰“半帆先生”。祖三琏，字高彝，少失母，事父孝，抚妻侄朱氏遗孤成立，人高其义。父垂世，字卜年，诸生。乡有旅死者，家人迹其处，将致讼，牒已具，垂世召而诘之曰：“即于是，当坐诬，且重累死者。”讼遂止。一日，闻里中将坑人，趋视之，则窃贼也，止之曰：“窃盗律无死法，杀人者死。若独无身家乎？”众竦息，命缚送有司而罢。凡以理开解人类如此。锡溥乾隆四十年进士，归充本邑仰高书院山长。寻遭父丧，服阕，授甘肃宁朔知县，县故治宁夏府，为满兵驻防地。刍藁、椿石、夫役，取给于县，而县地苦寒，阡陌沙常满，霖雨偶降则淖流硝硷，麦粟不熟，科敛日殷，民辄逋逃塞外。其老而无资者，多券其子女于客商以取给。锡溥为缓征徭，民赖以安。时汪稼门先生志伊任甘肃藩司，檄州县问民疾苦，锡溥进宁夏采风诗八首。叹曰：“今人所谓政事，不过饰厨传、善累楹以邀誉耳。如宁朔周令岂易得哉？可谓真知县矣！”檄摄水利同知。五十七年，将军福康安征廓尔喀，诏由青海草地入藏，道出宁夏。锡溥扞圉防奸，夜巡城达旦。一日五鼓，宁夏将军永贵遇之城上，执手叹曰：“能者不当如是耶！”言其事于总督勒保，逾年调武威县知县，赏奉檄至鄂尔多斯阿兰鄯善诸部，穷边异俗都入歌咏，以丁继母忧归。年五十，即引疾不出。历充石鼓、莲湖、濂溪书院山长，常语学者以行谊为先，无徒自命为文人。按察使泰瀛访以时政，言之剀切，人争诵之。卒于濂溪书院。著有《安愚斋文集诗集》，同治元年题祀乡贤。子鸿椝，字石卿，晚自号瘖潜，事母以孝闻，积学能文，岳麓书院山长袁太史名曜深器之。立身有法度，谨厚纯实，乡里称长者。著有《种竹斋遗稿》。子炳枝，举人。锡溥诸孙：譓枝，字镜帆，进士，官岳州府教授；谔枝，字昌甫，巡抚王文韶荐举孝廉方正。

锡渭，字湜甫，一字默耕，锡溥弟，与锡溥同中乾隆三十九年举人，充桑植、益阳书院山长。以知县试用陕西，历署武功、岐山、洵阳、长武知县。寻补紫阳县知县，县有幼女被杀，女父讼其邻人子于前令，已论死。锡渭至，讯得女父自戕其女，以诬陷邻人子状，平反之，人称神明。县俗犷悍，每朔望，进邑人士于庭，论以道义。会旁县有两巨族争讼十馀年，更数令不能决，大府檄锡渭往谳，讼立解。以劳卒于官，民哭吊甚哀。生平好为诗，与新化吴兰柴桂、孙石溪起楠交笃，诗才亦相敌，著有《志古斋诗集》。

何嘉宣，字龙源，乾隆四十年岁贡，为学以经史为宗，知县徐梁栋深器重之。晚益究心儒先性理之学。陈太史士稚序其书，谓"曹月川家规，陈克庵格言"，不是过也。著有《心机语录》、《养蒙集韵》。

湛道心，字梧山，乾隆四十二年岁贡，家贫嗜学。邑人曾胤龙以诗古文词有时名，慎许可。道心幼时往见，胤龙辄心折曰："湛子大器也。"绩学不遇，士论惜之。

晏臣鲠，字直卿，乾隆四十二年拔贡。家贫力学，为知县李郁文所知。性峭直，不乐荣进，闭门读书，人罕见其面。著有《峭亭诗集》。

周志传，字孔赞，乾隆四十五年亚元。以知县拣发山东，历署金乡、荣城知县。荣城滨海，番舶凑集，而例禁货物不出洋，相与征收课税为私利。志传至，一切规例悉却罢之，召诸典商谕以平值，亦免其规例，曰："与其赂官长以累民，何如转益民而轻取其利也?"尝缉盗海口，获八人，讯之非盗，有欲借以资报销者。志传曰："真伪不可无辨，且报销重乎？民命重乎？支垫可赔，枉法冒功不可也。"卒释之。补费县知县，充山东乡试同考试官。旋卒，费人士爇香送者万馀人。著有《恕思堂文集》。

何启南，字式金，一字鲲湖。乾隆四十八年举人。父大贤，字谦圣，雍正时例贡，有行谊。启南历官道州学正，山西太原县、岚县知县，岢岚州知州，所至皆有政声。年七十五致仕归，日与父老谈里中琐事，人忘其为曾任仕宦云。

吴灼，字桃溪，一字东麓，乾隆五十年进士。祖清海，雍正时诸生，有学行。父峻，字文拓，乾隆二十七年举人，手《程朱遗书》读之，至忘寝食。灼以翰林授检讨，改补内阁中书，授甘肃凉州府庄浪同知，历署庆阳、凉州、甘州知府。洁己奉法，为大府所倚重。十六年，清查仓库无亏，诏以应升之缺升用。旋署肃州直隶州知州，擢陕西榆林府知府，以勤慎著闻。寻丁继母忧归，道卒。子心哲，嘉庆十二年副榜；曾孙大安，管带巡防营水师，积功保知府，留安徽补用。

淮，字伯翼，一字杬台，灼从孙。道光二十六年举人。性跅弛能文，自比马周、陈亮。所撰古今体诗，沈雄俊迈，高出一世，常示其友郭崑焘曰：淮虽日与朋辈征逐，夜当殚精苦思，竟夕不寐。古人之文，未有不专精而能至者。湘乡曾文正公国藩乡举时，淮与相遇长沙，投诗云："有子足担天下事，不才稳著茂陵书。"后广西兵事起，国藩以一身系天下安危者二十年，人咸谓淮为知言。著有《愚村诗钞》。

吴宾，字桃村，乾隆五十三年举人。一应礼部试不第，遂谢弃科举文字，日取经史子集，手加丹黄。尝言"著书不如读书之乐"。恬澹雅适，道味盎然。卒年八十。

黎宗洙，字师仲。乾隆五十五年恩贡。生平严毅，不可干以私。而性纯孝。母刘早世，孺慕终身，抚孤侄如己子。家贫好客，户外屦常满，盎无宿粮，晏如也。年七十馀卒。著有《戆翁存稿》。子彬，字素庵，嘉庆十八年岁贡，文名尤盛。著有《雪映山庄诗文集》。

郭诚世，字葵臣，乾隆五十七年举人。父能，字梦兼，晚自号望湖。善居积，富甲一邑。亦乐施与，沈厚敏捷，才气沛然有馀。子六人，并有名。诚世内阁中书，兼典籍厅事协办侍读。生平孝友，循循服劳无倦，尤严取与之节。官中书病甚，同官某循资当补中书，谋速得铨。闻其病，丐所亲导意，愿奉资为乞病开缺南行之计，诚世谢不可，曰："吾病宜归，然岂可以朝廷官职供吾私交而利之？"旋卒于官。子家晅，嘉庆十二年副榜。

世遴，字俊章，县学廪生，诚世兄。积学能文，早卒。子家陶，字钧台，贡生。沈练精敏，通知人情，而崭然一出于正。主持公事，务规久远。创建文昌庙，襆被督工，工实而费省。苏标者，大猾也，狎侮搢绅，摘发其私无所避，独见家陶屏息立，退为人言："此正人，吾不敢狎。"从侄嵩焘少贫，家陶尤伟视之曰："是子必亢吾宗。"凡所可否，人皆翕然以为信。子岱焘，字镐丞，县学生，保举训导，加盐提举衔，亦早卒。

世遵，字鸿渚，县学廪生，诚世兄。静而好深沉之思，尤喜济人之急。推解无难色。病瘵且革，吟诗属昆季曰："天既促我命，脉脉语不得。死者安足悲，生者各努力。"投笔而卒。子家彪，字春坊，议叙八品。家故丰，值岁屡祲，中落，夷然不为有无顾虑。亲故假贷，必盈其意，或相称贷，邀一言为质。及期，辄代偿。精医，岁储药饵供人求乞。尝作《守愚》诗见志，云："世人顾我笑，谓我性拘迂。我笑谢世人，巧者拙之奴。人生各有役，安命乃良图。争先趋捷径，足不履康衢。荆棘能挂身，难免颠蹶虞。适口必肥甘，菽粟或嫌粗。腐肠生疾病，属餍胡为乎？请看鸡鸣起，舜蹠两途殊。勿损人为智，勿利己为愉。欺人即欺心，方寸千崎岖。欺心即欺天，造化焉可诬。人自习为巧，我自安其愚。情以愚而厚，气以愚而孚。性愚故能定，貌愚故能腴。

守愚果愚哉，吾亦见真吾。”子嵩焘，兵部左侍郎；崑焘，四品卿衔，内阁中书；岺焘，贵州候补道。而岺焘出为家暾后，独早卒。

世暹，字如升，诚世弟，早卒。子家骥，字兰友，候选布政司经历。少负才气，纵横捭阖，诙奇自喜，晚乃折节为端谨，杜门不通宾客。而上自生民利病、国家制度律令，下至市物贵贱，言之历历不爽。主修洞庭神祠，创置临泚市小河义渡。孙庆蓉，字炳文，候选同知。

谆世，字诚斋，诚世弟，候选县丞。恂恂温雅，人莫见其喜愠之色。而性通敏，精于事理，兼综博揽，惟所设施。凡邑公举，多资以办。子家声，字莲舫，以通判分发浙江，署建德县知县，杭州、湖州、绍兴等府同知。乌程有大猾，劫持令所为，檄家声勘问，既廉得所为不法事，突至其家掩捕之。猾故有气势，挺身出曰：“谁敢挠而公?”家声曰：“吾捕有罪，不知其他。”即其家械系之，大府以为能。既而以忧归，遂不复仕。家声才能干事，计划尤精，知县夏廷樾谋葺养济院，以二百缗属家声。时大水，围垸俱溃，家声令凡砖若瓦，苟适于用，畸零皆取具，人争持以献，终役费不甚丰，而所治室崇广修洁，人服其能。子先楠，早卒；抚族孙昌猷为后，以同知分发甘肃。

诠世，字括椝，县学生，诚世弟。性豪迈，尚气谊然诺，一语斥千金不惜。尝制一狐裘甫成，客至挈之以去，亦漠然不为意。诠世兄弟六人。子家彪、家骥、家莲、征畴。家彪，出后世遵，别有传；征畴，字西清，道光二十六年举人，勤敏精锐，遇事应机立断，厘剔积弊，维持大体，略无引避。道光戊申、己酉大祲，两次振务，皆独力任之，全活甚众。征畴能治生，矜孤恤贫，推解尤力。故其积产甚薄，而岁所施舍常数倍于所入云。子寿鋆，以县丞分发广东候补。

岂焘，字志城，县学生，家彪子，出后伯父家瞰。由候选训导历保道员，留贵州补用。性鲠直，博识多通，有志经世之学，尤喜睦姻赡族，振恤贫困。自更粤匪之乱，兵事数起。巡抚骆文忠公秉章、张公亮基、毛公鸿宾、恽公世临，多引岂焘为助。六塘邵某，惑于邪说，谋为乱。秉章将发兵捕之，岂焘言是事初起，得一能者查办有馀，即兵往，株累多矣。秉章喜，捕治八人而乱定。岳州救生船局经乱无存，岂焘督厘务岳州。丁尚书宝桢方守岳州，岂焘筹商规复，益扩从前规模，一切章程皆岂焘手定。胡文忠公林翼任湖北巡抚，屡招不赴。著有《宜稼堂诗草》四卷。子龙允，县学廪生；虎宣，光绪元年举人，官工部主事。

刚基，字绍筠，县学生，分部员外郎。家彪孙，其父为兵部左侍郎嵩焘。自少羸弱多病，而读书不倦，学亦日进。自诗古文辞，以及骈偶之文、篆隶之学，为之辄工，旁及画绘，竭力为之，汲汲每若不及。尤喜与高僧长老游，暇辄跨马穷历名山古刹，流连忘反。年二十卒。著有《食笋斋遗稿》二卷、《食笋斋三体书》，罗中书汝怀为刊其《三体书》题云："少温笔格变前型，自许斯翁至小生。未必青年嵌铁石，即看顽邓晚成名。曾传二十陆机文，阿买由来擅八分。若使苍苍假年力，墨池何止张吾军。把臂阿萱冥漠游，豹皮同剩一斑留。聊镌石墨贻来裔，伤苦人间两白头。"阿萱，汝怀子，太仆寺卿罗萱也，死黄标之难，亦工书。

刘中培，字德园，乾隆六十年举人。父炳武，字淳庵，诸生。读书焚香正坐，终日无倦。著有《十三经要议》、《淳庵文集》。中培以举人赴京师，遍游齐、鲁、燕、赵名胜，为纪程诗，人争诵之。家园有连理桂四株，构精舍其前，署曰"吹香书屋"，著有《吹香书屋诗草》八卷。子之镛，字云笙，嘉庆十五年举人，官国子监典簿。年几九十，神明聪强，精于京房易课。胡文忠公林翼围武昌三年，日夜忧盼，闻之镛名，召致之幕下。之镛视课，贺曰：“期不远矣。”问：“何时?”曰：“不出此月。”已而，克复武汉两城，时日皆验。之镛亦自神其课，自言用功深，亦自有神悟。著有《宝敬堂文稿》一卷。

陆秉相，字宣猷，乾隆六十年岁贡。傲岸不羁，为文挥笔立就，若不经思索者，而稳练如宿构，终不能易一字。一时称敏捷者推秉相。

谢南，字文岩，嘉庆元年恩贡。父应芳，字雨苏。有盗金者，应芳故识其人，终身隐之，人称其厚德。南少承家学，尤以不欺为本。寝衾行影，未尝自恕。兄航，少与吴学士省兰同学相友善。洎省兰任湖南学政，招航，航避不见。子珍，字立吾，嘉庆九年亚元，官永顺县教谕，工诗文。

易焕柱，字凤书，嘉庆二年岁贡。祖乾职，字任周，有行谊。父元礼，字枝茂，监生，乾隆三十年岁歉减粜。焕柱官会同县教谕，善属文，尤务以经学训课士子。子文泰，字瑞龄，嘉庆十八年举人。

焕枟，字翠亭，焕柱弟。家故丰，焕枟益善治生，累资巨万。亦喜倡为乡里义举，所手建如郭公桥、遇仙亭、营田义渡、黄陵庙、土星港义山，所以济人利物者甚众。道光中，捐田二百五十亩，以其岁入助邑中举人应礼部试者，士尤德之。子文勋，候选州同，席馀业，喜慷慨为豪举。道光戊申、己酉水灾，鬻田三十石助振。孙橄章，字桐孙，候选训导，工诗善画，著有《问花楼诗草》。性善好施，均能嗣其家法。

杨先科，字紫华。八岁丧父，哀毁若成人。长力耕养母王氏。母失明，先科依母寝处。或他出，虽疾风甚雨，夜必归；夏扇幮，冬温被，无一日间。母卒，庐墓三年。归检母旧箧，辄痛哭不止。

巴陵胡本昌赠诗云："几度悲风满雪帏，墓田新辟免儿肥。三年哭罢归来后，犹检残箱泣彩衣。"盖纪实也。

胡本璞，字仁文。父永福，有行谊。本璞事父以孝闻。父病剧，医言不可治，本璞咬指作书，哭泣伏地，祷天求代，良久起。衣袖皆湿，视之血也，翌日父病瘳。其孙家训，亦以割股疗父疾。

左人锦，字斐中，一字松埜。父逢圣，字孔时，诸生，以孝义闻，尝施茶高华岭数年。乾隆十七年岁饥，典质衣服，施粥袁家铺。人锦承家教，多所修建。尝仿社仓法，倡捐谷为族仓以备凶荒。岁歉，而左氏无饥人。著有《族仓条约》。以孙宗棠贵，追赠恪靖侯。

宗植，字仲基，一字景乔。人锦孙。父观澜，字起湘，廪生，以善书名。宗植，道光五年拔贡，十二年解元，选授桂东县教谕，改内阁中书。宗植幼时，与兄宗棫、弟宗棠并有时名。宗棫，廪生，早卒。而宗植、宗棠名益显。宗植尤以诗古文自豪，有湖南四杰之称，谓邵阳魏源、郴州陈起诗、益阳汤鹏，并宗植也。所著诗文甚富，尤精于天文，考订《开元占经》行世。宗植任内阁中书，祁文端公隽藻掌军机，深信其言。大学士赛尚阿视师广西，宗植独以为非宜，而言曾文正公国藩足当大任；江忠烈公忠源朴干，任军旅可倚信。其后，皆以功名显，实宗植发其端也。所著《朴学斋存稿》，恪靖侯宗棠为分刻之，曰《慎庵文钞》二卷，曰《慎庵诗钞》二卷。子澂，廪生，以知府用，浙江玉环厅同知；潜，廪生，尤精算学，长沙丁取忠治算学四十年，尝叹以为不及；浑，举人。潜、浑并早卒。

浑，字彦中，宗植子，同治九年举人。性早慧，年十二补县学生，郭侍郎嵩焘深器之，字以女，见所为文，叹曰："少年能文，清腴雄俊，皆其选也，未见有思力深厚若此者。"读书如"五经”、“三史”，皆手自钞写，为正句读，辨讹误，积案盈二三尺。一室悄然，不知有人。虽少，慨然有著述之思。与兄潜学各异趣，而皆务造其极，亦皆能文，年二十二以瘵疾卒。

孝威，字子重，同治元年举人。宗植侄，其父为大学士陕甘总督恪靖侯宗棠。孝威以三品荫生，官主事。性纯孝，事母周氏疾，衣不解带，引刀割臂和药。母卒，哀毁甚，又虑伤父心，驰赴甘肃见父，以慰父怀。自知疾已深，告归，旋卒，里人以孝行请旌。入祀忠孝节义祠。

胡添松，附贡，历官浙江南浔司巡检、临平镇税课大使。急公称职，为上官所倚重。从子世琬，以通判署湖北德安府知府，亦有贤声。

吴大绅，字凤池。祖泰交，有行谊。父道尧，字光四，事继母殷，以孝闻。家饶好施予，多所兴建。大绅官江西袁州府同知，政声甚著。生平乐善，有父风，建桥渡，修学校，诸役毕从，邑人有吴氏积善之称。子宏猷，字月樵，山西辽州知州。次子宏焘，字锡蕃，一字桂乔，廪贡生，历官澧州学正，武陵、零陵训导。官零陵时，捐金置永善堂、育婴堂，施粥振饥。咸丰二年，粤逆洪秀全窜永州，宏焘以守城功，擢衡阳县教谕。奉檄治衡州土匪，诛止渠魁，多所矜全，以劳保知县，选授直隶房山县知县。折狱勤慎，莅任四月，以劳卒。宏猷子瑛，字镜舫，附贡生，由湖北县丞保知县，加同知衔，赏戴花翎。时武汉初复，总督官文檄瑛署汉阳县。城内外瓦砾数尺，惟城北居民支木为屋十馀家，瑛亦错居其间，抚绥招徕，开辟榛莽，民稍复业。补房县知县，罢官归。开煦，字蓉舫，廪贡生，选授岳州府训导。自少席丰厚之业，而清才逸韵，尘视富贵，邈然自远，诗文吐属，超出埃盖之表。晚益贫，益务磊砢负奇，而其志意亦稍凋落矣，未几，卒于官。

戴宗诰，字商书，一字湘渔，监生，兄弟四人，并早殁，宗诰抚孤侄成立。乾隆四十三年岁饥，盂饭直百钱。宗诰减粜施粥，多所全活，知县王业铨旌其门。嘉庆六年又饥，富民皆闭粜，长沙乱民喻次山率众劫乡里；去县境数十里，官治之缓，县民亦相率强粜。富民惧，讳言有谷，饥民益无所得食，数千人相属于道，奸民煽结为变。宗诰集富民倡议减粜，籍境内贫者计口授食，过境饥民资送之，以次往谕煽乱者，众乃散。知县陈光诏以"仗义急公"旌其门。

黄齐义，字仁祥，一字方村，豪于赀。黄氏聚族居县北河塘市，齐义每岁杪，计族中贫者分致薪米，凡待以举火者数十家。道光元年，知县徐鋐建钟亭垒石山，出赀募道士，夜鸣钟燃灯，以引舟之自湖外来者。鋐去，齐义踵行十馀年。县北河塘市，承汨水下游，旧有民渡三十六户，倚渡直资衣食。春夏水涨，船小不得渡，行旅苦之。齐义捐田创建义渡，给民渡钱人八缗，使别治生。十二年大疫，施棺木。十五年岁饥，减粜。年八十有五卒。子五人，亨万、程万最有名。

亨万，字衢卿，卫千总衔。乐善有父风，性尤孝友。仲兄保万卒，哀毁呕血，逾一年死。先是里中一大姓，与黄氏世不相能，及闻亨万卒，无不咨嗟涕洟者。子世崇，光绪元年举人，举孝廉方正，以知县分发湖北。

程万，字鲲溟，监生。道光二十三年，与兄容万、希万重建垒石山钟亭，知县夏廷樾有记。时鸦片烟盛行，亦时示禁，程万出百馀金市药饵，集族中人分致之，令自改悔。子甲，字冕南。州同衔，江西试用县丞，同治九年捐钱振饥。

傅之纲，字尧举，一字湘亭。父理常，有行谊。乾隆四十三年，施粥振饥不足，屑荞麦佐之，全活者众。之纲曰："岁歉而吾家稍丰，兴工役亦所以便贫民，事集而贫民得食，胡勿为?”尝仿朱子义仓法，倡捐谷，为社仓，以时出入，用其赢分给贫民，乡里赖之。有何某，贫而鬻妻，已成券。之纲代偿娶妇者金，得不鬻。某氏子故无赖，所为多横逆，之纲弗校，某卒悔，谢曰：“公真长者，吾曹愧死无地矣！”年六十有七卒。卒前数日，促家人具酒食召客饮，既乃徐语客曰：“公等逋券，我死恐儿辈借口，已燔之矣。”客皆泣泪交下。孙丙照，同治元年举孝廉方正、湖北候补直隶州州判；文光，知府衔，福建候补直隶州知州、署惠安县知县。曾孙文胜，浙江金华协右营都司。

彭珴，字玉吾，嘉庆三年解元。是科，岳麓书院院长罗鸿胪典决珴文当第一，比榜出，解元为傅晋贤，而闱墨之文实珴文也。时典试为宁化伊秉绶，监临则巡抚姜晟也。究出晋贤赂书役割卷弊窦，于是置书役三人于法，晋贤亦罹重典，而珴仍为第一。珴尝郁郁不自得，曰：“穷达升沉，命也，乃以吾故陷多人于狱，疚心多矣！”闻者贤之。子绍谦，道光二十九年岁贡。

易焕暄，字雨帘，嘉庆十三年进士。初任陕西镇安县知县，调山东，历任乐城、淄川、郯城知县。郯城多盗，焕暄至，严访缉，诛盗魁三十八人，馀党悉散去，百姓帖然。以卓异升兖州府同知，寻署知府，皆有政声。子文濬，字问斋，道光十五年顺天乡试举人，官户部浙江司郎中。咸丰二年，会同五城御史办理京城团防，寻收海运天津，为郑亲王所倚重，授山东青州府知府，重修范公亭。以事被劾，降补奉天新民厅同知。以廉闻，调署锦州府知府。路遇盗，询知姓名，惊曰“是好官也”，罗拜而去。后以新民厅失守罢官，旋卒。著有《达观楼诗集》四卷。

珪章，字鄂臣，焕暄从孙。父文卿，字幺云，中书科中书，以资豪于里中。珪章本纨绔子，好拳技，不治生产。年二十馀，尽丧其资。咸丰二年，湘乡曾文正公国藩以团练大臣治水师，珪章往从之，充哨长，与士卒同艰苦，累战有功，保知府，留湖北补用，加道衔。同治四年，以劳卒于军，赠光禄寺卿。子鸣鼎，荫生，以知县用。

鉴章，字月潭，焕暄族孙。祖焕泰，诸生，有学行。鉴章同治七年进士，江苏即用知县，以母老改江西。先是，易氏皆巨富，至鉴章骤贫，与其弟异居，授徒里中，岁以所得修脯养母，馀则分给诸弟。成进士之日，自京邸邮寄家书，犹谆谆以母老弟贫为虑。明年赴江西，丁母忧归，旋卒。

郭世俩，字存门，道光八年举人。其祖遇贤，所谓“吟亭居士”者也。父显，字次谟，太学生，居贾江汉间，立身制行，动合古人法度。兄炯，字曦三，本以文章名，工书。显从受学，亦精书法。世称以嘉庆六年拔贡生，逾二十八年始领乡荐，年六十矣。主考牛尚书鉴，迎谓曰：“国朝二百年，以六十龄老名士通籍，惟长州沈文悫公，得君后先辉映矣。”嘉庆十六年，西幸五台山。山西提学周侍郎系英，疏荐世俩，得召试，赐“文绮”，然卒不得试仕为吏。年且八十，用拔贡循资选授桑植县训导。世俩诸侄：举人清晖，咸安宫教习；举人应麟，新宁县教谕；拔贡家睿，县学廪生；家瑞、家亮，科举、文章均有名。一皆从世俩受学，精书法；律身应事，皆有法度。子家钧，县学生，早卒；家铨，澧州学训导，加监运同衔；家镛，举人，拣选知县，加同知衔。

家瑞，字云舫，县学生，世俩侄。以五经教授乡里三十年，读书以文字轻重缓急求义理所归，而审其脉络之输委，字梳句栉，引申其义，曲畅旁通，启发人为多。生平端悫纯实，言不妄发，每有言，闻者皆信其无欺。

应麟，字春舫，嘉庆十八年举人，世俩从侄。少孤贫，振厉奋迅，不自阻挠。而天性开朗，读书能尽其精微，考补咸安宫官学教习，会继祖母韩卒，恳请承重。自以孤子幼鞠于祖氏，宜服重。旧制继祖母无承重例，自是著为令。既而官学报满引见，以知县归部铨选，卒于京师。子先绶，县学生，保举知县，加五品衔，亦早卒。

蔡光英，字文含，嘉庆十二年岁贡。祖正起，字翔轩，有行谊。妻杨氏早卒，不再娶。初署乾州学正，前任郑某贫不能归，厚赆之，寻补麻阳县训导，以兄老不赴。家积谷万斛，尽出以修秩祀诸祠庙，置义渡，购义山。又与邑人吴大绅、易焕枟各捐金六百为育婴资。道光初，从兄某与汾贾讼，系经年不释，代钱万二千缗，寝其事。知县徐鋐深契之，时有“长者”之目。

崇德，字峻升，号崧山，光英从孙。祖郕泉，父弼亭，皆有隐德。崇德生有至性，髫岁父殁，躄踊哭泣，昼夜不绝声，祖父母慰解之始已。然闻母郑悲泣，辄奔赴号咷，闻者为雪涕。家豪于资，道光三年湘阴重修学宫，崇德捐金二千，修太和元气坊。城东南堤为往来驿道，毁于水者二塅，各十馀丈，邑人名之“龙塅”。一累土为之，曰“泥龙塅”；一甃以石，曰“石龙塅”。崇德出千馀金，通修石路百馀丈。子培燿字锦城踵修之，起东城至望江岭南，凡六七里。培燿好义有父风，病瘫痪，亦数被水，家渐落，而倾资为善不倦，人尤以为难。

黄世铭，字瀛帆，嘉庆二十四年进士。祖齐植，字立常，乾隆三十五年恩贡，与邑人宋坚重修学宫、考棚，综理精密。父万存，字方耕，监生，以经义授徒乡里。有盗其樵薪者，万存故识其人，予之食，命满担而去。时称“长者”。世铭，内阁中书，兼国史馆总校，文渊阁校理。道光二年，充顺天乡试同考试官；十三年，奉旨发往江南学习河务，丁母忧归，充仰高书院山长。服阕，历署江南萧、砀、铜、沛同知，寻补海、阜同知，加知府衔。在官以勤慎闻，不事奔竞。时河督某以贿闻，使所亲讽世铭早为计，谢曰："仕宦不可久居，吾老矣，安能嗫嚅以事长官乎？"乃引疾归。子钦鼐，字小帆，以同知分发江南，初署南河邳北通判，增书院膏火，立义学，缉盗魁数人置之法。旋补山盱河务同知，适七堡口溃，湖运淤塞，钦鼐筑堤积水，高倍于往岁，运道始通。故事，运舟过，即启坝消泄，淮水下游诸邑岁多水患。钦鼐留坝不启，而殚精防堤，俾无溃决，岁所全田亩无算。洪湖秋涨，舟行每苦风浪。钦鼐捐修石坞于湖中龟山，为停泊所，人皆德之。咸丰六年，调署扬州府知府，府凡再陷于贼，城垣倾圮，民贫瘠。钦鼐至，葺城郭，振饥民，凡秩祀各祠庙，以次修复。时天长、六合之贼，不时犯境至城下。钦鼐募宁波炮勇，极力御贼，贼数败去。又筑土城运河东，起高邮州至瓜州，凡百馀里，请兵防御，贼不得逞。十年，扬州失守，罢官，檄修小六堡溃口，以劳卒。兄钦龄，补用知府，加道衔。

李南英，字再峰，嘉庆十五年举人。父成，字九韶，妻谢氏早殁，三十年不复娶，以行谊闻。南英自少励学有名，尤以律身制行不苟同流俗为务，官绥宁县教谕。边荒人士兴起于学者，南英之力也。

张学尹，字子任，一字少衡，晚年自号听翁，嘉庆十六年进士。先世以服贾寄籍宛平，既举进士，奉父丧归葬，复为湘阴人。改官即用知县，签发福建，署归化、莆田县事，补闽清县知县，调补侯官，擢台湾府北路理番同知，代理兴化府知府。时汪尚书志伊总督闽浙，以治盗课吏独称学尹精敏，亦喜为勾距之术，推求按验，有发必觉，然未尝为苛扰。莆田野马洋盗发，都司廖起贵蔽罪平海澳渔者，志伊怒，檄副将庆善会捕。学尹惊曰："果渔者，一健捕收系之有馀，多兵何为？诚往，澳人殆矣。”因以计羁留会捕兵，急驰至澳，集验渔户无出洋者，告之故，皆涕泣。学尹择能口给十人行，而上白渔户无罪，十人者皆得释。侯官故有荔枝贡，学尹为定经制，岁课园户二百株备贡。贡甫入，而报言二百株槁且尽。巡抚诘责方急，学尹召示园户，则已别储二百株以竢。嗣是革领贡者承办之名，而贡树遂为常例。学尹博学能文，尤邃于经，既罢官归，治经讲学三十年，门弟子显者彭侍郎玉麟、陈大令源豫。所著书曰《周易辑义》十二卷、《诗义钞》八卷、《礼记辑义》八十卷、《春秋经义》一百二十卷、《听园文存》二十四卷。子虬，河南候补州同，前卒；自牧，布政使衔，浙江候补道，赏瑚松额巴图鲁名号。

陈远熊，监生，负才识，练达时务，尤以孝友传。积资有赢馀，以兄子众多，厚给资产，而躬自取约。子兴垲，字杜卿，豪迈不羁，亦通敏善谈论。郭嵩焘方幼，兴垲见其文，曰：“此大器也！”以女字之。已而女卒，又续字以女，曰：“得婿如此，无憾矣！”人服其知人。

杨昌光，字秋篴，嘉庆十八年举人。与长沙杨昭杰公延亮友善，并以年少能文有时名。慷慨自期许，延亮以节烈名世，而昌光所为赋及诗流传海外，日本、高丽均争购之。卒年二十有六，所著曰《芸窗小草》。

黎修诚，原名从达，字直斋。嘉庆二十二年岁贡。每晨起，正衣危坐，诵儒先语录一通，终岁无间。能文，善楷书，与邑人张廷禄草书并有时名。

陈洪道，字二阶，嘉庆二十四年举人。父仁璋，字崑冈，有行谊。父卒，洪道侍母病数年，以孝闻。兄梁道病瘵，洪道侍医药，衣不解带者四十馀日。选授保靖县训导，兼摄永绥厅训导。

时有苗变，见同知翟诰条陈方略，诰嘉纳之，月馀贼平。二十九年，保靖有告饥民行劫者，知县黄其表不为理，饥民益汹，洪道语其表，立拘行劫者，众始散。后擢永顺府教授，以老致仕归。里民彭某，家有妖为祟。洪道偶至其家，厉声叱之，而祟遂绝。著有《天文易贯》十卷、《易义补解》三卷、《全史骈语》二十卷。

李锦璋，字白圭，一字玉轩。父呈美，以厚德闻。锦璋守身持家，一循先训。家不甚丰，而门庭修洁，规画整齐。经理公事，推究始终以规久远之利，人皆服之。锦璋年六十三，父年八十馀，世父呈德、呈堂皆几八十，一门老寿。子法甲，年几九十，尚健在。李氏为邑旧族，至法甲善居积，累资巨万，于邑为望族矣。

曹支骥，字星阶，监生。父宗元，世居迎秀门，以资财雄乡里，会移建文庙，捐置房屋基地，支骥因接充文庙董事。道光十年重修文庙，绘图阙里，仿照其五门规式，湘阴文庙遂为通省之冠。子卓，字青士；孙昇运，字伯钧，仍世以才略著闻。昇运援例为同知，性尤阔达，喜读儒先性理之书。兴贤堂经始，昇运与有力焉，而以病早卒。

李泰辅，字礼田。家饶于资，亦善居积。中年好蒲揄六博之戏，倾其资略尽。已而发愤痛除积习，杜门不出，妻死不娶，未几子妇死，亦戒不再娶，曰："汝有二子，再娶而子心稍有不达，家之乖忤由是起矣。"尝自言少时习勤，持筹榷算，率至夜半。闻门外有声隆隆，疑其盗也。自恃膂力，持短棍出视，见一巨物卧门首如牛，以棍击之，遂不见。性高旷，亦喜施与，岁捐棺木以收敛贫者，仍置义山葬之。子家贵，质朴有父风。既分析其二子其昌、其源，而稍留赡养田，又用以居积致富。复娶妻生子，年七十馀，尚健在。

吴尚絅，字文锦，监生，以居积起家。修面长身，声如洪钟。经理公事，权衡出入，视若其私，人皆伟之。卒年八十。子谦，字霞馀，州同衔，嗜学能文，与言事理当否、古今治乱、因革损益，皆能尽其曲折。岳州创建敦善堂，倡捐二百金。道光己酉岁饥，捐谷千四百石，并设救饥方略，终始经理不懈，著有《在山小草》。少见其《南京寺题壁》诗云："空堂走饥鼠，老屋聚秋蚊。"心好之，时谦年始及冠也。子汇青，字挹兰，候选主事，有才略，工篆刻丹青，早卒。

李星沅，字子湘，一字石梧。曾祖发芝，祖世亮。父畴，字寿田，桂东县训导，有文名，三子，星沅居长。父卒家落，祖尚在，几无以养，太夫人陈氏以女红供甘旨。星沅体故弱，勤读至咯血。予药饵勿肯茹，泫然曰："贫不能养，顾以病重母忧乎？"不药竟愈，气益充。安化陶文毅公澍，故父执。方任川东道，招入幕，语星沅曰："子经世才也，但当多读书耳。"星沅感激自力，执弟子礼终其身。道光五年举于乡，十二年成进士，明年散馆授编修，大考二等，赐"文绮"，充甲午四川正考官，乙未充会试同考官。旋命督学广东，授汉中府知府，擢河南粮储道、陕西按察使。改历四川、江苏，转江西布政使，调江苏，晋陕西巡抚。时朝议下陕西，仿铸当五、当十回钱。星沅疏陈利弊，事中止。未及十年，兵事起，各路改铸重钱，圜法遂梗。调任江苏，因疏陈漕务积弊，莫甚于江苏。江苏漕务积弊，尤莫甚于大户、小户之分。盖江苏科名仕宦冠天下，所谓大户者，输纳清漕无帮费，一切取给小户而民重困。承其弊者二百年，无敢言者，独星沅痛切言之。是岁缅宁回匪不靖，擢云贵总督，首劾腾越镇总兵，别檄锐师兜剿，三月缅境荡平，加太子太保衔，赏戴花翎，移督两江。星沅综核名实，精思果力，断行不疑，同官皆严惮之。道光二十九年，户部议筹饷，下直省督抚议。星沅以为政有休，变法扰民，徒伤政体，无益库储，持其议，卒罢不行。未几以病乞休。明年，粤西盗起金田，势猖甚。侯官林文忠公则徐卒于军，起星沅为督师大臣，亦旋卒。遗疏以粤西宿将惟向荣可倚，朝廷亦卒用之。上闻星沅病，赏参十两，未至而星沅卒。时陈太夫人尚健在，即以赐参赏其母。谥曰“文恭”，著有《芋园诗集》八卷、《文集》十六卷、《奏议》二十四卷、《梧笙馆联吟》一卷。子杭，翰林院编修；概，盐运使衔候选道；桓，历官江西布政使，护理巡抚。而杭早卒。杭字孟龙，一字枚生，生七岁能为五言诗，稍长博通经史，为文演迤涵肆，极其意之所至，曲畅旁通，造微尽变，心目为开。道光二十四年进士，选翰林院庶吉士，明年散馆授编修。杭长身玉立，神清气澄，见者莫不目为神仙中人。汤户部鹏、梅吏部曾亮、陈侍御庆镛、朱侍御琦，并以文章气节负重名，见杭倾心引为小友。监利王比部柏心，谓杭负才雄骏，尤好为诗，上薄风骚汉魏，沉酣于子美、太白，驰骤于退之、子瞻，下讫明之何季。非虚言也。年二十八卒，柏心叹曰：湖广区区，南失枚生，北丧椒云，斯文尽矣。椒云，汉阳刘学正传莹也。杭著述甚富，刊行者《小芋香馆诗集》。

萧相印，字石渠，县学生。积学能文，以经义教授四十年。而性喜施与，持义侃侃，依据儒先论说，言之为有本。子贡淮，字南筹，文行尤高，馆劳文毅公崇光广西巡抚幕中。布衣棕屦，意充然有馀。道光丁酉、己酉两次陪拔，皆得而复失。学使蔡锦泉、梁同新皆奇赏之，卒以坎坷终。著有《青山草堂存稿》。

李仕聪，字东岚。性刚直，喜任事，周贫振乏无所吝。咸丰三年，巡抚骆文忠公秉章檄州县办理团练，仕聪居三合围，为团总。四年，贼由湖北上犯，扰及临湘市，仕聪率团练御之。已而贼大至，掠及魏家湾，团勇溃，仕聪被执，骂甚厉，贼持刀刺之三，并毁其居，知县王文烈具其事请旌。

范骥，字北吾，一字兰江。道光八年举人，历官蓝山县训导，直隶武邑、高阳、新城、宁津知县，加同知衔。咸丰十年，岁饥，高阳民李廷有聚众数百人将为乱。时骥官高阳，诱执廷有诛之，馀党皆散。调署新城。去之日，民求得骥履纳之城楼，号曰“范公履”。

易化孚，字允中，候选州同。事父以孝闻，父卒，庐墓。道光十二年，岁饥，出谷二百石减粜，二十四年，大水坏庐舍，雇船救生，全活数十人。子文玉，字冕南，龙阳县训导，性敦厚，负干济才，遇事综理有法，为乡里所倚信；章玉，字汉乔，举人，官户部主事。纯实端谨，一生无过行，人皆服其家法。章玉子润芝，官郃阳知县。

傅安宗，字笙楼，道光十二年举人。父先正，字七塘，乾隆五十四年拔贡，历官石门、沅江、新宁、东安、临湘教谕，湖北郧阳教授，有行谊。安宗初署安乡县教谕，咸丰三年选受会同县训导。十年，以团防功，保加盐提举衔。粤逆石大开由湖南窜四川，犯会同。安宗方赴乡团练，闻贼已薄城，督团勇进御，遇贼安顺溪，死之。诸子选用从九品嘉桂、六品衔锦儒，会同诸生栗如金并战殁，锦儒被执不屈，贼磔之。锦儒妻梁氏，闻城陷，投缳，贼至，解其缳，骂贼死。第三子候选从九寿铭妻宣氏，亦以骂贼死。事闻，赠安宗国子监学正。

李得春，字东园。道光十四年举人，二十七年进士，以即用知县签发山东，改永州府教授，引疾归，充仰高书院山长。得春少贫而性狷介，不苟取与，诙谐滑稽，玩世自恣，而意常有馀。为举人时，常忍饥读书，偶得钱沽米，榜于门曰：“示谕本家妻子一切人等知悉，定期本日午刻吃饭，断不改期。”其风趣如此。病革，自言将以某日赴岳州为府城隍神。至期而卒。著有《敏学斋诗文集》。子运芳，同治元年举人，保光禄寺署正衔，亦早卒。

周琛，字默庵。道光十四年举人，二十四年进士，历官安徽旌德、繁昌、祁门知县。所至问民疾苦，多所兴革。听讼，与民相对如家人，婉转譬解，俾自悔悟。官繁昌时，囹圄一空，民有德化无讼之颂。初，琛性迂缓，其同年友湘乡曾文正公国藩以州县繁剧，讽琛改就教职，不可。后安徽藩司某入觐，国藩问守令贤否，乃推琛安徽第一，旋卒于官。

吴英樾，字子略，一字西桥，道光十七年举人，二十四年进士。历官浙江昌化、山阴知县。二十九年大饥，谷值暴贵。绍兴府某，谕商民平价。数日，米艘无一至者，民无所得食，聚众行劫，被劫者日六十馀家。英樾改谕米值听民自便，米艘稍集，民赖以安。寻调补黄岩县知县。县濒海多盗，民苦盗，阴与盗通自保，而治盗愈难。英樾严缉盗，复时谕通盗者俾自新。旧有紫阜书院，以盗故废，至是捐金修复，士皆德之。终英樾任，盗稍息。英樾性亢直，不受请托，使酒任气，同官多憾之。而所至，百姓诵其勤廉。卒于黄岩，黄岩民至今尸祝之。所著有《西桥诗草》四卷。

姚邦彦，字直侯，道光二十四年举人。官邵阳县教谕，以酬饷功加国子监学正衔。粤逆石大开围宝庆，势猖甚，城骤闭，官绅多缒城出其家属。或以语邦彦，邦彦曰：“官，民之望也。贼至而官自私其家属，民谁与为守？城存与存，城亡与亡，吾事也！”于是尽室皆留不遣，而城亦卒完。在邵阳八年，民化其德，士安其教，翕然歌诵无间言。卒于官。邵人留其子暹，掌教濂溪书院三年，曰：“以志吾姚公遗爱也。”暹，同治元年进士，历官江西峡江、安仁、瑞昌、南城等县知县。

姚腾辉，字南侯，邦彦从弟。性激直，重气谊然诺，生平无所欺饰。巡抚骆秉章闻其名，令募一军赴崇阳防堵。时贼陷武昌，崇、通贼出入无时，腾辉果于杀戮，里民从贼者得辄诛之，人惮其威，不敢犯。旋以病归。

王祖权，字衡臣，道光二十六年举人。家贫力学，研习程、朱性理之书。立身制行，皆有法度，尤笃于交谊。其同年友邑人吴淮卒于京师，祖权为经纪其丧，醵金刻其遗诗。祖权充咸安宫教习，报满，以知县用。常有志经世之学，以循良吏自期许。旋亦以病卒于京师，闻者哀之。

易堂俊，字海清。咸丰二年进士，选翰林院庶吉士，改内阁中书。自免归。工书能文，性豪迈，不一修饰边幅。晚益折节读书。兴贤堂创始，堂俊之力为多。掌教仰高书院，布政使李榕延主求忠书院讲席，又移掌城南书院。凡莅二十馀年，人以“大师”、“祭酒”目之。

范赓，字湛湖。咸丰元年岁贡，熟精儒先性理之书，贺尚书长龄、唐太常鉴皆器重之。语言质直，意所不可，未尝稍涉依违。馆左恪靖侯家，偶以事诟及曾文正公，赓遽起止之曰：“事之曲直不敢定，惟责曾公挟私，则吾不忍闻。曾公岂为私者哉？吾固不识之，而闻其行谊多矣。于公言不敢附会。”人皆服其谅直。

焦桐良，字听堂，咸丰三年岁贡。负才能干事，所居一乡皆倚重之。尤精医，自言用药与用兵同，无一虚设者，曾威毅伯国荃、杨宫保岳斌深倚重之。选芷江县训导，擢永州府教授。知府黄文琛尤与深契，桐良将乞归，文琛以方修葺文庙，留之。桐良遂任不辞，工竣仍乞归，文琛曰：“吾亦不乐恋一官，于君何强为？顾欲且留，君与吾同行耳。”桐良慷慨激昂，而任事能要诸实。论者皆惜其所用未足酬其志云。

熊翚，字谷初，一字霞亭。以南昌籍流寓长沙者数世，与湘阴熊氏有连，占籍为湘阴人。读书能得其微旨，尤工书，默契颜鲁公书法，以纵横取势，自谓昆明钱南园先生后无能过者。家贫，鬻字为生，然甚自矜宠，不轻为人作书。视人世功名富贵，怡然不以屑意。而与人交，泾渭分明，褒贬抑扬，谈言微中。日食有馀，以分散故旧，长年屡空晏如也。诸女皆得其书法，季女幼霞，书尤工。翚故善病，病革自书挽联云："妻无所谓贤，子无所谓孝，妻子亦俗缘耳。但念六十载辛苦墨痕，曾分润艰难故旧，穷坚病骨，徒潦倒贵贱米盐。满腔壮志雄心，惯牢骚纸窗竹屋，大叫微吟纵横处，只赢他几千卷藏书，两手空归成弃物。(死)〔生〕有何可乐，(悲)〔死〕有何可悲，生死真幻梦哉。窃喜七二峰黄昏月色，暗浮动浓淡云烟，险绝危岩，懒销融玲珑冰雪。万种奇花异草，常隐现玉宇琼楼，片时顷刻恍惚中，似完我数百年本相，一声长啸证前因。"

徐受，字海宗，一字渌桥，县学生。自少以文学著闻，尤长于诗。时吴柡台淮以诗自雄，惟受声名与之颉颃，人称"吴、徐"。淮尝调以诗云："道子丹青笔一枝，绘声绘影若焦思。案头忽见萧疏景，正是徐熙落墨时。"受诗雄杰不能及淮，而闲情逸趣、悱恻芬芳，独以韵胜。晚年益落拓，其穷与淮相勒。淮年逾四十举于乡，而受早卒。易中书堂俊谓："受如魏郑公，更饶妩媚。其情味幽深凄婉，所谓飞鸟依人人自怜之。"宁乡刘康为刻其《黄村草堂诗集》行于世。

司马友范，字洛少，县学生。短少精悍，有拳力而语吃，背亦伛偻，人以"马驼"呼之。生平自许侠气，有受人欺忤者，必代申之。语及人世不平事，慷慨激昂，(苦)〔若〕疾痛之在其身也。时吴淮曼肤，徐受清癯，钟显震多髭，湖南人士为谇语曰：“吴脬、徐瘦、钟髯、马驼，号湘阴四子。”

彭鉴清，字金训，一字子渊。读书喜闻古人忠孝节义事，尝撮钞汉唐以来忠臣义士传，题曰《立命录》。广东冯汝棻官衡阳知县，聘鉴清课其子。咸丰初，广西寇起，湖广总督程矞采驻防衡州，已而闻贼陷全州南下，微服宵遁，衡阳人大骇，相率走避，汝棻委鉴清率其妻子还长沙。长沙距衡州三百里，闻贼且至，惊扰甚。鉴清因挈以至湖北，僦居曲巷小屋中为暂避计。鄂中恃洞庭为天险，以为贼无能飞渡。岳州城失守三日，鄂中大吏闻之，犹秘不肯泄，居人无有知者。比闻贼舟蔽江下，城始闭，鉴清请于汝棻妻曰：“某受冯君重托，今乃困处围城中。此城虽坚，无守具，不可恃，请先遣干役护郎君出城。围未合，可缒而下也。若有不虞，老夫誓不为贼辱。”十二月初四日，城陷，鉴清又请曰：“此非死无以自全，老夫志决矣。”时所居僻远，搜括未至。傍晚，闻贼中令曰：“来日分馆，男归男馆，女归女馆。有不如令者，杀。”鉴清亟语冯家人曰：“闻诸？”曰：“闻。”曰：“将若何？”皆无辞。鉴清叹息，起曰：“为入语孺人，若待分馆，求死不得矣。”鉴清泣，家人亦泣，汝棻妻自帘间闻之亦泣，阴属家人善视鉴清。天将曙，家人皆倦卧，鉴清徐取平日所为诗文焚之，而题于案曰：“我际升平六十秋，干戈交斗竟何由？窃从徇义诸君子，免罣人间万点愁。”解衣带自缢。冯家人瘗之庭院中，明年官军复武昌，冯家人以丧告其子，往发其尸，面如生。

翁东才，一名梦桃，字兰陔，候选州同。尚才负气，陵藉一切。咸丰四年二月，粤贼分股由湖北上窜至湘阴，有贼数十人入东才室，诱之降，不从，执以至县北河塘市。时湖南治团练，主其事者曰团长。贼所至，惧为团练所挠，常痛折团长以示威。至是劫民家，获军械，诘东才团长姓名，东才骂曰："死奴！湘阴充团长者独东才一人耳。杀我而已，何问为?"引领受刃而死。其女年十四，亦以骂贼死。

毛英勃，字子良。少孤，事母以孝闻。年二十，以经义授徒乡里，与侪辈谈天下事，辄奋衣起舞，咄咄不自休。佐新市巡检赖史直捕平江乱民，手刃之。逾年，史直官东安知县，英勃从襄办东安团练。会广西全州被贼，英勃率团勇往援，贼败去，全州解严，叙功保从九，赏戴蓝翎。五年，巡抚骆秉章檄英勃率永清营，与刘腾鸿军同驻巴陵毛田，防通城贼。贼分扰庄泉、花凉台，距毛田三十里，英勃攻花凉台，斩馘数十；腾鸿亦败贼庄泉，贼由是不敢近毛田。是年冬，道员刘长佑往援吉安，英勃以所部属至醴陵。时大军未集，而袁州被围急，请援。英勃独率所部进军萍乡，至芦溪遇伏战殁，时年二十有九，照县丞例赐恤。子聘贤，袭云骑尉世职。从弟英俊，字泛槎，从英勃军，亦遇伏战死，并从祀昭忠祠。

黄森，一名调璋，字觐圭，居长乐市。长乐为岳州至省会古驿道，咸丰四年二月，粤贼既踞武昌，陷岳州，急趋湘阴。森乃与里人周天度、郑义然等倡治团练。三月，巴陵土匪与贼通，入踞平江之岑川，闻长乐独倡团练，欲乘其未定破之，猝以其众至。森急集练勇，仅得五十人，御之山下小桥间。毙大旗贼一人，大呼"杀贼"，远近皆应，勇益集，贼惧退，追杀数百人。事闻，赏给森五品衔、天度六品顶戴，森子缦以县丞选用，天度子朝祐以从九选用。五年六月，贼渠何某以数千人出巴陵毛田，杀数百人，至关王桥，距长乐二十里。团勇大集几万人，贼闻炮声四起，遁去。时贼常以一军驻崇阳、通城，官军屡击破之，森亦时以团勇随剿。及崇、通贼退，团费绌，众亦懈，遂罢练勇。六年五月，何贼复自通城入巴陵，径趋长乐，仓卒集勇不能成军，贼纵火烧市去。森以团事不终，引为愧恨，居常郁郁，逾年死。森性介而疏财急公，道光戊申、己酉岁祲，捐振为尤著云。

陈嵘，字鉴堂，候选县丞。敦厚诚挚，笃于交谊。咸丰二年，更粤匪之乱，城居者皆他徙。嵘于邑中公事孑然经理，百废具兴。巡抚恽世临课积社谷，知县黄维瓒督积储一万数千石，皆陈嵘一人之力。维瓒谓其持正务实，知人善任，罕有其比，常语人："凡贤否，经鉴堂评定者，反复推求至数年及十数年之久，终无以易也。"

嵇谠，字月生，县丞文醇之孙。文醇罢官归，自以于县有遗爱，留其孙使寄籍应试。谠敏于文，工书、善画，学使张金镛尤奇重之。咸丰丁巳补行壬子、乙卯两科榜发，金镛即往，见主考杨编修泗孙、钱御史桂森，诘曰：奇才如嵇谠而见遗何也？泗孙曰："此必本房未呈荐。"金镛曰："嵇谠之文，人皆见之，无不荐之理。"急诣收卷官检寻，则实堂荐被黜。金镛咄曰："吾固知其必荐也。"泗孙、桂森大惭沮，语人曰："此行无他憾，独遗一嵇谠，为终身之咎。"久之，署郴州学正，旋卒，时论惜之。

虞绍南，字恺仲。从左恪靖侯宗棠转战浙、闽、甘肃，保知府，赏戴花翎。恺仲通《说文》形声之学，长于论断，而亢直敢言，指画利病得失，无稍阿回。在漳州别将一军东出云霄、诏安，以会于饶平，行军御众，纪律肃然。从至甘肃，偶争事，愤然请归。宗棠诃之，即日束装控黑卫驰五十里，宗棠遣人追及之，馈二百金，绍南还其金，不顾而去。及归，稍经理县城公事，筑室低华岭，课耕种树，旋卒。人言宗棠气矜导谀，惟李雨苍都统云麟、凌问樵观察荫廷，及绍南先后赞营务，遇事尽言，宗棠皆不能容。然自绍南归后，宗棠常感念怀思，以为不可复得云。

周青元，字玉泉，貌俊伟。从里人左明志受拳技，矫捷过其曹偶。咸丰四年，粤逆由湖北上犯湖南，驻靖江，分陷湘潭。青元与左光培，从杨岳斌水师击贼湘潭。时贼船连泊数十里，旌旗蔽江，水师皆新集，望风战慄。青元语岳斌曰："贼船虽众，非皆能战者，以火烧之必溃。"乃翊岳斌飞舟进，近贼大舰。贼以长矛击，岳斌揽矛跃而登，青元从之，以短刀毙贼数人，贼惊弃舟走，有赴水死者。青元举火焚舟，贼大溃。会塔齐布亦以军至，歼贼略尽。自是水师以能战名天下。凡三年，克复沿江城隘，至九江，青元功最著，保参将，加副将衔，赏花翎，加骁勇巴图鲁名号。咸丰六年，贼复由九江上陷武昌、汉阳，胡文忠公回援，总兵王国才出不意薄武昌，青元力战先登，以伤死。事闻，照总兵例赐恤，谥"贞愍"。

张文焕，少孤贫，不事生产。咸丰四年，从罗泽南湘军，积功保千总。五年，从泽南攻广信，会大雨，文焕率众植立雨中不少退，贼惧，开城遁，叙功擢守备。七月，破贼义宁州，晋都司，嗣复通城、崇阳，进师蒲圻，督勇陷阵，贼溃蒲圻。复改以游击补用，自是始别将一军从攻武昌，三破援贼。功最，擢参将，留湖北补用，赏换花翎。克复武昌，晋副将。七年，随李续宜攻黄州，援贼大集，文焕会诸营破贼六十馀垒，毙贼七千馀人。赏勉勇巴图鲁名号。八年，随攻麻城，续宜令各营分攻，文焕率所部伏南门，贼出，伏兵四起，贼大败，东、西、北三垒皆破，馀贼奔入南垒，城贼亦突出，炮雨下。文焕怒持矛驰入贼垒，击毙数贼，中炮死，年三十三。事闻，赠总兵衔，谥"刚愍"。

宋美富，少无赖。咸丰四年从杨岳斌水师积功，保湖北补用都司，加游击衔，赏戴花翎。八年，随岳斌克东流，美富遂率正中营驻东流，备建德贼。伪检点张大忠，斩伪指挥二人以降。美富率大忠攻建德，复其城，晋游击。十年，率所部援湖州，道员赵景贤命兼领先锋营，每战必先登陷阵。十一年，贼大举围湖州，城中粮尽援绝，义民孙明德集民团四十人出城杀贼，美富率所部助之，贼尸填壕中满，围卒不解，五月三日城陷，美富携其妾至仪凤桥沉诸河，曰："不可以辱吾。"亦自投桥下死。事闻，赐恤如例。

湛镕，字笔山，县学生，貌清癯。与谈天下事，辄慷慨激昂，惊其侪辈，人皆壮之。咸丰五年，从杨岳斌水师，积功保知县，甚为岳斌所倚重。十一年，萧翰庆援浙江，请镕偕行，军至湖州，饷绝力穷，战殁城南同心桥。照知县例赐恤。初镕欲自领一军，翰庆以文弱少之。尝作《军中感怀》诗云："南来一剑气纵横，到此仍谈纸上兵。戍火如星明野幕，柝声和雨落山城。头衔未免旁人笑，髀肉还从客里生。自愧不如临阵马，兴酣翘首也长鸣。"

黄庆，字云举。工拳技，乡人争师事之。咸丰四年，从鲍超水师，积功保千总。七年，超改率陆营，攻小池口，中炮伤，督攻益急。庆横槊力战，亦中炮，血濡袍袴，不少息，遂毁贼垒二、关卡一，擒伪元勋、检点、指挥十馀人，夺器械、辎重无算。超由是奇庆，累以战功保总兵，赏花翎，加固勇巴图鲁名号。十一年，曾国荃围安庆急。伪英王陈玉成来援，超奉檄会副将成大吉进剿，玉成遁，留四垒赤冈岭梗我师。庆与参将刘玉堂攻第四垒，尽歼之。八月四日，随超解抚州围，击走贵溪贼。伪忠王李秀成率大众至湖坊，我师击之，庆与参将吴腾芳、知府伍华瀚由右路进，共毙贼万馀，擒二千人，尽燔双港湖坊贼垒七十馀，授浙江严州协副将。嗣败贼丰城，转战宁国、青阳、石埭、泾县间。庆功最，以提督交军机处记名简放。以疾卒于宁国军。曾文正公国藩奏闻，独谓庆与道员伍华瀚为军中不可多得之良将。奉旨照提督军营病故例议恤，给世职，从祀昭忠祠。

蔡东祥，世业农。咸丰四年，从水师，隶李成谋营，积功保千总，加守备衔。七年五月，营官牌夹，贼船上驶，成谋遣所部追之。会大风，舟入湖口，为贼所抄，不得出。时东祥领长龙战舰一，偃旗伪为贼。须臾风止，急桨贯贼阵而出。贼觉，追之不及。是役也，失长龙战舰五、舢舨十三，将弁死者二十一人，而东祥舟独完，由是知名。十一年，随成谋剿贼安庆，旋改隶黄翼升军，攻克池州，复铜陵及无为州。同治元年，随大军克金柱关，袭贼东梁山，复芜湖，累保副将，加总兵衔，赏花翎，加雄勇巴图鲁名号。是年，战殁嘉善之夏湖口，照总兵例赐恤，从祀苏州及长沙府城昭忠祠。东祥勇决有谋。其剿贼安庆也，时水师屡挫，贼见水师辄争出，我师气益索，东祥请易战舰白旂为红旂，成谋从之。贼见红旂疑为援兵，方骇愕，东祥急率属驰之，贼大败，斩馘无算。军威由是复振。弟渭川，亦从水师，积功保总兵，同治六年卒于军。

吴炳崑，字贞阶，县学生。杨岳斌官湘阴外委，与为石交。咸丰三年，粤逆方炽，曾国藩创立水军，檄岳斌领战船，炳崑佐之，战辄有功。五年冬，岳斌养病武穴，湖口水师败溃。炳崑独率战船六艘御贼于八里江，贼退，收诸败军所弃船归，势复振。后岳斌养病归，炳崑代领其军，士皆乐为之用，积功保道员，留湖北补用。同治二年，引疾归。四年，郭嵩焘巡抚广东，奏调炳崑赴粤，未行。时岳斌总督陕甘，复奏调炳崑赴甘。会督标兵变，炳崑及翰林侍讲钟启峋死之。事闻，照按察司例赐恤，赠太常寺卿。

张东阳，字子晋。咸丰四年，从彭玉麟水师，旋改隶杨岳斌军，以奋勇闻，积功保副将，加总兵衔。粗识字，偶得近世人诗话读之，通其意，乃学为诗。岁成百馀首，每军次部署定，即手一编琅琅诵，声彻军门外。岳斌总督陕甘，调赴甘肃。同治五年三月兰州兵变死。事闻，照总兵例赐恤。著有《子晋遗集》。案：东阳诗集皆佚，其旧部钞存得十八首。又，邑人焦桐良记其断句，如《营中作》：“云移别思归湘浦，月带乡情过戍楼。”《贺杨厚庵宫保得世袭》：“江上十年平水寇，云中五色下天书。”《李迪庵中丞挽词》：“曹武惠生原是将，张睢阳死定为神。”《讽彭雪芹宫保旧部》：“龙门也似桃源洞，待得重来路已无。”皆清新可爱。

周保和，从提督陶茂林转战湖北、安徽，保千总。同治元年，荆州将军多隆阿援陕西，调陶茂林，从，克复紫荆关，并陕南捻匪，肃清襄河以北，保都司，赏花翎。旋克复陕西关及三桥回匪，保游击。又攻克槐牙镇，解凤翔府围，保参将。三年，克复平凉府，保副将，旋克张家川、龙山镇、莲花城，保总兵，赏坚勇巴图鲁名号。五年，解靖远、安定城围，平毁中滩贼巢，以提督记名简放。六年八月，河州回匪犯兰州，战殁东五里墩。照提督例赐恤，赠太子少保衔。

曹仁美，字毓楚，一字泽庵。咸丰六年，投曾威毅伯国荃军，援江西，鏖战吉安、天华山，力伤陷阵，克复万安。八年，克吉安。九年，克景德镇、浮梁，仁美功最多。十年，贼踞黟县、建德诸城，势猖獗。时仁美改隶钦差大臣曾文正公国藩军，屡战失利，坚垣与贼相持。仁美曰：“两军相持日久，当乘其懈而击之。否则贼援至，愈难图矣。”夜分大雾，率所部摩贼垒。更筹寂然，乃梯人越垒入，手刃贼之司柝者，纵火烧贼垒。后军蜂涌至，毙贼数千，贼惊溃，克黟县、建德，获器械无算。十一年，国荃攻安庆久不下，国藩命所部往助，仁美与焉。一日，伪英王合江淮贼来援，国荃督战，中流矢。仁美负国荃登高阜，挥诸军奋击，遂下安庆。以次克复铜陵、含山、和州、东梁山、芜湖、太平府、秣陵关、六旦桥，降贼万馀人。同治元年，从国荃围金陵，仁美军雨花台西。国荃以城中贼乏食，为持久计，令诸军毋得与贼战，凡四十六日。仁美恚曰："当贼不击，将何待？"乃以其军出，毁石垒，贼颇死。国荃以其勇薄责之，仁美引疾归，投江苏巡抚肃毅伯李鸿章军。会大军克复金陵，馀贼突出鏖战，湘、淮诸军失利于奔牛。刘铭传军被围急，议者欲退保丹阳。仁美曰："贼虽锐，困兽之斗也，当出奇兵击之。"次日督诸军进，自驾小舟率健儿数人登轮船，毙贼十馀人，纵火，船尽裂，奔牛大桥角贼悉平。军无锡，执游兵扰民者斩以徇。四年春，伪侍王李世贤犯漳州，闽浙总督左宗棠檄苏军援剿，鸿章遣仁美偕郭提督松林、杨提督鼎勋，航海赴援。至漳，方筑垒，贼大至。仁美令诸军毋动，独率所部三百人迎敌。贼疑有伏，不敢前，仁美伺贼懈，奋击之，炮伤伪侍王，贼溃。数日，复漳州。积功保提督，赏励勇巴图鲁名号。寻归，以兄仁贤领其众。五年二月，国荃巡抚湖北，调仁美与郭松林募军湖北，进至河南唐县。会捻逆由信阳窜鄂，仁美与松林援鄂，遇贼于德安，薄而击之。至钟祥，贼大至，战殁罗家集。事闻，照提督例赐恤，同治七年诏建专祠于原籍及钟祥死事处。

姚连升，从提督鲍超克复小池口、黄梅，进克黄安、麻城，保把总。咸丰十一年，大学士左恪靖侯宗棠始以一军援浙江，连升从入浙，克复遂安、常山，进克金华、汤溪、龙游、兰溪，肃清浙东，保都司。同治三年，克复杭州、馀杭、海宁、桐乡、富阳，保游击，赏花翎。旋克武康、德清、石门、湖州，保参将。同治四年，左宗棠任闽浙总督，视师广东，克复镇平、嘉应，保副将，署理福建诏安营游击。同治六年，左宗棠调督陕甘，由凤翔驰援岐山，保以总兵请旨简放，赏给果勇巴图鲁名号。七年，会剿北路回匪，奉旨以提督升用。是年十一月，会攻金积堡，战殁。

周甫文，字兰皋，县学生。咸丰五年，从水师，以军功保通判，署安徽望江县知县。同治三年，巡抚乔松年檄州县清丈田亩，甫文躬自履亩，核实具册，民无所扰。华阳镇者，望江一大聚落也。承江水下流，势湍急。艖船淹覆者，由县具结详报，致规费数百金。甫文前后结报数十次，悉却金不受。县旧有雷阳书院，毁于兵，而佛寺多至百馀所。甫文毁诸寺，取其材重建书院。而以寺田供肆业者膏火。在官三年，以事去，宦橐萧然，惟敝书数簏而已。旋卒，著有《兰皋吟草》一卷。

甘时化，字雨农，县学生。从陕甘总督左恪靖侯宗棠，保知府，加道衔，署西宁府抚番同知。时迭更兵乱，土荒民瘠，时化抚绥振济，专以利民为心；修理沟渠，以资旱潦宣泄，亦颇文饰之以学，创建书院一、义塾六，表章忠孝节义以风示士民。旋署贵德厅同知，卒于官。贵德民思之，请祀名宦祠。

左宗树，字敏夫，一字敬斋，县学生。父英，字慎庵，事母以孝闻，母病，亲涤溺器，夜则焚香泣祷于天。宗树幼丧母，继母邵，性严毅。宗树奉事甚谨，能得其欢心。与弟宗楙、宗概、宗楷，友爱特至。家小康，饮食衣服，先家众而后妻子。循循儒雅，终身无疾言遽色，一见而知为贤者。以县丞候补湖北，卒于官。

刘祥瀚，字若农，一字咏农，县学生。从陕甘总督杨岳斌司记室。方随岳斌剿贼泾州，而督标兵变，祥瀚急驰赴通县，会调曹提督克忠一军入省镇抚之，兼运粮以行。营兵得食，乱亦旋定。累功保知县，赏花翎，兼以直隶州知州升用，分发山西。按察司陈湜督师驻平阳，檄赴营，平西宁、河州，比有功，署绛县知县，旋补赵城县知县。值山西旱荒，祥瀚视赈，穷村下户，皆亲历抚绥，以劳卒。山西巡抚曾威毅伯国荃奏请赐恤，赠知府衔，仍请入祀赵城名宦祠。祥瀚兄祥俊，亦县学生。从陕甘总督左恪靖侯宗棠，保知县，署渭源县知县，卒于官。祥瀚兄祥汇，亦从恪靖侯保知府，署安西直隶州知州。兄弟并号称贤能。

湘阴县图志卷三十四

列女传

宋

邓咸母许氏，善行甚著。东湖南堤，实创自邓氏，绵亘二里有馀，绝湖而属之。城东、西各为一桥，人呼“邓婆桥”。

邓忠臣母周氏，居玉池山课子。忠臣以文章、节义重一时。神宗朝，赠县太君，曾巩草制；其卒，苏轼又为挽词。忠臣入元祐党籍，其母之名亦为诸贤引重如此。案：忠臣妻胡氏，为胡简修公宗愈女，与周银清锷为僚婿，并入党籍，行谊未详。

明

夏原吉母廖氏，原吉年十三，父时敏卒，廖氏教养诸孤，励之以学。永乐初，原吉官户部尚书。太宗亲征漠北，宣宗以嫡长孙留守北京，命原吉辅导。时仁宗以太子监国南京，遣使谕廖氏曰：“尔子原吉辅导皇孙，凡所参决，咸合上意，皆贤母教也。”后原吉迎养京邸，元夕禁中张灯，奉母入观。太宗知之，谕原吉曰：“尔以贤才为国家用，皆贤母训育所致。”撤御筵赐之。

李国枢母田氏，年二十夫殁，一恸几绝，誓以身殉，舅姑谕止之。葬夫宅右，日携孤国枢环墓而泣，锄草除秽，见者酸鼻。舅姑亡，丧葬尽礼。勤纺绩，为国枢具修脯，督之学，卒为名诸生。崇祯初，知县余自怡旌其门，曰“贞慈”。

娄琇妻黄氏，琇官陕西泾州知州，崇祯七年，流贼陷泾州，琇死之。贼执黄氏以刃胁之，黄氏骂曰：“贼奴！夫为君死，妻为夫死，死吾分也。”遂夺刃自刎死，士民哀之，收其遗骨葬泾州南门外，立碑志其墓。

何逊敏妻潘氏，逊敏以邑人拨入善化县学生。崇祯十六年，张献忠陷长沙。贼至湘阴搜山，逊敏携潘氏行绝壁下，至花石岩，忽传贼至，潘氏度不免，顾逊敏曰：君速去，毋以妾自误。行不数武，以头触石，颅破溃血以死。案：康熙中，攸县应童试者，多拨入府学，外又拨入他县学。邑岁贡刘来垣，实以攸人拨入湘阴学。见雍正四年邓世让《攸县广额记》。逊敏以邑人隶善化学，足见明代湘阴应童试者之多。

黎嘉品妻邵氏，崇祯十六年，张献忠溃兵经县境，邵氏有子甫半岁，抱之匿荆棘中，贼搜获胁之，邵氏骂甚厉，贼杀之，投于潭。明日获其尸，犹抱子浮水面，子竟不死。里人奇而哀之。

黎少梅女名五贞，祖之才，有行谊。天启初，女年十岁，字车田坊李氏。未嫁而李氏子卒，家人将别议婚，女泣曰：“纳聘时布筵告庙，已为李氏妇矣，奈何又欲为他姓妇乎？”以死拒之。会舅姑相继亡，遂赴夫家，执丧三年，勤纺织守贞以终。崇祯末，出谷数百石振饥，邑人勒石纪其事。

国朝

王廷钊妻吴氏，年十七归廷钊。廷钊县学生，早卒，吴氏年二十三，遗孤一。族某利其嫁，属人劝诱。吴氏痛詈拒之，某怒，将强嫁之，吴氏剪发藏刃于身，以死誓，乃免。寻遭乱，负姑避兵，备历诸苦。遗孤复夭，立夫从子为后。布衣粝食，守节五十二年。

王文训妻丁氏，家贫好施，尺布斗粟，分给宗党。每市盐，半以青箬裹而分人。尝岁除雨雪，无所得盐，以所藏酱数瓶分给同里。居常以《孝经》、《小学》授诸子读，曰："此可当糕饵啖也。"子之锜，官江南常镇道。

吴宏鼎妻朱氏，幼孤，鞠于外大父贵州道御史龙永明家，习处贵盛。及归宏鼎，减容饰，勤操作。子翼祖，官江苏无锡县知县。迎养，闻敲扑声，则悒悒不乐。既询知听断无枉，乃大喜。将归，语翼祖曰："吾此来非就养，欲以观政耳。汝能如是，吾知免矣。"

易广生妻殷氏，幼字广生，及长而易氏中微，父母欲改字他姓。女不从，断环吞之，以救得不死，遂归广生。广生早死，父母欲夺其志，殷氏截发毁容哭于墓，涕泪著树，树为之枯。里妪怜其贫，馈以薪米，拒不纳，以女红自给。年八十有二卒，雍正三年题旌。

郭遇贤妻陆氏，县学生学诗女。贤淑有才，勤于操作。营造居室，役工数百人，稽其勤惰，簿录无遗，而给值则从丰，人皆畏而服之，号为"女丈夫"。其夫弟遇杰妻杨氏，亦贤能，于长仑铺建亭施茶二十馀年，终其身无倦。

吴学杰妻秦氏，年二十六夫殁，遗孤一；夫弟学国妻周氏，亦年二十五而寡，遗一子，均幼。夫兄弟某利秦氏产，促之嫁。周氏与秦氏谋，以秦氏产与某，而析己产与秦氏，相依守节。后周氏子胜闾，复早死，妇梁氏年十九，遗腹生一子，继姑守节。秦氏守节四十三年，周氏守节四十九年，梁氏守节三十六年，人号"一门三节"。

杨应鹏妻孟氏，年二十，生一子甫五月而应鹏死于水，孟氏沿江哀号，觅尸不获，遂自赴水。家人操舟救之，得不死，应鹏尸亦随之出。舅怜其少，讽之嫁，誓死不从，抚孤成立。人未见其开口笑也，守节五十馀年，题旌。

杨应品妻何氏，夫婴废疾，及殁不受含。何氏引刃断指置棺中，誓以不二。时舅早丧，子幼，姑病瘫。何氏抚孤成立，侍姑栉沐衣食及坐卧溲溺，凡十馀年。姑将卒，泣谓何氏曰："不有孝妇，我死久矣。愿异日汝妇事汝，亦如汝之事我也。"族某病疫，何氏率子往探病者，闻二竖子语曰：孝妇来，谨避之。病遂瘳。年七十有五，题旌。

郑先正妻刘氏，名芳，字静贞，年十五归先正。先正故贫，刘氏安之，篝灯伴读，率夜分不寐。越五年，先正病卒，刘氏恸之，不食且死。念夫未有子，娠且累月，舅姑老，家贫，乃强起饘粥。已生子，其母怜之。念其少寡且贫，不忍其苦也，欲夺其志，刘氏不允。强之，刘氏有愠色，母不怿，啐之。刘氏大恸曰："野鸟知匹，我人也！舅姑老且病，家无宿舂，晨起卖绩而炊，子呱呱乳下，欲他适乎？"遽起奋刀斫其指，堕血淋淋，滴满衣履。母持之不及，则哭。姑走抱之哭，翁叱咤则亦哭。里中人视之，欷歔呜呜，不知涕之何从也。子宏玉，故善病，鞠之倍劳。比就傅，课读甚严，束脩皆十指出，不后于人。已为宏玉娶妻生子，则喜曰："未亡人旦夕入地无憾矣。"乾隆三十九年题旌。刘氏贫而琐屑居积，尤喜济人。蔬蓏弃馀可资药饵者澡而干之，累累墙壁间，或讶其琐尾。及有所需用，猝不获，示而取之则喜出望外，及老而身益健，人谓其"艰贞积德"，宜有然也。

郭世遵妻张氏，处士乾班女。其季父为两当县知县乾珀。世遵早卒，张氏性严毅，有礼法，仆婢无敢高声言笑。世父、叔父嫌名，皆约饬仆婢无有触犯。家故饶，岁蠲有馀周恤亲故，惟恐不至。而自世遵卒，抚子家暾，亦旋卒，再抚子家彪。尝自言骨肉之痛，哀悼惨烈，至老而心常戚然。年六十七卒。夫弟诠世妻张氏，即乾珀女，于张氏为从妹，早卒。继妻吴氏，监生盛勋女，待子侄均一，而性尤严峻。妇婢小不谨，终身屏绝之，无稍恕。少时日者至其家推诸星命，曰：“诸人衣食之资，以此女也。”时吴氏方富饶，其后乃皆验。

家彪妻张氏，长沙举人正旭孙女，永州府学训导优贡生鹏振女。事姑张氏，能曲当其意，盥馈衣履，先事夙具。而家务丛委，巨细综理有法。自道光辛卯以后，岁大水，田租无所出，家遂以落。张氏称多量少，规画井井，节缩衣食，用济亲族之困。下至臧获仆婢，抚之尽恩，皆感激相依不忍去。里中称贤母，首推张氏。子嵩焘、崑焘、仑焘，并有声誉。人知者，皆知为张氏德教之遗也。

王立功妻周氏，年十八，生子本支，甫六月夫殁，张目不受含。周氏剪发系夫臂，曰：“得无虑我不能拊遗孤成立乎？愿以此相见地下。”遂瞑受含。周氏与姑共寝处，姑殁，丧葬尽礼；为子娶妇，逾月卒。

甘百禄女，幼字曹氏子知纲。知纲年十七，习科举业甚勤。会酷暑，浴于池而溺死。讣闻，女痛哭失声，鬔鬙不食，以饵进，辄挥去之。父母恐不测，昼夜逻守。越三日，女忽栉沐言笑如平时，守者稍懈，女闭户衣嫁衣，投缳死，年十有九，时乾隆五十一年六月初九日也。知纲父某请于百禄，以女附葬于知纲之墓。

任孔绍妻傅氏，父昌远，母黄氏。将生，黄氏梦兰芳满室，遂命曰芳兰。性庄静，寡言笑，方毁齿，读书能成诵，昌远授以《女诫》、《孝经》。通大养，自念父母生弟晚，多方承顺。家故寒微，勤针黹麻枲，以佐饔飧。傅氏与任氏并居县治，遂字任氏。年十八，婚有日，孔绍忽遘疾殁，傅氏闻讣，哭泣欲奔丧，父母阳之不可，与俱往，至则悲号几绝，跪语舅姑曰：“儿生死总任氏妇。”乃焚所刺绣尸侧，大哭曰：“我傅芳兰，愿服丧终事舅姑，相从泉路也。”既葬，傅氏不食累日，姑谕之曰：“汝既为任氏妇，毋重累我，乃食。茹荼厉节，足不逾阈，奉舅姑以诚，时或饮泣。”见姒娣则改容拭泪，惟恐贻舅姑忧。会父母病疫，女归宁侍汤药二十昼夜，亦病，自分不可起，乃与舅姑诀曰：“芳兰即死，必归葬任氏地。”言讫而卒，时年三十有五。舅姑哀之，俾附葬孔绍之墓。嘉庆二年题旌。

易大贤妻喻氏，邑之蒲鸡里人。年十七归大贤，奉姑事夫皆以礼。乾隆五十七年大贤殁，喻氏年二十九，子焕禧、焕隆均幼。时侨居城中，喻氏遽以所居让同舍，同舍之人固不受，而让益决。询其故，则曰：“氏嫠也，又无舅姑。城中俗嚣而习奢，恐无以玉孤儿于成。”既迁乡，则所居残破，仅蔽风雨。喻氏躬纺绩，怡然不以为意。乡故有田一区，居城时佣族子某耕作，岁收其入。既寡，某遂利其田为己有。喻氏慷慨发愤，泣涕抚孤儿，白其族父老曰：“氏虽嫠，区区者非能恃以生也。然易氏祖父地，尺寸不可与人。”父老皆悚然动色，即共斥某以田还其孤。田既复，遂捐为宗祠祀田。守节四十六年。题旌。焕禧子堂俊，进士，官内阁中书。

李星沅妻郭氏，名润玉，号笙愉。鄠县知县湘潭郭汪灿女，生长富贵。归星沅贫甚，上事姑，下绾家政，皆得其理。星沅官翰林，至任封疆，终郭氏之身，服食起居，无改常度。尤喜读书，论古今人贤否，善取其长，曰：“是可为法。”所著有《簪花阁诗草》。从星沅官京师，相与唱和，别有《梧笙馆联吟诗辑》。

毛际泰妻喻氏，年十九归际泰。十年举一女，嘉庆二十一年际泰病，喻氏祷于灶，愿以身代。及卒，茹血含悲，亲为敛殡。

既葬，乃手缝縗服，袭衰绖，阖户投缳死。

蔡先恭妻李氏，幼慧知书，年十七归先恭。先恭父光英，官麻阳县训导。李氏事舅姑以孝闻，姑病瘵，割鲜供膳，巨鳍刺手，血涔涔沾襟袂。姑起觇之，泣曰：“若少休，吾疾当自愈矣。”姑病笃，以幼子女属曰：“以累汝。”李氏躬抚之，勤慎逾姑存日。嘉庆二十二年，先恭弟先泰殁于麻阳学署，其妻胡氏绝食以殉，以孤女属李氏。先恭以弟丧，哀毁咯血，逾年死。李氏年二十七，誓以身殉，引秤锤椎膺，血殷缞绖。舅趋救谕止之，乃忍死治家政。寻立夫弟先治次子鸣珂为嗣，守节二十四年卒。同治元年题旌。

何宣五妻高氏，年十九，宣五殁。子德彰生甫一月旋夭，舅姑相继卒。夫弟启铁方七岁。舅妾杨氏欲夺其志，高氏以死自矢，而多与杨氏产，使别居，独抚启铁成立。立其子德泽为嗣，以勤俭致家小康。尝谓“聚而不散，非所以保家也”。捐金修唐家桥及县北关外石路，创建谢公渡义渡，置田二石五斗。道光十五年岁饥，贷谷六百石，不能偿者燔其券。夫弟启铁既异财，家日替，高氏复割己产厚与之。守节五十二年。

彭正学妻颜氏，世居县西酬塘围。正学早卒，颜氏年未三十，有子二，忍死鞠之。俄而长子殇，次甫三岁，抚之成立，娶妻生子，俄又卒，妇亦继卒。遗孙三，抚而教之，已渐长。一年值堤溃水，穿屋，颜氏率孙避靖港之某戚家，时仓卒，一丝莫存，戚亦贫。居久之，颜氏念侨寓之非计也，慨然携其孙去。无所得食，则丐于途，辗转至湘潭，蹴茅屋一间居之。丐得钱，则命其孙各以卖饼果为生。而道光间，江湖连年泛涨，邑围垸俱溃无一存，颜氏亦竟弃置之不复顾。既而生理稍裕，水亦涸，颜氏乃归，仍筑堤筑室居之，家竟以完。

易文穆妻郑氏，年十七归文穆。道光十年，文穆殁，郑氏年二十五，子冕章幼。家故饶，或利其资，数欺陵之。郑氏一不与校，散其财，俾饱所欲。咸丰八年，冕章死，遗孤二。继妇黄氏归冕章甫一月，产益替。既葬，郑氏未尝哭泣，语戚某曰："老妇自夫亡，无日不可以死，而不死，为易氏宗祧计。今犹前志，吾不能为死者恸耳。"乃率黄氏勤家政，抚孙翰鼎、晶鼎皆成立。同治九年题旌，逾年卒。

易章增妻方氏，父应鼎，巴陵举人。方氏幼而幽闲，寡言笑。年二十一归章增，修妇职惟谨，旦正衣裳诣舅姑所，服劳无怠。夫嗜学而羸，药饵非亲治不以进。道光五年夫病，衣不解带者累月，夜中屏人默祷，愿以身代。夫病革，执手泣矢曰："妾归君五年，尚未有子，不幸疾不起，有不从君地下者有如日。"及卒，勺浆不入口，隅床席地坐，吞声涕洟，嗒然若有丧。数日，姑慰之，强进以饩，夜辄自挝其胸，遂病欬。婢媪以唾壶惊告，方氏视之血也，遂不食。家人请之，以疾对，强以医药，潜倾之。一日，集姒娣泣语曰："我且死，无以彩服襚，缟衣、素裳舄，秘制之久矣。"遂卒。既卒，家人启箧得遗环金半，疑之。婢始言其病中尝断环而咽其半，自言可愈疾也。

郭家康妻熊氏，父鼎，县学生。熊氏年十五归家康。祖照，以节义志行有名里党间，厚于资产，熊氏犹及见家之盛时。及舅世典老，诸兄弟异居，家中落。家康岁出经纪，熊氏支小铛，拾薪煨薯芋，蹙缩衣食，终岁绰然有馀裕。子先进、先汉，既长居贾，各有室家，日丰饶。熊氏往来部署，布衣粝食，不使有过。尝曰：吾始侍尔曾大父修腆得溉其馀而不知味。洎吾支小铛自食，几二十年，腹常果然。人安可忘刁苦哉？熊氏精敏沉密，御事有法。先进资积赢，所居货常填委，熊氏察时观势，忖度贵贱高下辄奇中，言论纷龙，相持孑孑，时以一二语辨析，必极情理之平，见人无贵贱，和粹温雅；礼遇悉隆，子弟有违，终日不言笑，使自悟，未尝诟詈。年五十八卒。

郭家相妻陈氏，处士祖舜女。美姿容、善词令，见者称其方雅，而不知其能操作为健妇，尤善事其兄。家相陈氏之身，与兄嫂同居，无违言。甲寅春，粤匪掠湘阴，城陷，兵变于道。陈氏挈子妇避乱乡野，兄嫂不乐远徙，投近姻顾氏。陈氏曰："兄弟同避兵，生死共之，万不可有乖异。"相与共适顾氏，俄而贼钞掠至，顾氏、陈氏麾其二子去，纳妇女空室中，自披发捍门。寇悉诸室所有刮去，空室妇女得无恙。即夕挈以行，指所立门限曰："当吾捍门时，自分死此。今乃得跳以去。此神福我。"终无一语咎兄嫂，闻者益贤之。

郭先梅妻刘氏，候选从九远浦女。少为郭氏养媳，而先梅自少羸弱多病，未及成人而卒。刘氏矢志守贞，足趾不逾户阈者十年。舅姑卒，综理家政，仆隶始识其面。子庆蓉，候选同知，为之请旌建坊。时与先楠妻李氏，同时称"郭氏两贞"。

郭先楠妻李氏，父兴元，长沙县进士，官浙江宣平知县。李氏寡言笑，读书通晓大义，父母珍爱之。先楠父家声，官浙之吴兴。先楠奉母之任，兴元见而奇其才，字以女。寻兴元卒，家声以忧去官归。道光十八年，先楠婚有日，忽以疾卒。卒之夕，李氏梦衣冠者至其家，自言郭氏子，出物若椒者四，玉一方，属藏之而去。女惊而啼，啼声闻于母，问之不言，越日讣至。女且哭且述前梦，即日具缟素奔丧，时年十有七。立族子昌猷为嗣，同治八年题旌。比病亟时，神明不衰，沐浴更衣，敛身之具皆自饰被。装束既毕，端坐稍若昏者，徐张目曰："吾当主某山寺，迎者填塞门户。"语毕遂卒。

湘阴县图志跋后

同治戊辰，奉省檄修辑县志。嵩焘已前有是议，因会商于桐轩大令学琴、李试吾法甲、吴霞馀谦、李仙伍家贵、曹伯钧升运，并嵩焘六人，合集六百缗，供采访之用。以授熊漱芳寿徵、罗麓生鉴、唐曦臣懋瓒、胡道生森、王镜心鸿业、李甫卿朝镇、郑蓟芝鹏九、杨介侯际春，分道采访，而嵩焘为之主修，不更设局以省经费。采访诸君以为无总汇之地，一切无所系属，于是易冕南文玉、虞恺仲绍南，分任局事，亦稍募捐以济局用，其数亦至盈万，而未收者亦约三千有奇。会值李辅堂桓以书相诋，颇自悔其敝精神、耗财用，以贻攻击弹射之资也，遂亦不复置问。易冕南、虞恺仲独相与维持逾年，久亦罢去。又逾年，乃授黄石珊世崇编定之，校刻略已十馀卷，而嵩焘被命北行，乃复停罢。

己卯冬归自海外，重议开局，存留经费仅及千缗，前后为人领存亦约千馀缗，多不能取偿。嵩焘亦不乐更扰及乡人，通计数年局用所耗不过数千缗，殆无若此之省约者。嵩焘始终以一身承其累，是以此书名为公修，其实嵩焘一家之私言也。自信事必征实，语必当理，无私毁誉，无苟抑扬，陈善而闭邪，彰往而察来，亦可谓有功乡里。老病侵寻、精力衰颓，采访之未周，记载之失详，诚所不敢辞咎。而如李辅堂之言，责以擅改旧志体例，则嵩焘此书固当别行。道光旧志，谨待能者之续纂。异时或幸有同嗜，不相鄙夷，谋踵为之，亦可别为续志，附诸此志之后，不必窜易此书，以失其立言之旨。

前后在事诸人，校对则闵新吾孝愉、戴柏斋长松、陈松生兆莲、毛俊卿英杰、毛苾庄英毅、酆穆堂甲堃、萧诗莼桐爵、李淞舲兆芙、郭芗农立莘，缮写则吴柱臣祖焕、周广平景曜、高直斋绍衡、郭腊生宗毅、樊延龄鉴裴、盛毓棠国钧、彭咏卿锡畴、范炳生泽廉、萧籽萸润鸿、徐兰村润藻、毛荇荪凤威、张丙乾华焱、易叔辉岿乔、李麓渔贵黼、吴鹤臣英爵，经理局用则陈建廷兆芝、熊望溪廷献、盛展奇国光、郭炳文庆蓉，而从叔笙陔家镛亦稍经理数月，例得并书。

庚辰夏六月之望，郭嵩焘跋后。

湘阴县图志又跋后

己卯夏，自海外卧疾归长沙。其冬展墓湘阴，检所编次图志付刊，命从子立莘商农检校稿本，正其讹脱，从子庆蓉炳文监刻。经始庚辰之春，至冬书成。始庆蓉述所闻于殷家俊竹坞：各图四至犬牙相错，容有交互不相入处，宜刊正之。方力戒其不可，审知其才力固不逮也。至是成书，则各图芟削混淆，全失其旧，并稿本毁裂之，尽刊去其开方计里之式，刻法又益粗率。如庆蓉者，庄生所谓（诵）〔学〕① 一先生之言，暖暖姝姝，而私自说者也，遂致贻误全书。因属刘若华炳光、晏皓轩忠藩就所毁削各图重加摹写改刻，工倍力勤，而固不逮原图之精细。立莘司校订，尽用其所习俗体文字改易《说文》。尤奇者，全书中“歲”字动逾千百，并改从“嵗”。对之浩叹而已，皆不能有订正。

盖俗行文字，为字书所不录，县皆有之。湘阴谓地势高者曰“不”，读若墩上声；夹两山间曰“坤”，广平曰“塅”，有高下之势曰“垅”。字书“垅”即“垄”也，依字义当为隆。《三国·蜀志注》所谓“南阳隆中”是也。“坤”“塅”二字，字书无之。“坤”当为“冲”，“塅”当为“段”，即分段之意。依字义当为“断”，凡山水交会，必于山尽处。《周礼》曰：“凡天下之地势，两山之间必有川焉，大川之上必有涂焉。”涂者，地势宽广容车轨

①据《百子全书·庄子·徐无鬼》（扫叶山房1919年石刻本）改。

也。山势分断必为平野，后人假借为“段”。据《说文》，疃，土短切，引《诗》“町疃鹿场”。《急就篇注》：平地为“町”。《楚辞》九思鹿蹊兮躖躖。“躖”与“疃”通，疑今俗文“塅”，即《说文》“疃”也。略标一二以存古义。许氏《说文叙》称世人诡更正文，向壁虚造，不可知之书以燿于世。而推其原，自七国言语异声，文字异形，知三代以来流传文字，臆造者多也。秦李斯为小篆，奏同之，罢其不与秦文合者。今《说文》留贻二千馀年，犹李斯之遗也。秦法：书或不正，举劾之。州县方志，依声为字，由来久远。固当在举正之列，而反从而淆乱之，此可叹也。

自古圣贤，道德、功名多成于困厄，如嵩焘之浅薄，无裨时用，无所挟以有传，而厄于世为独甚。区区编次县志，以取诟辱，终其成又厄于此两人。既迟以久，补救弥缝，而于整齐修饰之功，曾不暇及焉。斯非困厄之至与！

是志凡三刻，辛未、壬申之交一刻，旋罢去；庚辰再刻，辛巳竣工；至是，复改刻各图，讫辛巳之冬乃成。时知县事者江夏董厚斋耀焜也，其政行尤多可纪，例得附书。

光绪七年冬十有一月，郭嵩焘再跋于思贤讲舍之东轩。

郭嵩焘全集

八

史部四

日记一

咸丰五年至同治二年

岳麓書社·长沙

全书总目录

本册说明

郭嵩焘的日记，是郭嵩焘毕生著作的一个非常重要的组成部分，起于清咸丰五年（1855），至光绪十七年六月十二日（1891年7月17日）其去世之前一日止，首尾37年。收入《郭嵩焘全集》的日记，共分为五册。

郭嵩焘之子郭焯莹《郭氏佚书叙目》称："先兵左自道光十八年入试京师，随所见闻及起居酬接，按日记之，终于卒之岁。"可知郭嵩焘一生日记，长达五十馀年。光绪二年十月，郭嵩焘奉命出使英国，抵达英国伦敦后即按照总理衙门的要求，将其自光绪二年十月十七日上海启程，至同年十二月初八日抵伦敦期间51天的日记，整理成书，并加上若干议论，寄呈北京总理衙门，后由同文馆于光绪三年以《使西纪程》书名刊行。除此之外，郭嵩焘的日记，直到1980年代以前，一直未有刊行。其手稿先是珍藏于郭氏家宅，1950年代，由湖南省文物管理委员会装订成40册，由湖南图书馆收藏。1980年，湖南人民出版社委托杨坚将其整理校点，分为四册，以《郭嵩焘日记》书名出版。1984年，钟叔河主编的"走向世界丛书"，复将郭嵩焘出使英、法两国的日记，包括往返途中及回国后一段时间的日记，并与《使西纪程》刊本对校，以《郭嵩焘：伦敦与巴黎日记》书名出版。

此次收入《郭嵩焘全集》的日记，即在杨坚所整理的《郭嵩焘日记》的基础上，并参考1984年版《郭嵩焘：伦敦与巴黎日记》，按照《湖湘文库》古籍整理的统一要求，由梁小进、马美著重新整理而成的。本次的重新整理，将原来的四册改分为五册，改正了1980年版《郭嵩焘日记》中的一些文字和标点符号的错误；并根据全书统一的体例，将郭嵩焘本人已经删除的内容，及原编者在日记正文中添加的文字，均予删除。

本册为《郭嵩焘日记》的第一册，始于清咸丰五年，止于同治二年（1863），时间跨度长达九年。其咸丰五年至八年六月底之间的日记，有若干阙漏。咸丰六年日记后所附“联语”，以不属日记内容，移入《郭嵩焘全集》的诗文集部分。本册日记中，较为详细地记述了此期间郭氏的种种经历及其政治、思想活动状况，其主要内容有：奔走江浙诸省，为曾国藩湘军筹集军饷；咸丰八、九年间入值南书房、参加僧格林沁军幕、清查山东沿海税务；同治元、二年间出任江苏苏松粮储道和两淮盐运使，整理粮政、盐政，为湘、淮军筹措粮饷，以及受命署理广东巡抚之初的政务。

作为一位中国近代的杰出洋务运动思想家和政治活动家，郭嵩焘的日记，逐日记载了他的政治社会活动，他对于时代的思考及其政治主张、读书心得、学术见解，以及社会交往、起居行踪，内容极为丰富，对于研究郭嵩焘和他的时代，具有十分珍贵的史料价值。

目 录

日记一

咸丰八年

咸丰九年

咸丰十年

咸丰十一年

同治元年

同治二年

咸丰五年　乙卯

九月[①]

初二日。未刻上船，是夕泊鹞子崖。

初三日。午刻至湘潭存恒源大钱一十二千文。

初四日。召见黄定发演试刀法。刀重十四斤，长四尺五寸。回环使运，观者如堵。黄年二十五，貌仅中人，向依赖氏钢行习治钢事。二月中，忽有语以刀法者，其事甚怪。召询之，亦不悉言其详。麓溪谋资遣赴营，未知何如也。

初五日。雇夫五名启行，每名钱八百，当付钱三千。存潭局钱四千约找夫价外，尚存潭局钱三千。已拨付醴陵局□千。带路费现钱四千七百。三十里，过马家渡。又三十里，宿朱洲。自湘潭县城过河行十里，即入小路，仄径环曲，路滑难行。朱洲以西，则皆通衢大道矣江西货物小车，多集于此，以朱洲可以附船赴湘潭也。

初六日。十里，饭五里墩。又五里，至北关，于是四度过此矣。往时风景，历历在目。又十五里，至箳头铺，为潭、醴分界处。又十里，饭稍江铺，村店幽敞，类熟游者。又二十里，宿板桥铺。两日共用去钱一千文。

初七日。三十里，至醴陵。

①原阙月份，此据本月日记内容考定。

初八日。雨。小驻一日衢左隆昌店王姓。

初九日。行三十里，至插岭关。又二十里，长冲关，土人呼为老关过老关，彭店。又五里，过黄花渡。又五里，宿湘东。雇夫五名至袁州每名一千一百文，当共付钱二千五百文，拨兑入澧〔醴〕局钱三千文。

初十日。三十里，至萍乡中为蒲萄岭，早尖。百货云集，几成一都会。五十里，至泸溪，沿途车载肩负者络绎于道。八里，至快和店，天渐晚，遇韩姓、刘姓相争，未宿。又二里，宿新店铺。

十一日。七里，朱亭山。又八里，仙峰，早尖仙峰亦巨镇。又十五里，分界铺，萍、宜分界之地也。又二十七里，枫树坳，王姓店午尖。又廿三里，袁州，住聚贤馆府署前过。五日共用去钱二千文。黄汉京属题画蝶：姹紫嫣红也可怜，落花深处舞翩跹。此中亦有罗浮茧，莫认风流斗少年。

十二日。未刻上船。换银五两九钱五分，扣九七钱一十三串五百六十六文。找夫价钱三千，酒钱二百，开饭钱并菜钱一切共四百。当付船钱八千至省共船价十千五百，神福钱五百，存用钱三千九百文。

十三日。一百十里，至分宜县。又百里，至新喻。

十四日。六十里，至罗坊有水北司。三十里，至黄土罗坊、黄土，陆路并须经过。六十里，至临江府。二十里，内河口始入章江。十里，至樟树镇。六十里，至丰城。

十五日。二十里，小江口。十里，大江口。三十里，至市汉，因风大，泊船竟日有市汉司。

十六日。六十里，抵南昌。①

①以下咸丰五年九月十七日至十月二十五日日记阙。

十月

廿六日。自屏风开船，卅里至南康。

廿七日。六十里，至朱矶。

廿八日。卅里，吴城。又四十里，鸭公嘴。

廿九日。五十里，鸦洲。又卅里，樵舍。又廿里，至黄家渡。

十一月

十一月初一日。抵省。

十一月廿日。上船。

廿五日。开行。

廿九日。抵南康雪子塘。

十二月

十二月初五日。转由雪子塘开行，泊南康。

初六日。王鲁斋留午饭，未行。

初七日。九十里，抵吴城。

初八日。辰刻，陈秋翁亦至吴城，同留沈幼翁处早饭。各处留谈竟日。

初九日。六十里，宿昌邑幼丹随员蔡芥舟明府查私盐同时驻此。

初十日。六十里，宿王家渡。王家渡者，与省河分路，其水东流而下，由滁汊出瑞洪者也。市肆约百馀家，粮食行居其半，民居颇多，尚属丰腴之地。

十一日。十五里，抵滁汊。自王家渡至此，乃小河之横出者，仍与瑞洪之省河会。滁汊上约五里，处处搁浅。滁汊市肆倍于王家渡，民居鳞列，皆高墙峻壁，此路想多殷实。湾泊片时，又三十里，宿鱼坊。草棚数十家，泊岸鱼划数百只，沿河观者如堵。询知次日开湖，尚有官划二只，征收渔税。环岸观者皆渔户也。

十二日。四十里，至四汊河口，省河顺流至此，北折入饶河。直东入广信河口，乃系上水。其南为抚州河，即武阳渡。三水并汇入饶河，即鄱阳湖地也。北望康山如小阜，水落后沙屿并出，视内河江路稍宽而已。询之舟人，地名牛头山。然左近无一山，恐不足据。又二十里，泊瑞虹。瑞虹地属馀干，亦沿湖一巨镇也馀干县丞驻此。

十三日。以龚孝拱、赵惠甫两君相遇瑞虹市上，强公为留竟日。而扬州王杉原德寿，开典肆瑞虹者送菜二器，面食二种，亦留谈半日。是日雨。孝拱出示所著《明堂图考》，以夏太室、殷重屋、周明堂并为之图说。规制略相仿，而周明堂居丰镐之间，始通丰镐之水环之，外为周垣，四方各有门南库门、北雉门、东应门、西皋门，而灵台即库门之上平台。虽其规制未尽足据，而所论颇能见其会通。其论明堂为出政之地，用以视学，则为辟雍；用以习射，则为射宫；用以宗祀文王，则为清庙；用以养老，则为东胶胶即郊之转音。亦颇有据证。

十四日。六十里，至坝口，有市肆。三十里，泊龙井，去馀干县城十五里。

十五日。三十里，至大水铺，有市肆。又卅里，至黄金铺，有司官。江中有沙洲，水涨时左右并可通舟，正河从右旁折落，略远一二里也。市肆约二里许，颇繁盛，地属馀干，去县六十里。又十里，宿泥港。舟人云：景德镇窑亦取泥于此，故云泥港。

十六日。廿里，至安仁县。城西有小河，可通舟名南溪套。对江南岸为白塔河，径达抚州之泸溪，中道龙虎山，去安仁九十里。又十里，至石港，上有盐卡官屋数所，无市肆。武进庄金墀钺奉委查卡。丙午幕游广信，庄时为广信经历。十年旧识，邂逅江上，为留谈一时许。过卡约一二里，有石港书院，丛木掩映，屋宇参差。濒江石矶，建亭其上，颇有尘外幽致。又五里，宿石板滩下。

十七日。廿五里，至鹰潭有司官，江南岸。市肆百馀，两石矶环抱其外，江干不见也。沿江石矶如磨，凡四五相衔而下，亦一奇景。大路通抚州百五十里，通建昌百八十里。又廿里，宿冷水滩上，地多渔户，鸣榔之声终夜不绝。

十八日。雨。行廿里，至贵溪，即泊城下贵溪砌山为城，若所谓磡者。城楼与街道平，城门内铲土甃石基陟上。城河驾舟为桥，而于水深处门焉，司其启闭，以通舟楫。县河南北各有小水，北岸名箬溪，南岸名须溪，皆在下游十里内，去龙虎山四十里。弢甫出示其感怀诗十馀首，皆其乡先达也，略录其名于后：李申耆名兆洛，乙丑翰林，改官凤台令，丁父艰归，不复出，掌教暨阳书院。先生于学无所不窥，历律、象数、舆地之学，并为一时之冠。然述而不作，无所撰论。门弟子录其遗文，为养一诗文集。邹润庵名澍，工医，精习内典，未尝为科举之学。死之日，忽命家人属以后事，即瞑目而逝。赵厚子名仁基，丙戌进士，官江西赣南道。管孝逸名绳莱，官含山知县。洪幼怀名符孙，北江先生之第三子。魏曾容名襄，乙丑进士，官太仆寺卿，工医。姚道兴名华国，庚子副榜。杨怀屺名传棨，官容城知县。方仲棐名骏谌，诸生。凌槐堂名企曾，吴县人，乾隆癸丑进士，改官宁国教授，经学深厚。将辞官，自撰楹帖云：不失义，不离道，可以嚣嚣矣；无官守，无言责，岂不绰绰然。沈沧洲名端，嘉庆庚申举人，宁国训导，工诗。钱颖季名以让，丹徒人，工诗。孙叔献名劼，诸生，工医。王季旭名曦，太仓人，诸生，工诗，与孙君并为张翰风先生之婿。又出示包慎伯、梅伯言两君所著其尊人《伯恬先生家传》讳仪晞〔晞〕，官山阳知县，言其少时，与李申耆诸君为草堂之会，世称草堂诸子。草堂者，江阴祝筱珊先生读书处也。同会者为张皋文惠言，己未翰林，所著为《茗柯集》。张翰风琦，皋闻〔文〕先生之弟，戊辰举人，所著为《宛陵全书》十六种。祝子常百十，所著为《草堂诗存》，江阴人，其弟瘦峰，名百五，有诗钞。陆祁孙继辂，庚申举人，所著为《崇百药斋全书》。陆绍闻耀遹，官阜宁教谕，所著为《双白燕堂诗文集》。庄卿珊绶甲，诸生，治经学，有集。刘申受逢禄，戊辰进士，官礼部主事，所著为《刘礼部集》、《公羊释例》。洪孟慈饴孙，官东湖知县，有诗集。丁若士履恒，官潍城知县，有诗集。与李申耆先生并治经，有节行。乾嘉之际，士皆尚文章，驰骛声利。于时常州尤独多文士，而草堂诸君子独以立身砥行相为劘切，风尚为之一变。南丰曾宾谷燠，官淮扬运司《赠伯恬先生》诗云：人不远青山，青山自远人。其高尚可知。所著为《夫椒山馆诗集》。又出示锡厚庵所致各书，语言温实，读书有根柢，留心时务，皆能证以古今得失。其《怀人》诗五首：其一为弢甫，一为大冶杨淡人盛朝，一为钱圹陈卓庐墉，一为侯官杨翠岩维屏，一为铜山孙心仿运锦，谓此四君并与弢公相捋〔埒〕。弢公岂易及哉，或论之过耳。常州言与卿启方，官邳州教谕著有《胶莱河运图说》二十二卷。弢公甲寅除夕有诗，自是凡三叠韵，沈博雄丽，殆罕伦比。顷复叠韵见示，谨答四首：有涯生本寄无涯，驻辔停桡着处家。旧苑尘飞金碗缺，荒坟草没玉钩斜①。城栖鸲鸲霾寒雨，江拥鼋鼍走怒沙。昨岁都梁山下路，惯输尘屟踏冰华。　帐触梁鸿五噫歌，出关东去走朝那。狂歌市隐沦箫筑，去国②湘累黯薜萝。著论岂忧③盐铁乏④，乞邻虚挹酒浆多。

①此处旁注又作“间道希传烽历落，浅滩浮度石倾斜”。
②此处旁注又作“沈愤”。
③此处旁注又作“谁无”。
④此处旁注又作“尽”。

诸君莫漫纾愁眼，多少[1]残城咽海螺。 锁铁楼船缆石牢，吴歈变作楚人骚。髑髅吹浪淘沙镞，鲛鳄乘潮狎海刀。龙井晓晴兵气薄，鹰潭夜月酒楼高。尺书又促寒江梦，梦倚军旗压汉皋罗山方伯驻师武昌，数蒙枉召。 毗陵江势绕[2]寒山，抵掌尘埃共世艰。交合丹青一言善，谈深睥睨万夫孱。较量木雁行藏拙，指点芦鸥去住闲。明岁悠悠今岁尽，可无杯酒破愁颜。

十九日。四十五里，至桃花滩。江间沙洲甚巨，湾抱向上。水涨时，北岸亦可通舟。南岸山如连珠，次第奔驻江边，远望一山如方冠，旁连一方卓立如笏。舟人云此名蜡烛山，盖山右石笋林立，如攒烛也。以形家言验之，此内当有一地。又五里，苏华港，略有市肆。又廿里，叶家坝，有市肆。又十里，宿霸王滩下。是日雨，西风，故行程至八十里。沿途水浅滩多，又多值东风，舟行甚濡滞也。弢公言：景教起于唐时本丙教，唐避祖讳为景，即今之天主教，佛经谓之婆罗门。太宗通西域，景教流入中国，郡邑多建大秦寺，所谓祆庙也《说文》，祆，胡神，呼烟切。耶稣耶字，即祆之转音。西安府圣教寺有景教流行碑，所称判十字、定四方，不过取上下左右通达无碍之意。元世祖时，西人马加入仕中国，至同平章事。后逃回本土，剽窃宋儒之绪馀，始以辟佛为事其始与佛同原，创立耶稣、十字架等名目，其教大行，各国翕然从之。明宣德时，西人有路得者，复辟天主教礼拜耶稣像及十字架之谬，专以事天为主，别名为耶稣教，而后天主、耶稣复分为二弥利坚、英吉利用耶稣教，其馀两教杂用。其实回回之天方教，亦同出一原。所传之书皆纰缪，无足观览。

---

①此处旁注又作“无数”。
②此处旁注又作“鼓角落”。

二十日。十里，至弋阳，入城观叠山书院，旁与高庙古寺相连庙后有古樟一株，依山开屋，参错有致。中堂榜曰：凫溪精舍，亦讲堂之一也。左为文昌阁。左后为陈朴园大令讲堂，屋三楹，颇幽爽。右后为斋房。中为叠山祠。前为山长学舍，别出一门，周环以墙，中构一堂。前有高楼，榜曰：甲秀。隔江山色，远近环伺，亦一胜也。城内兵燹之后，屋宇多残破，视贵溪以下各市镇，气象遂别，自弋阳以上，山石始奇，或蹲如虎，或竖如旗如冠，或覆如斧，或叠如连珠，或森如刀戟，或长旋如螺，皆整石突出，高或数十仞，江之北岸为多兴安、德兴两水并入弋阳江。又三十里，宿黄沙港，有市肆数家。舟中有杜诗残本并陆鲁望诗，盖《全唐诗》中之二帙也，因取其五七言，集楹联百数十首，以消永日。弢公述其同族周济字保绪，一字介存，乙丑进士，宜兴人，资兼文武，有奇才，不仕而贾，所著有《介存诗文集》、《晋略》、《史义》、《淮鹾问答》等书，魏默深、包慎伯皆尊服之，亦老宿之一也。明史道林〔邻〕复摄政王书，为之者，王纲也。纲字乾维，南昌人，见《彭躬庵文集》。摄政王书出李雯手。雯字玉章，华亭人，时为内阁中书。国初大撰著多雯为之。太宗升遐，元子肃王已十九岁，不立，而立世祖。世祖元子裕王福全亦不立，而立圣祖。两世以禨祥膺祚，开极盛之丕基，非偶然也。弢公言圣祖时开下河事。淮河自青口出海州之云梯关入海。靳文襄辅督河时，以河水泛滥，使改就淮水入海一道，以畅其行。而淮水蓄入洪泽湖，无所泄。时汤斌、于成龙、孙在丰等请开盐城下河，使淮水改道入海。靳言：开浚下河，恐海水倒灌。圣祖以海水无倒灌之理，不信辅言，开下河益急。已而新河为海潮淤塞，功卒不成。靳意正谓海水上潮，淤塞河道耳，而以倒灌为词，致启圣祖之疑，并辅与陈潢逮问，则亦其立言之未善耳。圣祖留心格物之学，常言雷击木，必于枝叶整齐者，如击马，已割耳鼻之马亦不击。书策所载雷斧电楔，得自深林者皆石，得自平原者皆铜。以小石一块，置泉水搅之，可祈雨。蒙古谓查达齐，书册则曰查达也。偶阅《弢公笔载》，录之。

廿一日。二十里，至印山嘴。印山者，河口下廿里之罗星，高大圆净，全山皆石，峙立江心。而南岸之青山，在其下游二三里，横亘江侧，雄瑰盘峙，回望若屏。北岸之石山，环耸攒屯约数里，嵌空多岩洞，居民有束蒿为门穴其中者。又二十里，至河口。是日雨，舟人冒风雨缆牵以上，至河口时已二更矣。弢公传示按摩愈疾之法录后：卧时右侧。用左手搓左脊膂八十一，用右搓左脊背三十六。用左搓左大腿面卅六，用右搓左大腿底卅六。用左搓左大腿外卅六，用右搓左大腿里卅六。两手合搓虎眼即膝盖卅六，两手合搓臁肋卅六。复转左侧，搓右身同前法。而后仰面，用右手搓小腹六十四。用右搓左肋六十四，用左搓右肋六十四。用右手搓咽喉下胸腔六十四。用右手搓左脚心一百零八，左手搓右脚心一百零八。用右手搓头顶泥丸二十四，用左手搓眉丛二十四。

廿二日。弢公赴铅山县令陈卧梅嘉杰处。河口离县城三十里，即汭河水所从出也，与浙闽交壤，向为巨镇。近年江路不通，吴城又遭残毁，东南数省，百物转易，并汇聚于此。询悉此间厘金，每月可至九千金。主之者，耿琴轩太守也。

廿三日。弢公自铅山归。两日未开行。集《诗经》语，成楹联数十首。昨嘱弢公访雷西师消息，云已赴郡城。晚次忽接师书，召令相就一谈，乃适在此间也。急命舆往，则袁雪洲前辈及华尧封并在，谈至三鼓始回舟。雷世兄其达颖生、其蔚乳名启人，并来一见。

廿四日。早至二堡吕启承细店西师寓处，谈一时许，同诣袁雪洲前辈处早饭。陈卧梅重邀陪弢公晚饭。是夕满市灯爆喧阗，盖吾乡土风以是日为小年，江西尚同此风也。晚归作书呈涤公，并抵筱泉、子大两君，大致言请转托黄莘农前辈，以广、饶、抚、建捐事属之西师也。西师属其亲戚陈君克家来见。

廿五日。开船约二三里，至石矶上，亦石山之蟠踞江边者，此路极多，妙皆圆净，无凶恶气。舟人缆船上，为水底小石所撞击，损其底板，水忽上腾，乃停泊江心，另雇一船过载。船较小而新，上游江浅，湍急愈甚，前船亦实难上也。是日计行五里，泊梅柳港前船由省雇定，议明至玉山钱二十千，南康往返一次钱十千。此船由河口至玉山，钱四千二百。弢公诗佳构极多，而五言长排尤为近今罕得，录其和锡纯渌江孝廉一百韵诗云：兰桨淹星饭，尘炊怅梦粱。心孤涛共激，思永漏俱长。疾痌刘公干，忧伤盛孝章。茫茫溅别泪，悄悄黯回肠。浩叹徒酸鼻，游埃欲眯眶。新歌酬掩抑，故步失趋跄。惟子能高蹈，群才入括囊。真形悬岱华，元气育宫商。瑚琏尊彝器，钟镛在庙堂。百年兴礼乐，五运佐灵昌。萧葛功谁属，唐虞道未亡。若观真不测，隶数浩难详。小试摩空赋，高登选佛场。谷风迎虎啸，牙帐起龙骧。奇特诚为宝，风规譬则坊。学山原土壤，适海在津梁。遐瞩空千辈，孤怀在一方。慎交惟直谅，投分在愚狂。水阔鱼知乐，云宽鸟任颃。有时捐茝佩，相与制蓉裳。愿构千间厦，高瞻数仞墙。文辞皆衍奭，手笔必班扬。好会如和瑟，清游剧羽觞。池荷留晚翠，岩桂发奇香。露索秋方迥，星罍夜未央。参商悲雨别，涕泪望云翔。皎月千程白，秋风一味凉。陇川闻咽水，蜀栈度严霜。峦嶂迷回复，风沙接混茫。戒晨先日御，瞻分辨星芒。剑阁驱骡驿，洮河顿雁行。客程淹日月，问讯隔氐羌予客蜀中，锡从尊公官洮岷协镇。葭律偏多感，铅刀善在藏。渊求从罔象，雀跃逐云将。枉是分鹏鷃，何从别骅骦。峡波迟暮雨，巫梦款朝阳。缄恨愁如醴，怀人病各床。棕榈风簌簌，桐竹气荒荒。札误书鸱恐，房因煮药芳。严装趋道路，急舸赴江乡。愁马头俱白，仙人鹤已黄。振衣披叆叇，濯足睨沧浪。心早甘焚砚，归当老服箱。彦伦岩杜厚，仲蔚径苔苍。栖隐聊跧伏，生涯费度量。宿舂包饼饵，膏轴乞脂肪。足又千重茧，家如三宿桑。恶溪资利涉，岩峤视平康。人事真牢落，初心失勉蘉。驽宜趋栈豆，吾岂厌糟糠。遐路来佳讯，知君远不忘。鲵鸣哀有乐，濠趣识惟庄。襄锦文何绮，铢衣制异常。陈思才故妙，元礼韵能强。调逸喈华琯，书珍采薤琅。赤鲸游岛渤，紫凤戏云岗。朔雁悲衔缴，晨鸡激引吭。顿如芟莠塞，倏觉浴兰汤。赏理通元默，研思绝剽攘。轩悬悲素女，姚竹泣湘皇。南海羁虞集，清漳隔孔璋。蜗涎交荔壁，蟫粉落芸缃。羸瘵虚求艾，空疏孰馈粮。守瓶言默默[①]，踊履影伥伥。旋轸当秋律，轻帆试远飏。纵鳞辞九罭，蹑足踠游缰。霄路迷层雾，尘骖蹶剧旁。眩眸从烂烂，扪斗却洋洋。便拟柴桑里，幽开萝薜房。腰镰斯短苇，洒箨贯修鲂。内外宜交养，身名孰可伤。壤歌酬帝力，椎髻傲齐姜。鹘莫辞鞲脱，蚕仍缚茧僵。终须惭卫霍，已分后卢王。稷下吹竽客，邯郸挟瑟倡。全销干镆气，谁发瑾瑜光。往事嗤投璧，生涯冀乞浆。鄙心聊货殖，奋臂效劻勷。弹鹊珠倾椟，屠牛剑顿芒。拚教千日弃，且得万金偿。恍怫心同赘，呻吟体隐疮。卫衔空木石，累涕满潇湘。烦壤雷生户，泥涔月漉塘。盘铃驱傀儡，面具骇儿郎。子抱刘蕡感，才惟贾谊当。荟阴悲季女，邛鬳咏中唐。秉直吟孤桧，含辛撷紫姜。趋庭多燕喜，遐览足徜徉。漂泊余仍滞，风期远莫望。波声春晓枕，山态失烟妆。拙类拖肠鼠，羸非挂角羊。智先离畏垒，诡岂遇王良。孤愤徒骚屑，崇修敢怠遑。希声惟大乐，绕指是坚

①此处旁注又作“嘿嘿”。

刚。远道欣投李，良言比赠缣。孤心回日暖，宝思掞霜张。大海容诸委，长城兀巨防。思君瞻冀野，块独泛沙棠。箓启津宜逮，槎浮汉可杭。天阊方轶荡，奔属戒鸾凰。海陵遇雪，适管敬伯从邗上来，述事奉贻四十韵，诗云：晦雾连宵黯，饕风镇日飙。孤舟系海浦，客棹越长淮。浪势趋帆急，冰流逐棹揩。折绵寒力劲，拥被漏声挨。噪客晨占鹊，占来夕梦鞋。闻声喜倒剧，晤语杂嘲谐。忆昔章郡路，相怜蛩距偕。音知弦燥湿，植不异①模楷。兵气缠江黯，妖氛逐地霾。星霜俄契阔，劳燕各分乖。泛泛仍萍合，漂漂与梗皆。江舟还鼓柑，尘陆又连辇。宛转遵淮甸，沿洄溯海涯。穴中纷斗蚁，当路孰驱豺。狼藉搜藏窖，纵横析爨骸。暝烟沈帅纛，炽火扇妖华。但自惊跸兕，伊谁式怒蛙。土堙畴殛鲧，柱折不惊娲。卷舌还辰纬，容头集御街。风云悲沸渭，日月愤沈埋。拊髀原多慨，吞声莫敢哇。狂歌投有昊，敛闷契无怀。薄俗吁堪怪，奇声听自佳。零音倾碎玉，清响触轻钗。盐拟纷纷撒，珠犹细细筵。漏悬蓬背溜，寒爇灶中簏。即事欣多适，吾生亦有涯。枯僵蚕缚茧，瑟缩蛣巢蜗。列戍盈官舸，峨艑〔编〕溢舫斋。执冰嬉嗃嗃，弄鹢水湝湝。榜柱掀吴唱，筝丝引越娃。灯繁张广夕，飙迥送清哇。歧路先回阮，柯椽谅失喈。文章原尔汝，性命托吾侪。浊酒倾三雅，村肴漏一膎。但教随万卷，何异面三槐。方朔文连轴，枚皋赋类俳。化炉谁执冶，天阙远难阶。郑国徒嗤璞，蒙庄自立柴。关河正浩荡，与子骤青騧。数日雨未已，是夕大雪，稍寒。

廿六日。四十里，至马鞍山。石山耸出江上，雄瑰可观。山根小孔累累，东坡所谓古来篙眼如蜂窝也。对江山色如劈柴，旁

①此处旁注又作“比木”。

出一石，离立水中，四面如削。又十里，大功山。又五里，宿蕉舍。是日大雪，未申以后晴。弢公言：此路山石多奇特，盖皆龙虎山旁衍之气。因论及道流原委，著论以明之。录其略云：道家者流，其源出自黄帝，至老子五千言，发明清静无为之大宗，汉人最尚之。太史公极论六家，折衷于道，以为无为而无不为。至神仙家言，大约起周秦之间稗官小说，如邹衍大瀛海之类，遂创为海中三神山、蓬莱、方丈等语。秦皇汉武皆醉心于是，然其时尚无道术文字。至武帝封禅时，方士始诞为黄帝铸鼎上升之说，黠者复缘饰其间，于是黄白之术稍稍出矣。东汉魏伯阳著《参同契》，始讲内丹之旨，其文隐约多廋辞。后来神仙家言宗之，而或以谓内丹，或以谓外丹，亦讫无定说。东汉之季，曹氏父子多致方术之士。其时间有一二长年，如甘始、华佗辈，皆行容成之术，实所谓房中家。刘歆《七略》、班《史》并存其目，又与伯阳之术殊异矣。张道陵、于吉等专为符箓，所传书名《太平清领书》见《三国志》裴松之注，以事鬼神、制服妖魅为事，其源盖出于殷之太巫、周官十巫之类。宗伯失官后，王德不及九幽，天地之间，必有起而主之者，亦人事所应有。北魏寇谦之、隋徐□□辈，闻其风而述之。沿流至宗〔宋〕时，遂有龙虎山张氏之一派，谓系道术〔陵〕子孙。然考之史籍，道陵得术于蜀之鹤鸣山，成道于平都。龙虎山一派始见于宗〔宋〕时，疑出于附会。传至于今，遂为道术之一大宗。其所职守，惟符箓咒术，实寇谦之一派，巫祝之绪馀也。晋宋以来，黄老、神仙、符箓各家，通识如葛稚川，所著《抱朴子》亦混为一致而不知其宗，其他盖无论矣。世所述神仙，若张果、吕岩等，亦不明其缘起。所著事迹，亦似神仙、符箓混而为一。宗〔宋〕元仙人如白玉蟾、王重阳等，又援入佛经。所著道言，与秦汉以上迥殊。近数百年道家，则更剽窃宗

〔宋〕儒正心诚意陈言，杂引佛祖语录，以为最上一乘，破碎支离，尽失源本，无怪真一教之睥睨坛坫也。西江近楚地，好巫祝，尚鬼神。世传许旌阳降妖奇迹，裨说家多著录，名为净明教，似即真一教之先声。或其山川奇诡，致此诡异，遂为神仙窟宅，而太巫馀绪，实隐寄焉，或亦天人自然之理也。异端如道家，流别分歧，指归莫辨，何怪儒术之衰，纷错百出而失所折衷哉。

廿七日。廿里，龙潭。江上石矶有庙塔，林木茂密，弥漫雪景，点染有致。又十里，广信郡城。缆舟为桥，对江南岸有浮木梁，可通舟对岸信江书院，梯山架屋，错落有致。旁为叠山祠，罗山方伯近所捐修者也。遣王仆入城觅舆夫，半日不可得。函致耿琴轩。适西风甚利，即时开舟。耿君送到李辅堂、筱泉二书。城外经兵燹，房屋亦多毁败。又二十里，灵溪上饶城东有灵山，山水当出此溪，两岸山戢戢，江路亦曲。又十里，冷石滩。又五里，泊浣纱铺。

廿八日。三十五里，张湾。一路江声硼礚，处处皆滩。十八里，七里街，市肆亦繁盛。再上两滩，约二里许，即玉山县城也。是日未刻立春，晴景甚佳。如来大名：释迦牟尼、释迦文佛、瞿昙、无上士、善逝、世间解、正遍智、调御丈夫、天人师。结集经文者：阿难尊者。传衣钵者：迦叶尊者。同时得道者：维摩诘居士。译经者：姚秦国师鸠摩罗什。摩醯首罗天王，名释桓提因，居大梵天。

廿九日。罗森茂行雇夫，以度岁，各夫皆已归家，乃往见玉山令刘仲实名清华，河间人，托其代雇。谈次言及在靖安时事迹，汇举三人，一李成蹊副榜，一舒孔安举人，一蓝占魁把总。因及义宁、靖安，皆强悍可为之地，大府奖叙多未公允，致不能得其力，此亦天下之通弊也。筱泉信极言兴国令潘君之善，询悉潘君名安国号云樵，云南乙酉举人，癸丑以守城功，保升知州，花翎。筱泉谓不及奖叙者，误也。

咸丰六年　丙辰

正月

丙辰正月初一日，元旦。早起微雾，竟日西南风习习，然微甚，晴色甚融。除夕江水略涨一二寸，然上河数日雨雪，山水渐发，水长且数尺，固不与大江平流比也。是日与弢公历游各庙，有所谓鹰武殿者，询之庙祝，言神为李真君。而联语颇诵其功业，有若将军，又有若郡守。有言李公曾任广信府，亦不详其谁何，容当一考之。江右多祝令公庙，其神则张睢阳也。睢阳与江右无涉，亦不宜有令公之称。弢公言：神名张定边，陈友谅部将也，有威惠，所至感念。友谅卒，定边立其子理，抚之。后战没，部曲皆为庙祀之。明初讳其名，署曰令公，久乃讹为睢阳。西城外街约二里，颇繁盛。城内大屋颇多，有萧姓者，望之隆隆然，后园围竹千竿。拟造其门，为赏竹之欢，敲户再三，无应者。盖元旦皆闭户深居，习尚然也。绕萧姓宗祠，有小河与外江通，城根为瓮门以泄之，颇有江浙风致，惟未尝设闸启闭，则所缺也。下午至罗良玉行雇夫，面为言定夫每斤六文半，轿每乘一千五百。店中管事徐姓，又应姓、严姓，约明早度山。对江一山名塔山，上有庙，山势尚见明秀。询问怀玉山县城以此得名，去县尚七十里也。有小河可通江山县境，去常山五十里，惟山路欹险难行，故从无至彼起载者。

初二日。辰刻启行店中早尖。有开秤之赏，七百；有伺应一切之赏，七百；广信用钱七百，称小钱一千。十里，十里山。又十五里，鼓胜街市肆颇盛。

又十五里，太平司。过桥即名草坪，为常、玉分界地，有草坪司，两巡检汛地在一街首尾而已。又十五里，曹会关，两山高峙，山隘处设立一关，斜跨山顶，颇有地势。又廿五里，至常山县。计程八十里，然里道尚不甚纡长，实不过六十里，路径宽平，皆填以小石，雨雪亦可行。八十里之中，随处有店，年来江路梗塞，八省贸易，仅此一路，繁盛可知。是日启行，各行都未开张，途次尚清静。至常山，尚未晚也，住徐宏川玉田行即罗良玉管事徐姓之本家也。店中管事陈姓，又沈姓、张姓。询问雇船行用二分，可谓多矣。张石朋、李立之为船具诗十咏，盖陆鲁望、皮袭美所赋渔具、樵具之类。而所举间有未典，亦有虚表其名，不为船具者，舱是也，而若樯橹之属，又缺而不录。舟居多暇，稍补正其名，邀弢公同赋，各得十章。十章之中，或讽或赞，或勉或慰，各惟其词之适而已，不以义断也。篷：泛泛乌篷稳，江湖奈尔何。行藏依荻苇，出没杂鼋鼍。醉倚窥天小，欹眠听雨多。浮生何处着，分付与沧波。帆：但[1]纵青冥力，吹嘘[2]值等闲。涛声两岸雪，云气[3]一船山。得势仍高举，回风或引还。牙樯与锦缆，前路好追攀。 篙：洒落云霄志，翛然寄此生。江河依直道，水石激孤撑。挥弄犹[4]乖性，提携岂近名。通津甘引避，苦作急流争。 桨：毕竟浮槎耳[5]，由来集众功。翦流龙掣海，掠水燕分风。老气升沉定，洄波宛转通。兰桡兼桂櫂，采鄂楚山空。 橹：大艑横江下，骞腾若有神。长

---

①此处旁注又作“待”。
②此处旁注又作“游扬”。
③此处旁注又作“影”。
④此处旁注又作“捉搦真”。
⑤此处旁注又作“江海浮搓稳”。

材旋转捷，危舵比依亲。飘瞥操全力，咿哑满要津。劳薪君倘是①，势地亦嶙峋②。　樯：群工持缓急，植立乃无为。大海风涛涌，高帆雷雨垂。此③时肩远大，端拱济艰危。泊岸④神功敛，天然不用奇。　缆：系缆沧江上，思君挺节初。扳援才欲尽，批削计真疏。绕指神操纵，忘情信卷舒。利行非尔事，安坐送吹嘘。　百丈：襞积原⑤资用，艰难各效能。九川多沸郁，百丈且飞腾。杼柚劳频索，纠纷急引绳。须防中断绝，长路总凌兢⑥。　椗：亦知形蠢蠢，端取镇颠隮⑦。万斛排风定，孤根插水齐。潜身相系属，投引委涂泥。抵触从人厌，无缘去角圭。　舵：舳舻天下巨，孤舵寄微权⑧。控御云涛色，掀腾涨海天。如何全局系，翻使众工先。寄语操舟者，斯谋恐未然。

初三日。由行雇定茭白船一只包船价十七元，拦席三元，神福三元，赏水手一元。船户钱昭荀，同年妹二人：喜凰、喜麟。利在速行，原属不求佳者。午刻上船，由行至船次约二里许，仍须雇夫转拨赏伺应人等四百，开张利市钱四百，二项行中科派颇巨，予以意断而赏之。船上约一概包梢，泊〔洎〕上船，则租锣钱三百廿文，敬神包封二百，开船水手包封钱四百，大概此等花销当尚非一也。自此达江浙两省，市用皆洋钱，呼之为花边，其理有极难解者。纹银每两价一千八百馀，洋钱每元七钱二分，乃至抵价一千七百馀。用银

①此处旁注又作“未免”。
②此二句旁注又作“多防劳损性，翻羡扣舷人”。
③此处旁注又作“斯”。
④此处旁注又作“收泊”。
⑤此处旁注又作“群”。
⑥此处旁注又作“细碎才俱有，艰难气益增。长艟身负重，一试敢骄矜”。
⑦此处旁注又作“未敢惧推挤”。
⑧此处旁注又作”一舵制中权”。

换洋钱，须九钱一分五厘乃得一元。此间因开正，稍抬数厘，然总须九钱外也。西洋铸此钱，用银六钱六分、铜四分、铅二分，其间已暗占六分之利。无故而抬价至二钱馀，以外洋市用之具，加诸中国银钱至宝之上，群相与习而安之，不以为异，此殆非人意所及也。西夷之患，岂一朝一夕之故哉。

初四日。阴。东南风甚剧。行十五里，至水南，即泊。是日往见常山令李根生，托查西安以下各县令。渠约开送，回船时舟人以风稍微，即刻开行，未及候也。晚次，都昌孝廉余芳信号瑞圃来船一谈，年逾七十，以会试赴都，风情豪迈，未稍衰也。

初五日。大风雨。行十五里，泊三溪口。余瑞圃赠诗，奉和一首：逢君风雨黯江天，世上须眉无此贤。彤陛紫宸吾辈业[①]，青衫白发老来仙。怀提铅椠年将百，戢舂金貂会满千。此去定通金马籍，文章功在战功先此君深以未与戎事为憾。

初六日。大风且雪，使人闷损。先夕风船顿撼，舟人夜起数次。缘此间泊船不用锚缆，率以木桩贯插沙泥中，风起水涨，船即随之飘荡，终夜未能安寝。

初七日。十里，小泊蕉岭。大雪至午。又廿里，泊黄埠，有市肆。自上船后，东南风作恶数日，至此始稍息。

初八日。廿里，衢州府。十五里，樟树埮，有市肆此处出木料，出炭。自此以下，江边多巨石，皆若螺形，中多洞穴。又卅五里，至迎春山，有居民十馀家，屯木为业，盖皆自樟树埮来者。又卅里，龙游县，县城去江边三里许，与郡城皆在江东岸。又卅里，泊铜桥。本日亦系东北风，以江流迅驶，共行一百卅里。

初九日。五十里，至兰溪，金华郡江所从出也。县城后山极

①此处旁注又作“事”。

明秀，自此以下约廿里，两岸皆山。又廿里，沙窝滩，有市肆，山水至此始雄秀。又廿里，泊大洋滩。是日阴。弢公言：常熟陆雄，任云南弥渡巡检，精于佛理。弥渡有土豪赵雄，党羽甚众，官不能捕。陆雄设方略购得之，至则系之公堂，谕之曰：汝恶由于本性不明，且居此，日观我所为，庶知所法。陆雄居食皆在公堂，日食惟蔬菜一盂，剖断公事未尝离坐。讼者至，令各召所与讼，以理晓之，皆感谢去。赵雄感悟，涕泣自服。陆雄因语之曰：汝罪大，非我所能贷，须汝远近受汝害之家，具呈释汝，乃可解也。赵雄许诺，乃纵之去。因焚香诣各家，跪门外，哀苦告以见陆君感悔之故。于是相与诣院司，具呈保之。赵雄卒为善人。陆雄后入常州天宁寺，从恒赞和尚披剃为僧，其异迹甚多。武进陆葆字少逸，官云南同知，师事之。中年断荤食，独宿，丁父艰归，遂隐居诵经，人罕见其面。常人士大夫习内典者，多尊事之。

初十日。廿里，严州府。七里，入泷去严郡七里，故谓之七里泷。又十里，西口，有市肆。又十里，高碕，有防兵营垒。又廿五里，严子陵钓台。群山绵亘中，两石峰横出对峙，高平若方台。上手一峰，则谢皋羽西台也。又五里，出泷。泷凡五十里，两岸山峰，高逼如硖，而奇丽天挺，使人意远。又廿三里，桐庐县城。城北一山，耸立江心，则所谓桐君山也。山后小河，通分水县。又五十里，泊场口。是日雨，烟蔼空濛，不能饱玩山色为怅。

十一日。四十里，至富阳县。往见陈槐庭明府，因与弢公同游鹳山真武庙前之春江第一楼，仰〔俯〕临长江，四山环绕，实此间一胜境也。槐庭名锺英，伟人司马之令嗣，吏才甚优，尤精佛理，终日言明心见性之要，娓娓不倦，并赠净修浅说一书。予愧无宿根，不能赞其义也。

十二日。七十里，至苹溪，有市肆。四鼓开船，至此天甫明也。廿五里，至鲇鱼嘴。又五里，流芳岭。稍下，过江岭。三处皆有防兵。之江曲流，至过江岭乃一大折。稍下即六和塔，远望海门，气势尚雄阔。自流芳岭至闸口，廿里，泊船。当雇肩舆入城，度凤凰岭，入清波门，凡十里。凤凰岭上一山最高，为玉皇山，万岭重迭，左江右湖，亦巨观也。入城后，即同弢公寓祝桐君司马处寓中杨君凫门亦有意气。刘子迎名达善昆季三人，来谈竟日。刘君，甲辰同年，才气超迈。晚次，金眉生观察、许雪门大令先后至，谈至三鼓始罢。船上一切包艄，至兰溪又复治酒相饷，到岸给赏四元，又赏伺候三元，水手送点心又赏一元，出泷进泷又赏钱数百，烦费如此，而呶争不已，真可厌也。

十三日。往谒何赓云中丞桂清，韩树年方伯椿，晏同甫廉访端书，庆云浦都转廉，缪兰卿观察梓，王雪轩太守有麟〔龄〕，及敖彤臣、李培基两令。雪轩，福建人，貌殊壮伟，有才气，此间主持诸政者也。又万藕舫学使青藜，何伯英国琛、戚小蓉贞、金眉生（清安）〔安清〕三观察，邵蕙西光禄懿辰，师荚山参戎长镳，成蓉卿孝廉，黄笏堂司马维诰，谢西斋揆一，吴子（莘）〔苾〕学使式芬，庄蝶园州倅敏。蝶园，予宿好，今馆吴子苾学使处。坐中得见翁叔均，吴江学者。蝶园述往事数则，为之怃然。

十四日。往见胡云次太守泽沛，武陵，何子敬太守绍祺，刘望洲希瀛、李地山福谦、李树堂寿榛、严南屏、孙石农玉田、许雪门瑶光、吴春冈荣楷、李锦湘溶诸明府，及柯沅、姚绍煦、汪承绪、宁竹亭垲四少尉，盖皆南北两省同乡也。又往见陈实庵元鼎、刘听襄崧骏、刘芥舟明府润三同年。是日大雨。

十五日。同乡诸君邀至何子敬处，觞叙竟日，并演秀华部为乐。部中四喜、德福两伶，颇有京师态度。晚为桐君邀同蕙西、子迎集饮，酒罢已三鼓，仰视月色，光明如昼。徒步由四宜亭至紫阳峰高处，揽江湖之胜。烟蔼濛濛，人天俱寂，独步山市，一匝而归，不觉万感之交集也。

十六日。至蕙西处早饭。往拜戴醇士阁学熙、俞云史观察琨、周雨亭廉使澍。雨翁年八十，意致勤恳，犹见老辈风规。晚归则宋湘门炳璜大令适从京师至，询知已选广西明府，由浙绕道而行也。

十七日。师萸山邀早饭。萸山寓金衙庄，盖马坡皋园，南宋时已有此，萸公记中所谓宋时东花园故地也。明董文敏香光曾读书于此。祝枝山署其前堂曰：溪山爽秀。吴梅村署其正堂曰：沧浪书屋。中为池，盖湖水引入。环城水源甚阔，驾桥以为界，宛转曲折，周通四旁之室宇，极有妙致。有古藤二株，相传南宋时物也。园中梅花盛开。右旁皆石山，满种书带草。其室屋阑干，则皆萸山所新造者也。下午至盐局，因留晚饭，谈颇畅。是日为书与根云中丞云：日昨上谒崇阶，渥蒙盛谕勤勤，竦息俟命，滋深企仰。以公务殷繁，未敢继请教益。而区区远来之意，实欲上借声威，要求一二同志，筹所以裕饷之源，使涤帅一军得蒙庥荫，以图不匮。自审寡昧无知，而于天下大局，未尝不以关虑，盖非区区委员之事，求得饷报命而已。来此数日，考察公论，思所以筹饷者不可得。惟雪轩太守谕以上海厘务，岁尚可数十万金，但须奏明办理，即可据以施手。因念近岁各营筹饷之方，苟有可经营，无不率先为之，独此之为利尚无有议及者。或曾营之生机，留此以有待，而假手老前辈以扶掖之，俾托命宇下，以收饱腾致力之效。伏恳迅赐函商涤帅，会同一奏。窃计金眉生观察任此有馀，但使办理通利，缓急皆可相济，庇益滋多。涤帅一军孤寄，时忧缺乏，所仰望浙省甚殷。遂以急迫周章之辞，过不自揣，尘渎聪听，亦恃老前辈至交深契，无所顾忌，幸求略其词而原其情，即老前辈平日体仁和义、顾存大局之意，当亦不以置怀也。至彼间需饷情形，每一念之，寝馈为之不安，仍求设法周急，曲示庇荫之大。其自涤帅以下，水陆万数千人，实同瞻戴大德。即拟赴上海一行，月内当可旋营。尚欲求得法书数则，以为光宠，未知有暇否云云。

十八日。往见钱秋岘廷薰、邵步梅燮元、顾蔼亭观察椿，皆此间之能办事者。随至仙林寺会姚振甫，谈少顷。姚君名承舆，归安人，学有根柢，人亦诚笃。宗涤楼给谏稷辰荐举人才五人，姚君其一也，其四则左季高宗棠、周弢甫腾虎、管敬伯晏、唐□□起华也。又往宋湘门处，得见福瑞都阃号松岩，盖以都司拣发广东者，气宇尚佳。晚就盐局宴叙，汪春生司马道森及弢公同在，二鼓后始归。

十九日。金眉生招饮湖上。在坐者，章（壁）〔璧〕田前辈琼，卢江人及曹柳桥、王安伯、姚若洲、陈实庵、弢公与余。曹君亦杭州知名士也。酒半，泊船孤山，同登放鹤亭。微雨时作，未能畅游也。建宁三孝廉刘少友渊、谢芗泉恩霈、章安甫文澜同晚饮。

廿日。眉生来谈，因及筹饷三则。一、道光廿四年上海通商，丝绵就近入海，仍纳杭关、赣关、韶关三课，由上海汇收，归各关支报。数年以来，亦无过问者。可专提三课，委员坐收，以充军实。一、咸丰三年上海失陷后，夷人代征商课一百六十馀万。去岁夷船至天津，呈递十六条。其商课一节，交两广督臣酌办。三年以来，亦无有与夷人议及者，可委员向夷馆核算催缴，多少必有所获。一则急通江楚之路，以招徕商贾，即出示谕令捐输。眉生干济才，所言尚非无见，略记于此，以便函商前路也。是日大风雨。

廿一日。弢公偕桐君赴苏。往见晏巢芸、章璧田两前辈，皆诚笃君子。章公持论尤能见其大，自述两年遭际，奇险逼人，其办事亦尚有实际。北人类多质直，南北风气固殊也。是日雨雪。

《题庄涤园看剑引杯图诗》：春江酿酒波浮盎，峨冠樞具争雄爽。老谋[①]奇抱郁不试，买舟去作西湖长。忆昔海夷初构难，骖驾东游[②]掉尘鞅。吴山葛岭发妍媚，破晓提壶成独往[③]。倚天长剑耿胸抱，雷雹飞山迸空响。豪谈隽饮须臾变[④]，万事电掣[⑤]无留赏。江淮汹波又荡汨，十六年事如反掌。海东重来一把晤，空有华颠映高颡。当时朋游四五辈，云烟散乱随俯仰。唐衢痛哭就屠灭，死骨空[⑥]江更悲怆。但谈世事先涕零[⑦]，忍更倾觞话畴曩。嗟我雄心又[⑧]消尽，老气已作[⑨]木鸡养。君犹抚剑斗年少，写图示意郁奇想。中朝[⑩]冠佩皆阿蹇，醉梦无忧堕罟网。剑头一吷真堪笑，鼠辈弄兵徒扰攘。我持太阿不敢试，镂刻肝肺效诚谠。铓气虽铦要深敛，用不偶世道斯枉[⑪]。摩挲顾视三叹喟[⑫]，光气本自悬天壤。手无尺铁期命中，坐论恐亦从诬罔。愿君对酒且欢呼，不用喜俗相崇奖。酒光剑色相照耀，已觉此气干云上。应龙乃[⑬]乘雷电化，溟鹏不取（枌榆）〔榆枋〕抢。丈夫时运要有待，功名一剑君其傥。

廿二日。大雪竟日，楼头雪景殊佳。眉生见召，往谈，并见示所拟筹饷二则稿。

---

①此处旁注又作“瑰怀”。
②此处旁注又作“马挝东指”。
③此处旁注又作“纵孤往”。
④此处旁注又作“间”。
⑤此处旁注又作“过眼”。
⑥此处旁注又作“寒”。
⑦此处旁注又作“即论世事已心摧”。
⑧此处旁注又作“苦”。
⑨此处旁注又作“懒废翻疑”。
⑩此处旁注又作“纷纷”。
⑪此处旁注又作“用违其道嗟已枉”。
⑫此处旁注又作“嗟”。
⑬此处旁注又作“本”。

廿三日。大雪。与许雪门步上城隍山观雪，因饮茗放怀楼上，至书肆购旧书数种而归。发涤公南康、浦公徽州二信。浦公信云：去秋接奉赐书，续复寄呈一缄，想蒙台览。浙西长城之倚，逖听风声，靡不欣戴。崛起艰难之中，功多于元凯，超然去就之表，心远于鄚侯。根翁言此路终当托资保障，想忠勤上契圣心，亦深倚注。惟近闻北固要隘，大势岌岌，事局之变，未究所极。章江以西，糜烂方甚，所在多可忧虞。求如旌麾所莅，征师措饷，处理裕如，为难能耳。□□以去冬奉涤公命，以饷项无出，求助浙人。比至，知已解拨七万。此间虚乏之状，数路兼顾，供给实亦匪易。江浙生财之源，非无一二端可行者，而又非远人所能参与。日内急谋旋营，甚思枉道一见。而闻徽州皆山径小路，恐往返为烦。巢翁见示札谕，知西江饷务，勤勤在念。旧时丕冒之区，宜廑盛虞。而大江以南，关键所系。财赋则吴越，形势则江楚，实所均重。顾念艰危之状，何以能善其后也。茶陵小股，本非甚悍。阿镇帅以军三千，闻风先溃，军火悉以资敌。嗣是盘游月馀，无一卒相御。使之厚积其势而后图之，事难而功半，其端实由于阿镇之启乱。我师烛见，盖在两年以前，使人叹惋。堂上寓居会稽，闻以次康善，足纾远系。雨雪奇寒，瞻望无已云云。又致帅抑斋书云：九年之别，不谓时事坏乱至此。昨岁闻寄居严州，咫尺可通音问，而懒不作书。今春浙游，思欲一诣视。至严城，探悉居处去外江尚百馀里，乃复不果。颇闻豪气视昔愈减，家累之烦，身世之感，倘不以累心否？忆足下往昔举似五人，皆穷损颠倒，独卧云成名以死，而君与吾顽然似昔，其犹幸人也。不知足下识鉴为非耶，抑彼穷损颠倒者，固在此不在彼也。谈者谓足下入赀为观察，确否？弟此来无状，日内即一至沪城，观海并火船之奇，兼为涤公觅洋器数事，且措路赀，往返可十日，仍留两日湖上。

足下少暇，能一来杭城，一纾数年契阔，亦不可多得之会也。雪夜奇寒，呵冻寄此，不能多述。

廿四日。晴。庄涤园来谈半晌。雇船赴沪不可得，缘师萸山以师赴丹阳，索差甚急故也。

廿五日。晴。邵位西来谈，因及西洋测天之略。近见西洋书，言日不动而地动，颇以为疑。位西则言：地本静，而天以气鼓之，即《易》所谓承天而时行也。《张子正蒙》已主此说。近日西洋畅发其说，以日为主，五星环之，地轮又环其外。乾隆中，西洋蒋某曾献此议，上命钱大昕竹汀等质问，终疑其说，勿用。予问经星又环何处，位西言：经星皆日，天外之天，盖无穷纪也。惟佛先见及此，所以有大千世界之论。经星各自为一世界，而光与此地轮足以相及，故休咎亦与之相应。其说甚奇。下午刘芥舟润、陶润生德封并来，谈一时许。

廿六日。诣何伯英、邵位西处畅谈。晚为金眉生招饮。是日晴。

廿七日。晴。与杨凫门、鲍建勋至清和坊恒生店购衣一二袭，茂生、怡生两处购宁绸一二事。晚饭刘芥舟处，同席为梁锦堂司马、科毓峰明府。谈及浙江宦味人情，令人齿冷。是日觅张姓无锡快一只，明早当为沪游也。凫门以其弟庭钦为托号芝生，飞泉太守次子。同住者鲍君号建勋，刘君号善之，章君号安澜，与凫门而四。祝守维则来访号子伟，以缪兰卿所运官盐无从销售，欲以此拨江右也。

廿八日。早至金眉生处，不晤。即由望华桥上船，十里始至水关闸口在艮山门。杭关稽查凡三处其一在得胜坝下。十里，过得胜坝。以粗绳拦船尾，岸旁以辘轳转之，逼船使行，至坝口陡落而下。又十里至登云桥大马头即钱塘江闸口，正流出此桥上相去十五里。又行十五里，泊黄家庄，沿岸居民数十家，无市肆。

廿九日。卅里至塘西。水分东西两道，东由嘉兴赴苏，西则由湖州赴苏之小塘也。三岸皆肆市，东西两岸并繁盛。地与石门交界，有巡检司。东塘约行二里许，江中建一高阁，为文明阁，盖此市所以收水者也。又六十里，抵石门县，城在西岸杭州至石门百二十里，其实不过九十里也。又二十里，东高桥有震东禅林，颇宏敞，舟人谓之石门湾也。又十里，泊前店渡。

卅日。四十里，至斗口。又卅里，至嘉兴。去嘉兴约三里，有三塔寺，盖寺门平列三塔，故以名，庙极宏阔。至嘉兴，往见李芝岩太守名祥麟，湖北人，丁酉同年，不晤。因游陈园，历览园中诸景，盖金陀园故址也，在郡城东南隅，与范蠡湖相近。南为宝花仓，又南为金明寺。宋淳熙时，为姚颖故居，名景范庐，后为岳邺侯珂隐居之地，以其地近金陀坊，因名金陀园邺侯所著有金陀粹编。园中鸭脚树一株，尚传为岳侯手植也。国初为曹秋岳侍郎溶所得，以邺侯号倦翁，即名其园为倦圃。凡为景二十，朱竹垞各纪以诗。其最胜者为溪山真意轩，后归休宁汪氏，李尚书卫易此轩名曰铁舟。后始展转归陈氏，今谓之陈园也。园中为亭，为楼，为堂，为轩，为船房，曲折隐蔽，多引水以环之，或面或背，其船房则多在水中央也。其面城一楼，上有松雪二字，为董文敏手迹。其正厅署为金陀别馆，有《祝芷塘德麟记》一篇，刊刻木壁上。稍右一堂，王梦楼署为范湖草堂。陈氏兄弟凡三，乃三分其园而环以墙，殆非复旧观矣。《祝芷塘记》中言，秋岳侍郎谪官副使，朱竹垞访之塞上，因及倦圃之胜，乃使周参政之明图之，而竹垞为记，三人者各系以诗，殆今游此，而所谓二十景者，已多颓圮云云。其时犹属汪氏也。今归陈氏又数十年，闻其家亦渐落，丹青雕镂，剥落多矣。楹联名笔多至数十首，不可胜记，略记其佳者。

刘文清墉联云：闲眠东阁编花谱，坐对南池注水经。张得天照联云：眼明小阁浮烟翠，齿冷新诗嚼雪风书法精妙，殆无其比。梁山舟同书联云：闲随客品酒清浊，爱读书如山浅深。朱竹垞彝尊联云：插架图书邺侯轴，满庭风露赵昌花。王梦楼文治联云：道心静似山藏玉，书味清如水养鱼。陈勾山兆仑联云：鱼下碧潭当镜跃，鸟还青嶂拂屏飞。盖录许丁卯浑句也，书法亦极秀健。程春海恩泽花神庙联云：坐看雪意生豪迈，遣向花神问起居。方（敏恪）〔恪敏〕观承联云：石有一拳山意足，地饶半壑水纹多。馀则书法联语皆稍逊，亦不能悉记也。还至金明寺，寺后范大夫祠，仅屋一楹，前为飞轩，下即范蠡湖也。环城一泓，广可数丈。祠榜云：五湖遗迹。归舟后，独步由东门桥至南湖赴海盐须由此路，觅一小舫，游烟雨楼，盖南湖中一洲，架楼五楹，四面皆窗，极轩敞。前为飞轩，轩外筑堤环水，通以小桥，种柳数百株。堤外湖面独阔，夏秋之间于此纳凉，始设茶肆，今则空无一物，惟高宗诗碑一座，矗立外楹而已。记辛丑年使院思一游此，为雨所阻。忽忽十六年，乃得一偿宿愿，而风尘人事，日益寥落，滋足感也。舟中无事，取遗山诗及文选，汇成长短联语，共数百首，以消永日。

二月

二月初一日。四十里，至嘉善县城极大。又四十里，至风井，有市肆。又五十里，至三江口，其南一路通平湖。自此以下，皆所谓黄浦江也。又十里，豆腐滨，由小河北至松江府十里。又三十里，泊得胜。是日西南风甚利，凡行一百七十里，至黄浦江，午潮方上。非得北风，不能行也。

初二日。廿里，至九浦港，有市肆，小河可通奉贤县，其地则黄浦江中一洲也。以风逆，午潮方至，移泊港内。步游至武圣宫，小屋一楹而已。门首悬木牌三方。一、修河磡，首列捐户，次叙工费，次标存款。一、修桥，叙次亦同，皆此二年事也。一、施棺木条款。凡酬神者，二三十文都准布施，择一二人掌之，其愿捐者听。江浙风气，靡荡偷惰，重以浮诈，人自为心，无礼让联属维系之意，极为可虑。独其好善乐施，虽数家之市，其规模有可观者，是又吾乡所不如也。

初三日。大风雷雨，船不能行。此路港汊泊舟之所，辄树竿高数丈，四面悬灯，以导引夜船，远望之如张火伞。

初四日。雨止而风不息，仍泊原岸。

初五日。卅里，至上海县，泊大东门外。即往见黄鹤汀明府，畅谈竟日。因言其初莅宝山时，上海方失陷，谣言四起，所以为筹防之策者至悉。广勇两次扰及江湾镇，捕得十四人，悉诛之。许、向以下无不汹惧，赖吉公极力镇压，得无事。时同事者：景君又春、曹君锡焘也。鹤汀才优而胆壮，亦今时之难得者。连接金眉生两书，复书云：别后念想良殷，既佩高诣，又念勤勤任事之意，如左右者，盖难能也。初五日抵沪，连奉两书，具领一切。西江一局，甚费支撑。周梧冈健者，此军或保无他，然各信多可疑者。周念慈所募无万人之多，由赣抵吉，亦无由骤注奉新。刘养素水师，调防省河上下。贺虎臣各军，方扼樟镇。刘军获胜，亦不详其何地。以意校之，大抵皆据侦者转递之词耳。沪城繁盛，殆罕伦比。是中大可筹画，而坐视无术。夷税询之鹤翁，惟花旗国所收之十馀万，自请缴还八万，并无议定卅六之说。渠与观察公曾赴该领事处会议，弟惟嘱其弗轻允，以观后说而已。有司以民牧拊循为主，至于种种筹利，皆当别有专主。今之大府，凡事不肯耽过，而惟责有司之裁处，蒙忧其无术矣。此行黄浦江阻风三日，计行八日乃抵沪。弢甫尚留苏州。此间略泊二三日，尚拟绕苏旋杭，计亦须廿馀日也。又致万藕翁书云：廿七日重枉赐顾，以启程在即，不获重诣求教，心殊惘惘。濒行时，祝君子伟以缪观察之命，欲以浙省运盐抵拨西饷。侍谓运路苟通，盐即饷也，苟未能通，浙省所不能运者，江局何由领运？祝君谓且俟侍旋杭后，函商涤帅。窃念彼间需饷极殷，若俟往返函商，徒费时日。中丞之意甚勤，似正筹借拨，或恐以祝君之言，转致需迟。伏求与中丞晤叙时，曲述彼都求助之意，以速其援手，而托位西伯英诸君转告祝君，拨盐之议似宜缓商云云。

初六日。往见浙江海运局总办杨晓东观察裕深，贵州人、浙江查船委员饶梅山宗孟，广昌人及杨钦庭福建人。又往拜江北委员孔育函继镛，不晤。上海道则蓝子青蔚雯也。拟赴洋泾滨相诸洋器。鹤汀嘱往拜金君子芗住旧教厂源和丝茶栈，便邀偕往。遣人探之，则以事出城，约明日乃往也。

初七日。与金子芗至洋泾滨，至利名、泰兴两行皆佛郎机人，相诸洋器，仅得风雨表一器，双眼千里镜一器，索值极昂。至领事馆一处，穷极奢靡。夷房极明爽，四面皆离立，环以窗棂，玻璃嵌之。高或三层，皆楼居，而下为议事厅，或曲折作三四间、五六间，置诸玩器，精耀夺目。马牛皆高骏，鸡尤奇巨。有鹿场一所，鸟场一所，其中孔雀、鸳鸯、锦鸡、野雉之属约十馀种。龟甲大于车顶者一事，牡（砺）〔蛎〕甲大于案者八事，皆列置阶下。馆中徐姓号钰亭，广东人顾姓上海人略一谈叙。陪游正厅者，顾君也。又至瑞麟祥问弢公消息，尚无来信。每日下午，夷女皆出游。是日微雨，未之见也。回船时，道遇两小儿，极秀美。一乘小车，夷妇一人挽之以行，一横骑小驴上，皆不类夷种。各馆夷人不过三四，所役使皆内地人，状貌狞异，气焰嚣然。火轮船、货船、兵船，泊江中者无数。东北望吴淞江，相去数里。至江口六十里。

初八日。购洋布数事，因游城隍庙。正殿亦不甚宏敞，后园乃极亭沼之胜。引便河为池，中（购）〔构〕一堂，有陶云汀宫保联云：微云几片石临水此语记不甚确，短笛一声人过桥。池旁飞楼四映，经乱以来，多毁于火，而因屋为市肆者犹数十家茶馆亦四五所。别有两园，以兵毁待修葺，乃扃其门，则园中之两别业也。石山布列无数。两园之已扃者，他无所见，犹见石峰耸立，高下相环也。庙园之大，殆至此已极。下午独步至洋泾滨，遍阅其架屋开道之雄敞。夷妇亦多出游者。比回船，月上数丈矣。

初九日。偕尹莲溪观察云南人、黄松舲，往看火轮船。先至大西洋国领事处名必理，有陈姓者随往。导至一船，则英吉利富领事船也。船旁有悬梯，小夷目二人侍立两旁极秀美，引绳导客。外夷示敬之礼如此。船面巨炮五千斤者一尊，三千馀斤者十数尊，指南日圭两座，拨船一只，并安架船头上。富领事者，免冠相见，携手一叙。又有密姓者，通汉语，为传姓氏。因导往后舱，先观舵前轮叶，又与他船异式。盖他船两旁安轮，此则仅后一叶，上下两片，状若卷篷，范铜为之。据云，每一转轮计行十三尺，为时一分可转六十四轮。从中舱缒梯而下，至前舱安轮处，皆以铁网幂之。其中或方，或椭，或曲，或重环，大率钟表之比，皆铜为之。又梯而下，则船首置火处也。两旁为水箱，每水箱下安火门三，每箱贮水三百馀石。水箱上旁气管粗约二尺围，至网舱左右，管亦渐小，围可数寸而已。火烈水沸，则水气冲入气管，网舱中大小轮齐动，机之所触，力亦渐大，两旁及底暗消息转入，轮叶乃翻动如风。网舱右旁气管安铁柄二，可扭而进退。盖气管中有小门，进则门伸而闭，退则门屈而开，所以测水气之缓急而宣泄之也。其上安气表三，所以测气者也。旁安铁架若磨式，据云，往后一推，亦可激船使退。网下有铁箱二，水气过盛，则泄而出之。水箱取水，用皮筒吸之。前安玻璃管一，可以测水之多寡。其他轮船，法亦略同。惟两旁安轮，外覆其半，状若桥，形制为稍异耳。富君言船式随人创造，而自诩其法之□，倍于他船也。网舱之后，左右皆小房，最后为大厅。设几席，置酒相款。食物四器，若蛋糕、条酥之类，皆牛油为之。酒味甘酴即所谓西洋葡萄酒也，内地无其匹也，而皆冷咽之。睡床制藤为兜，悬舟两旁，随之摇摆。厅内巨镜二。一为老者像，高颡有道气。密姓者云：此山姓，高宗时入都谒天子者，此君也。一方面，状甚英鸷。密姓者云：此范姓，近时人，造船为周行地球之计，至极北地，船为冰所裂，遂不得还。凡诸所言，皆富姓讲授，密姓者代宣之。船身皆裹以铜皮，四围树墙，安炮门。悬梯处为门限，以通出入。大桅凡三。小铁筒一，以泄炊烟。后离数尺，即火箱泄气大铁筒也。船面正中，相去数武，辄安一玻璃窗，故内舱极为明爽。船中金边冠者数人，皆有职分者。富姓金边冠，金边袖，船人皆尊事之。次至墨海书馆。有麦都事者，西洋传教人也，自号墨海老人。所居前为礼拜祠，后厅置书甚多。东西窗下各设一球，右为天球，左为地球。麦君著书甚勤，其间相与校定者，一为海盐李（任）〔壬〕叔，一为苏州王兰卿。李君淹博，习勾股之学。王君语言豪迈，亦方雅士也。为觅《数学启蒙》一书，为伟烈亚力所撰。伟君状貌无他奇，而专工数学。又有艾君，学问尤粹然，麦都事所请管理书籍者也。外赠《遐迩贯珍》数部，前格物理一二事，而后录中外各处钞报，即所谓新闻报也。刷书用牛车，范钟为轮，大小八九事。书板置车箱平处，而出入以机推动之。其车前外方小轮，则机之所从发也，以皮条套之。而屋后一柱转于旁设机架。牛拽之以行，则皮条自转，小轮随之以动，以激转大轮。纸片随轮递转，则全板刷印无遗矣。皮条从墙隙中拽出，安车处不见牛也。西人举动，务为巧妙如此。王君挈眷寓此，所居室联云：短衣匹马随李广，纸阁芦帘对孟光。亦有意致。询其所事，则每日出坐书厅一二时。彼所著书，不甚谙习文理，为之疏通句法而已。其耶苏教或问，乃多取儒家之义相比驳，而袭引佛氏地狱之说，诋諆诬罔，以推重其术，则此数君者附会援引之勤，恐不得为无过也。夷人所住，靡不精洁。大船不下数十人，铜铁诸事多加乌油，火箱旁屯聚煤炭，而皆不甚觉其污秽。行海各船，略有三等：其一加绿油者，形制略小。乌油者两种，一即火轮船也。制造各殊，目所及见，大概三种而已。鹤汀云：各国领事，惟佛郎机名伊担者最贤淑，与伊往返甚勤。其居室最华靡者，必理也。坐厅陈设绝精，而四方各安巨镜，高约七八尺，金边雕镂，至奇丽也。两镜相对，其光层迭收入，照之觉门限十馀重，皆一例精雅。有磁器数种，细致精妙，非中国所能为也。晚归，会宴鹤汀处。同坐为饶梅山、沈兰士两大令。沈君广东人，随同饶君奉委赴上海与江苏会办厘务者也。成五斋福则庐营委提饷者。周子湘绍莲送羊烛火腿二事。周君为邵庵之弟，其兄与予至好也。是日晚归已三鼓，得金眉生信，因复一函，并函达涤帅，陈近事八条。

二月初十日。由沪城大东门开行赴苏州。沪城之为邑，黄浦江经其南，吴淞江道其北，松江、青浦又西界之，而黄浦江入内河东，由洋泾滨以达于吴淞口，盖四面皆环水也。本日以西风稍大，行十里至新塘，即行泊舟。新塘在县城西北隅，此行略绕沪城一周矣。午后独步至城隅，观弥利坚筑墙处西洋国凡数十，前岁闽匪踞城时，□火米食皆与夷人交易，弥利坚请之吉中丞，筑墙西北两城，以断其□，贼始困而外窜。嗣是墙外地皆归弥利坚，盖东北西三面，大率皆夷地也，询□人已无有知者。断垣积土，隐约犹存。往返十馀里，道遇利名、泰兴数夷目，与予握手相款曲。彼此言语不相通晓，一面之识而致礼如此，是又内地所不如也。归至大王庙，考求吉雨亭中丞扎营故地，居民犹有能言之者。

十一日。二十里至陈家渡在曹家渡上五里，阻风，登岸小步。居民十馀家，有庙一所，署榜曰周公祠，入视则近时衣冠。考求碑迹，知周公名中鋐，山阴人。雍正六年修浚吴淞江，特命都御史陈公世倌，会同江督范公时绎、苏抚陈公时夏督办。中鋐时任松江府，承筑大坝。以海潮冲激，功不时就。中鋐亲率河标把总陆章乘船冲流，督夫下埽，风急水溜，遂与陆章俱没，而堤亦旋合。事闻，赠太仆寺卿，赐祭葬。乾隆廿六年，苏抚陈公宏谋题祀名宦，而士民私建小祠于吴淞江畔，岁时祀祷。道光七年，苏抚陶公澍重浚吴淞江，上海令李廷锡承筑曹家渡拦潮大坝，适东风大作，潮起波沸，坝底刷深三丈馀，工且溃。祷于祠，风立转，坝亦随成。八年，江督蒋公攸铦、苏抚陶公请即江畔庙址，建立专祠，春秋致祭。长髯广颡，仪象俨然。其旁面黧而髭者，即陆章也。按江苏三江，一为吴淞江，一为黄浦江，一为刘家河，率为海潮所淤，数十年须一挑浚。明夏忠靖修浚刘河三泖，而舍松江。后周文襄始议重修。海忠介乃于平地开江，以复吴淞之旧。□□凡四次修浚。至道光七年，御史李鹏奏言：三江水利，刘河口已淤成平陆，吴淞上游仅如沟洫，虽黄浦江势尚通畅，而吴淞不通，则苏松及浙湖交界之水无从入海；刘河不通，则苏州东北之水无从入海，请及早设法疏浚。上以三江曾议兴修，嗣因需费较多，仅将黄浦一路挑浚，吴淞各工暂行缓办。数年以来，淤塞当更甚于前，自应及时修挑，为一劳永逸之计。乃饬蒋公、陶公查勘办理，而陶公专董其事。凡用帑银廿六万有奇，役夫六十馀万，五阅月而工毕。其分工之州县，则上海、嘉定、青浦三县任其半，而水利所及之长洲、崑山、太仓、宝山等八县任其半。先时江势缭曲，流缓易淳。苏（淞）〔松〕道陈公銮命割（强）〔张〕居一湾，取长千有馀丈，俾湖水迅疾下注，其力足以刷沙。海口愈刷愈深，淤无所蓄，江之深广各二十馀丈。后上海令沈炳垣图记，谓此举若疗疾然，以峻药猛剂洞开其关膈，而膏肓症结沈锢顿起，豁然大快，而后湖之与海，如泥丸尾闾，灌输无停。盖修浚之功，斯为最巨。而今之吴淞江不受潮淤者，陶公之力也。祠旁一室，祀诸有功水利者。为龛二层，上祀夏公、周公、海公，下祀陶公及陈公銮。祠后为周太仆寝室，右壁有碑，则唐公仲冕任苏臬时督浚吴淞江记也，其于水道并兴修期程至详悉，略录其大意于后。其略云：太湖受浙西诸水，东注松江，绵亘三百六十里。自湖东北经七十里为三江口。由东北入海者为娄江，今为刘家河。由东南入海者为东江，今为黄浦。而松江为经流。松江又东经八十馀里，合大盈、顾汇诸浦，为四江口。又东经百二十里，黄浦江会之。又经七十里入海，为吴淞口。国朝三次修浚，迄今五十馀年，江为海潮所淤，农田失利，粮艘贾舶皆纡道由黄浦往来。嘉庆廿一年，苏抚鄱阳胡公始议兴修，估费廿八万有奇，按亩两年科派，青浦、上海、嘉定出其三，而水利所及之长洲、元和、镇洋、吴江、常熟、新阳等十三县出其七。嘉庆廿三年费始集，即谋兴修。起青浦拦潮坝，中界嘉定，东至上海万安渡以下之拦潮坝，凡一万一千馀丈，计六十馀里，为段五十有七，为土五十八万八十馀方，役夫六万有奇，三阅月而工毕。江面宽或九丈五尺，或十二丈五尺。底宽三丈五尺。深或一丈，或丈五尺。较之原浚丈尺工省矣。上游铲茭萑，以畅来源。下游设东水重坝，以御海潮。川沙、南汇诸厅县粮艘，毕由此达。而沿江田农，自开支渠，以资灌溉。又以其馀力，修建瓜泾、张姆二桥。而节馀万金，存质库取息，为岁修之资，由苏松太道就近征发。土人言：潮汐出入，日厚一钱。计岁所淤，厚三百六十钱。一丈之沟，不十年而已淤成平陆。后之人决滞疏浅，当谋所以不敝者云云。记中言定议章程者，苏藩陈公桂生、苏松道龚公丽正。视工勤事最力者，海州牧师亮采。分工者，上海令叶机、嘉定令刘青藜、青浦令李鸿钧也。旁室左壁一碑，则《陶公验收图》也。中立长须者陶公，左为苏藩长乐梁公章巨，右为苏松太道江夏陈公銮，并刻三公诗于后。盖上海令沈炳垣所刊，并为之记，而前令平翰书石。梁陈二公和诗，常语耳。陶公诗于治水原委，颇有关系，因录存之：戊子二月十七日，吴淞工竣放水，作诗云：东南水利首太湖，三江分泄通尾闾。吴淞居中势尤顺，建瓴万古惟东趋。六府一州若堂奥，开合门户此其枢。迩来沙泥日壅塞，潮水远隔惟亭隅。篙人渔师坐太息，涉浅几化舟为车。致令旱涝靡所备，百万亿顷田无租。天子临朝下诏谕，南顾窃恐民其鱼。道谋筑室凡几载，豁然一旦成鸿渠。澜回可使蜃舍避，路直尽断羊肠迂自青浦井亭渡起，至上海曹家渡止，工长一万九百丈，内居家湾、张家湾二处改直一千馀丈。天寒日短劳弗勩，自冬迄春五月馀。今朝开坝具畚锸，万人邪许闻欢呼。涛头一线立海色，恰有绿净光平铺是日午刻开青浦上坝引纳清水，未刻开上海拦潮大坝。樯帆乘风行客乐，鱼龙得意争归墟。推波助澜势未已，且喜百年民患除。香花溢路走相告，鼛鼓不到茅檐居。回思神禹陂九泽，二千年中湖不淤。饱闻秋风动归客，巨口细鳞江多鲈。曷来自宋逮唐代，扬尘几见沧海枯。作俑良由智者凿，建闸之议堪揶揄。以闸御潮沙亦滞，闸内闸外生崎岖。岂知江潮在天地，本若元气相转输。一呼一吸荡肠胃，焉有塞口防沾濡。来源不裕闸何用，刻舟颇笑前人愚。不见黄浦闸不设，未闻阻隔须爬梳。刘河白泖近有闸，浅涩更与吴淞殊。夏、海诸公事已邈，眼前蠡测诚区区。三吴治水宜最急，请以此举为权舆。

十二日。子刻潮始生，舟人乘潮开行。廿里，至野鸡墩。有小汊河，水涨时可由南（墙）〔翔〕达嘉定。南（墙）〔翔〕，嘉定一巨镇也。又四十里，至黄渡。又十馀里，至四江口。松江正流南自青浦折而东下，而苏河自西来会之，娄江、汊河又北自太仓来会之，故名四江口。江浙地平衍，无山川之阻，易以潴水。又多引支河以疏通水利，港路歧出，古所谓泽国也。又七十里，九泽矼。又廿里，崑山。城多隙地，崑山、新阳两县合治之邑。独步至景德寺，庙颇宏敞，而颓敝极矣。是日计行百六十里。由上海经嘉定、太仓、崑、新，共历五县。嘉定、太仓两城，离江各卅馀里。

十三日。四十里，大仪亭，亦长洲一巨镇也。又五里，小仪亭。东抵太湖之尾，一堤蔽之。又廿五里，外快塘。自此市肆与民居径达苏城。又五里，里快塘。又五里，即苏城娄门也。由娄门绕至阊门，又凡二十里。上岸，略向各行店一阅视。晚访祝桐君于南濠信心巷汪姓店内。有姚朗亭者与同寓，桐君之戚也，语言温存，而端秀可爱。

十四日。往拜陈文泉，因留午饭，席甚丰腆，二人对酌而已。因至李雨生汝霖、陈沁泉太守庆溥、蒋被吾泽润、楚北樵玉林、陈玉堂儁诸同乡处，所见惟蒋君。又至马远林钊处，则前日已赴上海矣。

十五日。致袁漱六书云：十年之别，音问罕及。欧阳公有言：其勤心不若书之怠。亦念左右疏于酬接，必有与为偶者。生平诸事，无能为役，独此一节，或足上方盛轨耳。雨亭〔山〕中丞公廉多大略，大府中所仅见。闻左右赞襄，惟阁下及鹤侪观察为所倚恃。时艰方剧，苟有经世之略，怀利济之志，则事与任必归之。艰难反复以自表著者，终不过此数人。所忧者朝廷无远及之略，官民无悔祸之心，或顾此而失彼，或屡胜而无济。事局之变，终未知所竟也。比闻金口近状，甚烦支拄。东南藩蔽，所系至巨，计能以全力拒之耳。仆由沪城绕道来苏，本图一见，而相去尚数百里，恐耽延日久，颇难诣谒。眷念军麾，瞻望弗及。惟望善自保爱，努力匡时，以宏远略，而慰区区企仰之思云云。中午往各店购置毛羽等件，较前数年价值大昂。苏城繁盛如故，若不知有兵警者，而诸器物反益昂贵，即此亦见上下恬嬉之征也。晚晤常州李星甫，彀甫妹婿也。

十六日。周王二仆为买备各物。微雨，大风。

十七日。早偕桐君游沧浪亭。雇船一只，由盘门水城入，登岸至府学宫一阅，随至沧浪亭。由木桥渡至五百名贤堂有绘像及汤敦甫、石琢堂诸记，凡共五百九十人。右廊下有二图，并陶文毅刊留者。一、《七友图》：文毅及卓海帆秉恬、朱润斋士彦、梁茝庭章巨、吴棣华廷琛、顾南雅莼、朱（溶）〔珔〕，凡七人。一、《五老图》：文毅及潘三松奕隽、韩桂舲崶、石琢堂韫玉、吴玉松云，凡五人。再西则苏子美、韩蕲王遗像有子美记并归熙甫记二石刻，左旁一龛祀商邱宋中丞荦。再西有小门，石山环蔽之。一再折，乃见平高敞地，石山层叠。中高处（购）〔构〕一亭，四旁飞楹，或为堂，为轩，为船房，为楼，环列亭基下。中为圣祖诗碑，并联语云：雨足三春农户喜，风行四野长官清。有反厅颇轩敞，陶文毅署榜云：光影会合。再西为楼，上祀汉高士梁伯鸾。旁为高宗诗碑。左旁飞轩甚长，而中间之。内署云：水云四抱之轩程春海笔也，外署沧浪之水清兮六字陈芝楣笔也。四围皆水环之，风景甚佳，而基宇荒废多矣。左为金沙寺，右为结草庵，以天雨未能遍游。前对正谊书院，旁为可园，室宇亦极修雅。还至桐君处，见周瀛士湖州学训导，平湖人，名士熣、吴琴伯余杭人二君，吴为汪啸师之姻。因言东西天目之胜，谓可由馀杭雇夫一行，并为书抵其弟醇伯，可使照料。由阊门开船赴常州，经三塘、虎邱，都未上岸。三十里，至大关，持帖乞关吏放行，而书吏关差种种需索，真使人厌。两岸俱有市肆，街北新设有查河委员。又廿里，南望亭，有市肆，两岸俱立营垒，亦有查河委员。稍北为北望亭。又四十里，至无锡县，泊船县城西门外。又因上海新募之勇，从泊此处，移北城数里之黄滨，则江中一巨洲也。市肆人声寂然，时已三鼓矣。

十八日。开行，至黄浦墩，有查河委员。卅里，窑头滨，船户之居在焉。又十里，乐水，两岸有市肆，登岸独步，至天王殿，庙亦宏敞。与寺僧静生谈少顷，询其本宗，则宝应高敏寺之支派也。高敏寺为江北大丛林，往尝游此，兵燹之馀，鞠为茂草矣。又卅里，七子崦，有阳湖查河委员。又十里，丁崦。又十里，至常州城东，亦有查河委员。再过为分城坝，广园茂树，中构一楼，高宗南巡，曾驻（韡）〔跸〕于此按此行宫即东坡舣舟亭旧址也。今园宇荒废，惟朱楼翼然，耸立云表而已。绕园而北，为里城河。稍转即东门闸河，其南流则运河正道也。城门闸口，亦有稽查。晚至弢甫处，得见张振远、董子中、费清亭、赵敬甫、刘咏如诸君，畅谈至二鼓。

十九日。早致书万荔门太常。随至弢甫处弢公世兄虔，生亦聪秀，见杨友香、陆彦颀、管才叔，皆少年美才。杨君尤精习武事，与董子中皆倜傥有大志。随往见查少泉、赵伯厚两君。伯厚言论娓娓，于读书行己之要，多所证明。言君子之道，或出或处，或默或语，惟其时而已。二人同心，其利断金。上而事君，下而交友，出处语默，即于是占之。正己而不求人，君子之守。以贵下贱，大得民也，君子之用。易文言两称见龙在田，利见大人，君德也。九二无君位，而以阳刚处下，以蓄其德。圣人系《易》，于九五但著其感化之神，而于此爻备著其德，为其体刚善下，君人之德，蕴之有馀也。(禹谟)〔皋陶谟〕九德，数而字皆从洪范沈潜刚克、高明柔克二语中来。彰厥有常，吉哉，正著其用功之效。《汉书·袁盎传》：诸上书言事者，言可用，采之；不可用，置之，未尝不称善。文帝纳谏之宏，非后世所及。大舜舍己从人，佛书发明舍字之义，有有心之舍，有无心之舍。无心之舍，即所谓性之反之者也。有心之舍，即所谓假之者也。又言：往在苏州大云寺，见众僧传餐。主僧上座，诸僧列坐，两旁皆袈裟偏袒。击铎铃一通，合掌朗诵一二语，乃拈饭置之盘中，一小僧捧而承之，又拈饭置之座隅，又拈饭起置之阶台之上，然后就食。菜具惟寒齑一器而已。因默揣其意，击铃铎者，以警众也。朗诵之辞，意盖谓何为而为人，何为而得此食也。置饭盘中者，以供佛也。复置之座隅者，以答前世施主及今日之施主也。复置之阶台者，以普度众生也。寺僧由之而不知，吾辈知之而不能由。彼饭齑也，而自刻责如此，则夫终日饱食无所事事者，将何以堪之。饮食，人生一大事。有食德者，守先王之道以待后世，孔孟是也。有食功者，伊吕之封邑是也。有食报者，贤圣之后裔是也。苟图醉饱而已，是则犬马之豢养也。圣贤仙佛，英雄豪杰，只（鏖）〔熬〕得一苦字过，无一时敢图逸乐，乃得有所成就。

廿日。往见怡燕亭制府及常守色克通阿、阳湖令吴谦吉、武进令贾益谦、熊璧臣观察、伍仲常太守。曹锦荣请至周宅早饭。厅堂重闳，颇极清雅。同乡龙杰云贰尹伟、蒋香涛寿松来访。张振远、管才叔二君极道宜兴何伯冰裕之才，谓其资兼文武，而性耿介，不求世荣。武艺绝精，度尺许之地，挥刀刺之，左右引避，终莫能及。两子三女，长者才十馀，皆精习拳棒，而通达文理。其子十五龄，手双矛可御棍手数人，亦一奇人也。费清亭亦言：

其乡有余福兆、刘二者，力可及六百馀斤。查少泉来言雷鹤皋之蹇傲不惜民：所办厘捐亩捐之外，又有所谓间捐者，计室宇间数以派勒之。以饷需之急，不得已苛敛于民，又无哀矜惕厉之意，而一以暴厉行之，吾惧其不终也。其幕中所收用约百馀人，浮费颇多，亦时有计画，以供其役使。故江北诸军事，一归鹤公处画。其实雷营最猥下，不足以一战，犹恃托、陈犄角以自立。伯厚则极诵向营之精，谓邓、张诸营悍矣，犹未若向欣然本营之老练。此殆非实。向欣然最善择兵，故张、邓皆为所用。自为统帅，深居简出，本营之精，谁实见之。南人唱诵之词，多失之诬。蒙尝谓此老多生积累，因缘甚厚，义或然也。

廿一日。开行至丹阳。卅里，奔牛，为武进一大镇。又廿里，吕城。又廿里，陵口，在运河北岸。六代陵寝，多在此内。弢甫觅葬地于此，地名三城冈，去梁武帝陵约里许。由陵口雇小车往，可二十里也。地临大江，诸山环合，宜有佳处。奔牛口、吕城、京口，宋时置三堰以转漕，今皆有闸，所以潴水通漕艘。军兴以来，不复司其启闭，运河之水亦多胶浅。又十七里，七里桥，去丹阳城尚七里也，有查河委员。未刻至丹阳，觅舆夫赴九华山不可得。天且雨，方督夫筑城。城中居民无几，萧条满目。

廿二日。天雨。昨雇夫，以兵差为辞，今则并兵差亦不能行。乃回至陵口，意图雇小车一行，亦不可得。徒步至三城冈，涂次大风雨，狼狈万状。约行十里，至泸水陈氏庄小憩，仍雇车回船。致书万藕翁及位西、伯英、眉生三君，盖张振远约专足诣藕翁取部照也。又致书李次青并达涤公，盖曹松午约专足诣苏官渡也。涤公书言：毘陵人文之盛，俊雄迈伟之才往往而有。有可致者数人，他日当速以来。弢公此邦宗主，当使汇集其所善，别立一营以自统之。前书请调查少泉廉使，盖亦见大营职事及主兵者，一切禀承指使，日月之下难为照，而又出以独断，未尝以言语假人，虽有才者皆望风而靡，相与拱手听命而已，故须得一二老练干济之才，襄事左右，以徐图赞益。罗、杨、彭、李之才，皆得之始事之日。嗣是用兵数年，不闻一士之获，岂人才之尽此哉？盖方其始事，未自信其能军也，而求之乃竭其诚，用之乃尽其力。及乎功成而名立，于军事艰难曲折，既确有所见，而于新进贤者，遂一切卑视之。其几动于隐微之间，而发之言貌行事，有不可言究者。故虽勤勤焉以求才为心，而才不至，良以是也，今主兵者既皆不若彭、杨之才，而视之若婴孺，蓄之若厮养，未尝一授以事而责以功，既久而其志益靡，徒自为其烦，而无以激发人之才智，虑非所以负天下之重，而戡天下之乱也云云。

廿三日。廿里，至吕城。致漱六书云：苏州寄上一书，想收到。侍以友人周弢甫相召赴常。既抵常，则相去固不远。兼闻日内消息甚紧急，欲相就一谈，藉悉其情状，以慰悬悬之私。乃以廿日僦船至丹阳，至则兵差络绎，索夫不可得。步从乡间雇得一小车，适启行而雨作，舆人力辞去。廿二日午刻雨少息，发愤步行，未十里风雨陡至，历数时不息，狼狈万状，仍觅车回船。此间车力骄贵，晴霁乃远行，而侍固不能久待，廿三日仍行回常。咫尺之间无缘一见，而区区奔走相就之状，即阁下亦无由相谅。风雨泥人，为之闷损。日内过兵颇多，窃虑非宜。鄙意文武健战之师不过数营，可分别添募，各当一面，不宜重立新营。营多而无纪，缓急终不可恃。如余军门已溃之师，即不宜收集，可降为小营，以附大营之后。句容自属要地，宜有重兵驻守。贼以镇江围急，力图横篙子江以通金陵之气。我力能扼之，自属要策。其不能，则且保疆自守，观变而动。贼情最稳实，历数省之地，未尝敢越境深入，遇羸溃之师，则必竭力以逼之，此其大较也。故且当厚集健营之力，以与之相持。以大势揆之，恐尚非旦夕底定之事也。东南财赋之区，天亦有意存之，以为国家戡乱之资。诸公老谋深练，计当有善全之策。区区所陈，幸存之心，以察事理之当否，而为中丞酌议之。日来情事，急欲一闻其略，幸不惮赐示一二云云。录此，亦见此行之狼狈为无谓也。又廿里，至奔牛市。北为孟渎河，去大江六十里。孟河口上至镇江口二百四十里，北至三江营口九十里，即北达泰州路也。又上三里，南岸为扁担河。河道狭小，横亘十里。折而东，即东达金坛路也。又廿里，新闸，两岸有市肆数十家，夹河立营垒以防江路，盖查少泉所布置。又五里，大王庙，两岸有营垒。南岸一营，赵伯厚所练勇。北岸稍进一营，福建兵也。又五里，仍泊常州城河下。

廿四日。往拜汤鹤树云松，庚子前辈、萧仲芗时馥，辛丑前辈、史怀甫保悠，陆立夫之婿、义质斋泰四观察。随与桐君、咏如、敬甫出东门城游天宁寺。庙极宏丽，寺僧三百馀。住持普能，以静修为业。其主事僧韫堂，闻颇有才。罗汉堂塑列圣真容，与净慈灵隐等寺绝不相类。见寺僧午课，规矩肃然。乃悟释氏尚能自守其法度，而吾儒务趋简率。横渠言：天下事，大患只是畏人非笑。始持期丧，恐人非笑，己亦自若羞耻，其后乃渐熟。盖惯简率，则以礼之繁为非，议今朝廷之礼。如长属参见，若依典制，则以为尊大。家庭之礼，则以为烦苦。盖不如释氏之习规矩远也。前壁有赵文敏小字《金刚经》。两廊有《五百罗汉图》。正殿有高宗书联云：合相证三摩，光融西竺；众香超万有，界接南兰。中午小雨，冒雨游赵氏约园。主人赵子冈庚子孝廉，（北瓯）〔瓯北〕老人孙也。园故尼庵地，裕鲁山制府毁尼庵，乃为赵氏所有。而少加修葺，引水为长溪，周环为堂，为厅，为室。水中一亭，颜曰：宛在。其旁石笋三，插立亭畔，有高丈许者。亭堂之属，有署陶庵者，有署泠然者，皆长廊曲折相通。隙处皆列石山，沿溪垂柳、绛桃数十株。左右石桥二座，下可通舟。忆去岁春仲，饮李文恭芋香馆，看五色桃花。回忆故乡，兵戈阻绝，为之惘然。园中字画多精绝最佳者，明张瑞图、铁铉长幅、邓石如篆隶数种。略记联语之佳者录存之。李申耆兆洛联云：青山隔郭来新霁，流水当门似旧时。成亲王联云：竹里坐消无事日，花间补读未完书。朱昂之牡丹轩联云：浓姿贵艳信奇绝，杂卉乱花无比方。毕溪联云：来与野人同漫诞，不嫌门径似渔樵。朱、毕二君，并常州近日书家也。右旁土山一座可望远，山后隙地尚多，有一洲颇大，四面水环之。若于此构堂五楹，上加楼焉，亦一胜地也。

廿五日。辰刻，蒋香涛招饮。席中龙杰云谈近事，多可慨者。每调兵勇，粮台必报（消）〔销〕船价一项，而兵勇索之州县不遗馀力。所过，口粮夫力皆州县供亿。即驻军之处，亦由州县雇夫筑立营垒。余万青赴防句容，与句容令赵廷铭有夙隙，令筑营墙二座，已而增至九座，犹不足，则呼而诟詈之，赵令重价募夫以应。又某县令，以兵过索夫无以应，至自缢以死。而常镇道所管扬关税务，数年以来，以尽征尽解为辞，报部者寥寥，而管关家奴杨七，至积赀廿馀万。杨七，常人也，其亲戚依以致富者又数家，诸皆此类也。下午偕管才叔、陈朋山往观徐氏古铜器二种。一铜盘，深尺许，阔二尺许，长阔四尺许。四角有扁脚，每方巨环二，螭头衔之，内方有铭，约百二十许字，外镂云彩。按其铭辞，盖尹吉甫征猃狁以赐虢季子白者，故今名之虢季子白盘。一铜鼎，高约二尺许，阔尺许，三足，其身与盖并有云齿八行，旁范云采、卍文甚工细，腹以下皆星匏，盖内方有铭，不可辨，惟略识商王二字而已。故其室颜曰：商鼎周盘之室。徐氏之先宦陕西，过小驿，见马槽有环，扣之，铜也。问之，则得自土中。乃命舁归，搜而剔之，周器也。生平所见古器，惟江夏夏舍人所藏簋盖及此盘，断为三代法物。盖镕范甚奇，而其质古重，非后世所宜有。此盘晚出，阮氏《彝鼎图考》亦未及载入，好古者疑之。其实古器之藏灭土中者，岂独此一盘哉。又至丁氏近园，丁诵生前辈别业也。园不甚大，而蓄水为池，又开渠以泄之。前度石桥，旁有土山，垒石为洞，甚幽曲。古松垂柳，左右相映。门左一堂，榜曰：西野草堂。室宇可憩息者，约三四处而已。

廿六日。与才叔、咏如游元妙观。观在天宁寺之东，亦宏敞，道人分院辟牖以居。常人以僧院道院并称，然远不如天宁寺之宏丽。随至烈帝庙，常人所最礼事者。考神名陈果仁，字世威，晋陵人，陈武帝之别孙，仕隋为司徒。沈兴宗反，据毗陵，神谋讨之，事败，赴水死。常人为立祠以祀，宋时封武烈帝，国朝黜其号，仍以陈司徒称，而命有司春秋祠祭。民间仍袭旧号，称之为烈帝庙。庙前一巨池，构亭其上，榜曰洗心池，则所殉节处也。又至城隍庙，亦极巨丽。庙后一园尤佳，有正厅颇精雅，前为观出台。厅后回轩，榜曰：挹翠轩。轩窗洞开，下有清池一方，石山环之。其上隅有飞阁，榜曰：一邱一壑。笪重光联云：米老痴顽惟拜石，嵇生疏懒独依琴。右绕长廊，行数十步，垒石为洞，盘旋而出，有小堂，榜曰：洗心藏密之室。赵文敏联云：水山怡远日，兰桂畅幽风。其内榜曰：小山幽憩。前有飞楼极小，而高楼旁石山，高处仿洋楼式为一小屋，而绘诸番骑驾驼象各诡状于壁。凡园中隙地，皆以石山环之，中多奇品。池右引为小溪，绕石洞曲折以达于洗心室之西。而石洞下方石镌鱼乐二字，董香光笔也。上下回廊，刻蒹葭堂法帖于壁。挹翠轩木壁，刻韩退之所书白鹦鹉赋，尤所未经见者。园外一堂，左壁刊祝枝山所书梅花诗。右壁刊文徵明所作《满庭芳》词，又书东坡一词。坡词语豪意远，略记而录之：归去来兮。青溪无底，上有千仞嵯峨。画楼东畔，天远夕阳多。老去君恩未报，空回首弹铗悲歌。船头转，长风万里，孤棹渡洪河。　无何，何处是苍葭秋水，早晚相过。问何事人间久戏烟波。笑谓同游稚子，恐烂尔腰下长柯。征裘敝，白云一笑，千缕挂烟蓑。午刻，张振远招饮。同席广厚亭参戎，人亦雅淑。沈君祥和赠《一统志》一部。陆彦颀、董子中来谈，言杨友香名宸辅，汪思甫名英，二君武艺皆强，而杨尤血性过人。才叔见赠宝盘铭释文一帙，薛君子衡所释最佳。盖徐君燮钧令(湄)〔郿〕，因公之宝鸡，于虢川镇得之。以建武铜尺度之，长五尺九寸一分，广三尺七寸二分，高尺有八寸，中深尺有七寸，足高二寸。虢川，古西虢地也，陈君介祺所释。称其重，约今权四百五十馀斤。

廿七日。启行回苏。卅里，小泊黄林，有市肆。六十里，由黄埠墩入惠山小河。黄埠墩即所谓小金山也。有亭翼然，四面窗轩，耸立江表。入内河，处处小港，驾石为桥，碧柳青山，明媚无比。至龙头硖，垒石为堤，中有龙口，惠泉水由此入江。时天色已晚，不及登岸一游也。

廿八日。早，祝桐君亦至，遂偕游惠泉寺。入门即见石山环蔽，小池一方，赵文敏榜其侧曰：天下第二泉。水颇为居民所污。其上二井，乃极清冽，王恕斋澍亦书“天下第二泉”五字榜其下。其上则纯庙诗碑也。右方高下数屋，皆列茶肆。惟陶文毅印心石屋石刻一室较清整。其右有小溪，履石而渡，有石洞，为仙人洞。泉左为惠山寺，庙极宏敞。最高处为九龙岭，有玉皇阁，旁小轩可坐。王梦楼署榜曰：葆素含元。书法严整，稍变其平日飘逸之气。庙正殿有纯庙赐联曰：九陇云连，吉光开妙相；二泉水静，诸法契真如。殿左旁有怪石，惟现石刻数字，馀皆漫灭不可辨。

下方高起而旁矬，篆曰：听松。小字数行，亦不可辨。有前令曾承谦碑记，据称为皮日休一诗。石床篆文，则李阳冰笔也。阳冰令当涂，有《谦卦碑》；令缙云，有《城隍庙碑》。此篆无考，而舒元舆称少温喜为人篆碑首，则所不传者宜尚多也。旧志已载此，而曾君碑称得之道旁古树下，以为异，检旧志，知其古物也，始理而出之，覆之以亭，时道光十五年也。庙后山半有石崖，贮泉一掬，若石臼然。即崖架屋，榜曰：罗汉泉。惠泉之右，有礼塔坪，前临方塘，石山环之。后轩正对锡山寺塔，有联云：循阶众壑行相逊，架屋高峰坐独尊。书法亦清老，而不著撰者名氏。其旁即胡文昭公祠也。复至东岳宫，庙亦宏敞，旁与张睢阳庙相通。庙后有小园，石山尤极雄秀。再转至锡山寺，登寺塔二层，四顾平原广漠，南眺太湖，东望人烟辐辏，则无锡城也。历游范文正、陆忠宣、王文正、尤文简、华孝子各祠。惠山祠宇以数十计，所游者惟此数处。池之大无过秦园名寄畅园，竹桧高下成林，雅有胜致，而亭榭荒芜特甚。中堂仁庙、纯庙皆有诗碑，并赐匾赐联。墙畔有立石，旧名美人石，纯庙易其名曰介如峰，而图以志之，并系以诗。未刻开行，泊无锡城西。为弢甫送秦啸石家信，见其子企培。

廿九日。清明。六十里，过白浒关赏柬房钱七十，查关差钱四十。廿里，虎邱。是日大会，观者如堵。自虎邱至斟酌桥，花船填委，江为之塞，盖犹承平景象也。登岸游虎邱寺，寺门内皆画室。逶迤而上，为生公石。石广百馀亩，中二方高起尺许，亦广数十亩。前为庙基，石壁有千人石、生公讲台二篆刻。旁为剑池，方不逾亩，有虎邱剑池石刻。再上石级，为正殿，殿后御碑亭，纯庙诗碑二座。右旁佛殿，后为虎邱寺塔。登塔二层一望，平原弥绿而已。左为望苏楼，寺宇皆倾圮过半。惠山、虎邱并以平地一峰为胜，而虎邱之生公石，则亦天地一奇致也。庙右为石观音院，街西尽处为普渡寺，左邻为古西山庙。回至三塘，过五人墓、葛贤墓。五人者，颜佩韦、马杰、沈扬、杨念如、周文元，以击魏阉缇骑，死周忠介之难者也。与葛贤墓并为花圃。葛贤墓仅倚墙一碑，题曰：有吴葛贤墓，崇祯庚午锡山史文震立。所过寺庙颇多，皆未入览，惟记短簿祠前景象较雅秀。回船又行十里，仍泊苏城阊门外。

三月

三月初一日。偕桐君、朗亭至三塘，转游狮子林。林为倪云林所制，今为王氏园，亦名五松林。石林二座，一置平地，一置水中。丁未冬游此，两山皆完善，今水林倾塌过半矣，陆林犹如旧。叠石成围，中构一亭。石林中分上下两层，盘旋转折，忽深入洞底，忽高跻林杪，或开一门，或架一桥，无不入妙。每至隘处，常别通一径，以便行者之相避，四路出入，不相妨也。然每入一游，必曲折穷林之境而后出，不能中止。四隅高处，各置一亭，而恰不板滞。立石或尖或圆，或巨或细，皆布列有致。俗传七十二峰、二十四桥，虽未能如许之多，而方广逾亩，随意转变，实一奇也。水林惟存右隅一亭，而中亭诗碑，为纯庙庚午初游之作。纯庙四度游此皆有诗，而初作为最。敬记录其诗云：久知狮子林，传自倪高士。疑其藏幽谷，而宛居闹市。肯构惜无人，久属他氏矣。手迹藏石渠，不亡赖有此。讵可失目前，大吏称未饰。未饰乃本然，益当寻屐齿。假山似真山，仙凡异尺咫。松挂千岁藤，池贮五湖水。小亭真一笠，矮屋肩可倚。缅五（年百）〔百年〕前，良朋此萃止。浇花供佛钵，瀹茗谈元髓。未拟泉石寿，泉石已半毁。西望寒泉山，赵氏遗旧址。亭台乃一新，高下焕朱紫。何幸何不幸，谁为剖其旨。似觉凡夫云，惭愧云林子。又游玄妙宫，庙之大殆无其比。鬻泥具磁具者、说书者、陈演幻具者、谈星相者，所在填委，无虑数千人。庙像奇诡，四旁别殿数十，惟蓑衣何道人祠（槊）〔塑〕像，竹笠一具，草衣一袭，颇有奇致。包慎伯世臣隶书联云：宋殿契真诠，数语玄机符帝祷；朐山钟瑞迹，一茎仙草寿民生。下有运木古井一额，井深不逾尺，亦无滴水。中殿有楼，高三层，可望远，有道藏辑要板两巨厨。庙内隙地，多环以朱栏，驾席为棚，设广座瀹茗，凡数处。男女错杂，同席连坐，不以为异。因至书肆一游，傍晚始归。王少怀元善送眉生两信至。王君，眉翁幕客也，少年清美。

初二日。桐君、朗亭邀赴天平山。雇船由洗心桥前登岸，先至云岩山，庙宇倾塌特甚。正殿有纯庙赐联云：云去云来，池旁留塔影；烟凝烟泮，林外泛湖光。庙后一塔甚峻，东南望太湖，见东西两洞庭山，排列湖上。次至天平山观范坟，惟文正公高祖讳隋，唐懿宗时徙居吴中，卒葬天平山之左，有碑，馀二三冢无碑。天平山正峰下为高义园，盖即义田庄也。右为范文正祠，文正并四子纯佑、纯仁、纯礼、纯粹皆有塑像。高义园厅屋二三处皆可坐，最胜处为三白云泉。由园后履石级而上，皆有佛寺。其下白云泉凡二池，泉从石壁流出。其一凿壁一孔，以竹笕衔之，泉涔涔下。旁二石肖人，立屏侧，一镌：仙人影；一镌：茶灶。前有厅，赵宧光隶书联云：池浅还容月，峰高不碍云。其下石笏林立，奇诡万状。中白云从两巨石中侧身过，为一线天。上白云则在山顶。以日渐西沉，未能细览也。山嶂左右环抱，皆石笋丛立，故名万笏朝天。而中峰雄出诸山之上，堂局宽千亩。窃疑诸坟旁落，局势未能全揽。御碑高下凡数处。吴中山多平衍，而天平山积石嵯峨，奇诡如此，宜为胜境也。次绕观音山一过，庙署：支硎古刹。庙外一巨池，石桥横渡。正殿后有石洞，类人力开凿者，祀观音其中。庙右有泉，从石板下注，镌寒泉两字，大逾数尺。其上一厅，倾倒无几馀矣。并以天晚，匆匆一过。回至城河，时已二鼓。与桐君、瀛士极论大局情形，二君亦有所见，拟作一序发明之。

初三日。微雨。往见袁十二兄，接漱六复书二缄。随拜潘心斋、宋于庭、马远林、熊璧臣、陈玉堂、陈沁泉、关海云、吴道溥诸君。马远林见示所购洋枪一件，极奇，据称现定制一百廿杆，真天下利器也。已托其代定。宋于庭见赠所撰《洞箫楼诗续刻》一帙、《过庭录》四帙。年已八十，精神犹昔。新构屋数楹，邀予遍视，步履犹矍铄也。又示其所得古铜器一件，似簠而微矬，双耳颇长，其下又各抱一耳，内方有铭，约廿许字，四足无盖。言谈风趣，久坐畅叙。言近日无著述，惟新得二义，尚未笔之书也。一、恒星中星即天体。梅定九以西法驳中法，言：日，君也。星，民也。岁差当在恒星，不当在日。不知日为君，君有尧舜、有桀纣，是以有差。星，民也。古今皆此民，是以无差。一、《周礼》都宗人注，三王、五帝、九皇、六十四民，注疏解失其义。三王，杞、宋二王之后，并用天子礼乐，与周而三矣。五帝，如蓟、祝子男之国。九皇，如须句、颛臾附庸之国。六十四民，则太古以来王者之后，皆降而为民也。此义已见《三代官制·损益篇》。又诵其刺程楞香一诗云：达官居里独称尊，尽括膏脂富一门。国恤乍闻方鼓乐，先贤强附作儿孙。竟教私室开西第，不见残黎满破村。但祝时清魑魅隐，若曹功罪不须论。诸所言论，犹见老成典则也。袁十二兄送食物四种。桐君、瀛士申论昨日之议，汇举数人。一钱塘金曰修，一嘉兴周闲，一松江林钧今任山阴，一建宁府蒋衡，一宛平叶堃浙江候补道，一吴县马钊，一福山鹿泽长，并弢甫等十人，当为一奏。陈沁泉自请任浙江捐事，并自报捐，仿照林桂楣福祥旧例。二事或可行，姑记其大略于此。远林言，向营将才以张家祥为最，次则傅镇邦，秦如虎，又次则邓绍良。吉营则刘存厚一人。于翁言苏城老宿陈君奂，字实甫，箸有《毛传正义》，鉴识古器者有许涟，并属予一访，未果往也。

初四日。雨。早至陈文泉处，检点应酬大小各书。王彦东文泉之戚、袁秋山漱六之堂兄、郑南乔漱六之戚三君来谈。晚饮至二鼓，遂留宿文泉处。

初五日。雨。黄荷汀自上海至，因诣其船，谈少顷。同乡高云亭益、李尧臣兴典、汤玉山鹗次第相见。李雨生穷甚，思欲往就涤公，予力尼之。为其穷病，送致四金，以为医药之费。为书致袁漱六、高篙渔两君。是日雨不止，仍宿文泉处。

初六日。晴。往拜杨健侯方伯能格、赵静山廉访德辙、平樾峰太守翰、长洲令王秋村如林、吴令张翊伯景渠、元和令陈子奉庆长，缘被吾文泉以吾来此数日，当事皆知之，而不一往，恐其滋议也。晚与姚朗斋、周瀛士、吴琴伯及程修甫楞香侍郎之侄饮桐君处，三鼓始回船。

初七日。早，文泉专使坐邀早饭，以请荷汀及善化陈君与予，皆为同乡也。遂至各书肆一游。是日本属开船，坐此又耽延一日。雨生处见法时帆书小条二幅，皆所为小诗也，轻倩有意致，因记录之：云阴吹不去，雨气满西山。孤蝶叶兼度，万蝉声各间。楼欹花作屋，桥断路成湾。钟磬隔溪响，老僧催我还。　松阴堕寒绿，吹过苇塘西。退院僧如鹤，压城云作溪。百年孤塔迥，十里远峰低。钟磬林间出，寻声路转迷。文泉言：江浙人情浮薄，宦途尤甚，一言一动皆虚也，吾辈何以应之？予曰：人自虚，吾自实。文泉以为虚者实之，累己之端，实者虚之，保身之义，此说何如？予曰：亡而为有，虚而为盈，约而为泰，圣贤之所戒也。有若无，实若虚，圣贤之所许也。此论其心耳。若夫事求其是，语求其实，吾辈无能胜人，求勿欺人而已。孔子固谓言忠信，行笃敬，虽蛮貊之邦行矣。古今一也。欺人者，自欺者也，人岂能为所诬哉。

初八日。从苏城开船回杭。十里，古铜桥有税关。又五十里，吴江，震泽分治之邑。又廿五里，泊八尺。是日天阴，晚次，雨。

初九日。廿五里，至平望。又卅里，沿江泾。又卅里，嘉兴北城，其东则赴嘉善河也。往见金眉生观察、李芝岩太守，得悉章门近事，并接营中各书。回忆数夜噩梦，并去岁所卜一兆签词云：知君不是等闲人，作事如何比匪亲，一失足成千古恨，再回头已百年身，此心不能无怦怦也。眉生见示漱六所书近作四首，突兀奇迈，记录存之：有弟有弟来京口，曰归曰归怀故乡。语予病骨曷癯瘦，与尔携手凌苍茫。老将幽燕半豪气，诸君剑佩多激昂。天边明月千里隔，一览九州荆与扬。 四百八十南朝寺，三万六千东顷湖。远树送青来几槛，遥波飞绿上眉须。侧身天地鹍鱼幻，招手仙灵猿鹤呼。偶向孤亭逃暑去，翛然一笠荫如如。 鹤寿不知其几也，壬辰甲午偶书之。摩挲学士辨陶顾，视听真逸怀希夷。羽翼青山尚埋骨，疮痍四海空焚尸。放翁纵酒悲歌里，坡老题名流寓时。 省识群酋利析铢，一时法网不嫌疏。三边防御唐回纥，五府羁（縻）〔縻〕汉单于。橘枳气原随地异，犬羊性本与人殊。只今海水波常静，却忆先皇画远谟。是日雨。为书致弢甫，速其来杭。

初十日。一百里，至石门县。西路即塘西小河，前所经过者也。东行廿里至长安坝较由塘西赴杭，略近二十里。长安坝为海宁州判驻扎之地，近州一大镇也。坝用圩泥堵塞，水口斜衍而下，两岸用辘轳转绳，倒兜船首，翘尾急进。轮流上下，惟闻邪许之声而已。是日阴，晚晴。韩子云：志乎古必戾乎今，学问事功一也。苟欲有为于世，有多少不能随俗处。后世只是强顺人情，所以无远略。然不如是，又有多少窒碍。孔孟所以毕世栖皇，终不肯小就。横渠言：乡愿徇欲而畏人，乃穿窬之心。立言稍过。乡愿只是善顺人情。世俗之人只见得如此，遂交誉之，所以乱道。赵伯厚谓乡愿有圣贤力量，尤非。大抵世俗之见不除，便一无是处。所以圣贤务在远俗。及其措而行之，范围不过，曲成不遗，乃以转移一世之风气。唐虞之於变，文王之诚和，必先有多少变革不安俗处。圣人气魄大，运量神，故是不觉。乡愿硁硁之见，混俗自安，岂有济哉。今人□乡愿自然之气质，而从俗以为名，乃张子所谓穿窬之心者也。

十一日。四十里，至临平。倚临平山为镇有税关。自临平以上，山势蜿蜒断续，风景尚佳。又十里，新桥。又十五里，半山。山有庙，远近争奉之。妇女焚香者，肩交于道。二十里路间，船载妇女，委属江次，皆往朝半山庙神者也。又廿里，中新关，有巡查委员。又五里，由坝子门入城，即前所由出城之道也。随起岸，至佑圣观巷西盐局小住，与祝子伟、戚小蓉、何伯英三君谈叙。晚次至藕翁处一谈。局中友施君字静山、高君子丹，皆佳士。

十二日。早致桐君、弢甫两处信。往拜何根云中丞、韩树屏方（丞）〔伯〕、庆云浦廉访、缪南卿观察、王雪轩太守、敖□□李晓村两令。至宗阳宫午饭。成蓉卿、陈春堂、钱秋岘、邵步梅及藕翁、小蓉、伯英同席。客堂楹联颇别致，云：种竹须营临水屋，爱花先筑避风台。又集禊帖云：迁固为文，群言尽揽；管晏之抱，化宇咸和。随拜顾蔼亭观察，祝子伟运判，吴春冈、严南屏、宋□卿三大令，陶云生刺史。傍晚始归。

十三日。往拜晏（云巢）〔巢云〕方伯，叶青原堃观察，俞云史、戴醇士、章璧田三前辈，薛星桥大令炳，周雨亭廉使，史世兄名喜孙。接李筱泉一信，随复书，并致书涤公。又接帅抑斋两书，并诗三首。

十四日。为藕翁拟告示一通。黄莘翁至杭。江西、浙江、苏州三省城垣，亲阅得其势，略记其名于此。江西城：面江者，章江、广□二门，皆西门也。西南惠民门俗呼土步门。正南进贤门俗呼抚州门，南通抚州之路也。东为顺化门俗呼琉璃门。东北永和门俗呼澹台门。北为得胜门俗呼新城门。凡七门。永和门一路皆沙土，谚所谓飞沙入城者也。　浙江城：武林、钱塘、涌金、清波四门皆西向，西湖在涌金、清波两门之间，其水由城河出坝子门以泄入下河。南为凤山门出城度凤凰岭至钱塘江约十里，钱塘江内河有石坝，与下河之水相间。其上旧有清平、钱湖两门，今塞。东为候潮、望江、清泰、庆春四门。北为艮山门坝子门水关，北通嘉湖之路也。杭城如琴式，东西两面迤长。城西北角有望海楼。满城在钱塘门内。凡十门。南宋建都之地，城亦较大。　苏州城：四面环水，正西阊门最繁盛，西北通无锡河也。西南胥门。南盘门，即由吴江以达浙江之路。太湖当西南两隅，去苏城约百馀里。东南葑门。东娄门，即娄江东达昆山路也。北齐门，江通常熟。凡六门，名皆新雅。姑记于此，以备遗忘。

十五日。往拜秦澹如缃业，无锡秦小岘先生之季子，淹博能诗、李树棠寿榛，因至富春山馆章璧田前辈处午饭。席中言及宁波李维镛及其子厚建字勤甫，豪迈有奇致，多识海上豪杰。刘理顺踞上海时，有张静山□亦巨魁，私赴宁波招其党与。李侦知之，乃伪为归附也者，设法擒五人，以功保维镛盐提举，而厚建赏戴蓝翎。厚建，壬子孝廉，璧翁所拔士也。又言黄岩县丞张增文，广西人，膂力绝人，习兵事。又言宁波招降海盗步新猷，其党羽仍以劫夺为事，有夷船道海汉为所劫，乃集其艇船，驶入海口，尽执而诛之，宁波为之稍靖。夙闻步君亦颇有才勇，而院署书吏及诸武弁日事需索，步亦求所以自免，献纳无虚日。因仍结海盗，以求分馀。然则步君固有所借以为辞矣。言之颇为叹惋。酒罢，雇小船一只，诣王庄看牡丹。王庄，王安伯之别墅也。园不甚大，有小厅一所，前后皆石山，环种牡丹。次至照胆台，庙半圮矣。其旁为诂经精舍，阮相国抚浙时构以课士者也。前厅奉许叔重、郑康成二君，榜曰：孔道以明。中厅阶下种牡丹，竹篱环之。后厅祀诸先贤，有朱石君相国珪《六一泉三堂记碑》，梁山舟学士同书书。次至苏公祠，祠前湖中构阁道三方，即平湖秋月也。祠后小园，牡丹尤盛。大抵牡丹三处皆小本，而培养颇丰，苏公祠花开尤巨。各处惟玉堂春、白色、紫色三种，苏公祠多绛色牡丹一种。园人云：谷雨日即剪取其花，以为瓶供。若听其自陨，则花力太泄，次年花朵必不能盛。以此见天地之气，必敛之固，乃能长也。园内楹联，古遂张灼所题一首绝佳：小子何修，亲□前辈典型，昔于徐郡今杭郡；先生宛在，垂示斯文矩矱，近配欧公远白公。闻凤林寺有牡丹，以天色渐暮，未能往。仍回至富春山馆，命驾入城，中途大雨如注，雷电交作。晚至局，则黄莘农前辈已来半日，谈悉豫章情事，并此来道途险状，真见乱离之苦。藕公、小云、云生、伯英六人同饭，谈论颇畅。藕公随征十人：一戚小云贞，一陶云生德封，一成容卿，一薛星樵炳，一盛彦人应，一陈实甫涑，一郑云房梦玉，一顾□□皋，一赖□□世勳，一戴。所识小云、云生、蓉卿、星樵四君，皆能者。又张超光、余义政两弁，闻甚佳。

十六日。偕杨凫门、刘子逊至乌龙井王安伯园看牡丹。瑞香、蝴蝶诸花，缤纷满地。中牡丹二丘，颇甚浓艳。围布帐其前，以便游者之坐憩。地处城隍山之腹，亦可望远。随出涌金门，雇船一只，游钱王祠。正殿祀武肃、文穆、忠献、忠逊、忠懿五王。

王文成署榜曰：顺天者存。书法亦劲挺。刘文清有楹联云：启匣尚存归国诏；解弢时拂射潮弓。左廊苏文忠表忠观碑，仅存四方，李敏达卫补刻二十六字，云其裔孙家藏本有此，为摹刻其旁，以存旧观。此碑曾购数套，议定每套价四百，竟未送到。以闻江右之警，难于携带，故亦未往取。□廊则钱梅溪泳所钩勒者，全碑具在，而字法精神不逮旧碑远矣。旁为灵芝寺，寺僧莲衣，汉阳人，工书法，能诗，树兰成畹，颇有雅人深致。其书房悬联云：量力守故辙，修性无烦言。以苏公祠、孤山一带皆已游览，乃竟放船圣因寺。寺极宏丽，佛殿有纯庙赐联云：长见日华临宝掌，依然帝释驻香台。殿右一厅有石台，镌罗汉各像，人呼为罗汉塔。左有园，列置石山，有厅可坐。旁又有小门，蹑石级而上，有屋数楹。旁又有厅，则本庙设道场地也。杭人每斋僧，则妇女住宿于此。后有牡丹台，有小反厅。庙左为望湖楼，楼已半圮。楼之左则照胆台、诂经精舍也。庙右则行宫，仅存文澜一阁。由旁门入，门外纯庙联云：谋目惟芳润，因心得静陪。入门即穿石洞而行，旁有小桥，流水周其下。石山上层，左右各有一亭，惟右亭尚存，榜曰：趣亭。循廊而上，中有巨池。池中巨石三。一高数丈，旁视如人秉圭立。其二皆圆大，层起如云。其上即文澜阁，规模极巨丽。正厅有宝座，榜曰：敷文观海，亦纯庙御笔。屋三楹，四旁皆庋书籍。崇阶数尺，设铜鼎二。左设铜鹿一，右故有铜鹤，今亡去右亦铜鹿，以断去一足，存置楼上。环阶皆浅石阑，犹想见承平胜迹也。因至五柳居早饭，有楼临湖上，颇清适。梁山舟集联云：清风明月本无价，饮酒食肉自得仙。步至六一泉，旧有六君子堂，今无存矣。再上，凤林寺，有画观音及布袋罗汉二像甚佳。旁有小厅，厅有楼，皆修整。最后有反厅，颇轩敞，阶下列种牡丹，烂漫如锦。步过中泠桥，苏小小墓在桥旁，墓高而小，石栏环之，榜曰：古艳。白公堤自钱塘门起直接孤山，内为放鹤亭，外为圣因寺。迤而稍南，中衿桥界之，南北二山所由分也。其内为里湖，远望（段）〔断〕桥如垂虹。又步至岳庙。前为纯庙诗碑，中为正殿，后有寝殿，配以李夫人。左廊霆、霖、云、雷、震五公子，另龛祀岳倦翁珂。右廊五公子之配，另龛祀银瓶公主。右旁一门，横渡石桥，即岳墓，铸四铁人，跪墓左右，盖秦桧与其妻、张俊、万俟卨也。桥前横壁有洪洙所书尽忠报国四字，字皆数尺。岳庙右花神祠，曩一胜观也，今片瓦无存矣。由岳庙前上船至金沙港关帝庙，由后门入。小憩景贤堂，堂祀怡贤王。堂前关帝殿，后壁满画山水，笔力健肆。有小诗二首云：一瓯逸气向空喷，画作西湖壁上云。袖里烟云乱飞去，千秋抹煞李将军。　直将造化作吾师，泣鬼惊人笔一枝。寄语山灵勤护惜，不逢佳士莫题诗。下注次山写。人言为钱塘陆秀才玑所作，次山盖玑字也。其旁二壁，一画巨松，一画山水，皆注竹岩作，则未详何人。堂右再转，有厅颇轩爽。堂后有飞阁临湖，轩窗洞开，下有荷花池。阁联云：新水涨三篙，绕槛波光平似镜；好山环四面，开窗岚翠涌如潮。金沙港为西湖之水所从发源，苏堤自港北斜趋而南，所以视水之盛衰以为启闭。堤凡六桥。西湖得两堤界之，而风景日新。船绕堤外，行至三潭印月。盖湖中别围一堤以放生，石桥纵横，有亭数所，半就倾圮。有小庙，前种牡丹盛开。后有飞阁，三面临湖。记往岁游此，鱼鳖充牣桥下，庙前德生堂，鹿、羊、鹅、鸭之属满焉，今无一存，不知放生何处。堤外有三石潭，即三潭印月所由名也。稍东有湖心亭、阮公墩，皆在湖中，而亭宇倾圮略尽。转至瑞云庵，庵颇精洁，后厅阶下亦有牡丹十馀本。稍外一堂，悬联云：二百年南宋遗基，大士慈悲，忽现黄妃塔下黄妃寺；亿万载熙朝盛典，老僧说法，重新瑞云庵内瑞云堂。旁注南宋黄妃建荐福寺，有彩云匝地，因建瑞云堂，即此庵所缘起也。旁为白衣庵，庵屋尽圮，惟月下老人祠独存，有女尼三，司香火。庙签最灵异，予为求一签，毛骨为之耸然。庙联以百馀计，恰无佳者。相传纯庙南巡时，庵有尼，夜半为数巨夫伟衣冠者取去，数日，即敕建月老祠。今签额犹注御赐漪园，或有由也。回船由清波门入城，已傍晚矣。陶仲瑜、云生随莘公来谈。李筱泉之弟携其眷属至，来叙至夜半。

十七日。偕章璧田前辈雇舆由清波门出，至净慈寺，为湖以南一大丛林。庙自三进以上，多就倾圮。左旁方丈，石山曲折，尚有幽景。住持普林。堂内悬联云：笔底烟云师北苑，人中龙象在南屏。盖数十年前赠住持六舟者也。下为罗汉堂，又下为运木井。相传醉颠禅师居净慈，适修庙，当求大木。醉颠大饮呕吐，庙僧呵之。颠乃言：方运木南海。询其处，曰：速往井中求之。寺僧就井曳取以上，源源不绝。颠大呼曰止，曳之不动矣。今井中巨木挺然，寺僧取烛照之，索钱数枚，以诳世人。上有楼，旧供醉颠像。今楼已颓败，颠像别供他所，其立像则供之罗汉堂塔后。庙右天香阁，高旷可坐。从庙外草径入，有石碑表道左。隔百馀武，为南库房，庙亦幽洁，有牡丹数十本，中有高二尺许者。询之寺僧，庙故净慈库房，今别为禅院矣。客堂悬联云：眼明可数远山叠，心静惟闻春水流。北至虎跑泉，入门数十武，树木葱然，中为含晖亭，亭后石桥一座，清池泓澈。转趋而右，柘、桧、榆、柏之属，童童成盖。有老藤二枝，穿山腹而出，腾跨数树，或一再盘旋，又挺而上罥他树，盖数百年物也。再上一牌楼，嵌联两柱云：挂锡毒龙降，宝刹遥分三竺古；移泉神虎幻，仙踪犹说二童灵。庙不甚大，而右旁上下两厅，皆兼幽爽之胜。上厅榜曰：定慧堂。虎跑泉在右厅阶畔，以亭护之。转而稍东，约二里许，为石屋洞，环洞皆刻佛像。其旁一洞，下旋如螺形，嵌其外门石额曰：沧海浮螺。稍下，横穿一洞。履石级而上十馀步，有平方石约数丈，石溜下滴琤琤然。又下，旁落一洞。践石级而下数十步，颇宽广，上缺一石，若天井然。又东北行一里许，为水乐洞，洞凡二门，无甚奇致。又一里许，即南高峰也。蹑峰麓行约一里许，度杨梅岭。循山行约二里，即理安寺。有小溪，由庙前清凉亭之右横流而过。入门一览，佛殿左旁为法雨泉，泉自石壁承霤而下，极清冽。右旁坐厅凡四处，以松颠阁为最佳，阁下一厅亦修整。悬联稍佳者三首。一云：橘中尚可容四老，海外谁闻无九州。一云：樵唱茶歌答泉响，岩花石草接亭阴。一云：山间日月自来去，天际浮云无是非。净慈在南屏山，虎跑寺在天童山。理安主山为大人峰，庙后松顶阁转对螺髻峰，旧名涌泉院，唐伏虎逢禅师卓锡处。吴越王时为法雨寺，宋理宗易名理安，明时毁于蛟，遂为仁和汤氏所有。万历时，法雨禅师结草山下，从荒榛中清出庙之基址，以次复庙之旧。有遗嘱手帧，书法颇类颜鲁公，具详其修道原委，后有云：一草一物，皆不可以轻毁。予为书一绝云：一瓶一钵无人识，收取湖山旧物来。堪笑死生一解脱，流连万物亦何哉。盖亦微有身世之感也。住持密心属题记。辛丑年游此，住持谦谷，南京人，询之密心，今尚在也。又国初天隐禅师示戒法语，通问临婚忽削发出家，天隐多以坚定守性示之天隐名圆修，自号磬山老人，亦成巨幅手帧。又贝叶写十六罗汉图。三事皆理安旧藏。今寺为仁庙六旬万寿世宗所敕修，贮有北藏经、南藏经二部。留寺午饭后，转过杨梅岭，又横柏子岭而上，约四里，为龙井寺。记旧游此，尚有屋数楹，今皆鞠为茂草。又十里，历三天竺，而上天竺为最盛。正殿观音像极小，闻系沈香木琢成。后殿有楼，贮观音玉印。就视之，石也，篆曰：灵感观音宝印，盖寺僧刻以诳世者。又转至灵隐，约三里。先从观音洞入，峭壁积石累然，颇有奇胜。从旁穿出，又一洞名一线天，盖洞顶裂石一线，微逗天光。洞接飞来峰，下有溪。清流瀌瀌，古木郁葱，奇石林立。循溪行至冷泉亭，清幽深秀，留览忘倦。亭联云：泉是几时冷起，峰从何处飞来。内悬纯庙和宋之问诗二章，初唱皇皇天藻，尤为佳也，记录于此云：飞来矗翠嶤，屏障已清寥。月地开如镜，云璈沸似潮。柏烟林外写，花雨坐中飘。泉冷石为瘦，峰高树与遥。考功昔游历，此处感荣凋。五字殊难属，一联浑解嚣。江南曾有赠，当面眯津桥。庙极巨丽，最后为直指堂。左右两旁，皆有客厅，规模视他寺尤见闳敞。客座一联云：每有山风，豁开眼界；常将月露，洗净心尘。右旁有朱门，榜曰：韬光。径徐引而上，万竹参天，剖竹为笕，引泉入灵隐寺厨室，瀌瀌然从竹间泻出。北高峰相去约三里。入韬光寺，登寺旁一阁，榜曰：直须还他第一。有联云：山衔古寺穿云入，树隐流泉倚石听。亦实景也。转后为韬光泉，小池一方，水从龙口流出，上种牡丹十馀本。旁一径，榜曰：鹤岭。再转而上，为吕祖炼丹台，榜曰：观海，取宋之问楼观沧海日、门对浙江潮二语为联。有石崖祀吕祖像，崖前有池曰龙池。寺僧云：池有壁龙，时或一出，取以求雨，立应。时日色渐低，急驰十馀里，入清波门，已初鼓后矣。尽力游二日，而保俶塔之下半闲堂、葛岭及云栖寺、金鼓洞、紫云洞诸胜，尚未能一至，于坟亦未及游。然水陆皆自北而南，略尽西湖之胜概，亦不可谓非厚幸也。祝桐君后园一楼，正对涌金门，高可瞯湖。北为保俶塔，南为雷峰塔。南北两高峰皆平列如案，湖光湛然，亦城中一胜地。

十八日。往拜黄莘农、石蕴斋景芬两前辈，叶青原观察，陶云生刺史，吴春冈大令，陈鹤翁之四世兄，皆久谈。石君貌朴诚，谈论各事，亦多中肯，而当事呶呶相责，言者谓其无周旋之仪而事多独断，以此为时诟病。人之处世，盖亦难矣。接眉生、弢甫、桐君三信。顾蔼亭送席一桌。吴春冈送湖绉、折扇二事。

十九日。万本廉立泉来谈，藕翁堂侄也。去岁来者号健庵、其家管事号绍苏、从行者号晴川，并藕公堂侄。莘公、藕公、同甫方伯并来局聚谈。下午，独步至城隍山，小憩城隍庙之抗峰高馆。凡山中各庙道士，皆系城隍庙分房。抗峰馆，所谓淳素房也，弯环密室，最为净雅，可赁以居。轩窗洞开，则全湖在目，风景极佳。有悬联云：桃花潭水深千尺，山色湖光共一楼。左旁赵恭毅公祠之元庆房亦轩敞，然不如抗峰馆之幽雅也。西湖水由涌金闸穿城入下河，至海宁州入海。海宁旱，即开西湖闸泄水以资灌溉。故湖地课税拨入海宁。盖自钱塘以下，田亩无多，惟海宁全境，专利西湖之水，此摊税所由起也。晚次，刘笏堂汝璆来谈半晌。是日阴，天气亦凉。

二十日。早送藕公出西城。十里，至秦亭山。又约里许，炮台。有小溪通小和山。居人云：小和山真武祖师最灵异。与藕公谈少顷。独步至法华山东岳庙。庙凡数进，皆石级层蹑而上。所供神像，大小以数百计，男妇烧香者错杂庭陛间。又至秦家山、傅家山，计行七八里。回至秦亭山，蹑其岭，石磴盘旋而上，尚不觉劳倦，所供亦真武也。后殿祀观音，其悬联云：要知非色非空，须观第一义谛；谁识无文无字，是为不二法门。左旁有楼极宽敞，凭栏远眺，亦觉百感交集。回寓后，为书与戚小蓉观察，条具藕营事宜。晚与伯英论天下受敝之由，必官吏先失其职。冤苦之积，戾气乘之，古今一辙也。因阅明万历时莆中郭道宪良翰所著《问奇类林》，载卫长公说贲卦象曰：山下有火，君子以明庶政，无敢折狱。夫贲道之大，至于观天文以察时变，观人文以化成天下，而独于折狱乎？重之何哉？盖贲者，文饰之谓。修明庶政，可用粉饰之具，若狱则专用情实。苟恃其明，而加文饰，非情矣。故古之言刻核者曰深文，言锻炼者曰文致，法曰文罔，弄法曰舞文。凡狱之敝，未有不起于文者。史称萧何为吏曰：文无害。曾子之告阳肤曰：如得其情。君子察于情与文之间，其于治狱，思过半矣。《易》之为虑深哉！其说极精切。余自少见主刑者之治狱，专以罔民为事，因为伯英汇举数条。伯英曰：嘻，吾浙尚无此也。予因叹曰：君今方出守临民，无以目所不见，与见而未知其底蕴者，遂信以为无有冤抑也。宋张芸叟言：初见欧阳文忠公，多谈吏事，疑之。公曰：吾子皆时才，异日临事，当自知之。大抵文学止于润身，政事可以及物。吾昔贬官夷陵，非人境，求汉史一观不可得。无以遣日，因取架阁陈年公案，反复观之。见其枉直乖错，不可胜数。以无为有，以枉为直，违法徇情，灭亲害义，无所不有。且以夷陵荒远褊小尚如此，天下固可知矣。当时仰天誓心，自尔遇事不敢忽也。芸叟言自得此语，至老不忘。然则谓民无冤，岂易哉。《说苑》，吕望谓文王：王国富民，霸国富士，仅存之国富大夫，亡道之国富仓府，是谓上溢下漏。《韩非子》，薄疑谓赵简主曰：君之国中饱。简主曰：何如？对曰：府库空虚于上，百姓贫饿于下，然则奸吏富矣。今下漏而上不溢，所以贫，皆中饱也。（铅）〔延〕① 陵卓子乘苍龙（排父）〔挑文〕之乘，钩饰在前，错（缀）〔錣〕在后，马欲进则钩饰禁之，退则错（缀）〔錣〕贯之。造父见而泣曰：犹人处急世而不知所由也。今之处事者似之。《家语》，定公问颜回：子知东野毕之善御乎？对曰：善则善矣，然其马必佚。公曰：何以知之？对曰：以政知之。昔者舜巧于使民，造父巧于使马。舜不穷其民力，造父不穷其马力。是以舜无佚民，造父无佚马。今东野之御，升马执辔，（御）

①据《四部丛刊》本校改，下同。

〔衔〕休正矣；步骤驱骋，朝礼毕矣；历险致远，马力尽矣；然而乃犹策马不已，以此知之。公曰：请益。曰：臣闻之，鸟穷则啄，兽穷则攫，人穷则诈，马穷则佚。自古及今，未有穷其下而能无危者也。今之取民财者似之。

廿一日。往拜许信臣中丞、金眉生观察、汪春生司马、陈实甫大令。伯英言仁和伊遇羹乐尧，己酉孝廉，博闻强记，经学甚深，视位西当过之。晚，致周韩臣、庄涤垣、黄鹤汀、何子敬、袁漱六、陈文泉、陈沁泉诸信。

廿二日。早，钱秋岘来谈。随与杨皃门出涌金门，雇船至钱塘门外昭庆寺。度石桥而入，庙极宏巨，而颓废多矣。庙内外市肆环列，多僧主之，所市大抵花、粉、梳、扇之属，亦一奇也。庙外有制竹器者，颇适用。庙藏经板至多，寺僧刷以出售，然颇昂贵。随由（段）〔断〕桥入内湖。（段）〔断〕桥，白堤所从起也。因至大佛寺。正殿仅一佛首，其大充栋，殿即依山石为之。右旁一小门，通弥勒院。正殿前有飞楼，即所谓十三间楼也。轩窗洞开，全湖在目。白堤一线，柳色依依。左为（段）〔断〕桥，右为宝带桥，正当楼下。有梁诗正联云：北岭挹栖霞，岚光入座；西湖澄皓月，金影横空。从右入后一厅，榜曰：无尽藏。再右一厅，为雨亦奇轩。东坡通□杭州，常判事相岩寺之雨亦奇轩，弥勒院即古相岩寺也。有联云：溪流偶向门前合，山色偏来竹里青。其下一厅，张诗舲祥河为署冠胜轩，亦旧名也。复题二律其旁：湖海平生肯倦游？当前名胜要穷搜。才移秀水鸳鸯棹，又听杭州蟋蟀秋。一镜荷花红已褪，两堤柳色绿还稠。劳君伯仲相招致谓王氏兄弟，弥勒同龛半月留。一角危楼眴碧波，十三间拓古藤萝。金容石佛依然大，水枕坡仙几度过。文牍不妨随地判，湖山岂但助诗多。应教冠胜轩仍旧，重为禅师写擘（窝）〔窠〕。盖为住持朗鉴作也，朗鉴尚通文义。弥勒院于西湖诸寺为最富，庙宇俱极新洁。张诗舲又书东坡二语为联，亦佳，云：烟云好处无多子，渌涨晴来已十分。启庙后一门出，石壁绵亘，多刻诸佛像。有二巨足迹，当名之佛足崖。稍南即王庄，所谓小辋川也，曾与章璧田前辈看牡丹此地。其上为紫姑寺，再南为玛瑙寺。寺已倾圮，亦藏有经板。寺旁石径，即往葛岭路也。石级盘旋而上，中道复构石山以蔽之。庙前石岩下，贮泉一泓。其上榜曰仙踪禅院，所供葛仙也。殿后院牡丹盛开。各寺牡丹，过谷雨即皆剪去，葛岭地高寒，故花稍迟。住持僧名觉海，邀至上厅，凭阑小坐。再后则葛、吕二仙寺也。至庙门外一望，湖光湛然，杭城庐舍历历在目，而钱塘江绕其背，亦一巨观也。左为佛殿。循山而北，有巨石耸立山脊，湖中望之如叠屋。再北一山，即保俶塔也。其南一寺，为赤霞庵。庵后厅极幽雅，一小院落杂植花木，石壁峭立，恰如墙然。庵外左旁，凿石为方池，岩水入焉，颇清洌，游鱼数十头浮泳其中。循山而下，放舟由宝带桥而出，至平湖秋月回廊中小坐。中厅一联云：胜迹重新，在红藕香中，绿杨影里；清游自昔，看长天一色，明月三分。盖乌敬斋中丞创修时联也。旁祀帅仙舟、乌敬斋两中丞。其后为陆忠宣公祠，祠旁水仙王庙。启门入，有尼四五人居焉。后堂屋宇极修洁，清池一方，石阑环之。时日渐西沉，放舟湖心亭，登楼四望，湖波浩渺，最为奇景。是日拟由山北逶迤至山南，尽湖山一日之游，而各处流连，即山北一隅亦不及穷（揽）〔览〕矣。晚归，接周弢甫及万荔门太常二书。

廿三日。与陶云生步至城西行宫，殿宇无几存者，墙壁亦多坍（踏）〔塌〕，惟慈寿宫九间楼尚完好。登楼一览，乃见城隍山平列如案，人烟万户，罗列满地。因至清河坊王晋卿处买笔，鼓楼前虚白斋买信笺，竟日方归。

廿四日。往拜江春牛司马、顾霭亭观察、陈实甫（太）〔大〕令、许信臣中丞及陈实庵、万世兄。晚至金眉生处小酌。顾霭亭处晤吴君鹗，泾县人，以经历需次浙江。顾君夙闻章璧田称其勤能，为言之中丞，使随秦镇军如虎赴宁国，并未悉其人也。顾君行事，较胜流辈。

廿五日。龚孝拱邀游西湖予所未至者数处，为补游之。因步至涌金门外长丰山馆，朱彦甫舍人庄也。入门即由回廊至水南旧隐阁。阁在方池中，三面竹树与栋宇相映。又绕廊行，中为正厅，榜曰：水木明瑟轩，戴醇士所书。又由小门入一曲室，榜曰：左右修竹轩。轩后梯而上，有楼数楹。中曰楼外楼，盖明商周祚曾构是楼西湖上，此即其故（趾）〔址〕也。再上曰卧澜楼，则取东坡语以名之。四面轩窗，皆可望远。李春湖书遗山二语为联云：赖有高楼能聚远，忽逢佳士喜同游。又有隶书联云：云气杳流水，松声韵雅弦。盖集唐句也。由卧澜楼下，皆石级，旁架一洞，曲折至园中。园角一亭，亦幽雅。园外一大池，池旁环种芍药，风景绝佳。西湖各庄，以此为最胜。随雇舟至南山，谒于坟。墓庐皆已倾圮，王文成一联犹悬门首，云：赤手挽银河，君自大名垂宇宙；青山埋白骨，我来何处哭英雄。其右旁即忠肃公祠也。于庙祈梦，自明以来屡著灵迹。予辛丑游此，正殿两旁横列床榻，皆以备祈梦者也。近年来此风缺然，床榻亦废不设矣。右山行数里为法相寺，寺供定光佛，想即七佛之一。东房有客厅，有楼，万竹参差，颇有幽致。随至圣因寺，步绕孤山，至林处士墓，登所谓巢居阁者，为处士观书小像。悬联云：词客有灵，凉夜定应开笑口；茂陵无稿，清风长此振湖心。隔湖望闲地庵，轩窗一片，颇有胜致。乃掉舟而渡，登楼纵观，瀹茗静观轩，与孝拱谈论颇畅。寺旁为葛林园，梁山舟别墅也，今舍为寺。入门方池一区，石桥横度，古木郁然。然寺宇倾塌，无几馀矣。出宝带桥，仍过圣因而北，至芦舍庵小酌。庵即厉樊榭别墅，小屋一楹而已。仍过苏堤至岳庙，庙左旁下方临湖者为崇文书院，有仰山阁，极轩敞可坐。右旁花神庙，亦有一楼，尚完好。稍右即金沙港，后阁另有一堤按此即明正德中杨孟瑛守杭时所修六桥堤，旧名杨公堤横隔内湖，盖湖中别为一区，以收近景者也。是日重至月老寺，求得一签，而孝拱签为集唐律一首，词极清婉，然不得其解也。词曰：自剪芭蕉写佛经，金莲无复印中庭。清风朗月长相忆，玉管朱弦可要听。病骨难任衣更薄，宿妆犹在酒初醒。隔年违别成何事，卧看牵牛织女星。晚由涌金门回寓，仍至眉生处畅谈。

廿六日。接帅抑斋书，约诣富阳一见。随复书，速其来杭。以数日雇船不可得，故书与之约，将因其船以赴常山。大意言：君之来舟，即仆之去棹也。又补上涤公一书，以眉生筹款十条附览。陶云生、顾蔼亭、黄莘翁先后来谈。顾君前举吴鹗事，乃至为当事所玩弄，言之慨然。晚与伯英言其官户部时数事，古之君子也，求之今日，盖亦难矣。顾前荐张君增文于藕公，亦为当事所遏，张现任仙居县丞。

廿七日。金眉生邀至金霞庄早饭，同席伯英、小蓉。陪同莘公周视园中各堂宇，时小雨微凉，绝类深秋景状。酒罢，往拜莘公、云生、惠甫、璧田前辈。晚，为书与黄鹤汀，并还前项及眉生挪项。

廿八日。帅抑斋至，约赴舟谈半日，即坐其船赴桐庐。以兵差络绎，雇船不可得，故与之约如此。是日大雨，冒雨出候潮门，约三里许至洋滨桥石板场登舟去闸口约八里。向数游此江，皆由凤凰岭至闸口，不知有此捷径也。帅抑斋见示各诗，乱离骨肉之际，有至情流露者，略录数章于此。石仲卿自姑苏葬兄归，奉其尊人小山丈就养敝馆，感赋二首赠小山丈：身世支离多难日，天涯邂逅老成人。同声一洒西河泪，奔走难医北郭贫。浅土孤坟吴市月，片帆斜日浙江春。由来累世朱陈重，何况忘年气味亲。　郎君嗜学足师资，儿辈论年就傅期。正值鲤庭迎养日，适开马帐授经时。四山猿鹤通宵唳，十载鸿泥满鬓丝。怅望西南弥蔓草，与翁携手欲何之。　《竟夕五首》：竟夕乡心乱，经年信息虚。松楸烽火烈，井邑战尘墟。群盗居开府，三朝失赐书。思亲一下泪，空复叹归与。　辛苦吾孀嫂，卅年黄鹄悲。孤儿将长大，举室又流离。衰病窜荆棘，田园委蒺藜。艰贞何以答，芝诰五花貤。　诸父携予季，深山正避兵。天涯枯泪血，鼓角断肠声。寇至危逃徙，乡愚识姓名。武陵人已逝，何地着躬耕。　相国旧华腴，忧危独我姑。门衰七妇寡，嗣息一儿孤。盗贼倾赀去，饥寒泣路隅。来舟欲省视，鲸鳄满江湖。　惸惸倚兄嫂，两妹昔髫龄。自咏桃花后，暌违几晦冥。鱼鸿书断绝，蛇豕气膻腥。生死从谁问，西瞻空涕零。　《哭石小山丈》：柴门四月泊征槎，鹏鸟飞临落日斜。毕竟乔卿宾不吏，可怜张俭死无家。十年望断还乡棹，三椋魂羁广柳车。几度欲归归不得，赤眉青犊遍天涯。　《哭畯儿二十韵》：八口脱戈铤，饥寒复播迁。危疴遂遘尔，讳疾岂徒然。训窃亲忧守，名因鬼箓镌。弥留频我顾，哀语倍予怜。蹙额呼诸弟，童心幼未悛。钟情还自慰，过戚重儿愆。颖慧中人下，驯柔长者前。簪缨宁必继，纨裤已全捐。好武能谦让，施贫出性天。聪明非尔误，愁恸为谁牵。转徙三千里，提携十六年。食衣先福惜，劳苦炼身坚。门第期承业，披吟辄受鞭。今朝都是悔，竟夕不成眠。妖梦称三绝，怆怀到九泉。昙花原一霎，珠碎弗重圆。舐犊空馀爱，乘虬曷少延。破家兼死丧，哭子值颠连。旅椋飞磷火，归魂托杜鹃。青灯难再课，垂泣理残编。　《陆尚书挽词》：貔貅十万浔阳城，一夕纷然弃甲兵。慷慨登坛虚将略，仓皇命将遗书生。河防再决嵯司绌，利薮微严怨府成。岂有王臣甘盗贼，可怜圣主谅生平。　吴下滇南又保阳，宁无遗爱在封疆。亿万生灵活饘粥，八百孤寒哭赞皇。朝野勋名终寂寞，东南豺虎渐披猖。大星九派江头陨，未必江淮少战场。

廿九日。早至严南屏大令处。与抑斋畅谈，晤宿松汪省吾孝廉维诚。汪盖抑斋妻父，石君广均之西席也。因相与诣湖上，重游平湖秋月，谒帅仙舟先生祠。历圣因寺、文澜阁，至芦舍庵茗饮。回至照胆台，观汉寿亭侯玉印。予数游此，今始得一观。印周方二寸许。面文曰：汉寿亭侯印。背文曰：关羽之印。左右圆空寸许，前方有高宗跋语数行，大致言：西湖圣因寺东汉寿亭侯庙旧藏玉印，乾隆辛未南巡，见其古色黝然，因识数语，俾永藏焉。玉纹颇细，背面镌文处皆黑如漆。虽其赝作，亦非近今物也。文澜阁前有屋数楹，入视，有铜镜三方，并高四尺许。左房藏坑垫十馀箱，皆黄缎错绣。右房藏座屏十馀箱。历时已久，而物皆完好如故，守者亦不甚珍惜也。当时宫中所用，存留数者而已。是日晴，因为书与桐君、鹤汀，又日干不利，故未开行。以此得与抑斋重为湖上之叙，亦一奇缘也。

四月

四月初一日丁亥。自石板场开行，船户名袁和尚，有同年妹二人。一曰爱珠，甚美而意态闲远。一曰春风。至桐庐船价五千水手赏钱四百，抑斋所定。是日，行六十里至奔牛埭。一路山势环亘，晴景可爱。又卅里，里山，有庙在两山之麓。又卅里至富阳。陈槐卿大令闻予至，先来船一谈，随邀晚饭，二鼓始回舟。槐卿重至，赠遗甚殷。槐卿，杰人刺史之令嗣也。杰翁待人颇周匝，此犹有父风。其族兄陈际昌少伯亦随至，述悉前岁曾在江西，谈及各事，亦甚详悉也。

初二日。五十里，新店。新店下约数里，舟人谓之丞坟，询知为董相国诰墓地，或遂以丞相坟名之也。又十里，夹溪，有市肆。又十里，九里洲。向见吴兰雪诗集，极称九里洲梅花之盛，有卜居之意。乃登岸一观，洲地颇广，群峰环列其后若屏然。询其名，土人但知为石坑而已。沿江多种乌（柚）〔桕〕，间以桑榆。亦有松数株，高出云表，皮作龙鳞，盖亦百年物也。洲在钱江之西对岸窄溪埠，有市肆，其上数里则皆梅树，高不逾数尺，弥望葱郁，所种惟豆麦，盖洲土不宜稻也。询其居民，不过数姓，而皆贫甚，亦无能读书者。有庙一所，榜曰：桐邑名区。入视所塑神，多怪诡，土人云，皆本境土神之属也。略憩片晌，仍行廿里，至桐庐东城，约已二鼓矣。道间有钱昭福茭白船一只，自愿相送至常山，议洋七元，随至桐庐过载，亦有二婢子，一名昭凤，一名桂香，颇不及袁姓船之闲远也。

初三日。早，过船，步至桐溪口分水、于潜、昌化三县皆可通，渡江上桐君山。正殿祀张睢阳，俗谓之东平王也。其右祀观音。观音殿前轩窗洞开，四望山水齐会，而桐庐县在对江山下，烟火数百家，无城郭。钱塘江水正对桐君山下注，从左旁流入。富阳、分水各县之水从右来会。两岸山势环合，亦一巨观也。江中望桐君山，见白塔高峙。入庙环视，不见塔之所在。询之寺僧，则佛殿后墙凸出。从殿后丹墀望之，始知凸出者，即塔基也。塔高数十丈，垂萝四荫。塔后一阁，榜曰：圆妙阁。可望山后各峰，松竹弥郁，一望无际。转至右旁客堂小坐。庙左别一屋，榜曰：谷神精舍。可赁以居，至静而僻。循石级而下，渡江至县市一游。回船值西风陡作，不能开船。为书与金华令余蓉初，问宋湘滨消息。晚次，雨。

初四日。大雨。七里，进泷。过严陵祠，大雨如注。子陵台与西台双峰对峙，积石如削。来往过此，皆大雨不得一游。稍上，冷水。居民数十家，正当山半，白壁朱扉，轩窗四辟，颇有幽景。询之舟人，去桐庐十里也。又五十里，溪口，有市肆。又卅里，泊严州东关，严州江所从出也，有市肆。两岸高峰上各有一塔，舟人呼为南塔北塔云。水口有一亭，为八角亭。并以雨，未得上岸一览。

初五日。雨。廿里，小洋滩。又五里，大洋滩。又卅五里，泊北岸汊，兰溪县界，出米谷，对岸即桐子滩也。

初六日。雨。卅里，至兰溪，往拜唐壬森。舟人以雨泊城河一日。晚次，刘小轩自温州差旋，来船坐至二鼓。唐君邀饭，未往，见送火腿、点心数事。

初七日。雨。卅里，罗埠。又卅里，茅埠滩。

初八日。早雨，午后阴，晚晴。卅里，龙游县县河下十里，朝龙塔，五里上亦有一塔。县城去江五里，江口有市肆江口旁近有两塔。又卅里，马崦。又十五里，高家埠。数日大雨，溪水涨发，江势如走马下注。幸一路皆东北风，帆纤并施，日行以六七十为率，尚不至濡滞也。

初九日。廿五里，拦江塔。又五里，樟树滩潭，有小河通周公源，与遂昌县相近，出木料。钱塘江上下以樟树滩为木料屯聚之所。又五里，鸡鸣塔。又十里，衢州府。往拜邵蕙西，畅谈至晚。蕙西寓衢州训导瞿经阁处。瞿故杭州巨富，以学署湫隘不足居，赁民舍以居，屋颇轩敞。

初十日。与位西、经阁约为烂柯山之游。早出小南门名通仙门，十里，至五坪。又五里，渡石屋堰即东溪，由遂安紫微山出，经九仙岭、响谷、石屋等山，出樟树潭。在浙水之东，谓之东溪。其由开化、金溪出者，谓之西溪。《衢州志》所谓双溪合流者也。渡江后即山路。五里，至石桥寺今无此寺名，榜曰仙源佛界而已。旧传庙旁有古松，朱子题为战龙松，有碑，今皆无矣。由庙右转至寺后，蹑石级数十仞。全山皆石，而石桥穿空数十丈。其下方平，两旁皆诗碑。唐贞元碑一，字皆剥蚀，碑额有宋淳熙辛亥刘彝、钱颉、蔡际、郑庭坚等六人会宿斗茶题名旧刻。宋、元题名碑各一方。馀古碑多不可识，而明碑多完好者。胡宗宪绝句一首，字大如杯。左旁镌石壁四字曰：天生石屋。右旁镌石壁四字曰：烂柯仙洞。其下一洞，可容十馀人，祀王质象晋樵人王质遇二童于此奕棋，局未终，童顾之曰：其归。出视斧柯已烂，盖数十年矣。旁有王贵峰，云是王质之弟得仙于此。其竖碑四大字曰：青霞洞天以此山为道书青霞第八洞天也。飞梁下如屋，故谓之石桥，亦谓之石屋。前为日迟亭陈恪勤公令西安，修葺此亭，榜曰柯山亭，今犹仍日迟旧名，有朱淳诗匾云：名山到处尽题诗，况是登高放眼时。踏破虚空观浩渺，凿开混沌见神奇。平生豪气三杯酒，万古仙踪一局棋。我是胸中留岳色，欲将芥子纳须弥。其前方联云：灵境但窥灭一线，石梁高跨石千寻。庭旁有枯樟，根大可数围，询之寺僧，则五枝樟与战龙松一株，并古木，近数年中忽枯朽，为风所折。其下松竹成林，望之郁然，山树只此而已。石桥中腰，空可逾寸，名一线天，而尺壁陡削，不能容步。寺僧印珂，年七十馀，不敢上也。位西、经阁皆止亭侧，而予与僧某扪壁蛇行，惴慄万状，至此一窥。又扪而上，行至石桥。顶上有圆塔，桥右有松根。僧言即战龙松，恐未然也。缓步由桥左而下，路稍平衍，至寺午饭。寺右有仰止堂，祀恪勤公。寺前四山相抱，树阴繁密，尚有幽致。仍循旧路而归，时天色尚早，乃往谒孔庙遗像。相传为子贡所刻桧木像，南渡时，衍圣公奉以来衢。元兴，让封曲阜之守陵墓者，世以博士奉祠祀。像凡二尊，一圣像，一圣母丱官氏像也。高不逾尺，右耳及方履已剥落，而威仪俨然。虽未必子贡氏所刻，而北宋至今亦已千年矣。像供正殿右旁楼上，其下有圣像一碑，与鹿洞碑像无异，想即从此摹勒也。位西言衢州人物萧索。宋时若赵清献，固不可及，即渠现注书经，有夏滨柯《山书解》、钱时融《堂书解》，并衢人也。今则无人可与谈者，所往来惟府幕盛孝廉襄，可谈诗而已。西安令吴鸿来号宾南尚有才，而以昨岁主歼台勇，颇以自满，馀人更不及也。位西见示所著书经，大意以史例治经，于虚空交会处，发明史臣记载之意，征引极博，持义亦多精核，盖亦书经之一巨观也。其著书大旨约十馀条，仿胡朏明《禹贡锥指》之法，兼序兼凡例为之，而书经源流，博论诸家之说，以自成一家言，真所谓读书有得者。

十一日。东风大作，船行甚速。廿里，黄埠。又廿里，蕉崦。又廿里，马渚溪口。又廿里，常山。泊船三里滩，以江口去城尚三里也。到时，约未正。

十二日。许雪门大令邀寓署中。幕中陈松亭、阮雨农、严砚孙、张小舟四君各相就一谈。往拜缪南卿观察、马寿山太守。缪君处晤衢州游击叶慕韩，又于松亭处晤刘蔼亭元圃观察之令嗣也、李石城、周小渔并幕客，酬应终日。

十三日。大雨。

十四日。大雨，夜雨尤大。两日为雨所阻，未能开行。闻小东门桥并为溪水所冲断。署中所居室名曰：蕉碧竹青橙黄橘绿之轩。旧有联云：作传舍观，看竹何须问主；亦园林意，开门即可见山。雨中树色苍然，墙头山影，岚翠欲滴。又有刘文清联云：天机道筦闲中契，范水模山静里商。浙江碑版所知者：苏子瞻

《书表忠观碑》、赵子昂《祐圣观碑》、湖州颜鲁公《元结碑》、处州李北海《叶有道碑》相传以术摄北海之魂书之，一名《追魂碑》，亦名《丁丁碑》，以鸡将鸣，丁丁然作响，遂止不书，故以为名、上虞叶虚己《陀罗尼经碑》。发金眉生、陈槐卿两信。

十五日。以天气澄阴，门者不为传夫，乃与砚孙游署后屏山寺。庙名地藏庵，面当城北后山，人烟无几。绕西行至塔山寺，立寺后高处，全城在目。东西皆包山斜迤，而塔山适当县城之中，一山界之，三官殿旁有塔孤立，故名。东半人烟辐辏，商贾所聚，西畔惟见平畴广亩而已。屏山寺，军需委员王柳桥居焉。署右有文昌阁，类新（购）〔构〕者，亦取之以贮军械。故知大兵所过，无复完区也。

十六日。雨。冒雨开行。雪门为雇夫，并遗路资。廿五里，曹惠关。又十五里，草坪。又五里，屏风关。草坪为江浙分界之地，两巡检分治：曹惠关为浙江边墙，屏风关为江西边墙。又五里，宿古城街。雪门有湖南省信，属寄其家。其兄号仁甫，其嗣君号庆堂，住东茅巷永凝堂。

十七日。卅里，至玉山。往见周蓉斋廉使、陈竹伯中丞、刘子迎大令，皆久谈。是日，雇船未就。

十八日。子迎邀至德和楼早面，同席许春元、徐松亭，皆为缪兰卿运办饷盐者。晚次，周廉使召饮，同席子迎及朱碧泉司马，皆昨岁拣发湖南者；颜星崖大令，则浙江委员也。酒罢，与廉使及子迎、刘霭亭德馨三人，谈至三鼓。廉使言颜君叔祖岱云制府检任直督时，其姑丈吴立斋知某县。值制府过境，所供给极菲薄，楹联用青梅纸，面粘四角而已，诸无所陈设。制府大称异，且称其联语皆格言，真良吏，即此犹见前辈典型也。廉使又述守吉安时，章成玉、杨风山两明府相助为理。因言一郡数县，但得一首县、二三属县为良吏，则一郡毕治，然亦须为上者辨识贤否，奖之劝之，乃易为化。此亦居官乐境，顾人不之讲耳。即此又见廉使居官本末也。

十九日。雇定李姓官板船一只，至省价十九千。发雷西师、何伯英、许雪门、周弢甫四信。周蓉帆廉使再邀晚饭，刘子迎极诵杨治臣国正之能，杨现带镇篁勇者。刘仲实明府始自广信归，廉使属为三日之留，相持甚力，意致勤勤，可感也。

廿日。刘仲实邀早饭。蓉翁属致次青一书。因论及广东拨饷可由海道一节，属其转达涤公。蓉翁固留午饭，至晚方归。往拜饶□廷选，谈少顷。是日大雨。

廿一日。自玉山开行，十里，至塔前。又五十里，沙□。又廿里，灵溪。又廿里，广信府。往沈幼丹处，因留晚饭。幕中杨晓亭、□静山、万古愚、黄慎斋并会。幼丹弟笃初，去腊自建河来者。复往拜琴舫学使、杨凤山明府、史观澜经历。谒西师西门外之槐兴店，归舟已三鼓后矣。

廿二日。往拜袁雪舟太守，袁寓对江之信江书院。其旁为青云别墅。从厅后石级上，有池一方，凿石曰：頖池。右转为中道亭。再上，当厅后为夫子堂。旁四贤祠，祀朱子、赵忠定汝愚、文文山、谢叠（公）〔山〕四公。斜趋而右，各夹室分祀历任太守之有功信江书院者。罗山罗公亦祀之别室，见之为怆然流涕。沿山直行而前，有高阁，榜曰：夕秀亭。再转而右，有屋数楹，皆已倾圮。其旁亦乐堂为最胜。前为广园，有树数株，列置石山，外环以阑，俯瞰大江。堂轩敞可坐。右为回廊，数十武至山尽处，为一方亭。王篑山太守颜曰：小蓬莱。信江周流其下，山水城郭，一览无馀。王籍山东，盖取以方登州蓬莱山观海之胜也。堂后一杯亭，亦篑山太守所建。而跋语记赵忠定守信州，与僚佐曾饮南屏山，因建一杯亭于南屏山之麓，盖取唐人“但得生前一杯酒、何须身后千载名”二语之义，今其遗址已不可考，为补建于此，以存前贤之迹云云。梁山舟为书一杯亭三字刻之壁上，自署云，时年政九十，盖其晚年笔也。其旁稍高处一小亭，榜曰：问月亭。亭后见山势迤逦，其中峨峨挺峙者，南屏山也。转至中道亭，直下有池一方，水□澄澈，四旁石栏，野草丛覆，凿石曰：鱼计池。旁一亭，榜曰：蒙泉□。其左为讲堂，则袁君眷属所寓，未往视也。沿江右行至景德寺，寺亦静爽，耿琴轩所寓。耿时赴省，仆从数辈留此而已。佛殿两旁古桂二株颇奇，本高不过四尺，乃丛出小干数十，高二丈许，布荫繁密。寺后谢公祠，即昨岁罗公留赀修建者，为作半日留。幼丹属致书莘公，催其来信。晚仍饭幼翁处。唐时望祀北海洛州，在今河南府。宋祀北海孟州，在今怀庆府。元明因之，建都燕京，而望祀北海乃在国南千馀里。仁庙时，始因御史奏请，改祀辽东，于是与东海登州、南海广州皆实祀，惟西海蒲州为望祀耳。李（生天）〔天生〕因笃、吴任臣志伊、毛大可奇龄会饮李阁学天馥处。天生衣短貉裘，毛质粗恶。李笑曰：何不内其毛而衣之？天生佛然曰：是反衣也，岂不闻反裘以负薪乎？《传》曰，皮之不存，毛将安附。毛附于外，古之义也。李曰：羊与狐奚若？天生曰：羊裘贱质，恐披裘公所服正此。毛色所尚虽不可考，然从无反衣之理。李以问大可，大可曰：无反衣之义甚当，然羊裘纯黑。《论语》：羔裘元冠，缁衣羔裘。盖取冠衣黑色以表之。《诗》曰：羔羊之皮，素丝五纶。亦以羔羊纯黑，故用素丝五缕嵌之以为饰。至羊与狐贵贱不可考，然《礼记》：黼裘誓省，大裘非古。黼裘□羊黑狐白相间以成文，大裘则纯黑之羔羊。天子用大裘，而诸侯用之为非古，岂非羊贵狐贱之征乎？李以问任臣，任臣□：观黼裘誓省、狐裘祭蜡之文，及

《论语》狐貉之厚以居，明狐裘□□，不如羔裘祀天之尊矣。《诗》曰：羔裘逍遥，狐裘以朝。羔裘、狐裘虽皆可以朝，而狐多羊少，则诗人讥之，是亦羊贵狐贱之一验也。天生笑曰：孟尝君一狐白之裘千金，而五羊之皮，秦人贱之。《国语》曰：千羊之皮，不如一狐之腋，诸君何以为解？任臣曰：狐之为物贵矣，然考之群籍，似狐物贵而用反贱，羊贱而用反贵。一座皆以为然。当时诸老风流，随事皆成典要如此。

廿三日。开行。十里，龙潭。塔前形势极佳，有轩一楹，宏敞可坐。又三十里，马王山。自郡城下约二十里，两岸山石累累，作诸形状，若钟，若盂，若蹲狮，若牛，若虎之将纵，若盘蛇，若髻，若履，若兜鍪。其峭削者，若笔，若圭，若老人立。陡劈若壁，坳深若穴，旋入若螺，腾踊若云，多破土而出，离立无根株。下至贵溪、弋阳，相属不绝，盖皆龙虎山灵异之气所旁泄，以为印证者也。又三十里，猛虎滩。又十里，河口镇，泊天后宫前。往见雷西师、蔡芥舟、朱莲洲鼒，江口司马、程卧梅嘉杰，铅山令。适万篪轩至，往鼎元典相觅，不获见。晚饮西师处，篪轩与张明远同来一谈。

廿四日。大雨竟日。西师言，鹅湖之胜，乃在书院后之封顶山。上山约五里，有寺可饭宿，高可望广信之回龙塔。鹅湖去河口不过□□里，以天雨未能一游，殊怅怅也。午刻，林桂榻亦至，会□少顷。晚，与西师、桂榻、篪轩同饮芥舟处。

廿五日。四十里，黄沙港。又五十里，弋阳县。又三十里，舒家港。自舒家港□进约七里，为圭峰。山水奇秀，有七十二峰之胜。天雨，舟行甚驶，未往一游也。又六十里，贵溪县。华尧封、杨凤山泊舟城河下，往谈至晚。舒兰渚文英方馆县署，闻予至，见访舟次。因并往拜屈星五大令，屈为甲辰同年，四川人。

尧封为述周茂才龙章之能，往访未晤。晤吴慎斋守府、秦苊庵孝廉二人。与杨凤山叙述近事，予因言天下皆人情为之，故事必顺民情，即行科敛之政，苟準民情出之，事未有不集者。凤山言近日霸道将穷，仍须参以王道。余曰：非也，王霸皆準民情，王道以诚，霸道以伪。王道躬为民先而听其自化，霸道急求之民，故曰五霸假之，谓其假行仁义之迹也。州吁之安忍无亲，岂得为霸道哉。今日合众人之心，孜孜不倦，蕲及霸道之万一，亦庶乎其可矣。凤山颇服斯言。

廿六日。拟一游龙虎山，而满目悲感，无复清兴。早行四十里，鹰潭。又四十里，安仁县。又廿里，黄金铺。又廿里，大泾渡。又廿里，小泾渡。又廿里，坝口。江水盛涨，大泾渡以下渐近湖地，江面稍宽阔。两岸小港汊积水弥漫，坝口后间一堤，水势平衍，询之舟人，指为鸦湖。又三十里，泊木樨湾。

廿七日。卅里至瑞虹。舟人以风大不欲过湖，乃至上湾王同发典，与王杉原谈□□，因留午饭。同席张缙云、朱仰曾并徽人、周履□樟镇人。问悉朱利昌情状，践踏不堪，言石翘之兄老福，号□干才，今尚陷不能出也。杨雪轩观察巨源家居尚无恙。瑞虹□□湾伍姓、西江张姓，世相仇杀，日内又启衅端。距省不远，而风气如此，纪纲之废弛久矣。

廿八日。开至对岸稍下之吴家山，相去不过五里，以风大不能过湖，湾泊竟日，郁热万状。

廿九日。南风未尝少息。登岸闲步。此洲居民百馀户皆罗姓，地名邬子罗家，转讹为吴家山也。属奉贤，去城百二十里。自玉山开行，适江水盛涨，虽逆风亦日行百馀里。乃于湖边阻风三日，奇热如去岁燥暑时，昼夜不解。四月天气如此，古未尝有也。因念天地之气，有通有塞，而人因之以为盛衰。史册所载，如滹沱冰合等事，多涉傅会。而如昆阳之战风雷助顺，元军据海滩潮水三日不至，则理所宜有。光武昆阳之师不逮王寻百分之一，而气之方盛，并风雷亦为所鼓荡，寻军安能敌之？元军之伐宋，其气自足以镇伏潮水，则又理之易见者也。故夫得天地之通气者，事成而功易，塞者反是。予之为通为塞，亦概可知矣。往陈文泉言：贼屠灭鬼神而鬼神安之，何也？予曰：此非鬼神之所能为也。张子言，鬼神二气之良能。此语最精。凡诸天神人鬼及山川木石之精，其著见于世者，皆窃天地之气以为用。而贼得天地之戾气为最多，其□最大。凡鬼神之气，触之而靡，一散而无复馀，而安能□之校哉。自古寇乱之兴，皆毁掷神庙无所顾，不独今日也。唐之中兴，李、郭诸公席节度之威，用州兵之力，其强宜也。兵力之弱无□□宋，而南宋之初，宗留守及韩、岳诸公，其强乃更甚。天方欲延南宋数百年之社稷，而创始于数公，岂能不以气畀之哉。而气以诚积，非诚之至者，无以承受天地之气。往见岷樵、智亭、罗山诸公，皆忾乎有底平天下之志，而心无少馁，是以能立天地之大名。张子言：吾辈有志天下，患才不足；才足有为矣，患诚不至。或问梧冈贤否，予曰：彼诚固未至耳。帅抑斋力诋厘金之为害。予晓之曰：国家无事之时，常赋所入，足资国用，故取民有节，虽有暴君，不可得而易也。军兴费烦，于是酒榷茶榷之属，百端并举，甚或加赋，或预征，自古为然，虽有仁君，不能废也。夫酒榷茶榷，其类繁，或有税或无税，或重或轻，其弊为甚，故不如厘金，视百货屯聚之处，笼而取之，为公而实。今天下之利一出于商贾，取之以厘计，至约也。所取于商贾者，为厘以二、三计；商贾所加取于民，率四、五计。是仍取之民也，于商贾何害？然使竟取之民，则足以致乱，取之商贾，而民安焉。是又可使由之，不可使知之义也。君奈何而言若是哉。浙江大绅戴醇士、周雨亭诸君颇惑其言，当事者无能以义晓譬之，两与相持而互相牵顾。彼其意非不善也，而义则蔽矣。天下患贫者数十年，非贫也。孟子曰：无政事则财用不足。圣贤之言，天下之通义也。今祸乱亟而财殚矣，江浙财赋之邦，取之犹不尽也。而政事之□□无之而□□□天下而孑孑忧贫，亦当国者之所宜耻也。唐文宗之言：□河北贼易，去朝廷朋党难。予亦曰：肃清江路易，肃清官□之路难。未有官吏之路不清，而能戡定乱离者也。治病者探得其受□□原，而知其胗结，乃谓之良医。今致乱之原，官耳，吏耳。不此之治，又附益之，而曰吾能弭乱，吾不信也。

卅日。四鼓，邻舟以风顺相促。开行约二十里，再转西风，舟不能进，即收泊湖汊芦苇中，天明后摇橹渡湖。舟人未谙江路，由汉河入八字脑，经八角庙以至滁汊。瑞虹至滁汊九十里，水涨时江路较直，宜近十馀里。今由八字脑转折而行，反远十馀里。一路皆小港，至滁汊下二三里始入大河。记去冬由四江口渡湖不过二里，上下皆内河，今则瑞虹以下，一片汪洋，皆湖水之所漫溢也。本日热稍和，然犹未能停扇也。晚次，大风疾雨，一洒而已。

五月

五月初一日丁巳。五十里，蕉溪头自小路八字脑、滁汊一带至此，略远数里，黄吟台船厂在焉。泊舟往谈片时，并晤其子雨亭。蕉溪为七里街下对岸，相去三里。未刻，至营见涤公。与同役诸公谈至四鼓，始回船。

初二日。李辅堂、李筱泉出城见访，营中诸君次第相就问讯，酬应终日。

初三日。甘子大来访。移住粮艘。午刻入城，往拜文秋山中丞，邓（甫厚）〔厚甫〕方伯，李辅堂廉访，联芝圃观察，史士良、杨咏豳两太守，高石卿、熙引之两大令。晚，宿百花洲李筱泉太守处。

初四日。往拜李东竹昭美、彭小山宗岱两前辈及俞同甫、沈彦徵、蒋矩亭、冯子良诸君。晚至胡研生、李辅堂、蒋小怀各处畅谈。

初五日。早出城，以是日午节，酬应棼如，下午与罗□□□舟至螺墩，历游各洲岛。

初六日。接林桂楣、戚小蓉、陈鹤翁诸信。林都司□□来谈，历述癸丑年别后至今各情事，为之喟然。张石朋见示李次青和韵诗六首，词意豪迈，为录存之：时艰须仗轶群材，江汉秋清把臂来。家在二分明月地，人推八斗掞天才。千言下笔空流辈，一砚随身傲劫灰。循吏风流儒将略，替君位置费疑猜。　名贤知遇夙衔恩，屈宋衙官寄此身。大府参军笑蛮语，堵城完节吊忠魂。饱经忧患心犹壮，历抵公卿舌尚存。晚遇龙城老尊宿，伟人端足奠乾坤。　细柳营前节钺高，军门长揖气尤豪。贼情指掌能提要，书局栖身敢告劳。魑魅肖形罗禹鼎，啸歌抒愤拂欧刀。图奸莫罄南山竹，群盗中原正似毛。　桓桓枢帅郁孤忠，部曲抡才望并崇。都督神威等褒鄂，江东血战是英雄。潢池那有难当贼，国士几成不世功。岂意将星先后陨，灵旗风卷阵云空。　畴赋铙歌唱凯旋，冥冥妖雾锁江天。空谈元老忧时泪，谁奋将军下濑船。内府泉空惟仰屋，名城师溃枉持权。知君雅抱澄清略，何日鞭挥祖逖先。

临汝江头小驻营，貔貅野宿对坚城。泽鸿空念残黎困，嵎虎难教逆胆惊。愧我劳生真腹负，多君说士每心倾。章门傥见妖氛扫，庐阜摩崖笔待擎。

初七日。与方子白闲步抚州门外宝塔前，因询司马庙遗迹，走访得之。庙后荒坟约高五尺，旁有巨樟一株，柯干戕伐无馀矣。前有巨碑，署曰：晋骠骑将军始安公温太真墓。

初八日。居毅庵镇军来谈。季牧邀午饭。

初九日。往邹铁笛处小谈。笏生邀午饭。

初十日。接陈槐卿、周弢甫、陈沁泉三（处）〔信〕。张小山、黎寿□、□绍棠同邀午饭。

十一日。往史士良前辈处吊其母丧。往万蓬山、黄觐臣□□前辈令嗣、李槐荫、颜平洲、谭翰生、陈云生、黄蓉台诸处回拜。连日阴晴不定，是夕雨宿李筱泉处。

十二日。雨，凉甚。早饭后出城。接李次青信。

十三日。雨。湖口县沈可薰育臣、彭泽廪生曹炯雷夏、高联珠朗如、张家驹相臣、孝廉计锺灵秀峰，或以逃乱无依，或以条上事宜，俱留营中，往谈半日。沈精于制器，多才强记，颇亦难得。曹诚实有守，高年少负气。尚有两欧阳生，未之见也。继见欧阳静仁山，亦高生朗如之比。

十四日。得林桂楣、张伴山及西师三信。李筱泉来，因偕至对岸里洲一游。旧皆盐仓地也，今瓦砾委积，居民无几矣。省河洲渚歧出，居人谓有九洲。今考其名：广运门对岸者为里洲。外为螺墩。接墩而上，略有起伏之势者为草洲。（墩）〔螺〕墩之外为杨家洲，洲最小。螺墩下方为蜻蛉洲。又外为大缆洲。又外为黄泥洲。又外为长湾洲。又外为新洲。其势皆下抱，形家所谓关水者也。新洲之外，始（家）〔为〕章江正流。其广润门下，倚城有洲畸出，为蓼洲头，去城十里。茭溪头下，有扬子洲，土人所据为九洲之数者。

十五日。李辅堂来谈。

十六日。发广信、河口、玉山、常山、上海、富阳各信。涤公为言国朝军制，以骁骑营为本。定鼎后，添护军营。骁骑以卫京师，犹汉之北军。护军以卫宫阙，犹汉之南军。后又添步军营。步军始有汉军，号绿旗营，并归步军统领管辖。护军则八旗皆有统领，左右各四旗，又各设一先锋统领。纯庙时，又添火器营，后又分置圆明园，号外火器营，其在京者号内火器营。征金川时，募善超跃者为攻石碉计，号健锐营。今惟外火器、健锐两营稍劲也。又有数小营：打虎者为虎枪营，取鸟者为粘竿营，随猎者为鹰狗营，扑斗者为善扑营。侍卫营以护卫，即满语所谓戈什哈也。御□侍卫大臣，则戈什哈谙班也。銮仪营以扈驾。统计满兵约十四万人，汉兵万人，京师宿兵如此。

十七日。往吊汪少逸之丧，因回拜孙惕吾、李铁翘浙江委员、颜金坡三君。

十八日。偕李筱泉、林琴生、胡仲英棹舟至水观音（关）〔观〕，小坐倚绿山房，听霁月和尚弹《塞上鸿》、《佩兰》二曲。霁月能诗，善书，工奕，颇有雅人深致。其卧室书籍甚富，然大约皆诗文集之属。所藏《宝贤堂法帖》，最为善本，《戏鸿堂帖》次之。四壁张古琴十馀，其四字联云：琴高不鼓，易妙无言。与铭东屏观察岳至好，唱和诗亦颇有佳者。

十九日。接刘子迎、李次青两信。辰刻回船。

廿日、廿一日。热甚。接周蓉帆廉使信。

廿二日。下午入城。廿三日。李宝秋成主，请予为题。坐中晤李云岩、弓筱芗两明府。午刻，至水观音亭。筱泉为其尊人玉泉年伯供佛于此，以是日小祥之期故也。随至广运门，城已扃矣，仍宿大公馆。

廿四日。雨。廿五日。廿六日。接高碧湄信。廿七日。廿八、廿九日。大雨，凉甚。接上饶令杨凤山信。

六月

六月初一日丙戌。阴。初二日。早雨。巳刻雨霁。入城至碧湄、学山、篪轩处畅谈。

初三日、初四日。接西师、桂楣、伴山三信，又接张铸庵名培仁明府信。张由福建候补县改捐湖南，予丁未同年生也。碧湄来船畅谈。

初五日。沈可薰赴饶，碧湄之请也。沈一号璞峰。

初六、初七、初八。叠闻饶事大坏，以毕金科与耆九峰不和协，耆又无调度，以至有此。

初九、初十、十一、十二等日。尽撤六营之在建昌者，令暂驻抚州，听候调遣。

十三、十四、十五、十六等日无事。十七日。高碧湄忽以武连魁□勇事，屡函相召。至询其事，则毫无倚据。绅士如刘葆贞、舒孔安等辈，亦懵然莫知事之原委也。高君处事，不加考究如此。

十八日。林葆、毕金科赴饶州。居毅庵镇军、程尚斋刺史亦同行。

十九、廿日、廿一、廿二、廿三、廿四等日。李辅堂之祖母仙逝，以廿四日开堂。随往回拜程莘耕、程鄂南、史调梅临江府、王稼林瑞州府、杨吟秋南昌府及岑明府莲乙、张都戎大雄、冯少尉熠各处。

廿五日。闻饶州克复信，随闻生米之警。

廿六、廿七日。建昌六营至。李大雄管带雄字营，李新华管带新字营，胡应元管带平江前营，黄虎臣虎字营则并入李新华营内，以黄君阵亡，其弟黄之一不能管辖故也。外万泰管带九江营，马占魁管带赣营，则皆江右营兵也。其城外各营，则羊瀛管带义武营，滕加洪管带德胜营，詹永清管带护军营，合居镇军之九江营，共十营。

廿八、廿九、卅日。为夏立山憩翁之三兄也借房屋一栋，先将行李运入。

七月

七月初一日丙辰。张同少培仁，字少伯，号紫联来营住数日，本日始雇车赴三江口，以由闽改省湖南，将谋间道以行耳。少伯精铁板数学，以人生年准河图之数推之，分时为八刻，以合人命，无不奇中。然言者皆谓其验于前而参差于后，亦数理之不可解者也。

初二、初三、初四等日。张石朋属题其酬笔、审疾二图。阅其中题句多佳者，摘录其尤于此。罗研生诗云：班生投笔君酬笔，漫云不聿终有律。蔬盘酧汝锐头公，杯酒犹应笑寒乞。溯从束发便相从，渐到二毛交愈密。如衣附身履着足，试问相违能几日。会须把握历百年，□□妻帑未堪匹。涉乐恣抒春澹沱，惨怀郁起秋萧瑟。也曾片语得矜宠，亦或千言被涂乙。半生甘苦百端殊，除是楮生应共悉。操锥缚帚争能事，生恐居□见憎嫉。柳条谷粒竞前陈，入手畴能辨毛质。坐令中书成老秃，弃掷如邱众奚恤。张侯洒落睨群有，独把寸管三叹息。自维所得良不薄，身享岂宜忘所出。蓬山雄振事已虚，艺圃闲搜兴犹逸。漫将剧贼穷奸变，更为流民绘愁疾。国家酬庸有盛典，军师转饷无奇术。但将薄醊表微情，慎阏遐心就予昵。行看露布草万言，脱颖囊中莫呼屈。

罗伯宜诗云：张侯起东海，壁立家屡空。早为诸侯客，不学於陵仲。时乘广陵涛，上溯云与梦。相携管城子，身价千金重。久局辕下驹，行跨云间凤。橐笔历岁年，天阊末由虹。人谓毛颖疏，中书全不中。张侯殊自得，晴窗日吟哢。谀墓金可攫，买山资可送。半生供岁计，胜橘千头种。迩来入官府，更与鹤分俸。如裘温可怀，似酒德堪颂。岂敢弁髦视，允宜清醑供。鲰生历卅载，不律偶操纵。颇思穷变怪，心欲手不从。缚茗苦弱腕，生花杳清梦。方今在戎马，学剑邀君共。霜华横槊飞，夜月鸣弦控。幺麽尽杀却，了此潢池弄。莫邪久吟啸，一割岂无用。　江龙门诗云：君才自合纡青紫，毛颖无功量不居。尚有名香酬旧好，感恩知己更何如。　赵惠甫诗云：我观酬笔图，我为笔公再踟蹰。笔公之才天下俱，庙堂所重小楷书。笔公之用天下储，律书充栋烦吏胥。笔公之利天下趋，但饰奏牍致轩车。张君于此皆非徒，奉觞上寿胡为乎？呜呼张君风雅乃人杰，以此（佁）〔绐〕人人不识。我欲尽扫此文墨，但酹宝刀不酹笔。　龚孝拱诗云：一样毛锥子，成家误国悬。若还论功罪，我欲斩中山。　冯子良诗云：感君挥洒出风尘，四十头颅万里身。豪杰学书还学剑，艰难磨墨似磨人。功推管子为前辈，用到毛生即上宾。天与如椽称巨手，岂应无补费精神。　错节盘根阅历深，商量声价重沉吟。况筹国事陈三策，即写家书抵万金。身后光芒谁不朽，眼前芜没尚如林。功成司马谈何易，莫负千秋一片心。　此君便合号神君，香火因缘楮墨痕。一笑读书为短簿，百年尸祝是长恩。锐如古弼头能出，秃比张仪舌尚存。看取绛衣簪缥拜，殷勤宁独为经尊。　今日披图喜复悲，安危大局费支持。赏心文字朝廷重，入手声名盗贼知。百劫未焚怀砚固，一钱难润诏书迟。愿君倚马驰芳誉，我已蹉跎两鬓丝。右皆《酬笔图诗》之佳者。　其《审疾图诗》，则研生诗云：黄土（搏）〔抟〕人形绝奇，胚胎太极根两仪。杰魁庞固少疾疢，禀负元气完无亏。后来婚嫁繁且速，生物二气分钟疲。愈繁孕育愈婚嫁，辗转跂喙充九围。埏埴乏泥器苦窳，取譬试较今窑瓷。花纹疏陋彩釉薄，脆如冰片柔如丝。虚邪贼风动陵肆，动入骨髓销毛皮。自来国手贵先著，控制勿使濒倾危。无论中边总一体，股肱心腹安能移。况乃多方取戕伐，腥膻烟火燔膏脂。北邙送往等闲事，眼中几辈逢厖眉。岂惟寿耇渺难得，沴疠更复生豺貍。如疽溃烂体几遍，此患直欲穷轩岐。气馀是火语难信，或欲攻下先调脾。局方沿袭久无效，纵有秘笈谁寻思。院医审疾苦不早，把君此卷增吁嘻。

伯宜诗云：人生抱羸质，譬若霜下蕾。菁英受侵欺，中乾外无采。药笼贮虽富，气体苦莫改。平生万里气，坐此壮心怠。(羯)〔竭〕来困危疴，绵惙命几殆。固知卢扁才，力可挽真宰。洞见垣一方，二竖走却骇。呻吟今痛定，汗背尚淅洒。君侯能审疾，早遘功当倍。便允手醍醐，为浇胸垒块。两间有大病，蹠盭已多载。疮痍遍闾阎，蛟鳄横湖海。膏肓在何处，君其进一解。

陈季牧诗云：不药不速死，贞疾恒留躯。二竖匪异人，医者即其徒。椎击或不中，铓刺有未殊。飞手一圭匕，疾与身同徂。或孤人之子，六尺泣呱呱。或寡人之妻，幽痛永不渝。或斩人之嗣，其鬼失啜餔。惨毒莫可究，谈笑衒其愚。诵言必岐黄，绪论追扁卢。怪彼原上人，春秋本蟪蛄。嗟如刲羊豕，岂曰非人屠。杀人者抵死，独任此辈逋。国宪所不及，那复逃冥诛。有耳耳其气，气者声之枢。有目目其神，神者形为郛。虚而与委蛇，厘然吐证符。孔曰人治人，孟曰书宁无。至道岂在远，奚必规前模。张侯有夙慧，辨理无歉逾。力能逮幽隐，竖子膏肓驱。科头坐兀兀，精与神德俱。天地有戾沴，民生困欲苏。我惟范老志，耄及徒嗟吁。噫君富仁术，谛视当何图。　方子伯诗云：造物憾待补，所赖相与医。神君不世出，宇宙生日衰。频年兵潦交，江海多疮痍。无能任调燮，何处求轩岐。疾疢尚未成，审视有先幾。肥瘠不在貌，纪纲视安危。攻治与补裨，要在适其宜。我见一有囿，仁心皆死机。贫居抱微尚，择术日孜孜。天地有沴戾，劫运斯纲维。安得寿世权，元气完无亏。展卷证此理，愿与穷精微。　江龙门诗云：阴阳失调度，元气日衰惫。百病丛之生，斯人轻草芥。或但解呻吟，或竟成聋聩。或转恃膏粱，或屡忘禁戒。或仍恣剥丧，或甘受倾坏。势已在膏肓，视之犹（薛）〔癣〕疥。讳死那复生，况下庸医拜。标本昧后先，经纬失图画。不察病根株，深默济狡狯。意旨窥病家，技能嫉同辈。倡言峻剂投，掩耳走惊喝。药笼长物无，调摄巧言话。刓肉权补疮，目前聊一快。岂知用甘平，失当甚蜂虿。良医与良相，保赤同成败。二竖无遁情，四海起彫瘵。还君审疾图，使我一长喟。　吴甄甫尚书云：瘕结谁先见，疮痍属目多。多君能审疾，君审待如何。　赵惠甫诗云：君今示君审疾图，我还告君取药方。荆防杞橘天下是，曷不入川取大黄。药不瞑眩疾不愈，工不折肱技不良。有人手持药囊向我说，用药不舍牛溲与马渤，何况荆防及杞橘。　龚孝拱诗云：张子示我审疾，还复已审医否。庸医百辈死尽，才是扁鹊下手。　蒋矩亭诗云：三折肱、九折臂，肘后之方以万计。平生审疾如审狱，致令二竖难逃避。我更为君进一解，方今疮痍遍寰海。第一大病患在贫，俞跗巫彭不能待。君有何术攻腠理，振臂一呼疮病起。

初五日。蒋小怀、李辅堂来谈竟日。接家信，知南中事势尽佳。下午，陶云生自浙江来。

初六日。始闻温甫及刘峙衡、普钦堂、吴竹庄等来江之信。李辅堂处见蒋矩亭所藏各字画，中多奇品。董元宰手卷，笔势雄劲，另出一奇。又龚半千山水画册，王亶望所刻米帖，皆妙物也。

初七日。往拜张兰江、姚石翘、王乂安顺曾诸君。夜饮高碧湄新东岳庙寓处。

初八、初九、初十等日。无事。

十一、十二、十三、十四、十五、十六、十七等日。时以事入城。温甫以病来省就医。

十八日。为智亭军门忌日。涤公设祭九莲寺，命予为文。是午亦随班与祭，午饮舟次。

十九、二十。无事。

廿一日。温甫以坐船郁热，移住粮台。涤公亦邀予入城小住数日。①

八月

八月初一日己酉。始定计归家。托刘竹溪雇乡间小车。新建喻子昭行五、子缙名卿笏，行八其甥唐莘田来料理遂以小车六辆、舆夫三名，送我南行，缘渠以樟镇典中公项，予曾为出力故也。姚岳锺、涂韶南来见涂，建昌生员，有俊才。

初二日。云南窦蔗泉大令来拜，以渠拟由湖南回里，涤公属结伴同行。初三日，吴贯槎亦来相约。

初四日。发黄莘公、万藕公、陈槐卿、许雪门各信。

初五、初六、初七、初八、初九、初十等日。在城料理一切。胡仲英、丁石舫、何镜芝、陈季牧、李辅堂、李笏生、陈秋公、方子伯、罗研生、黄吟台先后并为我饯行。

十一日。定期启行。缘万篪轩初十日为我饯行，天晚未能出

①以下七月二十二日至二十九日记阙。

城，舟中亦有少许事须料理，遂改定次日。

十二日。涤公以长龙船送至沙井。十里，至长头堎。蔗翁及令嗣少泉并先日至此相候，吴贯槎则已前行矣。又十里，乌溪埠。又二十里，刘田埠。又十五里，王家岗。途次晤委员阳香泉，遂同止宿。有魏姓、翁姓诸少年来见。地在奉新六十里，尚演出庆神，不知有兵警也。

十三日。五里，至乌山，与蔗翁会合。缘先日晚次遇雨，与蔗翁相约，未能赶上也。蔗翁言乌山四围山势回合甚秀。询之土人，则朱可亭相国（栻）〔轼〕、萧芗泉侍郎浚兰，并生长此间。又十里，招山。又廿里，古楼埠。沿途荒凉万状，所过村店都无门户，老弱一二人供茶款客而已。又十里，祥符观，晤皮秀才家骏，喻子昭家西席，言及胡秀才照奎尚须来见。胡盖曾污伪职，予曾寓书竹庄来解者也。喻宅住七里岗，去祥符观约二十里。又五里，双排。双排为奉新赴瑞交会之地。又廿五里，绕瑞城北赴营。是夕宿彭九峰处。胡瑞峰、克雨亭、李俊才、万锦堂、李月亭、滕加洪、詹永清，及高连升、任玉田、戴国泰之属俱来见。

十四日。普钦堂处小坐。约三里许，至刘峙衡营次。小山一座名石鼓岭，远望数十里无所障蔽。营倚瑞河，搭浮桥以通南岸，尚为得地。刘文渊、刘南垣、彭盛南、杨莘耕、曾璞山来见。下午至局与王孚吉谈少顷，并见吴育之大令。

十五日。五十里，至村前。卅里，至塘铺。市肆并较瑞城以东为稍繁盛，塘铺尤巨镇也。

十六日。四十里，见沈荫亭大令，并王、魏两将官，幕中李南村，会谈少顷即行。又卅里，至芳塘时，闻徐家渡有警。去芳塘廿里，市人亦有迁徙者。

十七日。十里，板桥。又十里，罗皮渡。又廿里，章源坳路遇李君，知彭子文家去此五里。又十里，三板桥。是日赶集，乡民蜂屯蚁聚，道途为壅。又廿里，大桥。大桥，万载一巨镇也。晚次，柳星五来见。柳君为李晴江妹婿，去秋曾至南康者。

十八日。廿里，谭坡。又卅里，株树潭，亦万载一巨镇，出夏布，出纸。又十里，枣木桥。又十里，钵盂桥。又三里，宿下彭，市肆三间，恶陋不堪住也。

十九日。七里，慈化，有市肆，以慈化寺得名，慈化巡检驻此。又廿五里，桐木铺，萍乡一巨镇也。又十五里，湖塘。又五里，渠城关，江、楚分界处也。浏阳县属有防兵百馀，扎关城上。又十里，太平桥。又三里，宿神龙岗。

廿日。廿里，枫林铺。十五里，流矢岭。十五里，南浏桥。十里，过河至浏阳县城，寓东关外。往见袁西台明府及黄守备泽远。黄君为峙衡招勇，今日始抵浏也。晚，有同邑邵君至，谈少顷，随往拜贺祝生、邱紫山。紫山名庆诰，惺庵孝廉之芬令侄也。惺庵品学为浏邑人士之冠。

廿一日。局绅陈佐臣名树猷、熊愚谷名明哲、袁勿斋世兄爱存并来见，始悉黄月岩、常锡臣并在县署。午刻开行。蔗翁其次子岘生官部曹，现在家中属以后致书，可径递师宗县转寄罗平州，以渠住处近师宗县也。十里，至枫树铺。又十里，宿蕉溪岭。下岭多积石而陡峻，车不能行。有短夫运行李度山，每斤一文。是夕，配定各扛，约明早过山也。

廿二日。五鼓过山。十里，至山下店寓，天始明也。又十里，高峰桥，过桥则长沙驿路。循桥右沿溪行，小路多僻隘，非熟历者不能知其涂径也。又十里，羊皮岭。又十里，彭家渡。又十里，猫公桥。又十里，界碑岭，长沙浏阳分界处也。是日行六十里，以山路僻险，小车行路艰苦，不能多程也。

廿三日。五里，洞田。又五里，路口沙。自洞田以下，路渐宽平。绕路口沙而过，约二里许，度河至上沙市河水已涸，渡浮桥至市。十里，麻陵桥。十五里，吴王桥。十五里，新桥。家中雇夫至此，更换上山。至斋公岭，天色已晚。大风且雨，狼狈万状。到家已二鼓后矣。①

附录

一、 道光二十七年会试同年录

满洲十六、奉天一：

载铿瑟弇，行二，翰林。兴苍佑之，行六，分部。萨炳阿兰谷，行一。阿克丹心庵，行一，分部。延龄寿峰，行一，即用。文玉式如，行三，分部。福全纯叔，行三，翰林，阿克丹之子。万年恒斋，行一，即用。瑞明分部。王元治榆村，行一，奉天海城人。德恒一斋，行二，主事。尹国珍殷儒，行四，汉军，翰林。锡荣春圃，行一，即用。文启翰林。增禄鹤龄，行二，即用。成善集轩，行一，分部。彦昌文溪，行四，翰林。

直隶二十三：

徐家杰伟侯，行二，宛平人，即用。陈锺芳英孙，行三，宛平人，中书。周鸣鹿苹野，行一，南和人，即用。刘有铭镌山，行六，南皮人，翰。詹锦堂晓斋，行一，宁津人，即用。周道治朗垣，行三，长沙籍。李德增晓坪，行一，宝坻人，分部。段培元厚庵，行六，大兴人，分部。吴怀玉虚谷，行二，河间人，即用。沈桂芬经笙，行二，宛平人，翰。郭定柱石臣，行二，临榆人，即用。周云翥莲舫，行一，涿州人，即用。张之万重侯，行五，南皮人，殿撰。陈椿年秋坪，行三，南宫人，即用。刘其年献县人，翰。杨书香武邑人。方学苏

①以下咸丰六年八月廿四日至咸丰八年六月二十九日日记阙。

敬臣，行二，宝坻人，分部。袁绩懋厚庵，行一，宛平，阳湖籍，榜眼。许亦崧尊庭，行三，宛平人，即用。王廷才铭阁，行三，开原人，即用。张国士绍韩，行二，东安人。沈墉星垣，行二，大兴人，即用。瞿绩凝褉生，行一，宛平人，即用。

江苏二十：

庞锺璐宝（山）〔生〕，行一，探，常熟人。张修府东野，行一，嘉定人，翰。杨延俊菊仙，行一，金匮人，即用。庞公照子临，行七，归安人，即用。沈锽笠湖，行二，通州人，分部。雷對蕴峰，行二，华亭人，即用。余汝侗豸冰，行五，武进人，分部。李德仪筱轮，行一，新阳人，翰。任瑛屺堂，行一，宜兴人，即用。杨锌子于，行四，镇洋人，即用。丁寿昌颐伯，行一，淮安人，翰。陈秉彝元和人，即用。蒋兆鲲汉槎，行一，丰县人，翰。叶毓祥莘来，行一，江宁人，翰。沈镐愚亭，行一，震泽人，分部。朱麟祺卧云，行三，六合人，分部。孙家醇饮生，行一，寿州人，中书。熊其光苏林，行一，青浦人，分部。陈鼒作梅，行一，溧阳人，翰。薛湘衍瞻，行三，无锡人。

浙江十八：

许寿彭仁山，行一，钱圹人，会士。王玉子山，行一，永嘉人，即用。徐申锡勉如，行三，平湖人，翰。刘崧骏听襄，行一，仁和人，翰。来煦萧山人，翰。张炳堃鹿仙，行六，平湖人，翰。宋肇昌幼海，行二，仁和人，即用。陈元鼎实庵，行一，钱塘人，翰。徐振墉石门人，分部。陆秉枢眉生，行一，桐乡人，翰。吴应宽听涛，行一，馀姚人。章倬标果堂，行三，金华人，分部。陈毓祺舒伯，行一，钱塘人，翰。孔广泉万山人，即用。吴斑文南，行三，归安人，即用。唐壬森兰溪人，翰。叶维藩辰生，行一，松阳人，即用。冯霦润山，行二，山阴人，即用。

山东十九：

苏仲山砚西，行二，日照人，翰。王汝铨锦堂，行三，济宁人，即用。马（贻新）〔新贻〕铁舫，行三，荷泽人，即用。姚体备秋浦，行二，巨野人，即用。刘毓敏易农，行二，在平人，即用。萧铭卣松坡，行十一，福山人，翰。刘秉厚朴庵，行七，章邱人，分部。朱学程竹坪，行一，平阴人。李湘蓴寿农，行六，安邱人，即用。张今第桂岩，行一，夏津人。周悦让孟伯，行一，莱阳人，翰。金寿萱静梅，行一，历城人。丛坛石泉，行一，文登人，即用。李灿雪言，行一，诸城人，即用。毛玉成希铭，行一，历城人，即用。辛本旃香如，行六，蓬莱人，即用。郭种德耿岩，行一，恩县人，即用。禹建钧石泉，行四，乐陵人，即用。周坊莱阳人。

山西十：

张清瀛远春，行四，夏县人，即用。王平格幼洲，行二，榆次人，即用。王炳同焆如，行二，文水人。郝应宿代州人，分部。曹鸿举蓉桥，行二，陵川人，即用。樊丙南曲沃人，即用。阴昌庚小鹤，行一，夏县人，即用。王序宾相圃，行一，榆次人，即用。白恩佑石仙，行三，介休人，翰。郭椿寿锺涑，行一，安邑人，翰。

陕甘：

陕十二：

马先登龙坊，行一，大荔人，即用。邓清淦长安人，分部。傅培峰藕村，行五，甘肃镇番人。马笃纶少园，行一，甘肃安定人，即用。祝垲爽亭，行五，安康人，即用。杜滋德生，行一，榆林人，即用。高化鹏城固人，即用。张增道邠县人，分部。郑士蕙柏厓，行四，华州人，即用。刘恺莲生，行一，甘肃武威人，即用。侯树衔介亭，行一，甘肃陇西人，即用。李友龄甘肃安定人。

甘六：

任国桢蒲溪，行一，甘肃武威人，即用。杨师震渔笛，行一，靖远人，即用。冯峻咸阳人，即用。李国瀛仙洲，行三，羌州人，即用。薛铭凤岗，行一，咸宁人，分部。霍为棻朝邑人，即用。

河南十八：

陈秩五月舫，行一，信阳人，即用。马佩瑶香圃，行一，光州人。刘郇膏雨村，行三，太康人，即用。张韶南伴山，行一，渑池人，即用。王揆一槐轩，行二，新乡人，即用。白润瀛宾，行一，新乡人，即用。郭祥瑞毓六，行一，新乡人，分部。李孟群鹤人，行三，光州人，即用。韦丞瀛封邱人。贺际运诗樵，行二，汲县人，即用。曹登庸香溪，行一，光山人，翰。周德荣菊人，行三，商城人，翰。裴季芳意园，行十六，祥符人，中书。刘润芥舟，行二，祥符人，即用。武元鹤梅臣，行四，武安人，即用。刘鸿恩位卿，行一，尉氏人，分部。李仁元资斋，行一，济源人，中书。耿灼然明斋，行一，襄城人，即用。

江西十九：

王宏谟定夫，行一，清江人，即用。杨翎翼如，行五，清江人，分部。谢佳玉蓝田，行二，清江人，即用。李友梅松生，行二，宜春人，分部。彭嘉炯湖口人，即用。华祝三尧峰，行一，铅山人，翰。谢煌雨生，行二，宜黄人，分部。万良心田，行五，新建人，翰。李明墉豫斋，行一，德化人，即用。张青筒莲舫，行二，德安人。叶士焕子绮，行一，临川人，分部。邓培槐沂庄，行二，新淦人，中书。李森春谷，行二，永新人，即用。阮儒傅保庐，行五，新建人，分部。胡椿寿研生，行二，南昌人，翰。刘熙敬星子人，即用。黄淳熙寅窗，行一，鄱阳人，即用。周劼献臣，行三，彭泽人，即用。郑奎龄壁西，行九，德化人，即用。

安徽十一：

吴慰曾福田，行一，当涂人，翰。李鸿章少荃，行二，合淝人，翰。马益臧式斋，行一，泾县人。左骏章柳湾，行一，泾县人，即用。孙观省斋，行五，舒城人，翰。王友端月川，行四，婺源人，分部。鲍（深源）〔源深〕花潭，行二，和州人，翰。汪先焴徽卿，行四，桐城人，分部。姚继勉勋堂，行二，庐江人，即用。林之望拙堂，行一，怀远人，翰。朱邕侯霞山，行二，泾县人，即用。

福建九：

黄光彬质轩，行二，莲江人，即用。许利宾鸿于，行五，侯官人，即用。

沈葆桢幼丹，行二，侯官人，翰。陈心荣雪樵，行三，闽县人，即用。陈乔荣松轩，行六，闽县人，即用。陈浚心泉，行三，闽县人，翰。陈兆凤梧冈，行四，闽县人，即用。丁斌子存，行二，闽县人，即用。吴伯敬恭安，行一，侯官人。

四川八：

陶钧士和，行一，夹江人，即用。崔荆南云湘，行一，华阳人，翰。华清国鉴溪，行一，泸州人，即用。李宗羲开县人，即用。伍奎祥西舫，行三，綦江人，即用。伍肇龄松生，行一，邛州人，翰。李品三昆田，行三，江津人，翰。朱奂雪村，行三，合州人，即用。

广东十一、西七：

刘廷鉴保三，行一，南海人，即用。李士瑞芝田，行一，广西北流人，即用。蔡应嵩少彭，行七，归善人，即用。杨文熙乾庵，行一，琼山人，即用。朱次琦稚圭，行三，南海人，即用。袁铨广西平南人，分部。卢日新筱铭，行一，东莞人，分部。黄金韶印山，行二，广西容县人，即用。庄心庠寄渔，行八，番禺人，即用。粟增煐东荪，行三，桂林人，翰。龙元俨望如，行三，顺德人，即用。潘思濂莲舫，行一，南海人，翰。朱寿康榕庵，行二，桂林人，分部。冯森西崖，行二，鹤山人，即用。张培仁铸庵，行一，广西贺县人，即用。何璟小宋，行一，香山人，翰。蒋培碧山，行十二，广西全州人。罗家颐小麓，行一，顺德人，即用。

云贵。云八、贵八：

张汝弼莣堂，行二，剑州人，即用。赵廷铭蘅江，行一，贵州遵义人，即用。车汝建敬之，行二，贵阳人，即用。赵开元梅岭，行二，思安人，即用。周振璘莲浦，行三，贵州都匀人，即用。马象奎聚阶，行三，昆明人，即用。胡长新籽禾，行六，贵州黎平人，即用。李培祜静山，行二，昆明人，翰。张亮采贵州安平人。张晋捷三，行六，呈贡人，即用。敖国琦浩然，行五，贵阳人，即用。张希仲伯先，行三，贵州贵筑人，即用。黄瑞图云卿，行一，昆明人，即用。黄彭年子寿，行十二，贵筑人，翰。喻怀恭绥民，行一，南宁人，即用。

尹泗鲁泉，行二，昆明人，即用。

湖北九：

匡庆榆星阶，行九，罗田人，即用。吴佩兰杨湖，行一，武昌人。朱孔模莲塘，行二，均州人，即用。帅远烽逸斋，行二，黄梅人，翰。戚天保少云，行一，沔阳人，即用。汪有恭梓乡，行二，江夏人，即用。袁希祖笋阶，行一，汉阳人，翰。张殿宾礼臣，行一，广济人。骆利锋斗间，行二，蕲州人，分部。

合湖南八人，共二百四十一人。

二、 联语[①]

三、 录存龚孝拱见寄一书

别后未知何日至浙，又何日回常？□到吴城，阻风六日，始以去月廿六至军谒帅。现暂登军械舟中，日内当随往各军一观。此间各府县尚无胜算，德安又为贼有。大帅明勇周笃，渴士求济，连日接谈，深抱渊广。鄙人夙论后世弛武，多由西夷火器。矫救此弊，必至专用短兵。此亦古今自然之势。若署别将，请以刀率耳。又欲依古法，不分水陆，统教一军，而又总在先教用命。必胜负全算，不争尺寸，勇怯齐一，不恃衡陷。然而七年即戎，时已不及。以无教无法之士，与彼威劫好乱之民角；又以饷绌例拘之将，与彼亡命横行之贼角，终恐上无禆国，下不酬知。姑妄言之，惟有纯任法术，不专恃帑。能剿贼者，但责灭寇，不问其他。则必大帅先自慷慨奏请，一切统制悉得便宜然后白，用能胜贼法者以剿贼，庶有挽回，否则非所敢知矣。楚南人士，本多伟特，不为耳目。涤生先生志壹气专，尤乐商榷，必筹之熟，而岂犹有

①移至《郭嵩焘全集·诗集》“联语”部分。

所顾忌，抑或忧无佐欤？两兄所恃重，时又发春，携手湖山，谅须臾不忍释也。若鄙人者，虽颇好学深思，不喜苟且，然固多所遗。入世出世，皆未可定。去岁里中防堵，目击不堪，丝毫不能为力。且以此事致忤富贵，宜有戒心，犹复徇知远来，可谓顽顿无耻。每一纡转，辄欲尽气奔回，絜定千秋奉安大事，畈命空王，以俟天命。更率有陈，自知取戾，亦皆知我者戒教之而已。里中近日何似？前过城外，观其封高女墙，大开炮洞，不禁效枚叔去吴，诵回风动地之诗，灰木久之。惠甫蒙以兄事，好学下问。军稼有同学，冠乱行亦孤。足慰远念。

四、 各种名单

吴增逵兑斋。

何其仁少舫，江西署盐道。

高梦龄石卿，南昌令。

联福芝圃，江西候补道。

朱景伊兼三。

周南太谷，贵池人。

林鸿勋子英，桐城人，现在太仓，占候极精。

李炘晴峰，太谷弟子，扬州人，生员。

李壬叔善兰。

艾□□墨海书林。

刘咏如曾撰。

朱纶霞仙。

廉思敏琴舫。

熙恬引之，新建令。

熊镜心龙砂，丁酉孝廉，奇博而能文。

胡定俊申之。

吴梅雪江，太谷弟子，仪征人。

张积中石琴，太谷弟子，仪征人，生员。

①

①此处原稿毁损。

杨友香宸辅。
陆彦
何伯冰裕。
汪恩甫英。
周瀛士士煃，桐乡人，湖州府训导。
费清亭开士。
叶青原堃，宛平人，浙江候补道。
蒋衡拙斋，建宁府举人。
陈实甫奂，苏州人，所著有《毛诗正义》。
林钧松江府人，山阴知县。
成蓉卿胜，藕翁筹防局带勇。

刘本杰字隐霞，湘潭人，黄子春极赞之，谓其资兼文武，有体有用。
陈春堂善拳技，杭州人。

董绍昌号少臼，耆九峰西席，贵池人。
龚振麟浙江人，精于火器。
马永炽仙桥，滁州人。
程桓生尚斋，歙县人。
周汝筠念慈，江西候补府，河南人。
周汝恒润山，天门州人。
林德泉字澡廉，江苏宿迁县，保举同知，回籍劝捐。
林福盛字九如，澡廉之子，广东保举知府。
汤成烈果卿，清苑人，嘉善知县。

金世莲号清亭，长沙县人，都司。
赵炳勋湘潭人。
黄国尧乾州人。
谭得胜湘乡人。
邢万升善化人。
张元龙长沙人。
戴国泰湘潭人。
吴泰胜宁乡人。

刘连升古丈坪人。
谭玉成衡山人。
张文星清泉人。
余星焕长沙人。
杨占鳌古丈坪人。
黄大德长沙人。
高启典乾州厅人。
柳寿田长沙人。

贺虎臣号立山，长沙人。

任星元长沙人。

易珪章鹗臣，湘阴人。

粟克明长沙人。

张家斌善化人。

王朝治长沙人。

熊德照益阳人。

夏时正长沙人。

刘德大善化人。

贺世清善化人。

袁辅仁长沙人。

唐明顺湘乡人。

聂成名龙阳人。

林克英长沙人。

杨金榜长沙人。

李升元长沙人。

周芳明湘乡人。

潘宏胜湘乡人。

王三锡长沙人。

黄福田善化人。

谭三捷龙阳人。

吴光楚长沙人。

刘义方长沙人。

易清平长沙人。

俞大胜山阴人。

李德元长沙人。

曹德勋长沙人。

曹应章湘阴人。

陈永保

姚承舆振甫，（绍兴）〔吴兴〕人。

唐起华广西人，与姚承舆并为宗涤甫侍御所论荐奇才异能者。左宗棠、周腾虎、管晏，凡五人。

查文经少泉。重出，或曰衍文也。

□善兰任叔。亦衍文也。

张小溪

饶宗孟梅山。

查文经少泉，湖北人。

景又春杏村，河南人，署崇中游击。

曹锡焘晴湖，河南人，宝山典史。

刘存厚仲山。

乔松年鹤侪。

刘国斌号子梅，长沙人。

叶光岳永绥人。

胡光胜光一作有，又作友，长沙人。

熊宗洛湘阴人。

周有富湘阴人。

凌荫廷号问樵，善化人。

柏正良祁阳人。

刘玉春善化人。

杨友德长沙人。

罗启勇湘潭人。

吴斌号篴秋，长沙人。

张泰富浏阳人。

成俞卿衡阳人。

龙锡恩长沙人。

罗德煌湘潭人。

吴正美长沙人。

黄正大清泉人。

胡松荣茂森。

黄金魁号兰亭，长沙人。

张三元重庆人。

谢得胜长沙人。

萧辉庭湘阴人。

夏国宝湘阴人。

黄发甲善化人。

陈世顺清泉人。

尹正桂清泉人。

谢辉远长沙人。

刘玉章巴县人。

刘炳南湘潭人。

戴坤大长沙人。

杨太和长沙人。

谭飞雄湘潭人。

张瑞麟永顺人。

张定元长沙人。

丁义方益阳人。

戴兆熊湘潭人。

麦春泉新建人。

罗贞祥重庆人。

黄其才长沙人。

沈万胜湘潭人。

赵得胜湘潭人。

李和寅湘阴人。

郭德山益阳人。

贺得富湘潭人。

陈炳元号炎生，长沙人。

熊传彪长沙人。

罗胜发湘乡人。

曾复泰湘乡人。

欧阳惟孝清泉人。

罗逢元湘潭人。

彭大田衡阳人。

张锦芳长沙人。

周惟祺长沙人。

余定发新建人。 熊殿元善化人。
王益善湘阴人。 李如胜湘乡人。
李高馀长沙人。 史兆翔长沙人。
廖本和常宁人。 杨云祥湘阴人。
杨宏盛长沙人。 彭昌禧清泉人。
彭盛禄清泉人。 杨正元益阳人。
谭宏亮长沙人。 周华堂清泉人。
王承业长沙人。 陈镜贤长沙人。
喻清汉常宁人。 刘武德衡阳人。
陈致斌湘乡人。 陈友德长沙人。
邹云礼清泉人。 周葆恬善化人。
卢万兴长沙人。 黄俊发湘乡人。
李荣华湘乡人。 张大禄宛平人。
彭云汉衡阳人。

邓翼升号昌期，长沙人。

胡文彬长沙人。 陈東友湘乡人。
邓长里湘乡人。 曾泗美湘阴人。
刘双蕙湘乡人。 袁聘清泉人。
黄明亮湘乡人。 石大绪永顺人。
邓永胜湘乡人。 史连城长沙人。
萧云胜湘乡人。 易有成靖州人。
彭致和长沙人。 彭玉明湘阴人。

杨文榜长沙人。 邓万林长沙人。
刘高举长沙人。 任典五湘阴人。
董光玉湘乡人。 曾友贵长沙人。

曹得胜长沙人。
周兴国湘阴人。
潘志海湘乡人。
李文泰长沙人。
陈鼎泰长沙人。
龙宝生
易敬臣

孙昌国号□臣，衡阳人。
杨镇魁善化人。
汤定国湘潭人。
胡兆兰湘潭人。
孙昌晋清泉人。
孙有中清泉人。
罗正泰清泉人。
戴荣垲武冈人。
许鼎臣衡山人。
龙有升湘阴人。
黄荣贵善化人。
陈邦荣湘阴人。
王吉衡阳人。
蒋信玉衡阳人。
甘寿廷湘阴人。
孙之得清泉人。
彭必胜湘阴人。
熊得发益阳人。
徐莀臣湘阴人。
王有桂湘阴人。
罗协衡阳人。
刘文辉湘阴人。
王宏德长沙人。
宋耀祥衡阳人。
任得胜德化人。
侯朝栋

何启长号吉堂，祁阳人。
汤德发祁阳人。
黄忠昭平人。
阳利见祁阳人。
成章鉴宁乡人。
戴翟山善化人。舱长王兰宾。

李忠芳长沙人。
唐时习祁阳人。
曾国福邵阳人。
柏正才祁阳人。
刘德衡阳人。
陈聘龙平江人。

许宝坤善化人。舱长李先贵。

李遐龄长沙人。 甘露霖湘阴人。

黎志洛长沙人。 申毓浸祁阳人。

梁遇春祁阳人。 刘直上祁阳人。

陆成昭平人。 黄作带祁阳人。

朱有成祁阳人。 汤彪南海人。

唐敏义祁阳人。 周有才邵阳人。

傅霖德化人。 汪先甲祁阳人。

张秉钧小山。张家钰坚甫，已假归。

陈源豫季牧。 邓尔昌少卿。

曾□□莘田。 魏栋绍堂，弟绍亭。

罗汝怀念生。 秦豫基啸石。

汪慎修少逸，世兄叔重。

廖献廷景春。 何源镜芝。

叶宝树晋卿。 刘世墀彤阶。

黎福畴寿民。 方翊元子白。

李沛苍复生。弟寅生。门人孙惕吾。

罗萱伯宜。 周继芬润芝。

李瀚章筱泉。 丁铭章润斋。

甘晋子大。 潘兆奎聚垣。

林周培琴生。 陈光亨秋门。

丁应南石舫。 彭云屺九峰。

胡定杰仲英。 陈斌莘斋。

吕西铭镜孙。
余允圻
许达京瑶伯。
朱桂芳来卿。
余鋆绎亭。
邓辅纹墨庄。
胡秉钧筠生。
左楷樵西。

黄际昌蓉台，其子号雨亭。
刘于（淳）〔浔〕养素。
史致谔士良。
张赋林兰江。
姚镶石樵。
耿日恂琴轩。
林恩源秀山。
袁忠清岘山。
吴文澜学山。
周凤山梧冈。凤，字。
周岐山道州。
毕金科云南。
郭涣滨
郑德基莲洲。
乔宗岳伍山。
魏楷兰圃。
李杏春石仙。

曹禹门汲三。
徐思庄柳臣。
徐德度叔勤。
夏廷桀石山。
胡家玉小渠。
胡寿椿研生。
万启琛篪轩。
蒋志淳璞山。

张德坚石朋。
李文鹤立之。
程奉璜
施恩实少麟。
胡心庠畏之。
张祥泰小朋。
李熙瑞寅生。

阿达春
岳炳荣辰州。
李新华新田。
黄虎臣剑山。
马丕庆星渠。
王光斗星槎。
时泰来。林长春。
罗泽南罗山。

李续宾迪庵。
刘蓉霞仙。
唐训方义渠。
蒋益澧芗泉。
彭三元春浦。
普成尧。
马效良筱斋。
吴坤修竹庄。
胡盖南云岩。
李元度次青。
羊瀛春芳。帮办郑奠。
吴齐源贯槎。
李锟宝秋。
刘希洛裕轩。

蒋镂小怀。
胡应元
吴嘉宾子序。
吴作庆习之。
丁峻恬生。
克什泰雨亭，居毅庵之子。
贺宗澜子因。
翁学本兰溪。
刘汝璆笏堂。
陈善煃秋垣。
夏世柏辛甫。
阎□□义门。
阎炜海晴。
严瀛清宾云。
王士奇伟臣。
彭舒甲次卿。
罗□□
欧阳□□。
周德琳圃。
李大雄
詹永清
陶寿玉仲瑜。
陶德封润生。
颜培高平洲。裕峰太守之子，号金坡。
李福源
邹端铁邃。
王顺曾义安。支应局。

五

书箱内洋画一匣

《尚䌷堂集》一部。《诗比兴笺》一部。《订讹杂录》二本。

《唐摭言》二本。《北梦琐言》二本。《九经古义》二本。《易汉学》二本。《训俗遗规》四本。《夫椒山馆诗》。《万绿草堂诗》。《医学读书志》。《与古斋琴谱》。《怀忠录》。《宝盘铭释文》。《州县名急就章》。《唐折衡府考》二本。《数学启蒙》一本。《造本挈要》四本。《诗经》一部。《长短经》三本。《丧服会通记》二部四本。《四书说》六本。《文选》一部。《施愚山集》十六本。《清异录》一本。《表异录》一本。《李申耆文集》。《陆放翁集》三十六本。《张景岳医书》四本。

六

正月廿五日杭州左金眉生漕平纹银一百两。

二月初九日上海左黄鹤汀漕平纹银二百两两项俱拨万篪轩代还。

正月廿八日开行，议定至上海钱七串。自二月初六日上海耽延四日起议定坐跕钱每日四百，行站按程计算，每跕八百。初十日起程赴苏。前后支过钱九串六百文内钱六千，洋二元。苏城支洋银二元，又钱四百苏洋每元二千，常一千八百七十五。落水铺支洋一元。常州支洋三元又一千。三月初七日苏州又支付洋银二元。

七

王一　二月初五日起十九日归家后空四日。

二月初五、初六（起）〔赴〕省。十九日还乡。廿五、廿六赴省。三月初五日起程。

三月初一日支钱一千文。初六、初七至醴陵。初九自醴陵起程。初十、十一至袁州。

五月，江西省支钱一千文。

八月廿□日回家。口粮并另算给。除支二千不扣外，另给赏钱四百文。

周二　五年二月初五起十九日归家后空闲四日。二月初五、初六赴省。十九日回乡。廿五、廿六赴省。三月初五日自湘潭起程。

三月初一支钱一千文。初六、初七至醴陵。初九自醴陵起程。初十、十一至袁州。

五月，江省支钱一千文。从二月廿五日由家起程起，另已给口粮，至十月廿五日止。

六年二月十四日支洋银二元。苏城每元换钱二千文。

德榜　二月十八日起。

三月初一日支钱一千文。五月，江省支钱四千文。工价另由银钱所给付。

十月初八日回家，另给盘费银四两。

王栋　十一月廿日上船起，十二月初七日至吴城始定局。

十二月支足钱一千文。二月初八支钱一千文，十五支洋银四元每元苏城扣钱二千，计钱八千文。又支洋银一元。三月初八日遣去，给钱一千文。

许斌　六年三月初七起。

三月初八日苏州支洋一元，扣钱二千文。廿三日杭州支洋一元，扣钱一千八百廿文。

四月初六兰溪支钱一千文。

□□　据称五月廿九日由家动身，当领路费钱一千六百文。

六月初三日由长沙动身。六月十九日到江西。七月十一日赴湘潭一次。

到江西支钱一千文。赴湘潭给路用钱二千文。八月初五日回到江西。

□□廿□日接王一手，又支钱一千文。十月廿五日动身，十一月初五日回南，工价并清。

八

存祝处：轿一乘。椅杠。油篷。蓝布围上下门帘全。罩笼二只衣物用具皆在内。簟席一捆伞在内。炭盆一只有架。小木盒三只。扁挑一根。

随带：皮箱一只。火食笼一只。篾篮一只内大小坛三只，罐二只，油壶一只，鞋子一双。铺盖一付。灯笼五个。茶桶一只便壶在内。磁面盆一只。铜烘炉一只。又添皮箱一口。

十七日赴常，存整五十。又夅袋内洋四元。外备周处奠分四元。

咸丰八年　戊午

七月

七月初一日甲戌。子佩来谈，带交寿山一信。尊古斋得李氏复本华山碑，跋云：《华山碑》原刻，海内仅存三本，一藏成邸，一藏阮相国家，一为朱方伯锡爵所藏，馀皆复本也。扬州巴氏刻本最精，而流传较少。此李氏复刻，盖取巴慰祖本重勒者，视原刻又隔一尘矣。晚至子鹤司寇处观恩荫堂所藏书画扇面各十，石庵相国书行楷各种，瑛梦禅宝绘山水竹石，各极其妙，并煦斋相国款。莘农前辈述书福庵元奏对之词，似直似谐，似媚似戆，于诸便佞之中，又出一奇也。

初二日。王崇庵、胡仲英来访，筱珊前辈递到迪庵方伯信。

初三日。吕庭芷来谈，见示汤果卿成烈《古藤书屋文钞》十卷。庄耀采凤威寄恽次山太守一信，属荐之湘乡帅。庄君，新选云和令者。复李迪庵、周寿山、方子白三信，并书寄泳之宫保。钦天监奏太白经天。

初四日。程蓉伯、林远村来谈。蓉伯言：六月十六日白昼恒星见，钦天监奏，秦、豫之交有暴兵起。因言及段芳山旧事数则。予因言：圣人之道至广，仁者见之谓之仁，智者见之谓之知。中人以下，时有出入，要须各有所守，以为安身立命之所。非是则依依无所之，充极其量，可以无所不至。作梅言，《论语》三章，概尽仕宦中人：一色厉内荏，一乡愿，一道听途说，一鄙夫。其佳者不出前三项，其流归于鄙夫而已，可胜惧哉。王子怀司马因病乞休，以万藕舲代之。起子鹤尚书为右司马。

初五日。吴佩之、黎简堂来谈。杨墨农少尹与子箴前辈谈相命之理，谬谓吾四十以后当富贵。吾答言，俭德避难，不可荣以禄，鄙人之志也。张尧民、陈心泉来谈，因论闽事进攻方略。复曾司马信。

初六日。往见王子怀司马，因留早酌。予谓先生此去，士论惜之，然大臣去就，义当如此。司马为叹息。因论时事，及段芳山。予谓圣人之取狂狷，非徒以狂者能为大言。其志趣高远，是难能也。狷者直有所不为，此是入德之基。观人之法，亦视所不为者而已。易否泰之义，阴阳消息之机。否，非无阳也，而阴日长，阳日以消，圣人之所惧也。次第回拜梅莘田、陈心泉、张竹汀、李静山、周子佩、王崇庵、杨墨农，并往唁庞宝生。心泉言，王春岩初抚闽，延浙人姚近宝襄幕事。姚字陶庵，官刑部主政，乞假归，亮甫中丞之孙也。数月之间，百废具举，保奏贤吏而劾治其不法者，人心大振。未几，以赃败。有县令某，投书求美缺，以五百金为献。门者以投，春岩乃大怒，辞去之。已而讦告者纷起，复逮至闽，终以无左证，释之归。余谓，此事须详参，世岂有通贿而径直若此者。天下事，任劳者必任怨。数十年来，吏道废弛，贤者无一二，不肖者朋比固结，举世皆然也。今将求整饬之术，而彼朋比固结举世皆然者，群起与之相仇。其势固不能曰彼整饬之术为非，而我所行皆是也。惟诬之以赃，其理乃可以胜之。惜乎春岩得某令书，勃然一怒，而忽不加察也。虽然，姚君亦必有瞻徇情面，通故旧之谊而不能断决者。是以君子当大任，至明极决，上下孚合，乃庶幾有成，甚矣其难也。至子鹤尚书处道贺。未刻，熊定卿比部招饮，同席潘黼廷、徐寿蘅、李篁仙、陈宝珊。晚同申夫畅谈，述其尊人吴川县身后艰难之状，其言多困心衡虑，可为身心之益。子箴前辈言，作梅保捐中书，已干部驳。君子之道，其穷固宜，非天也，人也。

初七日。巳刻，邀胡仲英、何镜之、周幼安、邹子香、陈葵心、陈季牧、黎寿民、黄子春至恒盛馆便酌。因至文英堂、典古斋等处买书画数事，有管夫人画竹一帧，笔墨极高雅，馀皆赝物也。又王石谷仿唐子畏山水，作老树数株，瘦秀可观，为石谷平生别调。籥门中丞（刻）〔劾〕胡恕堂不谙军旅，又所募勇皆不足恃，不宜使办军务。或疑其过。大臣遇事尽言，无所顾忌，即此见中丞之大。龙阳易笏山明经闻王少司马乞休，投二诗为贽，执弟子之礼，亦一奇士。人世毁誉，从风而靡，确然持定论者，生平所见，曾司马而已，因论人物及之。新放汀州守孙翰卿家良晚来谈。

初八日。往拜方子严、朱厚田、陈湘庭、阮子岩、易笏山、胡仲英、梁仲玉、罗兰亭。仲玉之兄昆圃，官平阴令，新自任所来。询问山东近事，为之慨然。笏山出示其诗稿二帙及日记，中云：人当知吃辛苦、受委屈。甘之回味，有时而苦；苦之回味，有时而甘。又云：物之生质厚者，可削之使薄，薄者难益之使厚。记余少时，质性最厚，后乃益薄。近则褊急，不复能容物，岂非然哉。日记又载：粤报有掘得观音寺铜柱一诗，荒渺不足信，附录于此，以备异闻：挖破老龙伤粤秀，八风吹翦入陀城。种柳昔年曾有眼，看花今日岂无情。残花已自知零落，折柳何须问废兴。可怜野鬼黄沙积，直待刘修班马鸣。往郑筱珊前辈处道贺，时得山东试差。寿蘅来谈。晚就叶云岩宅与作梅会谈。作梅言其邑人狄于冈孝廉凤喈，有夙根，卒年三十六。易箦时自言：吾今归矣。既卒，逾时忽张目起坐，曰：尚有一语未说。家人问何语。叹曰：

天下事不可为。语毕而逝。盖其平生激昂慷慨，欲有为于时，作梅与至交，知之悉也。因论寿阳祁相国、歙县王司马出处。予谓寿阳文学高出歙县，不可以道里计。其质性纯厚耿介，与歙县同；而议论明通，则又过之。寿阳至今有遗议。歙县之去，名重泰山。太史公曰：人能宏道，无如命何。孟子所谓：圣人之于天道，性也，有命焉。士之成功立名，孰谓非命哉。作梅言寿阳事事胜于歙县，惟不及歙县之刚，是以圣人重刚德也。云岩剖分（萍）〔苹〕果桃片，不敢多食。笼灯步归，谯楼鼓四响矣。

初九日。恽次山太守、杨宾石、胡研生、易问斋先后谈尽日。宾石言：去岁湖南言及曾司马，多不满意者，何也？予曰：孟子所谓诸侯恶其害己者也。杨慰农督两湖，或传其好胜，养威重，难伺候。时卿观察言，此易与耳，投之以所好，即帖然矣。吾所畏独曾司马，事事追出一实际，无可趋避，斯真难伺候者。人但视其尊严不可投合，相与嫉憾，独观察能发明其义耳。次山属开长沙绅士名单，相识无多，略记录数人与之。次翁言：近日楚才之盛，无能及者。予谓楚人只带三分蠢气，盖孔子所谓其愚不可及。次翁言：自古成名者，多由笨干，是以有字颠、画迂、诗痴，浮光掠影，终不济事。

初十日。检点应酬字。未刻，吴粹璧观察邀饮绿野山庄，亦城中一胜地也。饮前厅之左丛竹轩，同席寿蘅、竹汀、尧民、心畬、云舫、篁仙、琴舫、诒生、麟洲及蒋菊人观察。大雨如注，傍晚益甚。酒罢，诸君留谈，候雨息不可得，乃先冒雨归。沿途积水，竟似江港，可浮舟也。寿蘅述燕仙事迹数则，极奇：乐善务施，夏施药，冬施絮衣，施粥，施棺，意豁如也。会置一宅，有往贺者。叹曰：未知数十年后，此宅又归何主。语次，自言不幸此身终成下贱。人曰：李桂官亦成名至今。曰：虽成名，不过入品花宝鉴，供千古一笑谈耳。人曰：雷海青非梨园欤？曰：雷海青以节义传，非以色艺传也。喜谈时事，往往中肯綮。肃裕亭长乐初招之谈，终席不言。篁仙问之。曰：知心处，率意言之可也。诸君势焰熏人，岂容吾言哉。又尝自言：善心恶心，两者不并立。吾每起一善念，觉有馀味。忽一恶念起扰之，善念即不知退归何处，此时极费把捉。呜呼，士君子省察之功，殆罕能及此者，孰谓风尘无人哉。

十一日。申夫以眉生、元卿之约，设豆花饭、豆羹、干笋，招余会谈。至则眉生、元卿俱以他故辞，乃邀杏农共饮。申夫言：礼部主事豁穆欢，四品宗室，贫甚，见人无款曲。申夫微察其异，数与之言。一日，大诟同部人，乃曰：此间唯一李生，差强人意，馀皆畜奴耳。同部皆怒，欲揭之。申夫笑曰：彼醉耳，诸君何校焉。事乃解。又言兵部郎中书绅、高倬，耿介能持正，为部员皆十馀年，本年始以京察记名，王少司马之力也。近文祥、成琦以司员一二年跻显要，谁得谁失，要皆天也。又言其乡人解璜江西知县、解文炳亦孝廉，皆强干有材武，传所谓用人之勇去其贪，施之二解为宜。近人持此议者，大都护短耳，不知其所用但有贪无勇。其弟名恭先者，强实耐劳苦，武事不及二解，而操守过之，皆今日有用才也。又刘子谦懋功，陕西知县，通达稳实，壬子进士，今未逾三十也。陕西大钱案，向问刘保山同年，极诵其冤。以询刘君，曰：是皆自取。公私俱有所利，而在私者特厚，是以为人所忌。杏农云：今岁天象屡示警，近又荧惑守心，未卜何兆。后孙琴西指示，荧惑实入南斗六星度内，非守心也。

十二日。恽次山、吕庭芷属致曾司马书，荐汤果卿通守成烈、庄耀采大令凤威，新选云和令二人从军，书交庭芷寄浙。林远村来谈，其叔林亦韩士琦官山东知县，亦能吏也。购得东坡行草书数种。晚与子箴前辈谈家世琐事，相与慨然。

十三日。杨缃芸、陈湘庭来谈。缃芸言：明善与郑邸辩论上前，出语人曰：上前呵我无害，独其蹇肆无人臣礼，为不可耳。明与豫厚庵堃言，缃芸时在坐，因述他事数则，曰：惠邸纯忠纯孝，而喉舌手足，皆待人运动，此可惜。语次，出示其尊人石生先生兆璜行状：官广平太守，屡忤上官，以才节著闻，初以进士起家浙江令，数以事黜罢。行状中所述，亦多伤时语。予问何不刊而布之。曰：恐诸贵人以为谤书也。申刻，陈季牧招饮东兴居，同席皆楚人。

十四日。申夫过谈，并邀同赴琉璃厂集古斋、栩斋、蕴真斋诸处，购书画古玉数事，有项圣谟孔彰、张君度宏、王圆照鉴、蓝田叔瑛、恽南田寿平。王麓台、王石谷皆有跋。石谷跋谓恽南田、吴渔山各画六帧，今吴画亡矣、史道邻可法各画册，皆佳。又有八大山人画二轴，苍古横肆，亦佳品也。

十五日。翁邃庵相国招往其邸第，以奉旨保举南书房，与杨宾石泗孙、章采南鋆、景剑泉其浚、黄孝侯钰同荐。宾石曾以乙卯保奏未用，上特命补送。采南以次及予，则此次新保者也。予与相国素不相闻，蒙采访及之，甚愧。相国述其初入上书房及丁忧至京再入书房召对各语，并家居逸事数则，语言纯实，始终一老书生。语及时事，感喟久之。中厅悬联：东海南溟，选士造士；三天六馆，经师人师。盖程春海先生撰赠之语，而春浦相国为之补书者也。逾时乃散。赴篁仙处早饭，皞臣、晓岱、春陔并在。春浦相国勤学斋小坐，盖今上赐额，有学古有获、以勤为本二匾，相国因以名斋，长洲彭玉莪相国以小篆署之斋壁。有朱茮堂为弼画梅四帧，李中文愿篆书四帧，字大逾六寸许，皆能品也。次第至万藕舲前辈、黄莘农前辈、宾石、采南、剑泉、孝侯各处回拜。申夫处坐谈片时，皞臣亦至。申夫言，召对之词，不忘箴规，以引君于道，其要在得体而已。世人所以逢君之怒，坐不知体耳。或遂务为将迎，司员见长官，已务迎其未言之意而将顺之，况在上前乎。故能于长官前有所匡救，其必能喻君以道，无疑焉矣。言语之科，亦自不可忽也。申夫为人，持论侃侃有定见，故所言如此。皞臣言：夷船初至天津，赓云制府奏言不宜与交战，顷复奏言，如此议和非始意所及，甚自悔恨前奏之误。予谓制府如此，绰然有大臣风。其言夷人不可与交战，盖制府在江浙久，于夷情实见得一二分；而言止于此，其伸缩进退，权宜控纵，非可尽宣之纸墨也。当时杏农侍御已不免訾议，故朝廷于夷务，议和议战二者相持，均之于夷情无当也。天下事存乎任事者一心之运量，宣之于口，已有不能尽详者矣。笔之于书，则更有参差焉。何也？自得者之为言，与以所得示人，不独其离合出入之间不尽符也，亦实有其难言者焉。苟为圣贤，则但守正以明理而已，非是固不足以自立。韩魏公之撤帘，寇莱公之请幸澶渊，见之明，处之当，事定而不扰，功成而不惊。使二公者，哓哓然以所见强人为之，曰如是为术，如是为权，有不笑且惑者哉。自夷务起，鄙人始终持一议，今日始有一二服其先见者。昔人有言：欲得办事者，须先求解事者。斯言不可易矣。

十六日。子鹤尚书见示邃庵相国赠公潜虚先生《石室传经图》，属代撰一诗。展视萧山汤相国前记，盖赠公官海州学正朐。秦始皇立石海上，以为东门阙，属郯郡。汉为东海郡。故今称海州曰朐阳，时吾乡唐陶山先生为州牧，创建石室书院东坡《答蔡景繁承禧帖》：朐山临海石室，尝携家一游，有胡琴婢就室中作濩索凉州，凛然有冰车铁马之声。复有《和景繁海州石室诗》，延赠公主讲，曾作《石室传经图》。今邃庵相国更为此图，而貌已像于旁，以志先德。赠公官海州，办赈务八次，开甲子河通板浦，入城薪米。海州旧无试院，学使者按临，皆就试淮安。赠公请以书院为试院，就本州试士。海州旧无科第，赠公门下士乡捷者五人，许氏乔林、桂林名尤著。既卒，其门下士奉栗主于石室，岁时祀之，又请祀名宦祠。萧山为此记时，药房中丞初入翰林，自吴县潘相国、寿阳祁相国、潍县杜相国、长洲彭相国以下皆有诗。潘师相诗中联云：如时雨化因材笃，读古人书与政通。最为名贵。后为大兴董思诚骈文跋，亦简老有法。晚就寿蘅谈，因留小酌。

十七日。往许仁山处回拜，过作梅斋小坐。章采南约同寓扇子河，复书与定约。镜之、寿蘅先后来谈。接家信，并西叔、衡叔、邹公让、易冕南、李筱垣五书，又籥门中丞、式岩方伯、左季高三书，以料理赴园，仅复季高一书而已。

十八日。未刻赴园，寓扇子河吉升堂。前荣左右两向，采南、宾石、剑泉住北向两间，余与孝侯住南向三间，外间则诸仆丛宿之所也。屋极清洁，前后皆纱棂，花木掩映。往见朱桐轩师、沈朗亭前辈，不晤。偕孝侯谒柏（听涛）〔静涛〕师相，略问十年情事。次第往孙琴西、许仁山诸处小坐。晚次，钟伯平前辈来谈，因随往其寓宅，谈少顷。时澄怀园无空屋，伯翁僦寓扇子河小胡同内体谦堂，屋亦清静。是夕因外间诸仆丛谈竟夕，烛光照耀，不能成寐。

十九日。卯刻，恭应南书房召试。入大宫门，有军机长班迎谓曰：柏中堂传语，人齐即入内。乃循桥道入奏事门在出入贤良门之东，有南书房太监引导入，左趋过勤政殿苑门外对过三间为御前大臣处，左为奏事处，右为军机大臣入对时小憩处，再东一苑，即南书房。南向三楹，每间有书二架，独右间置桌椅，五人同坐一室。又有监试四人，出入环坐。题为《拟唐王勃九成宫东台山池赋》以花鸟萦红苹鱼漾碧为韵，赋得明月前身得身字，五言八韵。中封长五寸许，面书朱笔花押，内缄白折一开，赋、诗题亦朱书。五人入，监试者捧交拆阅。采南、宾石、剑泉皆能记诵子安赋全文，得仿其体为之。午刻，赐食奶茶、奶油饼。朗亭前辈又为预备面食数事，得纵饱。申刻回寓，再至伯平前辈处小谈，晤军机章京曾星东、朱景堂，略问近事。随至肃裕亭尚书处。与皞臣一谈。并赴张子卿处小坐。

二十日。沈朗亭前辈、翁玉甫来寓一谈。以召见履历赴军机处询问，知本日二班值日钱萍江、李鹿笙、白兰崖、郭毓六皆在，得一纵谈。萍江言，鄂抚胡泳之丁忧，朝廷赏假一百日，回籍料理丧事。涤公赴闽，周天受、李定太诸军皆归调度。再至皞臣处，见罗椒生前辈致裕亭书，述及粤督为夷人役使，裁抑粤民甚至，两次战毙夷兵，皆为悬赏捕诸团勇。武弁某承旨捕得民勇一人，夷酋以铁钩衔其背，悬而毙之。语极沉痛。民为朝廷毙贼，官乃为贼毙民，粤事岂堪问哉！晚归就寝，申夫挝门入谈，至四鼓，皆身世要语，大致以为吾辈只缘有此一官，所以事事不能心安理得。吾辈稍有才识，在部即能主持一部事，堂官倚赖如左右手，究竟国计民生有何干系，念之浩叹而已。堂官能明事理，乃可与言。不尔，即有驳诘，亦不必辩，漫言之而漫应之，最省事。若务辩明其事，则纠结愈纷。人情相轧，吾辈处之，当严立崖岸，深沟高垒，不与交涉一事，虽日与之周旋，不害其为我也。曲江诗云：无心与物竞，鹰隼莫相猜。只是不与他争这些子，便自高远。吾辈须先要打破毁誉一关，浮毁浮誉，于我何加增，一切当不以累心，惟我一言一动，或出之无心，而致人之毁，致人之誉，此等处当自检点省察。或问申夫以鄙人文章经济。申夫曰：文章亦间作，其于经济，周旋天下事十馀年，阅历自深，然决不至假文章经济为名，求些须好处，此则某所深信者。申夫之言，立竿见影，可谓见知之深矣。何伯英递到金眉生信一件。

廿一日。寿蘅以李赤良丈生辰，命车来约同往，因借其车往周子佩、熊定卿、潘木君前辈、汪啸师诸处，并往唁沈经笙。晚仍赴篁仙处寿宴，同席云皆前辈、竹汀、尧民、琴舫、云舫、云浦、寿蘅、晓岱、子春、春陔、淳斋，皆同乡也。寿蘅见示汤东笙刺史花卉画帧，苍润深秀，近时能手也。洒罢，寿蘅绕道送予归馆，因交召见绿头签并折片，托其代书履历。

廿二日。赴园，仍寓吉升堂。朗亭前辈邀晚饭。席间张啸梅洵，新入上书房者，人极纯雅。滨石托朱修伯觅军机苏拉代递膳牌折匣，给钱八缗。

廿三日。卯刻，入如意门，至北朝房小憩。书房内监董姓周姓并至，语云：小坐，候叫起。盖每日召见几起，候旨下，乃入奏事门，谓之叫起。辰刻，周姓者导引入，出示叫起单：军机，怡邸郑邸，汤修，并予与滨石，共五起。至勤政殿苑门外，有内监二人，衣冠甚伟，引入殿后朝房，指示拜跪处，且曰，司徒沈公所托也。因至奏事处候宣。巳刻，汤铭斋通副修先入召对通副，萧山相国之子，服满请安，而予继之。由东苑门入，长廊数十武，转殿角北趋，内监二人掀帘引入，俯身以手指地，予跪，二监趋出。上注视良久，问曰：汝湖南何府？曰：长沙府。上曰：住省耶？曰：住湘阴，去省百馀里。上曰：汝丁未进士？曰：是。上曰：汝父母皆在？曰：父母并故。上曰：汝年四十几？曰：四十。上曰：何年散馆？曰：三年内带兵救援江西，巡抚张芾保奏省城解围劳绩，蒙皇上天恩，免其散馆，授职编修。上曰：汝曾至江西耶？曰：曾至江西。上曰：保举是张芾？曰：是。上曰：汝打过仗？曰：初至江西省七里街，与贼打仗，臣亦曾督阵。上曰：督过阵几次？曰：前后三次。上曰：汝办过团练？曰：二年奉旨办团练，是冬，曾国藩出治军，臣即在其营中。上曰：你从曾国藩至湖北、江西未？曰：曾至湖北、江西。上曰：可曾至九江？曰：未至九江。曾国藩东征时，臣送至岳州，即回湖南筹办军饷。九江挫败后，曾国藩至江西整顿水师，臣又往江西二年。上曰：你在营一向是带勇？曰：江忠源在江西，曾国藩派勇二千馀往援，曾交臣管带。江西解围后，各勇撤回湖南，臣孑身随江忠源至湖北。后江忠源赴安徽巡抚任，臣因回湖南，以后并未带勇。上曰：汝在营可骑马？曰：营中皆骑马，臣在营也骑马。上曰：曾国藩可骑马？曰：能骑马。上曰：汝去年到京，今年到京？曰：去年十二月到京。上曰：在营几年？曰：五年。上曰：汝江西带勇，是何名目？曰：湘勇。上曰：几多人？曰：二千馀人。上曰：二千馀人是你一人带耶？曰：曾国藩初起，营制每营五百人，二千馀人是五营，每营皆有营官。朱孙诒统带，臣是帮带。是时罗泽南、李续宾皆充当营官。上曰：然。乃欠伸，诏臣出。复循殿廊出东苑门，回吉升堂候信。未刻，奉上谕：黄钰、杨泗孙着在南书房行走。乃归，过皞臣、作梅两处小坐。上召对群臣，惟内监二人，掀帘毕即趋出东苑门外，两廊以上无一人，使诸臣得尽所欲言，无所避忌。国朝体制，远出前代上者，此其一也。

廿四日。申夫早来谈。是午邀恽次山前辈、蒋菊人、梅莘田、管才叔、陆彦颀、张桐轩、戚鹿笙、周小田至绿野山庄小酌。回拜易问斋、吴凤堂。晚至赵元卿处，与申夫、眉生畅谈。申夫言，近日人情与往时异。往时小人怀毒，要得罪人，君子刚直任怨，也要得罪人。近则为君子者模棱含混，小人只是暗里倾轧人，不露头面，一概不肯得罪人。予曰：此亦时局然也。往时朝廷有纠参、有保举；同官及部民相与诘于上司，有揭告。今则纠参、保举，惟督抚之自为政。朝廷黜陟，有言及者，多置不理。同官揭告，两败俱伤，不计是非。于是贵戚之臣，亲信之吏，有所可否，则摘其人之一二事，推波助澜，造膝密陈，而言者无罪，闻者动心。侵寻之久，遂成风气，乃使天地之间，但有鬼蜮无雷霆，讵非时局然与。申夫所言，多阅历有得之语，略记数则：人情交接，所在尚谦。语言容止，从容揖让，士大夫皆能□之。独其于名利，包举并吞，勇于自任，无复一毫谦意。论者徒见其从容揖让，相许以谦，吾弗知之矣。　京师浮言最甚。然浮言之起，由士大夫之无识。往与范元吉同寓，值天津之警，人心惶惶，流言一日数至，乃与元吉相戒曰：吾辈须自有定见，如此等处，千人万人传播，吾辈不可附会一字。　近日朝廷辄谓言事者空谈无补，此四字谈何容易。贾山、严助、杜甫、陈亮之属，庶几近之。今人但语一事，论一人，谁够得事理清楚？其言之善，亦不过随众波靡，强附正论而已。任摘其中一二语，必皆不能自伸其说。朝廷却只一例以空谈无补四字置之，其间是非得失更不深辩，所以终不能一得言者之益。　间与友人论文，稍持义法。人曰：君眼界太高。吾自问眼界实不高。文章公器，自有是非。如人言，将使随同颠倒，以非为是，以义法为赘设之物耶？自是世人眼界太低，不可遂谓持义法者眼界高。　平生一二至交，间二三日不见，便觉此心不适，此恐是心无所养。古人终日手一卷书，或静坐不出户庭。彼其心有以自得而无愿乎其外，虽有忧天下之心，不必以言见也。吾辈未能到此境地，不能不借友朋陶写性情，此所以不及古人处。

李伯子惺直养得此心如槁木死灰，所以终日见人无款曲。李伯子言：人当是此心有物有主，不可从人讨生活。每群居评论人物，伯子大声诃曰：且用内工。　眉生问召对时敬畏之心何如。曰：此有二义。古人戒慎恐惧，无时不然，临事始得安闲，只如出门如见大宾。出门如此，见大宾亦不过如此。所以君子无众寡无小大无敢慢，此心更无计较，安得不泰？崇高莫大乎富贵，而孟子言：说大人则藐之。非直藐视他富贵，我这里分量自足。下文在我者，皆古之志，乃是他真实力量。只如奏对失词，甚至贬官，贬官于我何损？内重者外自轻，一切无所较量，所以能藐富贵。吾辈先自缺一段慎独工夫，到此地便添多少矜持。幸是看得功名轻，犹能据实陈奏，不似他人一语便了。

廿五日。何愿船来谈，述及元年恩赦时，有粤人易某者，航海至安南，闻英夷扰定海，求见安南国主，陈夹攻英夷之策。安南国主咨送粤东，以闻于朝。刑部比照交通外国例，减等发边远充军，例不得赦。愿船时官刑部，以告署侍郎曾公，特原之。呜乎，罗隐说钱氏讨黄巢，亦当蔽以交通之罪矣。龙星蒋、贺明府、杨墨农、周小谷先后来谈。贺明府带到意城家信，并朱石翘、罗研生二书。

廿六日。雷震初前辈、梅心田处道喜。雪帆、子箴两前辈邀至文昌馆午酌。席问晤徐彝舟鼐前辈，言旧著有《小腆纪年》二十四卷，皆胜国遗黎也，欲得王船山先生传补入之。予谓船山苦节，当时无及者。而吾楚诸贤，足与斯选，犹不下三数十人，当觅《沅湘耆旧集》一奉览耳。乙舟因述往岁为袁漱六撰船山祠联云：痛哭西台，当时水殿仓皇，知己犹馀瞿相国；栖迟南岳，此后名山著述，比肩惟有顾亭林。晚就申夫处质问疑难事。申夫言：遇此等事，当跳出圈子外一看，此心始得洒脱。别人作如此事，不能不疚心。情可容他疚心，不可以我一朝之忿，使自己疚心。处事全在机势神明，消息十得八九，总以不泄为神妙。所论皆至言也。

廿七日。陈季牧、邹子香、黄艺圃、范元吉、李幼荃、葛玉山、海涛昆仲先后来谈。元吉言：耿辅臣光宣家居时，曾从资阳孙静阳习武艺四月，能使丈二尺长锚。其在抚州，每战身先士卒，亦其武艺足恃也。孙力敌千人，使长锚，人不能近。曾习内（工）〔功〕，能运力于虚，以足抉石，而履不损。持软物扑人，其坚如铁。今尚家居，尝言世无所需于予，乡里有患，吾自捍之足矣。胡仲英招饮西河沿龙源楼，所食与恒盛等，而价不逾三分之一。管事苏姓，其旧识也。是夕查验余升劣迹种种，予日久无觉察，亦由刘四互相蒙蔽之故。此虽劫运致然，而予精神才力不及照管者多矣，为之三叹。

廿八日。谢公祠致吊黄少农，随往张桐轩、夏镜人、夏秋涛、陈宝山、张尧民、葛玉山诸处回拜。杨汀鹭、陆彦颀晚来谈。

廿九日。袁省皆、蒋菊人、吴又桓、徐彝舟诸处小坐，并沈经笙处致吊。彝舟著述甚烦，于明季事，有《小腆纪年》、《明史补》、《延平春秋》三种；于经有《周易古注疏证》，较张皋文所辑多十馀家而加以疏证。又有《读书杂释》，《十三经》外，旁及《夏小正》、《吕览》、《楚辞》、《水经》、《说文》、《广韵》、《史》、《汉》、《晋书》各数条，皆考据之学。晚为何镜之招饮鹿鸣堂，以陈季牧赴闽，当道松江，便致袁漱六、黄鹤汀、陈文泉三信。彝舟《敝帚集》有《六合县温公纪功碑》，述温公事迹甚详。温北屏绍原，湖北人，办六合团防，贼不敢窥。江南北团防六合为最有名，温公之名亦最著，彝舟在籍出力为多。阅所上各书，乃知其略也。

八月

八月初一日癸卯。小宋、桐轩来谈。庄蒿庵以所刻三子诗选见赠，并出其妻弟钟惆叔枕干图序属题。李眉生招谈，申夫、元卿汴集。言蜀人江式金在愔殉难广西，淡海山树琪殉难（贵州）〔云南〕①。两君皆慷慨质直。江与严渭春树森至好。严官东湖知县，江往视之，备悉其子游浪不法事，以告严，且曰：可速训饬之，某仆某仆皆导恶者，分别驱逐，即时处断，不必存留于心，以取烦恼。严如其言，处断毕。因言此不可使留署，当遣归，择严师教之。严为聘莫海舫其琛为之师，而送之归。其伉爽无忌避类如此。淡与胡泳之中丞同官贵州，相得甚。胡名迹特著，淡以知县殉节，世鲜知者。士之成名，盖有天焉，不可强也。申凫述长联楹悬二十四字，颇为见道之言。联云：发上等愿，结中等缘，享下等福；向高处立，择平处坐，从宽处行。

初二日。李申夫来谈。晚为毕淳斋招饮。从缊斋前辈处借得《沅湘耆旧集》一部，缘彝舟编次《明史补》，吾楚诸遗老，尚可补入二三卷也。

初三日。刘兼山、陆眉生、周子佩、何小宋、孙琴西、瞿春阶、徐季蘅先后来谈。请提塘杨君来，交给季牧所托寄家银两，属其拨兑。

初四日。往拜陈心泉、李眉生、赵元青、涂星畬、汪啸师、陈鹤丈、刘兼山。晚就申夫小饮。元青年少耿介，偶以小事，厉辞见责，吾甚服之。朋辈中惟何丹溪观察有此风骨。申夫言，人于道理既有所见，须是自任；不自任，即游移，久将为人所夺。文章粗有所得，寻常见人文字，便觉不适意者多。申夫言文，摘发幽隐，如老吏断狱，真畏友也。

初五日。往谒周芝台冢宰，并万藕舲处道贺。次第往庄蒿庵、管才叔、陆彦颀诸处小谈。才叔、彦颀气识高远，诸人莫及。恽

①据《清史稿·本传》改。

次山前辈来话别，语多恳挚。

初六日。眉生、申凫早过一谈。近时朝局，高官厚禄忽然丛集一人之身，有似破格求贤者。然大抵因其人之时运，其贤与否则固不计也。自顷数年，每岁必有二三人骤跻显位，乃无一足副民望者。至其人有功者、贤者，圣人虽有所闻见，必其难其慎，左右瞻顾，终以不用，久亦竟忘之，是以人才日益销歇。天时人事，固必有相合而成者欤。朝廷总不务考求是非。其所用，虽人知其不肖，无如何也。其所不用，虽人知其贤，无如何也。即有言者，不为之动。此又自古未有之朝局也。御史言事，最忌一挞字。或有旨申饬，及予罚俸处分，谓之大挞。自是不敢复言一事，人亦群笑而侮之，谓此易与耳，某折曾挞。其间能参奏一二督抚，及条陈有当时事，便为名御史。人心所习，积为风俗，谏臣之风，少衰微矣。国家所以驾驭天下，惟名惟利二者。今日贬之黜之，明日知其误也，又崇奖之褒大之。天子以名予人，于是人务为名，舍生蹈死而不悔。明以来之事然也。朝廷自处于是，进退取舍，惟我之意，大抵以利罗致之，使从吾役而已。其名之善，不必加礼。其名之不善，不必加责。于是人务为利，百司执事，群怀商贾之情。而仁且不足以取舍，勇且不足以决断，白圭之所笑也。驯至岛夷通市，逞其商贾之势，以贻中国之忧，夫岂无因而至哉。晚至毓六处，商定雷西园师知单事。

初七日。方友兰来谈，丁酉同年也，官直隶知县，今方服阕待选。托张尧民为购高丽参，因至寿衡处晚饭。随至吴粹璧处一谈，见所悬楹联，有张得天七字联极佳：卷中金薤垂鸿制，壁上银泥暖宝书。得米南宫之神髓，而加以遒紧，可宝贵。

初八日。作梅至云岩处约谈，以雨未往。晚霁，仍往云岩处，谈至二鼓。作梅言，负重任当大事者，当使物得其用，人尽其才。

予谓此古豪杰之事，圣人治天下，亦不过如此。但令其心实是好贤，勤求事理，委任责成，不持己见，不涉私情，则今世之难能者矣。作梅言，君此语乃是用功处，所谓困知勉行之事也。然即好贤二字，亦须有根本。先使此心如秤，能衡量天下贤否，庶几得之。作事须用直力穿透几层，今人只是从横处铺张，不曾使着直力，钻入里面去。

初九日。胡研生来谈，因同赴袁省陔处，与张韵泉二人推查星命。随往拜黄莘农、恽次山两前辈。午刻，黄艺圃、吴麟洲、瞿春皆、黎寿民、黄子春邀饮天宁寺，为寿蘅饯行，由后园阁道入塔影山房会饮，高敞修洁，亦胜地也。

初十日。徐年伯生辰，赴寿蘅处道贺。次第至张竹汀、徐彝州、孙琴西、何愿船、龙星莽诸处一谈。愿船近为《俄罗斯论》三篇，言俄罗斯之名，即《北魏书》乌洛（俟）〔侯〕之转音按《皇朝通考·四裔门》谓乌洛（俟）〔侯〕即鄂罗斯。魏源《圣武记》引《魏书》：乌洛侯国，从难水北行二十馀日，有于巳尼大水，即北海。难水，今黑龙江。于巳尼大水，黑龙江北之一泊，非大北海也。若以乌洛侯为鄂罗斯，而于巳尼大水为大北海，则中隔兴安大岭，相去且数千里矣。《旧唐书》：乌罗浑国，即后魏之乌洛侯，在长安东北六千三百里，东与靺鞨、南与契丹、北与乌桓相接，当即今索伦、锡伯之地也，汉以来为匈奴所属一部落，《汉书·苏武传》所称丁令，即今俄罗斯地也《圣武记》，康居西北二千里，有奄蔡国，（俗）临大泽无涯，即北海，当为俄罗斯之西域。丁令在北海上，唐书骨利干国，居瀚海北地，北距海，当为俄罗斯之东域。元世并有其地，以封元子兀赤，其国寖广。迄元之衰，俄人驱逐蒙古，兼而有之。俄人之强，盖亦席蒙古之馀业也。入城，至小田、子听并彦颀、才叔三处索观试文，伴晚始归。

十一日。申夫来谈。琴西寄示文稿数篇。晚至眉生处，与申凫、皞臣、篁仙会谈，并为龙星莽致唐荫云一书，付皞臣转交。

十二日。申凫、眉生、莘伯约为天宁寺之游，以事不果。晚，为吕庭芷约饮馀庆堂，同席孙琴西、杨韶和、王补帆、汪慕杜、张幼涵、刘莘农、钱莘伯。琴西论人物，以姚振甫、庄蒿庵不脱名士气习，而最服膺高寄泉继珩。高以教谕保升知县，借选广东盐大使，曾于孔绣山家一见之，盖质实好学人也。

十三日。章采南来谈。是午，蒋菊人观察邀饮鹿鸣堂。寿蘅言：赴闽所延襄校者，皆极一时之选，一鲁通甫一同，一伊遇羹乐尧，一杨炯士伯珍，一王芝田贵农。又邹粟园、仲虎两君，则忘其名。接家信，并式岩方伯、季高、芝房三书。

十四日。作家书，并复式岩方伯、季高、芝房、砚生四信。砚生有寄怀诗四章，并作四章报之。申夫论干济才，最服膺杨庆伯重雅，江西德兴人，今官顺庆太守，辛丑翰林也。又四川知县佳者二人，一卫槐三元爕，河南人。一刘璞生锺璟，云南人。并庚戌进士。川人佳者亦二人：一穆海帆其琛，成都人，官巴县教谕。一廖养泉纶，巴州生员。申凫曾开具五人名，属余存之，予夹置书帙中，日久忘其处。顷偶检得，录存于此。

十五日。眉生来谈，并订明日赴申凫处之约。从周幼安处借得《宸垣识略》一书，仁和吴太初长元辑。分卷略依朱检讨《日下旧闻》之例，详于事而略于文，所以便游览也。

十六日。李申凫四十生辰，小集一日，同饮者张霁亭、唐砥轩、钱莘伯、李眉生及余五人。致泳之□□唁信，并为汤太夫人挽联云：历两朝家世承恩，年来江汉告成，八座欢迎慈母养；许百日从容还葬，天下安危谁属，万人惊怆我公归。

十七日。贺仪仲大令、雷震初太守来谈。萧厚村述及章萃堂之病且穷，因同往视之，并致药资。便道琉璃厂文贵堂购书数种，师竹斋购书画数种。

十八日。吕庭芷、陆彦颀邀至陕西巷毓兴和早酌。因邀萧厚村至前门内购买高丽参，以黄南坡太守缄托代购故也。西同义局购就一匣，经纪赵姓，慨然以参见付，并不索价。且曰：经纪中自有眼法，知公等不误也。亦可谓慷慨矣。

十九日。广丰堂为徐寿蘅饯行，并邀吴麟洲、瞿春阶、毕淳斋、黄晓岱、李篁仙、刘琴舫诸君，黄子春亦至。伴晚雨甚。年长气衰，自度生命无他胜处，颇于起居饮食之间过求舒适，不能似往时之刻苦。因念谢安石言：中年哀乐，赖丝竹陶写。都不免暮年衰飒之气。圣贤却只是一念刻苦，提顿到底。曾子言：战战兢兢，如临深渊，如履薄冰。到临老日，无片刻舒适，方是真实力量。

二十日。陆彦颀来谈，推论感应消息之理。天下之理，一阴一阳而已。阳，君子也。阴，小人也。阳长则阴消，阴长则阳消。天地之行为运，人之赞天地为事功。天之运，无形者也。人之事功，有形者也。故运不可言，而事功可言。阴阳之消，有消之者。阴阳之长，有长之者。一人感之，万人应之，其端至微，其用至神。同声相应，同气相求。水流湿，火就燥。云从龙，风从虎。家国天下之盛衰，友朋之离合，人之从违，未有不由此者也。

廿一日。林远村、华尧封来谈。管才叔来告行期。吾未见刚者，远村谓此刚字忒看得大，乃是道之全体，与孟子专论气者有别。予曰非也，孟子尽说得大，乃是工夫已造到至极处。圣人之言却无所不包。推其极，尧舜之耿介，不过一刚而已。约言之，只是人之生也直。朱子以坚强不屈四字释之，最有味，犹今人所谓硬汉也。下文枨也欲，恰得刚之反。后世尊崇圣人之言，一字一句，都看得涵天盖地，终究无归宿处，亦是学者一弊也。晚与箴翁至勒少仲处一谈，暖百岁酒，三人对酌，味极甘美。

廿二日。往拜雷（霆）〔震〕初太守、王少鹤、冯鲁川、福元修师、宋雪帆司空、梁矩亭京兆、贺仪仲、杨缃芸、李幼荃、吴拙庵、胡仲英。晚为吴醉碧招饮。鲁川自述在刑部二十馀年，日日赴部办事，寒暑无间，而堂官无知者，近更不复上堂，尝言：吾知办事而已，不知回堂也。缃芸出示长算盘，凡四十桥，所以便习算法。因言往时通算法二人，一项梅侣名达，一徐君青有壬，二君皆服缃芸之精审。惜十馀年疏懒，未能深造，为可憾也。

廿三日。陈小航、葛海涛、瞿春皆、胡少笛、李幼荃先后来谈。接杨厚庵军门、金眉生都转二书。

廿四日。往拜刘蕴斋司空、张桐轩、章采南、华尧峰、郭毓六、陆眉生、陈小航、龚云浦、李云舫诸处。张竹汀饯寿蘅于谢公祠，邀予会饮，乃并为约黄晓岱同往。京师宴集之所，以谢公祠园林为最胜。是日李篁仙邀饮衍庆堂，瞿春皆邀饮维新堂，皆未往赴。至申夫处一谈时文，亦旷调也。

廿五日。复杨厚庵、焦听堂、吴贞阶、金眉生四信，并致胡恕堂中丞。有称浙中三蠹者：官蠹马昂霄、幕蠹金璞斋、商蠹胡锡年。此等每无左证。往往有才能任事者，多致飞语。而浙人言之凿凿，姑记其名于此。任劳任怨，劳可任也，怨不可任也。而非任怨，无以任劳。盖人世之偷惰久矣，一经振刷，直无一是处。使众人皆处于不是，以成一己之是，欲无怨也得乎。故始以怨，继以服，终以感者，犹贤人也。不肖者怨之终身，而君子任之，乃可与有为。

廿六日。往拜张竹汀、梅心田、陈心泉、林远村、胡研生、王子槐司马。因赴陆眉生湖广馆之招，同席钱拜亭、陈宝生、林颖叔、胡研生、潘怡琴共六人。晚再赴李云舫宝聚堂之招，为寿蘅作别，即席索寿蘅画花卉四帧。寿蘅画莲有赠，使予书其上，云：一出污泥不染尘，晕颜含笑艳生春。凭君认取莲花面，明日关山万里人。又蒋菊人画美人持笛，题云：伶伦尺管有私传，水榭风亭为黯然。但论婵娟休顾曲，尽持春色斗芳年。一曲云和万古心，低眉敛手费探寻。钧天广乐无劳谱，惭愧人前说赏音。孙驾航为《剑门秋色图》，征诗无甚佳者，惟何子贞一律最佳：三年槎使路迢遥，看遍奇山两鬓凋。今日披图逢剑阁，喜君持节上秋霄。高云近接天容淡，削壁惟馀霜气骄。巉绝峨嵋能避客，让予荒笔状岧峣。子贞峨嵋之游，盖亦生平得意事也。

廿七日。冯鲁川、张桐轩、葛海涛先后来谈。国家鼓舞人才，全赖赏罚二者。尧舜治天下，亦不过此两者皆得其当。鲁川云：往时祁竹轩、陈子鹤两尚书在部时，讲求事理，稍青眼及之，便觉精神焕发。一言之感，其效如此，为得其当故也。圣贤有天下不与，然举而加诸人上，也要提顿得起。伊尹为阿衡，太公为尚父，自然精彩。汉唐之世，表异人才，或特诏褒美，或传示远近，非特以风厉天下，振兴任事者之气亦合如此。世俗言运气。天地大气之运行，实有顺逆二者。得顺气者如顺风扬帆，得逆气者如曳石上岭。顺气之感召，诸美毕集。逆气之感召，拒绝其美而招致其舛忤。二气之运行，如暑至而热，冻极而寒，皆确有此气。惟其弥纶旁薄，而亿万人转旋其中，故神而妙耳。阳气得运，君子道长。阴气得运，小人道长。末流之世，为君子者，人弃之，天亦厌之，为所得者逆气也，此又天人合一之征也。天定胜人，人定胜天，二语至精。天导之成而成，天导之毁而毁，成毁皆天也，人不能违。而豪杰贤人，崛起独立，百折不回，亦必干成一二分事业，天亦若时有所避就，以成其名。天人者，互相为胜，迟久而后定，此古今之通局也。

廿八日。陆彦颀来谈，言管才叔在弢甫、敬伯之上。予询其说，曰：弢甫才太露，敬伯尤恃其才而肆用之，惟才叔外伉爽而内深沉。凡人有才须是敛，敛得一分，便深一分，大一分。其言极有见地。又论李次青功绩。予曰：次青长于文，处事见解，不及弢甫，然却有后劲。弢甫办事，规模尽大，却一发便了，往往前后不相照管。次青便一直任得到底。须看他一旅残军，与悍贼相持数年之久，要战就战，要守就守，无一毫退阻，此是何等力量。弢甫才尽大，到此便用不着，只缘弢甫无此后劲故也。复李少荃一书，交作梅转寄。

廿九日。作梅见示倭艮峰前辈语录节抄一编，分立志、居敬、致知、察几、克己、成物六门，而汇取经传语录释之。朱子云：立志要如饥渴之于饮食，才悠悠，即是志不立。此道非拚生舍命去理会，终不解得。提醒此心，如日之升，则群邪自息。气质物欲之来，如孤军猝遇强敌，惟有舍命向前，誓不退转而已。此数条常见之语，却极警悚。又艮翁自为语录，亦多体味有得之言：人君远小人，必先自去其私。中有所蔽，未有能去邪勿疑者。

今之风俗，好谀嗜利。治今日之天下，以闭言利之门、开谏争之路为先。　内重则外轻。凡外面欣羡之物能看得轻，必是里面有件物事压得他住。　公则内不见己，外不见人，内外两忘，澄然无欲，惟理是从。私则功必我成，名必我立，争端一开，人心猜忌，此治乱所由分也。　寻常言动，都要持守得定。游移惯，则大节亦不立矣。　隐微中往来起伏，毁誉祸福，其大端也，此处宜廓清之。　武侯集思广益，在我有一段笃挚求益之诚，在人自有推陈出新之见。舜好察迩言，所以称大智也。　不见是而无闷，意气是闷字之根。　陈文恭言今之居官者，谨饬有馀，亲切不足。不亲切者，不仁也。以为己之心为国，则亲切矣。　朱子规南轩：沈密气象未足，所发多暴露而少含蓄，以此虑事，恐视听之不能审，而思虑之不能详。甚有味。　吾人进德修业，乃国家治乱安危之所系，不可薄于自待。东坡云：吾侪道理贯心肝，忠义填骨髓，直须谈笑于死生之际。事有可尊主庇民者，便忘躯为之。祸福得丧，付与造化。　胸中凝滞不自在处，皆是物。处事如事外人，则心有馀裕。　和乐是心之体，所谓满腔恻隐，盎然如太和元气，流行于天地之间也。精明是心之用，所谓在我之权度，精切不差，截然若万物之各正其性命也。　大处要扩充得开，细处要察识得尽。申臯来谈，述皞臣之言，谓我力量薄，故遇事游移，易为人引动，甚切中鄙人病根。申臯言，干事须要舍却命。李伯子云：我读书，咬定牙看穿才罢。又云：我于诗文都阁置，只为舍不得命。伯子心血多人斗许，所言犹如此。　莫海航是干事才，一切摆得开，尝言牢骚悲感，文人气习，最害性。我于此等心眼，处处着实填塞，久之渐熟，此心只蓦然不动。艮老之语，申臯之言，玩之皆有馀味也。是日偕申臯往永兴寺、隆兴寺两处看屋。陈怡生、江蓉舫、唐荔轩诸君处小坐一谈。

三十日。黄子春、孙琴西、何伯英、贺云湖、宋雪帆、毕淳斋、李眉生先后至，竟日应酬，颇疲乏。雪帆语及时事，相与嚱嘘。言忠信，行笃敬，虽蛮貊之邦行矣。未有反复变幻，行苟且之计，而能控驭夷狄使就约束者。儒生俗吏，不谙时务。儒生是一种人，俗吏是一种人。见浅骛小，徇私近利者俗吏。据一隅之见，持一端之论，侃侃语天下事者儒生也。其弊同归于无用。凡事知之明而后处之当，聪明睿知足以有临一语最精爽。鹿伯顺《四书说约》，语多警悚。其言遁世不见知而不悔，遁字极妙。姓名虽在世间，一片精神，竟跳出声尘之外。到得不悔，一切世情，冰消瓦解。　四个强哉矫，默默无言，自为主张，不管人知与不知，大勇却在此中寻取。此理在人所不见处讨个真消息。　默默内省，专向自家简点。万变中入火不烧，历劫不化，全在闇然二字上得力。　自明诚，谓之教。子思此语，吹起普天下做圣人的精神。其次致曲，即其下手处，一隙中透出天光，便奋力与之达出。

九月

九月初一日癸酉。易问斋、郭毓六来谈，以恽次山太守赴湖南之便，附寄籥门中丞、南坡观察、葆芝岑太守、胡听泉孙怡堂两刺史、赵玉班、曾沅浦共七信。

初二日。周小田太夫人寿辰，宴饮终日，晚与芝台冢宰、吴介生、张立人、方子箴前辈同席。芝翁言：纪晓岚先生《笔记》，记有揣骨相法之毛瞎子。近岁见陶凫芗前辈言官保定守时，方（敏恪）〔恪敏〕公为直督。一日，（敏恪）〔恪敏〕言，纪文达公《笔记》所载之毛君，去此不远，未知其人尚存否。清苑令乃承其旨往探之，累然老矣，尚健谈。乃舆致之节署。揣人两膝及脑后骨，决祸福奇验。谓恪敏曰：公当有出关之行，然圣恩厚，中路当诏归，终老于位。谓凫翁曰：公两膝一金一银，虽贵不能过二品。三品以下，老寿繁祉，过二品则止。外任犹不妨，内官至侍郎，公当自检理矣。其时凫翁初以三品卿内召也。今其言皆验矣。《笔记》又载：董文恪公微时读书山寺，有老人推门入，曰，吾粗识相法，闻君读书声，测其必贵，故欲一瞻其仪度，今见君，知其贵人矣。文恪就问之。老人为言，某年通籍，任知县，某年转某官，某年入相。其后历官年月日皆相符，惟所云知县则翰林，所云外转皆内升也，又理之不可晓者。芝翁又言：通籍数年，以忧归，绕道天津，见有谈相法者，入叩之。时宾客环坐，坐定，相者乃曰：诸君少候，吾当先相此君，天津城中无此贵人也。已而又一人入，衣敝布袍，坐下坐。相者惊曰：今日大奇。此两君并坐，一极贵，一极富。乃谓曰：君衣置何许，而以缊袍见我，欲试吾眼法耶？君相主至富，必山陕人，非天津人也。询之果然。芝翁乃笑曰：此实富者，吾一穷翰林，何云贵也，殆必不验。相者曰：彼乌能望君？吾以富贵并称，便语耳。君相贵不可言，非彼所能共论也。又言杨忠武官陕督，陛见，危坐朝房，无多言。有问者，必霁颜以对。或问：君战必胜，此何术也？忠武曰：此有何术，谁先走谁败，谁立定不走谁胜；谁轻动谁败，谁静伺不先动手谁胜。但阅历久，每战次，望气审势，能知胜败耳。一日见柏小山冢宰，谓曰：吾有客能望气，言凡贵人身后必有气二道，若左右护侍。未达时，气尤显，已贵较隐，大抵皆黑气也。昨见杨时斋制府，独出红气二道，甚显旺。询其故，曰：大抵鬼神呵助，红者，贵神也。偶从诸贵人至乾清门，见凡门皆无数红光，所以护卫皇居也。

初三日。王子怀司马、吴桐云来谈。往拜恽次山、梁矩亭京兆、翁玉甫、祁子嘉、吴介生、贺云湖、易笏山、黄子春、易问斋、童鼎卿诸君。晚就孙琴西处一谈。琴西见示《澄怀园集》二卷、《陈小铁诗》一卷。小铁诗如：古佛向人开口笑，奇峰知我一诗成。胸吞太古无人雪，手写空山绝代花。爱听雨里疏疏竹，学写风前短短花。曾从太华三峰顶，坐过松根五百年。云屯古堞秋横槊，冰走黄河夜放船。杀羿竟烹名士狗，歌虞争豢美人狐。吹箫四作扬州梦，挟瑟三投宰相书。皆跌宕自喜。五言：塔悬低旋鹘，碑卧仰支龟。刻苦似贾僧。《镇江》诗：雨色金牛岭，江声白蛤桥。无情是芳草，依旧绿迢迢。则中晚唐高调也。又《山行》诗：双轮尔何事？与石相龃龉。石亦不相能，排挤出死力。亦深刻。《寄王少鹤》诗：偶携奇字问韩陵，踏遍青山十万层。文不能奇天贯死，肉如许啖我求僧。寒生落叶秋双履，雨打啼乌梦一灯。传语王郎添半臂，近来诗骨少崚嶒。《自题小像》：嫏嬛仙梦不可寻，清泉瀌瀌山阴阴。松根岁久化奇石，花影夜寒摇古琴。陆云出门有笑癖，何敞闭户成书淫。东南名士尽嵇阮，谁识园中抱膝吟。并全首清空一气。琴西诗学苏黄已成体，时辈罕及之。《次韵赠定甫颖叔》：子云恨无君卿舌，司空乃有城旦书。欲取高官吓妻嫂，颇似赤水求元珠。相公食乳餐腹腴，洛阳年少百不如。但可高楼醉风柳，春澌已动宫门湖。刘松年《李泌牛车图》：犊车归逐赤松子，山人衣白不衣紫。人间富贵能超然，坐致功名如郭李。潼关仓卒成播迁，朔方再造真回天。老臣虽失张九龄，童子乃过员半千。幕中婉婉子房画，指挥诸将若棋奕。计安帏幄奠区宇，可惜颖阳已归客。天心自古有亨屯，废兴有命亦由人。吴山行乐青城辱，辛苦刘郎下笔亲。许尚书藏王蓬心《浯溪读碑图》其守永州时以寄梦楼者，有《梦楼草诗》，自作诗十数首：太守恨无山水记，纸上摩崖有文字。快雨堂虚日坐禅，为君挥洒仍无意。西湖丈人今何之，满园风雪索题诗。但为涪翁难下笔，摩挲亦恐鬓成丝。《和春圃相国食笋斋十景》：我始居此屋，有竹不及垣。岂知廿载前，满座青琅玕。殷勤复手植，终未还旧观。是以盛衰际，君子思其难。竹径

老屋犹焚馀，迨今逾百岁。外观那能华，要自与众异。我爱南窗明，摊书作细字。三宿尚馀情，中道惜相弃。老屋　惨舒本天意，我畏伤我花。春风何漫诞，蜂蝶亦群哗。但恃一念愚，或为天所嘉。凛秋复吹箨，况我已天涯。借春阴馆　东峰卓孤标，下临一泓水。泓水涸无源，峰或劚其阯。高榆亦立枯，苦心畏蝼蚁。却思畚挶功，昔人岂得已。东峰　开门俯澄湖，风止碧波永。明月林际出，深抱一珠定。清虚两相受，悠然我本性。夜深磐石上，时见微鳞泳。月湖　芙渠水东西，红云出翠叶。小桥跨其间，行者日相

接。十年西湖游，犹忆维短楫。佳人期未来，看花常独立。影荷桥　我本山中人，与山日相见。官居犹看山，尤喜腰脚健。得郡南临江，青山城西面。风景固不殊，君恩亦当念。见山台　相公昔种药，结梗与黄菊。根株不可寻，我来乃种竹。春雷新雨馀，森森万青玉。是当名竹坡，或曰篔筜谷。药坡　澄湖绕屋流，水深冈弯环。密林初过雨，芳馥如杜兰。窗户罨新绿，双扉遂不关。但恨无吴船，浩歌踏两舷。雨香浒　磐石据湖麋，游鱼亦无数。常时羲献徒，高情托缣素。书生今从戎，枯豪弃霜兔。磨盾濯江流，下马草露布。洗砚池《澄怀十友图》杜文正直书房时作：蓬莱池馆接群仙，盛事开天忆昔年。张论匡诗皆国宝，甘泉平乐况新篇。桥山有恨思弓剑，便坐何心问管弦。后进鹓鸾犹蔼蔼，画图乔木浩风烟。《书冯鲁川诗卷》：小冠深弄昔何如，酒客元亭惜未俱伯言先生。覆瓿书传犹寂寞，听琴人去已巴渝。欣闻晋水鸣清玉，已信常山见宝符。今日云龙谁上下，只应仙鹤谓少鹤共轩渠。为录短篇数章，皆近作也。又《寄薛晓帆》云：平生自笑知君浅，经术新闻在处传。《答何子贞》云：廿年朝官不得进，正坐读书少俗韵。并坡公家法。与琴西语云：圣人神妙不测，全是精神运量。天下亿万人所视所指，而曰吾能密之，使人不测而已，果谁欺哉。机事不密则害成，且看是何等事何等运量，夫且不可以语人，而欲以服天下而行远，难矣。圣人以此洗心，退藏于密，全须此等处体验。天下者，人情之积也。两人相与而情顺，足以治天下国家矣。圣人制礼缘人情，制律亦缘人情。今之治律者，务使人情郁而不宣，逆而不畅，其于律意远矣。

初四日。云阶前辈招饮，同席毕东河前辈、但幼湖、贺春台、熊云程、吴醉碧、蒋菊人。盖云阶与秋白联姻，春台、云程两君为之媒说也。见招铭山兰竹各四帧，极有气势。招名子庸，南海人。

初五日。眉生邀同赴皞臣处，作竟日之谈，与盛小崧四人饮尽醉。晚至吴醉碧处，阅所得花卉各册。许南交永花鸟十二开，神味如生，所及罕能及者。其杨子鹤晋、许江门滨二册，不过如是而已。张尧民、杨函青、黎简堂、熊云程并至一谈。

初六日。邀雷震初前辈、孙琴西、王少鹤、冯鲁川、陈宝珊、吕庭芷、熊定卿、孔绣山至鹿鸣堂早饮。少鹤见给《龙壁山房文钞》一帙，盖《涵通楼师友文钞》中之八、九两卷，少鹤数年前之作也。晚为范云吉招饮，同席王蕙生、李申皃、李麋生五人。

初七日。接谢雨亭观察信。申皃、眉生过谈。周谷田先生到京，谈悉光州刺史郑松岩元善朴干有惠政，固始令张朗斋曜勇敢善战。郑现以道员记名，张亦保升知府。两君皆河南良吏也。谷翁办乡团数年，屡立战功，以胆气自许。从行者为黎小阳，亦朴实人也。

初八日。远村、云岩、作梅、子严来谈。同作梅琉璃厂探榜信，晤申皃、眉生、研生、篁仙、小宋道次，又晤徐琴舫、宋惠人、刘芋圃诸君。惠人与予道款曲，叙别后十馀年情事。予询悉其历官姓字，茫然不记其何因识我，久乃知其名邦僡，官刑部，为予教习同年。亦见予之精气消亡久矣。不肖十分精神，病去其六，所馀四分耳，酬应耗其二，酒食征逐耗其一，悲感耗其一。自天下国家下逮身世之际，旁及所见所闻，无一不足感叹。养病服药工夫，仅一偷闲为之。时怀汲汲顾影之悲，此生此世，何（自）〔时〕为能自树立之时哉。

初九日。与尹杏农、盛小崧、范云吉、张幼函、钱莘伯、龙皞臣、李篁仙、李眉生同集龙树寺，为申皃作生日。是日约林北田、赵元卿两人不至，会者凡十人。

初十日。卯刻，奉派磨勘乡试朱墨卷。礼部先按人数派定，每人六卷。由东长安门至天安门外东首朝房，与钱萍江、钱莘伯、袁笋陔、黄沁园、王崇庵、周福庵、梁檀圃诸人并坐一处。询知为户部朝房，而屋宇颇朽敝。盖上居圆明园行宫，大内空闲，不常葺治也。六卷中，百九一之宜绶、百十一之杨国安，文理书法尽佳，馀皆无可甄录。百四一之阎镜塘，二三场别字满纸，甚或误愆为愆，误竭为竭，不复成字，文理亦不甚通顺，而头场三艺却自开朗，疑其有捉刀者。予已标签议处，见笋陔所派之七名平麟疵纇更多，而以可否免议四字签之卷面，乃亦仿其式签之。午正始讫事。何小宋派稽查分卷磨勘，因与笋陔三人同赴石头胡同五兴和小酌，肴蔬约七八种，俱极精腆。至易笏山、陈葵心两处一谈。戚鹿笙晚来坐。

十一日。偕黄晓岱看定莲华寺西院屋四间，为移居之计。因至季蘅处晚饭。淳斋见示《兰岩画册》四叶，为小幅山水，苍秀明远，不可多得。款书公纯，寿蘅所藏物也。

十二日。上派克王庆惠、贝子绵勛、春佑，恭送仁宗圣容、宣宗实录、圣训、玉牒、册宝赴盛京。翰林院派臣等朝阳门外大桥东跪送。是日皆朝服将事。因诣翁中堂、柏师相、朱桐轩师、瑞芝生师、陈子鹤司马、服籽观察、周中堂诸处道贺，并拜黎寿民、齐岳生、吴桐云、何柏英、尹杏农、朱晴洲、陈宝珊、张尧民、陈小舫、涂星畲、吴醉碧、罗振之、赵元卿，又何子愚伯元竹林、翁玉甫两处道贺。陈尚书处晤潘星斋前辈，述悉太庙奏礼成仪节。盖是日上诣太庙行礼毕，始赴东华门彩棚行礼。潘派太庙襄礼，而陈尚书东华门襄礼也。杏农处晤林远村，谈皖北旧事。武员参将成贵可恃，文员金光箸、才宇和、郭世亨，实皖中三能吏，而皆不竟其用，为可惜也。杏农言，金君之死，胜帅与有力。

如胜帅之强勇，为偏裨有馀，任大将不足。盖大将职在用人，而胜帅专忌胜己者，故为有损无益。亦可为名言矣。

十三日。黎寿民来谈。黄晓岱邀往看参，乃同至西同义看秧参数种。辽参六十换者，皆横纹，紧而有力，芦长细，实心，参枝蟠结，若金刚努力。鹿茸黄毛两叉，黑毛而三叉者麋茸也。圆满若马鞍者为上。茸多而有力，则又视角枝之大小。大约取血茸一两，合银三十金即可相安。其馀沙片，虽茸无力也。因看参并及茸，略记其大概如此。

十四日。范云吉、王雁峰、陆眉生、李眉生、刘一山诸处小坐，并往杜吉元、云巢两君处致唁。是午，何伯英邀福兴居小酌。客为王月川观察、黄蒨园前辈。至则诸客尚未集，乃往赴眉生之约。同席申夫、云吉、元卿、篁仙、敖金甫、王小渠八人，纵谈至四鼓始归。眉生述及其尊人梦莲先生之豪迈。馆眉州书院，吏目卢云峤忽若有物凭为祟，百计禳之，忽自言我无他求，但得李先生一文祭我，我自去耳。如其言，祭之而愈。晚年颇遁于佛。院西斋创一室，置方桌，盛盘供大莱菔子一枚，旁置蒲团，常竟日默坐。馆舍辟园林，凿池种莲。卒之岁，莲忽自萎。其行踪多似王禹卿先生，所谓慧业文人也。申凫言：李西沤先生派会试磨勘，有书寥廓为廖廓之表、杂霸为杂羁小补者，先生签出之，同事者婉求乃已。数日，廷试传鼎甲为谁，先生惊曰，此非前日所勘杂羁生耶，何以能是？人曰：此固当事某公之子也。先生乃始怃然。眉生出示赵松雪《宝云寺碑》墨迹，并米海岳《九歌》小楷石刻，赵元卿临一通，字体尤小，郁屈飞动，颇有远势。

十五日。同晓岱赴东小市看衣。周年伯母是日禫期，妙持夫人设供，邀予与星桥、棣楼及谢竹溪四人晚酌。因至陆眉生、李篁仙处一谈，二鼓归。小雨沾衣，奔走泥泞，喘汗为烦。

十六日。陆眉生、尹杏农、杨汀鹭、朱晴洲来谈，接左景乔、季高、戚少云三信。

十七日。作梅、云岩、夏小笠、李麇生来谈。复季高书，并书致崔伯轩、任屺堂、曾司马，又胡中丞唁书，并交折弁带南。作梅言，雨农问心性之分，告之曰：心如琉璃盘，性则盘中所盛之甘露也。非此琉璃盘，则甘露无所贮；而非甘露之明湛，则盘亦虚器而已。甘露贮之琉璃盘，何等晶莹；而尘土涴之，蚯蚓入之，则露与盘皆受其累。此喻极为明快。作梅又谓予宜少留心文字，文字亦心之障也。如灯然，以文纱蔽之，其光必隐。此论颇近禅悦，然以拯予骛外之失，亦药石之言也。

十八日。文昌馆公请元修师、潘星斋前辈、王月川观察，便道拜沈仲微士纯，夏小笠子嘉，小陶、镜人昆季，并张幼函处致唁。

十九日。天安门外朝房核对新榜复试卷，一等一名为刘琦。朱谕：此卷诗、文、字俱佳，着军机章京另缮进呈。盖其文清和宛约，有契圣心故也。而录呈试卷，终属历来未有之创举。是午，翁邃庵、周芝台两相国到任。因与华尧峰同赴翰林院坐候一时许。相国谒见宣圣及昌黎祠毕，即诣清秘堂。诸翰林列侍阶下，迎入一揖，次第诣堂上三揖，两相国左右立，答揖。少顷，相国出，仍列侍一揖送之。时值清秘堂者，张希甫、徐申甫、陆心农、王补帆。其张幼函一缺，邃庵相国谕以尧峰补之。其外则满洲三人。是日与张仪琴、徐荫轩、孙谷亭、潘补琴、徐孟江、黄蒨园、章采南诸君围坐一谈。晚赴勒少仲之召，同席赵心泉、慎符卿、冯尔钦、周小田及子箴前辈。酒罢，偕至尔钦处，夜谈极畅。少仲言，今人为古文，多是能纵而不能横，能往而不能复。因论艾致堂古文，并及其诗。诵其《驿柳》诗云：是我宅边树，何来官道看？长条折不尽，离恨故无端。又《出都》云：百年岁月驰驱老，九阙星辰梦寐遥。尔钦出示藏墨十锭，随园老人制送瑶圃尚书者。墨纹静细，近时盖无有也。因见赠金壶仙液墨二方，不及随园所制，而自属佳品。

二十日。雷震初、瞿春皆来谈。《中庸》一书，圣人之道推阐尽致，以慎独为入德之门，以知仁勇三者为造道之纲，以诚为体道之极，以制礼作乐为行道之验，（为）〔以〕成物参天地为尽道之实，以尽人合天为修道之功。推究其致，总归入内省不疚、无恶于志八字上。要合三十三章为一章读之，求其次第浅深之用，乃识其妙。翰林院后敬一亭，院内左为柯亭，右为刘井。按柯潜字竹岩，刘定之字文安，并翰林院学士，明嘉靖时所建。柯潜于院后结清风亭，凿池莳莲，决渠引泉，公退偃坐其中，翛然若真登瀛洲者。又有柏二株，曰柯学士柏。廖道南叹曰：风流遗泽，令人永矢弗谖。今亭稍存其名，非旧址也，惟刘井当系刘文安手凿之井耳。清秘堂前为瀛洲亭，亭下方池为凤凰池。池南为宝善亭，高宗赐贮《古今图书集成》一部。

廿一日。陈小舫前辈、沈仲微、吴桐云来谈。丁未同年公祭杜师母，并赴张幼函处致吊，刘蕴斋、毛煦初两前辈、袁笋陔、余幼冰诸处道贺。

廿二日。往贺汪太师母生辰。过邹云皆前辈，亦值其太夫人生辰，因留早酌，同席马介吾前辈、张萃堂、熊秋白、瞿春皆、陆谷堂、胡培之。又同春皆至刘琴舫处小坐。晚赴小舫前辈龙源楼之召，同席马云湖观察、方箎翁、杨韶和，凡五人。

廿三日。何伯英托函致胡恕堂中丞，为其女夫吴豫庆求一差使。沈仲微为《幽征》、《闵乱赋》二篇，学六朝；《人宗》、《厘物》、《审势》三篇，学子，属为之点定。晚就灯下粗阅一过，亦一美才也。晓岱来谈。

廿四日。礼部以磨勘卷面点窜数字，知会已刻至朝房补写。至则礼部司员尚无至者，而殷谱卿詹事乃与余先后至。坐谈数刻，龚幼安、延介之、魁笔臣诸君始至。检前卷粘补，另书卷面数字，未刻乃讫事。过王少鹤、段春湖两处一谈。春湖出示集锦墨迹一册，前为乔子桥耿甫（抚）〔橅〕大米书。春湖跋云：乔君天津人，工书，嗜烟叶，每过市肆求烟，辄就火纸作书酬烟值，人争延致之，此即其火纸书也。后两种竟不识书者名姓。惟刘文清与人一片，古趣盎然。年来所见，惟信此为真迹也。又出文清墨迹两册，其一临苏书，其一则任江苏学使时家书数通。款书大姐、月华、春晓，或合致一书，或分致数书，皆按试诸郡时所寄家书也。详其文义，大姐乃称其夫人，月华、春晓则其二妾名也。文清有妾善书。与月华书，多论字法。善书之妾，盖即月华也。皞臣、萃堂、厚村来谈。接恕堂中丞书，知涤帅现已有援皖之行矣。

廿五日。绩溪周志甫成来谈，博学多通，罕见其比。询所著书，有《同予斋古文》、《同予斋杂著》、《石屏揆日圜仪》、《古算经订讹细草》、《半周仪用法》，所长盖尤在天文数学也。述及往年谒阮文达公，语次及所刊校勘集，文达问曰：尚有校勘记中所未备者否？答曰：只如诗干戈戚扬，疏：（太）〔大〕阿斧。大阿，剑也，不当以名斧，此大柯斧之误耳，而自来无辨及者。文达快甚，会阍者入白制台来见，时督两江者璧昌也，文达挥曰：吾有客在坐，可谢勿见。老辈之风流如此。又言：魏默深《海国图志》近增入一百卷，参校者汪士铎，作图者叶翰池。而俞理初正燮《癸巳类稿续编》、邓复光《镜镜诠痴》，亦多详西洋制器之法。又及各省通志，以广西为最善。每县皆有分图，他志所不详也。其强记博闻类如此。易笏山、陆彦颀、张桐轩先后来谈。

廿六日。杜师母堂期，往吊。随至福元修师、宋雪帆前辈、肃裕亭宗伯三处道贺，并往拜刘云斋、林远村、龙皡臣、刘韫斋、易笏山、杨韶和、李眉生、赵元卿、张桐轩、陈小航、马云湖，晚赴杨韶和湖广馆之召。小航精于占验，言《京房易传》有积善法，自汉以来已失传。六壬之义，以月将为用，壬属月，月有六候，故谓之六壬。丙寅为太阳，壬申为太阴。《淮南子》男子三十而娶，女子二十而嫁，数起于子。从子顺数之，三十而值巳。顺者，阳也。从子逆数之，二十而值巳。逆者，阴也。巳，含包男女，交会而孕，故以男三十女二十而会于巳。从巳顺行十数至寅，日生于寅。丙者，日也。故丙寅为（大）〔太〕阳。从巳逆行十数至申，月生于申。壬者，月也。故壬申为太阴。沈似竹舍人以《引杯看剑图》属题于笏山。予往谈，见之，书一律其上。予不识似竹，似竹亦未以属予也。以诗无可存，录此：残星半堕灯火暗，一剑一杯空自豪。惨澹腥风掠地至，懵腾醉眼仰天高。酒边喷薄蛟龙气，天下英雄虎豹韬。何不拔取侍儿手，秋原一试阴风号图为侍儿捧剑旁立故也。

廿七日。马云湖来谈。近日天下之患，在上下否隔。君之于臣，吏之于民，长官之于属吏，交相为怨，其情皆隔而不通。无他故，坐不恕而已。有一言而可以终身行之者乎？子曰：其恕乎。恕之一字，澈上澈下，自天子以至于庶人，不能违也。周谷田先生约晚饭，同席（芸台）〔芝台〕相国、吴子敬、吴思臣、胡铁龛、子箴前辈，共七人。国相言，仕宦穷通，皆命为之，虽朝廷不能主持。道光丙午，奉命与赛鹤汀国相查阅三江营务。时督两江者，璧昌也。比还复命，上问璧昌何如。赛相国奏言：璧昌实在（湖）〔糊〕涂。上大笑曰：果然，吾心目中岂无人，何为以两江总督任之璧昌。既而曰：璧昌岂能了如许事，朕固已知之。时谓璧公旦夕当报罢。已而终璧昌之任无一事。以是知渠命当任封圻，虽朝廷不能自主也。年来实觉得天人交会之理如此，伊吕之达，孔孟之穷，孰谓非天哉。

廿八日。与黎简堂至琉璃厂同好斋、蕴真斋、集古斋等处看字画。吴（画）〔墨〕井历《兰竹山水》册叶一部颇佳。又蕴真斋高宗《三希堂御刻法帖》、《大观帖》两种皆旧拓，惜不能全。《三希堂帖》三十馀部以苏、米、赵三种为最佳，今米、赵二种存而苏帖亡矣。

廿九日。杨韶和、田子骏来谈。田君自袁午桥徐州大营来京，以道员候部选，因得张六琴、袁少午消息。子箴前辈见示杨坚侯方伯书，言扬州近事甚详，阅之颇为扼腕。申皃见示所撰刘仲山方伯存厚、淡海山太仆树琪二传，极精美。

三十日。冯鲁川、李申皃来谈，因论都统乌兰泰公远（香）〔芳〕，初以骑兵随剿三省教匪，记录杨忠武公轶事一册，其后常取阅之。自言生平所愿学者忠武，然有一事不能及。临敌艰险，必身任之。及战罢，诸将争上功状，或至没其名，坦然若无事者。其后有变难，又如是不倦。予谓忠武不与人争功名，功名乃独盛。此义人皆知之，而贤者不能以自勉，非特量小，志气固有所不足也。譬如贫者，得钱一缗，而或夺之，必攘臂以争。若其家累巨万，数缗之取携乌足为之一校哉。

十月

十月初一日癸卯。申皃邀同诣篁仙处祝其生辰，留饮终日。同席盛小崧、龙皞臣、王雁峰、涂星畬、易笏山、李麋生、瞿春垓共十人。小崧、皞臣、申皃、麋生与予，同至都城隍庙一游。是日为进香会期，男妇杂沓膜拜，尘嚣特甚。因至永乐寺清谈，慧亮上人瀹茗扫（搨）〔榻〕，款遇殷勤。申甹谈及李西沤论文，尝曰：作文须如苍颉造字，直开千古窔妙，却无一笔安顿不自然。千形万状，总须一手生造。又曰：诗文当使人一望便知其中有我性情学问，丝毫假借不得。又曰：学者名震一时，须防为一二人所窃笑。此一二人不知谁某，或并世，或数十百年后。君子之学，当得此一二人印证。《中庸》所谓百世以俟而不惑者，此也。其言皆有深味。

初二日。往拜薛淮生，王崇庵，华尧峰，钱莘伯，田子骏，陆子岷，杨怡堂、马云湖两前辈。何伯英邀湖广馆午酌，同席黄莘农司寇、吴行之京兆、方子箴给谏、钱子密铨部。晚与云湖、子箴两前辈赴毓兴和小酌。适凌松泉、凌锡甫、郭小初、陈遂生饮厅事，强邀入座。遂生又重邀饮，并招顾菊舫农部会谈。知马远林之子字侣蕡者，方来京乡试，书法甚佳。询问宋于庭司马近况，尚强健无恙也。记丙辰春由上海至苏州，司马适以是年八十寿，曾集遗山二语赠之云：北斗泰山初未减，绿波春草若为情。以薄游两日遂返浙江，未及书赠，当以菊舫还苏之便补寄之。松泉为玉屏从弟，锡甫则其从侄也。

初三日。程蓉伯来谈。小田、小阳邀同赴张子敬处谈命。至则并（搨）〔榻〕坐，盲不能视，独揣手骨。以一指按腕际，次第引伸，其一指若切脉者。左手毕，更引右手按之。又揣骨法之一变相也。其谈休咎，仍以生年为断，而命理亦殊不甚精。而贵人往来其门问休咎，循环不绝。京师遇事风传，为可笑也。谈次，适陆心农编修偕二客至，乃让之谈。归过琉璃厂，至尊古斋、典古斋、集古斋、蕴真斋、韫珍斋诸处看字画，见恽南田、王麓台、王石谷画数种，俱佳。

初四日。雪帆前辈、申甹、麋生来谈。申甹邀酌，纵谈至二鼓始归。雪翁言：桂燕山相国、花松岑冢宰近有免税十害之疏，疑金眉生都转所为，而朝廷仍主变易前说，虑非诸公所能任也。余谓二公在天津时，即奏言姑允以诓之，暂缓其师。朝廷始终持此一意，未有能辨其非者。天下事当求处理之法，专以诓人为计，焉有能胜者也。予在京师，于夷事本末直看得清楚，深悟坏乱由人，凡事皆然。申凫谓予可为好善，不可为知人。自言每与人处，凡所长所短，了然于心，乃始评定其人，无或爽者。京师一哄之论，岂有凭也。申凫之言，每切中予所蔽，故为畏友。

初五日。杨缃芸农部邀同周志甫、王少鹤、何愿船、陈芝堂、陈桐轩、李篁仙东来馆早酌。晚为马云湖前辈招饮东麟堂，同席方子箴、陈小航两前辈，杨韶和、顾菊舫六人。少鹤言：近日龚小定分韵为八部，不分别四声，颇多名论。予谓当即主亭林古音表，举平以该上去入，综为十部以合古音之说。小定又综为八部，首部首宫，次部首乌，盖又合亭林之二三部为一部耳。其部分首宫，或取吕静《韵集》所定宫、商、龣、徵、羽五卷，而增入转音三部，以叶诸声。《魏书·江式传》：吕忱弟静，仿故左校令李登声类之法，作《韵集》五卷，宫、商、龣、徵、羽各为一篇。隋潘徽为秦王俊作《韵纂序》言：《三苍》急就，微存章句，《说文》字林，唯存体形，寻声推韵，始于李登《声类》、吕静《韵集》。则是商羽五卷之分，实为韵书之祖。小亭盖因顾氏之说，以推求《韵集》之遗，而为之衍其义耳。

初六日。接李黼堂观察书并意城家信，当即复书，兼书寄曾司马，由来弁带江西转寄。晚次，易笏山、陈我珊邀同赴五兴和小酌。是夕梦为诗，慷慨悲壮，高吟而觉，犹诵得其二语云：流离身世生何晚，微薄功名死即休。梦中自言次语取君子疾没世而名不称之义。醒时谯鼓方三响也，辗转达旦，不能成寐。

初七日。龙皞臣、王崇庵、吴凤堂来谈。皞臣以申凫之约，邀同诣麋生处。麋生已偕赵元卿他适，因同诣季蘅。皞臣与淳斋入城，而予为晓岱、季蘅留饮。归过竹汀，又同诣刘一山、梅杏田处一谈。杏田藏何贞老书四幅，言：荆州、沙市舟中，久雨初霁，开北轩以受凉。王子飞兄弟来过。适有田氏嘉醞，问二客，皆不能酒，而予自赞曰能，因濯古铜瓢满酌饮之，曰：饮此，则为子书匹纸子。予一举覆瓢，因为落笔不倦。盖记当时一段情景也。字奇文隽，古趣盎然。晚归，知作梅今夕见过。而予前后两过椿树胡同，未一诣云岩处，为怅怅也。

初八日。作梅、篁仙、杨秉卿、吕秋丞前辈来谈。申凫邀同赴皞臣午酌，并邀作梅及盛啸松、素存六人轰饮。晚至眉生处一谈。赵元卿、王惠生、翁玉甫、余辅臣先后至，三鼓始归。申甫言：京师酬应有极乐处，亦有极苦处，要视气味之合与不合而已。剑州老孝廉嘉声负才傲睨，应府试以第二人召复，买舟竟归。时保宁守庄公学和博学能文，复试诸生，问嘉声何往。廪生某答言：嘉声狂士，不乐处第二，是以归耳。庄公曰：君请为我追之。乃发卒随廪生追之还。而以如有周公之才之美使骄十字命题，自携笔砚与嘉声同席属文。嘉文成，榜示以九属第一，始出所属稿示之曰：君文固佳，然未为至也。嘉读其文，亦大称服。当时有司奖掖人才如此。又有管道士一清者，流寓剑州，博闻强识，行踪奇异。王某者故为县令，因事流剑州，以才气自雄，生徒数十百人，皆称之王先生。一日出，有道士负竹筐入，检案上所为文，为涂抹几遍。王归惊曰：此谁为者？或以道士对，王急起追之，及诸田，再拜泥土中，强邀以归，率诸生徒师事之。时嘉声亦因王得师管道士。管卒葬保宁，观察使黎公标其墓门曰：知周万物，学通六经。当时士大夫虚心服善又如此。

初九日。上国史馆。惟王啸舲、补帆两君先后至。检阅《高宗实录》，神武英断，至今凛然。二十三年再定回疆，困霍集占于库车城，将军兆惠论奏铸造大炮，粮台不即应付情形，已奉严旨，末复云：攻城亦不专恃大炮，若能设方略，求内应，乘机制胜，虽无大炮可也。若如雅尔哈善之昏愦，霍集占潜踪来往，毫无察觉，开挖地道，转为贼知，多伤将士，虽有大炮何益。军营最重大炮，老帅宿将注意于此，而不知其无益，恭读此谕，明快无比。易问斋、吴凤堂、贺仪仲、陈葵心、贺云湖、陈遂生、贺弼臣、吕秋丞诸处小坐。问斋见示《达观楼丙丁集诗》四卷。

初十日。陈湘庭来谈。梅心田邀饮馀庆堂，同席毕星源水部，孙小山、张竹汀两比部。谈悉毕东河阁学尊人任霸州，多善政，常坦步行郊外，与村农席地谈家常琐事，纤悉毕知。州隶有设酒肆，私以案系人。廉知其事，以夜径入酒肆。闻小室中人语，而门外扃。启问谁也，皆对以奉官拘此。立械数隶，就酒肆笞治之，系者始知其官也。一夕行村巷中，见短垣有灯荧然。就听之，闻夫妇相语曰：明日姥生辰，当治具（误）〔娱〕亲友，仅馀一白裙可质典库耳。诘旦，诫数隶就典库，有质白裙者，即召以来。俄顷至，诘其状，曰：吾以钱十缗为而母寿，留此裙勿典也。旬日，又召至，问曰：钱馀几何？使用何所？可具以闻。有二缗不能对。固诘之，曰：向二隶传小人，索公使钱耳。即召二隶至，责曰：此官钱，尔敢侵牟耶？倍罚之。曰：以此归，与尔妇事纺绩，勿浪用。其逸事多类此。阁学籍淄川，星源籍文登，而实同宗也。

十一日。杨墨农、萧厚村来谈。鲁川、少鹤各见示古文二篇。少鹤言诗，最推高密李宪乔，谓其以专壹憔悴为诗，粤人言诗者皆师法之，马平叶时哲、归顺童九皋名最著。叶君诗名《越雪集》，亦李先生所命名。越中之雪，贵所难也。其陈心芗诗集序，谓其不及见李公，而得私淑与李公游者，盖即指叶君也。渊源如此，亦可想见李公之为诗矣。

十二日。河东馆祖饯杜师母。同年会者陆眉生、华尧峰、章果堂及予四人。随赴子鹤尚书，莘农、韫斋两前辈，子槐司马，王少鹤处一谈。少鹤言：高密李氏字少鹤，有《主客集》选本，专主张文昌、贾长（头）〔江〕练字之法，谓《国风》诸诗，每数章仅易二三字，而浅深韵味，迥然各别。因言往岁张海门赠诗一首，中有句云：奇文手订愁应减。盖其时方编次文稿故也。孙琴西时在坐，言此语极有意，而减字终欠。因相与各拟一字，凡数易不能定。已而忽悟此语当为：奇文手订愁应失。众始叹服。故知诗家练字诀不可不讲。少鹤述祁相语数则，多有关系。云宣宗时，军机大臣、两书房，接遇必以礼。一日，命四如馆绘所乘马及宫犬两幅，当送南书房题赞。上特朱谕内监，狗图不必送南书房。南斋用人犹多特简，池药亭生春三入南斋，皆中旨也。今上初政，祁相与赛鹤汀相国以德量交相推服。军机名次首赛，赛自以不如祁，固让之，上亦虚怀委任。时滨州杜文正公位师傅，协以辅政，多所匡护。洎文正薨，二相相继去，而善种尽矣。四年，僧邸既平冯官屯，而武昌复，边省军事日起，于是以谓天下事可一听诸气数，而忧勤之意日衰。谚所谓病加于小愈，情形实如此。顺天乡试磨勘，袁笋陔勘出第七名平龄一卷，余勘出百四十一名阎镜塘一卷，已交部议。御史孟传金奏参场规四款云：或主考压令同考官呈荐，或同考官央求主考取中，或同考官彼此互荐，或已取中而临时更改；而以平龄朱墨不符附参。上震怒，特命怡王、郑王、全庆、陈孚恩会讯。因查出同考官央求取中者罗鸿绎一卷，临时更改取中者常顺一卷，其主考派定呈荐则吴心鉴一卷。又云柏葰指令景其濬呈荐旗卷，景其濬对以旗卷无可呈荐，词色甚厉。

四款中略已坐实三款。初十日传讯罗鸿绎，自供兵部郎中李鹤龄为其同乡，令以五百金通关节。房师（普安）〔浦安〕谕令酬谢柏中堂门丁靳祥，云：尔之取中，多靳君之力也。此款交涉已不小。前周芝台相国言：程春海侍郎精天文推测之术。道光初政，天下晏安。侍郎言：本朝之乱，当以商贾。或询其说，曰：天市垣象如此，吾亦不详其故也。侍郎没数年，黄公爵滋请禁洋烟而夷祸起，其言始验。侍郎又言：数十年中，当有科场之祸。本科提调蒋公达奏参，监临梁公同新，大京兆、粮马通判、大兴宛平两县办闱差者皆罢职，场中死且病者三百许人，谓足以当之也。御史此奏，发难方巨，程侍郎并于二十年前推测及之，亦一奇也。晚次李麇生以生日招饮福兴居，会者，尹杏农、钱莘伯、景剑泉、翁玉甫、李申皃、徐琴舫、盛啸嵩、范云吉、龙皞臣、李篁仙、刘景韩、刘筠生共十四人。酒罢，过云岩处一谈。再与申皃、云吉、啸崧、元卿五人至麇生处瀹茗夜谈，三鼓始散。

十三日。申皃邀谈，因制豆花小酌。盛小松多记各省土俗及服食之宜。申皃约不得谈时事及评骘诗文，专为男女风俗家常琐屑之谈。晚次张霖亭、叶挺生、何小宋、景剑泉先后至，瀹茗围炉，丛谈颇畅。

十四日。陈子鹤尚书、潘星斋宋雪帆两侍郎、黎寿民、黎简堂、戚鹿笙先后来谈。晚邀周谷田先生、黎小阳、方箴翁、周小田、戚鹿笙、勒少仲至毓兴和小酌，少仲以事不至。

十五日。史弁赍折至，接家书并左季高书，得闻湖南榜信。复季高书，并书致黄南坡观察，子寿、子恒、子襄昆仲，贺子襄秋捷之喜。又邹云泉、周寿山两书，并附家信汇寄。是日孙小云生辰，箴翁治具邀饮，周小谷适至，酒食俱极丰腆。申皃见过一谈，约同诣麇生，以眼痛甚剧，不能出门也。李瑞南司马来访。

十六日。陈棣珊来，求觅祝由科，以京师习是术者皆川人及湖南辰州人也陈氏昆仲：同叔，服籽观察之子；宝珊、竹珊、棣珊，子鹤尚书之子，其从昆德甫，有才学，气宇安详，亦寓其家。吴桐云言：泸溪周序东鸣煌，嘉庆初元举贤良方正，以知县分发陕西，习祝由科。居京师时，有老父携哑子求治，命斋戒三日来见。至则以符水饮之，呵曰：汝姓某。即应曰某。曰：汝年若干。即应曰若干。曰：汝何来。即应曰何来。再问皆不能对。乃语其父曰：汝子孽缘重，仅可三语耳。有缩颈者问曰：缩颈可疗乎？亦令之斋戒三日，引其颈伸之。某王老而瘫痪，手足不能转侧。召之至，王曰：吾痛苦不自聊，故召汝，汝来何迟也？曰：王实无疾。王曰：偏枯非疾耶？曰：王非偏枯也，盍起立试之。王如其言起立。乃坦步行，曰：王随我，我能导王行。王即蹑其足以行，无他恙也。有老妇患颈瘤，求治之。喝曰：汝瘤安在？曰：在颈旁。曰：汝盍扪之。老妇引手自扪，而瘤已消矣。一日步郊外，闻哭声，款门入，则小儿以撮风不可治。乃取其儿转侧弄之，嘎然一号，而病已失。其奇迹多类此。自言居浦市某寺，得异人授此法，非其人不轻授也。自周大令死，无传其法者。其同里汪正泉品一，直隶典史，颇习其术，而不能精，今罢官居雄县。桐云盖习闻其事于严仙舫通政，以大令与乐园先生同举贤良方正，通政犹及见之也。

十七日。往拜蒋霞舫、刘子重、江蓉舫、陈怡生、陈宝珊、陆子岷、陆泰初、潘星斋前辈、潘黼庭、潘伯荫、潘补琴、叶润臣、杨汀鹭、李瑞南，并黄孝侯处致唁。晚次，以刘一山、张竹汀邀往湖广馆核算出入各数，因留晚酌，随与竹汀至梅杏田处送行。是夕梦坐大泽中，吹笳赋诗，慷慨叱咤。醒记其一云：八驼九骆风扬沙，沙上人烟家复家。万国车书大朝会，清晨吹角夜吹笳。

十八日。毕淳斋、李篁仙、吴桐云、宋雪（舫）〔帆〕前辈先后来谈。李瑞南郡丞、贺香九理问、钱英秋大令赴园引见，邀怡生送之，约今日归还过我。吏部注选官，每月验看常二三百人。楚人之性，守田庐不乐仕进，近则赴选京师者月必数人，平民捐银数百，辄以知县注选。其曰分缺先选、曰插班选者，一二月到班即选，仕径尤捷，所费亦不过数百金。于是吏部之籍，堆积如山。仕道杂而多端，旷古以来无若今日者，而户部以钞票转移出入，所得仍此民间贱视之官钞而已。其间商贾交兑捐款，网利隐射，与部员之印结乃并为渔利之薮。自古治财无他法，生财之源、节财之流而已，而要以锄去渔利者为本。治京师之大，有未易一二语此者矣。

十九日。萧厚村、吴凤堂、周小谷坐谈少顷。与厚村琉璃厂看书，因至杨墨农处小坐。晚就陆彦颀、王少鹤一谈。彦颀处晤庄心吉，味人廉访令嗣，亦隽才也。语及上海事，皆赓云制府主之。制府所任，一为薛（覲）〔觐〕唐焕，今为上海道。一为吴晓舫煦。二君并有胆略，能干事。少鹤言，翁水部学涵藏有阳明在思田时上兵事奏稿，亦京师一奇观也。吾人学问事功，只消心细手勤四字。林文忠遇事记录，可谓手勤，心细犹未也。姬传先生言：义理、考据、词章，缺一不可，已落第二义。望溪盖云衍昌黎未竟之绪，识力绝高。琴西尝言：吾辈当衍望溪未竟之绪。熙甫文于八家外别出一门径，后之称八家者，当去子由，而以熙甫配之。望溪论古文义法甚严谨，吾辈当以望溪为宗。曾司马再出，颇务委曲周旋。龙翰臣方伯寓书少鹤，言司马再至江西，人人愜望，而渠独以为忧，忧其毁方瓦合，而任事之气不如前此之坚也。方伯此语，极有见地。时人知此义者鲜矣。

二十日。龙皞臣来谈，邀往眉生处晚酌。申凫新置砖砚一方，旁文：建（安）〔武〕十年五月。后有山阴胡卫生跋，言建武纪元凡六：汉光武、晋惠帝、东晋元帝、齐明帝、西燕（莫）〔慕〕容忠、后赵石虎。自光武纪元三十一年外，惟后赵石虎十有四年，馀皆不及十年。而砖出檇李，不应有石虎年号，其为汉砖无疑。又隶体古茂，似卫尉卿衡方碑额，可定为汉物云云。砖文静细，能宿墨，虽不必如跋者所云，固亦非近时物也。申凫言：圣人五十而知天命，亦自关阅历。凡人年少气盛时，欲与天命争权，到老阅历深，心安理得，自然顺受，圣人亦合如此。予谓孟子穷理尽性以至于命，程子以穷理尽性四字释此语，而不及立命之说。朱子谓天命即天道之流行而赋于物者，所谓天命之谓性也。此在圣人十五志学时，当已知及之。天地大化之运行，阴阳消长之机，吉凶悔吝之数，神而不测，运而不息。圣人到五十时，已自与天合撰，所以能知天，所以能立命。

廿一日。曹月珊、洪张伯、潘补琴来。晚至申凫处一谈，又偕申凫至杏农处。钱莘伯、景剑泉两君先在。杏农藏董东山邦达、张紫（狼）〔琅〕雨森山水手册二帙。董之精神，张之情韵，瘦劲超秀，各极其妙。

廿二日。申凫为相五道庙房屋三间，极精洁。道士素存，亦温雅可谈。惟屋嫌狭小，仅容一榻，不能回旋，仍当别图之。致雷西师唁信，并代寿蘅、眉生致公信一件。

廿三日。福元师处道贺，并就作梅诊脉。回拜曹月笙、吴凤堂、李瑞南、马云湖、洪张伯，便拜景剑泉、李子衡、何小宋，并松筠庵、圆通观两处看房屋。晚就申凫小酌。申凫新治暖室一所，并撰《暖室记》。相与热炉对谈，酒罢觉微醺，倚隐囊卧，忽觉头目昏眩，涔涔然如雷鸣声，张视不见灯光，惟若黄雾弥漫一室而已。急呼申凫语曰：此恐中煤毒耶？以盐菜水饮我当苏。嗣是微闻申帛声，若隔数重屋者，亦不辨其何语也。移时，心气上冲，有痰腾踊而出，食顷乃愈。盖是日大风寒甚，又终日未食，寒痰凝结，为酒气所鼓荡，以有此证耳。是夕不能成寐。魏默深谓荆楚以南，有积感之民焉，亦足以当之矣。贺仪仲递到唐义渠观察一书，始知官秀峰中堂派令援淮，与袁午桥仆正会军，扼贼北窜。其书盖由营启行时发递者也。

廿四日。钱萸秋、李瑞南来谈。作梅见示《易钞》一本。盖合程子《易传》、来矣鲜《周易集注》、王而农《周易内传》三书，约文申义，断以己意。其指陈事理，尤多精到之论。如坤之象曰：乾以刚修己，克己复礼之道也。坤以柔治人，民胞物与之道也。蒙六四：困蒙，吝。阴柔无应，上下皆比于阴。生无道之世，日与流俗相与，不见正人，不闻正道，君子之所悯也。需初九：需于郊，利用恒。身处旷远，必卓然自守，养刚健之德于心，始能不改其度。若悠悠忽忽，与世相忘，是自绝于天下也。饭糗茹草，若将终身，固有明伦察物之学焉。比六三：比之匪人。如严助之于淮南王，萧至忠之于太平公主，既以伤世，还以自伤，圣人惋而悼之。履九二：履道坦坦，幽人贞吉。修身正志，与天下之凶危相忘，物自不能加害。夫外物之蔽，岂能乱人，人自乱耳。以曹操之猜雄，田畴、徐庶可行其志，贞胜故也。否之象曰：大往小来，天运也，莫之为而为者也。进以礼，退以义，人事也，处否之道然也。随大象：君子以向，晦入晏息。以一身言之，少阳之火，潜于少阴，养身养德之道备矣。平旦之气，所以清明，息之功也。数条多而农之论。持身涉世、处乱履险之道，所得为多，故录存之。

廿五日。陈服籽观察、黄晓岱来谈。勒少仲令妹姻事，往道贺。随赴云岩之召，同席施泽民参府、马东山守备、作梅及予四客。晚与作眉并王蕙生往视麋生之疾，小坐一谈。

廿七日。邹云阶选梧州府，陆眉生补给事中，并往道贺。随赴李瑞南文昌馆之召，同席李篁仙、曹月笙、恽小山、陆彦颀、陈怡生，宾客出入杂沓，大抵新进少年以赀为郎者。闻涂星畬有磨勘卷三本交刑部，因同篁仙往探之。至则景剑泉先在，亦有磨勘应查办之卷。似此搜罗及纤微，得免议者为幸。乐天诗：麒麟作脯龙为醢，何似泥中曳尾龟。转以不与房校自幸也。

廿八日。移居圆通观。是日皇上还宫，大风扬沙，而天气幸为温暖。子箴前辈言：外间传闻夷船已径至汉镇相度口岸。小臣知必有是举矣。午桥、克斋两帅并奏称：南军有失利之信，迪庵方伯不知下落。安庆未复而径诣舒、桐，兵力既分，又深入贼地，腹背受（地）〔敌〕。此军东下时，皖事方急，蒙即虑朝廷责以援皖之役，使之兼顾皖、鄂，精神散漫，反为无益，曾略陈皖、鄂情形，谓楚军当以鄂为根本，只宜节节逼下，不能别出奇军。疏成，付子箴前辈上之。箴老皖人，不欲以上闻也。若果挫败，两楚仅存之区，又将不可问矣。是夕辗转思之，不能成寐。拟新居堂联云：是老学究，是莽头陀，行李一肩栖道院；也厕清班，也为上将，飘蓬两足当闲游。门联云：其中有我；到处皆春。稍俟年下书之。

廿九日。会同龙皞臣、李申甫诣作梅处，赴景阳楼午饭。作梅因邀宋雪帆、刘融斋两前辈，刘芋圃三人同饮。雪帆以事不至，六人畅饮剧谈。晚接曾司马信，并意城、沅浦、南坡、眉生四信。

十一月

十一月初一日壬申。龙芝生、贺香九来谈。云阶前辈邀午酌，以部选浔州府，当谢恩，属予代撰谢折。酒罢，为撰与之。其略云：窃臣衡茅贱士，荆楚庸才。滥职词垣，托论思于芸馆；簪毫史馆，司记录于兰台。瀛洲叨橐笔之荣，春官襄校；漓水忝乘轺之使，秋驾宾兴。盛德形容，实录阐神龙之迹；宪司职掌，京畿邀骢马之恩。愧三载以稽勋，记名丹扆；乃一麾而出守，效职黄堂。渥荷温纶，俾膺剧郡。闻命之下，倍切悚惶。伏念桂林当尘警之馀，浔郡尤兵冲之地。盘根错节，守边之报称良难；巨任轻材，知府之职司匪易。惟有吁求宸训，敬谨遵循。睽隔金门，击楫矢中流之愿；摩挲铜柱，瞻天驰万里之心云云。

初二日。复涤生司马书并沅浦、意城两信。方子听、李篁仙、张桐轩先后来谈。桐轩言：桂林轩有龟灵集，为妇人科上药，每两钱五缗，其性甚温，每服用黄酒冲服三四分，虚弱多寒者极相宜也。

初三日。以秋季俸米托贺云湖代领。盖云湖巡视东城，诸仓廒地皆在所管内，而所掌江南道各仓经纪人役，又归其辖治也。此次所领，系储济仓粳米七石八斗，仓并在东便门外。次第往拜华尧封、钱秋英、赵心泉、李瑞南、贺香九、何香田、何敬之、戚鹿笙、齐岳生、黎寿民、陈葵心、吴桐云、游子岱、陈小舫、钟子岷、杨滨石、方子箴。适周谷田先生新自保定回京，周中堂、贾湛田并在。湛田，贾中堂令嗣，与子箴为僚婿。又方小圃先生自定远挈眷避难，就子箴，即馆予旧书斋。林玉屏、方子严正聚谈一室，予就视之。居此八月之久，不能无浮图桑下之恋也。是日闻李迪庵阵亡信。计迪庵帮办军务得旨而胜帅乞假，数日而死。

初四日。天安门朝房磨勘山东、山西、河南、陕甘四省乡试卷。山东最佳，陕甘次之，山西次之。河南分卷四本，涂改挖补，无卷无之。科场积习已深，情轻法重，不忍揭出。所签应议之卷，惟六十一名之赵燃炬、一百廿九名之樊六科，举其抬头不谙体制一端而已。是日以顺天覆加磨勘，诸在事者皆加意检处，有分两日细勘者。余则前次卷少，磨勘一本，不为之加宽；此次卷多，磨勘二本，不为之加刻。其间有疑罚重者，且援情以解之，虽获议处，亦所甘也。

初五日。往拜丁心斋观察，刘韫斋、宋雪帆两司空，谭文卿庶常、许滇生师、白兰岩仪部，并作梅、皞臣处一谈。兼诣吴仲铭京兆致唁，以其尊人芑生年伯卒于清江浦，日昨乃闻讣也。晚与申凫就杏农夜谈。杏农言宿迁庄牧庵，去所居不逾百里。时往来其家，宾客常满坐，搢绅与佣保皆平等视。时而盛宴，时而蔬食，称其家一日之有无，无所计较经营。有属以事，必为终始成全，盈量而后止，专以诚信感人。起淮南以北达山东，捕役及大盗有名者，皆与接欢。尝与之适扬州，泊舟江次，即有探问其船人者。俄而一乘舆者至，上船拜问起居。牧庵属曰：汝去勿言吾至，以劳苦诸人相问讯。唯而退，且曰：诸人不至船可也，然必少有馈遗，以尽地主之谊。牧庵曰：吾行即去，不受诸君馈遗也。答曰：是固当自致之。明日晨起，见火腿、茶叶累累置船首，亦不辨其何来也。询牧庵来见者何人，曰：是扬州名捕杨诚也。一日与俱至宿迁城，时湘乡易南谷令宿迁，闻牧庵至，就所居求见。曰：吾有案已近四参期，非君无可解者。牧庵问其故，曰：大盗谢洪山不可弋获，君幸为我致之。牧庵曰：请先征其里居，当为谋之。曰：是山东郯城人也。牧庵曰：若然，但持吾名片往郯城，以属县捕某人，谓老庄必求一得谢洪山足矣。如其言，遣役往郯城，半月而郯城以谢洪山至。迹其所行，盖游侠传中人也。因念涤生司马，以壬子典试江西，道山东时，周文忠方家居，就见旅次。坐语移时，辞去，至门耳语曰：吾有要件，置坐毯下，以防副使者见之，不敢面交也，今夕君幸　观之，明早以还我。检视，则皆与牧庵往还书札也。盖相去数十百里，而一日必数通问。其后文忠用兵淮北，皆牧庵一人为之赞画。当时两人相得之雅，自迥异寻常也。

初六日。早，申凫邀同刘融斋、尹杏农、陈作梅、范云吉、龙皞臣、龙芝生、李麋生面食甚欢。午刻转就予小饮。陈心泉、何小宋复至，小坐而去。作梅述及融斋之高节雅量。予谓朋辈中能不为境遇所累者，融斋一人而已。因言融斋往在京师，所与往还，惟帅抑斋、韩叔起、徐进之数人。今进之匿迹西山，融斋时往视之，周其缺乏。询悉进之名退，新化监生，就试京师。当夷事初起，以千二百万主款。进之愤甚，携所得国子监照呈销之。祭酒以旧无此例，不许。乃以厚纸衬其照，张国子监壁上而去。自是徉狂混迹，人莫测其底蕴。工书画，能诗，然不以应人之求。僦居西山古寺，不见一人，有就见者，亦终日不交一言。盖隐逸独行君子人也。而人亦颇以其乖僻难近，无过问者。或见其时买卜市肆，黄冠道服，行踪诡异，疑其奸人，罗致之狱。抑斋驰往视之。笑曰：生平事事皆所历练，惟未知（犴陛）〔狴犴〕囚系之苦，今得一领略之，于吾固无加损也。已而融斋为言于所司，事乃解。今所居寺，融斋为隐之。予约明春与作梅游西山，必求一见其人。申凫言剑州学官有周君者，年九十馀，少时犹及见之，庄子所谓其天全者。并乃曾祖、乃祖轶事数则。盖犹三代之遗，今不复见斯人矣。

初七日。黄恕皆前辈偕艺圃至，询知昨日入城，居址尚未定也。周志甫、文竹筠、戚鹿笙、周子佩、涂星畲、刘韫斋前辈先后至。是日两仆皆外出，而人客纷集，手自涤器烹茶，炉火奄奄然，逾时而水不为沸。客索饮急，不可得，拱手各散去。志甫言：

道光廿五年，俄罗斯进呈其国之书数十种，渠曾言于祁相国，请译出之。相国言：恐其书不伦，徒伤国体，姑存勿论可也。其目录已译出者，旧存何愿船处，闻今已校刊。志甫又言：近有王锡恩者来见，询知其王引之尚书孙也。尚书以字典多乖舛，著有《字典订正》一书，曾进御览，上意不谓然也。同时有为字贯者，语多悖谬，坐罚论斩，其书不传。婺源江慎修《音学辨微》，亦无刊本。尚书本意欲以订正附字典之后，其后乃别刊以行。志甫向王君索观此书，因言及《俄罗斯书目》，其尊人有跋后一篇，原委叙述甚详。其略云：《俄罗斯书目》，道光廿五年十一月所进，书发理藩院，仍俄罗斯字，惟此书目乃译出者。计书七百五十九本，图十三本又二十二幅。凡书二百六十四种，图三十五种，又天地仪器二具，凡三百五十七号。托囊曾因子章贝勒奕绘，识俄罗斯官学生，在彼国不知何名，子章贝勒因其精医，遂名之曰秦缓。其人能华言，每岁朝来贡，持名刺即用秦缓字。言其国产白金，与中国之银无异。询其辨识之方，则曰：白银方寸重五两，黄金方寸重十六两，白金方寸重二十一两。又言其国讲金石，但辨某处所产，某种金石之性如何，以为制器及治病之用。今书中有《金石记》发明土产、《金宝记》，及《金石总鉴》、《土产发明》诸书，想即其所言者也。又闻其国能制飞车，其法以皮为船，为枢机以吸气，人入其中，持其橐钥机缄而鼓荡之，气则满，满则上升，可飞入云表。壬寅岁，伯兄子仁自浙解余提督步云来都，云：闻广东林姓言，昔吕宋攻英吉利，用飞兵载兵上升，焚其城邑，英夷慴服。议和后，英夷知其法而习之，复攻吕宋，遂灭之。此书目内载有《天下奇物六本》、《奇物鉴》、《工作器具》等书，当必有其法。囊在俄罗斯馆秦缓室内，见其壁上悬二象，以琉璃罩之，云一是天主象，一是俄罗斯国主象，服色与西洋无异。今书日有《发明西洋各国通例》，及《祝谢天主图》，知其国亦奉耶稣教者。又书目《征法唧锡战策》，有《征法唧锡言行记》、《征法唧锡名将传》。法唧锡即佛郎西，二国盖常构兵也。自西洋通市中国，中国情形，彼所熟悉，而其国之制度虚实，中国不能知也，但眩惑其器械舟车之利，相与震惊而已。今此书目内所载，如《舟师记》、《舟师信函》、《水师名将传》、《兵技战策》、《驳法》、《行军进退》、《行兵战守论》、《战阵总论》、《管船事宜论》、《兵丁各项衣服器械记》诸书，无虑数十种，可以知海外诸国之虚实，倘能译其书而为之备，必有以济海疆之用者矣。至其耕种树植之法，医药形体之论，以及九数之方，七政之察，建造楼台，村居器具，可以备仰观俯察之用者，巨细无遗。译而衍之，于国计民生，似亦不无小补。又曩岁慕蘧兄从事粤东军营，有售《西洋制器全书》者，海外各国制器之法，无不备载。天下之大，必有能知其用者。中国之制服海外，在因彼之所长而用之，未有用彼之所长以自困者也。跋中所记十馀种，皆杂家言，其于备物利用之道精矣。俄罗斯国都近西洋，性情风俗略同。而东界蒙古，以达黑龙江。明季俄罗斯东部曰罗刹者，逾外兴安岭，侵黑龙江北岸之雅克萨、尼布楚二城。康熙初，复东略至赫哲、费雅哈捋，割据黑龙江东北数千里瓯脱地。康熙二十八年，始命大臣索额图等定边界。一、循乌伦穆河上游之石大兴安以至于海，山南溪河流入黑龙江者属中国，山北溪河属鄂罗斯。一、循额尔呼纳河为界，南岸属中国，北岸属俄罗斯。定市于喀尔喀东部之库伦，而立石勒会议七条满、汉、拉提诺、蒙古、俄罗斯五体文于黑龙江西岸，盖去吉林犹二千七八百里。今夏天津之警，俄罗斯以明季侵据之地为言，于是圣祖所收入黑龙江东北诸部落多给俄罗斯，直绕宁古塔、长白山以东以达绥芬河，过于故所侵扰之地矣。何愿船有

《考定俄罗斯始末》五十卷，容当一假观之。

初八日。陆子岷、何香田、贺云甫、毕淳斋、李申皃、吴凤堂来谈。午邀周志甫、杨缃芸、姚振甫、何愿船、杨汀鹭、李子衡、陆彦颀、易笏山小酌。振甫以事不至。张桐轩赴江西，致李黼堂观察一书。东城坊上送交俸米七石八斗，每石一百二十斤。赏车钱三串、仓丁一串、坊上送米丁役一串。米由米店兑换，每石得米八十斤。得贺云甫交坊上代领之力，省事良多。而减斤兑换，终为米店所持，殊笑人也。

初九日。刘融斋来谈。询及徐进之为人，曰：畸士也。其精神志趣，以字及画为归宿，人品于倪高士云林为近。予曰：彼遂终老西山耶？曰：终老西山，终老于家，一也。子美诗云：远近理亦齐。因及何愿船近著《北徼类编》，专论俄罗斯始末，及康熙雍正两朝所定疆界。此次俄人索还故地，朝臣遂无能知者。融斋叹曰：国家故不可无学问人。予曰：岂惟不可无学问。自汉以来，高文典册，用相如文学词章，固不可少。唐宋之世，尤尚制诰，名家集中，得私存之。文人论事有识，立言有体，非苟而已。粤匪之起，朝廷两下罪己诏，及今夏复（英利吉）〔英吉利〕书，衰茶苟且，则政府无文章之过也。午刻，何伯英、黄恕皆、陈子鹤尚书、汪四处小坐。因赴季蘅文昌馆之召，同席姚仪卿、王鹤笙、毕淳斋、黄晓岱五人。晚就申皃一谈。申皃言：融斋根柢深厚，挹之不尽。偶言及办事有未达，心常吃苦，此恐是累。融斋曰：不要认作苦，且向此中透出。谈次，又言凡不自适其意之谓苦。因悟融斋弃官不为，敝衣粝食，而容色充娱，彼固有自适其意者在也。西沤与融斋，是一鼻孔吐气，而面目绝不同。西沤魄力尽大。西沤亦不废酬应，却将世故周旋，捐除净尽。尝言朋友交接，不可寻话说。故或终日对坐无一言，或穷日夕言之不倦，无不入妙。西沤诗云：平生窃笑无心子，此日真成有发僧。今人心肝，岂足当西沤一笑。

初十日。与黄晓岱游龙护寺竟日。过愿船处一谈，读所著《北徼类编》数卷。因言康熙时，有《平定罗刹方略》，起康熙二十一年，终康熙二十八年，共书四卷。而《四库馆书目》竟遗不录。其后有《平定朔汉方略》，乃引及之。曾托王少鹤求之方略馆。少鹤言：方略馆与军机并，缘始雍正朝，康熙以前所著录，恐未列入。俞理初长编言：《平定罗刹方略》，现存国史馆。而理初终亦未之见也。理初《癸巳类稿》，有考证俄罗斯两条，魏氏《圣武记》因之。愿船多所驳正。其云俄罗斯即乌洛侯，仍主《皇朝文献通考》之说。大抵考图以定其疆界所据俄罗斯图凡三。康熙五十年，兵部郎中图理琛出使土尔扈特，假道俄罗斯，往返行三载，为《异域录》，记其所经大河，绘图呈览，是为康熙图本。乾隆二十二年，平定西域，回酋阿睦尔撒纳逃入俄罗斯，又厄鲁特酋舍楞逃入俄罗斯，旋诱土尔扈特十余万众，趋伊犁来降。开拓疆宇，与俄人交界者，具详《内府舆地图》，是为乾隆图本。徐松龛著《瀛寰志略》，各国皆有图，是为道光图本。详略互见，愿船稍加考订，增补其地名，详其年月，以知其事实康熙二十八年平定罗刹，诏以为四十年逋寇。以年数考之，罗刹侵据雅克萨、尼布楚二城，当在顺治之初。太宗崇德中，征服黑龙江、索伦等部，其时并未与罗刹构兵。《圣武记》谓：明季罗刹已侵据二城，又南侵至布拉特乌梁海，夺四佐领，列之崇德之先。是开国初征服索伦，与康熙时平定罗刹，混而为一矣。当时索伦为科尔沁蒙古部落侵略，或误以为俄罗斯。圣祖平三藩，索伦各部兵皆调入关，俄罗斯始侵而南耳。其书五十卷，刊刻未逾半，略记其所辨论如此。《异域录》汇刻《指海丛（海）〔书〕》中。索额图等所定疆界，录中亦未详也。雍正五年，喀尔喀亲王策凌与俄人议：喀尔喀北境，自楚库河以西，沿布尔谷时山至博穆沙岭，为两国边境，而定市于恰克图俄罗斯弟子入国子监，习满汉语言文字，居旧会同馆，盖起于是时。是康熙、雍正两朝，疆界凡再定也。愿船各为图发明之。

十一日。与申凫同诣东城玉庆观，就子怀司马谈竟日。观为指挥任正训所手建，规模宏敞，设施粥所，日饷千馀人。司马与任君有旧，故移居观内。且言咸丰初元巡城时，指挥朱森、任正训，并号有干济才，而任以盗案被议落职，司马曾保荐之，得团防局差委，保升知县候选。谈次，述及初转户部侍郎时，司员呈稿，有议准御史奏：清查税契，饬各省府县，田房契据并送户部税印。时六堂并已准行，以怀老到部，尚未具奏，补具一稿。怀老持不可。司员惊曰：是已定稿待奏，岂宜翻复。怀老曰：若然，则民间置买田地，以其契呈县，转达府道详司以申于巡抚，而后得咨部。一切房费，将倍于田价，而契或经岁不下。民间惧，则匿不以呈，而县吏则持其短长，讼狱繁兴，户部且终岁求税一契不可得，徒扰民无益。吾以说帖转商各堂，若可已，幸甚。即不可已，诸堂自为之，吾终不与闻可也。时寿阳国相兼部务，得罢不行。其后灵香生侍郎语怀老云：君方到部，而诸堂并有违言，何也？则知此举，终拂诸堂之意矣。后任兵部，钦差胜保奏守备左臂中炮伤废，不能供职，请令休职，给食半俸。而例载：年五十受一伤，给食半俸；六十以上，给食全俸；其五十以下受三伤者，乃给半俸。钦差所奏之守备，年四十有八，又只一伤，例不给俸。怀老云：例只言伤，而不言伤废，废为重，是当议准。时裕芸台相国兼部务，持不可。后又查得一例，言兵丁被伤成废，给与全饷，以休其馀年，不论年岁及受伤多少。乃据以为请，言此所重在伤废耳，兵丁且如此，况将弁耶。会诸堂诣相国言之，相国恚曰：君等乃欲改例文，此特言兵丁，未言将弁。怀老乃据例文，引伸其说，单衔上之。得旨先交部议处，仍饬兵部覆奏。诸堂以怀老一人承其事，虽与例文出入，与众无害，仍用其议覆奏。因言为左右侍郎，行止不自由，委屈为甚。涤生司马常持此论，惟怀老所见为同。盖惟实心任事，乃知其委屈也。申凫言：共怀老谈，使人神志爽然。吾辈在京师，惟恃二三朋友以自养其意志。如鱼在涸，得盆水养之，自亦游泳自适。朋友者，吾辈之盆水也。若心有所得，泰然自处，不为事物牵系，则犹鱼之放于江湖，进乎道矣。此论殊极亲切。申凫言：在部遇事辩论持正，人或以相咎曰，君独将安所营？怀老云：吾初任部曹，人常指相目笑，吾亦窃笑诸人目光不能盈寸。天下事是非利害，久而后定。今日以是为非，以非为是，利害亦时颠倒交错其中。至于久，利者必是，害者必非。天下万世之利害，吾身固自任之。人须放开眼孔，念及数十百年以后，此心方有把捉。

十二日。钱莘伯、陈德甫来谈。德甫高才强记，子鹤尚书数称道之。其视余甚恭，询知为艺叔、广敷从侄。因悉二君近日消息，且知怡珊今春已至湖南。午刻，李瑞南招饮，同席董少伯、吴竹斋、钱荚秋、贺香九、瞿春陔、李篁仙共八人。少伯为耆九峰中丞幕友。中丞任赣南道，治军饶州，曾与何小亭农部以军事至南康大营，谈甚惬。已而随中丞至省，而余适告归。今以同知指捐湖北。三年之别，相见京师。就询南昌近事，盖又数经更变矣。

十三日。陆彦颀来谈：李迪庵阵亡舒城，一军尽覆。李希庵及都将军马队退保宿松。官中堂、骆中丞并奏请涤帅回鄂，廷议尚未允也。军兴以来，覆没之惨，无若迪庵者。非天之为，人也。伤哉。与彦颀诣申凫一谈。旋赴贺香九之召，坐客皆昨日集会者也。

十四日。邀李瑞南、贺香九、邹云皆、陆眉生、袁省陔燕喜堂小酌。顺拜陈德甫、陆子岷、华尧峰、文竹筱、黄恕皆、朱澹如、方子箴。接家信，并左季高信。灯下作回信，并书复西清、衡堂两叔及廉丞弟。又得李少荃信，言在镇江亲见沪夷火轮五号泊焦山，声言赴汉口察看形势。江督命副将鞠耀乾婉言劝阻，或能少缓期日，亦未可知。志城信：龙汉臣方伯夫人何氏，殉夫南昌。龙皞臣今日至，亦言其妹殉其夫谭乙舟之死于长沙。同时闻二烈妇之死，悲感交至。

十五日。常朝坐班。回拜董少白、陈葵心，并赴吴彤云之召。同席姚振甫、奎文轩、刘松云、黎召臣、梁檀圃、张尧民共八人。李瑞南、贺香九将赴任湖南，枉过辞行。晚就申凫一叙。申凫病疟，就榻茗谈。言李西沤论事，最有馀味。尝言自古成大功，立大名，多出自武夫。盖惟武夫不读书识字，其心中没得两三下子。下子者，楚蜀方言，谓其心中无多计较也。因论龙氏烈妇。申凫言：妇人阴性专一，其就死也，谊不反顾，故节烈之性，多钟于女人。予谓亦先王之教然也。妇人自议嫁时，便持从一而终之义，其素守已定。而朝廷于再醮之妇，例不请封，而守节者得旌表，以生其激劝之心，无富贵贫贱皆得自勉焉。积之久而成风俗，名之荣辱，中才皆乐争之。又妇人所守一室，见闻无纷歧而心定，无引之出入者。故中人之家，读书守礼者，节操为尤多。故曰先王之教然也。士大夫之风俗教化，荡废久矣。孟子曰：上无道揆也，下无法守也。君子犯义，小人犯刑。举世昏然，不以为意，由失其教故也。申凫之说明其体，予之此说达其用。圣人系《易》曰：敦复无悔，中以自考也。君子反身之义，亦自致其无悔者而已。姚振甫论摄生之法。予问：佛氏明心见性，老氏固本调元，与吾儒养心寡欲，异同之旨，孰为握要？振甫言：皆节取用之，然要以守静工夫为入道之门，故只一静字为摄生要诀。其言最为切要。接胡恕堂中丞书。月来凡三得中丞书，汇复一信。

十六日。陈服籽观察、朱笠舫大令来谈。晚赴陈心泉之召，同席陈作梅、何小宋、何愿船、陈桐轩、蔡润叔、陈芝堂八人。作梅言：融斋自谓生平持咒，四语而已。曰忍屈伸，去细碎；曰淡泊以明志，宁静以致远。皆武侯之言也。酒罢，与小宋共车归。过杏农处一谈。自圜法行，旗民生计日艰，饿莩相属于道。作梅言：所居羊肉胡同，有妇人乞食，一男子过，妇人走持其臂曰：不见君两日，吾两日饿矣。男子挥手而行曰：吾岂能顾尔。人问妇人曰：此谁也？泣曰：此吾夫耳。居人亦为之泣下。旗民相见问起居，曰惫甚。问曰何病，曰饿膈。谓一物不得入口，如膈食也。衣服器具，持以易食。游民日持数十钱，循诸街弄售所有。次第及窗棂门限，毕尽乃已，谓之饿抄。内城盗贼横行，宗室有行劫者。居民各蓄巡夜枪，响以防盗。或竟夕枪火之声不绝。气象如此，吾辈何以为心哉。

十七日。游子岱、易岱山来谈。申凫家使至，以病告。召（见）〔问〕其状，曰：危甚。急诣视之，则范云吉、何小宋、盛小崧、李麋生、刘景韩、刘筠生并集，申凫亦起坐言叹。询之，则以病疟，两日不饮食，中气虚损，早间气上下不相属，自恐危殆，驰召诸友。云吉至，投以补剂，煮粥食之，气遂以苏，纵谈至二鼓乃归。小宋传示三方。一治瘰疬：螃蟹一只去足。男用尖脐，女用团脐，以苏子实其腹中令满，阴阳瓦覆之，焙干研末，香油调搽。一治恶疮初起：土狗一只捣如泥，敷患处，上露微孔。一治杨梅毒：癞虾蟆重一斤者一只半斤者用二只，再小用三只，黄汤煮成膏，一饮尽之，蒙被而卧，汗出毒散，而埋其被土中，以毒气悉入被中故也。张桐轩前亦传示三方，并录于此。一治痢：山查炭一两，厚朴一钱，木香五分，蜜糖红糖共和为丸，开水两次冲服。一治疟：陈茶叶一两，白砒三分，研极细，每服三分，开水冲服一二次即愈。一治虚：桂元肉不论多少，广钵盛好，上插大枝洋参令满，盖好蒸四十九天四十九次亦可。取去洋参，换尾头倒插，再蒸四十九天。然后取桂元肉，露霜三夜，用铜锅一只，片片摊匀，加人乳洒遍炙干，磁坛盛好。每日蒸服二三十片，大补百损，纯而不燥。是日大雪，深二寸许。

十八日。冬至微雪。南郊大事，奉派午门迎送。会上以足疾未全痊，改命恭王行礼。往见桐轩师，并回拜朱笠舫、朱晴洲、黎矩亭、王少鹤、刘一山、张竹汀、李眉生。因赴张尧民之召，客至者二人：余小苍、杨琴南。以啸庵师先约文昌馆，钱萸秋、陆彦颀又两局。尧民处尚早，不能久候。啸庵师同席：元修师，莘农、恕皆两前辈，朱晴洲、侯吉甫两侍御。钱萸秋同席：董少白、恽小山、陈怡生。陆彦颀同席：蒋子良、吴燮臣、徐□□。晚与眉生、元卿同诣申凫一谈。

十九日。敖经甫、朱厚田、周小田、李子衡来谈。麇生、慕韩、筠生邀同诣申凫。是日有需检点之件，坐是不能料理。古人当大事而暇裕如彼，吾终日一无所事，而忙乱如此，可笑可叹。申凫述叙其母夫人之德，造家创业，积累特厚。其初居桑梓峒，垦山为生。夫人以山地荒瘠，不足以传子孙。去其家三十里之下寺，沃土多饶富。会有鬻屋者，夫人以百缗得之，定计移居。时其尊人方远馆归，谓其轻弃故地，而置一空屋于诸富室田界之中为非计。夫人曰：吾计之审矣。君自理君所业，家事任之吾身足矣。未十年，而左右田土，悉鬻得之。戊申春，方鸠工治新居室，而其尊人宦广东，卒于任所。讣至，夫人命停工一日，发丧成服毕，次日戒诸子曰：广东相去万里，声息隔绝。汝父有子随任，当能归其丧。汝辈朝夕奠尽哀，仍各治所事，无得废日。其土木之工，当卒成之，不得停废。室既成，又拓其旁为小厅，以待安停灵榇。尊人喜斗叶子戏，日夜召宾客并集诸子演之以为乐。夫人治酒食待客，未尝少阻。丁酉，尊人之官广东，处分家事。夫人乃进言曰：儿辈近皆精习叶子戏，君去，吾当禁之。尊公大喜称善。既行，夫人乃召诸子曰：汝父且集汝辈为戏具，吾岂能禁之。然自今日始，吾所居室，不得有犯此者，此外非吾所知也。悉取诸戏具焚毁之。尊公既之官，谋迎眷属。夫人曰：仕宦享受，非可常也。吾治家事习劳，督诸子勤职业，无失先人馀绪，以尽生平志愿，君无以为意可也。其居心行事，刚严正大，有烈丈夫风。知申凫昆季之有自来也。

二十日。邀黄恕皆、张竹汀、张尧民、熊秋白、周子佩、李云舫、吴桐云早饭。少鹤、云吉来谈，即席小坐。少鹤撰《杜文正行状》，苦无事实。予谓文正匡赞密勿，本无显见之功。其大者，乃在保荐起用林文忠、周文忠，及咸丰初元所任诸贤。如吾乡曾涤生、易念垣、郑筱珊，皆由杜文正保荐，他可知矣。少鹤亦以为然。为李瑞南致书裕时卿观察，为葛海涛致书蔡岳屏大令，为朱柜泉致书官秀峰中堂。终日为此无谓之周旋应付，可笑可叹。

廿一日。往尧峰处交雷西垣师奠分，并托查代奏谢恩事，兼令转致黄蒨园，查《平定罗刹方略》。便道一拜易墨村、徐季蘅，并倪抱存处致唁。周谷翁、方小翁联姻，属为媒说。陈遂生、凌玉屏、张朗山及予四人。两家各备一席，一日两食，醉饱为困。方子严藏便面四帧。一李郡山水，祝枝山草书。一仇实洲临李伯时《莲社图》，文衡山小楷书。李冲元《莲社图记》，载莲社十八贤：一远公，一陆道士修静，一陶渊明，一谢灵运，外刘程之、雷次宗、周续之、宗炳、张诠、张野六人，僧六人，梵僧二人，童子左右侍立及执事者二十人。凡为人三十有八。马一，鹿一，猿一，文殊像一，炉碗杂具无数。山石，树木，岩桥，虎溪，莲池。濯足者，汲水者，听经者，诵呗者，环坐讲经者，来者，去者，神情曲肖。伯时原本不可见。实洲临本，一如所记之言。冲元，伯时弟也。方小圃藏便面二十馀，皆名迹。其佳者，何吾驺、程正揆、王铎觉斯、龚贤半千、吴国对玉随行书。黄石斋书诗二首尤佳。黄经、史颜节、李流芳长蘅、奚冈铁生、向滨隐心、查士标二瞻、曹羲、张隽，各山水。陈原舒、朱为旦花卉。陈渊《度曲图》、丁云鹏《苏晋长斋图》，并极佳妙。石斋诗《丁丑闱中同马素修作》，诗云：绛烛红云混碧霄，领房仍愧旧宫寮。廿年书债消今夕，两字环恩系圣朝。雪尽研山初破冻，春回花浪欲吞桥。匡扶后著凭多士，阿阁新巢未寂寥。 奎堂深锁却支寒，赭茧题封报夜阑。剑气渐随春水散，笔花尤作梦中看。老蚕丝断依柔叶，香饵情疏信钓竿。同辈词林今有几，共谁起草问时艰。龚贤诗《寄怀孙无言》云：忆向离亭醉，还家已十年。闻君在邗上，尚乏买山钱。眼为看花暗，心应听曲怜。音书虽断绝，未免有情牵。《怀迟息庵》云：陶令咏贫士，我今亦思君。思君在远道，翘首望孤云。慷慨一为别，死生两不闻。春归惜花落，片片带斜曛。程正揆诗云：鹊血琱弓湿未干，辟鹈龙剑夜光寒。辽东老将鬓如雪，犹向旄头夜夜看。

廿二日。易墨村、易问斋、吴凤堂、骆瑞吾、黄晓岱、徐季蘅见过早饭。是日胡研生纳一姬，袁笋陔、何小宋约同往贺。会者十馀人：张韵泉、周东山、胡仲英、胡枫江、阮子岩、方子颖、杜卓峰、杨墨农、舒少怀、段子荀、吴俊民、袁康生。饮罢，与小宋同车归。墨村带交家信，并西叔、应扬两信。

廿三日。杨汀鹭、史小卿、龙皞臣来谈。同皞臣诣申凫晚饭。申凫言：世俗习见之语，不可为典要者，君子弗道也。西沤先生常言：捐廉二字使不得，人但习焉不察耳。生平于西沤取益处多，只觉行止语默，无非教也。西沤胸境阔大。有族侄阿二，落魄成都，常周给之。一日坐讲堂，阿二匍匐檐下。西沤叹曰：吾无如汝何矣。自今留汝旁屋中，日两餐给汝。然须加锁闭，以防汝窃盗，汝愿之乎？阿二逡巡。西沤曰：然则日给汝四十钱，以供两餐，每日清晨走领。今给汝上下衷衣二袭，马褂一袭，幸常守之。此衣一不完，即停汝常餐钱。阿二拜谢而去。时申凫倚门寂听，先生瞥见之，召入问曰：适见阿二乎？曰：见之。曰：此吾族侄也。吾有客杨君，谓阿二日索钱不尴尬，玷人颜面。吾曰，何玷之有，吾为锦江书院山长，与四川总督陪坐，阿二褴褛阶下，各不相涉。谓阿二非吾侄固不可得。吾不以为玷，而杨君乃以为玷乎？此见小无谓，汝当识之。门生故人日告饥寒，诓先生钱至再三。或问先生，何资给之烦也？曰：彼以饥寒告，吾独安得不周给之。人曰：此诈耳，先生和之乎？曰：知之，亦各尽各道耳。每日用钱，先生必簿记之。申凫常叹先生日为人诓索无所校，安事此簿记为哉？先生曰：吾自尽吾道，汝勿怪也。此等处能使人褊狭之见自消。观其用心，抑何厚也。昌黎《顺宗实录》状阳道州为人，诚意洒落，庶几近之。

廿四日。王少鹤、周子佩来谈。晚为小宋邀诣杏农，话时事，相对慨然。杨汀鹭枉赠五律三首，次韵报之。

廿五日。吴麟舟来谈。眉生与刘慕韩、筠生昆季诣申凫，约往一谈，多及持身涉世之道。申凫言，西沤有友人责其拘守，曰君殆有百折不回之谬。西沤曰：生平无他善，惟此百折不回之谬为善耳。因言范云吉常戒以自信太过，生平善处亦在于此。今人所以游移无定守，正坐无一可自信。自信与刚愎自用，截然两道。如果他人所见胜于我，岂可不从。实见得自己是处，又岂可俯仰徇人颜面乎？昌黎云：非欲己胜也，欲己之道胜也。意正如此。

廿六日。姚振甫、周志甫、陈德甫、龙皞臣、唐斐泉、龙际云、张倬云、贺寅臣、金萼楼、陈作梅、李赤良丈、瞿春皆、黄晓岱来谈竟日。与作梅同赴小宋晚酌，同席杏农、心泉、申臯、麋生七人。

廿八日。偕篁仙赴皞臣处早饭。便拜宋雪帆、许仁山、刘融斋、林远村、范云吉、易笏山、龚云浦、涂星畲、刘佩泉、朱笠舫、王少鹤、周子佩。融斋言：《切韵指南》最简而约。又言习清文者，以《清汉对音字式》、《圆音正考》二书为根本。大抵中国从文不从音，外国从音不从文。所以中国文教之盛，自黄帝正名百物始，忆万年书同文，行同伦，不能改异。本朝起极东，自东逶北，以达于西洋，皆各以其音为文。故习清文者，必先审音。每一音而有圆音、尖音之分。予尝见西洋通汉文者，叩其名姓，答言吾国文字以声转，不如中国有主名也。大率外人皆如此。所以佛氏经典，至今赖中国文字以传。叩之五印度人，无能通其义者，由古今之音异故也。

廿九日。与晓岱至恕阶、竹汀处一谈。晚归阅钞报，知子鹤尚书以贱名及何愿船入告，奉朱笔命嵩焘初二日预备召见，而令愿船进呈所纂辑《北徼汇编》一书。寄家信并戚少云、任芑堂、瞿柏轩三信。

三十日。往见子鹤尚书，始知所陈奏之辞，揄扬太过。语及持身处人之道，皆确有见地。并属令少接宾客，以杜干请之私，尤为要论。赴愿船处不晤。诣贺仪仲一饭，同席傅雨田、王立甫、金萼楼。时天且暮，便道回拜寻管香、杜鹤田、曾书元、吴牧农、胡仲英。诣郭毓六处，始知其已移居。晚归，则姚正甫以次早南归，持海棠画帧索题甚急。书一诗其上云：海棠不省人间有，写照徐郎笔洗尘。流水斜阳供小景，画阑高烛照馀春。名花永弃饶归兴，别酒重温为故人。欲借东风留暮色，绿章手奏夜逡巡。随至振甫、申凫处一谈，漏四下矣。

十二月

十二月初一日壬寅。陈心泉、王少鹤、翁少崑、朱笠舫、陆彦颀、李子衡、张尧民、吴麟洲、陈葵心、方子箴、何愿船来谈竟日。本以次日召见，稍思静养，适心泉、少鹤早至，因托少鹤寓书毓六、兰岩，代办签片折匣，以备召见。而少崑随至，坐是迎送终日，极困乏。昨夜谈久受寒，体气觉小不适，盖无时不见其忙乱。益念尚书见诫之词，为深中鄙人隐蔽也。子衡见惠张石洲《月斋诗文集》一部。接左季高、裕时卿、文式岩、谢雨香诸公书。

初二日。五鼓由东华门入景运门，至乾清门左九间房，坐候叫起。因晤夏阶平、陆眉生、殷谱卿、张子卿、钟伯平诸君。已而军机苏拉杨姓呈示叫起单，四额驸、军机、予与阶平及热河总管毓太秀峰，共五起。杨姓，即代予呈递折片者也。辰正，始传入乾清门。右过月华门，至军机房西室小坐，候军机下，随进养心殿。殿设御座二，其后御座上悬中正仁和扁额。右房两套间，召对在内间。二监引予入，俯身以手指地，予随跪下。上注视良久，问曰：汝在军营数年，可在安徽，可在湖北？对曰：臣在江西、湖北军营数年，未尝至安徽。上曰：汝系保举留馆？曰：臣蒙皇上天恩，保举留馆。上曰：汝何科？曰：丁未科。上曰：汝殿甲第几？曰：殿试第六十名。上曰：汝在营是带勇，是幕府参议？曰：三年上，江西省城被围，曾带勇二千赴援，以后只在幕府。上曰：打过仗？曰：督过两次阵。上曰：汝看天下大局，宜如何办理？曰：天下大局，督抚与将帅并重。已失之城池，责将帅收复；未失之土地，责督抚保全，大局始有转机。上曰：究竟从何处下手？曰：据臣愚见，仍当以讲求吏治为本。上曰：汝看天下大局，尚有转机否？曰：皇上，天也。皇上之心，即天心所见端。皇上诚能遇事认真，挽回天意，天心亦即随皇上以为转移。上曰：如何便能转移？曰：不过认真两字。认真得一分，便有一分效验。湖南北所以较优，亦由抚臣骆秉章、胡林翼事事认真，吏治军务两事，都有几分结实可靠。一省督抚办事能认真，便也能转移一省大局。上曰：汝识罗泽南否？曰：多年相识。上曰：罗泽南可是亲身督阵？曰：大将合该亲身督阵。罗泽南长处，在能察地势，审贼情，晓畅军略，所以能为大将。上曰：王鑫何如？曰：王鑫、罗泽南、李续宾，皆大将才也。军兴以来，战将有名者不少。深明韬略，可任为大将，固亦无几人。上曰：刘腾（洪）〔鸿〕何如？曰：刘腾（洪）〔鸿〕立功江西，蒋益澧立功广西，田兴（澍）〔恕〕立功贵州，皆有胆有识，足以独当一面。上曰：刘腾（洪）〔鸿〕带多少勇？曰：当初起手，不过数百人，后来打仗立功，渐次增加至二千馀人。上曰：渠系何出身？曰：曾应过试，以布衣积功至知府。上欠伸。起立，徐退至殿外。内监袁天喜引予谈近事，慨然太息，所见甚有足取者。未刻回寓。是日奉旨：翰林院编修着在南书房行走，钦此。随至郭毓六、杨滨石两处，探问谢恩情事。是夕具折稿，请黄晓岱缮正。适周志甫至，小饮移时。仍入城递折。

初三日。丑刻，至乾清门外九间房递谢恩折。黎明，苏拉来告云：本日召见四起，一军机，一僧王，一嵩焘，一和润。内监引入南书房小坐，仍至军机房坐。移时，入养心殿西暖阁，免冠谢恩曰：臣郭嵩焘叩谢皇上天恩。上曰：南斋司笔墨事却无多，然所以命汝入南斋，却不在办笔墨，多读有用书，勉力为有用人，他日仍当出办军务。曰：谢皇上教训。上曰：汝看何兵书？曰：明臣戚继光《练兵实纪》最佳。上曰：还有何书？曰：所看兵书，如《孙子十家注》、《卫公问答》、《阴符经》、《太白阴经》、《虎钤经》，皆可节取。要之作用在人。上曰：何部最佳？曰：凡兵书皆言其用，还是《练兵实纪》，专论练兵之道，确有把握，为兵家第一要务。上曰：文章小技，能与不能，无足轻重，实事却要紧。（予）〔汝〕平日看书，当多近史鉴一路。曰：然。上曰：何书最佳？曰：《资治通鉴》。司马光一生心血，借古以证今，故曰资治。上曰：《御批通鉴》何如？曰：御批所见尽大，又非司马光所能及。上曰：汝可识左宗棠？曰：自小相识。上曰：自然有书信来往？曰：有信来往。上曰：汝寄左宗棠书，可以吾意谕知，当出为我办事。左宗棠所以不肯出，系何原故？想系功名心淡。曰：左宗棠自度赋性刚直，不能与世合，所以不肯出。抚臣骆秉章办事认真，与左宗棠性情契合，彼此亦不能相离。上曰：左宗棠才干何如？曰：左宗棠才尽大，无不了之事，人品尤端正，所以人皆服他。上曰：年若干岁？曰：四十七岁。上曰：再过两年五十岁，精力衰矣。趁此时尚强健，可以一出办事，也莫自己（遭踏）〔糟蹋〕。汝须一劝劝他。曰：臣也曾劝过他。他只觉自己性太刚，难与时合。在湖南亦是办军务。现在广西、贵州两省防剿，筹兵筹饷，多系左宗棠之力。曰：闻渠尚想会试？曰：有此语。上曰：左宗棠何必以科名为重。文章报国，与建功立业，所得孰多？渠有如许才，也须得一出办事才好。曰：左宗棠为人是豪杰，每谈及天下事，感激奋发。皇上天恩如果用他，他也断无不出之理。上曰：曾国藩所用人还有谁？曰：现在张运兰、萧浚川是两股大兵。上曰：湖南人才还有谁？曰：自曾国藩起兵讨贼，拔用人才不少，阵亡（遭踏）〔糟蹋〕也不少。现在人才可用者，还有数人。上曰：徐、亳一带捻匪，宜如何办理？曰：臣未到安徽，不甚知其底蕴。然以事揆之，各省情形大略相同。总是督抚将帅两者当并重。上曰：贼多岂能遍杀，若能改过投诚，为国家出力，因而抚之，岂不省事。曰：总须得惩创他一番。如张国梁之投诚，实心效顺，原该准他。上曰：汝可常与僧格林沁谈谈军务。北边马队，原与南边不同，彼此却不妨考证。曰：僧格林沁忠直。臣素常也是佩服他。上曰：汝与他是平行，不是随同效用，不要认错此意。曰：谢皇上教训。上曰：汝有所知，尽可书言无隐，不须存顾畏之意。曰：臣蒙皇上天恩，知道一分说一分，断不敢有所避忌。上欠伸，始毕对而出。至南书房，沈朗亭前辈方以盘查通仓之命，定期初四日启程。午刻散直，因诣朗亭前辈、潘伯寅、杨滨石、彭恬庵诸处一谈。书致籥门中丞，并文、裕、谢、左诸君回信。

初四日。由西华门入直。坐移时，滨石、伯寅始次第至，同诣懋勤殿。殿在月华门左，为秘阁书画藏弆之所。张得天所书帖尤多。其列衔有直懋勤殿兼武英殿掌书事。疑当时懋勤殿尚以列衔，今则并入南斋职掌矣。散直后诣许滇生师、福元修师一谈，知仁山以病未能入直也。静穆寺看屋，便拜匡鹤泉、殷谱卿、张仪卿诸前辈。

初五日。懋勤殿看怀素《自序》草书手卷。李东阳篆书藏真自序四字。藏真，怀素名也。曾空青纡跋云：怀素《自序》有三本。一藏蜀中石扬休家。一藏冯当世家，今入上方。一藏苏子美家，此本是也。前六行破损，为子美所补。今前六行纸色笔迹与后不同，犹可辨。吴文肃宽跋云：昔黄山谷作书，子瞻从旁赞之。钱穆父云，惜不见怀素《自序》。坡公不以为然。后山谷见此书，乃大叹服。以鱼笺临十数本，即此本也。苏液携此本与米海岳观于天清寺，海岳有跋。今子美旧跋与海岳所跋皆不见。前有苏颖滨跋，笔法微似长公。卷首有朝鲜安岐印。末有墨林项元汴得此，其值千金小楷一行。伯寅云：内府书画，凡出自安、项两家者，皆真迹也。此卷由苏子美传邵某，至吕辩老、徐谦斋，国朝乃入内府。又王濛《听松图》手卷，皴法细密。伯寅云，黄鹤山樵皴法，纯用篆隶意。此与怀素《自序》，同为内府希世之宝。

初六日。入直。僧王请至御前大臣直庐，询以练兵、筹饷、制器械三事，属为说以进。晤治贝勒，询知为瑟庵同年之胞弟，出嗣慕陵大阿哥，于今上为长侄。是日以朱笠舫赴鄂之便，致官秀峰中堂、罗澹村方伯二书。从伯寅处觅得《平定罗刹方略》一书。

初七日。惠王、郑王、怡王、瑞芝生师、肃裕亭并召见，知其为俄夷也。以问裕亭，始悉初二日约换和约，定期初八。昨始知旧约已多有添注之处，碍难接允。本日所议即此事也。曾司马以贺年折差刘弁来京，接到易麓山、李小泉及意城诸信。

初八日。蒙恩赏曹州柿饼三十枚，并赏食腊八粥。是日以曾司马托购高丽参及诸物事，奔走竟日。晚就尹杏农小饮。

初九日。懋勤殿阅沈子居士充临宋元十四家画本，起李成、郭忠恕、黄公望、郭熙、米友仁、李公麟、倪瓒、赵孟頫、王濛、赵令穰、董源、巨然，终范宽，十四幅。神味渊妙，可宝贵。

初十日。仁山病愈，入直乾清门。见蒙古贡物六盘：佛像十馀尊，八宝两架，镀金宝塔一座，又有镀金盖一具，镌制甚精，大逾五尺，不知何物。盘内黄袱无数，亦不知中藏何物也。彭中堂以《平俄方略》须进呈，索之伯寅。散直后，急驰至愿船处，知其往琉璃厂，于宝文堂觅得之。店主徐沧岩，徽人也，为觅小书数种，价极昂。因至少鹤、眉生、云岩诸处一谈，并属眉生、作梅为书楹联，备年下赏诸内监之用。托同丰何镜堂代办报捐事五起。是夕齿痛甚剧，竟夜不寐。

十一日。懋勤殿阅功臣画像四帧：傅恒、阿桂、兆惠、海兰察。惟傅公火色鸢肩，精神满面，至今凛然有生气。海公貌最奇古，阿公貌圆，兆公面长，大抵非常人也。别看字画数种。内府珍奇，得一寓目，亦生平至幸。胡仲英、邹云阶来谈。

十二日。懋勤殿阅看书画。董香光《采菊望山图》；苏东坡书杜诗背郭堂成荫白茆一律；张印之《楼钥汪氏报本记》，盖其外家墓记也；三种最佳。其赵子昂《时苗留犊图》、赵千里雍《仿李公麟马图》，恐非真迹。

十三日。御门办事。许仁山升少詹。懋勤殿阅看书画。张文端公英画瀛台赐宴赋小楷，为其孙张若蔼进呈。后有张若蔼奏片，言与其父大学士廷玉，同与瀛台赐宴之会。上询及文端，因录其手迹进呈。盖是时文和公方居政府，而若蔼直南斋，父子同与宴，先后三世承荣宠，为世所希也。并其奏片装潢藏弆之，垂世无穷，尤为盛眷。高庙最赏张得天书，搜求至多，所见略已十馀种矣。

十四日。伯寅言，生平所信为办事者，尹杏农一人。此外三人：一杨利叔象济，一陈梁叔克家，一何伯冰裕。惟利叔固不相识。见其《菰芦笔记》，其见识议论，非人所及也。梁叔、伯冰现皆在江楚军营。

十五日。摹刻御书三匾进呈：一齐庄中正，一九如天保，一桂林一枝，并命南书房制办假墨刻。懋勤殿旧有将艺永安，善勾勒，今已退直，惟朗亭前辈识之，托渠勾勒，尚未竣事。而仁山、伯寅已从柏斋勾勒一分，又木刻一分，分朱、墨两（榻）〔搨〕。以朗亭前辈约十四日旋京，定期本日进呈。缘昨奉旨十六日赏福字，故先期递进也。是日往拜许仁山、彭中堂、宋司空、文宗伯，并至皞臣处一谈。

十六日。颁赏福字一分。随内廷王大臣、军机大臣、两书房翰林养心殿谢恩。中堂、尚书不在内廷行走者，乾清门外谢恩。是日沈朗亭前辈自通州回京。见所盘查通济仓奏稿，酌定章程，办理至为平允。往拜廉琴舫、杨缃芸、方子严、周中堂、程蓉伯，并子箴处一谈。子箴言：龙山田鼎臣玉梅，从胜克斋宫保军营保举知县，来京候选，为王子槐门生，勇略有谋，亦奇士也。

十七日。往徐荫轩处吊其尊人梅樵宗伯。并拜董少伯、胡仲英、吴拙庵、田鼎臣、蒋樵山、蒋叔起诸君。晚赴文竹筠馀庆堂之招。田君倜傥权奇，胆气颇壮，其言谈举止，似蒋芗泉之为人也。坐间晤毛煦初，言往任中城捕盗颇有名，其所任以办事者，乐印川平原、俞子安恒治，皆京师土著，有才而肯任事者也。归寓后，诣子卿、申甫两处，皆不值。因诣杏农，晤翁玉甫、张南庄两君，谈安徽、云南事甚悉。以翁药房中丞时有家报，而张石卿制府在滇久，南庄新自滇营来京也。

十八日。上以毓庆宫殿壁大幅，命臣嵩焘作行书，颁下黄绢长五尺二寸，宽三尺二寸。检《全唐诗》，得张燕公说一律书之。诗云：禁林艳裔发青阳，春望逍遥出画堂。雨洗亭皋千亩绿，风吹梅李一园香。鹤飞不去随青管，鱼跃翻来入彩航。宸赏欢承天保定，遒文更睹日重光。李庠卿晚过，谈外间团练事宜。

十九日。沈朗亭前辈邀同许仁山、潘伯寅、杨滨石陪祁春浦师伯、李竹朋观察饮慈仁寺之东轩，为东坡作生日。竹朋前辈出观彭文勤公《消寒积玉》手卷，长三丈馀，诗画参错。最知名者：刘石庵相国、戴莲士相国、黄左田、张船山诸名宿。或诗或画，层见叠出，真巨观也。祁师相亦出二图。一《静者室图》，即寺后土山构一小室，三面皆窗。其一土壁西向，悬大方镜，与西山相映。寺僧戒公为偈语云：东边西边都是山，真境幻境岂两般。两般皆由一心造，心在有山无山间。师相为悬联云：好山入画，明镜非台。而颜之曰：静者室。一《南城雪集图》，则吴荷屋、徐莘伯诸人《雪夜会饮图》也。晚赴王定甫之召，同席端木子寿、祁子和、杨缃芸、蒋霞舫、何愿船、林颖叔。是日定甫新纳一姬，兼为东坡作生日，盖盛会也。出观叶润臣所藏董文敏信笺十七帖，盖高江村得之京师，传之张得天。得天为江村孙婿，其夫人携以为嫁装者也。本末具详跋语中。是夕齿痛复发，颇恼人。

廿日。懋勤殿观蒋相国廷锡所画《鸟谱》，凡四匣。每匣四册。每一鸟名，区其类至数种或十馀种。笔墨精细，神采如生。宋雪帆前辈递到金眉生一信。

廿一日。为潘文恭师相九十冥寿，其家并集龙泉寺诵经礼拜。与朗亭前辈、仁山、滨石同诣致祭，坐间惟子鹤尚书一客而已。星斋、绂廷两君邀留素面，谈半晌归。朗亭前辈枉过小坐。复金眉生信，仍托雪帆转寄。

廿二日。湖南、湖北、四川三省磨勘，以齿痛不能往，并不及入直。复涤生司马书，并书致雷西垣师、朱石翘、李黼堂、李筱泉、易麓山、焦听堂及笙陔叔，并交刘弁带寄。黎桂舫谓予齿系寒痛，范云吉则曰浮火作痛。一主热，一主凉，各执一说。陈作梅以为胃火因少阳之风而动，其说为近似也。书此以博一笑。

廿三日。以齿痛未入直。

廿四日。杜文端入祀贤良祠，往陪礼。黎桂舫以所著《易学》六卷求序。

廿五日。周志甫来谈，言四库馆存目，有《译引新谱》、《华夷译语》，又近出有《依湿杂说》、《英华通话》，皆审定夷音之书也。得金眉生书，灯下缄复之。

廿六日。内务府颁赏全羊一只，野鸡五只，麪面四筒。接胡恕堂中丞信。

廿七日。恩赏袍褂料，荷（荷）〔包〕一对，红纬一盒，貂皮二张，手巾二条，小银壳二定。接黄鹤汀信，由李李村送到。为易陶斋跋所著《丙丁集诗》。

廿八日。恩赏鲂鱼一只，南斋五人分得之。

廿九日。恩赏荷包三对，又一只。

三十日。恩赏（会新）〔新会〕柑子五十丸。接梁昆圃信。

咸丰九年　己未

正月

己未正月初一日壬申。上御太和殿受朝。卯初，齐集太和门内。校尉执宫扇、旗帜、豹尾杆，排列殿角左右。稍中，张伞。又中为甬道，纠仪御史十馀人，相向立，百官立仗外静候。辰初，两陛石栏柱小炉（热）〔爇〕香，乐作，上升殿。礼部导引官左右两班各一人，引大学士以下入仗内，排班跪候。殿上宣表毕，行三跪九叩礼。太和门乐工歌笙与殿上相应和，清越和雅，民间无此声也。其亲王、御前大臣，并先集中和殿行礼。藩王，太和殿阶级上行礼。礼毕，更朝衣。凡直内廷者，皆蟒袍补褂先后各三日蟒袍貂褂，惟元旦补褂。懋勤殿试笔，各书平安二字。故事：立春日，军机大臣、南书房进春帖子，人各五绝一首、七绝二首。军机汇缮一折，南书房汇缮一折，各以黄绫匣盛之，先日至懋勤殿，置黄匣案上，相向一跪，谓之跪春。本年初二日立春，长洲相国以恐元旦不召见，朝罢即归，请改除日跪春，又创例也。臣嵩焘词云：兆稔先占酉立春日值酉，回杓恰指寅。璿宫频受贺，献岁即班春。
六龙系令八风遒，圣德如春遍海陬。玉琯送寒祥霰舞，铜浑转旭瑞烟浮。　钩陈天敞临双阙，参伐星明傍九霄。捧日黄云纷献瑞，海氛山祲一时消。是日，各处拜年，傍晚还寓。

初二日。颁春帖子赏。亲王、中堂、军机、两书房赏纸笔有差。南书房五人，各赏福方十张，五色绢笺三十张，湖笔二十枝，朱墨八锭。由后门绕西城各处拜年。是日，军机章京团拜，公请两书房，焦桂桥、钱萍江两君实主之。才盛馆宴叙，至亥初还寓。

初三日。内监传：上当至乾清宫。朗亭前辈恐猝有召对之命，宜少留伺候，而上实至毓庆宫。午正散直，往各处拜年。晚就王定甫一谈，因留晚饭，并约蒋霞舫前辈会谈，甚畅。

初四日。入直。内监语云，僧王两次来探问，当往一见。诣月华门见之，出酌定兵饷一折见示，且曰：此瑞禧所为也。瑞字秋帆，四品京堂，笔墨甚简当。并语以天津之行，定期二十六日，瑞与鄙人皆须同行。未刻，就李眉生宴叙。是日午刻，见多官补服，携白马二匹，黄牛二头，径上乾清宫。询之内监，云祭牙神。问牙神何神，曰：九祖也。是日，上赴西敞祭杆子神。皆满洲旧俗也。后询国佐廷云：由乾清宫过太极殿至坤宁宫，列牛马阶下。萨马致嘏词，名压神。萨马者，女巫也。内监周姓，不知书，致听之误耳。

初五日。僧邸奏带文武员官，滥及贱名，得旨依议。是夕偕申凫诣杏农，语及此行所以自处之道，极有见地。

初六日。午刻散直，诣火器营，盖以僧邸面属营务处一六堂期，可与诸公一会议。至则为时尚早，乃先诣僧邸，而蒙传谕云：先赴火器营议事，后随班来见。此直欲吏朱云耳！仍回火器营，则瑞秋帆禧、国佐廷瑞、恩露圃承、伊达川勒通阿及诸在事者咸集。瑞公邀予同诣僧邸。予谓适始往见之，又无他事，可无往，幸转达此意。晚接骆籥门中丞、裕时卿观察、任屺堂刺史、黄南坡观察、左季高、嵇月生并意城、志城各书。

初七日。致胡恕堂中丞信。黄艺圃来，语及任君正训。因言指挥中以才显者三人：一袁太华江苏知府，一邹培经直隶候补道，惟任君致富巨万，以知县用而不赴选。晚为朱晴洲招饮，同席何新甫、曾书元、李子衡、蒋叔起。沈朗亭前辈屡以奏派出差，不宜入直为言，是日遂未入直。

初八日。刘慕韩、筠生昆季招饮。易墨村、张竹汀再招饮。子鹤尚书语津事甚悉，又言：尝见阮芸台相国书诗从说剑收檀弓七字，不详其所出。从者，纵横之纵。言放之则为《庄子》之《说剑》，收之则为《檀弓》也。《汉志》中有知唐桑艾一语，亦博物之义，俟考。接罗研生信并诗。

初九日。瑞秋帆来谈。复骆中丞、裕观察、黄南丈、左季高、嵇月生、罗研生并家书，并和研生二诗。皞臣索致书咏之中丞荐许又泉。

初十日。滨石、伯寅邀饭，又同乡团拜，傍晚乃归。宋子寿抵都，接志城信，并张子莲、姚桂轩、嵇月生、衡唐叔各信。王定甫、陈心泉、何愿船、田鼎臣、易笏山同谈，至三鼓始散。

十一日。复子莲、衡叔二信，并家信及所得恩赏各件，并托易墨村带南，共装皮箱一口。皞臣为述裕亭司农之意，欲邀留京师。予自去冬以来，自分当效力军营，云、贵、皖南北，人视为畏途，不谓难也。天津之役，断不敢怀趋避。一有他说，则人且疑枉道诡遇以图自脱，不复能自解说矣。司农之意，非所敢承也。

十二日。接李雪芬信。雪芬名修梅，现署松滋县事。

十三日。与朗亭前辈、伯寅年侄公请陈子鹤尚书，黄莘农、廉琴舫两侍郎及各军机章京。就焦桂樵询问天津情形，桂樵盖津人也。

十四日。恩赏元宵五十枚。

十五日。陈葵心、黎桂舫、易笏山、田鼎臣、黎寿民、贺仪仲公请至燕喜堂为予作饯，且为上元会饮之乐。是夕月蚀。

十六日。丑刻，赴圆明园恭迎圣驾。午刻，驾至，序立出入贤良门金狮下，军机头班，南书房二班，内务府大臣三班。扈驾王大臣貂服前导，上乘舆入内。豹尾竿十馀，从后拥护。自军机、南书房站班者，皆补服。时内务府大臣惟存公佑一人，馀皆护关防后至。存公年八十二，善篆隶，精神尚健，亦人瑞也。是日往彭咏莪相国、穆静轩、匡鹤泉、文百川、殷补卿、张子卿、钟伯平、曾书元、张啸梅诸处。晚与滨石同就伯寅小饮，仍宿近光楼滨石处。

十七日。入内散直后，便道一诣僧邸，入西直门，就雪帆前辈又作梅处小谈。

十八日。罗寅交黄子襄带致南丈及崔柏轩同年、饶桂轩、衡唐叔各书。

十九日。龙皞臣致裕亭司农之意，令陈户部应行事宜。因论天津收米，有满汉仓场侍郎，复命大臣兑收。盖缘二年运道初梗，京师缺米食，加派大臣赴天津者，所以示郑重之意。数年以来，规模大定，而天津收米遂著为定例，徒多烦费，无益于事。可由户部奏明，即由仓场办理，不必派大臣监收。皞臣回信言，此非裕公所能为。渠因去腊僧邸问筹饷方略，曾言及盐法、海税二事，渠意欲斟酌此二者，属详著其说耳。因复申论此两事，而以变通盐法，当先从两淮试行。盖他处积弊相仍，骤与变更，官吏必力持之，百计阻遏，使不得行。两淮则二百万之课已全虚，而盐引停行，场灶未停业，因其势而变通之，官吏无词以难我，故可行也。行之之法，又须不动声色，以平易出之。由户部议定章程，择一廉干之运司往主其事足矣。其说甚长，略记大概如此。

二十日。接咏芝中丞、荫云太守及方子白三书，又接辅堂观察一书，又接恕（皆）〔堂〕中丞书。

廿一日。回咏之中丞、荫云、辅堂、柏轩、南丈各书，兼复恕堂中丞，并述及黎桂舫、陈葵心两君当筮仕浙江，两君并诚笃君子，当善视之也。

廿二日。具折一件、片二件，谋以廿四日跪安入奏，请黄晓岱缮定。

廿三日。唐斐泉邀同翁少昆、黎桂舫文聚楼小酌。子鹤尚书适枉过，遣人促予还寓。比返，则尚书已前行，并属往就一谈，乃诣尚书处。力属勿具折言事，盖恐误触忌讳，非所以广朝廷之意，而于身则有损也。予亦勿敢深辩。伯寅专足送信，知是日召见第三起，因未至园，经奏事处回奏，上命明日仍预备召见。晚至园，以商之仁山、伯寅、滨石三君。伯寅云：自涤生司马三流弊疏后，仅见此文，亦今之《广陵散》矣。予谓谴责所甘受，但视此文稍足启发朝廷一二，即上之勿疑。三君皆怂恿之，以古道相期许，亦可谓能尽友朋之义者矣。是夕宿滨石近光楼寓宅，景剑泉同宿此。

廿四日。丑刻，至大宫门坐候片时，入至北朝房奏事处，递跪安折并封奏，仍回园寓。卯正，与滨石同入内，晤裕亭司农，立谈片时。内监传示叫起单，予得召见第四起是日凡七起，至书房恭候。巳正，召见勤政殿东暖阁，内监导予入跪。上问：汝赴天津是否亦以廿六日启行？臣奏言：随同僧格林沁廿六日启行。上曰：汝当是办理文案？臣奏言：听从僧格林沁派办何事，想是办理文案。上曰：汝所论造船事宜，此非旦夕可行，当徐图之耳。臣奏言：此原系为经久之计。据臣愚见，他从水里来，亦须从水里防备他为是。上曰：汝正折所言，或尚有不能形之笔墨者，当尽情陈说，不必隐讳。臣奏言：今日总当以通下情为第一义。王大臣去百姓太远，事事隔绝，于民情军情委曲不能尽知，如何处分得恰当？事事要考求一个实际，方有把握，故以通下情为急。今之论者，动曰出主意、求人才。天下艰难至此，从何出主意？只是朝廷之上，认真一段工夫，破除积习，切实做去，立竿见影，天下自然从风。即如人才，岂是能一见即定他为将才、为名臣，亦多是朝廷立个一定主意鞭策之。人人晓得朝廷志向，自然跟着这一路来，久之积成风习，便觉气象光昌。故总须是朝廷立个榜样才好。上曰：然。汝当时出京，是告假？臣奏言：是告假。上曰：汝在园住翰林花园，抑系外面租房住？臣奏吉：翰林花园已住满，臣只一身，从朋友处借一间房住下，便可安身。上曰：汝赴天津，携带家人几个？臣奏言：带家人三个。上欠身。臣徐起，退三四步，仍跪下奏言：臣郭嵩焘叩请皇上圣躬万安。上颔之。仍徐起退去。伯寅为予饯行，同席杨滨石、孙驾航四人。归诣僧邸及裕亭司农。入德胜门，绕道东四牌楼瑞芝师处，回寓已夜深矣。诸客纷集，极苦疲倦。

廿五日。料检行李，分寄叶云岩、张竹汀两处，并清理湖南公账及经手各事件，交竹汀；其湖南公账则请竹汀转交恕皆前辈。又经手寿蘅拨兑郑九丹前辈银款，提还湖广公项三百，帅抑斋奠分三十金，并交竹汀。又退还各处书籍，送愿船、志甫两处银项，竭尽一日之力为之。陆彦颀为我制车一辆、马一匹，托渠同乡冯子贞玮、裕生承裕乔梓办理，即以是日成事，极为可感。晚为桂舫招饮，即席督令为黎氏易学序文，并题叶润臣城南买醉画帧七古一章。

廿六日。小雨。未正启程。五十里，至通州东关。夜久矣，觅得一破屋住宿，就市买炊饼二枚食之。走谒僧邸及瑞秋帆，皆已安寝。

廿七日。四十里，至马头。三十里，宿河西务。巡检刘诚斋敬之来谒，泗州天长人，其官声亦甚好。与秋帆、佐廷、露圃四人同谒僧邸。还寓，则侍卫处主事四人，实同一院，会谈片时。一阿献廷，一伊达川，一玉树蕃，一常五元。秋帆晚来谈。

廿八日。三十里，蔡村。又卅里，梅村。又廿五里，浦口。昨日本定住浦口，因廷寄促僧邸速赴海口筹办，并三日路程作两日赶赴海口。又行三十五里，至天津北关，夜已久矣。凡过浮桥二，过石桥二。石桥者小溪，北浮桥大清河，南浮桥南运河也。中夹两小溪，相去皆不百步。北关公馆在南运河之北，两小溪之南。过南运河即天津城矣。据江督奏称：黄仲畬探悉，夷酋卜鲁斯仍赴天津更换和约，卜鲁斯即昨岁在天津桀骜不驯逼书和约者也。上海领事已回国，新酋为嗄哩吧，原系广东领事，亦最称凶狡。据此情形，英夷殆非可以轻易处断者。寄谕亦兼及之。

廿九日。卅五里，双港，僧邸安营处也。有营盘七坐，炮台三座。庆云舫制军送菜四簋，就宁姓宅早饭。又卅五里，角沽。又卅五里，大沽。五鼓开车，至夜始到，求住屋不可得。制军遣戈什哈邀之同居，盖所居高氏宅前栋，尚有空屋可居也。自出京后，匿迹销声，两日自觅住处，自发车价。至河西务，武清令石君为扫除一破屋款我，馈八簋之食，盖异数也。制军乃数十里遣人致问馈菜。于是天津令王君，始知人间尚有此人，得一见焉。甚非予心所欲，然而制军之周匝如此，亦可感矣。僧邸明日辰刻往看炮台，并命随往。

三十日。炮台安营处，随同僧邸、制军相视。南炮台高五丈许，直当海口，安铜炮三尊，中重一万二千斤，右旁重一万斤，左旁重五千斤。中炮台安炮亦如之，台基略低丈许。北炮台视中炮台又低丈许，炮只五千斤者一尊。三炮台之中为夹墙，排列炮位，上下皆有遮蔽，以便军士住宿，且（妨）〔防〕敌炮之伤人也。后连三炮台为土墙，约可屯军数千，以守有馀。惟自岸及水面，当以二十丈为度，炮台又高数丈，岂能击伤其船只哉。是日建三段分办之议，言僧邸奉命督师守海口，所职在战而已，馀非所宜知也。故一往决战，无他议者，僧邸之事也。谕旨令制军先派员赴拦江外晓谕，此最要着，先斟酌出使之人，及始终办理机宜，皆须预定，免致临事张皇，此制军之事也。纠聚民团，讲求城守事要以待变，此又天津道之事也。

二月

二月初一日壬寅。丁橘溪、史公亮、孙琴泉、崇地山四观察，（石）〔史〕荫堂军门，汤裕斋镇军先后来谈。制军是日回天津。晚就秋帆、佐廷一谈。因论去岁之失，由中外先无主见，临时商议，参差反复，愈办愈坏。今日之事，总须商量一个定主意。初至拦江沙外，如何晓谕？以后如何处置？不幸而战而败，如何收束？幸而胜，如何为持久之计？彻始彻终，通盘筹算，然后斟酌一办法，请之朝廷。临时小小变通，大局筹办总不外此，所谓有算胜无算也。今朝廷议和议战，皆务为尝试而已。任事者亦贸贸焉与之为尝试，以事度之，胜败两无所可，理势俱穷。自古外夷之患，未有若今日者。而言计者，动务欺之诳之，能乎？否乎？班固言：制御夷彝之道，当使曲在彼。程子亦曰：与夷狄相接，常使理足于我。此道今人不讲久矣，所以终无自全之道也。佐廷论去岁夷务，详及谭仲岩制军始末情形，为之称屈。予谓夷船初至，京师万口颂谭制军，而予独为忧虑。其后万口诋之，而予独为申辩。天下悠悠之毁誉，岂有常哉。古人云：盖棺论定。是非功过，明白显著，而公论之失其平，有历世不能定者，数十年阅历，若此类者多矣。伤哉。

初二日。僧邸渡江北岸看炮台，因先诣南岸炮台以候之。中炮台（石）〔史〕荫堂军门居守，南炮台汤裕斋镇军居守，老炮台龙春（舫）〔台〕协戎居守，各往小坐。午刻渡江。北岸炮台二座，炮门皆东向海口，僧邸命（石）〔史〕军门总理南炮台，汤镇军总理北炮台已改派龙春台，汤赴双港带兵。北炮台上里许，为石头缝，亦有炮台一座，宣化游击春霖居守已改派乐虚舟，春赴北塘北岸炮台。僧邸极称春霖之贤，以石缝地稍偏，非关紧要，命调春霖赴南炮台差遣。总计南北两岸炮台兵额三千八百人，大沽协额兵一千七百，制军命募新兵一千三百。南岸驻一千六百，北岸两处分驻一千四百。僧邸所带京营兵二千：内外火器营、健锐营、巡捕营各五百。内火器、外火器、健锐三营各分二百，分守南岸三炮台。巡捕营分二百守北岸炮台；所馀千二百人扎双港。蒙古兵二千：哲里木盟一千，成保统带，驻新城在大沽南岸上二十里；昭乌达盟一千，布勒和德舒明安统带，驻新河在大沽北岸上二十里。两盟仍各分兵五百，随僧邸扎营双港。蒙古东西六盟，在盛京稍北，迤而西至陕西界。其东三盟曰哲里木，曰卓索图，曰昭乌达。西三盟曰锡林郭勒，曰乌兰察布，曰伊克昭。今所调蒙古兵，惟哲里木、昭乌达二盟。僧邸又欲于南炮台下三里许名草头沽安营一所，防夷人上岸抄南炮台之背。大沽镇下安营一所，便调度两岸之兵。又以大沽协标兵不足恃，欲再分京营兵八百，驻扎南炮台，而抽大沽协兵八百别立一营，交河北镇乐善管带。乐君奉旨赴天津差遣，尚未抵营也。叶润臣《城南买醉图》诗：一月二十九日醉，一日不饮空憔悴。峨冠覆首谁复知，长安市上埋头睡。穹檐大栋叶侯居，终日醉倒须人扶。囊钱余几不须问，只愁睡醒无酒沽。孔扬李许文章圣，烂醉为佳醒亦胜。酒徒闲暇似君难，可怜一醉终须命。昨日病饿左耳聋，城南鼓铸无官铜。典衣沽酒不得饮，津门急鼓催从戎。以廿五夜即席为此，久恐忘之，附录于此。

初三日。德本之、骆望如以僧邸命谕高氏报捐。高氏，大沽巨富也，有海船五十六只，东北至牛庄、锦州，南至上海易市。予寓其前宅耳房，极修洁。本之、望如求见其主家事者不可得，予夜召其兄弟，号铁庵，行五，以僧邸意告之。其人亦颇倜傥。

初四日。随同僧邸至南炮台。史公亮以夹墙炮门过大，不独不能御炮，夷人或上岸就地闯入，亦无以御之。其言甚有见地。国佐廷以为炮身重大，炮门小，易致震动损坏，当时亦自斟酌为此。僧邸以炮台所置万斤巨炮安置不如法，并命易之。盖万斤以上，皆须直当河口，迎头击之。数千斤以上者，左右击。今巨炮乃当沙嘴，值河口一炮，仅五千五百斤，安置为非宜也。语次，顾问予跟马过瘦，不能乘坐。营中马无虑数千百匹，而辨及一跟马之微，精神肆应如此，非常人也。有营弁冀衍忠者，善走。营中有寄信回京，交冀弁携送者，因便寄子鹤司马一信，竹汀、晓岱一信，少鹤一信，滨石、伯寅一信，申甫、杏农、云吉、眉生、皞臣、篁仙、作梅、云岩一信并家信数行，交竹汀转寄。

初五日。李云舫漕督、史公亮观察约同赴北塘察看海口情形，僧邸昨有此命故也。云老以齿痛养息一日，故未成行。成湘泉都护驻军新城，即哲里木马队五百分扎新城者也。去大沽二十里，每日必一至，相见营次，其人亦颇魁梧也。

初六日。渡河过塔尔沽。廿五里，至北塘。海子涛参戎现署北塘游击相接途次。寓李大令玉圃宅，随至南炮台察看情形。两岸地势与大沽略同，惟河滩较低，去水面又较远，北塘村绕出炮台下尚半里许，战守皆非便。以大风不能渡河，与参戎及署守备乔君、千总任君谈海路情形。由北塘东下至海，约二十馀里，西至芦台，六十里。芦台有盐场，近海巨镇也，镇军驻此。新调西将军陵阿察哈尔兵五百驻阴城，去北塘二十馀里，相距稍远，难于接应，宜移驻附近村落为妥善也。

初七日。过河至北炮台。四面有墙有濠，炮台列炮五尊，正当河口，地势为最佳。铜炮起八千斤至二千馀斤，共八尊。南岸炮台七尊，北岸仅八千斤者一尊。馀皆旧铁炮，制造粗恶，不甚适用。远望南炮台下小沟，南河岸稍碕出，炮台当移建于此。因渡河往相度，绕出北渡村南口沟边，则潮泥深数尺，沟宽逾丈，足迹所不能到。又询其地为三败，盖舟人取鱼，有一排水、二排水、三排水之分，土音变排为败，并截出水字。云舫漕台以其名不祥，无庸往视，仍由旧路回营。云老自为一图，稍与斟酌，同诣僧邸呈之。是夕梦侍先太恭人，拊循甚至，盖犹二十年前，孺子依依，不自知其老大也。志城从旁问曰：娘从阿爷处来耶？太恭人应曰：然。忽闻喧聒声，惊而寤，则隐隐闻群犬夜嗥，怆然流涕，达曙不寐。

初八日。移居海神庙之观音阁下，屋高敞多寒。曹印川太守、陆怡卿司马来营差委，皆旧从僧邸，奉制军命，俾听候差遣者也。

初九日。孙琴泉观察来谈。制军先日至咸水沽，以病不能至。僧邸制木排塞江，排滞浅滩不能下，日用夫百许人曳之，早暮自往督工。予以过涉小事劳苦为谏。王言：冰已解冻，早暮夷船至，不可知。木排预先安好，较有把握，故尤以此为急。是日添派兵六百，隔江以绳曳排，而终不能动。盖排陷泥中二寸许，非大潮至，浮出水面，竟无可施力也。午，随王至炮台看曳排，见乐虚舟镇军，人极英挺。语次，最服膺巴扬阿玉农之智勇俱备。询知巴以副都统候选，今尚在湖北荆州训练营兵也。是夕，寺僧清泰送素菜四簋，极有清味。

初十日。李云舫漕台来坐久谈，言所著《平夷二十策》、《练兵说要》、《南征北征》各日记，约并一检视。史公亮邀晚饭，所约客五六人，无一至者，惟予及孙琴泉相就一谈。察哈尔马队一千，归西将军陵阿统带，驻北塘，分五百驻丰润县之涧河口。吉林、黑龙江马队二千，归格都统绷额统带，驻山海关乐亭县之清河口。老母沟分驻五百，昌黎县之浪窝口、蒲河口分驻五百，山海关界之白塔岭、秦王岛分驻五百，小河口驻五百。兵力亦以分而见单矣。

十一日。诣云舫漕台处送行，以渠奉僧邸命监修北塘炮台故也。出示所撰《江北前后路设防议》。盖道光廿一年，广东和议成，夷势日张，谋为江路防守之计，于水陆地势，言之娓娓。要之长江设防，只可于鹅鼻嘴入海总口，设重兵防守。长江到此一束，有险可恃，而以靖江县南之刘闻沙及君山两处为掎角。若已入长江，更无可堵截。所称重重设防，要皆虚文耳。随至炮台候僧邸至，随同过河阅看木排。遇陆怡卿，与谈时事。其言谓黄河宜塞，钱法、兵制宜稍变通，烟宜加税。皆极有见地，非空言。所论黄河入海苇荡地宜清查，则包慎伯论黄河工程盖屡及之。总之有治人无治法而已。僧邸以木排急切不能安妥，颇用为虑。予谓木排亦须有哨船护之，以防敌人之锯凿。此老颇不以造船为宜，不即许也。两岸又须添筑炮台。窃计前修炮台，相联约半里许。三千兵守两岸一墙，犹嫌其少。合北路仅此兵数，力已嫌单。又添筑二座，安得此兵力以实之？故以为炮台可不必添，守炮台之兵却须添。炮门过大，宜加浚外壕，以防突攻。炮位旁宜设水缸及洗炮长柄擦布。后墙雉宜加厚。内限二层，一太高，一太低，宜令墙口平及肩而止。凡此皆所宜料理者也。僧邸谓山海关防兵太单，而关城内卫京师，外护陪都，关系甚重，当移文格都统，遇有警信，以撤兵守关为主。予谓此所见精实扼要。自大沽以北，若宁河、丰润、滦州、乐亭、昌黎、抚宁、临榆各县海口约十馀处，以达山海关。透而东，若宁远、锦州、海城、盖平、熊岳、复州海口，无虑二三十处，安得如许兵力为之防哉，此其要在严守城池而已。大沽水陆直逼京师，设防宜也。宁河以东，水源皆不甚长；海岸民居，亦不乐官军之屯驻。夷人非以劫掠殃民者，但守城池，使不至袭踞，一切听之可也。岂惟山海关为宜，蒙以为直须通饬沿海州县，责令城守，其馀海口，概置不问。事省而便，而收效久远无穷。防海要义，无过于此者矣。凡城距海口或数十里，或数里，夷船不能深入，又不乐弃船陆战，故可以制之。安南之破英吉利，惟诱之深入，要而击之。故守城，则可以守，亦可以战。必拒之海口，岂惟不可以战，并亦不可守。僧邸见及此，所谓智勇神悟者哉。

十二日。王湘浦、陆怡卿来谈。怡卿见示塞河说，谓直隶开州、东明、长垣三县之地，已岁缺钱粮十馀万。豫东被河患数十州县，既无钱粮，又须赈济，徒使难民无归者纷纷从贼，以张捻匪之势，实两敝之道。其言极为有见。其年冬，嵩焘奉命查办山东海口税务。由利津渡河，询问黄河决口情形，并济南、东昌、武定诸郡受河患浅深，乃知怡卿之言，万无办法。而河之北趋，实可因之以复汉河故道，可以免豫、兖、淮徐三省之河患。当另著一说以详之。庚申九月，偶阅此条记之。因述任蔚州、肃宁时防盗之法，兼及直隶州县循吏三人：一周灏桂燕山相国任直督时，参劾罢官。一胡启文调清苑县，不乐仕进，乞休去。一刘煦，今现在。怡卿有干才，即所谈论亦略知其大概矣。孙琴泉观察馈八簋之食，因邀秋帆、佐廷、露圃一谈。粮台委员送口分银十四两，略足十日之用。因阅全单，僧邸月支盐菜银十二两，并跟随人役马匹，共银三十二两许。若予所领，则已多矣。此殆直隶之新例也。

十三日。为陈德甫书册叶一本。陆怡卿言，河南铜瓦厢黄（口）〔河〕漫口，由河南考城，历直隶长垣、东明、开州，入山东濮州、寿张等县，掠东昌而东趋齐河，而遂泛滥乎利津、霑化、盐州数十县。盖正溜由利津入海，而北达老黄河，南界大清河、小清河，各海口并漫为一片。盐河受黄流淤垫，再越数年，势将壅塞。盐务亦有日疲之势。统计大工用款不外三大宗。大坝工料，一也。挑挖引河，二也。修做下游御水坝，三也。豫东沿河及被水州县富户尚多，田园庐墓受患日久，无不急欲修复者。若令正杂料物，一概作价收捐，必易集事。而盐河为黄流淤垫，一经动工，商人亦可报效。至于挑挖引河，工段绵长，仿照永定河旧章，派豫、东两省及江苏之淮徐、直隶之南三府缺分较优州县，认段捐挑，据实请奖，亦可办理。下游御水埽工，有苇荡左右营产柴可用，较之从前，地广柴多，不啻数倍。责成南河总督，选派贤员，核实经理，一半运工，一半变价，计可无虞缺乏。朝廷但筹拨现银二十万，以备夫工薪水之需，即大工可以兴修无疑也。

十四日。与露圃、达川随同僧邸至炮台。是日潮水大涨，木筏一缆而下。李小舫运水雷至营，由岸路先至，谒僧邸河上，亦能手也。以陆怡卿塞河说致书沈朗亭前辈，属与大农诸君商之。并致书仪仲、申甫两君，兼以书告意城、志城交付一切。

十五日。增都护庆、明将军玉、景京兆廉奏牛庄海口情形，得旨着僧邸议奏。原奏锦州应设防三处：一钓鱼台，一马蹄沟，一天桥厂商船赴锦州交易口岸。牛庄应设防八处：一蛤利坨海口潮滩中地，设营瞭望；一汲沟营大口岸，距海口四十馀里，税关在此，旧有炮台十一座；（三）〔一〕东弓湾河势一大曲东折，故名东弓湾，距汲沟营三四十里；一立科东弓湾上河曲又一大曲；一田庄台大口岸，距东弓湾三四十里；一黄土坎；一小姐庙；一开河城三处皆在三坌河上下，开河城距田庄台九十里，三处皆设营，以为策应之兵。奉天正河为辽河。铁岭、开原之上，有两河合注：自东来者为东辽河，自西来者为西辽河西辽河发源距瀚海不远。兴京之河为浑河。东京、辽阳之河为太子河。合注于奉天之南百数十里，故名三坌河。牛庄在三坌河东南。僧邸以各处设防太费，欲各小海口不必设防，牛庄之防并入田庄台一处，极有见地。予为拟一折稿，通论海防全局，自谓可以为防夷百年之计。会瑞秋帆、骆望如两君已拟就，予遂秘不一言。其间径撤（泥）〔汲〕沟营防兵一节，谓去岁和约原准牛庄通商，即以汲沟营为牛庄云云。所言似矣，而汲沟营炮台十一座，实去岁新修者，有大小炮三十七尊。所谓炮台者，毁之乎？听之乎？且苟以和约为凭，则牛庄亦准通商，更何以防堵为也？指汲沟营为牛庄，又岂足以诳夷人乎？且汲沟营通商矣，牛庄相距百馀里，今日即能诳之，他日举以相责，又将何如？朝廷于此等处，亦多是照例一行，知更不加察究，所以军务更无起色也。

十六日。运来新炮，安置老炮台三尊。与秋帆、佐廷同往一看。见十三日上谕，科场案内，柏中堂、（普）〔浦〕安、李鹤龄、罗鸿绎皆已正法。是日召见三王、军机、内务府大臣、肃大农、陈司马、赵司寇、许司空共十六人，谕以整顿科场之意。全案尚未结，此外亦无可置重典者也。

十七日。僧邸命徐参将、穆都阃于鸡心滩上下插立旗竿，制木筏，树灰墙，高数尺，用长绳曳之，与其旗竿相值，某炮台某炮相准击之。先派秋帆、佐廷安定炮位，就炮力之远近，定旗竿之向背。搬移竟日，布署始定。而僧邸自石缝炮台乘舟而下，远见旗竿插立不能如法，改命明日仍行更易插就，十九日早演炮。露圃馈菜数种，盖报十二日邀饮一局耳。是夕，梦张西山丈夫人物故，予往哭之。酉丈语予：仰高书院一席，必得君主之，幸早定主意，不必游移。梦中情形历历，予倘有重主仰高之望乎？姑记岁月于此。

十八日。高升回京，以汪啸师有奉天府丞之命，奉上一书，并书致恕皆、竹汀。合十四日所书仪仲、申甫、朗亭少农及家信共七件，并交高升带投竹汀分送。

十九日。卞子城宝书刺史、李云舫漕督来谈。随僧邸至炮台演习各炮。庆云舫制军委弁赍遗折至，知十八日戌刻已告终矣。制军勤练精审，数日之疾，竟以不起，为之浩叹。另折奏办理情形，极条畅，鲍小山文理可爱。宣化总兵乌忠阿以兵一千至。僧邸方奏令赴山海关协防，忽闻其至，甚愕。询之史军门，则制军以海防兵单，咨军门转咨宣化镇预备听调，军门误为调防也。其宣化镇游击春霖，僧邸特调来营者，人极朴练。阿献廷专足回京，又致竹汀一信。缘阿足三四日即回营，恐有家信存竹汀处，属交带也。眉生、德甫各有册叶索书，并交带投，兼书数语致作梅。

二十日。李琴庄兆麟以曹刺史为我制备席屏之说，携工相度。同知常修甫森桂，通判张理堂毓生，知县王熙臣启强、杜慎庵恩禄、谢学元梦白、叶新榆，沧州风化店巡检姚冶如镕，从九陆祥保八人来见。询之，则新奉孙观察命来营差委查河者也。惟杜明府曾奉制军扎查河道先到。随同僧邸上炮台，并至草头沽看新炮台工程。随由浮桥处过江至石缝炮台，与乐虚舟镇军谈少顷，僧邸已由木筏旁渡江矣。仍由浮桥还寓。

廿一日。大风。秋帆开送各兵手折。兵额所已知，惟各带兵官名姓并两岸炮台分管段落，今始详也。晚与秋帆谒僧邸。命询天津道查河章程。并令多备火绳，及双港营盘各兵移驻大沽，其天津城勇当移驻双港，以壮声势。又制军曾买备草豆，并所捐办，当开一底折，俾知采买价值，以凭放给各军。因同诣佐廷处，适琴泉观察在坐，秋帆具以语之。

廿二日。以琴泉言制军灵柩廿四日回京，为时过迫，不能赴城，乃制挽联一付，托琴泉带交，并书唁延树南太史。联云：谁是出群才，仗老臣身系安危，军令分明严武节；无忘家祭日，盼中原力除妖孽，遗言悲怆放翁诗。是夕，复改撰云：谨慎契君知，历三十载勤劳，大名诸葛身先死；华彝识威望，数七十沽亭鄣，始事刘宏功最多。并托琴泉斟酌带城书送。兼书寄元卿、眉生二人，属元卿书合葬志铭，属眉生书郭氏家传。僧邸气痛甚剧，晚同秋帆往问。是夕奉廷寄，知直督放河南巡抚恒福，未到任以前，方伯文煜署理。云舫前辈追赠太子太保衔。其遗折外并密折，斟酌夷船到时如何晓谕，已发交僧邸照办。惟僧邸奏覆牛庄设防一折，未有谕纸，想由军机照行带兵诸人矣。

廿三日。随同僧邸上炮台演炮。大风且冷。十九日初次演习，中准者二炮。此次中准者四炮。眸炮及发火者，赏银一两，馀兵各赏钱一缗。每炮守兵，或二十人、十六人、十二人不等。

廿四日。僧邸命赴北塘察看工程。先诣南岸旧炮台处，宽约十三丈，长约十丈，依炮台旧址，四围加宽而已。其上炮墙，可开炮门三。中墙稍迤而西转南，可开炮门五。又因炮墙旧址加筑炮台一座，视上炮台略小尺许。其高皆在三丈以内，原台仅丈许也。下方炮墙，可开炮门四五，后加围墙，如大沽炮台式，尚未兴工。上炮台海子涛参戎监修，中墙乔守备世达监修，下炮台任千总连升监修。随渡河至北岸炮台，因炮台旧址，四方各加宽广一丈五尺。计宽十三丈上收不过十丈，长九丈五尺上收不过七丈。四墙皆照旧，惟东南临水，两面炮墙开炮门，底皆加宽六丈凡横方为宽，此以直计。缘安炮盖房，前有隙地，皆以宽六丈计也。宣化府游击春沛田霖监修。询其价值，南岸土方四百，北岸土方七百每开土横宽一丈，深一尺，土工及运赴工所，皆包在内。问南岸何以如是之廉，李云舫前辈督修炮台工程，为言炮台筑至八尺，便须加价，再上则再加，缘上下较难故也。大约加至八百文为率。南岸夫工，每日三百三十文；（南）〔北〕岸夫工，每日四百；夫头则皆六百，各监修员弁薪水，亦每日六百皆京钱也。大约南岸一切工程，李云老主之。北岸一切工程，即春沛田主之。制军所派督修委员曰金铠候补府，曰刘策先候补府。收管银两曰瑞恒知县，曰潘锡申从九。支发口粮曰安国襄典史。监工曰钱清泰吏目，曰罗继勋典史。北岸杂文料物曰沈上达吏目。其馀管理木料、铁炉，收发铁锯，验看土方，稽查夫役一曰硪夫，即飞硪拍，十人九人共络一石，礇以拍土。一曰轴夫，即礡碯，以碾土使平。一曰夯夫，夯音本，即用木杵筑土者。正夫凡三等。又有用拍者，用石臼杵者，则皆馀夫也，及诸杂务，则皆各营之千把外委也。云老处管理卷牍及两岸出入帐目，则生员金召棣，童生金汝砺，候选府经赵楚珍，皆天津人也。晤李春台镇军忠和，广西人，年七十一，神明不衰，意趣盎然，盖寿征也镇军驻芦台，去北塘六十里。南岸役夫千馀名，而做工者实不过数百人。因为云老言，监修炮台，既已分段，不如核计每段应需夫若干，各派定夫头数名，令分赴工次，领牌兴工，较易稽查也。

廿五日。随同僧邸上炮台演炮。石缝炮台中两炮，南岸中四炮。石缝从侧面击获中，赏双分，馀照旧赏。闻僧邸言，（石）〔史〕军门处有孔君一信，论夷情颇悉。因往问之。孔君广汉，安肃县人，于军门有戚谊云。安肃安家庄，皆西洋人居住。有孟振声者，为佛郎西人，每言夷（言）〔事〕皆有证验。又有宝坻生员王振恒、山东沂州府经历张锡纶亦安肃人与交好，言可以谕帖给孟，使说英夷无滋扰。军门处晤龙春台协戎、李佩荪游府炳业，小坐一谈。

廿六日。史荫堂军门接署督咨，知捻匪仍有北犯之信，归德以西至睢州、杞县皆戒严。豫抚咨称如此。僧邸随命秋帆、佐廷阅看新城、新河两处马匹，为调拨之地。下午随僧邸至炮台，解往牛庄大炮，于是日放洋。陆怡卿慎言、双业甫成赴牛庄修炮台，同史公亮往两处一谈。孙琴泉、许少珊两观察至营。琴泉见馈食物数种。

廿七日。杜慎庵大令来谈，知为杜文正公从孙，善捕盗，述及河堤捕女盗佛手公主事，甚可听。屡出差安肃，言安家庄天主堂，其来已久京城西旧有天主堂，国朝禁不许建，遂移置于此。堂凡十七进，行教者正副二人，正孟振声，副董纯一，又管事者蔡振基，凡三人。此外从教者数百人。堂屋皆西向，所供天主面西。外开西南二门。男子从教者西门入，妇人从教者南门入，至院以栏槛隔之。安家庄数百户，皆仰给于天主堂者也。有从教者，里人为具保状，始听入门。始至，命持更洒扫堂屋，久乃渐入内厅料理，铺盖饭食皆预备供给。食饭者，人给白布一方，小刀一柄，凿一，勺一，盖西洋食具如此。外仍日给钱六百。百日后，乃为制衣念经。其后厅，招致童子五六岁以下至二十馀岁，授以西洋书。三年，送澳门一考试。取中者分地传教，岁给俸银百馀不等。天主教几遍天下，安家庄乃其根源也。安肃县钱粮徭役，多取办天主堂，穷者争赴之。又命习教年深者充当胥吏，事巨细皆以闻，岁亦给俸百馀金。京师诸显达居址行径，渠无不知者。其行文澳门、上海，驰驿视官程为速。澳门每岁转致万金以助其行教，谓之进表。其天主堂厅后，有隧道窟室，藏小铜炮数十尊，鸟枪之属以百计。其志广而行之坚如是，是可畏也。

廿八日。东路厅同知李藻舟来见，为予丁酉同年。谈次，知黄子寿月初已至通州，送其子入赘夏氏，盖夏阶平观察之子婿也。三月初仍回山西。子寿侍其父琴坞观察宦山西，读书课子，不求仕进，志趣颇高。藻舟则以僧邸之命赴芦台劝捐，于音城等处添设炮台一座，为北塘后路声援，约明早即行也。

廿九日。由南炮台至东沽口，观德本之、阿云樵所修新炮台工程。僧邸命以罗盘相定各炮门方向。自南墙根炮门起至北墙根止，共炮门四十六。老炮台左右，护围炮短炮两尊。并详悉开呈，以便查核。李炳业参府，孙琴泉、崇地山两观察来谈。署制军文星崖六方伯至大沽，晚次来谈。

三月

三月初一日辛未。文星崖制军，崇地山、孙琴泉两观察处回拜。因渡河至石缝炮台，相定方向。炮台一座，炮三，左右炮门六。乐虚舟已过河。晤穆月亭三都阃，人尚活动。随至北炮台相度。炮台二座，炮六，左右炮门六。前炮台白凤龙都阃管理，后炮台奇桂山三都阃管理。龙春台、李佩苏、马春坊并陪同相视，汤裕斋镇军亦至。南岸炮台及各炮门皆东向微南，北岸皆南向微东，南岸正面向河心，北岸则因河势一曲，斜对矶角。天津有布衣朱凤苞上书言夷务。主和，常论耳，而出之自布衣，亦可谓能知事体者也。

初二日。大风。潮水大上，北岸大木筏为风浪排簸，缆折筏损。往在鄱湖，曾制拦江木筏，遇风辄损。大沽口江面七十丈，不逾半里三百弓一里，计七十五丈，木筏系定十馀日，尚未损坏，谓江面狭且浅，或幸可保。一遇风潮，遽尔损折。当时亦曾虑及之，今果然也。僧邸处得见西都护一面，人极厚实。天津王令递到方子箴寄信一封。

初三日。清明。炮台官厅小坐，秋帆、佐廷谈及连镇高唐战迹，并冯官屯擒林凤祥事，娓娓可听。兼言及巡防、巡城、练兵各情。小臣数言京营兵宜仿明于谦团营之制，挑选训练，别立一营。闻佐廷言，始知当时已行之计选一万四百馀人。惜乎巡防撤，而挑选之兵亦随撤也。秋帆又言，提督府有金符合一件，体式长而圆，约四寸许，背有龙文二，中镌圣旨二字，阴文。存城者共九。

其一阳文者存大内，盖防夜半有事开某门，与大内阳文者相勘合以为信也。

初四日。天津各官禀称：初一日晚膳后奉上谕，怡亲王驰赴天津，察看海防事宜，大约初三四日由京启程，初七八乃可抵津。北岸大木筏为风浪所损，僧邸命撤去修整，而以新制筏门长十五丈者横拦北岸江面，权备一时。是日大风，新筏亦未能下放。

初五日。大风。僧邸命议临敌章程，拟上十一条。与僧邸意见稍有未合者，据鄙意，谓炮台可恃处，正以后有护墙，合三炮台为一营，足以扼守。今惟注意炮台炮门，而后墙不置兵守护，夷人日夜以数十人惊扰之，或遂乘虚而入，炮台虽坚，谁与守者？谓宜分兵守后墙垛口。十垛盖一窝棚，兵十人住之，轮班以一人瞭望，九人者各执火枪席地坐，遇陆路有警，即各执枪站立垛口。炮墙南北计长里许，东距炮台炮门不过数丈，彼以炮击我窝棚，不能越炮墙而曲折以至也。或由上坠，则炮力已尽，断不能穿窝棚而入。每棚一人瞭望，站立稀疏。彼炮虽准，岂能以一人立墙之可击，轻发此炮，可无过虑也。僧邸乃命后墙加筑小炮台二十座，炮台后以又夹墙围之，如前炮门式。此又胜窝棚远矣，然费用过烦，而炮台功程，又非能刻期蒇事。且以天下大势论之，海口用兵与否，终竟无定局，似亦不宜过有所费也。

初六日。文星崖制军函告皖北捻匪情形。自河南杞县以达归德，东至山东之曹县、单县，数百里间，大股充斥。其失陷有明文者，陵宁、睢州两处。以地势揆之，大约张乐行股匪由蒙城一带北窜者也。楚督奏调翰林卫荣光。宿州大营帮办侍卫伊兴额奏调户科方浚颐、工部于凌辰。伊侍卫奏参袁午桥仆正并其子袁保恒及徐晓峰三人，诋讦甚至，函达僧邸缕陈其劣迹，并论胜帅召降为非策，而极言其骄蹇无状，必误国家。侃侃而谈，其气概可以想见。热河总管常九峰来营，随同僧邸阅看演习锦油弹丸，因论木筏事宜。僧邸欲铸铁柱数十根，植立河口，以阻夷船之入，召钱镛询问可行否。镛力赞成之。乃与秋帆、佐廷酌定形式，度河道深浅，以次排列，约高出水面五尺为度如河深一丈五尺，铁柱即用二丈。自南岸以达北岸，每柱相去约二丈。计正柱高二丈，四齿即各长一丈，下用铁锥五尺直插入河底。凡齿皆得正身之半。僧邸面谕龙协戎汝元、曹刺史大受、钱太守镛三人承办。

初七日。史荫堂军门为秋帆、佐廷诸君安置坐处，在南炮门僧邸坐处之右。是日随僧邸周视炮墙炮墙上排列树株加泥，恩露圃监工。席地坐谈片时。还至坐处独坐，思念今日为不肖生辰，年逾四十，所成就如此，为之凄然泪下。

初八日。随上炮台，并查木筏缆桩。同秋帆至阿呢扬阿都阃窝棚小坐。是午接奉寄谕，命拣马队兵二千，防堵黄河北岸。僧邸命格都护分派吉林、黑龙江兵各五百，昭乌达盟兵一千，乐虚舟镇军善统带前往。

初八日。怡亲王至营，随同跪安。少顷，僧邸命予与秋帆、佐廷、露圃同入见怡邸，因谕以来意。盖上海事已了，入京换约之说始终不能改易，并由江南派司道大员伴送来京，而天津之防仍不即撤怡邸言奉旨密商一语：如夷人入口不依规矩，可悄悄击之，只说是乡勇，不是官兵。予曰：凡事须是名正言顺，须缓缓商之。怡邸愦愦可笑。僧邸商酌再三，欲令其由北塘入口，绕道至天津，仍由水陆达通州入京，以此间防堵方严，不能听其径入。辩论再三始定局，附片奏明。大抵此次为入京第一次，由何路入口，在途并入京仪节，须与定约。后有违言，即为背约。中国稍以礼自处，而有辞以声夷人之罪，以战亦为有名。今之忽悔忽和，持论不决，追念去岁燕山相国诸公主款之议，遗憾岂有穷也。晚次，明元甫钦使善来谈，因论及上海情形，使人叹惋。

初九日。怡王阅看炮台，偕秋帆往见怡王及明钦使。借桂岳林马乘之，甚健而稳。与岳林论蒙古大概情形，分内外扎萨克扎萨克，华言政也，谓管事。有王，有贝子、贝勒，有台吉。内四十九旗，外一百二十旗，各有管事。内扎萨克，东西六盟四十九旗各有扎萨克二月初二日日记已详及之，诸书并言东四盟十九部三十六旗，西二盟五部十三旗。岳林诸君皆谓东西各三盟，亦不详其何所本也，而以图什业图、卓哩克图、达尔汉三亲王为最尊图什业图，华言有职也。卓哩克图，华言由性，谓可便宜行事也。达尔汉，华言领头也，在外称汗，入京称王。每岁十二月入京朝正，正月廿二日回旗并入值宿卫凡入值者，为御前侍卫，相称为戈什，领头者为御前大臣，相称为戈什谙班。自归化城以西至西藏，皆外扎萨克，一百二十旗，亦以图什〔业〕图汗、卓哩克图汗、达尔汉（汁）〔汗〕为最尊。外扎萨克则虽入京亦称汗，盖外藩蒙古而兼杂回部者也。其喇嘛号活佛者亦有三。其一哲布尊丹巴呼图克图，其二班禅额尔德呢呼图克图，其三章嘉呼图克图。呼图克图，华言佛也。理藩院六司，曰旗籍管内蒙古升迁承袭，曰王会管内蒙古朝贺事，曰柔远管外蒙古朝贺事，曰典属管外蒙古升迁承袭及喇嘛、廓尔喀、五印度、俄罗斯诸国事，曰徕远管回部，曰理刑管蒙古刑名。其高丽、安南诸国朝贡，由礼部办理，仍附理藩院申奏。是日酉刻接奉寄谕，燕山相国诸公于夷事毫无办法。英酋噸吣唫、佛酋噶啰各有照会，以何制军接受钦差关防，照会诸夷，此为照复之件也，诸多狂悖。佛夷并抄录罗惇衍折片二件，皆密陈剿办机宜，事未行而使夷酋据以为言。要其办法先不足以自立。去岁抚局之误，已无可追悔。不明启侮之由，徒欲踵其故智行之，此可为太息流涕者也。屡见诸公奏件，遁辞知其所穷，徒为一恸而已。

初十日。僧邸命取出旧木筏木料，属予督催。终日与诸土工错杂纷扰，语言多不相通，自顾为笑。谈次，以铁柱拦江，不易铸造，欲改铸铁链，属传谕曹大受赶紧制备。计河面八十丈，铁链百丈者三根，用松杉八十根，凿三孔以铁链纳入之，每丈一根。取松质轻浮，以托铁链，始浮也。

十一日。阿献廷专足赴京者，带来信十馀，赏给一千。计自南中来者，籥门中丞，时卿、小溪两观察，左季高并家信共五件。自营中来者，曾沅甫、杨厚庵、吴贞阶、焦听堂并任星元共五件。自京师来者，张竹汀、李申甫、李眉生、陈作梅、龙皡臣共五件。

十二日。僧邸试木质轻重。以盆水浮木数种，松杉入水不逾四分，杉木五分，杨木六分，榆木六分余，柏木七分。以铸铁链，收买旧铁，八十文一斤至四十文不等。

十三日。僧邸命诣海神庙木厂，挑选二丈五尺以上杨木，备制造木筏之用。计共挑出百四十馀根，属史荫堂军门拨工运赴河岸。又北岸散木挑出二十馀根，中有长五丈馀者三根，属军门拨船从河面曳至南岸。

十四日。李云生刺史同文、吴翰臣明府健来谈。刺史前任易州牧，制军调备赴栏江沙外议事者也。明府为文节公从侄，秋帆荐至史荫堂军门处帮办文案。

十五日。大风。作家书并书致涤生司马、辅堂观察、九峰游府、子箴给谏、小田驾部、子寿孝廉，并托张竹汀转递，以佐廷处有回京便足，书就托带也。

十六日。铁链开炉。秋帆、佐廷分司监造。海船至津者四种为多：一沙船江苏各县皆有之，海运米石皆雇沙船运送，船后两旁注明每〔某〕县(每)〔某〕商(每)〔某〕号；一宁波船船身黑漆，前后皆界红，若红厢者；一猪耳船亦宁波船之一种，形似鱼，有鱼眼、鱼腮，鱼腮似猪耳，故土人以此名之，两旁各造假炮眼六七；一改秋船本地行海货船也。大抵载货以千馀石为率。

其闽广洋船，较此为大，不常至天津也。

十七日。僧邸仍定计制铁柱拦江。以木筏为无益，命停工，改派监视铁厂。是夕，有天津贾宋联萼等五人，呈控赵雅泉把持烟税。僧邸以烟税经始，而先为此辈网利之地，是夕即派何建鳌、廖承恩往提。

十八日。先试制中等铁柱一架，计正身长二丈五尺，入土三尺，上长二丈二尺，为鼎脚式。两旁铁柱二枝，长一丈六尺二寸。

十九日。何建鳌等带到赵雅泉五人。命秋帆、佐廷、露圃及余四人，会同天津府石襄臣审讯。盐政某公亦随至。细究此事本末，另局办理亦是好法。而以行帖与公局并行，公私混杂，无以自明。由盐台不明律例，故办法先误耳。

二十日。铁柱一架告成。僧邸随饬运赴炮台下，然尚无术置之江心也计重二千一百零三斤，包工每斤给价百八十文。询知细莲铁每斤价八十。铁柱一架，计须烧水火炭数千斤，每斤价二十。工头每日身价一千五百，散夫六百，此惟造锚为然，制他铁器不如此。炉头掌本董尊，帮本王大印，工头胡致和，其一周姓则专司簿记出入各数。

廿一日。撰就《谭烈妇》、《黎节母墓志》二篇，《毕烈妇传》一篇，共交眉生转送。书致眉生、皞臣、篁仙、竹汀、淳斋、简堂凡六件。盛京：永陵肇、兴、显、景四祖，福陵太祖，昭陵太宗，凡三。东陵在蓟州：(西昭陵)〔昭西陵〕，孝陵世祖，景陵圣祖，裕陵高宗，凡四。西陵在易州：泰陵世宗，昌陵仁宗，慕陵宣宗，凡三。天津案已奏定，盐政革职，赵雅泉发边远充军。

廿二日。李藻舟、隆云樵来谈。隆以僧邸命购置大松木，以备下铁链拦江。

廿三日。东沽炮台下试铁链。又随僧邸至南炮台看铁锚，云已下者尚稳实廿日运至木桩旁，廿二日午潮后乃下。接胡咏之宫保书，乞调黑龙江马队一千，差弁陈大章由京送营。并接陈云海信。又雷震初太守故有小史欧阳泰，能诗工书，癸卯馆辰州见之，今十七年矣。得其一书，始知其随宫保作书史也。答以一诗云：十年不见欧阳子，犹记鸡豚伴酒尊。头白眼花吾独老，年衰世乱汝犹存。兵戈将帅谁深计，形胜关河要细论。一诵来书三叹息，海风吹浪雨昏昏。以来书论河洛屯兵事宜，故三联云尔。

廿四日。复咏之宫保书，并书复厚庵军门及听堂、贞阶，仍托咏之宫保转递。又复陈云海书，以来书交其姊夫宋时帆带京，仍托宋转递。僧邸欲制轮船为出海哨探之用，用人力推之使行。秋帆欲以一二人用辘轳转之，恐无此强力人也。

廿五日。雨甚微，而泥已沾濡，不可行。知县刘西园翰章、县丞张宝卿钰、巡检李厚庵丙坤来见。是日，铁厂添炉三座。佐廷言及去岁抚夷事本末，相与慨然。谭仲崖初以俄人普俚雅停说合诸国，极有条理。仲崖与崇佩如又皆伉爽廓达，诸夷亦心服之。初议四条，皆已画诺，朝廷忽作变计，乃有四月八日之溃。燕山相国至，不用普俚雅停而改用李泰国，遂致为夷人所劫，递增和约至百数十条矣。

廿六日。奉寄谕，盐政交部严议。因与佐廷论旗员之有操守者。佐廷言总宪绵竹坡森、仓场侍郎崇沛如纶、相国裕成泉麟三人。总宪家甚贫，而始终一节，故为第一。侍郎饶于资而直爽无瞻顾，故次之。相国勤慎，故又次之。馀未见其有操守也。借桂岳林书二部。世庙《御制悦心集》二卷，起仲长统疏广，终吴澄白玉蟾；或文或诗或词，专取萧闲超脱出尘俗之外。《御制序》谓所录有庄语，有逸语，有清语、趣语，有浅近语。人有仕，有隐，有儒，有释，有高名，有无名。盖世庙藩邸时寄兴随录者也。洪应明《菜根谭》一卷，分修省、应酬、评议、闲适、概论五门，书为释来琳所刻，前序亦不详洪何人也。《菜根谭》：人心犹明珠，以物欲障蔽之，犹明珠而混以泥沙，洗涤犹易。以情识衬贴之，犹明珠而饰以银黄，涤除最难。故学者不患垢病，而患洁病之难治；不畏事障，而畏理障之难除。陆象山言，此道与溺于利欲之人言犹易，与溺于意见之人言却难。　融得性情上偏私，便是大学问。消得家庭内嫌隙，便是大经纶。　使人有面前之誉，不若使其无背后之毁。使人有乍交之欢，不若使其无久处之厌。　随时之内善救时，若和风之消酷暑。混俗之中能脱俗，似淡月之映轻云。　持身涉世，不可随境而迁。须是大火流金而清风穆然，严霜杀物而和气蔼然，阴霾翳空而慧日朗然，洪涛倒海而砥柱屹然，方是宇宙内真人品。

古人闲适处，今人却忙过了一生。古人实受处，今人又虚度了一世。　谈纷华而厌，或见纷华而喜。语淡泊而欣，或处淡泊而厌。须扫除浓淡之见，欣厌之情，才可以忘纷华而甘淡泊也。

（意乐）〔乐意〕相关禽对语，生香不断树交花：此是无彼无此的真机。野色更无山隔断，天光常与水相连：此是彻上彻下的真境。

宠利毋居人前，德业毋落人后。受享毋逾分外，修持毋减分中。

人情反复，世路崎岖。行不去，当知退一步之法。行得去，务加让三分之功。　肝受病，则目不能视。肾受病，则耳不能听。病受于人所不见，必发（所）〔于〕人所共见。宋儒沈焕常言：昼观诸妻子，夜卜诸梦寐，两者无愧，始可以言学。　养子弟如养闺女，最当严出入、谨交游。若一接近匪人，是清净田中下一不净的种子，终身难植嘉苗矣。　学者有段兢业的心思，又要有段潇洒的趣味。

一苦一乐相磨练，练极而成福者，其福始久。一疑一信相参勘，勘极而成知者，其知始真。　泛驾之马，可就驰驱。跃冶之金，终归型范。只一优游不振，便终身无个进步。白沙云：为人多病未足羞，一生无病是吾忧。真确论也。　气象要高旷，而不可疏狂。心思要缜缄，而不可琐屑。趣味要冲淡，而不可偏枯。操守要严明，而不可激烈。　家人有过，不宜暴扬，亦不宜恝置。此事难言，借他事隐讽之。今日不悟，俟来日正警之。如春风之解冻，和气之消冰，才是家庭的型范。元许衡言：人君乐闻人过，而不乐闻己过；务快己心，而不务快民心。　此心常看的圆满，天下自无缺陷之世界。此心常放的宽平，天下自无险侧之人情。　处父兄骨肉之变，宜从容不宜激烈。遇朋友交游之失，宜剀切不宜优游。　念头昏散处，要知提醒。念头吃紧处，要知放下。不然，去昏昏之病，又来憧憧之扰矣。毋因群疑而阻独见，毋任己意而废人言，毋私小惠而伤大体，毋借公论以快私情。　遇欺诈人，以诚心感动之。遇暴戾人，以和气熏蒸之。遇倾邪私曲人，以名义气节激砺之。天下无人不入我陶熔中矣。　事有急之不白者，宽之或自明，毋躁急以速其忿。人有切之不从者，纵之或自化，毋操切以益其顽。

谢事当谢于正盛之时，居身宜居于独后之地，谨德须谨于至微之（地）〔事〕，施恩务施于不报之人。　居官有二语，曰：公则生明，廉则生威。居家有二语，曰：恕以平情，俭以足用。宋赵方言：催科不扰，是催科中抚字；每罚无差，是刑罚中教化。人以为名言。　磨砺当如百炼之金，急就者无邃养。施为宜似千钧之弩，轻发者无宏功。《悦心集·吴夷简门铭》：忠以事君，孝以事亲。宽以容众，谨以修身。清以轨俗，诚以教民。谦以处贵，乐以安贫。勤以积学，静以澄神。敏以给用，直以全真。约以奉己，广以施人。重以临下，恭以待宾。贯之以道，总之以仁。在家为子，在邦为臣。斯言必践，盛德聿新。勒铭于门，永代书绅。　林逋《省心录》：诚（每）〔无〕悔，恕无怨，和无仇，忍无辱。心可逸，形不可不劳。道可乐，身不可不忧。形不劳则怠惰易弊，身不忧则荒废不立。故逸生于劳而常休，乐生于忧而无厌。是忧劳也，所以为逸乐欤？

邵雍《瓮牖吟》：有客无知，惟知自守。自守无他，惟求寡咎。有屋数间，有田数亩。用盆为池，以瓮为牖。墙高于肩，室大于斗。布被暖馀，藜羹饱后。气吐胸中，充塞宇宙。笔落人间，辉映琼玖。人能知止，以退为茂。我自不出，何退之有。心无妄思，足无妄走，人无妄交，物无妄受。炎炎论之，甘处其陋。绰绰言之，无出其右。羲轩之书，未尝去手。尧舜之谈，未尝虚口。当中和天，同乐易友。吟自在诗，饮欢喜酒。百年升平，不为不偶。七十康强，不为不寿。张栻《敬斋铭》：天生斯人，良心则存。圣（分）〔愚〕曷异？敬肆是分。自昔先民，修己以敬，克持其心，顺保常性。敬匪有加，惟主乎是，履薄临深，不昧厥理。事至理形，其应若响，而实卓然，不与俱往。动静不违，体用无忒，惟敬之功，协乎天德。勖尔君子，敬之敬之，用力之久，其惟自知。毋忽事物，必精吾思，察其所发，以会于微。是则天命，不遏于躬，鱼跃鸢飞，仁在其中。勖尔君子，勉哉敬止，成己成物，匪曰（不）〔二〕致。我作铭诗，以证同志。　杨简纪《先训》：以实待人，非惟益人，惟己尤大。实心无所往而不可，盖实心一也，可以应天下之万端。元王恂言：尝闻许衡云，人心犹印板然。板本不差，虽摹千万本皆不差。本既差矣，摹之于纸，无不差者。　学者涵养有道，则气味和雅，言语闲静，临事而如无事。　罗大经云：勤有三益。民生在勤，勤则不匮。是勤可以免饥寒也。瘠土之民，莫不向义。渊明诗：田家岂不苦，弗获辞此难，四体诚乃疲，庶无异患干。是勤可以远邪辟也。户枢不蠹，流水不腐。周公论寿，归之无逸。吕成公释之曰：主静则悠远博厚，自强则坚实精明，操存则血气循轨而不乱，收敛则精神内守而不浮。是勤可以致寿考也。　吴澄《悔过铭》：古之君子，有过则改。不远而复，乃可无悔。既悔而复，亦犹未害。悔而复悔，岌乎危殆。频复之厉，大易有戒。思昔颜子，有过不贰。有一不善，未尝复行。知得一善，拳拳服膺。才知差失，更不复然。歉于己者，不再作焉。悔心之生，良心之萌。当悔之馀，惟新是图。知悔之时，不改图之，是乃自弃，小人之归。　苏轼《题临皋亭》：东坡居士，睡足饭饱，倚于几上。白云左绕，清江右回。重门洞开，林峦齐入。当是时，若有思而无所思，以受万物之备。

廿七日。恒月川制军，成湘泉都护，崇地山观察及布勒和德六、扎精阿七两侍御来谈。僧邸命与佐廷至炮台下测量河面广狭，至晚方归。白太傅《冷泉亭记》。先是相里尹造作虚白亭，韩仆射皋作候仙亭，裴庶子棠棣作观风亭，卢给事元辅作建山亭，右司郎中河南元芎最后作冷泉亭。五亭相望，如指之列。今灵隐寺冷泉亭特著，馀四亭无能知其名者，岂以白傅此记然耶？司马温公《洛阳耆英会序》。白乐天在洛与高年八人游，时人为作九老图。宋兴，洛中诸公继为之者凡再，皆图形普明僧舍，乐天故第也。元丰中，文潞公留守西都，韩国富公居里第，集士大夫老而贤者十一人，图形妙觉僧舍，时人谓之洛阳耆英会。光年未及七十，用狄监卢尹故事，亦预于会。洛中九老会凡三，今人知有乐天而已。潞公以前，九老之游凡再，亦无有知者。王梅溪守泉，会邑宰，勉以诗云：九重天子爱民深，令尹宜怀恻隐心。今日黄堂一杯酒，使君端为庶民斟。后真西山帅潭，会十二邑宰湘江亭，作诗曰：从来官吏与斯民，本是同胞一体亲。既以脂膏供汝禄，须知痛痒切吾身。此邦素号唐朝古，我辈当如汉吏循。今日湘亭一杯酒，敢烦散作十分春。盖袭梅溪之意也。

廿八日。与佐廷同驾小舟至东岸测量水势，而下铁龙二架，即所制铁锚，营中皆呼之铁龙也。

廿九日。奉廷寄，据桂钦使奏，夷酋嘈噜嘶四月初旬至澳门，由澳门至上海转至天津。盖去岁议和时，原定五月至天津更（约）〔换〕和约也。并云小火轮八口护行，每船载兵可七十人。然则七八五百六十名夷兵耳。是日未刻大雨，顷刻而止。

三十日。大风。露圃、达川、献廷、树蕃、五元五人公邀早酌，盛肴罗列至三十馀种之多，醉饱而归。接孙琴泉信，以余黼臣名上华，兵部主事，天津验米随员也递寄黄恕皆一缄，内有葆芝岑、孙芝房二书，并蒙芝岑寄炭金也。当复琴泉、黼臣并卞子城、夏实吾四信。

四月

四月初一日。与佐廷量准炮台下河面广狭及深浅，次第曳长绳两岸，中用三小船牵系。每隔一丈五尺，以麻束而记之。别一绳悬大炮子重三斤者，从束麻处下测水势之深浅。佐廷量东岸，而予量西岸，顷刻而毕。

初二日。大风。廖枫庭、骆望如各以扇求书，并求画兰。为廖画瓶中兰，系以诗云：兰气熏人酒半醒，绕阶风暖送馀馨。二分春透胶牙雨，一寸根藏守口瓶。为骆画盆兰诗云：爱惜田家老瓦盆，一春戢戢长兰荪。含香体洁无人识，空谷风来自掩门。

初三日。西都护、恒制军随僧邸炮台验炮。李云舫漕督、春沛田参府来谈。制军还津辞行，遣卒持柬送之。戈什哈尚宗义、石俊英出差江苏回，谈江南北情形甚悉。

初四日。恒月川制军奏请前调黑龙江、吉林马队各一千并赴津防堵，奉朱批著照所请办理。此间防务，惟候上海来信，无需增添兵力。且喜胡咏之宫保乞调黑龙江马队一千，或可从此拨调。草头沽炮台已成，僧邸命外火器营兵三百驻双港者，移驻草头沽。

健锐营兵三百驻双港者，移驻石缝，缘石缝海口营兵为乐虚舟镇军裁存无多故也。其内火器、巡捕两营，当留驻东沽炮台。

初五日。立夏。海口气候殊异，尚袭重裘也。尚宗义抄来上海各国领事名目，如英国、法兰即佛郎西、花旗，各设领事、翻译，为三大国。其曰西洋，则粤人素称荷兰为西洋，葡萄牙亦名大西洋，未知其为何国也。曰吕宋即西班牙，曰布路斯即普鲁士，曰丹麻尔即嗹国，皆专名也。曰昂不尔，曰亚尔敦不尔皆日耳曼列国，曰瑙威，曰喘威敦，则不详何国瑙威或即播威，制表最精。并俄罗斯为十二。俄夷去岁和约准令五口通商，今初设领事也。

初六日。天津驿递送到周弢甫、谢雨芗二信。弢甫信由金陵小水关大营发，知方在雨亭将军幕中也。石襄臣来营，僧邸札令办捐，备添修炮台及制铁锚铁链并铸炮之用。

初七日。致竹汀、恕皆两信并湖南信交竹汀转寄，籥门中丞、时卿观察、芝岑太守并季高、芝房、仲云、小溪及家信共八件。有王姓者，专往来京师走信，即交带去。制军奏北塘营移至营城，并请令北塘营游击冷庆回任，奉旨照所请办理。

初八日。孙琴泉、李云生来谈。琴泉立谈数语，仍起程回津，以验收米石，公事忙冗，邸帅令回郡城也。接咏之宫保两信并涤生司马一信，由折弁马姓专送来营。

初九日。复咏之宫保、涤生司马书，并书寄孙琴泉。

初十日。随同邸帅赴炮台阅看水勇。置旗二十面，令各勇皆自东岸凫水至西岸，以所至次第举旗，领赏有差。其凫水后至者，仍留营外。百馀人不敢凫渡，撤其水勇口粮。盖海口营口粮月给二两三钱，水勇则二两八钱也。

十一日。崇地山递到李辅堂信。复弢甫信，并书寄金眉生都转。

十二日。邸帅命同诸公赴炮台议海口水师营章程。原名海口营，后加左右二营。去岁瑞械泉相国始定左右各分中、前、后六营。

十三日。私议六营章程十二条呈邸帅，以其中颇有与帅意相异同者，故不与诸君子会呈也。运台宽佩吾相见略谈。

十四日。接周星桥、吴凤堂两信。周季长为吉农从弟，持星桥〔信〕来求荐一馆，予无以应也。为赠川资，速其回津。季长为言，本科会试相识中获隽者，黄晓岱一人而已。

十五日。恒月川制府，崇地山厚、鲍小山桂森、德景融椿三观察来谈。接皞臣、篁仙、竹汀三信。下午大风，海防事以周易卜之，得明夷之贲。

十六日。秋帆查知铁龙厂铁斤已逾四千，乃以西厂秤呈之。邸帅属佐廷复秤。凡更易数秤，仍以收发处官秤为凭。每百斤除八斤五两。

十七日。制军回天津。地山、秋帆商定折片一件，谓当以议抚属之上海，以议剿属之天津，且谓和（议）〔约〕仍当从上海更换，先以天津民勇强悍阻其赴津之心。予谓此皆朝廷始终坚持之议有所甚蔽，而未达顺事恕施之义也。正须力破此见，而后可议剿抚之方，岂可复据此为言乎？序东、冶如各求书。

十八日。李云舫北塘差竣回营，知丁心斋已奉委清查附京旗地。

十九日。接孙琴泉信，言志城过郡城得一见云云。心甚讶之，大约周季长托名耳。

二十日。接文星崖方伯、陈子鹤尚书两信。李云生来畅谈，并出示黄惠廉治安策、金召棠开引河泄水及修闸议。黄，广东人，能为夷言。金，天津人也。

二十一日。孙琴泉至营，邸帅令将各工程簿册并交管理。以制军奏请工程报（消）〔销〕皆归承修各员，邸帅故以此难之也。

廿二日。琴泉来谈，其随员徐春海亦得一见。徐盖主详稿定工程报销章程者也。

廿三日。接方子箴信。廷寄拨马队五百交傅军门振邦。邸帅请并以续调之马队二千与之，责令防堵北窜。军门现驻宿州也。

廿四日。何朵山、鲍小山、崇地山先后来谈。为秋帆、佐廷、露圃书扇，各作三诗与之。

廿五日。琴泉以邸帅与制军抵牾，求计于我。因为商议一折稿，请以捐项弥补工程，解释前折于无形，似为情理俱顺。史军门送山葱、柳蒿、如意菜即蕨、鸡脚膀似蕨而长四种，询知为古北口贡菜也。生铁佳者鲜蒿腿，次细镰，次山阴，次粗镰，次铜条。其名色甚多，大约皆此数者之类也。云舫、琴泉来谈。

廿六日。廷寄以鄂督请拨天津黑龙江马队一千，饬邸帅酌量拨给。适以昨日傅军门振邦以防北窜请调马队一千，邸帅即并二千与之。鄂中出奏迟迟，岂非数也。

廿七日。廷寄以傅振邦已拨兵千名，无庸再拨。胜保奏请马队千名，饬酌量拨往。邸帅以傅、胜两奏同防粤匪，而其势实不相及，请拨马队三千，另简大员统带。适秋帆病腿，予为拟奏稿。佐廷云，此军仅见此奏也。

廿八日。恒月川制军来谈。以添一夹片，与佐廷上炮台见邸帅。东沽炮台初成，甚佳。

廿九日。与秋帆往看铁龙空当处尚可过船否，因与云舫、琴泉同至东沽炮台谒邸帅。制军来辞行，遣人持柬送之。①

---

①以下咸丰九年五月一日至九月廿三日日记阙。

九月

〔廿四〕① 之。接琴泉专马一信。复书，并致秋帆、佐廷、露圃三君一书，仍交专足领回。云舫漕台以腹疾，请缓一日启行，因与定约先行一日，沿途缓行以俟之。致书秋帆诸君，属回明此意也。

廿五日。廿里，长屯。见树木茂密，环绕运河，略似南中景况。过一庄，粟秆堆积，蔬菜盈畦，心颇羡之。又五里，陈官屯，有市肆。又廿五里，尖唐官屯。又卅里，罗家店。又卅里，宿兴〔济〕市镇□□，青县所辖地也。住邵姓店，宽敞精致。游□□下，尖宿之地未有如是之修整者。专静海县送差张锡龄至沧州寓书卞子（津）〔城〕刺史，属明日风化店一晤。为书致文星（岩）〔崖〕中丞，拟交沧州牧专送。致李云舫漕使，拟交盐山令便递也。行八十里。

廿六日。四十五里，风化店。巡检姚冶如镕迎道左。询知自营以病假回任，余尚不知也。廿里，旧沧州，卞子城迎候于此，治酒食甚丰。启行后，惟扰姚朗山及卞子城两顿也。从渠借书，以董醖卿京兆所刻《随轺载笔》、《甘棠小志》两种相饷。车中无书可阅，聊借（销）〔消〕遣。考证山川道里亦详核。五十里，宿盐山县西关。县城极荒落，住店尤陋。盖自静海至兴济，北达青县，南达沧州，皆距大路不远。行旅往来，尚时有之。沿路市肆，颇亦繁盛。东南趋风化店，则皆沿海陋区，满目荒凉矣。问县令李景沅借马一匹。自盐山以南苦旱。询悉六月中下雨一次，麦粟两

①以上阙。

收俱无几，明年春麦至今未能下种，民皆觅糠籺为食。闻入山东界，荒尤甚。狼驼子河距县治八十里，有市肆颇繁盛，洋药所从入口也。利源塞而不知通，民气凋而不知恤，今之从政者难哉。行九十五里。

廿七日。三十里，王墟、盐山、庆云交界处。三十里，庆云县东关，尖。西城外有店铺，而门户皆闭，若无人者。询之，十二月集场始开。城内惟见土屋百许间而已。县令桂香岚山，甲辰同年也，来见，谢未能伺应。旗人仪节周到，自胜汉人。致李云舫漕使书，□交桂君转递，以昨盐山令无往返之仪，未便托之耳。四十二里，杨和尚寺，有市肆，为东、直两省分界处。十八里，阳信县东关宿以初入山东境，为文质诸神明，当天拜而焚之。从县令杨际春借马一匹。百廿里。

廿八日。卅里，商家店，亦大镇市。十五（店）〔里〕，桑树店。十五里，新店，尖。自桑树店至此，为惠民县辖地，过此则滨州境也。五十里，蒲台河即大清河，距利津河六十里，亦古九河之一也。自河决南阳，东趋利津入海，武定府属县皆在黄河之委，被河患亚于曹州。本年苦旱，近河两岸被水，距河远者又被旱。询之土人，蒲台全邑收成可两分而已。渡河有南北两马头。官马头在北。土人指予南行，为堤所阻。一老叟言当绕北行。途遇一人，又指而南。凡数往返，而日已暮矣。河为黄流所漫，马头及两岸柳株皆在水中，而广仍不逾里。水溜甚，久乃得渡。王明德、赵胜从官马头渡河，先到逾时。蒲台县城西关宿。阳信杨令，蒲台吴令，考其官声，皆不免为民怨也。海丰县之大沽河即钩盘河，世所称老黄河也。海口不及利津口之大，然每年闽广船至者亦数十号，上海及牛庄船则终岁不绝也。武定属县洋烟入口，以利津为大宗，海丰、大沽河次之。霑化县之马颊河，则河水淤浅，通商无几。行百一十里。

廿九日。廿四里，新店，滨州属。滨州属地，跨蒲台南北两境。卅里，康家坊，尖，博兴属。卅六里，草桥，宿，乐安属。自新店以南，皆青州府属境也。蒲台杨令借辕骡一匹，韩姓庄马也。雇行数程，以免借拨之烦。每日索钱四缗，东人狡猾嗜利类如此。此行每日约费六七金，未敢一扰动州县。沿途见设立公馆，探差四问，惟以李大人为言。仆人语以郭姓，皆去不顾。漕使旧显贵，故能动人，而此行为奉旨严密查办之件，殊未宜也。晚，阳信杨令专马递到漕使一信，知亦于本日辰刻过阳信矣。行九十里。

三十日。廿里，延绥店，亦大镇。五里，颜家口，过淄河，南距临淄县约不过三四十里。水清浅，可四寸许，广才数步，略如小沟而已。北归清水泊入海，土人谓之北海。十五里，酆家渡口乐安、寿光分界处，亦大镇，有桥，下临深沟而无水。廿里，新店，尖。卅里，寿光县北关，宿。行九十里。

十月

十月初一日丁酉。十里，张店桥。渡巨弥河，河深六七寸，广十许丈。土人树木桩为桥，覆土其上。往来过者，索钱数枚。车马从桥侧乱流而渡。沿途种长生果，收成略好。自盐山至寿光，岁收甚歉。询知长生果及菜蔬，较麦粟收成略佳也。廿里，稻田，亦大镇。市心有高桥，桂水所经。卅里，流芳桥，尖。水名大于河。八里，小于河。皆有桥。十二里，潍县北关，宿。复兴店主谭毓岩，于各海口情形颇为熟悉。询以流芳桥水名，曰：此大于河也。寿光、潍县凡七水：洋、丹、弥、桂、两于、白狼。两于，大于小于也。其实洋水亦有北洋南洋，丹水亦有大丹小丹。洋水会淄河，归清水泊入海。丹水会巨弥河入海。惟两于河别自交会入海耳。潍县令张楷枝，历任六年，官声尚平稳。行八十里。

初二日。阳信雇骡一头，帮坐车边套。至潍县，求归甚力。盖初议原只雇送潍县也。因另雇一轿车，并坐车一切器具，寄存复兴店。以探知黄县以东，山路不能通车，仍当循海以南，以达潍县，定计存车此店。绕潍县城东过白狼河，水仅涓滴，而河路甚宽，跨以石桥。自近潍县境，山川气势颇雄敞。此行所过郡邑，无若潍县之开朗者。三里，又涉一小河，盖东于河也。廿七里，韩亭，市镇极大。有庙高数仞，颜曰白云寺，颇雄峻。市西有高桥，为寒浞河。十里，油埠，亦小市镇。廿里，王路，尖。卅里，玉庄，渡潍河。潍水经诸城北，会安邱之汶河，又北经昌邑入海，距潍县稍远，不知潍县何以得名。廿里，窨儿上，宿。白狼河口名古地，属潍县。潍河口名下营口，属昌邑，通关东。米船岁入关东豆及高粱无数，内地之麦亦时运以出海。邑令每截出运之货，索取陋规，每斗百钱。关东斗卅六升，下营各口同。昌邑卢令文选颇有贤声，乡人称其案无留牍，能爱民。入山东境，初闻百姓之诵官贤也。百一十里。

初三日。廿五里，新河。河面颇宽，跨以石桥，即胶莱河也。自海北以通海南，此为胶莱北河，东岸有市镇。廿里，山埠。冈岭回互曲折，行沙砾，颇艰滞。十里，灰埠，为平度州境。廿里，白沙河，尖。河南行与胶莱河会。廿里，高村，村西有河极宽，而水源仅一线，当即掖河也。河东岸巨石嶙峋，车行石罅中，盘旋摆簸，此下路皆沙砾。卅里，莱州郡城西关，宿。贡荆山观察璜，行一、王心斋太守鸿烈，行三、汪秋潭郡丞澄之，行二、许则友大令乃恩，行八、柏参戎祥并迎道左。殆昨潍县换车时，知予有此行，为传知耳。胶莱北河口名海仓，属昌邑。掖河口即海庙口也，属掖县。百廿五里。

初四日。荆山观察赠予所绘《登州海口图》，殊不甚详备。诸君相送城外，因乘马行二十里。十里，十里铺，有小河名十里铺河。廿里，平里店，有市肆。五里，横河。廿五里，朱桥，尖。廿里，新城，招远县属地。廿里，磁口。廿里，黄山馆，宿。有巡检驻扎，属黄县。市西有河极广，水已枯涸，而河身所存积水沟犹三四处，当即界河口之上游也。是日所过河沟约七八处。盖自掖县以东，山势环合，溪水四会，所在成河，居民无能举其名者。接星（岩）〔崖〕中丞书，并派戈什哈一名崔锦章来接，因留伺候。沿途皆沙路，车行甚滞。行百廿里。

初五日。卅里，白马街，有市肆。卅里，黄县，尖。县令鲍桐舟瑞麟，意城丁未教习同年、典史李煌、外委赵振邦迎候道左。坐车雇至黄县。黄县以上则皆山路，不能通车。因留换骡数头，负行李前进。问桐舟大令以地方绅士之贤者，仅开具贾敬之孝廉一名，则贾中堂之侄也，亦太疏矣。忽枉程仪之馈，俗所云过山礼者，并小礼四分。并命却之，且传集戈什哈、仆夫等，剀切晓谕。虽皆唯诺听命，而不能无愠色。因传谕前途，不准再有此举。转思云老所以不愿同行者，或是故耶？申刻，县令代雇得骡六头。探知三十里铺有小店三间。予曰：可矣。遂催趱启行。去城五里，过黄水河，十里，即山路。石径崎岖，微得月色，辨路以行。至三十里铺，则皆倚山凿屋，宽广不盈丈，万无可住。而黄县送差者，各备火具为夜行之计。盖此路实无可住宿，而不以详告，则黄县办差者之过也。偃蹇行至四鼓，始抵登郡。衣故不甚厚，轿布围四面透风，寒气入骨，且困甚。距城五里，则曾镇军逢年、汪太守承镛、江大令继爽皆迎候道左。以迫促启行，致终夜苦累，既劳仆从，又劳及诸公竟夜伺应如此，实用惘然。自莱州以东，秋成六七分，较上游为佳矣。行百廿里。

初六日。早，乘马出东门，入旧城，至蓬莱阁。盖登州郡城，临海三里许。明人防倭寇之乱，更于城东濒海筑水城土人名之旧城以守。城四面皆居民，而中洼下。濒海开水窦通舟，为天桥口。西有炮台一所，东即蓬莱阁也。至则镇军、太守以下并集。先至阁下避风亭小坐。俯临大海，大秦岛、小秦岛、南王秦岛、北王秦岛并列于前，东为长山岛，再东则庙岛，相距六十里，犹可望见。须臾，雨。海气迷漫，各岛并隐。循亭之西，由石级登蓬莱阁，视亭中所见，加阔远矣。又下至苏公祠，龛联云：我是东坡旧居士，依然（古）〔天〕竺古先生。循祠西，倚墙望天桥口，有小船十馀只湾泊，贸易故无多也。阁东为西山，所谓西山口也。东有沙嘴，弥望皆沙滩。蓬莱所属凡八口，惟天桥口有粮食船出入，县令于此征税焉。回至公馆，曾丰亭镇军逢年，行三、汪晓堂太守承镛，行二、图田农郡丞桑阿，行三、江垲轩大令继爽，行一，甲辰举人、参将署中营游击特屯布、右营游击毛凤岭、水营游击邬秉城以次来见。镇军本城所辖三营。中、右二营各兵六百，驻郡城。后营兵三百。馀为水营，驻水城。有旧战船六七只，损坏过半。询知每年春夏间须一巡海，与旅顺营会哨于庙岛各处。饭罢启行，镇军列队相送，体制极严整，守备以下皆跪送道左。五十里，至五十里铺，宿。沿路循海行，僻隘多沙石，间睹茅屋二三间，无村庄宿处，仅一野店，而房屋却极修洁。江大令开具绅士四人：一直隶候补府张健封现在家，一前任广东电白县赵元章，一孝廉方正杨成林，一经历衔柳壬海。大令与黄县鲍令，皆安徽人，质朴驯谨，并山东好官也。五十里。

初七日。十五里，过平行河。沿路溪河五六处，多已枯涸，惟此河极广，中有积水，土人名之平行河。二十里，江南沟。有深沟，跨以石桥。东有峻岭陡上，皆顽石沙砾。南望九眉山，高入云表。此岭亦其枝脚，横趋而北，若列屏然。十五里，小新店。十里，古县街，尖。十五里，刚邮。廿里，福山县北关，宿。县令余枱藕舲，行四、典史庄景贤来见，并呈福山海口图。余君年老矣，貌极诚朴。询问海口情形，似亦不逮所闻。其言虽未足为实据，然福山一县濒海，东无枝河可通旁邑，山路险僻至不能通骑，由蓬莱百四十五里至福山，竟未一遇客贩，间见一二骑负运行货而已。谓烟台一口可以筹饷，窃恐未必然也。同年萧秬香适家居，请至一叙。住宾阳书院，即秬香掌教地。堂悬于耐圃相国敏中长联云：玉册炳中天，迎日长留羲仲宅；鸿文昭薄海，登山不数李斯碑。董蔗林相国诰八分书联云：窗横竹叶清如许，人比梅花瘦几分。董香光长幅一绝句云：当面江湘起卧龙，武陵樵客践仙踪。十年楚水枫林晚，今夜初闻长乐钟。俱佳品。秬香述本邑绅士之贤者：一武进士吕文凤梧冈，行二；一鸿胪寺主簿栾季韬雨帆，行四；一举人谢会清镜堂，行一；一生员谢伟勋、王保玠；又蓬莱慕曰镡，如山观察维德之子，兼有品学，其子本科中式第三名。秬香又述悉藕舲大令之贤，谓其清廉忠厚，于福山小邑尤宜。并言前令何少谷维堃、谭竹均承礼皆好官。何任一年，有声有色，才具较长。谭任四年，又在何前，亦本色人。而皆不若余令之诚实安心为好官也。行九十五里。

初八日。五里，清洋河。五里，大姑河。两河并深数寸许，而径北会入海，名大河口，已淤塞不能通舟。十里，朱矶。十里，烟台。自县至烟台，地势平衍，山岭回互，树木葱郁，风景绝佳。烟台山自东北行斜折入海。而芝罘岛由大河口折而东，与烟台山环抱如城，海船收泊避风最便。故烟台一口，遂为商船之所辐辏。惟福山居海东维，山路险峭，水不能舟，陆不能车，富商大贾，无居积于此地者。使有内河舟楫之利，则此一口且当驾天津而上之矣。余令从予海口，命之归，汇呈税务章程。又命海口巡检严国礽开呈各行店名目。行三十里。

初九日。酌定章程二扣，并传询裕成、公顺各大店情形，所言多隐讳。闻中丞委员董守步云、博守文，今日已抵县城。至烟台山顶一望，亦一奇观也。

初十日。萧秬香带领吕进士文凤、谢孝廉会清、栾主簿季韬来见。董太守、博太守并至一谈。余令亦至。以调蓬莱县绅士二札交余令代发，一直隶候补（候）〔府〕张健封，一孝廉方正杨成林也。连日访得实在情形，税局取税以三厘为率，每百金得银三两。县官七成，巡检二成，之罘汛外委一成。税银唯收买主，不收卖主。而闽广船停泊者，但通贸易，即缴船税，以船千石税大钱六（千）〔十〕千为差后又询知每船约银六十八两，此则官及差役并分之，不在税则之中者也。此间货物运南，豆、麦及豆油、豆饼之类，皆自关东来者。本地所出，米粉而已。凡货出入，并抽税。烟台向无行户。闽广船至，必投所相知者，乃揽以为客，为之代觅售主。买卖两边，各得行用二分。所谓私充行户，包揽把持者也。官商网利情形，略具于此。

十一日。秬香来谈，乃知鹿春如观察，斯邑人也。即发书约至海口一见，未知能为一行否。汪、博、董三太守，彭牧、陈典史先后来谈。札博、董两太守，查办商民捐领牙帖事。接中丞来文一件，行僧邸咨文。黄县鲍令补举绅士三人：一丁培芸，壬子科举人；一丁树馨，候选知府；一赵振铎，甲辰科举人。

十二日。秬香回，而鹿春如不至。回拜博彬如行五、董青士行三两太守，彭星桥行三刺史，陈小云行一少尉。因至县局一查簿帐。缴上北货簿二本，南货簿三本。统计所登数，合万一千馀缗而已。

十三日。汪晓堂、博彬如两守及彭牧同赴荣城。传陈少尉至，询探县税局各种陋规。据称，巡役等某船各有规费，或一千或数百。而余所闻闽广船以运货千石缴规费六十串，本地钉造新船缴规费四十串，则皆匿不肯言。接鹿春如观察回书。

十四日。立冬。上僧邸一书，陈大司马一书，恒月川制军、文星崖中丞两书，孙琴泉、崇地山、鲍小山共一书，瑞秋帆、国佐廷、恩露圃共一书，又另致琴泉一书，共七件。惟与星崖中丞酌商事件，及鹤丈处报知一切情形，两书为最长也。发出告示二道：一晓谕添设厘局，一饬商民捐领牙帖。青士、秬香、梧冈、雨帆、镜堂五君先后过谈，酌商定立厘局事宜。

十五日。开厘局。蓬莱张竹人太守健封，行二、杨荫园孝廉成林，行一来见，语及赵端甫大令年六十馀，尚能任事，惟柳老矣。因与诸君会至厘局一叙。以竹人、秬香总司局事。秬香管银钱，荫园管总簿，镜堂管照收及流水簿，梧冈、雨帆管巡查，各系以事而标识之。

十六日。博彬如、彭星桥来见，并呈登州七属收税总单，各小海口归并大海口总单。以明日须赴宁海，料理一切，并批注厘局各簿据，目痛手疲，心力俱瘁矣。陈仁山名寿元，行二、余藕舲两明府来见。致李云舫一书，交陈明府觅寄。

十七日。十里，横沟河，福山、宁海分界处。有深沟而无水，山势陡上陡下，崎岖万状。廿里，青泉寨，即宁海之清泉口也，居民约七八十家。五里，五台，尖。廿里，新安河。沿道小沟之通海者甚多，惟此河较大当即龙门港之（大）〔下〕游，水沟尚深数寸，跨以木桥。五里，刘家铺。十五里，宁海州，宿。州牧马金门行二，福诏为治公馆于牟平书院，牟平，宁海旧名也旧名东牟。传邑绅孔传藤乙未进士，安徽阜阳县，询以绅士之贤者，秘不一言。固问之，则曰：吾家居，恐徒得罪人耳。吾力责之，至于声色俱厉。此公劣不解事，然吾之为量，亦太褊矣。七十里。

十八日。十五里，戏山口。宁海南口凡五：一清泉口，一龙门港口，一养马岛口，一戏山口，一金山口。清泉口昨望见之。戏山口亦从岛门入。其西五里为养马岛口，以正当养马岛中峰故。稍上为戏山，插入海中，海水渟洄，泊船为稳便，故戏山一口又较大于诸口。再西廿五里，为龙门港口，有内港，深一二尺许，大船不能入，为渔户所集。小坐永兴栈，询问栈行亦有数家，永兴其最大者。每岁入口，以关东茧为一大宗。出口则豆饼、线粉之属，馀皆杂粮也。现泊船十馀号，皆本地船，大者为钉油船约千馀石，次为挂箩船约六百石以下。江南沙船亦间有入口者，闽广船则无之。然询悉水深一丈五尺以上，口门宽里许，闽广船尽容出入，未敢信其必无也。福山余令、宁海马牧皆言洋药税厘税并未奉准收税章程，至今未敢举行，而博守所呈各结乃皆有之。检查税簿，实无此项。问之马牧，则曰博守谕令如此。其实戏山口向未尝有运贩洋药之事，不独未征税而已。外间办事，类如此也。收洋纪纲范姓言亦如此。五里，清水河，距城五里。因绕戏山一行，多十五里。又十五里，石子河。又十里，塘西河。皆水沟之通海者。五里，向庄集。十里，桥水庵。其下五里，则金山口也。地为盐滩，有晒盐场。闻金山口尚有盐灶数座。五里，下寨。十五里，酒馆，尖。时日已西下，此去威海城六十里，路亦险远，沿途又无住处。本日行约七十馀里，险僻万状，马力罢矣，因止。宿王氏敬胜轩，堂有联云：琴临秋水弹明月，酒就东山酌白云。为于泉南书佃书。王氏之祖名永祜，乾隆壬子举人，尚有旧家风味也。八十里。

十九日。廿里，鹿头口。五里，盐滩。滩宽约五六里，灶场罗列。登、莱、青各属皆濒海产盐，而无盐课，场课归入地丁。若得人经理之，皆利孔也。廿五里，田庄。沿途盐滩水沟，间三四里必一见之，而村庄颇少，每十许里见屋一二间而已。田庄始略见市肆。十里，威海城，尖。文登令许子孺文禄并文武各官皆迎道左。询知此间课税，以鱼利为一大宗。每船即沙船之属运万斤以上，得课税十两。次则豆饼杂粮之类。闽广南货乃并不上税。许君语言颇猾，恐不足信。饭罢，出威海城东门至海口阅看。店铺约数十家，距城西北约四里许。而许君乃于黄泥沟炮台设坐相候。相距又五里许，即县图所谓祭祀炮台者也。威海口以刘公岛横障海面，黄泥沟山蔽其北，里口山屏其南，泊船最便，亦一好口岸也。大小船只约百许。夷人夹板船四号，泊口内者二，其二泊刘公岛外。闽广鸟船三号，沙船十馀号。馀皆本地之挂箩船也，小者仅及二十石。上炮台瞭望片时，折回威海城，向南行六里，竹岛口，即威海口之横出者。上十五里为长峰口。长峰口闻略有货船，竹岛口则皆渔船也。威海口之西，尚有双岛口，乃一海汊。对岸为遥遥口。正东又一口，名火卿口。县图惟有威海、双岛、长峰三口而已。从海滩行，远见长蜂口。日已向暮，小雨如丝。四里，渐入山路，而雨暴注，山径奇险，人马颠顿，从行数辈，叫号怨苦。十里，蓝家店。雨久不止，乃觅一村家投宿。行李皆已前行，不暇顾矣。时运乖蹇，为天所厄，以苦仆役，为之慨然。马牧开具宁海绅士六人。一常文达候选道，有店名大兴。一孙云洛候选训导。一杨若枫千总。一木棠，一邹凤翰并文生。木君年七十馀，现掌教书院。一杨福盛武生。据马牧言，常君最贤，近有入京就选之说。两杨君，并能办事之人也。秬香开具文登绅士四人。一李厚恺，一陈贡祺并举人。一陈厚祺，一陶受载并生员。许令开具威远城绅士三人。一王者政四川候补府，以丁忧在家，办防堵殴兵丁，为崇中丞奏参。

一丛寿南，一戚多占并举人。蓝家店主人丛姓，为予设榻，款待之意甚殷。主人案头有《福惠全书》一部，宜丰黄大鸿撰，州县之圭臬也。黄，康熙时人，所述官场规矩，多古法度。百馀年来，人心俗尚，盖屡变矣。百五里。

二十日。早雨。主人治面，为供早餐。俟雨止始行，旋复开霁。十三里，马匡。十二里，桥头市东有大河，名桥头河，尖梁伯孚宅，故山西巡抚梁心芳萼菡，荣城人，住文登之犹子也。屋极修洁，有毕曼年方伯丁酉同年，名承昭联云：无欲则刚，壁立千仞；有容乃大，海纳百川。五里，蕉窝，为荣城、文登交界地。三十里，埠柳村，宿。村西有大河，其下为文石滩。通海十八里，皆小石，即所谓文登石也。上三里为北岛，即鸡鸣岛口即朝阳口，有铺户十馀。荣城海口，如灶埠口，距鸡鸣岛口西二十馀里；龙岩口、养鱼池口即马山口在南海，皆可以泊船，而无甚贸易。养鱼池口，则水师习战地也，距里岛廿馀里。是日行未及半程，暮夜行十馀里，仆夫怨苦，乃投宿李氏庄。由桥头至此，路稍平，而三十五里之程至于人马俱乏，盖山路未过弓丈之故也。主人李氏能读书，询以邑绅：一陈象佩现直隶知县，一李健鹏本科举人，一胡锡珊本科副榜。六十五里。

廿一日。李晓霞明府锦章早赴埠柳村一见。十五里，上埠头，过王氏庄。围墙绵亘，一望无极，荣城之巨富也。廿里，里岛。山甚粗恶，有二断山横插海中，中间水荡可以泊船，山坳有市肆百馀户。尖天后庙，庙略毁坏而极宽敞。上炮台一望，因石矶为台。中有小庙，为海神庙。左右设三千斤大炮二尊。北望马山，东望成山，蜿蜒奔腾，横截海面。里岛口泊闽广船一号、沙船十馀号，馀皆本地之挂篣船也。十五里，新黄口。山陡险，怪石嵯峨。五里，度岭而南，路略平。廿里，崖头，宿。李明府举邑绅，曰孙应福拔贡，曰鞠日新、曰胡锡琳并生员。略考校诸绅为人，孙应福、胡锡珊二人当可用。荣城居东海尽处，三面环海，海口为尤多，最著者石岛、里岛。然里岛形势实远不及威海之开朗。就海口之可纪者：与文登毗连，曰海埠口。稍东十里，曰灶埠。五里，曰文石滩。东五里，曰朝阳口，与鸡鸣岛相对。又东廿五里，曰虾口，与海驴岛相对。又东十五里，曰成山头，为海东尽处。折而稍南，五里，曰龙崖口。又南廿里，曰马山口。马山南，曰养鱼池口，为东（汎）〔汛〕战船出哨处，有水师五百，一守备统之，战船凡四。又南五里，有神堂口。又南十五里，曰里岛。又南十里，曰青鱼滩。与青鱼滩相对而东向者，曰倭岛口，口畸出。又稍折而与模椰岛相对者，曰卸口。又南卅里，曰石岛。又南十里，曰王家岛。其南马头嘴，则文登所辖也。凡为口十七。石岛、里岛两大口外，惟龙岩口、倭岛、王家岛可以停泊商船。朝阳口、虾口、马山口、神堂口、卸口等处，为渔户屯聚之所。检查里岛税簿，棉花、糖、纸皆大宗，而取税甚廉。衣花百斤一包，取税五十。子花三十。银箔每箱百五十。馀则高（梁）〔粱〕、（包）〔苞〕米、关东盐，每石皆三十。问其斗斛，则较关东尤大昨询威海斗一十八升，此云里岛斗四十二升馀，并恐未确。白糖每包七十，红糖五十，盖较烟台而又减半矣。宿张云路学博宅，为故华亭令号新溪之子。屋宇修整，所张字画皆精美。王石谷翚大堂挂尤佳。石谷自题诗云：凉入新秋独忆家，最难辜负好鱼虾。江亭本为诗人作，开尽菱花又蓼花。又李子痴上贤画四帧。陈莲史方伯继昌联云：交亦忘年，坐常达日；仁为己任，清畏人知。邵莲溪勷联云：莫放春秋佳日过，最难风雨故人来。全仿小欧体而有疏散之气。七十五里。

廿二日。十里，南山。远见大海，一片迷漫。问舆人：趋海乎？曰：非海也，雾耳。余谓雾不于天而于地，何也？曰：霜气为日所蒸，蓬蓬然若雾也。已而四顾迷漫，高山半见如浮岛然，亦一奇景也。廿里，小路村，尖。卅里，北山嘴。望见石岛船只，如凫鹥泛泛水中，相距犹二十里也。循山行，石峰巉崿，凶险逼人。十八里，度石桥，乃上山麓。折而南，二里为石岛街。南岸山与模椰岛相对峙，为口门，宽约二十里。两山沙麓，环抱海面，中荡极宽。而闽广船四五号，沙船十馀号，多泊口外。近岸湾泊，皆本地挂篣船也。炮台一座，在南岸沙嘴，距市尚二三里。石岛口极宽敞，而藏聚避风，固不如烟台威海两口之佳也。文登协黄君登第以护送粮艘，住此数月，就见一谈。并札石岛巡检吴增荣，语以设立行户一节，饬令晓谕办理。致李云舫一信，烟台厘局一信，交文登许令递寄。李晓霞明府送阅石岛税簿，二、三、七、八月三百馀缗，馀并二百馀缗，此亦未足凭信。要以鱼、盐、(绵)〔棉〕花、豆、粮、酒、纸为大宗。道人丹室有联云：青山有雪谙松性，碧落无云称鹤心。八十里。

廿三日。十二里，奇山集，巡检所驻扎。四十三里，蔡家屯。十五里，高村，尖刘氏山庄。廿里，虎头山，山势险峻，凡过岭七八，皆石径崎岖，较上半日七十里程为险且远也。廿里，文登县，宿于上舍一新之慎余堂，屋极修洁。石岛去张家埠四十里，本意循海而南，可便道一至靖海卫，而李令以须由文登换夫，颇相阻滞。予以自烟台循海行皆僻地，非由县发夫，则竟无从雇觅，若必强赴靖海，则文登又添一番供应，遂改途赴文登城。许令并典史章体仁来见，询知章君任文登典史十二年矣。寄烟台厘局一信，由驿递黄山县转交。一百十里。

廿四日。文登城小而坚厚高峻，规模甚整齐。出城二里许，有跪道旁者。驻舆问之，则荣成童生王积庆控生员王长浴。阅其词，汇举包粮乱宗诸不根之语，乃还其词而谕遣之。词粘控县四次，此必因小嫌讦告以泄愤耳，荣城令但以一二语晓譬之，即可以息事，乃徒为两歧之批，使其曲直终无所归宿，互相诟笑，以结讼无已。假手瞶瞶之幕友，岂复知有民情哉。今之司民牧者，类如斯也，可叹。因忆壬寅冬司书记辰州守雷震初处，时司刑名者顾西垣，一日就与谈，揭其案卷，见有族人相讦以居丧应试入学事，而所居祖父之丧已逾数月，故非承重。前后控县控府二十馀次，事经数载，或准或驳，而终不能定案。予惊问曰：律有此乎？西垣曰：有之。取阅之，则所编目为主丧，而注其下云：祖父母死，虽非承重，亦期年不准应试，伯叔亦如之。予因问曰：君知所谓主丧乎？西垣曰：凡为子孙者，皆主丧也。予曰：非也。主丧者，为丧主，视敛哭奠之节皆主之。如父在而外，适祖父母死，则孙主之。伯叔虽有子，而皆在外，则期服之长侄主之。乃为拟批数语，申明主丧一节，诘以其父是否外出，及有无伯叔，责令申诉。自是竟不复具控，一批出而案定。往尝记录其批，忘失久矣，因今事复记之。十里，郭家河。架木为桥，凡溪沟有积水者，皆有木桥，此较广耳。十里，郭家滩。十五里，母珠河。木桥覆土，水深五六寸，广十馀丈，土人呼之老母猪河。十五里，岛里，尖。八里，怕山。舆人云：此山东名山也，高可数十仞，无草木。予问何以，舆人言：谚云，雪不过怕山。大雪下此山，即消化，故终不见雪积。廿里，黄良河。河面极宽，中为石桥，两岸又接以木桥，合长数十丈。二里，南黄集，宿，宁海州属也。八十里。

廿五日。五鼓起行。十里，珠江，亦大村市。十五里，黄滩。十五里，谷山，尖。纪纲徐姓，甚俊而能。廿里，下村，海阳属地。黄瑶峰明府景晨，行六迎予于此，距乳山三十里，而黄令以乳山公馆未备，固留止宿。是日大风。旧岁京师有问时政所宜先者，予曰：天下大弊在一欺字。于今事事用之，不独臣以欺其君，下以欺其上而已。如大钱也，钞法也，捐输章程之岁一更也，大抵以术愚人，相率为欺而已。司农经国计，但守一欺字以为生财之道，他复何论哉。偶阅荀悦申鉴，言致政之术，先屏四患，乃崇五政。何谓四患？一曰伪，二曰私，三曰放，四曰奢。何谓五政？兴农桑以养其性，审好恶以正其俗，宣文教以章其化，立武备以秉其威，明赏罚以统其法。而申言伪乱俗，私坏法，盖犹专主下之作伪者而已，岂如今日之政，一出于伪哉。念之三叹。税簿中有麻檾一项。按《说文》，檾，枲属。《尔雅》翼：檾，叶似苎而薄，今人绩为布，亦作蔄。《唐本草》作苘，苘麻即白麻，音读若顷。烟台以七、八、九为旺月，诸口以二、三、四、五为旺月，塔埠头、金家口则二、三、四、五、六、七、八皆旺月也。长山县之周村，济南一大市镇，可以一经理之。六十里。

廿六日。卅里，乳山口。山形如乳，绵亘入海中。母猪岛峙其西，海水分两道溢入，东西各三十里，中汇为大泊，口门不逾里许。各海口口门，无若此之收束者。两岸皆有行店。东岸泊船一，西岸泊船五。口门外尚有沙船数只，询悉避风湾泊者。县局收税在西岸。东岸天后宫，尖。渡海至西岸万亨行小坐。海汊宽广十里，船不甚大而深，其形如斗。风汹浪涠，如雷霆万鼓，澎湃汹涌，风尤刚劲中人。此行自天津沿海行二千馀里，今日始一渡海也。马由东岸绕至西岸，约五十馀里，久候不至，仆夫雇驴数头以行。渡山岭，十里，方里村。又渡一岭，乃循海西行。一路皆沙滩。数里外见海船张帆，绕岸东驶。十里，凤凰山。娘娘庙前一小海汊，见船二只。稍西为小塔儿村。十二里，下河头。河面甚宽，两岸皆有民居，风景颇佳。十里，盐滩。场灶十馀所，煮盐灶火相属。八里，海阳县，宿赵氏之怀永堂。黄令言：海税皆以三分，以棉花、鱼、豆为大宗。每南船至，但成交易，皆先交纳海税，而后按照货物之多少，核缴各税。每船县得二两，千总二两，捕厅一两，行店一两，书办五钱，门丁五钱，海差及三小子及行店小礼又约一两。大约每船但经卸货，皆有此陋规。即县官所得，亦与正税略相等也。海阳所外委另索陋规，不在此数。前在烟台访得船税一条，博、董两守固争以为无此例规。各海口问之，皆有此款，黄令亲为予述之如此，足见董、博两守之疏也。绅士问得二人：一赵钦典，一赵铭阁，皆贡生。铭阁号凤麓，年六十馀，文学甚优。各海口皆自十月后，海道冰冻，即不通贸易。惟乳山口腊月贸易较胜九十两月，缘金家口生理移入此间故也。询其故，则金家口外劳山极高峻，为之外蔽，冱寒成冰。乳山口当正南而无高山，故其县亦谓之海阳黄令言非也。金家口岛深水狭，沙滩数百丈，有小汊以通驳船，平浅易冰。劳山在县南尽处，与金家口无涉也。寄文中丞一缄，并烟台厘局一缄，由中丞转交。九十里。

廿七日。赵氏怀永堂悬长条一幅，书七律一首，后款乾隆己未长夏悢庵郭二翎。诗不甚佳，借鸟以自喻，亦无甚寄托。其起句云：翾飞小鸟远依人。大致如此。记予少时己亥夏梦徐海宗示予一绝句云：不见瑶池八宝屏，人间谁复眼垂青。客中情绪浑无奈，欲倩沧洲画二苓二苓，鸟名。因录以示海宗，海宗笑曰：此诗乃类予所为也。而二苓鸟名，固不可晓。忽忽二十年，乃见有此郭二翎者，以鸟自喻。乾隆己未距今己未百二十年，余岂其后身耶？海阳千总姜松林，长身倜傥，与之语，尚明晓，武弁中似稍优。是日雨。廿里，小滩。官道出村庄之南。十里，颜家村。廿五里，瓦罐窑，尖此。廿五里，路稍崎岖，尖王氏庄。主人任直隶知县，字画书籍，琳琅满屋。汪文端由敦一联云：官亦有时身入画，鹤因无事口传梆。出语妙矣，对语乃奇离。米汉雯大挂屏一张，马世俊小方一张，各书一律。米诗云：细柳新蒲绿未齐，楼台春泛五湖西。樯帆影里鱼惊跃，箫鼓声中鸟乱啼。宿雨暗添山色重，晴云斜度水容低。人家只在风烟外，面面天开罨画溪。马诗云：风吹野马漫纷纭，长路绵绵客意勤。寒近徂徕犹有雪，晴瞻泰岱更无云。老翁能说云亭事，盛世谁求封禅文。欲问摩崖高几许，碧天香霭起氤氲。题为《望岱》，皆自录所作也。廿里，邢村。廿里，羊郡集，宿。莱阳县陈伯平明府恩寿年二十八，与语甚明晓，因与畅论居官之要。因自言莱阳有书院而无膏火，渠为延一衡文者，月与一课决科，录王禄绥第一，今年竟中式，又中孙希陆一名。一榜两举人，莱阳数十年所希有也。城内无甚绅士，惟一举人赵锺儒，甚穷而介。即墨县民李振丕具呈诉其父冤，以阅系金家口行户事，准收备查。九十五里。

廿八日。接贡荆山一信，博彬如、董青士、彭星桥一信。十五里，五龙河。河面极宽，水深处可尺许。近城东西凡五水，合并入此河。十五里，金家口。李琴舫明府云镮，行七及彬如、青士、星桥诸君皆在。检税簿则上税者五家：一孙恒来，一赵振德，一房德春，一赵丰盛，一房永吉。盖无官帖而私充行户者也。其货物大宗进口，以棉花为大宗，纸、布次之，大米亦间见。出口则豆饼、豆油二者而已棉花包税五分四厘。纸件九厘零。布件一钱零八厘。大米石九分一厘零。豆饼块一厘零，约钱二文。豆油篓三分九厘。税甚轻微，而每船规费银三两八钱，又进口银一两五钱，浮于取税之数。李令一并缴出，亦足嘉也。收税章程宜可信规费：县三两八钱，捕厅二钱八分，巡检二钱五分，汛员四钱，书办八十文，海差二百文。洋药税得一百七十五斤，厘税未收。栲栳岛巡检席培元来见。巡检驻雄崖所，距金口五十里。询以雄崖所绅士，举秀才二人，曰时翘庭、韩培瑶。饭罢，至岗上龙王庙，观海口曲折。金家口与莱阳诸海口同一海汊，地势稍折而东向，香岛、青岛、白马岛横蔽其南。海势束如小溪，径东又为莱阳之蠡岛所蔽，不见大洋。大船亦不能入内汉。惟驳船数十百号，鳞次布列。市东一片沙滩，又横出一小港。驳船乘潮运货，皆在此港。即墨图形如肺下垂，左为莱阳之五龙河，右为胶州之胶莱河，县城当垂处之中脊。金家口在其东北八十里。金家口径东四十五里，曰七口。地势折而南，稍凹入。由七口横度四里，曰芦口。又南五十里，曰坡子口。东即田横岛。又南八十里，曰臧村口。又南四十里，曰淮子口。又南廿里，曰文武滩口。又南七十里，曰登窑口，劳山横当其前，为即墨南境尽处。自登窑口横度而西七十里，曰青岛口。又迤西北五十里，曰女姑口。又折而西五十里，曰阴岛口。又西十五里，曰会岛口。自淮子以南径西至会岛口，并胶州营汛地。青岛口、女姑口两处皆有税局。金家口以三、四、五为旺月，六、七两月为闲月，八、九较佳，十月乃极旺，视诸口又稍异也。赴岗上，见小车运载豆饼、花生上船，以数百辆计，填塞街道。沿海遍历，初见此景。是日行三十里。

廿九日。十里，南泉。十里，笥里店，尖。卅里，浦珠店。卅里，即墨县，宿。王心斋太守来见，始知中丞以廿五日出省，途次不能就见，乃以一书约其先赴胶州，未知能见允否。馆崂山书院，中厅有顾凡长幅，书绝句一首云：片帆风细酒初消，回首阳山路未遥。此去与君吟眺处，夕阳孤棹虎山桥。李明府开交绅士三人。一黄念昀，劳山书院山长，年六十馀。一江恭先，前直隶知县。一江方衔，国子监助教。皆邑举人也。郭瑞甫总宪琇乃邑人，在汉则王吉、王骏、郑康成。康成，高密人，为今即墨地也。八十里。

十一月

十一月初一日丙寅。三十里，鸟村。村东有河，询之土人，曰鸟村东河也。二十里，赵家屯，有河，亦名赵家屯河。十里，南村，尖。十五里，店口集。距集东三里，有河极深，曰沽河，中即夹河套。距东二里，又有河曰汉河，并有石桥。汉河当即胶莱河正流，与新河分南北流。胶州城东二十里，为胶莱河正流，即土人所谓汉河也。其东二里，为小沽河，出掖县之马鞍山。其西二里为碧沟河。三水会处名三岔口。又分二道东西流，约一二里复合，是为胶莱南大河。其分流处，中为夹河套。廿五里，胶州宿，馆胶西书院。胶州牧蒋省庵刺史通，行五来见，人甚朴实。即墨李令能疏财，海口所收税悉数缴去。自述署阳谷事，以十月交卸，所征钱粮并封交后任。果尔，亦人所难也。然此行所见州县，语言侃侃朴实，无若蒋牧者。接李漕台一信。一百里。

初二日。赴塔埠头海口一阅。出东门向东南行十八里，先至税局小坐。胶州协副将春祺、水师前营游击陈其恕列队相俟水师营在市西南三里许，曰营房。行户廿馀家，有小沟通水一线，小船乘潮出入，驳运货物。一片沙滩，不能瞭远。至街南一小阜上望海口，相距尚约十里。劳山峙其东，灵山岛亘其西，大珠山、小珠山蜿蜒旁薄。竹坌岛、槟榔岛散布海中，如凫鸥拍拍而已。其贸易之繁盛，乃在附城之西南郭，载货大小车相属于道。旧设行八家：福广行曰孙公顺，杉木行曰王德茂，棉花行曰陈正隆，驴骡行曰匡吉成，草果行曰王祥升，油饼行曰孙裕盛，腌猪行曰徐德顺，干粉行曰匡公聚。近岁贸易，一分于金家口，再分于烟台，闽广船遂无一至者。所定货物估价则例，视天津参差甚远。然所见出口之山查、花生，则例中乃未列入，亦殊不可解也。行户如杂粮、杂货，又须得添设为宜。蒋令开具绅士单，曰候选吏目张祖樾，曰候选知县高含章，曰兵部主事傅儒功，曰举人、员外郎王士庥，曰员外郎孙大同。胶西书院山长方鲁生潜，桐城布衣也，竹如方伯荐主讲席，就与一谈，出所著《心述》三编、《性述》三编、《述馀》一编、《与吴竹如辨心性书》二编见示。盖其学杂出于佛老，以心学为宗，多得之陆王者也。

初三日。接福山六百里禀报，当函致贡荆山、汪晓堂两君，并札饬陈令办理。《州志·盐法》：李全兄福与张林争市舶利，有六盐场。今可考者，惟石河、行村二场。明嘉靖时讫今乾隆间，运判驻胶州，石河大使兼行村场，辖地犹有二州胶州、宁海州四县高密、即墨、海阳、莱阳界地。胶州滩场十一副，盐锅四十三面。即墨滩场十五副，草荡四处，盐锅九十三面。莱阳滩场二副，草荡四处，盐锅二十一面。海阳滩场十二副，草荡廿四处，盐锅五十四面。每锅一面，征银一钱。石河场配运额票一万一百卅三张，每岁应配盐二百廿七万九千九百廿五斤。康熙间，登莱青参议道丁蕙奏归里甲征一税。自是昌潍以东不食官盐，而额票惟虚文，谓之黑扒票。嘉庆时，以黑扒有名无实，裁之。胶州黑扒票三千张，高密一千二百六十三张，即墨二千张，莱阳三千八百七十张。乾隆三年，拨给海阳七百卅三张，宁海一百七十七张，馀二千九百六十张，每票银一钱六分七厘七毫一丝六忽，以上皆配运石河场盐。宁海一千一百二十张，乾隆三年拨给海阳二百九张，收拨莱阳一百七十七张，馀一千八十八张，配运石河场盐七十七张，馀配登宁场盐。海阳收拨莱阳七百卅三张，收拨宁海二百九张，共九百四十二张，配运石河场盐七百卅三张，馀配登宁场盐。又笔帖式解费，不随引票（滩）〔摊〕征。胶州、高密、即墨每处征银十两五钱六分，海阳四两六钱四分，莱阳十两七钱七分，宁海九两二钱三分。纸朱公费，每票三厘。银票公费，每票三分四厘五毫。都翰公费，每票一厘四毫。饭食公费，每票一分四厘。残票解费，每票一厘。随课征银：给兵公费，每课银一百征银九钱六厘二毫五丝二忽。平饭解费，每课银一百征银四两四钱。灶地有原额，有新垦，每亩征银六厘。又加摊灶丁银、迷失灶地银、盐锅银、鱼盐课钞银、解费银。民佃灶地加摊灶丁银、迷失灶地银、原额盐课银。大抵登、莱、青三府州县，地近盐滩，向只空立商名，均派里地。雍正八年，题请盐课摊入地亩，而犹存额票之文。至嘉庆时裁，旧征银解胶莱运判。嘉庆时，运判缺裁，直解盐运司。《盐法志》云：东海取盐之法二。负海近者晒以池，厥形颗，厥品中，是谓鹽盐。其远而不宜池者，利用煮，厥形散，厥品上，是谓末盐。石河场旧行鹽、末二盐，后以滩退水远，鹽盐难成，惟行末盐。煮盐之法，临海置滩，潮汐时至，弥漫四走，既退而碱留，则渗灰于上而吸其液。别于滩外阜地，叠土逾尺，隆起于地而为牢，缭以细垣，视牢有半，厥形正方。穴其一面以为溜，下承以坎，聚灰牢中，淋以海水而为卤。卤成而试之，投以石莲，沉而下者淡，浮而横侧者半淡。淡则煮费萑薪，故必俟浮而立于卤面，乃注盘而煎之。周盘四围护以织苇，固以蜃泥。自子至亥，为一伏火，可煎六盘。盘凡百斤。诘旦，出牢中灰，更晒之。夙卤未销，得新益壮，映日浮花，散若轻雪。复纳诸牢，渍卤尤壮。故蓄灰之法，以久而良。旱则土燥，盐沉不起。潦则水淫，盐解易散。煎，人事也，亦重天时。此段文义甚古雅。胶州人物，尽多知名者。汉则庸谭，宣帝时人，传《古文尚书》、《齐论语》者也。明则阳武侯薛禄、大学士高宏图。与方鲁生夜谈，因及唐鲁泉殉难事。渠因出所为诗，有哭诸死事者，大都予旧识也。一汤雨生协戎贻芬。一徐子逢观察丰玉，兼及张仙丹观察汝瀛、李紫藩太守檷。一金橘仙太守云门。一包牧庵纾青，兼及张小嵩秀才勋。一马命之孝廉三俊，兼及金太守光筋。一江忠烈公忠源。一即唐鲁泉大令治也。汤雨生死狮子窟水中，临终赋诗云：死生原一瞬，节义重千秋。骨肉非甘弃，儿孙好自谋。故乡魂可到，绝笔泪难收。藁葬何须惜，生平只梦游。鲁泉赠其门人甘玉亭绍盘归桐城一绝云：一望长江百尺涛，与谁挥手策灵鳌。君乡忠毅坟前木，好作人间上水篙。语殊崛奇，犹见凛凛忠义之气也。鲁生诗不甚佳，惟哭岷老乐府，古致历落。诗云：大星煌煌，照我南邦。彼其之子，不与我守江。大星陨于冈。　大星炽炽，耀我南域。彼其之子，不与我守国。大星陨于谷。　大星陨于冈，谁复我南邦？大星陨于谷，谁戍我南域？彼其之子，弃我不恤。首章谓李中丞嘉端，次章谓舒制军兴阿，三章谓福中丞也。

初四日。专差回，接文中丞、李漕使二信。中丞以烟台事不能来胶。漕使方病。寄到海口各图说。与方鲁生夜谈，言谭子化书，论道化、德化、术化、食化、俭化。庄列之后，无及此者。谭子名峭，南唐时人。同时有齐邱者，官节度使。谭子且死，以化书授齐邱。齐邱沉其尸于江而攘其书，谓之齐邱子。后渔者网得其尸，谭子复苏，书诗授渔人曰，为吾致齐邱：线样长江扇样天，芒鞋抛在海东边。蓬莱咫尺无多地，都在谭生拄杖间。齐邱得其诗，惊卒，人始知为谭子化书也。又言马命之临死自为联云：不图富贵，不计功名，但愿为国家荡寇除氛，使共睹光天化日；是即圣贤，是超仙佛，纵抛此头颅填沟塞壑，也权摅热血忠肠。其子马复震字心锴，年二十，有奇气。因次第及山东吏道之贤否。佳者曰济东道黄良楷，濮州牧方传稙，兰山令姚景崇。劣者曰候补道陈显彝，兖沂曹道王观澄，平原令刘恩第。鲁生又述臧牧庵与鲁一同、江开、钱江数人聚谈，各诩文武之略。牧庵笑曰：诸君所自信为能者，仆亦信之。然但有白金一千，美女一人，致之诸君之前，已尽失其所守矣。众皆大笑而罢。因言往时与江龙门开聚居欢甚，偶指其心戏之曰：事事信君，惟不信君此物。龙门大哭曰：鲁生且不能信吾此心耶？因笑答之曰：只此一哭，一发信君不过。其后龙门官陕西知县，值桐城乱，蒙寄一诗，中云：既衰遭患难，不死定饥寒。复书又进规曰：齐宣王之三好，君悉有之矣。仆请进君以老氏之三宝，曰慈，曰俭，曰无为天下先。

初五日。胶州州同顾伯良德畴、石河场盐大使叶丹戌钢、吏目张延焜、委员文龙禹门，行四来见。叶大使略述税务情形，言往时吏目每船得银四两，后为人讦告，此项并入提解款内。又每月有规费四十五金，并解省库。每一新官莅任，各行有例规，武营会哨封船一只，各行亦有规费，至一千五百馀缗。大抵海口行户，文武员弁皆资以为生，各县情形大略相同。胶州福广行、姜行往时皆极盛，今闽广船不甚至，此二行无承当者。惟草果行、腌猪行为较佳耳。方鲁生见示所录《倭艮峰日记》，与去岁从陈作梅处借钞一帙，语言略有异同。中载光州文孝廉鹤龄语云：人主一心，时以义理浸润，则正言易入而邪说不能淆。且有臣子所不能言，往往见闻感触，因此悟彼，自然迁改者。诗书之训，何可一日离也。刘念台先生云：天下治乱，不能舍道而别有手援之法。一切功利皆为苟且，儒者之言也，然鲜不迂之者。窦兰泉云，气质不变，见闻知识皆以培其病根，成积重难返之势。心为严师，随事精察，愧此八字。天下未尝无人，待朝廷大气转移之。大气谓何？诚而已矣。有壁立千仞气象，令人不敢干以私，方见力量。方灵皋先生云：恶人在位弗去，不祥。力能去之，而任其播恶于众，是谓拂天地之性，而亏本心之明，不祥莫大焉。魏伯子云：人性各有一弊，而皆取其似美者以自慰，此之谓自欺。处事如事外人，则心有馀裕。轻听妄发最害事，自是病甚大，当如大敌克之。致文中丞一书，博彬如、彭星桥共一书。方鲁生《心述》中编《述极》：《述天》，《述人》，《述佛》，《述老》，《述化》。《述极》各绘为图以明之。其《述佛》十七图，能尽佛之底蕴，为录存之。一曰菩提觉心。二曰无明妄识。一念妄动，便着无明，便转生死轮。三曰四大妄身。妄识一动，抟四大为妄身。现今此身，四大和合。所谓发毛齿爪皮肉筋骨髓脑垢色皆归于地，唾涕（浓）〔脓〕血津液痰精汗泄便利皆归于水，暖热归火，息气归风。四大各离，今者此身，当在何处？即知此身，毕竟无体，和合为相。四曰五蕴积浊。质凝曰色，领纳曰受，因心起想曰想，妄念迁流曰行，分别诸法曰识。觉心如海，寂照含空。遍周法界，本无一物。无明一起，闭于四大顽躯，见不超色，听不超声，遂有山河大地与现前血肉之身，种种妄色积于中而成劫浊。根尘既接，遂有违顺妄受积于中而成见浊。心中揽取六尘虚影，计算筹度，遂有妄想积于中而成烦恼浊。此心日为风力所鼓，生机不断，念念迁流，遂有妄行积于中而成众生浊。心中含藏善恶诸法，遂有妄识积于中而成命浊。其实五蕴在吾湛性中，如空中现花，欲结空果，了不可得。五曰六根六尘六识。无明妄识，抟四大为妄身，内外对峙。内大成六根，眼耳鼻舌身意是也。外大化六尘，色声香味触法是也。内外交而生六识，见闻嗅尝受想是也。其实如来藏妙真如性，一根返原，六根解脱。六根解脱，六尘无著。转识成智，无系无缚。六曰八识。五根所接，色声味触法，意能分别之，故意识最有力。第七传送识，俗所谓记性也。第八含藏识，含藏善恶种子，遇缘即发，真中粘妄，最难清净。转而成智，含藏识转为大圆镜智，传送识转为平等性智，意识转为妙观察智，眼耳鼻舌身识转为成所作智。七曰七大。地水火风四大，加空为五大，觉空与四大者为六大，能觉之识为七大。八曰七趣轮回。纯想天趣，九想一情入十仙道，七想三情入修罗道，情想均入人道，七情三想入畜生道，九情一想入饿鬼道，纯情地狱。想属火，火炎上。情属水，水流下。道家存想久，能飞升，气清而能上升也。七情动，哀则泣，惧则汗，思食则垂涎，思色则流精，贪利则生爱痰，躯体肥重，气浊而必下坠也。九曰十二因缘。妙明本性，一念妄动，号无明。无明迁流，故名行。既迁其体，智转成识，故为识。三者，过去本起之因也。识为生死结根，揽四大和合。无名相中，妄有名相，故为名色。此投胎受形之原也。入胎六根具，故名六入。形成出胎，根与尘接，故为触。领受所触，违顺境界，故为受。三者，现在果也。受必生爱，爱必执取，取必造业，又生后有，故为有。三者，现在因也。既有业因，后果随之，故有生。生又缘老死。二者，将来果也。果生因，因生果，为流转门。缘觉乘从十二因缘悟道，故有出世间因果。若悟证菩提，并无有出世间相，安有世间相。十曰四谛。贪嗔痴是集，生老病死是苦。集是苦因，苦是集果。戒定慧是道，常乐我净是灭。道是灭因，灭是道果。是谓四谛。声闻乘从四谛悟道，故证入涅槃。若悟彻菩提，生死即是涅槃。本来寂灭，何容更灭。十一曰一念回光。十二曰一门深入。六根深入，六尘深入，六识深入，七大深入，此楞严廿五门圆通也。一门深入，皆证佛地。一根返源，六根齐脱。一尘不染，六尘不生。四大本空，空觉同妄。觉泯识销，惟一真实。但随入一门，先得人空。空性圆明，成法解脱。解脱法已，俱空不生。十三曰普门。耳根深入，此六根深入之一门也。观世音菩萨由此证道。楞严会上，文殊拣之以为最方便门。盖十方击鼓，十方皆闻，是谓真圆。声入闻通，墙壁隔不断，是谓真通。声起即闻，闻性自有。声灭不闻，闻性非无。是谓真常。二十五门，惟此门最利，当下即证本原。十四曰净土门。一心念佛，即七大深入之一门也。大势至菩萨由此证道。后远大师、莲池大师专修之，为净土门。十五曰持咒门。一心持咒，此佛为钝根众生开一方便门也。持咒摄心，久自证悟。十五曰宗门。即心是佛。拈花一笑，教外别传。达磨西来，流入中原，直指人心，不立文字。六祖五宗，广宣佛意。即佛即心，非心非佛，非即非非，非亦不立。十六曰律门。戒律森严。佛遗教当以木义为师。木义，戒也。戒生定，定生慧。戒律森严，今生后生，终必入道。十七曰防堕魔外。识蕴未破，堕十外道。行蕴未破，堕十外道。想蕴未破，防十种魔。受蕴未破，防十种魔。色蕴未破，防十种魔。五十种魔外，楞严详之矣。着魔是我未空，堕外是法未空。我法两空，魔外何有？摩诃般若波罗蜜，最上最尊最第一，无住无去亦无来，三世诸佛从此出。终曰菩提觉心。圆满菩提，归无所得，亦还其真法而已。真净明妙，虚彻圆灵，卓然而独存。诸佛所得，故曰菩提。众生本源，故曰心地。交彻融摄，故曰法界。寂静常乐，故曰涅槃。不浊不染，故曰清净。不妄不变，故曰真如。统众德而大备，烁群昏而独照，故曰圆觉。其实只此如如之妙心，不取于相。如如不动，所谓真空也。

初六日。出西关，有水沟极深，跨以石桥，当即墨水河也。廿五里，紫栏村，胶州、高密交界处。十五里，五龙河之一，百脉湖之上游也。十里，高密县南关，宿。高密令陶赞臣绍绪来见，庚戌庶常也。方鲁生鲁生出见其子敦吉，号厚之，甚美言，凡人进道须是气，气须是猛，而降伏却难。如汉高祖定天下，须用韩、彭勇猛之士。秦、项已灭，不加诛锄，天下亦不安。进德修业须是气，气盛即是病。圣贤养气工夫，故不易到。孟子知言养气，尚是前半修德气象，到后曰尽性，曰知天，则幾于纯矣。五十里。

初七日。十八里，周杨村。十二里，朱城河，即五龙河。廿里，徐家楼子。十里，药沟，尖。廿里，北池河。诸城照料尖站在此。药沟自尖矣，见所伺应人三四辈，不忍却之，下舆小坐，公馆亦极华赡。三十里，石桥。诸城令仇叔俞恩注，行三迎予于此。十里，诸城县，宿丁氏宝诒堂。两学刘锦江、周骏声，泊子镇巡检刘会和，典史王恩湛并来见。绕海行二千馀里，学官未有来见者，故急一延见之。诸城海口凡五：胶州南界曰龙湾口，又南二十里曰窑头口，又十里曰陈家口，又南廿里曰董家口，又南四十五里曰宋家口，近皆淤塞。而陈家口迤南八里可以通船，曰陈家官庄，海口仅此一处而已。向归巡检征税，每月报县，年终一总报，春间由县出文解省。起解一切，则仍巡检主之。顷查宋家口、董家口并有商船出入，泊子镇巡检皆经理之。出口以豆饼、豆油为大宗，粉条、草果（爪）〔瓜〕子、花生、山查之属亦间有之。进口棉花、洋布、火纸，诸口皆略同。而所报税仅豆饼一项照例每船载豆饼七百五十块，块报税二文。实任巡检周涛，乃以七月间调省办理军装局。予问周涛调省，撤省耶？抑自请耶？刘巡检云：自请。予曰：泊子镇良缺，而请调省，何也？曰：周涛年富力强，制备军械，渠力能任之，求报效耳。余曰：军械由局员制备乎？曰：然。曰：然则此亦美差耳。曰：此苦差，薪水亦自备。予笑曰：制备军械，岂忧无薪水哉。巡检向驻信阳庄，董家口迤南约八里。后董家口淤塞，乃移驻泊子镇，在陈家官庄西南十里。丁氏宝诒堂悬刘石庵相国一联云：风云揽辔升王路，帘阁凝香读父书。跋云：丁氏甥孙小谢，乃吾甥蔚冈太史次子，年未二十已游庠，嘉其颖异，书以勖之。于耐圃相（家）〔国〕敏中一联云：兰台著作推麟笔，藜阁声华在鲤庭。款书海农，皆佳品也。上刘文正公祠堂联云：诏使经过，山川钟毓原非偶；生平宗仰，气识恢宏岂易几。学官赠《东武诗存》一部凡十卷，邑人王赟山观察赓言选。又开送绅士单：一王谦恒前任温州府同知，一王履亨前任兴安府知府，一李晓前任广西麦岭同知，一王祺海吏部主事，一刘振采戊午举人，一王志浩壬子举人，一臧均之山阴知县，一宋镇峤孝廉方正，一牛纶吉、钟尔权、钟衍庆、丁邦彦、刘丕烈并生员。各县所开绅士名单，无若此之详者。一百廿里。

初八日。卅里，黄范庄。十里，花源河。二十里，流虚店。十里，桃林，尖。有山曰桃林山。镇倚山麓之东，冈岭回亘，路尚平衍。卅里，胜水，宿。出城南望，见山层起。有山露两尖峰，询之舆人曰：马耳山也，距城六十里。其前峰如屏者，常山也。再南则九尖山、五莲山，为马耳山所蔽，瞭望不能及。其东为风火山，山平如案。有峰巍然，出风火山之脊者，卢山也。风火山距城二十里，卢山距城四十里。因记东坡超然台记，所谓南望马耳、常山，西望穆陵，东则卢山，秦人卢敖之所从遁也，北俯潍水。至今风景恍然在目。与仇明府约，由日照还县，为超然台之游。车中撰联二幅，俟游后书上之。

初（八）〔九〕日。五里，白马河。廿五里，泊子镇，店铺数十家，亦大集也。十二里，陈家官庄，海水泛入十馀里。东岸一山极低小，询之，即琅玡台也。上有秦碑刻石壁上。山头惟菩萨庙一所，奉观世音像。海汊外倚东岸有巨石，即鸭岛，店铺六七家。西岸倚山，店无多而屋宇甚宏整。山岭回亘，名紫良山，其实一平冈耳。东望胶州大珠山，剑戟摩天。北为草马山，距海口廿里距风火山南四十里。海口颇宽，泊沙船四只，三板船十馀只。刘巡检云：沙船适以避风至此。恐未然也。行户六家，吴大有、王天兴、陈吉来、王协泰、曹新成、刘谦记，皆包揽货税，而不明取用钱。回至泊子镇，尖。廿里，信阳场，旧设盐大使，今裁而故署尚存，并归涛雒场兼辖。涛雒场引行日照、莒州、沂水、蒙阴、兰山、(谭)〔郯〕城、诸城七属。日照引一千五百，归县销行，引缴税四钱馀。惟蒙阴归官家设行，沂水归商，为有条理。兰山、(谭)〔郯〕城、日照归官设行，而徒有其名，每骡马赴场运盐者，给与一票，取钱三百。莒州则惟行私盐，官不能问。大致如此而已。五里，合滩河。河面极宽，木桥凡二所，河中巨石层叠。十里，过一海汊，无桥，舆人涉水而渡。五里，王家滩，即宋家口之下游也。日照令朱子湘源迎予于此。其兄弟三人皆进士，有同怀会试朱卷。据开海口凡八。一王家滩，距县五十里。又南七里，曰龙汪口。又南五十里，曰石臼所口。又南九里，曰金家沟口。又南七里，曰夹仓口。又南廿五里，曰涛雒口。又南七里，曰张雒口。又南卅五里，曰岚头山口。再南则江苏赣榆县界矣。王家滩、龙汪口、夹仓口、涛雒口并通商船。据朱令云：口门以夹仓为最宽敞，因该处行户无章程，海船不敢交易，致贸易日稀。铺户之多，则以涛雒为最，以涛雒系盐场，盐大使署在焉，为海口一大镇，铺户约百馀间。海船交市繁盛处仍在龙汪口。而予故闻王家滩顷查此口与龙汪口相通为最盛，恐朱令之言不尽足据。诸城、日照两县皆报豆饼税，每年报十馀金至三十金不等陈家官庄报税只豆饼一项，每块估二分；龙汪口估价单，豆饼块四分，其他货物皆私征，不以上闻。进口之货，棉花、布、纸、洋布、茶叶。出口之货，豆油、豆饼、花生、粉条、腌猪、白菜。日照则黄豆、青豆运南者为多，税皆三分。陈家官庄税底：布净花每包七十五。草净花每包七十。子花每包廿。洋布、明布、青庄布、南布每包各百，包凡五十匹也。麻布每包五十。小门布一卷五十。半屏、花尖，皆粗纸也，每块二十。茶叶小篓六十，黄表篓十，川连篓五文。桐油篓六十。麻袋捆四十。桶柴块二文。税簿略可纪者，如是而已。洋药乃得廿五色，又他小口所无也。据刘巡检言，出口之货，除豆饼外，概不抽税。花生、豆油、腌猪等项，并亦无税。其言虽不足尽据，然陈家官庄一口归之巡检，力量更薄，税较他口更轻，且言武营及巡检署挂号各规费，每船多不过一千五百，则又未知何如也。日照朱令则并各规费皆隐之，云查税钱每船约五百。龙汪口、夹仓口有捕厅规费，涛雒口有安东营巡检规费，亦略相等。腌猪每只税三十，则盐大使有例分。盐大使所收，则腌猪腌鱼有关食盐者，皆有规费，其数目则仍隐之。各海口情形，皆不过考察其大概，予亦不乐深究也。人各有用心处，真不直一噱耳。朱令言：龙汪口税归安永成一行呈报，夹仓口税归顺成一行呈报，涛雒口税归丁公和一行呈报。考其缘始，又不能知。所举绅士则毛廷辅书院山长，副榜、许维榕本科举人。苏御史仲山近以续弦假归，住安东卫。予出京久，不及知也。闻王家滩有洋布、白糖、苏木、杂货及洋药诸件进口，朱令并隐之。容再一查。过信阳场，见马耳山已在路北。自北而南，弥望皆山。其近海者曰鹤山，稍上曰狮山，则日照著名之山也。十八学士：房玄龄、杜如晦、于志宁、李守素、褚亮、苏世长、薛元敬、姚思廉、盖文达、虞世南、孔颖达、陆德明、苏（旭）〔勗〕、薛收、李元（通）〔道〕、颜相（如）〔时〕、蔡允恭、许敬宗。

初十日。八里至龙汪口即安家口，察看海口情形。铺户数十间，在海汊北岸。口门尚宽，入内则一线水沟。岸南有炮台一座，已倾圮。地势一望平衍，海口亦无山岛。大船入内，惟患浅而不患礁石。仍回王家滩尖。廿五里，小崦。五里，小店。廿里，石桥。十里，桃林，宿。由小店一带略近十馀里，青州往沂州之大道也。近桃林十馀里，两面山势环抱，中有大溪，良田丛木，想见山居之乐。是日大风且雪，而云不掩日，移时复开霁。阴阳杂乱，非佳兆也。王家滩行馆悬板桥诗二首，极有逸致。诗云：半缺柴门叩不开，石棱砖缝好苍苔。地偏竹径清于水，雨冷诗情瘦似梅。山茗求赊将菊代，学钱无措唤儿回。塾师亦复多情思，破点经书手送来。　万里西风画角哀，五更霜月起徊徘。薄田累我年年种，秋稼登场事事来。私券官租纷宿欠，女裙儿褐待新裁。老亲七十豪情在，斗米焉能废腊醅。跋云：板桥居士署中无事，回想故乡风景有如是者，书之以识不忘也。乾隆壬申。是日接陈尚书一信，萧秬香、张竹人报烟台厘局事一公信，董青（山）〔士〕一信，知为星（岩）〔崖〕中丞调赴福山矣。夹仓、涛雒两口未往，大致情形亦不过如此。安东卫都司桂斌来见，由安东至王家滩，盖百三十有三里也。海口名岚山头，相距约八里。南二里浅水口，即江南赣榆县界，中有岛名青山。居民亦尝见海市，如登州情形也。

十一日。六十里，回诸城县。阅邸钞，始知大考黄恕皆二等第一，升讲学矣。游超然台，王少尉随往。台即城为基而广。其前为苏公祠，居北城之中，面南，马耳、常山正当其前，中供坡老像。当时宾客七人，段择之绎、李邦直清臣、乔禹功叙、文安南勋、梅户曹、田郎中、贺秀才。又密州名宦七人，左右陪祀。对联尚多，无佳者。两联并交仇叔俞明府代刻悬挂。明府并送墨搨数种：一《琅玡台秦碑》，一《超然台记》，一《雩泉碑记》，一《雪后书北台壁尖叉诗》，一学官题名九字，并坡书也。接董青士即墨信。

十二日。周训导来见，言学宫大成殿旁有大观圣作之碑，即宋党人碑也。碑为蔡京所书，字迹漫灭，惟碑额数字及京名尚可识。此地独存宋党人碑，亦可怪。以发各信，留一日。凡致文中丞、贡观察、董太守、陈明府并复萧秬香，共五信。

十三日。十里，涉潍水而西。十五里，九台。多沿潍河北行。十五里，相州集，尖。镇市颇大。廿里，涉曲河，河面极宽。十五里，景芝镇宿行李未到，是夕寒甚，安邱县属地也，镇尤大。予自阳信至莱州，所过州县，惟海丰、利津有口岸，其馀虽濒海而无口岸。海丰、利津不由县经过，所过阳信、蒲台、寿光、潍县，无过问者。予方自信其严密，至莱州而候者盈途矣。询其故，则潍县换车时，邑令张楷枝探知，为予驰报，以故知之。自是尖、宿皆有公馆。中间以道远，未能按站随便觅宿，颇所常有。而荣城之埠柳村，距里岛卅五里，邑令李君闻予宿此，次日清晨即驰至照料。昨回诸城，海口阅毕，入安邱境，遂又无过问者。人情固应如此，而山东吏治，有事即殷勤，无求即骄蹇，即此亦可想见其大凡矣。然如胶州蒋牧之诚朴、诸城仇令之勤恳，又颇有宾至如归之意。诸城海口归南信巡检办理，与县无涉，此尚足嘉耳。

十四日。十五里，杆前。廿里，十里河。安邱令汤秉成相晤于道，短衣反裘，獐头鼠目，为言现闻中丞目至，亲诣景芝镇照料公馆耳。十里，至安邱县，往见李云舫。言及烟台事，颇有违言。予之与云老异趣也久矣。随见福山令陈寿元禀云老一件，一片诬枉之词，阅之使人气愤。致博彬如、仇叔俞两书。

十五日。五里，汶河。十里，归家庄。廿里，新庄，昌乐县属地。五里，马市，入潍县境，尖。廿里，二十里铺，有煤市。询之舆人：有煤山乎？曰：煤出地中，官道下皆煤窑也。斯亦奇矣。廿里，涉白狼河，越潍县城至东关外宿。邑令张许桥楷枝来见，尚有读书本色。

十六日。三十里，东珠厂。廿里，昌乐县，尖。县令王榆村元治，丁未同年也。其弟梅村元善，现任长清令。十五里，姚戈。十五里，覃家坊，宿。接黄未入德珪一禀，鲍小山观察一信，福山前后令谭承礼、陈寿元禀报烟台事宜。咨文中丞二件。致董青士一信。

十七日。五里，巨弥河。卅五里，青州府城，尖。副都统恩松亭夔、参将莫乐山尔根布、本府毛素存永柏、益都县徐子信顺昌来见。闻文中丞住烟台两日，颇为之一快。以烟台事断不可不一辨也。五里，满城，回恩都护拜。满城规模极宏敞，八旗驻防一千四百馀人。都护籍荆州驻防，叙乡谊。五里，北阳桥即北洋水，北入淄河。十五里，普土。十五里，淄河集，宿道旁有齐桓公墓、齐景公墓碑，距临淄县十五里。县令陈笏山来忠迎予于此，为予丁酉同年，甲辰又同考取教习。接中丞一咨，奏报出省日期。

十八日。集西北淄河有桥，水源涸矣。十里，安乐店。行夹道数里，两旁土塄高数仞。十五里，岩槐树。十五里，金岭镇，尖镇长二三里，东路仅见之市镇。有马道病，至岩槐树不能行，乃遣王明德驰骑往视。卅里，红庙子。有武涉县人陈全义，为张家庄人所劫，距红庙子北里许。遣差往查，但谕张家庄地保退还原物而已。十里，张店，宿，新城县属地。县令阮烜辉号仲寅，戊辰举人，年七十五，吉安安福人。

十九日。四十里，长山县。县令余孟桥师濂为予甲辰教习同年。尖罢，出西门，过孝妇河，河沟甚深，有水一泓，上有石桥。八里，礼参店。范文正读书长白山，守青山过此，父老往参礼，故名。三十里，邹平县，宿。县令叶少青莲来见。接董青士莱阳信，极有见地。方作书复之，又接中丞一信，则烟台首匪已就擒矣。中丞顾必留之而不戮以警众，此所不可解也。复青士书，反复言之。

二十日。过濑河，河沟有水甚深，上有石桥。三十里，青阳店。二十里，山头店。有河，即小清河。十里，绣江，距城数武。三十里，章邱县，尖。〔县〕令屠小云继烈来见，并送《鸿苞节录》一部。盖其先世屠纬真隆所著书名《鸿苞》，而屠令节抄付梓者也。略仿子书标目，以论时政得失。纬真，明万历时人。世宗所编《悦心集》，曾录其清语数则，故予亦识之。自淄河至章邱百馀里中，山势绵亘，皆长白山枝派也。过章邱，路渐平衍。署济东道余桀，署济南府福昌，遣人迎予于此。廿里，新店。廿里，龙山，宿。

廿一日。五里，五里塘。塘东有河桥，市肆约百馀户，皆以织（买）〔卖〕花布为业。廿里，葛店。十里，韩仓，街西有桥，极精致，盖近年所修者。十里，王舍庄，尖。卅里，济南省会。胜克斋回京，道济南，各官皆往迎谒城外。惟同乡三令吴凤堂赋、王成骧龙溪、王仲允成升相迎道左而已。入公馆后，清方伯辅廷盛、叶廉访芸士圭书、陈运使弼夫景亮、余道芰芗桀、明道月舫新、呼道位东震以次来见。专差崔锦文致文中丞一书，首府福雨臣昌、首县吴慕蕖载勋并至，未及传见。

廿二日。葛藕生之镛李晓坪德增两太守、吴育臣焴明府来见。随往各处回拜。接海阳黄瑶峰大令一禀，并递到恒月川制军、文星（岩）〔崖〕中丞二信。

廿三日。洪南陔调笙、余雨民溥两大令来见。适闻王壬秋馆星（岩）〔崖〕中丞处，即折柬邀之，纵谈至夜。自胶州与方鲁生畅谈后，始得壬秋一谈，而老壬识见益远矣。问人才于吴育臣、洪南陔两君。吴举二人焉，曰德州牧张云骞应翔，曰候补县长庚。洪举一人焉，曰署金乡县王令。

廿四日。余芰芗见示邹县林令各禀。德都护韩庄之师，闻警先溃。据其所禀，似并非捻匪正股。德都护去防所五十馀里，寓居县城。军无统帅，不复能自立。都护乖谬如此，此所不可解也。现临城小山涧一带皆有贼，邹、峄之间，又添一层防剿。王仲允、龙溪、壬秋并来谈。接贡荆山观察、王晓堂太守二书。

廿五日。知县余溥、州同张源祁，乙舟太守之子来见。接文中丞信并折稿二件，当作书复之。游大明湖，与壬秋骑马至鹊华桥上。湖船四面轩窗，张槃联云：莲叶一篷和月冷，桃花两桨载春多。先至湖西铁公祠明兵部尚书山东布政司铁公铉也，东为佛公祠国初佛中丞伦也。两祠并列，俱有翁覃溪学士碑记。前为小沧浪亭。崇雨舲中丞联云：碧皴秋色，红抹夕阳，画本偶然传历下；花底盟鸥，松间领鹤，梦痕谁与话沧浪。跋云：常有句云，秋色碧无际，夕阳红半城；好事者绘其意为图，因又有句云，碧皴秋色卷，红抹夕阳城云云。回至历下亭，亭在大明湖中，为陈弼夫都转所新修者。四面皆轩窗，联语极多，无甚佳者。又转至湖东北极庙、汇泉寺两处，仍乘马而归。与壬秋谈至五鼓。

廿六日。与壬秋肩舆出东城。十五里，至华不注峰。远望如笠，比近则积石巉巉，无路可上。下有华阳宫，再上为三元宫。西为地藏庵，庵后观音堂。稍折而上，为玉皇阁。渐登而上，攀巨石，蹑巉岩，至吕祖堂。俯视无际，其南鹊华峰横亘天半，山下有水如带，则七十二泉所汇流也。晚归，王石翘前辈过谈。

廿七日。回拜王石翘。是日雪。何伯元来见。

廿八日。接文中丞及长山令余孟桥二信。李晓坪来，谈及山东吏治，为之慨然。因言候补中可恃者数人：候补府张鼎辅，候补县仓景长，新补武定同知张槃，坐补邹平县李铄。其前中丞私人著名者：曹州府童正诗，济宁州卢朝安，临清州张延龄；人但知有陈秉彝、童娗两君而已。接僧邸一札，极可怪，当具文复之。

廿九日。冬至。王石翘前辈招游趵突泉、吕祖殿。临泉上，中有三井，泉喷涌而上，即泺水之源也。于氏齐乘以为岱流伏地，随地涌出，其最大者分东西二股，东为百脉泉，即绣江之源，西即此也，并与济无涉。然济水故道，即今之小清河，相距亦非远。济流伏地，到处成泉。济南之七十二泉，皆济流之溢出者，故无可疑。泉上有圣祖御书激湍二字，吕祖殿旁有柳仙石刻像。前有联云：野鹤闲云，何非法相？清风明月，亦是色尘。为柳仙鸾笔，极有意。陪游者王壬秋、何伯元、吴凤堂、王龙溪共六人。晚过陈弼夫都转一谈，泛及时事，多可慨者。接萧秬香专足一书，作书复之，并寄参三支。

三十日。壬秋来，谈及碧湄种种情事，使人畏避。李云老至。壬秋言《说文》无趵字，有沟字。沟，水相激声。又《尔雅》：一有水，一无水，曰瀱汋。《玉篇》有趵字，足相蹑也。趵突泉，当为汋突泉。所以为趵突者，盖因其旁有马跑泉，因跑而误趵也。

十二月

十二月初一日丙申。李云舫来谈。约壬秋（留）〔游〕千佛山。壬秋回书言：千佛山即历山，亦无确证，无可游者。引玉川子诗：花枯无女艳，鸟死沉歌声，欲请以去就争之。予以书报之云：君固往游，而尼后游者，抑何私也？仆将访佛于岩，见舜于山，于女艳歌声何有哉。使胡致堂先生闻此语，以三寸之法绳之，则足下殆矣。吾后日欲游龙洞，龙洞，济南奇胜也，子能从吾游乎？天下之人引领以觇足下之去就，其可无以一塞民望乎！壬秋得书大笑。

初二日。游历山，一名千佛山，盖观音殿旁皆石壁，到处皆凿佛像。左旁坳下有洞，题曰龙泉洞，寒泉莹然。山半有亭，山顶有塔。独坐亭中，俯视历城，如落窠臼。亭下有历山铭碑，阮芸台相国督学山左时所建。东为鲁班庙，又东为文殊庙，又东为舜庙，上为文昌阁。回至旷如亭，独坐移时。归过李云舫一谈。接福山县及博彬如、彭星桥两禀。山东运使所属：一运同，一（通）〔运〕判运同向称滨泺分司，驻蒲台。运判向称胶莱分司，驻胶州，道光十一年裁归滨泺分司管理。今惟运同驻济南，一经历，一益昌库大使，一蒲台批验所大使司查引验船，一泺口批验所大使司验船入园，一永利场大使驻霑化，一富国场大使驻昌邑，一永阜场大使驻利津，一王冈场大使驻乐安，一官台场大使驻寿光。以上五场，向归滨泺分司管辖，一西由场大使驻掖县，一登宁场大使驻福山，一石河场大使驻胶州，一信阳场大使驻诸城，一涛雒场大使驻日照。以上五场，向归胶莱分司管辖，后裁登宁、信阳二场，为八场云。

初三日。与壬秋出东门三十里，游龙洞山。一路山势绵亘，均向东行，至龙洞，稍折而西。有龙王庙，建自宋元丰中，所谓寿星院也。四围石壁峭立，山景颇奇。崖顶枯松倒垂，山半古桧矗立，多从石罅中负土而出。山下多枫林，济南人惟知龙洞看红叶，计此山当以九月为佳胜也。四壁石洞颇多，最著者曰龙云。从庙右蹑级而上，至山半，有洞深入，四壁皆就石凿古佛尊者像。稍转，见天光，又出一洞。再入则深黑，崖石巉巉可畏。燃火入，伛进蛇行，凡数十百丈，乃出庙前。寺僧云：入夏则石洞阴凉，且有岩浸，不能入也。冬寒，曲折行洞中，益觉温暖。岩上或塔或亭，点缀皆有致。归接董青士、鲍小山、周志甫、方次坡、李仲云五信，并由小山转递家信及西清叔一信。

初四日。文中丞回省，与谈，为悲叹竟日。滔滔天下，吾安适哉。接黄莘农河台一信。

初五日。萧雨航、郑次垣来谈，复鲍小山观察、黄莘农河台两信。泺口有南北园，为堆盐公所。在大清河北者名顺园、流园，在大清河南者名通园、达园，皆系引商堆积待运之盐，又名南北二坨。引商一曰纲商。山东一十二纲商，计商人二百七十二名。地有定所，引有定额，按季领引。运使粘连引背钤印一颗，注明商某赴场舂盐筑包。本场大使用印一颗，截引一角。船运至蒲台关，本关批验所大使查验引包，滨泺分司抽包称掣，用印一颗，又截一角，引背用一蓝扒扒记：滨泺分司验放讫，验扒放船过关，入大清河。引商公佥一人，驻沿河票地巡查，盖用公直小戳记。抵泺口下关，胶莱分司查验引包，用一黑小扒扒记：胶莱分司验放讫，本关大使用印一颗，截去一角，将盐收贮入园，引投运使衙门贮库。盐出上关此陆运之始，报明起程，具领原引，运使用一黑大扒扒记：盐法道给某府州县，俟行销完日，呈明各该州县，又截一角，残引汇批解缴运使衙门，铳毁入库，于奏销时缴部查考。其票盐票式，与引无异，但于引面另用一红记，曰票盐改引之引。永阜场配引盐六十五处，仍配票盐章邱等十三处，皆出蒲关以上，与引盐一体筑包称验，惟不过泺关耳。经分司印扒，故名曰红扒盐。馀场配四十四处，票盐皆出蒲关以下，不经称掣，皆系散盐。运使按季发票时，粘背用印外，另用一黑扒，故名曰黑扒盐。引有定，而票无定。引商有纲，而票商无纲。票地商人听从更换，领票多寡亦不同，此引票之规制也。山东今定额引五十万道，额票十七万一千七百四十张，每引二百二十五斤，征课银二钱四分五厘八丝。登莱二属及青州之安邱、诸城，盐课摊入地丁。河南之归德，江南之宿州，皆永阜场引地。

初六日。博彬如来见，由予以一帖招之也。彭星桥、博彬如皆相从海上至月馀之久，还省三日，不一过我。中丞以邸帅一咨，遂启反噬之心。诸君又以中丞抵牾，同生背驰之意，始悟外间办事之难也。李云舫倾险小人不足责，僧邸贤者，乃与云舫比附以倾我，于我何加损哉。吾道消息之机，徒增时事之慨而已。中丞递到胡咏老一信、曾涤老两信。

初七日。闻云舫有条陈上中丞，索观之，语语侵及鄙人，而多为琐屑谬妄之词，以鸣得意。且称奉会商之旨，不敢缄默自全。小人之奸诡无耻如此。

初八日。彭星桥来见，令开具武定二县细数。博、彭两君皆故吝此，亦可怪也。

初九日。星（岩）〔崖〕中丞，辅廷方伯，芸士廉访，弼夫都转，芰芗、月舫、位东、□□四观察，雨臣太守，慕蕖大令公请古历亭宴集。黄□□前辈庆同初相见，馀皆前识。

初十日。缮折与中丞请会同拜发，中丞故留难之。盖初四日至今凡七日，四易稿，而苛索之不已，其意在延留时日而已。酉刻寄谕至，乃僧邸论劾及之，小臣交部议处，而仍奉商办之命。乃历陈数日情事，以诘中丞，中丞无以为对，是夕乃得拜折。院署张芸号子香，恶劣不堪，大率皆其计画也。

十一日。钞录正折一件，夹片三件，咨中丞备案。其单衔片二件，则并不拟咨之。接孙琴泉一信。

十二日。往各处辞行。陈弼夫邀游也可园。前后三进，亦殊幽爽。园中凡十景，今存者八。凡为亭三：曰漱泉，曰集翠，曰洒然。漱泉亭临曲池上，曲池亦景之一也。馀景皆坐厅，中厅名春雨山房。院署珍珠泉，亦有佳胜。学院署亦有八景：一濯缨桥，一石帆，一海棠汫，一古槐，一四照楼，一钟楼，一船房，一秋声馆。中丞见示寄谕一道，奉撤去烟台局绅萧铭卣等之旨。岂亦云舫构难耶？时事翻覆如此，可为三叹。

十三日。送行者纷至，酬应终日。吴育臣言及京师有旧宅，在孙公园，尚可住。乃请其为书致吴氏之在京者，将谋僦而居焉。中丞晚招饮，谈极畅。自述少时闻家训云：小人如油滑而泥，君子如水清而亮。君子能容小人，而自与小人别，如水中倾油而不相入，而水自能受之。小人必不能容君子，如热油中倾水，则油必沸而上喷。此喻最确。

十四日。王壬秋来饭，饭罢遂行。中丞、方伯、廉使、都转、呼观察五人送至西城外接官亭。又里许，吴慕蘧、吴育臣、洪南陔、王龙溪、王仲允、吴凤堂六大令枉送（旁道）〔道旁〕。二十里，饮马庄，长新县属地也。历城吴大令备茶，尖于此。十五里，大清河。河南岸属长新，而齐河县城实濒北岸。齐河令陈鹤皋缵勋，行三迎予数里，与谈，纯实人也。馆城内都阳书院。齐河邑即古祝阿也。

十五日。卅里，（郾）〔晏〕城，尖。陈大令送予于此。十五里，黄家铺。市北有河名赵牛河，水入徒骇河。廿五里，禹城县城西过。县令王伯尊成谦为西清叔丙午同年，往见之，一美少年，今非复旧观矣。县北五里，禹城桥，宿。有河名禹河，即徒骇河也，黄河分注于此。禹城以下诸县，亦被河患。

十六日。卅里，叶家店。廿五里，廿里铺平原属，尖。廿里，平原县城东过，城东小憩。县令刘承枫恩第，天津人，与谈天津近事甚悉。卅里，曲陆店，宿。是日大风，寒甚。

十七日。五里，过老黄河，中有长堤。河心芦苇尚有未刈者，而水则涸矣。十五里，黄河崖城，守尉久福遣使迎予于此。卅里，德州，尖。金观察肇洛、刘芸轩大令应翔先后来谈。过运河廿里，刘智庙，宿。

十八日。四十里，景州。州牧陆怡卿慎言到任未逾月，与谈营中事甚悉。渠言及李云舫为人数则，亦可得其大凡矣。始以太常寺少卿衔治兵淮上。有郝姓者，投营效力。出所制白（腊）〔镴〕杆，命演之。郝取视曰：杆多节易脆，力小者尚可用，力大用之必折。已而试之，果折为三。云老大怒，逐之。时周文忠为漕帅，郝姓乃往投之，授漕营把总。未几，云老代为漕帅，以事革其把总而杖之。凡三杖，郝姓乃弃营粮而逃，传者言其至今犹在贼营也。此一节，足尽小人忌贤护短之情状。怡卿又言：景州西南乡有解国庆者，巨痞也，以抗粮结连四十馀村，恃众自固。渠已渐解散其二十馀村，今从之者尚十馀村也。不治之，必为后祸。昨在济南，弼夫都转语予，山东州县诚朴可恃者五人：曰赵钟华，曰张廷扬，曰杜园，曰王奉曾，曰仓景长。有才者五人：曰韩光鼎，曰周士溥，曰邓培基，曰宋克扬，曰王成升。其最佳者曰候补府张鼎辅，博平县蒋庆第，高密县陶绍绪，堂邑县张逢壬，候补县仓景长。怡卿亦言直隶州县佳者数人：曰秦聚奎得民心而有战功，曰刘煦，曰周灏，曰倪寅宾现改山西候补，曰胡启文。前孙琴泉言李鼎之贤，问之怡卿，不甚许可也。三十里，漫河，尖。二十里，阜城县，宿由东关过。

十九日。四十里，富庄驿，尖。交河县属，距县约二十馀里。四十里，献县距县南五里，有大桥一座。十里，过子牙河。廿里，商家林街南北俱有桥，宿。自十六日起，奇寒甚苦，遂若生平所未经者，亦足见予精力之衰也。忆丁未春与贺石农宿此，今十三年矣。书一诗于壁云：陈平冠玉已华颠，听惯琵琶杂拉弦。寒月照人孤盏底，短檠偎梦十年前。河间津鬲成沙碛，海上劳成走石鞭。堪笑功名帷幄地，较量妍丑更茫然。跋云：忆十年前宿此，友人贺君致歌者玉麟、玉凤二人，谓北道无其比也。予时年尚少，相对勤勤。今老矣，伤时感事，书以寄意，观者倘不疑为杜牧之多情哉。阜城令屠彬懿、交河令李镜瀛、献县令李金堂皆为予备公馆，而所以相待极简亵，一切皆自备，此僧邸一参之力也。书一绝于壁云：人生都是可怜虫，苦把蹉跎笑乃公。奔走逢迎皆有术，大都如草只随风。

廿日。卅里，河间府。河间守景君桂、河间令淡君春晖并遣人迎予南城外。廿里，廿里铺，尖。万藕舲学使岁试河间，亦以是日抵郡，同尖二十里铺。淡澍泉曾署天津县，尝相见，迎学使于此，相候半日之久，而不一枉顾，徒以僧邸一参之故耳。世态人心，概可知矣。六十里，任邱县西关，宿不入城。县令黄宗敬，蓬莱人，以下乡为辞。淡君且如此，何怪其他哉。

廿一日。四十里，鄚州，古鄚州城也，今属任邱。廿里，赵北口，有十二连桥之胜。淀湖水甚浩渺，由雄县东入大清河，有高牌楼跨堤上，颜曰：碧汉层虹。距雄县十里，而地仍属任邱。雄县南关，尖。县令凌晓渠松林来见，陈州西华人，辛亥进士，任此五年矣。人甚古朴，犹行逢送之礼于予，亦见其不达时务也。四十里，白沟河，宿，夜久始至。是日遣赵胜由任邱回天津，致孙琴泉一信，并托转递贡荆山一信。

廿二日。廿里，大清河，有桥。畿南诸水，皆归此河入海。十里，新城县，尖。六十里，涿州，宿。新城令杨咏春，浙江人，涿州牧邓锡恩，四川人，并以下乡为辞。不见则已，而犹托名下乡，其尚有周旋之意与？

廿三日。过涿州北门东济桥。桥凡二百丈，白石阑，由南径北皆完好，天下之巨观也。南有牌楼，颜曰：万国梯航。北有茶亭，颜曰：一叶通津。茶亭前列石墩四，为日圭、香炉之属。桥半有御碑亭。五里，又有石桥，长三十馀丈。十五里，燕谷店，又有石桥，长四五十丈，过此为房山界。十五里，窦店，尖，属良乡地。二十五里，良乡。十里，又入房山界。五里，入宛平界。十五里，长（行）〔辛〕店，宿。记昨日新城旅壁有联云：用家国天下为学；以介节义勇自持。两语若专为予设者，予亦腼然居之不疑。夜书旅壁云：劳劳八年事，未敢问行藏。荒岁冬无雪，寒天夜有霜。道孤妨世隘，心短觉途长。浩劫干戈满，驰驱益自伤。又旅壁有美人画轴，开襟露胸，而手装鬓花，为书一诗寄意，云：妾身委君求媚悦，又送人门借颜色。人憎人爱岂有常，向君谣诼谁解惜。可怜此心无复知，解衣示君君勿疑。装花满鬓自言好，莫笑区区微贱姿。又题美人画幅云：妾家门前乌臼树，君来系马临广路。可怜广路车班班，君欢君怨须臾间。妾心不为妾身计，愿得一事可君意。工缣工素求君知，不如逢君欢乐时。

廿四日。五里，卢沟桥。廿五里，入彰义门。行李车四辆，上务花银一十六两。住铁门徐寿衡宅，以是夜须自递折，入城就兵马司胡同黄恕皆前辈一宿。

廿五日。人言递折事须一问之老手，乃诣彭咏莪相国问之。据称内廷例得递折，当可行也。是夕乃托曹琢吾毓瑞觅苏拉一人，为之具奏。

廿六日。辰刻，传叫起单，计四人：一军机，一全庆，一胜保，一即小臣也。入月华门内朝房，胜克帅亦至，与语极款（恰）〔洽〕。午正，小臣入至西暖阁跪安谢恩毕。上曰：汝几时到京？曰：昨日。〔曰：〕几时从山东起程？曰：十二月十五日。上曰：烟台闹事时，汝已往何处？曰：已抵即墨。因将设局毁局原由，详述一遍，且曰：皇上天恩，若容臣将所定条规并告示清折，悉数由臣缮（承）〔呈〕御览，便一目了然。上颔之而已。而军机传旨，著明早驰赴军机处，详询各处收厘设局情形。乃拟具正折并清单五件，请龙皞臣、高碧湄、余子茂、黄觐臣书之。竟夕未寐。

廿七日。至军机处呈缴各件，因痛切言及烟台事务，与杜吉元、匡鹤泉辩之尤力，以二君皆山东人，且各绅之难，皆发自二君故也。已而诣子鹤尚书言之。尚书问曰：若意欲何为？曰：欲表暴诸绅之无罪耳，至于小臣乖舛之处，已蒙圣恩宽宥，更不待申辩矣。尚书曰：若意如此，则此件尤所不宜。子试念之，朝廷甫下诏逮治诸绅矣，能以子之一言收还前命乎？子欲有言，当先为朝廷思所以处置之道。不尔，非徒无益，恐有损矣。予曰：然则置诸绅不顾乎？尚书曰：辩者所（生）〔以〕启争也，且姑缓之。尚书此言极有见，甚悔入京时未先诣尚书求教也。是日，吏部复奏议处一折，奉旨：翰林院编修郭嵩焘著降二级调用。

廿八日。入直后，随诣僧邸。问及烟台情事，予曰：事实无他，但因李漕台一言鼓动人心，以致有此意外之变。僧邸慰藉再三，且曰：可惜此一行，费力而无济于事。李湘棻掣肘如此，何以无一书见示。使早告我，撤回李湘棻，岂不大佳。因问予居止何处，曰：恐有事相觅，便于寻找。明年开正，即须赴山海关一带转至大沽，及早料理可也。予因言及军机处询问一节，僧邸因曰：汝所开交军机处各件，当并以示我，恐问及时便于置对，免致歧出也。随至秋帆、露圃诸处。秋帆适自外归，得入坐一谈。

廿九日。从竹汀、云岩两处取回各箱，检点衣服，竟日尚未出。晚始诣善化馆，见李老伯及唐聘山、章萃堂诸君。张笛帆借银四两六钱八分。毕淳斋借银四两四钱九分。

三十日。御赏袍褂料及荷包各件，外鲂鱼一只，香橙数种。午刻，上御保和殿宴王大臣，出乾清门，从道旁谢恩。宴毕，入乾清门班立，候上入，始回书房。分派书房及懋勤殿赏分。董监等送览除夕元旦礼节单。鲂鱼一尾，分赏书房四人。向例由各监拈阄分派，小臣适得鱼头。人言得鱼头者多外简，外简未必然，或出书房之征耳。

咸丰十年　庚申

正月

（辛）〔庚〕申正月初一日丙寅。上御太和殿受朝。从东华门朝服入，班立两墀，候传警入班朝贺。人较多于去岁，而不及去岁序班之齐整。午刻，上复御太和殿赐宴群臣，部院寺监各派数人入宴，而两书房不与。凡一百四十席，每席三人。王公及一二品大臣班坐殿内，理藩院尚书、总宪东西坐殿门外，三品以次坐两墀下。预派进爵王公一人。是日，醇王进爵朗亭总宪言：进爵时，醇王从本席趋出殿门外，绕至中门，面上立。侍卫为卸朝珠貂褂，留披肩不卸。入门三步，跪，一拜。内务府大臣授以玉卮，双手捧之。旁复一人持金壶斟酒毕，醇王始起，捧玉卮徐行，由宝座东陛上，复绕而西，跪近上前。上引手取玉卮，饮毕，醇王即趋下至前所跪处，复跪，一拜。仍趋而上，由东绕西，跪。上授玉卮，又捧而下，至前所跪处。内务府接取玉卮，再授以金盏，旁一人仍持前壶斟酒毕，醇王捧金盏饮之，转授内务府大臣。三拜起。趋出殿门外，复着貂服就席，礼节极可观也。墀下设喜起舞及四夷之乐，凡十二刻始讫事。盖国家典礼，而举行甚稀。自嘉庆廿四年仁宗六十万寿设此宴，至今凡四十年，始举此礼，亦旷典也。是日下恩诏十八条，文武百官皆加一级。又奉朱谕五道：军机彭中堂、穆静轩赏戴花翎，杜吉元赏加二级，文□□、匡鹤泉赏加一级，江督何赓云赏加宫太保衔，直督恒月川赏戴花翎，惠王阿哥、恭王阿哥各赏公爵，惇王进封亲王。其朱谕及恩诏十八条，则皆未及见也。

初二日。赴紫光阁赐宴。蒙古藩、三品以上各官，皆赴神武门候上驾过，碰头谢赏加一级之恩。两书房以内廷供奉，得与三品以上官序班谢恩。上以元旦赐宴太和殿赋诗一首，命军机及南书房各员和韵，朗亭总宪议定各还家撰就缮进。是日未刻散直，即还寓。闽督奏宁洋县关帝显圣克保危城请颁发匾额一节，发下拟进。朗亭拟四字云：神威显佑。闽督折内先有此四字，伯寅为易云：宣威荡寇。予谓寇字上匾恐不佳。伯寅乃改四字：宣威显应。予为拟二幅，一云：功被瀛壖；一云：山墉保障。朗翁为取功被瀛壖四字，附奏请旨。其一则仍用宣威显应四字，盖朗翁笔也。

初三日。梁昆圃、萧秬香各专足至，当以书报之。是早入直，迎北风行，风刮面如刀，甚觉痛苦。

初四日。下直后诣僧邸，瑞秋帆、增云轩、恩露圃并集。询知天津之行，鄙人可以幸免，欢慰无似。僧邸骄气日甚，吾甚忧之。周子佩递到曾涤老一信，内附李少荃、易昀陔、瞿遵训三信，鲍花潭递到冯树堂两信，黄恕皆递到裕时卿两信、汪啸庵师一信，宋雪帆递到李辅堂一信，何伯英递到金眉生一信，唐聘三递到唐荫云一信，张竹汀递到家信三件，内附西清叔一信，朱石翘孙怡堂一信，李仲云一信，福元修一信。连日所得信盖亦多矣。

初五日。以病未入直。是日，丁未团拜，拟巳午之交一往与会。龙皞臣、高碧湄、黄觐臣、刘一山并文俶南农部硕先后来谈。比遣人诣文昌馆探视，则客且散矣。咫尺未能入会，深以怅然。刘四戛然竟去。去岁凡四度私卷行李以去，今又如此，此亦人道之变矣。

初六日。宁洋县关帝庙匾，奉上圈出功被瀛壖四字，命许仁山书。晚赴方子箴之召，同席骆钝甫、曹芗溪、何小宋及龙、邱两司马。

初七日。总兵田在田曾祖母百岁，请赏给匾额。拟寿萱春永、懿矩颐龄两匾，奉上圈出寿萱春永四字，命潘伯寅书。晚赴王少鹤之召，同席林颖叔、祁子和、李缃芸、何愿船、尹杏农共七人。刘琴舫递到劳星翁一信。

初八日。发下经筵御论题两道。四书题：夫孝者，善继人之志，善述人之事者也。沈朗亭前辈撰进。经题：后以财成天地之道，辅相天地之宜，以左右民。小臣撰进。又发下《皇舆表》四函，《舆地总图》四帙。《皇舆表》，康熙两次编纂之书。舆地总图不著撰人名氏，以其书考之，盖明季人所撰也。晚赴叶云岩之召，同席刘容斋、刘芋圃、龙皞臣、赵元卿、高碧湄、李眉生共八人。缃芸言，近今数学之精者三人：一徐君青中丞有壬，一罗茗香士琳，一（向）〔项〕梅侣□□，今惟徐君青存耳。

初九日。撰春帖子诗三首，交潘伯寅恭缮，以备十二日跪春之用。是日由东城绕而西拜客，至晚始归。

初十日。下直后，赴周小田才盛馆之召。上宴四王、军机于长春宫，极欢。

十一日。发下元旦御制诗及各和诗，属编列字数，即时进呈。

十二日。跪春，进春帖子词。匡鹤泉索观王叔明、恽南田画数种，因得重览为幸。是日湖广馆团拜。

十三日。颁春帖子词赏。接到周弢甫、楚北桥信二件。致家信庚字第一号，交折弁史姓带南。

十四日。沈金生、全□□顺来谈。福山县官京师者数人，转致黄艺圃求一见言事，予约以本日午刻。是日到者五人：一孙坤，一王星垣，一孙恩庆，一冯庚泉，一□□□。谈半晌始散。晚与尹杏农约王怀老、王少鹤、杨缃芸、何秋涛、林颖叔五人一饭。

十五日。上诣天坛，先诣伺候。一时许，入门东折，又稍曲而东，为神乐观。观后瑞德堂，即南书下处也。与许滇生师、潘星斋至瑞德堂饱食。立班后，又到瑞德堂小坐。下直后，至陈小舫问六壬课。课象颇凶，小舫断以为吉，殊不可解。晚赴伯寅之召，同席贾□□、尹杏（树）〔农〕、翁玉甫、翁叔平、钱莘伯、林伯田、尹□□共八人。

十六日。检点行李赴园。致复冯树堂、蒋剑池二信，交周幼安带往四川便交。适闻福建有折弁至，因便致寿蘅一信，盖相别三载，始一通问也。晚，叶云岩、陈德甫过谈。接到陈宝珊一信。

十七日。赴园迎驾。散直后，谒彭中堂及各小军机。澄怀园直庐凡十处。沈朗亭前辈倚园东门，为澄怀园正屋，极宏敞。向有澄怀园匾，今无存。朗翁构新屋数楹，颜曰：总翠轩。间壁为古藤书屋，张子卿寓。后有长廊，吴縠人名之曰诗廊。径东为碧鲜馆，殷补卿前辈寓。倚园西门为近光楼。园中旧胜惟近光楼独存，胜爽为园寓之冠，上有英煦斋相国记。东间壁为翠竹山房，钟伯平前辈寓。又东为六间房，匡鹤泉前辈寓此时，加筑两间，种竹一丛，今为张啸眉寓宅。恭亲王为题曰：小琅玕馆。园之中，东曰食笋斋，鲍花潭寓。西曰乐泉西舫，黄恕皆前辈寓。前有池，种荷万柄。南曰池南老屋，引水流阶下，后有平台，园中之一胜地也。西曰莲叶西斋，潘伯寅寓，修饰甚精洁。伯寅新筑屋三楹，邀予居之。予以火食不能便，就恕皆前辈觅屋两楹，极湫隘。

十八日。伯寅邀早酌陪许滇生师，因同诣同直内廷诸公一拜。加拜瑞中堂存泉、肃司农裕亭、麟公魁、文公丰、载公肃、存公佑，皆内务府大臣也，向例须一通拜。又诣治贝勒园寓。朗亭前辈邀予寓其家，因往一相视之。

十九日。恭王属题朗润园记后，并竹深荷静小照，由张啸眉转交。王伯尊大令专足致书，当以一缄复之。

二十日。复辛陔前辈书云：阔违台教，已逾十载。时艰日剧，勋望滋隆。值军事繁殷，贤劳鞅掌，未敢以一书烦渎尊听。顷刘琴舫颁到台谕，渥蒙盛德抝谦，厚赐存问，使恒饥之腹，扪之果然，拊臆倾思，饫惠何已。伏谂禔躬康豫，绥政恬和，瞻望旂常，弥殷颂祷。节麾初莅，揽辔澄清，坦然以诚相示，遂使狡悍之虏，帖耳输忱，莫敢违越。遐迩倾心，想望风采。西（粤）〔虏〕为中国患久矣。国家多故，遂启戎心。统计十馀年来，所以操纵控御之者，亦实未得其理。以所目悉，证以所闻，追思宣庙宏己纳物，曲示怀柔，圣人深识远量，度越千古。而儒生守南宋之习说，以一战为能。当事者又不能发挥朝廷德意，以施驾驭之方。以至于今，议论争持，未有所定。窃方之人事，以为西虏之于中国，譬若悍妇然。桀骜凭陵，不能耐也，而无术以绝之。圣贤处此，则必有道矣。台端伟略匡时，深观洞微，倘亦谓然否乎？涤、咏两帅，近定四路东征之举。粤逆并力上犯，北窜之势稍纾。和帅亦乘其隙，攻毁九洑洲贼垒，人怀肃清东南之望。而楚师东下，后无重兵，非全算也。然遂克复安庆，以扼长江之冲而徐图进取，则楚军之成此大功，其有日矣。皖事以属午帅，胜帅专防豫边，遏北窜之路。内忧外讧，相乘并作，极烦枝柱。仆去冬奉旨查办山东海口税务，以为山海之大利，变通经理之，足以裨益饷需。而李云舫漕台适与共事，百计隳坏之，又巧构于僧邸。赖圣恩高厚，曲赐矜全，得免漕使之陷阱。十数年闻其名，至此始悉其情状，而天下任事之难，亦略得之阅历，有退焉自沮而已。楚事近又一变，籥门前辈颇怀引退之意，关系甚巨，心窃虑之。仪卿赴和帅大营，未知何似。槐卿昨岁赴直隶，闻各大府语及，甚嘉许之。梦渔初至京师，引见当在二月。京师气象如恒，惟户部事株系未已。历冬无雪，极忧亢旱。又复小溪观察书云：去岁三奉书，仅一作答。盖以于役津门，尊书由京转递，常数月始达，又苦乏良便，非尽由鄙性之懒漫也。辛陔前辈总制两粤，气象一新。窃计辛老贤者，知人善任，如阁下之才，必所勤求而倚任者。顷闻荣领鹾政，宏总要区，和众阜财，兼资伟略，望风翘睇，额祝何涯。英夷自制府入城后，闻尚驯顺守法，无敢乖越，而香港兵船续有至者。入春以来，未知作何动息？似彼地商民，与往还甚秘，能知其窾要。亦颇探知一二否？就情事论之，津门胜负未可知，而彼所蓄意以求逞者，固非能一战而遂贸焉以去者也。其踪迹所究竟，必有能识其微者，倘亦能一猜度乎？津门之防，饷需颇艰。去冬奉命查办山东海口税务，亦为筹备经费之计。山海大利，经理非难，而积弊之深，已二百馀年，极烦搜剔。稍加整饬，成效立见。而同事为李云舫漕台，盖小人之尤者，意在自谋网利而已，百端摧败之。仰赖圣恩宽恕，犹得酌定章程，然亦具文矣。天下事非无可为，为之而必有效，顾难得者时耳，岂非然哉。二书并托刘琴舫转寄。晚赴伯寅之召，同席子卿、花潭、啸眉共五人。伯（旭）〔寅〕出示费丹旭小幅人物，极雅秀可观。

廿一日。朗翁、伯寅同时入城，因将所寄广东信托伯寅带城送琴舫处，时伯寅已行，因交少鹤附寄。

廿二日。朗翁、伯寅并回城。适诗本交下御制诗片，乃为录入副片内。晚赴伯寅之召，在坐皆同直诸君。

廿三日。詹事府值日仁山蒙召，其时尚未销假也。何愿船来谈，始知先日召对，朱笔命诗题二首读书破万卷，下笔如有神，由军机大臣传谕廿四日交卷。晚赴朗翁之召，同席愿船、伯平、伯寅并张松屏。朗翁出示汉吉利铜器，古绿色，上下皆有孔。中孔文曰：吉利，下有史十万三字。愿船云：集古斋钟鼎款识有此器，疑为灯饰，恐未然也。席间语及天津海鱼。愿船云：《说文》有之，所谓鲌鱼也。状如笠，有尾，头大而口在下。此可为渊博矣。

廿四日。有旨：何秋涛着在懋勤殿行走，所进《北徼汇编》，命书房另拟四字。彭中堂传旨，命沈兆霖、潘祖荫恭拟。（北）〔伯〕寅为拟朔方备乘四字。书房在直者，独不及小臣，自觉无甚关系，而彭中堂及朗翁，见人议论及之，此所不可知矣。

廿五日。天宁寺与何伯英公请陈鹤丈、刘蕴斋、宋雪帆、潘星斋四前辈，毕东和，王定甫。至者鹤丈、蕴翁两人。接文式岩方伯一信。

廿六日。张啸眉属题恭亲王诗册两帙。伯寅、愿船来谈。

廿七日。张子卿邀饮，兼惠一诗。晚归，次韵答之。

廿八日。接黄莘农、葛振崧两信，并文方伯信，皆从徐府转递。

正月廿九日。下直后，移寓朗亭前辈住宅之后楹。随即入城谒滇生师。入仁山内厅小坐，为传服硫磺方法：硫磺、白蜡等分，用香麻油煮之。硫磺一斤，白蜡一斤，须用香油十斤，日煮二三时，次日换香油再煮。过八九日后，白蜡升而上，硫磺降而下，即取研末为丸。日服三分，渐加至三钱。终身服之，可以却病延年也。此法闻之杨缃芸，当一试之。

三十日。约瞿春皆、徐季蘅、叔鸿、张笛帆、小溪、毕淳斋燕宾斋小酌。黄子恒、劳梦渔来寓，因约同行。痛饮狂歌，三鼓始散。

二月

二月初一日丙申。本衙门派丁祭分献，并知会丑正二刻行礼。

同分献者为何君福咸，因同诣国子监住宿。两祭酒并在，汉祭酒为吴南池前辈，自己酉长沙一见，已忽忽十二年矣。

初二日。丑刻入祭。主祭者为瑞成泉中堂，仪节娴雅，斐然可观。晚为高碧湄招饮，同席叶云岩、尹杏农、范云吉、龙皞臣、李眉生、刘慕韩、筠生共九人。是日举行经筵礼。

初三日。才盛馆公请小军机。沈朗亭、殷谱卿、黄恕皆、钟伯平四前辈，张子青、鲍花潭、张啸眉、潘伯寅并至，惟朱桐轩师及许仁山以病不至。军机至者：曹琢如、梁羲初、曾笙巢、方子颖、王定甫、张松屏、吴筠轩、靳迪丞、朱敏生九人，辞者焦桂樵、程覃叔、蒋叔起、蒋菽林、段芳山、冼云樵、朱修伯、郑惕庵、许星叔九人。晚赴白兰岩、郭毓六袁家花园之召，同席袁省陔、胡研生、张子青、沈经笙、袁小午。花园石山环列，京师所罕见也。

初四日。黄恕皆前辈简放四川学政谢恩。季蘅约湖广馆午酌，同席王小岩前辈、唐聘山、张竹汀、李云舫、刘琴舫。

初五日。以云岩为我治肴，约碧湄、眉生诸君小酌，同席惟增刘芋圃一人。饭后往何伯英、王怀翁、劳梦渔、黄恕皆前辈诸处，顺道回园。

初六日。恕皆前辈回城。园寓乐泉西舫屋稍宽，鲍花潭必欲争而有之，予生平不乐与人争便宜，又念花潭所居食笋斋，故寿阳师相直庐也，亦乐以相易。及移居，则满屋霉烂，门片亦无几存者。乃急治土木之工，意在求门庭修洁而已，不以所居之久暂计较区区也。接石翘观察广西信，阅之怃然。当复一书，仍由折弁带去。伯寅邀晚酌，请头班军机。

初七日。大雪。

初八日。大雪。沈云巢方伯到京，于宫门一见。年已八十，老态具矣。接王壬秋书，言僧邸近有咨查一件，言鄙人福山取银二千，不知作何使用。又土货本无出，鄙人勒派之，四家各出银五百，以应所求云云。此老构患无已，直欲以莫须有三字被之鄙人之身矣，可为三叹。

初九日。与朗亭前辈言：南方宜稻，北方宜麦，非地气然也，天时然也。北方冬多雪而春晴，南方春雨为甚。使北方种稻，则播种无时，南方种麦，则春雨之所伤必多矣。故曰：土地之宜，亦天时为之也。朗翁旧藏《崔敦礼碑》，于志宁撰文，世无藏本，《金石粹编》亦不及收录，《全唐文》有之。

初十日。张子青出其先人画册属题，其中惟伯寅、琴西两词最佳。伯寅《台城路》词云：愁多不辨愁来路，斜阳自横空碧。草短烟长，岚深云浅，无奈西风催急。年华暗惜。只一片平芜，更无行迹。已自秋深，画中莫负好山色。 孤怀无限（峭）〔悄〕寂。有败柳丛芦，添做萧瑟。指点柴关，翠微深处，应有支筇倦客。墨华尚湿，算除是河阳郭熙谓李营邱画必昌其后也谁省得。谱入冰丝，暮笳凄恻恻。琴西《金缕曲》词云：济世看人手，剩吾侪寒螿窗下，酒朋诗偶。江草江花无终极，老矣杜陵病叟。平生志，与谁同就？青嶂碧波何处有？但安排棋局消清昼。喜此境，画中觏。 天台雁宕同奇秀，看云边烟痕幂树，溪声喧岫。一客支筇追随去，一客还笼双袖。古木外茅庐依旧。奔马断蛇都不管，但狂歌遍踏峰前后。问此愿，真能否？又朗亭前辈题虎一诗亦佳，诗云：山径夜昏黑，飒然风怒号。万木不敢动，削铁苍岩高。山君别窟穴，急下趋林皋。阪峻得凭藉，岩深无匹曹。岂必逐狐兔，气已空群毛。画师亦狡狯，放笔图雄豪。似假尺幅地，一罄胸郁陶。悬流九天落，赴壑喧惊涛。翰墨各飞动，仿佛闻啸嗥。世有冯妇否？此境当来遨。予故不能词，亦寄解连环调题之。

十一日。杨宾石到园召见。晚为伯寅招饮，请二班军机。许仁山病痊到园。

十二日。子鹤尚书至，出示星（岩）〔崖〕中丞所寄书，并僧邸一咨，其言颇怪诞。僧邸贤者，而立心如此，世途真险矣哉。恕皆前辈亦至，因并留饭。咏莪相国枉过，赠联语并所著诗文，为报和诗之意也。

十三日。劳梦渔至园，询知明日引见。朱同年巘侯并谢大令小湖学元、张大令小岳曦亭、保泰同以是日引见，皆旧识也。

十四日。复试各省新中举人，派朗翁、伯寅暨宋雪帆司空阅卷。邀谢小湖、易笏山、劳梦渔、刘兰汀、张小岳曦亭早饭。笏山言，读书办事，须以养气为主。气盛者养之使内敛，气苶者养之使外发。二语极有味。其实内外是一段功夫。学者用工，必视其性质之所偏倚，变化而扩充之。要之，本原在集义而已。笏山近日折节读书，颇有所得，可爱也。

十五日。大雪。宾石移居南屋，与共火食。接吴贞阶信，知由厚庵军门折弁带京者。因致涤生司马、咏之中丞、易芸陔、陈作梅、李少荃诸信，并由厚庵附寄。外复贞阶并厚庵二信，以厚庵去腊曾有寄书，尚未缄复故也。拟匾三帧。理藩院尚书春佑、凉州副都统春英母马佳氏匾云：寿宇春晖、棣华萱荫。副都统安兴阿克兴阿母那拉氏匾云：爱日延年、锡类敷恩。户部左侍郎梁瀚祖母韩氏匾云：燕喜春长、重闱曼福。以覃恩加赏大臣老亲八十以上，奉诏敬撰也。

十六日。以圣寿覃恩加赏大臣七十以上。桂燕山相国、许滇生冢宰、张诗舲司空并加太子太保衔。汉军都统刘钲，赏其子荣昌印务章京。西安将军托明阿，赏其子敬文副将。和彭咏莪相国元旦纪恩一律。张子青侍讲枉赠（谈）① 游庐山二律。

十七日。驾幸清漪园对鸥舫、玉兰堂。旧例不扈驾，是日遂不入直。黄子恒之官蜀中，为联语赠之云：江水一源，传家治谱；蜀山万点，引我游踪。为南坡太守官江南，故有江水一源之语。东坡诗：我家江水初发源，宦游直送江入海，即用此意。

十八日。朗翁、伯寅出场。与宾石同诣伯寅，因述场中得一卷，列之一等第卅五名，朗翁不谓然也。孙驾航为监试，力言其不可。伯寅大怒，诟之。而朗翁已从一（第）〔等〕卅五名改置二等卅五名矣。伯寅乃手录其文以出，阅之，必严世兄作无疑也。伯寅信可人。阅其日记，得词二阕，并录存之。《渔人》词云：身世烟波放浪馀，江干何处钓人居？风狂雨横渺愁馀。 赢得白鸥前导去，头衔合换小长芦。绿蓑青篛得闲无？扇面美人《念奴娇》词云：旧时记否，是横波一顾，兰情水盼。峨岫青青湖上路，怎似眉梢平远。妆镜初开，罗衣乍试，未觉年华晚。千丝网得，浣纱溪上曾见。 只是细雨斜风，桃花流水，春事无人管。有限烟波无限恨，都被柳丝轻绾。刬地相思，最难抛得，画里春风面。真真唤取，秋来拚负团扇。微婉深至，得词意矣。伯寅云，场中得此卷，断为严世兄，否则浙江赵之谦、江苏杨象济字利叔也。俟一查考之。

十九日。再致咏之中丞一书，以闻雪帆司空言，湖北有折弁至，恐前书不能即达，便附一信也。并致辅堂观察一书，存雪翁处汇寄。

廿日。入城，诣黄子恒处半日，久候不归。因诣皞臣处一宿，便招杏农、慕韩、筠生三人畅谈。

---

①此处“谈”字疑为衍文。

廿一日。重诣子恒，得子襄带来家信一函，西叔、沅浦二函。赴文昌馆肃裕亭司农之召。

廿二日。命南书房书天地一家春横直屏各一。宾石书横幅，而予书一直幅。自十五日大雪后，浓阴微霰，至今未能开霁。奇寒中人，为向来京师所未有也。

廿三日。回城。肖眉属书扇页。前方为冯鲁川书诗二首。其一书感：难觅黄精强学仙，也无图画到（陵）〔凌〕烟。出门结客多馀子，痛饮狂歌悔少年。深友黄泉埋白骨，平明清镜照华颠。年来万事消除尽，剩有东坡挂壁钱。其一送别陈颂南侍御：士论同声惜此行，远心早共白鸥盟。买山耽隐谁资禄？微罪休官岂近名。圣主终应思贾谊，诸生可待讼阳城。东南幸复销氛警，无限沧浪好濯缨。是夕，宾石邀同伯寅饮宴宾斋。

廿四日。伯寅邀同杏农、莘伯、心农、叔平、宾石晚饮。接梁昆圃信，因其家人赴济南之便，致星（岩）〔崖〕中丞、辅廷方伯、弼夫都转、慕蕖大令四书，并复昆圃一信。

廿五日。子佩邀饮，同席聘山、子愚、皞臣、琴舫、竹汀、季蘅。酒罢随赴桐云之约。相距不逾里，道途泥泞，约一时许乃达。严秋农约同诣桐云处一谈故也。同席刘兰汀大令。

廿六日。闻王壬秋至，急诣一谈，颇多新颖之论。晚归，季蘅邀同蒋辑五、劳槐卿、梦渔小酌。

廿七日。往谒春圃师，求书食笋斋匾，蒙赠跋并诗。此老风流，致有味也。因谈及数年穷研经书之乐，令人对之神远。晚为辑五招饮，同席聘山、梦渔、槐卿、寄云、叔平、季蘅。发家信第三号，并书寄裕时卿都转、黄南坡观察、吴南屏学博、李仲云观察。

廿八日。刘慕韩、筠生招饮，同席杏农、云吉、壬秋、皞臣、滋生、碧眉，惟眉生不至。此次入城，竟未与眉生一面也。接曾司马书，由其折弁何某带京。上亲诣朝日坛行礼。

廿九日。到园，始知曾司马以目疾请假，赏假四十日。而何弁但言赏福字谢恩，并未言及请假一节。晚与桐师，朗亭、补卿两前辈，及子卿、花潭、仁山、肖眉、伯寅治席为恕皆饯行，并公请伯平前辈、宾石二人，缘二君新出差旋京也。自初七大雪后，是日略见晴霁。

三月

三月初一日乙丑。恕皆前辈赴四川请训，因留早饭。

初二日。大雪，复曾司马书。

初三日。与子卿、花潭、仁山诸同年公请桐师及同直诸公。

初四日。伯坪前辈与宾石公宴。致金眉生都转一书，附寄弢甫、鹤汀并张海门前辈三信，托何伯英觅便寄浙。

初五日。伯寅出文恭公手录联语，属书数字。书二诗其后云：两行春帖肇南唐，端委雍容尽庙堂。照眼遗笺为一快，寒窗飞雪近明光。　十四年前乞字时，重来我亦鬓成丝。故园兵火书零落，几字琳瑯好护持。岁丁未，曾乞文恭公师楹书，十年兵火，旧藏书帖多残毁散失，而此书独存。伯寅理卿出示吾师手录联语一册，敬题二诗于后。小田属为其尊人穀田观察跋所撰《商城守御纪事》，为撰一跋，书交来足带去。

初六日。罗澹村中丞驰报浙省被围之信，赓云制府以守近不守远劾中丞，予谓此赓老之谬说也。赓老任浙抚，常以防边不防省为言，而浙省亦始终无贼至，此所谓偶邀天幸者也。而遂据此说以为封疆之宝诀，岂非呓语哉。王公设险以守其国，是以有城防之制。数年兵祸，至一邑而一邑破，至一郡而一郡残。今日办军务，正当以讲求城守为第一要务。省城者，又郡县之根本也。中丞初至，防备未豫，鄙心正以为忧，赓老反以此劾之。身历兵事数年，而不知缓急之要如此。昌化、於潜有防兵矣，湖州有守兵矣，贼又出武康以扑省城。江浙水陆交通，四至无阻，吾不知赓老所谓守远者，如何而后可也。政府中无能知此义，聊一发明之。考官是日入帘，两书房得者，子卿、宾石二人而已。接贡荆山观察信，张君景青递至。

初七日。朗翁兼署户部尚书，往道喜，少坐。是日发下小册叶三部：一《御制文房杂咏》，曹相国振镛书，有跋。一《御题文徵明十万图诗》。一《御题王翚十万图诗》，刘侍郎镮之书，各摹小景，如万岩积翠、万壑松涛、万竿烟雨之类，而书御书于前，并高宗御制也。是晚邀华潭、肖眉小酌。

初八日。于慎行《读史漫录》：魏孝文使王清石使江南，戒之曰：凡使人，以和为贵，毋迭相矜夸，见于辞色，失将命之道。至哉斯言。所谓不辱君命者，正以君子之道自处，使敌人心服。若第以口语凌轹，斗捷取赢，互相诋辱，何益之有？国之强弱，固不在此也。去岁天津僧邸命二武弁赴夷船，必以无礼之词激之，亦其不学无术之征矣。梁太子洗马高允言：祸之所来，必生于利。苟不求利，祸于何生？《广群芳谱》：葧脐，亦作荸荠，即凫茈。《授时通考》：芥蓝，即擘蓝擘读若撇。木耳有五种。《本草纲目集解》：桑、槐、楮、榆、柳为五木耳。老桑树生桑耳，有青、黄、赤、白各种。《格致镜原》引绀珠云：桑上生白耳，名桑鹅。《本草》及《广群芳谱》皆有桑蛾之名。惟白木耳专名。其实郧阳、兴安、汉中各府所产木耳，皆截取花梨、铁梨等木，经雨数次即生。木耳初生，肥大而佳，多黑色，间有白色者，不及十分之一。

市贾以罕见珍，实与黑木耳非二种也。护法神为扶翼黄教正神。一神名乃迴，一神名多吉，前后藏专立寺敬奉。海边礁石，字书无礁字。《宋史·高丽传》：舟触𪩘辄败。又：过岛屿，诘曲𪩘石间。《明史·尹凤传》附李锡传后及外国合猫里传皆作礁。似礁即𪩘之俗体。赵孟頫《道德经石刻》，延祐五年所刊，较前明章藻重摹茅绍之大德十一年本，用笔尤为遒逸。玉印四方：，寿。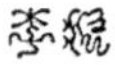，李状。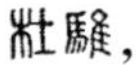，杜雅。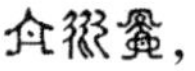，第一字系阖字，见宋夏竦《古文四声韵》。第二字系道字，见宋郭忠恕《汗简》。第三字各书不载，似是亹字。古亹与门通。《诗》：凫鹥在亹。《钦定篆文六经》，亹即作门。考宋米芾《研山铭》有云：极变化，阖道门。或即用其语。《醴泉铭》内，百族为心之族，今本讹百族为百姓。绝后承前之承，今本讹承前为光前。此本两字皆泐，尚未经后人误改，自是旧拓。颜真卿《多宝塔碑》，凿井见泥之凿字，偈末空王可托、本愿同归二语，尚未尽泐，是旧（榻）〔搨〕佳本。赵孟頫《寿春堂记石刻》，今在浙江湖州，尚未磨泐。《道德经》一册，印章系晋王羲之右将军会稽内史衔。唐褚遂良跋，亦题系王迹。结体用笔，实似元赵孟頫，而非晋人。明人《墨池堂帖》有此刻，疑伪本也。祈雨石系鲊答，牛羊腹内物。喇嘛、回子用以求雨者。避雷石，与李时珍《本草纲目》所称霹雳碪相似。《说文通训定声》四函，安徽黟县训导朱骏声撰。就许氏《说文》，舍形取声，分十八部，每部系以声母。所收之字，于许氏之外，有补有附。每字先著本义，次列转注、假借之事。末附《说雅》一卷，用《尔雅》之篇目，编《说文》之训诂，亦便检寻。避风子手串。佩文斋《广群芳谱》、明李时珍《本草纲目》皆未载避风子之名。惟大风子注云：出海南番国，状如椰子而圆，中有核数十枚，大如雷丸。子中有仁，白色。又：诃黎勒，别名随风子，生岭南，形如卮子橄榄，青黄色，六棱者佳，并与避风子形质不类。明《道衍三悟》一函，大略剿袭《登坛必究》、《金汤十二筹》、《武备志》诸书。《四库存目》不录其书名，疑近人所伪撰。《畿辅水利备览》一函。畿辅水利，自元及明，言者数家，莫切于徐尚宝之《潞水客谈》。《唐鉴》是书，大致亦本之徐氏。顾修所刻《读画斋丛书》十函，与鲍廷（溥）〔博〕《知不足斋丛书》同时并刊，搜采不如鲍刻之富，而唐宋以后遗文坠简，犹赖以存。其自序所称：上宗经训，余溢文章，可扩见闻，亦资疏证。尚非过论。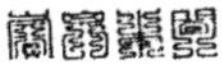。按宋周密《齐东野语》云：宣和间，常造香于睿思东阁，（东）〔南〕渡后因之。又孙承泽《闲者轩帖考》：淳熙秘阁续帖，有睿思殿印。高士奇《江村销夏录》：唐李公麟《临洛神赋》一卷，有宣和、绍兴及睿思东阁印。《钦定石渠宝笈续编》：高氏此卷现藏内府。其文适合。天禄辟邪玉章。汉时服饰印钮多有作此文者。天禄字亦作天鹿。明陈继儒《宝颜堂秘笈》。所刻书自汉晋以迄明人，间附己作，分正、续、广、普、汇五集，共二百五种，末附《眉公杂著》十五种。惟所刻古书，多遭删削，不为定本。甚或割裂古籍，别标名目以惑人，此亦明人刻书之恶习，不独继儒为然，而继儒为尤甚。其自著书，意在侈博，故多立名目，而实则每种不过数卷，每卷不过数叶。今散见《四库全书提要》中，多已斥存其目。至圣朝《家学鸿篇》、《几余格致编》二种，《四库全书》未经著录。《圣祖御制文》四集，是编即载其中，自廿六卷至卅一卷，共六卷，凡九十三条。李筌《太白阴经》，《四库全书总目》载文渊阁藏本八卷，与《宋史·艺文志》十卷之数不符，疑非完帙。核其篇目，又似无缺佚。殆后人传写合并。今国子监肄业生程祖庆进呈本十卷，较阁本增多二卷。卷首《天无阴阳》一篇后，增《多地多险阻》一篇。卷六增《多阵图》，卷九卷十增《多遁甲》、

《六壬》，惟卷五、卷八彼此互有详略耳。海山仙馆《正续帖》四函，广东潘仕成刊本。所收半系赝本，未知（决）〔抉〕择。然近时丛帖之多，亦无逾于此者。唐虞世南书《孔子庙堂碑》，刻于唐贞观间。刻成后，仅拓数十本颁赐近臣，庙遂火而石毁。武后再刻。宋王彦超三刻。黄庭坚诗有孔庙虞书贞观刻，千两黄金那购得之句，是在宋时，虽初刻本，亦不可得矣。此册笔意坚秀，字体较刻本略小而拘，当是后人临本。宋元鉴赏家皆未之见。明罗洪先跋，有品格非所能知之语。孙承泽仅题观款，不置一词，盖未敢信为真迹也。旧玉一块，太初元年五月初吉八字篆文。太初，汉武帝年号。《汉书》：元封六年五月，改元太初，初用夏正，以次年正月为岁首。五月初吉，则正初改元时也。十六国前秦（符）〔苻〕登、西秦乞伏乾归、南凉秃发乌孤，亦有太初年号。然谛视此玉，色泽俱古，其为汉玉无疑。苏轼《养生论》、明董其昌《戏鸿堂》、陈继儒《晚香堂苏帖》，均已摹刻。《武侯兵书》五本，《四库全书》仅存其目。此本强分《新书》、《心书》为二，尤属随意标题。所称郭青螺，为郭子章号。子章，隆庆辛未进士，官贵州巡抚，平播州杨应龙之乱，所著书甚多。此本所批，未知果出其手否。《太平广记》，明谈恺所刊。《正续太平广记》，明长洲冯梦龙所辑。于魏、晋、唐人之后，增入宋、明人说部，皆分录全帙。虽袭《太平广记》之名，而体例绝不相类，实则丛书而已。竹垞《货泉研铭》云：货泉货泉，不胫而走，东西朔南。呜乎夫子，吾道行，曷能尔？知我者谓我心忧，不知我者谓我何求。上有铭云：岩石如云𢇍世珍，音清比玉色燕珉。𢇍，古绝字。燕珉，即燕石也。《唐搨兰亭》一卷，自朱子以下诸跋皆不明指为何搨，惟文嘉谓为唐人板本《兰亭》。周天球跋语颇致诘难，亦不能确指为何搨。今案乃唐人集字本也。唐人最重《兰亭》，定武诸刻而外，又别成集字一帖，以怀仁所集《圣教序》核对，乃知其皆出于此。至《圣教》所无之字，仍取于《兰亭》以足之。盖唐集《兰亭》而非唐搨《兰亭》也。赵孟頫书卷册四十四种。上品十种。楷书《千文》大德六年书，《归去来辞》至大二年书，《崇禧万寿宫记》，《兴国寺碑》，《纨扇赋》，《雪赋》，诗札，小楷《道德经》，《福仙禅院碑》，尺牍。赵孟坚《落水兰亭》，自宋姜夔以后，历代宝藏，源流可据。纯庙用松花玉钩摹成册，亦有拓本。文徵明书法出于王羲之《曹娥碑》及虞世南《破邪论》。《草诀百韵歌》草书字体皆用歌诀括之。《草圣汇辨》各家书法俱备，可以知其变化。《草韵辨体》分韵备载各家草法。书为明人所著，悉依洪武正韵，与今韵不同。唐太宗得《兰亭》真迹，令褚遂良等钩摹，选最似者，得欧阳询书，命刻石禁中，即所谓定武本也。询之墨迹今不传，此第一卷虞世南所摹。玩其笔法，与询所摹正相似。《兰亭》真面，于此可窥。第（三）〔二〕卷褚遂良所摹。遂良摹本最多，此卷未题第几本，当是失出标目。遂良用笔，较欧、虞（世）〔所〕摹多带行意，风神骀荡，正尔可爱。第三卷冯承索所摹。当时与冯同受诏者，尚有韩、汤诸人，今皆不传，盖以书名不及虞、褚辈也。承素此卷，笔法精到，墨采有神。《三希堂帖》并经摹刻。第四卷柳公权书《兰亭诗》。公权行草，传世最希。此卷字几盈千，骨格风神，别饶意趣。所谓元和新样脚者，宛然可见。第五卷为董其昌临公权者，纯用柳法而笔意仍有变化，卷轴离而复合，尤有奇缘。第六、第七二卷，一为钩摹戏鸿堂所刻公权书，一为大学士于敏中补公权书。第八卷，纯庙临董其昌临柳公权书。并墨迹会萃成帙，其后构亭分刻于石柱，名八柱兰亭。《神仙通鉴》四函。一卷至八卷为《仙真衍派》，九卷至十六卷为《佛祖传灯》，十七卷至廿二卷为《圣贤贯脉》。意在浑三教为一致，自开辟至前明，凡圣贤仙佛之事，杂采成书，而以书联缀之。《祛倦鬼文》，明朱国桢《涌幢小品》载此，为申时行所作，经神宗御览，改鬼为魔。此仍作鬼字，殆从其初作所名也。时行官中极殿大学士，谥文定，著有《赐闲堂诗文集》。赵孟頫书《阴符经》手卷，无人以虞愚以下一百十四字。朱子《阴符经考异》一卷云：无人以愚虞以下一百十四字，乃骊山老姥注本。褚氏、张氏二本有之。经朱子考定，以为皆经文也。孟頫所书无此，盖用古文。其刻本有此者，则注朱子本也。此经本唐李筌自撰自注，而托之黄帝及太公以下六人者也。红姑娘果。《本草纲目》隰草类酸浆注云：燕京野果名红姑娘，外垂绛囊，内含赤子如珠，酸甘可食。并云姑娘乃（爪）〔瓜〕囊之讹，又以其结子如灯笼，故别名灯笼草。今药肆中名为锦灯笼。又《尔雅·释草》：葴，寒浆。郭璞注云：今酸浆草。邢昺疏引《本草》陶注云：处处人家多有，叶亦可食。子作房，房中有子，如梅李大，皆黄赤色。则此草已采入《尔雅》矣。《通鉴总类》一部，卷首楼钥序，称詹事光禄沈宪敏，即宋臣沈枢。枢撰是书，取《资治通鉴》原文，各以事类编之，为二百七十一门，略依时代为次，亦间采司马光议论附之。《纯庙》诗：梅花色不妖，佛手香且洁。松实味芳腴，三品殊清绝。烹以折脚铛，沃之承筐雪。因名三清茶。石蟹。《本草纲目》云：石蟹生南海，是寻常蟹，年月深久，水沫相着，因化为石。又一种入洞穴年深者亦然。马起石，形如沈速香片，绿色。乾隆廿一年十二月十一日，命章嘉胡土克图认看，云西番名多俱是，功能补血。《本草》未载入。又凉石，无考。《本草》但有寒石、冷石。寒石即盐精，冷石即滑石也。蒲处贯《保生要录》，收入道藏部。处贯，书中亦作虔贯，卷首结衔称官司议郎。司议郎一官，自汉已有。系属何代人，无从考核。明高濂《遵生八笺》最为赅备，亦未征引及此。《林下词选》，吴江周铭编集。选宋元以来闺阁之词，共十四卷。探春花，《广群芳谱》、《本草》诸书皆不载。惟瑞香、山礬二花，大略相似。缘瑞香叶厚深绿，冬春之交开花成簇，长三四分，如丁香，有黄花、紫花、白花各种。山礬即海桐，叶似卮子，光泽坚强，略有齿，三月开花，繁白如雪。此二花略与探春仿佛，或探春即其别种耳。《宋诗钞》一部，康熙朝内阁中书吴之振编辑。其《自序》云：所选尽宋人之长而各极其致，洵为宋诗善本。原书人自为集，无卷数。乾隆朝馆臣校进之本，分为一百六卷。《关中八水画屏》。八水为灞、浐、泾、渭、澧、镐、涝、潏，即司马相如《上林赋》所云：终始灞浐，出入泾渭，澧镐涝潏，纡余逶迤是也。今镐水已湮，无考。龙洞渠在泾阳县，即郑白渠，灌溉之利为最溥。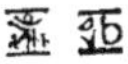玉印二方。一方上作日月星，下一字似是辰字。古人作印，篆文每多反书者。其汉玉一方，似作日月山海之形，或是道家符箓，或是前代帝王花押。其文既非篆籀，亦不甚似梵字，疑明世宗青词所用印文也。《唐音袖珍》，元杨士珍所编，本名《唐音》，经祝守范重刻小字本，因名《唐音袖珍》。所录以王杨卢骆四家为始音，取初盛中晚各体为正音，即不尽谐合者，就所长采之，为遗响。意在多收初盛中唐，而征辨于音律之间。正音分体，始音、遗响皆不分体。《始音》一卷，《正音》十三卷，《遗响》一卷。旧有张震注，此本无之，想刻重刻时删去也。《周易句解》一部，宋朱申著。《宋史·道学》、《儒林》不载其人。书后有敏德书堂新刊六字。《唐人集》共十二家：郑嵎、于邺、韩偓香奁、翰林、吴融英歌、徐寅、翁承赞、欧阳詹、独孤及毗陵、顾非熊、卢纶、权德舆、秦系。圆明园汇万总春庙花神姓名。《庶物异名疏》云：花神名女夷，乃魏夫人；弟子花姑，亦花神。又李卫建湖山神祠于西湖，旁列花神，又有四时催花使者。卫撰记，以为山（木）〔水〕卉木，皆本于星精所化，而以魏夫人弟子之说为荒诞不经。其言甚为有见。《元诗》一部，十二卷。前集傅习采集，孙存吾编类，虞集校选。后集孙存吾编类，虞集校选。前集首刘因，凡一百十四家；后集首邓文原，凡一百六十五家。后集目录姓氏后有李氏建安书堂识语，所云随得随刊，难以人品齿爵为序，自是编诗之旨。《四库全书总目》有《元风雅集》，亦系傅习、孙存吾编次，所采家数大略相同，想系虞集从《风雅集》中选出者耳。《康熙四十八年钦定四朝诗》：宋诗七十八卷，金诗二十五卷，元诗八十一卷，明诗一百二十八卷。每代之前，各详述作者爵里。诗首帝制，次四言，次乐府歌行，次古体，次律诗，次绝句，次六言，次杂言，以体分编。四朝著作，粲然大备。《辋川图》五件。一郭忠恕，有安岐印。一李公麟，有梁清标印。两家鉴古最真，所收自无赝本。一许邦本，不甚规模旧图而秀润可爱。一文徵明。一王诜。《岁华备考》，康熙时周德宣纂辑，按时分月，逐日编排征引。内藏系钞本，恐当时未经刊刻。《范仲淹集》二十卷、《别集》四卷，《范纯仁集》二十卷，后附各碑记及《义庄规约》二册。均系元时吴县主簿江氏所刻。《仲淹集》从番阳本翻刻，《纯仁集》则宋时已刊十卷，至江氏始成完书。季振宜所藏绍兴三十二年洪迈吴中所刻《仲淹集》，尤为善本。《押韵渊海》，元岩毅撰，至元庚辰蔡氏刻，前有张复序。其书本于庐陵胡氏、建安丁氏所编《韵学活套》、《押韵大成》，而去其混淆，补其阙略，体例与宋阴时夫《韵府群玉》相似，而祇有平韵，无上去入，且平韵亦缺三江，较《韵府群玉》不如远甚。《韵府群玉》，阴时夫辑，其兄申夫注。时夫登宝祐中进士，故为宋人。是书则刻于元大德、延祐间，计二十卷。每韵下分类系事，共十八类。考唐颜真卿《韵海镜源》，为以韵隶事之祖，然其书已佚。宋人类书，鲜有踵其例者。至是书出，学者便于检阅，流传甚广。《佩文韵府》出，搜罗宏富，视此又蔑如矣。此书上有毛晋藏印，的系元刻。周牺尊。西清古鉴载周牺尊十五器，有铭者三，无铭者十二，体制亦俱不类。此器未经收入，而为周器无疑也。《史记·项羽本纪》、《高祖本纪》、《黥布列传》：诸侯罢戏下。戏字或音羲，水名。或音麾，大旗也。《汉书·高帝纪》：诸侯罢戏下。颜师古解为军之旌麾，以戏水之说为非，谓项羽见高祖于鸿门，已过戏矣。《汉书》通以戏为麾字。及检考证，顾炎武以戏水为是，谓羽入咸阳，诸侯自留军戏下耳。《汉书》麾皆作戏，如《灌夫列传》，数麾字皆作戏。至罢戏下之戏，宜从顾炎武说，作水名为是。何秋涛《北徼汇编》，赐名《朔方备乘》。其书略仿《钦定西域图志》及松筠奏进《新疆识略》，计卷首十二卷，恭载《圣训》、《圣藻》及各种官书，又分门编辑并图说共六十八卷，通计八十卷。祖宗怀柔远人之略，国家控制边徼之方，以及历代史书、近今著述，搜罗淹贯，考核详明。凡《圣训》三，《圣藻》一，《平定罗刹方略》四，《大清一统志》一，《皇朝通典》一，《皇朝文献通考》一，《大清会典》一，《圣武述略》六东海诸部内属、索伦诸部内属、喀尔喀内属、准噶尔荡平、乌梁海内属、哈萨克内属，《北徼星度考》一，《北徼界碑考》一，《北徼条例考》一，《北徼喀伦考》一，《北徼形势考》一，《俄罗斯馆考》一，《俄罗斯学考》一，《雅克萨城考》一，《尼布楚城考》一，《波罗的等路疆域考》一，《锡伯利等路疆域考》一，《俄罗斯亚美里加属地考》一，《北徼城垣考》一，《北徼邑居考》一，《艮维窝集〔考〕》窝集，华言山，《库叶附近诸岛考》一，《北徼山脉考》，《艮维诸水考》，《色楞格河源流考》，《额尔齐斯河源流考》，《北徼水道考》，《北徼教门考》，《北徼方物考》，《乌孙部族考》，《汉魏北徼诸国传》，《周齐隋唐北徼诸国传》，《辽金元北徼诸国传》，《（元〔明〕代北徼诸国传》，《历代北徼用兵将帅传》，《国朝北徼用兵将帅传》，《俄罗斯互市始末》，《土尔扈特归附始末》，《俄罗斯进呈书籍记》，《俄罗斯丛记》，《考订职方外纪》艾儒略著，《考订使俄罗斯行程录》，《考订异域录上》图理琛著，《考订异域录下》，《考订龙沙纪略》，《考订绥服纪略》，《考订俄罗斯佐领考》俞正燮著，《考订俄罗斯事辑》，《考订俄罗斯补辑》并同上，《考订鸟斋笺记》张穆著，《考订俄罗斯国总记》，《考订俄罗斯盟聘记》魏源著，《考订海国图志》同上，《考订元代北方疆域》，《考订康輶纪行》姚莹著，《辨正西域闻见录》陈伦炯著，《辨正簷曝杂记》赵翼著，《辨正癸巳存稿》俞正燮，《辨正瀛寰志略》西清著，《群书正误》，《北徼事迹表》上，《北徼事迹表》下，《北徼沿革表》，《北徼地名异闻表》，《俄罗斯境内分部表》，《北徼世次表》，《北徼头目表》，《图说》。盥器一件，似乌银所成。本草纲目乌银注引陈藏器曰：今人用硫磺熏银再宿，泻之，则色黑。工人用为器，养生者以器煮药，兼于一二丈处夜承露醴，饮之，长年辟恶。今制为盥器，当亦取养生之义。旧闻塔顶俱用风波铜，取其定风，至不易得。此器声响色泽，俱属相似。《皇舆表》四函，康熙十八年奉敕修，四十三年重命增辑，共十三卷。仿史表之例，以地系代，详书郡县沿革，援据正史中地理、郡国等志及《通典》、《通考》等书，较之唐《十道图》、宋《九域志》，规模益宏远矣。《舆地总图》四册，不著作者姓氏，篇各有图，图各有说，后系以表。于关隘、职官、军马、钱粮，分注极详。各省形势边防，尤为赅备。其中漕运纪岁运至嘉靖元年止，《山东图辽海东宁道表》后摘毛文龙疏稿，当是隆、万以后所作。宝泉局，额设正炉五十座，勤炉十座，每年鼓铸七十二卯。宝源局，额设正炉二十五座，勤炉六座，每年鼓铸七十卯。遇闰两局各加四卯。

咸丰制钱十九品：宝泉、宝源、直隶、江苏、浙江、江西、福建、山西、陕西、湖南、湖北、广东、广西、四川、云南、贵州、伊犁、阿克苏凡十八局。其西藏一种系银钱，悉仍道光年间旧制。现在直隶、福建、湖南、湖北、广东五省俱停炉未铸。江苏、江西、陕西三省俱减半开铸。山西原系六炉，今开四炉。馀俱如额鼓铸。回疆通用钱，乾隆廿四年平定回部后在阿克苏地方设局，鼓铸乾隆钱文。嘉庆五年二月，以新疆为纯庙开拓抚定之区，乾隆钱应永远遵行，奉旨嗣后阿克苏等处鼓铸乾隆钱二成，嘉庆钱八成，万世子孙敬谨遵循勿替。道光、咸丰纪元，仍遵旧制鼓（钱）〔铸〕乾隆钱二成。西藏银钱，乾隆五十七年平定廓尔喀，始设局官铸银钱，面文曰乾隆宝藏，并于外轮纪刻年分。幕文唐古忒字。自一钱五分重，至一钱重、五分重者，凡三种。次年，驻藏大臣奏称，以一钱五分重一种不便行使，请旨停铸。其馀二种，番俗称便，自后设卯鼓（钱）〔铸〕，岁以为常。《内府手卷》二十匣。《先声三捷》卷，乾隆乙卯福康安奏报大剿逆苗，攻解桃林之围，志喜二十韵。《划莠宣威》卷，乾隆乙卯和琳剿捕秀山苗匪，至湖南界，分设卡隘，克期会福康安进讨，诗以志事二十韵。以上二卷纯庙御书，以黑绒绣成。《御制淳化轩对庭梅作诗》卷，金士松隶书，后幅画鸳鸯梅一株，均缂丝。仁宗御书墨刻《平定三省纪略》卷。御笔《悯忠诗三十韵》卷，嘉庆十四年因知县李毓昌查灾山阳县被害一案，御制是诗以悯之。《绥靖垂谟》卷，董诰书仁宗《御制平定教匪纪略》，后有跋。《笃祜摅诚》卷，嘉庆丁丑《仁宗圣制再举东巡展谒兰陵大礼庆成记并颂》英和书。《御制赋得天降时雨》卷英和书，后幅汇录董诰、朱珪、彭元瑞、英和、戴衢亨、赵秉冲、黄钺诸臣和作。《御制初伏日作》附诸臣恭和卷赵秉冲书，后幅汇录董诰、朱珪、彭元瑞、戴衢亨、周兴岱、赵秉冲、黄钺和作。《锡福训和》卷，刘权之书仁宗丙辰、丁巳、戊午、辛酉、壬戌、癸亥、甲子七次经筵御论并圣制七次诗。《御制题戒石铭》卷彭元瑞书。《御制五台赞》卷英和书，卷中凡五图，每图之前恭录御赞。《化宇长春》卷刘权之绘花卉折校十三种，并书御制四时花卉诗十三首。《时玉赓丰》卷董诰书画，前幅仁宗御制喜雪十二韵，后幅雪景。《九如献寿》卷董诰画。《岳寿松春》卷戴衢亨画。《香海延春》卷，《琳塘表瑞》卷，《露畹舒芳》卷，《仙潭益寿》卷均董诰花卉。内府书画五百馀件：蔡襄墨迹已刻入三希堂。米芾诗帖。米芾尺牍。赵孟頫行草绝交书。赵孟頫八札已刻入三希堂。赵孟頫诗札。董其昌临苏、米书。董其昌自书诗卷。以上系书上上等。黄庭坚书杜甫茅屋歌刻丝。米芾诗卷。董源画、祝允明书秋水篇。祝允明草书《苏台八咏》。《钦定四库全书简明目录》四卷匣面题崇文揽要，纪（畇）〔昀〕书。《御制文渊（源、津、溯）阁记》刻丝，董诰隶书。《御制题月令辑要诗》六卷桂芳书。《御制读通鉴纪事本末诗》十二卷桂芳书。《御制隆兴寺九言诗》成哲亲王书。《御制咏二十四气诗》秦承业书并跋。《御制五箴》姚文田（诗）〔书〕。《御制芝屏》成哲亲王书。《御制励志诗》成哲亲王书。《御制谏臣论》姚文田书。《御制清凉山记》、《五台山赞》并桂芳书。《御制试帖诗》、《钦命乡会题》并彭元瑞书。《御制五六得天地之中（合）〔和〕赋》王杰书。《御制豳风时序歌》卢荫溥书。《御制原诚》永璘书。《御制掖辇纪庆颂》窦光鼐书。《御制澄心堂记》成哲亲王书。《御制文房杂咏》卢荫溥书。《御制春咏三十首》匣面题仙藻恒春，董诰书。《御制豳风时序歌》赵秉冲书。张照临董其昌书。励万书逎贤《南城咏古诗考》。刘墉临苏轼帖。《德邮珍翰、道箢云笺》并朱珪书。钱陈群书苏辙《次韵游径山诗》。于敏中临米芾《西园雅集记》。曹文埴临王、临蔡。董诰临米。《芳碧丛看玉兰诗》四卷英和、黄钺、许乃普、田嵩年。沈初临米芾帖。以上书上等。《御笔通鉴纲目续编内发明广义题辞墨刻》乾隆壬寅。《御笔绣线集石鼓所有文成十章制鼓重刻序》乾隆庚戌。《御笔绣线石刻蒋衡十三经于辟雍序》乾隆壬子。《御制诹吉九月初三日宣谕建储书事》匣面题庆纪国贞，乾隆乙卯。《御临荔支谱》。《御笔经帷叙昔》嘉庆丁巳。《御笔苦旱赋》嘉庆丁巳。《御笔邪教说》嘉庆庚申，后有朱珪跋。《御笔邪教说墨刻》。《御笔河决叹墨刻》嘉庆辛酉。《御笔额勒登保奏歼首逆庞洪胜、巡抚台布奏堵御情形志事诗墨刻》嘉庆庚申。《御笔见蝗叹墨刻》嘉庆甲子。《御制八旗箴墨刻》清汉合璧，嘉庆戊辰。《御制宗室训墨刻》清汉合璧，嘉庆戊辰。《御笔普陀宗乘之庙瞻礼纪事墨刻》清汉合璧，嘉庆戊辰。《御笔义利辨、(臣为)〔为臣〕不易论》、《悯忠诗三十韵》以上墨刻，并嘉庆己巳。《御制训谕八旗简明语墨刻》清汉合璧，嘉庆辛未。《御笔南苑大阅诗墨刻》。《御制河复志事诗墨刻》并嘉庆壬申。《御笔训移居盛京诸宗室墨刻》清汉合璧，嘉庆癸酉。《御笔行实政论墨刻》。《御笔甄别贤愚以澄吏治谕墨刻》。《御笔遇变罪己诏、酌减令节礼仪谕》。《御制尽心竭力仰报天恩谕，报天恩肃吏治修武备谕》。以上墨刻，并嘉庆癸酉。《御笔天人交感说墨刻》嘉庆甲戌。《御制因循疲玩论墨刻》嘉庆丙子。《御笔万寿山玉澜堂锡宴十五老臣诗墨刻》道光癸未。《御笔勤政殿自箴诗》附诸臣恭和，外签题熙绩赓吟，道光甲申。《御笔时玉吟祥》附诸臣恭和，道光丙戌。《御笔平定回疆午门受俘诗墨刻》道光戊子。《御笔御门听政述志示在廷诸臣诗墨刻》咸丰壬子。《御制瑶台避暑赋》成哲亲王书。《御制四时衍庆图诗》仪慎亲王书。《御制题画诗》定恭亲王书。《御制咏二十四气诗》惇恪亲王书并跋。《御制君子以自强不息论》惇恪亲王书。《御制诗》十二小卷惇恪亲王书。《御制四时衍庆图诗》苏楞额书。《御题棉花图诗》席煜书。《御制喜雨山房记墨刻》铁保书。《御制勤政论》签题诚叶璣衡，铁保隶书。《御制题张宏海屋添筹》永锡书。《御制咏六经诗、咏六艺诗》二卷，均姜晟隶书，刻丝。《御制十六应真赞》曹秀先书。《御制五经萃室记》曹文埴书。《御制读归有光易图论》曹文埴书。《御制勤政殿记》签题化被行生，铁保隶书。《御制养正图赞》茹棻书。《御制铭》刘镮之隶书。《御制咏水仙诗》和世泰书。《御制书室四咏》文宁书。《御制读召诰》沈初书。《御制读易系辞上传第五章书义、读孟子滕文公章句下》并沈初书。《御制诗》康绍镛书。《御制隆兴寺九言诗、对竹诗》并桂芳书。《御制题榜行》王际华书小卷。《御制芝屏赋墨刻》刘纶书。《御制毛诗图题后》陈孝泳隶书小卷。《御制勤政殿记》，《得雨记》，《全韵诗》，《题岁朝图诗》，《梅诗》签题鹤籥春芳。《佛手柑诗》签题龙华珍供。《御制诗二》一签题蕃禧绥祜，一签题延禧绥祜。《御题王羲之禊帖卷子》后有国子监禊帖。以上九卷，并英和书。《御制守成论墨刻》，《勤政殿墨刻》，《御题月令辑要》六卷，《御制咏竹诗》，《益寿霏香诗》并赵秉冲书。《御制勤政殿记》，《咏六艺诗》戴衢亨书。《御制长赢瑞景》卢荫溥书。《御制快雪堂记》彭元瑞书。《御制击壤歌》，《息讼安民论》，《勤政爱民论》，《化民成俗论》，《题名画荟珍册》，《题艺苑胪珍册》，《文房杂咏》，《唐花诗》，《宋人尧民击壤图》，《销夏诗》。以上十卷，曹振镛书。《御制题宋元宝绘诗》黄钺书。《御制长春仙馆颂》那彦成书。《御制盆兰诗》，《题王翚写十万图诗》，《题文徵明十万图诗》，《题恽寿平仿倪瓒十万图诗》。以上四卷黄钺书。《御制民生在勤论》，《民生在勤诗》，《元旦诗》签题履端纪庆，以上三卷董诰书。《御制文卷》系御制怀柔县行宫瞻仰壁间圣制诗敬纪，《御制行实政论》签题经世远猷，《御制文》签题圣谟定保。以上三卷，姚文田书。《兰亭八柱帖》八卷。曹文埴临王帖《黄庭经》。曹文埴临苏轼画记。曹文埴临蔡襄帖。梁国治临米帖。陈孝泳临王羲之帖。金士松临赵孟頫帖。于敏中临苏轼诗帖。英和书《石钟山记》。赵秉冲书《文赋》。董诰临米帖《龙井山方圆庵记》。董诰临苏帖小册。董诰临米帖小册。董诰临刘太初书。以上未入上等书。赵伯骕丹书图。刘松年画豳风图宋洪迈书《七月》章。刘松年《大禹治水图》。李迪《喜禄呈祥图》。林椿花鸟。钱选《长生果老图》。元刘仲贤《宫织图》。管道升《墨竹》。陈淳墨笔花卉。唐寅写生花卉。仇英《春郊试马》卷。陆治花鸟。文伯仁《雅好斋图》。黄彦英梅花。董其昌临米友仁《云山图》。李因墨卉。《荣华百龄图》，花鸟卷二卷无款。花鸟卷后有周公谨文印，公谨名密，宋末人，当为宋画。王石谷《万山春晓图》。以上系画上上等。毕宏《桐江深秀图》。《兰亭图》成哲亲王定为宋人院本。赵大年《山水桃源图》。仇英、文徵明《鉴古十图》合卷。仇英《苏蕙织锦图》。陆士仁《松溪仙馆图》。赵孟頫、管道升合璧。《御笔盘山千尺雪图》。《西苑千尺雪图》董邦达画。《热河千尺雪图》钱维城画。《寒山千尺雪图》张宗苍画。《御制吴彬画大士像诗》。《御制天降时雨诗》匣面题桑林应霈，董诰画并书。《御制多稼如云诗意》四卷董诰画。《御制喜雨诗》签题锡丰纪庆，董诰画并书。《御制清凉山记》，《五台山赞》董诰画并书。《御制喜雨赋图》附诸臣恭赋，黄钺画。《御制题马元驭花卉图诗》，《御制安澜园十咏》以上二卷吕培画。《御笔雀雏待饲图》，《鸡雏待饲图》。王翚山水。张廷彦画《楼阁宫织图》。张为邦画《上元锡福图》，《中元普度图》，《下元灵祐图》。董邦达仿黄公望《浮岚暖翠》，仿王濛《丹台绣壁》。董邦达《秋江古树》。钱维城《远浦云帆》。钱维城《午风荟景》。董诰《肃兆登丰》、《恒春绚采》、《藻曜仁山》、《绥丰叶律》四卷。董诰《瑞符绮序》、《春葩缀采》、《夏卉联芳》、《秋英舒艳》、《冬葋延韶》、《景绘萝图》、《春溪柳墅》、《夏浦荷亭》、《秋岩锦树》、《冬岭琼田》、《云霞丽景》、《岩壑清音》十二卷。那彦宝《新年丰岁》。黄钺《太平春社》。黄钺《松柏同春》。黄钺《香占春先》、《筠孚玉德》、《节茂冬贞》三小卷。以上画上等。赵昌设色花卉。方椿年《群仙胪祝图》。朱泽民《溪山行旅图》。赵雍《番马图》。宋旭

《百老图》。文徵明《采芝图》、《修禊图》并序、《洛神图》并赋、《桃花源图》并记、《滕王阁图》并序、《桃李园图》并序、《琵琶行图》并诗、《秋声图》并赋、《西园雅集图》并记、《前赤壁图》、《后赤壁图》并赋、《吴山秋霁图》并隶书《秋兴八首》，共十二卷。仇英《群仙拱祝图》。仇英画、陆师道书名人故实合璧。唐寅《群仙献寿图》。文伯仁画、王宠书合卷。《御制题陆治天中佳卉诗》签题天中丽景，仪慎亲王书。《御制梅花诗意》戴衢亨画。《御制清凉山记》刘权之画并书跋，匣题佛日恒辉。《御制题赵希远林峦福地》刘权之画。《御制题羲之书竹扇图》画无款，刘墉隶书。《御制丁亥除夕诗》、《戊子元旦诗》、《丙申春帖子词》三卷，并王际华书并画。《御制乙亥春帖子词》董诰书并画。《御制菊为寿友诗》裕恩书并画。《御题太平春色》画无款，蒋攸铦书。《御制叶良揆采芝图》玉麟书。《御制宋人画寿星》画无款，永锡书。《御制菊诗》画无款，签题摛华益寿，玉麟书。《御题久安大吉图》画无款。宏旿画山水。姚元之画花果签题瑶华寿实。刘权之山水。关槐画花果一卷，山水一卷，四季花卉一卷，《溪阁延薰》一卷，《松坪清（淚）〔唳〕》、《苹野呦鸣》、《丰征歌壤》、《喜溢谣衢》四卷，《竹深留客处》、《荷净纳凉时》二卷匣面题竹荷延爽。董诰《春台丰阜》、《绮序盈宁》二卷，《绣谷先春》一卷并书御制诗，《岁朝图》一卷，《绚秋益寿》一卷，《蕃景舒芳》一卷，《天泽贞符》一卷。贾全画高士。姚文瀚画题蕉。方琮画山水。袁瑛画山水。徐扬画花卉。谢遂画《耆英图》。贾全画人物。杨大章花卉。张舒画《桃李暄春》。谢遂画《归去来词》。李秉德画蝴蝶。李秉德画文鱼。袁瑛画《秋山红树》。贾全《柳汀放棹》、《荷浦延宾》二卷。程琳写生瓜瓞。方琮《江天帆影》。杨大章写生。谢遂春《原散牧》。蒋懋德山水。汪承霈花卉。汪承霈《荟景舒芳》。杨天璧《五台胜迹合景》。严钰《知仁乐寿》。黄钺《壶峤恒春》、《群仙祝寿》二卷。沈振麟《万寿罗汉》、《海西邑宇图》三卷西洋画。《先春报喜》、《吉语宜春》二卷画无款，玉麟书。《玉瑨调阳》、《升平共乐》二卷。无名氏《牡丹》一卷。以上未入上等画。《文选》十八部。内有《两汉文选》一部。《文选·补遗》二部。《文选颜、鲍、谢诗评》一部。《昭明文选》十四部，内二部李善注，一系明刻本，一系海录轩本，同系李善注，详略增损，均与汲古阁本不符。馀并六臣注本。《梵译经直解》四本，是经为舍那亲宣释尊转说，开示菩萨心地，最为明切。明僧寂光注，自序称是书前后两刻，此为第三刻。仇英《豳风图》大册，规摹宋刘松年本而展拓之，款署嘉靖丙午秋日始，戊申孟冬竟，两易寒暑，始成是图，信为生平经意之作。小端砚一方，款识八人。曰波斋一品研。曰嘉禾。曰唐建中铭圆者图，方者书，进笔墨友而与道为徒，研乎砚乎。曰刘鼎臣铭江河纬地，星象经天，猗欤片石，两仪具焉，笔耕墨稼，稔此良田。四人俱无考。曰黄慎径寸不能聚墨，高阳才子珍如璧，闽人，号瘿瓢，工诗，善书画。曰筠如杨谦孕地灵，含文星，掞凤藻，曜紫庭，山阴人，字六生，工画。曰松石星悬河泻，系仁和黄树谷之字，善书画。曰若林父印小印一方，系王澍别号。四人皆雍正、乾隆时人。曰 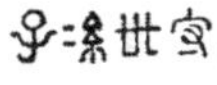，曰 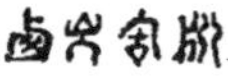二小印，上印子孙世守，下印似是西山宝玩四字，皆未审何人所刻。汤正仲《梅花》立幅。正仲字叔雅，宋开禧时人。元夏文彦著《图绘宝鉴》，称其画得杨无咎遗法。梅竹清雅，如傅粉之色。题诗者石岩，元时人，字民瞻，号汾亭，朱方人，官彭泽令，亦善画，隶书有《唐韩择木遗轨》诗云：密翠长条野岸边，花枝如雪半笼烟。浓香残月玲珑影，照见花间夜鸟眠。《欧阳文粹》一函，宋乾道时陈亮所选，花溪李氏刊本。共文百三十篇，又《拾遗》一卷。精雅古洁，信为宋板无疑。《诗人玉屑》一部，宋魏庆之编，于作诗法度及古今诗家源流，辨析綦详。书成于宋度宗时，而刊本自在元时，前后各十卷，板线参差，当系两板合成也。宋刻《杜诗》两函，宋绍熙时所刻，王十朋集百家注。《楚辞》一函，明闵氏刊本。陈淳书《湖山椒山唱和同适集》一函，湖山为姜节，椒山为陆天衢，皆明嘉靖时吴人。陈淳自号白阳山人，绘事极精。此书秀逸苍劲，自系真迹。文徵明《纪游诗画册》，后跋诸人：华玉系顾璘字，履约系王守字，履仁系王宠字，钦珮系王韦字。馀俱无考。《黔苗图说》二册，嘉庆时贵州巡抚文干所进，图分三十六段，每段各系以说，于苗人族姓风俗颇为详备。乌蛮、耐德、花苗、红苗、白苗、平伐苗、黑苗、青苗、东苗、西苗、猔苗、夭苗、九股苗、八番苗、谷蔺苗、克孟牯羊苗、阳洞罗汉苗、紫姜苗、宋家苗、蔡家苗、龙家苗、狆家苗、狫犷、阳保、木老、仡兜、花仡佬、水仡佬、打牙仡佬、披袍仡佬、锅穿仡佬、僰人、峒人、土人、蛮人、瑶人。《风骚》一套。《读风臆评》。明戴君恩所辑《楚辞评》，有冯开之读骚五字，又有秭归外志四字。石研二方。瓶式者，面刻至正六年秀绿轩制。吴福孙铭云：斫瓶形，象负行，染彩笔，颂太平。长方者，山谷道人铭云：

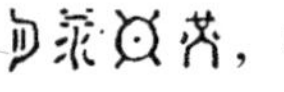，检查篆籀诸书，字皆可识，而文义费解，或后人故为难字，托名山谷，亦未可定。铭云：参给元化，固供力方，文星凤古，月水日光。《唐诗鼓吹》一部，俱唐人七律。金元好问辑，元郝天挺注。《近体阳秋》一部，明谭宗选，俱唐人五七律。秋取其清，阳取其明。后附《声韵辨》九卷。《琬琰清音》一部，明朱梧选，俱唐人五七律。《花史》一部，明王路纂，分二十四类，搜采甚富。《金刚经集解》一部，宋杨圭所编，于旧注八百馀家之中，取其义之精者十有七家：一、五十三山来。一、谢灵运。一、后秦解空僧肇。一、武当居士刘虯。一、一注本不显名。一、梁朝傅大士颂。一、智者颂。一、唐六祖慧能。一、唐疏抄，僧宗

密作序。一、宋富沙僧子荣。一、龙舒居士王日休。一、冶父僧道川颂。一、上竺僧若讷。一、致政陈雄。一、如如居士颜炳。一、云庵僧子性。一、茨庵僧微师。《心经解义节要》一部，明无念居士所录，采自唐迄明，共六家：一、玄奘译。一、法藏疏。一、宋智圆疏。一、元元粹注。一、性澄注。一、明宗泐注。《宋景濂文句》二本，并明戚继光重刊。《劝忍百箴》四卷，元许名奎撰，释觉澄注。因唐张公艺百忍之说，以为成德尽性，特资于忍，乃援经证史，著为百箴。《智囊补》二十八卷，明冯梦龙辑。梦龙先辑《智囊》二十七卷，复杂采史传以补前编所未备。《栖真志》四卷，明夏树芳辑。自老子以（以）〔下〕二百七十馀人事迹言辞有关道术者，编缀成帙。非如刘向《列仙传》、葛洪《神仙传》皆系仙真也。明陈甫申《渤海藏真帖》，刻钟绍京《灵飞经》至赵孟頫书共十八种，皆据真迹入石中，尤以《灵飞经》为最胜。《百家名书》二十四册，胡文焕编辑。文焕字德甫，号全庵，又号抱琴居士，明隆、万时浙江钱塘人。《记纂渊海》一部，宋嘉定朝福州学教授潘自牧辑，其书分二十二部，一千二百四十六门。观序意以为前此类书多详记事而略纂言，此编于记事但取简要，于纂言则加详备。各门皆以成语标题，采经子史集各语，以次编缀。大抵只详人事一门，馀不旁及，亦类书中一创格也。《通典》二百卷，唐杜佑撰，分食货、选举、职官、礼、乐、兵刑、州郡、边防八门，上溯黄虞，下暨唐之天宝，为数典渊海。《通志》二百卷，宋郑樵撰，凡纪传一百四十五卷，谱四卷，略五十一卷。纪传及谱皆袭旧史，其精华惟二十（四）略。而穿凿挂漏，均所未免。在《通典》、《通考》间，实未能鼎立。以其网罗繁富，亦莫得而废焉。《文献通考》三百四十八卷，元马端临撰。因《通典》八门，析为一十有九，而增以经籍、帝系、封建、象纬、物异五门，共二十四门。《钦定续通典》，百四十四卷，乾隆三十二年奉敕撰，门目一依杜佑之旧，惟兵刑析为二。其纂言纪事，则唐天宝后取材于《通志》、《通考》而有所增益，宋嘉定以后取材于《钦定续文献通考》而有所翦裁。《钦定续通志》五百二十七卷，乾隆三十二年奉敕撰，门目一仍郑樵之旧。《钦定续文献通考》二百五十二卷，乾隆十二年奉敕撰，三十七年告成。初议增朔闰、河渠、六书、氏族四门，嗣诏修《通志》，以无庸复见，仍从旧目。《皇朝通典》一百卷，乾隆三十二年奉敕撰，门目与五朝通典同。《皇朝通志》二百卷，乾隆三十二年奉敕撰。《皇朝文献通考》二百六十六卷，乾隆十二年奉敕撰，初与五朝文献通考共为一书，嗣请别以皇朝标目，各自为编，初亦用二十四门旧目，嗣以宗庙考中附载诸祀，于义未安，分立群庙考一门，故列为二十五门。康熙所修《会典》一百六十二卷，康熙二十九年告成，冠以宗人府，次列文职武职各衙门职司条例，依类编载，并附以图。雍正所修二百五十卷，雍正十年告成，增订旧典，续纂新章，体例及图，悉仍其旧。乾隆所修计一百卷，《会典》则例计一百八十卷，乾隆二十六年告成。旧典皆以则例附见各条之下，高宗谕以为例可通，典不可变，遂分典与例为两编。典为不易之常经，所以昭法守，例为因时之大用，所以观会通。二书一经一纬，条理秩如矣。嘉庆所修《会典》计八十卷，《会典事例》九百二十卷，嘉庆二十三年告成，仍乾隆二书旧式，易则例之名为事例。惟事例又于旧总目中各分子目，条分件系，于旧例既增补不少，于新事亦采辑靡遗，故卷帙特为繁富。又嘉庆所修《大清会典图》一百三十二卷，旧典图附典内，惟此别为一书。以上摘录书房数年以来片奏各件。是日大风。

初九日。张文和公《赐园纪事八首诗序》：雍正三年八月，銮舆驻跸圆明园，臣廷玉等叨扈从之末，蒙以戚畹旧园，赐臣廷玉暨大学士朱轼，尚书蔡珽，内廷供奉翰林吴士玉、蔡世远、励宗万、于振、戴瀚、杨炳八人同居之。园在御苑之东半里许。奇石如林，清溪若带，兰桡桂楫，宛转皆通。而曲榭长廊，凉台燠馆，位置结构，极天然之趣。苍藤嘉木，皆种植于数十年前，轮囷扶疏，饶有古致，尤负郭诸名园所未有也。又，《以澄怀名所居之园恭纪二首序》是岁戊申：廷玉蒙恩赐居戚畹旧园，于今三年矣。园初未署名，因追忆康熙癸巳秋，扈从塞外，蒙先帝御书澄怀二大字以赐。廷玉虽不敏，愿奉洗心浴德之训终其身。兹所居之地，碧水潆洄，不染尘滓，于澄怀之义，有会心焉，敬以二字名园。佩圣训，志景光，两朝圣主知遇之恩，微臣戴高履厚之悃，与此水俱长也。又《春日澄怀园即事十八首》。一首云：瑤圃瑶林讵足夸，倚山临水烂云霞。一枝独励冰霜节，压倒春风百万花。注云：京师梅花皆藏暖室中，惟此地绿萼一株植庭院，每岁开花，与桃李同时，乃仅见也。又《圆明园奉召游览纪恩诗序》：九月廿五日，召大学士马齐、徐元梦、公音德，内大臣马武、额腾吉，尚书朱轼、法海、塞尔图、励宗〔廷〕仪及臣廷玉十人，同入圆明园，赐食勤政殿之西厢。既毕，上亲率臣等登舟，赐坐，遍历园中诸胜景，一一蒙指点，诚异数也，恭赋纪恩诗十二章。

初十日。专足至天津，寄陈鹤丈，恒月川制府，崇地山都转，鲍小山、黄琴坞、孙琴泉三观察。是日大风。

十一日。樊监邀同伯寅、华潭游清漪园本定是日以待碧湄同游，而碧湄不至。从左穿堂门入，至勤政殿，绕殿后石山至玉澜堂，堂前后俱有宝座。右暖阁凡四。堂后绕石山至宜芸馆东暖室瞻玉佛，高约尺许，外袭袈裟，饰以金，旁悬贝多罗树画幅，高宗御笔赐班禅圣师者，上用四体书题额。东西庑皆有堂三楹。由右小门至夕佳楼，正临昆明湖，楼阁相照耀，气象万千。左旋至藕香榭后登舟，历水木自亲、对鸥舫诸胜，至大报恩延寿寺。相传寺基为明瑱妃陵寝，成祖生母也，今建为庙，正当万寿山之面。万寿山即瓮山也。右为罗汉堂，架木为山，曲径盘旋，仅可容一人，门外颜曰：祇树园。内（槊）〔塑〕阿罗汉五百尊，或坐，或立，或卧，或一人，或数人丛聚，并于羊肠一线中，高下位置，生动灵妙，视西湖净慈、灵隐之罗汉堂，别出一奇。再上至铜殿，墙壁龛几，皆范铜为之。由铜殿折而左，石山环列，蹑级曲折登正殿后之高阁，全湖俱在眼底。再上为智慧海，前树石坊，颜曰：众香界，为瓮山之颠。山后历香岩宗印之阁，至须弥灵境。正中供三佛象，两旁及殿后为木山，（槊）〔塑〕阿罗汉五百尊。佛殿之大，殆无逾于此者。沿山麓行，至买卖街，盖山之右臂，玉泉山水所经，颇有江南景致。高宗仿苏州山塘之胜为宫市，皆有悬额。今存者，裕丰当及茶楼数匾而已。市尽处为墩，有桥，建亭其上，颜曰：荇桥。傍桥砌石为龙舟，远望之如一巨舰泊桥下也。山麓沿湖皆石栏，杂树松桧，或为连房，或亭或堂，不可以数记，亦不能遍游也。至鱼藻亭前上船，由藕香榭直入，过霞芬室，出勤政殿后至殿左室，观西洋自行车二，制法极精巧。出至东朝房，午饭毕，由殿右门至文昌阁，阁凡三层，其第二层为自鸣钟一座。复登舟，至广润灵雨寺，望瓮山楼阁，掩映烟树间。生平所历，未有此奇丽之景也。广润寺中楹为涵虚堂，左曰云香阁，右曰月波楼。以风大不复回舟，乃由石桥至廓如亭小憩而归。计园中所历诸胜，仅得其半。其圆城之在昆明湖中者，亦不能一至也。

十二日。仁山来园，星斋前辈过谈。

十三日。高碧湄、刘筠生来园，得莫子偲、邓弥之来京之信。因邀伯寅会谈，同步月至扇子湖。友朋之乐，生平所最善领略者也。

十四日。与碧湄、筠生至廓如亭，沿堤至高桥，席地谈少顷。是日清明，慨然念故山邱垄，不与拜扫者三年矣。骆钝甫过谈。

十五日。接庚字三号家信，并西叔一信，邹公让一信，又接咏之宫保二信。

十六日。复咏之宫保信，因附书致涤生司马。又寄家信第四号，并致西叔一信。均托籥门中丞转递。盖自去夏五月末寄书中丞，至今始一通问也。冼云樵过谈。

十七日。具折请病假回籍。怀此久矣，因咏之中丞来书亦以为言，乃决计引退。午刻，匡鹤泉前辈枉过，为言上见军机，问嵩焘病状何似，咳嗽之外有无他证，且问小臣所以乞病之意。彭咏莪中堂对言，两书房艰苦，势不能久处。上曰：今年未令上天津大营，渠意恐不乐耳。又问嵩焘曾在曾某军幕，历年几何，带何勇。军机皆未知小臣底蕴，唯唯而已。其间最不相宜者，彭中堂以书房清苦为言，一若小臣专唯利是视，以为进退者，小臣特以上意薄待，诸臣谓有所系恋，不能舍去。见上之情意颇不甚属，谋洁身远引，谓庶几知小臣之所守耳。若如彭中堂之言，则于小臣之意为悖矣。是以上即以天津为问，谓天津军营膏腴，小臣固乐就之耳。岂知小臣之视军营，有浼焉不可终日者哉。小臣意图自重，中堂乃更欲轻之。诬小臣犹浅，以是炫朝廷之意，以误人主，所关实匪细也。是日雪。记去腊廿六日自山东归复命，蒙召对，大雪移时，时京师望雪方急也。今予归，又雪，过清明数日矣，异哉。

十八日。具折谢恩。入城，至冯碾云前辈处坐移时，随往觅邓弥之观察。壬秋、景韩、筠生、弥之四人邀至时丰斋小酌，并邀尹杏农、许仙屏、龙皞臣、蔡与循、高碧湄共十人剧饮。数君皆一时名雅也。。

十九日。往何愿船处吊其太翁之丧。因至易汉乔处，不晤。回园，彭咏莪相国枉过，赠诗一首。

二十日。和咏莪相国诗三首，亲往报之。因诣朱桐轩师及同直诸公处辞行。啸眉已收拾行李将行矣，为之黯然。

二十一日。上汪啸庵师、福元修师两书，并书致周谷田太守现署潼商道、唐荫云太守道衔署荆州府。以两师及周、唐二君去腊皆有枉寄之书，数月以来，尚未书复故也。

廿二日。殷谱卿前辈以《小清凉界图》属题，盖今古藤书屋为吴谷人祭酒旧庐，因成哲亲王赠有小清凉界印章，因取以颜其室。有绝句云：嶙峋阶上石成堆，种了红蕉种绿苔。乞与小清凉界好，自鸥新认主人来。时嘉庆丙辰也。今咸丰丙辰，谱卿复居此，因绘图以纪之。庭有紫藤二本，蔡文恭公新寓此，每邀程文恭公景伊对谈其下。后朱文正公珪居之，有《古藤书屋记》，故今此屋仍名古藤书屋。其后廊临水，程春海侍郎署曰诗廊。谱卿后移居，又迁小清凉界匾以名之。诗册中佳者，惟孙琴西诗云：高车大篴奉朝请，退食斋居坐深甑。细书磨鼻云清凉，得非先生方寸静。　故乡千里松陵东，鲈鱼味与松江同。莺脰湖头无六月，何时一舸向秋风。许仁山《和谷人祭酒韵》云：云坞攲斜石作堆，一椽老屋半弓苔。庭前树亦知人意，曾见乾嘉老辈来。　深源新辟读书堆，叉手吟哦剔翠苔。记我儿时游钓处，池南风景卅年来。潘伯寅诗云：新诗妙画足千秋，帝子才华迥绝俦。自昔河间重经术，即今诒晋擅风流。　侍臣簪笔直咸英，傅古兼持廷尉平。讲幄雍容深岁月，莫因鲈脍厌承明。　乾嘉遗事开天盛，老辈风流想见之。祭酒还山侍郎没，只从云坞剔峨碑。　园外山光山内湖，去天尺咫小方壶。滨州相业追漳浦，留得澄怀十友图。　亦知身在清凉界，无计能生火宅莲。南望修罗犹浩劫，江干何日靖烽烟？

吾亦为题七律一首贻之。谱翁自题诗四首亦佳：昔贤兹僾直，仁庙丙辰年。恨我来何晚，思君望若仙。星霜周甲子，泥雪认因缘。愧乏文章替，沉吟逭暑篇。　想见手亲栽，红蕉与绿苔。贤王新翰墨，上相旧池台谓张文和公廷玉。菊岛和云葺，藤花似雪开。白鸥应一笑，频换主人来。　面面荷花海，环流接扇湖。云霞千顷耀，锦绣万重铺。此境真香国，全家署钓徒。梦游曾几度，回首忆模糊。　草树接宫墙，衣冠染御香。官闲乡思绕，住久世缘忘。八友风流邈，三天岁月长。退朝无个事，归路水中央。又迁小清凉界之西重赋绝句四首：劳劳五载五移家，家具无烦东野车。赐物几筐书几帙，呼儿检点乱如麻。　新居最爱竹千茎，塞户山浓压梦惊。仍署小清凉界好，绿云围住作秋声。　廿年前入翰林行，初谒祁公在此堂杜文正公。不独绛帷人去久，洛阳年少也颓唐。诗廊回首好阑干，尚记前宵把钓竿。太息金风亭长句，藤花又让别人看。

廿三日。鲍华潭以所绘《补竹图》属题，为题七律一首。从书堆检出去年旧帐，计己未正月廿六日由京赴天津起，至九月廿日，共用银三百一十五两八钱。由九月廿一日从天津赴山东沿海至济南，共用银二百零六两六钱。济南制备衣服及回京盘费，又百馀金零账未查出。计支薪水八个月月支十四两零，得银一百十二两零而已。赴天津时置备车马，又不在此数也。赔垫约五百金，大抵亲友寄助及恒月川制府诸君帮款，而孙琴泉观察处挪移至二百馀金为独多。时运乖舛，不幸而遇僧邸，相逼已甚。孟子曰：行或使之，止或尼之。道之行不行，命也，岂人之所能为力哉。阅旧岁所笔载，为之慨然三叹。

廿四日。桐轩师邀晚酌。章采南入直上书房，以肖眉假归故也。朗亭前辈语及任江西学政时，家属避难刘养素处，艰辛万状。

小浦师有中表王庆山桐，护张太夫人乡居，极有胆识。一日村中哗言，贼二百将以夜至。村民富者多走避。王君曰：此必村中游言，乘人惊乱，掠取财物也。命掩户静俟。夜半，果见火炬漫山而至。王君即手佩刀登屋脊，令诸仆从梯墙以守。火光中见数人渐逼墙下，王君大呼曰：君等皆村人，吾已记录其名矣。数人者大惊，逡巡退去，竟得无事。王君后保举杂职，今以知府候补浙江也。得星（岩）〔崖〕中丞书，随作书报之。

廿五日。入城，便道过许滇生师长、雨农世兄两处一谈。皞臣为予赁晋阳庵破屋三间，湫隘与罢官人相称也。

廿六日。与皞臣诣冯鲁川、唐聘三及子怀司马，随至陈服耔观察、何伯英太守两处。接鹤丈、琴泉二书。鹤丈书意拳拳，阅之增感愧也。

廿七日。碧湄来，同诣眉生、云岩。因觅范云吉，一视篁仙，读所著《史论》，多有心得。其牢愁郁塞之气，亦颇得史公神理。篁仙意气尚如旧，而文稍进矣。

廿八日。与云岩、皞臣、壬秋、碧湄、与循五人同为西山之游。出西便门二里，白云观。六里，八里庄。八里，田庄小憩。十二里，杨柳村。五里，北兴店。三里，大桥，渡桑干河。河水奔驶如沸，湍悍骇人。石径山孤峰特立，距桥南数十武，巨石谽谺中，遗寺犹存。明时金阁寺、元君寺，号称胜地，今圮矣。八里，栗园庄。沿途沙石颠撼，颇觉行路之难。奉福寺距栗庄数十步，潭柘寺下院也。是夕就宿寺中，寺僧纯理、德山，款客颇勤。

廿九日。寺僧以笋舆导游，每夫日给工食一缗。三里，石厂，沿山皆杏李，万花簇簇，如白云漫天，浅深高下，殊色诡状。四里，岢嵝村，与云岩同诣吴宾谷。六里，罗喉岭。越岭以西，四山环合。土人云：岭东为外十三村，岭西为里十三村，再入又三十三村。下岭六里，六里沟。有旋风起山麓，旋转如车轮，尘高数十丈，远望之如炊烟之直上也。土人云：徐延昭、李国珍墓，皆距此不远。六里，王家庄。有大溪行两山间。溪右磴道盘环，缭以红墙。稍逶而南，即潭柘寺。巨松二株夹立，上有坊，题曰：翠嶂丹泉。内方题曰：香林净土。再上，大溪横出，深可数丈。上有石桥，过桥即寺门。入门流泉瀌瀌，或伏地底，或行石沟中，曲折引之四达。山路稍峻处，即为龙口。陟下正殿，后为斋堂。堂前婆罗树二株，大皆合抱。左有银杏一株，虬干盘结，大十馀围，旁出五枝，参差错立。前有坊，为爱月居士赞庄亲王外号，言圣祖、高宗临幸此寺，树旁各出一干，高二丈许，为瑞应。寺僧因指其五干，谓圣祖讫宣宗五朝实应之，因名之曰帝王树。其旁又一小枝，则今上即位之征也。再上则毗卢阁。绕阁而西，凡数折，达观音阁。高宗匾曰：莲界慈航。有元世祖暨后御象，又太子并妙严公主二象，夹立观音左右。旁有妙严公主拜砖，双膝宛然，深入二寸许。有明神宗御赞。盖万历时孝定皇太后曾取入宫，贮以花梨匣，藏之，旋送归寺，故至今存。殿旁厨中，贮姚少师广孝所书《大般若经》六百卷，乌金纸金书，始终无一懈笔，亦一巨观也。又东出毗卢阁后，为地藏殿。殿旁有舍利塔，西有龙王堂，再下为戒堂。堂前楞严坛，八方周通，极壮丽。东有别院，前后皆修竹，为延清阁。高宗匾曰：潇碧延清。前后四楹，精洁修雅，同游者皆假榻于此。再上为太古堂。又转而北，稍东为掎玕亭。亭中石板纵横曲折，为沟以引水，故一名流杯亭。亭后屋三楹，屋后竹园，缭以粉墙。亭前为台，石阑环之，植巨竹百馀竿。竹台左旁，缘级上为倚松斋，高宗匾曰：倚松恬澹。屋三楹，亦精雅可居。《帝京景物略》：潭柘寺，山开九峰故名九龙山，山下一圆山，名珠山，适当地藏殿后，寺故海眼也，正殿基即龙潭。晋华严师居此山，潭龙听法，施潭为寺。一夕大雷雨，潭成平地，两鸱吻涌出，因取为殿角鸱康熙时毁于火。旧传潭旁有柘木千章，今无一存者。斋堂门右，庋柘根一段，形如卧羊。《宸垣志略》谓柘久枯，覆以瓦，高八九尺，此其遗也。晋曰嘉福寺，唐曰龙泉寺。康熙时敕赐潭柘山岫云寺。自华严师后，元有雪涧禅师，明则永乐时姚少师道衍居之，万历时达观大师真可居之，皆寺僧之最著者。寺多古木，方丈院内紫柏二株尤奇伟，殆千年物也。正殿旧有二蛇，名大青、小青，藏红箧中，标曰：护法龙王。或时逸出，钟鸣即至。后亡失所在。寺僧蓄一小青，长四尺许，极驯，遍身隐隐起鳞甲。寺左右里许俱有洞，名东观音洞、西观音洞。东洞有泉一方，极清冽。再上里许有亭，名歇心亭。诸水皆汇出佛二门口十馀里，归浑河。住持僧心纯，知客圣修、觉品。

三十日。由罗喉岭逶而南，沿山行五里许，粗沙细石，高下崎岖。远见戒坛屋脊，又越数岭始达。寺东向，山势环互，寺门倚南山之麓，掩映群峰间。入寺门左旋，地稍宽敞，外护以石阑，可望远。正殿前，古松四株，极雄伟，殿后（涉）〔陟〕级上，为毗卢阁。阁前松栝林立，最奇者，左松一株，横卧阶基上，枝皆倒垂，名卧龙松。右松一株，大十数围，旁枝横出者皆径围二三尺许，覆蔽逾亩。引其一枝，而全身俱动，翕翕有声，名活动松。高庙以诗志之。左出一别院，古松夹道离立，有白果松一株尤高大，九干相纠结，名九龙松。其枝旁出，密叶盘结，状若鸟巢，寺僧呼之凤皇窝。入门即戒坛，前有坊，榜曰选佛场。坛凡三层，以白石为之。四围皆列戒神，前置檀木二株，高丈许。坛外有殿翼蔽之，殿左右为五百罗汉堂。毗卢阁上供佛约千尊，故一名千佛阁。阁后驾木为桥，由屋脊通后石基，为观音阁。转逶而右，上石级，有小屋数楹，一僧居之，蓄发绕肩三匝，不出口语言者十年矣。左右手燃尽其指凡四，两臂燃炬约百数十，其强忍坚苦如此。敝衣垢履，冬夏衣一袭，而所居室顾洁净，案置经典十馀缄。询之寺僧，故长安市上石工也。居寺数年，日随众一饭，足未尝越户外。有布施者，随分给僧众不少留。盖一苦行和尚也。方丈院内有联云：万法归一，一归何处；三乘尽性，性尽虚空。寺始于辽咸雍时法均。永乐时，鹅头法师道孚居之。正统时，如幻律师居之。旧名万寿寺。如幻律师说戒，寺中立坛焉，因名万寿戒坛寺。寺后为马鞍山，有太古、观音、化阳、庞涓、孙膑五洞。又西五里为极乐峰，亦有洞。寺僧又言，十许里有三会洞，尤佳。其由东盘旋上者，为狮子岩。寺僧瑞修、明然、胜林、超尘、慈云。陪游者，超尘慈云两僧也。是午，岢嵝村饭吴宾谷处，夜宿奉福寺。薄暮，大雷雨。夜半狂风怒号，汹汹然若海涛金鼓之声，奔腾四薄也。皞臣举旧岁寿蘅在京时事，以相讥笑。箴规，非讥笑也，此言失之。壬秋极意相嘲，而实非当日情事，予弗与辩也。其言过矣，而意固美也，余何弗相容纳哉。

闰三月

闰三月初一日乙未。潭柘寺僧求书，各书联语应之。心纯联云：佛土休将人境比，浮云得似此心闲。觉品联云：谁向空山弄明月，独往沧江钓白云。德山联云：莫负南宗担雪意，时从东海看云生。心纯能书工医，兼通星卜相法，方丈藏书千数百卷，皆诗文杂录，亦僧之稍雅者。留诗三首与之云：乱泉环互石巉岏，万古争奇到寺门。夜半风雷龙徙宅，怒松犹作海涛翻。　无数蛟龙岩下伏，吞吐云雾晚苍苍。王侯蝼蚁同一尽，只有空山日月长。　怀素草书天下奇，播精鼓箧老支离。春风桃杏无行迹，苦忆年年人醉时。仍过大桥取旧径回城。卢沟河水，两日内减去尺馀。大桥之北，桥长三四尺许。沙涨径两岸，而水势蹙缩才如沟，岂久晴致然耶？两日之间，遽尔退落，此不可解也。

初二日。为文一首记戒坛僧。诣皞臣处谈，杏农、弥之、壬秋、与循、麟洲诸君并集。眉生笔录，有数条可纪者：人之精神，聚于一端，乃能独至。吾之精神，亦必聚于此人之一端，乃能写其独至。太史公识此意，故文极古今之妙。　士大夫德器宏深，性情醇厚，调和元气，力持大体，使人望如景星庆云，祥风甘雨，上也。砺廉隅，抗清节，难进易退，有犯无隐，使闻者顽廉懦立，次也。宏奖风流，激扬善类，文章事业，海内知名，又其次也。吾人立身行己，当作何等位置也。

初三日。诣子箴前辈、杨汀鹭、李子衡、许仙屏、唐啸石、陈心泉、曹芗溪、胡研生、吴桐云、周子佩、邓弥之、张竹汀诸处。因谒春浦师相久谈，因言京师僧以慈仁寺戒学和尚为最，今亡矣。往岁尝问以丰干饶舌，有作丰于者。曰：《楞严经注》作丰干。丰干，弥勒佛也。寒山为文殊，拾得为普贤。检阅良然。其次则长春寺之如月，松筠庵之心泉，皆僧众中之有才者。

初四日。莫子偲过谈，因同诣弥之。作篆隶数幅，篆联云：积善有馀庆，膏泽多丰年。壬秋欲以欢怨非贞则一语为出联。予曰：此语绝佳，然与膏泽多丰年五字不绝，当别求五字对之。弥之因举澄滓无定源五字，余举妍丑无遁形五字，皆佳对也。午归，子怀司马、小田驾部并枉过。随赴竹汀慈仁寺之召寺为周太后弟吉祥建，而寺有成化二年碑，言为太后祝厘，不及吉祥，或讳言之耳。《归熙甫记》始详述之。唐应德诗云：同行更说前朝事，绣蟒银鱼有故僧。同席章萃堂、唐聘三、汪新浦、皞臣、弥之，遍游寺前后。记前岁随春浦师相、李竹朋沈朗亭两前辈、仁山、伯寅、滨石，同集东轩，为东坡作生日。

春浦师手东坡像一幅，悬之右壁，率同人跪拜。老辈风流，使人邈然动千载之思。相距两年，今始一至寺，老僧戒学化去年馀矣。寺后土山，戒学所经营累成者，谋建毗卢阁其上，力未逮也。造屋三楹，右为镜室，可望西山。春浦师匾曰：见山。今土山下方造一室未成，前开方池，驾小桥其上，从西园引水入之。梨桃丁香之属，列植左右数十株。次第瞻《窑变观音象》、《胜果妙(音)〔因〕图》，盖犹甲辰年往来寺中所常见者，距今遂已十七年。孙国敉《燕都游览志》言：寺后毗卢阁下磁观音象，高尺馀，宝冠绿帔，手捧一梵字轮，相好美异。僧云：得之窑变，非人工也。毗卢阁已久圮，今供置佛殿后。有纯庙记，勒龛下方。旁两童子象尤美异。胜果妙因图悬殿后，旁西屋为诸尊者象，凡七层。中为世尊坐象，宽广数丈。乾隆九年甲子清和月，傅雯奉敕画，今百三十年矣，画幅犹完好。殿前二松，相传元时旧植。《燕都游览志》谓右一株尤奇。今殿左一株，枝干横出，极奇矫，名游龙松，当亦数百年物。而《宸垣志略》谓元时二松已无存，故知此松非旧植也。松大者凡三株，旁列槐柏，有两槐三松四柏之目。春浦师近有(时)〔诗〕，定甫农部和作，尚悬壁间，馀并为人窃去。又有乙巳修禊诸诗，一时名下〔士〕，各为一体，而鲁同甫五古一篇为最佳。又宗涤楼《慈仁寺诗》一首，为叶润臣阁读施之寺中者，下方题跋甚多。酒罢，诣顾祠，右室供张石舟，子贞编修联云：矜式后来，国史儒林第一传；留连遗迹，慈仁禅院古双松。为戊午年作。记甲辰年顾祠初建，无几时，贞老集兰亭长联悬之，今无有矣。祠外有开成井栏，贞老所移置。栏上方有开成六年五月十五日刻字一行，下数字不甚能辨识。晚就眉生一谈。眉生方病，诣榻前小坐，纵论身世事，相与怃然。伯英见示一诗，因赋长句报之。

初五日。小田、子听过余饭，因约聘三、鹿笙、萃堂、淳斋一叙，以饭后须与淳斋诸君购买器物故也。接殷谱卿前辈枉诗一首，文美而义高，惟推许太过，愧不足以当之。

初六日。黄子襄、皞臣、芝生枉过。皞臣见示《游山诗》三首，极佳。因同诣弥之、壬秋，看壬秋游山各诗，并为伊遇羹、卢润生约谈。予与伊君固不相识，而闻其名，亦欲一识其人也。伯寅、云岩晚过。伯寅言：日前召对，上问小臣病状。对言：受朝廷恩深重，而事与愿违，报称无效，自以为辜负圣恩，此小臣之心疾也。上问：将仍赴军营耶？对言：臣与之周旋久，深识其人恬退，若有心求好处，则早已显达矣。上问：何时归家？曰：将俟公车试罢同行。上问：现住何处？曰：南城外一破庙。圣人之意，勤勤如此，小臣妄测高深，疑朝廷之意不属，固亦有数存乎其间耶？

闰三月初七日。与皞臣同诣玉庆观，就王子怀司马一谈。因治酒为面食，谈甚畅。伯英、淳斋、碧湄、筠生过谈，见示皞臣、壬秋诸君游山之作。皞臣《自栗园山行登潭柘寺作》：天根翼神郊，右轴持京服。桑乾迤朔宣，灞砉划其腹。整徒旅山楹，鼓孱骛房麓。回岩夺径隘，立石坿土剥。尊峰府百灵，众窍纳一谷。眩方迷却视，趋新怯前瞩。涧树贡春妍，崖草闷穹绿。旋飙藏物态，赫日易时燠。息心清净土，聊从赞公宿。《潭柘寺》：九峰势蘵橥，环束拓雄寺。龙移寒湫沉，树障群壑邃。灵镌洞乳眼，渗窦泄地肺。罅壁积阴颓，冥阶涓沫拂。馀景抱沉渊，群络结孤蒂。振心捐烦流，罄耳倾寒籁。幽蛇惺悟土，春鸟扬慧界。延清休疲蹇，永喜灵根溉。戒坛寺释徒：绝缁希重城，业白习净土。息响彻始终，缄照冥今古。韬空枯影灭，入遁元栖耦。粹质陋圆极，捐情薄孤诱。偏持匪一理，强伏敌百斧。剿指割迷爱，旋发系元纽。将乘五蕴空，终屏三途苦。壬秋《缘潭柘寺东涧至山亭》：幽柏涧半青，芳草径初碧。参差五重阁，峭蒨山四壁。入门松风起，偶坐溪亭夕。灵泉随地甘，宿鸟先人息。暂闻清梵落，始觉心未寂。暝色春濛濛，孤此云外石。《潇碧房听石上流泉》：潇碧延清窗，晻映三竹林。坐对白云暮，安知溪水心。微风其如何，玉霤答瑶琴。历历钟磬外，空妙若无音。春星夜始寒，想象空山深。幽梦断复续，谁能知古今。《从戒坛寺下至可罗村》：坛空扣阴阴，仙色春更静。石阑暂回首，幽意复已永。尘游苦无暇，清境殊未省。娟花不出谷，独忆山露冷。芳香路初半，远近春水影。樵歌日暮去，残磬时一警。禅寂予已谙，微烟度斜岭。碧湄《春日游潭柘诸山寺》：远别山水郡，闭居成首疾。蕙风暖吾春，游心宕清日。令友多胜想，高气亦迥出。去来要路蹊，叩彼崖下室。临湍伤奔迈，植树悟偃郁。庵蔼云石秀，巉翠深造骨。劳荣羡桑枢，安便就芝术。虽殊静者趣，暂得遗天伐。日落群峰寒，冷吟望松末。飞盖骛花林，林花笑行子。霞雪艳相辉，出入无表里。青绛互为气，低拂硐户起。斗上结二仪，琳碧发云趾。下视横苍苍，虚洞插根柢。壮哉藻缋力，开阖无生始。幼眇千载事，寂寞心智死。我非游方外，慨然何能已。庶兹人境幽，少获登眺美。　僧居密径亘，高下草木香。入寺无所爱，栝柏森苍苍。拔地非一根，负性各千霜。飒然露墀下，气作飞雨凉。灵怪尽走趋，客至倒却藏。百丈见银杏，磊落拄天阊。云此帝王征，恍惚难可详。北斗挂上枝，珠纬贯其旁。惕息欲下拜，离立三彷徨。竹畦泉夜还，清音激虚堂。可以湔世虑，亦足令心伤。　清飙下崖门，缥缈蹑归辔。三宿何必多，去留各深意。枉送过戒坛，崎岖复迁次。黄潦枯不流，野色映凋瘵。金埴覆半岭，仰见阳卉丽。颇闻不语僧，业白山腹寺。十年守空阁，垂发为旃罽。燃指照诸藏，信者面为涕。呜呼骇愚人，坚苦觅初试。嚣诋一世俗，异道树孤诣。王民纷自残，一痛心绝系。去去勿往观，哀乐从吾志。驱马九陌尘，烂漫两捐弃。

初八日。诣雪帆、容斋、士良三前辈，陈服籽丈，华尧峰，焦桂樵，潘星斋、黻廷、季玉三君。随与弥之观察同赴春浦师相之召。席间言，那文毅彦成字绎堂，剿办滑县股匪时，居幕府数月，见杨忠武遇春字时斋，所治亲兵五百名，骁勇有纪律。每行军，百人为一队，一将弁领之。食息有程期。举旗一麾，百人者皆上马疾驱，无敢落后者。时杨果勇侯芳字诚村，谓之小杨，习奇门六壬推测占验之术，每战择善地进止。忠武笑曰：战者，死事也，君意乃必求生乎？及围滑县城，掘地道伏火轰城。城溃，烟埃涨天。果勇侯军翼张以俟。遥见一骑突火入，惊顾，盖忠武也。即策马从之，乘城入。一贼伤，仰卧城下，手矛刺果勇右臂，深入洞胁，挥剑断之，伤数月始复。而忠武始终未尝一受伤。史称李广行军有天幸，亦其类也。绎堂相国为经略，深沉有气识，为诸将所惮。河南巡抚高君杞与忠武会师城下。巡抚军却，忠武时为翼长，即驰入其军，戮其一将，回军击贼，遂大胜。比暮，巡抚诣经略，怒忠武之戮其军人也，面诟之。忠武亦愤争。相国徐曰：诸君归休矣。既罢，顾果勇曰：老杨愤急自裁矣，汝往解之。果勇驰诣忠武军，闻喧声，果见忠武以刀自拟，即大笑曰：果不出大帅所料也。忠武诘其故，始具以告，且曰：大帅言，无遽尔，吾往诘中丞矣。遂诣巡抚军，巡抚方怒未息，复大笑曰：此来以救君也，君知之乎？巡抚惊问。曰：老杨自刎矣。巡抚愕视色变，乃徐告曰：以吾救之而苏，虽然，彼性急，直非得君一语，终不解。君试念，彼果死也，君能任此乎？巡抚曰：非所敢任。曰：然则同吾诣老杨，自解说耳。还至忠武军，巡抚入揖谢过。两人者相对长跽，果勇复挟之以诣相国。巡抚嗫嚅失措，相国复徐曰：所事吾已知，君等归休矣。终莫测其喜愠。而巡抚气夺心慑，不敢逞矣。会有旨，遣侍卫八人诣军。相国檄留之他县，约曰：有差遣，当召以来。已而逾月无差使。八人者驰书问故，相国书其后曰：军中无事，且可高卧。侍卫因据以入告，仁庙亦不问也。当时大帅气识如此，朝廷亦倚重之，不挠其权，非复今所能及也。晚为杏农招饮广和居，同席冯鲁川、许海秋、王霞举、李子恒、莫子偲、杨汀鹭、陈凝甫、黄翔云、龙皞臣、王壬秋、邓弥之并一时名雅。

初九日。范云吉招饮毓兴合，同席杏农、皞臣、弥之、壬秋、碧湄、景韩、筠生、芝生，外一萧厚卿，为耿辅臣之妹婿，戊午孝廉，蕴藉有风度。与皞臣、碧湄同诣子偲、眉生、憩云、叔平、辅卿，探问榜信。晚就弥之、壬秋饮，同席卢筠生、许仙屏、景韩、筠生、皞臣、碧湄、芝生、叔鸿、与循。数日会饮，以十二三人为率，亦一时胜举也。是日走询榜信，相知中中式者，惟一祁子和而已。既乃知黎简堂已中亚会，欧建五亦与焉。二人皆旧好也。

初十日。与循游山诗四首后成。《春晚入西山作》：旅心慕春游，春尽始攀越。整装戒同怀，期晨暮言发。逝湍喧河流，怪石露山骨。指途情未怡，探境虑逾结。积暝阴气动，远烧光明灭。星暗天象低，烟荒峰影凸。不轸干禄请，终感嘉游歇。吾生究焉如，山英幸兹谒。《岫云寺》：崇岩闷神栖，危磴叩遐领。久依浮埃合，暂适幽扃静。松高石质润，竹茂风气永。流清涓古窟，光碧耀初影。临高眺崇邃，众象悬灵耿。羁怀易为媚，疲策难可省。愿言辞华京，微生托幽境。《游戒坛示诸释徒》：地僻旷无尘，谷幽厉多石。幽人托冥栖，灵关悟元迹。言捐固空触，发垢仍依释。

沉冥齐竞羡，拙忍澹欣戚。蕴衷讵无战，叩境庶藏寂。鉴愚智者虑，悟静劳转宅。万象迭明晦，百年易朝夕。且耽清境游，超此尘虑迫。《遵戒坛归，夜宿奉福寺，明日道作》：凤鸣巢已空，龙卧枝纷樛。贞松不常坚，千载如荑柔。庭空阴自风，日影深更幽。归袂拂寒雪，曲磴接平陬。寺荒振严飙，惊沙夜萧飕。尘驾戒早发，散石摧轮辀。桑乾激昏波，来往易洪收。转目若古昔，逝者如斯流。观此结吾虑，悠悠独何求。皞臣、汉桥、与循、佩琳、介生、淳斋来谈。诣滨石、少鹤及祁子和处。

十一日。景韩、筠生招饮保安寺，因邀子偲就寺作篆隶。子偲言，北齐王子椿有《泰山石经峪》分书《金刚经》，字大二尺许，极雄伟，惜为明人磨去，所存百馀字耳。山东碑板最古者：秦瑯琊台刻石字，汉祝其卿、上谷府卿两坟坛字，武班碑，衡方碑阴，景君碑并阴，鲁王墓石人题字，延光残字碑，晋郛休碑并阴。瑯琊台石刻，存十二行，共八十四字，字法渊古。首行五大夫杨樛，九行御史大夫臣德，两大夫字并作夫夫，亦奇。余所得惟琅琊台石刻及延光残字。子偲好古甚笃，乃以赠之。眉生书示前岁《赠郭藕江太守》诗：江北昔年参幕府，江南今日授专城。莺花从此消尘劫，草木当时识姓名。落日回戈青嶂远，春山排戟晚潮生。欢声喜气扬州路，次第应须达上京。声调绝似杜牧之。易笏山言：王子怀司马天资近道，其勤恳处非人所能及。吾人行事，必具有天下一家、万物一体之心，乃能于事有济。文章气节不纳之道义，皆是浮动之气。昨读容城《孙征君文集》，如高阳孙少师承宗、定兴鹿忠节继善诸《年谱》，为之涕泣横泗，及观其《语录》、《理学真传》诸书，乃觉此心潇然无所粘系。慎言是吾儒学问工夫，非只是惧祸缄默。恬退是好性情，然要须有济世利人一种不容己于中处，而道之行与不行固不以动其心焉，乃为真恬退。

故凡牢骚悲郁，一从学问中化去。若徒以功名富贵，营营求得，而因之以喜怨，则又君子所不屑齿及者也。笏山慷慨负气节，不矜细行。比年折节读书，所得如此，自述往岁《寄怀田鼎臣》诗：醉后狂歌谁解事，悲来对哭亦无人。其胸襟气概，自不可一世。所以能读书求悟，卓然自立者，固自有根本也。是夕大雨。

十二日。接蒋霞舫前辈信，并枉示《雪斋落成》诗索和。江西余瑞圃过谈，年七十五矣，留京应京兆试，居东城。大雨泥泞，往返十馀里，着屐枉访，为怃然异之。齐岳生报贺仪仲近事，感叹无已。是日雨，寒甚。

十三日。诣易汉乔、陈京圃、黎简堂、易笏生、刘兰汀、杨缃芸诸处。晚就保安寺赴碧湄之约。

十四日。为碧湄尊人涛村茂才作墓铭。诣喻叔芸舍人，交黄恕皆留赠一款，并自致情。晚赴杏农之约，适易笏山至，因邀就宿寓馆夜谈。笏山述及发端用工之苦，庶几坚忍能自刻厉者。因为予言，此归可以安心读书，人须是多读书，乃能虚心，心必虚而后能大。又言，壬秋尝以博览为劝；且曰，熟读谢、陆、庾、鲍之文，可以折矜心而生愤悔。不知此特足长矜心而已。往尝论人不必讲道学而须得道学之理，不必矜任侠而须得任侠之气，不必为经生而须得经生之味，不必称文人而须得文人之韵，不必为高人逸士而须得高人逸士之神。当时恍彿乎其人，却是成德之诣。人须是从道学切实入手用功夫，乃能自立。诚者，非自成己而已也，所以成物也。圣贤只是以成物为心，所以能尽己性，即能尽人之性。实觉得有一腔不忍人之心，日加积累填满去，此是圣人言仁之实际。朱子半日读书半日静坐，静坐之功，决不可少，无静坐一段工夫，读书处事，俱是不济。笏山此种议沦，为朋辈所难得。

十五日。余瑞圃、毕淳斋、吴麟洲、张竹汀、龙际云来谈，邀子偲、皞臣诸君饮宴宾斋。因与子偲、仙屏、碧湄同为厂肆之游，比暮始归。少鹤来谈。

十六日。景韩、筠生、麓笙、潘季玉、曹琢如、胡研生来谈。季玉沉挚有办事才。苏州整饬潮勇一案，名归薛觐堂时为苏州太守，而实何伯冰一人之区画，主持者季玉而已。尝论潘氏诸贤，得君当事；主持清议，维护善类，伯寅优矣；其慷慨任事，可见之施行，仍推季玉也。川督一席，乐斌、崇实、曹（钟澍）〔澍钟〕三人谋之，而颖生蓄之甚深，求之甚裕。去秋无端条陈四川事宜，并力诋曾司马用兵无方略，盖其时有旨命曾公驰赴四川，颖生虑曾公或得川督，不能骤拔之，故先尼其进用之阶也。今果令办四川军务，倘所谓求则得之者耶。朝廷最恶人营私取巧，此等处乃直入人彀中，去曾卓如而用颖生，鄙心窃忧蜀事之益坏也。苹江言：官协揆缄示南藩，以急流勇退讽左季高，使之退避，后又以左性情刚愎具之折中。苹江力言之，乃始抹去。南、北两抚，坐是并怀退志矣。国无大臣，贤者岂能自安哉。晚与壬秋、与循同诣杏农一谈。莫子偲观杏农《游西山》诗，题后云：朝看修蛾夕猛虎，眼前轻薄何须数。手提白笔向苍岩，且作西山风月主。山情霜后倍嶙峋，红叶千峰倚半醺。但见冰轮碾云海，九衢尘里共思君。

十七日。至黄子襄、张岳村处，探问部书查保举教职选缺迟速一节，陶兰舫、张心可、黄晓麓、周一山并在。晚赴王定甫召，同席杏农、缃芸、子偲、汀鹭、凝甫。席间谈及广西唐子石近事，为感叹久之。

十八日。景韩、筠生起程赴陕，张叔平、龙际云邀时丰斋为之饯行。同席壬秋、眉生、碧（眉）〔湄〕、与循。酒罢往送二刘，敖经甫、徐璧臣二人先在焉。是日雨。

十九日。为送二刘赴陕西序文一首。缘昨夕眉生招作长夜之谈，为二刘作别，予以病困不能往，故作一序送之。诣壬秋、竹汀处一谈。得家信庚字五号，并萧石渠师一信。据意诚信，尚有吴贯槎、狄朗斋带来两信，未收到也。随作家书五号，仍交折弁带南。

廿日。笏山来谈，言士君子处今之世，当以挽回气数为己任，而先不能自治其性情，何由起世道人心之沉锢，故必以学问变化其气质，而后能与天地之气运争（衝）〔衡〕。又言士大夫居乡，大有事业在。王子怀司马每谈及时事，勤勤以为忧，是此老性情厚处，而却非事理所宜。既已引退，须当置时事不言。怀老终是少学问一层工夫，所以此心无所寄顿，开口便谈时事，亦是心气之浮动也。笏山近日用工，多有独见，令人竦然。

廿一日。曹琢如邀龙源楼小酌，同席郭毓六、李蓼生，薄晚始散。

廿二日。以意城来书，有属查黄一清就职事，托张岳村代查，耽延两日，始将家书封发，而马弁已行矣。

廿三日。与毕淳斋买办什物，为料理南归之计，仆仆终日。撰《李梦莲小传》一篇，眉生之尊人也。

廿四日。宋雪帆、陈小帆两前辈邀饮东兴居。酒罢，与莫子偲、易笏山诣王怀老。笏山言，过药王庙，见明崇祯时恭顺侯吴惟英碑文一通，语极感慨。药王庙祀孙思邈、韦讯二人。《孙子》：慎于小者不失于大，戒于近者不惧于远。

廿五日。诣春浦师相、陈小舫、周子佩、黄晓岱、黄兰舫、程蓉伯、王定甫。入城诣许滇师，宋雪帆、刘容斋两前辈。随至宝聚堂赴华尧峰之约，同席唐赓石、袁笋陔、郭毓六、沈经笙、何小宋。接胡咏之中丞英山大营信。

廿六日。云岩邀早酌。与笏山诣吴桐云，并视黄子襄之疾，询知与张心可并初一日南归。晚赴眉生之约。

廿七日。同淳斋往王雁峰、李篁仙、贺仪仲诸处。晚赴蒋辑五湖广馆之召，同席谭文卿、龙皞臣、徐季蘅、黄晓岱。酒罢，至杨滨石、张竹汀两处一谈。

廿八日。赴海淀，至潘伯寅、杨滨石、钟伯平、鲍华潭、张子青、殷谱经沈朗亭两前辈、朱桐轩师各处。晚为朗亭前辈招饮，与张子清、鲍华潭谈甚畅。子青言，河南州县以祝垲双亭为第一，郑元善、张曜其次也。夏邑新乡民变，巡抚檄祝垲署邑事，往平其乱。垲至，传各村地保至县。民疑垲欲穷治其事，哄入署，杀毙二仆一差。垲即公服坐堂皇，诘曰：汝曹何为？曰：闻官欲穷治某等，众心愤不平耳。垲曰：汝曹何所闻？曰：以传地保急，故知之。垲曰：新任官至，点卯常例耳。即欲治若，传地保何为乎？曰：闻官携带抬枪入城，是何为者？垲曰：若然，汝曹何不一往阅之？乃呼从者导之入，周历上房。民始欢曰：官故无相害意也。是时众麇集，须臾而散。垲遂召邑绅数人语之曰：民杀吾仆，罪应抵，若速往谕，给吾凶手可也。邑绅允诺而不敢往谕，垲遂肩舆至其乡。乡皆设局练勇，名连庄会。垲径诣局，语诸董事，与三日期，献诸杀人者。数日仍无信。垲因语营员，令召局董事会议。营员许诺，召董事，至者七人。垲集所练民兵数十人，闭诸城门，径趋营员署，捕得七人，皆杀之。乡民大哄，一呼数万人，径围城。垲出奇兵，力战却之。乃传檄四乡，捕诸为首者，数日而乱定。林凤祥、李（莲）〔开〕芳之北犯，陷永城、夏邑，以兵守之，而径趋汴梁。垲集民兵援汴，会汴围解，道永城、夏邑，执贼将戮之，捕诸起为乱者，而召两县令之在逃者，使镇抚之。

徐广缙恶其亢直，构之于皖抚，劾其骚扰，不得叙功，今犹县令也。郑元善知光州，固始被围，贼数万人。元善募勇四百往援。贼乘其新至，以众趋之。四百人者，亡其六七，所馀百人耳。元善语之曰：君等皆（在）〔有〕身家，不幸为我所牵，今存者无几。各归宁汝家，吾惟入守城而已。乃以一身缒城入，而城卒完。张曜者，即固始县县令坚守（遇）〔御〕贼者也。又伊兴兀驻兵濉溪口，堵颍、亳之匪，最为民情所归服。一日贼大至，前锋甫交战而溃。伊兴厄下令，令民徙，与约曰：吾当与贼相持三日，候君等尽徙，吾乃移营。已而营兵击贼败之，得不徙。故最为民情所戴。伯寅连具两折，一保高叟，一请涤老赴川。吾谓天下事无论大小，只是一个幾。得幾则势如破竹，不得幾则寸寸抵牾，事劳而功不能半。去岁涤老赴川，防患未然，最为盛举；既已糜烂矣，虽涤老至，能即成功与否，亦竟不可知也。周子曰：诚、神、幾，谓之圣人。诚者本体，神者作用，幾者作用微妙之发端也。涤老之赴四川，咏老决其幾于贼由江西转至湖南之日。其后秀峰中堂奏涤老东征，咏老深以谓不然，而策一二年内蜀事必不可支，此可谓知幾矣。岂惟兵事之大哉，虽治一邑、处一事，莫不有幾焉。一失其幾，则能者束手，而事端丛出，末路终无可观。然幾之失，大抵由于一念之私。或蔽而不及见，或见及之而不能决，皆此一私之萦绕也。故审幾者，尤以诚为本。

廿九日。与华潭绕瓮山清漪园玉泉山静明园之后，西过青龙桥，赴香山营，至碧云寺。寺为元耶律楚材之裔阿利吉舍宅开山。正德中，内监于经拓之为生圹。后魏忠贤踵修之，加侈丽。今寺后五塔，传者谓即忠贤圹域也。庙基极开朗，而山门甚狭，路亦硗确。入经数殿，极深曲。殿宇多颓落，亦不甚宏丽。惟佛殿数重，两廊房皆为岩洞云水之状。寺内泉流瀌瀌，处处为沟引水，或潴为池，驾石桥其上。西为罗汉寺，东为行宫，前后各三楹，前曰涵碧斋，后榜曰云容水态，再后为洗心亭亭前有子母树一株。大柏二株中夹银杏二株、葡萄藤一株，数株并结为一，寺僧谓之子母树。据寺僧体虔云：尚有枣树一株，十馀年前为风吹折矣，石山环其后。古柏数株，有曲绕成圈者。后为试泉、悦性山房。其右山石壁立，上多古木，皆瘦劲，高可丈许而已。泉出石罅中，涓涓有声，流入小溪，以达于洗心池。石壁前有洞，榜曰：清净心。上下皆有石台，构亭其上，清幽可喜。出庙左，东北行四里，至卧佛寺，所谓十方普觉寺也唐名兜率，元名昭孝、名洪庆，明名永安。其山名寿安。山门外两旁，树古柏夹道。前为伽兰殿，殿前娑罗树一株，广荫数亩，横盘如龙。入为佛殿，殿前娑罗树二，高宗御书匾所谓双林邃境是也。殿角左右银杏二株，极高大。再入为卧佛，金身丈六，曲肱而卧。高宗榜其上曰：得大自在。旁有孔圣象。成化乙巳，蜀王题赞其额。圣象冠惠文冠，题赞谓为鲁司冠时象也。再入为藏经阁，右为行宫，极壮伟。前曰涵清斋，后曰古意轩。中有方池，广数亩，石阑环之。两旁皆阁道，直达古意轩后，西行曲折，达合碧亭。亭前有方池，池西为承云亭，古木千章，阴护深郁。亭左右皆石山。右有石台，高数十级，为观音阁其上，实胜境也。左为方丈斋堂、禅堂之属。碧云寺之右，为静宜园，殿宇极壮丽。民居甚多，所谓香山买卖街也。

三十日。至吴桐云、游子岱、周琳圃、李万青处一谈。晚接李黼堂信，由雪帆前辈递到。托同丰、吴厚庵、段怡堂为办请封事。

四月

四月初一日乙丑。吴桐云、易汉乔、蒋寿山来谈。复胡咏之宫保、李黼堂观察二信。龙芝生、徐季蘅、许仙屏并于是日出京。吾亦收回各箱，为料理南旋之计。李眉生《荣昌至江津途中杂诗》：束发走燕蓟，四年见七夕。风烟万里归，七夕仍在客。孤灯荡离魄，寒蛩满荒驿。披衣望月明，河汉转空碧。微波不通辞，怅汝音尘隔。　列宿澹无光，纤月晓将坠。微风举素襟，翛然荡千累。笋舆缘涧谷，燃烛历幽邃。馀光照林木，露华眩青翠。沉沉山影黑，汩汩泉声恣。忽聆蟋蟀唱，秋怀满天地。　良苗亦已（稿）〔槁〕，赤日犹炎威。潜颖怨骄阳，感此生意稀。浮云西北来，突如马脱鞿。百谷望一雨，悠悠成白衣。野田有黄雀，饮啄不自肥。鸿雁满江海，饥来何处飞。　一塔如孤鹤，见我欲飞控。频年过几江，劳汝苦迎送。我行历万里，尘迹渺如梦。何当坐江楼，一尊邀汝共。赵元卿《喜盛啸侯至》：前年送子西泠去，烟雨梅花满六桥。一别湖山少消息，重来须鬓渐飘萧。浮云世事变苍狗，残雪春寒敝紫貂。剩有清诗可持赠，夜灯孤馆慰清寥。赵元卿《朱湄君索（君）〔书〕题后诗》：仰眠看屋梁，著书徒覆瓿。区区身后名，何如一杯酒。我独似寒虫，苦吟不去口。孤怀诣忽微，万象落吾手。乾嘉盛风雅，老辈零替久。十年甘苦意，抑塞向谁某。君来特欣赏，谓可商不朽。昌歜有独嗜，得意喜自负。蛾眉饰混沌，瘿瘤忘其丑。摊笺书与君，烛花大如斗。　好友如春月，但觉令人喜。未见常相思，既去思复尔。人生多别离，安能长尺咫。柳眘生刻象，张敏梦蹑屣。不如萧侍中，大书三十纸。君才十倍我，遮眼宁复此。聊当置怀袖，风雨伴砚几。长公实仙令，爱我亦君比。吟成屡击节，一别渺烟水。他时海上见，携卷生花底。卿其谓何如，请君问伯始。

初二日。为春浦师相撰《陈云心诗序》一首。吴麟洲属书致杨厚庵军门为觅一差使，当作一书与之。殷谱经前辈、张子青、鲍花潭、许仁山来谈。

初三日。壬秋邀至车行看车，因诣子偲处一谈。便道访陈凝甫，不值。晚过淳斋、季蘅，归寓夜深矣。眉生谈至二下钟始散。

初四日。诣翁叔平、潘伯寅、杨滨石、胡研生、赵元卿、李湄生、叶云岩、王少鹤、何小宋、陈竹珊、李玉阶、服籽丈、春浦师相诸处一谈。淳斋邀夜饮，同席蒋辑五、寿山昆仲。晚过杏农、皞臣，不值。

初五日。小宋、芗溪公请，同席陆（湄）〔眉〕生、胡研〔脱生字〕。酒罢，过桐云、少鹤，与少鹤谈至二下钟，所言皆布（泉）〔帛〕菽粟之言也。

初六日。壬秋、弥之邀天聚斋小饮。眉生约饮复兴居，属家人通报，竟秘不宣。眉生再四遣人至，予不知也。自前岁入都，受仆人之累，有出于意计之外者。此小事耳，而谬诞至此。晚过杏农一谈。

初七日。大雨。自初一日起，思一出浴，而天气颇凉，不敢浴也。惟初五日稍热，恰值芗溪招饮竟日，此两日则大凉矣。默念数年以来，无一事算计数日之前，能少适意者，虽一饮一谈皆然，可怪也。

初八日。大雨。往陆眉生、张竹汀、黄晓岱、吴桐云诸处一谈。桐云敦品励学，吾早知之，而交不甚深。日来稍相过从，谈甚惬。又见所为古文，有送盛京协领成奎元一序，意境全似昌黎。奎元名殿鳌，桐云极言其人豪杰之士也。吴贯槎来京，接到意城家信一件。

初九日。陈服籽丈遣人来约一见，因往就之。出示子鹤先生家信，属余且留一二月，语甚肫挚。略为书报之云：服籽先生传示尊谕，饬令暂缓出京。匠石之求材也，虽为沟中之断，犹流连审顾，不忍遽委弃之。仆何人，乃以不雕之朽木，上廑盛虑，能(为)〔无〕惭悚？而拳拳之谊，育贤励才，反复逾勤，此则大君子所以为心，天下贤士所共钦戴，而非仆区区所敢据以为私惠者也。独如仆者，本无应世之才，自守硁硁，不求闻显。得蒙拔识尘埃之中，加意翘植之。窃不自揆，思稍获藉手以报知己，非敢过求引退也。朝廷亦一再试之，以究其用。今知遇又已至深，而内度之所守，外推之所行，能遂其意者，盖无几也。而意外之中伤，既久益知其略。所心惧者，非为一身之荣辱而已。既以不肖，上累知人之明，遂恐朝廷益疑人言之臧否为不足信，阻贤士登进之阶。惴惴至今，莫能自释。君子之所恃以自重者，才不必足以济变，术不必足以匡君。惟此心介然于富贵利达之外，得志则以实心实政，求裨益毫末；不得志则卷怀以退，无所顾计。是以决然一去，求自明初心之非求仕进，以释天下之疑，而不自知其急遽迫促，负朝廷以辜培植之雅意也。既数蒙天语垂询，惘然内咎，旁皇眷恋，久濡时日，不忍遽去。然使承长者之命，幡然易其远引之心，以暂留京师为名，则天下之人重以訾议非笑，无由自解。是谓跃冶不祥之金，台端亦何所取而奖藉之哉？是以闻命皇然，踟蹰四顾，而不敢有所变易其初说也。遄行有日，临楮神驰，惟有感悚。晚就杏农一谈。

初十日。张竹汀、黄晓岱、吴贯槎、陈京甫、吴桐云、易笏山先后来谈，因偕桐云、笏山诣天宁寺沽酒纵谈。庙西塔影山房、双松堂极佳。笏山乐庙后院高处，张诗舲冢宰榜曰塔射山房者也。院蓄鹤、鹿各一。鹿高且肥而甚驯，手摩抚之不动也。

十一日。程蓉伯来谈，因与何伯英邀宴宾斋小酌。晚过杏农，得知圣躬自雩祀亲诣行礼，伏地痛哭，还宫遂患咯血。肃司农以南城陆医士视疾。日来丹(杨)〔阳〕不守，天津夷务频有警报，圣心为之不安。小臣出京有日，孤臣去国之感，怆然于心，重闻此语，为之洒涕。

十二日。靳迪丞、莫子偲、张竹汀、毕淳斋、高碧湄、易笏山均来送行。未刻始开车。三十五里，过卢沟桥。五里，宿长（行）〔辛〕店。同行龙皞臣、邓弥之、王壬秋，良伴也。而依依去国之感，惟有悲伤而已。

十三日。五十里过良乡县城，窦店，尖。过桥五六处，均有小沟。廿里，琉璃河。廿五里，涿州永济桥。五里，涿州南关，宿。卢沟桥、琉璃河、涿州桥三处，石道均确荦难行。壬秋述李雨苍之言：涤老至诚恺恻，笼罩一切，为第一流。江岷樵、左季高及渠，光明磊落，为第二等。胡咏老卑鄙琐屑，为第三等。世间办事，只此三等人。壬秋不入此三等，然此三等人亦不能牢络壬秋也。雨苍数语，极有见地。季高往言，倜傥权奇近乎侠，议论纵横近乎文，精细周密近乎吏，此三者皆非将兵之才也。将兵无他，只有朴茂二字而已。语俱有见地。

十四日。去涿州里许，分路由西行。廿五里，松林店。廿里，高碑店。廿五里，过定兴东关。缘大路积泥难行，绕出县东，非驿道所经也。十里，北河，尖。卅里，谷城，宿。是日过涿州、新城、定兴三县境。壬（新）〔秋〕言，去岁济南，何子贞问涤老之子何如。壬秋言，其天资高迈能读书，目中直无诸人也。子贞太息，言人子弟若此，非佳兆也。因言舒伯鲁、严秋农坐此，谓之非美才不可，谓之为大成远到之器，却不宜也。数语足为训子弟之法。

十五日。卅里，安肃县。廿五里，漕河。有庙极宏敞，榜曰慈航寺。前殿有古槐一株，后殿盘龙松一株，皆有奇致。庙左有方恪敏公祠。恪敏讳观承，字宜田。右有周宫傅祠，宫傅讳元理，字燮堂。前后督直隶。恪敏有联云：细草幽花春蕴藉；远山平野树因依。字法极超俊。廿五里，宿保定西关。入城诣鲍小山、黄子寿两处，并留饮。子寿已赴大沽，其世兄铁生款待甚殷，并邀方成之同饮。小山西席曹西垣有才名，亦邀一见。其世兄步垣，美秀能文，并后来之秀也。与小山谈及沽防事，相与慨然。小山住莲华池，亦直隶城中一胜地也。

十六日。六十里，方顺桥，尖，满城县地。三十里，过望都县城。三十里，清风店，宿，定州地。入定州境，墩堠皆新治。皞臣言，定州牧王榕吉，直隶第一贤员也。安肃县周灏，略与齐名。往闻陆怡卿言周君之贤，略知其人，王君则竟未能知。皞臣盖得之方成之云。得子寿留缄，并左淑人事略，属为撰志铭。坐而论道，谓之三公。今日始深知其义。三公大臣，当明大义，持大体，启沃圣心，不以奔走治事为能也。今之大臣，能知其义者鲜矣。惟大臣为能格君心之非，正不在具一疏、论一事，博直谏之名。要当因所偏处，随事开谕之，引之康庄大道之中。如今日朝廷多疑忌，就事启沃，使推诚布公，以尽人才之用。不先化其猜疑之心，则凡进贤退不肖，皆以动人主之疑而已。黄铁生出示唐鄂生寄子寿书，言蜀事颇详。鄂生名炯，子方方伯世兄也，有办事之才，而能用兵。其友人郑子尹珍为黔中名宿，与莫子偲齐名。

十七日。廿五里，过定州城西关。街左右多系眼药店，沿门招揽，声相续也。眼药以同仁堂为真，有老当铺对过招牌为记，在街东。舆人既争执白鱼招牌为佳，遣仆往同仁，又误认金牛万应堂为同仁，缘此店亦有当铺对过坐牌也。卅五里，明月店，尖，定州地。廿里，过新乐县城。又廿里，入稾城县境。十里，入正定县界。廿里，伏城驿，宿。书寄陈葆珊观察，托皞臣带晋。

十八日。四十五里，过正定府城，与皞臣别于城外。皞臣赴山西，即由城西渡滹沱河赴获鹿也。入城，偕弥之、壬秋步行游隆兴寺，观大佛象。象成于隋开皇间，康熙乾隆中两次加修，并有御制碑记。圣祖记为骈文，文称象高七十三尺。庙中匾额凡十有九，皆御书。正殿调御丈夫匾，即御书之一也。高宗记言，七旬万寿，臣民请以资福，主修者为直督周元理。外有仁庙九言御制诗碑。殿阁五层，第三层平素珠。寺僧言，伽楠珠为高宗所悬。五层正露佛面，人身仅及其鼻。至城南上车，步行凡十许里，滹沱河绕城西南，水浅可涉。十里，至十里铺，尖。廿五里，入获鹿界。十里，入栾城界。十五里，过栾城县城。五里，至南关外宿。是日阴，微雨。壬秋诵少时赋《五君咏》，各肖其规模气象。《咏皞臣》云：梅城挺孤标，清刚著奇姿。中庸易同流，屈直难媚时。《咏彭笛》仙云：沉冥类守愚，孤愤实隐痛。艺成才竟敛，虑积疑转哄。《咏篁仙》云：微名众倾才，纵志宠依辱。美服非不华，媒害慎所触。《咏弥之》云：抱璞若谐俗，冥思忽孤骞。宦情汩人志，保己期自全。《咏葆之》云：识远道易驰，眚薄圣所防。平生托末契，联翼将远翔。各得其性情所独至，而隐规所短。五君生平，终不能越此数语，可为远识矣。

十九日。四十五里，赵州西关外过。城内（北）〔柏〕林寺，有吴道子遗画，未及一往观。五里，赵州桥，尖。三十里，固城店，集会颇精采，街左右皆衣服、绸缎、玉器、铜器之属。廿五里，过柏乡县城，至南关外宿。是日热风着人如火，申刻大风，尘埃涨天，已而微雨，至店而风止。

二十日。二十里，入临城县境。四十里，过内邱县城南关，尖。外有东道出金鸡店，近十馀里，而沙路迟涩难行。六十里，顺德府城南关，宿。附郭为邢台县。

廿一日。卅五里，过沙河县城。廿里，搭连铺，尖。自沙河县城南，皆沙路难行。十五里，临洺关，入永年县境有宋哲阳先生八卦庐书院。廿五里，黄华馆，游邯郸古境，俗所称黄粱梦也。入门有方池，池中有亭，极雄阔。前殿供钟离祖师，中殿供吕祖，后殿供卢生卧象。前门百菊溪尚书联云：万井烟横，人间正熟黄粱饭；四山云起，天上应开碧（奈）〔柰〕花。照墙有四大字云：蓬莱仙境。廿里，过邯郸县城南关，宿。书卢生祠壁云：卢兄饮尔一杯酒，尔梦何如我梦长？薄宦谁堪营绿野，卅年吾亦熟黄粱。乾坤浩浩沙虫劫，争夺纷纷虮虱场。尽遣愁怀付冥漠，从君一梦到羲皇。壬秋诗云：一别游仙枕，终为大道尘。夕阳禾黍外，不见蹇驴人。弥之诗云：声响开众因，神栖静物始。古馆风泠泠，谁能独眠此。宋李衡云：与其进而负于君，不若退而合于道。吾有味乎斯言。

廿二日。四十五里，杜桥村，尖，属磁州，为蔺相如故里。廿里，过磁州城。自保定以南，久晴未雨，旱势颇隆。而磁州北廿里中，大道两旁皆有水沟，禾黍蔚然，颇似南方风景磁州有曹操七十二疑冢。五里，洺水桥。廿五里，涉漳水，即铜雀台故址也。俗呼为漳邺河，过河即河南界。丰乐镇，宿，地属安阳，彰德府首县也。

廿三日。四十里，彰德府南关，尖。距彰德北里许，有大石桥，有大王庙，有大生禅寺。四十五里，汤阴县。凡过大石桥三。廿五里，宜沟，宿。尖站应在魏家营，距彰德南十五里。因车夫买马，彰德留半日。至汤阴县时，大雨如注。过岳忠武庙，未能一瞻谒也。

廿四日。过濬县境。卅五里，涉淇水，为濬、淇两县分界处。廿五里，过淇县城南关，尖。五十里，汲县西关，宿。汲县，卫辉府首县也。

廿五日。六十里，新乡县东关，尖。四十里，小冀镇，有山西会馆，有大王庙，有灵台阁。街南有三仙庙，有弥勒庵。市镇极大，而门皆掩闭，若无居民者。二十里，亢村驿，宿。地属获嘉县。

廿六日。四十里，王禄集。十里，韩家庄。十里，荥泽口，过河，适遇东风，扬帆径渡。询之船夫，荥泽口故有官船十八号，后渐毁坏。道光十二年修复十二号，今存者四号耳。自道光元年至今，各船工食并停止。每船船长一名，舵工一名，水手十名，专以需索商旅为生。而城守营月仍索陋规一千，捕厅月索陋规五百。每朔望，县差索茶钱五百。官吏之侵牟如此，无怪船夫之扰累商旅，无所顾忌也。十里，岗岭，尖。四十里，郑州西关，宿。旅壁有题诗论前岁抚夷事者，自言湖南人，而不著姓氏，其持论颇有见地。略记其三云：要盟城下怒冲冠，未必背城计万全。桧相主和胄主战，两人易地恐皆然。　八座三貂一品臣，事来反不及平民。只应当作麒麟楦，撑拄乾坤别有人。　拔剑难将蔓草除，旁观袖手憾吾徒。却输阛阓屠沽子，出没华夷称丈夫。又严吉吾孝廉《荥阳怀古》四首，记其二云：秦鹿空教楚汉争，几年战骨草间横。屯军早据敖仓粟，牧马遥临广武营。赤帝手提三尺剑，乌江心死八千兵。只今刘项归何处，慷慨徒悲竖子名。　学书学剑两无成，亭长功名举世惊。楚国沐猴空霸业，汉廷屠狗尽公卿。亡秦自昔推三户，破鲁终难致两生。得失瞭然惟陆贾，输他马上论纵横。吉吾名凤来，常德人，与易笏山为友，学宗朱程，亦后来之秀也。

廿七日。五十里，郭店驿，尖。四十里，新郑县东关，宿。是日微雨，行沙道九十里，中多沙磡壁立，中通一骑，如行井陉道中也。距县三里许，有宋太师欧阳文忠公墓碑。城头观民兵演抬枪。邑令周君金玉，湖北人，有循声。

廿八日。大雨奔腾，终日不止。壬秋为言，去冬烟台之役，文中丞先致书三王相构陷。乃悟出都时，碧湄述怡王倾轧之言为有因也。世途之险如此，予其可久恋哉。当时决然一去，尚未知有此等情节也。区区小臣，偶受一时之委任，乃群相倾陷，使必不相容而后已，为之怃然。叹小人之充位，宜有是也。是日仍住新郑县。

廿九日。大雨逾时，雨渍而路险不可行。检视衣箱，多已湿透，其皮箱一口，竟为雨渍，破烂不堪用，衣服亦多浸湿。因弃去皮箱一口，毯包三件，狼狈不堪言状。前岁入都，颠困万状，渡河而北，乃获宴然。今河北十四程，亦通行无碍，渡河两程，又有颠沛之势。然则京师既不可居，南行之恶兆又复如此，我何归哉。是日仍住新郑县。

五月

五月初一日甲午。城南里许渡双溪河。本一小沟耳，两日大雨，深至五六尺。居民驾小舟渡人，甚觉烦累。三十里，汇河桥，为溟水所经地，属长葛县。官路沙沟多为雨水壅塞，一路绕村庄小道，险恶万状。过水十馀处，有深过马腹者。三十里，石固镇，夹河为镇，两岸皆有砖城，中通大石桥。居民环桥垂钓，甚有风致。

初二日。五十里过新州境，颍桥，涉颍水，尖。因候大车未至，遂留宿。有颍滨书院，今为团练局。河南一带，凡村庄市镇，皆筑土城以自保，名之曰寨。颍桥以去冬遭乱，始筑土城。今三月，寇复至。附近村庄，避入堡中，乘城自守。贼游骑二百馀人，环城一周，不攻而去。大股距十馀里扎营，不一至城下。盖孙葵心、刘狗分两股掳掠，一北出裕州北至汝州鲁山县，一南达南阳，又南及湖北之随州，众各数万。凡有城堡之处，皆未尝一留攻也。两日合行一程。大车前毙一马，今又毙一马。日行五六十里，夜深尚未能到店。道途泥泞，实亦难行也。相距尚七程，未知何日得达，劫度之所值如此。

初三日。四十里，襄城县城南，过汝水桥，尖。二十里，马跑泉。相传光武战昆阳，马跑地出泉也。二十里，汝坟桥，宿，为（湿）〔㶟〕水入汝水处。有王孝子碑，孝子名希曾，乾隆时人，随父渡河，父溺，孝子随之溺。次日，尸浮出，孝子抱持其父，牢固不可开。叶县令杨元凯为立碑，祁有仁为作王孝子诗，刘郧书书石。自颍桥南四十里，小路平顺可通行。襄城南四十里碾窝，又深不可行矣。

初四日。渡汝坟河。二十里，过叶县东关。廿五里，涉（里）〔醴〕河。五里，旧县，尖。三十里，保安驿，宿。本独树镇正站，以道途泥险难行，距独树尚二十里也。

初五日。二十里，独树镇，过小河。四十里，裕州，尖。候大车不至，遂留宿。沿途艰险万状，或陷而为洼，或悬而成栈，或泥土突起如列戟，或轨道深陷如堵墙，到处绕路。每百里之程，率多至百二三十里。此一二站以来，小石子满路，尤觉颠顿不堪。是日过小河数处，并有小石子，不能通行。裕州城北有桥，水绕城过。桥碑云：东过贾水，西过赵河。桥名云虹桥。

初六日。四十里，赵河。凡涉水三次。以天色尚早，再行三十里，博望驿，尖。三十里，北新店，为尖宿正站。小雨片时，又行三十里，赶半站至栗河店，宿。自裕州西南，路尚平。土人云：裕州以北，盐车来往，泥泞较深故也。博望、栗河，并南阳县地。栗河距城八里，循白水西行，土人呼之北河。由南阳府坐船至樊城，两日可达。

初七日。循北河行六十里，瓦店，尖，为南阳之一巨镇。(北)〔南〕行西汇赵河，以达于汉水，源出五朵山。六十里，新野县城南关，宿。程途颇长，到店已三鼓矣。

初八日。三十里，渡白河。二里，新店铺，尖，新野县之一巨镇也。十五里，入湖北界。廿五里，吕郾驿，宿，为襄阳县一巨镇。新店铺非尖宿正站，车夫以昨夜困乏，竟日仅行半站，以休马力。又值微雨，亦不欲强令赶程也。

初九日。卅里，叶家店，向属尖站，一小市耳。车夫言：天凉甚，黑云如磐，此雨征也，宜急行以避之。又卅里，涉两小水沟，至樊城。城外屯兵一千，分四营驻扎。向为土城，方拟加修，尚未动工也。是日微雨，凉似深秋，卸车三元店。樊城车店大者，曰三元，曰公义，曰黄百顺，曰魁茂。房屋尚修洁可住。张实君来谈，知涤老已拜江督之命，而东南事局败坏，不复可支。时平则庸庸者任其福，事棘则起知名者以任其艰，古今事局类如此，可胜叹哉。

初十日。往拜毛寄云前辈，座晤史吟舟太守策先，新由广平守告恙归里者也。随至总局一谈。局绅为张实君翻华、刘树屏建侯、杨超亭开第，以胡宫保之命，一切为照料入细。樊城现有建威营勇五百，邑绅陶允中管带，闻亦能者。梁檀圃处晤启芗圃太守，谈少顷。

十一日。发燮廷叔书，由道署递寄。次第赴毛寄云、张实君两处邀酌。实君言，中丞信任者三人，一李香雪映棻，一蒋文若照，一周寿山开锡，三人皆佳士也。又言枣阳奏保一案太滥。何世泽之死，唐时雍之捷，皆无根之词也。

十二日。实君邀早酌，便托递咏之宫保、涤生司马二书，并寄燮叔一书，因恐前托寄云观察所递，或有遗误故也。金殿山前辈避生日，至局得一见。陶允中制碉楼式一架，略与考证。上船已近日夕。是夕闻江岸奔沙之声，如霆如炮，终夜不绝。

十三日。渡江为岘山之游。绕襄阳城东南十馀里，皆菜畦。园人汲水城河，开渠引水以灌之。尽东登岘首亭，盖岘山横城南十馀里，以此为首，西尽九功山。明嘉靖时，进贤江汇题岘首亭三大字，今碑尚存，而亭基惟存巨石数方而已。沿山稍西，为羊公庙，有六方碑，书堕泪二字。又西，寿安寺，唐张文贞柬之故园地，寺前楹为文贞祠，有吴省钦、徐观海刻石诗。由寺左旋，入岘首冲，冲尽处为岘石寺，有泉从石壁下注，亘岘首冲而北。寺前有岘山寺碑记，碑额甚巨，而碑身高不逾三尺。就视之，盖明弘治时所立，碑身半没土中，可悟林谷变迁之故矣。寺后巨石离立，为（砚）〔岘〕石。绕寺右稍折而左，两石对峙若崖，缘而上，仰见巨石，镌岘石二字。寺僧言：此魏武帝所书。从石后旁睨，形如狮然。右为莲花台，山石欹出如悬岩，中平而四旁坟起，类莲花。后有巨石倚山，镌栖霞二字。稍折而右，有洞，为栖霞洞。旁有亭，今（屺）〔圮〕，为啸月亭，镌啸月二字于石。寺旁树林立，无过一二围者。石壁生黄杨，坚瘦入骨。岘石峨起，丛生黄杨，甚有奇致。巳刻开船，行三十里，泊东津港，有厘卡。卡员胡怡亭、萧兰田来见。

十四日。百八十里，流水沟，地属宜城，设有厘税局。三十里，转斗沟，泊。

十五日。百四十里，安陆府，府治距江岸十里。三十里，狮子口，设有船厘局。盖为江堤溃口，民力不能修筑，往来船只，酌量大小，捐费以修堤也。七十里，石排，泊。

十六日。百里，沙阳镇。厘局绅董汪立亭孝廉正本来谈。沙阳镇有小河通沙市，不过百里，越荆江堤以达澧州之安乡。湖南公车，多由此路。四十里，庄家套，泊。是夕微雨。

十七日。大南风，阴。晚晴。见西北隅彗星见，长可三尺许，光隐约不甚明显。东南隅一星，正与彗星对，比常星为大，光赤如火。是日行百四十里，泊岳家口。

十八日。一百里，仙桃镇，询知为沔阳州属地。因由厘局寄书周寿山刺史，略云：入襄阳来谈者，皆能言君之政声，而以不获乎上为忧。此亦交接之一端。君子不以人之难处而宽己之责，而道生焉。仆与君，此等处皆所短也。独尝以谓天下事无不可为，为之而无不立效。惟诚惟公，足以率下。而独同事以上之人，则有非诚所能动、义所能感者。何则？彼其势足以陵我，而名之成或少逊焉，则视以为不便于己，而思中伤之矣。其甚者，则懵然莫知所为，而但以办事为嫉憾。两楚之政，人知羡之。欲导以行楚政之万一，则目瞪口呿，气膨心懑，若被衣冠狝玃之身，不狂骇而毁裂之不止。人才之成于积习如此，吾辈复何为哉。宋儒李衡有言：与其进而负于君，不若退而合于道。此吾之所以归也。导江之工，恐志愿过大，未易集事。提防宣泄之有道，使平岁能免昏垫之灾，即为功溥矣。闻代者且至，君之尽心民事，始终不倦如是，能免累耶云云。又六十里，泊牧马嘴。

十九日。一百廿里，汉川县。距县城西十馀里，南岸一山，极明秀。询之土人，即甑山，所谓小别山也。小别、大别，皆在汉江东岸。今皆在岸南，盖江路已徙而东故也。汉江下游无多山，两岸淡远，清媚如画。沿江有厘卡，局绅孙墨斋、聂鼎臣来谈少顷。九十里，泊蔡店，厘局罗益卿、谢玉亭、潘南坪来谈。

二十日。六十里，至汉口。弥之、纫秋尚在汉口。泊舟盐卡旁。卡员章凤渠，其侄佩禧，则萃堂之胞侄也。何镜海亦在舟。往盐船一浴，寒甚，遂病，汗不已。遣金福函询黄紫山、李香雪问涤师行踪。随得丁果臣书，知果臣、志甫并在院署也。

廿一日。志甫来船，因与同渡江至院署汪梅村、周泽山、张燮庵、黄紫山诸处一谈。姚桂轩、曾少轩、王钦牧并枉顾。随往拜李香雪、厉伯符、刘开生、阎淡初、蒋文若、曾少固、姚桂轩、陈佛生。伯符观察、余介卿亦予旧识也，因就谈少顷。

廿二日。院署治席相款。酒罢，往拜张仲远、吴镜舫、周蔼春、李雪菜、张筱溪。雪菜、筱溪两君寓处未能觅得也。两日已定计同壬秋诣大营。果臣适欲回湖南，因令其就我便船，兼托照顾行李。会接泳芝宫保信，知内人方病甚，乃改计回家，仍渡江与壬秋、弥之作别，诣彭际臣、沈季云处小坐。

廿三日。弥之、壬秋开船赴九江。舟人以西南风不肯渡江，因寄泳芝宫保、涤生制府二书，并寄燮廷叔一书，报知抵鄂后情形也。

廿四日。周寿山专足见复一书，约过新堤时一诣州署，随作书报之。姚彦毓以刘咏如书来见，属为谋置一差使。

廿五日。渡江，泊鲶鱼套。大风浪险骇人，仆人伍贵堕水遇救得生，亦垂毙矣。所失惟予铜面盆一器耳。致曾沅浦一书。东坡诗：穷人赋命薄，所向遭灾凶。往时每遇紧要，辄遭风雨抵牾。今则不必紧要，一是乖违而已。

廿六日。桂轩来早饭。果臣附船回南。从李香雪处取阅宫保各奏。一陈天下大局。请派知兵大员赴河南防剿捻匪。曾制帅办理两江事务，当与江西两楚通力合办，分兵四路，一由广德援浙江，一由徽州进攻，一由池州沿江而下，其一军留祁门为后路策应。一陈四川大局，请东纯暂署川督，或饬张亮基、刘长佑会剿。一保举人才十六人：一沈葆桢，一李元度，堪胜督抚藩臬。一左宗棠，一刘蓉，各募兵六千，随办江南军务。一刘熙载，一毛昶熙，一薛鸣皋，一尹耕云，一杨宝臣，一梅启照，一范泰亨，一田玉梅，请旨简用。一严树森，一毛鸿宾，一阎敬铭，一邢高魁，现在湖北办理军务，不敢不以其名上闻。三奏并诚恳忠直，伟哉大臣之言也。

廿七日。吴镜舫来谈。记果臣言数则：骄者气之盈，然盈未有不歉者。　人所不能为之事，我能为之，苟自以为胜人，即上进之志阻，而消沮之念生。　邹志完浩贬岭南，田画往送之。邹涕泣不胜，田怒曰：使志完隐没居京师，遇寒疾不汗，三日死矣，岂独岭海之外能死人哉。邹谢曰：君惠我多矣。田曰：愿君无以此自满，天下难为之事尚多也。邹公之涕泣，是自馁也，而田公以满戒之。盖馁生于满，满固未有不至于馁者也。　人云：事到万难须放胆。此语未明晰。事到万难，只有循理而已。盖事不至于万难，计是非，何必不计利害？至于万难，则但能顾是非，不复能顾利害矣。故曰循理而已。浩浩落落行之，旁人遂见以为放胆耳。　《传》曰：施由亲始。又曰：周有大赉，善人是富。然则果何施而宜哉？曰：自我有之财，当以仁吾亲，由亲而及远者，义也。国家在官之公财，则非我所得而私有者也。以施吾亲，是谓之私。故惟以赉之善人者，义也。辞受取与，一准之义而已矣。

廿八日。与果臣上岸一行，至宝善堂，晤王兴庵，经理堂事者也。还至书局，见邹季深、子翼叔侄所画舆地图，盖合内府诸图并李申耆先生清舆地图总校之。凡村镇大者皆具，视诸图边幅稍广。是日小雨。

廿九日。开船行一里许，遇风而止。计抵鄂十日，无日不阴，无日不西南风，亦天象之变也。果臣言：胡宫保初任鄂抚，往见之。宫保为言将才难得，退而以书说之曰：凡杀贼立功恃乎将，拾遗补阙恃乎友。将不可少，朋友尤不可少也。朋友非属员之比。属员可札调，朋友不可札调。属员可赏罚，朋友不独为（法）〔罚〕所不及，亦赏所不及。盖一有赏罚，则朋友亦将俯首听命，不能行其匡正辅导之志矣。以左宁南良玉武夫，尚有喻布衣者为之左右，每战胜则奖劳之，败则南面坐，数其罪而责之。宁南亦以此见惮。故凡人必有一二畏友，乃可藉以省过。官高任事者，尤不可（以）〔无〕朋友之助也。今人知此义者，鲜矣！

六月

六月初一日癸亥。又行一里许，阻风而止。先夕北风，天黑如磐，谓今日当得顺风也，早复微阴，南风如故。

初二日。早晚风微息，行廿馀里至石嘴，对岸即沌口也。

初三日。早晚行廿馀里，泊大军山对岸，距金口约五六里。与果臣步行至金口市，亦一巨镇也，布庄几与汉镇相上下。

初四日。六里，至金口驿。果臣咯血大作，心甚忧之。每日辰巳以后，南风怒号，傍晚而息。谚云：小暑南风十八朝。自五月十九日小暑，距今才十四日，谚言其有征乎。

初五日。早行数里，沿江而上，水愈大，流愈驶，非风愈不可行。

初六日。东河脑，距金口三十里。是日微雨。晚，雨愈大。

初七日，排州。水大，沿江一带房屋，水半扉矣。

初八日。小林夹，设有江卡，查抽上下船只货税。舟人带有小豆二十馀石，为言诸局员豁免之。是日雨。

初九日。过嘉鱼县城。城当山坳处，树木葱郁，景致绝佳。沿江堤垸，并鸣金鼓，召众为御水之计。又四十五里，泊鹿矶口。是日北风，计行七十五里。与果臣登岸，问水势比往年何如。市人云，水势视道光廿八年尚加数寸，自廿九年外，从无此大水也。闻之骇然。因询沔阳州周寿山所修堤垸。曰：溃矣，宜都出蛟，并县城亦荡为平地。不意十馀年水患渐平，又遭此奇灾，未知洞庭湖以上又复何如也。傍晚大风，若日间得此，可以张帆行一二百里。时运所值，大率如此。

初十日。大雨，北风。十五里，石头关。三十里，茅埠。十五里，新堤。廿五里，布华洲，泊。船人以作生日，饮酒高会，日午始开行，沿路留滞，日未晡而泊舟。得大北风，一日计程不过数十里，到省殆无期矣。

十一日。廿里，螺山，即所谓鸭栏也。廿里，杨林矶。十里，道林矶，对岸即白螺矶。三日行汉河堤上，以大水泛滥，舟人利其水浅，易于收帆，故绕道行此。至螺山始出大江，处处皆矶石，水溜甚，舟行迟滞，船人又羸惫，不甚得力，使人闷损。卅里，泊（陈）〔城〕陵矶。志城来船，与同至盐卡大船，王镜涵留晚酌。夏松亭、朱星畬时馆其处，并相见一谈。

十二日。王镜涵留早饭，船人利其可以偷懒也，匿北风不报。饭后行数里，至七里山，遇南风，遂收帆不行。

十三日。王镜涵以劳湘龄枉过相觅，专足促回船一谈。以南风方盛，仍转至（陈）〔城〕陵矶。晚，就上卡船晤杨南屏、黄菊臣兰臣之弟、黄陶浦、刘辅臣文庵之子，午峰之侄孙也、李萼楼、黄娄生诸君，于吉夫金坛于氏，黄南老之姻亲也以耳病未见。回船后，西北风陡作，又大雨，满船破漏如放溜然，床帐被褥无一寸干者。计樊城至家，路千馀里，舟行一月有馀。节节阻风，不能利行。船漏箱湿，至不忍检视。间遇一二次北风，率以夜不能开舟。每仰天长叹，不解吾生遭际，何以至此。至此夜之颠沛，则又非前此之所及料者矣。重湖之隔，三百里之程，果能安稳回家否耶？是日寄孙琴泉观察、周受山大令二书。果翁为予诵国初人诗六首，云：男儿三十尚贫贱，土室低头事笔砚。落魄恐遭厮养辱，苦吟畏被妻孥见。冬日不炉夏不扇，坐穿一榻破万卷。西行画策就至尊，致身不受将军荐。由来绛灌惭贾生，胡用若曹弄柔翰。齐门挟瑟嗟徒工，独立荒郊泪如霰。　我欲归种襄阳田，背依高山面大川。妇馌男耕自怡悦，伏龙凤雏相周旋。不尔一室桃源仙，鸡犬桑麻别有天。谁知此乐难再得，商羊旱魃迭弄权。东邻输租鬻小女，夜呼石壕横索钱。西家老翁徒壁立，甘忍冻饿长安眠。　旁人劝作洛阳贾，鲜衣如云马如虎。大儿羽林充宿卫，小妇邯郸擅歌舞。明珠白璧家盈箱，昼计锱铢夜勾股。吾侪意气耻阿堵，挥斥黄金贱如土。安能局促屠沽伍。　仗剑从军向绝域，百石乌号悬两腋。部中不满五千骑，百战沙场尽辟易。尉佗组系明光宫，楼兰悬首长安陌。凯歌入关报天子，始信书生万人敌。一朝坐失幕府欢，缚下都堂对刀笔。卫青天幸辄有功，李广数奇竟何益。　蓬莱北去弱水东，琅玕玉楼珠为宫。藐姑仙子冰雪容，导以翠节双青童。我欲从之问丹诀，直与天地同无终。秦皇汉武皆英雄，楼船浩荡乘长风。狞龙吹水作小玉，三千娇女沉渊中。骊山茂陵空白骨，不死之药何时逢？　学仙学剑两无成，为贾为农安足道。中心不羡黑头公，贫贱何妨邓禹诮。有琴耻向贵主弹，有门耻为丞相扫。流行坎止随所如，入世那能量枘凿。邺侯架上皆吾师，吾将终焉从吾好。

十四日。开行至七里山，又遇南风而回。午刻，微转北风，江流甚驶，至岳阳楼下，矶头不得上。劳湘舲发卡勇十馀缆上之，泊南星港。

十五日。遣人觅吴南屏，已回家矣。闻由岳州至新市可二日程，由新市到家一日程耳，兼可免县丞酬应之烦。南屏之甥程姓者，为雇夫由陆路回家。果臣以其先人十九日大祥，乞先归，乃以其夫让之。果臣去，则行李无人照顾，不复能陆行矣，安心以听造物之低昂耳。是日热甚。出南星港，泊船甚多，两旁木板为太阳所逼，故郁蒸为甚。此后当日甚一日，实无计以处之。

十六日。大晴，大南风，大热。八旗营制，每编三百人设一牛录额真即佐领，五牛录设一甲喇额真即参领，五甲喇设一固山额真即都统，每固山额真左右设两梅勒额真即副都统。后名佐领为牛录章京，参领为甲喇章京，名副都统为梅勒章京，总管为昂邦章京。汉军为乌真超哈，满州马兵为阿礼哈超哈，满州步兵为白奇超哈，摆牙喇哨兵为噶什步贤超哈，领催为拨什库，□□为浑托和。雍正时，据给事中硕塞奏，额真二字所关甚巨，非臣下所得用，因名固山额真为固山昂邦，伊都额真为伊都章京。佐领有原管佐领、世袭佐领、公中佐领之别。初设佐领时，择有功者为之，所谓原管佐领也。后以功加赐佐领，准其世袭，所谓世袭佐领也。馀则公中佐领也。八旗世爵，公、侯、伯各分三等。精奇尼哈番凡三等，后以当汉文子爵，正一品。阿思哈尼哈番凡三等，后以当汉文男爵，皆正二品。阿达哈哈番凡三等，汉文为轻车都尉，皆正三品。拜他喇布勒哈番，汉文为骑都尉，正四品。拖沙喇哈番，汉文为云骑尉，正五品。国家赐号，武曰巴图鲁，犹云好汉。文曰巴克什，犹云文儒。

十七日。三鼓，以热不成寐。邻舟不戒于火，燃及舱板。有酒船见之，大呼失火。惊起出视，则与予船毗连。西南风方紧，直射予船后舱，危矣殆矣。移时狂风怒号，千船鳞次相撞击，有声如沙崩岸坼，颠顿万仞。船人喧嚷竟夕，遂终夜不能安寝。早起，与邻舟张姓、龚姓游吕仙亭、岳阳楼。吕仙亭据白鹤山，俯临大湖，极高敞。远望君山，平列如岸。岳阳楼新修神龛，悬一联云：盘膝曲肱，醉卧檐前君莫笑；明心见性，浪游世外我非真。署为吕仙乩笔也。道士妙会、悟霞。悟霞年少，秀颖知医。妙会则久住吾邑东明观，知予邑事甚详。本朝太祖长子洪巴图鲁褚燕早卒，子尼堪封敬谨亲王，次子礼亲王代善，当太祖时已著战功，封为大贝勒。太祖崩，推太宗立之。太宗长子肃亲王豪格，世祖长子裕亲王福全，并称贤能。太宗之立，由诸王推戴。世祖、圣祖当缔造之初，以冲龄践阼，毓成圣治，亦古今未有之奇局也。世祖不豫，召翰林院学士麻勒吉、王熙至养心殿草遗诏，以索尼、苏克萨哈、遏必隆、鳌拜四人为辅政大臣。后鳌拜专政，诬苏克萨哈，以罪诛之。圣祖时，江宁将军鄂克逊陛见，令陈奏功绩，且问行军之道。对曰：兵道甚粗，其精奥处虽鬼神亦不能测，唯能知地势、以仁服军士为要。后圣祖召王大臣于畅春园，论额亦都、鳌拜功绩，因召鄂克逊入殿，更令陈奏前功。圣祖语诸王大臣曰：额亦都、鳌拜，先朝之勇将。鄂克逊，此时之勇将。愿尔等效之。额亦都，遏必隆之父也。康熙廿四年征鄂罗斯，取雅克萨城，用兵三千人。主兵者，监军副都统郎谈、亲军侍卫官保、副都统班达里沙、一等公彭春、宁古塔副都统萨布苏。国初圈民地与旗人，水碛不堪者，辄行圈换，近畿骚然。康熙五年，贝子温齐勘换镶黄、正白二旗地亩。户部尚书苏纳海、侍郎雷虎、直督朱昌祚、直抚王登联各具疏，言旗汉两皆不便。时鳌拜专政，苏纳海、朱昌祚、王登联俱以违旨议绞。至康熙八年，始奉旨永行停止。其今年所圈房地，悉令给还民间。旗人无地者，给以古北等口边外空地。康熙七年，莫洛总督山陕，以事革职。甘肃巡抚刘斗〔同〕、提督张勇、陕西提督柏永馥疏言：西安百姓赵琏等具民本求转奏，言莫洛居官清正，万民爱戴，乞留原任。奉旨：简用督抚，原欲绥辑地方，爱养百姓。今莫洛既为爱戴，特顺舆情，免其处分，着复原官。后靳辅以河督罢职，廿八年南巡，谕大学士等：朕阅视河道，江南、淮安诸地方，自民人船夫皆称誉靳辅，思念不忘，着复其官。广东巡抚王来任，以康熙七年京察，自陈罢免。提督杨遇明以民情上疏，里排潘世祥等相率诣阙保留。时来任已病卒，疏不及上。圣祖闻其事，特赐祭葬。祭文言其因公诖误，军民吁称贤良，仍求留任，将即赐环，忽焉长逝，特颁祭葬，以慰幽魂，聿垂不朽之荣，庶享匪躬之报。观此数事，圣祖之同民好恶，大公无私，略可见矣。国初定例，廉吏降调者，许题请留任，惟革职者不许。范承勋任御史时奏请，果系廉慈之吏，因诖误革职者，当一体题留。奉旨准行。康熙四十二年，郭世隆总督两广，疏言兵米折征不便。民间有米，贱卖输之官，官司收银，远籴给之兵。军民交困，请复征本色。圣祖面谕九卿，问粤人之为京官者，佥以为至当。遂得俞旨。太宗时，朱延庆疏言：时不当进而进者，谓之弃身。时当进而不进者，谓之弃时。今时实豪杰效力之时也。窃见国家攻城破敌，斩将搴旗者，实不乏人。守地治民，安内攘外，概未多见。因荐陈极新、申朝纪二人。太宗即召朱延庆并所举陈极新、申朝纪入见。谕延庆曰：凡人于国之贤才，皆得荐举。毋曰贤才如何众多，朕犹以为未足也。尔等知其贤而举之，彼或变其初心，后为不善，亦彼自为不善耳，于举者何与焉。煌煌天语，则又可想见开国之规模矣。后申朝纪仕至宣大总督，陈极新仕至陕西巡抚，并有政绩。康熙廿七年，云贵总督范承勋疏言：云南鼓铸，先后设炉四十八座，积存之钱已有卅八万三千五百串有奇。现行数载，价贱已极。臣欲力疏钱法而不能听，以贱钱给兵又不可，所有现设炉座，似应停其鼓铸，兵饷仍给全银。奉旨准行。康熙三十五年，抚远大将军伯费扬古征厄鲁特噶尔丹，命内阁侍读学士布泰随征。凯旋后，费扬古奏称，臣一武夫，赖圣主洪福，克奏捷音，皆学士布泰参赞之力也。卅八年，布泰以侍郎偕内阁学士罗泰按事四川，旬日即定案。川省员弁，一无株连。有馈程仪者，却之曰：与其将迎过客，何如持去惠恤穷民乎。并得旨奖励，载在国史。呜乎，布泰身际盛时，可以行其道矣。太祖欲以蒙古字制国书，命额尔德尼、噶盖扎尔固齐酌定之。二人以习蒙古字文，未能更制。太祖以国语必译为蒙古语，读之人不能尽知，如何以我国之语制字为难，反以习他国之语为易耶？二人言：臣等未明更制之法，故难耳。太祖曰：吾筹此熟矣，阿字下合一麻字，非阿麻乎？额字下合一墨字，非额墨乎？至今满文数字连为一字者，皆太祖钦定，命儒臣拟制者也。后又命大海增添圈点，分别语气，以满文与汉文对音未全者，于十二字头正字之外，增添外字。有不尽叶者，则以两字连写，切成一字。至是满文始备。圣祖时，命掌院学士傅达礼撰《清文鉴》，以满汉文义，照字翻译，发明某字应如何用，某字当某字用，略如汉文字汇之例。额尔德尼、大海，并赏巴克什名号者也。太宗天聪三年，命库尔缠、吴巴什、查素喀胡求查木巴查国家治政得失，编辑信史，立国规模已宏远矣。天聪六年，召王文奎、孙应时、江云三人入宫，问与明议和得失。文奎奏言：汉人以宋辙为鉴，俱讳言和。虽以圣主好生之德，不忍明国生民涂炭，欲安息待时，反以我为可愚。区区边塞小臣之盟誓，岂足据哉。若明福祚尚在，天启其衷，和事可成，于我国亦稍有利焉。及是时，拓我边疆，裕我国力，用贤以养民，抚近而招远，我国以逸，彼国以劳，孰谓辽东之地，不可同汉高之一举灭楚哉。然欲和则竟言和，和事难以一言尽。不和则竟言战，战事则一言尽也。以国家兵力，值中原扰乱之秋，率兵直入，黄河以北，非明有也。应时言：明人恃其土广人众，必不轻于议和。虽然，和者，两国之大利。不和，则两国亦势难并立。今惟有秣马厉兵，有进无退而已。江云言：昔金主入汴梁，执二帝，兵力甚强，势若破竹，莫有能当之者，而不能扫清于一时，非心不愿，力不足也。揆厥本原，由一统之谋未尝预定耳。昔大兵克取大同，易如反掌，是皇上神武，不事杀伐，宣布仁信，愈于兵力战功，此预定一统之大略也。讲和之事，断决为难。若果两国讲和，安宁天时，此乃明国之大幸也。今姑以和议试之，明若不识天时，怠忽和事，则我兵入境攻取，亦为有名。明国官民，亦无复有议我之非者。我兵战则必胜，攻则必克，可以纵横于天下。明欲和，则与之和。否则是天以天下与皇上也。宜速布信义，任用贤人，整兵一入，天下指日可得，又何必专言和好哉。观此三公之言，知己知彼，天下大局了然于心。其官微耳。明臣当事者，守硁硁一隅之见，疾首蹙额，持短长之议，其终以亡人之国，历数百载而不悟，不亦大可哀哉。圣祖之征罗刹也，先命郎谈、彭春率兵往打虎儿索伦，声言捕鹿，详视陆路远近，径薄雅克萨城下，复详视黑龙江至额苏里舟行水陆，并通宁古塔路径。郎谈奏言，从达湖里、墨尔根诸边，十六日至雅克萨城。从黑龙江顺流，四十五日至爱浑城。从爱浑至黑龙江、松阿里江会合处，马行可半月程。从两江会口至雅克萨城，马行可一月程，舟行逆流可三月程。罗刹于乌查拉呼马立河口两处立木城据守。须用兵三千，红衣炮二十尊，造备小船八十只，即可济用。明年，又命郎谈至宁古塔会议厄苏里立木城置兵屯守事。至廿四年，因罗刹劫掠俄洛春、索伦、飞牙喀、赫哲等边，始命郎谈等往征。仍谕以罗刹迎降，慎勿杀戮，告以恩旨遣归。郎谈屡使谕其酋长厄里克什，负固如故。乃攻取雅克萨城，释归其众六百馀人。明年，理藩院郎中满丕奏言：擒得罗刹鄂克顺科，因知罗刹复于雅克萨故址，用土块筑城屯守。再命郎谈等往剿，掘长堑，立土垒以困之，击毙其酋厄里克什。会鄂罗斯国主察罕汗遣使请和，圣祖遣亲军侍卫马武偕其使至营，退二十里驻军。查克丹奉旨驻扎宁古塔，候罗刹使臣讲定地界。至廿八年三月，郎中伊道报鄂罗斯国使臣费咬多罗，于今春至尼布(潮)〔楚〕讲地界，遣命议政大臣索额图、都统佟国纲、阿礼奈、马齐由陆路，郎谈、班达里沙萨布泰领水军，由黑龙江水路至尼布(抽)〔楚〕城对岸驻营。费咬多罗尼里克西耶遣其属官洼西里耶至营，议定相会之处。七月初八日，去营五里许，去彼城亦五里许，设帏幕相见。郎谈等议以里雅那河为界，费咬多罗不从，郎谈乃大张兵威以惧之。乃相与歃血盟于城下，自厄里谷纳河口以上至黑龙江北岸，自格尔必齐河以上至兴安岭以抵海，定疆界而还。尼布(抽)〔楚〕城酋长杯敦诣营叩谢，厚赏之。廿九年，遣副都统诏三往厄里谷纳河口立交界碑，用满、汉、鄂罗斯、蒙古、里的诺五种字，立(牌)〔碑〕于河口石壁上。自是一百六十馀年，与鄂罗斯守旧约，无北边之患。圣祖之宏谟远(界)〔略〕，所护荫多矣。予奉命往天津时，附奏一片，专发明圣祖平定罗刹方略微旨。惜政府诸臣无一能留心时务者，国家之成败安危，岂不由人哉。康熙四十三年，命乾清门侍卫拉锡、内阁侍读舒兰往穷黄河之源。自京四十日至(诺诺呼儿)〔呼呼诺儿〕地方，有大泽，水色深碧，中央水高。泽之西岸有石山一，土山三。泽周围六百馀里，产鱼二种，身圆而无鳞，腹宽，头尾尖削，色黄，口齐，身有黑点。口大者，蒙古呼为布哈。口小者，呼为那胡。又十日，至呼呼卜拉克。又十二日，至星宿海之东。有泽名鄂陵，周围二百馀里。鄂陵之西，又有泽名扎陵，周围三百里。两泽相距约三十里。明日，至星宿海，蒙古名鄂敦塔拉。其源其小泉万亿，不可胜数。周围群山，蒙古名为库儿棍，即昆仑也。南有高山，名古儿班吐而哈，其山诸泉，西番国名为噶尔马塘。西南高山名布胡珠而黑。西有高山，名巴而布哈，其山诸泉，名噶尔马滁穆郎。北有高山，名阿克塔阴齐奇，其山诸泉，名噶尔马沁尼。东北高山，名乌兰杜石。三山之泉，流出三支河，即古儿班索而麻也，东流入扎陵。自扎陵一支，流入鄂陵。自鄂陵流出之河，乃黄河也。他山之泉与平地之泉流出为小河者，不可胜数，尽归黄河。自呼呼诺儿雪山至星宿海，一路产野牛、野骡、豹、猞猁狲、牝牡盘羊、鹿、麅、小黄羊、火狐、沙狐、羦羊、香獐、獭、獾等兽。循河源而归向东南，行二日，登哈而给山，见黄河往东流至呼呼托罗海山。又向南流，绕撒除克山之南。又北流，至巴而托罗海山之南流去。次日，至冰山之西。蒙古言此山长三百馀里，九高峰，自古至今，未有见冰消者，终日云雾，常雨雪，一月晴三四日而已。又至席拉库特尔之地，寻看黄河流入雪山边内之处。又向南行，过僧尔库高岭百馀里，又至黄河岸。见黄河自巴而托罗海山向东北流于归德堡之北、边哈山之南，从两山峡中流入兰州、宁夏之西。由松山至星宿海，天气渐低，地势渐高，人气闭塞，故多喘息。世以为瘴气，非也。自京至星宿海，共七千六百馀里。满人同名者甚多，而费扬古同时五人，尤奇。一抚远大将军伯费扬古，最显异。一孝敬宪皇后之父。一见《忠烈传》。一图赖一子。一哈哈纳之子。又有名费扬武者，亦满言之转也。

十八日。大南风。夜梦人见示一册，皆先正格言。中有二语云：道能容物与物诤，学无根柢即无命。比寤，仅记此二语而已。

李西沤著《药言并补》，共八卷，分四段。又著《冰言》，分十门，杂录先儒语，间有损益，参以己说，故不著其所自出。圣祖尝召问阿什坦节用爱人。对曰：节用莫要于寡欲，爱人莫先于用贤。圣祖顾谓左右曰：阿什坦我朝之大儒，以其耿介，不合时宜，未克大用，我当用之。令侍值月华门，备顾问。未几，以老疾引退。其族人吴巴札、郎图贫困，没身为奴。阿什坦之父达齐哈以金赎之，且各授以庄产，令保聚成家。后吴巴札卒，无子。族人请还所授产，阿什坦曰：我父仁恤宗族，故与吴巴札，今即无后，郎图其从子也，可并与之，收产非先人恤族意。因语诸子曰：尔等处世，凡事莫占便宜，凡便宜处，即是不义，此天理人欲之所以分，而君子小人之所以辨也。舒兰任内阁学士，遇覃恩当荫一子。以族子巴郎阿诚笃，家贫亲老，即以恩荫予之。此二节高义，汉人未有能及者。达瑞自言其学以不欺为本，不懈为程，不贰为始终。圣祖赐联云：澄心如止水；力学比登峰。时方以吏部主事奉使山东赈济饥民，还京复命也。

十九日。大南风。寄意城一信，报知阻风原由。又寄泳芝宫保、琴泉观察二信。琴泉信即托泳帅转递。又寄次青一信，以姚彦毓时熙为托。三件并托岳州府发递。又致严渭春方伯一信。武昌城下阻风二十日。每日巳刻风起，傍晚而息。舟人乘早缆船以行，少或一二里，多或二三十里，以达岳州。十五日果臣归后，距今五日，狂风昼夜不息。接志城来信，湘阴围垸俱已溃尽。所见所闻，乃无一适意者。嗟哉，予命之穷也。

二十日。大南风。桂太尊枉过，随往回拜。知袁西台奉使华容勘灾，亦泊舟南津港。便过方夔卿、吴南屏，并尚未回局也。

廿一日。南风。数日热极，昼夜不能寐。近三日，日入时，西北方云起，夜久而散。本日立秋，日色惨淡，竟若有千神万鬼，持风力不使南向者。昨寓书志城云，时之通塞，常若有鬼物凭之，信不虚也。

廿二日。北风。四鼓开船，巳刻抵县。西南城外居民，水有至平檐者。由迎秀门入城，至廉丞处。亲友来见者纷纷，颇烦倦。

廿三日。恐天气晴热，约舆人傍晚启行，而竟日阴凉。至晚，雨作，仍宿育之处。是早饭育之处，午饭鼎叔处。

廿四日。天明启行，过低卡岭，小雨奇寒，所著夏布衣二袭而已。未刻抵家，家人俱无恙，此又前岁出门时所不及料者也。

廿五日。专夫接意城，并诣县城运行李。乡间方收获，工不易觅，仅得孱夫二名往县而已。

廿六日。石帆、鹿苹、半溪、桂坞、壬叟、丁叟并乡间知好，一一来问讯，酬应终日。

廿七日。接意城信，知霞仙、公让两君并有枉过之说。而书房一切都未扫除，一一躬自料理之。

廿八日。霞仙至，已二鼓。是日大雨。询知高岭以南，竟未雨也。

廿九日。傍晚，公让至。二客并仆从数辈，已觉喧挤，蜗庐狭小可笑。意城带交涤老、咏老并丁果臣三信。

三十日。雨。

七月

七月初一日癸巳。与公让、霞仙同诣西清叔沙坪老屋湾新庄，为祖母祝寿。是日热甚，而省城知交如袁予文、秦鹿笙、易海青、黄博五、瞿熙臣辈，至者数辈，满屋喧阗。

初二日。周九畴、何子章两君与予相见，始知意城谋置新庄，两君实为之经营。清叔复托周蓉峰往问之，缘敖家湾魏姓为其子婿昆季行也。是日大雨。

初三日。日午候周蓉峰回信，而还言魏姓者方故昂其价以待售，多恐不谐矣。是日诣张家洞应扬处一宿。

初四日。过坡阴安庄午饭。大雨倾盆，傍晚始一过流珠岭而回。接黄南老、曾沅浦二信。

初五日。由汤家湾过中新屋、上新屋，至洞坑周桂坞处午饭。绕至张家山，过牌楼屋还归。诸来问讯者，皆须一回视之也。

初六日。鹿坪邀饭，初约意城往赴席，因雨未果行。自六月廿四日以后，日必一雨，间日必一大雨。于乡间收获，极不相宜也。

初七日。大雨。益阳黄锦川县丞承谦枉过山中，自言曾受予荐，予不能记忆也，而复求培植，可谓奇举矣。沍寒奇寒，天时之变如此。

七月初八日。意城接籥门中丞书，知已奉办理四川军务之命，并知宁国被围，涤帅催季高、次青两军甚急。闻此为惘然竟日。致涤帅、咏帅两书，并书复作梅，由意城交中丞转寄。

初九日。意城赴省，便致籥门中丞，名翘、南坡、玉班三观察四书，并书致季高。君子忠厚宅心，而不忍尽物之短；正己无求，而不苟幸事之成。此亦予夙昔之心也。海上之役，未尝不力践斯言，然接下之诚，差能自信，而于东抚处不免时攻其短。此辈中才，岂能责之以正道哉。事之成败，有数存焉，此等处终不能不贻此心之悔也。

初十日。送意城赴省。船山云：《舜典》敬敷五教在宽，《春秋》立法谨心忠恕。萧梁之世，戚近之臣除丧初见而无毁容者，皆切责而废□□。弛敬于立教之身而过严于物，何当于风化哉。

尽人之身，五官百骸，皆与天下相感应，亦各有自体，以辨治乎天下。惟耳则自体不立，一任声响之疾入以彻于心。是耳者，天下之户牖。质虽在己，而用全在物。好言莠言，杂沓骈阗以至，而皆不能拒。故曰无稽之言勿听，弗询之谋勿庸。弗询者，我未询彼而自献谋也。　显性之著，《易》谓之缊，《书》谓之衷，《诗》谓之则，《孟子》谓之塞，其实皆《中庸》之所谓诚也。

十一日。东林、西枝前后枉顾。往坡阴视七儿，因促东林诊视之。服消食之剂一帖，渐愈。西枝、能定争新化寺住持，为致书鉴堂两解之。

十二日。得清叔书，以中元支祠祭祀，属往主祭。复书言：品官家祭，以爵品之高卑为祭品之隆杀。故宗祠之祭，以上爵为正，爵均则序分，分均则序齿，此万世不敝之道。本朝讲礼家每泥古而失之迂，由未达礼意故也。今宗祠通用四品仪注，当在陪祀之列，不当主祭。

十三日。以荐新之祭，邀范炳斋、李石帆、鹿苹为朘馀之宴。接意城信，并附雷西垣师一信，言君子行事，求于事有济，不可预存成见。王荆公新法为人激成，与其激成，不如善化也。且同一办事，有大小之分。所关者大，则不避艰险以为之，屡经挫折而可以无悔。若所关者小，则亦不必矣。所言甚有见地。是日雨。

十四日。赴沙坪支祠。何小宋侍御授我十三法，盛小崧授我三法，行之两年矣。出都之日，遂以中辍。昨夜偶为之，已不复记忆，乃编此二诀为韵语存之。何诀云：双手垂身立，平肩开八字。望月两肩舒，一揖直到地。踞地引千钧，身如骑虎势。攫拿翻覆手，左右伸猿臂。叉手久蹲身，仰天围太极。双手大轮回，两脚三顿地。徐行莫急喘，缓缓嘘其气。盛诀云：仰手撑天，俯手垂膝。力伸两臂，数各二十。两脚横平，蹲身踞地。仰首向天，又历廿息。是日微雨。

十五日。支祠祭毕即告归。晴热。过猫公寨，至吴姓庄小憩，天然一邱壑也。接意城信，并寄到《芝房诗文集》、《河防纪略》、《畚塘刍说》三种。

十六日。周辅堂、杨云冈枉过。竹汀递到酆说岩一信，随作书报之。专李五赴县，致鉴堂、燮叔、育之三书，以辅堂托为周剀臣解说，故转属之燮叔及鉴堂也。

十七日。诣景乔一谈，询及季高军事。据言，营务巨细皆躬亲。在营一宿，见其处置一马夫，至于怒詈。移时，因戒之曰：当君盛怒时，营官有他事须关白者皆不敢进。是故亲小事者，越职之过小，误事之过大，其弊一也。左右皆阿谀之言，而无匡拂之语，其视天下事，意若曰予既已知之矣，亦少虚心求益之实，其弊二也。景老此言，深中高叟平生之短。晚接燮叔信，言书院脩金，近已加至二百四十千，而谓予前岁在书院曾长支九千馀。可谓怪诞。前岁脩金二百，皆从双南支取，濒行照数核算结清，迄今三年馀矣。燮叔经管在后，而追问长支之数，此非双南掌柜者之弊，即豫泰掌柜者之弊，种种开花，并束脩亦连及之耳。至于束脩二百之数，乃我所定章程，永远循行，著在移交簿上。燮叔一管帐，海清一掌教，遽私增至二百四十千之多，亦不解其何故。姑记于此，容作书诘问之。

十八日。雨。知天下之险阻荼毒皆命之所必受，知物情之刻核残忍皆道之所能格，是以憯肌肤、戮妻子而不动，受垢污、被攘夺而不怼。不足于物，有馀于己；不足于身，有馀于心。君子出身以任人家国之事，所守者道也，所重者耻也，所惜者名也。存亡者天也，死生者命也。宠不惊而辱不屈者，君子之贞也。乐则行而忧则危者，大人之时也。

十九日。大雨竟日。既漂荡我园田，又将浸渍我山田矣，如何！如何！致桐云书云：与阁下相知久，又相聚京师，而泛然相遇。既假休，往还谈论久，乃益知阁下为人。读其文，见其行事而服慕之。而忽忽遂归，悔与阁下两年相倾服之晚也。君子立身行己有本原，而学有根柢。然而必其心之定，视听言动之专一，而后道以凝焉。守之视听言动以养心，存之心以应事，宋儒之学所以内外兼摄而纯实无弊也。仆自视于立身行己之大者不敢隳坠，而视听言貌之弗治，心之弗凝，于道固无闻焉。处乱世与庸俗人周旋，而行以亢激之气、浅易之性，所遇玩忤，遂疑君子之道不复可行，反而自审诸容貌辞气之微，而为悔固已多也。君子所以自治其身心，先天下而定其则，而行之以不悖，其成与毁，两无悔焉。每念笏山之言，谓与天地气数争胜，当自求胜气质始。仆已矣，愿阁下之勉之也。

二十日。晴。黄河北岸经原武、阳武、延津、封邱、考城，又经山东之曹、单入江南境，河厅七：曰黄沁管武陟、荥泽、原武堤工。曰卫粮管阳武北岸、封邱堤工。曰祥河管祥符北岸堤工。曰下北管祥符陈留北岸、兰阳上汛北岸堤工。曰曹考管兰阳下汛北岸、考城曹县上汛堤工。曰曹河管曹县中下汛堤工。曰粮河管曹、单堤工。南岸经荥泽、郑、中牟、祥符、陈留、兰仪、睢、宁陵、商邱、虞城入江南境，河厅八：曰上南河管荥泽郑州阳武南岸、中牟上汛堤工。曰中河管中牟下汛堤工。曰下南河管祥符、陈留南岸堤工。曰兰仪管兰阳南岸、仪封下汛堤工。曰仪睢管仪封下汛、睢州上讯堤工。曰睢宁管睢州下汛、宁陵堤工。曰商虞管商邱、虞城上汛堤工。曰归河管虞城下汛堤工。山东运河，河厅六：曰下河管德州、武城、夏津、清河河道。曰上河管馆陶、临清、清平、博平、堂邑、聊城河道。曰捕河管阳谷、东阿、寿张、东平河道。曰泉河管兖、泰、沂、济泉源。曰运河管汶上、嘉祥、巨野、济宁、鱼台河道。曰泇河管沛、滕、（驿）〔峄〕河道。并辖于河东河道总督。黄河北岸经丰、沛、邳、宿迁、安东，出云梯关入海，河厅八：曰丰北管砀山北岸、丰县铜山北岸堤工。曰铜沛管铜山两岸堤工。曰邳北管睢宁北岸、邳州堤工。曰宿北管宿迁北岸堤工。曰桃北管桃源北岸堤工。曰外北管清河北岸堤工。曰山安管清河北岸、安东堤工。曰海安管阜宁北岸堤工。南岸经砀山、铜山、萧、徐州、睢宁、桃源、清河至清江会淮，又经山阳、阜宁出云梯关入海，河厅六：曰萧南管砀山南岸，萧、铜山南岸堤工。曰睢南管灵壁、睢宁南岸堤工。曰宿南管睢宁、宿迁南岸堤工。曰桃南管桃源南岸堤工。曰外南管清河南岸、山阳堤工。曰海防管山阳、阜宁南岸堤工。淮河河厅二：曰高堰管清河、山阳境高家堰堤工。曰山睢管山阳、盱眙境高家堰堤工。江南运河河厅五：曰邳宿运河管邳、宿迁运河。曰中河管桃源、清河运河。曰里河管清河、山阳运河。曰扬州管宝应、高邮（宿）〔运〕河。曰扬粮管江都、甘泉运河及下河水利。并辖于江南河道总督。国朝顺治六年，河决封邱荆隆口，南溢单家寨，北溢朱源寨，溃张秋堤，趋沙湾，挟汶水，由大清河入海。南岸旋塞，河尽射北岸，折而东北流，毁封邱城，出长垣，经东昌，坏安平堤入海。十年，复决封邱大王庙，夺运道，复出长垣，趋东昌入海。康熙六十年，河决武陟詹家店、马营口、魏家口，注滑、东明、长垣，贯运河，经张秋，由大清河入海。六十一年，复由李先锋庄冲马营口，仍经张秋，由大清河入海。乾隆十六年，河决阳武、祥符、朱流，分为二，一自延津穿曹、濮入张秋归海，一自金乡、鱼台、济宁至南阳，东注大清河入海。四十六年，河决睢宁魏家庄，祥符青龙冈等处皆决，分流东入南阳昭阳湖，经微山湖出江南运河，西入赵王河、沙河，穿运道由大清河归海。嘉庆八年，河决封邱衡家楼，由张秋趋大清河至利津入海。廿四年，兰阳、仪封、陈留、祥符、中牟、武陟河溢，马营坝决，河分为二，一由武陟、获嘉、新乡、汲入卫河；一由原武注张秋，穿运河归大清河入海。

顺治六年，给事中许作梅，御史杨世学、陈乐请勘九河故道，导使北流。河督杨方兴疏言：宋以前治河可南可北，元明以后，漕运藉河转输，必不可北。乾隆十八年，尚书孙嘉淦疏言：自宋熙宁十年河决澶州，分而为二，一由南清河入淮，即今河道；一由北清河入海，即大清河。元初，河屡北决，至贾鲁开故道，导之北行，水遂安流。明洪武时，河决阳武，东过开封，南入淮，而河之故道遂淤。正统十三年，决张秋。景泰时，又决张秋。宏治时，决金龙口，趋张秋，冲会通河入海。张秋东即东阿，山下即大清河。河决不能逾山东走，自必顺河北行。故凡言决张秋者，皆由大清河入海。金龙口决后，白昂治之，塞决口三十六，河乃入淮。白昂治后，河复决金龙口，溃张秋堤入海。刘大夏治之，乃濬贾鲁河杀水，开新河道使南行，筑太行堤三百馀里，而张秋之决塞。盖逼河使南若是之难，河用全力必欲北入海，人用全力必使南入淮。顺治康熙年间，决北岸者十之九，决南岸者十之一。北岸决后，凡溃运道者皆由大清河入海。大清河所经东阿、济阳、滨、利津，即有漫溢，不过偏灾。忍四五县之偏灾，可减两江二三十州县之积水。减河开至张秋，筑土埂御其漫溢，不过二三州县之境，所费不过一二十万。一入大清河则河身深广，（石）〔两〕岸堵筑之处甚少，所省下游决口工赈不下一二百万，计无便于此者。廷议重其事，寝不行。四十六年，大学士嵇璜疏请导河归山东故道。南河总督李奉翰、东河总督韩铄、大学士阿桂言：河溢时，北流不过二分，旋亦断流，仍由南阳昭阳湖南下归正河，地势北高南下，不能挽之北注。国初，设河道总督驻济宁，间时设副。雍正二年，以嵇曾筠为副总河，驻武陟，专理河南河务，后复命兼理山东河务。七年，分设两河臣。河东河道总督治济宁，江南河道总督治清江浦。雍正十二年，命部院选司官引见，分往河工学习，满二岁，甄别能者补官，不能者咨回京，著为令。嘉庆二十二年，诏大挑举人分发河工，江南三十员，河东二十员，北河十员，试用二年甄别。乾隆五年，侍郎蒋溥言：河工效力者多冗滥，定两河员额，江南百五十员，河南、山东六十员，停武职投效例。乾隆十三年，河督高斌疏：定岁修抢修钱粮为四十万两。廿三年，以河工官办工无费，始定公费章程。嘉庆十年，戴均元奉命视运口，河臣徐端言：夫工杂料日昂，市侩居奇，钱粮支绌，动辄称贷。十二年，河臣言：豫东河工，向有津贴，江南革除派办地料，物价日昂，例价不敷采办，请定立章程，庶易稽核。命侍郎英和、蒋予蒲往访察，复奏请加例价，于是工部议较旧价约加有差，以三倍为率。于是东河河臣亦请如江南例加价，核实报销。廿三年，工部奏，河工从前用银最多不过二三百万，最少七八十万。加价以后，是年另案工用至四百六十馀万，十三年五百九十三万，十五年五百六十六万，十七年五百六十一万，其用银较少之年亦报销至三百六七十万。自十一年加价至廿一年，除大工外另案工用银四千八百九十七万馀两，是价虽加，工程仍未核实云云。圣祖言，治河如治天下，得其道则治，不可用巧妄行。又论诸河臣，谓靳辅善治河，全用人力，于成龙心计太过，张鹏翮惟守成法而已。

二十一日。发京师二缄，一吴桐云舍人，一同丰吴厚庵，皆为西叔托办封典故也。癸叟来谈。

二十二日。和竹汀见赠之作二首：一介无人下赵佗，守边空忆《大风歌》。还家江令文章贱，忧国袁宏涕泪多。芍药春栏温室树，芙蓉秋雨液池波。微才多病甘归隐，愿睹唐虞酿太和。　故山风雨早秋天，清夜微吟得气先。灯火谈深愁更笑，田园岁薄隐非仙。浮云西北迷孤望，狂猘东南乱几年。才尽江淹疏唱和，新诗莫吝万人传。

廿三日。接意城信，并递到玉班、季高、壬秋三信，又接到鼎叔、鉴堂二信。涤公实授江督，给钦差大臣关防。彭相已出军机。

廿四日。茶陵彭相国为杨春浦刺史之妻叔，为书座右铭云：一粒必惜，富之源也；一字必惜，贵之源也；一言必惜，寿之源也。果臣丈为予诵之。果臣，刺史之孙也。卫鞅云：常人安于故俗，学者溺于所闻。圣人苟可以强国，不法其故。鞅之学非也，其言是也。安于故俗者之难以矫而正也，溺于所闻者之不能醒而悟也，非语言之所能辨矣。

廿五日。大雨。司马温公言：国保于民，民保于信。王者不欺四海，霸者不欺四邻。善为国者不欺其民，善为家者不欺其亲。不善者反之。上不信下，下不信上，上下离心，以至于败。所利不能药其所伤，所获不能补其所亡。温公此言，尤切中今日之弊也。制国有常，利民为本；从政有经，令行为上。明德先论于贱，而从政先信于贵。荀卿有言：政令已陈，虽睹利败不欺其民；约结已定，虽睹利败不欺其与。

廿六日。大雨竟日。景老信言：季高已为籥老奏赴蜀襄办军务。或东趋吴，或西趋蜀，皆须候旨。石逆为白色土司所歼，黔抚奏言石逆已毙。粤抚奏言石逆妻孥毙于白色土司，而石逆跳身独免。

廿七日。晴，中午微雨。四乡收成已告竣，山中则正值打稻之时，雨久甚非宜也。

廿八日。晴。荀子云：知莫大于弃疑，行莫大于无过，事莫大于无悔。事至无悔而止矣。将所以不受命于主者三：可杀而不可使处不完，可杀而不可使击不胜，可杀而不可使欺百姓。温公言：为国家者任官以才，立政以礼，怀民以仁，交邻以道。如是则官得其人，政得其节，百姓怀其德，四邻亲其义。《史记》言：秦行督责之术益严，税民深者为明吏，杀人众者为忠臣。读此二语，得不为今之世寒心也哉。

廿九日。内人齿痛，景乔为传艾灸之法，取耳前发际微凹之处，略与眼尾齐，挼艾极熟，约绿豆许大，切姜片摊凹处，燃艾其上。候艾火略尽，用纸盖其上按之。左痛则灸左，右痛则灸右。不过二壮，永无牙痛之患矣。

八月

八月初一日壬戌。复涤生制府并王壬秋孝廉、姚彦毓县尉三书。陈鉴堂来，接周受山刺史一信。

初二日。复受山信云：读来书，于水道曲折，未能知也，然颇能知其要略。治水之法，曰疏浚，曰堤防，各视其力之所能至。后世地利尽矣，环江湖皆民田，何从执邻国为壑之辞以关人之口哉。且水者，气也。江河有正流，有支流，皆其气之流行者也。其泛滥乎平地，非气之所注也。作堤障之，使逼归径流，水劲疾则流驶而淤平，江路通而平地以免昏垫。必曰此水之所泛滥，此塞则彼注，宜听弗治，殆所谓匹夫一隅之见也。水者气也，涨则数丈，缩则反为归壑，岂恃此区区数十里之地以为消泄哉。仆所知者，其理而已。

初三日。荀悦《汉纪》论立策决胜之术，其要有三，一曰形，二曰势，三曰情。形者，言其大体得失之数也。势者，言其临时之宜，进退之机也。情者，言其心志可否之实也。故曰权不可预设，变不可先图。与时迁移，应物变化，设策之机也。去岁在天津，陆怡卿刺史慎言力陈黄河宜塞之策，著论甚辨。时沈朗亭总宪署司农，乃具以闻，总宪不敢任也。是年秋，奉命查办山东海口税务，过利津，观黄河所从入海处，询知平阴、长清以东，济阳、齐东以西，黄河所经，居民有自筑堤捍水以自保者，河患亦渐平。乃慨然有志，因黄河决张秋，挟济、汶入海，以复东汉王景之旧迹。以语当事，多愦愦无有知者。顷见魏默深刺史筹河三论，于道光之季，策黄河之必决而趋大清河，谓旧道必不可复，而自寿张至临清二百馀里运道尽塞，减水坝倒塘济运，筑石闸寿张黄运之交，亦若清江御黄坝之比，则运道自可通行。阅其文，实关今日之大计，使年来积疑豁然尽释，为足快也。

初四日。周邦庆归，接到意城一信，并递示欧阳生一信。天津近事稍获闻知，小臣昨岁之言，至今日乃微验，为之怃然。

初五日。魏弱翁谏击匈奴言：救乱诛暴，谓之义兵，兵义者王。敌加于己，不得已而起者为应兵，兵应者胜。争恨小故，不忍愤怒者谓之忿兵，兵忿者败。利人土地货宝者谓之贪兵，兵贪者破。恃国家之大，矜民人之众，欲见威于敌者谓之骄兵，兵骄者灭。僧邸之幸胜夷人，忿兵也，骄兵也，曷足贵哉！举天下贸贸焉无一能知其是非得失之所在者。盖自南宋以来，中外之见横塞于心，士大夫务虚言而无实际。汉唐控制夷狄之方略，徒供一二腐儒呰謷议论。邓训之恩信，张奂之廉威，人且不能知之。推而至于旅獒之不宝远物，则远人格；《春秋》之言国君含垢；与言内宁外忧之义，更无足与论此者矣。伤哉。《班史·匈奴传》：搢绅之儒守和亲，介胄之士言征伐。今则介胄之士不言征伐，而搢绅之儒言之，此亦汉唐以后骛虚名而无实效之一证也。宋人言能战而后能守，能守而后能和。数百年诵此以为名言，而不知其为虚拟之词也。赵充国言：兵法攻不足者守有馀。攻守之异势，古人论之详矣。守边之功，莫著于李牧。迁《史》言其谨烽火，多间谍。匈奴每犯塞，急入收保。数年蓄战士之气，一战而却匈奴数千里。故中外之相制，以守为要务。张魏公大举御金，有富平之败。金主亮入寇，又大举伐金，有符离之败，而宋不复可支。韩侂胄伐金，有宿州之败，而宋遂以亡。明人趣张镐出战，四路大举，而二道关、三岔口之败迭闻，丧师数十万，而国势不可为矣。值衰弱之时，外有强敌，而侥幸一战之功者，未有能自立者也。故中外之相制，强则拓地千里，可以战，可以守，而未始不可以和，汉之于匈奴、唐之于回纥吐蕃是也。弱则一以和为主，南宋之犹赖以存是也，而终南宋之世，二百馀年亦未尝废战。史册具在，可考而知也。而论控制夷狄之大，常一以守为本，计战与和二者，因时度势，存乎当国者之运量而已。未有不问国势之强弱，不察事理之是非，惟瞋目疾呼，责武士之一战，以图快愚人之心，如明以来持论之乖戾者也。因昨得欧阳生书，畅论其义如此。

初六日。李五自省归，接意城书，并递到涤公、咏公、籥公三信。又江西陈英一信，云现在湖北，为中丞带勇也。晚接杨云冈一信。

初七日。致季高书云：大军远行，区区之私，图一就见者屡矣。而迟不往者，诣营而不入省，则人疑其矫情。一入省则酬应棼如，征逐无已，又非计也。且度军行则送者盈路，一切须部署，亦无暇为接席之谈。此行关系东南大局，人知管子天下才也，又众心之所窥仰而责望者。鄙见所及，不敢不一上陈。凡军尚严，而以宽而有容为之本。严者，法也。宽者，大帅所以联军将士卒为一体，而与共功名者也。其人类皆骁桀，嗜利无耻，故常宽其小过，纵其欲以役使之。而军法之行，必主于简易。大帅而侵偏裨之权，则军政玩。数闻盛怒之言，则士心离。盖凡事必有忍乃能有济，而军者，御数千无赖之民，周旋患难，委曲以通知下情，尤用忍之甚者。班超所谓察政不得下和，严急之性，尤所宜戒也。且廉者，大帅所以自持，其君子可以阴感而导化之，其枭勇如田兴恕、鲍超、郑养和诸人，则终其身不能化焉。故惟总持大纲，而不苛责以小节，是又御偏裨之术也。老兄好刚使气，所以能得人之力，良由洁白公正，不畏强御，为人所敬畏，亦由居幕府，所周旋者二三将帅，身虽在局中，犹局外也。故得从容暇裕，以察知其能否，而人无敢售其欺。今总三军之众，耳目不能悉周，则其知多蔽。又利害得失系之一身，而以盛气行之，虑非所以为运用天下之量也。易笏山言：处今日与天地气数争胜，当求自胜其气质始。丁果臣言：任天下之事，求将帅不可不求朋友。将帅以治事治兵，朋友所以自治。敢敬诵斯二语以献。易笏山佩绅，龙阳孝廉，血性男子，豪杰而闻圣贤之学者也。闻幕府多办事才，而体察下情，翼赞上德，或有未逮。恳专一介之使至龙阳，邀笏山与俱。其人多感激，笃于伦纪，必慨然请行矣。冬间当一诣营相见。瞻望行麾，惟增眷眷。所不能已于言者，亦恃区区之愚，能见谅也。

初八日。黄南丈以书招赴省，随作一书报之，其意惟守不入城市之约而已。专足致清叔、育之、燮廷、鉴堂四信。接树堂信，约初十日往彼一叙。

初九日。李五自省归，接意城信，并咏芝中丞、作梅、少荃、何镜海四信。又得欧阳生一书。咏帅屡书相招，意深语重，愧无以应之。

初十日。树堂约往一叙，前年已移居文家塅鼎恭桥，而予不知也，至新安铺始问得之。曹西垣、彭丽生俱先至，得一畅谈。

十一日。丽生约往视其尊人墓地，并至其旧宅一坐。

十二日。树堂出所著《彭万纪事诗》、《安乡政令》、《万县团练战守图示》三种见饷。与彭丽生偕行至树堂五里牌祖墓一视，气局明秀，盖佳地也。晚宿丽生处。晤周蟠西，谈及天津近事，据所传述，亦殆甚矣。闻之慨然。

十三日。拟赴板桥践陈鉴堂之约，为舆人周文煌所诈。其意不欲远行，抗命回家，至于争诟，此亦人事之变也。洞中风气，大为季高所误。其意仅求博流俗之誉，而使人心浮动，风俗矫诬，流极败坏，不复可挽。圣人为政所以恶滥赏无名、恶矫情违道以干流俗之誉，盖为此也。

十四日。黄晓村、戴石云及玉山叔见过。接鉴堂书，言初十日已由县回板桥见候，为之怃然。

十五日。复毛俊卿一书，交黄晓村带新市。周桂伍来谈，言十六日准赴沔阳，为其兄受山迎取家眷，因就便以一书致受山，为商出处之事，一揆之义而已。义者，心之所安也。苟心所弗安，则于义必有歉矣。

十六日。致高蓉初、蒋寿民一书，大意以人之用心，各有不同。鼎叔、试吾视公项出入不必求实也，苟适于己而已。鄙人则视一钱之含混，将使后之人持是为议论焉，是贻无穷之咎悔也。特属两君查明旧帐，不独使鄙人行事昭著无疑，即观簿据之昭晰与否，亦足验人事之升降也。左癸叟来，谈及天津海防，已为夷人所毁。草野之臣知有今日久矣，为之怃然。

十七日。由石子岭至下丰仓陈鉴堂处，热甚，如伏日也。晚雨。

十八日。微雨，大风凉甚。过芭矶桥巢湘夫处，借绵衣一袭。由黄獭洞至达摩山，过东林禅师一谈。寒雾阴森，秋意深矣。傍晚抵家。

十九日。接咏帅、季高、沅浦、张竹汀、赵玉班、萧蘅士、孙琴泉各书，由李六自省带回。琴泉奏赴通州总办粮台。竹汀有归志而不得出京，其论夷事，咎朝廷之议和，诬百姓之通夷，甚可怪也。左景乔尝言，天下事见之明而后处之当。京师于夷事无一知者，其及于难，宜也。观竹汀之言，举京师之议论狂惑迷乱，亦略可知矣。

二十日。复涤帅、咏帅、少荃、作梅、沅浦五信。并闻霞兄已抵省，以一信报之，并交意城转递也。巢湘夫、陈敬吾至。

廿一日。复杨云冈一信。就志城饭。见俞君昌烈所著《湖北水利堤防图说》，于江水、汉水所汇各川渠，条分缕析，县各有图，最为明备。俞君，同甫太守之弟也。

廿二日。邀景翁午饭，言及周半帆先生入祠乡贤一节。景老力言先生文学、志行、宦迹三者，皆卓卓可传，为吾邑二百年第一人，从祀乡贤，允无遗议，与季高议论截然两说，然景乔之言公平可信。

廿三日。鉴堂信言修志事，随复一书云：来书言及志事，甚乖鄙志。修县志，一县之公事也。吾之与老兄议修县志，则吾数人之私举也。由吾数人之意，遂欲劝捐敛费，张皇耳目，已非所宜；又况当此之时，筹饷纷纷不已，而可重累吾民乎！吾之不欲劝捐，其意已决，万无可商议。吾且不欲劝捐设局，而顾使廿八团局各自劝捐，各自设局，然则非吾数人之修县志，直廿八局之修志耳。尚复成（可）〔何〕事体。且所谓诚实可靠者何人乎，果有其人，则得二三人以任修志之事有馀矣，又安事廿八局之纷纷乎？原议章程，原自明晰，须先得熟习山川道里、绘图立说者三四人，乃后设局。此三四人固当筹款资给薪水，以便分赴各乡考求山名水道，各团局分绘一图。图、表、说三者相为经纬，则修志之事思过半矣。至于乡先辈有名望者，自易考究。其名望小者，邑人不及知，其子孙乡党又不能详报，吾亦可置之不问。安用呶呶然取乡人之脂膏以赂之，而责其详报乎？吾顷多疾，亦颇懒于从事。足下视事难行，即姑已焉可也，不必为此纷纷也。

廿四日。意城为埙儿完婚，以屋小，移居蒿塘坳之宝树湾西清叔宅。是日料检行李。先将两楼书籍分别整理，竭六日之力，始获检点清楚，至廿九日始毕也。

九月

九月初一日辛卯。为宝树湾修灶之期，予意灶宜朝西，以先未告知木匠，仍作南向也。是日意城回。接吴蓉舫一信。

初二日。山中人以予之将移居也，就视者纷纷，酬应数日。而予之居周吉岭三年，诸事安妥，亦颇恋恋不愿他适也。

初三日。意城先诣宝树湾。景乔与石帆、鹿苹昆仲来谈。东林长老馈予铜雀瓦砚，兼惠一诗。瓦制不甚精，长老得之郧阳，或明藩宫殿残瓦也。诗清俊可喜。

初四日。移居宝树湾支祠左栋。星楼、意城并自省来。闻驾幸热河，为之慨然。籥公奉寄谕催赴四川，南抚以翟锡山廉访署理，而饬文星（岩）〔崖〕方伯无庸署理，圣心固莫测也。鹿苹送予至新屋，因留宿。

初五日。接彭雪芹一信。雪芹克复彭泽，摩诗小姑山崖壁，因制为诗笺，以纪其盛。诗云：书生笑率战船来，江上旌旗耀日开。鼓吹万艘齐奏凯，彭郎夺得小姑回。后跋云：时丁巳秋九月，予督水军破石钟崖，克湖口城，拔梅花洲，收复彭泽，得回小姑山，磨盾戏题二十八字于石壁，爰作斯图以记事。款云：临香别馆外史。此亦见雪芹之气概矣。

初六日。雨。志城归坡阴。

初七日。大雨竟日。以意城赴省，便寄霞仙一信。

初八日。早大雨。意城启行后，雨稍息。致定《张叔容诗文杂著》一帙，左季高之姨子也。季高谋为之付梓，属予点定。凡为时文、赋、试帖诗文、杂著，凡四种。

初九日。子丑之交，霞兄专足送书至，速意城赴省，并约予往，当以一书复之。接陈鉴堂、刘芸笙两信。是日大雨。护堂来，再致霞仙一信。

初十日。大雨。复鉴堂一信。并缄寄萧石渠师，以方为其孙完婚，奉书致贺也。鉴堂以修志之议，反复缄商，而所言无一中窾要者。其意欲各团局分任一二人办理，凡四乡二十八局，则是修志之局，四乡凡廿八矣。自来修府县志，从无此办法。吾意但得如王镜心者三四人，可以分赴各乡，考证山川、道里、人物，便足以集事。必先有此等三四人，而后筹费。先筹此等经费，给一年之用，而后设局。时事艰难，劝捐筹饷，重见叠出。故拟不劝捐，不敛费，惟守约以图之，以求善后无弊而已。鉴堂办事，专持意见。凡持意见，即私也。而始终不悟，此其蔽之甚也。因书告之云：吾心筹画如此，章程明畅又如此。使一邑之人闻风而起，群为吾之助，则以成书无难。其无一人应者，吾亦可优游岁月，徐而图之。邑中豪杰，亦必有与吾同心者。其久而幸成，其终不能成，于吾心举无悔焉，此吾修志之本意也。初与鉴堂商议而即抵牾如此，益信天下办事之难矣。

十一日。雨。意城夜归，带到咏之宫保一信，又欧阳泰钞寄京信各件，又湘潭傅荫南廷樾一信，自称门下士，予亦不复记忆矣。戏书一绝云：尺书传到不知名，师弟称呼似有情。不为厘金差使计，更从何处觅门生。

十二日。阴雨。为埙儿完婚过礼日期。意城语及近事，多可慨者。徽、宁并失，涤公祁门一军颇危殆，如何！李次青实非带勇之才，从山关一失机，而皖南事不复可为。李竹浯言，浏阳刘晓沧德谦实将才，足当一面，现在刘荩臣处当营总也。

十三日。大雨。冯岳心来，俗谓之铺房也。接罗小溪运使一信。

十四、十五日。并大雨，连日夜不息。接咏之宫保一信，并钞示京信，知僧邸已溃至东直门外。据京信所言，僧邸方多行无礼，以激夷人之怒，而所部孱弱之兵，乃不足资一战，卒使国家有夷狄之祸。诸臣之罪，岂复可逭哉。

十六日。为埙儿大婚之期。大雨连日夜，道途泥泞。客至者高蓉初、郭弥生、张舲仙、吴聘廷、李育之及皞臣、荫扬数人而已。

十七日。大雨。寄霞仙一信。外客周融峰、易念慈、何介卿、何德卿，至者四人。

十八日。大雨。丽生、岳心归。

十九日。大雨。

廿日。大雨。接霞兄信，知徽州失陷，次青陷焉，所部二千五百人无得脱者，为之凄怆竟日。已而复闻次青跳城以逃，盖所部之勇先溃故也。

廿一、二、三日。大雨沉霾，此兵象也。自初六至今十八日矣。眷念皖南情事，旁皇曷已。

廿四日。接秦鹿笙信，言及津沽事。复书云：仆自与闻夷务，居海上一年，稍知夷情之曲折与事局之始末，而因以通悉古今大局。自汉唐以来，所以控驭夷狄者，皆颇能知其节要。而觉南宋以后，议论事局，与古一变。学士大夫习为虚骄之论，不务考求实际，讫今六七百年，无能省悟者。故所在申明其义，欲以晓世人之惑，使不至以虚浮之议论贻误国家。凡仆所言，皆理也。自三代以来，抚御夷狄，时移势变，为法不同，其以理定曲直则均也。至于今日之势，则鄙心且有不忍言者。居海上，以此义晓譬僧邸再三，不能悟。间语诸朋好，多见抵牾。古人得位乘权，所以运量天下者，惟其见之明，审之当，坦然处之而不疑，而人心自定。朝无大臣则群论嚣然，相与旁皇迷乱，趋于祸败而后已。祸犹缓也，而迫之使速；事固易也，而桡之使出于难。亦岂非君子之所当痛哭流涕者哉。因来书语及之，故乐为足下一道其详焉。庄生云：千金习屠龙之艺，而无所用之。仆之艺是也，顾安所得龙者而屠之？世俗之悠悠，又安知吾艺之果足以屠龙乎哉。微足下，亦无以发吾之狂言也。

廿五日。雨止而云终未散也。接李仲云一信。

廿六日。接涤公、霞兄两信。涤公寄示奏稿，以奉旨派鲍军门超入援京师，涤公奏请自行或派咏公，请旨定夺也。与涤公往返相讦难，顷书以大义督责，不复辨论事迹，盖亦穷于词矣。

廿七日。致咏之宫保一书，以涤公书由其转递，故先以一书为咏公辨论军事也。

廿八日。霞兄转递咏帅一书，并报都城失陷之信，痛悼无已。僧邸之罪，杀之不足蔽辜矣。世人愦愦，至今未能省悟也，悲哉。

廿九日。意城赴省，带寄涤帅、咏帅、雪琴观察、小溪都转、仲云观察并霞兄共六信。为咏帅画三策：一、请乘舆西都长安。一、传檄山东、河南、山西、陕甘，会师勤王。一、照会英酋额尔金、佛酋葛罗，晓以大义，为之讲解。盖揣夷人之情，度朝廷之势，始终必出于此。而自通州再溃以后，朝廷直无可据以措词。惟勤王之师理势兼谕，不可无此一枢纽也。此层惟吾一人喻之于心，天下盖无知者，咏公亦必不从，吾姑言其理势之当然而已。自南宋以后，议论胜而任事益难。刘敬、季布、董仲舒之言，宋元以后无敢道者。即郭汾阳单骑见回纥，富郑公使金议岁币，使在今日行之，徒供群口之诟詈而已。人才所以不古若，不独文法之拘忌为之，亦议论之劫持为之哉。古语云：主忧臣辱，主辱臣死。二语今始解得。盖主有忧则臣虽辱不辞。辱者，委屈挫折之谓也。苏武于匈奴，洪皓于金，皆辱也。回纥责唐使臣不舞蹈，鞭之有死者。当时谏臣，不闻鼎沸以争礼节，其情隐，其心苦，皆辱也。至辱及其主，则臣有死而已。夷人通商网利，并邻国交际之谊亦无可言者。疆吏失抚绥之宜，诓诈无礼，以为所劫持，二十年如出一辙。圣人独心忧之，求所以消弭其患，而在廷士大夫哆口言战，千百为群。其立言不过主尊朝廷、攘夷狄，以议论相高。本非辱也，而视以为大辱若不可忍者。朝廷为议论所持，旁皇迷乱，莫知所措。僧邸乃遂以无道行之，以速成其祸。士大夫之无识，贻祸天下固有馀哉。今主且辱矣，僧邸以其兵退扎古北口，朝官纷纷出都，其能死者谁也！南宋诸君子之议论，非以遗毒后世，而遗毒有明以至今者，士大夫之无识为之也，可胜浩叹。是日大雨。

三十日。黄南老递到曾沅浦一信，当复一信，仍托南老转递。

十月

十月初一日辛酉。李竹汀由县至。自廿八日专足往接，至今四日矣。志城赴省，过宿。

初二日。为赵玉班尊人容堂先生撰墓铭一首，交志城带省。埙儿以是日赴省应府试。

初三日。寄鼎叔并汉舟、蟠西、吴蓉舫、陈鉴堂四信，并交育之转送。

初四日。霞兄专足来接，并递到籥门中丞一信，论夷人入都城事。复书云：奉书，知启节有日。甘棠之憩，去思永被于歌谣。衮衣之行，诗人流连于信宿。以公之不忘楚人，益知吾楚人之不能忘公也。夷人之变，为旷古所未有。其祸成于僧邸，而实士大夫议论迫之然也。仆于夷务交涉甚浅，而颇考求古事，体察近今行事始末，以推知夷人之情状，自谓十得二三。尝叹京师士大夫不考古，不知今，徒以议论相持，贻误国家而不惜，盖非无见也。来书谕及都城近事。夷人入广州，与督抚错居，不相贼害；入天津，与道府错居，不相贼害；其入都亦犹是也。彼固无意于中国土地民人，而玩弄而凌藉之，直无足介其意者。士大夫不知以是为耻，而耻言和，其亦远矣。见闻所及，惟辛陔制府能知夷人之情，赓云制府能言与夷人交接之势。而控驭之才，犹未甚惬鄙心焉。无怪去岁争之僧邸，语之士大夫，舌敝唇焦，不见采听也。夷人者，中国百年之患，而顾攘之以成今日之祸，此所无如何者矣。

初五日。接到意城一信，始知廿八日寄咏公书，渠与霞公以照会为嫌，竟未寄去，深以郁郁。

初六日。周四赴省过此，因书示意城云：忠孝者出于人心之诚，然非臣子所以为名，持一端之见以邀流俗人之誉者也。前书至诚恻怛，以咏公之识百倍诸公，必不为嫌也。何劳诸君琐琐过虑，阻遏此书，使不得达。即使咏公訾其谬妄，亦吾自任之。王安石之乖僻，岂足以累王安礼之贤乎；张奂在凉州，谕羌人以威德；范仲淹经略陕西，亦抵书元昊；刘公一纸书，贤于十部从事；

古人所不废也。且勤王首列涤公名。涤公任江督，例颁钦差大臣关防，与夷人交接。诸君亦知之乎？来书以此等不必与人争论，省口舌笔墨之劳。不知与何人争论，烦君之盛虑也？数百年纷纭之论，以亡明之天下，以乱本朝之天下。至于藐躬，而后取汉唐以来控驭夷狄之略，辨其利病曲直，以晓譬今人之愚惑。今世已矣，尚欲以此开拓万古之心胸，使知圣贤豪雄作用之所以分，与末俗昏暗之为，期以正其趋，而不为一隅之鄙见所惑。千百世后，必有知者，固不足与今人争辨，无劳君之盛虑也。原书即觅便发还，存此说以告后世可也。是夕，志城回坡阴，宿此。

初七日。雨。与竹汀论吴坤修、李湘棻之为人，言生平所见小人之才，惟此二君允足以当之。人之性情，有刚有柔，有廉有贪，有直有佞，有忠厚有刻薄，此其为君子小人之分，亦易辨也。小人之尤者，乃能反复变幻，不可测量。与人款曲若有情者，利害当前，即龋龁之以为功。虽其所常受恩，反眼不相识也。其要归在胆大无耻。吴坤修之叛涤帅，以为利也。其（判）〔叛〕夏憩亭方伯，知其老病无能为也。此二公者，挈提卵翼坤修而掖之使起者也。是可忍也，孰不可忍，其他可勿论矣。坤修刚恶，湘棻柔恶又加以阴鸷，能谄能骄，其树根固，其趋利尤猛。宣宗时，英夷始构祸，湘棻以主事上书言事。宣宗拔用之，以三品卿出使广东。复上书，自陈事权不属，不足以集事。未几，遂擢漕运总督。专以胁夺人财为事，人皆目为棻鬼，漕标兵弁目之为妖精，言其面目变幻不可测也叶云岩曾任漕标千总，为予言之如此。以宣宗之慎重名器，而独为所惑，亦岂非国运致然哉。坤修为籥、咏两帅所纠，又附江抚耆龄求开复。湘棻为袁午桥漕使所纠，又附僧邸求开复，与其子李麟遇钻营诡密，大见委任。天生此才以应劫运，虽有贤者不能抉之使出也。坤修以候补佐杂，予力荐之，涤帅擢用之。湘棻劣迹著闻天下，予与同处僧邸幕下，亦久而始知其奸。予之不足以语知人之明，远矣，奚所论于僧邸诸人哉。因与竹汀言，姑志其略于此。

初八日。早雨。因昨与竹汀论李湘棻为人，因记去岁治防海上，直隶总督命委员金铠等培修北塘炮台。僧邸令湘棻一往监工，提用五百馀金。未逾月，工竣，凡费万金，而湘棻之五百金不能报销。金铠数请批示，湘棻乃以一手折与之。首列其目，曰僧王门包五十金，曰公馆若干金，火食若干金，随员薪水若干金，仆从若干金。金铠等常举以为笑，合营皆知之，僧邸不知也。僧邸之不知，天也。而湘棻不能禁人之不知，独能禁僧邸之知，其人谋亦伟矣哉。然而无怪也，僧邸所信任，大率湘棻之属也。呜呼，此僧邸之所以为僧邸也欤。

初九日。雨。涤公最善为楹联，气魄之雄，吐属之雅，人无能及者。近挽咏公太夫人云：武昌居天下上游，看郎君新整乾坤，纵横扫荡三千里；侃母是女中人杰，痛仙驭永辞江汉，感激悲歌百万家。石钟山忠义祠云：巨石咽江声，长鸣今古英雄憾；崇祠彰战绩，永奠湖湘子弟魂。挽罗澹村中丞云：孤军失外援，差同许远城中事；万马迎忠骨，新自岳王坟上来其时方派马队迎中丞灵榇也。挽陈岱云太守云：众口铄精金，谁知烈士丹心苦；大江流片月，长照忠臣白骨寒。挽陈庆覃侍御云：归路三千指故乡，记否黄鹤晴川，曾上高楼持使节；去年重九作生日，岂料只鸡斗酒，独来萧寺吊诗魂侍御曾主试湖北，而存榇（市米）〔米市〕胡同关帝庙故也。后二首，盖数年前作，偶忆记之，并录于此。

初十日。致鹤丈一书云：出都惘惘，未获叩别慈颜，实歉于怀。服耔丈传谕尊旨，值临发之先日，义不可留。去德滋永，眷德滋深。抵家已及三月，欲一奉笺牍，深山僻处，无由附达。又性悁急，有所感激于心，虑发之烦，以渎长者之听，用是为戒，友朋问讯，亦多不通报。九月初，接奉张竹汀比部传达钧谕，勤勤以义为勖勉，读之未尝不流涕也。时闻夷虏已逼都城，涤生制府、咏芝宫保方谋会师入援。距比部寄书之日，又已逾月，欲一探问消息不可得。日念君父之急，与师友共休戚者，北望悲号，为废寝食。咏芝宫保书使枉召十馀至，至是报云：但得旨赴援，谨当襆被诣营，随侍麾下，效介士一夫之用。非是，未敢用命。比见邸报，知抚局已成，权宜曲从，少纾近患。念之慨叹。仓遽乘城，倚李纲为重，想优劳忠荩，所以系人心而持大局者，勋绩为尤烈也。敬念道躬之勤勚，瞻企何已。夷祸成于僧邸之诱击。去岁之役，先后奉诏旨十馀，饬令迎出拦江沙外晓谕。洎夷船入内河九日，僧邸不一遣使往谕。去衣冠自称乡勇，诱致夷人，薄而击之。仆陈谏再四，又虑语言不能通晓，两上书力争，语瑞秋帆学士云：在军无所赞益，安危大局，稍能见及，不敢不言。夷人之来有辞，当求折冲樽俎之方，不足与用兵。即势穷力战，要使理足于己，庶胜与败两无所悔。圣心优勤如此，岂可乘骄愤以贸天下之名哉。学士取顺僧邸之意，不能用也。僧邸所以搏击小臣不遗余力者，其根源在此。京师间以此说语诸朋好，多相抵牾。盖中国与夷人交接二十馀年，固无有能知其要领者也。僧邸方为时望所归，其见嫉之深心，正虑小臣持其短长耳。仆愚劣，亦略闻君子之义矣，岂敢违公论以扬僧邸之过。世俗之悠悠，能知而辨之者甚少。故惟以一退自全，而明吾出处之正。不虞归后，夷虏为祸之烈且速遂至此也。数见邸报，咎朝廷督战之晚，而以北塘营垒地雷为夷人所觉致憾。知控御夷蛮方略之得失，始终无有知者。自古边防，莫要于守。而与夷人相持，莫便于陆。彼船在海外，固无从与之战也。北塘营垒过小而不得地势，有建议环村为城以守者，舍此更无良法。僧邸撤防，而伏地雷其中，此小作戏剧耳。海滨斥卤苦湿，埋之掘之，至于数四。即令夷人悉数陷此而机发，极其量伤毙数十人而止。一巴夏礼不足为夷存亡，数十夷率足为夷轻重乎？李麟遇支销军费，且果足名雷否？使有触即发，埋之掘之，至于数四，不如是之悄寂矣。而以是被罪一沙秃子，心窃笑之。毋亦选将练兵求所以自强之术乎？僧邸忠勤耐苦，可谓贤者。而不知人，不明理，所乐奔走便给，所恶诚笃朴讷，斯其所短耳。因是而有省悟，国家柱石，终必赖之。而田丰策袁绍之不能容，则亦量为之也。某远承谆谆之教，感激呜咽。疾病颓然，无复他意。抵家后，涤生制府约赴祁门，籥门督帅邀同四川之役，荫渠中丞期为桂林之游，皆未敢应也。咏芝宫保趣召尤力，然亦以近臣不能奏请，不以仕进相期为言。所不敢从命者，非独义固然也，精神才力实亦有所不给。至于涤、咏两公，以素交而蒙眷顾之厚，非若段干、田方之于魏文，可以凿坏而遁也。魏野不赴朝廷之召，而历（诋）〔抵〕名卿。康节不受郑公之招，而周旋清宴。异时或诣涤公，或诣咏帅，遇警而乘城，临寇而赴敌，亦恐不能免。要之不受一钱之馈，不私一阶之迁，始终此心之无他而已。往尝告肃尚书，自粤寇起，不敢复存利禄之志。自有山东之役，即办事之心亦隳。以吾道贻误国家之事，君子固当引以为咎。事之始末，当世之知与不知，固有数存焉，非所较也。乞休之日，隐局已成，自是所至未尝通谒公府。有以书院相邀者，亦忍而不就，而思以授读自给。长者可以谅其心矣。独愧年老无成，既退而少思读书观理，而心力耗竭，目复昏晦，读书过数十行，至不能辨句读。每废书而叹，恐遂泯灭，无以仰酬知己耳。翠华何日旋都？区区海夷，上惊宫阙，言之于悒。服籽丈出使陕西，办理必能应手。同叔世兄侍行否？敬念无似。竹珊兄久病可念，想全愈也？山居不闻外事。籥门中丞西行，士民颇怀思之。而郴、桂防兵及二三宿将可恃者，又皆挈之以去。粤西融县股匪，窜近绥宁，南路又复戒严。黔、粤之忧，几无暇日。皖南徽、宁告陷，陈玉成崛强江北，分股犯六安，援安庆。午桥节使定远围师复溃，军事大诎。使以僧邸声威，兼马步军之力，经营皖豫，必可一幸成功。而诱击就抚之夷，以自陨其声名，兹尤可惜。李湘棻去岁天津，日摘午桥节使阴事以相诬，其构于枢府必力。诸公力持危局，鹤、寄两君能无再惑其言为幸。某心戒所言，不及时事，以闻夷人之新款也，略述数年所怀，亦见老门人偃蹇畀岸，无所求容于世，虽见排击，而道无诎，心亦无悔。伏求长者缄之于心，世人所未喻，无与诘难，以重嵩焘之过。顾瞻杖履，轸结如何。致雪帆司空云：两年渥亲矩教，庇益宏多。然请益之未详，与言之未畅所怀，固无已也。伏承令德冲情，群流归仰。海夷之患，于今为烈。老前辈内江一疏，为先洞知利病之源。去春仆赴津门时，勤勤疏示办理机宜，以弗轻战为戒。当时见及此者，老前辈一人而已。自盛周以来，世有边患。一时所不能违者，势也。万世所不能越者，理也。南宋诸君子，理伸而势诎。明以后言边事者，理与势俱穷焉。此非一二言所能尽也。仆居京师，自非至好居下位若李眉生辈者，未尝详论之，以知此义者难其人也。至于今日，乃有此奇变。吾道自足，何事与悠悠者校短长哉。自审生平，非无意人世者，而不乐从人以兵事自效。友朋知我矣，而蹉跎自喜。朝廷用我矣，而媒孽复深。四十年志愿无一酬者，乃卷怀以希古人之高隐。非不能立功名，非不能邀富贵者也，独吾志与道有不可以苟遂者。老前辈知我，谓何也。致子怀司寇云：京师数年，惟以获侍尊教为幸。其德之刚健笃实辉光，函之心而发之语言颜色者，既有然矣。而其忠君忧国之谊，好贤乐善之忱，慨然见古贤人所以用心，非今世所能有也。濒行叨陪宠宴，以道里辽远，不获再奉言笑。而枉蒙赐顾，勤勤至于再三，重颁香茗之贶，皆不及扫门迎谒。时以所居湫隘，谢绝宾客，闻长者至，辄遣人追邀之，不及而返。瀹佳茗而思君子，盛谊冲情，置怀成痗。志甫先生言，珂乡近遘兵警。郑公通德之门，似已他徙。海夷之患，又逼都城。日念长者以多病之身，沉忧积愤，交迫于心，想念旁皇，为之陨涕。嵩焘疾病无能，咏芝宫保促召赴营，不敢应命。涤、咏两公，同道相济。咏公汲汲求才，求有益身心志行之助，立意高远，今世无有也。致子青侍读云：两年渥承教益，庄语谐谈，皆成名论。濒行复蒙贶之以隆仪，宠之以佳什，冲情挚谊，庇益宏多。惘惘南行，但增轸结。海夷之患，扰攘逾时。闻奉命治团防海上，此今世传为制敌之长策，老兄身试之，谓何如也。比抚局已成，计当凯撤旋京。无督抚封疆之责，则给事内廷，以直温宽栗之德，陶成帝胄。计今仕宦可以尽职无忝者，二而已。奏疏二帙，经世之盛业，文臣乃见及之。使其言行，则皖豫之患至今可以少息。每读之，为怃然。归装得此，觉两年之游为不负也。

十一日。致同直诸公信：朱桐轩师，沈朗亭、殷谱经两前辈，许仁山、鲍花潭两同年，潘伯寅，杨滨石，共七信。张子青信昨日已缮就。钟伯坪、章采南两君，则于花潭信内附询。张啸眉则于伯寅信内探问其踪迹也。

十二日。致军机处信。王定甫、曹琢如共两信。外则胡研生、华尧封、曹芗溪、何小宋、陈心泉、陆眉生六同年，何伯英、叶云岩李眉生、范云吉、赵元卿、刘融斋、刘芋圃并于云岩信内附询。同乡则张竹汀、吴桐云徐季衡、毕淳斋，竹汀信内附询。其尹杏农、杨缃芸、何愿船、蒋霞舫诸君，则但于定甫信内附询而已。寿阳师世兄祁子和，伯英、定甫两信内俱及之。

十三日。接意城（内）〔信〕并附寄赵玉班一信，以为其尊人撰墓铭，专缄致谢也。又沅浦、季洪两信。季洪近改名贞幹，阅来书始知之。

十四日。复沅浦、季洪书云：奉九月十五日赐书，忠君忧国之谊，行军制胜之方，具见贤者所以用心，与因时审敌之大略。其力持安庆之局，总筹进退机宜，而权度其始终，谅哉，古名将之言不是过也。深山伏处，各路军报久未获闻。皖南北两军，相为唇齿。长公祁门之守尚固，季军到后，能规复一二城，皖南之势张，即皖北诸军，亦必无敢上犯者。贼之用兵，最善乘势张虚声，我能坚固自持以待之，则心定而气充。观两弟之言，为心慰也。都城之警，抚局已成，援师幸已中止。徽州之失，所关实巨。次青本非将才，平江勇尤轻而易溃。揣其情形，必由丛山关一挫，闻风遁逃，次青不能禁耳。而使东征之师因是大阻，长公处此，尤有难以自解者。上误国事，下负友朋，心窃憾之。初春之归，因感愤致然。位卑望浅，孤行直道，圣恩愈重，则媒孽阻遏者愈深。默察时事，非无可为，而为之者必非其人。苟有其人，则必摧挫之，使不得为其稍伸其志。若长公、咏帅者，则既以豪杰之才，为天之所笃生默相，而又历试之艰难之日，千磨百炼以有成功。至于长公，则又浮寄其任，至事局大坏而后授之。末流之世，天时人事，大率皆然也。如兄者，于军事非所能胜。于时政之缓急，事机之得失，亦非无意者。使兄任河南巡抚数年，则捻匪必不至如此猖獗。使兄任直隶总督，则夷患必可消弭。山东之行，周历省境逾半，尤考之详而知之悉。饷之宜筹，岁百馀万不难也。政之宜先，事之宜行，亦颇能言其大要。小试之福山，民安效著，而群起而挠之。于是观化审时，以有悟于盈虚消息之理，而慨然奉身以退。周子知道之用者，曰诚曰幾。天下有大幾焉，一事有一事之幾焉。愚者昧之，相与持其成毁得失之迹，以议其后，君子弗尚也。此兄之志也。沅弟屡书以兄之归为幸。兄之归也，固早度有今日，而非兄所避也。今之时，去古之时远矣。隐，非时所尚也。贤昆季立功当世，宏济艰难，兄之所愧，不当复以为羡。抑得志则为之，不得志则已，古今之通义，兄固不宜以其身强与今之事也。咏公孜孜求辅，义重语深。每得其书，为旁皇流涕，而不敢赴其召。北援之举，乃稍摒挡家事，思以身赴之，和议成而又中辍。兄之偃蹇无能，大略可知矣。比已成老废，心力日益耗竭，眼昏齿豁，疾病颓然。自世乱军兴，不敢求人世利禄，至今家无赢资。明岁招致一二学者，躬耕授书，以求自给。老弟闻之，得毋又一叹乎？季弟近改名贞幹，奉来书始知之。观其命名之意，其志趣可知。数年之艰难阅历以自固其基者，亦略见其功力之所存。南疆又有兵警，变乱繁生，何法以善其后？是夕，赴坡阴。

十五日。为志城生辰。饭后赴周吉岭，本为楼上存件，恐为鼠损，须一视之，而内人所交锁与钥匙，无一相对者，楼门竟不得开。诣左景乔一谈，晚回坡阴。

十六日。自坡阴归。因闻周寿珊刺史家眷已回洞坑，未及往视，便致桂伍一信问之。志城言易墨村云：酸、咸、苦、辣、甜，所谓五味也。酸、苦、辣、甜四者，可有可无。惟盐之咸，则百味赖以和焉。五味者，皆古人所用以调和食品者也。独一咸味，为人生日食所不能暂缺，此何义也？吾穷此义，十年不能悟。志城云：五脏惟脾主土。人之一身，惟脾土最旺。凡若心、肝、肺、肾，生化补克诸品，皆从脾土运化。肾水不胜其克，故每食必得盐味之咸，以补水而生肾，而食之乃可相安。咸味之宜于口也，天地之化气，人身之运用，自然如是也。此理自在目前。墨村能疑之，志城能辨之，足资一谈噱也。

十七日。致谢赵玉班一书。有庚遣人赴张家洞，便付应扬一书。

十八日。接西清叔湘潭信，育之、蘅士各信。以有庚前遣人赴县，曾有信寄故也。

十九日。接毛丰浦湘乡信。朱子云：为学之要，务事事审求其是，决去其非。是非之数，有愚智共知共见者，有众人昧昧，一二人独见及之者，有历久而始知者，有亘千百年无人知者。或积于一时之风气，或眩于大同之议论。自非知道之君子，谁与辨之。

二十日。遣人至省汇送各信，计此时尚未必有折弁入都，京信两总缄，暂寄存意城处候便也。

廿一日。接意城信，知廿四日有折弁入都，京信可汇寄也。

廿二日。接桂伍一信，知寿珊已赴英山，眷属并抵家矣。

廿三日。接曾沅浦、季洪昆仲各一信，知季洪已改名贞幹也。

廿四日。接育之、鉴堂各一信。

廿五日。复沅浦、季洪一信，并寄湘潭清叔一信。

廿六日。专足赴省，以埙儿场事毕，往省相接也。

廿七日。接秦鹿笙、刘逢知、王壬秋三信。

廿八日。埙儿归，带到意城一信。

廿九日。接到咏芝宫保及欧阳慎信，多以养气为劝。盖人见鄙人谈天津事辄愤憾，疑有所郁也。致霞兄一书，略辨之云：意城述尊旨，疑鄙人有所怨郁。深感垂爱之深，而于情事则非也。鄙人诚不能无愤，而无所郁。天津之役，不幸其言已中。山东之行，其事不成，而效已著，心已显，名亦幸完，不为冤抑。以常情论之，方幸此祸之成，以诩先见之明。王化贞之败，熊襄愍笑之。幸祸以取快一时，古贤者类然。亦可以知弟之愤，非郁也，愚也。自古危乱之世，祸几之倚伏，或时会之相忤，或人谋之不臧。事后思之，常不免于悔，而可以不愤。夷事始末，弟具知之。天津办理之荒谬，弟又力争之，皆情事之显著者。而僧邸愦愦焉行之，天下贸贸焉歌而诵之，至殃及君国而终不悟。使兄亦知其曲折若弟之详，而漠然无所憾于其心，必非兄之为人矣。弟得全身以归，读书乐道，为此生厚幸，何所不足而有郁郁？所以愤者，公也，非私也。恐闻者或不察鄙忱，故敢一道其琐琐。

十一月

十一月初一日庚寅。复咏帅及欧阳慎、王壬秋三信。咏帅约专弁枉接，往可也，受其招延不可也，故以一书解之。笙叔来，留一宿。

初二日。与竹汀步至易午泗处，见其子念慈。午泗留小酌而归。

初三日。萧涵江来。因偕清叔、竹汀并至涂子湘处，以子湘约明日往常家冲，往与约会也。

初四日。雨。黄翰仙来，痛谈京邑近事。渠言都中士大夫服我先见者，鹤丈一人而已。

初五日。赴常家冲看屋，晚归而湘夫至。

初六日。寄黄南老、何镜海两信。以南老寄示《粤盐议问答》十五条，意在必行。予谓此其权在粤人而不在楚人也，故稍为道其机括，俾知所以从事。盖予于此较有阅历故也。

初七日。阴。以支祠明日致祭，稍为料理。意城傍晚自省归。

初八日。随同清叔、衡叔赴县。大风，寒甚。至界头铺，觉病甚，二鼓乃抵县。同清叔寓居丰泰。衡叔语及意城待左方城情形，予颇愧无以对方城之令嗣宾门也。

初九日。雨。人客坌涌，酬应终日。晚，诣祠告祖。

初十日。冬至腹馀之会，族属至者七席，而老辈渐凋零矣。

十一日。往拜吴乐轩明府、黄凤喈学博、俞馥山、胡彬西、杨裔亭、黄麓生、熊静轩、黄鹤筹、徐晴溪诸君。

十二日。李星台少尉、李松庵学博枉过，予以惮于酬应，未往拜也，遣足持柬报之。晚与衡叔、蓉舫、鉴堂同就蔡寿民畅谈。

十三日。乐轩明府招饮，三辞不获命，乃先以一书与约三事：一请无以盛馔，二不送酒，三不设桌围椅披，而请以便服会宴。野人情性，固如是也。

十四日。与衡叔同诣黎少岷、李月溪、易海青、高蓉初、杨玉川诸处，以连日阴雨，未能出门，偶值微晴，一回看诸所常来往者，亦不能遍及也。

十五日。西枝和尚以柬相邀，连日困于酒食酬应，不能往也，乃书一诗柬后以报之云：晚归飞札喜相邀，人事频催鬓发凋。老（来）〔去〕谈锋常待敛，日来酒味不曾消。十年煨芋成何事，一梦菹蔬又昨宵。为报东坡欲归去，还持玉板谢参寥。

十六日。雨。腹泄大作。宋子寿至县。晚饮寿民处，会谈甚畅。

十七日。随同清叔赴焦听堂、萧涵江两处，因留宿涵江所。

十八日。微雨终日，二鼓乃抵家。舆夫何二怪诞已极，忍之而已。

十九日。大雨。意城递到方子箴、曾沅浦两信。沅浦寄示涤老书相戒云：人当以勤苦为体，谦逊为用。

二十日。雨。复子箴、沅浦信。又以时卿都转递示王少鹤两书，言辞悱恻，为一书报之。并寄竹汀、桐云一公信，并托同丰办清叔捐封事。

廿一日。子敬赴张家洞为五叔祖母祝寿，因饬舆夫由张家洞赴县运行李。

廿二日。罗麓山来谈，以先日来清叔处启馆故也。

廿三日。意城递到杨杏农、赵玉班二信。杏农信言，闻鄙人容悴色槁，郁怨甚深。来足迫欲回省，复玉班书略及之云：友人枉书，多相慰藉，仆实无此也。慨国步之日艰，伤吾言之不用。天下主议论者，至今无有省悟。大声指斥之则有之矣，并无不得于心而有所郁郁不能释也。此说发之霞兄，恳足下为我一湔拂之。柳松涛来，因留宿清叔处。

廿四日。邀麓山、松涛午酌。连日重阴，不能开晴，极闷闷。朱子语李方子云：观公为人，自是寡过。但宽大中要规矩，和缓中要果决。二语可味。

廿五日。彭海春来谈。何介卿邀同诣风梅岭下李家公屋看田，由李楚卿处至易少珊、彭海春两处小坐。晚接意城信，并递示咏芝宫保一信，读之为怃然也。

廿六日。雪。复杨性农信。郭光宗冒雪来访。

廿七日。咏帅遣武弁洪世绅、易政铭持书枉迎山中。时咏公方病，信后力疾书数行，读之惘然竟日。英山之行，必不能免，然受其聘币而往，则不可也。

廿八日。早大雨。遣咏帅来弁赴省，便致意城一信。宋儒吕祖谦言：因世变有所摧折失其素履者，固不足言；因世变而意气有所加者，亦私心也。数语当时以自省。吕祖谦尝称：陆九龄所志者大，所务者实。二语切要。宋儒赵方言：催科不扰，是催科中抚字；刑罚无差，是刑罚中教化。时以为名言，而非先王之精意也。催科，本政也。扰之者，吏也。岂将以为抚字而始求不扰哉。至于刑罚之设，所以弼教。禁莠民而使之惧，护良民而使之安。教化之穷，而以刑罚通之者也。俗吏以喜怒为刑罚，或假之以诈人财，无足论者。或出于姑息不忍，长奸民之风，以消磨善气，害乃烈于天下。刑罚之差，治乱安危之本也。明乎催科、刑罚二者，而后可与言政。

廿九日。大雨。九如光宗号赴省，求一书抵玉班观察，以求其所失之马。度玉班此时必已回家，乃书致清叔转为其弟一言之。晚接左景乔一信。

卅日。李竹汀冒雨赴县。周蟠溪来。宋理宗端平元年，蒙古会宋灭金后，赵范、赵葵请乘时抚定中原，建守河、据关、收复三京之议。朝臣多以为未可。签书枢密院事郑清之力主其说。其后淳祐十年去端平元年十七年，吴玠为四川制置司，郑清之再相，又怂恿其进兵，至兴元，无功而还。兵法曰：知己知彼，百战百胜。不揣彼之情，不度己之势，持一恢复中原之公义，贸贸然以兵为戏而姑试之。南宋以来，盈朝塞野谈战伐者，大率清之之流也。

十二月

十二月初一日庚申。雪。玉山叔荐西席李君，致书书堂以延请之。元许衡云：纲常不可亡于天下。苟在上者无人任之，则在下之任也。马廷鸾谓度宗，天下安危，人主不知；国家利害，群臣不知；军前胜负，列阃不知。数语可为流涕。

初二日。子敬侄赴省试。何介卿来谈。送篪儿、瑶儿就学罗麓生处。

初三日。大雪。接敬侄信，并递到彭海春一信。

初四日。卧疾至初七。雨雪间作，奇寒中人，尤为闷苦。

初八日。病微退，起。复咏芝宫保书，并书致陈作梅兄。是日阴雨。

初九日。大雪。得沅浦、桐云、公让、小云四信。筱芸并寄所刻成忍斋学博《求在我斋文存》一部《古文》八卷，《训子弟帖》一卷。忍斋述其尊人果斋先生遗训云：人无自安于小人而责人以君子，亦无自处于君子而专訾人为小人。数语尤中吾人之隐弊。姚庶侯见寄小香糖姜二种，泸溪土货之佳品也。

初十日。阴雨。专足赴省，清叔索借貂褂，便附上。兼问巢湘夫消息，邀请视疾也。

十一日。鄂弁洪世绅、易政铭始自家来取信回营，咏帅百金之币亦交其带还。接意城、霞兄两信，约为邵阳龙山之游。

十二日。意城递到黄子恒一信。徐清溪专足送致食品并信，兼陈鉴堂信，荐任蓴堂为诸儿课读。当复清溪、鉴堂二信。子恒责我疏留籥门中丞，以书复云：一别遂已竟岁。闻从者至蜀，声望显异，当事者倚之以集功，足下亦遂毕智殚谋，规画井井。凡所废滞，疏而举之，日不暇给。以时之多故，天下岌岌，需才以理。度吾弟所至，必能有所发舒，以裨益时政。而横山制府遂亦能择贤而奖任之，其庶几兴事立功，藉手以平蜀乱乎！奉手书，远劳垂念，读之感愧。其指陈得失以相慨叹者，尽天下皆如是也。仆久历江西、直隶，尝慨然窃叹，有境土二千馀里，总其财赋，用其民人，何忧事不集而政不行。内患之生也有萌，外侮之乘也有渐。安坐而筹之，无不效者，而能任此，谁也？山东之行，尤考之详而思之裕。盛衰治乱之原，岂果天为之哉。足下责我疏留籥公，楚人之思，涤公之奏，不足以回天听。草野之臣，慨然有志国家，则直疏请以江抚畀我，犹足为涤帅一臂之助，足下谓能乎否也？道武昌，思一诣视涤、咏两公，以病驰归。自是杜门谢绝人事，咏公屡招，未能往也。来书谓自皖归，或传者之误耳。

十三日。致涤帅、霞兄二书。以普钦堂建德之溃，吴竹庄乐平之溃，力陈两君之不可用，乞涤帅罢之。

十四日。雨。刘慎轩愚自江西来访，会予病，以其诗文四帙示予。诸名公序跋题后之文，别为一帙。其间有予书后一则，阅之甚不类予文，稍改存之云：刘生慎轩，负其慷慨之气，以求效行间，几二年矣。所至辄上书，不得志辄引去。其文如飘风急雨，倏忽驰骤，其行止亦如之。此上廉学使定安策，痛哭狂呼，若棘刺之被其身不可忍者。道之不明久矣。上失其政而下失其教，以成乎偷薄诡激。匹夫匹妇，不得其情，惊怪骇愤，以疾视其上者多矣。生年方少，气壮志盛，其敢言有过人者，而非道之所存也。君子之道急先自治，使其心与身皆受理焉。而以应天下之务，类万物之情，无或爽者。生其务致力于此。天下之利病得失，非居其位，习其事，且姑俟焉可也。

十五日。接意城信，并递到王纶霞、姚庶侯两信。清叔为曾祖望湖公推恩请追封霞轩公、人万公两代，可谓盛举。是日大雨如注，穷昼夜未尝少息。埙侄今日入场，可念也。

十六日。刘慎轩赴省，以书寄意城，嘱与霞兄资助之，并托朱石翘为其乡人游扬。是子浅躁，轻于去就，任意放浪，天下之可哀者也。吴桐云屡书促为其文集序，是日为撰之。大雨。

十七日。大雨，盖至是三昼夜矣，为之心惧。致桐云书云：奉书以仆此归为知幾，甚愧。自前岁天津之警，力陈办理方略。去岁僧邸幕府，尤痛切言之。得失之机，所争无幾。使前岁有能知吾言而用之，则理势俱伸。去岁成否未可知，而理犹伸也。至于今日，乃举天下之人束手卷舌，莫能出一语，此兄所以悲也。而徒以兄之去为见幾，兄岂任受哉。抑兄所谓幾者，又非人之所能知也。山东之行，准情酌理，为国家开无穷之利源，以济军食，而不扰民，自谓圣贤处此，无以易也。李湘棻挟奸贪之私，东抚怀悁忌之意，相与摧败之以为快，乃不惜挫士绅之气，长奸民之风，使已成之功，必不可复行而后已。责在东抚，而不足为东抚责也。道之不行，决矣。此一幾也。海上之谏争，仆实自信辨此甚明，为大局之公耳。僧邸既以忤意为憾，又虑我持其短长，悉力构陷之。既劾我矣，又遣番役捏造赃款，致书怡邸以倾我。吾自视僧邸左右能不染此者，区区一人而止。人习为私，而难与交涉也久矣。僧邸方有盛名于世，吾何必以一官树之忌乎？此又一幾也。圣心疑人，无可倚信，而薄视士大夫久矣。小臣以保举上被委任，生平立身行己，粗有本末，亦不敢妄自菲薄。而廷臣固无能仰承圣人求贤之善机以迎导之者，而乐贬抑鄙人以为快。众人之所安，君子之所惧也。奔走经年，耗竭心力，糜私财，累友朋，道无与立，功无与成。返之身，无可居之宠利；验之世，有不测之隐忧。此时不归，复何俟乎？此又一幾也。君子有不可枉之道，而无必求全之身。后世去古远矣，义在仕，不尚隐也。逆知天津之警而奉身以退，曰此知幾者也，亦岂君子之所忍出哉。恐足下亦同众人之见，而不谅仆之隐，聊一申述之耳。有论及鄙人出处者，幸出此书示之。非区区一人之私，必欲白之人也，明吾道而已矣。又为《桐云文集序》一首。

十八日。大雨。寄意城、满叔二信。霞兄专足至，约为龙山之游，责本日抵省。雨势方盛，无从得工，未能往也。随复一信。又得鉴堂、育之两信，各以一信复之。晚接清叔书，知埙侄已入学，杨子岩、毛雪帆、陈松生与焉，皆仰高肄业生，予主讲时即期望其入学者也。又吴炳光亦系从予受业者。

十九日。大雨。寄清叔、意城两信。

二十日。大雨。接夏琢堂信，专足送年礼故也。

廿一日。晴。清叔自省归。接劳湘舲一信，为欲遣其子从我受学，以书来约。志城已回县。麓生、鉴堂荐任萼堂明年课读诸儿辈。满叔荐黄石山，志城荐虞宾门，所言皆各有理。现已议订任萼堂，候回信再定夺也。

廿二日。晴。与意城、志城论择师之道，以专勤端重，善于引导为主。教书之能否，不在笔墨之优劣也。世人择师，动问先生笔墨，非善择师者也。教书是第一要耐烦事，故以厚重朴练，不乐交游为上品。尝论择师如择将。左季高言：文辞雅赡，才人也；倜傥权奇，豪杰人也；然皆不任为将。吾谓此两等人亦不任为人师。此予近年来阅历，持此以择师，庶十得七八耳。

廿三日。雨。接意城信，并递到曾沅浦、周寿山二信。寿山近在李希庵观察营中，云日内当诣祁门也。

廿四日。罗麓生以其先人所著《谱序》见示。其先世可知者二世，中缺七世，而后为番公，又数世乃徙韩湾围。《谱序》述其可知者二世，曰某公为二世祖，某公为三世祖，别为一图，而后述其所谓番公者以为始祖。予稍为评骘其文而批其后云：凡宗系所谓一世祖，祖其可知者而已。以其始知之，故曰始祖。郑氏谓若始来在此国，后世因以为祖，则今之所谓始迁祖是也。别子为祖，谓初有国土采邑者，三代之制也。诸侯不得祖天子，大夫不得祖诸侯，则奉别子以为之祖，而承之为大宗，世守其国土采邑。后世有封爵仕宦者，且不得援别子为祖之文而废其先世之祀，况可引仕宦为此例乎？可知者二世，不可知者七世，欧阳氏谱例具在，而以其七世之不可知，遂奉其七世以下之祖谓之始祖，而七世之上之二世有名字，有墓，别为一图，孤悬于前，义无所系。且有一世祖，而后有二世、三世。其前无可纪，而述某公为二世祖，某公为三世祖，于义尤无所取。义者，名之所附。义无所取，名何从生？凡此皆鄙心所未安者。至湖南罗氏多出自吉水。吉水世有大儒，支派繁衍。未能详其祖之所自出，存而不论可也。而必力诋吉水以自别，无亦多此一辨乎。麓生得吾说，亦以谓然。是日大雨。

廿五日。立春。意城寄示涤帅复奏俄夷助剿金陵一折，以俄罗斯使臣伊格那替业幅请拨兵三四百名，由水陆直薄金陵，与中国官兵陆路会剿，并称咪利坚商人与粤商愿领价采办台米、洋米，用俄、咪旗帜载运天津两节，令江督、漕督、江抚、浙抚酌量情形，迅速具奏。漕督袁午桥力陈其不可。涤帅以为彼甘言蜜语助我击贼，我则峻拒之；彼若明目张胆助贼击我，我复哀求之乎？彼以爱兄之道来，诚信而喜之可也。因奏言：康熙年间进攻台湾，曾调荷兰夹板船助剿，亦中国借资夷船之一证。惟现在长江二千馀里，上游安庆、芜湖等处，有杨载福、彭玉麟之水师。下游扬州、镇江等处，有吴全美、李德麟之水师。现又在长沙、吴城等处添造师船，为明年驶赴淮、扬之用。是皖、吴官军之单薄，在(路)〔陆〕而不在水；金陵贼势之横行，亦在陆而不在水。此时我之陆军不能遽进金陵，俄夷兵船由海口上驶，亦未能遂收夹击之效。应请传谕该酋，奖其效顺之忱，缓其会师之期，俟陆军克复皖浙苏常各郡后，再约会该酋派船会剿，庶在我足以自立，在彼亦乐与有成。咈郎西亦有此请，亦可奖而允之。许其来助，示以和好而无猜；缓其师期，明非有急而求救。至米利坚于中国，素为恭顺。道光十九年英夷肇衅，闯入广州省河，米酋曾于参赞大臣杨芳处递禀，愿为居间调处。英酋义律旋出亲笔，有只求通商、不讨别情之语。杨芳曾据以入奏，而不敢专主其议。会官军烧抢洋行，误伤米夷数人，其事遂寝，而夷患遂炽。咸丰三年，贼据金陵，闻米酋亦于向荣处请以兵船助剿。英、佛两夷犯广东省城，米酋亦未助逆。上年，天津击败夷船，米酋即首先赴京换约，并无异辞。是米酋于中国，时有效顺之忱；而于英、佛诸夷，并无固结之党。俄夷既称米商情愿领价采米，为时局计，舍此并无良策。此时款议虽成，中国岂可一日而无备；河道既改海运，岂可一岁而不行。如能将此事妥为经画，则目前资夷力以助剿济运，得纾一时之忧；将来师夷智以造炮制船，尤可期永远之利。此奏于夷情、国势，筹画甚详，立言尤为得体。因书示意城云：涤公两次与我辨论夷情，未能及此。此（死）〔老〕胸中无所不有，前与我辨论特故作狡狯耳，乃此老之谲也。然固未尝非吾书之有以发其神聪矣。其论采办漕运一节，则犹未能统大局筹之。此时采米非难，难在筹备采办之米价。吾意当饬闽督责成台湾道筹办若干石，粤督饬粤商筹办若干石，上海设法令咪商采备若干石，方有着落。此皆奏中所宜筹算者也。是日大雨。

廿六日。高蓉初专足寄来一信。并接喜田、蟠西二信。是日雨。

廿七日。大雨凡数日夜未尝稍息。闻江水日涨，围堤决口，竟不能兴筑。冬景如此，亦从来所未有也。复蓉初、喜田、蟠西三信。

廿八日。雪。遣八工赴省接意城。接应扬一信，随书数语复之。志城专足回坡阴，附去一信。

廿九日。意城偕埙侄自省归，为文告祖。得沅浦、季洪、树堂、南老四信，稍知各路军事。南老为涤帅设立东征局，排众议独力任之。又有借行粤盐之议，欲尽裁去商支外款，由南省委员径赴盐场转运，造端颇属洪大。予前书欲其连络粤督及都转，以其时罗小溪方任都转，而粤督故为劳辛陔前辈。两者皆楚人，或可以情势动之。以为此事假粤督之命以镇压诸场官，事或可行；假朝命以压服粤督，未有能行者也。南老复书，略言其事。其用心良善，而其牢骚之气亦已甚矣。涤帅之于南老，所以奖藉之，盖亦未足偿其劳也。丁伊辅前辈力诋东征局，至为说帖痛陈其弊，遍示士大夫。南老乃以涤帅所复伊老书缮写多通，散布一时，就伊老所诋，逐条指驳，明辨痛快，直可作王阳明《告示》读也。《史记》之诋毁武帝至矣，而《平准书》述当时用度浩烦，皆仰给大农，所恃盐铁均输之利，不加赋而用益饶。温公通鉴亦极表而著之。俗儒耳食，不加考耳。唐刘晏转运江淮，人稍艳称之。不知晏之所为，即师桑宏羊之故智也。宋高宗建炎三年，诏张浚为川陕荆湖宣抚处置使，便宜黜陟，置幕府秦州。浚因治兵兴元，以图中原，上疏言：兴元前控六路之师，后据两川之粟，左通荆襄之财，右出秦陇之马，号令中原，必基于此。谨当积粟理财，以待巡幸。于是辟刘子羽参议军事，承制以赵开为随军转运使，使专总四川财赋。开言蜀之民力尽矣，锱铢不可加，独榷贷尚存赢馀，而贪猾认为己有，共相隐匿。惟不惜怨詈，断而敢行，庶可救一时之急。时浚荷重寄，旬犒月赏，期得士力，费用不赀，悉取办于开。开悉智虑，于食货算无遗策，虽支费不可计，而赀财常有馀。此等事皆昭昭然载在史册。而前史所纪，如冠恂之在河内，陶侃之镇武昌，专意抚循百姓，而亦以通商贾、阜财用为本图。俗儒之不足与论此久矣。而自汉唐以来，苛税商贾，以重本而抑末。帝王之用，更无有与知此义者。道之不明，由俗儒之见蔽之耳。

三十日。晴，下午复阴。接易笏山信，乃云将就罗惺四隆昌之聘，不往就季高。此意未能通晓，当即以一书譬谕之。

咸丰十一年　辛酉

正月

辛酉岁春正月元旦庚寅。雨。叔侄兄弟团聚一家度岁，盖此十年中所未有也。予既假归，不与人事，有退闲之适，埙侄又适以腊杪入学，天之畀付予兄弟，亦云厚矣。惟念世事悠悠，銮舆北狩，塞外苦寒，东南兵事未已；二三至好，忧患勤劳，负荷益艰，此所耿耿不能释耳。抵家数月，未尝衣冠酬酢。是日衣冠，有触往事，眷怀君国，率成一律：往岁朝元侍从班，炉烟晴旭护龙颜。乘舆星动鸡翘冷，禁籞春移豹尾闲。水绕滦河天北极，潮回榆塞海西还。茅檐偎火寒犹剧，冻雨周庐万里山。

初二日。雨。刘子政言：和气致祥，乖气致异。此深明致理之源也。《诗》曰：济济多士，文王以宁。济济者，和也，而成周之治兴。及其衰也，则曰：民之无良，相怨一方。盛衰兴废，兆端于是，无家国一也。然和之所由生，非能强期而力致也，中庸具之矣。故曰：喜怒哀乐之未发谓之中，发而皆中节谓之和。中节，则喜与怒皆和也。受其喜与怒者，互相观感皆和也。论治道者，故必以修身为本。匡稚圭曰：审好恶，理性情，而王道毕矣。治性之道，必审己之所有馀，则强其所不足。聪明疏通者戒于太察，寡闻少见者戒于壅蔽，勇猛刚强者戒于太暴，仁爱温良者戒于无断，湛静安舒者戒于后时，广心浩大者戒于遗忘。审己之所当戒，而齐之以义，然后中和之化应。稚圭此言，足与子政之言和者相发明也。

初三日。易寿唐来。接焦听堂信，荐吴参将明善，勇悍可任为将佐，属言之意城。意城言已荐致季高诣皖南。吴君澧州人，从江忠烈，庐州城陷，负忠烈出逃，忠烈啮伤其臂，负痛舍去。投杨厚庵军门，每战冠军。军门署为总哨，居前锋，每营调一战舰隶之，日夜巡守，以劳致疾告归。其人勇有馀，而不能独治一军，盖偏裨才也。随复听堂一信。俯仰屈伸以利形，进退步趋以实下，吸新吐故以炼藏，专意积精以适神。此养生之一诀也。吾当以之。反听之谓聪，内视之谓明，自胜之谓强。毋自安小人而责人以君子，毋自处君子而訾人以小人。此涉世之一诀也。吾当以之。是早雪，已而雨，寒甚。

初四日。阴。接涤公十二月十二日信，言玉山被围，守信郡者屈蟠、钟世桢，所部不满二千，信其殆矣。又见咏公寄意城书，知已移营太湖，旧疾愈而复发。作梅十二月十六日始抵营也。涤公所处之危险，咏公之病，念之耿耿。张子言：人苟志趣不远，心不在焉，虽学无益。有限之心，只可求有限之事。欲致博大之事，必以博大之心求之。所谓智周乎万物，而道济天下者也。咏公屡缄见召，颓然未有以应之，心固有限也，愧张子之言矣。

初五日。阴雨。接沅浦、子寿两观察两信，并玉山叔一信。当复子寿观察及玉叔两信，并交来足带还。又复易笏山一信，并信致仲云属其转递，以来信故由陈少海转托仲云递交者也。笏山信言：天津之溃，由主议者掣肘，而又愤于耶稣教之行，以此不赴季高之召。此特蔽于流俗之所谓公论者也。前岁天津马步军已逾万人，去岁征调有加，又特派兵二千往守北塘，自（庐）〔芦〕沟桥以南属之青县，屯兵相望，糜饷至数百万。而曰主议者掣肘，以为夷人初至，廷议戒不许轻战而已。试问夷船初至，连舟海外，何从与战？廷议不责战，未尝不责以严守，守且不能，曷云战乎？不考事端之本末，不察事理之得失，以战为嘉名，以主战为伟论，恒然南宋以来之恒态，无足论者。而必曲诬朝廷，以成其说，横被以掣肘之名，而宽战者之罪，此大不可也。因复笏山书，发明此义，岂徒以解笏山之惑哉。天下万世必有闻吾言而考求其事迹，以相为慨叹者。强天下国家之事以从吾说，而持以为名，宋、明以来之有公论，不如其无也久矣。

初六日。雪，已而大雨。自去冬以来，雨雪间作，至今两月馀矣，得非阴阳之气乖忤，咎征为恒雨哉。志城、应扬至，谈至三鼓始息。

初七日。雨雪，寒甚。籥门中丞才实短乏，而所以为贤，德威胜也。甚德奈何？利不足以动其心，阿谀谄附不足介其意而已。二者不能乱，则不厉威严，而人自畏之。故有德必有威。生平所服膺如涤公、倭艮峰、吴竹如、王子怀诸君子，皆平易近人而为人所畏者，此也。与意城、志城论此，感赋一诗：艰难话旧易沾巾，高卧渊明亦部民。十载断断轩盖别，八州懔懔绣衣巡。山阳有诏征张敞，河内无人借寇恂。愿祝年年[①]新政美[②]，夜寒风雪报[③]微春。

初八日。阴。接沅浦一信。刘向封事言：出令则如反汗，用贤则如转石，去佞则如拔山。此盖古今通弊，衰季之世又加甚焉。贤人者，有审时观变之识，有难进易退之操，不待驱逐而迹已远矣。小人则固宠怙势，以求保其位。用贤之为转石，去佞之为拔

---

①此处旁注又作“策杖愿闻”。

②此处旁注又作“病卧沧江呼不醒”。

③此处旁注又作“洏”。

山，亦贤佞之所挟持者然也。人主又以多疑处之，贤者有遁迹自远，惟恐不速已耳。刘向之言曰：执狐疑之心者，来谗贼之口；持不断之意者，开群枉之门。人主多疑心，其为小人之招而贤人之相背以日远也，决矣。是晚复沅浦一信。

初九日。晴。接黎简堂信，并寄谭荔仙《四照堂诗集》一部，嘱为点定。稍翻阅一过，容当制一序归之。伴晚，冯岳心及觐堂先后至。

初十日。阴。贺年者踵至。清叔、意城俱有小恙，友耕赴县，埙侄诣其外家。予方杜门谢客，是日乃破例一出酬应，所会晤：何介卿及其从子顾庐、永清、恩垣、涂子湘、易绍珊数人而已。

十一日。阴。客至者张星楼、何德卿、易伍泗、易岳堂、周辅臣、姚觉生。傍晚，喜田、育之自县至。

十二日。晴。复劳芗林一信，由育之寄交志城转递。

十三日。晴，晚雨。黎少岷、熊绍香、易梯衢、陈郁文、瞿景伊、左癸叟及衡叔、廉丞、镐丞并先后至。二三日内，酬应颇烦。

十四日。阴。阅南老寄意城书，为之慨然。办天下事，先破利字一关而后能公。贪黩之小夫，吾勿论也。利根未除，则荣闻美政皆归宿在私利上，岂能持久，张禹、孔光是也。稍进则须破名字一关而后能实。实之至者，名必归焉。切切以立名为心，则流弊有不可胜言者，赵广汉、韩延寿之流是也。再进则须破气字一关而后能诚。气矜则心必浮，气盛则量必褊，见理明，持义正，犹不免于害事，杨震、李膺之流是也。再进则须破意字一关而后能纯。志安天下，义存君国，实出于心之不容已，而因推求天下之事，取必于一人之身，汲汲以图之，孜孜以为之。范仲淹、司马光之贤，犹不免动于意之所必趋焉，君子弗尚也。诸葛亮佐汉中兴，郭子仪再造唐室，李沆相宋以守成业，不矜赫赫之功，不尚悻悻之气，神定气完，识深虑远，庶几大臣之量焉。今之能者，窥上之所尚，而假荣名美政以邀利者，犹有其人。能实破利字一关者，盖已难矣，况进而求其所谓德与量乎。人才之乏至于今日，可胜叹惋。

十五日。易林书自平江归，递到丁石舫、钱六岑两信，又接任芑堂一信。

十六日。大雨。接李仲云信，并京信三件。夏阶平、恩东岩两信，则仍由外寄京，为叶云岩汇寄来南者也。云岩言夷务始末，多可笑者。南宋争和议之非，人人言之慷慨。其言美矣，要皆一时风尚所趋，骛于其名而争言之，非实能为国家持根本之论，而洞悉乎安危得失之原者也。朱子上封事，请罢黜和议，追还使人，自是以往，闭关绝约，任贤使能，立纪纲，厉风俗。南轩之对孝宗，言当下哀痛之诏，明复仇之义，显绝敌人，不与通使。然后修德立政，用贤养民，选将帅，厉甲兵。夫任贤使能，修德立政，有国者之急务也。国家草创，强寇在境，所谓立纪纲、正风俗、选将帅、厉甲兵者，尤为本图。今乃一切视为后图，而以急绝和议为义。自朱、张大儒所言，皆如是者。使当时竟绝和议，属二公以军政，正恐无策以善其后也。复仇雪耻，恢复疆土，美名也。然有实用焉，非可持虚文以慑强敌之气者也。朝廷自忧其力之不能敌，人之无可恃，旁皇观望，隐忍偷安。为大臣者，苟有忧国之忱，则急进贤才，修政事，裕民力，留意边事之缓急，蓄谋以待变；小臣则勤职事，储财用。思之必深，谋之必豫。俟敌衅已深，国本稍固，起而赴事机之会，剖析利害，以释人主之疑，而坚士大夫之气，则一言而国是定，人主方利赖之，谁敢与之异同者？霍光用范友明之议，邀击匈奴而乌桓遁。宣帝用冯奉世之策，讨叛羌而陇西平。人臣议事，如是而已。南宋不然，人持一疏、夹一策以争和议，不揣国势，不察敌情，言之痛切，而无当于机宜。人主与大臣主和议者，动为众矢之所集。于是人主厌焉，窜斥诛逐，无所顾惜。而秦桧乃以售其奸，空宋之廷以布列私党，而人才泯焉。乃以终南宋之世，无复能有恢复之望。非桧之能乱宋而亡之，诸贤骛名无实，纷纷藉藉，授桧以乱宋之资也。高宗召李纲为尚书右仆射，亦以一疏议战、议守、议国是，繁为辞说。而却敌保邦之略，寂无所闻。宋之所以弱也，议论胜也，后世顾艳称之。无君父之仇，无通使岁币之费，而虚标一和议为名，痛哭流涕以争之，至于辱国丧师而终不悟，论者犹曰是议和之误。悲哉！其无识也，南宋议论之为蔽也深矣。数百年来，卓然有见于安危得失之原，而持根本之论者谁哉？无怪京师之人论夷务者，愦愦至今不知省悟也。

十七日。大雨，雪，风。汉舟递到一信，曰张棨，不知其谁何也。张桐轩，粤人，官江西知县，曾与有旧而忽忘之，老病颓唐，良足慨然。奉致涤帅、咏帅两书，并附寄树堂、寿珊两书，外寄南老、霞兄两书，并由玉班专弁带省也。

十八日。阴。罗麓山、张进西、吴九如至，以意城十九日生辰，邀景伊、友耕小酌。

十九日。晚雨。焦听堂、毛质吾至，听堂言杨厚庵部将丁泗滨号瑞亭有将才可用。接咏之宫保一信。

二十日。大雨。听堂述少时梦为偈语云：天地于体有圆缺，日月于时有明缺。人生藐然处其中，何苦劳劳无休歇。是夜谈及数年情事，相与慨然。

廿一日。大雨穷日夜不息，使人心悸。致子鹤尚书及陈德甫、叶云岩、张竹汀、吴桐云四信，又致邓筱筠、邹公让及霞兄三信。

左华园冒雨来访。

廿二日。大雨。赵玉班廉使专足致霞兄之意，属本日诣省河相见，留作数日之谈。当复玉兄一书辞之。晚接曾沅浦、黄子恒两信。

廿三日。阴。任葶堂至，因邀麓山、友耕午酌。晚接玉班、霞兄、志城三信。前致咏公书，比之陶桓公，而以张魏公比涤帅。咏公复书，言百魏公不能及涤帅。魏公忠孝大节，朝野属望，其建言中兴当自关陕始，因自请经营陕蜀，治兵兴元，图中原，以立南宋中兴之基。其后吴玠、吴璘、孟珙、余玠之徒，相继保川陕以拒金元，犹魏公规画之遗也。蒙古以刘整安抚夔州路，经略襄阳，而后南宋之势，不复可支。此魏公功绩之显著者。其仓卒视师江上，屡御金人，指麾诸将，保全江淮，终南宋之世兼有将相之望者，魏公一人而已。富平之败，谋掣金人南侵之师，魏公已先言之。而吴玠因之，有和尚原之捷；刘子羽继之，有仙人关之捷。兀朮之趋陕西，卒不得逞以去。符离之败，由邵宏渊、李显忠怀私隙，而使孝宗恢复之志因是大沮，则亦有天事焉。咏帅薄视魏公，盖亦袭近人诋毁魏公以攻朱子之邪说，而未究魏公之本末也。

廿四日。接霞兄、沅浦两信。王若农观察、黄晓岱太史先后至。观察盖奉中丞之命，催请意城赴省者也。

廿五日。盛光伍、盛敏臣、袁予文、书堂先后至。予文带到瞿熙臣一信，当以一书复之。

廿六日。盛云阶、李元敬、易林书来。墨子曰：告子胜为仁，犹跂以为长，偃以为广，不可久也。即孟子助长之说也。弃礼捐耻，秦所以败。耻尚失所，晋所以替。耻非其所耻，尚非其所尚，上而朝廷士大夫之习尚，下而草野之风气，其所由来渐矣。一朝有一朝之习尚，知其习尚之异同出入，而后可与论世；不为习尚所眩而一揆之以义，而后可与论道。贵贱荣辱有命，毁誉亦有命。君子不求人知而求天知。不求同俗，不求同理，不求众人之附会，而求当于深识者之一言。新化黄汉皋鹤著《四书异同商》，多异朱注，与予平昔之论相吻合者十之六七，而引证赅博，不愧绩学之士。书刻于咸丰九年，近时人也，而予未始知其人，亦足见新化之多才也。王经庵以夜半至。

廿七日。夜雨。易林书赴平江，以一诗柬丁石舫云：一别丁侯近六年，清怀可似六年前？云山远信来非易，风雨吾庐喜欲颠。老去风情知减未？近来时事更茫然。迂儒事业君应笑，送老荒山酒盏边。舒棠阶甥来就学。内人病忽大变，谵语不已，至终夜不能成寐。盖缘张家洞有分娩者，祖母传其恶耗以语之，惊悸移时，其心气过虚，致为血激而致谵语。经老谓其心脉洪大，而不知其心之以震荡而受伤也。

廿八日。早雨。致霞兄一信。接到沅浦、季洪二信。世事身事，无一足适意者，流涕不已。

廿九日。雨。接景老、霞兄两信。再致霞兄一信。专足赴县，致郁文、育之、镐丞、三槐四信。内人病革，谵语昏迷，而能辨声知人。青仞至，已十年不相见，亦能识之，而语言略无伦次，此不可解。早间忽对予号泣而无泪，所言皆数年情事，而不能具其语，略举数字，哽咽以号，随又以谵语乱之，如是者五六，予以是知其病之无能为矣。是晚热甚，必有连旬大雨。

二月

二月初一日己未。阴。接霞兄一信，并惠高丽野山参四枝。

经老、青仞同至。

初二日。阴。蟠西至。内人是日忽起坐叫呶，病证甚奇。

初三日。阴。绍香、绍文、又愚同至，盖闻内人病笃，疑有他也。是日，忽然清醒，气虽微而病已退，甚服经老之神。晚次，胡恕堂中丞至，纵谈至三鼓。自廿七日起，凡五夜不寐，觉身体困乏之至。

初四日。大雨。志城专足至，论内人病证，极有见地。

初五日。大雨。用章至。接沅浦信。

初六日。大雨。接曹琢如、何镜海两信。镜海寄示《王壮武传》，叙次极有声色，而事实多不甚确，就其所知者五六条抹出之。张秀春、唐曦臣、巢子城、陈松生先后至，甚苦宾客来往之烦也。

初七日。大雨穷日夜，甚悸人也。接吴桐云一信，并寄到封轴三起。曹学博补请封轴，吏部以逾限驳斥。夏阶平、黄瀛台为人办事荒唐至此，追憾之无已也。

初八日。雨。劳次芗自岳州来受学。接劳芗林一信。胡勉斋、罗新荣至。

初九日。接蒯岳青、邓与三两信。与三，邓笠臣大令之兄也。复邓与三、何镜海、邹公让三信。公（邹）〔让〕所请封轴，已由桐云寄至，故告之。又致凌海一信，托制楠木书案、文柜盒、枕箱等事。是夜雨。

初十日。雨。郭象注《庄子》有云：闲邪存诚，不在善察；息淫去华，不在严刑。数语甚佳。象注《庄子》，多为元语，然多无当于庄子之意。《庄子》不待注也。能读《庄子》者，不待注而始明；不能读《庄子》，虽注之详终不明也。象以元语释《庄子》，优于后世之字诠句释者矣。然言其所言而无当于庄子立言之旨，则又何以注《庄子》为哉。

十一日。雨。涂子芗、周融峰过谈。接霞兄途次一信，读之凄惋。

十二日。季高与意城书，言予家居郁积，劝一出游以泻之。楚人多为是言者，徒见我之闭门绝交游，遂加以郁积之名耳。此可笑也。

十三日。雨。意城赴省，致左季高、何镜海、胡恕堂、邹公让并凌海五信。志城来，谈次言：人善忘，读书所记，十不过一二，闻人论说诸事，所记常十二三。盖人之五官，分属五脏，智属水，而统于肾，人之记识，皆肾司之。而耳者，肾之窍也，从耳入者，直通于肾，故较目之所见，所记常多。志城精于医理，往往因医而悟生克制化之用，所见为独至也。

十四日。接罗两明世兄一信，言去岁曾有一缄，云交其叔祖稷臣转交，托撰《忠节公志铭》。此书并未收到。前岁曾改订《忠节公年谱》，亦未刊行。屡询霞兄，未蒙回复，诸不可解也。世兄名兆作。晚次，意城信回，递到陈鹤丈、朱桐师、潘伯寅、张竹汀、吴桐云五信。

十五日。雨。得意城信，略及邸抄近事。僧邸在山东多所纠劾，而孙莱山太史以在籍办团，僧邸调之防河，不能应，奏请枷示后发往新疆。圣人所谓邦无道免于刑戮，岂有他术哉，惟远荣利、绝声名而已。孙君既去官回籍，而必假办团以为记官俸、邀保叙之地，斯其所以致辱哉。

十六日。夜大雨如倾，奔腾可悸，微闻雷声。雨，阴象也，雨盛则寇势必张。南路之警，已迫永明，又闻黄州失陷之信。夜闻雨声，此心亦为之震荡，正不知时事之所终极也。

十七日。雨。得意城信，语及近事，为之慨叹。为政当急正君子小人之辨，此治乱之源，政之本也。李沆、王旦为相，如梅询、曾致尧之文，丁谓之才，必力绝之。大臣为国，长久之虑，宜如此也。司马温公之任蔡京，寇莱公之荐丁谓，取其悦己，而遽以身殉之。树枳棘于康衢，饲鸺鹠于场圃，乃以遗患于无穷，皆其悦己一念之私，阶之厉也。故君子之行政，以胜私为本。

十八日。雨。李五赴省，寄意城一信，略言来书云云，吾辈以为奇异，诸人视之皆常道也。居山林必不与闻人世事，而后气清而神适。赵子昂画马，某禅师谓其必堕入马趣，惟知马趣故也。此等鬼趣，直不欲闻之，使之撄吾心之怒。吾心中岂可使有一毫鬼趣之胶结哉。

十九日。大雨穷日夜不息。出户则见病天，入房则见病妇。自去秋九月移住此间，杜门却扫，毫无欢趣，以此而已。

二十日。大雨尽日。李五自省带回意城一信，并附寄涤帅及刘馨室两信。又接方子听一信，美哉文也。谈边事极有所见，阅之甚喜。

廿一日。致冯树堂一信，约令廿四五日枉过谈叙。瑞喜归，接意城信，言及鄂垣近事，为之慨然。

廿二日。致京信，子鹤尚书、桐轩师、潘伯寅、曹琢如、张竹汀、吴桐云、毛鹿苹，凡七件。鹿苹一信，则恐桐云出都，托为文蔚公、人万公捐请封典也。并因瑞喜赴省之便，交意城寄京。

廿三日。树堂、弥生先后至。与树堂谈及近事，相与惘然。笙陔叔见过，出移居诗四首属和，即日和之。

廿四日。大雨。李五约往菜园坪为意城看屋。道途难险，冒雨步行，竟体沾濡。晚至安庄。

廿五日。雨。住安庄一日，阅志城近诗，极多佳构。

廿六日。至周吉岭，山树侵害甚多，屋亦漏雨，满地苔泥。

数月不一来视，景象便如此矣。

廿七日。雨。接景老信，约往一谈。以迫欲移居，不能往。冒雨归，接胡恕堂中丞、姚直侯学博两信。

廿八日。雨。遣又愚赴周吉岭料理旧宅，为移居之计。晚书一信与意城。

廿九日。与蓴堂言宗祠之制。予谓宗祠，收族者也，其制乃若古之祧庙。近人建祠多别书一主，非宜。古者大夫立庙，为世为大夫者言也。后世有宗子之法，犹尚可行。否则一祠立，则族人皆得入主，皆得致祭。欲立一划一之法久远行之，未有能善者。故祖祢之主必祭于寝，而不可以重建于祠。曾祖以上，寝隘不能容，则附祭于祠，以寝室时节荐享。宗祠之祭，岁或一举，或再举。亲疏隆杀，各适其宜。故曰今之宗祠，犹古之祧庙。非以祠为祧庙也，势之所趋，不能不如是也。而以之收族，则宗祠所系甚巨。凡人五世以上，枝分派别，大率相视若涂人而已。喜不相庆，忧不相吊，势固然也。一有宗祠，则生卒年月可相稽，忧喜可相闻。故有一世祖之祠，则一世祖以下子孙可收也。有二世祖之祠，则二世祖以下之子孙可收也。此今日宗祠之义也。日前与树堂辨此，树堂不能明也，盖礼教之不讲也久矣。仁有所推，义有所制，帝王不沿礼袭乐，而皆协于人心，为能得礼乐之精意也。孤恃其一心煦煦之仁以言礼，乌有当哉。树堂又言：定兴鹿氏极讲宗子之法，凡入主宗祠者，必考究其德行，然后众共入之。推为宗祠义法之极盛。予尤疑之。宗祠，亲亲而已，并无尚贤之义。非若乡贤祠之制，必待众举而后入祠也。准是而推，则吾祖吾父苟非盛德，皆不得入祠祔食；而子弟之有贤声者，乃奉主以祀之，其不能安于人心允矣。先王亲亲尊贤之义，各有攸宜，未可执一说以为自穷之术也。又言：凡人饮食衣服，苟取足目前而已，不必曲虑深思以规久远。至于举一事，立一法，则必推求至数十百年之远，使行之甚安而无弊，守之甚约而无难。以为我可以行之，传之于人而事多格阂、弊且丛生，则亦创法者好为新奇以取快目前之过也。阅罗麓山《宗祭辨》一篇，就所见评论之，自谓多先儒未发之义。其议祧藏一节云：祧庙之说，自汉匡衡、贡禹建此议于宗庙，诸儒纷纷辨论，至今未息，而不知其无当也。后世所谓古礼，皆周制也。夏、殷以前之礼，固不同矣。圣人屡言从周，稍有发明，汉儒因之以明礼，至今冠婚丧祭之礼，沿袭各殊，而周之遗制，犹时可窥见一二。鄙人尝取周制祧庙毁主之义思之，周自后稷始封于邰，历虞、夏、殷三世凡千馀载，文、武因之以有天下。洎周公定礼乐，而后宗庙之制备，又传国八百馀载。是自后稷始封，至周之末，盖千八百馀年。后稷国于邰，以开周之基业，又历佐唐虞，有大功德，允为周之始祖。自后稷至文武三十馀世，周公固度宗庙之必不能容，缘情制礼，以后稷为始祖，而尊文武为世室，所祭其亲，但高、曾、祖、祢四世而已。服始于高祖，而祭法即因之。群祖之祭，于禘合之。情之不容已而义以生，周公之不得已也。天子既以七庙为制，诸侯以下，以次递减，贵贱隆杀之仪，又所以制其宜而通其变。汉祖以匹夫得天下，无所奉以为始祖。西汉传世十二，通东汉计之得二十四世，后世历数之久远无逾此者，所祀之祖不过十馀世。而有祧有毁，以吝祖宗之血食，其心固有所不安者矣。西汉去古未远，犹思复周世七庙之旧。而时毁时建，有同儿戏。其毁也，迫于诸儒持议之正。其复建也，虽以病天子之病，亦其心之不能安者也。东汉以后，遂无复毁庙之议。势之所趋，人心即因之以定。圣人生于今日，亦必不能悉仿古礼而行之。而儒生操翰缀文，至今辨论纷纷，引古礼之正，欲劫后世以行之，无能见及此者，可叹也。今人寝室供主，率不过二三世。高曾以上皆入之祠，宗祠即古祧庙之制矣。岁时一祀，即古禘祭合食之制矣。又欲取而藏之，于义何居？程朱所定四代之祀，亦为士大夫之私家言之。宗祠通族合祀，而以四代为率，殽杂纷乱，聚讼盈庭，何所取义？若曰家须立宗子，准宗子之四代而已。而族之人醵金建祠，孤奉一宗子为尊，而悉废其祖考之血食，苟有人心，谁肯甘默无言者？生今之世，反古之道，又不一考古今之时与势，此正讲学家议礼之陋习也。虽为大儒之言，吾不敢从。

三十日。接意城信，并递到周寿珊、易笏山、蔡与循三信。意城信阻移居，阅之凄惋。

三月

三月初一日己丑。将谋返周吉岭旧居，检点行李，劳顿终日。

初二日。内人扶病上山，大风阴晦，心极念之。

初三日。雨。是日运行李上山。方行数里，浓云四布，雨意沉沉。行李方抵家，而雨大作，犹幸数领敝衾，得蒙天眷，不致损毁。

初四日。雨。留沙坪料检数日，是日冒雨回山。

初五日。雨。劳次芗复冒雨来山。本意料检一学堂，俟天晴专足往接。周四、周三辈乃假传予命，促令赴山，不知其何意也。

初六日。涤公为意城书屏四幅，随笔书其所得，为录于此：欧阳公文云，以周世宗之雄，三至淮上，不能举李氏。古人任事，贵其气有以举之，其于天下之大，军旅之重，尤以气胜。故曰包举宇内，曰五旬而举之，曰提师，曰振旅，曰提封。太王肇基，曰定始翦商。高祖入关，曰真人翔于霸上。皆取轻举之意。天位殷适，使不挟四方，谓纣之不足以提举宇内也。《毛传》云：挟，达也。朱注云：挟，有也。皆望文生训，非其义也。　啾啾跄跄，入西园，切神光。古人双声叠韵之字，凡同音者义皆可通。《楚词》：驾玉鸾之啾啾。杜子美云：驾飞龙之秋秋。与此义同耳。《诗·采芑云》：八鸾玱玱。《商颂》云：八鸾鸧鸧。《韩奕》云：八鸾锵锵。商颂云：磬筦将将。与此跄跄义皆同耳。乃《毛传》云：鸧鸧，言文德之有声也。将将，集也。朱子亦曰集也。李善注《羽猎赋》：跄跄，行貌。斯亦望文立训，未足得其通尔。　南方卑湿，丝能日饮，亡何，说王毋反而已。此《袁盎传》中语。小颜注云：亡何，言无它事。按亡何，犹宋人语录言不怎的也。《诗》云：不瑕有害，德假不瑕，烈假不瑕，皆如亡何也。不遐有位，遐不作人，遐不眉寿，遐不谓矣，皆当训何。朱子于泉水之瑕、隰桑之遐训何，而于狼跋训过。《毛传》瑕多训过，《郑笺》遐多训远，皆失之。子敬至，接意城信，并附到王少鹤、朱石翘、黄子恒三信。

初七日。为予生辰，意城及子敬侄皆来贺寿。志城见示数诗，深入韩、苏门径，直是精进无已。饭次，有游学者至，询知宁乡王氏。问何以至此？曰：入县城境，即知有郭氏，以故来。予曰：君不知我亦教书人耶？曰：固知之，闻馆金逾千，远至浏阳亦有来从者。予回故居甫四日，而舒甥固籍浏阳，相从问学，县人乃皆知之，独其馆金乃僭增至千馀，以此名声，求避人于乡里，难矣。是以避乱逃名者，必去县而后可也。

初八日。送篪儿往沙坪就学，黄石山、李少白、左壬叟、丁叟至，留饭。数日以家事不能适意，胸膈为之痞塞，恐其遂得隔证也。夜雨。

初九日。意城由坡阴至，带到清叔一信，并沅浦抄寄祁门各信，读之惘然。恐诸贤之心力不能稍展，天下之乱，其遂成矣。

初十日。数日微阴，是日稍见日光，便觉春气之已深。意城还沙坪，送之，为惘惘也。

十一日。意城递到吴桐云一信，知已定三月出都。又见霞仙、沅浦、玉班与意城书，南抚已放毛寄云前辈，而仓少平亦放湖南臬司。又知季高赴援豫章，方进军乐平，涤帅又派鲍春霆率所部继之。而陈余庵实接守景镇，祁门屏蔽益疏，军事之诎不必论，而涤公所以立心亦可知矣。咏公驻太湖，闻武昌之警而不赴。二公所历之艰险同，其一意孤行，置死生不顾，所以自处者亦同。然而天下之事，至是乃几成不可为之势矣，念之怆然。

十二日。周半溪丈、应扬先后至，知焦听堂已至达摩山三日矣。

十三日。焦听堂枉过一谈，因言刘耀廷协戎德亮攻池州，直造城下，招城上人语之曰：我刘协台也，必破汝城，汝敢击我乎？贼以铳击之，仆地创甚，舆归大营，奄然一息。杨厚庵军门见之悲甚，遽命解池州围。刘公已不能言，微闻军门语，举手作争论状，手足皆奋起，移时卒。军门为之棺敛既毕，遂传令解池州围。令方出，柩有声轰然若暴裂者，举烛视之，柩故宛然。勇哉壮士，气冲霄汉矣，而不能一收复城之效，岂真所谓天乎。刘居净江，自言湘阴籍也。

十四日。微雨。船山先生云：气之滋急也也，其中消也，如老疾者之喘气，本不盛而出反促也。明以来之所谓气节也，皆气之消也，非知道之君子，谁与辨之。

十五日。意城递到舒范亭丈一信，并寄示玉班、沅浦及祁门各信。涤公与沅浦书，属其遇敌持以谨静专一之气。因言凡行军太速，气太锐，其中必有不整不齐之处，惟有一静字可以胜之。

兄弟无功无能，俱统领万众，主持劫运。生死之早迟，冥冥者早已安排妥帖，断非人谋计较所能及。贼入黄州，急趋集贤关，以图解安徽之围。但静守数日，数省之安危胥赖之矣。涤公与季高书，言贼保徽州以通上下之路，情势所必然。徽城坏难守，不能不窥伺休宁。休宁城坚难攻，不能不窥伺渔亭。比尚溪、屯溪皆为我有，贼由龙湾、江湾回顾，则经屯溪；亦畏张凯章一军与之开仗，则由马金街回徽，亦情之所有。至由甲路迂绕太白、德兴，以趋乐平，则情事之所不可解。至谓畏任兴元炮船、孙国昌飞划及乐平南乡之团练，不敢渡河，则情事之尤不可信。小河水师本难得力，任星元驻饶州，孙国昌驻吴城，皆距贼甚远。团练之御贼，以虚名相袭而无事实久矣。乐平股匪本非甚悍，以公全部破之有馀。大约李世贤之党，惟清华、甲路一枝最悍。乐平、歙、休、上溪各支懦怯，皆不耐久战。请公告贵部不必为其多人所愕。李次青元度徽州之败，王毅卿开来甲路之退，皆震愕于其人多耳。与沅浦信，足知涤公之所以自立。与季高信，又见年来阅历，审贼情，度地势，为有得也。籥帅奏请简放威望夙著、晓畅军务重臣抚楚，而劾署抚之衰迈耽安逸。此老德威所积，非人所易儿也。

十六日。偕次芗至流珠岭，就黄石山一谈。丁叟小于篪儿一岁，所为文皆能以意运行，诗赋亦皆工整。十一二岁童子，入学中举者有之矣，非必能文也；为文有生发议论者有之矣，非必能以意运行也。少而勤心如此，吾以为非宜。

十七日。雨。接周顺堂、焦听堂两信。

十八日。风，寒。连日苦热，知必有风雨之至也。夜，大风雨，雷电交作。

十九日。雨。复罗两明信，托景老转寄，兼为其子壬叟作伐，因并寄景老一书。

廿日。赴棠木洞周先诚宅，为意城受周梓樵、周杏渠兄弟田石。李桂仙、周紫城辈为之说合，是日赴庄上立契也。晚归已二鼓。

廿一日。志城递到陈作梅、周寿珊两信，并知希帅与咏帅商调各员，滥及鄙人，立言颇正大。览之为恧然也。

廿二日。编校《罗忠节公年谱》，为罗两明世兄属撰《忠节公志铭》，余允以《年谱》当先为之编定也。忠节公训子弟语，多可录者：境内设一义馆，凡家贫不能读书者，准来馆发蒙，俾他识字，亦能于人有裨，可与谌臣诸君商画，成此义举。　凡有义事，必须速行，稍迟便恐搁住。　吾辈作人，要学得受苦，多受得一日苦，即多留得一日福。　子侄要时时教训，要他晓得读书非为富贵，止要学做好人也。　人当富贵时，家中常不失寒素风味，乃能载福。　官不要日日想大，家不要日日想富，做人则须要日日想好。　亲君子勿近小人，走正路勿走败路。　我家昔日无饭吃，无衣穿，也自过日子，未尝冻死饿死。今家中有了饭吃，有了衣穿，即是莫大之福，何必更求丰盈。凡事最要想得透，不可徒生奢念。　危急时站得定，才算有用之学。

廿三日。埙侄赴县展墓，兼书院坤、紫花台两处焚黄，为撰告文二通寄意城。

廿四日。罗稷臣嘉稲始由溆口递到霞兄所为《忠节公墓志》，编次岁月而已，无意于为文也。

廿五日。赴县，晚过清叔、熊绍香、张西丈、黄麓生诸处一谈。

廿六日。书院冲戴家坤为祖父中宪公茔地，瓦窑为祖母张恭人茔地，系予焚黄行礼。紫花台为生祖父母茔地，系清叔焚黄行礼。长岭、王家山、宋家山各祖茔，系埙侄扫墓行礼。是日奇热。

廿七日。虎狼冲为本生继祖母张宜人茔地，清叔焚黄行礼。二里墩祖茔，埙侄展墓行礼。侯家塅则叔祖中书公茔地，拜扫而已。是日微雨，而热尤甚。舆人有丙四麻子者，两日诣各茔，皆为所误，绕山越岭，崎岖数里，崛强不从人言，因为一诗赠之云：可憾无如丙四麻，不行正路满山扒。惯充里手白菜鬼，岂是青矇萝卜花。包子充饥休想你时方赏给舆人包子，因罚除之，老爷倒灶总逢他。合依胆大妄为例，四十荆条一面枷。

廿八日。陈豁堂为其子游泮，曾从予受业者，折柬邀请，同席易海青、黄鹤筹、徐晴溪、易冕南、蔡寿民诸人。是日雨。

廿九日。雨。赴钱六岑处，因得见曹燮文、严裕坤与钱氏构争各簿据。经邑绅再四为处理，大率调停两可。是非曲直，良莠善恶，全无分晓。至是予始稍张公道以折之。而燮叔、罗滨南、易海青、瞿熙臣诸君专务掩护弥缝，执守前说，不一省悟。天下大乱之原，坐事事无分晓。人心陷蔽所从来远矣，无如之何也。

卅日。雨。赴杨玉川、吴蓉舫、罗滨南、蔡寿民、易海青、李试吾诸处。此次赴县，所过往仅此数处而已。

四月

四月初一日己未。雨。希庵中丞咨抄上谕一通，嘱小臣赴皖效用，此直欲吏朱云耳，以一书辞而谢之。瞿景伊将诣涤帅，求书导意。又复作梅书，并附一诗云：道高无碍客诸侯，老病空思守一邱。避地登楼王粲赋，乘春买棹洞庭游。乱余事业轻戎马，世外交亲属海鸥。枉沐尺书期一见，空山芋栗待君求。以前书有意为我求一安隐之所也。晚为蓉舫作生日，并晤彭耕余、吴掖兰两君。

初二日。雨。自廿八日至今，困于酒食及求书者。是日归家。蓉初、觐堂固邀早饭，皆辞不赴。然犹以人客纷集，午刻乃启行。泥深人困，到家已三鼓矣。

初三日。大雨。致鉴堂、燮叔、意城三信。舆人高楚英以雨留息一日。

初四日。大雨连日夜不息。士人特识，在先脱除流俗气习，其见之施行以立功名者，皆其后也。秦汉之世，以富贵立声名，如萧望之之志节而怙权争党，有后人所不屑为者，亦气习使然也。故疏广、疏受以老归，而天下传诵。东汉尚气节，争名者攘臂为之，至死不顾，而郭林宗、黄宪、申屠蟠之流远矣。宋人讲道德、轻富贵，士多能超然远引，避权势，以去位为高。而文天祥颠沛流离，爱惜其身之一死，以存君国。凡此者，皆庶几免于流俗者也。君子之拘于见闻，染于气习者，皆谓之流俗。俗人之所趋而流焉，君子之所恶也。往在京师，见一事之得失，一人之用舍，俄而毁、俄而誉、俄而喜、俄而怒，万口附会，众目睢盱；不移时而议论又变，举国呶呶然互相辨论，问以事情之原委，漠然不知。袭古人之一说以为准则，问以古人之事势得失奚若，今日之时会因革奚若，茫然无以为应。凡此者，皆所谓流俗之是非也。三代以下，事之得失，人之贤否，蔽于流俗之议论，不得其实者多矣。论天下事以识为主。识力透出人一层，自能剖晰是非得失，不随众附会。故欲脱除流俗气习，以读书广识为本。隐，非义也。人皆骛于富贵，而独介然不屈，所以为贤。死谏，非正也。人皆习于避就，而独毅然不顾，所以为贤。是二者，流俗之所惊叹，亦必有超去流俗之心，乃能及之。若夫观理道之精微，揽天人之奥秘，审事于幾先，创论于独见，言之而人以为忤，行之而众以为疑，君子人与，流俗乌能测之。庄生云：大浸稽天而不溺，大旱金石流、土山焦而不热。超出流俗者，入流俗波靡之中而不失其守者也。

初五日。大雨。船山之论老子曰：天下之言道者，激俗而故反之则不公，偶见而乐持之则不经，凿慧而数扬之则不祥。三者之失，老子兼之。然其为道，无为自化，清静自正。文、景踵起而汔升平，张子房、孙仲和异尚而远危殆，用是物也。略录其粹语可为身心之益者，备省览焉：不见可欲，使心不乱。　多言数穷，不如守中。　上善若水，水善利万物而不争。　持而盈之，不如其已。揣而锐之，不可长保。金玉满堂，莫之能守。富贵而骄，自遗其咎。　见素抱朴，少私寡欲。　不自见故明，不自是故彰，不自伐故有功，不自矜故长。　虽有荣观，燕处超然。善人，不善人之师。不善人，善人之资。　以道佐人主者，不以兵强天下，其事好还。师之所处，荆棘生焉。大兵之后，必有凶年。　佳兵者，不祥之器，物或恶之，故有道者不处。　知人者智，自知者明，胜人者有力，自胜者强。知足者富，强行者有志，不失其所者久，死而不亡者寿。　鱼不可脱于深渊，邦之利器不可以示人。　处其厚不处〔其〕薄，居其实不居其华。　甚爱必大费，多藏必厚亡。　知足不辱，知止不殆，可以长久。　大成若缺，其用不敝。大盈若冲，其用不穷。大直若屈，大巧若拙，大辩若讷。　躁胜寒，静胜热，清静为天下正。　罪莫大于可欲，祸莫大于不知足，咎莫大于欲得。　为学日益，为道日损。　大道甚夷，而民好径。　我无为而民自化，我好静而民自正，我无事而民自富，我无欲而民自朴。　圣人方而不割，廉而不刿，直而不肆，光而不耀。　轻诺必寡信，多易必多难。　其安易持，其未兆易谋，其脆易判，其微易散。　慎终如始，则无败事。　江海所以为百谷王者，以其善下之。　善为士者不武，善战者不怒，善胜敌者不争，善用人者为之下。　天之道，不争而善胜，不言而善应，不召而自来，繟然而善谋。　民常不畏死，奈何以死惧之。　人之生柔弱，其死也坚强。草木之生也柔脆，其死也枯槁。故坚强者死之徒，柔弱者生之徒。是以兵强则不胜，木强则拱。坚强处下，柔弱处上。天下莫柔弱于水，而攻坚强者莫之能先，以其无以易之也。　信言不美，美言不信。善言不辩，辩言不善。知者不博，博者不知。

初六日。大雨。至是雨四昼夜矣，念军营之久苦，忧阴气之方沍，未知近日事势之变又复何如也，为之怆然。

初七日。意城寄来一信，并文中丞咨及各营信件。季高论皖围之非，以为一城而缀万七八千水陆之师，致皖南、江、鄂各处兵力皆单，极为有见。复意城一信，因论燮叔处理钱曹事，以为天下大乱之生，观此而可得其大概。往岁江西之于彭子文、刘筱粤，亦犹是也。乱者生于人心者也，即一乡一事观之，而决其为乱之无已时矣。年来他无所得，惟于周子之言幾，深悟其旨。圣贤处事，只重在一幾字。所谓幾者，动之微也。虽处一人，治一事，莫不有幾焉。一失其幾，而遂无以善其后。庸人之为祸天下，倍于权奸。权奸犹可指事以摘之，故不难于反其道以图功。庸人为祸天下无形无迹，愈久而愈不可挽。《书》曰：自作孽，不可逭。作孽而害己，作孽而害人，一也。自作孽者，固不自以为孽也，而孽被于天下矣。事无大小，其归一也。

初八日。雨。午刻，生一女。病妇垂危而能生育，此理之所不可晓。前后凡六生女，亦累甚矣。

初九日。往张家山、洞坑诸处，盖自三月初六日回故居后，至是始一出门也。

初十日。接莫子偲一信，时方在太湖营次。又欧阳生抄示沈朗亭司马、梁羲初水部两信，并言其从弟敦本名灿，有志向学，属其一诣鄙人，今亦未至也。

十一日。意城寄示沅浦两信，皖南北军务俱有捷报，或者其尚有转机欤。是日陈又愚回县。雨。

十二日。大雨倾盆，穷日夜不息，前后阶墀，积水深二寸许，满屋皆漏，屋前坝水奔响如雷，良可畏怖。船山云：末俗有习气，无性气。其见为必然而必为，见为不可而不为。以婞婞然自任者，何一而果其自好自恶者哉，皆习闻习见而据之，气遂为之使者也。习之中于气，如瘴之中人，中于所不及知。而其发也，血气皆为之漮涌。故气质之偏，可致曲也；嗜欲之动，可推以及人也。惟习气移人，为不可复施斤削。以此理天下之人才，考求士大夫之议论，其超出习气之外者，能几人哉。

十三日。雨。志城自县来信，言昨日之雨，河水暴涨，黄土、太合、朱家各围，已告溃矣。并接镜吾、觐堂各信。

十四日。县城专足至，递到李希庵中丞一信，相速往佐其军幕，辞甚恳挚。是夜，巢湘夫至，带到意城、清叔两信，并附王子怀司马、吴桐云舍人、刘霞兄枉寄三信，并录示沅浦各信。支持危险之局，良亦苦矣。

十五日。阴云四合，必雨必风，天意固欲料理各围垸，雨后继之以旱也。李菊潭专足递到一信。夜，大风雨。

十六日。大雨。复意城信，因论李金暘瑞州太阳墟之败，言招勇是今日第一敝政，如何钰等并在县招勇，恣意妄为，此岂可恃以平贼耶！李金暘之视何钰，相去几何？养生人和平之气以挽回气数，必先留意于此。光武以匹夫定天下，所任为将帅者，如来歙、寇恂、贾复，多诚笃君子。邓禹、冯异于光武初起之日，仗剑相从，所至招徕安集。吴汉之贤，犹时以所部兵掳掠，反复申戒。罗忠节、李忠武之起，犹守此义，故声名最著。今之论者，徒曰勇则授之，授之而又弃之，曾不为意；犹且曰，其勇可用也，勇者固如是也。苟如是而已，（运劫）〔劫运〕之引而日长，正不知其所终极也。

十七日。复舒范廷丈、姚直侯、姚庶侯三信。永晖自益阳归，接到陈作梅一信，现在檀树峰丁霖谱宅。

十八日。黄石山、左癸叟过谈，因留便饭。

十九日。雨。杨云冈专信求荐馆，随以一信复之，以为求荐达于巢由，人知其无济矣。是日遇一事极忤意，由许祥过不晓事故也。下午大雨，竟夜。

二十日。雨。自去岁九月初五日至今，凡八阅月，淫雨为灾，中间隔十馀日一见太阳而已。戊辰、己酉水灾，一雨数月，未能逾百日，今兹且二百馀日矣。灾变之大，无逾是者。

廿一日。雨。衡唐叔递到两信，其一则陈心泉观察信也。观察避地来南，邀予赴省一商去住之宜。人生去就行止，断之于心而已，非他人所能与谋也。予与观察，道固不同，何能为谋哉。

廿二日。雨。为罗麓山、巢湘夫两家谱序各一篇，谭荔仙《四照堂诗序》一篇。

廿三日。大雨穷日夜，寒甚。计沿江围垸当已溃决无馀矣，雨犹不止，何也？

廿四日。大雨。雨势滂滂。门首一山，相距百武，为云气所隐，不相见者四日矣。此何天哉。致意城信，因复衡叔及陈心泉、黎简堂、蔡与循四信，因周邦庆之便付去。

廿五日。大雨。《东晋十六国春秋》：一、匈奴刘渊据离石山西汾州永宁县，徙都蒲子，又徙平阳，国号汉。陷洛阳，又陷长安，使刘曜督陕西诸军事，封秦王。渊死，子聪篡立。聪死，粲立。靳准作乱，尽诛刘氏。刘曜自长安讨平之，遂称帝于长安，国号赵。二、匈奴别种曰羯，有石勒据襄国今顺德府，为刘渊将，与刘曜共平靳准，封赵公。后叛，曜自将攻勒将石生于金镛。勒驰救，与曜战，获之。遂并长安、洛阳称帝，徙都邺，亦号赵，谓之后赵。传其子虎，死。虎养子冉闵篡立，改国号曰魏，为燕慕容恪等所灭。三、鲜卑慕容廆世据辽东，子皝称燕王。皝子儁徙都蓟，称帝。传至慕容玮，为苻坚所灭。四、慕容垂自燕奔秦事苻坚，乘苻坚之败，请安集北方，略取冀州郡县，又北取蓟城，并邺及勃海、清河诸郡，都中山称帝，亦号燕，谓之后燕。时慕容永据长子称帝为西燕，垂并其地，传子宝，为魏拓拔珪所克。宝奔龙城，子盛复有辽西东地，寻被弑。慕容熙代立，为冯跋所并。五、慕容熙立，中卫将军冯跋作乱，推建威将军高云为主。云寻为其臣所杀，冯跋遂即天王位于龙城，号北燕。跋卒，弟宏篡立，为魏所并，宏奔高丽死。六、慕容德事慕容宝镇邺，会魏陷中山，宝奔保龙城。德弃邺走滑台，自称燕王，为南燕。滑台叛降魏，德遂引师南趋兖州，取琅琊、莒城，进克广固，遂都之，称帝。传兄子超，为刘裕所灭。七、氐蒲洪据洛阳，自称三秦王，改姓苻氏。传子健，据有长安，称帝，国号秦。健死，子生嗣。苻坚废生自立，灭燕，取仇池及凉河西地，陷晋汉中、成都、南乡诸郡。既而寇晋，败于淝水。关中乱，为慕容冲所逼，奔五将山，为姚苌所执。坚子丕守邺，困于慕容垂，西奔晋阳称帝，为慕容永所败，走死。族子登据雍称帝，为姚兴所杀。登子崇奔湟中称帝，为乞伏乾归所灭。八、羌姚弋仲据隃眉，徙居清河之滠头今真定府枣强县界内。子襄自河东图关中，败死。弟姚苌降秦。及苻坚败淝水，慕容垂起兵关东，慕容泓等应之，军华阴。坚使苻献讨之，以姚苌为司马。献败死，苌奔渭北马牧，集诸羌豪，称秦王，取北地、安定。会苻坚奔五将山，苌将吴忠执坚，杀之新平，遂南据长安称帝，亦号秦，谓之后秦。传子兴，兴卒，子泓嗣，为刘裕所灭。匈奴也，羯也，鲜卑也，氐也，羌也，所谓五胡也。九、鲜卑乞伏述延居苑川，徙居麦田，再传至司繁，降秦苻坚。及坚败，司繁子（兴）〔国〕仁叛秦，自称秦、河二州牧，居勇士城。苻登立，封国仁苑川王，寻卒。其弟乾归嗣为河南王，徙都金城。后苻崇称帝于湟中，乾归逐之。崇奔陇西杨定，与定共击乾归，皆败死。乾归遂取陇西郡，称秦王，徙都苑川，谓之西秦。后为姚兴所败，降于姚秦，留长安，遣其子炽磐监其部众，遂招结诸部，筑城嵻峎山，据之。旋克枹罕，乾归逃归苑川，令炽（盘）〔磐〕镇枹罕，而自徙都度坚山，仍称秦王。徙都苑川，降秦，又徙都谭郊，寻为乞伏公府所弑。炽磐遣兵诛讨之，迁于枹罕，袭南凉秃发氏，入乐都，并其地。及刘裕灭秦，炽磐因取秦上邽及滍川，旋为夏所侵。炽磐卒，子慕末立，为北凉沮渠蒙逊所逼，求降魏，又为夏人所拒。旋降夏，为夏所杀。时天水氐杨氏亦称秦，自杨腾世居仇池，五传至飞龙，以其甥令狐茂搜为嗣，益强。传子难敌，降于刘曜，旋奔汉中降成。又叛成，据成都。寻藩于晋，传子毅，为苻秦所并。苻丕复以杨定为雍州牧，自上邽徙治历城，仍称仇池公，称藩于晋。旋与苻崇攻乞伏乾归，败死，陇西地皆入于乾归。其从子盛先守仇池，仍称仇池公，乘谯纵之乱蜀，遣其兄子抚据汉中，为姚秦所攻，降于秦，复通于晋。晋封盛武都王，传子元，魏复封元南秦王。元死，弟难当篡立，自称大秦王。后仇池为魏所取，杨元子文德复据白崖，徙屯葭芦，后为魏所并。杨集起等复据武兴，立其兄子绍先为帝，魏复灭之。后魏乱，绍先复自洛阳逃还武兴称王。西魏中，达奚武入汉中，兼取武兴，杨氏始亡。当时割据，无若杨氏称秦历年之久者。以其臣属南北，据地无常，不与十六国之列。十、賨人李特乘关中乱，岁饥，率流民就谷汉川，寻入剑阁。会晋益州刺史赵廞据州叛，特往依之。旋攻廞，廞死。晋以梁州刺史罗尚为益州刺史。尚迫流民还秦，特因之作乱，据广汉，攻罗尚于成都。尚袭斩特。特弟流还据緜竹，徙据郫城。流卒，特子雄自称益州牧，攻罗尚，尚走，遂据成都称帝，国号成。雄卒，子期篡立。特弟子寿复废期自立，改国号曰汉。传子势，为桓温所灭，蜀地归于晋。及桓元陷江陵，益州刺史毛璩使其弟瑾出外水，参军谯纵出涪水，谋讨之。谯纵叛，杀毛瑾，益州城户李胜开门纳纵兵，杀毛璩。纵自称成都王，刘裕遣朱龄石讨灭之。十一、匈奴刘卫辰世居铁弗部落，为代王什翼犍所逼。秦苻坚击定代地，分代民为二部，自河以西皆属卫辰，为魏主珪所灭。少子赫连勃勃奔薛（于）〔干〕部，送之没奕（干）〔于〕。魏遣军击高平，勃勃奔秦州。姚兴以勃勃为安北将军、五原公。会秦与魏通，勃勃叛秦，自称大夏天王，筑统万城居之榆林西北故夏州城。及刘裕灭秦，勃勃进据安定，入长安，称夏。勃勃卒，子昌嗣。魏袭破统万，昌奔上邦，退屯平凉。寻攻安定，为魏将安颉所擒，其弟定奔还平凉称帝。魏取平凉，走保上邽。定旋灭西秦乞伏氏，又欲击北凉沮渠蒙逊而夺其地。吐谷浑王慕璝遣军邀击擒灭之。十二、晋凉州刺史张轨据姑臧，三传至重华，始称凉王。又数传，为苻秦所并。十三、吕光仕苻秦为骁骑将军，伐西域，降三十馀国。引还，遂据有凉州，称酒泉公、三河王，旋立子绍为天王，自称太上皇帝。光卒，庶子纂弑绍自立。吕超杀纂而立其兄隆。姚兴伐凉至姑臧，隆降秦，征隆入朝，以王尚为凉州刺史。吕光之凉，是为后凉。十四、鲜卑秃发乌孤世居河西，吕光遣使拜为河西鲜卑大都统，筑廉川堡而都之，自称西平王，改称武威王，旋徙乐都。乌孤卒，弟利鹿孤立，徙治西平，更称河西王。卒，弟褥檀立，称凉王，迁乐都。秦姚兴以为凉州刺史，代王尚镇姑臧，又迁姑臧。既而为沮渠蒙逊所侵，复还乐都，姑臧遂入于蒙逊。西秦乞伏炽砻复袭乐都破之，褥檀降，旋为炽砻所杀。秃发氏始据廉川，后取凉州洪池岭南广武、西平、乐都、湟河、浇河五郡，是为南凉。十五、匈奴沮渠蒙逊之先仕吕光。蒙逊叛光，攻酒泉、建康，推建康太守段业为凉州牧，又拔张掖，徙治焉，以蒙逊为张掖太守，又出为西安太守。蒙逊自西安袭杀业，自称凉州牧、张掖公。旋取南凉姑臧，徙治，称河西王，又并西凉李氏地。魏拜蒙逊为凉州牧、凉王。卒，子牧犍嗣。魏主拔姑臧，牧犍降。牧犍弟无讳起兵敦煌，拔魏酒泉。魏以为凉州牧、酒泉王。魏旋取酒泉，无讳弃敦煌，夺据鄯善地。旋据高昌，降宋，宋封为河西王。无讳卒，弟安国立，袭拔车师前部城，旋为桑然所灭。沮渠氏之起，为北凉。十六、陇西李暠仕段业为效谷令，敦煌护军郭谦等推暠为敦煌太守，业旋以暠为沙州刺史、凉公。又取北凉酒泉，自称秦、凉二州牧，迁治酒泉，传子歆，为北凉沮渠蒙逊所灭。凡二赵刘渊之汉附于前赵，冉闵之魏附于后赵，四燕慕容永之西燕为慕容垂所并，附于后燕，三秦杨氏据仇池称南秦王，尝臣附南北间，故不称国，一蜀谯纵称成都王，不立国，附于李氏，一夏，五凉。后魏拓拔氏为鲜卑索头部，至猗卢刘琨来，为大单于，封代公，数传至什翼犍，始城盛乐居之。后苻秦定代地，分为二部，河以东属刘库仁，河以西属刘卫辰，一传为赫连勃勃，皆匈奴种也。苻秦乱，诸部共推拓拔珪为代王为魏道武，复居乐盛，改称魏王，并东西部，克中山后燕国都，尽取慕容燕河北地，又取邺南燕慕容德国都，因迁平城称帝。再传至焘魏太武，当宋元嘉时克统万，并夏。夏主赫连定复灭西秦，旋为吐谷浑所擒，献于魏。悉定关中地。灭北燕冯氏，取辽西，又取姑臧，灭北（燕）〔凉〕沮渠氏。宋平杨秦，仇池地亦入于魏。尽有吐谷浑枹罕地，击降鄯善，平西域。再传至孝文，长、淮以北，皆为魏有，遂徙都洛阳。齐、梁之际，寿春、合肥、淮西诸郡皆入于魏，又取汉中至剑阁。其后六镇叛魏置缘边六镇。曰武川大同府北塞外，曰抚冥在武川东，曰怀朔在武川西，曰怀荒在大同府东北，曰柔玄在怀荒东，曰御夷在宣府。迁洛后边任益轻，将士失所，乘怨悖叛，容秀酋长尔朱荣以讨贼功都督并、肆、唐、汾、恒、云六州诸军事。会魏胡太后弑其主诩，荣起兵晋阳，入河内，至河阳，立长乐王子攸，而沉胡太后并幼主钊于河，遂入洛阳。会梁送元颢入洛，魏主攸北走。荣复南击颢，定河南地。荣功多骄横，魏主诛之。尔朱世隆、尔朱兆等纵兵犯阙，弑魏主攸。其时高欢起兵信都，克殷州，奉渤海太守元朗为帝，遂拔邺。尔朱兆攻邺，战败。欢遂入洛，幽魏主恭，并废朗而立平阳王修。击尔朱兆，取晋阳。兆走死。魏主与欢贰，欢自晋阳引兵南下，魏主西走长安，是为孝武，号西魏。欢入洛，立清河王世子善见。以洛阳西逼西魏，南近梁境，乃迁邺，是为孝静，号东魏。欢卒，子澄篡魏自立，国号齐。传至高纬，为宇文周所灭。宇文泰者，故事尔朱荣，荣使从贺拔岳入关中，岳为（泰）〔秦〕州刺史侯莫陈悦所杀。众推泰为主，魏主修即命泰统岳军，泰因击杀（陈）悦，抚定关中。会魏主为高欢所逼，泰迎魏主入长安，寻鸩魏主而立南阳王宝。传子觉，废魏主廓而篡其位。至武帝邕，遂并高齐，兼取陈淮南地。数传至阐，为隋公杨坚所篡。灭陈，天下始统一于隋。五胡之乱，以鲜卑为强盛，匈奴次之。

廿六日。大雨。意城寄到赵搢卿信，并寄其兄振卿学博遗集，属为删定。阅之怃然。

廿七日。大雨。复意城信，并缄复赵靖卿，兼寄《罗（序）〔氏〕谱序》与麓山，巢氏谱序与湘夫，并以一书致之。

廿八日。大雨。接任萼堂信，随以一信报之，并致应扬、子敬两侄各一信。

廿九日。早雨。是夕，梦至一古刹，殿阁周回，内院一长老趺坐不语。予知其道行高妙，故笑侮之，大声曰：循师得佛勉唐梦中似以勉唐为长老名，卓锡植地成根，请下一语。长老以麈尾拂予，予不觉屈服，随长老历拜诸佛。最后登一山，长老前行甚速，一沙弥扶予以从，至阁而醒，情形犹历历也。

五月

五月初一日戊子。是日微见日光，而山头云气迷漫，散而旋聚，又大风不止，必非开晴之征矣。

初二日。下午雨。焕南为三槐致书，因书示焕南以达三槐。其家孤穷，可怜念也。张酉丈使至，并以一书报之。

初三日。大雨。篪儿自沙坪归，述悉舒棠阶家人之言，谓在予家无月钱以供给之，其言甚怪。果信也，则是子之无成就可知，其家人之无道理尤可知矣。为之惘然。

初四日。早雨。劳芗林大令专足枉书，唐曦臣亦专足至。各以一书报之。

初五日。午雨。以迁回此屋未谢土神，是日撰《谢土文》，命次芗与篪儿相礼，申祭谢之意。

初六日。陈恭人以午刻弃世，惨悼惨悼！

初七日。大雨倾盆，竟日不息。遣人运棺具于沙坪，二鼓始到。

初八日。鉴堂、又愚辈自县来会吊，应扬、子敬诸侄亦至。

初九日。权厝陈恭人于屋右园中，以李桂仙、李昭轩、陈鉴堂力阻赴县，其言甚恳至，勉从之。始意欲葬恭人于萧堂冲，诸君以为天雨水涨，萧家冲逼近洋沙湖，恐为水阻，道途艰险，宜俟秋冬之交再谋栖葬可也。是日微雨。

初十日。接钱六岑、毛俊卿及海珊侄三信。意城自省来会哭。并接到王少鹤农部一信。

十一日。希庵中丞遣守备刘金兰、朱安国二人持书来请，并致路费。百端解譬之，令其回营消差，两弁不允也。午邀罗两明、左癸叟、周桂午便饭。

十二日。裕时卿廉访遣足致奠并书。是日为恭人初七之期，焚冥镪并屋。

十三日。意城回沙坪，因复希庵中丞书，属其邮寄，并所致二百金带省觅还。又复时卿廉访一信。篪儿仍随意城赴沙坪读书，送之出门，凄然泪下。

十四日。接曾澄侯信，并致挽陈恭人联。黄南坡、薛明府及周顺堂、成静斋、瞿石云诸人各致挽悬，随复澄侯一信。

十五日。毛寄云中丞遣周弁致书，邀予赴省，意甚勤恳，并致陈恭人奠仪。随复一书。

十六日。邹秋珊来吊，询知木料上一尺围曰一贯，价三分。尺一，四分。尺二，五分。尺（一）〔三〕，六分。尺四，七分。尺五，九分加一分，再大则每加三分。尺六，一钱二分。尺七，一钱五分。尺八，一钱八分。尺九，二钱三分尺九以上，每加五分。二尺五以上，每加一钱。三尺以上，则每加一两矣。凡木三排曰一椙排有大小，深或数十层，每以三层为一椙，多少不一。年来木价极贱，而山中求木不可得，徒疑其贵而已。诸物市价之不能知者，多也。

十七日。彭丽生信，报知其次子婚期，以所聘谢吉人之女，予曾为之媒说故也。随以一书复之。

十八日。致咏公一缄，并复莫子偲、周寿山两信。始桂伍约专足赴太湖，书成交之，则启行尚无期日。仍交意城带省，由驿递寄也。

十九日。张次山来，接到张西山、子伟两丈信。意城递到张紫联、赵玉斑两同年慰信，当复两信，仍交意城转递。

廿日。邹召臣寄到一信，当复数行，并书寄鉴堂，速其赴县。

廿一日。接到秦鹿笙一信，并黄麓溪、王南池、黄子昭、泖范吾四君挽悬。

廿二日。遣人专信意城，为李桂仙、任幼申二人约往菜园坪看屋。人去未逾时，任、李二人又来辞。盖此事反复至于五六，乡人之诈而愚，甚无谓也。予以须一当面诘之，未允其辞。

廿三日。至菜园坪，任石楼、甘少和均在。予历指任氏兄弟反复事状，痛诘之。会子敬侄至，予遂归。是日下午雨。

廿四日。雨。子敬侄自坡阴来，带到冯树堂、胡心泉、刘玉田各信。当复树堂一信，交敬侄带沙坪觅便寄去。

廿五日。大雨。接意城信，因寄王少鹤农部一信，交意城寄京，又寄周寿珊一信。

廿六日。李桂仙约至螺头湾坪上看屋。是日热甚。意城递到姚直侯一片，并岗茶、竹筷二事。

廿七日。雨。应扬侄谋置石灰坑刘行之、刘宝山一公屋，为之极力经营。乡人得尺进寸，所欲无厌，且乐持人之缓急，贫富皆然。人心之坏如此，可叹也。

廿八日。湘潭谭荔仙来访。意城递到舒仲和一信，又沈朗亭总宪信，去十二月书由咏之宫保转寄，阅时半载始到，阅之怃然。

廿九日。谭荔仙赴县，因致邹秋珊、觐堂、少兰三信，并为意城购买（米）〔木〕料事也。

卅日。有名陈鸣高者，忽来山中相访，盖十年前曾在鄂城一面者也。可为无谓之应酬矣。

六月

六月初一日戊午。应扬侄谋置石坑一庄，以肩舆来接。随由石灰坑至张家洞。乡人识见之猥下，难与交涉，至二鼓乃得归。

初二日。志城专高楚英至，接到一信，随以一信复之。晚，得意城书，并递到曾沅浦、舒赓飏弟名范亭，侄名馨谷、柳浦珊、李眉生四信。

初三日。复浦珊，并致崔春圃柏轩刺史之世兄一信。又鉴堂专足至，亦以一书报之。是日微雨。傍晚，李眉生至。

初四日。寄云中丞专足送下一信，因长沙绅士方议编辑《忠义录》，属予以主纂之役也。当以一信报之。

初五日。与眉生谈京邑事连日夜，并及初见咏之中丞讲云：子非军旅才也，吏才也。以子光明俊伟之姿，何施不可。吾语子有三知：知稼穑之艰难。能知此，则一切耳目玩好，金玉珍宝，视之皆粪土耳。知小民之依。知人之情伪。如此一年，羽翼既成，横绝四海，子之所能也。因及京师翁邃庵相国语云：士人立身，如持径尺之璧，兢兢业业，惟惧失坠。偶一失足，堕地粉碎，一文不值矣。

初六日。接到李月溪、鉴堂、镐丞三信。眉生云：丁果臣不知大体，文任吾、夏古彝局面太小。二语评论极中款要。黄州之警，胡夫人挈家南归，果臣力阻之。夫人言：老爷在城，则老爷殉城，吾殉老爷可也，老爷不在城，吾谁主乎？果臣怒，悉疏闻警避逃者之名以告，而以夫人为首。果臣直矣，而未知义也。以事论，则宫保宜责夫人以守死，果臣宜力劝之行，夫人端拱以听焉可也。果臣力攘忠节二字之名，而不知义，谓之不达大体也，固宜。

初七日，书致希庵中丞，缘刘，朱两守备守催日久，以此促之行。又书致壬秋，致其太夫人之奠。眉生言：范陶圃学博论冯树堂办事有才有力量，惜客气太重，用刑太酷。树堂客气重，评论甚允。客气最害事。以义揆事，持大体，可以消除客气。客气最足以鼓动世俗之人，而君子羞之。李西沤每讲内心，客气者，无内心者也。天下事非气不能举，劲气直达，义理沛然，非客气之所能胜也。不侮鳏寡，不畏强御，乃真气胜。不知交情，不感恩，必非豪杰。要知交情以义不以利。感恩者，存之心，措之事，光明磊落，而非以利相比附也。受人恩而神为之移，气为之慑，亦是力量不足处。矫枉过正，非义也。君子行吾义之所安而已，何容矫枉以立名乎？自是而不明理，终身无长进。眉生言：浙江王雪轩任麟椒圃、邓弥之两少年，实心实力，甚于事有济。吾谓四川崇朴山任桂东生、黄子襄两少年亦然。大抵少年有才者尽多能。稍阅历险阻，又有师友之助，知道理，便能自立。要之，事功之在天下，声名之在一身，均之命也。眉生言：李申甫论朋友之过是至诚，皞丞是有意沽直名，申甫于毁誉毫不动心，力量极大。又言：申甫于人过失，毫不假借，痛切言之，是芒硝大黄。赵元卿人品绝高，无嗜欲，是一（幅）〔服〕清凉散。范云吉厚道，有规矩准则，是十全大补汤。眉生又言：龙皞臣好名，王壬秋负气。皞臣事事检点，而尹杏农能于背后痛发其阴私。杏农自以为有节义声名，而吾辈终不敢信其心。总之，诚能动物；不诚，未有能动者也。尹杏农之忤郑邸，杨缃芸之忤肃尚书，皆耸动一时，而毫无当于事理，只是客气。

初八日。眉生回长沙。遣人赴县，顺寄觐堂、郁文两信。

初九日。意城递到涤公一信，又清叔及罗麓山两信，并由篪儿带回。

初十日。郁文来为内人作五七。意城以是日移居桃洞，未能往也。吴乐轩明府递到希庵中丞及方子白两信。

十一日。与郁文至桃洞，接到彭海春一信。

十二日。接高蓉初及蟠西两信，随即复书，并复吴乐轩明府、李月溪，共四信。

十三日。下午大雨。是日入头伏，俗所谓穿秋漏伏也。山中天气凉甚，犹着夹衣。

十四日。阴。黄晓村来，谈及近事，多可笑者。夜雨。

十五日。夜大雨。眉生回省，枉寄一信，由意城递到，是日始见之。

十六日。意城来，递到陈鹤丈、张竹汀、赵玉班三信。又玉班录示霞兄一信，报黄子春之丧，盖定远战贼大捷，穷追遇伏而死也。子春沉毅明快，足以肩任艰巨，闻此为之痛悼无已。夜雨。

十七日。午雨。复涤帅、希帅、沅浦、霞兄、玉班、子白六信，又诸致挽陈恭人者舒赓飏、舒仲和、王南池、黄麓溪、黄子昭、柳范吾、刘玉田、胡心泉、夏介峰、秦鹿笙、彭海春，各以一信报之。邹秋珊至，再致陈鉴堂一书。

十八日。篪儿赴桃木洞读书。意城即以是日赴省。检晒皮衣，家无仆从，躬自劳顿，两臂及腰腿胀痛不可耐。年老气血益衰，不堪劳苦，此可验矣。自入伏以后，仅此一日无雨。

十九日。阴。午雨。罗两明、周子诚各遣足致书，并以一书报之。

二十日。阴。吴楚材参戎遣其属蔡笃生都府来山中致奠。人马腾踊，家惟一仆，颇疲于伺应，留一饭而去。蔡都府述及三河镇情事，相与慨然。时兵勇近万人，得去者二千，蔡亦凫水得免者也。

廿一日。阴。中午雨。次香来，接其尊人湘林大令一信。邹召臣重专足送书，阅之不胜怃然。

廿二日。阴，微雨。周子城约往桐子坡看屋，转至张家洞，因晚且雨，遂留宿。

廿三日。阴，微雨。接李仲云、崔春浦、罗研生、萧恒士、左季高五信。彗星出北斗下，其光竟天，愈上则光愈缩，顷出北斗六丈许，光可二三寸而已。志城信言：凡火在下，则光斜出甚长。愈举愈高，则光见短。彗星渐升天顶，自下视之，光芒缩上，故见短耳，非真其光之敛也。予谓志城所见甚是。然彗之为星，其光直射，亦但以所见之长短为占应。西法言：彗本有星，隐见以时，其星大小不一。此理可信。阴阳占验家但据所见以定灾祥，不复论其本质也。前岁彗星周天而横行，今兹彗星冲天而直上，二者行度皆极速，可畏怖。

廿四日。左景桥来谈，以谓余出处讫无定见。此言非也。出处之预定，义也，而不能不眷眷于涤、咏两公。思一视之，亦义也。此与出处有别，不可执一而论。

廿五日。得燮廷叔一信，畅论邹召臣事，随以一书报之。邹事始末，以臆度之，谓其理是而所行甚非。燮叔之言，亦非确论。

廿六日。方晓春自桃洞来，知近日西水大涨，文星桥石阑又已淹没，为之怃然。

廿七日。李桂仙来，思为鄂渚之游，以商之我。吾谓商出处者不于巢由，而今人多商及我。洗耳无渊，漫应之而已。是日，次芗专人赴省，附寄意城数行。

廿八日。李桂仙约往唐家洞看田屋，距桃洞可四五里。

廿九日。挽文式岩方伯之父济堂先生一联云：早岁辞荣，卅年棠笏贻留，就养亲逢权纛日；大贤去位，几日菰庐哀毁，荐醪心怆梦鸡年。

七月

七月初一日丁亥。赴宝树湾为祖母祝寿，便道至桃木洞，偕任萼堂及埙侄同行。

初二日。立秋。瞿熙臣至宝树湾，带交邓小芸、林琴生二信。小芸寄所撰古文一部，名《双梧山馆文钞》，并刻吾《家谱序》一篇，初未尝寄我也。是日祝寿者凡十四席。

初三日。从宝树湾回，热甚。意城寄到陈葵心、嵇月生、小芸、翰丹四信。葵心以彭鸿轩委催平勇，得返长沙。南翁因委办安化东征办局，予竟不知其行踪也，得其信，甚慰。

初四日。寄复希庵中丞、方子白、吴桐云并李仲云、陈少湘五信，由埙侄便带桃木洞，以便递交意城转达。前后凡三复希帅书，一交来弁，一交意城。来弁不肯回营，意城又将所寄信附回，谓必促来弁回营为宜，因复缮此一信交之，来弁仍不受也。仍以交意城由驿递寄。

初五日。赴张家洞为九叔母祝寿。是日热甚。

初六日。意城寄到姚庶侯、舒范廷、易笏山三信。笏山为籥帅募勇湘中，新自蜀归也。

初七日。午雨。晴十馀日，而乡间已苦旱。午间一雨，未足以润土之干燥也。

初八日。午雨。意城寄到吴又桓并帅抑斋世兄二信。

初九日。周子城、李桂仙、周孔瑞先后至。子城以口角，桂仙、孔瑞以置业，纷纷来议，相聒竟日，意甚苦之。

初十日。罗麓山言：东汇泽为彭蠡，有以巢湖当彭蠡者。汉水东会彭蠡，水道地势皆不合宜。朱子竟欲去此二语也。予谓圣人之书，语简而意包。玩此二节，而东南诸大水无不包括。北条之水河为大，南条之水江为大，人皆知之矣。而汉水之源远流长，实足与江相抗。江、汉合而江不得专主其名，故以汉水为北江。入江之水，大川三。其一汉水，其次湖南之洞庭，其次江西之彭蠡。《禹贡》导江之文，于湖南之水括之曰：至于澧，过九江；至于东陵，东迤而北会汉水，以达于汇。汇者，彭蠡之水出会江汉，为南条之水一大汇也。而于导汉之文，疏之曰：南入于江，乃东而达于汇。此所汇之泽，乃彭蠡之水所注也。两汇字遥相照应，而于汉水疏明之，何得牵入巢湘一水以当彭蠡也。王船山以今扬子江为北江；而谓江水自当涂以达高淳，入太湖为吴淞江者，即《禹贡》之中江；其分流为今东江者，即《禹贡》之南江。以证《禹贡》三江之文，引据明畅，旷越前贤。独谓九江为江南北两岸之水，起（儁）〔嶲〕水以达巴河，以证《禹贡》九江之文，则牵引附会，证以《禹贡》过九江至于东陵一语，已不能通矣。

十一日。黄石山、周半溪、桂伍、左癸叟、壬叟过饭。缮京信三缄：陈鹤丈、沈朗亭尚书、张竹汀比部；省信十三缄：文式岩方伯、葆芝岑观察、吴又桓刺史、林琴生大令、马云庄、陈葵心、罗研生、邓小芸、易笏山、嵇月生、萧蘅士并凌海及帅世兄。李申甫谓来往书札大足为我之累，信不诬矣。

十二日。李鹿苹过谈。以前来往各信，又稍清厘矣。

辛酉七月十三日己亥。过景乔、鹿苹、桂坞三处谈。人相饰以文之谓贲。夫子筮《易》，得贲而愀然曰：山下有火，贲，非正色也，受饰于人者也。故曰：丹漆不文，白玉不斫，质有馀者，不受饰也。三复卦义而心惧焉。初九以阳居下，二来饰之，而独介然无所施饰于人，其占为舍车而徒。夫子释之曰：义弗乘也。吾当以之。

十四日。江幼陶书属撰《江忠烈祠记》并江氏《继忠义馆记》，诺之月馀矣，是日始撰得之。

十五日。校订《罗忠节公诗文》。忠节所著书，已刻者曰《西铭讲义》，曰《人极衍义》，曰《姚江学辨》，曰《读孟子札记》，曰《周易附说》，曰《小学韵语》。其子两明谋刻其遗文，属予校定也。其军中草有得左季高书一律曰：事业极尧舜，浮云过太虚。矧兹一战迹，犹未奠皇舆。世事知何极，臣心敢负初。亢龙终有悔，时展故人书。忠节克复武昌，与朱尧阶书曰：吾辈治兵，而君与筠仙、树堂筹饷，天下事乃取办吾辈数人之手。盖偶以是为笑乐也。后九江水师挫败，季高乃援此信以归咎忠节之骄功，故忠节诗云尔。

十六日。得意城信，并附致沅浦、季洪、玉班、性农四信。性农并寄所刻《移芝室古文》、《乱定草》诗，沅浦寄涤公所书曾子固拟《岘台记》墨刻。晚又得易海青、李试吾、吴蓉舫、罗濒南、左敏夫、高绮园各信。是日，周石帆、李桂仙集乡人割牲，祷于土地祠祈雨。予以先太恭人忌辰，未往也。

十七日。辰刻大风雨，晦冥，雷声隐然，人以为蛟异也。巳刻，诣左景乔，沿途禾皆偃仆，茅屋多被破裂者，拔出树株，亦多有之。景乔夫人五十寿，同坐黄石山、陈定生、周桂坞数人而已。语次及鲍春霆军门、江渭耕观察，所过残灭如项羽，为之流涕。此时大患在饷乏，饷足而后可言练兵。如诸军者，岂能望以止乱哉，徒生乱而已矣。景乔以邵又村而痛诋浙江绅士，以杜云巢而痛诋山东绅士其言与东抚文煜如出一辙，吾甚怪之，故力为发明其义如此。吾谓天下绅士一也，顾用之何如耳。江浙风气柔靡而多私，又显宦过多，微有不同。大抵有才气者多而有志节者少，其通弊也。山东乃多朴实醇谨之士，岂可以杜氏一人概论之。天下事着不得一毫意见。程子云：廓然大公，物来顺应。此境自不易到。而任天下事者，要须时时体察此二语乃得。

十八日。雨。复周寿珊、易海青、李试吾、罗濒南、吴蓉舫、左敏夫、高绮园各信。寿珊以希公相求甚迫，当受其招。周游各营，此鄙人本志也。魏野之周旋公相，不必为希利。然为闲云之来去则可，受使聘则不可。自古亦岂有迫促使出之贤豪哉。处事要大端看得到，持得定，而发之轻重适宜。大端是义，轻重适宜，是圣人精义之学。治心之法，无过瑟僩二字。瑟训严密，如铜墙铁壁，无隙可乘，物欲自消其窥伺之萌。僩训武毅，如主帅按剑，见者股（厉）〔栗〕，物欲自夺其凭陵之气。而今吾辈灵台，四无墙壁，如露地钱财，有手皆取。又孱弱无能，如败残俘虏，落胆从人。物欲不待投间抵隙，都是他家产业；不待硬迫软求，都是他家奴仆，更有甚说？新吾此段论瑟僩义极精透，陈文恭公呻吟语节要竟未录入，此不可晓。

十九日。阴。李桂仙自桃洞带交埙侄一信。东林僧过谈，言唐鹤九以唐荫云太守之命相招视疾，渠以与太守故不相识，辞不赴也。东林自是高雅，吾儒当愧之。

二十日。得劳芗林信，言临湘一带，夷商贩茶者踵至，曾缄告局宪，当由督抚派员与议章程，至今无回信。芗林所见甚允。吾尝谓中国之于夷人，可以明目张胆与之划定章程，而中国一味怕。夷人断不可欺，而中国一味诈。中国尽多事，彝人尽强，一切以理自处，杜其横逆之萌，而不可稍撄其怒，而中国一味蛮。

彼有情可以揣度，有理可以制伏，而中国一味蠢。真乃无可如何。夷患至今已成，无论中国所以处之何如，总之为祸而已。然能揣其情，以柔相制，其祸迟而小。不能知其情，而欲以刚相胜，以急撄其怒，其祸速而大。此又自古以来夷祸之一变局也。　今江淮之贼，夷人与为接济，要之为利而已。前年在天津，原言今日关键，所争至大。能于和约中节出内江埠头及到处游行二条，即国家世受其利。即不然，而与中国交涉事宜，宜乘此时与之划定，亦省将来无数唇舌。此等皆关机要，而决非反复诱击之，以诈相胜，可以安然无事者也。僧邸始终不悟，遂致去秋城下之盟，惟所胁持。与中国交易，与贼交易，一也。彼乌知顺逆哉，利而已矣。凡事反躬自省，追究其所由来，以求斡旋补救之术。圣贤生今世，亦无有易此者矣，悻悻相诟何补哉。　景老述悉衡州之驱逐夷人，及省城会议不准夷人入城，以为士气。吾谓夷人顷所争，利耳，并无致死于我之心。诸公所谓士气，乃以速祸而召殃者也。左悺、贝瑗诛，而张让之权始盛。匈奴诸部降，鲜卑慕容廆入见，而刘、石之乱乃成。章惇、吕惠卿黜，而绍圣之祸益烈。杨涟疏入，魏忠贤涕泣，而天启之政乃溃决而不可支。油方炙也，而以水沃之，以为足以慑其气，而不知其一反而为厉，尤甚也。圣贤之所长顾而深虑，亦豪杰之士之所隐笑而窃叹者也。今之所为，视古之事，情事既有不侔，名义尤无可据。将恶其教耶？则亦各制其人，各防其族而已矣。夷人未至，而教已行。一城以外，四境之地方长，夫谁禁之？将恶其人耶？则彼假诏旨以行矣。曹操挟天子令诸侯，山东诸将莫能胜也。将欲申明大义，而先违诏旨，可乎？嚣嚣一哄之气，君子之所甚忧也。船山云：末俗有习气，无性气。其见以为必然而必为，见以为不可而不为。以悻悻然自任者，何一而果其自好自恶者哉，由习见习闻而据之，气遂为之使者也。习之中于气，如瘴之中人，中于所不及知。而其发也，血气皆为之濆涌。是故气质之偏，可曲致也；嗜欲之动，可推以及人也。惟习气之中人，为不可复施斤削。伟哉言也。自汉以来，惟宋人道学之禁，由小人狎侮君子。然害不及于其身，而道益明，君子无损也。汉人则多尚气节而不明理，而其气之盛，自足以贯金石、感鬼神，而不可磨灭。明人多托以为名，而气嚣焉。其反也，而馁以至今日。朝廷之上，靡焉气尽。而为士者，习闻汉、明以来之气节而浮慕之，乃以其随波而靡者谓之士气。言者悻然，闻者茀然，问以事之本末，理之是非得失，茫然莫能知也。庄生之言曰：与物相刃相靡，其行尽如驰而莫之能止，可不谓大哀耶？君子辨乎此，而后可与论事，可与论道。夷人初至天津，中国之体外夷之情，事机之成败得失，理势之强弱，所关甚大。此君子之所从容审量，精思秘运，以绥定天下于无形者。朝无大臣，群论嚣然，遂以郁成今日之巨祸。而天下相与发愤流涕，慷慨论争，如醉呓然，而谓之士气，皆所见之中于习气者也，随波而靡者也。

汉唐规模阔大，明人精密，亦时会所趋应尔。阔大者质胜，而实有馀。精密者文胜，而名有馀。汉时国有大事，延访群臣，议郎博士，皆与朝议，人主每采其言而用之，而大臣不以为嫌，天下不以为嚣。无他，实胜故也。明人则一人言之，咻咻然群起而和之，学士大夫采其一疏，互相标榜曰，是真敢言者也。无他，名胜故也。观此可以知世变矣。　帝王所以鼓舞天下之人心者，曰名，曰利。三代尚矣。春秋承周之末，礼教未衰，而名系焉。战国奔趋于利，而西汉承之。王莽篡，臣民颂功德者数万人，而名教以泯者，利胜之弊也。东汉一矫以名，延及末年，士大夫以节义相矜，而党祸以起。魏兴，毁礼教之闲，历六朝以嬗于唐，数百年治天下之具，多依于利。至宋而又相奖以名，而人才茂焉。

元之天下，利胜于名。明之天下，名胜于利。名胜，则士大夫之气嚣；其弊也，至于怙刚恃气，犯上而无君。利胜，则士大夫之气靡；其弊也，至于营利殉欲，背公而忘亲。夫子以为殷周相因，所损益可知也，此亦天下自然之势也。　名利之胜，时会所趋然也，而朝廷实为之纲维。名之所趋，贬之逐之窜之杀之，久而其事益白，人主洒然下诏而崇褒之，而名益显，位益崇。人知其屈者小而伸者大也，则中材勉焉，群相奖慕，而遂积为风俗。亦时有悍然不顾死生利害者出其中，其渐渍然也。人主以名与人，人遂矜而尚焉者也。朝廷以法制相禁，以功过相绳，奔走天下之臣民，以奉一人之约束，而不肯以名与人，使人主为天下任过。如牧羊然，丰其水草，相其牧地，驱策之而已。操利以御天下，天下亦奔而趋焉，其势固然也，今日之天下是也。风俗之积数百年，以相激而相反。论者徒曰诛之窜之，而士气以奋，未若今之消磨无形也。观古人之已事而为之言，而不揣其本，以误天下后世有馀矣。　习气者，流俗之所靡靡藉藉以相趋者也。而君子远之，无他，识胜故也。平帝立，群臣颂莽功德，孔光、刘歆附之，以窃大位，而翟义起兵东郡。光武以谶纬兴，终汉之世，大儒如郑康成犹溺其说，而桓谭不读谶书。西汉之士，乐趋荣利，而疏广、疏受自免归。东汉尚气节，士习为危言激行，而申屠蟠萧然独远。唐玄、肃以后，藩镇擅权，以李光弼之贤，臣节不终，而郭子仪独为纯臣。宋人尚名义，轻爵位，贤者有难进易退之心，而文天祥崎岖险阻，九死不悔，以存君国。刘表在荆州，士多依以避难，繁钦、王粲轻表，志在归魏，孟公威亦思乡里，而诸葛公远视万物之表，不仕，亦不去也。凡此者，皆庶几免于流俗者也。

廿一日。由意城处寄复曾沅浦、赵玉班、江幼陶、杨性农、易笏山五信。沅浦寄陈恭人奠敬百金，吾受八金，复书言仿涤公受赙之旨，酌量拜领。记前岁山东，周历海口二十馀县，拒绝包苴。后闻明观察奉中丞扎委，所过凡得五千金，门包亦千金。王壬秋乃相咎曰：君何为若是，是特中涤公之毒耳。吾笑曰：涤公自中古昔圣贤之毒深也。因复沅浦书，偶忆及王壬秋之言，为之失笑。邹秋珊自益阳归，予为剖析其前后所以处事应变之失，而责其语言之虚浮，因谕之曰：天下一理而已。理为势屈，则姑自贬损焉，而无与势抗，使吾理积之益厚。理为情隐，则益引情而达之于理，而后足以自立。无论所处境地何如，而皆不能外此者也。秋珊屈服曰：先生此言，于处事接人之道，裨益不少。独不早从公游，憾闻此语之晚耳。予为慰而遣之。

廿二日。得清叔信，便复数语。长新侄赴新市，为致玉山叔一书。蒯岳青专信至，亦以一信报之。蒯家世甚微，而能诗文，予颇赏之。邑人多以为疑，可叹。　君子存之心者有定见，措之事者有定守，一不随流俗转移，可以为士气矣。《魏志》：卢钦称徐邈曰：或问徐公当武帝时，人以为通；自在凉州，及还京都，人以为介。何也？答曰：往者毛孝先、崔季珪用事，贵清素之士，于时皆变易车服以求名高，而徐公不改其常，故人以为通。比来天下奢靡，转相仿效，而徐公雅尚自若，不与俗同。故前日之通，乃今日之介也。是世人之无常，而徐公之有常也。若徐邈者，可以为士气矣。世乃以其悻悻然蜂拥而起者，谓之士气。其外厖然，其中枵然，是人之是而不知所以是也，非人之非而不知所以非也。庄生之言曰：所谓聪者，非闻彼也，自闻而已。所谓明者，非见彼也，自见而已。知此而后可以语气。　气，用独者也。君子特立独行，高视物表，而用之以配道与义者也。三军之事，气之积也。戚少保言：虽有勇夫，不能独进；虽有怯士，不能独退。所以齐人心以厚其气之用也。故用众者莫如军旅，而合千万人以听大帅一人之指挥，则仍用独者也。漫然无纪者，将必亡。嚣然而恃士卒之强者，军必偾。百战百胜而气不挫，无他故也，将强而已矣。故夫气，用独者也。身处卑约，无官守之寄，而怙众持权，哗然以起，顽民以之抗粮，逆民以之称乱，谓之气可乎？君子之用气也，仁以为任，内自饬也。匹夫不可夺志，外自毖也。非义者远之，而以身为律也。乱吾道者拒之，而以言为万世法也。外此，非吾之所敢知也。　为政有实心，有妙用。流俗之见之所争持，顺之而政体失，违之而人言益嚣，语言所不能禁，文告所不能施，乃于其中求一间焉，蔽罪于一二人而急正其名，以慑群起相持者之气，而息其纷争。不待施刑而人心以肃，不待烦言而众辩以消。此圣人之所谓权也。事之是非可否且听之人，而吾弗辨焉，别求一隙而示以众著之义，使皆敛容退听而不敢措一辞，故曰妙用也。寄云中丞之停乡试，托于匿名一帖，明言正辞，以止其议。士气之嚣也，乱之机也。惧其乱而谕止之，是益其嚣也。假法以禁之，士气之伤又多。中丞一举而士气之嚣消弭无形，人无有能知其妙用者矣。天下之嚣气靖而后天下之正气昌，能知此者难矣。此当国大臣之事也。气之嚣也，气之靡也，一动而嚣然，一反而靡然矣。大臣养吾气以致天下之气，忠孝廉节之道其常，言论事功之标其准，而何有嚣哉。明祖欲以杨宪为相，问刘基。基曰：宰相者，持心如水，以义理为权衡，而己不与焉者也。宪有相才，无相器，不可。又问汪广洋何如。曰：此褊浅。又问胡惟庸何如。曰：小犊耳，将偾辕而破犁。上曰：吾之相无以逾君。基曰：臣非不自知。臣疾恶太深，又不耐烦剧，为之且辜大恩。天下何患无才，愿明主悉心求之。目前诸人，臣未见其可。成祖以蹇义诸人问解缙。缙曰：蹇义天资质重，中无定见。夏原吉有德有量，不远小人。刘儁虽有才辨，不知顾义。郑赐可谓君子，颇短于才。李至刚诞而附势，虽才不端。黄福秉心易直，确有执守。陈瑛刻于用法，好恶颇端。宋礼戆直而苛，人怨不恤。陈洽疏通警〔敏亦〕不失正。方宾簿书之末，驵侩之心。观此两事，而知命相之诚难也。人但见当国大臣之为驵侩而已，虽欲不嚣得乎！

廿三日。罗忠节公《山水诸记》，规模意趣，胎息古人，集中他文，皆不能及。《衡山》、《龙山》两记，写云气奇诡可喜。《石门记》别出一奇，托意深远。《罗山记》尤遒紧。忠节得山水之趣固深耶。粗为点定，托景乔舍人为重校之。景老过谈，言及在京师为寿阳相国校对《宣宗御制诗》，同校者四人，张炳尊玮、刘蕴斋崐、胡光伯焯。蕴斋所校有并河二字，以为疑。因语之曰：此并字蒲浪切，傍去声。《史记·大宛传》：并南山。《前汉·郊祀志》：北并渤海。并者，近也，连也，即此并河之义。景老又言，伊辅丈极诋厘税为不达时务。予谓筹饷之法，以厘税为上策，惟其用人不用法也。三代商贾之税最重，《周礼》具载之，至汉犹然。《传》曰：来百工则财用足。齐之富强，在通工商之业，辨鱼盐之利。卫文公承衰乱之业，务财训农，通商惠工，而致小康。后世一统之治，无商贾之征者，以田赋所入，岁计有馀。诸税之名曰杂款，而无求盈焉，所以便民也。田有籍也，赋有科也，贪吏猾胥倍取焉而止矣。而正供之在籍者，不能尽干没也。商贾盈绌无常，聚散无定，三代以后，市税之不能行，亦其势然耳。世乱兵兴，则百税具举，急切责之州县，而民之困于征求者多矣。厘税之设，略仿汉世算缗之法，而专用士人，不限以科，则一本之刘晏。或有一县之地，而所榷轻重互有参差，但察民情所顺，为之程式，是以行之久而商贾安之。无他，用人不用法而已矣。按汉氏算缗，诸贾人末作，各以其物自占，率缗钱二千而一算李斐曰：每贯千钱出算二千。臣瓒曰：二千一算，算百二十。按《汉仪》注，人年十五至五十六，出赋钱人百二十为一算。瓒注是也。又有告缗之法：物不自占，占不悉，戍边一岁。没入缗钱，告者以其半给之。其为法酷矣。又变而为均输，为平准。唐刘晏、宋王安石皆祖其法。安石亦行均输，所谓市易之法，即平准也；所谓手实之法，即告缗也。史称武帝费用浩繁，皆仰给大农，田不加赋而用益饶，则武帝之雄才大略，人效其职故也。神宗当无事之日，积财营利，而国计之有无，物力之盈虚，无与稽核。诸法之行，罔国病民，而祸熸焉，与武帝之时固异也。刘晏之为转运使，置急递以知四方物价，置诸道知院官以知丰歉，全用平准市易之法，而施之江淮水陆四达之冲，利源益广。抑考晏之为法，所以尽善，全在办集众务在于得人一语。其言理财，以养民为本。官多则民扰。勾检簿书，出入钱谷，悉委之士类，此其用也。同一法而利病不同者，人为之也。又考前史所载，如寇恂之在河内，陶侃之镇武昌，皆以通商贾阜财用为基。张浚宣抚川陕，以赵开为随军转运使，总财赋。开言蜀之民力竭矣，独榷税尚存赢馀，而贪猾之吏共相隐匿。乃悉心钩核，算无遗策，一时支费烦巨，而资财常有馀。自三代以来，商贾擅天下之大利，理财之要，莫便于此者也。儒生不考古，不知今，哆口张目，为商贾献谀，以护惜其锱铢之利，而不知两楚厘税之为法，利安天下，保全农民，救时之急务，抑亦衰世之仁政也。川陕兖豫皆行之，而无有利，则由责成州县，侵蚀者多也。予于筹办山东海务，论此甚详，具疏入告。东抚疾视士绅，甚于仇敌。古今人贤愚之相去，岂不远哉。与景乔推论汉唐以来得失大略，而益慨然于东抚之为乖谬也。

廿四日。大雨倾注，沟渠皆满。按商税见于史者，曰盐铁，曰榷酤，曰榷茶。武帝中，（平）大农丞孔仅、东郭咸阳奏募民煮盐，官与牢盆，使仅、咸阳乘传举行天下盐铁，作官府。后桑宏羊领大农，请置大农部丞数十人，分部郡国，置均输盐铁官，令远方各以其物如商贾所转贩者为赋，而相灌输。置平准京师，都受天下委输，贵则卖之，贱则买之，以平物价，名曰平准。唐肃宗时，盐铁使第五琦初榷盐以供军用。其后刘晏为转运使，上盐法轻重之宜，置盐官收盐，转鬻商人，听其所之。江岭去盐远者，转官盐贮存，商绝盐贵，减价以粜，名曰常平盐。盐利岁六百馀万，嗣是盐利遂为经费所入一大宗。　孝武天汉三年，榷酒酤，禁私酿，独官开置。王莽令官作酒，以二千五百石为一均，开一垆以卖。唐广德中，敕天下酤酒户，量定三等，随月纳税。贞元中，复禁京城畿县酒，天下置肆酤者，斗榷钱百五十。会昌中，复敕扬州八道州府置榷曲，由官酤酒。宋制，官造曲，听民纳直，诸州城内，皆置务酿之。明制，置曲务，造曲者赴局校税，方许货卖。　唐德宗建中元年，户部侍郎赵赞议税天下茶、漆、竹、木，十取一，旋罢。贞元中复税茶，岁得钱四十万贯。穆宗立，两镇用兵，盐铁使王播请增天下茶税，率百钱增五十。文宗时置榷茶使，徙民树茶于官场。后令狐楚为榷茶使，仍令纳榷，加价而已。旋省榷茶使，仍归盐铁使领之。宋乾道中，榷江淮湖浙福建路茶，置场买之。后屡弛屡行。政和中，始创引法，置都茶场，岁收四百馀万缗。元置长引、短引之法，以三分取一。旋置榷茶都转运司于江州，专用短引，引收钞二两四钱五分。明设开中盐茶之法，置茶引三等，上引五十斤，中引四十斤，下引三十斤。设茶马司运边，有官茶，有商茶。官茶易马，商茶给卖，以巡茶御史领之，听商民于四川成都保宁等处官仓关支官茶，每百斤运赴甘州支与浙淮官盐八引，运赴西宁与盐六引。　较而论之，盐法自唐以来凡屡变，而国家之经费取给于此者千数百年。桑宏羊之为均输，刘晏之为转运，大抵笼天下之利以与商贾争权。茶酒二者，或税或免，或置榷司为官酤官茶。世乱军兴，则持利权以绳小民，大率然也。《文献通考》谓官市（仿）〔昉〕于周官之泉府，泉府懋迁有无，滞于民用者，官买之，适于民用者，官卖之，立法以便民也。后世曰均输，曰市易，则官自效商贾之为。至其极弊，则名曰和买，其法自桑宏羊创之。王莽时，长安及五都洛阳、邯郸、临淄、宛、成都为五都立五均官，皆置交易丞五人，钱府丞一人。五均司市以四仲月实定所掌，为物上中下之价，计其利，十一分之，以其一为贡，不售者用本价取之。万物卬贵，过平一钱，则以平价卖与人，其价（抵）〔低〕贱减平者，听人自相与市，以防贵庾者。宋熙宁时，京师置市易务，以户部判官吕嘉问提举。哲宗元符三年，改市易务为平准务。高宗南渡，两浙运副王悰言本路上供和买绸绢和预买始于太平兴国七年岁一百十七万匹，每匹折纳钱两千，计三百五万缗，省以助国用，此所谓折帛钱也。元世祖中统四年，立燕京平准库，以平物价，通利钞法。平准之名，起汉至元，有利有害，大抵罔民为利而已，至明而始绝。其令之酷者，宋元嘉中，诏扬、南徐、兖、江四州富民，计其家资四分借一。唐肃宗时，遣御史郑叔清等籍江淮富民（訾）〔赀〕蓄，什收其二，谓之率贷。德宗时，度支杜佑行借钱令，粟麦粜于市者，皆四取其一。又税间架，屋二架为间，上间钱二千，中间一千，下间五百，匿一间者杖六十。又算除陌，凡公私给与及买卖，每缗官留五十，市牙各给印纸，随日署记，翌日合算之。其自贸易不由市牙者，给其私簿，无簿者投状自集。隐钱至二千，杖六十。宋自王安石创立新法，吕惠卿、蔡京承之，析利秋毫，名品琐碎。南宋之为民害者，曰经总制钱、板帐钱，见于两浙运判耿秉疏，称州县与百姓两受其累，此皆所谓搜括之令也，近时亦有行者。而均输平准之起原，始于算缗。贾人居邑贮积及商以取利者，各以其物自占，率缗钱二千而一算，轺车船皆算。后魏明帝设入市之税，人一钱，其店舍为五等，收税有差。唐德宗时，赵赞请诸道津会置吏阅商贾钱，每缗税二十。上元中，敕江淮堰塘商旅率船过处，准斛斗纳钱，谓之埭程。宋初州县皆置务关，一切货物，官须者十取其一，谓之抽税，设都监掌之。行者赍货，谓之过税，千钱算二十。居者市鬻，谓之住税，千钱算三十。元太宗时，定天下商税课程，三十分税一。明设钞关，因其制。此关钞正税之源流，亦即厘税之所由（仿）〔昉〕也。《史记·平准书》：天子既下缗钱令，而杨可告缗遍天下，乃分遣御史廷尉正监分曹往，（往）即理郡国缗钱，得民财物以亿万计，其行法之酷如此。仿汉唐以来税缗之意，用刘晏引用士人之法，而除一切烦苛搜括之令，衰世之理财无便于此者，未可为书生不达时务者言也。

廿五日。接劳湘林、秦鹿笙、蒯岳青及清叔、星吉、志城各信。崔寔政论言天下所以不治者，由承平日久，俗渐敝而不悟，政寖衰而不改。凡为天下者，严之则治，宽之则乱。德教者，兴平之（梁）〔粱〕肉；刑罚者，治乱之药石也。此即《左氏传》子产所言火烈水懦之义。后世言治者多主之，而君子不谓然也。崔寔所言，值厄运之会，驭委其辔，马骀其衔，习乱安危，不恤万机者是矣。将皆有意于济时拯世耶，抑荒耽嗜欲上下怠玩者之所为也？方其盛时，朝野清明，以法驭之而治，以德抚之而益治。及其敝也，君昏于上，吏枉于下，喜怒无节，刑赏失宜。宽平和易而人之受其屈枉者多矣，又使以峻法虔刘之，民何诉焉！故论治者莫尚于明。今天下之失，在例文繁而官吏因缘为奸，颠倒以失情实，积久而成为颟顸。巨奸盗贼，拘之系之，连时日不决。平民之吁诉者，拘之系之，连时日不决。平民之气，必不如巨奸盗贼之强以悍也。是以善气日消，而（患）〔恶〕气之充塞而横决者日益烈。其宽也，非宽也，颟顸而已矣。言事者乃欲矫宽之失而御之以严，一变为操切之政。而所用以比勘者，犹今之例文也；所恃以锻炼者，犹今之吏也。罗织日烦，锢蔽滋甚，徒使武夫悍卒，陵藉搢绅，乘势网利。故曰：与其颟顸而重出之严也，无宁颟顸而失之宽。张敞之告王畅曰：恳恳用刑，不如行恩；孳孳求奸，未若礼贤。韦嗣立言罗织之弊：巨奸大慝，伺衅乘间，阴图潜结，互相影会。构似是之言，成不赦之罪，弄法舞文，伤人实甚。苏轼亦言：人主前旒蔽明，黈纩塞聪。耳目所及尚不能尽，而况察人耳目之外！今专务钩考簿书，摘发细微。详于小者，必累于大；其文密者，其实必疏。尚书诸曹，文牍繁重，穷日书纸尾不暇，此苛察之过也。为人君者，观此可以恻然于心矣。自汉以来，刑罚统于廷尉，唐设刑部以理天下狱讼，后世因之。汉之黄门北寺狱，明之厂卫镇抚司，则寺人武弁操生杀之权，株连钩致，惨毒已甚。今王大臣御前大臣会议刑典，株讯囚徒，而步军统领操刑杀之柄，刑部诸曹惟所指嗾。杜预言：法出一门，然后人知恒禁，吏无淫巧。此则文致残削之弊，又有甚于所谓颟顸者。唐宪宗时，李吉甫、李绛为相。吉甫言：治天下必任赏罚，今刑典未举，中外有懈怠心。绛曰：自古欲治之君必先德化，暴乱之世始专任刑法，吉甫之言过矣。上以为然。后司空于頔讽上用刑以收威柄，上曰：頔怀奸谋，欲朕失人心也。为人君者，观此亦可以怵然于心矣。　临下以简，御众以宽，此常道也。严者，君子所以自治。故曰：十目所视，十手所指，其严乎。曰：日严祗敬六德。曰：严恭寅畏。圣贤论治无以严者。然则严不可用乎？曰：严以驭吏，宽以抚民；严以治巨奸盗贼，宽以待良善。严以驭吏者，所谓大臣法，小臣廉也。严以治巨奸盗贼者，所谓彰善（瘴）〔瘅〕恶，树之风声也。刑一人而天下惩，杀人亦仁也。始终一简一宽也。朱子亦言：为政以宽为本，大体规模当如此。古人察理精密，持身整肃，无偷惰戏豫之时，不作威而自严也。但其意一本爱人耳。施之政事，纪纲法度亦自截然而不可犯。今之所谓宽者，乃纵弛，非宽也。　今天下大病，在颟顸消磨善气，其故由例文繁，失出失入，部议过重。故用严者，必先蠲除成例。巨奸盗贼，正其名杀之，而天下洒然若虮虱之去其体。此惟督抚专制一方者能之，刑部不能也。刑部非有佐证有实据，不能成谳，是以株连遍无辜，而盗贼无佐证者常骩法以免焉。故明刑之道有二：曰省法以知要，曰用人以体法。不揣其本，而治其末，徒为乱而已矣，今日之诏狱是也。　古法之弊在胥吏，今法之弊在幕友。胥吏无廉耻，幕友无见识。胥吏舞法以营利，幕友舞法以为官避处分。胥吏舞法犹畏人知，幕友舞法则公言之，是以其权愈重，其法愈罔，消磨善气，以酿成天下之巨祸，害尤甚于胥吏。许鲁斋言：当官制刑，已得大情，适当其法，不旁求深入。俗吏不达此理，专以出罪为心，谓之阴德，谬矣。幕友外托为官避处分之义，内希阴德之报，小人之尤者也。朱子谓劫盗杀人，人多为之求生，不忍于元恶大憝，而忍于衔冤抱痛之良民，是知为盗贼计，而不为良民计也。　顾亭林言：近日人心有三反。吾谓数十年来官场气习亦有三反。凡殉私枉法之事，为之不惧，一涉公事，便丝毫不敢担当。此一反也。巨奸大慝，有罪犯必矜恤之以求其生，而平民牵连株累以死者，一无顾惜。此二反也。所至历诋其人心风俗之坏，而于差役反矜而庇之，以为无能。此三反也。因复张竹汀论刑部近事书，推论及之。

廿六日。大风。劳次芗回岳州，寄复香林、志城两信，又寄罗小溪、方子听两信，属带回粤东。接文式岩方伯、易笏山大令信，由意城递到。又殷竹坞、易映林、易泗洲、易镜吾四信，由梯衢带到。笏山慷慨负气，而最服善，书言近得营官二人，一湘乡戴登高，一会稽顾熙廷；帮办一人，湘潭胡松荣。意城不以为然，言用人以朴实为归宿，虽有才气识解，舍此二字便无安身立命之处。咏之宫保最讲作用，而其奏章有曰：使贪使诈，终必为贪诈所使。所以为不可及。生平所见，惟涤帅明于知人，而不轻于弃人。凡相从日久而毅然弃之者，其人可以指数。笏山在长沙，日取涤帅所屏弃以为至宝，疑其相赏语言意态之间，不足与言知人也。意城此论极精确。东坡论文，言炫烂之极，归于平淡。人生须是阅历到老炼处，然后知朴实之有味。亦有终身讲作用，始终不知此义者。朴实二字，亘天地古今，澈上澈下，离他不得，亦不徒在语言意态之间也。

廿七日。大风，阴，微雨，飒然有秋意。梯衢往吊李庆堂丈，属撰一联云：令德清名贻后嗣；秋风冷雨哭先生。馨陔、鹿苹过谈。

廿八日。梯衢赴棠木洞，为应扬置流珠岭一庄，来会者十一人。意城信言鲍春霆所部精悍，为贼所惮。予闻怃然。因考古兵皆民也。秦汉之世，发天下丁男、闾左、戍卒，皆民也。后乃以七科发谪，曰吏有罪，曰亡命，曰赘婿，曰贾人，并及其祖父与故有市籍者，又复发囚徒恶少年，则稍分别用之。武帝天汉四年发勇敢士出朔方击匈奴，此当为募兵之始。光武徇河北至蓟，会王郎起邯郸，遣功曹令史王霸募兵市中，则听人之投充。今之召募正如此。承平之世，盗贼起于内地，则发州郡兵讨之，而责成于州吏。虞诩为朝歌长，张纲为广陵太守，择人以任之，使之荡平抚绥可矣。安帝永初中，海贼张伯路寇濒海九郡，遣侍御史庞雄督州郡兵讨之，寻遣御史中丞王宗持节发幽冀诸郡兵招讨。桓帝永寿中，瑯琊贼公孙举、东郭窦寇青、徐、兖诸州，司徒尹颂荐段颎有文武材，拜中郎将，讨平之。此内地命将讨贼之始。灵帝熹平中，会稽妖贼许生起句章，遣扬州刺史臧旻、丹阳太守陈寅讨之。吴郡司马孙坚召募精勇，助州郡讨贼，斩许生。此私出募勇讨贼之始。秦政、王莽，元、明之末，遍天下皆贼，而兵之调发，犹有成数。以一楚支持两粤、黔、蜀、江、皖、豫、兖于天下一家之日，则实今日之创局。承平久而天下无一兵之用，此危道也。而使一方之民，尽废农工之业以趋于兵，欲无危得乎？老子曰：佳兵不祥。农舍耒，工释器，攘臂以争名利，浮动之气，乐杀之风，乃一发而不可遏。民相竞曰武勇，士大夫相奖曰忠义，而君子忧之。亭林顾氏之言，以汤武之仁义为心，以桓文之节制为用，乃可以为师之律。唐之有节度使，明之有总督有巡抚，其始皆主兵者也。承平之世，文吏安焉。兵兴祸亟，文武相资为用，则急求其人，畀之理财而财足，用人而人从，安静持久以收其效。刘宏、陶侃之镇武昌，吴璘、孟珙之守蜀，其尤著者也。大君有命，开国承家，而后师之律可得而言。纷纷藉藉，各挟一军以起，乌在其可为律也？诸葛公自祁山归，教曰：所病非在兵少，在一人耳。今当减兵省将，明罚思过，校变通之道于将来。诸有忠虑于国，但勤攻吾之阙。大哉言也。师苟以律，岂在多哉。责鄂抚以进讨，而兖、豫两抚无师旅之寄。朝廷出重臣宿兵境上，召募日繁，事机日失，将怯而贼以骄，将强而兵以偾，均之为乱而已矣。

廿九日。鹿苹、桂仙、馨陔过饮，为陪梯衢故也。军兴用繁。筹饷，急务也。非经费之常，而辇之京师则不可。顾氏《日知录言》，唐自行两税法。天下百姓输赋州府，一曰上供，二曰送使，三曰留州。宋太祖乾德中，诏诸州支度经费外，凡金帛悉送阙下，无得占留，自此一钱以上皆归之朝廷。元祐中，苏辙为户部侍郎，言善为国者，藏之于民，其次藏之州郡。州郡有馀，则转运司常足。转运司足，则户部不困。熙宁以来，言利之臣不知本末，欲先富国，而先困转运司。内帑别藏，积如邱山，而委为朽壤，无益于算也。是以仁宗时，富弼知青州，朝廷欲辇青州之财入京师，弼上疏谏。金世宗欲运郡县之钱入京师，徒单克宁以为如此则民间之钱益少，亦谏止之。明天启中，用操江范济世之奏，一切外储尽令解京，而搜括之令自此始矣。不求生积之原，不揣轻重之势，而专以积储京师为务，一切以操切行之，此又今日经国计者之过也。　为政以求人才为急务，此古今常道也。要知求人才是圣贤性分内事。陶成作育之功，全系之一身。其以圣贤之心相印合者，则若汤之于伊尹，高宗之于傅说，文王之于吕尚，相契意言之表，所谓神识也。又或博采人言，得一人而任之不疑，若桓公之于管仲，燕昭之于乐毅，高祖之于韩信，昭烈之于诸葛，苻坚之于王猛，亦其深识远鉴，感通符合，有神妙不可测者。下此而求人才，采声誉，录微善，合吾意者用之，否者罢之。一时议论意气之士，因缘以图进取，而人才无闻焉。故自大贤而下，以求人才为己任者，未有能善其用者也。必此之务，其惟法诸葛公乎？其言曰：昔交州平，屡闻得失；后交元直，勤见启诲；前参事于幼宰董和，每言则尽；后从事于伟度胡济，数有谏止。又曰：董幼宰参署七年，事有不至，至于十反来相启告，所以集众思、广忠益，事功德性无异视也。三代王者，求贤至矣，而《诗》、《书》所载，多以修身用谏为义。其于用人，不过曰惟商耉成人，曰汝无侮老成人，此足以为后世求人之准矣。其次则用人以治事。如司马光十科举士之议，有事须材，即案籍视所被举科格，随事试之，而授以职，庶人才皆有以自尽，而无轻进易退之嫌。第曰求人才而已，非大贤以下之所敢轻任者也。　数十年来，朝廷以及天下，君臣之相与，朋友之相接，只一味成人之恶。如朝廷一政之美，一念之善，左右大臣不知导扬也，又从而沮遏之。其过举妄念之动，无一不将迎附会，使成乎恶而后已。属吏之于督抚亦然。反复求其故，不可得。《传》曰：君子成人之美，不成人之恶，小人反是。君子非有意乎成人之美也，自有其美而乐乎人之成之也。小人非有意乎成人之恶也，自有其恶而亦乐乎人之成之也。其成人也，还以自成而已。故曰：成己，仁也；成物，知也；性之德也。成人成己，岂有二道哉。天下之营私趋利以成乎风俗，上而朝廷，下而朋友，相与同心一德，并趋乎恶而相习为固然。有世道人心之责者，亦可以审所处矣。

三十日。陪梯衢至鹿苹处午酌。惟大人为能格君心之非，而人不足与适，政不足与间。知此而后可为大臣，不知此者，具臣也。衰乱之世，颠沛之馀，其道无以易焉。凡人气质之偏，好尚之蔽，以成乎心之非而见诸事。事之发也万端，而心为之本。心之非，必有所据以自存，非空空荡荡有此一非心也。三代以下，君臣之分严，人主非心，不易测也。验之人与政，以知其心之所存。即事明理，潜移默运，引之于正大之域，使知夫前此之纷纭轇轕，犹醯鸡也，一发其覆而豁然见天地之广大也，则非心格矣。是故格君心之非，亦即在行政用人上格去，却不必拘拘以所用之人、所行之政，悻悻争辩。后世大臣所谓贤者，面折廷诤，骛名者也。其上委曲求济，整躬自毖，则亦补苴罅漏而不知本者也。以语大臣，难矣。程子释此，引孟子三见齐王不言事，门人疑之，孟子曰，我先攻其邪心，为说以格君心之非，全不与事交涉。然则正容相对以悟主乎？抑日举仁义之说陈之于君，而其用人行政之得失一听其所为，漠然无与于大臣之志事乎？神宗急退老成而用王安石，其意将有为也。而吕惠卿、蔡确、章惇、李定、邓绾之人用矣，青苗、方田、均输、市易、手实、保甲、免役、保马之政行矣，大臣如韩琦、富弼、文彦博、司马光、范纯仁、吕公著反复疏陈，一无采纳。乃至李定之为御史，陈襄、宋次道、吕大临、苏子容封还词头至于六七，竭力以争一人之进退而终不胜。凡此者，皆求之人与政之微，而君心之非茫然莫能知也。神宗初立，语文彦博曰：养兵备边，府库不可不丰。此一语也，神宗隐微痛憾之所存，王安石所以乘之而起者也。终神宗之世，盈廷争辨，无有能中神宗之隐微而发其覆者。宋之困于契丹，其患固不在贫，而神宗急忧之。伏之甚微，而终以是敝天下，以成南宋之巨患。大臣辨君心之非，辨之以此而已。历览朝廷行事之得失，以思其转移之术，而伤大臣之不复可得，亦由释《孟子》者，推之于影响虚无，而大臣之道愈隐而不可见也。怀宁陈雪炉世镕，工术数之学，年七十馀至湖南，意城颇称其人。

八月

八月初一日丁巳。易梯衢归，复易应林、泗洲、镜芳、殷竹坞四信，并寄易小彦一信。三代以下，惟恐不好名。斯言也，以诱进中材可也。君子而有意乎为名，其弊必中于天下。中庸之实用三：曰知，曰仁，曰勇。亘天地古今，莫能外也。既列三者之目，而即继之曰，君子依乎中庸，遁世不见知而不悔。盖内毖之于慎独，以求隐微不可见之实功，亭亭直上，无有瞻顾，而后大本大原处详明坚定，毁誉荣辱不足乱其所守。《论语》发端言学，而以不知不愠叹之为君子。乾阳在下，圣人急正其防曰：龙德而隐者也。不易乎世，不成乎名者，时也。乐则行之，忧则违之者，志也。有确乎不拔之贞，而后可以笃恭而天下平。为学而务，使急切近名之念泰然不留于心，君子之始基也。《明道》言：宏而不毅则难立，毅而不宏则无以居之。士须置此心高明广大，容纳得万事万物之理，见到是处，便斩钉削铁，截然不可动摇。宏须是致知，毅须是养气。学者用功，却须以沉毅为本。贞固强忍，百屈不挠，斯为载道之基。圣贤教人变化气质，宏毅二字，尽人皆须体察。《明道》亦言：习心未除，存养此心，久则可夺旧习。此语可以参看。舒赓飏及棠阶甥专足致书，各以一信复之。周翰臣过谈。

初二日。李东陆丈七十生日，与周石渠、周桂坞、周芝窗、任萼堂、徐寿山诸君同席饮于别室，以云卿、馨陔昆仲知予意在避嚣，故以别席相款也。随与桂坞、鹿苹至周半溪、周元敬处小坐。

初三日。风，阴。苏轼《上神宗书》：国家所以存亡，在道德之浅深，不在乎强与弱。历数所以长短，在风俗之厚薄，不在乎富与贫。而推言其时朴拙之人愈少，巧进之士益多。朴拙之士之不容，天下之大忧也。《大戴礼》言：有人焉，容色辞气，其入人甚愉；进退周旋，其与人甚巧；其就人甚速，其叛人甚易。近日朝廷所求取者，专尚此种。僧邸好名已甚，而力屏朴拙之士，日求所谓便捷而敏给者，以是为才而信任之，非独武夫不知道义者之为，亦中于气习者深也。《家语》载孔子之言曰：事任于官，无取捷捷，无取钳钳，无取啍啍。捷捷，贪也；钳钳，乱也；（啍啍）〔啍啍〕，诞也。故弓调而后求劲焉，马服而后求良焉，士必悫而后求材能焉。非材能之弗为贵也，悫而益之以材能，而后乃济于用。司马光论才德之辨，以为人多蔽于才而遗于德，所以失人。人多疑之。才德之分，流俗之所弗能辨也。语其近似，其惟悫乎。悫者，朴拙之谓也。古今求人之术，无二道也。　君子不可小知，而可大受也；小人不可大受，而可小知也。圣人之言尽矣。泰之汇征，中孚之好爵与縻，皆以阳相从，同道为朋之义也。既济未济，阴之进而求济也。《易》两发曳其轮之戒，以奖阳而裁阴，其义微矣。师之上六曰：开国承家，小人勿用。盖至于开国承家之大，而小人之不可用决矣。勿用者，慎之于始也。程传以英、彭当之，谓小人有功，赏之以金帛可也，不宜使有国张子亦谓小人虽有功，不可胙之以土，此恐非圣人之意。小人有功而勿赏，将如赵汝愚之于韩侂胄，适以激成其乱。窦宪请击北匈奴，袁安固争，和帝弗听，终以乱汉。侯君集征吐谷浑、高昌有功，为吏部尚书，王道宗以为言，太宗弗省，终以乱唐。二者皆所谓慎之于始也。泰之九二，治泰者也，其占曰包荒。无所不包容，然后能用冯河，不遐遗，而朋亡。阳与阳为朋，而包荒小人，随材器使，以无怙党持权之患，君子用泰之道然也。否之六二与九五相应，包承者也。其占为小人之吉，而大人固不以小人之承己而顺其意。夫子系之曰：不乱群也。盖惧阴之进而为包羞也。观此诸卦之言，于圣人大受小知之义，可谓尽其变矣。汉武帝拔卫青、霍去病于微贱而任以兵；举孔仅、桑宏羊于商贾而资之以营利；擢主父偃、贾山、严助于文学而用以为侍从备顾问；憸壬刻峭之才皆选进焉。其终授遗诏，付以天下之重者，霍光之出入殿门有常度，金日磾之目不忤视，一取之以朴拙而已。以武帝之明于知人，任一主父偃犹足以召乱。人且曰：小人之才可以驾御用之。岂易言哉！岂易言哉！吴起曰：凡制国治军，必教之以礼，励之以义，使有耻也。夫人有耻，在大足以战，在小足以守矣。尉缭子曰：国必有慈孝廉耻之俗，则可以死易生。杜甫诗亦曰：安得廉耻将，三军同晏眠。任将而求之于耻，庶可以为拨乱反正之机矣。撰《罗(文)〔忠〕节公遗集序》并其《祠堂记》二首。

初四日。风，阴，寒甚。龙象山会议团规事，因过左景乔谈，以所撰《古文辞》二帙出示。陈滋卿由县来访，意城递到邹公让一信。

初五日。雨。重至坳上会议团事，因过周半溪饭。景乔言，《顾亭林诗》卷五，有楚僧元瑛谈湖南三十年来事，作四绝句：共对禅灯说楚词，国殇山鬼不胜悲。伤心南岳祠前路，如见唐臣痛哭时。　孤坟一径楚山尖，铁石心肝老孝廉。流落他方馀惠远，抚琴无语忆陶潜。先兄同年友长沙陶君汝鼐。　督师公子竟头陀，诗笔峥嵘浩气多。两世心情知不遂，待谁更奋鲁阳戈。武陵杨公子小松。　梦到江头橘柚林，衲衣桑下惬同心。不知今日沧浪叟，鼓枻江潭何处深。惟首尾二首不著名，首诗乃谓王而农，末诗谓郭些庵也。而农先生时隐南岳之石船山，故其诗云然。亭林言：孔子云，吾未见刚者。屈原疾楚国之士，谓之如脂如韦。夏侯湛有云，居位者以善身为静，以寡交为慎，以弱断为重，以怯言为信。白居易有云，以拱默保位者为明智，以柔顺安身者为贤能，以直言危行者为狂愚，以中立守道者为凝滞。强毅果断之心屈，畏忌因循之性成，反谓率职而居正者不达于时宜，当官而行法者不通于事变。罗点有云，无所可否，则曰得体；与世浮沉，则曰有量；众皆默己独言，则曰沽名；众皆浊己独清，则曰立异。《诗》云：天之方懠，无为夸毗。《释训》曰：夸毗，体柔也。天下惟体柔之人常足以遗民忧而召天祸。观此知朝廷习尚，合千古一辙。即乡里交接，亦皆如是。风俗所以日坏而不可支，人才所以日消而不可振，其皆由此也夫。摴蒱六博之戏，贼民之所由兴也。君子为之则犯义，小人为之则犯刑。此风不除，上之无道揆，下之无法守，亦可知矣。

初六日。雨。安徽来使刘金兰、朱安国二人告归，附致希庵中丞一信，盖其守此三阅月矣。

初七日。雨。阴雨数日，寒甚。山中多未收获，深以闷苦。致意城书，因复邹公让一信。焦听堂专足送信至，随以一书报之。景乔著论，言《月令》仲春上丁，命乐正习舞释菜。陈氏集说，谓将教习舞者，则先以释菜之礼告先师。而前此孟春，命乐正入学习舞，何以无释菜之礼？此次仲春，何以复出乐正习舞之命？陈传亦未明晰言之。按《周礼》，大胥春入学舍采合舞，秋颁学合声，以六乐之会正舞位，以序出入。言合舞不言习舞，此正可与《月令》之文互证者也。盖《月令》仲春之习，即孟春乐正所教之舞而合习之，实即大胥之合舞也。又按乐师教国子小舞，分之为小，合之为大。人习其人为小，合众小舞而衍之为大。辟雍虽专用旄舞，而进退曲折，童冠之人必非一习而能。故自孟春习之，经兼旬之久，至中春上丁，始合而习之。人多礼盛，始可行释菜之礼，敬业以敬师也。盖至是而舞之缀兆行列，进退曲折，亦略可观矣。然虽是合舞，自乐正教之，则仍是习舞，故言习不言合。《周礼》统以春言之，故言合；月令析孟仲月分纪之，故言习；其实一也。准斯以观，与下文仲丁命乐正入学习乐，更不言习舞，亦不更言释菜，义更明了。且与大胥之秋颁学合声，亦一一吻合。

初八日。雨。志城来，接到李希庵中丞、唐曦臣二信，并希帅奏稿一通，以请旨饬催来营随同办理为言，而信语以前次差委为咎，云以此补过。此直欲以处士虚声加之我也。中孚之上爻，志亢居高，其占曰：翰音登于天。登天之音，虚声而已矣。为之悚惧。《宋史·王安石传》，安石通判舒州，文彦博荐其恬退，召试馆职，不就；欧阳修荐为谏官，亦不就。嘉祐三年，上书言事，直集贤院。先是安石屡辞馆职，士大夫谓其无意于世，朝廷欲畀以美官，惟患其不就也。明年同修《起居注疏》，辞至八九乃受，遂知制诰，自是不复辞官矣。辞卑居尊，辞污居隆，苟非安石之果于自用，谁敢任之？希帅此奏，非能谅我者也。是日恭闻大行皇帝之丧，北望悲号，抚念时事之艰难，怆怀圣躬之捐弃，未知朝局之变又复何如，凄恻无已。

初九日。雨。恭赋《大行皇帝挽辞》四章云：一税崆峒驾，濡河即鼎湖。翠华天北极，黄屋海东隅。寂寞含章殿，仓皇负扆图。兵端登阼始，虚望补桑榆。　海外条支国，招延总祸胎。深谋无魏相，诈敌有王恢。荒服羁縻意，先皇驾御才。徒伤元圃狩，谁挽六龙回。　异谶轩辕纪，旄头彗紫微。早忧侵帝座，犹望转戎机。今日讴思永，前星物望归。纷纭齐赵势，咫尺尽天威。宿昔袁安泪，攀号阻涧阿。壮心销铁骑，老眼泣铜驼。道路人逢少，江淮鬼哭多。吞声仍引望，重整旧山河。朝廷无人，事事乖忤，乃使翠华远播，忧郁成疾，终以殂落，言之痛心。四诗之沉痛，吾自喻之，不能尽语之人也。是日周半溪、桂坞及子敬侄并过饭。两接意城信，并寄云中丞、黄南丈、赵玉班、江渭耕、曾沅浦、周寿山、罗研生、王壬秋诸信。

初十日。雨。以桃洞有人赴省，便（到）〔致〕意城数语。接罗麓山、刘韵农、周芷湘并清叔各信。

十一日。雨镇日不息，天气阴惨，寒甚。观农人冒雨刈稻，为之恻恻心动。罗研生寄示所选《七律流别集》十七卷，起唐至明，凡四百十六人，诗千八百五十五首。人各系以小传，诗有注释，多所疏证。前为述意二十条，征引甚博。而国初吴江顾茂伦有孝选《唐诗英华》二十二卷，专选七律，虞山钱牧斋谦益为之序，其廿二卷则五代人诗也。研生顾未见之。其《自序》言：是选不主成见，亦不敢逞私智以进退古人。体例自为醇正。予为加签数处，皆考证人代之先后，略及所删汰割裂之非宜而已。王壬秋所签，驳正注释之误，多可取。癸叟过谈。接罗两明信。

十二日。雨。诗有因考证而益明者。罗研生注杜公《舍弟观赴蓝田取妻子到江陵》中篇：马度秦关雪正深谓赴蓝田，北来饥骨苦寒侵谓北来当为比来之讹。他乡就我生春色他乡谓江陵，故国移居见客心故国谓秦中。予谓此诗首章起句云：汝迎妻子达荆州，则是赴蓝田乃追述从前，非诗义所系也。马度秦关，是度而南抵江陵，故曰北来。他乡、故国，同指江陵。《唐书》：杜甫本襄阳人，徙河南巩县。年谱：杜公以大历三年出峡至江陵。是诗作于二年冬，言在舍弟则为就我他乡，在我则为移居故国也。舍弟赴蓝田，而泛指秦中为故国，移居二字又无着落，此为误也。　谭用之《别江上友人》：他日成都却回首。研生注：诗用御苑字，忽收入成都，当系成功之误。王壬秋注以为都城之误。予谓僖宗中和元年幸成都，三年李克用等复京师，四年黄巢殪于虎狼谷，传首京师。上以长安宫室焚毁，久留成都，光启元年始还京师。用之诗当送友人赴行在耳。玩第二联云：无地可归堪种玉，有天教上且乘槎。语意自见，研生皆失考。　金华方氏注李梦阳《艮岳篇》：古今龙战是（古）〔中〕州。谓宋以都汴失，古今龙战不在中州。予谓楚汉相持荥阳成皋间，曹操、袁绍相拒官渡，皆龙战也。光武以昆阳一战，肇造区宇，亦中州地。唐太宗既定关中，遂东讨王世充，世充求救窦建德，建德屯营成皋，太宗擒之，遂定东都。唐末自朱温与秦宗权争汴，历五代为国都。古今龙战是中州，信不虚也。方氏以訾北地，陋矣。是选未能全阅，偶一检校，就所见论次之，凡十馀条。金华方氏有《七律指南集》，大兴翁氏有《七律诗钞》，皆专选七律。翁选讫金元，方选讫明。

十三日。早，微见日色，旋复阴云四合，似雾似雨。接赵斐卿、毛俊卿二信。篪儿自桃洞归，带到意城一信。

十四日。瘴雾如雨，咫尺不能辨人。又考得研生《七律流别集》中，李颀《寄司勋卢员外》诗：流澌腊月下河阳，草色新年发建章。秦地立春传太史，汉宫题柱忆仙郎。归鸿欲度千门雪，侍女新添五夜香。早晚荐雄文似者，故人今已赋长杨。研生改寄卢作送卢，谓送卢入朝之作，而以归鸿句比卢之还京，又谓其句法未稳，当改作朝班恰尽千门雪。予谓唐人送别诗，皆寓情景。此诗实是忆远，非送别也。东川为新乡尉，而河阳则今孟县，相距不远。见流澌而想见建章之草色。传太史、忆仙郎，传闻而忆记之。汉宫题柱，言其亲贵而已。谓朝廷题柱以相忆，所谓拘文而失义者也。归鸿言春已至，千门雪言时犹寒，欲字灵活。此句正起下文五夜添香，想见禁中春寒夜直情景也。研生改本，远不如原文之工妙矣。　韩（渥）〔偓〕《乱后却至近甸有感》诗：狂童容易犯金门，比屋齐人作旅魂。夜户不扃生茂草，春渠自溢浸荒园。关中忽见屯边卒，塞外翻闻有汉村。堪恨无情清渭水，渺茫依旧绕秦原。研生注：僖宗广明元年，黄巢陷长安，昭宗立，王行瑜、李茂贞屡举兵犯阙，此诗未知所指。予谓冬郎以昭宗龙纪元年登第，是后李茂贞、王行瑜再举犯阙，李克用表请讨之，斩行瑜邠州。乾宁三年，茂贞复犯阙。其后天复元年，宰相崔胤谋诛宦官，值茂贞来朝，胤讽茂贞留兵三千充宿卫，冬郎力争不听。胤又遗朱全忠书，令以兵迎驾。枢密使韩全诲闻全忠兵至，劫上幸凤翔。全忠令崔胤率百官及京城居民悉迁于华州。天复三年，全忠久围凤翔，上令茂贞与全忠和解，斩韩全诲等，上幸全忠营，遂还长安。（渥）〔偓〕诗当作于是时。狂童句统王行瑜、李茂贞、朱全忠辈言之。关中句则史言茂贞所将皆边兵，崔胤讽留宿卫者也。塞外句即指崔胤迁百官居民于华州事，盖潼关即古桃林塞，隶华阴县，塞外二字不必远指。时上幸凤翔三年，京师空虚，故有茂草荒园之感。茂贞、行瑜两次犯阙，旋即归镇，不得云尔也。　吴融《金桥感事》诗：饮马早闻临渭北，射雕今欲过山东。研生注：饮马句，指全忠围凤翔事。射雕句，则全忠奉表迎车驾，韩全诲以诏书征藩镇入援，平卢节度使王师范发兵讨全忠，京兖州，诗意指师范也。三联：百年徒有伊川叹，五利宁无魏绛功。注：昭宗时无戎患，未知所指。予谓百年句指京邑邱墟，五利句则指昭宗和解全忠、茂贞事，语系借用，而亦暗斥全忠、茂贞辈为戎狄也。　罗隐《徐寇南逼感事献江南知己》诗：酒阑离思浩无穷，西望维扬忆数公。万里飘零身未了，一家知奖意曾同。云横晋国尘应暗，路转吴江信不通。今日便成卢子谅，满襟珠泪堕霜风。研生注：徐寇自谓徐州之寇，南逼维扬，然地在江北，与题言江南不合。昭谏必在维扬之东，故曰西望。疑昭谏在长安，闻寇至维扬，故为江南危而忆数公也，西望宜作东望。予谓感化节度使时溥据徐州，为朱全忠所并。其后杨行密数与（行密）〔全忠〕争徐，昭谏足迹所历，无忧徐寇事。以诗意揆之，盖隐依钱镠时，武勇都指挥徐绾叛镠，遣顾全武告急杨行密事。所谓徐寇者，徐绾也。时行密据有江南而都广陵，隐常游淮，此书寄所知也。云横晋国者，行密方与朱全忠相攻，全忠都梁。梁惠王言晋国天下莫强。此正用其语，非指太原也。路转吴江者，宣州节度使田頵方攻杭州，绝往来之路，润州团练使安仁义亦为梗也。卢子谅即卢谌，与刘琨赠答诗，同寓奖王室之意，隐自谓，诗意亦如是也。

十五日。雨。陈镜吾至，接陈熙堂信。笙阶叔递到何镜海信，多为悔过求益之言。镜海天分绝人，当有所得于心，非漫为悔悟之虚语。其自序读《易》，取汉宋诸家讲注，旁及《参同契》及《黄庭经》、《悟真篇》诸书，久之见其精妙之处，实有独见。又取所谓《敲爻歌》、《四百字碑》、《无根树唱道真言》读之，因诸书注家援引《老子》，遂致力于《老子》，而悟邵子称《老子》得《易》之体，实合宣圣以约鲜失之旨。案王弼注《易》，多取老氏之意，晋室清谈所由尚也。然大约宗尚虚无，而取其玄之又玄，众妙之门，以为谈旨而已。于老氏征实处，所谓欲取固与、欲翕固张者，晋人皆得之以为奔竞功名之资。其于所谓虽有荣观，宴处超然，恐未之有得也。船山论老子，谓天下之言道者，激俗而故反之则不公，偶见而乐持之则不经，凿慧而数扬之则不祥。三者之失，老子兼之。镜海生平亦坐三者之失，宜于老氏之言有深好也。

十六日。雨。陈恭人百日，邀桂坞、桂仙、石渠及子敬侄，治肴酒致祭，自撰祭文一通。　昭宗谓韩偓：崔胤虽尽忠，然比卿颇用机数。对曰：凡为天下者，万国皆属之耳目，安可以机数欺之。莫若推诚直致，虽日计之不足，而岁计之有馀也。（渥）〔偓〕此语可为治国之宝鉴，亦居身涉世之良规也。

十七日。阴。赴安庄午饭。复中丞及南丈两信，数日无便寄省，因带交笙陔叔。是日同席为周砺崧、周介峰诸君。

十八日。阴。接意城信，并递到涤公、凌海及袁予文三信。是日闻安庆克复。周文忠改置省会，为识者所讥。此时急宜复旧，皖、鄂相依，扼长江为守，而驻重兵舒、桐，固安庆藩篱，以进规庐州，此亦筹皖之要着也。

十九日。阴。以志城赴省之便，附寄涤公、咏公、希庵、沅浦、寿山、凌海及江味根、袁予文、刘韵农诸信。涤公覆奏购买洋船一疏，明畅精微。言凡人之情，忽于所习见，震于所罕见。此语包罗甚广。即今日朝廷之意，以为一购洋船，而即可以平乱者，犹数十年震于所罕见之心，积不能忘也。人情也，物理也。圣人所以开物成务，豪杰之士所以审时观变，岂其有神妙不测之术哉。傅说之告高宗曰：非知之艰，行之维艰。王氏知行合一之说，乱道之言也。虽然，知固有难言者矣。民间疾苦，官吏贤否，兵家胜败，朝政得失，人知之，人言之，果足为真知乎哉？今日知之，异日所行有背焉者矣。所知者，一端之闻见，私心之拟议，而固非真知也。知者，以行为程者也。行乎君臣父子之间，以求所以自尽也，而后忠孝之谊明。行乎喜怒哀乐万有之境，知其偏以求所以自克也，而后中庸之道著。王氏知行合一之说，以知为行，而行废矣，而知亦未为得也。其得之心者，浮明也。其证之事与物者，偏端之冏光也。《大车》之诗曰：无思百忧，不出于颎。颎者，小明也，果遂为真知乎哉？君子之论治无他，曰正其本，万事理。诸葛公教曰，诸有忠虑于国，但勤攻吾之阙。本者，身也。攻其阙者，以修身也。求吾身之仁，以为之推暨；精吾心之义，以为之权衡，取之身而固已足矣。事事而求知，而于身无与，果足为真知乎哉！周笏须来。李桂仙约饭。复陈作梅兄、周芷湘二信，交桂坞寄益阳，梅兄尚寓益阳丁霖浦处也。复赵斐卿一信，交李萼楼带湘潭。

二十日。东林来。桂坞以笙陔叔至，邀午饭。笙叔旋过宿。寿山相约卜居益阳，此予夙昔之志也，顾徙居不易耳。

廿一日。笙叔及镜吾并归。复罗研生信。程子云：作新人才难，变化人才易。人岂甘为小人，作君相变化何如耳。又曰：言治者，以成就人才为急务。朱子论取人才：咨诹询问，取之无事之时；参伍较量，用之有事之日。方其无事也，无旦暮仓卒之须，则其观之得以久；无利害纷拏之惑，则其察之得以精。诚心素著，则其得之多；岁引月长，则其蓄之富。自重者，无所嫌而敢进，则无幽隐之不尽；欲进者，无所为而不来，则无巧伪之乱真。久且精，故有以知其短长之实而不差；多且富，故有以使其更迭为用而不竭。幽隐毕达，则谠言日闻而吾德修；取舍不眩，则望实日隆而士民附。又曰：人才衰少，风俗颓坏之时，士有一善，即当扶接导诱以就其器业，此亦将来切身利害。盖士不素养，临事仓卒乃求，非所以为国远虑而能无失于委任之间也。今人皆知人才为急，而能通此义者鲜矣。肆成人有德，小子有造，此有周作人之效也。是以济济多士，而文王以宁焉。非仓卒求之声名之末，辨之语言之间，而即可以得人而用之也。

廿二日。雨。论学便要明理，论治便要识体。　平易近民，为政之本。　当官勿避事，亦勿侵事。　问临民，曰：使民各输其情。问御吏，曰：正己以格物。　作伪心劳，不如一实。事后掩饰，不如慎始。防人疑众，不如自慎。智数周密，不如省事。

天地之气，聚散攻取百涂。然其为理也，顺而不妄。　大其心，则能体天下之物。　大人者，有容物，无去物；有爱物，无徇物。　天下将治，则人必尚行；天下将乱，则人必尚言。天下将治，则人必尚义；天下将乱，则人必尚利。　人有德器，然后喜怒皆不妄。　人之情各有所蔽，故不能适道，大率患在自私而用智。　志立乎万物之表，敬行乎事物之内，然后义可精。　学问须严密。体会愈细密，愈广大；愈谨确，愈高明。　君子以识为本，而行次之。　至显者事，至微者理；而事理一致，显微一源。善学者，能通于此而已。　义理有疑，则濯去旧见，以来新意。　以圣贤之学，观圣贤之书；以天下之理，观天下之事。　君子不以天下万物挠己。己立矣，则运天下、济万物，必有馀裕。　改过贵勇，而防患贵怯，然后可以修慝辨惑，而成徙义崇德之功。　学者当常以志士不忘在沟壑为心，则道义重而计较死生之心轻矣。　观圣人出处，须看他至诚恳切处及洒然无累处。　人精力要使在有用处。　恕者仁之施，爱者仁之用。仁如水，爱如水之润，恕如水之流。　经纶天地之谓才，举远必至之谓志，并包含容之谓量。

廿三日。复何镜海、周寿山二信，寿山信即交李桂仙带赴武昌。朱子谓天理人欲之分只争些子，故周子言幾。然辨之不可不早也，故横渠言豫。　圣人之治天下，幾而已矣。黎民于变时雍，幾也。俾予从欲以治，四方风动，幾也。周子之言曰：寂然不动者（幾）〔诚〕，感而遂通者神，动而未形有无之间者幾。诚精，故明；神应，故妙；幾微，故幽。诚、神、幾，曰圣人。诚、神至矣，而言幾者，非幾则诚弗形，非幾则神弗显也。诚，体也；神，用也。幾者，动之微，体用之交，妙而通焉者也。圣人研幾以成天下之务；豪杰审幾以赴事机之会。知幾其神乎，不知此者难矣。惟圣人能通之以诚，诚而幾，故神也。　天下，势而已矣。势，轻重也。极重不可反，识其重而亟反之，可也。反之，力也。力而不竞，天也。不识不力，人也。知天下之势者，可与审幾矣。知天下之幾者，乃以销天下之险阻，而势之轻重，斟酌焉而得其平。圣人之大用，不能违势而意行，存乎研幾之精而已矣。

廿四日。雨。李小山、左癸叟来谈。周桂坞辞行，以将移居益阳十四都也。复何镜海、唐义臣二信，又致任莼堂一信。

廿五日。篪儿赴桃木洞。胡道生、镜心来。接易小彦、易梯衢两信。　舜好问而好察迩言，而其戒禹曰：无稽之言勿听，弗询之谋勿庸。此圣人精义之学也。

廿六日。赴省，晚宿老屋湾。杨果臣丈先至，见示杨幼眉孝廉所著《中庸贯》。闻此书名久矣，急阅一过，盖专主释中庸之义以为砭老庄高远之失，为此书也。所解多合古义。予意《中庸》一书，开口标出中庸二字，即将知仁勇三项切近指点，而后推出费隐二字，而后归入一诚字，而总结之曰：知仁勇三者，天下之达（道）〔德〕也。约其功则曰慎独。慎独二字，乃中庸结穴；知仁勇三字，乃中庸点睛。知仁勇三字未分晓，终隔一层幕。尝疑朱注释君子依乎中庸节，以为知之尽，仁之至，不待勇而裕如者，未免抹煞三达德一语。孝廉所释中庸之义，多精透处，而于知仁勇三字，每每犯此一病。

廿七日。阴。道遇袁予文。申刻进城，馆荷花池。即往见中丞，晚次归。澄侯过谈，极畅。丁秩臣、果臣、张燮庵、刘蕙阁诸老宿皆在求忠书院，地居北城极僻处，又与诸老为邻，与鄙人适相宜。接李眉生、罗研生两信。眉生旧藏《汉魏百三家》，予曾乞之，至是乃以相赠，得之甚喜。

廿八日。雨。南丈处早饭，寄云前辈处午饭，并得一畅谈。便过时卿廉访，初田、器之两观察，茂斋太守，听泉刺史及澄侯、立臣、晓岱、仲云、仲和。敖经甫见示所撰《王迟士随笔序》，属为点定。晚过次山方伯久谈，所言多朴实有见地，大吏中不多见也。

廿九日。雨。往盐茶局早饭，便拜孙怡堂、薛凤池、夏宝生、陈怡珊、方仰昕、朱肖岩、易念园、罗研生、黄月岩、瞿石云、彭海春、张紫联、王式杜。旋至厘金局见马小庄、黄锡侯、柳浦珊、王子谦、罗春山诸君。衡堂叔约往一见，比予至，则已先出门矣。

九月

九月初一日丙戌。往拜少坪廉访，锡侯、若农观察，小泉学使，靖吾、新吾大令，又桓刺史，刘玉田、戚少云、陈星泉、黄海华、何子贞、何子愚、陈葵心、黄觐臣、何镜海、陶少云、徐云渠、彭石庵、崔春圃、左霖生诸处。陈雪楼见示所著《学庸说》，盖同予者十之五六，而于《中庸》言知仁勇之义，终未莹澈也。雪楼名世镕，安庆人，博学能文，尤工数学。南坡丈数称述之，言遣戍伊犁时，雪楼为古浪令，语南丈云：庚戌辛亥之年，天下大乱，且将有徙都出关之举。至昨岁果有热河巡幸事。中丞言，涤公之才专注于一事，咏公之才肆应。评二公极允。

初二日。往拜胡恕堂、庄邃甫、罗小苏、吴楚材，赴南丈处午饮，谈夷事本末甚悉。是夜就宿盐茶局，成静斋、萧菊生、张朗斋、周顺堂、李杏生五人谈，并见张莼生、任宇程、左宾门诸君。是日热甚，夜大风。

初三日。瞿秉常邀早饭，便诣周邵庵、陈绍芗、嵇月生、李正吾谈。晚过秩老谈。《易》乾三以阳爻居阳位，惟主于进，故曰乾乾。四以阳爻居阴位，有疑焉，故曰或跃。坤四以阴爻居阴位，惟主于退，故曰括囊。三以阴爻居阳位，位不可旷也，故曰或从王事。　三、四，人位也，有为焉。《易》之吉凶，多系于是。圣人所以尽人事也。初来而方微，上往而不可救。二、五，中爻也。二多誉而四多惧，五多功而三多凶。三、四处进退之地，吉凶得失系焉。圣人玩《易》之功，莫严于三、四。　剥以阴消阳。君子之剥小人也，必先乱其是非，故初、二爻之凶，皆曰灭贞。至于四爻而剥道成矣。剥床以肤，无待贞之灭也。三应于上，五比于上，小人之从君子者也，故无咎无不利。五更近于上，而居位得中，统诸阴以留就消之阳，圣人之所望也。　君臣朋友之道睽，多由于意见之私，故凡爻之言见者，所以成乎睽者也。遇主于巷，无咎，往遇雨则吉。一相遇而群疑亡。持意见之私以相背而相憎，睽道之所以成也。

初四日。诣中丞饭。枉过者纷纷，几至不能出门。见李文藻、汤斐斋、任芝田、嵇樾生、徐寿鸿、李筱山诸君。意城见示唐义渠信，咏之宫保以八月廿六日告终。伤哉！伤哉！天不欲平祸乱耶？为之怆然终日。接方子箴观察、吴桐云舍人、方仰昕太守三信。

初五日。雨。张星楼、何贞老、任雨臣、夏宝生、陈怡珊、方仰昕来谈。黄南丈处早饭。彭实丈处晚饭。便过张莼生、文思。致曾沅浦、黄子恒二信，曾信交崔春圃，黄信交子寿。晚接杨性农一信，言武陵余生我如鹗、浏阳陶生汉鹏，少年美才，属一访之。陶寓东牌楼庆升公馆。其言曰，欲天下平，须停三十年科举。其志趣当有异也。

初六日。雨。熊镜蓉来，询知徐擢之、张兰舟等，皆其旧识也。余我如、吴大安来谈。星楼丈言，距沙坪八里，地名香王寺，有坡曰獭坡，吴氏地也。他日归家，当一诣视之。午过星楼、研生，语及《绥边征实》一书，研生亦有意为之。　先儒言：《春秋》之义，尊周室，攘夷狄。信斯言也，其义固可得而言矣。楚，鬻熊之后，文王之师也，而夷之。吴，太伯之后，周之懿亲，而夷之。吴楚皆僭王，夷之者，所以正名分也。杞，夏之裔，武王所封，以备三恪者，而去夏用夷礼，则亦夷之。夷之者，所以明礼义也。秦起西陲，奄有丰镐之遗，文武之国都也，而亦夷之，谓之虎狼之国、戎翟之俗，所以黜贪诈也。杜氏所谓诸侯用夷礼则夷之，进于中国则中国之。《春秋》用法，以之治人，岂以地限哉。明乎此，而后可与言攘夷狄之大用。　刑赏，驭天下之大法，稍逾其量而即为害。喜怒哀乐，发而中节，推之可以尽人之性。过怒必有溢恶之辞，过喜必有溢美之辞。溢美溢恶，斯以失人，而害及家国。田兴恕之任封疆，其亦溢美之贻害矣。是日移寓盐茶局。

初七日。与张星丈同诣杨梅山。细求吴孟亭之言，星老亦不晓其说之何所取义也。夜语邓少卿去岁在浏阳办理漕事一节，相与怃然。百馀年来，人心之坏，风俗之偷，皆原于此。上无礼，下无义，而贼民兴，所从来也远矣。少卿贤吏，所遇如此，尤可惜也。

初八日。由杨梅山诣湘潭茶园铺，夜宿板桥，计行六十里。士大夫之居乡，视当官而尤难。当官，任之而已。士大夫之居乡也，语时事之利病，则有侵官之嫌；陈民间之冤苦，则有揽事之咎；邻里之微，亲党之琐，危而不持，颠而不扶，则有隐情惜己之讥；官吏之颠倒是非，熟视不言，则疑于非义；愚民之牵连死亡，告哀不顾，则疑于非仁。然则何为而可哉？盖孔子曰：可与言而不与言，失人；不可与言而与之言，失言。官吏贤也，或蔽于见闻，或动于意气，夫固有所愿闻也，吾因而告之，所谓君子成人之美也。官吏而心乎为恶，则固非正言之所能入矣。甚或反复焉而益其冤，附会焉而生其议论。君子于此，塞耳忍齿，不以污吾言也。至于愚民怙私，以（莹）〔荧〕吾听；小人乘利，以枉吾道；君子远之夙矣。不幸而偶眩焉，则急反之，不饰过以遂非也。郑梦白、邹云皆之居乡，乃至纠众减漕，以与官吏相持。顽民所以称乱，而士大夫由之，可耻孰甚焉。是夕宿处，右豕圈而左平房，终夜喧扰，不能成寐。卧念咏之宫保之薨，于国家失一大臣，于乡里失一名贤，于吾身失一知己。抚枕寻思，不知涕泗之横集也。

初九日。宿湘潭，计行四十里。与张立臣、李莘农、陈泰生、柳范吾、贺仲甫、易清涟、王兰池诸君痛谈，梁质夫、夏芝岭并至。立臣博闻强记，可谈。　控驭夷狄之道有三：有圣贤之作用。孝文之服南粤，光武之绝西域，我圣祖之绥定俄罗斯是也；有豪杰之作用。高祖之和亲，孝武之绝大幕是也；有蒙业缵功之作用。孝宣之臣服匈奴，唐文皇之灭突厥是也。俗论不知辨此，但曰战而已。乃独讥秦皇汉武，以为穷兵黩武、病国殃民之戒。夫秦皇汉武，值其时，有其才，用其人，收其效，则以黩武讥之。南宋之孱弱，明季之昏乱，则矢口谈战，言无择焉。世儒顾曰：是忠臣谋国之言也。吾弗知之矣。　遣使聘问供岁币，北宋之于契丹已然。程子固曰：本朝不可及者三，待夷狄以礼其一也。至南宋而始言绝和议，痛哭流涕以争之，其意固曰君父之仇为大也。夷人之于中国，要求通商而已，并无通使之烦，岁币之扰。世儒执一和字，以为朝廷罪。果可谓之和乎？凡言剿者，甘誓所谓剿绝其命也。夷人距中国七万里，其来也，连舟海外，乘便而入。彼处于有馀之地，而我之力常不给。世儒又执一剿字以胁持朝廷。果可得而剿乎？和剿二者，何名何义？夫且不能辨之，而纷纷藉藉，挟此说以诬朝廷，何为者也？　尝谓本朝办理夷务有四凶，曰琦善，曰耆英，曰叶名琛，曰僧格林沁。林文忠之贻误事机，甚于琦相；而琦相列之四凶者，心术不正故也。耆、叶罪大，人皆知之。僧邸之时，夷务已有端绪，处置尤易，而踵三顽之覆辙，以悖道行之，乃使天子蒙尘，忧伤郁愤，以至大渐。较而论之，僧邸之罪浮于耆、叶多矣。世儒乃群奉一僧邸以诬毁朝廷。道之不明，而忠孝之谊以绝，于人心所关亦非细也。　兵者，圣人不得已而用之。幸一时之功，邀流俗人之誉，而遗天下国家无穷之祸，君子之所甚恶也。僧邸于夷人之就换和约，则设诈以诱而击之；于夷人之来战也，则委防兵以逃；于夷人之重来议和，则又诱而执之。一败而至通州，再败而遂远出古北口。二万馀之兵，数百万之饷，一败无馀，徒以千馀尊之铜炮、千六百万之兵费资之夷人。世儒犹诬朝廷以掣僧邸之肘，然则此二万之兵、数百万之饷，给之僧邸何为者也。袭南宋之谬说，而造为无根之辞，上诬君父，以快其辩，安得此不忠不孝之言，以迷惑万世之人心也。

琦、耆同道，叶、僧同术，而四者之用各不同。所以同为乱天下之巨慝者，上以罔君父，下以欺蛮夷，其用心皆同也。古今之悠悠毁誉是非，无可凭信者多矣。颂僧邸之功德，以明攘夷之义，吾弗之责也。而必曲宽僧邸丧师失律之罪，以被罪朝廷，以逞其私说。凡有禄于朝者，同声一辞，期以掩蔽天下之耳目，自托于《春秋》之义。僧邸固习闻士大夫之谬说，姑一诱击夷人，以攘天下之名。人亦知向者议论之相持，乃所以乱天下也，则姑奉一僧邸以张其势，而不惜上诬君父。两相比焉，以交务为名。呜乎，务名之甚，而至于无君。有世道人心之责者，能无为之痛哭流涕哉。　处天下事，以识为本。识有二，有大局之远识，有一事之深识。大局之远识，周子之所谓幾也；一事之深识无他，明乎理与势而已。是故天下之患，莫大乎敌人之所不欲，而其动也无以应，日引月长，以生其悖。自明以来，能辨此者鲜矣。此人才所以不古若也。　孟子之黜乡愿，以为同乎流俗，合乎污世。君子之所以异乎人者，惟超出乎流俗而已。流俗之所奔趋，而君子远之。流俗所据为毁誉而一哄无异辞者，君子一揆之以义，而察其本末，辨其异同，无敢徇焉。流俗据目前之见以议论天下事，君子尝达观远识，运天下古今于一心，而衡之以理。未尝求异于人，而已倜然远矣。何贞老、王壬秋力图见异于人，吾恐悖理而伤义者，必已多也。　文人以爱憎曲肆毁誉，颠倒是非，道之贼也。锢蔽于流俗之见，而是非曲直，靡然从风，以害理伤教，亦道之贼也。吾辨僧邸之功罪，以进人于忠孝，以道名分，以正人心。三代直道之公，亦不敢不以自任矣。

初十日。五十里，至茶园铺龙团山。是夕为胡宫保挽辞四首：

道丧老成贵，斯人今已无。孤忠存感激，万事忍艰虞。食少生难久，人亡气益孤。时闻求隐逸，书札到潜夫。　公来江汉重，收取旧山川。汩没逢多难，经营且六年。庙堂资锁钥，父老盼旌旃。永断来苏望，吾生亦惘然。　论劾存公理，朝廷每曲从。两朝深倚畀，万善入包容。回斡乾坤力，飞腾干镆锋。遗弓攀咫尺，随侍鼎湖龙。　负弩嗟衰病，难求此愿偿。枉劳书问及，祗益鬓毛苍。生死违相见，升沉转自伤。今宵人事省，感念涕淋浪。

十一日。重至湘潭，诸君枉留会饮，罗芝云亦至。旋过梁质夫，晤梁仲玉，言其兄昆圃大令在汶上与僧邸交涉情事。僧邸武夫，九岁为御前大臣，其骄溢有自来也。惟其言而莫予违，一言可以丧邦。人臣当国事，任军旅，能堪此乎？京师所恃僧、胜两帅，两皆足以偾事。胜以狂躁，僧以凶狠，其骄溢则均也。

十二日。先夕自湘潭放船夜行，以北风，至巳刻始抵省。柳范吾、秦鹿笙以巡船相送，船稍大，故行较迟也。是日中丞寿辰，与汤斐斋、意城同入署饮，旋过赵玉班。晚归，任禹臣见示周邵臣《志万斋文存》十卷。是夕雨。

十三日。着周能仁回家。黄南丈、赵玉班、吴子登过谈。往拜汤铭斋、斐斋、吴子登、金竹虔、孙彦圭、黄子明。晚与意城、月生赴李正吾饭。铭斋处晤黄海华太守，十年不见，不复能相识矣。申论主忧臣辱、主辱臣死之义。苏武之使匈奴，洪迈之使金，辱也。富弼之使契丹，女死不顾，得家书不启封，曰：徒乱人意。彼为使臣，何意之可乱哉？其使契丹也，诚不复知此身之吉凶与万世之毁誉也，辱也。狄仁杰之屈身武后，亦辱也。李东阳之周旋刘瑾，亦辱也。陆逊之言曰：忍辱负重。辱者，身可屈，名可污，而谋国之孤忠与立身之大节，皭然无愧于心，而不必求谅于天下后世。宋以后以名相奖，知此义者难矣。忠孝之义，臣子之心，耿耿存于心，以深究夫事之始末，理之是非。岂区区上一疏、倡一议以为名，而可谓之纯臣哉。　读书辨明一义字，而后泰然有以自处。非礼之礼，非义之义，最足乱道。君子之所辨者，辨此而已。　人才之盛衰，全在培养，而道消道长之幾，亦有天焉。否泰初爻，皆有拔茅汇征之象。君子慎此，而天道阴阳之消长，莫之能违。故立政以君身为本。君子格君心之非，知幾而已矣。朱子曰：天即理也。此语至精。《尚书》言天者多矣，此语足以括之。天者，所以主宰乎理者也。圣人事事临之以天，圣人之严也。　处事论人，先明理而后究观乎事之本末始终，以知其曲折，沛然无疑于心矣。而后文之以言，所谓修辞立其诚也。方成之，近今作者，见所撰碑志，毁誉多失实者。然则汉唐以来，碑铭史传之文，果足信耶？古人之书，有溢辞焉，可以理测也。前岁天津山东之役，身一试之，大本大源处，虚实本末截然不相蒙。后之编史者，据奏报之词以为征信，失之诬也多矣。故夫史之失诬，其原有四：或蔽于耳目之见闻；或牵于流俗之毁誉；或以一人之爱憎，而一二语之流传，又加以附会；或以一事之得失，而其人生平之大端，反为之曲饰。君子据理以辨之，而无不可测也。至乃其人之贤否较然，其事之功罪昭然，而或颂焉、或议焉，流俗哄然传之，士大夫惘然应之。《传》曰：圣人没，微言绝。岂惟言之精微哉，寻常之间，有目而不能视也，有耳而不能闻也。圣人不作，吾谁与辨之！　接希庵中丞及左景乔两信。

十四日。寄云中丞、舒仲和、汤铭斋、斐斋过谈。晚为笙叔召饮，与成静斋、萧菊生同诣南翁。罗伯宜来谈。

十五日。黄南老、赵玉班、杨力夫、罗研生来谈。致冯树堂一信，以闻其尊人物故，书以唁之。与研生、石云、静斋、镜初同诣陈雪楼，观所著《周易廓》并诸经说。

十六日。自初七日赴乡受寒，初九日至湘潭，渐病风委顿，回省日剧，殊不可耐。为南丈拟复江督仿行刘晏盐法议。江幼陶、王馨吾、单俊甫来谈。

十七日。阴，大风。幼陶、石云过饭。朱肖严、何勖斋晤谈。过南老，谈盐法必变通尽利。自汉唐课盐以来，代凡数变，其大端不过场税、商税二者而已。场税苦于散而无纪，商税苦于营私而虚悬国课；二者之法，每穷而变。兵兴以来，商民舍业，极乱之后，易与变通。而江西湖北诸处，道路时虞梗塞，商税尤不足恃。变通之要，宜在今矣。刘晏所以能尽盐之利而不扰民者，擅有盐场故耳，故为法简，而为利多。今以地段言之，不及刘晏三分之一刘晏行盐之地，南逾江岭，北至郑滑，又薄兖、郓以尽于东海。以事言之，不及刘晏权势之重刘晏兼领盐铁、转运、租庸诸使，亦不及刘晏之时道路之通史称刘晏募驶足，诸道置驿相望，浮淮泗、历汴以入于河，浚通济渠直达京师。独盐场之利尚可据之，而不求变通尽利之术，仍付之两淮运司招商运贩，所为筹饷之税，独汉口以上厘税一节而已。盐场者，谁之盐场，而视以为荒外之地，歧而二之，此蔽也。　与南老论幾字之义。南老言：君子用之为幾，小人用之为术。予谓非也。术者，非事与理之所宜，而假术以运之。幾者，动之微。圣人知之以神其用，贤人审之以妙其施者也，事与理之所不能越也。幾岂可以术论哉！

十八日。大风。往易芝生、李仲云、杨力夫、朱肖严、方仰昕、赵玉班、江幼陶谈，并一诣中丞。得沅浦书。沅浦欲于汉镇、南昌、长沙设局，揽盐利，贱买贵卖，为筹饷之计。按卖贱买贵〔买贱卖贵〕四字，即桑宏羊均输之法，其源出于泉府《周官》：泉府敛市之不售、货之滞于民用者，以其贾买之物，楬而书之，以待不时而买者。武帝元封元年，桑宏羊请遣大农部丞分部主郡国，置均输盐铁官，而置平准京师，都受天下委输，笼天下之货物，贵则卖之，贱则买之。一岁之中，均输五百万匹，民不益赋，而天下用饶宋熙宁中，谏官李常论均输不便。帝语宰执曰：朕问常何以名均输，常言（买贵卖贱）〔买贱卖贵〕而已，朕谕以禹贡纳粟纳秸，此即均输之意，岂买贱卖贵哉？王安石曰：常所言乃平准，非均输也。安石分平准均输而二之，只是遁辞。历代皆沿其法行之。唐（德宗）〔代宗〕大历宝应中，刘晏为盐铁使。江岭去盐远者，置常平盐，商人不至，则减价以粜民，官收其利，而民不知贵。是买贱卖贵，其意在网利，而其立言仍主于便民也。德宗初，赵赞请置常平官，储布帛两都、江陵、成都、扬、汴、苏、洪，贵则下价而出之，贱则加估而收之，并榷商贾钱以赡常平本钱。会军用迫蹙，竟不能备常平之数，则无资本而均输之法固不可行也。

宋神宗熙宁二年，制置三司条例司上言：发运使总六路之赋入，而其职以制置茶盐酒矾税为事，宜假以钱货，资其用度。凡籴买税敛上供之物，皆得徙贵就贱，用近易远，得以从便变易蓄买，收轻重敛散之权（收）〔归〕之公上，而制其有无，以便转输、省劳费。乃以发运使薛向领均输平准事，赐内藏钱五百万缗，上供米三百万石。然均输后讫不能成，则民所弗便，均输之法亦不可行也。其后复置京师市易务，以户部判官吕嘉问提举务事，赐内藏库钱一百万缗，京东市钱八十七万缗，为市易本钱。遇客人物货不行，愿卖入官，许至务中投卖，支官钱买之。如愿折博入官物者，亦听以抵当。物力多少，许令均分赊请，相度立一限或两限，送纳价钱，半年纳出息一分，一年纳出息二分。其可以收蓄变转，亦委官司折博收买，随时估出卖，不得过取利息。其三司诸司库务年计物，若比在外科买省官私烦费，即亦一就收买。后元丰中诏：市易旧法，听人赊钱，以田宅金银为抵当。无抵当者，三人相保则给之，皆出息十分之二，过期不输息，每月更罚钱百分之二。贫民无赖，取官货不能偿积息，罚愈滋，徒存虚数，实不可得。于是都提举市易王居卿，请自元丰二年以前本息之外所罚钱悉蠲之，凡数十万缗。负本息者延其半年。民皆称便。则有资本，有权藉，能督民行之，而终亦无所为利也。今并无网利之术，而明据买贱卖贵为言，然则将强物之贱而买之，强物之贵而卖之乎？吾尤不知其所据矣。

十九日。往童圭农、贺竹泉两处谈。竹泉出见二子，一字伯仁，一字幼愚，皆美才。伯仁为礼耕之子，幼（皆）〔愚〕修长聪颖，为尤胜也。

二十日。往胡恕堂、赵初宾、丁伊辅、何子贞、李玉阶、齐慎庵诸处谈。接李竹浯信，盖遣其子林茂至省，探询来凤兵警者。随复竹浯并寄邹公让二信。

廿一日。胡听泉太守置酒南老家邀谈，与南老论盐务事宜。荡、灶皆官地也，给灶丁按地配引，则盐皆官盐也。万历以后，改而为灶课，为荡课，灶与荡因渐据为私业。而各场盘鏾多寡，随时造报泰州十一场，通州九场。通岁煎盐以百二十日为率，每一伏火得盐一桶桶二百斤。设灶长专司火伏，煎丁起煎，先赴灶长报明时刻，领取火伏旗牌，悬于灶门。历十二时为一伏火，登其数，由灶河运入垣，给三联印票为验运盐以船户姓名编号，按号收盐入垣。车运者亦如之。垣商加捆而后引成，运之过坝。场大使较以官秤，有轻重则改捆，按票引数钤印于马簿，切票角放行。至仪所天池盐掣厅，依司发底马编号，次第过掣，而后改包，由各省商人运归引地。淮北海州三场，以水渍盐，归垣捆运过掣，略如淮南。是虽灶丁各据场灶为业，而煎盐入垣，加捆过掣，一皆官主之，则仍官盐也。即道光之末，改行票盐，而灶丁贩私之禁一也，灶课荡课之输于官一也。安得曰场灶一属灶丁私业，官不得而过问乎？

吾以为今日改行盐法有二便。承平日久，官吏之盘踞，场灶之偷漏，互相朋比。自咸丰三年至今，额引全滞。灶丁以盐为业，而吏官不能过问，百年积弊，不待湔除而自然清澈。及今为之，较易为力，一便也。扬州南北扼要之地，必设重兵，即可凭藉兵力以镇压灶丁枭贩之不奉法者，二便也。大致改行场课，而办法各有不同。盖所谓灶课者，课之于灶丁也。灶丁多无艺小民，据灶为业，漫无统纪。此陶文毅所以深论场课之非宜，为灶丁之不足恃故也。今日筹饷之法，大率委员权宜办理。悉除旧章之烦猥，每场委员监视，准商支外款各名目，合计其数，责成商人纳课毕，给与盐票，听从赴场收买，验票放行。或场灶盐价，概由官发给，悉数运入包垣，而后由垣发给商人。二者皆简而易行，可不问灶丁之贫富多寡也。汉元狩中，东郭咸阳、孔仅为大农丞，领盐铁事。后汉献帝时，初置使监卖盐。唐乾元中，盐铁使第五琦初变盐法，就山海井灶地置监院，游民业盐者为亭户，免杂徭，盗煮者论以法。其后尽榷天下盐，斗加时价百钱为钱一百一十。及刘晏为盐铁使，设四场十监，淮北置巡院十三，捕私盐，奏罢州县率税，禁堟堰邀利者。大历末，通天下之财，计其所入，总一千二百万贯，而盐利过半。建中中，诏榷盐斗加百钱。贞元中，加民赋，江淮盐斗增二百为钱三百一十，其后复增六十。豪贾射利，或时倍之。官收不能过丰，而民怨矣。顺、宪之际，斗减一百二十，榷二百五十。然元和中，李巽为盐铁使，以煮盐利付度支，初岁之利如刘晏季年，其后三倍晏时，岂非核实之效与？洎王播为盐铁使，奏诸道监院粜盐付商人，斗加五十，通旧三百文。煎盐亭场置小铺粜盐，斗加二十，通旧一百九十文。《宋史·食货志》：天圣中，三司请榷货务入钱售东南（钱）〔盐〕，以百八十万三千缗为额，后增至四百万。嘉祐中，榷货务课不登，即发运司置官专领运盐事。治平中，入缗钱二百廿七万。皇祐中二百七十三万，治平中三百廿九万。大观中，侍御史毛注言：崇宁以来，盐法顿易元丰旧制，不许诸路（为）〔以〕官船回载为转运司之利，许人任便用钞请盐，般载于所指州县贩易，州县用为课额，提举盐事苛责州县，以卖盐多寡为官吏殿最。今之商贩即其遗意。上下程督，岁增虚课，张空最以罔上，害愈滋矣。然史称元祐间淮盐与解池等，岁六百万缗，比唐举天下之赋已三分之二。绍兴末年，泰州海陵一监，支盐三十馀万席，为钱六七百万。一州之数，直过唐举天下之数。其法商人买钞计盐，六石为一袋，输钱十八千，又增贴纳钱三千，斗得钱三百五十，略如唐贞元后之盐价。明初，行开中盐法。至宏治中，用户部尚书叶淇议，改输银，岁课七十万五千两，开边报中为正盐。嘉靖中，令商人中额盐二引，带中工本盐一引。以灶户馀盐，每引官给银二钱充工本，增收三十五万引，名曰工本盐，纳银解部，通前额凡一百五万，引额增三之一。鄢懋卿复增之，盐课始满百万。万历时，两淮引价馀银百二十万增至百四十五万，新引（新引）日益，正引日壅。户部尚书赵世卿言：两淮为宁夏哱拜反，添引八万；为辽东标兵，添引四万四百有奇；为防倭缺饷，添三万。俱系额外，有（防）〔妨〕正课。天启中，议准淮盐每引加盐十五斤，征银一钱，以充辽饷。其后御史邓启隆计引增课七万九千六百十八两有奇，御史张养计增割没带盐银十一万二千九百五十两。又因大工紧急，每引加盐十三斤，纳银八分。崇祯时，议照辽钞摊行之例，另加新引七万，又增黔盐五万引，又增武昌、汉阳淮盐三万引。末年复派练剿诸饷增引超掣，浮课日加而正额率多逋负。盐法之不善，未有若明世者。惟其虚立名目，为粉饰之具，而无益于筹饷也。唐宋之世，同一盐法，而或利或害，则亦视乎其人耳。　唐穆宗时，户部侍郎张平叔议榷盐法弊，请官自粜盐。诏公卿议可否。兵部侍郎韩愈条诘之，以为国家榷盐粜与商人，商人纳榷粜与百姓，立法简便，而盐利无馀。今令州县人吏坐铺自粜，利不关己，罪则加身，转恐失坐盐利常数，利少弊多，未见其便。宋李觏亦言官卖之弊，以为舟有坏，仓有堕，官有俸，卒有粮，为费已多。宋制诸盐听州县给卖，岁课所入，申尚书省，而转运使操其赢。久之，军吏困于转输，舟卒侵盗，杂以沙土，盐多露积。天圣中，用盛度言，罢官鬻，听入钱京师榷货务，而以江淮（若）〔两〕池盐给之，岁增课十五万。明嘉靖中，詹事霍韬言治盐利弊，（源）以为上策当给灶丁工本，使各场馀盐尽属之官。中策当令正额馀盐各纳边粮，听与灶户价买。今之馀盐，官既不能收买，又禁商人私贩，势固不能也。则此三百万馀引私盐之利，尽归奸人之囊橐矣。观于数君子之言，而盐法之得失，亦可知其大凡矣。

辛酉九月廿二日丁未。胡恕堂中丞邀饮蜕园，同席罗研生、黄月岩、翟伟堂、陈福生。中丞所居大湾，唐进士刘蜕故宅。湖南登第者自蜕始，当时谓之破天荒。地尚幽敞，有高楼可远眺。便晤姚彦士、夏石山、夏宝生诸君。包慎伯淮盐三议，以缉私为下策。善治盐者，有上中二策。中策有二：曰稽查火伏，一灶一日夜煎盐一鏾，有定斤，饬场商尽数收买，枭徒无所得盐而私之，源清矣；曰烙验官船，按船编号，量其载之所胜，烙于船而注于册，载以九分为率，革除埠头浮费，于口岸建盐仓，船至即卸盐上仓，回环转运，船得倍利，不必带私而私之委清矣。此中策也。若夫上策，则裁撤大小管盐官役，唯留运司主钱粮，场大使管灶户，不立商垣，不分畛域，听商贩领本地州县印照，赴场官挂号缴课买盐。州县发照后，一面具详运司查核，则场官不能干没正课，而运司与场员俱有平馀，州县亦藉盐照纸朱之费，津贴办公，一举而公私（得皆）〔皆得〕。私枭一输官课，听从转贩，而私盐皆化为官，课人之数，必倍于今。是为上策。按国初李雯言，盐之产于场，犹五谷之生于地，宜就场定额。一税之后，不问其所之，则国与民两利。雍正朝，李敏达驳顾成天就场收税一折，谓以应输之额摊之灶丁，责其完课，而后卖盐，又为商人抽税于关之论，是尽以盐税征之于灶，又加抽于关，宜其说之不行矣。刘晏之因旧监置官，收亭户盐鬻之商人，是以官总场盐之出纳，而一会其数于亭户。包氏之论，是以官总商税之投交，而分任其事于场官。斟酌乎二者之间，择人而授之事，盐利之大，无逾此者。刘晏上盐法轻重之宜，谓官多则民扰。其创法立事，惟引用士人，使司会计。所以获利多而民不扰者，诚得其要故尔。故论盐法之善有二要：曰省官，曰择人。

廿三日。刘子迎、王南池、陈怡珊、余我如、萧恒士、罗研生过谈。接杨性农信并所寄陶翼云诗。翼云名鹏汉，性农信屡及之，与我如同为后来之秀也。

廿四日。玉班观察邀同研生、幼陶、意城饮。希帅以皖事自任，而举唐义渠、彭雪琴、阎淡初三人可属以鄂事。意城言淡初不能为人用，不抚鄂，则终归耳。此与鄙见略同。苟为涤公、咏公、寄公、荫渠之公廉朴干，为之奔走可也，吾道自申也。非是，将枉吾道以顺令求容，君子不忍也。则将正容直辞以与为水火之争乎，亦安用此扰扰焉与结为构以损吾性真为也。故曰无道则隐，曰乱邦不居。无道焉，则乱矣。君子之道，安所施之？洁其身以自远焉，可也。

廿五日。与玉班、南老、意城公饯时卿廉使。时廉使病足，即就其第荐之。是日热甚。

廿六日。设立书局又一村，寄云中丞、次山方伯、少坪廉访、锡侯观察、雪楼刺史、子登太史、斐斋孝廉、南老、仲云、研生皆会。是日入局者十一人：丁果臣、曹镜初、周劭庵、张西山、毛子璋、杨子岩、巢子城、李云洲、李莲田、刘沛霖及蟠西弟。接曾沅浦信。

廿七日。大雨竟日。中丞盛席相款，同坐南老、仲云、意城五人。南老述及土鲁番开屯田事，其地水性甚劲，以沟引之，辄决而旁溢。乃循其旁溢之迹，曲折浚渠以顺其性而利道之，而渠遂成。予因论水利而及顾亭林氏之言，谓元虞集奏兴京东水利，及顺帝之世，海运不至，卒采其言行之，以为立言之效见于数十年之后。琼山邱浚《大学衍义补》，亦畅论虞氏此言可规久远之利。雍正朝，怡亲王查办天津永平沿海开垦事宜，所费巨万，至今以为美谈。予在天津寻其遗址，仅有存者。盖沿海地皆斥卤，每田一区，四周皆有沟洫，越数区则开一引河，处处设闸，内引运河之水灌之田沟，以泄碱水而放之海。碱水泄尽，而后引水灌田，以施耕种。其初，官为开垦，募农民承佃，岁输税于官。而所在沟洫，岁须修治，农民力弗给也。数年而淤，复为荒地。至今日而各处碱水河亦无几存者矣。逋税或数十年无从追比，而官民遂两承其害。徒据记籍之文，指画得失，疏陈利病，岂有当哉。中丞言与王子怀司马同居谏垣，司马请行大钱钞法甚力，曰利权操之朝廷，朝廷之所贵，谁敢违者。中丞笑曰：朝廷指瓦砾沙石以为珠玉，果足以枉民乎？司马怒曰：君奈何挠吾法？曰：此法果行，必病民，民病则害气必中于国家，是为有害而无利。他日追原祸始，曰君实为之，岂不可惜。司马终不悟也。司马心术尽正，人品尽高，终坐无学识。故为大臣者，以识为主，而才次之。

廿八日。大雨。周能仁宏高自家来，赵玉班、夏石珊、易冕南、汤铭斋枉谈。何贞老约晚酌，适铭斋至，不果往。嘉鱼余旬甫以所著《诗话》见惠，并索拙诗，以一书报之。并致季高、石翘、性农三信。果臣言：老子云，佳兵者不祥。杀人众多，以悲哀出之，战胜以丧礼处之，是加倍写法。杀人而喜，是乐杀也；战胜而骄，是怙功也，其终必不祥。老子最善谈兵，言之令人悚惧。果臣此论，别有妙悟。

廿九日。大雨。由省回家，过宝树湾宿。接杨晴帆信，多言道家养生之术，而举《悟真篇》为说。顷见其书，特俚言耳，如《参同（异）〔契〕》、《阴符经》诸书，传自汉世，则深远矣。

三十日。大雨。傍晚抵家，接徐晴溪、易冕南、陈鉴堂三信。

十月

十月初一日丙辰。大雨。阅景乔文集中《肥国论》一篇，驳张子畏理财议，谓其急于财而未原其本。予谓道光之季，士大夫以贫为忧，已有条及大钱钞法者。至于今日，卒为京师之巨患。所恶夫言利者，恶其无经国之术，无审时观变之方，又为事任所不及，而据一端之曲见，袭古人之成说，以导人主之欲也。刘晏之冤死，而以言利之罪蔽之，则谬矣。晏为盐铁转运诸使，所职何事哉？大道隐，而人心之是非日以歧焉，所从来远矣。道光之季，所患又非在贫也，而士大夫汲汲以理财为说，此何为者？将秋而鹈鴂先鸣，岂独一张子畏耶。

初二日。雨。周半溪以洞坑一庄应扬所退还者就商于我，乃依意城旧约，暂以五桂堂受之。应扬生平不守诚信，非保家之器也。

初三日。大雨。应扬来，以景老初九日移居高坡，渠亦随后为迁徙之计，谋料理新居也。

初四日。大雨。接黄晓岱信，随以一信报之，略举近事之先务数条。盖肃裕亭相国力求整顿积弊，而不知体要，乃以刑威劫制天下。言理财则务搜括以实京储，言吏事则行操切以增诏狱。用人取便给奔走，而老成蹇硕无所容；行政尚权谋纷变，而至诚恻怛或不足。晓岱所以见问者，亦以与相国旧交，欲得吾言以为匡益之资也。因规之以至诚动人，以正己自励，期有益于天下，而不必为利于一身。天下之乱亟矣，及今为之，已虞不及。而儒生俗吏，务为因循，其求整饬者，率至横决失理。求之愈急，其失愈远，明季之覆辙，可为深鉴。

初五日。遣周能仁赴县，致清叔、觐堂、鉴堂、郁文、绍芗五信。周翰臣、李连城过谈。接志城一信。

初六日。熊绍芗、盛琫璋两君枉顾山中。盛君素不相识，以馆事来求而已。深山伏处而有此酬应，意甚苦之。

初七日。大雨。接刘赞廷信，当复数行报之。绍芗语及咸丰四年避兵情形，狼狈仓皇，至今闻之，犹为凄惋。

初八日。大雨。为寄云中丞拟胡宫保祭文一通。接意城信，言易笏山师次龙山，其营官顾熙廷轻率进兵，遇贼败退，遂至全军俱溃。笏山之气浮志盈，有败征，与顾熙廷之必偾事，意城早策定之。成败何尝不关人事？笏山取人立谈之间，力排众议，而属以军事。赵奢不能得之于赵括，苻坚不能得之于慕容垂，笏山乃能以布衣崛起得之于顾熙廷乎？果于自信，遂至轻于信人，此其受病深处也。　季高才气横绝一世，而用人专持意见。霞仙尝谓其立功一时，而流毒于十数年之后。籥门中丞甫去，而继起相乘，其祸燔焉。尚赖籥帅之力，为吾楚延一线之脉。非是，而流毒安所止息矣。故成则为季高，败则为笏山。君子之所戒也。吴桐云言：辨君子小人难，辨小人之似君子者尤难。吾谓此皆不足辨也。三代以下，求人才之法，莫若诸葛公。但取攻吾之过，勤见启诲，端本于一身，以求老成蹇硕之士，而阿谀苟合自无所容。用人者，身也。身之是非邪正，莫能自喻，遑问人哉。名世之生，有天数焉，非可以人力求也。司马氏十科备用之说，即事求人，以使各尽所长。善用人者，师其意而运量于一心，以求尽人之用焉。中材以下，无不可陶成变化，而非实有以知其心，则尝留馀地，以使之受吾之范围。求人之法，思过半矣。　士大夫动言求人才，此语谈何容易。必求其本，取人以身而已矣。若曾公之精于识鉴，胡公之勤于搜求，此皆古大臣所难，未可强而几也。流俗之毁誉是非，直是无凭。即一事之功过，一行之得失，亦不足据之以定人品。非知道之君子，乌能辨之。　近日益觉得君子之学自远流俗始。孟子所谓我犹未免为乡人。乡人者，流俗之谓也。其恶乡愿，流俗之所推奉者也。一有流俗之见系于其心，其志业必无足观者矣。横渠以乡愿为大奸慝，恐未究孟子立言之旨也。横渠亦谓为学须要进，有以异于人。贵为公卿，所为无以异于人，亦未免为乡人。圣人，人伦之至，只是一个寻常的道理，而自然有崖岸，自然有节奏，自然有规模，无一与流俗同其行径。君子之远流俗，学识而已矣，非立异以求远于人也。

初九日。微雨。与绍芗同赴桃洞，以意城新屋定基，属往为立向也。罗两明专信至，并汇钞忠节公诗文及所撰《皇舆要览》及杨石泉昌濬所著《尊闻偶录》，纪录忠节公遗言中一条云：先生言制敌无妙法，只是以静制动。凡处大事，临大敌，所守者约而所施者自博。问何为守约？曰：惟此一心，可以出九天而入九地。兵在将，将在心，心乱则无以临机观变，而调度失宜，一军皆乱矣。不动心本领非临时所能取办，便由平日学养得来。

初十日。大雨。致寄云中丞一信，并复希庵中丞、桐云舍人两信，托中丞递寄。又复罗两明、丁果臣、曹镜初、周邵庵、周顺堂、萧菊生、成静斋诸信，并信交意城转递。

十一日。绍芗归。编定《江忠烈公行状》。幼陶寄示《忠烈公传》凡三；其一庐州沈广策撰，馀无撰人名氏，所述事实多不详，亦非实录。忠烈公战迹，广济以前，季高知之颇详；江西以后，则予所亲历。吾两人编定《忠烈公行状》，恰相承接，抑何巧也。徐子苓所撰《庐州战守记》，按日著录，较诸家传为信而有征。入庐州后，颇采用其语，而审度情势，以存其大概。凡事非由亲历，知事之曲折与其人之始终本末，而其识量又足以通知一切以能有所断制，仅据传闻之辞、记载之文，以臆度其贤否得失，鲜不失之。此吾所以疑史传之文为多不足信也。生同时，行同术，又为其兄弟朋友，纪录其行事，而多不及详；又与当日情事参差错出。然则数百年之后，追论往哲，其果足信乎？三代以下，士之立声名者，盖有命焉。庄生之言，吾深取之。

十二日。接意城信，并递到周顺堂、成静斋二信，又接陈春城、周昌辅、陈鉴堂、蒯岳青、李高峒五信。

十三日。寄燮叔、海青、蓉初、寿民一公信，以周昌辅论及圣庙事宜，以属之诸君为核办也。又便寄志城一信，论近事数则。凡事能审之以义，则处之裕如。义者，心之宜也。论理之得失，不必论事之难易。论己之当否，不必论人之从违。　事关利病，而濡忍不决，必为后累，故曰：需者，事之贼也。然要有大命存焉。防累而有所过为，亦不可也。武帝之于勾弋夫人，张魏公之于曲端，不谓之忍得乎？　庄生之言曰：两喜必有溢美之言，两怒必有溢恶之言。凡溢之类妄，妄则其信之也莫，莫则传言者殃。溢美溢恶之言传，而事之真隐矣。故曰：传其常情，无传其溢辞，君子之所以成己而成物者也。　天下之险阻荼毒，皆命之所必受。

物情之刻核残忍，皆道之所能格。君子知乎此，消吾心之险阻以顺天下而不争，安人心之刻核以砥吾身而无悔，然后可以不怨天，不尤人。

十四日。阴。以景老移居高坡，往视之。接作梅、寿山二信，阅之怃然。随复受山一信，以作梅书告别，恐其已赴皖也。是夕梦为诗数章，醒记二语云：一园冷竹山头屋，数点残星江上舟。幽冷近鬼趣，亦不记为何题也。因念受山信作于芦林潭舟次，以此为相忆之作，亦曲尽两地凄清情状，因辗转不寐。得咏之宫保挽联一首云：论才则弟胜兄，论德则兄胜弟，此语吾敢承哉？召我我不赴，哭公公不闻，生死乖违一知己；世治正神为人，世乱正人为神，斯言公自道耳！功昭昭在民，心耿耿在国，平生期许此纯臣。公尝谓吾兄弟，以德言之，则依兄弟为次；以才言之，则以兄弟颠倒为次。又尝言，世将治，则天上正神降生为人；世将乱，则世间正人死忠死义，没而为神。挽迪庵中丞即用此二言为联语，今仍用其语挽公也。前在省为一联云：天下不可无公，竟随龙驭上宾，痛哭东南倾一柱；人间亦知有我，永负鱼书下召，凄凉幢葆返重湖。出用曹洪语，对用蜀汉先主语，并录于是。

十五日。寿山信言：希帅沉静木讷，天姿近道，而涉世稍浅，情伪未必尽知。又性好修谨之士，不能广揽英才，共济时艰，赞襄新政。吾谓涤、咏两公用人不拘一格，然多归于修谨，此不足为希帅病也。泰交之世，群阳汇进，九二居中得位，其占为包荒，用冯河，不遐遗，朋亡，得尚于中行。朝野清明，小人亦得以尽其才而达其情，治泰之道也。否之六二，包承者也。小人之吉，大人之否。夫子系之曰：不乱群也。小人失志，别寻涂径以求逞，君子从而援引之，以延揽为名，终于否而已矣。故希帅之专取修谨，未足为病也。望不隆，则不为人心所归。才不裕，则无以尽小人之情状而持其变。咏公死而祸熸焉，君子之处此，盖诚难也。否之初六，小人之在下者，有汇征之象，犹不失为吉也。上有包羞者而否道成。希帅之求抚皖，所谓大臣任天下之难者也，而其中有隐情焉，昌黎所谓未能平其心，或为事物是非相感发，于是有托而逃也。君子乘时得位，犹不免此，其斯所以为否道之成与？

十六日。撰《张叔容遗稿序》一首，并为删订其诗古文二卷，归之左氏，以季高谋梓其遗文，俾予校正也。兼以所编次《江忠烈公行状》寄幼陶，顺致幼陶、顺堂二信。

十七日。复徐清溪、陈鉴堂、陈郁文、熊绍芗四信。

十八日。接意城信并周顺堂、赵斐卿二信。君子之道，信之己而已，未有舍己而求信于人者也。睽与解同体，皆中四爻失位之象。初与上以阳刚制之，则成睽；初与上以阴柔化之，则为解。君子处乱世，阴阳交乘以成乎疑忌，可以知所处矣。狄仁杰不与二张辨忠奸，郭子仪不与鱼朝恩争曲直，得解之义者也。解之六五，有孚于小人。夫子释之曰：君子有解，小人退也。小人退而听命于君子，君子之用大矣。不幸而相亢以成乎睽，则如九四之睽，孤与群阴相比，而下与初合道而相应，故曰：遇元夫，交孚，厉无咎。下无与应，未有能行其志者也。小人而乘君子之器，盗之招也。作《易》者，其知盗乎？知盗之所由起，则所以弭乱于未然，而救祸于当事者，必有道矣。三代而下，治乱存亡之机，有不由是者哉。

十九日。接赵斐卿、萧廷华、陈鉴堂诸信，又接寿山一信。

二十日。阴，大风。校正《罗忠节公年谱》并其诗文集寄静斋，顺致静斋一信，以寿山促予赴益，静斋又约忠节各种即日发刊，故赶为之。又留一信寄冯树堂。接任蓴堂一信，以杨云渠、李星陔二人求入书局为属。

二十一日。赴严家河，行七十里，宿靖（江）〔港〕。求邸舍不可得，乃诣李振吾，晤杨素生、陈星陔、徐静轩诸君。君子乐得其道，小人乐得其欲二语，论定古今人才。得其道而已，故劳苦有所不恤，怨仇有所不辞。得其欲而已，亦何往不足餍其心而副其志也。诚各有所乐也。故曰：道不同不相为谋。成败利钝非臣之明所能逆睹，君子之极则也。小人之殉利也，祸福利害亦所不顾。盖孔子曰：君子喻于义，小人喻于利。心诚喻之而甘其味，故乐也。其为祸福于天下，各视其才以为量，而其归则同。人才之辨，辨此而已。　从振吾处见小说，有曰：盛气平，过自寡。吾有警乎其言。凡有所触而喜怒易生者，盛气也。喜则多溢美之辞，怒则多溢恶之辞。故曰，乱之生也，言语以为阶。气盛者当之。君子之养气也，处是非曲直不争，临祸福死生不辨，而后以是配道义而无馁。庄子之言曰：望之者似木鸡矣，其神全矣。孟子之言养气，曰集义。泛然与天下为喜怒，神安得全乎？集义以求自慊则不馁。作而致之之盛气，倏盈而倏馁者也。

二十二日。六十里，由石莲桥至宫保小河桥斯干里第。寿珊、果臣、桂伍、癸叟、罗两明、但幼湖、夏古彝、姚可臣诸人皆会。寿珊言，予往常致渠书，言末俗之人心，大事颟顸，小事挑剔，公事推诿，私事经营。阅历数年，益觉四语之切中。果臣言，古之世，民之秀者升之学。今之世，四民所不能容者，乃驱而之官。国家之败，由官邪也，此为乱天下之本。又言王丽生尝撰联自警云：甘为愚人，愿学庸行；能开苦口，肯受尽言。寿珊言宫保进德之猛，谋国之忠，临卒先日，与言三时之久，谆谆然以付托未得其人为念，言希帅毕竟高出众人，横览天下无以易尧也，我于此心亦苦矣，计亦穷矣。是夕，犹自言生平孤陋寡闻。次日遂卒，无一语及私。其于鄙人尤谆谆，所期望多过其分，闻之流涕。

二十三日。墨卿丈，觉轩、鄂胪昆仲皆见，并张镜澜、吴仲起二人。宫保挽联佳者，涤帅云：逋寇在吴中，是先帝与荩臣临终憾事；荐贤满天下，愿后人补我公未竟勋名。李眉生云：戡乱犹留几人在；从公已觉十年迟。叶介堂云：犹是夺情，便似公移孝作忠，方无遗憾；曾怜同病，偏剩我呕心沥血，终是虚生。

二十四日。宫保出殡，同赴山相度。四十里，绕至窝蓬冲寿珊新宅。山径纡曲，竹树蒙密，屋宇亦极高敞。良田美地，可羡也。寿珊言：为沔阳牧时，主疏通汉水之议，以为江汉间谚云，江水九穴、汉水十三口，皆向来泄水故迹，或旁出江，或汇为湖，要使水有所归。今各口皆塞，夺其地以为田，而日逼水南束一江，是以常有壅决之患。纵不能尽复故迹，要当因其已溃者，设法稍宣泄之，使江水日引而南，汉水日引而北，水势自然纾缓。今江汉之地，多为民所夺，两水日逼日近，中间近者不过三数里，数十年后，必且有横决之忧，尤当及早为之所。且言：欲治水，当先知水性。汉水之行急于江，而不如黄河之猛。然黄河湍悍而行迅，汉水迅疾不如黄河，而迟而有力殆又甚之。非分其势，别无治法也。其言皆有所见。晚谈鄂事甚悉，使人茫然。求人而求之语言之间，十无一得。然细心察之，亦未尝不可窥见其底蕴。盖凡阅历有得之言，其出之口必亲切有馀味。而非其心确有所见，则语虽辩，必不能悉中窾要，一穷诘之，而游移立见。其本又在于知言。故孔子曰：不知言无以知人也。　人须是有实际，至诚所动，金石为之开。权术牢笼，终不济事。　近日旗员人才寡乏，全坐养之非其道。尽有聪明绝人者，而所习所闻，全无一是。大抵士农工商四者一无所据，而以官为业，营私徇欲，利①熏心而习

①此处疑有脱文。

为固然，每下愈况，此人才所以终不出也。

二十五日。二十里至花桥，送宫保葬，借宿贾姓宅。

二十六日。六里至石笋山书院局，霖浦留饭。旋与作梅、寿山至黄竹坪观书院地基，又至老子坡展赠光禄公墓，仍偕作梅就寿珊处宿。

二十七日。雨。夏古彝约饭，以雨不果往。古彝寄示宫保所著《箴言书院志》。宫保自制一序甚佳，为武昌张濂卿裕钊代笔。作梅撰联语云：定静安而后能虑，直方大不疑所行。咏公谓此二语广大精微。作梅言，诸城徐仲象符虁，一时高士，而有奇伟非常之气，惜前岁过诸城时不知其人，未一访之。寿山言湖北出色人员：阎丹初敬铭，陕西，朴干勤廉，李午山宗焘，陕西，朴实，李香雪映棻，四川，熟悉吏事，不肯任怨，刘冰如齐衔，福建，方正，无干才，夏云舫锡麒，浙江，有干才，人品亦正，钟云卿谦钧，明白朴实，而无气力，邢星槎高魁，廉正爱民，见识不能通达，张溶山建基，直隶，端正朴实，才具稍短，王□□潞，有才具，陈□□文灼，徐□□有年，勤恳，才具亦短，皆卓卓者。

二十八日。与作梅别，仍偕寿山至小河桥。适陈定生至，因其旋省之便，致黄南老一书。以官秀峰相国奏定汉口夷税，既以利让之夷人，又欲攘湖南之利归之汉口，故为南老一详论之。君子守理而不能通权达变以协物情之宜，持论高，守已正，而物望归之，遇事多所抵牾以触朝廷之忌，而甘以其权畀之小人以恣其欲，而贻误无穷。从古天下之祸，小人尸之，而其实君子亦当分任其咎也。通权达变，非有他也，要于明理而已。理之万殊，精微明晰，各适其宜者，义也。明理者，精义之学也。守理而不化，庄生所谓诵一先生之言，不知变通者也。汉宋以来，祸之成于君子者多矣，可叹也。　君子不介不足以律身，不通不足以集义。躬自厚而薄责于人，君子成己在此，成物亦在此。明德新民，只是一段工夫。伊尹耻其君不为尧舜之君，耻其民不为尧舜之民，而自陈惟尹躬暨汤咸有一德，独无一语责民之不率。圣贤言语，层见错出，不相悖也。　寿老言，曩闻之左太常曰：人须是刚明耐苦。四字最可味。左君以暴气为刚，以自是为明。　用兵与为政，同源而异用。《新语》云：治道用阳，兵道用阴。治道用方，兵道用圆。　整顿世事，全要鼓舞天下人心。鼓舞人心，先要振作自家神气。担当世事者，当时念之。

二十九日。定生、癸叟去，顺致南老、意城二信。是日，寿老为宫保家定立章程，招集亲谊族众，而留予亦与其议。寿老言在鄂时常戒唐义渠方伯云：言少枝叶，事有精神。八字最为方伯对证之药。阅胡宫保遗属引张伯行语云：守田者不贫，读书者不贱，积德者不倾，择交者不败。教家课子，四语尽之矣。

十一月

十一月初一日乙酉。为古彝、寿山二君强留，陪同异溪丈处午酌。庄子云：为学日益，为道日损。损吾身与心之所便者，其去道也不远矣。　大其心以容天下之物，小其心以审事务之宜。寿山任事有气力，足当刚毅二字。古彝静细，可以寡过。

初二日。由小河桥斯干里回至（净）〔靖〕港，仍宿厘局。鲍军门遣其将龙德亮等，招万二千人赴江西。龙君驻（净）〔靖〕港、白沙洲之交，云将以援浙江也。厘局晤康云渠、唐鼒臣，初自省回。闻霞兄以二品顶戴署四川藩司，蜀乱其有瘳乎。天下之乱原于吏治，四川沃土，吏治之敝尤甚。闻此为之神王。致周寿山、杨晴帆二信。晴帆以道言相眩，复书言：知比来道行高邈，内诀隐文，契其微妙，钦服何已。鄙人疾病蹉跎，稍思静摄而无缘能谢绝人事。人生各有职业，尽吾事焉，顺受其正而已。赤宸碧落之游，非吾事也云云。夜半患泻泄，狼狈万状。

初三日。抵家。接寄云中丞、沅浦、南屏、小溪、树堂、砚生、霖营并王定甫、张竹汀各信。竹汀寄示《六十初度》诗十四首，深雅可诵。蔡希允自县来山。

初四日。往半溪、应扬两处谈。李桂仙来述攸县事。国家纪纲法度日弛，由有司之无识始。念之三叹。

初五日。程子云：为政当识体。此语切要。如待夷狄，刚则忿争以求胜，而急撄其怒；柔则一顺其情以取媚焉，而卒为所狎侮。同为不知体而已。庄生之言曰：修胸中之诚，以应万物之情而弗撄。知体者，积诚以居要，而非可以不学之身，无本之术，拟议而得之者也。　圣人之好恶安于道，贤人之好恶依于德，才人之好恶因乎功，智人之好恶注乎名，愚不肖之好恶移于习。好恶失其正，而天下乱矣。皇极之建无他，曰，无有作好，无有作恶。圣人作而万物睹，而好恶乃归于一。

初六日。中丞专足促赴省，当复一信，并复南屏、研生两信，属意（臣）〔城〕转交。

初七日。早赴省，过宝树湾，知西清叔方病，坐语移时始行。至涝刀河，中丞遣两弁相迎。因径诣署，谈至三鼓。

初八日。雨。中丞馈眼药少许，以井水化点之。是早，两眼俱肿痛不能开视。或其眼药专治火症，与予病眼不相宜也。乃急倩江幼涛治之。赵惠甫来，得闻弢甫消息。与吴南屏、曹镜初纵谈古今事局。南屏言：古史称黄帝以前天下盖万国。《尧典》所载，南尽交阯，东达嵎夷，犹广于汉唐之世。至周而天下始有千八百国，楚宜阳以南，句吴以东，皆为蛮夷。秦人筑长城以拒匈奴，而始有中外之分。窃疑唐虞以前，关东、西域之地，必皆臣服中国。夏殷德衰，而后有佼强者起，分据疆宇，用其礼乐政刑以与中国相抗。世远年湮，载籍无征，其详盖不可闻矣。南屏此论极确，馀多与予参差，盖犹不免囿于经生习闻之说也。晚就南老处见子寿一谈。

初九日。就张石卿制府谈及滇事。滇抚徐之铭，一无赖贼耳。封疆大吏有此，可骇之至。晤周蓉帆太常，老健如昔。晚赴中丞之召，同席吴南屏、罗研生、曹镜初、熊秋白及予兄弟。寄周寿珊一信，由驿递益阳县转交。

初十日。眼痛甚。中丞过谈，知朝局又一大变。圣母英断，天下快心。抑小臣窃有虑者，怡、郑诸邸，非有奸雄之才盗窃国柄也。遭际时变，而军机诸公皆庸才，朝廷无所倚畀，乃遂以国事任之。诸邸亦实无知识，冥行索涂而已。于天下事一无所整饬，而群怨归之。较其为人，李、蔡中下之才，无足深论。西邸方有时望，而涉事太浅。所引居军机之首者，桂良也，其人才又反出前辙之下。流俗一隅之见所据为忧喜者，君子不必尔也。人才消长之机，国家治乱之数，岂以流俗一哄之毁誉得失为征哉。在易否终则倾，小人否道之成，未有不反自倾者，而阴方上长，否虽倾，不遽为泰也。复之初九不远复，无祇悔。夫子释之曰：不远之复，以修身也。此泰之机也。城复于隍，前者既倾，后者还复其故，处泰犹危之，况否乎？杨秉之说行而侯览黜，廷臣相贺。温体仁既败，召用宜兴，中外属心。自非识微虑远之君子，与言忧国，难矣。　求人才是第一要义。夫子之言曰：为政在人，取人以身。二语尽之。今朝廷大臣，大率多欲而殉私，即日与言求人才，何益之有！　上无礼，下无学，而贼民兴。欲治天下，必自明学术以正人心始。明学术者，非能尽天下之人使知务学也。明学术以进退人才，而人自知向学矣。正人心者，非能尽天下之人，格其非心也。使夫在位任职者知有是非得失之辨、义利之分，无邪僻之生于其心，以正天下无难矣。　圣人力量极大，徒以语言道德陶成颜曾一辈人才。程朱生末世，卫道尤严，用心尤苦。力量不及圣人，而功效亦过半矣。得位乘时，无能掖进人才、陶成善类，可耻孰甚焉。　末俗小人道长，君子道消。非其身之不达，名之不显也，道自消也。或朝夕君侧而无能遏绝群小，以成睽孤之势。或自矢孤忠而无能博求同志，以希气类之学。建一议而朋言乱之，兴一事而群邪挠之。是故一君子之志不行，而犹或有继起者。道之既消，而后君子之志无所复施，而天下以成乎至乱。陈蕃、傅燮非不显也，而无救于汉之亡，惟其道之消焉而已。

十一日。眼痛甚。连邀赵蓉生、许谦堂诸君治之。日晡得友耕信，知西清叔病已濒危急。为中丞拟复秀峰揆帅一信。意城交到涤帅、季高、桐云及雷西垣师四信，又接陈春城、瞿熙臣、邹诏丞、易泗洲各信。戚少云送来一信，询其来使，知已由常德旋省。以眼病不能往谈，随以一信报之。

十二日。大风。冒风行抵宝树湾，则清叔已不能言矣。早间，郑国安总戎、李仲云、陈怡珊、陈鉴堂来谈。怡珊权署清泉，问为政之要。语之曰：讼狱者，治乱之本也。平情听之而制之以理，既得其理，则急断之无有疑难。　通上下之情，以推知利病之实者，其绅士乎。今之有司，主内事者一幕友，主外事者一门丁，而疾视士绅如仇雠然。即稍知自爱者，亦染于积习，莫知其非，此所谓失其本心者也。　作官须是自作。门丁之舞弊，人皆知之；幕友之舞弊甚于门丁，人不知也。听讼则托言持平，而使是非混淆。断狱则比附成案，而使轻重之情泯没无遗。大事则化为小事，以避处分而酿乱。小事则又化为大事，以戕贼人命而攘功。彼其所习之术，固以舞弊为能事也。君子耻之其于为政之道，思过半矣。　天下之乱，原在讼狱，定首乱之罪，惟幕友当之。平日以三等论州县之贤否，百不失一：能知幕友之为非而痛诋之，此必贤吏也；听幕友之言，犹能以己意观理之是非者，次也；事必请命幕友，下也。　意规避处分，其卑鄙已无可言者。而以无识之幕友，援引例文一二语，而即奉为圭臬，此其疏浅无识，又岂待观其行事而后知其贤否何如哉。　修身齐家治国是一件事。正己以端其本，此修身也。侧门以内整齐有法度，胥吏奉职行文书而已，此齐家也。出身与民相见，此治国也。身苟修矣，齐家治国何有哉。　吴子登言：西洋算学近尤精，有《代比微积拾级》一书最佳。代、比、微积者，数学三法也。

十三日。夜，西清叔身故。祖母年七十三矣，实怆于心。稍为区画后事。友耕意在隆治丧礼，以为光华。予力折之，惟定堂期一日而已。

十四日。眼痛甚。虽稍与闻丧事之略，亦不能综理诸琐务也。

十五日。风雨。与易少珊、罗麓山往吴王桥东南三里许之王家冲，为西清叔相定葬地，严密深固，诚佳兆也。友耕以为疑，少珊允为别觅之，而欲予承受此地。予曰：是欺死者，吾不为也。力为言之，始定计葬焉。意城自省来，接到周弢甫、姚直侯二信。

十六日。以连日受风，眼痛增剧，周辅臣、易少珊各惠眼药，试之微效。

十七日。大雨。本定是日营葬西清叔，以雨不果葬。

十八日。雪。送西清叔出殡后即回家。山上冰厚逾寸，凿山通道，艰苦万状。过桃木洞宿。

十九日。雪。自桃木洞回，接到冯树堂、周寿山两信。寿山专足来山，随以一信复之。

二十日。雪。眼痛未愈，闭目静坐而已。

廿一日。冬至。快雪时晴。扫书室坐移时。眼畏明特甚，病根未能除也。志城言：人生自是多愁。古人制字之义，如喜如乐，皆不从心。而悲、愁、恼、憾诸字，则皆心主之。可见喜乐皆自外来，而愁恼实从心出也。念此亦殊有意。周子云：人之生，不幸不闻过，大不幸无耻。朝廷之上，销磨人才久矣，得一知耻者，其庶矣乎。敬大臣也，体群臣也，二语宜深味。大臣者，宗庙社稷系以存亡，生民系以休戚。孟子以陈尧舜之道为敬王，则夫敬大臣者，亦当责以伊周之道。责之愈深，敬之愈至。若夫百司之冗，州县庶僚之微，则固当宽以体之。体之者，恕其小过，谅其所不知，于其所难处而矜全之，于其所缺乏而曲逮之。陆游文人，亦知朝廷之体，责大臣宜详，责小臣宜略，而征其说曰：毋虐茕独，而畏高明，洪范之言。皇极锡福于有猷、有为、有守三者，其义精矣。而申茕独高明之戒，盖势位逼则以顾惜而多濡忍，职任疏则以简略而生陵藉，人主所宜深戒也。今朝廷大臣，有不任职者，多从宽贷，而于小臣则一以法督责之。其视大臣，优容之而已，无期望之意以生其廉耻之心。而小臣玩法巧避，法令滋繁，弥缝滋甚，名实乖而奸邪逞，朝纲圮而百职隳，良由臣君之失其御也。庞士元之言曰：当今天下大乱，雅道凌迟，善人少而恶人多。方欲兴风俗，长道业，不美其谭，即声名不足慕企，不足慕企而为善者少矣。今拔十失五，犹得其半，而可以崇迈世教，使有志者自励，不亦可乎。处乱世负人伦之鉴，亦不可不知此义也。

廿二日。五叔祖母八十寿辰，诣流珠岭会宴终日。

廿三日。阴。复冯树堂一信。天下之乱，只坐是非不明。大率昏暗、柔弱两种人，散布天下，销磨善气。今一乡数里之地，口舌争辩，能剖分是非者鲜矣。即确知其是非，而相顾莫敢发一语。一二不肖者反从而颠倒其辞，陈说百端，无所顾忌，往往酿成大狱。有一能剖定是非者，即一乡之中，群情翕然，讼狱亦为之衰息。推之而一县得一守令，推而之一省得一督抚，推而之天下得一二执政大臣，是非明，万事理矣。官秀峰相国常言某某名为好官，某某名为坏官，吾视之均不过如此。数十年乱天下之本，正坐此辈。念此为之三叹。　《中庸》尽人合天之学，内圣外王之功，致中和者推而致之天地民物。圣人不得位，亦无所施其参天地、赞化育之能。《孟子》盖曰：善推其所为。人才之优劣只争些许，而发动处相判天渊。与善人居，考其言论行事，亦无以大过人也。而其发也，明而通，公而溥，万汇受其裁成，生民赖其庇荫。与恶人居，考其言论行事，亦无以大远人也。而其发也，营私殉欲，怙党持权，日月为之晦冥，乾坤为之倒置。君子所以急严公私善恶之辨者，为其发动处不可复施补救也。圣功之洋溢不可测量，而亦岂不可测量哉。云从龙，风从虎。济济多士，文王以宁。过化存神之用，固亦不能越此矣！　方以类聚，物以群分，吉凶生矣。阴阳刚柔居其位，则以类相聚。有比焉，有应焉，惟其位之所居。值其爻则各自为群而性情分。有得焉，有失焉，惟其爻之所安。君子小人皆有类有群，而吉与凶视其位。君子得位，则同类者比，异群者应，无往而非吉也。小人得位，而君子之道消焉。将求进耶？则如小过之九四与六五相遇，而往厉必戒，终于勿用也。将强合耶？则如未济之上九有孚于六三而失是，徒贻濡首之愆而已。将逶迤以求胜耶？置身群阴之中，强施裁抑，则如艮之九三，艮其限，列其夤而厉熏心，欲无为所困也，得乎？

遁之九四，与初为正应，意相好也。而引身而退，不系于私，以得君子之吉。身处乱世而不得位，亦可以审所处矣。　谋夫孔多，是用不集，发言盈廷，谁敢执其咎？末俗之议政类如此。其车既载，乃弃尔辅，载输尔载，将伯助予。末俗之用人类如此。

方茂尔恶，相尔矛矣，既夷既怿，如相酬矣。末俗之交游类如此。哀哉不能言，匪舌是出，维躬是瘁。哿矣能言，巧言如流，俾躬处休。末俗之听言类如此。乱世之风尚，千古一辙，《小雅》诗人之旨深哉！

廿四日。阴。钱祖熙来见。朱子戊申封事云：一有刚毅正直、守道循理之士出乎其间，则群讥众排，指为道学之人，而加以矫激之罪。盖自朝廷之上，以及闾里之间，十数年来，以此二字禁锢天下之贤人君子，排摈诋辱，使无所容措其身而后已。又太常博士叶适封事云：士大夫有稍务洁修，粗能操守，辄以道学之名归之，文致语言，游辞无实，善良受害，无所不有。今朝廷之上，稍有端谨自饬之士，辄指目为道学，群相轻侮。虽无道学之禁，而君子之气固有不得伸者矣。孙芝房著《刍言》论治，首篇盡然伤焉，而蔽罪于晚近之言汉学者，以为贱简宋儒之道学自此始也，而言之不详，其蔽罪也无因。读朱子封事，慨然于王淮、郑丙、陈贾、林栗之徒为后生浅学，转相祖述以至于今，隳败世教无穷已也。顾亭林《日知录》：夏侯湛有云：居位者以善身为静，以寡交为慎，以弱断为重，以怯言为信。白居易有云：以拱默保位者为明智，以柔顺安身者为贤能，以直言危行者为狂愚，以中立守道者为凝滞。故朝寡敢言之士，廷鲜执咎之臣。自国及家，寖而成俗。慎默积于中，职事废于外，强毅果断之心屈，畏忌因循之性成，反谓率职而居正者不达于时宜，当官而行法者不通于事变。罗点有云：无所可否，则曰得体；与世浮沉，则曰有量；众皆默，己独言，则曰沽名；众皆浊，己独清，则曰立异。观三子之言，其于末俗之敝，可谓恳切详尽矣。流风所染，延及数千年，而无能改易。自古治世少而乱世多，岂不由此哉。

廿五日。阴。潝潝訿訿，亦孔之哀。议论之相和而相背也，无轨于道者。故曰：议论多者，其国必倾。非议论之倾之，致其议论者之失道，则浮动之言附会以逞，君子亦相为悁急，无当于事理之得失，而附和议论以求胜也。其可哀也久矣。　小人窃威福之柄，能导人主之好恶以从己。而庸主甘心焉，无择于喜而崇奖其所私暱者，无择于怒而诛锄其所怨嫉者，终以蕴天下之怒，靡生人之气，而覆亡之局成焉。君子如怒，乱庶遄沮。君子如祉，乱庶遄已。诗人危急之词，且欲以喜怒刑赏还之人主，而冀其一当焉。其词哀，其心苦矣。　泂酌彼行潦，（浥）〔挹〕彼（浥）〔注〕兹，可以馈饎。馈饎无待于行潦，行潦而（浥）〔挹〕之注之，而遂可以馈饎。君子之涵濡也大，而成就天下之用也长矣。有求贤之心，有变化人才之用。记曰：岂以成教之，弟以悦安之。如行潦之善，全生人之用，其斯所以为岂弟乎。　民劳之思治急，以无纵诡随为义。长言之不足，诡随之纵，以覆国亡家有馀矣。所以为诡随者，始于无良，终于罔极，而成于丑厉。而诗人为之极其情状，曰惛怓，曰缱绻。事理之赜，无能辨也，而肆意欢哗。君臣之交，莫能间也，而巧相固结。兼斯二者，而后诡随之术以横行而无忌。不绝诡随之习，而求以遏寇虐，其可得乎？　如蜩如螗，言之烦而无伦要也。如沸如羹，行之乱而无恒守也。言而无伦，行而无恒，乃以奰于中国，而覃及鬼方，无有不底于危亡者。故曰：弱而自强者兴，弱而自靖者存。弱而嚣，弱而诈，君臣相（师）〔帅〕而不知悟，危哉。　池之竭矣，不云自频，积消之渐也。泉之竭矣，不云自中，内溃之萌也。治乱之生，在人而已。靖夷我邦者，蟊贼也，昏椓也，回遹也。皋皋訿訿，而不知其玷也。兢兢业业，而见贬也。积之数十年，而国脉之消以溃也，无几存矣。即求旧德而用之，能挽此积渐之势乎？然且不能也。此诗人之所以伤也。　蟊贼黩货，回遹殉私，乱世之人才，二者尽之。而消磨天下之善气，以亡人国者，其昏椓乎？以昏而斫丧天下，莫能名其恶也，曰昏椓而已。才有优有绌，智有巧有拙，性有骄有啬，情有贪有约，而一不轨于道，皆昏也。无往不行，其椓丧也。惟其昏也，故皋皋以骄顽，訿訿以慢诋，无定情也，无固守也。庸主乐其气谊之同而信任之，而昏椓之祸以成。兢兢者，心有所持也，而恶其迂拘。业业者，才有所为也，而忌其意气。朝廷以志有所为者为厉禁，而使鄙夫充位，相与乐祸以偷安。乃以恭俭仁慈之君，酿成天下之乱，岂不哀哉。　秉心宣犹，考慎其相。贤君之治天下，尽于此矣。相之必择，夫人知之，而非秉心以持天下之公，鉴先垢以烛物也，必昏。非宣犹以尽人言之变，斗甬不角，权概不正，无以用中而适其平。今之论者，但曰求人才而已。好恶不生于其心，臧否不协于其谋，虽知其贤，能以一日安其身乎？自独俾臧，亡国之君自贤其臣，无他，不务宣犹故也。自有肺肠，是谓拂人之性，无他，不能秉心故也。乃至朋友以谮，不胥以谷。一国皆狂，而不狂者无所容。噫气如大风之隧，曾不可以向迩。其何能淑？载胥及溺而已矣。无秉心宣猷之德，而与言求人才，庸有当乎！　君子有徽猷，小人与属。治君子者严矣，岂能以徽猷责之小人哉？雨雪瀌瀌，见晛曰消。雨雪浮浮，见晛曰流。君子有孚于小人，惟其能化小人之情以从性也。食而饫，酌而取，老马而反为驹，以求富贵无已。三代盛对，无有是也。汉唐宋明之盛时，亦不容是也。以高爵美利歆其臣以为私，以猜疑忮其臣以为明，以宴私狎其臣以为恩，教猱升木而涂附之。尔之教矣，民胥效矣。而徒曰盈廷皆小人也，宜乎其相刃相靡，以至于亡也。

廿六日。阴。钱祖熙、易玉岚皆归。意城信言，见吾两女憔悴可怜，零丁弱息，无母氏之依，宜善视之。予为之恻然。雾雨苦寒，述怀有作云：深山镇日掩柴荆，渐觉幽居万事轻。宿雾都归云际暝，积寒敢望雨馀晴。忧时心识反骚意，悯乱诗成变雅声。才力无多兼老病，不须买药更逃名。

廿七日。阴。《孟子》云：择术不可不慎。士之托身与其行道，亦有辨焉。呜乎，岂非天哉。杜钦、谷永能进谏成帝，而以依附窦宪见黜于公议。第五琦、刘晏任度支有功唐世，而以言利贻讥于后世。人心有所轻重，而毁誉是非随之以移，古今人才颠倒于人心之轻重者多矣。杜钦诸人，立身大节不足为君子辨也，而君子惧焉，而后其自守严，而出于忠孝之不容已者，期以自靖而已，岂能有所择以与人言为轻重哉。宁武子邦有道则知，邦无道则愚。愚者，人言之所不许也。非知道之君子，乌能辨之。末俗之是非毁誉，合智愚贤不肖而趋于一，君子之所慎也。德兴厄在定远为皖抚所纠，林远村侍御讼其冤，尹杏农至为述其功阀，愤惋咨嗟。予亦惑于其言，因详考德兴厄之为人，则专以馈遗酬应交通士大夫以为名者。呜乎，天下安有是非哉，私而已矣。知人难，听言亦不易。靡靡焉随流俗之毁誉以为轻重，岂有当乎！

廿八日。阴。入江大川三：曰汉；曰洞庭，汇湖南诸水注之江；曰彭蠡，汇江西诸水注之江。《禹贡》导江导汉两条，互文见义。汉水源流足以与江相抗，导汉之文曰：南入于江矣。又曰：东汇泽为彭蠡，东为北江。明江不足以包汉，虽入江，仍当与江合势，而谓之北江也。导江之文曰：过九江，至于东陵。而湖南九水之入江，一语尽之矣。又曰：东迤北，会于汇。明九江既入，则东迤而北，会汉以达于汇。汇者，彭蠡之所汇也。两汇字自相照应。而彭蠡之名于导汉著之者，汉为北江，则此所汇之泽为彭蠡者，即南江也。不言南江，彭蠡之水不得与江汉并也。九江不别著。江过洞庭而流始盛，九江当为中江也。文精而义备矣。《禹贡》于此两条，但标北江、中江之名，不曰三江也。其曰三江既入，震泽底定，则顾夷《吴地记》所谓松江之三江口，北为娄江，南为东江也。《周礼·职方氏》：其川三江。则诸家所谓扬子江、吴淞江、浙江也。诸儒之说，聚讼纷纭，执北江、中江一语，合《禹贡》、《周礼》之所谓三江者而疏证之，宜其不能通矣。船山王氏谓大江正流为北江，其由芜湖入高淳以注太湖为松江；而分流东北入海者为娄江，即《禹贡》之中江；东南纳蚬湖水入海者为东江今东江已湮，即《禹贡》之南江。一江而分为三，较胜诸儒之说。然芜湖之鲁港口，入江者数源。其出旌德、太平、石埭诸县之水，合为鲁阳江。其出宁国，北流至当涂者为水阳江。其出广德，北过溧阳、高淳，会石臼湖水者为塘沟河。汇而入江，并非大江之支津也。太湖自受宜兴之荆溪、湖州之苕溪诸水以注吴松，亦不与江通。自东坝筑而荆溪百渎之水可疏入江，不得据六国时楚灭越塞濑湖之文，遂谓高淳、溧阳之水抵宜兴者，即为大江之正流也。九州之宜稻麦，非独地利然也，天时亦因之。燕、齐、秦、晋，夏秋之交，大雨时行。楚、粤、黔、蜀，则春雨为盛。移南方之稻于北方，则春常晴而播种无时。移北方之麦于南方，则春夏常雨，所伤必多。天时地利交相为用，此亦见造化之功用也。

廿九日。阴。屯、蒙皆陷于阴。屯动以治之，君道也。蒙止而函之，师道也。皆以阳济阴者也。初九治屯之主，为九五所任。六二比于初，怀贞不字，以应于五。君子之不轻有所就以求遇也，君子之贞也。蒙之九二、上九，皆治蒙者也，师道也。六四独远乎上下之交，与小人为缘，而师道无由与亲，以成乎困。是以君子之去就，必要于贞，而其为学务亲正人、闻正言。远去师资之益，此吝道也。

十二月

十二月初一日甲寅。雨雪。以岁中数治土木之工，奠谢土神。邀周石渠、周芝窓、李桂仙及应扬午饭。接周融峰、罗麓山、黄麓生诸信，以熊绍香抚吾弱女赴县之便，复黄麓生、陈鉴堂二信，又复周融峰一信。

初二日。阴。致意城信，便寄中丞及陈杏生二信。左景老以肩舆邀赴高坡一谈，将行而姚庶侯至，盖自泸溪避乱回湘者。言及辰州之祸，由兆保岩观察坐弃榆树湾之险要，而趋镇筸故也。是日闻郑、怡两邸赐自尽，肃相伏诛之信，感赋一诗云：茫茫祸福本无涯，夹陛躬桓自一家。已报汉廷诛贝瑗，终疑晋法坐张华。西陵羽卫真匆遽，东市衣冠谁叹嗟。怙乱持权同一尽，追思人事始萌芽。

初三日。阴。张石卿制府、毛寄云中丞均有书促赴省，当复两信辞之。严寒雨雪，眼昏气逆，亦难诣省也。左景老、周翘香、邹秋珊先后至，酬应终日。

初四日。阴。朱子谓程子晚年文字如《易传》，直是盛得水住。《程传》发挥《易》理至精，而释师卦，乃以穰苴之诛庄贾，当丈人之吉。而谓上六小人勿用者，师旅之兴，成功非一道，不必皆君子；小人有功，赏之以金帛禄位可也，不可使有国家。以后世使贪使诈、导民为乱之术，释三代之事，其义舛矣，而于卦义亦实相忤。师者，阴道也。而行之以阳刚，将帅之道也，惟九二足以当之。初六以阴动而失律，六三以阴进而舆尸，六五君位与二为正应，知任之矣，而阴以类相合，有凶道焉。惟六四初出坎险，以阴爻而居退位，得以左次无咎。圣人用师之义微矣，而于上六一爻发其义。上六远处卦外，为功成行赏之象，而质亦阴也。其占曰：小人勿用。明非九二之刚中，无一而可以行师者也。《程传》恐失之。　君子小人怙党相竞，以激成水火之争。汉之党锢，宋之蜀、洛诸党，明之东林、复社，周以前无有也。而《易》急戒之，圣人之虑微矣。坤之西南得朋，东北丧朋，明阴之当从阳也，正也。泰之方始，阳道斯盛。九二，治泰者也，而急申朋亡之戒。三阳汇升，其志同矣，而急舍其朋，以上应六五。泰交之盛，小人亦皆得以尽其才而遂其情，以孚于君子。包荒，得尚于中行，以光大也，而何朋之不可亡哉。标君子小人之目，为阴阳之争，互相激而天下之祸以烈，圣人所戒也。否道之成，大人惟处之休然，而其亡其亡之戒，内自毖之于己，操心微而虑患深，乃以倾否而反乎正。陈蕃、杜密之刚，高攀龙、邹元标之正，自立崖岸，怙党交争，急引其朋，以行于否道方成之日，君子戒之。冯树堂专信至，以其封翁堂期，邀予赴文家垸罗家湾新宅。

初五日。诣冯府，至新安铺，彭献廷相待于此，款礼甚至。树堂旋备执事来迎。相礼四人：常岳生、张翰卿、鲁文涛、冯剑潭；司书一人：袁和甫。

初六日。与树堂畅谈，论古人当求其大本大原处，而后即时事之难易，以究知其所行之得失。其得也，足以为法；其失也，亦当深思其故以观其通，乃为有益。轻议古人固妄，一味信奉古人，亦与身心无济。树堂言：凡事成功有数，但能持正而行之以诚，所在必有利济。元通贞复，天道之运；尽性赞化，圣功之成；皆诚也。凡民之日用饮食，非诚不立。心至而耳目应之，动息皆然也。而诚之感人，有应有不应。阴阳各效其情以相求，为贞为邪，皆求遂其情者也。天地之生，合善顽良莠，皆感吾太和之气。而函之使止其欲，抑导之使利其生，圣人作而万物睹，生理顺而情亦贞焉。与物为导者，物之机方滞，则反而拒吾之施。与物交动者，物之欲方强，则激而戕吾之义。《孟子》故曰：至诚而不动者有矣。《周易》以位为正，以时为宜。诚之动人而化成天下，时与位为之耳。　君子先立乎其大者。心之所主，贞固感物而动，沛然行之不疑，积诚以化乎天下。雷雨之动满盈，幾为之也。周子曰：诚、神、幾，谓之圣人。　古礼不可见，有宋司马温公、程子、朱子讲求丧祭之仪，而家礼作。今通礼犹仿其法行之。士大夫之家，从宜从俗，即通礼之制，亦多不能合者，须酌用通礼，而考求古礼之意，行之不悖，庶为近之。　惩忿如移山，窒欲如填壑。忿生于情之有馀，其气常盈。圣人着一惩字以创之，有与之相惩治者，务使其气常抑而不敢伸。欲生于情之不足，其气常歉。圣人着一窒字以遏之，使吾心之窦径皆有物充塞乎其中，而欲至无所容。以此治忿与欲，圣人亦知其难也。颜子克己复礼，复礼者，克己之本也。惩吾忿者，理也。窒吾欲者，诚也。悬一理于心，使忿与欲皆待治以退而听命焉，存乎学而已矣。　邦有道，贫且贱焉，耻也。邦无道，富且贵焉，耻也。非徒以决道之行藏而已，亦立身之义然也。无道之世，小人得位乘权，君子岂屑与之逶迤进退哉，而求富与贵，谓之无耻可也。张子易说：处否而进，履非其位，非知耻者也，故曰包羞。位尊望重，无已而求自靖，身家性命亦所弗顾，遑计富贵乎？

初七日。阴。与屈植三、鲁文涛诣冯南云丈葬地相视。是日成主。黄紫垣丈、李次云、黄筱麓、彭稷初并至。

初八日。易少珊约赴宝树湾，与罗麓山同看易氏一庄，张先程丈亦至。人之生，要天下少他不得，一家却不必少他不得，然后可以无憾。为天下者不顾家，不为其家居利而已，家庭之礼法，子孙之成养，系乎其身，一死而无能为继，君子惧焉。君子创业垂统，为可继也。居家丰俭，当与子孙以可守，无使逾分。一切利病，当要诸数十年后，求人与己之两安，无只顾目前。君子慎此，故无后悔。

初九日。大风，寒甚。与少珊至钟石桥看山，距则家堂不逾里许。晚归。接丁□□治、周昌辅由其侄周福绥送至并浣尘三信。门人谌少帆煊枉顾，相候至四日之久。山中酬应如此类者甚多，意甚苦之。山有嘉卉，侯栗侯梅。天之生人，未有不适于用者也。文王之多士，日销日泯，以废为末世之残贼，此谁之尤哉？相彼泉水，澄之而清，淆之而浊。清浊，才也。相其清浊而施之，用也。我日构祸，曷云能谷。随所之而无与为善，然后君子之道真穷，而世乱亟矣。《小宛》之诗，忧祸已亟，而有日迈月征之戒，惟恐日月之虚逝。夙兴夜寐，以求无忝所生。忧道之心，迫于忧乱矣。凡人之情，世乱则生死微。士大夫偷食以玩时，庶民幸生以苟免。遗山诗云：纵使今年留得在，更教何处过明年。其言悲矣，而蹙蹙无馀思，乱世之同情也。《小宛》诗人不以乱之既成而冀其速过，以苟于自安；不以身之难保而幸其暂存，以轻于自恕，君子自靖之道也。身处乱世，亦可知所法矣。　夙兴夜寐，洒扫廷内，维民之章，以言乎有常也。常者所以贞变也。起居动作之节，君子无敢苟焉，则临大敌而气不慑。履屐之间得其任，以此卜谢元之能讨贼，而况君子慎独之功用乎。夙兴夜寐之常存，以戒戎作，以遏蛮方，无异道矣。三晨晏起，管宁自责如是，足以知其节。门庭修洁，苏云卿处室如是，足以知其贤。谨小者，谨之于常也。

初十日。谌少帆归。是可忍也，汝安则为之。忠孝之谊，发于情之所不忍，而谨于心之所不安。凡为不善者，未有不动于忍而成于安者也。　君子之行道也，进退揆之义，得失喻之心；审乎其时而安乎其分，见乎其大而道乎其常，如是而已。冯妇攘臂下车，众皆悦之。大道隐而小惠行，眩流俗之耳目，而立身之大节与行道之实功两无当焉，君子固弗尚也。　道消道长，天时人事，兼而有之。天之牖民，如埙如篪，如璋如圭，如取如携。朝廷则之，以进退人才，去其所不合者，而诱其所不能者。横渠言，仕者入治朝则德日进，入乱朝则德日退。治世人才常盛，曰气运为之也，要之以人事为本。

十一日。阴。周半溪自阿蓬冲归，接寿山一信。豫之九四，居大臣之位，为群阴所归。故曰：由豫大有得。一阳乘权，气类孤矣，而群阴各效其材，以顺乎阳，而阳道大昌。一阳动，天下之阳已起应之，朋之盍簪，无可疑者。阳求阴与，上下五阴皆从阳以求豫者也。从阳以求豫，而初以躁动，其志先穷。三盱视而不决，其情多悔。居上而沉迷者，则为疾为冥。豫之诸爻无吉占，豫非可求者也。（九）〔六〕二居中得正，不妄求豫，故介于石。惟介于石，故吉凶善恶之幾，审之裕如，不待终日而应之速。初之鸣，三之盱，惟不知幾而已。故曰知幾其神乎。四为豫主，群阴归之，六二独守介于石之贞，卦有位有时，各适其宜焉，不相袭也。　随之为义，以下从上者也。贞，震也，以一阳从二阴。悔，兑也，以二阳从一阴。而爻义则专主以下从上。六二从三而舍初，故曰：系小子，失丈夫。六三从四而舍二，故曰：系丈夫，失小子。丈夫，阳也。小子，阴也。亲君子者，必远小人。亲小人者，亦必远君子。二与三以阴从阴，则初九之阳去之象，传弗兼与也，明邪与正之无两从也。三与四以阴从阳，正也，故有求而得。然震兑异体，三为进爻，圣人防其随之过也，而以利居贞戒之，圣人之严也。君子观于豫，而知自守之义；观于随，而知从人之道矣。《程传》并以初阳为小子，而以二之丈夫系之五，以三之丈夫系之四，两无取义，恐失之。　观，阴长而阳之消也已微，乃以在上之二阳为下四阴所观，忧危之卦也。五为观主，而曰观我生，君子无咎。容止德行，我所自行也，德威在己而不在人，惟一反求之身以蕲免于咎过。君子之为观于民，自观而已矣。四阴皆仰观于五，六三亦曰：观我生进退。六三处群阴之中，而为进爻，其志在从阳也。而初六之童观，六二之窥观，与为同体。阴柔不决，君子于此审进退之幾。惟内观其所行于道不失，则进退之际自处裕如。当群阴汇兴之日，孤阳寄处于上，与时进退，两无所据，可以审所处矣。

十二日。阴。遣人赴省，致意城一信。又遣人赴县，致觐堂、郁文二信。

十三日。大雪。横渠言：今人自强自是，乐己之同，恶己之异，便无由得虚。为学大益，在自能变化气质。变化气质与虚心相表里。乾之德刚健，坤之德静虚。非刚健则道不行，非静虚则不足容天下之理。直方大者，静虚之极致也。乾之刚健，自诚而明；坤之静虚，自明而诚。静以立体，虚以致用，其贤矣乎。咏之中丞足以当之。

十四日。大雪。得罗研生、张东墅、杨性农、王博泉、郭弥生、陈鉴堂诸信。意城信言子鹤尚书以诸邸被罪，闻之怃然。《周易》审进退之幾微矣。圣人之奖阳，奖其进也。而有时有位，位以言乎其贞也，时以言乎其利也。柔之戒也以溺，刚之戒也以躁。时过位疑，而躁进不已，凶之道也。比之六三，与上六为应，舍九五之显比，而从后夫之凶，故曰比之匪人。无识者也。坎之六三，枕险以居，又进而入于坎，故曰来之坎坎，勿用。以柔入险，不能引决，无力自拔者也。此皆柔之溺也。大壮之九三，与上六为应，小人固欲用之，故曰小人用壮，君子用罔。而九四一阳，限其前以困之，为羝羊之触藩而羸其角，才决而道枉也。夬之九三，亦应上六，而与群阳上进以决柔，故壮于頄，而遇雨若濡而有愠，志贞而迹濡也。此皆刚之躁也。可哀者，其随之九四乎。随，以阳从阴者也。四与九五，俱上从乎阴，而四承五，其志在从君，其所孚道也。阳体实以阳从阳，故有获。然天下皆随以阳而委顺乎阴，而于其中求获焉，此凶道也，虽贞亦凶也。豫之五，阴从阳以求豫者也。而六二居中无应，而介如石，君子以之。

小过，小者过也。二阳处进退危疑之地，九三以躁进而为所戕，九四居柔守正，上承六五之柔，往而且危。既知戒矣，终以勿用而永保其贞，君子以之。　孟子论盆成括为人，小有才，未闻君子之大道，为足以杀其身。肃公，今之盆成括也，以才自毙。权势，天下之所宜忌怨者，怙其小有才者以加人而不思其反。孟子之哀盆成括，为其仕于齐也。小有才者，仕必显，仕显必危，古今一辙也。君子之知幾，岂有他哉，孟子所谓闻道而已矣。肃公屈己以延揽人才，吾深避焉，非为洁己，以远权势也。盖默察人事，知君子之道方消，而终无所匡益也。以此一念之自持，仕不耀而身名亦幸苟全。然后知古人惠迪吉、从逆凶之言，贞之于一心，而得失之幾，吉凶之理，未或爽焉者也。此君子之所以畏天命也。　《易》曰：小人用壮，君子用罔。小人之乘权，皆乐援引君子，以邀天下之名。王凤之用杜钦也，邓骘之荐杨震也，蔡京之召杨时也，史弥远之举真德秀也。小人欲屈君子之壮而用之，君子亦习知小人之罔而姑试之。有可苏民之困者焉，委曲以求道之行，不失吾仁也。有可拯国之危者焉，假道以邀君之知，不失吾义也。用罔者，非以身从罔，用罔以正天下者也。乃以阳为阴系，如羝羊之困于藩中，触之而必羸其角。羊之所用以为触者，角也。与上阴为系，自羸其角而已。《象》曰：小人用壮，君子罔也。圣人深为君子惜也。　汉和帝永元四年诛窦宪，宗族宾客以宪为官者皆免归。河南尹张酺，常以正法绳治窦景，至是上疏言：宪等宠贵，群臣阿附惟恐不及，今严威既行，皆言当死，不顾其前后，考折厥中。臣伏见夏阳侯窦瓌，每存忠厚，与臣言，常有尽节之心，检敕宾客，未尝犯法。臣闻王政骨肉之刑，有三宥之义，过厚不过薄。宜裁加贷宥，以崇厚德。张酺之言允矣，然为窦瓌言之，而未广也。权奸误国，有同恶之诛，王黼之于蔡京也，京镗之于韩侂胄也，赵文华之于严嵩也，崔呈秀之于魏阉也，无可赦者。乃至一被其容接，一与之往返，而即坐以党与之名。讦告之风炽，而罗织之狱兴。君子以施之小人，行诛殛以取快一时；小人亦施之君子，穷党锢以肆毒无已。转移天下之人才者，大臣；任大臣以持刑赏之公进退人才者，君也。程子之言曰：作新人才难，变化人才易。正己以正物者，举措一二人而天下景从。以权势相倾，而穷极人之阴私，以快其反复，何为者耶？唐宋以来，求如张酺之持己正而用心恕者，无几人焉。此人才所以日下，而风俗所以日偷也与。

十五日。雨。雪后复雨，重阴沍寒，向无有也。昨岁始有此，而今岁仍之，将非积年刑惨之征乎。接冯树堂信，随复一书，并复罗研生一书。

十六日。雾雨尤甚。《程传》：无妄之灾，或系之牛；行人之得，邑人之灾。六三阴柔不中正，而志应于上，在无妄之道为灾害也。人之妄动，由有欲也。妄动而得，亦必有失。虽使得其所利，其动而妄，失已大矣。知者见妄之得，则知其失必与称也。行人得牛，以为有得；邑人失牛，乃是灾也。妄得之福，灾亦随之。妄得之得，失亦称之。于爻义取象不尽合，而言得失之幾，则可谓深切著明矣。　大畜六四，居大臣之位，当畜之任。上畜止人君之邪心，下畜止天下之恶人。人之恶，止于初则易，既盛而后禁，则扞格而难胜。上之恶既甚，圣人救之，不能免违拂。下之恶既甚，圣人治之，不能免刑戮。莫若止之于初，则吉也。六五居君位，止畜天下之邪恶。物有总摄，事有机会，圣人操得其要，则视亿兆之心犹一心。道之斯行，止之则戢，故不劳而治。君子知天下之恶，不可以力制也。察其机，持其要，塞绝其本原，故不假严刑峻法而恶自止也。六四以止初之微阳，六五以止二之躁进，《程传》盖推广其义言之，然岂徒以制恶人哉。养成天下之人才，以使适于用，其道莫不如是。圣人系大畜之四曰有喜，所以善牛之用也，喜自内生也。五曰有庆，所以丰豕之材也豕豮则肥，庆自外至也。乃所以成上九之亨也。阳道之以畜而得亨也，圣人之微权妙用也。《易》以阳为君子，以阴为小人，而道在相济。不与阴以干阳，亦不许阳以绝阴也。圣人贞天地之大用，而得失吉凶之幾由是生焉。　大过，大者过也。栋桡，本末弱也。初为民而承上，本也。过刚则民气不能胜上，为事之极末也。过刚则无与持其后。栋桡之凶，九三一爻当之。为其以刚居刚，绝阴而居，不达人情，不穷事变，凶之道也。汉之党锢，大过之象也。程子以为阳非有过，乃常事之大者，故谓之大过于常也。以名与君子，而使小人为天下任过，此伊周之才、三代之治所以终绝于世也与？

十七日。雨雪。读离之九四而慨然曰：呜乎，天地之幾，征于代谢之时矣。屈伸者，往来之恒数也。哀乐者，得丧之通情也。圣人贞天地之大用，以正性而凝命。来无所欣，去无所戚，进无所乘，退无所系，乃以顺时之行而无忧。以光乎化明者，君子之所不敢居天象大人，以继明照于四方。圣人居天子之位，乃能当之。踵明以光相掩者，尤君子之所不敢任。审幾者，非徒以全其身，以贞道之用而已。离九四之阳，处重离代谢之交，急乘之而起。乘之起者，其位然也，其时然也。乃以内离之方终而明已息，继起之明尚伏而微。四居忧危之地，值晦蒙反复之时，以躁动之阳急施其明。所据者其位也，而承六五之阴，用刚而嫌于逼。所因者其时也，而以阴爻之动，志险而利于争。累初而得四，非突起也。而屈伸之幾，哀乐之极，无所择以迫而相乘，乃为突如。突如之来，其势熏天，不戢而以自焚。袭前明之馀焰而扬其灰，求死之道也。掩复明之微光而尸其烈，众弃之身也。不言凶而凶莫甚焉矣。大明之往来，重炎之起灭，必有阴晦之时。君子养微明而顺天地自然之用，辞九四之位而不居，消息乎天地之时以贞其变，存乎知幾者而已矣。九四无所容，时之穷也。而躁动以求穷，身死而人莫之恤，悲夫，亦愚矣哉。

十八日。阴。张子云：强学者，往往心多好胜。必无心处一，乃养之定，而能光明。人心多而无由光明，蒙杂而著。杂著于物，所以为蒙也。

十九日。雨雪。意城以中丞属撰内江洋务事宜一折，寄示各文件，阅之愤懑累日。国家无人久矣。国体、事要、商情、地势，四者无一能知，外人亦遂加之以愚弄。在事者徒知据为私利而已，大局之利病，并不一加考究。长江数千里与通贸易，深入内地，乃事之大变。又尽毁其防维，纵之出入，以其税归之上海，使内江一无所稽查。三国通商条款所载征税事宜，至为严密。恭邸咨行章程，乃悉与相悖，一听洋人之便。而自弛其防，自蠲其利，以纵使横行。寻求其故，必缘上海以其罔利之私心，托洋人以蒙蔽朝廷；洋人亦遂以其罔利之私心，附上海以偷漏榷税。当事者愦愦，为所玩弄耳。国家之无人，无一而有人心者也。乃为一正文以辨论其事，一片文以穷究其情，大凡四千馀言，人间之至理，天下之至文。致中丞书云：达而在上，则尽其事。穷而在下，则明其理。事之有所补救不可知，要使此理稍忾于人心，以周于天下。虑有不详，在事诸公不能知也。忠孝之谊，具于性以生于心。而圣人言事父母能竭其力，事君能致其身，不奖其性而原其心也。子臣弟友之道，直是向前做去。尽职者，尽其所当为，尽其所能为也。世俗论人，动曰其心可原。忠孝之谊，其心岂有穷哉。直看他尽力做去，是何事业。事之既穷，而心尽矣。君子不以心求人之原，亦不以原心之言宽臣子之事也。建武二十七年，北匈奴求和亲，召公卿廷议不决。光武以南单于新附，却其使。北匈奴又遣使贡马及裘，更乞和亲，并请音乐，又求率西域诸国朝洛。光武下三府议酬答之仪。司徒掾班彪言：孝宣皇帝尝敕边守尉，匈奴大国，多变诈。交接得其情，则却敌折冲。应对入其数，则反为轻欺。今北单于数乞和亲，臣见其献益重，知其国益虚，归亲愈数，为惧愈多。羁縻之义，礼无不答。报答之辞，令必有适。今立稿草并上，其略曰：单于欲修和亲，款诚已达，何嫌而欲率西域诸国俱来献见？西域国属匈奴，与属汉何异？单于数连兵乱，国内虚耗，贡物裁以通礼，何必献裘马？单于前言先帝时所赐呼韩邪竽、瑟、空侯皆败，愿复裁赐。念单于国尚未安，方厉武节，以战功为务，竽瑟之用不如良弓利剑，故未以赍。今赍杂缯五百匹，弓鞬韇丸一，矢四发遣单于。朕不爱小物于单于，便宜所欲，遣驿以闻。帝悉纳从之。是时南匈奴内附，北匈奴战数败穷困，非有难测之情。叔皮所奏，因事裁答，非有出奇之策。以光武之明圣，而取计于一疏远小臣，委己以从之者，良由叔皮之言，处置适中，不激不随，又能直揭匈奴之情，使不能有所隐匿。时南匈奴方与北匈奴相争，亦以示汉之德，至公而平。如此处理，为得要也。汉时国有大政，公卿会议，下逮议郎，皆可直摅所见，上赞军国之至计，人主亦常屈群议而从之。言者不以为嚣，大臣不以为忌，天子亦不以为功。故以为听言之广，后世无若汉者，惟其以实不以文也。抑惟天子以天下之政公之天下，而人能自效其诚也。今之叔皮不难其人，而能与朝廷之议者，旷世无由一见。人才何由而兴，国政何由而善哉。

二十日。雨雪。陈松生、李石帆、鹿苹、桂仙、蓉峰来。致中丞一信。意城递到张紫联、崔春圃二信。鹿苹言澧安局委员傅国瑞、孙义澧，小人也，愚弄任屺堂而嗾之使为恶。吾谓人岂有可以愚弄者乎，必其本愚也，而后弄之者至耳。古人言：办事人难，晓事人尤难。晓事无他，晓事之理而已，故读书以明理为先。

二十一日。景老言，《忠义录》体例宜先定例言，而后从事。所见甚允。古人汇辑人物为书者，有《襄阳耆旧记》，汉末《英雄记》。其专奖忠义者，有《南宋十将传》，《绍定昭忠录》，明王寔《忠义录》，唐龙《群忠录》，钱士升、赵吉士《前后表忠录》，罗汝鉴《群忠备遗录》，张朝瑞《忠节录》，《钦定胜朝殉节录》，湘乡郭氏《国殇纪略》，彭遵泗《蜀碧》，孙夏峰《中州人物考》。备录景老所言于此。

二十二日。薛敬轩云：论事不可趋一时之轻重，当思其久而远者。此犹以利病言，盖一时所据为利而议复之，一时所见为害而务除之，通观久远，则不然也。君子之论事，当思其大而公者。大者，通观乎古今之理势而穷其变。公者，审量乎天下之人心而协其平。论事之是非而已，得失利病所不计也。世人见小而心又私，畸轻畸重以成乎风俗，安有是处？故曰：听言杂，则与之俱化，遂失其正。杂者，人人能言之，人人不知其所以然之谓也。视远惟明，明者，视之远者也。听德惟聪，聪者，听之衷于德者也。《大车》之诗曰：无思百忧，不出于颎。颎者，小明也。以不出于颎之小明，而忧天下事，乌有当哉。

二十三日。阴，雪。按霞兄信。意城信言，《内江事宜稿》失之激切。据其事，言其理，欲不激切而不得也。王船山云：天下千条万绪之恶，不堪涵泳。故天下之恶，以不闻为幸；闻之而知恶之，亦是误嚼乌喙，未尝不染其毒。生衰世，处污俗，见见闻闻，大率如此。君子潜身伏处，远昏浊以惬其淡定之心，不为愤世嫉俗，以养其和平之气。故曰：无道则隐。隐者，非以避世全身而已，所以养德也。乱世之是非得失，以身与焉，而与争屈伸之数，非君子之所尚，明矣。天下有山，遁。山上逼于天，而天覆帱之，以终不可逾，惟绝远之而不与相狎也。君子之远小人，而不胜其嫉愤，自以为严厉也，其相狎也实甚。以其得失是非，争胜负于昏乱之世，以相竞而相激。党锢诸贤，不足与于道也久矣。故曰：艮其背，不获其身；行其庭，不见其人。背者，无用之地也。群阴得位，三与上止于无用之地，天下之是非得失，漠然无与于身，而后可以游人之庭而不见其人。不见其人者，不与人为缘，而人固莫能撄焉者也。君子莫慎于所习，习之久而心遂与之化。习与君子居，视其言行以为固然。习与小人居，视其言行亦以为固然。乃至习闻不善而愤之疾之，而所闻无非不善也者，则固无往而不用其愤嫉。君子处乱世而德易以退，职是故尔。伊尹处畎亩而乐，颜子居陋巷而乐，乐在己而已，岂屑以其心校天下之是非得失哉。

二十四日。雨。《周易》取象各别，而雷风之为恒，独以义言。程子谓咸以少男下少女为交感之义，恒以长男居长女之上为居室之常道。以此为卦义，则亦微矣。徐氏玑言，恒有二义，有不易之恒，有不已之恒。利贞者，不易之恒；利有攸往者，不已之恒。合而言之，乃常道也。释恒义而与设卦之义无当。三复卦辞，而知圣人消息乎天地之用以成恒，其义隐而难知也。乾坤者，天地也。天以气化，地以形感，气交形合，而生六子。一索而得雷风，乾坤始交而气行。再索而得水火，气丽乎形，而性情具焉。三索而得山泽，而形乃成。水火山泽有形，故有成毁。雷风无形，故无成毁。雷动而上升，阳之情也；风感而善入，阴之情也。雷上风下，刚柔各遂其情，以贞天地之大用。故恒者，非可执一以为恒者也。天道有常，而无一成之功化。圣人之道，日新以为功，而无固守。圣人观雷风之用，而知天地所以为恒者，惟其变而不可穷也。如是而施之人事，其德危矣。柔则有固情而无定性，刚则有躁动而无贞守。故恒之六爻无吉占，雷风之以变而为恒也，非人所能几也。九二刚中，不急用其恒而自能不移其守，足为悔亡而已矣。

廿五日。阴。致姚庶侯、瞿熙臣及文思、觐堂诸信。意城递到希庵中丞、作梅、申甫、皞臣诸信。又有饶月樵者，云是二十六年前旧好，吾不复能记忆之也。

廿六日。雾雨，寒甚。接到黄麓生、罗麓山、巢湘夫及燮叔、觐堂诸信。连日以年事酬应纷烦，意颇苦之。

廿七日。大雪。接到高蓉初、熊绍芗、陈豁堂诸信。有治人无治法二语，最说得尽。朝廷立法，总持大纲而已，经之纬之在人。用法当求法外意一语，最说得妙。法外之意，即在法中。愚者殉欲，稍知自爱者执一而不明理，斯有所蔽，不知求耳。　法即理也。理苟明矣，于法必无甚相抵牾者。贤者行法，皆益天下之资也。　圣贤言语，朝廷法度，皆君子所以自治也。故曰：君子怀德，畏圣人之言也。君子怀刑，畏天命，畏大人也。今之从政者，所以任事，曰守法而已。所以自律，乃一骫乎法以行其私。人才之难也，抑亦法多而长奸有以致之与？

廿八日。大雪，奇寒。学者论天下利病，尽能见其大，反而求之一身，起居日用语言动作之间，所见无非小者，此德之所以不进也。君子庄敬日强。精神差，只坐不敬。程子云：主一无适之谓敬。示人亲切用工处，最有益于学者。心杂言尨，致勤小务，皆不敬之征也。

廿九日。大雪，奇寒，生平所罕见。古人所谓坚冰在须，为塞外言之也。三日以来，至不能近几砚，用热水研化朱墨，移时而冰。笔经火熨，乃能一用，不过十馀字，触研琤瑽有声，又成冰矣。十年京师，东北至沽海，未尝见此。接到冯树堂、劳芗林二信。

三十日。早雪，午微晴，旋阴，奇寒如故。意城递到罗研生、瞿熙臣、陈杏生三信，并示悉杭州之信。东南大局，不复可问矣。念之怃然。

同治元年　壬戌

正月

壬戌正月初一日甲申。晴，无风，数年以来第一佳日也。述怀一诗云：万事浮云过太虚，此身聊得一家居。雪寒惨惨云低屋，烟霁荒荒日照墟。老苦蹉跎闻道晚，病耽岑寂与人疏。桃符又换年华去，晚节[1]评量稳著书。蹇之为义，在位者皆得其正，而时不可行。故曰：蹇，难也，险在前也。九五刚中得位，可以济蹇，而居二阴之中，志未能伸也，乃以消息乎险阻之故，而以刚居蹇，不敢自有为，以待朋来之助。人君遇蹇之世者，可以知所从矣。六二以柔居中相应，志在济蹇，而不敢有徼功急名以利其身之思，故诸爻皆有往来之义，以斟酌进退。而六二以蹇，蹇而无尤。人臣遇蹇之世者，可以得所处矣。睽之道，阴据位而乘阳，阳承阴而异志，其成乎睽者，阴实尸之。初九以阳刚居下，志在合睽者也，而当睽之世，阴阳俱失其位，胥一世而俱为恶人而行无所利，有丧马之惧焉。初九以阳刚闲人之邪，立诚于己而不与物争。丧马可勿逐也，艰于行而静处之。恶人可见也，乖于遇而顺应之。能止天下之乱者，惟不与恶人相拒，而见之以消其暴戾。郭子仪见回纥而诸酋罗拜，见鱼朝恩而朝恩愧服，得合睽之道者也。

①此处旁注又作“来日”。

初二日。阴，寒。损以保泰，益以消否。故曰：损益，盛衰之始也。损之阳自三往居乎上，故三行而得其友，上且益而得其臣。功施于外，而内阳以渐而趋于消。九二之利贞，贞于内以固其本者也。持损之变，二之志也。益之阳自四来居乎初，故初得下济之施而利用大作，四从告公之请而利用迁国。阳固于内，二与三均受其益，盛之机也。九五与四同德，相孚以惠于下，而德归之。曰我德者，成益之功，五之志也。损，初阳微而渐进，吝于损，而可以斟酌损道之宜。益，上阳亢而志极骄，吝已成，反而相击，惟其心勿恒，故不与五同功也。圣人知周万物而道济天下，益上之凶，圣人之情也。夬以刚决柔，阳盛而阴微，阳道之亨也。而群爻无吉占，悬一小人之名，而挟众君子之势，以与为水火之争，元祐之治所以不振也。初为前趾之壮，而不量其才；二防莫夜之戎，而未易其心；三且怀遇雨之濡，而未定其交；四且惮次且之行，而未孚其志；五虽中行，而与上同体，相比其心，亦未光也。君子之交合，而植党以与小人争废兴；众贤之势均，而各据所见以与同类争意气：皆夬之象也。李、寇之争，吕、范之隙，富、韩之衅，宋之君子道日昌而国是日弱，夬道之所以无成与？姤之阴微，而入而为内主，柔道之将炽也。阳与之遇而相得，终必承其害。而九二受而容之，其占为包有鱼，不利宾。夫子释之曰，义不及宾也。以身任天下之过，含垢纳污，使小人之毒有所止，以不至延于世。狄仁杰立于淫秽之廷，曲遂其匡济之志。李东阳周旋群小，以维持善类。为天下任咎，而固可以无咎矣。二以其含容之义，包阴慝以不委于人。五乃以其刚中之德，辑阴德之溃乱，以使化为章美。治小人者，岂能尽消天下之阴以昌阳道哉，道在化之而已。不及宾者，任之己以行其义。有陨自天者，无所望于人而遂其志。程子曰：安石之祸，由吾辈激成之。

无包鱼之德而乱延于天下，治姤者当知所戒也。

初三日。阴，寒。邀景老、意城、志城午酌，景老、意城并留宿。志城言，君子当养重。容貌词色无所稍假于人，养重之谓也。吾愧未能。又言，天下大事二，学则为圣功，仕则为王道，儒生莫大之责，无可宽贷者也。今愚夫愚妇，语官吏之贤否，曰，是尚安静；语学士大夫，曰，是读书者，宜其不达时务。皆故为宽恕之辞。而天下之学且仕者，亦安而受之而不知耻。政教之日偷，人才之日靡，有自来矣。

初四日。阴，寒。景老邀同意城、志城午饭，因留宿高坡。

初五日。阴，寒。埙侄来，便复树堂一信。树堂问冯氏原始。按《汉书·冯奉世传》：上党人，其先世仕韩有冯亭者，归赵，家杜陵，后有冯无择、冯去疾、冯劫，皆为秦将。冯氏之显自韩始。而春秋时郑有冯简子，顾栋高春秋大事表列之，有氏无姓。蒙意列国卿大夫皆出公族，字谥爵邑皆可因以为氏。战国时，郑为韩所并，韩之有冯氏，疑皆出简子之后也。《冯氏旧谱》：祖毕万。毕万为魏氏之始。别子氏冯者，史传无可考，通志氏族略当详之。家无藏书，无所检查也。

初六日。立春。晴。连日贺岁者纷至，以阴寒未能出门，而酬应转增烦苦。景老以虞宾在位问其幼子壬叟、丁叟，皆对曰丹朱。按船山《书经稗疏》，禹之戒舜，已言丹朱殄世，此虞宾非丹朱也。丹朱不道，尧处之于丹渊，而尧之别子，如孟子所谓九男者，自绍唐封于平阳，以奉尧祀。丹朱不独不有其天下，亦不得有其故国也。范宣子言，自虞以上为陶唐氏，在夏为御龙氏，在商为豕韦氏，在周为彭杜氏，为范氏，皆别子之分封者，非虞宾之嫡裔相承如是。旧注以虞宾为丹朱，误也。

初七日。往左近亲邻贺岁。周半溪丈留午酌。困以柔掩刚，上掩四五，三掩二，初复从下掩之。阳刚得位，而为阴所掩，以不得伸其志。故九二为酒食、朱绂，九四为金车，九五为赤绂。正以有所羁縻，以使其志事无由而伸。酒食车服者，掩阳之资也。侯览、曹节能困杜密、陈蕃，而不能困申徒蟠。魏忠贤、崔呈秀能困左光斗、孙承宗，而不能困孙逢奇。伊川非屡被召命，无由致董敦逸、邢恕之困。朱子非数有荐除，无由致林栗、沈继祖之困。阳之受困，惟得位而后困斯极也。易于二、五两发利用祭祀之占，以鬼神之道处之。终日与小人交，致敬而不与之狎，困之亨，亨以是也。井之成功在上六，以上出为用也。初、二处下而浊，为泥为漏，义无取焉。四裕修井之功，五效寒洌之用，取之人、施之世而皆宜者也。抱道而需于汲引，求志而处于幽潜，有用世之才而不易识者，其九三乎？为我心恻，惟周公之盛德，而后恻然以心伤也。王明，并受其福，富哉言乎！夫子释之曰，求王明，受福也。惟九三之阳刚求进，而求之乃深以至也。

初八日。意城邀同景老、衡叔午酌，因留宿桃洞。

初九日。由桃洞至坡阴赴志城午酌，在坐黄雨亭、黄照临并景老、衡叔、应扬。接南丈及陈宝珊大令两信。

初十日。接吴镜舫大令信。君子视天下之忧患在己而不在人，在德而不在遇。故人世之陂邪倾险，所以励德而养之于和；遭际之险阻艰难，所以砥躬而纳之于善。其视天下之恶皆其恶也，而后可以保合太和，消天地之否而遂人物之生。切切然以天下之乱为忧患，无当也。嫉恶太严，使中才有所激而消其向善之心，小人无所顾而成乎不相下之势，世道之忧也。轻喜易怒，则德无常守，而人皆玩而侮之。是非毁誉杂相投，皆足为心之累。以之应事，而事之偾也必多矣。

十一日。李石帆邀饮。杨子岩来。陈云阶专足送到一信。

十二日。大风。笏堂、觐堂同来，接寄云中丞信。复陈云阶信，即交其子汉带回。是午邀左近诸亲友春酌，会者十六人。

十三日。邀辅堂、石帆、鹿苹、衡叔饭。吴蓉舫至，谈近事，为怃然者久之。接中丞信，闻上海有警，商及前稿。当复一缄，另拟一片商之。

十四日。周介峰、周福绥、虞宾门来。接陈云阶、湛少帆、刘赞廷三信，皆托谋馆者。当复云阶、少帆两信。通商条款，始终以通商纳税为心，词简而理明，性之善也。内江通商章程，则薛中丞之阴私经营于上海，卜鲁斯等之狎侮中国曲试其机谋，习之变也，其转计然也。圣人正天下之人心以治其恶，莫要于明性。据条款为言，而章程之乖舛种种毕见，亦所谓理据其胜者也。

十五日。艮，止也。止欲以理，止情以性，止奸以德，惟性与理与德之贞于己而无累于物也。艮之九三，杂处四阴之中，上下之交。耳目之见闻无能及远，而相持以介其间，以日受积阴之锢。不忧其害身而忧其熏心，圣人之为阳危也，深矣。初与二，皆受止于三者也。而初居下，志贞，止之也易。二自怙其得中，受止而心不快，则三之止之难。乃三固为进爻，上承四、五之阴，相比而志于伸，而其于间横施裁抑，阴乃环而攻之。于是而知上九之敦艮，其为功大也。超出乎积阴之上，以察其贞淫得失，而徐用其裁成，惟能敦而乃以得艮之吉也。无上九之位，而欲以其孤阳止群阴之动，欲无危得乎？巽之初六曰进退。以阴入阳，进者其才也；而位处下而安焉，退者其德也。阳之德生，阴之德杀。阳之德文，阴之德武。一阴动于阳下，而内为之主，不能无事也，其惟武人之贞乎？圣人窥见其情，以裁成其进退，使之退而不以拂阴之情，进而不以干阳之位。故曰：利武人之贞，志治也。其进其退，多疑之地也，而使其志自治焉。曹彬不得枢密副使而敛容退听，乃能用武而不失其贞。天地之化，有阴而必有阳。圣人之治，用文而必用武。而于巽之初六制进退之宜，圣人之情见乎辞矣。

十六日。张次山、郭九如、杨子岩、张莼生先后至，连日迎送颇烦。接陈善奎、周昌辅二信。

十七日。以意城四十生日，为诗四十韵贻之。罗麓山来谈甚畅。

十八日。阴，大风，是夕微雨。周半溪回益之便，致夏古彝、周桂坞二信。是日为意城作生日，就宿桃木洞。是日会者二十四人。盛采藻、福田、岳云三人，气宇较胜诸盛也。

十九日。与树堂畅谈。树堂修家谱，语及谱例，因言纪氏家谱例言之精审。予谓文达之精博，伟矣，而例言中可议者甚多。略论其一二，如言《隋书》以廿一成丁，晋书以十六成丁，据《晋书》为例，以十六岁成丁入谱。成丁者，以供徭役，备调发，非成丁而后登之民籍也。《礼·（则内）〔内则〕》：子生三日，宰告闾史，书曰某月某日某子生；凡二，一藏闾府，一献州伯藏诸州府。子生而官即著之籍，家谱顾缺焉，可乎？晋书不登之民籍，又何以辨其为十六岁也？是其可议者一也。又言老泉著谱时，东坡年二十七而不登之谱，为不可晓。《苏氏谱》引明言：凡为谱，以著代也，上始高祖，下及昆弟，昆弟死而及昆弟之子。欧、苏两谱，皆述及其身而止，以著代而已。文达乃据成丁入谱之私见疑之，是其可议者二也。古谱标族望，标国邑，或但曰某氏谱，欧、苏两家用之。文达标其谱曰景城，以别于同邑而异族姓者也，亦变例也。幸其所居曰景城，其名犹雅。假如冯氏居文家塅，郭氏居子母洞，而曰文家塅冯氏谱、子母洞郭氏谱，岂不可笑？世人习焉而不察耳，是其可议者三也。树堂言在万县时，萧浚川方伯大军援蜀，由水道至万县，改由陆路赴成都。树堂为雇夫径送成都，在道秋毫无犯，蜀人大欢，至成都十日而殒。布衣敝车，日食苋菜，馈以肩舆，不受，为言于其记室，私受之。治酒肴会馆相款，固辞不赴。因其上匾毕，延以登坐。诧曰：是何为？曰：略治苋菜，延公一餐耳。起提其袖曰：君为人强，吾悖君。其质朴如此。令且缓死，蜀乱必早平矣。是晚，归。

二十日。邀舒兰生、熊绍香、易梯衢、左癸叟昆仲及埙侄午饭。

廿一日。宿宝树湾，适焦听堂至，得一畅谈。

廿二日。为宝树湾相陈氏园地，道遇易寿堂、易少珊。是日申刻入城，就中丞饭。意城递到滌生中堂、季高中丞两信。

廿三日。曾沅浦至，同就中丞一畅谈。沅浦述悉多礼堂都护之为将，一代伟人也。言与陈玉成交战数十，先夕必预思贼之来势，变幻何如，而筹所以应敌之方，乃集诸将指示方略阵势，而后启行。相距数里间，登高以望贼之来势，是否与所筹符合。或阵势别有变化，则急整军而退，驻守营垒以待之。翌日复然。必其所筹与贼势恰相合也，然后与之接战，薄而乘之，是以每战必捷，贼甚惮之。军兴以来诸战帅，罕有及其能者。

廿四日。与沅浦、意城同就黄南老饭。南老拟有筹饷一折，事在可行，约同为商定。白兰岩学使带到胡研生、鲍花潭两信。

廿五日。大风，阴。早就寄云中丞饭。晚，次山方伯、少坪廉访同邀饭。三日酬应甚烦，略就所必到之处先往一拜而已。晚接敖经甫、刘星石二信。

廿六日。大风雪。与丁果臣、曹静初略谈局务，为稍斟酌办理之法，刻日行之。

廿七日。往南老处与沅浦会谈，即送其行。为筹饷一疏，令沅浦带呈揆帅上之，盖即南老所言，为析其本末，权其缓急，以示办理之法。姑存此说，以待来者可也。陈秋垣、周稚威、杨子春枉过。

廿八日。黄子铭邀饭，会者十人，盖以子春方伯灵榇且至，预邀陪吊者也。晚归，闻有折弁明早即行，致陈鹤丈、王定甫、张竹汀三信。定甫前致书，疑予有求仕之意。予谓君子之仕也，行其义也，固不以隐为贵。观之六三曰：观我生进退。夫子系之曰：未失道也。吾当以之。至于人世功名之故，阴阳消息之几，吉凶得失之数，吾之审此久矣，岂枉吾道以求仕者哉。定甫盖亦未能通知鄙意也。近日朝廷举措，直是从大处着笔，为从来所未有。所虑者，操之太急，求之太骤，稍有不效，而无以持其后，则进锐者，其退必速。此须大臣有学识者，左右维持，益之以诚悫坚定，久而其德日新，斯为得之。恭邸才识，旷越一时，而大臣能为之左右者，似尚未见其人。蒙故尝论大臣之道，以识为主。数十年居高位，乃无一有识者，此可叹耳。

廿九日。雨。钟少尉相予曰：可惜心地太厚。问何故？曰：达官贵人所为者，公皆不为，故仕不显耳。

三十日。雨。王人树、邹资山来谈。白兰岩觅幕友，为访得史蘅若、周弼臣、王干勋三人。

二月

壬戌二月初一日甲寅。雪。新安姚首原际恒《诗经通论》，谓《后汉书》言卫宏从谢曼卿受学，作《毛诗序》，旧儒乃传为子夏作，晁说之始疑其伪。朱子力辨《诗序》之误，而集传从序者十五六。又所从偏取其非，而所违偏遗其是。故为通论，皆自为说，大抵就诗词想像得之。去古日远，所言虽胜旧说，未必果为据也。其论笺注之强文从义，则多有足证者。论次诸家，谓《毛传》依《尔雅》作诗训诂，此最近古。郑笺以三礼释《诗》，最无谓。欧阳永叔《诗本义》诋郑特甚，亦只在郑伯仲之间。苏子由《诗传》，大概一本于序传笺。吕伯恭《诗记》，纂辑旧说，无从订正。严坦叔《诗缉》，能肖诗人之意，亦时出别解，虽囿于《诗序》，自为宋人说诗第一。郝仲舆《九经解》，于诗恪遵《序》说，委曲迁就以为之辞，求以敌《朱子集传》，最无谓。丰道生名坊伪撰《子贡诗传》，申培《诗说》称香山黄佐所得，张元平刻之成都，李本宁刻之白下，凌濛初为《诗传适义》，邹忠彻为《诗传阐》，姚允恭为《传说合参》，黄泰泉即黄佐为《诗经通解》，道生又自为《鲁诗世学》，至于更定篇次，紊乱圣经，可为妄矣。丰氏《鲁诗世学》极诋季本，按季明德《诗学解颐》，亦正丰氏伯仲间耳。朱郁仪《诗故》，间有一二可采。邹肇敏《诗传阐》，文辞斐然，惜其传述丰氏伪书而不悟耳。何玄子名楷《诗经世本古义》，极为博览，古今诗说及他说之有关于诗者兼收并蓄，经传子集所引诗辞不同者字栉句比，一一详注于下，乃至紊乱《诗》之原编，以臆见定为《诗》代，始于公刘，终于下泉，盖承丰氏之谬而益肆其猖狂者也。大抵姚氏说诗尚能以辞会意，故于诸家宗《序》者皆历诋之。

初二日。雪。永新尹湜轩继美《诗管见》谓《诗》皆入乐。史迁言《诗》三百篇，夫子皆弦歌。《伐檀》诗，至汉末杜夔犹传其声律。程氏鸿烈谓《诗经》即《乐经》，固为有见。郑渔仲亦云乐以诗为本，诗以声为用，其说允矣。其论南，谓杜预注《左传》见舞象箾南籥：南，文王乐名。可见诗部分之名，皆乐分部之名也。南本《诗》之一调，以音别不以地别。风、雅、颂之流分，皆音为之也。按亭林顾氏以南、豳、雅、颂为四诗，而列国之风附焉。南实是《诗》之一类，谓为南国之风，殆不然也。

初三日。丁芷舫太守邀饭，未赴。晚闻澄侯至南老处，因诣一谈。

初四日。雨。就舒仲和饭，同席蔡渔庄、向筠舫、黄荷汀及意城，共六人。

初五日。黄老约同胡听泉、黄荷汀、舒仲和、曾澄侯、赵玉班及意城八人，为张石卿制府，裕时卿廉访，葆芝岑、杨子春两观察饯行。

初六日。中丞邀酌。秀峰揆帅咨照英国公使一照会，几于严斥，阅之浩叹。急为中丞拟一稿，极论子口半税当归起运地方征收，人情事理，颇能曲尽。诸当事者，直是愦愦，一任外人之贱简，不知愧悟，可慨也。

初七日。瞿熙臣邀酌。罗麓生、李玉山为觅得汤家井纸园一地。连日困于酒食，颇觉其苦。接到何伯英、张韵农、陈怡珊、瞿景伊诸信。

初八日。熙臣邀同麓山、玉森相地沈家塘，因与易少珊约，并会于下泥港。先至河西杨家湾，然后循河以至三叉矶。连相两处，皆荒山也。

初九日。阴。两日山行可二十馀里，颇觉困倦。

初十日。雨。致陈怡珊信，荐周石渠、湛少帆二人襄校试卷。致张紫联信，荐虞宾门、刘赞廷襄校试卷。怡珊复书，始知正月内试事已毕也。

十一日。雨。赵玉班过谈，语时事，为之怃然。知止而后有定，人须是大处看得分明，自然事事有主宰，不致惑于异见。故定者，学问之始功。不能定，不足以语道。斩斩截截，觉得道理如此，此心把得定，便自洒洒落落，毅然行之而不疑。瞻前顾后，拖泥带水，济得甚事？人有所性所习皆正，而为善速，为恶亦速，向道坚，任气亦坚者，彼其所性非其所存，所习非其所察也，以求有定，难矣。家庭骨肉之亲，一有意见存乎其间，举足皆荆棘也。睽之为卦，曰见恶人，曰见舆曳，曰见豕负涂，皆成于所见以生疑，疑积而睽以成。见之伏也甚微，而发之甚巨，君子之所惧也。市有虎，曾参杀人，事之易辨者，而卒惑焉，蔽于言者之迭至也。浸润之谮，肤受之愬，殆矣哉，听言之难也。而危迫之辞深于浸润，泛常之语惨于肤受，可以一二语间离家庭骨肉之亲而不居其名。小人之抵排君子，百试而百验者，惟其锲焉而不舍也。小人不可与为缘，一纳其言，而熏心之厉，弗能湔也。知其小人而防之禁之，而使在吾左右，自谓能驾御之，而不知其处心积虑之微，莫测其所至而忽至焉，莫知其所投而卒投焉，无往而不受其患害者也。胡恕堂中丞邀同向芸舫、汤敏斋、宋复初、舒仲和诸人晚酌。

十二日。雨。周公执赴广东，便致罗小溪、黄麓溪两信，兼托麓溪为购《皇清经解》、活字殿版《廿三史》二书。

十三日。阅埙侄湘中竹枝词，以为竹枝歌托兴言情，犹有古诗人之意。世人只认作委巷之音，颇失竹枝本旨。因为四诗示之。其一曰：君家种茶湘山曲，侬家种桑湘水头，替君采茶桑渐老，蜘蛛网比桑叶稠。言有司之失其职而致寇也。其二曰：虞帝二妃犹有怨，灵均又抱楚骚来，香草美人无限思，楚歌楚调楚人哀。言楚人之忧时，能任其难也。其三曰：屈家词赋楚人风，岁岁年年兰蕙丛，兰蕙尽多人尽怨，湘累湘女可怜虫。言楚人死事者之多也。其四曰：捶鼓家家起荷戈，大风吹蹙洞庭波，由来楚境横天下，千里潇湘地几多。言天下之无人，无有能鼓舞人才者也。

楚境一隅，经营天下，可以鉴焉。

十四日。张石卿制府、邵璞山观察处一谈。魏乃农枉过，篁生大令之子也。

十五日。致涤生节相、季高中丞、霞仙方伯、申甫观察、梅生驾部、弢甫征君共六信。霞仙方伯信，交葆芝岑观察带赴成都也。

十六日。邀同罗麓山、李玉森赴杨梅山展墓。埙侄入学年馀，屡以事稽迟，未展墓也。玉森论事论人皆有见，殆吾邑之杰出者。

十七日。由杨梅山赴湘潭茶园铺。六十里，宿烧汤河，有石桥，桥以南属湘潭；桥北有小市，市西属宁乡，市东属善化。三县地相错。

十八日。五十里，至湘潭，就宿东征局。观黄荷汀观察所藏字画数种。王若水朱雅宜良常竹堂图二帧，赵仲穆为之标题，篆法绝佳。仲穆，松雪翁之子也。又王履吉借券一纸，中人文孝承，为袁与之借银五十金，题跋者十馀家。朱竹君考王、袁各家世甚悉；邵二云历考晋券、唐券、宋券之异同，二跋尤有意致。皆得之上海徐子山渭仁者。取与辞受，生人之大节，君子以之律己，不必以之绳人。利者，凡民之所共趋也。君子以众人望人，故不苛责之。然苟孳孳于是，属厌无已，其馀亦不足观也矣。为学日益，为道日损。克己者，复礼之资也。颜子辨非礼之界，于一视一听一言一动，析之精矣。先儒谓其明足以察幾，健足以致决。学者之用明也，用之于理欲之辨；其用健也，用之于义利之防，抑亦入道之始基乎。大畜之象曰：君子以多识前言往行，以畜其德。取之人，畜之己，不厌其多，德斯可矣。大畜者，畜德者也。谦之象曰：君子以裒多益寡，称物平施。多何必裒，寡何必益，称物而已矣。谦者，约己以宏道者也。通于取与之数者，其斯以为君子乎！

十九日。茶园铺二里许丛木桥展墓，为西清叔貤赠五品封，兼行焚黄之礼，为之怃然。

二十日。雨。过（一宿）〔易俗〕河，郭弥生因留饭。李云洲来谈。晚次回湘潭，柳范吾、秦麓生邀酌。酒罢放船，行抵长沙，东方曙矣。

廿一日。雨。过南老、瞿桐云、向云舫、张雨农诸处。接黎少琨信，随复一信，交李仁峰，兼致友龄、少琨两君。

廿二日。雨。南老约同许雪门一谈，旋赴中丞午饭。遣杨恩照回家。三代以上，民之秀者为士，农、工、商三者各修其业，以待治焉。所谓士者，必其体忠信，明礼义，知语默动静之宜者也。民皆愚也，而士独智。民皆一于利也，而士以义辅之。以义制利，以智导愚，是故士为贵也。阴，从阳者也。块然之形，从气以动者也。坤之象曰：先迷后得主。先而无所主则迷，是以圣人奖阴以从阳，用君子以治小人，天地之常经不可易也。阳无所施，阴无所丽，君子小人交乱于上下，而国家之变以生。诗人之言曰：我相此邦，无不溃止。均之为迷而已矣。民气，易动而难静者也。王制，汉以后之书，所称乱政、疑众之四诛不以听。帝王整齐天下之人心，宜有如是者也。胡广、刘歆附莽，以伪倡天下，而颂功德者数十万人。张角、黄巢以乱倡，而从为乱者百万。陈东、欧阳彻以义愤倡，而太学生徒聚者数千人。所倡不同，均之为迷也。上之而君相不吾知，下之而事权不吾属，则修明其道，以待贤者之兴起。孔、孟、程、朱之以正学倡天下，必俟人之自悟焉。导天下之迷而贸焉以起，吾未见义愤之遂优于乱也。盘庚之诰，胥动以浮言者，民也。孟子处士横议者，士也。为士者，持之有故，言之成理，则横。民则传闻附会之辞，道听涂说，皆浮言也。孟子嫉处士之横议，而时政之得失，学术之明晦，人心之功过是非，言之而无讳焉，此则君子所以自命，而非流俗之所能与知者也。用人而求之语言之间，未有能得人者也。虽然，有辨焉：凡理有是非得失，而事有甘苦曲折，所得之浅深不同，而言之以异，明者辨之。故曰，不知言，无以知人也。存乎听言者之内自足焉而已。诗人之言曰：如匪行迈谋，是用不得于道。据一隅之闻见，袭古人之成说，言者哗然，闻者亦从而艳称之。两盲相遇于道，而夸所历之山川城郭，相率以入于迷，吾弗知之矣。

廿三日。雨。刘子迎来谈。因与意城、静斋共诣黄子明，以子春方伯灵榇自蜀归，一往接之。会者丁芷舫太守，张柏轩、德恒斋两大令，曹识山、王壬秋十馀人。随赴金松如、竹虔吊其尊人之丧，便诣南老饭，同席向云舫、易墨村、许雪门、廖煦凡诸人，谈浙江事，为之怃然。果臣言，咏之宫保以人心为忧。因上言：公为巡抚，人心之美恶皆系之公。伊尹一夫不获，时予之辜。失养失教二者，皆谓之不获。末俗人心偷薄，亦失教使然。愿公无怨民詈民之心，天下不足平矣。又议毁邢星槎所修安陆上游狮子口江堤，以复汉水故道，用周寿山之议也。复上言：为政之道，首贵识时。国家初建，制度文为，当规百年久远之利。至于末造，财力两穷，朝不谋夕，仅能为目前补苴之计，造端宏大，非所及也。果臣此两段议论，极有见地。

廿四日。微见日色，旋阴雨。瞿熙老以凌海兄至，邀同早饭。凌海、文思旋过谈。张植卿、张子德竹林枉过。

廿五日。大雨。陈俊臣廉访，罗星阶、张蔗泉两大令，李宣伯明经过谈。壬秋来，言及挽金曜南丈联语云：尘外海山深，遥知兜率老仙，有捧杖贤孙，曾侍玉皇香案吏；湘中耆旧尽，欲问乾隆盛事，恐还家蓟子，倦谈铜狄汉时春。的是词人吐属。意城挽子春方伯联云：心术甚正，纵迹甚奇，兼文学政事之长，斯人有几；盗贼待平，封疆待理，以忠义勇敢而死，吾谁与归。吾亦挽一联云：君才已信世间无，流传吏治战功，稍窥馀绪；吾老未忘天下事，毕竟齑身碎骨，才算完人。二联各有意致。要之皆切子春身分，非泛谈也。又挽馀苹皋之母联云：清才秾福六旬终，葭谊殷勤，半箧遗诗亲付托；鄂雨江云诸子隔，苫庐慰问，中郎古礼费参详。联中并有典故，可发一噱。

廿六日。大雨。张子恒、李湘舫、凌问樵枉过。壬秋邀至其家，为子春书墓铭，因留酌，同席陈俊臣、罗伯宜。别邀孙阆青、陈春浦，皆不至。因李玉森赴安庆，致沅浦方伯一信，并复吴镜舫、吴蓉舫、刘赞廷、虞宾门四信。赞廷、宾门，则张紫联大令邀请襄校也。又致江幼陶、张竹汀二信。李宣伯入都，属恳竹汀为荐一馆，因以《江忠烈行状》二十本寄之。

廿七日。大雨。李竹浯、陈俊臣过谈。竹浯识解绝人，可谈。竹浯言湖南近日地气太泄，其人物卓卓，枝拄天下者，伟矣，其馀实至而名副焉，与实未至而名亦归焉，皆发泄稍尽，足以斫伤元气。江忠烈初受知巡抚讷尔经额。赛相视师时，讷公以忠烈属之。赛相之奏调忠烈，以讷公也。景乔以曾奏记寿阳相国，归美寿阳，非也。论古文下字最难，多读史汉及先秦古书，可悟下字之诀。

廿八日。大雨。致祭五忠祠，毛寄云中丞，恽次山方伯，仓少坪廉访，李玉泉、郑锡侯两观察，丁芷舫太伯，张柏轩、德恒斋两大令并至。旋过任芑堂、丁秩臣。邀李竹浯、陈俊臣、敖金甫、王壬秋早酌。晚就南老谈。复劳湘舲一书。

廿九日。回拜诸处。适闻陈葵心、常仪庵、陈春浦诸人至省，因过一谈。并诣次山方伯、玉班观察处谈。所以告次公者，皆药石之言，惜乎其智之未足及此也。

三月

三月初一日癸未。雨。竹浯语予：黄老养生之术，于君为宜。予问以何为要。曰：静坐，曰：调养心气。予深服其言，所谓深人无浅语也。

初二日。雨。南老邀同意城为时卿廉使饯行。时卿廉使赴广东，为石卿制府筹饷也。便回拜各处，酬应终日。

初三日。子春方伯治丧之期，往陪吊一日。

初四日。自省回，过宿宝树湾。黎少琨适前至，语郴州卡事甚悉。

初五日。抵家，蒯岳青随至。同时枉过者三人，大抵营求馆席者也，念之使人闷损。

初六日。左景老过谈，并出示所拟《忠义录例言》，分类繁密，亦是著书之一体，而于此书意旨，与鄙见微有参差，始留俟参证耳。

初七日。大雨雷雹。埙侄以吾生日过饭，冒雨而归。

初八日。杨恩照自省归，带到意城、果臣诸信。郴卡有伤毙局员事，闻之惘然。荀子言：马骇舆，则君子不安舆；庶人骇政，则君子不安位。厘税，稗政也，而犹有权宜之术焉，由其用人而不用法，存乎办事者之运量耳。任事不得其人，而文告之施，不能自详其义，宽严之用，不能密酌其平，是区区者，何堪庶人之数骇乎？

初九日。大雨。阅定咏芝宫保尺牍一帙，尝谓其气概近张江陵，而义理胜之，信不虚也。

初十日。雨。周半溪枉过，递到夏古彝、周桂坞、刘韵农、周芷湘四信。古彝为予卜宅蕉溪、板溪之间，尚无成说也。

十一日。雨。意城专足送到一缄，顺便寄李希帅、吴桐云、周寿山、陈作梅、刘霞兄、张东墅、陈怡珊、杨性农、王纶霞、阎丹初、吴南屏、罗研生、邓伯昭、丁果臣共十四信，皆以眼疾积压，至是始一缄报也。

十二日。雨。吴蓉舫、瞿熙臣专足送到两信，当复蓉舫一信。熙臣信言即日回省，故不复之。李生水、育之兄弟来言：益卡彭说棠熙光尚有办事之才，为述其逸事数则，姑记其名于此。

十三日。由意城寄复方子箴、龙皞臣、姚直侯、张润农、钱六岑、饶月樵六信，皆去冬至今先后所得书，为眼疾积压未复者也。

十四日。广东委员欧阳春寄到一信，述悉罗小溪都转有寄款由郴州首心农带省，当复一信，属转辞都转，不往取也。

十五日。冯树堂自祁门归，录存曾氏文钞目录，分三门十一类，每类引经为证。首曰著述门，类三：论著类，著作之无韵者；词赋类，著作之有韵者；序跋类，他人之著作，序述其意者。次曰告语门，类四：诏令类，上告下者；奏议类，下告（下）〔上〕者；书牍类，同辈相告者；哀祭类，人告于鬼神者。次曰记载门，类四：传志类，所以记人者；叙记类，所以记事者；典志类，所以记政典者；杂记类，所以记杂事者。分类谨严精实，自来选家，无能及者。

十六日。郴州专足至，递到罗小溪一缄，知欧阳春字子恒，广东县丞，小溪委办广西捐事者。小溪论辛陔制府，九峰、覲堂、雪轩三中丞为人，多中窾要，论事精确有道理，其识解固出人远也。

十七日。东林过谈。复小溪信。随接意城及研生、果臣、松生、文思五信。又接志城一信，因便寄复意城，并以志城信转寄之。

十八日。阴。张子云：本立则不为闻见所转。其见其闻须透彻所从来，乃不眩惑。天下之动，贞夫一者也。从一德见其大源，至于尽处，则可以不惑。知幾者，能以屈为伸。人道之用，尽于接人而已。谄渎召祸，理势必然。君子俯仰之际，直而好义，知幾莫大焉。《易》曰：不远复，无祇悔。庸人后念明于前念；君子初幾决于后幾。后念之明，悔之所自生也；初幾，则无事于悔矣。不远复者，仁之幾也。厥孚交如，信以发志也。威如之吉，易而无备也。以循物无违之道，行其坦易无疑之心。抑抑威仪，维德之隅，俨然人望而畏之。君子之威，威以德也，非作威以防人之逼侮也。

十九日。雨。介于石，贞吉，惟不随豫以动而已。四主豫，而初应之则鸣，小人之附势取快者也。三之盱豫，比四而有觑心，五乘四而得贞疾，皆感豫以取困者也。上已冥矣，幸其去四远，犹可以有渝。如是而知二之介，萧然静处，以审天地之幾，而不失其中。天地不能以行藏困之，而后可以处盛衰治乱，以保其身而不渝。在豫而不动者，以之出入乎险阻忧虞而必其不乱者也。

廿日。雨。东林书荐傅丙南，当以一书复之。各处嘱书者积压过多，作章草竟日。

廿一日。雨。为书与意城，并致夏宝生明府一信，以吴蓉舫荐之，往司书记笔墨也。

廿二日。雨。湛少帆专信至，当复一信。连日苦雨闷甚，山中湿气过甚，尤不能适然。

廿三日。雨。意城递到湘乡相国一信，又赵惠甫辩论夷税一信。惠甫才气高迈，可宝贵，其论夷税则以辩翘胜，而不得事理之要，故不能知鄙人之所以用心也。

廿四日。雨。文中子云：多言不可与远谋，多动不可与久处。轻动易言，君子慎之。王（嗣辅）〔辅嗣〕注《易》，于颐初曰：安身莫若不竞，修己莫若自保；守道则福至，求禄则辱来。可以为持身之法。于大有六五曰：不私于物，物亦公焉；不疑于物，物亦诚焉。可以为接人之法。于家人九三曰：行与其慢，宁过乎恭；家与其渎，宁过乎严。可以为正家之法。于渐上九曰：进处高洁，不累于位，无物可以屈其心而乱其志；峨峨清远，仪可贵也。可以为处世之法。

廿五日。一雨七日，始见晴霁。下午阴。

廿六日。阴，晚大风雷雨。热甚，烦躁不能寐。

廿七日。阴雨。致吴蓉舫及子幅、志城二信，志城有便足归家也。

廿八日。大雨。雾气塞屋，闷苦万状。

廿九日。大雨，寒甚，沉昏如将夜者。意城递到邓小芸、劳芗林、夏介峰、金眉生四信。

卅日。接到盛展奇、吴蓉舫、盛琫璋三信。琫璋求荐馆，而无以应之。寒士生涯，多可叹念，而求及空山之一老，亦见其计之左也。

四月

四月初一日癸丑。雨。太史公谈论六家要指，以阴阳、儒、墨、刑名、道德并论。按秦汉以后，传易学者多滥于阴阳。据《汉书·儒林传》，鲁商瞿子木受《易》孔子，七传而至田王孙，以授施雠、孟喜、梁邱贺。[1] 喜得易家候阴阳灾变书，诈言师田生独传喜。梁邱贺疏通证明之，以为无此事。喜举孝廉为郎，免，荐举博士。上闻喜改师法，不用喜。喜授白光、翟牧，由是有翟、孟、白之学。京房受易焦赣，赣云尝从孟喜问易，房遂以焦氏易即孟氏学，翟牧、白生不肯，皆曰非也。然自汉时，施、孟、梁邱、京氏四家易，传者甚众，此易之一派也。汉初又有费氏易，其本皆古字，号曰古文易。陈元、郑众皆传费氏之学。马融又为其传以授郑玄。玄作《易注》。荀爽又作《易传》。[2] 晁以道言：《易》六传至田何而大兴何传丁宽，宽传田王孙。其后焦赣、费直始显，而传受皆不明，由是分为三家卦象、爻彖、文言、说卦等离为十二篇，而说者自为章句，易之本经也，此田何之易也。焦氏之易，第述阴阳灾易之言。费氏之易，始以彖象文言杂入卦中。汉末田、焦之学微绝，而费氏独存，东京荀、刘、马、郑皆传其学，此又易之一派也。按《说文解字序》以孟氏易为古文，郑玄传亦言始通京氏易，而不言费氏。则费氏之学，当亦出于孟氏、京氏。汉末虞翻易注始为纳甲之说，其奏上易注，自言高祖父光少治孟氏易，至臣五世，世传其业。孝灵之际，颍川荀谞号为知易，至所说西南得朋，东北丧朋，颠倒反逆，了不可知。孔子叹易曰：知变化之道者，其知神之所为乎！以美大衍四象之作，而上为章首，尤可怪笑。又南郡太守马融，名有俊才，其所解释，复不及谞。北海郑玄、南阳宋忠，虽各立注，忠小差玄，而皆未得其门，难以示世。此又孟氏之一派也。因考儒林传，言丁宽从田何受易，至洛阳复从周王孙受古义，号周氏传，作《易说》三万言，训诂举大谊，今小章句是也。费直长于卦筮，亡

---

①眉批：《史记》田何传东武王同，同传杨何；杨何、丁宽各为一派。

②此处眉批："费氏古文易传瑯琊王璜，璜授沛人高相，相授子康及兰陵毋将永，为高氏易。其后郑众、陈元、郑玄、荀爽大明费氏之学，而高氏遂衰。"

章句，徒以彖象、系辞、文言解说上下经，是汉初传易者原只章句训诂之学。孟喜一乱之以卦气，焦赣再乱之以衍测，京房三乱之以世应飞伏，当时皆诈托师说以相传授，而其为术不必尽同。郑玄所传费氏易，亦但传其彖象合人之本。其以爻辰十二月二十八宿所值论卦位，仍自出京氏，固与虞翻之言纳甲者，同为一家之学也。荀悦《汉纪》言：马融著《易解》，颇生异说，臣悦叔父爽著《易传》，据爻象承应阴阳变化之义，以十篇之文解说经意。兖豫之言易者咸传汉氏学。荀爽九家易所论乾升坤降占法及九家逸象三十一虞氏逸象又衍为三百三十一，多与虞氏同，亦自出孟氏京氏之遗。刘向校书，言诸家易说皆祖田何、杨叔即杨政，传梁邱易者、丁将军即丁宽，从田何受易，以传施、孟、梁邱者，大谊略同，惟京氏为异，党焦延寿得隐士之说，托之孟氏，不与相同。是今之所传汉易者，当时已有异论。以汉人尚占象灾祥，故本经之学皆不传，而孟长卿、京君明乃得以其异说争鸣于世。汉末诸家之学寖废，而康成以比附谶纬衍为爻辰之说，独为郑氏学。唐李鼎祚周易集解谓郑注多参天象，王弼专释人事，天象难寻，人事易习，学徒多从王说，特传康成逸象，以贻同好。此又郑学之仅存者也。朱子谓火珠林犹是汉人遗法，其论郭璞易洞林，亦以为景纯之说犹是汉学。专以象占为汉学，以汉人传易者，孟、京、郑、虞皆象占之学也。河图戴九履一之法，即易乾凿度所论九宫，四正四维皆合于十五者也。康成注大衍之数，主五行生成之说。虞仲翔注亦云：一六合水，二七合火，三八合木，四九合金，五十合土，而未尝以此为河图。宋刘牧始据戴九履一之图，以为《河图》。阮逸撰《洞极经》，以此为《洛书》，而取扬雄一六相守、二七为朋之说以为河图刘牧以此为洛书，而托以为关朗之说。是河图、洛书二者，皆肇端于汉人。汉儒传《易》，有孟喜《卦气图》、郑玄《爻辰图》、京房《九宫世应图》，大抵出于纬书。虞翻《纳甲图》，见于参同契，即刘歆所传大衍之数也。蔡季通谓邵子《先天图》与参同契合，而方位实各不同。先天后天诸图，传自陈抟，盖阴阳灾变之学，而变而为道家之说。干宝注《周礼》：伏羲之易小成，为先天；神农之易中成，为中天；黄帝之易大成，为后天。小成谓八卦，中成谓重卦，大成谓备物制用也。其说当亦传自汉儒，此先天后天之说所由（仿）〔昉〕。邵子但用加一倍之法，两仪、四象、八卦各以画加，又积而为十六，积而为三十二，而后六十四卦成，以演为方圆二图，应河图卦位，谓之伏羲先天。朱子启蒙发明其说。虞翻注：两仪，阴阳也；四象，四时也。言汉学者宗之，以诋邵子之学。其实阴阳道家之说比附《易》义，均之无当于易学之精微也。周元公《太极图》亦传自道家唐卫琪注《玉清无极洞仙经》，衍为无极、太极诸图，陈抟以刊石华山，其云炼精化气，炼气化神，取坎填离，炼神还虚，复归无极，皆方士修炼之术。周元公取以明道，乃得观化凝性之功。朱子所以取邵子之说为易本义，亦此意也，而终无当于易学之精微，徒以召攻。至今言宋学者必主卦图，言汉学者又追求孟、虞、荀、郑之遗，而訾邵子诸图为无据。窃意易者，筮书也。大衍一章，言筮法已详。其演为象爻之辞，则文、周、孔子之精意存焉。汉儒训诂及取象之义，俱有传授，取之以证圣经可也。泥象而忘义，又滥及卦气爻辰，宗为汉学，而谓之为易，古义舛矣。

初二日。周子城专足致书，以其叔号竹溪者，托荐一馆。深山伏处，乃有此酬应，尤可怪笑。刘六庆及觐堂先后至。

初三日。觐堂回县，便致夔叔及焦听堂、萧廷华三信。厚庵军门三次乞假，其意以雪琴大司马位出其上，悻悻不平，而为此也。此为军门大节之累。听堂与交好，故以一书责其以君子之道，为军门相勖勉。三厅皆武夫，不知道理，无朋友之助。军门心怀不平，无与消释之，或且推波助澜，以增长其气愤，此最害事。军门晚节如此，吾甚惜之。是日微见日色，满地潮热，洼处皆成泉，一二日内大雨无疑。

初四日。大雾，雨。

初五日。大雨，寒甚。

初六日。雨。致杨琴堂信。癸叟自县归，带交黄凤阶学博一信。意城又递到万篪轩、罗研生两信。

初七日。晚雨。校定赵振卿一鹤山房遗集，并以一序冠之。接到燮叔、觐堂二信。

初八日。立夏。大雨。

初九日。杨存斋枉过。接到吴蓉舫、陈鉴堂信。存斋年七十二，精神饮食，均胜于我，言去岁游武当山，尚能攀援步行，顷以归自房县，特一枉过也。

初十日。雨。意城递到梅莘田、张尧民、杨云冈三信。莘田任广东河源县令，与泰和张桐轩皆馀丁巳入都相遇旅次，往返交好者也。二君并有书枉询，而予老病闲废，事事遗忘，得其书至，不复能记忆其名号，此可叹也。

十一日。大雨。由意城处致赵搢卿一信，以振卿一鹤山房遗集归之。必有忍，其乃有济。有容，德乃大。有者，实有之，而非老氏欲张固翕、欲取固与之谓也。君子所以贞天下之变，利害名实皆无与于其心，不足于物，有馀于己，不足于身，有馀于心，乃以出入乎险阻，而自蓄其德。读船山之论，两年阅历，曲尽形容，使此心为之爽然。

十二日。大雨。两日瘴气之甚，充塞堂室，盈尺以外，不能辨物，又自来所罕见。

十三日。雨。圣人达情以生文，君子修文以函情。治天下者，情为至，文次之，法为下。君子之以节情者，文焉而已。文不足，而后有法。文以自尽，而尊天下；法以自高，而卑天下。舜之好生，禹之尽力沟洫，亲天下以情者也。周书之誓诰，春秋之会盟，尊天下以文者也。子产铸刑书，叔向讥之，其渐趋于法乎？秦汉而后，法日繁，文滋伪，而情荡然矣。习险已频，则智计愈敛。阅物多变，则自爱益深。知受于人者之莫非天也，可与观化矣。知受于人者之均于天也，可与尽伦矣。诗言志，非言意也。诗达情，非达欲也。君子辨之，故曰择理易，择情难。阴长之世，君子孤行而无权。不能爱人，自爱而已矣；不能治人，自治而已矣。《易》曰：盥而不荐，有孚（喁）〔颙〕若，勿自亵以全己也。全己于行，易知也；全己于言，难知也。言者，褒讥具者也。言之长，恶因之而长矣。不忍天下之有此事，乃可以观民；不忍吾心之有此言，乃可以观我。贞臣烈士，孤行也；而德不可孤，必有辅焉。辅者，非人辅之，心之所函，有馀德焉，行之所立，有馀道焉，乃以辅其贞，以光明而不疚。故曰：益，德之裕也。能裕其德者，约而泰，穷而通，险而夷，如其素而已矣。惟裕也，是以可久。惟密也，是以自得。自得以行其志，而久不移，可以为天子之大臣矣。函天下而不宠其智勇，听天下而不丧其枢机，正己而有光辉者也。弱而自强者兴，弱而自靖者存。其亡也，弱而诈者也。天地之道，刚主柔；天地之化，柔屈刚。坎而有尚，维心亨者，刚济险。蒙而有功，初筮（吉）〔告〕者，柔信刚也。已弱而诈，蒙而行乎险，诈与诈感，天下胥诈而已，固不敌矣，兔之所以爰爰也。诈屈于群诈，而伸于颛蒙，雉之所以罹罗也。言愈昌，而始有则。文愈腴，而始有神。气愈温，而始有力。罕譬善喻，唱叹淫泆，若缓若忘，而乃信其有情，此知道者之文也。

十四日。雨。

十五日。大雨穷日夜不息。由意城奉寄涤生相国、沅浦、事恒、万篪轩、金眉生、黄南老六信。诗达情。达情者，无匿情者也。情者，性之端也，故循情可以定性。遽而成，君子弗为。所恶乎遽者，恶其弗能待也，尤恶其弗能择也。至于弗择，而人道之不废鲜矣。忧之亟者，窥之者众。护之甚者，媢之者深。君臣朋友之间，其合也顺易，则恒见轻焉。其合也艰难，则恒见重焉。见轻而知慎，见重而能自守者，鲜矣。履道坦坦，幽人贞吉。坦坦焉，履虎尾犹其素也，而后可以受物而不惊。使人乐有其身，而后吾之身安。使人乐有其家，而后吾之家固。使人乐用其情，而后以情向我也。不浅进而导之以道，则王。即此而用之，亦足以霸。过于信则靡，过于不信则愎。虽然，有道焉。言之至于吾前，而为吾之臧否得失言也，虽其弗然，勿可弗遽然之也。言之至于吾前，而为人之臧否得失言也，虽非弗然，勿可遽然之也。故君子治己以天下不听己也，而亡乎愎。治天下以己不听人也，而亡乎靡。天地之产，皆有所用。饮食男女，皆有所贞。君子敬天地之产，而秩以其分。重饮食男女之辨，而协以其安。降其志以从康，降其情以从欲，均之乎降也。贞士之去淫人，亦无几矣。圣人之于其家也，以天下治之，故其道高明。于天下也，以家治之，故其德敦厚。圣人之情，可以通天下之志。其裕于情者，裕于理也。不裕于理，未有能通天下之志者也。居高而不倾，涉险而不危，其惟无疑者乎。疑者，召疑者也。以其独疑，而犯天下之疑，疑之数不敌矣，则先自倾而自危也。

十六日。雨。彼姝者子，何以告之。是操券之求也。彼君子兮，噬肯适我。是奔名之邀也。知干旄杕杜之异于鹿鸣，而后可与言君子之情也。人之好我，示我周行。感其已示，而不希其所未示也。君子是则是效，固然其则效之，而不但遥企以一当也。

斯所以为君子之情与？以悁急而尽天下之才，则天下之才疑以沮。以悁急而尽天下之情，则天下之情躁以薄。以求益于天下，益天下以险而已矣。善御夷者，知时而已矣。我戍未定，靡使归聘，守也。岂敢定居，一月三捷，战也。《采薇》之诗，迭言战守，而无成命，斯可以为御夷之上策矣。下直者，其上必枉。议论多者，其国必倾。非议论之倾之致，其议论者之失道，而君子亦相与悁急，则国家之舒气尽矣。万物之交，必以其气相致也，必以其情相摄也，必以其物相求也。有嘉鱼而后罩汕集，维其物也。有樛木而后甘瓠累，惟其气也。有良荫而后翩雏来，维其情也。古之求贤也迫，而期于贤也缓；期之缓，故贤得以抒其道。后之求贤也缓，而期于贤也迫；期之迫，故回遹得以邀功，而贤者隐矣。故与其期之也迫，不如其无求之也。阃外之臣，不闻清议；独行之士，不列帷幕。公道明，君子之敬行焉。小人张，君子之敬立焉。

十七日。雨。友耕专足送信至，闻叔祖母病剧，为之怃然。

十八日。接志城、听堂二信。意城递到曾沅浦、黄麓山、夏古彝、陈松生、丁果臣诸信。沅浦寄示冯敬亭驭夷宜知夷情议。敬亭所知者，今日之夷情也。其于理势相因之数，利害倚伏之原，古今立国自强之大略，则尚未之及也。三年前有知此义者，犹可控御夷人，使不致横决。今日只是将就而已。举世尽恍然于夷情之不能越也，而于事固已无济矣。

十九日。雨。王者勿急天下之亲己，而急使天下之相亲，君道存也。士相离，则廷无与协谋。民相离，则野无与协守。失民者溃，失士者亡。非上之独失之，民自不相亲耳。古之大有为者，用贤也重，听贤也重，亲贤也重。有浮喜者，有浮怒者也；有遽从者，有遽违者也。有道之廷不讳过，无道之廷不讳恶。天运大化，而不与圣人同忧。善而不佑，忠而不成，慎而不免，莫非命也。莫非命，则莫非正也。是以圣人处约，天处泰。天不必如圣人之择，圣人不能效天之断。故圣之法天以择，贤之法圣以（泽）〔择〕，自好者之法贤以择，勿求似而后似也。君子之于天下，犹川之于水，无乎不受也。不拒其浊，而恃有以澄之也。是故安命不如知义，乐天不如尽性。治不道之情莫必。其病迁于道，能舒焉，其幾矣。因天下之动而成之，则事不废。因天下之静而安之，则民不劳。君子之事君，鸿豫以为志，而无枉道之徒；危怵以为情，而无憺忘之心也。心，持恒者也。耳目，取新者也。以其心贞其耳目，以其耳目生其心。生心而不忘于是，而以不失其恒。用物广而后能自广。自广而安，自广而能不失敬爱于人，君子所以安土而能爱也。

廿日。微雨。致志城信，并复劳湘舲一信。设理于上，显道也，违之者凶耳。理无心也。吉凶不爽之谓理，向威不测之谓天，能知不测之即以不爽者，可与语天人之际矣。由不疑至于疑，为学日长。由疑至于不疑，为道日固。君子所以历乎险阻而终于易简也。周子曰：心纯则贤才辅，贤才辅则天下治。大车以载，积中不败者，一气之纯也。上下之气纯，而一德成，万方齐矣。说以使民，民忘其劳，此夫善用民气者乎？善用民气，善用其情之动者也。一色纯著之谓章，众色成彩之谓文。章以同别，文以别同，道尽矣。同以昭别者，纪人治者也。人与人为类，君子与君子为类。始之以不杂，终之以不间。倬彼云汉，为章于天，作人之章也。别以成同者，兼物治者也。人物兼治而事起，事起而时异，时异而道不可执。一损一益，一张一弛，一顺一逆，简精择美，以尽其经纬。追琢其章，金玉其相，纲纪四方之文也。贫与富竞德，贱与贵竞道。道德异而竞同。干禄岂弟，而后无乎不岂弟矣。干禄岂弟，而后无嫌乎干禄，而且利用之矣。天下见其仁，不见其义。安土斯敦仁，敦仁斯能爱。可富可贵，可贫可贱，而不可使失其乐易。无他，无竞而已矣。先天而天不应，后天而天不终。于是而知天道。天欲静，必人安之；天欲动，必人兴之。于是而知人道。天广大而人之力精微。天神化而人之识专一。天授精于人，则亦惟人之自至矣。知天之道，可与安土以尽人而不妄。知人之道，可与立命以配天而有功。道无倚也，一至孤行，而不待天物之助。圣人者，惟其一至之性情，用独而不忧其孤者也。识者，恒也。知者，察也。恒者，道之纲纪。察者，道之昭著。纲纪斯而不迷，昭著斯而不昧。帝则奚丽哉？丽乎识与知而已矣。莫变匪时，莫贞匪时。惊时之变，而不据以为贞，而变亦不足以立。时者，日新而不失其素者也。贞者，天之干；时者，天之恒也。鸱鸮，迫而控庸人者也。舍其谗蛊，而只动其心，伸庸人以在己之权，而庸人兴矣。行苇，舒而戒君子者也。不忧其内忮，而但惩其外闲。全君子以不昧之恩，而君子益耻其薄矣。病在本原，而舒求之枝叶，养其仁也。求人于仁爱之诚而弗养之，其弗激而增其郤者鲜矣。天之化，富有而不吝于施，日新而不用其故，容光而不穷于所受。命者，命此焉耳。性者，性此焉耳。是以命日受，性日生也。老氏之言曰：善用人者无弃人，善用物者无弃物。然而心之厚薄远矣。君子不忍弃人，故善用人；不忍弃物，故善用物。以功效劝天下于善之涂，而不役天下以收其功效，故岂弟之德流焉，父母之道也。善言诗者，言其际也。寒暑之际，风以候之。治乱之际，诗以占之。迎之也必以幾，报之也必以反。知幾知反，可与观化矣。匪人之相接，望而知为不祥之气者有二，曰：惛怓也，缱绻也。数迎数随，数喜数怒，数吐数茹。取亡之主，召辱之士，甘授以身心而不厌。人莫悲于心死，而身死次之。古今败亡之相积，未有不由此者也。修辞立其诚，诚者，天地之撰也，万物之情也。辞也者，非必有损于天下之实，而如戾气之以厉民，视无可见，听无可闻，触无可喻，而民已病矣。向威之相需，理也。消息之相乘，数也。知消此以息彼，可与乐天。知威之以向，可与立命矣。君子之事天，知其理，迎其幾，观其通，敬其介；小其心，勿张其志；知其日益，弗惧其日远。畏天命者，畏其变也，畏其通也。禽兽终其身以用天，而自无功，人则有人之道矣。禽兽终其身以用其初命，人则有日新之命矣。一饮一食，一作一止，一言一动，人与天之相受，若呼吸之相应而不息。仁、义、礼、知，参互以成德信，以其大同而协于光一，始终富有而纯乎一致，知终者也。君子之抑抑，维德之隅。隅之所至，德必充焉。隅之所不至，德必绝焉。然后君子之临小人井井然，小人之视君子岳岳然。斯其所为抑抑者，修不流之度，而非成乎下比之伤也。君子进而用天下，如用其身焉。退而理其身，如理天下焉。恢恢乎其有馀也，便便乎其不见难也。天下不见难，则智不穷于进。身有馀，则智不穷于退。涂穷而不逞，无可如何，而姑遣之。一往之气折，而困于反。惟其不知反也，是以穷也。豆区之计，不足以舒神。仓卒之辞，不足以惬听。寻丈之图，不足以畅遇。抵牾之说，不足以利幾。屐履之细，生死成败之大，皆其适也。四海万年，兴亡得丧，乃如得之指掌之间，孰云幸获哉。君子有固善，小人无固恶。无不求明之心，而后可与用晦。无忍于不治人之心，而后可离人而珍其独。非君子，小人亦无以济其恶。非庸人之喜，不足以亡。天下之纲维，紊散而不复收。继之以张，而民益怨。继之以弛，而民益奸。危亡之势，其数正均。上下之际，有相化者焉，有相激者焉。明于数者，明此而已矣。治世之谏，切而以道。衰世之谏，切而以事。乱世之谏，切而以讼。公议繁，民心摇。讦讼行，风俗坏。其上无礼，其下无学。忠厚凋，廉耻微，非一朝一夕之故矣。

廿一日。万有之情，不顺之则不动。百昌之气，不动之则不振。积习之染，不振之则不新。震叠之威以仁天下，而莫之或侮。故威莫威于大仁，而义次之。充生人之气而合之，理生人之神而正之，然后函生人之性而中之。静居之敬，以和其心。执事之敬，以敬其气。敛而不束，舒而不忘。微之而使昌，居之而使行。故敬者反之于情，致之于气，油然以生而不息。惰子忌兄弟之孝，贿臣忌朋友之忠，无德以存忌邻邦之盛。故曰心存者不患，道大者不忧，忧患忘而疑忌消也。治天下者，尽道而无忧。意、语、气，相得而成声者也。志、气、度，相函而成象者也。言之莠，一（罄）〔謦〕一欬莠矣。容之法，一指一盱法矣。心各有向，而不相越；道各有宗，而不相谋；风各有沿，而不相杂。名之所传，而言随之；言之所流，而志随之；志之所竞，而事随之；志成乎事，而气应之。交于天地之间者，事而已矣。动乎天地之间者，言而已矣。集义以昌其气，居敬以保其神，备物以通其理。读船山《诗广传》，摘其语之精者录之。

廿二日。熊桂华赴省，便致意城、麓山二信。

廿三日。易墨村来山，邀同李石帆、萧廷华小酌。墨村述及任南丰时事数则，庶幾可语有守者。其言团练有损无益，语亦稍偏。团练者，州县联属其民以自守者也。今之团练，听民之自为之，先失其义，久乃挟其势以与官抗，谓之有损亦宜。曾相国奉命治团防，首发其覆，力言团练之不足恃，而以选将治军为事，所以立功当世，其识胜也。当时言者无不以团练为说，惟相国处此不惑。用数万之军，极文臣之谋、武臣之力以经营之，不足以资一战，而责吾民之杀贼乎。此理自易晓，愚者终不悟耳。

廿四日。诣杨琴堂处，见其尊人藻廷翁，年八十，周旋应对，犹如壮夫。旋招杨晴寰至，夜谈甚畅。琴堂住处名紫林塘，距田心岭五里。

廿五日。与琴堂、晴寰相视戊寅塘、生基坡、蛇形山、板冲各地。盖二三里内，稍成形局者，已有如此。陈作梅言，地法可节取者随地有之，而识者卒鲜。语盖不诬也。为乞让得板冲一地，意将为陈恭人卜兆也。

廿六日。大雨竟日。自琴堂处归，衣履皆湿，寒甚。

廿七日。雨。

廿八日。雾。致杨琴堂、高蓉初、盛展奇、任莩堂四信。又由桃洞寄意城一信。蓉初尊人松友翁仙逝，寄挽一联云：老辈风流，落落晨星无几在；郎君交谊，潇潇夜雨有馀思。

廿九日。微雨。意城递到朱石翘、杨利叔、李眉生、吴桐云、王壬秋、曾沅浦、张竹屋各信，又接杨琴堂、杨晴寰、陈辉镜遇佳、高蓉初、姚直侯、刘赞廷、钱馀庆各信。利叔名象济，吴人，曾著《菰庐笔记》，尹杏农、潘伯寅数称之。予在京师求其书未得，至是乃蒙通问，并称近刻谱略，有王子寿比部为其大母氏郑墓表，属予题辞言徐慕韩大令为其亲谊，可以通递书问，云以谱略见寄，亦未收到。

五月

五月初一日壬午。致意城信，并复刘赞廷、高蓉初二信。传曰：天下有道，则行有枝叶；天下无道，则言有枝叶。言之善，未为善也，况言之加庞杂乎。古之谏官，翼赞君德而已，继乃移其职于纠弹。历观前史，得道而利于国者十之一阳城廷论裴延龄，千古快举，而不能沮延龄之相，阳城唐世第一流人物，亦不过自成其名而已，失道而病国者十之五王安石之愎，韩侂胄、严嵩之奸，秦桧、魏忠贤之逆，皆假手言官以诛锄善类。有权臣为之奥援，无所不行其志；与权臣为敌，则只以戕其身。天下骛于名，而实衰矣。言者，又名之宾也。言之善，果有益乎？果无益乎？言之不善，而损多矣。故有国者不尚言。唐太宗之纳谏，皆与国同休戚之大臣也。宋仁宗之委己属听于谏官，徒以害治而已矣。合台司数十百人，如蛙之喧，如厖之乱，君子厌之久矣。必求其益，反而归之主德，庶稍以息其言之厖乎。论六国时事，如涑水司马氏、颍滨苏氏之论，皆自著论，而不必为六国时事言也。扬雄之言曰：六国蚩蚩，为嬴弱姬。二语近之。

初二日。接张西丈、熊望溪、高蓉初各信。以有事询蓉初，蓉初再枉报也。随复蓉初、西丈、望溪三信。天下之事，揆情度理，皆有一定之准则，随事体察，以求尽事理之平而断行之，是即君子精义之学也。理天下之剧，应人事之变，莫先于审幾。幾者，动之微，而理势之自然者也。知微之显，知远之近，知风之自，幾而已矣。悠悠之民，乌知君子之懿美哉。一动之幾，而忻然以起。君子处事，不屑屑毁誉之间，而人自服焉。无他，道胜故也。乾乾夕惕，内以自毖，而临事无所疑于其心，君子之道也。君子之道，必准人情，未有非人情而行之无忤者也。

初三日。雨。意城自省归，递到严仙舫丈、周韩城、敖经甫、夏宝生、赵玉班、黎友龄、曹镜初各信，并寄示曾沅浦钞件。李少荃至沪，英夷阿酋督战甚力，少荃峻辞拒之。盖英酋之于官军，率属役之，无敢抗者，少荃稍能自立而已。次日主兵者皆至，言水师提督何伯者，以伤足不能行，欲得中丞一枉过议兵机。少荃往过之，供张甚盛。坐定，屏从者，谓少荃曰：沪上吾通商地，奉国主令为援中国，三日当受代归国，军机大事，当一商之。乃出一图，自宝山、嘉定、青浦、松江、南桥镇、柘林城，皆以朱围志之，曰：是皆上海藩篱。为少荃规所以克复并驻守方略，沿江皆令设望楼。少荃以分防太多为疑。曰：是由中国部署，然望楼不可不设。少荃谓其英姿飒爽，议论纵横，彼国为有人也。吾独怪其与中国协剿经年，未尝一与当事相见。闻少荃力折阿酉，布置有方，乃与相见，言军事战守方略。彼其旁皇四顾，睎中国而代之慨叹也久矣。知谋规画不妄施如此，吾辈周旋应接，有愧此公多也。

初四日。微雨。

初五日。

初六日。陈恭人小祥，为告奠文一通。亲友至者：周石渠、周芝窗、周半溪、李石帆、李育之、左癸叟、左丁叟及意城、应扬，治酒二席。

初七日。雨。方子听自韶州来，带到子箴观察一信。略询悉粤中近事，为之怃然。接陈豁堂信，当以一信复之。

初八日。阴雨。意城递到陈怡珊、钱六岑、丁果臣、赵斐卿各信，并寄示曾相国与南老书及南老请行粤盐议。六岑信言平江学博李香泉，宜章人，其十七世祖作解官宋翰林学士，葬城南普化寺后，遂为寺僧所踞。康熙朝，讼于官，不能决也。道光庚子，山涨发墓，前圹砖尽出，载其名字甚悉。学博为诗二章纪之，转属予咏其事。

初九日。上曾相国书，并书致眉生，又为子听寓书相国及万篪轩、李申甫，属以一小差使位置之。

初十日。中丞委校课卷。评量无谓之文，颇觉烦苦。

十一日。

十二日。意城专信报知：六叔祖母于先夕身故。当即赶赴沙坪，盖去西清叔之逝恰半年也，情形至为凄惨。

十三日。与易少珊相视钟石桥、万家冲、傅家冲、鱼塘桥各地。为酌定二处，属少珊谋之。

十四日。以各地不能即得，迁柩暂存东堂。

十五日。复赵玉班、夏宝生两信。张莼生撰《张朗斋之母八十寿文》，为改定之。与笙陔叔及应扬诣桃木洞午饭，傍晚归家。

十六日。接潘伯寅、唐义渠、任松楼三信，伯寅信由江蓉舫中翰带鄂，由义渠方伯转寄者也。又接陈云阶一信。

十七日。《说文》于嵎下曰：封嵎之山，在吴楚之间。于堣下引《尚书·宅嵎夷》曰：在冀州旸谷。不云辽西也。近世治《说文》者，缘崵下首崵山在辽西一语，乃谓旸谷即崵山。不知叔重自谓今永平府西孤竹城之首阳山，与旸谷无涉。其云一日嵎铁崵谷，乃正谓旸谷，明与首崵异义，故加一曰以别之。汉儒传经，字多别异。叔重引用群经，异字者甚多。治《说文》者，乃因嵎铁崵谷一语，牵引上文在辽西之文以强合之，非也。朝鲜三韩地，由辽阳逶东，与登州隔海相对，又出登州之东。叔重云：立春日值之而出。《尚书》古义如此。其地极东濒海，与范氏《后汉书》所论嵎夷地适相符合。窃以为嵎夷南交东南濒海，地势已穷，西北地势逶长，故不着地名。尧测天地之日景，以协时日，非穷荒务远之比，何必东竟渤海，南界霍山，以自封哉？此所著地名虚实，正见古史书法之妙。惟先儒皆以辽东属青州，《禹贡》嵎夷既略，盖越海以正疆界，而其地实接辽阳，由冀州之北而逶东。叔重时或属冀州，此不可知耳。《左氏传》襄九年：穆姜筮，遇艮之八。晋语：晋公子筮，得贞屯、悔豫皆八。按周官：太卜掌三易之法，其经卦皆八，其别皆六十有四。别即八也。《说文》八字下云：八，别也，象分别相背之形。兆字下云：𠔁，分也，从重八。《孝经》说曰：故上下有别。集韵引作上下有𠔁。《三国志·虞翻传》，分仌三苗，云：仌，古别字。是八训为别，仌即是别，乃古文分别字正字也。《说文》：别，分解也，从冎从刀。是剐肉之谊，非分辨之谊。大卜云：其别六十有四。别为仌，假借也。《左氏传》作八者，或用八别也之谊。八或本作仌，而后改为八，即大卜之别字，非记数之八也。艮之八者，谓筮得其别。六十有四中之一别卦，六爻未变，故云艮之八矣。贞屯、悔豫皆八者，郑氏《尚书》：内卦曰贞，外卦曰悔。《说文》：𠧪，易卦之上体也。谓两筮所得，初筮得屯之八，六爻不变。再筮得豫之八，六爻不变。其所谓八，亦即其仌六十有四卦中不变之一卦。屯之内卦为震，故曰贞屯也。豫之外卦亦震，故曰悔豫也。贞、悔自属震，言两筮，故曰皆八也。后人不识古文别字，妄谓为七八之八；《周易》以变为占，故云九六；连山、归藏以不变为占，故云七八。望文生训，于八字之外加出七字。《左氏传》、《国语》何以只有八字，而无所谓占七者乎？左氏筮法，惟主本卦变爻。刘氏炫谓观之否者，谓观卦之否爻，不取后卦之义。归妹之睽，所谓震之离，离之震，明是初得归妹上爻，变而成睽。震之上则曰震之离，离之上则曰离之震，此皆周易占法。周官，太宰以九赋敛财贿，大都商贾之征，而分别远近与山泽之蓄养、关市之出入，以为之程。闾师任土制赋，任商以市事，贡货贿。盖古者贡赋各以其物，惟商贾阜通财用，国家之用必资之。地官所载征赋之数，远甚于后世。三代各君，其国宫室百官，为用较繁，又与民亲，凡所以生息教诲之，一皆上所经理。如司市、司关，所纪之政教禁令，委曲繁重，则所以治商也。治人者食于人，取其盈馀以制国用，无可疑者。康成郑氏乃谓口率出泉，节卿郑氏乃谓田亩私田制赋，其义远矣。方氏知其误，又谓邦、郊、甸、稍、县、都，田赋也，其馀赋则圃牧嫔妇之贡，关市之赋即商贾百工之贡，山泽之赋即虞衡之贡。贡者以所贡之物为赋，又何以云以九赋敛财贿乎？上云以九职任万民，一曰三农生九谷。农特其一耳，而以九赋敛财贿，农民反居其六焉，何其屈抑农民之甚也？儒生惟见后世商贾之征缓于农民，遂不惜以所见闻缘饰经义，为商贾争锱铢之利，以斫害农民而不惜，徒为陋而已矣。凶荒丧札，则又为弛其征，以恤民力，而委积之馀，又以养孤老。农商二者，食用之源，王者视之若子弟之奉致其父兄，是以取之而不为虐也。司市：国凶荒札，则（世）〔市〕无征而作布。言既免商贾之征，则货贿无所入，故特作布以给用，其义甚明。自来经生执关市无征一言为义，谓制币以救凶荒，于是解者日多而义日晦矣。汉兴，高帝困辱贾人，托为重本抑末之言，以网商贾之利，君子所不屑也。而其后武帝驱匈奴通西域，穷极奢靡，而农民不困者，独恃有商贾之征耳。嗣后承平之世，商贾之税取百一于关课，而市廛无征，非独优视商贾也，统天下数万里之地，法令必出于一，商贾懋迁无常，不能以额征之，则官吏之扰乱为甚。田赋之入，岁计有馀，则亦可以缓其征焉。世乱军兴，百税具举，其势诚有不得已者，于道亦应然也。王安石假周官之说，立一法以扰承平之民，所得无多，而怨毒已遍天下。儒者不究安石之所以失，而妄疑周官之伪，一二通经术者，又曲为之说，以私意弥缝周官。汉文帝制田赋三十税一，南宋林勋乃援三代什一之法，为政本一书，所见亦安石之流也，以其害未被于天下，儒者颇艳称之。元明以来，士大夫之无识，大率类此，此所以可叹也。唐宋元明之季，与安石之时异，而所以行法之意，则犹安石也。立一法以束缚天下，政散民流，又假手贪顽之吏以济其私，是以利一而害常百。本朝不立一法以为利，而听外省之自筹，用兵十馀年，农安于野，士安于家，商贾亦相与安于市，其时可伤，其政未可议也。而儒者张目以争，顽民乘间以逞，聩聩无有悟者，此尤可叹者也。

十八日。接宝生明府书，随以一书复之。并书致吴蓉舫、陈云阶。

十九日。胡文忠尺牍，自言颇能乘马驰骤，视中人犹谓能也。驭千里之马上下峻阪，以调其良而尽其用，葸然自谢矣。今使以千里马见畀，不能识也。识之而亦不能用，则千里马亦且自悲。求才之道，与求马等。苟其人之才智不足有为，虽求无济。某之自愧何如，某之自厉又何如！雄心俊气，读其文如见其人。读尽一部《廿三史》，古今兵事，有战法，无攻法。将官不理事，则兵无不骄纵者；骄纵之兵，无不怯弱者。欲造就人，必使之先有忌惮之心。凡事大关节目处，要压服得人住，其馀议论，只合不理耳。兵可挫，气不可挫；气可偶挫，而志终不可挫。兵事别有一种人物。文而近史，武而近侠，皆非能兵者。天下之事以人才为根本。古今人才之要，以气骨为根本。志气过人，乃为将选。兵事决于临幾，地势审于平日。用人之法，总须用苦人，其心思才力皆出于磨炼，故遇事能知其艰苦曲折，且能耐事。国之求才，如鱼之求水，鸟之求木，人身之求气，口腹之求食，得之则生，不得则不能生。以儒为吏，日计不足，岁计有馀，此汉治所以独高千古。与人共事，当为韩稚圭、范希文之异而争，不当为梁邱据之同而不和。美利自在天地间，而人不知忧惜。兵事以不使人先见虚实为上策。欲富国，惟减用；欲强兵，惟汰兵。将才以廉耻为先，以木强敦厚为本。知耻近勇，明耻教战，古今一也。吾辈当为餐冰茹蘖之劳臣，不为肠肥脑满之达官。

廿日。意城寄示节相与少荃中丞往返各书，其令中丞过浦东，分兵扎周浦镇，必宜自住行营之内，谓其说有三：初当大任，宜学胡文忠初任鄂抚、左季高初任浙抚规模，不宜学王雪轩初莅浙任、薛觐堂初莅苏任规模；宜从学战事身先士卒处下手，不宜从牢笼将领敷衍浮文处下手。一也。湘、淮各营官惟程学启久练兵事，其馀皆算有志气，必与各营官形影不离，卧薪尝胆，朝夕训诫，俾皆成劲旅，皆有誉望；合肥健儿慕义归正，将来可恃淮勇以平捻匪而定中原。二也。中丞自带五千人东征西剿，留刘松岩驻沪，留湘、淮二三营归刘统辖训练；薛中丞旧部亦可酌调回沪，改用楚军营制营规，并交松岩训练；将来带兵驻扎镇江，以沪事委之松岩，此其张本矣。三也。凡此议论，皆极有关系，极精极实。惟英酋何伯邀中丞会剿浦东，节相谓其意在觇楚师之强弱，察中丞之胆智，必欲中丞自试其技，私与贼战一二次，察其可用而后与之会剿，不可献丑洋人之前。以为与洋人交接，其要有四语：曰言忠信，行笃敬；曰会防不会剿；曰先疏后亲。其意皆是，其言亦皆极精，然其用兵之略非也。兵者，气也。洋人之军剽悍，中国所万不如。使中丞激发诸军之气，俾有所愧惧劝勉，以急试其锋，则兵力可使渐壮。而徒使旁皇瑟缩，相顾不敢一发，外以见轻于洋人，而内以自馁其气，窃疑其为致慎之过也。

廿一日。雨。复严仙舫丈、唐义渠、潘伯寅、杨利叔四信。

廿二日。大雨，风，晦冥，寒甚。意者其蛟变乎？今年大水又恐不能免也。夏古彝寄到一信，并示汪梅村所撰《行状》，属为酌定。汪君经生，古文义法盖非所能知也。

廿三日。意城递到湘乡相国一信，始知少荃中丞已于四月廿八日具奏，以江苏监司请旨简放，随于五月一日简放苏松粮道矣。当复意城一信，并书上寄云中丞，又复夏古彝一信。

廿四日。微雨，寒甚。赴景老午酌，景老诵其和潘黻廷菊花韵诗云：不随桃李斗春妍，秋色浓于二月天。芳草美人迟暮日，风流高士义熙年。要经霜雪贞非傲，不落尘埃悴亦仙。除是庐陵游戏笔，更谁子细到篱前。　缁衣羁宦辍闲觞，诗社飘零事可伤。燕市对君吟晚节，骚乡感我醉重阳。南村老去诗筇倦，北海魂归瘴草香。独有闭门陈仲子，空尊坐对惜馀芳。以潘尝语及南村老人、李文恭、陈水部诸君故也。

廿五日。赴省，傍晚入城。

廿六日。大雨。

廿七日。大雨穷日夜不息。玉班邀酌，同坐文符卿、成静斋及意城。

廿八日。南老邀酌，同席陈雪楼、邓守之、龚春海、熊鹤笙、刘子逊、熊次云、赵泉生、赵玉班及意城诸人。

廿九日。酬应一日。接湘乡相国一信。

三十日。胡听泉邀饭。接柳范吾、夏宝生、李石帆诸信。

六月

六月初一日壬子。大雨。邓守之、陈雪楼过饭。守之有孙曰艺孙，年四岁，守之挟以游皖、鄂诸营，所至皆能言其人物风土，又能识篆隶，而沉静寡言，极可爱。和研老端午纪事用文衡山石湖诗韵二首：升平人物百年空，老病浮沉酒盏中。一夜小窗蕉叶雨，往时佳节石榴风。君知好事于今少，谁道能诗自古穷。诸老分明佳句在，狂吟吾欲事袁公猿叟诗宗豪放。　困卧荒山岁月深，饱闻园柳变鸣禽。腐儒合辱奇才荐，旧屋空怜老树阴。五月风光繁草木，他年梦寐到园林。喜君胜事添重午，雅意闻弦或赏音。

初二日。胡恕堂中丞约饭，同席吴伯英观察、陈雪楼大令及馀三人。吴君名镐，严仙舫丈奇赏之，察其言论，一俗吏而已。为中丞拟一示稿，以为天主教起于唐世，大秦寺僧景净撰《景教流行中国碑》颂，建中二年吕秀岩书，即西洋教流行中国之始。首言判十字以定四方，即今西教之十字架也。继言七时礼赞，大庇存亡，七日一荐，洗心反素，即今西教之七日礼拜也。后言重广法堂，即今西教之称堂也。碑中言：太宗时，大秦国有上德曰阿罗本，贞观九祀至于长安。十有二年秋七月，诏于京义宁坊造大秦寺一所。高宗令诸州各置景寺。是则西教之流行中土，自唐太宗时已然。至明万历时而其教始炽。盛衰兴废，固有数焉，而其无足为轻重，则观唐、明前事而可知也。按《西域传》，拂菻，古大秦国。波斯国西北距拂菻。大秦寺初名波斯寺，波斯即条支。《西域记》，大秦一名黎靬，《说文》作丽靬。《水经注》，恒水又经一波丽国，是佛外祖国也。法显曰，恒水东到多摩梨靬国，即是海口。此海口即西洋之地中海。所传罗马教主，在今土尔其，地属佛朗西。舒兴元重岩寺碑云，杂夷而来者，有摩尼焉，大秦焉，祆神焉。摩尼即末尼也，大秦即景教也，祆神即波斯也。此三夷寺所由名也。杭世骏云，大秦、回回、末尼，末尼即回回教。唐元和初，回纥以摩尼至京师，请于河南府、太原府置摩尼寺。祆神即大秦教。说文云：关中谓天为祆。《广韵》云：祆，胡神。西域诸国皆敬天。王溥唐会要云：波斯西北距佛菻，其俗事天地日月水火诸神，西域诸胡事火祆者，诣波斯受法。册府元龟载天宝四年诏曰：波斯经教，出自大秦，爰初建寺，因以为名，将以示人，必循其本，其两京波斯寺宜改为大秦寺，天下诸州郡宜准此。《景教碑》云：景宿告祥。又云：悬景日以破暗府。是景教之义，亦即火祆之教之流遗。至明利玛窦入中国，崇奉天主，始建天主堂于京师。欧罗巴奉天主耶稣教，溯其生年，当隋开皇之世。回回教入中国，亦当开皇时。当时但有回回、末尼之名。大秦称景教者，不云耶稣也。天主即缘祆神以为名。耶稣之教，又其后起者也。

初三日。雨。胡听泉观察邀酌。

初四日。阴。接邓小芸、陈怡珊、周桂伍、易鹗臣诸信。

初五日。阴。中丞邀同黄荷汀、曾澄侯、赵玉班及意城早酌。

初六日。阴。两日热甚。与澄侯同诣邓星皆，见相国次子栗诚，其大致亦略近劼刚，并见其从弟舜琴。

初七日。阴，大风。黄子明、金晓嵩递到杨性农一信。吴楚材约随我诣相国，因就玉班言之，玉班欣然允其行。

初八日。李仲云、唐研农邀同荷汀、澄侯、玉班、意城早酌。

初九日。澄侯、玉班为予及荷汀饯行。澄侯病，予亦病，小坐一谈而已。

初十日。梁质夫、梁仲玉乔梓来谈。接到梁昆圃一信。

十一日。宾客枉顾者，积至数日之久汇作一日回拜。热甚，酬应颇苦，固知其不堪吏事也。景老邀陪闵鹤子明府，同坐仲云、子寿、意城。

十二日。雨。致湘乡相国及李眉生一信。盖至省十馀日，苦为酬应所累，或数日不能握管，或偶一握管而客随至，以目疾不能近灯，终日劳扰不能事事，几为废人，颇觉无谓。

十三日。雨。接曾沅浦方伯、夏宝生、吴蓉舫各信，复任松楼军门一信。

十四日。雨。数日以来，每午后必一大雨，凉热阴晴，一日数变，闻湘潭以上颇有虫患，极忧之。吴又桓邀同左景乔、赵玉班、陶和甫午酌。陶君为凫芗侍郎之侄，因得询悉凫老家近况。节相近上疏稿，有古之大过人者，其识略能超越万夫之上，其谦怀又能屈居万夫之下数语，以之评量克帅，尤为名论。又论陈由立私赴河南，当稍示警惩。春秋之世。莒仆奔鲁，季文子不纳之；猛获奔卫，石祁子不保之。叛于此国者，必不能尽忠于他国。稍销其予智自雄、见异思迁之志，则祸乱可以日弭。又言军营上下相与之际，为主将者，以不忌功、不妒能为第一美德；为偏裨者，以不犯（下）〔上〕、不虐民为第一美德。利之所在，当与人共分之；名之所在，亦当与人共享之。皆所谓语浅而意深者也。

十五日。雨。陈杏生、松生邀同曾澄侯、李仲云、张力臣、唐研农诸人早酌，便就赖古愚一谈。

十六日。雨。接李少荃中丞、张紫联大令二信。

十七日。雨。往毛寄云中丞、恽次山方伯、仓少平廉访、李玉阶郑锡侯两观察、丁稚璜太守、张桐轩德恒斋两大令处辞行。方仰祈夜过谈，中丞随至，以毛西原《杜诗心会》见示，属代撰一序，谋刊行之。

十八日。就宿沙坪老屋湾。

十九日。到家。寄复张紫联、罗两明、周桂伍、赖古愚、丁果臣、曹镜初、罗麓山、周顺堂、成静斋、萧菊生各信。又次罗研生重午纪事诗韵代柬寄研生云：浮云世事本来空，别景依稀似梦中。念我定知心贯日，对君休怪口生风。官人情性生非惯，乱世声名计早穷。缓缓归来湘水上，挂冠一笑又从公。　微躯多病渐防深，强学华旉戏五禽。此去孤城悬海外，扁舟一夜达湘阴。乞除迂缓题新扇，托便提携返故林。传体江罗胡属我，只应元老是知音。盖忠义录体例惟湘乡相国所言最允，研生意在求奇，只是知者之过。

二十日。先夕大雷雨，实为入伏之期，坐是每夜必雨，日间亦多阴少晴也。

廿一日。志城枉过，并递到饶月樵一信。与志城畅言时事，所见多过人者。予以腹泄头昏，不能夜谈，留志城宿此，委顿颇甚。

廿二日。遣人赴省，接湛少帆为篪儿授读。寄意城、麓山二信。

廿三日。雨。

廿四日。湛少帆自省来，接到杨琴堂、罗麓山各信。周翰城自京师归，枉过一谈。

廿五日。冯树堂枉过，出所撰《谱例并序述各文就商》，因谈叙数年情事。节相以平生待人无有薄处，而友朋负心者多。树堂言人亦各有难处。作梅言今用人之际，当见得世上好人多，则人乐为之用，而吾心亦有馀裕，若见得世上人多是不好，则此心褊迫无馀，贤者亦望而去之矣。树堂以作梅此言博大精深，自谓不能及。予谓立言亦各有体，作梅人品尽高，不受人羁勒，故能说到第一义；树堂生平受节相陶成，岂能自置身局外，以求理之得失哉。

廿六日。树堂告归，以其尊人南云先生家传见属。

廿七日。阴雨。自入伏后，每下午必阴雨，凉甚，类深秋者。是日晨起即阴，或西水将发之征也。意城递到阎丹初、周笠西、罗麓山各信，又周云樵自益阳带到李石帆、李毓芝、彭说棠、杨星阶各信。

廿八日。奉上湘乡相国及李少荃、曾沅浦三信。

廿九日。周石渠、周笏亭来谈。数日乡间枉过者，大率求差使并随赴皖，颇穷于应答，意甚苦之。

三十日。陈春城丈及又周兄枉过。

七月

七月初一日壬午。彭海春专足送到一信，并接陈懿叔、万篪轩、陈怡珊、赖古愚、曹镜初、周韩臣诸信。当复韩城、怡珊、海春三信，并复劳湘舲一信，均交意城转递。

初二日。雨。君子之交淡如水，惟淡故能久也。骨肉至交而以隙终者，一由于期望之深，一不酬而疑积，疑积而忿生；一由于意气之倾，于人世之所防嫌者，皆不屑以措意，积之久而一泄而无馀也。故曰，晏平仲善与人交，久而敬之。敬则其心常敛，其志常约，精诚可以贯金石，道义可以契神明，而必不为翕翕之热，皋皋之欢。惟敬故能淡也。偶念生平交谊，而推论古今友道之升降，颇有感于斯二言也。

初三日。雨。李宣伯以舜卿《夜谈追录》属序，皆记欧阳磵东论诗之言也，为撰一序归之。并为罗忠节墓铭。成静斋以左景乔所撰长至四千言，属予重撰。细阅景老原文，亦只序得忠节战功，不能得其全神。江忠烈、罗忠节、李忠武及杨、鲍诸公，同一战功，而规模气象各自不同，文家所辨在此。原文所叙虽多，未为当也。

初四日。雨。料理各处求书扇、对，酬应终日，亦觉劳顿。

初五日。雾雨漫天，寒甚。因至流珠岭，便过棠洞、坡阴、高坡三处，以将为皖游，稍寓辞行之意。与志城久谈，三鼓始归。

初六日。大雨。致寄云中丞及刘霞兄、朱石翘、陈懿叔、罗小溪、吴楚材、柳范吾、嵇月生、成静斋、罗研生、罗麓山、丁果臣、文思、凌海、意城各信。以大雨不止，是日专足竟未能启程。

初七日。大雨。自初五至今，昼夜不止者三日矣。身御重棉，犹有寒意，伏日如此，旷古未有，兼值收割之时，为灾无疑。意城递到唐义渠方伯、王壬秋、罗研生、丁果臣各信。荫亭来此，随回县，便寄夏宝生明府及燮廷叔二信。

初八日。雨。意城递到罗小溪、左景乔、成静斋、杨子岩及蟠西、立堃诸信。燮叔亦专信至，荐黄传岩随赴皖北，当以一信复之。

初九日。雨。陈镜吾来，知县城水势尚不甚大。天雨且寒，伤稼必多。暑日北风，月馀不息，皆历来所未有，恐终必为灾也。

初十日。吴聘廷来谈。周翰臣专信至，意在随同赴皖也，当以一信复之。吴楚材专足递到一信。

十一日。大雨数日，稍见阳光，而中午必一雨。本日大雨倾盆，昏晦如夜，使人心悸。镜吾回县，寄熊绍芗及燮叔二信。

十二日。雨。接宝生明府、绍芗、燮叔三信。

十三日。微雨。祀土神，邀周芝窗与少帆、应扬相礼。意城递到崔春圃、周桂伍各信。中丞、友耕、陈熙堂各专足送信至。当复中丞、熙堂、友耕三信，并书复意城，便寄冯树堂、吴楚材、罗研生、丁果臣四信，并撰定胡文忠行状寄交果臣。

十四日。雨、风彻日夜不止，寒益甚。怪哉，此伏日也。天下事求之过深，其失愈远。阅少荃中丞寄相国书，盖不免有求之过深处。武陵蛮反，刘尚、马援征之，无功而死；谒者宗均，驰一介之使谕降，而群蛮底定。明成祖经营日本以召寇，终明世为边患；本朝以度外置之，而海疆肃清。其前之失，皆由求之过深。知其所以失，即知其所以得也。

十五日。大雨倾盆，日夜不止，禾之已实未实者，尽偃田中，悸人悸人！志城以尝新治具召饮，意为予饯行也。周桂伍来，带到丁果臣、罗研生两信。友耕以鱼塘桥地曾经予相定者，必欲强予一到，两次专人来接，于义不可辞，于事实无谓，而徒以相累苦也。

十六日。桂伍回省，寄意城、果臣、研生、麓山四信。随赴沙坪。到宝树湾，夜已久矣。

十七日。赴鱼塘桥相视，其事轇轕方多，友耕强予此行，真属无谓也。其地为陈氏业，陈龙门向馆长沙，其族人也，乃约其族十许人，诣予请罪，颇无以处之。傍晚始回家。

十八日。料检家事，为十四条示立篪，俾奉行焉。别为九条，属之焘城、志城，而附以改葬事宜。又检甲寅以前录存古今体诗九卷，交之意城，而序其端。其他亦不及详也。

十九日。大雨倾盆。少顷，子敬侄来，询知桃洞并无雨。门人朱寿田自安沙至，则岭下皆大雨也。

二十日。微雨。两日料检行李，忙迫之至，神为之疲。接研生、果臣各信，复潘伯寅、罗小溪两信，并致凌海一信。

廿一日。意城、志城、友耕就宿周吉岭，为予送行，夜话至三鼓，并将家事逐一交付之。

廿二日。大热。由家赴县。吴楚材率其随弁杠迎至袁家铺。入县，寓捧云学堂，酬应至三鼓始就寝。

廿三日。酬应终日，热极。江苏有候补县丞姚澄之，自广东来诣馀，递履历，二十许少年也。陈宝林镇军遣游击王楚一送信至，当以一信复之。

廿四日。丁秩璜太守专信告知鄂事，为之怃然。当复一信，并缄上湘乡相国，托太守转递。

廿五日。阴，大风。志城信谓我勇于任事而轻于信人，易于发言而疏于防范，处上下之交为不相宜，处君子小人之交尤为不相宜，数语切中。

廿六日。为黎桂舫致书季高中丞，为左楚瑛、毕淳斋致书南坡方伯，为耿馥生致书子寿。桂舫自言能断狱。予曰：君木讷如此，必非能讯谳者。曰：吾惟耐烦耳。所著《黎氏易学》八卷，多标新义。予识之五年前，盖亦能读书深思者也。

廿七日。周慎安以半帆先生入祀乡贤事来询。书吏之弊，所不必言。学官主持风化，动辄必以利，此尤可慨者也。

廿八日。接胡仁宇、盛松林、桂夫各信，大抵皆谋随行者，不知鄙人之志别有在也。黄荷翁船至，同船左孟新、黄光泽，晚次得一叙谈。

廿九日。大风雨。到县后，酒食酬应，困不可支。今日以船至，谢除酒食，稍觉清闲。晚邀荷翁、楚材、孟新、光泽及龙杏生会饮。

八月

八月初一日辛亥。大风雨。午刻上船，送者俱至陈豁堂处。以船上人多，故辞不令上船也。友耕专足递到志城一信，当以一信复之。

初二日。开船十里，泊乌龙嘴。右足大指生一疮，痛不可耐。

初三日。百七十里，至鹿角，然犹北风也。足疮痛甚，胡外委明德用刀破之，敷以草药，竟夜不能安寝。吴子登过船一谈，询知与赵方城县尹解军火至安庆，谋一见湘乡相国也。

初四日。过岳州。劳湘舲大令、劳次湘、唐曦臣来谈。至(陈)〔城〕陵矶小泊。陈郁文、张左门、黄竹溪、黄筱笙、戚玉泉、徐蕙圃、阎星槎、吴兰轩并来见。便致志城一信并家信，皆交郁文转递。刘文庵、夏介峰二人已回家。接介峰留局一贺信。晚泊新堤，刘馨室枉过畅谈，并惠广东坠金膏药。是日共行一百六十五里。湘舲言广东七月一日风灾，起香港，过福山，以至省河，毁船坏屋宇无算，省河溺者万馀人，香港洋船、洋楼，多被毁坏。

初五日。一百六十五里至排洲。连日东北风，乘顺水放船，舟行亦颇迅利也。

初六日。一百五十里至武昌，泊舟鲇鱼套，询知吴子登船已于先日过武昌。

初七日。雨。入城见唐艺渠、阎丹初、汪梅村。艺渠留酌，王壬秋、资柏丞并会。艺渠设褒忠局于藩署，以壬秋、柏丞主其事，书吏数人供缮写，费简而事省，较之南省为简便矣。

初八日。雨。渡江泊汉镇。荷翁往宝顺洋行商量接家眷附火轮船赴上海事，主事者为王恒山，广东人。欧阳慎来见，诵其挽胡文忠联云：才堪拯济生民，滔滔江汉长流泽；志在澄清天下，区区郢鄂岂居功。其规予谓：此行恐不能遽归以从所愿，将来事任必及之。凡忠于所事者必多激烈，性固然也，胡文忠亦坐此病。愿公养和平之气，以渐销其激烈之性。夫惟和平为能长久，激烈者非长久之道也。国难方长，愿公事坚忍以归于和平，使其气长舒而不迫，易言身安而国家可保矣，愿公思之。予肃然心服其言。

初九日。王壬秋来谈，因与同过章凤渠谈。午刻，吴楚材邀同荷翁、光泽、孟辛、壬秋、杏孙会饮。荧惑守（璧）〔壁〕百馀日，彗星见紫微垣，出前星旁，斜行入贯索，虑非佳兆也。是日以风大未能开行。孟辛于是日过船。

初十日。《大戴礼》：有人焉，容色辞气，其入人甚愉；进退周旋，其与人甚巧；其就人甚速，其叛人甚易。今时仕宦大都此辈人，可惧也。董安于治晋阳，问政于蹇老，曰：忠于主，信于令，敢于不善人。扬子《法言》：言轻则招忧，行轻则招辜，貌轻则招辱，好轻则招淫。尉缭子言：国必有慈孝廉耻之俗，则可以死易生。吴起言：凡制国治军，必教之以礼，励之以义，使有耻也。夫人有耻，在大足以战，在小足以守矣。是日行一百三十里，泊七矶洪。

十一日。五十里，至黄州。就黄紫山太守一谈，便致罗研生、王壬秋两信。郴州朱星槎言局员采访失当事，以告研生。又一百五十里，泊卫阳口。孟辛见示路程歌诀，录存于此：湘潭开船望昭山，兴马、鹅洲、白水湾。枯石、猴石、南湖港，西湖桥上石栏杆九十里大站。长沙一站到铜官，青竹、营田、磊石山。鹿角、（陈）〔城〕陵矶下水，鸭栏、茅埠（陈）〔城〕陵矶六十里至鸭栏，又三十里至茅埠，为一大站、石头关在赤壁下十里，俗传诸葛公祭风处，上有祭风台。嘉鱼、排洲、金口驿即涂水口，涂水一名金水，黄鹤楼中吹玉笛。汉口三十到青山，请问阳逻湾不湾？团风黄州府西七十里，距三江口十里把住三江口，好个黄州对武昌。巴河巴河口距黄州三十里水扫兰溪驿距巴河三十里，属蕲水县，下距县城四十里，道士洑下水茫茫江势至此一折，石山壁立万仞，横扼江心，云其下有潭，水深无底。蕲阳口下蕲阳口下距蕲州三十里蕲州驿，马口马口渡西距蕲州三十里、盘塘对富池蕲州下五十里田家镇，地属广济，镇下连山叠嶂，俗谓之羊角山，即县南之黄石矶、积布山一带地方也，南对半壁山，为武昌江防最险要处。半壁山东下数里，为兴国州之富池口，与广济之盘塘相对。武穴距盘塘二十里、龙平龙平镇距武穴三十里、新开镇新开口镇距龙平十里，杨塘二口即二套口，九江上五里问九江。九江开船六十里，段窑湖口接彭蠡。横灞头来金刚料，湖口、彭泽一站到。马当距彭泽七十里跳过鸡公嘴望江下十五里，华阳镇又下廿里雷港口，即雷池入江口也，亦曰大雷，东流与望江相对而迤东也，花园镇接东流起东流县距马当七十里。祁阳头来黄石矶，安庆城里对铁堤安庆距东流九十里。李阳池州李阳河与枞阳镇对把住枞阳口，池州水扫大通矶枞阳下七十里为梅根港，古所谓钱溪也，其上江面稍狭。梅根港下二十里，即大通驿。铜陵铜陵县距大通三十里老鼠跳荻港，板子矶下是繁昌荻港距铜陵六十里，繁昌上距荻港三十里。县西有大阳山、小阳山相接，山麓尽于江中，为板子矶也。风鸡套望芦席夹，三山矶石截长江三山矶距繁昌城北江路四十里。鲁明江口亦曰鲁港，距三山矶二十里，上源有五堰，即今高淳之东坝螃矶寺距鲁港数里，芜湖、荻港遥相望芜湖上距荻港九十里，为一站。巢湖南出裕溪口距芜湖三十里，东西梁山夹江走北岸和州之梁山，距裕溪口二十里，与南岸太平府之博望山夹江对峙。博望山亦曰东梁山。而和州梁山遂名之西梁山，总名之曰天门山，亦曰蛾眉山。山皆有石矶，亦谓之梁山矶，为安庆江防最险要处。横江直渡采石圻，牛渚山头望陵口采石圻距东梁山四十里，南上里许为牛渚山，故亦名牛渚圻，下五里为东陵口。烈山距采石矶五十里走马江宁镇上距烈山十里，下距南京六十里，拦江关口名大胜大胜关距南京三十里。观音门对燕子矶，扁舟已过金陵境。黄天荡下江横溢黄天荡距金陵八十里，江面至阔，又下十里龙潭驿。仪征两岸好山青仪征距龙潭驿四十里，镇江正对瓜洲城镇江距仪征五十里。扬子江边金山寺，焦山左右据江津金、焦相距十五里。圌山距镇江六十里下接常州界，孟渎距圌山五十里，常州津口、夏港距孟渎口九十里，江阴县津口两水会。江阴县城夏港口下十里、杨舍镇距江阴三十里，福山距江阴九十里，在常熟县北、狼山在通州南，与福山相对，为大江海口镇相对。海门又是一重关，崇明沙向右边环。白茅江距福山六十里与刘河会刘河口即娄江口，距白茅江六十里，舟行绕出崇明南。长江西望一回首，东洋恰对吴淞口。原歌于道里不甚明晰，略为改定之。

十二日。五十里至五灵港蕲州下二十里，阻风。港口有茶室，门外大柳树二株，荫可数亩。与荷翁、孟辛、光泽小坐品茶。见广济县告示，署曰石牌庵；港西有墓树碑，又署凉蓬湖；询之居民，则曰此骨牌夹也。地名之不能定如此。下午又行四十里，泊盘塘，在羊角山下，与富池口相对。西望半壁山，横截江心，犹咫尺也。怆怀往事，泪下凄然。枕上得一诗云：半壁横江险可凭，连山西上接西陵。空悲峻阪驰羸马，惟见盘塘下朔鹰。幽壑闲云迷出处，大江孤月照衰兴。当时豪杰俱尘土，洒泪扁舟对短灯。

十三日。风，微雨。百二十里，至九江。遣人至廷观察曙，霞舫，行二处，乞验船过关。自开船后，始得西北风，日未午，已行两程矣。又百一十里，泊芙蓉墩下，距彭泽县城十里，为方湖水所从入江处。枕上得一诗云：横矶直上扼方湖，战舰飞腾亦要区。云梦南迤方属楚，风涛东卷气吞吴。五更太白依残月，九派浔江下小孤。垂老扁舟成底事，西风一夜响菰蒲。孟辛日记载赵惠甫与李壬叔、王兰卿书，论湘乡相国云：外有优异贤者之礼，内无从谏改图之实。阅其文，为之怃然。壬叔、兰卿，皆久客夷馆者也。孟辛月下感怀诗：松篁半比吾年长，风月都从祖泽延。二语亦佳。

十四日。雨。八十里，过马当。诗云：相国楼船出汉关，前军父老尽欢颜。半江鼓角东流戍，万舰旌旗北斗殷。野树沧波龙口涧，秋风残照马当山。秣陵已报舟师入，两岸人烟战垒间。荷翁交到吴又桓刺史见寄一信，属予过黄梅之孔垅一访帅氏消息，时过黄梅已数程矣，舟行未尝停宿，无缘走访也。处患难勿为怨天尤人之言，处贵显勿为矜己傲物之言，论学术勿为非圣悖道之言，评人物勿为党同丑正之言。许衡戒姚燧云：弓矢为物，以待盗也。使盗得之，亦将待人。文章固发闻士子之利器，然先有能一世之名，将何以应人之见役者哉？非其人而与之，与非其人而拒之，均罪也，非周身斯世之道也。又百二十里，至安庆省城，泊盐河口。随入城谒相国，幕府程尚斋、李眉生、蒋莼卿顼、程伯敷、穆海航、柯小泉六君并一会谈，旧交惟尚斋、眉生两君也。

十五日。往见李希庵中丞，陈作梅、朱铁桥两君皆在。旋诣万篪轩方伯、李仲甫观察、金眉生都转、叶介堂观察、吴桐云舍人、彭九峰参戎、罗伯宜司马、曹西垣大令诸处一谈。相国邀同荷翁、左孟辛、罗伯宜午酌。晚与眉生同过申甫，看月剧谈。

十六日。申甫生日，邀同赵蔗泉、周志甫、莫子偲、李眉生、穆海航及荷翁早酌。旋诣马雨农学使、马谷生方伯、隋龙渊观察、杨朴庵员外、吴子登太史、吴贞阶观察、喻庆勋镇军、富蕙亭协戎、陈心泉太守及莫子偲、邵（子）〔亭〕诸处谈。

十七日。诸局委员及求差使来见者，纷纷不能悉记。接到姚彦嘉、李寅生二信。住行台三日，思一上船料检行李，因与荷翁徐步至馀忠宣公墓，稍下即清水塘也。墓旁瀫江亭，一名大观亭，遗址无存矣。忠宣墓则彭雪芹司马所新修者也。沿江步至临江塔。义从营罗参戎者，实营塔下。小坐茗饮，登塔纵观而归。晚为家信一通交吴楚材，由其友人回湘之便附寄意城。

十八日。相国枉过舟中。李纯斋、王藿生、丁子俊先后来船谈。午刻，移住行台，便道过李和甫，兼诣希帅处谈。西园邀同荷翁、金眉生、李眉生会饮。

十九日。赴吴贞阶、龙伯襄、杨星塘、左孟辛、勒少仲诸处谈。希帅邀午饭，谈文事及时务。询及带兵方略，希帅言先须通上下之情，情既通而又处置得宜，则军心自服。官军所以不及勇者，彼官派重而壅蔽多也。问鉴别将帅能否，曰：此如衡文者，观其辞而考其意，而优劣无能遁焉矣。凡已成营者，接其言论，而得其体，察其营制，而得其用。此易辨也。未成营者，但于容貌辞气间辨之。盖孔子曰：不知言，无以知人也。凡心无所得，其言非枝梧即揣摩粉饰。中有定见，言虽或得或失，要自心窾流出，存乎听言者之明审而已。人才有聪明有鲠直兼之者，大将才也。其次则宁取其鲠直。行军乃朴干事，大处当用聪明，小处却使不得聪明。又言胜都护袒护苗沛霖，三疏劾楚军。朝廷举以相诘，皆据实条答，而急进军颍州。苗练所辖诸圩，投诚者百馀。其初出示晓谕，解散胁从，但令款服而已。继乃分别诸圩之党恶者先毁之。俟解散渐多，当并民圩毁撤，使不致据险为梗。有练头潘垲、潘立勋父子，乞袁午桥漕督一书约降。及来见，左右以其骁勇，为苗沛霖所倚任，皆劝除之。希帅以方招纳投诚，不肯失信，释弗诛。后蒋之纯观察军次颍州，值荒旱无从得食，潘垲乃悉发诸圩存粟以济军，为最得其力云。是日李竹浯至，同住行台。晚大雨。数日热极，雨宜也。

二十日。眉生、海航邀同竹浯、子偲饮，晚谈甚畅，申甫亦至。

廿一日。诣希帅谈。希帅述所以处置秀峰揆帅之法，极得体要。兼晤吴贞阶、张炼渠、罗少村诸君，随往吴子登、华若汀、魏邵亭、金梅生诸处谈。晚就万篪轩廉使饮，同席荷翁、伯宜、子登、眉生、申甫共七人。夜风，稍凉。秋燥已极，颇苦炎热，得此一风，热气或稍祛也。

廿二日。作梅信述韩叔起弼元，行三避地兴化，属予访之。叔起，丹徒人，官刑部主事，曾相见京师，知其伉直人也。又有溧阳孝廉强赓廷汝询，行四，恬粹有学养，其弟廪贡生悔斋汝谋，行五，明敏有办事之才，俱与叔起交好，同避地兴化。又江宁宗湘文源瀚现在泰州，金梅生极称其人，为作《海陵义友记》。管带红单船吴碧珊军门全美，驻守镇海冯萃亭军门子才，驻守瓜洲詹龙轩镇军启纶，驻守高邮黄殿臣镇军开榜，驻守邵伯王海门镇军万清，闻皆勇敢有义气。

廿三日。回拜周兰皋、王爱棠、王霍生、王虚斋、徐季蘅、贺云林，因诣忠义局，见周志甫、张秋渔、汪晴溪、方春伯四君。陈虎臣、徐嶷甫两君，素闻其名，未获一见。旋由张炼渠处诣希帅，陪同相国一饭。闻希帅谈军事，皆沉毅有定识。

廿四日。张仙舫观察来谈，张筱浦师旧人，与彭恬舫司马办捐皖南者也。申甫邀同竹浯、海航、眉生食豆花饭，详询天津军事。予之不谈此久矣，僧邸亦不幸邀予助其军幕，稍得以发其覆也。

廿五日。篪轩、申甫、心泉、西垣过谈。相国述及吴桐云保举并留皖情事，予谓希帅之意，以桐云原保本由官相，欲归并更定，其议甚当。至留皖一节，尤与希帅乖异，似未宜也。相国曰：不然，桐云美才，岂可值吾身与希帅当事，而令斯人失所乎？其赴浙江不必校论，否则吾必有以处之。闻相国之言，为爽然自失。眉生因述周弢甫被劾时尚在上海，相国商所以处之之法。眉生言谕旨颇严，必不可留营办事。相国曰：吾正虑此耳，弢甫奉此旨，岂能一日容身上海乎？非吾收留之，则穷无所归矣，即招之来营，公养之可也。此非独其性情之厚，其魄力过人实远。眉生又言：相国疏节阔目，而其实事事精微细致，其精微细致处却不以示人，而一切以空语解脱之。在营逾年，自信能独得其深。眉生之识量，亦过人远矣。到皖后，寄意城第二信，并书寄寄云中丞、南坡方伯及罗麓山。

廿六日。送贞阶行，因过希帅谈。相国邀同竹涪、眉生、海航午酌。

廿七日。蕲水郭舜民、慕徐竹林至，同寓行台。慕徐为雨三观察之子，受经学于仪征刘伯山，年二十，博学能文，所著《周易汉读考》三卷，已成书矣。自序谓仿段氏懋堂《周礼汉读考》之例，荟萃前人旧说，定其去取，加以引申，所采录专主汉儒音读，马季长、郑康成、荀慈明、宋仲子、陆公纪、虞仲翔、姚德祐七家音读可考见者得若干条，略就所见疏通证明。其孟长卿、京君明、刘景升、王肃诸家，章句虽存，而音读无考；范贤仕及李成去蜀汉已远，虽有音读，亦不复录；赵宾自附孟君，然其改箕子为荄兹，音读弗合于师法；韩子夏释禴为古文繻字，音读实出薛虞之记，无与于原书，故皆不录。少年得此，亦足奇矣。

廿八日。往拜眉生都转及张仙舫观察、彭恬舫司马、袁黼卿大令，随过希帅谈，为书楹联数幅及李少荃中丞一信。

廿九日。

三十日。相国课试敬敷书院，属校诸生课艺，为之批阅两日。

闰八月

闰八月初一日辛巳。与眉生同至桐云、介堂处谈。

初二日。回拜吴竹庄、汤小秋、勒少仲、高衡生、马榖山、方子听，并为吴子登送行，顺寄意城第三信。

初三日。李质堂军门、万石臣镇军枉过。马榖山邀同篪轩、申甫晚酌。接沅浦信及范云吉报其父廷扬先生讣信。

初四日，王菊堂军门与李与吾镇军先后假归，枉过一谈。相国邀同许藻卿、舜民、慕徐午酌。陈心泉邀同张仙舫、张炼渠、勒少仲、彭恬（航）〔舫〕晚酌。

初五日。复沅浦信，交都司陈得月带去。相国论文人难与交涉，而为之赞曰：神光离合，乍阴乍阳。因推论其心，皆自谓君子不可虚拘。厚之以礼，则以为恭敬而无实。授之以事，则又曰笾豆之事，则有司存。求其所以自处，而已不足以名矣。涉世久则心日趋于实，而浮伪之士在所必屏。往与胡文忠论季高赴蜀赴皖之宜，文忠复书劝相国招致之，曰：室有悍妇，日厌其诟聒，而治家必多勤干，终得其力。文忠一见王壬秋曰：是其心苗发动处已是不正。见吴退庵，而决其为弃才，曰：是生长乡间，名能办事，有气力，而专意修饰边幅，语言进退皆中程度，其心必浮而不实。此皆文忠神识独到处。又言吴竹如来书云：人欲之私，吾知免矣；天理之公私，仍当检点。复书言：私皆属之人欲，吾辈细细检点，鲜有能脱离穿窬、鄙夫、乡愿三项人行径者，不必更推勘到细处也。

初六日。得少荃中丞信，并云从华尔借得升得利兵船一只，邀予赴上海。询知前月廿八日所致书，至今尚未发行也。是夕就眉生、海航、竹浯三人深谈。眉生言相国好谀而不废逆耳之言，好霸气而一准诸情理之正，是从豪杰入者。其于用人处事，大含元气，细入无间，外面似疏而思虑却极缜密，说话似广大不落边际而处事却极精细，可为苦心孤诣。尝言李申甫能知我深处，不能知我浅处。又尝言古人办事不可及处，只是运用得极轻，庖丁解牛、匠石运斤成风，有此手段，所谓不动声色措天下于太山之安者，轻而已矣。申甫只学得相国一疏字，其密处不曾学得。又言中丞有直爽之气，无宽博之量；精力强，公事熟，嗜欲少，所苦识见差耳。褊浅是其短处，亦是好相与处。好谀病极大，好谀者，未有能知人者也。处华侈之官场，光怪诡谲之官场，定要有气魄、有崖岸，须是独开生面。家人定要有一种清肃之气。处朋友不合理事，有十字要诀：面上不变色，内里要有劲。干事要直干，要朴干，须是冷冷清清去干。自家的事，骨子里要知得透，干得到尽处。相国见示二语云：名微而后可远猜嫌，事简而后可精思虑。又赠联语云：好人半自苦中来，莫图便益；世事多因忙里错，且更从容。

初七日。往各处辞行，因与莫子偲、徐艺甫、李眉生同饮金眉生处。晚邀申甫就眉生畅谈。致左季高中丞并周受山二信。

初八日。申甫邀同竹浯、海航、眉生、心泉早酌。旋同相国就希帅午酌。希帅为言行军当察贼情，审地势。浪战而胜，名帅所不为也。又论任封疆督抚，以求统将才为第一要义。因言渠所部有留以备统将之选者数人。询其名，曰：王总兵载驷、彭总兵星占。留备营官之选者数人，曰都司曹有升、何忠才，曰守备刘步瀛、黄家正、李达聪。希帅母丧不受赙，因撰送挽联一悬云：钟、陶礼法动朝廷，艰难为国为民，归视母丧须特诏；璘、玠勋名垂宇宙，珍重事君事父，更成兄志报先皇。

初九日。相国邀集莫子偲、李竹浯、申夫、眉生为予饯行。申正上船，送行者踵至，酬应至夕。致李和甫、吴楚才两信，以相国赠予一马，托和甫由合肥绕寄上海也。中丞有红船一只，交轮船带赴上海。以轮船拥挤过甚，因坐红船随行。

初十日。开行，北风方厉，红船颠簸万状，乃急过轮船。其船曰升得利。船主曰马尼，大（户）〔副〕曰威来，二（户）〔副〕曰哈芬，三（户）（副）曰波孙；管轮（轮）者二人，曰老巴生，曰华尼。同船李椒轩、徐嘉会、韩小庵、何辑斋、汤小秋、杨怡亭派至焦山递文书者、徐玉山、徐雪村、仲甫及陆、丁诸君。是夕泊上三山，距芜湖三十里。以北风过大，计行三百卅里。

十一日。汤小秋、杨怡亭至镇江上岸，又行至徐山关收泊。是日过太平府以下至采石矶，时见贼烽。九洑洲一垒不甚大，约不过驻军一千而已。南岸七里洲，接连四垒，第二垒为最大。北风较初十日稍息，计行四百四十里。

十二日。午刻雨。沿江村镇，时见贼烽。是日行抵洋泾（滨）〔浜〕，计行八百馀里。

十三日。泊南门海上。红船泊粮台张西园船旁。因谒中丞，小、季、嗣荃、幼荃昆仲皆在幕府，徐少岩、刘听泉、秦淡如、钱芝门、凌小岚、赵敬甫、缪稚洵、杨藕舲皆得一见。中丞属令暂住刘松岩营次，盖中丞营大南门外福建会馆，松岩营徽州会馆，相距仅里许也。傍晚始归寓所，苏州守李薇生铭皖、上海令王莲塘宗濂均候见，坐谈少顷。（徽）〔薇〕生兼管营务处也。松岩幕府钱揆初、马芝生委员、徐诚庵大令立本、董勉斋照磨廷策。尚有二人出差，未得见。以松岩病还城寓，即住其营次所居布幕内。中丞言花旗兵头华尔战没宁波，英领事谋以英商辖其兵，吴晓帆方伯莫知所对，而英提督何伯适至，言华尔部将白齐文、法思尔得二人皆勇敢能战，足辖其军，无英人代辖之理，言于方伯，以达中丞，其议始定。刘霞兄以蒋申甫中兴十二策内言其拔擢太速，乃自陈才力不能胜任，视事半年于地方无所整顿，请另简能员以避贤路。籥门制府为代上之。廷旨谕以勉为名臣，不尚谦退之虚文。七月十五日星变。钦天监奏言众星西流，主大臣多死，人民流亡。此二条，并七月内事。安庆至今尚未睹六月以后京报也。

十四日。酬应终日。薛时香、商华伯两太守皆甲辰同年，皆诚笃，与李薇生皆稳重一路。

十五日。往谒中丞及薛觐唐钦使，吴晓帆方伯，刘松岩廉访，李俊民、王晓莲、孙竹堂两观察，及潘季玉、冯敬亭、温珉叔、彭讷生、顾子山、汪秉斋诸君。

十六日。早起会客，中午出门回拜。

十七日。会客后出门回拜，凡酬应三日。

十八日。往左近六营拜诸营官，见者张山樵、马荫垣、符介臣、熊岐山、陈云台五人，(诸)〔馀〕皆未见。

十九日。为中丞撰《复恭邸》一书，论英法训练洋枪队事。王云士求留营，已奉中丞允准。杨利叔举荐四人：一曹籀号竹书，钱塘生员，深于经学；一杨锡鹿号乐莘，玉环厅训导；一杨绳祖号蔼亭，湖州举人；一陈熊号梦非，秀水生员；次第来见，大抵避难来沪者也。杨孝廉气宇尚佳，当记存之。

二十日。中丞扎饬到任，以署任李俊民物故，故催接印。上湘乡相国并彭雪芹司马、杨厚庵军门、曾沅浦方伯、李竹浯、穆海航、李申甫、李眉生诸信，兼转致意城上海家信第一缄。

廿一日。诣中丞处谢扎，兼诣薛钦使、吴晓帆方伯、刘松岩廉访、杨振轩太史处谈，兼拜松岩幕友蒋鹤洲、周梅坞、王辅亭。

廿二日。刘松岩邀同筱荃、幼荃午酌，因陪中丞往唁李椒轩，夕就中丞畅谈。李辅臣副将季东枉过，察其言动，较之陈云台参府尚为明晓，因病南归，并诉所以来去之由。往拜韩小庵、韩星侬兄弟，兼一视韩鉴堂之丧，为之怃然。

廿三日。移住西城之关帝庙，庙极轩敞，嫌无住房耳。徐伯蕃司马，何实甫、李肯堂、王莲塘三大令枉过。诣中丞处观与英国何提督、斯总兵会晤。何伯英爽而有沉实之气，西洋一好将官也。

廿四日。李辅臣参将季东回皖，奉寄李希庵中丞一信。滕声平协戎嗣武、陈渭滨参戎飞熊偕同张仙樵枉过。滕带林字营驻虹桥，陈带熊字营驻塘桥，距城数十里，以闻予至来见。潘季玉、刘松岩、李薇生、纯云樵来谈。季玉才气英爽，所言多可听者。

廿五日。汤果卿成烈来畅谈，言有李世潢者，得枪船长二人，一孙金彪，一费金绥，尚可倚任。果卿书味太重，恐不免过信人言也。水师粮台委员魏荫亭、叶晋卿，陆军粮台委员张西垣、庆式如皆来见。庆名之金，含山举人，以大挑分发直隶。询及张熙亭近况，知已补南乐令，光景尚佳。

廿六日。午刻接印，县书承接印仪注参堂者库大使赵亦秋、卫守备黄凤喈、卫千总张应显三人；吏简书孙赓新、库吏王凤宗、承差王咸吉、号吏闵颐诚四人。贺客至者二百许人。

廿七日。酬应终日。黄荷汀至沪，枉过畅谈。筱荃、幼荃昆季过饭，因留宿畅谈。上湘乡相国一书，并致意城上海家信第二缄。

廿八日。衙参后诣荷汀处，晤刘松岩。询及此间良吏，松岩举崇明县钱慎庵德承、前昆山县黎茂轩勉基、华亭县周绍濂、娄县冯恩培四人，又言浙江候补直隶州郑仁山寿南，能通悉洋人语言文字，才具亦颇优长。

廿九日。王秋岑明府如林过谈，其眷属流寓通州，盖新自通来者。询及通州近事，据称许朝正、冯天祥皆庸侩，知州事依勒通阿处置失宜，以致民气浮动，一干吏整饬之有馀，无足虑也。又言吴仲仙漕使保升淮阳道之张屺堂富年极有干才，所保固不虚也。李筱荃将由轮船赴广东，枉过辞行，因留饭畅谈。

九月

九月初一日。衙参后往各处回拜，酬应终日。荷汀观察及王莲塘、何硕甫、李肯堂三明府，郑仁山司马、杨蔼亭孝廉过谈。为中丞拟告示一通。复太仓牧蔡麟洲一信。

初二日。筱荃赴粤，邀予往叙，以宾客纷集，李质堂枉过久谈，赴营而筱荃已行矣。英法两国会攻嘉定，刻期下之。守备吕长海自营中来，言其始至，列队城下，安放炮位，发令开炮。逾时而城阙数尺，随以炸弹击之，贼无敢乘城者。因以火箭为之引，而督队随其后，梯城而登。凡攻城一时二刻而事定，皆预为之期限。兵精而器利，此可虑也。郭令公用回纥之师以平唐乱，夷人之用心与回纥等，而其势已积重，不能下从中国之令而为所用，则唐世安辑西域之功，与近二十年之颠倒乖戾，其取效固不同也。

初三日。陆费若卿、郑海珊同过畅谈洋药局事宜。随诣中丞，言近百馀年居官者，(为)〔以〕粉饰蒙蔽为善诀，习为故常，非从征实处力加振刷，亦无所据以为挽回人心风俗之具。中丞亦然之。

初四日。大风微雨。徐勉如过谈，语悉王晓莲、薛时香两君意见相为参差。晓莲所以处此，固未尽善也。接湘乡相国书，并附致彭雪芹、意城、志城三信。

初五日。薛时香、应敏斋过谈。敏斋口给甚辩，宜为能吏也。

初六日。吴晓帆过谈，知桂丹盟观察为徐树人中丞奏保出山，年逾八十矣。

初七日。幼荃回安庆，附上湘乡相国一信，并致意城第三信。随遣张升洪、王贵回家，致上海家信第四件，并致燮廷叔一信，又为苏元致阎丹初方伯一信。

初八日。接乔鹤侪都转、万篪轩廉访、高篙渔观察、吴楚材参府及龙杏生、李玉山、杨星塘各信。潘季玉见示英人与日本通商条约，足增中国之愧。

初九日。晚微雨。中丞见召，并示湘乡相国各书，阅之怃然。为松岩廉访拟复诸彦卿论厘务一信。俄罗斯遣兵船助攻金陵，而先派随员孟第至上海与中丞会晤，盖即居京之官学生也。

初十日。雨。黄荷汀、薛世香、王敬亭枉过久谈。中丞约今日移住营屋，以雨不果往也。

十一日。雨。刘松岩过谈。湘乡相国委戈什哈施占琦来沪请援。接到富蕙亭一信。为李俊民观察挽联云：廿五年宦迹犹及盛时，垂死惜张堪，惨澹[1]烽烟一官在；三十县名区待收馀烬，无才继刘晏，转输江海几州存。

十二日。复方麟洲太守、温笛楼司马、张琴甫通守、周廉泉、冯厚恬、李慎斋、吴小符四大令信，皆书记酬应之作，以无幕友，

①此处旁注又作“偃蹇”

辄自为之。过黄荷翁午饭，随诣中丞，闻黄昌期军门将赴青浦。中丞邀往夜谈，因留宿营中。

十三日。奉致湘乡相国书，并书复万篪轩廉访。荷翁邀同面食，夜久始归。

十四日。顾子山、潘季玉、应敏斋来谈，以洋人方有助攻金陵之意，惟须中国一为言之，本日英提督士特英固往见中丞，可以迎机开喻，欲邀予同一诣营。予因以一书达之中丞言：天下之乱亟矣，在彼有放利而行之心，在我有急何能择之势，姑与逶迤，以图功效，此广平王所以卒平安史之乱也。中丞与之言，终不见允。盖去岁湘乡相国疏陈不宜求援外人，此语当已分晓。子山诸君但闻一二翻译之言，而据以为信耳。

壬戌九月十五日甲子。衙参后往刘松岩廉使，孙竹堂、郁泰峰观察，陈子惠户部，黄恩崇刺史、周瀛士学博处谈。不得中行而与之，必也狂狷乎。狂者进取，狷者有所不为。读书学圣贤，与立事功成名当世，有以自立者，只此两种人。外此皆乡愿也。乡愿道听途说是一类人，色厉内荏鄙夫是一类人，二者足以概尽世人。人之居世，有能免此者乎？可与观人矣。吾辈之处己，有能免此者乎？可与进德矣。

十六日。吴晓帆方伯邀同鹤汀观察晚酌，出示俞乃舟斌所得圆明园御物二种。一、祥符朱草。题曰灵珀，圆而中穿，大约二寸许。中有晕如花叶，二十四候随气变化，寒则叶聚，入夏而渐消散，秋后又小聚。纯庙有诗，张文和公廷玉、刘文正公统勋、刘文定公纶各为一诗，环列匣旁，希世之珍也。二、颜鲁公书裴将军诗。曹武惠王彬、林处士逋有跋，为弇州王氏藏物，凤洲有跋有诗，同时跋者数人。纯庙题其端曰：雄秀独出。三希堂帖已刻入之。乃舟得此，拟进呈未果，而台长论列及此，故取藏道库。

十七日。接湘乡相国二信，季高中丞二信，沅浦方伯二信，刘筱粤、罗麓山、湛少帆各一信，意城三信，其一信则交武弁易鸣皋带皖者也。各信有由驿递者，有由皖弁王宏升专送者。一日之间，纷至沓来，又皆所属念者，从无此得信之多也。

十八日。刘松岩来谈，所论军情地势，皆有所见。自古干济之才，惟能事事留心，而精神魄力，则各得之天授，非可勉幾也。

十九日。冯敬亭，潘季玉过谈甚畅，闻何愿船没于保定，为怅惋久之。随赴吊李前道处。以中丞将赴江桥，诣营一视。中丞欲以日行事见委代办，因留宿营中。

二十日。中丞早赴江桥，以洋枪队六百人从。黄昌期军门信言，阵遇贼酋陈义和，自呈桐城人，欲以所部二万人来归。自来约降，无于阵上自陈者，此亦一奇也。沅浦雨花台大营，以十三日却贼轰营数万之众，自守当益稳固。湘乡相国奏僧邸会合苗练进剿之议，立言极为得体。苗练比附僧邸以倾陷希帅，朝廷能烛其奸，僧邸乃深与相结纳，以比于逆，其愚不可瘳矣。廷旨特畅宣其蕴，言之反覆，俾其奸迹自露。僧邸而有生人之心，能无愧于中耶！朝政清明，至为可喜。而所倚任满员，若僧邸、官相，无足为良佐者，乃可忧也，各件皆专缄寄上中丞，馀为标日汇存而已。

廿一日。雨。接中丞信，知先日程学启、郭松林两营苦战至四江口，以张遇春南路兵退，罢归。为将当以气胜。张仙樵之气固不甚昌也。连接杨厚庵军门、黄南坡方伯信。适有折弁入都，因书致王定甫学士、张竹汀比部。刘松岩、李薇生、商华伯、周瀛士枉过大营，华伯见示赵竹生观察苏州四诗云：岂待孤城破，方嗟力莫支。从来疆守义，敢以死生辞。乱刃交挥处，危冠独坐时。相持不相杀，鼠辈尔何知。　裂眦呼狂寇，奚烦讲说多。断头身自分，抗手意云何。厚貌徒为尔，孤臣矢靡他。空劳樽酒献，骂坐更高歌。　猝遭群盗困，遑敢学文山。且尽从容义，聊惊丑类顽。单辞明顺逆，正气折神奸。反覆谁家子，相看只厚颜。是岂天良见，环观涕泗挥。但期能悔祸，岂必是生归。仗剑予何憾，投戈汝莫违。漫收吾骨葬，暴露亦光辉。四诗语尚壮厉，略见观察自负之奇气也。

廿二日。中丞至黄渡督队，遂解四江口之围。程方忠骁勇有纪律，每战更番徐进，屹如山立，连踏贼营廿馀座，而于营内所有，无敢取者，始终严阵以俟，真可为节制之师矣。

廿三日。雨。中丞以俞乃舟捐备洋枪洋火解送曾沅浦大营，因以安庆协饷并委周文之运解，便寄湘乡相国及沅浦两信。是日接到金眉生、罗研生两信。

廿四日。雨。中丞自黄渡归，因回寓馆，得晓帆方伯信，始知俞乃舟所称自备轮船运解军火之说，仍属虚语，当另觅船赴安庆也。

廿五日。回拜唐墨香、任金门两太史。晚间荷汀过谈，略叙王秋岑生平，可为利口，因论江苏仕宦中可恃者，赵吟樵、许次苏、汪黼卿数人而已。

廿六日。诣营见郭子美协戎、刘省三参戎、王敬亭大令、赵惠甫上舍。晚，荷老过谈。是日雨。

廿七日。雨，大风，寒甚。致季高中丞、研生州倅二书，并家信第五件。研生信内，附致意城数行，为家信第六件。郁泰峰都转招同荷汀观察赏菊，万烛围绕花丛，颇有富贵气象。

廿八日。雨。诣中丞及觐堂钦使，仍属致相国一书，议裁通商大臣一缺。会周文之赴皖，便书抵相国，兼复富蕙亭协戎一书。李壬叔枉过，见惠所著《谈天》十八卷，盖英人侯失勒原本，伟烈亚力译出之，而壬叔为之删述者也。潘季玉言吴人可任为将者，曰杨鼎来，曰徐炳奎。杨现官京师，徐家上海。

廿九日。奉中丞书，属移住营中。周文之、黄恩崇、唐墨香、赵惠甫、方麟轩、商华伯、严伯雅诸君枉过久谈，晚次乃得诣营。刘仲良太守适至，同住一房。蒯蔗农、王敬亭来视仲良，得一相见。

三十日。为湘乡相国拟裁撤通商大臣一折。接相国、刘霞兄、冯树堂、汤斐斋、周桂坞、丁果臣、李季荃、韩小庵八信，由程弁廷杰自安庆带来者，并得意城家信一件。郁泰峰邀赏菊，得二诗云：七十二番风过后，凉秋独与菊花期。美人迟暮馀高节，樽酒风流异往时。跨马城阐殊种集，持螯天气乍寒宜。万花围绕灯如海，隐士繁华梦尚疑。　细雨潇潇过晚城，使君风味有馀情[①]。故人喜共黄花至，远客还惊白发生。乱后山川馀劫火，忧来弦管失欢声。名园来岁茱萸会，坐对清尊不尽情。

十月

十月初一日庚辰。衙参后与松岩同诣荷汀观察谈，便诣吴晓帆、商华伯、杨绶臣。

初二日。周孟舆来见，弢甫冢嗣也。复王少峰、赵吟蕉两观察，金香圃太守，朱墨卿、钱慎庵、沈问梅、韩雅琴、陈伯苍、张芳壶六大令，吴海峰协戎，符介臣太守共十一信。

初三日。大风。接黄吟台太史广东来信，语及罗小溪都转，并举广州都统库克吉泰、广州府李福泰、直隶州丁日昌三人，称其才具优长。丁雨生刺史，潮州人，湘乡相国奏令随同钦使赴粤办厘者也。

---

①此处旁注又作“比霜清”。

初四日。中丞属代撰《薛觐堂中丞太翁双寿序》文一篇。接彭雪芹信。

初五日。薛觐翁、阳健飞、蔡惕庵过谈。蔡为吾邑锡福围人，今官副将，黄昌期军门所部水师营官也。

初六日。为李俊民观察祖饯，旋往刘松岩方伯、黄荷汀观察，贺其接印之喜。回营过刘治卿、蔡克斋、刘子岩处一谈。

初七日。雨。黄昌期军门至，作竟日之谈。

初八日。上湘乡相国书，兼复霞兄方伯一信，由安庆转递，并以议裁通商大臣稿寄呈相国。

初九日。连日大风寒甚，初冬天气如此，向所未有。海上风寒，当异内地。回拜昌期军门及阳健晖、蔡惕庵。以初十日太后圣寿当行朝贺礼，先夕回公馆住宿。

初十日。雨。中丞及觐堂中丞、昌期军门、晓帆、松岩、荷汀并至。行庆贺礼毕，因往拜潘玉泉、蒯蔗农、吴伯华、王敬亭诸君。

十一日。雨。朱卧云之弟季云来见，文秀静穆，惝忆卧云之为人也。杨镜泉亦自江桥营至，慕云之子，湘乡相国之内侄。

十二日。雨。中丞与仲良论兵事，言发端仅可五百人，当使其精神一一贯注，俟能战有功，以渐加增，久遂可以威名慑之。罗忠节、李忠武之卒成大功，其始仅三百馀人。李次青一出便有三千之众，所以终不济事。用兵须是少而精，求多无益。

十三日。雨。复金眉生，就便致李幼荃、李眉生二信，并以第七件家信托王芝圃司马递南。门人徐唐赓极论殷邦见、熊炳南为人，便寄意城使告吴楚材去之，兼寄楚材一信。

十四日。雨。往拜王少峰、王晓莲两观察，因与松岩、荷汀公饯吴晓帆，兼邀黄昌期军门一陪。丁果臣托觅洋规矩，曰比例规尺，曰分厘规尺，曰象限尺，曰平分尺，凡四种；兼觅算书，曰代微积拾级，曰代数学，凡二种；并洋人所刻天下全图。

十五日。衙参后即移居采衣街新屋，贺者纷至，中丞与王少峰观察皆至久坐。

十六日。大雨。往拜赵惠甫、周孟舆、陈息庐、王朴堂。高篙渔观察至，接到周湘浦孝廉一书，随赴观察处一谈。宝苏分局铸造制钱清册，据户部则例，京局鼓铸每铜铅百斤，配用铜五十四斤、白铅四十二斤十二两、黑铅三斤四两。直隶、山西二局均照京局之例，专用商办洋铜。宝苏局鼓铸铜六铅四配铸，每铜百斤用洋铜六成，高滇铜一成，金钗厂低铜三成。白铅例价每百斤价银四两二钱三毫三丝九忽，黑铅例价每百斤银三两七钱九分，各加运脚二钱二分九厘。该分局以洋银收觅无多，收买市铜酌定每百斤价银六两。又例载鼓铸应除折耗。每铸铜铅百斤准折耗九斤。京外各局所铸制钱，均重一钱二分为率，每卯铸钱三千九百九十三串六百，补串绳分两钱五串七百五十九，每支销工料钱五百九十四串四百卅二文。宝苏局十六炉，每月额铸两卯。

十七日。与仲良赴黄昌期、阳健晖、蔡惕斋、蒯蔗农诸处谈，适蒯子范、王香谷自江北来，得知相国见赐一马，由子范带至仙女庙，当谋专足往取之。晚为中丞拟奏稿一通。

十八日。遣营弁孙锦荣赴仙女庙取马。致江都令于竹虗、海门厅梁小曙两信。仙女庙隶江都，马须由海门渡江，托梁君为之雇备船只也。兼请钱芝门致钱调甫农部一信，以鞍辔寄存农部处，当往取之。蒯子范亦为致书于君。

十九日。仲良赴江桥营，邀予同往，以病不能行。王晓堂、徐少青、朱季云、冯敬亭来谈。吴晓帆、杨怡堂所部常胜军以是日开行，进攻九洑洲。赵惠甫、周孟舆赴靖江，亦枉告别。

二十日。雨。惠甫以扇索诗，为赋三律云：七年两相值，世路日艰屯。我有颓唐意，君犹淡沱人。山川馀梦寐，亲故几悲辛。颇愧嵇康子，衣冠已累身。　往与周侯契，人间无此奇。竟传王粲死，深悔①薛包痴。心写诗哀怨，魂归剑陆离。赖君求旅榇，揽芷荐江蓠。　贤愚两合漠，今古一浮沤。乱世多生感，迂谈岂解忧。江风吹雨过，海浪驾天浮。一别成衰疾，嗟嗟肉食谋。

廿一日。雨。复江小云观察、江宁守杨子木、靖江令齐敬斋、泰兴令张恕斋行三四信，又倪载轩一信。载轩太守现办靖江团练。是日入城，至杨艺芳、刘松岩、王晓莲、薛时香、陈子林诸处谈。以雨就宿公馆。

廿二日。大风寒甚。黄荷汀、陈顾岩、邹蓉阁至。陈、邹皆小吏，邹能诗，陈字法亦佳，而皆贫甚。杨蕴亭到馆数日，至是始一见也。午后回营。

廿三日。松岩来谈。史士良观察禀保各员，推论致乱之原，由吏治之废弛。欲平贼，必自整饬地方始。欲整饬地方，必自慎选结实可靠之守令始。浙江非必无人才，当力除积习，不以言貌取，不以资格拘，不以人地限，慎思积虑，实心实力，固住根本。又自言每事务倥偬之会，智虑窘迫之时，选一人，试一事，皆能临机应变，收其实效。观察才气，固自胜人也。所保曰代理宁波府边葆诚，曰候补知府高卿培，曰升用同知候补县吴世荣，曰候补县姚光宇，曰升用知府宁海县许瑶光，曰候补同知汪元祥，曰奉化县徐传冕，曰云和县庄凤威，曰宣平县边厚庆。高卿培、许瑶光皆在衢州。吴世荣办理牙厘捐饷总局。姚光宇办理镇海稽查分局，兼查关务。自许瑶光以下五员，则皆以失守被议者也。而称徐传冕曰肆应不足，谨饬有馀；称汪元祥曰静默寡言，通达政

①此处旁注又作“空惜”。

体；称边厚庆曰生性古执，难语通方。且言民风视守令为转移，当先培养本原，与民休息。所言皆中肯綮。

廿四日。阴雨，寒甚。奉贤张令处致奠，雨甚不能出城，因就宿公馆。

廿五日。雨。奉中丞札督办厘务。是夕，中丞奉实授江苏巡抚之命，谕旨褒嘉。

廿六日。到局，薛世香、金兰生、陈芝庭、张星伯、江海门、徐伯蕃及王晓莲皆至，旋回公馆。商华伯过谈片时。傍晚回城。

廿七日。接史士良、乔鹤侪、唐艺渠、曾沅甫四信，又北台委员候补府姚少读丙吉信。沈笠湖、潘玉泉、华笛秋、汪耕馀、杨韶和、翁竹屿、蒋芝舫、钱调甫诸君枉过。玉泉极诵周存伯大令闲之贤而汇举严锡康、章庆云、钟鼎勋三人声名之猥下，且谓严有仆人喻淦亦候补江苏，与之同居，言之令人齿冷。又举苏人能任为将者二人，曰徐炳奎，曰杨鼎来。杨现在京师，徐则中丞新调来沪者也。又言林文忠第三子听孙员外聪诒，办事精细而能耐苦，其才在文忠诸子之上。

廿八日。往绸缎卡见杨韶和、陈念慈；砖灰卡见汪耕馀、叶荫甫；丝茶局见徐咏亭；船捐局见王敬亭、蒯蔗农；木捐局见吴伯华。随往总局，与王晓莲、薛世香商议各事。

廿九日。微雨。俞秋浦渭、汪禹孙彦伦来见，奉札往江北办理缎捐者。往军米局拜钱调甫、杨艺芳；出口对渡货捐局见翁竹屿；货捐局见金兰生及黄纯庵各委员。晚赴黄荷汀观察之召，同席段晴湖、沈笠湖、高篙渔、王晓莲、孙竹堂、刘松岩共八人。竹堂言及杭人赵云峰鹏之贤能。固与程蓉伯交好者，当谋一见之。又言刘、李、林事，刘名维忠，李名恒嵩蔚堂，林不记其名，亦见数年来上海气象之昏晦，中丞直有廓清扫荡之功矣。

十一月

十一月初一日己酉。衙参后回公馆，以初二日冬至朝贺，城内为较便也。人客纷集，夜久始散。罗小溪都转专足杨庆由海船来沪，递到一信，并土物数事。

初二日。冬至。朝贺毕，大雨如注。回营后贺客纷集。

初三日。大雨竟日不息。陈丽生东友、赖华亭荣光两镇军过谈。

初四日。奉致湘乡（国）相国，沈幼丹、左季高、唐义渠三中丞，马雨农学使，李辅堂、马穀山、阎丹初三方伯，万篪轩廉访，李申甫、刘馨室两观察，陈心泉太守，曹西垣大令，又曾沅浦方伯、李眉生、程尚斋、莫子偲、勒少仲共十八信，交程廷杰带皖。

初五日。阴。大风寒甚。冯敬亭、周文山、汪罕青过谈。接意城九月廿八日家信，并李希庵中丞、赵玉班、陈作梅、朱石翘四信。

初六日。往各厘局一行，随往徐传山、潘顺之两前辈，赵云峰、高篙渔、黄荷汀、刘松岩诸处一谈。托钱调甫带寄第八号家信，由汉口左永龄信行转递。

初七日。程方中镇军谈及战阵方略，及论人才优劣，多可听者。其论鲍军门宁国战守事宜，尤有卓见。镇军刚厉有威严，淡于嗜欲，行军整肃，有古名将风，足为湘淮诸军之冠。夜梦与三数人会谈，有白须者，貌甚伟，以诗示予曰：江水去匆匆，苍茫百感中，二千年外事，前代几蒿宫。朗吟数过而寤，亦不知诗意之所在也。

初八日。松岩、荷汀来谈。朱韬甫朗然，调营当差者，亦来见。刘仲良自江桥归，接到李季荃一信，并蒙见赠一马。

初九日。钱调甫赴鄂采办军米，欲遂由鄂赴湘，属寄书黄南翁，因缄致南老、意城。比书送往，调甫已行矣。

初十日。张士芳招马队五百自江北至，偕中丞步往其营视之。比暮，因驰马回营。

十一日。雨。杨庆回粤东，致罗小溪都转、李筱荃观察二信，并复史士良观察一信。

十二日。冯敬亭前辈移住营中。高篙渔、杨绶臣、汪耕馀、阳健晖、王晓莲、周瀛士先后枉谈，酬应终日。敬亭见示张君星鉴赠何愿船序，论汉学宋学源流，言乾隆中大兴朱氏以许郑之学命令海内，汉学始有专门。桐城姚氏矫之，以宋学为多士倡。新城鲁仕骥、陈硕士继起，而桐城之学盈天下。甘泉江郑堂悯汉学之不振，著《国朝汉学师承记》，而桐城方东树著《汉学商兑》，显与江氏为敌。国朝专门之学固不始于大兴，惜抱先生亦未尝尽废汉学，张氏亦以臆断之而已。敬翁又见示所著《校邠庐抗议》廿二篇，较王子寿枢言为能征实言之。

十三日。张虹桥云衔司马来见，盖浙藩委提炮位者。况贤臣、王季云、黄荷汀先后过谈。随往王晓莲、刘松岩两处。晚得于竹虚、王少峰、金眉生各信。

十四日。雨。徐伯蕃五十生日，一往贺之，顺拜蒯子范、朱季云、孙竹堂，因过荷老午饭。潘玉泉以是日移居营务处。

十五日。大雨。回拜蔡麟洲前辈。潘玉泉晚归，闻白齐文松江之变，盖蓄意避金陵之行，而以狡变出之。虺蜴之性，不可端倪。中丞当有法以处之。

十六日。张荫斋太守、卢韵生中翰自江西来沪。吴晓帆与英国士提督、麦领事来沪议处理白齐文事。

十七日。致湘乡相国信，便托转递南老、意城第九号信，即前调甫所托缄致者也。

十八日。接到柳麓渔太史、李筱荃观察二信。往拜段晴湖廉使，徐少青部郎，黄昌期军门，赖华亭、阳健晖两协戎，吴晓帆方伯，王晓莲观察。段晴湖处见张虹桥、陈宽夫、张雨香三君。

十九日。杨振甫、华笛秋、潘莘田过谈。华若汀家信言，张树声等五营扼贼于巢湖，大败之，贼遂不敢南窜，庐江以上各县人心稍定。冯敬翁言可为书记者三人：曰赵桐生铭，曰许鹤巢赓飏，曰张孙萼曾望；可办事者二人：曰潘莘田其铨，曰郑季雅言绍。赵惠甫言崇明县丞汪虎溪守愚，为汪芝生太守霖之子。芝生故循吏，虎溪亦颇能嗣其家声。敬翁又言：角头司巡检袁亦斋钟琳，有文学而隐于下吏，人亦纯实。

二十日。程方中言，鲍春霆之守宁国，太不知兵法。宁国一城，三千人守之有馀。湾沚、西河、兰陵，饷道所经凡数处，各须三千人守之。尚可留数千人作游兵四应。军门以二万馀人之众孤守一城，置饷道不顾，以坐受其困。（乡湘）〔湘乡〕相国言兵宜合不宜分，当分别观之，平原旷野利用合，山险崎岖利用分。军门不知兵法，坐困宜也。赖华亭言杨厚庵弃浦口之防，太不知地势。浦口水师两营，正值下关，以扼长江之冲，拊九洑洲背，以通新开河之气。湘乡相国见及之，黄昌期见及之。厚庵之撤防，华亭曾以为言，请派二营换防。厚庵不知地势，弃险不守，使贼得乘便渡江，贻合、巢之患，君子讥之。两君之言，皆有裨于兵法，录存于此。

廿一日。段晴湖、张虹桥、吴伯华、彭瑶阶过谈。伯华与苗沛霖相习久，言始终以一抚字酿成之。僧邸愦愦，阴与之勾结，以掣楚军之势，甘于党恶助逆而不辞。史称霍光不学无术，不学是霍光短处，而犹安于无术，所以为霍光也。僧邸之不学甚于霍光，而一切以术愚人，而终以自愚，其无所成，宜也。

廿二日。接意城信，并朱石翘、赵玉班、李希庵、陈作梅、黄麓溪、秦麓生诸信，又接马縠山、程方中、况贤臣、黄子春诸信。俞云溪大令辰过谈，盖奉札与严伯雅锡康、金子香桂同赴九江办理茶捐者也。黄昌期、刘松岩、黄荷汀、孙竹堂亦先后枉过。程方中自黄渡至，就宿刘仲良旧榻。

廿三日。与昌期军门、季玉郎中同诣松岩方伯贺生日，旋回公馆。昌期、荷翁过谈。季玉以与昌期、松岩及予皆同岁生，赋诗云：四人一百八十岁，难得生年同戊寅。是日和得一律云：吾楚①灵均歌揽揆，骚人生长例逢寅。诸君磊落皆同岁，如我蹉跎亦幸民。闵乱更怜征戍苦②，论交直取性情真。刘侯生日能相访，不遣唇濡曲米春松岩藏酒极佳。

廿四日。寄意城第十号信，交光泽带南。是日邀杨蕴亭、黄松龄、子纯、光泽晚酌，兼为光泽、子纯饯行也。

廿五日。雨。热甚。两日以为薛太翁书寿屏留住公馆，晚过荷翁一谈。

廿六日。雨。由总局一过回营。冯竹渔孝廉焌光自安庆至，子良刺史之侄孙也。

廿七日。刘仲良由金山回营，接到李季荃、周文之两信。

廿八日。为中丞拟复总理衙门一信。

廿九日。雨。常熟酋钱桂仁约投诚，并约会攻太仓。是日黄渡、江桥皆出兵会太仓城下，雨甚，未知能如约否也。

①此处旁注又作“旧识”。

②此处旁注又作“即事但忧征战苦”。

十二月

十二月初一日戊寅。程庭杰自安庆回，递到湘乡相国、马雨农、万篪轩、李申甫、陈心泉、曹西垣、周文之、何小宋、程尚斋、左孟辛、李质堂、王芝圃共十二信，兼闻曾士恒之丧，为之凄惋竟日。

初二日。雪。王荫甫、卢筠生、黄晓云、管楚卿、史筠谱、谭心可过谈，并由轮船新至上海者也。

初三日。仇竹坪太史枉过，随回拜筠生、心可、竹坪诸君，并诣薛觐堂中丞，预祝其太公生日。

初四日。雨。薛封翁七十寿辰，往会饮，过黄荷翁一谈。

初五日。黄光泽、子纯约以今日上船，因寄寄云中丞、赵玉班、黄南老、冯树堂、汤斐斋、左景乔、丁果臣及意城共八信。接到罗小溪、黄礼吾二信。礼吾为鹤筹之子，现署淮安通判。冯竹渔以是日移住夷场。季荃自江桥来营。

初六日。周镜帆绍文、杜咏松学衔、何叔航瑞元、沈啸梅光鉴过谈。

初七日。接王定甫、张竹汀、李子恒京信三件。与景老、季玉、仲良步至两军械所，观吴晓帆所解送开花炮。内军械所为刘治卿，外军械所为刘芝田，两处各小坐。

初八日。张山樵约同景老、季玉、仲良至天森洋行观春字营勇演开花炮式。法国兵头二人为之训练，一梅士家分，一哈利生。宁波人张士桂为之照料。山樵邀同至新新楼小酌，遇姚梅伯、周存伯两君。

初九日。周瀛士、伊鉴庵过谈。鉴庵并带到王少峰一信。刘松岩邀同黄昌期、黄荷汀、潘季玉小酌。是夜雨。

初十日。段晴湖、朱海门、汤果卿、薛时香、管楚卿过谈。接到方小圃方子听乔梓、赵吟蕉、金香浦、张方壶，王少峰、曹小瀛各信。

十一日。中丞招陪段晴湖、冯竹渔、黄昌期、冯景亭、刘仲良会饮。竹渔为觅得洋规矩及墨海书馆所刊书凡数事。

十二日。接湘乡相国、左季高、曾沅浦、李筱泉并意城、志城冬月廿日家信。为中丞撰晓谕常熟投诚兵民六字告示一通。

十三日。连日为酬应所苦，至不能近书案，思之茫然。昨日撰《曾事恒挽联》一首云：将相一门，经营百战山川，直争虎踞龙蟠地；江淮二水，计数五年事业，两失铜筋铁骨人。中丞仿其意为之云：将相萃名门，千里金陵同转战；江淮多恨事，五年玉树忽重摧。调高于原作，而辞意俱同，不能不改为之。晚复撰一联云：一椓故乡归，摩笄先冷铙歌曲；五年元老憾，堕泪重刊棠棣碑。

十四日。为中丞撰曾事恒在营病故，请加恩赐恤一折，多载其生平轶事，以备国史采择，非予亦莫能知其详也。

十五日。大雨。入城为雨所阻，因留宿公馆。仆从辈愚劣不堪事，气愤终日，至于病困，念之怃然。

十六日。雨。中丞专弁赴安庆，致相国、沅浦及第十一号家信。冯竹渔、蒋黻卿、黄晓云、周瀛士、姚彦嘉诸人过谈。

十七日。立春。是日独见日色，农家占验为丰年瑞也。沈仲骧云骏，朗亭尚书之侄；周少莲经元，莲士太史之子；并枉过求事。

十八日。黄昌期、赖华廷、周佐臣赴福山口通常熟之气，常胜军亦于是日前往，旋闻福山口贼营已投诚者复叛，吴伯华诸君避至江北，未知日内情状何如。

十九日。随同中丞校阅春字营勇演放开花炮，英酋士迪福立亦以大炮十馀尊，悬旗演试。炮制之精，所未尝见，而一以机关运用之，左右高下，立表测之，随机转动，真绝技也。

二十日。复王定甫、张竹汀、李子衡三信，交协乾成记带京。接张振远、汤小秋、施梅江各信。

廿一日。微雨。入城办理封印事宜，随往拜张孙鄂茂才。刘仲良率常胜军五百由福山口援常熟，迫欲启行，因回营送之。冯景翁言吴人沈小宛钦韩著有《汉书疏证》一书，极为渊博，其草本分质两家，为谋录存之。小宛治《左氏传》专攻杜预，治《公羊传》专攻何休，治汉书专攻颜师古，所谓立意与古人争胜者也。

廿二日。随同中丞至新闸观英兵操练洋枪队。英兵约七百人，皆红衣；印度兵约千二百人，半绿衣半红衣。周志鸿所带九亩地洋枪队约七百人，皆青衣。又炮车四，天森洋行炮勇五十馀人，英马队兵二十馀人，整队间行，严肃可观。各军屏气植立，南向竖枪毕，反而北，齐进数十百武，转而东趋，又进数十武，转而南，而西，皆如前法。乃分驰为六，圆如布营，四面枪声如雷。又变为长蛇阵，枪火排进，炮车左右夹之，更番前趋数十武，乃徐收队，植立如初。行军无旗帜，号令皆口传。小兵头数十人，骑而左右趋，以发号约束军士进退。英酋士迪福立等亦骑骋监视诸军。数百千人步法无少参差。向见洋枪队，赏其步武之匀速，及与英兵较，则洋枪队步法不如英兵之整齐有力，又不可以道里计矣。上海人颜永金，住花旗八年，遂习为洋人装束，通知诸夷文字，年二十馀，貌甚清美。

廿三日。何季初庆元、胡竹亭璋来见。何君现署常熟，中丞命与徐佩瑺炮船同赴徐六泾。人似老成，无浮滑气习。

廿四日。接到阎海姓炜、施梅江宜泰、邢仁山春第、王少峰朝纶四观察信。

廿五日。冯景亭前辈相予住宅，宜西后房。入城移居。闻上海道署火，遣人往问，则门房烧火锅，缘板壁以达楼栿，见火始觉。幸无风，毁旁屋以断火路，移时而息。是夜雨。

廿六日。大雨竟日。常胜军先日会攻太仓，计抵城下。闻雨声涔涔，为之闷损。到官后，往来书札，皆自任之，会归安杨蕴亭孝廉来见，询知曾习书启，延致之馆，则写作皆恶劣，无一可者。又身处营中，人事丛碎，枉书盈尺，未能一复。近冯景亭前辈荐其门人张孙鄂茂才，书法尚佳，皆汇诸信属复之，仍自复乔鹤侪、王少峰、许次苏、金眉生、高篙渔、周湘浦、李季荃、况贤臣八信。以雨未回营，笔墨之役，劳顿终日。

廿七日。谢琴山申烈、杨鹿亭溥来见，所办筹赈局务，多费唇舌。随往刘松岩、沈啸梅、徐子才、冯竹渔诸处谈，傍晚回营。

廿八日。刘仲良遣天平轮船回沪，请添兵以规进援常熟。阅其来信，知仲良连日部署，极其条理。中丞已允加添常胜军百人、炮勇百人往助之。

廿九日。李季荃信言，常胜军攻太仓，以大炮轰坍其城十馀丈。英酋奥伦挥众登城，登者数十人。贼以洋枪队二千馀人伏城下环击之，毙英酋二人，常胜军亦伤数十人，乃皆跳城下，贼遂开城出薄之，常胜军狂奔，弃所辇大炮四尊。季荃令所部守桥遏贼，郭子美越桥击贼，夺回所弃小洋炮二尊。其二尊重五千斤者，遂不及辇回。洋人兵法原自严整，无如常胜军之不能自立何也！阅之怃然。

三十日。雨。衙参后，为潘季玉作生日。料检年事，劳顿终日。致黄昌期军门、成楚材镇军、周佐臣协戎二信。荷汀观察属为松岩方伯之母程太夫人作八十寿序，寿期在明年二月。

同治二年　癸亥

正月

同治二年正月初一日戊申。元旦。晴。随同中丞及在城文武，万寿宫行朝贺礼。诣中丞、薛中丞二处。松岩方伯、荷汀观察皆言元旦候补官班见，吾辈须在家候之，以免各官之久待。乃回公馆，酬应终日，傍晚始得诣松岩、鹤汀诸处。

初二日。刘仲良自福山回，枉过早饭。随往各处贺年，酬应终日。札委县丞谢炳南赴嘉兴约降贼酋廖兴良。

初三日。临淮委员吴宾知世昌、崇明厘局委员高英甫隽元来见。以仲良今日赴皖，回营送之。至则潘晴轩、刘省三、蒯蔗农、王敬亭诸君皆集。晴轩、省三请以所部进剿福山，中丞已允行，仲良赴皖又须从缓。冯竹渔、沈品莲皆在营，并与晴轩从学中丞者。品莲新自武昌归，谋觅轮船之便，赴京会试。

初四日。王晓莲除服之期，为其尊人成主，属予题之，徐伯蕃、何硕甫襄题，则浙俗然也。南城一粟庵地尚清幽，宾客集者甚多，因留一饭。以中丞初五日生辰，是夜回宿营中。

初五日。程方中、潘晴轩、刘省三诸营官皆至。往拜阳健晖、蔡石岩诸人。接汪啸庵师、何小宋、姚凤泉三信。啸师信荐金鸿保、金福澄、褚维垕三人。

初六日。雨。遣督辕戈什哈施占琦回安庆，致湘乡相国及曾沅浦、万篪轩、陈心泉、何小宋、富蕙亭、阎海然、江达川、邓伯昭、李眉生、方子听、左孟辛、王芝圃并家信共十四件。本年初寄家信，因编次为癸字第一号家信。荷汀观察邀同刘松岩、孙竹堂、王晓莲午酌。再致黄昌期军门一信。蔡麟洲和潘玉淦生日寅字韵诗，极典雅可诵。诗云：三寿作朋传上相，一时同甲纪壬寅道光朝穆长白、卓华阳、陈潍县三相国并诞壬寅，上符天寿，宣庙屡询及之，都下传为盛事。岁临吉戊重征瑞，天笃生申为福民。魏国淮南宾主盛韩魏公帅淮南日，招王岐公、王荆公、陈秀公赏金带围花瑞，四人皆为宰相，潞公洛下画图真文潞公年七十八，偕程迥、司马旦、席汝言为同甲会，赋诗有：四人三百十二岁，况是同生丙午年。又有洛中应作画图传句，见彭乘墨客挥犀。四元唱后添佳话道光壬午正月，文恭师在籍侍养，石琢堂廉使招同吴棣华观察、吴蔼人学士集鹤寿山堂，宾主四人皆状元，吴门刊有《四元唱和诗》纪盛，我亦吟成采笔春。通体杂引古今事，皆切定四人，真名作也。

初七日。邀冯景亭、秦澹如、徐少岩、凌小南、刘听香、刘仲良午酌，二刘不至。冯竹渔、张渐逵、邵莘卿过谈。接徐淮道朱珊泉善张、苏州遗缺府札仁山克丹及冯季云、于竹虚、曹小瀛、张方壶诸信。张岩云、成楚材、陈丽生三镇军来见。

初八日。邀张孙鄂、杨蕴亭、谭星可、史芸圃、黄松龄、杨艺芳午酌。往段晴湖、冯竹渔两处送行，傍晚回营。

初九日。刘仲良与潘晴轩、刘省三、张海珂、张山樵诸公同赴福山，诸君之气甚壮，或有济也。

初十日。接李季荃、胡研生、马峙生、杨厚庵诸信。中丞令会同刘松岩传谕杨屺堂，责令报捐京米，因留松岩处晚饭，同席钱慎庵大令。以晚留宿公馆。

十一日。姚彦嘉过饭，下午回营。汤小秋、于少湘两大令自江北来，盖随许缘仲观察来见中丞者也。为中丞拟筹办京米情形各折片。

十二日。许缘仲、赵吟蕉、刘松岩、黄荷汀、李问樵、王季初诸君枉过。随入城回拜各处，以办理劝捐京米详稿留宿公馆。

十三日。杨麓亭、姚雨香来见。晚为中丞邀同许缘仲、赵吟蕉、王晓莲、黄荷翁会饮。

十四日。雨。连日热甚，知为雨征也。酬应终日。晚与松岩、荷汀邀同缘仲、吟蕉会饮。接梁梅楼学使、黄昌期、沈问梅诸信。周桂伍自安庆至。

十五日。雨。衙参后，即约松岩、荷汀至寓，开设筹办京米局。周桂伍、金兰生枉过一谈。

十六日。与冯竹儒约，往见容春圃，以容住虹口广泰隆后墙花旗曾来顺宅，相距过远，因招致竹儒处一谈。随往若沙利洋行，孙竹堂、赵蔚堂俱相候，饮洋酒数钟。接潘伯寅一信，由四牌楼祥顺帽店内文茂信局寄来者。

十七日。大雨。方麟轩、曹小瀛、梁小曙、孙彦峰诸君枉谈。接钱莘伯、柳星桥两太史信，钱送讣、柳送会试朱卷也。傍晚回营。

十八日。雨。江南北各府州县贺年信，由张孙鄂拟复，约二十馀缄，至是始发行。为刘年伯母撰寿文一通。寄意城家信第二号。

十九日。雨。接左季高、曾沅浦二信。中丞属撰两折片，灯次为撰就。每夜省文书至三鼓后，目力苦不给也。

二十日。中丞奉署理钦差大臣之命，于是日午刻接篆。江小云观察自高邮至，因往回拜。并诣徐子才、商华伯、黄荷汀、周桂伍、谭心可、史筠谱诸处一谈。

廿一日。巳刻开印，因移住公馆。黄荷汀、薛时香、陈德斋、蒋珩卿、谢琴山过谈。

廿二日。中丞、方伯、李薇生、王荫甫、钱君砚、陆若卿、金子辰、沈秋香、张虹桥、徐子才枉谈。人客纷集，酬应颇苦。张文心自湖南来，带到王壬秋、嵇月生及意城、志城、门人湛少帆各信。

廿三日。与荷汀同邀江小云、吴晓帆、刘松岩一饭。

廿四日。热甚。长洲相国堂期，一往致奠。随拜贾雪严比部、徐内翰、张文心、孙竹堂、王敬亭诸处。因赴刘松岩之召。

廿五日。大雨。衙参回，酬应终日。

廿六日。雨。邀集刘听香、姚叔愚、赵敬甫、钱芝门、周子庭、杨藕舫、沈咏楼午酌。汤斐（汤）〔斋〕自湖南来，带到邓伯昭及意城二信。

廿七日。邀集郁泰峰、李绍周、王敬亭、杨艺芳、周桂午小酌。泰峰求观《通鉴论》，因言嘉定严永思衍著有《通鉴补正》一书，至今未刊行也。

廿八日。往拜曾允堂军门、刘松岩、杨屺堂、汤斐斋、顾紫山、汪秉斋、黄印山诸君。邀集松岩、荷汀、竹堂、季玉四人小酌。晚接江达川、邓伯昭、赵泉生、吴仲先四信。

廿九日。谢炳南自嘉兴归，历述彼中情形，言李世忠再四邀忠逆渡江，并赠马数十匹。以情事揆之，知必出于是也。

二月

二月初一日丁丑。刘松岩拜苏臬之命，与荷汀、小云同往一贺。午邀蒯子范、蒯蔗农、庆式如、刘子岩、张西园、朱季云、沈品莲、魏荫亭诸人小酌。罗小溪专杨庆由海道递一信至。

初二日。薛星门（大）〔太〕翁寿辰，偕诸人往贺。旋赴中丞之召，同席冯景亭、章采南。

初三日。李年伯母寿辰，偕诸人往贺。章采南为李年伯书寿屏枉留半日，书毕。

初四日。酬应终日。诣营见季高中丞咨到奏件，正月十一二日蒋湘泉军由汤（进）〔溪〕攻克金华，左军由龙游进克兰溪，绍兴亦于廿六日克复，浙东全境肃清，浙事庶有豸乎。喜慰之至。

初五日。刘年伯母寿辰，陪同少帅、觐帅留酌。是日午刻宝苏局开炉，随往食炉辰，酬应终日。黄晓云、吴慎生晚过一谈。是日微雨。

初六日。数日病腰背痛，略似劳症，颇觉烦躁。终日为酬应所苦，益信居官之无谓也。接陈筱舫宋雪帆两前辈、程蓉伯各信，又接湘乡相国、黄晓岱、梁崑圃、喻庆勋、周笃生及意城十二月廿八日家信。

初七日。雨。孙竹堂约同冯景亭、潘季玉至若沙利洋行，会同赵俊堂、钱楚英二君，至得利洋行那伦处，观所制火轮磨。为屋三间，一安火箱，一安轮，其外厅置磨三，外旁为厨，其上盛麦。有筛簸去糠秕及土尘块，由厨置笕以达于磨，又置笕于下以盛之。内旁置翻轮，笕状若水车，翻下笕之麦，以达于上笕。上笕置磨后而最高，下承三袋，麦与麸与皮分道以注于袋，可谓精巧绝伦矣。又观所制传书铁线。其制为木匣三。一平立稍大，前为廿八字母盘，而空其二为三十，旁各有员钉，亦三十。一为廿八字母表，亦空其二为三十，而旁无员钉，置前匣上，而其制斜立，后有两耳，以铁线系之。又有一匣，外无表识，亦以铁线系之而置之地，安放东房。而以铁线绕窗外百馀丈，以达于西房，亦置木匣三，与东房大小相准。每传语，按字母作数音，转其机关。东房机关转，则西房地下木匣内之钟先鸣，而斜立之廿八字表针头亦随之以转，随知其作何语，随按字母答之，彼此互相质，若对语者。云可由数十丈以达千里，至数万里。此制略小，仅能及三百里而已。火轮磨犹为机巧，可以理测。传书铁线则直夺天地造化之巧，所用惟电气，不可以人意测量也。又转机关而钟鸣：铁线相衔者，释其纽两手分持之，合则钟鸣，离则钟止。随离随合，则钟亦随止随鸣。用布围之，使无透光，两手分持铁线中两端，而令相交歧出，视铁线之巅，有火出如小粟，奕奕有光。神奇至此，此足以称雄中国矣。

初八日。大风，寒甚。将谋移住杜家衖，先往相视。

初九日。刘应渠制府赴直隶总督之任，由海船至沪。十年之别，叙谈甚畅，因留宿公馆。

初十日。中丞以筱荃长君与觐堂钦使联婚，属予与松岩为之媒说，以此日订庚，往返两地，终日劳顿，夜久始归。

十一日。有轮船赴安庆，便致湘乡相国一书。张虹桥同衢，索书致季高中丞。龙汉云回湘，索书致意城。又以荫帅寓此，酬应颇烦，已觉疲乏不支。晚为荫帅拟一折稿、五夹片，时已五鼓矣。

十二日。荫帅由沪开行，送之舟次。晚赴季玉之召，同席刘松岩、黄荷汀、孙竹堂。中丞委代讯过堂二案。晚次一赴营。

十三日。李春生自广东回，钱调甫自湖北回，均蒙枉过，随往回拜。方麟轩以松江常胜军宁波人滋事，捕得为首者朱和尚等三人诛之。洋兵头乃挟之为乱，劫府县各署，事久不治。乃至沪求吴晓帆一赴松江，与英人戈登共了之，因枉过一谈。

十四日。汤斐斋回湖南，寄去癸字第四号家信，与龙汉云带去之信仅隔三日，家书不厌频也。因致毛寄云中丞一信，并以《谈天一部》、《西算新法直解》一部、洋规矩一匣寄丁果臣。曾沅浦委员沈桂者回金陵，便复沅浦一信。

十五日。公饯薛觐堂钦使于西关帝庙。晚得曾允堂、王晓莲二信。晓莲赴江北，至是始达泰州也。

十六日。应敏斋为其母七十生辰制屏为寿，凡得甲辰同年十馀人，予以意城同年，亦得附名，商华伯乃属予书之。接宋雪帆侍郎、陈筱舫侍御、程蓉伯郎中、孙琴西太守、胡砚生侍御、庞宝生侍郎、吴镜舲大令、蒋纯顷太守、黄晓岱编修、周笃生学博、梁崑圃大令、喻觐勋镇军、史公亮观察各信。

十七日。应敏斋之母七十生辰，设席一粟庵。拜寿后，随往各处回拜。

十八日。午刻由采衣街移居杜家衖。中丞招陪饯觐堂钦使，同席并刘松岩四人。

十九日。雨。酬应终日。又以检点书籍，皆身任之，劳顿至不能胜。接到刘荫渠制府、左孟辛二信。

二十日。阴，微雨。酬应终日。陈实庵、史筱卿过谈。公馆上下无一相助为理者，心力兼劳，病日加笃，念之茫然。

廿一日。为中丞拟示谕如皋机户稿，随赴营一议其方略。如皋之东城、白蒲、林梓，通州之石港，江都之大都，为机户屯聚之所，民俗亦最悍也。

廿二日。夜大风雨。是日闻福山光复之信，为十八日事。是夕刘仲良、张山樵并回营。

廿三日。诣营为中丞道贺，李季荃、薛慰农、刘仲良、张山樵、潘季玉并相值一谈。接张竹汀、黎简堂、史士良各信。

廿四日。王雪轩中丞奠期，幕设一粟庵，与薛觐翁、刘松岩、黄荷汀同往致奠。陈渭滨协戎、张贞亭参府、唐文方游府以为荫渠制军募勇事，与各营牴牾，为致书宋楚卿、何星桥、黄吉士三协戎和解之。又以彭呐生入都之便，托刘松岩附寄荫渠制军一信。

廿五日。阴，微雨。题画一绝云：数株老树一溪水，家在千岩万壑间。疑是潇湘好风景，卧看图画当还山。

廿六日。青村场马星甫大使来见，年七十矣，而健步善谈，熟悉盐务情形。宋楚卿来言，鲍春霆营有前真定镇总兵娄永庆，多礼堂营有管带荆襄营开化勇提督杨昭霖，皆大将才也。特记存之。

廿七日。折弁萧仲达入都，寄复宋雪帆、庞宝生、程蓉伯、陈筱航、黎简堂、张竹汀五信。

廿八日。大雨竟日。陈培之倬、贝无咎青乔来见。终日酬应。是日大雨倾盆，人客仍络绎不竭，可笑也。

廿九日。接史士良、王少鹤并湘乡相国三信。姚彦嘉来谈，述悉王晓云为人，亦所谓外强中干者，由其嗜欲稍多故也。

三十日。大雨竟日。连日拟详文稿数通，动辄万言，思力颇不能给，自觉劳顿而已。接罗小溪、左季帅二信。吴凤池镇军来谈。

三月

三月初一日丁未。大雨。刘仲良过谈，言将兵利病，终日与武夫健儿处，德未有能加进者，大率有三弊：以己之长，形人之短，则久而益其骄；争功争名争利，无一肯让人者，乃至视争斗为常，恶声谇语终日闻之，则习而增其暴；杀人如草芥，则久而滋其忍。古云：三世将兵，道家所忌。所过草木为之一空，其造殃积孽更无论也。其人大率两种：一凶狠，一庸恶，是以君子重与之为伍也。予谓苟能时存此心，则亦进德之一助也。仲良人品尽高，心术尽正，所言多可味也。陈芷庭言，沪城外英国地段在洋泾浜三图地方，北至头摆渡，南至洋泾桥，东至浦滩，（北）〔西〕至二图界河。美国地段在浦东净土庵头三图地方。法国地段在洋泾桥南，南至天后宫，北至洋泾桥，东至浦滩，西至老北门。道光廿九年，英国请推广至二图界河以西，至周泾口为止。咸丰十年，总理衙门咨称，小东门外洋行街一带，准洋商租用。今洋房北逾新闸，南逾陆家石桥矣。

初二日。以江苏赋额过重，详请减漕，并条陈运漕利病，详请改卫归营。终日酬应，无能尽心于吏事，真令人闷损。

初三日。陈渭滨募勇赴直隶，中丞饬往点验。接到何星桥、黄奇士两信，各派员弁五人赴直隶，盖答予前书之意也。

初四日。吐泄并作，委顿终日。是夕罗麓山送家眷至，细女实同来。接到志城并杨琴堂、陈鉴堂、陈敬吾、郁之、张西山、盛展奇各信。

初五日。陈渭滨馈马二匹，并枉以师礼相处，坚辞不获。旦夕由海船北行，马匹不能携带，故拒之。

初六日。雨。黄光泽带到毛寄云中丞、黄南坡、林琴生、杨星塘、熊绍香、周昌辅各信，又接荫渠制府天津一信。

初七日。微雨。以生日谢客，潘季玉、陈渭滨来枉祝，因留酌。

初八日。雨。往各处谢寿。酬应终日。

初九日。以陈渭滨赴直隶，支放全营口粮，并办理报销文册，劳顿累日。

初十日。大雨。渭滨上船，顺寄荫渠制府三信：一交庆式如解火药，一并二月廿四日托松岩附寄一信，以无便船，加函交陈渭滨。

十一日。史筠谱、周寿山回湖南，顺寄意城癸字第五信。并以过安庆便，寄湘乡相国、方子听、王芝圃、万篪轩四信，又寄方仰沂一信。

十二日。薛觐堂中丞航海赴京，随同中丞、松岩、荷汀寄请圣安，送至洪口，顺拜祝桐君、杜小舫。

十三日。大雨。赴营，冒雨拜客终日。杜小舫递到乔鹤侪一信。闻太仓贼酋蔡元隆以伪降诱致官军，为之愕然。

十四日。雨。复乔鹤侪信，交邹英遣号吏送杜小舫处，逾时还报云，杜已渡江，信亦为号吏遗失。邹英之不适用如此，可笑。

十五日。衙参后回拜各处。接曾允堂、叶云岩各信。中丞示悉程方中信，知十三日会攻太仓，悉毁其西门外石垒，获贼船十九号。大约太仓之贼或尚不难削平也。祝桐君、姚彦嘉晚过一谈。

十六日。太仓已于十五日申刻克复，诛其酋长略尽，差快人意。随与松岩、荷汀、晓莲诣营贺。回至宝苏分局，与王晓云、叶莲舫、周瀛士、姚彦嘉、吴慎生畅论鼓铸利病，仍定官督商办之策。王辅卿、薛时香、蔡麟洲、陶小农先后过谈。

十七日。刘松岩邀陪黄昌期、王晓莲早酌，黄荷汀邀午酌，酬应终日。

十八日。邀黄昌期、王晓莲、钱调甫、张小樵早酌。接到湘乡相国、李质堂、杨绶臣各信。

十九日。邀邹云台、萧松泉、黄子赞、京士、钦元、兰生、光泽午酌，皆新自湖南来者也，松泉、钦元二人不至。中丞将赴青浦，招予代理营务，是晚赴营。

二十日。中丞以高桥轮船船主未定，未能开行。章采南仍由海道至沪，得知同年中得总裁一人沈经生，房官一人华尧峰。

廿一日。中丞由陆路赴嘉定。回拜章采南、冯景亭。是日微晴而寒甚，知为雨兆也。

廿二日。雨。接到季高中丞、况贤臣、史公亮各信。以明日万寿圣节，例须朝贺，营中舆力不便，回公馆一宿。

廿三日。雨。朱海门侍御赴都，顺致荫渠制军一信。

廿四日。黄荷汀专足回湖南，寄去癸字第六号家信，并寄篪儿洋画各事，兼复黄南老一信。

廿五日。接湘乡相国信，并递到意城亥字第二信，又汤敏斋、邹子香、宋楚卿各信。适有轮船赴安庆，便复相国一书，闻皖北军事甚紧，念之怃然。

廿六日。潘琴轩观察来，随往拜之。复史公亮一信，附中丞信递至怡和洋行转寄厦门。

廿七日。拟试运京米三万石折稿，并照京铜局事例请奖一片，及运米章程。李幼荃自安庆来，得悉江、皖军事。是夜四鼓，中丞自松回营。

廿八日。浙江委员何州判圣求解饷赴严，奉寄季高中丞一信，兼致周寿山信温州，属由宁波发递。接到沅浦方伯、篪轩廉访、缘仲观察三信。

廿九日。大雨竟日。邀潘琴轩、李幼荃、刘仲良、薛慰农、潘季玉午酌。童际庭观察自山东来，前在营枉过，一往回拜。

三十日。雨。潘季玉、李薇生邀酌。接到方子箴观察、王芝甫司马二信。复乔鹤侪都转一信，以前交杜小舫带复一信为邹英所遗失，补寄此书也。

四月

四月初一日丁丑。邀童际庭、刘松岩、黄荷汀、皮小龄午酌。

初二日。邀李薇生、薛时香、赵吟蕉、高华伯、徐伯蕃、何硕甫、王莲塘午酌，伯蕃、莲塘不至。是日闻云南失守之耗。左季高中丞擢闽督，曾沅浦擢浙抚，万篪轩擢苏藩，马穀山擢皖臬，乔鹤侪擢江藩，已见三月十九日报。

初三日。雨。由京米局兑银二万赴安庆，从关税赔还四成项下拨付，具文交李树勋参府振名。朱海门侍御赴直隶，寄荫渠制府一信。

初四日。雨。致湘乡相国，沅浦、寄云两中丞，万篪轩、喻觐勋、孙琴西、叶云岩、蒋莼顷、李眉生、赵惠甫、何小宋、陈子奉、王芝圃各信，并致意城癸字第七信，又复天津道李云生一信。

初五日。雨。接到潘伯寅、程方中、冯竹渔、冯小云、王少峰各信。是夕周笃生自安庆来，云已简放两淮运司，此间尚未见明文也。

初六日。回拜各处，酬应苦烦。接九江道蔡芥舟锦青一信。

初七日。刘莘农水部、张小山太守枉过。天津道李同文见寄一书，并报简报之信，想非诳语。李君曾共事天津，不记其何号也。李薇生言观察河南人，号云生。袁桐君递到金眉生一信。

初八日。邀刘莘农、张小山、周笃生、姚彦嘉诸君午酌。

初九日。幼荃、澹如过谈，随往各处回拜，酬应终日。拟同文书院章程十四条交黄荷汀。

初十日。接到湘乡相国、赵玉班、李小荃三信。筱荃因丁雨生来沪之便，寄到端砚、雷葛、潮罗数事。雨生随为粤督所留，遣其家人运西洋炮来沪也。

十一日。冯竹渔遣其族父祖霨运米千石至，又得其一信。

十二日。大雨。松岩方伯邀同幼荃、小南、听香、仲良午酌。

腹痛甚剧，午归，一泄而愈。

十三日。雨。因发安庆信，谢客一日。

十四日。复湘乡相国，蔡芥舟、方子箴、李筱荃三观察，沅浦中丞及意城家信癸字八号。子箴、筱荃二信则交镇江提饷委员虞丞庆澜带去者也。接到喻叔明、金眉生二信。

十五日。奉到中丞饬知先换顶戴。贺客纷集，酬应终日。午邀松岩、荷汀、景老、季玉小酌，议减漕事宜。

十六日。往城内各处回拜。于竹虚大令来，因询及扬州诸营情形。都将军小队外，曰选锋营，李副将曙堂管带。曰英字营，胡副将士英管带。胡为鄂人，李则湖南人也，质性颇乖异。富营帮办仅有小队二百人，距都营三里许。再东则詹镇军启纶所部七千人。詹营著名营官，曰郑复兴，曰刘福兴，曰李天才。其都将军所部，合之詹营，凡十三营，万七千人。詹营曰忠义营，最为大营。馀为云胜营赵友胜参府管带、仁勇营、义勇营、凯勇营。川勇、广勇，皆勇也。马队三千人，及山东、直隶各镇兵，皆兵也。其滋事者，以选锋营、忠义营为最甚。营务处三人，曰萧观察汝成，曰孙镇军文友，曰刁镇军经明。孙镇军兼理詹营营务处，最为文秀，知事理。于大令带到金眉生一信。又接沈经笙司农、蒋芗泉方伯二信，沈信由葛味荃孝廉，蒋信由管楚卿大令，并略询悉方伯富阳军事。

十七日。大雨。往各处回拜。明彭德光请苏松粮额，准作上中下三则，视其肥瘠广窄，计其岁入而轻重等差之，每亩极重不得过一斗。国朝郑遇扬言，袁瑞减粮时，无原额可考，因袁州与新喻县连界，准照新喻上则为率。苏郡以西与无锡县连界，请即援以为例。沈德潜变通浮粮议，亦请准嘉、湖、常、镇四郡中赋之重者，以为苏松之则。汪志伊请苏松原额减半征收，永为定例。

又周梦颜《苏松重赋考》、蒋元泰《苏松重粮防变说》、梁绍壬《苏松重赋辨》，大致略同。石韫玉请苏松粮额递减三分。

十八日。雨。潘太守绍诒赴浙，寄上季高制府一缄。终日酬应，颇觉无谓。许次苏自江北来，从者三人：李小舫太守、黄子春大令、魏盘仲县丞，晚相过一谈。

十九日。荷汀邀同次苏、松岩二人晚酌，谈江北事甚悉。盐官之能者二人，一海州分司武祖德，一泰坝同知沈炳。

二十日。接到季高制府，沅浦中丞，何小宋、王少峰、刘馨室三观察，秦啸石大令各信，并意城亥字第四号，其三号信交李荣带来者，尚未收到也。

廿一日。复李云生观察、张渐逵司马二信。李观察由委董朱云甫司马带赴天津。

廿二日。雨。奉到湘乡相国，季高制府，沅浦中丞，湘泉、鹤侪两方伯各信。

廿三日。雨。周笃生、刘莘农由轮船赴津，奉致荫渠制府并陈渭滨、王少鹤、潘伯寅、张竹屋五信。荫帅、渭滨二信交笃生，馀信交莘农带京也。

廿四日。接史士良、何小宋、勒少仲、许缘仲四观察信，又接崇地山钦使一信。崇信并托为许仲良通府嘉勋回避改省，一催浙抚咨文。

廿五日。致季高制府、芗泉方伯、士良观察三信，并由士良处转递大营也。

廿六日。接郭远堂观察、刘筱粤太守、程尚斋观察各信。李荣自家运米三十石至，接到意城亥字第三信，并夏宝山明府、陈鉴堂各信，又接宋楚卿、乔鹤侪各信。

廿七日。刘仲良自洙泾回，往一拜之，随往各处酬应终日。

廿八日。邀许次苏、孙竹堂、管楚卿、黄子春午酌，云及僧、胜各情事，相与怃然。

廿九日。接朱桐轩师、曹琢如司马、宋雪舫仓督、潘伯寅光禄、陈小航侍御、黎简堂太史、张竹汀比部各信，又陆荣曦一信，眉生侍御之次子也。是日热极，夜大雨。

五月

五月初一日丙午。雨。邀李幼荃、刘仲良、潘季玉、朱季云午酌。幼荃以是日移营青浦。由新泰厚兑银六百，并寄意城一信，未列号。

初二日。中丞委苏州守李薇生兼护粮篆，即以是日交卸，一切事件均须检点，忙遽之至。

初三日。回拜各处，酬应终日。致湘乡相国、沅浦中丞、万篪轩方伯、富蕙亭协戎、程尚斋观察各信，并致意城癸字第九信。

初四日。雨。荷翁邀同符介臣、管楚卿晚酌。

初五日。雨。致李季荃、程方中、况贤臣各信。其馀酬应信件，并托之麓山照料，不复亲理也。

初六日。雨，凉甚。夜梦为诗十馀联，醒记一联云：六华无华水，三湔有湔星。梦中略记其意，云陕西方乱，多礼堂剿办尚为得势，终亦不晓作何语也。

初七日。微雨。康熙朝昆山周梦颜撰《苏松财赋考图说》一书，曾采入四库馆史部政类存目，称其书不著撰人名氏。道光初，梦颜曾孙周蕙田始序其颠末刊行之。中丞奏减苏松浮粮，以其本进呈，为代撰《跋文》一首，装潢成册。

初八日。接薛覲堂宗伯、潘晴轩观察二信。复崇地山钦使一信，交孙竹堂转达。是日谋一周游各营，王莲塘大令备我坐船一只，极华丽。为人客所缠扰，傍晚乃获上船。

初九日。黎明发舟，十二里，龙华港。廿四里，塘口，小泊候潮。又廿四里，泊闵行。是日共行六十里。

初十日。廿四里，过得胜卡，卡员无过问者。十二里，至董家口，小泊候潮。董家口入松江河，距郡城十二里。方麟轩太守，白香亭、冯厚恬两大令遣丁迎候舟次。是午微见太阳，热甚，知必无放晴之日也。廿四里，由黄浦江入竖泾港，进东口，距泆泾镇约二里。水浅，舟不得入。而西口江路深广，刘仲良船只均泊西口。有横河亘泆泾镇，小舟尚可通，坐船不能入也。仲良乃以肩舆相迎。唐松甫大令来舟相见，小坐，夜已久矣。是夕留宿仲良舟中。潘晴轩观察适先期至，相与畅谈。

十一日。热甚。来见者，曾夔堂协戎，骆保元东良都（闾）〔阃〕为水师营务处，吴小轩参府长庆，李云台都阃，袁青山发、王昆峰玉林两协戎，及曹小瀛大令、邵莘卿学博。与晴轩、仲良骑马至庆字营小坐。盖吴小轩所部两营，一扎泆泾，一扎三家村。小轩驻泆泾，李云台驻三家村。又六里，至三家村。营西距枫泾约十二里，南距平湖约五十里，四面环水。营右即新开河，可通小舟。沿新开河里许至泖桥，曾协戎有水师一营三板三十只驻扎。水师另扎一营胥浦港。舍骑登舟，由泖桥四里许回至西口，稍登岸酬应。曾协戎送菜一席。姜德所部三千人，由宝山调至泆泾，实不过千五百人。仲良拟选派三营，自部一营，袁青山、王昆峰各部一营，又调王梅村占魁前锋营共六营驻泆泾，以图攻取乍浦、平湖，进规嘉兴。旧驻泆泾各营，仅留聂桂荣一营驻泖桥，与水师相倚。

十二日。雨。由董家口卅六里至松江府，泊城西三里之绣鞋桥，赴青浦支河所从出也。张山樵为借马入城，晤崔松浦、方麟轩、白香亭、冯厚恬四君。又周通守智敏亦来见叙九，娄县范典史景贤亦来见鲁斋。又于山樵处见英人马噶礼，现为中丞监铸开花炮者也。松江府形势尚为壮阔，中丞拟驻节于此，马噶礼兼为看视公馆。下午回舟，步至仓城，距城西约四里，在江南岸。城东西二门，居民甚夥。华亭、娄县、奉贤三仓皆南向，仓屋东西对列。华亭仓屋皆完，惟上下木板无一存者。娄县仓屋前墙皆毁。奉贤则已荡为平地矣。三仓非由兵燹，由乱后附近居民毁拆耳。娄县主簿袁桐君铎来见，白、冯二令皆谨饬而有才具，冯微懒耳。方君颇有嗜利之癖。柘林通判周君，闻不甚谨饬。娄县绅士无甚佳品。郎中冯昌颐，又张茂华、张茂林兄弟，皆诗舲尚书之侄，颇多诈讼网利之事。晚次，谢隐庄司马鹏飞来见。专差张贵回上海，寄左季高制府一信，并寄意城癸字第十信。

十三日。廿里，烧香山，仅一小阜而已，山上有庙，远近男女朝拜，因名。松江水乡无山，少故见珍也。廿里，至青浦西门。成楚材水师已移扎昆山，仅存水师营栅。绕泊城东，探询幼荃已赴常熟。往见其营务处张又堂绍棠，所居行台规模极宏敞，滕升平所修理，为备中丞移节处也。幕府柯剑潭、军械所唐健伯、横卿昆仲，副营营官朱晴溪开泰，皆得一晤。翟叔度、沈子宣两大令，罗敦复主簿炳堃，荀茹九典史淦，庆芸溪游府升并来一见。青浦西南乡金泽、章练塘一带，东乡七宝一带均已开耕；北乡北竿、凤凰山、白鹤港、黄渡一带情形最苦。张又堂言青浦城无女墙，当谋修之，防守之兵可督以充役，满城砖石狼藉，以修城雉，不独取携甚便，且亦清理衢道之一法也。所缺独石灰，随饬翟叔度大令遣人于得胜港上游觅之。午刻由城东开行，三十里，泊赵墩桥。上岸野步，近水村舍一片瓦砾，四望田野，惟见榛芜。行二里许，所见二三人，皆鸠形鹄面而已。秦澹如以扇索书旧句，为书一诗曰：觥觥诗伯秦夫子，白头老向文字里。出身幕府得晚达，素丝白马风尘起。武林见君年又七，盗贼纵横今未已。腰鞬草奏犹矫捷，岂有①情怀少年比。我老无能百事废，（诗向）绸缪诗句壮夫耻。强储破罂付儿辈，蛛网尘封置不理。君如选艳富青娥，举似西邻问东里。野味并无蔬笋气，里声早醒筝琵耳。老颜聊此塞君意，不敢从人效憎喜。与君会少别复多，准辨相思今日始。且试吟呼斗鼙角，忍看城郭生荆杞。他年记取哦诗处，黄浦春深一篙水。

十四日。三十里，至旧青浦县，有塔存焉。十五里，至三江口。廿里，至昆山县，泊城东。王秋岑、凌珊卿两大令，馀子虔典史秉钺并来见。往拜戈登，以头痛辞。见其文案朱忆萱训导震，并善后局委员王燮甫拔贡景仁。戈登忽与叶通事来船求见，极谢未能相迎候之意，坐谈逾时始去。都司袁鹤亭九皋、县丞李立人渭并朱忆萱来见。英兵头以兵俸为次第，月得百四十元者曰来福屯犹中国之队长，月得二百五十元者曰盖兵犹中国之哨长，月得三百五十元者曰美池犹中国之营官，月得四百九十元者曰康纳儿犹中国之统领。昆山常胜军凡得五营，一康纳儿，名曰白伦敦一名勃立川；四美池，记其一曰劳伦；总管粮台者曰柯克期理，其次曰阿克斯。英人一日凡四食，早食曰勃来会斯，午食曰敌分，晡食曰敌纳，晚食曰威克伦。昆山所辖东南二乡，新阳所辖西北二乡，北乡较为完善。正谊、鹿直二卡，程方中镇军尚禁止船只出入，不能遽设也。

十五日。廿四里，至正谊镇之上三里新泾。程方中适赴昆山与戈登会议进攻，来舟一谈。旋从周锡三借马一匹，赴开字中军营，见陈行山游府忠德，奇字正营见刘六如总兵士奇，良字营见周

①此处旁注又作“羡”。

锡三镇军良才，又赴水师中营见阳健晖镇军利见。程方中军门统领前敌陆军，凡十四营开字凡六营，而前营方召募未至，水军凡五营。其沿正谊镇而上，踞韦亭江口，以通苏塘者，为郑一峰副将国魁魁字营。稍西则龚游击生阳开字新左营。又西为韦亭山符介臣观察信介字营。三营为前敌。新泾江为郑守备国榜魁字水师营。江北岸濒江稍上为王云春副将永胜开左营。稍下为张义珍都阃行科开右营。又下逶北为何阶平副将安泰新中营。折而稍上为周锡三良字营。又上稍北，濒洋澄湖为张聘臣副将家玉奇字副营。又上为刘六如奇字正营。而中军营居各营之中，陈行山游府管带。军门独有亲兵三百人。其驻洋澄湖与奇字营相倚护者，则阳健晖所部淮阳水师中营也。新泾江南岸，濒江稍上为阮辅清都司炳福开后营，稍下为张彦侯游府志邦志字营。逶南至界埠口为吴淞江经流，相距约八里，为陈云台副将有升云字营，而成楚材镇军俞卿以淮阳水师新前营护之。又南至鹿直镇，相距约二十里，为宋楚卿副将有胜卿字营，而张履堂镇军光泰以淮阳水师新后营护之，前隔金鸡湖。盖安营二十里间，左右两湖，水陆各军声气相倚，数千人而有数万人之势焰，惟得地势故也。洋澄湖径西则徐茂卿观察佩环巡湖营水师驻扎，又为之远势者也。阳健晖述方中军门之言：此间处处阻水，能得地势，知战守之宜，则一水可当十万人之兵；不能得地势，不知战守之宜，则一水亦可当十万人之贼。可为名言。随由新泾转至正谊镇，北行过洋澄湖尾，凡四十里，泊新阳北乡之石碑渡。沿途耕作如故，庐舍亦多存者。自青浦以北所见乡景，未有及此者也。

十六日。廿四里至常熟城，泊舟东门外。走访黄昌期、李季荃两君，则季荃先日赴芝塘，昌期适于本日赴王庄。所晤魏荫亭、周步瀛两君。又于步瀛处见王晓塘、赖华亭两君，因留午酌。季荃所部各军，骆镇军国忠义侯忠字八营，守城者四营：正营骆游击金荣曜亭，副营徐都司文清，左营吴参将超凡海峰，右营黄副将兆来文南。驻城西三里桥者二营：前营董游击大义，后营潘副将承恩。又骆国忠所隶佘拔群群字两营，驻城西十四里之湖桥，正营胡游击金元，副营刘都司奇福修五。此降众新编之八营，统归季荃调遣者也。其驻城西三十里之大河镇，沿江上至王庄六七里间，凡扎十七营。督标亲兵正营黄副将中元吉士，副营何参将暵文星桥。抚（督）〔标〕亲兵正营周参将寿昌如兰，前营周游击盛传。盛字正营周副将盛波海麟，盛字副营孔游击兆佑，是为盛字两营，合亲兵前营皆归周盛波统带者也。树字正营张守树声振轩，副营张副将树珊海柯，前营董副将凤高，是为树字三营，归张树声统带者也。林字正营滕副将嗣武升平，林字副营彭副将述清瑶阶。松字三营郭总兵松林子美管带。建字三营吴副将建瀛管带。共十七营。而水师新右营王总兵东华晓堂以一营驻大河镇护之。逶南三十里之芝塘，则抚标亲兵左营李参将正珮朗卿、桂字营张副将桂芳二营驻扎。季荃亦常往驻。常熟水北门外，则抚标亲兵副营童游击邦喜报臣驻扎，东门外则亲兵营罗总兵驻扎。凡共统领二十九营。刘总兵铭传省三所部铭字八营驻扎杨舍，而水师后营龙副将玉麟以一营护之。赖华亭镇军荣光所部水师前营则专防护城西河。是日拟赴杨舍，而探询城西数十里外时有贼踪，遂不果往。晚雇一小舟，泛至北城上岸，行五里许，至兴福寺。庙已残毁，规模尚具。寺僧定味、祖楠二人，款待甚恭。明万历时，章有成一碑犹存，称兴福寺。四高僧记谓唐有体如述禅师、文举达禅师，宋有降龙晤恩禅师、伏虎彦称禅师。唐常建题破山后院诗，即此寺也。

十七日。黄昌期、李季荃并已回城。昌期邀早饭，季荃邀晚饭，重留一日。兼晤骆义侯、张福堂、邓仁舟、滕昇平四总兵。周步瀛言：宋广升党凡三人，一盛广大，为扬州营把总，住盛家湾；一黄国才，常熟。王季初昭文、梁次谷两大令重来一见。

十八日。本意出芝塘观张桂芳各营，舟人以芝塘水浅桥低，不便舟行，仍出横泾石碑渡，共四十五里至斜嵋，为赴太仓小河。十里，至石排。十五里，至柘塘，始与芝塘河合流。五里，至双凤镇，为季荃由太仓进兵破贼处。又十五里，至三里桥，有旧垒存焉。三里，至太仓州城，泊西城外。

十九日。接罗麓山信，递到湘乡相国，江达川、蒋湘泉两方伯，邓伯昭、龙汉云各信。况贤臣镇军、蔡麟洲刺史、李一山大令先枉过。随往拜况贤臣及梁虎臣安邦、梁子云有胜、李朗卿正珮各营官。况所部二营一镇，勇营帮带为杨星炳一常，锐营帮带为刘倬秋兰。梁所部一虎字营、一胜字营，凡千九百人，分守四城。李朗卿所部亲兵左营驻西门外三里石垒，垒凡二，以五百人分驻之。周履祥次莲、吴葆曾少白来见。又善后局董黄恩诏、王景曾，太仓卫顾嘉福来见。午刻开船，一路皆小河曲折。五十里，至葛隆镇。又八里，泊外冈。谢介鹤大令来见。由太仓至嘉定，一路皆荒芜，无耕种者。

二十日。十二里至嘉定县城，往拜熊岐山镇军，周子柏协戎，杨艺芳、谢介鹤诸军。善后局员徐庭祥来见。吴淞江野鸡墩一带河工未竣，坝未得开。由嘉定回上海，仍须绕道青浦。舟人访得小路二：一由温草塥入吴淞江口，一由罗店出泗江口以达吴淞。定计取道罗店。凡十八里，至罗店，市镇颇巨，屡经兵燹而房屋之存者尚多。距罗店三里许为木桥所阻，因泊舟，询知罗店距宝山县城仅十二里也。得遣事诗二首云：一叶①湖船蘸碧波，闻香无奈隔帘何。乱馀水染愁边黛，雾里山堆醉后螺。憨极裙钗皆匿影，

①此处旁注又作“十日”。

避深帷幔自低歌。垂杨毕竟含娇态，劫火烧残夕照多。　处处园林草色萋，尽教山鸟尽情啼。采莲踪迹萍难稳，看竹人家路易迷。水泊旁移惊宿鹭，宵眠小滞候鸣鸡。多情杜牧年空老，来傍沧江听鼓鼙。

廿一日。由罗店十八里至四江口，皆小河，水浅桥低，沿途阻滞。廿四里，至吴淞口，正值长潮之时，可以乘潮径至上海。舟人懒惰不肯开行，遂泊吴淞江口。

廿二日。由吴淞口三十六里泊南马头，随谒中丞及司道各处，酬应终日。

廿三日。人客纷集，酬应至夕不能少休。接刘印渠制府，蒋芗泉方伯，高篙渔、许次苏、王少峰三观察，王莜原方伯，陈小航侍御，张竹汀比部，唐义渠中丞，程方中军门，况贤臣镇军，李季荃刺史各信。又谭仲修寄到一信，并所撰《复堂诗》一册，在都与有旧识也。

廿四日。松岩方伯邀同童际亭、黄荷汀、孙竹堂、王晓莲诸公午酌。

廿五日。自初十日起暑热几不可解，是日大风微雨。黄荷翁为我饯行，同席刘松岩、李薇生。

廿六日。王晓莲、孙竹堂邀至老旗昌洋行为我饯行，至则郑仁山为主，晓莲、竹堂反为客。同席潘季玉、陈瑞阁，陈则旗昌洋行主事人也。高楼清敞，凉气袭人，数日热极，至此竟不知有暑气也。傍晚大雨。

廿七日。陪同中丞求雨，设坛西关帝庙。

廿八日。求雨西关帝庙。

廿九日。求雨西关帝庙，凡三日。闻松岩之兄恺征物故，随与荷汀、晓莲、际亭同往唁之。

三十日。李建勋威林密船赴安庆，奉致湘乡相国、江达川、邓伯昭三信，并寄家信癸字第十一号。

六月

六月初一日丙子。自十一日起奇热凡二十日，（所）〔为〕生平所未历。是日大雨，凉甚。接到意城亥字第六信。其第五信交袁姓米船者未收到。

初二日。黄光泽回湖南，寄恽次山方伯、张紫联、赵玉班、李仲云、舒仲和、彭海春、黄南老、邹公让、左景乔、易海青、邹子香、吴镜舫、陈鉴堂、焦听堂、夏宝生、熊绍香、姚直侯、秦啸石、张西山、崔春圃各信并家信癸字第十二号。

初三日。寄黄昌期、程方中、李季荃、李幼荃、潘晴轩、刘仲良六信。接到庞宝生、胡砚生、王菽原师各信。

初四日。以将北渡，往各处辞行，酬应终日。

初五日。接续辞行。寄刘荫渠制府、蒋芗泉、吴凤池、陈渭滨各信。接到意城交新泰厚一信，未列号者。

初六日。挽赵吟蕉一联云：勤勤为国转输，大政待咨行，计数人才今有几；日日接君谈笑，一朝成永诀，仓皇生死我犹疑。

初七日。商华伯、应敏斋邀同景翁、小南、听襄饮饯寄云阁，得一律云：十日两游寄云阁，炎天暑气到来无。风光世外留仙岛，谈笑人间避暑图。楼馆高低极清豁，山川兴废几悲吁。世人莫惜匏尊尽，还有葡萄酒可沽。

初八日。恒川船至，谋以十日开行，料检行李，纷忙之至。

初九日。各处笔墨债尚有未检点者，尽一日之力了之。杨益城之祖，故为襄阳通守，三省教匪之乱，曾扼守当阳，在军八年，兵事毕，乃作《旋军图》。为书二诗云：书生杀贼尽能豪，八载旋军解佩刀。六十年来人事变，纷纷转战到旌旄。　欹侧乾坤一杖扶，文孙小吏最清癯。白头趋走存遗迹，便是君家世泽图。中丞为我饯行，同席景翁、澹如、听襄、小南、慰农诸君，傍晚方归。接左季帅、曾沅帅、程方中三信。

初十日。未刻上船，送者纷至，酬应数时之久，始登恒川轮船。中丞枉送，来舟久谈，开至吴淞江口。

十一日。行约四百里，泊江阴口，上致湘乡相国、沅浦中丞二书，并致意城癸字第十三号，兼寄张西山一信。

十二日。热极，下午雨。泊三江营，过船，营兵沿江迎接。遣承差黄起回泰州发贴接印红示，定期十五日辰刻，并致乔鹤侪一信。

十三日。傍晚七十里至仙女庙。大雨如注，各官来见者纷集。许缘仲过谈良久，兼惠酒席及西瓜苹果。

十四日。九十里，至泰州。沿途文武官迎接者至众，酬应终日。接鹤侪回信，仍令住泰坝同知官署，不缴还运库也。舟次致中丞、冯景翁、刘听襄、黄荷汀、杨憩堂、郭远堂六信。

十五日。卯刻入署。州城故有运库，而为乔鹤侪所占，借住泰坝分司署，在州城北门外。辰刻接印，忙冗竟日。谒庙至盐宗祠，为乔鹤侪所建，祀宿沙、胶鬲、管仲三贤。原《说文》宿沙初作煮海盐。世本作夙沙。《通志》引贾执《英贤传》：炎帝时侯国夙沙氏。罗泌《路史》注：夙沙即宿沙，又作质沙，炎帝时诸侯，煮海为盐。乐史《寰宇记》载：解州安邑县有盐宗庙，祀夙沙氏。鹤侪因之创建此庙，而以胶鬲、管夷吾为配。旁有园，前后构屋各三楹，题曰小香岩，甚幽雅可坐。

十六日。雨。拜客：苏州织造文煺号朗山、库使荣椿号茂堂、泰州营游击文裕号秀亭、泰州牧张肄孟号集甫、豫胜（荣）〔营〕副将俞瑞龙镜堂、前常镇道周项子愉、英喜雨亭、前四川盐茶道吴文锡莲芬、福建汀漳龙道王广业子勤、广东候补道黄锡庆小园、汪推恕小堂、施宜泰梅江及蒋香涛、黄礼吾、蒋佩吾诸君。

十七日。接汪啸师、李子恒、钱撄初、左季帅、刘荫帅、曾沅帅、彭雪帅、陈德甫、谭仲修、史小卿含章、江达川、万篪轩、郭远堂、程桓生、邓伯昭、沈笠湖、程方中、李季荃、李幼荃、王少峰、高篙渔、潘晴轩、葛庆森、张鹿门、黄昌期、冯萃亭子材、杨憩堂、欧阳信甫各信。

十八日。乔鹤侪邀饭，同席洎鹤书镇军，年老矣，而康健如少壮，谈及盛广大一案，言之娓娓。此老于通州尚略有劳迹。因言在逃中尚有陆国栋、黄玉麒诸要犯，不宜使漏网也。

十九日。连接意城亥字第七信、第九信，盖即以郭泰厚未列号之信作第八号也。其交袁姓米船之第五信，乃反后至，实共接家信三通。

二十日。邀张小山、陈瑞庭、郑禹田、黄礼堂、张湘舟、唐西渠诸君午酌。

廿一日。拟收复引地口岸详文并饬各场官设法缉私告示，及各札谕。

廿二日。庄蒿庵枉过，见惠冯务堂道立《淮扬水利图说》一帙。冯公东台人，居下河水乡之地，身受淮河之患，故著此书。后附《淮扬治水论》，谓入海之正道则疏以下之，一在加筑堤坝，一在疏通支河，一在浚刷积淤。淮南一路下江之道则畅以下之，一在浚洪湖以南之禹王河，一在浚邵伯以西之新城、白茅、黄子等湖。此外秦塘、白塔、百汊、董家堰口，与泰州滕家坝、黄桥河、运粮河，凡淮水由人字河东路下江之口，皆宜疏浚。运河一路入江之道则浚以下之，以东西两堤堤身不厚，而河底又太淤浅，宜加挑浚，倾土东西两堤之外，使河底日浅，两岸居民田里亦不筑而日增。漕堤放坝，宜择入海之路，束以下之。高堰、运河东堤，皆谓之漕堤。沿堤广建闸坝，而下河地势，西有漕堤，东有范堤，两堤以内地势，南高北下，西水之来无由径达海口，直泄者少，横铺者多。故治下河之法，约有三策：上策在永闭漕堤诸坝；中策在民田尽成堤岸；下策筑长堤束水，一在高邮，一在泾河，束水在庙湾射阳湖入海漕堤诸闸之东。射阳一带，故淮口也。洪湖水发，即可从此两堤束之入海。其言颇为博辩。又蒿庵自著书三种。一《周易繁露》，仿董江都《春秋繁露》为之。一《春秋三书平议》，因何休左氏膏肓、穀梁废（病）〔疾〕、公羊墨守，郑康成箴膏肓、（释）〔起〕废疾国朝刘逢禄复申释之、发墨守，平议者，平论其义也。又《晋史表》三卷，《金源氏族志》二卷。亦见蒿庵数年用功之勤矣。

廿三日。陈瑞庭回金陵大营，奉寄湘乡相国、左季帅、曾沅帅、彭雪帅、杨厚帅五书。

廿四日。立秋。雨。许次苏、江小云、马渔珊皆自高邮来。渔珊有宁波船，自上海为我带送木器数种。

廿五日。雨。俞景堂邀同乔鹤侪午饭，所居徐氏宅，颇有园亭树木之胜。

廿六日。邀吴莲芬、王子勤、吴让之、黄小园、庄蒿庵诸君午酌。乔鹤侪邀同许次苏、江小云晚酌。

廿七日。大雨。曾沅帅专弁送到一信，并接金眉生一信，以便复金眉生、高篙渔二信。赵锦堂连标、王秋恬子鉴并枉过，论盐事。

廿八日。施梅江邀同许次苏、江小云斗姥宫午酌，园池树木之胜，尤为清敞。次苏移住小香岩，兼往视之。

廿九日。寄复吴仲云漕使、汤小秋大令、左季帅、曾沅帅四信。久迟邹雨坪不至，一切公事皆手自料理，劳乏颇甚。

七月

七月初一日乙巳。郡庙拈香。邀乔鹤侪、江小云、许次苏、施梅江晚酌，郭子修前辈适以先一日赴淮，不及邀饮。

初二日。邀文朗山、周子愉、英雨亭、汪小堂晚酌，朗山午刻即至，坐谈半日之久。

初三日。邀俞锦堂、文秀亭、张屺堂、马渔珊晚酌。锦堂为李松岩军门之（亲姻）〔姻亲〕，文雅有清致，不类武人。

初四日。邀荣茂堂、蒋香涛、陈朗山、赵伯蓉、杨永初、陈德甫、蒋霞舫午酌，伯蓉以赴仙女庙不至。姚少读、倪载轩俱枉过。郭慕徐亦自安庆至。

初五日。大雨。是日立秋。邀徐海年、裴星垣、沈秀亭、陈默云、韩小溪、张菊甫、张集甫午酌，海年前辈以疾不至。

初六日。雨。邹雨坪至，带交冯景亭一信。是夕邀雨坪及汪成之、邹立之便酌。成之、立之，并随雨坪来泰者。龙芝生自上海至，留住公馆。屡接沅浦中丞信，是夕始得以一信报之。连日酬应，自辰至夕，无复暇晷，思之茫然。

初七日。往拜金眉生、（汪）〔王〕补帆、韩叔起、强赓廷、强悔斋。补帆谋赴上海，眉生、叔起诸君则皆为我而来者也。王秋恬回上海，便寄孙竹堂一信，并以鸽产数种寄之。接湘乡相国、宋雪帆、曹琢如、陈息庐、陈同叔、冯竹渔、冯小云、马筠帆、吴仲仙诸信。琢如信荐夏恬云纬如，同叔信荐陈雨芹浩恩，雪帆则荐赓廷、悔斋昆仲兼及叔起也。芝生又交到皮筱舲。易汉乔及长郡馆公信。

初八日。移住哒叭巷之旧库公馆，签押房远不及泰坝署之精致，上房略高爽而少，二间馀房颇多，三四间足以住朋友。

初九日。回拜各处，诣周子愉前辈一谈，知其善风鉴堪舆之学。所用罗盘配邵子圆图，往亦常研习及之，今茫然矣。

初十日。邀金眉生、韩叔起、王补帆、强赓廷、龙芝生午酌。眉生通脱，叔起孤高，两人不能相合。饮次念及此，为之莞然。

十一日。王少峰、宋素元枉过。少峰即日赴淮，素元则雪帆侍郎之弟也。接吴仲仙漕使、许缘仲、江达川、郭远堂、方存之、邓伯昭、万篪轩、方子听、黄昌期各信。昌期托办荫生事，达川、存之、伯昭皆由远堂前辈转自上海寄来。曾沅浦中丞又专足寄到一信。

十二日。慈安皇太后万寿节，诣光孝寺行庆贺礼。接湘乡相国书，知以六月廿九日奉旨以三品顶戴署理广东巡抚，为之惶悚。当复相国一信。

十三日。复沅浦中丞兼致黄南坡一信。自上海来此，尚未寄家信，以须与意城酌商者数条。便寄家信癸字第十四号。

十四日。许小坊自上海来，接到少荃中丞一信。王秋恬赴上海，致竹堂观察一信。

十五日。各庙拈香毕，回拜诸道喜者。罗麓山赴上海，顺致少荃中丞、冯景亭、黄荷汀三信。金眉生来寓小住。

十六日。沅帅遣王源泰、彭言志两副将提存大票捐银。彭盖咸丰三年赴援江西时，罗忠节令其为我护卫者也。

十七日。黄子春、李晓峰自高邮来。张屺堂富年，素知其才，以为其年力尚轻，历练或稍乏也。眉生言其魄力甚强。拟调之赴粤，因并招集一谈。眉生是日回宝应。

十八日。黄荷汀遣足王福至，接荷老书并王少鹤、许仁山、潘伯寅、张竹屋、喻小舫、孙竹堂、彭□□各信。喻为凤冈师之季子，彭为文敬公之仲子名祖贤。又连接少荃、义渠两中丞，景亭中允三信。少荃中丞并咨到六月廿九日署理广东巡抚上谕。谨拟谢恩折一通。奏为恭谢天恩仰祈圣鉴事。窃臣□月□日准两江督臣曾□□行知兵部火票递到同治二年六月二十九日内阁奉上谕：郭嵩焘着以三品顶戴署理广东巡抚，并着迅速前赴署任，无庸来京请训。钦此。闻命之馀，惭惶罔措。伏念臣通籍词垣，抽毫秘府，以一介庸愚之节，荷两朝特达之知。去岁由本籍简任粮储，总苏松之财赋，今兹以监司擢升都转，绾淮海之枢机。要职频叨，寸长靡效。重被超迁之宠，俾权专阃之荣。窃思广东俗尚繁华，民气之凋残已甚；巡抚职资表率，官常之关系尤多。自揣迂疏，深虞陨越。望阙廷而弥增眷恋，蒙恩谕止来京；盼海峤而勉效驰驱，刻日趋临署任。臣惟有恪遵谕旨，迅速启行，体察情形，认真整顿，以冀稍答高厚鸿慈于万一。所有微臣感激下忱，理合恭折叩谢天恩，伏乞皇太后皇上圣鉴。谨奏。奏为钦奉谕旨，谨将微臣管见所及，缕陈广东大局情形，恭折奏祈圣鉴事。窃臣□月□口准两江督臣曾□□移咨：承准议政王、军机大臣字寄，同治二年六月二十九日奉上谕：郭嵩焘以三品顶戴署理广东巡抚，该省军务吏治急须整饬，晏□□、黄□□均系五日京兆之员，办理深恐贻误，着郭嵩焘迅速前赴署任，将该省军务厘务及地方吏治妥为整顿，以副委任，如郭嵩焘已赴江北，并着曾□□、李□□飞速行知，令其迅速由江赴粤，无少延缓等因。钦此。跪诵之下，悚惧交并。臣查广东风俗强犷，趋利背公，习为固然。又擅山海之饶，商贾巧诈居奇，动赢巨万。无艺之民，热心棋枝，聚而为盗贼，平时已号称难治。重以地方殷富，宦吏之诛求皆足遂其所欲，相与利其顽梗，以各餍其贪婪之私。凡在官之办事行为，无一非酿乱者。至于吏治败坏已极，风俗益因之而披靡。自搢绅以至走卒，傲狠嗜利，莫不皆然，骤难革使向善。故以天下大势而论，惟广东足以致富强，而其实末富而本不足，人情但骛于虚浮；民强而盗贼先横，正气反为之消沮。推原本根受患之地，则吏治之坏敝实深；较论目前切要之端，则军务之整饬为急。现在广东军务，以高州、信宜为巨宗。巨股逆首陈金刚、郑金、刘超等，皆以积年巨猾，负隅既久，凶焰日张。而肇庆土客之变，抄掠至十馀县，杀气满野，办理诸形棘手。广东兵勇积习，勇于犯上而怯于临敌，工于扰民而拙于杀贼，其势尤难持久。闻督臣毛□□现调福建臬司张运兰、前任安襄郧荆道金国琛，分起募勇，带赴广东，诚为发端扼要之计。必使军威稍振，良气稍固，而后可次第清厘吏治，以求补偏救弊之方、兴利裕饷之策。后先次第，不能越此。臣尤以为广东之患，在于富名太著。凡言事者，语筹饷必盛举广东。云南、广西、贵州皆设捐局省城，各处协济之款指名提解，几等追呼。地方大吏本乏推行尽利之术，而绅商则习为巧伪，官吏则甘坐卑污。流风所染，涤荡实难。而盗贼频兴，民气日嚣，方且搜求利孔，较量锱铢。四邻有圜顾之望，百姓有侧目之虞。琼州一毁厘局而知府撤参，惠州之河源再毁厘局而知县撤参，徒使奸民之风日长，筹饷之术日穷，此又广东事势之最难处者。臣愚以为不急督责广东之利，而后利源可以徐浚，一切应办事宜亦可以徐理。应由臣等先收回利权，如京饷为根本重计，江南大营为军饷要需，酌量事势之缓急尽力筹解，其馀一切在广东筹饷者悉与罢除。稍使百姓知尊亲之义，而后可因以收拾人心；官民有维系之心，而后可用以消除乱本。此又臣之愚见，思及时为之，以冀补救于万一者。臣才识短浅，无裨时用，而与督臣毛鸿宾从事日多，相奖以笃实，相守以忠信，必不致各存意见，以误大公。军务、饷务、吏治三者，臣稍有所知，必与督臣细心体察，徐求整饬。区区驽钝之力，不敢复有顾惜。除另折叩谢天恩，谨将筹画广东大局情形，恭折由驿陈奏，伏乞皇太后皇上圣鉴训示。谨奏。再臣钦奉谕旨，饬令迅速赴粤。臣在两淮运司任内经手事件，应候督臣曾□□派员接交，便可即日就道。臣查江省赴粤，由海道则直而速，由江路上溯则纾而迟。然臣前在上海习知，赴粤便船不能常遇，有候至一两月者，而由泰州至上海凡六百馀里，若值广东便船不能骤遇之时，则亦不免虚延时日。督臣曾□□约臣赴粤时，必一就商事件，往返亦略须十馀日，行走反多周折。臣在粮道运司任内，一切手自摒挡，并无幕友之助。此次与督臣曾□□、抚臣李□□商议咨调数员，察看人地相宜，再行具奏。而管理文案及得力员弁，必须由湖南招致，带领同行。是以行止尚未能自决，钦奉谕旨饬由海道迅速启程，谨当恪遵圣训，赶速赴沪搭载轮船，可以刻期抵粤，借慰宸廑，一面飞请督臣曾□□迅即派员接署，以凭刻期交卸启程，不敢稍事迁延。伏乞圣鉴。谨奏。再臣七月二十日承准议政王、军机大臣密寄同治二年七月十三日奉上谕：晏端书奏查明史杰被参各款，并查抄陶昌培、章升耀财产，不免为人蒙蔽，着毛鸿宾、郭嵩焘于到粤后，将史杰被参各款再行按照原参逐一切实详查，务得确情，严行究办。郭嵩焘接奉署理粤抚之命，此时尚未启程，着即径取海道由沪赴粤，以期迅速。又奉上谕：毛鸿宾、郭嵩焘行抵新任，即将地方应办事宜逐一整理。军营文武及各该地方员弁兵团均着严加整饬，以资防剿各等因。钦此。仰见皇上廑念海疆南服，彰善瘅恶，鼓舞振兴之至意。臣于史杰之贪鄙亦早有所闻，俟到粤访求实据，尽法惩办，以彰人心好恶之公，而明在官劝惩之义。至臣由江赴粤，仍当确遵谕旨，径取海道。一面专人先赴上海，访问七、八两月轮船赴粤凡几只，何时开行，各洋行于轮船启行二十日内外，尚能言其期限，以便按期赶速启程，藉慰圣廑。一面飞咨督臣曾□□迅即派员接署，刻期交卸，不敢稍事迁延。所有接奉谕旨先陈大概情形，谨附片具奏，祈乞圣鉴。谨奏。

十九日。雨。李晓峰、黄子春皆以地方候补人员，饬令管理盐务，并于是日札知。寄少荃中丞、松岩方伯、景亭中允、作梅、季玉共五信。

二十日。接奉廷寄二道，一言广东军务，一则候补道史杰参案，晏制军为之解说，朝廷疑其有私也，并催令嵩焘由海道启行。

廿一日。曾沅帅专足寄到一信，约于浦口晤叙。始意由江赴粤，可以便道一过诸营，既奉径取海道之命，不能不一就谒湘乡相国。沅帅浦口之约，无需此一举也。

廿二日。谢恩折并缕陈广东大概情形及陈覆密谕，凡二折一片，均撰就，倩杨令昌珠书之。专足二人赴上海。寄黄荷汀一信。

廿三日。大雨。接毛寄云制府信，并接家信亥字十号。周子愉前辈枉过，言旧商有严子秋沛者，熟习盐务情形，属一访问之。日来困惫殊甚，精力实不能支持，如何如何！

廿四日。拜发谢恩折。由乔鹤翁荐到乔升一名，曾经递折者，给银四十两，令其赶速赴京。又由驿四百里拜发略陈大概情形一折一片。复沅浦中丞信，便寄湘乡相国、寄云制府并意城癸字家信第十五号。

廿五日。吕庭芷编修、陈子惠户部、强彦吉茂才见过。接到史小卿一信。陈子惠见示广东候补县钱诵清号子明信，言广东近事，颇中窾要。大致谓信宜一县之寇，数年不能拔，兵玩饷绌。新宁土、客相争乃民间私忿，而臬司吴昌寿信听土民之言，轻于一试，客民遂据广海寨瑶窟以抗官兵。民与贼当辨，缓与急尤当辨。土、客斗案不宜遽烦兵力，非事势之果难措手，亦人谋乖忤使然也。强彦吉汝谌为赓廷之弟，赓廷亦字悔斋，作梅以为汝谌字悔斋者误也。

廿六日。彭漱芳户部毓棻、张溥斋户部守恩、潘撷珊编修家钰、顾菊舫户部传德枉过。彭为彭文敬从子，吾所识文敬诸子，芍庭、讷生、橘存皆不免有宦家气习，闻漱芳尤甚。昨得芍庭名祖贤信，询其官阶，知已补通政司参议。许次苏荐洪通判绳武号桐生，人尚温静。又黄令际清来见，粤人也。问粤吏优者，曰吴昌寿，曰沙瀛清。劣者曰西宁县龚庄。沅帅函荐二人，曰江西候补同知沈鹤鸣号仿彭，署清河县丞郁邦杰号子唐。又极称何廉昉之才，则所不敢仰承者也。又接邓葆之信。葆之在季帅营，惠甫在沅帅营，可为两美。

廿七日。雨。杨子慕自仪征来，询其家世，始知为清恪公从孙也。是夕接奉廷寄一道，并钞发黄莘农中丞一折二片，言广东军务厘务甚悉，阅之怃然。

廿八日。接曾沅浦中丞二信，并赵玉班、丁颐伯、杨屺堂、金眉生各信。是午邀吕庭芷、杨子慕、李晓峰、陈又桥、黄子春便酌。郭慕徐、黄印山均专足送致礼物，各以一书报之。又书复吴仲仙漕使、冯萃亭军门、富治安都统、魁时若副统、王莜原方伯、沈笠湖观察诸君。颐伯信托太平局商唐登裴，属为武镜汀分司言之。是夕接奉湘乡相国并黄南老二信。

廿九日。致少荃中丞，远堂、鹤汀、屺堂三观察信，并交王秋恬由轮船递沪。午刻。亲诣四浦掣验至马浦、仓浦二处，仓浦亦名大浦，因诣杨子慕舟次，见其炮船十馀号并其哨官。其长子号翼云，管带马队，次子号景洲，管带炮船，皆极文秀。

三十日。吕庭芷、许次苏、张屺堂、蒋香涛先后枉过久谈。庭芷言时彦二人，一尹湜轩继美，一李□□时铭。又李绍仔述来，为申耆先生从弟，兼擅诗书画之长，避乱居通州之馀西场。为致书通州牧—周济之。奏为恭报微臣启程日期并委员代理两淮运司一缺，据实缕陈盐务情形，仰祈圣鉴事。窃臣七月二十四日恭折叩谢天恩，并陈广东大概情形。其时以前咨明督臣曾□□委员接署运司一缺，可以刻期交卸启程。顷据曾□□缄称：钦奉谕旨，已特派候补道忠廉署理，饬臣即交忠廉接受。臣查忠廉尚在直隶差委，奉旨后来淮尚需时日，即与督臣咨商委署，往返亦须十有馀日，不能不由臣就近交代。而同城现任司道，仅江宁藩司乔松年，总办南北两台，事务烦殷，势难兼摄。查有候补道许如骏，才优心细，遇事持正，于盐务亦能考求，应由臣饬令暂行代理。伏查今日盐务凋敝已极。自唐乾元中第五琦初变盐法，设埻户煮盐，垂至于今千四百年，未有若近今之疲乏者。盖顷数十年规费加增，私枭充斥，平时额课，短绌已多。经乱以来，淮北引盐为胜保所坏乱，专听苗沛霖等擅其利，运司已不敢过问。淮南引盐以西、楚两岸为大宗。两楚引地，则有川私、潞私、粤私。江西引地，则有粤私、浙私、闽私。向来缉私卡地皆设局收厘，接济军饷，藩篱尽弛。而西、楚办理厘捐，一税之外，验票放行，又稍具有条理，无苛烦之费。淮盐经过各营卡，节节阻滞，完厘纳税，至于六七，成本万不能敌。于是各省筹饷者持化私为官之议，乃使淮南官盐悉化而为私。场商之盐不能出运，多至停垣□不堆收，桶监灶户，专意鬻私，莫可穷诘。盐法日乱，而商力亦愈困，其势已万不能支。臣莅任逾月，推求利病之原，斟酌缓急之宜，窃以为盐法以疏通引路为第一要义，而以招徕商人设法缉私为之辅。

川粤各私，抽收厘税，军饷亦赖以取给，万无停撤之理。而使与官盐参错并行，价值轻重悬殊，私盛而官销必滞。计惟有先规复引地口岸数处，与川粤各私分界运销，私盐应缴厘税，官盐亦一例照章完纳，于各省厘捐丝毫无损，而所规复口岸，定档挨轮，官为保价，民间稍食贵盐，所争无几，而淮盐乃得有一线销行之路。其沿江厘卡应归并者，应裁省者，体察情形，逐渐商办，期使捐归实际，而商沾馀利。已先后详明督臣办理，察看商（察看商）情，尚为踊跃。而近来盐务之巨害，尤莫甚于营弁之夹运私盐。大抵各营兵弁倚势贩私，借捆运官引之名，率以一引夹私至数十引，不服盘查。奸枭私伙，附托影射，相比为奸。值盐法毁坏之时，重以营弁包揽之势，通属吕四、馀东、掘港等场，灶户至有不听垣商收盐者。是以此时缉私，尤较往昔为难。臣以为各营军饷均虞短绌，借盐以筹饷可也，借盐以营私、以坏乱盐法不可也。营员领运官盐可也，兵弁有顶戴者皆得倚势贩私、把持垄断不可也。此风豫胜营为最甚。臣亦不敢不严立科条，约法于先，以期稍稍维持盐法。所有一切办理章程，应由督臣曾□□查核具奏，并现委云南迤东道黄冕设法督销，必能审时度势，以求变通尽利之术。候补道许如骏，办事诸能认真，以之代理运司一缺，亦必能经营整饬，设法疏销，以有裨于盐务。臣即于初□日交卸运司印篆后赶速启行，由海道赴粤。所有启程日期及委员代理运司一缺缘由，谨缮折具奏，伏乞皇太后皇上圣鉴训示。谨奏。

八月

八月初一日乙亥。诣郡庙行香。张鹿仙自清淮至。王拾珊自通州至，并带到菽原师一信。

初二日。许次苏邀同张屺堂、杨子慕早饭。接到王敬一、黄荷汀诸信。敬一信由候补同知王际相递到，询知为敬一之世兄也。

初三日。恭陪文庙丁祭，礼节视吾乡为简。朱季云带到刘听襄、徐少岩二信。朱子梅带到张竹汀一信。

初四日。将谋启行，料理各文案。邀张鹿仙、王拾珊、朱季云、黄子湘、金眉生午酌。

初五日。麓山自上海回，接到黄荷汀、冯景亭、杨蕴亭各信。

初六日。拜发启程日期奏折。以总局公事迟延，推原其故，因得傅贞、邹英等奸状，乃悉逐之，并撤换徐海年、韩小溪、黄子春三君，另札武镜汀、陈又桥总办局务。与眉生筹定西岸认运章程。

初七日。往各处辞行，酬应一日。此三日热不可耐，晚次浓云密布，谓必有风雨，已而云散星出，天殆留此风雨以为送行之具耳。接到曾沅帅、唐艺渠、薛觐堂、富治安、詹龙轩、彭纪南、陈作梅、王敬一各信。觐堂信荐钱筬仙，作梅信荐游击衔尽先都司曹有升、尽先守备黄隆瑞，皆湘乡人，当为希帅言之。守备言树勋现在欧阳晓岑处。

初八日。微雨。赖蟠舟来见。以料检行李，闭门谢客。奉寄湘乡相国、左季高制军二书，并家信癸字第十六号，遣杨辅贤回家。奏派许次苏观察代理运司一缺，于是日午刻交卸。随接湘乡相国信，亦已奏派次苏暂署，与鄙见正同也。

初九日。乔鹤侪、许次苏、郭子修同为我饯行，同席金眉生。未刻上船，由（仙）〔女〕镇出仪征以践沅帅浦口之约，而眷属行李径赴口岸过船。开船行三里，至南河嘴泊船。

初十日。三十里，至宜陵。又三十里，仙女镇。沿途官属迎送者接踵至，许缘仲观察自焦山来见。又十八里至扬州，谒都直夫、富治安两帅。扬州守孙韵武恩寿、江都宋少堂传燧、甘泉李次生修梅来见。李为嘉应州人。询嘉应绅士，举二人焉，曰张其翰，曰李学恂采芹学使之嗣君，其季名学恒，人品甚坏。

十一日。二十里，至三汊河詹龙轩扎营处，时天尚未曙，未往见也。又三十里至新城。又十里，泗源沟。仪征县郑馀堂藩、临淮委员许朴生炳华、金陵委员朱小荣保清来见。杨子慕邀同金眉生、张屺堂、黄子湘午酌。许为韶州人，询韶州绅士，举其兄曰炳章。又广东主事张溥斋守恩枉送至泗源沟，其意欲求从赴广东也。子湘以其祖仁山大令小像属题。寿阳相国题其端曰述德颂芬，而为之铭曰：民有大疑，君躬约之。邑有大猾，君手搏之。薁良锄莠，为民父母。不翼而翔，乃蹶而走。桐乡思君，爰及子孙。孰传循吏，视此铭文。仪征相国为之标题，而李申耆、汪孟慈、陈伯游三公为之志铭及传。是日风色甚利，为杨子慕所耽延，晚次始开行。三十里，泊东沟。

十二日。四十里，至通江关。李松崖军门盐卡在焉。眉生惠诗五首，和二首，为之书扇：世途历险艰，贤达难为合。民劳怨诡随，谗嚣遘蹲沓。遭难始逢君，对语临江塔。疑君老且衰，英姿转飒飒。回旋破屋底，颠倒酣罍榼。坏壁触朝鼯，寒檐偎夜鸽。时时步就君，巡阶日千匝。哦骚抗遐想，排云叫阊阖。超然脱樊笼，一谢鸡鹜杂。期君涉湘游，勿疑朋簪盍！　寇乱四海沸，流毒极东南。朝野多名贤，大半崇清谈。抱膝期管乐，此意谁能参。桑孔术虽微，能手无二三。操纵英雄略，亦足拯时艰。我无荐贤责，跻君清要班。凉月白于水，空山相往还。江陵荐草心，嵇鹤所不堪。茹蘖广场中，谁能喻苦甘。书黄仁山小照后：黄子湘司马出其祖仁山大令小像属题，盖乾嘉间江南循吏也。仪征、寿阳两相国为之题额，而附传志铭于后，称其为令，所至有惠政，民以怀思。予尤服其为金坛丞保全棚民一事。时有讹棚民将为乱者，巡抚檄知府、参将集兵往捕。公请十日间遍历棚民山寨，还报曰：棚民忧民侵其利，而家自守，不为乱，兵动即乱成矣。知府用其言报巡抚，棚民大安。近陕西汉、回之变，粤东土、客之争，当初构衅与棚民等耳。公以一身晓谕之有馀。汉回、土客之乱既成，尽一省兵力治之而不足。圣人之治天下，幾而已矣。幾者，动之微，吉之先见者也。公于时丞也，毅然请以身任，销患于未然，其知幾者哉。自江以南，州县之为民利病，漕为尤甚。苏松顷减赋，则嵩焘承乏粮储，与其议，而忧大户小户之相持，与田亩之高下，必良有司任之，然后分数明而事理公。当国家繁盛之时，漕之为弊未若今之甚也，而独注意于此，宽严轻重必皆一适其平。使及今之时，承大吏之风旨理漕政，必能发摅其蕴蓄[①]以为利后世。读公传，益想念其为人不能置云。又三十里，至浦口。沅帅已前至，相见畅谈。询以办事用人之法，所言多精语：办事要有次第，由署而及一城，由城而及各县，由各县而及各军。除弊须慎之又慎。多其察，少其发。发之不当，则威损矣。自府道以至县令，每食召二人，可于坐谈之间察知其人之性情心术。军事最忌油滑，厚朴无威仪，必尚有一二分实心可采。有言逆于尔心，必求于道；有言逊于汝志，必求诸非道，是听言要法。功名事业，皆为人者也，读书闻道，是实在受用处。规模须远大，不可一味约旨卑思。为政要持大体，不可过勤小务，是亦爱惜精神之道。

十三日。沅浦强留一日。致相国及季高制府信，为宋素园颐求照拂。并致吴碧山、彭纪南，许次苏及家信癸字十六号。补和眉生韵述别：会合古难期，望望山川隔。拏舟往从公，远水荡秋碧。

①此处旁注又作“志气”。

西风壮士泪，吹堕沉湘魄。后来名转盛，青冥纵飞翮。蓬蒿塞寰区，吴楚地为赤。被衮健埋椎，衣褐死怀璧。鸡鸣起营营，群笑阿戎癖。斡旋世宙力，讵非吾辈责。 岭南棼乱丝，法敝久难理。诏书促行色，妻孥杂悲喜。迷途何适从？历历南车指。列宿耿胸罗，妙语纷云委。小史杂钞胥，书牍积盈咫。国家有本计，盗贼亦人子。谁能绝根株，内奸而外宄。公言矢书绅，臣心期饮水。 秋风飒然至，策策鸣枯木。天道有屈伸，人事相倚伏。高谈出人表，谁作齐谐续。澄心观物变，意恐庄生独。大知与小知，谈笑均可录。我老无所能，微名挂朝禄。古来贤达士，升沉一推毂。江边石峨峨，莓苔郁古绿。无人识贾谊，妙领詹何卜。待公疏凿平，还家理黄犊。是夕开行，回至泗源沟。沅浦言：办事须具愚公移山、精卫填海之心力，求人须存宁受百欺、务得一十之愿量。

十四日。雨，大风。行十里，至浦心沟小泊。三鼓开船，至焦山，天尚未明也。计夜行五十里。

十五日。雨，风。天青洋行蔡维振，宁波人，为觅播扬洋船一只，得住房一间，船极宽敞。过船后即开行。

十六日。雨。午刻抵沪，泊舟迎祥港。雇小船装运行李至小东门，则吴碧山镇军所派艇船二只装运行李者，适先一日至，尚泊小东门城河，乃上艇船宿焉。一为张副将茂清管带，一为丁都司泰管带，制度规模，尚见宏敞。

十七日。往见中丞及松岩、荷汀、远堂、寄亭、竹堂、晓莲、晓帆、薇生、时香、伯蕃诸公。移居县东街中丞公馆，房屋极精美。

十八日。人客纷集，酬应终日。晚赴荷翁之召，同席景亭、季玉两公。

十九日。终日酬应。晚约陈作梅、冯竹渔过谈。细考广东情形，尽由吏治不修，纪纲废弛，积久而人心风俗败坏不可收拾。士大夫相与网利，无复廉耻之存，其俗尚堪问乎。另记存数条，以备省览：就地择才，因才施教。无以虚名取士。除弊审而后发，发则毅然坚定，不为浮言所惑。用人观其行事为主，无先有成见于胸中。

二十日。中丞邀同童圭农、陈作梅、刘听襄三同年晚酌。

廿一日。聘钱伯屿先生之女为室，冯景亭、钱芝门为之媒说，于是日戌刻过门。吴俗婚礼相礼用赞礼生，相仪用喜嫔，竟同戏剧。窃意吴中内政之不修，亦略于婚礼见之。士大夫之家亟正婚姻之礼，以明关雎慎始之义，亦世道人心之所宜讲求者也。小人道长，君子之忧也。吴俗所行，皆为小人助长，其所由来渐矣。新人貌陋，而一切举动似非纯良，岂吾命应然耶?

廿二日。雨。钱调甫邀饭，俗礼所谓回门者也。

廿三日。大雨竟日。邀钱调甫及其子篇和、冯景翁、钱芝门、杨藕舫、黄松龄、黄子赞、刘子岩晚饭。

廿四日。雨。罗麓山、刘子岩同往看船。英国公司船名北京，廿六日开行。法国公司船名依达士，初六日开行，相距十日，而北京公司船行不甚驶，八日乃可抵，依达士船大而行速，三日可到。公司船价昂上等九十五金，中等六十五金，下等二十五金，而无照料。依达士亦系公司船，价值略廉，货船便可从廉，而伺应一切较为殷勤，当以从缓数日开行为宜也。杨徽猷、郭德炎枉谈，均潮州人，语及潮州风俗之敝（漏）〔陋〕，多不可以情理测者。问尚有治法否，曰：惟廉明之吏，使民心服，而后能治之。问曾见有好官否，曰：数十年惟见一李福泰，在任一年而已。若能及三四年之久，风俗犹可整顿一二。问宽严孰优，曰：利用严，近闻海澄县治盗严，民皆服之，后捕得一犯，甚富，以多金更易一人，民乃哗然，嗣后竟不相畏。粤俗嗜利，惟见一能不要钱之官，无不畏之，犹之邪鬼见正人，即皆慑服，能不昵其所嗜故耳。钱氏归母家。

廿五日。雨。先后接到汪啸庵师、潘伯寅、庞宝生、张竹屋、黎简堂、易汉乔、皮筱舲、陈德甫、陈同叔、罗小溪、杨厚庵、王菽原、温珉叔各信，皆须手复者。其馀各营及府、州、县贺禀，由书记缮复者甚多，均不记数也。

廿六日。雨。

廿七日。酬应终日。

廿八日。陈作梅、刘听襄过宿。钱氏回家四日，始得安寝，是日归。

廿九日。蔡瑞庵、丁雨生枉谈。瑞庵由湘乡相国委带火轮兵船，雨生新自广东来也。

三十日。丁雨生处观西洋地图并翻译铸炮各书，兼谈悉粤中一切事宜，为之服膺无已。

九月

九月初一日乙巳。雨生与其乡人蔡默斋为雇罗巴罗轮船一只，船主名甘勾荡，船价极廉，议定次日开行。包舱房四间洋二百元，馀人每名十五元。是日赶发各信，由黄子赞带赴湖南：致毛寄云制府、李希庵中丞，并家信癸字第十七号。由许缘仲带赴泰州：致吴仲仙漕使、乔鹤侪方伯、许次苏都转、杨子慕太守各信。由中丞转寄安庆：致湘乡相国、沅浦中丞、达川方伯、雨农学使、邓伯昭、方存之、孙琴西、程尚斋，并家信癸字第十八号。

初二日。诣少翁处辞行，许仙屏编修适至，坐谈少许，随上船。蔡默斋、丁雨生、赵蔚堂均在船照料，蔚堂并相送至广东。钱氏喧闹竟夕，无复人理。此举竟为冯景老所误。吴俗之坏敝如此，宜其致乱之独深也。

初三日。丁雨生回城，附上阎丹初、隋龙渊二信，托带交少荃中丞转递。钱氏喧哄逾甚，终日不倦，真劣妇也，不可教训，如何如何？渠意在回家，惜船已开行，不及遣之。是日开船，泊吴淞江口。

初四日。钱氏喧哄类疯颠。邹妾以闷船，呕吐竟日。仆婢俱病困。予亦吐泄并作，毫无生趣。船行大海中，颠簸万状，昼夜不息。东坡涉琼州一角，即云斯游奇绝冠平生，未知值此时作何语也。

初五日。船主干勾荡指示地图，凡行两日，初至福建地界，不过千馀里而已。罗巴罗船行海本属濡滞，早知病困如此，应缓三数日，以俟依达士船为宜也。

初六日。大风。以钱氏喧哄，终日吹风舱面以避之。

初七日。大风。船主干勾荡见惠小照一面，洋人以此示相亲爱之意，因得纵观所藏仪器、舆图之属。

初八日。抵香港。为书致冯景亭。钱氏求归母家甚力，因遣马七谕允之。由海道进鲤鱼门，两岸皆山，香港最为扼要之地。是夕文武巡捕官等皆至香港迎候。东莞县朱尹伯用孚亦来见，冯竹渔曾极奖之。广州府李星衢遣候补县冒少伯迎候。候补道朱云门启仁由高州军营至省请饷，亦枉见。香港人言此公日事嫖赌，未知究竟何如。同城各官，自晏彤甫制军、黄莘农中丞以下皆传简迎候。学使王渔庄，左都统库仁龛，右都统海震垣，海关监督毓济川，藩司吴少村，前藩司文式岩，臬司李筱荃，运司蒋朴山，署粮道王雨庵，前运司王静山，候补道唐子蕃、杜兰溪、屠啸筼、冯柳堂、罗楷卿，江西候补道蔡少彭，广州府李星衢，广州府同知荣寿泉，虎门同知吴春帆，广州府通判华云樵，前虎门同知梁少谷，署南雄州朱柳溪，省河缉捕总巡兼办分局抽厘知府袁俊民，省河缉捕总巡同知沈金昆，候补府史兰溪，候补同知何梦九，南海县罗诲农，番禺县徐梦塘，长乐县周子英，香山县陆子岷钟池皆有贺禀。广州通判华云樵名廷杰，南雄州朱柳溪名燮，知府袁俊民名英，长乐县周子英名士俊，四君闻皆系广东官声之最好者。

初九日。两县为备船一只，由香港赴省。船名占之拜，船主补郎。进平水门后，海面较宽。由零丁洋达虎门，亦极山水雄阔之气。虎门距香港二百二十里，以大虎山得名，为向日海防重地。最下曰沙果山，有沙果炮台。迤东十（名）〔里〕曰白水墟，水师提督驻此。再上十里曰威远炮台、振远炮台。西岸有二山屹立江畔，下曰横档炮台，上曰大虎炮台，与东岸之威远振远两炮台正相对。再上，则大虎山山麓亦有炮城，形势颇壮阔，然与洋人相持，固不能据之以为险也。又百二十里曰莲花山。又四十里即广州省会也。共三百八十里，二鼓始至。

初十日。起岸，暂馆将军旧署。酬应终日。李筱荃言，绅士不可恃者数人，香山何有济、肇庆黄翰华，须留意防之。

十一日。诣寄帅处久谈。未刻接印，文武百司俱诣贺。酬应终日。

十二日。与沙鉴堂太守论土客之变甚悉。往各处回拜，酬应终日。

十三日。接昆静山军门信，知信宜逆首陈金刚已为其下郑金、刘超所诛，以城乞降，闻之不胜快慰。

十四日。复昆军门信，兼致唐子蕃观察，卓杰四、方照轩两协戎各信。

十五日。与寄云制军同诣武庙行香，随赴万寿宫宣讲圣谕。五鼓出门，寄帅已相候多时矣。

十六日。晏彤甫制军由海道赴沪，与同城各官诣接官厅，寄请圣安。

十七日。钱夫人终日喧哄，并痛詈鄙人，秽恶万状，知其意在回沪，而为马七、沙媪等所持，是日特允其归，诟谇之声稍息。

十八日。黄莘农中丞由西江入都，与同城各官诣接官厅，寄请圣安。

十九日。接湘乡相国、曾沅浦、冯树堂、匡鹤泉、刘缄三、曹湘溪、骆佑之各信，并意城家信一件不列号。缄三属荐一乾馆，势亦不能应也。

二十日。诣各庙行香，此亦到任典礼之一也。便过胡廉访、刘晓村、左孟辛一谈，遇雨而归。

廿一日。大雨。拜发谢恩折，并夹片二件，一略叙军情，一奏催札调各员赴粤。

廿二日。大雨。赵蔚堂并李隆典、戴洪福二员赴沪，钱氏与焉。顺寄少荃中丞、黄荷汀、冯景亭、丁雨生、曾沅浦各信。

廿三日。雨。未刻移入院署。署廨极宽阔，盖犹国初尚可（靳）〔喜〕旧邸也。

廿四日。酬应终日，盖积压回拜人客及移署时道喜者，二鼓始还署。

廿五日。复昆静山、方子箴、张凯章、杨宝峰、杨栗甫各信。

廿六日。法国领事李添嘉、翻译官巴世栋来见。

廿七日。接到唐义渠、曾沅浦各信。

廿八日。英国领事罗伯逊、翻译官嘉乐士来见。

廿九日。复方子箴观察一信。李福佑股匪窜至道州、永明之交，又南至富川。韶、连两属戒严。观察遣黄相奎以功勇二百赴星子防剿，因寓书戒之云：调兵击贼，将帅之责；保守城池，地方官之责。嘱其通饬所属，以守城为第一要义。

十月

十月初一日甲戌。恭诣文庙行香后，本署内六处庙、所行香。陆泰初、司徒伯芬、刘松甫、陈月樵、刘晓村诸君枉谈。

初二日。督辕有戈什哈回南，寄去家信癸字十九号。

初三日。回拜英国领事罗伯逊、嘉乐士，法国领事李添嘉、巴世栋。罗伯逊老成谦谨，嘉乐士尤觉粹然有儒者之气。李、巴二君乃有痞风，与之相对，辱已多矣。

初四日。邀集史穆堂、梁槐轩、沈少韩、伍紫垣、潘德舆、梁星吾、易香生诸君同赴寄帅处会议捐务。何桂苑庶常继俨、刘松徕比部宗岱、马芸浦仪清观察来见。接到左季高制府、吴麟洲大令、曾沅浦中丞、赵玉斑方伯各信。

初五日。以邹氏病求医不得。适会林芗溪昌彝来见，始知其初学医于陈修园，今之名医也。投药一帖而效。

初六日。高子登学瀛、王石庐荫丰两太史来见。石庐带交潘伯寅一信，子登带交许涑文一信。涑文求荐新会书院，蒋朴山又为张仪卿求荐顺德书院。

初七日。专差寄龙兰簃太常一信。胡莲舫、刘晓沧、左孟辛均至畅谈。

初八日。接到刘荫渠、左季高两制府，沈幼丹、唐义渠、曾沅浦三中丞，彭雪芹、崇地山两侍郎，章采南学使，刘仲良、刘听襄、陈作梅、许涑文四太史，赵玉斑廉访，希□□监督，朱石翘、李云生、黄荷汀、方子箴四观察，贺云湖廷尉，许仁山阁学，潘伯寅光禄，江达川方伯，熊秋白户部，李奎垣铨部，黄昌期、李质堂、昆静山三军门，周良才镇军，李绍周、李幼荃及门人葛庆森、丁治各信。葛现任直隶房山县磁务司巡检，丁现在左制军营。各信多在泰州时由上海递寄者，展转至今始收到。又接到意城家信湘字第一号。

初九日。因回拜各处，便至库仁龛、毓济川、蒋朴山、李少荃处久谈。邀石芸斋、吴子登两君阅卷。

初十日。五鼓，齐集武庙，庆祝慈禧皇太后万寿圣节。刑名俞吉甫、钱谷陈莳松、书启钱筂仙并以是日到馆。

十一日。接户部议驳晏彤甫、黄莘农咨解京饷各款文，直是无理取闹。略计其数：一曰台兵口粮、普济堂经费、司库平馀、米价盈馀四项节省；二曰厘金；三曰新旧盐课；四曰盐息；五曰太平关税；六曰地丁项下拨抵运库；七曰厘金赔款；八曰坦价银；九曰洋药厘税；十曰京米捐款。其间有应解者，有溢解者，有并无此名目者，一概责征之，浮于平时额解数倍，其何以堪！

十二日。马芝生自上海来，偶语及钱氏，不知怒之所从生。

十三日。收阅民人呈控之词，而知州县之不事事，与民人冤苦之多，为之怃然。然而民之情伪极矣，上下交相为伪，竟亦莫辨是非之所在也。

十四日。香港监督泗密斯来见，其人盖习耶稣之教者，所言略近于佛，而顾浅甚，不足动人。章旭初以是夜至。

十五日。接到湘乡相国、杨厚庵、乔鹤侪各信。是夕月食，照例救护。

十六日。寄帅、吴少村、郭毓六来谈。回拜泗密斯，至罗伯逊处小坐。以须缮发京信，邀马芝生入署代办。

十七日。致意城家信癸字第二十号。

十八日。见客半日。

十九日。以缮发奏折，谢客两日。

二十日。自书折二扣。

廿一日。拜发元旦贺折并月折。

廿二日。书寄京信，谢客一日。

廿三日。俞文莱大令解饷入都，寄去京师三总封。一交王少鹤，内朱桐轩师、曹琢如、许仁山、潘伯寅、王子怀、胡小蘧、赵元鹊，共八信。一交华尧峰，内庞宝森、沈经笙、刘缄三、唐啸石、刘芝泉、丁颐伯、曹芗溪、白兰岩、阮星垣、徐勉如，共十一信。一交张竹汀，内宋雪帆、程蓉伯、何伯英、陈小航、陈同叔、陈德甫、钱莘伯、沈世兄、喻叔芸、喻小航、黎简堂、柳麓渔、易汉乔、皮小舲、殷谱经，共十六信。又致汪啸庵师、贺云湖、许涑文、彭芍庭、匡鹤泉五信，则皆虚回一信，并交竹汀转递。

廿四日。昼接宾客，夜省文书，目力为之大伤。接张凯章信，随以一信报之。

廿五日。雨。数日热甚，知必雨也。刘晓沧过谈。接方子箴一信。

廿六日。刘云生比部来见。谈悉厘务情形，与所闻皆合，而与李筱荃、胡莲舫所云则固有参差，终莫辨其得失也。陶游击、呼延守备回金陵大营，寄曾沅浦一信。又寄黄荷汀一信，以钱氏箱件托其寄还。

廿七日。雨。顺德协副将卫佐邦来见，询所属将官佳者，举二人，曰：署左营都司戴朝佐、右哨千总李恩荣驻扎陈村。通判陈善圻来见，询候补官佳者，举二人，曰杨钺，曰胡为黼，皆以拔贡朝考，简用知县者也。

廿八日。法郎西修建天主堂，邀集同城诸大府安门石，以壮观瞻。其教主曰明良，巫祝之流，岂非咄咄怪事。

廿九日。昆静山军门由高州回省，往接之城外。随至胡莲舫处久谈。晚致任松楼一信，并家信癸字廿一号，由制军专弁送湖南也。

卅日。接曾沅浦、郑朴臣二信。并接张凯章、杨宝峰、杨立亭公信，言寨冈招降股匪李复猷、曾贵、伍福胜三犯，俱因逃脱被获，差为一快。

十一月

十一月初一日甲辰。诣文庙行香后，会同制军阅城，从西南之归德门上城，历大南门、文明门、定海门，转东至东门，又北至小北门，登镇远楼，俗谓之五层楼也。东望永康炮台，相距咫尺。又东稍北，为耆定炮台。永康炮台稍右，为粤秀山炮台，俗谓之圆炮台。永康台则俗所谓四方炮台也。其西为保极台，又稍北为拱极台。城东北白云山，峰峦环抱，入城为观音山。镇远楼扼山之背，城以外小山罗列，五炮台各踞一峰，基址尚存。又至大北门，转西至西门。北起大北门，直南至归德门，以西皆旗营地界。东西各一门，北二门，南四门，所谓老城八门也。直下至新城，不能乘坐大轿，改换肩舆。历西水关，至太平门，绕南历竹栏门、牛栏门、靖海门、五仙门、永清门、永兴门，转东至永安门。东西各一门，南六门，所谓外城八门也。午刻，始环内外城各一周，计可二十里。便道至昆静山宫保处一谈。

初二日。由南海县专差寄朱子湘一信。桂孝廉文灿来见，开交学海堂丛书数种，其清本尚存许小琴处。并言学海堂学长八人：一陈兰坡澧，举人；一陈古樵璞，江西知县；一邹德甫伯琦；一李奎垣光庭；一谭玉生莹，举人；一朱子湘次琦，山西知县；一周秩卿寅清，进士；一金屺堂锡龄。

初三日。接见文武官属四班。藩司解到各部《则例》、《学政全书》、《医宗金鉴》、《康熙字典》各书，言各书板旧存拱北楼，今已毁无存，各种皆从书肆觅得者也。

初四日。接到张屺堂、王秋恬、应敏斋、夏金生各信。黄云峰、陈京甫来见，闻二君所言，多疚心者。复刘岘庄方伯、郑璞臣镇军、方子箴三信。

初五日。接奉恭报到任上谕，以曾附片叙述军情，奉旨饬遵办理。所请郑献甫、吴炳昆、隋藏珠、冯卓怀、张富年五员，均奉旨饬各督抚照行矣。随往寄云制军、静山军门告知。护送黄莘农中丞戈什哈十二人回营，内陈兆藻、李长耀二人甚有清致。

初六日。张凯章、杨栗亭次第来见。栗亭前开交寨冈白虎积恶名单，言尚有著名者二人，曰曾宏奎，曰杨庭晖。凯章言，连州有举孝廉方正者曰黄德溥其人，必留之以备缓急之用。

初七日。接奉上谕一道，为寄帅议驳薛觐堂固本京饷，请交直督筹议练兵之方。刘荫渠制府因请饬广东月派银一万，江苏、江西、福建、两湖、四川、山东西、河南九省，月各派银五千，为畿辅练兵之资，奉旨遵办。凯章解到李复猷、曾贵、伍福三犯，与制军会审，恭请王命，磔李复猷于市，而传其首会同，祭故会同邓令昌恒。抚标亦派戈什哈一名萧仲雄传送。

初八日。接见文武官属四班。伍紫垣物故，为致挽障一悬，题其端曰：怊怅馀徽。又挽以联云：大政待谘行，安危端赖诸贤在；斯人谁得及，生死偏悭一见缘。

初九日。传见绅士十馀辈，谋属以事。到者二人，一曰桂文灿，一曰何仁山。与之言世事，皆隔膜不能相入。粤事之不能理，人才实不多见也。

初十日。瑞成泉将军至，出城相接，兼请圣安。随往蔡少彭、吴少村诸处。少村具禀乞休，似颇有意见，往为解譬之。游蓉裳太史、何德甫孝廉来见。蓉裳与陈经甫交好，所居相距咫尺，因得询知经甫消息，二十馀年老友也。接奉上谕一道，为恽次山中丞奏李逆复猷窜扰广西情形，朝廷颇以粤事为念也。接到恽次山中丞、鲍花潭读学、曾沅浦中丞各信。复方子箴观察一信。

十一日。瑞澄泉将军来谈，语及僧邸，为之怃然。朱子湘大令颇负人望，为书招之不至，得其复书，文理甚佳。

十二日。冬至。与同城文武各官诣万寿宫行庆贺礼。晚邀林芗溪、章旭初、罗麓山小酌。以陈莳松、俞信甫、钱筱仙均归家祭祀，邀之不至也。

十三日。接见文属三班。李筱荃见示少荃中丞克复苏城奏稿。十月廿四日，伪纳王郜云官，伪比王伍贵文，伪康王汪安均，伪宁王周文佳，伪天将范启发、张大洲、汪怀武、汪有为共诛伪慕王谭绍洸，以城降。郑国魁、郑国榜先入城弹压。廿五日，捕诛伪慕王馀党。伪忠王李秀成以所部万馀，由胥门出光福、灵岩而遁。廿六日，以郜云官尚未剃发，并据西南各城，请开立二十营，乃诛郜云官等八人，散其众二十万。英国（哥戈）〔戈登〕管带常胜军，以郜云官等既降，不宜加诛，大汹数日始定。陶安卿自芦包来见，与言甚惬，亦丁雨生之流也。接到曾卓如、孙竹堂、赵蔚堂诸信。

十四日。接奉上谕一道，为冯萃亭军门催解镇江协饷。韩紫东观察锦云，庚子翰林、龙薰琴户郎景韶来见。为张凯章送行，顺至寄帅及王渔庄学使处一谈。接龙兰簃太常、张月卿中丞诸信。

十五日。诣武庙行香。是日稍觉有寒意。

十六日。寄帅见示沥陈厘务一折。其于厘务情形实未能周知博采，所推陈事理遂不免为耳目所蔽。为更定数则，并略举其大要言之。并为拟覆镇江协饷不能筹解一折。

十七日。终日见客看稿二事，已觉力不能给。抵粤两月，形神为之俱敝。官人意味，真足齿冷。

十八日。接见文武属员四班。过堂八案盗案三起、命案五起。陈经甫来见，言顺德谭村五沙大洲地方风气之敝。近省如此，为之怃然。且言谭村绅士何朴山，为龙兰簃姻亲，（为）〔以〕包庇匪类为能事，容再访之。陈古樵来见，言鹿步司地近东莞，为盗匪所聚。沙茭局所属之冈尾局，有乡民陈姓拒毙盗匪三名，请官相验，所费甚巨，至今传以为戒。又有举人陈思霖，偶以治盗为言，遂劫其子勒赎，径至新安之双冈。双冈居民约二千馀人，无田产贸易，均以盗窃为生。而沙井村与为邻，强而富，力能制双冈。陈月樵桂籍，故居沙井，由月樵缄属沙井吊放，事乃寝。

十九日。拟奏红黄飞金一折。

二十日。接左季高制军、孙琴泉廉使、黄印山刺史、徐寿蘅司马各信。

廿一日。为库仁龛、毓济川祝寿，顺拜客半日。

廿二日。为议修城北各炮台，稍加考核。虎门炮台十三座，为省城第一重门户。东江猎德炮台四座，西江大黄滘炮台四座，为省城第二重门户。东炮（西）〔台〕、西炮台、海珠炮台、永清炮台为省河保障。永康、保厘、耆定、保极、拱极，为省后保障。其馀各海口炮台百馀座。内河炮台若蚺蛇头、仑头、大洲、南安、南固之属十馀座，则皆因地设险，以示雄壮，不必尽资御侮也。

晏彤甫、黄莘翁二公奏请修复城北炮台五座，而援引旧案，称道光廿三四年修筑永康、海珠、东安、西安等炮台二十五座，用银四十万有奇，所引皆系内河炮台。其曰保障，曰神安，曰朝汉，曰凤凰冈，曰鲤里冈，则竟莫知其基址之所在。曰厓门，则新会海口。曰虎跳门，则新宁广海寨口。曰沿滘口，则开平所属。并与省河无涉。而厓门、虎跳门又皆有东西两炮座，亦不能概为一座。其道光廿三年所修，则虎门炮台十四座，官修四座，绅修十座。十三炮台外，另有竹洲炮台一座，内河炮台四座，曰蚺蛇洞，曰大冈边，曰冲天凤，曰大黄滘，原奏乃绝不一及之，真不可解。

廿三日。接见属员三班。

廿四日。寄帅奏克复信宜、涔溪及变通办理盗案各折。奉上谕三道。发递题本五道。

廿五日。接到任松楼镇军、黄子恒刺史、张月卿中丞各信。

廿六日。数日奏陈查办肇属土、客一案情形，及广东应请及时筹备事宜，及酌量修复内江炮台各折片。重以人客络绎，四五日之久未获清理公事，而案牍之积压者至数百千起之多。精力疲困，苦不能支，知复如何。

廿七日。广西候补县江禹人汝霖来见，新从高州回，盖唐子蕃观察禀派之随员也。言高州近事，为之怃然。信宜降股李可钟，由太尉堡迁踞热水堡。岑溪降股戴永英，踞藤县之罗峒，距岑溪樟木不远。麦新馀党千馀人，踞岑溪之大峒。高廉道团防局绅举人杨贻、优贡古绳锡，又杨贻之伯举人杨廷桂亦列名，专意网利。高州厘务，如电白之水东，吴川之梅菉，石城之安埠、梁家滩，皆有监督海关，而安埠通判兼管水利，故亦隶之监督。雷州之南亭厂，海安赤坑湾，琼州之海口，皆沿海巨镇也。廉州之石坤，与博白之太平卡相争。太平卡官办，石坤则邑绅以之网利而已。

晏彤甫诸公专办厘务一年之久，而不知经理，太属可笑。

廿八日。接见文武属员三班。阳江教谕李海华桂能言，阳江海口名海陵，廉州海口名北海，视琼州海口为繁富。琼州海口凡六，在琼山者曰海口，在会同者曰嘉积，在陵水者曰新村，在感恩者曰白螺滩，在文昌者曰铺前，在昌化者曰山螺。又惠州归善之三多竹地方，出茶叶甚旺。东莞、石龙，为洋烟走私之地。东江口名新昌。接到意城湘字第四号家信。二号交伯宜、三号交道生者，皆尚未到。并接李希庵一信，十月十五日发，而意城来信则希帅十月廿八日死矣。伤惨何如！

廿九日。辰刻拜发办理肇庆土客一案、沥陈广东（积）〔隐〕患日积情形、起解红黄飞金、奏参陆景清、请饬部咨江苏报拨三关丝税、奏报学院考试情形六折。附筹修内河炮台、开复完继美顶戴、奏报起解太平关税、洋药厘税四片。

十二月

十二月初一日癸酉。诣文庙行香。毓济川邀同瑞澄泉、毛寄帅、王渔庄午酌。晚归，闻清风桥广裕银店被劫，为之愤懑不释。

初二日。邀方小圃、陈经甫两君晚酌。礼义以防君子，刑戮以治小人。至于刑戮亦不能施，仍须以礼义治之。盗贼不足忧，而纪纲废弛可忧。人心风俗不足虑，而廉耻隳弃可虑。

初三日。接见文武属吏四班。接左季高、曾沅浦、唐义渠、方子箴、谭仲修各信。仲修与庄蒿庵为至交，皆一时美才，现寓福建省城。委员杨国鼎赴京，交解通志一部，顺致恭亲王、薛觐堂二信。又致曾中堂、曾沅浦、李少荃、黄荷汀、孙竹堂五信，中堂、沅浦两信并交少荃觅寄也。

初四日。李奎垣、李海华先后来（县）〔见〕。奎垣语及沿海盗贼之多，令人心悸。盗首许云开，有船二十馀。又清远刘姓，亦为沿江一方之害。刘晓苍言小委员中有张国恩、张嘉瑞春洲二人，尚诚笃可用。

初五日。李星衢、史兰溪来见。星衢出示龙兰簃信，言新安冈边村千馀户，皆习为盗贼。沿海皆有打单经费，番禺大石乡之海埠一处，至于出费千馀金。真骇人听闻！

初六日。云莘川太史、方照轩协戎来见。协戎貌清雅，目不识丁，而有文秀之气。其军现扎南田。郑绍忠扎东井。罗伯宜至，接到意城湘字第二信，并各朋友信凡十馀件。

初七日。雾。回拜江蓉舫内翰、李奎垣农部，因赴瑞澄泉将军、库仁龛都护、昆静山军门、毓济川监督、蒋朴山都转、沈少韩太史、梁槐轩侍御各处谈。晚致徐云樵郡丞信。

初八日。接见文武属吏四班。缮发家信癸字廿二号，并左景乔、熊秋白、彭麓生三信。

初九日。接到黄昌期军门、周步瀛协戎、冯景亭中允、邹雨坪、李绍周、郭德炎诸信。

初十日。微雨。致湘乡相国、李少荃曾沅浦两中丞、冯景亭中允、刘子岩、邹雨坪各信。

十一日。大雨。是日与制军会委杨参将耀宗、黄参将廷彪、海守廷琛、聂令尔康会办新安冈边村盗匪，于是日启行。

十二日。大雨。致温希初军门、卓杰四协戎二信。方照轩协戎回蓝田大营，就谈少顷。人甚文秀、不类武将。

十三日。微雨。接见文武属吏三班，验看五员。王壬秋来谈，知何镜海近又在江味根营次。

十四日。寄帅咨奉廷寄四道：一张月卿中丞奏报李复猷股匪分窜情形；一恽次山中丞奏报李复猷股匪剿办告竣情形；一预提同治三年京饷广东地丁五万，盐课二十四万，新旧息银八万，粤海关（稞）〔课〕三十万；一封禁花县象山开挖炭煤，从骆籲门制府请也。午刻就制军处过盗案十四起，其七洋盗，制军专政；其七内地盗案，（内）〔由〕我专政。

十五日。雨。诣武庙行香。致黄荷汀、赵惠堂、李绍周各信。

十六日。雨。过堂盗案十四名、命案三名。盗案多是三四等小犯，着实一问，多属游移。粤中办理盗案，难悉究其底蕴也。

十七日。雨。数日雨，热甚。满地潮湿，如吾乡四五月时，行坐为之不适。

十八日。雨，大风，微有寒意。接见文武五班。致王定甫、陈琴山师、梁檀圃、敖经甫、张竹屋五信，以将有折弁入都，可便致也。

十九日。微雨。以料理折件谢客一日，而仍会客至六七次之多，实觉劳倦。

廿日。遣武弁钟天佑赍折入京年终密考折，十月、十一月两次月报并交投递。随往各处回拜，酬应终日。

廿一日。辰刻封印。治酒食宴署中朋友及巡捕仆从人等。

廿二日。制军见示各折稿：一奏报三山白鹤嘴军情；一覆奏拿获李阿四；一奏报阳春客匪情形；一覆奏部议饷票抵清积欠；一回复总理衙门查办坚领事请入潮州府城一案。各稿小有斟酌，惟饷票抵欠及总理衙门一信，则原稿无一中窾要语，澈底另为之。瑞南星太守自京来，接到蒋霞舫、方子善、丁颐伯、张竹汀四信。前后接到徐寿蘅、吴麟洲、贺祝生、邹公让、黄子恒、舒甥习勤、彭雪芹、彭纪南、杨厚庵、丁果臣、谭仲修、鲍花潭、陈小航、曾卓如、吴仲仙、葛生庆森各信。

廿三日。接见文武属吏四班。是夕仍沿故乡礼，致祀灶神。

廿四日。接到阎丹初、沈幼丹、温希初诸信。是日吾楚所谓小除夕也，晚邀王壬秋、刘晓沧、左孟辛、罗伯宜四人小酌。

廿五日。寄左季高、曾卓如、刘荫渠三制军并邓弥之各信。

廿六日。料检岁事，及各处来往周旋，为之劳顿终日。

廿七日。戌刻立春，晴暖无风。酬应终日，以同城诸公封印后须一周旋也。接到意城湘字第五信，并恽次山、裕时卿、舒仲和、柳范吾、周昌辅及衡唐叔各信。吴少村言石龙司叶照墀，小官而有勤廉之操，当记存之。

廿八日。为邹姬生辰，早起亦略备面食。接见文武属吏四班。胡研生、容春圃来见。晚次，骑马一巡城，为巡捕传致文武各官沿途伺应，甚觉多此一举也。

廿九日。寄家信癸字廿三号，顺寄燮叔、衡堂两叔及罗研老四信。拟《粤海同文馆章程》十三条。

三十日。接沈幼丹、彭雪芹二信，随复雪帅一信。晚邀林芗溪小酌。

郭嵩焘全集

六

史部三

湘阴县图志 一

岳麓書社·长沙

全书总目录

本册说明

《郭嵩焘全集》史部之三为郭嵩焘所著《湘阴县图志》。《湘阴县图志》三十四卷，另卷首一卷、卷末一卷。全书今次订为两册，系何培金整理校点。本册为卷首至卷十六。

据郭嵩焘在“日记”中的记载和他为《湘阴县图志》所作的《跋后》、《又跋后》两文，《湘阴县图志》一书，始撰于清同治六年（1867），最后成书于光绪七年（1881），由湘阴县志局刊刻。关于此著的成书过程，郭嵩焘在《又跋后》中指出：此著“凡三刻”，“辛未、壬申（即同治十年、十一年）之交一刻，旋罢去；庚辰（即光绪六年）再刻，辛巳竣工；至是复改刻各图，迄辛巳（即光绪七年）之冬乃成”。因此，现存的郭嵩焘所著《湘阴县图志》有两种版本，一为光绪六年的原刻本，一为光绪七年的改刻本。其原刻本，由于校订和监刻者的失误，以至“各图芟削混淆，全失其旧，并稿本毁裂之，尽刊去其开方计里之式，刻法又益粗率”。郭嵩焘乃迫不得已，属人“重加摹写改刻”，并增补一些内容，于光绪七年冬完成。

作为清代湘阴县最后一部县志，《湘阴县图志》上承道光三年（1823）所刻《湘阴县志》，记述了此后近六十年湘阴县的山水地理、人文历史和社会变迁，使我们基本上能够了解到近代前期湘阴一县的自然和社会状况，具有较高的史料价值。在体例上，该志一反明代以来志书的成规，以图名志、图经志纬、表传相宜，亦堪称一部佳志。因此，该志曾先后得到曾国藩、裴荫森、梁启超等的赞扬，认为“诚为杰构”、“殆合迁书、班志之长”，是为一代“名志”。

此次收入《郭嵩焘全集》的《湘阴县图志》，系采用光绪七年的改刻本为底本，以光绪六年的原刻本和部分原稿本（即《湘阴县志稿》十九卷，现存湖南师范大学图书馆）为参校本，进行整理校点，厘正了改刻本的一些错误。

目　录

湘阴县图志卷三

湘阴县图志卷四

湘阴县图志卷五

湘阴县图志卷六

湘阴县图志卷七

湘阴县图志卷八

湘阴县图志卷九

湘阴县图志卷十

湘阴县图志卷十一

湘阴县图志卷十二

湘阴县图志卷十三

湘阴县图志卷十四

湘阴县图志卷十五

湘阴县图志卷十六

湘阴县图志卷十七

湘阴县图志卷十八

湘阴县图志卷十九

湘阴县图志卷二十

湘阴县图志序

同治戊辰以后，湖南军事初定。大府撰修通志，而府、县实首其事。自古乡国之书，率尚简雅，如韩志朝邑、康志武功，及国朝灵寿、秀水诸书，辞洁意醇，而考证非所尚焉。今年夏，湘阴郭筠仙先生以所撰县志授余。读体例，与近人大殊，分乡志地，分条志山，分源流、曲折志水，以表纪人物，以志纪事，稽证审详，辨论宏彻。每事溯源三代以迄于今，而言仍不离其县，殆合《迁书》、《班志》之长，而即一县以推见天下古今之得失也。

先生以经济、文学受显皇帝特达之知，官江苏粮道，厘定漕章；改官两淮盐运司，剔芟盐敝；巡抚广东，期年而教化大孚，讼衰盗逸，殊方海国，慑不敢骄。卒以木强为健者所挤，不得尽行其志。退而修业，穷竟宙世之否臧，发章道心之幽渺。著书数十万言，将以藏之名山，传之来哲，而此志特其一端焉。

今学者并日著书，或终老不明一艺，而先生肆其馀力，犹足涵负一时。盖其学，皆自得于心，而不眩人之得，而又积之也久，故其发之也，溥而无际，暗而弥章，如春皋之风，秋空之月，随所嘘烛，皆有声光。而或者以先生之学为尽于是书也，则又浅知先生之甚矣。

时同治十三年甲戌岁五月，阜宁裴荫森拜撰。

湘阴县图志叙

嵩焘编次《湘阴县图志》，凡图之属六，凡表之属十一，凡志之属十二，凡传之属三。其文繁者，辄析为上、下卷，通三十四卷。既成而谨叙其略曰：

天下者，郡县之积也。由汉以来，公府属曹班职任官，县皆具焉；兵防选举文武之资，以及土田方物萃而输之京师，县皆给焉。校其地则古诸侯也。受其要，会其成，临御万里而纳之畿内，若百骸手足之附丽于一身。是故郡县得其理，即天下治矣；郡县失其理，推而至于天下犹是也，而大乱以生。礼仪、政化、人心、风俗、树艺、堤防、疏浚、营造，若有事，若无事，大致同也。利者兴之，害者除之，知其分数，权其缓急，知周天下者可以理天下，知周一县者可以理一县，大致同也。

自宋元徽中立县，至今千四五百年，几经治乱，远无所征。自南宋始为县志，至今六七百年，几经治乱，人文、政教存者五六。由今日上溯南宋，又上溯立县之初，因文考事，推见其由，又十得二三也。及吾身之粗有所知，追求千数百年因革损益之宜，举而措之三代，其涂径可循，其文辞训诰，淆然各别，犁然而各有当于心。盖孔子曰："坤乾之义，夏时之等，吾以是观之。"即今不为纂述，而后将益茫然也。礼乐之灿著，法度之修明，圣清至矣。惩前而毖后，鉴古以知今，规模于是焉备，法守于是焉资。斯志也，体例无以逾于今人，而论撰殊焉。后有君子览观而切究之，可以得其指要矣。

时光绪六年岁次庚辰夏六月，郭嵩焘谨序。

湘阴县图志例言

同治戊辰，中丞景东刘公主修《湖南通志》，县志亦肇始于是时。图说、表、志，草创略具。李辅堂方伯指为改变旧志规模，贻书相诟。用是辍业，至于五稔，稍授黄石珊大令编定之。会奉诏北行，未及授梓。私念此书援古证今，颇资考览，蠲弃可惜。又七年，归自海外，蒙被圣恩，得以病免，闭门却扫，居多暇日。乃稍理其篇目，条其次第，刊而存之，推明成书之始末，发凡起例，以谂来哲。

宋淳祐中，知县事胡公修《湘阴图志》，为县志所自始。自《班书》创为《地理志》，下逮北宋之世，乃遍及一州一县，其名多曰《图经》。《周官》职方氏掌天下之图，以掌天下之地，辨其人民与其财用。萧何入关，收秦图书，以知天下阨塞户口。言地理者必资于图。州县地志之名《图经》，山水方域于是焉详，故亦或曰"图纪"，或曰"图志"。图以为经，志以为纬。隋唐相沿，志地之书皆然也。

元明以后，踵事增华，专详人物事迹，而舆图反在所略。即历古图志之书，亦皆散佚失传。《唐书・艺文志》载《元和郡县图志》五十四卷，每篇皆有图。至宋淳熙时，程大昌已跋称"图亡，独有志存"。后之志地者无敢以图名，亦势然也。此志于方域广轮之数，椭圜袤长、犬牙相入之形，并于图详之，题曰"图志"，非独以上溯隋、唐地志之原，亦纪实也。

《班书》志艺文，以《山海经》入之形法。山水方域，成形于地而受气于天，气之感也以形。测纵衡之度，以应分至之节；制沟封之势，以参城郭之宜：皆于形求之。图者，图其形也。《禹贡》“九江”，纷如聚讼。自宋胡氏旦，始正名洞庭，而历来称“九江”。道县境者，资、湘二水而已。其实“九江”之名，当视其经流入湖以为之准。

洞庭吐纳群水，其入湖之口在湘阴县境凡六，而以湘水为之纲。曰汨、曰罗、曰湄，在湘水东；曰资、曰沘，在湘水西。水道迁移，非复故迹，而入湖之口，著之图籍者，犹可辨知其由来。凡为图目六：经纬以会天位，总图以正地域，图城郭以明四境之统宗，图古城以揽历代之形胜，图水道以证诸水分合出入之数，图二十九局地势，以综一方封域之全而极古今人事之变。首图者，以著图志所由名也。通为五卷。四境分图，不分二十五里，而分二十九局。里数岐出，展转推移，益有参差。今依二十九局四境所至，案方立图，各为一卷云。

桓谭称《史记》年表旁行斜上，并效《周谱》。表亦图也，图随地势为方圜，而表体方立准。故图以纪地，表以纪事、纪人。

一县之事，沿革为大。湘阴故与罗并建。梁、陈以后，凡两建州，一建郡，又广建诸县，皆在罗地。湘阴亦割罗与益阳、湘西三县地，而《水经注》称“磊石山西对县城口”，是即所割罗地也。《通典》：重华城亦名虞舜古城，在沅江县东。舜南巡涉湘，重华置县，必近距湘。宋时尚未置县，所割益阳县地，当西及重华古城。《宋书·州郡志》：“吴太平二年，分长沙西部都尉地，立衡阳郡，兼置湘西县。”宋即移郡治湘西。《九域志》：“湘西故城在湘潭县南一百二十里。”是距刘宋湘阴县城远至四百五十里，当时增立郡县，不应割地四百里外。《元和郡县志》：“长沙西北七十里，故尉城，孙权使程普为西部都尉，建城于此。”西部都尉地实界湘阴西境，知宋时徙衡阳郡治湘西，亦当更有建置也。赖《齐书·王僧虔传》叙及湘阴立县缘始，知湘西、益阳犬牙相错，当时皆与湘阴毗连；临湘县地尽于湘水以东，不及湘西也。此关分地置县之大者，故继之以《沿革表》。

湘阴南、北通衢，自元设水、陆二驿，垂四百年。至国朝，始裁水驿，专置陆驿，而水程之四达者亦与陆程相准，非独以辨知疆里而已。封域广轮之数，关津阨要之防，皆可以于此得其机要。故《疆域表》次之。

南服荒远，历代巡幸所不及。而《史记·五帝纪》登熊湘南巡者凡二，足证三代以前幅员广廓，而后乃愈狭也。是以终汉世，长沙为下湿贫国，分封建侯，比诸迁谪。晋、宋以后，建置湘州，郡县日增，规模渐拓，封建亦稍繁焉。而历年千馀，邑人士无膺五等之封者。明宣德中，赠夏原吉汤阴伯，则以耆臣宿德宠其名，非关诏爵之典。咸丰初元，兵事起，恪靖侯以元功膺懋赏，莅伯而侯，人事之流传，文物声明之昭灼，诚莫大于是。故《巡幸》、《封建世爵》诸表又次之。

地志体例，经始于北宋，至南宋而始备。唐以前地志纪山川、方域、物产而已，《太平寰宇记》始著人物，《吴郡图经》兼及牧守。至乾道《临安志》而后，科举、军营咸备。县有令长，一县之事，经纬系焉。汉制，以丞赞治，以尉典兵，文武之用未分也。

历唐曰镇、曰戍，宋曰砦，犹统于令而加兵马钤辖之名。元明以来，乃始判分为二，凡有事于县者不可偏废也。故《职官表》及《武职官表》又次之。

宋以前，地志与人物皆各为书，或曰《先贤传》，或曰《耆旧记》，其纪科举又别为《登科记》。其后方志之书，因援其例，备录而详述之。唐之季世，长沙刘蜕一登科而有“天荒”之嘲，人文简略，盖可想见。至宋而湘阴一县登科者踵相接也。自唐设科，名目繁多，因是有科目之称。汉世统名之选举。州郡辟除，贤良对策，亦稍异常选。登朝莅仕，其途杂出。至以武功列名荐剡，一皆选举之歧分者也。凡生存者不入人物表，惟选举依类列名，无分存没。故《选举表》又次之。

《后汉》传人物，视《班书》严谨有法度。所循用《班书》之旧，《儒林》而已，《文苑》、《独行》、《方术》、《逸民》皆创为之名，而附以《列女》。后世史家无能逾越。然《列女传》创自刘向，实当西汉之世，其源流固已远矣。人物品目，随事命名，列女行谊成就亦然。凡生存者不入表，惟节妇苦节幽贞，稍宽其例，但及岁者皆入之。故又次之以《人物表》、《列女表》。

《周礼》小史奠（世系）〔系世〕①，其源肇于《禹贡》之锡土姓。唐、宋以来，系土著之户于郡县，即《国语》“工史书世”之遗法也。《魏书·官氏志》《唐书·宰相世系表》，犹存谱牒之略，使后世得以窥知其家世源流。历代方志之书，常璩《华阳国志》，

①据《周礼·春官·小史》改。

表及大姓；费著《蜀中世族谱》，兼详宗派。国于天地必有与立，世家大族，所以立县之基也。睹其人物之隆替，风俗之盛衰厚薄，可以推知一县之始终。科名、仕宦稍有闻者，皆追溯其由来。而一邑之著姓，瞭然如指诸掌。故又次之以《氏族表》。

《禹贡》道山与道水同功，皆明其起讫之由。至《山海经》表山望，而推其首曰某山，以达某山之尾。太史公曰："中国山川东北流，其维首在陇、蜀，尾没于勃、碣。"凡山皆有脉络，而首尾具焉。论山水大势，皆起于西北而极于东南。《说文》："阴，水之南，山之北也。"《穀梁传》曰："水北为阳，山南为阳。"阳者气之散，阴者气之聚。水之出也散，聚而纳之一川；山之出也聚，散而分之群阜。故水以所出处为阳，山以所止处为阳。《山海经》之叙山也，皆辨其阴阳与其上下，山水所以相表里也。地志之书但表山名，不详山之脉络，以为近于堪舆家之言，是并《禹贡》亦讥也。古者建国，以山水标地望。山水之在县中，风土人物于是基焉。故继志山。

郦道元《水经注》最称精博，其叙湘水尤莫详于湘阴一县，至今可以推寻者：曰高口水，曰上鼻浦，曰下鼻浦，曰陵子潭，曰锡水，曰望屯浦，曰三阳径，曰门径口，曰黄陵水，曰太湖，曰白沙戍，曰东町口，曰罗渊，曰汨罗口；其于地道无征，旧志不能叙录：曰玉池口，曰东湖，曰三溪水，曰大对水，曰決湖，曰西陂，曰苟导径，皆不详所在。"湘阴东湖，上承玉池山水"，旧志亦据《水经注》为言，而郦道元自称玉水东南流注锡浦，谓之玉池口；锡水又东北，东湖水注之，谓之三阳径。则所谓玉水，玉照山之水东南流者是也。东湖之玉池口，当为今横岭湖，南会锡江，为锡浦；东出锹港，为望屯浦。名之东湖者，玉水东流汇为湖，今东湖以在县治东为名。宋以前未立县治，不得有东湖之名。就今地道纵横曲折，证以郦氏所述，无一不巧合，而后知古图籍之精，其纂述为有据依也。其有误者，混汨于罗，以东町口属之渭水，而失湄水之委，又并汨、罗为一，而夺渭水之名以与汨，并失罗水之源。高口别为一水，源出益阳东南。益阳西北，则资水经流也。东径三里桥，与高水相出入，又东径高口，与湘水相出入。郦氏以高水止于陵子潭，自陵子口以下皆属之湘水，则高口一水源流并失。此《志》于县境山水，穷搜极讨，允足补《水经》之缺而发先儒之覆。故次志水。

唐陆广微《吴地记》详及茶盐酒课，不及土田。《元丰九域志》，备载户口土贡，而亦不及地粮。地志之列赋役，肇始南宋以后。然自宋、元赋役之制，举其成数而已，其详莫得闻也。由明世赋法推之，知历代相承，习为苛烦。至国朝而始扫荡廓清，一归于简要。是以明世田赋之额、征解之数，自康熙初始修《志》时，其法已有变更。雍、乾以后，并丁于地，归奇于整，旧制无复存者。而田制三等之科，起解部寺诸名目之烦，仍而载之，不敢擅变。盖其名去，而其额之存于籍者犹沿明世之遗也。淳祐《志》，当详及宋世赋法；元修《古罗志》，遂除宋籍；迄明成化、嘉靖二《志》，又废元典。赖今田额一循明世黄册，其品目具存。古今因革之宜，得失损益之故，后之考求赋法者于是取征焉。故又次以《赋役志》。

《史记·河渠书》叙元光以后通渭、引汾、穿洛、通褒斜之道，于是用事者争言水利。朔方、河西、酒泉引河，关中引堵水，汝南、九江引淮，东海引钜定，泰山下引汶水。此西汉富疆之业所由开也！吴、楚边荒，言水利者弗及焉。《唐书·地理志》，东南陂湖水利备载无遗，实兼《河渠》一志，而亦不及洞庭以南。吴、楚水利甲天下，朱长文《吴郡图经》独著治水一门，可云卓识。雍、乾之世，水利繁兴，家给人足，号称极盛。其后，陵夷衰微，失水之利而多承其害。儒生俗吏，不达时务，无能言其利病者。有宋之世，开浚洞庭湖直河，置斗门溉田，今犹可以推知其遗迹。水性就下而喜深，不务度地势之宜，勤求疏浚蓄泄之法，引水以畅其流，而创为弃地与水之说，日取民田荡平之，扰愈甚，水亦愈横。君子于此蠹然伤焉。故又次以《水利志》。

《周官》六职，实为礼经。三代政教所以纳民轨物，无一不本于礼。汉、魏以降，古礼废亡，始各因事为仪注。至唐开元礼出，而后五礼备焉。一州一邑通行之典礼，一皆政教之源也。宋陈氏祥道创为《礼书》，稍因仪文度数之末，以窥见制礼之精义。国朝江氏《礼书纲目》、秦氏《五礼通考》，乃始灿然集礼之大成，下至士民皆能行之而能言之。有宋方志，体例具备，独不及典礼，以为典礼通行郡国者，非一县之私也。然一县所有事，准之天下大端具矣。即其中《祀典》一门，或为通祀，或为专祀，则亦时有参差。阙而弗纪，庸非歉与。故又次以《典礼志》。

学校至宋而始盛。方志之纪学校，亦至宋而始详。然宋时科举、学校犹分二途，历元、明至今而后尽敛天下之人才，彬然一出于学校。《史记·儒林传》叙论称：读功令至广厉学官之路，未尝不废书而叹也。盖其端肇始西汉盛时，其时县有学，乡有校，斯云盛矣。而使天下之人奔走功令以希进取，则亦学校之所由衰也。南宋太学之嚣，至于劫持朝政，以议论簧鼓一世，其害延及数百年。明兴，优儒重士，厚其饩，崇其礼，独禁使不得上书言事，以卧碑钤束之。而后士习乃徐轨于正，三代礼乐涵濡教化之功，历久而不敝，所以为不可及也。自宋立学垂至于今八百馀年，其间事迹繁矣。汇而记之，盛衰得失之原，盖可睹也。故又次以《学校志》。

地志之系于湖南，而其传又最久，如盛宏之《荆州记》、罗含《湘中记》，今其文犹有存者。所记山水而已，而亦间及物产。王存《九域志》自序独称镇戍城堡之名、山泽虞衡之利，皆谨志之。所载土贡，则即物产之表著者也。古志专及地利，不详人事，大率以简要为宗。湘阴一隅之地，兼有《周官》山林、川泽、邱陵、原隰之全，物产无甚丰者，亦颇皆有之。繁为搜讨，无取苟略，亦多识之一助也。故又次以《物产志》。

方志、城坊、亭馆、桥道、冢墓皆有纪，其类则工事也。今制工部四司：营缮司所掌，曰“坛庙”，曰“城垣”，曰“公廨”；虞衡司所掌曰“器用”；都水司所掌曰“水利”，曰“桥梁”；屯田司所掌，曰“坟茔”。皆县志所有事也。水利所关为钜，别有《志》；坛庙入之《典礼》；城坊、桥渡、冢墓、器用，各纪一事，其文不繁，而皆隶之工部。推至一县之微，皆有事于营造者也。故又次以《营造志》。

隋世立输籍之法，而团以名。宋世行保甲之令，而保以名。郑氏康成注《礼记·檀弓》：“保，县邑，小城。”注《月令》：“小城，曰保。”后世因谓之“城堡”。乡村聚落置守望，皆曰保。

湘阴旧分二十五里，领三百一十八团。而里分参差，不相接续，甚或畸零出入，无从定其方位。咸丰初，举行团保之法，乃因四境地势，分置二十九局。而里名之散隶于各团者，仍依都图册之遗。记其里数以符旧制，非独山水地势，寻其脉络，辨其方域，瞭然易见，实亦今时政纪所从出也。故又次以《团保志》。

方志之纪事，见于《吴郡图经》。盖自汉、魏，下及隋、唐，纪地纪人，各为专书；宋初地志始合著焉。地与人交相辉映，而人事经纬于其间，自然相因之势也。湘阴兵事之始，见《春秋传》："楚师济于罗汭。"六代纷争，湘州地处上游，叛乱频仍。讫于五季之世，南唐与楚争，并岳州，皆以湘阴一县为之冲。国初，残明及三藩之变，被兵尤久。攻守缓急之宜，形胜阨塞之方，因时变易。推原一千馀年之事势，其大旨可览而知也。故又次以《兵事志》。

《汉书》志《五行》，详录伏氏《洪范》传说及其占应。历代史书，循用其名。《洪范》庶征，本与五事相应。自京房、刘向，专以阴阳灾异附会五行，贻小术破道之讥，刘知幾已力诋之。而用以纪灾祥，使各以类相从，史家体例，取则于是，莫能废也。宋、元以来方志，品目日繁，无及灾祥者，至明乃始有之。志者史例，史家所录，无庸阙焉。水旱札瘥，或千里同占，或一县异纪。一方之休咎，而天人应征之理，及时补救之方，所关至大，不可以无纪也。故又次以《灾祥志》。

班氏创为《艺文志》总叙书六略三十八种、五百九十六家。证以《隋书·经籍志》、《唐书·艺文志》，则班史所著录，其存者亦无几矣，而搜辑乃益加繁。历明又散佚逾半，独赖存其篇目，足以推知当时艺术之多方，源流之异轨。今一依《艺文志》体例，分别经、史、子、集，凡旧志所著录，仍而载之；续有收入，必实见其书，校其篇第，与其叙论，但有成集，无分存没，并录存之。所收诗集尤多，《沅湘耆旧集》选录各诗，非有成集，一置不录；其自成一集，即诗不尽工，备载无遗，意取征实，不复铨次其高下。官修书列首，明有尊也。碑版金石之文，古方志皆加意搜求，备录之而列次其年代焉，附诸别集之后。故终之以《艺文志》。

自宋方志录职官，或曰"秩官"，或曰"官治"，必皆治行可纪者。惟高似孙《剡录》既为《官治志》矣，又附以令丞簿尉题名，稍铨次其姓名焉。《职官表》所录，则亦题名之类也。湘阴历唐以来，人文简陋，宦迹无能言者。有宋之世，兴贤育才，文质彬然，贤良之吏为多矣。邑人士亦稍兴起于学。故夫政教之留贻，亦赖人贤相与尸祝之。史迁传循吏，所谓破觚为圜，斲雕为朴，大抵务以德化民，不贵武健。衰敝之俗，诈伪滋生，又恃方略威严，禁奸止邪，以为称职。然而晚近愚民抵法之多，教之不修也。是非、善恶、邪正之分，较然其不相掩，则民知教。苟无混淆、枉惑民心而已，何必威严？在于今日，兵戈水旱更迭相乘，财殚民穷，生计萧然。整齐教化之功，涵育维持之术，君子于此尤所究心焉。宽严异施，文武交济，要之以爱民为本。由宋至今，存心利物，为功一邑，代不乏人。故复为《名宦传》。

湘阴立县盖六百年，而后邓秘阁以文章称，又三百馀年，而后夏忠靖以功业显。然秘阁《玉池集》已无传，《忠靖集》历四五百年尚行于世。至国朝周宁朔、徐严镇之文，李梅生太史、吴柭台孝廉之诗，实远过《玉池集》；左恪靖之事功，又几驾忠靖而上之。风会日开，人文斯盛，亦时然也。此志表章乡里诸贤，几无馀蕴。《艺文志》搜辑诗草百馀种，而《儒林》、《文苑》各表，必实有传书，名实相副。其诸文章、声誉有可表见，入之《学行》，稍示区别。诗稿入《艺文志》而不列表者，盖亦多也。又于其中摘取志行卓卓，足以厉世而传后者，征求先哲轶行，下及士女，于此稍存微旨。故又为《人物传》凡三卷。

罗含《湘中记》："屈潭之左玉笥山。屈原之放，栖于此山而作《九歌》。"讫今二千馀年，相沿以为屈原宅。《离骚》《九歌》《九章》《天问》《招魂》，盖皆作于南迁以后，录《楚辞》可也，径取以冠人物之首则不可。周、秦以前，远而难征，得一屈子，历汉、唐数百千年，无赓续以起者，已觉不伦，况明明为迁谪者乎？彭襄毅实出自湘阴，而入兰州卫籍已历数传，《明史》列传亦不著其本籍。屈子已列湘阴祀典，不待铺陈。襄毅一代伟人，由湘阴外徙，著之《彭氏谱》，《沅湘耆旧集》亦录其诗，而不敢援旧志列之人物，以纪实也。

《水经注》："黄水又西流入于湘，谓之黄陵口。昔王子山有隽才，年二十而得恶梦，作《梦赋》，二十一溺死湘浦，即斯川矣。"张华《博物志》："王文考从父师叔到泰山，就鲍子真学算。到鲁，赋灵光殿。归渡湘溺死。"据《后汉书·王逸传》："南郡宜城人。子延寿，字文考。"注："文考，一字子山。"因考《灵光殿赋》叙云："客自南鄙观艺于鲁。"李善《文选注》："南鄙，荆州南郡，本荆州治。"子山自鲁归南郡，不应远渡湘水。又称"客自南鄙”，不言家世南鄙而言客，尤非事也。疑南鄙正谓长沙郡地。子山流寓长沙，是以自鲁归而渡湘，道所必经也。李《注》于此实有未审。至于洛阳吊屈之文，颍川闵屈之赋，杜陵《青草》《白沙》之什，昌黎《江口》、《湘中》之篇，并在县境。《山谷集》所谓湖湘间小白花，为定名“山矾”者，正亦县境也。旧志亦或列之流寓，其实一道县境而已，无竢援引附会。子山之客南鄙，据张茂先所述，尚为有征，今并以义无可附，概从阙如。

旧志人物未著录，别加搜讨，于各表中注明。有传者皆杂采他书，得其事迹，未遑编次也。历年久远，旧征书籍多至散佚，又性善忘，老而弥甚，追思茫然，无复踪影，对之浩叹而已。凡若此者，悉仍其旧，以待补辑。至于编辑人物，采精撷华，黄石珊已有定本。芟繁取要，因文见义，稍有厘定，而无能意为增减。惟于郭氏纪录稍详，为其知之谂也。要取其志行，不苟流俗，足资矜式，无敢滥及。

方志者，史之一体。凡史家叙录之文，方志皆得具焉。然史纪一代之事，方志自立县以来，历时绵远，但使事迹有可推求，不宜稍有遗阙。马迁之《史》详于秦、汉，班固之《书》备于哀、平。事近者易为征，代远者难为纪，亦势然也。而或以为求切今人之用，赋役、兵防诸大端，但详今制，竟废旧典，将使千馀年之事迹隐而不章，后世何所取征焉？故尝疑方志善本惟尚简括，近于以文相高，非所以备掌故也。有明之世，康氏《武功志》、韩氏《朝邑志》文成七篇，辞不盈万，专详议法，无待侈陈。

是书之旨，事必溯其源，而不敢有苟略；语必详其实，而不肯有游移。文虽近于伤繁，而义必衷诸至当。纂辑不逾三年，更历十四年之久，乃始授之梓人。分事任劳者：寻求山水地道，则熊漱芳寿征、罗麓生鉴；考核名物，则虞恺仲绍南；编次世族人物，则黄石珊世崇；分别绘图，则新化晏圭斋启镇、邹子翼世诒；而卒经理刊行者，长沙饶葆丞国瑞；考古征实，勒为成书，嵩焘亦不敢辞焉。书成，而熊漱芳、虞恺仲已前卒，不及见矣。前后知县事者：丹阳於公，梁山唐公，萧山丁公，新喻胡公，如皋冒公，平度孙公，山阴潘公，贵筑姜公。於桐轩、胡秋樵、冒筱山三大令稍与闻志事之略，迄姜崑山大令乃成书。姜公通知政要，勤恤民隐，于时为良吏。是书乃幸际其时告成，是亦私心所自憙者也。

湘阴县图志卷一

舆图一

《周礼》：大司徒以土地之图，周知九州之地域；遂人以土地之图经田野；司险掌九州之图，周知山林、川泽之阻，达其道路。自田里树畜、疆里广狭、阨塞险易，并征之于图。《史记》称“萧何收秦图籍”，犹古制之遗也。后魏郦道元《水经注》，最称精博，其叙湘水于湘阴县境尤详。水道地势，曲折明备，足征古图志之精。考览山川为有据依，六代创为方志，多名图经，而作者无几。

至宋通及于郡县，并以图志为名，所纪方域、山川而已。其后人文掌故，日异月新，纪载加详；山川、封域，一受其成形，更无变移。于是舆图反在所略。元、明以后，遂无以图记名志者，人事之推移宜有然也。

旧志各图，略存大意，方位道里，往往混淆，今悉加厘正，列之卷首，用存古图经之遗意。

经纬图每方十里

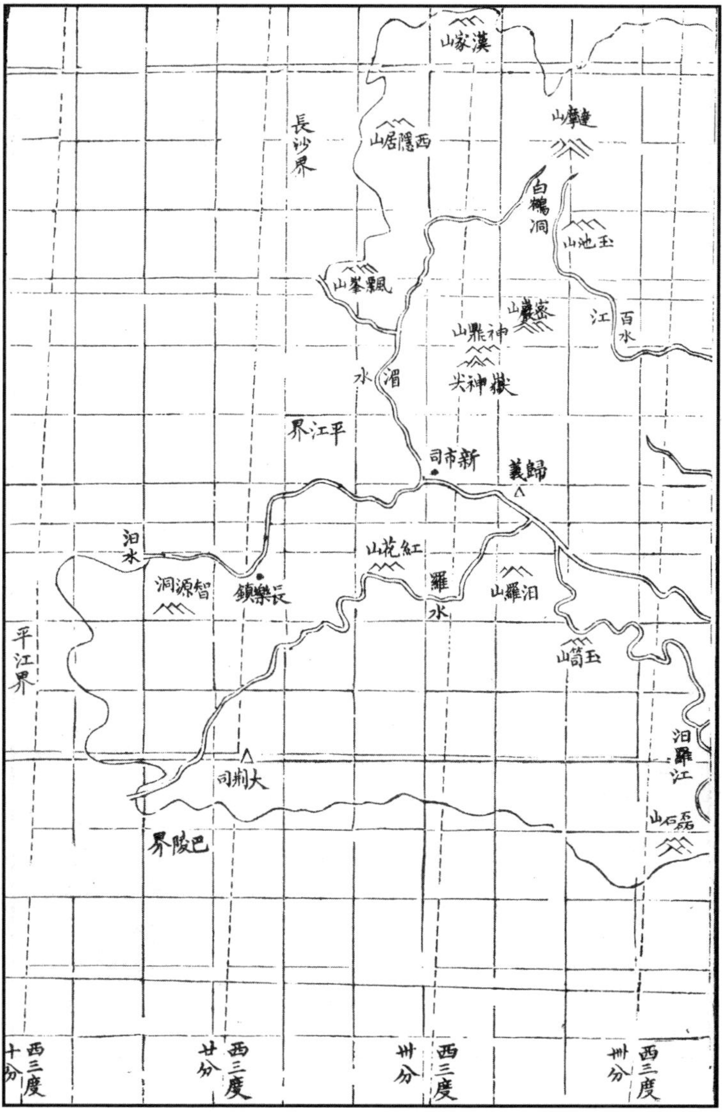
漢家山
西隱居山
長沙界
白鶴洞
玉池山
飄峯山
密巖山
神鼎山
百水江
湄水
嶽神尖
平江界
新市司
歸義
汨水
紅花山
智源洞
長樂鎮
羅水
汨羅山
玉筒山
平江界
汨羅江
大荊司
巴陵界
磊石山
西三度十分
西三度廿分
西三度卅分
西三度卅分

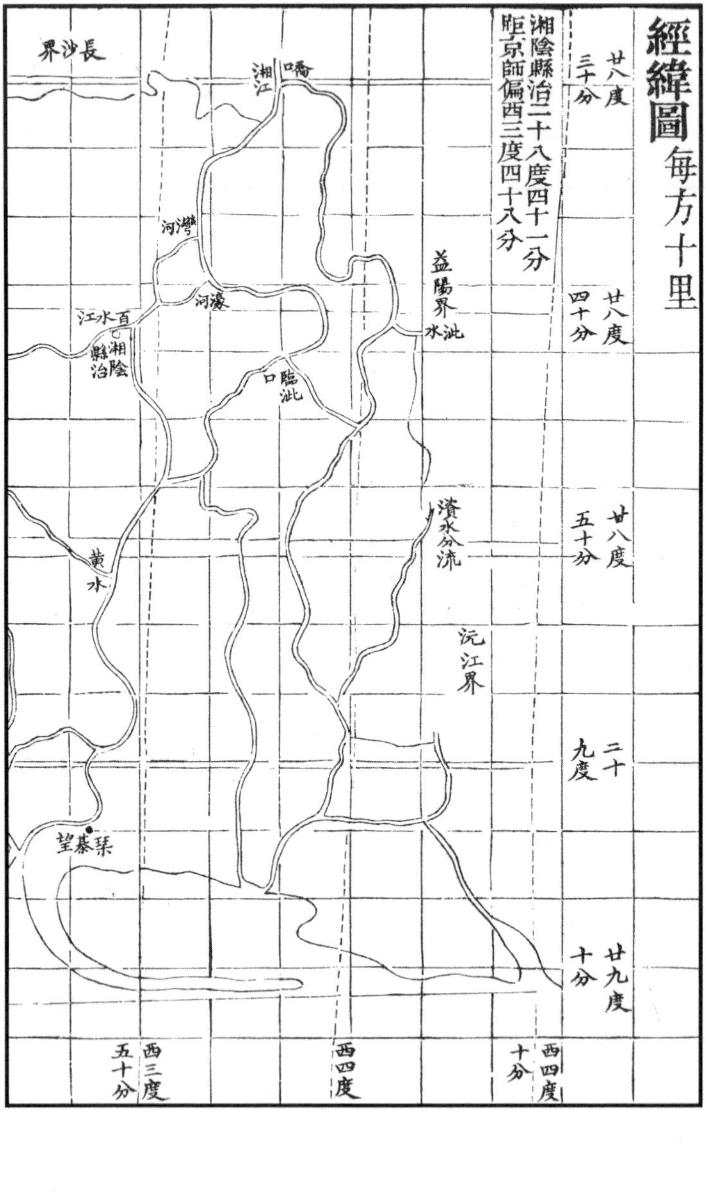
經緯圖每方十里
湘陰縣治二十八度四十一分
距京師偏西三度四十八分
廿八度三十分
廿八度四十分
廿八度五十分
二十九度
廿九度十分
長沙界
湘江
喬口
灣河
濠河
百水江
湘陰縣治
臨泚口
益陽界
泚水
資水分流
黃水
沅江界
琹棊望
西三度五十分
西四度
西四度十分

案，《周官》大司徒以土圭之法测土深，正日景以求地中；土方氏以土圭之法，致日景以土地相宅建邦国都鄙。冯相氏因而辨四时之叙，以会天位。以日景测地正，当以经纬分度求之。周天三百六十五度四分度之一。以赤道准之，每度当二百四十六里一百四十四步，析度以为分，析分以为秒。一县之地袤长二百馀里。其视北极去地之数，南、北赢缩相去已远。湘阴由赤道迤逦而北极，高二十八度四十一分。天度又稍狭，大率一度当二百一十六里有奇，南北相距约逾一度。天时与地度相准。分至启闭气候相应之迟早，以地度高下为差。积一县之微，纵横达之天下，可累而知也。

冯相氏之会天位，会之以此而已。古法以星土辨封域。《史记·天官书》云"翼轸，荆州"。《晋书》："长沙入轸十六度。"《唐书》："以长沙一星主长沙。"《宋史》："长沙一星，在轸宿中，入轸二度。"而历代言鹑尾宫度：刘歆《三统历》："起张十七度至轸十一度。"费直《周易说》："起张十三度至轸七度。"蔡邕《月令章句》："起张十二度至轸六度。"魏陈卓《景初历》："起张十七度至轸六度。"唐僧一行《大衍历》："起张十五度至轸九度。"明《大统历》："起张十六度至轸九度。轸十度至氐一度为寿星之次。"案，《明史》：黄、赤道经纬度长沙皆躔寿星。其二十八宿度次，《汉书》：轸十七度。《元史》：轸十七度三十分。《明史》：轸十五度三十分。其说互异，而岁差积分，循黄、赤二道经纬度而有盈缩，亦不能有常次与地道相应。举天象之全，五星十二次二十八宿，以应中国一隅之地。

自《唐书》已疑其虚诞不足信，而方志相沿，仍纪分野。今悉加刊削，而以经纬图为之首。天地之气之相为交接，以北极为之枢纽，用以示地道之准而察人事之宜焉。

总图每方九里

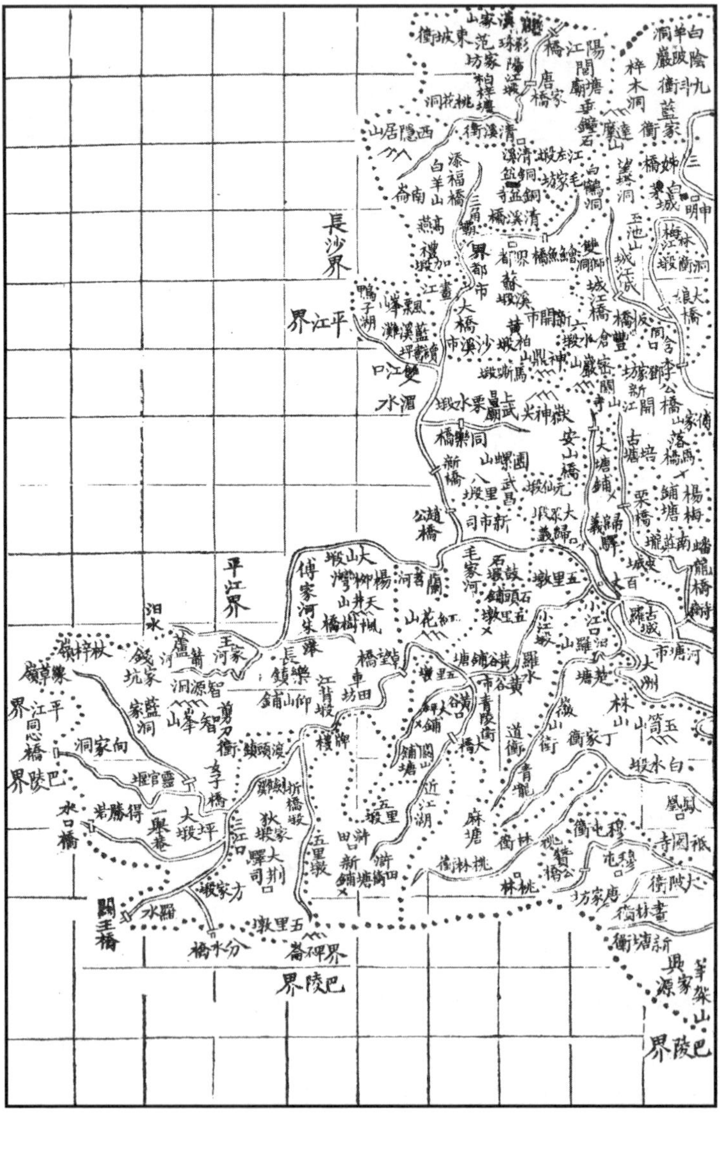

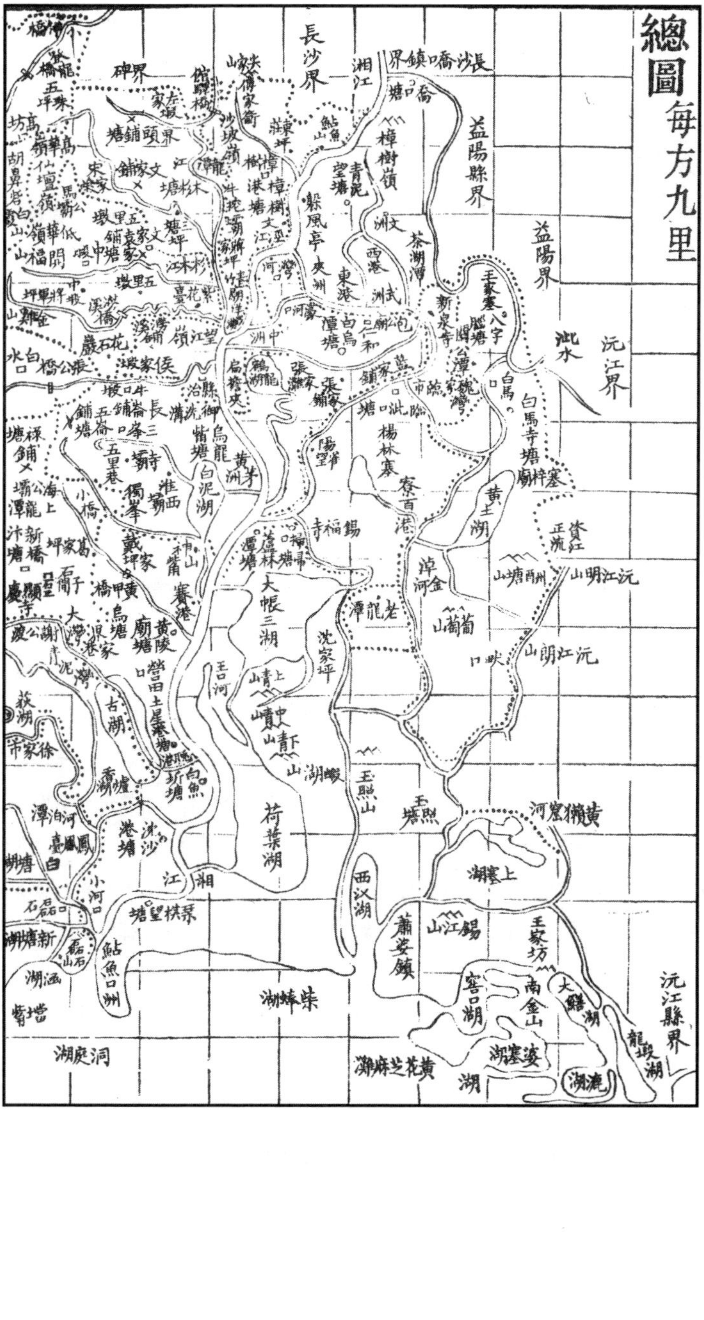
總圖
每方九里
長沙界
湘江
長沙喬口鎮界
益陽縣界
益陽界
沅江界
沅江縣界
沅江明山
沅江朗山
洞庭湖
荷葉湖
白泥湖
黄土湖
上塞湖
西汊湖
大帳三湖
楊林寨
東港
黎風亭
樟樹嶺
茶湖潭
白馬寺
錫江山
蕭婆鎮
南金山
窖口湖
婆塞湖
黄花芝麻湖
柴棒湖
鮎魚口洲
龍坝湖
王家坊
王熙山
古湖
沈家坪
黄獺窯河
白魚
香爐湖
沙港塘
青山
石磊口
鳳凰臺
望江嶺
花石巖
獨峯
青山
上青山
下青山

案，《周礼·封人》："凡封国，封其四疆。"盖立土界为之表识。山水大界为州邑之望，因而命名焉。曰罗、曰湘阴，以大川表邑。《周礼》所谓："制其地域而封沟之。"封者，山也；沟者，川也。《楚南水道考》："湘水自乔口而下得四汜、四沱、五渚，皆在县境。"湘水决出之汜，曰蓼湖洲，《水经注》谓之鼻浦。曰夹洲，湘水决出通泚水曰西港，泚水决出通资水曰淖金河，是谓四汜，湘水东溢曰湾河，西溢曰乔口，曰白乌潭、曰后江潭，是谓四沱。湘水分出乔口中歧为洲，曰文昌渚、今文洲围。曰武曲渚、今夹洲。曰湾河渚、今义合围。曰皇华渚、今仁和围。曰涝河渚、今扁担夹。是谓五渚。西南大势略尽焉。而今二十五里之地并隶县东。

《元丰九域志》载湘阴五乡，南曰归政，东曰永宁，北曰大义、长乐，西曰怀西。沿自隋唐以来。案，《史记·高祖本纪》、《孔子世家》、《老子列传》及称樗里子室，并叙乡里。《墨子·尚同篇》："里长告其乡长，乡长告其国君。"以县统乡，以乡统里，其由来盖远。《周礼》：乡师，受州里之役要；州长，考州里，赞乡大夫废兴。是周以州名里。六代，与罗并建乡里，旧名无征。案，《宋书》：县五百户置乡，三千户二乡，五千户三乡，万户四乡。唐始制五里一乡，湘阴历唐至宋，皆为中县。明初编里七十二，叠经裁并为二十五里。案，旧志：嘉靖中称里者二十八，称都者十八，因误合为四十六里。就各都里名求之，一都曰感德里，二都曰石牛里，三都曰永宁里，五都曰义兴里，六都曰太平里，八都曰金泉里，十三都曰金笥里，十七都曰仁丰里，十八都曰民富里，十九都曰归化里。馀或并数都同一里名，或兼以乡名里，始悟里名之失，自嘉靖时已然。盖其初七十二里，皆有里名。叠经裁并，而名屡更，遂不复称里。一都、二都、三都、五都、六都，都分稍全，里名亦至今存，五乡通为二十八里。其称都者十八，称里者十而已。其云明初七十二里，当据元世言之。元升湘阴为州，里数必加增。自宋以前为中县，不得有七十二里。明初实编里三十二。怀西一乡仅及半里。

宋以前创立乡名，丁户、田粮，数必适均。其后侵寻沦为湖地，荡决日甚，所隶东、南、北三乡山陵原隰之地，号称饶沃。

历明至今为上县。迄于今日而民穷财殚，困敝极矣。而封畛之袤延，地利之广博，雄跨资湘，为洞庭一湖东南之屏蔽，亦山水都会也。故首为总图以明一邑广轮之数，而示四疆经界之准，俟览者详焉。

城图每方百步

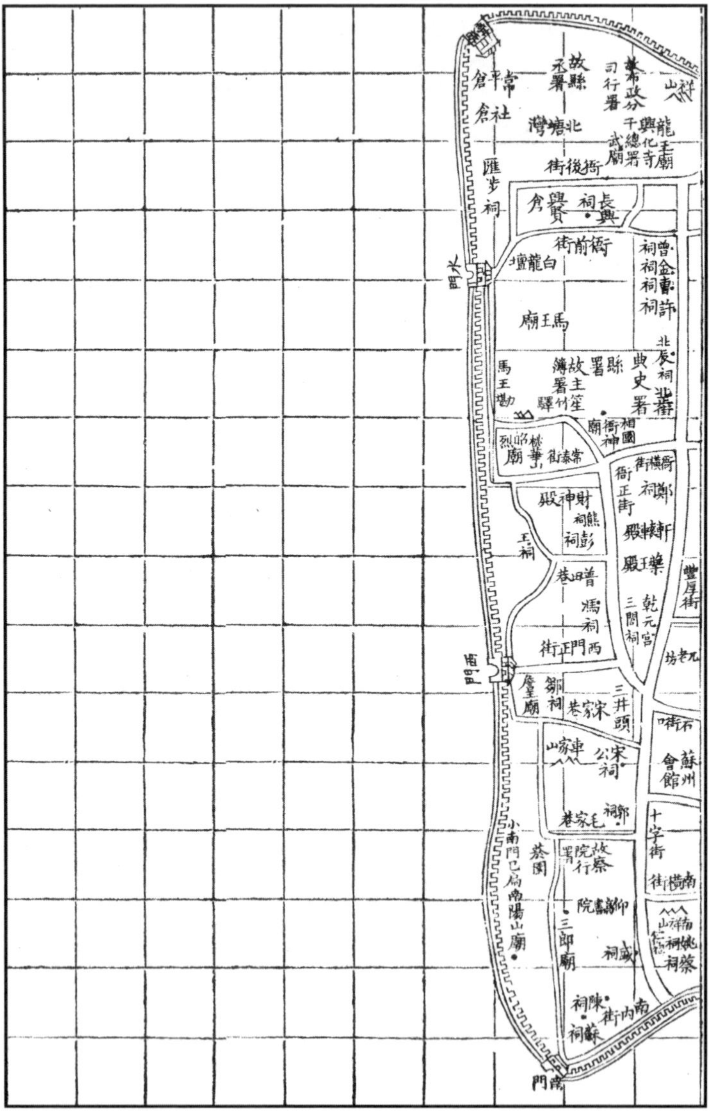
常平倉
社倉
故縣丞署
北塘灣
龍王廟
興化寺
千總署
武廟
後街
雁步祠
長興祠
興賢倉
前街
白龍壇
水門
馬王廟
縣署
典史署
故主簿署
財神殿
西門
正街
西門正街
乾元宮
三井頭
宋家巷
蘇州會館
十字街
南横街
故察院行署
蔡園
三郎廟
南内街
南門

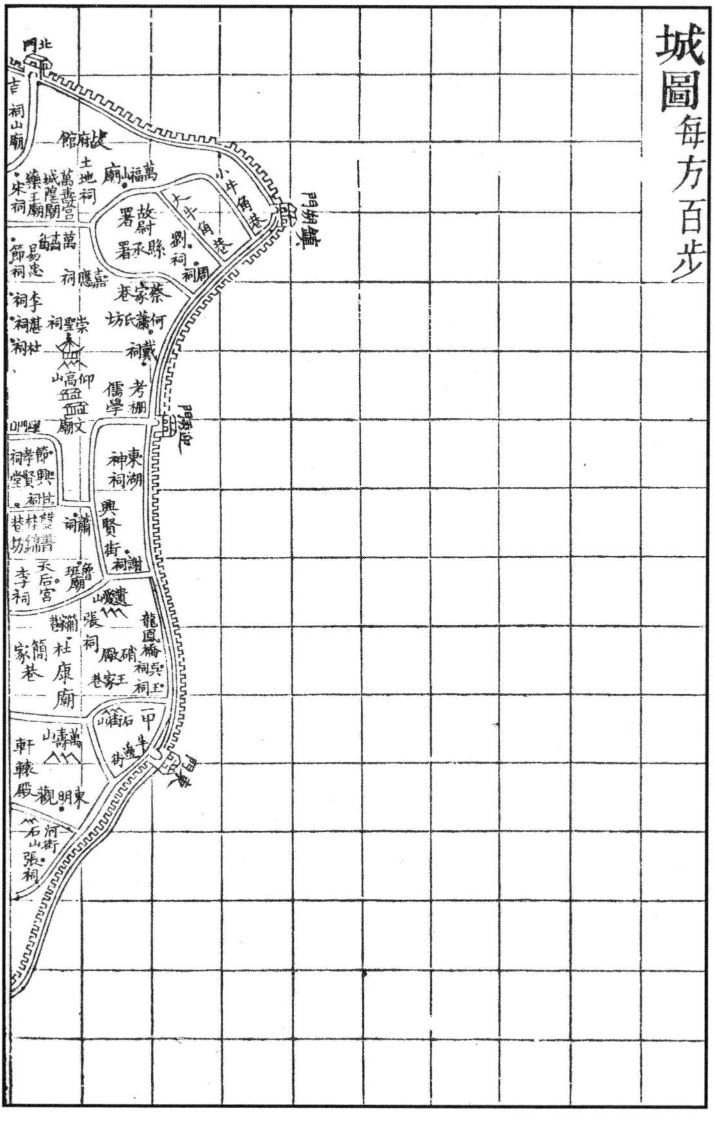
北門
萬福山廟
土地祠
故尉署
縣丞署
大牛角巷
小牛角巷
劉祠
周祠
蔡家巷
考棚
儒學
文廟
東湖神祠
興賢街
天后宮
龍鳳橋
杜康廟
簡家巷
萬壽山
東明觀
軒轅殿

城圖每方百步

案，湘阴地势，萃于东南，而曼衍于西北。盖湘水由县北入湖，资水逶迤西来会之，自县西北皆湖地也。南距长沙境仅及四十里。是以湘阴地势以东南为首。凡图皆自南而北，顺地势也。惟县城折而南向，吐纳三十六湾之水以注之湖，故官署皆南向。城图首北，非直以尊北极，亦顺地势然也。欲使观图者一览，知其向背，稍变通全图体例以顺地势，义固各有当尔。

案，湘阴县城，创始明嘉靖四十四年。巡道荀延唐实发其议。国朝康熙三年，知县唐懋醇重修，凡门七：东曰文星，南曰通津，西曰望湘，西北曰挹清，即今水门。北曰广储，东北曰镇朔，稍东曰迎秀，即懋醇因秀峰巷为门，明知县王京祥裔孙捐旁隙地助成者也。西南旧有来薰门，今废。斜长一里有奇，广三之一。

官署五：曰知县署，在挹清门内，其西笙竹驿。曰典史署，在县署东。曰儒学署，在迎秀门内，旧分教谕、训导两署。道光初重修文庙，合建庙左，中为明伦堂。曰县丞署，在镇朔门内。曰千总署。在广储门内。

故署三：曰县丞署，在广储门内。曰主簿署，今为笙竹驿。曰县尉署。今为县丞署。

故行署三：曰察院行署，今为仰高书院。曰布政分司行署，在故县丞署东。曰府馆，今为城隍庙。

秩祀庙五：曰文庙，在迎秀门内。曰武庙，在广储门右。曰城隍庙，在广储门左。曰三闾祠，在望湘门内，今移城外为屈子阁。曰易忠节祠。在广储门内。

书院一，曰仰高。在通津门内。

仓廒一，曰常平仓。在挹清门内。

考棚一，临笙竹驿道。

城三面环水。乾隆十七年，知县张宗衡修沿江护城堤五十九丈二尺。自道光以来，水患日剧，夏潦盛，水高于堤数尺，堤啮城亦就圮。同治十三年，知县冒沅修筑城垣，取土于堤，而堤遂废。

城以内有八山：曰仰高山，在文庙后。曰遗爱山，在双凤桥。曰石街山，在王家巷。曰万寿山，在东明观。曰河街石山，在南横街。曰车家山，在烟园。曰南祥山，在南正街灵顺祠后。曰青竹山，在常平仓，县图作吉祥山，即青竹之异名。

旧志未著录者：曰桃花山，在常泰街昭烈祠后。曰万福山。在牛角巷。万福、万寿、青竹诸山已沦，而桃花山固存。

有九井：曰市心三井，在元老坊前。曰兴化寺井，曰昭烈祠井，曰文晖坊井，曰县前井，曰文昌井，在文庙左廊下。曰南城井，在麻阳县教谕蔡光英宅。旧志列前五井，云馀四井无考。市心实有三井，宋咸淳中，知县陈兰孙建笔峰亭，市心井前为之铭曰“一亭函三”，是市心三井，自宋已然。旧志：城南有文明坊，城北有迎晖坊。所谓文晖坊，亦不详所在也。今市心井、文晖坊井已湮。

城内八山九井，或佚或多出，旧志流传失考者固多也。

沿革图每方九里

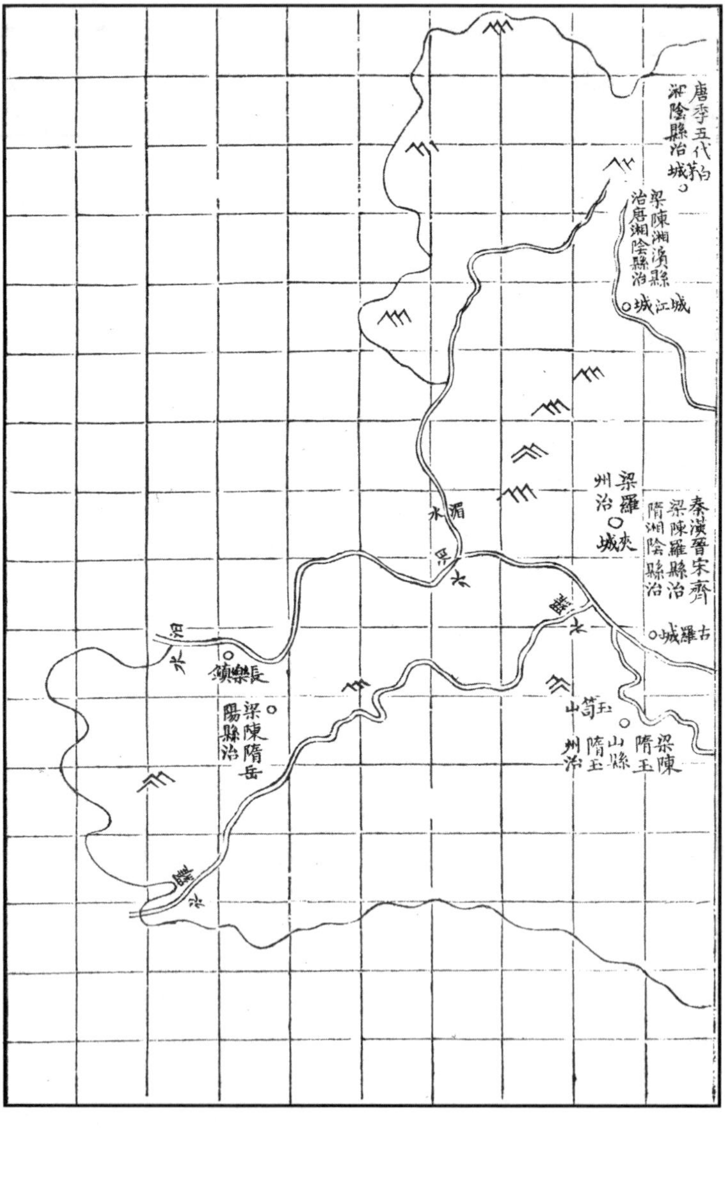
唐季五代
湘陰縣治
梁陳湘濱縣
治唐湘陰縣治
城江城
梁羅
州治
夾城
湄水
秦漢晉宋齊
梁陳羅縣治
隋湘陰縣治
古羅城
汨水
長樂鎮
梁陳隋岳
陽縣治
玉笥山
梁陳
隋玉
山縣
隋玉
州治

沿革圖 每方九里

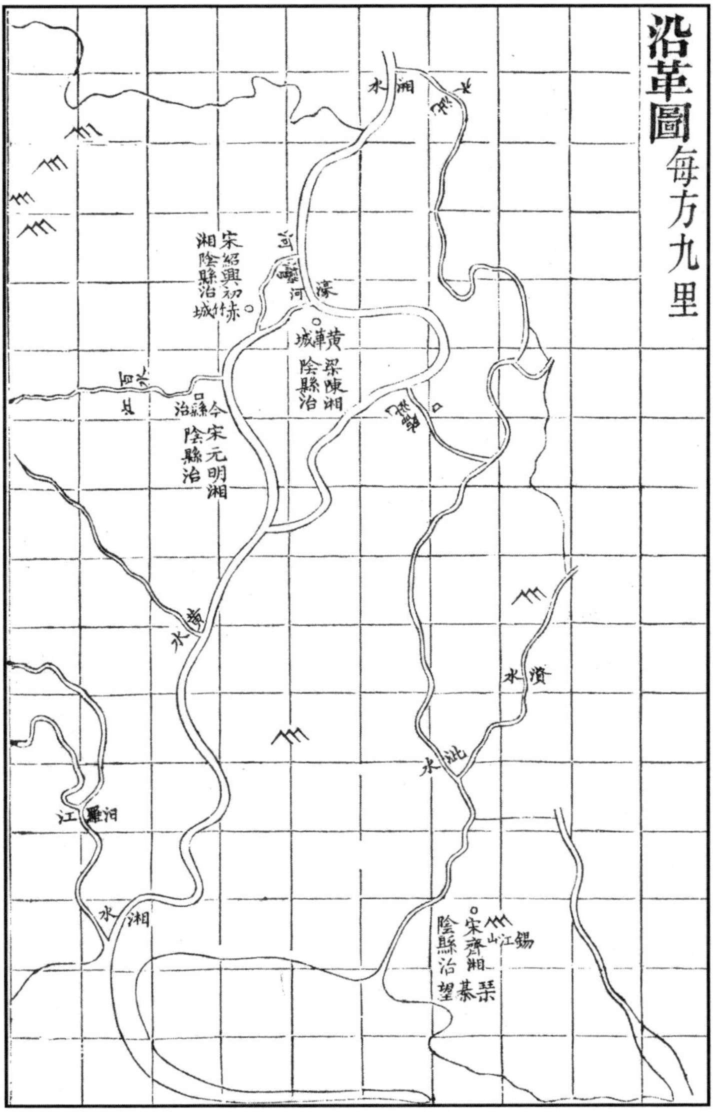

案，湘阴故城可考者七：曰古罗城，曰夹城，曰长乐古城，曰黄华城，曰城江城，曰白茅城，曰赤竹城。

见于传记而遗址无考者二：曰宋故城。《水经注》："湘水径磊石山，北对青草湖，西对县城口。"是也。曰隋玉州故城。《名胜志》："玉笥山，隋设玉州。"是也。

以事实求之，刘宋建湘阴，实割罗、益阳、湘西三县地，宜在湘水西。郦道元谓磊石山西对县城口，疑今琴棋望为城基望，殆刘宋湘阴县遗址也。梁时置县益繁，濒湖以西，置重华、药山诸县，为今沅江、湘阴交界地，湘阴必稍南徙，黄华城当为梁湘阴县治。案，同治中，土人掘地黄华岭，得古砖著刘宋年号，或曰景平，或曰元嘉，或曰大明。沿岭约十馀里，为城砖无疑。而景平至大明二年，相距三十六年，下距元徽二年又十八年，无因营立县治五十馀年之久；当时地势，又多不合。《元和志》程普为长沙西部都尉，故尉城在长沙西北七十里，与此正相值，疑刘宋时曾徙湘西县治于此。曲尺塘夹城，与古罗城夹汨水相望，必梁罗州治。时又分建岳阳、玉山、湘滨三县，《明史》注："县东有湘滨废县。"今城江城值县东，明以前犹知为湘滨县遗址。隋设玉州，因梁玉山县增置州名，在玉笥山南，而城址无存矣。长乐镇当天岳山东南，岳阳之名放于此。故城遗址，当为梁岳阳郡治。

《宋史》：绍兴五年，李植知湘阴县事，立县治。明李廷龙《城池记》亦云"至宋徙今治"。今治实始于宋，《府志》称五代许可崇迁今治，即罗县白茅村。今胡鼻山北有白茅城遗址，许可崇实迁此，《府志》误以当今治耳。案，《九域志》："湘阴县，潭州东北。"正与白茅城相值，今县在长沙北迤西。建炎四年，金人掠潭州，群盗谭相、刘忠并起，湘阴徙治赤竹城，则一时权宜假立县治。此其大略之可推求者。

旧志诸故城皆无考，惟云黄华城为隋、唐县治。《隋书》明言“湘阴有湄水、汨水”，准以地势，斯不然矣。案，隋废罗州置玉州，又废吴昌入罗县。其时罗当徙治吴昌，湘阴当徙治罗。故自玉州废后，湘阴、罗并改隶岳州，无因徙治西南，距岳州二百六十里、距潭州不及百里，恐无此事。稍叙论之，使览古者有考焉。

湘水以东、汨水以南水道南图每方六里，后同。

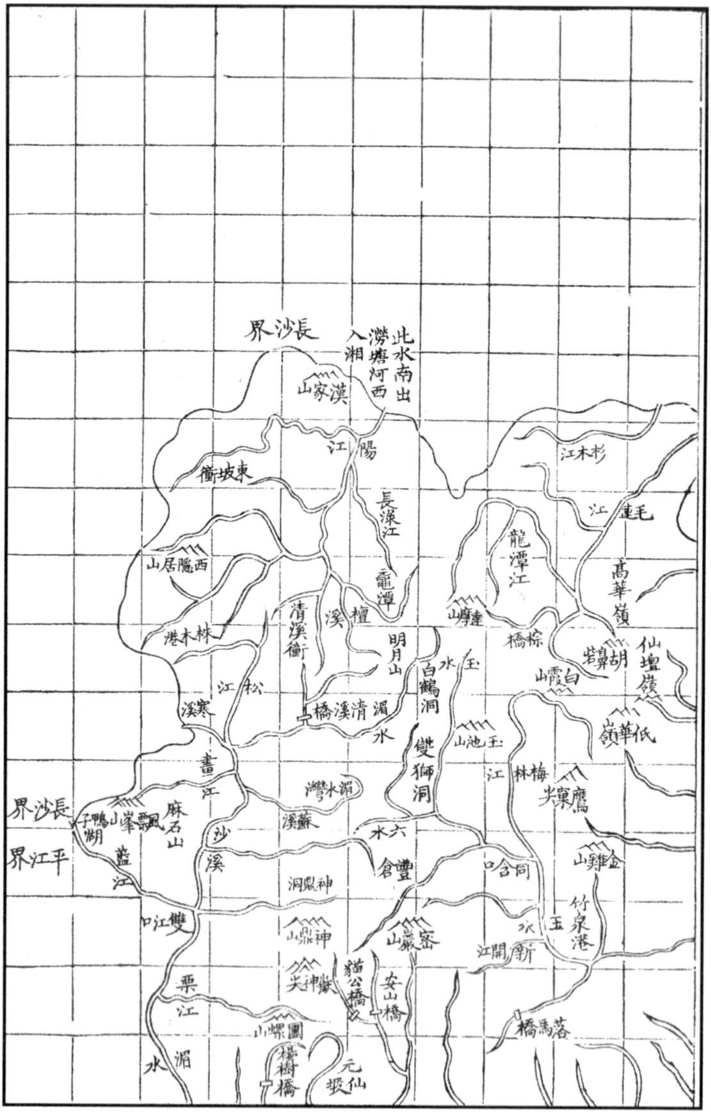

湘水以東汨水以南水道南圖

每方六里後同

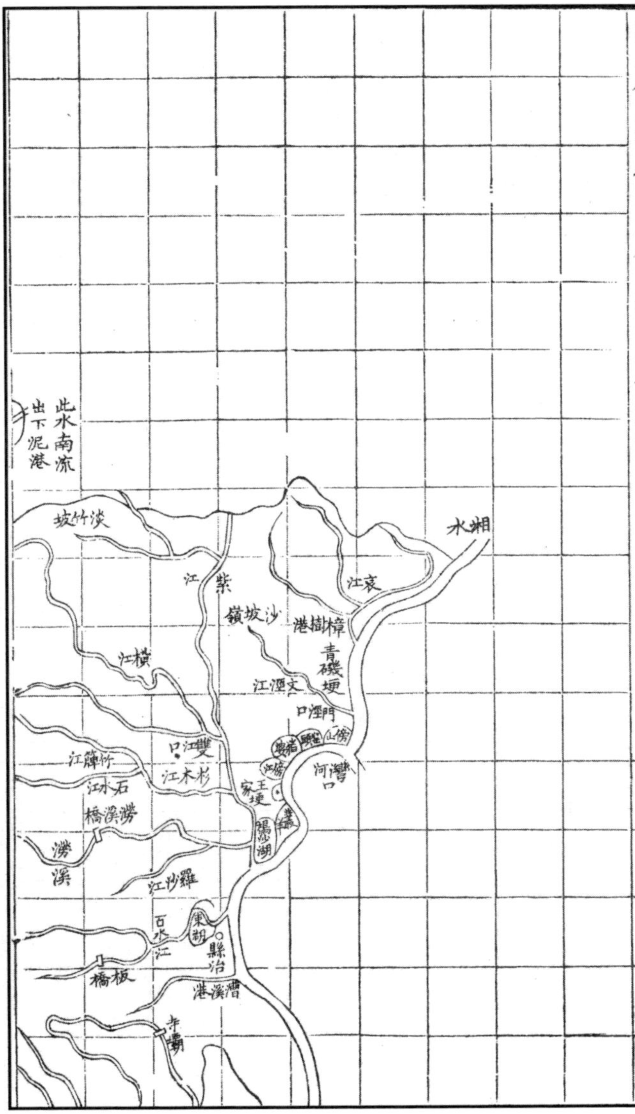

湘水以东、汨水以南水道北图

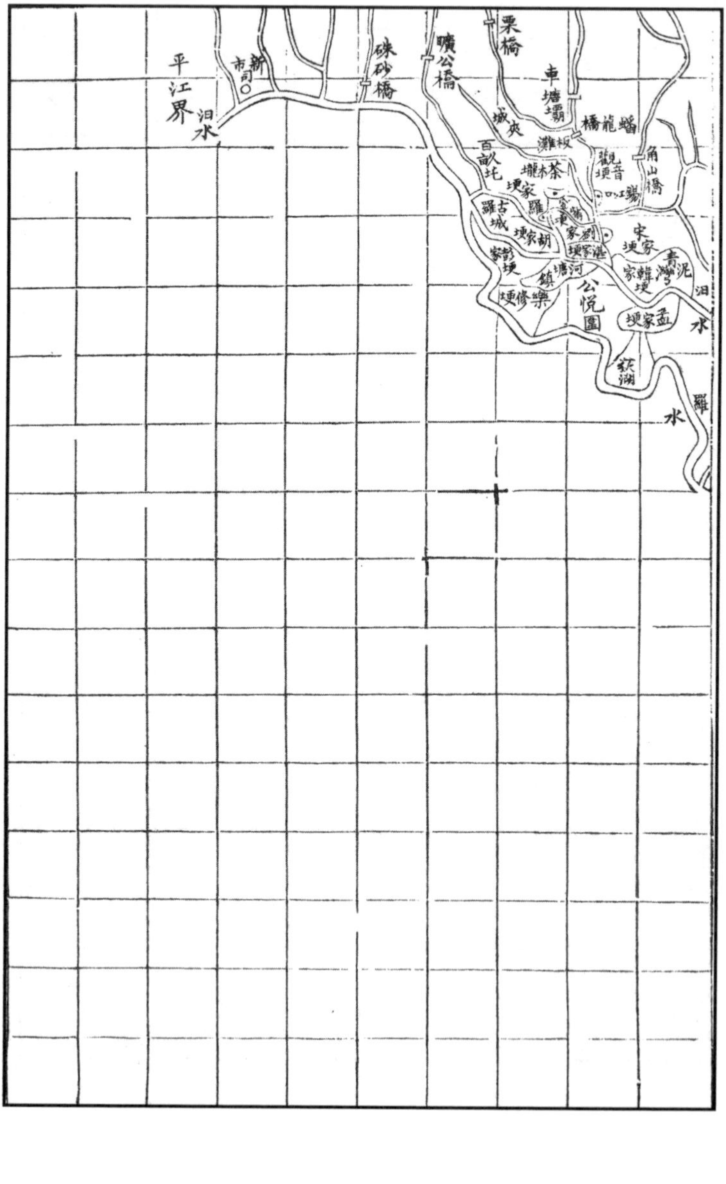

湘水以東汨水以南水道北圖

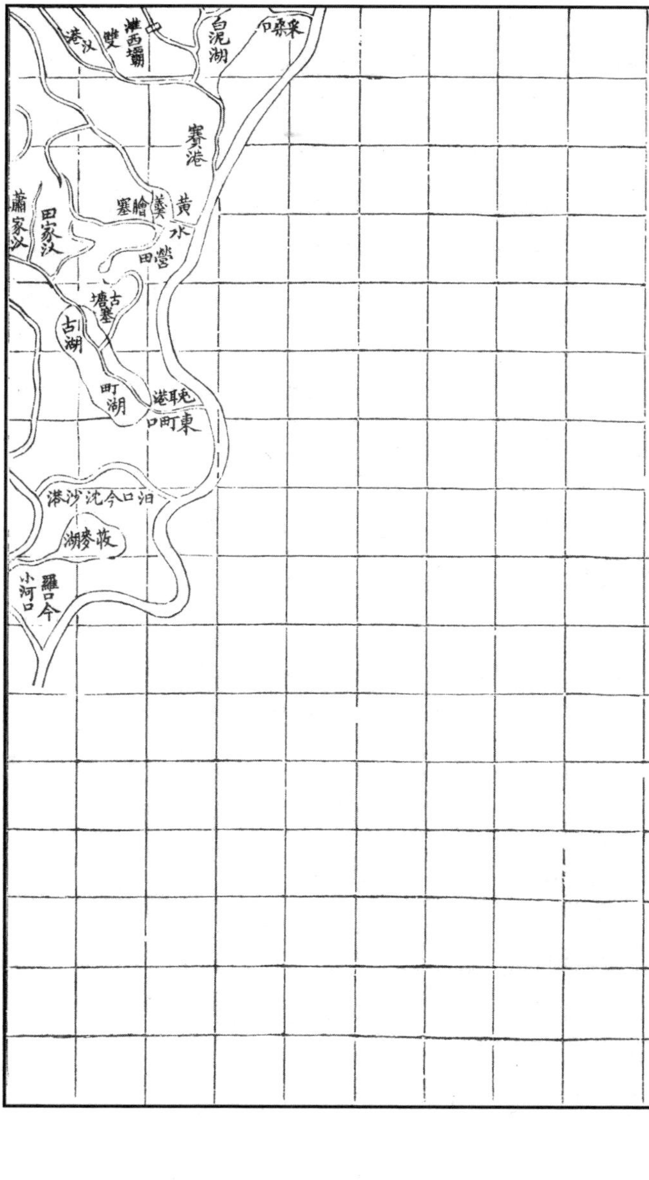

案，县境湘水以东、汨水以南，凡西流入湘之水八：曰哀江，案，樟树港，即古哀洲。曰门泾江，案，青溪港，《水经注》谓之门水。曰三溪水，案，扬沙湖，《水经注》谓之三溪水。曰大对水，案，百水江汇为东湖，《水经注》谓之大对水。曰漕溪港，曰塞港，曰黄水，案，黄陵港，《水经注》谓之黄水。曰东町口。案，兔耳港，《水经注》谓之东町口。

北流入汨之水四：曰湄水，曰涂藻水，案，涂藻曈水，出梅家桥。曰塔湾水，案，塔湾水，出张公桥。曰杨柳塘水，案，杨柳塘水，出硃砂桥。

其南流出长沙涝塘河入湘，曰阳江。西南流出长沙夏源港入湘，曰毛连江。《水经注》名扬沙湖为三溪水，盖谓梅子港、即涝溪桥水。悬藤港、即杉木江，亦谓之瓦子江。魁楼江三水。魁楼江又上承三水，曰玉江，曰横江，曰龙潭江。凡五水汇为扬沙湖，亦谓之大湖。

其东町口为汨水支津。由吕览渡西出北流入汨之水又六：曰百丈口，曰百亩托，曰锡江口，曰牛角汊，案，牛角汊水，出角山桥。曰石子涧，曰夏家汊。案，夏家汊水，出鹅公桥。《水经注》："湘水北径白沙戍西，右会东町口，湞水也"；"又北，汨水注之，西径罗县北，谓之罗水"；"又西为屈潭，即罗渊也"。屡以罗水表之。是《水经注》之汨水，实今罗水；今之汨水，实为《水经》之湞水。案，《水经注》分湞、汨二水。所谓汨者，以汨罗渊为名，实即罗水也。而叙汨水源出豫章艾县桓山，又混入湞水。盖知其下游之分，而不知上源之本，各为一水。《图经》所未备，道元亦弗能详也。《广韵》因合湞、汨为一字，颇乖道元本旨，详见《山水志》。

道元分叙东町汨、罗二口，今汨、罗二水分流注湘者，实有三口。其东町口为百丈口入湘之水，东与汨水会；而县北入汨之水，湄水源最盛；汨水西受湄水行二十里，又北受罗水出吕览渡；百丈口水方西趋注湘，为湄水所夺，与汨水分，罗水亦遂歧出为三。

古今地势殊异，诸水经行之地，参错纷歧，而其大纲亘古无变。《图经》或详或略，容有阙而未备者，安得以前贤所未著录，仍而略之？今综其大要，分著之图，县境水道源流本末，粲然具见，并详所证，以俟来者。

湘水以东、汨水以北水道图

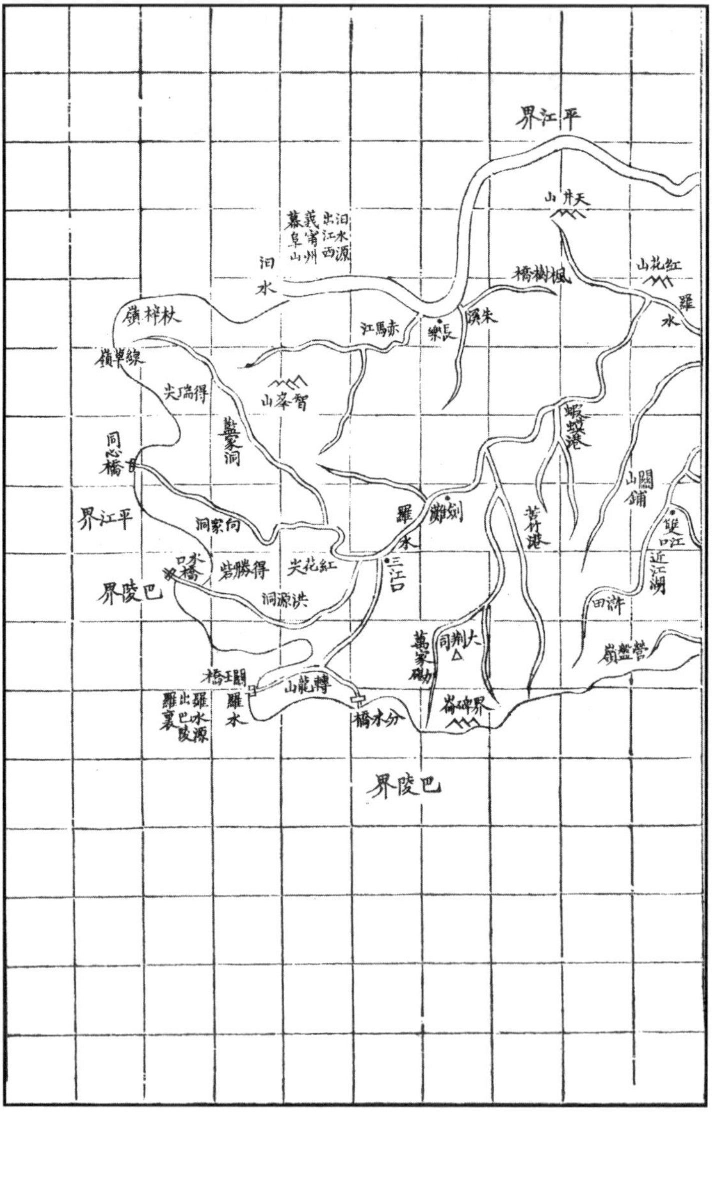

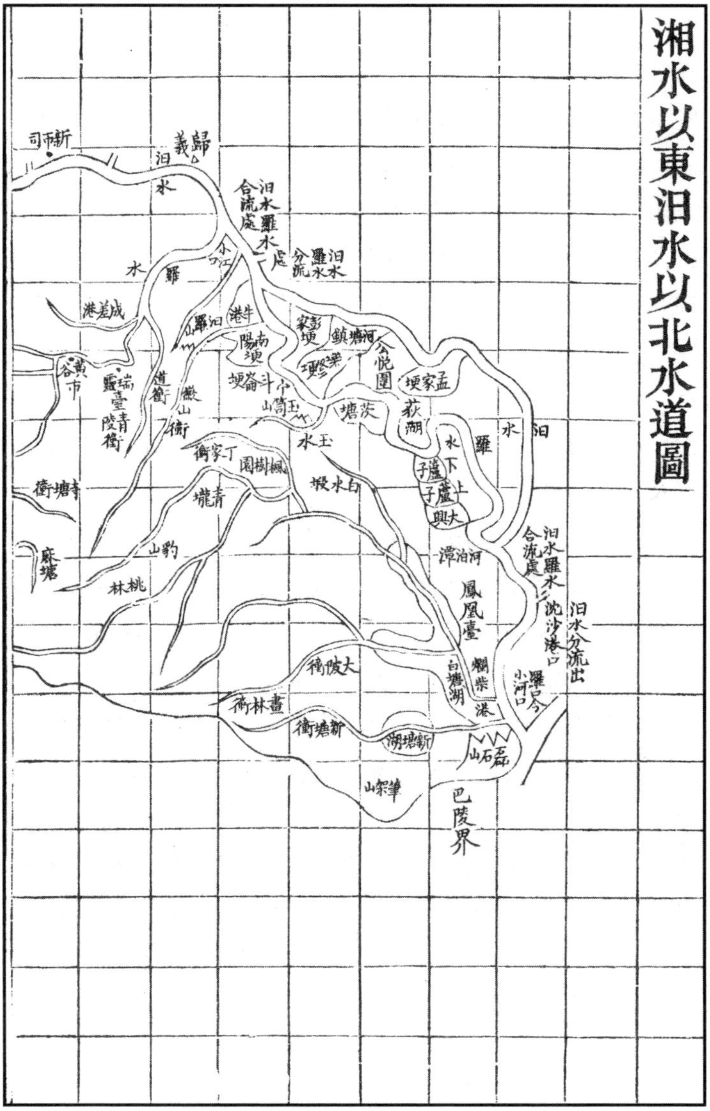
湘水以東汨水以北水道圖
新市司
歸義
汨水
汨水羅水合流處
汨水羅水分流處
小江
羅水
成差港
牛港
汨羅山
彭家垸
河塘鎮
南陽垸
黄谷市
瑞靈臺
青陵街
斗箭垸
玉筒山
分悅園
孟家垸
茨塘
荻湖
汨水
羅水
下水
上盧子
盧子
大與
玉水
丁家街
楓樹園
白水墩
寺塘街
青壠
豹山
麻塘
桃林
河泊潭
鳳凰臺
白塘湖
大陂街
畫林街
新塘街
新塘湖
磊石山
筆架山
巴陵界
汨水羅水合流處
汨水分流出沈沙港口

案，县北诸水，以汨、罗二水为之纲。

汨水东入县境，凡南流入汨之水四：曰赤马江水，曰朱溪水，曰大水垅水，曰苏家湾水。

罗水北入县境，凡东、西流入罗之水十有一：东曰虎啸溪水，案，虎啸溪，即洪源洞水。曰龙潭水，案，龙潭，即向家洞水。曰马嘶塘水，案，马嘶塘上源，即蓝家洞水。曰南山堰水，案，南山堰水，出大龙桥。曰成差港水；西曰分水桥水，曰苦竹港水，曰虾蟆港水，曰黄谷疃水，曰道冲水，案，道冲水，出龙华桥。曰龙形港水。

罗水自小江口东会汨水，凡南流入罗之水又四：曰牛港水，曰玉水，曰烂柴港水，曰新塘湖水。

汨、罗二水随合随分，汨水又南析为支津，是以县北诸水入汨者仅及罗水四分之一。汨、罗二水，经流势足相敌。乾隆以后，民多阻水为围埂，罗水故道日淤，春夏水涨，沙石壅遏不行，无能一加疏浚。于是小江口合流之水并注汨水，其牛港水亦倒行入汨。凤凰港以西注罗水者，皆出黄金潭下。其馀小水，以玉水源为较远，入冬亦涸。是以冬寒水落，罗水经流遂至枯竭。

而自川沙觜以西，汨水南出沉沙港，曰汨口；罗水北出小河口，曰罗口。汨水兼受罗水顺流而北出罗口，遂以罗口为汨水经流，至名为平江河口。

数十百年间，水道迁流，已失其故。诚恐积久而罗水故道尽垦为民居，并《水经注》所述，且有不可辨识者，二水源流各别。数千年经行之故道，至今具在，而言水道者辄混汨、罗为一。古今水道之湮没不彰者盖多也。

湘水以西水道南图

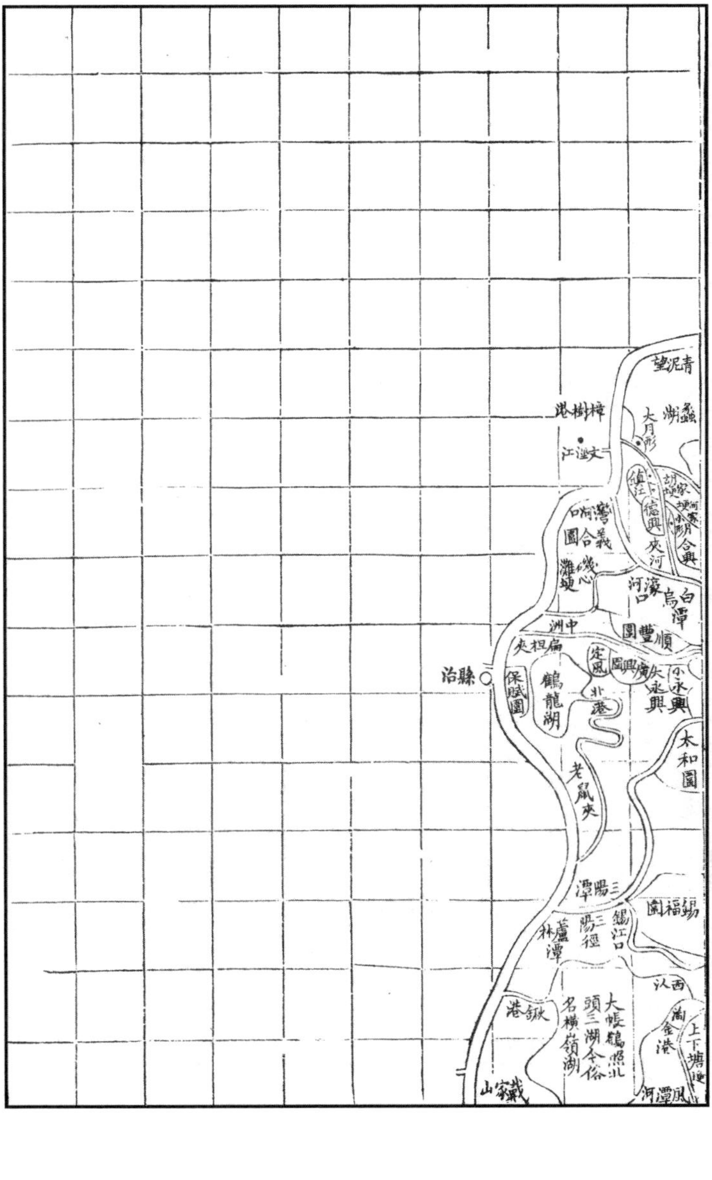
青泥望
樟樹港
縣治
中洲
扁担夾
順豐圍
白潭
夾河
定風
北港
鶴龍湖
保賦圍
大永興
小永興
太和圍
老鼠夾
三陽潭
錫福園
錫江口
蘆林潭
戴家山

湘水以西水道南圖

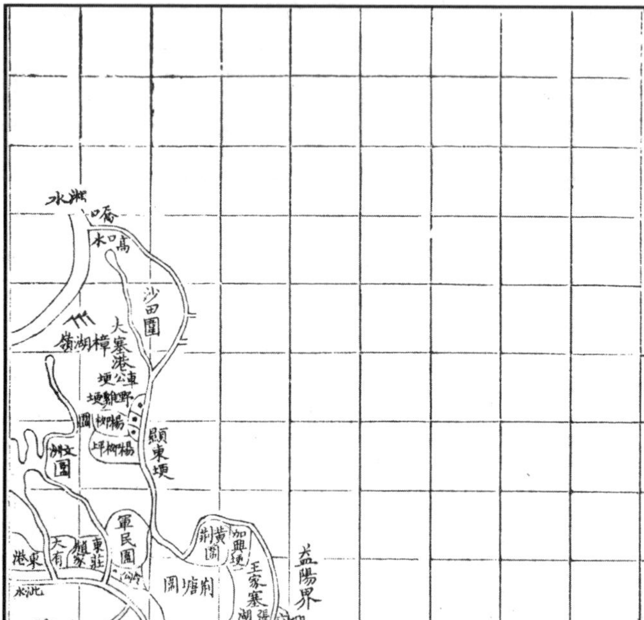

湘水以西水道北图

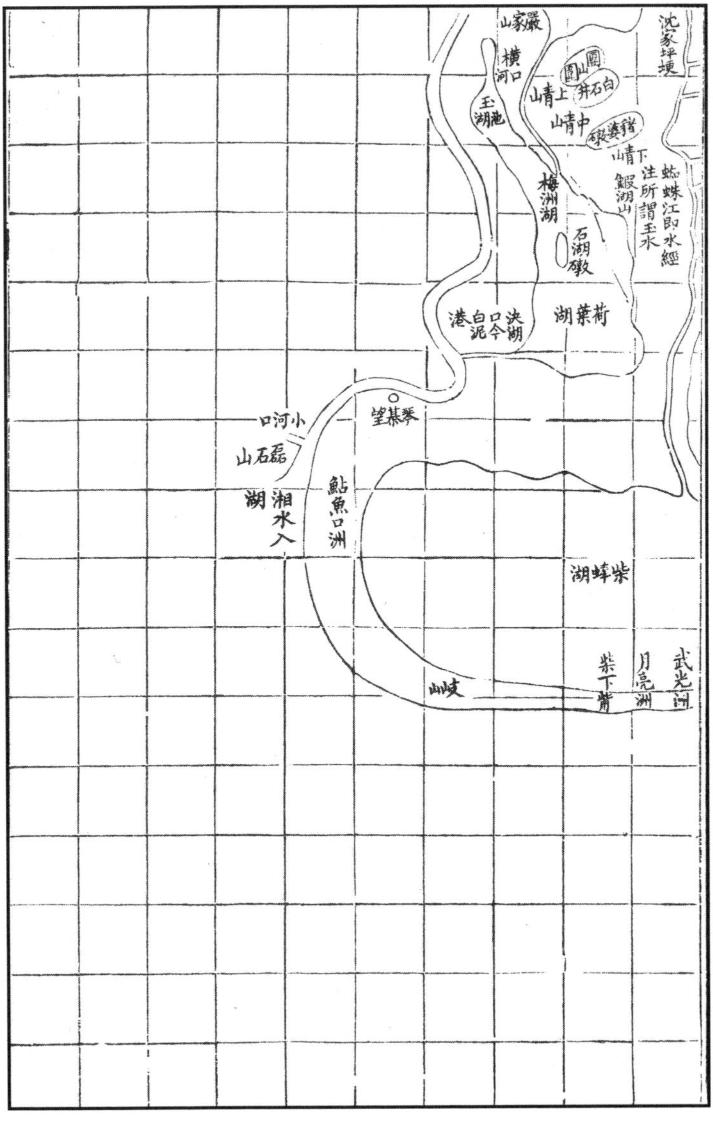
嚴家山
横河口
玉池湖
上青山
白石井
中青山
猪婆墩
下青山
鰕湖山
蜘蛛江即水經注所謂玉水
沈家坪埂
梅洲湖
石湖墩
荷葉湖
決湖口今白泥港
琴棊望
小河口
磊石山
湘水入湖
鮎魚口洲
柴蜂湖
岐山
月亮洲
武光洲

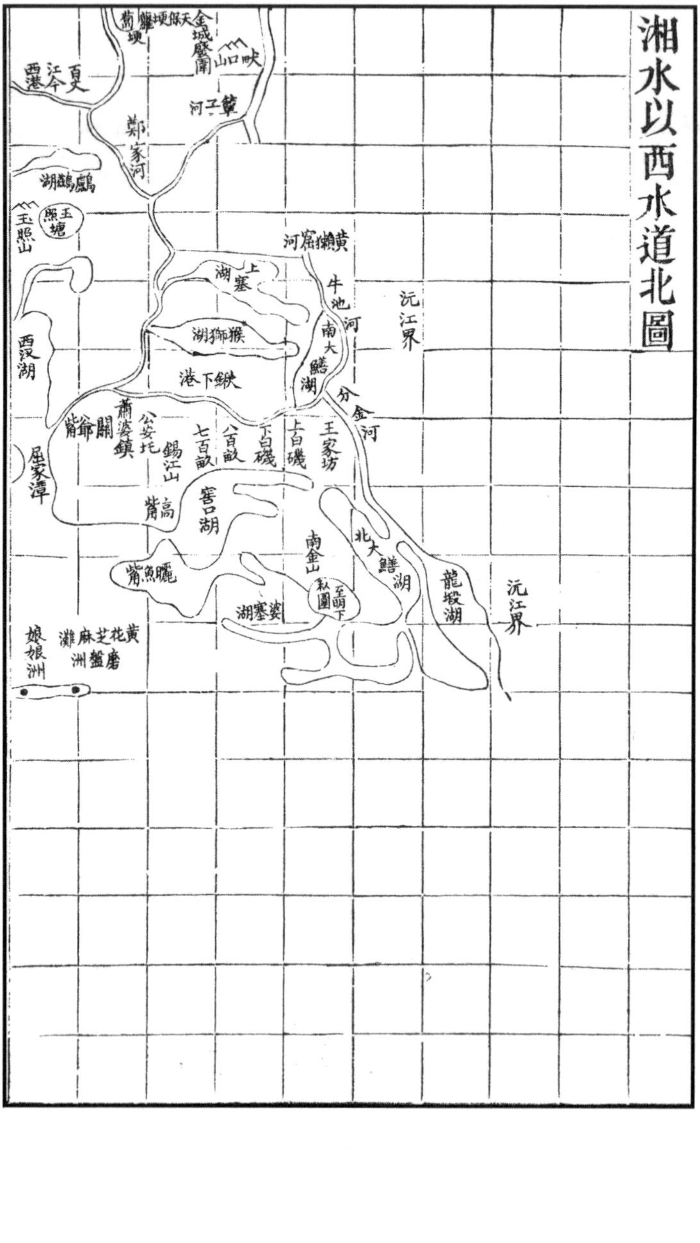
湘水以西水道北圖
金城壓閘
鄭家河
鸕鷀湖
玉照塘
玉照山
黃獺窩河
上塞湖
牛池河
沅江界
猴獅湖
南大鰱湖
西汊湖
分金河
關爺背
蕭婆鎮
公安托
錫江山
七百畝
八百畝
下白磯
上白磯
王家坊
屈家潭
高背
窖口湖
南金山
北大鰱湖
龍塅湖
沅江界
娘娘洲
灘洲
芝麻盤
黃花磨

案，县西诸水，港汉纷歧，湘、资二水相为出入。

《楚南水道考》据《山海经》："长沙之山，泚水出焉。"因以益阳泉交河东北出兴化口者为泚水。其溢出为支津，郑家洲当其冲，曰塞泚口。分流注湘曰临泚口。是以县西诸水纵横，泚水为盛：东南出乔口，《水经注》谓之"高口水"。东北出临泚口，北出三官潭，又东溢为西港，与湘水溢出之后江潭通西溢为淖金河，与资水通。

其资水西出沅江齐湖口入县境，又分流为二：曰篁子河，曰黄獭窟河。

自县境以西，多为湖地。《禹贡》及《周官·职方氏》谓之"云梦"。而《职方氏》叙水，曰川、曰泽薮、曰浸。《说文》："浸、川、泽，所仰以溉灌者也。"是凡溢出之水，纵横灌注，皆当为浸。《禹贡》"云土梦作乂"，叙之"九江孔殷"之下。盖九水入江，源盛流广，通储为渊。禹既道沱潜泄江势，九水随江顺流，不至污垫，云梦因有土任耕治，是以九江通为云梦。《水经注》："九江地在下隽县西北，云梦泽在华容县东。"因《禹贡》分言九江、云梦，误析为二，然犹相连为文。汉儒注《经》系之秦汉以后建置之九江郡，歧入扬州之境，则谬甚矣。以水言曰"九江"，以地言曰"云梦"。案，《汉书》："九江郡，秦置。"《水经注》："秦立九江郡，治寿春。"《史记》："考烈王东徙寿春，命曰郢。"是秦立九江郡，为楚故都。郑注《禹贡》：九江在浔阳县南，即此汉志浔阳，属庐江郡，不得有九江。郑因云：九江，山溪所出，各自别源，非大江亦不能明指其处。安化陶文毅公云："楚都江陵，曰郢中，其后迁徙如鄢，郢郊。郢皆以郢名，寿春亦名郢。洞庭九江，郢南巨薮。郢徙而九江亦随以徙，侨置亦当在寿春南，如今六安州境。《史记》九江王英布都六，即其地已寿春为九江郡，义无所取。"陶氏此论确不可易！

洞庭之名，始见《国语》及《楚辞》。当沿自战国，而见于南、北《史》，但谓之青草湖。案，《荆州记》："巴邱湖南有青草山，名青草湖。"《晋书·周访传》、《南史·梁南康王续传》、《梁书·河东王誉传》并云青草湖，无言洞庭者，《通鉴》亦言赤沙湖。疑洞庭一湖，东为青草，西为赤沙。至今尚有东湖、西湖之名。唐世诗人多连洞庭、青草为言。张舜民《南行录》因谓洞庭西岸有洲，名青草洲，南为青草，北为洞庭，谓之重湖。其说相沿至今，于古传记固无征焉，未可据以为信。青山以北通为洞庭，是古云梦泽地。沘、资二水支津纵横，流注百馀里，始会湘水。案，《水经注》：巴陵长洲，南分湘浦，北对大江，曰"三江"。九水会湘水入江，径长洲歧分为二，统名湘浦，即郦氏所述，可以推见。《禹贡》九江，必皆有水道可寻，非如后世洞庭湖之泛滥也。稍推明其大略，言水道者庶有征焉。

湘阴县图志卷二

舆图二

自春秋以后置县，原本《周礼》立乡里之名，沿至于今数千年。《萧山志》称："元世改乡为都，改里为图。"盖其时里各为一图以表之，因系里名于图。其后相承，名户口册为都图册。明初编《赋役黄册》，以十户为甲，置甲首，十甲为里，置里长。乡都漕运，责成领解。

湘阴旧为五乡、南曰归政，东曰永宁，北曰大义、长乐，西曰怀西。四坊，在城，曰第一坊、第二坊；在乡，曰新市坊、归义坊。据《明史》："在城曰坊，近城曰厢，乡都曰里。"新市、归义为县东北大镇，是民商聚居处，亦立坊。而编里时有增减。案，《康熙志》旧里七十二，洪武初编三十五里，今并为二十八里。据明万历时《黄册》实三十二里。国朝顺治十一年并为二十一里，何以《康熙志》犹云二十八里？及检核《道光志》所载，与《康熙志》同，始知《康熙志》犹沿《嘉靖志》为说。疑嘉靖时定赋役之法，裁并里数以归简便，至万历时丈量田亩，田额加增，里数因亦加增，旧志固未详考耳。至康熙初，始定为二十五里。元世《都图册》分载里户，于是展转以里为都。《康熙志》载永宁乡领都四，一都、二都、二十一都、二十二都。归政乡领都十四、坊二，四都、五都、六都、七都、八都、九都、十都、十一都、十二都、十三都、十四都、十五都、十六都、二十八都，第一坊、第二坊。长乐乡领都五，十七都、十八都、十九都、二十都、二十一都。大义乡领都六、坊二，二十二都、二十三都、二十四都、二十五都、二十六都、二十七都，归义坊、新市坊。怀西乡领都二。二十九都、三十都。乡都相附，秩然有序，犹明制也。案，永宁乡二十一都、二十二都，疑为三十一都、三十二都之误，明初里数如此。

今可推见者，塾塘局隶一都，高坊、铜盆二局隶二都，自明月山以西为前二都，以东为后二都。文家局隶三都，界都局隶五都，申明局隶六都，樟树局隶七都。似当时分都，起东至西，以南北为次。塾塘、申明二局，独得全都之数，其分团亦径以东西南北为名。乡都自为系属，不至混淆；其后裁并增加，都里之名互移。而自明以里长承运漕粮之隶于各都者世相保任，积久而民户迁移，钱粮飞洒，改都拨户，参差错忤，而都里仅为虚名矣。其乡里之名相承至今，用以承事鬼神，胪具里居，士大夫罕能言之。永宁乡：一都曰感德里，前二都曰石牛里，后二都亦曰感德里。归政乡：三都曰永宁里，四都、五都曰义兴里，六都曰太平里，七都亦曰永宁里，十九都曰归化里。长乐乡：八都曰金泉里，九都、十都、十五都曰长乐里。大义乡：十一都、十二都、十四都亦曰金泉里，十三都、十六都曰金笥里，十七都曰仁丰里，十八都曰民富里，二十都、二十一都、二十二都、二十三都、二十四都曰大义里，二十五都曰东半里。怀西乡：曰西半里，其十七都又分隶归政乡，曰永宁里。

里、甲列入粮册，随户更移，于是甲各立团。民户迁徙而团不易，今所传团名，亦明制也。案，《隋书》立“输籍”之法，三党五党，共为一团，是团名自隋始。其两团相为比附，所以签户领运。如十二都犁头团附入读书团，十三都仁厚团附入梅家团，十九都甘田团附入石头团。另户不入团，则所谓畸零户也。如三都石桥团东徐家墩，畸零未成团。明制：鳏寡孤独不任役，附十里后，曰畸零户。而军屯分隶各都，又别为团。如七都安居、东庄二团，间曰福星团，为长沙陈氏军田，别隶长沙。其十七都永和团，七都沙坡团之间五方冲、板冲，亦以军田畸零，不成团。此皆明世遗制之可推见者。

自咸丰九年创立团局，南北地段，界画井然，都以存粮籍，团以表疆里。因即所编二十九团局各为一图，览者即局以知乡，循乡以考都里，一县大势了若指掌，犹为不戾于古云。

附城局图每方一里馀同

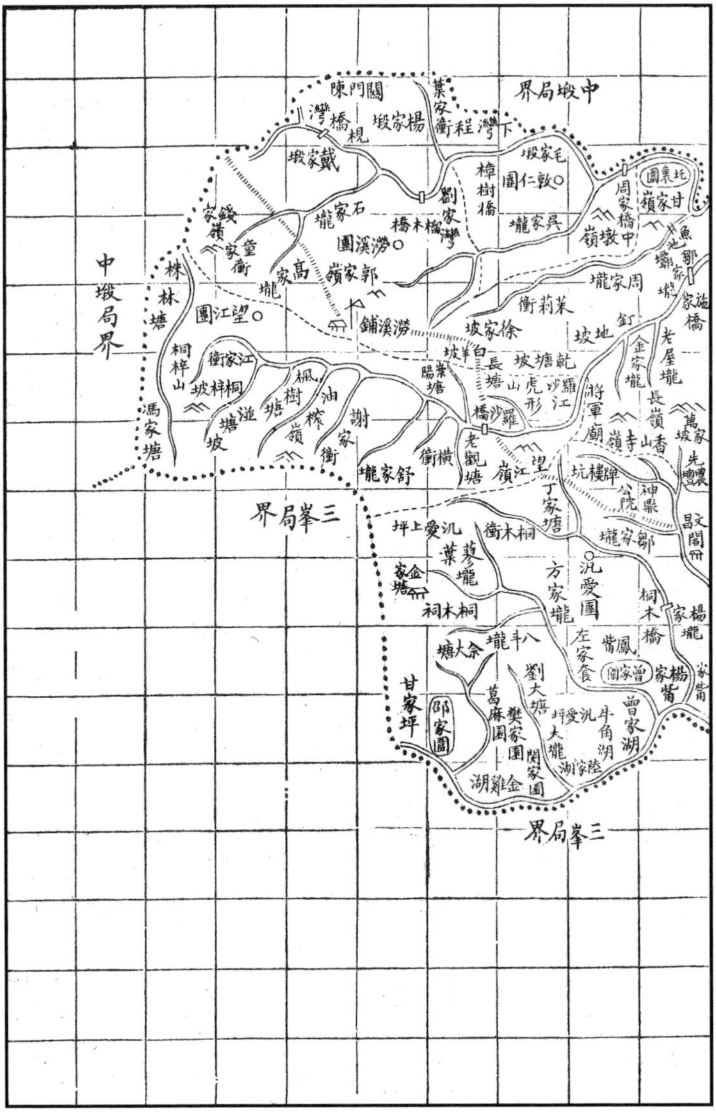

坿城局圖 每方一里餘同

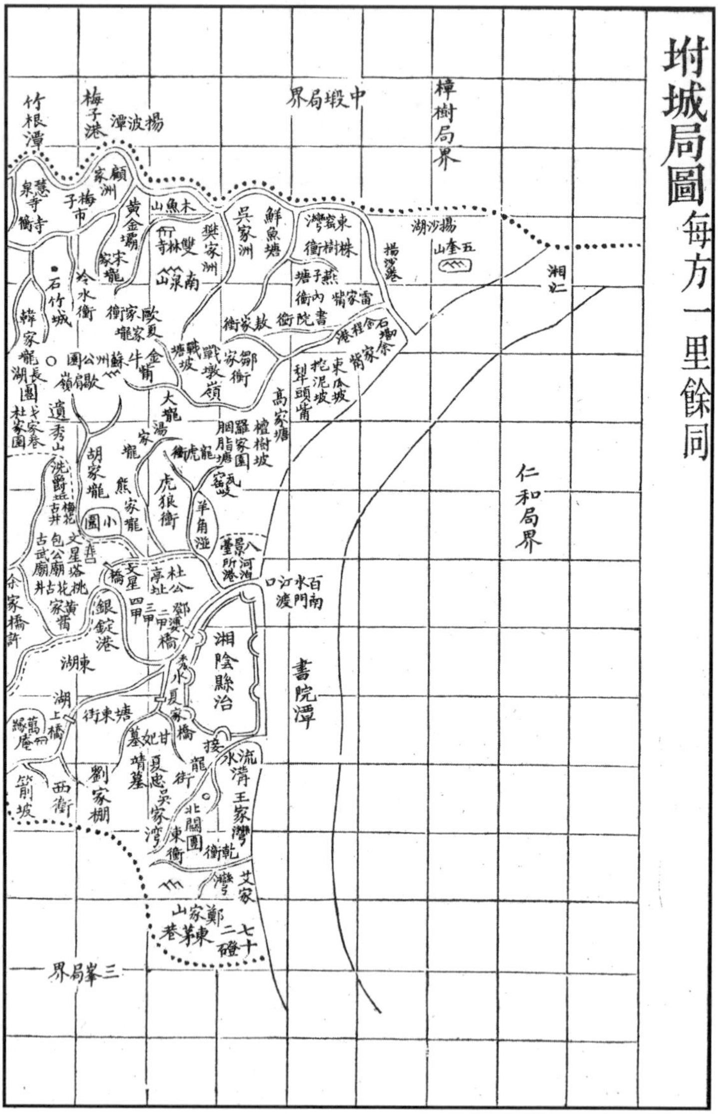

右附城局，即明制厢、坊地。东界中疃局，南界中疃、樟树二局，北界三峰局，西濒湘水。纵十一里，横十三里，领团六，并隶十九都。

县北夏家山、七十二磴等处，曰北关团。东，箭坡直至许家团，界泛爱团；南，东湖，界长湖团；西，濒湘江；北，七十二磴，横至东茅巷，又曲至西冲，界三峰局漕溪团。纵六里，横三里。

其东，桐木冲、金家垅等处，曰泛爱团。东，甘家坪直至金家塘，界三峰局下归政团；南，桐木冲横至香山寺岭，界望江团，又横至洗爵丘，界长湖团；西，濒东湖，界长湖团、北关团；北，许家嘴横至金鸡湖，界三峰局下归政团。纵五里，横六里。

又东逶南，望江岭、油榨岭等处，曰望江团。东，马家塘直至株林塘，界中疃局花石团；南，江家冲横至罗沙江，界涝溪铺团；西，罗沙江直至望江岭，界长湖团、泛爱团；北，老观塘横至洴塘坡，界泛爱团及三峰局下归政团。纵三里，横五里。

东南，涝溪铺、戴家疃等处，曰涝溪铺团。东，钱家岭，界中疃局涝溪团；南，戴家塅横至榴木桥，界敦仁团；西，刘家湾直至戴家垅，界敦仁团；北，涝溪铺横至童家冲，界望江团。纵三里，横四里。

其南，寺冲、长岭等处曰长湖团。东，乾塘坡曲至茉莉冲，界望江团、涝溪铺团；南，周家垅横至东窑湾，界敦仁团及中疃局和顺团；西，极扬沙湖，濒湘江，界樟树局青竹团；北，东湖，界北关团。纵五里，横十里。

又南，周家桥、樟树湾等处，曰敦仁团。东，枧桥湾，界中塅局涝溪团；南，关门陈横至周家桥，界中塅局仁义团；西，中墩岭，界长湖团；北，吴家垅曲至樟树湾，又横至枧桥湾，界长湖团、涝溪铺团。纵三里，横五里。

南有五魁山、挂榜山、南泉山；东有望江岭、国朝郭诠世诗云："缓步闲追岭外凉，高秋爽气入诗囊。钟声断处虫声续，月色低迷树色苍。乌鹊群飞天淡荡，篝车满载岁丰穰。清游不觉归来晚，翘首银河秋夜长。"油榨岭。

入东湖有金鸡湖、牛角湖、牧槽湖。其下银锭港、河泊港入扬沙湖。国朝张廷禄诗云："孤峦隐隐翠如环，拨棹云烟杳霭间。百尺浮图争对出，推篷先看女洲山。"有罗沙江、有竹根潭、有金家港。

县南驿道有邓婆桥、宋咸平中邓咸母许氏修南堤，始为木桥，人因谓之邓婆桥。元初，邑人黄仲规为石桥，桥旁立廛市，名曰镇湘桥，至正中，重修，又云恩波桥，余阙有记。明时，又名隐虹桥。国朝康熙三年，知县唐懋醇重修，仍名邓婆桥，懋淳有记。同治十一年，知县胡嘉荐重修。国朝戴开浚诗云："桥头小屋四围遮，横枕江流背郭斜。一路画船穿穴出，两湖晴雪落梅花。"文星桥、宋淳祐五年，知县胡嘉建桥、亭；咸淳五年，桥圮，知县陈兰孙重修，又名魁星桥，兰孙有记。明嘉靖十三年，桥圮，知县刘璧重修；三十二年，桥圮，知县张镫重建。国朝顺治中，知县赵完璧修；雍正十三年，知县宋廷旂重修，仍名文星桥，粮储道李正茂署榜曰"保兹东郊"，邑人杨茂淳有记；乾隆五十五年，邑人吴大缙重修，加建石栏，知县王廷瑛有记；道光十六年，蔡培耀重修，桥道起南堤径望江岭以南，建石路。雍正十一年蛟发金鸡山，毁南堤民居二段，各数十丈，土人因名曰龙塅。其北一段，累石为堤，名石龙塅；南一塅，筑土成，名泥龙塅。蔡培耀修建石路，并改为石堤云。罗沙桥。

县北驿道有夏家桥、旧名湖风桥；夏家山水径桥南，入东湖。湖上桥。乾隆十二年，重修，知县徐梁栋有记；嘉庆十一年，夏大鼎重修。其南梅子港有榴木桥、周家桥、同治中，邑人毛世泰等重建。余家坝、黄金坝。其北流水沟有汇涉桥。

城内有兴化寺，唐武德中建，在城北，有宋元符三年碣。明成化十二年，邑人吴寅有重修寺记。有东明观，宋绍兴中建，在城东，吕祖、广济真人、刘猛将军诸祠皆附焉。明成化六年，邑人夏瑄有《重修东明观碑》。案，碑称观建邑南八十步万寿山，莫知其创于何代。永乐十三年，文皇帝有事于武当，塑元帝像，遍索天下工巧无称旨者，或言湘阴东明观塑像特异，因命中贵人偕工至，摹得之。亦略见当时东明观之盛，而旧志所云建自绍兴中者，盖亦无左证也。南有双林寺、在南泉山。宋绍兴中建，明正德十三年长沙知府陆相有《游双林寺记》，嘉靖三十年邑人阙宗文有《重建双林寺记》。距城南五里。国朝释德鼎诗云："古刹名垂数百秋，废兴不一记碑留。云随鹤梦魂无定，月冷松枝翠欲流。灯火烁开千圣眼，钟声敲破古今愁。临风愧我空惆怅，未识谁人护祖猷。"田实颖诗云："山曲不知路，霜钟响半天。僧归红树外，马蹴白云边。疏磬杂松雨，午鸡啼寺烟。支颐清梵宇，诗境静如禅。"慧泉寺。南泉山东。元至正元年建，距城南七里。国朝郭刚基诗云："一椽突兀枕平湖，水绕峰回石径纡。高阁月明千里共，空堂僧定一尘无。数声梵磬传深谷，满地山花夹暝途。妙谛欲参无上乘，拨泉来看水溅珠。"北有万福禅林、旧名万缘庵。唐太和中建，康熙五年重修，知县唐懋醇有记。距城东北一里。案，元初郑菊隐草堂在东湖万缘庵之东厢，相传为郑菊隐读书处。元至顺中，湘阴州同知慕卨有《游秀野斋怀郑菊隐》诗云："子期闻笛悲山阳，雍门援琴愁孟尝。自古壮士多慷慨，每逢旧迹增哀伤。妙年宦游罗子国，卜居来入郑公乡。五载栖迟忘魏晋，一门诗礼接辉光。安节先生事高尚，秀野幽人致清爽。斋居花竹常新妍，诗酒亲朋恣游赏。萍蓬一旦得所凭，烟尘四海无时停。风帘月榭久寂寂，兔葵燕麦愁青青。谁怜海鹤归来日，欲觅铜驼问世人。"所谓秀野斋，即菊隐草堂也。国朝张杰诗云："万缘脱尽归空处，到此才教破砚安。流水响从琴里听，名山变作画图看。打包底事嗤顽衲，煨芋无心问懒残。闭户不知春又暮，闲情消受酒杯宽。"泗洲寺。濒东湖。南唐太和中建，嘉庆十八年重修，知县张若云有记。距城东南二里。

古迹有杜公亭，濒东湖。为杜甫系舟处，旧名故人亭。宋元丰中改名诗翁亭，又名清风亭。庆元六年，知县赵善邢更名杜公亭。国朝郭家彪诗云："踏青人共趁清明，我亦郊原爱独行。一路好花香断续，半堤飞絮雪轻盈。山光远近青如睐，湘水东西缘有情。日暮杜公亭畔望，忧时从古属书生。"周锡江诗云："万古诸侯客，浮家老客船。沿湘避臧玠，回棹吊青莲。乔口春华日，沧江岁晚烟。嗟予亦云别，亭下几流连。"泳飞亭。宋淳熙元年，知县徐梦莘建放生亭于南亭，亦名泳飞亭。有五魁山系舟遗址，旧志："宋绍兴中，黄抗、吴迈、邓深夏、侯孚先、黄振赴试，系舟山下，邑人相与饯送。其夜五星聚奎，后五人相继登第，因名五魁山。"国朝张廷禄诗云："螺髻浮波一点青，湘城南望影亭亭。长江多少征帆过，不载孤峰下洞庭。"僧振海诗云："潇湘流不住，春涨泛城西。江阔浮孤岛，星高照聚奎。水涵千壑迥，云傍一峰低。翘首溪头塔，萧森锁翠堤。"有菊隐草堂，郑菊隐隐居东湖筑秀野斋，当近接万缘庵，相传万缘庵东厢为其读书故处。道光初，县丞无锡嵇文醇署榜曰"郑安节先生读书处"。有梅花古井，有八景台。国朝徐摇举诗云："江楼如画挂西规，远浦寒汀照渌漪。美酒且浮新拨水，幽芳还忆旧江篱。一成野梦分渔网，十度骚怀和屈词。逸兴漫从康乐尽，无人解道楚山奇。"张坤澜诗云："八景开罗国，孤城障洞庭。壁腾龙虎气，窗动斗牛星。拔地衡峰碧，漫天梦泽青。巨观穷万里，胜概几曾经。"

大姓：城西郭氏、蔡氏、陈氏，城南唐氏，城东姚氏、高氏、龚氏。李氏三，一居城东，一居城北，一居城南。吴氏二，一居城北，一居城东。刘氏二，一居城东，一居堤南。熊氏二，一居城南，一居堤南。明以前城居可考者，王氏、古氏、艾氏，堤南慕氏，今皆微。

县南中疃局南图

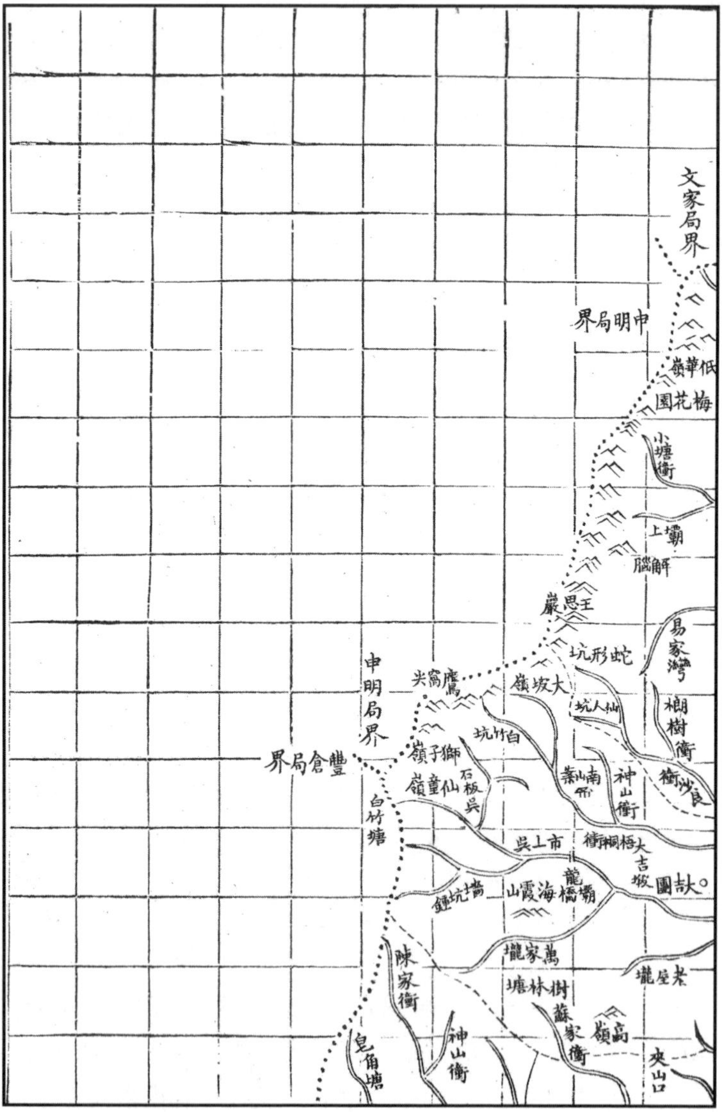

文家局界
中明局界
低華嶺
梅花園
小塘衝
王思巖
易家灣
蛇形坑
鷹窩尖
大坡嶺
仙人坑
椆樹衝
申明局界
白竹坑
豐倉局界
獅子嶺
仙童嶺
白竹塘
神山衝
良沙衝
市上吳
梧桐衝
大吉坡
海霞山
萬家壠
老屋壠
陳家衝
樹林塘
蘇家衝
高嶺
皂角塘
神山衝
夾山口

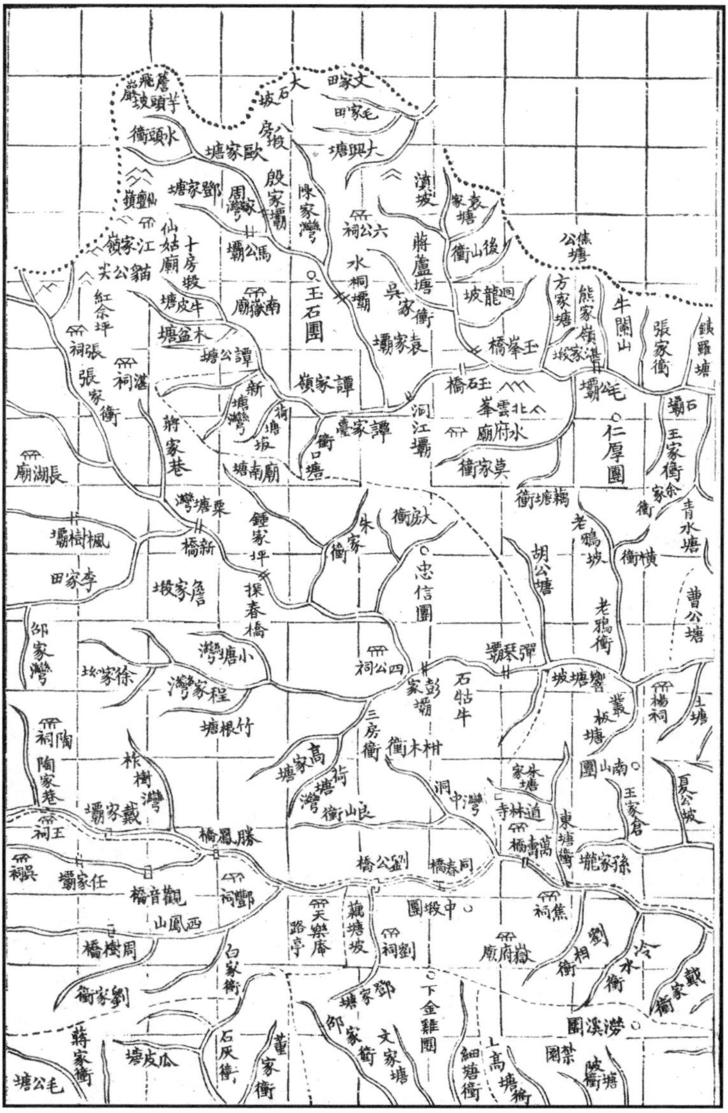
文家田
大石坡
毛家田
大興塘
歐家塘
鄧家塘
水頭衝
殷家壩
陳家灣
六公祠
馬公壩
南嶽廟
玉石園
水桐壩
蔣蘆塘
吳家衝
袁家壩
後山衝
迴龍坡
袁家塘
譚家嶺
譚公塘
新塘灣
譚家臺
洞江壩
玉石橋
北雲峯
水府廟
仁厚園
牛闌山
張家衝
王家衝
長湖廟
楓樹壩
李家田
栗塘灣
新橋
鍾家坪
朱家衝
大房衝
忠信園
胡公塘
老鴉坡
橫衝
青水塘
曹公塘
老鴉衝
彈琴壩
四公祠
彭家壩
石牯牛
小塘灣
徐家坳
程家灣
竹根塘
詹家墩
採春橋
邵家灣
陶祠
陶家巷
高家塘
柑木衝
三房衝
良山衝
洞中灣
戴家壩
勝鳳橋
王祠
吳祠
任家壩
觀音橋
鄧祠
西鳳山
劉公橋
同春橋
萬壽橋
孫家壠
中墩園
焦祠
嶽府廟
劉祠
劉家衝
白家衝
下金雞園
灣溪園
冷水衝
戴家衝
毛公塘
瓜皮塘
蔣家衝
石灰衝
董家衝
文家塘
細塘衝
高塘衝
禁園
南山園
王家倉
夏公坡
楊祠
東塘衝
熊家嶺
方家塘
張祠
湛祠
蔣家巷
南廟塘
仙姑廟
十房墩
牛皮塘
木盆塘
紅茶坪

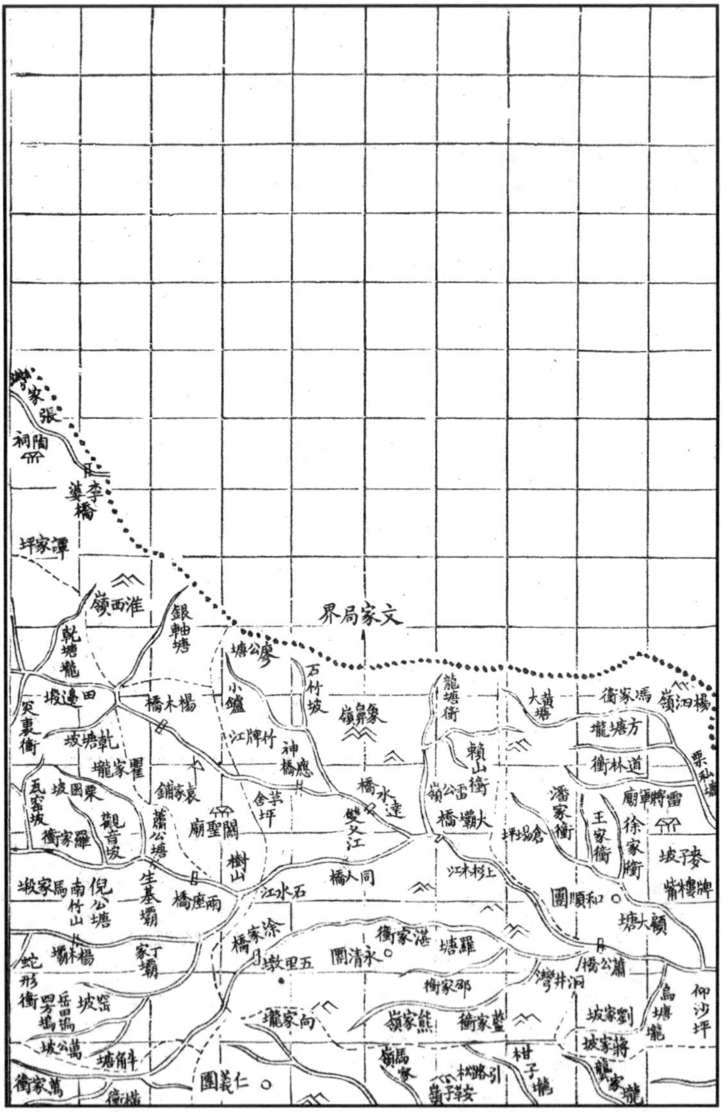
文家局界
張家
陶祠
譚家坪
淮西嶺
銀軸塘
廖公塘
石竹坡
象鼻嶺
楊木橋
小爐
竹牌江
神應橋
達水橋
雙叉江
關聖廟
袁家鋪
觀音坡
羅家衝
栗園坡
瓦窑坡
蕭公塘
茅舍坪
樹山
同人橋
石水江
兩座橋
生基塘
倪公塘
南竹山
馬家墩
涂家橋
永清團
五里墩
湛家衝
羅塘
邵家衝
和順團
顧大塘
龍塘衝
賴山衝
雷公嶺
大壩橋
倉場坪
潘家衝
王家衝
徐家衝
雷將軍廟
麥子坡
牌樓嶺
道林衝
方塘壠
馮家衝
楊泗嶺
大黄塘
熊家嶺
藍家衝
劉家坡
蔣家坡
仰沙坪
烏塘壠
向家壠
仁義團
萬家衝
萬公坡
斛塘
蛇形衝
丁家塘
馬家嶺
柑子壠
引路松
洞井灣

縣南中疃局南圖

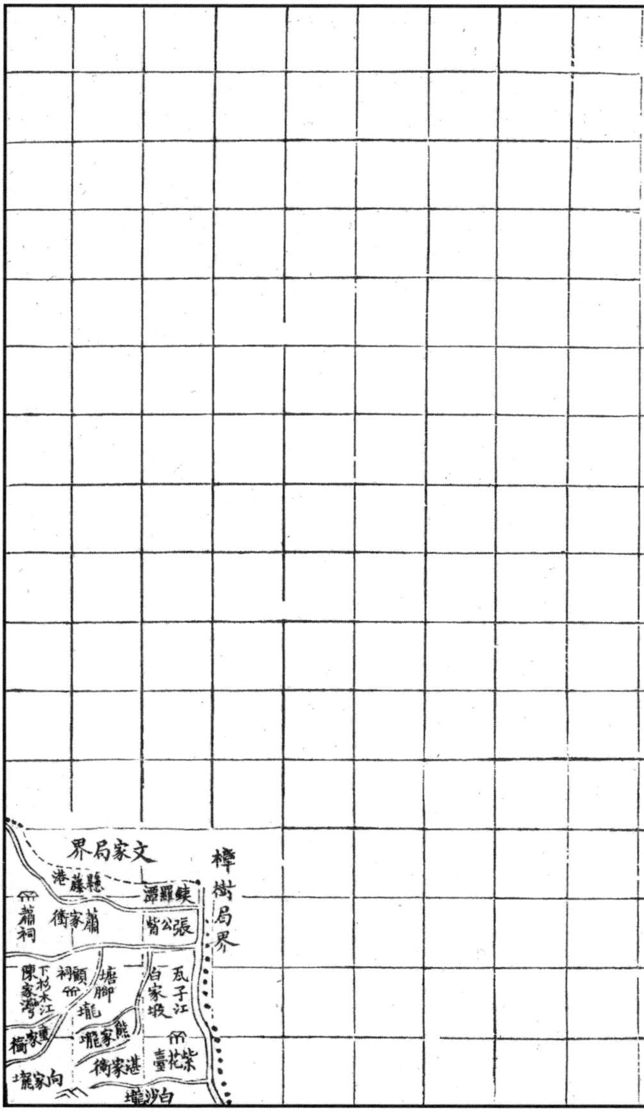
文家局界
樟樹局界
懸藤港
蕭家衝
蕭祠
顧祠
塘腳
壠
下杉木江
陳家灣
白家坡
瓦子江
董家衝
熊家壠
湛家衝
紫花臺
向家壠
白沙壠

县南中曈局北图

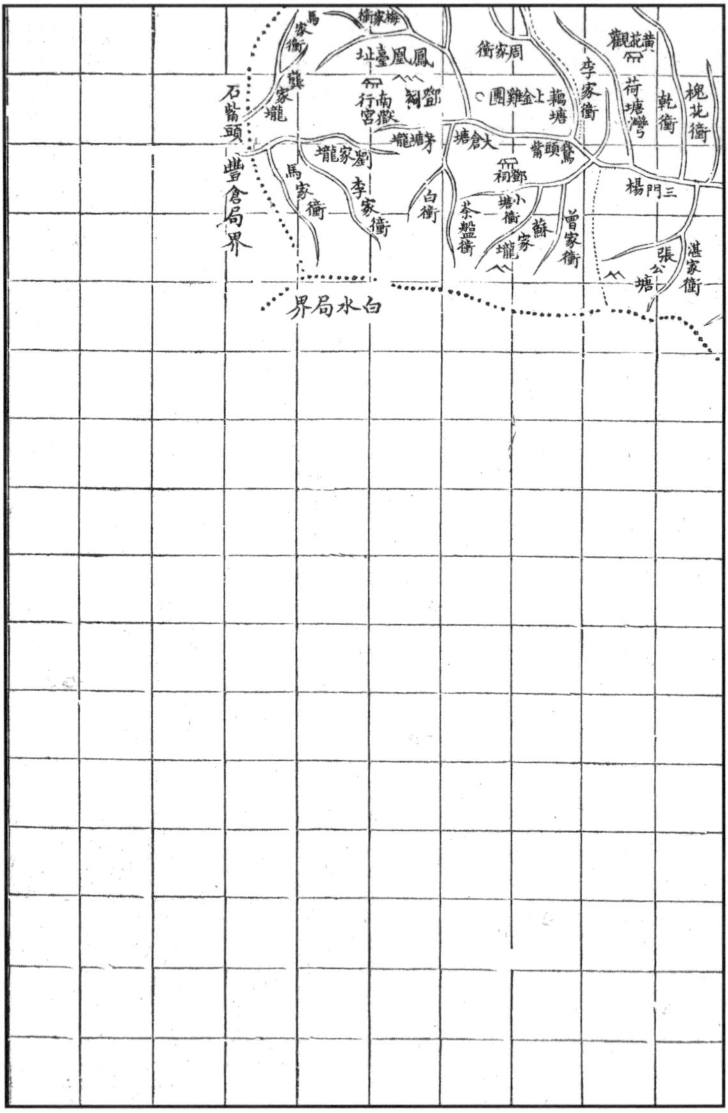
梅家衝
鳳凰臺址
周家衝
黄花觀
馬家衝
龔家壠
南嶽行宫
鄧祠
上金雞園
藕塘
李家衝
荷塘灣
乾衝
槐花衝
石嘴頭
豐倉局界
劉家壠
大倉塘
鄧祠
楊門三
馬家衝
李家衝
白衝
茶盤衝
小塘衝
蘇家壠
曾家衝
張公塘
湛家衝
白水局界

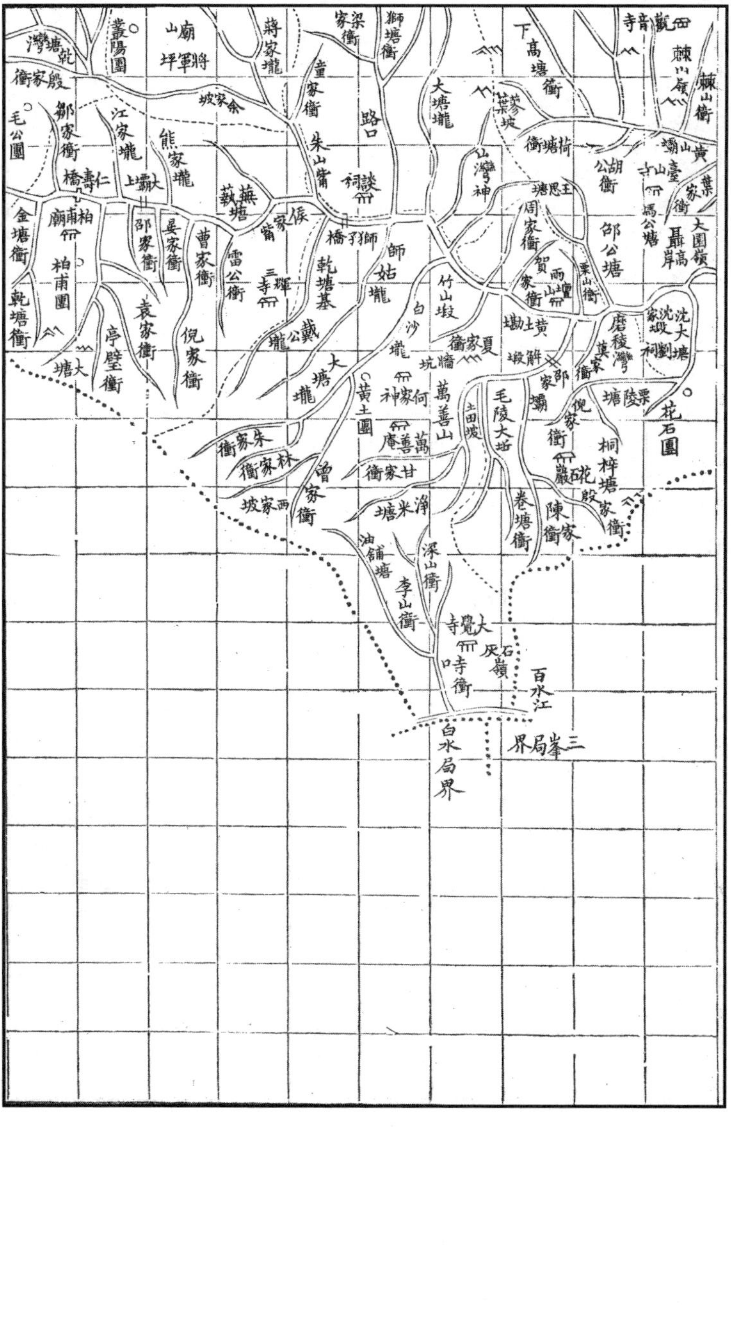

蔣家壠
梁家衝
獅塘衝
下高塘衝
觀音寺
棘山嶺
棘山衝
叢陽園
將軍廟山坪
乾塘灣
殷家衝
余家坡
童家衝
路口
大塘壠
蓼葉坡
毛公園
鄒家衝
江家壠
熊家壠
朱山嘴
談祠
荷塘衝
胡公衝
黃山臺
葉家衝
仁壽橋
撫塘
張家嘴
師子橋
師姑壠
金塘衝
柏甫廟
邵家衝
晏家衝
曹家衝
雷公衝
輝三寺
乾塘基
周家衝
賀家衝
兩山壇
鄧公塘
大園嶺
柏甫園
乾塘衝
袁家衝
倪家衝
竹山墩
白沙壠
戴公壠
夏家衝
沈大塘
磨稜灣
亭壁衝
大塘
大塘壠
萬善山
何家神
黃土園
毛陵大堆
花石園
朱家衝
林家衝
萬善庵
甘家衝
曾家衝
西家坡
淨米塘
倪家衝
桐梓塘
花石巖
殷家衝
卷塘衝
陳家衝
油鋪塘
深山衝
李山衝
大覺寺
石灰嶺
寺口衝
百水江
白水局界
三峯局界

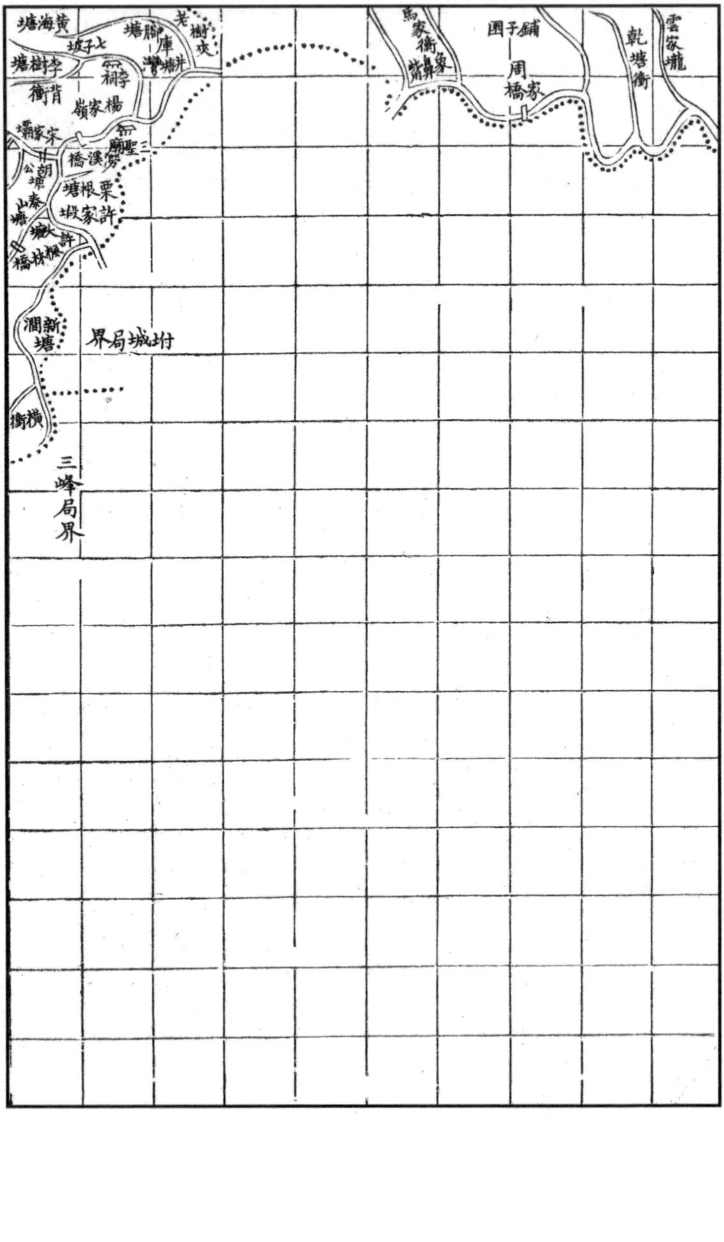
黄海塘
李樹塘
背衝
楊家嶺
宋家壩
栗根塘
許家墈
新塘
橫衝
附城局界
三峰局界
馬家衝
鋪子園
周家橋
乾塘衝
雲家壠

縣南中曈局北圖

伍家壠
喻家壠
白沙嘴
樟樹局界
楊沙湖
坍城局界
金勾嘴
蔡家嘴
吳家渡
楊家衝
蒲蘆嘴
楊波潭渡
下茶園坡
上茶園坡
炭頭衝
黃家坪

右中疃局，界县南，距城十里。东界丰仓、申明二局，南界文家局，西界樟树局，北界附城、三峰、白水三局。纵二十五里，横三十里。领团十七，隶三都，错入六都、七都、九都、二十四都。

其南，袁家铺、邻睦桥等处，曰南山团，隶三都。东，万寿桥曲至响塘，界忠信团；南，曹公塘、乾塘垅，界仁厚团；西，田边塅斜至树山，界永清团；北，两座桥横至马家塅，界中塅团。纵五里，横六里。

又南逶东，北云峰、石牯牛等处，曰仁厚团，隶三都。东，新塘湾，界忠信团；南，谭家台斜至牛阑山，界玉石团；又横至李婆桥，界文家局忠义团；西，银轴塘，界永清团；北，淮西岭曲至老鸦冲，又斜至荷塘坡，界南山团、忠信团。纵六里，横十里。

又南逶东，玉石桥、仙坛岭等处，曰玉石团，隶三都。东，仙坛岭，界申明局，西北团；南，檐飞岩横至文家田，界文家局高华团；西，粪坡斜至焦公塘，界文家局义合团；北，湛家塅横至谭家岭，又曲至江家岭，界仁厚团、忠信团。纵五里，横七里。

东南，长湖庙、枫树桥等处，曰忠信团，隶三都。东，黄狮岩直至低华岭，界申明局西北团；南，猫公尖斜至谭公塘，又曲至弹琴坝，界玉石团、仁厚团；西，塘湾直至洞冲湾，界南山团；北，同春桥横至仙人坑，界中塅团、大吉团。纵九里，横九里。

其东，石板冲、胜凤桥等处，曰大吉团，隶三都。东，墙坑直至狮子岭，又曲至流星岭，界丰仓局白竹团；南，大坡岭横至胜凤桥，界忠信团；西，天乐庵，界中塅团；北，白家冲横至苏家冲，又曲至万家垅，界丛阳团、毛公团、上金鸡团。纵五里，横九里。

适中，万福桥、棘山岭等处，曰中疃团，隶三都。东，藕塘坡，界大吉团；南，刘公桥，横至丁家坝，界南山团；西，五里墩，界永清团；北，牛角塘，横至藕塘坡，界涝溪团。纵二里，横八里。

稍西，上杉木江、枫山疃等处，曰永清团，隶三都。东，五里墩直至廖公塘，界中塅团、南山团、仁厚团；南，石竹坡横至龙塘冲，界文家局石桥团；西，赖山冲曲至洞井湾，界和顺团；北，蓝家冲横至五家墩，界仁义团。纵五里，横五里。

又西，下杉木江、道林冲等处，曰和顺团，隶三都。东，刘家坡曲至仓场坪，直至黄文塘，界永清团；南，冯家冲横至杨泗岭，又曲至铁罗潭，界文家局范家团、双江团；西，张公嘴，界樟树局青竹团；北，陈家湾曲至蒋家坡，界仁义团。纵五里，横五里。

径西，紫花台、吴家渡等处，曰仁义团，隶三都。东，向家垅，界涝溪团；南，熊家岭横至白家塅，界永清团、和顺团；西，瓦子江直至白沙嘴，界樟树局青竹团；北，金钩嘴横至向家垅，界附城局长湖团、敦仁团。纵四里，横十里。

西南，傅家冲、枫树桥等处，曰涝溪团，隶十九都。东，王思塘直至高塘冲，界下金鸡团；南，禁园横至桃李冲，界中塅团；西，老树夹曲至许家塅，界附城局涝溪铺团；北，新涧塘横至沈大塘，界花石团。纵七里，横六里。

其北，花石岩、三塘冲等处，曰花石团，隶十九都。东，许家冲曲至邵家坝，又曲至周家冲，界黄土团、下金鸡团；南，周家冲横至栗山冲，又曲至栗棱塘，界涝溪团；西，横冲，界附城局望江团；北，段家冲横至卷塘冲，界三峰局下归政团。纵五里，横四里。

东北，万善山、邵家坝等处，曰黄土团，隶十九都，错入七都。东，戴家垅斜至乾塘基，界柏甫团；南，狮子桥横至黄土塝，界下金鸡团；西，羊角塅直至石灰岭，界花石团及三峰局上归政团；北，大觉寺斜至朱家冲，界白水局唐马吴团。纵七里，横四里。

又东，神山冲、茶盘冲等处，曰上金鸡团，隶六都。东，马家冲直至皂角塘，界丰仓局白竹团、虞家团；南，陈家冲，界大吉团；西，周家冲直至曾家冲，界毛公团；北，苏家垅横至李家冲，界白水局胥龙江团。纵六里，横五里。

稍西，月塘、仁寿桥等处，曰柏甫团，隶二十四都。东，金塘垅曲至邹家冲，界毛公团；南，江家垅横至芜艺塘，界丛阳团；西，侯家嘴，界黄土团；北，倪家冲横至乾塘冲，界白水局唐马吴团。纵四里，横四里。

逶南，高山岭、徐家冲等处，曰毛公团，隶七都。东，三门杨直至李家冲，界上金鸡团；南，观冲横至蒋家冲，界大吉团；西，乾塘湾直至湛家冲，界柏甫团。北，张公塘界白水局唐马吴团。纵五里，横四里。

又西，将军坪、石灰冲等处，曰丛阳团，隶七都。东，瓜皮塘，界毛公团；南，张家湾，界大吉团；西，董家冲，界下金鸡团；北，余家坡，界柏甫团。纵三里，横三里。

又西，狮子桥、黄山坝等处，曰下金鸡团，隶七都。东，朱嘴直至邵家冲，界丛阳团；南，邓家塘，界中塅团；西，细塘冲直至蓼叶坡，界涝溪团；北，山湾冲横至踏口潭，界黄上团。纵五里，横三里。

东有檐飞岩、仙坛岭、猫公尖、低华岭、黄狮岩、国朝徐世佐诗云：“偶从醉后去，不似旧时行。乱世绝人径，寒山孤月明。草生春不语，花落夜无情。竟上南峰顶，微闻钟磬声。”狮子岩、仙童岭、雨坛山、金鸡山。

入扬沙湖有梅子港，有悬藤港。俗名杉木江。其下有铁炉潭、瓦子江，有玉江。

县南驿道有涝溪桥、即梅子港水。涂家桥、两座桥、即石水江水，在袁家铺北。杨木桥、即竹簰江水。李婆桥。出淮西岭驿 路南，即玉江水。涝溪桥东有枫树桥、汇王思岩以西水。石坝桥、原名柳树桥，嘉庆十九年，邑人侯尊三修，亦名侯家桥。狮子桥、上汇狮塘冲、将军坪诸水，嘉庆二年修。仁寿桥、汇金鸡山诸水。宋家坝、马家坝、黄山坝两座桥。东有丁家坝、杨木坝、朱家坝、万寿桥、万福桥、同春桥、刘公桥、戴家坝、胜凤桥、邑人吴达夫等修。观音桥、南受狮子岩水。周树桥、道光初，邑人酆周树修。龙坝桥。东受石板冲水。西有同人桥、北承石水江水。嘉庆二十一年，邑人李黄中等修。杨木桥。东有邻睦桥、利济桥、原名立极桥，邑人杨毓水妻张氏修。弹琴坝、彭家坝、探春桥、叶公坝。西有达水桥、同治中，邑人张宏柱修。神应桥、邑人，张晟妻罗氏修。大坝桥、同治六年，邑人张宏柱修。杉木桥。李婆桥东有石坝、玉江桥、邑人杨学周修。玉石桥、邑人戴修来等重修。玉峰桥、道光元年，邑人杨本郁修。袁家坝、马公坝、水桐坝、敦睦桥、乾隆中，邑人杨茂诣修。殷家坝。

局北有大觉寺、在石灰岭。明洪武二年建，距城南十三里。三峰寺、在净米塘，距大觉寺南二里。万善庵、在万善山，康熙中建，距三峰寺南二里。山辉寺、在侯家湾，距万善庵南四里。台山寺、在黄山坝，明成化五年建，距大觉寺南七里。道林寺。国朝郭刚基诗云："六代招提胜，言寻古道林。四山云木合，一径薜萝深。坏壁古时殿，幽禅尘外心。何当筑精舍，长伴老松吟。"毛俊英诗云："山门犬吠客，禅院鸟依人。结习今馀几，天花未了因。"迻东有天乐庵。在藕塘坡庵后，有普陀岩，距城南二十二里。径东有黄花观。在观冲，唐咸通十三年建，距城东南十三里。

古迹有仙童石。狮子岩下有岭，甚峻。相传昔有二童子嬉游其上，里人就视之，忽不见，独二石存焉。因名其山曰仙童岭。有梅子古市。

有涝溪桥、石板冲、金鸡山三小市。

大姓：金鸡山邓氏，东三都杨氏，将军坪宋氏，中疃焦氏、鄷氏，石板吴氏，萧家冲萧氏，开福山程氏，石水江欧氏，木盆塘湛氏，杉木江顾氏，狮子岩王氏，傅家湾傅氏，陶家疃陶氏，詹家疃熊氏；李氏二，一居詹家塅，一居桃林冲；龚氏二，一居金鸡山，一居柏甫庙。

县南樟树局南图

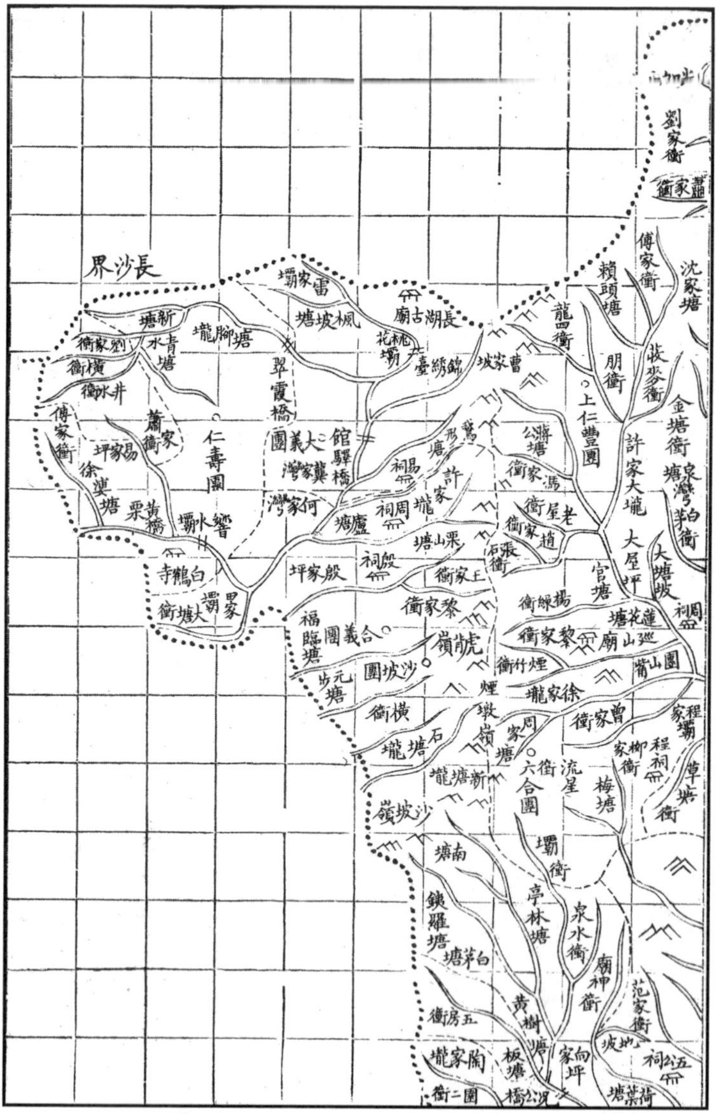
長沙界
劉家衝
沈家塘
賴頭塘
龍四衝
朋衝
上仁豐團
許家大壠
大屋坪
大塘坡
官塘
仁壽團
翠霞橋
大義團
館驛橋
何家灣
白鶴寺
殷家坪
黎家衝
福臨塘
合義團
沙坡團
元步塘
橫衝
石塘壠
六合團
流星
梅塘
沙坡嶺
南塘
亭林塘
泉水衝
廟神衝
范家衝
黄樹塘
白茅塘
陶家壠
五房衝
二團衝
板塘

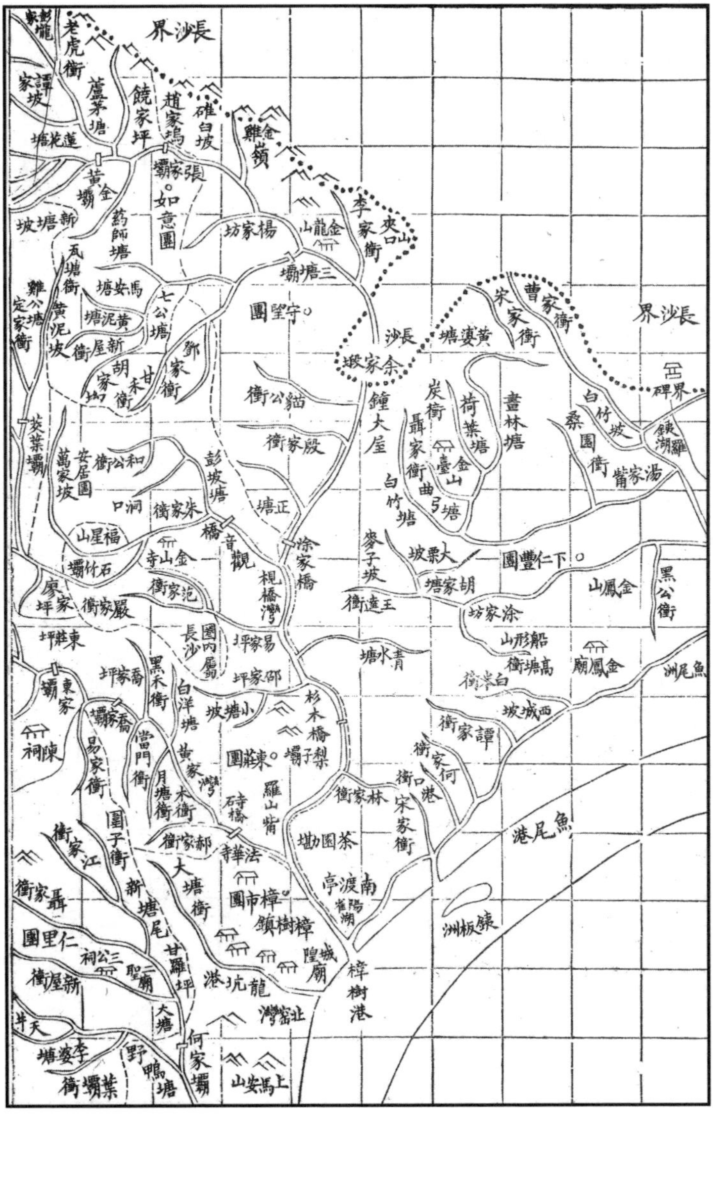
長沙界
老虎衝
譚家坡
蘆茅塘
饒家坪
趙家塢
金雞嶺
蓮花塘
張家壩
黃金壩
如意園
新塘坡
藥師塘
楊家坊
金龍山
李家衝
夾山口
三塘壩
瓦塘衝
馬安塘
七公塘
守望園
雞公塘
定家衝
黃泥坡
黃泥塘
新屋衝
鄧家衝
甘禾衝
長沙
余家墩
黃婁塘
宋家衝
曹家衝
長沙界
界碑
貓公衝
鍾大屋
炭衝
聶家衝
荷葉塘
畫林塘
白竹坡
桑園衝
萬家坡
安居園
和公衝
殷家衝
彭坡塘
正塘
金臺山
白竹塘
洞口
朱家衝
福星山
觀音橋
涂家橋
麥子坡
大栗坡
下仁豐園
黑公衝
金鳳山
石竹壩
金山寺
廖家坪
嚴家衝
梘橋灣
胡家塘
王達衝
涂家坊
東莊坪
長沙圈內屬
易家坪
青水塘
船形山
高塘衝
金鳳廟
魚尾洲
東家壩
喬家坪
黑禾衝
鄧家坪
喬家壩
白洋塘
小塘坡
杉木橋
西城坡
陳祠
易家衝
當門衝
黃家灣
東莊園
梨子壩
譚家衝
何家衝
港口衝
月塘衝
木衝
林家衝
宋家衝
魚尾港
江家衝
園子衝
郝家衝
法華寺
茶園坳
南渡亭
聶家衝
新塘尾
大塘衝
樟市園
樟樹鎮
仁里園
三公祠
聖廟
甘羅坪
城隍廟
龍坑港
樟樹港
新屋衝
天井
大塘
李婆塘
野鴨塘
何家壩
上馬安山

縣南樟樹局南圖

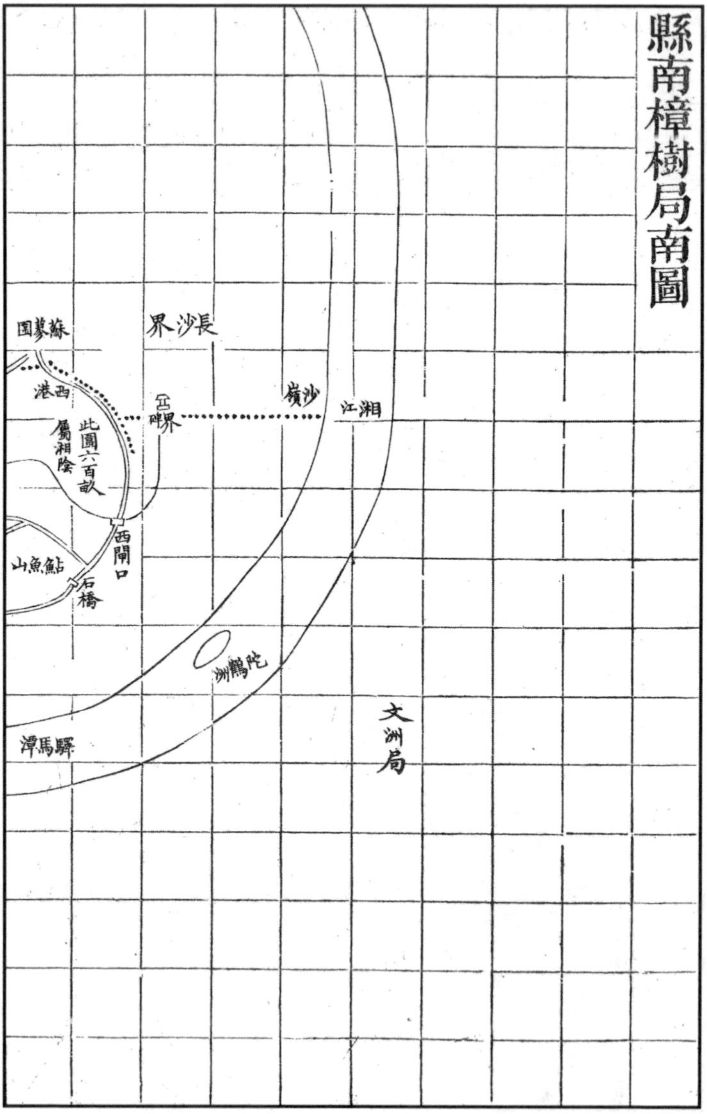

县南樟树局北图

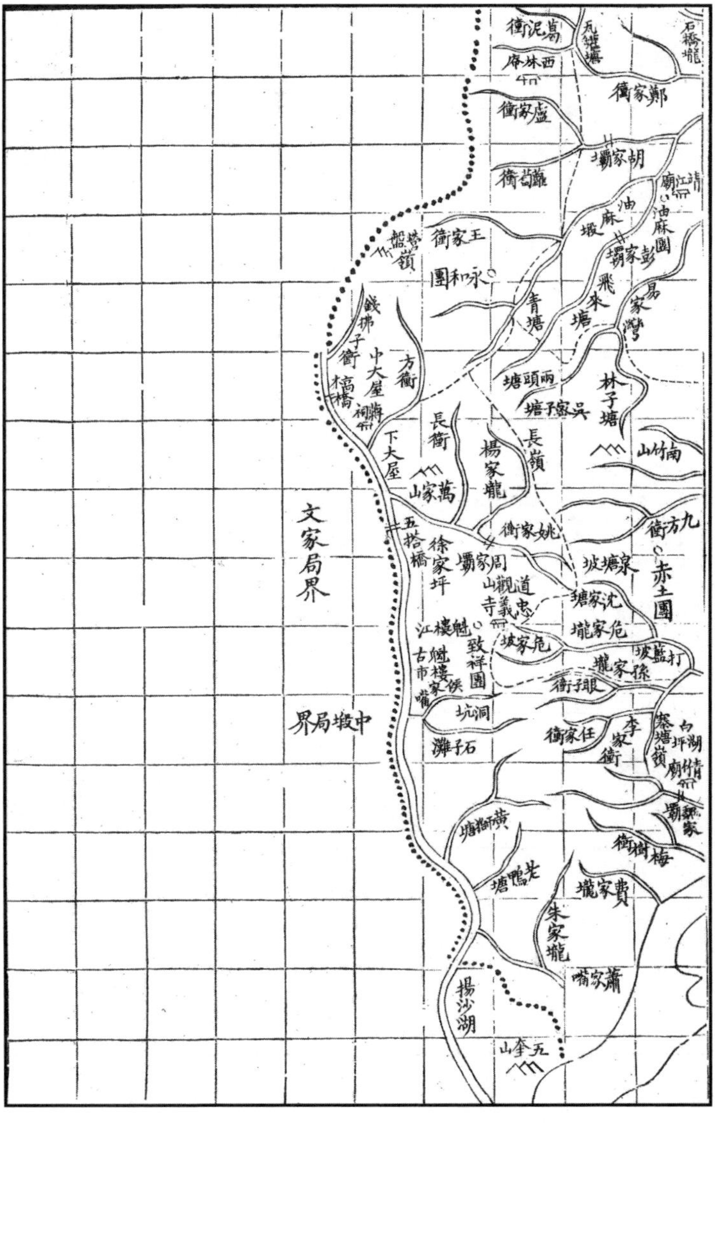
文家局界
中塅局界
鄭家衝
胡家壩
王家衝
永和園
青塘
飛來塘
易家灣
兩頭塘
林子塘
長衝
下大屋
楊家壠
長嶺
南竹山
九方衝
姚家衝
赤土園
徐家坪
周家壩
忠義寺
道觀山
沈家塘
危家壠
打藍坡
徐家壠
致祥園
洞坑
石子灘
任家衝
李家衝
黄獅塘
梅樹衝
費家壠
朱家壠
蕭家嘴
揚沙湖
五傘山

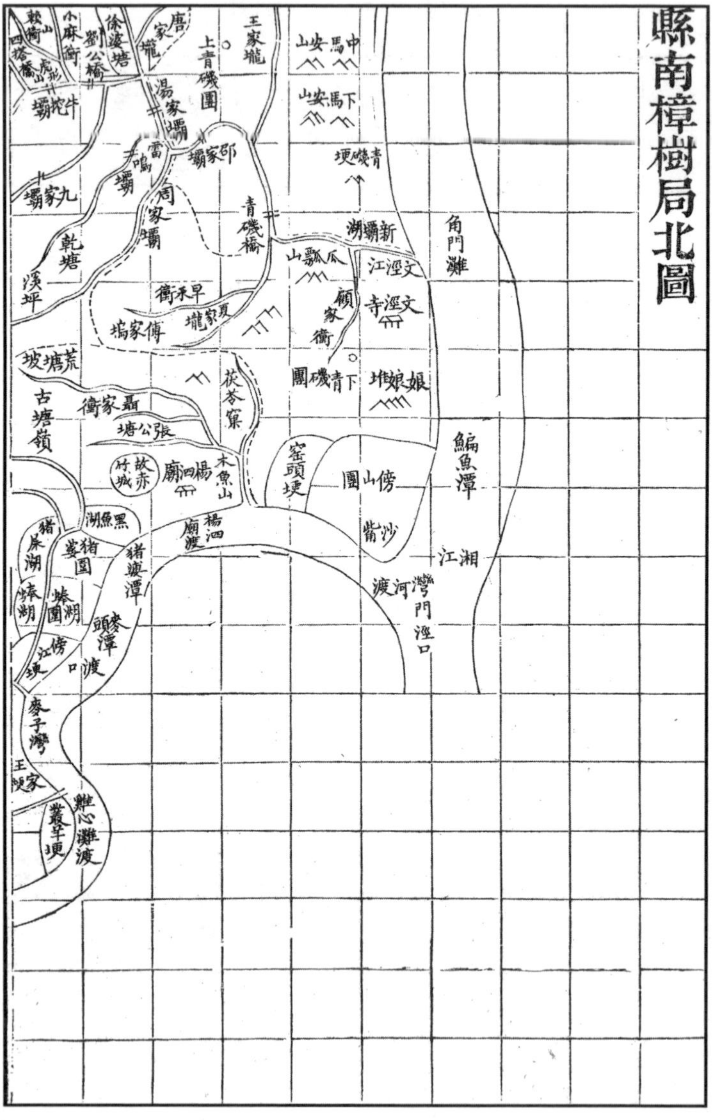
縣南樟樹局北圖
中馬安山
下馬安山
王家壠
上青磯園
唐家壠
徐婆塘
劉公橋
小麻衝
湯家壩
雷鳴壩
邵家壩
九家壩
周家壩
青磯橋
青磯埂
新壩湖
角門灘
瓜瓢山
文涇江
文涇寺
顧家衝
乾塘
溪坪
早禾衝
夏家壠
傅家塢
荒塘坡
古塘嶺
嘉家衝
張公塘
茯苓窠
下青磯園
娘娘堆
鯿魚潭
窯頭埂
傍山園
木魚山
楊泗廟
黑魚湖
猪屎湖
猪園
猪婆潭
楊泗廟渡
湘江
灣門涇口
麥子灣
傍江埂
難心灘渡
叢草埂

右樟树局，界县南，距城二十里。东界文家中塅二局，北界附城局，西濒湘水，南界长沙。纵三十二里，横二十四里。领团十九，内青矶团析为上青矶、下青矶二团，其东庄、安居两团间曰福星山，长沙陈氏军田也别为一团，隶长沙。致祥团稍西曰五房冲，曰板冲，亦军田，其数微不能成团，亦别为军田籍云。隶七都，错入十七都。

其西，樟树镇、阳雀湖等处，曰樟市团，隶七都。东，法华寺，界东庄团；南，阳雀湖，界下仁丰团；西，濒湘江北龙坑港，界上青矶团。纵二里，横二里。

稍北，马鞍山、野鸭塘等处，曰上青矶团，隶十七都。东，傅家坞直至野鸭塘，界赤土团、油麻团、仁里团；南，大塘冲曲至龙坑港，界樟市团；西，北窑湾直至傍山团，濒湘江，界文洲局四甲团、地利团；北，沙背曲至窑头埂，界湾河。纵十里，横五里。

其北，青竹庙、萧家嘴等处，曰青竹团，隶七都。东，老鸭塘直至洞坑，界中塅局仁义团；南，矮子冲横至新桥，界赤土团；西，白湖坪曲至丛阳埂，又曲至费家垅，濒湾河；北，萧家嘴，界附城局长湖团。纵五里，横五里。

逶东，道观山、危家坡等处，曰赤土团，隶七都。东，危家坡直至两头塘，界致祥团；南，林子塘横至聂家冲，界油麻团；西，茯苓窠直至木鱼山，界下青矶团，又曲至蜂湖团，界湾河；北，牛阑口横至危家垅，界青竹团。纵五里，横六里。

稍南，五搭桥、蒋家坪等处，曰永和团，隶十七都。东，钱拂子冲直至西林庵，界文家局永丰团；南，五房冲、板塘，界沙坡团；西，瓦罐塘直至白竹塘，界油麻团；北，中大屋，界致祥团。纵六里，横二里。

其东，营盘岭、陶家垅等处，曰致祥团，隶十七都。东，魁楼江直至下大屋，界文家局双江团；南，长冲，界永和团；西，杨家垅直至忠义寺，界赤土团。北，侯家嘴，界青竹团。纵四里，横二里。

稍西，彭家坝、刘公桥等处，曰油麻团，隶十七都。东，青塘直至瓦罐塘，界永和团；南，向家坪横至小麻冲，界沙坡团、仁里团；西，刘公桥曲至雷鸣坝，界仁里团、上下青矶团；北，荒塘坡横至飞来塘，界赤土团。纵六里，横四里。

迻南，聂家冲、向家坪等处，曰仁里团，隶十七都。东，荷叶塘直至聂家冲，界油麻团、沙坡团；南，易家冲，界东庄团；西，团子冲直至甘罗坪，界上青矶团；北，唐家垅横至徐婆塘，界上青矶团、油麻团。纵五里，横四里。

又南迻东，柳家冲、团山嘴等处，曰六合团，隶七都。东，周家塘直至杨绿冲，界沙坡团；南，官塘横至李涧塘，界上仁丰团、安居团；西，程家坝，界东庄团；北，梅塘斜至萧坝冲，界仁里团、沙坡团。纵五里，横四里。

又东，王家冲、烟墩岭等处，曰沙坡团，隶七都。东，铁罗塘直至元步塘，界文家局流江团；南，虎背岭，界合义团；西，烟墩岭斜至庙神塘，界六合团、仁里团；北，黄树塘斜至白茅塘，界油麻团、永和团。纵七里，横三里。

东南，黄栗桥、易家坪等处，曰合义团，隶七都。东，大塘冲直至何家湾，界长寿团；南，卢塘，界大义团；西，许家垅直至虎背岭，界上仁丰团；北，黎家冲横至福临塘，界沙坡团；又横至田家坝，界文家局流江团。纵三里，横五里。

又南，管驿桥、傅家冲等处，曰长寿团，隶七都。东，徐坡塘斜至傅家冲，界文家局纯厚团；南，新塘横至塘脚垅，界长沙；西，翠霞桥直至响水坝，界大义团、合义团；北，白鹤寺横至黄栗桥，界文家局永宁团。纵二里，横二里。

又南，桃花桥、鹅形塘等处，曰大义团，隶七都。团分两处，一在长寿团西。东，龚家湾，直至风坡塘，界长寿团；南，雷家坝斜至长湖古庙，界长沙；西，曾家坡直至鹅形塘，界上仁丰团；北，管驿桥，界合义团。纵三里，横三里。一在长寿团东。东，南刘家冲，界长沙；西，萧家冲，界长寿团；北，井水冲，界长寿团。纵二里，横二里。

樟市团南，黄沙冲、梨梓坝等处，曰东庄团，隶七都。东，草塘冲斜至东庄坪，界六合团；南，东庄坪曲至金山寺，界长沙福星团，又横至枧桥湾，界安居团；西，枧桥湾直至罗山嘴，界下仁丰团；北，郝家坪曲至陈家坝，界仁里团。纵五里，横六里。

又南，金山寺、徐家桥等处，曰安居团，隶七都。东，廖家坪直至万家坡，界六合团、上仁丰团；南，邓家冲，界如意团、守望团；西，彭陂塘曲至徐家桥，界守望团、下仁丰团；北，朱家冲曲至廖家坪，界长沙福星团。纵三里，横四里。

又南，白茅台、马鞍塘等处，曰上仁丰团，隶七都。东，张家冲直至蒋公塘，界合义团、大义团；南，龙四冲斜至傅家冲，界长沙，又横至新塘坡，界如意团；西，鸡公塘直至茭叶坝，界如意团、安居团；北，白茅冲横至张石冲，界六合团。纵五里，横四里。

径西，金台山、铁炉湖等处，曰下仁丰团，隶十七都。东，茶园塝直至钟大屋，界东庄团、安居团、守望团；南，黄婆塘横至苏蓼围西港，界长沙；西，濒湘江；北，极阳雀湖，界樟市团。纵九里，横十里。

逶南，金龙山、饶家坪等处，曰守望团，隶七都。东，翰塘直至赵家坞，界如意团；南，碓臼坡斜至夹山口，界长沙；西，夹山口曲至猫公冲，界长沙，又直至正塘，界下仁丰团；北，正塘，界安居团。纵六里，横三里半。

径南，毛公塘、尖伽山等处，曰如意团，隶七都。东，黄泥坡曲至萧家冲，直至尖伽山，界长沙；南，彭家垅斜至饶家坪，界长沙；西，张家坝曲至七公塘，界守望团；北，甘禾冲横至胡家坳，界安居团、上仁丰团。纵六里，横四里。

南有尖伽山、金鸡岭，东有烟墩岭、营盘岭；西濒湘水，有麦头潭，其北书院潭，其南猪婆潭、鳊鱼潭，其东蛑湖、猪矢湖、黑鱼湖。有文泾江，其北平江湖，其南新坝湖。有龙翔港，有樟树港，其南阳雀湖、铁炉湖。国朝焦桐良诗云："劳劳白首欲何之，战局难收不似棋。大地同时惊鼓角，半天残照泼胭脂。绿杨莫系愁如马，蓝尾空倾酒满鸱。记得当年舟夜泊，市声蜂闹匪今兹。"东北，濒扬沙湖，有魁楼江。

文泾江东，有青矶桥、乾隆中，邑人陈献南修；嘉庆十六年，邑人杨丰美重修。邵家坝、周家坝、雷鸣坝、汤家坝、九家坝、刘公桥、四搭桥、原名夏至桥。牛洼坝、祝公桥；樟树港东有寺石桥、承傅家冲水，径法华寺西。乔家坝、陈家坝、程家坝，有杉木桥、承大垅水，径樟树镇南。梨梓坝、枧桥湾、观音桥、东受鸡公塘朱家冲诸水。石竹坝、茭叶坝，有徐家桥、嘉庆中，邑人徐儒添修。流水坝、三塘坝；其北注龙潭江者有桃花桥、一名上馆驿桥。管驿桥、响水坝、黄栗桥。

局东有西林庵，在营盘岭，旧名西宁庵。明弘治中建，而祠碑云建于唐时。后有洞，曰观音洞。距城二十五里。西有文泾寺、在文泾江，距城南二十五里。

法华寺、在樟树镇。唐武德九年建，距文泾寺南八里。金山寺，在石竹坝，距法华寺南六里。西南有金台寺，在金台山，距金山寺南六里。径南，有尖伽古刹，在尖伽山，距城南三十五里。北有青竹寺，距县城南十里。国朝徐受诗云："月黑去程难，模糊放棹还。天低疑在地，水落不依山。渔火燃千点，村尨吠一湾。归心愁澈曙，无意叩禅关。"邱世卿诗云："烟笼浦口日欲入，舟师鼓桨争趋急。寺门水落寺山高，黄叶凄凄堆石级。渔灯乱点蓼花湾，茅屋人家门半关。暝色已回新月上，倦飞沙鸟亦知还。"

古迹有哀江，以大哀洲、小哀洲为名。今洲名已佚。有赤竹故城，有魁楼古市。

有樟树镇市。为县南一大聚落。

大姓：青竹庙袁氏，金鸡岭陈氏、危氏，樟树港甘氏，南塘周氏，蛇丝塘王氏，樟市彭氏、黄氏，殷家坪殷氏，长塘张氏，竹根坡徐氏。

县南文家局南图

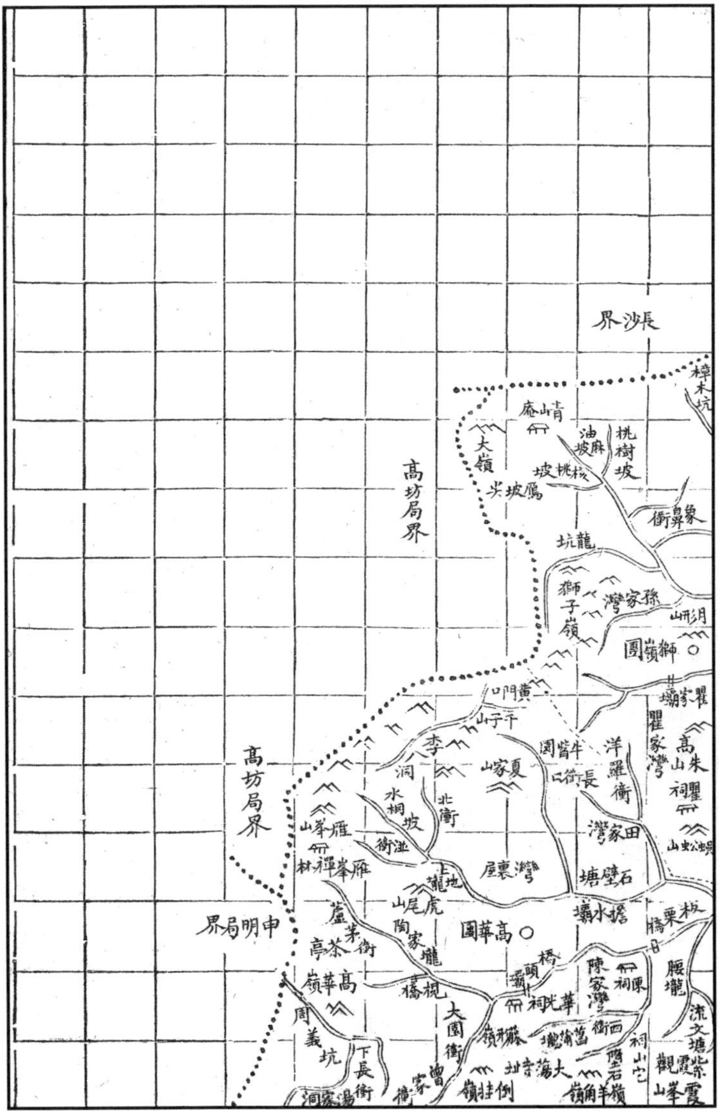
長沙界
樟木坑
青山庵
大嶺
油麻坡
桃樹坡
象鼻衝
高坊局界
龍坑
獅子嶺
孫家灣
黃門口
夏家山
洋羅衝
瞿家灣
高坊局界
田家灣
石壁塘
板栗橋
中明局界
高華園
高華嶺
陳家灣
腰壠
周義坑
下長衝
大園衝

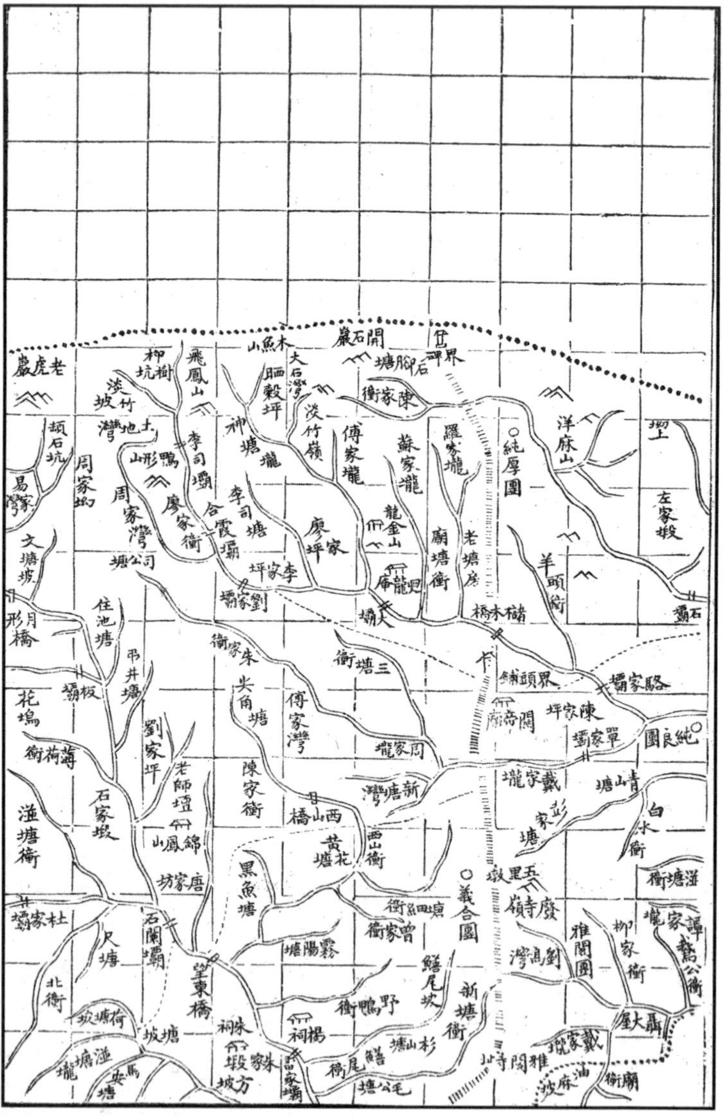
飛鳳山
李司壩
傅家壠
蘇家壠
羅家壠
純厚園
洋麻山
左家墩
廟塘衛
老塘庵
羊頭衛
周家坳
周家灣
廖家衛
合霞壩
李司塘
住池塘
吊井塘
劉家坪
石家墩
老師壇
尖角塘
傅家灣
陳家衛
黑魚塘
石闌壩
望東橋
義合園
鱔尾坡
新塘衛
雅閣園
柳家衛
尺塘
北衛

縣南文家局南圖

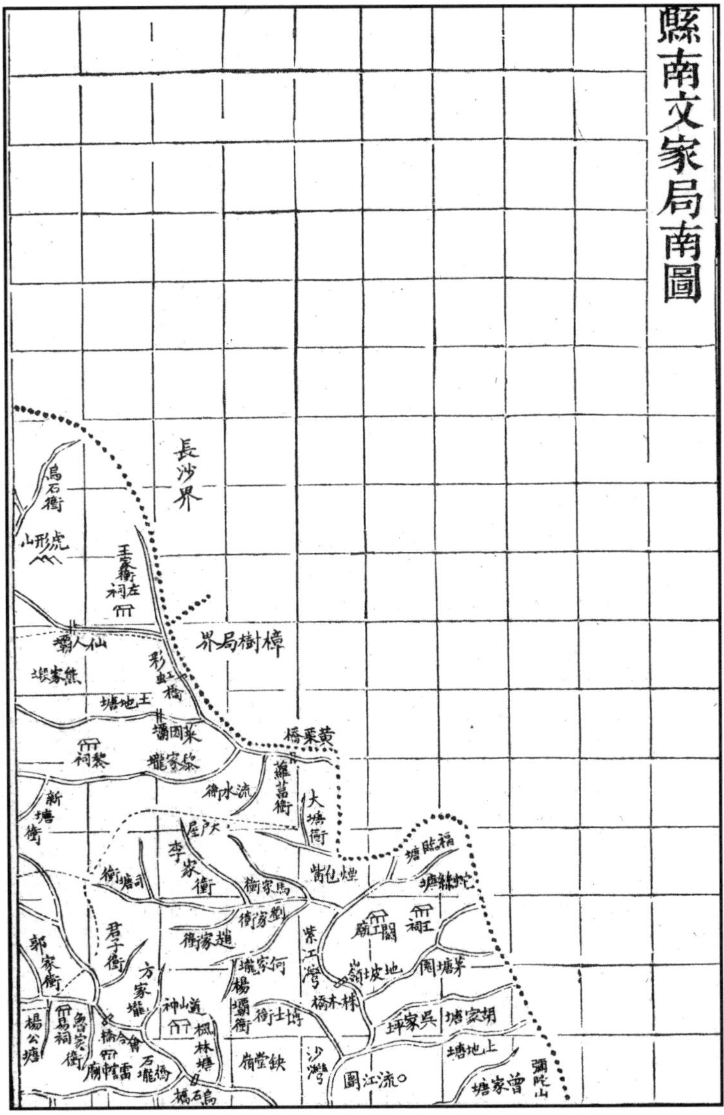
長沙界
烏石衝
虎形山
王家衝
左祠
樟樹局界
仙人壩
彩虹橋
王地塘
菜園壩
黃栗橋
黎祠
黎家壠
流水衝
大塘衝
新塘衝
大屋
李家衝
馬家衝
劉家衝
趙家衝
福臨塘
關王廟
王祠
君子衝
紫江灣
郭家衝
何家壠
方家壠
樟木橋
吳家坪
胡家塘
楊公塘
易祠
博士衝
楓林塘
沙灣
上地塘
雷神廟
曾家塘
彌陀山
烏石橋

县南文家局北图

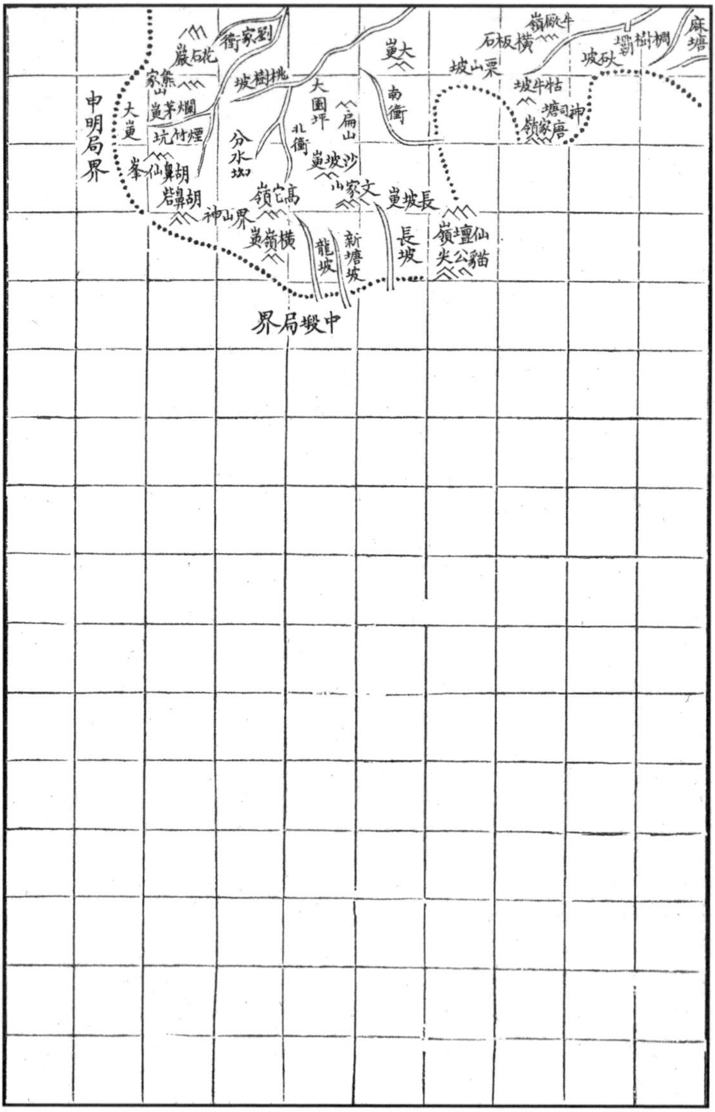

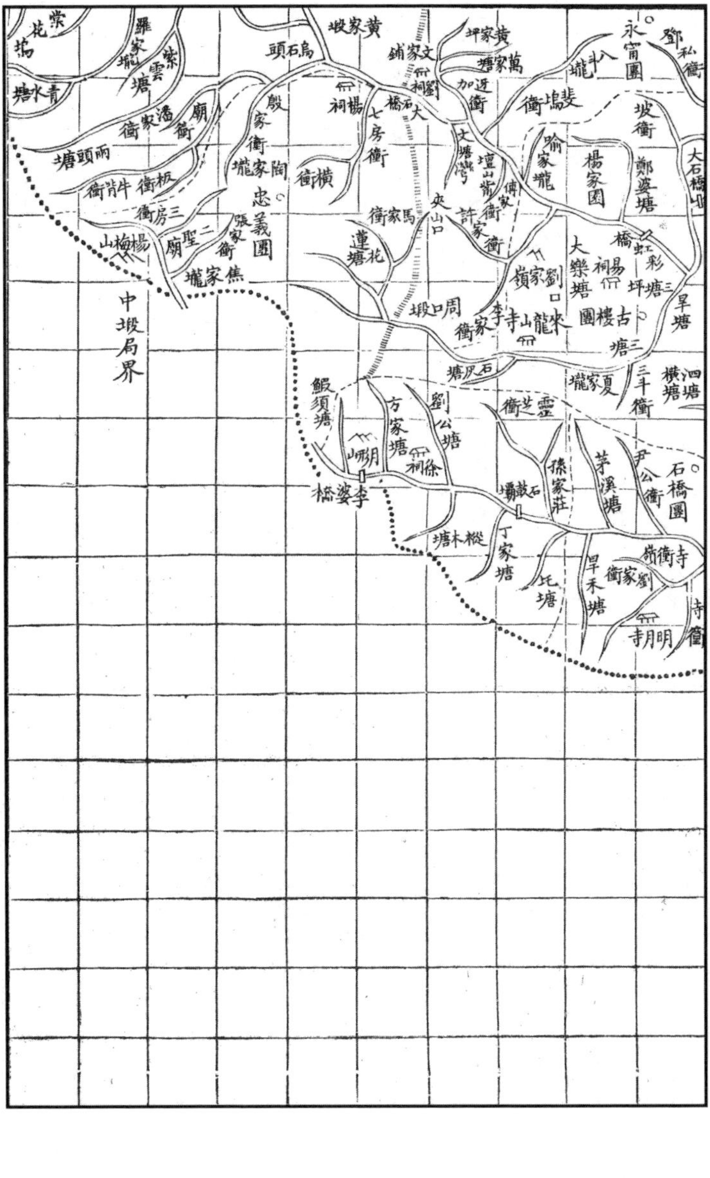
黄家墩
烏石頭
黄家坪
萬家塘
文家鋪
劉祠
大石橋
楊祠
近加衝
永甯園
八斗壠
鄧私衝
裴塢衝
坡衝
大石橋
鄭婆塘
楊家園
喻家壠
七房衝
殷家衝
陶家壠
忠義園
橫衝
馬家衝
文塘灣
壇山背
許家衝
傅家衝
夾山口
蓮花塘
劉家嶺
大樂塘
易祠
虹橋
彩坪塘
旱塘
周口墩
李家衝
來龍山寺
古樓園
三古塘
石灰塘
夏家壠
三斗衝
橫塘
泗塘
鰕須塘
方家塘
劉公塘
靈芝衝
明山
徐祠
李婆橋
孫家莊
茅溪塘
尹公衝
石橋園
石鼓壩
縱木塘
丁家塘
寺衝嶺
劉家衝
旱禾塘
明月寺
中墩局界
青水塘
羅家壠
紫雲塘
潘家衝
廟衝
兩頭塘
板衝
牛背衝
三房衝
二聖廟
張家衝
楊梅山
焦家壠

縣南文家局北圖

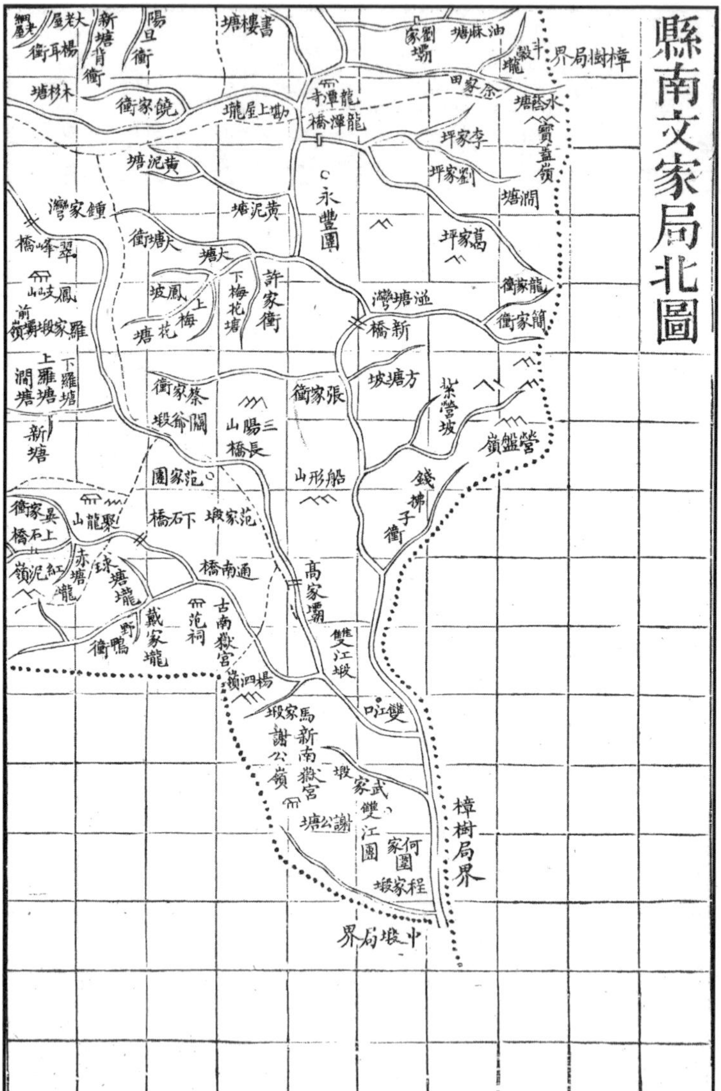
縣南文家局北圖
書樓塘
油麻塘
劉家壩
樟樹局界
龍潭寺
龍潭橋
水磨塘
寶蓋嶺
李家坪
劉家坪
澗塘
永豐園
葛家坪
龍家衝
簡家衝
溢塘灣
新橋
方塘坡
張家衝
許家衝
下梅花塘
上梅
鳳坡
花塘
黃泥塘
鍾家灣
饒家衝
楊耳衝
陽旦衝
新塘背衝
大塘衝
大塘
翠峰橋
蔡家衝
關爺墈
三陽山
長橋
船形山
錢拂子衝
營盤嶺
茶營坡
范家園
范家墈
下石橋
聚龍山
吳家衝
上石橋
紅泥嶺
赤塘壠
球塘壠
通南橋
高家壩
雙江墈
古南嶽宮
范祠
戴家壠
野鴨衝
楊泗嶺
雙江口
馬家墈
新南嶽宮
謝公嶺
武家墈
謝公塘
雙江園
何家園
程家墈
樟樹局界
中墈局界
上羅塘
下羅塘
澗塘
新塘

右文家局，界县南，距城三十里。东界丰苍、高坊二局，西界樟树局，北界中疃局，南界长沙。纵二十四里，横二十七里。领团十三，隶三都，错入七都、十七都、二十五都。

东北，来龙山、三塘坪等处，曰古楼团，隶三都。东，石灰塘直至喻家垅，界忠义团；南，坡冲斜至钟家湾，界永宁团；西，罗塘疃，界永丰团；北，新塘横至夏家垅，界石桥团。纵五里半，横六里。

其北，石桥疃、明山寺等处，曰石桥团，隶三都。东，早禾塘直至茅溪塘，界未成团之徐家疃；南，尹公冲横至聚龙山，界古楼团；西，赤脚塘垅，界范家团；北，极明山寺，界中疃局永清团。纵四里，横四里。案，石桥团东徐家疃为畸零，未成团；东，李婆桥、月形山，临驿路，界中疃局仁厚团；南，方家塘横至灵芝冲，界忠义团、古楼团；西，孙家庄，界石桥团；北，托塘横至枞木塘，界中疃局永清团。纵三里，横三里。

稍南，文家铺、江家塘等处，曰忠义团，隶三都。东，杨梅山斜至疃家冲，界义合团；南，乌石头曲至檀山嘴，界义合团、永宁团；西，傅家冲直至李家冲，界古楼团；北，周口疃曲至虾鬚塘，横至焦家垅，界中疃局仁厚团。纵四里，横六里。

又南逶东，乌石头、朱家疃等处，曰义合团，隶三都。东，两头塘直至望东桥，界高华团；南，黑鱼塘横至谭家垅，界狮岭团、纯良团；西，郭家冲曲至迓嘉冲，界永宁团；北，文家铺曲至牛背冲，界忠义团。纵十六里，横十里。

又南逶东，唐家坊、瞿家坝等处，曰狮岭团，隶三都。东，狮子岭直至大岭，界高坊局九和团；南，青山庵横至老虎岩，界长沙；西，柳树坑直至廖家冲，界纯厚团，又曲至界头铺，临驿路，界纯良团；北，新塘湾曲至石阑坝，界义合团，又曲至洋罗冲，界高华团。纵八里，横十里。

其东，高华岭、藤形岭等处，曰高华团，隶三都。东，胡鼻砦斜至高华岭，界申明局西南团，又直至雁峰山，界高坊局九和团；南，李八洞斜至黄门口，界高坊局九和团，又斜至尺塘，界狮岭团；西，石阑坝直至青水塘，界义合团；北唐家岭曲至猫公尖横至界山神，界中塅局玉石团。纵十里，横十一里。

西北，范家疃、周家湾等处，曰范家团，隶三都。东，球塘垅，界石桥团；南，下石桥极范家塅，界永丰团；西，通南桥，界双江团；北，戴家垅横至野鸭冲，界中塅局和顺团。纵三里，横三里。

又西北，双江疃、程家疃等处，曰双江团，隶十七都。东，谢公岭斜至杨泗岭，界中塅局和顺团；南，双江塅，界永丰团；西，双江口直至何家团，界樟树局致祥团；北，程家塅斜至谢公塘，界中塅局和顺团。纵四里，横三里。

其西，新塘桥、梅花塘等处，曰永丰团，隶十七都。东，关爷塅直至黄泥塘，界古楼团；南，龙潭桥横至水荫塘，界流江团；西，宝盖岭直至札营坡，又曲至钱拂子冲，界樟树局永和风；北，高木桥横至高家坝，又曲至长桥，界双江团。纵八里，横六里。

西南，蛇丝塘、龙潭江等处，曰流江团，隶十七都。东，塴上屋垅曲至紫江湾，界永宁团；南，福临塘，界樟树局合义团；西，蛇丝塘曲至弥陀山，又直至斗谷垅，界樟树局沙坡团；北，余家田横至龙潭寺，界永丰团。纵五里，横五里。

稍东，黎家垅、熊家塅等处，曰纯良团，隶二十五都。东，彭家塘直至界头铺，临驿路，界狮岭团；南，陈家坪横至彩虹桥，界纯厚团；西，萝卜塘，界永宁团；北，流水冲曲至洴塘冲，横至五里墩，界永宁团、义和团。纵三里，横七里。

又东迤北，神道山、易家湾等处，曰永宁团，隶七都。东斐屋冲斜至油麻坡，曲至司塘冲，界义合团；南，大户屋曲至大塘冲，又曲至烟包嘴，界纯良团；西，马家冲直至缺堂岭，曲至乌石桥，界流江团；北，饶家冲横至八斗垅，界古楼团。纵六里，横七里。

其南，金龙山、界头铺等处，曰纯厚团，隶二十五都。东，合霞坝直至飞凤山，界狮岭团；南，木鱼山横至开石岩，又斜至乌石冲，界长沙；西，王家冲，界樟树局长寿团；北，仙人坝横至骆家坝，界纯良团，又横至刘家坝，界狮岭团。纵五里，横十里。

南有开石岩、老虎岩，东有狮子岭、雁峰山、高华岭、藤形岭、九峰山、国朝龙光辅诗云："家住九峰山，开门见九峰。九峰一一拏空起，空中排列青芙蓉。秋来偶挂葛陂杖，洞口双峰似争长。中有小溪一道横，流泉直泻千馀丈。元通古寺深且幽，惟听上方钟磬响。最高峰是一天门，众山旁峙熊虎蹲。阴岩巨石悬无数，似有仙人斧凿痕。夕阳斜处尖峰嘴，数间茅屋傍岩起。万善庵前古木稀，岭头巨石平如砥。归途回望心茫然，指点诸峰白云里。"胡鼻山。国朝罗文诏诗云："闭门常苦闷，执策且探幽。雨正穿胡鼻，云争上马头。乱烟平众壑，古寺锁深秋。未尽登临兴，高僧下榻留。”

入扬沙湖者有玉江，有悬藤港，有龙潭江。县南驿道有文名桥、即悬藤港水，在文家铺北。槠木桥。即龙潭江水，在界头铺南。明成化八年，改置驿道于此，因建桥。其北，玉江有新坝、上下石桥、邑人张宗琳修。通南桥、五搭桥。邑人左斐中修。文名桥，东有雷家坝、伍家坝、兰花坝、西山桥、望东桥、石阑坝、板坝、瞿家坝。杜家坝。板栗桥、坝头桥，西有横江桥、古桥、翠峰桥、邑人易堂举修，翠峰即其字也。长桥、一名冠缨桥。黄家坝、槠木桥、东有大坝、刘家坝、李司坝，西有骆家坝、菜园坝、仙人坝、彩虹桥、嘉庆四年邑人熊沛建。田家桥、乾隆三十年邑人蒋常伦修。龙潭桥、刘公坝、新桥、高木桥、黄栗桥。嘉庆四年邑人易美元修。

局北有明山寺、在寺山冲。唐太和三年建，距城南二十里。来龙山寺，在古楼塘，距明山寺南六里。西南有龙潭寺，在龙潭江。唐会昌六年建，距城南三十里。南有回龙庵、在庙塘冲。旧在仰天坡，明万历中建，距城南四十里。金龙寺、在金龙山，距回龙庵南二里。雅阁寺，在莲花形西，距城南二十八里。东有高华寺、在高华岭。明永乐中建，距城南三十里。元通寺、国朝龙光辅诗云：“晓入元通寺，峨峨见九峰。晴云排篆隶，旭日射芙蓉。壁老丹青淡，林深紫翠浓。坐吟清兴发，绝顶一扶筇。雁峰禅林、在雁峰山。明成化中建，距高华寺南一里。国朝郭刚基诗云：“一杖倚危磴，飘然物外踪。雁飞凉夜月，风送晚山钟。水静落双涧，烟深多乱峰。世人浑不到，尽日白云封。”紫霞观，在霞峰山，距雁峰禅林四里。径东南有青山庵。在雁坡，距城南三十里。

古迹有熊家山洞，在胡鼻山西，其洞深幽险曲，渐入渐阔，阴气逼人。土人于洞口掩以石板，山花丛映石坞间，故亦名花石岩。有高华岭“国泰民安”刻字。高华寺前银杏一株，相传千年物。岭半石壁峭立，有“国泰民安”四字。旧刻字高丈许，苔藓剥蚀，新雨初霁，可望见之。

有藤形岭、文家铺、界头铺三小市。

大姓：蒋家坪蒋氏，分上、中、下三门；左家疃左氏，三塘坪易氏，文家铺刘氏，高朱山瞿氏，熊家疃熊氏，徐家疃徐氏，望东桥朱氏，四户黎氏、唐氏，蛇丝塘王氏。

案，县南四局，以胡鼻山为界，明制三都今文家局。隶归政乡，属县南；一都、今塾塘局。二都今高坊局。隶永宁乡，属县东。一县封域，但立四正，而四隅可以推见。盖自宋以来，分疆定界，古法相承如此。

湘阴县图志卷三

舆图三

县境东南与长沙错壤。南境不逾三十里，逶迤而东袤，长约及百里，而画湘水以西，隶之县西。画狐鼻山以东，隶之县东。是以南境广、长亦略相等。东境自东南以达东北，尽汨水为界，得地较广，东西两大山横亘数十里，崇峦巨嶂，皆在县东。东极鸭子湖，南界长沙，北界平江，实亦山水一大都会也。故为《舆图》析分四境，由南而东而北，一以县治为之准。大抵东南两乡民俗纯实，土田饶沃，而东乡殷实之户为尤多，精华所萃实在东乡。其民亦彬彬知礼让矣。良有司拊循而董劝之，风俗可使纯，人民可使富，进而跻之上理无难也。盖东南两乡壤地毗连，旧志牵混者多，稍因山势厘正其疆界，民风俗尚亦略同矣。

县东白水局南图

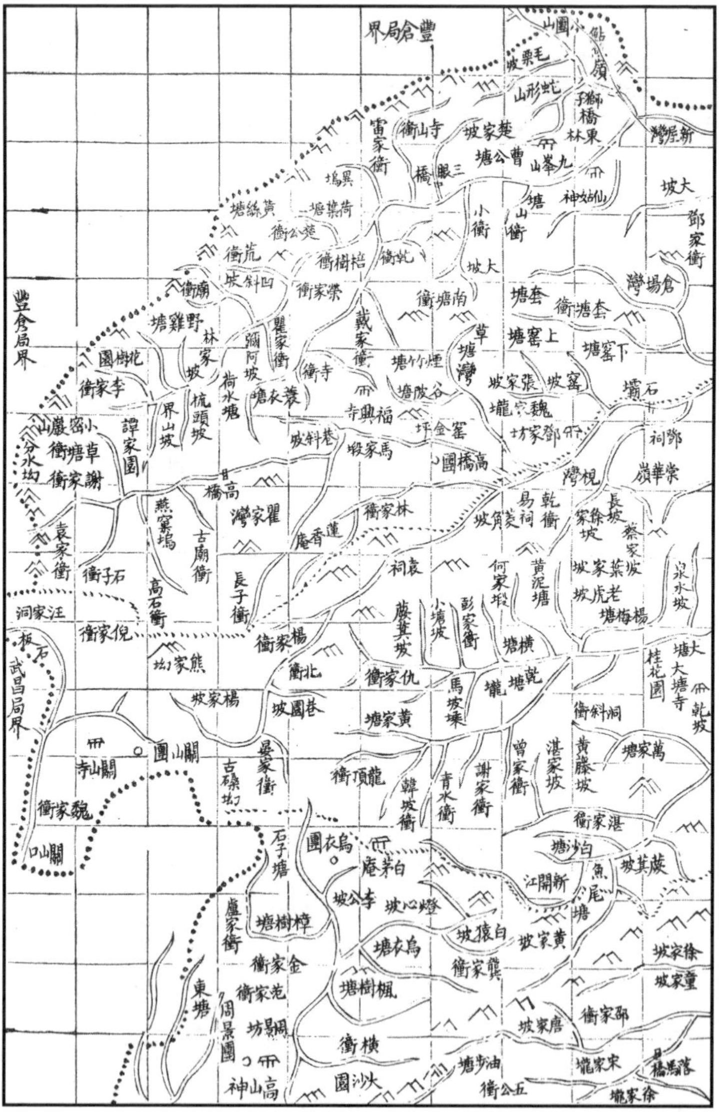
豐倉局界
毛栗坡
楚家坡
曹公塘
雷家衛
九峯山
仙姑神
新屋灣
大坡
鄧家衛
倉場灣
南塘衛
上窯塘
下窯塘
豐倉局界
野雞塘
李家衛
謝家衛
分水坳
袁家衛
石子衛
汪家洞
倪家衛
熊家坳
楊家坡
武昌局界
關山團
關山寺
魏家衛
關山口
瞿家灣
高橋
蓮香庵
林家衛
袁祠
楊家衛
北衛
仇家衛
黄家塘
巷園坡
龍頂衛
青水衛
烏衣團
白茅庵
李公坡
楓樹塘
橫衛
大沙團
高山神
周景園
東塘
金家衛
龔家衛
白猿坡
黄家坡
唐家坡
邵家衛
宋家壠
徐家壠
五公衛
油步塘
新開江
白沙塘
湛家衛
萬家塘
徐家坡
童家坡
楊梅塘
老虎坡
葉家坡
泉水坡
大塘寺
乾坡
黄泥塘
何家塅
彭家衛
小塘坡
乾塘壠
馬坡塅
韓坡衛
謝家衛
曾家衛
湛家坡
黄藤坡
魚尾塘
高橋團
馬家塅
福興寺
石壩
鄧祠
崇華嶺
乾衛
長坡

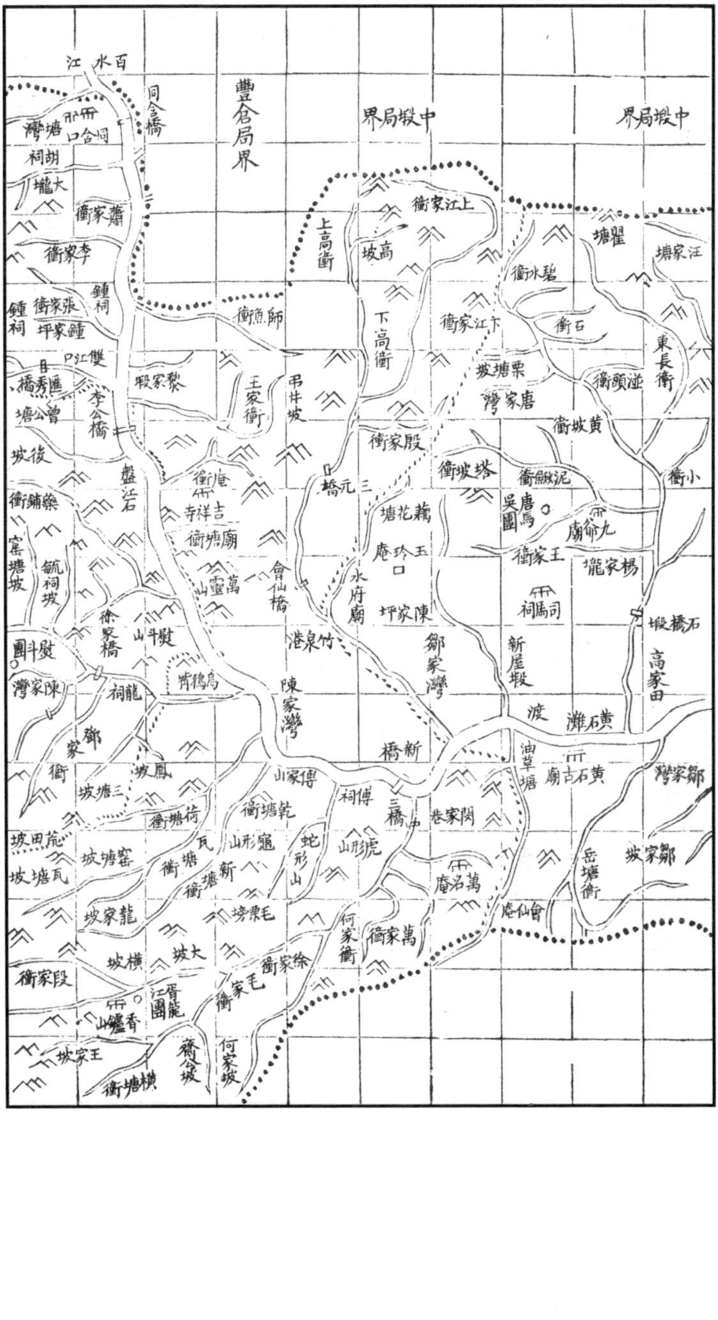
百水江
同合橋
同合口
塘灣
胡祠
大壠
蕭家衝
李家衝
豐倉局界
中塅局界
中塅局界
上江家衝
上高衝
高坡
翟塘
汪家塘
碧水衝
師魚衝
鍾祠
張家衝
鍾祠
鍾家坪
下高衝
下江家衝
石衝
東長衝
雙江口
匯秀橋
黎家塅
王家衝
吊井坡
栗塘坡
唐家灣
逆頭衝
曾公塘
李公橋
黃坡衝
殷家衝
後坡
盤石
塔坡衝
泥鰍衝
小衝
三元橋
藥鋪衝
吉祥寺
廟塘衝
藕花塘
玉玲庵
王家衝
楊家壠
萬靈山
會仙橋
水府廟
陳家坪
司馬祠
石橋塅
徐家橋
熨斗山
竹泉港
鄒家灣
新屋塅
高家田
陳家灣
龍祠
陳家灣
黃石灘渡
新橋
鄒家衝
鳳坡
三塘坡
傅家山
傅祠
三橋
閔家巷
油草塘
黃石吉廟
鄒家灣
荷塘衝
乾塘衝
荒田坡
窑塘坡
瓦塘衝
龜形山
蛇形山
虎形山
鄒家坡
瓦塘坡
新塘衝
萬名庵
岳塘衝
龍家坡
會仙庵
何家衝
萬家衝
大坡
橫坡
徐家衝
段家衝
毛家衝
香爐山
王家坡
橫塘衝
齋公坡
何家坡

縣東白水局南圖

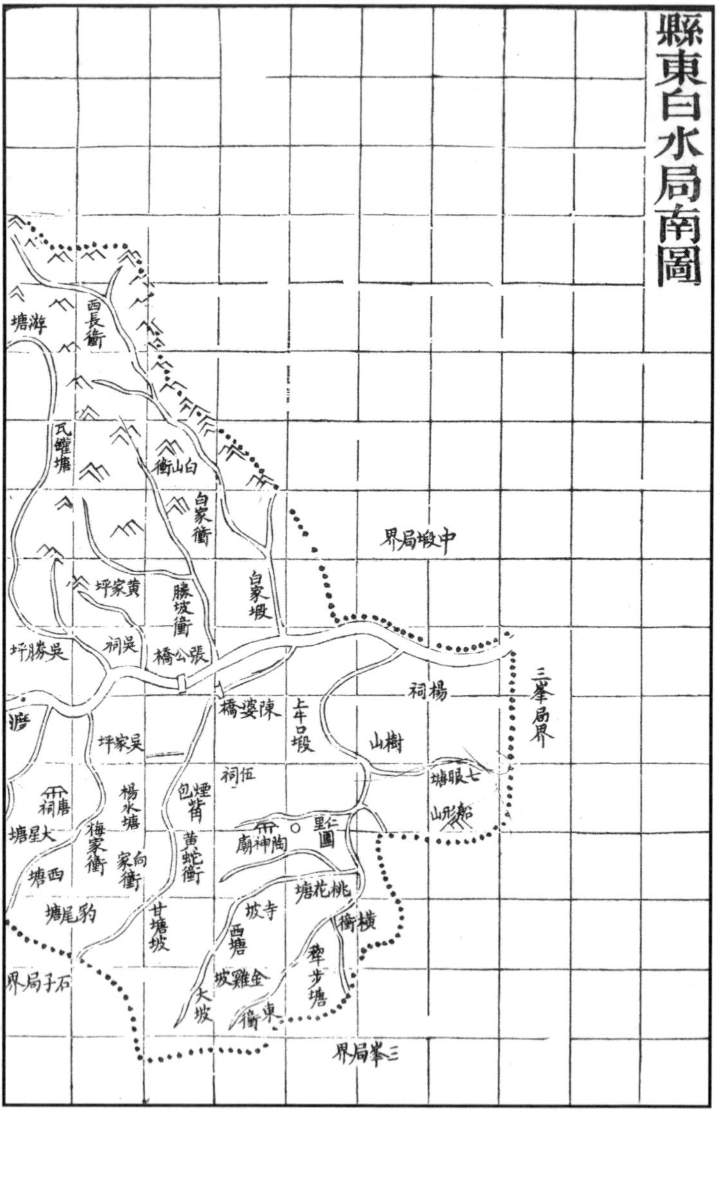
西長衝
游塘
瓦罐塘
白山衝
白家衝
中塅局界
黃家坪
滕坡衝
白家塅
吳勝坪
吳祠
張公橋
陳婆橋
上牛口塅
楊祠
三峯局界
樹山
渡
吳家坪
伍祠
七眼塘
唐祠
楊水塘
煙包背
船形山
大星塘
梅家衝
仁里圖
尚神廟
向家衝
黃蛇衝
西塘
桃花塘
豹尾塘
寺坡
甘塘坡
橫衝
西塘
金雞坡
犂步塘
石子局界
大坡
東衝
三峯局界

县东白水局北图

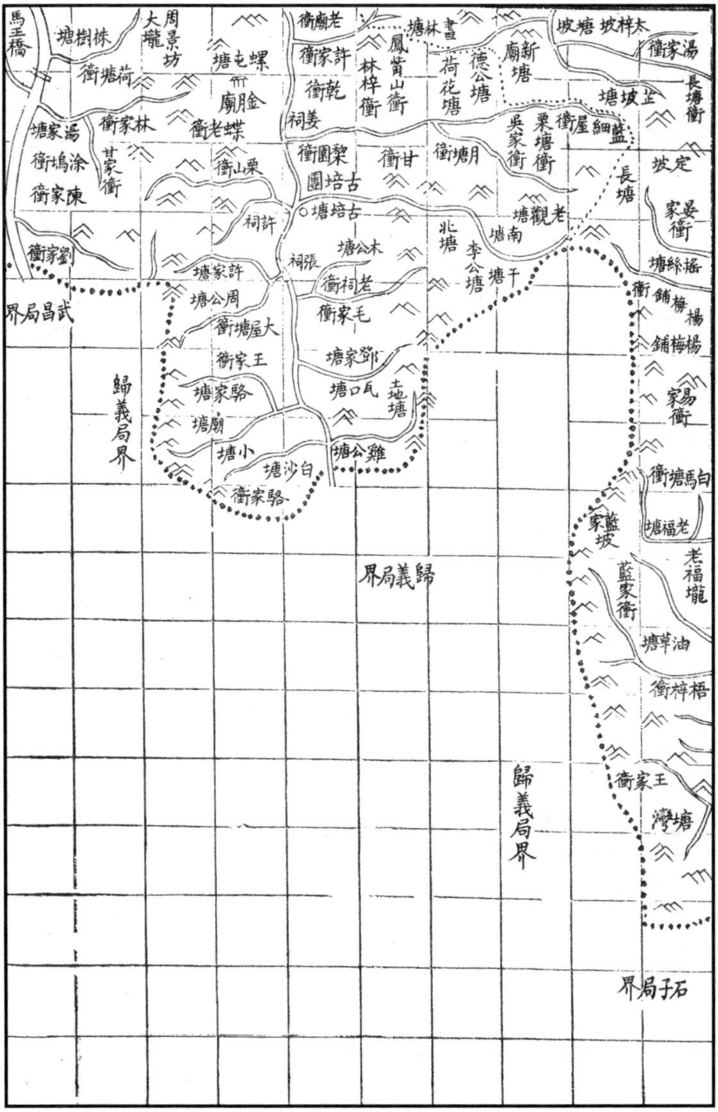
馬王橋
林樹塘
周景坊
大壠
荷塘衝
螺屯塘
老廟衝
許家衝
乾衝
姜祠
林梓衝
鳳凰山衝
書林塘
荷花塘
德公塘
新廟塘
太梓坡
塘坡
湯家衝
長塘衝
並坡塘
藍細屋衝
栗塘衝
吳家衝
湯家塘
林家衝
甘家衝
塗鳩衝
陳家衝
蝶老衝
栗山衝
黎園衝
古培園
甘衝
月塘衝
長塘
定坡
晏家衝
古培塘
許祠
老觀塘
南塘
北塘
木公塘
張祠
李公塘
于塘
劉家衝
許家塘
老祠衝
周公塘
毛家衝
武昌局界
大屋塘衝
王家衝
鄧家塘
駱家塘
瓦口塘
土地塘
廟塘
小塘
雞公塘
白沙塘
駱家衝
歸義局界
播絲塘
楊梅鋪衝
楊梅鋪
易家衝
白馬塘衝
老福塘
藍家坡
老福壠
藍家衝
油草塘
梧梓衝
王家衝
灣塘
歸義局界
石子局界

縣東白水局北圖

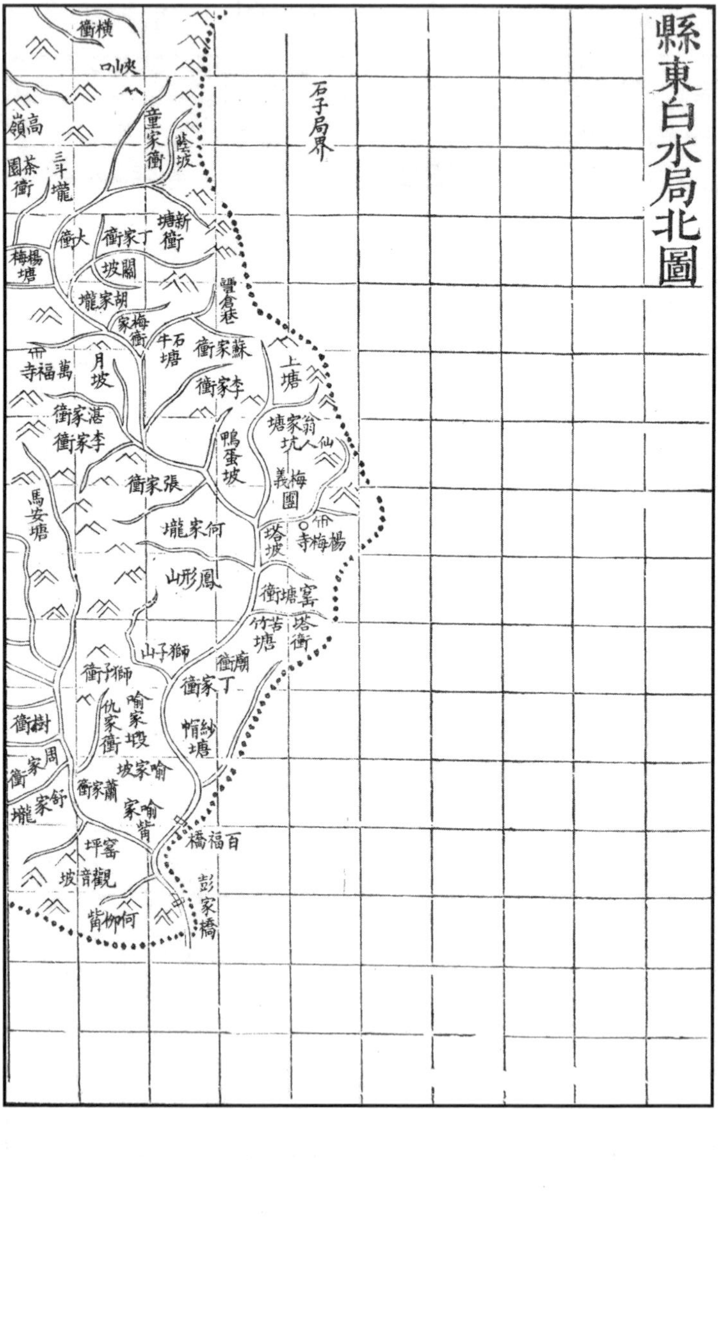
石子局界
橫衝
峽口
高嶺
茶園衝
三斗壠
童家衝
藍坡
新塘衝
丁家衝
大衝
楊梅塘
關坡
胡家壠
梅家衝
譚倉巷
石牛塘
蘇家衝
李家衝
萬福寺
月坡
湛家衝
李家衝
上塘
翁家塘
仙人坑
鴨蛋坡
張家衝
梅義園
楊梅寺
塔坡
何家壠
馬安塘
鳳形山
窖塘衝
塔衝
苦竹塘
獅子山
廟衝
獅子衝
丁家衝
喻家塅
仇家衝
紗帽塘
樹衝
周家衝
喻家坡
舒家壠
蕭家衝
喻家背
百福橋
窖坪
觀音坡
何柳背
彭家橋

右白水局，界县东，距城二十里。东界丰仓、武昌二局，南界中疃局，西界三峰局，北界石子、归义二局。纵三十里，横二十七里。领团十，内熨斗团，又析为上熨斗、下熨斗二团。隶十八都，错入十九都。

其南，藕花塘、石桥疃等处，曰唐马吴团，分四柱，隶十九都，错入十八都。东，油草塘直至唐家湾，界胥龙江团；南，碧水冲横至西长冲，界中疃局毛公团、柏虎团；西，熊家冲斜至白家桥，界中疃局黄土团；北，马家冲曲至岳塘冲，又横至龙大塘，界石子局大义团；又曲至沙林头横至陈家湾，界胥龙江团。纵十一里，横九里。

稍东，熨斗山、杨梅塘等处，曰熨斗团，隶十八都。东，韩婆冲直至黄泥塘，界高桥团；南，老虫坡横至盘江石，界高桥团；西，熨斗山斜至荒田坡，界胥龙江团；北，蕨萁坡横至龙顶冲，界胥龙江团、乌衣团。纵七里，横七里。

东南，邓家坊、铜含口等处，曰高桥团，分四柱，隶十八都。东，分水坳斜至延龄桥，界丰仓局丰仓团；南，石板嘴斜至铜含口，界丰仓局下虞公团；西，铜含桥直至余家疃，界丰仓局汤家团，又斜至曹公塘；界胥龙江团；北，徐家坡曲至晏家冲，又曲至袁家洞，界熨斗团、关山团。纵十二里，横十二里。

其东，熊家坳、古磉坳等处，曰关山团，隶十八都。东，葛家塅直至汪家洞，界武昌局夹石团。南，密岩山横至倪家坳，界高桥团。西，熊家坳横至古磉坳，界高桥团。北，古磉坳曲至关山口，界武昌局审问团。纵三里，横三里。

稍北，乌衣塘、马坡塍等处，曰乌衣团，隶十八都。东，金家冲直至卢家冲，界周景团。南，石子塘，界高橘团。西，白猿坡直至大山园，界熨斗团、古培团。北，陈家祠横至金家冲，界周景团。纵四里，横五里。

又东，周景坊、马王桥等处，曰周景团，隶十八都。东，马王桥，界武昌局审问团。南，鸦雀塘，界乌衣团。西，范家冲，界乌衣团。北，荷塘冲，界古培团。纵四里，横二里。

稍北，古培塘、白沙塘等处，曰古培团，隶十八都。东，刘家冲直至杨公塘，界武昌局审问团。南，林家冲曲至陈家冲，又曲至老庙冲，界周景团、乌衣团。西，蓝细屋冲直至老观塘，界胥龙江团、梅义团。北，北塘斜至白沙塘，又曲至刘家冲，界归义局栗桥团。纵八里，横九里。

径北，杨梅寺、观音坡等处曰梅义团。隶十八都。东，东管冲直至摇丝塘，界归义局栗桥团。南，高岭横至童家冲，界胥龙江团。西，荫垅曲至百福桥，界三峰局大义团、上龙潭团、培风团。北，河柳嘴横至周家冲，界三峰局仁里团。纵十二里，横六里。

逶西，江家冲、闵家巷等处，曰胥龙江团，分四柱，隶十九都，错入十八都。东，邵家冲斜至荷塘冲，又曲至黎家疃，界熨斗团、高桥团。南，师鱼冲横至高冲，界丰仓局汤家团；又曲至江家冲，界中疃局金鸡团。西，下江家冲直至新桥，曲至邹家湾，界唐马吴团。北，苦株塘斜至毛家冲，界石子局大义团，又横至芷坡塘，曲至油步塘，界梅义团、古培团。纵十四里，横十里。

径西，张公桥、金鸡坡等处，曰仁里团，隶十九都，错入十八都。东，杨水塘直至酆家坝，界唐马吴团。南，吴家湾横至白家桥，界唐马吴团；又横至王家坝，界中疃局黄土团。西，酆家田直至船形山，界三峰局上归政团。北，横冲横至枞木塘，界三峰局晁家团。纵三里，横四里。

东有小密岩山、熨斗山、万灵山。

入百水江者有竹泉港、新开江，有盘江石、黄石滩、牛口石。

百水江有铜含桥、李公桥、康熙十九年，邑人李象琯修，因名。象琯有记。新桥、寿佛桥、同治九年，玉玲寺僧归一与其徒石心修，广二丈，长十一丈。张公桥，雍正九年，邑人张之成修；至乾隆四年，桥梁将坏，其子祖来等始董成之。广二丈，长二十五丈有奇。乾隆二十年，知县陈钟理为之记。东有狮子桥、三眼桥、汇秀桥、石坝高桥、徐家桥、三桥、落马桥，西有会仙桥、邑人周会仙修。三元桥、石桥、毛公桥、咸丰中，邑人闵志书重修。闵家巷桥、案，闵家巷桥三，其一为闵志书重修。陈婆桥。明正德十年，贡生陈辉之妻余氏修。

局西北有慈济禅林、在杨梅塅，旧名杨梅寺，距城东三十里。会仙庵、在油草塘，距慈济禅林五里。万福寺，在杨梅铺，距慈济禅林六里。西有万名庵，在闵家港，距城东二十五里。西南有玉玲庵、在藕花塘，明正德中建，距城三十里。同治十二年，僧归一建韦驮像。光绪四年，僧石心建五百阿罗汉像。吉祥寺、在庙塘冲。唐会昌六年建，距玉玲庵南三里。大塘寺，在桂花园，距城东三十里。径东有圣瑞寺、在乌衣塘，俗谓之白茅寺，距大塘寺南五里。延寿寺，在关山口，俗谓之关山寺，距圣瑞寺南五里。东南有福兴寺，在蓑衣塘，距城东三十五里。南有东林寺。在九峰山。唐太和三年建，距城东三十五里。

古迹有黄石滩“开石驱蛟”字，有仙人迹石，在铜含口。旧志：“有人立石上，望白鹤山，俄而去，石上遗足迹。”至今犹存。有傅家山井，傅家山下。古井，其水饮之可治疟痢。

有杨梅铺，系县北驿道，其东由长沙通巴陵小道出古培塘。

大姓：陈家湾陈氏、邹氏，傅家山傅氏，杨柳村张氏，邓家坊邓氏、吴氏，古培塘张氏，大塘冲宋氏、唐氏、司马氏。

县东丰仓局南图

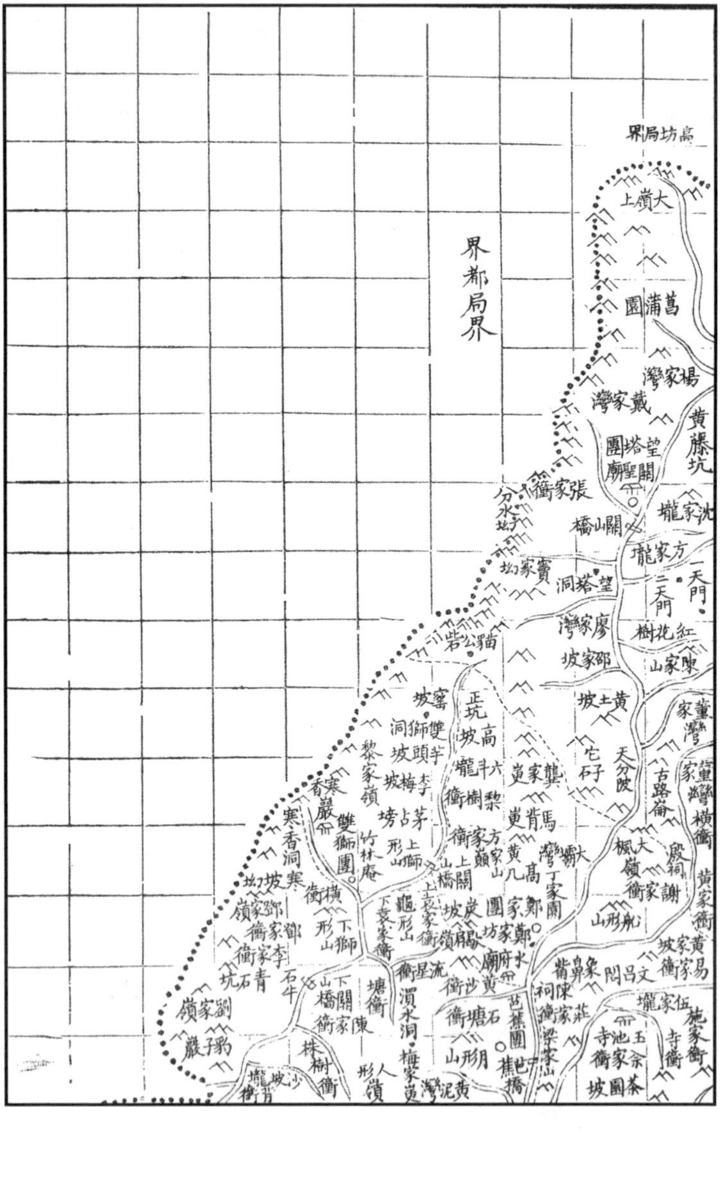

縣東豐倉局南圖

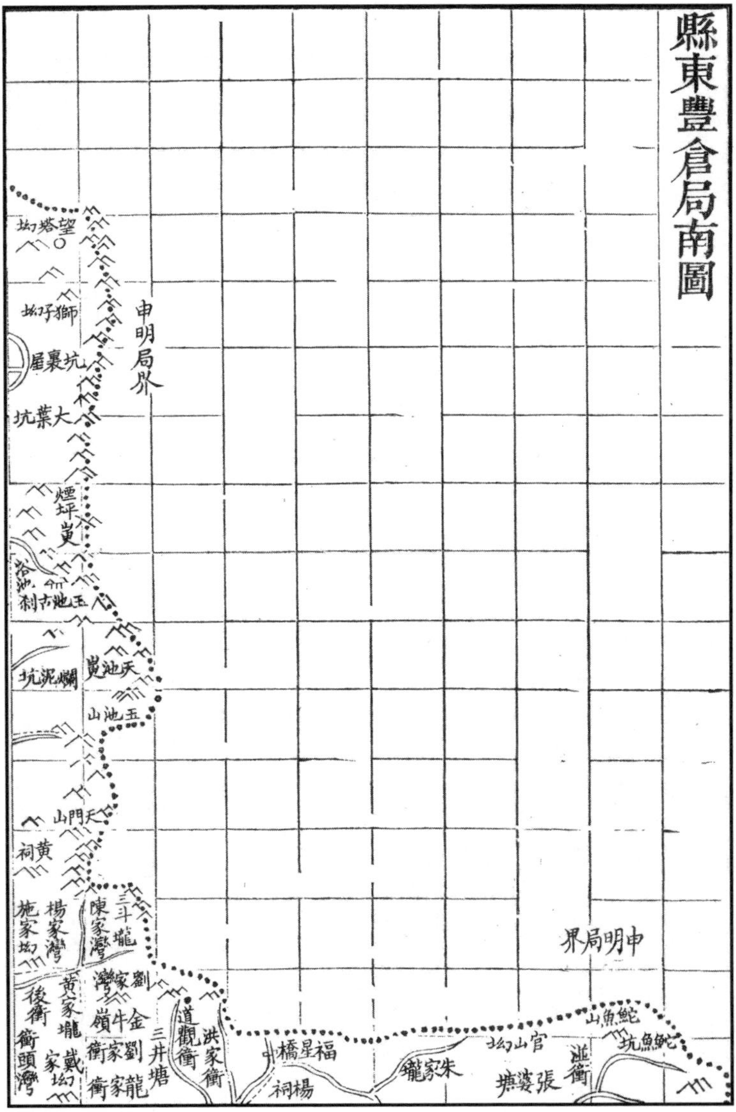
望塔坳
獅仔坳
坑裏屋
大葉坑
申明局界
煙坪嵐
玉地古刹
爛泥坑
天池嵐
玉池山
天門山
黃祠
施家坳
楊家灣
陳家灣
三斗壠
劉家灣
黃家壠
後衝
衝頭灣
戴家坳
金牛嶺
劉家衝
龍家衝
三井塘
道觀衝
洪家衝
福星橋
楊祠
朱家壠
官山坳
張婆塘
申明局界
鮀魚山
鮀魚坑

县东丰仓局北图

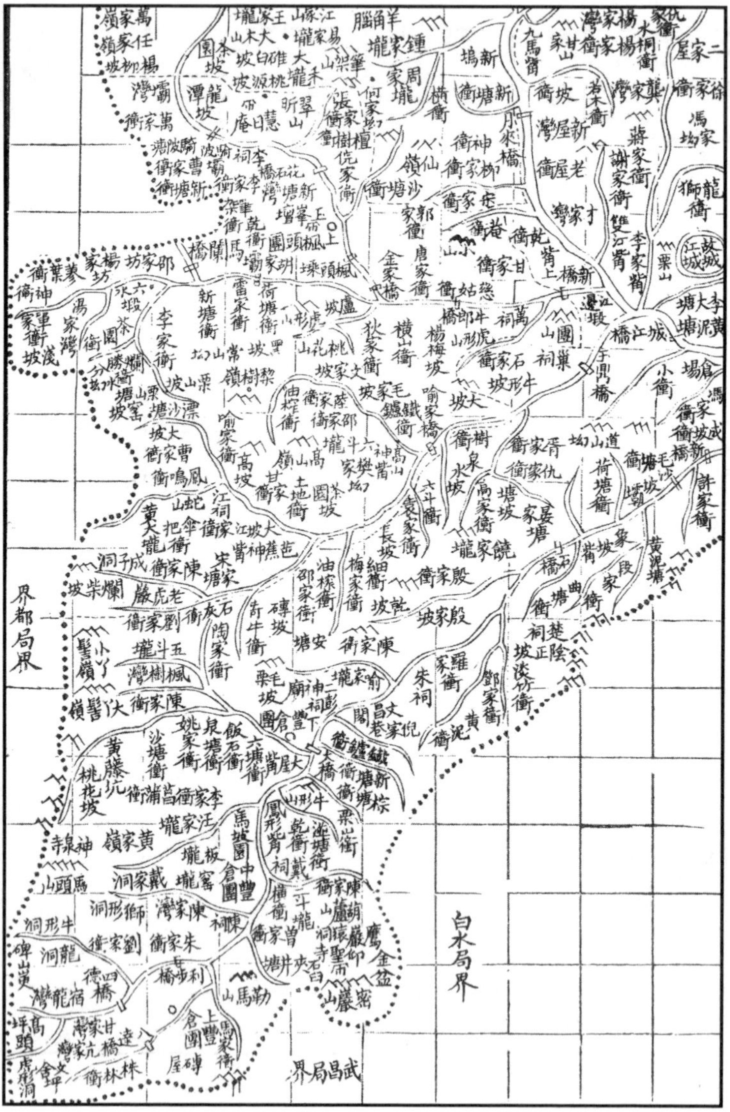

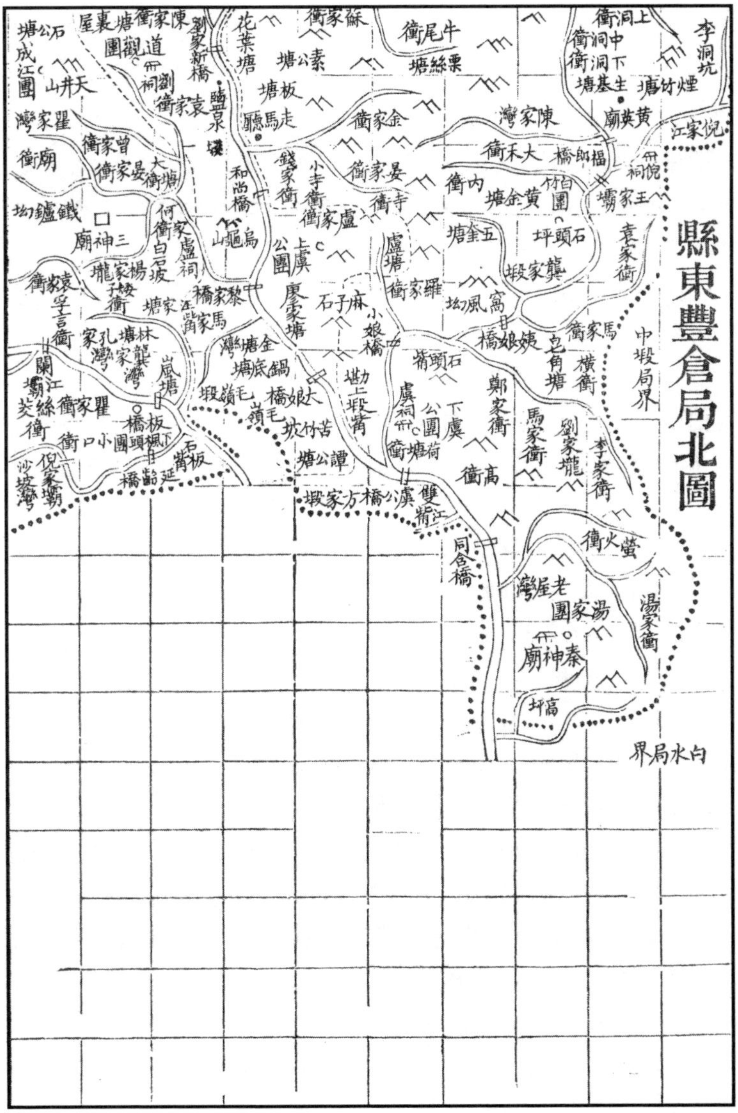
縣東豐倉局北圖
中塅局界
白水局界
李洞坑
上洞衝
中洞衝
下洞衝
生基塘
煙竹塘
黃英廟
倪家江
倪祠
王家壩
袁家衝
牛尾衝
栗絲塘
蘇家衝
素公塘
板塘
走馬廳
花葉塘
石公塘
成江園
天井山
瞿家灣
曾家衝
晏家衝
鐵爐坳
三神廟
陳家灣
大禾衝
福郎橋
內衝
黃金塘
石頭坪
五金塘
龔家塅
羅家衝
窩風坳
姨娘橋
馬家衝
横衝
鄭家衝
劉家壠
李家衝
高衝
螢火衝
老屋灣
湯家園
湯家衝
秦神廟
高坪
同舍橋
雙江
方家塅
譚公塘
苦竹坡
大娘橋
鍋底塘
麻子石
小娘橋
廖家塘
盧家衝
金家衝
和尚橋
楊家壠
黎家橋

右丰仓局，界县东，距城四十里。东界界都局，南界高坊局，西界申明、中疃二局，北界白水、武昌二局。纵二十九里，横二十七里。领团十一，内枫头团、虞公团，并析为上、下二团；丰仓团又析为上丰仓、中丰仓、下丰仓三团。并隶五都。

适中，城江桥、何家冲等处，曰城江团。东，城江桥直至戴家垅，界枫头团、芭蕉团。南，金牛岭，界芭蕉团、道观团。西，戴家坳直至龚家湾，界道观团、虞公团。北，板桥斜至李家垅，界枫头团。纵六里，横四里。

稍南迤西，道观冲、天井山等处，曰道观团。东，萧家冲直至铁铺长坑，界城江团。南，杨家山横至江边屋，界申明局梅林团。西，力思塘直至嘴上彭，界白竹团。北，生福桥，界上虞公团。纵三里，横三里。

稍南迤东，芭蕉桥、甘家山等处，曰芭蕉团。东，柳家冲，直至大冲坳，界上枫头团。南，水府庙歇肩岭曲至伍家垅，界郑家团。西，施家冲直至若木冲，界城江团。北，庵塘冲，界上枫头团。纵五里，横五里。

又南，丁家园、天门山等处，曰郑家团。东，丁家垅，界双狮团。南，天分碑横至古路仑，界望塔团。西，董家湾直至施家坳，界申明局梅林团。北，横冲湾斜至张家坝，界芭蕉团。纵四里，横三里。

径南，黄獭洞、玉池山等处，曰望塔团。东，猫公砦直至大坡岭，界界都局白鹤团。南，大洼坡横至狮子坳，界高坊局达义团。西，玉池山，界申明局西南团、梅林团。北，景泰亭至大枫岭，界郑家团。纵八里，横五里。

迤东，双狮洞、豹子岩等处，曰双狮团。东，刘公岭直至猫公砦，界界都局白鹤团。南，龚家岬斜至马蹄坳，界望塔团。西，高几山直至塘皇冲龟形山，界郑家团。北，渭嘉洞横至骑坡坝，界上枫头团。纵六里，横四里。

径东，枫头塍，分二团：其枫头塍、牛郎桥等处，曰上枫头团；稍北迤西，玉鼎桥、板桥等处，曰下枫头团。东，油榨冲直至冷水井，界界都局义合团、新开团。南，骑坡坝横至舒家塝，界双狮团。西，张家冲直至慈姑冲，界芭蕉团；又曲至板桥，界城江团。北，自丝茭冲横至小老鸦塘，又曲至梅家垅，界丰仓团。纵八里，横六里。

又西，虞公桥，分二团：其盐泉疃、麻子石等处，曰上虞公团；又西逶北，虞公桥、高冲等处，曰下虞公团。东，岚塘直至汪家塘，界城江团。南，汪家塘横至寺坡，界道观团。西，吴家湾曲至石嘴头，界白竹团；又直至毛栗坡，界中疃局金鸡团。北，萤火冲曲至紫金坪，界汤家团；又横至鲇鱼岭，界白水局高桥团。纵五里，横四里。

西北，汤家冲、高坪等处，曰汤家团。东，汤家冲，界白水局高桥团。南，萤火冲，界下虞公团。西，冯家塘，界中疃局金鸡团。北，高坪，界白水局胥龙江团。纵四里，横三里。

径西，洞冲、石头坪等处，曰白竹团。东，罗家冲直至蔡家冲，界上虞公团、道观团。南，牛尾冲横至戴家冲，曲至白池塘，界申明局西北团。西，杨家塘直至马家冲，界中疃局大吉团、金鸡团。北，龚家疃横至姨娘桥，界下虞公团。纵六里，横四里半。

其北，丰仓，分三团：高坪头、密岩山等处，曰上丰仓团；稍南，马头山、陈家冲等处，曰中丰仓团；又南，黄大垅、殷家冲等处，曰下丰仓团。东，碑山岬直至梨树岭，界界都局双石团、大义团、黄柏团。南，喻家垅横至土地垅，曲至延龄桥，界下枫头团。西，许家屋斜至密岩山，界白水局高桥团。北，井塘坳横至虎形洞，界武昌局上夹石团。纵十二里，横十里。

南有黄獭坳、玉池山，东有猫公砦、豹子岩，北有马头山、　国朝巢邦光诗云："马头斜跨处，一半隐禅居。学佛樵镌字，嗜儒僧读书。泉通舍利脉，花吮澹公蔬。好值当头棒，前峰是木鱼。"密岩山。　国朝周锡江诗云："兹山最奇古，天外混苍茫。绝顶半云雨，幽岩无夕阳。客才来小苑，秋早到禅房。惟觉万缘寂，疏钟声出墙。"　徐凤藻诗云："峭壁摩天起，孤峰对月明。羊肠青篆密，鸟户绿萝萦。门静关僧蹦，窗虚似梵声。逃禅吾岂敢，泉石有馀情。"

入百水江者，有城江，有丰仓水。

百水江西南有福星桥、乾隆八年，邑人李年隆修。刘家新桥、和尚桥、黎家桥、大娘桥、明景泰时，贡生虞维琪妻谢氏修。长六丈许。虞公桥。虞维琪修。西有小娘桥、虞维琪妾龙氏修。姨娘桥、王家坝、福郎桥。

西北阑江坝有板桥、城江桥、俗讹为常工桥。玉鼎桥。北倪家坝有延龄桥、邑人钱伦滔修。新桥、沙坡坝、石桥。东北有大桥、利步桥、八达桥、四德桥。径东有新桥、牛郎桥、金家桥、长寿桥、花石桥、骑坡坝、胡家坝、马阑桥、月来桥。东南有下关山桥、上关山桥。邑人胡月山修。径南有芭蕉桥、关山桥。

局东北有仰圣寺、在密岩山。旧建山北，乾隆二十四年徙建山上，距城东五十里。神泉寺。在马头山，距仰圣寺南四里。径东有慧日庵。在桃源坡，距城东五十五里。东南有竹林庵、在上狮形山，距慧日庵南六里。玉池寺。在伍家垅，明弘治十三年建。旧名光教寺，唐太和中建，在玉池古刹东。明弘治中徙建，改名广福寺；乾隆四十六年，改名玉池寺。有弘治大钟。距城东五十里。径南有玉池古刹。在玉池山，梁乾化六年建。寺中神像皆铜铸。距城东六十里。　国朝吴瑞芳诗云："重登绝顶仰崔巍，又见闲云叠作堆。险道探奇沿熟径，深林见趣近香台。鸟从竹里窥人过，石倚山门揖客来。曾记去年游览处，恍如心醉小蓬莱。"　周藻裔诗云："一峰矗立万峰随，三上天门亦自奇。古木寿藤人不识，琼楼宝镜我终疑。云烟缭绕凌空塔，水石涟漪太古池。静契宗雷何处是，丹梯百尺倚栏时。扫却浮云几万重，高秋爽气快扶筇。昂藏古洞难招鹤，牢落深山竟锁龙。苦雾摇风欹涧竹，流泉迸雨漱岩松。到来便欲缘云住，卓立东南第一峰。"　周诰诗云："昔闻此地剧嶙峋，此日登临万象新。卷尽诸山归橐籥，得来清气出埃尘。松篁黯淡朝来雨，楼阁参差世外春。呼吸想应通帝座，狂吟谢句恐惊人。"

古迹有城江故城，有浴丹池，旧志：玉池山，为晋陶澹炼真处，上有浴丹池。有锁龙柱，在玉池山祖师殿，明吉王建。柱有盘龙，其一破壁飞去，其一柱龙犹存，因以铁锁系之。殿有大铜镜，深黑如漆，相传揩磨则雷霆立至，亦吉王所施物也。有天分坡，旧志："黄獭洞溪为巨石所障，逼水西流，每旱则东西互争。一日大雷雨，驱石溪中溪水东西分注，因名天分坡。"有密岩八胜，曰猿洞，曰鹰岩，曰龙甃，曰飞虎石，曰驼子石，曰石屋，曰石碓，曰石盆。石碓，一名猿碓，云始开山时，有猿舂米给食寺僧。石盆在寺后，天将雨，盆水辄溢出。有龙井，在天井山。岁旱，里人相率祷雨于此，言井内藏有求雨铜符。有盐泉。盐泉疃有盐田。田中一井，底皆石板，泉水从石罅涌出，色清而味咸，因以盐泉为名。

有城江桥一小市。

长沙通巴陵小道径盐泉疃出铜含口。

大姓：铜含口胡氏，倪家江倪氏，城江桥巢氏，洞冲虞氏，盐泉塅卢氏，道观冲刘氏，丰仓戴氏。

县东申明局图

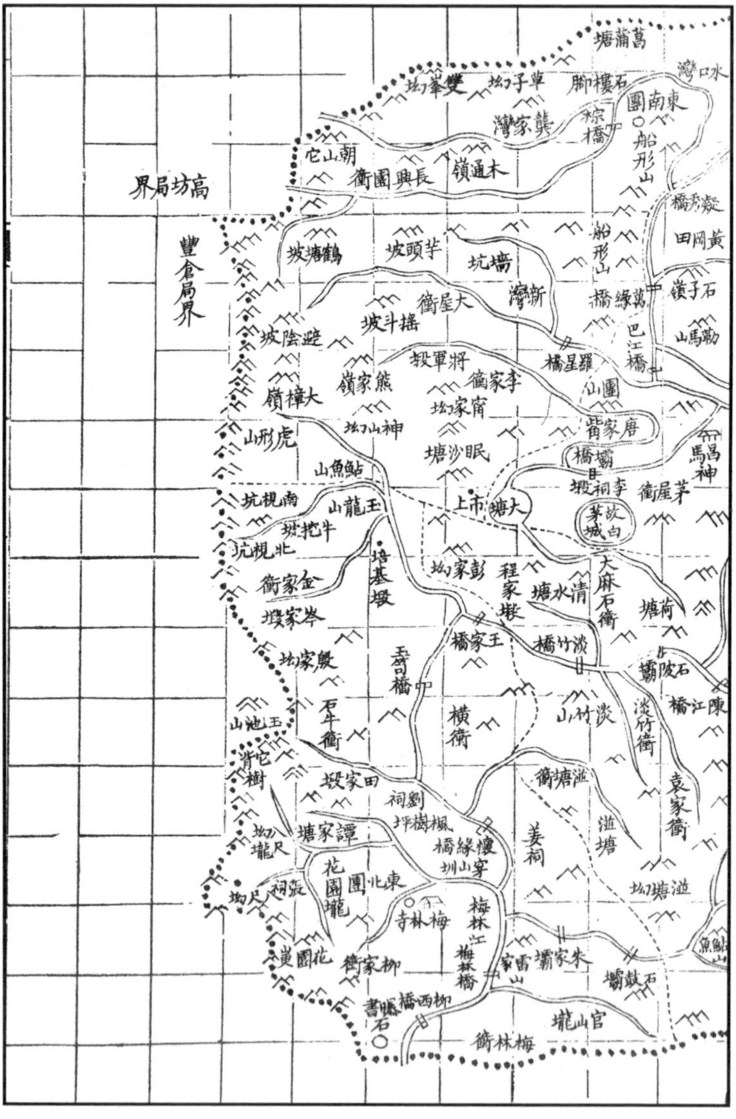

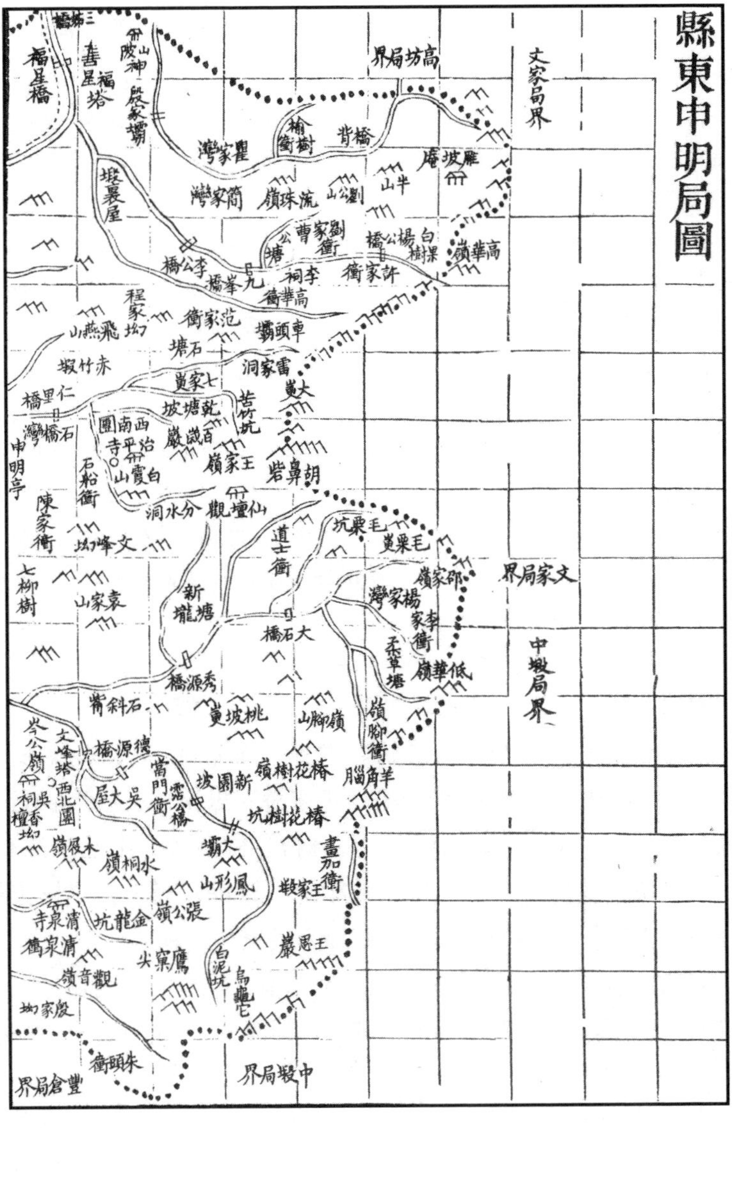
縣東中明局圖
高坊局界
文家局界
瞿家灣
簡家灣
流珠嶺
劉公山
半山
雁坡庵
高華嶺
許家衝
李祠
高華衝
九峯橋
李公橋
范家衝
車頭壩
飛燕山
赤竹塅
雷家洞
仁里橋
申明亭
王家嶺
胡鼻岩
白霞山
仙壇觀
分水洞
毛栗坑
毛栗崀
道士衝
文家局界
邵家嶺
楊家灣
李家衝
大石橋
低華嶺
中塅局界
秀源橋
袁家山
七柳樹
陳家衝
德源橋
吳大屋
新園坡
椿花樹嶺
羊角腦
椿花樹坑
鳳形山
水桐嶺
張公嶺
金龍坑
清泉寺
清泉衝
鷹窠尖
觀音嶺
殷家坳
朱頭衝
豐倉局界
中塅局界

右申明局，界县东，距城四十里。东北界丰仓局，南界高坊局，西界中疃、文家二局。纵十五里，横十八里。领团四，并隶六都。

石桥湾、高华岭等处，曰西南团。东，城塘直至福星桥，界东南团。南，山陵庙横至榆树冲，界高坊局尚义团。西，雁坡庵曲至胡鼻砦，界文家局高华团。北，荷塘横至彭家坳，界西北团。纵八里，横六里。

石子岭、将军疃等处，曰东南团。东，鹤塘坡直至洪家冲，又曲至望塔坳，界丰仓局望塔团。南，朝它山曲至魏家冲，横至菖蒲塘，界高坊局仁义团。西，福星桥直至城塘，界西南团。北，彭家坳横至神仙坳，界梅林团。纵七里，横九里。

低华岭、清泉冲等处，曰西北团。东，石鼓坝斜至王家桥，界梅林团。南，程家疃横至七柳树，曲至胡鼻砦，界西南团。西，邵家岭直至鹰窠尖，界中疃局玉石团、忠信团、大吉团。北，殷家坳横至板塘，界丰仓局白竹团。纵七里，横十里。

梅林江、八尺坳等处，曰东北团，一曰梅林团。东，伍家垅直至陈家湾，又曲至南竹坑，界丰仓局之郑家团、望塔团。南，枧坑横至江背疃，界东南团。西，王家桥斜至石鼓坝，界西北团；官山垅横至曝书石，又曲至伍家垅，界丰仓局道观团、芭蕉团。纵八里，横七里。

东有虎形山、八尺坳，西有高华岭、鹰窠尖。

南出毛连江，曰芭江；北出百水江，曰梅林江。

出梅林江有大石桥、秀源桥、大坝、霑公桥、邑人吴仲霑修。德源桥、乾隆中，邑人吴大鹏修。淡竹桥、王家桥、玉笥桥、邑诸生杨而道修。怀缘桥、乾隆中，邑人刘应思字怀缘修。梅林桥、柳西桥，出毛连江有坝桥、仁里桥、罗星桥、芭江桥、万缘桥、棕桥、凝秀桥、杨家桥、九峰桥、李公桥、明嘉靖中，邑人李玉玺修。殷家坝、福星桥。

局北有清泉寺。在清泉冲，有明正德十年钟。嘉庆初重修，邑人徐声亮有记。距城东五十里。　国朝郭刚基诗云："泉恐出山浊，依依绕寺清。乱云生客屐，幽鸟答禅声。篆籀探遗碣，杉松拥梵城。僧楼一声磬，回首暮烟横。"

东北有梅林寺，在梅林江，距清泉寺南六里。西有仙坛观、在胡鼻山山半，距城东四十六里。仙峰寺、在胡鼻山，距仙坛观南一里。治平寺、在白霞山，唐开元中建，唐时铜佛存焉。距仙坛观南三里。白霞寺，国朝龙光辅诗云：“久识白霞寺，才从寺里游。高藤缠树古，细浪蹙溪浮。坏壁龙蛇隐，丛林鸟鹊投。何年碑碣在，横卧草堂秋。” 郭刚基诗云：“白霞古寺倚山阴，霞外云踪曳杖寻。鹤为巢松来款户，猿因听偈偶窥林。钟声寂寞云烟护，世路飘蓬岁月侵。谁共坡公弹指悟，与僧闲话去来今。”西南有雁坡庵。在高华岭，距治平寺南五里。 国朝龙光辅诗云：“闲入深山访梵宫，丛林高著势摩空。岩悬石齿千层豁，路转林腰一线通。芳草静依僧院绿，夕阳斜映佛楼红。小溪携得新醪至，一笑檐帷醉好风。”

古迹有白茅故城，有仙井，在胡鼻观前，一井以石界之，左清右浊。有百岁庵，旧志：“百岁禅师开岩坐禅，因名。”在白霞山右。有石屋、石井，旧志：“胡鼻先生修炼于此，石屋、石井皆其遗迹。”在白霞山顶。有朱子“清泉摩岩”石刻，有四柳先生曝书石。在柳西桥东，邑贡生刘之略遗迹。局南又有七柳树，旧有隐者庐焉，自号七柳先生，佚其名，今已为通衢。七柳婆娑犹存，遂因以名其地。

有王家桥一小市。

长沙通巴陵小道出石子岭。

大姓：白茅村许氏；赤竹疃张氏；李氏四：一居高华冲，一居神仙坳，一居曹公塘，一居桥亭；柳嘴冲吴氏；清泉冲姜氏；熊家湾韩氏；石牛冲刘氏；三姊桥瞿氏。

县东高坊局南图

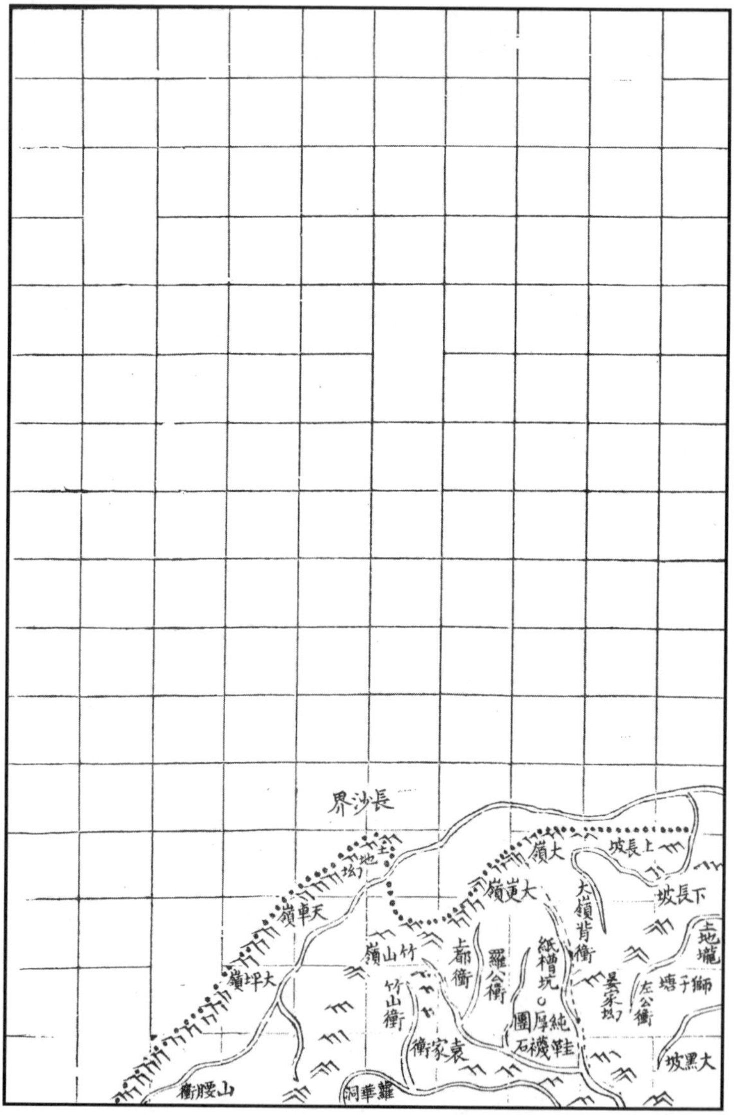
長沙界
土地坳
天車嶺
大坪嶺
竹山嶺
竹山衝
袁家衝
山腰衝
籮華洞
大嶺
羅公衝
紙槽坑
純厚團
鞋磯石
大嶺背衝
上長坡
下長坡
土地壠
獅子塘
吳家坳
左公衝
大黑坡

縣東高坊局南圖

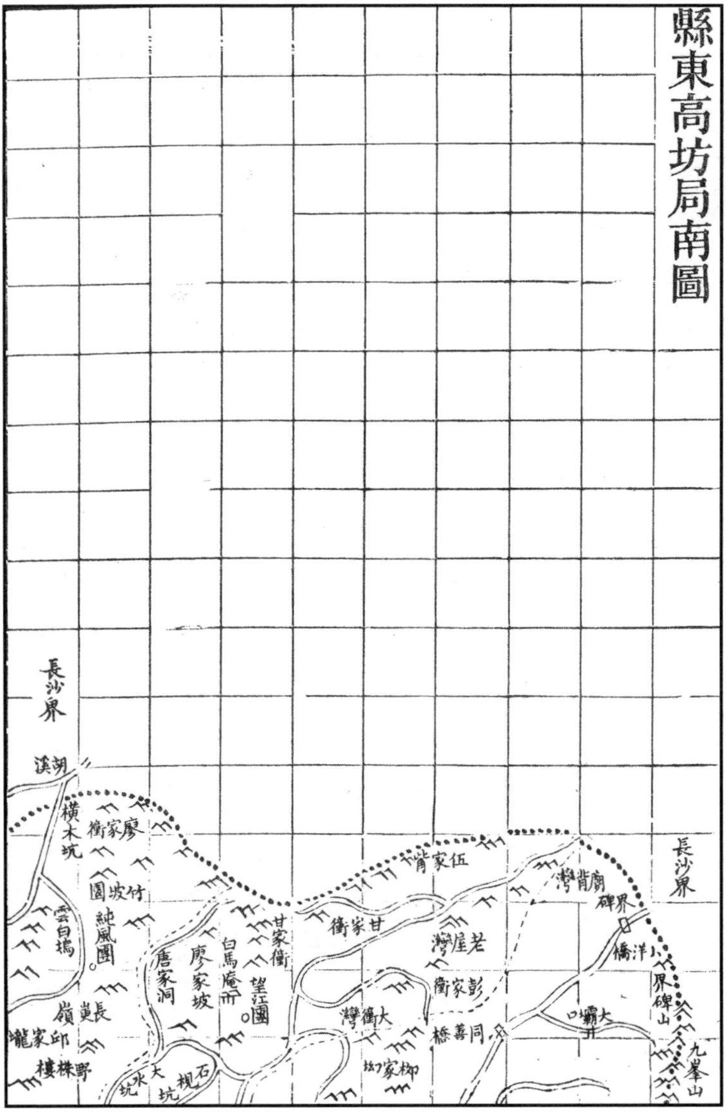
長沙界
長沙界
廖家衝
横木坑
伍家背
甘家衝
廟背灣
界碑
小洋橋
界碑山
九峯山
老屋灣
彭家衝
大衝灣
同善橋
望江園
白馬庵
廖家坡
唐家洞
甘家衝
長嶺
柳家坳

县东高坊局北图

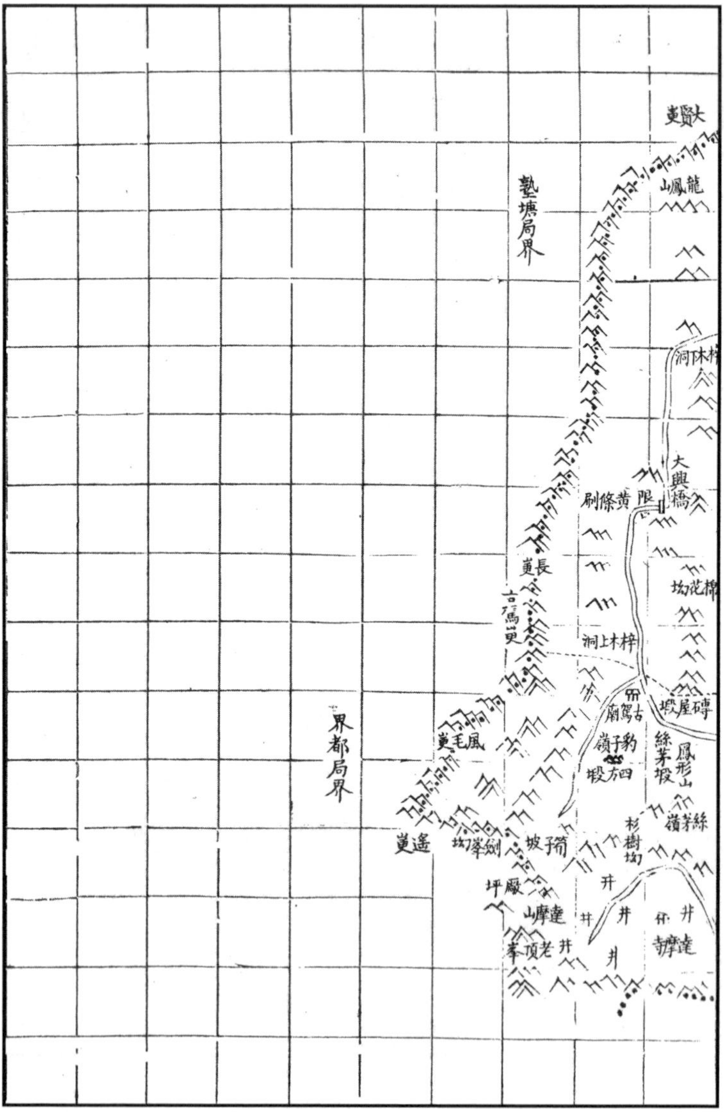
墊塘局界
龍鳳山
大興橋
黃條刷
長蕒
棉花坳
磚屋塅
古駕廟
豹子嶺
四方塅
絲茅塅
鳳形山
絲茅嶺
杉樹坳
鳳毛蕒
都局界
遙蕒
劍峯坳
箭子坡
達摩山
老頂峯
達摩寺

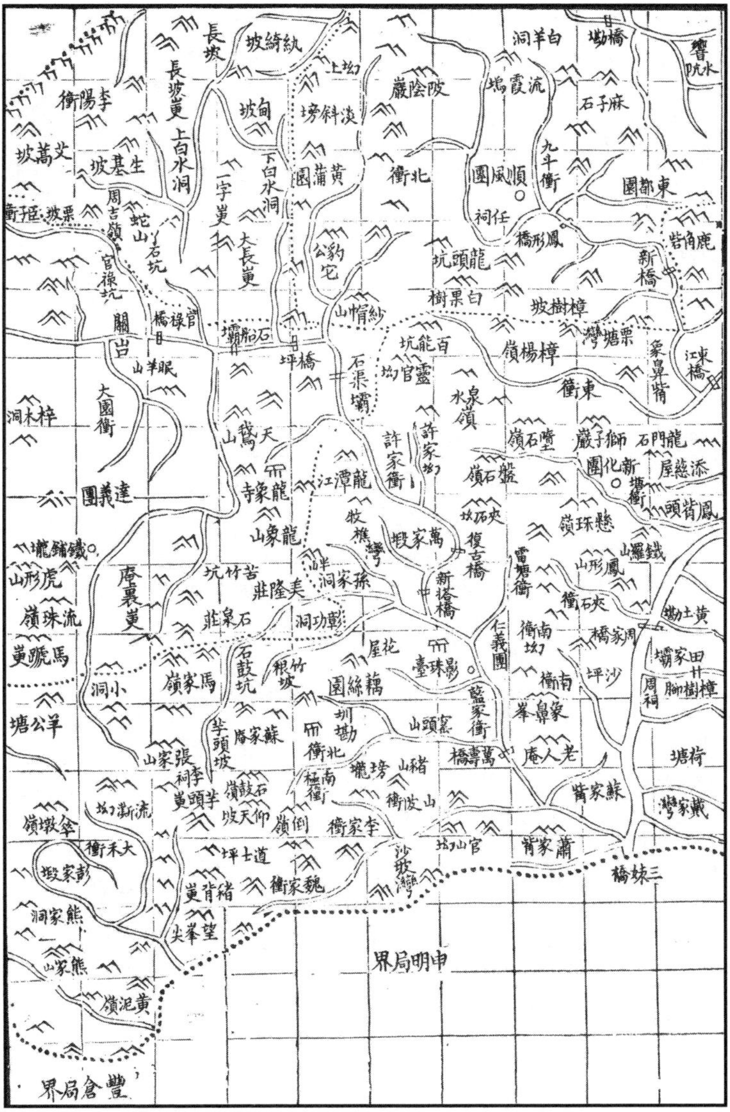
李陽衡
長坡
紈綺坡
陂陰巖
白羊洞
橋塅
丈萬坡
生基坡
上白水洞
下白水洞
淡斜塝
流霞塢
麻子石
黃蒲園
北衡
順風園
九斗衡
東都園
任祠
鳳形橋
鹿角砦
龍頭坑
新橋
白栗樹
樟樹坡
粟塘灣
紗帽山
官祿橋
石船壩
百能坑
樟楊嶺
象鼻背
東江橋
石渠壩
靈官塅
泉水嶺
東衡
梓木洞
大園衡
天鵞山
許家衡
許家塅
獅子巖
龍門石
新化園
添慈屋
盤石嶺
龍潭江
龍象寺
達義園
鳳背頭
鐵鋪壠
龍象山
牧樵灣
萬家塅
復吉橋
懸珠嶺
鐵羅山
虎形山
苦竹坑
美隆莊
孫家洞
新塔橋
雷塘衡
鳳形山
流珠嶺
石泉莊
彭功洞
夾石衡
黃土塅
仁義園
周家橋
花屋
影珠臺
沙坪
田家壩
樟樹腳
周祠
小洞
馬家嶺
石鼓坑
竹根坡
藕絲園
南衡
羊公塘
象鼻峯
藍家衡
萬壽橋
老人庵
荷塘
張家山
李祠
石鼓嶺
戴家灣
仰天坡
倒嶺
李家衡
大禾衡
道士坪
蕭家嘴
三妹橋
彭家塅
魏家衡
沙坡灣
熊家洞
望峯尖
申明局界
熊家山
黃泥嶺
豐倉局界

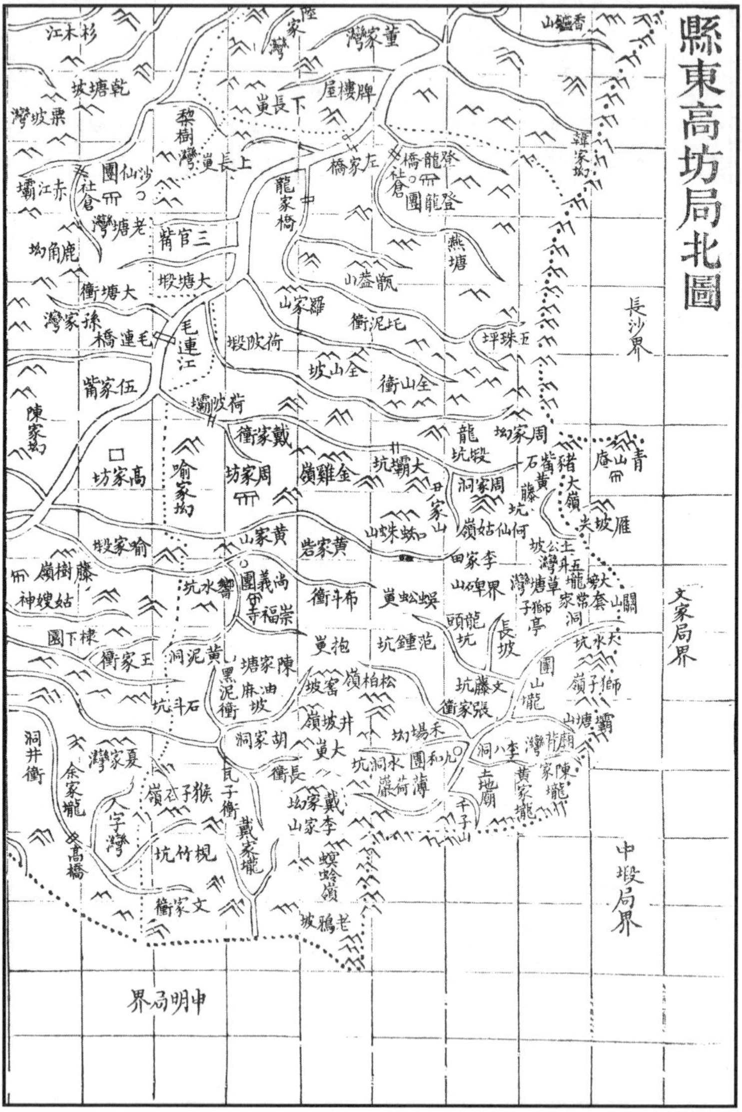
縣東高坊局北圖
長沙界
文家局界
中塅局界
中明局界

右高坊局，界县南逶东，距城五十里。东界塾塘局，西界文家局，北界申明局，南界长沙。纵十八里，横十九里。领团十一，并隶前二都。

西北，高家坊、周家坊等处曰尚义团。东，戴家湾直至毛连江，界仁义团、新化团、顺风团。南，罗家山横至五株坪，界登龙团。西，五株坪直至长沙坳，界长沙；又曲至猴子石岭，界九和团。北，文家冲横至三姊桥，界申明局西南团。纵十一里，横七里。　国朝左天民高家坊诗云："雪里诸山尽伏藏，高家坊底露平冈。峰峦尽处梅花发，十里风来冷艳香。"

又西北，李家山、夏家山等处，曰九和团。东，戴家垅直至胡家洞，又直至周家洞，界尚义团。南，猪嘴石，界长沙。西，雁峰尖直至陈门口，界文家局狮岭团。北，坝塘山斜至螟蛉岭，界文家局高华团。纵九里，横四里。

其北，竹根坡、蓝家冲等处，曰仁义团。东，竹根坡直至孙家洞，界达义团。南，许家冲曲至周家桥，界尚义团、新化团。西，周家桥直至三姊桥，界尚义团。北，萧家嘴横至李家冲，界申明局东南团。纵六里，横五里。

其东，梓木洞、熊家山等处，曰达义团。东，遥岽直至艾蒿坡，界塾塘局北团、西团。南，生基坡曲至长坡，界纯厚团。西，悬珠岭曲至仰天坡，又斜至金盘岭，界纯厚团、新化团、仁义团。北，望峰尖横至雨坛坪，界申明局东南团。纵十三里，横五里。

东南，罗华洞、袁家冲等处，曰纯厚团。东，李阳冲直至牛挖湾，曲至纸槽湾，又直至大岭，界长沙。南，老屋冲横至杉木坑，界纯风团。西，桥塛斜至石板冲，又直至余家冲，界沙仙团、顺风团。北，余家冲曲至甸坡，又曲至上冲，界达义团。纵九里，横四里。

纯厚团北，任家冲、鹿角砦等处，曰顺风团。东，樟阳坡直至天斗冲，界纯厚团。南，东都园斜至鹿角砦，界纯厚团、沙仙团。西，毛连桥斜至伍家嘴，界尚义团。北，大屋冲，界新化团。纵三里，横四里。

又北逶西，荷塘、东江桥等处，曰新化团。东，许家坳直至老虫坡，界达义团。南，栗塘湾横至东江桥，界顺风团。西，东江桥直至陈家山，界尚义团。北，荷塘屋斜至铁罗山，界仁义团。纵四里，横五里。

其南，横木坑、野猪楼等处，曰纯风团。东，上下长坡，界长沙。

南，土地垅横至廖家冲，界长沙。西，廖家冲曲至大水坑，界望江团、沙仙团。北，野猪楼横至大岭，界纯厚团。纵六里，横四里。

纯风团北，牌楼屋、梨树湾等处，曰沙仙团。东，梨树湾直至石枧头，界纯厚团、纯风团。南，老屋湾，界望江团。西，道观冲，界登龙团。北，鹿角砦，界顺风团。纵三里，横二里。

西南，唐家洞、甘家冲等处，曰望江团。东，唐家冲，界纯风团。南，长岖岭横至庙背湾，界长沙。西，王头冲直至大冲湾，界登龙团。北，李家冲湾横至石枧头，界沙仙团。纵四里，横三里。

其西，龙家桥、陶家疃等处，曰登龙团。东，大塘冲直至庙背湾，界顺风团、沙仙团、望江团。南，界碑山，界长沙。西，鞍子岭直至韩婆坳，界长沙。北，陶家疃横至龙家桥，界尚义团。纵八里，横六里。

东有天车岭、龙凤山、达摩山，西有界碑山、雁坡岭、螟蛉岭。

其水南出长沙洋桥，以毛连江为经流，入毛连江者有龙潭江，即子母洞会出蓝家冲水。有东江，即白羊洞出九斗冲水。有杉木江。即萝华洞会出洋桥水。

毛连江有三姊桥、桥西桐木冲，有李氏三姊墓。相传明时修此桥者李氏三姊妹，当时亦称李氏三姊桥。周家桥、毛连桥、左家桥、同善桥、长五丈。小洋桥，东有万寿桥、复古桥、邑人李珂建。石渠坝、东江桥、新桥、凤形桥、广一丈五尺，长二十丈。赤江坝，西有高桥、田家坝、荷坡坝、龙家桥、登龙桥。

局东北有明心寺、在达摩山，俗谓之达摩寺。距城东六十里。　国朝焦桐良诗云："偶来山上即飞仙，泉石嵌空世外缘。三至梵堂人老矣，十年烽火寺依然。莺花避俗如争地，笋箨含香欲到天。一榻一灯一茗碗，听涛胜说上乘禅。"　郭刚基诗云："万竹扫天碧，萧疏古寺春。鸟声惊客到，云意与人亲。面壁此禅悟，寻源证净因。尘氛山外隔，无意傲时人。"法华寺，在茶子坡，俗谓之苏家庵，为明季苏氏施宅，距明心寺南五里。径东有龙象寺，在龙象山，俗名塝田庵，距法华寺南五里。北有老人庵，在象鼻山，距城东五十二里。局西有崇福寺，在布斗冲，距老人庵南七里。　　国朝龙光辅诗云："古寺青山下，游人载酒来。寺从何代建，门向一山开。老树飞黄叶，荒碑卧绿苔。不知归径晚，钟磬数声催。"南有白马庵。在廖家坡，距崇福寺南十一里。

古迹有东山十二胜，一天上峰，二眺湘崖，三回风峡，四邀月磴，五韵弦林，六鸣玉濑，七云谷，八涛涧，九南冈，十印泉，十一藤花坞，十二虾蟆石。有泉水岭、甘泉，案，泉水岭下右孔出泉甘美，夏凉冬温，岁旱则泉益多，居民饮之以解瘴疠，故其岭以泉水为名。有达摩山九井十三坡。案，达摩山亦有龙井、祷雨坛。

有三姊桥一小市。

长沙通巴陵小道出登龙桥。

大姓：梓木洞李氏、周氏，登龙桥龙氏，三姊桥苏氏、黄氏，九斗冲任氏，甘家冲甘氏，狮子岭吴氏。

县东塾塘局南图

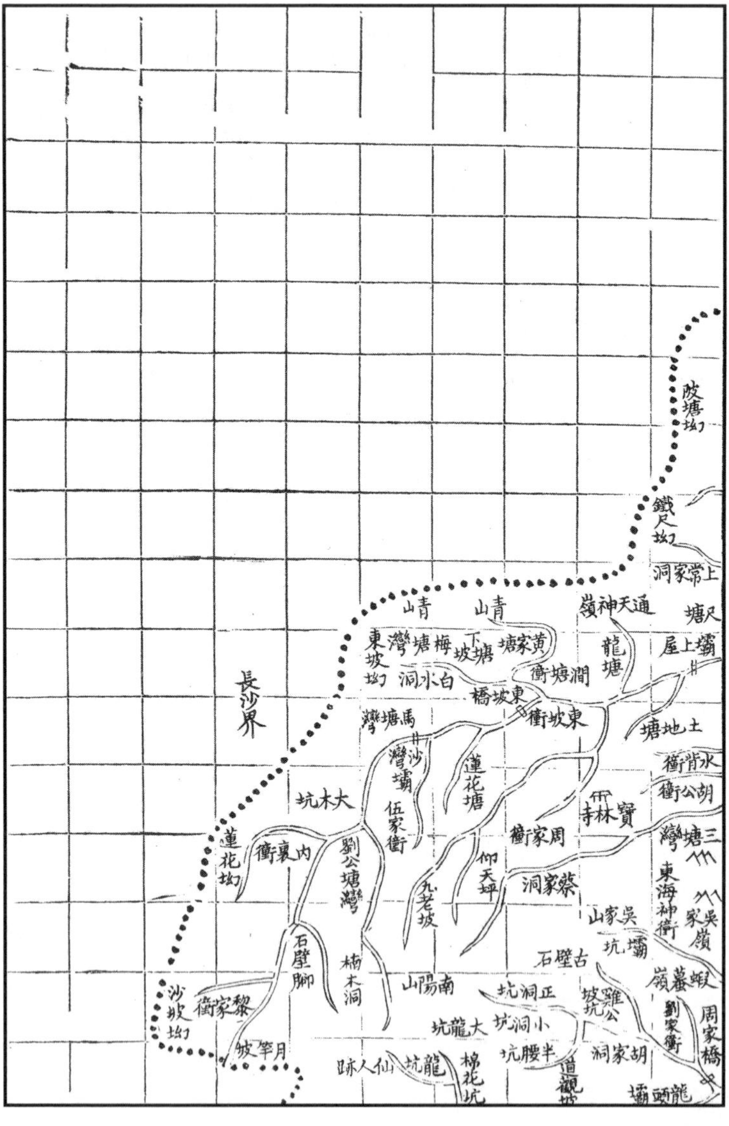
陂塘坳
鐵尺坳
上常家洞
通天神嶺
青山
青山
黃家塘
下塘坡
梅塘灣
東坡坳
白水洞
潤塘衝
龍塘
東坡橋
東坡衝
馬塘灣
沙壩灣
土地塘
冰背衝
胡公衝
長沙界
蓮花塘
大木坑
伍家衝
寶林寺
周家衝
三塘灣
蓮花坳
內裏衝
劉公塘灣
仰天坪
蔡家洞
九老坡
東海神衝
吳家山
吳家嶺
古壁石
石壁腳
楠木洞
南陽山
正洞坑
蝦蟇嶺
劉家衝
周家橋
沙坡坳
黎家衝
大龍坑
小洞坑
仙人跡
龍坑
棉花坑
半腰坑
胡家洞
龍頭壩

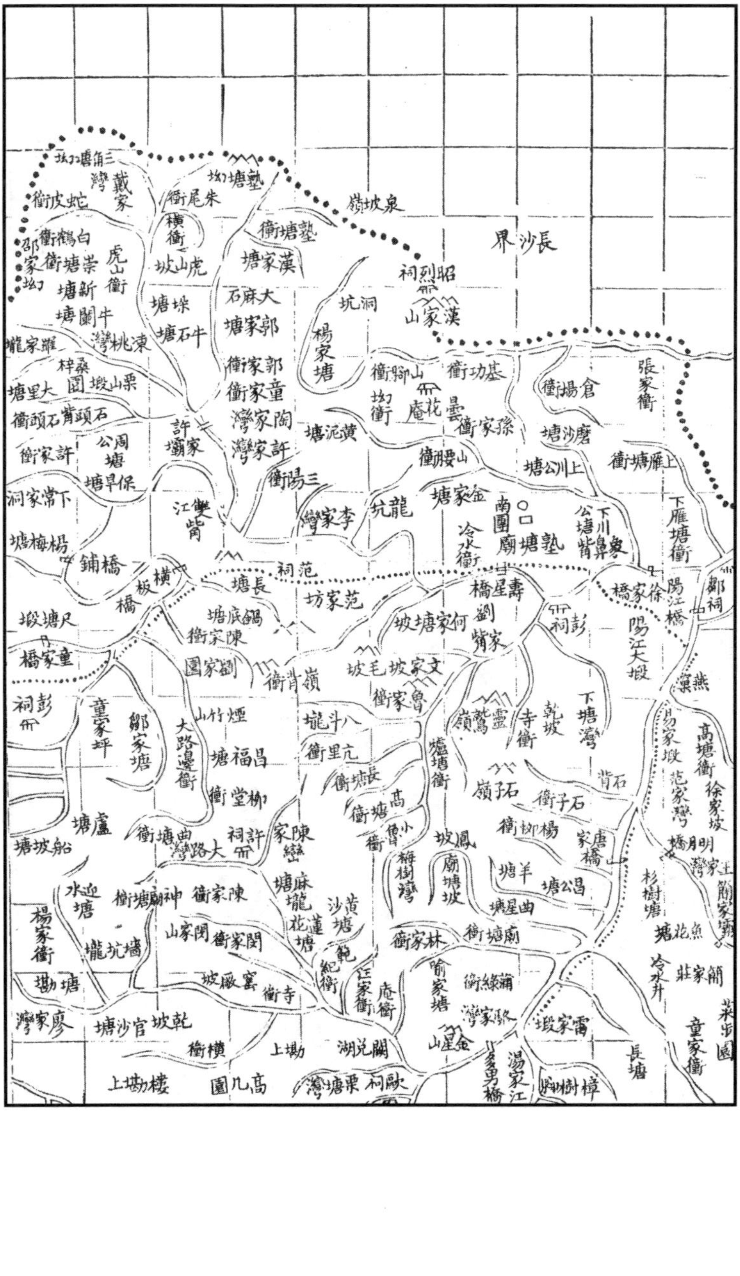
長沙界
泉坡嶺
昭烈祠
漢家山
洞坑
楊家塘
基功衝
雲花庵
孫家衝
倉場衝
張家衝
磨沙塘
上川公塘
上雁塘衝
下雁塘衝
黃泥塘
三陽衝
龍坑
李家灣
金家塘
南園廟
塾塘
冷水衝
范祠
長塘
范家坊
壽星橋
劉家背
彭祠
徐家橋
陽江橋
陽江大壩
燕窠
何家塘坡
文家坡
毛坡
嶺背衝
魯家衝
鍋底塘
陳家衝
劉家園
童家橋
尺塘壩
彭祠
童家坪
鄒家塘
大路邊衝
煙竹山
昌福塘
柳堂衝
曲塘衝
大路灣
許祠
陳家巒
盧塘
船坡塘
八斗壠
亢里衝
長塘衝
高塘衝
小灣衝
梅樹灣
鳳坡
廟塘坡
靈鷲嶺
寺衝
乾坡
下塘灣
石子嶺
石子衝
石背
楊柳衝
唐家橋
羊塘
昌公塘
曲星塘
廟塘衝
林家衝
高塘衝
徐家坡
明月橋
杉樹塘
魚花塘
冷水井
簡家莊
童家衝
迎水塘
神廟塘衝
陳家衝
閔家山
閔家衝
黃沙塘
蓮花塘
麻塘壠
紀衝
江家衝
庵衝
喻家塘
蒲絲衝
駱家灣
雷家壩
長塘
金星山
寺衝
窯磁坡
楊家衝
廖家灣
乾坡官沙塘
橫衝
上塅
關兄湖
高几園
樓塅上
栗塘灣
歐祠
湯家江
多男橋
樟樹灣
蛇皮衝
戴家灣
朱尾衝
塾塘坳
漢家塘
塾塘衝
虎山坡
橫衝
白鶴衝
崇塘衝
虎山衝
鄧家坳
新塘
牛闌塘
牛石塘
大麻石
郭家塘
郭家衝
童家衝
陶家灣
許家灣
東桃灣
栗山壩
桑梓園
大里塘
石頭背
石頭衝
許家衝
周公塘
保早塘
許家壩
下常家洞
楊梅塘
橋鋪
橫板橋

縣東塾塘局南圖

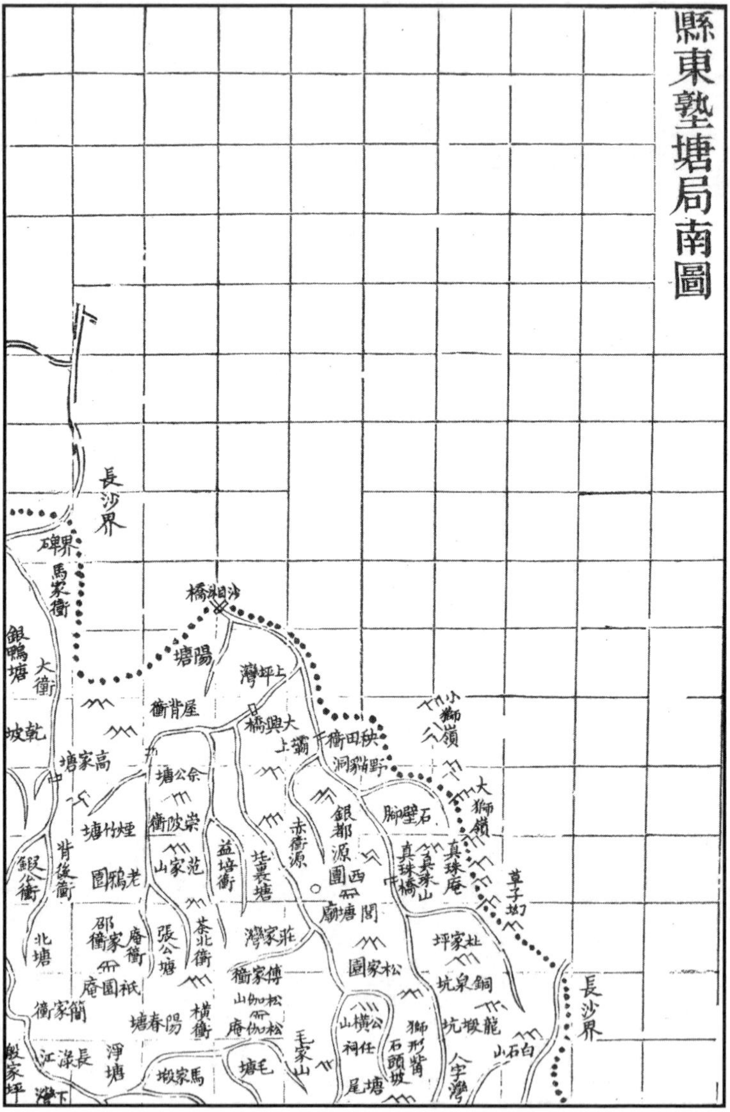
縣東塾塘局南圖
長沙界
界碑
馬家衝
銀鴨塘
大衝
乾坡
高家塘
沙湘橋
陽塘
上坪灣
屋背衝
大興橋
上壩
秧田衝
野貓洞
小獅嶺
大獅嶺
石壁腳
余公塘
崇陂衝
煙竹塘
背後衝
老鴉圍
范家山
益塘衝
赤衝源
銀都源
西圍
真珠橋
真珠山
真珠庵
閣塘廟
莊家灣
杜家坪
松家圍
銅泉坑
邵家衝
庵衝
張公塘
茶北衝
北塘
傅家衝
祇園庵
簡家衝
松伽山
松伽庵
陽春塘
橫衝
獅形背
石頭坡
龍蝦坑
白石山
人字灣
淨塘
馬家塅
毛塘
王家山
尾塘
長沙界

县东塾塘局北图

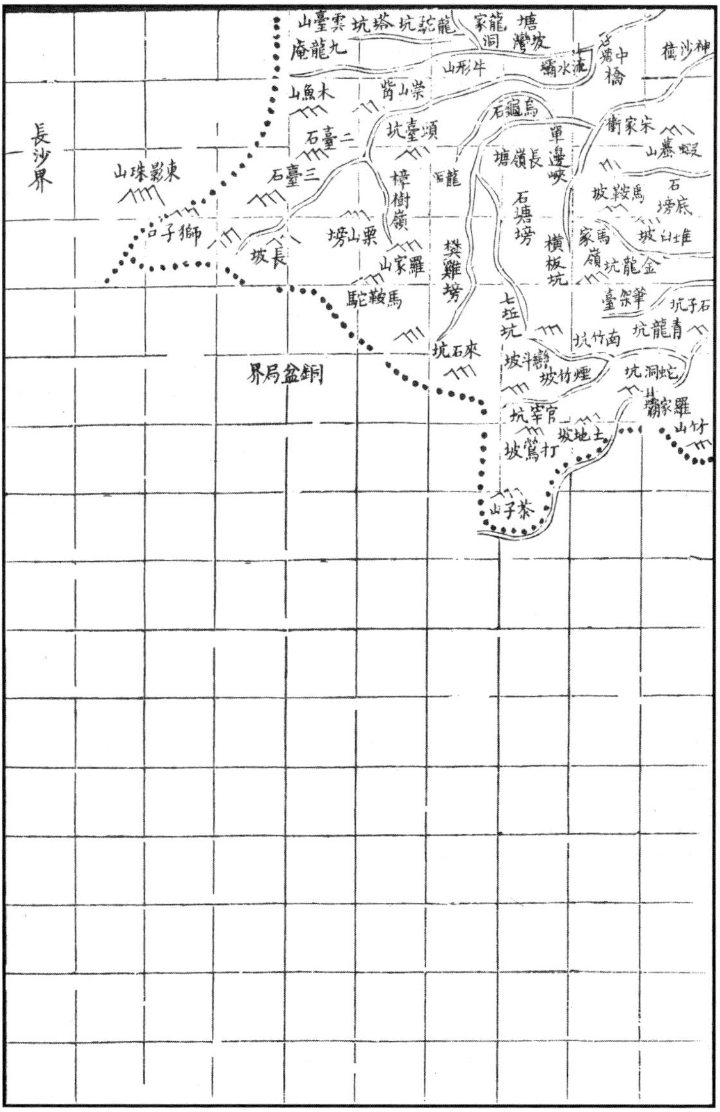
長沙界
東影珠山
獅子口
銅盆局界
三臺石
二臺石
木魚山
九龍庵
牛形山
流水壩
中橋
宋家衝
單邊峽
長嶺塘
石塘塝
橫板坑
金龍坑
馬家嶺
馬鞍坡
筆架臺
青龍坑
南竹坑
煙竹坡
蛇洞坑
羅家嶺
竹山
土地坡
打鸞坡
茶子山
來石坑
馬鞍駝
羅家山
栗山塝
長坡
樟樹嶺
雞塝
七坵坑
烏龜石

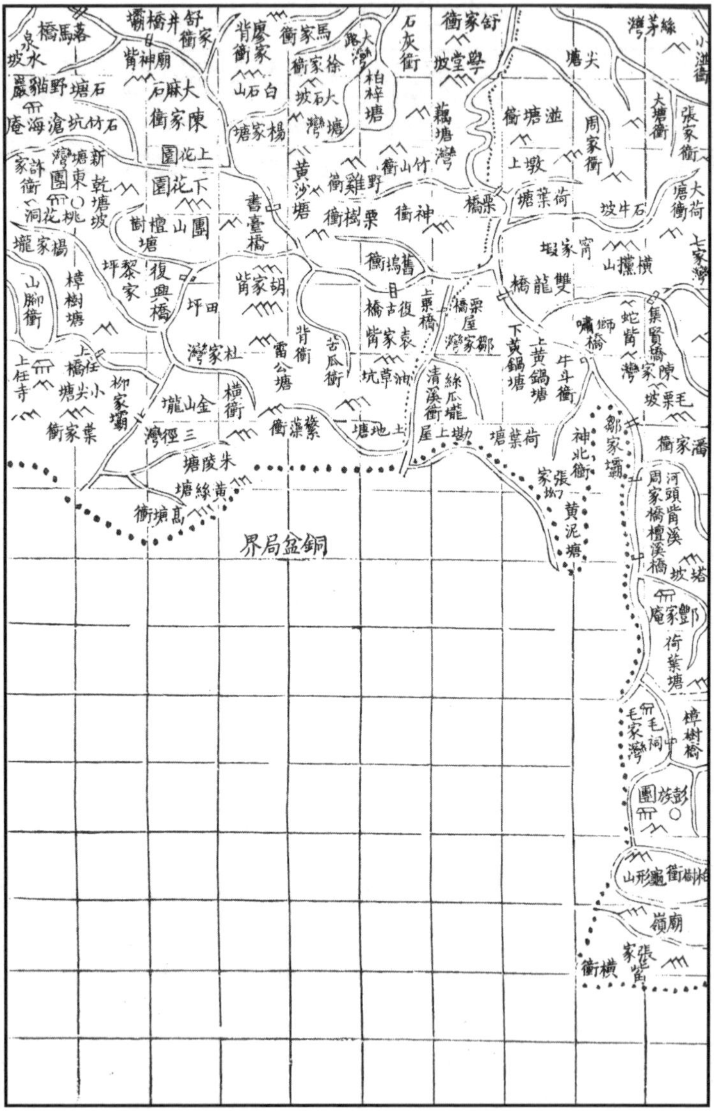
落馬橋
泉水坡
舒家衝
馬家衝
石灰衝
學堂坡
綠茅灣
尖塘
石塘
白石山
柏梓塘
滄海庵
陳家衝
楊家塘
藕塘灣
周家衝
大塘衝
張家衝
上花園
下花園
乾塘坡
竹山衝
野雞衝
黃沙塘
書臺橋
團山
粟樹衝
荷葉塘
石牛坡
雙龍橋
復興橋
山腳衝
樟樹塘
集賢橋
杜家灣
雷公塘
苦瓜衝
清溪衝
上黃鍋塘
下黃鍋塘
牛斗衝
柳家壩
金山壠
三徑灣
葉家衝
神北衝
朱陵塘
黃泥塘
銅盆局界
毛家灣
彭族園
廟嶺

縣東塾塘局北圖

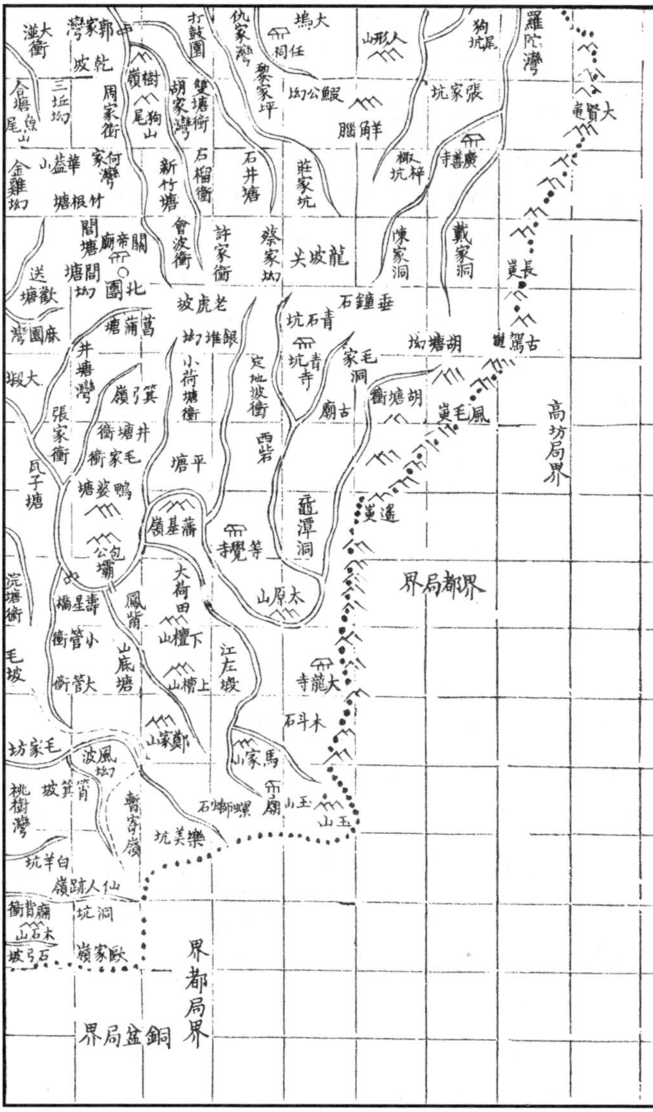
高坊局界
界都局界
銅盆局界
太原山
大龍寺
玉山
馬家山
鄭家山
上檀山
下檀山
江左坡
等覺寺
藩基嶺
長嵐
古駕嵐
鳳毛嵐
遙嵐
大賢嵐
張家坑
廣善寺
戴家洞
陳家洞
龍坡尖
垂鐘石
青石坑
胡塘坳
胡塘衝
毛家洞
古廟
青坑寺
許家衝
會波衝
新竹塘
石榴衝
石井塘
莊家坑
雙塘衝
胡家灣
打鼓園
仇家灣
黎家坪
人形山
狗尾坑
羅陀灣
關帝廟
麻園灣
送歡塘
竹根塘
何家灣
金雞坳
張家衝
平塘
西砦
銀堆坳
老虎坡
井塘灣
鴨婆塘
毛家衝
井塘衝
大荷田
壽星橋
小管衝
大管衝
山底塘
毛家坊
木斗石
白羊坑
仙人跡嶺
歐家嶺
桃樹灣

右塾塘局，界县东南，距城九十里。北界铜盆局，西北界界都局，而与丰仓、高坊二局略相抵，东南界长沙，西南隅亦错入长沙地。纵二十三里，横二十六里。领团四，并隶一都。

塾塘冲、阳江疃等处，曰南团。东，东坡坳曲至三角塘坳，界长沙。南，塾塘坳横至汉家山，又曲至张公塘，界长沙。西，元鸭塘冲，界长沙。北，象鼻嘴横至保汉堂，又曲至黎家冲，皆濒小水，界东团。纵八里，横十里，斜长十九里。

团山、书台桥等处，曰东团。东，隐居山，界长沙。南，上东坡冲曲至范家坊，又横至徐家桥，皆濒小水，界南团。西，阳江疃直至杨家江，界西团；又直至土地塘，界北团。北，雷公塘曲至茶子山，又斜至狮子口，界铜盆局南仓团。纵十四里，横十五里。真珠桥、松伽山等处，曰西团。东，雷公疃直至阳江疃，界东团。南，马家冲曲至黎家坪，界长沙。西，大兴桥斜至白石岭，又曲至戴家洞，界长沙。北，陈家洞横至蔡家坳，又曲至樟树塘，界北团。纵十一里，横十里。闾塘坳、寿星桥等处，曰北团。东，毛家湾直至毛栗塘，又曲至清溪冲，界铜盆局笃敬团、铜盆团；又曲至洴塘冲，界东团。南，丝茅湾横至胡家湾，又曲至垂钟石，界西团。西，胡塘坳直至顶坡，界高坊局达义团。北，玉山庙横至乐美坑，界界都局白鹤团；又曲至乌龟山，界铜盆局清溪团。

南有汉家山、灵鹫岭，北有玉山、大龙山。

其水南出长沙，以阳江为经流。入阳江者有柏梓塘水，有阙兑湖水，有长渌江水，有双江水。

阳江有檀溪桥、周家桥、邹家坝、狮啸桥、双龙桥、栗桥、嘉庆二十三年，邑人周桂林修。唐家桥、阳江桥，东有上栗桥、柳家坝、罗家坝、上任桥、复兴桥、流水坝、中塘桥、井桥坝、书台桥、复古桥，邑人彭方美修。有多男桥，即柏梓塘、阙兑湖二水。有沙湾坝、东坡桥、童家桥、横板桥、许家坝、寿星桥、徐家桥；即双江水。西有包公坝、寿星桥、集贤桥、郭家坝，有简家坝、明月桥；即长渌江水，明天启中修。其南出长沙沙湘桥者，有真珠桥、余公坝、大兴桥。局西北有大龙寺、在大龙山，距城东南七十里。等觉寺、在太原山，宋绍兴中建，距大龙寺南二里。青坑寺、在青石坑，距等觉寺南三里。钟石寺，在垂钟石，距青坑寺南一里。西有广善寺、在陈家洞，距青坑寺南四里。祇园庵、在东庵冲，距广善寺南四里。松伽庵、在松伽山，距祇园庵南三里。真珠庵，在真珠山，距松伽庵南四里。径南有塾塘庙、在冷水冲，距城东南八十里。昙花庵，在山脚冲，距塾塘寺南二里。东北有般若禅林，在毛家坊，俗名鄠家庵。明季举人鄠之馨施宅，距城东南七十五里。逶东有上任寺、在上任桥，距般若禅林南十里。沧海庵，在许家冲，距上任寺南三里。东有九龙庵，在隐居山西云台山，距城东南九十里。径东南有宝林寺。在周家冲，距九龙寺南七里。

古迹有立马山、旧志：“关壮缪取长沙，驻军汉家山，立马与先主别。”垂钟石。在大龙山南，叩之其声清越，旁有龙湫。

有阳江疃一小市。

长沙通巴陵古道出阳江桥。

大姓：长渌江彭氏，共二十八祠，杂居二都，分三族。其族之盛，肇始宋时。县旧家莫先于彭氏、吴氏、任氏、范家坊范氏、锅底塘刘氏。

县东铜盆局南图

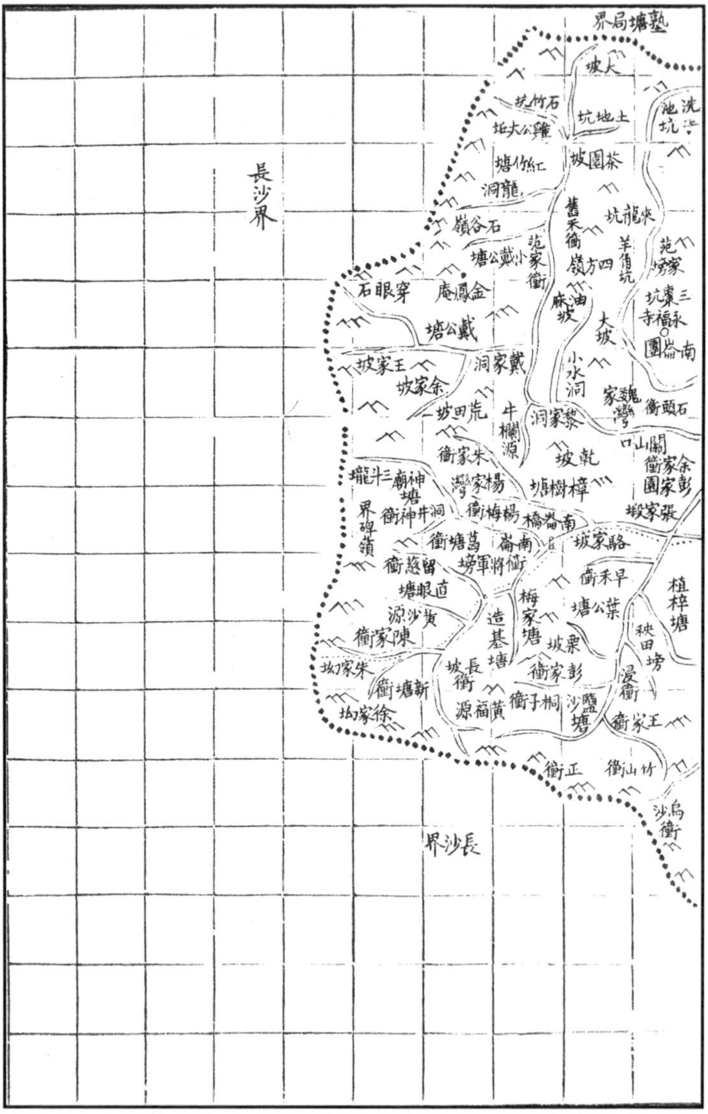

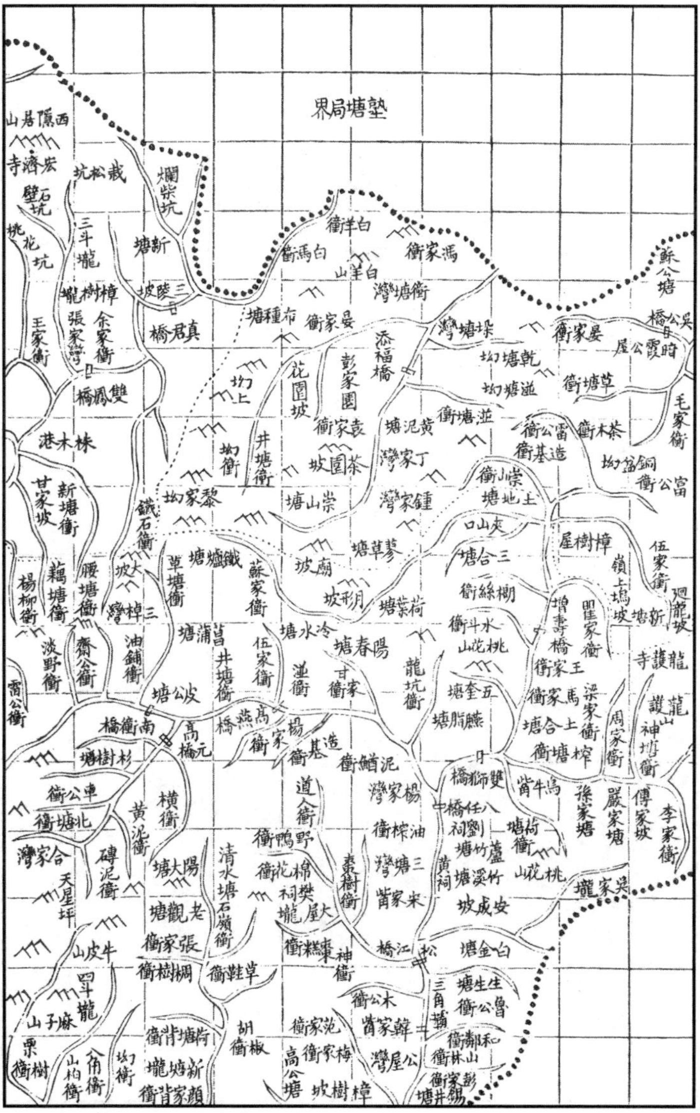

埜塘局界
西隱居山
宏濟寺
栽松坑
爛柴坑
石壁坑
桃花坑
三斗壠
新塘
三陵坡
白洋衢
白馬衢
馮家衢
白羊山
衢塘灣
樟樹壠
余家衢
張家灣
王家衢
真君橋
布種塘
晏家衢
雙鳳橋
株木港
添福橋
彭家園
花園坡
袁家衢
茶園坡
崇山塘
黎家坳
鐵石衢
甘家坡
新塘衢
鐵爐塘
蘇家衢
草塘衢
楊柳衢
鵝塘衢
腰塘衢
三樟灣
油鋪衢
齊公衢
淡野衢
菖蒲塘
井塘衢
伍家衢
冷水塘
陽春塘
龍坑衢
皮公塘
南衢橋
高元橋
高燕橋
楊家衢
造基衢
泥鰌衢
杉樹塘
車公衢
北塘衢
黃泥衢
橫衢
合家灣
磚泥衢
陽大塘
清水塘
野鴨衢
棉花衢
天星坪
老觀塘
張家衢
牛皮山
四斗壠
草鞋衢
麻子山
胡椒衢
白金塘
松江橋
安成坡
桃花山
吳家壠
三合塘
龍山護寺
李家衢
傅家坡
巖家塘
孫家塘
周家衢
毛家衢
茶木衢
吳公橋

縣東銅盆局南圖

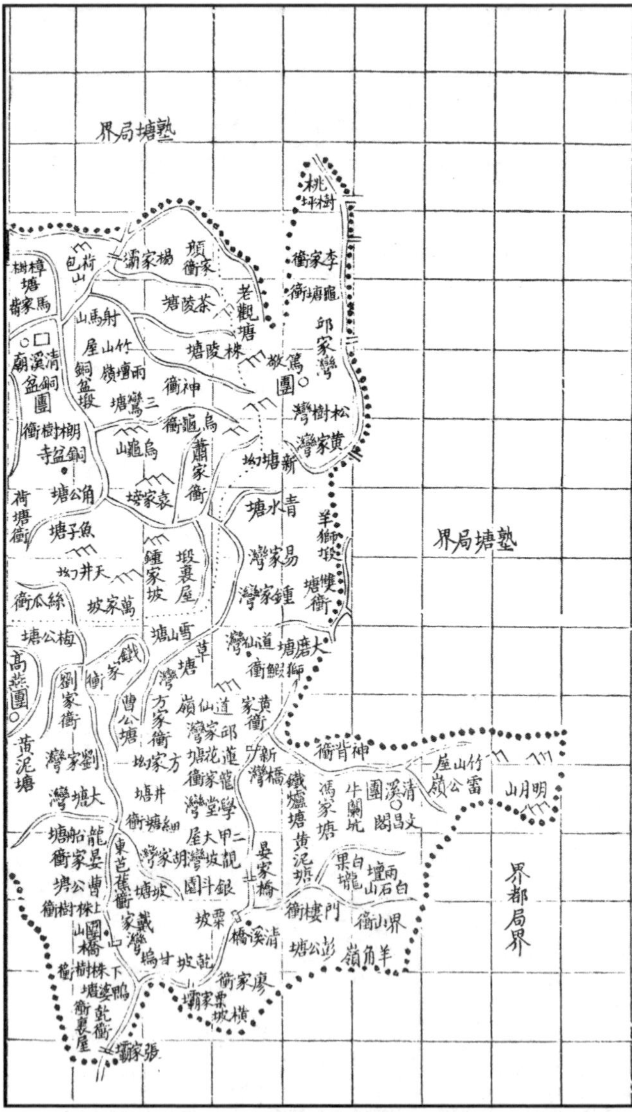
塾塘局界
塾塘局界
界都局界
桃坪樹
李家衝
龍塘衝
邱家灣
敬篤團
松樹灣
黃家灣
新塘坳
青水塘
易家灣
鍾家灣
羊衝塅
雙塘衝
大唐塘
道仙灣
獅鯉衝
黃家衝
神背衝
竹山屋
雷公嶺
明月山
清溪團
文昌閣
牛關坑
馮家塘
鐵爐塘
黃泥塘
兩白壇
白石山
門樓衝
界山衝
彭公塘
羊角嶺
楊家灞
顏家衝
荷包山
樟樹塘
馬家衝
茶陵塘
老觀塘
射馬山
竹山屋
雨壇嶺
清溪廟
銅盆團
銅盆塅
神衝
三鸞塘
株陵塘
烏龜衝
棚樹衝
銅盆寺
烏龜山
蕭家衝
角公塘
袁家塅
荷塘衝
魚子塘
天井坳
鍾家坡
塅裏屋
絲瓜衝
萬家坡
梅公塘
雪山塘
草塘灣
高燕團
鐵家衝
劉家衝
曹公塘
方家衝
仙嶺
邵家灣
蓮花塘
方家坳
龍家衝
新橋灣
劉家灣
大塘灣
井塘
學堂灣
細塘衝
二甲大屋
靚坡灣
龍船塘
晏家衝
曹公塘
上株樹衝
胡家灣
東邑舊衝
銀斗園
晏家橋
栗坡
戴家灣
甘塢
乾坡
清溪橋
廖家衝
下株樹
團山橋
鴨婆塘
乾衝
屋裏衝
張家壩

县东铜盆局北图

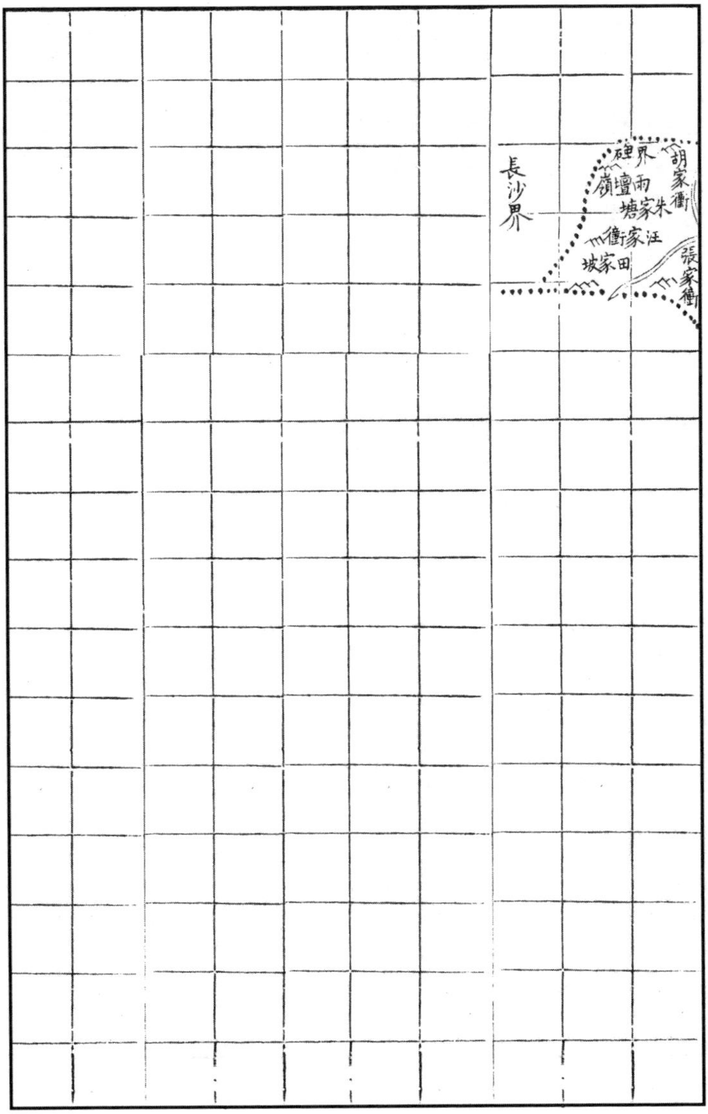

縣東銅盆局北圖

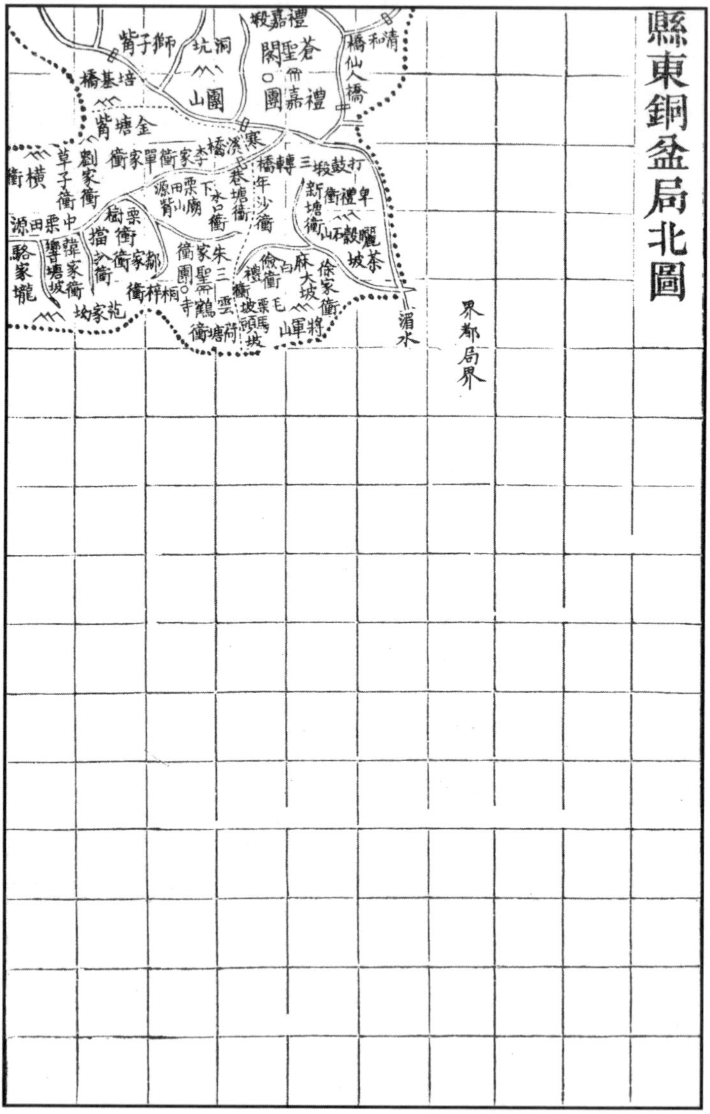
清和橋
仙人橋
禮嘉壩
蒼聖閣
禮嘉圃
洞坑
山園
師子嶺
培基橋
金塘嶺
寒溪橋
李家衝
單家衝
劉家衝
草子衝
橫衝
三轉橋
打鼓壩
新塘衝
麗茶坡
徐家衝
麻大坡
將軍山
桐梓衝
范家坳
駱家壠
韓家衝
湄水
界都局界

右铜盆局，界县极东，距城七十五里。南界塾塘局，西北界界都局，东界长沙。纵二十一里，横十五里。领团七，并隶后二都。

西南，铜盆坳、清溪庙等处，曰铜盆团。东，崇山冲直至晏家冲，界南仑团。南，樟树湾横至颜家冲，界塾塘局东团。西，苏家园横至新塘冲，又曲至雪山塘，界笃敬团。北，鱼子塘横至新塘坡，又曲至樟树屋，界清溪团、高燕团。纵七里，横六里。

又西南，新塘坳、羊狮疃等处，曰笃敬团。东，方冲直至黄泥塘，界铜盆团。南，花树坪，界塾塘局东团。西，周家桥直至羊狮疃，界塾塘局北团。北，大磨塘横至长水岭，界清溪团。纵三里，横八里。

其西，清溪桥、明月山等处，曰清溪团。东，上株树冲直至龙护山，界高燕团。南，天井坳斜至曹公塘，又横至欧家岭，界铜盆团、笃敬团及塾塘局北团。西，明月山斜至羊角岭，界塾塘局北团、界都局白鹤团。北，早禾冲横至团山桥，界界都局鱼桥团。纵七里，横七里。

东南，南仑冲、西隐居山等处，曰南仑团。东，徐家坳直至石谷岭，界长沙。南，大坡横至烂柴坑，又曲至叶家坡，界塾塘局东团。西，乾塘坳斜至雷公冲，界铜盆团、高燕团。北，乌沙冲横至许家坳，界长沙。纵十二里，横十一里。

稍北逶西，高燕桥、道人冲等处，曰高燕团。东天星坪、贺家湾，界长沙。南，南冲桥横至土地冲，又曲至龙护山，界南仑团、铜盆团。西，黄泥塘，界清溪团。北，李家坳横至砖泥塘，界礼嘉团。纵五里，横十里。

其北，礼嘉疃、清和桥等处，曰礼嘉团。东，栗塘冲直至牛皮山，界长沙。南，道人冲横至竹溪塘，界高燕团。西，吴家塘直至仙人嘴，界界都局潘家团。北，礼嘉疃横至山柏冲，界三圣团及长沙板仓。纵七里，横七里。

又北，云鹤寺、汪家冲等处，曰三圣团。东，中栗田园直至培基桥，界长沙。南，寒溪桥横至三转桥，界礼嘉团。西，打鼓疃，界界都局界都团。北，茶坡曲至响塘坡，界界都局画石团、画栗团。纵六里，横三里。

南有隐居山、白羊山，北有将军山，西有明月山、雷公岭。

其水南注阳江，有株木港；北注湄水，有清溪，有松江。

出阳江有南仑桥、双凤桥、即株木港水。真君桥、添福桥、吴公桥、杨家坝，出湄水有晏家桥、清溪桥、栗家坝、团山桥、张家坝，有增寿桥、乾隆二十四年，陈、吴氏修。双狮桥、南冲桥、高元桥、高燕桥、松江桥、三角坝、清和桥、培基桥、三转桥、寒溪桥、仙人桥。

局东北有云鹤寺，在石子岭，距城东八十里。东南有金凤庵、在戴公塘，距城东九十里。永福寺、在三枣坑，距金凤寺南三里。宏济寺，在隐居山。寺碑云："汉末鲁子敬建。"距永福寺南三里。西有龙护寺，在龙护山，距城东九十里。径西南有铜盆寺。在榔树冲，距龙护寺南四里。

古迹有陶澹故宅，《晋书·陶澹传》："逃入罗县郫山中隐居，山以此名。"有盐米臼，旧志："隐居山有泉，影射如珠，亦名影珠山。汉末鲁肃于此建寺。寺旁有石臼，云："始开山时，臼中出盐米，给食寺僧，已而嫌臼小，凿之，盐米遂绝。"有飞来石，在隐居山宏济寺后，高五六尺。其下一石承之，四角垂外，去地五六寸，上镌"紫霞"二字。

有铜盆寺一小市。

长沙通巴陵古道出铜盆坳。

大姓：九桥王氏，三角坝杨氏，铜盆坳吴氏。

县东界都局南图

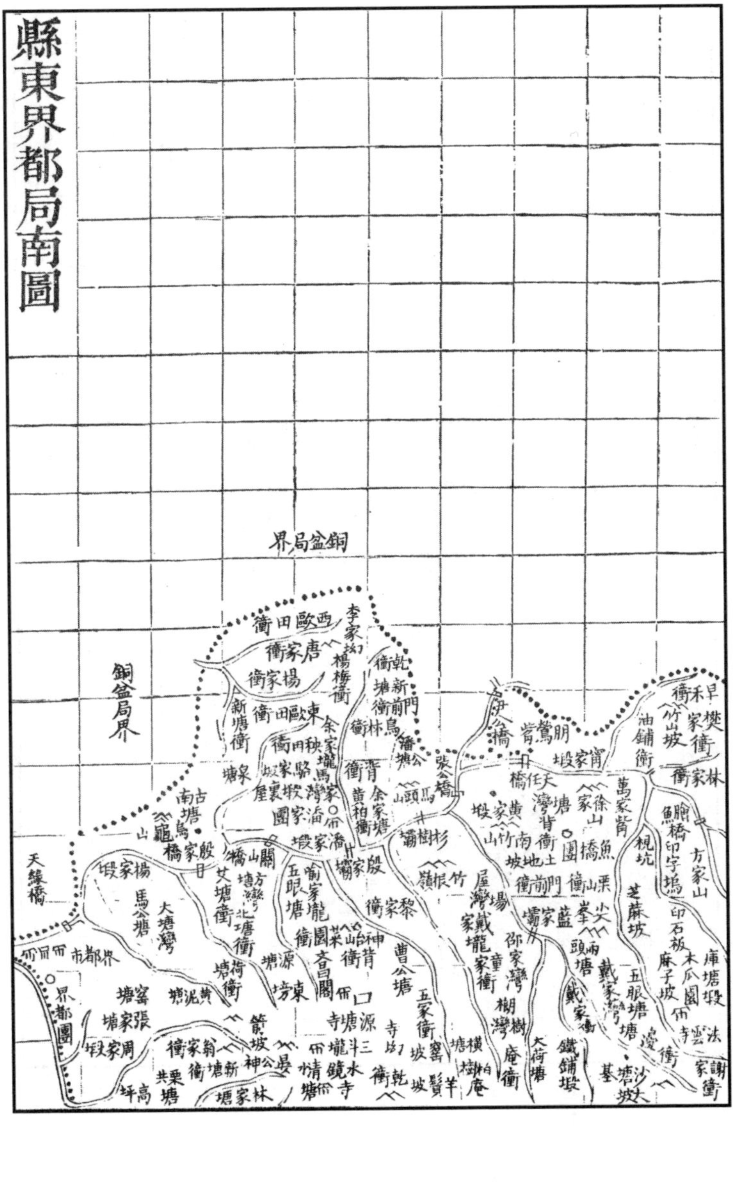
縣東界都局南圖
銅盆局界
銅盆局界
天鵝橋
西歐田衝
唐家衝
楊家衝
楊梅衝
東歐田衝
新塘衝
朋鶯嘴
寶家墩
萬家背
油鋪衝
早禾家衝
樊家衝
林家衝
杉樹灣
竹根嶺
黎家衝
方家山
芝麻坡
五眼塘
大塘灣
馬公塘
曹公塘
東源坊
林家塘
鐵鋪墩
大荷塘
高坪
周家墩
張家塘
窑塘
陂塘衝
五家衝
謝家衝

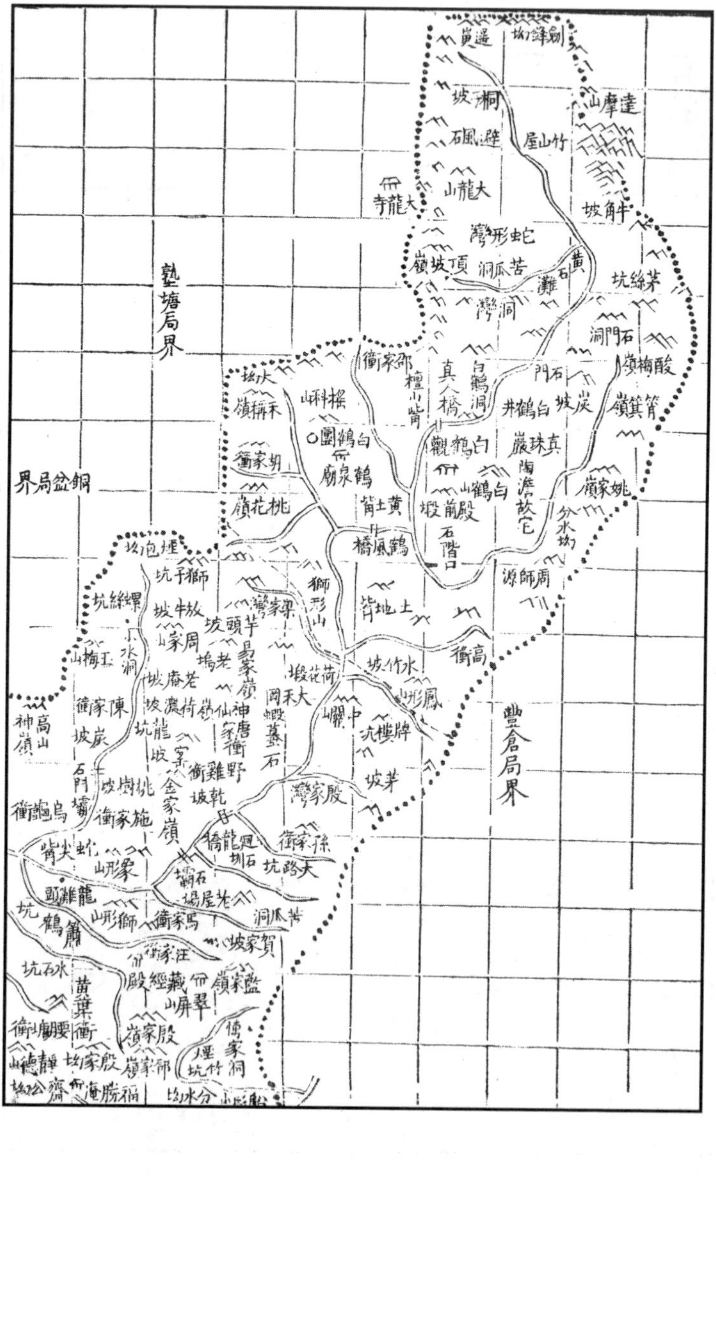

豐倉局界
銅盆局界
達摩山
竹山屋
大龍山
大龍寺
苦瓜洞
茅絲坑
石門洞
酸梅嶺
白鶴井
真珠巖
白鶴觀
白鶴山
殿前塅
陶澍故宅
姚家嶺
鶴泉廟
白鶴園
鶴鳳橋
周師源
上地背
高衝
水竹坡
鳳形山
桃花嶺
胡家衝
禾稱嶺
大坳
煙包坳
獅子坑
螺絲坑
放牛坡
荷花塅
大禾岡
蝦蟇石
牌樓坑
茅坡
殷家灣
孫家衝
大路坑
苦瓜洞
賀家坡
藍家嶺
翠屏山
藏經殿
殷家嶺
福勝庵
分水坳
傅家洞
鄧家嶺
龍雞頭
獅形山
象形山
烏龜衝
施家衝
陳家衝
黃葉衝

县东界都局北图

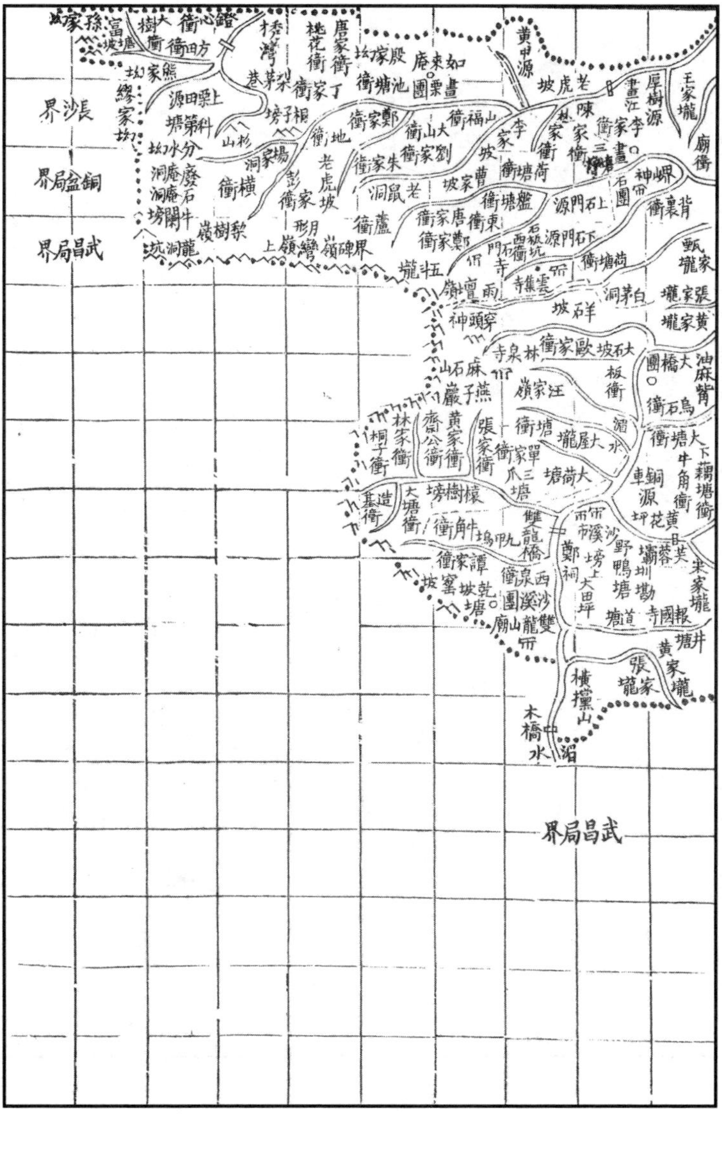

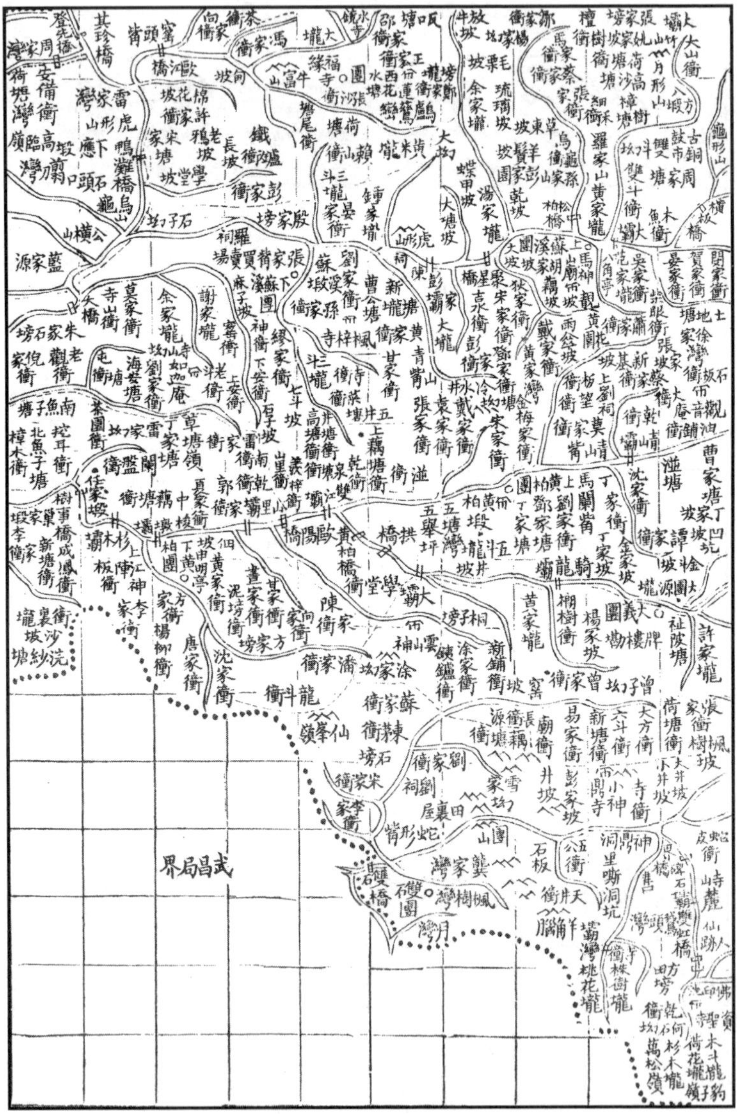
武昌局界

縣東界都局北圖

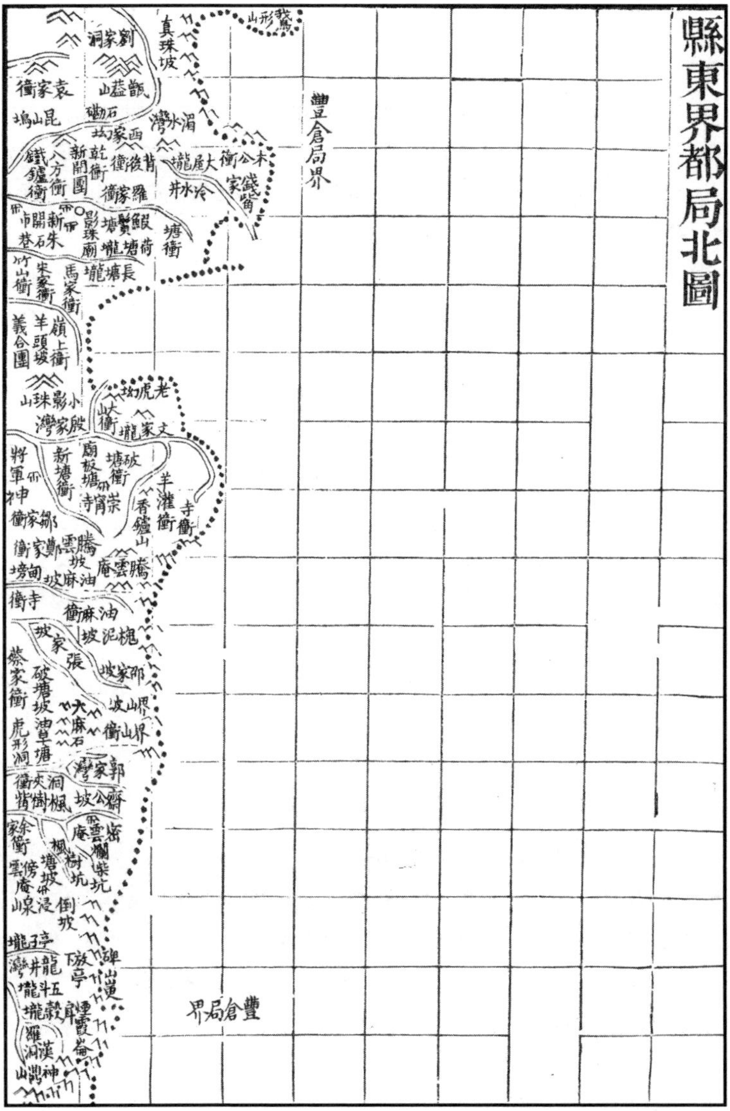

右界都局，界县极东，距城五十里。南界铜盆局，西界丰仓局，北界武昌局，东界长沙。纵二十三里，横二十里。领团十五，内苏溪团、黄柏团，并析为上、下二团。并隶四都。

东南，潘家疃、欧田冲等处，曰潘家团。东，北塘冲曲至殷家桥，界界都团；又直至新塘冲，界铜盆局礼嘉团。东南，欧田冲横至乾冲，界铜盆局礼嘉团。西，乾冲直至柏树庵，界鱼桥团。北，放牛坡横至三斗垅，界上苏溪团、西水团。纵四里，横七里。

其南，鲙鱼桥、苏家坝等处，曰鱼桥团。东，邹家冲直至下株树冲，界潘家团。南，尹公桥至螺丝坑，界铜盆局清溪团。西，小水洞直至龙滩头，又曲至翠屏山，界白鹤团。北，殷家岭横至铁铺疃，界义合团。纵七里，横六里。　国朝李太凤《鲙鱼桥》诗云：“不学屠龙学鲙鱼，龙滩桥下有长渠。只今欲问神仙事，无尾鱼来四月初。”

西南，白鹤洞、龙滩头等处，曰白鹤团。东，狮形山直至明月山，界鱼桥团；又曲至遥崾，界塾塘局北团。南，剑锋坳，界高坊局达义团。西，牛角坡直至分水坳，界丰仓局望塔团；又曲至苦瓜洞，界丰仓局双狮团。北，贺家坡横至汪家冲，界鱼桥团。纵十四里，横六里。　王寅《白鹤洞》诗云：“仙子楼台翠霭间，何年骑鹤上云端。只今惟有松头鹤，凉露秋声冷石坛。”

其西，新开市、王家冲等处，曰新开团。东，铁炉冲曲至珍珠坡，界义合团。南，分水坳横至傅家洞，界义合团，并丰仓局双狮团。西，鹅形山曲至骑坡坝，界丰仓局芭蕉团。北，李公塘横至马家冲，又曲至新开市，界丰仓局枫头团及义合团。纵四里，横四里。

稍东，苏溪疃分二团：松柏桥、黄家湾等处，曰上苏溪团；殷家塝、谢家垅等处，曰下苏溪团。东，石子坡直至殷家塝，界下黄柏团；又曲至塝垅，界西水团。南，放牛坡，界潘家团。西，杨家坳直至黄花团，界义合团；又曲至邓家冲，界上黄柏团。北，金塘坳横至石子坡，界上下黄柏团。纵六里，横五里。又西逶北，小影珠山、新塘冲等处，曰义合团。东，拱桥横至细禾冲，界上苏溪团。南，沙塘基横至影竹坡，界鱼桥团。西，邵家岭曲至木鱼山，又曲至宋家巷，界新开团。北，岭上冲横至萧家冲，界上黄柏团。纵四里，横六里。

稍东，黄柏疃亦分二团：马阑嘴、金塘坳等处，曰上黄柏团；

梭塾坝、杨柳冲等处，曰下黄柏团。东，黄花坪，界沙溪团。南，牛角冲横至老虎坳，界大桥团、上下苏溪团、义合团。西，文家坡直至羊灌冲，界丰仓局枫头团。北，腾云庵横至黄柏桥，曲至铁炉冲，界大义团，又横至报国寺，界双石团、沙溪团及武昌局马嘶团、芦坡团。纵三里，横十三里。

西北，牌楼塨、界山坡等处，曰大义团。东，徐家坳直至学堂坡，界下黄柏团。南，桐子塝曲至丁家坡，又曲至腾云山，界上黄柏团。西，槐泥坡直至界山坡，界丰仓局丰仓团。北，大麻石横至云山神，界双石团。纵二里，横七里。

径北，双石桥、仙峰岭等处，曰双石团。东，双石桥直至宋家冲，界武昌局马嘶团。南，仙峰岭横至郭家湾，界下黄柏团、大义团。西，斋公坡直至神鼎山，界丰仓局丰仓团。北，荷花垅曲至阴功桥，界武昌局武昌团。纵五里，横七里。

东北，沙溪市、桐子冲等处，曰沙溪团。东，竹鸡冲直至林家冲，界武昌局读书团、芭蕉团。南，燕子岩曲至大田坪，界大桥团。西，冲里屋、沙坡，界下黄柏团。北，浣纱塘横至横挡山，又曲至会安冲，界武昌局犁头团。纵五里，横三里。

西北，乌石冲、燕子岩等处，曰大桥团。东，麻石山，界武昌局芭蕉团。南，羊石坡横至张家嘴，界画石团、西水团。西，麻塘冲直至上安冲，界下苏溪团。北，雷家冲横至大荷冲，又曲至塘冲，界下黄柏团、沙溪团。纵四里，横六里。

又东，画江冲、石门源等处，曰画石团。东，界碑岭曲至老虫坡，界画栗团。南，马头坡曲至徐家冲，界铜盆局三圣团。西，雷公湾直至鸭葭滩，界西水团。北，乌龟山横至穿头神，界大桥团。纵六里，横五里。

径东，界碑岭、栗田园等处，曰画栗团。东，牛阑塝直至雨坛岭，界长沙。南，胡家老屋曲至黄甲源，界铜盆局三圣团。西，山福冲，界画石团。北，大山冲曲至月形湾，界画石团；又横至龙洞坑，界长沙。纵五里，横六里。

迤南，界都市、清水塘、晏公神等处，曰界都团。东，天缘桥，界铜盆局三圣团。南，背里坞，界铜盆局礼嘉团。西，大塘湾斜至荷塘冲，界潘家团。北，窑塘冲，界西水团。纵二里，横二里。

稍西迤北，水镜寺、鸬鹚峦等处，曰西水团。东，石子坳直至奇珍桥，界画石团。南，张家塘横至晏公庙，界界都团、潘家团。西，瓦口塘曲至郑家冲，界上苏溪团。北，莲花塘曲至彭家冲，界上下苏溪团。纵五里，横五里。

南有剑锋坳、白鹤山，北有神鼎山，西有乌石山。宋毕田《神鼎山》诗云："玉迹分明印绝巅，药成仙去几千年。深藏宝鼎今方出，合得金丹与世传。"

国朝王立槐诗云："乾坤何太险，峭壁矗空横。断石猿攀坠，孤松鸟过惊。野烟迷楚泽，春水照湘城。三户人家小，重湖一望平。小憩虹桥畔，泉声似玉琴。晚霞烧石壁，古鼎镇江浔。妙画开天地，幽怀动古今。云山无限意，回首一沉吟。" 周锡江诗云："坦道百馀里，忽逢山更岭。峰高人语疾，路曲马行迟。到处多僧寺，深林无酒旗。园花共陵草，得得伴题诗。" 王寅诗云："黄金楼阁紫云衢，上有神仙演梵书。地隔红尘人不到，去留双虎护禅居。" 郭刚基诗云："轩辕铸鼎留遗迹，叠叠层峦拥化城。浊世欲随黄鹄举，名山空望白云横。双虹桥影岩间月，万岭松风天外声。一梦木鱼山下雨，乞师为洗道心清。"

其水以湄水为经流，入湄水者有画江、有苏溪、有沙溪。自白鹤洞以下有鹤风桥、回龙桥、石门坝、天任桥、尹公桥、张公桥、蓝家坝、杉树坝、关山桥、殷家桥、奇珍桥、邑人周奇珍修。欧江桥、鸭滩桥、邑人周维修、周联书修。登先桥、大桥、双龙桥，苏溪出湄水有横板桥、松柏桥、聚星桥、彭家坝，沙溪出湄水有骑龙坝、拱桥、黄柏桥、双江坝、欧阳桥、杉木坝、树事桥、山里坝、梭塾坝、芙蓉坝、北石坝，有双虹桥、界碑桥。

局西北有资圣寺、在神鼎山，宋大中祥符中建，距城东六十里。 国朝田实颖诗云："古寺藤穿壁，风侵鹤梦凉。残碑无字认，小阁有经藏。灵药春云碓，秋花冷石床。登高今作赋，我亦发清狂。"小神鼎寺、在神鼎洞，顺治九年建，距资圣寺南四里。伴云庵、在浸泉山，距资圣寺南三里。密云庵、在烂柴坑，距伴云庵南二里。腾云庵、在油麻坡，距密云庵南四里。崇宁寺、在庙塘冲，距腾云庵南一里。观音庵，在石板冲，距崇宁寺南三里。西有福胜庵、在刘家洞，距城东六十里。法云寺、在静德山，康熙七年建，距福胜庵南二里。藏经殿，在翠屏山，明崇祯八年建，距法云寺南二里。径西南白鹤观、在白鹤山，唐大中三年建，距城东六十里。如迦庵、在寺山坳，距城东六十五里。延寿寺、在苏溪疃，即枫梓寺，明永乐三年建，距如迦庵南一里。福缘寺、在牛富山，距延寿寺南四里。水镜寺，在清水塘，明万历中建，距福缘寺南一里。径南有柏树庵、在横塘，距水镜寺南三里。源塘寺，在三斗垅，明万历中建，距水镜寺南一里。东北有报国寺，在芙蓉坝，距城东六十里。逶东有林泉寺、在欧家冲，距报国寺南五里。云集寺、在雨坛岭，距林泉寺南一里。　　国朝张杰诗云："我亦伤时客，湖山竟日游。到门一樽酒，听雨四山秋。梵宇云烟护，风尘岁月遒。故人题句在，湖上有扁舟。"石门寺、在石门源，唐开元中建，距云集寺南一里。如来庵。在殷家坳，距石门寺南四里。

古迹有神鼎八胜，一，祖印池；二，罗汉洞；三，万松岭；四，双虹桥；五，仙人迹石；六，七星园；七，堕子石；八，烟霞仑。有神鼎石炉。旧志："黄帝采首山铜，铸鼎于此，所谓铸鼎荆山之阳也。"山上石炉犹存。有乌石山八胜，一，东岭；二，西湖；三，南冈；四，北郭；五，石壁清泉；六，仙姑石磬；七，悬岩瀑布；八，石径仙踪。有陶澹故宅，在白鹤山。旧志："陶澹炼真于此，时有白鹤往来。"旧有陶真人祠，宋乾道中赐额曰"灵惠"，今祠已废，而山壁鹤迹犹存，其前为仙人桥。有石门源高冢，冢在乌石山南雨坛岭下，高二丈，广称之。隧道掩以石门，故名石门源。疑为马氏踞湖南时伪陵。有仙人石，在乌石山。明洪武中，陈氏女有道术，坐化此石。比去，以石磬遗其母，状类鱼，曰："晴久击之则雨，雨久击之则晴。"已而，其家无故击之，遂有雷声起石磬中，其石立碎，旁有"永乐五年"字。至今其家犹宝藏之。有仙姑石，在仙峰岭，即因乌石山仙人石附会为名，岭有雨坛、石炉，岁旱祷雨于此。有鲙鱼桥。楚志："邑人刘债赘于陶澹家，四月八日执鲙鱼于桥上，方断鱼尾，或报言：'汝家举宅上升矣。'债遂弃鱼奔归，亦随仙去。自是岁，四月八日有无尾鱼逆水上，至桥而退，亦名斩鱼桥。

有界都市、新开市、沙溪市三小市。

长沙通巴陵古道出沙溪市。

大姓：画江徐氏；周氏二：一居界都市，一居白鹤洞；鲙鱼桥胡氏、李氏；大桥杨氏；黄柏疃沈氏；新开市黄氏。

县东武昌局南图

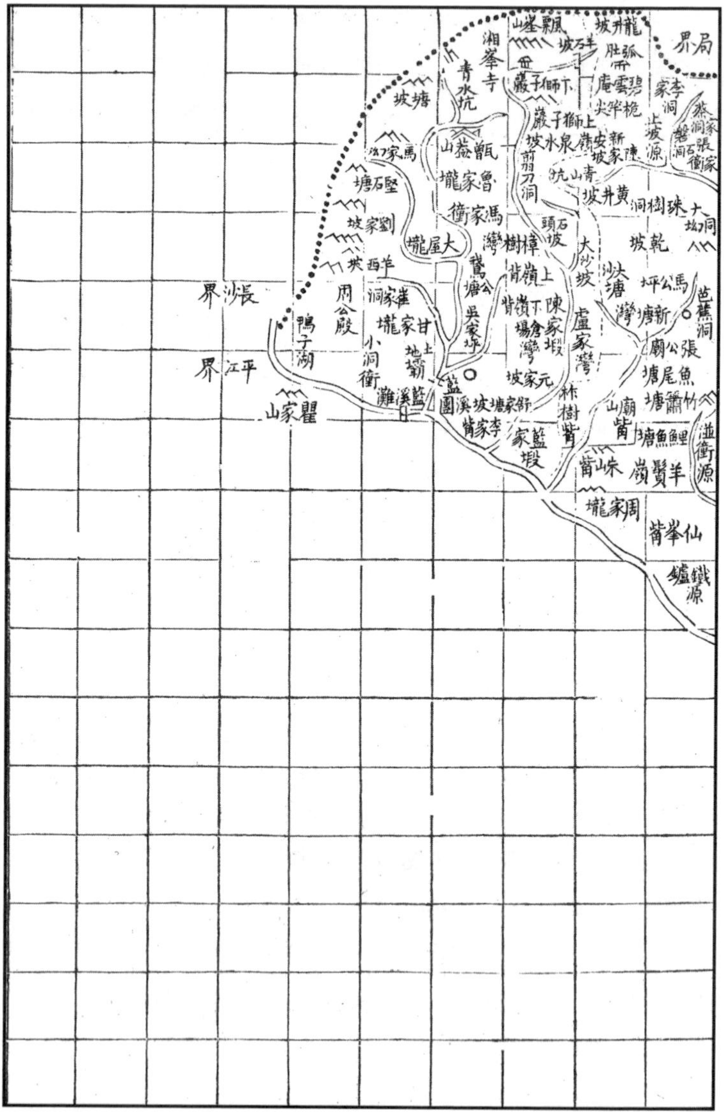
局界
長沙界
平江界
瞿家山
鴨子湖
藍溪灘
湘峯寺
青水坑
馬家衝
魯家壠
大屋壠
甘家壠
小洞衝
陳家塅
盧家灣
大沙坡
珠樹洞
乾坡
張公廟
羊賢嶺
周家壠
仙峯嶺
鐵爐源

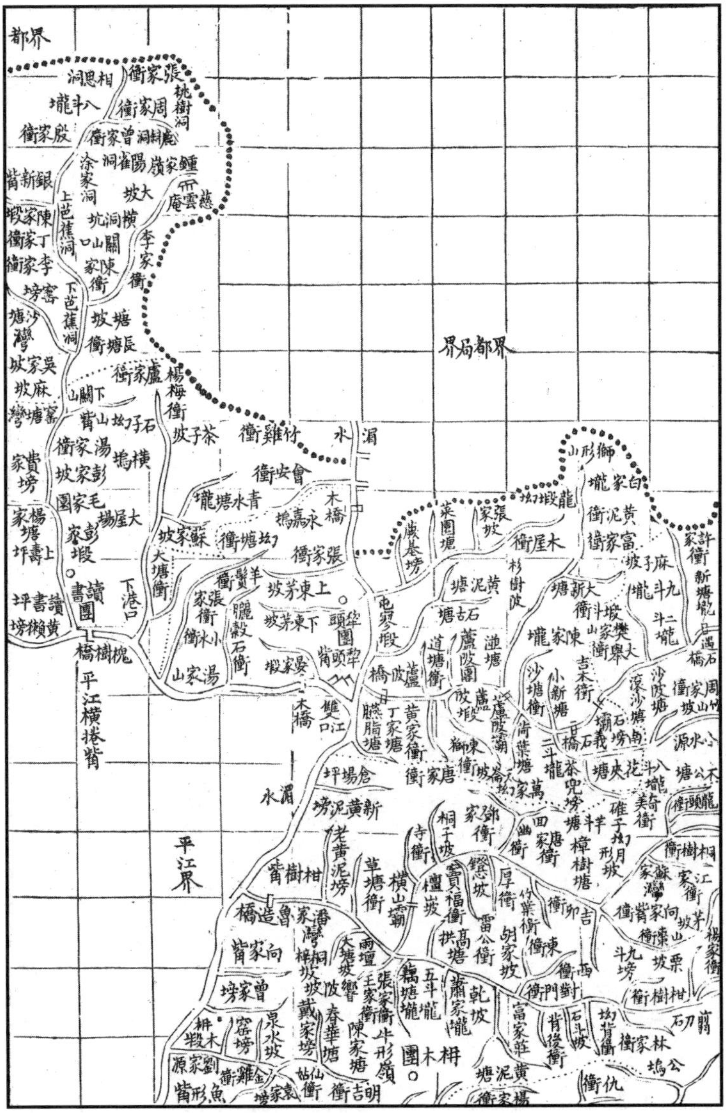

張家衝
周家衝
殷家衝
八斗壠
慈雲庵
李家衝
盧家衝
楊梅衝
竹雞衝
茶子坡
會安衝
蘇家坡
張家衝
上東茅坡
下東茅坡
讀書園
槐樹橋
平江橫捲背
平江界
倉場坪
新黃泥塝
柑樹背
魯造橋
向家背
曾家塝
林家衝
仇衝
明吉衝
乾坡

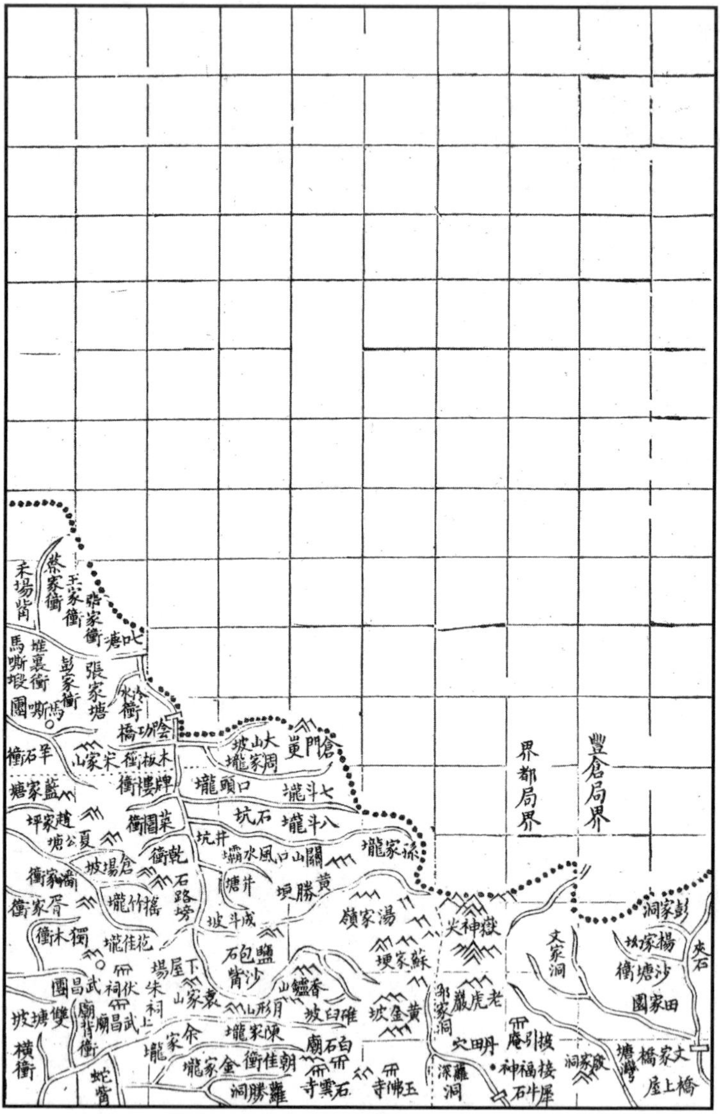
豐倉局界
界都局界
倉門崀
大山坡
周家壠
七斗壠
口頭壠
八斗壠
石坑
孫家壠
關山口
風水壩
黃勝坝
湯家嶺
蘇家埂
老虎巖
丹田穴
接引庵
接福神
犀牛石
彭家洞
楊家坳
沙塘衝
田家園
文家橋
橋上屋
文家洞
郭家洞
深羅洞
黃金坡
碓臼坡
香爐山
月形山
陳家壠
白石廟
石雲寺
五佛寺
朝佳衝
金家壠
羅勝洞
余家壠
袁家山
下屋場
禾場背
蔡家衝
王家衝
張家塘
彭家衝
陰功橋
木板衝
宋家山
牌樓衝
藍家塘
菜園衝
趙家坪
夏公塘
倉場坡
石路塝
花佳壠
武昌園
雙塘坡
橫衝
蛇背

縣東武昌局南圖

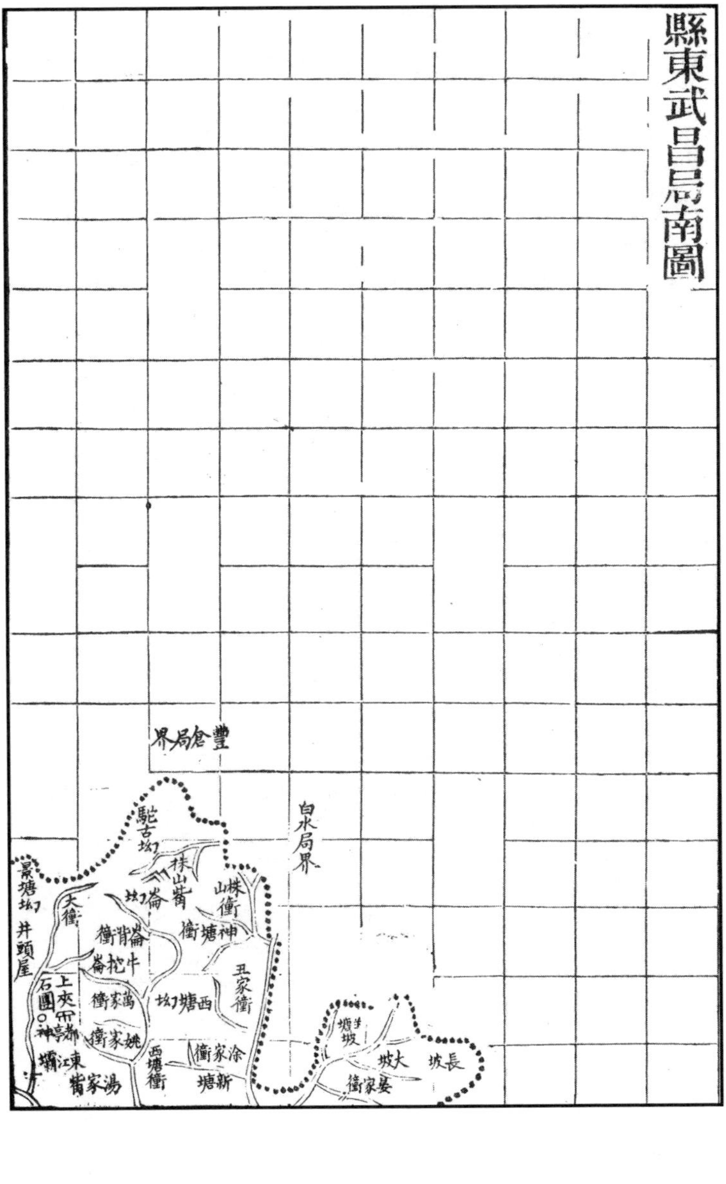
豐倉局界
白水局界
駝古坳
株山嶺
崙坳
株山衝
神塘衝
崙背衝
牛拕崙
丑家衝
西塘坳
萬家衝
姚家衝
大衝
景塘坳
井頭屋
石圍
西塘衝
涂家衝
新塘
大坡
長坡
晏家衝

县东武昌局北图

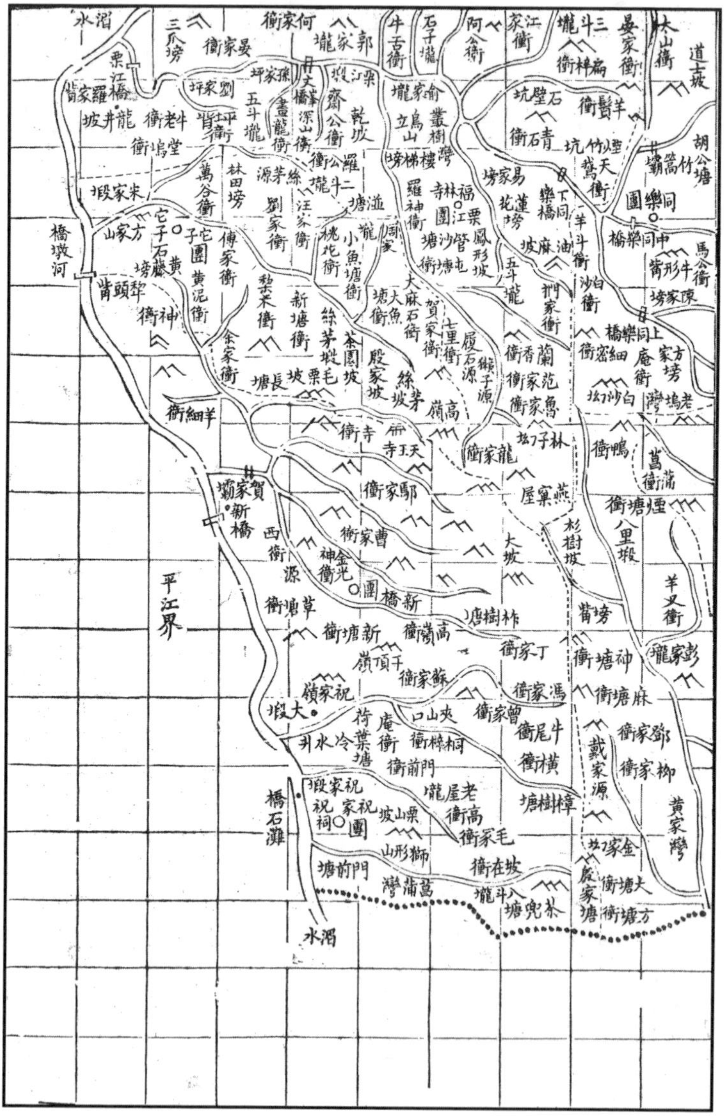

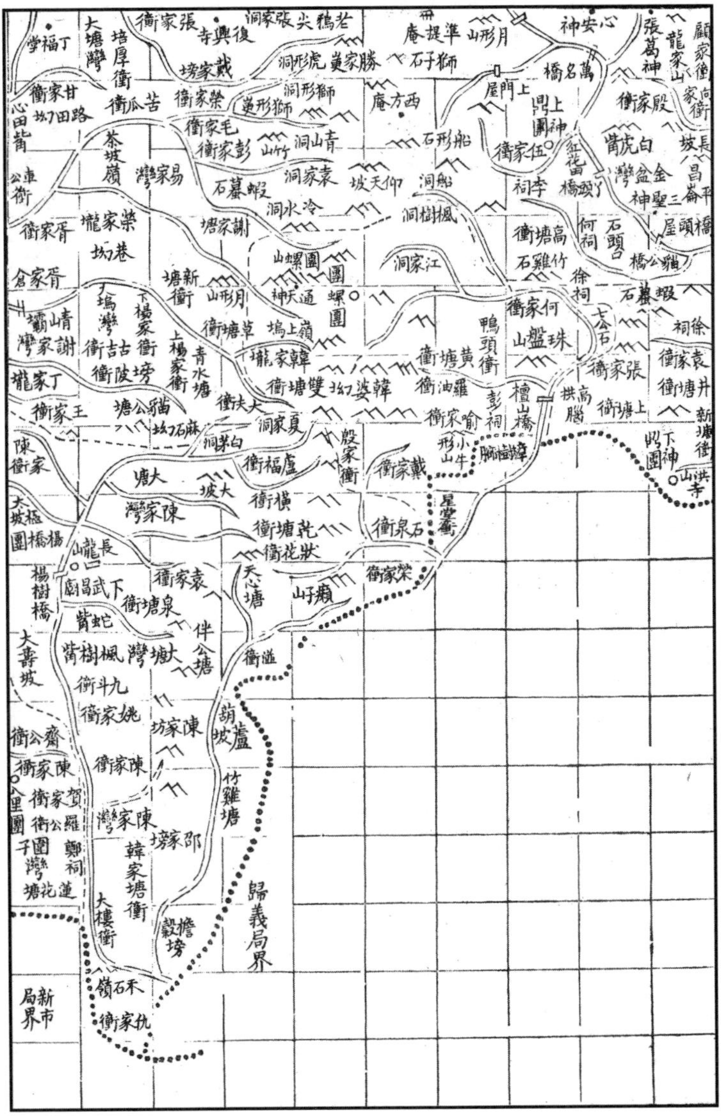
歸義局界
新市局界
盧葫坡
竹雞塘
大壽坡
韓家塘衝
檐穀塝
大樓衝
心安神
萬名橋

縣東武昌局北圖

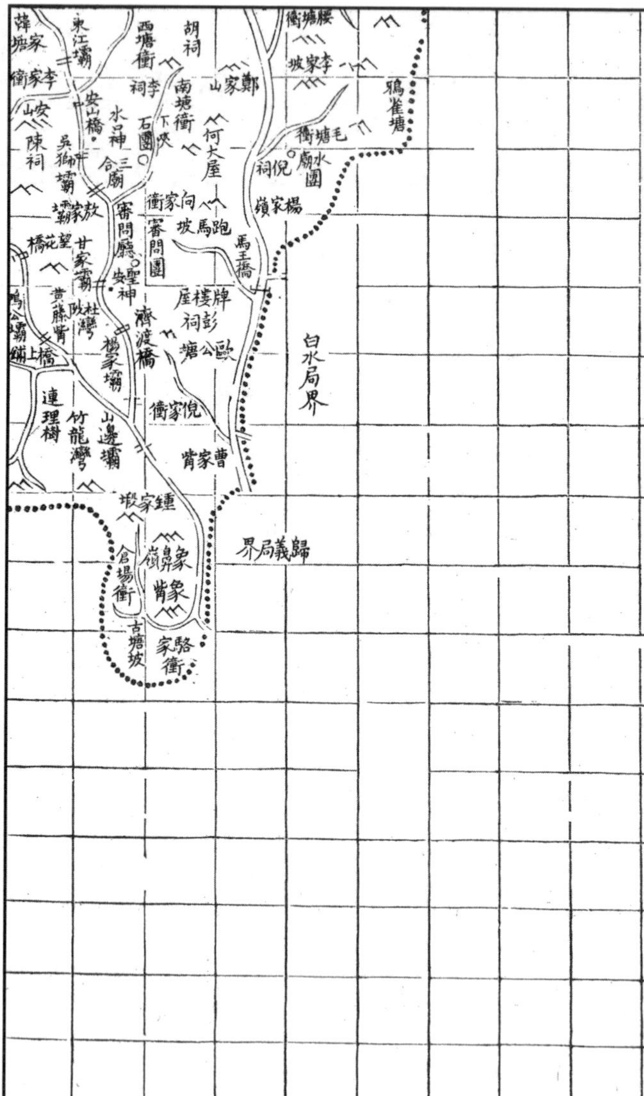
白水局界
歸義局界
鴉雀塘
樓塘衙
李家坡
毛塘衙
水圍廟
倪祠
楊家嶺
鄭家山
何大屋
胡祠
西塘衙
南塘衙
李祠
石園
東江壩
李家衙
安山
陳祠
安山橋
三合廟
向家衙
跑馬坡
審問廳
審問園
馬王橋
牌樓屋
彭祠
歐公塘
濟渡橋
楊家壩
倪家衙
曹家背
連理樹
竹龍灣
山邊壩
鍾家塅
象鼻嶺
象背
倉場衙
古塘坡
駱家衙

右武昌局，在县东逶北，距城五十里。南界界都、丰仓二局，西界白水局，北界新市局，东界平江，东南隅亦稍界长沙焉。纵三十里，横二十四里。领团二十，内犁头团附入读书团，其神鼎团、夹石团，并析为上、下二团。隶十二都，错入十三都、十八都。

东南，蓝家疃、甑盖山等处，曰蓝溪团，隶十二都。东，鸭子湖直至马家坳，界长沙。南，塘坡、青铜坑，界长沙。西，甑盖山直至陈家疃，曲至竹箫塘，界芭蕉团；又直至周家垅，界读书团。北，朱山嘴横至小洞冲，界平江。纵五里，横五里，斜长七里。

稍西逶南，飘峰山、芭蕉洞等处，曰芭蕉团，隶十二都。东，卢家湾直至下狮子岩，界蓝溪团。南，飘峰山横至龙井坡，界长沙；又曲至相思洞，界界都局画栗团。西，张家冲曲至李家冲，界界都局画石团。北，长塘坡横至鱼尾塘，界读书团。纵六里，横五里。

稍西逶北，读书坪、苏家坡等处，曰读书团，隶十二都；又西，东茅坡、汤家山等处，曰犁头团，隶十二都。东，张古疃、塝冲源，界蓝溪团。南，窑塘湾横至卢家冲，界芭蕉团。西，杨梅冲曲至青水塘，界界都局沙溪团；又直至株树山，附犁头团。北，下港口横至仙峰嘴，界平江。纵四里，横四里。　案，犁头团别立一名，附读书团内。东，小水冲直至坳塘冲。南，永嘉坞场，界界都局沙溪团。西，张家冲直至犁头嘴，界芦坡团。北，岸花潭横至汤家山，界平江。纵三里，横二里。

又西，芦坡疃、花石桥等处，曰芦坡团，隶十二都。东，胭脂塘直至横挡山，界读书团。西，附犁头团。南，蕨萁塝横至狮形山，界界都局沙溪团。西，黄泥冲直至碓子坳，界马嘶团。北，羊斗塘横至丁家塘，界楠木团。纵五里，横四里。

稍南，楠木疃、牛形岭等处，曰楠木团，隶十二都。东，刘家源直至仓场坪，界平江。南，唐家冲横至江家冲，界芦坡团、武昌团。西，苏家湾曲至林树冲，界武昌团。北，坳背冲横至张家冲，曲至牛形岭，又横三瓜塝，界同乐团、栗江团。纵五里，横七里。

又北，同乐桥、竹篙坝等处，曰同乐团，隶十二都。东，细密冲直至晏家冲，界栗江团。南，横冲曲至苦瓜冲，横至狮形洞，界武昌团。西，青山洞直至韩婆坳，斜至小牛形山，界上神鼎团、团螺团；又直至荣家冲，界归义局金鸡团。北，癞子山曲至卢福冲，横至老坞湾，界杨树团。纵七里，横六里，斜长十里。

其东，栗江桥、管沙塘等处，曰栗江团，隶十二都。东，罗家嘴，界平江。南，栗江桥横至郭家冲，曲至牛形岭，又横至江家冲，界楠木团。西，三斗垅曲至胭脂冲，又曲至莲花塝，直至扪家冲，界同乐团。北，鲁家冲曲至高岭，横至牛老冲，界栗江团。纵七里，横八里。

径东，它子石、桃花冲等处，曰它子团，隶十二都。东，方家山直至墩上，界平江。南，龙井坡横至丝茅源，界栗江团。西，汪家冲斜至丝茅塘，界栗江团。北，殷家坡横至黄藤塝，界新桥团。纵二里，横三里，斜长六里。

东北，贺家坝、柞树塘等处，曰新桥团，隶十二都。东，犁头嘴斜至羊石冲，界平江。南，黄泥冲横至大王寺，界它子团。西，大坡，界八里团。北，柞树塘横至西冲源，界祝家团。纵三里，横五里。

又北，祝家疃、菖蒲湾等处，曰祝家团，隶十二都。东，门家冲直至祝家岭，界平江。南，陈家塘横至丁家冲，界新桥团。西，冯家冲直至殷家塘，界八里团。北，滑石冲横至象鼻嘴，界新市局涂藻团。纵五里，横四里。

其南，马嘶疃、周家垅等处，曰马嘶团，隶十二都。东，八斗垅直至麻子坡，界芦坡团。南，许家冲，界界都局黄柏团。西，蔡家冲斜至七口塘，界界都局黄柏团；又曲至堆里冲，界武昌团。北，小水源，界武昌团。纵三里，横二里。

稍北，花嘉垅、易家湾等处，曰武昌团，俗名上武昌。隶十二都。东，剪刀石直至山枣冲，曲至奇美冲，又曲至彭家冲、张家塘，界楠木团、芦坡团、马嘶团。南，冷水冲斜至孙家垅，界界都局双石团。西，汤家岭斜至老鸦尖，界上神鼎团。北，虎形洞横至荣家坪，又斜至双塘冲，界同乐团。纵六里，横七里。

又北，杨树桥、葫芦坡等处，曰杨树团，俗名下武昌。隶十二都。东，大楼冲直至菖蒲湾，界八里团。南，陈家冲横至乾塘，界同乐团。西，天心塘直至担谷塝，界归义局东仁团。北，禾担岭，界新市局涂藻团。纵九里，横三里。

径北，八里疃、黄家湾等处，曰八里团，隶十二都。东，大塘湾直至燕窠屋，界祝家团、新桥团。南，林子坳白沙坳，界栗江团。西，崇塘直至罗公冲，界杨树团。北，莲花塘横至塘冲，界新市局涂藻团。纵八里，横二里。

西南，神鼎分二团：其南，药神尖、红花田等处，曰上神鼎团；其北，七公石、洪山寺等处，曰下神鼎团。隶十三都。东，七公石斜至胜家山，界团螺团、同乐团，又直至邵家洞，界武昌团。南，药神峰，界界都局双石团。西，殷家洞斜至张葛神，曲至安山，又直至杜坡湾，界上下夹石团、审问团。北，洪山寺，界归义局金鸡团。纵八里，横四里。

逶东，团螺山、韩婆坳等处，曰团螺团，隶十三都。东，韩婆坳斜至团螺山，界同乐团。南，枫树洞横至何家冲，界上神鼎团。西，张家冲、上塘冲，界下神鼎团。北，樟树脚横至喻家冲，界同乐团。纵三里，横三里。

又西南，夹石分二团：其南，驼石坳、东江坝等处，曰上夹石团；其北，安山桥、敖家坝等处，曰下夹石团。隶十二都。东，吴狮坝曲至殷家冲，又曲至塘湾，直至文家洞，界上神鼎团。南，彭家洞曲至仑背冲，界丰仓局丰仓团。西，丑家冲直至郑家山，界水庙团。北，涂家冲曲至向家冲，横至敖家坝，界审问团。纵七里，横四里。

又北逶西，甘家坝、钟家疃等处，曰审问团，隶十三都。东，连理树曲至甘家坝，界下神鼎团。南，审问厅遗址曲至大屋何，界下夹石团、水庙团。西，马王桥直至象嘴，界归义局石牛团。北，骆家冲、古塘湾，界归义局金鸡团。纵六里，横二里。

其西，马王桥、鸦雀塘等处，曰水庙团，隶十八都。东，水庙冲，界夹石团。南，羊塘坡，界白水局关山团；两大坡，晏家冲，界白水局乌衣团、周景团。北，杨家岭，界白水局周景团。纵五里，横二里。

南有药神尖、国朝罗胜任诗云："自笑无能拨俗缘，者番乘兴上峰巅。身缘古树高同鸟，口吸青云吐作烟。历数湘山盘似髻，遥看岳塔小如拳。此间帝座能通否，欲借狂吟达九天。"老虎岩、团螺山，东有飘峰山。国朝蒋之棻诗云："杖底峰如玉女开，青鬟累累对前来。岚生古洞千山雨，瀑触深溪万壑雷。定后远神栖岛岳，醉中清梦到天台。痴情自负多奇癖，聘得青山佐酒杯。"

其水以湄水为经流，入湄水者有蓝溪滩水，有栗江水。

出湄水有遇石桥、芦坡坝、芦桥、槐树桥、横山坝、鲁造桥、青山坝、文峰桥、栗江桥、下同乐桥、中同乐桥、上同乐桥、贺家坝。其北出石鼓河入汨者，有檀山桥；北出百丈口入汨者，有万名桥、丫头桥、猫公桥、明何瑶九修。鸭公桥、望花桥、东江坝，有文家桥、安山桥、吴狮坝、敖家坝、甘家坝、杨家坝、济渡桥、邑人何来寿修。山边坝、马王桥。

局东北有天王寺，在寺冲，距城东北七十里。福林寺。在管沙塘，宋太平兴国中建，俗谓之少天王寺，距天王寺南四里。径东南有湘峰寺、在飘峰山，距城东八十里。碧云庵、在飘峰山山半，距湘峰寺南一里。慈云庵、在芭蕉洞，距碧云庵南六里。　国朝郭刚基诗云："东皋薄暮夕阳明，偶出还驱款假马。盘纡山路细侵云，三两飞禽鸣上下。行行渐到寺门前，杳霭晴岚笼四野。殿阁无尘净似揩，钟声断续清如写。万峰罗列人语寂，静对山松如结社。长歌步月归去来，两袖旃檀香暗惹。"复兴寺。在张家洞，距城东六十里。西偏有西方庵、在胜家塅，距复兴寺南三里。准提庵。在狮子石，距西方庵南一里。西北有洪山寺，在新塘冲，距城东北七十里。径西有石云寺、在萝胜洞，距城东六十里。玉佛寺、在榆树山，俗名榆树庵，距石云寺南一里。接引庵，在老虎岩，明洪武中建，距玉佛寺南二里。

古迹有陶〔澹〕隐居采药处，旧志："药神尖，晋陶澹采药于此，因名。"有读书坪。宋郡人毕田读书处。　国朝彭宏受诗云："湘流回薄出徐徐，中有平原称读书。屈宋故乡长望里，文章开国百年馀。缤纷古藻和花种，淹博经田带月锄。此处旧多豪杰士，疏慵且勿托村居。"

长沙通巴陵古道出双江口。

大姓：李氏二，一居安山桥，一居同乐团；蓝溪滩周氏；虾蟆岭徐氏；武昌庙伏氏、姜氏；彭家疃彭氏。

县东新市局南图

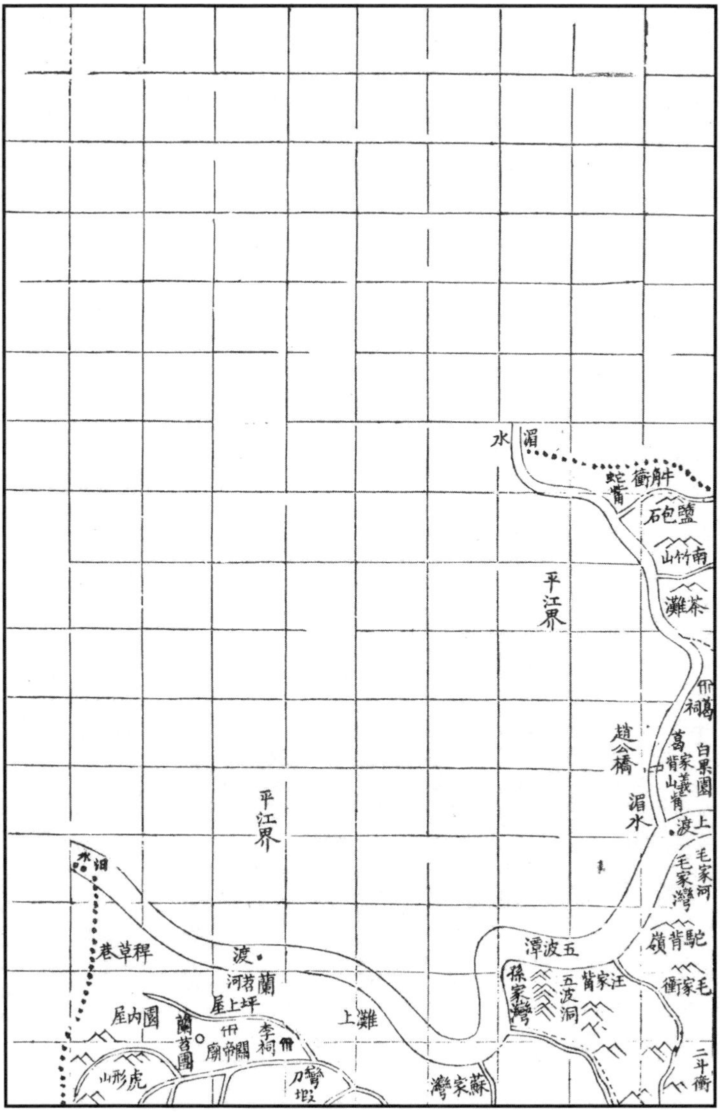
湄水
牛觔衝
蛇背
盬包石
南竹山
茶灘
平江界
葛祠
趙公橋
葛家
白果園
湄水
上渡
毛家河
毛家灣
駝背嶺
毛家衝
五波潭
汪家背
五波洞
孫家灣
二斗衝
蘇家灣
平江界
汨水
程草巷
渡
蘭茗河
坪上屋
園內屋
蘭茗園
關帝廟
李祠
灘上
虎形山
彎刀塅

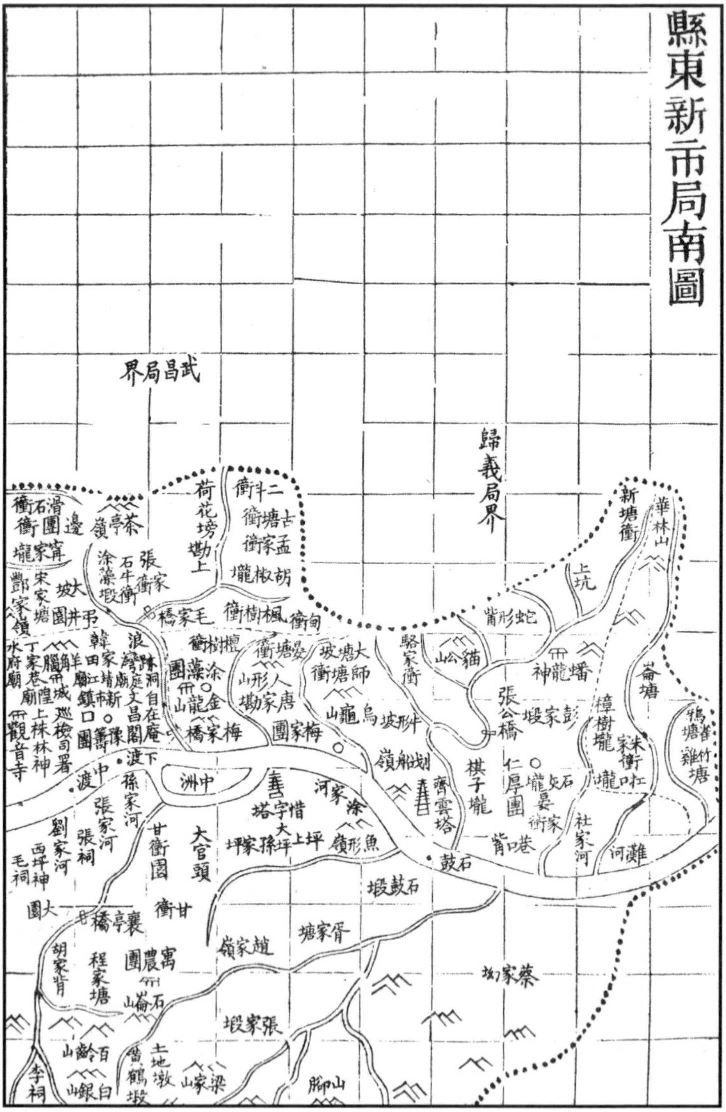
縣東新市局南圖
武昌局界
歸義局界
荷花塝墈上
二斗衝
古塘衝
孟家衝
胡椒壠
楓樹衝
毛家橋
張家衝
涂藻塅
茶亭嶺
滑石園衝
鄧家嶺
蛇形背
上坑
新塘衝
華林山
貓公山
駱家衝
龠塘
鴉雀塘
雞竹塘
蟠龍神
彭家塅
張公橋
樟樹壠
米家衝
大師塘
唐家人形山
梅家園
烏龜山
牛形坡
划船嶺
齊雲塔
棋子壠
仁厚園
晏家衝
社家河
灘河
巷口背
石鼓
金龍山
梅家橋
涂藻園
檀樹衝
中洲
下渡
中渡
孫家河
張家河
涂家河
惜字塔
魚形嶺
大官頭
甘衝園
甘衝
石鼓塅
晉家塘
趙家嶺
寓農園
蔡家坳
石崙山
程家塘
胡家背
裏亭橋
大園
張家塅
劉家河
張祠
西坪神
毛祠
百齡山
白銀山
李祠
土地墩
鶴塅
梁家山
山腳
觀音寺
水府廟
巡檢司署
城隍廟
文昌閣
自在庵

县东新市局北图

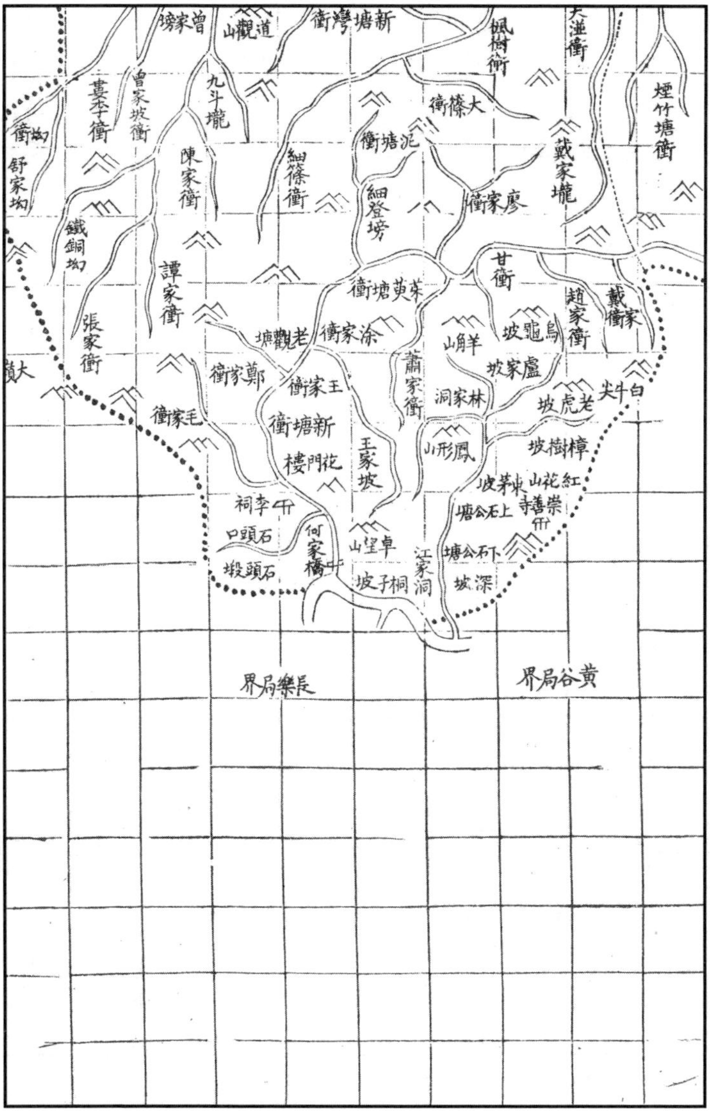
曾家塝
道觀山
新塘灣衝
楓樹衝
九斗壠
曾家坡衝
婁李衝
舒家坳
煙竹塘衝
戴家壠
陳家衝
泥塘衝
細登塝
廖家衝
鐵銅坳
譚家衝
甘衝
趙家衝
戴家衝
張家衝
涂家衝
烏龜坡
羊角山
蕭家衝
盧家坡
鄭家衝
王家衝
林家洞
白牛尖
老虎坡
毛家衝
新塘衝
鳳形山
樟樹坡
花門樓
王家坡
紅花山
崇善寺
李祠
何家橋
卓望山
江家洞
桐子坡
長樂局界
黃谷局界

縣東新市局北圖

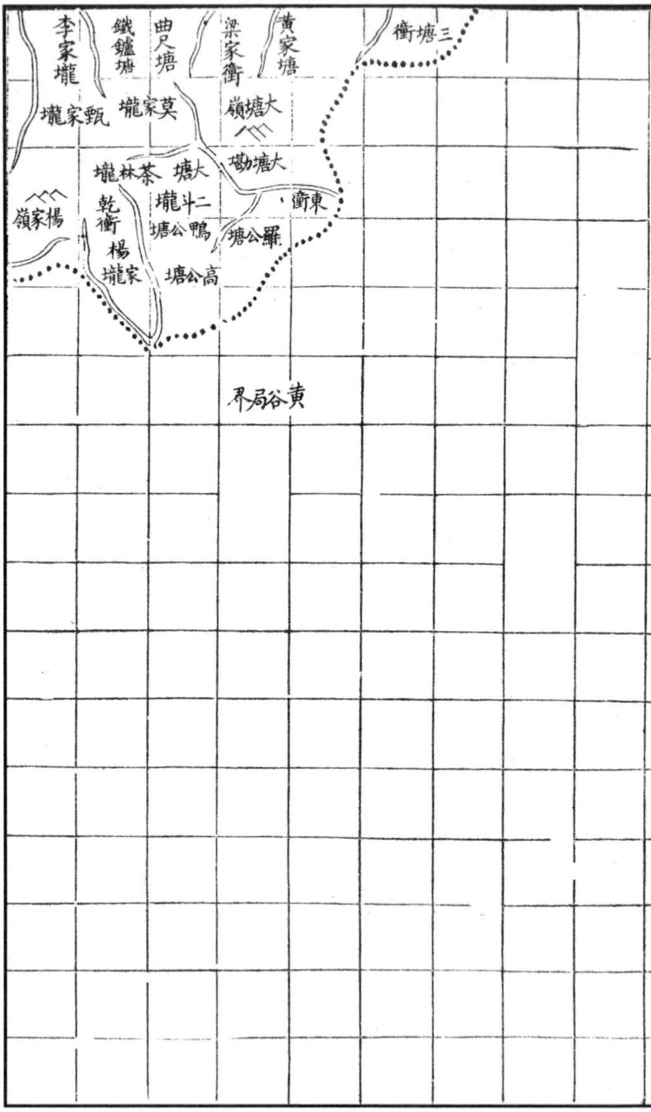

三塘衝
黃家塘
梁家衝
曲尺塘
鐵爐塘
李家壠
大塘嶺
莫家壠
甄家壠
大塘坳
大塘
茶林壠
東衝
二斗壠
乾衝
楊家嶺
羅公塘
鴨公塘
楊家壠
高公塘
黃谷局界

右新市局，界县东北，距城七十里。南界武昌局，西界归义局，北界黄谷局，东北界长乐局，东界平江。纵十八里，横十八里。领团六，内仁厚团附入梅家团。隶十四都，错入十一都。

其南，新市镇、赵公桥等处，曰豫筹团，隶十四都。东，赵公桥，界平江。南，金家巷，界涂藻团。西，接官亭，界梅家团。北，濒汨水，界寓农团。纵二里，横二里。

又南，涂藻疃、南竹山等处，曰涂藻团，隶十四都。东，茶滩山直至南竹山，濒湄水，界平江。南，茶亭岭横至荷叶塘，界武昌局祝家团、八里团。西，二斗冲直至甸冲，界武昌局杨树团。北，枫树垅横至羊角脑，界梅家团、豫筹团。纵五里，横二里。

迤西，梅家桥、彭家疃等处，曰梅家团，隶十四都。

又西，棋子垅、华林山等处，曰仁厚团，隶十四都。东，梅家桥曲至桃树坡，界豫筹团。南，宋家塘横至蛇形嘴，曲至新塘坡，界涂藻团及归义局东仁团。西彭家疃曲至社谷坪，附仁厚团。北，欧阳神横至洲嘴，界黄谷局戴花团及寓农团，濒汨水。纵七里，横三里。案，仁厚团别立一名，附梅家团内。东，扛口垅、樟树垅。南，华林神，界归义局杨树团。西，鸦雀塘、竹鸡塘，界归义局居仁团。纵五里，横二里。

其北，石鼓疃、毛家河等处，曰寓农团，隶十四都，错入十一都。东，人形山曲至孙家湾，界兰茗团。南，汪家嘴曲至毛家河，界平江；又横至石鼓河，濒汨水，界梅家团、豫筹团。西，龙头岭直至大井头，界黄谷局为美团；又曲至彭家庄，界黄谷局里仁团。北，长坡横至菜园坡，界黄谷局敦厚团。纵十里，横十里。

东北，兰茗河、红花山等处，曰兰茗团，隶十一都。东，毛家冲曲至坳冲，直至管家冲，界长乐局仁义团四约。南，坪上屋横至苏家湾，濒汨水，界平江赵家坪。西，大滏冲斜至卢家坳，界寓农团；又曲至红花山，界黄谷局敦厚团。北，深坡横至石头口疃，界长乐局仁义团五约。纵十里，横九里。

南有金龙山，北有红花山、卓望山，东有道观山，西有百龄山。

其水以汨为经流，入汨者有湄水。沿汨水而西，曰兰苕河，曰五波潭，曰毛家河、刘家河、张家河、孙家河、徐家河，曰石鼓河。

汨水南有赵公桥、平江赵氏修，乾隆中，乡贤吴宏道曾一修之，故亦名吴公桥。梅家桥、毛家桥、邑人毛肇基修。张公桥，北有襄亭桥，又北出罗水有何家桥。

局北有崇善寺、在红花山，距城东北七十二里。自在庵、在新市镇，距城东北七十里。观音寺。在新市镇，距自在庵南一里。

古迹有石鼓。旧志："江中列石如鼎，足驾大石其上，舟人以篙触之，镗然有声，因名石鼓河。"

有新市镇，为县东北一大聚落，有巡检司署。

通平江大道出新市，长沙通巴陵古道亦出新市。

大姓：涂藻团涂氏，桥背吴氏，兰苕河苏氏，张家河张氏，毛家河毛氏、胡氏。

案，县东九局，北极于汨水。《元丰九域志》："湘阴五乡。"大义、长乐属县北，其大义一乡，新市、归义皆隶焉。今以武昌局径北至归义之窑洲河为县东，界新市局境，在汨水北者仍属之县北。因山水大界以定疆域，庶易了然。析言之，则高坊、塾塘二局属县东南，武昌、新市二局属县东北云。

湘阴县图志卷四

舆图四 县北十二局分图

县境缩于南而赢于北，而东北横出平江县境，斜长又五六十里。其初大荆驿尚隶平江，自长乐局以北，与平江犬牙相错。乾隆二年大荆改隶湘阴，而后北境专与巴陵为界，又稍屈而东至水口桥，南界平江。其自汨水以北，长乐、浒田、黄谷，并号称饶沃，而其民俗亦颇袭平江强悍之气，好勇争胜，不肯相下；东北至洪源洞、蓝家洞、向家洞，山益峻，地益远，往往据深负阻，以势力相雄而轻犯法，然其朴野古质之风有足多者。渐摩之以礼义，而整齐之以教化，其踊跃向善之心，反更捷于齐俗。其诸濒湖之地，数更水患，稍虚乏矣；而上自营田，下至凤凰局，人文科第，称邑望焉，殆亦山水旁薄渟滀之征也。

县北三峰局南图

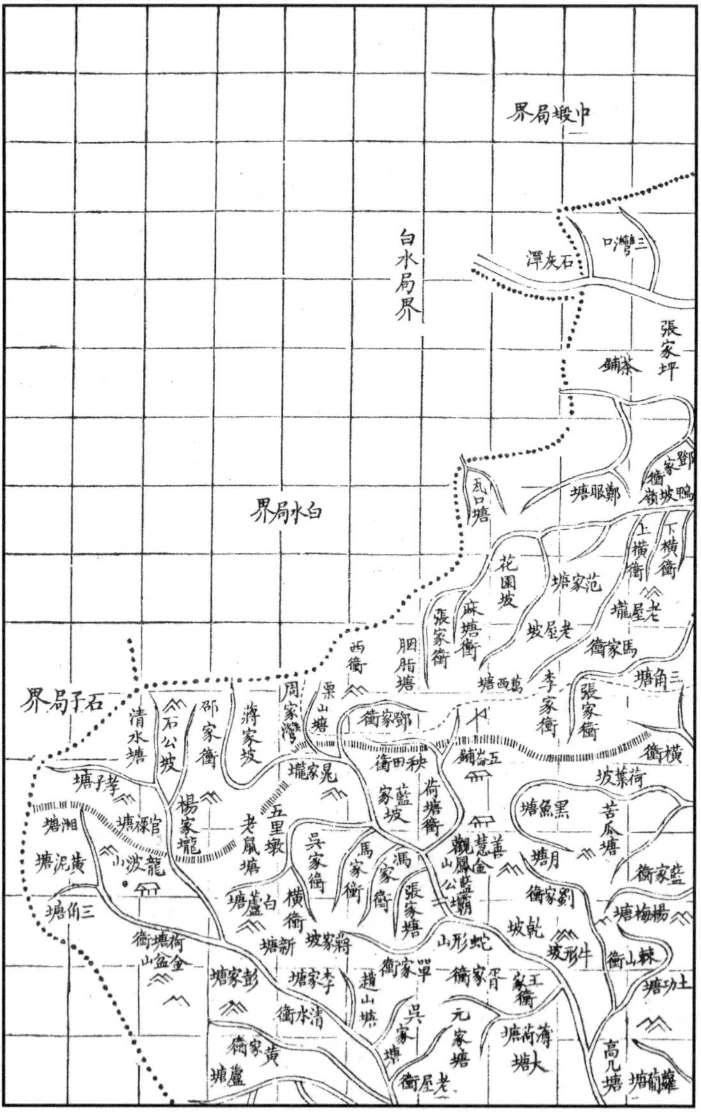
中坡局界
白水局界
白水局界
石子局界
石灰潭
三灣口
張家坪
茶鋪
鄭眼塘
鄧家衝
鴨坡衝
瓦口塘
上橫衝
下橫衝
花園坡
范家塘
老屋壠
老屋坡
張家衝
麻塘衝
馬家衝
胭脂塘
西衝
三角塘
李家衝
張家衝
橫衝
清水塘
石公坡
邵家衝
蔣家坡
周家灣
栗山塘
鄧家衝
秋田衝
五谷鋪
荷葉坡
黑魚塘
苦瓜塘
晃家壠
藍家坡
荷塘衝
楊家壠
五里墩
老鼠塘
吳家衝
馬家衝
馮家衝
張家塘
善慧觀
金鳳山
月塘
藍家衝
劉家衝
楊梅塘
乾坡
牛形坡
棘山衝
土功塘
三角塘
荷塘金盆山
白蘆塘
橫衝
新塘
蔣家坡
蛇形山
單家衝
胥家衝
王家衝
彭家塘
李家塘
趙山塘
清水衝
吳家塘
元家塘
大荷塘
高几塘
蘿蔔塘
黃家衝
盧塘
老屋衝

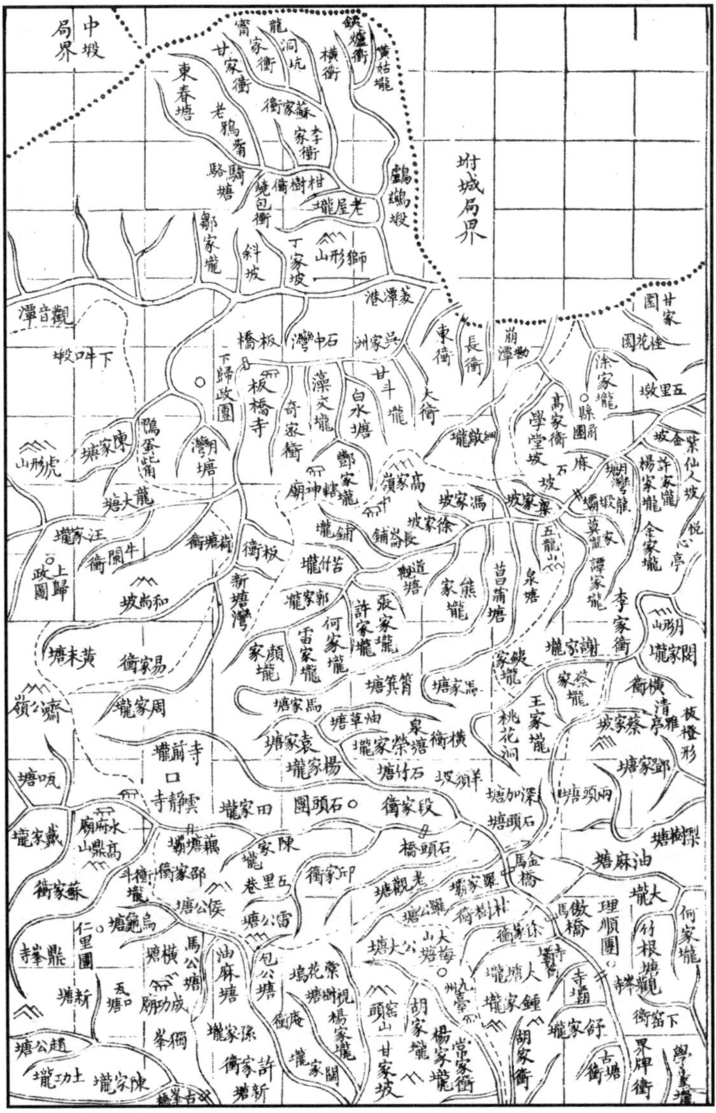
中塅局界
府城局界
東春塘
甘家衝
龍洞坑
橫衝
鐵爐衝
黃姑壠
鸛鵝塅
老鴉崙
獅形山
丁家坡
斜坡
鄒家壠
觀音潭
板橋
石中灣
呂家洲
菱潭港
下口牛塅
下歸政團
板橋寺
奇家衝
白水塘
甘斗壠
大衝
東衝
長衝
崩潭嶼
涂家壠
高家衝
學堂坡
五里墩
紫仙人坡
許家壠
楊家壠
虎形山
陳家塘
龍大塘
汪家壠
上歸政團
新塘灣
和尚坡
黃末塘
易家衝
周家壠
齋公嶺
寺前壠
雲靜寺
田家壠
石頭團
段家衝
石頭橋
油麻塘
馬金橋
戴家壠
蘇家衝
鼎峯寺
仁里團
新塘
趙公塘
土功壠
陳家壠
孫家壠
許家衝
新塘
包公塘
油麻塘
關家壠
楊家壠
胡家壠
甘家坡
常家衝
胡家衝
舒家壠
鍾家壠
何家壠
竹根塘
理順團
界牌衝
李家衝
謝家壠
王家壠
桃花洞
蔡家坡
鄧家塘
悅心亭
金家壠
譚家壠
熊家壠
苦竹壠
郭家壠
何家壠
顏家壠
雷家壠
許家壠
袁家塘
楊家壠
橫衝塘
石竹塘

縣北三峯局南圖

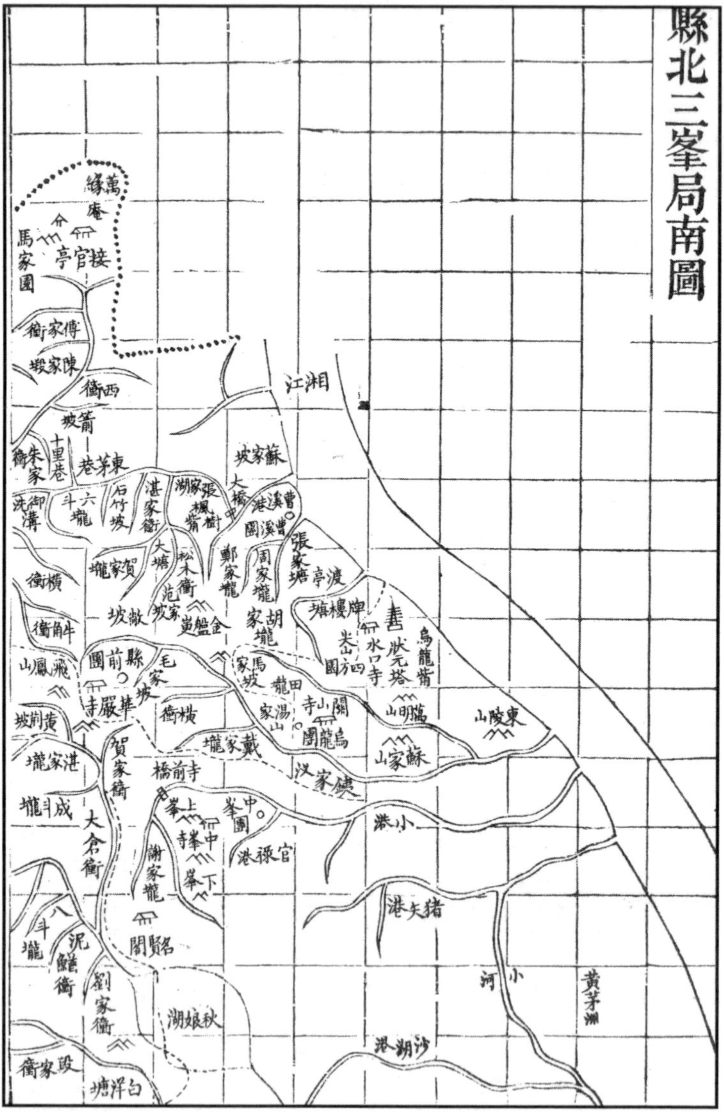
萬緣庵
接官亭
馬家園
傅家衝
陳家墩
西衝
箭坡
東茅巷
十里巷
湘江
蘇家坡
大橋
曹溪港
曹溪圍
張家塘
渡亭
周家壠
鄭家壠
胡家壠
金盤嶺
縣前圍
華嚴寺
毛家坡
橫衝
戴家壠
寺前橋
賀家衕
大倉衕
官祿港
小港
猪矢港
小河
黃茅洲
沙湖港
秋娘湖
名賢閣
劉家衕
段家衕
白洋塘
東陵山
蘇家山
烏龍嘴

县北三峰局北图

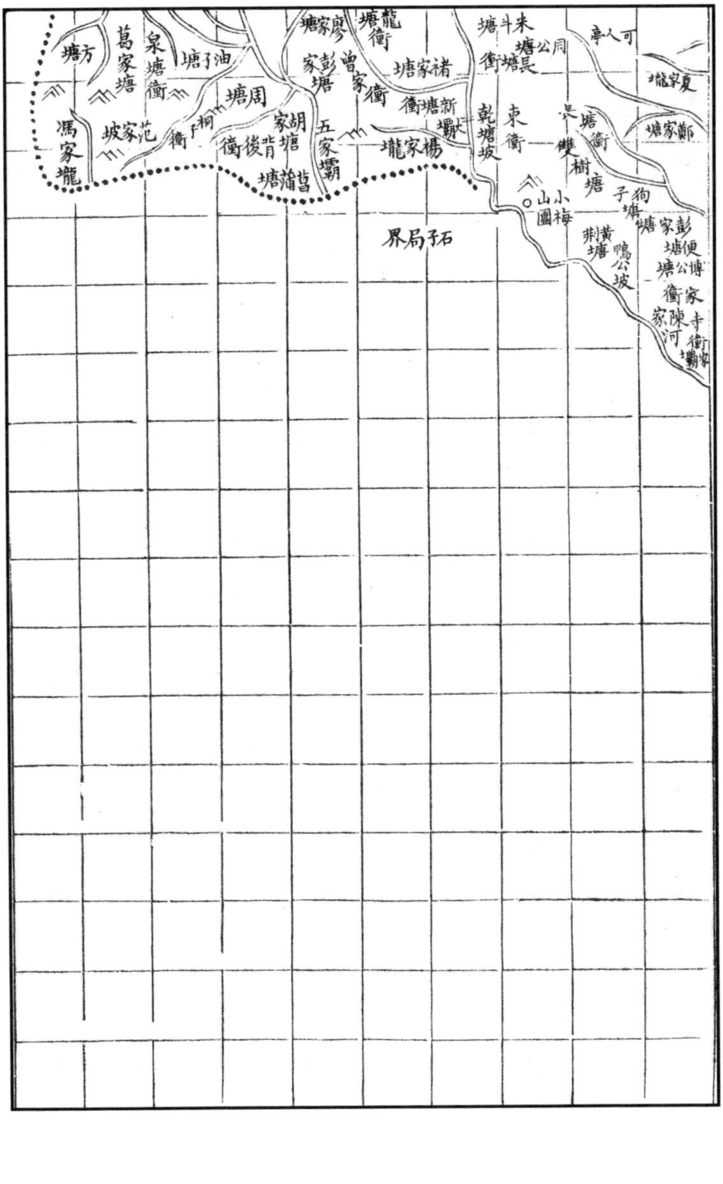
方塘
葛家塘
泉塘衝
油子塘
周塘
桐子衝
范家坡
馮家壠
胡家塘
背後衝
菖蒲塘
廖家塘
龍塘衝
彭家塘
曾家衝
五家壩
褚家塘
新塘衝
楊家壠
米斗塘
周公塘
長塘衝
乾塘坡
東衝
可人亭
夏家壠
鄭家塘
雙樹塘
狗子塘
小梅山
黃荆塘
鴨公坡
彭家塘
陳家河
石子局界

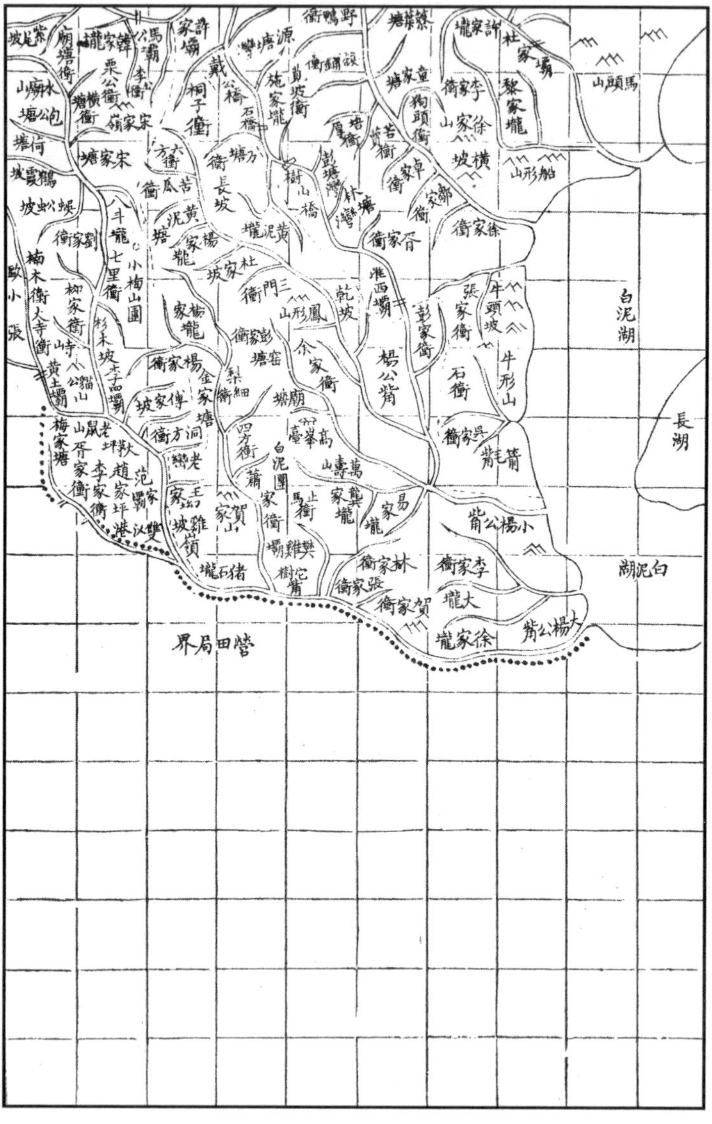
營田局界
白泥湖
長湖
白泥湖
馬頭山
船形山
牛形山
牛頭坡
杜家壩
黎家壠
許家壠
野鴨衝
橫坡
徐家衝
胥家衝
張家衝
彭家衝
石衝
吳家衝
楊公背
小楊公背
大楊公背
徐家壠
賀家衝
李家衝
大壠
林家衝
三門衝
鳳形山
乾坡
杜家坡
黃泥壠
長坡
桐子衝
小梅山園
八斗壠
七里衝
劉家衝
楠木衝
大寺衝
宋家塘
梅家塘
白泥園
萬壽山
高峯臺

縣北三峯局北圖

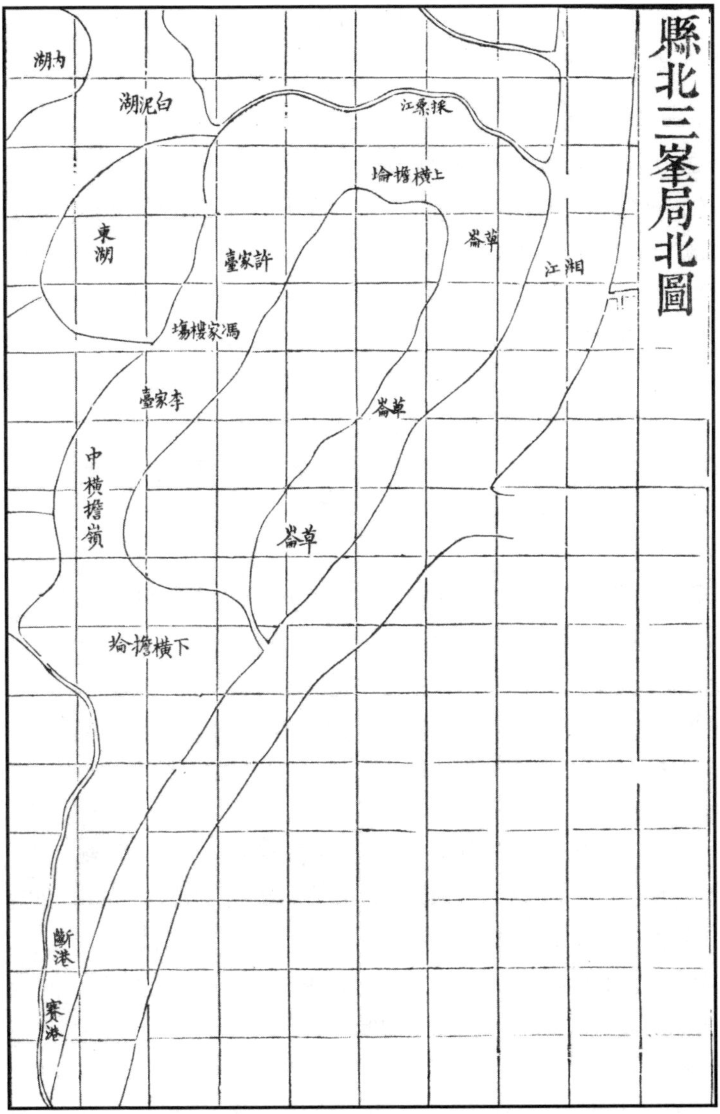

右三峰局，界县北，距城三里。东界石子、白水二局，南界中疃、附城二局，北界营田局，西濒湘水。纵二十四里，横二十九里，领团十四，内甘田团附入石头团，其归政团又析为上、下二团。隶十九都，错入十六都、十七都、十八都。

适中，石头桥、油草塘等处，曰石头团，隶十九都。稍南，长仑铺、熊家垅等处，曰甘田团，隶十九都。东，两头塘直至蔡家垅，界理顺团。南，马家垅横至袁家塘，附甘田团；又横至寺前垅，界下归政团。西，藕塘坝、邵家冲，界仁里团。北，侯公塘横至石头塘，界大梅山团、理顺团。纵三里，横六里。案，甘田团别立一名，附石头团内。东，菖蒲塘。南，高家岭、长仑铺。西，郭家垅、颜家垅，并界下归政团。北，马家塘、菖蒲垅。纵三里，横四里。

其南，五里墩、莫家垅等处，曰县前团，隶十九都。东，谢家垅直至白沙垅，曲至大茶园，界下归政团。南，牧漕湖横至万缘庵，界附城局汛爱团。西，陈家埚曲至水口寺，界附城局北关团及漕溪团。北，熊家垅横至板凳形，界乌龙团、中峰团、理顺团。纵八里，横七里。

东南，归政分二团：斋公岭、大山坡等处，曰上归政团；板桥、月湾塘等处，曰下归政团。隶十九都。东，万西塘直至瓦口塘，又曲至三湾口，界晁家团及白水局仁里团。南，观音潭曲至东春塘，又横至黄姑垅，界中埚局花石团。西，鸬鹚埚曲至奔塛潭，界附城局汛爱团；又直至五垅山，界县前团。北，鄷家垅曲至周家垅，界石头团。南，附入甘田团；又横至李家冲，界仁里团。纵十里，横十里。

西南，漕溪港、金盘岬等处，曰漕溪团，隶十九都。东，张家湖，界县前团。南，许家坡，界附城局北关团。西，漕溪港，界湘江。北，张家塘、枫树嘴，界县前团。纵二里，横二里。

迤西，乌龙嘴、汤家山等处，曰乌龙团，隶十九都。东，马家坡曲至四方园，界县前团。南，水口寺，界县前团。西，界湘江。北，汤家山，界中峰团。纵三里，横三里。

又西，中峰寺、钱家汊等处，曰中峰团，隶十九都。东，瞿家冲，界理顺团。南，戴家垅，界县前团、乌龙团。西，黄茅洲，界湘江。北，界白泥湖。纵五里，横八里。

稍东，竹根塘、学堂垅等处，曰理顺团，隶十九都。东，胡家冲直至枯树冲，界大梅山团。南，罗公塘曲至邓家塘，横至飞凤山，界石头团、县前团。西，湛家冲直至刘家冲，界中峰团。北，白羊塘横至王家垅，界大梅山团。纵六里，横五里。

又东，窑头山、戴公桥等处，曰大梅山团，隶十九都。东，独峰直至侯公塘，界仁里团、小梅山团。南，枫树塘，界石头团。西，九州台直至横冲，又曲至马头山，界理顺团。北，箭毛嘴曲至淮西坝，横至庙塘冲，界小梅山团、白泥团。纵七里，横七里。

透北，包公塘、杨家塘等处，曰小梅山团，隶十九都。东，陈家河，界营田局唐山团及仁里团。南，可入亭岭，界仁里团。西，柴尾冲曲至八斗垅，又直至范家坝，界大梅山团、白泥团。北，胥家冲横至双树塘，界营田局唐山团。纵七里，横三里。

径北，高峰台、白泥湖等处，曰白泥团，隶十七都。东，鸡坡岭直至钟家垅，界小梅山团。南，六方冲曲至黄泥塘冲，界大梅山团。西，彭家冲直至杨公嘴，界白泥湖。北，徐家垅横至猪石垅，界营田局唐山团。纵六里，横六里。

东北，鼎峰寺、萝卜塘等处，曰仁里团，隶十九都，错入十六都。东，高几塘直至黑鱼塘，界清水团、晁家团。南，五仑铺横至斋公岭，界上归政团。西，高鼎山直至独峰，界石头团、大梅山团。北，蛇形山横至萝卜塘，界小梅山团。纵六里，横六里。

透东，晁家垅、五仑铺等处，曰晁家团，隶十八都。东，老鼠塘，界清水团。南，邵家冲横至西冲，界白水局仁里团。西，胭脂塘直至金凤山，界上归政团、仁里团。北，蛇形山横至白芦塘，界清水团。纵四里，横五里。

径东，清水塘、伍家坝等处，曰清水团，隶十六都。东，黄家冲直至湘塘，界石子局大义团。南，孝子塘横至石公坡，界晁家团。西，杨家垅直至彭家塘，又曲至王家冲，界仁里团。北，长塘冲横至冯家垅，界石子局白雁团。纵七里，横五里，斜长九里。

东有龙波山、高鼎峰、独峰，西有万明山、东陵山、三峰山。入湘水者，有澧溪港，有钱家汊，有官禄港，有猪石港，有沙湖港，有赛港，有白泥湖、秋粮湖。南径百水江，有石灰潭、观音潭、菱潭港。

出赛港，有伍家坝、蓝公坝、黄土坝、范家坝，有古峰桥、邑人谢启柏修。马公坝、许家坝、戴公桥。邑人戴克箴修。　国朝龙光辅诗云：“江村寒雨散霏霏，小立桥南入望微。拍岸新流初作涨，护堤古木已成围。云连大野黄尘断，风送长空白雁飞。惆怅行人天欲暮，冲泥一路趁墟归。”有石桥、一名梅江桥，邑人戴克箴修。淮西坝。有石头桥、金马桥、邑人殷天珍修。傲马桥、邑人殷天珍修。寺坝、杜家坝、寺前桥。出百水江有板桥、龙塅坝。

局南有板桥寺、在板桥，距城北十二里。云静寺、在田家垅，距板桥寺南六里。鼎峰寺，在新塘庵冲，距云静寺南二里。东南有善慧观，在金凤山，距鼎峰寺南四里。径西有华严寺、在贺家冲，宋绍兴中建，距城北十一里。　国朝郭诠世诗云：“一碧寥天净，秋山气转清。斜风欹树影，衰草暗虫声。缓步游人兴，闲歌归路情。华严今夜月，窗外向谁明。”水口寺、在乌龙嘴，距华严寺南三里。关山寺、在苏家山，距水口寺南一里。中峰寺、在中峰山，旧名伽蓝庵，距关山寺南二里。　国朝郭刚基诗云：“中峰深锁梵王宫，槛外长江日夜东。泉籁一溪通地脉，松涛万壑响天风。禅心入鹤孤飞迥，暝色随鸦万象空。长啸空山尘影寂，一声樵唱月明中。”观峰寺。在下窑冲，距中峰寺南三里。

古迹有采桑江，有名贤阁。明太仆卿娄锈①读书于三峰山，乡荐后，梦三人张黄盖相访问，之旁一人答曰：“此三闾大夫、夏忠靖、易忠节。”锈因建阁祀之。

有中峰窑市。沿江皆陶户，穴地取土。

大姓：东湖甘氏，许家坝胡氏，黄泥塘徐氏，黑鱼塘黎氏，漕溪港江氏，韩家山韩氏，中峰窑杨氏，傅家冲郑氏。

---

①“娄锈”，本志卷三十二《人物传（上）》作“娄琇”。

县北石子局南图

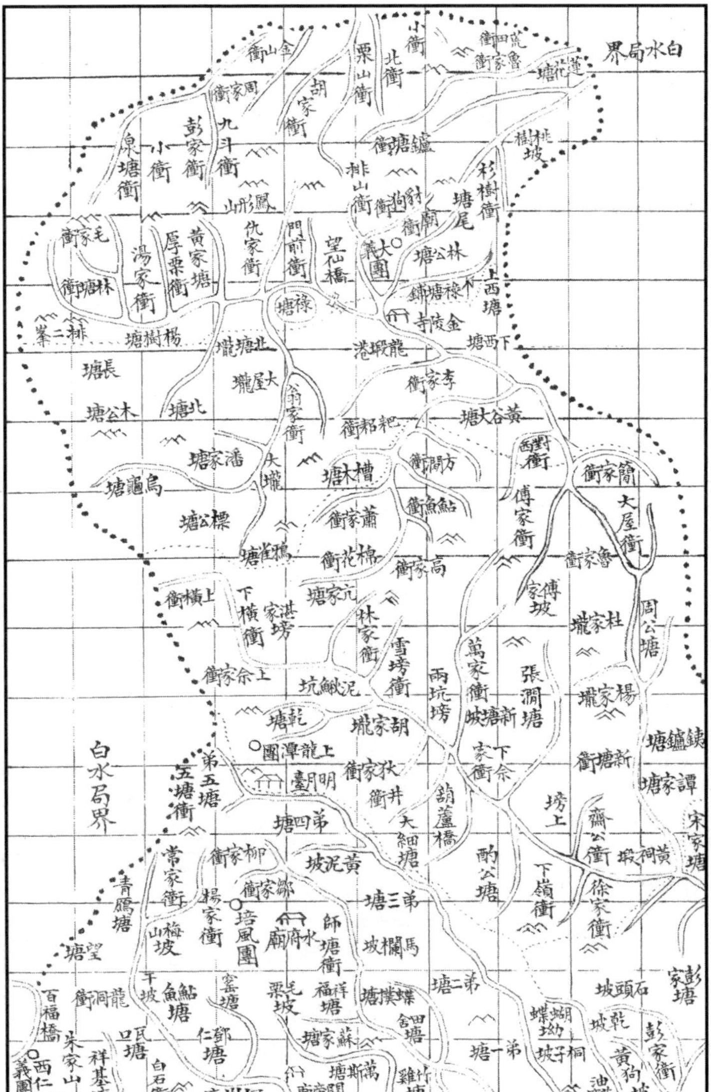
白水局界
金山衝
周家衝
栗山衝
北衝
小衝
蓮花塘
胡家衝
彭家衝
九斗衝
泉塘衝
小衝
鑪塘衝
桃樹坡
杉樹衝
排山衝
鳳形山
毛家衝
黃家塘
厚粟衝
湯家衝
仇家衝
門前衝
望仙橋
大義團
塘尾
林公塘
林塘衝
禄塘
禄塘鋪
上西塘
金陵寺
楊樹塘
龍蝦港
下西塘
長塘
大屋壠
李家衝
木公塘
翁家衝
潘家塘
烏龜塘
槽林塘
方閣衝
蕭家衝
傅家衝
簡家衝
大屋衝
棉花衝
高家衝
魯家衝
上橫衝
下橫衝
湛家塝
傅家坡
杜家壠
周公塘
林家衝
雪塝衝
萬家衝
張潤塘
楊家壠
泥鰍坑
兩坑塝
乾塘
胡家壠
上龍潭團
新塘坡
下佘家衝
新塘衝
明月臺
第五塘
白水局界
狄家衝
井衝
葫蘆橋
大細塘
第四塘
黃泥坡
柳家衝
常家衝
鄒家衝
青鴈塘
楊家衝
培風團
水府廟
第三塘
下嶺衝
徐家衝
馬欄坡
梅山坡
望塘
師塘衝
百福橋
龍洞衝
鮎魚塘
窑塘
第二塘
石頭坡
彭家塘
祥福塘
蝴蝶坳
乾坡
彭家衝
黃狗坡
蘇家塘
鄧仁塘
第一塘
西仁義團
萬斯塘
關帝廟
楓樹塘
白石衝
祥基塘
油榨塘

縣北石子局南圖

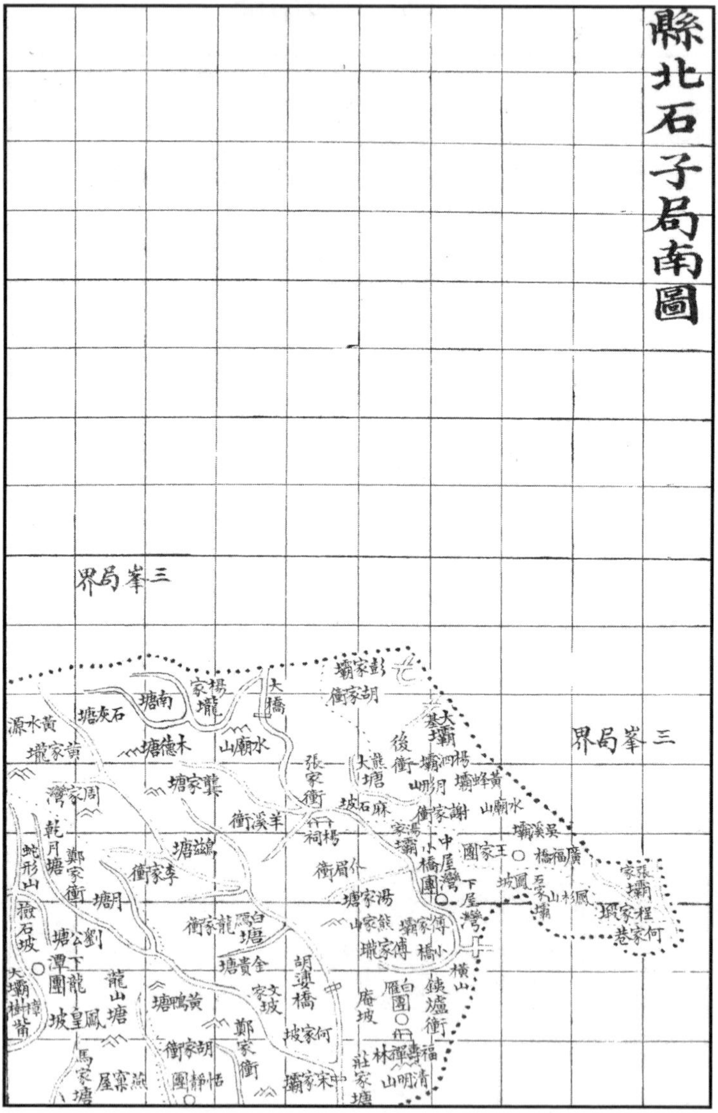

县北石子局北图

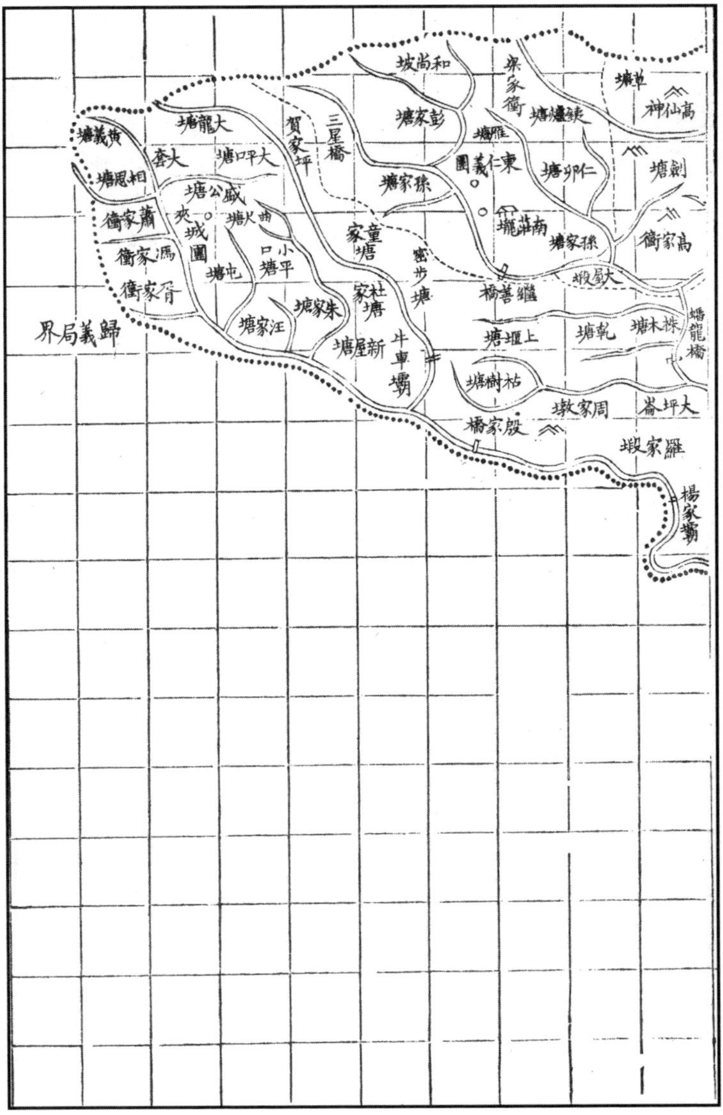
和尚坡
草塘
高仙神
大龍塘
賀家坪
三星橋
彭家塘
黃義塘
相思塘
大平口塘
東仁義團
劍塘
盛公塘
孫家塘
蕭家衝
曲尺塘
夾城團
童家塘
高家衝
馮家衝
小平口塘
屯塘
窯步塘
胥家衝
杜家塘
朱家塘
繼善橋
歸義局界
汪家塘
新屋塘
牛車壩
上壢塘
乾塘
株木塘
蟠龍橋
枯樹塘
周家墩
大坪嶺
殷家橋
羅家墩
楊家壩

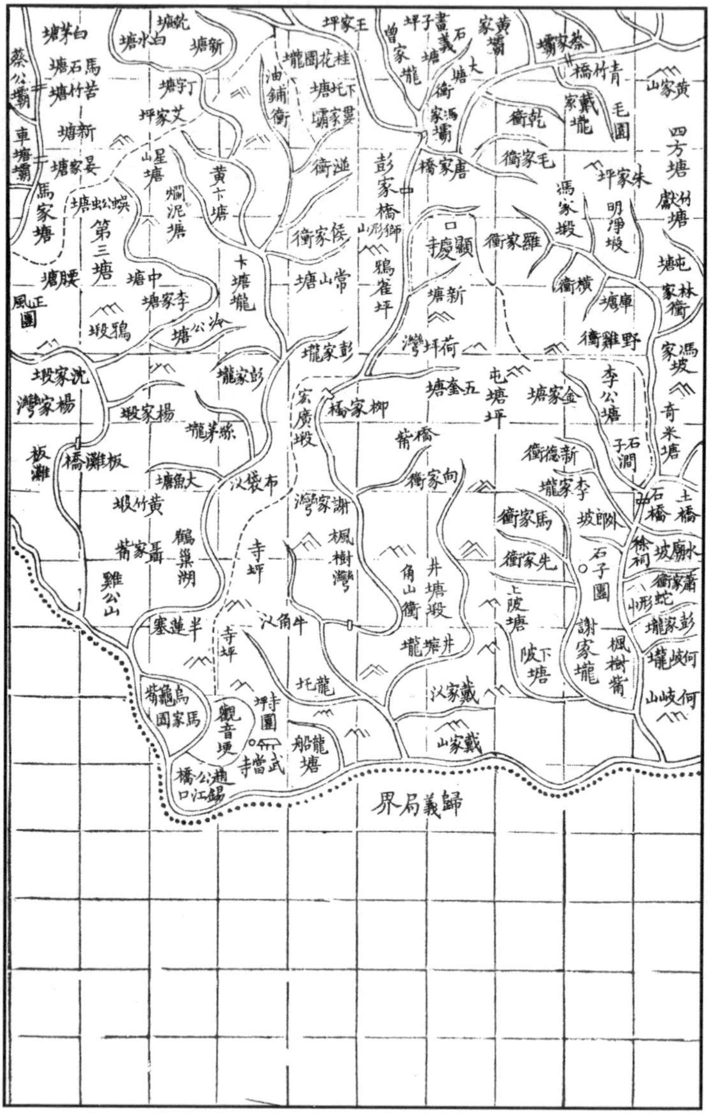
白茅塘
白水塘
新塘
王家坪
書子坪
曾家壠
石義塘
黄家壩
蔡家壩
青竹橋
黄家山
馬石塘
苦竹塘
蔡公壩
桂花園壠
下托塘
油鋪衙
丁字塘
艾家坪
晏家壩
大塘衙
戴家壠
毛園
乾衙
新塘
車塘壩
晏家塘
星山塘
黄卜塘
彭家橋
唐家橋
毛家衙
朱家坪
四方塘
馬家塘
蜈蚣塘
第三塘
爛泥塘
侯家衙
顯慶寺
羅家衙
馮家塅
明淨塅
腰塘
中塘
常山塘
鴉雀坪
新塘
横衙
李家塘
鴉塅
彭家壠
荷坪灣
野雞衙
沈家塅
彭家壠
五斗塘
屯塘坪
金家塘
李公塘
楊家灣
楊家塅
柳家橋
奇米塘
橋背
新德衙
板灘
板灘橋
大魚塘
布袋氹
向家衙
李家壠
石橋
土橋
黄竹塅
謝家灣
馬家衙
鶴巢湖
寺坪
楓樹灣
井塘塅
角山衙
先家衙
石子園
雞公山
牛角氹
上陂塘
下陂塘
謝家壠
楓樹背
何岐壠
何岐山
寺坪
戴家氹
烏龜背
馬家園
觀音埂
龍船塘
戴家山
武當寺
趙公橋
錫江口
歸義局界

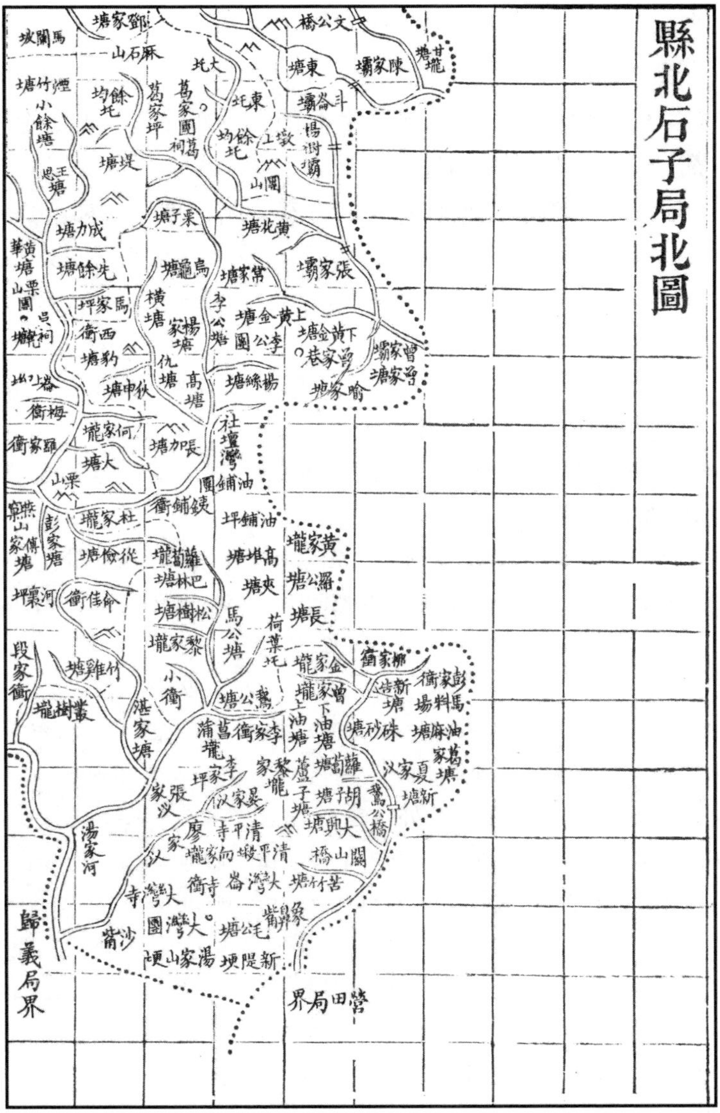

縣北石子局北圖

右石子局，界县北，距城三十里。东界归义、白水二局，南界白水局，西界三峰、营田二局，北界归义局。纵三十二里，横二十六里。领团十七，内仁义团析为东、西二团，龙潭团析为上、下二团。隶十六都，错入十一都、十七都、十八都、十九都、二十一都、二十二都、二十三都、二十四都。

其北，石子涧、屯塘坪等处，曰石子团，隶十六都，错入十七都。东，角山桥直至屯塘坪，界寺坪团、正风团。南，金家垅横至杜家垅，界栗山团。西，萝卜垅直至竹鸡塘，界油铺团。北，丛树垅横至戴家山，界大湾团及归义局薰化团。纵六里，横七里。

西北，大湾寺、关山桥等处，曰大湾团，隶十六都。东，杨家河濒渭水。南，丛树垅横至李家冲，又曲至柳家冲，界石子团、油铺团。西，彭家冲直至葛林塘，又曲至象鼻嘴，界营田局守望团、界家团。北，新堤埂横至沙嘴，濒古湖。纵五里，横四里。

稍南，油铺坪、萝华塘等处，曰油铺团，隶二十四都。东，黎家垅直至芭林塘，界石子团。南，油铺坪，界李公团。西，黄家垅直至长塘，界营田局守望团。北，鹅公塘，界大湾团。纵三里，横三里。

又南，李公塘、曾家坝等处，曰李公团，隶十一都。东，长加塘曲至西冲，界栗山团。南，道义塘横至黄华塘，界葛家团。西，张家坝直至曾家塘，界营田局仁里团。北，喻家塘曲至社坛湾，界营田局守望团及油铺团。纵四里，横五里。

逶东，栗山、黄华塘等处，曰栗山团，隶十一都。东，唐家桥，界正风团。南，毛家冲曲至冯家墩，界培风团、葛家团。西，明净塘曲至何家垅，界李公团。北，栗山横至奇米塘，又曲至野鸡冲，界石子团。斜长七里。

又南，葛家坪、杨树坝等处，曰葛家团，隶十六都。东，屯塘曲至新塘，界栗山团。南，白泥塘横至大托，界下龙潭团。西，东托，界田静团。北，团山曲至马家坪，又曲至黄华塘，界李公团。纵四里，横七里。

其西，小桥、何家巷等处，曰小桥团，隶十一都。东，伏家坝直至汤家坝，界白雁团。南，猪婆塘，界白雁塘、伍家团。西，何家巷，界营田局仁里团。北，小桥，界营田局仁里团及白雁塘。纵二里，横四里。

径西，铁炉冲、陈家坝等处，曰白雁团，隶十六都。东，庄家塘曲至黄家垅，界下龙潭团。南，石灰塘横至胡家冲，界三峰局清水团。西，张家冲直至横山，界伍家团、小桥团。北，清明山，界田静团。纵六里，横五里。

迻东，胡家冲、金匮塘等处，曰田静团，隶二十一都，错入十一都。东，胡家冲，界下龙潭团。南，金匮塘，界上龙潭团、白雁团。西，胡婆桥曲至甘塘垅，界白雁团及营田局仁里团。北，杨树坝，界李公团、葛家团。纵五里，横四里。

又南，五家墩、张家坝等处，曰五家团，隶十一都，错入十九都。东，熊大塘直至胡家冲，界白雁团。南，彭家坝，界三峰局清水团。西，大基坝曲至张家坝，界三峰局小梅山团。北，程家塅横至五家墩，又曲至谢家冲，界营田局仁里团。斜长五里。

径南，禄塘铺、排山冲等处，曰大义团，隶十八都，错入十九都。东，乌鲁塘直至泉塘，界白水局梅义团、胥龙江团。南，彭家冲横至莲花塘，界白水局胥龙江团、唐马吴团。西，桃树坡曲至海公坝，界三峰局清水团。北，黄谷大塘曲至鸦雀塘，界上龙潭团。纵七里，横七里。

稍北，龙潭分二团：胡家垅、新塘坡等处，曰上龙潭团；龙山塘、石头坡等处，曰下龙潭团。隶十六都，错入二十一都。东，罗家嘴斜至乾塘，界培风团；又直至上横冲，界白水局梅义团。南，萧家冲横至简家冲，界大义团。西，大屋冲直至宋家塘，界三峰局清水团及白雁团；又斜至燕窠屋，界田静团。北，麻石山横至戴家塘，界葛家团。纵八里，横五里。迻东，鲇鱼塘、马阑坡等处，曰培风团，隶十六都，错入二十一都。东，白水塘直至常家冲，界仁义团。南，五塘冲，界白水局梅义团及上龙潭团。西，桐子坡，界上龙潭团、下龙潭团。北，蔡家坝曲至冯家坝，又曲至丁字塘，界正风团。纵七里，横七里。

又东，仁义分二团：南庄垅、梁家冲等处，曰东仁义团；白茅塘、龙洞冲等处，曰西仁义团。隶十六都，错入十七都。东，三星桥，界夹城团、正风团。南，梁家冲横至草塘，界归义局栗桥团、白水局梅义团。西，青雁塘横至马家塘，界培风团。北，大屋塅继善桥，界正风团。纵六里，横六里。

径东，曲尺塘、牛车坝等处，曰夹城团，隶十六都，错入二十二都、二十三都。东，胥家冲直至黄义塘，界归义局乌梅团。南，大龙塘，界归义局栗桥团。西，太平口塘直至牛车坝，界仁义团、正风团。北，新屋塘横至夹城，界归义局薰化团。纵四里，横四里。

东北，蟠龙桥、杨家湾等处，曰正风团，隶十六都，错入十一都、二十一都、二十二都。东，枯树塘曲至贺家坪，界夹城团。南，继善桥横至腰塘，又曲至油铺冲，界仁义团、培风团。西，彭家桥直至鹤巢湖，界栗山团、石子团。北，乌鼍嘴横至殷家桥，界寺坪团及归义局薰化团。纵七里，横九里。

又北，寺坪、牛角汊等处，曰寺坪团，隶二十一都。东，观音埂直至寺坪，界正风团。南，宏港塅，界正风团。西，谢家湾直至角山桥，界石子团。北，武塘寺，界归义局薰化团。纵五里，横二里。

东有朱家山，西有清明山，北有河岐山。

入汨者，有板滩水、鹤巢湖水、龙疃港、在禄塘下。牛角汊水、上下坡塘水、石子涧水、张家汊、廖家汊、夏家汊水。

出汨水有牛车坝、殷家桥，嘉庆中，邑人曹盛周修。有三星桥、乾隆中修，道光十六年重修。继善桥、嘉庆十年，邑人曹煌猷之妻何氏修，知县李其丰有记。盘龙桥、道光二十六年，仇作亭等重修。板滩桥、嘉庆八年，邑人吴乐三修，知县李其丰有记。赵公桥，乾隆中，邑人周展齐修。有望仙桥、即龙塅港水。梅公坝、葫芦桥、莲花桥、乾隆三十九年，向位台等修。马阑桥、青竹桥、黄溪坝、蔡家坝、娄家坝、冯家坝、唐家桥、嘉庆十五年，何宜五妻高氏修。彭家坝、同治元年，邑人彭大琛、吴北堂重修。柳家桥、乾隆二十一年，吴正瑶妻李氏重修，邑人刘绍濂有记。角山桥、乾隆十三年，殷禹书等修。石涧桥、鹅公桥、关山桥、胡婆桥、雍正中，邑人胡冯氏修。宋家坝、文公桥、陈家坝、斗仑坝、杨树坝、曾家坝。局南有会仙庵、在金山冲，距城北二十五里。金陵寺，在禄塘铺，顺治中建，距会仙庵南五里。径西有福寿禅林，在清明山，旧名天竺庵，俗谓之清明寺，明成化五年建，距城北四十里。西北有清平寺、在清平塅，距城北五十里。嗣兴禅院，在汤家山埂，俗谓之大湾寺，距青平寺南一里。显庆寺，在新塘，唐会昌中建，距城北五十里。东北有武当寺。在龙船塘，明洪武中建，距城北六十里。

古迹有夹城遗址，有龙疃，在禄塘铺，宋邵琥葬母，山有龙戒勿惊之。已而乡人傩，大噪，龙去，山圮成渊。其下有石床、石枕，至今名龙塅。有宋邵琥故宅。在禄塘铺，宅后山有琥手植树，叶如山茶花，瓣如莲，二蕊相并，一仰一覆，二月开花，土人名之仙人花。宅南有望仙桥，为邵琥母望子处。其北十里杨梅山，有邵仙坡，下有仙人沟，相传琥出游，家人追至山下，琥以杖画地成沟，逶迤数十丈，追者不能逾。

有禄塘铺一小市。

县北驿道出禄塘铺，通巴陵小道出角山桥，长沙通巴陵小道出曲尺塘。

大姓：禄塘邵氏；枫树塘王氏；黄氏二：一居余家冲，一居油铺坪；杨氏三：一居小桥，一居白雁塘，一居大湾；东塘胡氏、毛氏、熊氏；大湾村晏氏、黎氏；石子涧徐氏；栗山吴氏；葛家坪葛氏；小桥单氏；白水冲张氏。

县北营田局第一图

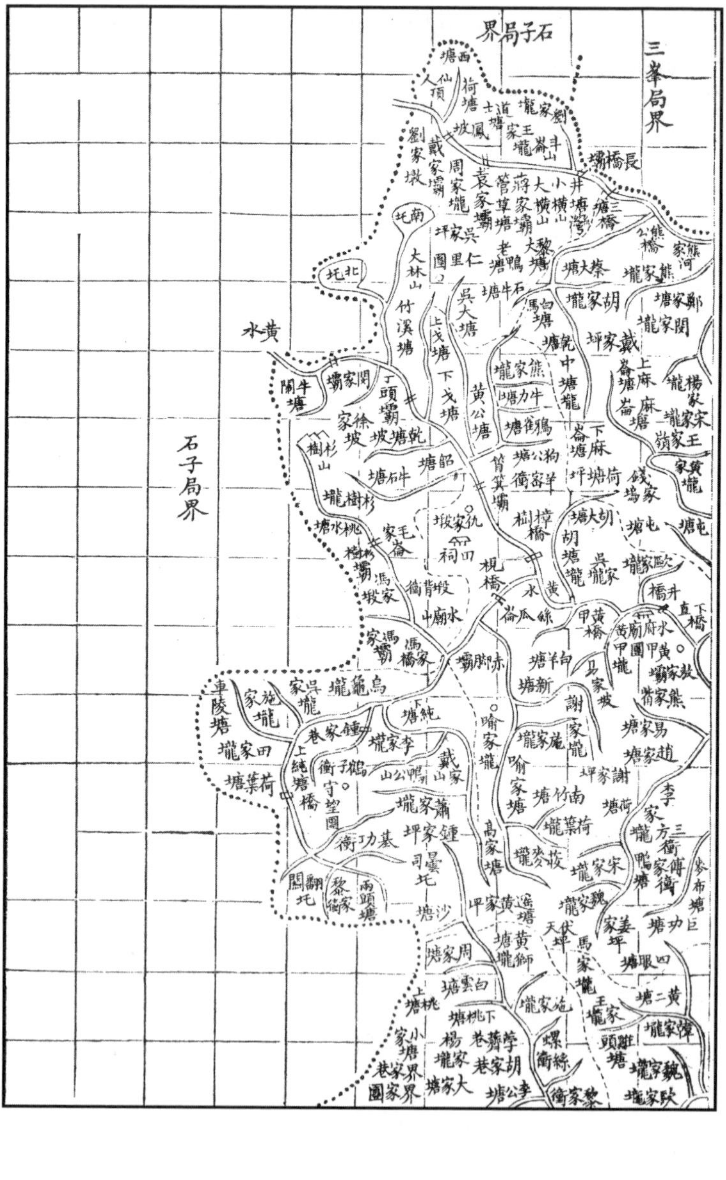

縣北營田局第一圖

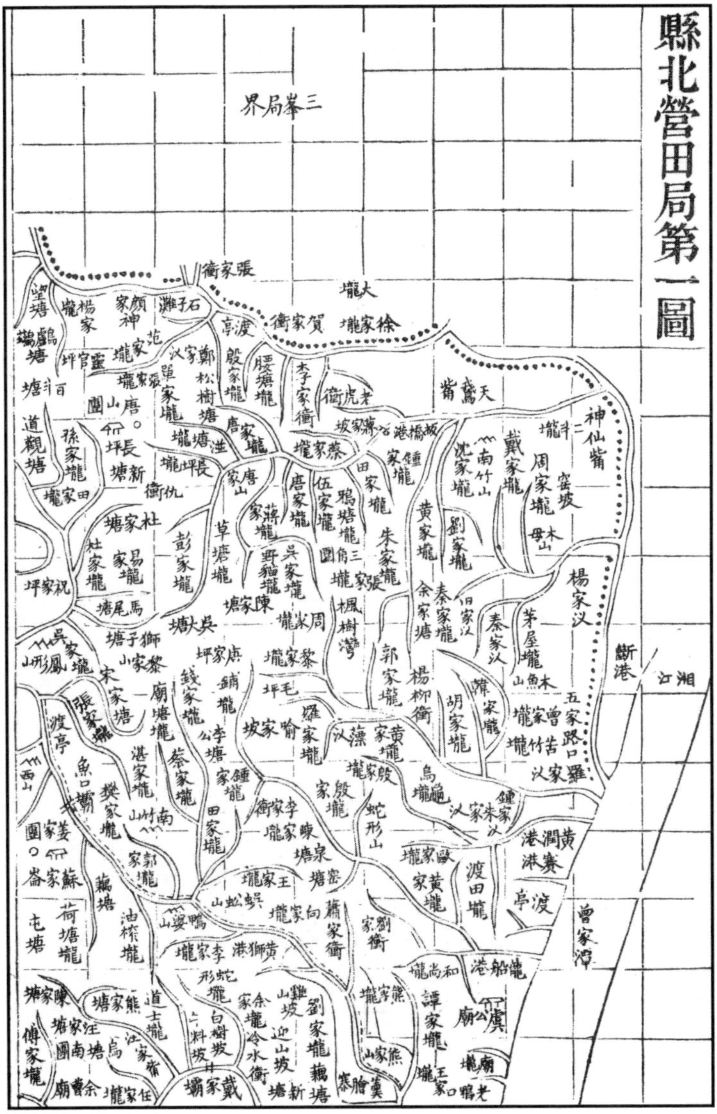
三峯局界
張家衝
大壠
徐家壠
賀家衝
天鵞揹
神仙揹
楊家汊
斷港
湘江
曾家潭
黃潤港
渡亭
渡田壠
郭家壠
楊柳衝
彭家壠
周家壠
譚家壠
戴家塝

县北营田局第二图

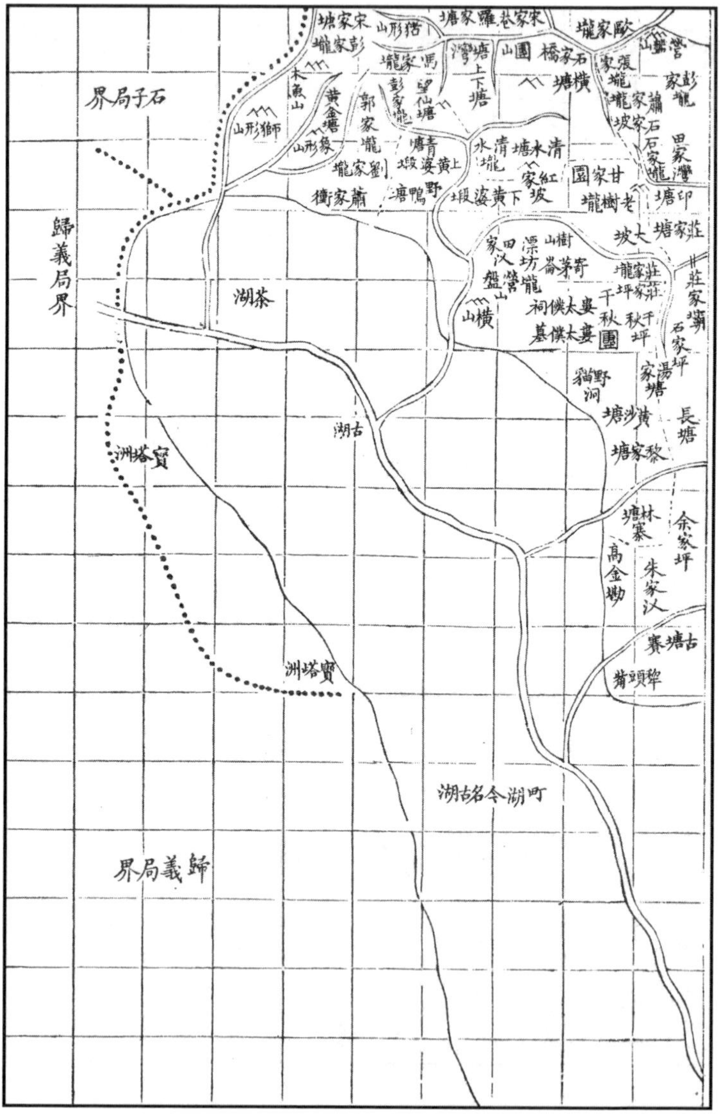

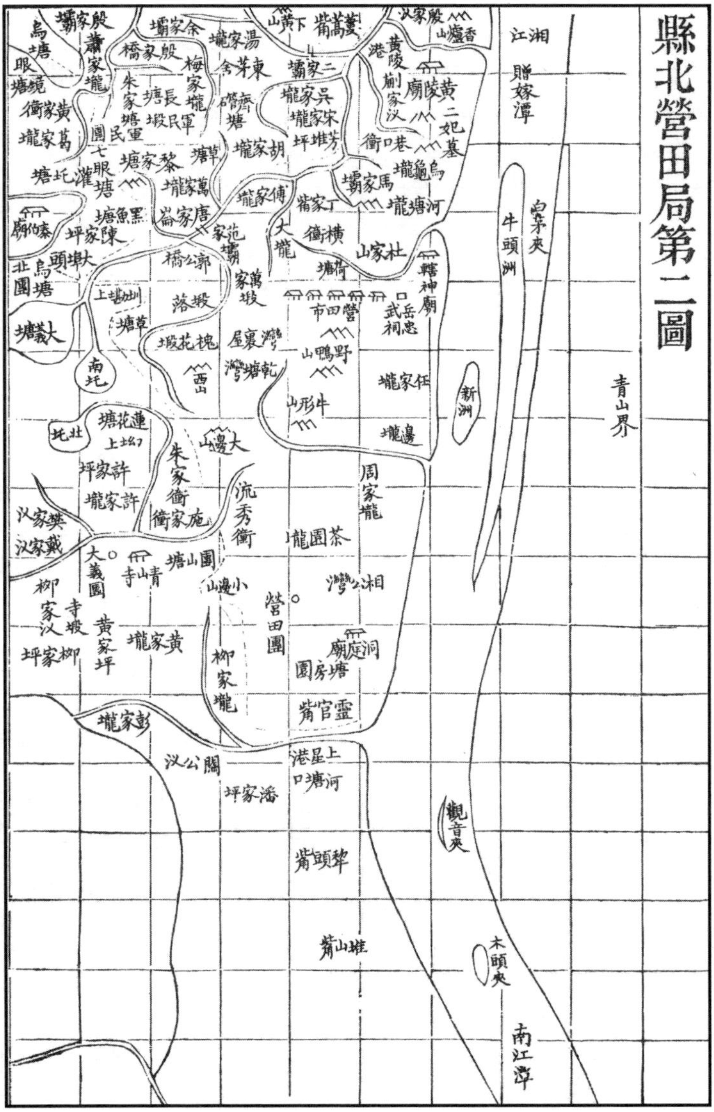
湘江
贈嫁潭
牛頭洲
白茅夾
新洲
青山界
觀音夾
木頭夾
南江潭
黄陵廟
二妃墓
杜家山
營田市
岳武忠祠
任家壠
周家壠
茶園壠
流秀衢
大義圍
營田圍
洞庭廟
靈官嘴
上星港
河塘口
潘家坪
彭家壠

縣北營田局第二圖

县北营田局第三图

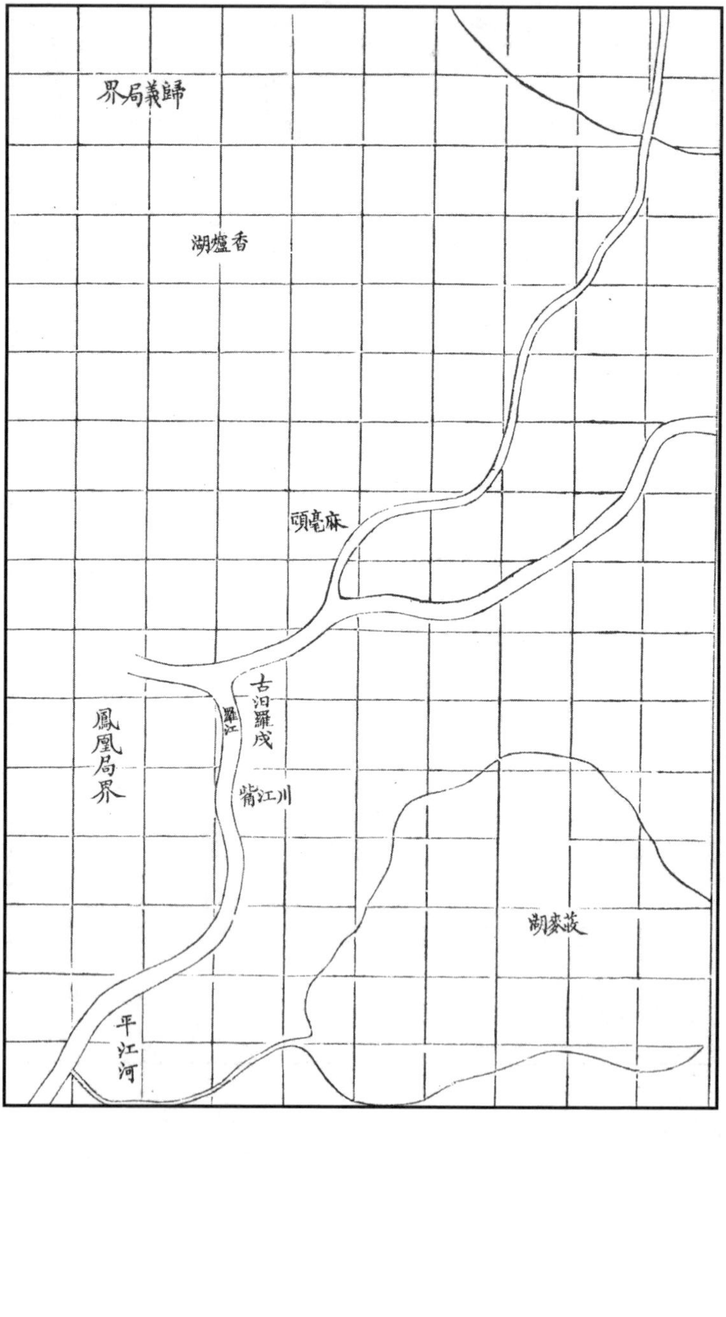

縣北營田局第三圖

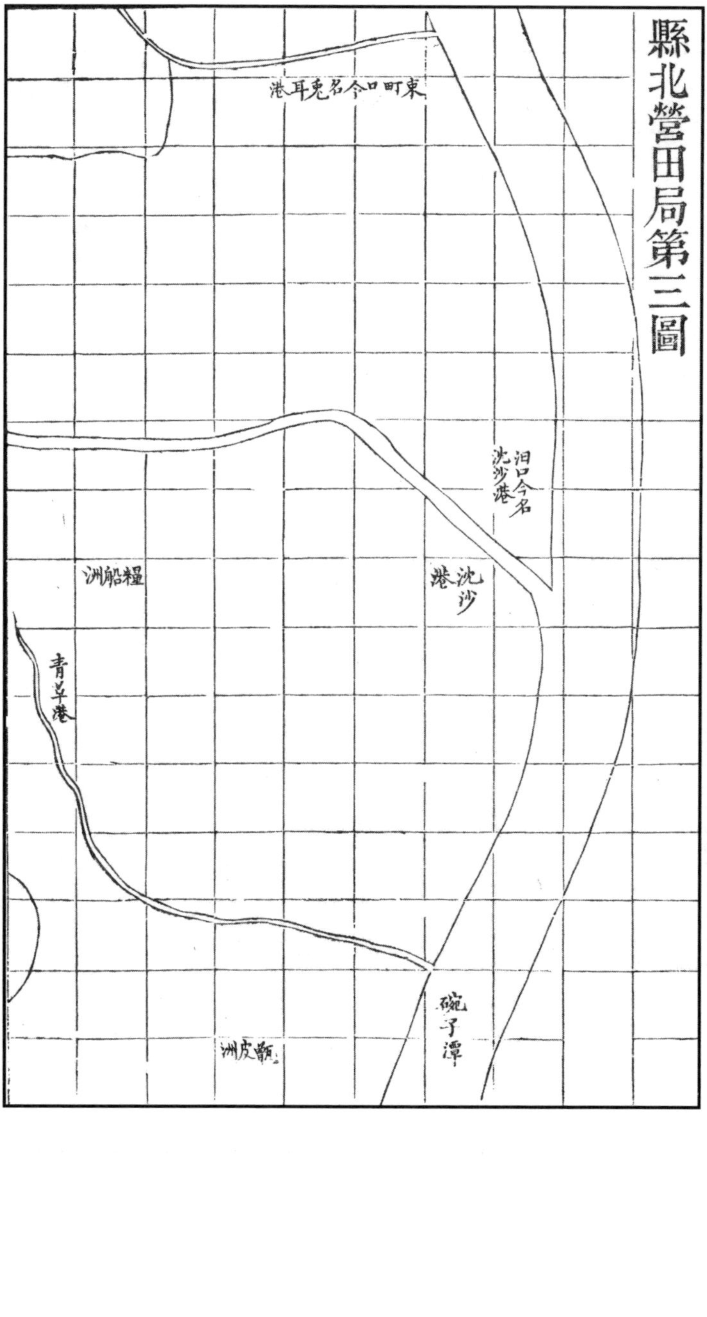

县北营田局第四图

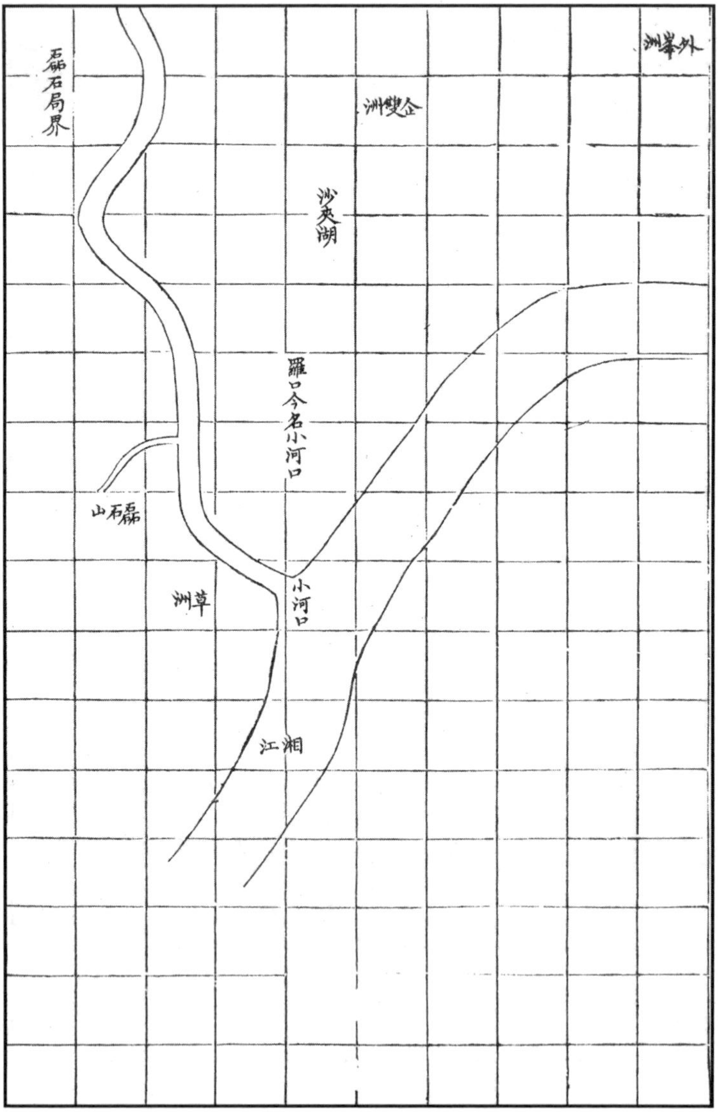

縣北營田局第四圖

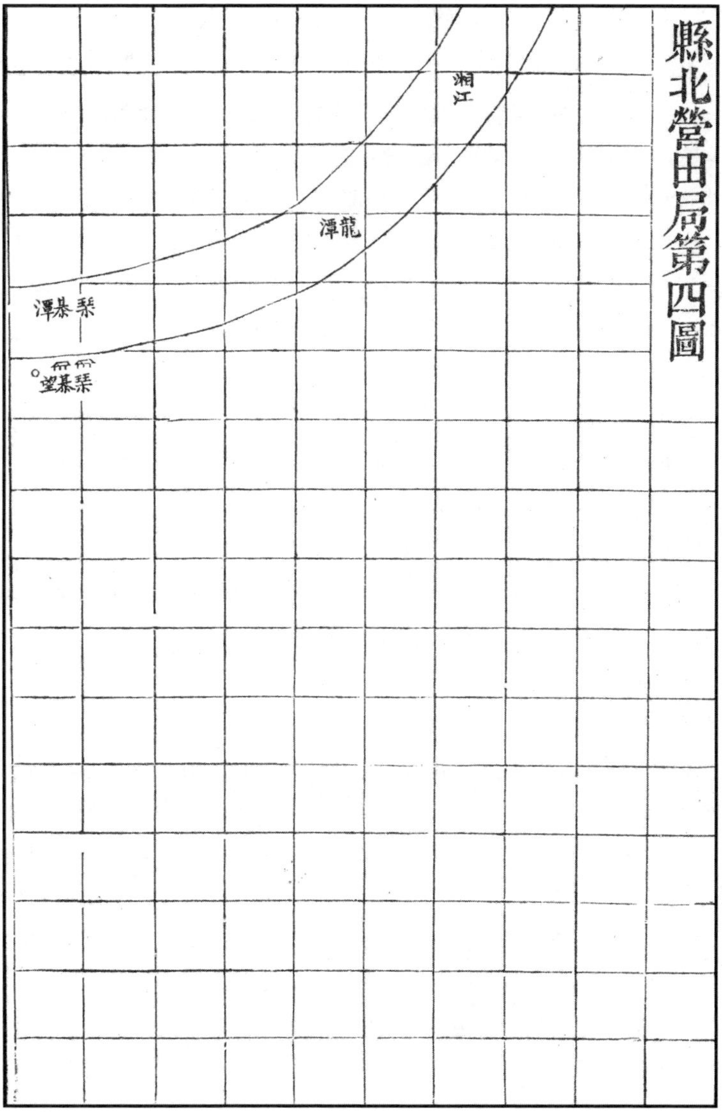

右营田局，界县北，距城四十里。东界石子局，南界三峰局，北界归义局，西濒湘水。纵二十五里，横十六里。领团十一，内大义团析为东、西二团，乌塘团析为南、北二团，隶二十四都，错入二十三都。

西，营田、黄陵港等处，曰营田团，隶二十四都。东，郭公桥横至丁家嘴，界乌塘北团、军民团。南，黄陵庙，界唐山团、军民团。西，濒湘江。北，大边山曲至土星港，濒古湖。纵十里，横四里。

西北，大义分二团：樊家汊、柳家坪等处，曰大义东团；土星港、堂皇园等处，曰大义西团。隶二十四都。东，高家塝曲至汤家塘，界千秋团。南，大义塘，界乌塘北团。西，莲花塘直至柳家垅，界营田团。北，濒古湖。纵六里，横三里。

逶北，千秋坪、细家汊等处，曰千秋团，隶二十三都。东，濒古湖。南，野鸭塘曲至青塘，又曲至甘家园，界界家团、乌塘北团。西，大坡直至林塘寨，界乌塘北团、大义东团。北，濒古湖。纵六里，横三里。

稍南，乌塘分二团：乌塘、欧家坪等处，曰乌塘南团；灌托塘、刘家坪等处，曰乌塘北团。隶二十四都。东，庄家塘曲至清水垅，又曲至大坪，界千秋团、界家团。南，四眼塘横至陈家塘，界黄甲团、苏仑团。西，殷家坝直至黑鱼塘，界苏仑团、军民团。北，大步头横至石家坪，界大义东团。纵六里，横三里。

又南，苏家垅、李公塘等处，曰苏仑团，隶二十四都。东，马家垅曲至熊家嘴，界黄甲团。南，蒋家坝界黄甲团、唐山团。西，苏家仑曲至㚌脍寨，界唐山团。北，藜蒿嘴曲至汪家嘴，又曲至姜家坪，界军民团、乌塘南团。纵四里，横六里。

西南，军民疃、齐管塘等处，曰军民团，隶二十四都。东，萧家垅横至任家垅，界乌塘南团。南，戴家坝横至二家坝，界苏仑团。西，宋家垅、吴家垅，界营田团。北，芳堆坪横至唐家仑，界营田团。纵四里，横四里。

东北，界家巷、黄金塘等处，曰界家团，隶二十三都。东，木鱼山直至界家巷，界石子局大湾团。南，周家塘横至黄狮塘垅，界守望团、黄甲团。西，枫树塘曲至宋家巷，又曲至望仙塘，界黄甲团、乌塘南团、千秋团。北，萧家冲横至狮形山，濒古湖。纵五里，横三里。

其东，上纯塘、钟家坪等处，曰守望团，隶二十三都。东，翻关托曲至田家垅，界石子局油铺团、李公团。南，车陵塘横至冯家坝，界石子局李公团、仁里团。西，戴家垅直至高家塘，界黄印团。北，沙塘横至黎家冲，界界家团及石子局大湾团。纵三里，横三里。

逶南，喻家垅、黄甲桥、钱家垅等处，曰黄甲团，隶二十三都。东，高家塘直至上升塘，界守望团、仁里团。南，熊家垅，界仁里团。西，胡大塘曲至敖家坝，又曲至荷叶垅，界唐山团、苏仑团。北，姚公塘曲至石婆桥，界界家团、乌塘南团。纵十里，横三里。

径东，南石、牛塘、仙人顶等处，曰仁里团，隶二十三都。东，牛阑塘曲至北托，界石子局李公团、田静团、白雁团。南，西塘横至斗仑山，界石子局小桥团。西，井塘湾直至吴大塘，又曲至水庙山，界三峰局小梅山团及唐山团、黄甲团。北，冯家塅曲至桃水塘，界守望团。纵九里，横三里。

其南，涖塘垅、石子滩等处，曰唐山团，隶二十三都。东，鱼口坝曲至荷塘坪，又直至白马塘，界黄甲团、仁里团。南，三塘桥横至天鹅嘴，界三峰局白泥团。西，神山嘴直至香炉山，界湘江。北，殷家坝曲至郭家垅，界营田团、苏仑团。纵十二里，横八里。

东有营盘山、木鱼山，西有黄陵山、香炉山。

入湘水者熊家河，有板桥港、杨家汊、罗家汊、黄润港、龙船港、黄陵港、杜家汊、土星港。国朝周嗣澍诗云："暝色苍然来，凄风送归柁。一港势萦回，系缆兹焉可。皎皎月当头，万劫堕尘堁。相将楚竹燃，灯光灿流火。高秋芦荻肥，相对两嵬砢。崛强风涛中，四顾君与我。"

入汨水者，有细家汊、林塘寨、古塘寨，有羹脍湖、茶湖、东町湖，有赠嫁潭。

出湘水有戴家坝、袁家坝、蒋家坝、三塘桥、邑人殷天珍修。熊公桥，即熊家河水。有闵家坝、丁头坝、望坝、撩箕坝、樟树桥、马家坝、赤脚坝、枧坝、黄甲桥、乾隆元年，邑人殷天珍修。上升桥、邑人吴乐三修。上纯塘、邑人钟梁材修。玉公桥，康熙中，邑人钟玉悬修。有敖家坝、鱼口坝、三家坝，有大垅冲坝、石婆桥、明成化中，钟万玺妻石氏修。常讹传为施家桥。乌塘坝、萧公堤桥、范家坝、郭公桥。邑人易焕柭修。

局西北有青山寺。在小边山北。唐贞观元年建，即古万寿寺。《宋史》“太平兴国七年，湘阴万寿寺松根芝草生”即此。寺内有明成化二十一年钟，距城北五十五里。古迹有二妃陵、黄陵庙，《水经注》：“二妃从征溺于湘江，民为立祠水侧。”荆州牧刘表刊石立碑，题曰“湘夫人碑”。晋太康七年，题其额曰“虞舜二妃之碑”。唐元和十四年，韩愈谏佛骨，斥守潮州，地多烟瘴，惧不免，过庙而祷。是冬移刺袁州；明年九月，拜国子祭酒，托刺史王堪新其庙；长庆元年，复托后刺史张愉立碑，篆其事。宋元祐六年，邑令王定民自笙竹驿迁虞帝像合祀于此。　唐杜甫诗云：“肃肃湘妃庙，空墙碧水春。虫书玉佩藓，燕舞翠帷尘。晚泊登汀树，微馨借渚蘋。苍梧憾不浅，泪染在丛筠。”　“百丈牵江色，孤舟泛日斜。兴来犹杖屦，目断更云沙。山鬼迷春竹，湘娥倚暮花。湖南清绝地，万古一长嗟。”　韩愈诗云：“郡城朝解缆，江岸暮依林。二女竹山泪，孤臣水底魂。双双归蛰燕，一一叫群猿。回首那能语，空看别袖翻。”　刘禹锡诗云：“湘水流，湘水流，九疑云物至今愁。君问二妃何处所？零零香草露中秋。”　“斑竹枝，斑竹枝，泪痕点点寄相思。楚客欲听瑶瑟远，萧萧清夜月明时。”　李贺诗云：“筠竹千竿老不死，长伴素娥盖湘水。蛮娘吟弄满寒空，九山尽绿泪花红。离鸾别凤湘梧中，巫山蜀道遥相通。幽愁秋气上青枫，凉夜波间吟老龙。”　高骈诗云：“舜帝南巡去不还，二妃幽怨水云间。当时珠泪知多少，直到于今竹尚斑。”　杨杰诗云：“黄陵二妃庙，过客动愁颜。湘水有时尽，帝车何日还。血斑千亩竹，魂断九疑山。欲问苍梧事，白云生栋间。”　陶弼诗云：“溪上龙蛇屋，萧条帝子祠。竹痕当日泪，山色后人疑。仙服霞留绮，新妆月印眉。楚民亡水旱，箫鼓谢神禧。”　毕田诗云：“玉辇南巡去不还，翠娥望断楚云间。波寒剩写哀弦怨，露冷偏滋泪篆斑。一水盈盈伤远目，九峰巙巙惨愁颜。荒洲千古凄凉地，半掩空祠上暮山。”　陈舜振诗云：“明月辉在天，日光转在地。天维地轴千万年，粉篁常有春风泪。苍梧茫茫九疑高，湘江之水多怒涛，衫衣不御琴弦绝。黄陵庙前碑已裂，春禽啼罢秋叶飞。行人舟楫去复返，虞舜南巡胡不归。”　李邦彦诗云：“苍梧香霭迷霞躅，晚云愁入修眉绿。薰风不动五弦空，清血斑斑在山竹。”　黄文诗云：“潇湘江头三月春，柳条弄日摇黄金。鹧鸪一声在何许？黄陵庙前烟霭深。”　“丹青欲画无好手，隐提玉勒沉吟久。马蹄不为行客留，心挂长林屡回首。”　李璧诗云：“小孤舟北渚云边，二女明妆尚俨然。野庙向江春寂寂，古碑无字草芊芊。东风近暮吹芳芷，落日深山哭杜鹃。犹似含颦望巡狩，九疑如黛隔湘川。”　宋杨万里诗云：“古祠萧瑟浅山旁，目极平沙雁落行。霜后寒波洲吐尾，芦花十里雪茫茫。”　国朝唐懋醇《次杜甫黄陵韵诗二首》云：“庙立秦灰后，残烧已放春。药房悬翠佩，荷屋滴芳尘。鹤舞能摇树，虬骖欲转蘋。山前竹色茂，莫羡九疑筠。”　“殿圮龙蛇卧，碑残蝌蚪斜。山云常渡水，谷鸟半迷沙。牧笛吹香草，渔歌唱落花。行吟何复憾，鼓瑟慰咨嗟。”　谭绍琬《次韩愈黄陵韵》诗云：“古庙依山立，波烟欲上林。遥将千竹泪，滴作二妃魂。露濯秋空鹤，风凄月夜猿。霓裳影落涧，乱舞把蘋翻。”又《次李贺黄陵韵》诗云：“湘君不死秦皇死，祖龙有炬湘有水。倒骑白鹤凌碧空，湘花湘草斗翠红。千年遗泪滴芦中，牧唱樵歌哀响通。洞庭落木及长枫，手拾霜红吊祖龙。”　胡天游诗云：“黄陵祠边春草齐，黄陵庙下春波肥。鹧鸪飞飞宫树绿，日落未落湘云低。祠中帝子重华妃，明妆窈窕芙蓉衣。哀弦五十泪如雨，此憾只有江山知。飞龙之车无定栖，乘风倏忽苍梧西。吹箫酌酒心自苦，云屏霞帐归何时。茜裙娇小谁家儿，未识人间生别离。轻舟相呼采莲女，来看祠前斑竹枝。”　许国定诗云：“陵上青青草，经今几度秋。夜深闻宝瑟，湘水只东流。”　杨瑝诗云：“帝子云中空复期，九疑如黛渺天涯。江波流尽千年憾，明月白鸥都不知。”　戴祖畅诗云：“寒潮欲落澹烟迷，十幅蒲帆夕照低。日暮黄陵山下路，萧萧斑竹鹧鸪啼。”　田实颖诗云：“乱山青到寺，竹密不知门。春草护荒径，野花开半村。韩碑生石发，汉瓦裂松根。帝子今何在？空林啼夜猿。”

胡家熊诗云：“洞庭一望水云间，千古遥怜帝子寒。人去苍梧终未返，竹摇红泪已成斑。风前未许挥瑶瑟，月下犹闻响玉环。神女瑶台增黯淡，梦魂愁绕九疑山。”**有黄陵亭**，《水经注》：“湘水北径黄陵亭西。”黄陵故亭在黄陵港南。**有白沙戍**，《水经注》：“湘水北径白沙戍；又北，右会东町口。”　唐杜甫诗云：“水宿仍馀照，人烟复此亭。驿边沙旧白，湖外草新青。万象皆春气，孤槎自客星。随波无限好，的的近南溟。”**有王子山渡水遗址**，案，张华《博物志》：“王子山与父叔师到泰山，从鲍子真学算，到鲁赋《灵光殿》，归渡湘水溺焉。”子山，名延寿，南郡宜城人。《水经注》：“黄水西流，入于湘，谓之黄陵口。昔王子山有异才，年二十而得恶梦，作《梦赋》，溺于湘浦，即斯川也。”**有武穆祠**。　蔡梯诗云：“放棹沿湘访故营，鄂王当日此屯兵。功成八日么麽戮，草蔽双湖巨舰横。千里黄龙虚北捣，一军白雁竟南征。长城自坏空遗憾，琼岛银涛更不平。”**有明娄太仆故宅**。在千秋坪，其墓亦近附焉。四面树绕，常深秀如林。

有营田市，为县北一大聚落；有三塘桥、黄甲桥、谢家坪、界家巷四小市。

通营田大道出三塘桥，通平江巴陵小道出界家巷。

大姓：营田易氏，喻家垅钟氏，军民疃柳氏、殷氏、胡氏，乌塘黄氏。吴氏二：一居界家巷，一居吴家垅。雁门田氏，族分上、中、下三分。戴家坪戴氏，姜家坪姜氏、单氏。

县北归义局第一图

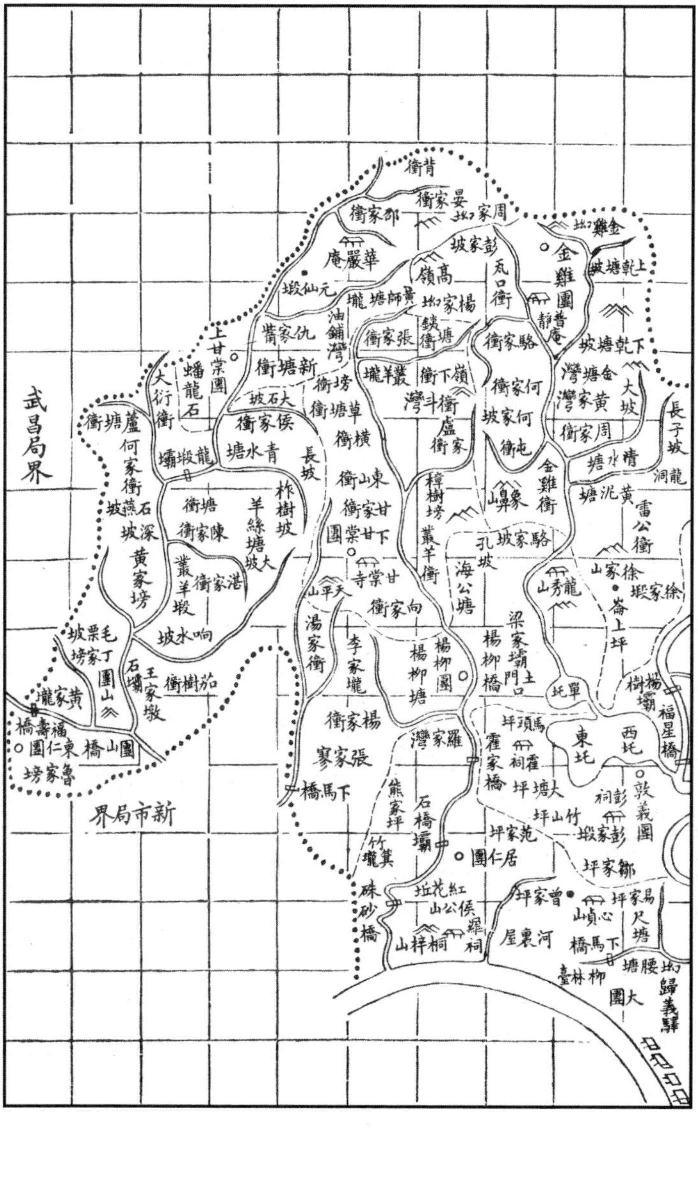
武昌局界
新市局界
歸義驛
背衡
晏家衡
周家坳
邵家衡
華嚴庵
彭家坡
高嶺
元仙塅
黄師塘壠
楊家坳
金雞坳
上乾塘坡
金雞園
普静庵
下乾塘坡
上甘棠園
蟠龍石
大衍衡
仇家背
油鋪灣
張家衡
新塘衡
大石坡
草塘塝
叢羊壠
嶺下衡
駱家衡
何家衡
何家坡
金塘灣
黄家灣
大坡
長子坡
蘆塘衡
何家衡
侯家衡
青水塘
横衡
斗衡灣
盧家衡
周家衡
晴水塘
龍洞
龍塅壩
長坡
東山衡
樟樹塝
金雞衡
黄泥塘
雷公衡
石燕坡
深坡
陳家塘衡
柞樹坡
羊絲塘
大坡
甘家衡
下甘棠園
象鼻山
駱家坡
孔坡
徐家山
徐家塅
黄家塝
港家衡
叢羊塅
甘棠寺
天平山
叢羊衡
海公塘
龍秀山
上嵛坪
響水坡
向家衡
毛栗坡
丁家塝
湯家衡
李家壠
楊柳園
楊柳塘
梁家壩
楊柳橋
土門口
單坨
楊樹壩
福星橋
茄樹衡
石壩
王家墩
黄家壠
圓山
福壽橋
東仁園
山圓橋
魯家塝
楊家衡
張家寥
羅家灣
馬頭坪
霍家橋
霍祠
東坨
西坨
下馬橋
熊家坪
石橋壩
大塘坪
彭祠
敦義園
竹山坪
竹箕壠
居仁園
范家坪
彭家塅
鄒家坪
朱砂橋
紅花垃
侯公山
羅祠
桐梓山
曾家坪
易家坪
心貞山
河裏屋
下馬橋
尺塘
腰塘
坳
柳林臺
大園

縣北歸義局第一圖

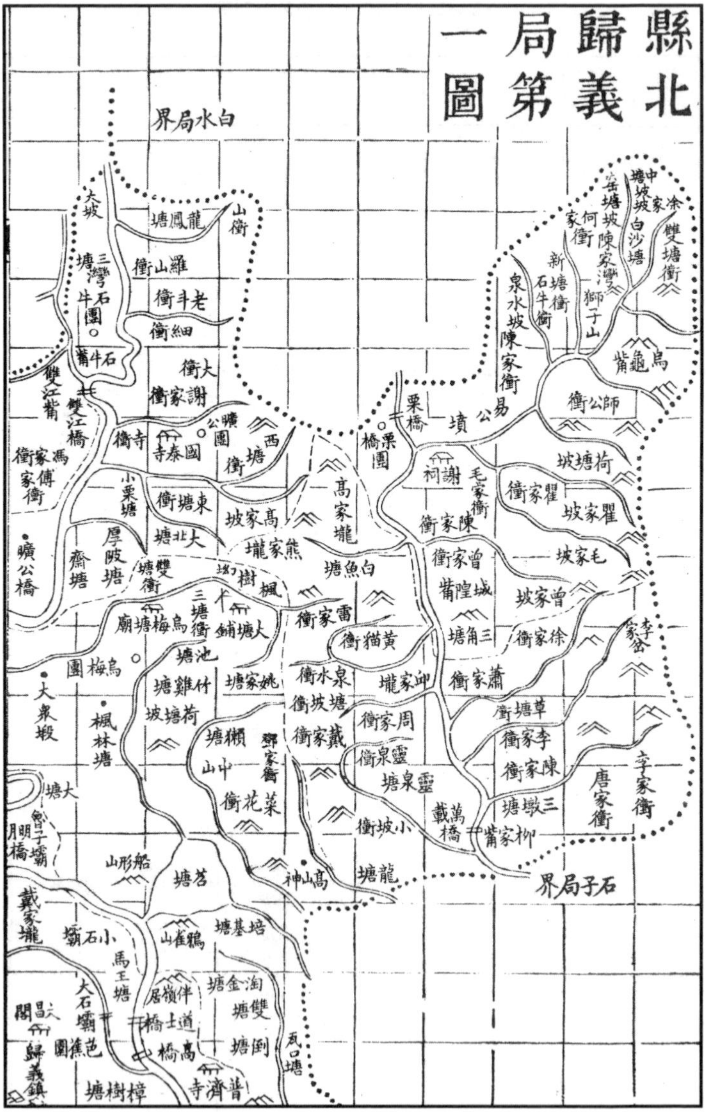
白水局界
龍鳳塘
山衝
羅山衝
老斗衝
細衝
大坡
三灣石牛園
石牛背
大衝
謝家衝
雙江背
雙江橋
馮家衝
傅家衝
寺衝
國泰寺
西塘衝
栗園橋
栗橋
公易墳
泉水坡陳家衝
石牛衝
新塘衝
獅子山
何家衝
陳家灣
白沙塘
雙塘衝
烏龜背
師公衝
荷塘坡
謝祠
毛家衝
瞿家衝
瞿家坡
陳家衝
高家壠
小栗塘
東塘衝
高家坡
大北塘
熊家壠
白魚塘
曾家衝
毛家坡
城隍背
曾家坡
雙塘衝
楓樹坳
厚陂塘
喬塘
曠公橋
三塘衝
大塘鋪
烏梅塘廟
雷家衝
黃猫衝
三角塘
徐家衝
李家岔
烏梅園
池塘
竹雞塘
姚家塘
泉水衝
塘坡衝
蕭家衝
大泉墩
楓林塘
荷塘坡
戴家衝
周家衝
草塘衝
李家衝
獺塘
中山
靈泉衝
陳家衝
唐家衝
李家衝
靈泉塘
花菜衝
三墩塘
大塘
萬載橋
小坡衝
柳家背
月明橋
船形山
茗塘
高山神
龍塘
石子局界
戴家壠
小石壩
鵝雀山
培基塘
馬王塘
伴嶺居
淘金塘
大石壩
文昌閣
道士橋
雙塘
高橋
倒塘
瓦口塘
芭蕉園
歸義鎮
樟樹塘
普濟寺

县北归义局第二图

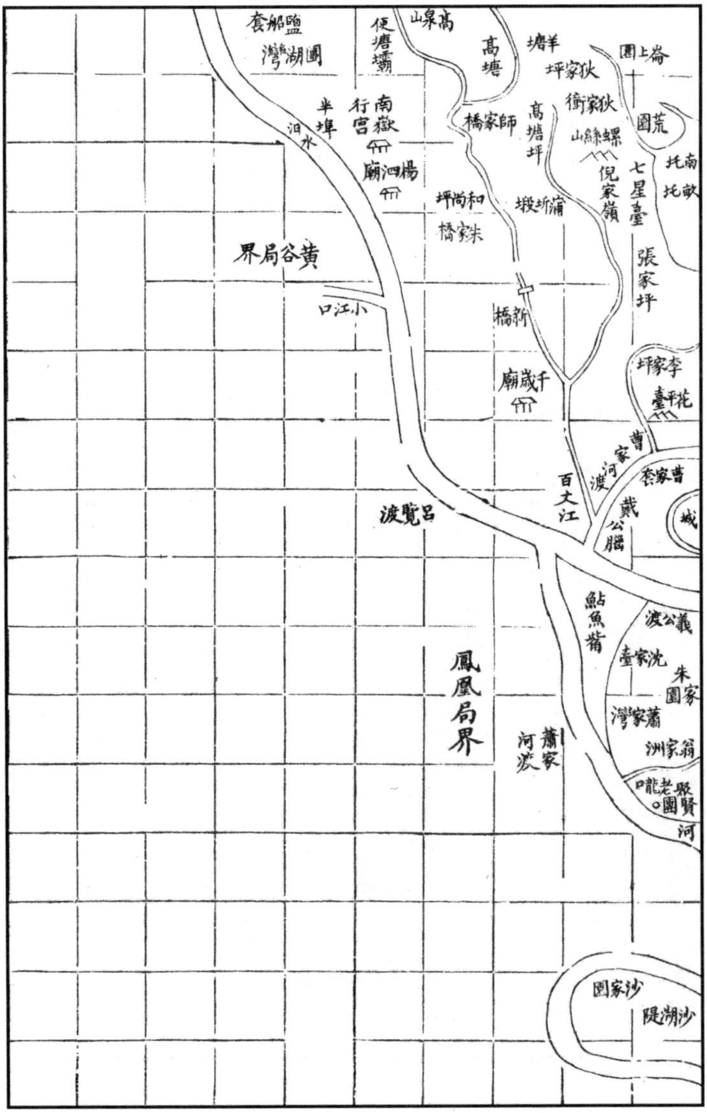
鹽船套
圍湖灣
高泉山
高塘
羊塘
狄家坪
崙上圍
狄家衝
荒圍
師家橋
高塘坪
螺絲山
行宮
南嶽
楊泗廟
和尚坪
朱家橋
倪家嶺
七星臺
張家坪
黃谷局界
小江口
新橋
千歲廟
李家坪
曹家河渡
曹家套
百丈江
城
戴公牐
鮎魚背
義公渡
沈家臺
朱家園
蕭家灣
翁家洲
鳳凰局界
蕭家河渡
老龍口
聚賢園
河
沙家園
沙湖隄

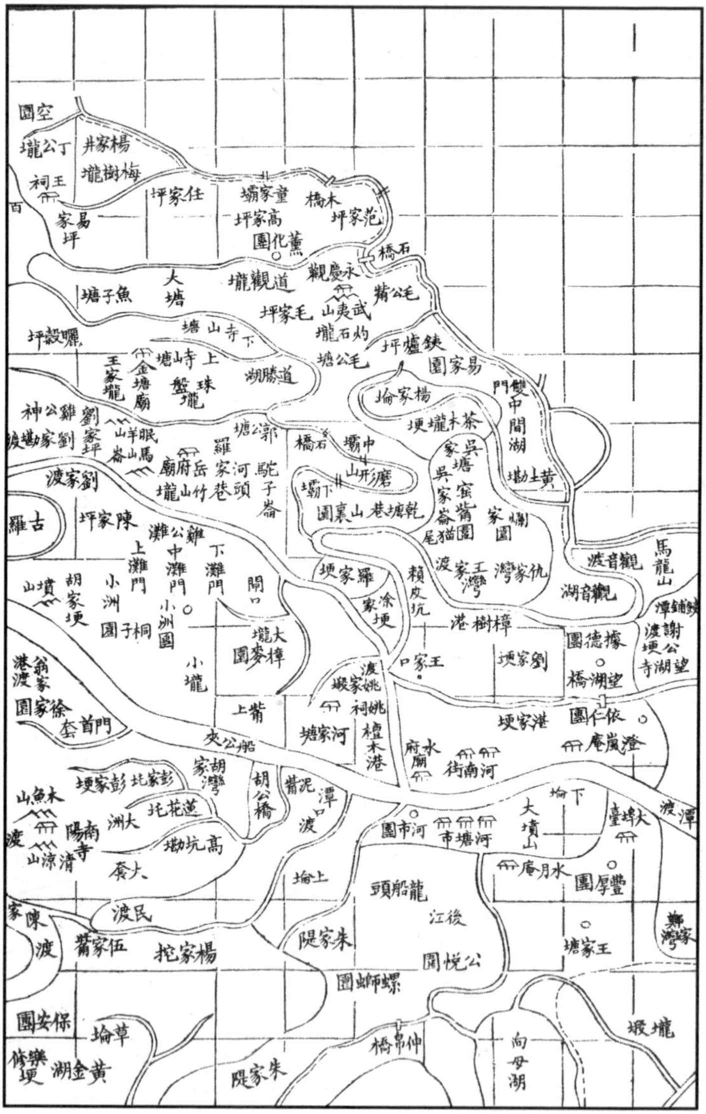
空園
丁公壠
楊家井
梅樹壠
王祠
任家坪
童家壩
木橋
范家坪
高家坪
薰化園
易家坪
石橋
大塘
魚子塘
道觀壠
永慶觀
毛公背
武夷山
毛家坪
曬穀坪
下寺山塘
灼石壠
鐵爐坪
上寺山塘
金塘廟
王家壠
珠盤壠
道勝湖
毛公塘
易家園
雙門中間湖
楊家埨
茶木壠埂
雞公神
劉家坪
眠羊山
劉家塅
馬山崙
郭公塘
羅家巷
岳府廟
竹山壠
河頭
駝子崙
石橋
中壩
磨形山
下壩
吳家塘
吳家崙
窑背
黃土塅
劉家渡
古羅
陳家坪
乾塘巷
山裏園
猫尾
背園
劉家園
王家灣
仇家灣
觀音渡
馬龍山
觀音湖
鐵鋪潭
謝公渡
望湖寺
雞公灘
上灘門
中灘門
下灘門
閘口
羅家埂
賴皮坑
涂家埂
樟樹港
胡家埂
小洲
貴山
桐子園
小洲園
大樟壠
麥園
王家口
劉家埂
擦德園
望湖橋
翁家港渡
徐家園
小壠
姚家渡
姚家塅
門首
依仁園
上背
姚祠
港家埂
河家塘
檀木港
澄廣庵
船公夾
水府廟
河南街
彭家圫
彭家埂
胡家灣
胡公橋
泥背
潭口渡
下埨
木魚山
道花圫
大洲
南陽寺
高坑塅
河市園
河塘市
大墳山
大蜂臺
潭渡
渡
清涼山
大奔
上埨
水月庵
豐厚園
龍船頭
後江
民渡
陳家渡
伍家背
楊家垸
朱家隄
公悅園
鄭家灣
王家塘
螺螄園
保安園
草埨
仲帛橋
向母湖
壠塅
樂修埂
黃金湖
朱家隄

縣北歸義局第二圖

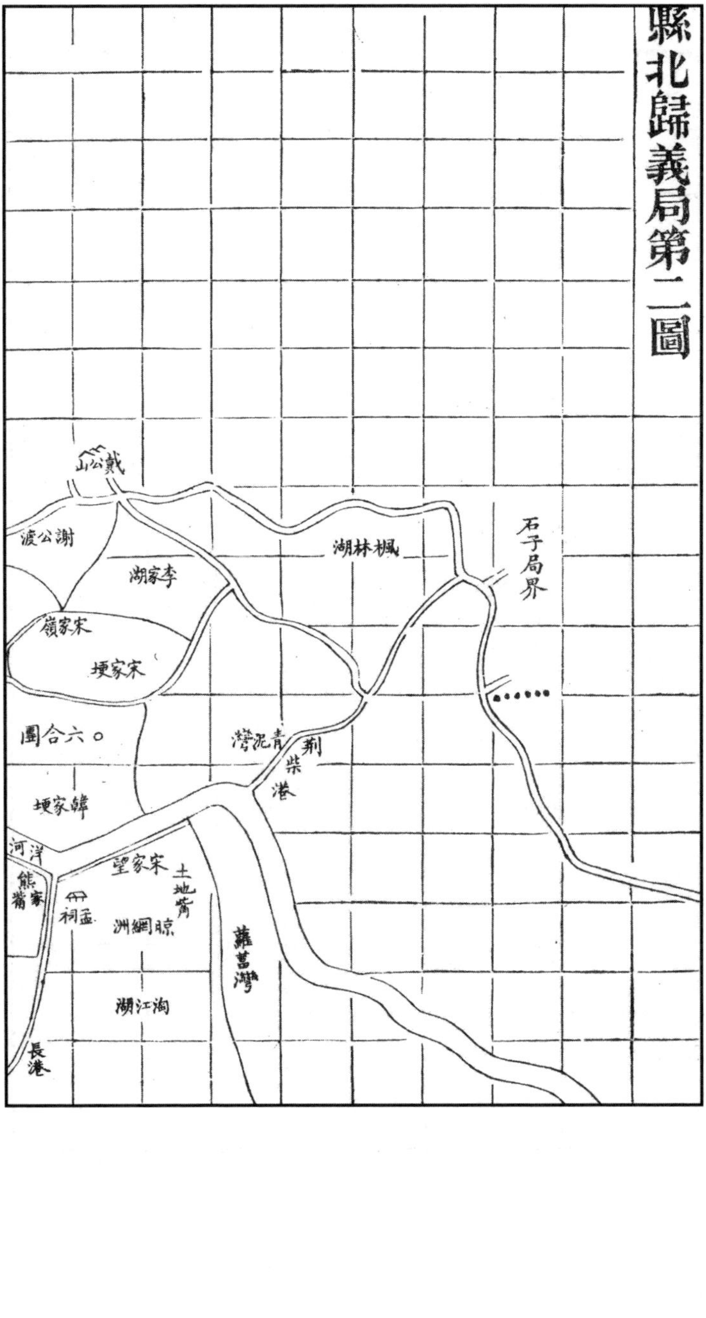
戴公山
謝公渡
李家湖
楓林湖
石子局界
宋家嶺
宋家埂
六合圍
青泥灣
荊柴港
韓家埂
洋河
熊家嘴
宋家壆
土地嘴
孟祠
晾網洲
蘿葍灣
淘江湖
長港

县北归义局第三图

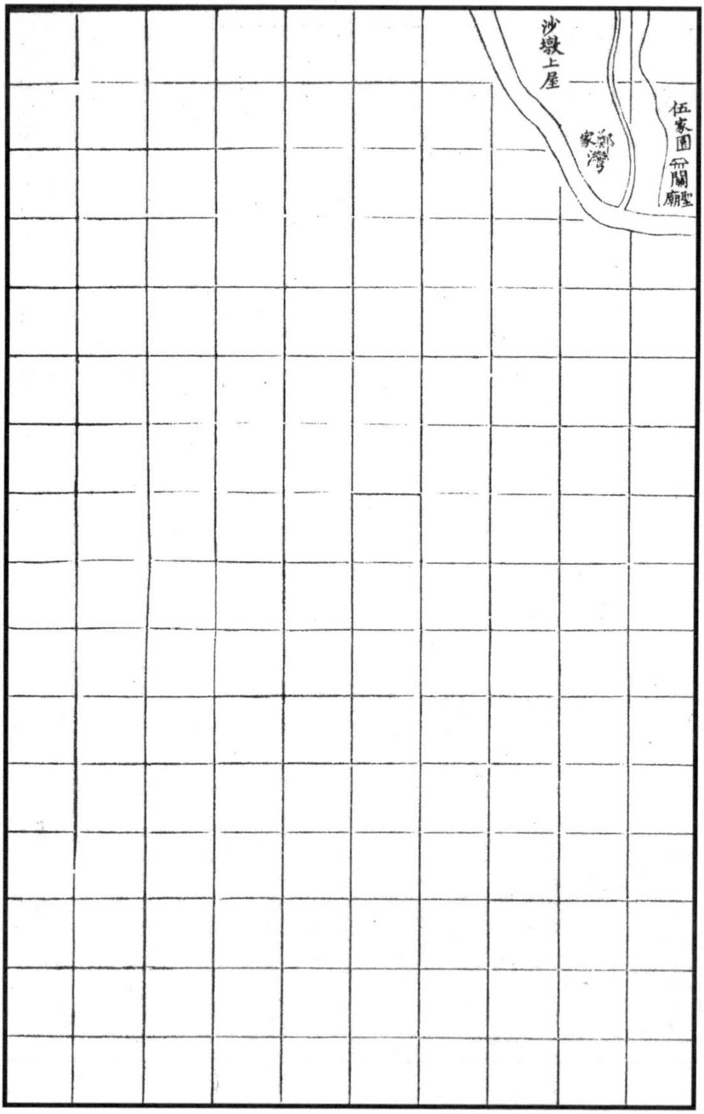

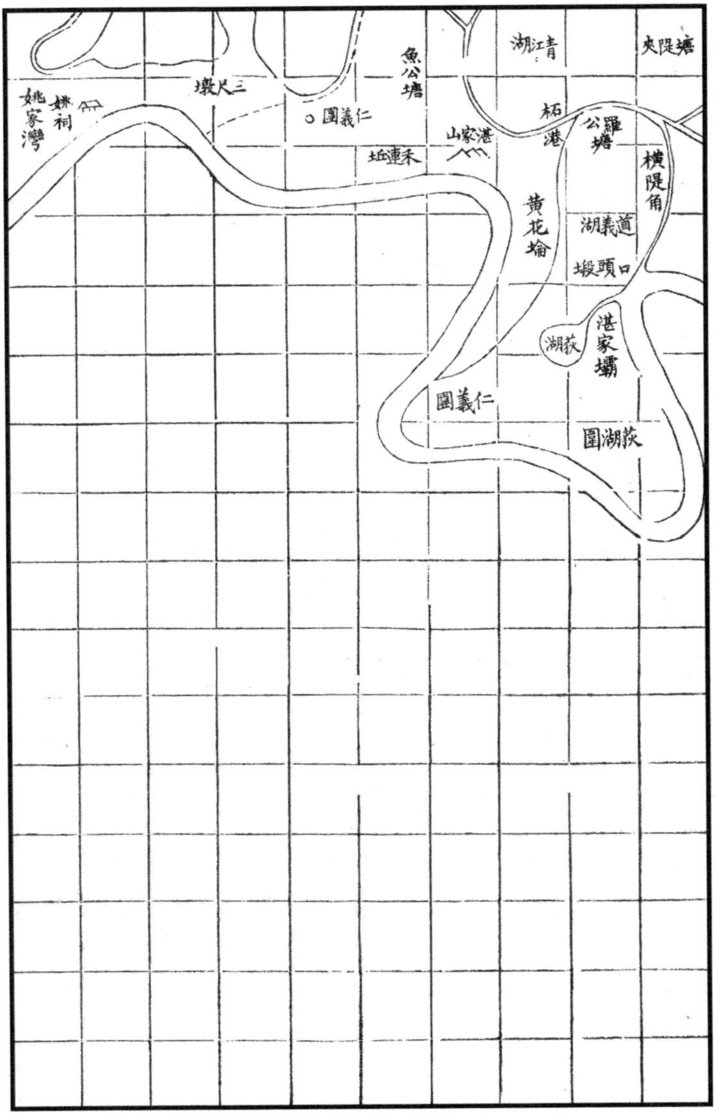
青江湖
夹隄塘
魚公塘
三尺墩
姚家灣
姚祠
仁義圍
禾連坵
港家山
柘港
羅公塘
横隄角
黄花堬
道義湖
口頭塅
湛家壩
荻湖
仁義圍
荻湖圍

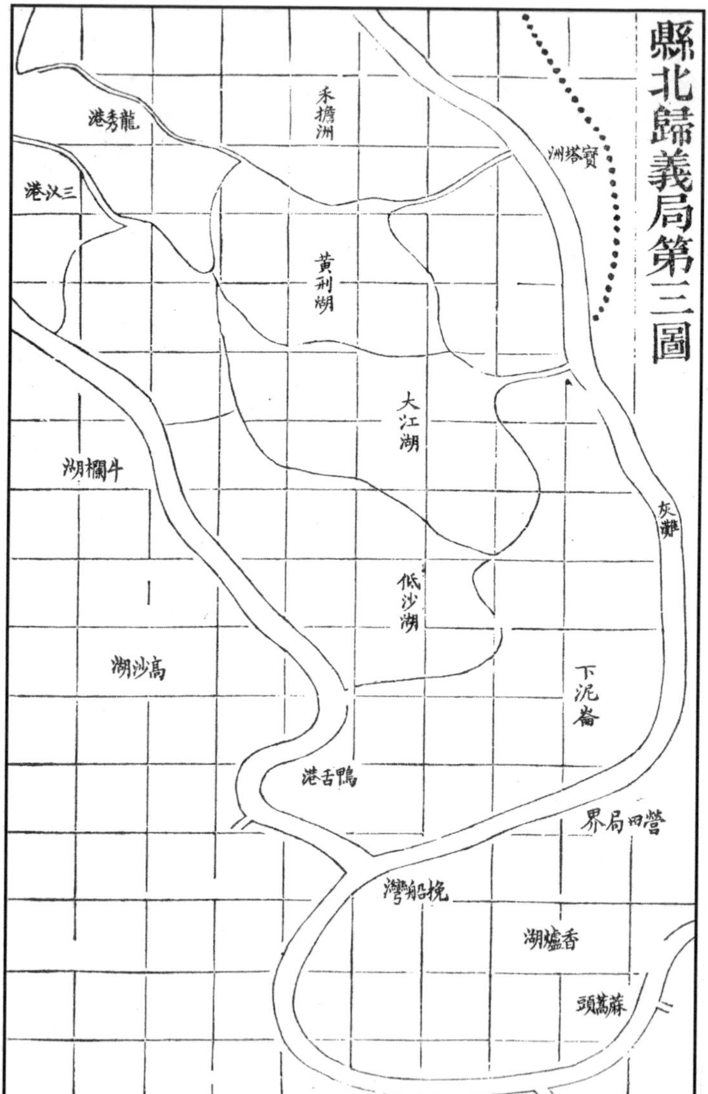
縣北歸義局第三圖
禾擔洲
龍秀港
寶塔洲
三汊港
黃刑湖
大江湖
斗欄湖
灰灘
低沙湖
高沙湖
下泥畬
鴨舌港
營田局界
挽船灣
香爐湖
蘇蒿頭

右归义局，界县北，距城五十五里。东界武昌局，南界白水、石子二局，西界石子局，北界凤凰局，东北界新市、黄谷二局。纵三十里，横二十四里。领团二十一，内甘棠团又析为上、下二团。隶二十二都，错入十一都、十二都、十三都、十四都、十六都、十八都、二十一都、二十三都。

东北，归义镇、马王桥等处，曰归义团，隶十四都，错入十一都。东，归义镇横至柳林台，界居仁团。南，贞心山横至易家坪，界敦义团、乌梅团。西，戴家垅直至高泉山，界乌梅团、薰化团。北和尚坪濒汨水，界黄谷局戴花团。纵七里，横三里。

逶东，红花丘、河里冲等处，曰居仁团，隶十四都，错入十二都。东，硃砂桥直至熊家坪，界新市局梅家团。西附之仁厚团及杨柳团。南，罗家湾曲至范家坪，界杨柳团。西，曾家坪直至河里屋，界敦义团、归义团。北，窑洲河横至桐梓山，濒汨水，界黄谷局戴花团。纵二里，横三里。

稍南，彭家疃、杨树坝等处，曰敦义团，隶十四都，错入十一都。东，霍家桥，界居仁团。南，马头坪横至西圫，界杨柳团。西，鲁子坝，界乌梅团。北，邹家坪，界归义团、居仁团。纵二里，横二里。

又东，杨柳塘、下马寥等处，曰杨柳团，隶十三都，错入十一都。东，下马桥直至汤家冲，界新市局仁厚团。南，海公塘、孔坡，界下甘棠团。西，骆家塅直至单圫，界旷公团。北，土门口横至杨柳坪，界敦义团、居仁团。纵三里，横四里。

径东，黄家垅、响水坡等处，曰东仁团，隶十三都。东，福寿桥直至炉塘冲，界武昌局杨树团。南，大衍冲曲至大石陂冲，界上甘棠团。西，长陂直至大陂，界下甘棠团。北，茄树冲曲至鲁家塝，界新市局梅家团。纵六里，横三里。

东南，甘棠寺分二团：元仙疃、蟠龙石等处，曰上甘棠团；柞树坡、丛羊冲等处，曰下甘棠团。隶十三都，错入十四都。东，天平山直至草塘冲，又曲至蟠龙石，界东仁团。南，元仙塅曲至周家坳，界武昌局同乐团。西，黄师塘垅直至丛羊冲，界金鸡团、杨柳团。北，向家冲，界杨柳团。纵八里，横二里。

其南，金鸡坳、何家坡等处，曰金鸡团，隶十八都。东，象鼻山直至杨家坳，界下甘棠团、上甘棠团。南，高岭横至金鸡坳，界武昌局下神鼎团。西，上下乾坡曲至双江嘴，界武昌局下神鼎团及旷公团。北，伏家冲曲至徐家山，界旷公团、杨柳团。纵六里，横三里。

逶西，石牛嘴、龙凤塘等处，曰石牛团，隶十八都。东，石牛嘴直至大坡冲，界武昌局下神鼎团。南，龙凤塘，界白水局古培团。西，山冲界白水局古培团。北，大冲界旷公团。纵三里，横二里。

又西，旷公桥、东塘冲等处，曰旷公团，隶十八都，错入十三都。东，仑上坪曲至寺冲，界杨柳团、金鸡团。南，谢家冲，界石牛团。西，西塘冲，界白水局古培团及栗桥团。北，高家坡横至旷公桥，界乌梅团。纵二里，横五里。

西南，栗桥、李家岔等处，曰栗桥团，隶十八都，错入十三都。东，龙塘直至熊家垅，界乌梅团、旷公团。南，栗桥曲至窑塘坡，界白水局古培团。西，中塘坡直至李家冲，界白水局梅义团。北，唐家冲横至小坡冲，界石子局仁义团、夹城团。纵十里，横五里。

稍北，乌梅塘、大众疃等处，曰乌梅团，隶十六都。东，福星桥，界敦义团。南，杨树坝横至双塘冲，界旷公团。西，枫树坳直至高山塍，界栗桥团。北，瓦口塘曲至伴岭居，界归义团。纵七里，横四里。

其西，范家坪、道观垅等处，曰薰化团，隶二十二都，错入十六都。内有窑嘴团，茶木垅埂属。东，高塘坪，濒汨水，界凤凰局、楚塘团及归义团。南，狄家坪横至童家坝，界石子局夹城团、正风团。西，武夷山曲至谢公渡，界石子局正风团。北，观音湖曲至涂家坪，又横至百丈口，界仁德团、小洲团。纵七里，横十四里。

又西，观音渡、王家口等处，曰仁德团，隶二十二都。东，檀木港直至涂家坪，界小洲团。南，刘家坪，界薰化团。西，谢公渡埂，界六合团。北，湛家埂，界河市团。纵三里，横四里。

西北，宋家望、晾网洲等处，曰六合团，隶二十二都。东，韩家埂，界丰厚团、仁德团。南，宋家埂，界石子局寺坪团、石子团。西，青泥湾埂，界古湖。北，孟家埂，界仁义团。纵八里，横六里。

稍东，大步台、王家塘等处，曰丰厚团，隶二十二都。亦属公悦团。东，后江，界公悦团。南，上埨，下埨，界河市团。西，熊家嘴、郑家湾，濒汨水，界六合团。北，三尺墩，濒罗水，界凤凰局文家团。纵四里，横四里。

又东，河塘市、潭口渡等处，曰河市团，隶二十二都。东，濒罗水支津，界聚贤团。南，濒汨水，界仁德团。西，界丰厚团。北，界丰厚团。斜长二里。

迳北，公悦围、龙船头等处，曰公悦团，隶二十二都，错入二十一都、二十三都。东，朱家堤，界保安团。南，龙船头，界丰厚团。西，螺蛳园，界丰厚团。北，伍家园，界凤凰局栗桥团。斜长四里。

径西，鱼公塘、三尺墩等处，曰仁义团，隶二十二都，错入二十一都。属荻湖围及公悦园之龙塅湛家山。东，界丰厚团。南，界六合团。西，界牛栏湖。北，界凤凰局清平团、周公团、文家团。斜长九里。

西北，沙湖堤、伍家嘴等处，曰保安团，隶二十二都，错入二十一都、二十三都。属乐修埂。东濒罗水，界凤凰局楚塘团。南，濒罗水支津，界聚贤团。西，界公悦团。北，濒罗水，界凤凰局栗桥团。纵四里，横五里。

稍南，翁家洲、莲花托等处，曰聚贤团，隶二十二都。属彭家埂。东，濒罗水，界凤凰局楚塘团。南，濒汨水，界小洲团。西，濒罗水支津，界公悦团。北，界保安团。纵三里半，横七里。

又南，小洲、樟麦园等处，曰小洲团，隶二十二都。属胡家埂、鸡公滩埂。东，曹家垅，界凤凰局楚塘团。南，界薰化团。西，檀木港，界仁德团。北，濒汨水，界聚贤团。纵三里，横七里。

有天平山、桐梓山、高泉山、眠羊山。

汨水支津，有檀木港、樟树港、荆柴港、长港、龙溪港，南有道胜湖、中间湖、观音湖，北有牛皮湖、向母湖、青江湖、陶江湖、黄金湖、大江湖、低沙湖。

出汨水有石坝、福寿桥、团山桥、杨柳桥、霍家桥、金坑坝、硃砂桥、梁家坝、双江桥、旷公桥、下马桥、杨树坝、福星桥、明月桥、鲁子坝桥、邑人何乾万修。道士桥、便塘坝、师家桥、新桥、万载桥、乾隆四十二年，邑人柳胜华等修。童家坝，汨水支津有望湖桥、邑人黄齐鳌修。胡公桥。局西南有国泰寺，在西塘冲。宋治平中建，距城北五十里。东南有普静庵、在金鸡冲，距城北五十五里。华严庵、在元仙塅，距普静庵南三里。甘棠寺，在天平山，距普静庵南四里。东北有南阳寺，在清凉山，距城北六十七里。径西北有望湖寺、在谢公渡。嘉庆十八年建，距城北六十里。澄岚庵、在湛家埂。康熙三十三年建，距望湖寺南一里。水月寺，在河塘市。宋太平兴国元年建，距澄岚庵南一里。西有永庆观、在武夷山，俗名武夷庵。明宣德中建，距城北五十五里。普济寺，在高泉山，俗名高泉寺，明夏忠靖公读书处，距永庆观南五里。

古迹有古罗城，国朝周韫祥诗云："匹马南来汨水头，古罗城郭惨萧飕。千寻老树埋荒谷，一抹青山界古邱。长乐钟残啼鸟散，坏垣云断老猿愁。湘中剩有张王庙，斜日灵旗冷暮秋。"　徐柱诗云："春秋罗子国，土城峙江浒。高可二丈馀，围不三里许。按位辟四门，两山蹲如虎。城中垦熟田，掌平无隙土。传闻风雨夜，隐隐鸣金鼓。往往田之中，耕获瓯鼎古。年年山鸟啼，岁岁山花吐。屈指胙土已历千馀年，而今谁是山鸟山花主！"有沧浪河，在古罗城南。汨水支津径古罗城，名沧浪河。《楚辞·渔父》歌沧浪之水，即此。有屈原故宅，在翁家洲，今为南阳寺。有高泉洞，高泉山下有洞，深二丈许。洞尽处，滴石成泉，其水清甘，能解烦去疾。山濒汨水，以泉为名。溢出为高塘，溉民田数十亩。郭嵩焘题石洞口曰"泉机活泼"，且为铭曰："高洞神泉，百灵所司。蠲涤疴烦，乾清坤夷。无俾樵牧，尘垢瑕疵。导扬熙风，惠此方维。"

有归义镇、河塘市，为县北两大聚落。国朝周韫祥河塘词云："昔渡河塘，洪涛簸扬。今渡河塘，履如康庄。匪河昔难涉而今易杭，曰舟是降。卿家河之南，我家河之北。且莫憾南北，欢自来迎接。哼哼者车，翘翘者舆，駉駉者马，甡甡者夫。同舟共济，畴昔之所无。洋洋渡口波，青青渡头树。一渡一归来，犹夷不忍去。"

又有栗桥、河南二小市。

县北驿道，出栗桥、归义镇，通平江大道，出仓塘。通巴陵小道，出河塘市。

长沙通巴陵小道出眠羊山。

大姓：河塘黄氏、谢氏、孟氏；大众塅何氏、仇氏、易氏；汨罗郑氏、夏氏；彭氏二：一居大众疃，一居大洲。周氏二：一居汨罗，一居观音湖。西塘冲邹氏，公悦围姚氏，百丈口杨氏，茶木垅曹氏，熊家嘴熊氏，河南市李氏。

县北凤凰局第一图

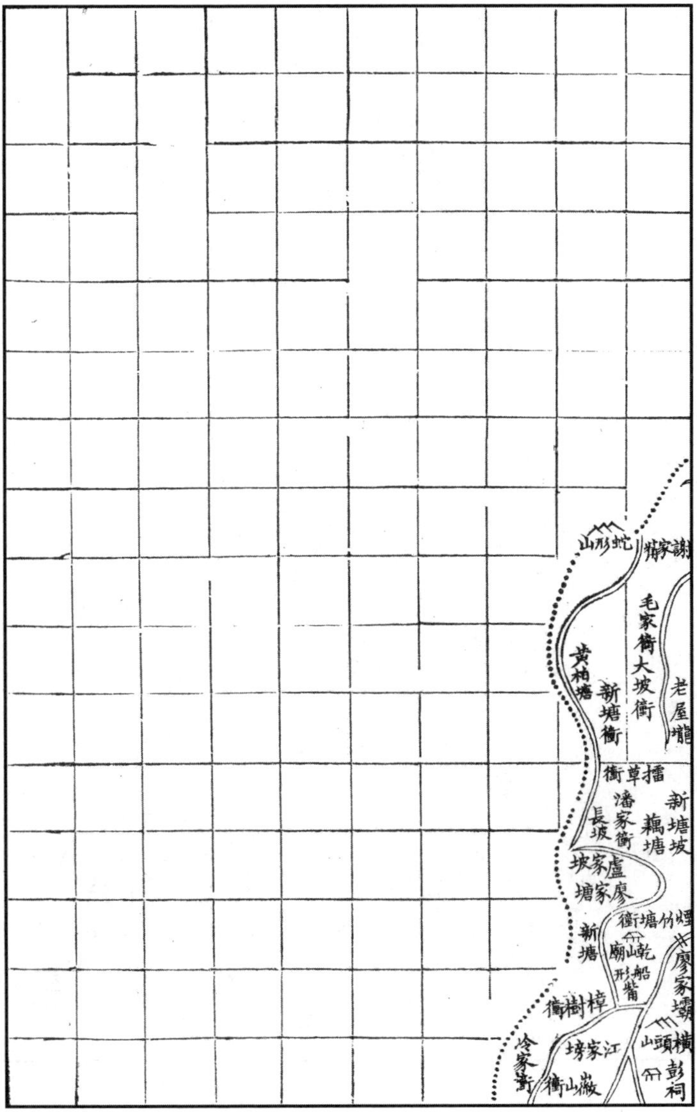
蛇形山
毛家衕
大坡衕
黄柏塘
新塘衕
播草衕
潘家衕
長坡
藕塘
新塘坡
盧家坡
廖家塘
竹塘衕
新塘
乾山廟
船形
樟樹衕
江家塝
橫頭山
彭祠
冷家衕

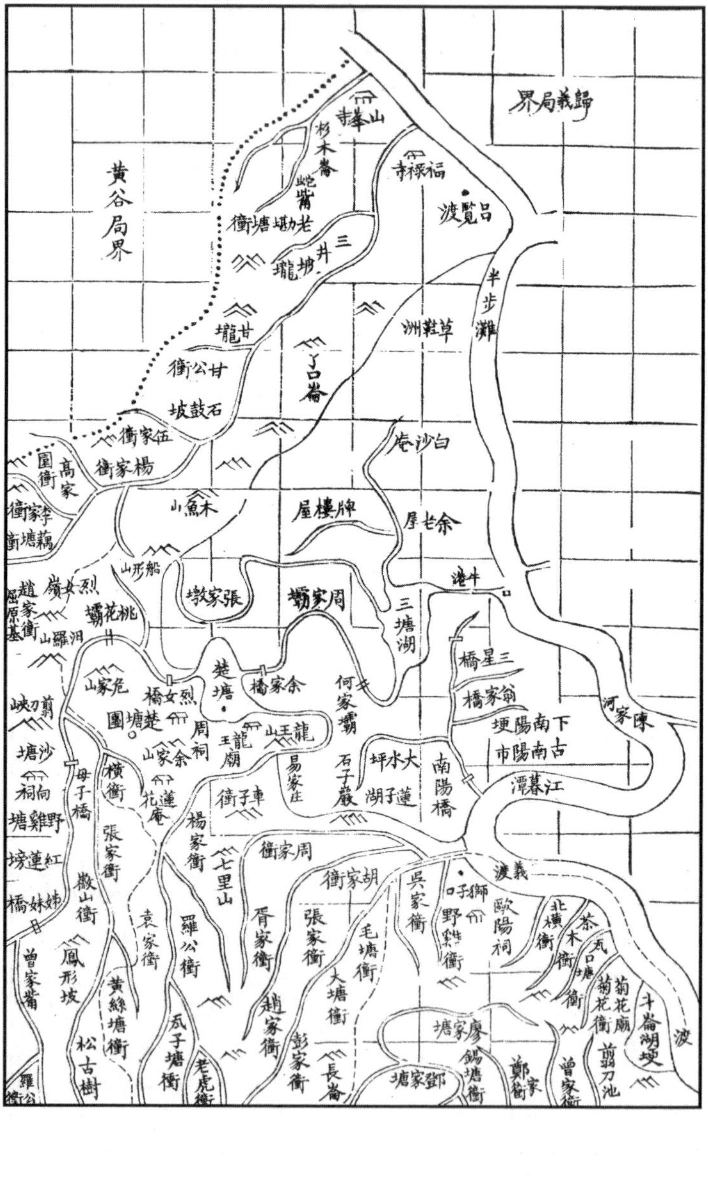
歸義局界
黃谷局界
山峯寺
杉木嶺
福禄寺
呂覽渡
老坳塘衝
三井
地壠
甘壠
甘公衝
石鼓坡
半步灘
草鞋洲
丁口嶺
白沙庵
伍家衝
楊家衝
高家圍衝
李家衝
藕塘衝
木魚山
牌樓屋
船形山
張家墩
周家壩
烈女嶺
桃花壩
趙家衝
屈原基
汨羅山
三塘湖
三星橋
翁家橋
陳家河
下南陽埂
古南陽市
江暮潭
危家山
烈女橋
楚塘
余家橋
何家壩
楚塘圍
周祠
龍王廟
龍王山
余家山
翦刀峽
沙塘
向祠
野雞塘
紅蓮塝
姊妹橋
母子橋
橫衝
蓮花庵
車子衝
易家庄
石子巖
大水坪
蓮子湖
南陽橋
楊家衝
七里山
周家衝
胡家衝
吳家衝
獅子口
義渡
歐陽祠
撒山衝
張家衝
袁家衝
羅公衝
胥家衝
張家衝
毛塘衝
野雞衝
北橫衝
茶木衝
菊花廟
菊花衝
斗嶺湖埂
波
曾家嶺
鳳形坡
黃綠塘衝
瓜子塘衝
趙家衝
大塘衝
廖家塘
錫塘衝
鄭家衝
曾家衝
翦刀池
松古樹
老虎衝
彭家衝
長嶺
鄧家塘

縣北鳳凰局第一圖

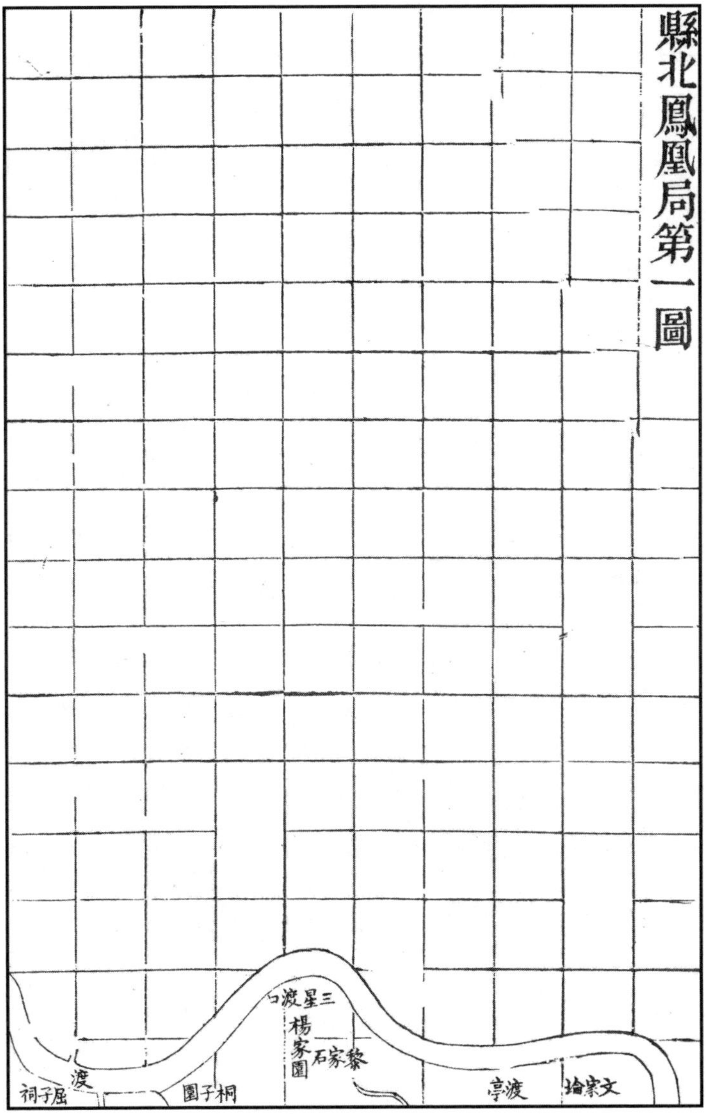

县北凤凰局第二图

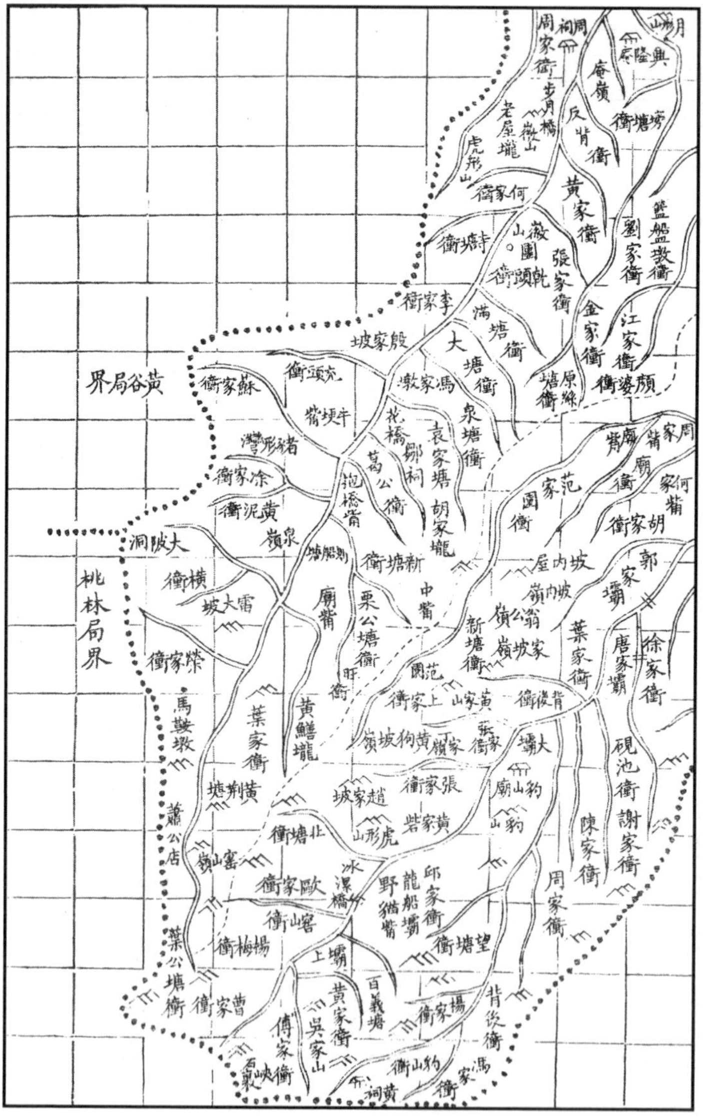
周家衙
周祠
興隆庵
庵嶺
老屋壠
步月橋
虎形山
反背衙
何家衙
黄家衙
寺塘衙
嶽山
張家衙
盤盤敦衙
劉家衙
李家衙
滿塘衙
金家衙
江家衙
殷家坡
大塘衙
顔婆衙
黄谷局界
蘇家衙
馮家墩
原絲塘衙
泉塘衙
花橋
鄒祠
袁家塘
豬形灣
涂家衙
黄泥衙
葛公衙
抱橋背
胡家壠
范家園衙
何家背
胡家衙
大陂洞
泉嶺
新塘衙
橫衙
桃林局界
雷大坡
廟背
粟公塘衙
中背
坡內屋
坡內嶺
翁公嶺
郭家壙
葉家衙
唐家壙
徐家衙
滎家衙
馬鞍墩
黄鱔壠
背後衙
大壙
硯池衙
張家衙
趙家坡
豹山廟
黄荊塘
蕭公店
北塘衙
虎形山
豹山
陳家衙
謝家衙
歐家衙
冰凜橋
野貓背
龍船壙
邱家衙
周家衙
楊梅衙
望塘衙
上壙
葉公塘衙
曹家衙
百義塘
黄家衙
楊家衙
傅家衙
吳家山
豹山衙
馮家衙
黄祠

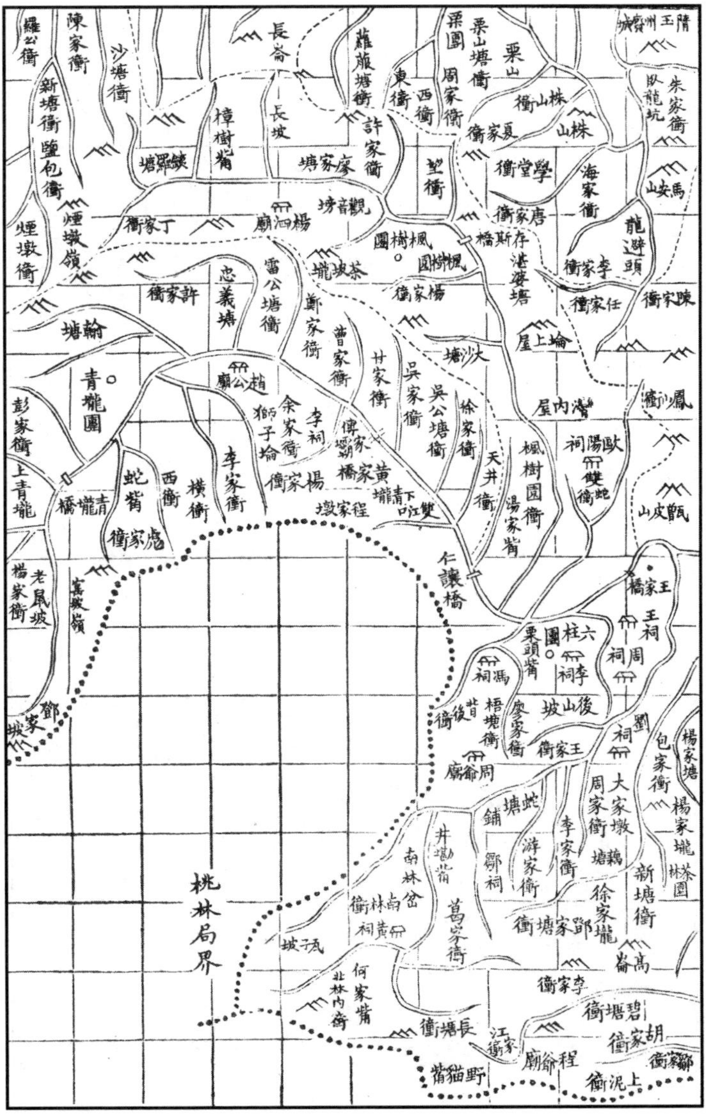
羅公衝
陳家衝
沙塘衝
長谷
蘿蔔塘衝
栗園
栗山塘衝
栗山
新塘衝
鹽包衝
樟樹背
長坡
許家衝
東衝
西衝
周家衝
株山衝
夏家衝
株山
卧龍坑
朱家衝
廖家塘
望衝
學堂衝
海家衝
馬安山
煙墩衝
煙墩嶺
丁家衝
楊泗廟
觀音塆
唐家衝
楓樹園
存斯橋
龍躍頭
李家衝
茶坡壠
港婆塘
許家衝
忠義塘
雷公塘衝
楊家衝
任家衝
陳家衝
翰塘
靳家衝
曾家衝
甘家衝
吳家衝
大沙塘
崙上屋
青壠園
趙公廟
彭家衝
余家衝
獅子崙
李祠
吳公塘衝
徐家衝
歐陽祠
雙蛇衝
黃家橋
天井衝
楓樹園衝
湯家背
甑皮山
上青壠
青壠橋
蛇背
西衝
橫衝
李家衝
程家墩
雙江口
仁讓橋
王家橋
楊家衝
老鼠坡
王祠
六柱園
栗頭背
周祠
馮祠
李祠
後山坡
背後衝
梧塘衝
廖家衝
王家衝
劉祠
包家衝
楊家塘
周爺廟
周家衝
蛇塘鋪
井塌背
李家衝
游家衝
鄒祠
鵝塘
楊家壠
茶林園
新塘衝
桃林局界
南林岔
南林衝
黃祠
鄧家塘衝
徐家壠
葛家衝
高嶺
瓦子坡
何家背
李家衝
碧塘衝
長塘衝
江家衝
程爺廟
胡家衝
野猫背
上泥衝
鄧家坡

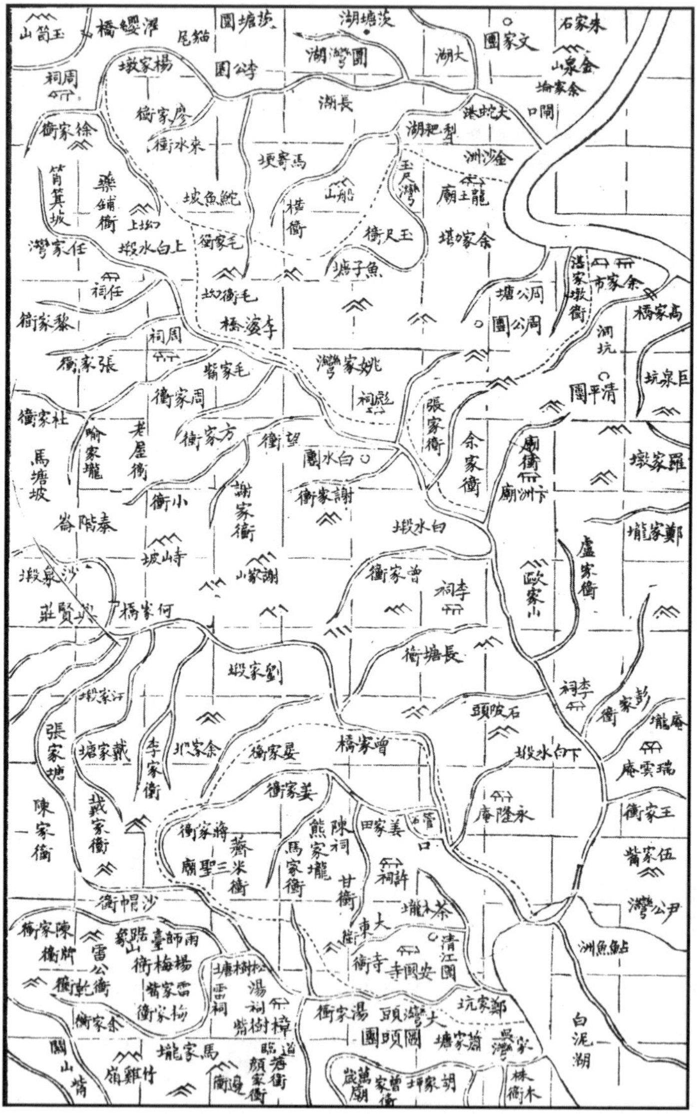
玉筍山
茨塘湖
文家園
朱家石
金泉山
大湖
周祠
楊家墩
李公園
長湖
閘口
徐家衝
廖家衝
東水衝
金沙洲
龍王廟
船山
任家灣
上白水墩
毛家衝
玉尺衝
魚子塘
任祠
李婆橋
周公塘
周公園
余家市
高家橋
黎家衝
張家衝
姚家灣
清平園
周家衝
杜家衝
方家衝
望衝
白水園
謝家衝
小衝
白水墩
曾家衝
李祠
何家橋
長塘衝
劉家墩
彭家衝
石陂頭
曾家橋
下白水墩
瑞雲庵
戴家塘
姜家衝
永隆庵
王家衝
三聖廟
許祠
尹公灣
陳家衝
鮎魚洲
安國寺
楊梅衝
湯家衝
鄭家坑
余家衝
馬家壠
竹雞嶺
白泥湖

縣北鳳凰局第二圖

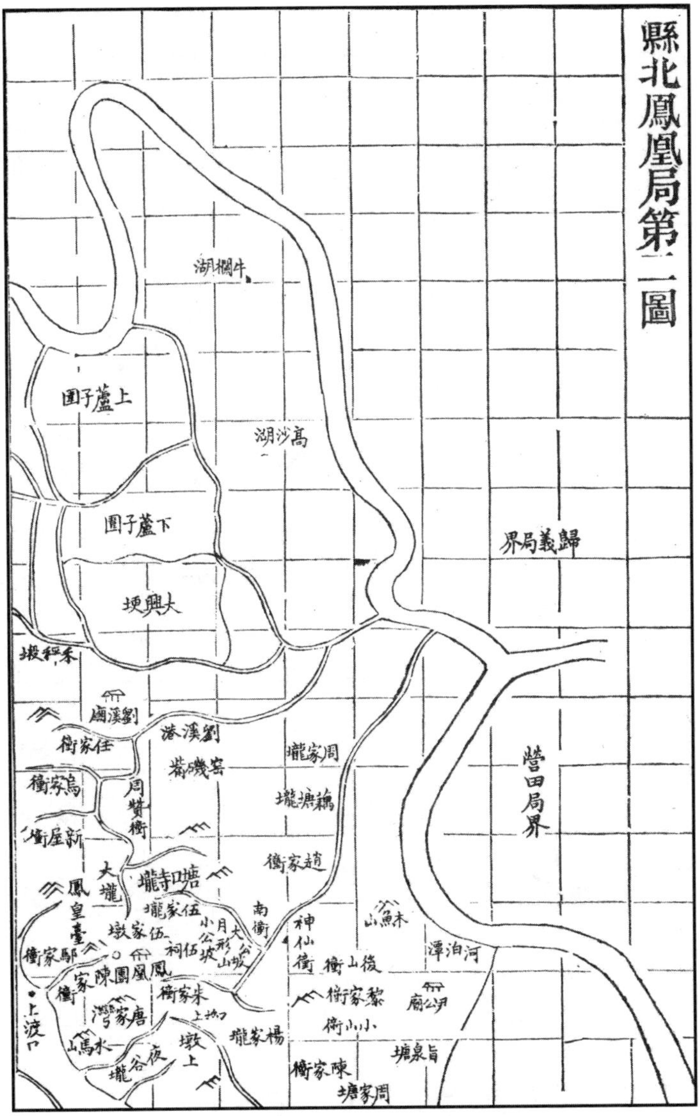
牛欄湖
上蘆子園
高沙湖
下蘆子園
歸義局界
大興埂
禾稈塅
劉溪廟
劉溪港
任家衝
窑磯嶺
周家壠
烏家衝
藕塘壠
周贊衝
營田局界
新屋衝
趙家衝
大壠
塘口寺壠
鳳皇臺
伍家壠
南衝
木魚山
伍家墩
小月公形山
大公坡
神仙衝
伍祠
河泊潭
後山衝
鄔家衝
鳳凰園
陳家衝
朱家衝
黎家衝
尹公廟
唐家灣
上渡口
小山衝
楊家壠
水馬山
夜谷壠
上墩
旨泉塘
陳家衝
周家塘

县北凤凰局第三图

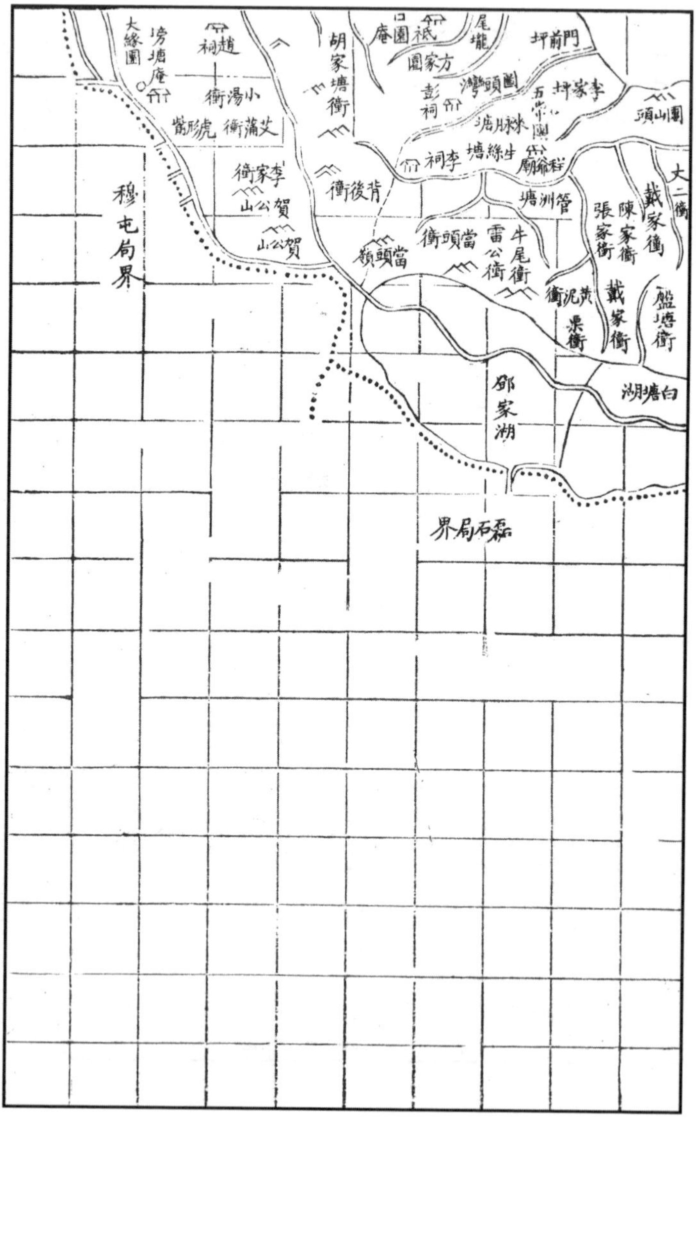
大緣圍
塝塘庵
趙祠
小湯衝
艾蒲衝
李家衝
賀公山
賀公山
胡家塘衝
背後衝
祇園庵
方家園
尾壠
門前坪
李家坪
彭祠
圍頭灣
李祠
生絲塘
管洲塘
當頭嶺
當頭衝
雷公衝
牛尾衝
戴家衝
陳家衝
張家衝
黃泥衝
戴家衝
盤塘衝
白塘湖
鄧家湖
穆屯局界
磊石局界

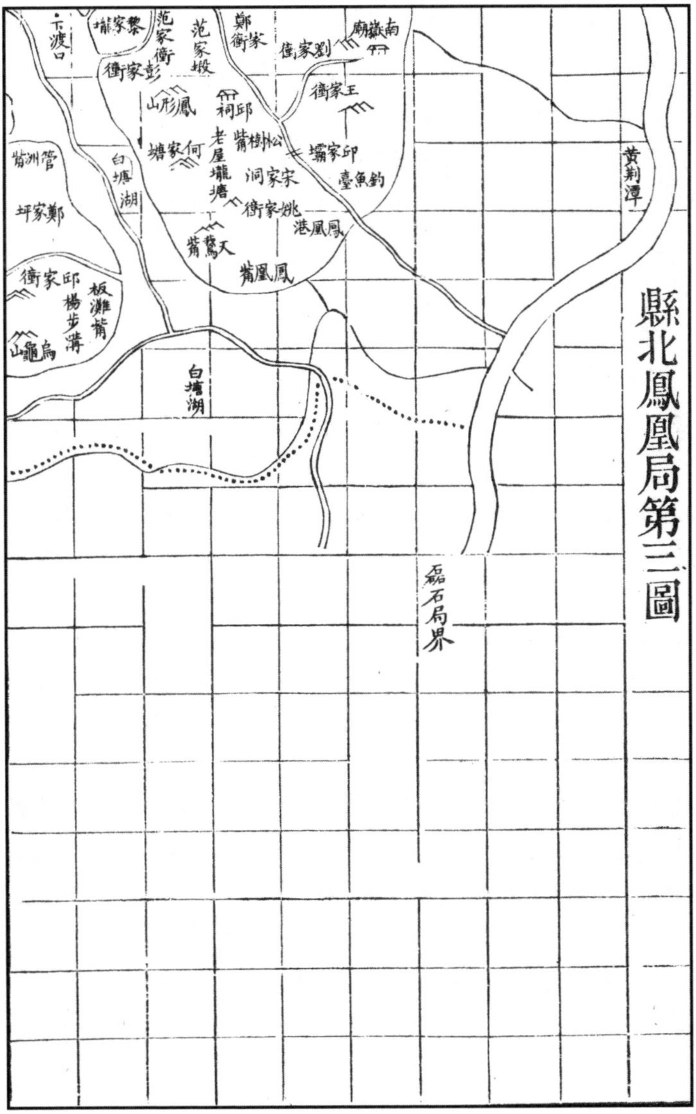
縣北鳳凰局第三圖
下渡口
黎家埔
范家衝
彭家衝
范家塅
鄭家衝
劉家衝
南嶽廟
王家衝
鳳形山
邱祠
何家塘
老屋壠塘
松樹觜
邱家壩
宋家洞
釣魚臺
姚家衝
鳳凰港
天鵞觜
鳳凰觜
白塘湖
管洲觜
鄭家坪
邱家衝
板灘觜
楊步溝
烏龜山
白塘湖
黃荆潭
磊石局界

右凤凰局，界县北，距城七十里。东界黄谷、桃林二局，南界归义局，北界磊石、穆屯二局，西濒湘水。纵三十里，横四十二里。领团十五，内白水团又析为上、下二团。隶二十四都，错入十一都、十四都、二十都、二十一都、二十二都、二十三都。

其北，大湾头、曾家垅等处，曰图头团，隶二十四都。东，万岁庙，界大缘团。南，大湾头，界清江团。西，白塘湖，界凤凰团。北，图头湾，界五常团。纵三里，横三里。

径北，生丝塘、牛尾冲等处，曰五常团，隶二十一都，错入二十二都。东，当头岭曲至生丝塘，界图头团。南，李家冲，界图头团。西，濒白塘湖，界凤凰团。北，濒邓家湖，界磊石局大义团、马厅团。纵三里，横六里。

迤西，凤凰台、范家疃等处，曰凤凰团，隶二十四都，错入二十一都、二十二都。东，白塘湖、瑞云庵，界五常团、图头团、清江团、白水团。南，禾称塅、刘溪港，界清平团。西，河泊潭曲至黄金潭，界汨水、罗水合流处。北，凤凰嘴，濒白塘湖，界磊石局马厅团。纵十里，横七里，斜长十二里。

迤东，关山嘴、艾蒲冲，曰大缘团，隶二十一都。东，江家冲直至徐家垅，界六柱团。南，新塘冲横至豹山冲，界六柱团、清江团。西，汤家冲直至当头岭，界图头团、五常团。北，贺公山曲至关山嘴，又横至野猫嘴，界穆屯局仁合团。纵六里，横七里。

稍南，茶木垅、姜家田等处，曰清江团，隶二十四都，错入二十二都、二十三都。东，晏家冲，界六柱团。南，曾家桥，界白水团。西，鲩鱼洲，界凤凰团。北，郑家坑横至蒋家冲，界图头团、大缘团。纵三里，横四里。

又南，白水疃、曾家嘴等处，曰白水团，隶二十二都，错入十一都、二十二都、二十三都。东，陈家冲，界六柱团、枫树团。南，徐家冲，界栗团、文家团、周公团。西，白水塅界清平团、凤凰团。北，曾家桥，界清江团。斜长十一里。

迤东，栗嘴头、蛇塘铺等处，曰六柱团，隶二十三都，错入二十二都。东，瓦子坡直至栗嘴头，又曲至许家冲，界桃林局棚山团。南，甑皮山横至寺山坡，界枫树团、白水团。西，刘家塅、余家塅，界白水团、清江团。北，戴家冲横至李家冲，又曲至北林内冲，界大缘团及穆屯局亦仁团。纵八里，横六里，斜长十三里。

逶西，巨泉坑、罗家墩等处，曰清平团，隶二十三都，错入二十二都。东，洞坑，界白水团、周公团。南，余家市，濒罗水，界归义局仁义团。西，芦子围大兴埂，濒汨水。北，郑家垅，界凤凰团。纵五里，横四里。

径西，周公塘、余家市等处，曰周公团，隶二十二都，错入二十三都、二十四都。东，毛家冲，界白水团。南，玉尺冲，界文家团。西，湛家墩，界归义局仁义团及清平团。北，姚家湾，界清平团、白水团。纵三里，横五里。

又南，观音塝、大沙塘等处，曰枫树团，隶二十三都，错入二十一都、二十二都。东，铁罗塘，界徽山团。南，樟树嘴横至望冲，界楚塘团、栗团。西，湛婆塘直至双蛇冲，界白水团。北，汤家嘴曲至丁家嘴。界六柱团，斜长八里。

逶东，青龙桥、狮子仑等处，曰青龙团，隶二十都，错入十一都、二十二都。东，曾家冲直至范家园冲，界徽山团。南，翰塘横至余家冲，界徽山团、六柱团。西，伏家坝直至窑坡岭，又曲至冯家冲，界桃林局棚山团。北，豹山冲，界桃林局人字团。纵十一里，横六里，斜长十六里。

径东，徽山、大坡洞等处，曰徽山团，隶十四都，错入二十二都。东，荣家冲直至苏家冲，又曲至殷家坡，界黄谷局瑞林团、由义团。南，小江口，界黄谷局小江团。西，盐包冲，界楚塘团、枫树团、青龙团。北，叶公塘冲，界桃林局天字团。纵三十里，横四里。

逶西，栗山塘、玉笥山等处，曰栗团，隶二十三都，错入二十二都。东，彭家冲，界楚塘团。南，斗仑湖埂、名山市，濒罗水，界归义局保安团。西，玉笥山直至马鞍山，界文家团、白水团。北，龙避头横至萝卜塘冲，界白水团、枫树团。纵七里，横六里。

径西，文家仑、玉尺湾等处，曰文家团，隶二十二都，错入二十一都、二十三都。内有茨塘围。东，杨家墩，界栗团。南，三星渡横至文家仑，濒罗水，界归义局公悦团、丰厚团、仁义团。西，金泉山曲至余家坳，濒罗水，界归义局仁义团。北，玉尺湾横至鮀鱼坡，界周公团。纵五里，横七里。

其南，楚塘、烈女岭等处，曰楚塘团，隶二十二都，错入十一都。内有南阳埂。东，烈女岭，界徽山团。南，吕览渡，濒汨水，界归义局薰化团。西，濒罗水，界归义局聚贤团、保安团及栗团。北，长仓横至瓦子塘冲，界枫树团。纵十三里，横六里。

西有烈女岭、图经谓之汨罗山。玉笥山。国朝王之铁诗云："我闻邵尧夫，容膝仅数椽。坐卧图数中，安乐竟忘年。又闻蔡季通，读书西山巅。终日啖苦齑，高步追前贤。生理日以艰，心志日以坚。个中有真意，岂不为境迁。我生两贤后，希古竟茫然。饘粥苦难给，屋破屡见天。境地亦自同，饥寒念莫捐。一副俗子肠，结约深胶缠。君看往哲心，澹澹如寒泉。以此自鞭策，净洗物外牵。" "仲尼久绝笔，天道日崎岖。哇声乱正始，紫色夺离朱。衰周迄今兹，著述充寰区。亡羊奔山峭，跛鳖触河罛。丧怀已迷芳，肆志犹操觚。卑者谈功利，高者沉虚无。百家空腾跃，象外自驰驱。馀子亦纷纶，适足感庸愚。" 蒋常泰诗云："屐折仙山路，沿溪访薜萝。苔痕新雨合，窄径懒云多。寺隐人声阒，碑残篆迹磨。一邱观叹止，千仞意如何？" 杨培之诗云："日落古坛静，萧萧枫树林。美人不可见，山殿客来深。石冷虫声瘦，云横雁路沉。岿然一抔土，今昔共伤心。" 蒋之棻诗云："鸟语花娇二月天，白云多处老僧眠。晓钟惊醒幽人梦，掉臂名山谢少年。" 田实颖诗云："一鞭枫叶晓霜丹，绝磴欹斜行路难。鹤立松阴争石瘦，雁拖秋色堕江寒。" "南昌九月犹烽火，西塞千军泣箭瘢。满眼可堪人尽醉，独醒亭畔倚阑干。" "十年拟向此闲游，今上骚坛兴更幽。疏雨黄花三径暮，乱烟香草一庭秋。" "贾生去国空流涕，渔父临波解唱愁。小立濯缨桥北望，红蘅碧杜满汀洲。"

入罗水者，有牛港、三塘湖、莲子湖，有玉水，有大蛇港、茨塘湖、团湾湖、犁耙湖，有刘溪港，有凤凰港。沿罗水而西，有吕览渡、半步滩、陈家河、江暮潭、鸭舌港、黄金潭，有高沙湖、牛阑湖、白湖、白塘湖。

出罗水有桐木桥、花桥、步月桥、巴人彭枝櫰修。廖家坝、姊妹桥、子母桥、乾隆中，邑人周展书母子修，因名。烈女桥、余家桥、周家坝、何家坝，有三星桥、翁家桥、南阳桥，道光初，邑人黄修文修，周嘉细有记。有濯缨桥，乾隆二十年，知县陈钟理改建，见王立槐《骚坛记》。案，桥旧在公悦团，濒江。明洪武二年，知县黄思让建，见旧志。嘉靖二十一年，知县戴嘉猷重建，见戴嘉猷《独醒亭记》。今水出玉笥山，亦谓之玉水。　　徐柱诗云："堤柳喧啼鸟，岸欹春涨渺。欲来一濯缨，鼓枻渔歌杳。"有高家桥、邑人高宏纲、高宏组修。李婆桥、邑人周赞延妻李氏修。存斯桥、邑人黄万铠妻周氏修。黄家桥、一名青龙桥，邑人黄万卷修。上青龙桥、邑人荀之玕修。仁让桥、嘉庆六年，邑人吴爱周修。王何桥、何家桥、一名同心桥，邑人高国英、何会万修。曾家桥，有龙船坝、冰洁桥。邑人黄万铉妻荀氏修。

局南有山峰寺、在杉木仑，距城北七十里。福禄寺、在吕览渡，五代唐清泰中建，距山峰寺南一里。白沙庵，在草鞋洲，距福禄寺南三里。东南有乾山寺、在船形嘴，距山峰寺南十三里。兴隆寺，在徽山，距乾山寺南三里。北有祗园庵、在胡家坪，距城北七十五里。安国寺、在大湾头，唐贞观元年建，距祗园庵南二里。永隆寺、在下白水塅，距城北七十里。瑞云庵。在凤凰台，距永隆寺南二里。

古迹有凤凰台，旧志："黄帝南巡，张乐洞庭之野，有凤凰十二鸣集此山。雌雄各六，以应律吕。"　　国朝周倬祥诗云："朝登磊石岭，暮上凤凰台。日落愁人泣，天空野鹤哀。轩辕不复返，灵鸟何时来。遗迹空萧索，临风漫举杯。"有罗渊，唐张翔诗云："谠言忠谏阻春霄，放逐南荒泽国遥。五梦楚兰香易染，一魂湘水渺难招。风声落日心逾壮，鱼腹终天憾未销。却借微香荐蘋藻，海门何处问渔樵？"　　崔涂诗云："谗胜祸难防，沉冤信可伤。本图安楚国，不是怨怀王。古庙碑无字，洲晴蕙有香。独醒人尚少，谁与奠椒浆？"　　僧贯休诗云："烟痕涕秋色，高吟似有邻。一轮湘渚月，万古独醒人。岸湿穿花远，风香祷庙频。只应谀佞者，到此不伤神。"　　吴宜振诗云："前王西去后王危，一石沉江万古悲。兰菊不知何处荐，断残数桷隐蒺蔾。"　　明朱之宣诗云："洞庭南畔逼汀洲，渺矣予怀帝子邱。清绝长沙鸥得地，萧条泽国壑容舟。蜃楼避雪光初敛，渔市停云网未收。记得昔年芳草路，于今羞涩悔重游。"　　国朝戴文炽诗云："羽人揖别望江南，遥漱朝霞正气含。节弭阊风骐骥辔，旌回县圃凤鸾骖。临渊继目抽思并，绝笔终篇致意三。千载史公流涕处，至今无草怆江潭。""武关旧事已千秋，云雨巫山尽古邱。怅望雄风三户邈，时闻竞渡《九歌》讴。揭车露浥芝兰浦，嘉橘霜含杜若洲。家在汨罗江上住，每寻芳草每低留。”　　徐柱诗云：“山斋春半不知春，结伴寻芳一问津。怕作百年多病客，常怀千古独醒人。夹堤老树双龙吼，隔岸巉岩众虎蹲。仙景凭谁夸阆苑，骚乡风月莫教贫。”　　吴添明诗云：“帆悬直泛洞庭波，暂驻兰桡访汨罗。郢曲高低怜楚客，江云缥缈接湘娥。兴亡事迹悲三户，哀怨文章系《九歌》。惆怅美人无限憾，濯缨桥畔几回过。”　　楚迪信诗云：“怀王去不返，屈子怨何穷。居卜寒江雨，魂招古庙风。河山存楚域，烟火失秦宫。尚有孤臣泣，凄然落照红。”　　李得春诗云：“古墟凭吊最关心，江上芙蓉发故林。秋草路迷詹尹宅，西风魂断女媭砧。娥眉见嫉情无奈，鸩鸟为媒憾转深。谁读《招魂》能作赋？长沙太傅是知音。”　　郭昌猷诗云：“扁舟乘兴入江口，欲饮村醪趁夕曛。词客有灵应识我，万方多难更思君。荃蘅寂寞山中雨，鸥鹭栖迟水上云。夜静《离骚》歌一曲，凄凉山鬼啸如闻。”　　胡家熊诗云：“灵均当日憾如何，孰与题诗寄汨罗。清影自随湘浦月，忠魂不返洞庭波。美人江上思芳草，渔父丛中听棹歌。酒熟桑柑空致奠，独醒还让大夫多。”　　蔡梯诗云：“欲采蘅芜荐屈平，三闾祠畔夕阳明。骚经一卷怀孤愤，鱼腹千秋吊独醒。”　“江上美人悲缥缈，灯前山鬼泣纵横。游人散后波如镜，不似胥涛挟怒声。”　　僧鹤佣诗云：“晓风截江起，吹雨不成丝。日出云吞吐，江空石陆离。才行数十里，忽动百年思。屈子祠堂近，停舟读楚辞。”有屈原疑冢。杜氏《通典》：“罗江有屈原冢，今有石碑，文曰‘楚放臣屈大夫之碑’，其馀字灭。”郦道元《水经注》：“汨罗（源）〔渊〕① 北有屈原庙，庙前有碑。”在姊归山。以屈原葬此取原旧居为名，亦谓之羽罗山，后人假借屈原姊女媭讹为姊归山，因谓之烈女岭。并名其山下泉曰“剪刀池”，池旁有石，曰捣衣石。有骚坛，甄烈《湘中记》：屈潭之左玉笥山，屈原于此作《九歌》。邑人黄德龙为建骚坛。　　国朝周韫祥诗云：“一卷《离骚》万古心，千秋坛坫此登临，江声北控荆门壮，云气西连峡口深。三户兴亡空慨叹，《九歌》哀怨未销沉。我来欲续沧浪咏，空对烟波思不禁。”有盘石马迹，在川江嘴，即古汨罗渊也。《异苑》：“屈原自投之川，盘石马迹犹存。相传原投川日，乘白骥来此。”有招屈亭，旧志：“宋玉、景差招屈原魂于此。”刘禹锡《竞渡曲》：“曲终人散空愁暮，招屈亭前水东注。”是唐时已有此亭，亭旧在汨罗山。乾隆二十二年，徙建玉笥山。明洪武二年，知县黄思让建濯缨桥、独醒亭于汨罗山，至是并徙建。

①据《水经注·湘水》改。

见邑人王立槐《骚坛记》。　　国朝王文训诗云："亭子水之浒，独随人千古。君醉龙为鱼，臣醉鼠为虎。商於之地皆糟醨，咸阳人来有酒贾。楚王关外自号呶，郑袖宫中妙歌舞。左徒醒眼看醉人，解醒不能泪如雨。爰祖宾之初筵诗，变作《离骚》二十五。"

徐柱诗云："巀嶪摩空绝俗尘，晓登亭坐更精神。骚魂郁结思公子，醒眼高悬看醉人。呵壁顿成千古憾，濯缨讵爱一时新。近无憔悴行吟客，渔父何劳问水滨。"有江潭，《楚辞》："渔父游于江潭"，即此。旧志云："太史公吊屈原处，今俗名江暮潭，在南阳里东。"　　国朝周嘉缃诗云："楚客《怀沙》赋远游，波深千尺半含愁。忍看五日船争渡，不见三湘水逆流。夹岸云烟沉去鹭，绕汀风雨起飞鸥。美人南浦何时返，冷落寒潭月一钩。"　　戴开浚诗云："风雨萧萧芦荻洲，龙门千载憾悠悠。当年自洒孤臣涕，不为灵均泪始流。"有贾谊吊屈原处，旧志："在汨罗江。"或谓"谊舟行之长沙，停帆湘口为赋以吊"，则指汨罗北岸；或谓谊为"傅三年，羁处长沙，赋鹏长怀，故造湘流，敬吊三闾以寄慨"，则在汨罗南岸。今两岸俱有土台，乡人彼此相夸，以为名胜。有楚塘，大数亩，屈原女葬其父于此。取土其地；藕花重台，胜他处。有屈原塔，《一统志》："宋玉、景差招屈原魂汨罗江，后人即其地立塔。"有三闾祠，明夏原吉诗云："先生见放事何如，薪视椅桐梁栋樗。忍使清心蒙世垢，宁将忠骨葬江鱼。西风楚国情无限，落日沧浪憾有馀。我拜遗祠千古下，摩挲石刻倍欷歔。"

苌燧诗云："荒祠落落枕空江，千古沅湘姓字芳。楚国孰知皆醉梦，先生独肯为纲常。可怜疑冢非初意，却信丹邱是故乡。兀坐青毡怀往事，寒鸦几点下斜阳。"　　何宝诗云："阿仪谲计倾人国，率土昏昏待蚕食。郢中却有独醒人，志存宗社多才识。骚经续雅寄忧虞，靳向谗成紫夺朱。六里青山实尝楚，众人皆醉颠谁扶？鸱鸮得志凤鸾逐，武关堪抉孤臣目。宁就南荒见放死，忍看君向狼秦戮。人臣守正不推移，澄江鱼腹甘如饴。以此悟君君不悟，方城汉水一歔欷。浮世百年曾瞬息，丈夫一死立人极。赢得千秋万岁名，角黍龙舟儿女情。多少衣冠血肉筲，虚死虚生愧天地。假令大夫专用楚，大昌宗国必尊周。天生此才俾不偶，无乃厄运非人谋。半亩荒祠汨罗水，往古来今称未已。"

吴孟芳诗云："直谏数言期悟主，遭谗见放赴湘流。潺湲水咽忠贞憾，惨澹烟凝今古愁。自是骚经能续雅，那堪宋赋亦悲秋。我侯崇祀应怀古，千载令人仰德休。"

李廷龙诗云："新祠再拜古宗臣，生气如今尚凛人。属草本图安社稷，行吟非是怨君亲。楚襄独醉生何益，湘水膏鱼死亦仁。却忆武关成往事，可怜漂泊在西秦。"　　夏宏济诗云："汨罗江上吊斯人，凛凛英风庙貌新。忠似比干全大节，义如豫让作孤臣。乾坤遗憾吞鱼腹，草树笼烟泣暮津。惟有高名应不泯，《离骚》万古倍精神。”　李盛春诗云：“大夫祠貌枕江门，有客飞凫吊古魂。汨水九回还自逝，武关一会不堪论。乾坤气肃人千载，日月光浮酒一樽。野鹤孤猿啼不住，夜深风露满芳荪。”　李勋诗云：“清清汨水映芳荪，次取椒香荐酒樽。去国卜居江上问，遭谗被逐曲中论。独醒人逝应空楚，未死奸回几断魂。寥落不堪悲往事，好将云雨渡祠门。”　邓旭诗云：“屈平遗庙树迷离，一水徒牵万古思。兰泽人空冰泮后，枫林客眺雁归时。荒田漠漠寒江绕，断岸凄凄暮霭垂。山鸟不知凭吊意，飞来啼向碧潭枝。”　“日落重湖倚棹看，朔风吹面汨罗寒。澄潭色可孤忠鉴，滞魄愁难七庙安。死谏宁同烈士血，生憎徒剖世臣肝。椒醑荐罢祠前立，江水虽枯泪未干。”　国朝唐懋醇诗云：“屹屹高冠佩陆离，怀沙赋罢复抽思。石鲸甲敛秋残日，渚鸟声凄木落时。树蕙成丛随翠滴，滋兰满畹听芳垂。萧森古干凌霜立，尚许幽禽借一枝。”　“痛饮吟骚带醉看，森沉庙貌望霜寒。清流激浊谗何极，盛服蒙尘愤未安。赋压卿云成独绸，忠期逢比作同肝。龙门流涕枯秋草，吹落湖湘万壑干。”　徐子有诗云：“去国怀君未忍离，三年不见漫追思。沧浪鼓枻悲歌日，泽畔行吟憔悴时。遗庙荒残愁雾霭，碧潭空寂绿杨垂。只今江月凭虚吊，斜挂寒林古树枯。”　“断碣朦朦仔细看，芳踪冷落共霜寒。贾生赋罢情无已，宋玉愁多心未安。独抱贞廉持令节，常怀清醒见忠肝。汨罗千古东流去，洗涤孤臣泪未干。”　谭绍琬诗云：“芳洲作庙草离离，古迹能牵过客思。唳鹤愁闻哀郢日，啼猿苦对放湘时。芙蓉挹露秋裳挂，杜若回风杂佩垂。剩有空庭堆落木，山僧认是洞庭枝。”　“古庙霜红带雪看，丛梅夹岸一溪寒。三湘碧浪终难浊，千载惊涛渐欲安。沙鸟迷烟吞郢憾，江鱼唼雨吐忠肝。悲秋弟子《招魂》泪，拭入骚中痕未干。”　戴文炽诗云：“激烈悲歌旷代师，篇章反覆著哀辞。捐躯未雪三闾愤，抱石长留万古思。花落峰头春寂寂，魂招水面影离离。极知风雅云亡后，只有骚存四始诗。”　王宏显诗云：“潺潺汨水响崇阿，古庙荒颓秋色多。残照夕阳人不见，平沙衰草雁初过。天教骚赋存三楚，地蹙河山憾《九歌》。憔悴孤臣渔父去，蜗涎满壁闭烟萝。”　黄南惪诗云：“玉笥炊巉镇旧都，汨罗江畔正踟蹰。风摇野树苍烟断，日落骚坛晚气孤。芳草霏微云梦泽，锦帆迢递洞庭湖。登临一望秋江渺，薄暮丛祠听鹧鸪。”有玉州故城，有汨罗戍，有汨罗书院，旧志：“宋祥符中建。元封屈原清烈公，遂名清烈书院。”刘行荣《汨罗庙记》：“庙东仍创斋居，为庖舍供膳享。”是书院，旧建汨罗庙东。有南阳古市，有万岁潭。《楚南水道考》：“凤凰台下万岁潭，相传赵宋先人水葬于此。因名。”

有吕览渡、名山市、余家市、河泊潭四小市。

通巴陵小道出青龙桥。

大姓：团头湾、凤凰台彭氏，汨罗欧阳氏，洞坑曾氏，六柱团李氏垅，生丝塘李氏，徽山向氏，青龙徐氏。

县北黄谷局第一图

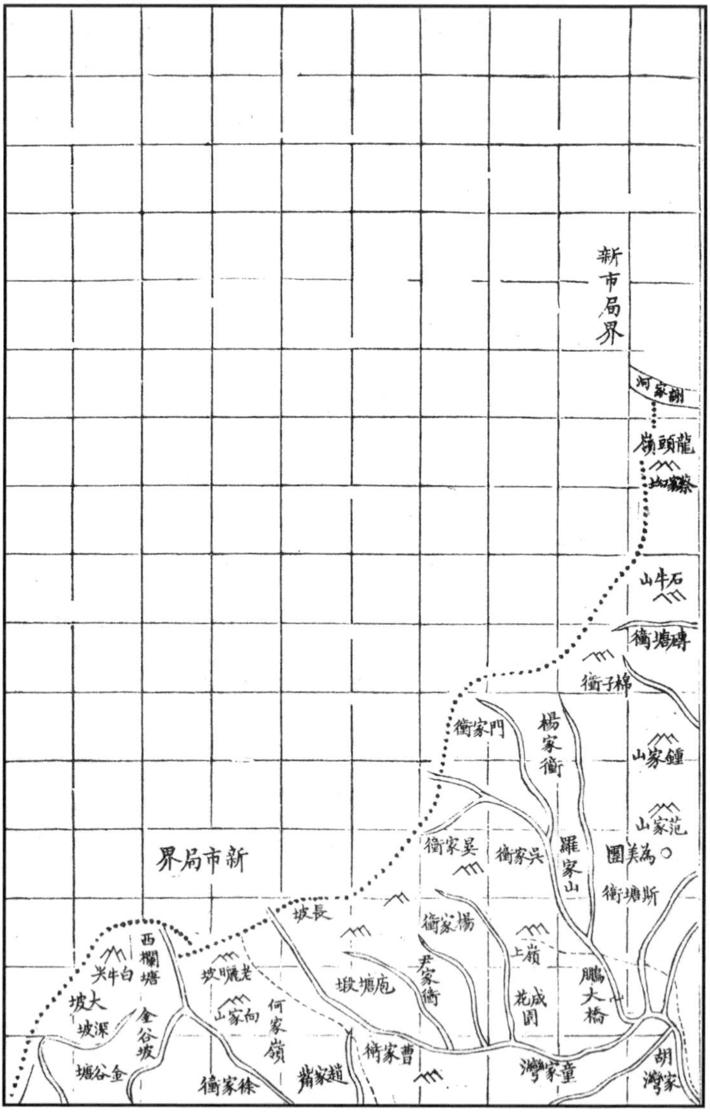
新市局界
龍頭嶺
石牛山
磚塘衝
棉子衝
門家衝
楊家衝
鍾家山
范家山
為美園
斯塘衝
吴家衝
羅家山
新市局界
長坡
楊家衝
尹家衝
鵬大橋
庖塘墩
西欄塘
大坡
深坡
金谷坡
向家山
何家嶺
曹家衝
童家灣
胡家灣
金谷塘
徐家衝
趙家背

縣北黃谷局第一圖

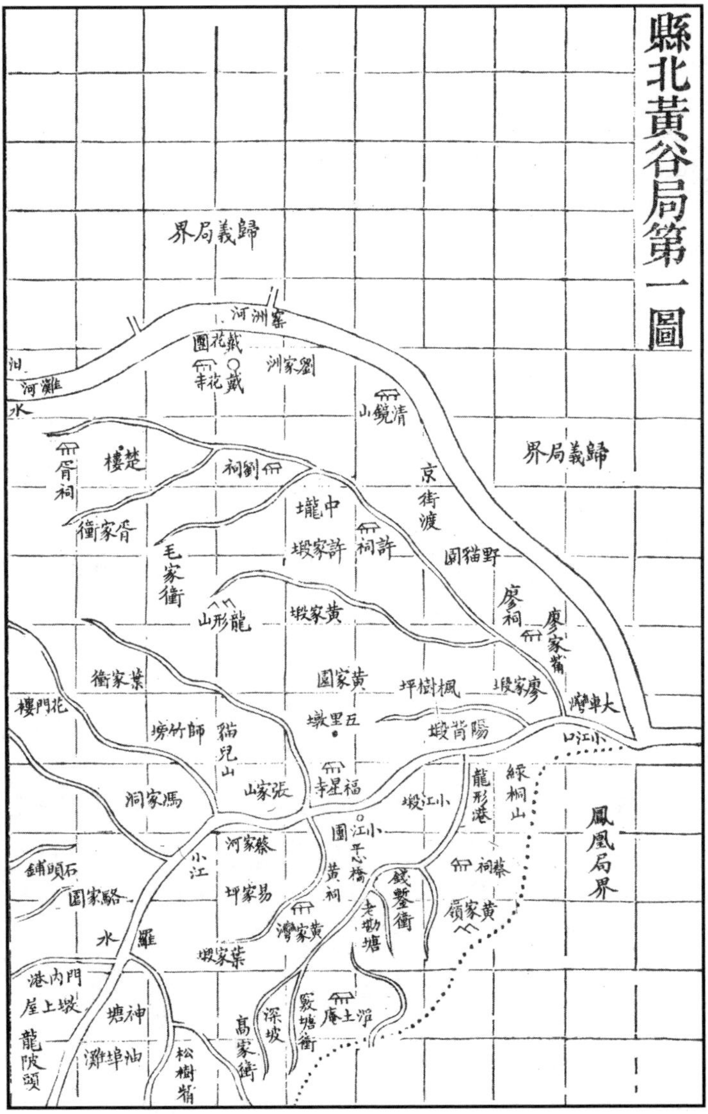
歸義局界
窖洲河
戴花園
劉家洲
戴
花寺
灘河
水
清鏡山
楚樓
胥祠
劉祠
歸義局界
京街渡
中壠
胥家衝
許家塅
許祠
毛家衝
野猫園
龍形山
黃家塅
廖祠
廖家嶺
葉家衝
黃家園
楓樹坪
廖家塅
大車灣
花門樓
師竹塝
猫兒山
五里墩
陽背塅
小江口
馮家洞
張家山
福星寺
小江塅
龍形港
綠桐山
鳳凰局界
小江
蔡家河
平心橋
黃祠
石頭鋪
易家坪
錢鑿衝
蔡祠
駱家園
黃家灣
老勘塘
黃家嶺
羅水
葉家塅
門內港
上塅屋
神塘
龍陂頭
仙埠灘
松樹嶺
高家衝
深坡
竅塘衝
土庵

县北黄谷局第二图

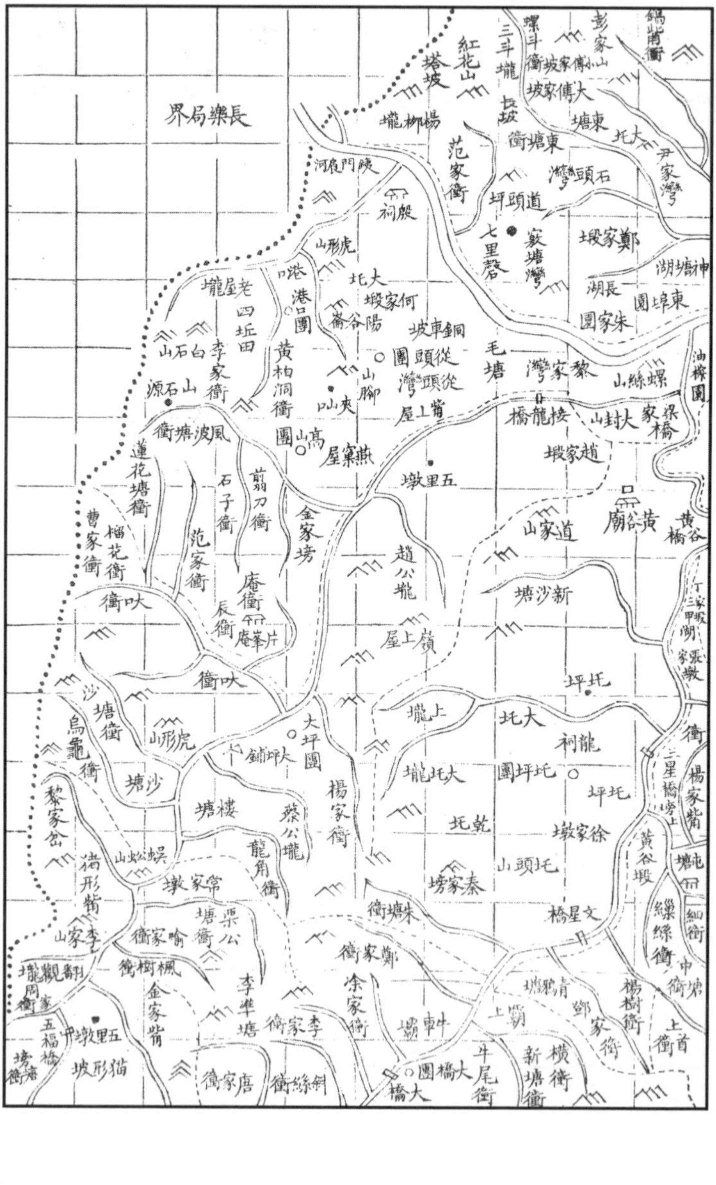
長樂局界
紅花山
塔坡
三斗壠
螺斗衝
彭家山
楊柳壠
長坡
東塘衝
東塘
大托
尹家灣
范家衝
峽門食河
殷祠
道頭坪
石頭灣
七里磬
竂塘灣
鄭家塅
神塘湖
長湖
東埠園
朱家園
虎形山
港口
港口園
大托
何家塅
陽谷崙
老屋壠
四坵田
銅車坡
從頭園
從頭灣
毛塘
黎家灣
螺絲山
白石山
李家衝
黃柏洞衝
山腳
夾山
背上屋
接龍橋
大封山
梁家橋
油榨園
山石源
風波塘衝
高山園
燕窠屋
五里墩
趙家塅
黃谷廟
黃谷橋
蓮花塘衝
石子衝
翦刀衝
金家坊
道家山
曹家衝
榴花衝
范家衝
趙公壠
新沙塘
大吠衝
庵衝
長衝
片峯庵
嶺上屋
吠衝
托坪
沙塘衝
烏龜衝
虎形山
大坪園
上壠
大托
龍祠
大坪鋪
沙塘
托坪園
大托壠
托坪
楊家衝
三星橋
楊家背
樓塘
蔡公壠
乾托
徐家墩
黎家岔
蜈蚣山
龍角衝
托頭山
秦家塅
黃谷塅
常家墩
猪形背
朱塘衝
文星橋
繅絲衝
李家山
渠公塘衝
喻家衝
鄭家衝
細衝
觀音壠
周家衝
楓樹衝
金家背
李準塘
涂家衝
青鴉塘
楊樹衝
五福橋
五里墩
李家衝
牛車塌
鄭家衝
上首衝
猫形坡
唐家衝
錫絲衝
大橋園
牛尾衝
新塘衝
横衝
大橋

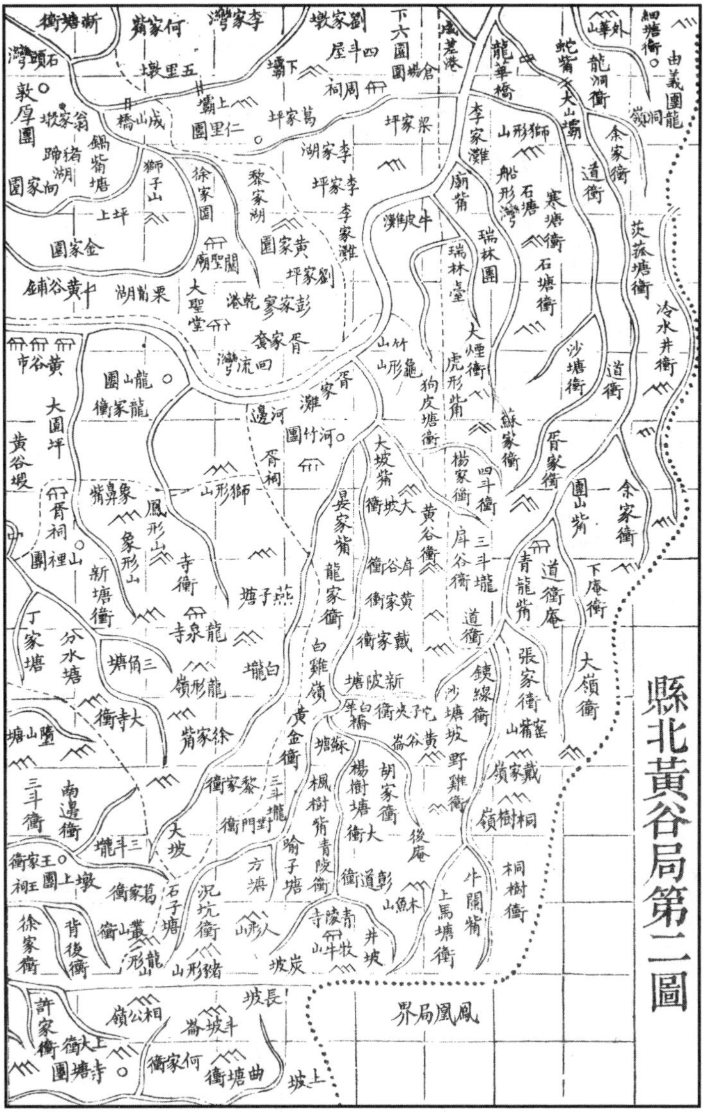

龍華橋
蛇背
李家灘
獅形山
船形灣
石塘
寒塘衝
石塘衝
瑞林園
瑞林臺
大堙衝
虎形背
狗皮塘衝
蘇家衝
胥家衝
沙塘衝
道衝
冷水井衝
余家衝
龍洞衝
由義團
細塘衝
大坡背
黃谷衝
晏家背
龍家衝
白雞嶺
黃金衝
青龍背
張家衝
大嶺衝
下庵衝
沙塘坡
野雞衝
桐樹衝
牛闌背
上馬塘衝
後庵
胡家衝
楊樹塘衝
楓樹背
方塘
石子塘
大坡
南邊衝
三斗衝
丁家塘
分水塘
新塘衝
象形山
鳳形山
黃谷堰
大圓坪
徐家衝
許家衝
鳳凰局界

縣北黃谷局第二圖

县北黄谷局第三图

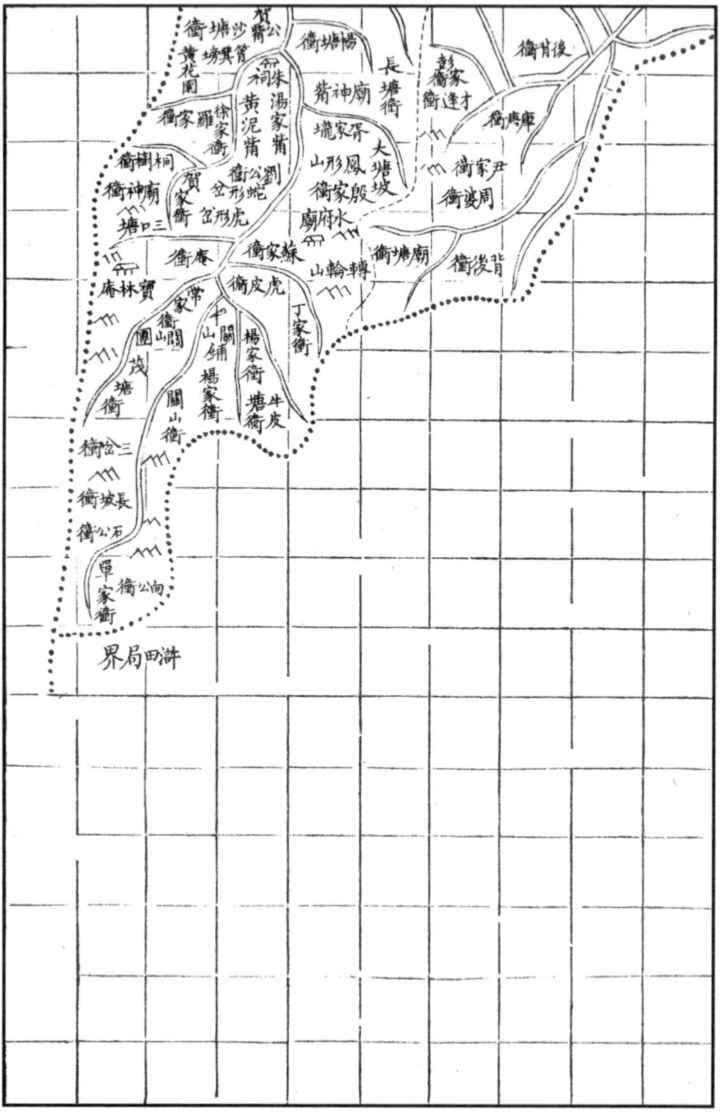
沙塘衙
黄花園
楊塘衙
長塘衙
後背衙
廟神背
徐家衙
羅家衙
黄泥背
湯家背
大塘坡
鳳形山
殷家衙
周婆衙
水府廟
轉輪山
廟塘衙
背後衙
蘇家衙
虎皮衙
寶林庵
丁家衙
楊家衙
牛皮塘衙
關山衙
長坡衙
許田局界

縣北黃谷局第三圖

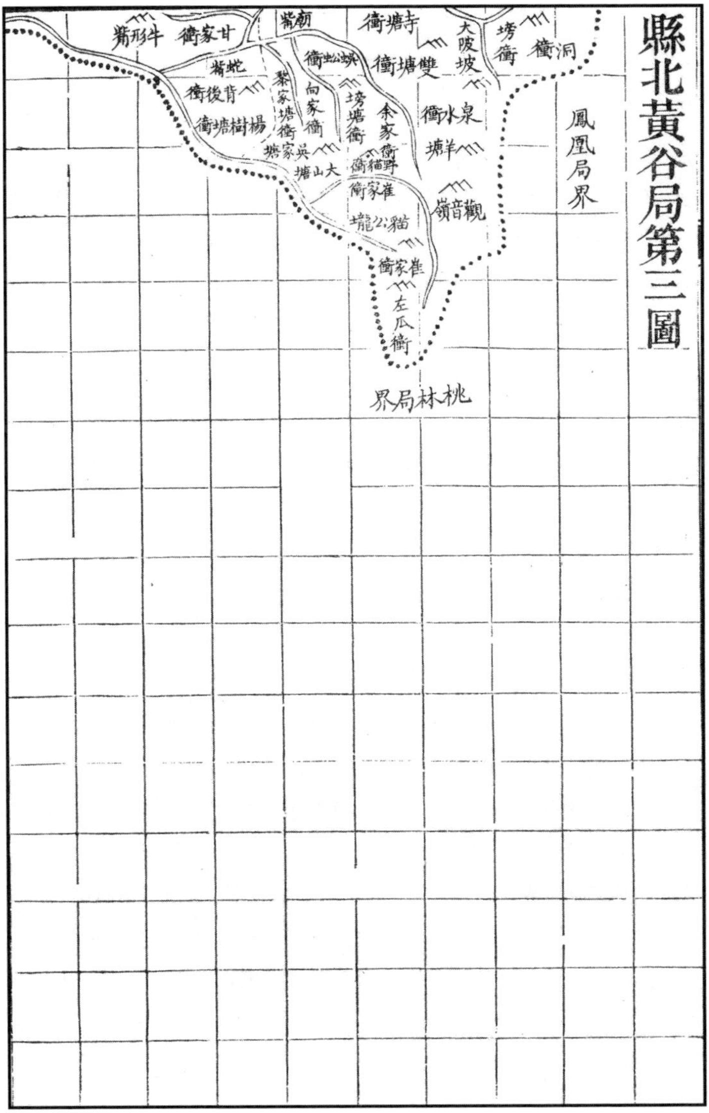
甘家衝
牛形嘴
廟嘴
寺塘衝
大陂坡
塝衝
洞衝
蛇嘴
背後衝
楊樹塘衝
黎家塘衝
向家衝
蜈蚣衝
雙塘衝
塝塘衝
余家衝
泉水衝
羊塘
吳家塘
大山塘
野貓衝
崔家衝
觀音嶺
貓公壠
崔家衝
左瓜衝
鳳凰局界
桃林局界

右黄谷局，界县北，距城七十里。东界长乐、新市二局，南界归义局，西界凤凰、桃林二局，北界浒田、大荆二局。纵三十里，横二十里。领团十七，隶十五都，错入九都、十都、十一都、十四都。

适中，托坪、黄谷桥等处，曰托坪团，隶十五都。东，大托垅及上垅，界大坪团。南，道家山横至黄谷桥，界高山团。西，托坪，界龙山团、墩上团。北，文星桥横至朱塘冲，界墩上团、大桥团。纵八里，横四里，斜长七里。

逶西，黄谷市、象鼻嘴等处，曰龙山团，隶九都，错入十五都。东，黄谷塅，界托坪团、高山团。南，黄谷市，界敦厚团。西，界河竹团。北，象鼻嘴，界山里团。纵二里，横四里。

逶东，大坪铺、沙塘冲等处，曰大坪团，隶十五都。东，大坪铺曲至五里墩，界长乐局仁义团五约。南，接龙桥界高山团。西，赵家塅曲至杨家冲，界托坪团。北，龙角冲曲至郑家冲，界关山团、大桥团。纵八里，横二里。

稍北，屯塘、对门冲等处，曰墩上团，隶十五都。东，文星桥直至三星桥，界托坪团。南，三甲湖，界山里团。西，三斗垅曲至杨树冲，界河竹团。北，邓家冲曲至青鸦塘，界寺塘团、大桥团。纵五里，横四里。

径北，大桥、青鸦塘等处，曰大桥团，隶十都。东，凤坡直至唐家冲，界关山团。南，郑家冲横至坝上，界大坪团、托坪团、墩上团。西，甘家冲，界寺塘团。北，杨树塘冲横至大桥，又曲至庙塘冲，界桃林局麻塘团。纵三里，横七里。

西北，寺塘冲、观音岭等处，曰寺塘团，隶十四都。东，黎家塘直至上首冲，界大桥团、墩上团。南，相公岭，界河竹团。西，洞冲，界凤凰局徽山团。西北，左瓜冲横至观音岭。东北，崔家冲横至吴家塘，界桃林局麻塘团。纵六里，横五里。

东北，关山铺、金家垅等处，曰关山团，隶十五都。东，庙神冲曲至黎家岔，界大荆局尚义团、长乐局仁义团五约。南，蜈蚣山，界大坪团。西，常家墩直至牛皮塘冲，界大桥团。北，关山冲，界浒田局双江团、义和团。纵十里，横二里。

托坪团西，丁家冲、燕子塘等处，曰山里团，隶九都。东，丁家塅，界墩上团、龙山团。南，象鼻嘴，横至狮形山，界龙山团。西，燕子塘直至黎家冲，界河竹团。北，大坡曲至大寺冲，界河竹团、墩上团。纵五里，横四里。

径西，胥家滩、狮股山等处，曰河竹团，隶九都。东，白鸡岭，界墩上团、山里团、龙山团。南，胥家滩横至鼍形山，界敦厚团、里仁团。西，黄谷仑，界瑞灵团。北，上马唐冲横至龙形山，界寺塘团。纵九里，横四里。

托坪团东，夹山口、石子冲等处，曰高山团，隶十都，错入十四都。东，山石沅曲至铁门扆，界长乐局仁义团五约。南，濒罗水，界敦厚团。西，梁家桥曲至金家塝，界龙山团、托坪团。北，片峰庵，界大坪团。纵五里，横三里。

又南，成山桥、葛家坪等处，曰里仁团，隶十四都。东，五星墩，界敦厚团。南，鹏大桥，界为美团。西，胡家湾直至牛皮滩，界由义团、瑞灵团。北，李家滩曲至黎家湖，界河竹团。纵五里，横四里。

逶西，瑞灵台、船形湾等处，曰瑞灵团，隶十四都。东，斛谷冲直至瑞灵台，界河竹团、里仁团。南，龙华桥，界由义团。西，冷水井冲，界凤凰局徽山团。北窑嘴山，界寺塘团。纵十里，横四里。

径西，龙洞冲、松树嘴等处，曰由义团，隶十四都，错入十一都。东，龙坡头，界里仁团。南，叶家塅，界为美团、小江团。西，净土庵直至龙洞岭，界凤凰局徽山团。北，余家冲横至油埠滩，界瑞灵团。纵四里，横三里。

逶东，翁家畽、姚家湾等处，曰敦厚团，隶九都。东，红花山，界新市局兰茗团。南，文家冲，界新市局兰茗团、寓农团。西，杨家冲曲至成山桥，又曲至刘家冲，界里仁团。北，胥家套横至杨柳垅，濒罗水，界河竹团、龙山团、高山团。纵十一里，横十里。

又南，石头铺、罗家山等处，曰为美团，隶十四都。东，吴家冲直至棉子冲，界敦厚团、里仁团。南，石牛山横至枫树冲，界戴花团。西，隔背山塅，濒罗水，界小江团。北，石头铺横至罗家山，界由义团、里仁团、敦厚团。纵五里，横九里。

逶西，小江畽、黄家湾等处，曰小江团，隶十四都，错入二十二都。东，易家坪，界为美团。南，蔡家河，濒罗水，界为美团。西，小江口曲至黄家岭，界归义局薰化团。北，钱鋬冲横至黄家湾，界由义团。纵三里，横五里。

径南，戴花寺、毛家冲等处，曰戴花团，隶十四都。东，龙头岭，界新市局寓农团。南，刘家洲，濒汨水，界新市局梅家团、归义局居仁团。西，京街渡，濒汨水，界归义局归义团。北，大车湾横至龙形山，又曲至蔡家坳，界小江团、为美团。纵四里，横十里。

南有白羊尖，北有相公岭、木鱼山、黄谷仑。

入罗水者，有沉沙港、国朝郭家镛诗云："灵均此去竟安归，楚至怀王已式微。衰世君臣难契合，至今日月有光辉。《离骚》、《天问》心殊苦，贾赋迁文继者稀。罗水无情渔父杳，沉沙莫问是邪非。"门内港、龙形港、神塘湖、栗嘴湖。沿罗水而南，有铁门扆河、牛皮滩、蔡家河。沿汨水而西，有窑洲河。

出罗水，北有五福桥、接龙桥、文星桥、三星桥、黄谷桥、梁家桥、明嘉靖二十一年，知县梁汝璧建，故旧名梁公桥。白羊桥、一名铁炉桥。平心桥，南有成山桥、鹏大桥、邑人周祖武修。龙华桥、大山坝。

局西南有戴花寺、在刘家洲，距城北六十五里。福星寺、在枫树坪，距戴花寺南七里。净土庵，在窍塘冲，距福星寺南四里。西有道冲庵，在青龙嘴，距城北七十里。西北有青陵寺、在青陵冲北，顺治十一年建，距道冲庵南五里。龙泉寺，在燕子塘，唐元和十年建，距道冲庵南五里。东北有宝林庵，在关山铺，唐贞观中建，距城北八十里。东有片峰庵。在庵冲太平铺南，唐太和元年建，距宝林庵南十里。

古迹有瑞灵台。《宋史·五行志》："嘉祐中，湘阴永成渡产芝。"今名其地为瑞灵台。

有黄谷市，为县北一大聚落。国朝龙光辅诗云："寒雨濛濛暗水隈，朔风一夜又吹开。隔林远岫回环出，侵晓行人杂沓来。十月黄花香不尽，一林红叶锦成堆。前村指点青帘在，沽酒何妨日数杯。"

县北驿道出京街渡，径关山铺。

大姓：瑞灵台黄氏，小江蔡氏。

县北桃林局南图

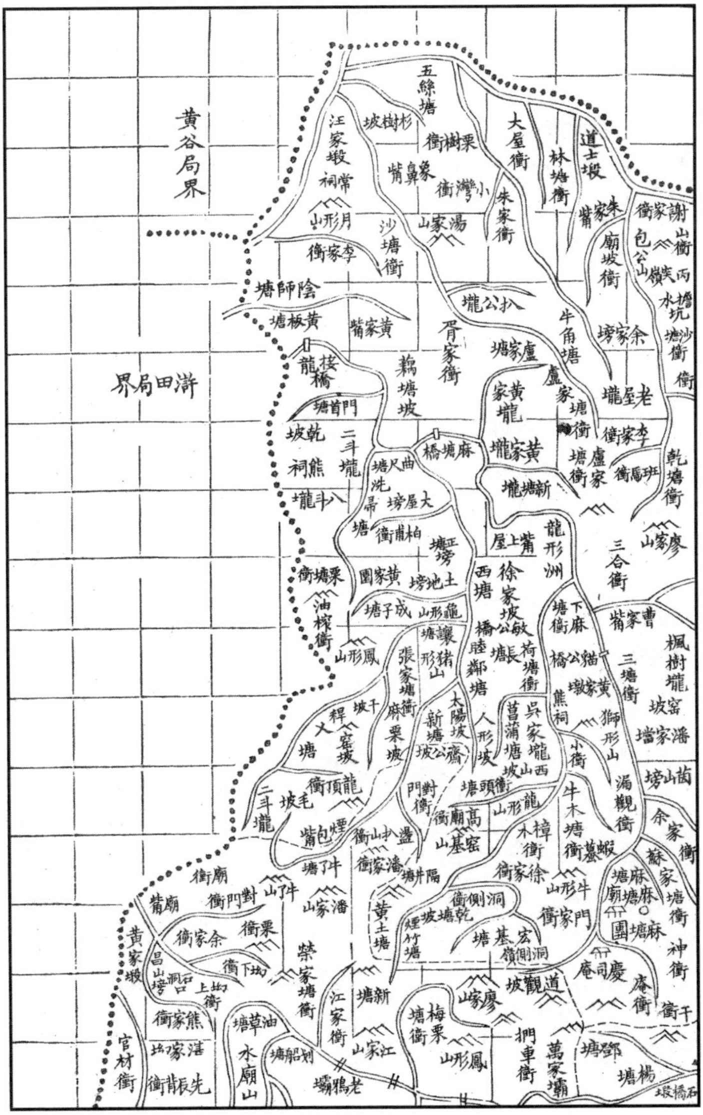
黃谷局界
滸田局界
五綵塘
杉樹坡
汪家塅
常祠
栗樹衝
大屋衝
林塘衝
道士塅
朱家衝
沙塘衝
李家衝
陰師塘
黃板塘
黃家背
扒公壠
牛角塘
胥家衝
盧家塘
接龍橋
鵝塘坡
乾坡
熊祠
麻塘橋
黃家壠
新塘壠
乾塘衝
三合衝
龍形洲
徐家坡
曹家背
楓樹壠
油榨衝
鳳形山
龍頂衝
高廟衝
窑基山
黃土塘
乾塘坡
廖家山
慶司庵
栗梅衝
鳳形山
萬家壩
老鴉壩
水廟山
官材衝
黃家塅
楊塘

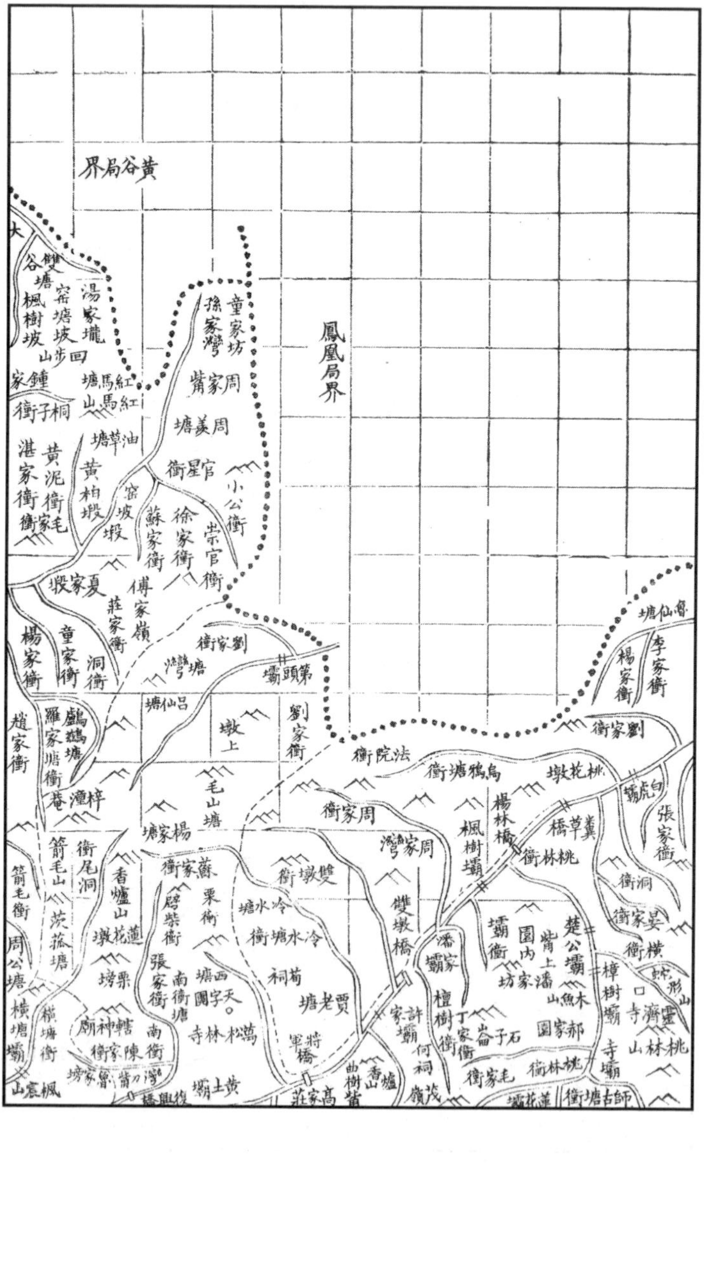
黃谷局界
鳳凰局界
楓樹坡
窑塘坡
湯家壠
紅馬塘
紅馬山
桐子衝
油草塘
湛家衝
黃泥衝
黃柏墩
童家坊
孫家灣
周義塘
官星衝
小公衝
蘇家衝
徐家衝
崇官衝
夏家墩
傅家嶺
莊家衝
劉家衝
楊家衝
童家衝
洞衝
呂仙塘
上墩
趙家衝
鸕鷀塘
羅家塘衝
梓潭菴
毛山塘
楊家塘
法院衝
烏鴉塘衝
桃花墩
張家衝
周家衝
周家灣
楊林橋
楓樹壩
桃林衝
雙墩衝
冷水塘
冷水塘衝
雙墩橋
箭毛山
香爐山
蓮花墩
箭毛衝
周公塘
張家衝
賈老塘
萬松林寺
陳家衝
黃土壩
高家莊
許家壩
潘家壩
檀樹衝
丁家衝
郝家園
楚公壩
毛家衝
師古塘衝
樟樹壩
靈濟寺
桃林山
晏家衝
李家衝
楊家衝
劉家衝

縣北桃林局南圖

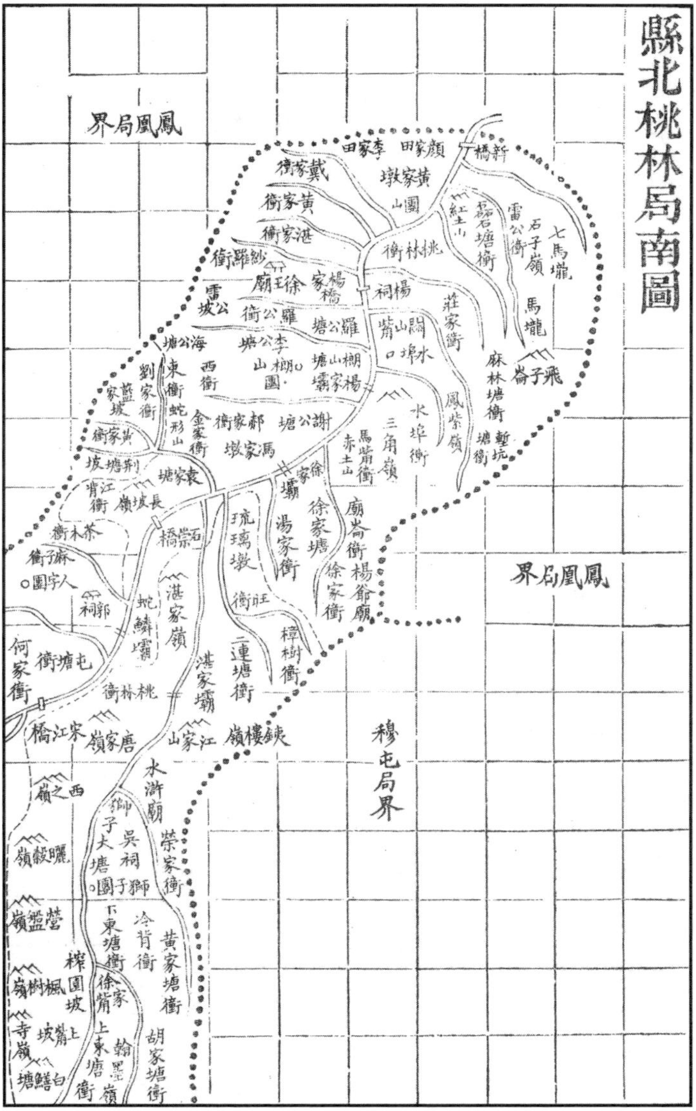

县北桃林局北图

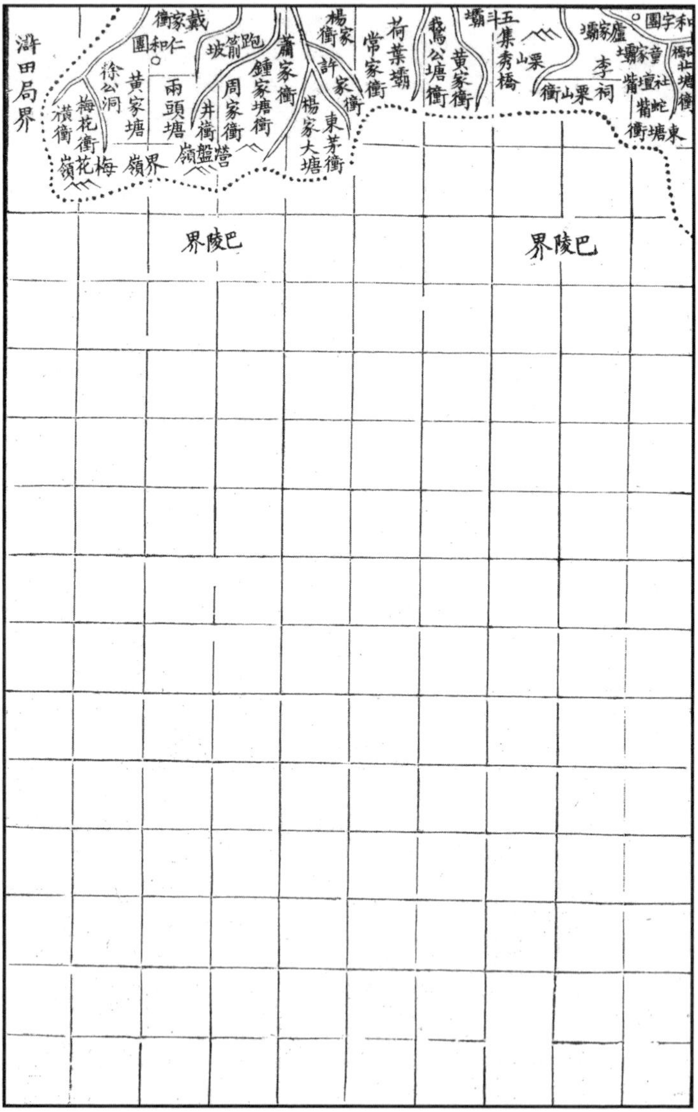
戴家衝
仁和園
跑箭坡
徐公洞
黃家塘
梅花衝
横衝
梅花嶺
界嶺
營盤嶺
井衝
周家衝
鍾家塘衝
蕭家衝
楊家衝
許家衝
楊家大塘
東茅衝
常家衝
荷葉壩
鵞公塘衝
黃家衝
五斗壩
集秀橋
栗山
栗山衝
李祠
盧家壩
章家壩
東塘衝
巴陵界
巴陵界

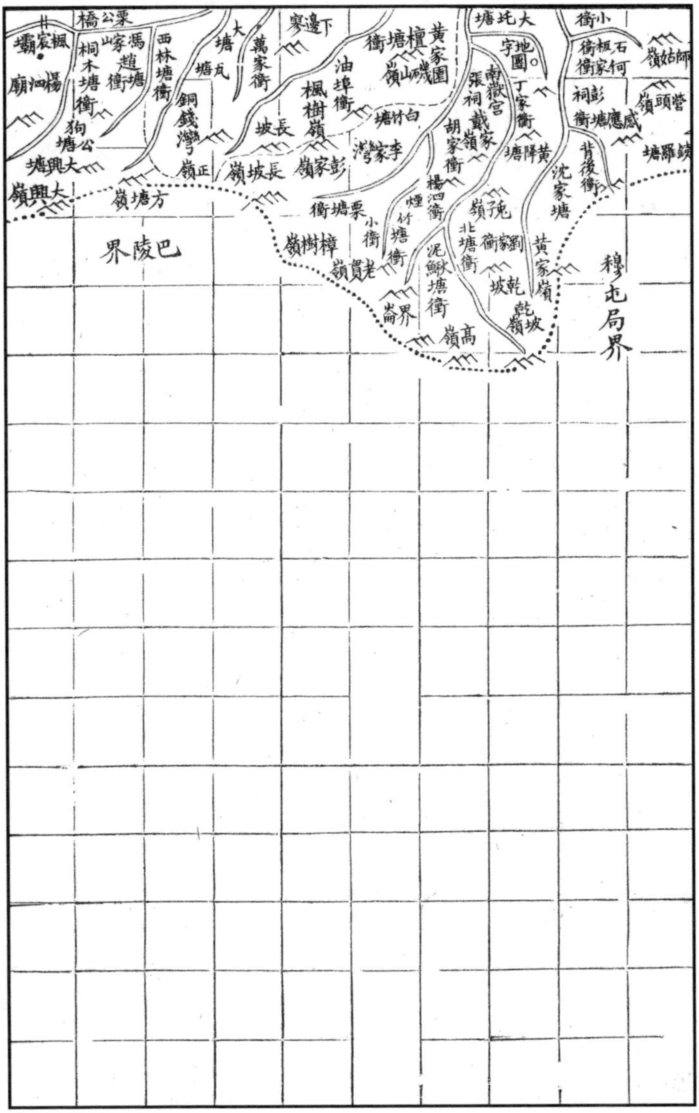
栗公橋
楊泗廟
桐木塘衝
大興塘
大興嶺
方塘嶺
巴陵界
西林塘衝
銅錢灣
正嶺
萬家衝
長坡
長坡嶺
彭家嶺
楓樹嶺
白竹塘
李家灣
檀塘衝
黃家園
栗塘衝
樟樹嶺
小衝
煙竹塘衝
南嶽宮
張祠
戴家嶺
胡家衝
楊泗衝
丁家衝
北塘衝
劉家衝
泥鰍塘衝
高嶺
乾坡
乾坡嶺
黃家嶺
沈家塘
小衝
石板衝
何家衝
師姑嶺
彭祠
感應塘衝
營頭嶺
背後衝
穆屯局界

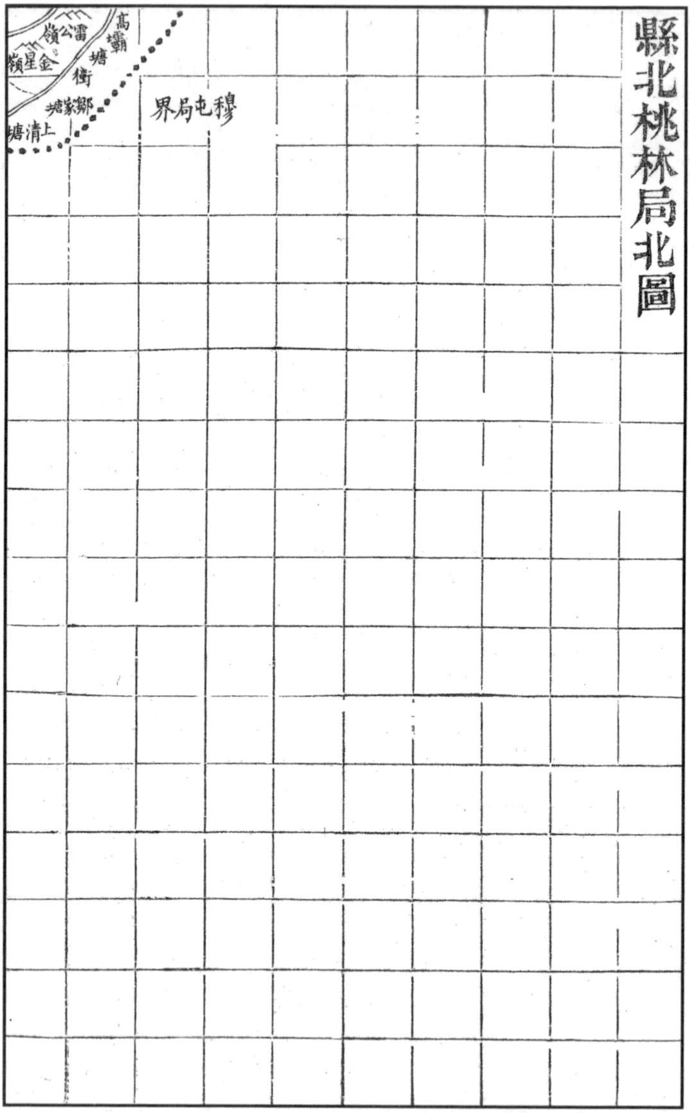

縣北桃林局北圖

右桃林局，界县北，距城八十里。东界浒田局，南界黄谷局，西界凤皇局，西北界穆屯局，北界巴陵。纵二十里，横二十七里。领团八，隶二十都，错入九都、十都、十四都、二十一都、二十二都。

其北，将军桥、长坡岭等处，曰天字团，隶二十都。东，铜钱湾直至剑毛山，又曲至吕仙塘，界和字团、麻塘团。南，第头坝横至粪草桥，界凤皇局徽山团。西，楚公坝曲至潘家坊，又直至黄家园，界人字团、地字团。北，矶山岭横至正岭，界巴陵。纵九里，横二里，斜长十四里。

西北，桃林冲、戴家岭等处，曰地字团，隶二十都。东，彭家岭曲至石子仑，又曲至张家冲，界天字团。南，何家冲横至屯塘冲，界人字团。西，刘家冲直至钱罗塘，又曲至黄家岭，界狮子团。北，钱坡岭横至长坡岭，界穆屯局义合团及巴陵。纵十里，横六里。

稍东，枫宸山、社坛背等处，曰和字团，隶二十都。东，卢家坝，界仁和团。南，邓公塘横至塘冲，界麻塘团。西，鲁家塝直至郑公塘，界天字团。北，方塘岭横至东塘冲，界巴陵。纵五里，横四里。

东北，营盘岭、油草塘等处，曰仁和团，隶二十都。东，梅花冲直至黄家墩，界浒田局恳阳团、义合团。南，庙嘴横至牛丫塘，又曲至斋公坡，界浒田局义合团及麻塘团。西，潘家山曲至道观坡，又直至栗山冲，界麻塘团、和字团。北，黄家冲横至梅花岭，界巴陵。纵七里，横八里。

其东，麻塘、藕塘坡等处，曰麻塘团，隶二十都，错入十都、十四都、二十二都。东，二斗垅直至阴师塘，界仁和团及浒田局双江团。南，汪家塅横至道士塅，又曲至孙家湾，界黄谷局大桥团。西，童家坊直至崇管冲，又曲至周公塘，界凤皇局徽山团及天字团。北，千冲横至黄土塘，界和字团、仁和团。纵十三里，横八里。

其南，毛山塘、麻子冲等处，曰人字团，隶二十都，错入九都。东，冷水塘，界天字团。南，法院冲横至吕仙塘，界凤皇局青龙团。西，蓝家坡曲至茶木冲，界榔山团、地字团。北，麻字冲横至将军桥，界地家团、天字团。斜长十里。

西南，槨山塘、黄家墩等处，曰槨山团，隶二十都，错入十都、二十二都。东，蛇形山直至雷公坡，界凤皇局青龙团。南，戴家冲横至新桥，界凤皇局青龙团。西，石子岭，直至堑坑塘冲，界凤皇局六柱团。北，徐家冲曲至石崇桥，又横至江背冲，界人字团及凤皇局青龙团。纵七里，横四里。

其西，狮子塘、榨园坡等处，曰狮子团，隶二十二都，错入二十一都。东，白鳝塘直至宋江桥，界地字团。南，湛家岭横至琉璃墩，界人字团、槨山团。西，樟树冲直至胡家塘冲，界穆屯局亦仁团。北，邹家塘曲至金星岭，界穆屯局义合团及地字团。纵十里，横三里。

北有桃林山、国朝周嘉细诗云："林外风如醉，欺花片片颠。飞英随碧水，流到寺门前。"营盘岭，南有九华岭、红马山。

入罗水有水步口。

出罗水，北有老鸦坝、荷叶坝、五斗坝、卢家坝、横塘坝、童家坝、古石桥、横塘坝、枫宸坝、杨洞坝、栗公坝、复兴桥、黄土坝、将军桥，西有莲花坝、寺坝、樟树坝、楚公坝、许家坝、双墩桥、潘家坝，西南有枫树坝、杨林坝、粪草桥、白虎坝、宋家桥、蛇鳞坝、湛家坝、石崇桥、徐家坝、杨家坝、杨家桥，东南有第头坝，有猫公桥、敏公桥、麻塘桥、接龙桥。

局东有庆司庵，在道观坡，距城北八十五里。西有万松林寺、在黄土坝，距城北八十里。灵济寺。在桃林山南，距万松林寺南六里。

通巴陵小道出石崇桥。

大姓：桃林冲娄氏、吴氏、曾氏、胡氏，石子岭周氏，麻塘熊氏。

县北穆屯局图

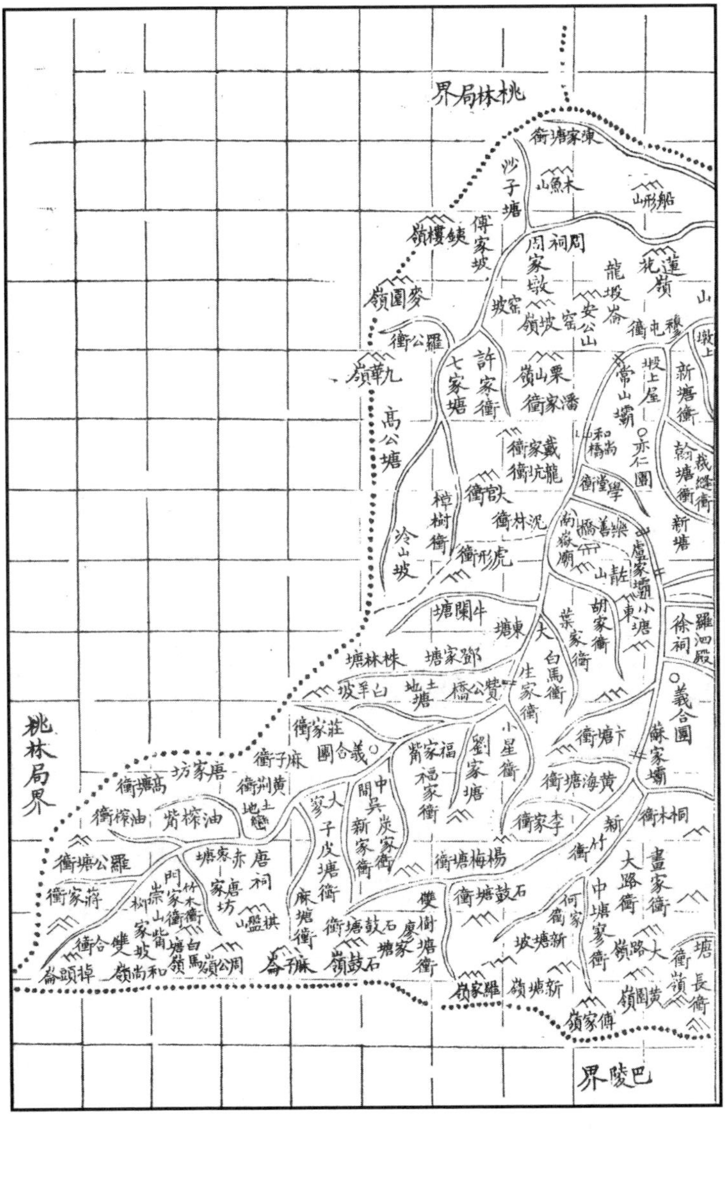
桃林局界
巴陵界
陳家塘衝
沙子塘
木魚山
船形山
傅家坡
周家墩
蓮花嶺
麥園嶺
羅公衝
九華嶺
七家塘
許家衝
栗山嶺
潘家衝
高公塘
常山壩
新塘衝
戴家衝
樟樹衝
泠山坡
虎形衝
牛闌塘
鄧家塘
株林塘
義合園
莊家衝
麻子衝
唐家坊
高塘衝
黃荆衝
油榨衝
油榨嶺
羅公塘衝
蔣家衝
唐祠
周公嶺
和尚嶺
雙合衝
劉家塘
小星衝
白馬衝
葉家衝
胡家衝
徐祠
羅泗殿
蘇家壩
黃海塘衝
李家衝
楊梅塘衝
石鼓塘衝
石鼓嶺
桐木衝
畫家衝
大路衝
黃園嶺
長塘衝
傅家嶺
新塘嶺
羅家嶺
新塘坡

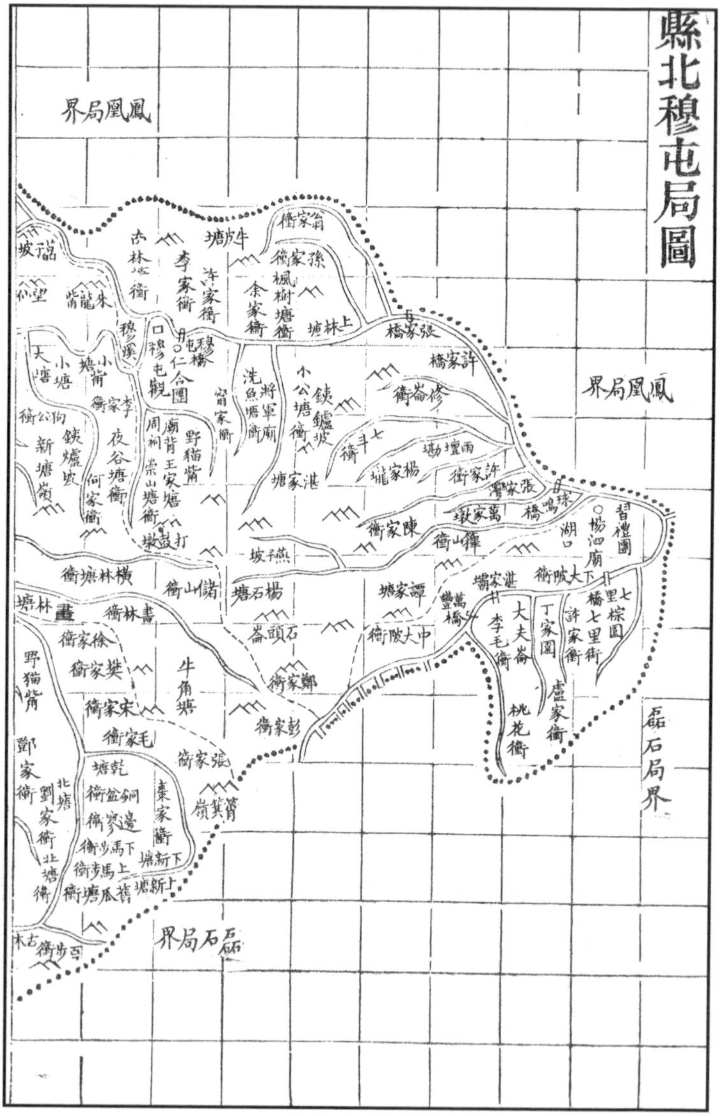
縣北穆屯局圖
鳳凰局界
鳳凰局界
磊石局界
磊石局界
張家橋
許家橋
楊石塘
牛角塘
石頭嶺
彭家衝
鄭家衝
毛家衝
宋家衝
樊家衝
徐家衝
張家衝
陳家衝
湛家塘
野貓嶺
鄧家衝
盧家衝
丁家圍
桃花衝
七里衝
習禮圍
湖口

右穆屯局，界县北，距城九十里。东界桃林局，南界凤皇局，西界磊石局，北界巴陵。纵十二里，横十四里。领团四，隶二十都，错入二十一都、二十二都、二十三都。

其南，穆屯观、崇山塘等处，曰仁合团，隶二十都，错入二十一都、二十三都。东，崇山塘冲直至南林塘冲，界亦仁团。南，牛皮塘横至翁家冲，界凤皇局大缘团。西，张家桥直至球鸣桥，又曲至谭家塘，界凤皇局大缘团及习礼团。北，郑家冲曲至打鼓墩，界磊石局一甲团及赞公团、亦仁团。纵六里，横六里。

东南，和尚桥、周家墩等处，曰亦仁团，隶二十都，错入二十一都、二十四都。东，冷山坡直至铁炉岭，界桃林局狮子团。南，沙子塘横至藠子坡，界桃林局槲山团。西，来龙嘴直至储山冲，界仁和团。北，彭家冲曲至西林塘冲，又横至樟树冲，界磊石局一甲团及赞公团。纵六里，横八里。

西南，许家冲、大夫仑等处，曰习礼团，隶二十都，错入二十一都、二十三都。东，湛家坝横至修仑冲，界仁合团。南，杨泗庙横至许家桥，界凤皇局大缘团。西，七里桥直至卢家冲，界磊石局大义团。北，桃花冲直至李毛冲，界磊石局大义团。纵四里，横五里。

其北，唐家坊、杨海塘等处，曰赞公团，一名义合团。隶二十都，错入二十一都。东，蒋家冲直至高塘冲，又曲至麻子冲，界桃林局地字团、狮子团。南，株林塘横至虎形冲，又曲至野猫嘴，界亦仁团。西，徐家冲直至张家冲，界亦仁团、仁合团。北，筲箕岭曲至长冲岭，又横至掉头仑，界磊石局天竺团及巴陵。纵七里，横十二里，斜长十里。

南有望仙山、莲花岭，北有石鼓岭、棋盘山。

入罗水有穆溪。

出穆溪，有赞公桥、道光二十八年，邑人吴安达修。苏家坝、卢家坝、乐善桥、和尚桥、常山坝、穆屯桥、明洪武中，邑人吴庆孙修。乾隆三十四年，邑人吴君林重修。张家桥、许家桥、珠鸣桥、万丰桥、湛家坝、七里桥。

局南有穆屯观。在穆屯桥东，距城北九十里。

古迹有穆屯，旧志："穆王南巡驻驳于此。"高文海诗有"八骏瑶池去却还"之句。亦云：岳武穆屯兵处，《宋史》："飞讨杨太，伐君山木为巨筏，塞诸港汊。"穆屯去君山为近，当屯兵于此。有穆屯八胜，一，岳庙；二，穆溪；三，将军岭；四，阳陵；五，大坡；六，断岳岚；七，龙滩；八，魏港。有七里街古市。

通巴陵小道出唐家坊。

大姓：唐家坊唐氏。

县北磊石局图

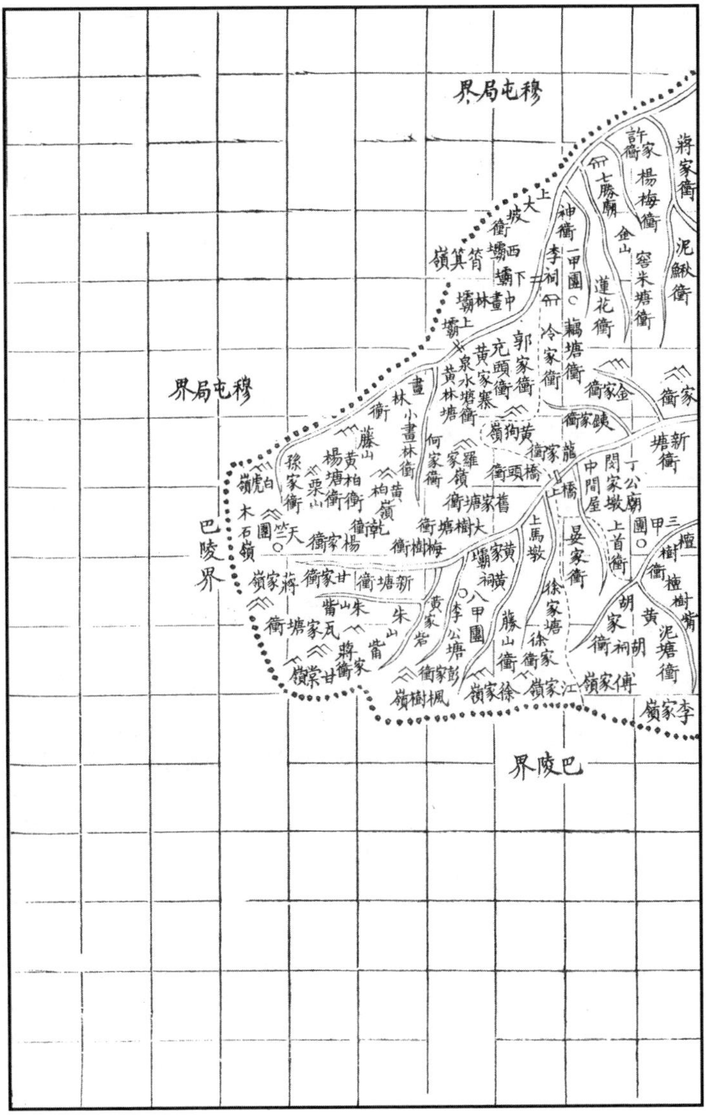
穆屯局界
穆屯局界
巴陵界
巴陵界
蔣家衝
許家衝
楊梅衝
泥鰍衝
窖米塘衝
蓮花衝
藕塘衝
冷家衝
郭家衝
黄家寨
龍家衝
新塘衝
丁公廟
晏家衝
胡家衝
泥塘衝
李家嶺
江家嶺
徐家嶺
楓樹嶺
甘棠嶺
蔣家衝
新塘衝
楊家衝
天竺園
白虎嶺
木石嶺
孫家衝
黄柏衝
楊塘衝
何家衝
羅家嶺
舊塘家衝
大樹塘衝
梅樹衝
李公塘
八甲園
籐山衝
徐家塘
上馬墩
中間屋
閔家墩
三甲園
檀樹衝
檀樹嶺
箕箕嶺

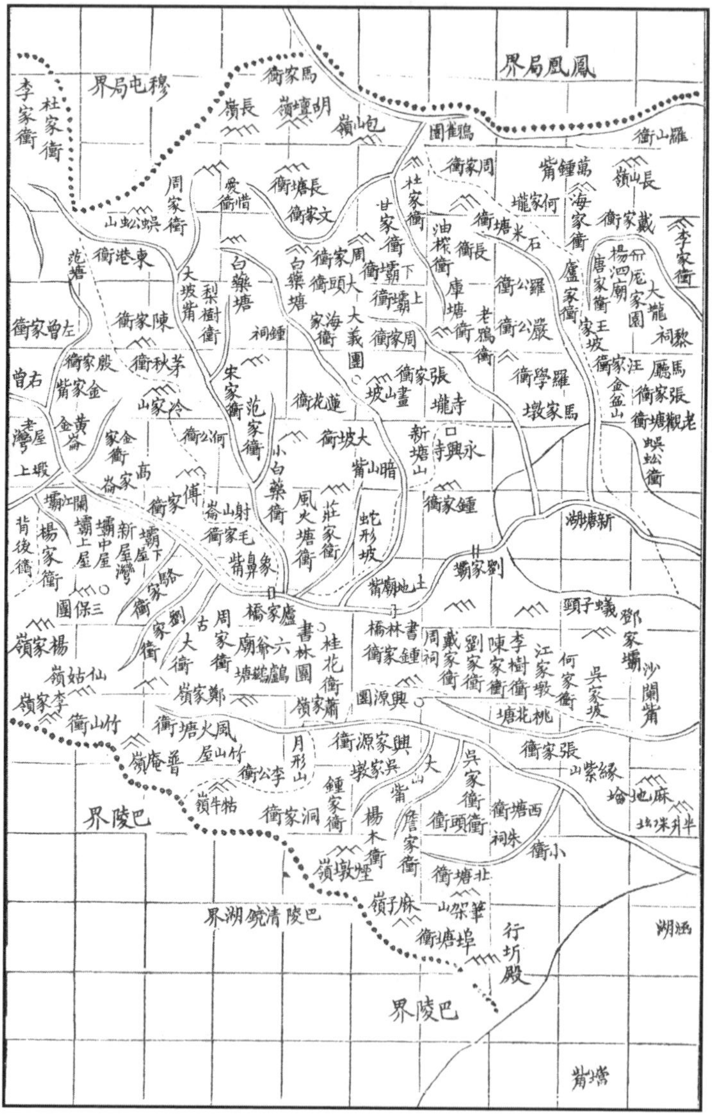
鳳凰局界
穆屯局界
李家衝
杜家衝
馬家衝
明壇嶺
長嶺
包山嶺
羅山衝
萬鍾背
長山嶺
周家衝
長塘衝
文家衝
戴家衝
海家衝
東港衝
曾家衝
茅秋衝
殷家衝
金家背
冷家山
宋家衝
范家衝
蓮花衝
大坡衝
晴山背
新塘山
永興寺
鍾家衝
新塘湖
劉家壩
象鼻背
盧家橋
書林圍
桂花衝
楊家嶺
竹山衝
鳳火塘衝
興源圍
興家源衝
吳家墩
普庵嶺
竹山屋
月形山
李公衝
鍾家衝
洞家衝
楊木衝
詹家衝
吳家衝
張家衝
麻地嶺
巴陵界
巴陵清鏡湖界
行圻殿
巴陵界

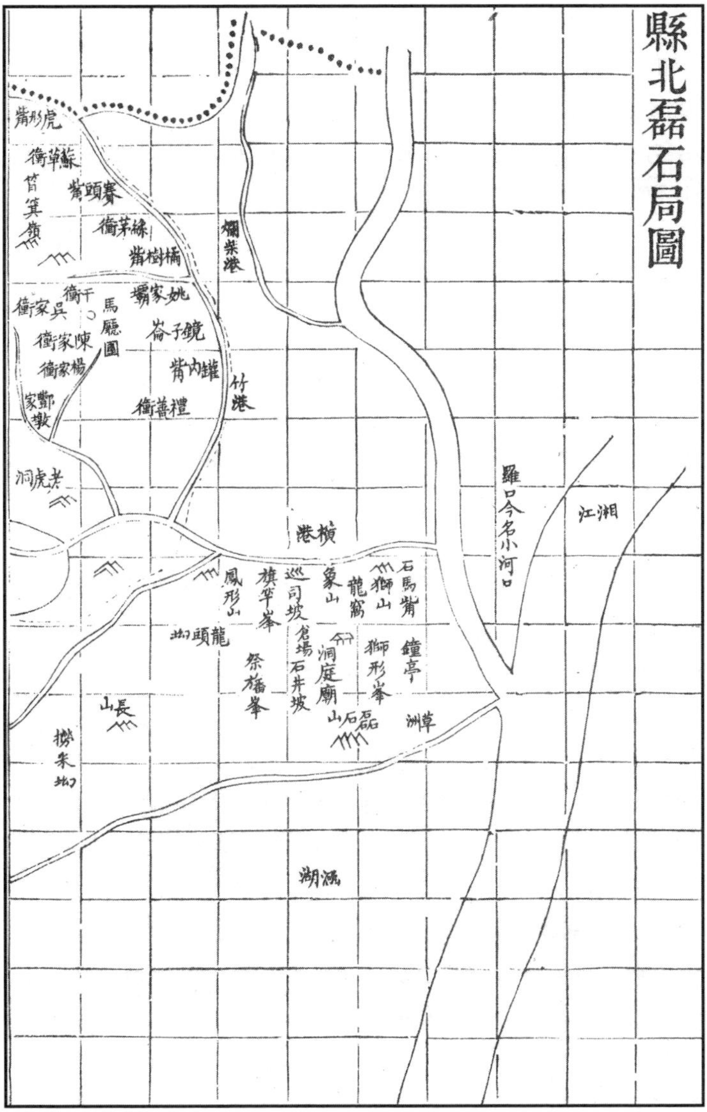
縣北磊石局圖
虎形背
蘇草衝
賽頭背
綠茅衝
橘樹背
爛柴港
姚家壩
吳家衝
干衝
馬廳圖
陳家衝
鏡子崙
楊家衝
罐內背
鄧家墩
禮善衝
竹港
老虎洞
橫港
羅口今名小河口
湘江
石馬背
獅山
龍窩
象山
巡司坡
旗竿峯
鳳形山
龍頭坳
倉場
石井坡
洞庭廟
獅形峯
鐘亭
磊石山
草洲
祭旛峯
長山

右磊石局，界县北，距城百里。东界穆屯局，南界凤皇局，西界湘江，北界巴陵。纵十三里，横二十三里。领团九，隶二十四都，错入二十一都。

其北，兴家源、磊石山等处，曰兴源团，隶二十四都。东，李公冲，界三保团。南，兴家源冲横至张家冲，界书林团。西，磊石山，濒湘江。北，行圻殿横至牯牛岭，界巴陵。纵四里，横十二里。

稍南，书林桥、新塘冲等处，曰书林团，隶二十四都，错入二十一都。东，卢家桥横至书林桥，又直至钟家冲，界三保团、三甲团、大义团。南，永兴寺横至土地庙冲，界大义团。西，新塘湖，直至邓家坝，界马厅团、兴源团。北，沙栏揹横至古大冲，界兴源团。纵四里，横八里。

其西南，马厅、邓家墩等处，曰马厅团，隶二十四都。东，金盆山直至唐家冲，曲至周家冲，界大义团。南，鸦雀园横至虎形揹，濒白塘湖，界凤皇局五常团、凤皇团。西，寨头揹直至罐内揹，界罗水。北，礼善冲横至蜈蚣冲，界兴源团。纵六里，横六里。

其南，画山坡、白药塘等处，曰大义团，隶二十四都。东，射山仑直至东港冲，又曲至窖米塘冲，界三甲团、一甲团。南，蜈蚣山横至马家冲，界穆屯局仁合团、刁礼团，并凤皇局五常团。西，包山岭曲至马家墩，界马厅团。北，蛇形坡横至小白药冲，界书林团。纵八里，横八里。

稍东，莲花冲、窖米塘等处，曰一甲团，隶二十四都。东，冷家冲直至大坡冲，界天竺团。南，神冲横至杜家冲，界穆屯局亦仁团。西，泥鳅冲直至蒋家冲，界大义团、三甲团。北，窖米塘冲横至黄狗岭，界三甲团、天竺团。纵三里，横二里。

稍北，闵家墩、檀树冲等处，曰三甲团，隶二十四都。东，龙家冲横至晏家冲，界天竺团、八甲团。南，铁家冲直至范塘，界一甲团、大义团。西，东港冲直至冷家山，界大义团。北，象鼻揹横至黄家仑，又曲至檀树冲，界三保团。纵三里，横五里。

东北，骆家冲、黄泥塘等处，曰三保团，隶二十四都，错入二十一都。东，胡家冲曲至安家冲，界八甲团。南，栏江坝曲至骆家冲，界三甲团、书林团。西，刘家冲，曲至竹山屋，界书林团、兴源团。北，普庵岭横至傅家岭，界巴陵。纵三里，横五里。

径东，黄家砦、朱山犄等处，曰八甲团，隶二十四都。东，蒋家岭横至甘棠岭，界巴陵。南，杨家冲横至桥头冲，界天竺团、一甲团。西，马上墩直至徐家冲，界三甲团、三保团。北，江家岭横至枫树岭，界巴陵。纵三里，横五里。

东，孙家冲、黄林塘等处，曰天竺团，隶二十四都。东，栗山曲至木石岭，界穆屯局赞公团，及巴陵。南，藤山横至画林冲，直至下坝，界穆屯局赞公塘及一甲团。西，充头冲曲至黄狗岭，界一甲团、三甲团。北，罗家岭曲至乾冲，界三甲团、八甲团。纵二里，横五里。

北有磊石山、宋黄庭坚诗云："南风日日纵篙撑，时喜北风将我行。汤饼一杯银线乱，蒌蒿数箸玉簪横。"　国朝左应昂诗云："乘兴登临望，临湖意杳然。洞庭波八百，京国路三千。浪激东邻雨，云连七泽烟。回看湘水合，峭壁镇南天。"　李文都诗云："岿然一柱砥中流，湖上西风瑟瑟秋。净练翻空天在水，寒潭倒影月当楼。山缘盘踞蹲狮象，人到忘机狎鹭鸥。即此尘缘抛已尽，探花况欲诣瀛洲。"　王锡龄诗云："何年开辟此幽奇，八百重湖五木支。千古英雄残垒在，隔江台榭暮烟垂。神鸦乱噪龙王殿，骚客来寻屈子祠。纪胜自惭无丽句，漫从壁上补新诗。"又诗云："鲸向龙宫跃，蒲牢吸浪鸣。文章传古迹，岁月识前明。响应江头鼓，声牵夜角筝。诗成撞半夜，客梦不须惊。"　高元灿诗云："磊石临湖口，巍然屹水滨。冲融晴景阔，皎洁夜光新。月笛招仙客，风骚吊放臣。奚囊收不尽，八百洞庭春。"　罗文诏诗云："巨浸东南合，横流石屿强。湖声吞岳鄂，山势障潇湘。远树乡心隔，孤帆客路长。明朝在何处，樽酒对斜阳。"　田实颖诗云："八百里中今放眼，楚天寥阔阵云横。遥怜今古长江水，淘尽兴亡是此声。碧草血腥云梦泽，黄花秋冷鄂王营。何当别有飞来者，重见湖湘八日清。"笔架山、烟墩岭、牯牛岭、普庵岭，东北有甘棠岭、木石岭、白虎岭。

入罗水有烂柴港，有新塘湖；入洞庭有河塘湖。

出罗水有画林坝、黄家坝、阑江坝、卢家桥、书林桥、康熙六十年修。刘家坝、姚家坝。

局西有永兴寺。在磊石山东新塘冲，唐元和中建。寺藏有明永乐四年地契。距城北百里。

古迹有磊石戍，国朝余世松诗云："晓发黄陵口，夕次磊石阴。乘流傍隈隩，辍棹延岖嵚。层阿纳微曦，寒濑递哀音。岸峭波易折，林密峰难寻。悲风薄丛莽，归云蔽高岑。嗷嗷哀狖啼，啾啾思鸟吟。感物百忧并，览化万虑侵。愁苦一何多，川涂广且深。北迈阻修渚，南望怀故林。夙念违静专，憯怀杳深沉。谁持百代意，慰此千里心。俯仰欢绝端，慷慨泪盈衿。"祭风台，在磊石山。旧志："岳武穆征杨太，于此祭风。"有磊石驿丞故署，案，元置驿皆有丞，磊石为县北水驿。山左巡司坡，即驿丞故署。有仓场。案，明制：漕运水次交兑，故设仓场于此。

大姓：七里街湛氏，磊石刘氏，兴家源朱氏，白药冲潘氏。

县北浒田局南图

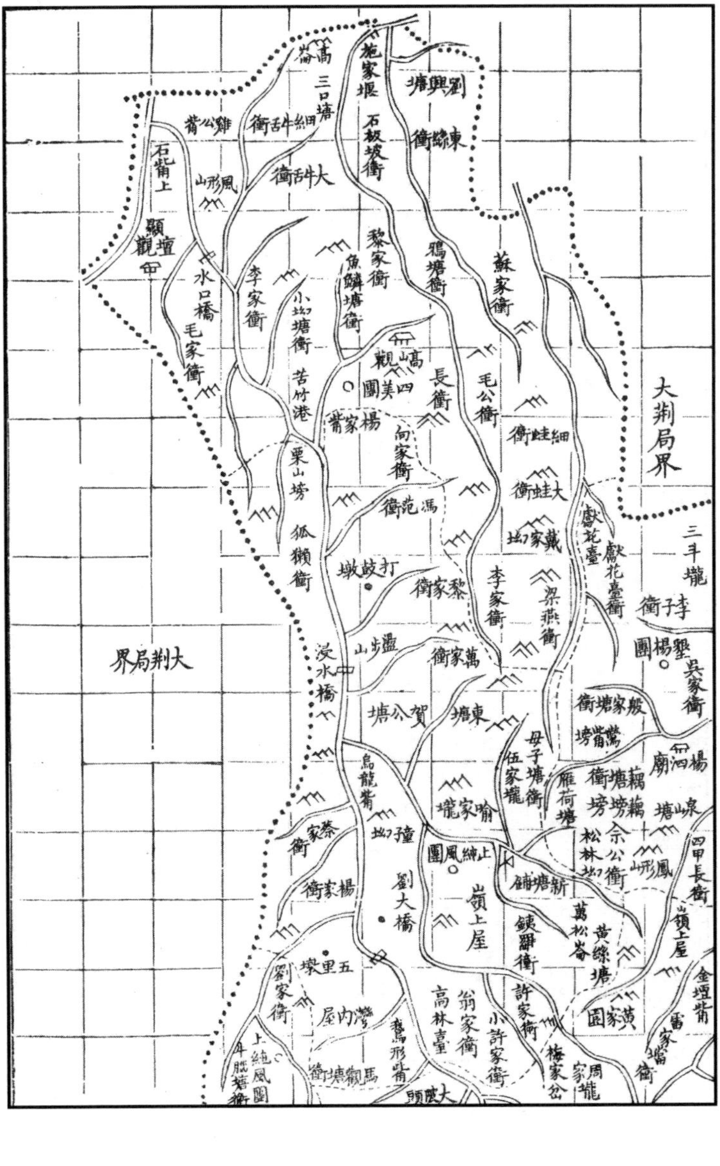
施家堰
劉興塘
東谿衝
石板坡衝
高崙
三口塘
細牛舌衝
雞公背
大牛舌衝
風形山
石背上
顯壇觀
水口橋
李家衝
毛家衝
黎家衝
魚鱗塘衝
鴉塘衝
蘇家衝
小坳塘衝
苦竹港
高山觀
四美園
長衝
毛公衝
楊家背
向家衝
細蛙衝
大蛙衝
大荊局界
栗山塝
馮范衝
戴家坳
獻花臺
三斗壠
孤獺衝
打鼓墩
黎家衝
李家衝
梁燕衝
李子衝
楊墅園
吳家衝
大荊局界
溫步山
萬家衝
浸水橋
賀公塘
東塘
殷家塘衝
鷺背塝
母子塘衝
伍家壠
楊泗廟
雁荷塘
烏龍背
喻家壠
泉山塘
潼子坳
上紳園
松林坳
佘公衝
四甲長衝
蔡家衝
嶺上屋
新塘舖
楊家衝
劉大橋
萬松崙
黃綠塘
五里墩
劉家衝
灣內屋
高林臺
翁家衝
小許家衝
許家衝
黃家園
金壇背
馬觀塘衝
大陂頭
梅家岔
周家壠

縣北滸田局南圖

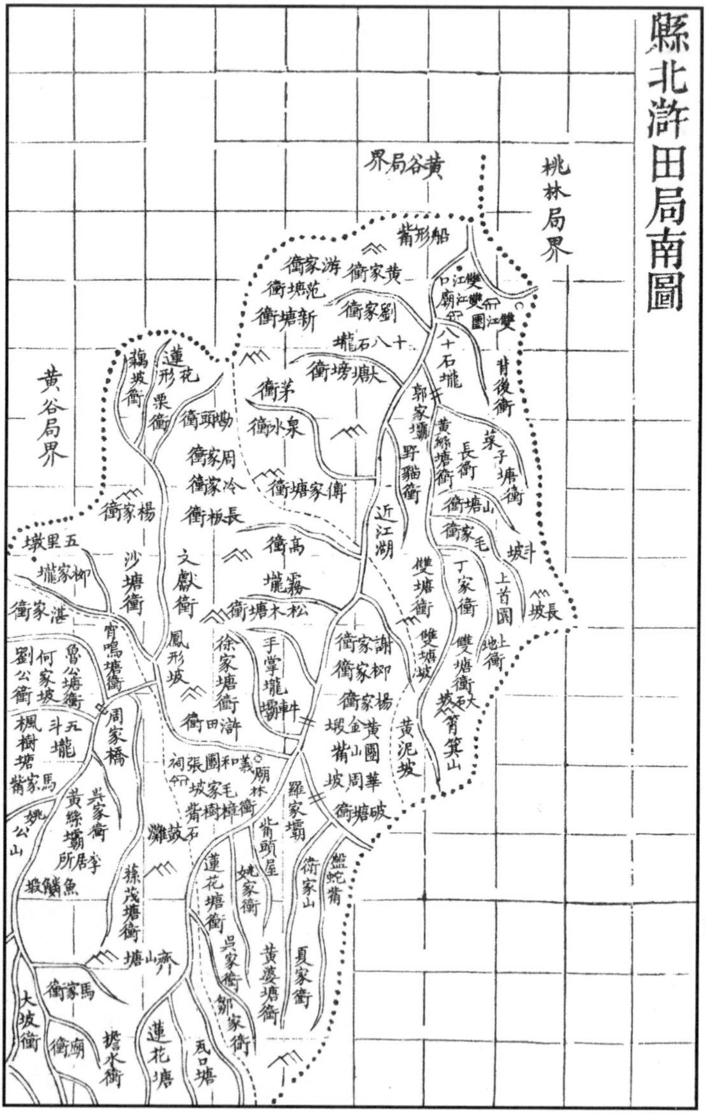
黃谷局界
桃林局界
黃谷局界
游家衝
黃家衝
范塘衝
新塘衝
劉家衝
十八石壠
雙江口
雙江廟
雙江團
八十石壠
背後衝
茅衝
泉水衝
周家衝
冷家衝
長板衝
楊家衝
傅家塘衝
郭家壩
野貓衝
近江湖
長衝
菜子塘衝
山塘衝
毛家衝
高衝
霧壠
五里墩
柳家壠
湛家衝
沙塘衝
文獻衝
松木塘衝
雙塘衝
丁家衝
上首園
長坡
劉公衝
何家坡
魯公塘衝
宵鳴塘衝
鳳形坡
徐家塘衝
手掌壠
謝家衝
柳家衝
楊家衝
雙塘坡
雙塘衝
周家橋
五斗壠
楓樹塘
馬家嶺
滸田衝
黃金墩
黃山嶺
華周坡
黃泥坡
箕山
張家祠
和家團
毛家坡
羅家壩
破塘衝
黃絲壩
吳家衝
姚公山
鼓灘
背頭屋
盤蛇嶺
山家衝
李居所
魚鱗墩
蔭茂塘衝
蓮花塘衝
姚家衝
吳家衝
黃菱塘衝
夏家衝
齊山塘
馬家衝
大坡衝
廟衝
蓮花塘
瓦口塘
鄒家衝

县北浒田局北图

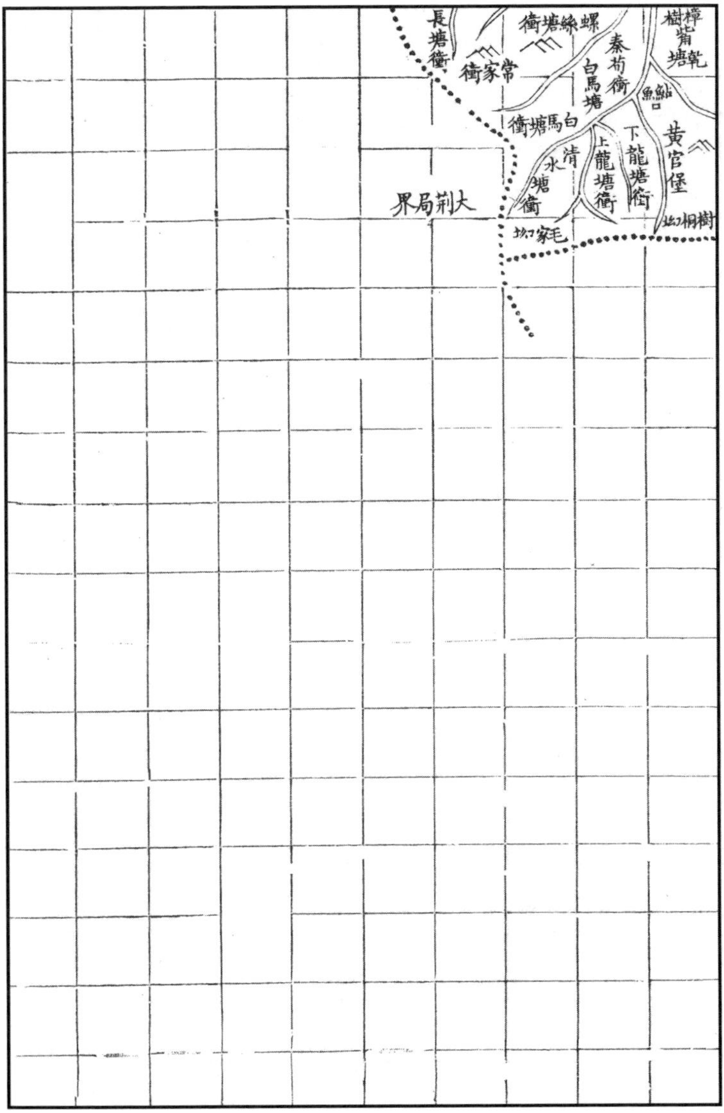
長塘衝
常家衝
螺絲塘衝
秦荀衝
白馬塘
樟樹
乾背塘
鮎魚口
白馬塘衝
清水塘衝
上龍塘衝
下龍塘衝
黄官堡
大荊局界
毛家坳
樹桐坳

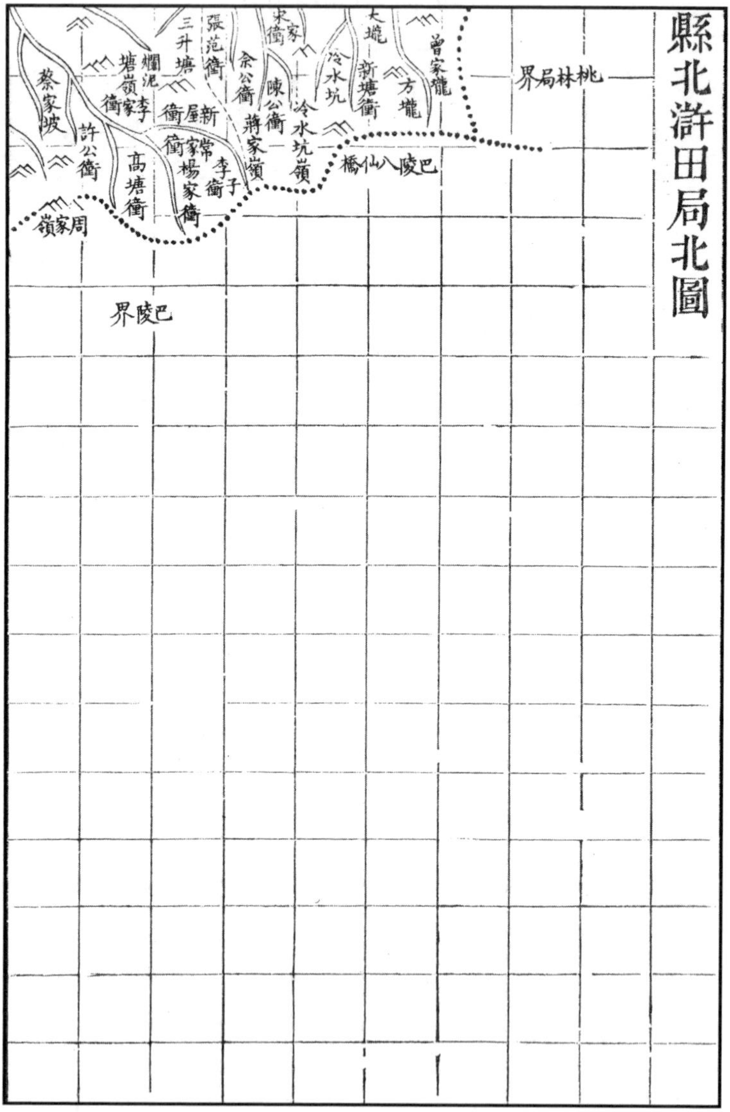
桃林局界
巴陵八仙橋
巴陵界
周家嶺
曾家壠
方壠
新塘衝
冷水坑
冷水坑嶺
陳公衝
蔣家嶺
佘公衝
張范衝
三升塘
新屋衝
李子衝
楊家衝
高塘衝
許公衝
蔡家坡

縣北滸田局北圖

右浒田局，界县东北，距城百十里。东界大荆局，南界黄谷局，西界桃林局，北界巴陵。纵十九里，横十六里。领团五，内纯风团，又析为上、下二团。隶十都。

其南，吴家冲、献花台等处，曰垦杨团。东，佘公冲直至戴家冲，又曲至献花台，界下纯风团、四美团。南，李子冲横至湛家冲，界大荆局尚美团。西，宵鸣塘冲曲至瓦口塘，界义和团及桃林局仁和团。北，曾家垅横至蒋家岭，界巴陵及上下纯风团。纵十里，横四里。

西南，双江口、泉水冲等处，曰双江团。东，近江湖曲至傅家塘冲，又直至范塘冲，界义和团及黄谷局关山团。南，游家冲横至船形嵴，界黄谷局大桥团，西，双江口直至长坡，又曲至土地冲，界桃林局麻塘团。北，筲箕山横至黄泥坡，界桃林局仁和团。纵八里，横四里。

东南，杨家嵴、细蛙冲等处，曰四美团。东，毛家冲直至石嵴上。界大荆局升平团、一心团。南，高仑横至施家堰，界大荆局乐善团。西，刘兴塘曲至常家冲，又直至吴家冲，界大荆局尚义团。北，梁燕冲曲至苦竹港，界垦杨团、下纯风团。纵九里，横六里。

东北，纯风分二团：长塘冲、高林台等处，曰上纯风团；新塘铺、童子坳等处，曰下纯风团。东，牛脑塘冲直至狐獭冲，界大荆局荆山团。南，栗山塝横至向家冲，界四美团。西，冯范冲曲至丹霞冲，又曲至大坡冲，界垦杨团。北，李子冲横至毛家坳，界巴陵。纵十三里，横七里。

西北，浒田冲、鱼鳞墩等处，曰义和团。东，莲花塘冲直至凤形坡，又曲至五里墩，界垦杨团。南，藕塘冲横至𡐓头冲，界黄谷局、关山团。西，冷家冲直至谢家冲，又直至盘蛇嵴，界双江团。北，夏家冲横至邹家冲，界桃林局仁和团及垦杨团。纵十里，横四里。

北有蒋家岭、梅家岔，南有凤形山，西有筲箕山。

入罗水有苦竹港、石鼓滩、近江湖。

出罗水有刘大桥、浸水桥、水口桥、施家堰、黄丝坝、周家桥、罗家坝、牛田坝、郭家坝。

局东南有显坛观、在石嵴上，距城东北百一十里。高山观。在杨家嵴，距显坛观南三里。

县北驿道出新塘铺。

大姓：少槐疃张氏。

县北大荆局南图

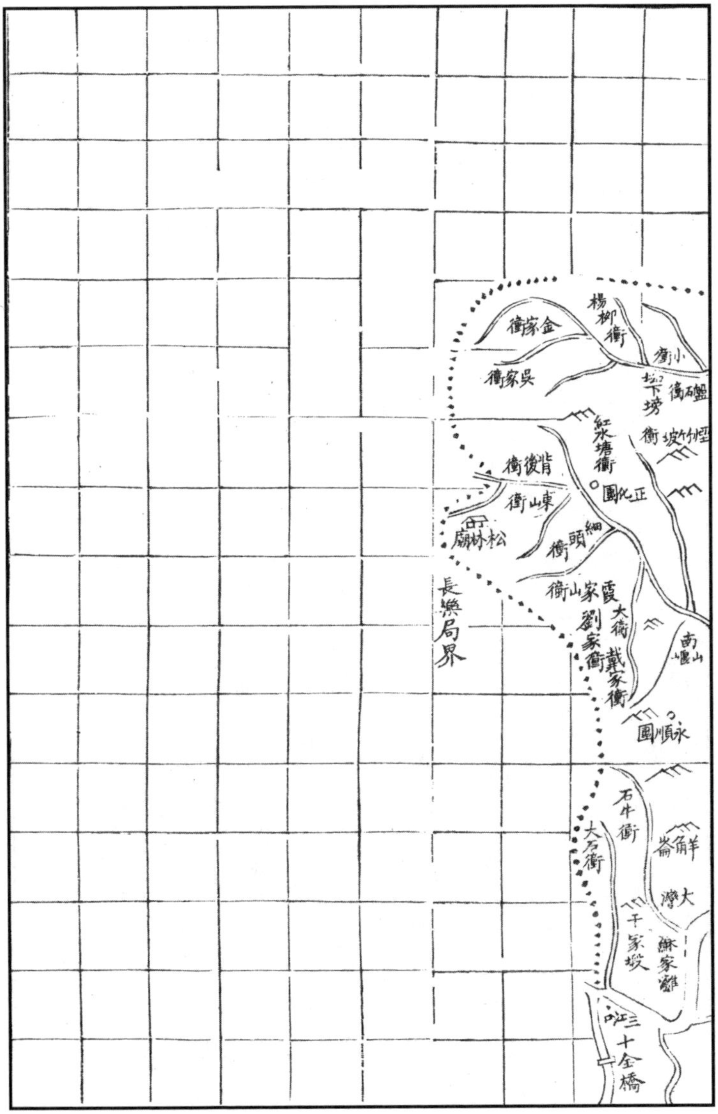

楊柳衝
金家衝
吳家衝
小衝
下塅
盤石衝
竹坡衝
紅水塘衝
背後衝
東山衝
正化團
細頭衝
松林廟
霞家山衝
長樂局界
大衝
劉家衝
戴家衝
永順團
石牛衝
大石衝
羊角崙
大灣
千家塅
三江口
十全橋

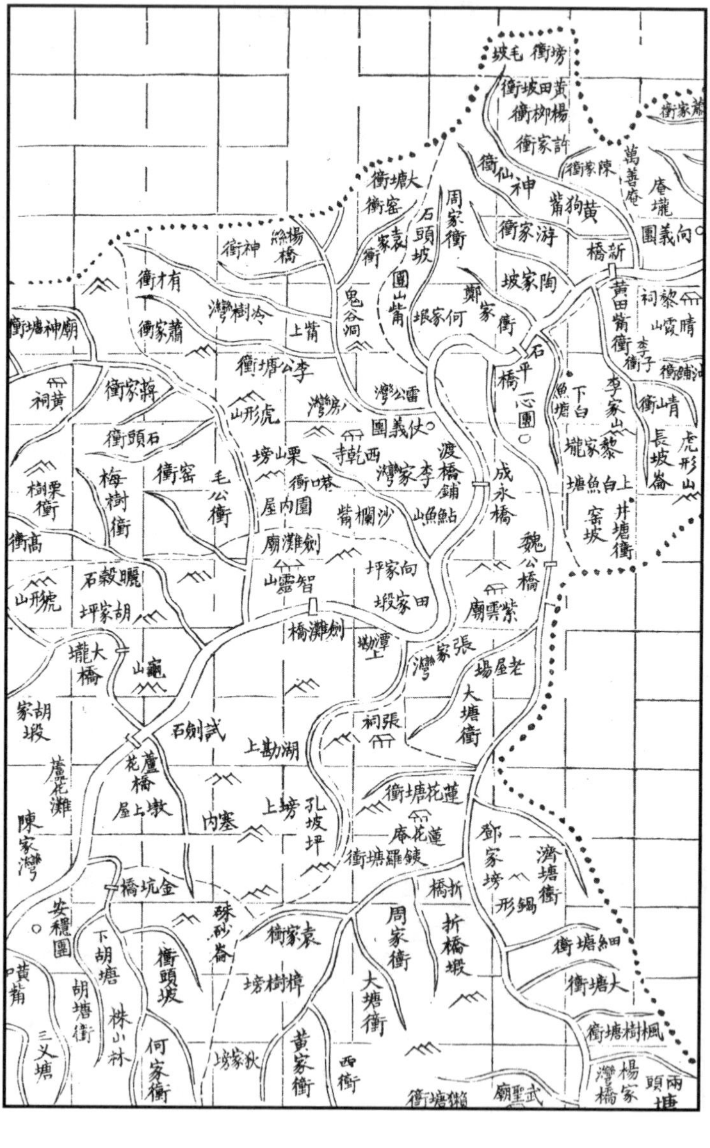
毛坡
黃田坡衡
楊柳衡
許家衡
陳家衡
萬善菴
神仙衡
黃狗背
游家衡
向義團
新橋
陶家坡
周家衡
石頭坡
大塘衡
窑衡
袁家衡
楊絲橋
神衡
有才衡
蕭家衡
廟神塘衡
鬼谷洞
團山背
何家垠
鄭家衡
黃田背衡
黎祠
晴霞山
李公塘衡
黃祠
雷公灣
八房灣
虎形山
石平橋
一心團
伏義團
石頭衡
西乾寺
栗山塝
李家灣
渡橋鋪
成永橋
梅樹衡
窑衡
毛公衡
栗樹衡
高衡
沙欄背
鮎魚山
魏公橋
劍灘廟
智靈山
向家坪
田家墩
紫雲廟
胡家坪
劍灘橋
潭上
張家灣
老屋場
大壠橋
大塘衡
胡家墩
試劍石
湖勘上
張祠
蘆花橋
蘆花灘
陳家灣
墩上屋
塞內
塝上
孔坡坪
蓮花塘衡
蓮花庵
鄧家塝
濟塘衡
鍋形
金坑橋
折橋
安穩團
周家衡
折橋墩
細塘衡
大塘衡
下胡塘
袁家衡
樟樹塝
胡塘衡
株山林
大塘衡
楓樹塘衡
黃家衡
何家衡
西衡
三义塘
武聖廟
楊家灣橋
兩頭塘

縣北大荆局南圖

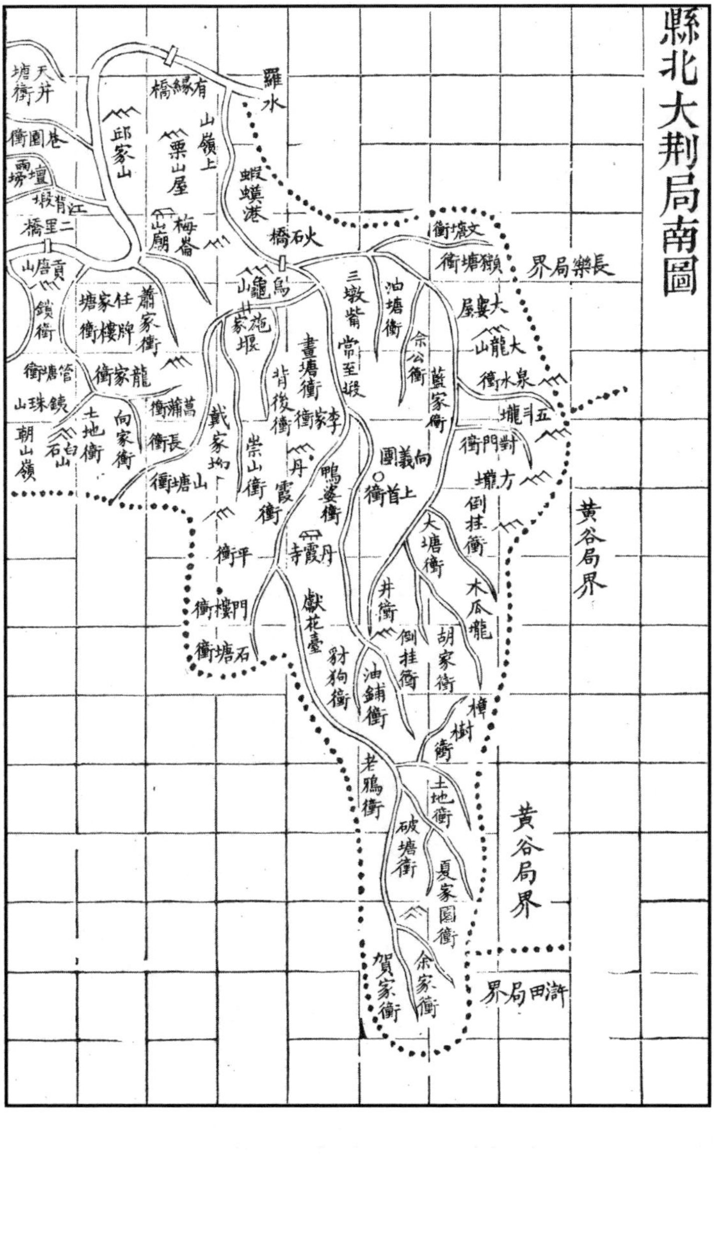
羅水
有緣橋
天井塘衙
巷園衙
邱家山
栗山屋
上嶺山
蝦蟆港
梅崙
山廟
二里橋
火石橋
烏龜山
施家堰
三墩
常至堤
油塘衙
文塘衙
獅塘衙
長樂局界
大屋
大龍山
余公衙
泉水衙
五斗壠
藍家衙
對門衙
方壠
蕭家衙
任家牌樓衙
龍家衙
管塘衙
鏡珠山
朝山嶺
土地衙
向家衙
白石山
長衙
山塘衙
戴家坳
崇山衙
霞衙
畫塘衙
背後衙
李家衙
鴨婆衙
向義園
上首衙
倒挂衙
黃谷局界
大塘衙
平衙
丹霞寺
門樓衙
石塘衙
井衙
木瓜龍
獻花臺
豺狗衙
倒挂衙
胡家衙
油鋪衙
樟樹衙
老鴉衙
土地衙
破塘衙
夏家園衙
黃谷局界
賀家衙
余家衙
許田局界

县北大荆局北图

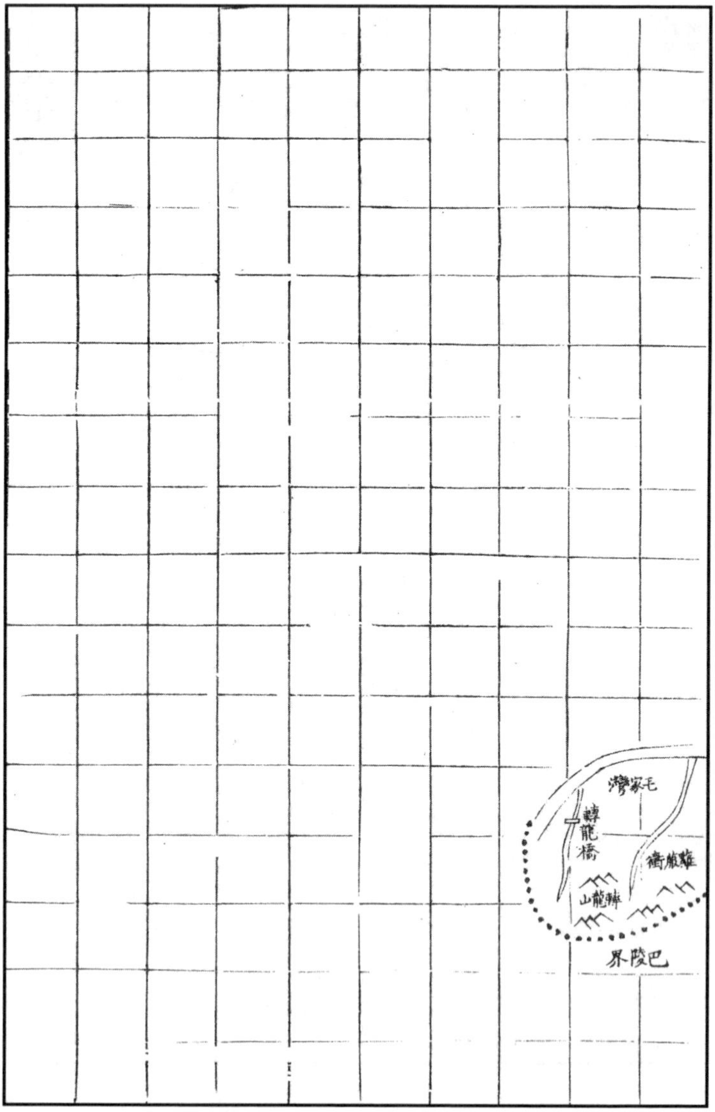

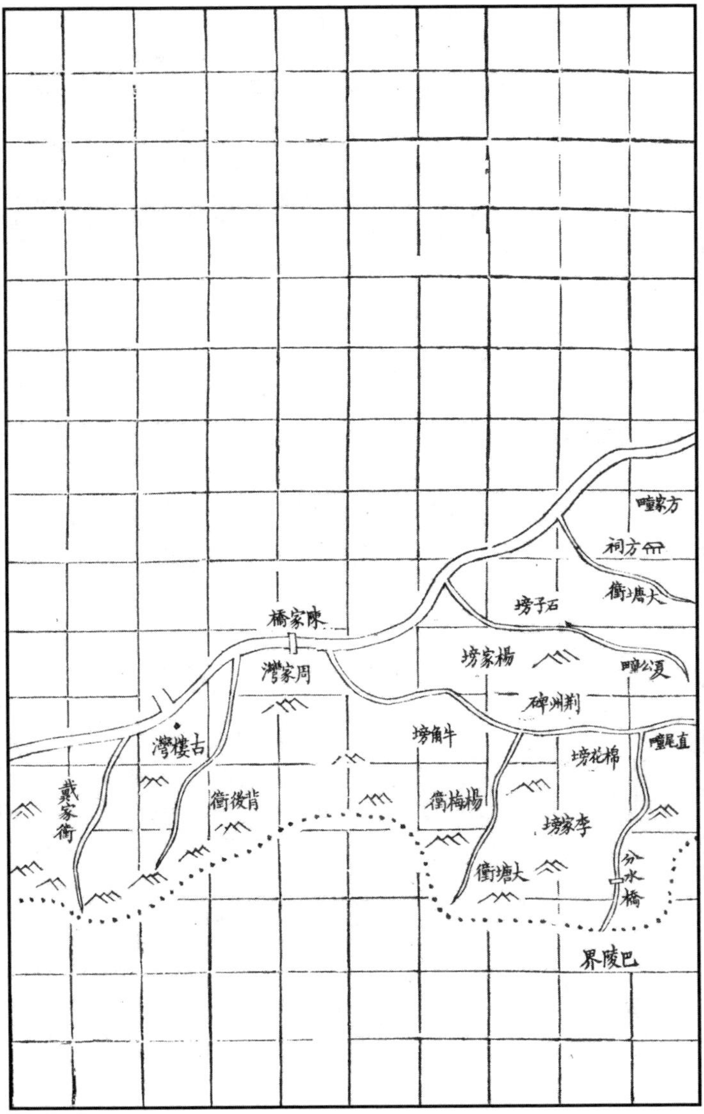
方家壠
方祠
大塘衝
石子塝
陳家橋
楊家塝
夏公壠
周家灣
荊州碑
古樓灣
牛角塝
直尾壠
棉花塝
戴家衝
背後衝
楊梅衝
李家塝
大塘衝
分水橋
巴陵界

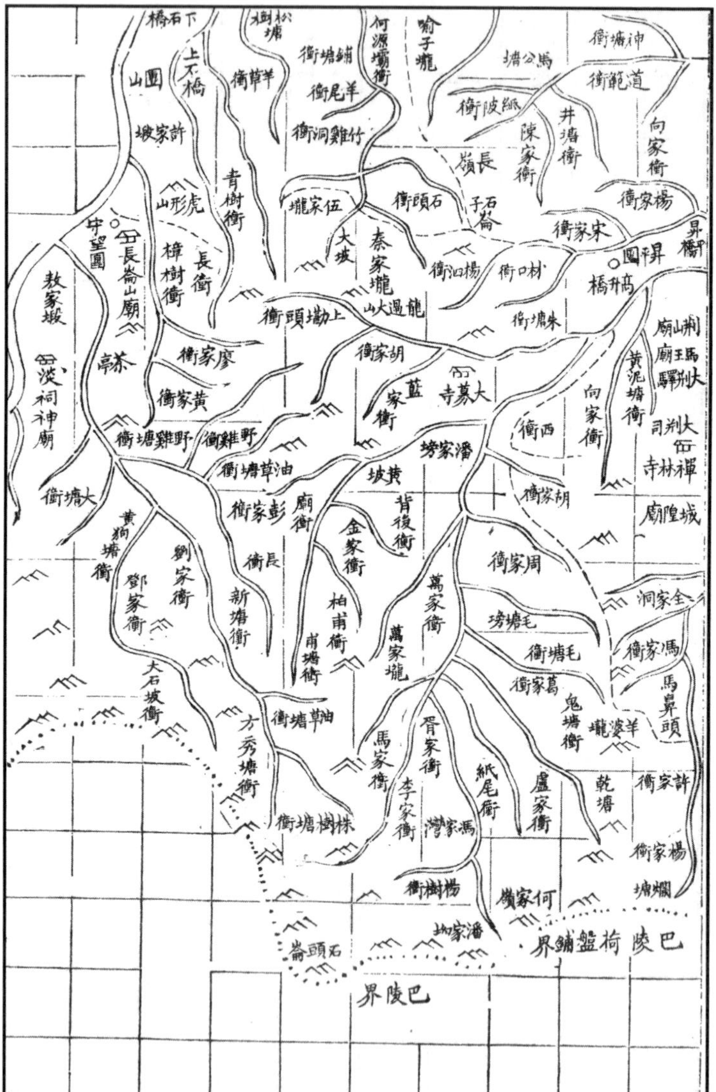
下石橋
何源墈衝
喻子壠
神塘衝
馬公塘
道範衝
團山
羊草衝
鋪塘衝
羊尾衝
紙陂衝
許家墩
竹雞洞衝
陳家衝
井塘衝
向家衝
長嶺
青樹衝
虎形山
伍家壠
石頭衝
楊家衝
宋家衝
長崙山廟
樟樹衝
長衝
大坡
秦家壠
楊泗衝
林口衝
昇平圍
高升橋
敖家墩
上墈頭衝
朱塘衝
荊山廟
馬王廟
茶亭
廖家衝
胡家衝
黃泥塘衝
黃家衝
藍家衝
大慕寺
向家衝
野雞塘衝
野雞衝
潘家塝
西衝
大荊司
油草塘衝
黃坡
禪林寺
大塘衝
彭家衝
廟衝
背後衝
胡家衝
城隍廟
黃狗塘衝
金家衝
長衝
劉家衝
周家衝
萬家衝
鄧家衝
新塘衝
柏甫衝
全家洞
毛塘塝
甫塘衝
萬家壠
毛塘衝
馬家衝
大石坡衝
葛家衝
油草塘衝
鬼塘衝
羊婆壠
馬鼻頭
方秀塘衝
胥家衝
馬家衝
紙尾衝
盧家衝
乾塘
許家衝
李家衝
株樹塘衝
馮家灣
楊家衝
爛塘
楊樹衝
何家衝
潘家坳
石頭崙
巴陵荷盤鋪界
巴陵界

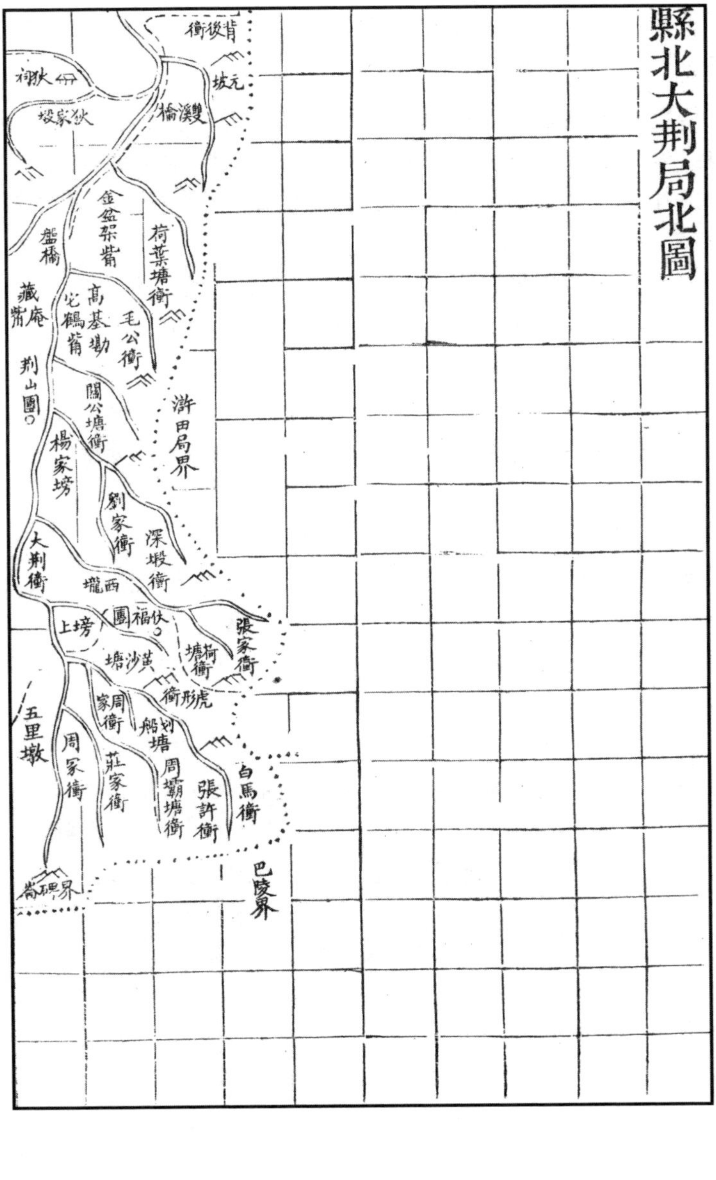
縣北大荆局北圖
背後衝
元坡
雙溪橋
狄祠
狄家坳
金盆架嶺
荷葉塘衝
盤橋
高基坳
宅鶴嶺
毛公衝
藏庵嶺
荆山圖
關公塘衝
滸田局界
楊家塝
劉家衝
深坳衝
大荆衝
西壠
伏福團
上塝
萬沙塘
荷塘衝
張家衝
虎形衝
周家衝
劉船塘
五里墩
周家衝
莊家衝
周霸塘衝
張許衝
白馬衝
巴陵界
界碑嶺

右大荆局，界县东北，距城百里。东南界长乐局，西界浒田局，北界巴陵。纵二十九里，横二十里。领团十一，隶十都，错入九都。

西北，大荆驿、田家洞等处，曰荆山团，隶十都。东，西冲直至营盘桥，界守望团、升平团。南，双溪桥曲至背后冲，界升平团及浒田局四美团。西，荷叶塘冲直至张家冲，界浒田局上、下纯风团。北，荷塘冲横至西垅，又曲至马鼻头，界仗福团。纵六里，横五里。

又西北，黄沙塘、界碑仑等处，曰仗福团，隶九都。东，乾塘冲，界守望团。南，羊婆垅横至黄沙塘，界荆山团。西，虎形冲，界巴陵。北，白马冲横至烂塘，界巴陵。纵四里，横五里。

东北，方家疃、鼓楼湾等处，曰守望团，隶十都。东，转龙桥直至方家疃，界巴陵，及长乐局安善团。南，敖家疃横至材口冲，界长乐局安善团及安稳团、升平团。西，朱塘冲直至兔塘冲，界荆山团、仗福团。北，何家岭横至石头仑，又曲至分水桥，横至转龙山，界巴陵。纵十里，横十七里。

迤南，升平桥、石子仑等处，曰升平团，隶十都，错入九都。东，喻子垅直至袁家冲，界安稳团。南，莲花庵横至济塘冲，界永顺团、一心团。西，细塘冲直至狄家疃，界浒田局四美团。北，高升桥横至石子仑，界荆山团、守望团。纵八里，横七里。

径东，苏家滩、三义塘等处，曰安稳团，隶九都。东，许家疃直至三江口，濒罗水，界长乐局安善团。南，黄口鞘横至金坑桥，界永顺团。西，朱砂仑直至河源坝冲，界升平团。北，石头冲横至虎形山，界守望团。纵七里，横四里。

迤南，胡家疃、剑滩桥等处，曰永顺团，隶九都。东，大石冲直至南山堰，界长乐局五美团。南，虎形山横至向家坪，界正化团、仗义团。西，田杨塅直至孔坡坪，界一心团、升平团。北，墩上屋横至羊角仑，界安稳团。纵四里，横六里。

东南，红水塘、栗树冲等处，曰正化团，隶九都。东，东山冲直至吴家冲，界长乐局绍升团。南，金家冲横至庙神塘冲，界长乐局仁义团一约。西，蒋家冲直至窑冲，界仗义团。北，毛公冲曲至戴家冲，又横至松林庙，界永顺团。纵六里，横六里。

迤西，渡头铺、巷口冲等处，曰仗义团，隶九都。东，栗山塝直至萧家冲，界正化团。南，冷树湾，界长乐局仁义团一约、二约。西，渡头铺，界一心团。北，鲇鱼山横至园内屋，界永顺团。纵三里，横四里。

其南，石平桥、黄狗凿等处，曰一心团，隶十都。东，张家湾直至石头坡，界永顺团、仗义团。南，毛坡塝冲，界长乐局仁义团二约。西，陈家冲直至魏公桥，界乐善团及浒田局四美团。北，大塘冲曲至张家湾，界升平团。纵十一里，横二里。

迤西，雨坛塝、贡唐山等处，曰乐善团，隶十都。东，白鱼塘直至万善庵，界一心团。南，萧家冲横至有缘桥，界长乐局仁义团五约。西，虾蟆港直至菖蒲冲，界尚义团。北，白石山横至窑坡，界浒田局四美团。纵七里，横五里。

西南，鸡公晨、新坝上等处，曰尚义团，隶十都。东，石塘冲直至施家堰，界浒田局四美团。南，乌鼍山横至文塘冲，界长乐局仁义团五约。西，獭塘冲直至夏家园冲，界黄谷局关山团。北，余家冲直至老鸦冲，界浒田局垦杨团。纵十二里，横五里。

南有大龙山、晴霞山，北有转龙山、石头仑。

沿罗水而南，有苏家滩、陈家潭、芦花潭、剑滩。

出罗水有芦花桥、剑滩桥、成永桥、俗名渡头桥。石平桥、三里桥、火石桥，径东北有转龙桥、分水桥、陈家桥，东有上石桥、下石桥、河源坝、金坑桥、大垅桥、南山堰，西有双溪桥、营盘桥、升平桥、杨家湾桥、新桥、魏公桥。旧志所谓“李公桥”也，并以修桥者为名。

局南有西乾寺，在渡桥铺东，五代梁贞明十年建，距城东北九十五里。西偏有万善庵，在江背墩，距西乾寺南五里。径西有丹霞寺、在丹霞冲，唐太和元年建，距西乾寺南十里。莲花庵、在莲花塘冲，距西乾寺南五里。大募寺，在蓝家冲，唐太和中建，距莲花庵南九里。西北有禅林寺。在大荆驿，五代梁贞明中建，距大募寺南三里。

古迹有试剑石。旧志：“许旌阳过此滩试剑，滩下石为之裂。”

县北驿道出大荆驿。国朝周倬祥诗云：“策马重行行，停鞭宿大荆。巴湘人语杂，风雨客心惊。古树排官道，青萝莽故城。邮亭闲眺望，无语白云横。”有大荆市，有巡检司署。

大姓：晒谷石胡氏，剑滩杨氏，牌楼疃黎氏，狄家坪狄氏。

县北长乐局第一图

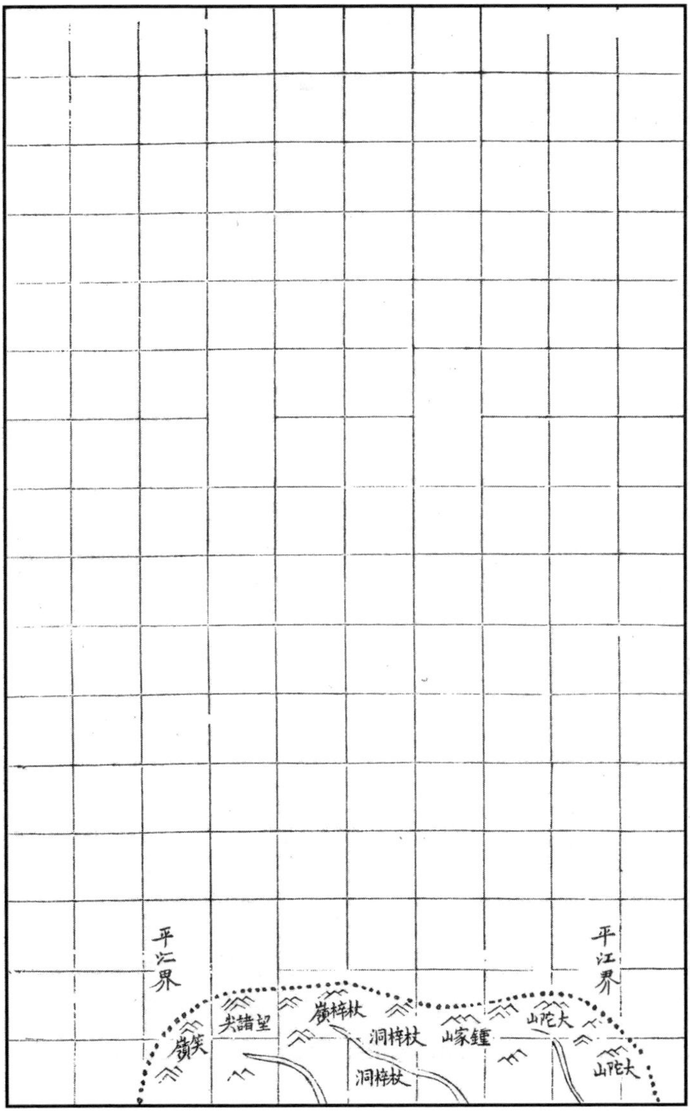

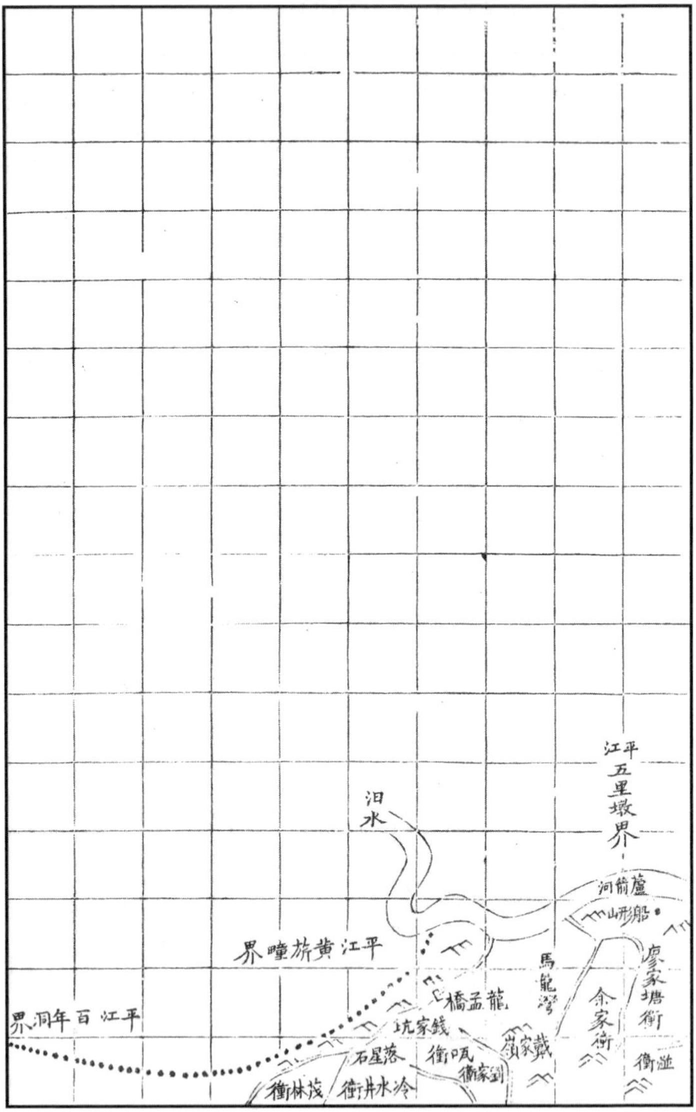
平江五里墩界
汨水
盧前河
船形山
平江黄旂嶂界
平江百年洞界
龍孟橋
馬龍灣
廖家塘衙
余家衙
錢家坑
落星石
戴家嶺
劉家衙
溢衙
茂林衙
冷水井衙

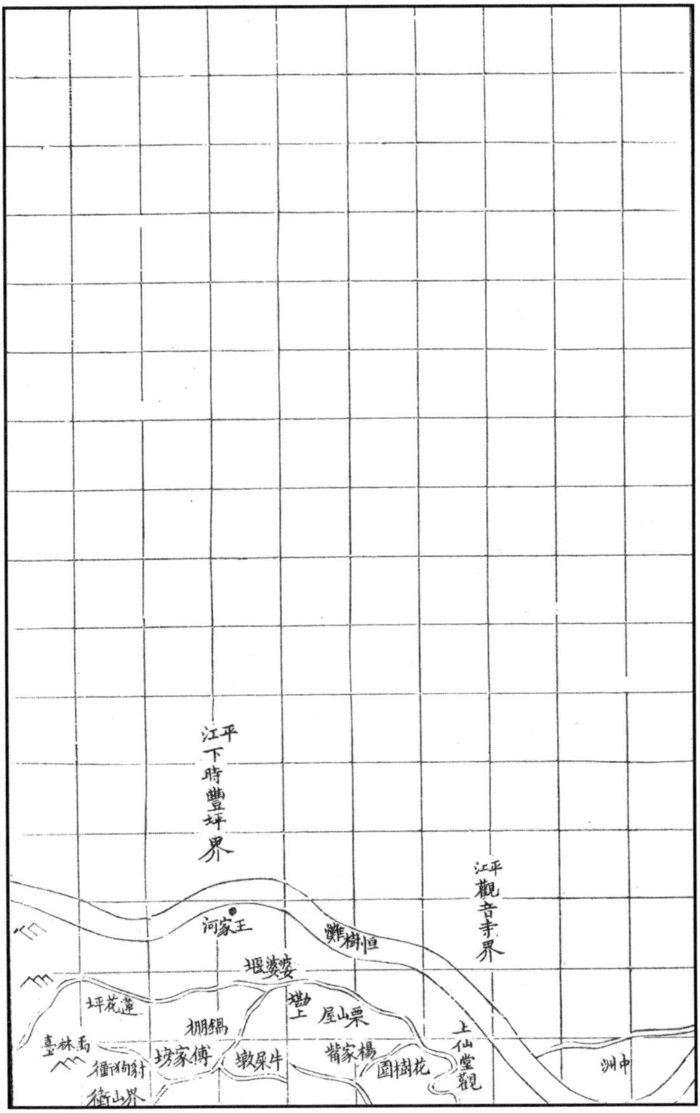
平江下時豐坪界
平江觀音寺界
王家河
恒樹灘
婆婆堰
蓮花坪
坳上
栗山屋
鍋棚
禹林臺
射狗衝
衡山界
傅家坊
牛屎墩
楊家背
花樹園
上仙堂觀
中洲

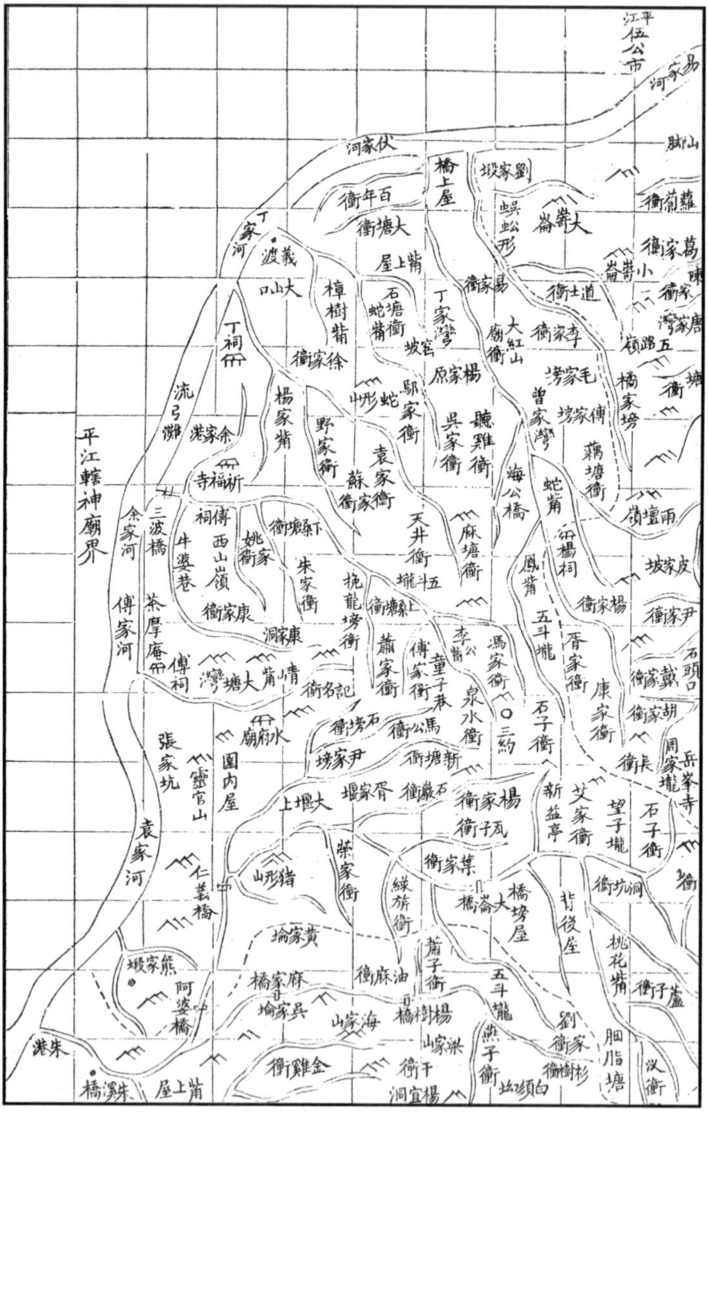
平江
伍公市
易家河
伏家河
劉家塅
屋上橋
百年衙
大塘衙
蜈蚣形
丁家河
義渡
大山口
樟樹背
屋上背
石塘蛇背衙
丁家灣
窑坡
易家衙
大紅山廟衙
李家衙
道士衙
徐家衙
楊家原
毛家塝
丁祠
流弓灘
余家港
楊家背
野家衙
吴家衙
聽雞衙
曾家灣
傅家塝
藕塘衙
祈福寺
袁家衙
蘇家衙
海公橋
蛇背
平江轄神廟界
余家河
三波橋
傅祠
牛婆巷
西山嶺
姚家衙
天井衙
麻塘衙
鳳背
楊祠
皮家坡
朱家衙
挽龍塝衙
五斗壠
楊家衙
尹家衙
康家衙
傅家河
茶摩庵
康家洞
李公背
馮家衙
胥家衙
大塘灣
傅家衙
童子巷
泉水衙
石子衙
記名衙
水府廟
三約
張家坑
新塘衙
尹家塝
園内屋
靈官山
大堰上
胥家堰
石巖衙
瓦子衙
新益亭
艾家衙
望子壠
岳峯寺
周家壠
袁家河
猪形山
榮家衙
葉家衙
橋塝屋
背後屋
仁義橋
黄家墈
熊家塅
阿婆橋
麻家橋
油麻衙
蕭子衙
挑花背
盧子衙
海家山
楊樹橋
劉家衙
朱港
朱溪橋
背上屋
金雞衙
楊宜洞
燕子衙
杉樹衙
胭脂塘

縣北長樂局第一圖

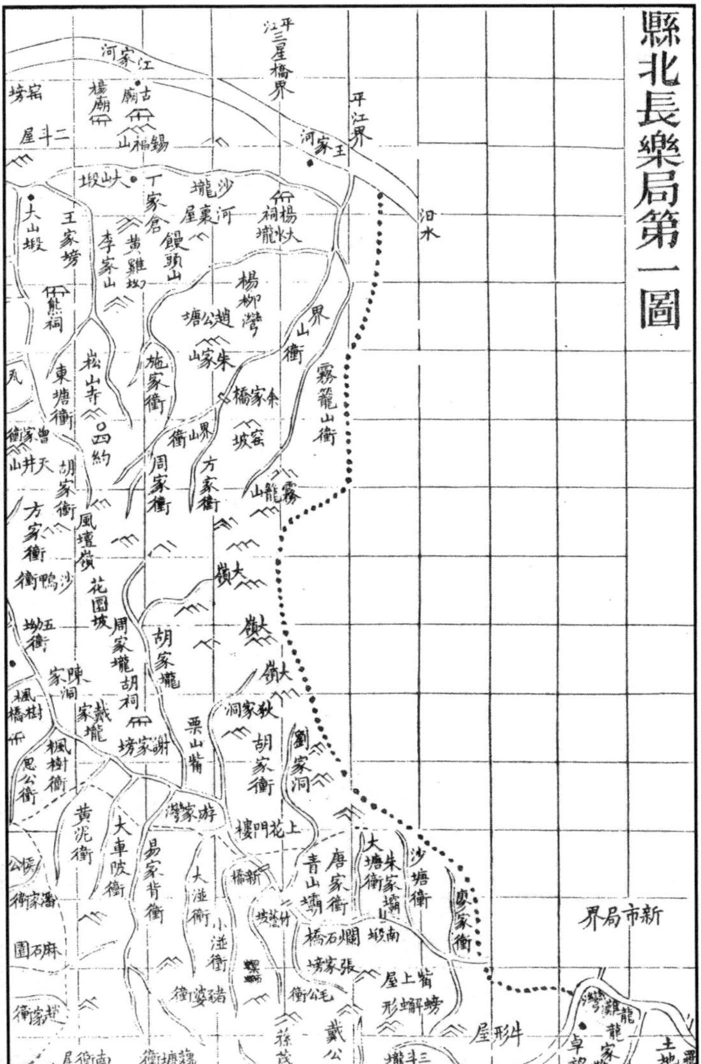
江家河
平江三星橋界
平江界
王家河
汨水
古廟
楊廟
錫福山
二斗屋
大山塅
丁家倉
沙壠
河裏屋
楊祠
大水壠
大山塅
王家塝
李家山
黃雞坳
饅頭山
楊柳灣
趙公塘
朱家山
界山衝
霧籠山衝
熊祠
東塘衝
崧山寺
施家衝
余家橋
安坡
界山衝
曹家衝
天井山
四約
胡家衝
周家衝
方家衝
霧龍山
方家衝
風壇嶺
沙鴨衝
大嶺
花園坡
五斗坳
胡家壠
周家壠
胡祠
陳家洞
楓樹橋
戴家壠
狄家洞
粟山嶺
謝家塝
胡家衝
劉家洞
楓樹衝
恩公衝
游家灣
黃泥衝
大車陂衝
上花門樓
易家背衝
大塘衝
朱家壩
沙塘衝
廖家衝
唐家衝
青山壩
新橋
大塅衝
小塅衝
新市局界
爛石橋
南塅
張家塝
上屋嶺
螃蟹形
毛公衝
豬婆衝
戴公塘
孫茂衝
斗形屋
三斗壠
野塝
龍灘灣
龍家灘
阜望橋
土地衝
羅水
黃家衝
青水衝
八斗壠
南衝尾
麻石園

县北长乐局第二图

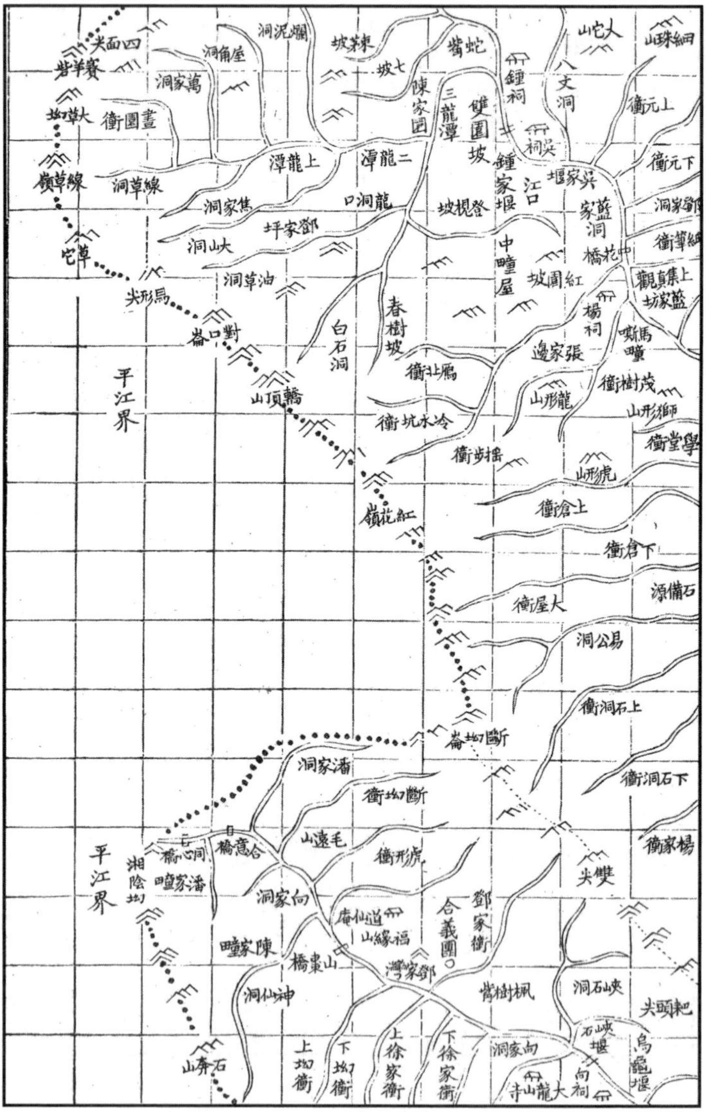
四面尖
大草坳
線草嶺
草宅
烏形尖
對口崙
轎頂山
紅花嶺
平江界
爛泥洞
屋角洞
萬家洞
畫園衝
線草洞
焦家洞
大山洞
油草洞
上龍潭
二龍潭
龍洞口
鄧家坪
東茅坡
七坡
陳家園
三龍潭
雙園坡
鍾祠
八文洞
上元衝
下元衝
吳祠
吳家堰
鍾家堰
江口
登視坡
藍家洞
中花橋
中瞳屋
紅園坡
春樹坡
白石洞
鴈北衝
冷水坑衝
張家邊
楊祠
馬嘶瞳
茂樹衝
龍形山
獅形山
學堂衝
搖步衝
虎形山
上倉衝
下倉衝
石備源
大屋衝
易公洞
上石洞衝
斷坳崙
下石洞衝
潘家洞
斷坳衝
楊家衝
毛遠山
合意橋
虎形衝
雙尖
平江界
湘陰坳
潘家瞳
向家洞
鄧家衝
合義團
陳家瞳
山東橋
鄧家灣
楓樹嵜
夾石洞
把頭尖
神仙洞
上坳衝
下坳衝
上徐家衝
下徐家衝
向家洞
烏龜堰
大龍山寺
向祠

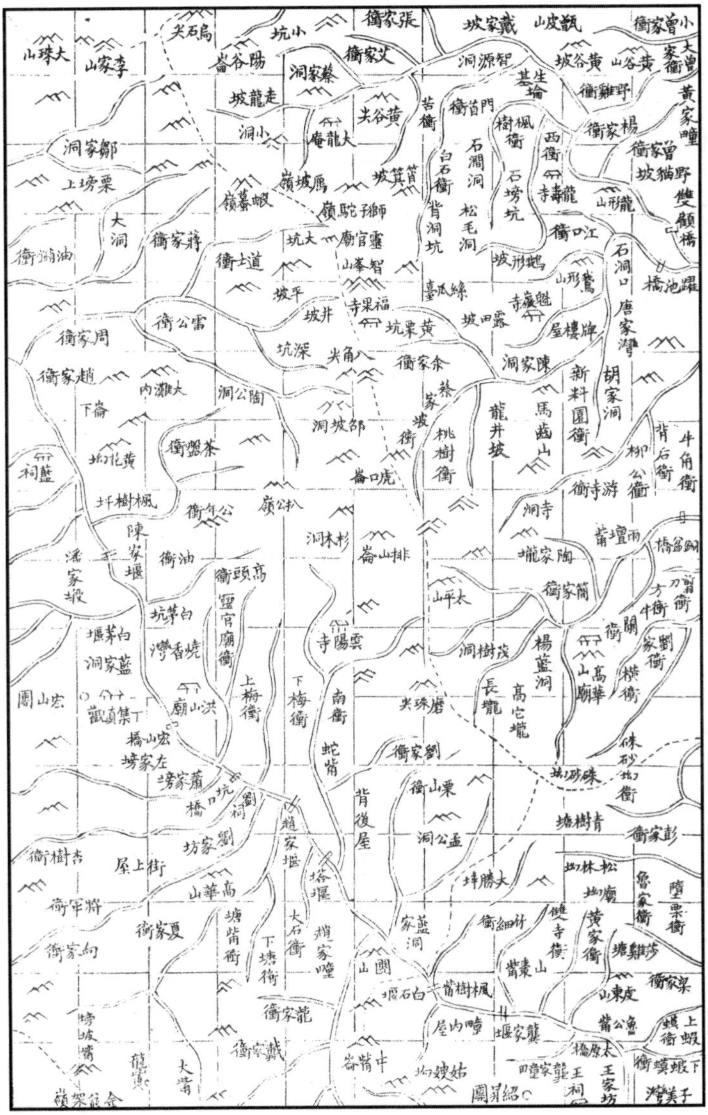
張家衝
戴家坡
甑皮山
小曾家衝
艾家衝
智源洞
黃谷坡
蔡家洞
陽谷崙
烏石尖
大珠山
李家山
走龍坡
大龍庵
黃谷尖
門首衝
楊家衝
野雞衝
鄒家洞
粟塝上
雁坡嶺
師子駝嶺
蝦蟆嶺
薛家衝
油鞘衝
靈官廟
智峯山
道士衝
福果寺
黃粟坑
雷公衝
周家衝
趙家衝
余家衝
陳家洞
陶公洞
茶盤衝
黃花塅
藍祠
楓樹圩
虎口崙
杉木洞
排山崙
雲陽寺
洪山廟
宏山園
劉家衝
青樹塘
彭家衝
粟山衝
孟公洞
杏樹衝
劉家坊
高華山
夏家衝
向家衝
戴家衝
龍家衝
白石堰
楓樹背
中背崙
姑嫂塅
紹興園

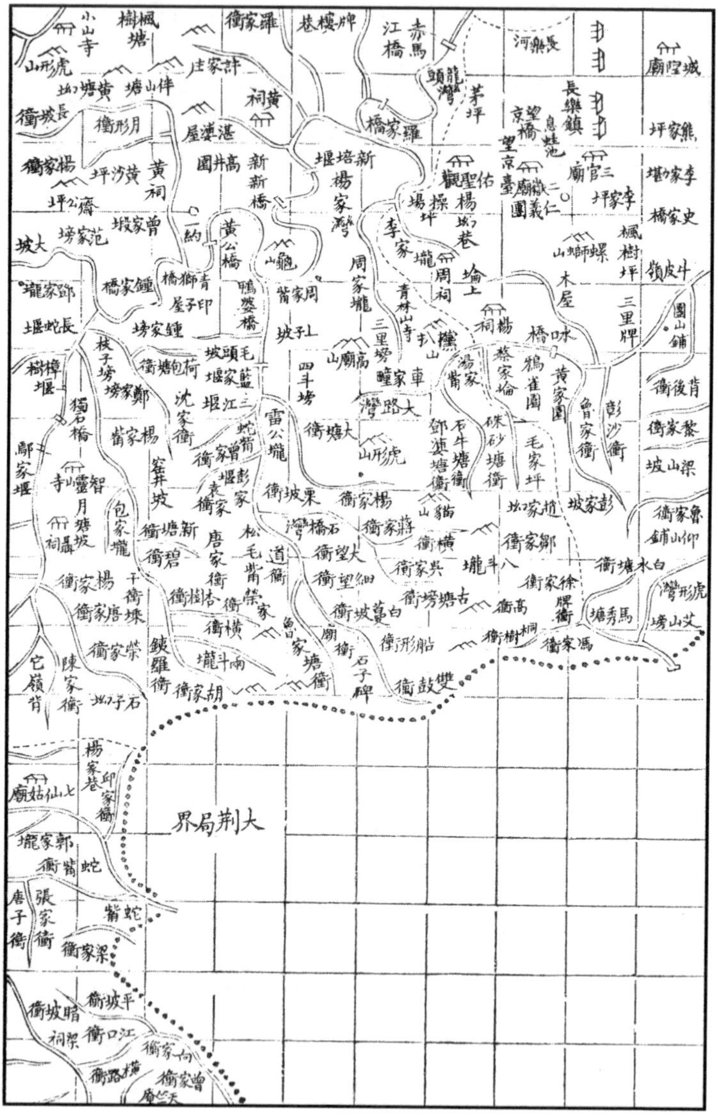
大荆局界
長樂鎮
城隍廟
熊家坪
牌樓巷
羅家衝
新培堰
楊家灣
雷公壠
大路灣
雙鼓衝

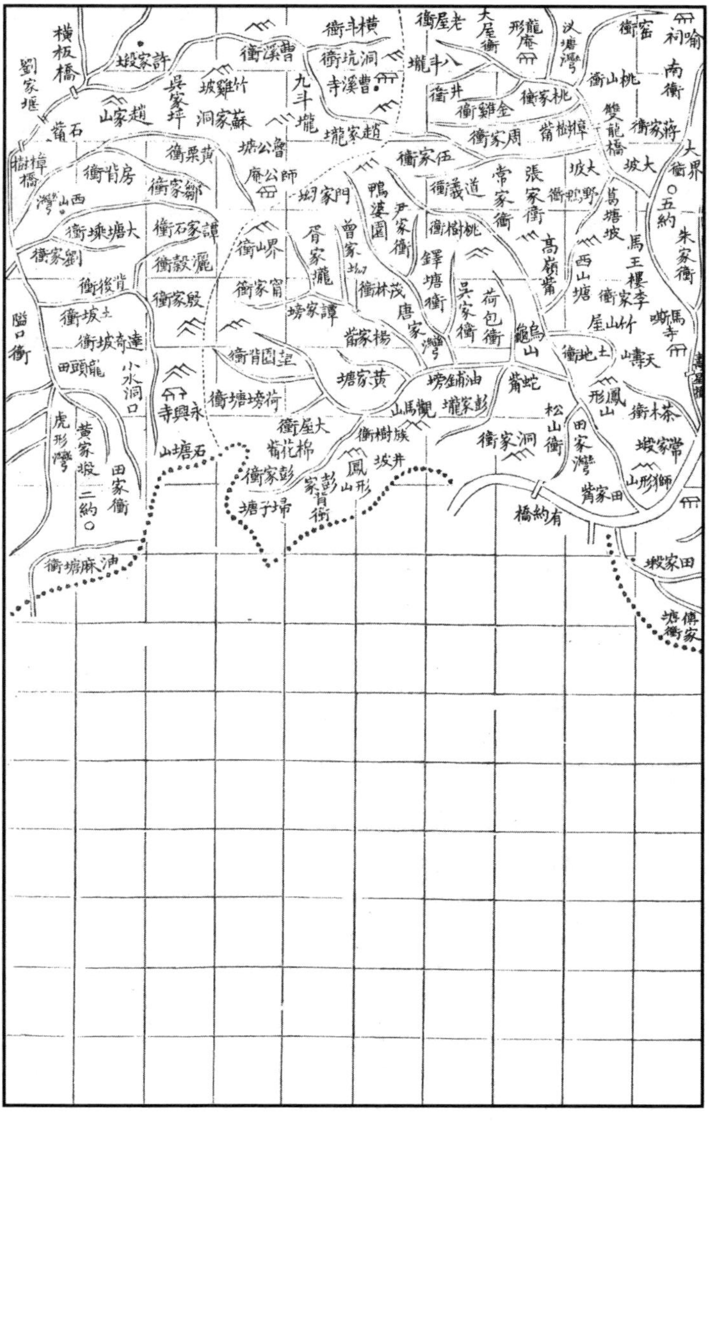
橫板橋
劉家堰
許家塅
曹溪衝
橫斗衝
洞坑衝
曹溪寺
老屋衝
大屋衝
龍形庵
汊塘灣
窑衝
喻祠
南衝
八斗壠
九斗壠
竹雞坡
吳家坪
趙家山
蘇家洞
石嶺
趙家壠
井衝
桃家衝
金雞衝
桃山衝
雙龍橋
蔣家衝
大界衝
周家衝
樟樹嶺
樟樹橋
房背衝
黃栗衝
魯公塘
鄒家衝
師公庵
伍家衝
大坡
西山灣
門家坳
鴨婆園
道義衝
常家衝
張家衝
野鴨衝
葛塘坡
五約
朱家衝
大塘塖衝
譚家石衝
劉家衝
界山衝
胥家壠
曾家坳
尹家衝
桃樹衝
鐸塘衝
高嶺嶺
西山塘
馬王樓
李家衝
竹山屋
馬嘶寺
背後衝
灑穀衝
窗家衝
殷家衝
茂林衝
吳家衝
荷包衝
唐家灣
譚家塝
土坡衝
達奇坡衝
腦口衝
楊家嶺
烏龜山
土地衝
天壽山
望圖背衝
黃家塘
油鋪塝
彭家壠
龍頭田
小水洞口
永興寺
荷塝塘衝
觀馬山
蛇嶺
松山衝
鳳形山
茶林衝
大屋衝
棉花嶺
族樹衝
洞家衝
田家灣
常家塅
獅形山
虎形灣
黃家塅
石塘山
田家衝
二約
彭家衝
鳳形山
井坡
彭家背衝
塘子埽
田家嶺
有約橋
油麻塘衝
田家塅
傅家塘衝

縣北長樂局第二圖

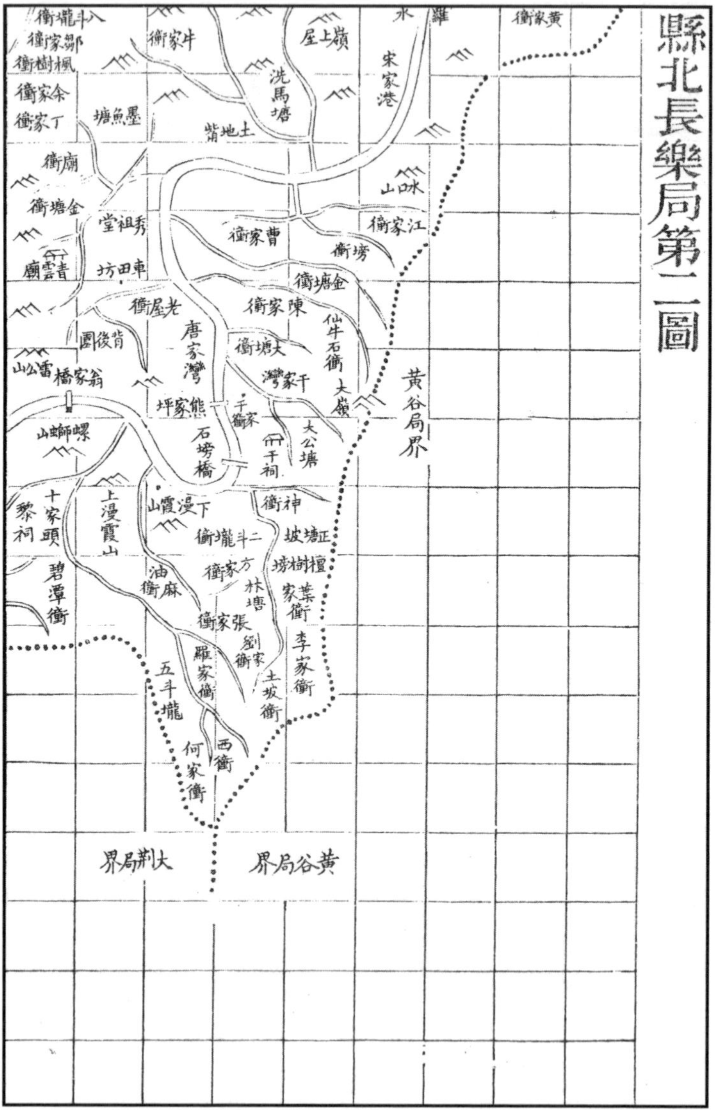
八斗壠衡
鄒家衡
楓樹衡
余家衡
丁家衡
牛家衡
墨魚塘
洗馬塘
土地背
嶺上屋
宋家港
羅
水
黃家衡
廟衡
金塘衡
秀祖堂
曹家衡
咏山
江家衡
塝衡
青雲廟
車田坊
金塘衡
陳家衡
老屋衡
背後園
唐家灣
仙牛石衡
大塘衡
千家灣
大嶺
黃谷局界
雷公山
翁家橋
熊家坪
千家衡
大公塘
螺螄山
石塝橋
千祠
十家頭
黎祠
上漫霞山
下漫霞山
神衡
二斗壠衡
正塘坡
檀樹塝
方家衡
林塘
葉家衡
油麻衡
碧潭衡
張家衡
劉家衡
李家衡
羅家衡
五斗壠
土坡衡
西衡
何家衡
大荆局界
黃谷局界

县北长乐局第三图

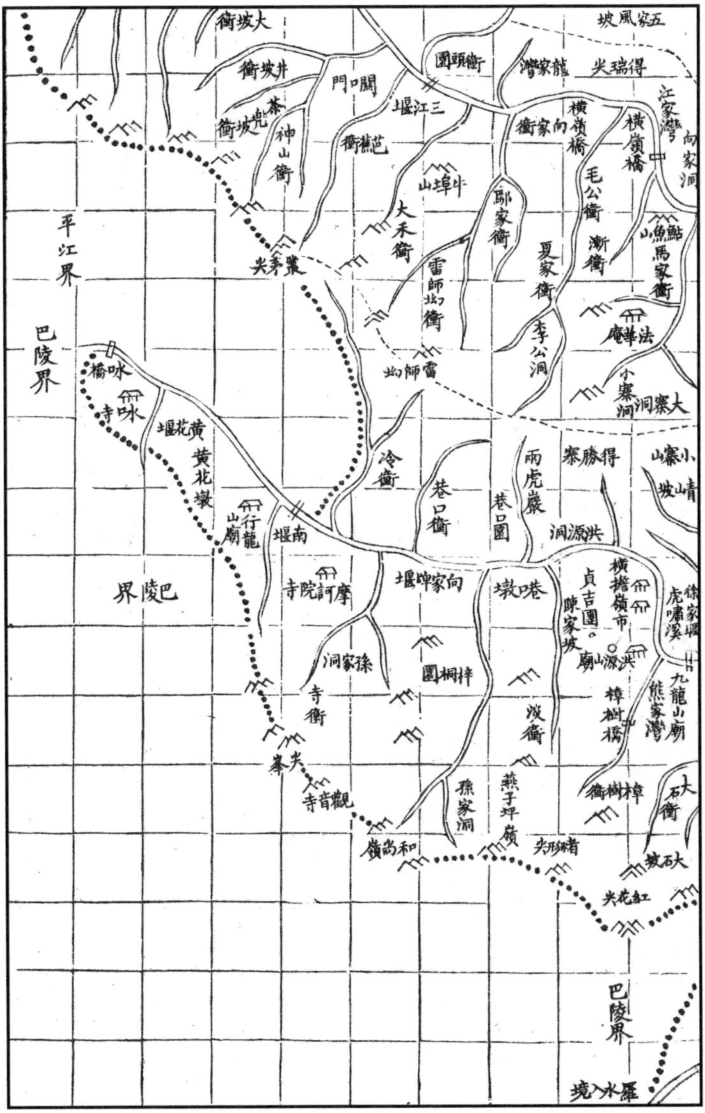

五家風坡
大坡衝
井坡衝
關口門
衙頭園
龍家灣
得瑞尖
茶兒坡衝
神山衝
三江堰
芭蕉衝
向家衝
橫嶺橋
江家灣
向家洞
牛埠山
毛公衝
鄔家衝
大禾衝
夏家衝
漸衝
點馬家衝
魚山
平江界
叢茅尖
雷師坳衝
李公洞
法華庵
巴陵界
咏橋
咏寺
雷師坳
小寨洞
大寨洞
黃花堰
黃花墩
冷衝
得勝寨
兩虎巖
小寨山
青山坡
巷口衝
巷口園
行龍山廟
南堰
洪源洞
摩訶院寺
向家牌堰
巷口墩
貞吉園
陳家坡
橫擔嶺市
徐家堰
虎嘯溪
巴陵界
孫家洞
梓桐園
洪源山廟
九龍山廟
熊家灣
寺衝
樟樹橋
尖峯
淡衝
觀音寺
孫家洞
燕子坪嶺
樟樹衝
大石衝
和尚嶺
者形尖
大石坡
紅花尖
巴陵界
羅水入境

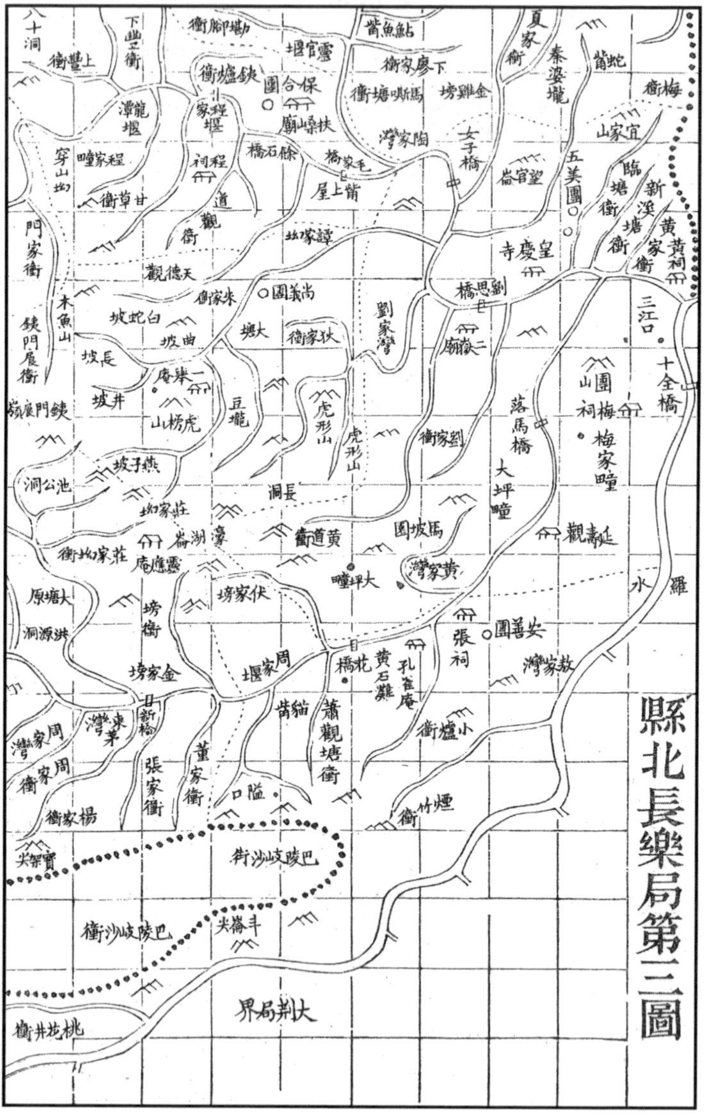
八十洞
下豐衝
上豐衝
鄉腳衝
雲官堰
鮎魚嶺
夏家衝
秦婆壠
蛇嶺
梅衝
鐵爐衝
保合園
下廖家衝
馬嘶塘衝
金雞塲
龍潭堰
程家堰
扶桑廟
陶家灣
女子橋
宜家山
穿山坳
程家嗹
程祠
餘石橋
毛家橋
望官嶺
五美園
臨塘衝
新溪塘衝
甘草衝
道觀衝
上背屋
黃家衝
黃祠
譚家坳
皇慶寺
門家衝
天德觀
朱家衝
尚義園
劉思橋
三江口
木魚山
白蛇坡
大塅
狄家衝
劉家灣
二儀廟
鐵門屋衝
曲坡
長坡
一樂庵
十全橋
井坡
豆壠
虎形山
梅園祠
山
落馬橋
鐵門屋嶺
虎榜山
劉家衝
梅家嗹
燕子坡
池公洞
長洞
大坪嗹
莊家坳
湖嶺
濠
黃道衝
馬坡園
延壽觀
莊家坳衝
靈應庵
黃家灣
大坪嗹
大塘原
伏家塲
水
羅
洪源洞
塲衝
安善園
張祠
敖家灣
金家塲
周家堰
花橋
黃石灘
孔雀庵
新橋
貓嶺
蕭觀塘衝
小爐衝
周家灣
東茅灣
周家衝
張家衝
董家衝
口隘
煙竹衝
楊家衝
寶架尖
巴陵支山沙街
斗嶺尖
巴陵岐沙衝
大荊局界
桃花井衝

長樂局第三圖

右长乐局，界县东北，距城百里。西界新市、黄谷二局，西北界大荆局，北界巴陵，东南界平江。纵四十八里，横五十里。领团九，内宏山团，又析为上、下二团。隶八都，错入九都、十都、十五都。

其南，长乐镇东自乌石尖径北至朱坳，西自王家河径北至李家冲，统曰仁义团，分五约，隶八都，其第五约错入十都、十五都。

迻东，智源洞、龙井坡等处，曰仁义团第一约。东，磨珠尖直至智峰山，又曲至乌石尖，界宏山团。南，芦剑河横至恒树滩，界平江。西，赤马江桥曲至毛家坪，又直至冯家冲，界二约。北，双鼓冲横至朱砂坳，界大荆局正化团。纵十四里，横十三里。

稍西长乐镇、智灵山等处，曰仁义团第二约。东，彭家坡曲至操场坪，界一约。南，朱港横至刘家冲，界平江及三约。西，杉树冲直至赵家坳，又曲至石塘山，界五约。北，油麻塘冲横至马秀塘，界大荆局一心团、仗义团。纵十三里，横八里。

稍南又西，杨家原、大堰上等处，曰仁义团第三约。东，袁家河直至易家河，界平江。南，傅家河，界平江。西，易家冲直至藕塘冲，又曲至陈家冲，界四约、五约。北，胭脂塘曲至大仑桥，又横至熊家塅，界五约。纵十一里，横八里。

西南，大山疃、花园坡等处，曰仁义团第四约。东，康家冲曲至刘家塅，界三约。南，易家河横至王家河，界平江。西，雾笼山直至刘家洞，界新市局兰茗团。北，花门楼横至岳峰寺，界五约。纵一里，横六里。

径西，车田坊、洗马塘等处，曰仁义团第五约。东，埽子塘曲至老屋冲，又直至黄泥冲，界二约、三约。南，大车坡冲横至沙塘冲，界四约。西，廖家冲曲至土地冲，又直至李家冲，界黄谷局大坪团、高山团、敦厚团。北，何家冲曲至傅家塘冲，又曲至凤形山，界黄谷局关山团、大荆局尚义团、乐善团。纵十五里，横十二里。

仁义团北，王家坊、松林坳等处，曰绍升团，隶十都，错入九都。东，槲脚冲直至大胜坪，界宏山团。南，青树塘横至杨家港，界仁义团一约。

西，邱家冲直至曾家冲，界大荆局正化团。北，梅树冲横至陶家湾，界五美团、保合团。纵七里，横六里。

又北，扶桑山、龙潭堰等处，曰保合团，隶十都，错入九都。东，穿山坳，界合义团。南，八十洞横至铁炉冲，界宏山团。西，毛家桥，界绍升团、五美团。北，道观冲，界尚义团、安善团。纵三里，横五里。

又北，栗子冲、谭家坳等处，曰尚义团，隶十都。东，大砦洞曲至木鱼山，界合义团。南，天德观，界保合团。西，谭家坳直至虎形冲，界五美团。北，长洞横至铁门扆岭，界五美团、贞吉团。纵四里，横五里。

迤西，望官仑、大坪疃等处，曰五美团，隶十都。东，狄家塝曲至刘家湾。界贞吉团、尚义团、保合团。南，女子桥横至宜家山，界绍升团。西，新溪湾冲直至大坪塅，界大荆局永顺团及安善团。北，黄家湾横至周家堰，界安善团。纵八里，横四里。

西北，梅花疃、萧观塘等处，曰安善团，隶十都，错入九都。东，花桥曲至团山，界五美团。南，三江口，界五美团。西，十全桥直至烟竹冲，界大荆局安稳团、守望团。北，桃花井冲横至斗仑尖，又曲至隘口，界大荆局守望团，及巴陵。斜长十四里。

东北，洪源洞、黄花墩等处，曰贞吉团，隶十都。东，尖峰直至水口桥，界巴陵。又曲至冷冲直至丛茅尖，界平江。南，雷神坳冲横至庄家坳，界合义团、尚义团。西，濠湖仑直至董家冲，界五美团、安善团。北，红花尖横至和尚岭，界巴陵。纵七里，横十里。

径东，向家洞、山枣桥等处，曰合义团，隶十都。东，石奔山直至同心桥，界平江。南，潘家洞，界平江。西，断坳仑曲至得瑞尖，又曲至扪家冲，界宏山团。北，小寨洞横至丛茅尖，界尚义团、贞吉团。纵六里，横八里，斜长四里。

东南，宏山分二团：马嘶疃、蓝家坊等处，曰上宏山团；宏山桥、蓝家洞等处，曰下宏山团。隶九都。东，红花岭曲至线草岭，又直至笑岭，界平江。南，望诸尖横至李家山，界平江。西，虾蟆岭直至磨珠尖，又曲至中背仑，界仁义团一约、绍升团。北，五家凤坑横至金盆架岭，又曲至断坳仑，界保合团、合义团。纵十八里，横十三里。

东有智源山、线草岭、杖梓岭、磨珠尖、得瑞尖，北有红花尖、得胜砦、濠湖仑。

入汨水有赤马江，有朱港，有余家港。入罗水有虎啸溪，即洪源洞水。有龙潭。蓝家洞，上有上龙潭、二龙潭、三龙潭。沿汨水而西，有芦剑河、王家河、恒树滩、袁家河、傅家河、余家河、流弓滩、丁家河、雅家河、易家河、江家河；沿罗水而南，有宋家港。

出汨水有龙孟桥、婆婆堰、跃池桥、双顾桥、铜盆桥、鄢家堰、独石桥、樟树堰、长蛇堰、钟家桥、青狮桥、鸭婆桥、黄公桥、新新桥、罗家桥，有水口桥、史家桥、樟树桥、刘家堰、杨树桥、麻家桥、胥家堰、仁义桥、阿婆桥、朱溪桥，有三波桥、余家桥。出罗水有陈家桥、十全桥，有缘桥、石塝桥、一名千家桥。乾隆六年，邑人李懋昭修；嘉庆中，懋昭子珍重修。长十丈馀，桥旁古樟一株，传为数百年物。翁家桥、寿星桥，有卓望桥、烂石桥、青山坝、枫树桥。长乐镇有望京桥，元至正中，钟叔昭修。东北有花桥、落马桥、刘思桥、女子桥、毛家桥、馀石桥、所谓“馀石桥”者，盖因女子桥馀石成之，石板薄而极坚，相传为仙迹。程家堰、龙潭堰、横岭桥、三江堰、乌龟堰、山枣桥、合意桥、同心桥；又女子桥南有太原桥、旧名“鲁公桥”。龚家堰、白石堰、赵家堰、坑口桥、宏山桥、白茅堰、陈家堰。

局南有崧山寺、在东塘冲，唐元和十五年建，距城东北百里。岳峰寺，在枫树桥，明永乐三年建，距崧山寺南五里。东南有祈福寺、在三婆桥，唐大中十三年建，距崧山寺南八里。茶摩庵，在傅家河，距祈福寺南二里。逶东有上仙堂观、在龙头湾，距城东北百一十里。佑圣观，在长乐镇东，唐咸通十年建，距上仙堂观南四里。佑圣观西北有极乐观、在操场坪，距佑圣观南二里。永兴寺、在石塘山，唐元和中建，距极乐观南三里。马嘶寺、在天寿山，唐太和中建，距永兴寺南七里。龙形庵、在汊塘湾，距马嘶寺南四里。曹溪寺，在曹溪塘，距龙形庵南二里。佑圣观东有青林山寺、在李家冲，距佑圣观南二里。智灵山寺、在月塘坡，距青林山寺南五里。高华山寺，在峡口觜，〔距〕① 智灵山寺南四里。稍东南有小山寺、在枫树塘，距城东北百一十五里。魁岩寺、在庵土冲，距小山寺南五里。龙寿寺、在龙形山，宋太平兴国九年建，距魁岩寺南一里。大龙庵、在智源洞，距龙寿寺南三里。戴臼庵、在雁坡岭，距大龙寺南半里。福果寺、在智源峰山，距戴臼寺南二里。上集真观、在蓝家坊，距城东北百二十里。下集真观、在宏山桥，距上集真观南六里。云阳寺，在下梅冲，距下集真观南四里。径东有道仙庵、在福缘山，距下集真观南六里。大龙山寺、在蛇觜，距道仙庵南三里。法华庵，在马家冲，距大龙山寺南五里。径东北有摩诃院寺、在孙家洞，距城东北百三十里。水口寺，在水口桥，距摩诃院寺南三里。西北有孔雀庵、在黄石滩，距城东北百二十里。延寿观、在梅花塅，距孔雀庵南二里。灵应庵、在濠湖仑，顺治十一年建，距孔雀庵南三里。一举庵、在虎榜山，康熙三十二年建，距灵应庵南二里。天德观，在道观冲，宋太平兴国元年建，距一举庵南一里。西偏有皇庆寺、在刘思桥，梁乾化中建，距天德观南五里。天竺庵。在曾家冲，距皇庆寺南三里。

古迹有岳阳故城，土人亦名古罗城。有宋于兴砦，有元望京台、国朝王寅诗云："崔巍长乐望京台，见说曾迎凤辇来。翘首翠华天际远，空遗麋鹿走蒿莱。"息蛙池。旧志载："元顺帝为太子，出居靖江。迎归即位至此，问地何名，对以望京，遂登高北望。时蛙鸣聒耳，敕土神禁之。至今无声。"有钱家坑落星石。旧志："元至正五年十一月甲子夜，陨石二，一在余家冲，碎地为四石；一在佛奥，白石莹然，有光泽。"

有长乐市。

古驿道出长乐镇。旧志："望京镇。"

大姓：茅坪周氏，车田坊李氏，官门杨氏，熊家疃熊氏，长

①据文意补。

乐镇郑氏，青狮桥黄氏，梅家疃梅氏，蓝家洞蓝氏，向家洞向氏，洪源洞冯氏，傅家河傅氏，丁家河丁氏。

案，县北十二局，自归义以东尽汨水为界。湘阴县境绌于西南，而赢于东北。长乐一局，又更出新市之东，浒田、大荆相为附丽，正当县东北境。而黄谷一局，其半亦隶东北云。

湘阴县图志卷五

舆图五

湘阴东、西两境，其势略相当。而自明计里均赋，西乡百数十里之地，仅及一里之半。其地湖浸，其田淤下，赋入微矣。然《水经注》称："磊石山西对县城口。"是刘宋创建县治，在今琴棋望。至萧梁迁治黄华岭。隋唐以前，洞庭一湖未甚泛滥，西境绵亘皆平壤也。旧志载，明世湖堤，仅见荆塘、塞泚、古塘、军民四围。

国朝康熙盛时，督民开垦。至乾隆中叶，报垦者六十九围。嘉庆初，巡抚马慧裕疏查禁毁私围名目凡六十有二，大率创自乾隆之初，与报垦之围略相等。西乡土田之盛，无若乾隆之世。其时年谷顺成，民殷物阜，并不知为有碍水道也。迨禁毁之议兴，而围堤逐渐削平，水灾转剧。其稍存留至今者，风俗、人心必较优焉。盛衰消长之原，亦略可睹矣。

县西文洲局南图

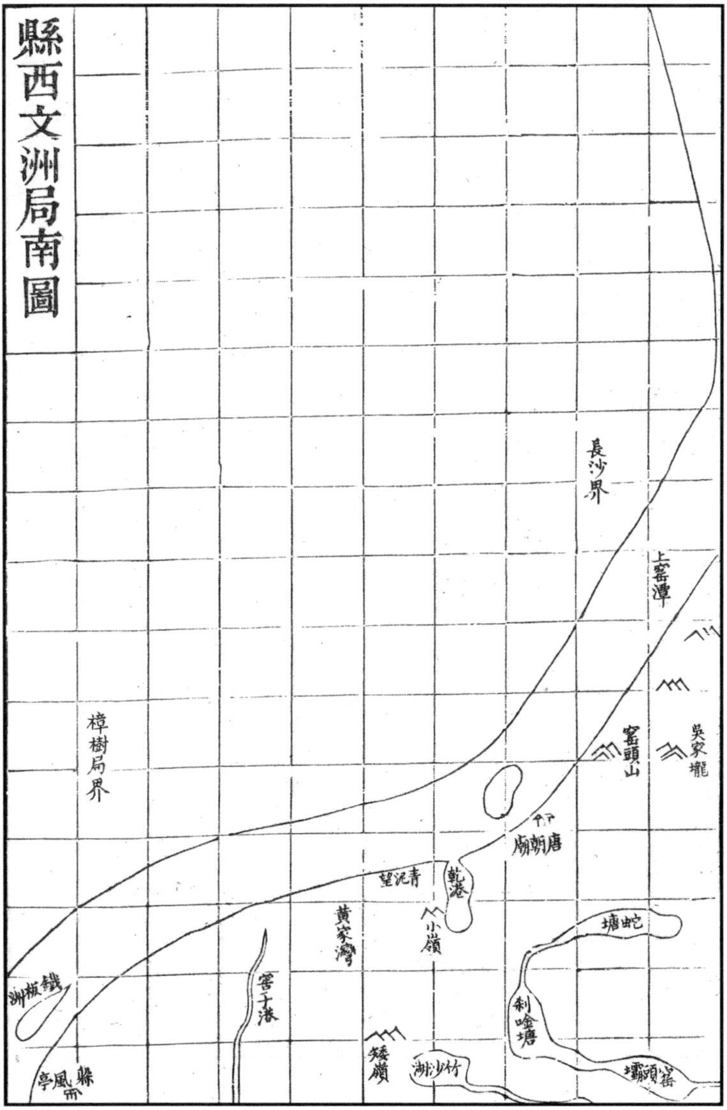

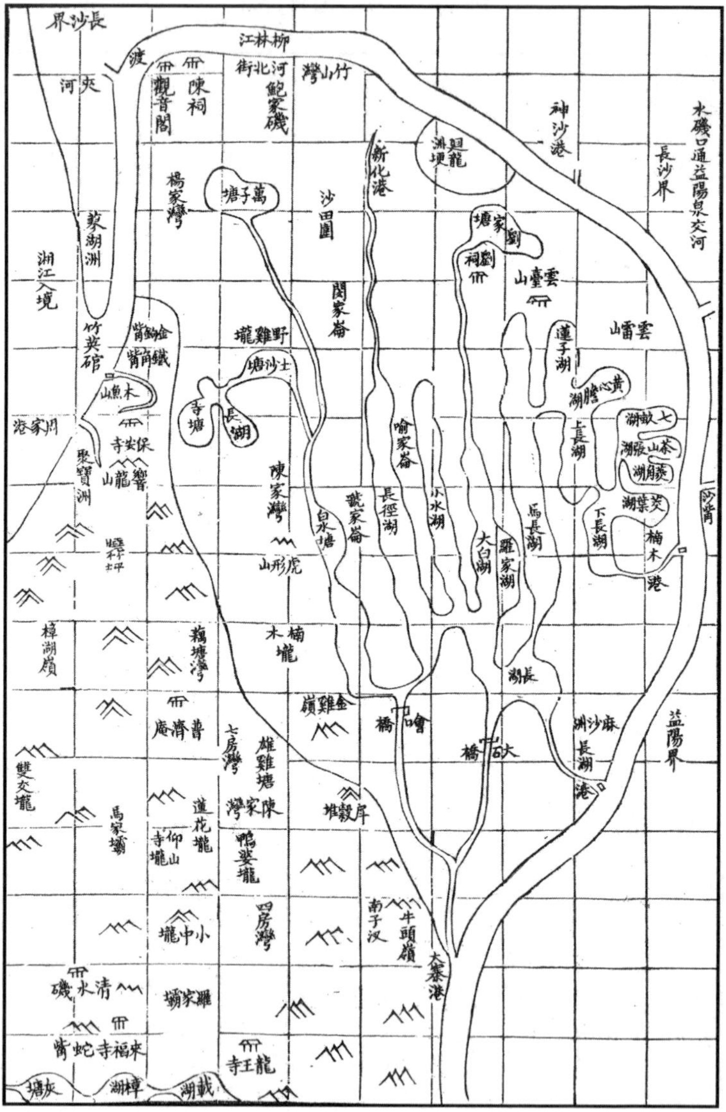
長沙界
柳林江
夾河
渡
陳祠
觀音閣
河北街
鮑家磯
竹山灣
神沙港
水磯口通益陽泉交河
長沙界
新化港
楊家灣
萬子塘
沙田圍
蔡湖洲
湘江入境
劉家塘
劉祠
雲臺山
閔家嶺
野雞壠
蓮子湖
雲雷山
金鷄背
木魚山
黃心膽湖
七畝湖
寺塘
長湖
周家港
保安寺
上長湖
聚寶洲
喻家嶺
陳家灣
白泉塘
長徑湖
小水湖
下長湖
大白湖
羅家湖
楠木港
虎形山
樟湖嶺
藕塘灣
楠木壠
金雞嶺
普濟庵
麻沙洲
長湖港
益陽界
雙交壠
七房灣
雄雞塘
陳家灣
馬家壪
蓮花壠
鴨婆壠
小中壠
四房灣
南子汊
牛頭嶺
清水磯
來福寺
蛇背
龍王寺
灰塘
樟湖

县西文洲局北图

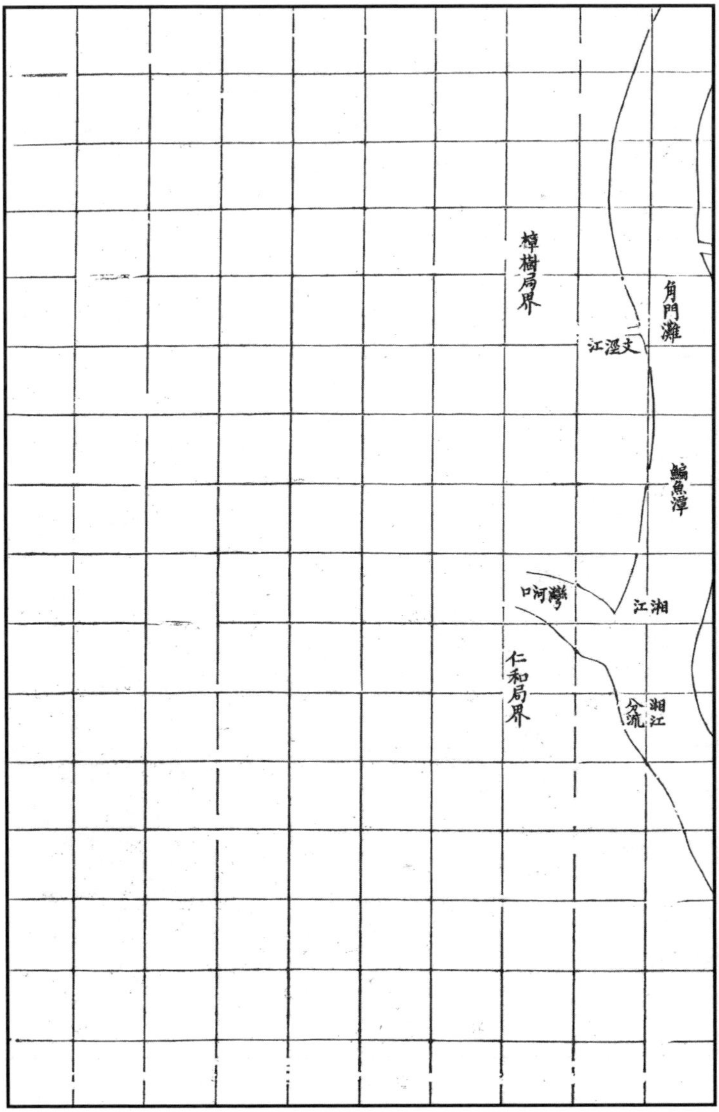

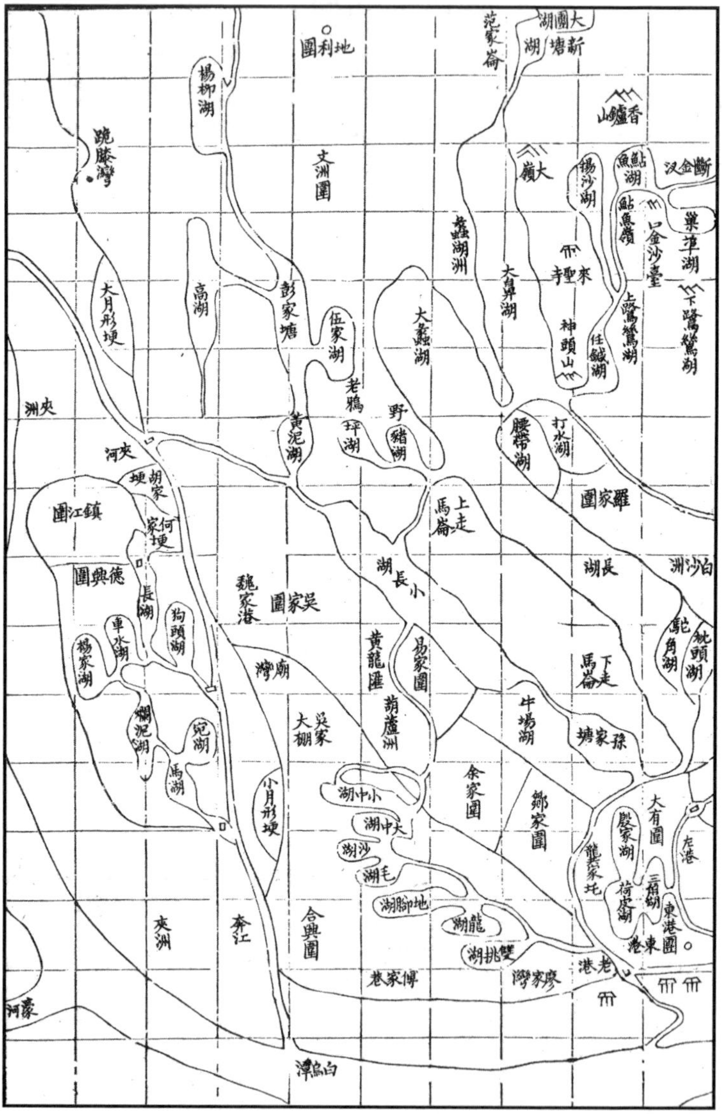
地利圍
新塘湖
大團湖
香爐山
楊柳湖
文洲圍
大嶺
楊沙湖
鮎魚湖
金沙臺
大月形垸
高湖
彭家塘
伍家湖
老鴉坪湖
野豬湖
黃泥湖
神頭山
上鷺鷥湖
下鷺鷥湖
腰帶湖
打水湖
夾洲
夾河
胡家垸
何家垸
鎮江圍
德興圍
長湖
狗頭湖
車水湖
楊家湖
魏家港
吳家圍
小長湖
上走馬崙
羅家圍
長湖
白沙洲
易家圍
葫蘆洲
廟灣
吳家大棚
牛場湖
下走馬崙
孫家塘
枕頭湖
宛湖
馬湖
小月形垸
余家圍
鄭家圍
小中湖
大中湖
沙湖
毛湖
地腳湖
龍湖
雙挑湖
大有圍
殷家湖
左港
東港圍
東港巷
老港
廖家灣
傅家巷
合興圍
夾洲
奔江
蒙河

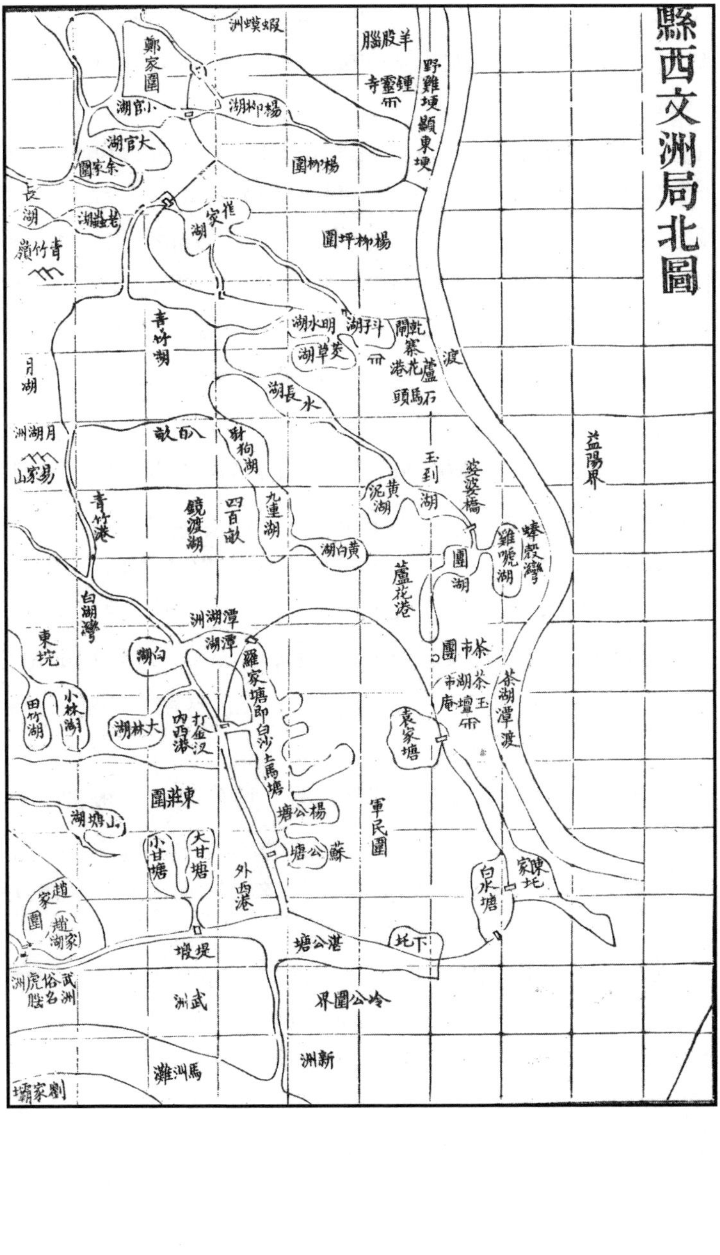
縣西文洲局北圖
蝦蟆洲
羊股腦
鍾靈寺
野雞埂
顯東埂
鄭家園
小官湖
楊柳湖
大官湖
余家園
楊柳園
長湖
崔家湖
青竹嶺
楊柳坪園
青竹湖
明水湖
斗子湖
菱草湖
蘆花港
石馬頭
渡
月湖
長水湖
八百畝
月湖洲
易家山
黄泥湖
婆婆橋
益陽界
青竹港
鏡渡湖
四百畝
九重湖
黄白湖
蜂殼灣
雞嘴湖
團湖
白湖灣
潭湖洲
潭湖
東坑
白湖
羅家塘
茶市園
茶湖潭渡
田竹湖
小林湖
大林湖
打金汊
内西港
袁家塘
東莊園
楊公塘
軍民園
山塘湖
小甘塘
大甘塘
蘇公塘
外西港
陳家坨
白水塘
趙家園
堤墩
湛公塘
下坨
武洲
嶺公園界
新洲
馬洲灘
劉家壩

右文洲局，界县西南，距城四十里。北界仁和局，东濒湘水，南界长沙，西界益阳。纵三十二里，横十八里。领团十一，曰沙田、曰文洲、曰杨柳、曰杨柳坪、曰军民、曰东庄、曰赵家、曰大有、曰合兴、曰镇江、曰德兴。隶西二十五都。

西乡自明世立二都。万历《黄册》所谓水乡田、湖田、堤内高田、堤内外淤坨田皆是，分隶二十九都、三十都；其沿河十八弓，别名流沙五总为藩庄，不领于正供。课税视三等田则为轻，而亦分甲置甲长，今谓之保正。历无团名。国朝增修围垸，文洲、仁和等围，斜广至二十里。于是一围之中分立柱名，以领堤工。或曰柱，或曰甲，或曰总。咸丰五年，创立团局。官民各围多废于水，民居荡然，远及围外湖地，皆不能立团。因就各围之存者创立团名，具之于册，分四局以统之。

文洲、沙田二围，倚樟湖岭为界，因名沙田围，曰正南团。纵十里，横七里。文洲围地最大，其东镇江、德兴二废围亦隶焉，分七团：曰一甲团，曰二甲团，曰三甲团，曰二总团，曰六甲团，曰七甲团，曰地利团。纵十五里，横十九里。

其西杨柳围杨柳坪，曰半甲团；纵四里，横四里。西北曰东庄团、纵三里，横三里。曰军民团。纵五里，横三里。东北赵家、大有、合兴三围，曰三合团。纵十里，横十里。

沿湘水而北，有蓼湖洲、聚宝洲、上窑潭、铁板洲、夹洲、虎脑洲。旧志谓之武洲。《楚南水道考》：以夹洲当武洲，湘水折出濠河，文、武二洲扼其冲。武洲较小，而尤处下逶东。《一统志》：文洲在西，武洲在东，最为确证。虎脑洲为文洲西北一小滩，不足当武洲之名。

沿沘水而东，有柳林江，即乔口渡。国朝徐受诗云："春山如画拥烟螺，立马危桥唤渡河。杨柳人家烟里住，杏花时节雨声多。馀霞未散鱼堆市，新水才生鸭蹋波。便望五湖垂钓去，一竿黄竹傍鱼篓。"北有茶湖潭。

有樟湖岭。

沙田围有会口桥、大石桥。

局南有观音阁、在乔口，晋义熙二年建，距城西南五十里。保安寺、在响龙山，五代晋天福二年建，距观音阁南五里。普济庵、在七房湾，康熙三十八年建，距保安寺南五里。清水矶寺、在清水矶，距普济庵南三里。来福寺、在罗家坝，距清水矶寺南一里。金沙寺、在鲇鱼岭，距来福寺南二里。来圣寺。在神头山，距金沙寺南一里。

透西有钟灵寺、在羊股脑，距来福寺南四里。云来寺、在麻沙洲，距钟灵寺南八里。芦花寺。在石马头，距钟灵寺南六里。

西北有玉潭庵。在茶湖潭，雍正元年建，距芦花寺南六里。

古迹有高口戍，有文洲、武洲，《楚南水道考》：文昌渚，唐刘蜕故居其北。武曲渚，湘水分出湾河、濠河二口，以二洲为关键。旧志：始皇南巡驻此。有聚宝洲。在樟湖岭南，明置稞税司。

有东港、茶湖潭二小市。

大姓：沙田围麻沙洲张氏，刘家塘刘氏，柳林江陈氏，樟湖岭郑氏、任氏，文洲围何氏、李氏、谭氏，东庄围盛氏、秦氏。

县西仁和局第一图

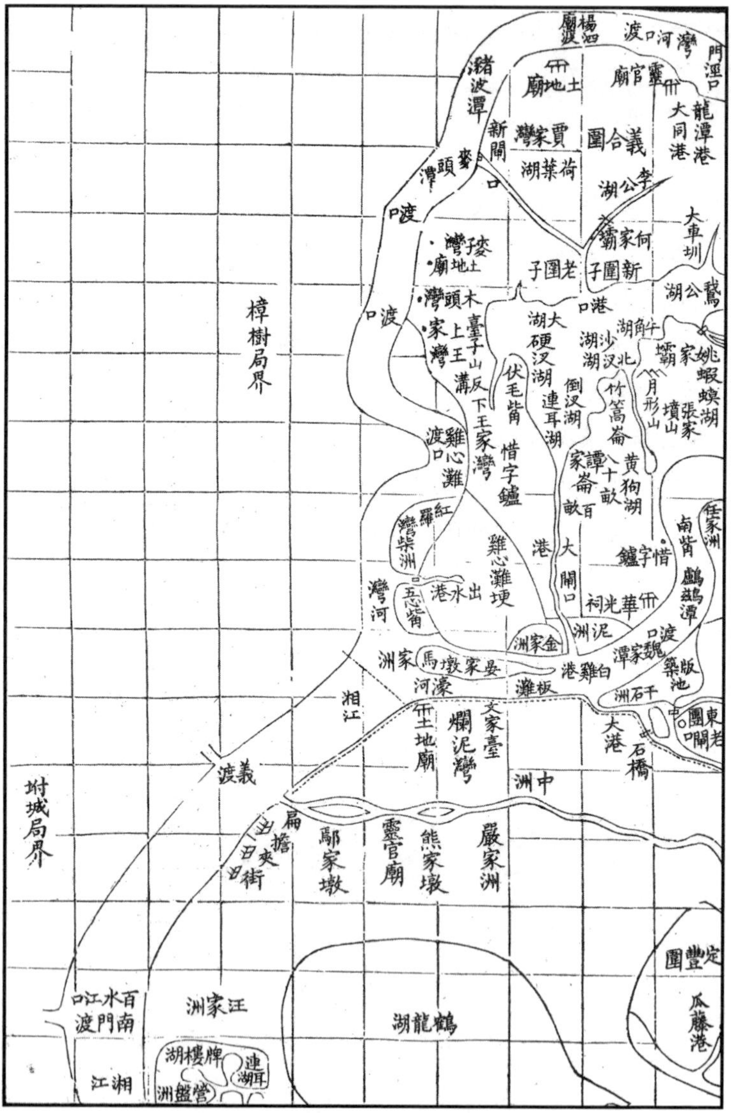
楊泗廟
門涇口
靈官廟
土地廟
豬婆潭
新閘口
賈家灣
義合圍
荷葉湖
李公湖
龍潭港
大同港
麥頭潭
渡口
何家壩
新圍子
老圍子
大車圳
麥子灣
土地廟
木頭灣
鷺公湖
樟樹局界
大硬汊湖
沙汊湖
北湖
牛角湖
姚家壩
蝦蟆湖
月形山
張家墳山
竹篙崙
伏毛背
連耳湖
倒汊湖
惜字爐
譚家崙
黃狗湖
八十畝
百畝
雞心灘
下王家灣
臺子山
反溝
雞心灘埂
大閘口
南背
任家洲
鸕鷀潭
惜字爐
華光祠
出水港
五心背
河灣
金家洲
泥洲
魏家潭
馬家洲
晏家墩
白雞港
濠河
板灘
築池
石干洲
湘江
土地廟
爛泥灣
文家臺
中洲
大港
石橋
義渡
扁擔夾街
鄢家墩
靈官廟
熊家壩
嚴家洲
定豐圍
瓜藤港
百南水門江口渡
汪家洲
鶴龍湖
牌樓湖
連耳湖
營盤洲
湘江

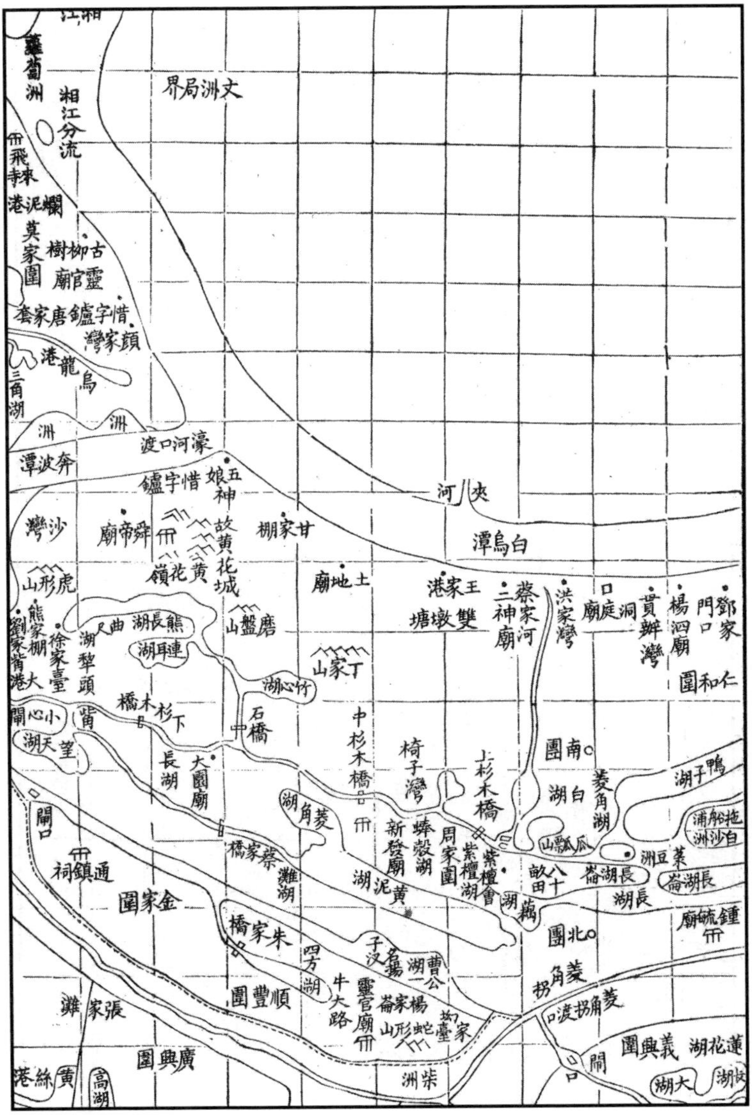
湘江
葡萄洲
湘江分流
文洲局界
飛來寺
爛泥港
莫家園
古柳樹
靈官廟
惜字鑪
唐家套
顏家灣
烏龍港
三角湖
洲
濠河口渡
奔波潭
五娘神
惜字鑪
夾河
白烏潭
沙灣
舜帝廟
故黃花城
甘家棚
黃花嶺
虎形山
土地廟
王家港
雙墩塘
蔡家河
二神廟
洪家灣
洞庭廟
賈鮮灣
楊泗廟
鄧家門口
仁和園
熊家棚
劉家嘴
大港
徐家臺
熊長湖
曲尺
湖墊頭嘴
連耳湖
磨盤山
丁家山
竹心湖
小心閘
下杉木橋
石橋
中杉木橋
望天湖
長湖
大園廟
椅子灣
上杉木橋
南園
白湖
菱角湖
鴨子湖
拖船浦
白沙洲
閘口
菱角湖
新發廟
蜂殼湖
周家園
紫檀會
紫檀湖
瓜瓢山
八十畝田
萊豆洲
長湖嵛
長湖嵛
通鎮祠
蔡家橋
灘湖
黃泥湖
藕湖
長湖
鍾毓廟
金家園
朱家橋
北園
四方湖
子汊名揚
曹公湖
菱角拐
順豐園
牛大路
靈官廟
楊家嵛
蛇形山
家臺坳
菱角拐渡口
張家灘
蓮花湖
義興園
閘口
廣興園
黃絲港
高湖
柴洲
大湖
長湖

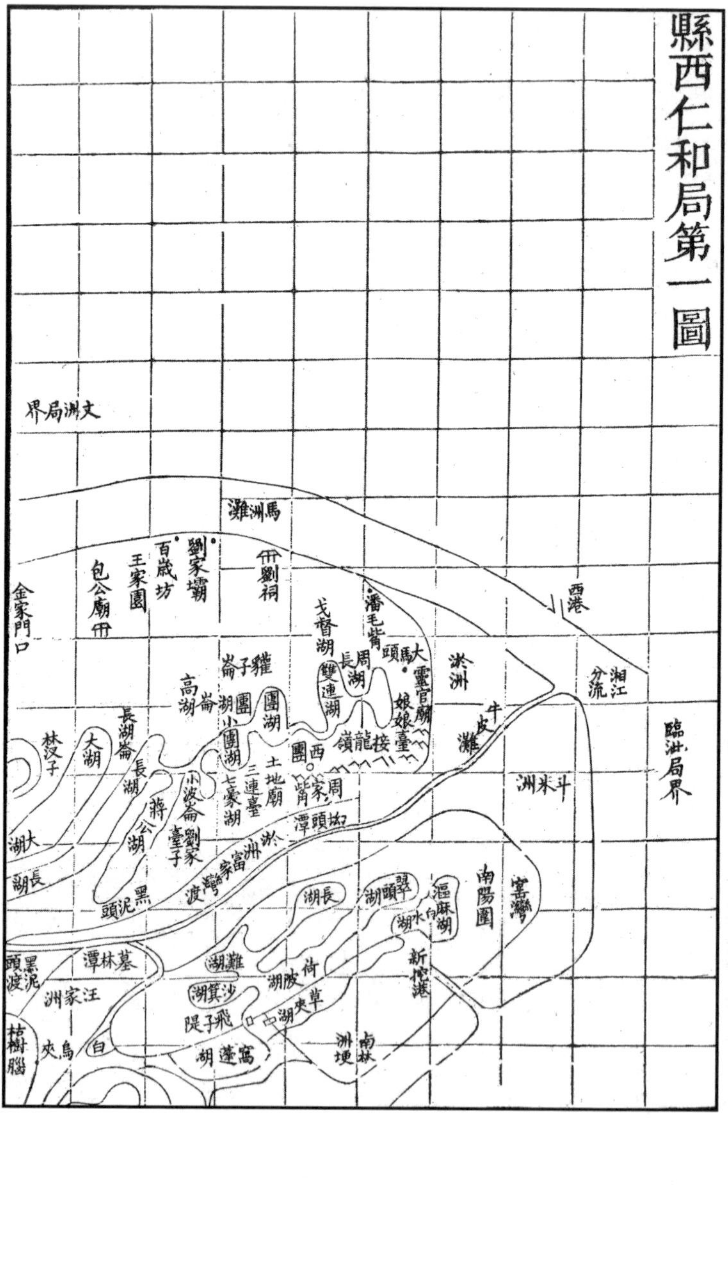
縣西仁和局第一圖
文洲局界
馬洲灘
劉祠
劉家壩
百歲坊
王家園
包公廟
金家門口
西港
湘江分流
斗米洲
大靈官廟
娘娘臺
戈督湖
周湖
長湖
雙連湖
接龍嶺
西園
周家嘴
土地廟
三連臺
七家湖
團湖
小團湖
高湖崙
長湖崙
大湖
長湖
蔣公湖
小波崙
劉家臺子
黑泥頭
大湖
長湖
淤洲
牛皮灘
淤洲
南陽圍
溫麻湖
白水湖
長湖
墓林潭
黑泥渡頭
汪家洲
湖灘
沙箕湖
飛子隄
草夾湖
白
南林洲埂

县西仁和局第二图

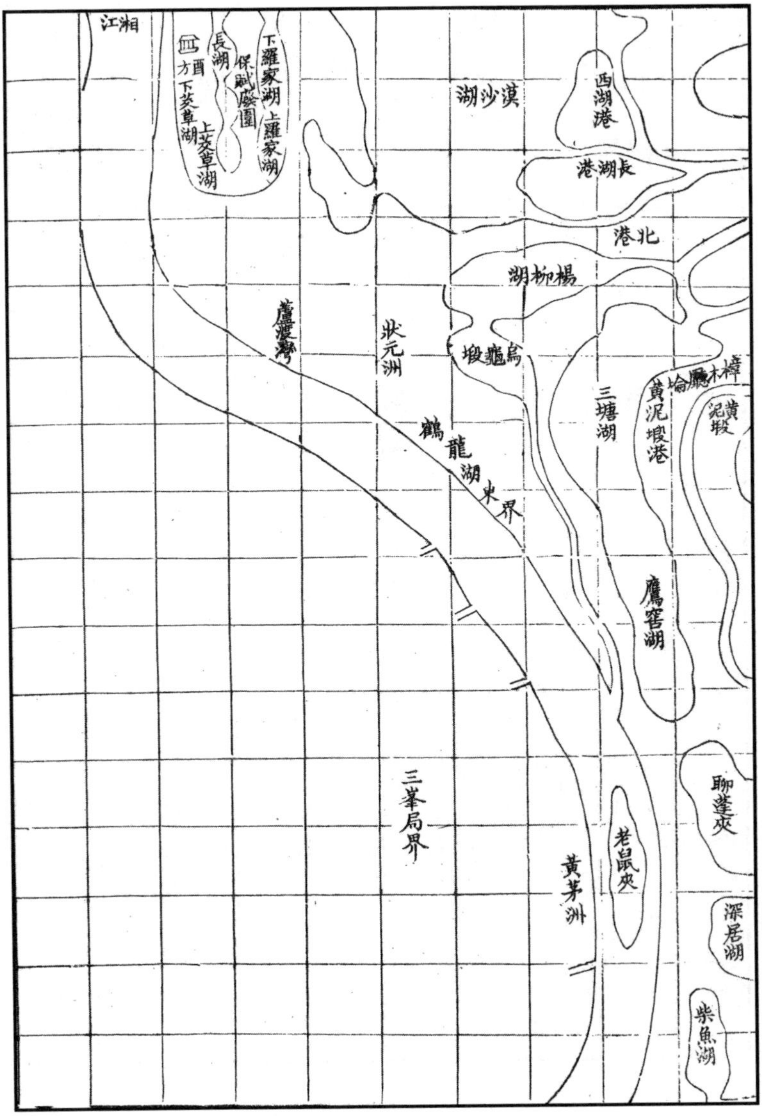
湘江
下茭草湖
上茭草湖
長湖
下羅家湖
上羅家湖
漠沙湖
西湖港
長湖港
北港
楊柳湖
烏龜塅
蘆渡灣
狀元洲
鶴龍湖東界
三塘湖
樟木廟埝
黃泥塅港
黃泥塅
鷹窩湖
三峯局界
黃茅洲
老鼠夾
聊蓬夾
深居湖
柴魚湖

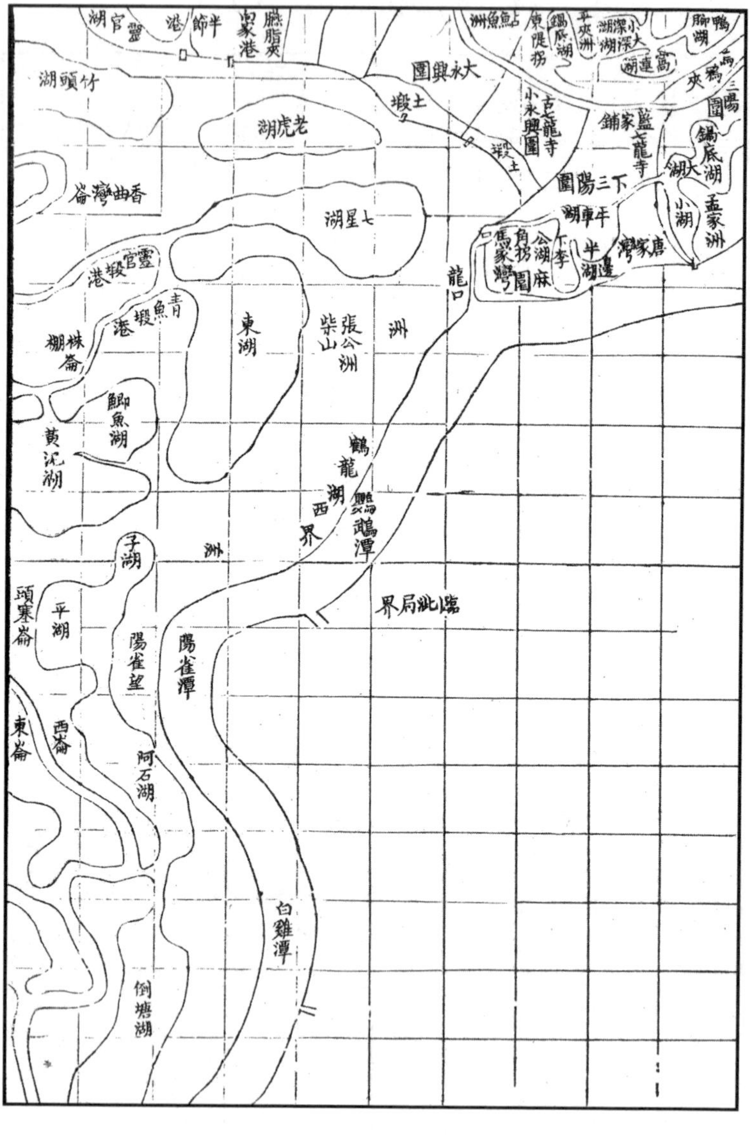
豐官湖
半節港
胭脂夾
竹頭湖
老虎湖
大永興圍
土墩
東隄拐
鍋底湖
半夾洲
小深湖
大深湖
高蓮湖
鴨腳湖
三陽圍
小永興圍
古七龍寺
七龍寺
土墩
鍋底湖
下三陽圍
大湖
小湖
孟家洲
香曲灣崙
七星湖
半車湖
馬家灣
角拐圍
下李
半邊湖
唐家灣
豐官墩港
龍口
青魚墩港
株林崙
東湖
張公洲
柴山
洲
鯽魚湖
黃泥湖
鶴龍湖
鸕鷀潭
西界
洲
子湖
臨湘局界
頭寨崙
平湖
陽雀望
陽雀潭
東崙
西崙
阿石湖
白雞潭
倒塘湖

縣西仁和局第二圖

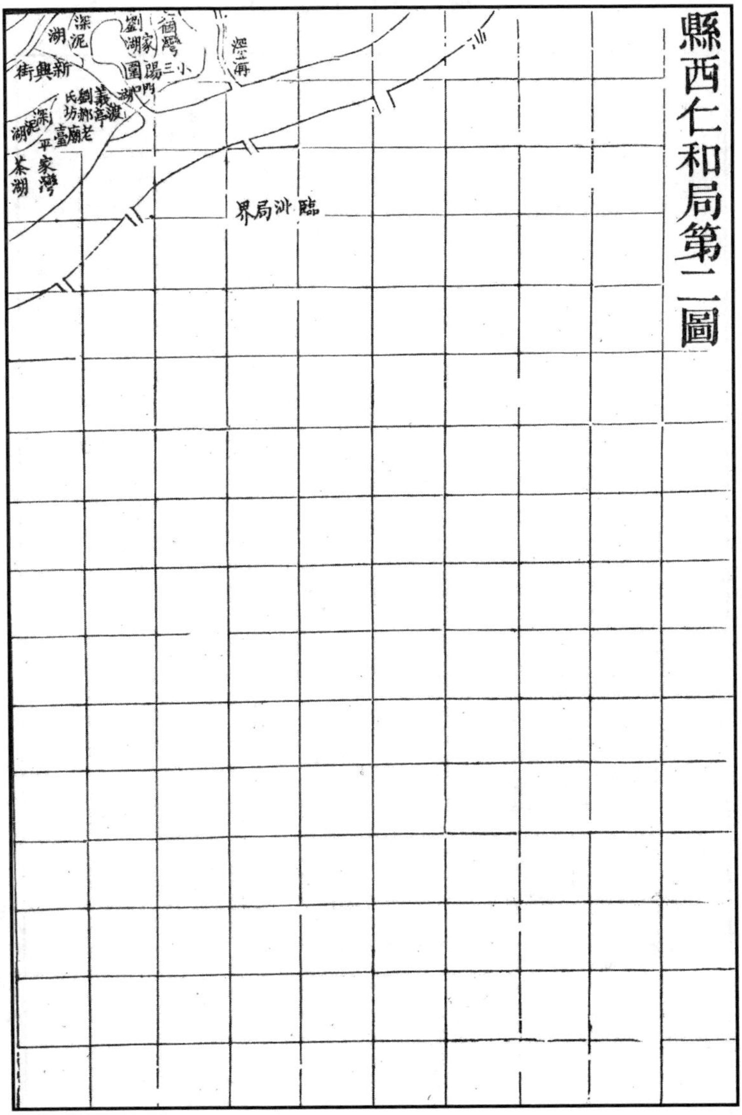

县西仁和局第三图

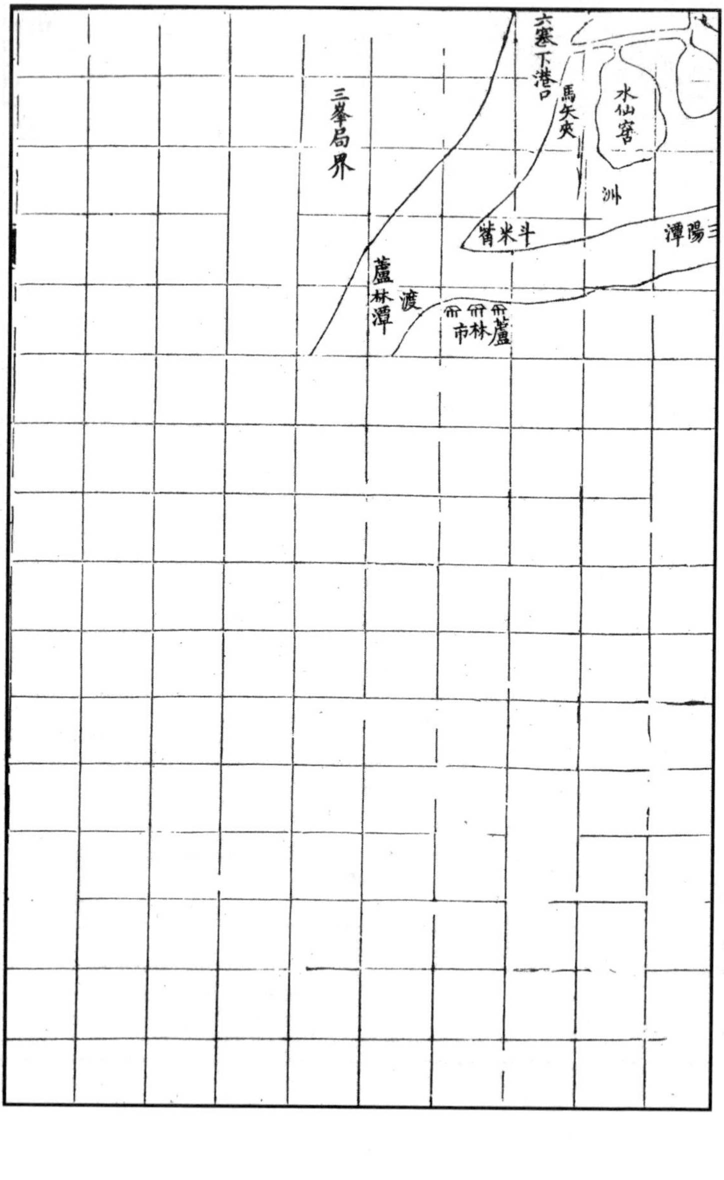

縣西仁和局第三圖

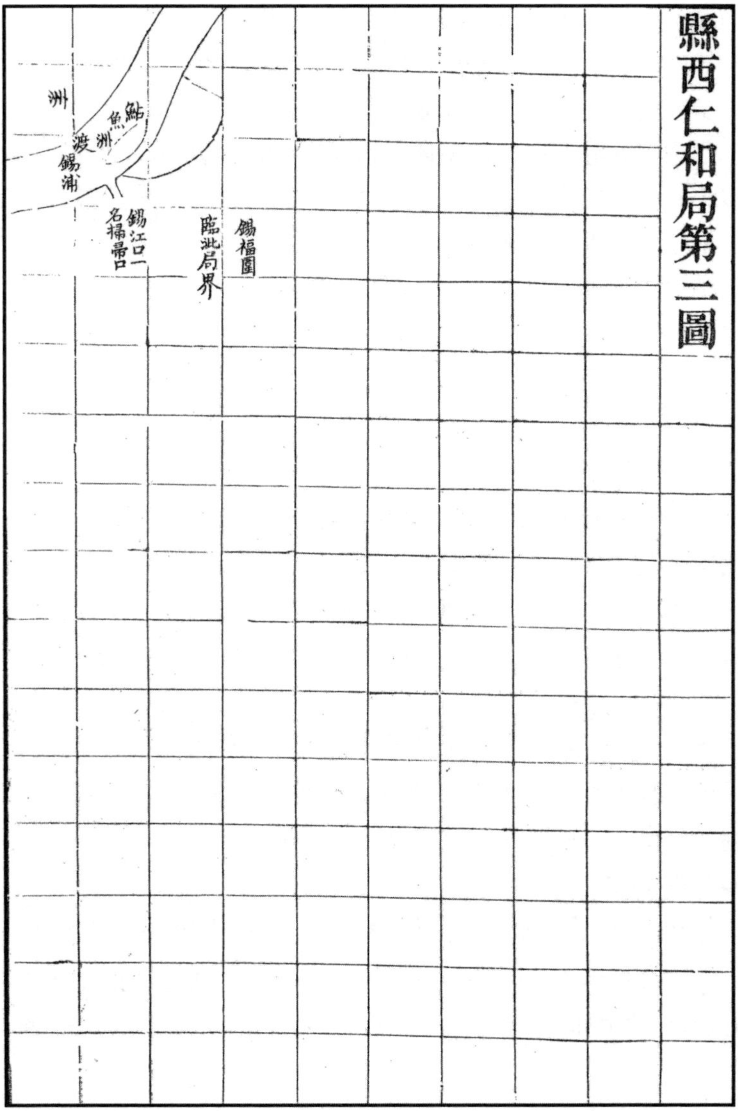

右仁和局，界县西，距城十里。南界文洲局，西北界临沘局，东濒湘水。纵三十五里，横二十八里。领围十三，曰仁和、曰义合、曰顺丰、曰南阳、曰小三阳、曰三阳、曰下三阳、曰义兴、曰保赋、曰定丰、曰广兴、曰大永兴、曰小永兴。隶西二十五都。

仁和围亦分四团，曰南团，曰东团，曰西团，曰北团。纵七里，横十九里。

东，义合围曰义和团。纵八里，横七里。

稍北，顺丰围曰顺丰团。纵二里，横六里。

逶西，义兴围曰义兴团。纵二里，横七里。

又西，三阳围、小三阳围、下三阳围，曰三阳团。纵七里，横三里。

西北，南阳围曰南阳团。纵三里，横六里。

其扁担夹市别为一团，保赋、定丰、广兴、大永兴、小永兴五废围，北极鹤龙湖，皆隶焉，曰扁担夹团。纵二十六里，横十六里。

沿湾河而北，有萝卜洲、潴波潭、鸡心滩。国朝田有秋诗云："三十六湾秋，秋烟寺外流。孤村上灯早，何处酒家楼。枕上落残梦，夜深生远愁。江寒呼不起，一雁去汀洲。"

沿濠河而北，有奔波潭、鸬鹚潭、魏家潭、板潭。

沿白乌潭而西，北有马洲滩、大风潭、陵子潭、新窖潭、鲇鱼洲、鹦鹉潭、阳雀潭、白鸡潭、三阳潭。

有黄华岭。

仁和围有上、中、下三杉木桥，有石桥，顺丰围有朱家桥。

局南有飞来寺，在义合围，距城西二十五里。西有包公庙，在仁和围白乌潭。东有舜帝庙，在老闸口。北有七龙寺，旧在永兴围，今移下三阳围蓝家铺。

古迹有黄华故城，有慕公渚。在三阳围。国初总督慕鹤鸣驻此，因名慕公洲，展转承讹为孟家洲。其地旧名乌鸦洲，今扁担夹小港出三阳围，犹名乌鸦夹。

有湾河口、濠河口二小市。田有秋诗云："苍茫打浆入湾河，曙色分明过雁多。梦醒三更风浪静，隔江闻唱采莲歌。"

大姓：刘家坝刘氏，周家嘴周氏，甲子湖傅氏，徐家台徐氏，贺家湾刘氏，湾河口龙氏。

县西白马局第一图

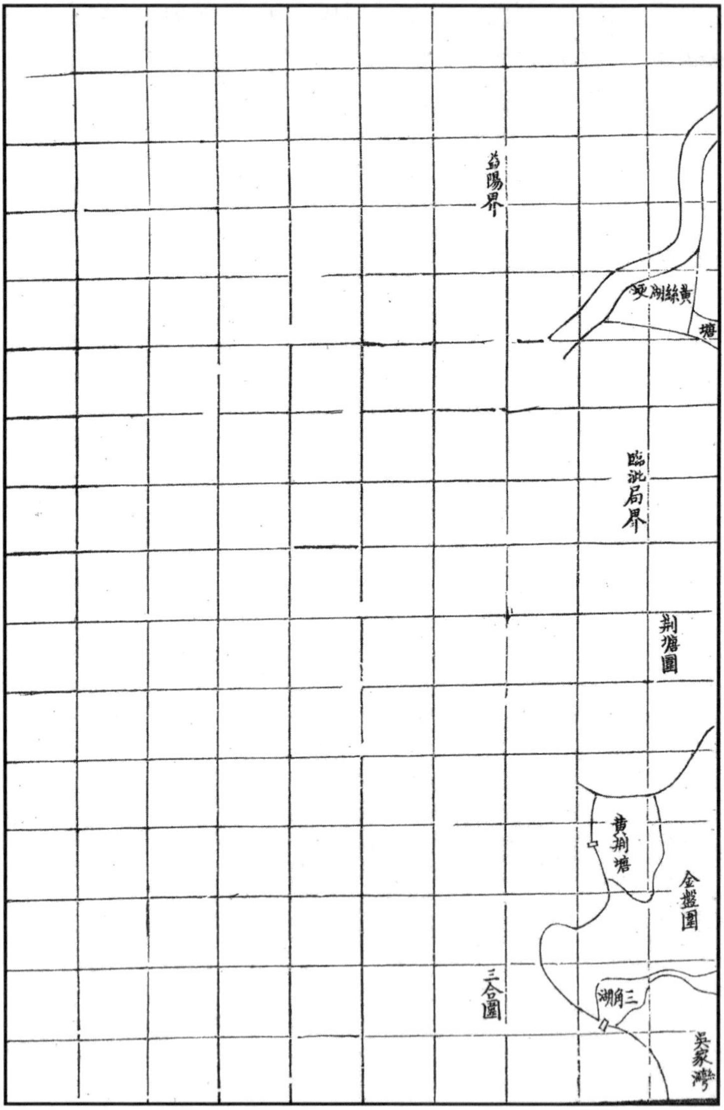

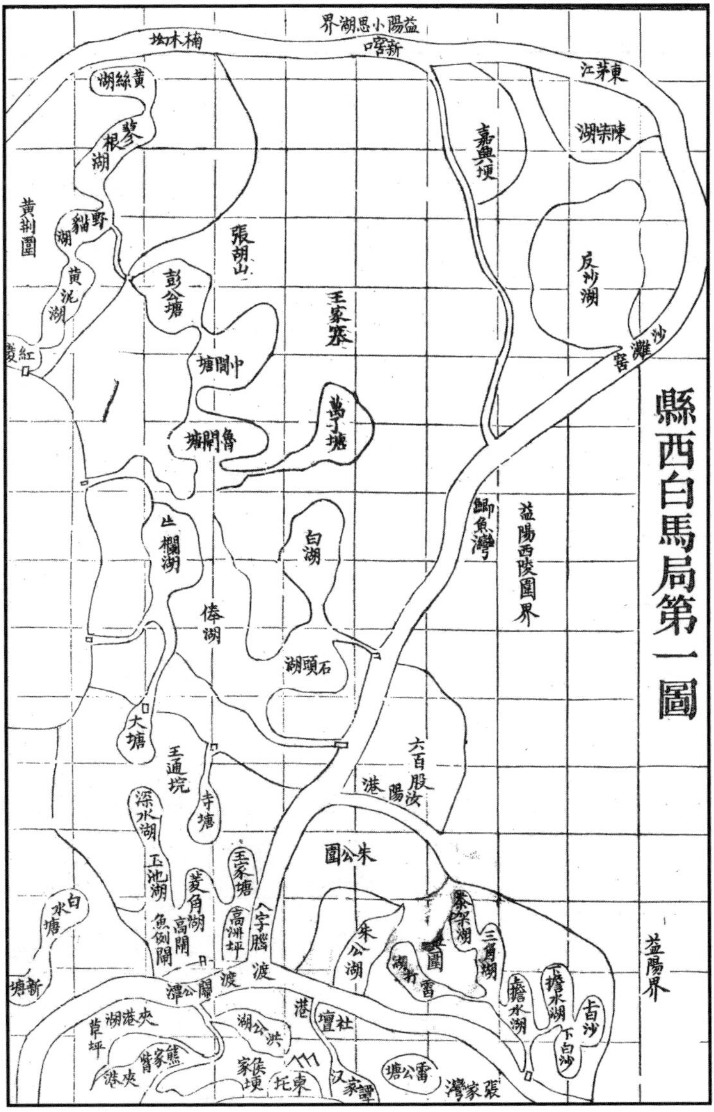
縣西白馬局第一圖
益陽小思湖界
楠木坳
新客口
東茅江
黄絲湖
蓼根湖
野貓湖
黄荆圍
黄泥湖
嘉興垸
陳宗湖
反沙湖
沙灘客
張胡山
彭公塘
王家寨
中間塘
魯閘塘
萬丁塘
鯽魚灣
益陽西陵圍界
白湖
石頭湖
俸湖
大塘
王通垸
寺塘
深水湖
六百股汝陽港
朱公圍
王家塘
菱角湖
高洲坪
八字腦
魚倒閘
高閘
白水塘
新塘
朱公湖
三角湖
上蟾水湖
下蟾水湖
古沙
下白沙
益陽界
渡
潭公閘
央港湖
草坪
港
社壇
洪公湖
熊家背
夾港
家垸
東托
汉
譚家
雷公塘
張家灣

县西白马局第二图

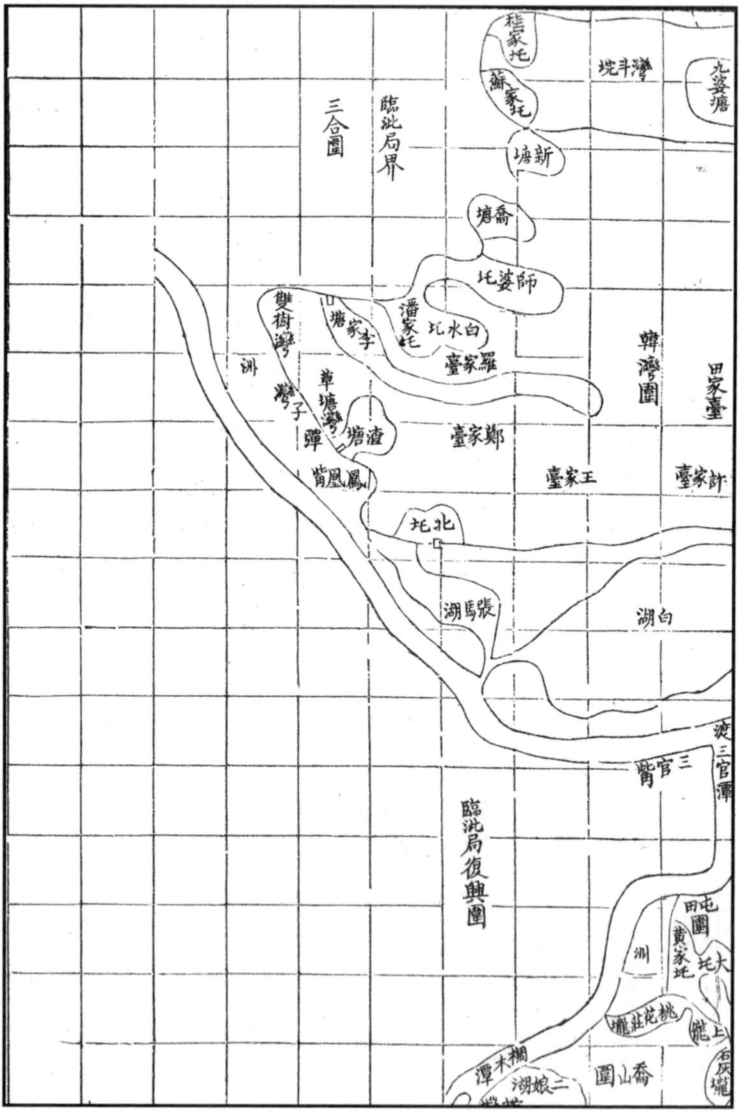

蘇家坨
九婆塘
三合圍
臨沘局界
新塘
喬塘
師婆坨
雙樹灣
李家塘
潘家坨
白水坨
羅家臺
韓灣圍
田家臺
洲
渣塘
鄭家臺
王家臺
許家臺
北坨
張馬湖
白湖
三官潭
臨沘局復興圍
黃家坨
洲
桃花莊壠
石灰壠
棚木潭
二娘湖
喬山圍

縣西白馬局第二圖

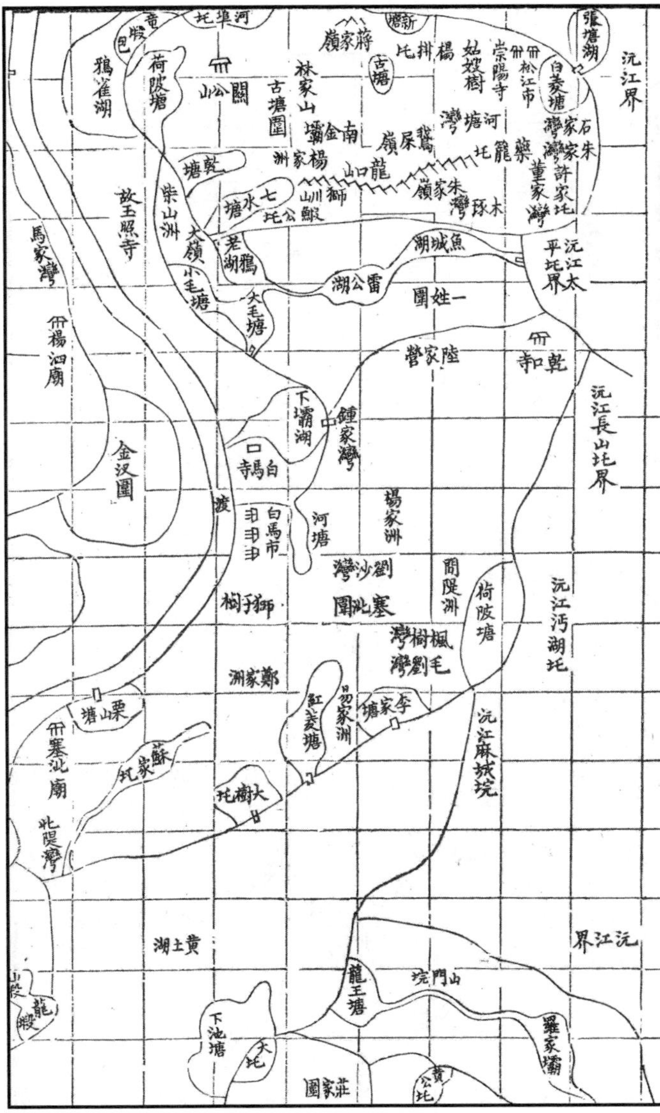
張塘湖
沅江界
石家灣
朱家灣
許家垞
董家灣
松江市
崇陽寺
楊排垞
蔣家嶺
新塘
古塘
鴉雀湖
荷陂塘
關公山
古塘圍
林家山
南金壩
楊家洲
鷺屎嶺
河塘灣
藥龍垞
龍口山
朱家嶺
乾塘
柴山洲
七水塘
故王照寺
大嶺
老鴉湖
魚城湖
沅江太平垞界
馬家灣
小毛塘
大毛塘
雷公湖
一姓圍
楊泗廟
陸家營
乾口寺
下壩湖
鍾家灣
白馬寺
金汊圍
沅江長山垞界
渡
白馬市
河塘
楊家洲
劉沙灣
閻堤洲
荷陂塘
沅江汚湖垞
塞沘圍
楓樹灣
毛劉灣
鄭家洲
紅菱塘
李家塘
粟山塘
塞沘廟
蘇家垞
大樹垞
沅江麻城垸
黃土湖
沅江界
龍王塘
山門垸
下沘塘
大垞
羅家壩
莊家圍
黃公垞

县西白马局北境第三图

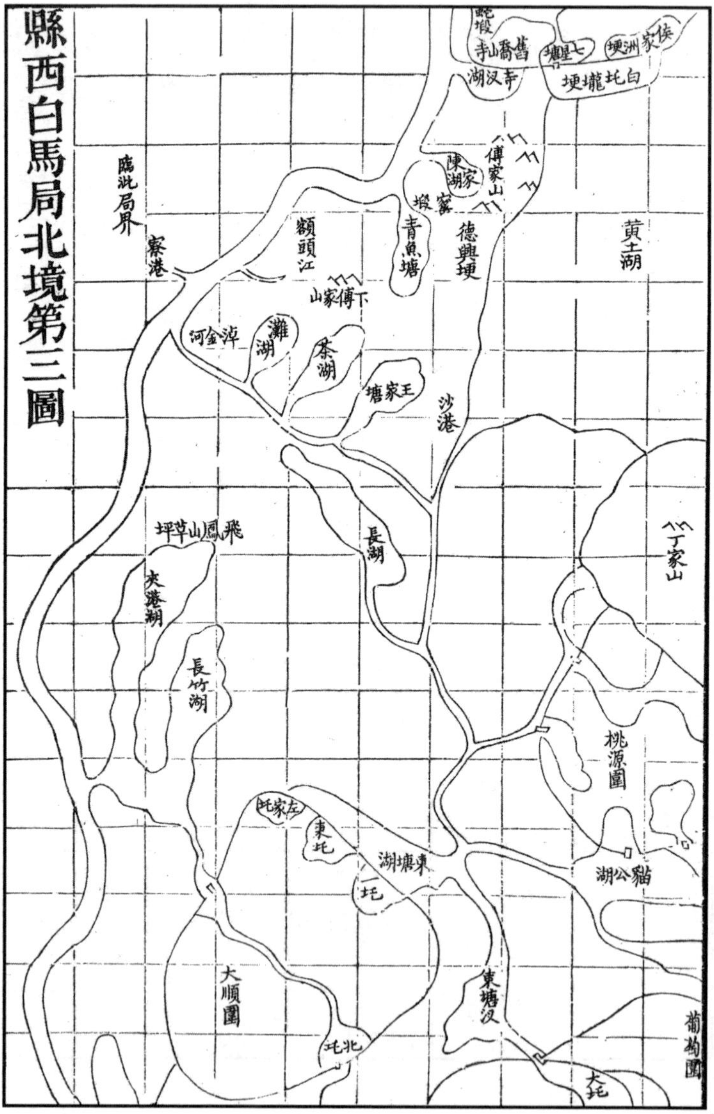
縣西白馬局北境第三圖
舊喬山寺
寺汊湖
白坨壠埂
侯家洲埂
傅家山
陳家湖
青魚塘
德興埂
黃土湖
額頭江
下傅家山
淳金河
灘湖
茶湖
王家塘
沙港
飛鳳山草坪
長湖
丁家山
夾港湖
長竹湖
桃源圍
左家坨
東坨
東塘湖
一坨
貓公湖
大順圍
北坨
東塘汊
葡萄圍
大坨

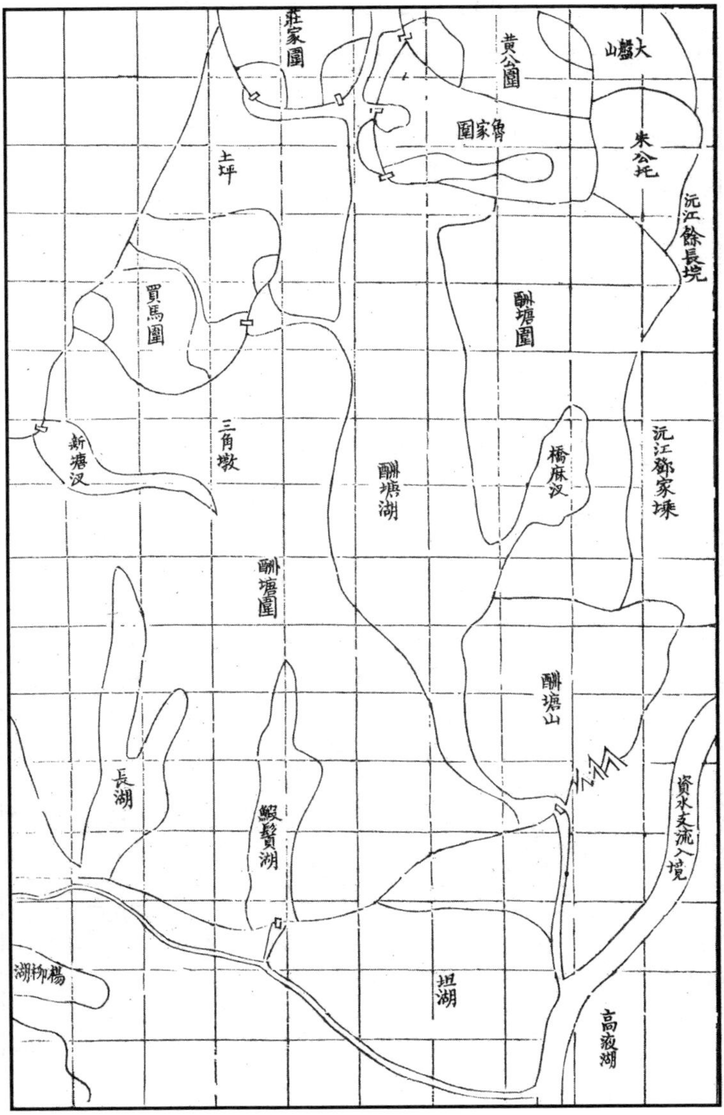
莊家圍
黃公圍
大盤山
魯家圍
朱公坨
沅江餘長垸
土坪
買馬圍
酬塘圍
新塘汊
三角墩
酬塘湖
橋麻汊
沅江鄧家埭
酬塘圍
酬塘山
長湖
鰕鬚湖
資水支流入境
楊柳湖
坦湖
高液湖

县西白马局北境第四图

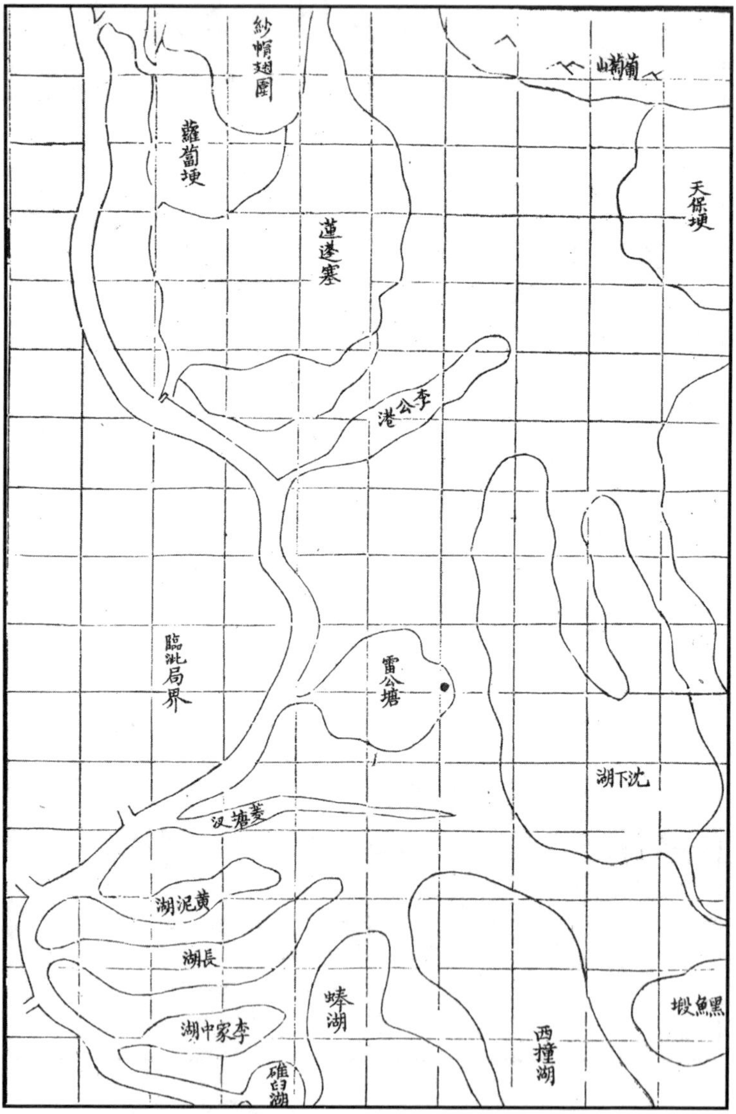
紗帽翅圍
蘿蔔垸
葡萄山
天保垸
蓮蓬寨
李公港
雷公塘
臨湘局界
沈下湖
姜塘汊
黄泥湖
長湖
李家中湖
蜂湖
碓臼湖
西撞湖
黑魚蝦

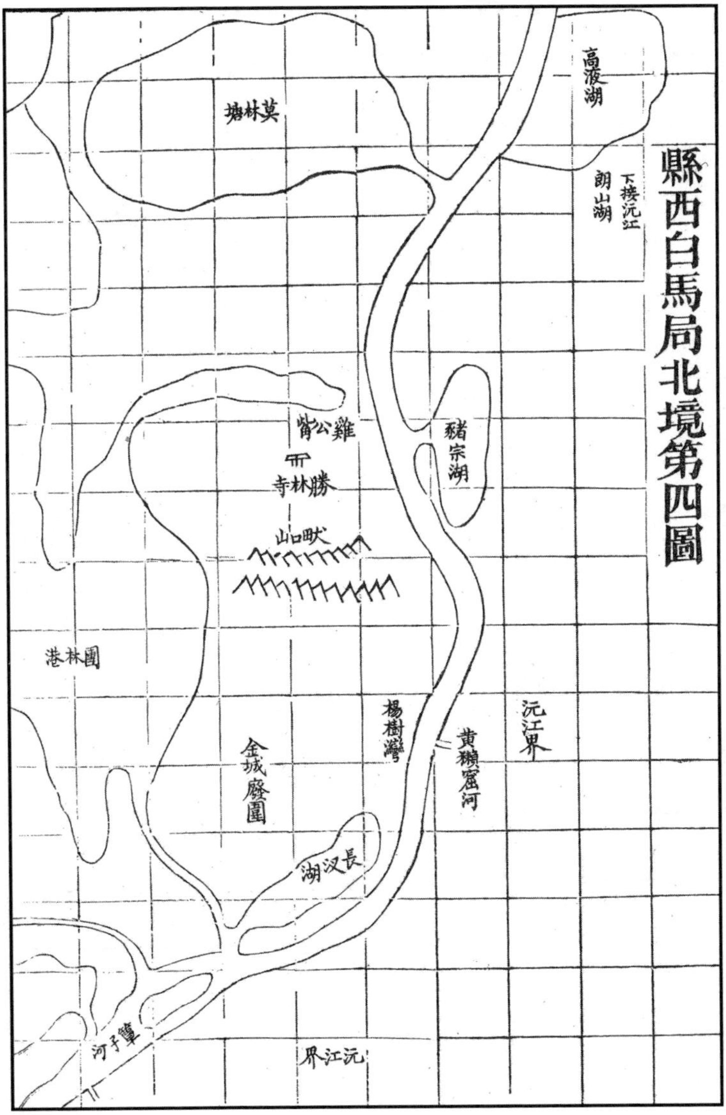
縣西白馬局北境第四圖
莫林塘
高泼湖
朗山湖
下接沅江
雞公觜
勝林寺
豬宗湖
園林港
楊樹灣
沅江界
金城廢圍
長汊湖
篁子河
沅江界

县西白马局北境第五图

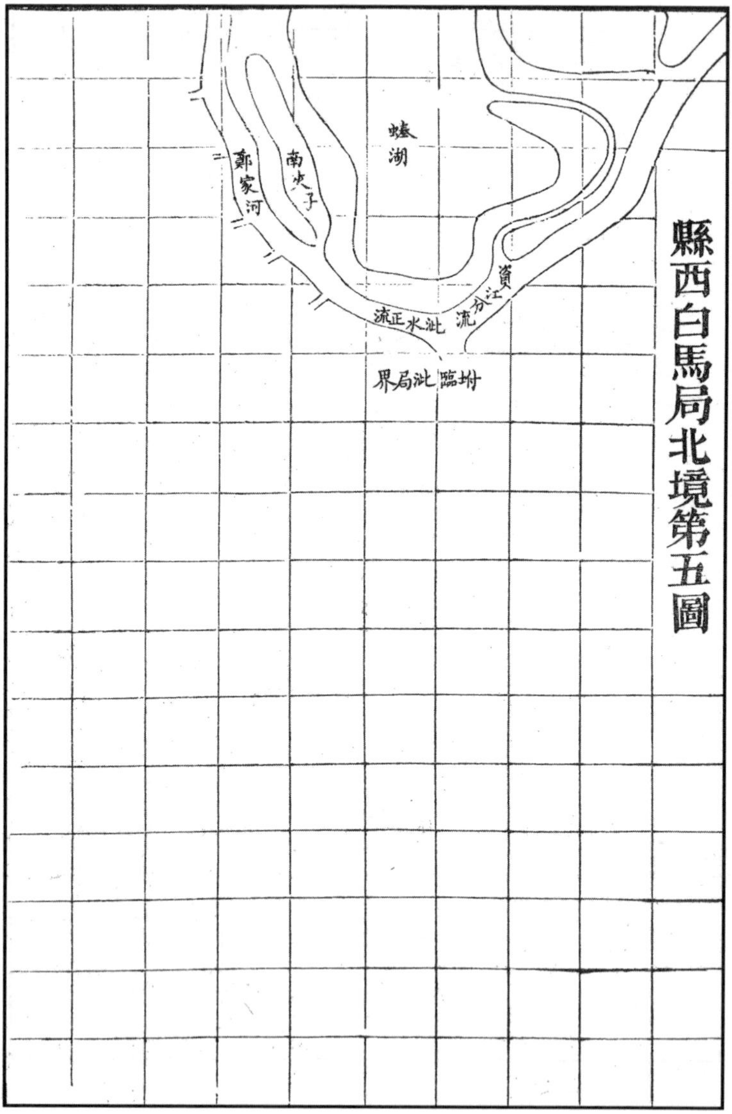

右白马局，界县西，距城四十五里。东南界文洲局，东界临沘局，东北界临沘局，南界益阳，西界沅江。纵六十六里，横十八里。领围二十五，曰黄荆、曰王通、曰王家寨、曰朱公、曰福星、曰金盘、曰古塘、曰一姓、曰湾斗、曰韩湾、曰塞沘、曰金汉、曰山门、曰乔山、曰屯田、曰黄公、曰鲁家、曰庄家、曰买马、曰酬塘、曰桃源、曰大顺、曰葡萄、曰纱帽翅、曰金城。隶西二十五都。

其东南黄荆围，曰黄荆团。纵十里，横八里。

迤西，王通、朱公、福星、六百股、王家寨五围，曰王通团。纵十三里，横九里。

稍北，金盘围曰金盘团。纵五里，横四里。

又北迤东，湾斗垸曰湾斗团。纵二里，横四里。

迤东，韩湾围曰韩湾团。纵八里，横十里。

迤西，古塘、一姓、东垞三围，曰古塘团。纵八里，横七里。

又北，塞沘围曰塞沘团。纵六里，横七里。

迤西径北，仅存庄家、买马、葡萄、大顺四围，其乔山、屯田、山门、黄公、鲁家、酬塘、桃源、纱帽翅、金城诸废围，北极郑家河，皆隶焉，曰庄家团。纵五十四里，横十四里。

沿茶湖潭沘水而北，有东茅江、关公潭、鹤巢江、三官潭、椆木潭、寺深潭、淖金河、苏家河、棕竹潭、大汉潭、老龙潭、郑家河；沿酬塘山资水而北，有篁子河、锹下江、黄獭窟河。

古塘围有龙口山、狮川山，有酬塘山、葡萄山、畎口山。

局南有碧云寺、在关公潭，距城西四十里。乾口寺、在塞沘围，距白云寺十五里。白马寺、在白马市，距乾口寺二里。高沙寺、在福兴围，距乾口寺南十里。乔山寺，在乔山围，今废。径北有胜林寺。在畎口山，距城西北四十馀里。

古迹有王帅渚，今名王家寨。南宋初统制王燮讨湖寇杨太，屯兵于此十年，因名。有白马江，《楚南水道考》：屈原乘白骥渡江，即此。今名白马市。明夏忠靖公读书处。有葡萄山，案，旧志称杨太结砦葡萄山。今老龙潭东聚贤围，尚有墩堡旧迹，土人呼头墩、二墩、三墩、四墩，距葡萄围数里，结砦葡萄山，事当有之。有畎口。旧志：畎口，杨太投水就擒处。

通沅江大道出白马寺，有白马市，为县西一大聚落。有关公潭小市。

大姓：王通垸王氏，湾斗垸黄氏，白马市曹氏，一姓围张氏，畎口山谭氏，古塘围林氏，庄家岭胡氏，韩湾围王氏、田氏。

县西临泚局第一图

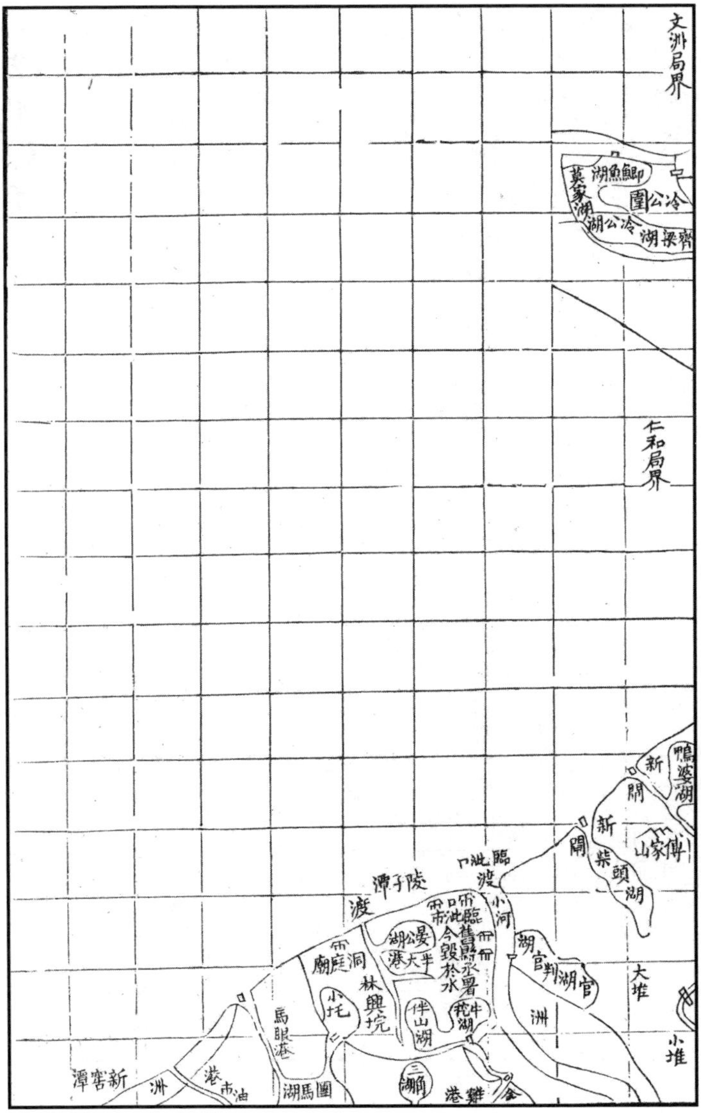

文洲局界
仁和局界
鯽魚湖
冷公圍
冷公湖
莫家湖
齊梁湖
鴨婆湖
新閘
新閘
傅家山
新柴頭湖
臨泚口
渡
小河
陵子潭
渡
判官湖
大堆
洲
小堆
馬眼港
小托
林興垸
半山湖
牛角湖
新窖潭
洲
油市港
圍馬湖
鷄港
金

縣西臨泚局第一圖

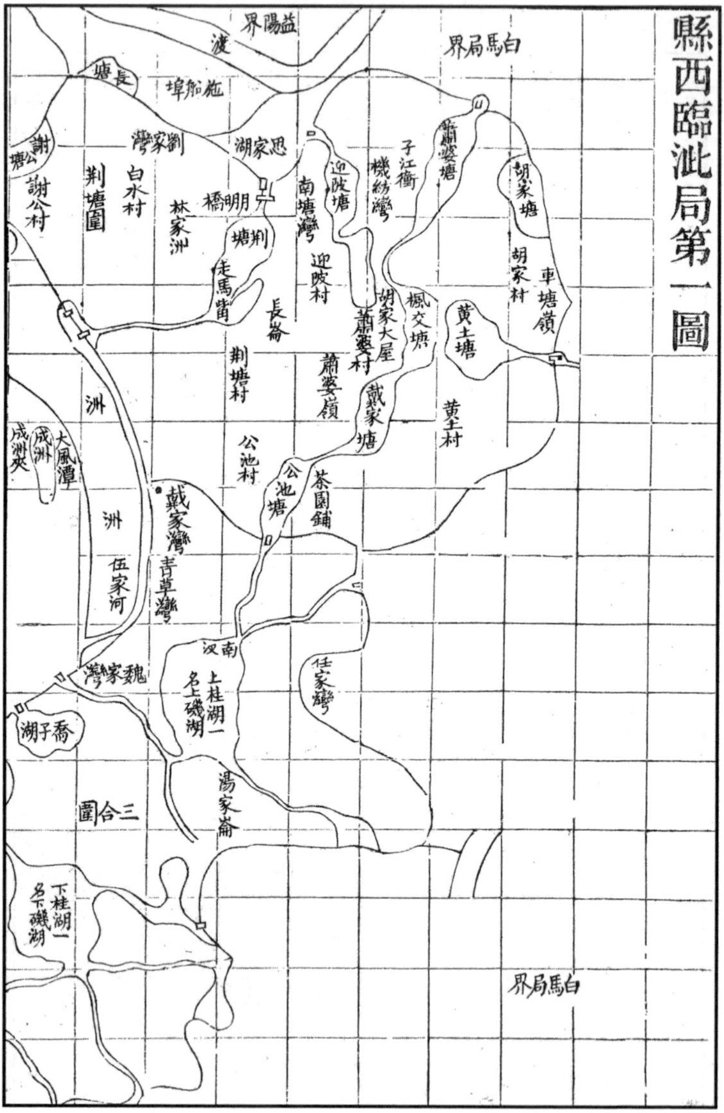
益陽界
白馬局界
渡
長塘
施船埠
劉家灣
思家湖
謝公塘
謝公村
荊塘圍
白水村
林家洲
明橋
荊塘
走馬嵛
南塘灣
迎陂塘
迎陂村
機紡灣
子江衝
蕭婆塘
胡家塘
胡家村
車塘嶺
楓交塘
胡家大屋
蕭婆村
黃土塘
長嵛
荊塘村
蕭婆嶺
戴家塘
黃土村
洲
成洲
成洲夾
大風潭
公池村
公池塘
茶園鋪
戴家灣
洲
伍家河
青草灣
南汊
魏家灣
任家灣
上桂湖一名上磯湖
喬子湖
湯家嵛
三合圍
下桂湖一名下磯湖
白馬局界

县西临泚局北境第二图

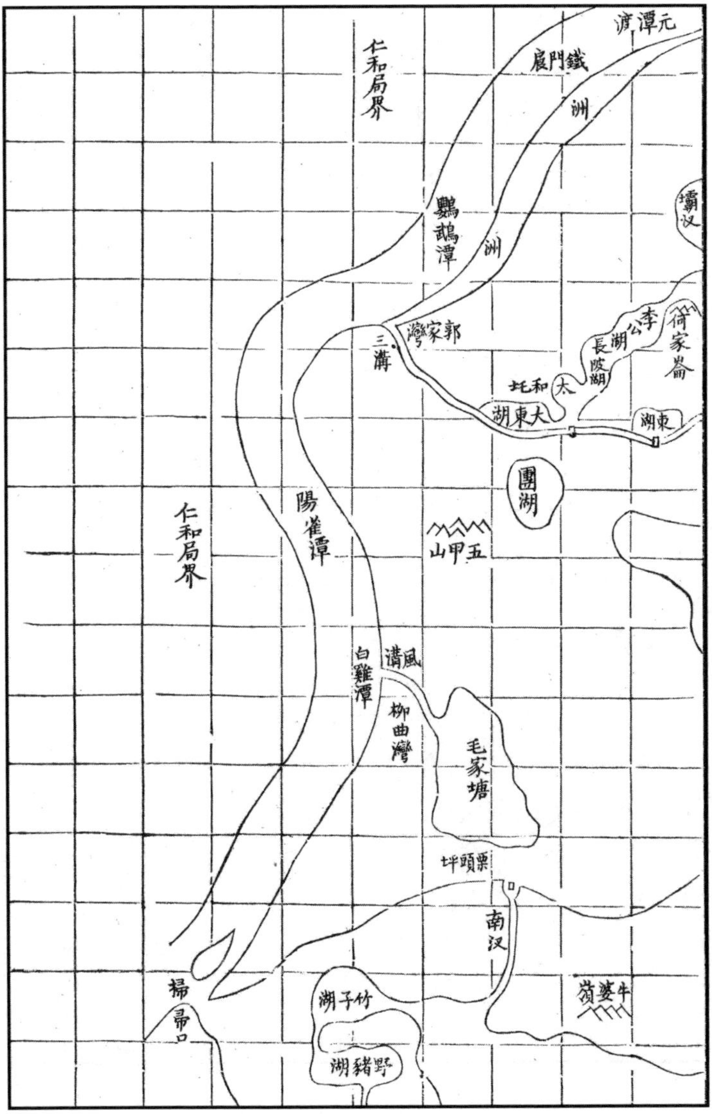
元潭渡
鐵門扆
洲
仁和局界
鸕鷀潭
洲
壩汊
郭家灣
三溝
李公湖
長陂湖
荷家崙
太和圫
大東湖
東湖
團湖
五甲山
陽雀潭
仁和局界
風溝
白雞潭
柳曲灣
毛家塘
粟頭坪
南汊
牛婆嶺
竹子湖
野豬湖
掃帚口

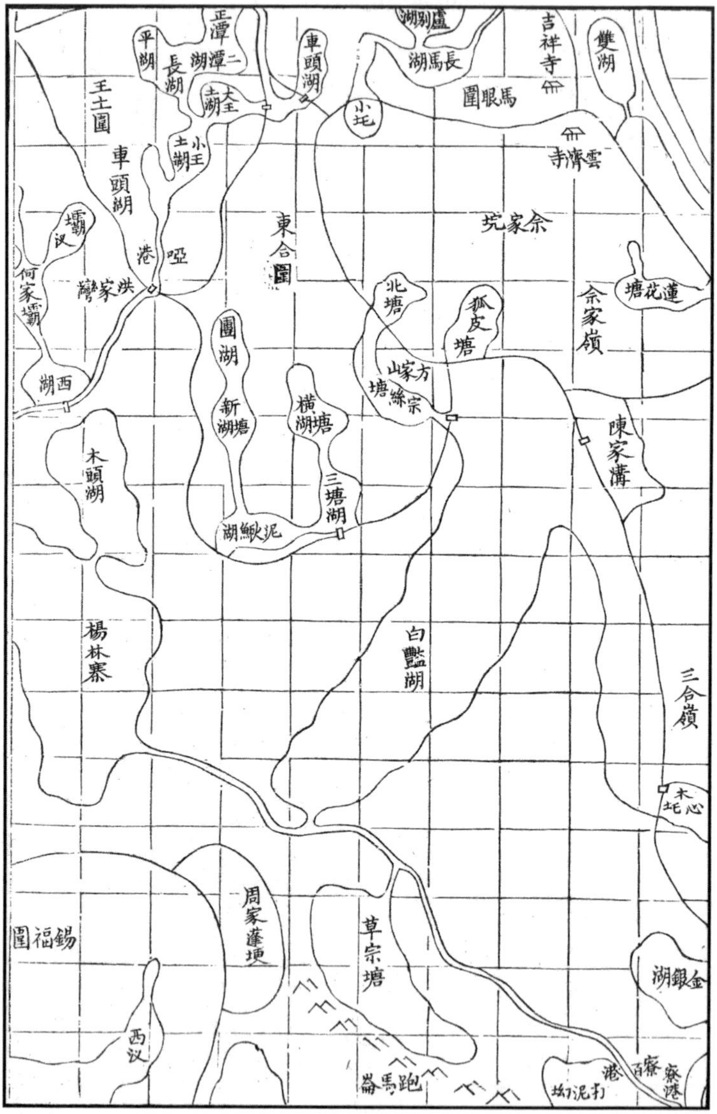
盧別湖
吉祥寺
雙湖
平湖
正潭
二潭湖
長湖
車頭湖
長馬湖
馬眼圍
小坨
王土圍
小王土湖
雲濟寺
車頭湖
東合圍
佘家垸
壩汊
何家壩
洪家灣
港
啞
北塘
狐皮塘
蓮花塘
佘家嶺
圍湖
方家山
宗絲塘
西湖
新塘湖
橫湖塘
陳家溝
木頭湖
三塘湖
泥鰍湖
楊林寨
白鹽湖
三合嶺
木心坨
錫福圍
周家蓬埂
草宗塘
金銀湖
西汊
跑馬嶺
打泥坳

縣西臨泚局北境第二圖

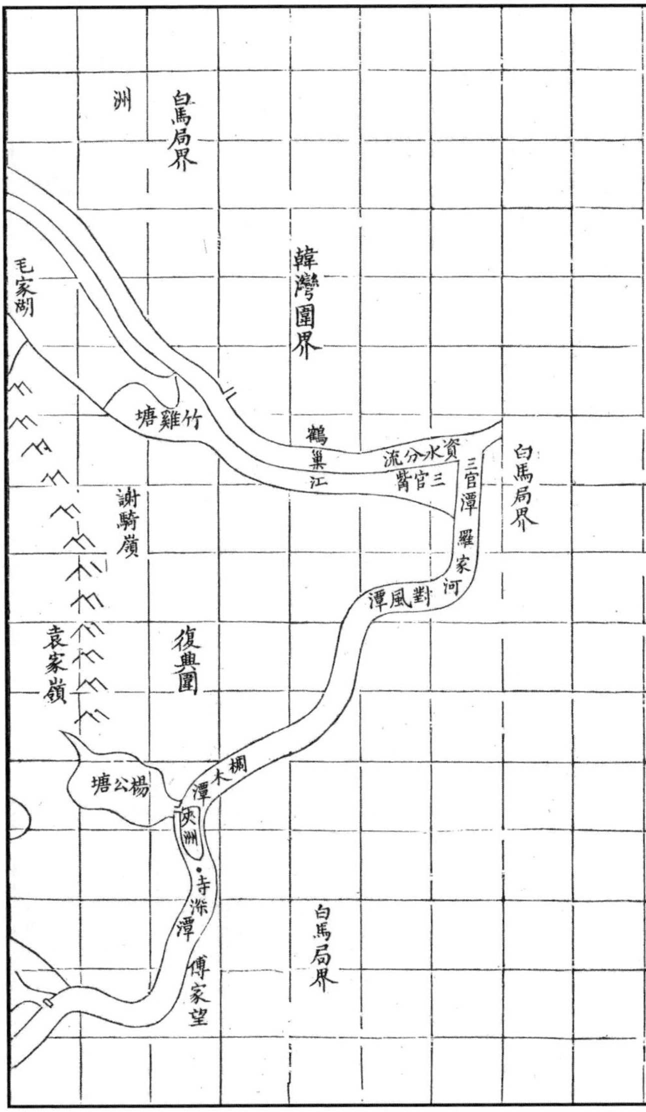
洲
白馬局界
毛家湖
韓灣圍界
竹雞塘
鶴巢江
資水分流
三官嘴
三官潭
白馬局界
謝騎嶺
羅家河
對風潭
復興圍
袁家嶺
楊公塘
楓木潭
夾洲
寺滐潭
傅家望
白馬局界

县西临泚局北境第三图

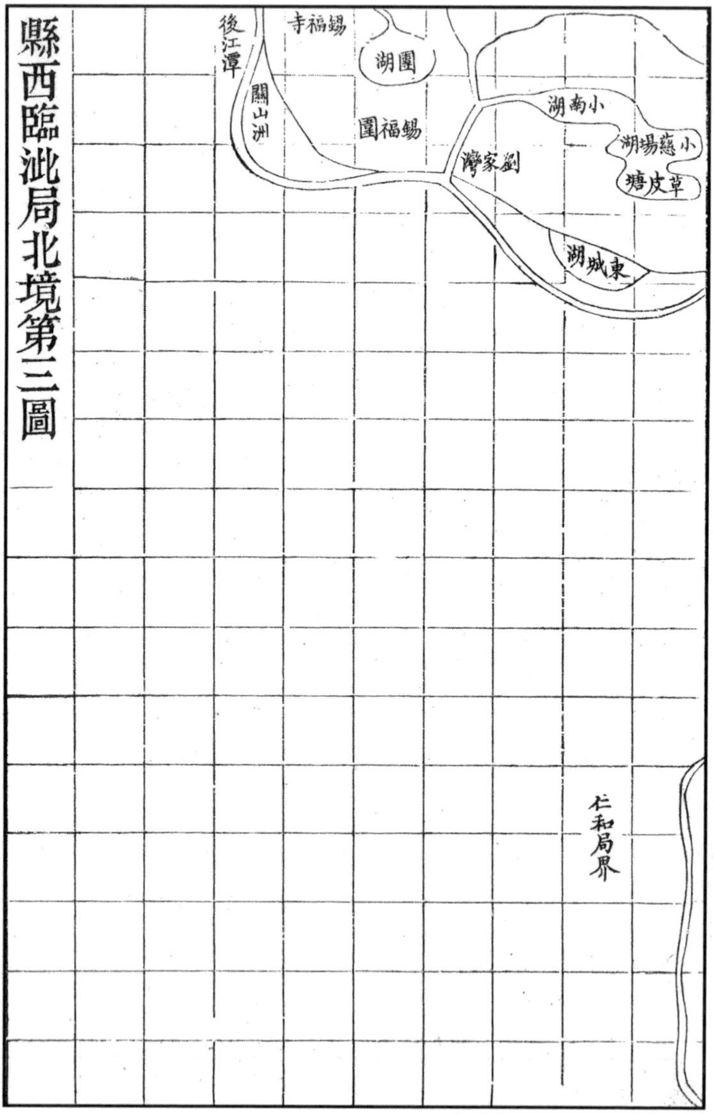

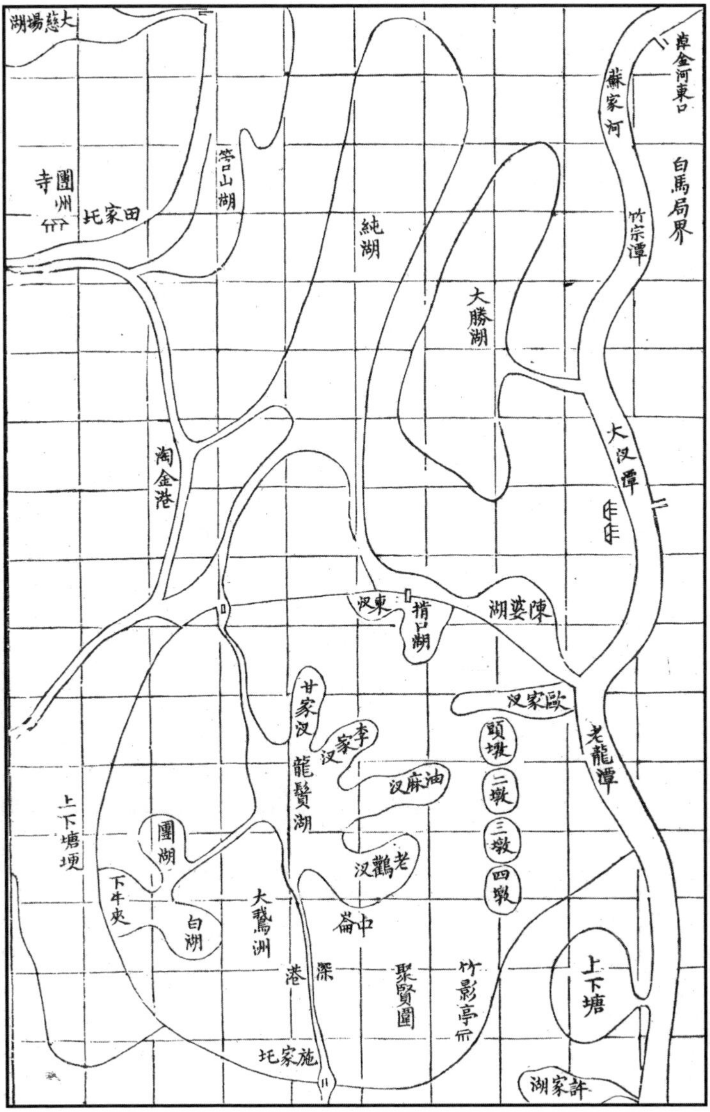
大慈場湖
圍洲寺
田家圫
純湖
大勝湖
蘇家河
白馬局界
竹宗潭
大汊潭
淘金港
東汊
陳婆湖
歐家汊
甘家汊
李家汊
油麻汊
龍鬚湖
頭墩
二墩
三墩
四墩
老龍潭
上下塘埂
團湖
老鸛汊
下牛夾
白湖
深港
聚賢圍
竹影亭
上下塘
施家圫
許家湖

县西临泚局北境第四图

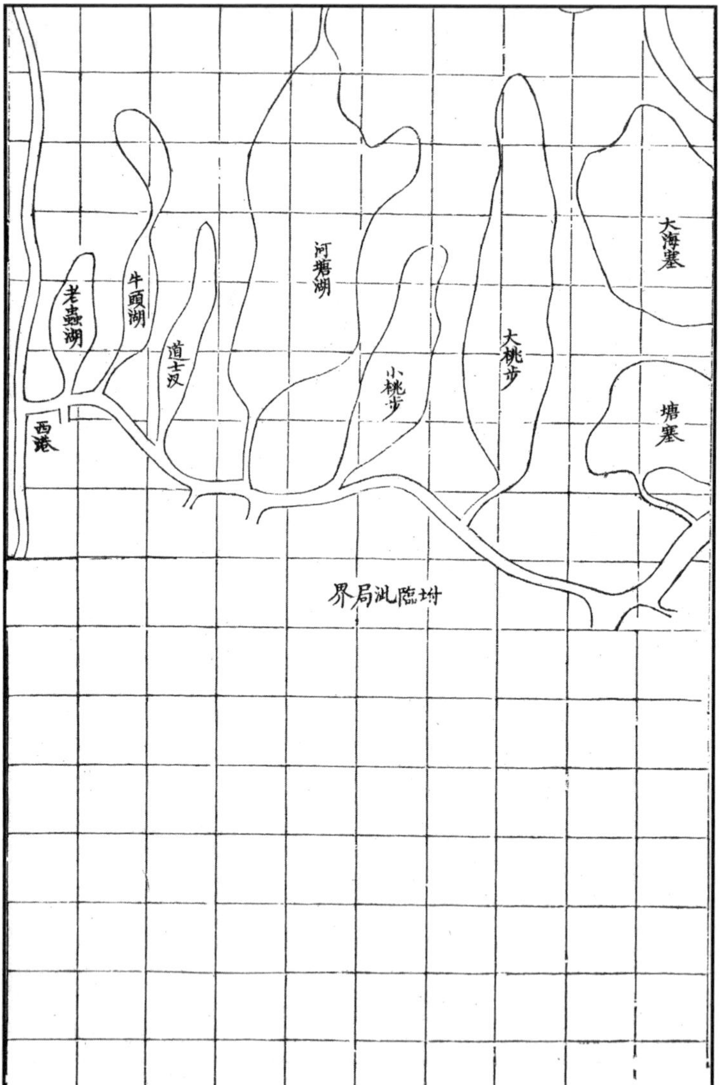

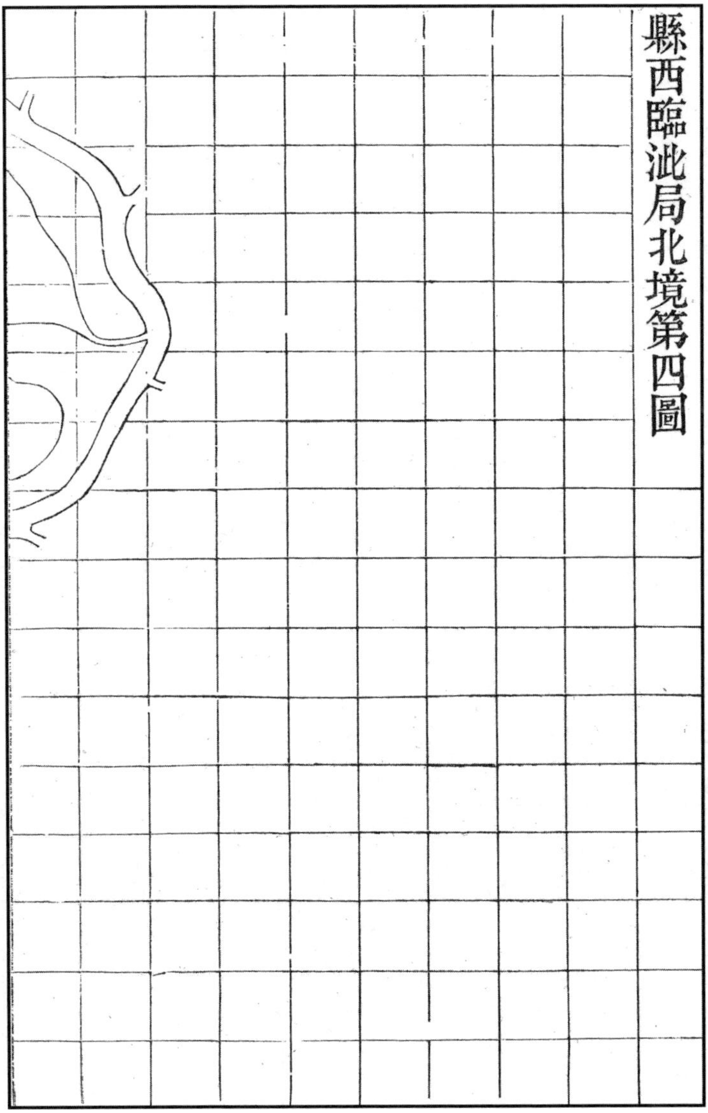
縣西臨汕局北境第四圖

县西附临泚局北境第一图

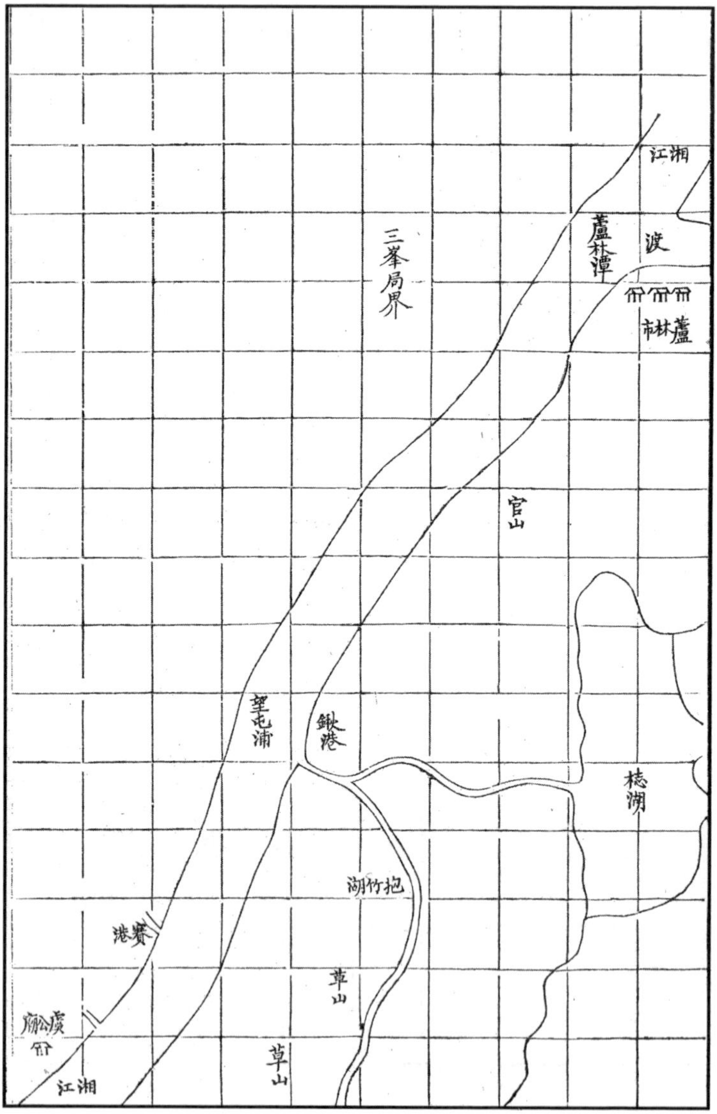

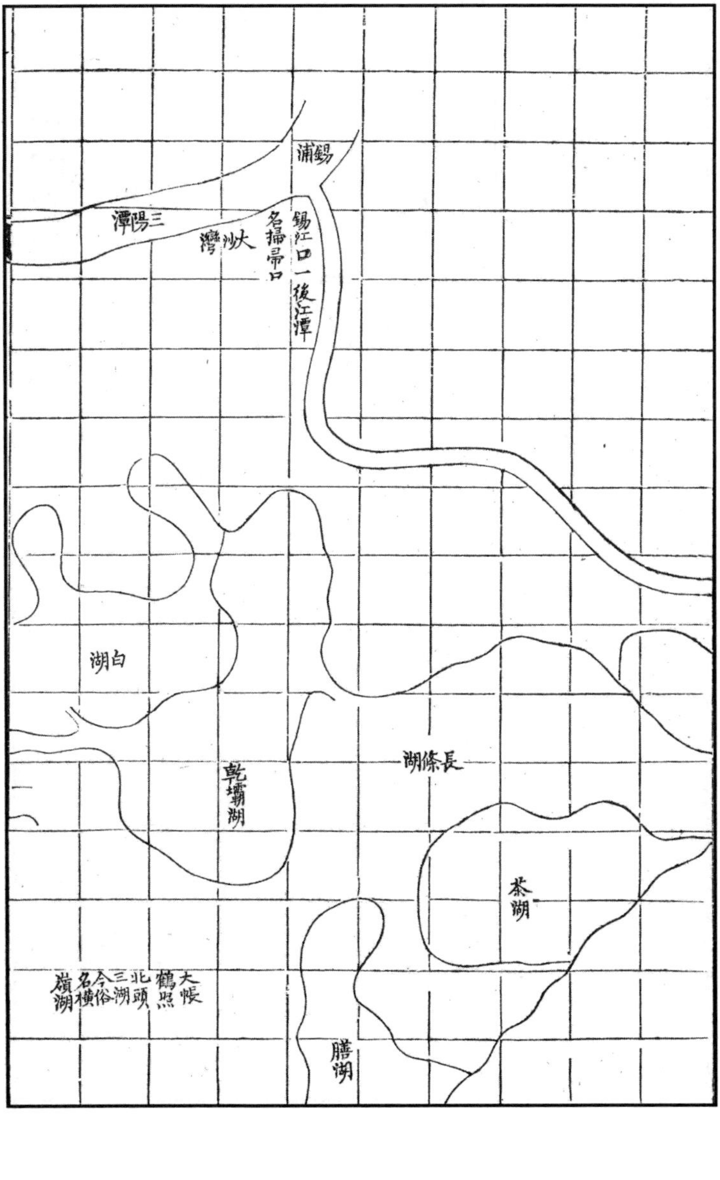
錫浦
三陽潭
大沙灣
錫江口一名掃帚口
後江潭
白湖
乾壩湖
長條湖
茶湖
膳湖
大帳鶴照北頭三湖今俗名橫嶺湖

縣西坍臨泚局北境第一圖

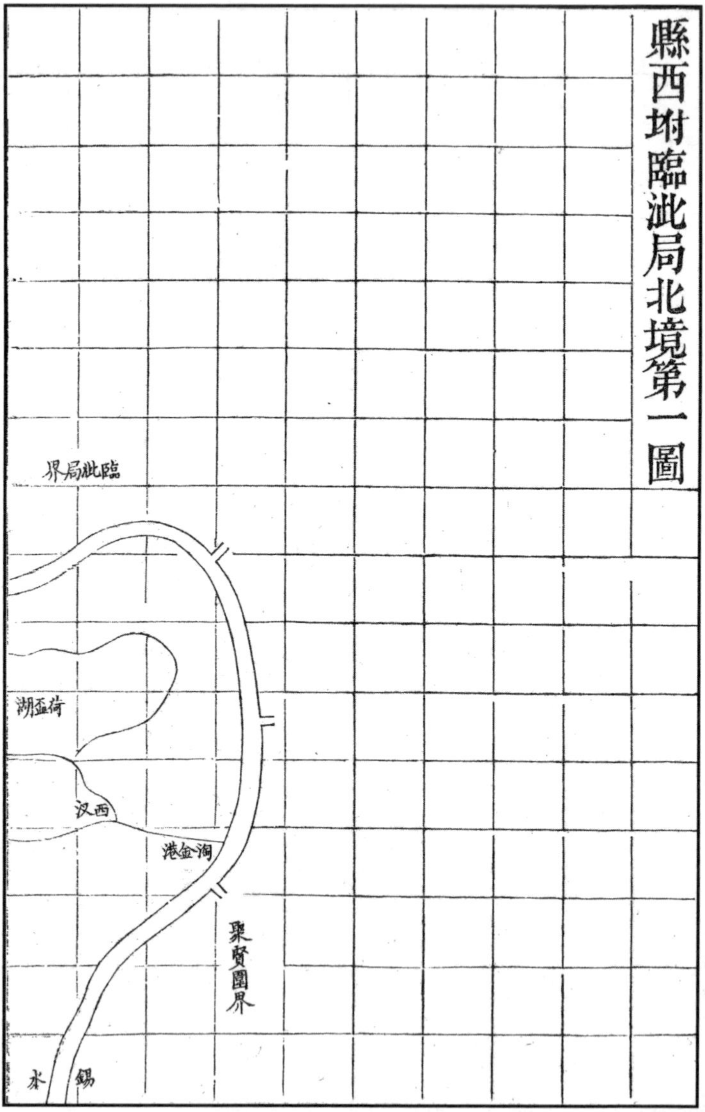

县西附临泚局北境第二图

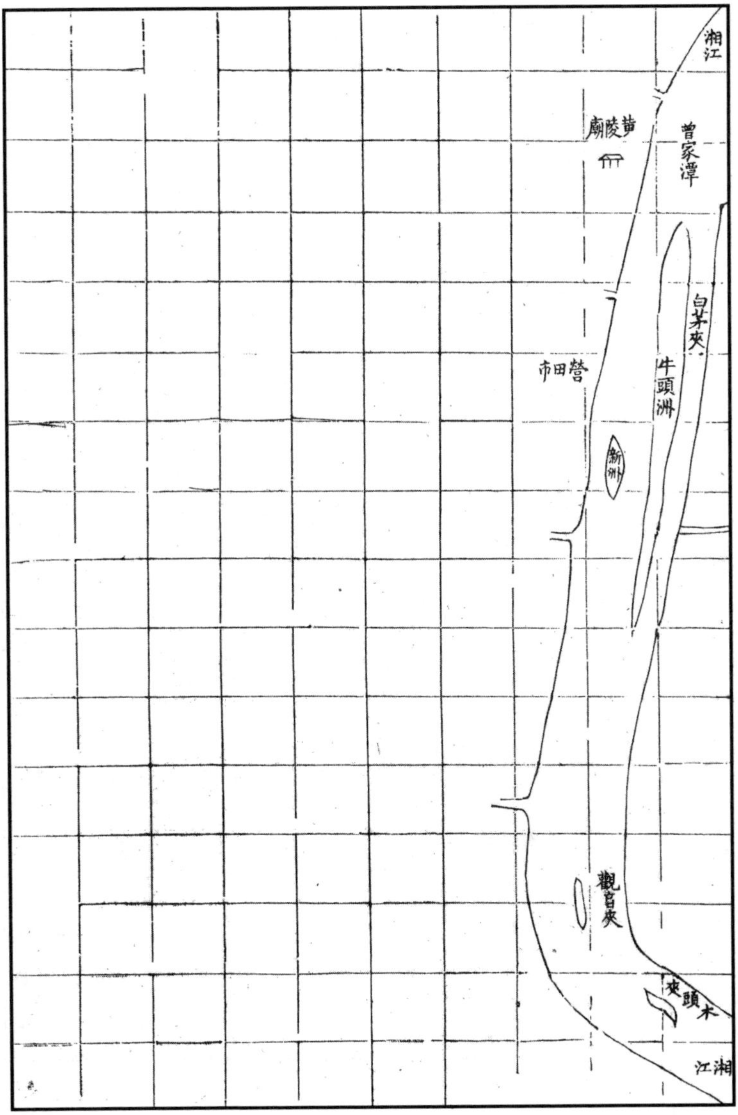

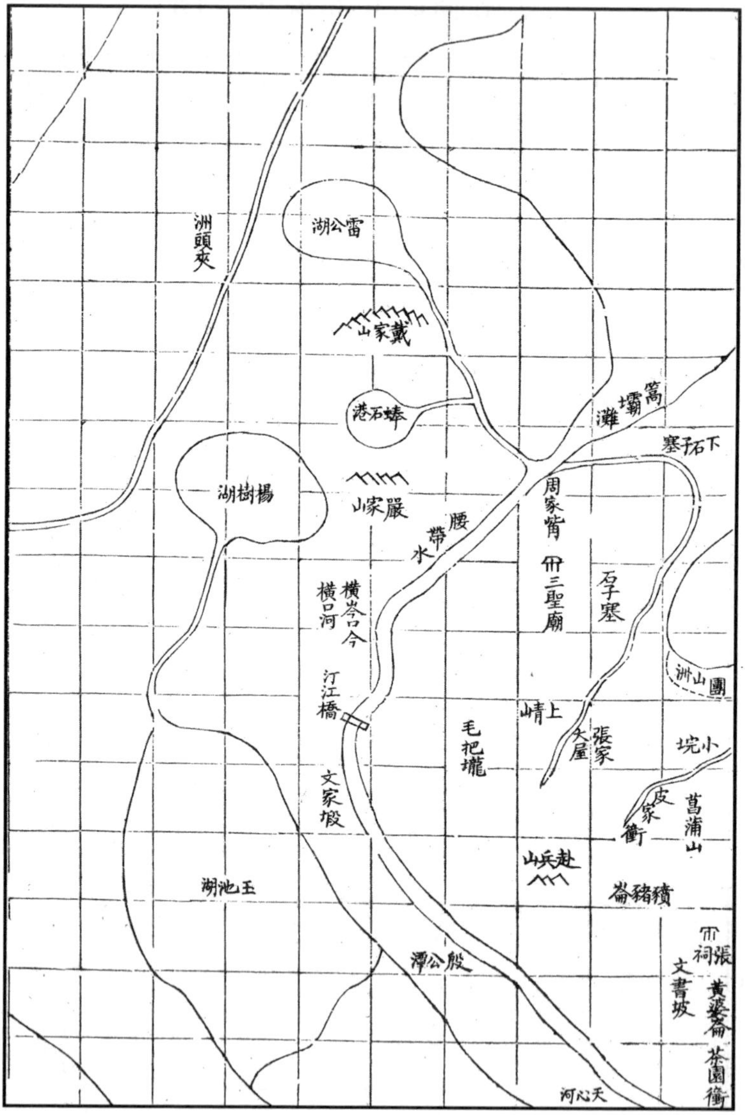
洲頭夾
雷公湖
戴家山
峰石港
楊樹湖
嚴家山
篙壩灘
下石子塞
周家賔
腰帶水
三聖廟
石子塞
横岑口今
横口河
汀江橋
園山洲
上峙
張家
大屋
毛把壠
小垸
文家塅
皮家
衝
菖蒲山
赴兵山
玉池湖
積豬崙
張祠
殷公潭
文書坡
黃婆崙
茶園衝
天心河

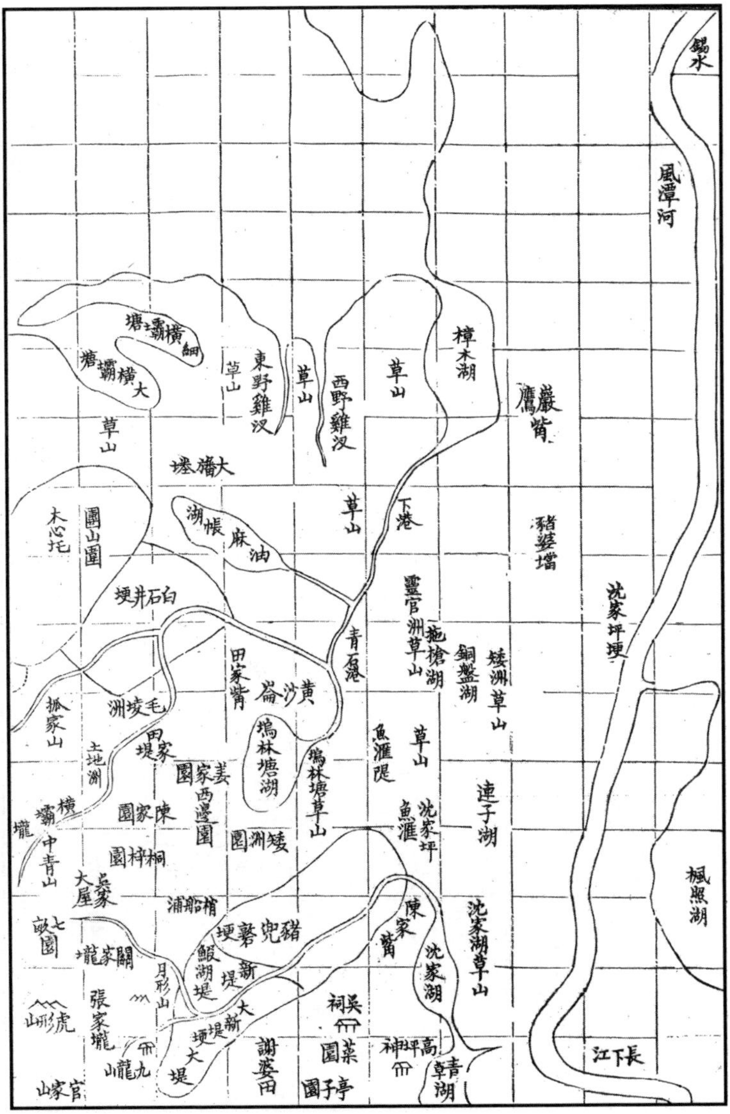
錫水
風潭河
樟木湖
巖鷹嘴
草山
西野雞汊
草山
東野雞汊
草山
細橫壩塘
大橫壩塘
草山
大牆壟
下港
草山
豬婆壋
油麻帳湖
木心托
圍山圍
白石井埂
靈官洲草山
施槍湖
銅盤湖
矮洲草山
沈家坪埂
青石港
田家嘴
黃沙崙
毛坡洲
抓家山
田家堤
土地洲
塢林塘湖
塢林塘草山
魚滙隄
草山
姜家園
西邊園
連子湖
陳家園
橫壩壟
中青山
矮洲園
魚滙
沈家坪
楓熙湖
桐梓園
大屋
楠船浦
豬兜磐埂
陳家嘴
七畝園
關家壟
鰕湖堤
新堤
沈家湖
沈家湖草山
月形山
虎形山
張家壟
大新堤埂
九龍山
大堤
謝婆田
吳祠
菜園
亭子園
高坪神
青草湖
官家山
長下江

縣西坿臨泚局北境第二圖

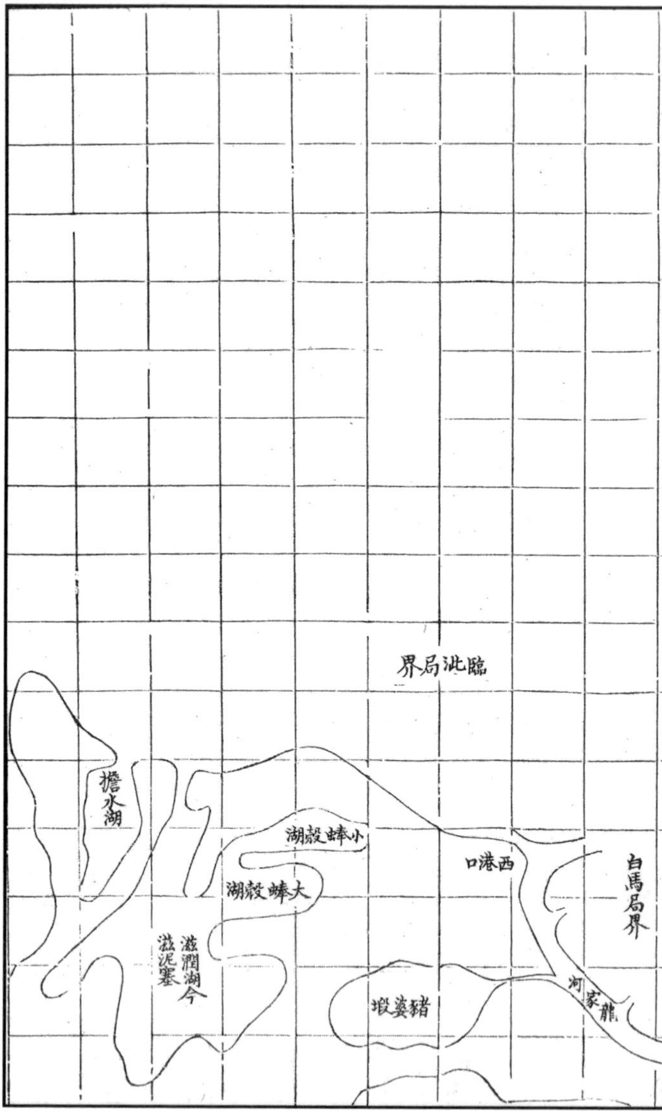

县西附临沘局北境第三图

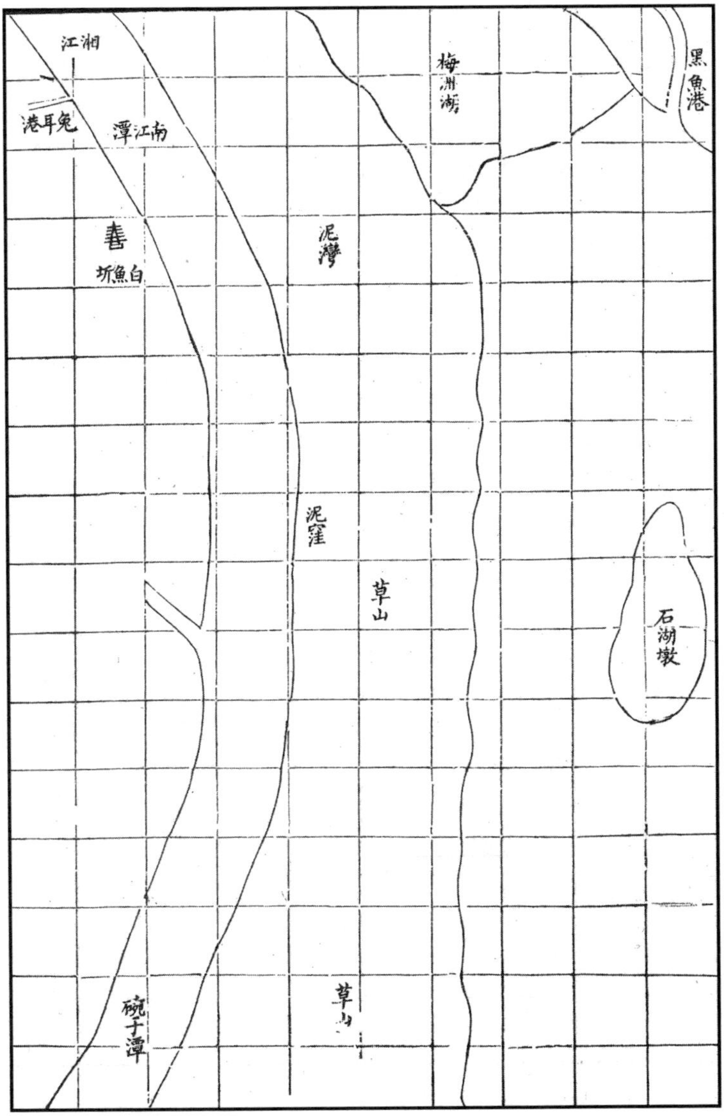

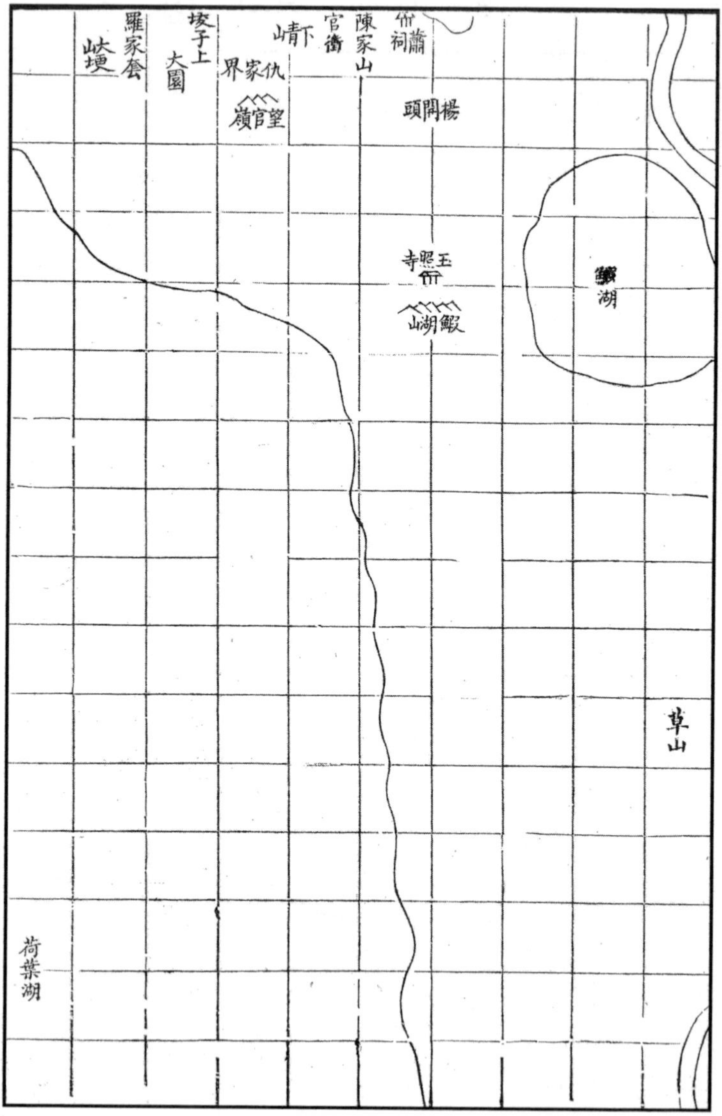
羅家套
坡子上
大園
仇家界
望官嶺
下青山
陳家山
蕭祠
楊開頭
玉照寺
蝦湖山
草山
荷葉湖

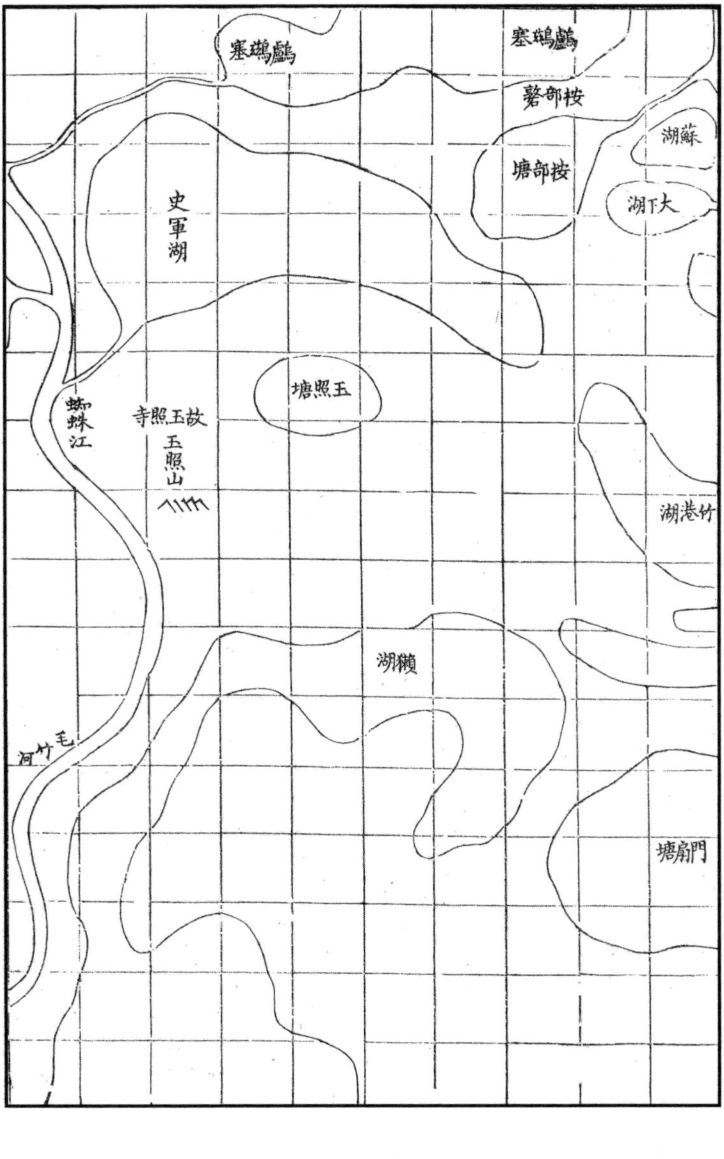
鸕鷀塞
鸕鷀塞
按部磬
蘇湖
按部塘
大下湖
史軍湖
玉照塘
蜘蛛江
故玉照寺
玉照山
竹巷湖
獺湖
毛竹河
門扇塘

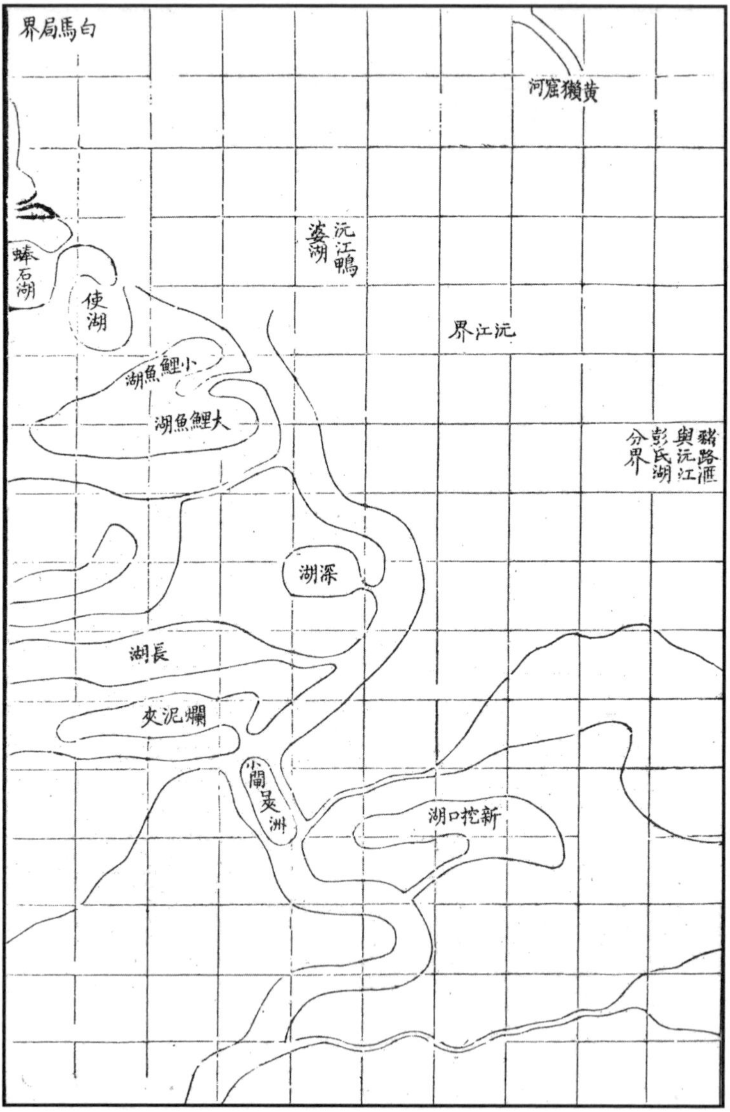
白馬局界
黃獺窟河
沅江鴨婆湖
蜂石湖
使湖
沅江界
小鯉魚湖
大鯉魚湖
豬路滙與沅江彭氏湖分界
深湖
長湖
爛泥夾
小閘吳洲
新挖口湖

縣西坿臨泚局北境第三圖

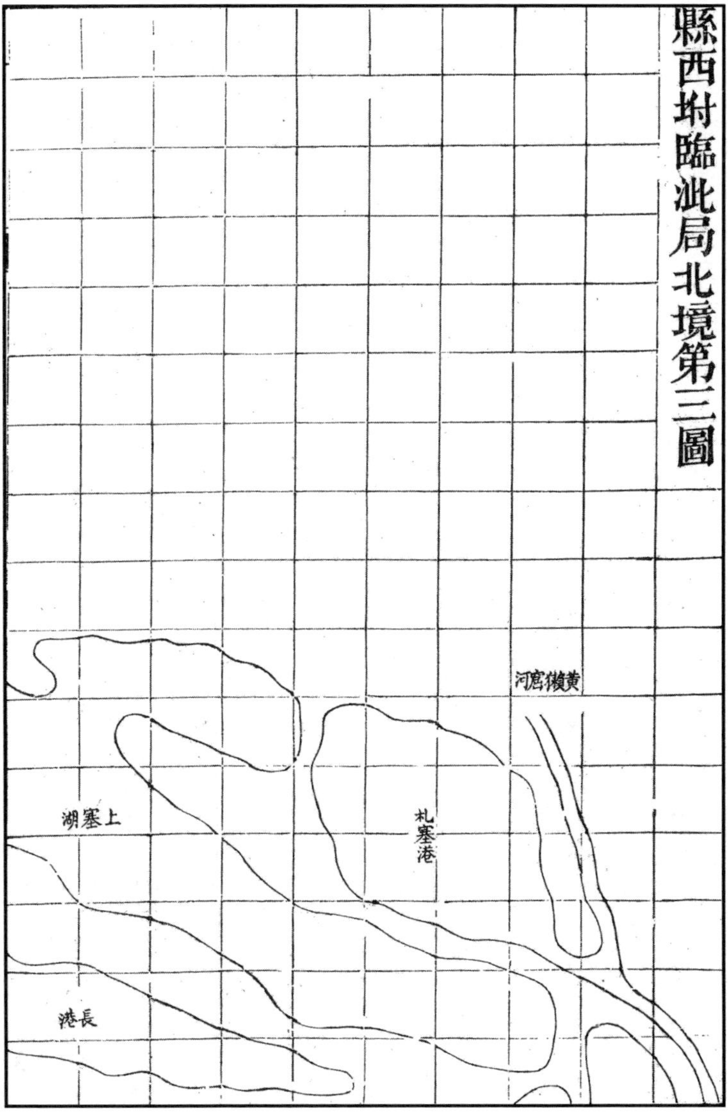

县西附临泚局北境第四图

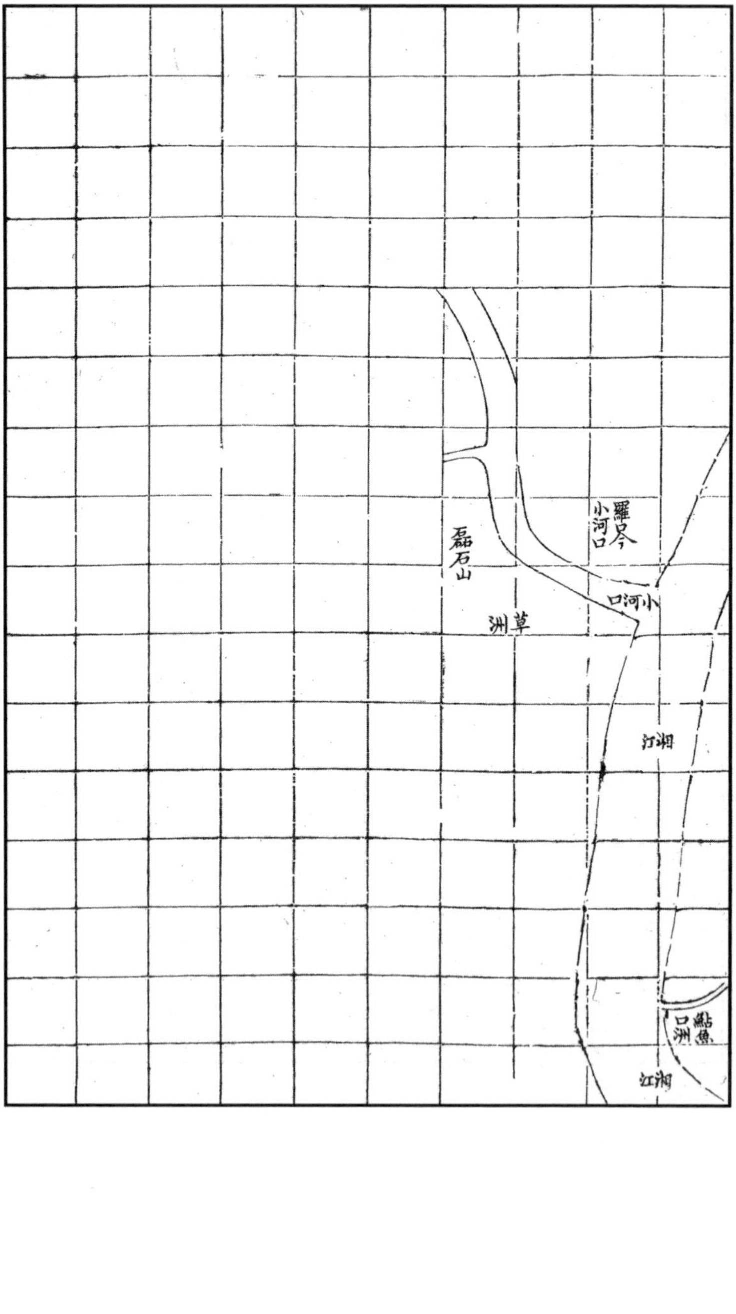

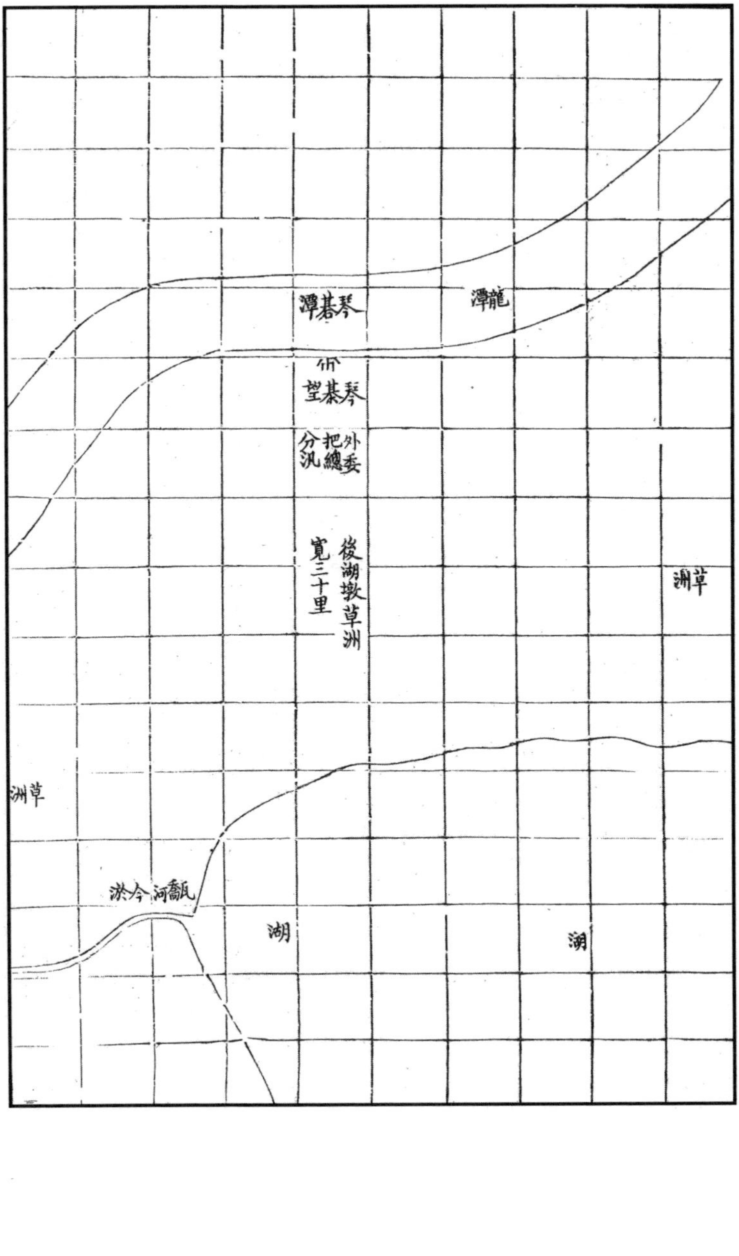
琴棊潭
龍潭
汛
琴棊望
外委把總分汛
後湖墩草洲寬三十里
草洲
草洲
甌河今淤
湖
湖

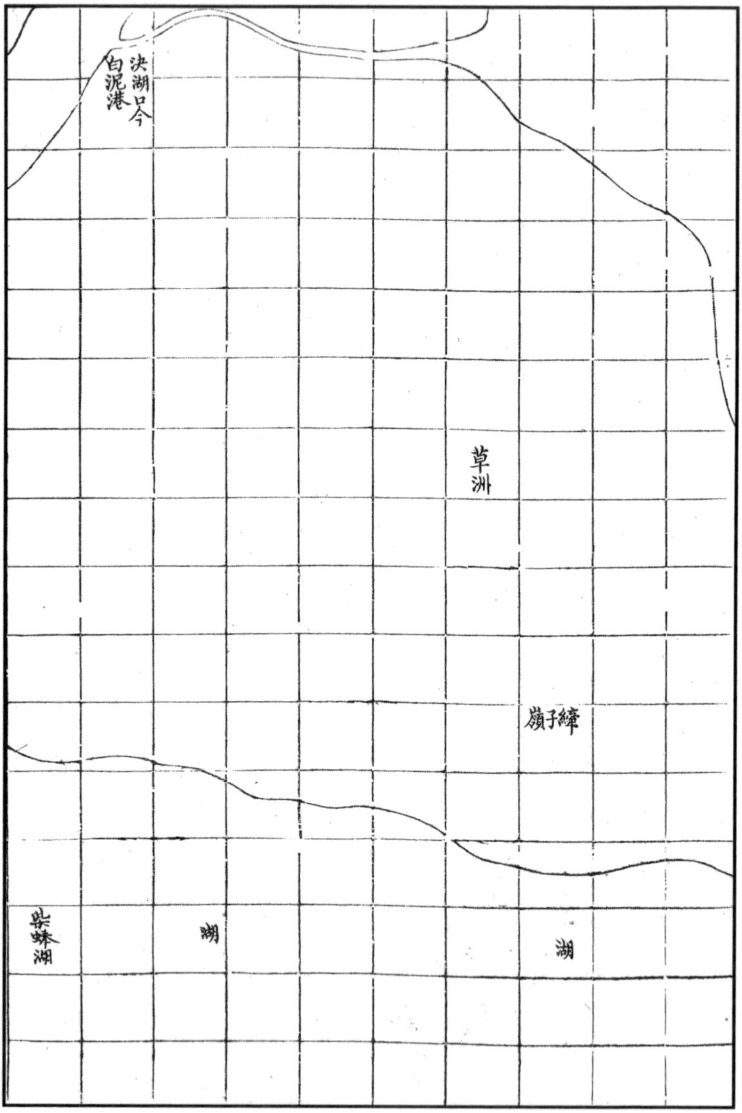
決湖口今
白泥港
草洲
緯子嶺
湖
湖

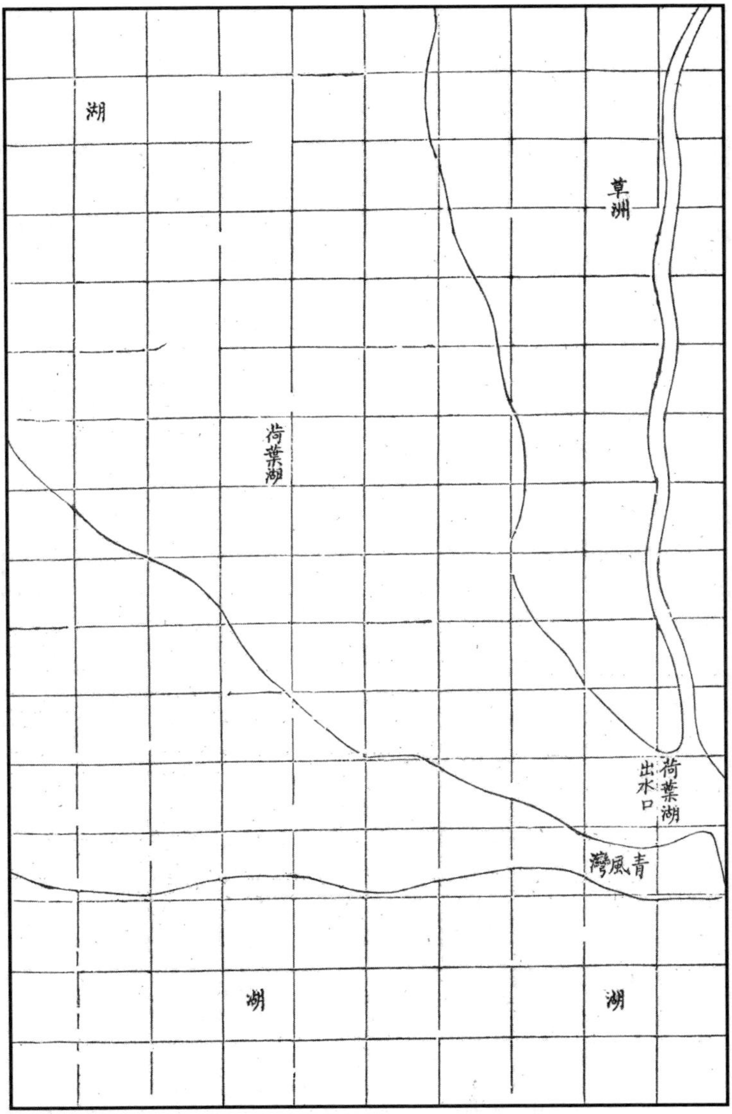
湖
草洲
荷葉湖
荷葉湖
出水口
青風灣
湖
湖

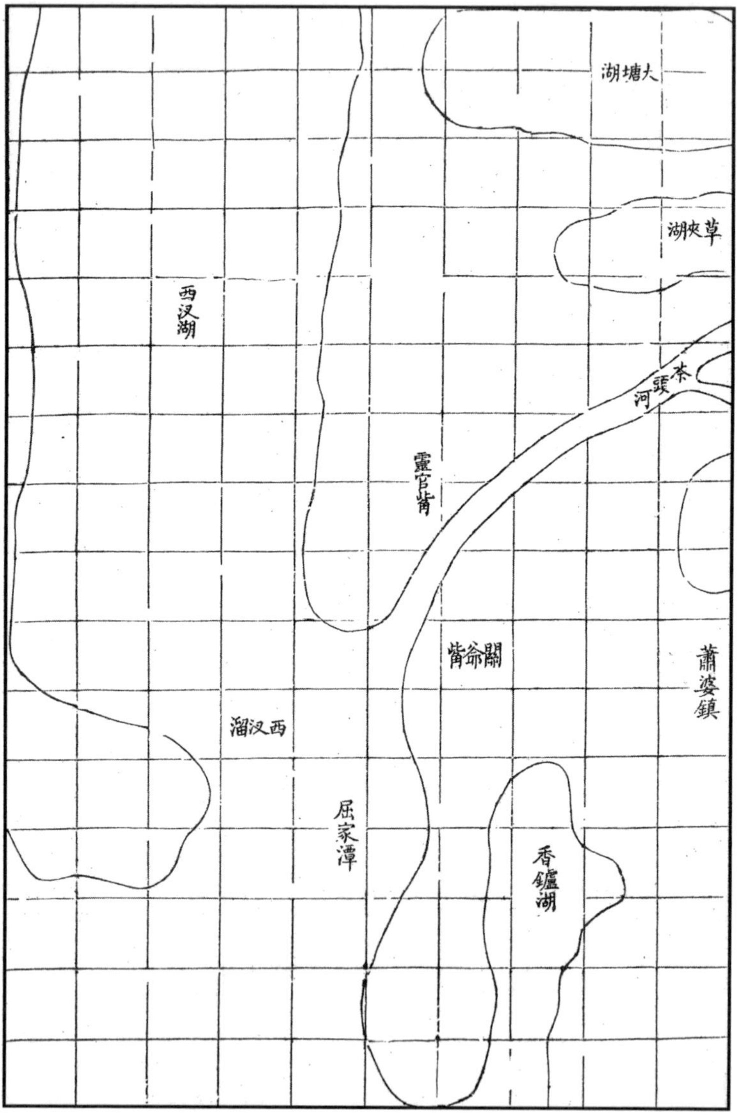
大塘湖
草夾湖
西汊湖
茶頭河
靈官嘴
關爺嘴
蕭婆鎮
西汊溜
屈家潭
香鑪湖

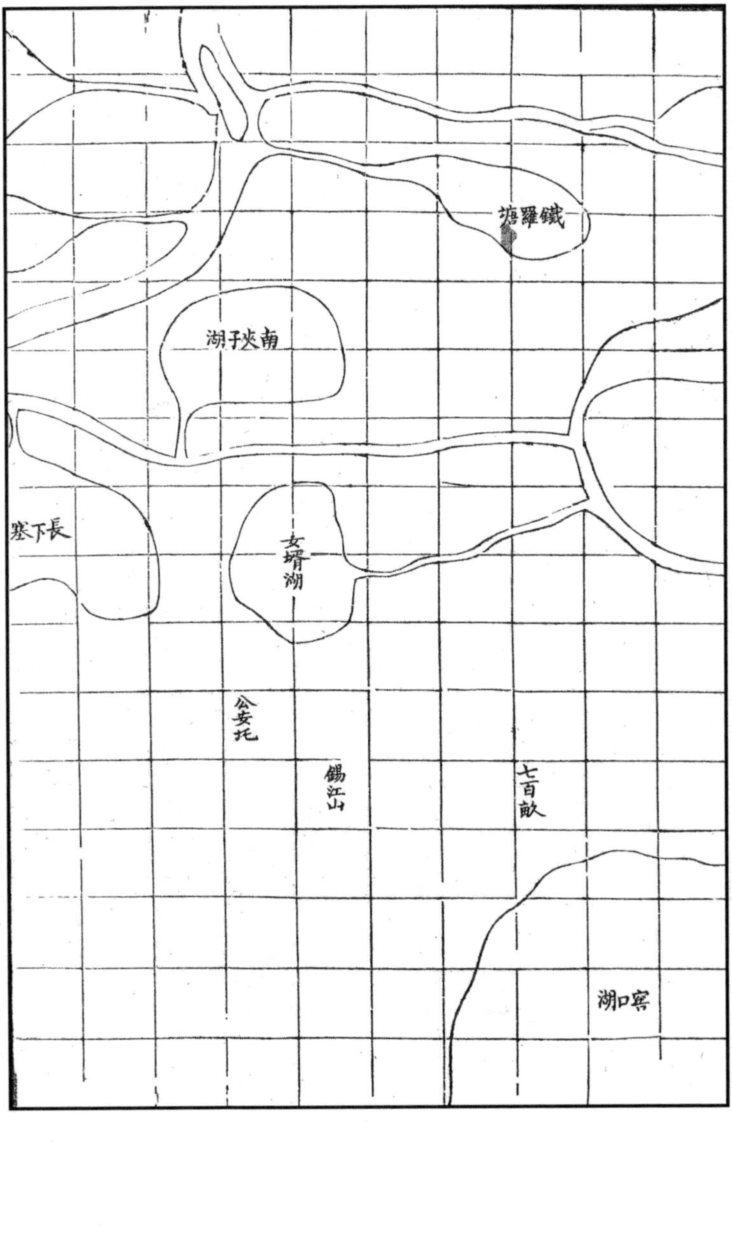
鐵羅塘
南夾子湖
長下塞
女壻湖
公安托
錫江山
七百畝
窑口湖

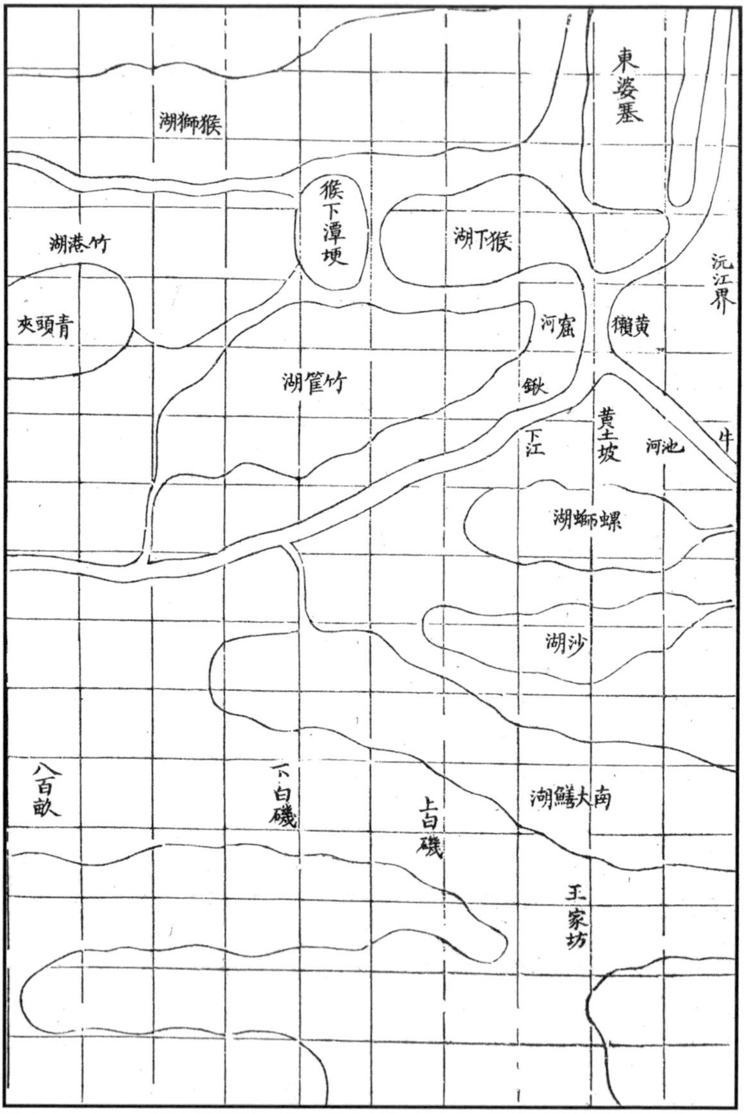
東婆壘
猴獅湖
猴下潭埂
猴下湖
竹港湖
沅江界
青頭夾
窩河
黃獺
竹筐湖
鍬
下江
黃土坡
池河
牛
螺螄湖
沙湖
八百畝
下白磯
上白磯
南大鱔湖
王家坊

縣西坿臨泚局北境第四圖

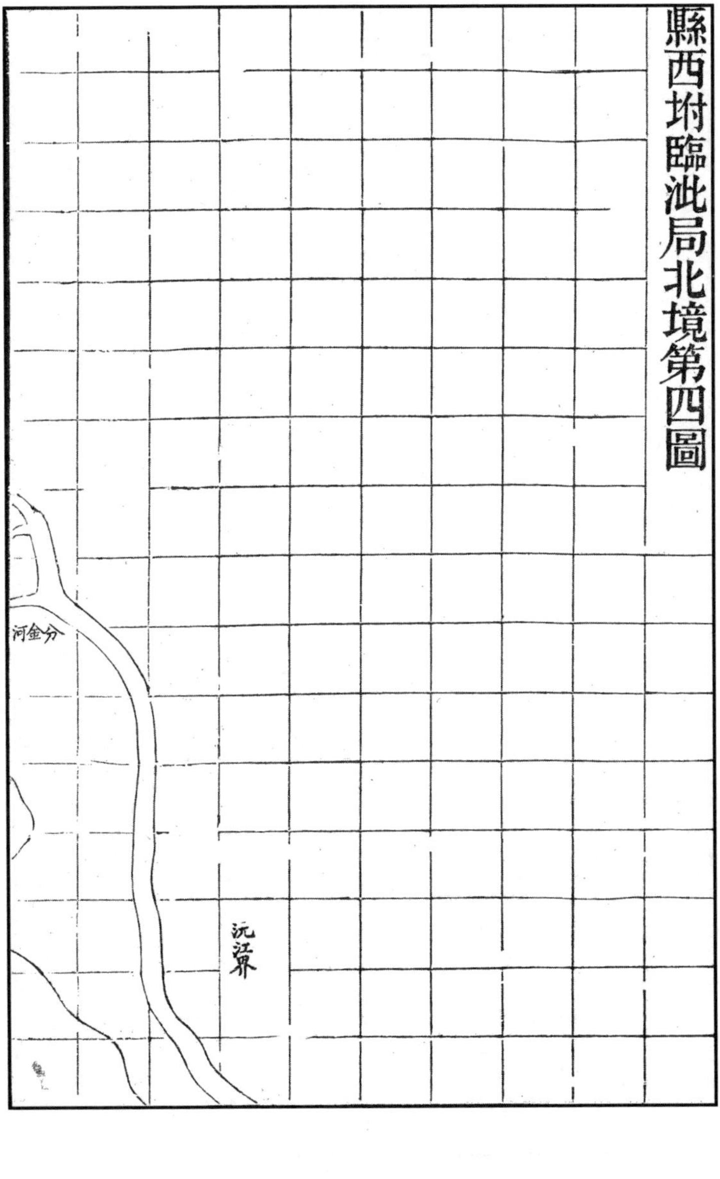

县西附临沘局北境第五图

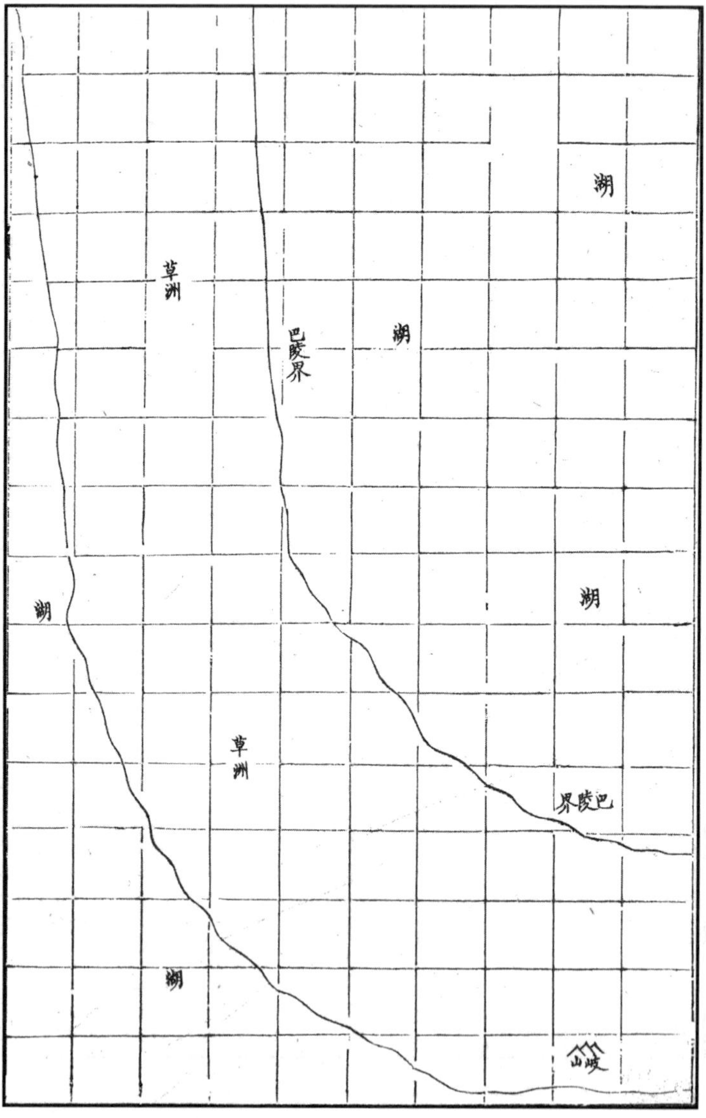

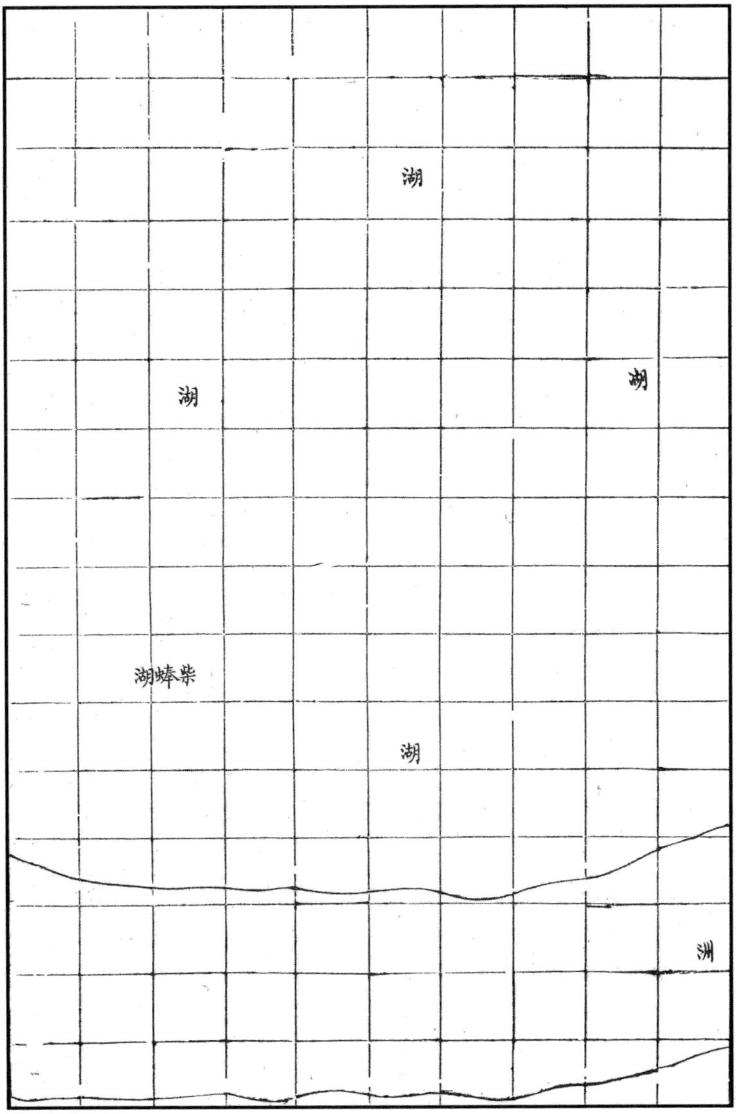
湖
湖
湖
柴蜂湖
湖
洲

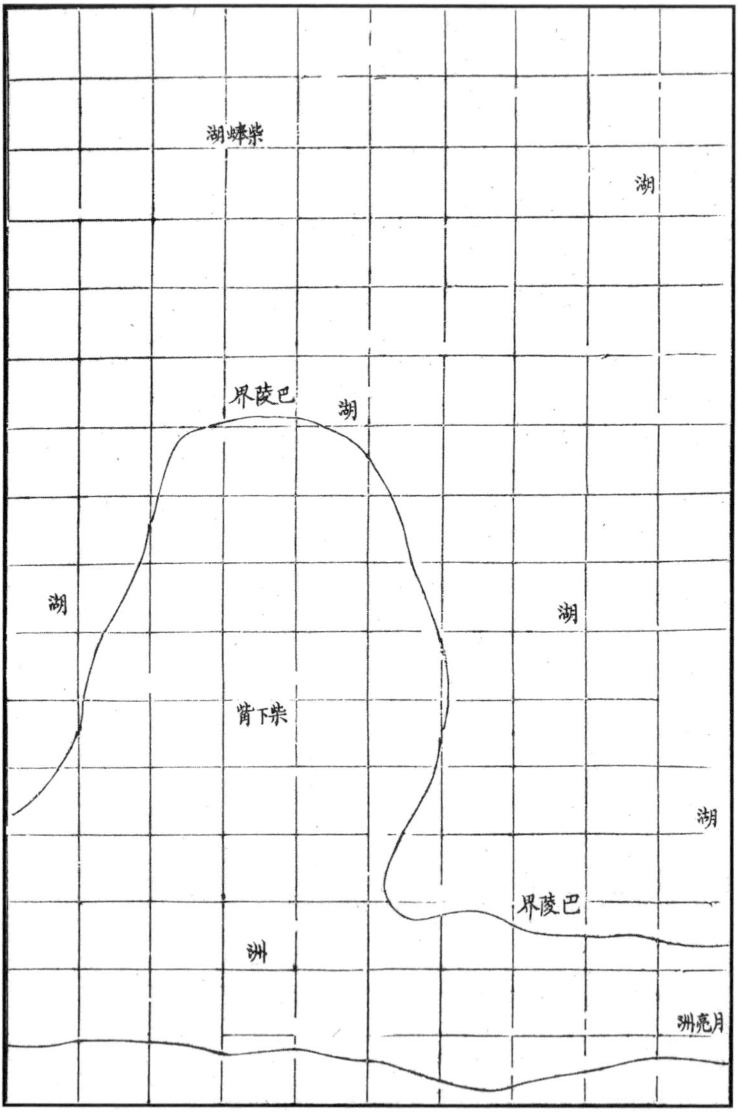
柴蜂湖
湖
巴陵界
湖
湖
湖
柴下背
湖
巴陵界
洲
月亮洲

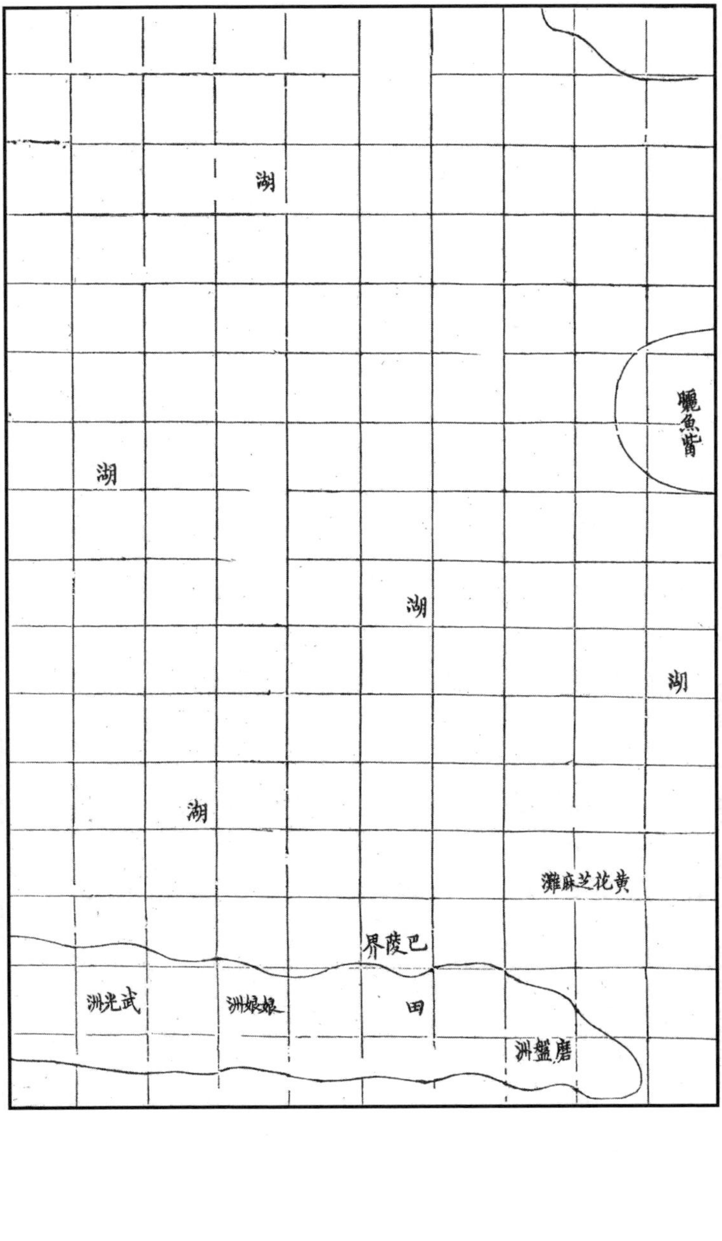
湖
鼉魚觜
湖
湖
湖
湖
黄花芝麻灘
巴陵界
武光洲
娘娘洲
田
磨盤洲

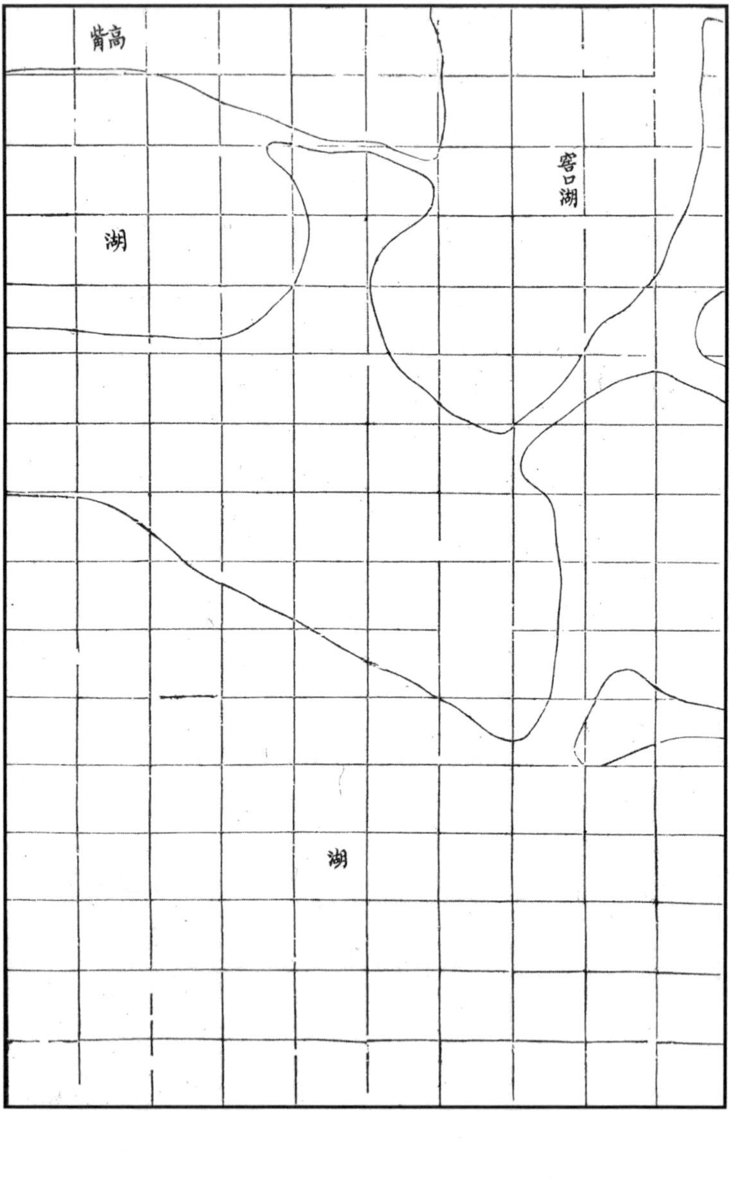
背高
窖口湖
湖
湖

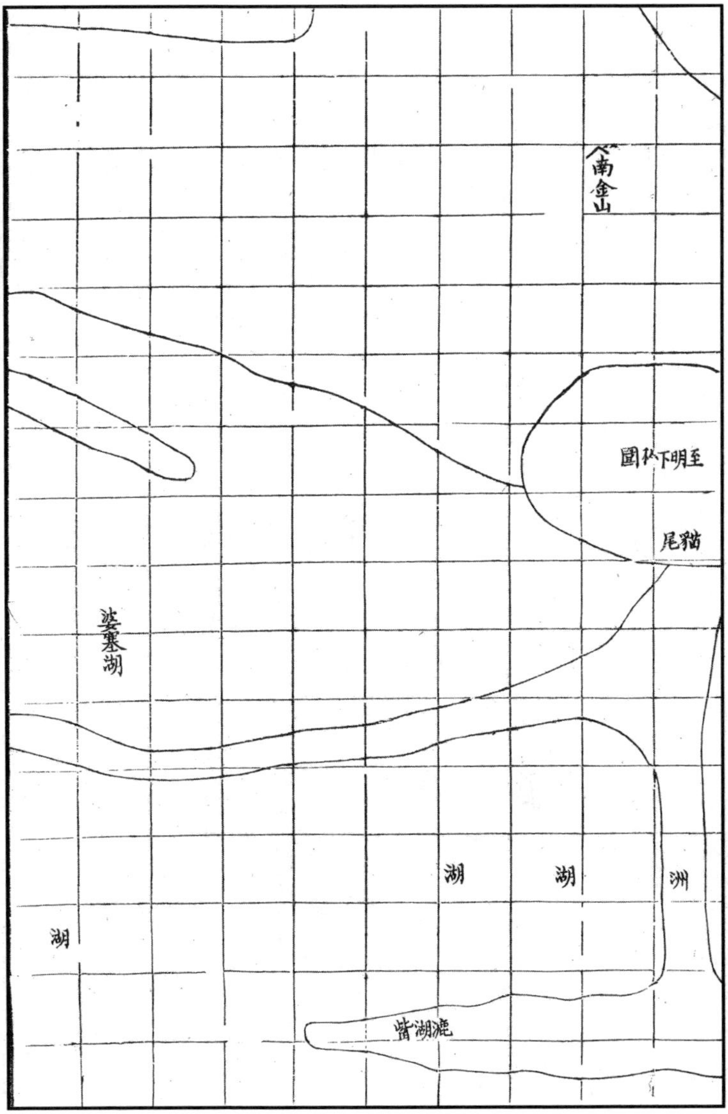
南金山
至明下私圍
猫尾
婆塞湖
湖
湖
洲
湖
漉湖嘴

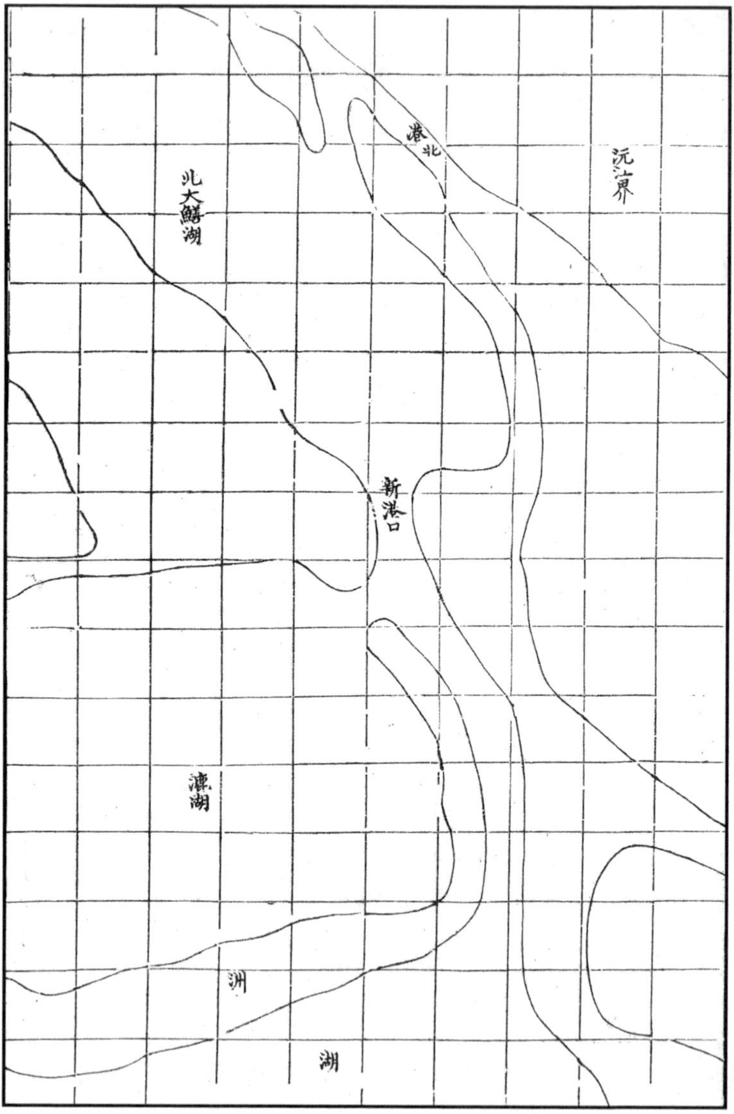
北大鱘湖
港北
沅江界
新港口
漉湖
洲
湖

縣西坿臨泚局北境第五圖

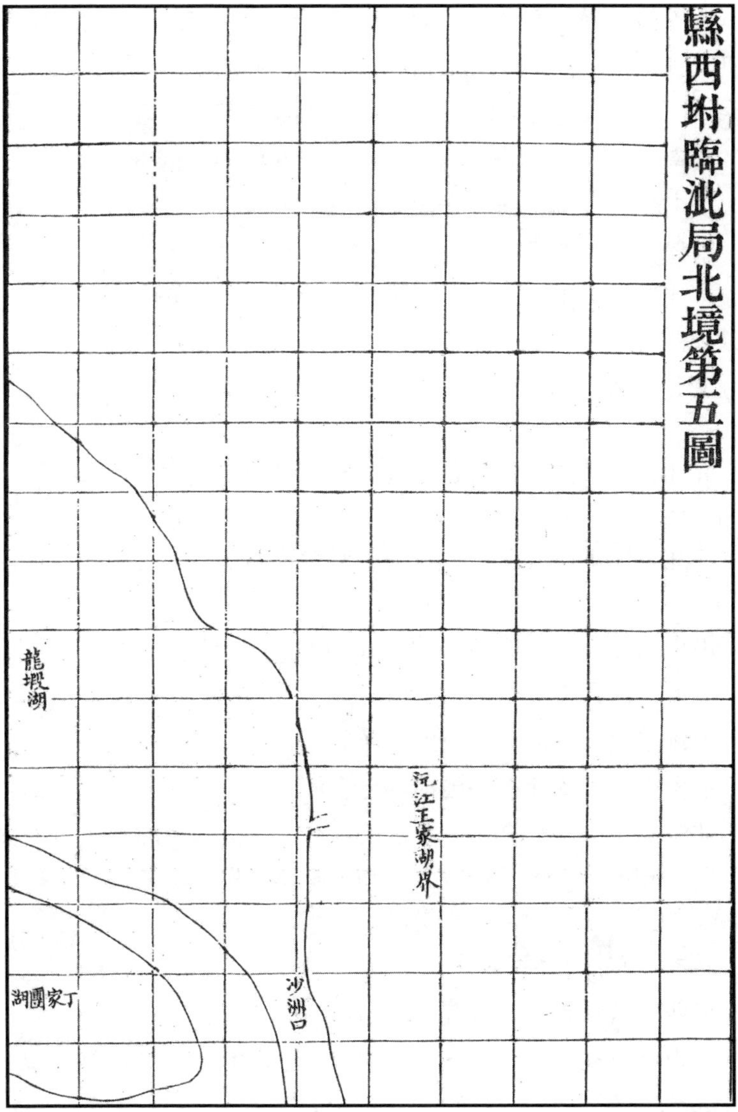

右临沘局，界县西北，距城三十里。南界文洲局，东界仁和局，西界白马局，西北界沅江，北界巴陵。纵九十五里，横五十五里。领围十三。曰荆塘、曰冷公、曰三合、曰林兴、曰马眼、曰佘家、曰东合、曰王土、曰太和、曰复兴、曰锡福、曰聚贤、曰团山。隶西二十五都。

其南，荆塘、冷公二围，曰荆塘团。纵五里，横四里。

次南，三合围，曰三合团。纵九里，横六里。

附局为林兴垸，曰林兴团。纵三里，横三里。

稍西，马眼围，东合、王土、太和三废围隶焉，曰马眼团。纵十二里，横十三里。

又北透西，佘家垸，复兴围隶焉，曰佘家团。纵十四里，横十三里。

又北，锡福围，自聚贤围北，极于西港，皆隶焉，曰锡福团。纵二十八里，横十八里。

又北，团山围，北极磨盘洲，所隶皆湖地，曰青山团。纵六十四里，横五十五里。

沿白乌潭而西，有成洲夹。沿埽帚口而北，有后江潭、淘金港、风潭、河西港、长下河、蜘蛛江、毛竹河。

沿沘水北，经流有茶头河、龙家河。

沿资水西，支津有牛池河、分金河。

北港有青山、虾湖山、玉照山、徐柱诗云："元圃馀辉照碧沙，洞庭月色不须赊。香烟愿结陀那钵，壁画摹神凹凸花。樵子路通芳草瘦，榜人歌歇夕阳斜。满山斑竹编篱好，关住东风长嫩芽。"锡江山。

横岑口有汀江桥。

局西有云济寺，在佘家垸，距城西北三十里。

局南有新泉寺，在荆塘围，乾隆中建，距城西四十里。吉祥寺、在金鸡港，唐会昌六年建，今废。泗洲寺，在临沘口，距城西三十里。北有锡福寺、在锡福围，明成化中建，今废。团洲寺，在田家托，今废。径北有金口寺、竹影寺。在聚贤围，今废。东北有玉照寺。在虾湖山，从玉照山移建，今废。

古迹有锡口戍，国朝罗鉴诗云："锡口防兵踞上游，洲浮渚伏水分流。涛声北撼青山壮，地势南通赤竹幽。湖港纷歧归控扼，帆樯出没尽勾留。千年旧戍今荒草，小丑纵横得自由。"有三阳戍，有玉池，旧志：玉照寺前有池，曰玉池，大数亩，有鼍窟其中，闻钟声则出。道光癸未夏，雷电风水大涨，鼍失所在。有琴棋滨。《楚南水道考》作琴骑，云："琴高骑赤鲤经此，因成滨。"

通益阳、沅江大道出临泚口，有临泚市，为县西一大聚落。国朝郭诠世《观涨》诗云："小市临湖岸，汤汤泽国秋。疾风吹远水，惊浪撼高楼。鱼鳖争人出，鼋鼍绕屋游。谁怜极目处，树杪有行舟。" 龙光辅诗云："临资小市去非遥，一路霏霏雨未消。湖水浅容渔艇入，岭云低接酒旗飘。近村古寺多残废，隔苑孤砧漫寂寥。赖有故人高适在，一灯相伴话寒宵。"西有芦林潭小市，有埽帚口、老龙潭、萧婆镇三废市。

大姓：荆塘围张氏、胡氏，刘家湾张氏、李氏、杨氏，复兴围易氏，元潭万氏，东合围周氏，临泚市颜氏、段氏、方式，锡福围蔡氏、王氏。

案，县西四局，以湘水为界，其广约五十里，斜长二百里。文洲一局属县西南，其北析临泚局之半，自埽帚口以下，属县西北。康熙志又称：旧志载怀西乡，并为一里；永宁乡，并为二里、三里。所云旧志，即明嘉靖志也。又移一里之名于怀西乡，今一都、二都隶永宁乡，属县东南；三都、四都、五都、六都、七都及十九都，隶归政乡，惟三都七都属县南，馀皆属县东；其十九都又错入县北，八都、九都、十都、十五都隶长乐乡，属县东北；其九都亦稍错入县南，十一都、十二都、十三都、十四都、十六都、十七都、十八都、二十都、二十一都、二十二都、二十三都、二十四都、东二十五都，并隶大义乡，属县北；其十七都、二十四都又错入县南，十八都又错入县东，而东二十五都之地则全属之县南云。

湘阴县图志卷六

沿革表

湖以南，历古为荆州地，而后渐沦为三苗，其地广大。春秋时，尽入楚分，楚故都丹阳。楚文王灭罗而徙都郢，乃从宜城徙罗丹阳，已而又南徒湘水之阴，遂为罗国，其后并为黔中地。楚顷襄王徙都陈，秦遂并有黔中，置黔中郡，复析黔中东境置长沙郡，而罗县隶焉。汉建长沙国，仍为罗县。东汉复为郡，析罗县东境为汉昌县，后入于吴，改名吴昌。晋析荆州地分置诸州，长沙等郡隶湘州。

宋元徽二年，分益阳、罗、湘西地处巴峡流民，置湘阴县，仍与罗、吴昌并立。齐时隶长沙郡。梁置罗州岳阳郡，湘阴、罗、吴昌改隶岳阳，又置岳阳、玉山、湘滨三县。陈废罗州，移岳阳郡隶巴州。隋初废郡，以县隶州，省湘阴入岳阳县。省吴昌、湘滨入罗县，置玉州领之。旋改岳阳为湘阴，并省玉山县入焉。寻废玉州，湘阴、罗并隶岳州。隋末萧铣起罗，据巴陵，僭号梁。唐平萧铣，置巴州，旋改岳州，省罗入湘阴。后析湘阴县地置昌江，自是昌江别为县。而岳州、潭州分属两观察使，湘阴隶岳州属鄂岳观察使。楚王马殷据潭州，旋并岳州，悉有湖南地。而杨行密与争岳州，岳州旋属唐、旋属楚。其后朗州节度使马希萼与楚王希广争立，引兵趋岳州，袭据长沙，弟希崇复争立。周广顺元年，南唐遂并楚地，又叠为刘言、王进逵、周行逢所据，皆治朗州。

终五代之世，湘阴或隶岳州，或隶长沙，或隶朗州，无专属。宋初由朗州改隶岳州，仍置武安军节度使，治潭州，其后为湖南安抚司。淳化四年，始移湘阴隶潭州，案，《宋史》、《元丰九域志》、《舆地广记》，并云淳化四年。《玉海》载：端拱二年，潭州上。”言湘阴九乳滩得钟。似隶潭州，尚在端拱以前。属荆湖南路，岳州别属荆湖北路。

元设湖广行中书省，治潭州，旋徙治鄂州，分置湖南道宣慰司。元贞元年，升湘阴为州。

明初仍为县，隶长沙府。改行中书省为湖广承宣布政司，以布政司参政、参议、按察司副使、佥事分治湖南诸道。衡、永以上曰上湖南道，长、宝曰下湖南道，皆有巡道、守道之分。而下湖南巡道驻长沙，守道驻宝庆，终明之世无所更移。国朝康熙三年，分置湖南布政司，徙偏沅巡抚治长沙。雍正二年，改湖南巡抚。而自康熙六年，以驿盐道兼辖长、宝二府。乾隆四十四年，分驿传归按察司管理，遂为盐法长宝道。长沙府所隶各县，一如明制。

三代

三苗地　罗，楚文王由枝江再徙罗，居此。

黔中地

秦

罗　始皇二十六年并天下，分黔中郡东境地置长沙郡，罗隶焉。

汉

罗　隶荆州部长沙国。

东汉

罗　隶荆州部长沙郡。

汉昌　案，汉昌县，《后汉书·州郡志》未著录，见《吴志·

周瑜吕蒙传》。其置县，当在延熹五年太常冯绲军长沙讨平艾县贼时。

三国吴

罗　隶荆州部长沙郡。

吴昌　案，吴昌县《吴志》未著录。建安十四年，先主为荆州牧，定长沙四郡，吴因据浏阳、汉昌，与先主相持，而益以下隽、州陵为周瑜奉邑，旋以鲁肃代周瑜置汉昌郡，以鲁肃为太守，领四邑。建安二十二年，吕蒙代为汉昌太守；二十四年袭荆州，蒙领南郡太守。自是汉昌郡不复见。盖荆州平陆口，不复置屯，汉昌诸县还隶长沙，而郡遂废。黄龙元年，吴僭号，因改汉昌为吴昌。

晋

罗　隶荆州部长沙郡。永嘉元年置湘州，分领长沙诸郡。

吴昌

宋

罗　隶湘州部长沙内史。

吴昌

湘阴　元徽二年，分罗、湘西、益阳三县地立，隶湘东郡。案，吴分长沙置衡阳、湘东二郡，益阳、湘西并隶衡阳。历晋、宋，一仍其旧。元徽二年，湘州刺史王僧虔立湘阴县以处巴峡流民。所割地，实分隶长沙、衡阳二郡，与湘东郡旷远不相及，无因越湘水数百里隶之湘东。意或始隶衡阳，旋改隶长沙，此史误也。

齐

罗

吴昌

湘阴　并隶湘州部长沙郡。

梁、陈

罗

吴昌

湘阴　梁置罗州岳阳郡，领诸县；又增置岳阳、玉山、湘滨三县；又置巴州，领巴陵郡。陈废罗州，移岳阳郡隶巴州。

岳阳

玉山

湘滨

隋

罗　开皇九年，废吴昌、湘滨二县入罗。案，《唐书·萧铣传》："炀帝擢为罗川令。"是隋末又名罗川

岳阳　开皇九年，废岳阳郡，省湘阴入岳阳。

玉山　开皇九年置，玉州领诸县；十一年，废玉山入湘阴，玉州亦旋废。

湘阴　开皇十一年，改岳阳为湘阴，并省玉山县入；十二年废玉州，湘阴、罗并隶岳州；大业初，改岳州为罗州，旋改巴陵郡。

唐

湘阴　武德八年，省罗入隶岳州，属江南西道，分置鄂岳观察使。

昌江　神龙三年，析湘阴县地立，自是别为县。

五代

湘阴　楚王马殷据湖南，隶潭州，旋仍隶岳州。周广顺元年，南唐并楚，复为周行逢所据。广顺三年，改隶朗州。

宋

湘阴　乾德二年平湖南，隶岳州；淳化四年，改隶潭州，属荆湖南路，分置湖南安抚司。

元

湘阴州　隶潭州路总管府，属湖广行省，分置湖南道宣慰司。

元贞元年，升湘阴县为州，改潭州路为天临路。

明

湘阴　明初仍为县，隶长沙府，属湖广布政司，分置下湖南巡守道。

国朝

湘阴　隶长沙府，属湖南省分置盐法长宝道。

案，湘阴置县，当刘宋之季。而罗自秦已立县，为最古。其地当尽有湘阴以东地，又兼平江一县，而错入巴陵；东承汨水经流，北极罗源，皆罗地也。

刘宋元徽二年，分益阳、罗、湘西置湘阴。其时善化未置县，沿江以西，皆湘西地。今乔口径西直益阳稍北，多与沅江交壤。沅江亦未置县，地皆隶益阳，是又错出今长沙、益阳、沅江三县之地。两县属地约三四百里，而皆值长沙北境。因考《宋书》："湘阴始置县，隶湘东郡。"以疆理证之，舛忤过甚。湘东北境止于茶陵阴山。阴山，攸县分地，而攸县尚隶长沙。湘阴乃越长沙郡数百里逾湘〔水〕[1] 而隶之湘东？疆域亦稍岐矣。及读《宋书·州郡志论》，言江左地理参差，寻校推求，未易精悉。惟以《太康地志》参伍异同，用相征验。典午之世，郡县纷更，疆理歧互。据晋《太康地志》以定宋世疆域，必多歧误。后废帝元徽二年，始置湘阴。又三年遇弑，宋祚遂移。当时或以长沙、湘东两郡领县互易，稍有变更，载籍失详，承误至今。《大清一统志》载："湘阴宋置，属巴陵郡。"盖以《宋书》属湘东郡为必不可通，自梁、陈以后皆属巴陵。用此为断，而其时罗、吴昌犹为长沙

---

①据文意及曾国藩批阅之《湘阴县志》稿本的笔增而补。

属县，巴陵隶郢州，无因跨有湘阴。齐承宋制，湘阴、罗皆属长沙，而未著建置缘始。以是益知《宋书》之承误也。

爰讫梁、陈，建置益繁。《舆地广记》于“岳州下”云：“宋置巴陵郡，梁兼置巴州。”案，《元和郡县志》：“梁元帝置巴州。”而武帝中大通中巴州已著录，简文帝大宝元年又有巴州刺史王珣。知非建自元帝也。于“湘阴县下”云：梁置罗州及岳阳郡。案，岳阳郡以天岳得名，天岳即今幕阜山，在平江县东北。当时径山南地皆郡境所属。故隋并省湘阴县入岳阳县，其后废岳阳郡隶巴州，乃改巴州为岳州，而岳阳之名移于巴陵矣。其时境土益狭，广建州名，规以自大，所领不过一郡数县；又益广置县名，于是析罗为岳阳、玉山，析湘阴为湘滨，而以罗州岳阳郡统之，仍与巴州、巴陵郡并置。大同二年，朱异奏顷置州稍广，大小不伦，请分五品第其位秩。故梁时置州一百有七，而轻重之权迥异。陈废罗州，岳阳、巴陵两郡并隶巴州。隋兴，析天下为州，不复领郡；旋又改州为郡，州郡遂相等列。嗣是而州名转隶于府，亦大势所趋然也。湘阴在隋世，废置尤频。开皇九年，废岳阳郡，省湘阴入岳阳县，置玉州；寻改岳阳为湘阴，并废玉山县入之，而吴昌亦废入罗；旋废玉州，湘阴、罗始改隶岳州。以地道求之，梁置药山郡及药山、重华二县，即今沅江县地。湘阴必稍东徙罗州，岳阳郡治所未详，疑罗州当治罗，案，今曲尺塘夹城，亦名古城，与古罗城夹汨水相望，疑即梁罗州治。岳阳郡当治今长乐。案，县东北长乐镇，正当天岳山之阳，岳阳之名所由放也。长乐镇亦有旧城遗址，名古城，疑即梁岳阳郡治。隋省湘阴入岳阳，县治乃益东。又废吴昌入罗，废玉山入湘阴，疑罗必徙治吴昌，湘阴即徙治罗。唐置昌江，故遂废罗。此沿革之犹可推见者。案，《隋书》：“罗有湄水、汨水。”《唐书》：“湘阴县界汨水，湄水出白鹤洞，东北注平江鹅笼江入汨水。”是隋时罗县治与唐湘阴县治皆近，距湄水入汨水处，即罗故城无疑。章怀太子《后汉书注》："罗县在今湘阴县东北。"《元和郡（国）〔县图〕① 志》、《括地志》，并云"罗故城在县东北六十里。"是其时湘阴又稍南徙。《舆地广记》："湘阴故城在县东北。"当即据唐徙治所言之。《宋史·李植传》称，绍兴五年，植知湘阴县事，立县治。县治原始，实见于此，而旧志相沿，以为许可崇迁今治。《一统志》定为"广顺三年"，又云："隋唐湘阴故城在县南三十里白乌潭。"其地上距潭州不及百里，不应远隶岳州，而罗故城在汨水南，今县治北抵汨水已在六十里外，又南三十里，则已近百里，不得云六十里也。验之地势，证之诸家载记，无一合者，殆未可据。

五代数十年中，马氏据有湖南，州县沿革多失详。而自唐乾宁三年据潭州，天复三年始并岳州。天祐三年，淮南杨行密取岳州，进取潭州，兵败，殷复取岳州。梁乾化二年，行密又攻取岳州。岳州忽得忽失，湘阴远无所附，必改隶潭州。《通志》以为梁属潭州，正在其时。马氏既定岳州，湘阴仍隶岳州。《十国春秋·地理表》："岳州领湘阴等县。"盖据唐、晋、汉三代言之。而殷据湖南，定朗州稍后。其后马氏入金陵，刘言改建朗州武平军，王进逵、周行逢仍之，领县必稍多，其时湘阴当改隶朗州。

《宋史》所谓宋初隶鼎州者，又据周行逢时为言。乾德二年，隶岳州，旋隶潭州，至今无改。宋改朗州曰鼎州，在大中祥符五年。自乾德元年定湖南，建置州县，湘阴即隶岳州，是湘阴在宋并未一隶鼎州。

史臣由后征前，因革废置，往往淆混。六朝五代之际，图书阙略，尤所难悉。今合诸史所载，参以杂记，征求历代相沿之迹，脉络分明如指诸掌，而后诸家承误之由，亦可因是推测，庶几足备考古者之一证尔。

①据唐初李吉甫撰《元和郡县图志》改。

湘阴县图志卷七

疆域表

《周礼》：县师掌郊里地域，司险掌山川道路。先王疆理天下，邦国封域，经之纬之，如示诸掌。而掌疆一职，已轶其文。所以经理疆域，制其远近，至今无由通其义。自《汉书·地理志》载及山水，《唐书》兼及河渠，其间疆土之裁并、道里之变更、山险水利随之以移，如《齐书》出“白沙戍”，《梁书》出“车轮洲”，《陈书》出“杨柳洲”，并为罗县沿江要害必争之地。《宋史》出“于兴”，明志因以于兴砦为名。于兴砦在县东北，为重镇，则以驿路所经故也。至今日而近湖洲地多沦于水，于兴砦僻在一隅，无有能举其名者。故夫考其疆理，而形胜要害，瞭然并见。周官职司所掌者盖繁，非虚著之图籍也。湘阴旧置二驿，乾隆二年拨归大荆一驿。四境所至，国朝已有更置，爰就近时疆域表而著之。以知今地之广狭，而山川险塞，与地势相因，可以推见，抑亦周官掌疆之遗也。

县南驿路

望江岭　五里。

涝溪铺　十里。

五里墩　十五里。

袁家铺　二十里。

月形山　二十五里。

文家铺　三十里。

废寺岭　三十五里。

界头铺　四十里，又三里，界长沙。

县北驿路

五里墩　五里。

长仑铺　十里。

斋公岭　十五里。

五仑铺　二十里。

老鼠塘　二十五里。

禄塘铺　三十里。

排二峰　三十五里。

杨梅铺　四十里。

栗　桥　四十五里。

大塘铺　五十里。

苕　塘　五十五里。

归义驿　六十里，渡汨水。

五里墩　六十五里。

石头铺　七十里。

成山桥　七十五里。

黄谷铺　八十里，渡罗水。

五里墩　八十五里。

大坪铺　九十里。

月形坡　九十五里。

关山铺　百里。

五里墩　百五里。

新塘铺　百十里。

刘大桥　百十五里。

大荆驿　百二十里。

界碑冲　百二十五里，又二里，界碑仑，界巴陵。

县南水驿路

五魁山　五里。

青竹庙　十里。

猪婆潭　十五里。

湾河口　二十里。

文泾江　二十五里。

樟树港　三十里。

青泥望　三十五里。

摇头山　四十里。

铁角嘴　四十五里。

乔　口　五十里，界长沙。

县北水驿路

张家塘　五里。

黄茅洲　十里。

老鼠夹　十五里。

六寨港　二十里。

芦林潭　二十五里。

官　山　三十里。

锹　港　三十五里。

虞公庙　四十里。

黄陵庙　四十五里。

营　田　五十里。

土星港　五十五里。

兔耳港　六十里。

白鱼圻　六十五里。

泥　湾　七十里。

泥　洼　七十五里。

沉沙港　八十里。

青草港　八十五里。

虾子嘴　九十里。

琴棋望　九十五里。

外峰洲　百里。

跋双洲　百五里。

磊石山　百十里。

鲇鱼洲　百十五里。

挡　鮹　百二十里，界巴陵。

县南至路

鱼池坝　五里。

童家垅　十里。

冯家冲　十五里。

双江口　二十里。

陶家垅　二十五里。

白茅塘　三十里。

柳家冲　三十五里。

乾　塘　四十里。

长　塘　四十五里。

尖伽山　五十里。

县东南至路

望江岭　五里。

油榨岭　十里。

花石岩　十五里。
墙　坑　二十里。
侯家湾　二十五里。
金塘湾　三十里。
金鸡山　三十五里。
小娘桥　四十里。
板　桥　四十五里。
团　山　五十里。
枫头塍　五十五里。
新开市　六十里。
沙塘基　六十五里。
黄家疃　七十里。
新桥湾　七十五里。
樟树桥　八十里。
桃树坪　八十五里。
栗　桥　九十里。
雷家疃　九十五里。
阳江疃　百里。
山腰冲　百五里。
汉家山　百十里，界长沙。

县东至路

望江岭　五里。
油榨岭　十里。
花石岩　十五里。
墙　坑　二十里。
侯家湾　二十五里。

金塘湾　三十里。
金鸡山　三十五里。
小娘桥　四十里。
板　桥　四十五里。
树　冲　五十里。
梨树岭　五十五里。
将军神　六十里。
五举坪　六十五里。
梭墩坝　七十里。
沙溪市　七十五里。
下芭蕉桥　八十里。
陈家疃　八十五里。
鸭子湖　九十里，南界长沙，北界平江。

县东北至路

五里墩　五里。
长仑铺　十里。
斋公岭　十五里。
五仑铺　二十里。
老鼠塘　二十五里。
禄塘铺　三十里。
排二峰　三十五里。
杨梅铺　四十里。
栗　桥　四十五里。
大北塘　五十里。
旷公桥　五十五里。
杨柳坪　六十里。

仑　塘　六十五里。

涂家河　七十里。

新　市　七十五里。

兰苕河　八十里。

舒家坳　八十五里。

枫树桥　九十里。

新益亭　九十五里。

杨树桥　百里。

长乐镇　百五里。

钟家塝　百十里。

乾冲塍　百十五里。

梁家冲　百二十里。

女子桥　百二十五里。

隘　口　百三十里，又五里径巴陵岐沙街。

转龙山　百四十里，界巴陵。

县北至路

御洗沟　五里。

石头塘　十里。

五里巷　十五里。

独　峰　二十里。

彭家坝　二十五里。

小　桥　三十里。

东　塘　三十五里。

葛家坪　四十里。

石子涧　四十五里。

角山桥　五十里。

望湖山　五十五里。

河塘镇　六十里。

玉筲山　六十五里。

庄家湾　七十里。

王家桥　七十五里。

碧　塘　八十里。

七里街　八十五里。

白约塘　九十里。

卢家桥　九十五里。

笔架山　百里，界巴陵。

县西北至路

御洗沟　五里。

板凳形　十里。

两头塘　十五里。

宋家岭　二十里。

七里冲　二十五里。

谢家坪　三十里。

三墩桥　三十五里。

黄甲桥　四十里。

乌　塘　四十五里。

营田市　五十里。

横河渡　五十五里。

上青山　六十里。

中青山　六十五里。

下青山　七十里。

虾　湖　七十五里。

玉照山　八十里。

萧婆镇　百里。

王家坊　百三十里。

龙瞳湖　百四十里，界沅江。

县西至路

鄢家墩　五里。

张家滩　十里。

广兴围　十五里。

马家铺　二十里。

蓝家铺　二十五里。

临泚口　三十里。

魏家湾　三十五里。

湾斗垸　四十里。

关公潭　四十五里。

朱公围　五十里。

兴化口　五十五里，界益阳。

县西南至路

扁担夹　五里。

老闸口　十里。

丁家山　十五里，又二里渡白乌潭。

吴家棚　二十里。

蠡湖洲　二十五里。

矮　岭　三十里。

窑头山　三十五里。

铁角嘴　四十里。

艾婆潭　四十五里。

云雷山　五十里，界益阳。

县西上通益阳路

鄢家墩　五里。

张家滩　十里。

广兴围　十五里。

马家铺　二十里。

蓝家铺　二十五里。

临泚市　三十里。

魏家湾　三十五里。

湾斗垸　四十里。

关公潭　四十五里。

朱公围　五十里。

兴化口　五十五里，界益阳。

县西下通沅江路

鄢家溆　五里。

张家滩　十里。

广兴围　十五里。

马家铺　二十里。

蓝家铺　二十五里。

临泚市　三十里。

三合围　三十五里。

韩湾围　四十里。

白马寺　四十五里，又三里荷陂塘，界沅江。

县北东通平江路

五里墩　五里。

长仑铺　十里。

斋公岭　十五里。

五仑铺　二十里。

老鼠塘　二十五里。

禄塘铺　三十里。

排二峰　三十五里。

杨梅铺　四十里。

栗　桥　四十五里。

大比塘　五十里。

旷公桥　五十五里。

杨柳坪　六十里。

仑　塘　六十五里。

涂家河　七十里。

新　市　七十五里，界平江。

县北西通巴陵小路

御洗沟　五里。

石头塘　十里。

五里巷　十五里。

独　峰　二十里。

彭家坝　二十五里。

小　桥　三十里。

东　塘　三十五里。

葛家坪　四十里。

石子涧　四十五里。

角山桥　五十里。

望湖山　五十五里。

河塘市　六十里。

狮子口　六十五里。

长仑头　七十里。

青龙桥　七十五里。

石崇桥　八十里。

东　塘　八十五里。

唐家坊　九十里，界巴陵。

县北长沙通巴陵古驿路

长乐镇　东南界平江。

钟家塝　五里。

乾冲塍　十里。

梁家冲　十五里。

女子桥　二十里，又十里界巴陵岐沙街。

县东长沙通巴陵古路

界　碑　东界长沙。

唐家桥　五里。

栗　桥　十里。

铜盆寺　十五里。

三角坝　二十里。

界都市　二十五里。

大　桥　三十里。

沙溪市　三十五里。

双江口　四十里。

牛形岭　四十五里。

七里冲　五十里。

八里疃　五十五里。

茶亭岭　六十里。

新　市　六十五里，又十五里至黄谷铺，入驿路。

县东长沙通巴陵小路

小洋桥　东南界长沙。

龙家桥　五里。

藤　树　十里。

三姊桥　十五里。

石子岭　二十里。

白茅城　二十五里。

王家桥　三十里。

晒谷石　三十五里。

盐泉疃　四十里。

铜含口　四十五里。

曹公塘　五十里。

新开江　五十五里。

古培塘　六十里。

栎　桥　六十五里。

獭　塘　七十里。

夹　城　七十五里。

眠羊山　八十里。

河塘市　八十五里。

狮子口　九十里。

长仑头　九十五里。

青龙桥　百里。

石崇桥　百五里。

东　塘　百十里。

唐家坊　百一十五里，界巴陵。

湘阴县图志卷八

巡幸封建世爵表

春秋建国无及楚南者，而轩辕氏、虞氏南巡，并穷历湖南之境。知楚以南，历三代沦为荆蛮。舜时有苗建国，自为荒服奉朝贡也。《岳阳风土记》载，轩辕氏有裔子曰张渤，佐禹平水土，分治彭蠡、洞庭，受封于罗。案，《姓谱》："黄帝十五子始造弓矢，赐姓名曰张弧。"张渤当即其后。是罗建国唐虞之世，距楚徙罗时，历年千有馀。上古荒遐，取证难矣。罗汭一见《左氏传》。盖麇、罗二国得名春秋时，而皆为楚所徙封，其详不见于传。至汉，长沙再为封国，诸王嗣世分封侯国者十馀人，独不及罗。东汉凡两徙封，皆以荒远为下国。梁、陈代兴，建置稍繁，而后无闻焉。元氏两世巡历县境。明遂封建郡王，历传七世。郡国风会，日异古先。而世运之隆污，人事之兴替，循环无穷，可以推见。自湘阴立县至于咸丰之初，二千馀年，兵事起而战功显，始有受封赐爵者。难荫起骑都尉以下，著籍尤繁，与古封建事异，而子孙相袭为世爵，自秦以来未之有改也。爰考史籍所载巡狩、封建两大端，征求实录，分著于表，而以咸丰之世列于世爵者附焉。凡为表者三，依类叙之云尔。

巡幸表

轩辕

《史记》：黄帝南至于江，登熊湘。

案，《汉书·地理志》："湘山在长沙益阳县。"《括地志》："湘山一名艑山。"《正义·秦始皇本纪》引《荆州记》云："青草湖南有青草山，湖因山名。湘山者，乃青草山。"《一统志》："黄陵山一名湘山。"《舆地广记》："君山，湘君之所游处，即湘山也。"合诸家说，言湘山隶湘阴者二，而今青草山适当湖口，黄帝渡江而南入湘，必登此矣。距青草山十里曰凤凰台，旧志："黄帝南巡，有凤凰鸣集于此，上应律吕。"足证旧说相沿至今，必有所本。《通志》以安化之浮青山当熊耳，以益阳之脩山当湘山，距湘绝远，别无证据，盖沿地理志附会以成其说尔。案，《南齐书·王僧虔传》：割益阳、罗、湘西立湘阴县。是今湘阴北境，正隶益阳。班氏称湘山在益阳，尤青草山为湘山之确证。

虞

《史记》：帝舜三十九年，南巡狩，崩于苍梧之野。

案，《书·孔传》："摄位二十八年，升道南方巡狩，死于苍梧之野。"与《史记》小异。《通考》以岳州为古苍梧之野。《淮南子》云："南征三苗，道死苍梧。"语本《帝王世纪》，又与书传小异。刘向《列女传》："二妃从于江湘之间，谓之湘君。"《名胜志》："黄陵山，舜二妃墓在其上。"历古传记如此。是舜南巡旧迹，实在湖湘之间矣。案，梁分益阳地置药山郡，并药山、重华二县。疑重华置县，以舜名其地，今隶沅江。正当湖湘之间，与湘阴接。曰湘山者，以湘水尽处为名也。后儒不考地势之分合，但据今地求之，牵合附会，宜所不免。

夏

《史记》：禹道九山汶山之阳，至于衡山，过九江。

案，《山海经》："沅澧之风交潇湘之浦，是在九江之间。"《水经》："九江，地在长沙下隽县西北。"是沅湘诸水之名九江，自汉桑钦所见皆然。郑康成氏注《禹贡》，一失其义，遂使九江之名，纭纷而未有定。宋胡氏旦、曾氏旼、晁氏补之，始正名九江为今洞庭，其功甚伟。湖湘之间，禹迹盖多也。《吴越春秋》："东南天柱，号曰宛委。禹登衡山求之，得书宛委山。"通《水经》，符子，舜禅禹于洞庭之野。上古茫昧，语多传疑。而"过九江"之文，著之《禹贡》，斯为信而有征矣。

秦

《史记》：始皇二十八年，西南渡淮之衡山南郡，浮江至湘山祠。

案，《九域志》："湘阴有湘山。"贾山至言："秦为驰道于天下，南极吴楚江湖之上毕至。"《水经注》引《山海经》："洞庭之山，沅澧之风，交潇湘之浦"，而下云："湖中有君山、艑山。"是郦道元固不以君山为洞庭山。而自唐以前见之史传者，但有青草湖而无洞庭湖。则所谓洞庭之山交潇湘之浦，当即今青草山。《史记·正义》引《荆州记》，亦名湘山。旧志："邑西文、武二洲，始皇南巡于此憩舟焉。"

元

《文宗本纪》：泰定元年，召帝于琼州，至长沙，居数月，还京。《顺帝本纪》：文宗至顺三年海南还，师迎立帝于广西之静江。天历元年，因改潭州路为天临路。

案，文宗以英宗至治元年出居琼州，泰定元年召还，逾四年即位。顺帝以文宗至顺元年徙居大青岛，再徙广西之静江，三年自静江迎立。皆道出湘阴。文宗曾一憩舟恩波桥。《一统志》：顺帝北归，至县北七十里望京镇，登高北望，闻蛙声，敕土神禁之，于是筑台名望京台，亦名禁蛙台。案，望京镇即长乐镇，距县北九十里。废台遗址在镇右，今长乐桥犹名望京桥。

封建表

后汉

窦瓌，平陵人，和帝永元二年封夏阳侯，出为颍川太守；四年，窦宪诛，遣就国；五年，坐禀假贫民，徙封罗侯。见《后汉书·窦融传》。

邓骘，新野人，恭帝建光元年封上蔡侯，坐诬，徙封罗侯。见《后汉书·邓禹传》。

寇氏，《蜀志·刘封传》：本罗侯寇氏子，而不详其名。据《后汉书·寇恂传》，建武二年封雍奴侯，子损徙封扶柳，孙釐徙封商乡。桓帝时，曾孙荣以权宠见害，诛。寇氏由是衰废，或灵帝以后追录寇恂之功，改封罗耳。

宋

孙超之，吴县人。明帝泰始二年，官尚书比部郎，以诛晋安王子勋功，封罗侯。见《宋书·邓琬传》。

齐

刘山阳，明帝永泰元年，大司马、会稽太守王敬则举兵反，遣辅国将军刘山阳等率兵东讨，斩敬则，封山阳湘阴县男。〔见《南齐书·王敬则传》。〕①

梁

萧昂，武帝从父子，晋领军将军。中大通元年，封湘阴县侯。见《梁书·萧景传》②

萧詧，昭明太子统之三子，封曲江县公。中大通三年，立为

---

①据此表各条通例及《南齐书·王敬则传》补。

②据《梁书·萧景传》“封湘阴县侯”为“（中大通）二年”。

岳阳王，历陈为后梁，都江陵。见《北史·附庸传》。

周宏直，汝南〔人。元帝承圣初，除贞毅将军、长沙内史，行湘州府州事，封湘滨县侯。见《陈书·周宏正传》。〕①

陈

陈番，庐陵王伯仁之长子。世祖天嘉六年封庶子伯仁为庐陵王，旋封番湘滨县侯。见《陈书·庐陵王传》。

陈叔慎，宣帝十六子。太建十六年，立为岳阳王，领湘州刺史。见《陈书》本传。②

五代汉

刘赟，高祖弟崇之子。乾祐三年，自徐州节度使迎立，未至。周太祖受禅，以太后诏，降封湘阴县公。见《五代史·汉本纪》。

案，湘阴自东汉建国以来，为罗侯者四，为湘滨侯者二，为湘阴县男一，湘阴县侯一，湘阴县公一。梁置罗州岳阳郡，为王国者二。刘赟封湘阴县公，其时湘阴属楚。盖沿唐世虚封之制也。据《宋书·州郡志》"罗县侯相"，"湘阴男相"。是湘阴初置县即为封国。见之史者，仅《齐书·王敬则传》载湘阴县男刘山阳，馀无可征，史书缺者多也。自六代罗、吴昌，时有分合，而别为县，其封爵不备录。

明湘阴王

朱贵焞，太祖庶子辽简王植之十一子，永乐二十二年封湘阴王，成化四年薨，谥安僖。

二世豪墭，安僖王嫡子，成化六年袭封湘阴王，弘治十三年

---

①据清光绪六年《湘阴县图志》之另本及《陈书·周宏正传》补。

②据《陈书·高宗二十九王·岳阳王叔慎》，"立为岳阳王"，时在"太建十四年"；领"湘州刺史"，时在"祯明元年"。

薨，谥康懿。

三世恩锟，康懿王嫡子，弘治十六年袭封湘阴王，正德四年薨，谥恭简。

四世宠湳，恭简王嫡子，正德七年袭封湘阴王，嘉靖二十四年薨，谥端靖。

五世致梠，端靖王嫡子，嘉靖二十八年袭封湘阴王，隆庆三年薨，谥恭定。

六世宪烟，恭定王庶长子，隆庆六年袭封湘阴王，万历二十八年薨，谥庄顺。

术㙞，庄顺王庶长子，万历七年封镇国将军，卒未袭封。

七世俨铒，术㙞庶长子，万历三十四年袭封湘阴王，见《明史·诸王世系表》。

案，汉封建皆就国，惟列侯领职者，遥食邑禄，不就国。六代诸王皆领刺史持节，以职任为重，视汉初封建有间矣。隋世建侯，有国侯、郡侯、县侯、乡侯、亭侯、关内侯。关内侯以下不食租，虚封而已。唐以后遂不复建国，惟加实封者得调给其邑租税。其后一领于内府，不由王公征调，又除世袭。李泌所谓官以授能，爵以酬功，封爵惟设为虚名，给缯布。盖自唐一变前古封建之制，而国与民两利，为法至善。元制，王封一字者最贵，其次二字封号，其次国邑，又别为等第，以印章别之。明太祖规复汉制，以资藩辅，亦颇参用元制，以一字建国而就藩府州，惟诏所置。如湘阴王为辽庶王支庶，而辽王就藩广宁，旋徙荆州，仍袭辽号。其支庶惟所封王子得分封，王子以下支庶，授镇国、辅国将军，不别封。其分封国邑，禄食无茅土，亦略如元制。辽简王，嘉靖中国除。支庶分封，惟湘阴王传袭最久，《明史·世系表》不详其所终。《通鉴辑览》："崇祯十六年，李自成陷荆、襄诸郡，杀湘阴王俨钾。"盖至是始绝，爰录存其世系，备参考焉。

世爵表

侯伯

二等恪靖侯左宗棠，同治三年以平浙江功，锡封一等恪靖伯，加一等轻车都尉。光绪四年，以平西域喀什噶尔功，晋封二等恪靖侯。

骑都尉兼一云骑尉

蔡启禄，赠提督蔡渭川之子。同治十年，承袭骑都尉兼一云骑尉。

姚其通，升用提督、浙江衢州镇总兵姚连升之子。同治十二年，承袭骑都尉兼一云骑尉。

蔡启发，总兵衔、照提督例赐恤蔡东祥之子。同治十二年，承袭骑都尉兼一云骑尉。

周心遇，提督、赠太子少保衔周保和之子。光绪三年，承袭骑都尉兼一云骑尉。

骑都尉

周继熊，副将、赠总兵周清元之子。咸丰十一年，承袭骑都尉。

张资万，赠总兵张文焕之子。同治四年，承袭骑都尉。

陈均恩，副将衔、赠总兵陈邦荣之子。同治八年，承袭骑都尉。

吴翊元，补用道、赠太常寺卿吴炳崑长子，同治十年，以附生兼袭骑都尉。

左宗林，记名总兵左富文之子。同治十二年，承袭骑都尉。

蒋孝达，副将蒋光晋之子。光绪元年，承袭骑都尉。

李新藩，总兵、赠提督李隆典之子。光绪三年，承袭骑都尉。

云骑尉

毛聘贤，县丞毛英勃之子。同治五年，承袭云骑尉。

毛赉贤，把总毛英俊之子。同治五年，承袭云骑尉。

刘瑞五，府经、县丞、赠知府刘文镕之子。同治六年，承袭云骑尉。

李荫联，知县、赠道衔李植之嫡长孙。同治十一年，承袭云骑尉。

彭傅陞，尽先补用游击彭协和胞弟。同治十一年，承袭云骑尉。

黄耀南，副将黄仁亲胞侄。仁亲无子，以胞弟黄本丰于同治五年承袭，旋卒。耀南，乃黄本富子。同治十三年，接袭云骑尉。

宋历源，都司、赠游击宋美富之子。同治十三年，承袭云骑尉。

黄迈，守备、赠都司黄亿元之子。同治十三年，承袭云骑尉。

傅佑铭，会同县教谕、赠国子监学正傅安宗之子。光绪三年，承袭云骑尉。

王振湘，参将、赠副将衔王华庭之子。光绪三年，承袭云骑尉。

郑世庆，提督郑阳和弟外委见海之子，继阳和为嗣。光绪二年，承袭云骑尉。

李云阶，五品军功、赠守备衔李国棠之胞兄。光绪三年，承袭云骑尉。

韩裕年，知府衔、赠太仆寺卿韩正国之子。光绪四年，承袭云骑尉。

案，三代五等之封，皆自君其国。迨秦制为武功爵二十等，专用以赏战功。历代相沿，各有变通。国朝定世爵之位九：曰公，曰侯，曰伯，曰子，曰男，曰轻车都尉。并分三等，公、侯、伯，超品；子，一品；男，二品。轻车都尉，三品。曰骑都尉，四品。曰云骑尉，五品。自一等公世袭二十六次，以次递降，至云骑尉世袭一次。案：自侯以下兼一云骑尉者，并加一次，是以爵二十一等，通为二十六次；如骑都尉兼一云骑尉三次，骑都尉二次，云骑尉一次。其世袭罔替者，并为恩骑尉。曰恩骑尉，七品。凡袭次尽者改给恩骑尉世袭罔替，通为二十一等。凡初受封之人曰主爵官，不入承袭次数。其以难荫赠爵者，文职四品以下云骑尉，二三品骑都尉。正二品以上骑都尉兼一云骑尉；武职二品以下云骑尉，正二品骑都尉，一品骑都尉兼一云骑尉。湘阴军兴以来，以功受爵者，左恪靖侯为最著，而难荫之袭爵者至不可胜纪。盖自秦置罗县，历今二千馀年，未有若斯之盛者也。略叙所知著于表，其未经呈报者，固亦不得而详也。

湘阴县图志卷九

职官表

《史记》:“秦孝公十二年，聚小都乡邑为县，置令丞。”实今县制所由仿。

然自秦汉置县，分设令长，各有等差。而以郡领县，以州领郡，太守、刺史得案县行其诛赏，地广而员少，事简而任专，大小相制，而皆得自行其权。

魏晋以下，增设郡县益繁，而员渐多。唐、宋增置诸道制使，其令皆得行于县，而权亦渐替，两汉循吏之绩，遂不复可得于后世。隋制县皆为令，不别署长，分列九等以定参僚员数。唐易九等为六，曰京畿上中下，析中县为二等，曰中、曰中下，以州领县，而以诸道领州。

开元中，析江南道为东、西道，分设湖南、岳鄂观察使。自是始有湖南北之名。宋又为荆湖南北路置安抚司，而湖南安抚司，常以知潭州兼领。府州所领县，以赤畿望紧、上中下为次，假京朝官出知县事。自是始有知县之名。

元设行中书省，分领诸路。路置总管府，领州县，分上、中、下三等。而湖以南诸路，分置湖南道宣慰司。明改行省为承宣布政司，兼置按察司，以诸司副使分治诸道；又析湖南为上、下二道，而长沙属下湖南道。改路为府，领诸县，制县皆正七品。惟以繁简课最，省上、中、下三等名目。国朝因之，又改下湖南道为长宝道。历代置官大略，曰州、曰郡、曰路、曰行省、曰府、曰县。自汉以州领郡，以郡领县。隋罢郡置州领县，旋又改州为郡。至唐并建府州领县，又分道以领府州。宋改道曰路，而以府、州、军、监领县。元又改路曰行中书省，又别置路以领县，而州与县并建，或领于路，或领于府，州或领县或否，府又或隶于路，州又或径隶于省。

明始以省领道，而改路曰府，领州县。世愈降而官愈多，制使之名，加于府州县之上，若累棋然。而自各道州郡以下，皆置僚佐。

今略考历代职官之隶于县者表而著之，而因旧志叙次其名迹可纪者，补其阙略，正其讹误，具详所证备参考焉。

汉

长

户曹、金曹。

丞

法曹、仓曹。

尉

贼曹、吏曹。

五官掾

兵曹、功曹。

诸曹掾史

校官经师

案，汉制，丞相、三公总理百官，置东、西曹。西曹主府史署用，东曹主二千石长吏迁除，谓之公府；尚书亦置吏曹考按举劾，曰选部，其后选署，一由尚书。

大率汉初县置令长，起自掾吏为多，而以贤良方正、茂材、孝廉、直言举者，亦经数转，始为县令。东汉之世，茂材、孝廉任为县者滋繁焉。《汉书·百官表》：“县万户以上曰令，秩千石至六百石。减万户曰长，秩五百石至三百石。案，应劭《汉官仪》：“荆扬江南七郡，惟有临湘、南昌、吴三令。”南阳穰中，上沃民稠，四五万户，尚为“长”，知两汉置令无几，罗县仅置长耳。皆有丞、尉，秩四百石至二百石，是为长吏。百石以下，有斗食、佐史之秩，是为少吏。”《后汉书·百官志》：“县署诸曹掾史，略如郡。郡署诸曹掾史，略如公府曹，无东西曹而不载员数，公府曹尚有奏曹、辞曹、尉曹、决曹。”《汉志》：“郡、县皆无之。魏晋以后，又有骑马、车铠、水士等曹，郡县亦间有增置。”《汉官篇》：“雒阳令员吏七百九十六人。”推至三百石县长，犹当二三百人。盖汉时郡县之权重，掾属分职为多。《后汉书注》：“正曰掾，副曰属。”案，《宝庆志》称，汉制，诸曹掾史八等。曰掾、曰属、曰史、曰百石卒史，凡四等皆有秩；曰书佐、曰循行、曰幹、曰小史，凡四等无秩。历考汉碑，无以“属”名官者，而“百石卒史”即“史秩百石”也。疑《汉书》所谓“属”者即史，不得更分四等。应劭《汉官仪》：“县丞、尉，所谓命卿。其馀诸曹，皆自署吏。”《后汉书》：“郡县出盐及铁及有工者皆置官，有水池、渔利者置官平水收渔利，随事置吏，不具员数。”湘阴水利，自汉历唐无可考。盖其时通为边远州郡，载籍亦稍略矣。

凡县属一里置里魁；十里曰亭，置亭长；十亭曰乡，置三老。案，《汉书·百官表》：“秦法，乡置三老一人，又择乡三老中一人为县三老。”《仓颉庙碑》题名有郃县三老、郃乡三老。啬夫、游徼，分掌教化、赋役、盗贼，谓之员吏。隋以后始别之为乡官，《后汉·爰延传》：“外黄令牛述任延为廷掾，范宁为功曹，濮阳潜为主簿。”是后汉县属尚有廷掾、主簿，与功曹分制县事。《汉官仪》："县道有狱司空。"而《百官志》皆不载。案，汉制，县属故有主簿录事史，主记掾记室史，皆未著录。晋制，又有门下议生，在门下史上，后遂为议曹。《仓颉庙碑》题名，所谓衙乡，即今白水县，其属吏尚有集曹掾、文学掾，案，文学掾为郡吏，据此则县属亦有文学掾。从掾位；《西狭颂碑》后题名，有衡官从史位；《校官碑》题名，有将作史；《郃阳令曹全碑》题名，有征博士祭酒邮书掾、市掾、塞曹史。职名参互，未著录者甚繁。大抵县道各置属吏，得自命名。《通典》称："汉魏以降，传说讹舛，研核莫辨。即县所置属吏，推之已不可悉数矣。"元始三年立学官，郡国曰学，县曰校，置经师一人；乡曰庠，聚曰序，置孝经师一人。《中部碑》有校官祭酒，《郃阳令曹全碑》题名所谓祭酒者，或即此尔。又《后汉书》：永元五年，徙窦瓌为罗侯；建光元年，徙邓骘为罗侯。凡两建国。列侯所食县置相一人，主治民，如令长，纳租于侯，其家臣置家丞、庶子各一人。

晋、宋、齐

长相

谢允，淮南历阳人。晋咸和中，罗邑宰。见《荆州图记》。

功曹

仓曹掾，吏曹史。

尉

诸曹掾史

狱小史，都亭长。

户曹掾，贼曹掾，狱门亭长。

法曹掾，贼捕掾。

金曹掾，兵曹史。

主簿

录事

方略吏

廷掾

右，晋令长一人。

案，《荆州图记》："晋咸和中，历阳谢允弃罗邑宰，隐居武当，故亦名谢罗山。"隋唐以前县令可考见者，谢允一人而已。晋世重令长之任，不经宰县，不得入为台郎。而自魏晋以后，县皆不置丞。《宋书》载："晋洛阳县置六部都尉，馀大县置二人，次县小县置一人。"宋元嘉十五年，并省小县尉，而《晋书》不载。晋制，县置吏曰员吏、曰散吏、曰方略吏，县三千户以上，职吏八十八人，散吏二十六人，以次递减。至不满三百户以下，职吏十八人，散吏四人。视两汉员吏稍杀矣。县五百户始置乡，三千以上置二乡，五千以上置三乡，万以上置四乡。乡置一啬夫，乡户不满千，置一治书史；千以上置一史佐一正；五千五百以上置一史、二佐。率百户置一里吏。《通典》谓宋制与秦汉同。今考《宋书》所载乃叙述汉制，典午以后，乡职渐废，亦势然也。又《宋书·州郡志》：罗、吴昌皆侯国。湘阴亦男国，永初元年，降封长沙公陶延寿为吴昌侯。泰始二年，封孙超之为罗侯。大明二年，又封戴法兴为吴昌县男。而湘阴建国无考，亦因元徽二年置县，齐世受禅，旋封旋废，故不详耳。

梁、陈

刺史

宁巨，梁大同八年，罗州刺史。见《梁书·高祖本纪》。

陈拟，吴兴长城人，梁大宝元年罗州刺史。见《陈书》本传。

徐嗣徽，东海郯人，梁大宝二年罗州刺史。见《梁书·王僧辩传》。

胡颖，吴兴东迁人，梁承圣初罗州刺史。见《陈书》本传。

别驾　治中　主簿

西曹　祭酒

太守内史

司马子产，河内温人，梁武帝时岳阳太守。见《陈书·司马暠传》。

王琳，会稽山阴人，梁大宝中岳阳内史。见《南史·王琳传》。

章昭裕，吴兴武康人，陈光太中岳阳太守。见《陈书·华皎传》。

裴子烈，河东闻喜人，陈太建中岳阳内史。见《陈书·吴明彻传》。

议曹

部郡从事

丞

文学从事　中正

功曹　诸曹掾史

中正　主记吏

长相　尉

部县亭长

诸曹掾史

右，梁刺史四人、太守一人、内史一人，陈太守一人、内史一人。

案，梁置罗州、岳阳郡，所领县皆在今湘阴、平江、巴陵三县之地。陈废罗州，岳阳郡改隶巴州。隋省湘阴入岳阳县，又改岳阳为湘阴县。疆域歧分，因时考事，略可推测。自魏晋以来，刺史权益重，皆兼使持节都督，轻者为持节督。晋制，非要州则单为刺史。梁广建州名，分列五品，罗州除授，史无征焉，为非要州也。案，《陈书·胡颖传》：承圣初元帝承制，授颖假节铁骑将军、罗州刺史。是梁时罗州刺史亦有持节者。而自梁广设州郡，刺史守令见于史者盖繁，旧志皆略而不书，今就史传中可考见补之。宋元嘉时始定郡县六周而代，其后复以三年为满。案，《魏书》：崔亮制选法为停年格，以停解日月为断，不复铨别能否，郡县六年为满。则今制所由放也。《隋书》称梁制，郡县吏有书僮、有武吏、有医、有迎新送故，又散吏之时有增改者也。梁、陈凡两建岳阳王国，梁中大通元年，又封从弟萧昂为湘阴县侯；元帝承制江陵，封周宏直为湘滨县侯；陈太建中，封庐陵王伯仁子番为湘滨县侯。凡王国，置傅相郎中令、将军中尉、常侍典卫等官；而王国领郡，置内史；侯国领县，置相。悉如汉制。

隋

刺史

兵曹

西曹

长史

法曹

祭酒

医学博士

令

萧铣，东海兰陵人，隋大业中授罗令。见《唐书》本传。旧志漏。

西曹

金曹

市令

司马

士曹

部郡从事

丞

户曹

录事

典签

尉

兵曹

功曹

州都

仓督

功曹

法曹

户曹

主簿

市令

主簿

士曹

右，隋县令一人。

案，隋废岳阳郡置玉州，湘阴亦州治也。凡州佐诸曹皆署参军，惟西曹署书佐，而县诸曹皆署佐。《通典》载，功曹、书佐主选举，汉制也。其司隶、功曹、从事史，兼录众事，即州治中之职。晋、宋以来，改功曹为西曹。至隋，功曹复与西曹并置。自魏晋置中正，铨别流品，历代相沿。州郡皆有之，其任特隆。隋之州郡，即其遗也。其县皆署令，以九等为次，不别置长。大业中，改县丞为县正，寻改正为户曹、法曹分司。盖汉制，州郡以下僚佐皆自署置。开皇二年罢辟署，令吏部除授品官为州郡佐。十五年，尽罢州县乡官。案，《隋书·李德林传》：开皇元年，苏威奏置五百家乡正理辞讼，德林以为本废乡官判事，为其里闾亲戚，剖断不平，今令乡正专治五百家，恐为害更甚。十年，虞庆则等巡省诸道，还，言乡正不便于民，乃令废之。是隋初置乡正，其权益重。《通典》言汉县丞、尉及诸曹掾，多用本郡人。及隋氏革选，尽用他郡人，皆今制所由仿也。

唐、五代

令

黄晔，唐大历中任。见《楚风补》，旧志漏。

马搏，唐太和二年任。

戴宝，梁开平中仕楚任。

许可崇，周广顺中，以大理评事摄湘阴令，祀名宦，有传。

录事

问事

助教

丞

司户

白直

主簿

司法

市令

尉

崔成甫，博陵人。天宝中，以校书郎再选湘阴县尉。见《全唐诗》小传，旧志漏。案，崔氏以博陵为郡望，即汉安平县，属涿郡。晋置博陵国，六代因之，为博陵郡。隋时已改置深州，实为深州安平人。

典狱

经学博士

右唐县令二人、尉一人，五代县令二人。

案，唐初立选格，始有试选之法，曰身、曰言、曰书、曰判。选自六品以下，既试判，补给符，谓之告身。而秀才、明经、进士诸科登第者，以八品、九品注选。案，《唐书·地理志》湘阴县中下，令秩从七品，丞秩正九品，主簿尉秩从九品。其时，诸科登第者率补丞、尉。开元中，集新除县令宣政殿，策以治人之略，擢其高第者。稍因循年格而量加变通，又一时之创制也。《通典》：唐县置七司。隋改曹为司，曰司功、曰司仓、曰司户、曰司兵、曰司法、曰司士，而录事参军亦谓之录事司，总名七司。惟京县、畿县全置，馀县置三司。丞为副贰，主簿上辖尉，分理诸曹。汉制，主簿掌簿书，亦曹掾之属。隋始以主簿次尉，唐遂升秩尉上。自汉魏以来，县属诸曹掾史，曰职吏、如掾史。曰散吏，如循行干小史。常数百人。隋、唐除授一由吏部，始有定员。梁开平二年，省诸道州府六曹掾属，只留户曹一员，通判六曹。至宋而始废。唐制五里为乡，置耆老一人，佐二人。而驿将亦以富民充之，后始置官司焉。

宋

知县

程文度，太平兴国五年任。

余良肱，洪州分宁人，治平中以大理寺丞知湘阴县。见《宋史》本传。有传。

王定民，亳州人，元丰六年任。有传。

刘廷厚，元祐中任。

魏洙，绍圣中任。

高公杰，绍圣四年任。

刘芑，大观二年任。

胡昭，绍兴二年任。

李植，泗州临淮人，绍兴五年以奉议郎知湘阴县。见《宋史》本传。有传。

晁公似，绍兴十三年任，占籍湘阴。

徐梦莘，临江军人，绍兴二十四年进士，以南安军教授改知湘阴县。见《宋史·儒林传》。有传。

钟绍恭，绍兴三十年任。

宋鹏，乾道五年任。

黄荣，庆元三年任。有传。

赵善邢，庆元六年任。

王相，嘉定二年任。有传。

赵国开，嘉定十四年任。

林采，宝庆元年任。

左说，宝庆中任。

林冈，绍定六年任。

赵希鄂，嘉熙元年任。许晟《贡生碑》称四年任，陈兰孙《南堤碑》称开庆元年任。

黄洪嗣，嘉熙四年任。

胡哲，淳祐四年任。有传。

邵庶，宝祐六年以主簿署任。

费绰，道州江华进士，咸淳四年任。见《通志·选举》，旧志漏。

陈兰孙，咸淳五年任。有传。

丞

杨翼，绍定六年任。有传。

王锜，京兆府蓝田人，淳祐八年任。见胡哲《经理汨罗庙记》，旧志漏。案，旧志《古迹》：浮香亭，宋县丞黄锜建。又讹王为黄。

韩溟，相州安阳人，咸淳中任。占籍湘阴。

孙鼎，婺州人，咸淳中任。占籍湘阴。

主簿

戴师愈，元丰三年任。

幸元龙，瑞州高安人。庆元中进士，授湘阴县主簿。有传。案，旧志作辜元龙，《通志》作辛元龙，《一统志》作幸元龙，尚有弟幸当时。《四库全书存目》：幸元龙《松垣集》十一卷。题曰“幸清节公”，而集中载其以朝请郎通判郢州，罢归。亦莫详其得谥之由也。

潘惟一，庆元六年任。

曹德英，嘉定十四年任。

邵庶，宝祐二年任，宝祐六年署知县。

尉

朱辂，郴州桂阳人，绍圣中进士，授湘阴县尉。有传。

袁栗，大观中任。

周炎，绍兴中任，历官宁远县知县。占籍湘阴。

巡检司

镇砦官

右宋知县二十六人、丞四人、主簿五人、尉三人。

案，唐制，县令阙，县佐摄令，曰知县事。宋兴，始以朝官为知县，参用幕职。其由进士出身者，除将作监丞大理评事，次除幕职官，次除试衔知县，亦授宣教、宣义、迪功等郎，皆云以某官知某县。《宋史》言内外所授官多非本职，以差遣为资，是也。其后选幕职官为知县，而县令之名遂废。其有戍兵者，又以知县兼兵马都监云。自宋以来，选法益详，其入仕五等，曰贡举、曰奏荫、曰摄署、曰流外、曰从军，注选者试判四道，定州县七等注拟以为资叙，案，《宋史·地理志》：湘阴县中，令秩从八品，主簿尉秩从九品。铨选凡十格，中县令六选，中县簿尉九选。五经明法选中县令，太庙斋郎选中县簿尉。以三年为一任，两任转通判，又两任转知州。

汉制，郡国有文学掾。西汉末，制郡国立学，县立校，置经师，而其后无征。唐始置诸道州县经学博士助教，德宗改博士曰文学。其后罢文学，专置助教。庆历四年，诏州县立学，由转运司选部属官为教授。自是学校始盛。熙宁六年，复诏教授由中书门下选差，于是县皆置学生。历州以贡于太学，即今生员所放也。然惟州置教授，县并无学校官。王明清《挥麈录》：政和中，诏天下州县官皆带提举句管学事。盖兼以知县领学官耳。案，《熙丰日历》载，雄州防御推官知秀州崇德县事，充晋州州学教授陆长愈。据此，是知县亦可兼充他州教授。

元

达鲁噶齐

知州

杨处仁，冠州人，皇庆中任。有传。

宋仲仁，泰定元年任。

孙天才，致和元年任。

王文彪，至正中任。有传。

同知

谢端，四川遂宁州人，延祐五年进士，同知湘阴州事。见《元史》本传。有传。

慕禼，于阗人，进士。至顺中任湘阴州同知，卒葬城中义井头，子孙占籍湘阴。案，《元史·选举志》：远夷外徼，授以长官。于阗西域，亦以进士授州同知。此其证也。又案，旧志：彭希周，本州人，皇庆中任。据《彭氏谱》，希周以进士任户部主事，弃官归。至正二十四年，明太祖定湖南，授希周湘阴州同知，旋征拜应天府太湖县丞。是希周任州同知当属明初。旧志称皇庆中任，误也。详见本传。

判官

李元奎，茶陵州人，延祐二年进士，致和元年任。

刘鹤皋，江西庐陵县人，天历中任。

雷德英，茶陵州人，至正中进士。

吏目

艾荣宗，江西庐陵县人，至正中任。占籍湘阴。

学正

右，元知州四人、同知二人、判官三人、吏目一人。

案，《元史·百官志》：内外官之长，蒙古人为之，汉人南人贰焉。太祖十八年，定西域诸城置达噜噶齐原作达噜花赤华，言掌印官也。监治之。自是每定一路，路、府、州、县皆置达噜噶齐。选官从七品以下属吏部，曰部选，正七品以上属中书，曰省选，案，《元史·地理志》湘阴州下，知州从五品，同知正七品，判官正八品。自六品至九品为敕授，中书牒署之；一品至五品为宣授，以制命之。州、县选用汉人儒吏出身资品相应者，诸路岁贡人吏充补诸司吏员。其路、府上中州置教授一员，馀州置学正一员；县置教谕一员，书院别置山长，元贞元年悉罢之。明世教谕、训导，遂援为定制。

明

知县

黄思让，南直隶淮安府人，洪武二年任。祀名宦。有传。

孙初，山东淄川县人，洪武十二年任。祀名宦。有传。

李鸾，顺天宛平县人，洪武中任。有传。

王寅，江西庐陵县人，永乐初任。有传。

李谦，河南胙城县人，永乐中任。

宋纶，山东阳信县人，宣德初任，卒葬城东南坛。祀名宦。有传。子孙占籍湘阴。

田赋，直隶青县人，正统三年任。有传。府志作青阳人。

汪让，南直隶宣城县人，景泰七年任。有传。

韩璟，福建宁德县人，天顺元年任。有传。

李芳，四川渠县人，成化二年任。

凌昇，四川成都县人，成化三年任。

梁辅，浙江钱塘县人，成化十二年任。

周蕃，四川长寿县人，成化中进士，由云南道监察御史降知湘阴县事，二十一年任。

杨玺，四川南充县人，弘治中任。

应珊，顺天宛平县人，弘治中任。

何瑛，云南云南县人，弘治中任。

王槐，南直隶常熟县人，正德中任。

白谟，南直隶常州府人，正德中任。

李深，福建泉州府人，正德中任。

吴廷宥，陕西安定县人，嘉靖中任。

邹经，南直隶无锡县举人，嘉靖中任。

邹学，浙江嘉善县人，嘉靖中任。

刘璧，江西万安县人，嘉靖中任。

谢禧，广东增城县人，嘉靖中任。

蔡金，广西苍梧县举人，嘉靖十七年任。有传。

戴嘉猷，南直隶绩溪县人，由御史谪典史升知湘阴县事，嘉靖二十年任。

梁汝璧，四川江津县进士，嘉靖二十二年任。有传。

黄震昌，江西安义县举人，嘉靖中任。有传。

梁士翘，广东南海县人，嘉靖中任。

耿介，南直隶人，嘉靖中任。

张灯，江西浮梁县进士，嘉靖三十年任。有传。

李应春，广西柳州府人，嘉靖中任。

龙允中，江西万载县人，嘉靖中任。

张元举，广西临桂县解元，嘉靖中任。

陈以道，贵州永宁州人，嘉靖中任。见《一统志》。有传。旧志漏。

闵轲，四川仁寿县人，嘉靖四十四年由卫经历署任。

彭以复，江西万安县人，嘉靖四十四年任。有传。

赵文揆，四川峨眉县贡生，隆庆中任。

刘芳声，南直隶无锡县举人，万历中任。

王京祥，南直隶祁门县举人，万历中任，卒葬县东崩磡潭。祀名宦。有传。子孙占籍湘阴。

黄仁荣，江西南昌县举人，万历中任。有传。

陈楚产，万历中由县丞升任。

俎守节，陕西贡生，万历中任。

陈美，浙江山阴县进士，万历中任。有传。

杨师程，云南进士，万历二十九年任。有传。

胡大臣，浙江山阴县举人，万历中任。有传。

张大业，福建晋江县举人，万历中任。

史书言，福建晋江县举人，万历中任。

卢伯元，浙江山阴县举人，万历中任。

王秉乾，四川华阳县举人，天启初任。有传。

刘廷谏，江西永新县举人，天启中任。

余自怡，南直隶婺源县进士，崇祯二年任。有传。

杨枝起，南直隶华亭县进士，崇祯中任。有传。

杨开，广东海阳县举人，崇祯十四年任。见《明史·张鹏翼传》。祀忠义祠。有传。

汪能育，南直隶婺源县贡生，崇祯十七年任。

赵廷璧，河南举人，弘光中任。有传。

汪承诏，隆武中任。

县丞

彭希周，本州人，吴元年任本州同知。有传。

案，是时湘阴尚为州，洪武二年始改县。

罗圮，广西马平县人，洪武初任。
史谨，南直隶昆山县人，洪武初由应天府推官左迁任。
董昌，四川岳池县人，洪武中任。
王洪，福建闽县人，永乐中任。
郭广，四川长寿县人，宣德中任。
王宏，四川南充县人，正统中任。
陈通，广西人，景泰中任。
赵从，四川通江县人，天顺元年任。
郭宾，四川长寿县人，成化二十一年任。
胡绅，四川崇庆县人，弘治中任。
侯爵，南直隶凤阳县人，弘治中任。
张耀，南直隶祁门县人，正德中任。
王钺，广西兴安县人，正德中任。
满哲，广西平乐县人，正德十三年任。
花壁，云南人，嘉靖中任。
黄腾翼，福建人，嘉靖中任。
刘诩，南直隶如皋县人，嘉靖中任。
穆林，贵州普定县人，嘉靖中任。
吴邦大，江西萍乡县人，嘉靖二十一年任。
章谧，南直隶太湖县人，嘉靖中任。
贺懋安，江西永新县人，嘉靖二十一年任。
张愈，四川泸州人，嘉靖中任。
于国佐，嘉靖中任。
刘伯昇，江西南昌县人，嘉靖三十年任。
朱瑞章，嘉靖三十一年任。
龚应辰，浙江海盐县人。

赖尚志。

张一鹏，南直隶常熟县人，并嘉靖中任。

黄周任，江西峡江县人，万历中任。

包俪，万历中任。

李朝诰，万历中任。

陈楚产，贵州铜仁县贡生，万历中任，升任知县。

余尧中，浙江山阴县人，万历二十年任。

郝宇，四川人，万历二十九年任。

闵效莨，云南人，万历中任。

彭一鸾，广东人，万历中任。

金祐，南直隶休宁县人，泰昌中任。

叶应棻，江西广信府人，天启中任。

程述颐，天启中任。

杨希介，崇祯中任。见《通志》，旧志漏。

王之彦，顺天宛平县人，崇祯中任。

郑应牧，崇祯中任。

沈之纯，浙江绍兴府人，崇祯中任。

缪宗舜，浙江绍兴府人，崇祯中任。

叶春光，崇祯中任。

缪世仁，浙江绍兴府人，崇祯中任。

赖万耀，江西人，崇祯中任。有传。案，《明史·忠义传》：湘阴县丞赖万耀，摄醴陵县事。旧志作赖统绍，误。

常乘龙，河南人，弘光中任。

扶云凤，永历中任。见《明季稗史》，旧志漏。

主簿

柴浩，四川广安州人，洪武初任。

李达，陕西华阴县人，洪武十二年任。
李遵，四川成都县人，洪武初任。
李衡，南直隶当涂县人，正统中任。
严志广，四川合州人，天顺元年任。
刘昇，山东莒州人，天顺中任。祀名宦。有传。
鄢度，四川中江县人，成化中任。
覃广，四川富顺县人，成化二十一年任。
杨子尧，四川永川县人，成化中任。
朱敏，成化中任。
胡绅，四川崇庆县人，正德中任。
刘宏，广西人，嘉靖中任。
张国宷，江西德兴县人，嘉靖中任。
麻清，云南鹤庆府人，嘉靖中任。
张瓒，南直隶进贤县人，嘉靖十七年任。
王表，四川威远县人，嘉靖中任。
洪学诗，嘉靖中任。
王由，山东乐陵县人，嘉靖中任。
江玺，四川盐亭县人，嘉靖中任。
黄惟举，嘉靖中任。
孟淮，山西阳曲县人，嘉靖三十一年任。有传。
艾景期，南直隶嘉定县人，嘉靖中任。
程仰泗，四川荣昌县人，嘉靖中任。
周统，南直隶高邮州人，隆庆中任。
张鹓，四川盐亭县人，万历中任。
王一言，浙江萧山县人，万历中任。
孙圭，南直隶徐州人，万历中任。

罗铎，万历二十年任。

朱三重，四川人，万历二十九年任。

石献，贵州人，万历中任。

杨春芳，四川人，万历中任。

周希禹，广东人，泰昌中任。

陈伯清，广东长乐县人，天启中任。

王大美，天启中任。

陈良韬，崇祯中任。

潘宗彝，崇祯中任。

邱郡，崇祯中任。

施宏猷，崇祯中任。

李逢春，崇祯中任。

李初春，崇祯中任。

胡文郁，崇祯中任。

龚一偃，弘光中任。

甘应昌。

王廷璧，南直隶江宁县人。

案：以上二员，旧志列入县丞，云甘应昌弘光中任，王廷璧隆武中任。府志皆列入主簿，甘应昌尚列张国案之前。《湖广通志》叙："列女，朱之辰妻王氏，父廷璧，官湘阴主簿。"《湖南通志》主簿以下不录，甘应昌、王廷璧皆未列名。府志列入主簿无可疑者，而甘应昌之在何时，则亦无可考矣。

典史

任昂，四川名山县人，洪武中任。

袁政，南直隶吴县人，永乐中任。有传。

陈经，广东四会县人，永乐中任。

郭广，广东南海县人，永乐中任。

宫安，江西乐平县人，景泰中任。

季昱，南直隶高邮州人，景泰七年任。见夏瑄《县署记》。旧志作李昱，宣德中任，误。

谢奇，江西南昌县人，天顺中任。

尹嘉谟，四川重庆府人，天顺中任。见府志，旧志漏。

宁武忠，成化中任。见府志，旧志漏。

杨熙，浙江慈溪县人，成化中任。

赵良臣，四川眉州人，弘治中任。

茹世祯，浙江馀姚县人，弘治中任。

袁宪，四川重庆府人，正德中任。

王承裕，福建闽县人，正德中任。

萧韶，南直隶安庆府人，嘉靖中任。

愈大基，南直隶当涂县人，嘉靖中任。

何元科，福建福清县人，嘉靖中任。

方添银，南直隶池州府人，嘉靖中任。

程敬思，南直隶徽州府人，嘉靖中任。

袁良用，嘉靖二十二年任。

王明，江西泰和县人，嘉靖中任。

熊廷举，江西丰城县人，嘉靖中任。

何洪恩，南直隶嘉定县人，嘉靖中任。

罗正昌，福建沙县人，嘉靖中任。

邓伯，南直隶嘉定县人，隆庆中任。

李嘉齐，万历中任。

王徵，万历中任。

方为，万历中任。

卢应方，南直隶上元县人，万历中任。见府志，旧志漏。

雷子科，江西赣州府人，万历中任。

冯长祐，万历中任。

陈光华，万历二十九年任。

沈麟，浙江人，万历中任。

胡化麟，江西南昌县人，天启中任。

谭用选，南直隶人，天启中任。

葛朝泗，四川泸州人，崇祯中任。

黄尚寀，南直隶江宁县人，崇祯中任。

阮志泰，福建人，崇祯中任。

愈守德，浙江绍兴府人，崇祯中任。

姚应奇，浙江钱塘县人，崇祯中任。

王志皞，顺天宛平县人，崇祯中任。

教谕

夏时敏，江西德兴县人，洪武中任。遂家湘阴。见《明史·夏原吉传》，旧志漏。

史九韶，浙江象山县人，洪武中任，卒葬县北漕溪港。祀名宦。有传。子孙占籍湘阴。

田厚，荆州府人，洪武中任。

陈保安，广东潮阳县举人，洪武中任。

李素，浙江会稽县举人，洪武中任。

许汝砺，江西乐平县举人，永乐中任。

潘润，福建闽县举人，永乐中任。有传。

曾子唯，广东保昌县举人，正统中任。

刘钊，江西泰和县举人，景泰中任。

陈彦瑞，浙江鄞县举人，天顺中任。有传。

林锐，成化十二年任。
周常，江西庐陵县举人，成化中任。
黄卓，江西永丰县进士，成化中任。有传。
李鸣盛，四川新都县举人，成化中任。
高岩，四川泸州举人，弘治中任。
柯新，浙江分水县举人，弘治中任。
林道，福建闽县人，正德中任。
赵朴，四川眉州人，正德十三年任。
马子文，江西乐平县举人，正德中任。有传。
邱隅，福建建宁县人，嘉靖中任。
张袷，四川简州人，嘉靖中任。
贾上书，浙江临安县人，嘉靖中任。
孟希介，福建闽县人，嘉靖中任。
梁拱辰，云南曲靖府举人，嘉靖中任。
刘璧，江西永丰县举人，嘉靖中人。
易有赞，广西临桂县举人，嘉靖中任。
萧旸，江西龙泉县举人，嘉靖中任。
赵珠，四川达州贡生，嘉靖中任。
何永贞，四川罗江县人，嘉靖中任。
刘一翀，四川富顺县举人，嘉靖中任。
钱匡之，浙江会稽县举人，嘉靖四十二年任。
杨维清，云南昆明县举人，嘉靖中任。
廖同春，江西泰和县举人，万历中任。
林时凰，万历中任。
罗洪谟，万历中任。
王正初，万历中任。

袁昭文，万历中任。

史梦鲤，万历中任。

唐瞬袭，万历中任。

何彬，万历中任。

游学，万历中任。

吴植，万历中任。

彭洵，万历中任。

徐炜，天启中任。

左准，崇祯中任。

曾允升，崇祯中任。

蔡相衡，湖北汉阳县人，崇祯中任。

伍承憲，江西举人，崇祯中任。

陈元庆，南直隶上元县人，崇祯中任。

杨春芳，靖州举人，崇祯中任。

周尚谟，常德府贡生，崇祯中任。

章志贤，浙江贡生，崇祯中任。

朱国宪，江西贡生，崇祯中任。

训导

彭希诚，本县明经。

郑用修，本县明经。

吴季孙，李县明经。

刘士贡，本县明经。

萧伯牧，本县明经。

林善卿，本县明经，并洪武初任。

陈最，江西南昌县人，洪武中任。

梁豫，广东琼山县贡生，洪武中任。

左迪，江西建昌县人，洪武中任。
颜克贤，江西永新县人，永乐中任。
钟富，四川云阳县人，永乐中任。
陈昶，江西南昌县贡生，永乐中任。
廖用，江西临川县人，永乐中任。
方进，江西永丰县贡生，正统中任，子孙占籍湘阴。
郑恒，南直隶繁昌县人，成化中任。
王蕃，贵州毕节卫人，成化中任。
詹凤，广西桂林府人，成化中任。
蔡弼，四川彰明县人，成化中任。
李周，河南罗山县人，成化中任。
蔡经，四川绵州人，弘治中任。
杨宗器，浙江钱塘县人，弘治中任，占籍湘阴。
王伯珪，四川彭山县人，正德中任。
陈珑，南直隶宣城县人，正德十三年任。
蔡纲，江西九江府人，正德十三年任。
濮淮，广西临桂县人，嘉靖中任。
桂养素，江西新喻县人，嘉靖中任。
范奭，四川新津县人，嘉靖中任。
陈纶，嘉靖中任。有传。
蒋正，四川垫江县人，嘉靖中任。
陈时恩，广东阳山县人，嘉靖中任。
李表，南直隶昆山县人，嘉靖中任。
孙本，南直隶淮安府人，嘉靖中任。
苌燧，河南封丘县人，嘉靖中任。
何宝，四川温江县人，嘉靖中任。

霍彦经，广东南海县人，嘉靖中任。
傅鹤，江西新喻县人，嘉靖中任。
虞大治，广东连州人，嘉靖中任。
黄阁，湖北汉川县人，嘉靖中任。
王镐，河南涉县人，万历中任。
谢宴，四川绵州人，万历中任。
黄荣，南直隶当涂县人，万历中任。
濮待价，贵州安庄卫人，万历中任。
刘尚德，万历中任。
张大行，万历中任。
赵第，万历中任。
王仕，万历中任。
熊士奇，万历中任。
毛朝用，万历中任。
施于政，湖北襄阳县人，万历中任。
张道，万历中任。
彭宗闵，万历中任。
王延鼎，万历中任。
江国蕃，万历中任。
张治化，万历中任。
张翼凤，万历中任。
朱尧年，万历中任。
毛奋，岳州府贡生，天启中任。
胡世臣，天启中任。
谢荐，天启中任。
石文炳，天启中任。

刘崇正，宝庆府贡生，崇祯中任。

沈承志，崇祯中任。

谢华祚，崇祯中任。

蒋一经，崇祯中任。

周宏稷，崇祯中任。

黎宪文，崇祯中任。

李宗彦，崇祯中任。

谭宗古，崇祯中任。

陈瑞玉，崇祯中任。

程希贤，崇祯中任。

陈梦鳌，巴陵县贡生，崇祯中任。

蔡溶如，黄州府贡生，崇祯中任。

蒙正发，崇祯中任。

巡检司

胡赐，江西贵溪县人。

刘朝卿，山东济南府人。

黄守诚，江西丰城县人，嘉靖中任。

张琳，浙江慈溪县人，嘉靖中任。

张元直，南直隶无锡县人，嘉靖中任。

高昇，河南祥符县人，嘉靖中任。

驿丞

顾善举，浙江嘉兴县人。

王敏，浙江钱塘县人。

王利，福建侯官县人。

林仪孙，福建莆田县人。

陈子昌，四川潼川府人。

熊健，河南信阳州人。

席慎，河南洛阳县人。

崔智，河南洛阳县人，成化中任，占籍湘阴。

陈冠，山西岳阳县人。

高登，河南人。

林仲昌，浙江台州府人。

王子宣，江西都昌县人。

陈忠，南直隶昆山县人。

王世卿，四川富顺县人。

林茂业，广西人。

河泊所

李道天，南直隶潜山县人，洪武中任。案，旧志《流寓》：李道天，至正间任巴县教谕，改湘阴河泊使。各县河泊所官明初始设，当系洪武时改任。

王性，南直隶丹徒县人。

李逊，南直隶宿州人。

吕仕华，江西峡江县人。

解通，浙江平阳县人。

孙辅，山东峄县人，天顺中任。有传。

王会，广东新会县人。

陈秉濂，四川垫江人。

税课局大使

黄杨，成化四年任。

仓大使

库大使

批验所

递运所

右，明知县五十七人，县丞五十一人，主簿四十四人，典史四十一人，教谕五十三人，训导七十三人，巡检司六人，驿丞十五人，河泊所官八人，税课局大使一人。

案，明制，吏部四司，文选掌铨选，考功掌考察选人，三途并用，曰进士，曰举人、贡生、监生，曰吏员诸杂流。知县由进士、举人、贡生选，学官由举人、贡生选，州县佐贰监生选，县属杂职吏员选。案，明制，定知县正七品，惟以繁简为差；县丞正八品，主簿正九品，教谕、巡检、税课司大使从九品；训导、典史、库大使未入流。万历中始定掣签之法，其命官以县丞、主簿为县佐，典史为县属，教谕、训导为儒学官，驿丞、巡检及诸大使、副使皆为杂职。洪武二十四年，定儒学训导位杂职上，其税课局典税事大使一人，批验所掌验茶盐引，递运所掌递运，大使、副使各一人。又有织染杂造局大使、副使各一人，又置医学训科、阴阳学训术、僧会司、道会司，不给禄，皆乡官也。但试以艺，不责以事。国朝因之。史称六朝五代选政，县令最轻，而天下重困。唐、宋承之，力矫其弊。至明始一出于甲科，贤能之吏为多矣，而内外之分过严，阶级亦稍隘，州县吏往往沉滞终身。历明至今数百年，无列名史传者。此又世运之一变也。

国朝

知县

贾珩，山西贡生，顺治四年任。有传。

李适，顺天宛平县进士。

张昇，顺天宛平县贡生。

曾成功，奉天府贡生，并顺治中任。

韩有倬，顺天大兴县进士，顺治中任。有传。

冉应奇，顺天人，顺治中任。

杨椿，陕西咸阳县拔贡，顺治十四年任。

赵完璧，奉天府贡生。

范祝，浙江绍兴府拔贡，并顺治中任。

唐懋醇，江苏高淳县举人，康熙元年任。有传。

杨应鹏，奉天府监生，康熙十二年任。

金维新，直隶人，康熙十八年任。

吴士俊，直隶密云县拔贡，康熙二十年任。

唐象益，广西举人，康熙二十三年任。

何铣虞，四川举人，康熙二十八年任。

董绍舒，汉军镶白旗人，康熙三十二年以长沙府同知兼署。见张希良《县学记》，旧志漏。

许国檀，汉军镶蓝旗人，康熙三十四年任。

高坦，直隶新安县人，康熙三十九年以永州府同知署任。见蒋常尊《名宦祠碑》，旧志漏。

房于泗，山东沾化县进士，康熙三十九年任。

蒲易藩，云南举人，康熙四十三年任。

张万祺，汉军正红旗人，康熙五十年任。

蒋洪烈，浙江贡生，康熙五十三年任。

张廷栋，汉军镶红旗人，康熙五十六年以衡州府通判署任。

罗士修，安徽宿松县举人，康熙五十七年任。有传。

熊学熊，南昌县人。见《江西通志》，旧志漏。

赵祚昌，浙江上虞县举人，雍正二年任。有传。

秦世栗，广西临桂县举人。

侯国正，四川成都县举人，并雍正四年任。

陈齐芳，广西平乐县举人。

梁灿，汉军正白旗人，并雍正六年任。

曹楷，甘肃陇西县拔贡。

周相，河南进士，并雍正十年任。

宋廷旃，山东胶州拔贡，雍正十一年任。

孔毓瑾，山东曲阜县人，雍正十三年任。

梅廷谟，江西举人，乾隆三年任。

邓钰，江苏六安州进士，乾隆四年任。

唐善应，浙江举人。

陈所抱，甘肃人，并乾隆五年任。

徐梁栋，江苏无锡县进士，由翰林院庶吉士散馆改知县，乾隆六年任。有传。

朱瑛，乾隆十三年任。

张宗衡，山西曲沃县进士，乾隆十四年任。有传。

陈钟理，广西临桂县举人，乾隆十九年任。有传。

范元琳，乾隆二十一年，以县丞署任。

沈树本，江苏清河县拔贡，乾隆二十一年任。凡再莅任。

张若泾，安徽桐城县人。

夏扶英，湖北孝感县举人。

张河衢，湖北应山县贡生，并乾隆二十二年任。

吴世贤，江苏奉贤县进士，乾隆二十三年任。

蔡长澐，福建漳浦县人，乾隆二十五年任。

侯可仪，江苏金匮县贡生，乾隆二十六年任。

刘善谟，山东邹平县举人，乾隆二十七年任。

朱鉴昌，乾隆二十九年，以县丞署任。

徐有杰，山西曲沃县贡生，乾隆三十年任。

许士杰，浙江海宁县人，乾隆三十一年任。凡再莅任。

罗铉章，湖北公安县举人，乾隆三十二年任。凡再莅任。

李舟，乾隆三十六年，由县丞升任。

高国维，乾隆三十七年，以县丞署任。

李郁文，山东诸城县贡生，乾隆三十八年任。

王业铨，浙江会稽县举人，乾隆四十三年任。

杨方大，四川南充县拔贡。

许顺，安徽歙县人，并乾隆四十五年任。

熊佐普，江西安义县人，乾隆四十六年任。

陈玉墀，浙江海盐县人，乾隆四十七年任。

李逢昇，乾隆四十七年，由县丞升任。

孙良希，浙江钱塘县人，乾隆四十八年任。

李昺，广东德庆州人，乾隆四十八年任。有传。

鲍振飞，安徽青阳县人。

王廷瑛，汉军镶红旗贡生，并乾隆五十五年任。

褚为章，直隶遵化州举人，乾隆五十八年任。

杨方岳，广东镇平县进士。

李兆文，顺天宛平县人，并乾隆六十年任。

李其丰，江苏吴县人，嘉庆二年任。凡四莅任。

陶发源，顺天大兴县人，嘉庆五年任。

陈光诏，湖北蕲水县举人，嘉庆七年任。凡三莅任。

刘玉轮，山东单县贡生，嘉庆十一年任。

梁佐，直隶天津县举人，嘉庆十二年任。

郭联辉，福建闽县举人，嘉庆十四年任。

刘体重，山西赵城县举人，历官江西布政使，入国史《循吏传》。

程世俊，浙江仁和县贡生，并嘉庆十六年任。

张若云，湖北松滋县人，嘉庆十八年任。

陈大纲，陕西高陵县进士，嘉庆十九年任。

蒋士魁，嘉庆二十一年，以县丞代理。

阎肇烺，山东昌乐县拔贡，嘉庆二十一年任。

鲁起元，江苏江宁县举人。

孙龄，江苏金匮县人，以衡州府通判署，并嘉庆二十二年任。

蔚常春，山西朔州举人，嘉庆二十三年任。

李琼，河南光山县人，嘉庆二十四年任。

王定昌，山西阳曲县副榜，嘉庆二十四年以直隶州州判代理。

许瀛，安徽全椒县拔贡，嘉庆二十四年署任。

金德荣，江苏上元县举人，嘉庆二十五年署任。

陈宸书，福建闽县举人，道光二年署任。

徐铉，浙江仁和县人，由县丞升补湘阴县，道光元年任。二年，引见赴京；三年复任。历官镇远府知府。

王云裁，顺天大兴县人，道光七年以县丞代理。

唐古特，蒙古正黄旗人，由笔帖式选授，道光七年任。捐升同知。

陈晋恩，江西新城县人，道光九年署任。历官甘肃巩秦阶道。有传。

黄矩高，顺天大兴县举人，道光十二年任。

孙怀瑞，顺天大兴县人，道光十三年以县丞代理。

孙宗瑛，四川秀山县举人，道光十三年署任。

杨郴，陕西咸宁县进士，道光十四年代理。

刘湄，浙江山阴县举人，道光十四年署任。

李蓉镜，甘肃秦安县进士，道光十五年任。有传。

张梦蛟，安徽含山县举人，道光十六年代理。

书绅，满州正白旗进士，道光十六年任。

刘礼章，安徽庐江县进士，道光二十一年署任。历官衡州府知府。有传。

陈正义，浙江山阴县人，道光二十二年以县丞代理。

夏廷樾，江西新建县人，由湖北竹溪县对调，道光二十三年任，历官湖北布政使。有传。

胡方穀，安徽桐城县人，道光二十三年代理。

杨尚鼎，浙江仁和县举人，道光二十三年任。

刘松岭，山东济阳县进士，道光二十六年任。

庄心庠，广东番禺县进士，咸丰元年任。升晃州厅同知，加知府衔。有传。

恩霖，满州正白旗进士，咸丰三年署任。

王文烈，江西上饶县举人，咸丰四年署任。

蔡炳镛，浙江仁和县拔贡，咸丰四年署任。

黄维瓒，广西临桂县举人，咸丰五年署任。

诸桓，江苏娄县举人，咸丰七年署任。

袁慧业，山东长山县举人，咸丰七年任。

陶绍甓，四川安岳县举人，咸丰八年署任。

吴逢泰，江西都昌县举人，咸丰九年任。

闵光弼，广西临桂县举人，同治元年代理。

夏献钰，江西新建县人，同治元年署任。

吴学澄，湖北蕲水县进士，同治二年署任。

齐德五，山西介休县进士，同治三年署任。

于学琴，江苏丹阳县附生，同治四年任，八年调省，光绪三年复任。

唐荣邦，四川梁山县举人，同治八年署任。

丁兰徵，浙江萧山县附生，同治九年署任。

胡鹗荐，江西新喻县附生，同治十一年署任。

冒沅，江苏如皋县人，广东通判改发湖南，同治十二年署任。

孙儒卿，山东平度州进士，由户部主事改知县，光绪三年署任。

潘清，浙江山阴县人，光绪五年以武冈州知州署任。

姜钟琇，贵州贵筑县人。

教谕

徐云章，黄州府贡生，顺治四年任。

林甲，江陵县举人，顺治十三年任。

董珍，麻城县举人，康熙元年任。

徐子有，黄冈县举人，康熙三年任。

王轩，黄陂县举人，康熙中任。

詹士懿，江夏县举人，康熙二十九年任。有传。

毛云昇，东安县举人，康熙三十九年任。

杨鳌，安乡县举人，康熙四十七年任。

陈旭善，监利县举人，康熙中任。

童仁，沔阳州举人，雍正七年任。

刘家谟，咸宁县贡生，雍正十三年任。有传。

周命育，衡阳县进士，乾隆九年任。

陈祥麟，乾隆十三年任。见徐梁栋《重修文庙碑》，旧志漏。

何祖亿，桂阳县举人，乾隆二十年任。

李大绅，乾隆三十年以训导兼署。

周卜宁，湖北松滋县贡生，乾隆三十一年任。

黄先昱，溆浦县贡生，乾隆三十四年任。

杨樟，武陵县举人，乾隆三十六年任。
叶零，湖北沔阳州贡生，乾隆四十五年任。
杨瑞，龙阳县拔贡。
罗廷灿，衡山县贡生，并乾隆四十七年任。
唐宜中，乾隆四十九年以训导兼署。
马知新，武陵县贡生。
涂善濂，华容县举人，并乾隆四十九年任。
石尚文，沅陵县贡生，乾隆五十五年任。
于盼，桃源县举人。
谢良榜，耒阳县拔贡，并乾隆五十六年任。
唐永飞，武冈州举人，乾隆五十七年任。
潘德宏，澧州副榜，嘉庆二年任。
李会甲，武冈州举人，嘉庆三年任。
张涟，武冈州贡生，嘉庆六年署任。
丁一槐，临湘县举人，嘉庆六年任。
欧阳偰，邵阳县贡生，嘉庆十年署任。
陈瑞鳌，安仁县举人，嘉庆十年任。
张永诚，嘉庆十二年，以训导兼署。
田荣超，永定县贡生，嘉庆十三年署任。
陈世柱，衡山县举人，嘉庆十三年任。
罗锐才，郴州贡生，嘉庆十九年任。
陈裕，嘉庆二十年，以训导兼署。
袁承祚，石门县举人，嘉庆二十年任。有传。
李毓锡，宜昌县副榜，道光十三年任。
程鹏，湖北应城县贡生，道光十四年任。有传。
邓新楚，新宁县拔贡，道光二十年署任。

刘书棠，武陵县举人，道光二十年任。

张正纬，道光二十三年，卸署训导事，接署。

龚连科，道光二十六年，以训导兼署。

余治朝，平江县贡生，道光二十七年署任。

谭华国，武陵县举人，道光二十七年任。

李寿锡，嘉禾县贡生，咸丰三年署任。

邹孔搢，新化县举人，咸丰三年任。

蒋华嵩，新田县贡生，咸丰九年署任。

李鸿敏，永绥厅贡生，咸丰九年任。

朱光瑞，平江县恩贡，同治八年署任。

罗承烈，衡山县举人，同治八年任。

王锡畴，城步县拔贡，同治十三年署任。

石光锐，沅陵县举人，光绪元年任。

黄云汉，临武县举人，光绪四年署任。

熊毓龄，凤凰厅举人，光绪五年任。

训导

陈惟坤，武陵县贡生，顺治四年任。

张同衡，江陵县贡生，顺治十一年任。

周道中，安乡县贡生，康熙元年任。

江洪源，施州卫贡生，康熙三年任。案，施南府为明施州卫，雍正八年改恩施县，属归州，十三年升为施南府。

李琼，郧阳府贡生，康熙二十七年任。

毛凤翙，江陵县贡生，康熙三十六年任。

宋逢泰，新田县贡生，康熙五十六年任。

刘董正，安乡县贡生，康熙六十一年任。

唐待徵，武陵县贡生，雍正六年任。

雷声荣，澧州优生，雍正七年任。有传。
谭泰京，酃县贡生，乾隆九年任。
胡国灵，靖州贡生，乾隆十七年任。
李大绅，芷江县贡生，乾隆二十五年任。
潘尚塖，黔阳县贡生，乾隆三十四年任。
陈运唐，郴州举人，乾隆四十年任。
朱霞，桂阳州举人，乾隆四十八年任。
涂善濂，乾隆四十九年，以教谕兼署。
陈昭谋，郴州举人。
唐宜中，衡阳县举人，并乾隆四十九年任。
向宗望，溆浦县贡生，乾隆五十二年任。
田正超，永定县贡生。
张霖，巴陵县贡生，并乾隆五十七年任。
陈以时，龙阳县举人，嘉庆二年任。
欧阳锡，新化县副榜，嘉庆三年署任。
谢鸿恩，石门县贡生，嘉庆三年任。
舒理元，溆浦县贡生，嘉庆四年任。
瞿兆鳌，沅陵县贡生，嘉庆五年任。
唐正南，麻阳县贡生，嘉庆八年署任。
瞿元捷，辰溪县举人，嘉庆八年任。
张涟，武冈州贡生，嘉庆九年任。
李占鳌，新宁县贡生，嘉庆十年任。
张永诚，乾州厅贡生，嘉庆十一年任。
陈裕，零陵县贡生，嘉庆十九年任。
王永羲，永定县贡生，嘉庆二十年任。
杨金森，凤凰厅贡生，嘉庆二十一年署任。

万世杰，桃源县贡生，嘉庆二十一年任。

李成宪，祁阳县贡生，嘉庆二十二年任。

张启轩，巴陵县贡生，道光元年任。

曹沅湛，永兴县贡生，道光三年任。

袁承祚，道光六年，以教谕兼署。

何映焘，龙山县贡生，道光七年署任。

朱春甲，桂阳县举人，道光七年任。

杨大声，黔阳县贡生，道光十四年任。

刘超元，桂阳县贡生，道光十七年任。

胡光晙，保靖县拔贡，道光十九年署任。

程鹏，道光十九年，以教谕兼署。

蒋宗冕，新田县贡生，道光二十年署任。

刘书棠，道光二十三年，以教谕兼署。

张正纬，武陵县贡生，道光二十三年署任。

龚连科，永定县贡生，道光二十五年任。

张名夔，郴州贡生，道光二十七年署任。

张吉曜，辰溪县贡生，道光二十七年任。

王玉成，临武县贡生，咸丰六年署任。

黄一鸣，龙山县贡生，咸丰六年任。

张清源，邵阳县贡生，同治十二年署任。

陈序徵，武陵县廪生，同治十三年任。

县丞

罗相国，陕西富平县人，顺治四年任。

夏一锜，安徽贵池县人。

王文昌，直隶藁城县副榜，顺治十四年任。

贾任重，四川人。

徐智，山西贡生，并顺治中任。

陈焕如，浙江归安县人，康熙元年任。

王耿，康熙初任。

王士宏，直隶怀来县贡生，康熙八年任。

毛公簪，山东濮州贡生，康熙十二年任。

李象琯，本县人，康熙十八年任，见府志。案，府志：康熙十年，安亲王札授本邑县丞偶遗十八年八字耳。

张祖武，康熙二十年任。

成邑，浙江绍兴府人，康熙三十三年任。

杜元勋，康熙四十二年署任。见《神鼎山志》，旧志漏。

梁元伟，康熙四十三年任。

郎熠，康熙五十年任。

张本栻，汉军正黄旗人，康熙五十七年任。

戴伯伊，雍正六年任。

刘镇基，汉军正红旗人，雍正十三年任。

伍密，福建宁化县贡生，乾隆三年任。

沈章，江苏吴县人，乾隆六年任。

顾见田，江苏太仓州人，乾隆十三年任。有传。

范元琳，江苏如皋县人，乾隆十七年任。凡四莅位。

陈国治，江苏吴县人，乾隆十八年任。

林河清，福建莆田县人。

董其慎，浙江会稽县人，并乾隆二十年任。

张若泾，乾隆二十二年以署知县事改署。

戴廷槐，江苏吴县人，乾隆二十三年任。凡三莅任。

宋汝砺，乾隆二十四年，由典史升任。

徐凤朝，浙江德清县人，乾隆二十五年任。

朱鉴昌，浙江嘉善县贡生，乾隆二十八年任。凡再莅任。

李时亮，湖北天门县人，乾隆二十九年任。

高国维，江苏江宁县人，乾隆二十九年任。

李舟，云南晋宁州人，乾隆三十年任。前后署任及署县事，凡六莅任，升任知县。

冯棣，浙江嘉兴县人。

徐淦，江苏上海县人，并乾隆三十一年任。

吴惟坤，江苏娄县人。

金序璪，安徽英山县人，并乾隆三十三年任。

鲁珩，江西新城县人，乾隆三十六年任。

孙新治，乾隆三十年，由典史升任。

李郁文，乾隆三十九年，由知县改任。

邱锦旸，江西宁都州人，乾隆三十九年任。

潘从龙，福建崇安县人。

张文耀，四川郫县人，并乾隆四十年任。

孙纯信，山东莘县拔贡，乾隆四十一年任。凡再莅任。

任伟，乾隆四十一年，以新市巡检兼任。

吴树，浙江钱塘县人，乾隆四十二年任。

李逢昇，湖北孝感县人，乾隆四十三年任。升任知县，凡四莅任。

徐怀芳，江西武宁县人。

任大武，山西介休县人，并乾隆四十三年任。凡三莅任。

王敬曾，江西泰和县人，乾隆四十四年任。

王心仁，浙江镇海县人，乾隆四十七年任。

于洪，顺天大兴县人，乾隆四十八年任。

周佐鸿，河南商州人，乾隆四十九年任。

袁献增，江西泰和县人。
萧光咏，湖北罗田县举人，并乾隆五十年任。凡再莅任。
李昺，乾隆五十一年，以知县兼任。
周鉴，顺天大兴县人。
濮文阶，浙江分水县拔贡，并乾隆五十二年任。凡再莅任。
赵基昇，顺天房山县拔贡，乾隆五十三年任。
骆兆麟，湖北汉阳县人，乾隆五十四年任。
徐均，顺天通州人。
刘家暎，浙江山阴县人，并乾隆五十六年任。
徐大纶，浙江人。
顾焘，江苏长洲县人，并乾隆五十七年任。
黄宪裔，安徽六安州拔贡。
周宗濂，甘肃平凉县拔贡。
张其翰，四川平武县拔贡，并乾隆五十九年任。
周廷玺，奉天承德县拔贡，嘉庆二年任。
张增良，汉军正黄旗人，嘉庆三年任。
王学源，贵州大定府拔贡。
吴恩诏，江苏荆溪县人，并嘉庆五年任。凡三莅任。
郑兆捷，山西文水县副榜，嘉庆六年任。
王邦彦，广东澄迈县贡生，嘉庆七年任。
许崇江，广东番禺县人，嘉庆九年任。
姜晓，江苏吴县人，嘉庆十年任。
马峻，浙江会稽县人，嘉庆十一年任。凡再莅任。
张孔遂，四川巴县人，嘉庆十二年任。
邓景福，江苏吴县人。
蒋士魁，湖北咸丰县人，并嘉庆十四年任，升任知县。

王继勋，山东诸城县人，嘉庆二十二年任。

李檀，山东济阳县人，嘉庆二十三年署任。

孙鼎文，江苏上元县人，嘉庆二十五年署任。

嵇文醇，江〔苏〕无〔锡〕县人，道光〔三〕年任，四年调省，旋复任。有传。子孙占籍湘阴。①

蒋愚，江苏常熟县人，道光四年署任。

赵锐，汉军正红旗贡生，道光十二年以直隶州州判署任。

萧品三，浙江奉化县拔贡，道光十三年以直隶州州判署任。

何典，四川梁山县人，道光十三年任。

王昮，江西泰和县人，由翰林院庶吉士散馆改知县，坐事革职降，捐按察司照磨。道光十四年署任。

汪世泽，江苏六合县人，道光十五年署任。凡再莅任。

徐涵照，顺天大兴县人，道光十五年以藩库大使署任。

赵秉志，江西南丰县人，道光十六年任。十八年调省，旋复任，二十一年再调省差委，二十二年复任。

吴庆元，顺天大兴县人，道光十八年署任。

雷霄汉，陕西澄城县人，道光二十一年署任。

白自澄，奉天承德县人，道光二十五年署任。

陈正义，浙江山阴县人，道光二十六年任，二十九年调省，旋复任，咸丰元年调省，旋亦复任。

鲁邦耀，浙江平湖县人，道光二十九年署任。

刘崇源，广东惠来县人，咸丰元年以府经历署任。

张濯翰，咸丰二年，以典史兼理。

赵德堃，江西南丰县人，咸丰二年署任。

---

①据湘阴县藏刻本校补。

朱心鉴，浙江海宁州人，咸丰四年署任。
孙灏，浙江山阴县人，咸丰七年以府经历署任。
徐锜，江苏武进县人，咸丰七年任。
莫如勤，广西临桂县人，同治二年署任。
庆山，汉军镶蓝旗人，同治三年任。
陈世科，江苏六合县人，同治六年以府经历署任。
金许洪，江苏吴县人，同治六年任。
胡醴源，四川合江县贡生，同治七年任。
刘光化，湖北枝江县贡生，同治九年任。
田瑚，广西全州人，光绪二年署任。
胡鼎臣，贵州铜仁县人，光绪三年任。

新市巡检司

董联捷，直隶人。
孙让。
张世荣。
陈承贤，案，顺治、康熙中尚沿明制，置营田巡检司。
刘任勋，江西人。
邹公铉，顺天人，并雍正十二年改置新市巡检司任。
徐世琳，浙江人，乾隆十九年任。
江廷揆，江苏江宁县人，乾隆二十年任。
郭于恒，山西闻喜县人。
姜远澄，直隶保定县人，并乾隆二十一年任。
俞景文，浙江山阴县人。
吴道履，浙江钱塘县人。
陈元锟，浙江诸暨县人。
程廷一，浙江山阴县人，并乾隆二十二年任。

马沛雯，陕西榆林县人，乾隆二十四年任。

黄辉，湖北汉川县人，乾隆三十年任。

朱仍采，湖北公安县贡生，乾隆三十一年任。

赵龙章，四川温江县人，乾隆三十七年任。

熊炯，福建上杭县人，乾隆三十八年任。

戴文焕，四川中江县贡生，乾隆四十年任。

王镐，四川成都县人。

任伟，顺天宛平县人，并乾隆四十一年任。

朱金门，浙江海宁州人，乾隆四十三年任。

傅鸿翥，江西德兴县人。

谢文宝，江西长宁县人，并乾隆四十八年任。

朱凤藻，浙江钱塘县人，乾隆五十二年任。

杨晋山，广东人。

龚志曾，浙江人。

吴荫桂，江苏如皋县人，并乾隆五十五年任。

朱观光，江苏昭文县人，乾隆五十七年任。

徐明肃，湖北随州人，嘉庆四年任。

朱东璧，山东历城县人，嘉庆五年任。

萧镐，福建建阳县人，嘉庆十九年任。

谭本宗，嘉庆二十年，以大荆司兼署。

高云鹤，江苏阳湖县人，嘉庆二十一年任。

王裕钟，顺天大兴县人，嘉庆二十三年任，道光五年调省，旋复任。

刘豫，湖北江夏县人，道光五年署任。

刘树棠，顺天大兴县人，道光六年署任。

陆松，顺天大兴县人，道光六年署任。

李清标，顺天大兴县人，道光六年任，十三年调省，十四年复任。

乔应运，湖北汉阳县人，道光十三年署任。

朱玉田，山东荣城县人，道光十四年署任。

曾炯，江西南丰县人，道光十五年署任。

孙启增，顺天大兴县人，道光十五年任。

朱焕章，道光二十二年署任，接补大荆巡检。

陈应黼，顺天大兴县人，道光二十三年任。

赖史直，福建侯官县人，咸丰二年署任。历官岳州府知府。

张濯瀚，咸丰三年，以典史兼署。

胡淦，贵州定番州人，咸丰六年署任。

金玉润，浙江仁和县人，咸丰七年署任。

苏戴纶，四川内江县贡生，咸丰八年署任。

王澧，顺天宛平县人，咸丰十年署任。

冀子馀，山西介休县人，咸丰十一年任。

廖宇康，顺天大兴县人，咸丰十一年署任。

鲜于光锦，湖北宜都县人，同治元年署任。

戎培芳，贵州平越州人，同治二年任。

朱尚模，贵州镇远县人，同治八年任。

唐锡琨，广西宣化县人，同治九年任。

大荆巡检司

吴兆彪。

高澍。

李懋。

刘文鼎。

冯克悌，浙江钱塘县人。

包宛分，浙江会稽县人。

吴亦苏，浙江绍兴府人。

朱支钺，江西人。

何文清，四川人。案，明置笙竹驿驿丞，国初改设归义驿驿丞，旋裁并新市巡检司兼理。

徐起晟。

陈国治，江苏吴县人，并大荆驿丞，乾隆中由平江改隶湘阴。旋裁驿丞，置巡检司。

祝玙，山东郓城县人。

胡廷扬，江西龙泉县人，并乾隆二十三年任。

莫彬，浙江会稽县人。

钟璠，广东长乐县人，并乾隆二十四年任。

郑应元，河南固始县人，乾隆二十八年任。

陈应恩，广东大埔县人，乾隆二十九年任。

范逢年，江西新建县人，乾隆三十年任。

黄辉，乾隆三十一年，由新市巡检改署。凡四莅任。

赵龙章，乾隆三十七年，以新市巡检兼署。

杨龙犹，顺天大兴县人。

夏乐山，安徽当涂县人，并乾隆三十七年任。

郭宜位，山西介休县人，乾隆三十八年任。

江森，安徽建平县人，乾隆三十九年任。

邵嗣榖，浙江仁和县人，乾隆四十年任。凡三莅任。

刘绍镜，江西南丰县人。

唐寿松，江苏华亭县人，并乾隆四十一年任。

孙龙章，四川新宁县人，乾隆四十三年任。

濮文阶，乾隆五十二年，以县丞兼署。

刘辉，江苏江都县人，乾隆五十二年任。
谢仁，浙江仁和县人。
邹指南，湖北汉阳县人，并乾隆五十三年任。
徐钧，乾隆五十五年，以县丞兼署。
方鳞，广东东莞县人，乾隆五十六年任。
朱东璧，嘉庆六年，以新市巡检兼署。
温扬声，江西石城县人，嘉庆六年任。
徐发，安徽人，嘉庆七年任。
吴照，福建武平县人，嘉庆十年任。
吴松舟，嘉庆十一年，由典史升任。
管景牧，江苏阳湖县人，嘉庆十二年任。
汤显，河南信阳州人，嘉庆十三年任。
周藩，浙江会稽县人，嘉庆十四年任。
冯武元，直隶人，嘉庆十五年任。
陈廷巩，广西义宁县人，嘉庆十六年任。
谭本宗，湖北江夏县人，嘉庆十八年任。
吕殿华，安徽黟县人，道光五年代理。
赵秉礼，顺天大兴县人，道光五年署任。
谢德庆，顺天大兴县人，道光六年署任。
方承绶，顺天大兴县人，道光七年署任。
沈瑶林，江苏吴县人，道光七年署任。
郑楚材，顺天大兴县人，道光八年任。
曾炯，道光十七年，由署新市巡检接署。
孔继善，顺天大兴县人，道光十八年署任。
顾樾，江苏昆山县人，道光十九年任。
袁澍，顺天大兴县人，道光二十二年署任。

查有任，浙江海宁州人，道光二十三年署任。

舒万峰，湖北崇阳县人，道光二十三年署任。

朱焕章，四川华阳县人，道光二十四年任。

唐淳，广西临桂县人，咸丰四年署任。

陈霖，咸丰四年，以典史兼署。

陈楷，湖北江夏县人，咸丰六年署任。

杨镇，安徽桐城县人，咸丰八年署任。

邹邦焘，江苏无锡县人，咸丰九年署任。

李际晟，湖北恩施县人，咸丰十年署任。

黄应燮，江西东乡县人，咸丰十一年署任。

顾开泰，江苏上元县人，同治元年署任。

沈宝典，江苏吴县人，同治二年署任。

刘勋，浙江会稽县人，同治三年署任。

朱英秀，陕西富平县人，同治四年任。

吕元瑜，广西临桂县人，同治四年署任。

赵连勋，直隶青县人，同治四年任。

孙维翰，贵州黄平州人，同治十年任。

典史

朱瑾，福建建安县人，顺治四年任。

谢毓祥，陕西华州人。

王继祖，顺天宛平县人。

徐奇，直隶盐山县人，并顺治中任。

杜仕俊，顺天宛平县人，顺治十五年任。见《神鼎山志》，旧志漏。

高辉，顺天宛平县人，康熙八年任。

王仕权，直隶河间县人，康熙十八年任。

王永年，康熙四十二年任。见《神鼎山志》，旧志漏。
娄大纪，康熙四十九年任。
齐元觉，陕西人，雍正二年任。
孟芳，浙江会稽县人，雍正六年任。
李世瑞，湖北蕲水县人，乾隆四年任。
祝时勉，浙江绍兴府人，乾隆五年任。
王榆，浙江钱塘县人，乾隆六年任。
董其慎，浙江会稽县人，乾隆十四年任。
金兆龙，浙江桐乡县人，乾隆二十一年任。
宋汝砺，江苏吴县人，乾隆二十年升任。
李次仁，顺天大兴县人，乾隆二十二年任。
吴惇大，江苏武进县人，乾隆二十九年任。
范绵，山西介休县人。
王世辅，江苏江宁县人，并乾隆三十年任。
金序璨，乾隆三十三年，以县丞兼署。
丁孔昭，浙江会稽县人，乾隆三十三年任。
孙新怡，江苏盐城县人，乾隆三十三年任，升任县丞。
徐怀芳，江西人，乾隆四十五年任。
吴敬臣，浙江归安县人，乾隆四十六年任。
程廷弼，浙江嘉善县人，乾隆五十一年任。
陈镤，江苏金匮县人。
巇文安，四川安岳县人，并乾隆五十二年任。凡再莅任。
许人庆，四川广安州人，乾隆五十八年任。凡四莅任。
高墉，安徽贵池县人，嘉庆三年任。
吴松舟，江西南城县人，嘉庆五年任。升任大荆巡检。
张岂本，山西浮山县人，嘉庆六年任。

曾沂，江西南城县人，嘉庆十六年任。

张启达，浙江嘉善县人，嘉庆二十一年任。

方春，湖北汉川县人。

沈迎恩，浙江乌程县人，并嘉庆二十二年任。

沈锡三，浙江山阴县人，道光六年署任。

宋文璟，浙江馀姚县人，道光六年任。

陈子询，四川德阳县人。

陈观礼，广东海康县人。

邱维祖，广东番禺县人，并道光十二年署任。

沈学鹏，浙江山阴县人，道光十三年署任。

葛芳，安徽怀宁县人，道光十三年任，二十年调充乡试巡绰官，旋复任。

何濬哲，广东香山县人，道光二十年署任。

刘凤枝，顺天大兴县人，道光二十三年署任。

赵琪，安徽桐城县人，道光二十四年任。

吴廷炜，浙江开化县人，道光二十六年署任。

张濯翰，河南陕州人，道光二十六年任。

赵永祺，顺天大兴县人，咸丰三年署任。四年，洪秀全自金陵分股上犯，永祺解囚赴省至湾河口，遇贼死。

陈霖，安徽太平县人，咸丰四年署任。

朱益庭，顺天宛平县人。

张树本，江西安福县人，并咸丰五年署任。

李昌龄，江西丰城县人，咸丰七年署任。

钟履泰，湖北荆门州人，咸丰九年署任。

李世缨，湖北咸宁县人，咸丰十年署任。

陈义美，湖北天门县人，同治二年任。

邹邦焘，同治二年，由署大荆巡检接署。

陆维骥，浙江嘉兴县人，同治三年署任。

邹士毅，江苏无锡县人，同治四年署任。

黄祖纯，江西庐陵县人，同治四年任。

李丰龄，江西丰城县人，同治十一年署任。

雷寿春，湖北公安县人，同治十二年署任。

黄家俊，湖北松滋县人，同治十三年任。

右，国朝知县一百二十九人，教谕五十八人，训导五十六人，县丞一百十人，新市司巡检五十八人，大荆司巡检七十二人，内旧设驿丞十一人。典史六十四人。

案，国朝定制多沿明旧，知县由进士、举人、贡生、教习兼除，满蒙笔帖式亦得简选，及满、汉官荫叙为知县，皆各有班资。兵马司、副指挥、县丞、经历、州判、教授、学正、教谕等官，则为升途焉。雍正二年，简候选官往各省委署，谓之简发，而例由督抚奏请。州县杂职一例简发，谓之试用。其后捐输事例数开，亦定掣签分发，名目繁多，于是有候补之名，亦分补用、委用、试用。咸丰初元，兵事兴，大钱钞票按成上兑，而官益轻，又增广为压班、补用之例，正途试缺益艰矣。又有军功保举人员，与捐纳一项，皆得指省分发。吏途冗杂，至不可穷诘，佐杂、微员、候补者动至千人。《明史·职官志》："县丞、主簿分掌粮马、巡捕，典史掌文移出纳。"至今名县丞曰粮厅、曰戎厅。盖犹沿明制也。国初裁主簿，典史分掌巡捕。

乾隆中，以县丞管水利，湘阴县丞移驻临泚口。自是始有专司。案，《宋史》：崇宁二年，令县皆置丞，主掌常平、坑冶、农田、水利之事。是县丞管水利，宋时亦有此制，明始专置河泊所，官领之耳。

明世杂职有营田巡检司一员、案，宋黄庭坚《山谷集》有《过土山寨》诗，任渊注引张舜民《南行录》："湖中有土山巡检司，去黄陵庙十五里。因考宋时三砦曰锡江、曰营田、曰得胜。"《南行录》所云"湖中土山距黄陵庙十五里"，则是今土星港也，距黄陵庙实止十里。据此，是宋世营田砦，实建立土星港。筀竹驿驿丞一员。国朝裁筀竹驿丞，改置归义驿丞；康熙五十六年，兼裁营田巡检司；雍正十二年，置新市巡检司；乾隆二年，裁归义驿丞；二十三年，以新市巡检司移驻归义；二十六年，裁平江之大荆驿丞，改置巡检司，而以大荆隶湘阴，仍移归义巡检驻新市。其县丞、典史、教谕、训导，悉如明旧。明设训导二员，国初亦裁一员；康熙四年，并裁训导，二十七年复设。自是有复设训导之名。嘉庆十一年，始定教谕、训导，班次位县丞上，视明世职官员省，而事任亦清简矣。

湘阴县图志卷十

武职官表

秦置材官郡国，为武职所由始。《汉官仪》又有轻车骑、士材官、楼船之分。平原用车骑，山险用材官，川泽用楼船。郡置都尉、典武职，盖即领此而已。

晋太康元年，悉罢州郡兵。永嘉之乱，渐以刺史领兵，而方镇之权始重。

唐承周、隋之制为府兵，江南道亦置长沙府，府置折冲都尉、左右果毅都尉领之，以时选充宿卫。开元以后，卫士亦由募选，名曰彍骑，而府兵遂废。诸州置使日繁，遂变而为镇兵，一领于诸道大总管，其后遂为节度使。湘阴旧置乔口镇，案，唐时乔口隶长沙县。凡镇以上皆置使，下者曰戍，亦署将焉。案，《唐书·地理志》：湖南所属为镇二，为戍七。县北白沙驿，亦名白沙戍。当时盖亦置戍兵，而今不可考矣。镇戍皆三等，上镇五百人，中镇三百人，下镇不及三百人；而戍兵五十以下为差。

宋制，诸州镇兵曰厢军，置马步都指挥使、副使，都虞侯领之，而拣州兵壮勇者悉充禁军，分遣禁兵更番戍守四方，名曰就粮兵。于是厢军弱，而州镇借资乡军备防守。其通见于长沙者，有义勇，有弓弩手，并置郡指挥等使领之。《宋史》言州郡有禁卒、嘉祐四年，诏潭州就粮军置威果营；元丰四年，团结、东南路禁军如西北法，共为十三营，营各置将副，而潭州分置宣毅、忠节、雄略各营；建炎后，潭州改置威果、武卫、威捷、雄略四营。有壮城、元丰三年，制厢军内差壮城、兵士；崇宁五年，置壮城指挥。有厢军、天圣中，选潭州厢兵置归远军；景祐三年，增置雄略营；康定初，置宣毅营；熙宁中，增置骑射、水军、静江、宣节、崇节各营；建炎以后，潭州改置宣节、靖安二营；景定二年，又创立威敌军。有士兵，淳熙七年，置飞虎军。建置最繁，然惟府州立军。其戍兵隶县者亦曰砦兵，设镇砦官，知县兼带兵马都监领之，宣教郎以下资浅者为监押，其乡兵则率领以县尉巡检司。湘阴戍兵见于旧志者曰三砦兵，西曰锡江砦，北曰土山砦，东北曰德胜砦。而兵制无可考，元以后始稍详。盖自汉以来分建文武职官领兵民，然未尝截然分为二职也。

元置各路万户府总管领军旅，县置千户所、百户所隶焉，而总隶于枢密院。案，元初各路留蒙古兵屯戍，其后佥立民兵，率以民户二十人签一军，视贫富为差，名曰汉军。州、县立千户，分上、中、下，上七百人，中五百人，下三百人。水陆置驿，有驿令，所属有提领、有司吏。驿站户满百，乃设一百户领之，而总隶于通政院，其官属则亦武职也。而急递铺亦置邮长，每邮长领十铺，其事皆关兵部。于是文武职官始不复相兼领。

明初稍因唐府兵之制，设卫以领兵，置都指挥司领诸卫，而隶于五军都督府。长沙卫隶湖广都司，其千户、百户分守各县，视地险易定营额焉。

国朝改卫归标，督抚、提镇、副参兼辖数营，通谓之标。多者五营，少者二营。营兵所隶，又以分防汛地及各县城守，于是县皆有武职，县皆有兵。而兵制又一变矣。长沙协标置二营，湘阴其左营分汛地也。因略论次元、明以来营员之隶于县者为《武职官表》。

元

千户所千户

驿令

都吏目

提领

镇抚吏目

司吏

百户所弹压

邮长

案，元制，万户府分上、中、下，上万户管军七千以上，中万户管军五千以上，下万户管军三千以上；千户亦分上、中、下，以七百、五百、三百为差。各路立万户府，各县立千户所。湘阴以州隶天临路，亦千户所驻扎地也，凡各路万户仍统于宣尉司。

明

守备千户所正千户

魏瑄，成化二十年任。见吴寅《兴化寺碑》。

吏目

哨守百户所百户

汤浩，嘉靖四十四年任。见旧志《城池》。

总旗

小旗

洞庭守备分汛把总

案，明制，卫置左、右、中、前、后五千户所，每千户所统十百户所。卫设指挥使一人，指挥同知二人，指挥佥事四人。其属有经历、知事、断事等官，千户所设正千户一人，副千户二人，镇抚二人。其属吏目百户所设百户一人，总旗二人，小旗十人。长沙卫各所驻扎何处，《通志》不详。考长沙卫兵五千六百人，调五百六十人守备灌阳千户所，其后历有裁革。而调戍武冈、广西者凡四班，武冈前班八百名，以指挥一员统领，千百户十四员分领。广西上班四百九十名，下班四百六十名，各以指挥一员统领，千百户八员分领，更番行戍，以年为期；其馀守城一百五十名，巡捕哨守地方三百五十名。至万历九年，审报见存食粮者三千名，嗣后死亡逋绝，仅存一千零三十名，分戍广西、武冈，更番回卫，五百馀名而已。立法久而侵寻耗散，故籍为虚，亦势然也。案，明卫兵分三等，初定诸路留戍者曰从征胜国，及诸伪僭降者曰归附，以罪隶军籍曰谪发，皆世籍。就卫所州县荒田开屯，每军受田五十亩为一分，给牛、种，定税则，亩粮一斗。军田一分，正粮十二石，贮屯仓听本军自支，馀粮为本卫官军俸粮。

湘阴卫丁，康熙二十六年审存一丁三分有奇，闲丁十三。时更明季及三藩之乱，丁口消耗，诚有然者。要以事求之，明世充兵籍者盖亦无几焉，其间逃亡避役者为多。卫兵之日趋于虚弱，亦有由矣。其诸所不隶卫者为守御千户所，而王府亦置仪卫司正副群牧千户所。湘阴分驻守备正千户一员，哨守百户一员，所领兵一百一十二人。终明之世，千户、百户列名碑记可考见者，二人而已。

洞庭守备驻巴陵，分辖岳州卫、澧州所。而洞庭连青草为名，其半隶湘阴。国初设立洞庭水师副将，驻三峰山；顺治十一年改驻龙阳，所属尚有把总一员，驻湘阴，康熙五十四年裁。同治三年，并裁水师副将，而洞庭守备固兼辖有湘阴地，得附列焉。

国朝

城守千总

萧守道，江苏淮安府人，康熙中任。见唐懋醇《万缘庵碑》。

周秉乐，雍正九年任，见夏忠靖公《祠堂记》。

桂芳，乾隆十年任，始建千总署。见旧志《建置》。

李万春，乾隆十三年任。见徐梁栋《重修文庙记》。

程宣，乾隆三十三年任。见《重修夏忠靖公祠堂碑》。

向清，嘉庆十六年任。见刘体重《重修先农坛碑刻》。

周得贵，道光中任。

李自玉，石门县人，道光十年任。历官广西贺富营都司，署桂林营游击。

蔡有信，长沙县人，道光十七年任。

易法甲，善化县武举，道光二十一年署任。

张世铠，长沙县人，道光二十三年任。

王佐卿，善化县人，道光二十七年署任。

萧捷三，桃源县武举，道光二十九年任，以军功洊升参将，统带内江后营水师。咸丰六年战殁湖口，谥忠愍。有传。

朱名魁，善化县人，咸丰四年署任。

谭护佑，长沙县武举，咸丰六年署任。

周懋栋，长沙县人，世袭云骑尉，咸丰七年署任。

刘本立，醴陵县人，咸丰八年任。

李名魁，善化县武解元，同治二年任。

戴俊德，武陵县武进士，同治四年署任。

高寿田，长沙县人，同治五年任。

龚斌，本县人，武生，花翎守备。同治十三年任。

分汛琴棋望外委

李上逵，嘉庆十六年任。见刘体重《重修先农坛碑刻》。

刘万陞，道光中任。

王正升，道光中任。

张甫文，道光中任。

吴定发，道光中任。

杨岳斌，原名载福，乾州厅人，道光二十九年任。以军功洊历福建水师提督，晋加太子少保衔，陕甘总督，世袭一等轻车都尉，长江水师钦差大臣。占籍善化。

刘发桂，咸丰中任。

李长青，咸丰中任。

赵尚琦，咸丰中任。

杜龙光，咸丰中任。

张登科，咸丰中任。

刘正国，同治中任。

赵光益，善化县人，五品衔。同治七年任，同治十二年再任。

甘霖，本县人，花翎守备，借补浏阳汛把总，同治九年与赵光益对调。

周汉，长沙人，蓝翎守备。同治十二年任。

袁成名，善化县人，光绪元年任。

右，城守千总二十一人，分汛外委十六人。

案，旧志不列武职官。道光之季，陕甘总督杨公、参将萧公，同时任湘阴为名将，不可以无纪也，因汇次为之表。

嘉庆以前经历兵患，无可考矣。国朝改卫隶营，而因明制卫军领漕运。湖南仍留岳州一卫，领湖南漕运。湘阴屯籍丁隶岳州卫，所谓水卫也。其营兵领于督抚、提镇者曰标，标五营至二营，领以副将、参将、游击或都司、守备。其副将不专隶提镇曰协标，亦分营置领将千总、把总，分驻各州县，在城曰城守，在汛曰分汛，而以营兵分隶焉。顺治初，置长沙镇标，所辖有驻守湘阴副将一员。其时攻战方急，驻兵置将，非常制也，旋为长沙协标辖地。康熙五十四年，分协标左营右哨千总驻防湘阴，曰城守千总。雍正七年，又分协标左营右哨外委分汛琴棋望，曰分汛外委把总。案，兵部则例：营千总于把总及已拣选发标之武举内拔补，把总于外委及未拣选之发标武举内拔补，均由各标考拔，详明提督注册。五品以上奏补军政，一归总督。

湘阴旧设分防额兵九十五名。雍正四年，添拨标兵十三名。嘉庆十九年，裁定九十九名。内，马兵四名，战兵九名，守兵八十六名。陆塘九汛，县南曰界头铺、曰袁家铺、曰县前铺，县北曰五仑铺、曰杨梅铺、曰归义铺、曰黄谷铺、曰关山铺、曰大荆驿，每汛兵四名。水塘十七汛，县南曰乔口、曰青泥望、曰樟树港、曰湾河口、曰扬沙湖，县北曰乌龙嘴、曰芦林潭、曰黄陵庙、曰土星港、曰白鱼圻、曰沉沙港、曰琴棋望，所谓大河塘也，每汛兵三名；县西曰白乌潭、曰临泚口、曰塞泚庙、曰埽帚口、曰八字脑，所谓小河塘也，每汛兵二名。共分汛兵八十二名，存城兵一十七名。

道光二十年，裁马兵一名；二十二年裁守兵一名。同治二年，巡抚恽世临裁定兵额，留存城马兵二名，战兵二名，守兵六十九名。内，水陆二十六汛，拨分汛兵五十二名，存城兵一十七名。国朝添设长江水师驻防分汛。

驻防守备

曾复泰，湘乡县人，提督衔，借补守备，驻防扁担夹，同治八年任。

吴光楚，长沙县人，总兵衔，借补守备，驻防琴棋望，同治八年任。

杨汉文，本县人，尽先参将，借补守备，驻防扁担夹，同治九年署任。

洪安富，江西德化县人，花翎记名总兵，赏达勇巴图鲁名号，借补守备，驻防扁担夹，同治十年任。

杨太和，长沙县人，副将衔，借补守备，驻防扁担夹，光绪三年署任。

李大鹏，衡阳县人，记名总兵，赏利勇巴图鲁名号，借补守备，调驻虞公庙，光绪四年任。

沙广泰，广西人，尽先参将，借补守备，驻防扁担夹，光绪五年升补。

分防千总

王鸿年，长沙县人，副将衔，借补千总，分防芦林潭，同治八年任。

谢永谦，祁阳县人，花翎总兵衔，借补千总，分防土星港，同治八年任。

李光荣，清泉县人，记名总兵，借补千总，分防芦林潭，同治十年署任。

卢殿安，广东香山县人，花翎尽先游击，借补千总，分防芦林潭，同治十一年任。

陈嘉泰，本县人，记名总兵，赏端勇巴图鲁名号，借补千总，分防土星港，光绪四年任。

李翥汉，平江县人，副将衔，借补千总，调驻扁担夹，光绪四年任。

协防把总

左志富，湖北黄冈县人，都司，借补把总，协防扁担夹，同治八年任。

唐孝文，衡阳县人，花翎副将衔，借补把总，协防黄茅洲，同治八年任。

陶良成，浙江钱塘县人，花翎游击衔，借补把总，协防扁担夹，同治十年任。

喻学文，乾州厅人，副将衔，借补把总，协防河泊潭，同治十一年任。

文万春，祁阳县人，副将衔，借补把总，协防磊石山，同治十二年任。

杨毅成，湖北江夏县人，尽先游击，赏英勇巴图鲁名号，借补把总，协防磊石山，同治十三年任。

蒋闻善，祁阳县人，尽先游击，借补把总，协防河泊潭，光绪五年任。

协防外委

高昌有，长沙县人，花翎都司，借补外委，协防芦林潭，同治八年任。

朱清裕，清泉县人，游击衔，借补外委，协防土星港，同治八年任；十一年升任把总，协防磊石山，光绪四年调防漕溪港。

李宝贤，江南江宁县人，游击衔，借补外委，协防磊石山，同治八年任；十二年升任把总，协防河泊潭，光绪四年调防虞公庙。

陈荣贵，江西星子县人，蓝翎五品，协防土星港，同治十一年任。

李雄魁，本县人，都司衔，借补外委，协防扁担夹，光绪元年任。

张作舟，本县人，守备，借补外委，协防土星港，光绪元年任。

鲁继贤，湖北孝感县人，尽先千总，借补外委，协防漕溪港，光绪四年任。

右，驻防守备七人，分防千总六人，协防把总七人，协防外委七人。

案，明世设洞庭守备，所辖有把总一员驻湘阴，湘阴故水师汛地也。其后设琴棋望汛外委，通隶长沙协标。同治三年，两江总督、大学士曾国藩奏置长江水师提督，极江路三千馀里，上讫于湘阴，分地置汛，领船驻防。湘阴隶岳州镇，以镇标中营后哨守备驻防扁担夹，所辖千总二员，一分防芦林潭，一分防土星港；把总二员，一协防扁担夹。一分防黄茅洲；外委二员，一协防芦林潭，一协防土星港。以中营前哨守备驻防琴棋望，所辖把总二员，一协防琴棋望，一分防磊石河泊潭；外委一员，协防磊石。其职专主巡江，不交涉地方事宜。以一时营制掌故所关，亦备列其名焉。

湘阴县图志卷十一

选举表上

汉制，郡国举士皆特诏，为之名目，其最先且著者，曰贤良方正，曰孝廉，而孝廉岁一察举。案，文帝二年诏举贤良方正，武帝元光元年诏郡国举孝廉。自是特诏选举，名目日繁。元朔以后定四科为常选，郡国口二十万以上岁察一人，四十万二人，六十万三人，八十万四人，百万五人，百二十万六人，不满二十万二岁一人，不满十万三岁一人。一曰德行高妙、志节清白，二曰学通行修、经中博士，三曰明习法令、接章覆文，四曰刚毅多略、明足决断。而终汉世，以举贤良、孝廉知名者甚众，未闻以四科举者。建武中，诏称丞相故事四科取士，皆有孝弟公廉之行。知四科即孝廉常选，是一科中又区为四科矣。茂才之名，始见元封五年诏书。宣帝元康四年，遣大中大夫循行天下举茂才。东汉因之，司隶州牧岁举茂才一人，郡国岁举孝廉一人。阳嘉元年，左雄定察举之法，先诣公府试而副之端门，试法兴矣。案，《汉书》：文帝十五年诏举贤良，上亲策之。晁错、董仲舒、公孙宏以下，皆以贤良对策高第，而孝廉无试策者。《通考》谓贤良以文学充选，而孝廉专举实行。元朔元年，诏孝廉或阖郡不荐一人。盖初设此科，郡国犹慎选之，及左雄定试举法，济阴太守胡广等坐缪举，黜免十馀人，则末流日滥矣。据《后汉书·荀爽传》，太常赵典举爽至孝，对策陈便宜。灵帝建宁元年，举有道，谢弼、陈淳、公孙度俱对策，除郎中。盖汉制科对策，特举召对，所以优视之。孝廉除郎为常选，不得召对。至是，始课试之尔。

魏晋以降，州、郡皆置中正，岁举秀才、孝廉，由中正以九品铨别，达之吏部。北周别开明经科，州举秀才一人，郡举孝廉一人。而明经上县六人，中县五人，下县四人，皆选举科目所由仿也。而秀才为高选，明经为下，稍宽假之。

隋大业中，始设进士科，历唐、宋皆为常选，试诗赋，馀曰杂科，特诏举行曰制科。隋唐秀才尤为高科，及第者无几。永徽以后，此科遂废。唐杂科，曰明经，案，唐明经、进士并重，而登科记，惟列秀才、进士，其馀统曰诸科。曰俊士，案，武德初，诏诸州明经、秀才、俊士、进士随方物入贡。开元中，令州、县学生年二十五以下、聪悟有文辞史学入四门学，为俊士。曰明法，曰明字，案，汉《萧何律》：太史试学童讽书九千字以上，乃得为吏，以六体试之。即明字一科所由仿。曰明算，案，《汉书》：武帝博开艺能之路，一技之士咸得自效。《后汉书·方（技）〔术〕① 传》单飏以善天官、算术，举孝廉。即明算一科所由仿。曰一史三史，曰开元礼，曰道举，案，六代宋元嘉十五年，立四学：曰玄学，曰史学，曰文学，曰儒学，为老庄立学所由始。唐上元二年，加试贡士老子策。开元二十七年，置崇玄学习老庄，文列诸子，曰道举。曰童子。案，后汉左雄奏汝南谢廉、河南赵建（章）② 为童子郎，即童子一科所由仿。宋世略有增损，曰九经，曰五经，曰开元礼，曰三史，曰三礼，曰三传，曰学究，曰明经，曰明法，大抵皆唐制也。唐制举明经者，别为五经、三经、二经，学究一经、三礼、三传史科。而唐选举之法，由学馆曰生徒，由州县曰乡贡。凡学六：曰国子监学，曰太学，曰四门学，曰律学，曰书学，曰算学；凡馆二，曰宏文馆，曰崇文馆。县所贡士，由州覆试，与馆监，皆送尚书省而试于考功员外郎。开元二十四年，始由礼部知贡举，凡明经及第四等，曰甲第、曰乙第、曰丙第、曰丁第。进士及第二等。曰甲第、曰乙第。案，《汉书·儒林传》亦有甲科、乙科、丙科等称，则岁课博士弟子授官，非察举法也。高第授官，次与出身放选，馀皆罢归不第，而愿入学者听。赴选以三年为率，有选试，曰身、曰言、曰书、曰判，不中者仍放还。

---

①据《后汉书》同卷校改。

②据《后汉书》卷六十一《左雄传》校删。

宋太祖开宝六年，亲覆试进士，嗣是谓之殿试。太平兴国八年，分定三甲。真宗景德四年，又定考第五等：一等、二等曰及第，三等曰出身，四等、五等曰同出身。同出身者，并令守选。礼部所取士、殿试不入等，仍与黜落。仁宗嘉祐二年，始诏凡与殿试皆入等，而一甲三人赐进士及第，至明始为定制。庆历中，诏州、县立学，士须在学三百日，乃听预秋试，唐、宋选举，皆秋取解，冬集礼部，春考试。未几复旧制。英宗治平初，定礼部三岁一贡举。讫神宗熙宁中，王安石始罢诸科，专试经义。徽宗崇宁五年，诏天下取士，悉由学校升贡，罢州郡发解及礼部试，行三舍法。案，唐天宝十二年罢乡贡举人，凡不由国子及郡县学者勿听举选。十四年，仍复乡贡。是学校贡士，唐时亦间行之。宣和三年，仍以科举取士，太学三舍甄序课试，遇科举仍自发解。案，庆历中置学，始入学为外舍，外舍升内舍，内舍升上舍，皆有员额。熙宁中遂用以取士试舍生，如贡举法：升上舍者再试，上等取旨授官，中等入殿试免发解及礼部试，下等俟省试。崇宁元年，诏县学生选考升州学，州学生三年贡太学分三等试，上等补上舍，中等补下等上舍，下等补内舍，馀居外舍。诸州、军解额，各以三分之一充贡士。崇宁三年，复诏辟廱为外舍，经试补入上舍，内舍始得进处太学，取士一由学校升贡，其州郡发解及试礼部并罢。宣和三年，复行科举法。而高宗绍兴八年，仍定试上舍者直赴殿试，如元丰制。盖科举之法屡更，而应进士及诸科试者通谓之举人，案，《唐书·选举志》：开元二十四年考功员外郎李昂为举人诋诃。是举人之称，亦肇始唐时。亦曰贡士。而取定于殿试，罢报则已，无常称。其进士诸科，名目繁多，亦自分轻重。至王安石更定科举法，而后取士始出于一。

元仁宗皇庆二年，定选举三年一举，以八月由郡县充贡，明年二月会试京师，乡试亦差考试官。案，宋制，诸州判官试进士，录事参军试诸科。大中祥符八年，怀卫诸州以部内官属无进士登科者，因聚数州进士都试之。诏自令诸州发解，如乏试官，令转运司选邻州官充。景祐四年，令亲戚仕本州，或为发解官，及侍亲远宦距本州二千里，敕转运司选官类试，谓之别头试。宋时乡贡士由州考校，盖已多所滞碍矣。而国子监岁贡生员，得同试礼部，下第举人授教官。

明承元制，稍有变通，而尤重学。有国学，有府州县学，皆有员额。而府、州县学岁贡生员一人入国子监曰贡监，其目有岁贡，有选贡，弘治中，选生员充贡，凡三五年一选著为例，即今拔贡生。有恩贡，有纳贡。而庶民援生员例入监为例监，举人入监为举监，品官子弟为荫监，皆得赴选除官。凡应科举，必由学而贡，入太学者得由学起家，别为一途。盖仍宋三舍法，而规制稍异，亦与科举并行。中叶以后，必科举乃得美仕，于是专尚科举矣。

武举始于唐长安中，汉诏，有举勇猛知兵法者，明兵法有大虑者，武勇有节明兵法者，大抵皆制科也。唐始定名为武科，然亦无常举。宋时特重是科。仁宗天圣以后，皆御试策问。熙宁五年，建武学。绍兴六年，诏武学分三舍，如太学例。乾道五年，廷试武举，赐及第出身，而文武选一归吏部。明制，吏、兵二部分主选政，仍设武举科。洪武二十年，立武学。成化十四年，始定乡会试视文科。弘治六年，诏武科六岁一行，其后仍定三岁，悉如文科而无殿试。崇祯四年，特诏武科殿试，传胪赐及第出身，非旧例也。今略谱其目，曰进士，曰举人，曰贡生，曰武科。

而自汉以来，特诏举行，非常选，皆曰制举。历代名目至繁，而唐尤盛，至有道侔吕伊、经邦治国、兴化变俗等科。《日知录》：唐制举，见于史者五十馀科。《困学纪闻》：唐制举之名，多至八十有六，故谓之科目。《明史·选举志》以学校科目荐举为类，而所用为荐举者曰经明行修，曰怀才抱德，曰聪明正直，曰贤良方正，曰孝弟力田，曰孝廉人才，犹之制举也，亦有用特荐召授官。汉制，丞相、御史中二千石，杂举博士。东汉三公、左右大将军、光禄勋中二千石，察举廉吏。自是荐举无常例。至宋立保任之法，遂亦名为保举，武官或以军籍或以积功特授，自明以来多可纪者。咸丰元年，兵事起，由水陆各营起家致通显，厥功懋焉，其目曰制科，曰荐举，曰武功。

历代杂职除授，亦铨选之一端也。而自汉有任子法，历六代晋、宋至唐，谓之门荫。至宋而荫补之途滥矣！明初承元制，文官七品以上，武官六品以上，皆有荫。后始定三品以上恩荫，武功别有功荫，有难荫，今并汇次之曰荫除。国朝屡开捐例，京官得至六部郎中，外官得至道府、都司，以资郎起家者多矣，终之以捐纳焉。

进士

唐

邓进忠，昭宗朝举进士。有传。《通志》载“昭宣帝天祐中登第”。据《九国志》，天祐二年，进忠袭岳州刺史，其登第必在天复以前。

宋

陈瞻，太宗雍熙二年梁灏榜，历官秘书丞、知永州。有传。

王维岳，真宗大中祥符五年孙奭榜。《通志》两出：王维岳雍熙二年湘阴人，大中祥符五年湘乡人。因雍熙年误而转讹耳。

彭介，大中祥符八年蔡齐榜，知柳州。有传。

吴抃，仁宗皇祐元年冯京榜。

彭亚，皇祐元年冯京榜，官秘书丞。有传。

彭慥，皇祐元年冯京榜，官太常博士。见《刘忠肃集》。有传。旧志漏。

李孝孙，皇祐五年郑獬榜。有传。

邓忠臣，神宗熙宁三年叶祖洽榜，历官吏部考功郎中，赠秘阁修撰。有传。

彭子民，元丰五年黄裳榜，历官吏部员外郎、通判邵州。有传。

彭子中，与兄子民同举进士。见《厚德录》，旧志漏。

许益，哲宗元祐三年李常宁榜，知鼎州龙阳县。祀乡贤。有传。

邵珪，徽宗崇宁三年霍端友榜。有传。

邓渊，崇宁三年霍端友榜，历官虞部员外郎，知怀州。有传。

李申之，政和二年莫俦榜，知全州灌阳县。有传。案，崇宁五年以后由学校贡士，罢诸州发解及礼部试，宣和三年仍复旧制。

胡天辉，宣和三年何焕榜。

彭渊，宣和三年何焕榜。有传。

吴采之，宣和六年沈晦榜。

吴嘉之，宣和六年沈晦榜，官鄂州汉阳县尉。

黄抗，高宗绍兴五年汪应辰榜。

吴迈，绍兴八年黄公度榜。

戴昂，绍兴八年黄公度榜，官提点江西刑狱。

邓深，绍兴十二年陈诚之榜，官潼川路转运使。有传。

夏侯孚先，绍兴十五年刘章榜。

黄振，绍兴二十一年赵逵榜，官鼎州司户。有传。

龚舆，孝宗乾道五年郑侨榜，官福建都转运使干办官。有传。

许宝卿，宁宗开禧元年毛自知榜，官桂州司理。有传。案，《通志》作皇祐五年进士。旧志《文苑》作开禧，真德秀以嘉定十五年为湖南安抚使，与相知，《通志》误。

许晟，嘉定十年吴潜榜，官提点刑狱。

周望之，嘉定十三年刘渭榜。

周一龙，理宗宝庆二年王会龙榜。

桂琳，宝庆二年王会龙榜。《通志》作桂诛。

黎九德，绍定五年徐元杰榜。

赵希哲，景定三年方山京榜。

元

邵廷瓒，仁宗延祐二年张起岩榜。案，《元史·选举志》：皇庆二年十一月，诏天下郡县以皇庆三年八月举其贤者，能者充贡有司。次年二月会试京师，旋以皇庆三年改元。延祐元年邵廷瓒登进士第，实为元世第一次科举。

邵廷燧，延祐五年霍希贤榜。

明

彭谦，成祖永乐四年林环榜，历官四川布政司左参议，祀乡贤。有传。

秦良，永乐十三年陈循榜，历官户部主事，靖江王府右长史。

鲁文，英宗正统七年刘俨榜，历官刑科给事中。

范奎，天顺元年黎淳榜，历官户部主事、浙江温州府知府。有传。

邵敏，宪宗成化八年吴宽榜，历官户部主事、山东布政司参政，以孝义旌祀乡贤。有传。

黄钺，成化十一年谢迁榜，历官南京户部员外郎、太常寺少卿。

夏（宗）〔崇〕① 文，成化十四年曾彦榜，历官通政使。有传。案，旧志：夏崇文官终太仆寺少卿。《通志》据《楚宝》，官通政使。蒲圻廖道南题《夏氏三世画像》，亦称通政君。道南辈行与崇文略相接，足为确证。

---

①据“旧志”及此后《举人表》校改。

程沂，成化二十三年费宏榜，官户部主事。祀乡贤。

崔谕，正德九年唐皋榜，官南直隶芜湖县知县。

李廷龙，世宗嘉靖三十二年陈谨榜，历官河南道监察御史巡视，两淮盐政巡案，福建、四川、河南按察司副使，布政司参政，江西按察使。祀乡贤。有传。

涂用宾，神宗万历八年张懋修榜，官河南尉氏县知县。祀乡贤。

吴应台，庄烈帝崇祯七年刘理顺榜，官浙江浦江县知县，擢辰沅道兵备副使。祀乡贤。有传。

右进士，唐一人，宋三十二人，旧志三十人，补入二人。元二人，明十二人。旧志十八人，开除六人。

案，唐、宋取士，有制科，有明经科，有进士科，有诸科，通谓之举人，皆赐及第出身。至明而进士、举人始有定数。洪武十八年，选进士入翰林院，一甲为翰林院修撰，二甲为编修检讨，其入承敕监六科者为庶吉士。永乐二年，始以一甲第一人为修撰，第二、第三为编修，专选二甲以下为翰林院庶吉士，谓之馆选。优者留翰林，二甲为编修，三甲为检讨，次者别授，谓之散馆，馀或授给事、御史、主事、中书、行人、评事、太常、博士，及府推官、知州、知县。是以明世科举一途，较历代为优。

旧志于明列入宋端，成化八年进士，官徽州府同知；文贵，成化十一年进士，官大同巡抚；彭泽，弘治三年进士，官兵部尚书，谥襄毅；吴嘉聪，正德六年进士，官山东按察司副使；吴寅，正德九年进士，官户部主事；吴嘉会，嘉靖十四年进士，官兵部侍郎。据题名碑：文贵，辽东广宁卫人；《姓谱》作山东青州卫籍，湘乡人。彭泽，兰州籍长沙人；《明史》本传，兰州人。吴嘉会，山西太原卫人。而旧志于成化九年乙酉科“宋端”下云：“山东中式。”弘治十四年辛酉科吴嘉聪，十七年甲子科吴寅，并云：“山西中式。”宋端，为知县宋纶孙，本山东籍。吴嘉聪、吴寅，当属吴嘉会兄弟行，由湘阴占山西卫籍者。宋端、文贵皆异籍，不宜滥入；彭泽、吴嘉聪、吴寅、吴嘉会，实籍湘阴，今并以外徙，不敢援引故籍列入其名，以昭实也。

国朝

康熙

杨枝建，康熙五十四年徐陶璋榜，官山东海丰县知县。有传。

雍正

孟启谟，雍正五年彭启丰榜。有传。

王邦光，雍正八年周澍榜，官云南阿迷州知州。有传。

瞿信昭，雍正十一年陈倓榜，官户部主事、四川资阳县知县。有传。

乾隆

杨瑝，乾隆十年钱维城榜，翰林院庶吉士。有传。

曾光先，乾隆十年钱维城榜，官浙江象山县知县。有传。

陈梦麒，乾隆十三年梁国治榜，官甘肃狄道州知州。有传。

徐名彝，乾隆十六年吴宏榜，官河南新郑县知县。有传。

周锡溥，乾隆四十年吴锡龄榜，官甘肃宁朔县知县。祀乡贤。有传。

吴灼，乾隆五十四年胡长龄榜，翰林院庶吉士授检讨，改内阁中书，历官陕西榆林府知府。有传。

嘉庆

易焕暄，嘉庆十三年吴信中榜，历官陕西镇安县知县、山东兖州府知府。

张学尹，嘉庆十六年蒋立镛榜，官福建福州府同知。有传。

黄世铭，嘉庆二十四年陈沆榜，内阁中书，官江南海阜同知加知府衔。有传。

道光

李星沅，道光十二年吴钟骏榜，翰林院庶吉士授编修，历官两江总督、太子太保，谥文恭。有传。

李杭，道光二十四年孙毓溎榜，翰林院庶吉士授编修。有传。

吴英樾，道光二十四年孙毓溎榜，官浙江黄岩县知县。有传。

周琛，道光二十四年孙毓溎榜，官安徽繁昌县知县。有传。

郭嵩焘，道光二十七年张之万榜，翰林院庶吉士授编修，署理广东巡抚、兵部左侍郎，充出使钦差大臣。

李得春，道光二十七年张之万榜，山东即用知县，改永州府学教授。有传。

咸丰

易堂俊，咸丰二年章鋆榜，翰林院庶吉士改授内阁中书。

同治

姚暹，同治二年翁曾源榜，历任江西峡江、安仁、瑞昌、南城等县知县，加知府衔。

周谌枝，同治七年洪钧榜，归部候选知县，改授岳州府学教授。

易鉴章，同治七年洪钧榜，江西即用知县。

光绪

吴国镛，光绪六年庚辰科进士，是科未赴殿试。

右进士，国朝二十四人。

举人

宋

陈班，太宗雍熙元年举，官衡州安仁县丞。

杨九思，雍熙元年举。

张隽华，孝宗淳熙四年举。

刘义民，淳熙七年举，知磁州军州事。

邓炳，光宗绍熙三年举。

张廷老，宁宗庆元二年举。

黄子雅，嘉定三年举。

戴邦用，嘉定十七年举。

韩圭。

朱殊。

张霆，并理宗绍定二年举。

彭宗燧，景定二年举。

晁世基，度宗咸淳二年举。

邓亮，咸淳六年举。

元

易朝用，仁宗延祐四年举。

钟叔昭，顺帝至正四年举。

黄天禧，至正七年举。

明

沈魁，太祖洪武二十三年庚午科，官南直隶宁国府学教授。

夏原吉，洪武二十三年庚午科，历官户部尚书，赠太师，谥忠靖，追赠汤阴伯。案，《明史·夏原吉传》："以乡荐入太学，选书制诰，授户部主事。"是原吉亦由太学起家，而已列乡举，不复列入贡生云。

沈克恭，洪武二十九年丙子科。

吴昌，成祖永乐元年癸未科，历官广西布政司右参政。案，成祖建文四年六月入京师即位，除建文年号，以是年为洪武三十五年，明年为永乐元年。礼部上言：旧制子、午、卯、酉年乡试，去年未及举行者，请以今年八月补试。旧志列建文四年壬午科。《通志》：吴昌等皆入癸未科，而仍列壬午一科，恐误。

吴仪，永乐元年癸未科，官山东新城县教谕。

刘子英，永乐元年癸未科，官四川垫江县教谕。

王以谦，永乐三年乙酉科，官南直隶无为州训导。

彭谦，永乐三年乙酉科，见《进士》。

黎瑛，永乐六年戊子科，官广西郁林州知州。

艾廉，永乐六年戊子科，官四川资阳县知县。《通志》作莫廉，误。

李逊，永乐六年戊子科。

张圭，永乐六年戊子科，官浙江平阳县教谕。

王文彬，永乐九年辛卯科，官四川崇宁县知县。

秦良，永乐十二年甲午科，见《进士》。

蒋暹，永乐十五年丁酉科，历官巡按广西监察御史。

有传。

陈政，永乐十五年丁酉科，官浙江都指挥司都事。

甘霖，永乐十八年庚子科，历官南京户部主事、常州府知府。

苏斌，永乐十八年庚子科，官广东合浦县主簿。

张奎，永乐二十一年癸卯科，官南直隶徽州府通判。

刘文徽，宣宗宣德四年己酉科，官南直隶镇江府通判、扬州府同知。

宋敏，宣德七年壬子科，历官翰林院孔目、南直隶徽州府通判。

易公全，宣德七年壬子科，官四川安县教谕。

甘棨，宣德十年乙卯科，官山西石州同知。有传。

鲁文，英宗正统六年辛酉科，见《进士》。

慕子长，正统九年甲子科，官四川中江县教谕。

古永昌，正统九年甲子科，官云南广南府知府。

吴寅，正统十二年丁卯科，历官四川广安州、广东万州知州。

范奎，景帝景泰七年丙子科。见《进士》。

姚通，英宗天顺三年己卯科。

邵敏，成化元年乙酉科。见《进士》。

苏仲相，成化四年戊子科，官河南唐县知县。

李尚义，成化十年甲午科，官南直隶巢县知县。

黄钺，成化十年甲午科。见《进士》。

陈太和，成化十年甲午科，官南直隶灵璧县知县。

宋山，成化十年甲午科，官江西抚州府通判。

夏崇文，成化十三年丁酉科。见《进士》。

宋岑，成化十六年庚子科。

余良，成化十六年庚子科，官广西全州知州。

刘光文，成化十九年癸卯科，官直隶宁津县教谕。

程沂，成化二十二年丙午科。见《进士》。

刘颉，成化二十二年丙午科，官江西瑞昌县训导。

吴涟，成化二十二年丙午科，官山东盐运使。

郑秉奎，孝宗弘治二年己酉科，官河南唐县训导。

甘景平，弘治五年壬子科，历官广西武缘县、河南宜阳县知县。

崔谕，弘治十一年戊午科。见《进士》。

苏纯，弘治十一年戊午科。以孝义旌祀乡贤。有传。

司马铠，武宗正德五年庚午科，官浙江金华县知县。

吴孔皆，正德五年庚午科，官四川彭县教谕。

萧绎，正德五年庚午科，官南直隶盱眙县训导。

吴琼，正德十一年丙子科，官江西新城县知县。

吴璞，世宗嘉靖十年辛卯科，官户部郎中。

邵演，嘉靖十九年庚子科，官河南阌乡县知县。

苏柰，嘉靖十九年庚子科，官四川顺庆府推官。

萧淮，嘉靖二十二年癸卯科，官四川资阳县知县。有传。

甘灼，嘉靖二十八年己酉科。

李廷龙，嘉靖三十一年壬子科。见《进士》。

萧泮，嘉靖三十一年壬子科，历官直隶沙河县知县、行取御史。有传。

李启，嘉靖三十四年乙卯科，历官云南弥勒州知州、益王府长史。

涂用宾，嘉靖三十七年戊午科。见《进士》。

王永安，嘉靖四十年辛酉科。有传。

龚卿，熹宗天启四年甲子科，官四川合江县知县。有传。

娄琇，天启四年甲子科，官陕西泾州知州，赠太仆寺少卿。见《明史・庞瑜传》。乾隆四十年追谥烈愍，祀乡贤。有传。

胡从明，天启七年丁卯科，官南直隶苏州府同知。祀忠义。有传。

吴应台，庄烈帝崇祯三年庚午科。见《进士》。

鄞之馨，崇祯六年癸酉科。有传。

周生文，崇祯九年丙子科。

朱之宣，隆武称号元年丙戌科。有传。

徐摇举，隆武称号元年丙戌科。有传。

蒋之棻，隆武称号元年丙戌科。有传。

右举人，宋十四人，元三人，明六十九人。

案，汉举孝廉皆授官。唐始有省试秀才、明经四等，进士、明法二等之制，入等者为及第，否者罢归，故有再举、三举至十馀举。宋开宝三年，诏礼部贡士及十五举，赐本科出身。咸平三年，又诏前后举数别籍其名附廷试，谓之特奏名。其后遂以三次领举，授职量用。元世皆授教官，然但以几次举进士为名，或亦谓之举人，而不以为定称也。案，《宋史・李植传》：两举于乡，是当时亦以领举人衔矣。至明设科举，三年大比，以子、午、卯、酉为乡科，领乡科者为举人。自是遂为定制。宋世领解未及第得十四人，元世得三人，仍列举人之首，已登第者不列，明世设科以后皆列入焉。

《明史・夏原吉传》："其先德兴人，父时敏，官湘阴教谕，遂家焉。"旧志列入夏璿："延祐七年乡举，官湖广行省都镇抚司，弃官入蕲，遇寇死，以孙原吉贵，赠少保。”则璿者时敏父也，于时尚未占籍湘阴。据夏崇文所撰《忠靖遗事》：“曾祖讳复，祖讳希政，并所录诰敕，皆无璿名。”而原吉子曰琉、曰瑄，则璿者必原吉诸子行，叙述参差，尤为谬诞。正统十二年举人吴寅，弘治十七年又出举人吴寅，《通志》作弘治十四年。相距才五十年，不应一名两出。《通志》谓后吴寅籍山西，则固不宜列入矣。今并从删。

国朝

顺治

曾允龙，顺治十四年丁酉科。有传。案，江宁张芳《赠允龙序》，称其闽人，籍于楚实居县北桃林，其墓尚在，而子孙稍衰微矣。举湖广乡试时为善化县学生，其籍湘阴在乡举后。唐志成于康熙八年尚未列其名，盖经康熙十三年滇藩之乱始改籍耳。

康熙

王之锜，康熙三十五年丙子科，历官江安粮道、江宁布政使。祀乡贤。有传。

杨逢琼，康熙四十一年壬午科，官贵州龙泉县知县。有传。

李天桂，康熙五十年辛卯科解元，官山东蒲台县知县。有传。

杨之炳，康熙五十三年甲午科，聘充广西己酉乡试同考官。有传。

杨枝建，康熙五十三年甲午科，见《进士》。

蒋继万，康熙五十九年庚子科。

雍正

王邦光，雍正元年癸卯恩科，见《进士》。

黄脩洛，雍正元年癸卯恩科，聘充贵州己酉乡试同考官。

徐衍芳，雍正元年癸卯恩科副榜。有传。

蒋继宽，雍正二年甲辰科，官广东和平县知县。有传。案，是科湖南分闱，补行癸卯正科。

周尊望，雍正二年甲辰科，官福建罗源县知县。有传。

田喜雨，雍正二年甲辰科，历官江南徐东场盐大使、广西镇远县知县。

孟启谟，雍正四年丙午科。见《进士》。

杨启沃，雍正四年丙午科。

倪士希，雍正四年丙午科。有传。

邓持，雍正七年已酉科，官直隶阜平县知县。有传。

杜一松，雍正七年已酉科副榜。

吴成能，雍正十年壬子科。有传。

瞿信昭，雍正十年壬子科。见《进士》。

左定波，雍正十年壬子科，官平顺县知县。有传。

杨瑝，雍正十年壬子科。见《进士》。

徐世佐，雍正十三年乙卯科，官直隶长芦严镇场盐大使，乾隆乙卯重赴鹿鸣。有传。

戴文炽，雍正十三年乙卯科，官山东富国场盐大使。有传。

乾隆

蒋继曾，乾隆三年戊午科。

王宏显，乾隆三年戊午科，官临湘县教谕。

周启泰，乾隆二年戊午科副榜。有传。

吴翼行，乾隆九年甲子科亚元，官山东东阿县知县、信阳州知州。有传。

曾光先，乾隆九年甲子科。见《进士》。

蒋常泰，乾隆九年甲子科，前中乾隆三年戊午科副榜。有传。

陈梦麒，乾隆十二年丁卯科。见《进士》。

杨琼，乾隆十二年丁卯科，江苏苏州府海防同知，改官衡山县教谕。

杨琳，乾隆十二年丁卯科，历官国子监典籍、华容县教谕。

徐名彝，乾隆十五年庚午科亚元。见《进士》。

杨茂论，乾隆十五年庚午科，官四川荣昌县知县。有传。

张乾珀，乾隆十五年庚午科，历官甘肃两当县知县。有传。

易崐耀，乾隆十七年壬申恩科解元，官安仁县教谕。有传。案，是年恩科乡、会试并一年举行，改三月乡试。

王立槐，乾隆十七年壬申恩科，官江西万年县知县。有传。

杨枝绵，乾隆十七年壬申恩科，历官凤凰厅训导。有传。

黄朝经，乾隆十七年壬申恩科，官邵阳县教谕。有传。

吴翼传，乾隆十七年壬申恩科。有传。

张邦特，有传。

胡国清。

张开俊。

熊光照，并乾隆二十一年丙子科。

杨先仪，乾隆二十四年己卯科，历官浙江杭州府督捕同知。有传。

李泮飞，乾隆二十四年己卯科。

杨玹，乾隆二十四年己卯科副榜。

左逢霖，乾隆二十五年庚辰恩科，官郴州学正。有传。

刘仁刚，乾隆二十五年庚辰恩科。有传。

王立恕，乾隆二十五年庚辰恩科，官会同县教谕。有传。

易嶷耀，乾隆二十五年庚辰恩科。

吴峻。

郑有隽，并乾隆二十七年壬午科。

龙祖贤。

王邦霖，并乾隆三十年乙酉科。

张先拔，乾隆三十五年庚寅恩科。有传。

黄朝鼎，乾隆三十六年辛卯科，官沅陵县教谕。

张廷禄，乾隆三十六年辛卯科，顺天乡试副榜。有传。

王本灏，乾隆三十六年辛卯科副榜，官龙山县训导。

徐名孚，乾隆三十九年甲午科。

周锡溥，乾隆三十九年甲午科。见《进士》。

周锡渭，乾隆三十九年甲午科，官陕西紫阳县知县。有传。

刘盛典，乾隆四十四年己亥恩科，官平江县训导。

张坤澜，有传。

左人睿，并乾隆四十四年己亥恩科。有传。

周志传，乾隆四十五年庚子科亚元，官山东费县知县。有传。

胡昭翥，乾隆四十五年庚子科，官武陵县教谕，选补江西吉水县知县。案，昭翥初从张姓名坤藻，故《通志》作张坤藻。

杨士法，乾隆四十五年庚子科副榜。

郑有昭，乾隆四十八年癸卯科。

何启南，乾隆四十八年癸卯科，官山西岢岚州知州。有传。

刘嗣曾，乾隆五十一年丙午科，官新田县训导。

黄朝绶，乾隆五十一年丙午科，官衡阳县教谕。

吴灼，乾隆五十一年丙午科。见《进士》。

黄开鉴，乾隆五十一年丙午科。

吴宾，乾隆五十三年戊申预行正科。有传。

曾遇唐，乾隆五十三年戊申预行正科副榜，再中乾隆六十年乙卯科副榜，官新田县教谕。

戴运晋，乾隆五十七年壬子科。己亥科副榜。有传。

郭诚世，乾隆五十七年壬子科，官内阁中书。有传。

曾辉越，乾隆五十九年甲寅恩科。

张金鉴，乾隆五十九年甲寅恩科副榜。

刘中培，乾隆六十年乙卯科。有传。

嘉庆

彭珴，嘉庆三年戊午科解元。有传。

易焕暄，嘉庆三年戊午科。见《进士》。

蔡居琩，嘉庆三年戊午科，恩赐举人，明年赐检讨。

钟仰唐，嘉庆三年戊午科，恩赐副榜。

杨先铎，嘉庆五年庚申恩科，历官桃源县教谕、永顺府教授。有传。

危映辰，嘉庆五年庚申恩科，恩赐副榜。

周锡熙，嘉庆五年庚申恩科，恩赐副榜。

周昌业，嘉庆六年辛酉科副榜，充八旗官学教习。

徐铎，嘉庆六年辛酉科，恩赐副榜。

谢珍，嘉庆九年甲子科亚元，乾隆壬子科副榜，官永顺县训导。

钟道乐。

杨德谦。

郭清晖，原名家光，并嘉庆九年甲子科。

杨廷瑛，嘉庆十二年丁卯科，充国史馆誊录。

郭家暄。

吴心哲。

钟道脉，并嘉庆十二年丁卯科副榜。

易焕典，嘉庆十二年丁卯科，恩赐副榜，明年戊辰恩科，〔恩〕① 赐〔举人。〕②

杨〔培之〕，〔嘉庆〕③十三年戊辰恩科解元。有传。

蒋徽，嘉庆十三年戊辰恩科，充国史馆誊录。

易焕选。

易文煦。

易文照，并嘉庆十三年戊辰恩科。

黄世铭，嘉庆十五年庚午科。见《进士》。

刘之镛，嘉庆十五年庚午科，翰林院典簿。

李南英，嘉庆十五年庚午科，官绥宁县教谕。有传。

刘远镛，嘉庆十五年庚午科。

张学尹，嘉庆十五年庚午科，顺天乡试。见《进士》。

许大一，嘉庆十五年庚午科恩赐副榜，十八年癸酉科恩赐举人。

胡家照。

黎家庆，并嘉庆十五年庚午科，恩赐副榜。

杨昌光，有传。

易文焘。

胡发容，并嘉庆十八年癸酉科，历官城步县教谕。

郭庆麟，原名家惇，嘉庆十八年癸酉科，充咸安宫官学教习。有传。

柳和暄，嘉庆二十三年戊寅恩科，官兵部员外郎。

周嗣澍，嘉庆二十四年己卯科。

陈洪道，嘉庆二十四年己卯科，官永顺府教授。

---

①②③原本缺，据湘阴县志办藏刻本校补。

钟昌澍，嘉庆二十四年己卯科，官安仁县教谕。

道光

胡开英，道光元年辛巳恩科。官耒阳县教谕。

郑德声，道光元年辛巳恩科。

杨培元，道光二年壬午科。

李星沅，道光五年乙酉科。见《进士》。

易熙治，原名生水，道光五年乙酉科，官沅陵县教谕。

郭世偁，道光八年戊子科，官桑植县训导。有传。

范骥，道光八年戊子科，官直隶高阳县知县加同知衔。

朱英，道光八年戊子科副榜。

李廷俊，道光八年戊子科副榜，官辰州府教授，加盐提举衔。

楚崧，道光十一年辛卯科。

柳和铭，道光十一年辛卯科副榜，官泸溪县教谕。

左宗植，道光十二年壬辰恩科解元，官新化县训导、桂东县教谕、内阁中书。

左宗棠，道光十二年壬辰恩科，历官闽浙总督，调陕甘总督，太子太保，东阁大学士，世袭一等恪靖伯，加一等轻车都尉，晋封二等恪靖侯，钦差大臣督办新疆军务。

傅安宗，道光十二年壬辰恩科，官会同县教谕，赠国子监学正。有传。

李得春，道光十四年甲午科。见《进士》。

周琛，道光十四年甲午科。见《进士》。

夏阶平，道光十四年甲午科副榜。

易文濬，道光十五年乙未恩科，顺天乡试官、户部郎中、青州府知府，降补奉天府新民厅同知。

吴英樾，道光十七年丁酉科。见《进士》。

郭嵩焘，原名先杞，道光十七年丁酉科。见《进士》。

彭华友，道光十九年己亥恩科。

宋光甲，道光十九年己亥恩科。

姚腾汉，原名邦杰，道光二十年庚子科，广西候补知县，改补泸溪县教谕，升任宝庆府学教授。

欧阳汉，道光二十年庚子科。

周梦梨，道光二十年庚子科副榜。

李杭，道光二十三年癸卯科。见《进士》。

易倬章，道光二十三年癸卯科。

邹寿庚，原名藻，道光二十三年癸卯科，两淮盐大使、浙江武康县知县。

吴赟，道光二十三年癸卯科，历官山东安邱、临朐、长山、观城等县知县，补郓城县知县，署平度州知州，加五品衔。

郭崑焘，原名先梓，道光二十四年甲辰恩科，历保内阁中书，四品卿衔，加三品顶戴。

姚邦彦，道光二十四年甲辰恩科，官邵阳县教谕，加国子监学正衔。有传。

刘蘅章，道光二十四年甲辰恩科，任直隶北河县知县，署长垣县知县。

吴淮，道光二十六年丙午科。有传。

龙中骥，道光二十六年丙午科。

郭征畴，原名家彬，道光二十六年丙午科，六部员外郎，加四品衔。有传。

王祖权，道光二十六年丙午科，充咸安宫官学教习。有传。

吴鸣鹤，道光二十六年丙午科。

易章玉，道光二十九年己酉科，官户部主事。

彭符甲，道光二十九年己酉科，官内阁中书、陕西候补知府。

彭先第，道光二十九年己酉科副榜。

咸丰

仇文汇，咸丰元年辛亥恩科，官安乡县训导。

易堂俊，咸丰元年辛亥恩科，顺天乡试。见《进士》。

李概，咸丰二年壬子以浙江捐输，特赏举人，候选道，加盐运使司衔。

周谌枝，咸丰七年丁巳补行壬子、乙卯两科。见《进士》。

周沃棠，咸丰七年丁巳补行壬子、乙卯两科，任保靖县训导。

周卜瀍，咸丰七年丁巳补行壬子、乙卯两科。

宋炽昌，咸丰七年丁巳补行壬子、乙卯两科，官衡阳县教谕、武陵县教谕，加五品衔。

吴楚理，咸丰八年戊午科，军营病故，照知县例赐恤。

周发藻，咸丰八年戊午科，任麻阳县教谕。

同治

黄介繁，同治元年壬戌恩科，并补行己未恩科任平江县训导，加五品衔。

左孝威，同治元年壬戌恩科三品荫生，钦赏主事，旌表孝子，入祀忠孝祠。

李运芳，同治元年壬戌恩科，光禄寺署正，加五品衔。

姚暹，同治元年壬戌恩科。见《进士》。

苏藻，同治元年壬戌恩科，任沅陵县教谕，加五品衔。

姜卓，同治元年壬戌恩科，署浙江淳安、遂昌县知县。

焦作猷，同治元年壬戌恩科，大挑二等，候选教谕。

湛宗和，同治元年壬戌恩科，考取宗室官学教习，大挑分发甘肃署中卫县知县，补文县知县。

郭家镛，同治三年甲子科，并补行辛酉科，永定学训导。

易鉴章，同治三年甲子科，并补行辛酉科。见《进士》。

周炳枝，同治三年甲子科，并补行辛酉科。

毛晋蕃，同治六年丁卯科。

邹用庚，同治六年丁卯科。

左浑，同治九年庚午科。

杨世俊，同治九年庚午科。

刘莀章，同治九年庚午科。

刘时旸，同治九年庚午科。

莫炳琪，同治十二年癸酉科。

光绪

黄世崇，光绪元年乙亥恩科，以孝廉方正考取知县，分发湖北。

郑祖焕，光绪元年乙亥恩科。

郭虎宣，光绪元年乙亥恩科，工部主事，加员外郎衔。

何炳忠，光绪元年乙亥恩科。

陈立达，光绪二年丙子科。

李辅燿，光绪二年丙子科副榜，浙江候补道。

危耀垣，光绪五年己卯科。

黄㐭芬，光绪五年己卯科。

吴国镛，光绪五年己卯科。见《进士》。

常肇赓，光绪五年己卯科。

右举人，国朝一百九十七人。

案，国朝科举，悉沿明制。而自康熙五十二年特开万寿恩科，雍正元年特开登极恩科，嗣是凡遇庆典著为例。案，康熙五十二年恩科，二月乡试，八月会试；雍正元年恩科，四月乡试，九月会试，盖乡、会试并于一岁举行。乾隆元年恩科，仍照乡、会试常例；乾隆十年改定二月，会试为三月；乾隆十七年，皇太后万寿恩科，仍以三月乡试，八月会试，云南远省赴京会试，恐误期，因令各直省并以二月乡试，惟顺天以三月。顺治八年，以亲政恩加各直省中额。其后常以推恩特诏举行，无常例。雍正元年以登极恩加广中额，大省三十名，中省二十名，小省十名，亦著为例。嘉庆元年，加增湖南广额十五名。乾隆壬子以后，年老诸生乡试能终场者，八十以上赐副榜，九十以上赐举人；会试九十以上赐检讨学正，百岁以外得赐司业。凡此推恩贡举，历代所未有也。

而自雍正元年湖南乡试分闱，定中额正榜四十九名，副榜九名。其正榜五经五名，南、北各中二名，其馀一名轮科分中。七年，靖州、天柱县及五开、铜鼓等卫改隶贵州，裁中额二名益贵州；乾隆九年，又核减中额二名，案，《明史·选举志》：洪武三年设科举，湖广定额四十名。十七年诏不拘额数，从实充贡。洪熙元年，仍设定额，其后渐增。至国初，湖广中额一百六名，盖明季遗制也。顺治十七年，令各直省乡试中额均照旧额减半，湖广减定五十三名，其后渐复旧额。乾隆九年，又令各直省中额于十分中酌减一分，其零数不计，于是湖南应减中额四名，以原拨贵州二名合算，再减二名。共中额四十五名，内原定官卷二名。嘉庆十三年，增设苗疆中额，以新置乾州、凤凰、永绥三厅并保靖一县，定边字号卷一名。其四厅县新籍苗生，编列田字号卷，数至十五名以上，于正额外加中一名。嘉庆二十四年，以湖南官卷不足二十名之数，仍入民卷取中，嗣是不复编立官卷。咸丰三年，诏各省捐助军饷，准广学额中额，捐银十万两，广永远中额一名，仍以十名为限。于是增广中额十名。同治二年，湖广总督官文奏升湖南中省，而会试中额亦加增矣。

副榜始于元，名次榜，亦名备榜。明世会试亦设副榜。

国朝名会试副榜曰明通榜，亦曰中正榜，后裁。嘉庆初，易其名曰誊录，备各馆修书之用，无定额。而乡试副榜，仍旧充贡。顺天乡试又加挑取誊录，如会试例。

贡生

明

洪武

甘镛，洪武九年荐入国子监，历官巡按广东监察御史。祀乡贤。有传。案，《楚纪》：甘镛以贡授休宁丞，擢御史。府志列之《荐辟》，《通志》并不列入《选举志》，均误。又，《广东通志》载甘镛罗阳人，则以湘阴为古罗县，展转误罗阳耳。

武文，官兴山县教谕。

夏原启，官广西太平府知府。

王宗儒，官户部主事。

戴希伦。

秦万章，官户部主事。

陈希武，官山西布政司理问。

罗存仁，官南直隶凤阳府推官。

张茂实。

张儒宗。

胡应新。

首得仁，历官户部主事。

段志道，官福建汀州府推官。

易先，官交阯谅山府知府，赠广西布政司右参政，谥忠节。见《明史·陈洽传》。祀乡贤。有传。

吴炜。

李子春，官福建龙溪县县丞。

葛兴让，官南直隶常州府照磨。

王懋德。

戴纬，例贡。

建文、 永乐

吴美白。

吕文昌，官福建闽县知县。

袁必贵，官广东番禺县典史。

湛兴仁，官四川成都府经历。案，《通志》：湛兴仁，官广西按察司知事。

王通，官江西靖安县县丞。

吴任邦。

刘寅。

袁克温。

段以善。

鲁冕。

朱灿，官鸿胪寺序班。

杨暠，官南直隶安府通判。

徐万绩。

刘荣祖，官四川南溪县知县。

李仕荣，历官广西桂林府检讨、郁林州州判。

常庸，官江西高安县知县。

刘瓒。

案，永乐以前，并依旧志。

杨采，例贡。

黄惟尧，例贡。

洪熙、 宣德

胡堙，官蔚州卫经历。

高文海，淮王府奉祠正。

江敩，宣府卫训导。

易文英，官四川绵竹县知县。

刘志亮。

林士宏，官山西平定州知州。

李兰，官陕西凤翔县知县。

蒋文亨，官献陵卫太仓副使。

案，洪熙、宣德共十一年，应得八人。

黄卷，例贡，官浙江台州府通判。

吴一兰，例贡。

闵文光，例贡。

任绍尧，例贡。

任绍汤，例贡。

任绍禹，例贡。

艾同伦，例贡。

正统

彭琦。

张琛。

余仕通，官四川华阳县知县。

王龄，官江西袁州府知事。

张高，官广西兴安县知县。

冯惟善，官忠义卫经历。

吴崇，官四川南川县知县。

吴时达，官河南项城县知县。

刘必能，官广东南雄府照磨。

王肃。

案，正统十四年，应得十人。

景泰、 天顺

许孟经。

胡铨。

郑伯祥。

李晟，官南直隶淮安府通判。

吴昂。

吴低，官江西饶州府知事。

周融。

案，景泰、天顺共十五年，应得七人。

成化

秦伯埙。

葛林，官福建建宁县主簿。

陈辉。

彭俊，官四川叙州府推官。

欧阳玺，官江西安仁县县丞。

刘瑾，官南直隶沛县县丞。

蒋伯淳，官南京都督佥事。有传。

张宏，官四川庆符县训导。

钟鼎。

欧阳忠，官四川彭县训导。

黄钊。

欧阳敏。

案，成化二十三年，应得十二人。

弘治、 正德

刘贯，官四川郫县训导。

李成，弘治元年恩贡，官江陵县训导，升道州学正。

刘隆，长沙府学岁贡。

姚琬。

周泰，长沙府学岁贡。

张纯，长沙府学岁贡。

周时昌。

甘淳。

许志谦，历官礼部仪制司郎中、西宁卫指挥司经历。

吴孟芳，官光禄寺寺丞。

宋沧，官山东登州府通判。

甘济，官四川成都府经历。

刘政，官鸿胪寺序班。

李仪。

周孟经，官四川万县训导。

甘霈，官四川南充县训导。

宁时。

欧阳显，官山东齐东县训导。

刘颖，官广西平乐府训导。

李道明，选贡，官南直隶寿州州判。

案，弘治、正德共三十四年，应得十七人，恩贡可考见者一人。

嘉靖

吴时望。

甘景廉。

刘茂龄。

唐锜。

案，府志：官四川彰明县训导。

司马宪，官四川库大使。

龙兴云。

案，府志：官广东琼山县县丞。

邵魁。

王廷用。

吴必用，官河南河内县教谕。

卢璟。

案，府志：官福建建安县训导。

张荣孙，选贡，官忠义卫知事。案，旧志列入洪武中。据《明史·选举志》，弘治中始有选贡之名，旧志误。

刘光贵。

案，府志：官江西泰和县训导。

邵璧，官江西安仁县县丞。

周敩。

张正，官南直隶铜陵县教谕。

程澎。

萧绎旴。

胡经。

案，府志：官南直隶宿迁县主簿。

刘璪，官广东茂名县训导。

杨廷器，官江西袁州府照磨。

张文。

左经。

司马钺，官南直隶仪征县县丞。

赵星，官广东保昌县训导。

蔡景时，官江西建昌府照磨。

黄凤。

黎伯昂。

吴必显，官浙江桐庐县知县。

李邦佐。

刘瑞。

涂朝政，官四川梓潼县教谕。

刘朝仪，官四川广安州州判。

李奎，官江西高安县知县。

宋采，选贡，官云南嵩明州学正。祀乡贤。有传。

刘朝节，官周王府教授。

严志高。

李鹏，官江西奉新县知县。

彭表，官浙江桐卢县训导。

苏铨。

程天玺。

阚宗文。

甘蓝。

夏佐。

高本用。

刘宝，官南直隶常熟县县丞。

邵椿，例贡。

案，嘉靖四十五年，应得四十五人，内选贡三人。

隆庆

李自昭。

彭良璋，官广西岑溪县知县。

王爱，官江西峡江县训导。

刘本中，官山西吉州学正。

吴允介，官南直隶临淮县知县。

唐朝卿，官江西泰和县知县。

案，唐朝卿，《通志》列入荐辟。旧志明著其为监生而列之荐辟，《通志》因以承误耳。又案，隆庆六年应得六人。

万历

邵金华。

喻成龙，历官河南荥阳县知县、四川重庆府同知。有传。

严敬。

张宝，官四川涪州训导。

刘仁爱，官辽东广宁卫训导。

黄天爵。

宋集。

甘景献。

甘荩。

胡天叙。

蔡琦。

甘景瑛。

欧阳弼。

刘大体。

杨东清。

周宗炳，官广西桂林府通判。

王正教。

甘芸，官江西吉安府教授。

邵洛。

王钥，官湖北应山县教谕。

孙恩。

胡邦顺。

黄本潮。

宋汝和，官辰州府教授。

焦天衢。

许芳，官江西弋阳县训导。

李勋，选贡，历官南直隶石埭县教谕、浙江富阳县知县。

王继志，官山东乐安县教谕。

吴楚材。

李照，选贡，官国子监助教。

周存诚，官广西桂林府通判。

胡来宾，官湖北黄冈县教谕。

甘仲春，官南直隶上元县县丞。

徐文灿，官湖北穀城县教谕。

吴时化。

案，府志：官四川越巂卫教谕。

湛希元，官辰州府通判。

许镇。

案，万历四十八年，得三十七人，内选贡二人。

王钺，例贡。

蔡可用，例贡。

李象玉，例贡，官鸿胪寺序班。

天启

萧应乾，选贡廷试第一，官南直隶常州府通判。

左天眷，官辽东经历，迁直隶行唐县知县。有传。案，《沅湘耆旧集》：天眷万历乙酉、戊子两中副榜。由行唐县擢辽东道。此据《左氏家谱》、省志、乾隆志可证。

周一启，官四川潼州州判。

张之纲，选贡，官广东乳源县知县。

杜化，官韩王府审理正。

李盛春，历官广东曲江县县丞、乳源县知县。

黄甲，官四川眉州州判。

黄守胜。

龙永明，选贡，历官广西岑溪县知县、贵州道监察御史监两广军。有传。

案，天启以下仍依旧志。天启七年，应得七人外，选贡二人。

杨东澜，例贡。

崇祯

司马荣。

胡忠君。

蒋儒珩。

梁钜。

吴道南。

邵楷。

倪赟玉，选贡。有传。

吴三乐。

涂允昌。

吴之珩，官蕲州学正。

刘光宇。

夏谊。

李象珠，选贡，官衡州府教授。有传。

李国柱。

朱之翰，有传。

徐捷可，有传。

右明贡生，二百五人，例贡十五人。

案，汉董仲舒贤良对策：请令列侯、郡守二千石，各择吏民贤者岁贡二人。诸科贡士由此发之，历唐谓之乡贡。宋世立三舍之法，以太学生充贡，于时贡士一出于学。元承其制，令国子生员坐斋充贡，称贡员。明初因之，选生员入监，各学岁贡一人，谓之岁贡，于是径以入监为充贡矣。洪武二十一年，定府州县学，以一二三年为差；二十五年，定府学岁二人，州学二岁三人，县学岁一人。永乐八年，定州县户不及五百者，州岁一人，县间岁一人；十九年，令岁贡照洪武二十一年例。宣德七年，复照洪武二十五年例。正统六年，更定府学岁一人，州学三岁二人，县学间岁一人，弘治、嘉靖间，仍定府学岁二人，州学二岁三人，县学岁一人，遂为永制。

旧志于明贡生，标列朝代。宣德一朝，多至二十九人；正统、景泰、正德三朝，凡三十八年，并不标列。今自宣德以下，一依原序查照明制，分别叙次。知其间参差出入必多矣，亦期稍使贡额依合定制，不至疑误后人尔。

国朝

顺治

周良仕，乙酉，官常宁县教谕。

涂朝节，丙戌。

蒋儒瓒，戊子拔贡，官山东兖州府通判。有传。

杨邦宠，己丑。

甘缙，辛卯。

蒋儒德，癸巳，有传。

熊肇楚，己未。

宋之沛，丁酉。

龚勋，己亥，官广东韶州府训导。

倪泗象，辛丑。

李甲先。

康熙

吴道旦。

李象琯，有传。

李象瑛。

蒋之骥。

徐致育，癸丑拔贡。

吴道皇，甲寅。

袁赓年，戊午。

吴道林，庚申。

李炌，官江华县教谕。

丁佐，见《神鼎山志》，旧志漏。

刘之略，丙寅拔贡。有传。

孙历长，丁卯。

李枝清。

蒋之麒，戊辰。

吴瑞英，己巳，长沙府学。有传。

杨之先，己巳。

黄名铨，辛未。

刘光台，癸酉。

彭之馨，乙亥。

黄道昇，丁丑恩贡。

李斌炜，己卯。

蒋常尊，辛巳。

湛焘，癸未。

易士玉。

杨逢瞽，乙酉。有传。

蒋常昇，丁亥。

吴万锦，己丑。

徐百堵，辛卯。

刘来垣，癸巳。案，攸人郭世让《攸县生员广额记》：刘来垣，岁贡。攸县应童试者，岁数千人，拨入府学，又拨入他县学。据此，则来垣为攸县人，湘阴数经兵燹，人民稀少，即岁贡亦不能备额。攸县僻处一隅，为能稍免兵祸也，其时生员及岁贡皆由他县拨入。

庞而俊，癸巳恩贡，官宝庆府训导。有传。

蒋常晋，乙未，官城步县训导。有传。

金之炫，丁酉。

吴邦怀，己亥。

苏学禹，辛丑，官江华县训导。有传。

雍正

朱巽元，癸卯恩贡。

孟启谟，癸卯拔贡。见《进士》。

李宏纲，癸卯，官芷江县训导。有传。

左以铨，己巳，官乾州厅学正。有传。

蒋之植，丁未。

黄儒，己酉。

吴翼祖，己酉拔贡，官同安县知县、福建厦门同知。有传。

蒋常祐，辛亥。

王之淇，癸丑。

吴翼德，乙卯。

詹百瑶，乙卯恩贡。

彭述先，乙卯。

乾隆

吴翼世，丙辰恩贡。

殷天滔，丁巳。

徐复芳，己未。

吴翼行，辛酉拔贡。见《举人》。

李祖渊，辛酉。

向贤倬，癸亥。

周锡瓒，乙丑。

吴德远，丁卯。

杨茂淳，己巳。有传。

杨茂举，庚午恩贡。

彭士麟，辛未恩贡。

蒋世瑝，辛未。

杨枝淮，壬申恩贡。

蒋世琳，癸酉拔贡。有传。

李天权，癸酉，长沙府学。

黄鼎新，癸酉，官城步县训导。

杨枝纶，乙亥。
左定谦，丁丑。
焦弘治，己卯。
谭学礼，庚辰恩贡。
周富榜，辛巳恩贡。
杨瑗，辛巳，官辰州府训导。
蒋乔祚，癸未。
徐名瀚，乙酉。
何大铁，乙酉拔贡，官新田县教谕。
钟志伸，丁亥。
宋坚，己丑。
黄齐植，庚寅恩贡。
周天度，辛卯。
李文观，癸巳。有传。
何嘉宣，乙未。有传。
湛道心，丁酉。有传。
晏臣鲠，丁酉拔贡。有传。
周尊翰，己亥恩贡。
李懋信，己亥，官宜章县训导。
钟仰唐，辛丑。
蒋继瑗，癸卯。
朱修身，乙巳恩贡。
李泽洪，乙巳。
刘本华，丁未。
龚宏誉，丁未。
李胜洙，己酉。

傅先正，己酉拔贡，历官湖北郧阳府教授。

黎宗洙，庚戌恩贡。有传。

易元级，辛亥。

徐凤藻，癸丑。

吴亮模，甲寅恩贡。

吴灿才，乙卯恩贡。有传。

陆秉相，乙卯。有传。

嘉庆

谢南，丙辰恩贡。有传。

易焕柱，丁巳，官会同县训导。有传。

周政藻，己未恩贡。

吴亮暄，己未。

张正笏，庚申恩科。

何启治，辛酉。

郭世偁，辛酉拔贡。见《举人》。

周嘉缃，壬戌，府学。有传。

单永宣，癸亥。

李畴，甲子优贡，官桂东县训导。

陈忠，乙丑。

蔡光英，丁卯，官麻阳县训导。

胡文南，戊辰恩贡。

龙骥，己巳恩贡。

陈士伟，己巳。

巢邦光，辛未。

黎彬，癸酉。

郭家睿，癸酉拔贡，官新宁县教谕。

彭兰谱，乙亥。

黎修诚，丁丑，府学。有传。

吴家振，丁丑。

何大凤，戊寅恩贡。

钟棫，己卯。

胡先聘，庚辰恩贡。

案，顺治朝，周昌岐、罗光第，府志皆作湘潭人，亦别无事迹证据，今删。旧志《行义传》，载徐捷可岁贡生，而《选举志·贡生》不列其名。弘光、永历时，贡生可考者，如周良仕一人，入国朝仍以原名充贡。是徐捷可之为岁贡生，当属之明时，今取附崇祯末云。案，旧志《补遗》：国初岁贡丁佐、李向阳、蒋儒英、杨鹏、李乔林、庞以智、孙占春，凡七人。《神鼎山志》称："贡生丁佐。"佐之为贡生无疑。康熙乙酉县志载：参订贡生三人，搜辑生员十八人，丁佐与李向阳、李乔林、庞以智，并在搜辑生员之列。因查乙酉为康熙四十四年，而自康熙三十五年丙寅以后，历科岁贡名次皆可稽考。意丁佐当为恩贡。而充贡之年，远无可征，故列其名。庚申以后七年空缺处，而记其大略如此。《蒋儒英传》但称庠生；孙占春名，别无表见，附著于此，以俟览者详焉。

道光

戴运增，辛巳恩贡。

黄修秩，辛巳。

林后藻，癸未。

左宗植，乙酉拔贡。见《举人》。

骆先辉，乙酉。

樊士超，丙戌恩贡。

龙儒，戊子恩贡。

冯士夔，辛卯恩贡。

徐治宝，辛卯。

吴家美，癸巳。

徐德芳，乙未恩贡。

胡南英，乙未。

张乾佐，丁酉。

邹藻，丁酉拔贡，见《举人》。

张琳，己亥恩贡。

欧阳杰，己亥。

龙廷光，辛丑恩贡。

樊兴榜，辛丑。

李新澍，癸卯。

周藻裔，甲辰恩贡。

杨敬廷，乙巳。

吴齐恺，丁未恩贡。

彭绍谦，己酉。

易堂俊，己酉拔贡，见《进士》。

咸丰

王家宾，辛亥恩贡。

范赓，辛亥。

焦桐良，癸丑恩贡，官永州府教授，加运同衔。

彭先翔，癸丑。

何启祥，乙卯。

胡植本，丁巳。

江炳英，戊午恩贡。

李泽洪，己未，府学。

龙在霄，己未。

单忠相，辛酉。

顾寿世，辛酉拔贡，以知县分发湖北。

同治

黎光瑜，壬戌，府学、贵州候补通判、署永从县知县、同知衔补用直隶州知州。

吴景运，壬戌恩贡。

吴安宝，甲子，府学。

黄钦彦，甲子。

周培棻，丙寅恩贡。

范镕，丙寅。

李峻泉，戊辰，府学。

彭原铣，戊辰。

李辅燿，庚午优贡。

朱炳，庚午。

任湘杰，壬申。

殷邦惠，癸酉拔贡。

易炳中，甲戌，府学。

傅右衡，甲戌恩贡。

蓝炳瑛，甲戌。

光绪

易俊章，己卯恩贡。

朱晋熙，己卯。

右贡生，国朝一百八十二人。

案，明制，太学、荐举与进士，三途并用。举人不登第，多由国子监起家致通显。又令国子生历诸司习吏事，谓之历事生。案，历事生拨历部司，谓之正历；诸司写本及随御史出巡，谓之杂历；又有诸色办事长差短差之名，满日回监。其后定考核法，上等者选用，谓之上选。中叶以后，趋重进士一途，而太学之制微矣。

然凡为贡生者，皆送入国子监考留注选，例监生亦得选为州县佐贰及府首领官。至国朝，停贡生送监之例，遂与明制小异。其初重恩贡，亦明制也。顺治元年，特诏举行。嗣是每遇覃恩，升正贡为恩贡，以次为正贡，一如明旧。而定县学岁贡，间岁一人。明弘治十七年，行选贡法，以三五年为限，其后或数年或数十年一选。案，弘治八年，祭酒林瀚以坐监人少不敷拨历，请广科贡，于是改县学间岁一人为岁贡一人。其后十七年，祭酒章懋，以岁贡挨次而升多，衰老不振，近年有增贡之举，仍为资格所拘，乞于常贡外，行选贡之法，不分廪膳增广，通行考选。至万历时，工科给事中郭如心上言：选贡妨岁贡之途，非祖制，请停其选。崇祯时，仍以坐监生少，复开选贡。雍正五年，始定六年一选。乾隆七年，改定十二年一选，著为例。而自顺治二年，礼部题各府州县起送优生入监肄业，名为贡监。案，明初命各直省按察司，选生员年二十以上厚重端秀者送监肄业，即选贡法也，其后改为岁贡。弘治以后，又增选贡一途，择优行生充之。国初于岁贡、选贡之外，又别选优行生入监肄业，谓之监生，其后改名优贡生。是岁贡一途，又析而为三矣。

其后监生专用输纳，优生之举亦时停废。雍正十一年，令优生由廪增升入太学，准作岁贡。由附生、武生，准作监生。后又罢举武生，定学政三年任满，一举优生，谓之优贡。乡试副榜入监肄业，谓之副贡。其始皆援明制，凡充贡者送监肄业，满日移吏部注选，迨后入监者听从考充。而拔贡遂别为一科，其馀各职贡，径由部注册选授教职，则贡生亦领虚名而已。例贡一途，尤与选举无涉。

旧志胪列太繁，而于明制太学、荐举两途，牵互讹舛，莫可辨识。稍因所载名目，加厘正焉。

武科

宋

邵玘，哲宗元祐六年贾文君榜中第。

戴敦复，高宗绍兴六年张深榜中第。

右武举，宋二人。

案，唐长安二年，置武举，其制有马射、步射、平射、筒射，又有马枪、翘关、负重、身材之选，中第送兵部选用。正若今武试然，亦间诏行之，略如制科。宋始为诸科之一，加校骑射，仍以策为去留。明制，省试武举中式，由兵部试策略、弓马，其选益轻。成化十四年，设武科乡、会试，视文科，别差考试官，自是始有进士之名。崇祯时，始行殿试赐及第出身，非常制也。《通志》武进士一类，列入宋世邵玘等三人，误矣。《邵维传》：子玘、珪皆举进士，珪应进士举，玘应武举，岂宜牵混如此。

国朝

乾隆

袁荣邦，乾隆二十一年丙子科。

刘策，乾隆二十四年己卯科。

周泽华，乾隆三十年乙酉科。

吴浩，乾隆三十三年戊子科，官贵州千总。

黎德盛，乾隆三十五年庚寅恩科。

黄金印，乾隆三十六年辛卯科。

刘文镒，乾隆四十四年己亥恩科。

高元恺，乾隆五十一年丙午科解元。

殷雄，乾隆五十三年戊申预行正科。

胡南瑞，乾隆五十四年己酉恩科。

易祖典，乾隆五十七年壬子科，历官四川酉阳营游击，署绥宁副将。

高元浩，乾隆五十七年壬子科充兵部差官，候选守备。

易昌勋，乾隆五十九年甲寅恩科，历官外委把总，至江西吉安府城守千总。

嘉庆

张宾鸿，原名飞鸿，嘉庆三年戊午科，官宜昌营千总。

曹宗元，嘉庆五年庚申恩科，加卫守备衔。

王鼎元，嘉庆五年庚申恩科。

吴大全，嘉庆二十一年丙子科，官九溪营守备。

高开雅，嘉庆二十三年戊寅恩科，历官长安营守备。

唐大刚，嘉庆二十四年己卯科。

高开椿，嘉庆二十四年己卯科，官龙阳县城守千总。

道光

顾南英，道光二年壬午科。

王逢达，道光十一年辛卯恩科。

李大刚，道光二十年庚子科。

李大交，道光二十三年癸卯科。

郑理权，道光二十六年丙午科，官龙阳县城守千总。

咸丰

巢名坊，咸丰元年辛亥恩科解元，咸丰二年壬子科梁凤山榜武进士。

黎镇南，咸丰七年丁巳，补行壬子、乙卯两科，以军功保升守备。

冯勋，咸丰八年戊午科，以军功保升都司。

何德陞，咸丰八年戊午科，充补兵部差官。

同治

何雨龙，同治元年壬戌恩科，并补行己未恩科。

郑翥高，同治元年壬戌恩科，并补行己未恩科。

杨文鹤，同治六年丁卯科。

光绪

周正鸿，光绪二年丙子科。

右武举人，国朝三十三人。

制科

宋

许益，元祐三年进士，为衡阳主簿，母丧归，州举孝廉，授龙阳令。见《进士》。

彭子达，政和中试学官以八行应格，历官提点广南刑狱，兼坑冶事干办官。有传。案，大观元年，诏举八行仿成周之法，以孝、悌、睦、姻、任、恤、忠、和为八行，科而第其等，孝、悌、忠、和为上，睦、姻为中，任、恤为下，贡入太学，补上舍司成审考申省优命之官。当时八行为太学充贡之一法，其实亦制科也。

明

徐子高，洪武中举人才，历官监察御史。有传。案，《楚纪》：徐子高，洪武中以人才荐。人才者，亦荐举科目之一。旧志以为吏员，误。

郭敬，洪武中举贤良方正。案，旧志《流寓》：郭思铭，官苍梧县河泊使，隶籍湘阴，子敬，举贤良。而《选举志》不载。

甘湘，举贤良方正，官顺天府知事。

宋凯，举贤良方正，官浙江仙居县县丞。

艾俊文，举孝廉，官福建瓯宁县主簿。

张文燧，举孝廉，官福建漳州府推官。

许斌，举孝廉。

郑用脩，洪武中举明经，官本县训导。

吴季孙，洪武中举明经，官本县训导。

刘士贵，洪武中举明经，官本县训导。

彭希诚，洪武中举明经，官本县训导。

萧伯牧，洪武中举明经，官本县训导。

林善卿，洪武中举明经，官本县训导。

喻栋，万历中举明经，官山西繁峙县县丞。案，旧志：喻成龙子栋，举明经。《荐辟》类列明经六人，而列喻栋为贡生，误。

右制科，宋二人、明十四人。

案，《明史·选举志》列次"荐举"名目，即制科也。洪武中，罢科举，专行荐举法。其后仍与科举并行，诏中外大小臣工皆得推举，被荐者又令转荐。是以明代荐辟之典，视唐、宋为盛，而授官大小不以次。召见称旨，即与显擢，而亦时授杂职微僚焉。洪、宣以后，荐举之制渐废，亦屡诏举贤良、孝廉、明经，而授官益微矣。

检核旧志，证以诸家记载，稍理其繁乱叙次之。凡由太学擢用，皆列入贡生。荐举科目可征者，统曰制科。无科目，用荐举得官，以文武分叙之，曰荐举，曰武功。其专授官及恩荫，别为一类，曰荫辟。据《通志》：周谟举明经，拜河南布政司参政，浏阳人；李定安，官河南提举；刘尚宁，官监察御史，并湘乡人。旧志皆列入，而考明制，河南别无提举司官，今并从删。

国朝

同治

傅丙照，廪生，同治元年举孝廉方正，以直隶州州判分发湖北。

光绪

黄世崇，举人，光绪元年举孝廉方正，考取知县，分发湖北。

杨际春，廪贡，光绪元年举孝廉方正，考赏给六品顶戴。

周谔枝，附生，光绪元年举孝廉方正。

案，国朝制科最为严谨。顺治元年诏举才学出众、孝弟著闻者；十五年，又有举用孝弟之议。康熙十七年，举博学鸿儒。雍正元年，举孝廉方正。五年，复举贤能，及居家孝友，行己端方，才可办事而文亦可观者；又特诏京官自翰林科道郎中以上、外官道府以上、武官副将参领以上，各举一人。十一年举博学鸿词。至乾隆元年，始召试，前后两开鸿博科，得人为盛。而自雍正以后，纪元覃恩，举孝廉方正，著为例。湘阴历经制科，无应举者。道光元年，举生员欧阳杰孝廉方正，为议者所持，不果举。至道光十九年，欧阳杰始以资人贡。咸丰元年，复开孝廉方正科，邑人公举姚邦彦、郭崑焘，均不赴。编修郭嵩焘以左宗棠应举，会广西贼起，巡抚张亮基召宗棠参军事，遂不赴。讫同治元年，得傅丙照一人；光绪元年，得黄世崇、杨际春、周谔枝三人。

湘阴县图志卷十二

选举表下

荐举

宋

戴若讷，宋初，以荐拜朝奉郎。

周式，充岳麓书院山长，以行义著。大中祥符八年召见，拜国子监主簿。见《通考》。有传。

明

傅霖，洪武中，授陕西道监察御史，祀乡贤。有传。案，《楚纪》：傅霖，洪武中乡举，征拜监察御史。府志云：领乡荐而登科记不载。旧志《傅霖传》：洪武初，荐授苏州渠堰所大使，擢监察御史。是霖由荐举起家。《通志》列贡生，误。

鲁添惠，明初，官行人。案，旧志《列女》：龚氏，行人鲁添惠妻。《选举志》未著录。《明史》：洪武十三年设行人司，二十七年改定行人司官秩。初以孝廉、人才为之，其后专用进士。添惠，明初人，当是由荐举授官行人耳。

国朝

道府

韩正国，咸丰四年，从曾国藩积功保知县。同治元年，从江苏巡抚李鸿章管带湘军正字营，保同知直隶州知州，加知府衔，赏戴花翎。战殁南汇县之七堡，照知府例赐恤，赠太仆寺卿。

易珪章，从兵部侍郎彭玉麟，积功保知府，留安徽补用，加道衔，赏戴花翎。同治四年卒于军，以劳赐恤，赠光禄寺卿。附《易焕暄传》。

吴炳崑，县学生，从杨岳斌水师，积功保道员，留湖北补用，赏戴花翎。同治五年调赴甘肃，兰州兵变死，照按察司例赐恤，赠太常寺卿，给云骑尉世职。入祀兰州、长沙昭忠祠。光绪三年，彭玉麟奏准附祀湖北、湖口、安庆、金陵昭忠祠。有传。

任青芹，由水师文案，积功保知府，留安徽补用，加道衔，赏戴花翎。同治八年卒。

吴大安，从彭玉麟水师，积功累保知府，留安徽补用，赏戴花翎。旋由湖南巡抚骆秉章檄饬，管带湖南防江常安营。同治十一年卒。

黄钦龄，以筹饷功，巡抚恽世临保知府，加道衔。同治十一年卒。

虞绍南，从杨岳斌，积功保选云南开化府同知司狱。同治元年，左宗棠调赴浙江、福建，保知府，留浙江补用，赏戴花翎。光绪五年卒。有传。

郭岺焘，县学生，以筹饷功，巡抚骆秉章、毛鸿宾累保同知、知府衔。贵州巡抚曾璧光保知府，留贵州补用，加保道员。光绪六年卒。有传。

甘时化，县学生，由水师保知府，赏戴花翎。陕甘总督左宗棠调赴甘肃，加道衔，署贵德厅同知。有传。

钟昌英，从浙江提督鲍超，积功保道员，留浙江补用。

傅文光，从左宗棠，积功保直隶州知州，加知府衔，留福建补用，署惠安县知县。

王毓芬，从湖广总督李瀚章，保同知，以知府升用，赏戴花翎。

殷尚质，县学生，从水师文案，积功保直隶州知州、补用知府，留陕西候补，赏戴花翎。

张自牧，县学生，以贵州筹饷功，贵州巡抚张亮基累保道员，归浙江候补，加布政使衔，赏戴花翎。旋奏充总理援黔营务处，以攻克施洞城功，赏瑚松额巴图鲁名号。

张宗翰，县学生，从陕甘总督杨岳斌，积功保同知直隶州知州，赏戴花翎。同治七年，从左宗棠军，保陕西题奏道，加二品顶戴按察使衔，署甘肃西宁兵备道。

郭庆藩，优廪生，在援黔军营，积功保知府，分发浙江补用，加保道员，加三品衔，赏戴花翎。

张崇澍，附贡生，在援黔军营以攻拔丹江厅城功，保知府，分发广西，赏戴花翎。

左澂，优廪生，从闽浙总督左宗棠军，保训导。累功，保同知，留浙江候补。补授玉环厅同知，捐输军饷，加知府衔，赏戴花翎。又因甘肃转饷功，以知府升用。

州县

罗君聘，顺治中，从征云南，擢授姚安府通判。有传。

吴宏焘，廪贡生，补零陵县训导。咸丰二年以守城功，巡抚张亮基保知县，选授直隶房山县知县。有传。

湛镕，县学生。从水师，积功保知县。咸丰十一年，从记名道萧翰庆援湖北，战殁城南同心桥，照知县例赐恤。有传。

左葆真，附贡生。咸丰七年，从安徽布政使司李孟群，保选浙江丽水县知县。以回避巡抚左宗棠，改选云南元谋县知县。卒于官。

刘文镕，从湖南长胜军，历保府经、县丞。同治四年随陕甘总督杨岳斌调赴甘肃，兰州兵变死，照例赐恤，赠知府衔，给云骑尉世职。

李植，县学生。积功保知县，加同知衔。同治五年从杨岳斌入甘肃，兰州兵变死，照直隶州知州例赐恤，赠道衔。

杨忠传，从杨岳斌，保选广东四会县南津司巡检。以四会县守城功，保知县，署淩水县知县。卒于官。

江绍华，从曾国藩，积功保知县。同治元年从浙江巡抚左宗棠，累保同知，留浙江补用，赏戴花翎，署兰溪县知县。卒于官。

聂笙成，从陕甘总督左宗棠，积功保知县，留甘肃补用，加知州衔，赏戴花翎。同治六年，从剿直隶捻匪，至钜鹿县遇贼死，照知州例赐恤，赠道衔。

彭舒炎，县学生，从曾国藩，积功保知县。同治六年卒。

周朝祐，县学生，从直隶总督刘长佑，积功保通判，加同知衔。同治七年卒。

杨绍铨，从水师文案，累保直隶州知州，留安徽补用，卒。

万远培，从杨岳斌水师，积功保同知直隶州知州，分发广东补用。同治八年卒。

黄伦燕，州同衔，以安徽筹饷功，保知县，留安徽补用，署来安县知县，卒。

周甫文，县学生，从曾国藩，积功保通判，留安徽补用，署望江县知县，赏戴蓝翎。同治九年卒。有传。

唐光运，从曾国藩，积功保知县，留安徽补用。同治十年卒。

王昌南，县学生，从两江总督曾国藩，积功保知县，加知州衔，留安徽补用，赏戴花翎，补舒城县知县。卒于官。

左宗朝，廪生，从湖北水师，积功保知县，赏戴蓝翎。

蒋孝勋，县学生，从左宗棠，积功保知州，留甘肃补用。

刘祥俊，廪生，同治六年从陕甘总督杨岳斌，保以教谕尽先即选，加盐提举衔，赏戴花翎。旋从左宗棠，保知县，留甘肃补用。光绪二年调署渭源县知县，卒于官。

刘祥瀚，县学生，从陕甘总督杨岳斌，积功保知县，分发山西，补赵城县知县，以同知直隶州升用，赏戴花翎。光绪四年，办振积劳卒。山西巡抚曾国荃奏请议恤，赠知府，荫一子入监读书。有传。

徐堂赓，由水师文案保知县，留安徽补用，加五品衔，赏戴蓝翎，署庐江、建平、贵池、铜陵等县知县，补全椒县知县。卒于官。

吴瑛，县丞，试用湖北。湖广总督官文保知县，加同知衔，赏戴花翎，署云梦、汉阳、房县知县，补公安县知县。

张理纹，从贵州军营，积功总督劳崇光保县丞，留黔补用。巡抚曾璧光保以知县，遇缺即补，并赏加同知衔。同治十年，借补罗斛州判，仍以知县在任候补。光绪三年卒。

周丰岐，县学生，从广东军营，积功至县丞，于剿办土客械斗案出力，大学士瑞麟保以知县，留于广东，归候补班前先补用，并赏加同知衔。

张道瑜，从贵州军营，积功巡抚张亮基保县丞，赏加五品衔，凯撤后分发江西候补，任萍乡县典史。光绪三年，湖南巡抚王文韶补叙肃清贵东案，保免补本班，以知县留于江西，归候补班前先补用。

吴贤佑，从鲍超霆营，积功保知县，留于湖北，遇缺前先补用，并赏加同知衔，赏戴蓝翎。

张莹，从贵州军营，于攻剿安顺等处出力，巡抚韩超保以盐大使遇缺前先选；复于攻克安南县城螺蛳堰贼巢出力，巡抚张亮基保赏加盐提举衔。凯撤后，分发两淮候补。

龙寿昌，从左宗棠，积功保同知，留甘补用，赏戴花翎，署理安化知县。

舒运昌，从左宗棠入甘，隶刘锦棠营，积功保知县，留于甘肃尽先补用。

张恩濬，考取国史馆誊录生，议叙以正班通判，不论双单月注册选。

龙跃衢，廪生，从左宗棠营，积功保知县，留于甘肃尽先补用。

熊有芳，从左宗棠楚军，积功保知州，分省候补，赏戴蓝翎。

吴开旸，从郭松林武毅军，积功至县丞。于肃清直隶、山东等省捻匪案，大学士李鸿章保以知县，留湖北候补，并赏加五品衔。

张观海，咸丰辛亥恩贡生，选授直隶乐亭县训导，调昌黎训导。从亲王僧格林沁修筑海口炮台，保升教谕，历任奉天盖平县昌图厅教谕，俸满推升甘肃河州州判。案：观海寄籍顺天莅仕，后仍回原籍。

张恩澄，考取国史馆誊录生，议叙以正班州判，不论双单月注册选。

周煦山，从浙江提督鲍超，积功保同知直隶州知州，留安徽补用，赏戴花翎。

李运熙，从浙江提督鲍超，积功保知县，赏戴蓝翎。

吴鼎新，管带湖北水师新左营，积功保知州，加运同衔，赏戴花翎。

夏礼耕，由水师文案保知州，留安徽补用，赏戴蓝翎。

蒋顺达，从陕甘总督左宗棠，积功保知县，留甘肃补用，加盐提举衔，署华亭、敦煌等县知县。

陈则典，以府经历、县丞分发云南，署镇沅直隶厅新抚巡检。以剿回功，保知县，加五品衔。赏戴蓝翎。

周启善，由水师文案，积功保知县，留江苏补用，加同知衔。

杨克焘，从浙江提督鲍超，积功保知县，留安徽补用，加同知衔。

范勷，以军功保知县，留湖北补用，加同知衔。

甘开吉，以军功保知县，留广东补用，加同知衔。

瞿成庆，以军功保知县，加同知衔，赏戴花翎。

夏镇崑，从湖北水师文案，积功保知县，署铜陵县知县，加盐提举衔。赏戴花翎。

彭宗洛，从甘肃提督刘松山，积功保知县。

张志超，从浙江提督鲍超，积功保知县，赏戴蓝翎。

冯煦，从两江总督曾国藩，积功保知县，留江西补用，加盐提举衔。

颜济时，县学生，由水师文案，积功保知县，留江苏补用，加盐提举衔。赏戴花翎。

刘淇清，从四川总督骆秉章，积功保知县，留四川补用，加五品衔，赏戴花翎。

刘澄清，从陕甘总督左宗棠，积功保知县，留甘肃候补，加同知衔，赏戴蓝翎，署环县知县。

周国恩，从陕甘总督左宗棠，积功保知县，留陕西补用，加五品衔。

黄齐骥，从浙江提督鲍超，积功保知县，留安徽补用，赏戴蓝翎。

徐泽畴，从浙江提督鲍超，积功保知县，留江苏补用，赏戴蓝翎。

韩峻勋，由水师文案，经江苏巡抚李鸿章调办湘城厘务，保同知，留江苏补用，加知府衔，赏戴花翎。

王瑞徵，从曾国藩，保同知，留江西补用，改留湖北补用，加知府衔。

廖文焕，从闽浙总督左宗棠，积功保同知，留浙江补用，加知府衔。

毛英锷，从湖南提督周宽世，积功保同知，留江西补用，赏戴花翎。

丁庆馀，以安徽筹饷功，保同知直隶州知州，留江苏补用。

任应庚，从广西巡抚刘长佑，积功保直隶州知州，留广西补用，加运同衔，署永宁州知州、太平府知府。

黎光瑜，岁贡生，从贵州按察司席宝田，积功保通判，留贵州补用，署永从县知县，加同知衔，补用直隶州知州。

颜其政，廪生，由水师文案，积功保直隶州知州，加知府衔，留江苏补用，赏戴花翎。

龙惠昌，从陕甘总督左宗棠，积功保知县，留甘肃补用，历署环县、平凉县知县。

虞猷懋，县学生，从闽浙总督左宗棠，积功保知县，留浙江补用，署武康县知县，加同知衔。

韩杰，由水师文案，调江苏，隶赣南镇总兵程学启军，管带淮勇新中营，积功保同知直隶州知州，留江苏补用，加运同衔。赏戴花翎。

危文汉，县丞，试用湖北，历署监利县县丞，积功保知县，留湖北补用，加知州衔，赏戴蓝翎。

高蔚霞，从陕甘总督杨岳斌，保州判，留陕西补用，加五品衔，赏戴花翎。旋经左宗棠保知县，留甘肃补用，署灵台县知县，补清水县知县，升用同知。

刘祥汇，从陕甘总督杨岳斌，积功保直隶州知州，留甘肃补用。旋从左宗棠，保以知府用，历署张掖、安定县知县，调署甘州府抚彝通判、安西直隶州知州。

张荣，附贡生，捐中书科中书，保知县，留甘肃补用，加同知衔，署环县知县，以赈务叙劳保升。

萧立照，由水师文案，积功保知县，留安徽补用，加同知衔，赏戴蓝翎，署青阳县知县。

杨大年，从陕甘总督左宗棠，积功保同知，留陕西补用，加四品衔，补贵德同知，署甘肃宁州知州，调署肃州知州。

陈晋蕃，从陕甘总督左宗棠，保直隶州知州，加知府衔。

易润芝，从陕甘总督左宗棠，积功保知县，留陕西补用，署郃阳县知县。

李钠，以府经历试用湖北、安徽筹饷功，保知州，仍留湖北补用，署郧西、钟祥等县知县，荆门州知州，补兴国州知州。

陈宏勋，由水师文案，积功保知县，留安徽补用，加五品衔，署休宁县知县，补绩溪县知县。

郭家铨，附贡生，选授澧州训导，保知县。在任候选，升用同知直隶州知州，加运同衔。

李振绅，监生，从淮军，保五品衔，赏戴蓝翎，改投湘军。光绪二年关陇肃清，保同知，留甘肃补用，三年克复乌鲁木齐、玛纳斯等城，保加知府衔。

张宗幹，从陕甘总督左宗棠，积功保同知，留甘肃补用，补缺后以知府用，加道衔，赏戴花翎。

张舒锷，从陕甘总督左宗棠，积功保知县，分省归候补班前补用。

涂蔚湘，监生，从闽浙总督左宗棠，积功保县丞，留浙江补用，五品顶戴。

鄧金源，以安徽筹饷功，保盐大使，留两淮补用。

吴观敬，以安徽筹饷功，保盐大使，留两淮补用。

左昭泽，从左宗棠，保盐大使，补浙江下沙场盐大使，加盐提举衔。

陈兆莲，县学生，从陕甘总督左宗棠，积功保知县，加同知直隶州衔。

杨方炽，从陕甘总督左宗棠，积功保通判，署昌吉县知县。

右荐举，宋二人，明二人，国朝一百六人。

案，荐举之典，历代所重，明初尤称盛焉。湘阴仕宦之显，莫盛于明初。其时以荐举起家，必多有之，而旧志无传，略可推见者傅霖、鲁添惠而已。自咸丰以来，广西寇起，保举之途寖广。综其大端，曰军营保举，曰团练保举，曰捐输保举，毅然奋起立功名，盖不可胜纪也。今一以知县盐大使得实保者为断，此下若生员之保训导，及府经、县丞以下起自保举、捐纳二途，并带有虚衔者，无虑数百千人，皆不复叙录。训导姚腾辉，实领一军驻通城，防堵数月，而以病归，无功可纪，亦并从阙。其由军营保举者，大率起自文案，与武功异科。而易珪章，隶水师右营为哨官；吴大安，隶水师后营，旋以分带常安营驻守常德；韩正国、韩杰，亦以管带营勇立功。四人者实以武功显，以其历保文职也，仍列之荐举，使各以类相从，备参考焉。

武功

唐

邓进思，僖宗中和中官浏阳镇将。光启二年，杜洪据岳州，复袭取鄂州，进思乘间复岳州，授岳州刺史。

明

焦琼，洪武初，以校尉从征贵州，授威清卫指挥佥事，调福建都指挥佥事。

吴仁琮，官长沙卫千户。

常才，官岳州卫百户。

许卜花，官岳州卫百户，迁广西宣抚司佥事，旋授楚王府护卫指挥。有传。

陶仁，官九溪卫千户。

李隆，官成都卫百户。

罗仁，官岳州卫百户。

颜成，官成都卫百户。

顾鹏摇，官贵州游击。

李文珩，官腾冲卫指挥佥事。

刘成六，官广安千户所千户。

国朝

提镇

许君用，以平吴三桂功，授辰州镇总兵。有传。

彭长春，武生，官临武千总。从李星沅，积功保授贵州古州镇总兵。咸丰五年卒于官，照总兵例赐恤。

蔡东祥，从杨岳斌起水师，积功保副将，加总兵衔，赏雄勇巴图鲁名号。旋隶淮扬水师，同治元年战殁嘉善之夏湖口，照提督例赐恤。有传。

吴腾芳，从鲍超，积功保副将，加总兵衔，赏锐勇巴图鲁名号。同治元年卒于军，以劳赐恤。

段大贵，从鲍超管带霆新左营，积功保副将，加总兵衔，赏戴花翎，补广西梧州协副将。同治元年卒于军，以劳赐恤。

张文彪，从水师，积功保副将，加总兵衔，赏戴花翎。同治二年，李朝斌调隶太湖水师，卒于军，以劳赐恤，荫一子，六品顶戴。

曾泗美，从彭玉麟起水师，积功保提督，赏戴花翎，赏坚勇巴图鲁名号。管带水师右营，调江苏管带太湖水师新昌营，同治三年卒于军。

余大胜，从湖北巡抚胡林翼，积功保副将。调带霆字右营，保记名总兵，赏勤勇巴图鲁名号，赏戴花翎。同治三年因伤病请假回籍，七月卒。

曹仁美，从曾国荃，积功保提督，赏戴花翎，赏励勇巴图鲁名号。同治五年战殁钟祥县罗家集，赠太子少保衔，赐恤。有传。

李隆典，从曾国荃，积功保总兵，赏强勇巴图鲁名号。同治五年战殁钟祥县罗家集，赠提督，赐恤。

张东阳，从彭玉麟起水师，旋隶杨岳斌军，积功保副将，加总兵衔，赏戴花翎。同治五年甘肃兰州兵变死，照总兵例赐恤。有传。

章茂，从鲍超，积功保总兵，赏戴花翎，赏确勇巴图鲁名号。同治六年战殁，照总兵例赐恤。

蔡渭川，从杨岳斌起水师，黄翼升调带淮扬水师亲兵新营，累保记名总兵。同治六年受伤叠山湖，卒，赠提督，赐恤。

周保和，从左宗棠，积功保记名提督，赏坚勇巴图鲁名号，赏戴花翎。同治六年战殁肃州五里城，赠太子少保衔，赐恤。

郑阳和，从鲍超，积功保提督，赏戴花翎，赏健勇巴图鲁名号。同治七年卒。

仇有道，从杨岳斌，积功保提督，赏戴花翎，赏利勇巴图鲁名号，管带茂字马步六营。同治七年卒于军。

殷鸣岐，起李续宾军，旋从李鸿章管带仁胜副前营，积功保记名总兵，赏戴花翎，赏敏勇巴图鲁名号。同治八年病殁光化营，荫一子，六品监生。

姚连升，从左宗棠，积功保提督，赏果勇巴图鲁名号。同治八年战殁金积堡，照提督例赐恤。

黄庆，从鲍超，管带霆字前营，补严州协副将，赏戴花翎，赏劲勇巴图鲁名号，累保提督，卒于军，以劳赐恤。有传。

左富文，从水师，积功补长江水师沅江营前哨守备。黄翼升调赴淮阳水师，保总兵，赏戴花翎，卒于官，照阵亡提督例赐恤，赠提督衔。

何瑞祥，从水师，积功补沅江协、晃州营守备，累保总兵，赏挺勇巴图鲁名号。卒于家，以劳赐恤。

周南侯，从水师，积功保总兵，赏彪勇巴图鲁名号。李朝斌调赴太湖水师新中营，卒于军，以劳赐恤。

刘成秀，提督，阵亡。同治七年，护理湖北巡抚何璟行查履历，未据呈报。

王子龙，记名提督，在肃州阵亡，赐恤给骑都尉世职。光绪二年，陕甘总督左宗棠行查履历未详。

傅以德，从鲍超，积功保总兵，赏戴花翎，赏坚勇巴图鲁名号。

田名魁，起水师，黄翼升调入淮扬水师，积功保提督，赏振勇巴图鲁名号，借补太湖营副将。

周国兴，从杨岳斌起水师。同治元年，调赴淮扬水师，积功保提督，赏戴花翎，赏强勇巴图鲁名号，借补长江水师提标中军副将。

杨云祥，从杨岳斌起水师，积功保提督，赏戴花翎，借补长江水师荆州营右哨都司。

王正枝，从杨岳斌起水师。咸丰八年，调赴淮扬水师，积功保提督，赏戴花翎，赏猛勇巴图鲁名号。同治九年，署理汉阳中营游击。同治十二年，管带毅武右军，收复溃匪，奏请改换乌勒西苏巴图鲁名号。

黄海清，从鲍超，管带马队左营。同治六年，统带霆副五营，积功保提督，赏戴花翎，赏彦勇巴图鲁名号，御赏奖武银牌。同治七年湖北肃清，赏换衣勒达蒙额巴图鲁名号。

陈有昇，从鲍超调江苏管带昇字营。同治三年，克复嘉兴，保提督，赏戴花翎，赏坚勇巴图鲁名号。

邓训诰，从鲍超，管带霆新前营。同治四年，克复嘉应，积功保提督，赏戴花翎，赏伯奇巴图鲁名号。统带霆新正等营，以克复金陵功最，御赏奖武银牌。

熊铁生，从鲍超，积功保提督，赏奋勇巴图鲁名号，赏戴花翎。

张有凤，从鲍超，积功保提督，赏奋勇巴图鲁名号，赏戴花翎。

仇宗佑，从左宗棠，积功保提督，赏戴花翎，赏倜勇巴图鲁名号。

熊有常，起水师，旋隶刘松山军，积功保提督，赏戴花翎，赏劲勇巴图鲁名号。同治七年，捻逆全股荡平，赏换倭什洪额巴图鲁名号，赏头品顶戴，赏穿黄马褂，统带老湘中军右营。

姚同升，升用提督、浙江衢州镇总兵。

万化林，从陕甘总督杨岳斌起水师，积功保总兵，赏强勇巴图鲁名号，补贵州威宁镇总兵，加提督衔，克复金陵，御赏奖武银牌，记名提督。

易光南，起水师，积功保提督，赏戴花翎。

张光泰，起水师，黄翼升调入淮扬水师管带副后营，积功保提督，赏戴花翎，赏壮勇巴图鲁名号。

彭芝亮，从王永章，管带章字左营，积功保提督，赏戴花翎，赏瑚松额巴图鲁名号，留贵州统带章贵等营。

王平西，从刘培元起永清水师，旋调赴江苏，由淮军，积功保提督，赏戴花翎，赏刚勇巴图鲁名号。

左日升，从淮扬水师，积功保总兵，赏戴花翎，赏质勇巴图鲁名号。同治六年，隶左宗棠军，管带升字营，保提督。

胡贵廷，军功，保举提督，赏诚勇巴图鲁名号。

卢胜照，从骆秉章，积功保总兵，留四川补用，加提督衔，赏戴花翎，赏健勇巴图鲁名号。

何昌登，从杨岳斌起水师，积功保总兵，加提督衔，赏戴花翎，赏彪勇巴图鲁名号。

王金楷，起水师，积功保总兵，赏戴花翎，赏健勇巴图鲁名号。同治三年，克复金陵，加提督衔。杨岳斌调赴甘肃，署兰州城守营参将。

陈春和，起水师，旋隶霆军，积功保总兵，加提督衔，赏戴花翎，赏超勇巴图鲁名号。

王衍庆，从鲍超管带霆正左营，积功保总兵，加提督衔，赏猛勇巴图鲁名号。克复金陵，御赏奖武银牌，赏换业普肯巴图鲁名号。李鸿章调赴山东，管带武毅营。

杨春华，从鲍超，积功保副将，赏戴花翎。同治元年，曾国藩调带督标钧字后营。克复金陵，保总兵，加提督衔。

周兰亭，从鲍超起霆军，积功保提督，赏利勇巴图鲁名号，赏戴花翎，补安徽皖南镇总兵。

唐得胜，从鲍超，管带霆正五营，积功保总兵，赏戴花翎，赏悍勇巴图鲁名号。同治四年，解宁都州围，加提督衔。

周有胜，从鲍超，管带霆正右营，积功保总兵，赏戴花翎，赏额特和恩勇巴图鲁名号。同治三年，克复金陵，御赏奖武银牌。同治六年，剿永滏河捻匪，加提督衔。

夏开鹏，从鲍超，积功保总兵，赏戴花翎，加提督衔，赏锋勇巴图鲁名号。

吴禧德，从左宗棠，积功保总兵，加提督衔，赏戴花翎。

周河清，从塔齐布，积功保总兵，加提督衔，赏戴花翎，赏捷勇巴图鲁名号。

钟良保，从杨岳斌，积功保总兵，赏戴花翎，补湖北宜章镇标前营游击。

刘三元，从杨岳斌起水师，隶湖北健捷营，积功保总兵，赏戴花翎，借补长江水师三江营右哨都司。

熊济圃，从杨岳斌，积功保总兵，赏戴花翎，赏效勇巴图鲁名号，借补长江水师江阴营左哨都司，署江阴营副将。

颜湘波，从杨岳斌起水师，积功保总兵，赏戴花翎。

夏开凤，从杨岳斌起水师，积功保总兵，赏戴花翎。

龙有升，起水师，积功保总兵，赏戴花翎，借补长江水师提标中营后哨守备。

张光德，起水师，积功保总兵，赏戴花翎，借补长江水师提标中营中哨守备。

左有才，起水师，李朝斌调赴太湖水师正前营，积功保总兵。

萧国士，起水师，调江苏管带淮扬水师新后营，积功保总兵，赏戴花翎，赏烈勇巴图鲁名号。

萧东浚，起水师，积功保总兵，赏戴花翎，借补长江水师三江营左哨都司。

江成祥，起水师，积功保总兵，借补长江水师湖口营左哨都司。

何明广，起水师，积功保总兵，赏戴花翎，赏勤勇巴图鲁名号，借补长江水师荆州营左哨都司。

刘仁和，从左宗棠，积功保参将，赏戴花翎，署福建漳州镇中营游击、护漳州镇总兵；又从至甘肃，历保总兵，加提督衔，赏彦勇巴图鲁名号，借补凉州镇庄浪协副将。

杨谦万，从鲍超，管带霆新右营，积功累保总兵，赏戴花翎，赏卓勇巴图鲁名号。

金昌言，从鲍超，积功保总兵，赏戴花翎，赏利勇巴图鲁名号。

熊品佳，从鲍超，积功保总兵，赏恒勇巴图鲁名号。

甘瑞年，从鲍超，积功保总兵，赏戴花翎。

甘星平，从鲍超，积功保总兵，赏戴花翎。

姜世友，从鲍超，积功保总兵，赏戴花翎。

任友章，从鲍超，积功保总兵，赏戴花翎。

朱楚善，从鲍超，积功保总兵，赏精勇巴图鲁名号，赏戴花翎。

沈正福，从鲍超，积功保总兵，赏戴花翎。

李国良，从左宗棠，积功保总兵，赏戴花翎。

周明煜，从谭仁芳管带湖北仁胜军后营，累保总兵，赏戴花翎，赏强勇巴鲁名号，加提督衔。

彭文兴，从萧翰庆，积功保游击。咸丰十一年，从胡中和，保副将，赏戴花翎，赏效勇巴图鲁名号。同治六年，李元度调赴贵州，保总兵。

黄本富，从刘培元，管带永清水师右营援浙。同治三年，从左宗棠视师闽粤，积功保副将，赏戴花翎。旋调陕甘，保记名总兵，请旨简放，赏敢勇巴图鲁名号。

陶树恩，军功，累保总兵，赏志勇巴图鲁名号，借补长江水师海门营前哨守备，署江南瓜州镇标瓜州营游击。

戴洪福，积功保总兵，赏戴花翎，赏壮勇巴图鲁名号。案，戴美思、柳三喜、冯富堂、翁九良、张国才五人并称，以军功保总兵，而履历无考，附著于此。

刘正隆，从杨岳斌起水师，积功保副将，加总兵衔，赏戴花翎，赏劲勇巴图鲁名号，借补保靖营参将。

周文翔，从杨岳斌起水师，同治四年调陕甘，积功保副将，加总兵衔，赏戴花翎，赏鼓勇巴图鲁名号，借补长江水师金陵营左哨都司，署甘肃巩昌营游击。

王德清，从杨岳斌起水师，积功保副将，加总兵衔，赏戴花翎。

戴华贵，起水师，积功保副将，加总兵衔。

傅佐廷，从鲍超，积功保副将，加总兵衔，赏戴花翎，留江西补用。

张本清，从鲍超，积功保副将，加总兵衔，赏戴花翎。

周仁舫，从鲍超，积功保总兵，赏戴花翎，赏勋勇巴图鲁名号，留江西补用。

何先得，从鲍超，积功保副将，赏戴花翎，赏武勇巴图鲁名号。同治六年，进剿永瀍河，保总兵。

汤立梧，起霆军，同治五年隶刘长佑，管带练军左营，积功保副将，加总兵衔，赏戴花翎，留直隶补用。

聂福田，从左宗棠，积功保副将，加总兵衔，留浙江补用。

任正发，从左宗棠，积功保副将，加总兵衔，赏戴花翎，调赴甘肃。

伍先申，从左宗棠，积功保副将，加总兵衔，赏戴花翎。

黄席珍，从左宗棠，积功保副将，加总兵衔，赏戴花翎。同治三年，署浙江乍浦协副将。

曹仁贤，从曾国荃，积功保副将，加总兵衔，赏戴花翎，赏强勇巴图鲁名号。

韩定湘，起内湖水师，咸丰十年调淮扬水师，积功保副将，加总兵衔，赏戴花翎，赏直勇巴图鲁名号。同治八年，补安徽大通营都司。

彭世昇，从彭芝亮贵州，积功保副将，加总兵衔，留湖南补用，历任永州镇中营游击、协守沅州副将。

萧辉廷，以军功，累保副将，加总兵衔。

龙汉清，从左宗棠，积功保副将，加总兵衔，赏戴花翎，留浙补用副将。同治三年，署浙江金华协副将。

周才富，起外江水师，积功保尽先副将，加总兵衔，赏戴花翎。同治十二年，借补华阳营前哨一队千总。

徐定泰，从刘培元，积功保游击，经左宗棠调赴甘肃，保记名总兵，赏戴花翎，署辽河镇总兵。

刘百魁，从四川总督骆秉章，积功保副将，留四川补用。旋统带贵州纬武中营，剿除股匪，全黔肃清，以总兵尽先前补用，赏戴花翎。

谭仁芳，从多隆阿赴陕西，积功保总兵，赏戴花翎，借补陕西汉中镇宁羌营游击。同治四年，保提督，赏冲勇巴图鲁名号，留湖北，统带仁胜军马步十一营，补延榆绥总兵。

刘松亭，起湖北水师健捷营，旋调福建，积功保总兵，赏戴花翎。同治七年，补福建金门协副将，升浙江处州镇总兵。

李文益，从鲍超，管带霆副右营，积功保提督，赏容勇巴图鲁名号，以克复金陵功最，御赏奖武银牌，补云南腾越镇总兵。

左光培，从杨岳斌起水师，积功补竹山协都司，赏戴花翎，赏爽勇巴图鲁名号。旋保总兵，补缺后以提督用，赏换倭什洪额巴图鲁名号，管带湖北健捷营水师。

副参游

黄元春，以平吴三桂功，授抚标参将。旧志作黄春元，苏溪塅。《黄氏谱》：元春为黄凤德之子，官抚标参将。旧志误。

周清元，从杨岳斌起水师，积功保副将，赏戴花翎，赏骁勇巴图鲁名号。咸丰六年，克复武汉，以伤死，照总兵例赐恤，谥贞愍。有传。

雷风云，从李续宾，积功保副将。咸丰七年战殁桐城，照总兵例赐恤，谥威毅。后改籍长沙。

刘文彬，从蒋益澧，积功保副将，攻贺县战殁，照总兵例赐恤，谥刚介。

张文焕，从罗泽南，积功保副将，赏戴花翎，赏勉勇巴图鲁名号。咸丰八年战殁麻城，赠总兵，赐恤，谥刚愍。有传。

饶万福，从李续宾，积功保游击，加参将衔。咸丰八年战殁三河集，照参将例赐恤。

彭协和，从李续宾，积功保游击。咸丰十年战殁桐城，照副将例赐恤。

甘露霖，从彭玉麟起水师，积功保参将，加副将衔，赏戴花翎。咸丰十年卒于军，照二品例以劳赐恤。

柳成久，起湘军，积功保参将。咸丰十一年战殁繁昌县，照副将例赐恤。

宋美富，从杨岳斌起水师，积功保游击，赏戴花翎。咸丰十一年，调援湖州，城陷死，赐恤。有传。

陈仁寿，从鲍超，积功保游击，加参将衔。咸丰十一年战殁黟县赤冈岭，照参将例赐恤。

柳景福，从鲍超，积功保游击。咸丰十一年战殁洋塘，照参将例赐恤。

段大有，从鲍超，积功保副将，赏戴花翎，赏回勇巴图鲁名号。同治元年，接带其兄大贵霆新左营，战殁宁国，照总兵例赐恤。

李怀英，从左宗棠，积功保参将，加副将衔，赏戴花翎。同治元年，战殁龙游县，照副将例赐恤。

卢星宝，从李续宾，积功保参将。同治元年战殁大桥集，照副将例赐恤。

冯富才，从鲍超，积功保游击。同治元年战殁南陵县西湖，照参将例赐恤。

董祥麟，从鲍超，积功保游击。同治元年战殁宁国，照参将例赐恤。

张明远，从左宗棠，积功保参将，加副将衔。同治二年战殁馀杭，照副将例赐恤。

黄仁亲，从鲍超，积功保参将，赏戴花翎。同治二年战殁安徽含山县石涧埠，赠副将，赐恤。

李殿华，从鲍超，积功保游击，加参将衔，赏戴花翎。同治二年，从陈由立，隶钧字营，战殁青阳，照参将例赐恤。

周富堂，从左宗棠，积功保游击，赏戴花翎。同治二年，战殁馀杭县。

瞿斯昶，从多隆阿，积功保游击，赏戴花翎。同治二年隶梁洪胜军，战殁应城，照参将例赐恤。

杨得意，从水师，积功保游击，赏戴花翎。同治二年卒于军，以劳赐恤，给伊子大年八品监生。

杜绍彩，从左宗棠，积功保副将，赏戴花翎。同治二年卒于军。

周海涛，从鲍超，积功保参将，加副将衔。同治二年卒于军，以劳赐恤。

龚绥成，先随皖营，保千总。同治元年，随湘军熊字正营，保游击，赏戴花翎。二年，攻苏州阵亡，交部从优议恤。

陈邦荣，从水师，积功保参将，加副将衔，赏戴花翎。同治三年战殁九洑洲，赠总兵，赐恤。

王翔翥，从水师，积功保都司，加游击衔，赏戴花翎。同治三年，以伤病身故，赐恤。

湛玉连，从左宗棠，积功保副将，赏戴花翎。同治三年，管带督标中营，卒于军。

熊东海，从都兴阿，积功保副将，赏戴花翎。同治四年战殁，照副将例赐恤。

陈正春，从湘军，积功保参将，加副将衔。同治四年卒于军，照副将例赐恤。

柳文质，从左宗棠，积功保参将。同治四年战殁漳州，照副将例赐恤。

柳超凡，从左宗棠，积功保游击。同治四年战殁福建。

熊宗洛，从杨岳斌起水师，旋带湖南选锋右营，积功保游击，赏戴花翎。同治四年卒，照立功后在营病故例议恤。

郑德明，从鲍超，积功保游击，赏戴花翎。同治四年战殁江西五马坊，照参将例赐恤。

雷祖喜，从杨岳斌，积功保参将，赏戴蓝翎。同治五年战殁，照参将例赐恤。

左启岁，从湖北健捷营，积功保参将，加副将衔。同治五年卒于军。

黄光立，从鲍超，积功保副将，同治六年战殁，照副将例赐恤。

柳逢春，从湖北健捷营，积功保参将。同治六年卒于军。

刘开胜，从鲍超，积功保游击。同治六年战殁，照游击例赐恤。

王华庭，从浙江布政使李元度，积功保参将。同治六年战殁，赠副将衔，赐恤。

戴维新，从鲍超，积功保副将，赏戴花翎。同治七年卒于军。

蒋光晋，从左宗棠，积功保副将，赏戴花翎。同治七年战殁肃州永昌县，赐恤。

李楚胜，从湖北，积功保参将，加副将衔，赏戴花翎。同治八年卒。

范玉林，从水师，积功保参将，卒于军，以劳赐恤。

蔡和兴，花翎、游击。闽浙总督文奏请照军营立功后病故例赐恤，给与伊子八品监生。

黄正芳，从杨岳斌起水师，积功保副将，赏戴花翎。同治六年调陕甘，旋隶左宗棠军，保留陕西补用。

彭腾芳，起杨岳斌水师，积功保副将，赏戴花翎。

黄松庭，起杨岳斌水师，同治元年调淮扬水师，积功保副将，赏戴花翎。

葛坤泰，起杨岳斌水师，同治二年克复芜湖金柱关，保副将，赏戴蓝翎。

林云志，从杨岳斌起水师，积功保副将，赏戴花翎，管带水师亲兵前营。

李和寅，从杨岳斌入甘肃，积功保游击，加参将衔，署长江水师沅江营后哨守备，补簰州营守备。

黄炳南，起水师，积功保副将，赏戴花翎。

黄振鳌，从杨岳斌起水师，黄翼升调入淮扬水师，累保副将，赏戴花翎，借补长江水师湖口营前哨守备。

杨玠，起水师，积功保副将，赏戴花翎。

蔡文望，从鲍超，积功保副将，赏戴花翎，赏振勇巴图鲁名号。

傅永贵，从鲍超管带霆新右营，积功保副将，赏戴花翎，赏庄勇巴图鲁名号，留湖北补用。

颜厚坤，从鲍超，积功保副将，赏戴花翎，充太湖水师哨官，借补吴县外委。

韩春高，从霆军，积功保副将，赏戴花翎，借补长江水师提标大通营右哨二队千总。

杨龙彪，从鲍超，积功保副将，赏戴花翎，赏果勇巴图鲁名号，留四川补用。

黄太和，从鲍超，积功保副将，赏戴花翎，留江西补用。

夏平昇，起霆军，积功保副将。

殷有胜，从鲍超，积功保副将，赏戴花翎。

刘有福，从鲍超，积功保副将，赏戴花翎。

张厚德，从鲍超，积功保副将，赏戴花翎。

赵泽建，从鲍超，积功保副将，赏戴花翎。

甘知三，从鲍超，积功保副将，赏戴花翎。

柳焕增，起霆军，积功保副将，赏戴花翎。

易定魁，起霆军，积功保副将。

王有庆，从左宗棠，积功保副将，赏戴花翎，留福建补用。

刘春熙，从左宗棠，积功保副将，赏戴花翎，留闽浙补用。

巢日升，从左宗棠，积功保副将，赏戴花翎，赏杆勇巴图鲁名号，署浙江象山协副将。

蒋葆龄，从左宗棠，累保副将，赏戴花翎，留福建补用，署漳州镇标左营游击。

叶启心，从左宗棠，积功保副将，赏戴花翎。

徐连胜，从左宗棠，积功保副将，赏戴花翎，留福建补用。

张兰柱，从左宗棠，积功保副将，赏戴花翎，留闽浙补用。

李松林，从左宗棠，积功保副将，赏戴花翎。

朱绍辉，从老湘军，积功保副将，赏戴花翎。

彭道明，从李鸿章，积功补授江南京口水师左营都司，旋保副将，赏戴花翎，留两江补用。

张彪，从李鸿章，积功保副将，赏戴花翎，赏协勇巴图鲁名号，留江苏补用。

何月帆，从刘典，积功保副将，赏戴花翎，留浙江补用。

江有元，从李元度，积功保副将，赏戴花翎。

李东林，从多隆阿入陕西，旋隶穆隆阿，积功保副将，赏戴花翎，赏果勇巴图鲁名号。

周大馥，隶谭仁芳军。同治七年，防堵运河，积功保副将，赏戴花翎，赏励勇巴图鲁名号。

谢东海，隶谭仁芳军。同治七年，克复云梦、应城、天门等县，积功保副将，赏戴花翎。

柳德庆，起水师健捷营，克复九洑洲，积功保副将，赏戴花翎，借补长江水师三江营前哨一队千总。案，王遇普、徐有富、吴盛典、蒋玉连、张荣桃五人，并称军功保举副将，而履历无考，附著于此。

张嵩龄，从胡林翼，积功保参将，加副将衔，赏戴花翎。

郭开连，从杨岳斌，积功保参将，加副将衔，赏戴花翎，留湖南补用。

刘宏亮，从杨岳斌，积功保参将，加副将衔。

蒋效贵，从杨岳斌，累保参将，加副将衔，赏戴花翎，署长江水师沅江营右哨一队千总。

蔡孔昭，从霆军，积功保参将，加副将衔，赏戴花翎。

柳育兴，从鲍超，积功保参将，加副将衔，赏戴花翎。

葛廷位，从鲍超起霆军，积功保参将，加副将衔，赏戴花翎。

陈维胜，从鲍超起霆军，积功保参将，加副将衔，赏戴花翎。

刘升贵，从鲍超起霆军，积功保参将，加副将衔，赏戴花翎。

梁太富，从霆军，积功保参将，加副将衔，留江西补用。

徐荣贵，从霆军，积功保参将，加副将衔。

黄益胜，从鲍超，累保副将，加总兵衔，赏戴花翎。

王福林，从鲍超，积功保参将，加副将衔，赏戴花翎。

邹连庆，从鲍超，积功保参将，加副将衔，赏戴花翎，留湖北补用。

鲁玉山，从鲍超，积功保参将，加副将衔，赏戴花翎。

李法训，从鲍超，积功保参将，加副将衔，赏戴花翎。

李祥胜，从左宗棠，积功保参将，加副将衔，赏戴花翎，留浙江补用。

程应升，从左宗棠，积功保参将，加副将衔，赏戴花翎，留福建补用。

巢端南，从左宗棠，积功保参将，加副将衔，赏戴花翎，赏固勇巴图鲁名号。

傅得胜，从左宗棠，积功保参将，加副将衔，赏戴花翎。

叶思芹，从左宗棠，积功保参将，加副将衔，赏戴花翎。

许德云，从刘培元援浙，旋隶左宗棠军，积功保参将，加副将衔，赏戴花翎，留浙江补用。

聂荣华，从左宗棠，积功保参将，加副将衔，赏戴花翎。

黄楚一，从曾国荃起湘军，克复金陵，积功保参将，加副将衔。

龙步云，从曾国荃起湘军，积功保参将，加副将衔，赏戴花翎。

周明贵，隶谭仁芳军，同治七年从李鸿章剿捻山东、防堵运河，积功保参将，加副将衔，赏戴花翎。

张明喜，隶谭仁芳军，同治七年从李鸿章剿捻山东、防堵运河，积功保参将，加副将衔，赏戴花翎。

周蓝田，从李鸿章，积功保参将，加副将衔，赏戴花翎，留两湖补用。

熊星源，起水师，隶湖北健捷营。同治二年，管带靖江营水师；六年，克复云梦、应城、天门等县，积功保参将，加副将衔，赏戴花翎，署福建海坛右营都司，现署福建厦门游击。

杨昌基，起水师，隶湖北健捷营，累保参将，加副将衔，赏戴花翎，借补长江水师金陵营右哨把总。

刘厚能，起水师，隶湖北健捷营，旋调淮扬水师，累保参将，加副将衔，赏戴花翎。

晏腾蛟，从淮扬水师，积功保参将，加副将衔，赏戴花翎，借补长江水师芜湖营前哨二队把总。

瞿联升，从淮扬水师，积功保参将，加副将衔。

熊南香，隶湖北军，积功保参将，加副将衔。

田明山，隶湖北军，积功保参将，加副将衔，赏戴花翎，补岳州镇中营游击。

陈广德，从多隆阿入陕西，旋隶穆隆阿，积功保参将，加副将衔，赏戴花翎，赏侃勇巴图鲁名号。

殷海梧，隶湖北军，积功保参将，加副将衔，赏戴花翎，管带湖北仁胜中营。

谭祖纶，起楚军忠义营，积功保参将，加副将衔，赏坚勇巴图鲁名号。

徐邦达，起水师，积功保参将，赏戴花翎。

何昌玉，起水师，积功保参将，借补长江水师金陵营前哨守备。

刘克斌，起杨岳斌水师，管带亲兵副右营，积功保参将，赏戴花翎。

徐洪升，起水师，调江苏管带淮扬水师新左营，积功保参将。

周敦厚，起水师，调江苏淮扬水师，积功保参将，赏戴花翎。

钟盈樊，从杨岳斌起水师，旋隶李鸿章军，积功保参将，赏戴花翎。同治七年，借补长江水师瓜州镇标瓜洲营后哨二队把总。

戴福贵，从鲍超起霆军，积功保参将，赏戴花翎。

徐连升，从鲍超起霆军，积功保参将，赏戴花翎。

王梓春，从鲍超起霆军，积功保参将，赏戴花翎。

萧仁见，从鲍超起霆军，积功保参将，赏戴花翎。

甘长顺，从鲍超起霆军，积功保参将，赏戴花翎。

谭兰芝，从鲍超起霆军，积功保参将，赏戴花翎。

黄绍山，从鲍超起霆军，积功保参将，赏戴花翎。

曾得胜，从鲍超起霆军，积功保参将，赏戴花翎。

傅月明，从鲍超起霆军，积功保参将，赏戴花翎。

杨正德，从鲍超起霆军，积功保参将，赏戴花翎。

梁仁汉，从鲍超起霆军，积功保参将，赏戴花翎。

戴美武，从鲍超起霆军，积功保参将，赏戴花翎。

杨万珍，从鲍超起霆军，积功保参将，赏戴花翎。

杨国佑，从鲍超起霆军，积功保参将，赏戴花翎。

田镇元，从鲍超起霆军，积功保参将，赏戴花翎。

张开胜，从鲍超起霆军，积功保参将，赏戴花翎。

张有德，从鲍超起霆军，积功保参将，赏戴花翎。

黄俊才，从鲍超起霆军，积功保参将，赏戴花翎。

杨暎春，从鲍超，积功保参将。

范得元，从鲍超，积功保参将。

刘康祖，从鲍超，积功保参将。

何得贵，从鲍超，积功保参将。

左新镒，隶左宗棠，积功保参将，赏戴花翎，署福建泉州营洪濑乡都司。

李世清，起水师，旋从闽浙总督左宗棠，积功保参将，留广东补用。

李腾蛟，从左宗棠，积功保参将，赏戴花翎。

吴开志，从左宗棠，积功保参将，赏戴花翎。

徐定泰，从左宗棠，积功保参将，赏戴花翎。

傅连升，从左宗棠，积功保参将，赏戴花翎。

蓝文升，从曾国荃起湘军，同治三年克复金陵，保参将，赏戴花翎。

戴富贵，从曾国荃，积功保参将，赏戴花翎。

黄福林，隶刘典军，积功保参将。

欧阳有贵，从陕西巡抚乔松年，积功保参将；旋隶湖南选锋水师营，保副将，留南补用。

瞿定国，管带湖北水师新中营，积功补湖北宜昌镇标中营游击，保参将，赏戴花翎。

陈德盛，隶湖北军，积功保参将，赏戴花翎。

杨昺楠，从湘营，积功保游击，加参将衔，借补长江水师提标中营右哨五队把总。

彭明高，隶湘营，积功保游击，加副将衔，赏戴花翎。

李华庭，起水师，积功保副将，赏戴花翎，借补长江水师芜湖营前哨守备。

刘胜贵，从彭玉麟起水师，旋隶太湖水师，积功保游击，加参将衔，赏戴花翎。

邓文友，起霆军，积功保游击，加参将衔，赏戴花翎。

左宗灿，从左宗棠，积功保（游击，加参将衔）〔记名简放总兵、两湖补用副将，赏戴花翎。同治十二年，〕署甘肃（肃州）〔固原州提标前营〕游击①。

曾宝贤，隶谭仁芳军，同治七年从李鸿章，积功保游击，加参将衔，赏戴花翎。

---

①据民国九年修《湘阴南阳左氏族谱》“大中公房本支合谱”卷十二“大中公以下谱图六”第7～8页校正。

谭定泰，起湖北水师健捷营，积功保游击，加参将衔，赏戴花翎，借补长江水师金陵营右哨四队把总。

熊东山，起楚军，积功保游击，加参将衔，赏戴花翎。案：柳志城、李湘容、甘高化、周长春、邹长发、周贵堂、程祖钰、周国贤八人，并称军功保举参将，而履历无考，附著于此。

邓本益，从胡林翼，旋调赴湘军，积功保游击，赏戴花翎，留浙江补用。

熊国恩，从杨岳斌起水师，积功保游击，赏戴花翎。

朱新春，起霆军，积功保游击，赏戴花翎。

胡扬仁，从鲍超，隶霆副五营王衔庆军，积功保游击，赏戴花翎。

刘碧楼，从鲍超，积功保游击，赏戴花翎。

湛先德，从鲍超起霆军，积功保游击，赏戴花翎，留湖北补用。

舒海晏，从鲍超起霆军，积功保游击，赏戴花翎。

邓名扬，从鲍超起霆军，积功保游击，赏戴花翎。

张有立，从鲍超起霆军，积功保游击，赏戴花翎。

陈德鸣，从鲍超起霆军，积功保游击，赏戴花翎。

周先胜，从鲍超起霆军，积功保游击，赏戴花翎。

罗太森，从鲍超起霆军，积功保游击，赏戴花翎。

黄品贵，从鲍超起霆军，积功保游击，赏戴花翎。

张运山，从鲍超起霆军，积功保游击，赏戴花翎。

杜得隽，从鲍超起霆军，积功保游击，赏戴花翎。

傅国宝，从鲍超起霆军，积功保游击，赏戴花翎。

谢祖述，从鲍超起霆军，积功保游击，赏戴花翎。

周萼堂，从鲍超起霆军，积功保游击，赏戴花翎。

熊国海，从鲍超起霆军，积功保游击，赏戴花翎。

许德泰，从鲍超起霆军，积功保游击，赏戴花翎。

吴东贤，从鲍超起霆军，积功保游击，赏戴花翎。

傅长春，从鲍超起霆军，积功保游击，赏戴花翎。

陈本山，从鲍超起霆军，积功保游击，赏戴花翎。

黎雍，从鲍超起霆军，积功保游击，赏戴花翎。

熊如松，从鲍超起霆军，积功保游击，赏戴花翎。

陈履端，从鲍超起霆军，积功保游击，赏戴花翎。

吴运钊，从鲍超起霆军，积功保游击，赏戴花翎。

李星祥，从鲍超起，积功保游击。

胡美山，从左宗棠，积功保游击，署福建同安营灌口汛都司，赏戴花翎。

刘德友，从左宗棠，积功保游击，补浙江归安县菱湖千总。

刘九龄，从左宗棠，积功保游击，赏戴花翎，留闽浙补用。

张介福，从左宗棠，积功保游击，赏戴花翎，留湖北补用。

黎茂魁，从左宗棠，积功保游击，留闽浙补用。

易万丰，从左宗棠，积功保游击。

田复盛，从左宗棠，积功保游击，赏戴花翎。

张光春，隶左宗棠，积功保游击，赏戴花翎，管带督标中营右哨。

刘远泰，起水师，旋隶左宗棠，积功保游击，署福建泉州城守营参将。

周明容，隶谭仁芳军，同治七年从李鸿章，积功保游击，赏戴花翎。

刘金瑞，从曾国荃，积功保游击，赏戴花翎。

雷永清，起湘军，积功保游击。

叶春廷，隶刘典军，积功保游击，留陕甘补用。同治九年，邠州围解，赏戴花翎。

欧阳荣贵，隶陕西巡抚乔松年，累保游击。

刘映清，从萧启江，积功保游击，赏戴花翎，留四川补用，旋改归湖南补用。

陈荣和，从萧启江，旋隶刘松山英毅营，积功保游击，赏戴花翎，留陕西补用。

黎庭耀，武生，隶李元度平江营，积功保游击，留湖南补用。

周德胜，从陈湜，积功保游击，赏戴蓝翎，管带晋字右营后哨。

易正明，起水师，隶湖北健捷营，积功保游击，赏戴花翎。

刘秋森，起水师，隶湖北健捷营，积功保游击，赏戴花翎。

王如友，起水师，调江苏淮扬水师，积功保游击，赏戴花翎，留两江补用。

夏平高，起湖北水师，积功保游击，赏戴花翎，借补长江水师三江营前哨二队把总。

刘开春，起湖北水师，积功保游击，赏戴花翎，借补长江三江营前哨四队外委。

谈升庵，隶郭松林松字营，积功保游击，赏戴花翎。

周国泰，从彭芝亮，积功保游击。

张明汉，从丁义方，积功保游击，赏戴花翎，留湖北补用。案：副将岑汉、参将甘霞蔚、游击黄兆野，附见他案；又，龙福来、周有升、段仁玉、冯连升、冯文质、任友德、陈盛文、张渐逵八人，并称以军功保游击，而未据开报履历，附著于此。

李兰斌，从提督彭芝亮征剿贵州苗匪，积功保游击，加参将衔。

龚绍基，武生，从两江总督曾国藩营务处李榕，积功保游击，留湖南补用，赏戴花翎，历署衡州协副将、常德中营都司、镇筸镇前营左营中营游击。

瞿遵训，武生，从曾国藩，积功保游击，赏戴花翎，署永州镇左营、永明汛守备、常德提标前营都司。

王益荣，起水师，保参将，赏戴花翎，管带湖广督标亲兵水师。

张发扬，从鲍超起霆营，积功保参将，加副将衔，赏戴花翎。

都司

薛林，官都匀府城守千总。

任穗，官茶陵州城守千总。

杨本珍，官湘潭营守备。

顾连城，从李续宾，积功保都司，赏戴花翎。咸丰八年战殁三河集，照游击例赐恤。

段清平，从杨岳斌起水师。旋隶张荣贵军，管带湖北荣右营，积功保都司，赏戴花翎，战殁蕲州分路街，照游击例赐恤。

陈鸿盛，从杨岳斌起水师，积功保都司，赏戴花翎。咸丰八年卒于军，以劳赐恤。

周有交，起水师，积功保都司，赏戴蓝翎。咸丰八年克复九江，以伤卒，照游击例赐恤。

谢玉升，从鲍超，积功保都司，赏戴蓝翎。咸丰十一年战殁集贤关，照游击例赐恤。

张荣台，从刘岳昭，积功保都司。咸丰十一年，攻来凤城战殁，照游击例赐恤。

刘英杰，从何绍彩，积功保都司，赏戴蓝翎。咸丰十一年战殁，照游击例赐恤。

易泽明，从鲍超，积功保都司，赏戴花翎。同治元年，战殁宁国之弋桥，照游击例赐恤。

段鹏展，从鲍超，积功保都司，赏戴蓝翎。同治二年隶陈由立钧字营，战殁安徽建德县，照游击例赐恤。

唐德胜，从左宗棠，积功保都司，加游击衔，赏戴花翎。同治二年战殁馀杭县林清堰，照游击例赐恤。

李升德，从左宗棠，积功保都司，加游击衔。同治二年，战殁馀杭县，照游击例赐恤。

陈吉进，从左宗棠，积功保都司，同治二年战殁馀杭县，照都司例赐恤。

金昌印，从水师，积功保都司，加游击衔，赏戴花翎。同治二年，从丁泗滨令剿苗沛霖，战殁怀远县宋家滩，照游击例赐恤。

傅德俊，从左宗棠，积功保都司，赏戴花翎。同治二年战殁杭州，照都司例赐恤。其时，又有花翎都司甘绍柏、甘开畴、刘开应，蓝翎都司何芝山、赵思文，并以先后战殁，得恤如例。

周德英，从多隆阿，积功保都司，赏戴花翎。同治三年战殁盩厔，照游击例赐恤。

左南乡①，从李鸿章，积功保都司，加游击衔，赏戴花翎。同治四年卒于军。

梁景升，从鲍超，积功保都司。同治六年战殁，照都司例赐恤。

左宗江②，从湘军，积功保都司，加游击衔，同治六年卒。

---

①②据民国九年修《湘阴南阳左氏族谱》“大中公房本支合谱”卷十二“大中公以下谱图六”第4页“宗厚，一名宗江，官名南乡，字纪南”，并以为本卷此处“误以宗江、南乡为两人”。

蓝广大，从鲍超，积功保都司。同治六年战殁河南周家口，照都司例赐恤。

以上阵亡及已故者，起都司以上，按年编次。

陈得全，从李续宾，积功保守备。咸丰八年战殁三河集，照例赠都司，赐恤。

陈文周，从李续宾，积功保守备。咸丰十年战殁舒城，照例赠都司，赐恤。

甘太从，从杨岳斌水师，积功保守备。咸丰九年战殁小池口，照例赠都司，赐恤。

倪万胜，从杨岳斌水师，保守备。咸丰九年战殁小池口，照例加都司衔，赐恤。

刘明远，从杨岳斌水师，保守备。咸丰九年战殁小池口，照例加都司衔，赐恤。

陈明升，从杨岳斌水师，保守备。咸丰九年战殁小池口，照例加都司衔，赐恤。

董祥麟，从杨岳斌水师，保守备，赏戴花翎。同治元年战殁含山石涧埠，照例赠都司，赐恤。

虞光章，从左宗棠，积功保守备，赏戴花翎。同治二年战殁馀杭，赐恤。

黄亿元，从湖广总督官文，积功保守备；又隶西安将军库克什泰营。同治七年，战殁陇城，照例赠都司，赐恤。案：都司陆三顺，同治二年在参将王华庭案内附见；都司狄云申，在臼口永瀶河等处阵亡，同治七年，经署湖北巡抚何璟行查，应得恤典归案汇奏，并未据开报履历。

刘敏清，从骆秉章入四川，积功保都司，加游击衔，留湖南补用。

田羽仪，从杨岳斌起水师，积功保都司，加游击衔，赏戴花翎。

周有富，从杨岳斌起水师，积功保都司，加游击衔，赏戴花翎。

易鼎元，起水师，积功保都司，加游击衔，赏戴花翎。

王敬征，起水师，积功补乾州营都司。

彭诗藻，起水师，积功保都司，赏戴花翎，借补长江水师沅江营后哨七队外委。

甘瑞藻，起水师向导营，积功保都司，赏戴花翎。同治七年，借补长江水师汉阳镇田镇营左哨三队把总。

蒋赐圃，起太湖水师，积功保都司，加游击衔，赏戴花翎。

刘东林，起外江水师，积功保都司，加游击衔，赏戴蓝翎。

李东海，起湖北水师健捷营，积功保都司，赏戴花翎，留湖北补用。

刘羣，起湖北水师健捷营，积功保都司，赏戴花翎，留湖北补用。

柳佐亭，起湖北水师健捷营，积功保都司，加游击衔，赏戴花翎。

王衍畴，从鲍超起霆军，积功保都司，加游击衔，赏戴花翎。

吴有胜，从鲍超起霆军，积功保都司，加游击衔，赏戴花翎。

陈得权，从鲍超起霆军，积功保都司，加游击衔，赏戴花翎。

孙洪胜，从鲍超军，积功保都司，加游击衔，赏戴花翎，归湖南提标补用。

黄祖佑，从霆军，积功保都司，加游击衔。

黄登科，从霆军，积功保都司，加游击衔，赏戴花翎。

葛明亮，隶霆军，积功保都司，加游击衔，赏戴蓝翎。

李辅庆，从霆军，积功保都司，加游击衔。

朱云辉，从左宗棠，积功保都司，加游击衔，赏戴蓝翎。

傅文胜，从左宗棠，积功保都司，署浙江金华协右营都司。

王庆春，隶左宗棠，积功保都司，赏戴蓝翎，管带督标中营后哨。

徐凤藻，原名宏发，从左宗棠，积功补浙江金华协左营都司，调补杭州城守营都司。

易登焕，从曾国荃起湘军，同治三年克复金陵，保都司，加游击衔，赏戴蓝翎。

汪瑞林，从曾国荃起湘军，积功保都司，加游击衔。

熊炳南，从曾国荃，积功保都司，留两江补用。

黄齐昂，从曾国荃起湘军，积功保都司，留两江补用。同治七年，补寿春营都司。

聂东海，隶刘典军，积功保都司，赏戴花翎，留湖南补用。

李呈祥，隶湖北军，积功保都司，加游击衔。

仇凤楼，隶江苏军，积功保都司，加游击衔，赏戴花翎。

冯焘，武生，军功保都司，赏戴花翎，留湖南补用。

杨辅贤，军功，保举都司，借补攸县把总，署益阳城守千总。

何永顺，军功，保都司，留湖南补用。

胡定清，留川补用，副将。光绪二年，借署叙马营都司。

邓芝美，从彭玉麟，积功保都司，赏戴花翎。

左光垣，起湖北水师健捷营，积功保都司，赏戴蓝翎。

刘克立，起太湖水师，积功保都司，赏戴花翎。

朱福祥，从霆军，积功保都司，赏戴花翎。

葛满城，隶曾国荃军，积功保都司。

周春华，隶谭仁芳军，同治六年以防堵运河功，保都司，赏戴花翎。

焦春武，从四川总督骆秉章，积功保都司，赏戴花翎。

李大海，从鲍超起霆军，积功保都司。

刘万和，从衢州镇总兵刘培元，积功保都司。

戴太和，起霆军，同治二年，积功保都司，赏戴蓝翎。

左启升，隶骆秉章军，积功保都司，赏戴蓝翎。

王得泰，从刘典军，同治七年保都司。

甘三阳，隶李鸿章军，同治五年，以分援浙、闽、皖三省功保都司。

虞先步，隶左宗棠军，积功保都司，赏戴蓝翎。

左昭文，咸丰七年，从翁同书军，积功保都司，赏戴蓝翎。

刘炳南，从霆军，积功保都司。

田怀信，从霆军，积功保都司。

甘福星，从霆军，积功保都司。

徐有胜，从霆军，积功保都司。

戴席珍，从霆军，积功保都司。

吴耀南，从霆军，积功保都司。

吴金彪，从霆军，积功保都司。

袁高升，从霆军，积功保都司。

杨润宝，从霆军，积功保都司。

杨辉联，从霆军，积功保都司。

田上保，从霆军，积功保都司。

叶昶，从左宗棠，积功保都司。

张德俊，从曾国藩，积功保都司尽先补用。案，傅德俊、李春堂、张印怀、郑荣科、宋惟名、蒋传家、彭宝林、林本善、杨国恩、赵复德、任有声、董长盈、姜志文、甘开禄、刘厚毓一十五人，并称以军功保都司，而履历无考，附著于此。

李有胜，从霆军，积功保都司，赏戴蓝翎。旋调左宗棠军，加游击衔，归长沙协标补用，借补分防益阳汛千总。

郑连山，从曾国藩，积功保都司，赏戴花翎，归抚标补用。

游仙芝，从杨岳斌，积功保蓝翎守备，借补长江水师沅江营左哨把总。

瞿佳贤，起老湘军，后从左宗棠，积功保都司，留陕西补用，加游击衔，赏戴花翎。

熊守信，保都司，借补甘肃高台县双井堡把总。

张昌武，从钦差大臣袁甲三军，隶张得胜营，积功保都司，加游击衔，赏戴花翎。

张璠，从钦差大臣和春军，隶张国梁营，积功保都司，后入黔营，补仁怀营都司卒。

张橘泉，从钦差大臣向荣军，隶郑魁士营，积功保都司，赏戴花翎。

右武功，唐一人，明十二人，国朝四百三十六人。

案，自古武功之盛，未有若相国曾公。起一旅之师，平定东南数省。一时将帅奋起立功名，无虑数千万人。即湘阴一县，积功至提镇，至百馀人，斯为盛矣！

盖曾公始治兵，立水陆各十营，号曰湘军。其后陆军并为二，曰湖南提督塔齐布，曰浙江宁绍台道罗泽南；水军亦并为二，曰陕甘总督杨岳斌，曰兵部侍郎彭玉麟。各以次分立数十营，皆以名号别之。而与贼争长江之险，凡十一年，尤恃水师为重。所用以接战者，大率轻捷小舟，非若古楼船战舰，由水道济师，或乘便收一战之效，徒以饰观而已。后又经营江南北，立淮扬水师，以长江提督黄翼升领之；立太湖水师，以江南提督李朝斌领之。而淮扬水师先成，克复江南之功，多出之黄翼升，故亦兼太湖水师之名。其江西、湖北各省，亦颇仿其制立水师，江西规以自守而已。湖北健捷营水师，稍与兵事终始。湖南亦别立选锋营为防江水师。塔齐布既卒，所部曰老宝勇，隶总兵普承尧；曰新宝勇，隶参将彭三元，馀无可纪者。接领罗泽南之湘军，曰浙江布政司李续宾，曰安徽巡抚李续宜。而湘军左营归蒋益澧统带，又别出广西。所部最著者，曰广东提督高连升，恪靖侯左宗棠调以入浙立功者也。道员王鑫，亦起湘军，别为一军。其后为福建按察使张运兰、道员王开化，而陕西巡抚刘典、浙江巡抚杨昌濬、甘肃提督刘松山，亦皆从王鑫立功，左宗棠并调以入浙。安徽巡抚唐训方训字营，云南按察司李元度平江营，亦隶湘军，后皆别出为一军。而按察司萧启江、道员黄淳熙之入四川，陕西巡抚刘蓉之入陕西，云贵总督刘岳昭之入云南，提督谭仁芳之领湖北全军，则皆由湘军因缘以起者也。山西巡抚曾国荃，又以一军特起，亦曰湘军。总兵程学启、直隶提督郭松林，皆从国荃立功，肃毅伯李鸿章调以赴上海，各别立一军。大率肃毅、恪靖所部曰湘军者，其源皆由于此。先湘军而起者有楚军，曰安徽巡抚江忠源。其因楚军继起，曰云贵总督刘长佑，曰两江总督刘坤一，曰贵州巡抚江忠义。继忠义者曰云南按察使席宝田，又别起一军肃清贵东。今湖南留防各营提督龚继昌、苏元春，犹席军之遗也。其馀或裁或并，名目繁多，惟提督王永章、刘树元两军犹存。湖北巡抚胡林翼所部，率由湘军推举将帅。湖南提督鲍超一军曰霆军，名最著。

湘阴武功，起水师为多，而尤莫盛于鲍超之霆军，以邑人习水善舟楫。杨岳斌由湘阴外委管带水师一营，邑人多起应募。其后霆军开募湘阴，邑人尤争赴之。提督黄庆、邓训诰、郑阳和、王衍庆，各统数营为大将。邑人士隆然以起，至不可纪数。今汇次其可考者，起都司以上，得四百三十人。附于乾、嘉以前以武功得官者，共四百三十六人，其未经呈报者固不得而详也。

盖国家设官，有品、有阶、有加衔。武功有爵，有勇号、有赏戴花翎、蓝翎。品者文武同之，阶又依品以立。文官五品以上曰大夫，六品以下曰郎；武官一品、二品曰将军，三品、四品曰都尉，五品至七品曰骑尉，八品以下曰校尉。历汉至隋，皆为散官，以虚名寄禄。唐始命为散实官，六品以下为散号，通文武授之，其后并曰散职。宋定文散官二十九阶，武散官三十一阶。元丰、绍兴，屡有更定，而通以大夫郎为名，惟别以称号而已。元文散官四十二阶，武散官三十四阶，皆止于八品，九品以下不立阶。武散官一品用文资，二品以下曰将军，六品以下曰校尉。自一品至五品曰宣授，六品以下曰敕授。明制文散官每品有初授、升授，二、三、四品又有加授，通四十二阶。以历俸三年考授武官，一品用文资，七品以下不立阶，二品至四品亦有加授，通二十六阶。盖历代相沿，皆以散为阶。国朝始除散官之名，以阶品为封赠，所进阶亦随品分正、从，得十八阶。案，梁天监七年定品官十八班，每品二班，亦即正、从之分。其从六、正七，以吏员出身者别为宣德郎一阶。加衔者自明以上谓之勋。

盖阶品之外为衔名，以酬勋劳者也。汉职官有护军都尉，北魏迄周又有上柱国将军。隋并为十一等，通曰散官。唐又别名曰勋官。宋制勋官起上柱国至武骑尉，十二阶。元除云骑尉、武骑尉，起上柱国至飞骑尉，十阶。明因宋制为武勋十二阶，别立文勋，起左右柱国至协正庶尹十阶。国朝又除勋官之名，惟以二公三少为加衔，益以太子官属，凡十二阶。此又明以前之实官而今用为勋资者也。其保官加衔，率先进一阶而后给与实职，亦得以所加衔、阶、品为封赠。秦制武功爵，起彻侯以下二十等；汉但有王侯二等。其武功爵，领虚衔而已。历代互有沿革，大率因五等之名量为之等。明爵为公、侯、伯，国朝公、侯、伯、子、男以下曰轻车都尉、曰骑都尉、曰云骑尉、曰恩骑尉，通二十六等，又略合勋爵为一勇号者，原始唐元贞时加功臣号。宋元之世，文武大臣赐功臣名号为常典。明制封爵，皆加武臣名号。而元世有功者赐号巴图尔，则尤奖特也。案，元世或赐号答剌罕，或赐号巴尔思，则又随时赐给名号，非常制。国朝亦以巴图鲁名奖武功，而冠以勇号。其加清语者为尤荣，亦犹宋、元功臣名号，皆以列衔云。其赏戴花翎、蓝翎，亦以入衔，犹唐世赐紫金鱼袋用为褒饰。案，唐《职林》载："开元敕，非有战功不得辄赏鱼袋。"而《唐书》称京官文武职事，随身鱼符以应召命，皆给鱼袋。三品以上饰金，五品以上饰银。《会要》亦称："垂拱二年，令都督、刺史准京官佩鱼。"是鱼袋亦品官常服，开元时特异其制。今考唐碑：天宝以后，始以赐紫金鱼袋入衔。

大抵阶与衔得赠封三代，勋爵下及子孙，勇号与赏翎止荣其身。而国家定制，一品乃赐谥。军兴以来，加恩死事诸臣，三品以上皆赐谥。邑人以武功赐勇号、赐谥者相望也。同治三年，金陵大功告成，御赏奖武银牌，颁给将帅之功最者。自王衍庆、万化林以次五人，并推论其源流本末，纪一时之盛焉。

荫除

五代

邓匡时，楚马殷时，以叔父进忠荫补右散骑常侍。有传。

宋

邓珙，景祐中，授洪州丰城县主簿。有传。

邵维，嘉祐中，授左卫率府率。有传。

邓裳，广南西路博罗县知县。

邓棹，广南西路义宁县知县。

邓楔，江南西路建昌军通判。

邓莹，襄阳京南路县录事。

邓爚，江南西路瑞州通判。

晁子苍，京南路南漳县知县。

晁子庄，广西提举司干办官。

明

夏瑄，宣德五年，以父原吉荫拜尚宝司丞，历官南京太常寺少卿。有传。

谈士奇，官吏部主事、湖州府知府。

王用彰，官广西道监察御史。

欧阳中端，官南直隶松江主簿。

许铨，景泰中，以医学训科署湘潭县知县，特诏署长沙府知府。见《通志》。有传。

夏宏敷，以儒士官礼部主事。案，明制未入学而文理优者，报名提学考试，录应乡科，谓之儒士，亦得为出身之资。

施为政，官户部主事。

柯良晋，嘉靖元年，官武缘县知县。见《广西通志》。旧志漏。

娄惺伯，崇祯七年，以父琇荫授户部云南司主事，转清吏司郎中。有传。

吴嘉言，官广西崇善县知县。

羿忠，官四川遂宁县知县。

宁兴邦，官江西龙泉县知县。

陈才，以生员授西安县丞。案，明世选法：官生、恩生、功生、监生与举贡为一班，统谓之生员。

刘焕，官江西瑞昌县仓大使。

杨瓒，官四川井研县典史。

许俊，官直隶怀柔县主簿。

许方任，官陕西庄浪县驿丞。

姚海，官四川射洪县典史。

张谅，官南直隶武进县典史。

陈雄，官江西崇仁县典史。

宁谦，官淮安分司盐大使。

王隆，官南直隶凤阳县洪山驿丞。

严震，官顺天府草场大使。

狄万选，官浙江海盐县巡检。

李镛，官广东会同县驿丞。

湛文质，官江西上饶县典史。

许立斌，官四川成都府仓大使。

邹胜通，官广西马平县巡检。

廖清，官南直隶溧水县典史。

范愈，官浙江萧山县河泊所大使。

虞冕，官广东海阳县巡检。

王敏文，官贵州贵宁道经历。

黄敬，官广南卫知事。

萧子文，官山东嘉祥县丞。

邵贵，官四川盐亭县典史。

虞斌，官浙江临安县仓大使。

杨文，官直隶枣强县仓大使。案，旧志作“广川县”。广川，汉县，后省入枣强，旧志当据其家记载，以广川为文耳。

蓝敏，官广西乐平县巡检。

吴廷让，官直隶真定县仓大使。

程谦，官浙江丽水县仓大使。

吴爵，官浙江桐庐县典史。

吴凤，官广东保昌县典史。

张廷松，官河南临颍县仓大使。案，旧志作“颍川”。颍川，汉郡，唐以后为许州所属，有临颍县。旧志亦据其家记载，以颍川为文耳。

张廷宪，官江西雩都县巡检。

萧大用，官广西马平县巡检。

彭仲春，官江西宜春县典史。

刘濡，官直隶定州判官。

司马楹，官四川盐课提举司库大使。

国朝

李桓，廪生，以父星沅荫，由道员分发江西，补江西粮储道，历官江西布政使、护理江西巡抚。

左孝宽，县学生，以父宗棠闽浙总督任内捐养廉施赈，议叙主事。

傅发祥，官贵州威宁州得胜司巡检。

傅桂，官广西贺县信都司巡检。

傅世盛，官江西庐陵县富田司巡检。

傅世柱，官福建连城司典史。

吴兴元，官河南汲县税课司大使。案，汲县税课司大使，乾隆中裁。

张尚忠，雍正时例贡，以盐大使分发广东，改补河南布政司库大使。

李桂，官山东东昌府经历。

彭乐善，官湖北汉阳县沌口司巡检。

李乾柱，官四川巴州州判。

傅枢，官浙江鄞县杖锡司巡检。案，乾隆中，杖锡司巡检移驻□溪，旋又移驻江口为鄞江司巡检，即晋时浃口戍也。

胡添松，官浙江杭州府税课司大使。

刘仁恕，官直隶肃宁县典史。

吴融亮，官安徽凤台县典史。有传。

万时耀，同治元年覃恩，以父化林荫入国子监，援例遇缺以同知直隶州知州补用。

右荫除，五代一人，宋九人，明四十九人，国朝十六人。

案，旧志：仕宦不由科目者列之杂科，不知唐、宋以来诸科谓之杂科，其由吏目出身者谓之杂途，不名科也。

今并世荫及除官不由科目者，统曰荫除。盖自汉吏二千石以上除同产若子一人为郎，故有父任、有兄任。唐、宋以后，任子之法始备，而以官至五品为率。宋又别为台省六品，诸司五品。元遂下推至七品。明初因之，其后定三品以上始请荫，遇国家庆典推恩及之。其功臣死事者，有功荫，有难荫，各以品为次。难荫八、九品以下，皆得及焉。国朝荫子一沿明制，惟登极覃恩一举行，而功荫、难荫皆世职。其以劳赐恤者，如在营病故之类。一如荫子之例。一品得荫五品官；二品以下，以次递减。大臣子弟赐荫，例得送部引见，加恩授官。而凡赐恤者皆给恤赏银两，亦以阶品为次云。

军兴以来，文武官积功至三、四品以上，应得保举，多以请封相抵。案，洪迈《容斋四笔》称，封赠先世，自晋宋以来有之，迨唐始备，然率不过一代五季。宰辅贵臣，始追荣三代。宋因之。今考欧阳修《六一居士集》称：嘉祐四年，以袷享推恩中外官。父母存亡，皆听封赠而所叙封赠官，亦并不以子孙所得官为资。疑以前推恩，祖、父皆特赠。自是以庆典举行，必稍更定旧制。至政和中，定妇人封赠阶品，于是封赠皆以阶品矣。明制：文武官初考无过，赐玺书封赠其父母若妻。三品以上赠及祖父并荫一子入监，二品以上赠及曾祖父。国朝始一以覃恩封赠，一品赠三代，三品以上二代，七品以上一代，八品以下得以本身封典、驰封父母。军兴后，以封赠奖勤劳，均听奏请施行。于是上得推恩三代，而下得荫其子孙，无虑数百人；又自捐例广开，捐输请封者尤众。盖不胜其纪也。凡封赠可考者，列之《氏族表》，而《荫除》通以莅仕为断，不莅仕者不录。左孝威以父荫授兵部主事，已列《举人》，不更次入《荫除》云。

捐纳

国朝

京职

郭刚基，附贡生，候选员外郎。有传。

张瑃，县学生，刑部郎中江西司行走。

韩焘，县学生，兵部主事武选司行走。

道府

胡世琬，湖北通判，任德安府知府。

黄钦鼒，任江南山盱同知，保升知府，加道衔，赏戴花翎，署扬州府知府。有传。

黄伦秩，任江南淮安府通判，保升知府。

州县

吴大绅，任江西袁州府同知。有传。

吴宏猷，历任山西辽州、保德州知州。

郭家声，浙江通判，历任建德县知县、湖州府同知、绍兴府海防同知。有传。

何琳，贵州知县，从李元度军，保知州，赏戴蓝翎，以运饷赴荆竹园，遇贼死。

李桢，县学生，任湖北房县知县。

黄缦，以知县分发河南，加同知衔。

张鼎勋，县学生，分发湖北，候补同知。

教职

陈鉴，任新宁县训导。

黄琇，任溆浦县教谕。

李新浓，历任安福、东安、酃县教谕。

杨世照，廪贡生，任武冈州训导。

危星灿，廪贡生，历任常宁县教谕、沅州府教授。

李星溶，增贡生，任桃源县训导。

蒋荼镃，附贡生，任宜章县训导。

吴开煦，附贡生，任巴陵县训导。同治七年卒。

嵇赞，廪贡生，任郴州学正。同治八年卒。有传。

易文玉，附贡生，任龙阳县训导。

佐杂

杨茂谕，历任广东南海县神安司巡检、增城县主簿。

杨先威，历任山东菏泽县沙土司巡检、东昌府经历。

杨先仔，任云南昆明县县丞。

胡添棠，任直隶长芦盐知事。

胡世富，任江苏溧阳县县丞。

胡添爵，任云南宾川州吏目。

蒋世玕，仕安徽泗州吏目，改任山东盐运司经历。有传。

蒋定成，任广东番禺县德慕里司巡检。

蒋定恂，任江西乐平县典史。

蒋道明，任湖北蕲水县县丞。

吴璜，任广东潮州府税课司大使。案：潮州税课司大使，乾隆中裁。

蔡立德，任江苏布政司理问。

周鸿新，任福建嘉义县县丞。

蒋琳，任广西永福县鹿寨分防县丞。

易化洪，任湖北潜江县高家场巡检，保升县丞，加布政司理问衔。

巢嘉源，以县丞留安徽补用，任滁州吏目。

左宗功，以府经历县丞，留安徽补用，加五品衔，赏戴蓝翎。历任灵璧县固镇巡检、定远县泸桥主簿、泗州州同。

刘怀清，从胡林翼军，保选广东澄海县樟树镇巡检。闽浙总督左宗棠调浙江以府经历留浙江补用，加五品衔。

董麟，任甘肃平凉府盐茶照磨，加五品衔。

吴致和，任安徽盱眙县典史。

周汉，任福建琯溪巡检。

李荣恩，任湖北宜城县典史，加理问衔。

右捐纳，国朝四十五人。

案，咸丰初元，捐铜局开。而减成之例兴，又兼收大钱钞票。各省因之，竞开捐局。大抵沿豫工酌增二例，益务轻减以广招徕，于是家有数金之藏，皆得以援例报捐相耀矣。而保举益繁，给冠带者县或至数千万人。今别立《捐纳》一门，一以莅仕为断。军兴以来，以佐杂保举留省，大率先捐衔得邀进一阶，分省候补以去，类非始终以营务自效者。故凡保举叙及知县而止，佐杂留省候补，一附之《捐纳》之末，使以类从。其文员自县丞以下，武员自守备以下，死王事者，别纪之《忠节表》焉。

湘阴县图志卷十三

人物表上

《史记》传《儒林》、《循吏》，而及《游侠》、《滑稽》，传其奇轶而已，儒者颇病其传游侠为害义。《后汉书》乃析《儒林》为《文苑》，而易《游侠》为《独行》、《逸民》。《晋书》又益以《孝友》、《忠义》，史法备矣。《齐书》别传曰《文学》、曰《高逸》，《梁书》曰《处士》、曰《止足》，《魏书》曰《孝感》，《隋书》曰《诚节》，《唐书》曰《卓行》，《五代史》曰《死节》、曰《死事》、曰《一行》。大都因事立名，其旨归不越前史所载，要其传数人而已。今各府、县私志列次《儒林》、《文苑》动累数十百人，亦稍滥矣。自《史》、《汉》各传但纪实行，不计官资。范氏以后，大臣不入分传，为不敢以一节赅之。

《宝庆府志·士女表》分七类，一曰入祠，其目曰名宦、曰乡贤、曰忠义孝弟、曰昭忠、曰忠勇、曰民祠。二曰建坊，其目曰忠义、曰孝友、曰节烈、曰百岁、曰五世同堂。三曰勒碑，其目曰颂德、曰志墓、曰表庐、曰旌功。四曰庶官，其目曰农官、曰耆官寿官、曰义官义民、曰舍人。五曰乡宾，其目曰乡饮正宾、曰介宾、曰耆宾。六曰优礼，其目曰重赴宴会、曰百岁耆寿、曰五世同堂、曰一产三男。七曰待旌，其目曰割股、曰庐墓、曰让产、曰死事。所见独伟。然其诣特隆可述者无几，又不足以概人士之诣。因略取旧志所载，依类表之，次第区分，别无去取。其已列《选举》者不载，如儒林周式，文苑邓忠臣，忠节易先、娄锈，孝友邵敏、苏纯，皆以列《选举》，不载事实，有可采录，别为之传。凡为表，以昭实也。不入表者，不敢以一节赅之也。

湘阴历明一千一百馀年，《国史》列传仅忠靖夏公，附传者数人而已。《明史·孝义传叙》称成化朝有湘阴邵敏，弘治朝有湘阴甘准，正德朝有湘阴苏纯。旧志无甘准名。《楚宝》载："宣德五年，夏原吉薨。长子琉，前卒；拜其次子瑄尚宝（寺）〔司〕[①]丞，瑄与叔父原礼入谢。忠靖弟二人，原启、原礼；子四人，琉、瑄、瑛、璘。见杨士奇所撰公碑文。原礼与瑄入谢，不详何官。旧志亦不列其名，其疏脱遗略多矣。

儒林

宋

邓咸，天禧中，创建义学。见《楚纪》。有传。

彭宗茂，嘉定间，著《易解》。见朱尊彝《经义考》。有传。

明

左之俊，崇祯时县学生，治《周易》，为知县余自怡所激赏，著有《周易讲义》。书佚。

国朝

王之铁，康熙时县学生。有传。

杨枝迪，康熙时县学生，著有《易经注解》、《书经注解》。

王立楷，之铁孙，乾隆时县学生。有传。

刘炳武，乾隆时县学生，著有《十三经要义》、《淳庵文集》。与子中培同传。

---

①据杨士奇《夏忠靖公神道碑铭》（见光绪十八年养知书屋刊本《夏忠靖公集》）、《明史》本传改。

黎顺濂，字萃淮，乾隆时县学生，著有《学庸讲义》二卷。

右儒林，宋二人，明一人，国朝五人。

文苑

五代楚

戴偃，楚处士。见《通鉴》。

任鹄，楚逸人，见《沅湘耆旧集》，并有传。

宋

柳友直，游太学，有声，见《姓谱》有传。

明

夏宏济，通政使崇文子，年八十馀，隐居不仕以诗名。附《崇文传》。

易仁寿，字天眷，明末避乱，自号“怀芳子”。著有《怀芳潜稿》、《滋培集》。

国朝

左应昂，著有《登莱集》。与子以铨同传。

周大铉，字担九，康熙时县学生，迎养伯父以孝友闻。著有《鸣秋集》、《听松集》。

蒋之驹，字云万，康熙时监生，建惜阴斋读书，自号“湘湄居士”，不应科举，著有《享帚诗草》、《孝弟琐言》。

杨梦说，字代宣，康熙时县学生，著有《雁峰高唫》二卷。

杨茂诣，乾隆时监生，著有《登峰堂诗》四卷，附杨茂论传。

罗胜任，字毓南，乾隆时县学生，著有《青枫书屋集》、《蝉雪初集》。

徐炳礼，字复斋，乾隆时廪生，著有《复斋文集》。

周锡江，尊桂子，著有《弓冶集》、《粤游诗草》。与子嘉缃同传。

骆宗鸿，字龙光，绩学能诗。年八十二，临卒，句云：“一榻琴书消白日，百年心事问青天。”著有《菉竹山房小草》。

王锡龄，字蓝江，乾隆时县学生，著有《典礼辑略》、《磊石山志》。旧志漏。

张坤溶，乾珀子，著有《廿一史论要》。附《张乾珀传》。

胡申易，著有《字画辨讹》。案，旧志《艺文》：“《字画辨讹》，胡申易撰。”别无纪录，今并采入《文苑》。

陈觉民，乾隆时县学生，著有《同甫寺钞》。有传。

吴天藻，字中霖，乾隆时县学生。著有《郁湖诗草》。

曾淩云，光先孙，乾隆时县学生，著有《瓣香堂诗集》。附《光先传》。

周韫祥，嘉缃侄，字辉久，嘉庆时县学生，著有《石帆遗藁》、《看楼杂俎》。

周倬祥，韫祥弟，年十七作《朱均比干论》，城南书院山长余廷灿叹为奇才。年二十死，士论惜之。著有《昙花文集诗集》。

周爕祥，嘉庆时县学生，著有《玉池山樵诗文集》。附《周嘉缃传》。

李道南，字可北，道光时县学生，著有《东瀍诗草》。

徐受，字海宗，道光时廪生，著有《黄村草堂诗集》。

萧贡淮，廪贡生，著有《青山草堂遗藁》。附《萧相印传》。

嵇赞，廪贡生，署武冈州学正，著有《锡山居士集》。有传。

钟显震，字晴田，增生，保训导，加五品衔，著有《诵芬书屋文集》，郭嵩焘为之序。

熊翚，字霞亭，能文，有高识，尤工书，一时碑版署书皆出其手。数十百年来，惟长沙张训导鹏振书名与翚前后相勒云。

右文苑，五代二人，宋一人，明二人，国朝二十（三）〔四〕人。

忠节

明

黄凤德，崇祯中，从知县杨开死张献忠之难，祀忠义祠，与钟调元、邵受琏、程可行、钟楚贵同立碑祠右。见《兵事志》。

左天民，崇祯时县学生。有传。

黎圣宇，崇祯十六年，张献忠陷长沙，贼至湘阴，圣宇被执不屈死。旧志漏。

黄名校，一名战，字四可，武生，以团练保乡里。崇祯十六年，张献忠陷长沙，贼至湘阴，名校中枪死。

国朝

熊大功，从向荣军，赏给六品军功，咸丰三年九月战殁丹徒县。

李仕聪，监生，有传。

翁东才，州同衔。有传。

唐万源，充玉玲局团绅，邑人马发榜乘乱抢夺，万源缚而将沉之渊。适县役至，械之至县系狱。咸丰四年，贼船上犯，发榜毁狱去，引贼数十人执万源磔之。

熊品三，从曾国藩军，咸丰四年三月战殁靖江，照外委例赐恤。

王仁吉，从曾国藩军，咸丰四年战殁靖江。

王仁萃，从曾国藩军，咸丰四年战殁靖江。

黄调志，充长乐局仁义团勇，咸丰四年战殁青狮桥。

方学礼，从杨岳斌水师，积功保守备，赏戴花翎。咸丰五年战殁小孤山，赐恤如例。

毛英勃，有传。

毛英俊，附《毛英勃传》。

彭鉴清，有传。

李云岩，充长乐局贞吉团总，咸丰六年战殁花石桥。案，贞吉团勇李回之、胡克威、胡少五、胡馀庆凡四人，并于是日战殁花石桥。

刘鉴吾，充长乐局绍升团总，咸丰六年战殁花石桥。

吴均显，充长乐局宏山团总，咸丰六年战殁花石桥。

黄以齐，充长乐局仁义团总，咸丰六年战殁花石桥。

聂际昌，充长乐局仁义团总，咸丰六年战殁花石桥。案，仁义团勇傅用均、江锡祥、尹以成、杨修齐、周政斐、聂佐贤、黄惟选、曹文才、吴科发、胡锦章、李长耀、黎庭辉、杨宏谟、周俊登、王逢茂、鲁观澜、姚让三、李用聘、周昌环、游有年、李以南、周成贤、黄五福、杨先里、黄尊贤、陈致和、史照林、杨德厚、黄典文、杨仕臣、黄家凤、杨大聘、游广和、凌大兴、何月兴、黄显贵、杨富春、卢隆高、卢协和，凡三十九人，并于是日战殁花石桥。

张理纯，字岣嵝，咸丰六年粤逆扰县境至新市，理纯被执不屈死。

吴胜馀，从胡林翼，保举蓝翎把总。咸丰六年，战殁江夏县青山。

蔡太福，从水师，赏给六品军功。咸丰七年战殁安徽。

王蓉山，隶刘培元军，咸丰七年战殁吉安。

余善良，从彭玉麟水师，赏给六品军功。咸丰七年战殁彭泽县，照把总例赐恤。

李本远，咸丰七年，从水师战殁彭泽县。

李大合，咸丰七年，从水师战殁蕲州。

李本真，咸丰七年，从水师战殁蕲州。

钟昌诒，从李成谋军，积功保外委，赏戴蓝翎。咸丰八年战殁上海。

瞿斯谟，字良显，从李续宾军，积功保县丞，赏戴蓝翎。咸丰八年战殁三河集。赐恤如例。

焦大武，从李续宾，保把总。咸丰八年战殁三河集。

焦得胜，从李续宾，赏六品军功。咸丰八年战殁三河集。

焦青山，从李续宾，赏六品军功。咸丰八年战殁三河集。

焦逢春，从李续宾，赏六品军功。咸丰八年战殁三河集。

焦益树，从李续宾，赏六品军功。咸丰八年战殁三河集。

焦太山，从李续宾，赏六品军功。咸丰八年战殁三河集。

蒋南斌，原名光明，以军功保千总。咸丰九年战殁柳州。

刘泮宫，以军功保外委，赏戴蓝翎。咸丰九年战殁六安州。

朱源，以军功保把总。咸丰九年，战殁新城。照千总例赐恤。

王三友，咸丰九年战殁祁阳。

傅嘉桂，安宗子，候选从九。附《安宗传》。

傅锦儒，安宗子，六品军功，附《安宗传》。

夏炳成，军功保举从九，赏戴蓝翎。咸丰十年，解军装至宝庆，中炮子死。

杨子臣，蓝翎千总。咸丰十年，战殁小池驿。照守备例赐恤。

李得胜。

杨新胜，并以千总，战殁小池驿。照守备例赐恤。

王学连。

凌正大。

宋万昌。

张桂容。

陈上祥。

高邦宗，并以把总，战殁小池驿，照千总例赐恤。

梁量有。

徐玉魁。

谭胜荣。

李明发。

陈芳美，并以外委战殁小池驿，照把总例赐恤。

杨德和。

许开富。

毛腾喜。

冯起玉，并以六品军功。咸丰十年战殁桐城。

宋济家，咸丰十一年，从宋美富援湖州，城陷，死。

宋三保，咸丰十一年，从宋美富援湖州，城陷，死。

李士元，咸丰十一年，从萧翰庆援湖州，城陷，死。

李三保，咸丰十一年，从萧翰庆援湖州，城陷，死。

彭福熙，从刘坤一军讨贼浔州，咸丰十一年卒于军。

蒋孝贵，隶刘培元军，保外委。同治元年，战殁龙游县。照千总例赐恤。

蒋腾芳，从左宗棠军，保把总，赏戴蓝翎。同治元年，战殁龙游县。

彭君烈，从淮扬水师襄办军务，累保府经历，留安徽补用，赏戴蓝翎，同治元年卒于军。从优请恤。案，彭福熙，从刘坤一讨贼浔州，病卒；任光照，在安徽青草桥办理厘务，病卒：并得赐恤。

刘锡文，从杨岳斌军，保外委。同治二年，战殁含山石涧埠。

李昌泰，同治二年，从梁洪胜军，战殁应城。

虞三益，从左宗棠军，积功保千总，加守备衔，赏戴蓝翎。同治三年，战殁福建连城，赐恤如例。

虞春华，武生，与侄懋益剿贼泥鱼套，力战殁。案，李本受战殁江夏，李四喜战殁曹县，李文香战殁休宁，李大高战殁寿州，并忠节也。以所隶之军与战殁之年无考，附著于此。

郑日福，以外委从布政使黄闰昌，战殁黄漂。

龚正云。

习万申。

龙得富。

李美胜。案，外委龚正云，附见宋美富案。外委习万申、龙得富、李美胜三名，附见陈荣邦案。而履历未详，惟因附案，知龚正云殉难湖州，习万申等战殁九洑洲耳。又守备莫录云，附见王华庭案，履历未详。

李国霖，五品军功，打仗阵亡，赠守备衔，给云骑尉世职。

戴廷珍，积功保千总，因劳病故，加守备衔，赐恤。

范守本，从鲍超军，赏军功。同治六年战殁。

胡文翰，平江右营书识，保从九品。同治十一年，从左宗棠军，战殁，赐恤云骑尉世职。

张仲云，从鲍超军，保六品军功，随攻金陵，积功应保把总。同治三年阵亡，加赠千总，给云骑尉世职。

周万友，隶湘军督标亲兵，保蓝翎外委。同治元年八月殁于军。

陈茂全，蓝翎千总。同治六年出巡私盐，被枭众戕害，奏请照阵亡例赐恤云骑尉世职。案，千总戴山魁、把总陈海南及陈立作、孙有德、王昌甫、任有升，在臼口永瀊河、蕲水兰溪等处节次阵亡。同治七年经湖北巡抚何行查，而履历未详。

钟松亭，蓝翎军功，光绪四年阵亡。赠千总，赐加给云骑尉。

郭炳堃，从云贵总督刘长佑进攻江西临江府，战殁罗坊。照把总例赐恤。案，炳堃派名先斗，战殁罗坊，当在咸丰六年。偶检《褒忠录》补入。

右忠节，明四人，国朝八十三人。

孝友

宋

许频，淳化间以孝名。有传。

邵维，嘉祐间以孝友闻。有传。

明

甘准，弘治中以孝义旌。见《明史·孝义·传叙》。旧志漏。

甘濬，字子舜，廪生，事母彭氏以孝闻，母病割股。

李廷华，事父以孝闻，父病割股，知县王正初表其门曰“孝友可风”。后妻许氏病，子妇黄氏亦割股。

闵廷銮，母病割股，人呼“闵孝子”。

黄守德，县学生，居丧庐墓，泪沾草木皆枯。

万龙跃，佣工养母，母死刻像事之，人呼“万孝子”。

彭世连，字春寰。值国变，流寇剽掠遍山谷，世连与侄良森匿山中，良森偶出为贼所得，世连急诣贼求代，贼并杀之。葬后有群鸟集其墓，哀鸣数日，人以为孝义所感。

彭大滨，以孝行闻。旧志漏。

林若诗，有传。

国朝

瞿永旸，字东生，顺治时县学生。值明末，奉母避寇。寇劫其母，永旸往救，为贼刺面截耳，闷死复苏，哀恳身代，贼义释之。母死，庐墓三年。

蒋儒英，顺治时县学生。附《蒋儒德传》。

张璪，康熙中，以孝子题旌建坊。有传。

黎兴玠，康熙时县学生。有传。

吴宜振，字麟长，康熙时县学生。值流寇之乱，奉母与弟避寇山中，弟出为寇所得，宜振诣贼求代，遂得释。恤贫赈饥，善行备著。

彭大士，有传。

向朝信，字文忠。母病，割股。终亲丧，庐墓绝荤酒三年。

甘禹，父病，割股。

杨枝振，字兆麟，康熙时县学生。父病，日夜祷请身代。及卒，哀毁呕血数月死，人称纯孝。

黄道栋，字梁材，康熙时人。善居积，致产千馀金，悉推以分诸弟。旧志漏。

单其武，字绳祖。母病，割股。后其妻病，其第五子汝执亦割股。人称“双孝子”。

王立宋，字嗣音，少孤。事母，与妻彭氏同以孝闻。母病，各私割股以进。

杨之训，字尔贤。同居男妇百馀人，制《百忍图》以训子孙：众犊出入，小者必让大者先，一犊病诸犊辄不出入，比之陈氏犬云。

黎之锭，字卓庵，雍正时县学生。弟早逝，抚侄成立，并妻奁田三十馀石推分与侄。

黎之铉，县学生。父卒，用津泪和泥塑父像，反覆改塑四十日，逼肖，抱像哭，一痛几绝。及母卒，卧苫块三年，遂染疾死。

蒋之正，雍正时县学生。亲丧，庐墓。

胡本璞，雍正时人，有传。旧志漏。

张良达，字任三。事母仿明儒吕坤养生礼，日束钱五百治供具；兄弟同居，男女百馀人，乾隆时长沙府知府吕肃高旌其门曰“百忍高风”。

杨之橘，少孤，事母曾氏五十八年。母卒，哀毁逾常制。

张启思，少孤，佣工养母。母病，割股。

顾明远，乾隆时县学生。少失母，事父及继母以孝闻，抚孤侄推产丰于己子。父卒，哀毁将死以不得，事继母，自敛以素衣冠。

钟继堂，少失母，事父以孝闻。父病，割股。

朱训，字一默，乾隆时县学生。性孝友，三世同堂。

苏名林，字效先，事父孝。父病不食，名林亦不食，日夜祷于天，求以身代。乾隆二十一年父死，名林亦遂扼吭而死，年二十九。

邓策名，字百史，乾隆时县学生。父母卒，五日水浆不入口，苫块三年不入内。

黄夏校，父患瘫，与兄夏正昼夜侍，洗濯溲溺，人以为难。

杨先科，有传。

刘辉树，少孤，事母孝。家贫困，誓不娶。母卒，庐墓三年，禫日有白鹤飞鸣墓左。

彭明，少孤，买药养母。母病瘫，洗濯溲溺二十年。母卒，服阕始娶。

胡楚才，居亲丧，庐墓三年。

彭大经，字秉哲，少孤，事母孝。母卒，庐墓。

汤如海，父病，医者谓必死。俄而愈，妻见如海举趾蹒跚，夜就视之，刀痕如掌，始知其割股也。

田之圣，少孤，事母孝。母病，割股进母，甘之，又割右股以进。年五十不娶，市火比屋皆烬，之圣所居茅屋独存，人以为孝感云。

伏宏校，字诏五，乾隆时县学生。亲丧，庐墓六年。

李国权，号燕峰，亲丧，庐墓，举乡饮宾。乾隆中，知县刘善谟旌其闾。

钟志聪，字上幼，幼失母，事父孝，妻死，不再娶，或劝之，曰："父老惫，正须以力致养，非妇女所能代也。"性善，居积临卒，悉推以分两弟。

罗胜明，字朴臣，少孤，事母司马氏孝。母卒，居庐刻木像，事之如生。

彭子渭，与兄析居，兄后贫，推产与兄者三。

刘嗣熛，字辉电，乾隆时县学生。家贫，亲病，朝夕侍奉，未尝入私寝。母卒，哀毁疏食，得瘵疾死。嗣熛先为父治棺，恐卒棺不具，父将命敛，先自市菲材舁入室，卒。

易昌甲，字鼎元，乾隆时县学生。继母康氏悍，虐使其妻，并及其弟昌科。每杖，昌甲辄跪请代，母为感动。

彭永锡，字荣祚，少孤事母孝。母卒，庐墓。与弟同居五十年，迎养婶母终其身。

周元颣，字垂香，乾隆时监生。父病膈废食，元颣亦不食，至于骨立。父卒，庐墓。

金大成，字玉海，乾隆时监生。亲丧，庐墓。

许应广，字超群，父病割股。

李光泌，字衡脩，事母孝。母年九十二卒，光泌年亦七十馀矣，哀毁、庐墓，人以为难。

周锡嘏，字天纯，性孝。母卒，庐墓三年。

单永暄，监生，事父母以孝闻。母卒，哀毁逾常制。

彭衍庆，六世同堂，以孝友闻。

葛开运，字应门，嘉庆时县学生。事母以孝闻，母卒，庐墓。

郑嘉会，善居积，致产数万金，悉推以予弟。

李贤位，字栗堂，尝出积金分与诸弟。年八十五，五代同堂。

何远溥，字卜略，事母以孝闻。母卒，庐墓、绘像以事。

陈兴玥，字朝璧，事母以孝闻。母卒，哀毁逾常制。

周鸿桀，锡溥子，字几山，事父以孝闻。父卒，哀毁逾常制。年二十馀，妻死，不再娶。

单士宏，事母以孝闻。母病，洗濯溲溺。母卒，哀毁逾常制。

章发庆，佣工养母，以孝闻。尝两娶妇，以不得于母，皆出之。母殁，三年乃复娶。

胡科贵，家贫，世以种圃为业。母戴氏多疾，卧床蓐者十馀载，科贵与妻洗濯溲溺，无少懈。母继患趾痛，科贵以口吮之。

易大丽，字芳兰，监生。事母何氏以孝闻。母殁，哀毁逾常制。

徐祖晟，字穆堂，嘉庆时县学生。事父炳玑以孝闻。父病，洗濯溲溺八年。

黄万泰，家贫，其兄以游荡异居，万泰与弟万汉，善居积，致产数千金，复与兄共。兄殁，善抚其子。

王本箸，字湘门，立槐子，嘉庆时县学生。兄本苞病痰，医问痰咸苦，本箸尝痰以告，人以为难。子存略，以善医名。

仇立培，字达青，事寡母徐氏以孝闻。母卒，庐墓。年八十七，五代同堂。

吕学孔，字集成，事母萧氏以孝闻，母病，洗濯溲溺。

黄亨万，千总衔，附《黄齐义》传。

于兴邦，字一言，事父以孝闻。父病，洗濯溲溺。

叶显纶，字常经，事父增福以孝闻。父卒，庐墓三年。子启心，参将。

焦培后，字佑斋，事母以孝闻。母卒，庐墓。

周祥桂，字步云，事母以孝闻。母病，割股。

刘光凤，事母以孝闻。母病，庐墓三年。

涂振湘，字竞帆，县学生。嗜酒傲岸，闻父呵责即止；父怒予杖，跪受之。

彭丹九，家贫，佣力养亲。母张氏病，洗濯溲溺七年。母卒，哀毁死。

易文渌，字酿春，监生。事母以孝闻。母病，洗濯溲溺。子倬章，举人。

胡品相，家贫，事母翁氏以孝闻。母病，饮食不时，品相依母寝处二十年，一夜常数起。母卒，哀毁得疾死。

何大植，字恒秀，事继母以孝闻。母怒予杖，跪受之。

胡天徽，字湘庄，七世同居，以孝友闻。

高立鳌，家贫，佣力养亲。父病，洗濯溲溺。父卒，事继母以孝闻。

朱斗占，字浑庵，与弟道严、道恪、道笃同居，男妇百馀人，以孝友闻。

左英，字慎庵，监生。事母以孝闻。母病，洗濯溲溺。母卒，哀毁逾常制。

易中和，叔父某仅一子，以罪当死。中和认为己罪，代入狱三年，旋遇恩赦得免。

张然山，字友珊，候选从九品，事亲以孝闻。家故不甚丰，而亲所居食物及钱，常不使有乏，待弟杰尤友爱。常自言于亲多不能尽意，惟所以待弟者，于心差无所悔云。

黄象智，字理明，家贫。五弟皆异居，象智积产稍丰，复与弟共。

戴开有，字方远，事母以孝闻。年二十，妻死，不再娶，推产与弟。弟殁，复以田与孤侄，俾得成立。

黄启耀，与弟昌成力农养母，昌成娶妇而悍，不得于母，启耀迎母别居，终养。母殁，哀毁逾常制。

吴鸿福，字星楼，监生。有弟出后，久而贫，鸿福推产与共。人以为难。

张景伊，字聘三，监生。五世同居，男妇八九十人，以孝友闻。

胡家训，本朴孙，附《本朴传》。

杨本显，有传。

周高翥，年十七出后，其父上达家贫，妻早殁，病废。高翥佣力养父，洗濯溲溺二十年，现年五十馀。

周凤廷，父惟名，早殁，凤廷幼与祖母易氏共寝处。同治八年，凤廷年十五，祖母病思得肉，凤廷割股以进。

苏阳山，早丧母，事父以孝闻，佣力供父食。父卒，阳山随其主赴南京。闻丧归，夜至家门闭，以头触门而哭，血溢溅门限，遂不食死。家人劝之曰："汝子何依?"泣曰："吾父有子而不能养，犹吾子也。吾何以子为?"周谌枝为之传。

吴云堂，父秀廷，抱病，云堂侍奉汤药，夜烧香祈神佑。忽梦神语曰："得人肝，病乃可愈。"自念肝非自割，从何处可得?乃夜往清凉山神庙烧香，以剃刀剖胸，而昏绝逾时，苏则肝一块在旁，归而烹以进父与母，父病果大减。此光绪五年九月二十九日事也，至十月初一日端坐死，年二十三。

右孝友，宋二人，明九人，国朝九十一人。

隐逸

唐

胡恬，景福中，隐居白鹤山，见《通志》，有传。旧志漏。

宋

邓维，隐居力学，称为“卧云先生”。附《邓咸传》。

邓孝臣，宣和中，屡辟不起，附《邓忠臣传》。

元

郑菊隐，元统中，赐谥安节处士。有传。

明

吴庆孙，字善卿，元末寇起，入桃林山，率乡人自保，洪武初屡征不起。

国朝

王之铉，之锜兄，与孙立恕同传。

甘必售，字文斗，受学徐炳礼，通经义，不习科举。

黄朝裔，字西平，隐居好义，充然自得于心，一日吟云“佛已安排为弟子，天将位置作闲人”，趺坐而逝。

郭照，字远宣，性孝友。读书通大义，不喜声誉。嘉庆元年举孝廉方正，不赴，常诵渊明“采菊东篱下，悠然见南山”之句。以为见道人，莫窥其涯际。

钟昌言，字葛民，通经义，不习科举。所居极亭台，花木之盛，名曰止园。遗命以处士题墓。著有《止园诗文集》三卷、《尺牍》四卷。

右隐逸，唐一人，宋二人，元一人，明一人，国朝五人。

学行

明

甘锐，与子棨同传。

甘茇，弘治时县学生。勤学独行，提学副使张琮知其贤，特给衣巾。

艾蓁，字世昌，廪生。家贫，事母孝。从学士常数十人。

宋瀛，字儒生，廪生。非公事不入公门，以孝义称。祀乡贤。

国朝

蒋之捷，字先子，康熙时县学生。有传。

郭遇贤，字宾序，康熙时县学生。开示学者以忠厚和平，通经义，能诗，自号"吟亭居士"。孙世称，曾孙清晖、家镛，并举人。

杨逢蔚，与孙茂淳同传。

蔡国赞，字共三，康熙时监生。读书立功，过格自检。每岁除编所行，焚香告天。岁时令节，集子弟序坐讲小学，宗族服其教。

邓鼎，康熙时县学生。与子持同传。

萧士然，字去非。康熙时县学生。隐居密岩山。文章行谊为时所重。

胡天徽，字慎五，康熙时县学生。晚年筑留馀堂以居，常言"物不留馀，其究将窘；事不留馀，其终则溃"。人以为名言。

徐储芳，字畹兰，康熙时县学生，自号玉峰居士。

李天楷，康熙时县学生。附《李天桂传》。

郭炯，字曦三，雍正时县学生。能文，善书，喜谈谐。古逸民之流也。

王邦翊，雍正时县学生，与子立楷、立槐同传。

王邦直，字中敬，附贡生。读书励名节，创置义学。

周尊桂，雍正时县学生，与孙嘉缃同传。

李枝扬，字启相，雍正时县学生。治净绿轩，讲授经义。

吴清海，雍正时县学生。与孙灼同传。

郭熙，字驾唐，监生。少秉礼教，所著《训子箴规》，世传为法。

郭世遴，乾隆时县学生，附父熊传。

郭世遵，乾隆时县学生，附父熊传。

郭诠世，乾隆时县学生，附父熊传。

吴监光，读书务实行，不求闻达。

徐名瀚，字北涵，有学行。

徐柱，字砥海，治八家古文。试辄绌，益悲愤自恣。每一艺成，抗声吟诵，诵已辄哭，旋投诸火，已而饮大醉，为文益奇肆。以侘傺终。

徐晋来，字康国，县学生。性孝友，能文。

彭鳌，字鲁清，县学生，能文。

杨茂诠，乾隆时监生，附《杨茂论传》。

蔡朝弼，字燮甫，县学生，能文善书。

吴心棠，字景召，县学生。学政吴鸿精识鉴，每矜赏之。

黎庆龄，字梦锡，县学生。

毛兴邦，字巨任，读书肃衣端坐，如对神明。尝言“学问之道，具在经传，真知实践，存乎其人”。人称“学者”。

林曜，字鹤松，有学行。

余宗懿，通音声、训诂之学，以古道自励。

黄璜，字渭夫，县学生，博览群书。置日记，自录其言行，尝言“平生行事，无不可对人言者”。

巢大士，字如伊，有学行。

杨先攀，字龙望，九岁能文，为知县刘善谟所激赏。

李培纲，字怀邦，县学生，著有《春秋年谱》、《春秋人物备考》。

左以鉴，字重之，县学生，著有《河洛天文地理》、《医学》数十卷。

焦宏，字魁万，县学生，有学行。

谢航，附《谢南传》。

胡良柏，县学生，有学行。

李新郁，字隶园，县学生。

吴顺翥，字展九，县学生。有学行。

蒋继仕，字匡时，乾隆时县学生。知县李舟称其行笃，而世以为痴，学酷而自以为肥。

吴顺翀，字朝恩，县学生，有学行。

吴越，字建万，有学行。妻死三十馀年不再娶。

刘苊，字书潭，县学生。以经义讲授乡里。

左人敏，乾隆时县学生，以经义授徒乡里。有学行。

宋祥云，字晴峰，乾隆时县学生。以经义授徒乡里。有学行。

黄万存，乾隆时监生，与子世铭同传。

吴家睦，字中尹，嘉庆时县学生。以善书名，著有《集圣教序诗八十首》。见《沅湘耆旧集》。

冯家泰，字恒谨，嘉庆时县学生。有学行。

徐声亮，字寅甫，嘉庆时县学生，从周锡溥治古文。

仇继棠，字嗣绍，县学生。教人“常举裴行俭之言，先器识而后文艺”。

吴家勋，字铭常，好学励行，早逝。

吴冠魁，字南星，早逝。

杨文纪，字杏村，隐居樟湖岭。博览群书，著有《地理心得》、《选择辨正》、《医学春台》十馀卷。

杨拔，字云阶，县学生。

杨添锦，字育春，躬耕读书，不履城市。

张茂进，字云阶，县学生。

罗学雅，字正乐，县学生。岳麓书院山长罗典与友善，称其好学深思。

钟显泰，家贫力学，通经史。

徐名真，字世奇，工医，喜推解，录古今嘉言懿行以备省览，名《自箴集》。

郭家瑞，县学生，附郭世称传。

萧相印，廪贡生。有传。

郑国贞，字万以，嘉庆时县学生。有学行，道光癸未纂修县志。

张持，字健中，监生。读书励行，终日危坐。晚年得摩诘摄生法，充然自得。

易丽昭，县学生，能诗文，早逝。临卒诗云“功名未了生前愿，经史还从死后温”。言者哀之。

彭胜龙，字半阶，县学生。读书讲学，萧然有以自得。

胡琏，字二泉，县学生。以经义授徒乡里。

易化醇，字泰阶，嘉庆时县学生。精经义，为岳麓书院山长罗典所激赏。

向慎徽，号惇堂，增生。以经义授徒乡里，及门多所成就。著有《读月山房诗集》。

高元灿，字云峰，嘉庆时县学生。以善书名，曾为松鹤图征诗刊行。

易焕泰，字近垣，嘉庆时县学生。有学行。孙鉴章，进士。

郑有侨，字润斋，嘉庆时县学生。以经义授徒，乡里虽盛暑，必着衫履。

朱裔组，字绥卿，以能诗名，见《沅湘耆旧集》。

何大铨，字瑶轩，例贡生。以经义授徒乡里，辑先儒言行为《家训录》。

李道悌，字芳谷，尝汇次先儒言行置座右，题曰《心性录》。

罗文沼，字化池，学雅孙，著有《庭训约言》、《南林诗草》。

柳禹三，字毓峰，以经义授徒乡里。年二十三妻死，不再娶。

易涣鼎，字甲门，县学生，以经义授徒，有学行。

李怀试，字庆堂，县学生，名暄子。笃于行谊，博学能文。

黎光泌，字二泉，治河洛理数。著有《理数参纂》。

高炳衡，字绮园，监生。有学行，以善书名，著有《字学蒙求墨刻》、《萃星山房诗草》。

张万坤，号厚吾，笃学谨守，著有《曲江诗草》。

黄诰，字成林，以经义授徒乡里，有学行。

易冕章，嗜酒，能诗。黄世崇为之传。

王廷兰，字九畹，县学生。天姿瑰异，贯通经史，尤精堪舆。

郭家相，字夑廷，县学生。以经义授学，多所成就，著有《槐窗诗草》。

右学行，明四人，国朝八十七人。

义行

宋

邓珙，咸侄，丰城县主簿。有传。

元

吴梦桂，字子岩。每岁暮，乡邻负债急迫者，代偿之，复助以度岁之资。

明

黎必才，字公任。天顺三年，佐粟二千石赈饥民。事闻，诏征不赴，赐铜建坊，表其门曰“尚义处士”。

邓郤，天顺三年，与弟鄚佐粟千石赈饥民。事闻，给冠带。

李玉玺，字九峰。嘉靖二年，佐谷一千五百石赈饥民，湖广巡抚车纯、巡按伊敏士上闻，赐冠带；长沙府樊景麟旌其门。

何广沾，万历十一年，湖北大饥，广沾与弟广法，各泛谷一万石佐赈。事闻，赐冠带，并赐广沾额曰“耕馀助赈”，广法额曰“尚义赈荒”。

刘大梅，万历十七年饥，贷粟以佐春耕。贷者留衣为质，秋复大祲，大梅悉出所质衣还之。

吴云龙，与子应台同传。

杨天凤，字鸣梧，喜施与，再充乡饮宾。

刘奇，原名先哲。为县吏辨疑狱二十七人。已而洞庭湖获盗，三十五人已诬服，奇察其冤，脱之。县令奇，其人易今名以褒之。先后修石桥六，人皆以刘公为号。

黄一凤，字鸣岐，隐居尚义。崇祯四年，创建三间寺。知县余自怡举一凤乡饮介宾。

蒋乐翀，字汉凌，性孝友。明末兵荒，煮粥赈饥民三月，悉取逋券焚之。

戴应珍，字元伯，明末屡焚逋券。案，邓邠、李王玺、戴应珍，乾隆陈志并无其名，嘉庆孙志补入。

蒋乐亨，字仲嘉，事母孝。明末差役繁兴，屡为乡里贫民输租偿债。

余伦。

吴子忠。

吴廷训。

余廷用。

甘纪。

李用和。

王德和。

张志高，以上八人，并以尚义旌。

黎明聪，字睿甫，明季田赋繁苛，明聪为乡里贫民代金输租。尝修县南樟树港义渡。旧志漏。

国朝

吴虹，字信若，明末左良玉溃兵扰及营田，居民逃，虹以父病守。不出逃者皆被掠，而虹独免。

杨邦琮，顺治时县学生。与子逢瞽同传。

王有卿，与孙之锜同传。

王文德，字崇仁，有卿子，以仁义闻。

王文训，有卿子，与子之锜同传。

邓思敬，字爱所。康熙初，赋役未定，民多流亡。思敬领运粮饷至京，知县唐懋醇赐署书曰“忠义怀醇”。

杨汉麟，精医，喜施与。父毓锦，明末县学生。值岁荒，散谷赈饥民者三年。

吴蛟，字龙跃。康熙八年岁歉，代乡人完纳饷课。知县唐懋醇旌其门曰“亲族睦邻”。

李观清，字泰阶，康熙时县学生。时兵革未息，值岁荒，催科益急，观清请展限两月，逾限以身任之。人感其义，纳课转最。

胡玉泮，字绍濂。康熙中，代乡人完纳饷课，知县蒲易藩旌其门曰“奉公完赋”。

周德，字日宣，县学生。事父以孝闻，生平赈贷贫乏，多焚其券。知县蒲易藩造门访之，避不见。

易守祖，与孙崑耀同传。

易高品，康熙时县学生，守祖子，与子崑曜同传。

何天佩，字碧玉，为掾吏能持大体，巡抚赵申乔称为“存心第一”。

彭又旬，字彰龙。有子四人，弟景溪有子六人，又旬析产为十，以其六畀景溪。康熙四十二年旱，又旬出谷赈贷。旧志漏。

何天球，字孟图，监生。蠲置宗祠祀田，有行诣。

杨而道，派名枝远，康熙时县学生。尝蠲金全人婚姻，修高华岭、低华岭两处石磴，建茶亭其上。康熙五十六年赈饥，知县张廷栋旌其门曰“义高周济”。赈饥凡三次。

吴宏泰，字六平，监生，有行诣。

吴宏道，监生，祀乡贤。有传。

吴宏鼎，监生，与子翼祖、翼德同传。

苏学圣，字天牧，康熙时县学生。蠲钱谷济人，修治桥路无虚岁。

戴植，康熙时县学生，与子文炽同传。

周礼，字五脩，康熙时武生。时县役有软抬、硬驼诸目，为民患苦。礼见当事力言其弊，请示禁除。旧志漏。

吴道揆，康熙中人。家置斗桶，纳一木鼠，量出则撤鼠，入即实之，人称其厚。

蒋常汾，字晋元，监生。遇荒歉，倾囷赈贷。

蒋常淳，字方泰，监生。雍正五年大水，发粟数百石赈贷。

罗士俊，字宏位。雍正五年大水，发谷千石赈饥，全活甚多。知县侯国正表其闾曰“乐善从风”。性极孝，课子严。知县徐梁栋表其闾曰“严教可闻”。子学雅，以学行显。

蒋继琬，字炎孙，常尊子，县学生。就乡试武昌，泊城陵矶，风漂商船，继琬罄资拯数十人，后失足入水，有物浮之起。人以为善报。

蒋继凝，常尊子，与弟继宽同传。

蒋继统，监生，与子世琳、世玕同传。

郭显，监生，与子世称同传。

郭熊，贡生，与子诚世同传。

左以清，字若圣。雍正五年，谷踊腾贵，减价平粜凡数千石。

张之成，字子章，县学生，性孝友。雍正五年，建桥百水江。知县陈济芳为之记，即名张公桥。

钱正武，字承烈，精医，岁施凡散济贫民。雍正五年岁荒，悉焚逋券。

杨枝晃，字辉远，县学生。雍正五年岁荒，于牛口墹、晒谷石两处斶谷二千石赈贷。

胡天健，字子刚，鬻田为友某赎罪，抚从侄，置义学。雍正六年，拾遗金江次，守候之，则沅江李之果所遗卖舟银也。

陈应鼎，字金铉。雍正十一年，奉旨修柁杆洲石台，沿湖十二县分理人夫工役，知县宋廷旃委应鼎监视工，皆办。乾隆三年，出粟赈饥。举乡饮宾。

吴大淮，字碧梧。雍正十一年，知县宋廷旃并委监修柁杆洲，创建白浒江桥。

何大贤，雍正时例贡，与子启南同传。

黄琮，字脩五。乾隆九年，知县徐梁栋委修义学。

吴翼为，附吴翼行传。

殷天珍，字琼生。雍正中岁饥，减粜。乾隆十一年饥，复捐谷千馀石赈贷。布政司周人骥旌其门曰“任恤古风”。

黄学山，字陟泰，附贡生。雍正中清丈田亩，乾隆二年减湘阴钱粮科则，学山皆董其事。乾隆二十二年岁饥，蠲粟千馀石赈贷。

李景濬，字岐山，监生。乾隆二年减湘阴钱粮科则，景濬襄其事。著有《家训唤醒录》。旧志漏。

何加祐，字凤亭，乾隆三年岁饥，出谷赈贷。知县梅廷谟旌其门。旧志漏。

彭闻远，字名溥。乾隆十年岁饥，出谷十石赈贷。旧志漏。

荀之玗，乾隆十二年岁饥，贷不能偿者，焚其券。旧志漏。

黄德然，字达山。乾隆十七年岁饥，出谷赈贷。知县张宗衡旌其门曰“乐善可风”。旧志漏。

孙士滔，字南纪。乾隆十七年岁饥，捐谷三百石助赈。知府吕肃高旌其门。旧志漏。

易宗爵，字奇章，以力田起家，累世俱有行谊。

易祖耀，字荣先，宗爵子。弟祖典，官绥宁副将，岁赍金助之，曰“无以贫累有失清德也”。

李运甲，字联洲，县学生。常出金为人解纷。

何天枢，监生。乾隆十七年赈饥，知县张宗衡赐联以旌之。

严启灏，字顷千，少孤，事母孝。乾隆十七年捐金赈饥。

杨奏廷，乾隆十七年，粥米赈饥。长沙府知府吕肃高旌其门曰“利济为怀”。

柳天烈，乾隆十七年，粥谷赈饥。知县张宗衡旌其门曰“义高周济”。子胜华，亦有行谊。

毛世仪，字秉五，精医，喜施予。知县张宗衡数礼其庐。

樊启仕，字松溪。乾隆十七年岁饥，出谷数千石贷贫民，至冬，悉焚其券。

黎顺溥，字德周，监生。乾隆十七年，出谷赈饥。

左逢圣，县学生，与子人锦同传。

王世华，字复旦，有行谊，好施与，独修临洮市野猫仑石桥，今夫王公桥。

胡申亿，字屡中，天健子，附贡生。乾隆十七年岁饥，倡议施赈。知县张宗衡旋委修护城堤。

胡申潮，字远山，为乡里解纷，散谷赈饥。每岁清明，培修古墓，自号存朴居士。

喻万福，端谨，喜施予，尤喜风角。巡抚陈宏谋重其人，数延入幕。

田德启，字伟能，有行谊，事祖母以孝闻。祖母嗜鱼，德启求鱼河干，有虎伏其后，鱼跃虎惊吼而过，德启视之，虎也。又尝避雨树下，有物负而趋，瞬息数丈。方惊起，而树已为雷击矣。人皆谓其行义所感云。

任孟谔，字嘉会，监生。喜施予。乾隆十八年，长沙府知府雷畅旌其门曰“乐善好施”。

廖湘臣，乾隆壬申年岁饥，于界头铺、文家铺、袁家铺等处设厂捐米赈济。知县张宗衡旌其门曰“义高周济”。妻谈氏、子运交亦力赞之。

胡启翅，字承烈，乾隆时监生。五世同居，男妇百数十人，皆有礼法。修桥置渡，行善不倦。

周遇泰，字鄘州，县学生。性孝友，以行谊闻。

周三涟，与孙锡溥同传。

周垂世，三涟子，县学生。与子锡溥、锡渭同传。

钟志伊，字聘三，性孝，有行谊。

钟芳莲，字秀羽，有行谊。

陈远照，字光斗，监生。少孤，事母黄氏及大父母以孝闻，有行谊。

陈尚林，字杞梓，置义田，修葺宗祠，为乡里解纷，人服其行谊。

陈楚常，有行谊，乡里服其化。

黄灿明，字星若，公直有行谊，举乡饮大宾。

胡孔义，字汉寿，性孝，有行谊。

王应选，字青万，蠲修迎秀门基地。

徐益来，字德裕，监生。性孝友，乐善，岁中培修古墓以为常。

徐豫来，增生，有行谊。乾隆二十七年，集族众捐马眼围田四百亩入学宫。

黄道铎，字又振。乾隆三十年岁饥，出谷赈贷。

易元澧，监生，与子焕柱、焕柼同传。

吴天典，字垂五，例贡生。乾隆三十年岁饥，出谷赈贷。旧志漏。

吴心炳，字益斋。乾隆三十年岁饥，出谷赈贷。旧志漏。

李世泮，字思乐，乾隆时人。捐置宗祠祀田，族人德之，刻木肖世泮像至今尸祝。旧志漏。

朱一濬，监生。乾隆三十年，捐谷赈饥，知县刘善谟旌其门曰“厚意无穷”。

黄代升，字廷高。乾隆四十三年岁饥，减粜。

龙章，字锡三，县学生。乾隆四十三年岁饥，捐谷赈贷。

单永承，字周烈，监生。乾隆四十三年岁饥，捐谷千馀石赈饥民。知县王业铨旌其门曰“义闻昭然”。

胡之琏，字成文，县学生。乾隆四十三年岁饥，悉发所储谷以济乡里。

胡应灏，监生。乾隆四十三年岁饥，贷谷数千石，知县王业铨旌其门。

胡添锡，字九峰，县学生。乾隆四十三年岁饥，贷谷千馀石，悉取其券焚之。

毛兴湘，监生。乾隆四十三年岁饥，煮粥施赈。

毛世佐，字廷秩，性孝，有行谊。

金兴拔，监生。乾隆四十三年岁饥，贷谷还所质券。

高宏组，例贡。乾隆四十三年岁饥，贷谷五千馀石，并焚其券。

郑启祥，字用章，监生。乾隆四十三年岁饥，贷谷六千石；五十三年大水，益饥，复出谷七千石赈贷。

吴顺茂，字育时。乾隆四十三年岁饥，出谷赈贷。旧志漏。

李神交，乾隆四十三年岁饥，出谷一千三百石贷贫民，悉焚其券。孙常芳，好施，有祖风。旧志漏。

何远璧，字价连。父永柏，有行谊。乾隆四十三年岁饥，远璧出谷二千石贷贫民，悉焚其券。旧志漏。

高本懋，字永修，监生。乾隆四十三年岁饥，出谷千石赈贷。旧志漏。

何加纯，字丙龙，监生。乾隆四十三年岁饥，出谷千石赈贷。旧志漏。

荀启拔，乾隆四十三年岁饥，贷不能偿者，焚其券。旧志漏。

荀万从，乾隆四十三年岁饥，贷不能偿者，焚其券。旧志漏。

戴宗诰，乾隆时监生。有传。旧志漏。

吴心杰，字汉三。乾隆四十三年岁饥，与弟心楠、心校各出谷数百石赈贷。旧志漏。

甘元贞，字惟照。乾隆五十三年岁饥，煮粥减粜，以济民食。

李名世，字孟辅。乾隆五十五年，修置考棚，坐案。

吴道尧，字光四，例贡，有行谊，多所兴建。子大缙、大绅，累世以积善称。

吴大缙，乾隆五十五年修文昌桥，知县王廷瑛旌其门曰“必有馀庆”。

蔡正起，与孙光英同传。

蔡大禄，正起子，喜施与。

郭谆世，熊子，候选县丞。附父郭熊传。

谢从道，乾隆时人。家积谷数千石，置木猫纳斛中，量出则撤猫，量入即实之。人称其厚。旧志漏。

吴添梁，字肇周，受医学于杨江倩之门人黄周育，尽其术。贫者求医，给以药饵，所全活甚众。

左定濬，字哲文，乾隆时县学生。少孤，事母王氏以孝闻。旧志漏。

黄开法，兄开鉴早殁，抚孤侄发英成立。发英，县学生。

高光甲，县学生。乐施敢任，有行谊。

李观泮，字西雍，有行谊。

李观泽，县学生。捐仁和围田三石入义学以资膏火。子天楫，乐善有父风。

李观源，字宗岷，增生，有行谊。

左人锦，监生，有传。

邵兴永，字奇公，有行谊。

张尚武，字承烈，与弟尚略相友爱。夜获盗，给资，令谋生。人称长者。

胡胜安，喜施予，将属纩，命悉取借券焚之，曰："无以是为累后人也。"

盛永乾，字镇安，监生。里人王氏兄弟少孤，给田存养；斶金全人婚姻，置长沙城北捞刀河义渡。

戴世盛，字太和，修宗祠、建义渡，以行谊闻。

刘相，字元辅，监生。捐置惜字公田，有行谊。

刘模，字常正，有行谊。兄棠跅弛不事生产，模抚教其子嗣，曾领乡举。

刘希尧，字见于，有行谊。玉照古刹，北石桥二百八十馀步，希尧三世踵成之。

刘培心，字省安，监生，有行谊。族人读书贫乏者，皆资给膏火。

吴正瑶，字永以，好施予。

吴心业，字积德，监生，有行谊。

吴邦安，字贞吉，少孤，事母孝。尝道拾遗金，坐候其人至，还之。

吴添章，字琢其，监生。家置斗桶，纳一木鼠，量出则撤鼠，量入即实之，人称其厚。

杨先甲，字殿邦，监生，有行谊。杨氏故巨族，先甲理族事，人皆服其公置。

杨士元，字朴斋，性孝。娶逾年，妻卒，遂不复娶。喜推解，一日忽命取戚友逋券焚之，阅日而卒。

杨右蘅，监生。为族母谢氏、嫂刘氏建双节坊，独力表章之。

龙文清，监生。喜推解纷，给其姊田收养族侄。人称其古谊焉。

酆焯，字显廷，监生，有行谊。乡居施药饵者数十年。

谢邦瑁，县学生，有行谊。汉川程宗洛流寓湘阴，病目失明，留养数十年。有邵姓者负租逃，妻贫谋改嫁，邦瑁急召邵妇免其租，而仍以其田畀邵耕种。

谢应芳，与子南同传。

李宗贤，监生，孝友，有行谊。

李添柏，字安溪，监生，有行谊。

李政脩，字厥绍。工医，施药济人，有行谊。

周士信，字常一。抚族遗孤，为置田庐，姻戚无依者，亦多置田舍收恤之。

吴世章，字达夫，有行谊。

陈世文，字选一。家故不丰而喜为善，每冬率家人培修古冢，数十年以为常。

赵达睿，字莲庄，例贡。喜施予，尤能加厚宗族。

彭兴佐，字左仁，监生。乐善好施，置宗祠祀田，修彭氏石坝，四人赖其利。

黄脩运，字以鲲，性孝，有行谊。

许名望，字兴渭，少孤，事母孝，有行谊。

李清受，嘉庆时监生，事母黄氏孝，有行谊。

李成，与子南英同传。

王国栋，字士忠，世华子，候选州同，修邑南门义渡、临泚市义渡，并捐赀学宫，以行谊闻。

李开范，嘉庆时，置田立家塾。知县蔚常春为立案，以垂久远。

姜魏公，嘉庆十二年，捐黄陵港口渔利充公，以便入港泊船，永禁堵塞港口取渔。知县李其丰旌其门曰“义流湘浦”。

傅之恺，县学生。弟之雄，年三十妻死，不复娶。之恺与之雄皆以孝闻。

钟显灼，字春华，监生。母丧，庐墓，抚恤侄妇戴氏以全其节。

杨世盛，字德辉，州同衔。父武略，监生，早殁。母易氏尝捐学宫考棚田，详见《典礼志》。世盛好施与，嘉庆十八年修临泚市义渡。族有大宗某，贫不能娶，世盛与弟世玉、世寅、世勋予产，俾得娶。里人某负欲出妻，世盛厚恤之，妻得不出。

李名暄，字梓园，县学生，性惇朴，言行不苟。修建宗祠，以敬宗收族为义。

郭家陶，字鋆台，倡兴邑文庙。

郭家彪，议叙八品，有传。子嵩焘，兵部左侍郎；崑焘四品卿衔，内阁中书。

郭家骥，布政司经历，附父世暹传。

毛际霖，字雨田，嘉庆时县学生。侍父病五年，以孝闻。尝与人交易，误算钱一缗，遣人追还之。孙晋蕃，举人。

任朝钦，字恒斋，增生。倡建宗祠，捐置祀田，族人义之。

颜绍唐，原名崇德，乾隆五十二年捐考棚田，嘉庆二年捐武庙田，详见《典礼志》。

吴邦密，字雨西，常煮粥赈饥。岁饥，诣里中贫民，叩其缓急资助之。

李九龄，嘉庆二十四年，率族人立义学。知县许瀛旌其门。

蔡大蔚，字辅文，监生。与从兄大复，捐置锡福围小河义渡；嘉庆七年，捐置张家山义田二十一亩；道光十二年岁饥，出金赈贷。

唐灿廷，字懿斋。嘉庆十一年捐宗祠基地，与从兄钦辅倡修宗祠，人皆义之。

李逢钜，县学生。嘉庆十九年，酌定湘阴钱粮章程，逢钜董其事；道光九年，捐金倡修文庙。子新浓，新安训导。

罗能兴，字于诗。岁饥减粜，贷不能偿者，焚其券。嘉庆二十二年，知县许龄旌其门。

易焕枟，焕桂弟，有传。

熊凯，字酉山，武生，卫千总衔。道光五年，督修文庙，以勤慎闻。子化龙，有学行。

易文鹏，道光五年，捐修文庙大成门。子丽昭，县学生，有学行。

危良翰，字屏南，监生。或盗其樵薪，良瀚取燥者易之，人称其厚；修樟树港东义渡，捐置田亩。道光六年，学政程恩泽旌其门曰“六行可风”。

黄齐义，有传。

傅之纲，有传。

张云岩，监生。道光十一年岁饥，出谷减粜。

彭昌贤，衍庆孙，字思齐。道光十二年，修茨塘围义渡，捐置田亩；命子大琛修鸦雀江下白塘湖义渡；建家塾、育婴堂，并捐置田亩；道光二十九年岁饥，出米三百石赈贷。孙符甲，举人，陕西补用知府。

易化孚，候选州同，与子文玉、章玉同传。

蒋裕岸，字先登。道光十二年岁饥，出谷赈贷而自啖粥，人称其厚。子光隆，亦有行谊。

吴文斗，监生。家饶裕，好施捐。置宗祠祀田十数亩，每年冬修培古冢无少懈。

李德湖，道光十二年岁饥，出谷减粜。

李香珍，字晴岚。道光十二年大疫，施棺木、捐置义山。

苏先坊，字安堂。道光二十年大水，饥民集县治多露宿，先坊捐城北牛角巷园地一区，造屋八楹处之。知县书绅旌其门曰“积善延年”。

黄程万，有传。

黄森，有传。

周长昇，字祥源，好施。道光二十九年饥，捐金一千助赈，布政司万贡珍旌其门曰“枌社扬仁”。

曾纪丰，事母以孝闻，有行谊。

李家聪，字启吾。道光二十九年岁饥，出谷赈贷；尝修培县北义山荒冢，置屋募人防守。

闵志书，字闾轩，从九衔。道光二十九年岁饥，捐钱助赈，自煮粥杂盐菜（振）〔充〕① 饥。

傅坤沛，字德恒。尝出资为人全婚；里人某假耕牛而毙，不责其偿；凡贷钱谷不能偿者，焚其券。

张宏春，字晴轩。道光二十九年岁饥，捐金助赈。知县刘松岭旌其门曰“谊洽枌榆”。

吴成登，道光二十九年岁饥，捐金助赈。知县刘松岭旌其门。

李家品，字遇章。道光二十九年岁饥，捐谷助赈、施棺木。

---

①据文意改。

李家纯，字锡吾。道光二十九年岁饥，捐金助赈，施棺木、置义山。

张鹤汀，字宗淮，监生。道光二十九年岁饥，捐金赈助减粜。

潘春山，字洞溪。道光二十九年岁饥，出谷赈贷。

杨青松，道光二十九年岁饥，自餐粥，出谷赈贷。

朱选朝，字卫卿。事母以孝闻。道光二十九年岁饥，质衣赈贷。

夏平泗，道光二十九年岁饥，贷谷数百石，不能偿者，焚其券。

龙秀万，字湘廷。道光二十九年岁饥，与弟竹亭、松亭、春亭出米赈贷。

翁意万，字晓山。道光二十九年岁饥，出米赈贷。

张宏桂，字忍堂，例贡生。道光二十九年岁饥，捐金助赈。知县刘松岭旌其门曰“义明周恤”。

蔡宗德，有行谊。

宋开孝，以经义授徒乡里，事母以孝闻。道光二十九年岁饥，自餐粥，而以馀财赈贷邻里。子炽昌，举人，武陵教谕。

甘惟楚，以经义授徒乡里。道光二十九年，贷谷施粥赈饥。

黎之铭，字钟文，县学生，性孝友，尚义好施。置唐姓田三石，怜其贫，给还之；值岁荒，计族人丁口以授食。

黎一纯，幼聘朱氏女，女忽病瞽、跛一足。女父母请辞婚，一纯不可，卒娶女以终。

杨之先，字凤山。咸丰中，捐修三峰山石街、石路，又磊石为岸，以便行人，乡里称长者。

焦星田，道光时监生。尝出资为人全婚，抚恤孤寡，并修培古冢、置墓田。子澍钧，县学生。

姜淑勋，字济川，以孝友闻。家小康，亲属赖以存活者十馀人。

徐同先，字南邦，侍父病三年，以孝闻。

伏仁意，家贫力农，侍母病数年，以孝闻。

夏道基，侍父病三年，以孝闻。

黎秀雍，字礼耕，事母以孝闻。年二十七妻死，不再娶。

吴文祥，字渭光，常手《言行汇纂》一书，为乡里初学讲习，多所造就。

夏仲平，字篪山，有学行。年二十妻死，不再娶。

刘国源，字楚臣，侍母病八年，以孝闻。

彭参彝，事继母周氏以孝闻。

黄服周，事父以孝闻。

毛先拔，从九衔，以孝友闻。

钟祖兴，字画峰，事母以孝闻。

何大椿，字泰元，抚孤侄如己子，人称其义。

周锡宝，字秉珪，以孝友闻。

钟道昇，字振瑞，年三十妻死，不再娶。

刘万旭，字日舒。岁饥，贷不能偿者，焚其券。

樊松溪，积谷千馀石，贷不能偿者，焚其券。

仇武坤，字载万。病革，举逋券悉焚之。

何大勉，贷不能偿者，焚其券。

向贵芳，字道达，贷谷赈饥。

刘应思，字怀缘，施粥赈饥。

蓝开林，字祉斋。或窃伐其山木为薪，见开林逸去，开林举所遗断枝呼与之，人称其厚。

龙培涟，字漪士，家小康。族某鬻产，培涟予以值而反其产，人称其厚。

罗道柄，字委贽，监生。尝夜获盗，视之，故人子也，畀以财使自新，终未以姓名语人。

杨观岱，字宗望。尝与人交易，误算钱一缗，自追还之。

邹万柄，字恺臣。与弟栋倡建义茶亭于大塘铺，每岁施茶饮行人。子象珍，推广父意，捐置田二十亩入义茶亭。栋子用庚，举人。

周吉祥，岁杪雇工修古冢，出钱谷分致族中贫者。

伏教猷，常雇人修古墓，倾圮甚，则砌石护之。

田德相，字西畴。居濒水，常捐金收葬溺死尸骸。

韩霞蔚，以知医名，施药饵，多所全活。修乌龙背石路数十丈。道光二十九年岁饥，捐金助赈。知县刘松岭旌其门曰“义明周恤”。

郑光应，家贫好善。常手一锄一刀，觅当路荆棘、瓦砾，剪伐剔除之。

彭清翰，字墨卿，刻苦能文，精岐黄术。贫者助以药费，全活甚重。其调护亲属，裒多益寡，频数不厌。人多德之。

董泽熙，字春田，蓝翎五品衔。每年冬修培古冢，建立古墓碑。人称其厚。

王新有，字光连，例贡生。尝捐修县北镇朔门外石路数十里。同治元年岁饥，施粥减粜。

胡森，字巨川，监生。事亲孝，敦品励学，好施予。乡里称为善士。

黄甲，黄程子，字冕南。州同衔，江西试用县丞。同治九年岁饥，出钱二百缗赈贷。

蒋定枝，年二十四妻死，不再娶。

黎敬远，敦品励学，以行谊闻于乡。

吴谦，字霞馀。道光二十九年岁饥，捐谷一千二百石助赈。

右义行，宋一人，元一人，明二十一人，国朝二百五十四人。

耆寿

五代唐

彭幼谦，年一百四十馀岁，有传。

明

刘之亮，字方明，县学生。筑室清泉山，自号葛天遗老。举乡饮宾，年九十馀。

国朝

任启储，字相儒，年九十七。子学鹍，年亦七十。

杨枝逵，字渐鸿。康熙时县学生。母病，夜求医遇虎，枝逵泣祷，虎即逸去。道过滂溪桥，拾遗金，则汪士成携以赎子者也，追还之。康熙三十六年，岁饥，罄所蓄赈贷。年九十八。

蒋乐贞，字完我，康熙四十二年岁饥，煮粥为赈。年九十二。

张云昇，康熙五十三年，赴县纳赋，拾遗金，倚树久待，则陈姓携以赎父罪者也，还之。年九十，知县蒋宏烈旌其门曰“积厚流光”。

杨之实，字侣桃，县学生，年九十二。

蔡长元，字万资，县学生。性孝友，抚两孤侄成立。建宗祠，置义田，年九十五，五代同堂。

蔡长佑，字助也，县学生，年九十五。

巢枝赉，字实其，性孝。父丧明，枝赉朝夕祷神，父目忽明，与妻黄氏俱年九十三。

李启融，字春泰，乾隆十五年，年九十九。旧志漏。

杨崇选，字公卿，乾隆十七年岁饥，出谷数千斛赈贷。知县张宗衡旌其门曰“积善之门”。年九十七。

李元登，字帝选，喜施与，修十全、李公、新花等桥。长沙府知府吕肃高旌其门曰“福善斯长”。年九十二，子正永亦年八十二。

胡明琼，字惟昆，年九十三。

周之朝，乾隆二十年，年九十一。旧志漏。

吴开锋，字木天，喜施与。乾隆二十一年，知县施元琳旌其门曰“义风可挹”。年九十二。子世用，亦年九十。五代同堂。

吴伯煳，年九十，乾隆二十二年知县夏扶英旌其门。旧志漏。

何永蛟，字尔生，年百岁。乾隆三十二年，知县罗宏漳旌其门曰“德隆年永”。

蔡世瑚，字应彝，年九十。

常孟春，字怡达，年九十八。

周奇生，年一百一岁。

李有容，年一百岁。

张佐生，年九十四。

钟志昇，字允猷。岁饥，斶谷济贫，前后一千三百石。年九十，五代同堂。乾隆三十九年，恩赏“耄龄垂裕”匾额。子道斐，亦年九十二。

钟显新，字铭有，年九十，五代同堂。恩赏“耄龄垂裕”匾额。

李时，字丰山，增生。年九十五，五代同堂。乾隆五十四年，恩赏“耄龄垂裕”匾额。

熊邦占，乾隆二十九年水，代族人贷金数百，卒代偿之。五十五年，年九十。

柳世润，字声长。岁饥，贷粟不能偿者，焚其券。年九十三，五代同堂。

周腾蛟，年一百一岁，五代同堂。乾隆五十六年，建寿民坊，恩赏“昇平人瑞”匾额。

朱一绅，监生，年九十一。

张乾珍，字品上，县学生。年九十三，五代同堂。

钟志恕，字秀川，与妻徐氏俱年九十二。

许宏毅，字乐育，县学生。励学敦行，生平未尝有干谒。年九十。

蒋常澳，字竹斐，常泰弟，年九十一。

杨士洵，与弟士颡皆耆寿，年一百岁。

周遇桂，性孝友，与弟析居，弟家荡于火，仍合爨，以所受田分给其侄。年九十一，嘉庆元年恩赐“寿官”。

黄象璠，字孔美，课孤侄开鉴成名。年九十一。嘉庆元年，恩赐“寿官”，子开仕年亦九十。事继母杨氏，以孝闻。旧志漏。

何添才，字伟伦。家小康，好施。嘉庆九年，年九十二。旧志漏。

杨应仕，字育万，年九十。

盛克嶷，与妻夏氏俱年九十。嘉庆十三年恩赐“寿官”。

陈贤聪，年九十，嘉庆十四年恩赐“寿官”。

熊应绂，字师席，自号“半逸山人”，母郑氏，年一百三岁，应绂年一百四岁。嘉庆二十年建寿民坊，恩赏“昇平人瑞”匾额。

荣品珍，年一百一岁。

夏敬脩，年九十七。

钟道柏，字万涵，年九十七，五代同堂。

刘文轩，与妻郝氏俱年九十，五代同堂。

胡美文，年九十，五代同堂。

刘思服，与妻巢氏俱年九十八，五代同堂。

戴文炤，字正川，年九十六。

蔡光宗，字裔荣，年九十八，妻张氏年九十四，五代同堂。

胡光哲，年九十，五代同堂。恩赏“欢娱大耋”匾额，子德尊之妻罗氏，亦五代同堂。

徐凤翔，字仞千，年九十四。

周泰海，字九河，年九十四。

伏九达，年九十。

彭楚三，与妻黄氏俱年九十一。

黄希贤，年九十二，五代同堂。

何添永，年九十二，五代同堂。

杨运蛟，年九十七。

陈永祺，年九十一。

汤皇万，年九十。

吴邦祺，年九十一。

毛泽霞，年九十。

张凤山，年九十四。

郑朝尊，年九十。

杨元勋，年一百岁。

鲁超远，年九十一。

彭永智，年九十。

刘培智，字慧庵，年九十五。

彭武盛，年九十二。

彭正邦，字亮彩，道光三年，年九十二，五代同堂。

何添琼，年九十二。

吴淑锐，嘉庆二十年，年九十。旧志漏。

李来阀，嘉庆二十三年，年九十。旧志漏。

易锡大，字辉光，道光三年，年九十五，五代同堂。

王启近，道光四年，年九十二，五代同堂。子兴鸣，年亦八十八。

胡德徽，以孝友闻。道光四年，年九十，五代同堂。

葛守清，年一百二岁。道光六年，知县徐铉旌其门。妻黄氏年亦七十八。子本培，咸丰六年，年九十一，本培妻萧氏亦年七十三。

周锡器，字鼎赞，道光七年，年九十二。

冯天相，道光十一年，年九十一。

周锡阁，道光十二年，年九十二。

刘仁镒，字藻衡，好施与。道光十三年，年九十二，五代同堂。

刘维亨，字明发，道光十五年，年九十。

刘仕学，道光十五年，年九十五。

彭日序，道光十九年，年九十四。

吴邦礼，字节斯，道光二十二年，年九十六。

易元柱，字占椿。贷不能偿者，焚其券。年九十六。道光中，知县书绅旌其门。

周志锦，字尚絅，道光二十三年，年九十。

周永辉，道光二十三年，年九十。

钟道粹，字金和，年九十二，五代同堂。道光二十六年，恩赐“寿官”。

李自宏，道光二十七年，年九十三，妻曹氏亦年九十。

周嘉缙，嘉缃弟，字正笏，年九十四，著有《竹坡山人诗集》

二卷。道光二十九年，恩赐“寿官”。

彭清泮，字采侯，县学生。有学行，道光三十年，年九十四。

何大柏，咸丰元年，年九十一。兄大椿，年八十一；大梁，年八十三；大松，年八十。

郭世渭，咸丰七年，年九十二。

李法嵩，字敏龄。咸丰七年，年九十。

戴枝恒，字建常，咸丰八年，年一百一岁。

陈光淮，字旦明，咸丰八年，年九十四，五代同堂。

蒋定昕，字旦初，咸丰九年，年九十二。妻顾氏，同治四年，年九十五。五代同堂。

陈文琳，字珑田，咸丰九年，年九十。

童良玉，咸丰十年，年九十七，五代同堂。

钟仰荣，字佐朝，监生。以善书名。咸丰十年，年八十八。

何加鸿，字来宾，同治二年，年九十二。

钟道长，字符泰，同治四年，年九十七，五代同堂。子济，五年，亦七十。

彭先镜，字惟明，同治四年，年九十四。

黎敬远，县学生，同治四年，年九十。

杨光祥，同治四年，年九十。

蒋裕春，字熙川，同治五年，年九十一。

彭先达，同治五年，年九十七。

刘仁俎，字兰皋，同治六年，年九十四。

周枝煸，字斐文，监生。尝客中闻人苦寒，解裘易金遗之。同治六年，年九十。

卢先典，同治七年，年九十四，五代同堂。子盛泰，亦年七十一。

彭本笏，字觐光，同治七年，年九十五，五代同堂。

甘云屏，同治七年，年九十二。

高开瑞，字应润。同治七年，年九十一，妻周氏亦年九十一。

周运桂，字腾芳。同治七年，年九十。

杨九思，字旭照。同治八年，年九十六，五代同堂。弟远照年九十，上宽年八十五。

刘维时，字亮辅，武生，以善医名。同治八年，年九十一，五代同堂。

黎本昌，字国盛，事母以孝闻。同治九年，年九十四。

胡昭凯，字冠夫。同治九年，年九十一。

吴道隆，同治十年，年九十二，妻何氏亦年八十八。

向贵联，字莹坞，以善医名。同治十年，年九十，妻杨氏亦年八十九。

陈其兆，年一百五岁。案，其兆以下一百人，年代无考，以所享之年多少次序。

周永丰，年九十八。

田传典，字赞堂，年九十七，五代同堂。子经代，年九十三。经代妻汤氏，亦年九十二。

王隆声，年九十七。子昌南，县学生，补用同知衔，实授舒城县知县。

蒋继松，字腾蛟，年九十七。兄继明，亦年九十八。

刘兰洲，字江有，年九十六，五代同堂。

钟仰运，年九十六，五代同堂。

左人点，字天乐，年九十六。

刘汇庵，年九十六。

傅宗道，年九十六。

周超俊，年九十六。

郑宗珂，年九十六。

金大煌，年九十六。

徐富照，年九十六。

李文裕，年九十五。

涂逢熙，年九十五。

李年华，年九十四。

钟显甲，年九十四。

余恭育，年九十四。

周廷相，年九十四。

雷科彩，年九十四。

陈光凤，字鸣岐，年九十三，五代同堂。

王邦贵，年九十三，五代同堂。

彭正禄，字庆仪，年九十三。妻欧氏，亦年八十七。

陈之长，字其祥，抚孤侄有恩，年九十三。

樊友生，好施予，年九十三。

张峰高，字岳斋，吏员，年九十三。

易焕凤，字皇池，年九十三。

杨禹敬，年九十三。

孟楚词，年九十三。

胡元选，年九十三。

郑道具，年九十三。

钟志尹，县学生，年九十三。

钟显光，年九十三。

钟仰欣，年九十三。妻余氏，亦年九十三。

钟仰高，字鲁望，年九十三。

钟昌咏，年九十三。

钟昌发，年九十三。

彭清信，家贫，性耿介，年九十三。

杨隽，字文岩，道光己酉科钦赐举人，性廉介，以教授为生。族孙际春贫，从隽十馀年。力不能具束脩，隽始终成全之，年九十三卒。孙孔脩，县学生。

涂昭怀，年九十三。

钟道化，年九十三。

游定谟，年九十三。

王思龙，年九十二，五代同堂。子仪凤，亦年八十八，五代同堂。

邱伟才，年九十二，妻陈氏年九十六，子兴起亦年九十。

陶先知，年九十二。

黄恒奉，字寿臣，年九十二。

孙耀彩，以知医名，年九十二。

危基健，终身不娶，年九十二。

许位仪，年九十二。

黎崇璜，年九十二。

李添相，年九十二。

吴让文，年九十二。

吴德硕，年九十二。

王政铨，年九十二。

湛启伦，年九十二。

郑道松，年九十二。

朱礼约，年九十二。

柳春晖，监生，方正不苟，品学兼优，门下士登庠序者不少，年九十二。

彭本科，慷慨好义，不趋时俗。年九十二。

王本恩，字泽周，年九十一。妻孟氏，亦年八十八。

傅永绶，监生，年九十一。

冯家桂，字月仙，年九十一。

周守瀚，字西园，年九十一。

孟明千，年九十一。

王功勋，年九十一。

许宏印，年九十一。子敷荣，亦年九十一。

杨国祥，字有珍，年九十一，五代同堂。

苏炳，字文华，年九十一。孙藻，举人。

沈尚兆，字观光，有学行，年九十一。

彭卓英，监生，经历衔。年九十一。

徐宗基，年九十，五代同堂。

酆荣，字华国，年九十。妻许氏，亦年八十八。

周尊堂，年九十，赠承德郎。妻吴氏，亦年九十，赠安人。

刘仁梗，字振宇，年九十。弟仁楠、仁柏，亦年八十。

冯时，字实斋，监生。年九十。子勋，武举。

吴邦俊，字贵安，年九十。

杜玉美，字一林，年九十。

杨远芳，字乐斋，年九十。

许太琳，年九十。

李添祈，年九十。

姚学海，年九十。

周德辅，年九十。

毛朝惔，年九十。

张学惠，年九十。

欧阳远来，年九十。

何启初，字玉峰，性耿介。年九十，五代同堂。

周高元，字衡章，诰封建威将军。事母以孝闻，年九十。孙国兴，提督。

易焕蔚，字岑峰，以善书名，年九十。

戴昌周，字九峰，有学行，年九十。

梁承瑚，字珊林，年九十。

黄朝重，年九十。

黄东兴，年九十。

王存赐，年九十。

李国仁，年九十。

杨之翰，年九十。

杨华寿，年九十。

钟丕臣，年九十。

彭本窗，年九十。

宗时锦，年九十。

彭华庭，年九十。

彭克文，年九十。

陈泽休，年八十三，五代同堂。

李颐和，字仁庵，州同衔，性孝友，好施予。年七十七。子六人，孙十六人，曾孙五人，元孙一人，五代同堂。知县于学琴为之请旌。

李道生，现年九十四岁，妻张氏年九十。

李名旭，字朝华，监生。子庆试，字云卿，从九品衔，事亲尽孝，处乡里和平正直，人称贤孝，年七十二卒。临殁，犹力疾侍父，不忍离左右，于时为光绪八年。名旭，适九十二岁，应附入《耆寿》后。

右耆寿，五代一人，明一人，国朝二百一十九人。

案，府县私志为弊二：曰附会，曰瞻徇。附会之失，援引牵混，考古者病焉；瞻徇之失，则且颠倒支离，以乱是非，使学士大夫疑惑，无所劝戒。至于久而人往风微，考订无从，并其传信者而亦疑之。魏收撰《魏书》历千年传为秽史，其褒贬荣辱，又岂足凭哉！今之此表，显微阐幽，各当其旨。以旧志采录过多，不敢删削，稍区分其品目以示等差。其列之儒林、文苑者，非实有传书，无敢滥入。附会瞻徇，庶几免尔！

湘阴县图志卷十四

人物表下

流寓

周

屈原，《史记》：屈原名平，楚之同姓。罗含《湘中记》：屈潭之左玉笥山，屈原之放栖于此，作《九歌》。

晋

陶澹，《晋书》：澹于临湘山中结庐居之，州举秀才，澹闻，转逃罗县埤山中。旧志：澹居埤山，白鹿一、白鹤二，与之俱，太康二年四月八日拔宅飞升。冲真观即澹故居，丹灶、石屋犹存。今冲真观，一名白鹤观。又案，隐居山亦以陶澹得名，半隶长沙。《晋书》所谓结庐临湘山中，当即此也。

宋

毕田，长沙人，五代楚时寓居湘阴，历宋为吏部郎。神鼎山丹井上，有巨人迹诗云："玉趾分明印绝颠，药成仙去几千年。深藏宝鼎今方出，合得丹经与世传。"哀洲诗云："玉辇南巡去不还，翠蛾望断楚云间。波寒剩写湘弦怨，露冷偏滋泪篆斑。一水盈盈伤远目，九峰岅岅惨愁颜。荒洲千古凄凉地，半掩空祠向暮山。"

吴仲堪，字子元，兖州人。官朝请大夫，流寓湘阴。

富格，字至道，洛阳人，郑国公弼弟鼎之孙，靖康中避乱居湘阴。

毕嗣兴，字绍先，代州人。祖君卿知永州，嗣兴以祖泽授，将仕，即寓居湘阴。

明

杨寿朋，字景仁，陕西人。父炤，知象州。寿朋娶义宁令、邑人邓檡女，寓居湘阴。

王英，云南安宁人，官陕西肤施主簿。天顺中来省姊氏，寓居湘阴。

邝露，字湛若，广东南海人。有《浮湘礼三闾墓田诗》。

孙象乾，字健甫，休宁选贡。崇祯中，官长沙巡道佥事，弃官居湘阴韵山。

国朝

罗典，字慎斋，湘潭人，官鸿胪寺少卿。时馆荆塘围某氏，礼待甚薄，去之，寓居邑人罗宏位家数年。

丁维邦，字介卿，湘乡人。善画，精击刺，暨符录之术，寓居湘阴十馀年。

仙释

晋

朱孺子，不知何许人，入玉笥山，服菊花饼术。永和间，白日乘云上升，号“赤水仙”。见《名山记》及《陶氏神仙鉴》。

唐

沈麟，《列仙传》：麟字廷，瑞彬之子。学道玉笥山，常衣单褐，风雪不易。嗜酒工诗，时呼“沈道者”。

彭幼谦，清泰中人，寒暑惟衣羽褐。尝葺陶澹丹灶，得大药一粒，饵之，年一百四十馀岁。

僧景幽，唐武德中，开兴化寺讲经。

宋

僧洪諲，长沙人。大中祥符中，开神鼎山资圣寺谭经说法。

邵琥，有传。

僧大椿，张姓，字继老，工医善书。绍兴初，潭帅荐之朝，得召见，赐居雪峰，年九十八。尝自赞云：“头秃矣，无杀人心肝。面须矣，有活人手段。身披坏衲，残云消横，按扶藜，刚有断。雪峰顶上八千椿，佛果一枝遮大半。”

僧和山，开南阳古寺。

元

僧月岩，习精禅理，工修炼。大德中尸解，里人争奉祀之。

明

周福，好读梵书，一日积薪坐其上，举火自化，持木鱼诵经不辍。后人祷雨其地，隐隐闻木鱼诵经声。

李光显，县学生，习吐纳术，辟谷。居万灵山三十年，遗命火化，后人祷雨其处，多奇验。

李廷玠，旧志：廷玠字痷轩，安化人。年七岁，梦黄衣人咒曰：“尔本消遥天上客，亲随玉帝掌元机。只因下阅琼花会，流落人间不得归。”父鉴曰：“汝当为仙籍中人。”晚年，隐磊石山，建栖碧亭，著有《痷轩诗集》。

僧宗海，重建兴化寺，深通禅理。

国朝

僧云外，徽州人，顺治九年九月入神鼎，尝说偈云：“夕阳林罅没，回杖月同归。云外传远庵，远庵传丽宗，契先一揆。”并著有《语录》。

柳斗珍，亲殁，刻木像。亲习导引术，结庵傅家山。康熙中，抱亲像坐积薪上举火自化，土人名其庵曰“会仙庵”。

僧佛鉴，字密书，居保安寺，通禅理。

僧成照，居三峰古刹六十馀年，通禅理，能诗。

丁山人，幼有异术，跃身可丈馀。自言往峨嵋山学道，后人常见之西湖灵隐寺、武当山圣寿寺。

僧玉清，居岳峰寺，通内典，历主烂柯山、沩山方丈。年九十九，终于岳峰寺。案，邑人徐世佐《遁斋文集》有僧清一诗序，疑玉清字清一。

僧广乐，字寄尘，一都彭氏子，能诗工画。钱塘袁枚与之善，见《随园诗话》。

僧药森，居京师西直门外荒寺中，道光初邑人杨培之至京师，见僧自言湘阴营田人，年十六为僧，居此寺八十年。乾隆中，与朝士以诗唱和。以僧居寺之年推之，时已百有馀岁。见《幼眉诗集》。

僧云衢，佛鉴弟子，长沙人，居县东如来庵，能诗有禅理，尝口占一绝云：“日午家人报失鸡，阿婆忙问舍东西。五更残梦惊初醒，却在自家窗外啼。”

僧可达，字洪林，面有红疤。人呼“红疤和尚”。主神鼎山资圣寺方丈，居三闾寺，戒律甚严，年八十四趺坐而化，鼻垂玉箸。

僧明道，字修诚，主神鼎方丈，住明山寺，年八十四。

僧晃智，住武当寺，深悟禅机，年八十四。

僧志传，住藏经殿，通禅理，善诗文，年九十岁。

僧寄湘，能诗，主神鼎方丈。

黎豁然，住持东明观，能诗，与学师程鹏、周耀焜等唱和，有《联吟诗集》。

僧宝印，游历天下名山、古刹几遍。趺坐运气，可七日不食。

僧鹤慵，住伏波庙，从吴淮、徐受二人学诗，著有《鹤慵学钞》。

归一渡禅师，姓杨氏，为石牛寺方丈，持戒律甚严。

石心志禅师，姓夏氏，住持神鼎山资圣寺，创建高家田寿佛桥、修五百罗汉堂，及捐田为育婴费。

方技

明

李太凤，字师竹，县学生，精医术。崇祯中寓京师，副都御史施邦曜荐入太医院，给六品医官。

国朝

杨江倩，父毓锦，县学生。明末岁荒，散谷赈饥。江倩亦好施与，精医术，传自峨嵋道者，用药多奇中。案，府志江倩作汉麟。

吴隽，善画山水。

丁丹衷，字心田，善医好施。乾隆四十年饥，出谷赈贷。

陆秉乾，精篆刻，著有《图画谱》。

杨尧龄，字日仿，精河洛理数，年九十三无疾而终。

姜美明，字秀才，精星卜。慕严君平之为人，日得百钱，即垂帘读《易》，能作劈窠大字，人皆称其隐德。

徐师来，字柽也，以精医闻。

吴陆平，工医，自负以活人为托艺之地。

丁永炳，字笔山，性迂谨，善画，山水、人物兼工。人以倪迂目之。

戴述先，精河洛理数，捷步能行。年八十馀，登山如履平地。

周添黼，字萃五，精医。

卢启选，少读书，从邑人罗师孟学医，精通方脉，活人有奇效。

萧凝斋，相印父，精医，一剂即愈，人呼“萧一剂”。

王存略，监生，立槐孙。著有《经庵医案》，附立槐传。

吴添梁，字肇周，从邑人黄周育业医，精其术，有行谊。

李济湘，字石帆，性刚直，精医，兼通地理、星卜之学。所言质实无欺饰，为乡里所信服。年七十四无疾卒。

湘阴县图志卷十五

列女表上

周官大司徒，掌建邦人民之数。乡遂之吏，各登其夫家之众寡，辨其可任者。郑《注》："夫家，犹言男女也。"男女备而后家道成，司民登万民之数，异其男女。职方氏辨人民之数，亦分男女言之。男女各顺其性，制治之本在是矣。刘向传列女，分母仪、贤明、仁知、贞顺、节义、辨通、〔孽嬖〕① 诸目，范史因而立史传，后代仍之。凡妇女有节行者，附《列传》之后，纪一代风教之盛焉。明世以贞节旌表其门，皆奉特旨；其次有司官题榜旌之。国朝表彰节孝，旷越前代。民妇年及五十应旌格，由县申详布政司以达巡抚，年终汇题。雍正二年，敕建节孝祠，立大坊祠门外。于是民妇应旌格者皆得建坊，由布政司发给建坊银两。道光七年，江苏巡抚陶澍，题请武进、阳湖二县建立总坊，经部议准。自是偏方下邑，穷檐小户，皆获上邀旌典。是以妇女相奖为节孝者，数十倍于明以前。其间亦有无力请旌，及年已三十衣食粗给，不待旌者。要其苦节坚贞，不可听其磨灭。今稍分类表之，曰贤、曰孝、曰贞、曰烈、曰节、曰寿，而节妇为多。因以族姓编次。其已题旌者备录之，以俟参考。旧志所载，倒乱失次，并加厘正。

①据汉刘向《列女传》补。

访采各册，于妇女里居、家世、子姓多不详，稍次其可纪者，其所不能详，则阙如也。

贤母

宋

邓咸母许氏，县南东湖当孔道，许氏率佃人作大堤里许，绝湖以属之城，为二木桥，号其一桥曰“邓婆桥”。有传。

邓忠臣母周氏，神宗朝封县太君。有传。

明

夏原吉母廖氏，有传。

王仲宝妻廖氏，仲宝五十无子，宦游吴越，家积谷数百石。廖氏召族子贫者分给之，后为仲宝娶妾许氏，举三子。案，仲宝仕履无考，隆庆中岁贡王爱官江西峡江训导，疑仲宝即爱字耳。

国朝

杨邦琮妻夏氏，顺治九年旱疫，夏氏助夫煮粥赈饥，施药饵，全活甚众。

王文训妻丁氏，之锜母，以贤淑称。有传。

张兴国妻萧氏，子先祖生七月，兴国客云南腾冲卫不返，萧氏育子成立，事舅姑以孝闻。曾孙乾珀，举人，官两当知县。

郭应魁妻陈氏，子遇贤、遇豪、遇杰。陈氏素敬灶神，每于小除夕前致斋一日，年八十卒，遗言令子孙遵其法，且曰：“能此必得大年。”子妇陆氏善经纪，人称女丈夫，年九十一；姚氏性仁孝，年八十四；杨氏于邑北长仓驿建亭施茶，终其身，凡二十馀年。

刘遇魁母冯氏，遇魁，县学生。乾隆十四年岁饥，冯氏施粥县南袁家铺，知府吕肃高旌其门。

易宗爵妻万氏，祖典母，以贤淑称。捐黄甲桥田百馀亩赡族人。年八十五，五代同堂。

杨武略妻易氏，置宗祠祀田，施药饵。命子世盛捐三合围田亩，充文庙、考棚经费。

单永官妻周氏，永官，县学生。周氏课子定谋，为诸生，有贤声。

杨同瑁子妇郭氏，县学生雁之女，幼字诸生同瑁之子既同。瑁家骤贫，其子病废，讽郭氏改字他姓，不可。卒归同瑁之子，食苦事父。人以为难。

蒋继琬妻吴氏，继琬，县学生。吴氏性严正，临终谕其子曰："汝家世不奉佛教，我死，毋得延僧，乱祖宗家法。"

蒋继统妻宋氏，继统，监生，早殁，宋氏哀毁骨立。乾隆十七年饥，捐金二百助赈，巡抚范时绶旌其门。

杨枝振妻陈氏，枝振，县学生，早殁。乾隆十七年饥，陈氏捐资助赈，为里中倡。巡抚范时绶旌其门。

胡之棚妻虞氏，之棚，字月山。乾隆十七年饥，虞氏减粜赈恤，年九十。子南模、南琳，皆有行谊。知县陈钟理旌其门。

廖襄臣妻谈氏，乾隆十七年饥，出谷赈贷，知县张宗衡旌其门曰"义高周济"。

张祖来妻杨氏，祖来，候选县丞，早殁。杨氏终身疏食布衣，喜赈恤，著有《闺训浅解》一卷。

黄璜继妻黎氏，璜，县学生，前室遗子二，黎氏育之如己出。子朝绶，举人，官衡阳教谕。

左定师妻骆氏，定师，县学生。骆氏家贫好施，尝雪夜闻邻人老而苦寒，举所拥絮畀之。

左逢霖妻徐氏，副贡徐衍芳女，平顺知县左定波子妇，事姑易氏以孝闻。逢霖官郴州学正，徐氏随任二年曰："官署不可久居，只习懒耳。"遂率子妇归。子人睿，举人。

高光甲妻陈氏，事舅姑以孝闻。子元恺，武解元。

周志传妻傅氏，志传，宦山东。傅氏家居，督子力农，俾夫无内顾忧，志传卒以廉吏称。

徐益来妻刘氏，益来，监生，母宋氏有贤声。刘氏事姑以孝闻，姑临终泣曰："汝事我孝，天必生孝妇报汝。"乾隆四十三年饥，以数百金分贷贫民，不索偿。年八十二，五代同堂。

毛兴潮妻翁氏，兴潮，监生。翁氏家小康，贷不能偿者，焚其券。有邻妇见恶于夫，认为己女，资助之，其夫惭悔。乾隆五十七年，命子之丰修毛家河义渡，捐置田亩。

胡添锡妻李氏，家饶裕，好施予。妇黎氏，尝出私谷数百石助姑赈饥，人两贤之。

胡大中妻周氏，事舅姑以孝闻。

杨廷相妻蒋氏，廷相，县学生。蒋氏每夏施茶饮行人，子六人，皆有学行。

曾纪丰妻胡氏，家贫，好施，人有急，常鬻衣钗给之。

陈永桂妻黄氏，永桂早殁，母病足三年，黄氏事之谨。尝捐修金钗港义渡、建渡亭，夏施茶。岁杪，分给贫者薪米。晚年丧子失明，子妇邓氏事姑以孝闻。

彭致祥母徐氏，家故贫。有邻妇新产乏食，质簪珥易米畀之。

彭昌武妻吴氏，事姑以孝闻。

黄齐鳌妻张氏，齐鳌，县学生。仆某父母殁，无他子，张氏遣归，还其券，给百金使治生；又尝捐置宗祠祀田。

黄开德妻张氏，每岁春买鱼苗蓄之湖中，秋冬听贫民网取，不私其利。

易昌举妻陈氏，昌举，监生。陈氏施茶饮行人，遇饥者推食食之。

易昌迪妻王氏，昌迪兄弟同居，时王氏以奁资百馀金贷之，不取偿。后昌迪与兄弟有隙，王氏曰："兄弟，同胞也；娣姒，异姓也。娣姒和而兄弟忿争，是同胞不异姓若也。昌迪乃自惭悔。"

易昌瑶妻赵氏，事舅姑以孝闻。

骆天祜妻徐氏，继姑王氏患风疾数年，徐氏事之，以孝闻。家贫，好施人，有急常质钗钏给之。

郭熊母罗氏，处士宏位女，常括家私佐熊施济，终身无倦。邑人言贤母必推罗氏。

郭显妻张氏，贤明、恭俭，均惠宗姻。

郭熙妻张氏，处士斗明女，事祖母陈以孝闻。

萧裕昆妻郭氏，有贤声。

吴宏鼎妻朱氏，翼祖母，有传。

杨赤裳继妻易氏，赤裳卒，易氏年三十无子，以纺绩积千馀金捐建宗祠，为夫刻木像置祠中。知县陈大纲为之记。

洪基能母甘氏，好施予，里中待以举火者，常数家。年九十。子姓百馀人，无诟谇声，人以为难。

钟国安妻夏氏，事舅姑以孝闻，五代同堂。子志伊妻陈氏，孙道脉妻罗氏，皆有贤声。

钟国祥妻夏氏，事姑陈氏与王姑田氏，以孝闻。家小康，贷不能偿者，焚其券。

夏宗勋妻钟氏，宗勋，县学生。钟氏家贫好施，人有急常质衣钗给之。

郭世遵妻张氏，有传。

唐方正妻巢氏，姑病瘫，巢氏侍奉四十年，以孝闻。

陈光华妻易氏，佐夫课子，有贤声。

龙章妻李氏，章，县学生，喜施予，李氏常质钗珥助之。

龙声辉妻刘氏，事继姑以孝闻。

郭世偁继妻李氏，有贤声，能持大体。子家钧，廪生；家铨，澧州训导；家镛，举人。

彭登唐妻郑氏，子瑊，嘉庆戊午解元。先是，傅晋贤盗卷事发，郑氏语瑊曰："杀人以成名，吾不忍也。三年伊迩，汝姑待之。"后晋贤以罪论绞，郑氏终身病之。

杨武曾妻易氏，嘉庆三年，命子世盛捐三合围田二十五亩入学宫。

李国仕妻傅氏，国仕，监生。傅氏事舅姑以孝闻，尝修红花田石路，行人德之。

李懋培妻胥氏，嘉庆四年，捐修甘家塅石塝桥。

甘殿先妻李氏，事病姑以孝闻。

吴亮椿妻龙氏，捐修育婴堂及潆湾市义渡，施寒衣、风药、棺木，共费钜万。

吴奇万妻刘氏，奇万有兄出后有年，忽与奇万争产，刘氏劝夫让产与之。

郭世脩妻胡氏，慈温悬笃，宗族子姓数十人，皆谂其名字。男妇少长，人以为贤。

吴天明妻田氏，天明，县学生。田氏事舅姑以孝闻。

曹代升妻黎氏，家饶裕，好施与。

吴顺藻妻易氏，家饶于财，好施。

刘培心妻邓氏，培心，监生。邓氏施茶饮行人；病者贫难医治，邓氏厚与药资。

刘莀妻石氏，莀，县学生，早殁。石氏督子以义，多所成就。

殷道行妻赵氏，道行，监生。赵氏佐夫致富，督子以义。

汤呈祥妻许氏，家贫，事姑以孝闻。子妇杨氏早寡，守志奉姑。人两贤之。

王虎妻彭氏，事舅姑以孝闻。

侯祚惠妻王氏，捐置宗祠祀田，修培坟墓之无主者。次子开常妻顾氏，年十八而寡，亦有贤声。

黄流泮妻胡氏，家饶好施，年八十九。病足，犹日手米一筐，俟乞者分给之。

周嘉缃妻湛氏，嘉缃，岁贡。湛氏贫而好施，常收积蔬蓏弃馀可资药饵者，待人取用。

李德藻妻魏氏，德藻，县学生，早殁。魏氏家饶，好施药饵，捐修雷家湖石桥。子廷俊，副贡，辰州教授。

黄世香妻徐氏，道光十五年旱，出谷数百石贷贫民，不责其偿。

邱兴高继妻曹氏，道光二十九年饥，命子减粜赈贷。

郭家康妻熊氏，有传。

郭家彪妻张氏，有传。

易化孚妻胡氏，岁寒，尝以旧衣施贫民；闻人产子无襁褓，制衣装绵畀之。子章玉，举人，户部主事。

吴步仙妻潘氏，喜出资行便人事。自制布囊，以纸丸记所行事，置囊中，尝一岁得三十六丸。

萧相印妻雍氏，事孀姑以孝闻，好施与，有贤声。

陈兴垲妻郭氏，性慈祥，有贤声。

郭家惇妻瞿氏，家惇游宦京师卒。瞿氏率二子，日督以学。子先绶，县学生，有文名。

郭家声妻张氏，凤台知县张家榯之女，好读书，日手《通鉴》

不置。邻里有匮乏时，周济之。

张晟妻罗氏，捐修竹簰江之神应桥，咸丰五年知县黄维瓒旌其门。

胥从运妻翁氏，侄妇黎氏早寡，家贫。翁氏时赡助之，俾得抚孤成立。

彭治源妻宁氏，孝事舅姑，善襄内治，人称贤淑。

郭家相妻陈氏，有传。

盛庆唐妻郭氏，治家有法而喜施与，亲戚贫不能娶，助以金。子孙林立，内外肃然，乡里称贤母焉。

高炳衡妻丁氏，性慈仁。值苦寒，见单褐人，遇索债者于途，欲褫其衣。氏怜之，代偿其债，并给以衣。

曾泗美妻吴氏，事姑以孝闻，尝鬻一婢，询知为浙中故家女，育之如己女。

吴开煦妻杨氏，监生忠雅之女，性喜佛，谙习经典，慈善好施。虽至贫困，而推解无倦。尝制一绵衣，里妪有诉称无衣者，即持与之。父年九十，贫甚，忍饥节食以资其父，终以贫卒。

右贤母，宋二人，明二人，国朝八十九人。

寿妇

国朝

易仁寿妻万氏，年十六归仁寿。避乱僻庄，事舅姑无失礼。未几，仁寿殁，矢志完贞，年百岁。建寿母坊，恩赏“贞寿”匾额。

闵应春妻毛氏，康熙十四年，年九十三。旧志漏。

吴成奉妻廖氏，雍正十年，年九十三。旧志漏。

许必潮妻卢氏，雍正十一年，年九十。子宏毅，事母以孝闻，年亦九十；宏毅妻罗氏，年九十一。旧志漏。

杨枝逵母刘氏，年九十七。旧志漏。

柳启诗妻李氏，启诗殁，李氏年三十一，矢志完贞，年九十三。乾隆十三年，恩赐绢、米。子世润，亦年九十三，五代同堂。

刘仁宏妻邹氏，仁宏早殁，邹氏督子盛典严，年一百二岁。乾隆五十二年，建寿母坊，恩赏"贞寿"匾额。盛典，举人，平江训导。

熊逢玉妻郑氏，雍正六年，舅病笃，郑氏祷天求代。家颇饶，贷不能偿者，焚其券。年一百三岁，乾隆五十五年建寿母坊，恩赏"贞寿"匾额。子应绂，亦年一百四岁。

湛瑞也妻黄氏，有贤声，年九十六，乾隆五十四年恩赐帛、肉。

彭九榛妻任氏，助夫九榛捐修县东复古桥。乾隆五十四年，年九十一，五代同堂。旧志漏。

杨兴遂妻黄氏，嘉庆四年，年一百三岁。五代同堂，旧志漏。

刘永建妻李氏，好施予。嘉庆九年，年九十。知县李其丰旌其门。旧志漏。

彭永照妻范氏，嘉庆十五年，年九十，五代同堂。

郭遇贤妻陆氏，年九十一，见《贤母》。

郭世避妻盛氏，性仁厚，遇群从子侄均一如所生。其教耿介端严，至老言行无过差，邑人称"贤太君"。年九十五，以侄孙崑焘贵，推恩赠"夫人"。

田昌吉妻张氏，昌吉年八十八。嘉庆二十年，张氏年九十。旧志漏。

张启穆妻陈氏，嘉庆二十四年，年九十二。旧志漏。

梁发榜妻蓝氏，嘉庆二十一年，年九十七。旧志漏。

龙德贤妻任氏，年百岁。子恒泰、恒运，以孝友称。

案，任氏已下二十人，并见旧志，年代无考，以所享之年多少次序。

宋连述妻欧阳氏，年百岁。子祥全，县学生。

彭克纯妻酆氏，教子有义方，年九十八。

戴培元妻田氏，培元，例贡。田氏年九十七，五代同堂。

彭琼山妻张氏，年九十四。

田榜书妻钟氏，榜书与其母相继殁，钟氏年三十二，哭泣丧明，夜梦神人畀以药，目复明。年九十三，五代同堂。

徐晋来妻田氏，晋来，县学生。氏年九十二，五代同堂。

李亨鹏妻邓氏，亨鹏，监生。郭氏好施予，年九十二。

蒋继富妻曾氏，事舅姑以孝闻，年九十三。

彭凤岐妻胡氏，年九十二。

刘思服妻巢氏，事舅姑以孝闻，年九十一，五代同堂。

夏机妻朱氏，年九十一。

吴成模妻张氏，县学生，振德之母，年九十，五代同堂。

彭永洪妻胥氏，年九十，五代同堂。

吴茂培妻钟氏，年九十，五代同堂。

游麟瑞妻王氏，年九十，五代同堂。

易应谦妻何氏，年九十。孙曾多，有学行。

周惟柏妻曹氏，教子有义方，年九十。

陈羽益妻冯氏，年九十。

吴先运祖母樊氏，有贤声，年九十六，道光九年知县陈晋恩旌其门。

卢钧上妻戴氏，年二十七夫故，抚二子聿怀、新甫成立。外侄巢德、仁胞，侄朝瑞，孤稚无依，氏视如已出，抚养成人。道光十一年卒，寿九十一。

周祖宪妻杨氏，年九十。

吴德尚妻何氏，道光十三年，何氏年九十二。

陈良远妻司马氏，良远年八十四。道光十七年，司马氏年九十一。

钟志信妻周氏，道光十八年，年九十一，五代同堂。

吴德高妻周氏，道光十八年，年九十。长子安富，年八十五；次子安宲，年八十六；安宲妻卢氏，年亦八十五。一门多寿，人以为难。

彭九万妻罗氏，道光十九年，年九十一，五代同堂。

刘秉芳妻彭氏，道光十九年，年九十，五代同堂。

夏其炯妻许氏，其炯，县学生。道光二十二年，许氏年九十。孙礼耕，安徽补用知州，诰封宜人。

黄齐义妻周氏，佐夫施予，尝以婢与人，不取一钱，而多以衣物给之，人称其厚。道光二十六年，年九十。次子保万继妻刘氏，年亦八十三；第三子希万妻曹氏，现年八十一，并有贤声。

单永炯妻王氏，道光二十八年，年九十二。

吴成照妻许氏，道光三十年，年九十五。

吴家畦母黄氏，年九十四。家畦，县学生。

许敷珩妻李氏，敷珩年八十六，李氏年九十。子绵荣，年八十三；绵华，年七十六；绵富，年七十三；绵富妻周氏，亦年九十一。

蒋定海妻骆氏，咸丰元年，年九十二，五代同堂。

傅贤琼妻陈氏，咸丰四年，年九十二。

任心开继妻余氏，生子五，抚前室刘三子，无异己子。咸丰六年，年九十三，五代同堂。

胡南琳妻陈氏，南琳，例贡。咸丰六年，陈氏年九十。

欧阳光耀妻刘氏，光耀，监生。咸丰七年，刘氏年九十一，五代同堂。

杨德润妻虞氏，德润殁，虞氏年三十四，抚孤成立。年九十一，咸丰七年，知县诸桓旌其门。

杨观岱妻司马氏，咸丰九年，年九十一。孙世俊，举人。

杨兆甲妻李氏，咸丰九年，年一百六岁。

蒋定仕妻彭氏，有贤声。咸丰九年，年九十。

张常浩妻孙氏，咸丰十年，年九十三。

任开来妻范氏，开来，监生。范氏好施予，同治九年，年九十二。

杨培珍妻熊氏，同治元年，年九十，有贤声。子本珪，亦年八十。

周富万妻卢氏，富万年八十五。同治元年，卢氏年九十。

汤代珩母孟氏，同治三年，年百岁。

吴德儁妻李氏，同治三年，年九十七。

刘圣楷妻黎氏，同治三年，年九十三。

彭正音妻黄氏，同治三年，年九十三。

吴大瑻妻唐氏，同治五年，年九十一。

胡从科妻翁氏，同治六年，年九十。子品相，事母以孝闻。

周开泰妻钟氏，同治六年，年九十一。子卜瀍，举人。

胡锐才妻潘氏，同治六年，年九十一。

周自诰妻邹氏，同治六年，年九十一。

刘仁刚妻任氏，同治六年，年九十。子十人。

吴大吕妻虞氏，同治六年，年九十。

蒋定龙妻张氏，同治六年，年九十。

张道恒妻胡氏，同治七年，年九十四。

吴德宝妻徐氏，同治八年，年九十三。

黎纪常妻朱氏，纪常有行谊，年八十五，推产与孤侄。同治八年，朱氏年九十。

吴定锡妻姜氏，同治八年，年九十。

周祥元妻汤氏，同治八年，年九十。

瞿永麟妻周氏，同治八年，年九十，五代同堂。

彭百世妻吴氏，有贤声。同治九年，年九十六。子启清，有行谊。

黄齐宪妻郭氏，同治九年，年九十六。

李运楠妻何氏，同治九年，年九十一。

李政鹤妻许氏，同治九年，年九十，五代同堂。

周从吾妻刘氏，同治十年，年九十一。

黄发隆妻吴氏，同治十年，年九十一。好施予。

傅宗林妻熊氏，同治十年，年九十。

蒋光隆妻黄氏，喜施予。道光二十九年，施粥赈饥而自啖虀粥。同治十二年，年九十，五代同堂。子孝友，字立夫，性乐善，多所兴建。孝友子泽煦，甘肃庆阳府府经历；顺达，甘肃华亭县知县。

郑启林妻霍氏，年一百六岁。

案，霍氏以下四十四人，年代无考，以所享之年多少次序。

周锡德妻卢氏，年一百岁。

周锡九妻郑氏，年九十八。

何添润妻李氏，年九十八。

钟仰鼎妻黄氏，年九十七。

田经良妻钟氏，年九十七。

刘吉禄妻赵氏，年九十六。

陈仕林妻甘氏，年九十六。

刘方城妻江氏，方城，年八十三，好施予。江氏年九十四，五代同堂。

杨恒盛妻周氏，年九十四。

湛启尧妻王氏，年九十四。

黄清荣妻邹氏，年九十四。

陈远麟妻黄氏，年九十四。

毛兴潮继妻李氏，年九十四。

周世宜妻赵氏，年九十三。

曾周盛母刘氏，周盛，监生。刘氏年九十二，五代同堂。

黄崑一妻黎氏，年九十二，五代同堂。

卢国梁妻彭氏，年九十二，五代同堂。

郑宗贞妻湛氏，年九十二。

黄万铠妻周氏，年九十二。

吴开庆妻张氏，年九十二。

周群翔妻龙氏，年九十二。

姜光照妻李氏，年九十二。

左人蔚妻黎氏，年九十一，有贤声。

钟仰炳妻朱氏，年九十一。

王文福妻湛氏，年九十一。

王大材妻鄢氏，年九十一。

欧阳永铎妻周氏，年九十一。

吴先春妻雷氏，年九十一。

吴安海妻周氏，年九十一。

吴俊选妻何氏，年九十一。

周玑之妻高氏，年九十一。

周永镜妻杨氏，年九十一。

周九苞妻郑氏，年九十一。

彭名祖妻王氏，年九十，五代同堂。

何嘉恺妻徐氏，年九十，有贤声。

彭见廷妻罗氏，年九十。

钟道武妻冯氏，年九十。

吴天睿妻蔡氏，年九十。

唐诗吉妻赵氏，年九十。

郑崇仁妻常氏，年九十。

于清荅妻高氏，年九十。

张丹凰妻王氏，年九十。

蒋裕仪妻顾氏，年一百一岁，五代同堂。

田宗畴祖母袁氏，年九十七，五代同堂。

张克忠妻赵氏，克忠，县学生。赵氏年九十七。

刘家容妻郑氏，年九十七。

周云祥妻萧氏，年九十七。

王承家妻樊氏，年九十五，有贤声。

易藻藩妻甘氏，年九十八卒，有贤声。

张成儒妻孙氏，年九十四，五代同堂。

钟昌瑾妻杨氏，年九十四，五代同堂。

周士怀祖母钟氏，年九十四。

陈光凤妻朱氏，年九十二，五代同堂。

刘朝选妻彭氏，年九十二。

何大椿妻许氏，年九十二。

吴光照妻黎氏，年九十，五代同堂。同治三年，知县齐德五旌其门。

吴成立妻黄氏，年九十，五代同堂。

马必扬妻尹氏，必扬年八十四，尹氏年九十。

吴书中妻李氏，年九十，有贤声。

钟腾化妻徐氏，年九十。

胡文德妻周氏，年九十。

熊德湘妻吴氏，年九十。

张开材妻傅氏，年九十。

钟仰豪妻吴氏，年九十。

钟仰龙妻金氏，年九十。

吴德藻妻湛氏，年九十。

龙闰臣母蒋氏，年九十。

李景濬妻何氏，年九十。

周德辅妻陶氏，年九十。

周维香妻彭氏，年九十。

李丕承妻邓氏，年九十，五世同堂。

胡运昌妻龙氏，副将胡定清之母。定清署叙马营都司，迎养至四川，年一百岁。署四川总督文格奏请旌表。

傅品咸妻徐氏，五世同堂，光绪五年题旌，赏给“彩娱大耋”匾额。

周鸿渠妻李氏，性宽厚，知诗书，训子侄以礼法。子炳枝，举人；孙澂曜、荣曜，皆县学生。年八十七卒。

易克昌妻曾氏，克昌，武庠。氏年九十四。

吴文斗妻杨氏，年九十，五代同堂。

右寿妇，国朝一百六十八人。

节烈

明

娄锈妻黄氏，崇祯七年，同夫锈殉节泾州。有传。

何逊敏妻潘氏，崇祯十六年，避张献忠乱，行至花石岩以首撞石死。有传。

黎家品妻邵氏，崇祯十六年，张献忠陷长沙，邵氏遇贼不屈死。有传。

胡士柱妻蒋氏，士柱，县学生。崇祯末，士柱死于贼，蒋氏伏尸哭骂贼，并杀之。

邓思齐妻曾氏，崇祯末，为贼所掠，不屈死。旧志漏。

陈光国女，为监军道章旷妾，号拾莲子。旷守湘阴，败走，女依父居。旷卒，有武弁执光国求女，迎至易俗河，赴水死。时年二十。

国朝

卢璠璧妻韩氏，顺治三年正月，溃兵劫掠，韩氏义不受辱，投县北竹根塘死。案，《明史·何腾蛟传》：顺治二年，李自成毙于通城，其将刘体仁、郝摇旗议归腾蛟，骤入湘阴。韩氏死于顺治三年正月，时体仁、摇旗尚扰湘阴耳。又案，府志：邹德懋妻某氏，从德懋官湘阴，为贼所掠，不屈死，亦烈妇也。德懋官资、籍贯，旧志未著录。其妻死贼之时，无可推考，因附著于此。

彭大士妻仇氏，佐大士施济，贤声甚著。

杨茂诣妻饶氏，茂诣，监生。病笃，饶氏祷天求代，不食七日死。乾隆中，知县张宗衡旌其门。

吴亮栋妻王氏，归亮栋三月，亮栋殁，王氏年十八，毁容，不食死。

黄家亲妻徐氏，归家亲五年，家亲殁，徐氏忍死事姑。姑殁，营葬毕，投缳死。

杨先俨妻方氏，巴陵方应逵女。应逵官泾县知县，先俨往赘署中。未几殁，方氏年十八，以夫丧归。葬毕，投缳死。

周鸿采妻曾氏，宁朔知县锡溥子妇，新田教谕遇唐之女。鸿采，诸生，殁，曾氏年二十，哀毁呕血死。

杨培炘妻汪氏，幼随伯父应绂宦广西，培炘往赘，年馀殁，遗一子。汪氏以夫丧归，葬毕，投缳死。

姚绍宗妻龚氏，乾隆三十九年，绍宗殁。龚氏年二十五，哀毁呕血发尽，堕绝医药，未几死。

陈之秀妻缪氏，之秀殁，缪氏年二十八，遗腹生一子。家贫，人欲嫁之，引刀自刎不殊，夜手抉其喉以死。

朱丞妻杨氏，丞，县学生，殁无子。杨氏哀毁逾常制，未几赴水以死。

毛际泰妻喻氏，际泰殁，喻氏年二十九，投缳死。知县阎肇烺为立传。

罗金声妻许氏，金声殁，许氏年三十，投缳，以家人救免。寻庐墓，哀毁不食死。

李先兆妻翁氏，先兆殁，翁氏年二十五，哀毁呕血死。

蔡先泰妻胡氏，先泰，监生。嘉庆二十年，随父光英乾州厅学正署，病殁，胡氏年二十六，哀毁逾月不食死。同治四年题旌。

梁学麒妻樊氏，学麒殁，樊氏年十八，守节十年。家贫，或劝之嫁，恸哭投缳死。

杨先德妻任氏，先德殁，任氏年二十，哀毁不食死。

毕奕美妻樊氏，归奕美三年无子，奕美殁，哀毁不食死。

易章增妻方氏，道光四年章增殁，方氏年二十五，吞环不食死。邑人周燮祥为立传。

蔡慎德妻易氏，道光八年慎德殁，易氏年十八，誓不欲生，投缳遇救免。常以手自擗其胸，血溢床褥，未几不食死。夫兄崇德以子培炽为之嗣。

吴齐鼎妻杨氏，道光十六年齐鼎殁，杨氏年二十六，子一，哀毁不食死。

熊高藻妻任氏，道光二十六年高藻殁，任氏年十八，姑怜其少，欲嫁之，不可。归宁，其母逼之嫁，投缳死。知县刘松岭旌其门。

李遵逊妻戴氏，道光二十九年饥，戴氏年三十，随遵逊丐食长沙。遵逊病，逼之嫁，赴水死。

吴心哲孙女，归长沙岁贡刘黼之子、县学生紫仙。咸丰二年紫仙殁，女年二十三，无子，求立夫后不得，七日不食死。

彭本松妻黎氏，咸丰九年，本松客死湖北。黎氏年二十四，子二迎丧归。葬毕，赴水死。知县陶绍甓旌其门。

傅寿铭妻宣氏，寿铭，会同训导安宗子，候选从九。咸丰十年，粤逆石达开陷会同，宣氏义不受辱，骂贼死。

傅锦儒妻梁氏，锦儒，会同训导安宗子。咸丰十年，粤逆石达开陷会同，梁氏投缳。贼至解之，乃骂贼死。

易堂甲妻陈氏，堂甲，咸丰中从军殁。陈氏年三十四，家贫子幼，家人逼之嫁，不食死。

刘克成妻杨氏，克成，字少麓，咸丰十一年客死汉阳。杨氏年二十四，闻耗赴水，遇救免。子一出后，夫兄立夫从兄子为嗣，逾月不食死。

韩瑞云妻王氏，同治元年瑞云殁，王氏年三十五，哀毁呕血死。同治四年题旌。

彭惠卿妻何氏，惠卿殁，何氏年二十一，无子，哀毁咯血阅九月，卒。

朱国运妻黎氏，同治七年，国运殁，黎氏年三十一，投缳死。

彭春郊妻易氏，同治八年，春郊殁。易氏年二十八，家贫，人欲嫁之，饮鸩死。

周青芬妻张氏，张仁美女。同治十三年，青芬殁，其家欲嫁之，自缢死，时年三十。周谌枝为立传。

徐国典妻彭氏，县学生彭赓虞女。光绪五年国典殁，氏年二十九，守服百日，哀毁逾常，投缳死。

右节烈，明六人，国朝三十五人。

孝妇

秦

罗氏女，父舟殁洞庭，女年十六，携弟循涯哭求父尸，弗获，并赴水死。后人常见之湖上，建淑济祠祀之。宋元丰中，封孝烈。

明

邵敏妻李氏，姑李寝疾，遗矢衾褥间，李氏手掬去之，无难色。成化中，敏以孝行旌，人谓“李氏真孝子妇”。

李某妻黄氏，名凤贞，事姑许氏以孝闻，姑病割股。

蒋乐亨妻马氏，崇祯十六年，避张献忠乱，负姑远匿，绝食数日，以乳哺姑，得无恙。

国朝

杨枝建妻任氏，枝建，官山东。任氏事舅姑以孝闻，遭继姑丧，哀毁逾月，死。

顾尚唐妻刘氏，尚唐早殁，祖母年八十病痿。刘氏侍疾八年，以孝闻。

杨应品妻何氏，有传。

王立宋妻彭氏，事姑以孝闻，姑病，与立宋同日割股。

杨茂偃妻罗氏，茂偃病笃，以亲丧未葬为恨。及殁，罗氏躬亲，负土成坟，三丧并举，过劳成疾死。

高德纯妻周氏，事姑黄氏以孝闻，姑尝误坠楼下，周氏从之坠，并得无恙。姑殁，哀毁逾常制。

甘吉禄妻周氏，侍姑病以孝闻。姑殁，哀毁逾常制。

吴宏耀妻徐氏，事姑盛氏以孝闻。嘉庆九年，姑病，割股。

张德海妻李氏，道光十二年大疫，家人皆病，姑殁。李氏倚尸坐卧三昼夜始敛，哀毁逾常制。

王国宾妻易氏，国宾，候选训导。道光十八年，易氏来归，国宾母病，割股。

李仁年妻张氏，年三十六而寡，事姑以孝闻。姑性卞怒则予杖，尝面有血痕。或惊问，以误触铁物对。

朱斗占妻王氏，事姑周氏以孝闻。姑病，值盛寒，王氏侍病月馀，不脱衣带。姑泣曰："汝为孝妇，当食报，恨吾不及见耳。"

王世梁妻周氏，世梁，字春山。周氏事姑罗氏以孝闻。同治元年，姑病，割股。知县夏献钰以"毁肤全孝"旌其门。

陈宇琛妻夏氏，咸丰十年，夏氏来归。宇琛父炳成殉节宝庆。家贫，事母以孝闻。同治二年母病，割股。

案，孝烈以应旌格为断，其仅以孝名者附《贤母》中。

右孝妇，秦一人，明三人，国朝十四人。

贞女

明

李洪胜女，万历中人，矢志养亲，年八十二以处女终。旧志漏。

虞邦洸女，万历中人，亲老无子，家贫，矢志不字。亲殁，丧葬尽礼。年六十八以处女终。旧志漏。

黎少梅女，天启初，字李氏子，未嫁而李殁，守贞以终。有传。

谢某妻卢氏，未嫁而谢殁。先是夜梦玉钗堕地成两橛，俄闻谢讣，恸哭奔丧。立谢族子为嗣，孝养舅姑。年六十，守贞以终。

李氏女，名久贞，幼字某，未嫁而某殁，矢志守贞。父某命其子多给女产，以寿终于家。

国朝

易通富女，名本伦，幼字蒋氏子，未嫁而蒋殁。女年十六，誓不再字。父母怜其志节，给产赡之。守贞以终。

柳氏女，幼字某，未嫁而某殁，誓不再字。年七十，守贞以终。

甘文辉女，名淑闺，幼读书，通《孝经》、《女箴》，亲老弟幼，矢志不字。年六十五，以处女终。

赵有名女，名贞淑，字戴奇略之子成才。雍正六年，未嫁而成才殁。女年十六，泣血绝食，誓不再字，守贞五十三年卒。

任孔绍妻傅氏，年十八，未嫁而孔绍殁。闻讣奔丧，守贞一十九年。嘉庆二年题旌。邑人晏臣鲰为立传。

易昌恺女，名汝贞，署四川绥宁副将祖典孙女，知书，善鼓琴。幼字朱氏子哲清，未嫁而哲清殁。女年十九，奔丧不果，哀毁致祭，越二十日死。

杨文柳妻李氏，年十六，未嫁而文柳殁。闻讣奔丧，立文柳侄为嗣，守贞六十九年。嘉庆中知县李其丰旌其门。

何尔生女，名蕙贞，父年六十无子。劝之置妾，举四子，均幼。女矢志不字，养亲抚弟，以处女终。

刘大逊女，大逊无子，早卒，其母尚存。女矢志不字，孝养祖母及其母。年五十馀以处女终。

黎兴言女，名妙清，亲老弟幼，矢志不字。亲殁，哀毁尽礼。年六十三以处女终。

甘百禄女，幼字曾氏子知纲，乾隆五十一年，女年十九，未嫁而知纲殁，闻讣投缳死。邑人曾凌云为立传。

杨秋保妻田氏，幼归秋保。为待年，妇未笄而秋保殁。舅善文，强之嫁，投缳死。

倪鲁贤女，名远贞，亲老矢志不字，以处女终。

周应九女，幼字任氏子佑纲，未嫁而佑纲殁，誓不再字，守贞以终。

冯家灏妻陈氏，年二十，未嫁而家灏殁，闻讣奔丧，立家灏侄文伯为嗣，守贞以终。

干两阶女，名椿林，幼字县学生游新藻之子，游氏子五岁而夭，改字李姓。女长泣谓父曰："儿已字游氏，奈何又欲为李氏妇乎？"矢志守贞以终。道光九年，督学邵甲名旌其门。

李元香女，亲老弟幼，矢志不字，年五十二以处女终。

杨忠显妻周氏，道光七年，周氏年十七，未嫁而忠显殁，闻讣奔丧，立忠显侄兴让为嗣，守贞一十九年卒。

彭阳亨女，名清秀，孝养父母，矢志不字，年三十八以处女终。

周祥景女，名淑媛。咸丰四年三月，粤逆扰县境，女随家人避乱山中，道遇贼，欲辱之，骂曰："吾良家子，岂受贼污？"贼怒以刃击之伤，舍去。家人舁归，数日寻卒。

翁东才女，咸丰四年三月，粤逆扰县境，至东才家。女年十四，被执，不屈死。

郭先梅妻刘氏，幼字先梅，未婚而先梅卒，立夫从弟崑焘次子庆蓉为嗣，守贞三十三年卒。同治八年题旌，光绪五年建坊。有传。

熊翚次女，名幼霞，许字某氏子，流荡不知所归。至老不嫁，从父翚受书法，遂工书，并精于相法。

郭先楠妻李氏，道光十八年，李氏年十七，未嫁而先楠歿，闻讣奔丧，守贞三十四年卒。同治八年题旌。有传。

龙开极妻萧氏，名萃贞。道光二十八年，萧氏年二十一，未嫁而开极歿，闻讣来归，立开极从子选骥为嗣，守贞二十五年卒。

吴诚宪妻程氏，名逢贵，年十八，未嫁而诚宪歿，闻讣奔丧，守贞五年卒。

吴锦江女，幼字长沙周氏子，未嫁而周氏子歿，誓不再字，守贞三十馀年，题旌。

龚绪圣女，亲老无子，矢志不字。亲歿，哭泣失明。年七十五。

杨南池女，孝养父母，矢志不字。年六十五。

胥立安女，名训莲，幼字邓氏子，未嫁而邓氏子歿于水，矢志守贞。年六十。

黄世丰女，名四贞，幼字中书科中书李其源之次子琳生。女年十五，琳生年十九卒。越两岁，女知之，哭，以手捶胸，遂患咯血，逾年死。叔黄世崇为立传。

周沃棠女，名源贞，幼字五品衔候选训导郭崙焘之三子立坦。同治九年立坦歿，女忽相遇于梦，遂矢志守贞，誓不再字。己卯八月，女歿于保靖学署，年二十八岁。临死，又若与立坦共语，其精魂感召如此。保靖县知县陈为之请旌。

右贞女，明五人，国朝三十一人。

湘阴县图志卷十六

列女表下

节妇

明

鲁天惠妻龚氏，天惠，官行人。殁，龚氏年二十二，哀毁欲自尽，舅姑救之得免。子志学，甫五岁，乡人怜其少，劝之嫁，以死自矢，教其孙文成进士。正统七年，诏旌其门曰“贞节”。

李国枢母田氏，国枢父殁，田氏年二十。抚孤守节以终。有传。

邓思文妻胥氏，思文殁，胥氏年二十四。抚孤鼎成立，守节五十八年。

詹南山妻雷氏，南山殁，雷氏年二十六，守节七十年。见《三楚文献录》。

右，明节妇四人。

国朝

蒋儒吉妻雷氏，儒吉殁，雷氏年二十三，教子之骐、之骙以严闻。之骐，岁贡。

蒋儒效妻胡氏，儒效，县学生，殁，胡氏年二十一。事舅姑以孝闻，抚孤之骥成立。康熙四十七年题旌。

蒋之棻妻黄氏，之棻，明隆武举人，殁于广西。黄氏年十九，毁容矢节。家苦贫，事姑以孝闻，抚孤常尊成立。康熙三十一年题旌。常尊，岁贡；常尊子继宽，举人。

蒋之蓉妻彭氏，之蓉，县学生，殁，彭氏年二十，事病姑以孝闻。子一，生甫八月，抚之成立。守节五十三年，雍正九年题旌。

蒋之赞妻杨氏，之赞殁，杨氏年二十二。抚孤成立。守节五十一年。题旌。

蒋之衮妻殷氏，之衮殁，殷氏年二十二，子一，甫五月，抚之成立，事衰姑以孝闻。姑殁，哭泣丧明。守节四十五年。题旌。

蒋常濂妻瞿氏，常濂殁，瞿氏年二十一，号泣几至丧明。或劝之嫁，以死自矢，抚孤继堂成立，守节以终。题旌。继堂，县学生，母殁，庐墓哀毁终。

蒋常淳妻杨氏，常淳，监生，殁，杨氏事舅姑以孝闻。乾隆十八年饥，捐金一百助赈。巡抚范时绶旌其门。

蒋常琥妻向氏，常琥殁，向氏年二十二，家无遗产，纺绩事亲，抚孤继孟成立，守节五十九年。

蒋常梅妻姚氏，常梅殁，姚氏年二十，矢志守节。

蒋常义妻谢氏，常义殁，谢氏年二十一。抚孤继柯成立。继柯死，妇萧氏继姑守节，抚育诸孤。乾隆四十二年并题旌。

蒋泰妻毛氏，泰，县学生，殁，毛氏年二十五，恸绝复苏，抚孤成立，守节二十七年。

蒋继钦妻甘氏，继钦，县学生，殁，甘氏年二十二。子一，生甫七月，抚之成立。所居室灾，以姑老待哺，号泣不去。须臾反风灭火，人为以异。

蒋继舒妻田氏，继舒，县学生，雍正四年殁，田氏年二十八。家贫，抚孤世佳、世佐、世俊、世杰成立，守节四十二年。世杰，县学生。

蒋继俨妻甘氏，继俨殁，祖父母、父母俱存，甘氏年二十四。家贫，奉养尽礼，抚孤世煌成立，守节四十八年。世煌，县学生。

蒋继志妻任氏，继志殁，任氏年十九。子一，姑怜其少，讽之嫁，任氏封发矢志，历十五年。其子娶妇生子，始栉发。知府吕肃高优恤之。

蒋继思妻戴氏，继思殁，戴氏年二十七。抚孤成立。后夫弟殁，育其子如己子，守节五十四年。

蒋继步妻杨氏，继步父常泰，举人，以铨选卒于京师。继步哀毁殁，杨氏年二十三，售产归常泰丧。姑老且病不能食，口哺之，抚孤世葆成立，守节五十一年。世葆，监生。

蒋继晫妻黄氏，继晫殁，黄氏年二十五，事病姑以孝闻。子世葵，生甫六月，抚之成立，守节三十一年。世葵，监生。

蒋芳祚妻曹氏，芳祚殁，曹氏年二十，立夫侄为嗣。

蒋际隆妻刘氏，际隆殁，刘氏年二十四。抚孤成立。

蒋世敬妻杨氏，世敬殁，杨氏年二十一，立夫侄定缉为嗣，守节六十年。定缉死，妇杨氏继姑守节，抚育诸孤。

蒋世珈妻余氏，世珈殁，余氏年十八。抚孤定仁成立，捐赀修道冠山石桥，守节六十八年。定仁死，继妇周氏年十四，育前室子如己出，守节四十年。

蒋世衿妻陈氏，世衿殁，陈氏年二十二。家贫，事舅姑以孝闻，守节三十年。

蒋定安妻杨氏，定安殁，杨氏年二十九。事舅姑以孝闻，抚孤裕先成立，守节三十四年。裕先死，妇周氏年十七，孝养孀姑，教育孤子，守节三十四年。

蒋定逵妻易氏，定逵殁，易氏年二十二。抚孤成立，守节四十年。

蒋定柏妻杨氏，定柏殁，杨氏年二十二。事姑以孝闻，抚孤裕容成立，守节二十五年。案，旧志蒋氏节妇，年代多无可考，以其夫族辈行序次，馀仿此。

蒋常殊妻周氏。

蒋常成妻周氏。

蒋常极妻高氏。

蒋继参妻郑氏，以上四人，旧志存名。

蒋鹏远妻张氏，嘉庆元年，鹏远殁，张氏年二十八，立夫兄定远子敬先为嗣，守节三十二年。

蒋裕诱妻陈氏，嘉庆十一年，裕诱殁，陈氏年二十二。抚孤成立，守节四十九年。

蒋裕试妻甘氏，嘉庆十七年，裕试殁，甘氏年三十，守节四十五年。

蒋裕谦妻宋氏，嘉庆二十五年，裕谦殁，宋氏年二十九。抚二子成立，守节五十三年。

蒋光炳妻刘氏，道光四年，光炳殁，刘氏年二十八。抚孤书堂成立，守节四十九年。

蒋裕福妻费氏，道光六年，裕福殁，费氏年二十五。抚幼子光友成立，守节四十七年。

蒋裕勤妻谈氏，道光十二年，裕勤殁，谈氏年二十五，守节四十年。咸丰十一年题旌。

蒋德音妻李氏，道光十二年，德音殁，李氏年二十八，守节四十一年。

蒋定声妻程氏，道光十二年，定声殁，程氏年二十三。家贫，抚三子成立，现守节四十一年。

蒋馨文妻甘氏，道光十八年，馨文殁，甘氏年二十九，现守节三十五年。

蒋瑔妾刘氏，瑔殁，刘氏年二十二，以嫡子太学生恭钎子光济为孙，现守节二十三年。案，蒋氏节妇，附载四人。又案，蒋光书妻刘氏、蒋光月妻殷氏，亦节妇也。以现年甫三十馀，附著于此。

王廷钊妻吴氏，廷钊殁，吴氏年二十三，守节五十二年。有传。

王之镇妻罗氏，之镇殁，罗氏年二十四。子甫二岁，家贫，或劝之嫁，掷碗于地，曰："碗可再圆，我可再嫁。"守节五十六年。

王之高妻唐氏，之高殁，唐氏年二十。子绍贵甫一岁，矢志抚孤，守节以终。

王世立妻张氏，康熙四十四年，世立殁，张氏年二十七。立夫兄子上钱为嗣，守节八十二年，寿一百有九岁。人称"节寿"。旧志漏。

王铭之妻张氏，铭之殁，张氏年二十四。教子严，事姑以孝闻，守节五十六年。

王凤之妻钟氏，凤之殁，钟氏年二十二。抚孤肇典成立，守节四十二年。

王邦典妻刘氏，邦典，县学生，殁，刘氏年二十三，投缳，以姑救得不死。纺绩养姑，抚孤立枢成立，守节二十七年。

王大照妻胡氏，乾隆二十一年大照殁，胡氏年二十。或劝之嫁，剪发自誓，立夫兄子元荫为嗣，守节三十年。乾隆五十年题旌。

王国容妻曾氏，国容殁，曾氏年二十三。抚孤选一成立，守节六十年。

王立功妻周氏，立功殁，周氏年十八。抚孤守节以终。有传。

王立敬妻李氏，年十六归立敬，立敬殁时泣曰：“我死无子，王氏斩矣。”李氏咬指书“忍死立后”四字示立敬，立夫侄本源为嗣，守节以终。

王立广妻卢氏，立广，应郡试，闻母病，冒暑奔回，暴死。卢氏年二十，誓以身殉，姑谕止之。子泰临夭，立夫侄锡临子为泰临嗣，守节三十二年。乾隆五十四年题旌。

王立思妻熊氏，立思殁，熊氏年二十二。抚孤成立。家小康，常以有馀赡亲族，守节四十年。

王立僖妻许氏，立僖病，许氏祷天求代。及殁，许氏年二十四，哀毁逾常制，守节五十年。

王月秀妻钱氏，月秀殁，钱氏年二十。家贫，立夫侄为嗣，守节四十三年。

王锡卿继妻殷氏，锡卿，县学生，殁，殷氏年三十。抚前室二子如己出，守节三十八年。

王本茂妻郭氏，本茂殁，郭氏年十九。家贫，事舅姑以孝闻，抚孤存仁成立，守节四十二年。存仁死，妇许氏继姑守节。

王本勋妻杨氏，本勋殁，杨氏年二十八。事舅姑以孝闻，抚孤成立。夫弟本熙死，娣妇楚氏年二十，或劝之嫁，痛哭自矢，为夫立后，里人号曰“双旌”。

王本亮妻徐氏，年二十六，而寡子一。家贫，好善，矢志守节。

王立政妻楚氏。

王德辅妻郑氏，以上二人，旧志存名。

王心庵妻陈氏，乾隆五十四年心庵殁，陈氏年十七。抚孤光熊、光焯、光炯成立，守节五十六年。

王大展妻周氏，嘉庆四年大展殁，周氏年二十四。子甫一岁，抚之成立，守节四十七年。

王枝棹妻彭氏，嘉庆五年枝棹殁，彭氏年二十五。抚孤连训成立，守节以终。

王道生妻罗氏，嘉庆十二年道生殁，罗氏年二十三。抚孤纯嘏成立，守节五十九年。

王万榜妻袁氏，嘉庆十二年万榜殁，袁氏年二十九。家贫，抚孤彦龄成立，守节三十年。同治十一年题旌。

王兰亭妻谢氏，嘉庆二十五年兰亭殁，谢氏年二十九。抚孤晓堂成立，守节五十三年。

王德一妻曹氏，嘉庆二十五年德一殁，曹氏年二十八。家贫，子二幼，抚之成立，守节五十二年。

王志开妻谭氏，志开殁，谭氏年二十。抚遗腹子逢源成立，守节四十七年。逢源死，妇郭氏继姑守节，抚育诸孤。

王祖埙妻陈氏，长沙县学生本均之女，道光九年祖埙殁，陈氏年二十三。子甫三岁，抚之成立，守节三十五年。

王大新妻杨氏，道光十六年大新殁，杨氏年二十七。子光英生甫百日，抚之成立，守节三十七年。

王咏德妻易氏，道光十八年咏德殁，易氏年二十四。家贫，抚孤梅春成立，守节三十五年。

王景运妻萧氏，景运，监生，道光二十三年殁，萧氏年二十八。家贫，抚二子成立，守节三十一年。

王科进妻刘氏，科进殁，刘氏年三十。家贫，抚孤成立，守节二十三年。

王允卿妻范氏，允卿，举人，祖权之子，咸丰三年从安徽巡抚江忠源殉节庐州。范氏年二十二，子一。家贫，依寡母薛氏居，守节六年，哀毁以终。

王树藩妻郭氏，咸丰四年树藩殁，郭氏年二十九。抚孤瓛成立，现守节二十五年。瓛，县学生。

案，王氏节妇附载三人。又案，王先慎妻吴氏、王直夫妻李氏，亦节妇也。吴氏以年甫三十，李氏以开报不详，附著于此。

单化龙妻谢氏，化龙，世隶军籍，顺治中死于兵。谢氏年二十五，孕数月，无旁亲，办漕北上，遗腹生子于卫舟中，矢志守节，人以为难。

单邦材妻湛氏，邦材殁，湛氏年二十二，事姑以孝闻，抚孤永安成立。永安早死，妇霍氏继姑守节，立从子定位为嗣。乾隆五十三年题旌。

单永耀妻邹氏，永耀殁，邹氏年二十二，守节四十年。

单定功妻吴氏，定功殁，吴氏年二十五，投缳，以家人救免。抚遗腹子忠法成立，事舅姑以孝闻，守节三十二年。

单定达妻吴氏，定达殁，吴氏年二十七。抚孤忠裔成立，守节二十五年。

单定锦妻吴氏，嘉庆八年定锦殁，吴氏年二十七。子早殇，为舅置妾生子，抚之成立，守节四十年。

单定谦妻钱氏，定谦殁，钱氏年三十二。抚二子成立，守节四十三年。

单庆朝妻黄氏，道光十二年庆朝殁，黄氏年二十六。抚孤忠墀成立，守节四十一年。咸丰四年忠墀死，妇杨氏年二十八，继姑守节。

单荣盛妻杨氏，道光二十九年荣盛殁，杨氏年二十九。抚三子成立，守节二十四年。

案，单氏节妇，附载二人。

童新聘妻李氏，顺治十七年新聘殁，李氏年二十四。抚孤伯辉、仲辉成立，守节四十一年。康熙三十二年知县董绍舒旌其门。旧志漏。

童必灼妻瞿氏，嘉庆二十一年必灼殁，瞿氏年三十。抚孤定璜、定元成立，守节四十五年。

案，童名式妻李氏，亦节妇也。以开报不详，附著于此。

黄士亨妻陈氏，归士亨六年，士亨殁。姑老病笃，祷天求代。姑卒，丧葬尽礼。抚孤成立，守节三十七年。题旌。

黄大川妻彭氏，大川殁，彭氏年二十六，守节五十八年。康熙中，知县蒲易藩旌其门。

黄日暹妻周氏，日暹殁，周氏年二十四。抚孤金榜、金科成立，守节六十三年。雍正二年题旌。金榜、金科，县学生。

黄道舄妻周氏，康熙十三年道舄殁，周氏年二十六。抚孤德侍、德伦成立，守节以终。旧志漏。

黄道法妻苏氏，康熙二十九年道法殁，苏氏年二十六。抚孤德相、德树成立，守节四十九年。乾隆三年题旌。德相，候选州同。

黄德一妻谢氏，德一，县学生，康熙三十五年殁，谢氏年廿七。抚孤修海成立，守节四十六年。修海，县学生。

黄启让妻杨氏，康熙五十四年启让殁，杨氏年十九。抚孤成立，与夫侄异居，让产与之。守节五十五年。

黄修讽妻倪氏，雍正元年修讽殁，倪氏年二十，守节四十八年。旧志漏。

黄修濂妻杨氏，雍正四年修濂殁，杨氏年二十九。事病姑以孝闻，抚孤齐椿、齐楠、齐杞、齐槐成立。守节四十八年。

黄齐觐妻邓氏，乾隆七年齐觐殁，邓氏年二十三，立夫侄万有为嗣。守节五十四年。旧志漏。

黄俊明妻张氏，俊明殁，张氏年二十四，守节七十一年。

黄一位妻尹氏，一位殁，尹氏年二十八，守节五十年。

黄佀岳妻赵氏，佀岳殁，赵氏年二十。家贫，舅姑怜其少，讽之嫁，以死自矢，事舅姑以孝闻，抚一子成立。

黄鼎文妻吴氏，鼎文殁，吴氏年十九。抚子成立，守节以终。

黄宗高妻吴氏，宗高殁，吴氏年二十，守节以终。

黄流汉妻王氏，流汉遭亲丧，哀毁殁。王氏立夫兄子为嗣。岁饥，掘蓼根啖之。题旌。

黄朝伦妻胡氏，朝伦殁，胡氏年二十九。抚二子成立，守节五十年。

黄本璘妻杨氏，本璘，贡生，殁，杨氏年十七。立夫侄泗为嗣，事舅姑以孝闻，守节五十六年。

黄生佐妻朱氏，生佐殁，朱氏年二十二。姑殁，哀毁。守节四十八年。

黄生洁妻吴氏，生洁殁，吴氏年十九，守节四十一年。

黄道铎妻李氏，乾隆二十四年道铎殁，李氏年二十，守节五十四年。

黄道达妻李氏，道达殁，李氏年二十七。抚孤成立，守节五十八年。

黄新荫妻杨氏，新荫殁，杨氏年二十四，守节四十二年。

黄泮彩妻李氏，泮彩殁，李氏年二十，守节四十五年。

黄远朝妻吴氏，远朝殁，吴氏年二十二。抚孤成立，守节四十八年。

黄万铉妻荀氏，乾隆三十五年，万铉殁，荀氏年二十。捐修青龙冲之冰洁桥。守节三十一年。旧志漏。

黄长槐妻杨氏，乾隆四十七年长槐殁，杨氏年二十八，守节五十五年。旧志漏。

黄开鉴妻胡氏，开鉴，举人，乾隆五十三年殁，胡氏年二十八。抚二子成立，守节四十七年。

黄羽仪妻李氏，乾隆五十九年，羽仪殁。李氏年二十四，守节四十八年。旧志漏。

黄廷树妻喻氏，廷树殁，喻氏年二十六。抚孤成立，守节二十七年。

黄绳武妻刘氏，绳武殁，刘氏年二十一，子生甫十月。家贫，劝之嫁，持刃誓曰“宁死不辱”，守节三十年。

黄调弦妻胡氏，调弦殁，胡氏守节三十年。

黄有极妻黎氏，有极殁，黎氏年二十五，舅逼之嫁，以死自矢。抚孤云藻成立，守节四十四年。

黄德普妻郑氏，德普殁，郑氏年二十六。为夫立后，守节三十四年。

黄家藻妻李氏，家藻殁，李氏年十九。抚孤显道成立。显道暨妻早死，李氏抚育幼孙，守节三十八年。

黄均甫妻钟氏，均甫殁，钟氏年二十五。立夫侄家麟为嗣，守节以终。

黄有狄妻董氏，有狄殁，董氏年二十六。抚孤枝鉴、枝忠成立，守节二十六年。

黄金元妻徐氏。

黄子凤妻胡氏。

黄修家妻吴氏，以上三人，旧志存名。

黄桂林妻吴氏，嘉庆三年桂林殁，吴氏年二十七，守节四十五年。

黄联英妻杨氏，嘉庆五年联英殁，杨氏年二十二。抚孤成立，守节四十九年。

黄道彩妻殷氏，嘉庆九年道彩殁，殷氏年二十六。抚孤大义成立，守节三十九年卒。

黄会朝妻周氏，嘉庆十九年会朝殁，周氏年十九。抚遗腹子得忠成立。

黄锡奎妻杨氏，嘉庆二十年锡奎殁，杨氏年二十四，守节四十年卒。

黄修逊妻周氏，嘉庆二十一年修逊殁，周氏年二十二。抚孤齐政成立，守节五十七年。

黄寅亮妻朱氏，嘉庆二十三年寅亮府试第一，未入院试殁。朱氏年二十五，守节五十五年。

黄世守妻曾氏，世守殁，曾氏年二十六。事孀姑以孝闻，抚孤成立，守节四十九年。

黄仕灿妻向氏，仕灿殁，向氏年二十七。抚孤贤能成立，守节四十年。

黄垂九妻徐氏，垂九殁，徐氏年二十九。家贫，抚孤成立，守节三十七年。

黄调翥妻李氏，道光元年调翥殁，李氏年二十七，守节三十八年。

黄成林妻舒氏，道光五年成林殁，舒氏年二十八。家贫，守节四十八年。

黄春仲妻胡氏，春仲病，手足耳目均废其一，及殁，胡氏年二十三。事舅姑以孝闻，抚一子成立，守节四十八年。

黄世光妻彭氏，道光六年世光殁，彭氏年二十五。抚孤钦焘成立。夫嫂徐氏殁，抚其子如己出。守节二十六年。

黄仁和妻刘氏，道光八年仁和殁，刘氏年二十八，矢志抚孤。现守节四十三年。同治十二年题旌。

黄书贡妻舒氏，书贡殁，舒氏年二十八。家贫，抚孤成立。子死，妇改适，抚育孤孙，守节四十三年。

黄世枚妻李氏，道光十一年世枚殁，李氏年二十八，守节四十二年。

黄修志妻李氏，道光十一年修志殁，李氏年二十四。事舅姑以孝闻，守节四十二年。

黄先阀妻冯氏，道光十八年先阀殁，冯氏年二十五，守节二十三年。

黄世官妻彭氏，道光二十五年世官殁，彭氏年二十五。立夫从兄世平子钦儒、夫弟江西试用县丞子钦江为嗣。家颇丰，舅姑怜其少，优视之。彭氏日夜勤针黹，虽酷暑严寒，不少休。守节三十四年。同治九年题旌，光绪五年建坊。钦儒，候选从九。

黄金镛妻刘氏，道光二十六年金镛殁，刘氏年三十二，守节二十七年。

黄秋渠妻彭氏，道光二十七年秋渠殁，彭氏年二十六。抚孤成立，守节二十六年。

黄繁登妻田氏，道光二十八年繁登殁，田氏年二十二五①。家贫，抚二子成立，守节三十五年。

黄逢会妻钟氏，咸丰元年逢会殁，钟氏年三十。家贫，抚孤成立，守节三十二年。

---

①二、五两字，有一字当为衍字。

黄喜禄妻王氏，同治六年题旌。

黄端禄妻周氏，同治十一年题旌。

案，黄凤仪妻余氏，亦节妇也，以开报不详，附著于此。

徐有孚妻彭氏，有孚殁，彭氏年二十二。子一，甫一岁。康熙中滇逆之乱，被掠，彭氏抱儿仰天泣，将死之，旁贼舍之去。抚孤成立，守节五十年。

徐远谋妻杨氏，远谋殁，杨氏事舅姑以孝闻，督子志铨以严闻。一日邻舍灾，及所居宅，杨氏哭泣祷天，风返火灭，里人奇之。

徐之忠妻蒋氏，之忠殁，蒋氏年二十。子一，甫一岁，抚之成立。守节六十年。题旌。

徐万国妻骆氏，康熙五十七年万国殁，骆氏年十七。遗腹生子载辑、复天，守节五十三年。题旌。

徐万儿妻齐氏，万儿殁，齐氏年二十四，剪发矢志。家贫，事舅姑以孝闻，抚孤成立。

徐正大妻邓氏，雍正六年正大殁，邓氏年二十四。抚孤胜道、胜良成立，守节五十一年。旧志漏。

徐琦芳妻杨氏，琦芳殁，杨氏年十八。父母哀其贫，欲嫁之不可，抚遗腹子远博成立。远博，县学生，与妇相继死。复抚孤孙成立，守节六十八年。

徐凤翥妻杨氏，凤翥，监生，殁，杨氏年二十四。泣血丧明，姑病祷天求代，后左目复明，人以为苦节之报。

徐凤富妻曹氏，凤富殁，曹氏年二十五，誓以身殉，舅姑力谕乃止。家贫，灌园抚二子成立，守节二十七年。

徐凤岐妻熊氏，凤岐殁，熊氏年二十四。姑怜其少，欲嫁之，熊氏剪发矢志。立夫侄为嗣，守节三十四年。

徐载寓妻霍氏，载寓殁，霍氏年二十二。抚孤成立，守节五十年。

徐祖灿妻胡氏，祖灿殁，胡氏年二十八。家贫子幼，或劝之嫁，指水矢志，抚孤德宏、德淮成立，守节四十五年。

徐祖尚妻黎氏，祖尚殁，黎氏年二十九。抚孤德润成立，守节二十七年。

徐富益妻杨氏，富益殁，杨氏年二十六。抚孤成立，守节三十六年。

徐承衍妻瞿氏，乾隆三十六年承衍殁，瞿氏年二十五。抚孤大寿、大用成立，守节五十六年。旧志漏。

徐炳祉妻钟氏，乾隆三十九年炳祉殁，钟氏年二十四。抚孤成立，守节六十年。

徐孙恒妻彭氏，孙恒殁，彭氏年二十四。抚孤成立，守节三十四年。

徐大夔妻杨氏，大夔殁，杨氏立夫侄为嗣，守节三十三年。

徐本增妻周氏，本增殁，周氏年二十一。家贫，事舅姑以孝闻，立兄子家钺为嗣，守节二十八年。

徐邦耀妻戴氏，邦耀殁，戴氏年二十。抚孤成立，守节三十馀年。

徐宗阳妻张氏，宗阳殁，张氏年十九。抚遗腹子本迈成立，守节三十五年。

徐景坤妻马氏，景坤殁，马氏年二十五。立族子正江为嗣，守节四十九年。

徐声铎妻陈氏，旧志存名。

徐名熹妻易氏，乾隆四十八年名熹殁，易氏年二十八。抚三子成立，守节六十二年，五代同堂。

徐炳春妻魏氏，乾隆五十七年归炳春，年十七。炳春浪游不返死，或劝之嫁，峻拒之，守节七十年。

徐炳煦妻夏氏，炳煦，监生，乾隆六十年歿，夏氏年三十。抚三子成立，守节五十年。次子祖英，县学生。

徐支阶妻周氏，乾隆六十年支阶歿，周氏年二十四。立夫兄支葱子嘉谦为嗣，守节五十九年。

徐载贤妻童氏，嘉庆七年，载贤歿，童氏年二十八。抚孤富瑛、富珞成立，守节四十九年。

徐宗甸妻张氏，嘉庆十四年宗甸歿，张氏年二十六。抚孤本仕、本楚成立，守节三十年。

徐於事妻吴氏，嘉庆十六年，於事歿，吴氏年二十九。家贫，母劝之嫁，以死自誓，抚孤成立，守节二十三年。

徐新盛妻余氏，新盛歿，余氏年二十四。家贫，事衰姑以孝闻。姑尝曰："有妇如此，儿不死矣。"抚孤成立，守节四十七年。

徐祖惠妻吴氏，道光六年归祖惠，十八日，祖惠歿，吴氏年十八。或劝之嫁，以死自誓，立夫侄为嗣，守节三十六年。

徐邦鉴妻高氏，道光七年邦鉴歿，高氏年二十二。家贫，抚孤成立，守节四十六年。

徐逢源妻胡氏，道光九年逢源歿，胡氏年十九。抚孤成立，守节四十四年。

徐德宾妻宋氏，道光十三年德宾歿，宋氏年十九。抚一子成立，守节四十年。

徐心恺妻胡氏，道光十六年心恺歿，胡氏年二十五。无子，母欲嫁之，以死自矢，立夫侄立纲为嗣，守节三十年。

徐嘉铭妻张氏，道光十七年嘉铭歿，张氏年二十八。抚孤惠诒成立，守节三十五年。

徐良翰妻焦氏，道光二十五年良翰殁，焦氏年二十八。现守节二十八年，同治九年题旌。

徐贵纮妻何氏，道光二十六年贵纮殁，何氏年二十九。事哀姑以孝闻。夫弟与妇相继殁，抚夫侄成立，守节二十七年。

徐邦玉妻蒋氏，邦玉殁，蒋氏年二十四。家贫，抚二子成立，守节二十年。

徐传辅妻彭氏，传辅殁，彭氏年二十一。家贫，抚孤成立，守节十四年。

甘雨滋妻楚氏，雨滋，县学生，殁，楚氏年二十。子一，生甫六月，誓以身殉，姑谕止之。康熙中滇逆之乱，楚氏为贼所掠，泣以苦告，贼义而释之。抚孤成立，守节以终。

甘学雨妻邓氏，学雨，廪生，殁，邓氏年二十。抚孤成立，守节四十九年。

甘炳妻周氏，炳殁，周氏年二十二。子元柱，甫二岁。舅姑欲嫁之，以死自矢，抚孤成立，守节四十年。

甘熻妻周氏，康熙三十五年熻殁，周氏年二十二。事姑以孝闻，姑殁，丧葬尽礼，守节六十九年。

甘烨妻杨氏，康熙四十二年烨殁，杨氏年二十一。事舅姑以孝闻，抚孤元盛成立，守节四十六年。题旌。

甘帝臣妻吴氏，帝臣殁，吴氏年十八，子生甫四月。家贫，守节。乾隆三年，知县梅廷谟旌其门。

甘维山妻郑氏，维山殁，郑氏年二十四，子一生甫三月。家贫，守节四十七年。

甘鼎卿妻杨氏，鼎卿殁，杨氏年二十。抚孤仲书成立，守节六十四年。

甘如霖妻吴氏，如霖殁，吴氏年十九，子一，早夭。家贫，事姑暨王姑以孝闻。题旌。

甘吉兰妻蒋氏，吉兰殁，蒋氏年二十八。家贫，守节五十五年。

甘呈祥妻邹氏，呈祥殁，邹氏年二十。抚遗腹子楚善成立，守节五十七年。

甘元徵妻胡氏，元徵殁，胡氏年二十九。家贫，抚孤成立而死，人咸哀之。

甘绍华妻唐氏，绍华殁，唐氏年二十四。立夫侄芳文为嗣，事舅姑以孝闻，守节五十年。

甘鹏妻王氏，旧志存名。

甘肇鹏妻蒋氏，嘉庆十四年，肇鹏殁，蒋氏年二十四。或逼之嫁，投缳，以家人救得不死。立夫兄肇纶次子开宗为嗣，守节三十三年。

甘肇章妻张氏，道光六年，肇章殁，张氏年二十六，守节三十七年。

甘达完妻苏氏，道光九年达完殁，苏氏年二十九，守节二十二年。

甘开正妻马氏，处士马显良女，道光二十一年开正殁，马氏年二十五。抚子成立，守节三十二年。同治十三年十月，无疾端坐死。

甘载田妻刘氏，道光二十八年，载田殁，刘氏年二十。抚一子成立，守节二十五年。

罗大猷妻任氏，康熙十八年，滇逆党劫掠乡里，大猷挈家人泛舟避之，贼骑不能及，弯弓射大猷毙。任氏年二十五，引刀自刎，姑汤氏谕止之。流离艰难，抚孤成立，守节五十五年。同治九年题旌。

罗如先妻樊氏，如先殁，樊氏年二十四。家贫，姑老且病，侍养以孝闻，抚三子成立，守节四十年。

罗士文妻湛氏，士文殁，湛氏年二十二。事舅姑以孝闻，抚孤成立，守节三十九年。题旌，建坊。

罗问友妻刘氏，乾隆十六年问友殁，刘氏年二十。事舅姑以孝闻，子一，生甫五月，抚之成立，守节五十三年。同治九年题旌。

罗高展妻甘氏，高展殁，甘氏年三十。事继姑以孝闻，教子严，守节四十年。

罗士重妻司马氏，世重殁，司马氏抚孤胜聪、胜明成立，守节四十年。

罗道成妻彭氏，道成殁，彭氏年二十六。抚三子成立，守节四十五年。长子书麟，以孝闻。

罗道铎妻吴氏，道铎殁，吴氏年二十三。家贫，事舅姑以孝闻。子一，早夭，立夫侄宜治为嗣，守节三十四年。

罗道礼妻霍氏，道礼，监生，殁，霍氏年二十八。抚孤宜禄成立，守节二十四年。

罗国杞妻周氏，国杞殁，周氏年二十六。家贫，抚三子成立，守节三十三年。

罗能杰妻杨氏，能杰殁，杨氏年十九。抚孤良贵成立，守节五十二年。

罗绣章妻闵氏，旧志存名。

杨念三妻曾氏，念三殁，亲老子幼，曾氏避乱居望塔洞，抚孤成立。

杨枝拔妻蒋氏，枝拔殁，蒋氏年二十五。家贫，抚孤成立。题旌。

杨枝茀妻陈氏，枝茀，县学生，歿，陈氏年二十。子茂喜，甫二岁，抚之成立，守节三十六年。

杨枝亨妻黄氏，枝亨歿，黄氏年十八。舅姑相继歿，丧葬如礼，抚孤茂荣成立。雍正九年题旌。

杨枝擢妻龙氏，枝擢歿，龙氏年二十四。事王姑与继姑以孝闻，教子严。题旌。

杨士爵妻刘氏，归士爵数月，士爵歿，刘氏年十八。抚遗腹子成立。乾隆中知县徐梁栋旌其门。

杨士伟妻许氏，士伟歿，许氏年二十七。家贫，抚孤成立，守节以终。

杨士业妻张氏，士业歿，张氏年二十二。抚孤启农成立，守节四十九年；启农死，妇吴氏年二十九，继姑守节，抚一子成立。

杨士玉妻湛氏，士玉歿，湛氏年二十六。抚二子成立，守节三十五年。

杨应鹏妻孟氏，应鹏歿，孟氏年二十，守节五十馀年。题旌。有传。

杨应城妻谢氏，应城歿，谢氏年二十九。两子皆夭，族某利其产，迫之嫁，谢氏砺刃以拒，立夫侄孙士仪为长子嗣。

杨茂荣妻李氏，茂荣，贡生，歿，李氏抚妾子如己出。乾隆十七年饥，李氏捐金二百助赈。知府吕肃高旌其门。

杨茂林妻符氏，茂林歿，符氏年十九。舅九十，事之以孝闻，抚遗腹子成立，守节四十馀年。

杨茂柏妻刘氏，茂柏歿，刘氏年二十，守节四十五年。

杨茂谅妻李氏，茂谅歿，李氏年二十。抚孤成立，守节四十四年。

杨茂谌妻黄氏，茂谌，县学生，歿，黄氏年二十五。抚一子成立，守节三十一年。

杨名魁妻黄氏，名魁殁，黄氏年二十四。遗腹生子，旋夭。一女归王祚华。祚华早死，黄氏与女相依守节以终。

杨名镗妻曾氏，名镗殁，曾氏年二十三。立夫侄为嗣，守节六十八年。

杨斐章妻刘氏，斐章殁，刘氏〔年〕二十四（年）。子宗龙甫二岁，守节六十二年。

杨硕人妻唐氏，硕人殁，唐氏年二十五。姑年九十，事之孝。守节六十三年。

杨之远妻钟氏，归之远四年，之远殁。立夫侄士瑜为嗣，事姑以孝闻。姑卒既葬，呕血死。

杨之炽妻廖氏，之炽殁，廖氏年二十四。抚一子成立，守节五十馀年。

杨先锦妻吴氏，先锦殁，吴氏年二十三。抚一子成立，守节以终。

杨先伦妻何氏，先伦殁，何氏年二十七。家贫，立夫侄培喜为嗣。抚之成立，守节三十七年。

杨培春妻李氏，培春殁，李氏年二十七。誓以死殉，舅姑谕止之。立夫侄本让为嗣。抚之成立。乾隆三十五年题旌。

杨培荣妻宋氏，培荣殁，宋氏年十九。抚遗腹子本灼成立，守节三十五年。

杨培根妻彭氏，培根，监生，殁，彭氏年三十。事继姑以孝闻。抚孤本郁、本卿成立，守节五十三年。

杨培田妻黄氏，培田殁，黄氏年二十四。家贫，或讽之嫁，以死自矢。抚一子成立，守节十七年。

杨培政妻陈氏，培政殁，陈氏年二十三。抚孤成立。姑老畏雷，姑殁，闻雷辄号泣。守节三十四年。

杨培铉妻胡氏，培铉殁，胡氏年二十四。抚孤本榕成立，守节四十年。题旌。

杨培田妻胡氏，培田殁，胡氏年二十四。抚孤成立，守节三十一年。

杨启振妻廖氏，启振殁，廖氏年二十四。家贫，或劝之嫁，以死自矢，抚二子成立，守节四十四年。

杨启艺妻谢氏，启艺殁，家贫，谢氏矢志抚孤生遇成立；生遇死，妇刘氏继姑守节，侍病以孝闻。乾隆四十二年，并题旌。

杨启檽妻潘氏，启檽殁，潘氏年二十五。抚孤先儁成立，守节五十六年。先儁，县学生。

杨盛声妻王氏，盛声殁，王氏年二十。抚孤开仁成立，守节六十馀年。

杨生华妻仇氏，生华殁，仇氏年二十。事舅姑以孝闻。子成枢，甫娶妇而死，仇氏自伤无嗣，一恸而死。

杨定渭妻钟氏，定渭殁，钟氏年二十九。抚孤成立，守节五十三年。

杨首登妻张氏，首登殁，张氏年十九。子一，旋夭。抚孤侄青礼、青瑞成立，族人义之，立青瑞为之嗣，守节六十五年。

杨阶太妻朱氏，阶太殁，朱氏年二十四。立夫侄为嗣，守节五十七年。

杨绍禹妻王氏，绍禹殁，王氏年二十九。教三子皆以学显，守节三十五年。

杨照武妻李氏，照武殁，李氏年二十六。家贫子幼，守节四十年。

杨汝棠妻孙氏，汝棠殁，孙氏年二十八。家贫，抚二子成立，守节三十一年。

杨国登妻傅氏，国登殁，傅氏年十八。舅姑怜其少，欲嫁之，傅氏毁容矢志，为夫立后，守节三十四年。

杨觐立妻陈氏，觐立殁，陈氏年二十。抚幼子成立，守节以终。

杨昭燔妻李氏，昭燔殁，李氏年二十八。家贫，抚一子成〔立〕，守节二十五年。

杨美林妻胡氏，美林殁，胡氏年二十八。抚二子成立，守节二十馀年。

杨先立妻李氏。

杨培铎妻易氏。

杨文柳妻李氏。

杨应芳妻任氏，以上四人，旧志存名。

杨崇沅妻张氏，乾隆四十六年崇沅殁，张氏年二十八。抚孤启章、启贞成立，守节五十三年。

杨惠吉妻熊氏，乾隆四十六年惠吉殁，熊氏年二十五。姑蒋氏老且病，侍奉尽礼，〔抚〕长子天抚、次子光先成立，守节七十二年。同治四年题旌。

杨宗信妻钟氏，乾隆四十七年宗信殁，钟氏年二十九。抚三子成立，守节四十八年。

杨辉芹妻余氏，乾隆四十七年辉芹殁，余氏年二十。子显高甫三岁。姑怜其少，欲嫁之，泣曰："宁断头，不作再醮妇。"守节三十四年。

杨培凰妻胡氏，监生胡南德之女。嘉庆三年培凰殁，胡氏年二十六。立胞兄培凤之三子本特为嗣，守节五十二年卒。

杨本泗妻巢氏，嘉庆九年本泗殁，巢氏年二十四，矢志守节以终。

杨润身妻司马氏，嘉庆十年润身殁，司马氏年二十四，守节五十七年。

杨魁士妻刘氏，嘉庆十四年魁士殁，刘氏年二十五。抚孤懋廷成立，守节六十四年。

杨本潢[①]妻顾氏，嘉庆十五年本璜殁，顾氏年二十五，守节四十一年。

杨本玙妻潘氏，嘉庆十七年本玙殁，潘氏年二十九。家贫，抚孤寿嵩成立，守节五十二年。寿嵩，藩理问衔。

杨宗胡妻欧阳氏，嘉庆二十一年宗胡殁，欧阳氏年三十。抚孤成立，守节五十七年。

杨本谦妻陈氏，嘉庆二十二年本谦殁，陈氏年三十二。家贫，日啖薯芋，抚孤文金成立，守节五十五年。文金死，妇蒋氏继姑守节。

杨文质妻刘氏，嘉庆二十五年文质殁，刘氏年二十三，矢志守节。

杨叩鸣妻曾氏，叩鸣殁，曾氏年二十四。矢志抚孤，守节六十六年。嘉庆二十六年题旌。

杨世杰妻谢氏，永顺教谕谢珍女，道光元年谢氏年十八，于归有日，而世杰病笃。珍恐卒不起，请缓婚，谢氏不可。归世杰四月，世杰殁。立夫兄武冈州训导世照子忠伊为嗣，守节二十九年。同治七年题旌。道光十八年忠伊殁，妇易氏年二十五。抚孤兴鉴成立，守节二十五年。

杨忠卿妻易氏，忠卿殁，易氏年二十。立夫兄忠鲠子兴豪为

①本潢，疑作本璜。

嗣，守节以终。

杨绍棠妻王氏，绍棠殁，王氏年二十八。抚四子成立，守节四十四年。

杨士位妻姜氏，士位殁，姜氏年二十一。家贫，立夫侄启阶为嗣，守节四十年。

杨宏高妻庞氏，宏高殁，庞氏年二十九。家贫，守节三十六年。

杨思泰妻王氏，道光三年思泰殁，王氏年三十四。事舅姑以孝闻，守节三十二年。

杨明佳妻蓝氏，道光四年明佳殁，蓝氏年二十七。抚孤源会成立，守节二十七年。

杨风奇妻吴氏，道光五年风奇殁，吴氏年二十九。抚孤高学、高雨成立，守节四十八年。

杨大炯妻刘氏，道光五年大炯殁，刘氏年二十二。家贫，抚一子成立，守节四十八年。

杨开沛妻周氏，道光五年开沛殁，周氏年二十八。抚孤科桢、科权成立，守节四十八年。

杨岐周妻钟氏，道光七年岐周殁，钟氏年二十七，守节四十六年。

杨本申妻陈氏，道光十二年本申殁，陈氏年二十。抚孤石珍成立，守节四十一年。同治八年题旌。

杨雄武妻黄氏，道光十二年雄武殁，黄氏年二十五，子一。舅迫之嫁，黄氏截发自誓，守节二十七年。

杨如棠妻易氏，道光十三年，如棠殁，易氏年三十。抚孤岱霖成立，守节五十年。岱霖，县学生。

杨明意妻陈氏，道光十三年明意殁，陈氏年二十九，守节四十年。

杨先铎妾周氏，先铎，举人，官桃源教谕，道光十四年歿。周氏年二十五，守节三十九年。

杨南杰妻张氏，南杰，县学生，道光十五年歿，张氏年二十五。子二，守节十六年。

杨春枝妻刘氏，道光十五年春枝歿，刘氏年二十四，守节三十三年。

杨本超妻李氏，道光十五年本超歿，李氏年二十四。抚孤辉山成立，守节四十二年。至光绪四年奉旨旌表。

杨升逢妻陶氏，道光十五年升逢歿，陶氏年二十。立夫兄子灼华为嗣，守节三十八年。

杨宏咏妻孙氏，道光十六年宏咏歿，孙氏年二十六，守节三十七年。

杨兴艺妻李氏，道光十七年兴艺歿，李氏年二十八。誓以死殉，舅谕止之。抚孤其镇成立，守节三十六年。其镇，廪贡生。

杨兴让妻李氏，道光十八年兴让歿，李氏年十九。立夫兄兴耀子其芳为嗣，守节三十五年。

杨万枝妻刘氏，万枝歿，刘氏年二十二，守节三十五年。

杨家位妻熊氏，道光十九年家位歿，熊氏年二十五。抚遗腹子宏远成立，守节三十年。同治三年题旌。

杨相臣妻彭氏，相臣歿，彭氏年二十一，守节三十三年。

杨文金妻蒋氏，道光二十一年文金歿，蒋氏年二十五。抚一子成立，守节三十二年。

杨人玉妻易氏，道光二十一年人玉歿，易氏年二十八。侍姑疾以孝闻，抚孤成立，守节三十二年。

杨贤瀞妻陈氏，道光二十三年贤瀞歿，陈氏年二十五。子贵泰，生甫十三日。事舅暨继姑以孝闻，抚孤成立，守节三十一年。同治十年题旌。

杨本国妻易氏，道光二十五年本国殁，易氏年二十四。抚孤文选成立，守节二十八年。

杨孔彰妻易氏，道光二十九年孔彰殁，易氏年二十二。家贫，抚一子成立，守节二十四年。

杨宗椿妻朱氏，道光三十年宗椿殁，朱氏年二十三。事姑以孝闻，抚孤惠甫成立，守节二十三年。

杨文梧妻龙氏，咸丰元年文梧殁，龙氏年二十。子一，守节二十一年。

杨文渠妻蒋氏，咸丰二年文渠殁，蒋氏年二十六。子二，守节二十一年。

杨华玉妻丁氏，华玉殁，丁氏年十七。矢志抚孤，守节三十五年卒。

杨富润妻吴氏，富润殁，吴氏年二十二。子一，守节二年，哀毁成疾死。

案，杨氏节妇附载三人。又案，杨培全妻吴氏、杨德豪妻盛氏、杨名兆妻沈氏，亦节妇也。以开报不详，附著于此。

陈应武妻吴氏，应武殁，吴氏年二十五，绝食数日，不死；投缳，以家人救免。子启泗，生甫三月，抚之成立。题旌。启泗，以孝闻。

陈邦彦妻谢氏，邦彦殁，谢氏年二十二。家贫，子濬甫一岁，抚之成立。濬死，子一，妇杨氏继姑守节。

陈大仕妻刘氏，大仕殁，刘氏年二十一。家贫，躬自力作，抚一子成立。子死，遗孙一，妇王氏继姑守节。

陈学柏妻彭氏，学柏殁，彭氏年二十四。姑病丧明，事之以孝闻。抚一子成立，守节以终。

陈元名妻虞氏，元名殁，虞氏年二十五。抚孤允宏成立。允宏死，遗孤一，妇常氏继姑守节。

陈之玑妻吴氏，之玑殁，吴氏年一十七。事舅姑以孝闻，抚一子成立，守节三十四年。题旌。

陈之劢妻吴氏，之劢与母相继殁，吴氏年十九。连举两丧，皆能尽礼，抚一子成立，守节五十九年。

陈远炎妻吴氏，远炎殁，吴氏年十八。子兴隆，生甫三月。家贫，抚孤成立，守节六十三年。

陈启谟妻蔡氏，启谟殁，蔡氏年二十六。子一，守节五十年。

陈仁炎妻王氏，仁炎殁，王氏年十九。立夫侄为嗣，守节五十三年。

陈仁珪妻王氏，仁珪殁，王氏年二十八。子一，夭。立夫侄为嗣，守节三十馀年。

陈端湖妻杨氏，端湖殁，杨氏年十九。家贫，抚遗腹子见忠成立，守节四十四年。孙昌运，县学生。

陈贤训妻张氏，贤训殁，张氏年十九。抚遗腹子成立，守节三十八年。乾隆二十三年，知县吴世贤旌其门。

陈贤灼妻李氏，贤灼殁，李氏年二十，守节三十年。

陈兴基妻李氏，乾隆五十九年。兴基殁，李氏年二十三。抚子隆鉴、隆镒成立，守节五十三年。

陈兴华妻黎氏，兴华殁，黎氏年二十四。家贫，抚孤成立，守节二十七年。

陈文德妻杨氏，文德殁，杨氏年二十五。事舅姑以孝闻，抚一子成立，守节二十五年。

陈运襄妻罗氏，运襄殁，罗氏年十七。立夫侄为嗣，矢志守节以终。

陈泽惠妻宋氏，泽惠病痎瘤，宋氏事之谨。及殁，宋氏年二十六。抚孤立绂成立，守节以终。

陈之荠妻徐氏，之荠殁，徐氏年二十六。抚孤启瑶成立，守节二十八年。

陈次韩妻万氏。

陈上达妻周氏，以上二人，旧志存名。

陈惇庸妻冯氏，嘉庆十三年，惇庸殁，冯氏年二十二。抚一子成立，守节以终。

陈猗兰妻任氏，嘉庆二十四年猗兰殁，任氏年二十八，守节三十八年。

陈魁榜妻郑氏，魁榜殁，郑氏年二十八。家贫，抚三子成立，守节三十二年。

陈良楚妻柳氏，良楚殁，柳氏年二十一。立夫侄家灼为嗣，守节三十年。

陈宏焕妻李氏，道光二年宏焕殁，李氏年二十六。抚孤科荣、科发成立，守节三十八年。同治二年题旌。科荣，监生。

陈洪范妻郑氏，道光六年洪范殁，郑氏年二十四，守节三十八年。同治四年题旌。

陈启运妻万氏，道光十年启运殁，万氏年二十七，守节四十三年。同治十二年题旌。

陈鼎光妻胡氏，道光十四年鼎光殁，胡氏年二十四。子惟高甫二岁，抚之成立，守节三十九年。

陈光峻妻罗氏，道光十五年光峻殁，罗氏年二十六，守节三十八年。

陈先振妻杨氏，道光十六年，归先振两月，先振殁，杨氏年二十一。抚遗腹子成立，守节三十七年。

陈泽俦妻郑氏，泽俦殁，郑氏年二十四。家贫，躬亲井臼，纺绩不辍。守节三十八年，未尝见其笑容。题旌，入祠。子立唐，监生。

陈祥冕妻周氏，道光十七年祥冕殁，周氏年二十七。誓以死殉，舅姑谕解之。立夫弟祥聂子德优为嗣，守节二十四年。同治二年题旌。

陈升荣妻周氏，升荣殁，周氏年二十八。抚孤春年成立，守节三十二年。

陈天保妻欧阳氏，道光二十二年天保殁，欧阳氏年二十九。家贫，抚二子成立，守节三十一年。

陈茂萱妻黄氏，道光三十年茂萱殁，黄氏年二十八。抚孤盛欣成立，守节二十三年。

陈光里妻潘氏，光里殁，潘氏年二十九。家贫，抚孤佳珍、佳仁、佳兴成立，守节二十四年。

陈隆钰继妻徐氏，处士徐正盛女。隆钰殁，徐氏年二十四，守节二十二年。

陈隆嵘妻彭氏，咸丰十一年，隆嵘殁，彭氏年二十八，守节十八年卒。

陈慎堂妻刘氏，刘藻亭女。同治七年，慎堂殁，刘氏年二十六。立夫侄永发为嗣，现守节十二年。

陈世杭妻张氏，县学生张孟良女。同治八年，世杭卒，张氏年二十五。无子，奉姑守志，现守节十年。

陈宏恩妻曹氏，光绪四年题旌。

陈宏志妻任氏，光绪四年题旌。

案，陈氏节妇，附载三人。又案，陈隆铨妻彭氏，开报不详，附著于此。

谢宿伯妻邓氏，宿伯殁，邓氏年二十二。抚孤邦珀成立，守节六十一年。康熙中，知县蒲易藩旌其门。邦珀，卫守备衔。

谢又邱妻孟氏，又邱，县学生，应宾之子，殁，孟氏年十九。抚二子成立，守节六十二年。

谢从相妻杨氏，从相赘于蜀，偕归后殁，杨氏年二十三。抚一子成立，守节四十八年。

谢朝梁妻黄氏，朝梁殁，黄氏年二十一。子廷俊生甫六月，抚之成立，守节四十四年。廷俊死，妇彭氏年十六，偕姑抚育幼孤，守节四十五年。

谢启教妻易氏，启教殁，易氏年十五。抚孤成立，守节七十年。

谢应清妻王氏，应清殁，王氏年二十八。子一，生甫六月，抚之成立。

谢开祖妻杨氏，开祖殁，杨氏年十七。抚遗腹子廷献成立，守节四十二年。廷献死，妇彭氏继姑守节，抚世珍、世佐成立。

谢圣作妻周氏，旧志存名。

谢世佐妻曹氏，嘉庆元年，世佐殁，曹氏年二十六。抚二子成立，守节五十五年。

谢启松妻王氏，道光十八年，启松殁，王氏年十八。立夫侄文焜为嗣，守节十四年。

谢东垣妻周氏，咸丰元年，东垣殁，周氏年二十五，守节二十二年。

谢启榆妻柳氏，咸丰七年，启榆殁，柳氏年三十二。抚孤文辉、文烈、文修成立，守节二十五年。文辉，县学生。

案，谢氏节妇，附载一人。

李象珠妻王氏，象珠，岁贡，官衡州训导。殁，王氏年二十五。抚孤观清成立。观清，县学生，早死。抚孤孙天桂成立。康熙五十七年题旌。

李家洪妻黄氏，家洪殁，黄氏年二十二。投缳以救得不死，抚孤德彬成立，守节四十九年。题旌。

李士湖妻何氏，康熙四十五年，士湖殁，何氏年十八。抚遗腹子成立，守节六十年。旧志漏。

李吉也妻刘氏，吉也殁，刘氏年二十二。啮指矢志，抚一子成立；夫弟仙桂死，与娣妇敖氏同心守节，人两贤之。

李加也妻彭氏，加也殁，彭氏年二十七。家贫，抚孤飏廷成立。乾隆三年，知县梅廷谟旌其门。

李天东妻周氏，天东殁，周氏年二十二。姑丧明，以舌舐之目，复明；立侄为嗣。守节四十年。题旌。

李天相妻杨氏，天相，县学生，殁，杨氏年二十。抚一子成立，侍继姑疾数月以孝闻。尝买邹氏婢数年，知其幼已字人，遣还，且资送之。守节三十年。乾隆二十七年题旌。

李长芳妻闵氏，长芳殁，闵氏年二十二。子生甫七月，抚之成立。

李邦沅妻周氏，邦沅殁，周氏年十八。子臣恕甫一岁，抚之成立；姑老病，与共卧起者二十馀年。

李麟玉妻王氏，麟玉殁，王氏年二十六，剪发投缳，以救得不死。姑病笃，祷天求代，病竟愈。立夫侄为嗣，守节二十八年。

李淑臣妻段氏，淑臣殁，段氏年二十七。家贫，舅劝之嫁，泣曰："夫幸而有子，生死与俱，敢有他志?"守节四十馀年。

李有陶妻许氏，有陶殁，许氏年二十六。抚二子成立。子死，抚孤孙。守节四十二年。

李德桂妻金氏，德桂殁，金氏年二十。抚孤成立，守节三十年。

李昌言妻尹氏，昌言殁，尹氏年二十一。抚孤成立，守节以终。

李士书妻卢氏，士书殁，卢氏年二十。无子，家贫。族或劝之嫁，剪发自誓。尝病疡不食，夜梦老人以舌舐之，旋愈。人以为苦节所感。

李景山妻熊氏，景山殁，熊氏年二十三。时夫兄早死，遗孤二。抚之成立。以其一廷材为夫嗣，守节三十五年。题旌。

李懋杨妻黎氏，懋杨殁，亲老两弟皆废疾，黎氏抚孤与夫侄成立。乾隆四十六年题旌。

李侠安妻吴氏，侠安殁，吴氏年二十三。抚子春成立，守节三十五年。题旌。春，县学生。

李儒祚妻袁氏，儒祚，监生，殁，袁氏年二十七。立夫侄文灿为嗣，五代同堂。乾隆五十一年题旌。文灿，候选州判。

李逢顺妻谢氏，逢顺殁，谢氏年二十一，子发越甫一岁，抚之成立。乾隆五十七年题旌。

李逢达妻陈氏，逢达殁，陈氏年十九。抚孤成立，守节三十八年。

李泽孚妻余氏，泽孚，县学生，殁，余氏年二十八。抚孤培纲成立，守节六十三年，五代同堂。

李宗光妻庞氏，宗光殁，庞氏年二十二。督孤子立学，守节六十九年。

李宗礼妻钟氏，宗礼殁，钟氏年二十七。抚二子成立，喜施予，守节四十八年。

李掌邦妻黄氏，掌邦殁，黄氏年二十三。抚孤道纶、道经成立，守节六十年。道纶、道经，监生。

李方成妻易氏，方成殁，易氏年二十。子一，生甫三月，抚之成立。守节五十八年。

李新甲妻吴氏，新甲殁，吴氏年二十五。立夫兄新邦子为嗣，守节五十四年。孙南英，举人。

李新举妻周氏，新举殁，周氏年二十九。抚孤成立，守节三十八年。

李仁树妻左氏，仁树殁，左氏年二十九，守节四十六年。

李春池妻黄氏，春池殁，黄氏年二十八。抚二子成立，守节四十六年。

李加敏妻吴氏，加敏殁，吴氏年二十四。家贫，抚孤朝龙成立，守节四十七年。

李亨进妻杨氏，亨进殁，杨氏年二十一，守节五十五年。

李在中妻徐氏，在中殁，徐氏年二十七。子一，甫一岁，抚之成立。守节四十一年。

李学湖妻徐氏，学湖殁，徐氏年二十六。抚二子成立，守节三十五年。

李经纶妻龙氏，经纶殁，龙氏年二十八。抚孤成立，守节三十四年。

李世富妻谢氏，世富殁，谢氏年三十。家贫，抚孤仕清、荣德、授育成立，守节三十四年。

李文明妻陈氏，狄道州知州梦麒之女。文明殁，陈氏年二十。抚孤成立，守节三十八年。

李代原继妻朱氏，代原殁，朱氏年二十八。立夫族侄显成为嗣，侍继姑董氏病十五年，以孝闻。

李国选妻黄氏，国选，监生，殁，黄氏年二十三。子青受甫一岁，抚之成立，守节三十七年。孙逢时，县学生。

李年材妻陈氏，乾隆十六年，年材殁，陈氏年二十，守节五十六年。旧志漏。

李常祉妻王氏，乾隆三十六年，常祉殁，王氏年二十九。立夫侄思嵘为嗣，继姑黎氏年九十八殁，丧葬尽礼。守节四十一年。

李常组妻谢氏，常组殁，谢氏年十九。抚孤成立，守节三十一年。

李自贵妻黄氏，乾隆三十九年，自贵殁，黄氏年二十四，守节三十一年。旧志漏。

李添鉴妻彭氏，乾隆四十六年，添监殁，彭氏年二十二。家贫，抚孤年龙成立，守节五十一年。

李生清妻木氏，乾隆五十七年，生清殁，木氏年二十九。家贫，立夫侄枝瑾为嗣，守节四十四年。旧志漏。

李茂国妻程氏，乾隆五十九年，茂国殁，程氏年二十六。抚孤发象成立，守节五十二年。旧志漏。

李培荣妻蔡氏，培荣殁，蔡氏年二十。家贫，抚一子成立。

李长华妻张氏，长华殁，张氏年二十三。抚一子并一侄成立。

李祖莪妻理氏，祖莪殁，理氏年二十四。抚二子成立，守节三十年。

李之茂妻钟氏，之茂殁，钟氏年二十三。家贫，抚一子成立，守节三十年。

李首四妻张氏，首四殁，张氏年二十八。家贫，抚二子成立。

李年芳妻萧氏，年芳殁，萧氏年二十一。子一，生甫六月，抚之成立；侍姑病以孝闻，守节二十四年。

李法明妻林氏，法明殁，林氏年二十。家贫，抚一子成立。

李太岱妻张氏，太岱殁，张氏年二十七，守节十七年。

李有贤妻许氏，有贤殁，许氏年二十九。抚孤成立，守节四十六年。

李发渊妻吴氏，嘉庆四年，发渊殁，吴氏年二十六。立夫侄为嗣。母老而贫，迎母终养，守节四十四年。

李维鸿妻舒氏，嘉庆五年，维鸿殁，舒氏年二十六。抚孤成立，守节四十二年。

李生禧妻木氏，嘉庆八年，生禧殁，木氏年二十六。抚孤枝选成立，守节四十五年。

李臣庆妻游氏，游新模女。嘉庆九年，臣庆殁，游氏年二十四。立夫兄子贤诚为嗣，守节五十二年。贤诚死，妇杨氏继姑守节，抚孤朝镇成立。朝镇，县学生。

李泰灏妻郭氏，嘉庆九年，泰灏殁，郭氏年二十八。抚子成立，守节五十四年卒，以孙钠贵，诰封淑人。

李家麟妻郭氏，嘉庆十八年，家麟殁，郭氏年二十七。立夫侄和点为嗣，守节四十六年。和点，武生，道光二十二年殁。妇周氏年二十九。立夫侄世恩为嗣，继姑守节三十一年。同治四年并题旌。

李保年妻黄氏，嘉庆十九年，保年殁，黄氏年二十一。抚孤逢勋成立，守节五十三年。道光二十三年，逢勋死。妇何氏年三十二，继姑守节。

李生振妻木氏，嘉庆二十四年，生振殁，木氏年二十九。抚孤枝建成立，守节四十七年。

李作茂妻高氏，嘉庆二十四年，作茂殁，高氏年二十九。立夫侄为嗣，好施予，守节五十年。

李定斋妻郭氏，定斋殁，郭氏年二十五。抚二子成立，守节五十八年。

李香汨妻刘氏，香汨殁，刘氏年二十八。抚孤成立，守节五十五年。

李作仁妻理氏，作仁殁，理氏年二十六。抚孤洛书成立，守节五十二年。

李藻池妻刘氏，藻池殁，刘氏年三十二。抚遗腹子祖恩成立，守节四十六年。孙元杰，县学生。

李光甫妻杨氏，光甫殁，杨氏年二十九。家贫，抚孤运芳、运增成立，守节四十五年。

李青莲妻王氏，青莲殁，王氏年二十七。无子，守节四十四年。

李声昶妻焦氏，声昶殁，焦氏年二十八。抚二子成立，子死，复抚孤孙逢春，守节三十七年。

李直臣妻仇氏，直臣殁，仇氏年二十七，守节二十年。

李道总妻王氏，为李氏待年妇。道总早殁，王氏年九岁，比长舅姑欲嫁之，以死自矢，守节二十四年。

李荣发妻黎氏，道光元年，荣发殁，黎氏年三十。家贫，抚孤华盘、华益成立，守节五十二年。

李澄溪妻吕氏，道光二年，澄溪殁，吕氏年三十。抚二子成立，守节五十一年。

李遵诱妻张氏，道光二年，遵诱殁，张氏年三十一。家贫，守节五十一年。

李添闬妻杨氏，道光二年，添闬殁，杨氏年二十三，守节五十一年。

李仁年妻张氏，道光四年，仁年殁，张氏年三十二，守节一十四年。

李枝超妻高氏，道光四年，枝超殁，高氏年二十九。立夫侄星泰为嗣，守节四十九年。

李荣慧妻黄氏，道光五年，荣慧殁，黄氏年十九。子华玉，生甫六月，抚之成立，守节三十六年。

李良润妻黄氏，道光六年，良润殁，黄氏年二十八。抚二子成立，守节四十七年。

李昭浤妻黄氏，道光七年，昭浤殁，黄氏年十九。立夫兄子荣登为嗣，守节二十五年。

李法昭妻许氏，道光七年，法昭殁，许氏年二十二。抚一子成立，守节四十二年。

李锦华妻顾氏，锦华殁，顾氏年二十二，守节四十二年。

李惟式妻周氏，道光十一年，惟式殁，周氏年二十五。家贫，抚孤洲成立，守节四十二年。洲，候选从九。

李家祐妻郭氏，道光十一年，家祐殁，郭氏年二十六。抚孤昭和成立，守节十三年卒。

李法楷妻谭氏，道光十一年，法楷殁，谭氏年十九，守节四十九年。题旌。

李高兴妻张氏，道光十二年，高兴殁，张氏年二十。抚孤达仙成立，守节二十三年。

李田试妻季氏，道光十二年，田试殁，季氏年二十九。家贫，抚孤济贤、济贞成立，守节四十一年。

李恂世妻易氏，道光十三年，恂世殁，易氏年十九。立夫兄子为嗣，守节四十二年。同治八年题旌。

李成瑞妻司马氏，成瑞殁，司马氏年三十。家贫，抚孤成立，守节四十二年。

李法兆妻颜氏，道光十四年，法兆殁，颜氏年二十六。抚二子成立，守节三十一年。

李景槐妻伏氏，景槐，监生，道光十五年殁，伏氏年三十。立夫侄运雄为嗣，守节三十三年。

李良景妻周氏，良景殁，周氏年二十八。抚孤镇南成立，守节三十八年。

李维德继妻黄氏，道光十六年，继德殁，黄氏年二十八，事孀姑以孝闻。子生甫六月，抚之成立。守节十二年。

李维章妻杨氏，道光十七年，维章殁，杨氏年二十七。抚孤成立，守节三十六年。

李和诚妻易氏，道光十八年，和诚殁，易氏年十七。抚孤世道成立，守节三十五年。世道，监生。

李华琼妻毛氏，道光十九年，华琼殁，毛氏年二十。抚孤廷举成立，守节三十四年。

李名达妻杨氏，道光二十年，名达殁，杨氏年二十六。立夫从侄试昭为嗣，现守节四十年。光绪四年题旌。

李华瑅妻何氏，道光二十二年，华瑅殁，何氏年二十九。抚孤廷魁成立，守节三十一年。

李和杰妻游氏，道光二十三年，和杰殁，游氏年三十三。家贫，知书，岁授女弟子读；抚二子成立，守节三十年。

李逢阅妻欧阳氏，道光二十三年，逢阅殁，欧阳氏年二十六，守节三十年。

李丹富妻黎氏，丹富殁，黎氏年三十二。贫无屋，携苦行丐，族邻哀其苦，假屋居之，守节二十九年。

李星榛妻宋氏，道光二十五年，星榛殁，宋氏年二十三。抚遗腹子成立，为县学生，守节二十六年，同治九年卒。

李和衷妻蔡氏，蔡先硕之女。道光二十六年，和衷殁，蔡氏年二十五。抚孤世遵、世仁、世遴成立，现守节三十一年。

李琢成妻曹氏，监生曹应逵女。琢成，县学生，道光二十六年琢成病，黄氏割股和药以进，旋殁，氏年二十二。抚子泽丰、泽民成立，现守节三十四年，敕封安人。

李大畴妻许氏，道光三十年，大畴殁，许氏年三十一，守节二十三年。

李懋和妻吴氏，道光三十年，懋和殁，吴氏年十九。无子。立夫兄树和子世章为嗣，现守节二十九年，貤封淑人。

李世山妻朱氏，咸丰元年，世山殁，朱氏年三十三。家贫，子继云，甫一岁，抚之成立，守节二十七年。

李星和妻戴氏，咸丰二年，星和殁，戴氏年二十九。抚孤成立，守节二十七年。

李榱妻余氏，榱，县学生，著有《闺训》一卷。咸丰七年殁，余氏年十九，日取《闺训》读，则悲不自胜，守节九年，疾卒。

李新莪妻龙氏，咸丰中，新莪殁，龙氏年二十。无子守节二年，呕血死。

李直棠妻吴氏，咸丰九年，直棠殁，吴氏年十八。子一，夭。抚夫侄世璋为嗣，事祖母暨姑以孝闻，现守节十五年。

李成章妻张氏，同治元年题旌。

李蔚堂妻龚氏，同治五年，蔚堂殁，龚氏年二十八。识字能诗，长斋绣佛，守节，端坐死。

李世煌妻吴氏，世煌，县学生。同治九年，世煌病，吴氏割股和药以进，旋殁，氏年廿八。子四，现守节十一年。

李启俊妻郭氏，从九郭家聪女。同治九年启俊殁，郭氏年十九。抚遗腹子先桂成立，现守节十一年。

李世钧妻易氏，举人易倬章女。世钧，监生，同治九年殁，易氏年二十六。抚子泽芗成立，现守节十一年。

李泽瀛妻钟氏，监生钟黎愈女。同治十三年泽瀛殁，钟氏年二十四。抚子长健、长治，守节六年卒。

案，李氏节妇附载三人。又案，李直夫妻王氏、李祥伟妻萧氏、李运熊妻周氏，皆节妇也。王氏、萧氏现年甫三十馀，周氏守节甫十年，附著于此。

刘云凤妻萧氏，云凤殁，萧氏年二十二。事姑及王姑以孝闻，抚二子成立。次子死，妇王氏继姑守节。雍正二年并题旌。

刘鉴珩妻任氏，康熙二十三年，鉴珩殁，任氏年二十七。家贫，事孀姑谨，抚一子成立，守节四十一年。旧志漏。

刘廷植妻谈氏，廷植殁，谈氏年二十三。子一，生甫一月，抚之成立。守节三十六年。

刘大悦妻胡氏，大悦殁，胡氏年二十。家贫，立夫侄万福为嗣，守节三十二年。

刘珍武妻刘氏，珍武殁，刘氏年少无子，矢志守节。继姑陈氏亦以节著，刘氏事之谨。珍武弟祥武死，妻杨氏，抚孤中遴成立；祥武弟坤武，县学生，亦早死，妻李氏抚孤策成立。人号“一门四节”。策，武举。

刘中德妻胡氏，中德殁，胡氏年十七。遗腹生一子，旋夭；两夫弟均幼。父母怜其少欲嫁之，胡氏引刀断指，以死自矢，抚夫弟成立，乃立夫弟之子为嗣，守节三十四年。题旌。

刘本善妻王氏，本善病笃，以未终养为恨，王氏咬指血书“奉养为吾志”五字示本善。及殁，王氏年十八。家贫，勤纺绩以奉养舅姑，抚孤文凤成立，守节三十六年。题旌。

刘本韬妻姚氏，本韬殁，姚氏年二十二。家贫，子一，生甫两月，抚之成立。守节五十九年。

刘文茂妻田氏，文茂殁，田氏年二十六。抚孤成立，守节五十四年。

刘世凤妻罗氏，世凤歿，罗氏年二十九。家贫，一子与夫弟均幼，抚之成立。乾隆四十三年饥，道殣相望，罗氏典衣买棺收葬。守节五十四年。题旌。

刘之林妻梅氏，之林歿，梅氏年二十七。家贫，抚孤熙甫成立，守节六十年。熙甫死，妇彭氏年二十七，奉孀姑，抚孤远培成立，守节五十年。

刘之培妻罗氏，之培歿，罗氏年二十一。抚孤嗣煦成立，守节六十三年。

刘嗣远妻郝氏，嗣远歿，郝氏年十七。立夫侄光辉为嗣；姑病瘘数年，侍之谨。守节三十七年。嘉庆十六年题旌。

刘嗣炽妻蒯氏，嗣炽歿于女，蒯氏年二十三。立夫侄为嗣，守节以终。

刘嗣燿妻张氏，嗣燿歿，张氏年三十。立夫侄远执为嗣。远执，县学生，早死，妇吴氏继姑守节。立夫侄祥发为嗣。

刘佑馀妻钟氏，佑馀歿，钟氏年十八，守节六十三年。

刘仁芬妻谭氏，仁芬歿，谭氏年二十二。抚孤成立，守节五十一年。

刘仁岚妻杨氏，仁岚歿，杨氏年二十五，守节三十年。

刘仁锡妻谭氏，仁锡歿，谭氏年二十八，守节二十四年。

刘仁名妻杨氏，仁名歿，杨氏年二十五。抚孤盛鹤成立，守节三十五年。

刘盛图妻姚氏，盛图歿，姚氏年十九。抚一子成立，守节三十四年。

刘品贵妻李氏，品贵，监生，歿，李氏年二十七。抚孤元益、云瓒成立，守节五十年。元益、云瓒，并监生。

刘国筠妻易氏，乾隆四十五年，国筠殁，易氏年二十四。抚孤绪瑞成立，守节五十三年。嘉庆中，知县李其丰旌其门。

案，国筠，旧志作国钧。

刘肇乐妻周氏，肇乐殁，周氏年二十三。子一，夭。立夫侄为嗣，守节四十八年。

刘敦本妻张氏，敦本殁，张氏年二十六。抚二子及妾子成立，守节二十五年。长子惟熙，监生。

刘孔殷妻龙氏，孔殷殁，龙氏年二十九。立夫侄登樾为嗣，守节二十二年。

刘安元妻潘氏，安元殁，潘氏年二十八。家贫，抚一子成立，守节三十一年。

刘昌蒸妻杨氏，昌蒸殁，杨氏年二十五。为夫立后，守节二十八年。

刘昌禧妻傅氏，昌禧殁，傅氏年二十四。抚孤成立，守节二十七年。

刘光琏妻王氏，旧志存名。

刘玉峰妻邹氏，乾隆四十六年，玉峰殁，邹氏年二十六。抚一子成立，守节六十四年。

刘文治妻黄氏，乾隆五十六年，文治殁，黄氏年二十二，守节七十六年。

刘支桂妻罗氏，乾隆五十七年，支桂殁，罗氏年二十二。立夫兄子昌黼为嗣，守节五十六年。

刘有恒妻江氏，有恒殁，江氏年二十一。抚孤芳城、芳名成立，守节七十二年。芳城，监生；芳名，县学生。

刘维盛妻蒯氏，维盛殁，蒯氏年十九。抚孤远咸成立，守节五十年。

刘美盛妻吴氏，嘉庆元年，美盛殁，吴氏年二十三，守节六十五年。

刘元裕妻吴氏，嘉庆九年，元裕殁，吴氏年二十八。抚子二，守节四十七年卒。

刘仁琇妻黄氏，嘉庆十年，仁琇殁，黄氏年二十七。抚子元绶成立，守节三十年卒。同治四年题旌。

刘文新妻陈氏，嘉庆十九年，文新殁，陈氏年二十三。抚遗腹子云章成立，守节四十年。云章死，妇汤氏年二十九。抚孤亮成立，守节三十一年。亮，县学生，以军功保主簿。

刘远瑞妻吴氏，嘉庆二十二年，远瑞殁，吴氏年十六。家贫，立夫弟远大子祥彩为嗣，守节五十六年。同治四年题旌。

刘烈凡妻李氏，烈凡殁，李氏年三十。抚一子成立，守节五十五年。

刘名彰妻钟氏，名彰殁，钟氏年二十二。子一，生甫三月，抚之成立。守节五十五年。

刘兴惺妻李氏，嘉庆二十四年，兴惺殁，李氏年二十九。抚孤成立，守节五十四年卒。同治四年题旌。

刘春晖妻危氏，春晖殁，危氏年二十一。家贫，抚遗腹子青云成立，守节二十二年。

刘守固妻易氏，守固殁，易氏年二十六。立夫侄直庭为嗣，守节二十二年。

刘文斯妻杨氏，文斯，县学生，道光元年殁。杨氏年二十九。立夫侄继章为嗣，守节五十二年。

刘拔夫妻陈氏，道光三年，拔夫殁，陈氏年三十二。无子，守节二十八年。

刘远升妻高氏，远升，监生，道光六年殁。高氏年二十八。

抚孤祥俊成立，守节四十六年。同治四年题旌。祥俊，候选教谕，署甘肃渭源县知县。

刘远宣妻彭氏，道光六年，远宣殁，彭氏年二十六，守节四十四年。

刘浩宝妻湛氏，道光六年，浩宝殁，湛氏年二十三，守节四十年。

刘浩涧妻彭氏，道光十二年，浩涧殁，彭氏年三十二。抚孤成立，守节四十一年。

刘远临妻钟氏，远临殁，钟氏年二十七。抚孤成立，守节三十八。同治四年题旌。

刘显龙妻黄氏，道光十六年，显龙殁，黄氏年二十九。抚孤成立，守节三十七年。

刘远新妻杨氏，道光十九年，远新殁，杨氏年三十。家贫，或劝之嫁，泣拒之，日啖藜藿，抚孤成立，守节三十四年。

刘俊章妻杨氏，俊章，县学生，道光二十三年殁，杨氏年二十三。能诗，著有《小红蕖诗稿》，守节三十七年，抚子德琼以军功保举蓝翎五品衔。

刘祥哲妻姚氏，举人姚邦彦女，道光二十七年归祥哲，数月祥哲殁，姚氏年二十一。立夫弟祥盈子人炤为嗣，现守节三十三年。

刘金锡妻陈氏，道光二十九年，金锡殁，陈氏年二十八。抚孤泮炳、泮梧成立，守节二十四年。

刘荣铭妻陈氏，道光二十九年，荣铭殁，陈氏年二十八。抚孤成立，守节二十四年。

刘克山妻黄氏，克山殁，黄氏年二十四。立夫侄为嗣，守节二十四年。

刘克绍妻黄氏，道光三十年，克绍殁，黄氏年二十六。无子，夫弟克成甫十岁，抚之成立，生一子，立以为嗣，守节二十三年。咸丰十一年，克成死，妻杨氏年二十五，为夫立后。服除，一恸而绝。

刘培琛妻张氏，咸丰四年，培琛殁，张氏年二十一。遗腹生一子，守节十二年，以疾终。

刘家乾妻周氏，家乾殁，周氏年二十三，守节七年，以疾终。

刘前振妻李氏，同治六年，前振殁，李氏年二十一。抚子志琼成立，现守节十三年。

案，刘氏节妇附载七人。又案，刘祥渭妻欧阳氏，亦节妇也，现年甫三十馀，附著于此。

朱之辰妻王氏，江南人，父廷璧，湘阴主簿。之辰殁，王氏年二十六。抚孤成立，守节五十二年。雍正二年题旌。

朱文衡妻殷氏，文衡殁，殷氏年二十四，守节七十年。

朱士澍妻殷氏，士澍殁，殷氏抚遗腹子修身成立，守节三十一年。

朱仁浩妻刘氏，仁浩殁，刘氏年二十六，事姑以孝闻。子维新生，甫六月，抚之成立。守节五十年。

朱仁风妻唐氏，仁风殁，唐氏年二十七。抚孤在镐成立。在镐，县学生，与其妇皆死。唐氏复抚孤孙成立，守节五十二年。

朱隆吉妻钟氏，隆吉殁，钟氏年二十六。知书，课子以严闻，守节三十七年。

朱先桂妻刘氏，先桂殁，刘氏年二十，事孀姑以孝闻。抚一子成立，夫兄老，异居，让产与之。守节三十五年。

朱先龙妻丁氏，先龙幼孤，养于祖母姚氏，及殁，姚年八十。丁氏生子绶龙甫十月，抚之成立。

朱国贤妻谭氏，国贤殁，谭氏抚二子成立，守节三十三年。

朱能祥妻邓氏，能祥殁，邓氏年二十四。立夫侄为嗣，守节三十四年。

朱廷拔妻陈氏，廷拔殁，陈氏年二十七，守节五十五年。

朱世佐妻任氏，世佐殁，任氏抚孤典训成立，守节三十年。

朱显杰妻李氏，显杰殁，李氏年二十。立夫侄祖旒为嗣，守节三十一年。

朱显芹妻文氏，显芹殁，文氏年二十七。抚一子成立，守节二十七年。夫弟显有殁，娣妇戴氏亦年二十七。抚一子成立，守节二十四年。

朱又春妾吴氏，又春殁，吴氏年二十三。抚孤绍卿成立，守节六十年。道光中，巡抚陆费瑔旌其门。绍卿殁，妇吴氏年二十七，教子祖濬有贤声，守节二十九年。祖濬死，妇杨氏年二十二，子发芳幼，守节十年，以疾终。

朱显奇妻戴氏，嘉庆二年，显奇远游不归死，戴氏年十八。家贫，或劝之嫁，泣拒之。抚孤侄成立，守节五十二年。

朱良新妻杨氏，嘉庆十五年，良新殁，杨氏年二十七。立夫侄光彩为嗣，守节三十七年。

朱家泮妻张氏，张煜之女。道光二十年，家泮殁，张氏年二十五。抚孤成立，守节三十九年。

朱良庭妻易氏，道光二十九年，良庭殁，易氏年二十二，守节二十四年。

朱光澍妻荀氏，咸丰六年，光澍殁，荀氏年十八。立夫侄为嗣，守节十年，以疾终。

案，朱氏节妇附载三人。又案，朱书田妻左氏，亦节妇也，以开报不详，附著于此。

戴而藻妻周氏，而藻殁，周氏年二十五。舅姑相继殁，葬祭如礼；课二子为县学生，守节六十一年。雍正三年题旌。

戴守宗妻苏氏，守宗殁，苏氏年二十五。姑劝之嫁，苏氏抚孤加文，泣曰："夫死而嫁，是人而狗彘也，且焉。"置此，姑为感动。

戴宗典妻金氏，宗典殁，金氏年二十四。立夫侄为嗣，守节三十六年。

戴宗训妻彭氏，宗训殁，彭氏年三十。抚一子成立，守节二十六年。

戴宗诲妻杨氏，宗诲殁，杨氏年二十八。抚一子成立。

戴运诒妻徐氏，运诒殁，徐氏年十九。家贫，抚孤家珍成立，守节三十二年。

戴文煌妻徐氏，文煌殁，徐氏年二十。抚孤三元成立，守节二十六年。

戴祖修妻李氏，祖修殁，李氏年二十九。抚孤成立，守节三十一年。

戴祖凤妻谭氏，祖凤殁，谭氏年二十七。立夫兄祖弁子乾德为嗣，守节十八年。嘉庆二十一年乾德殁，妇李氏年二十三。抚孤常谦成立，守节二十三年。

戴祖冕妻黄氏，祖冕殁，黄氏年二十九，誓以死殉，姑谕止之，抚孤成立。

戴祖绶妻李氏，嘉庆二年，祖绶殁，李氏年二十六。子德远，生甫五月，抚之成立。守节五十五年。德远，监生，道光五年殁，妇黄氏年二十九。抚孤常钦、常楷、常洪成立，守节四十八年。

戴念德妻袁氏，旧志存名。

戴运文妻杨氏，运文殁，杨氏年三十。家贫，抚四子成立，守节六十年。

戴宗拔妻郭氏，嘉庆二十四年，宗拔殁，郭氏年二十四。舅姑病数年，事之谨，及殁，丧葬尽礼。抚孤思胜成立，守节二十九年。

戴德溢妻李氏，嘉庆二十四年，德溢殁，李氏年二十九。抚孤常萃、常晋成立，守节二十八年。道光二十三年常晋殁，妇李氏年二十八。家贫，立夫从弟常翥子新涛为嗣，守节三十年。

戴祖燕妻蓝氏，祖燕殁，蓝氏年二十三。家贫，夫弟劝之嫁，不可，守节五十四年。

戴常年妻龚氏，道光十二年，常年殁，龚氏年二十八。抚孤新旸成立，守节四十一年。

戴开炳妻周氏，道光十四年，开炳殁，周氏年二十九。抚孤成立，守节三十九年。

案，戴氏节妇附载三人。

易远周妻胡氏，远周殁，胡氏年二十七。抚孤成立，守节四十六年。

易广生妻殷氏，归广生未久，广生殁，殷氏守节，年至八十有二。雍正三年题旌。有传。

易皇爵妻陈氏，皇爵殁，陈氏年十六。投缳，其弟救之得不死。王姑病，祷天求代，守节以终。

易以长妻李氏，以长殁，李氏年三十。抚孤人杰成立。人杰子尚士早死，妇司马氏年二十五。子品亨，生甫六月，继王姑志守节。品亨死，妇杨氏年二十。抚孤铼满、铼灿成立。人号“易氏三节”。

易崇曜妻陈氏，崇曜殁，陈氏年二十。立夫弟巄曜长子泰为嗣；泰死，与妇周氏抚育孤孙，守节四十馀年。乾隆五十二年题旌。

易巄曜妻刘氏，巄曜，监生，殁，刘氏年二十九。子二，长泰出后夫兄，次震，复夭。守节四十年卒。

易应掞妻彭氏，应掞殁，彭氏年二十四。子幼，适夫弟生三日而姑死，彭氏并乳哺之，抚之成立。

易应璋妻徐氏，应璋殁，徐氏年二十一。抚孤大亨成立；大亨死，与妇何氏抚育孤孙汉柱，时号“双节”。

易焕琼妻杨氏，焕琼殁，杨氏年二十八。事姑病，不避秽恶，守节四十三年。妾徐氏亦年少守节，富室某闻其贤，欲娶之，引刀自刎，以救得不死。

易焕燿妻陈氏，焕燿殁，陈氏年二十七。抚孤常崑成立，守节四十年。

易元晃妻田氏，元晃殁，田氏年二十七。家贫，守节三十二年。

易焕权妻吴氏，焕权殁，吴氏年二十四。子幼，抚之成立。姑嗜鱼脍，岁旱，无可市鱼。吴氏从沟浍中求之，得鱼二，人谓孝感所致。嘉庆十四年题旌。

易焕光妻张氏，焕光，从九衔，嘉庆二年殁。张氏年二十三。抚孤文增成立，守节四十八年。文增死，妇黄氏年二十，继姑守节。立夫侄合章为嗣，守节三十八年。

易焕昱妻杨氏，焕昱殁，杨氏年二十。抚孤文坤成立，守节以终。

易来凤妻范氏，来凤殁，范氏年二十二。子一，甫一岁，抚之成立。守节四十七年。

易来魁妻甘氏，来魁殁，甘氏年十九。立夫侄为嗣，守节四十八年。

易尚珍妻杨氏，尚珍殁，杨氏年二十五。事姑以孝闻，守节三十六年。

易惠国妻谭氏，惠国殁，谭氏年二十六。家贫，抚二子成立，守节三十一年。

易开咏妻周氏，开咏殁，周氏年十九。无子，守节三十三年。

易枝崑妻杨氏，归枝崑六月，枝崑殁，杨氏年十七。立夫侄宗佑为嗣，守节三十四年。

易昌应妻萧氏，昌应，监生，殁，萧氏年二十三。立夫族侄尔茂为嗣，守节三十五年。

易尔秀妻谭氏，尔秀殁，谭氏年二十五。抚一子成立，守节二十四年。

易来仕妻谭氏，旧志存名。

易大贤妻喻氏，乾隆五十七年，大贤殁，喻氏年二十九，守节四十三年。题旌。邑人吴英樾为立传。

易晴波妻黄氏，归晴波三月，晴波殁，黄氏年十七。遗腹生一女。立夫侄兴奇为嗣，守节四十八年。

易尔谦妻张氏，嘉庆四年，尔谦殁，张氏年二十二，守节五十一年。

易尔仕妻王氏，嘉庆四年，尔仕殁，王氏年二十二，守节四十四年。

易章培妻蔡氏，嘉庆十七年，章培殁，蔡氏年十九。子一，生甫三月，甫之成立，守节四十四年。同治三年题旌。

易来龙妻周氏，嘉庆二十三年，来龙殁，周氏年二十二。抚孤钟胜成立，守节五十五年。钟胜，从军战殁。

易际昌妻刘氏，际昌，县学生，嘉庆二十四年殁。刘氏年二十九，截指自誓。抚子尔源、尔瀚成立，守节二十年卒。孙炳勋，州同衔。

易章城妻柳氏，章城殁，柳氏年三十二。子一，夭。立夫弟章墀子琦鼎为嗣，守节四十三年。

易玉和妻黄氏，道光三年，玉和殁，黄氏年二十二。家贫，子一，早死，抚两孙成立。守节五十年。

易鸣玉妻杨氏，道光四年，鸣玉殁，杨氏年二十五。立夫弟县学生藻玉之子荣芝为嗣，守节四十九年。同治二年题旌。

易世钧妻杨氏，道光五年，世钧殁，杨氏年二十三。抚孤亮臣成立，守节四十八年。

易焕桂妻赵氏，焕桂，一名超，浙江东阳县丞，道光六年殁，赵氏年二十六。抚孤成立，守节四十七年。

易玉春妻黄氏，道光七年，玉春殁，黄氏年二十五，守节四十六年。题旌。

易庭玉妻黄氏，道光七年，庭玉殁，黄氏年二十五。抚孤芝生成立，守节四十六年。同治二年题旌。

易谦甫妻胡氏，道光九年，谦甫殁，胡氏年二十七。抚一子成立，守节三十九年。

易钟元妻胡氏，道光九年，钟元殁，胡氏年二十七。抚孤楚方成立，守节四十四年。楚方死，妇王氏年二十九。抚孤仙桂、润桂成立，守节二十七年。

易文穆妻郑氏，文穆，监生，道光九年殁，郑氏年二十四。抚孤冕章成立，守节四十二年卒。同治九年题旌。有传。

易章美妻曹氏，道光十年，章美殁，曹氏年二十一。子一，夭。立夫弟章誉之次子为嗣，守节二十七年。

易文涵妻郑氏，文涵，兖州知府，焕暄第三子，道光十三年殁。郑氏年二十五。抚孤章遹成立，守节三十八年。章遹死，妇李氏继姑守节。

易尔瀚妻郭氏，举人郭世俩之女。道光二十年，尔瀚殁，郭氏年二十五。家贫，矢志抚孤炳勋成立，守节三十五年卒。题旌。入祀节孝祠。

易开炳妻高氏，开炳殁，高氏年十八，守节三十三年。

易鼎玉妻高氏，鼎玉殁，高氏年二十，守节三十三年。

易玉琭妻唐氏，玉琭殁，唐氏年二十五。抚孤成立，守节四十五年。

易文浓妻湛氏，文浓，监生，道光二十一年殁，湛氏年二十五。抚遗腹子炜章成立，守节三十二年。题旌。炜章，县学生。

易青玉妻吴氏，道光二十三年，青玉殁，吴氏年十九，守节三十六年卒。

易鼎节妻何氏，鼎节殁，何氏年二十一。立夫弟县学生绍准之子为嗣，守节二十九年。

易春园妻蒋氏，道光二十四年，春园殁，蒋氏年二十八。抚三子成立，守节三十五年。题旌。

易贡章继妻郑氏，贡章，廪生，道光二十五年殁，郑氏年二十四。抚一子及前室二子成立，守节二十八年。

易章勋妻吴氏，道光二十六年，章勋殁，吴氏年二十八。家贫，抚三子成立，守节二十七年。

易名章妻吴氏，道光二十八年，名章殁，吴氏年二十七，守节二十五年。

易翰章妻钟氏，道光二十九年，翰章殁，钟氏年二十八。子三，病痦者二。家贫，守节二十四年。

易文浐妻吴氏，文浐殁，吴氏年二十九，守节二十七年。

易章益继妻胡氏，章益殁，胡氏年二十二。子一，守节九年，以疾终。

易江章妻刘氏，咸丰四年，江章为粤逆掠去，刘氏年二十七。历十五年，忧郁成疾死。

易冕章继妻黄氏，待字二十八岁，咸丰八年归冕章时，冕章已病四十馀日而殁。黄氏抚前室子翰鼎、晶鼎成立，守节二十二年。翰鼎，县学生。

案，易氏节妇，附载八人。

左之富妻杨氏，康熙二年，之富殁，杨氏年二十六。家贫，抚子成立，守节五十六年。

左应执妻李氏，康熙二十三年，应执殁，李氏年二十八。抚二子成立，守节三十三年。

左应举妻穆氏，康熙二十六年，应举殁，穆氏年二十九。抚子成立，守节四十八年。

左以钰妻王氏，以钰，县学生，康熙四十四年殁，王氏年三十。抚子成立，守节六十三年。次子定濬，县学生。

左定金妻何氏，康熙五十四年，定金殁，何氏年二十二。抚一子成立，守节五十九年。题旌。

左定溥妻盛氏，康熙五十五年，定溥殁，盛氏年二十九。抚三子成立，守节三十七年。

左逢科妻佘氏，乾隆二十四年，逢科殁，佘氏年二十六。家贫，抚子成立，守节六十二年。

左逢适妻佘氏，乾隆二十八年，逢适殁，佘氏年二十二。立夫侄为嗣，守节五十八年。并题旌。

左人镇妻龚氏，人镇殁，龚氏年二十七。侍病姑以孝闻，抚二子成立，守节四十七年。

左人睿妻蒋氏，人睿，举人，乾隆四十六年殁，蒋氏年二十九。抚一子成立，守节四十九年。

左人昺妻潘氏，乾隆四十七年，人昺殁，潘氏年二十九。家贫，抚三子成立，守节五十年卒。题旌。

左人封妻蒋氏，乾隆五十六年，人封殁，蒋氏年二十九。家贫，抚四子成立，守节二十四年。道光三十年题旌。孙葆真，云南迤西道。

左人秀妻易氏，乾隆五十九年，人秀殁，易氏年二十三。抚一子成立，守节五十四年。题旌。

左人麟妻易氏，嘉庆五年，人麟殁，易氏年二十九。家贫，抚一子成立，守节四十七年。

左立楷妻李氏，嘉庆二十五年，立楷殁于直隶，李氏年二十八，以夫丧归。家贫，守节四十一年。

左宗棫妻盛氏，宗棫，廪生，道光三年殁，盛氏年二十五。抚孤成立，守节四十七年。同治八年题旌。

左启勤妻唐氏，道光六年，启勤殁，唐氏年三十。子二，夭。抚孙成立，守节四十七年。

左启化妻楚氏，道光二十年，启化殁，楚氏年二十八。抚二子成立，守节二十三年。

左昭纶妻杨氏，昭纶殁，杨氏年二十八。抚孤新梓成立，守节二十三年。

左浑妻郭氏，兵部侍郎郭嵩焘之女。左浑中同治庚午科举人，逾年卒，郭氏年二十，不食三日。子一，亦夭，抚夫兄潜子为嗣，守节八年卒。巡抚李明墀专折奏请旌表。

左潜妻常氏，湖北巡抚常大淳之女。左潜殁，常氏年二十三，尚未及应旌典。

周吉仁妻罗氏，吉仁殁，罗氏年二十五。家贫，抚孤成立。

姑熊氏瞽，侍养极勤，殁，哀毁逾常制。守节三十年。

周成科妻姬氏，康熙二十九年，成科殁，姬氏年二十三。抚孤成立，守节五十六年。旧志漏。

周嗣潍妻曾氏，康熙三十三年，嗣潍殁，曾氏年二十七。抚三子成立，守节四十四年。旧志漏。

周纵妻高氏，康熙五十五年，纵殁，高氏年二十六，守节六十五年。旧志漏。

周尊杞妻黄氏，乾隆三十八年，尊杞殁，黄氏年二十。抚一子成立，守节三十四年。旧志漏。

周尊常妻吴氏，尊常殁，吴氏年二十二。或劝之嫁，引刀自刎，家人救之，得不死。姑嗜樱桃，买数本植园中不实，祷祝再三乃实。姑殁，亦不复实。已题旌。

周尊俊妻彭氏，尊俊殁，彭氏年二十一。抚孤之萃成立，守节五十三年。之萃，监生，早死，妇柳氏年二十八，能继姑志，抚孤启泰成立，守节三十三年。

周之先妻黄氏，之先殁，黄氏年二十四。子天度，甫二岁。比长，黄氏畀以之先遗书，勉之力学。守节三十六年。天度，廪贡生。

周启旦妻钟氏，启旦殁，钟氏年二十一。家贫，族逼之嫁，以死自矢，抚三子成立。守节四十一年。

周谌成妻林氏，谌成殁，林氏年二十二。抚一子成立，守节三十一年。

周锡仁妻杨氏，锡仁殁，杨氏年二十三。抚遗腹子嘉猷成立，守节四十六年。

周锡琇妻瞿氏，锡琇殁，瞿氏年二十四。立夫兄锡珖子鸿略为嗣，守节六十一年。

周锡煦妻邓氏，锡煦，县学生，殁，邓氏年二十四。立夫侄嘉鹏为嗣，守节五十四年。

周锡龙妻王氏，锡龙殁，王氏年二十七，守节以终。

周锡柏妻谢氏，乾隆四十四年，锡柏殁，谢氏年二十，守节五十四年。旧志漏。

周祠禄妻李氏，乾隆四十八年，祠禄殁，李氏年二十九。家贫，守节三十八年。旧志漏。

周东汉妻徐氏，东汉殁，徐氏年三十一。抚五子成立，守节五十六年。

周朝旦妻夏氏，朝旦殁，夏氏年二十六，赴井，遇救得不死。立夫侄廷芳为嗣，守节以终。

周朝清妻向氏，朝清殁，向氏年二十一。抚遗腹子岐椿成立，守节四十七年。

周嗣芳妻许氏，嗣芳，县学生，殁，许氏年二十一，守节六十年。

周容妻刘氏，容殁，刘氏年十九。抚遗腹子成立，守节五十四年。

周贤书妻郑氏，贤书殁，郑氏年十六。兄弟怜其少，讽之嫁，郑氏引剪刀自刺，家人救之得不死。立夫兄子才可为嗣，守节四十四年。题旌。

周辉斗妻彭氏，辉斗殁，彭氏年二十八。家贫，饭蕨，而以甘旨奉姑。抚一子成立，守节五十八年。

周上杰妻彭氏，上杰殁，彭氏年二十。抚孤成立，守节六十年。

周兴连妻蔡氏，兴连殁，蔡氏年二十五，守节六十年。

周兴仁妻潘氏，兴仁殁，潘氏年二十五。立夫侄为嗣，守节三十一年。

周永瑚妻赵氏，永瑚殁，赵氏年二十六。家贫，抚一子及两夫弟成立，守节六十六年。

周永阶妻赵氏，永阶殁，赵氏年二十四。家贫，守节三十七年。

周永赞妻杨氏，永赞殁，杨氏年二十四，守节四十三年。

周雨甘妻邵氏，雨甘殁，邵氏年二十。抚孤成立，守节五十三年。

周应拔妻王氏，应拔殁，王氏年二十一，守节四十四年。

周昌镐妻甘氏，昌镐殁，甘氏年二十，守节四十四年。

周支敏妻汤氏，支敏殁，汤氏年二十三。抚孤成立，守节四十二年。

周政调妻黄氏，政调殁，黄氏年二十七，守节三十四年。

周鸣科妻袁氏，武举荣邦孙女。鸣科殁，袁氏年二十。立夫侄承熺为嗣，守节四十四年。

周方外妻罗氏，方外殁，罗氏年二十四。抚二子成立。

周遇元妻甘氏，遇元殁，甘氏年三十。立夫侄国宾为嗣，守节以终。

周元透妻吉氏，元透殁，吉氏年二十七。抚一子成立，守节二十六年。

周高志妻彭氏，高志殁，彭氏年二十二，抚孤成立。贷不能偿者，焚其券，人皆贤之。

周家魁妻杨氏，家魁殁，杨氏年二十四。抚孤成立，守节以终。

周成文妻舒氏，成文殁，舒氏年二十五。子一，夭。立夫侄振贤为嗣，守节二十八年。

周淑臣妻杨氏，淑臣殁，杨氏年十九，守节五十二年。

周柏妻胡氏，柏殁，胡氏年二十二。子尊辉，甫二岁，抚之成立。守节三十九年。

周瑶枝妻杨氏，瑶枝，县学生，殁，杨氏年三十。立夫兄达枝子曜文为嗣，守节三十六年。

周瑗枝妻吴氏，瑗枝殁，吴氏年二十九。立夫兄芬枝子曜典为嗣，守节二十七年。

周世承妻杨氏，乾隆五十七年，世承殁，杨氏年二十六。家贫，抚孤韵和成立，守节六十七年。韵和有子早夭，事母以孝闻。

周启焴妻徐氏。

周锡泰妻陈氏。

周垂万妻萧氏，以上三人，旧志存名。

周嘉穑妻谢氏，乾隆五十七年，嘉穑殁，谢氏年二十六，守节五十八年。

周祖栋妻杨氏，乾隆六十年，祖栋殁，杨氏年二十九。抚遗腹子成立，守节五十四年。

周荣南妻李氏，嘉庆七年，荣南殁，李氏年二十八。抚孤盛安成立，守节三十七年。

周学喻妻赵氏，嘉庆九年，学喻殁，赵氏年二十九，守节二十九年。

周德志妻彭氏，嘉庆九年，德志殁，彭氏年二十七。家贫，旧债痛自撙节举偿之。抚孤大鹏成立，守节六十六年。

周瀰第妻欧阳氏，嘉庆十三年，瀰第殁，欧阳氏年二十二，守节二十四年。

周开寅妻吉氏，嘉庆十六年，开寅殁，吉氏年二十九。抚孤邦梓、邦杞成立，守节四十八年。

周裔相妻刘氏，嘉庆十七年，裔相殁，刘氏年二十七。抚二子成立，守节五十一年。

周枝飞妻刘氏，嘉庆二十一年，枝飞殁，刘氏年二十四。抚孤曜曾成立。曜曾死，复抚孤孙庸芬、玉芬成立。守节五十七年。

周鸿懋妻张氏，嘉庆二十四年，鸿懋殁，张氏年十八。家贫，抚孤瑞枝成立，守节三十一年。

周光谟妻黄氏，光谟殁，黄氏年十八。卒哭后归宁，母怒曰："夫骨未寒，何归为?"遂恸哭而返，毁容矢志，守节五十五年。

周尊和妻湛氏，尊和殁，湛氏年三十，守节五十年。

周嘉诚妻余氏，嘉诚殁，余氏年三十。家贫，抚孤祖佑、祖煌成立，守节五十三年。

周莲亭妻徐氏，莲亭，县学生，道光四年殁，徐氏年二十。抚孤养吾成立，守节三十一年。

周昌阖妻田氏，道光四年，昌阖殁，田氏年二十。家贫，抚孤成立，守节四十一年。

周需曜妻任氏，监生兆祥女。需曜殁，氏年二十四。子庸芬，甫三岁，奉姑抚子，资纺绩为生。姑殁，遂以毁卒。

周遇元妻萧氏，道光五年，遇元殁，萧氏年二十三。抚二子成立，守节三十八年。

周先觐妻吴氏，道光六年，先觐殁，吴氏年二十七。抚孤成立，守节四十七年。

周嘉亮妻汪氏，道光八年，嘉亮殁，汪氏年二十九，守节四十五年。

周岳祥妻赵氏，道光九年，岳祥殁，赵氏年二十七。姑病痰，老而剧，侍养无倦。抚孤鹤远、鹍远成立，守节三十一年。同治二年题旌。

周煜祥妻郑氏，道光十年，煜祥殁，郑氏年二十七。与岳祥妻赵氏同事病姑，以孝闻。抚五子成立，守节四十三年。同治二年题旌。

周廷凤妻徐氏，道光十年，廷凤殁，徐氏年二十八。舅姑早丧，一子及两夫弟均幼，抚之成立，守节四十三年。

周运官妻郭氏，举人郭世偁之女。运官殁，郭氏年二十八。家贫，茹苦抚二子，俱逝。现守节五十四年。

周德楷妻彭氏，道光十一年，德楷殁，彭氏年二十二。抚孤成立，守节四十二年。

周声畅妻缪氏，道光十一年，声畅殁，缪氏年二十四。家贫立夫兄子振新为嗣，守节四十二年。

周曜炳妻张氏，道光十三年，曜炳殁，张氏年二十六，守节四十年。

周曜焌妻陶氏，道光十四年，曜焌殁，陶氏年二十五，恸哭丧明。为夫立后，守节三十九年。

周开禄妻甘氏，道光十四年，开禄殁，甘氏年二十八。立夫兄开能次子先佳为嗣，守节四十年。

周祥太妻任氏，道光十五年，祥太殁，任氏年二十七，守节二十年。

周家咏妻胡氏，家咏殁，胡氏年三十，守节三十七年。

周宏远妻王氏，道光十八年，宏远殁，王氏年二十六。抚孤大猷成立，守节三十五年。

周曜雄妻徐氏，曜雄殁，徐氏年二十六。子一，夭。立夫兄子芬郁为嗣。家小康，族邻借其资以举丧者十七人。守节三十三年。

周德宣妻丁氏，道光二十一年宣德殁，丁氏年二十七，守节三十二年。同治四年题旌。

周启谟妻向氏，启谟殁，向氏年二十八。家贫，现守节三十一年。

周振志妻陈氏，道光二十四年，归振志八月，振志殁，陈氏年十九。立夫兄子发浚为嗣，守节十四年。以（废）〔发〕浚贵貤赠孺人，同治四年题旌。发浚，臬照磨衔。

周达春妻张氏，道光二十五年，达春殁，张氏年二十九。家贫，守节二十八年。

周乐篦妻郑氏，道光二十五年，乐篦殁，郑氏年二十八。抚立夫侄美全为嗣，守节二十八年。

周云楼妻宋氏，道光二十七年，云楼殁，宋氏年十九。子一，守节七年，以疾终。

周盛虞妻蒋氏，道光二十九年盛虞殁，蒋氏年二十七。家贫，抚孤仁岱成立，守节三十一年。

周纲谨妻张氏，纲谨殁，张氏年二十七。抚孤成立，守节二十四年。

周乐美妻谢氏，咸丰四年，乐美殁，谢氏年二十四。抚孤成立，守节十九年。

周嗣濂妻王氏，咸丰五年嗣濂殁，王氏年二十九。生一子，甫三日。抚孤成立，守节二十年。

周云成妻袁氏，同治十一年题旌。

周穀我妻高氏，穀我殁，高氏年二十八。事姑孝，持家勤俭。抚子炽昌、公南成立，守节二十四年。

周值南妻骆氏，值南卒，骆氏年二十七。抚孤保和成立，同治十三年题旌，现年七十一岁，守节五十年。

案，周氏节妇附载一人。又案，周隆登母蔡氏、周子秀妻李氏、周振昺妻黄氏、周敬诚妻黎氏、周质胜妻蒋氏，皆节妇也。蔡氏、李氏开报不详，黄氏、黎氏、蒋氏现年甫三十馀，附著于此。

彭志怡妻文氏，康熙三十六年，志怡殁，文氏年三十。舅老，姑病失明，事之谨。抚一子成立，守节四十年。题旌。

彭启爵妻黄氏，康熙四十九年，启爵殁，黄氏年二十三。抚孤胜琮成立，守节四十三年。乾隆十一年胜宗死，妇曹氏年二十四，继姑守节三十五年。旧志漏。

彭士彦继妻胡氏，士彦殁，胡氏年二十九。子一，幼。抚前室子如己出，守节以终。

彭介兹妻杨氏，介兹殁，杨氏年二十二。抚遗腹子成立，守节以终。

彭宗也妻萧氏，宗也殁，萧氏年二十六，哀毁骨立。岁饥，或劝之嫁，以死自矢，守节五十三年。

彭宗谟妻萧氏，宗谟殁，萧氏年二十三。家贫，纺绩自给，抚一子成立，守节三十二年。

彭永炽妻任氏，乾隆十一年，永炽殁，任氏年二十六。抚孤正玺成立，守节六十年。旧志漏。

彭大猷妻许氏，乾隆十八年，大猷殁，许氏年二十七。家贫，抚二子成立，守节三十年。旧志漏。

彭清汉妻任氏，乾隆五十九年，清汉殁，任氏年二十八。立夫侄玉濂为嗣，守节五十年。

彭昌文妻何氏，昌文殁，何氏年三十。事孀姑以孝闻，抚孤永锡、永锜成立，守节五十三年，五代同堂。永锡，以孝友闻。

彭昌光妻周氏，昌光初聘周氏，患废疾。父母使辞婚，周氏不可，乾隆六十年归昌光，五十日昌光殁，周氏年二十五。立夫侄大璧为嗣，守节五十二年。道光二十六年题旌。

彭家鸿妻陈氏，家鸿殁，陈氏年二十六。抚二子成立，守节五十二年。长子声昭早死，妇王氏年二十九。立夫侄大佑为嗣，守节三十年。

彭家鹏妻王氏，家鹏殁，王氏年二十八，守节二十四年。

彭维楚妻周氏，维楚殁，周氏年二十六。抚二子成立。长子立本，县学生。

彭垂谟妻李氏，垂谟殁，李氏年十九。抚一子成立，守节三十四年。

彭文炳妻焦氏，文炳殁，焦氏年二十七。家贫，抚一子成立，守节三十六年。

彭应梁妻杨氏，应梁殁，杨氏年二十七。家贫，或劝之嫁，以死自矢。抚二子成立，守节以终。

彭云驰妻金氏，云驰殁，金氏年二十八。家贫，守节四十年。

彭国重妻吴氏，国重殁，吴氏年二十五。抚二子成立，守节四十年。

彭先中妻黄氏，先中殁，黄氏年二十二。家贫，父母欲嫁之，不可。抚一子成立，守节三十年。

彭德志妻周氏，德志殁，周氏年二十八，守节六十四年。

彭昌宝妻李氏，昌宝，监生，嘉庆二十五年殁，李氏年二十四。立夫族子枝达为嗣，守节二十六年。同治二年题旌。

彭正学妻颜氏，年二十九，正学殁，长子又殇，抚次子成立，生三孙，又殁。苦节四十年卒。彭申甫为之传。

彭清扬妻欧氏，道光四年，清扬殁，欧氏年十九。抚遗腹子源徽成立，守节二十五年。

彭清馀妻范氏，清馀殁，范氏年二十九，守节四十九年。

彭羽高妻吴氏，道光四年，羽高殁，吴氏年二十四。家贫，或劝之嫁，峻拒之。抚孤本遴成立，守节三十五年。道光二十三年本遴死，妇廖氏年二十一。抚孤诗岺成立，守节三十年。诗岺早死，妇杨氏又以节著。

彭昌根妻江氏，道光六年，昌根殁，江氏年二十一。子一，生甫一月，抚之成立。守节四十年。

彭清喻妻任氏，道光八年，清喻殁，任氏年二十八。抚二子成立，现守节四十五年。道光二十八年，次子源正死，妇李氏年二十八，能继姑志，守节二十五年。

彭大岳妻黄氏，道光八年大岳殁，黄氏年二十五。立夫兄大训之子宏缙为嗣，现守节四十五年。同治二年题旌。

彭本制妻周氏，道光十三年，本制殁，周氏年二十三。子清晖，生甫七月，抚之成立。现守节四十年。

案，本制父正礼，嘉庆十二年殁，母周氏年三十一，守节二十四年。以年逾三十而寡，附著于此。

彭文运妻廖氏，道光十六年，文运殁，廖氏年二十一。家贫，事舅姑以孝闻。抚孤成立，守节三十七年。

彭远勋妻湛氏，道光十八年，远勋殁，湛氏年二十八，守节三十五年。

彭鉴冰妻黄氏，道光二十五年，鉴冰殁，黄氏年二十九，守节二十八年。

彭大田妻邱氏，道光二十五年，大田殁，邱氏年二十三。守节三年，哀毁成疾死。

彭如荀妻谢氏，道光二十六年，如荀殁，谢氏年二十三，守节七年，以疾终。子原杰，候选府知事。

彭如晋妻李氏，道光二十七年，如晋殁，李氏年二十九，守节五年，以疾终。子原鉴，县学生。

彭芳峰妻陈氏，芳峰殁，陈氏年二十四，守节二十六年。

彭清炳妻周氏，咸丰元年，清炳殁，周氏年二十九。抚孤源远成立，守节二十二年。

彭楷妻端木氏，楷，县学生，咸丰三年殁，端木氏年二十五。家贫，无子，守节二十五年。

案，彭氏节妇载六人。

柳启远妻萧氏，康熙五十年，启远殁，萧氏年三十二。立夫侄世焕为嗣。

柳启汉妻刘氏，归启汉一月，启汉远游不反死，刘氏年十六。家贫，守节六十九年。乾隆三十一年，知县许士杰旌其门。

柳世旦妻刘氏，乾隆九年，世旦殁，刘氏年三十。家贫，抚孤贤炜成立，守节二十一年。

柳贤铎妻孙氏，贤铎殁，孙氏年二十七。抚孤成立，守节四十五年。

柳贤成妻汤氏，贤成殁，汤氏年二十九。家贫，子太湖幼，父母欲夺其志，截指矢志，守节三十六年。太湖死，妇朱氏年二十四，能继姑志，事姑以孝闻，守节三十六年。并题旌。

柳达海妻许氏，乾隆四十一年，达海殁，张目不受含。许氏年二十八。抚尸泣曰："所不为君守志，有如日。"乃瞑受含。立夫弟子为嗣，守节三十年。旧志漏。

柳太兴妻杨氏，太兴殁，杨氏年十九。抚一子成立，守节五十二年。

柳太会妻刘氏，乾隆四十九年，太会殁，刘氏年二十九。抚孤和瑞、和畅成立，守节四十三年。

柳心德妻黎氏，心德殁，黎氏年二十五。子一，生甫六月，抚之成立。

柳宣铎妻梁氏，乾隆五十一年，宣铎殁，梁氏年二十七。家贫，抚孤成立，守节四十一年。

柳太香妻黄氏，嘉庆十一年，太香殁，黄氏年二十九。立夫侄和祖为嗣，守节四十五年。

柳和莹妻徐氏，嘉庆十八年，和莹殁，徐氏年二十八。抚遗腹子开馥成立，守节五十五年。道光十三年，开馥死，妇徐氏年二十，与姑相依，抚二子成立，守节四十年。

柳太贝继妻刘氏，嘉庆二十二年，太贝殁，刘氏年二十八。抚孤成立，守节五十六年。

柳太思妻单氏，嘉庆二十四年，太思殁，单氏年二十七。抚孤玉池成立，守节一十五年。

柳和雨妻喻氏，道光二十年，和雨殁，喻氏年三十一。家贫，子一，夭。立夫兄子开宝为嗣，守节三十三年。

案，柳氏节妇附载二人。

张良逊妻孙氏，良逊殁，孙氏年二十四。子一，甫一岁。或劝之嫁，泣曰："夫死而不见信于人，是予之罪也。"乃投缳，家人救之，得不死，事姑以孝闻。

张亨次继妻李氏，亨次殁，李氏年二十三。事舅姑以孝闻，抚一子成立，守节四十七年。

张子文妻李氏，子文殁，李氏年二十。抚夫侄成立，守节五十八年。

张适山妻任氏，适山殁，任氏年十九。立夫侄为嗣，守节以终。

张尚馥妻刘氏，康熙五十二年，尚馥殁，刘氏年三十。子文榜，甫三岁，抚之成立。守节四十七年。

张尚赤妻赵氏，尚赤殁，赵氏勤纺绩，抚孤成立，守节三十三年。

张尚爵妻郑氏，尚爵殁，郑氏年二十六。抚一子成立，守节五十六年。夫弟尚德死，娣妇陈氏年二十一，同心矢志，抚一子成立，守节五十七年。

张尚礼妻吴氏，尚礼殁，吴氏年二十六。抚幼子成立，守节六十年。

张尚恭妻罗氏，尚恭殁，罗氏年二十八。立夫侄为嗣，守节二十年。

张西宾妻邓氏，雍正四年，西宾殁，邓氏年二十四。家贫，勤纺绩以奉姑。姑殁，呕血几死，抚一子成立，守节三十六年。乾隆中，知县陈钟理旌其门。

张殿知妻仇氏，殿知殁，仇氏年十八。家贫，其兄诱之嫁，以死自矢，守节四十年。

张文班妻王氏，文班殁，王氏年二十，无子，一女幼。夫弟文玮生数月而姑亡，王氏哺女以粥，而乳哺文玮，抚之成立。人比之“韩愈嫂”。

张文衡妻盛氏，文衡殁，盛氏事舅姑以孝闻，抚二子成立。乾隆四十五年题旌。

张起锦妻晏氏，归起锦一月，起锦殁，晏氏年十八。立夫侄耀香为嗣，守节四十二年。

张正学妻杨氏，正学殁，杨氏年二十五。子乾纲甫二岁，抚之成立，守节三十一年。

张正尚妻李氏，正尚殁，李氏年二十一。家不甚丰，好施予，守节四十年。

张正辰妻杨氏，正辰殁，杨氏年二十四，守节五十四年。

张正音妻宋氏，正音殁，宋氏年二十八。舅性严毅，奉之谨，守节以终。

张乾瓒妻李氏，乾瓒殁，李氏年二十四。子坤埈，甫一岁，抚之成立，守节四十四年。

张乾署妻长氏，乾署殁，长氏年二十四，守节四十年。

张坤灏妻王氏，坤灏，两当县知县乾珀子，殁，王氏年二十。抚孤道绵成立，守节四十年。道绵死，妇李氏年二十五。子资官，甫三岁，抚之成立，守节六十年。

张坤沂妻徐氏，坤沂殁，徐氏年二十一。立夫兄子为嗣，守节三十一年。

张坤澄妻杨氏，坤澄殁，杨氏年二十二。立夫侄道绳为嗣。

张坤沛妻胡氏，坤沛殁，胡氏年二十一。立夫侄道中为嗣。

张道南妻李氏，道南殁，李氏年二十七。抚孤资生、资深成立，守节四十七年。资生，监生。

张道东妻杨氏，道东殁，杨氏年十七，守节三十七年。

张日钦妻彭氏，日钦殁，彭氏年二十六。子月蒲，甫四岁，抚之成立，守节六十二年。月蒲，监生。

张德益妻黄氏，德益殁，黄氏年二十八。立夫侄为嗣，守节四十三年。

张德信妻易氏，德信殁，易氏年二十。子一，生甫六月，抚之成立。守节五十年。

张德成妻李氏，德成殁，李氏年二十八。事舅姑以孝闻，抚孤文治、文河成立，守节四十七年。

张启河妻黄氏，启河殁，黄氏年二十九。抚孤掞廷成立，守节四十七年。

张启简妻姜氏，启简殁，姜氏年二十五。抚一子成立，守节五十五年。

张维万妻李氏，维万殁，李氏年二十五。家贫，抚孤成立，守节三十八年。

张世逵妻徐氏，乾隆二十年世逵殁，徐氏年二十四。子金鉴，甫三岁，抚之成立。守节二十六年。金鉴，副贡。金鉴子彪，副将。徐氏以彪贵，貤赠夫人。

张尚纯妻程氏，乾隆二十一年，尚纯殁，程氏年二十二。继姑病瞽，孝养备至。抚孤德瑞成立，守节六十八年。德瑞死，妇巢氏年二十六。抚孤文华、文英成立，守节五十年。

张开俊妻易氏，开俊，举人，殁，易氏年二十八。家贫，抚孤鹏翰成立，守节四十年。鹏翰，县学生，早死，妇胡氏年二十四，〔抚〕[①] 遗腹子成立，守节三十三年。

张以艺妻周氏，以艺殁，周氏年二十八。抚三子成立，守节四十三年。

张茂杭妻谢氏，茂杭殁，谢氏年二十四。抚遗腹子成立，守节三十四年。

张天富妻徐氏，天富殁，徐氏年二十。夫侄皆孤，抚之成立，守节三十四年。

张天华妻柳氏，天华殁，柳氏年二十六。抚孤品高成立，守节三十三年。

张天鹤妻田氏，天鹤殁，田氏年二十七。家贫，抚二子成立，守节二十七年。

张天松妻徐氏，年十九病跛，父遣媒辞婚，天松不可。既娶，生一子而夭。松殁，徐氏年二十二。抚孤成立，守节五十四年。

①据文意补。

张元瑶妻易氏，元瑶殁，易氏年二十八。家贫，尝病笃，夜梦老人持丸予之曰："尔良苦，以此报尔！"翼日，病瘳。抚一子成立，守节二十六年。

张国鉴妻孙氏，国鉴殁，孙氏年二十四。或劝之嫁，断指矢志。立夫侄为嗣，守节三十三年。

张泗清妻周氏，泗清殁，周氏年二十五。抚一子成立。

张卓万妻尹氏，卓万殁，尹氏年二十六，守节四十六年。

张华沅妻熊氏，华沅殁，熊氏年二十二。子一，夭。立夫侄开相为嗣，守节五十四年。开相死，妇黎氏有子而夭。立夫侄景仲为嗣，守节以终。

张华渚妻吴氏，华渚，县学生，殁，吴氏年二十四。抚孤开楷成立，守节三十六年。开楷，监生。

张柄周妻邹氏。

张聘晋妻周氏。

张学文妻刘氏。

张光辅妻徐氏。

张楚英妻胡氏，以上五人，旧志存名。

张正廉妻何氏，乾隆三十一年，正廉殁，何氏年二十五。抚孤成立，守节五十年。

张锦云妻梁氏，乾隆四十年，锦云殁，梁氏年二十四。抚孤成立，守节十九年。

张理富妻周氏，乾隆五十五年，理富殁，周氏年二十二。遗腹生子道魁，父母欲嫁之，以死自誓，守节以终。

张星池妻吴氏，乾隆六十年，星池殁，吴氏年二十四。为夫立后，甫五月而夭，积忧年馀，呕血死。

张宗朝妻胡氏，嘉庆十二年，宗朝殁，胡氏年十九。家贫，抚遗腹子成立，守节五十年卒。

张泽辉妻周氏，嘉庆十八年，泽辉殁，周氏年十八，守节六十年。

张道鸿妻黎氏，嘉庆十九年，道鸿殁，黎氏年二十四。抚孤成立，守节五十九年。

张茂槐妻舒氏，归茂槐三月，茂槐远贸殁，舒氏年二十。家贫，舅姑欲嫁之，不可，守节五十年。

张伦正妻周氏，伦正殁，周氏年二十四，守节四十八年。

张庆连妻唐氏，庆连殁，唐氏年二十二。家贫，抚一子成立，守节四十六年。

张代俊妻甘氏，代俊殁，甘氏年十六。为夫立后，守节三十二年。

张国桢妻蒯氏，国桢殁，蒯氏年二十九。家贫，抚三子成立，守节三十年。

张宏绶妻刘氏，道光元年，宏绶殁，刘氏年二十五。子夭。家贫，立夫侄为嗣。守节五十二年。题旌。

张茂行妻钟氏，道光七年，茂行殁，钟氏年三十一。抚一子成立，守节四十六年。

张潢椹妻蔡氏，潢椹，武生，道光十年殁，蔡氏年二十二。抚孤成立。家贫，守节三十年。

张乾愓妻夏氏，道光十一年，乾愓殁，夏氏年二十七。家贫，抚幼子成立，守节四十二年。

张添锦妻傅氏，道光十二年，添锦殁，傅氏年二十七，守节十七年。

张宏缃妻吴氏，道光十二年，宏缃殁，吴氏年二十五，立夫兄子宗琳为嗣。道光二十九年饥，捐金助赈。守节四十一年。宗琳，藩理问衔。吴氏以宗琳贵，封宜人。

张光典妻徐氏，道光十二年，光典殁，徐氏年二十七。守节四十六年，光绪三年卒。

张克松妻李氏，克松殁，李氏年二十五。抚孤运䄙成立，守节三十九年。

张宏拭妻欧阳氏，宏拭，监生，道光十八年殁，欧阳氏年二十九。抚孤宗璠成立，守节二十六年。以宗璠贵，封安人。

张待珩妻戴氏，道光十八年，待珩殁，戴氏年十八。立夫弟待榜子聘上为嗣，守节三十五年。

张时雨妻蔡氏，时雨殁，蔡氏年三十一。家贫，抚孤成立，守节三十二年。

张开勉妻邹氏，开勉殁，邹氏年三十二。家贫，守节三十一年。

张熛妻王氏，监生王兴邦女。道光二十年，熛殁，王氏抚子成立，守节三十六年，光绪元年卒。

张宗兼妻卢氏，道光二十七年，宗兼殁，卢氏年二十四。立夫兄子丙旭为嗣，守节二十二年。

张鹏化妻周氏，道光二十八年，鹏化殁，周氏年三十。抚二子成立，现守节二十五年。

张道�妻易氏，道筠殁，易氏年二十八。抚二子成立，守节二十八年。

张桂森妻易氏，易尔瀚女。同治三年桂森殁，易氏年二十二。抚堂兄蔚廷子铨为嗣，守节八年卒。

案，张氏节妇附载四人。又案，监生张凤楼妻刘氏、张敬夫妻顾氏，藩理问衔张宗琢妻黎氏，并节妇也。现年甫三十馀，附著于此。

吴美珍妻夏氏，美珍殁，夏氏年二十三。抚孤清海、清江成立，守节三十六年。乾隆六年题旌。孙峻，举人。曾孙灼，榆林府知府。

吴翼邦妻蒋氏，翼邦殁，蒋氏年二十三，投缳，家人救之，得不死，奉舅姑以孝闻。题旌。

吴翼圣妻赵氏，翼圣，县学生，殁。赵氏事姑以孝闻，抚孤成立，守节四十年。

吴翼民妻陈氏，翼民，监生，殁，陈氏年二十。抚遗腹子亮时成立。乾隆二十年题旌。

吴翼行继妻徐氏，江南桐城县人。翼行，东阿县知县，卒于官，徐氏年二十九。立夫侄亮魁为嗣，亮魁无子。立夫侄孙秦才为后。捐田一石为宗祠祭田，捐金一千二百置捞刀河刀背义渡田。守节二十五年。

吴亮溥妻楚氏，亮溥，监生，殁，楚氏年二十八。抚一子成立，守节三十八年。

吴亮融妻朱氏，亮融，凤台县典史，殁，朱氏年二十五。抚二子成立。好施予，里人德之。

吴学杰妻秦氏，与夫弟学国妻周氏、子妇梁氏同传。

吴胜乾妻杨氏，康熙二十一年，胜乾殁，杨氏年二十五。抚二子成立，守节三十四年。旧志漏。

吴文祥继妻金氏，乾隆四十八年，文祥殁，金氏年十九。家贫，抚孤成立，守节三十五年。旧志漏。

吴降祚妻夏氏，降祚殁，夏氏年二十三，守节三十六年。

吴启高妻杨氏，启高殁，杨氏年二十六。抚二子成立，守节五十五年。

吴大槐妻徐氏，乾隆五十年，大槐殁，徐氏年二十九。抚孤定日、定韶成立，守节四十七年。旧志漏。

吴宏和妻周氏，宏和殁，周氏年二十六。抚孤开扬成立，守节三十八年。

吴宏才继妻黎氏，宏才，营千总衔，嘉庆四年殁。黎氏年二十五。抚孤开酉成立。每夕散千钱于地，暗中摩索成贯始就寝，后取钱视之，俱灼灼有光。

吴开鉴妻周氏，开鉴殁，周氏年二十二。抚孤世学、世琳成立，守节六十二年。世学、世琳死，子妇杨氏、陈氏继姑守节。世学子泽璥死，妇易氏亦以节著。

吴宗赐妻高氏，宗赐殁，高氏年二十七。家贫，子兆熊生甫六月，抚之成立，守节三十一年。

吴宗兴妻刘氏，宗兴殁，刘氏年二十三。为夫立后，事舅姑以孝闻，守节二十九年。

吴宗仁妻瞿氏，宗仁殁，瞿氏年二十三。姑先卒，舅病癫，事之谨。子钺及夫弟均幼，抚之成立，守节以终。钺，监生。

吴道咸妻杨氏，道咸殁，杨氏年十九。抚孤大礼成立，守节五十六年。

吴道玺妻姜氏，道玺殁，姜氏年二十四。抚孤大恂成立，守节四十年。

吴大孝妻黄氏，乾隆八年，大孝殁，黄氏年十八。剪发自矢，哀毁逾常制。夫兄欲夺其志，厉色拒之。立夫侄为嗣，守节六十二年。乾隆四十四年题旌。

吴邦丰妻许氏，邦丰殁，许氏年三十。抚二子成立。二子死，子妇唐氏、王氏各抚一子，与姑相依守节。

吴邦霖妻李氏，邦霖，县学生，殁，李氏年二十七。抚孤成庆成立，守节三十八年。成庆，监生。

吴邦太妻许氏，邦太殁，许氏年十七。立夫侄为嗣，抚之成立，守节三十五年。

吴邦绍妻黎氏，邦绍殁。家贫，黎氏抚孤成立，守节四十三年。

吴成澍妻许氏，成澍，县学生，殁，许氏年二十二。立夫弟成秀长子德让为嗣。德让死，妇李氏年二十一。立夫弟德训次子安松为嗣，与姑相依，守节。嘉庆十二年并题旌。道光五年安松死，妇尹氏年二十。抚孤康龄成立，守节二十九年。

吴成秀妻文氏，成秀，成澍弟，殁。文氏抚次子德训成立，事姑以孝闻。嘉庆十二年题旌。

吴成达妻许氏，成达殁，许氏年二十五。抚一子成立，守节三十一年。

吴成裕妻荀氏，嘉庆元年，成裕殁，荀氏年二十六。抚孤德绰成立，守节三十七年。道光十年，巡抚康绍镛旌其门。

吴得贵妻胡氏，得贵殁，胡氏年二十五。抚孤成立，守节三十一年。

吴安宅妻陈氏，安宅殁，陈氏年二十七。抚孤成立。

吴安贞妻周氏，安贞殁，周氏年二十三。抚三子成立，守节三十年。

吴元枢妻胡氏，元枢，县学生，殁，胡氏年二十七。子一，夭。守节三十二年。

吴国琬妻柳氏，国琬病笃，柳氏年二十，刺面毁容，矢志不再嫁。及卒，抚一子成立，守节三十年。

吴国重妻徐氏，雍正四年，国重殁，徐氏年二十七。抚一子成立，守节六十年。旧志漏。

吴正学妻王氏，正学殁，王氏年二十六。抚夫侄成立，守节五十七年。

吴正监妻李氏，正监殁，李氏年二十一。立夫侄为嗣，守节五十年。

吴正清妻张氏，正清殁，张氏年二十九。家贫，抚二子成立，守节三十五年。

吴心彬妻高氏，心彬殁，高氏年二十五。抚孤顺灿成立，守节三十四年。顺灿死，妇周氏年二十二。抚一子成立，守节四十一年。

吴相周妻易氏，相周殁，易氏年二十二。抚孤益珍成立，守节五十年。道光十三年题旌。

吴顺棠妻柳氏，顺棠殁。家贫，柳氏抚孤守节。

吴顺济妻单氏，顺济殁，单氏年二十九。立夫侄家宗为嗣。继姑病，吁天求代，捐置宗祠祭田二十亩。守节四十四年。道光六年题旌。

吴顺荣妻何氏，顺荣殁，何氏年十八。抚二子成立。

吴家成妻杨氏，家成殁，杨氏年二十八。抚孤成立，守节二十三年。

吴职忠徐氏，乾隆三十年，职忠殁，徐氏年二十八。抚一子成立，守节四十年。旧志漏。

吴品朝妻胡氏，乾隆五十五年，品朝殁，胡氏年二十五。抚孤成立，守节四十四年。旧志漏。

吴季渭妻刘氏，季渭殁，刘氏年二十二。抚孤世炳成立，守节二十九年。

吴世秀妻酆氏，世秀殁，酆氏年二十七。抚孤文乾成立，守节二十四年。

吴九畴妻蒋氏。

吴安位妻李氏。

吴季藻妻司马氏。

吴世勋妻潘氏。

吴世俊妻李氏。

吴文堂妻梁氏，以上六人，旧志存名。

吴成松妻黎氏，嘉庆九年，成松殁，黎氏年二十二，守节六十九年。同治七年题旌。

吴德详妻黎氏，嘉庆九年，德详殁，黎氏年二十一。抚遗腹子安宪成立，守节六十九年。

吴得祥妻蓝氏，嘉庆十五年，得祥殁，蓝氏年二十九。家贫，守节二十三年。

吴开桂妻何氏，嘉庆十八年，开桂殁，何氏年二十。立夫侄廉丞为嗣，守节六十年。同治八年题旌。廉丞子鸿昺，县学生。

吴成袷妻何氏，嘉庆二十年，成袷殁，何氏年二十八。姑病二十年，侍养不倦。抚二子成立，守节四十一年。长子德灼，从九衔。孙炳曜，廪贡生。

吴德诏妻欧阳氏，嘉庆二十一年，德诏殁，欧阳氏年三十。家贫，守节五十七年。

吴泰常妻朱氏，嘉庆二十二年，泰常殁，朱氏年二十八。抚子人哲，守节三十二年卒。

吴世达妻洪氏，世达殁，洪氏年二十三。抚幼子成立，守节五十二年。

吴明灼妻李氏，明灼殁，李氏年二十八。抚孤白华成立，守节四十九年。

吴明万妻潘氏，明万殁，潘氏年二十五。家贫，抚孤相朝成立，守节四十七年。

吴开典妻虞氏，开典殁，虞氏年二十四。家小康，有利其财者，虞氏多推与之。抚孤文春成立，守节四十五年。

吴定棣妻张氏，定棣殁，张氏年三十。家贫，抚孤成立，守节四十二年。

吴家矩妻石氏，家矩殁，石氏年二十七。家贫，抚一子成立，守节三十七年。

吴齐豫妻黄氏，齐豫殁，黄氏年二十五。家贫，抚二子成立，守节三十七年。

吴家灿妻张氏，家灿殁，张氏年二十九。子二，守节六年，以疾终。

吴顺萃妻殷氏，道光元年，顺萃殁，殷氏年二十八。抚二子成立，守节二十九年。

吴安宏妻彭氏，道光三年，安宏殁，彭氏年二十四。抚二子成立。子死，抚育孤孙。守节五十年。

吴德辉妻王氏，道光四年，德辉殁，王氏年二十五。抚一子成立，守节三十八年。

吴名芝妻谭氏，道光十二年，名芝殁，谭氏年二十二。抚孤鸿斌成立，守节十八年。鸿斌，都司衔。

吴倬卿妻余氏，道光十四年，倬卿殁，余氏年二十九。抚孤成立，守节三十九年。

吴成组妻易氏，成组，州同衔，道光十五年殁，易氏年二十三。抚孤成立，守节二十五年。同治三年题旌，光绪三年建坊。

吴宗书妻李氏，宗书殁，李氏年十八。家贫，无子，守节三十八年。

吴应华妻赵氏，道光十六年，应华殁，赵氏年二十五，守节二十七年。

吴齐教妻李氏，道光十八年，齐教殁，李氏年二十七。抚孤祖锦成立，守节二十二年。

吴运章妻李氏，道光十九年，运章殁，李氏年二十一。抚三子成立，守节三十四年。

吴齐升妻钟氏，齐升殁，钟氏年二十。家贫，抚孤祖增成立，守节三十一年。

吴德燮妻彭氏，道光二十三年，德燮殁，彭氏年三十一。抚孤安泰、安均成立，守节三十年。

吴家选妻龚氏，家选，监生，道光二十三年殁，龚氏年二十八。抚孤齐皋成立，守节二十六年卒。以齐皋候选州同加同知衔，诰封宜人，同治四年题旌建坊。孙祖耀，县学生。

吴春霖继妻酆氏，春霖，从九衔，道光二十五年殁，酆氏年二十九。抚前室子如己出，守节二十八年。

吴康锐妻郭氏，道光二十六年，康锐殁，郭氏年三十二，守节二十七年。

吴静山妻欧阳氏，静山殁，欧阳氏年二十四。抚一子成立，守节二十七年。

吴安谱妻黄氏，道光二十八年，安谱殁，黄氏年二十六。立夫弟县学生炳光之子康履为嗣，守节十九年。

吴方湖妻彭氏，方湖，贡生，殁，彭氏年二十二。子一，生甫十月，抚之成立。守节二十五年。同治七年题旌。子早死，妇何氏继姑守节。

吴宏猷妻邓氏，宏猷，辽州知州，道光三十年殁，邓氏年二十八。抚嫡子开禧如己出。开禧殁，妇王氏年二十五，守节，旋卒。遗孤兆霖甫三岁，邓氏抚之成立，守节三十年。光绪五年题旌。兆霖，县学生。

吴成举妻张氏，道光三十年，成举殁，张氏年二十七，守节二十三年。

吴世梁妻王氏，道光三十年，世梁殁，王氏年三十。家贫，子守成甫一岁，抚之成立，守节二十三年。

吴文琦妻冯氏，文琦殁，冯氏年三十二。家贫，守节二十三年。

吴家肃妻钟氏，咸丰元年，家肃殁，钟氏年三十。家贫，抚三子成立，守节二十二年。

吴良臣妻刘氏，咸丰元年，良臣殁，刘氏年二十九。家贫，勤纺绩，抚孤贤萃成立，守节二十二年。

吴家采妻姜氏，咸丰元年，家采殁，姜氏年二十八。抚孤齐豫、齐晋成立，守节二十二年。

吴守正妻邹氏，咸丰六年，守正殁，邹氏年三十。家贫，哭泣丧明，守节一十七年。

吴祖烈妻杨氏，职员杨本沅之次女。祖烈，监生，咸丰八年殁，杨氏年二十八。家贫，勤纺绩，抚子泽昶、泽旭成立，现守节二十二年。

吴耀南妻酆氏，咸丰九年，耀南殁，酆氏年二十六。抚孤德寿、德麟成立，守节十五年卒。

吴荩甫妻刘氏，长邑庠生刘甫斋之女。荩甫，贡生，咸丰十一年殁，刘氏年二十九。抚子三，现守节十九年。长子国士，中书科中书。

吴寿衡妻杨氏，同治四年，寿衡殁，杨氏年三十。抚孤道均成立，现守节九年。道均，从九职衔。

吴守初妻杨氏，守初殁，杨氏年二十五。矢志守节，光绪四年题旌。现守节二十八年。

吴守惺妻黄氏，守惺殁，黄氏年二十五。矢志抚孤，守节二十八年卒。光绪四年题旌。

吴运晋妻何氏，运晋殁，何氏年二十五。立夫侄为嗣，现守节二十七年。光绪四年题旌。

案，吴氏节妇附载十二人。又案，吴道琳妻谭氏、吴安全妻朱氏、从九衔吴名植妻周氏、监生吴愚溪妻谢氏，皆节妇也。谭氏、朱氏、周氏年甫三十馀，谢氏守节之年无考，附著于此。

黎之镗妻许氏，之镗殁，许氏年二十二，守节五十六年。乾隆六年，知县徐梁栋旌其门。

黎之钰妻夏氏，之钰，廪生，殁，夏氏年二十。立夫侄顺澣为嗣，守节五十五年。

黎海南妻冯氏，康熙六十一年，海南殁，冯氏年二十三。抚孤执中成立，守节六十六年。旧志漏。

黎顺濂妻李氏，顺濂，县学生，殁，李氏年十六。家贫，勤纺绩，抚孤成立，守节六十一年。

黎皆庆妻李氏，皆庆殁，李氏年十八，子从龙甫一岁。家贫，或劝之嫁，泣谢之。事继姑及王姑以孝称，守节以终。

黎天锡妻邓氏，天锡殁，邓氏年二十九。抚孤成立，守节五十五年卒。

黎美庆妻吴氏，美庆殁，吴氏年三十二。抚孤修诚成立，守节五十年。修诚，岁贡生。

黎丕承妻倪氏，丕承殁，倪氏年十八。子一，生甫数月。有邻妪劝之嫁，举瓮碎之，妪咋舌去。守节以终。

黎联辉妻胡氏，联辉殁，胡氏年二十八。抚一子成立，守节四十五年。

黎德崧妻常氏，德崧，监生，殁，常氏年二十九。抚孤光昇成立，守节五十年。光昇死，妇易氏继姑守节。

黎从材妻龚氏，从材殁，龚氏年二十二。姑病瞽，侍奉谨。守节六十二年。

黎从炎妻周氏，从炎殁，周氏年二十八。勤针黹，抚一子成立，守节一十六年。

黎从好妻金氏，从好殁，金氏年一十六。子一，生甫一月。守节三十二年。

黎雪禄妻周氏，雪禄殁，周氏年二十一。抚孤文礼成立，守节四十四年。

黎德光妻蓝氏，德光殁，蓝氏年二十二。家贫，教子以严闻，守节四十三年。

黎文祥妻殷氏，文祥殁，殷氏年十九。抚遗腹子成立，守节六十七年。

黎昌谦妻郑氏，昌谦殁，郑氏年二十八。勤纺绩，抚四子成立，守节二十四年。

黎国铭妻李氏，国铭殁，李氏抚孤永巍成立，守节四十年。永巍死，妇卢氏抚孤成立，守节三十八年。

黎殿魁妻陶氏，殿魁殁，陶氏年二十四。家贫，抚二子成立，守节以终。

黎光映妻陶氏，光映殁，陶氏年二十二。抚孤辉锷成立，守节以终。

黎之铉妻孙氏，题旌。

黎从阈妻李氏，以上二人，旧志存名。

黎添立妻龙氏，嘉庆二十一年，添立殁，龙氏年二十六。抚一子成立，守节四十三年。

黎亲举妻钟氏，亲举殁，钟氏年二十七。抚孤光旦成立，守节五十七年。光旦，县学生。

黎飞九妻胡氏，飞九殁，胡氏年二十四，守节五十年。

黎朝阳妻蒋氏，道光四年，朝阳殁，蒋氏年二十六。抚孤光珍成立，守节四十九年。

黎隆池妻易氏，道光十年，隆池殁，易氏年三十。家贫，抚幼子成立，守节四十三年。

黎德皎妻戴氏，德皎殁，戴氏年二十九。抚一子成立，守节四十一年。

黎典谟妻游氏，道光十二年，典谟殁，游氏年三十。抚二子成立，守节四十一年。

黎开泰妻左氏，道光十三年，开泰殁，左氏年二十八，守节三十三年。

黎植芙妻许氏，道光十六年，植芙殁，许氏年二十。抚一子成立，守节三十七年。同治四年题旌。

黎光庆妻朱氏，光庆殁，朱氏年二十八。抚三子成立，守节二十六年。

黎开忠妻彭氏，咸丰元年，开忠殁，彭氏年二十四。抚二子成立，守节二十二年。

案，黎氏节妇附载二人。又案，县学生黎耀南妻蒋氏，亦节妇也，年甫三十馀，附著于此。

何柏舟妻萧氏，柏舟殁，萧氏年二十二，子一甫一岁。家贫，母欲嫁之，截发矢志，抚孤成立，守节三十三年。乾隆十四年题旌。

何远经妻仇氏，康熙二十年，远经殁，仇氏年二十，守节七十年。旧志漏。

何远瑗妻仇氏，远瑗殁，仇氏年十八。抚孤添命成立。添命死，妇杨氏继姑守节，抚孤嘉松成立。嘉松死，妇霍氏复以节著。

何远章妻孙氏，远章殁，孙氏年二十。夫兄弟相继殁，矢志养姑，抚夫侄成立，守节七十年。

何元植妻程氏，元植殁，程氏年二十四。家贫，勤纺绩以奉舅姑，抚孤成立。

何宗朴妻李氏，宗朴殁，李氏年二十三。家贫，守节以终。

何天照妻徐氏，天照殁，徐氏年十八。抚遗腹子成立，守节五十八年。

何嘉祀妻徐氏，嘉祀殁，徐氏年二十六。家贫，勤纺绩，抚孤太忠成立，守节三十五年。

何嘉勋妻戴氏，嘉勋殁，戴氏年三十。抚孤大廷成立，守节以终。大廷，监生。

何大墉妻徐氏，大墉殁，徐氏年二十四。与妾陈氏相依矢志，立族侄启智为嗣，守节二十七年。

何大钧妻单氏，大钧殁，单氏年二十七。抚孤启濬成立，守节三十五年。

何启图妻骆氏，启图殁，骆氏年二十二。立夫侄德琳为嗣。姑病痛吐虫，骆氏吞之，以分疼。守节四十四年。嘉庆十四年题旌。

何启麒妻夏氏，启麒殁，夏氏年十九。抚幼子成立。嘉庆中，知县李其丰旌其门。

何来廉妻骆氏，来廉殁，骆氏年二十七。抚孤成立，守节四十六年。

何来位妻许氏，来位殁，许氏年二十一。抚孤玉元成立，守节四十年。

何来清妻陈氏，来清殁，陈氏年二十二。抚孤甲元成立，守节三十八年。

何来煌妻陈氏，来煌殁，陈氏年二十九。抚孤加元成立，守节三十一年。

何启桂妻罗氏，旧志存名。

何大用妻熊氏，嘉庆十二年，大用殁，熊氏年二十九。家贫，抚孤成立，守节六十六年。

何宣五妻高氏，宣五殁，高氏年十九，守节五十二年。

何恒惠妻陈氏，恒惠殁，陈氏年三十三。子世冠甫一岁，抚之成立，守节五十年。

何倬云妻田氏，倬云殁，田氏年二十一。家贫，立夫侄昭唐为嗣，守节四十年。

何启视妻徐氏，启视殁，徐氏年二十八。抚孤成立，守节五十四年。

何传茂妻陈氏，道光六年，传茂殁，陈氏年二十八。抚遗腹子完耀成立，守节四十三年。

何德永妻甘氏，道光九年，德永殁，甘氏年二十八。抚孤如虹成立，守节四十四年。

何芳圃妻酆氏，道光十年，芳圃殁，酆氏年二十七。抚遗腹子成立，守节四十三年。

何世藻妻吴氏，道光十一年，世藻殁，吴氏年二十二，抚一子成立。子与妇相继死，复抚孤孙成立，守节四十二年。同治九年题旌。

何彰林妻周氏，道光十三年，彰林殁，周氏年二十六。抚孤明鸿成立。家贫，守节四十年。

何荫昌妻黄氏，道光十四年，荫昌殁，黄氏年二十六。家贫，抚孤成立，守节三十九年。

何启缙妻霍氏，道光二十年，启缙殁，霍氏年二十四。家贫，抚遗腹子成立，守节三十年。同治四年题旌。

何启中妻谢氏，道光二十五年，启中殁，谢氏年二十六。家贫，或劝之嫁，峻拒之。立族子为嗣，守节二十八年。同治九年题旌。

案，何氏节妇附载二人。

蔡长贞妻葛氏，长贞殁，葛氏年二十六。抚孤国赞成立。姑年九十馀，事之谨。国赞，监生。

蔡长利妻谈氏，长利殁，谈氏年二十四。家贫，抚孤国幹成立，守节六十二年。

蔡朝炳妻吴氏，朝炳殁，吴氏年二十。子有熙甫一岁，抚之成立，终身素服。有熙娶妻，始易之。

蔡秉成妻周氏，秉成，县学生，殁，周氏断发毁容，四十年未尝见齿，抚幼孤成立。乾隆十九年题旌。

蔡之煌妻罗氏，之煌殁，罗氏年二十七。子正瑞甫一岁，家贫，抚之成立。有寡妇子死于水，罗氏悯之，捐赀建桥其处。守节三十七年。题旌。

蔡之焕妻彭氏，之焕殁，彭氏年二十六。抚孤正家成立，尝修石桥石路以便行人。守节六十一年。

蔡大祚妻龚氏，大祚殁，龚氏年二十七。子光华、光英幼，抚之成立。光华，监生；光英，麻阳县教谕。以孙先训贵，貤赠安人。嘉庆二年题旌。

蔡大豫妻郭氏，大豫殁，郭氏年二十八。子光钊甫六月，抚之成立，守节二十三年。

蔡大吉妻单氏，大吉殁，单氏年二十七。家贫，抚孤成立。

蔡道映妻翁氏，道映殁，翁氏年二十四，守节六十年。

蔡光熙妻杨氏，光熙殁，杨氏年二十九。家贫，抚四子成立，守节五十年。

蔡光瑶妻张氏，光瑶殁，张氏年二十五。抚孤德宗成立，守节三十七年。

蔡光德妻周氏，光德殁，周氏年二十九。家贫，守节二十二年。

蔡光宗妻杨氏，光宗殁，杨氏年二十。家贫，抚一子成立。

蔡明徵妻田氏，明徵殁，田氏年十九。家贫，子一。抚之成立。子早死，复抚孤孙成立。守节四十四年。

蔡正心妻陆氏，正心殁，陆氏年二十二。子大蔚甫一岁，抚之成立。姑胡氏病目，事之谨。守节四十一年。题旌。

蔡先谟妻郑氏，嘉庆三年，先谟殁，郑氏年二十三。抚孤崇德成立，守节三十五年。以崇德贵，封宜人。道光十年题旌。

蔡先恭妻李氏，嘉庆二十三年，先恭殁，李氏年二十七。立夫侄鸣珂为嗣，守节二十四年。同治元年题旌。有传。

蔡光莹妻周氏，光莹殁，周氏年二十四。家贫，舅姑欲嫁之，以死自誓。抚孤先楷、先桂成立，守节七十一年卒。

蔡德禄妻湛氏，德禄殁，湛氏年二十，守节五十五年。

蔡光溶妻高氏，道光十年，光溶殁，高氏年二十九。抚孤先澍、先洛成立，守节四十四年。

蔡先治妻易氏，道光十年，先治殁，易氏年二十七。子二，长梯，兼后夫兄先泰；次鸣珂，出后夫兄先恭。以舅光英遗命，捐田五十石为宗祠祭田；与夫侄孙谨诚合捐五千金建祠修谱，同治二年捐田五十石创立兴贤堂。同治二年题旌。守节四十六年，光绪二年卒。梯，原名进德，县学生，道光二十二年殁。妇唐氏年十九，誓以身殉，姑谕止之。抚夫弟鸣珂子焜为嗣；并抚夫从侄培炜为先泰孙，析产与之。焜夭，复以鸣珂子培霖为嗣，守节一十九年。同治四年题旌。

蔡先运妻王氏，道光十八年，先运殁，王氏年二十八，守节三十五年。

蔡光会妻吴氏，道光二十五年，光会殁，吴氏年二十五。抚四子成立，守节二十八年。

蔡濂妻李氏，濂，湖北试用县丞，道光二十九年殁，李氏年二十三，守节二十四年。

蔡锡三妻彭氏，锡三殁，彭氏年二十九。抚孤成立，守节二十三年。

案，蔡氏节妇附载二人。

任世烝妻高氏，世烝殁，高氏年二十三。家贫，抚一子及三孤侄皆成立。

任元谟妻段氏，元谟殁，段氏年二十二，守节三十年。题旌。

任启在妻龚氏，乾隆五十年，启在殁，龚氏年二十四。家贫，事舅姑以孝闻，抚孤佑楠、佑桂成立，守节四十八年。佑楠，出后夫兄。

任佑康妻彭氏，佑康殁，彭氏年二十六。抚孤维发成立，守节四十七年。

任佑纮妻周氏，佑纮殁，周氏年二十一。子一，夭。立夫侄为嗣。舅年八十，事之谨。守节三十二年。

任开琇继妻周氏，开琇，例贡，殁，周氏年二十五。抚孤友科及前室子科卓成立，守节三十一年。友科，县学生。

任开志妻吴氏，开志殁，吴氏年二十八。子科实甫二岁，抚之成立，守节六十年。

任兆琮妻陈氏，兆琮，县学生。

任会达妻赵氏，以上二人，旧志存名。

任科选妻刘氏，乾隆五十四年，科选殁，刘氏年二十九。家贫，抚幼孤成立，守节五十四年。

任伯让妻吴氏，伯让殁，吴氏年二十五。抚孤清荫成立，守节五十七年。

任拔夫妻吴氏，拔夫殁，吴氏年二十五。抚孤瑛樾成立，守节四十五年。

任辉彩妻高氏，辉彩殁，高氏年十九。抚一子成立，守节六十年。

任科俊妻彭氏，道光十一年，科俊殁，彭氏年二十二。家贫，抚孤甲高成立，守节四十二年。

任金寿妻李氏，道光十七年，金寿殁，李氏年二十七。家贫，立夫弟之子需贤为嗣，守节三十六年。

任琼甲妻杨氏，咸丰八年，琼甲殁，杨氏年二十二。守节七年，以疾终。

任光傅妻黄氏，咸丰十一年，光傅殁，黄氏年二十三。立夫弟光健子裕林为嗣，守节十七年卒。光绪三年题旌。

熊宜怀妻许氏，宜怀殁，许氏年二十。抚二子成立。

熊逢智妻周氏，逢智殁，周氏年二十八。家贫，守节五十年。题旌。

熊逢朝妻徐氏，逢朝殁，徐氏守节四十二年。题旌。

熊启蛟妻黄氏，启蛟殁，黄氏年二十七。家贫，勤纺绩，抚二子成立，守节四十四年。

熊宗孔妻陈氏，宗孔殁，陈氏年二十。抚一子成立，守节三十一年。

熊光典妻王氏，光典殁，王氏年二十七。家贫，抚一子成立，守节四十四年。

熊周盛妻杜氏，周盛殁，杜氏年二十二。抚孤南魁成立，守节四十六年。乾隆四十三年施粥赈饥。

熊麟海妻吴氏，嘉庆十八年，麟海殁，吴氏年二十。抚孤明耀成立，守节三十五年。

熊湘藻妻万氏，嘉庆二十三年，湘藻殁，万氏年十五。立夫兄子瑶林为嗣，守节五十五年。同治四年题旌。

熊启明妻蒋氏，道光十五年，启明殁，蒋氏年二十七，守节二十九年。

熊绍俊妻李氏，道光二十一年，绍俊殁，李氏年二十六。家贫，守节三十二年。

熊蔚湘妻蒋氏，蔚湘殁，蒋氏年二十五。家贫，舅姑早逝，夫弟启德幼，子周淮甫五岁。父母欲嫁之，不可，抚夫弟及子成立，守节三十二年。

熊品三妻刘氏，咸丰四年，品三从军战殁，刘氏年二十八。子甫庭幼，守节一十一年，以疾终。

熊绍纯妻左氏，咸丰四年，绍纯殁，左氏年三十，守节一十九年。

案，熊绍楚道光二十四年殁，妻张氏年三十四。抚孤铁生成立，军功保提督。现守节三十六年，以年逾三十而寡，附著于此。

龙之芬妻周氏，之芬殁，周氏年二十七。抚幼子成立，守节三十年。题旌。

龙正志妻刘氏，正志殁，刘氏年三十一。抚孤朝阳成立，守节五十四年。

龙正攀妻刘氏，正攀殁，刘氏年十九。抚一子与夫侄成立。尝归宁，父病割股。

龙恒豫妻杨氏，恒豫殁，杨氏年二十四。事舅姑以孝闻，守节二十七年。

龙培霖妻左氏，培霖殁，左氏年十九。抚一子成立，守节五十馀年。

龙克广妻王氏，克广殁，王氏年二十七。家贫，冬寒常抱二子卧牛衣中，守节四十三年。

龙崧高妻彭氏，嘉庆十六年，崧高殁，彭氏年二十九。家贫，抚孤成立，守节四十年。

龙开麟妻邓氏，道光二年，开麟殁，邓氏年二十八。抚孤选楚成立，守节三十四年。

龙选宜妻刘氏，归选宜百日，选宜殁，刘氏年二十。立夫兄次子道儒为嗣，守节四十年。

案，龙昌义妻楚氏，亦节妇也，现年甫三十馀，附著于此。

曹启文妻钟氏，启文，监生，殁，钟氏年二十七，奉木主日夕哭奠。舅姑递丧，哀毁逾常制，抚孤成立。夫娣妹子贫，分产济之。题旌。

曹世绶继妻鲍氏，世绶殁，鲍氏年二十一。立夫侄为嗣，守节六十三年。

曹家瑶妻杨氏，家瑶殁，杨氏年二十四。立夫侄盛恩为嗣，事孀姑孝，守节五十馀年。

曹家语妻何氏，家语殁，何氏年二十四。抚孤成立，守节三十七年。

曹盛泰妻钟氏，嘉庆十九年，盛泰殁，钟氏年二十八。抚孤英喆成立，守节三十四年。

曹宗湘妻谢氏，道光十三年，宗湘殁，谢氏年二十五。家贫，抚孤支英成立，守节四十年。

向廷献妻朱氏，廷献殁，朱氏年二十八。事姑及王姑以孝闻，抚孤日红成立。日红，县学生。守节五十四年。题旌。

向玉山妻刘氏，玉山殁，刘氏年二十六。家贫，抚孤习孔、有怀成立，守节以终。

向贵拔妻彭氏，贵拔殁，彭氏年二十九。抚一子成立，守节五十年。

向贵书妻黄氏，道光十九年，贵书殁，黄氏年二十七。抚孤国标、国梯成立，守节三十四年。以国标贵，封宜人。同治六年题旌。国标，州同衔；国梯，监生。

向国琩妻廖氏，道光三十年，国琩殁，廖氏年二十九，守节二十三年。

江启贤妻胡氏，启贤殁，胡氏年二十八。王姑及舅姑相继殁，典奁鬻产，三丧并举。抚孤成立，守节三十九年。题旌。

江世豪妻何氏，世豪殁，何氏年十九。家贫，丐食养姑，抚一子成立，守节四十六年。

江先玉妻朱氏，嘉庆十七年，先玉殁，朱氏年二十九。抚孤贤茂、贤昌成立，守节五十七年。

江湘典妻陈氏，湘典殁，陈氏年二十三，守节四十九年。

江思安妻李氏，道光十二年，思安殁，李氏年二十。子敦型生甫七月，抚之成立。家贫，守节四十二年。长孙死，妇杨氏继志，现守节八年。

许敷琼妻潘氏，敷琼，县学生，雍正四年殁，潘氏年二十六。抚孤绵熺、绵炽成立，守节二十九年。

许绵仑妻熊氏，乾隆三十三年，绵仑殁，熊氏年二十四，守节四十七年。

许大效妻蔡氏，大效殁，蔡氏年二十七。抚孤岳中成立，守节五十年。大效弟太湖殁，妻易氏年二十。抚遗腹子岳生成立，守节五十年。太湖弟太澍殁，妻郑氏年二十八。抚孤岳泽成立，守节四十年。人号“一门三节”。

许之琼妻钱氏，之琼殁，钱氏年二十九。姑年八十，事之谨。抚孤成立，守节三十五年。

许品朝妻叶氏，品朝殁，叶氏年二十九。家贫，丐食奉舅姑，抚孤成立，守节以终。

许锡祖妻姜氏，旧志存名。

许敷寿妻庄氏，敷寿殁，庄氏年二十，守节四十年。

许瑞一妻郑氏，瑞一殁，郑氏年二十六。抚孤泽攀、泽芝成立，守节四十四年。

许向荣妻吴氏，道光元年向荣殁，吴氏年十八。抚遗腹子怀宝成立，守节五十二年。同治九年题旌。

许英昭妻周氏，道光三年，英昭殁，周氏年二十。立夫兄子承傧为嗣，守节二十五年。

许文玠妻赵氏，咸丰十一年题旌。

许毕聪妻刘氏，咸丰四年毕聪殁，刘氏年二十五，守节六年，以疾终。

案，许氏节妇附载二人。又案，许厚诰妻余氏，亦节妇也，余氏年甫三十馀，附著于此。

钟月朗妻萧氏，月朗殁，萧氏年二十六。抚孤成立，守节四十二年。

钟志忠妻何氏，志忠殁，何氏年二十。子道昭生甫一月，抚之成立。道昭与其妇相继死，复抚孤孙成立。守节六十一年。

钟志濬妻邓氏，志濬殁，邓氏年二十九。抚遗腹子成立，守节三十九年。子死，妇彭氏年十六，能继姑志。立夫侄显承为嗣，守节四十年。

钟志书妻王氏，志书殁，王氏年二十二。抚孤道汉成立。道汉与其妇相继死，复抚孤孙成立。夫弟志易亦早死，娣妇蓝氏年二十四。抚二子成立，守节四十七年。

钟道炽妻傅氏，道炽殁，傅氏剪发以殉。姑病瞽，以舌舐之，复明。子一，夭。立夫弟之子为嗣，守节四十四年。题旌。

钟道一妻龚氏，道一殁，龚氏年二十一。持孤显南、显进成立，守节五十七年。

钟道科妻徐氏，道科殁，徐氏年二十二。家贫，子一，生甫六月，断指矢志，抚之成立。守节三十年。

钟道佑妻唐氏，道佑殁，唐氏年二十八。家贫，事姑以孝闻，守节三十九年。旧志漏。

钟道立妻李氏，道立殁，李氏年二十八。抚孤钦宝成立，守节三十八年。旧志漏。

钟显鹤妻余氏，显鹤殁，余氏年二十二。家贫，抚一子成立，守节三十九年。

钟仰珩妻易氏，仰珩，监生，乾隆五十年殁，易氏年二十五。立夫从兄仰琳子昌澍为嗣，守节五十年。嘉庆二十一年题旌。以昌澍贵，赠孺人。昌澍，举人，安仁县教谕。

钟仰琳妻易氏，仰琳，县学生，乾隆五十一年殁，易氏年二十九。抚三子成立，守节五十一年。

钟仰烈妻戴氏，乾隆五十四年，仰烈殁，戴氏年二十九。家贫，抚孤成立，守节二十五年。旧志漏。

钟仰学妻吴氏，仰学殁，吴氏年二十五。事孀姑孝，抚孤昌睿成立，守节三十年。

钟仰萃妻周氏，仰萃，监生，嘉庆六年殁，周氏年二十八，守节四十八年。

钟昌远妻田氏，昌远殁，田氏年二十六。抚幼子成立，守节三十五年。

钟昌植妻田氏，昌植殁，田氏年二十。立夫侄为嗣，守节三十二年。

钟昌育妻金氏，昌育殁，金氏年二十三。子景云，生甫八月，抚之成立，守节二十六年。

钟显泗妻徐氏，嘉庆十三年，显泗殁，徐氏年二十六。抚孤仰辉、仰耀成立，守节六十四年，同治十年卒。孙昌吾、昌言、昌启、昌麟。昌麟，县学生。

钟仰图妻黎氏，嘉庆二十四年，仰图殁，黎氏年二十一。立夫侄为嗣，守节五十年卒。题旌。

钟仰豹妻张氏，仰豹殁，张氏年十八。立夫弟仰震子昌藻为嗣，守节五十年。咸丰元年题旌。

钟仰登妻单氏，道光四年，仰登殁，单氏年二十一，守节四十九年。

钟仰均妻周氏，道光四年，仰均殁，周氏年二十六，守节四十九年。

钟仰逊妻蒋氏，道光五年，仰逊殁，蒋氏年二十九。抚孤昌江成立，守节四十八年。

钟昌顺妻柳氏，道光五年，昌顺殁，柳氏年二十六。抚孤成立，守节四十一年。

钟南英妻涂氏，道光八年，南英殁，涂氏年二十一。抚一子成立，守节四十五年。

钟显本妻杨氏，显本殁，杨氏年二十七。家贫，抚孤成立，守节四十三年。

钟昌凤妻杨氏，道光十四年，昌凤殁，杨氏年三十。家贫，守节三十九年。

钟仰祺妻易氏，道光二十九年，仰祺殁，易氏年二十九。抚孤昌钊成立，守节二十四年。

案，钟氏节妇附载二人。

胡启阀妻萧氏，启阀殁，萧氏年二十，哭泣失明，遗腹生一子。姑殁，哀毁呕血死。

胡天逊妻张氏，天逊殁，张氏年二十二。子申锡，生甫一月，抚之成立。

胡先科妻李氏，先科殁，李氏年二十一。抚一子及孤侄，皆成立，守节六十二年。

胡国法妻张氏，国法殁，张氏年二十四。家贫，子一生甫六月，抚之成立，守节五十七年。

胡恺堂妻向氏，恺堂殁，向氏年二十六。抚孤世章成立，守节四十八年。

胡希泰妻铁氏，希泰殁，铁氏年二十五。抚孤照榜成立，守节四十八年。

胡应榜妻李氏，应榜殁，李氏年二十九。立夫侄为嗣，守节四十八年。

胡之宝妻郑氏，之宝殁，郑氏年二十五。抚孤南泉成立。子妇卒，抚育幼孙。守节五十三年。

胡兴禄妻彭氏，兴禄殁，彭氏年二十。立夫侄太元为嗣，守节五十四年。

胡南柏妻黄氏，南柏殁，黄氏年二十七，守节二十六年。

胡锡麟妻周氏，乾隆三十七年，锡麟殁，周氏年二十二。抚幼子成立，守节五十一年。

胡怀鲁妻李氏，乾隆五十五年，怀鲁殁，李氏年二十三。或劝之嫁，啮指矢志。立夫兄禹尚子高望为嗣，守节六十二年。

胡贤昆妻左氏，嘉庆四年，贤昆殁，左氏年二十。家贫，抚幼子成立，守节六十四年。

胡南耀妻司马氏，南耀远游不返死，司马氏年二十一。抚一子成立，守节六十年。

胡先拔妻田氏，先拔，县学生，殁，田氏年三十。抚孤成立，守节四十三年。

胡昌我妻李氏，归昌我五日，昌我殁，李氏年十八。或劝之嫁，峻拒之。事孀姑谨。立夫侄楚护为嗣，守节三十年。

胡泰桂妻易氏，道光九年，泰桂殁，易氏年二十四，守节四十四年。

胡洪宝妻张氏，道光十二年，洪宝殁，张氏年二十二。抚孤瑞珍成立，守节四十一年。瑞珍，监生。夫弟洪辅道光十四年殁，娣妇徐氏相依矢志，抚孤贡珍、聘珍成立，守节三十九年。贡珍，监生。同治二年，并题旌，建“双节孝坊”。

胡道敏妻蔡氏，道敏殁，蔡氏年二十八。抚一子成立，守节三十六年。

胡运照妻柳氏，道光十八年，运照殁，柳氏年十九。抚孤成立，守节三十五年。

胡彰喜妻易氏，道光二十三年，彰喜殁，易氏年二十八。抚孤大泽成立，守节三十年。

胡运昌妻柳氏，运昌殁，柳氏年十九，守节三十年。

胡家臣妻邹氏，家臣殁，邹氏年三十。家贫，抚二子成立，守节三十年。

胡德经妻熊氏，道光二十六年，德经殁，熊氏年二十三。抚一子成立，守节二十七年。

胡洪澍妻仇氏，咸丰元年，洪澍殁，仇氏年二十九。立夫侄为嗣，守节一十六年。

胡亨奇妻邓氏，同治六年，题旌。

案，胡氏节妇附载一人。又案，胡开虔妻毛氏、胡开国妻邓氏、胡举实妻金氏、胡载从妻司马氏、胡载均妻汤氏，亦节妇也。毛氏及邓氏开报不详，金氏、司马氏、汤氏年甫三十馀，并附著于此。

傅若天妻何氏，若天殁，何氏年二十六。家贫，抚幼子成立，守节四十八年。

傅之龄妻黎氏，之龄殁，黎氏年二十三。抚遗腹子成立。父母贫老，迎养以终。守节三十八年。题旌。

傅廷彩妻周氏，廷彩殁，周氏年二十六。抚二子成立，守节四十九年。

傅咸正妻黄氏，咸正，岁贡，殁，黄氏年二十四。抚孤成立，守节三十五年。

傅光裕妻徐氏，光裕殁，徐氏年二十八。立夫侄为嗣，守节以终。

傅昌宗妻夏氏，昌宗殁，夏氏年二十二。抚孤以礼成立，守节二十九年。

傅雉申妻熊氏，旧志存名。

傅正室妻李氏，乾隆四十九年，正室殁，李氏年二十二。抚孤宗林成立，守节六十七年。

傅飞藻妻袁氏，嘉庆十三年，飞藻殁，袁氏年二十五。抚孤端范成立，守节五十二年。道光十五年，端范死，继妇戴氏年二十，守节三十八年。同治五年，并题旌。

傅美珍妻樊氏，嘉庆十九年，美珍殁，樊氏年二十六。家贫，抚孤端翥成立，守节三十五年。端翥，县学生。

傅周辅妻王氏，周辅殁，王氏年二十八，守节三十七年。

傅士宗继妻龚氏，道光十年，士宗殁，龚氏年二十三，守节四十三年。

傅正启妻王氏，道光十年，正启殁，王氏年二十九。抚孤宗亮成立，守节三十七年。

傅育文妻吴氏，育文，县学生，道光十一年殁，吴氏年三十。抚孤正诲成立，守节四十二年。咸丰元年，正诲死，妇宋氏年二十二，能继姑志抚孤宗鼎成立，守节二十二年。

傅泰儒妻高氏，泰儒，监生，道光十一年殁，高氏年二十三。家贫，抚孤道伊成立，守节四十二年。同治四年题旌。

傅颐宗妻李氏，父昌宾，长沙举人。道光十三年，颐宗殁，李氏年二十五。家贫，抚孤成立，守节四十年。

傅端黼妻吴氏，道光二十一年，端黼殁，吴氏年二十六。抚孤成立，守节三十二年。

傅奎宗妻饶氏，奎宗病笃，饶氏祷天求代。及殁，饶氏年二十六。家贫，勤纺绩，抚一子成立，守节一十七年。

案，傅氏节妇附载二人。又案，傅嘉桂妻吴氏，亦节妇也，年甫三十馀，附著于此。

毛兰菼妻谢氏，兰菼殁，谢氏年二十三。立夫侄晏为嗣，守节四十年。

毛昱妻郑氏，昱殁，郑氏年十九。抚遗腹子光瑞成立，守节三十六年。

毛万鹏妻翁氏，万鹏殁，翁氏年二十六。抚孤世应、世立成立。

毛万堂妻孙氏，万堂殁，孙氏年二十六。姑病癫，六年，事之谨。抚孤世仪、世仕成立，守节六十九年。

毛世表妻杨氏，世表，县学生，康熙五十六年殁，杨氏年二十八。抚孤远习成立，守节五十七年。

毛远播妻钟氏，远播殁，钟氏年二十九。抚孤家选、家权成立，守节四十二年。

毛朝训妻胡氏，朝训殁，胡氏年十九。抚一子成立，守节四十三年。

毛朝翰妻巢氏，朝翰殁，巢氏年二十九。家贫，立夫侄际恒为嗣。

毛际谦妻郭氏，从九品衔郭玉川之四女。道光三年际谦殁，郭氏年二十六。家贫，抚孤子英卓、英杰成立，守节三十九年。英卓，廪生，候选训导，保知县；英杰，县学生。英杰子立贤，县学生。咸丰五年，英卓卒，妻许氏，许庆有之二女。许氏年二十九，能继姑志。姑病，事之孝。家无遗产，纺绩不辍，抚遗腹子让贤成立，现守节二十六年。

毛英亮妻符氏，英亮，县学生，道光十一年殁，符氏年三十二，守节以终。

毛朝盛妻叶氏，朝盛殁，叶氏年二十五。家贫，抚二子成立，守节三十六年。

毛兴业妻张氏，道光十九年，兴业殁，张氏年二十九。抚孤宣训成立，守节二十年。

毛复晖妻向氏，复晖殁，向氏年三十二，守节二十六年。

毛莲舫继妻周氏，莲舫，监生，咸丰四年殁，周氏年三十。抚前室子及其二子成立，守节一十九年。

毛英勃妻黄氏，咸丰五年，英勃战殁江西袁州，黄氏年二十八。抚孤聘贤成立，现守节二十六年。聘贤，世袭云骑尉。

毛英俊妻谢氏，咸丰五年，英俊战殁江西袁州，谢氏年二十五。抚孤赉贤成立，现守节二十六年。赉贤，世袭云骑尉。

案，毛氏节妇附载一人。

田惟洛妻杨氏，惟洛殁，杨氏年二十五。家贫，勤纺绩，以奉姑，守节四十年。

田泽周妻钟氏，泽周殁，钟氏年二十六。无子，妾李氏年十九，生子一，相依守节，抚孤成立。

田家隽妻许氏，家隽殁，许氏年二十五。抚幼子成立，守节五十六年。五代同堂。

田家寿妻姜氏，家寿殁，姜氏年二十五。子有益，甫二岁，抚之成立。

田昌苗妻甘氏，昌苗殁，甘氏年二十八。抚孤龙科、龙甲、龙第成立，守节四十七年。

田际盛妻黄氏，际盛殁，黄氏年二十六。家贫，舅姑怜其少，欲嫁之，以死自誓。守节三十五年。

田际昌妻殷氏，际昌殁，殷氏年二十六。抚二子成立，守节五十三年。

田瑛光妻徐氏，瑛光殁，徐氏年二十五。子一，夭。立夫侄上品为嗣，守节二十九年。

田上六继妻王氏，上六卫千总衔，殁，王氏年二十七。抚子与前室子，皆成立。

田上拔妻范氏，上拔殁，范氏年二十九。家贫，抚孤成立。

田传学妻王氏，传学殁，王氏年二十三。事姑以孝闻，抚孤成立，守节四十年。

田有林妻徐氏，有林殁，徐氏年二十。抚一子成立。

田家有妻金氏，旧志存名。

田春圃妻金氏，道光二十八年，春圃殁，金氏年二十八。抚孤经书成立，守节二十五年。

唐学英妻李氏，年十五归学英，学英旋得恶疾，凡十馀年，事之谨。及殁，李氏绝食七日不死，或劝之嫁，不可。抚孤成立，守节以终。

唐恢学妻何氏，乾隆四十四年，恢学殁，何氏年二十五，守节四十五年。旧志漏。

唐志忠妻朱氏，志忠殁，父母继逝，朱氏年二十三。子一，生甫十月，夫弟生甫二十馀日，兼乳哺之，俾皆成立。子与妇并早死，复抚孤孙成立。守节五十年。

唐储藻妻伏氏，储藻殁，伏氏年二十五。家贫，抚一子成立，守节四十一年。

唐礼执妻刘氏，道光十一年，礼执殁，刘氏年十七。家贫，子甫五月，抚之成立，守节三十年。同治四年题旌。

唐中立妻湛氏，道光十三年，中立殁，湛氏年二十二。家贫，抚一子成立，守节四十年。

唐昌佑妻蔡氏，道光二十一年，昌佑殁，蔡氏年二十一。子一，生甫六月，抚之成立。守节三十二年。

唐昌祐妻李氏，昌祐殁，李氏年二十五。抚孤成立，守节二十八年。

唐砺臣妻龚氏，道光二十八年，砺臣殁，龚氏年二十五。舅姑早逝，无子。父母悯其贫，欲嫁之，不可。守节二十五年。

唐显扬妻盛氏，监生盛庆唐之三女。咸丰元年显扬殁，盛氏年二十六。家贫，矢志抚子，钰生、厚生俱逝。守节二十三年卒。

唐显晋妻张氏，咸丰五年，显晋殁，张氏年二十五。抚孤成立，守节十八年。

鄷尔禄妻罗氏，尔禄殁，罗氏年二十。家贫，王姑病瞽，事之谨。抚幼子成立，守节二十二年。

鄷黄荣妻张氏，乾隆四十四年，黄荣殁，张氏年二十三。家贫，抚孤培根成立，守节六十三年。旧志漏。

鄷培翰妻杨氏，培翰，监生，殁，杨氏年二十七。立夫侄金州为嗣，守节三十四年。

鄷培庠妻宋氏，道光三年，培庠殁，宋氏年二十八。抚孤金源成立，守节十八年。金源，两淮补用盐大使。

鄷金鼎妻顾氏，道光八年，金鼎殁，顾氏年二十五。抚遗腹子宗玉成立，守节四十五年。

鄷金明妻吴氏，道光十四年，金明殁，吴氏年二十九。家贫，守节三十年。

鄷培有妻宋氏，道光十七年，培有殁，宋氏年二十八。立夫兄子金兰为嗣，守节二十五年。

鄷先翼妻司马氏，道光二十年，先翼殁，司马氏年二十三。家贫，勤纺绩，抚二子成立。守节三十三年。

鄷金万妻宋氏，道光二十一年，金万殁，宋氏年二十九。家贫，抚孤成立，守节三十三年。

鄷越凡妻陈氏，同治三年，越凡殁，陈氏年十七。抚夫兄子先照为嗣，守节十年卒。

姜占先妻刘氏，占先殁，刘氏年二十四。子宣昭，生甫八月。舅老以遭兵燹，命之嫁，刘氏毁容矢志，守节三十四年。

姜万程妻张氏，万程殁，张氏抚孤名宛成立。捐修桥渡，给戚某田产俾娶妇、延嗣，里党义之。题旌。

姜开基妻杨氏，开基殁，杨氏年二十一。抚孤成立，守节五十年。

姜瑞彩妻刘氏，瑞彩殁，刘氏年二十四。抚二子成立，守节三十七年。

姜礼富妻陈氏，礼富殁，陈氏年二十八。家贫，守节三十二年。

姜邦才妻熊氏，邦才殁，熊氏年二十四。抚一子成立，守节五十年。

姜开春妻钟氏，道光三十年，开春殁，钟氏年二十六。抚孤成立，守节二十三年。

姜景和妻钟氏，咸丰元年，景和殁，钟氏年三十。抚孤瑞传、瑞昌成立，守节二十二年。

案，姜兴恒妻吴氏，姜渭溪妻柳氏，亦节妇也，以年甫三十馀，附著于此。

欧阳以茂妻刘氏，以茂殁，刘氏年十九。抚遗腹子绥万成立。绥万死，抚育诸孙。守节六十四年。

欧阳远仁妻刘氏，远仁殁，刘氏年二十九。抚一子成立，守节六十年。咸丰元年题旌。孙杰，岁贡；藻，州同衔；汉，举人。刘氏以藻贵，封安人。

欧阳源祯妻杨氏，归源祯三年，源祯殁，杨氏抚孤有葵成立。有葵死，妇蒋氏继姑守节，抚孤以终。

欧阳明之妻闵氏，明之殁，闵氏年二十九，守节二十七年。

欧阳隆建妻钟氏，道光十年，隆建殁，钟氏年二十三。家贫，抚一子成立。子死，复抚两孙成立。守节五十三年。

欧阳鼎妻周氏，鼎，岁贡杰第四子，道光二十年殁。周氏年二十三。立夫兄县学生泰之子为嗣，守节一十八年。

欧阳觉先妻彭氏，道光三十年，觉先殁，彭氏年二十七，守节以终。

欧阳锦妻吴氏，同治元年，锦殁，吴氏年二十五。立夫兄镇子为嗣，守节四年，以哀毁终。

　　案，欧阳氏节妇附载一人。又案，欧阳遐龄妻孙氏，亦节妇也，以年甫三十馀，附著于此。

苏锦妻张氏，锦殁，张氏年十七。子问治，生甫一月。舅姑怜其少，欲嫁之，断发自矢，抚孤守节。问治死，妇白氏继姑守节，抚孤成立。

苏钧妻黄氏，钧殁，黄氏年二十七。抚二子成立，守节三十年。

苏新柱妻蒋氏，新柱为蒋氏赘婿，殁，蒋氏年二十四。归养舅姑，抚一子成立，守节四十八年。

苏名林妻潘氏，名林遭父丧投缳死，潘氏年二十八，无子。或劝之嫁，曰：“夫为孝子，我不能为节妇耶?”守节四十七年。

苏成林妻左氏，成林殁，左氏年二十六。家贫，无子，守节四十六年。夫弟鹤林死，娣妇徐氏年二十，子一，与左氏抚孤成立，守节四十三年。

苏承露妻李氏，旧志存名。

苏奉泌妻易氏，道光十五年，归奉泌一月，奉泌殁。易氏年二十。立夫侄宗衍为嗣，守节三十八年。

　　案，苏氏节妇附载二人。

夏而淳妻王氏，而淳殁，王氏年二十四。家贫，抚孤成立。

夏明诚妻田氏，明诚殁，田氏年十六。抚孤立本成立，守节五十七年。

夏宗炷妻刘氏，宗炷殁，刘氏年二十四。家贫，抚孤宏增成立，守节二十七年。

夏光有妻李氏，道光七年，光有殁，李氏年二十八，守节四十六年。

夏五臣妻杨氏，道光十三年，五臣殁，杨氏年二十九。家贫，抚三子成立，守节二十八年。

夏成善妻葛氏，道光二十六年，成善殁，葛氏年三十二。立夫侄开阳为嗣，抚之成立，守节二十七年。同治二年开阳死，妇徐氏年二十三，继姑守节。

夏成阳妻金氏，道光三十年，成阳殁，金氏年三十。抚二子成立，守节二十三年。

案，夏氏节妇封载一人。

陶锡珍妻戴氏，锡珍殁，戴氏年二十四。抚孤继仲成立，守节五十二年。

陶显伟妻段氏，显伟殁。家贫，段氏勤针黹，抚孤成立。

陶级麟妻杨氏，乾隆五十九年，级麟殁，杨氏年二十七，守节四十六年。

陶绪德妻任氏，嘉庆二十三年，绪德殁，任氏年二十八。家贫，抚二子成立，守节五十年。

陶斯咏妻陈氏，道光十二年，斯咏殁，陈氏年二十七，守节四十一年。

陶焕新妻李氏，焕新，县学生，道光二十六年殁，李氏年三十，守节二十七年。

陶耀甲妻熊氏，耀甲，武生，道光二十九年殁，熊氏年二十九，无子。家贫，勤纺绩，以养姑。姑殁，就养母家。守节二十三年。

符惟恕妻张氏，惟恕殁，张氏年二十四。抚孤邦福成立，守节以终。邦福，县学生。

符庭书妻徐氏，庭书殁，徐氏年二十二。抚一子成立，守节五十三年。

符廷汉妻彭氏，廷汉殁，彭氏年三十。抚幼子成立。

符约宝妻夏氏，嘉庆二十三年，约宝殁，夏氏年二十一。家贫，立夫兄子时雍为嗣，守节五十五年。

符永琮妻刘氏，道光十一年，永琮殁，刘氏年二十四，守节三十七年。

符时考妻刘氏，道光十二年，时考殁，刘氏年三十。家贫，抚孤之葆、之佑成立，守节四十一年。

楚甲士妻龙氏，甲士殁，龙氏年二十二，抚二子成立。母弟贫，以田三十亩资之，人称其义。

楚燕斯妻舒氏，燕斯殁，舒氏年二十八，教子以严闻。母弟贫，以田二十亩资之。守节三十六年。

楚邦惠妻邱氏，邦惠殁，邱氏年二十四。立夫侄廷继为嗣，守节七十六年。

楚迪信妻罗氏，迪信，县学生，殁，罗氏年十九。抚夫侄司璋为嗣，守节五十二年。

楚薪传妻戴氏，薪传殁，戴氏年二十八。抚孤成立，守节三十年。

楚思齐妻卢氏，思齐殁，卢氏年二十七。抚孤道庆成立，守节以终。

金明章妻阳氏，明章殁，阳氏年二十四。抚遗腹子世淮成立，守节三十六年。

金万孚妻徐氏，万孚殁，徐氏年二十一。抚孤宝穆、宝和成立，守节三十五年。

金一举妻黄氏，一举殁，黄氏年二十八。抚孤寿玉成立，守节三十三年。

金本蛟妻傅氏，道光十二年，本蛟殁，傅氏年二十八。家贫，立夫弟之子为嗣，守节四十一年。

葛世皇妻黄氏，世皇殁，黄氏年二十二。子守进，甫二岁。勤纺绩，抚孤成立。

葛蕴佐妻黄氏，蕴佐殁，黄氏年二十二。家贫，父母欲嫁之，泣曰："宁饿死，不事二夫。"抚孤成立。

葛振棠妻钟氏，振棠殁，钟氏年二十二。抚孤成立，守节三十二年。

葛茂盛妻张氏，道光十八年，茂盛殁，张氏年二十八。家贫，抚孤崑源、秉源成立，守节三十五年。

蒯圣宗妻傅氏，圣宗殁，傅氏年二十三。家贫，抚孤成立。

蒯国明妻朱氏，国明殁，朱氏年二十九。抚二子成立，守节四十年。长子安建死，妇萧氏继姑守节。

蒯安凝妻柳氏，安凝，监生，殁，柳氏年二十。遗腹生一女，为夫立后。事姑以孝闻，守节五十六年。

案，蒯氏节妇附载一人。

殷志滨妻韩氏，志滨殁，韩氏年二十九。抚一子成立。

殷远茂妻郑氏，远茂殁，郑氏年二十六。抚一子成立，守节四十年。

殷廷才妻吴氏，廷才殁，吴氏年二十四。抚遗腹子成立。

殷奉正继妻刘氏，道光二十年，奉正殁，刘氏年二十二。抚子家彦、家澍成立，以家彦、家澍俱六品，诰封太安人。

殷长升妻盛氏，监生盛庆唐之女。长升歿，盛氏矢志守节，抚子南浦、湘林、秋生成立，现守节二十六年。

霍黉士妻许氏，黉士应郡试歿于寓，许氏生子甫数月。家贫，事舅姑以孝闻，抚孤成立。守节三十五年。乾隆二十六年题旌。

霍启轩妻何氏，启轩歿，何氏年二十四。家贫，抚孤成立，守节四十七年。

霍翰清妻湛氏，道光五年，翰清歿，湛氏年三十，守节三十九年。

萧士燿妻何氏，士燿歿，何氏年二十二。立夫兄子为嗣。与夫兄异居，多让产与之。守节三十三年。乾隆二十七年题旌。

萧仕杰妻郭氏，士杰歿，郭氏年二十九。抚三子成立，守节五十年。

萧方富妻黎氏，方富歿，黎氏年二十。抚孤正汉成立，守节三十五年。

萧振虢妻许氏，振虢歿，许氏年十七。抚孤成立，守节三十八年。

萧振起妻钟氏，振起歿，钟氏年二十九。抚孤相印成立，守节二十三年。相印，廪贡生。

萧立梓妻顾氏，立梓歿，顾氏年十八。立夫侄正新为嗣。家贫，事舅姑以孝闻，守节五十六年。

萧立身妻袁氏，立身歿，袁氏年二十二。抚孤而时、而章成立，守节三十年。

萧正宇妻顾氏，正宇歿，顾氏年二十五，守节二十六年。

萧德玉妻朱氏，嘉庆十年，德玉歿，朱氏年二十五。抚孤开望成立，守节一十七年。

萧正建妻陈氏，嘉庆十九年，正建歿，陈氏年二十五。抚二子成立，守节五十九年。

郑先正妻刘氏，先正殁，刘氏年二十，守节三十八年。乾隆三十九年题旌。邑人徐世佐为立传。

郑世佐妻霍氏，乾隆八年，世佐殁，霍氏年二十八。抚孤禄柏、禄梅成立，守节二十九年。

郑国瑾妻邱氏，国瑾殁，邱氏年二十九。抚三子成立，守节三十八年。

郑守仁妻罗氏，守仁殁，罗氏年二十七。事姑以孝闻，抚孤成立。幼子国赞早死，妇田氏继姑守节。

郑朝荣妻黎氏，朝荣殁，黎氏年二十五。家贫，抚一子成立。夫弟与娣妇相继死，遗子女二。抚之如己出。守节五十九年。

郑德凝妻郭氏，县学生郭世谐女。德凝殁，郭氏年二十二，矢志守节以终。

郑遇训妻霍氏，遇训殁，霍氏年二十七。家贫，抚二子成立，守节三十年。

郑德萱妻易氏，德萱殁，易氏年二十六。立夫弟之子为嗣，守节二十四年。

郑道尊妻荀氏，道光十年，道尊殁，荀氏年三十，守节四十三年。

郑德昭妻魏氏，道光二十年，归德昭两月，德昭殁，魏氏年十七。守节三年，以哀毁终。

郑多裕妻魏氏，多裕殁，魏氏年二十八。家贫，事姑及王姑以孝闻，抚三子成立，守节二十八年。

郑登珍妻钟氏，道光二十六年，登珍殁，钟氏年二十六。抚一子成立，守节一十一年。

郑伯能妻张氏，道光二十七年，伯能殁，张氏年二十三。抚孤世平成立，守节二十六年。

郑先谟妻许氏，道光二十九年，先谟殁，许氏年二十六。抚二子国政、祖环成立，守节二十六年卒。国政，从九衔。

郑先朝妻潘氏，咸丰八年，先朝殁，潘氏年二十九。抚子祖慧成立，守节二十一年。祖慧，监生。

舒五翰妻吴氏，五翰殁，吴氏年二十四。抚孤之璋成立。之璋死，妇胡氏年二十四，子永治生甫月馀，继姑守节；永治死，妇巢氏年二十五。抚三子成立，亦以节著。乾隆四十年，并题旌。

舒懋林妻任氏，道光二十一年，懋林殁，任氏年二十六，守节三十二年。

舒育德妻黎氏，道光二十六年，育德殁，黎氏年二十九。投缳，以家人救得不死。家贫，抚一子成立，守节二十五年。

案，舒氏节妇，附载二人。

盛永坤妻李氏，永坤殁，李氏年二十二。邻妪讽之嫁，以铁锤碎一指自矢。立夫侄为嗣。乾隆五十九年题旌。

盛后祚妻黄氏，后祚殁，黄氏年三十一。勤纺绩，抚三子成立，守节五十年。

盛后安妻朱氏，后安殁，朱氏年二十二。抚孤裔德成立，守节四十三年。

盛砺吾妻杨氏，砺吾殁，杨氏年二十七。抚一子成立。夫兄死，遗一女慈之如己出。守节四十年。

盛庆蕃妻易氏，庆蕃殁，易氏年二十五。姑病，割股。立夫兄襄川子鸿紫为嗣，守节二十六年。鸿紫，监生。

盛贤弼妻倪氏，道光二十年贤弼殁，倪氏年二十九。子溪林夭。立夫侄培林为嗣。家贫，守节三十三年。

盛贤雍妻杨氏，贤雍殁，杨氏年三十。抚孤德林成立，现守节三十三年。

盛鸿绪妻李氏，道光二十三年，鸿绪殁，李氏年二十一。子文绎，生甫三月，抚之成立，守节三十年。道光二十五年，夫弟鸿绘殁，娣妇余氏年十九。立夫兄鸿纲子文扬为嗣，守节二十八年。

案，盛氏节妇附载一人。

颜懋荣妻田氏，幼字懋荣，懋荣随父入蜀，父母欲改字他姓，以死拒之。年二十六始归懋荣，三年，舅与夫相继死，丧葬尽礼。抚孤成立，守节四十四年。题旌。

颜宗礼继妻湛氏，道光元年，宗礼殁，湛氏年二十五。抚前室子邦翰如己出，守节二十六年。孙文炳、文燿，皆廪生。文蔚，县学生。

颜宗禄妾刘氏，道光二十六年，宗禄殁，刘氏年二十八。抚孤滨澄成立，守节三十四年。

仇绍发妻徐氏，绍发殁，徐氏年二十。子达青，生甫十八日。绝食七日不死，抚孤成立，守节六十九年。嘉庆九年题旌。达青，卫千总衔。徐氏以达青贵，封安人。

仇继燮妻刘氏，继燮殁，刘氏年二十七。抚二子成立，守节三十四年。

仇宗锷妻李氏，宗锷殁，李氏年二十。工诗，著有《养梅诗集》。所作绝命词，多传诵之。

仇尚仁妻张氏，尚仁殁，张氏年二十四。家贫，抚孤兴贵成立，守节四十二年。

仇文溢妻杨氏，文溢殁，杨氏年二十二。立夫兄安乡训导文汇次子为嗣，守节三十五年。

方继忠妻席氏，继忠殁，席氏年十八。抚遗腹子成立。舅姑殁，命其子庐墓三年。捐置学田四石。守节六十九年。五代同堂。

题旌。

方世英妻郭氏，世英殁，郭氏年三十。抚孤成立，守节二十年。

方世培妾侯氏，嘉庆二十三年，世培殁，侯氏年二十二。抚遗腹子泽珍。泽珍又卒，又抚其二孙成立。守节五十五年。

方泽禄妻刘氏，嘉庆二十三年，泽禄殁，刘氏年二十四。抚孤盈庭成立。道光二十九年饥，盈庭鬻其妇，刘氏愤恚不食死。

方泽沃妻易氏，道光二十一年，泽沃殁，易氏年二十九。抚孤焕星成立，守节十三年。

方其炳妻刘氏，道光二十四年，其炳殁，刘氏年十七。遗腹生子运凤，守节五年，以疾终。

高本佩妻任氏，本佩殁，任氏年三十，守节五十七年。

高宏绶妻杨氏，乾隆十六年，宏绶殁，杨氏年二十二。抚孤步衢成立，守节六十三年。

高宏光妻蔡氏，宏光殁，蔡氏年二十五。抚一子成立，守节以终。

高元亮妻王氏，元亮殁，王氏年二十七。家贫，抚一子成立。娣妇早死，养其孤如己子。守节二十四年。

高开泰妻李氏，开泰殁，李氏年二十四。勤纺绩，以奉舅姑，守节以终。

高开晓妻李氏，嘉庆八年，开晓殁，李氏年二十三，守节四十六年。

高明晖妻谭氏，道光元年，明晖殁，谭氏年二十八。抚一子成立，守节五十二年。

高元燮妻曹氏，道光二年，元燮殁，曹氏年二十七。立夫弟元庆子为嗣，守节十八年。

高腾煌妻谭氏，道光九年，腾煌殁，谭氏年三十。家贫，抚遗腹子金夫成立，守节四十四年。

高开名妻陈氏，道光十年，开名殁，陈氏年二十三。抚孤世兴成立，守节四十三年。咸丰五年世兴死，妇熊氏年三十。抚孤德敏、德迈成立，守节十八年。

高世棠妻江氏，道光二十八年，世棠殁，江氏年二十九，守节二十五年。

案，高氏节妇附载一人。

巢德璋妻虞氏，乾隆三十三年，德璋殁，虞氏年二十一。抚孤盛暹成立，守节一十四年。

巢御六妻湛氏，御六殁，湛氏年二十五。家贫，种芋采葛，抚孤成立，守节四十六年。

巢盛景妻伏氏，盛景殁，伏氏年二十五。立夫侄为嗣，守节二十六年。

巢盛暟妻孙氏，嘉庆十二年，盛暟殁，陈氏年二十四。抚遗腹子成立，守节六十二年。

巢名晋妻伏氏，名晋殁，伏氏年二十一。事舅姑以孝闻，抚一子成立，守节二十年。

巢文羲妻彭氏，道光二十二年，文羲殁，彭氏年二十五。抚二子成立，守节三十一年。

汪大兴妻李氏，乾隆三十六年，大兴殁，李氏年二十七。家贫，抚孤兴棣、兴业成立，守节六十年。

魏世琇妻姜氏，乾隆四十三年，世琇殁，姜氏年十八。事姑以孝闻，立夫侄耀祥为嗣，守节五十年。

魏典谟妻黄氏，典谟殁，黄氏年二十六。立夫侄为嗣，守节三十年。

赵永镃妻戴氏，乾隆四十四年，永镃殁，戴氏年二十五。抚孤东儒成立，守节五十四年。题旌。东儒，监生，事母以孝闻。

赵耀杞妻陈氏，道光七年，耀杞殁，陈氏年二十一。立夫侄彩辉为嗣，守节四十六年。

谭廷才妻卢氏，乾隆四十四年，廷才殁，卢氏年二十四。抚孤成立，守节三十二年。

谭启禹妻贺氏，启禹殁，贺氏年三十。抚孤成立，守节三十一年。

湛远交妻戴氏，远交殁，戴氏年二十九。抚孤启明成立，守节五十八年。启明，监生。

湛启渥妻陈氏，归启渥六年，启渥殁，抚二子成立，守节以终。

湛启汉妻周氏，启汉殁，周氏年十九。立夫侄宗德为嗣，守节三十一年。

湛道纶妻龚氏，嘉庆七年，道纶殁，龚氏年二十九，守节四十二年。

湛宗才妻许氏。

湛辅贤妻李氏，以上二人，旧志存名。

湛宗凤妻韩氏，宗凤殁，韩氏年三十。家贫，抚三子成立，守节四十年。

湛首登妻谭氏，道光六年，首登殁，谭氏年二十八，守节三十六年。

湛先平妻陈氏，道光八年，先平殁，陈氏年二十七。勤纺绩，抚孤西有成立，守节四十五年。

湛宗汉妻欧阳氏，父杰，岁贡。道光十八年宗汉殁，欧阳氏年二十三。立夫弟之子为嗣，守节三十五年。

湛宗意妻黎氏，宗意殁，黎氏年十八。抚孤厥后成立，守节三十三年。

湛宗泮妻周氏，父燮祥，廪生。道光二十年，宗泮殁，周氏年二十二。抚孤梓先成立，守节三十三年。

郭名成妻高氏，名成殁，高氏年三十。抚三子成立，守节三十年。

郭世龙妻甘氏，乾隆三十九年，世龙殁，甘氏年二十九，守节三十三年。题旌。

郭世遵妻张氏，处士张乾班女。世遵，廪生，乾隆四十八年殁。张氏年二十九。立夫弟诚世子家暾为嗣。家暾卒，又立夫弟诠世子家彪为嗣，守节三十五年卒。以孙嵩焘贵，诰赠一品夫人。

郭世暹妻胡氏，县学生胡硕士女。乾隆五十二年，世暹殁，胡氏年二十三。立夫弟诠世子家骥为嗣，守节三十二年卒。道光九年题旌。家骥，报捐布政司经历。敕封太安人。

郭诠世继妻吴氏，监生吴国勋女。嘉庆二十五年，诠世殁，吴氏年二十九。抚子徵畴成立，守节四十五年卒。徵畴以六部员外郎，诰封太恭人，光绪五年貤赠一品夫人。

郭家赞妻熊氏，县学生熊名鳌女。嘉庆八年，家赞殁，熊氏年二十一。子一，夭。立夫侄先澔为嗣，守节三十九年。题旌。

郭家篁妻彭氏，处士彭开林女。道光九年家篁殁，彭氏年二十九。抚子先俊成立，守节四十四年。先俊，官营守备，诰封太宜人。

郭家暾妻吴氏，陕西榆林府知府灼女。吴氏年十九，家暾卒。抚夫弟家彪子岺焘为嗣，守节三十六年卒。以子岺焘贵诰赠恭人。

郭家钧妻周氏，湘潭周系培女。家钧，廪生，道光二十九年殁。周氏年二十九。抚子奎南、炳南成立。奎南，县学生；炳南，从九品职。

郭先植妻夏氏，处士夏平鉴女。道光九年，先植殁，夏氏年二十二。事姑张氏以孝闻，抚从侄宗毅为嗣，守节四十四年。

郭先澔妻张氏，处士张宏深女。道光二十七年，先澔殁，张氏年二十九。抚子立宗成立，守节二十六年卒。

郭先誉妻毛氏，处士毛宏发女。咸丰四年，先誉殁，毛氏年二十七。抚子立朝成立，现守节二十四年。

郭立菁妻唐氏，处士唐冰心女。咸丰十一年，立菁殁，唐氏年二十七。子一，本茂。矢志抚孤，现守节十八年。

郭立溶妻刘氏，处士刘仁和女。同治二年，立溶殁，刘氏年二十四。子一，本渫。矢志抚孤，现守节十五年。

郭立藩妻吴氏，监生吴大刚女。同治八年，立藩殁，吴氏年二十八，子本善。矢志抚孤成立，守节六年卒。

郭刚基妻曾氏，武英殿大学士、两江总督谥文正曾国藩四女。同治八年，刚基卒，曾氏年二十三，屑金食之不死。守节十三年卒。巡抚李明墀专折奏请旌表，奉旨建坊。子二：本含，内阁中书；本谋，亦内阁中书。

司马辨智妻张氏，辨智殁，张氏年二十一。抚孤信忠成立，守节六十一年。

司马智凤妻李氏，智凤殁，李氏年二十四。立夫侄信畴为嗣，守节三十五年。

司马智巍妻宋氏，嘉庆四年，智巍殁，宋氏年二十三，守节六十二年。

司马广才妻周氏，广才殁，周氏年二十八。无子，父母命之嫁，不可，守节四十三年。

司马遂信妻周氏，遂信殁，周氏年二十一。抚一子成立，守节四十一年。

司马信安妻吴氏。

司马福臻妻周氏，以上二人，旧志存名。

司马有名妻胥氏，有名殁，胥氏年二十七。家贫，灌园，抚幼孤成立，守节二十四年。

司马开孝妻王氏，道光二十一年，开孝殁，王氏年二十四。立夫兄开聪子先广为嗣，守节三十一年。同治十年题旌。

司马有政妻王氏，道光二十一年，有政殁，王氏年二十四，矢志抚孤，守节三十一年。

案，布政司理问衔司马渥妻杨氏，亦节妇也，以年甫二十馀，附著于此。

宋玉佩妻江氏，玉佩殁，江氏年二十八。立夫侄为嗣，甫成立而死，复立夫侄孙为嗣，守节六十一年。

宋开泮妻焦氏，开泮殁，焦氏年二十一。家贫，勤纺绩，事舅姑及王姑谨。子一，生甫三月，抚之成立。守节六十六年。王姑阳氏寿百岁。

宋周序妻蒋氏，周序殁，蒋氏年二十六。子一，夭。立夫侄为嗣，守节四十一年。

宋祖徽妻张氏，祖徽殁，张氏年二十。抚孤成立，守节三十九年。

宋祖徵妻李氏，祖徵殁，李氏年二十九。立夫侄为嗣，甫成立而死，妇继姑，同心守节。

宋以孔妻傅氏，以孔殁，傅氏年二十八。家贫，抚一子成立，守节三十三年。

宋旦友妻陈氏，旧志存名。

邵二逢妻龙氏，二逢殁，龙氏年二十五。立夫侄林川为嗣，守节五十三年。

邵兴邦妻周氏，兴邦殁，周氏年二十八。抚二子成立，守节四十三年。

邵标兴妻刘氏，标兴殁，刘氏年三十，守节四十六年。

邵祥青妻杨氏，旧志存名。

邵承先妻熊氏，嘉庆元年，承先殁，熊氏年二十五。抚幼孤成立，守节三十四年。

邵元吉妻孙氏，嘉庆十四年，元吉殁，孙氏年二十。家贫，抚孤成立，守节六十四年。

邵文光妻魏氏，文光殁，魏氏年二十四。抚一子成立，守节二十八年。

涂玉瓒妻朱氏，乾隆二十三年，玉瓒殁，朱氏年二十八。家贫子幼，守节四十七年。

涂文蔚妻王氏，文蔚殁，王氏年二十一。抚孤成立，守节五十八年。

涂文隆妻何氏，文隆殁，何氏年十九。抚一子成立，守节五十一年。

涂升恒妻黄氏，嘉庆十三年，升恒殁，黄氏年二十六，守节二十一年。

涂德珍妻陈氏，道光十二年，德珍殁，陈氏年二十一。抚孤成立，守节四十一年。

涂立松妻余氏，道光十八年，立松殁，余氏年二十六。抚孤传俊、传心成立，守节三十五年。

涂雨田妻何氏，道光三十年，雨田殁，何氏年二十九。抚孤兰亭成立，守节二十三年。

龚若于妻廖氏，若于殁，廖氏年二十一。抚孤相成立，守节四十年。相，监生。

龚传复妻朱氏，传复殁，朱氏年二十四。抚孤遇星成立，守节三十七年。

龚建功妻吴氏，嘉庆六年，建功殁，吴氏年二十六。抚一子成立，守节二十五年。

龚猷训妻卢氏，嘉庆十六年，猷训殁，卢氏年二十二。抚孤迺栋成立，守节六十四年。

龚猷照妻卢氏，猷照殁，卢氏年二十，守节三十四年。

龚迺伋妻刘氏，迺伋，监生。嘉庆十八年归迺伋，刘氏年十五。侍姑萧氏病数年，以孝闻。姑殁，迺伋相继死，抚一子成立。守节三十馀年。咸丰十一年题旌建坊。孙先澍，县学生。

龚迺升妻高氏，道光元年，迺升殁，高氏年二十五。抚孤绍魁，守节三十三年。咸丰十一年题旌。入祠。

龚绪立妻吴氏，绪立殁，吴氏年二十六。抚孤成立，守节二十五年。

龚先霖妻王氏，归先霖数月，先霖殁，王氏年十七。守节九年，以哀毁终。

龚迺仁妻司马氏，咸丰十年，迺仁殁，司马氏抚孤绍瑜、绍璠成立，守节十八年卒。

龚步青妻刘氏，同治元年，步青殁，刘氏年二十五。抚孤成立，守节十八年卒。

龚丈绶妻晏氏，同治十一年题旌。

顾承统妻宋氏，承统殁，宋氏年二十三。子二，相继死。立夫侄隆溥为嗣。隆溥死，妇刘氏继姑守节。

顾必龚妻鄷氏，必龚殁，鄷氏年二十一，守节以终。

顾成洁妻宋氏，乾隆六十年，成洁殁，宋氏年二十三，遗腹生一女。立夫侄金波为嗣，守节四十年。

顾锦文妻易氏，旧志存名。

顾润吾妻陈氏，嘉庆九年，润吾殁，陈氏年十七。子德新，早夭。家贫丐食，守节五十九年。

顾隆学妻宋氏，道光十二年，隆学殁，宋氏年二十八，守节四十一年。

顾世蕃妻李氏，咸丰三年，世蕃殁，李氏年二十三。抚遗腹子达山成立，守节二十年。

案，顾氏节妇，附载一人。

伏宏科妻王氏，宏科殁，王氏年三十二。抚孤启澧成立，守节四十九年。启澧，监生。

伏藻华妻向氏，藻华，从九衔，殁，向氏年三十三。子明绶，甫二岁，抚之成立。守节三十七年。明绶，监生。

伏明伟妻陈氏，明伟殁，陈氏年二十五。家贫，勤纺绩以养姑，抚一子成立，守节四十六年。

伏高翥妻陈氏，高翥殁，陈氏年二十五。抚二子成立，守节三十二年。

伏启孝妻吴氏，嘉庆十二年，启孝殁，吴氏年二十五。抚孤珍明成立，守节三十七年。

伏教纯妻陈氏，嘉庆十四年，教纯殁，陈氏年二十一。子育彩，甫一岁，抚之成立。守节六十四年。

伏育志妻何氏，道光五年，育志殁，何氏年二十。抚子德盛成立，守节五十五年。

孙士浩妻张氏，士浩殁，张氏年二十六。抚孤必琳、必玕成立，守节四十八年。必琳殁，妇周氏继姑守节。

孙大华妻易氏，大华殁，易氏年十八。事孀姑以孝闻，子一，生甫十日，抚之成立。守节二十四年。

孙文有妻萧氏，道光十年，文有殁，萧氏年二十八。抚孤以宽、以德成立，守节四十三年。

孙致胜妻张氏，致胜殁，张氏年二十三。家贫，勤纺绩，抚二子成立，守节二十九年。

孙仕櫼妻彭氏，仕櫼殁，彭氏年二十五，守节二十六年。

孙为政妻巢氏，道光二十九年，为政殁，巢氏年二十一。或劝之嫁，峻拒之，抚一子成立，守节二十四年。

案，孙氏节妇，附载一人。

邓自抡妻殷氏，自抡，县学生，殁，殷氏年二十六。课子林馥以严闻，守节四十五年。

邓林崇妻周氏，林崇殁，周氏年二十五。抚一子成立。子妇死，复抚孙观颐、观晋成立。守节五十八年。观颐、观晋，并县学生。

邓林橘妻殷氏，林橘殁，殷氏年二十四。子一，夭。立夫侄盛炗为嗣，守节四十年。

邓林葆妻吴氏，林葆殁，吴氏年二十四。立夫侄应为嗣，守节三十四年。应死，继妇彭氏年二十四，遗腹生一子，偕姑抚孤，守节三十八年。

邓林豪妻范氏，林豪殁，范氏年二十八。抚二子成立，守节五十六年。

邓文彩妻洪氏，道光七年，文彩殁，洪氏年二十七。抚子敬承成立，守节四十八年。

案，邓氏节妇，附载一人。

姚习灿妻高氏，归习灿四年，生一女。习灿殁，家贫，事姑戴氏以孝闻，守节四十馀年。

姚克忠妻马氏，嘉庆十三年，克忠殁，马氏年二十一，守节六十五年。

姚长辉妻李氏，嘉庆十九年，长辉殁，李氏年十七，守节八年，以疾终。

姚课秋妻夏氏，咸丰元年课秋殁，夏氏年二十六。教子以严闻，守节二十六年。

姚建侯妻易氏，咸丰七年，建侯殁，易氏年三十二。守节七年，以疾终。

曾光先妾毛氏，江南常熟县人。光先官象山县知县，殁，毛氏年二十五。嫡张氏以其少，劝之嫁，不可。守节六十四年。

曾纪胡妻周氏，纪胡殁，周氏年二十三。抚幼孤成立，守节四十二年。

曾传法妻陈氏，传法殁，陈氏年二十。抚一子成立，守节二十五年。

曾广修妻柳氏，嘉庆二十一年，广修殁，柳氏年二十七。事孀姑谨，抚孤昭龄、昭觎成立，守节四十三年。咸丰十年题旌。昭龄、昭觎，并监生。

雷枝栋妻蒋氏，枝栋殁，蒋氏年十九。抚二子成立，守节六十年。

雷枝桂妻李氏，枝桂殁，李氏年十九。抚孤成立。夫弟枝柏死，娣妇王氏亦年十九，与李氏相依守节，抚一子成立。

雷锡应妻廖氏，锡应殁，廖氏年二十八。抚孤世麟成立，守节四十七年。

雷文贤妻黄氏，文贤殁，黄氏年二十六。抚一子成立，守节三十一年。

案，雷氏节妇，附载一人。

邹开旺妻仇氏，开旺殁，仇氏年二十五。抚一子成立，守节五十六年。

邹开德妻彭氏，开德殁，彭氏年二十七。事孀姑何氏，以孝闻。

邹远俊妻于氏，远俊殁，于氏年二十五。立夫侄为嗣。

邹德慜妻某氏，旧志存名。

邹辅国妻周氏，辅国殁，周氏年三十。抚二子成立，守节三十七年。

陆士仪妻王氏，士仪殁，王氏年三十二。抚孤秉权、秉相成立，守节五十九年。秉权，监生；秉相，廪贡生。

陆寿昌妻殷氏，寿昌殁，殷氏年二十六。剪发矢志，抚幼子成立。

陆忠立妻熊氏，道光十五年忠立殁，熊氏年二十六。勤纺绩，以奉舅姑，抚孤文锦成立，守节三十八年。同治四年题旌。

冯万选妻杨氏，万选殁，杨氏年二十五。子一，甫一岁，抚之成立。守节五十六年。

冯高腾妻汤氏，乾隆三十二年，高腾殁，汤氏年二十五。抚遗腹子成立，守节四十二年。

冯思训妻许氏，思训殁，许氏年十八，守节六十年。

案，冯家灏妻陈氏，贞烈也，旧志编次节妇中，误。

文光明妻何氏，光明殁，何氏年二十六。抚孤成立，守节四十七年。

文良灿妻何氏，良灿殁，何氏年二十七。抚二子成立，守节四十五年。

文宏才妻湛氏，宏才殁，湛氏年二十七，守节以终。

卢先佑妻曾氏，先佑殁，曾氏年二十二。抚一子成立，守节四十三年。

卢敬承妻董氏，敬承殁，董氏年二十六。侍姑梁氏病十六年，以孝闻，抚孤成立，守节二十九年。

卢光文妻邓氏，嘉庆十七年，光文殁，邓氏年十七。家贫，抚遗腹子盛佩成立，守节六十三年。

卢凤美妻舒氏，凤美殁，舒氏年二十八。抚孤成立，守节五十五年。

蓝立成妻陈氏，立成殁，陈氏年二十九。抚孤虎占成立，守节三十一年。

蓝文奇妻黎氏，嘉庆七年，文奇殁，黎氏年二十七，守节五十七年。

蓝馥汀妻李氏，馥汀殁，李氏年二十六。抚孤调理成立，守节三十六年。

蓝远尊妻杨氏，同治元年题旌。

骆如兰妻胡氏，如兰殁，胡氏年十八。抚一子成立，守节六十三年。

骆行修妻许氏，道光元年，行修殁，许氏年二十。抚孤成立，守节五十二年。

骆世兰妻周氏，道光十年，世兰殁，周氏年十八。家贫，立夫兄世芝子开杞为嗣，守节四十三年。

饶宗仁妻李氏，宗仁殁，李氏年二十七。教子以严闻，守节五十四年。

饶龙光妻曾氏，龙光殁，曾氏年二十四。立夫侄鼎勋为嗣，守节五十六年。

梁书升妻严氏，书升殁，严氏年二十六。抚孤成立，守节四十五年。

梁英蔚妻湛氏，英蔚，监生，殁，湛氏年二十八。抚一子成立。子死，妇何氏继姑守节。

梁时聘妻张氏，时聘殁，张氏年二十四，矢志守节。

案，梁氏节妇，附载一人。

常德钜妻张氏，德钜殁，张氏年十九。抚二子成立，守节三十四年。

常敏哲妻段氏，旧志存名。

常占春妻刘氏，占春，县学生，同治三年殁，刘氏年二十五。抚孤昆酉成立，守节十六年。

洪经九妻盛氏，经九殁，盛氏年二十一。家贫，守节三十一年。

洪福周妻甘氏，旧志存名。

程再泌妻李氏，藩照磨衔加椿之母。旧志存名。

程品嘉妻许氏，嘉庆十七年，品嘉殁，许氏年三十。抚孤衡帆成立，守节五十五年。

程升荣妻周氏，道光二十年，升荣殁，周氏年二十八。抚孤春年成立，守节三十三年。

韩兴彩妻苏氏，旧志存名。

韩长龄妻彭氏，道光七年，长龄殁，彭氏年二十六。抚孤大有成立，守节四十六年。

韩琴材妻吴氏，琴材，从九衔，道光十一年殁，吴氏年二十九。抚孤瑞云成立，守节三十四年卒。同治四年题旌。

案，韩正国妻吴氏，亦节妇也，年甫三十馀，附著于此。

董纯元妻易氏，纯元，县学生，嘉庆元年殁，易氏年二十五。立夫侄泽民为嗣，守节三十一年。

董泽荣妻庞氏，道光二十八年，泽荣殁，庞氏年二十九。抚幼子成立，守节二十五年。

孟明扬妻钟氏，嘉庆六年，明扬殁，钟氏年二十三。家贫，抚孤成立，守节五十二年。

孟既能妻冯氏，既能殁，冯氏年二十二。抚一子成立，守节五十年。

侯佐兰妻易氏，佐兰，监生，嘉庆八年殁，易氏年二十八。抚二子成立，守节四十八年。嘉庆十三年，夫弟佐麟死，娣妇刘氏年三十。抚一子成立，守节二十年。

侯德诚妻刁氏，德诚殁，刁氏年二十。立夫侄为嗣，守节二十一年。

侯开常妻顾氏，嘉庆十二年，开常殁，顾氏年十八。抚一子成立，守节五十四年。道光十九年题旌。

侯呈祥妻李氏，道光十四年，呈祥殁，李氏年二十九，守节三十九年。同治三年题旌。

案，侯氏节妇，附载一人。又案，侯基笏妻李氏、侯庭三妻李氏、侯英流妻胡氏，节妇也，开报不详，附著于此。

丁鸿发妻李氏，嘉庆八年，鸿发殁，李氏年二十一。抚孤成立，守节六十二年。同治五年题旌。

丁仁化妻邹氏，道光元年，仁化殁，邹氏年二十九。家贫，立夫兄宏年子为嗣，守节五十二年。

虞懋连妻钟氏，嘉庆元年，懋连殁，钟氏年三十。家贫，勤纺绩，抚孤光灿、光淮成立，守节三十二年。

虞懋翔妻杨氏，懋翔殁，杨氏年二十九。抚遗腹子成立，守节二十四年。

虞学梁妻彭氏，学梁殁，彭氏年十七，守节五十七年。

虞学瑞妻刘氏，道光五年，学瑞殁，刘氏年二十四。抚遗腹子懋政成立，守节四十二年。

虞明辉妻杨氏，明辉殁，杨氏年二十四，守节三十三年。

虞懋祥妻杨氏，道光二十四年，懋祥殁，杨氏年二十九。或劝之嫁，泣却之。立夫从兄懋文子光嗣为嗣，守节二十九年。

余理谓妻周氏，嘉庆十四年，理谓殁，周氏年二十九，守节四十五年。

余光展妻熊氏，道光十二年，光展殁，熊氏年二十九，守节二十年。

余春桃妻伏氏，咸丰四年，春桃殁，伏氏年三十，守节二十三年。

廖绵育妻杨氏，嘉庆二十年，绵育殁，杨氏年二十五。家颇丰，好施予，守节五十三年。

廖继年妻左氏，道光七年，继年殁，左氏年二十七。长子文周夭，抚遗腹子文佑成立，守节二十三年。

案，廖泽梧妻曾氏，亦节妇也，现年甫三十馀，附著于此。

石邦成妻田氏，嘉庆二十二年，邦成殁，田氏年二十九。抚孤意荣成立，守节五十一年。咸丰三年意荣死，妇刘氏年二十八。事姑以孝闻。

石秉义妻朱氏，道光六年，秉义殁，朱氏年二十六，守节四十七年。

案，石氏节妇，附载一人。

范禄占妻任氏，嘉庆二十四年，禄占殁，任氏年二十八。家贫，抚孤奇文成立，守节一十六年。

范显椿妻黄氏，道光十三年，显椿殁，黄氏年三十。抚二子成立，守节四十年。

范星田妻薛氏，道光二十二年，星田殁，薛氏年二十八。家贫，勤针黹，抚三子成立，守节三十一年。长子勷，同知衔，湖北补用知县；次勱，候选县丞；次焕章，县学生。

案，范新猷妻许氏，亦节妇也，开报不详，附著于此。

潘世洽妻李氏，嘉庆二十五年，世洽殁，李氏年二十九。家贫，抚孤德和成立，守节五十三年。光绪元年题旌。

潘世庸妻周氏，道光七年，世庸殁，周氏年二十三。勤纺绩，抚孤德秉成立，守节四十六年。

潘忠贵妻李氏，道光二十二年忠贵殁，李氏年二十七。子孝臧方四岁，抚之成立，守节三十七年。

丁永灿妻徐氏，道光四年，永灿殁，徐氏年二十六。抚遗腹子成立，守节四十九年。

于兴春妻张氏，兴春殁，张氏年三十五。抚孤成立，守节四十年。

危琴堂妻易氏，道光四年琴堂殁，易氏年三十一。抚幼孤成立，守节四十一年。

危谨轩妻刘氏，道光二十九年谨轩殁，刘氏年二十七。子一，夭。立夫兄之子为嗣，守节二十四年。

案，危先曙妻刘氏、危荣晃妻曹氏、从九衔危荣家妻蒋氏、危荣淇妻蒋氏，并节妇也，守节未久，附著于此。

游永亮妻蒋氏，道光五年，永亮殁，蒋氏年二十三，守节四十八年。

游永强妻吴氏，道光十七年，永强殁，吴氏年二十七。抚孤年晋成立，守节二十四年。

翁兼才妻邓氏，兼才殁，邓氏年二十三。抚一子成立，守节三十五年。

翁立敬妻黄氏，道光二十九年，立敬殁，黄氏年二十七。抚三子成立，守节二十四年。

杜芝礼妻张氏，芝礼殁，张氏年十八。家贫，丐而食。或劝之嫁，以死自矢。族属怜其贫，资之以田。守节五十七年。

杜添凤妻邵氏，邵坦仁女。同治六年，添凤殁，邵氏年二十六。子一松生，甫二岁，抚之成立。现守节十四年。

焦卜英妻司马氏，卜英殁，司马氏年二十五，守节三十三年。

焦康宇妻夏氏，同治六年，康宇殁，夏氏年二十八。抚夫从兄之子继先为嗣，现守节十三年。

伍顺芳妻周氏，嘉庆十年，顺芳殁，周氏年十九。抚一子成立，守节二十八年。

娄光鹏妻徐氏，嘉庆十二年，光鹏殁，徐氏年二十四。子辉潢生甫六月，舅欲嫁之，以死自矢。勤纺绩，抚孤成立，守节二十九年。道光十五年，辉潢死，妇吴氏年二十九，能继姑志，抚三子成立，守节三十八年。

案：娄氏节妇，附载一人。

叶之德妻刘氏，之德殁，刘氏年十九，守节六十七年。

干庆鸿妻黄氏，嘉庆二十二年，庆鸿殁，黄氏年二十七。抚孤作恩成立，守节四十年。

袁润禄妻萧氏，嘉庆十七年，润禄殁，萧氏年十七，守节六十一年。同治六年题旌。

席成章妻蒋氏，成章殁，蒋氏年二十二。抚一子成立，守节三十年。

庄克武妻李氏，克武殁，李氏年二十二。子搏九，甫二岁，抚之成立。有女归彭氏，年十六而寡，李氏畀之田，相依守节以终。

案，庄氏节妇，附载一人。

秦正文妻蔡氏，正文殁，蔡氏年二十五。家贫，立夫侄为嗣，守节四十二年。

梅文谟妻戴氏，文谟殁，戴氏年十九，守节三十馀年。

桂逢明妻杨氏，逢明殁，杨氏年二十六。家贫，抚一子成立，守节四十九年。

严祐妻王氏，祐，县学生，殁，王氏年二十九。抚三子成立，守节三十三年。

胥以佐妻廖氏，题旌。旧志存名。

闵德忠妻李氏，乾隆二十三年，德忠殁，李氏年二十六。抚孤胜杰、胜祖成立，守节四十四年。旧志漏。胜祖，乾隆五十四年死，妇李氏年三十。抚孤逢高、逢胜、逢源成立，守节四十三年。胜杰，嘉庆二十三年死，妾谢氏年二十九。子逢致，甫三岁。或劝之嫁，峻拒之，守节五十五年。

案，闵氏节妇，附载二人。

万惠方妻傅氏，惠方殁，傅氏年二十二。舅姑及伯叔母相继亡，岁歉无以为炊。傅氏抚孤子及夫侄凡六人，皆成立，守节四十年。题旌。

喻学徽妻翁氏，乾隆二十七年，学徽殁，翁氏年二十，守节五十六年。旧志漏。

吕之选妻萧氏，之选殁，萧氏年三十。子集成，生甫一岁。家颇饶，族人利其财，欲嫁之，以死自矢。抚孤成立，守节六十三年。

汤登纯妻田氏，登纯殁，田氏年二十六。抚孤金学成立，守节五十五年。

关学圣妻雷氏，学圣殁，雷氏年二十三，遗腹生子成芳。族或劝之嫁，碎碗矢志。勤纺绩，抚孤成立，守节四十年。

嵇倬妻黎氏，道光二年，倬殁，黎氏年二十四。子赞，甫二岁。舅文醇，无锡人，为少保曾筠曾孙，官湘阴县丞，因病乞休，占籍为湘阴人。守节三十九年。咸丰元年题旌。赞，官郴州学正。

淳于高轩妻盛氏，同治元年，高轩殁，盛氏年三十一。守节五年，以疾终。

韦培恩妻倪氏，道光四年，培恩殁，倪氏年二十二，勤纺绩。抚二子成立，守节四十九年。

荀昌苏妻吴氏，咸丰元年，昌苏殁，吴氏年二十一。家贫，抚遗腹子成立，守节二十二年。

聂绍祐妻黄氏，绍祐，从九衔，咸丰五年殁，黄氏年三十。抚三子成立，守节一十九年。

卢东初妻刘氏，咸丰三年，东初殁，刘氏年十九。抚孤成立，现守节二十八年。

右，国朝节妇一千六百五十三人。

郭嵩焘全集

五

史部二

史记札记
湘阴郭氏家谱
罗忠节公年谱
湘军志评议

岳麓書社·长沙

全书总目录

本册说明

本册为《郭嵩焘全集》史部著作之二，收录郭嵩焘所著《史记札记》、《湘阴郭氏家谱》、《罗忠节公年谱》和《湘军志评议》，共四种。

《史记札记》，五卷，为郭嵩焘研读司马迁《史记》的札记，民国年间由任凯南整理编辑，武汉大学出版。郭嵩焘之《自记》云："予读《史记》，始于光绪三年正月，讫于光绪四年四月，为时十有六月，所据为校本者，黎莼斋所带汲古本而已，无能有所校勘。而读其文，推求当时事实，考知世变，因以辨正史公之得失，亦庶几有一得之愚。"据此，郭氏此《札记》当作于光绪三年至四年，他在英国担任清朝驻英公使期间。据任凯南撰于民国二十二年的序言，此《札记》"皆笔其意于简端"，即郭氏批注于所读《史记》的简端。任乃"略仿高邮王氏《读书杂志》例，按史公书原次抄辑成卷，不数月而工毕"。由此可知，此书系任凯南将郭嵩焘批注于所读《史记》简端的文字，抄录整理，编辑成书的。1957 年，台湾商务印书馆将之重印出版。此次出版，即是根据这一重印本整理校点的。

《湘阴郭氏家谱》，十卷，为郭嵩焘为其家族所作的谱著，咸丰七年（1857 年）湘阴郭氏储芳堂刊。曾国藩曾为之作序，称其"详其信，阙其疑，文成而法具，事备而旨明，可谓雅达精揽者也"，给予了很高的评价。此次收入本册的，即是据此版本整理校点而成.

《罗忠节公年谱》，二卷，为《罗忠节公遗集》的附录，刊于清同治二年（1863），原未署作者名。忠节为湘军将领罗泽南谥号。据郭嵩焘咸丰十一年（1861）三月二十二日日记中述："编校《罗忠节公年谱》，为罗两明世兄属撰《忠节公志铭》，余允以《年谱》当先为之编定也。"郭嵩焘从孙郭振墉编《湘军志评议》，其中多处引录该年谱，云"先侍郎公《罗忠节公年谱》"，而校核其文，其卷次、内容完全一致，可知此部《罗忠节公年谱》确为郭嵩焘所著。至于该书的撰写时间，据《郭嵩焘日记》咸丰十一年二月十四日："前岁曾改订《忠节公年谱》，亦未刊行"；十月二十日："校正《罗忠节公年谱》并其诗文集寄静斋……静斋又约忠节各种即日发刊，故赶为之。"各等语。可以考定：《罗忠节公年谱》一书，当著于咸丰十年至十一年之间。1987 年，岳麓书社编辑出版《湘军人物年谱》（一），将此《罗忠节公年谱》改名《罗泽南年谱》，校点整理，收入其中，但未署作者名。此次出版，系据清同治二年刊《罗忠节公年谱》整理校点，并参考了 1987 年整理出版的《罗泽南年谱》。

《湘军志评议》，未分卷，辑自郭振墉编《湘军志评议》，是郭嵩焘关于王闿运《湘军志》一书的评议。据郭振墉民国四年《湘军志评议叙》称：自王闿运《湘军志》出后，其伯祖父郭嵩焘、祖父郭崑焘"校阅《湘军志》凡数本，随手批识"；振墉乃手录其"订正是书百数十条，附以笺注，题曰《湘军志评议》"，于民国五年由清闻山馆刊行问世。本卷所辑之郭嵩焘《湘军志评议》，计 68 条。据郭嵩焘日记，郭氏得阅王闿运《湘军志》一书，并发表批评意见，是在光绪五年至七年之间，则其"评议"似应作于此一期间。郭振墉编《湘军志评议》自民国五年刊行以后，民国十年曾经再版。1983 年，岳麓书社将之与王闿运《湘军志》、朱德裳《续湘军志》合为一册出版。此次即据岳麓版《湘军志评议》，辑录整理而成。

以上郭嵩焘史部著作四种，《史记札记》系陈华丽校点，《湘阴郭氏家谱》、《罗忠节公年谱》和《湘军志评议》三书为李枫校点。

目 录

史记札记

湘阴郭氏家谱

罗忠节公年谱

湘军志评议

史记札记

任序

郭氏《史记札记》五卷，乃湘阴郭侍郎嵩焘使英时所作也。侍郎于光绪二年十二月二十四日自记云："光绪二年九月有西洋之役，出都时遣家人购得《史记》，为至伦敦资诵习，而不谓刻本讹舛至此，又别无善本可校，为之痛心。"所云"讹舛至此"之本，即是所称陈卧子本也。三年二月初一又记云："黎莼斋刺史带有汲古阁本，亦非旧本，而讹舛尚少，因取而校之，亦有足与此本互相证者，颇以为快。"此所云"汲古本、非旧本"者，即金陵局本。四年四月复记于陈本末云："予读《史记》，始于光绪三年正月，讫于光绪四年四月，为时十有六月，所据为校本者，黎莼斋所带汲古本而已，无能有所校勘。而读其文，推求当时事实，考知世变，因以辨正史公之得失，亦庶几有一得之愚。"自余幼时，即习闻乡先生云，公于《史记》有评本，深以不得一睹为恨。长从公仲子耘桂先生学古文词，先生时引公之说以教学子，余得略闻大凡，而犹未及见其详也。余自英伦归五年，而耘桂先生卒，其家藏书，颇多散失。民国十七年以事偶晤耘桂先生长子继痴世兄，出此书见示，虽简牍不无凌乱，然笔墨如新，尚可整理成书也。余怂恿其亟付梓人，继痴兄方以贫困未能有为，因取全书嘱为比次出版。余略仿高邮王氏《读书杂志》例，按史公书原次抄辑成卷，不数月而工毕。

侍郎生平著书未刊行者尚夥，以余所藏，则有《韩文札记》、《性理精义札记》、《正学编札记》三种，皆笔其意于简端，与此书同例。而其家所藏日记，记述同、光间朝野事实，足备史家参考。于子部则于管、庄二子外尚多所论撰，傥得好事而有力者为之次第刊行，于整理国故当不无小补也。

民国二十二年冬月乡后学任凯南识于武汉大学

史记札记卷一

十二本纪

《五帝本纪》 第一

以与炎帝战于阪泉之野。

按《史》称与炎帝战于阪泉之野，阪泉在涿鹿，轩辕氏之都也。或烈山氏以轩辕之得诸侯来伐，黄帝御而胜之；神农都陈又都曲阜，无由兴师以伐炎帝，而反战于其郊也。

而诸侯咸尊轩辕为天子，代神农氏，是为黄帝。

案少典为古诸侯国，轩辕氏亦国君也。三代以前为天子者，诸侯宾服，相与奉其正朔、车服、礼仪而已，其国固犹是也。所以相代而王者，由诸侯之归之也。黄帝最有功处在伐蚩尤一事，蚩尤亦侯国也，以强制人，黄帝伐而胜之。烈山氏之衰而不得以臣服天下，由蚩尤之强也。此可据三代王者之迹推知尧、舜以前，其道不能越此也。

顺天地之纪，幽明之占，死生之说，存亡之难。时播百谷、草、木；淳化鸟、兽、虫、蛾；旁罗日、月、星辰；徐孚远《测议》曰："按'旁罗'乃测天度之器，如今之日晷地罗也。"水波土、石、金、玉；劳勤心、力、耳、目；节用水、火、材物。

案“顺天地之纪”四语，止是顺时布化而已；“时播百谷草木”以下，所以为功用也。又案“旁罗”，即旁推顺布之意。日、月、星辰之度，水波、土、石之质，金、玉之所由生，以成乎器用，至黄帝而始相万物之宜以通天下之利。曰旁罗者，日、月、星辰、水波、土、石、金、玉，天地之悬而成象，流而成形，自然昭著森列；化而裁之，曲而成之，亦因乎天地自然之功用而已。史公于此著“旁罗”二字，可谓曲尽其妙，徐氏据以为“测天度之器”，陋矣。

嫘祖为黄帝正妃，生二子，其后皆有天下。其一曰玄嚣，是为青阳，青阳降居江水。其二曰昌意，降居若水。

案史公据《世本》为言，五帝皆出黄帝，而玄嚣、昌意实为所自出之祖，故于《黄帝本纪》中先著明其枝派。

依鬼神以剬义；治气以教化；絜诚以祭祀。《正义》曰：“鬼之灵者曰神也。鬼神，谓山川之神也，能兴云致雨润养万物，故己依冯之剬义也。剬，古制字。”

案《易》曰：“圣人以神道设教，而天下服矣。”鬼神之灵，昭著森列，因乎人心自然之感，而其精爽如或见焉。依鬼神以制义者，人心之诚敬之出于不能自已者也。据史公所纪，则祭祀之礼实始于颛顼氏，张氏谓鬼神山川之神，误矣。又“剬”字，张文虎《校刊史记集解索隐正义札记》云“各本作制”。“剬”、“制”义绝不通，辨见王念孙《读书杂志》。

高辛生而神灵，自言其名。《正义》曰：“自言其名曰岌。”

《札记》云：“岌，《索隐》作‘夋’，《初学记》引《世纪》同，盖形近讹为‘岌’。”

普施利物，不于其身；聪以知远，明以察微；顺天之义，知民之急。仁而威，惠而信，修身而天下服。取地之财而节用之；抚教万民而利诲之；历日月而迎送之；明鬼神而敬事之。其色郁郁，其德嶷嶷。其动也时，其服也士。

案史公赞称“百家言黄帝，其文不雅驯”，《五帝纪》但叙其德而不详其事，以事之著见于百家者，皆非雅驯者也。伏羲之蛇身人首，神农之人身牛首，皆其类也。杨升庵谓“《五帝纪》非史公极笔”，固也。然史公意在雅驯而已，太古荒遐，传闻缪悠，史公于此为有断制。

帝挚立，不善，崩。

《札记》云：“《索隐》本无‘崩’字。”案《索隐》及《正义》言挚禅位于唐，则崩字为后人增。

帝尧者，放勋。

案尧、舜、禹皆名。上古质，所传皆名也。四岳荐舜曰“虞舜”，瞽瞍以前皆为诸侯，虞者国也，舜其名也。《尚书》于尧之命舜曰“格汝舜”，于舜之命禹曰“格汝禹”，与其所以命弃、契、皋陶者同也，其为名无疑也。推而上之，若颛顼，若喾，皆名也。放勋、重华、文命，史臣赞词，史公据以为名，《谥法》乃创为尧、舜、禹之谥。《礼记》曰：“古者生无爵，死无谥。”所谓爵者，《周礼》“九命之数”是也，殷以前无有也。《左传》言“周人以讳事神，名终将讳之”。因讳而重其名，谥法以兴，尧、舜之时，安得有谥也？自史公以放勋、重华为尧、舜之名，于是转而以尧、舜为谥，其误甚矣。

其民夷易，鸟兽毛毨。《集解》曰：“孔安国曰：‘毛更生曰毨理。’”

案金陵本《正义》作“毛更生曰整理”，与《书传》合。《札记》云：“‘曰’字衍。”

授舜则天下得其利而丹朱病；授丹朱则天下病而丹朱得其利。尧曰：“终不以天下之病而利一人！”而卒授舜以天下。

案尧、舜二帝纪全用《尚书》文。《尧本纪》篇尾引《孟子》语以结之，而于其中著此数语以生趣；此亦史公好奇处，尧、舜之代禅，正不必有此计较。

舜，冀州之人也。舜耕历山，渔雷泽，陶河滨，作什器于寿丘，就时于负夏。

案《孟子》“舜生于诸冯”，而据以为“东夷之人”，诸子传疑，乃有“耕历山，渔雷泽，陶河滨”之言，皆在今山东境。其实《孟子》之言东夷，但谓大河以东，而其地名无可考矣。《尚书》明言“虞舜”，是虞之为国也久矣，舜之所生也。其后尧降二女于沩汭，亦于舜所生之地，而据其水以为言也，安得如诸子所言并耕、渔、陶而历试之耶？《孟子》亦曰自耕稼陶渔以至为帝，则自周、秦以前其流传也久矣。

兄弟孝慈，

《志疑》云：“四字与上下文不接，疑衍。”

舜耕历山，历山之人皆让畔；渔雷泽，雷泽之人皆让居；陶河滨，河滨器皆不苦窳。

案《舜纪》兼采周、秦诸子，遂叙耕历山、渔雷泽、陶河滨于娶二女之后。是时尧已举舜而用之矣，安得复使之耕且渔且陶也？史公于此所叙最为不伦。

尧乃知舜之足授天下。尧老，使舜摄行天子政，巡狩。舜得举用事二十年，而尧使摄政；摄政八年而尧崩。

案此所叙与《尧本纪》略同，而各有意境，正自两不相妨。

而禹、皋陶、契、后稷、伯夷、夔、龙、垂、益、彭祖，

案《尚书》无命彭祖之文，《大戴记·五帝德》但言尧举舜、彭祖，而无舜用彭祖之文。《注》以为“商贤大夫”，而世传彭祖八百岁；或谓彭祖即老聃，《小戴记》有孔子问老聃之文，则下及

衰周之世矣。史公于禹、皋陶、契、后稷、伯夷、夔、龙、倕、益之次增入彭祖，是亦好奇之过。

皋陶为大理，平民各伏得其实。伯夷主礼，上下咸让。垂主工师，百工致功。益主虞，山泽辟。弃主稷，百谷时茂。契主司徒，百姓亲和。龙主宾客，远人至。十二牧行而九州莫敢辟违。唯禹之功唯大：披九山，通九泽，决九河，定九州。

案前叙命官皆《尚书》文，而此总结之则史公文也。昌黎叙事文，每先叙后束，章法多本此。

东：长、鸟夷。

案“鸟夷”，即《禹贡》之云“岛夷”。

舜年二十，以孝闻。年三十，尧举之。

案“舜年二十，以孝闻。年三十，尧举之”凡三叙，“耕历山”等语凡再叙，由其摭拾古书，旁采异闻，引而叙之不以为烦，然要是文家一病。

孔子所传《宰予问·五帝德》及《帝系姓》，

案下文“予观《春秋国语》，其发明《五帝德·帝系姓》章矣”，诸本皆无“及”字，此“及”字疑衍。

《夏本纪》 第二

巡狩行视鲧之治水无状，

案“巡狩”两字或属上读，“行视鲧之治水无状”为句。

禹伤先人父鲧功之不成受诛，

《札记》云：“‘父鲧’疑衍，《御览》八十二引作‘禹伤先人之功不成受诛’。”

令益予众庶稻，可种卑湿；命后稷予众庶难得之食。

案此命益、命稷，是平水土以后事。薄衣食，卑宫室，圣人所以赞禹者，是禹受禅以后事。史公于此，序次颇为失伦。

鸟夷皮服，夹右碣石入于海。《集解》曰：“徐广曰：‘“海”，一作“河”。’”

案九州之赋，皆以达于河以至京师为义。冀州王畿，可以直达京师，故专举岛夷所贡皮服应循碣石以入于河也。史公以下“太行、恒山至于碣石入于海”之文，遂仍其语以附之冀州岛夷之贡道，恐失之。《汉书·地理志》依《禹贡》作“入于海”，亦误。

嵎夷既略，

《札记》云：“‘嵎夷’，宋本、旧刻作‘堣’，本《古文》也；索隐本作‘嵎’，盖后人依《今文》改。”

其土白坟；海滨广潟；厥田斥卤。田，上下。赋，中上。厥贡，盐、絺。

《杂志》云：“凡《禹贡》‘厥’字，史公皆以‘其’字代之，‘其土白坟’，‘其’字统下土、田赋、贡而言。潟即斥字也，故《集解》曰‘“潟”，一作“泽”，又作“斥”。’郑玄曰：‘斥谓地咸卤。’后人不晓字义，乃于‘海滨广潟’下加‘厥田斥卤’四字，而移‘郑玄曰“斥谓地咸卤”’八字于‘厥田斥卤’之下，又于‘贡盐絺’上加‘厥’字，甚矣其谬也。”

其篚畲丝。

案畲，《尚书》作“檿”，亦桑属也。

瑶琨竹箭，

《札记》云：“疑句上脱‘金银’二字。”

岛夷卉服，

案冀州之岛夷，则渤海以外诸岛也；扬州之岛夷，则南洋诸岛是也。禹奠九州，而海外诸岛尽收而列之版图使效贡赋，是谓圣人不勤远略，尽海外膏腴之地而蠲弃之，恐非事实。

九江甚中；沱涔已道；云土梦为治。

案扬州曰“三江”，荆州曰“九江”，九江在荆州，无可疑者。九江者，经流入于江者也，汇而为泽，谓之云梦。杜预注《左传》“江南为云，江北为梦”。云梦一泽，杜氏分江南北而析言之，是其跨有九江，而渟滀诸水以汇为泽，水道地势极为明显。汉儒据《汉志》九江郡以释《禹贡》之九江，其误已甚，至宋胡氏旦、晁氏以道始证明之，其说确不可易。国朝治经学者，一守汉儒之旧，展转附会，取荆州之九江以隶之扬州，终以不悟，此亦神禹所无可如何者也。

漆、沮既从，《正义》曰：“《括地志》云：‘沮水一名川水。’”

《札记》云：“孙辑《括地志》作‘石川水’，与《水经·沮水注》合。”

内方，至于大别。《集解》曰：“郑玄曰：‘《地理志》内方在竟陵，名立章山。大别在庐江安丰县。’”

案大别山当为汉水所经，庐江距汉绝远，郑氏据《汉志》而云然，与下“导漾东流为汉，又东为沧浪之水，过三澨入于大别”之文不合。

过三澨入于大别。索隐曰：“《水经》云：‘三澨，地名，在南郡鄖县北。’”

案南郡无鄖县，“鄖”应作“邔”。

南入于江；东汇泽为彭蠡；东为北江，入于海。汶山道江，东别为沱。又东至于醴；过九江，至于东陵；东迤北会于汇；东为中江，入于海。邵宝曰：“江、汉水涨，彭蠡郁不流，逆为巨浸，无仰其入而有赖其遏，彼不遏则此不积，所谓汇也者如此，故曰‘北会于汇。’汇，言其外也。蠡，言其内也。江水浚发，最在上流；其次则汉自北入；其次则彭蠡自南入：三水并峙而东，则江为中江，汉为北江，彭蠡所入为南江可知。已非判然异派之说也，谓《经》误者非是。”

案江水东过澧而会九江之水，其流始盛；再北而会汉；再北而会彭蠡之水。汉与彭蠡之水，皆巨川也，因其入江而流盛大。《禹贡》于此创立北江、中江之名，而于汉之名北江者曰“东汇泽为彭蠡”，是有彭蠡以注其南，与汉水相夹，故汉得专北江之名。于江之名中江者曰“东迤北会于汇”；是既汇彭蠡，而为巨川障其南，汉水又遏其北，故江既汇此二川之水而独名中江也。邵氏此说，优于诸家之言三江者远矣。

百里赋纳总，《集解》曰：“孔安国曰：‘禾稿曰总。’”二百里纳铚，《集解》曰：“孔安国曰：‘所铚刈，谓禾穗。’”三百里纳秸，服；《集解》曰：“孔安国曰：‘秸，稿也。服，稿役。’”四百里粟；五百里米。《集解》曰：“孔安国曰：‘所纳精者少，粗者多。’”

案道愈远则所纳赋愈精，所以省运费而纾民力也。甸服五百里，赋贡惟均，粟得米之二，秸又得粟之二。蔡邕云：“刈禾全稿曰秷，半稿去皮曰秸。”“秷”、“铚”字通。孔《传》云：“铚刈禾穗也”，《小尔雅》“禾穗谓之颖，截颖谓之铚”，即据孔《传》为说。而又云“秸，稿也”，则是三百里纳稿与百里同，而二百里反纳穗，亦轻重失伦矣。总者，始刈而即纳之；铚，则去禾叶存稿杆而已；秸，又去其外皮。总以饲马；铚以结绳；秸稍精细，可制为席：故并所赋粟米而兼纳之也。孔《传》多未允。

予辛壬娶涂山，癸甲生启，

《札记》云：“‘辛壬’错在‘涂山’上，传写偶误。”案《禹贡》作“予创若时娶于涂山，辛壬癸甲”。

十年，帝禹东巡狩，

《札记》云：“《孟子》作‘七年’，‘十’与‘七’形近易乱，疑今本《史》文传写误。”

以天下授益。三年之丧毕，益让帝禹之子启而辟居箕山之阳。禹子启贤，天下属意焉。及禹崩，虽授益，益之佐禹日浅，天下未洽。故诸侯皆去益而朝启，曰：“吾君帝禹之子也！”于是启遂即天子之位，是为夏后帝启。

案唐、虞禅，夏、殷、周继，自是当时传授天下如此。天与人归，亦在圣人之心与相契合，不必一由百姓推崇。尧、舜、禹皆无所事事也。《孟子》之言，发明圣人之心一出于大公，无庸私相计较，但言其理而已，固不必实有其事也。舜年三十，四岳举之，五十而摄行天子事，相距二十年耳；益自尧时已尊显，又佐禹平水土有大功，岂得为“日浅”哉？尧、舜自禅，禹自继，《孟子》之言“益辟禹之子箕山之阳”，恐无是事。

斟氏，戈氏。

钱大昕《考异》云：“索隐本‘斟氏、戈氏’作‘斟戈氏’，即斟灌也，上‘氏’字衍。”

《殷本纪》 第三

三人行浴，见玄鸟墮其卵，简狄取吞之，因孕生契。

案殷、周之始，所言异征皆本《毛诗》，而毛公《玄鸟诗·传》云：“春分元鸟降。简狄配高辛氏帝。帝率与之祈于郊禖而生契。”《生民诗·传》云：“后稷之母配高辛氏帝焉。玄鸟至之日，祠于郊禖，从于帝而见于天。天生后稷，异之于人，欲以显其灵也。”毛公生秦、汉间，尚在史公之前，其《诗》传自荀卿为周末大儒，于二《诗》但举“郊禖”之祀言之而已，不闻有异说也。史公《五帝纪》于黄帝、颛顼之生，所传奇异削而不书，《殷》、《周本纪》乃反创为异说，亦谓《毛诗》可以附会而取信也，是亦好奇之过也。

子曹圉立，

《札记》云："《汉书·人表》、《国语》韦昭《注》并作'根圉'。《祭法疏》引《世本》又云'遭圉生根国，根国生冥'。疑皆形近展转讹衍。"

子天乙立，是为成汤。

案《论语》"予小子履"，朱子以为汤名，亦别无可征，疑汤即名也。

伊尹名阿衡。

案周人始有字有谥而讳其名，殷以前所传皆名也。阿衡，官名，史公以为伊尹名，误也。

格汝众庶，来女悉听朕言。

案"来女"二字，系史公改易《尚书》"格汝众庶"之文而删削未尽，故相连为文。

于是汤曰："吾甚武！"号曰"武王"。

案此因《长发诗》"武王载旆"之文而为之词，诗人之意但以表明成汤之武功，当时实未有此王号也。《史》文此等自具一种逸趣，与《尧本纪》尧曰："终不以天下之病而利一人。"同一叙法也。

帝太甲既立，三年，不明，暴虐，不遵汤法，乱德，于是伊尹放之于桐宫。

案史公此等句法，惟昌黎善效之。

帝中丁迁于隞。（河亶甲居相。祖乙迁于邢。）帝仲丁崩，帝外壬立，是为帝外壬。仲丁书阙不具。

案此仲丁迁隞而汇叙之，以后有盘庚迁殷一节最为商政之可纪者，故于此总叙三迁以为之引，亦所以醒眉目也。此可悟文家叙事之法。“仲丁书阙不具”，当在“子帝仲丁立”下，言仲丁事无可纪，惟传言其迁隞而已，因并列三迁事以附之传闻之后。

于是乃使百工营求之野，得傅说于傅险中。——是时说为胥靡，筑于傅险，——见于武丁。武丁曰：“是也。”得而与之语，果圣人。举以为相，殷国大治。故遂以傅险姓之，号曰傅说。

案此史公取《国语·楚语》、《孟子·告子》申明《尚书》之文，便曲尽一种逸趣。

子帝太丁立，

《札记》云：“《纪年》作‘文丁’。”

大最乐，

案大最乐，《泰誓·疏》引作“聚”。《考异》云：“当为‘冣’，《说文》冖部：‘冣，积也。从冖、从取。’三部：‘冣，犯而取也。’是此当云‘大冣乐’，读才句切。”

有炮烙之法。

《札记》云：“‘炮烙’，宋本作‘炮格’。《索隐》引邹诞生‘格音阁’。《吕氏春秋》‘肉圃为格’，高诱《注》：‘以铜为之。’诸书皆为后人改作‘烙’矣。说见卢氏《钟山札记》，馀详《杂志》。”

《周本纪》 第四

忔如巨人之志。

《札记》云：“游、王、柯本并作‘屹’，凌、毛本讹作‘忔’，吴校改作‘仡’。”

后稷卒，《集解》曰：“《山海经·大荒经》曰：‘黑水、青水之间有广都之野，后稷葬焉。’”

《札记》云："《海内经》'西南黑水之间，有广都之野，后稷葬焉。'疑此因下若水条'黑水、青水之间'而误。"案《海内西经》"后稷之葬，山水环之"，《注》云："广都之野"，与此注同。

子鞠立，

《札记》云："《诗·豳》《谱疏》引作'鞠陶'，《国语》韦昭《注》、《路史》引《世本》并作'鞠陶'，然《三代世表》、《汉书·人表》亦只作'鞠'。"

公刘虽在戎、狄之间，复修后稷之业，务耕种，行地宜，自漆、沮度渭，取材用，行者有资，居者有畜积；民赖其庆，百姓怀之，多徙而保归焉。周道之兴自此始，故诗人歌乐思其德。

案此据《诗·大雅·公刘篇》、《孟子·梁惠王篇》为文，较夏、殷《本纪》采《诗》、《书》所载以叙一代时事者，为有陶炼之功。

子昌立，是为西伯。西伯曰文王。

《杂志》云："衍'曰'字，脱'也'字，此是承上句而申明之，故曰'西伯，文王也'。《文选·报任少卿书》注引此正作'西伯，文王也'。"

太颠、闳夭、散宜生、鬻子、辛甲大夫之徒，皆往归之。《集解》曰："刘向《别录》曰：'鬻子名熊。封于楚。'"

案楚建国当在唐、虞之世，周有天下而降为子。《楚世家》叙楚为重黎后，云"鬻熊事文王，早卒；其后熊绎当成王时始封于楚"，据昭十二年《左传》为词。其实《左传》叙熊绎跋涉之艰，以明楚之所以大，非谓其始封时然也。世传《鬻子书》，而谓文王实师事之，其谬诞不足信。刘向《别录》以为鬻熊封楚，已与史公异。大抵周以前载籍多无可征，而楚为重黎后，其建国必在周以前无疑也。

诗人道西伯，盖受命之年称王，而断虞、芮之讼。后十年而崩，谥为文王。改法度，制正朔矣。追尊古公为太王，公季为王季：盖王瑞自太王兴。

案史公称诗人道西伯受命之年而断虞、芮之讼，然《大雅·发》《诗传》但云“诸侯归西伯者四十馀国”，不云尊西伯为王也。圣人言“文王三分天下有二，以服事殷”；若受命称王，尚何“服事”之有乎？史公于《伯夷列传》云：“武王载木主号为文王，东伐纣。”最为得其实。盖伐纣而明正其罪，不当以臣礼自处，而奉文王以临之；号为文王者，至是始尊号为文王也。《大传》叙追王太王、王季、文王在牧野之后，允矣。而《中庸》云“周公成文、武之德，追王太王、王季”，不言文王，盖文王当牧野誓师时已尊为王矣。此尤书传之信而有征者也。汉世儒者竟据《文王诗》曰“文王受命，有此武功”，遂谓受命称王，而援诸侯归周者四十馀国，断为受命之据，实由史公之误发之，而并“改法度、制正朔”皆在文王之世，即追王太王、王季亦在武王未即位以前，其诬谬亦甚矣。

九年，武王上祭于毕。东观兵，至于盟津。

案《泰誓》“维十有三年春，大会于孟津”，明谓武王即位之十三年。《洪范》“维十有三祀”，且改“年”称“祀”，以从殷礼，示不敢变殷也，岂有文王受命称王，而武王用以纪年之礼？《大戴礼》云：“文王十五而生武王。”《文王世子》云：“文王九十七乃终，武王九十三而终。”汉儒因之定为武王在位十年，不得有十三年，而云文王丧毕伐纣为十一年，逾年再伐纣为十三年，于是创为文王受命称王九年之说以强合之。《武成》古文伪书有云：“惟九年，大统未集。”则或据为西伯时言之，必不以受命称王而犹谓之“大统未集”也。周、秦之世载籍传疑者多矣，受命称王则由汉儒附会以证成其说，未足为确征也。

自弃其先祖肆祀不答，《集解》曰：“郑玄曰：‘肆，祭名。答，问也。’”

《札记》云：“《集解》‘问’字疑误，《元龟》五引作‘报也’。”案《鲁语》韦昭《注》云：“报，报德，谓祭也。”

周公旦把大钺，毕公把小钺，

案汲冢《周书》及《鲁世家》并作“召公把小钺”。据《左传》僖公二十四年“毕、原、酆、郇，文之昭也”，是毕公为武王异母弟。成王顾命，毕公始见于传，此时尚未有毕公之名也。

膺更大命，革殷，受天明命。

《札记》云：“游、王、柯、凌本‘膺更’下注‘《监本》作受’四字。《文选》王元长《曲水诗》注引《周书》云‘膺受大命，革殷，受天明命’，与《史》同，今本《逸周书》失此十字。”

班赐宗彝，作分殷之器物。《集解》曰：“郑玄云：‘宗彝，宗庙樽也。作《分器》，着王之命及所受物。’”

《札记》云：“疑本云‘分殷之器物，作《分器》’，《分器》书篇，《集解》引郑注可证。”案是“作”字当在“分殷之器物”句下，又脱“分器”二字。

武王征九牧之君，登豳之阜，以望商邑。武王至于周，自夜不寐。周公旦即王所曰：“曷为不寐？”王曰：“告女，维天不飨殷，自发未生于今六十年，麋鹿在牧，蜚鸿满野。天不享殷，乃今有成。维天建殷，其登名民三百六十夫，不显，亦不宾灭，以至今。我未定天保，何暇寐！”王曰：“定天保，依天室。悉求夫恶，贬从殷王受，日夜劳来我西土。我维显服，及德方明。自洛汭延于伊汭，居易毋固，其有夏之居。我南望三涂，北望岳鄙，顾詹有河，粤詹雒、伊，毋远天室。”营周居于雒邑而后去。

案此段文义出《逸周书·度邑解》，史公缀辑于此，以见武王保国安民之意。自始有天下，规模智虑固远矣；文气亦特俊爽，一直贯下百余字。“日夜劳来我西土”，金陵本作“日夜劳来定我西土”，《札记》引索隐本、宋本、中统本、游本、毛本并有“定”字，此脱。“居易毋固”，《逸周书》作“居阳毋固”。

以存亡国宜告，

案存亡国宜告者，言国所以存亡之事宜也。

武王亦丑，故问以天道。

案问以天道，即《洪范》一书是也。疑此当作“武王故丑，亦问，问以天道”，于此遗一“问”字。

其事在周公之篇。

梁玉绳《史记志疑》云：“‘其事在周公之篇’，‘周公’是‘《周书》’之误。”

作《康诰》。

《札记》云：“当作‘《康王之诰》’。”

密康公从，有三女奔之。

案《国语》记此以见密康公之所以亡，由渔色之故也，无当于周氏之兴衰，史公引此文，故为无谓。

夫兽三为群，人三为众，女三为粲。王田不取群，公行不下众。

《札记》云：“‘公行不下众’，《国语》、《列女传》皆无‘不’字。据韦昭《注》、刘向《颂》及《正义》引曹大家，‘不’字衍。”案行，谓行路也。下者，下车行而遇三人当路，则为之下也。群也，众也，粲也，皆据三而为之辞。

犹曰怵惕。

案金陵本"曰"作"日"。《札记》云："'日'，官本及《天圣本国语》同，各本作'犹曰'。"

瞽献典，《集解》曰："韦昭曰：'曲，乐曲。'"

案《国语》"瞽献曲"，韦昭《注》："曲，乐曲。"《集解》引韦昭《注》不误，知《史》文本作"曲"也。典，非瞽之所能献也。

郑怨，与鲁易许田。

《札记》："据《正义》云'宛，郑大夫'，似所见本作'宛'，与《经传》合。"案《志疑》云："《说文·宀部》有'惌'字，云'宛或从心'，则'怨'当为'宛'。"《郑世家》"庄公怒周弗礼，与鲁易祊、许田"，疑"怨"是"怒"之讹。

乐及遍舞，

《杂志》："《太平御览·皇王部》引此'乐及遍舞'上有'遂享诸大夫'五字，今本脱此五字。庄二十年《左传》'王子颓享五大夫，乐及遍舞'，《周语》'王子颓饮三大夫酒，乐及遍舞'皆其证。"

书讳曰：天王"狩"于河阳。

案此释《春秋》之义而不详其原始，以古书简，《春秋》行世昭著，可以一见而知为释《春秋》之文也。

楚庄王伐陆浑之戎，次洛，使人问九鼎。王使王孙满应设以辞，楚兵乃去。

案《左传》叙此为"次于洛，观兵于周疆。王使王孙满劳楚子，楚子问鼎之大小轻重焉"。详其问鼎之意亦偶及之而已，而亦足见其偃蹇无王之实，王孙满以义折之，可谓严正矣，要只是因事而为之词，楚之无王固不必系乎问鼎也。史公作"使人问九鼎。

王使王孙满应设以辞，楚兵乃去”，恐失当时事实。

号东周惠公。

案史公叙东、西周情事全未分明。据《书·召诰》“攻位于洛汭”，《传》谓“治都邑之位于洛水北”，所谓东都也，名曰王城。又于其南建城以处殷顽民，名曰成周，《多士》所谓“新邑洛”是也。《传》言“成周，洛阳下都”，以在洛水南，故亦曰河南；考王封其弟河南，即成周城也。其后赧王微弱失其政，而东周惠公、武公代起，相继立国，因而有东、西周之名，而王城因周东都在成周西，至是谓之西周。赧王虽弱，固天子之都也，犹建号为王，其后五十九年尽献其地于秦而周遂亡；秦复归赧王于周，赧王亦旋卒，于是东、西周并建号为东周君、西周君；至秦庄襄元年始并东、西周灭之。赧王之归，其地皆已入秦，独王城存耳。自巩以东皆东周地，盖东周又后七年乃亡。东、西周地势、事情，史公不加深考，一以传疑言之，亦失之疏矣。

王赧徙都西周。《正义》曰：“敬王从王城东徙成周，十世至赧王从成周西徙王城，西周武公居焉。”

案《左传》昭公二十三年，敬王避子朝之乱处于狄泉。二十六年，晋师克巩，王入于成周。定公六年，周儋翩因子朝之徒作乱，王处于姑莸。八年，单子、刘子逆王，王入于王城。是当敬王时，处成周者十七年，盖因王子朝处王城，尹氏为周世臣巨族，亦推奉之，敬王心慑焉，不敢入王城也。定公五年子朝已死，周儋翩犹因子朝之徒作乱，其余党之盛可知。至定公七年单子、刘子始逆王入王城，则经再乱之后，人心亦稍定矣。自平王东迁以后世处王城，未尝有迁徙也。史公于赧王初立云周“徙都西周”，而不详其原始，张氏守节遂推敬王徙成周、赧王徙王城为辞，其诬甚矣。

西周武公之共太子死。《索隐》曰："按《战国策》作'东周武公'。"

案此当依《战国策》作"东周武公"，《史记》"西"字误。

西周君奔秦。《正义》曰："谓西周武公。"

案秦灭周固当自西周始，以西周近距秦，犹能翼蔽东周也。此西周君即赧王也，史公不明著赧王而称西周君，张守节《正义》遂以西周武公当之，而事情、地势益淆混不可辨矣。

《秦本纪》 第五

《秦本纪》《索隐》曰："秦本诸侯之邦，而与五帝、三王同称《本纪》？可降为《秦世家》。"

案《周本纪》纪事胜于夏、殷二篇，《秦本纪》又胜于周，事近则记载为详，史公修饰润色易为力也。又案《殷本纪》始契，《周本纪》始稷，皆溯原有天下之始以著其本末；以秦事近，叙述为详，故析《始皇本纪》别为一篇，秦不得有《世家》明矣，此《索隐》误也。

是时蜚廉为纣石北方，《集解》曰："皇甫谧云：'作石椁于北方。'"还，无所报，为坛霍太山而报得石棺。

案"为石北方"，当是令蜚廉求石霍太山。纣都朝歌，霍山正在其北，是时纣方益广沙邱苑台，求石以为宫室也。会武王灭纣不得还，乃即霍山为坛而祭报纣，以得石棺，示将以死殉也，故径为铭词以见志，而终死于霍山。其言"还无所报"者，虚词也。前后叙次甚明，在善读者之自通之。皇甫谧直以为"作石椁于北方"者，误也。又案《始皇本纪》："隐宫、徒刑七十馀万人，分作阿房宫，或作郦山。发北山石椁。"石椁，始皇盖亦为之。《志疑》云："《水经注》述此事言'飞廉先为纣使北方'，《御览》五百五十一引《史记》亦曰'时飞廉为纣使北方'，传写误为石。

《水经注》亦云：‘乃坛于霍太山而致命焉，得石棺。’彼文‘致命’，即此云‘报’也。皇甫谧以‘而报得石棺’五字为句，误也。”

造父为缪王御，长驱归周以救乱。

案金陵本“归周”下有“一日千里”四字。《札记》云：“据《正义》引《古史考》，则《史》文当有‘一日千里’四字。”

恶来革者，蜚廉子也，早死，有子曰女防。女防生旁皋。旁皋生太几。太几生大骆。大骆生非子。以造父之宠，皆蒙赵城，姓赵氏。

案上文“大费生子二人：一曰大廉，实鸟俗氏；二曰若木，实费氏”，先叙费氏一派。“造父以善御幸于周缪王”，至“赵衰其后也”，叙赵氏一派。此最后叙秦氏一派。而非子之封秦，又别是一派。史公叙秦家世凡分三派，而同出于大费。大费次子为费氏，其长子大廉实分二派，而同出于蜚廉：其一恶来，五传而至非子为秦氏；其一季胜，五传而至造父为赵氏。蜚廉、恶来同事纣，武王伐纣诛恶来，而蜚廉方为纣使求石北方，则恶来固早卒也。史公叙事参差，互文见义，而于此先叙费氏，次叙赵氏，最后乃及秦氏。秦氏之先，固嫡长也，而从费氏倒叙而入，亦是借宾定主之义。

周避犬戎难，东徙洛邑。

案幽王废申后及太子宜臼，《史》不详太子出居何地，疑周礼出妻归适母氏，然则申后与太子皆当适申。杜预注《左传》云“申国，今南阳宛县”，其距东都为近。《周本纪》称申与缯、西戎、犬戎攻幽王，尽取周赂而去。是时宫室残毁，西戎、犬戎逼处郊畿，申侯奉平王即位东都，然则非平王之东迁也，去申近而因奉之以处东都也。东坡《志林·平王论》言“周之失计，未有如东迁之谬者也”，亦未达当时情事矣。

武公弟德公，同母；鲁姬子生出子。《正义》曰：“德公母号鲁姬子。”

案德公与武公同母，出子自出鲁姬子，文义甚明，《正义》误。

大庶长弗忌、威垒三父，

案大庶长，秦爵名。疑威垒亦秦所置官，《汉书·百官表》武帝平南越增七校，一曰中垒。威垒，或秦校尉之属。

晋灭霍、魏、耿。

案《晋世家》晋灭霍、魏、耿在献公十六年，当秦成公三年。《年表》所载同。此独误书于武公十三年。

齐、晋为强国。

案晋自文公霸诸侯始为强国，献公以前固不逮齐、楚之强也。

臣常游困于齐而乞食铚人，蹇叔收臣。臣因而欲事齐君无知，蹇叔止臣；臣得脱齐难，遂之周。周王子颓好牛，臣以养牛干之。及颓欲用臣，蹇叔止臣；臣去，得不诛。事虞君，蹇叔止臣。臣知虞君不用臣，臣诚私利禄爵，且留。再用其言，得脱。一不用，及虞君难，是以知其贤。

案百里傒虞臣，蹇叔秦臣，何以百里傒之齐、之周、又事虞，而蹇叔皆为之谏止？据《春秋》僖公五年《左传》“晋灭虞，执虞公及其大夫井伯以媵秦穆姬”。杜预《注》以为屈辱之，不云百里傒。《战国策》以百里傒荆之鄙人，《孟子》以为虞人，而当时传闻皆以为自鬻于秦食牛，亦见流传之失实者多矣。史公好奇，遂不一详考其本末耳。

秋，缪公自将伐晋，战于河曲。

案据《春秋》河曲之战在鲁文公十二年，乃秦康公六年，下文亦著其事；此河曲之战未详所本，《志疑》疑此为衍文。

而晋轻，

案晋轻者，盖虑其薄视己，以兄弟多，惟所立视己之去留为轻也。

使百里傒子孟明视、蹇叔子西乞术及白乙丙将兵。

案《左传》不言孟明为百里傒子，西乞为蹇叔子，以有“蹇叔之子与师”之文，而于殽之役称“百里孟明视”，因从而为之词，此特史公附会以成文耳。

由余笑曰：“此乃中国所以乱也！”

案史公当武帝时，法令烦苛，心有所郁结，而借由余以发之。要之自汉以来，夷狄侵陵中国，其势常胜，中国常不足以自给，其原实由于此，莫能易其说也。

乃使魏雠馀详反，

案“详”通“佯”，《淮南子·兵略训》：“此善为诈佯者也。”《殷本纪》亦云：“箕子惧，乃详狂为奴。”史公言“诈佯”皆作“详”。

周太史儋见献公曰：“周故与秦国合而别，别五百岁复合，合七十七岁而霸王出。”

案此数语亦见《周本纪》、《封禅书》及《老子列传》。《周本纪》作“合十七年而霸王出”，《正义》以为“起孝公三年至十九年天子致胙，是为十七年而霸；孝公之子惠王称王，是王也”。然史儋明言合十七年而霸王出，不得谓孝公三年周秦始合也，疑此当作“七十七年”，累七以加之十七年之上，凡得一百一十九年始云合也。在商之中叶，仲衍玄孙中潏保有西陲在西戎，周自不窋以降亦窜于戎、狄之间，其后仲衍氏微而周以兴，是别也。平王东迁，赐秦襄公岐以西之地，于是周地并入于秦，是又合也。自襄公列为诸侯，历一百一十九年，而后穆公立，秦遂以霸。秦氏之强自穆公始，史儋谓霸王之业由此递嬗而兴，以著秦之将日盛也，不应以霸王二字以计其中之年数也。殆后读《老子列传》，始恍然悟史儋之言通秦兴亡始终之数言之；霸王自指项、刘，非谓秦也。

孝公元年，河、山以东强国六；与齐威、楚宣、魏惠、燕悼、韩哀、赵成侯并。淮、泗之间小国十馀。楚、魏与秦接界。魏筑长城，自郑滨洛以北，有上郡。楚自汉中，南有巴、黔中。周室微，诸侯力政，争相并。秦僻在雍州，不与中国诸侯之会盟，夷翟遇之。

案忽于此指尽天下大势，以明秦之兴僻在夷狄，自孝公创霸而后得与中国盟会，其后乃益昌盛。然“孝公元年”四字，似改作“当是之时”为妥。

与魏王会杜平。《正义》曰：“在同州澄城县界也。”八年，与魏战元里。《正义》曰：“祁城，在同州澄城县界。”

《札记》云：“元里，《正义》‘祁城在同州澄城县界’，此复衍上杜平《注》，盖误。《元和郡县志》：‘太原府祁县，故祁城，在县东南五里。’”

二十二年，卫鞅击魏，虏魏公子卬。封鞅为列侯，号商君。

案商鞅建远交近攻之策以强秦，其后卒能兼并六国，由用商鞅之策也。此为六国所以兴衰之故，史公削而不书，岂当时尚未有见及此者耶？

县义渠。

《志疑》云：“‘县义渠’三字羡文，是年义渠为臣，非为县也。”

伐取赵中都、西阳。

案《赵世家》作“西都、中阳”，属西河郡，秦所取赵地当属此；若中都属太原，西阳属山阳，未可相混。

薛文以金受免。《正义》曰：“金受，秦丞相姓名。免，夺其丞相。”

案《孟尝君列传》：齐湣王二十五年孟尝君入秦，昭王以孟尝君为秦相。人或说秦昭王，昭王乃止；囚孟尝君，谋欲杀之。《正义》或即据说秦昭王者为金受，而谓为“秦丞相姓名”，则尤舛也。孟尝君既相秦矣，其代为丞相者楼缓也，安得有名金受于时为丞相耶？疑此二字当有误，《正义》说非。

十六年，左更错取轵及邓。冉免。封公子市宛。

案后二十四年魏冉免相，此处“冉免”二字疑衍。

四十二年，安国君为太子。十月，宣太后薨，葬芷阳郦山。九月，穰侯出之陶，

案昭襄王四十二年先叙十月，后叙九月，距昭襄王十九年僭称帝凡三十四年。

四十四年，攻韩南郡，取之。

《考异》云：“南郡非韩地。”《志疑》云：“《年表》及《白起传》作‘南阳’，是。”

四十八年，十月，韩献垣雍。秦军分为三军；武安君归。王龁将伐赵武安、皮牢，拔之。司马梗北定太原，尽有韩上党。正月，兵罢，复守上党。

案昭襄王四十二年先叙十月，后叙九月，此四十八年先叙十月，后叙正月，秦改朔在昭襄王之世也。

其十月，五大夫陵攻赵邯郸。四十九年，正月，益发卒佐陵。陵战不善，免；王龁代将。其十月将军张唐攻魏，为蔡尉捐弗守，还斩之。

案四十八年、四十九年两著“其十月”之文，似皆追叙已往

之词。

五十年，十月，

案昭襄王五十年起十月，而后以次及十二月、二月。

周民东亡。

案是时周赧王入秦，西周遂亡，而东周犹存；西周之民悉归成周而自保，故谓之“周民东亡”也。

孝文王元年，

案孝文王十月己亥即位，此改元之始亦先十月。

《秦始皇本纪》 第六

王弟长安君成蟜将军击赵。反，死屯留。军吏皆斩死，迁其民于临洮。将军壁死，卒屯留、蒲鶮反，戮其尸。《索隐》曰：“临洮在陇西，高诱云：‘屯留，上党之县名。’谓成蟜为将军而反，秦兵击之，而蟜壁于屯留而死。屯留、蒲鶮二邑之反卒虽死，犹皆戮其尸。”

案“将军击赵”，犹言将兵也；“将军壁”，则官与其名也。将军壁当别将一军驻蒲鶮与屯留，军因反，壁死而仍戮其尸也。军吏皆斩死，已见上文，“戮其尸”，不当属之反卒也。

秦王乃迎太后于雍而入咸阳，复居甘泉宫。

案始皇既诛文信侯，因迁太后，群臣谏多死者，得茅焦谏乃自雍迎还太后甘泉宫。今隐其前事而云“迎太后于雍”，本末不明，此亦是史公疏处。

斗食以下，什推二人从军。徐孚远曰：“此言翦能将寡也；至其伐楚又用三十万，盖地势所宜，伐国与拔城不同故也。”

案什推二人从军，谓发民卒五分之一，自斗食以下则始有禄食者，亦尽发之不给免。计秦民之众，岂啻百五十万哉？发卒五分之一，殆不止三十万也。徐氏以为“能将寡”，恐未然。

秦王还，从太原、上郡归。始皇帝母太后崩。

案“始皇帝母”四字疑注家之文，史公但云“太后崩”也，传写者乃并注相承为文耳。

秦初并天下令丞相御史曰：“异日韩王纳地效玺，至今名号不更，无以称成功，传后世。其议帝号！”

案此诏令御史之文，历叙兼并六国情事，雄直高简，足见鹰扬虎视之概。

改年始、朝贺皆自十月朔。

案秦自昭襄王十九年僭称帝号改正朔，已而去帝号，而正朔起岁十月仍而不改，《秦本纪》叙述甚明，然其纪月犹用周正，所改易者岁首十月耳。《始皇本纪》又时有参差，则或始皇未并天下以前，史臣记事，各从其便，不相袭也。

置廷宫中。

《杂志》云：“此当作‘置宫廷中’，《文选·过秦论注》、《太平御览·皇王部》引此并作‘置宫廷中’。”

地东至海暨朝鲜，西至临洮、羌中，南至北向户，北据河为塞，并阴山至辽东。徙天下豪富于咸阳，十二万户。

案此于秦并天下后叙述其疆域之广，宫室之盛，作一总束，亦所以颂秦功德以明得意之义。

器械一量，《正义》曰：“内成曰器，甲、胄、兜、鍪之属。外成曰械，戈、矛、弓、戟之属。”

案《礼记·大传》“异器械”，郑《注》：“礼乐之器及甲兵也。”《周礼·司书》“三岁大计群吏之治，以知民之财器械之数”，郑《注》亦云：“械，犹兵也。”据《说文》，械字凡四训，一曰桎梏；一曰器之总名；一曰持也；一曰有盛为械，无盛为器：而无以兵器释械者。又《说文》云“𣝗，角械也”，《内篇》以为

"案足"，是凡物之尖者为榔，故曰角械。《周礼》内府、外府、司会、司书，并司货贿、会计、礼乐之器，且非其所掌，何论兵甲？疑凡木器为械，械有戒止之义。斗甬之属皆当为械，明有所限制也。是时秦方销兵以铸金人，《正义》并据兵器言之，恐误。

又使蒙恬渡河取高阙、陶山、北假《集解》曰："晋灼曰：'《王莽传》云："五原、北假，膏壤殖谷"，北假，地名也。'"《正义》曰："高阙，山名，在五原北。两山相对若阙，甚高，故言高阙。"中，筑亭障，以逐戎人。

《杂志》："陶山之名不见于各史志，'陶'当为'阴'，《续汉书·郡国志》曰：'五原郡西安阳北有阴山。'《史记·匈奴传》曰：'赵武灵王筑长城，自代并阴山下至高阙为塞。'是高阙、阴山、北假地皆相连，故此云'渡河取高阙、阴山、北假中'也。阴山，或谓之阳山，故《匈奴传》曰：'蒙恬度河据阳山、北假中。'"案《匈奴传》："蒙恬收河南地，因河为塞，起临洮至辽东万余里，度河据阳山、北假中。"《括地志》云："汉五原郡河目县故城，在北假中。"是秦时以"北假中"为名，此当以"中"字断句。

乃营作朝宫渭南上林苑中。先作前殿阿房：东西五百步，南北五十丈；上可以坐万人，下可以建五丈旗；周驰为阁道，自殿下直抵南山；表南山之颠以为阙；为复道，自阿房渡渭，属之咸阳，以象天极阁道绝汉抵营室也。

案《史记》三叙始皇营造宫室，二十六年初定天下，作宫室咸阳北阪上，南临渭，自雍门以东至泾、渭，殿屋、复道、周阁相属。二十七年作信宫渭南，更名信宫为极庙；自极庙道通郦山，作甘泉前殿，筑甬道，属之咸阳。此云作朝宫渭南上林苑中，先作阿房前殿，自阿房属之咸阳。然则始皇所营宫室皆在渭北，惟章台、上林诸苑在渭南；至是乃建阿房宫渭南，又渡渭而属之咸阳，盖夹渭为宫阙相属，而云阳之甘泉宫及临潼之郦山宫，并为甬道以通之，所谓“象天极阁道绝汉抵营室”者也。皆为复道行幸其间，殿屋周阁必尚不少，此为营造之最巨者。

因徙三万家丽邑，徐孚远云：“按丽，附丽也；附城丽邑。”五百家云阳。

案始皇十六年置丽邑，《括地志》云：“新丰县本周骊戎邑。”丽邑盖因骊山名之。始皇二十七年作信宫渭南，已更名信宫为极庙；自极庙道通骊山作甘泉前殿，《括地志》：“云阳城，始皇甘泉宫在焉。”丽邑、云阳宫阙相属。始皇二十八年作琅琊台，徙黔首三万户琅琊台下；此徙三万家丽邑，五百家云阳，为离宫相望，徙民以实其邑，用以壮观瞻也。“丽”、“郦”字通，《秦本纪》亦作“郦”，徐氏云“附丽”，恐误。

秦法不得兼方，《正义》曰：“言秦施法不得兼方者，令民之有方伎不得兼两齐。试不验，辄赐死，言法酷。”

案《说文》：“方，并船也。”本取两相并为义。《大射礼》曰：“左右曰方。”此方字犹辨方、居方之义，犹言有一定方向也。“不得兼方”者，谓若东西方向有定位，不得参差交互为说也。疑此“方”字不当为方伎，惟不听其参差互易，是以其言之验否易辨也。

使者从关东夜过华阴平舒道，

《杂志》：“《文选·西征赋》引此作‘郑使者从关东来’，郑使者，谓出使于郑者也，郑在关东，故曰从关东来。《初学记·地部》上引作‘郑客从关东来’，《汉书·五行志》同，皆有‘郑’字‘来’字。”

贵贱并通，善否陈前，靡有隐情。至妻为逃嫁，子不得母，咸化廉清。

案此力矫勾践之遗俗，顾氏《日知录》已论及之。其词严厉，以正人纪而端风化，始皇于会稽功亦巨矣。

始皇恶言死，群臣莫敢言死事。至更为书赐公子扶苏、蒙恬，数以罪，其赐死。

案叙始皇死事前用掠笔，入后针针相对，劲疾飘洒，足使鬼神上下。

当独奉酌祠始皇庙。

《杂志》："'酌'当为'酎'，字之误也。汉制以八月尝酎，盖本于秦制。"

皇帝曰："金、石刻，尽始皇帝所为也。今袭号而金、石刻辞不称始皇帝，其于久远也，《正义》曰："二世言始灭六国，威振古今，自五帝、三王未及。既已袭位，而见金石尽刻其颂，不称始皇成功、盛德甚远矣。"如后嗣为之者，不称成功、盛德。"

案始皇二十八年刻石泰山，其文曰："皇帝临位。"刻石琅邪台文曰："皇帝作始。"二十九年，刻石之罘，文曰："皇帝东游。"三十二年，刻石碣石，文曰："皇帝奋威德。"三十七年，刻石会稽，文曰："皇帝休烈。"未尝著始皇帝名。二世以为金石刻本始皇帝所为，而文但称"皇帝"，恐传久远，遂疑此刻后嗣为之；丞相斯因请并刻此诏书，盖先刻大臣从者名于始皇所刻石石旁，又加刻此诏书也。《正义》不达"其于久远也"句文法，遂至误解。

以罪过连逮少近官、三郎，无得立者，

案秦置郎中令，其属官有三署郎，汉因之为尚书郎，盖皆任事权者。此谓连逮一二近臣，则三郎任事权者多为其长吏，例得连坐；相引株连，百官无不侧足而立也。

曰："秦并兼诸侯，至故旷日长久而社稷安矣。"

案《过秦论》三篇，此论子婴，史公置之篇首。

齐明、周最、陈轸、昭滑、楼缓、翟景、苏厉、乐毅之徒通其意。《索隐》曰："翟景未详。"

《杂志》："翟景，盖即《战国策》之翟强也，《魏策》曰：'魏王之所用者，楼痹、翟强也。'又曰：'翟强欲合齐、秦外楚以轻楼痹；楼痹欲合秦、楚外齐以轻翟强。'是翟强固为魏相而合齐、秦外楚者也。《史记·高祖功臣侯表》："杜衍彊侯王郢人。"徐广曰：'"彊"，一作"景"'，是'景'与'彊'通，故又与'强'通也。"

吴起、孙膑、带佗、兒良、王廖、田忌、廉颇、赵奢之朋制其兵。

《杂志》："《易林·益》之《临》曰：'带季、兒良，明知权兵，将师令战，敌不能当，赵、魏以强。'带季盖即带佗，带佗、兒良为赵、魏将，故曰'赵、魏以强'。"

秦孝公据殽函之固，至仁义不施，而攻守之势异也。

案此责始皇帝，为贾谊《过秦论》首篇。

是其所以取之、守之者异也。

《杂志》："'异'上当有'无'字。今秦以不仁取天下，又以不仁守之，则其所以守之者无异于其所以取之者矣，故曰'是其所以取之守之者无异也'，脱去'无'字，则义不可通。"

故先王见始终之变，知存亡之机，至是二世之过也。

案此责二世，然三篇之中，亦未尝不兼三主交互言之。

《项羽本纪》 第七

《项羽本纪》《索隐》曰："项羽崛起，争雄一朝，假号西楚，竟未践天子之位，而身首别离，斯亦不可称《本纪》，宜降为《世家》。"

案秦灭，项羽主盟，分裂天下以封王、侯，皆羽为之，实行天子之权，例当为《本纪》。以后世史例论之，当为《怀王本纪》，而怀王为项氏所立，拥虚名而已，天下大势未一系之。史公创为《项羽本纪》，以纪实也。

项籍少时，学书不成；去，学剑，又不成。项梁怒之。籍曰："书，足以记名、姓而已；剑，一人敌，不足学，学万人敌。"于是项梁乃教籍兵法，籍大喜。略知其意，又不肯竟学。

案此历叙项羽为人磊磊有英雄气，然苦少深沉之量，是以终身无成。

乃请蕲狱掾曹咎书，抵栎阳狱掾司马欣，以故事得已。

案为下汜水之战伏根。楚、汉兴亡，由成皋一失，遂不复能自振。曹咎、司马欣，始终一狱掾之才耳，项氏始业系此二人，故特表出。

凡六七万人军下邳。

案项梁初起八千人，得陈婴兵二万，此云"六七万"，然则黥布、蒲将军各以二万人属，至此作一小结束。

楚蜂起之将，《索隐》曰："凡物交横曰午，言蜂之起，交横屯聚也。"《刘向传注》云："蜂午，杂沓也。"

案据《索隐·注》，则《史》文"蜂起之将"应作"蜂午"，《索隐》本正作"蜂午"，金陵本亦同。

乃求楚怀王孙心，——民间为人牧羊，——立以为楚怀王。

案"民间为人牧羊"纳在句中，史公叙事往往有此，是文家消纳法。徐孚远以"民间"二字属上读，非。

项梁使沛公及项羽别攻城阳，《正义》曰："《地理志》云，城阳属济阴郡，古郕伯国，周武王封季弟载于郕，其后迁于城之阳，故曰城阳。"

案《汉书·地理志》济阴郡成阳县，《禹贡》雷泽在西北。定陶县，《禹贡》陶邱在西南。成阳、定陶并与东郡之濮阳接壤。城阳故为莒国，相距尚远，《地理志》为城阳国，文帝二年以封朱虚侯刘章者也。《正义》据为古郕伯国，良是，疑“城阳”但当作“成阳”，误衍土旁耳。

项梁起东阿，西北至定陶，再破秦军，

《杂志》：“‘西北至定陶’，《汉书》作‘比至定陶’，是也。考《水经·济水》注：‘济水自定陶东北流，又北过谷城西。’谷城故城，即今东阿县治，东阿故城在其西北，而定陶故城在今定陶县西北，是定陶在东阿之西南，不得言‘西北至定陶’也。”

沛公、项羽相与谋曰：“今项梁军破，士卒恐。”乃与吕臣俱引兵而东。吕臣军彭城东；项羽军彭城西；沛公军砀。

案前云“渡江而西”，引兵而西是进军；此云“引兵而东”，自是退军。彭城为初渡江时并秦嘉军处，沛公、项羽之谋，谋退军以避秦也，史公欲不明言之，方叙项羽初起气胜，故止用热烘烘叙去。

当此时，赵歇为王，陈馀为将，张耳为相，皆走入巨鹿城。章邯令王离、涉间围巨鹿；章邯军其南，筑甬道而输之粟。陈馀为将，将卒数万人而军巨鹿之北，此所谓河北之军也。唐顺之曰：“著河北之军一句，是断文法，又好更端。”

按史公于此云“陈馀为将，张耳为相，皆走入巨鹿城”。又云：“陈馀为将，将卒数万人军巨鹿之北。”又特提云：“此所谓河北之军也。”而后叙项羽战功云：“遣当阳君、蒲将军渡河。”云：“项羽悉引兵渡河。”则皆在河北也，并无有河南之军与陈馀为响应者，疑此等所叙都未分明。及观《陈馀传》言：“陈馀乃北收常山兵，得数万人，军巨鹿之北。”又言：“张敖亦北收代兵，得万人，与燕、齐兵救赵者皆壁馀旁。”则是秦围赵巨鹿，陈馀度力不能支，乃北收常山兵而军巨鹿之北；于此不言者，已见《陈馀传》，而于此利害非所系也。其云“河北之军”者，陈馀北收常山一军，张敖北收代一军，及燕、齐兵皆在巨鹿北，项羽独军漳南，与秦兵相拒。《陈馀传》云：“项羽军数绝章邯甬道，王离军乏食，项羽乃悉引兵渡河，破章邯军。章邯引兵解，诸侯兵乃敢击围巨鹿秦军。”是项羽战功全在漳南。盖章邯军棘原而筑甬道属之河以饷王离军，河南、北甬道必设重兵，《陈馀传》所云“项羽数绝秦甬道者”，漳南之甬道也，渡河破章邯军，即此所谓；“九战绝其甬道”，又河北之甬道也。史公极意写巨鹿之功，故于漳南战功无一语及之，而于《陈馀传》著其略。其于陈馀一军特云“此所谓河北之军也”，以明巨鹿之战得力处，全在绝秦甬道，项羽实独任之，与河北之军无涉。史公自具神识，于此分析言之，荆川以为“是断文法”，何从窥见史公一副胸襟眼界？

行至安阳，留四十六日，不进。《索隐》曰：“《傅宽传》云：‘从攻安阳、扛里’，则安阳、扛里皆在河南，颜师古以为今相州安阳县。按此兵犹未渡河，不应即至相州安阳。今检《后魏地形志》云：‘己氏有安阳城，隋改己氏为楚丘’，今宋州楚丘西北四十里有安阳故城是也。”

案巨鹿之战所云渡河者，漳水也，与大河相距绝远。由彭城北救巨鹿，岂能不径河而北？《索隐》误矣。

当是时，诸将皆慑服，莫敢枝梧。皆曰：“首立楚者，将军家也。今将军除乱。”乃相与共立羽为假上将军。

案此数语写得诸将气夺。项羽之为假上将军，亦自为之名耳，诸将于是时仓皇失措，相与推戴之而已。

张良曰：“请往谓项伯，言沛公不敢背项王也。”至“君为我呼入，吾得兄事之。”

案此等乃后世史家所应略者，史公偏于此等处委细言之，正为鸿门之会险绝、奇绝，于此为之助势，亦自喜其摹写物情曲折之工也。

于是张良至军门见樊哙，至“臣死且不避，卮酒安足辞”！

案鸿门之宴，写得子房如龙，樊哙如虎，是史公极得意文字。巨鹿之战写得精彩，鸿门之会却处处写得奇绝、陡绝，读之使人心摇目眩。

当是时，项王军在鸿门下，沛公军在霸上，相去四十里。

案前云：“项羽兵四十万在新丰鸿门；沛公兵十万在霸上。”提记军数，以见强弱相逼之势；此提记里数，以见脱身急难匆遽之情；后世史家直不敢如此着笔。

项王见秦宫室皆以烧残破，

案“以烧残破”，“以”、“已”字通，《孟子》“无以则王乎”，是其证。

项王欲自王，先王诸将相。至王九郡，都彭城。

案项羽分封诸侯，各就其故地为之立国。关中，高祖所手定，而章邯、长史欣、董翳则故秦将吏也，项羽用之以间制高祖，而徙高祖南郑；项梁起兵西楚，故地皆项羽所手定，所以自立为西楚霸王，亦因己所故有之地以立国也。其时群雄并起相争，以高祖手定之地，项羽据而有之，其能一日安乎？关中当楚、汉时尤关天下形胜，建都为最，而以责项羽之不都关中，则又未达当时情事者也，阳湖恽氏论此甚详。

臧荼之国，因逐韩广之辽东；广弗听，荼击杀广无终，并王其地。

案韩王广徙王辽东，都无终，此云“逐广之辽东，广弗听”，是广犹在蓟也；而云“荼击杀广无终”，则固已之国矣。必荼与广争国，其中战事犹多，史公但以一二语总括之。

是时汉还定三秦，项羽闻汉王皆已并关中，且东，齐、赵叛之，大怒，以故吴令郑昌为韩王以距汉，令萧公角等击彭越。

案项梁召诸将会薛计事，云此时沛公亦起沛往焉，是叙沛公之初起。项王略定秦地函谷关，闻沛公已破灭咸阳，是叙沛公之定秦地，为汉开国之基。此云“是时汉还定三秦，项羽闻汉王皆已并关中，且东”，是为楚、汉相争之始。并当时大局所系，无一字虚著。

汉之二年冬，

案是时用秦正朔，以十月为岁首，故叙冬于前。

春，汉王部五诸侯兵，凡五六十万人，东伐楚。《正义》曰：“五诸侯者，谓常山、河南、韩、魏、殷也。此年十月，常山王张耳降；河南王申阳降；韩王郑昌降；魏王豹降；虏殷王邛：皆汉东之后，故知谓此为五诸侯。时虽未得常山之地，《功臣年表》云：‘张耳弃国与大臣归汉’，则当亦有士卒尔。时雍王犹在废丘，被围，即非五诸侯之数也。”

案《高祖本纪》：“二年，汉王东略地，塞王欣、翟王翳、河南王申阳皆降。韩王昌不听，击破之。更立韩太尉信为韩王。张耳来见，汉王厚遇之。魏王豹将兵从，下河内，虏殷王，置河内郡。”而后云：“劫五诸侯兵，遂入彭城。”似所云五诸侯者，塞王欣、翟王翳、河南王申阳、常山王张耳、魏王豹，皆项羽所立也。殷王邛已虏而改置郡，韩王昌已降而改封韩王信，信故从汉王，不得云“劫五诸侯兵入彭城”也。《正义》于此，故为失考。又案《淮阴侯传》：“汉二年出关，收魏河南，韩、殷王皆降；合齐、赵共击楚。”是时项王方与齐田横相拒城阳，出关之师与齐无涉，而《信传》云然，当时亦必与齐合从。所云部五诸侯，通天下大势而言之也。《高祖本纪》言劫五诸侯兵，则不宜及齐及已虏之殷王矣。又《淮阴传》云“合齐、赵共击楚”，自是通天下大势而言；此言部五诸侯兵东伐楚，是为汉王所部署，从汉王而东者也，其为常山、河南等诸侯无疑，与《淮阴传》所言异。

项王已定东海来，西，与汉俱临广武而军。《正义》曰：“戴延之《西征记》云：‘三皇山上有二城，东曰东广武，西曰西广武，各在一山头，相去百步。汴水从广涧中东南流，今涸无水。城各有三面，在敖仓西。’”

《札记》：“汴水不闻经广武涧，《水经·济水》注云：‘济水又东经广武城北，夹城之间有绝涧断山，谓之广武涧。’疑‘济’本作‘泲’，形近讹为‘汴’。”

汉有善射者楼烦，

案《汉书·地理志》雁门郡有楼烦县，应劭曰：“楼烦故胡地。”李奇曰：“楼烦人善骑射，故以名射士为楼烦。”楼烦，善射者之通名也。

楚、汉久相持未决，丁壮苦军旅，老弱罢转漕，至于是项王乃即汉王相与临广武间而语。

案此段绝是闲笔，非正文，史公偏以余力曲曲叙出，亦是惊怪绝人，直至项王、汉王相与临广武而语，遂成千古英雄第一会合。

项王乃谓海春侯、大司马曹咎等曰：“谨守成皋。”

案前叙项王围成皋，汉王逃；楚遂拔成皋。项王东击彭越，汉王引兵渡河，复取成皋，军广武，项王乃即汉王相与临广武而语。是成皋已属汉矣，此复云“项王乃谓海春侯、大司马曹咎等曰：谨守成皋”，成皋属楚属汉？疑不能明。《高祖本纪》叙汜水之战于前，项羽闻海春侯破，乃引兵还，俱临广武而军，所以临广武间相语者，为楚、汉皆军广武故也。《项羽本纪》倒叙失次，当以《高祖本纪》为得其实。

汉果数挑楚军战，楚军不出。使人辱之，五六日，大司马怒，渡兵汜水。士卒半渡，汉击之，大破楚军，尽得楚国货赂。大司马咎、长史翳、塞王欣皆自刎汜水上。

案项羽东击田荣而彭城失；此击彭越而成皋失。中间彭越数反，项羽数往击之，用此知高祖任韩信为大将，关以东之事尽以委之，而用其全力以当项羽，允为经营天下之大略。又《志疑》云："'翳塞王'三字，《汉书·纪》、《传》皆无之，卢学士云：'三字非《史记》本文，观下但叙咎、欣可知。翳旧为都尉，不为长史；又欣称塞王，则翳当称翟王：皆不协。'"案"翳"字衍，"长史"二字误倒，当在"塞王"字下，玩下"长史欣亦故栎阳狱吏"自见。前已标明"海春侯、大司马曹咎"而不著长史欣名，故于此处但称大司马咎，而于欣必兼举其姓。长史欣，欣姓，非言名也，《高祖纪》可证。

大司马曹咎者，故蕲狱掾；长史欣亦故栎阳狱吏。两人尝有德于项梁，是以项王信任之。

案两人者，项氏所以始终，其才则一狱吏耳，所以明项羽怙私恩而遗天下之远略也。

是时汉兵盛，食多；项王兵罢，食绝。汉遣陆贾说项王请太公，项王弗听。汉王复使侯公往说项王，项王乃与汉约，中分天下：割鸿沟以西者为汉，鸿沟而东者为楚。

案是时灌婴之军已至淮北，深入其根本之地；项羽腹背受敌，所以兵罢、食绝者，彭城危急，而转输之路穷也。高祖此时之力足以制项羽，项羽即不解兵东归，韩、彭之军毕集，以殄灭项羽有余。高祖始遣陆贾，继遣侯公，必欲与项羽约中分天下者，为欲得太公、吕后耳。又案是时彭城已失，梁、楚之地皆不能为羽有，所谓鸿沟为界者，将以何为界也？当时必约还给西楚地，项羽所以解而东归，亦自度其力足以收取彭城与汉相持也。陆贾之说项王径以太公为请；侯公必多为长短之说以明得失之数，重之以盟誓要约，项羽为所诱惑，急归其父、母、妻、子，高祖所以匿不肯见者，诚有所讳也。史公著其事于《项羽本纪》，而《高祖本纪》载鸿沟分界事，竟若出自项羽之意者，盖亦为高祖讳耳。

项王已约，乃引兵解而东归。

案项羽本无经营天下之心，始灭秦而分封诸侯，自王彭城，欲得保守乡里而已。方与汉争而遽引兵东归，是其气先馁，其心亦自解散，无复进取之志矣。所以速亡者，由是苟偷旦暮之心，本无远略故也。又案是时韩信已破龙且军，灌婴由淮北趋广陵，彭城根本之地，孤危已甚。项羽急欲东归，故因侯公之说遽还汉王父、母、妻、子，亦阻于势使然也。

汉欲西归，张良、陈平说曰："汉有天下大半，而诸侯皆附之；楚兵罢，食尽，此天亡楚之时也；不如因其机而遂取之。今释弗击，此所谓'养虎自遗患'也。"汉王听之。

案是时天下已归汉，高祖所以与项羽约中分天下，为欲得太公、吕后而已，岂能纵项羽东归，待张良、陈平之说而始追击之哉？此史家烘托之辞，非事实也。

韩信乃从齐往，

案《灌婴传》："从韩信攻龙且。齐地已定，韩信自立为齐王，使婴别将攻楚将公杲于鲁北。渡淮，尽降其城邑，至广陵。下下邳，击破楚骑于平阳，遂降彭城。"项羽东归而兵才骤弱者，以彭城失，根本已亡，人心涣散，无可自支之势也。史公于此等紧要关键，竟无一语及之，而分著之《列传》，以待后人之推求。凡所叙述，奇离变幻，无踪迹可寻，皆其好奇之征也。

今骑将灌婴以五千骑追之。

案《灌婴传》："降彭城，降留、薛、沛、酂、萧、相。攻苦、谯，与汉王会颐乡。从击项籍军于陈下。项籍败垓下，婴收车骑追项籍至东城。"所谓击项籍陈下者，即汉王追项羽至阳夏南事也。据此，则婴之入彭城尚在鸿沟定约以前，宜其遽解而东归也。

乃分其骑，以为四队，四向。汉军围之数重。项王谓其骑曰：“吾为公取彼一将。”令四面骑驰下，期山东为三处。于是项王大呼驰下，汉军皆披靡，遂斩汉一将。是时，赤泉侯为骑将，追项王；项王瞋目而叱之，赤泉侯人马俱惊，辟易数里。与其骑会为三处。汉军不知项王所在，乃分军为三，复围之。项王乃驰，复斩汉一都尉，杀数十百人。复聚其骑，亡其两骑耳。乃谓其骑曰：“何如?”骑皆伏曰：“如大王言。”

案项王自叙七十馀战，史公所记独巨鹿、垓下两战为详。巨鹿之战全用烘托法，不一及战事，而于垓下显出项羽兵法及其斩将搴旗之功。项羽英雄，史公自是心折，亦由其好奇，于势穷力尽处自显神通。巨鹿、鸿门、垓下三段，自是史公《项羽纪》中聚精会神，极得意文字。

及羽背关怀楚。《正义》曰：“颜师古云：‘背关，背约不王高祖于关中。怀楚，谓思东归而都彭城。’”

案背关怀楚是一事，言舍关中形胜之地，而据楚地以自王也，师古《注》误。

《高祖本纪》 第八

父曰太公，《索隐》曰：“皇甫谧云：‘名执嘉。’王符云：‘太上皇名煓，与“湍”同音。’”

案金陵本《索隐》“煓”作“煓”，《札记》云：“字书、韵书无‘煓’字，《后汉章帝纪》《注》作‘煓，它官反’，与‘湍’音合，《新唐书·宰相世系表》同。”

好酒及色，常从王媪、武负贳酒；醉卧，武负、王媪见其上常有龙，怪之。高祖每酤留饮，酒雠数倍；及见怪，岁竟，此两家常折券弃责。

案举此小节，以壮其喜施之概。两家折券弃负，亦为其饮酒常雠数倍，所得固已多也，而高祖豁然都不一计较，自是英雄本色如此。

萧何为主吏主进，《索隐》曰："颜师古曰：'进者，会礼之财。字本作"赍"，声转为"进"，"宣帝数负进"，义与此同。'"

案主进，主所纳财也。贺者纳财以将意，萧何主进而献之。师古通作"赍"，误。

引入坐。萧何曰："刘季固多大言，少成事。"高祖因狎侮诸客，遂坐上坐，无所诎。

案其气概高出一世，视萧何以下犹婴孺之集于前，易而侮之，略不为意，此所谓"意豁如"也。

向者夫人、婴儿皆似君；君相贵不可言。

案"皆似君"，"似"字当作"以"，言夫人、婴儿皆以君故，乃有此贵相也。《汉书》作"以"。

高祖以亭长为县送徒郦山，徒多道亡。自度比至皆亡之；到丰西泽中，止饮，夜乃解纵所送徒，曰："公等皆去，吾亦从此逝矣！"徒中壮士愿从者十馀人。

案丰西泽中距沛未远，不得云徒多道亡，此必谋起兵应陈涉时事。纵而遣之，遣纵其罢老者而已。据《始皇本纪》始皇初即位，穿治郦山。及并天下，天下徒送诣七十馀万人。二世元年，东行郡县，还至咸阳，曰："先帝营阿房宫未就，会崩，罢；其作者复土郦山。"高祖送徒郦山，当为二世元年葬始皇时，乱几已兆，故有壮士从者数十人；若当始皇盛时，无因遽聚徒众亡命芒、砀山泽间也。又皇甫谧以惠帝于始皇三十七年生。始皇终三十七年，惠帝生时二世已即位矣，故云高祖为亭长时，吕后与两子居田中耨，惠帝时尚襁褓，吕后耨田中挟以行也。是年秋陈涉遂起蕲，故知高祖送徒郦山为葬始皇时事，无疑也。

秦始皇帝常曰："东南有天子气。"于是因东游以厌之。高祖即自疑，亡匿隐于芒、砀山泽岩石之间。

案"始皇帝常曰"，是追叙从前事。始皇二十八年东行郡县，高祖是时为泗水亭长，无因以东南天子气自承。至是聚徒亡命，又得诸怪征，乃追索始皇帝语而自疑也。

季所居，上常有云气，《正义》曰："京房《易兆候》云：'何以知贤人隐？四方常有大云，五色具而不雨，其下有贤人隐矣'，故吕后望云气而得之。"

《札记》云："《隋唐·经籍志·周易飞候》九卷，又六卷，并京房撰。《类聚》一、《御览》八并引《易飞候》云：'视四方常有大云，五色俱，其下贤人隐'，正与此文合，'兆'当为'飞'之误。"

萧、曹等皆文吏，自爱，恐事不就，后秦种族其家，尽让刘季。

案此史公推萧、曹之意而为之辞，高祖当时气概，萧、曹等不能不为之下；又有徒众数百人，萧、曹等亦欲借之以自保，无待于让也。

周市来攻方与，

《札记》疑此六字衍文，案《汉书》无。

别将司马尼将兵北定楚地，

《札记》云："南宋本作'尸'，《字类》引同，与《汉书》合，作'尼'误。"

居数月，北攻亢父，救东阿，破秦军。齐军归，楚独追北。

案《项羽本纪》云："居数月，引兵攻亢父，与齐田荣、司马龙且军救东阿，大破秦兵于东阿。田荣即引兵归。"故于此更不详叙，然亦当云“与齐兵救东阿”，而后“齐军归”三字始有着落。

秦将王离围之巨鹿城，此所谓河北之军也。

案《项羽本纪》：“陈馀将卒数万人而军巨鹿之北，此所谓河北之军也。”以表项羽居漳南，独当秦军。此云“秦将王离围之巨鹿城，此所谓河北之军也”，又似据秦军言之。疑必当时以河南、北俱有战事，故析言之，史公引旧文并载之《高祖本纪》也。

怀王诸老将皆曰：“项羽为人彪悍、猾贼，至独沛公宽大长者，可遣。”

案是时章邯击杀项梁于定陶，遂渡河击赵，怀王兼遣项羽、范增与宋义救赵，正以章邯巨敌，而击破项梁军者章邯也。其时关东诸侯并起，章邯一军纵横驰击，尤楚之所视以为存亡者，势不能不并力章邯，与之争一旦之命；所为与诸侯约者，通词也。齐、魏、韩、赵、燕皆已立王，皆得入关击秦，沛公故从项梁，怀王所能遣者独沛公耳。项羽北击赵，沛公西击秦，亦为牵制秦军之计。关东诸侯并起，而秦地关、河阻塞固无恙，其势犹强；沛公于是时兵力最弱，非能敌秦者，而乘赵高之乱一举而入咸阳，此天也，非人之所能为也。项羽之战章邯，事之至急者也，沛公以一军击秦，又人知其难也。是时项梁始死，怀王至彭城并吕臣、项羽军自将之，项羽凶暴之名未甚著也。史公事后追为之辞，以明楚、汉所以存、亡，仁、暴之分而已。怀王老将孰有加于吕臣、范增者哉？而皆从项羽救赵矣，安得是时便阴为沛公计而阻项羽之入关也？楚、赵之民可以纵项羽之屠戮，而独顾念秦民何也？准以当时事势，有决知其不然者。

秦军夹壁，破魏二军。楚军出兵击王离，大破之。

《札记》云：“‘破魏二军’，‘魏’字误，《史诠》云：‘当作“秦”’，《汉书》作‘其’。”案《始皇本纪》，章邯杀陈胜城父，破项梁定陶，灭魏咎临济。《魏豹传》："齐、楚遣项它、田巴随周市救魏，章邯击破周市等军。"此云"破魏二军"，盖救魏之二军也。

遣魏人宁昌使秦，使者未来。是时，章邯已以军降项羽于赵矣。初，项羽与宋义北救赵；及项羽杀宋义，代为上将军，诸将黥布皆属，破秦将王离军，降章邯，诸侯皆附。及赵高已杀二世，使人来，欲约分王关中；沛公以为诈，乃用张良计，使郦生、陆贾往说秦将，啖以利，因袭攻武关破之。

案《始皇本纪》言"沛公使人私于赵高"，此谓"遣宁昌使秦"，殆即其事也。而《始皇本纪》："沛公将数万人已屠武关，使人私于高。高恐二世怒，诛及其身。"以赵高行弑在沛公入武关之后，此则云"赵高已杀二世，使人来，欲约分王关中；沛公用张良计袭攻武关破之"，是沛公遣宁昌使秦，二世尚未弑也。赵高既弑二世，使人来约，即报宁昌之使也，高祖乘之袭破武关，故俞樾云："夷望之事，赵高固受计于沛公也。"是《高祖本纪》为得其实。

项羽遂西，屠烧咸阳秦宫室，所过无不残破；秦人大失望。然恐，不敢不服耳。

案史公于此著"然恐，不敢不服耳"七字，大是赘文。是时秦已灭无主，项羽一屠咸阳而遂分封诸侯，秦民始终未尝服之也。

项羽怨怀王不肯令与沛公俱西入关，而北救赵，后天下约，

案此却是实情。其初遣救赵者势也，亦项羽之所乐为也；迨闻高祖西定咸阳，而忮心生焉，因追以为怨，亦人情之应然者也。史公因以附之怀王诸老将之谋，则非事实矣。

负约，更立沛公为汉王，王巴、蜀、汉中。《集解》曰："徐广曰：'三十二县。'"

《札记》云："《汉书》作'四十一县'，《汉纪》同。据《汉志》，汉中郡十二县，蜀郡十五县，巴郡十一县，则共三十八县。"

从杜南入蚀中。

案《汉书》，子午谷从杜陵直绝南山汉中；此云"从杜南入蚀中"，蚀中即子午谷无疑。

韩信说汉王曰：《集解》曰："徐广曰：'韩王信，非淮阴侯信也。'""项羽王诸将之有功者，而王独居南郑，是迁也。至不如决策东乡，争权天下。"

案汉王从汉中还定三秦实出韩信之谋，下文"汉王用韩信之计"，即此所谓"决策东向争权天下"也。而《韩王信传》亦误入此数语，是时韩王信从高祖无所知名，安能决此大计？必史公摭拾旧闻，误属之两人；《汉书》并此入之《淮阴侯传》，最为有识，徐广之言非也。

项羽大怒，北击齐。八月，汉王用韩信之计，从故道还，袭雍王章邯。

案高祖任韩信为大将，实为楚、汉兴亡一大关键。以关中形胜，开一面以临东诸侯，而汉之拒楚专在荥阳、成皋，而自临晋以东至河内，齐、赵、梁、韩连兵争胜，魏王又数反，高祖一任之韩信，以临制东诸侯，而得其全力与项羽相持，所以屡败而无齐、魏之患，关中晏然，专任转输者，韩信之力也。项羽与汉相持，梁叛则北击梁，齐反又东击齐，奔命之不遑，而其力亦潜矣。高祖乃以其全力制项羽，而属韩信以东诸侯，其任以为大将者，举东方之事一以委之。高祖自度其坚忍之力，足以与项羽相持，而深恐者诸侯之旁挠之，此所以有天下之大略也。史公但一著之《淮阴侯传》以俟后人之推考，而于《本纪》不一及之，皆其好奇之征也。而当时经营天下之大略，二千馀年，无有能辨而知之者，亦疑叙述之未尽其节要也。

韩王昌不听，使韩信击破之。

案孙钅广谓韩信乃韩王信，考《淮阴侯传》云："部署诸将所击，收魏河南，韩、殷王皆降。"《韩王信传》云："汉遣信略韩地十馀城，击韩王昌阳城；昌降，汉王乃立信为韩王。"据此，是击破韩王郑昌者，韩王信也。而《淮阴传》于此部署诸将，则所云"使韩信击破之"者，为韩王信无疑矣。下文"更立韩太尉信为韩王"，又似与韩信击破之者为二人。史公于此两人事迹，多未分明。

缮治河上塞。《集解》曰："晋灼曰：'《晁错传》"秦时北攻胡，筑河上塞"。'"

案《汉书》"高帝二年，汉王归，还都栎阳，缮治河上塞。"栎阳属左冯翊，高帝二年更名河上郡，本属塞国，是年塞王降，高帝徙都栎阳，因治塞河上，厄险自守，并无防胡之文。始皇三十二年，使蒙恬击胡取河南地，自榆中并河以东属之阴山，城河上为塞。则《汉书》朔方、五原诸郡地，即蒙恬所筑长城也。高帝时方经营关东，无由远及朔方，颜师古《汉书》注："司马欣为塞王，取河、华之固为厄塞耳。"则因河为塞可知，晋灼据《始皇纪》筑河上塞为言，误矣。

乃取汉王父妻子于沛，置之军中以为质。

案高祖起沛攻胡陵、方与，还守丰。及引兵之薛，而雍齿以丰叛降魏；屡攻丰不下，而从项梁于薛。其后怀王徙都彭城，而沛公居砀，怀王因以沛公为砀郡长，遂西略地入关，未尝一至沛也。吕后尝从沛公隐芒、砀山泽中，是沛公吕后居砀之日多而居沛无几。高祖入关而王汉中，吕后自当从入汉中，何至还定三秦，出关而东，始迎太公、吕后于沛？项羽距之阳夏，使不得前，岂专为太公、吕后发兵拒之耶？既能拒之，又何不可攻沛袭而掳之？其明年，项羽东攻田广，高祖引兵至彭城，阳夏之兵解矣，何以尚不一迎吕后，直至军败睢水上乃迎太公、吕后于沛，反使项羽遇而取之？证以当时情事，无一合者。而史公前后叙述井井，竟似高祖起兵至入关，太公、吕后皆居沛，未尝一与从高祖者。当楚、汉之争，沛固冲邑也，果何所恃以自全耶？疑太公、吕后实从高祖军中，军败而相失耳。是时章邯尚在废邱，秦地未定，高祖引兵东行，亦不敢恃汉中为安，太公、吕后相从军中宜也。

当此时，彭越将兵居梁地，往来苦楚兵，绝其粮食。

案彭越逼近楚地，能患苦楚，是以高祖每资之兵以挠楚，项羽所以终不能振者，彭越之力也。

当此时，彭越将兵居梁地，往来苦楚兵，绝其粮食。

案史公于汉三年叙述“彭越将兵居梁地，往来苦楚兵”，此又重申前语，所以著楚、汉兴亡之实，由彭越居梁地故也。是乃史公极着意处。

项羽解而东归，汉王欲引而西归，用留侯、陈平计，乃进兵追项羽。

案此亦是史公烘染之辞。项羽之东归，灌婴已尽收淮南、北地，东入彭城，项羽之势已穷；高祖之与项羽约者，欲因项羽解兵而东，击其惰耳。史公于此及《项羽纪》并云汉王亦欲引而西归，张良、陈平谏，乃使进兵追项羽；史公文专以顿跌取势，于此亦但自取其文势跌宕耳。

随何、刘贾、齐、梁诸侯皆大会垓下。

《札记》云：“‘随何’，‘何’字衍，《汉书》无，《项羽纪》亦作‘随刘贾’。”

高祖与诸侯兵共击楚军，与项羽决胜垓下。淮阴侯将三十万，自当之；孔将军居左，费将军居右，皇帝在后，绛侯、柴将军在皇帝后。项羽之卒可十万，淮阴先合，不利，却。孔将军、费将军纵，楚兵不利；淮阴侯复乘之，大败垓下。

案韩信与项羽始终未一交战，独垓下一战，收楚、汉兴亡之全局。云"淮阴侯将三十万自当之"，以项羽劲敌，韩信自操全算以临之；先为小却，以待左右两翼之夹击，而后回军三面蹙之，是以项羽十万之众一败无馀。《项羽本纪》云："项王军壁垓下，兵少食尽。"盖淮阴一战之后，兵皆散失无几存矣。

项羽卒闻汉军之楚歌，

《札记》云："《汉书》作'羽夜闻汉军四面皆楚歌'，《项羽纪》亦作'夜'，疑此'卒'字误。"案"汉军"下"之"字，凌稚隆引一本无，与《汉书》合，《志疑》云衍，金陵本删之。

斩首八万，遂略定楚地。

案灌婴之追项王五千骑耳，项羽之溃围南出，亦不应尚有数万之众，此统合垓下之战言之。

秦得百二焉。《索隐》曰："虞喜云：'百二者，得百之二，言诸侯持戟百万，秦地险固，一倍于天下，故云"得百二焉"，言倍之也。'盖言秦兵当二百万也。'齐得十二'亦如之，但立文相避，故云十二；言馀诸侯十万，齐地形胜，亦倍于他国，当二十万人。"

案《货殖传》"富相什则卑下之，佰则畏惮之"，百二者，数之极也；十二者，亦小数之极也；犹言十倍之势，又赢二也，极之至于百倍之势，又赢二也。盖亦相什、相佰之义，《索隐》之说迂回无当。又案顾氏《日知录》谓："二，犹倍也。言秦地势兵力百倍于诸国，齐之地势兵力十倍于诸国。"亦通。

信因与同谋反太原。

案金陵本无"同"字，《札记》云："南宋、中统、游本无。"

立故赵将赵利为王，以反。

《志疑》云："信本传云'赵苗裔'，《汉纪》云'赵后'，则'将'乃'后'字之讹。"

八月，赵相国陈豨反代地。上曰："豨尝为吾使，甚有信。代地吾所急也，故封豨为列侯，以相国守代。"

案《陈豨传》："常告归过赵。赵相周昌入见上，具言豨宾客盛甚，擅兵于外数岁，恐有变。"是时已立赵王如意，而立昌为赵相。此下明言"封豨为列侯，以相国守代"，是豨固代相也，《本纪》与《列传》并作"赵相国"，此史公误也。

豨将赵利守东垣，

案上文云："白土曼丘臣、王黄，立故赵将赵利为王，以反。"《韩王信传》亦云："立赵苗裔赵利为王。八年，高祖击韩王信馀寇于东垣。"而《陈豨传》云："阴令客通使王黄、曼丘臣所。"是时韩王信奔匈奴，王黄、曼丘臣皆在。赵利为赵王，据东垣，高祖屡击之未下也；至是始下之。是以周勃道太原入定代地，与高祖之攻东垣，为两事，史公云"豨将"者，误也。

高祖还归，过沛，留，置酒沛宫。至高祖复留止，张饮三日。

案高祖留沛饮，极人世悲欢之感，史公穷形极态摄而取之，满纸欢笑、悲感之声，水涌云腾，絪缊四溢，岂亦高祖临终哀气之先征与？

丰未复，

案颜师古注《汉书·地理志》："沛郡，故秦泗水郡，高帝更名。"秦时沛县属泗水郡，丰者沛乡名，高帝更泗水郡为沛郡，而丰与沛并列为县，《汉书·地理志》可证也。高帝沛人，又始起兵于沛，故云"以沛为汤沐邑"。而丰其所生长之乡也，高帝即位已别为县，是以沛复而丰不复，沛父兄又代为请也。以前注家皆不详，未免疏漏。

汉将别击布军洮水南北，

《札记》云："全氏《经史问答》：'九江左右无洮水，盖沘水也。沘水见《水经注》。'"

楚隐王陈涉，

案"陈涉"二字衍文，《汉书》诏词无此二字，盖诸帝王如魏安釐王、齐缗王、赵悼襄王，俱不称名。

《吕后本纪》 第九

吕后本纪《索隐》曰："吕太后本以女主临朝，自孝惠崩后立少帝而始称制，正合附'《惠纪》'而论之；不然或别为'《吕后本纪》'，岂得全没孝惠而独称《吕后本纪》？合依班氏，分为二纪焉。"

案此《本纪》中明言"孝惠日饮，为淫乐，不听政"，是惠帝初立后，吕后专杀自恣，政由己出，固已久矣，史公不为惠帝立纪，以纪实也。

犁明，孝惠还，赵王已死。

案"犁明孝惠还"，《汉书·外戚传》作"迟帝还"，无"明"字，于义为近。徐广曰："犁明者，将明之时。"言晨出射矣，不得复言犁明还也。《高祖纪》"犁明"，《汉书·高帝纪》作"迟明"，《南越传》则作"犁旦"，犁明、犁旦、迟明，字并通，徐广曰："黎，比也。"犹言比及孝惠还也，此文当从《汉书》衍"明"字为是。

去眼辉耳，

案"辉"同"熏"，《御览》引《史》作"燻"，《汉书·外戚传》作"熏"字。此当为"辉眼去耳"，谓熏灼其目使瞽也；

耳则可以割而去之，无熏耳之法也，疑此二字倒易。

君今请拜吕台、吕产、吕禄为将，将兵居南、北军，

案汉制太尉典军，高祖十一年周勃已为太尉，明年高祖复语吕后云："可令周勃为太尉。"至吕后四年复云："置太尉官，绛侯勃为太尉。"《将相表》于太尉一官或云罢，或云置，而罢太尉官，典兵谁也？《史》亦不详。高后八年，病甚，乃令赵王吕禄为上将军，军北军；吕王产军南军，而以吕产为相国。然则典南、北军者，本无专官耶？汉初有征讨，置将军，或曰上将军，上将军亦无专官。而陈平、审食其实为左、右丞相，吕禄之为上将军，吕产之为相国，盖亦吕后之特命矣。惠帝初崩，王陵、陈平为丞相，无故以南、北军属之吕禄、吕产，必不应有此事。而吕后八年令吕禄为上将军居北军，吕产居南军，相距八年之久，吕禄、吕产久典禁军，太尉周勃岂能一日便夺之？疑此张辟疆之献计，亦传闻之辞，史公杂采入之，准之前后情事，实多有未合者。

陈平、绛侯曰："于今面折廷争，臣不如君；夫全社稷，定刘氏之后，君亦不如臣。"王陵无以应之。

案是时吕后决意王诸吕，非王陵、平、勃所能争也；争则相与俱罢，而吕氏之祸益烈，无有能制其后者矣。诸吕之王无当汉氏之安危，而只益吕氏之祸，平、勃之不争，固自有见，非王陵所能及也。

鲁元公主薨，赐谥为鲁元太后。子偃为鲁王。鲁王父，宣平侯张敖也。封齐悼惠王子章为朱虚侯，以吕禄女妻之。

《志疑》云："'鲁元公主薨'以下二十六字，当在'张买为南宫侯'句下，盖偃与孝惠子同王也。'封齐悼惠王'以下十七字，当在'二年，吕王嘉代立为王'句下，盖吕嘉以二年十一月嗣，章以五月封也。"案如梁说，则章封在五月，常山王义封在七

月，吕王嘉嗣在十一月，是“封齐悼惠王子”十七字当在“常山王薨”上，不当更出吕王嘉下也。

宣平侯女为孝惠皇后时无子，详为有身，取美人子名之，杀其母，立所名子为太子。孝惠崩，太子立为帝。帝壮，或闻其母死，非真皇后子，乃出言曰：“后安能杀吾母而名我？我未壮，壮即为变！”太后闻而患之，恐其为乱。乃幽之永巷中。

案《汉书·惠帝纪》，帝年五岁，高帝初为汉王立为太子。惠帝四年，立皇后张氏，时年二十，后又四年崩，张后取美人子为子，亦当在惠帝五、六年。惠帝崩，太子即位，年三岁耳；立四年而太后废之，其年不过六、七岁。是时太后称制，张后之杀其母，何由使之闻之？吕后妒忌怙私，因鲁元而爱及张后亦人情也，太子立或不得于张后，亦当明著其事，而据此一二言以为之罪，何也？太后称制，张后处宫中，而忧六岁稚主之为乱乎？既废之、幽之，又复杀之，吕后忮毒其亲子孙不应如此之惨，此必当时大臣故为之辞，以证太子少帝之非惠帝子也，而遂传疑至今，吾不敢信谓然也。

己丑，日食，昼晦。

案《汉书》作“己丑晦，日有食之”。《札记》云：“颛顼术、殷术皆三月庚寅朔。”《汉书》是也。

高后为外孙鲁元王偃年少，

《志疑》云：“《汉书·张耳传》无‘元’字，是也，此《纪》及《张耳传》并误增。”

高后病甚，乃令赵王吕禄为上将军，军北军；吕王产居南军。

案吕禄、吕产分典南、北军，在吕后病时，特以兵属之，使据守宫卫，不至受制于人。上文惠帝始崩，丞相为言使分典南、北军者，必非事实。

吕禄、吕产欲发乱关中，

案吕后以南、北军属之吕禄、吕产，使据兵自固，以毋为人所制而已。产、禄庸才，并所将兵亦解以属之太尉，是岂欲为乱者？史公以周勃除诸吕，特重吕氏之罪，以疑似被之名耳。

吕禄信然其计，欲归将印，以兵属太尉；使人报吕产及诸吕老人。或以为便，或曰不便，计犹豫未有所决。

案史公于此写尽吕氏庸才，意在容身保位而已，岂能为乱者？诸吕老人或以为便，或曰不便，周章可笑。

八月庚申旦，

《志疑》云："《通鉴目录》辛巳是八月朔，颛顼术、殷术八月皆辛巳朔，与《通鉴》合。《汉书》书'七月'，承《史》误，高后崩实以八月朔也。庚申距辛巳四十日，不得同为八月。二术九月皆辛亥朔，庚申九月十日也，《将相表》九月诛诸吕是其证，《汉书》作'九月'是。"

太尉欲入北军，不得入。襄平侯通尚符节，乃令持节矫内太尉北军。太尉复令郦寄与典客刘揭先说吕禄曰："帝使太尉守北军，欲足下之国，急归将印辞去；不然，祸且起！"吕禄以为郦兄不欺己，遂解印属典客，而以兵授太尉。太尉将之入军门，行令军中曰："为吕氏右袒；为刘氏左袒！"军中皆左袒为刘氏。太尉行至，将军吕禄亦已解上将印去，太尉遂将北军。

案矫内太尉北军是一事，吕禄解印以兵属太尉是一事。太尉入军门，行令军中，始矫节入北军，以试军心之向背；吕禄即不归印而军心向汉，太尉本主兵，亦可因而用之。吕禄即解将军印去，则太尉承之以将北军，吕氏无能为矣，故太尉将之入军门。史公黏合两事为一，而先后情节固自分明。

平阳侯闻之，以吕产谋告丞相平。

《志疑》云："十三字与上下文不接，且前已言平阳侯驰告丞相、太尉矣，重出当衍。《汉书》无。"

吕产不知吕禄已去北军，乃入未央宫，欲为乱。

案是时吕禄已去北军，吕产又去南军，而入未央宫，一卫尉拒之有馀，而云"入未央宫，欲为乱"，则所欲为乱者何也？吕氏宗室几与刘氏等，又专据兵权，大臣畏惮之至矣，故以产、禄之庸才而平、勃等视之若虎之负嵎，无敢撄其怒者，而多为疑似之言以防祸之所极，其实为乱之形迹，初无可征也。

壬戌，以帝太傅食其复为左丞相。

《札记》云："七月辛巳晦，食其免相为帝太傅，即高后崩之日也。九月壬戌复为相；后九月复免。壬戌，庚申后二日，《将相表》作'丙戌'，误也，《通鉴考异》以'壬戌'为误，非。"

少帝及梁、淮阳、常山王，皆非真孝惠子也。

案少帝及梁、淮阳、常山皆非惠帝子，乃出诸大臣口中，意在废少帝而择诸王之贤者立之，假为之词以行诛耳。当时天下晏然，读《史》者亦无异词，则以吕后之暴戾，天下怨之，而废少帝，而立文帝，实有定社稷、安人民之功，汉时风气犹为近古，持议论以簧鼓天下者，尚无其人也。前言孝惠皇后无子，佯有身，取美人子名之；杀其母，立所名子为太子，旋又幽杀之。谓太子非皇后子可也，谓非惠帝子则不可。吕后称制，立孝惠后宫子强为淮阳王；子不疑为常山王；子山为襄城侯；子朝为轵侯；子武为壶关侯；旋以襄城侯为常山王，更名义，及立为帝，又更名宏：此其为惠帝子，谁复疑者？当时以吕后所立，废之可也，分部诛灭之，亦已过矣。

有司分部诛灭梁、淮阳、常山王及少帝于邸。

案汉时承战国之余习，轻用刑杀。惠帝崩而太子立，其后宫子封王者五人，而云吕后以计诈名他人子，养后宫，非惠帝子者，由当时诸王大臣怨恨吕后至深，惠帝在位浅，无恩泽及人，乘势尽诛其后，犹战国残忍惨酷之遗也。少帝、诸王之死，史公据事直书，其情事固自显然。

二十三年崩，谥为孝文皇帝。

《札记》谓“二十三年崩”以下十一字，后人妄增。

《孝文本纪》 第十

张武等议曰：“汉大臣皆故高帝时大将，习兵，多谋诈，此其属意非止此也，特畏高帝、吕太后威耳。今已诛诸吕，新啑血京师，此以迎大王为名，实不可信。愿大王称疾毋往，以观其变。”

案张武等阻文帝之行可谓无识，然其言以为汉大臣习兵，多谋诈，而疑其属意不可测。当时诸臣上者主兵，次者工刀笔、尚游说，陈平、周勃处吕后之事，矫诬诡变，仅以成功，而于大臣所以经理天下，拨乱世而反之正者，其道固未闻焉。秦、汉以后，终不能一复三代之治，所以为可叹也。张武之疑，固非无因也。又“啑血京师”与《吕后本纪》“啑血盟”异训。《汉书·文帝纪》作“喋血”，《魏豹传》赞亦云“喋血乘胜”，《索隐》云：“喋，犹践也”，则字当为“蹀”。《广韵》“喋，血流貌”，正此“啑血”之意。

于是代王乃遣太后弟薄昭往见绛侯，至遂驰入代邸。

案遣薄昭见绛侯，所以观大臣、将相之心也，而因使张武六人乘传诣长安以为之先，又复使宋昌观变，以少帝尚在，虑其事或中变也。写得文帝周详慎重，非徒以据非常之位，惊疑而已。

寡人不敢辞。遂即天子位。

案此即天子位，谓受天子玺符，群臣舞蹈拜贺而已。其时少帝尚在，代王方居代邸，不得于此遽云“即天子位”也。史公之意，亦但谓文帝受天子符玺，为天子而已，故于次年特著“皇帝即阼”之文。盖以是时犹用秦朔以十月为岁首，绛侯诛诸吕在九月，文帝不敢遽夺吕后之年，至次年始即位，改元，谒高庙。《汉书》并次年“皇帝即阼”之文去之，则尤舛也。

古之有天下者，莫不长焉。

案金陵本无“不”字，与《汉书》合。《索隐》注云：“古之有天下者，无长于立子，故云莫长焉。”是所传本本无“不”字也。

乃循从代来功臣，

《札记》引何氏《读书记》云：“《汉书》‘循’作‘脩’，是。”《志疑》说同。

卫尉定等十人，

案《汉书·文帝纪》作“卫尉足”，《百官表》文帝二年“卫尉足”，“定”字恐传写之误。

朕闻古者诸侯建国千馀岁，

《杂志》云：“‘岁’字因上‘治安皆千馀岁’而衍。此谓千馀国，非谓千馀岁，《汉书》无‘岁’字。”

十一月晦，日有食之。十二月望，日又食。

案“十一月晦”，当为“十二月朔”，历家大小建偶有参差故也。诏书仅据“十一月晦，日有食之”为言，则“十二月望，日又食”之文为畸出矣。十二月望当为日、月食连见，史公以为菑，依类书之，其后失于删削耳。古法用平朔，故日食有在晦者；唐以后始改用定朔，由是日食必在朔。

及知见思之所不及，

案“知见思之所不及”，兼三项言之：已得曰知；见闻所及曰见；未得而心求之曰思。

白以告朕，徐孚远曰：“‘白’宜作‘匄’，疑字讹也。”

案《汉书》正作“匄以告朕”，金陵本作“匄”是也。

而又饬兵厚卫，其罢卫将军军。

案汉制南军属卫尉，掌宫门卫屯兵；北军属中尉，掌徼循京师。宫门屯卫属之南军，城门属之北军，皆卫军也，文帝特置卫将军领之。当时为宋昌兼领南、北军，非常职也。明年匈奴入北地，发中尉材官属卫将军，军长安。十四年匈奴攻朝那塞，遣中尉周舍为卫将军，郎中令张武为车骑将军，军渭北。所领皆卫军也，而南军卫宫门者终不遣出屯，此诏云“罢卫将军军”，于《史》无征。汉制卫军皆由郡国调发，《黄霸传》“坐发骑士诣北军，马不适士”，是卫士及所乘马皆出自征调。宋昌为卫将军兼领南、北军，而卫尉、中尉各有专司，疑当时必稍益卫将军军以备区庐屯卫，诏书所谓“饬兵厚卫”是也；至是始罢之，其后并罢卫将军。因事出屯，乃加卫将军名领卫军，此汉制之可考见者，《史记》及《汉书》于此皆无注。

民或祝诅上以相结约而后相谩，《集解》曰：“《汉书音义》曰：‘民相结共祝诅上也。谩者，而后谩而止之，不毕祝诅也。’”《索隐》曰：“谓初相约共行祝，后相欺诳，中道而止之也。”

案“相约结”当是相聚为乱。因祝诅上而约结，犹言聚群不逞之徒，谋发难也。“相谩”，谓虚言相诳，无事实，吏则谓之大逆。既“中道而止”，何得谓之大逆乎？亭林顾氏云：“谓先共祝诅，已而欺负，乃相告言也，故诏令若此者听勿治。”《索隐》注误。

前日计遣列侯之国，

案"计遣"，《汉书》作"诏遣"，此当是传写之讹。

将众居河南降地，

案《始皇纪》："三十三年，遣蒙恬北击胡，略取河南地，城河上为塞。"是河南本胡地，秦始略得之，故云"河南降地"。

上曰："农，天下之本，务莫大焉。今勤身从事而有租税之赋，是为本末者毋以异，其于劝农之道未备。其除田之租税！"

案《汉书·食货志》云："汉兴接秦之敝，约法省禁，经田租什五而税一。量吏禄，度官用，以赋于民。而山川、园池、市肆、租税之入，自为私奉养，不领于天子之经费。漕转关东粟以给中都官，岁不过数十万石。"文帝用晁错之言"令民入粟边：六百石爵上造；四千石五大夫；万二千石为大庶长"。错复奏言："边粟足支五岁，可令入粟郡县。足支一岁以上，可时赦勿收农民租。"所能除田租者，粟本有馀故也。除田租十一年至景帝立，制田租三十而税一，遂为定制，文帝之遗泽远矣。

上乃遣三将军，

案三将军，即下张相如、董赤、栾布也。先遣使分屯边郡，而后乃以张相如为大将军，合兵击之，故分叙之如此。

历日县长，

《杂志》云："'县长'，当为'绵长'。《汉书》作'弥'，弥亦'绵'也。"

丞相推以为今水德，始明正十月上黑事，

案《汉书·郊祀志》公孙臣言"始秦得水德，及汉受之，推《终始传》则汉当土德。丞相张苍以为汉乃水德之时，河决金堤，其符也"。史公约其言，以为今水德，而去"河决金堤"一语，徒以"正十月上黑事"明之，则仍袭秦之旧也，不得云"始明"矣。

夫久结难连兵，中、外之国将何以自宁？至以全天下元元之民。

案文帝此诏至诚恻怛，孟子以太王迁岐为仁，而引汤事葛、文王事昆夷，以为乐天，亦即此义。南宋以后诸君子，于汉、唐规模全不一考，并此诏载在《史记》亦无有知之而言之者，岂不可叹！

民得卖爵，陈子龙曰："此民相买卖，而官不与焉；然必是所赐虚名，若今之散官也。"

案此"卖爵"者，即文帝即位赐民爵一级，及元年立太子，赐天下民当为父后者爵一级，皆民爵也，故令得自买卖。其入粟于六百石爵上造，以次至大庶长，自二等以至十八等，而听其自为市，则是亵爵而为稗政之尤矣，文帝不应然也。陈氏以为"若今散官"，散官亦岂能听民买卖乎？

孝文帝从代来，至兴于礼义。

《志疑》云："此总叙文帝诸善政，当在后七年末'袭号曰皇帝'下错简。"

毋发人男女哭临宫殿。

案"发人"即"发民"，《汉书》作"发民"，此避唐讳改。

除肉刑，出美人，重绝人之世。

案当依《汉书》作"除宫刑"，《札记》云："上文'出肉刑'，此不当复出。'除宫刑'，与下'出美人'为类，所谓'重绝人之世'也。"

《孝景本纪》 第十一

四月乙卯，赦天下。乙巳，赐民爵一级。

案乙巳在乙卯前十日，"乙巳"二字疑衍文，《汉书》赐民爵不书日。

五月，除田半租。

案文帝十三年除田租税，此云“除田半租”，即《食货志》所谓“令民半出田租三十而税一”也。此当具事书之，汉以后田租所由昉也。

封故相国萧何孙系为武陵侯。

案《汉书·功臣表》酂侯子禄嗣为侯，无后；吕后二年封何少子延为筑阳侯，文帝元年更为酂侯；子遗嗣，无后；文帝五年以遗弟则绍封为武阳侯，二十年有罪免，景帝二年以则弟嘉绍封。而《萧何传》称“景帝二年制诏御史，以千二百户封何孙嘉为武阳侯”。《史记·功臣表》与《何传》同，而《萧相国世家》但称后嗣以罪失侯者四，而不著其详，《景帝纪》则邑与名并误也。

秋，衡山雨雹。

《志疑》云：“上书‘八月’，此‘秋’字衍。”

深者二尺，

《杂志》云：“‘者’字因上句‘者’字而衍，《初学记》、《御览·天部》引并无。”

置南陵及内史祋祤为县。

《志疑》云：“当云‘左、右内史及祋祤为县’。”

天火燔洛阳东宫大殿城室。

案《汉书》作“淮阳王宫正殿灾”，而《五行志》皆不载。此云“大殿城室”，“城室”字未详何义。据《封禅书》：“作甘泉宫中为台室。”《武帝纪》：“甘泉更置前殿，有芝生殿防内。”《说文》：“防，堤也。”殿外或有复道若堤，此“大殿城室”，当谓殿夹室殿壁四周若城也。又案陈子龙云：“《武帝纪》‘殿防内’，‘防’即‘房’字，古防字作身，去其下而为房，《仙人唐公房碑》可证。《项羽纪》‘封阳武侯为吴防侯’，《索隐》曰：‘古房子国’，《年表》亦作‘吴房’，是‘房’字亦作‘防’。汉时甘泉宫中，《宣纪》正作‘房’，是‘房’即宫中夹室也。”

更以弋阳为阳陵。

《志疑》云：“‘弋阳’为‘易阳’之误，《地理志》可证。”

十二月晦，日有食之。

《札记》云：“《汉书·景纪》作‘十一月庚寅晦’，《五行志》同。”案殷术十二月辛卯朔，颛顼术庚寅朔，则此文“二”字当作“一”。

立胶东王为太子，名彻。

《札记》云：“‘名彻’二字，疑后人旁注误入。”

故御史大夫周昌子左车为安阳侯，

案《功臣表》，左车为周昌孙。

丞相周亚夫死。

案此当云“丞相周亚夫免”，据《绛侯世家》周亚夫死，国除，绝一岁，景帝乃封勃他子坚为平曲侯，续绛侯后。《功臣表》后元元年封勃子坚为平曲侯，距亚夫免相时凡五年，而《绛侯世家》云绝一岁，则是亚夫之死在景帝中五年也。两云“居无何”，必非一时事，故知此云“丞相周亚夫死”者，字之讹也。

封十侯。

《志疑》云：“‘十’为‘五’之讹。”

以御史大夫绾为丞相，封为建陵侯。

《志疑》云：“当云‘以御史大夫建陵侯绾为丞相’，衍‘封为’二字。”案上文前六年已封中尉赵绾为建陵侯矣，此不得重出。

《孝武本纪》 第十二

《孝武本纪》《集解》曰："张晏曰：'《武纪》，褚先生补作也。'"

案《孝武本纪》起六十字叙武帝为太子及即位，确是太史公语；以下全录《封禅书》之文，则或史公谋以入之《本纪》而未成书，或传《史记》著录之以成篇，何得云褚少孙补作？少孙所补，皆自具名矣。

舍之上林中磃氏观。

案《汉书·郊祀志》作"磃氏观"，《玉篇》亦引作"磃"。据《汉旧仪》上林苑养百兽，天子春秋猎射苑中，离宫七十所，如蒲萄宫、扶荔宫、茧观、柘观皆在上林苑中。茧观盖以养蚕者，蒲萄、扶荔各以其植果木为名。左思《吴郡赋》"罠蹄连网"，李善《注》："罠，麋网。蹄，兔网。"云"蹄氏"者，犹《周礼》罗氏、庭氏之义。亦别有蜚廉馆、射熊馆，皆以备射猎者。史公作"蹄"，《汉书》作"磃"，音义当并同也。

常馀金钱、帛衣、食。

《札记》引旧刻本无"帛"字，与《封禅书》及《汉书·郊祀志》合。

食巨枣，大如瓜。

《札记》引旧刻本、毛本作"食臣枣"，是也。北宋本、旧刻本《封禅书》此字亦并作"臣"，与《郊祀志》同。

巫医无所不致，至不愈。

《札记》云："'至'字，疑即上'致'字讹衍，《封禅书》、《郊祀志》并无。"

置寿宫神君，神君最贵者大夫。

《札记》云："疑当作'置神君寿宫'，故孟康曰：'更立此宫也。’下云：‘又置寿宫北宫’是其证。又‘神君最贵者大夫’，《封禅书》、《郊祀志》‘大夫’并作‘太一’，疑此误。”

有司言元宜以天瑞命，不宜以一、二数。一元曰建元；二元以长星曰元光；三元以郊得一角兽曰元狩云。

案巴陵吴舍人据《封禅书》中此数语，疑武帝纪元乃从后追改，而未能详其说。就《汉书·武帝纪》及《郊祀志》，证以《封禅书》，知武帝太初元年以前凡六年一纪元，三十六年中凡六改元，而其实两次正名改元而已，馀皆追为之名。其一改元元狩，而建元、元光实追为之名。据《汉书·本纪》“建元六年长星见，元鼎四年郊雍乃获白麟”，是建元五年，元光十四年，此元狩改元之事也。元封元年封太山，有司言“宝鼎出为元鼎，以今年为元年”，是其又一改元元封，而元鼎追为之名。据《本纪》元鼎四年得宝鼎汾阴后土祠旁，作宝鼎之歌，因与公卿议封禅，是元鼎纪元仅得三年也。合而求之，《封禅书》言“苑有白鹿，以其皮为币，以发瑞应。其明年郊雍，获一角兽，如麟然”。《平准书》书皮币事在元狩三年，是《封禅书》所云“明年”者，乃元狩四年也，《汉书·本纪》列之元狩元年，恐因改元移置，与《史记》所述实未能符合。至汾阴宝鼎之出，实在元鼎四年，《汉纪》及《封禅书》言之甚详；班氏又于元鼎元年增“得鼎汾水上”五字，亦因改元添置，《史记》但著有司之议而不一详及本末，班氏又重以傅会，后儒遂亦无有推求纪元之实，以考证其端委者。有司之论，但著建元、元光、元狩、元鼎、元封而不及元朔，则正所谓“元宜以天瑞命”者也。元朔二年置朔方郡，为武帝用师匈奴第一次快心事，纪元以著其功，则人事也，非天瑞也，故第一次元狩纪元但著建元、元光以应天瑞，第二次元封改元著元鼎以明天瑞，又增置元朔以彰武功，始各以六年为断。惟元光在天瑞既见之后，元朔、元狩、元鼎皆纪元在前，而事应在后，据《汉书·终军传》："从上幸雍，祠五畤，获白麟，一角五蹄。时又得奇木，其枝旁出辄复合于木上。上异此二物，博谋群臣。终军言：'宜因昭时令日，改定告元。'上善之。由是改元为元狩。"是改元之议，发自终军，有司所谓"元宜以天瑞命"者，承终军之旨而为之辞也。当时事实极为分明，历二千年无有能一相发明者，得此足增一快。又案《汉书·武帝纪》元朔元年诏："其赦天下，与民更始。"元封元年诏："自新嘉与士大夫更始。"是二者皆改元诏也。而元封诏载明"以今年为元封元年"，元朔诏无之，疑武帝即位十三年曾一改元，如文帝之以十七年为元年也。因后叠次改元，但载诏书，而无以某年为元年之文，《汉书》于此隐约其辞耳。西汉以前之文高简在此，其滋后人疑窦亦在此。

与王不相中得，

《札记》云："'不相中'，即'不相得'，盖读者旁注'得'字混入正文，《封禅书》、《郊祀志》并无，《考异》云衍。"

皆尝鬺烹上帝鬼神，

《札记》云："《封禅书》作'烹鬺'，《集解》、《索隐》皆先释'亨'后释'鬺'，似当如《封禅书》。然《郊祀志》作'鬺亨'，《注》引服虔曰：'以享祀上帝也。'此文当以'皆尝鬺享上帝鬼神'为句。古'亨'字'烹'字皆作'亨'，疑《史》文当作'鬺亨'。"

合兹中山，有黄白云降盖，若兽为符，路弓、乘矢，集获坛下，报祠大飨；

案有司之议，即据上"迎鼎甘泉至中山，有黄云盖焉。有麃过，上自射之"为言。云"黄白云降盖"者，鼎所过云为盖覆也。"若兽为符"，即麃也。若者，语词，言若假兽为符也。"路弓、乘矢、集获坛下”，即上自射之，因以祭之事也。颜师古注《汉书》引服虔、晋灼并以“盖若兽为符”断句，而谓“云若兽，在车盖”。师古又谓：“盖，发语辞。言甘泉之云，又若兽形以为得瑞。”又谓：“于坛下获弓矢之应。”舍《史记·封禅书》本文而别为说，不知其义何取也！

黄帝得宝鼎宛侯，问于鬼臾区。

《札记》云：“《考异》：‘《封禅书》作“宛朐”，盖地名，济阴冤句县是也。《汉志》作“冕侯”，“冕”即“冤”之讹，“侯”、“句”音相近。’”

黄帝得宝鼎、神策，

《札记》云：“《封禅书》、《郊祀志》无‘黄’字，此‘黄’字似衍。”

其祠列火满坛旁，

《札记》引宋本、旧刻本“满坛”下无“旁”字。

令太祝领祀及腊间祠，

《札记》云：“《封禅书》、《郊祀志》并作‘令太祝领秋及腊间祠’，此‘祀’字误。”

于是塞南越。

案此因灭南越郊见，“塞”即塞防之义，言灭南粤以为边塞也。《封禅书》作“赛南越”，“赛”、“塞”字通。郑注《周礼·都宗人》：“祭，谓报塞也。”是“赛”亦当为“塞”，若谓因灭南越而行报赛之祭，于词为不文矣。

作二十五弦及箜篌瑟，

《札记》云：“‘瑟’字疑当在‘及’上，与二十五弦相属。”

既无风雨菑，

《札记》引旧刻本及吴春照校元板“无风雨菑”上无“既”

字，与《封禅书》、《郊祀志》合。

巡自辽西，

《札记》引旧刻本无“自”字。

望气王朔言：候，独见其星出如瓠，

《札记》引北宋本“其星”作“填星”，疑依《郊祀志》增。《封禅书》作“旗星”。

若云见天子。

案《封禅书》见上有“欲”字，《郊祀志》同。

夏，有芝生殿防内中。

案《封禅书》、《郊祀志》“防”作“房”。

从西河归。

《札记》云：“凌本‘西河’字倒误。”案此盖从凌本也。

其西则唐中，

《札记》云：“北宋本‘唐’作‘商’，《郊祀志》亦作‘商中’。如淳曰：‘商中，商庭也。’师古曰：‘商，金也，于序在秋，故谓西方之庭为商庭。’但与《索隐》引如淳作‘唐中，唐庭也’不同，不可解。”

而以木耦马代驹焉。

《札记》引北宋本作“禺马”，与《封禅书》合。《索隐·注》引孟康云“寓寄龙形”，又姚氏云“寓，段也”，则所据本作“寓”，又与《郊祀志》合，俱不作“耦”。

薄忌泰一及三一、冥羊、马行、赤星五，宽舒之祠官以岁时致礼，凡六祠。《索隐》曰：“五者之外，有正太一后土祠，故六也。”

案亳人薄忌奏祠泰一方，因立祠长安东南郊，谓之薄忌泰一，其后郊雍具泰一祠坛，又令奉高作明堂，致上祠泰一，而长安泰一祠遂以薄忌泰一为名。三一者，即所谓“祠神三一：天一、地

一、泰一”是也。泰一别为祠，则天、地二祠合冥羊、马行、赤星为五。武帝所兴祠皆设祠官领之；宽舒所领祠，则泰一及此五者合为六祠也，《索隐》解误。《汉书·郊祀志》乃云“及三一、冥羊、马行、赤星、五床、宽舒之祠官”，则不复成文矣。

至如八神诸神、明年、凡山他名祠，行过则祀，去则已。

案《汉书·郊祀志》：“方士言黄帝为五城十二楼，以候神人，名曰‘迎年’。上许，作之如方，名曰‘明年’。”即此所谓“明年”也。

史记札记卷二

十表

《三代世表》 第一

帝禹，黄帝耳孙，号夏。

案《本纪》则禹为黄帝元孙，颛顼之孙也，于舜为五世族祖，史公似亦知其义不可通，故《三代世表》但谓之“耳孙”，亦疑以传疑之意。

帝发《索隐》曰：“帝皋子也。《系本》云：‘帝皋生发及履癸。履癸一名桀。’”

案仲康、帝不降及桀，兄弟相传者三世。

从汤至纣二十九世。从黄帝至纣四十六世。

案仲壬、太庚、小甲、雍己、太戊、外壬、河亶甲、盘庚、小辛、小乙、帝甲、庚丁兄弟相传者计十二世，而沃丁、太庚、小甲、雍己、太戊并为一世，中丁、外壬、河亶甲并为一世，阳甲、盘庚、小辛、小乙并为一世，祖丁、南庚又相参错为一世。自汤至纣历世三十，共得十七世。

楚熊绎，父鬻熊，初封，事文王。

案楚祝融之后，世为诸侯，季连芈姓，则是帝喾时胙土赐姓，其来久矣。周初封国，但有侯、伯二等，子、男以下多因旧封命之，其在诸侯封内者，谓之附庸，见之《春秋》邾、莒、许、鄫诸国皆是也。鬻熊世君楚，周有天下加之爵命，颁正朔，以示一王之大法而已，无能尽天下诸侯而变易之也。熊绎为鬻熊曾孙，至成王时乃举文、武勤劳而封之，似亦旷远不相及。文、武勤劳若闳夭、散宜生、泰颠、南宫括皆未闻有封国，足见周初封国实无几也，史公云熊绎初封楚者，误。

《十二诸侯年表》 第二

《十二诸侯年表》《索隐》曰："篇言十二，实叙十三者，贱夷狄不数吴，又霸在后故也。不数吴而叙之者，阖闾霸盟上国故也。"

案《索隐》说非也。吴起寿梦元年，当简王元年，鲁成公之六年也，其年数不逮所谱十二诸侯三分之一，此表原始西周时，故不数吴耳。

及至厉王，以恶闻其过。公卿惧诛而祸作，厉王遂奔于彘。乱自京师始，而共和行政焉。

案厉王奔于彘而君臣之分渎，纪纲坏失，周道遂不可振，史公谱《三代世表》讫于共和，而用为诸侯年表之原始，盖有深意存焉，《年表》序所以专致慨于厉王也。其谱《十二诸侯》，归本孔子《春秋》。史公之著《史记》自以为继《春秋》而作，以明著书之旨也，而因采取诸子之名为"《春秋》"者论次之，赞语著明诸家得失，以自证其上拟《春秋》之义，言微而旨远矣。

及于荀卿、孟子、公孙固、韩非之徒，各往往捃摭《春秋》之文以著书，不可胜纪。

案荀、孟、公孙、韩非之书，不可以"《春秋》"言也；其论述三代，发明时政得失，以使人君知所鉴戒，与《春秋》同旨。所谓"捃抚《春秋》之文"者，其论列国君臣之得失，皆采自史家之记录也。

儒者断其义，驰说者骋其辞，不务综其终始；历人取其年月，数家通于神运；谱谍独记世谥；其辞略，欲一观诸要难。于是谱《十二诸侯》，自共和讫孔子，表见《春秋》、《国语》，学者所讥盛衰大指，著于篇，为成学治古文者要删焉。

案“儒者断其义”，若荀、孟、公孙及董子之言“《春秋》”是也。“驰说者骋其辞”，若虞卿、吕不韦之言“《春秋》”是也。“数家隆于神运；谱谍独记世谥”，若张苍历谱五德是也。“历人取其年月”，则篇首之《春秋历谱牒》也。“其辞略”者，儒者之说不详终始，《历谱牒》详终始矣，其辞又略。《春秋》、《国语》则具详其事，故据以系其年月，以使人得观其要言耳。“要删”者，撮其大要，而删其烦文也。

晋献公籍元年。

案金陵本作“献侯”。前称“釐侯”后称“穆侯”，此“献公”当为“献侯”之误。

公说元年。

案金陵本作“齐成公说元年”，此脱“齐成”二字。

齐庄公六十四年，

案尧在位七十载，见于《古文尚书》，自后三千年中有享国至六十四年者，惟齐庄公、宋景公二人而已。

宋殇公与夷二年，郑伐我，我伐郑，讨州吁。

案“讨州吁”三字应在卫《表》，卫宣公晋元年“共立之”三字之后，此错出。

魏穆公遬元年，齐高国来奔。

案崔杼奔卫，详见《左氏传》，此云高国殆误。

齐灵公二十七年，晋围临淄，晏婴大破之。

《杂志》:“《齐世家》曰:‘晋使中行献子伐齐，齐师败，灵公走入临淄。晏婴止灵公，灵公弗从。’此文‘临淄’下传写残缺，仅馀‘晏婴’二字;其‘大破之’三字，则因下行晋表内‘围齐大破之’而衍。”

吴诸樊十三年，诸樊伐楚迫巢门，伤射而薨。

案吴诸樊死于楚之巢门，《吴》、《楚世家》皆不载，而著之《年表》，亦不测史公之何意也?

楚灵王三年，夏，合诸侯宋地盟，伐吴朱方，诛庆封。冬，报我，取五城。

案《左传》作“取棘、栎、麻”，此“五城”疑当作“三城”，金陵本作“取三城”是也。

鲁昭公十七年，正月朔，日蚀，彗星见辰。

案“正月朔”，《左氏春秋》作“六月”，金陵本作“五月”。

宋景公二十九年，侵郑、卫、鲁。

案以上下文证之，“卫鲁”当是“围曹”之误，金陵本作“围曹”是。

齐简公四年，田常杀简公立其弟为平公，常相之，专国权。

《杂志》:“‘立其弟’下当有‘骜’字，骜，平公名也，索隐本出‘弟骜’二字，《注》曰:‘五高反。平公也。’”

《六国年表》 第三

论秦之德义，不如鲁、卫之暴戾者，

案此句法与《论语》“夷狄之有君，不如诸夏之亡”同。中间忽插入此一段议论，文气疏宕，波趣无穷，此班《史》所无。

赵简子四十八年，卫庄公饮，大夫不解履，公怒;即攻公，公奔宋。

案卫怀公时其地并于魏，《六国表》卫附于魏是也。《卫世家》："庄公三年，赵简子围卫，庄公出奔。"《赵世家》不详其事。然庄公之奔宋，实以赵故，应著之于《表》，宜云"围卫，卫庄公奔宋"。其庄公饮大夫事，仍应附之于魏，不当附之赵也。

魏文侯五年，魏诛晋幽公，立其弟止。

案《晋世家》："幽公淫妇人，夜窃出邑中，盗杀幽公；魏文侯以兵诛晋乱，立幽公子止。"《年表》作"魏诛晋幽公"，必有遗失。

齐宣公四十九年，与郑会于西城。伐卫，取丹阳。

案"丹阳"，殿本、金陵本作"毋丘"，与《世家》合；凌本作"丹阳"，此缘讹。

韩列侯三年，郑人杀君。

案《郑世家》繻公二十七年，郑相子阳之党共弑繻公，正列侯四年也，前年已书"郑杀其相驷子阳"矣，此"郑人杀君"四字疑衍。

秦出公六年，初县蒲、蓝田善明氏。

案《汉书·地理志》，蓝田秦孝公置，自秦穆公征晋河东而蒲已属秦，此云"县蒲"，岂当时归晋河东，至是始有蒲耶？然亦不得为"县蒲"也。

秦孝公十二年，初取小邑为三十一县，令，为田，开阡陌。

《杂志》云："'取小邑'当为'聚小邑'，《秦本纪》曰：'并诸小乡聚集为大县'，彼言'集'，此言'聚'，其义一也。'令'上有脱文，'令'字绝句，不与下文连读。"案《秦本纪》云："集为大县，县一令。"故王氏以为"令"上有脱文也。

秦惠文王后十一年，侵义渠，得二十五城。

案《秦本纪》惠文王十一年"县义渠，义渠君为臣"，是惠文王前十一年义渠已为县矣，不应后十一年复有侵义渠事。此必前十一年县义渠，并收其馀城二十有五，《年表》以惠文王有前后十一年，误分为二耳。《本纪》不载其事，而于惠文王前十一年直云“县义渠”，《年表》之误无疑矣。又案《秦本纪》“武王元年伐义渠、丹、犁”，而上云“丹、犁臣蜀”，不著其原始，疑丹、犁为义渠故地，秦并义渠二十五城，而丹、犁不服秦以臣于蜀，是以武王伐之，而系之义渠，以明其为义渠之故地耳。

燕惠王二年，秦拔我巫、黔中。

案秦拔巫、黔中郡，是楚顷襄王二十二年事，应列楚《表》，此误列燕惠王二年，殿本、金陵本不误。

楚顷襄王二十三年，秦所拔我江旁反秦。

案金陵本作“复取秦所拔我江旁十五邑为郡距秦”。

《秦楚之际月表》 第四

沛公十五，攻破东郡尉及王离军于武城南。

案是时沛公自彭城受怀王命西入关，何由东至东郡？王离方围赵，亦无由与沛公战武城南，此必有误。《汉书·地理志》成武属山阳郡，《高祖纪》云：“沛公引兵西，遇彭越昌邑。”昌邑山阳郡治，则此“武城”当为“成武”也；然王离军围赵，其不得至成武明矣。

沛公十七，救赵至栗，得皇䜣、武蒲军，与秦军战，破之。

案沛公是时攻秦略地至栗，《汉书·地理志》栗蜀沛郡，沛公自彭城引兵西，宜道沛，但与救赵无涉，此“救赵”二字疑衍。

《汉兴以来诸侯王年表》 第五

怵邪臣计谋为淫乱，《索隐》曰：“《尔雅》云：‘怵，犹纽也。’纽，亦训习。"

案《说文》:"訹,诱也。"贾谊《服赋》"怵迫之徒,或趋西东",亦通作"怵"。《广韵》:"謏、訹,诱也。"訹,诱,谓故为危辞以诱之,《索隐》训"习",非也。

谱其下益损之时令,后世得览焉。

案汉兴数十年间,所建诸侯或削、或除、或复立国,事变亦多矣。益损,通所建诸侯言之。时令者,封建诸侯著为令,各因其时也。当以"时令"断句,旧属下读,非。

《高祖功臣侯者年表》 第六

居今之世,志古之道,所以自镜也,未必尽同帝王者,各殊礼而异务,要以成功为统纪,岂可绲乎?观所以得尊宠及所以废辱,亦当世得、失之林也,何必旧闻?

案此言据古以鉴今之得失,其不同乎古者,所务异也。彼其志在兼并,用功臣之力以有成功矣,秦皇帝统一天下而用以纪世,犹此意也,岂可复使功臣混然杂处于其间?尊宠者,功也,所以废辱其心然也,得失之故由此而已。"何必旧闻",与上"异哉所闻"句相应,言何必据旧闻以相讥也,正所以讥之。

曲逆孝文格,二、十九,

据《陈丞相世家》,文帝二年,丞相平卒;子买代侯,二年卒;子恢代侯,二十三年卒。则表此层次当首列"二"字,旁不注,言平在文帝元年、二年中,凡侯二年也。次列"二"字,旁注"三年,恭侯买元年",言买在文帝三年,四年中凡侯二年也。次列"十九",旁注"五年,简侯悝元年",言悝文帝五年嗣侯,至后元七年,悝在文帝时凡侯十九年也。下孝惠格首列"四"字,乃悝在景帝时又侯四年,合共二十三年,与《世家》所言子恢代侯二十三年之数恰合，则此《表》纪年当作“二、二、十九”，无疑。

堂邑，侯功格，定豫章、浙江，都渐，自立为王。壮息侯。

案《汉表》作“定豫章、浙江、都渐，定自立为王，壮息”，两出“定”字，颜师古因析为二事，谓婴定诸地而都之，时又有壮息者僭称王，婴复讨平也。据《汉书·地理志》，会稽郡，高帝六年为荆国，《诸侯王表》，六年，正月立荆王贾。浙江隶会稽，是时初定浙江，改会稽为荆国，豫章会稽本属项羽，项羽败灭，其将壮息据地自王，若《高祖本纪》“利几项氏将，为陈公，侯之颍川，高祖召之遂反”，壮息之自王，亦此类也。陈婴无因定浙江而自都渐，此当通“定豫章、浙江都渐自立为王壮息”为一句，《汉表》作两“定”字者误。

射阳，侯功格，缠尝有功，封射阳侯。

案《项羽本纪》，项氏侯者四人：射阳侯；桃侯；平皋侯；元武侯。据《年表》桃侯舍、平皋侯襄，自从高帝以功封，不因项氏故也。元武侯一人，不见《年表》，

酂，高后格，二年，懿侯同元年。同，禄弟。孝文格，元年，同有罪，封何小子延元年。后元四年，炀侯遗元年，后五年，侯则元年。

案《汉表》：“高后二年，封何夫人禄母同为侯，孝文元年罢。”《吕后纪》云：“封吕媭为临光侯。”其封何夫人同，亦与吕媭为类也。《汉表》亦云：“高后三年封何少子延为筑阳侯，文帝元年更为酂。”则是禄卒其弟延已别封侯，而何夫人自有酂侯之封，何与高祖同起沛，高后称制，而何夫人封为侯，亦引以为类也，似《汉表》为得其实。又《景帝纪》“二年，封故相国萧何孙系为武阳侯”，《功臣表》及《汉表》皆不载，幽侯嘉袭封亦在

二年，武阳侯本末不考可知矣。

汁邡，建元格，二十七。

案“二十七”，当作“二十八”，元鼎五年失侯者如新阳、故市皆是，均作“二十八”，可以为证。殿本、金陵本作“二十八”，不误。

棘蒲，侯功格，以将军，前二年率将二千五百人起薛。

《杂志》云：“‘率将’，当依《汉表》作‘将卒’，上文阳夏侯陈豨‘以特将将卒五百人’，即其证。”

南安，侯功格，以亚将破臧荼，《索隐》曰：“‘亚将’，《汉表》作‘连将’也。”

案今本《汉表》作“重将”，颜师古曰：“重将者，主将领辎重也。一曰持重之将。”据《年表》，列侯初起或曰骑将，曰队将，曰户将，曰厩将，曰弩将，则此重将，当系主辎重者，然厌次侯以慎将从，师古《注》以“谨慎为将”，当时随意为名，原不必征实。然宣虎自以河南将军降汉，并非初起从，击臧荼诸将见于《年表》者有阳夏、终阳、东茅、宁侯、戚侯及鄢陵，皆久从高祖，为宿将，南安于此惟能以亚将处之，斥邱侯唐厉亦以亚将破项羽，《汉书》以“重将”易《史记》“亚将”字，大误。

曲成，高祖格，围侯蛊逢元年。

《杂志》云：“‘蛊逢’当依《汉表》作‘虫达’，古有虫姓无蛊姓，索隐本亦作‘虫达’。”

淮阴，侯功格，亡从入汉，为连敖典客。

案信从汉为连敖，高祖用滕公言拜为治粟都尉，未尝言典客也。疑《史记》本作“典粟”，而传写误“典客”，《汉书》承之，又误作“票客”，颜师古注云：“票客，或以其票疾，而宾客礼之。”则误甚矣。

祁，侯功格，汉王顾谓贺祁，

案缯贺以高祖六年侯祁，《年表》于三年初从击项羽时即名之贺祁，盖系其封邑于名以旌异之；《汉表》作“顾谓贺祁王”，颜师古《注》谓“嘉其功，故宠号之，许以为王”，不知是时缯贺尚未封祁也。

鲁，高祖格，毋侯疵元年。

案《汉表》作“鲁侯奚涓”，云“六年，侯涓无子，封母底为侯，十九年薨”。当是时奚涓并无亲属，以侯死事而推封其母。《年表》作“毋侯疵”，“毋”者“母”字之误，而未一详叙其由，此当以《汉书》证明之。

任侯

案金陵本无“侯”字。

清，侯功格，击项羽、代侯。高祖格，简侯空中元年。徐广曰：“‘空’，一作‘窒’。”

案击项羽及代，代谓韩王信。《汉表》作“室中”，徐引一本作“窒中”，《索隐》曰：“窒姓，见《风俗通》。”

强，高祖格，简侯留胜元年。

案《汉表》“留胜”作“留盼”。

阏氏，侯功格，以代太尉。《索隐》曰：“《汉表》‘太尉’作‘太与’，爵名，音余。”高祖格，节侯冯解敢元年。

案颜师古注“大与，主爵禄之官”，《索隐》云“爵名”，误。《汉表》作“节侯冯解散”，“敢”“散”形近易混。

慎阳

案《汉书·地理志》汝南郡有慎阳，有慎，应劭曰：“慎水出东北，入淮。”师古谓：“‘慎’，本作‘滇’，音‘真’，今犹有真邱、真阳县，字并单作‘真’，知其音不改也。”此水源出真丘，故谓之真阳。《说文》:“滇,益州池名,都年切。”颜师古徒谓真水名,宜从水,固不尽然也。

戴,高祖格,敌侯彭祖元年。

《杂志》云:“‘彭祖’上脱‘秋’字,《广韵》‘秋’字《注》曰:‘又姓。’索隐本作‘秋彭祖’,《注》曰:‘《汉书》作“秘”,今检《史记》诸本并作“秋”。’与《汉书》不同。今本脱去‘秋’字,又依《汉书》改《索隐》之‘并作秋’为‘并作秘’,秋氏为秘氏,斯为谬矣。”

《惠景间侯者年表》 第七

当世仁义成功之著者也。

案“仁义”,谓天子褒有功,继绝世。“成功之著”,谓或以功封,或以先世袭封,皆其功之显著者也。

侧

案金陵本“侧”作“便”,叙称“太史公读列封至便侯”即指此,作“便”者是也。

乐平,侯功格,以队卒从高祖起沛,属皇䜣。

案《高纪》:“与魏将皇欣、魏申徒、武满之军并攻昌邑。”是皇欣魏将也,与高祖合军在入关时,不得云“起沛属皇欣”也。

成陶,侯功格,为吕氏舍人,度吕氏淮之功,用河南守侯五百户。

案“成陶”,《汉表》作“成阴”。“度吕氏淮之功”,《汉表》“吕氏”作“吕后”。颜师古《注》:“时有寇难,得度于水,因以免也。”然吕氏渡淮无考,《高祖纪》:“因王陵兵南阳,迎太公、吕后于沛,楚发兵距之阳夏。”《汉书·地理志》阳夏属淮阳郡,是时吕后由沛西行渡淮,周信以舍人从也。四年,项王归太公、吕后，乃追叙其功而侯之。

阳信，《索隐》曰："《表》在新野，志属勃海，恐有二县。"孝文格，侯刘揭元年。

案《汉表》"阳信胡侯吕青，汉五年封，元鼎五年国除。阳信夷侯刘揭，文帝元年封，景帝六年国除。"两出阳信，司马贞因疑为二县，而未察《史记》吕青封国自作"新阳"。"侯刘揭"《汉表》作"夷侯刘揭"，夷，谥也。此脱。

犁，建元格，元封六年，侯延坐不出持马，斩，国除。

案《汉书·本纪》："元封五年至泰山增封，因朝诸侯王、列侯。"召延坐罪，当在是年。六年乃行幸回中，至河东，无由及东郡也。持马，谓天子车骑过，当出持马，若导引也，此亦当坐大不敬例。

道，建元格，后元年，四月甲申，侯则坐使巫齐少君祠祝诅上，大逆无道，国除。

案武帝后元二年崩，"后元"亦纪元之名也，《史表》于此云"后元年"，《汉表》云"后二年"，并失之。

《建元以来侯者年表》 第八

将卒以次封矣。

《杂志》："'将卒'当为'将率'，'率'即'帅'也。《冯唐传》'臣大父在赵时为官卒将'，'卒'亦'率'之讹，《集解》引晋灼曰：'百人为彻行。'亦皆帅将也。《索隐》曰：'国语："阖闾卒百人为彻行，行头皆官帅。"贾逵云："百人为一队，官帅，队大夫也。"'是'官率'即'官帅'。"

众利《索隐》曰："《表》在阳城，姑莫后以封伊即轩也。"

案下下麾侯呼毒尼以元狩二年封，元鼎五年子伊即轩袭封。

又出众利侯伊即轩，元狩四年封，元封六年子当时嗣。据《霍去病传》："元狩二年浑邪王降，封其裨将呼毒尼为下麾侯；鹰疪为辉渠侯；禽黎为河綦侯；大当户雕离为常乐侯。元狩四年，故归义因淳王复陆支、楼刳王伊即靬皆从骠骑将军有功，封复陆支为壮侯，伊即轩为众利侯。则此伊即轩与嗣为下麾侯者，自属两人无疑也。"

河綦，元狩格，康侯乌犁元年。

案《汉表》亦作"乌黎"，《霍去病传》作"禽犁"，名字不同，故多有之。

符离，侯功格，四年，击右王将重会期，《索隐》曰："'将'字上属。重者，再也。会期，言再赴期。"

案《汉表》作"得重"，颜师古《注》："得重，得辎重也。会期，不失期也。"据《霍去病传》，元狩四年卫青、霍去病击匈奴，"至傢窴颜山赵信城，得匈奴积粟，食军。留一日还，悉烧其城馀粟。"又诏以"路博德属骠骑将军，会与城，不失期，斩首捕虏，封博德为符离侯。"与城，盖即赵信城也，颜师古《注》正与《去病传》合，《史记》作"将重"者，字之讹；班固所见《史记》正是"得重"二字，《索隐》之言误也。

以三得之，徐孚远曰："'以三得之'者，即上所谓'行权合变，度时施宜，希世用事'也。"

案"以三得之"，即下所谓"传功后世，令恩德流子孙"者是也。凡侯皆以功，牧邱、富民以丞相侯者，德也；乐通及诸王侯者，功也。徐说误。

《建元以来王子侯者年表》 第九

句容，王子号格，长沙定王子。

案长沙王封地不能远及句容，下句陵侯刘党亦然，如此则是益封，非推私恩分地之义。《史表》录诸王分封地皆然，此不可晓。

临原《索隐》曰："《表》作'临众'。"

案《汉表》作"临众"，而下《注》云："在临原"，似分临原地置临众国也。《地理志》琅邪郡有临原，侯国，并无临众之名。

平酌《索隐》曰："《汉表》作'平的'。"

案《地理志》北海郡有平的县，此当从《汉表》为正。

雷

案《汉表》云"在东海"，《地理志》东海无雷县。《水经·沂水注》："卢川水径城阳之卢县，汉武帝封城阳共王弟刘豨为侯国。"此"雷"当即"卢"字之讹。

辟《索隐》曰："《表》在东海。"

案《汉表》作"辟土"，云在"东海"，而《地理志》无之。《水经·沭水注》："葛陂水西南流径辟城南，世谓之辟阳城，汉武帝封城阳共王子刘壮为侯国。"即此。

利昌，《索隐》曰："《志》属齐郡。"

案齐郡有利有昌国，《索隐》合二县为名，《汉志》亦不言利与昌为侯国也。

东野，元朔格，侯刘章元年。

案《汉表》作"戴侯刘章"，又云"戴侯章薨，侯中时嗣"，《史表》脱一代，又脱章谥。

繁安，元朔格，侯刘忠元年。

案《汉表》作"夷侯刘忠"，又云"元封四年安侯守嗣"，《史表》脱一代，又脱忠谥。

郚，元朔格，侯刘延年元年。《索隐》曰：“安侯。”

案《汉表》作“安侯刘延年”，《史表》脱“安”字。

舂陵，《索隐》曰：“《志》属南阳。”元朔格，侯刘买元年。

案《汉书·地理志》颜师古《注》引《汉记》：“元朔五年以零陵泠道之舂陵乡封长沙王子买为舂陵侯，至戴侯仁以舂陵下湿，上书徙南阳；元帝许之，以蔡阳白水乡徙仁为舂陵侯。”舂陵名县，本自零陵舂陵乡移置，即今道州也，《索隐》云属南阳，误矣。又案《汉表》刘买谥节，盖买于元狩二年薨，子熊渠嗣，《史表》脱一代，又脱买谥。

雩殷

案《地理志》琅邪郡雩段，县，侯国，则此当作“雩段”，“殷”字为传写之误。

瓡《索隐》曰：“县名，《志》属北海。颜师古曰：‘即“狐”字。’”

案《建元以来侯表》“瓡讘”，《汉表》作“瓠讘”，《地理志》河东郡有狐讘，《索隐》云“瓡”即“狐”字，是也。《汉书·王子侯表》颜师古《注》云：“‘瓡’即‘瓠’字。”而于《地理志·注》云：“‘瓡’即‘执’字。”据《说文》“幸，读若籋，一曰读若瓠”，是汉时亦有读“幸”为“瓠”者。《史记》通作“瓡”，其实“瓠”与“瓡”字各别也。《说文》“执，从丮，从幸”，幸亦声，然则师古两音皆有所本，要之此“瓡”当依籋为声，不当从瓠声也。

瓶，元朔格，侯刘成元年。

案《汉表》作“敬侯刘成”。

《汉兴以来将相名臣年表》 第十

高皇帝二年，将位格，太尉长安侯卢绾。

案《卢绾传》："东击项籍，以太尉常从出入卧内。五年，破项籍，乃使卢绾别将。"似此时太尉不专兵，高帝因秦制而为之名，非汉制也。

高皇帝十一年，将位格，周勃为太尉，攻伐，后官省。

案"攻伐"当作"攻代"，卢绾以太尉从击项籍，项籍既破，乃使卢绾别将，是绾为太尉在汉未有天下之先。《吕后本纪》："四年置太尉官，以周勃为太尉。"似汉置太尉实始吕后四年，以前无此官制也。《高祖本纪》："十一年讨陈豨，太尉周勃道太原入定代地。"此或当史官叙述之词，以后所历官称之，史公据以为讨陈豨时迁为太尉，恐误也。《功臣表》但云以将军功封，而于吕后四年云勃为太尉，斯为得其实矣。

孝文三年，将位格，棘蒲侯陈武为大将军，击济北。昌侯卢卿、共侯卢罢师、宁侯遬、深泽侯将夜皆为将军，属武祁侯贺，将兵屯荥阳。

案陈武为大将军击济北，祁侯贺将兵屯荥阳，见《孝文本纪》，馀皆不见，《史表》与《纪》、《传》互备，多此类也。

元鼎六年

案此年御史大夫位金陵本有"御史大夫式"五字，《汉书·武帝纪》及《百官表》并云"元鼎六年齐相卜式为御史大夫"，当据补。

史记札记卷三

八书

《礼书》 第一

《礼书》

杨慎曰:“《索隐》、《正义》皆云‘《礼书》是褚先生取荀卿《礼论》补’,而《索隐》于后‘太史公曰’之下又云:‘太史公取《礼论》之意。’何其自相矛盾?今按自‘礼由人起’至‘儒墨之分’一段,荀子《礼论》之文;中间‘治辨之极也’至‘刑错而不用’一段,《荀子·议兵篇》答陈嚣之文;后自‘天地者生之本也’至终篇,亦皆《礼论》之文。乃断‘至矣哉’之上加‘太史公曰’,此小司马讥其率略芜陋,其为褚少孙补明矣。”案《礼书》前叙啴缓无节奏,而其意美矣,疑太史公草创之文,未据以为定本也。其取荀子《礼论》以为《礼书》,《乐论》以为《乐书》,盖谓三代典礼无可征,惟能征其义而已;秦、汉以下并其义失之,不足与于礼乐之事也,是以阙而不书。史公于此,有深意焉,其文则不免于疏率矣,故知非史公之完书也;以为褚少孙补,则非也。

至秦有天下,悉内六国礼仪,采择其善,虽不合圣制,其尊君抑臣,朝廷济济,依古以来。至于高祖,光有四海,叔孙通颇有所增益减损，大抵皆袭秦故。自天子称号，下至佐僚及宫室官名，少所变改。孝文即位，有司议欲定仪礼，孝文好道家之学，以为繁礼饰貌，无益于治，躬化谓何耳，故罢去之。孝景时，御史大夫晁错明于世务刑名，数干谏孝景曰："诸侯藩辅，臣子一例，古今之制也；今大国专治异政，不禀京师，恐不可传。"后孝景用其计，而六国畔逆，以错首名；天子诛错以解难。事在袁盎语中。是后，官者养交安禄而已，莫敢复议。

唐顺之曰："嘉秦皇，贬叔孙，少孝文，惜晁错，而嗤当世之儒者，详玩语意自见。"案三代尊卑贵贱之等，其文繁矣，至秦而后一统其尊于君，自汉以来莫能易也。太史公反复制礼之原，以为僭乱陵替流极于秦，其激而相反也，亦势之所必趋也。亦会其时，圣人之道湮没不举，因革损益变通之宜，其适于道也亦鲜矣，此所以可叹也。其云"朝廷济济，依古以来"，盖曰朝廷君臣之分之严，三代之道固然也；而秦之所为尊君抑臣者，其礼是也，而其为文与其意之所存皆非也。用秦之文，行秦之意，而欲强三代之礼之复见于今，其可得乎？文帝之让，与太初之改正朔、易服色，均之于礼无当也。此史公《礼书》立意最高处，荆川所论。无当本旨。

侧载臭茝，

《杂志》："'臭'当为'臭'，《说文》'臭，古文以为泽字。'泽，谓泽兰也，《士丧礼》记'茵著用荼，实绥泽焉'，郑《注》曰：'泽，泽兰也。''泽'字古文作'臭'，臭茝，即兰茝也，《荀子》作'睪茝'，'睪'即'泽'之借字。"

孰知夫士出死要节之所以养生也，

《杂志》："'士'即'出'字之讹。"案《荀子》无"士"字，则此"士"字当为衍文。

然而兵殆于垂涉，

《杂志》："'垂涉'，当依《荀子·议兵篇》作'垂沙'，字之误也，《韩诗外传》、《淮南兵略篇》并与《荀子》同。《楚策》云：'垂沙之事，死者以千数。'"

函及士大夫，

《杂志》："《大戴礼》作'导及士大夫'，'导'亦通也。钱氏晓征《史记考异》曰：'函及者，覃及也。'念孙案：'函'当为'臽'，'臽'与'啗'古同声，《索隐》云：'邹诞生音徒滥反。'索隐本作'啗'，即'臽'之异文。'啗'与'覃'古亦同声，索隐本之'啗及'，即《诗》之'覃及'也。"案《荀子》此文本作"道及士大夫"。"道"通作"导"，道，由路也，士大夫五祀之祭及门与行，门与行，皆道也。郊祭天，社祭地，而门与行通，士大夫得及之。《史记》误作"函"，遂展转而为之说；谓"覃及"者，将果何所指也？

豆之上大羹，一也。

《杂志》："'上大羹'本作'先太羹'，《荀子·礼论篇》、《大戴礼礼三本篇》并作'先'，今作'上'者，涉上二句而误也。"

步骤驰骋广骛，不外；是以君子之性守宫庭也。

案《荀子·礼论篇》"步骤驰骋厉骛，不外是矣；是君子之坛宇宫庭也"，今本有误。《杂志》云："'广骛'当为'厉骛'，'厉'字本作'鴷'，《广雅》曰：'鴷，骤驰。骛，骋奔也。'《说文》：'鴷，次第驰也。'步骤驰骋广骛，皆两字平列。'是以'当作'是矣'，言皆不外乎此也。'性守'当为'廛宇'，'廛'或作'壥'，'廛'与'坛'古字通，'廛宇'即'坛宇'也；此言君子率礼不越，如在坛宇宫庭之中也。"案此数语文不成义，当依《荀子》改正，高邮王氏之言塙不可易。

曲直得其次序，

案《荀子》作“曲得其次序”。《索隐》曰：“委曲得礼之序。”疑此“直”字衍文。

《乐书》 第二

《乐书》

案太史公《礼》、《乐》二书，皆采缀旧文为之，仅有前序，其文亦疏缓。《礼》、《乐》者，圣人所以纪纲万事，宰制群动，太史公列为八书之首，而于汉家制度无一语及之，此必史公有欿然不足于其心者，故虚立其篇名而隐其文，盖犹《叔孙通传》鲁两生之言“礼乐所由起，积德百年而后可兴也，吾不忍为公所为”，但与明其义而已。三代礼乐无复可征，秦、汉以下不足言矣，此史公之意也，概以为褚少孙所补，非也。

余每读《虞书》，至于君臣相敕，维是几安；而股肱不良，万事堕坏，未尝不流涕也！成王作颂，推己惩艾，悲彼家难，可不谓战战恐惧，善守善终哉？

案武帝之制乐歌与始皇立石颂功德以鸣得意，同出一源，视三代王者功成作乐，扬诩万物之意，其本源相去远矣。首举古者君臣相敕，恐惧兢业以推知礼乐之原，秦、汉以下之为乐，即是而可以观其得失也，此史公用意最显处。

丞相公孙弘曰：“黯诽谤圣制，当族！”

案此与《平准书》“亨宏羊，天乃雨”同意。《平准书》正言之，此反揭之。正言者，其词切；反揭者，其旨微也。

感于物而动，故形于声；《集解》曰：“郑玄曰：‘宫、商、角、徵、羽杂比曰音；单出曰声。形，犹见也。’”声相应，故生变；《集解》曰：“郑玄曰：‘乐之器，弹其宫则众宫应，然而不足乐，是以变之使杂也。’”变成方，谓之音。

案声有五，宫、商、角、徵、羽是也。音有八，金、石、丝、竹、匏、土、革、木是也。五声者，人声自然之应也，应而后变生焉；变则相错以成音。即成乎音必有其一定之方，以辨知其清浊。是以八音兼五声以为用，而五声之丽乎八音者，又各有其方也。郑康成注《礼》于此颇失之。

欣喜欢爱，乐之容也。《正义》曰："容，犹事也。"

《杂志》："'容'当依《乐记》作'官'，郑《注》'官，犹事也'。《正义》用郑《注》为解，则正文本作'官'明矣；今本《正义》亦误作容，则与'犹事也'之训不合。"

平公曰："何道出?"

《杂志》："此本作'是何道出'，脱去'是'字则文义不明。《太平御览·地部》引此作'是何道出'；《韩子·十过篇》作'此奚道出'；《论衡·纪妖篇》作'此何道出'，皆其证也。"

《律书》 第三

六律为万事根本焉。

案《汉书·律历志》言历法：一曰备数，其法在算术，职在太史，羲和掌之；二曰和声，其法在用铜，职在太乐，太常掌之；三曰审度，职在内官，廷尉掌之；四曰嘉量，职在太仓，大司农掌之；五曰权衡，职在大行，鸿胪掌之；皆刘歆钟律书之文也。史公谓六律为万事根本，言凡法皆起于律也。

其于兵械尤所重。

杨慎曰："太史公《自序·律书》云：'非兵不强'，又云'《司马法》所从来尚矣，太公、孙、吴、王子，能绍而明之'，盖言兵也。《律书》即《兵书》，非亡而不补也。"案史公论律，尤以兵为重，故发端言之，犹《历书》之前序也，而于章末倒装“太史公曰”以致其叹咏讥讽之意，杨升庵直谓《律书》即《兵书》，非也。

兼列邦士，

《札记》云：“宋本、毛本‘邦土’，各本作‘士’。”案《史记评林》云：“‘士’，亦作‘土’。”

秦二世宿军无用之地，《索隐》曰：“谓常拥兵于郊野之外也。”

案《始皇本纪》：“二世元年。尽征材士五万人为屯卫咸阳，令教射狗、马、禽兽，当食者多。”是但以资苑囿之娱而已，所谓“宿兵无用之地”也，《索隐》解误。

太史公曰：文帝时，会天下新去汤火，人民乐业，因其欲然，能不扰乱，故百姓遂安。自年六七十翁，亦未尝至市井，游敖嬉戏如小儿状。孔子所称有德君子者邪！书曰：七正二十八舍。

案六律为万事根本，而莫重于兵，史公于此据其大者言之，而专取高帝之偃武，文帝之无议军，以致其叹美之意，所以证武帝穷兵黩武之失也。此当别为一章。“书曰”以下，乃正言钟律，两出“太史公曰”，分别叙论，章法甚明；后人误次“书曰”以下于诵美文帝之后，遂令史公本意多不能明。

东至于危，（危，垝也；言阳气之危垝，故曰危。）

《杂志》：“此是训危为垝，故曰‘危，垝也；言阳气之垝。’《尔雅》：‘垝，毁也，阳气至十月而毁也’；今本‘垝’上有‘危’字，即因上‘危垝也’而误衍。”

东至于建星，（建星者，建诸生也。）

案《天官书》：“南斗为庙，其北建星。”建星在斗北，举建星以明舍次之在斗也。

清明风居东南维，主风吹万物而西之轸。

《杂志》：“‘轸’上当有‘至于’二字，‘主风吹万物而西之’为句，‘至于轸’为句。上文云：‘东壁居不周风东，主辟生气而东之，至于营室。’是其证。”案至此以下，盖皆有“至于”二字。

西至于弧，西至于狼，北至于参，

案《天官书》：“参三星，下有三星，兑，曰罚。其东有大星曰狼。下有四星曰弧，直狼。”狼、弧与罚，皆直西方参宿中。又云：“小三星隅置，曰觜觿。”是觜星又在参、罚之隅。《律书》不及觜宿，而以狼、弧二星当井、鬼，盖就其附近者言之。

北至于留，《索隐》曰：“留，即卯也，毛《传》亦以留为卯。”杨慎曰：“留，音柳，《注》以留为卯，恐非。若如其说，阳气指卯，殆不成语。”

案《天官书》柳为鸟注，属南宫朱鸟。前云：“西至于注，五月也，律中蕤宾。”即南宫柳星也。昴、毕、参自属西宫咸池，留者昴也，《索隐》省作“卯”，《天官书》所谓“昴曰旄头”，方当西方，值八月，杨升庵于此亦太失考。又按金陵本《注》“卯”并作“昴”。

生黄钟术曰：

案金陵本“生黄钟术曰”为一行，《札记》云：“各本以‘术曰’另提行，皆误。《正讹》谓‘黄’字衍，似矣；乃并删‘曰’字，则非。‘生钟术曰’者，正承上‘生钟分’而解之。”是也。按术者，古初相传测律之术也，上下损益之所以定律者也。自“故曰：音始于宫，穷于角”下，明天地自然之机，圣人因神而存之，其词古奥而意甚微妙，盖周以前之文，即史公所引之术也。又《汉书·律历志》，黄钟三分损一，下生林钟；三分林钟益一，上生太簇；三分太簇损一，下生南吕；三分南吕益一，上生姑洗；三分姑洗损一，下生应钟；三分应钟益一，上生蕤宾；三分蕤宾损一，下生大吕；三分大吕益一，上生夷则；三分夷则损一，下生夹钟；三分夹钟益一，上生无射。实者本数也，法者损益之用也。阳下生阴，三分损一；阴下生阳，三分益一：损益皆以三，故曰三其法。下生者倍其实，则得本数，如黄钟九寸，下生林钟六寸，倍九得十八，三分十八之本数则六也。林钟六寸，上生太簇八寸，四积六寸得二十四，三分二十四之本数则八也。损一以下生倍其本数，乃得所生数三分之一；益一以上生，四其本数，亦得所生数三分之一。

上九，商八，羽七，角六，宫五，徵九。《索隐》曰："此五声之数，亦上分三分益一，上生三分去一，宫下生徵；徵益一上生商；商去一下生羽；羽益一上生角。然此文似数错，未暇研覆也。"

案以数纪五声之次，非以生数为言也。黄钟主中宫，故以五起数，其上生徵，以九为数，即所谓"上九"者是也。小司马据生数言之，宜其不能通也。"上九"者，谓所生数以九为上，递减而下也。五为中，其音宫，宫五者中声也。下生徵，极于九；上生商，为八；下生羽，为七；上生角，为六；至于六而止矣。此与月令音与数，各为一义以配五行者，固不同也。

故从有以至，未有《正义》曰："从有，谓万物形质也。未有，谓天地未形也。"以得；细若气，微若声。

案"从有以至"，引气以就形也，同形同类而气应以至焉，即裁竹为管以为律本者是也。"未有以得"，驭神以使气也，未形未类而神运斯得焉，即五、六天地之中，以孳萌万物者是也。《正义》断句甚误。

虽妙必效，情核其华，道者明矣。《正义》曰："妙，谓微妙之性也。效，犹见也。核，研核也。华道，神妙之道也。"

案妙者，神也，而九寸六寸之管气动而声应焉，无不效见于外也。情者，律之本也。华者，损益之数，以为之节文，律之用也。二语正相足，《正义》误。

非其圣心以乘聪明，

案凌稚隆《评林》云："'其'一作'有'。"金陵本、《札记》引官本，明监本作"有"，与上《正义》引合，"其"字误。

孰能存天地之神而成形之情哉？

案"存天地之神"，他本"存"并作"在"，《札记》云："凌本作'存'"，此同凌本。

《历书》 第四

次顺四时，

案次顺四时，谓依次顺行也。

正不率天，又不由人，则凡事易坏而难成矣。

《杂志》："'正'与'政'同。'又不由人'，本作'亦不由人'，今作'又'者，后人以意改之耳，索隐本作'亦不由人'。"案《律历志》黄钟子为天正，林钟未之冲，丑为地正，太簇寅为人正。三统相通，故黄钟、林钟、太簇律长皆全寸而无馀分也。然以律求之，地道无成，丑承未冲而不用其本律，故曰天兼地人，则天、地二统，上古治历建元所从来远也。秦正建亥，于义无取；汉初承而用之，此史公之所以为讥也。

民以物享，《正义》曰："刘伯庄云：'物，事也，人皆顺事而享福也。'"

案"民以物享"，与下"民神杂扰，不可放物"对文。以物享者，如冬衣裘，夏衣葛，饮食以为生，宫室以为居，舟车以行远；至于渎神乱民，怪变百出，百工之事皆废，而物理全失矣。刘伯庄训物为事，非也。又案历正则百物以时生植，而天地之化咸得其理；故以民物之得遂其性而理其生，归本于治历也。

是以其禨祥废而不统。《集解》曰："如淳曰：'《吕氏春秋》"荆人鬼而越人禨"，今之巫祝祷祠淫祀之比也。'"

案禨祥，如日、月之有薄蚀，五星之有陵犯。如淳《注》误。

履端于始，《集解》曰："韦昭曰：'谓正历必先称端始也，若十二月朔旦冬至也。'"举正于中，《集解》曰："韦昭曰：'气在望中，则时日昏明皆正也。'"归邪于终。《集解》曰："韦昭曰：'邪，馀分也。终，闰月也。中气在晦，则后月闰在望，是其正中也。'"

案履端，谓建元。归馀，谓置闰。举正于中，则分至启闭之所以成岁序，而诏民趋事赴功者也，故曰"民则不惑"。韦昭《注》误。

名察度、验，定清、浊，

《杂志》："'名察度验'，《汉志》作'名察发敛'，应劭曰：'名节、会，察寒、暑，致启、闭、分、至。'孟康曰：'春夏为发，秋冬为敛。'晋灼曰：'蔡邕《天文志》浑天名察发敛，以行日月，以步五纬。'又《周髀算经》：'冬至、夏至者，日道发敛之所生也。'赵君卿曰：'发，犹往也。敛，犹还也。'则当作'发敛'为是。律之清浊，出于气之发敛，故曰'名察发、敛，定清、浊'。"

然盖尚矣。

《杂志》："然，犹是也。此承上文言黄帝作历之事如是，是盖尚矣。"

《天官书》 第五

环之匡卫十二星，藩臣，皆曰紫宫。

案《晋志》："紫宫匡卫十五星，西藩七，东藩八。"紫微、天市、太微、三垣皆有藩星，紫宫十五星，太微垣十星，天市垣二十二星，史公云紫宫十二星者，误也。

在斗魁中，贵人之牢。

案《汉志》作“在魁中”，无“斗”字。《杂志》云：“此云‘在魁中’，下文云‘魁下六星’，皆承上斗魁而言，无庸更加‘斗’字。”

名曰三能。

《杂志》：“‘名’字后人所加，此《书》称星名皆言曰某，无言名曰某者，《太平御览·天部》引此无‘名’字，《汉书·天文志》同。”

旗中四星曰天市。

案天市垣二十二星，在房、心东北，东西列各十一星。史公于紫微、天市、太微三垣藩星通以为十二星，班《史》仍而不改，至《晋志》始证明之。

火犯守角，则有战。《正义》曰：“荧惑犯守箕、尾，氐星自生芒角，则有战阵之事。”

案《星经》云：“角为天阙，金、火犯则战敌。火犯氐，臣僭上，火犯尾，宫中内乱。”此云“火犯守”者，或犯、或守也。“角”，即大角星也。《正义》解误。

权、衡。《正义》曰：“权四星在轩辕尾西，主烽火，备警急。”

案《星经》云：“轩辕西四星曰爟，主烽火者爟也。”轩辕为权，亦一小垣局。

门内六星，诸侯。

案《星经》云：“五诸侯五星，在东井东北，近北河。”以井八星在河中，五诸侯星在其北，故近北河也。史公作“门内六星诸侯”，恐误。

月、五星顺入轨道，司其出，所守，天子所诛也。其逆入若不轨道，以所犯命之，中坐成形，皆群下从谋也。

案顺入则亦顺出，宜察其出时所守何位则有诛：如守郎位，郎诛；守将位，将诛。凡迟留曰守，若逆入视其所犯以承其凶。入中坐有相犯之形，则群下必有谋上者。

故德成衡，观成潢，伤成钺，祸成井，《集解》曰："晋灼曰：'东井主水事，火入一星居其旁，天子且以火败，故曰祸也。'"诛成质。《集解》曰："晋灼曰：'荧惑入舆鬼天质，占曰大臣有诛。'"

案晋灼于"祸成井诛成质"，据火入而言，与上三语异训。火守南、北河即入井分也，疑《星经》："钺一星附井前，不欲明。鬼、质欲其忽忽不明；明则兵起。井中四星，不欲大明。"是此五者皆主星之明暗言之，故曰"成"也。

中有三柱；柱不具，兵起。

案《星经》云："五车五星，三柱九星，在毕东北，凡十四星相错。柱九星，或见或伏，以其伏见为占。"

小三星隅置，曰觜觿，为虎首，主葆旅事。《正义》曰："觜觿为虎首，主收敛葆旅事也。葆旅，野生之可食者。"

案张衡云："葆旅，野生之可食者。"是其说始自张衡，《隋志》遂云"觜为三军之候，行军之藏府"，则亦未闻以野生可食者为军藏。宋均云："葆，守也。旅，军旅也。言佐参伐以斩艾除凶也。"宜从宋均说为允。

其西有句曲九星，三处罗：一曰天旗，二曰天苑，三曰九游。

案《汉志》作"三处罗列"。太史公世掌天官，《天官书》尤为精雅，而所言星度皆有差少。此云句曲九星三处罗列，则天旗、天苑、九游各有三星也。《隋志》云："天旗九星在参西五车之间。玉井西南九星曰九游。天苑十六星在昴、毕南，如环。"然则史公所云“西有句曲九星”者，即天旗之一星也。

军星动角益希，

案《汉志》“希”作“稀”。星明而生芒角，星大明芒角四射，而所出之角益稀；角稀则所出之角益长，故其占凶也。

右肩黑比奎大星。

案石氏《星经》“奎为天豕，西南大星所谓天豕目”。奎十六星，右肩黑比奎西南一大星也。

行胜色，色胜位。

案“行胜色，色胜位”者，占法也。位，即上居实、居虚之位，太白之常次也；其有赢、缩，则吉凶应之。色者，其变也。有占行者，行入他度五星十二次二十八宿，或入或犯，则占为大也。行得则色与位有异，亦所弗论也。

未尽其日，过参天，

案太白亦岁一周天。“未尽其日”，谓未满一岁期而其行已过天度三分之一也。《汉志》作“未尽期日”。

出西方，昏而出阴，阴兵强。

案“阴兵”者，暗兵也，或衔枚夜行，或伏而待敌。《左传》“凡师有金鼓曰伐；无曰侵”。

重抱大破；无抱为和。背不和，为分离。相去直为自立，立侯王；指晕若日杀将。

案日旁气如环，内抱曰抱，背向外曰背。日旁气直立曰直。“相去直”者，两旁皆有直气不相联属也，亦谓之直珥。《占书》曰：“直珥破军，贯至日杀将。”贯日，亦直气也，亦谓之白虹。“指晕若日”，谓晕覆日如日中又衔日也，是亦贯日之象也。

不有土功，必有大害。

案《汉志》“害”作“客”，格泽祥星，不宜有害也。

平望在桑榆上，馀二千里，

案《汉书·天文志》作“平望在桑榆上，千馀里二千里”。《札记》云：“《宋本》与《汉志》合，毛本脱‘里’字，他本脱‘千里’二字。”

其蜸者类斗旗故。钩云，句曲。

案《汉志》作“蜺云类斗旗，故锐。钩云句曲”。《玉篇》“蜸蚼，似蝉而小”。《尔雅》“蜺，寒蜩”。《方言》“蝉赤而黑者谓之蜺”。蜺、蜸，同一物也。《尔雅·释天》“蜺为挈贰”，“蜸”“挈”字同。疑《史记》于此有脱字。

若烟非烟，若云非云；郁郁纷纷，萧索轮囷；是谓“卿云”。卿云见，喜气也。若雾非雾，衣冠而不濡，见则其域被甲而趋。

案“若烟非烟，若云非云”，祥气也；“若雾非雾”，祲气也。《尔雅》：“天气下，地不应曰雺；地气发，天不应曰雾。”雾者，雨气之遏而不得上腾者也，故衣冠得之而濡；衣冠不濡则雺也。

水澹泽竭，地长见象；城郭门闾，闺臬枯槁，

案《汉志·郊祀歌》“相放怭震澹心”，颜师古《注》：“澹，动也。”“水澹”，谓水无故自动也。“地长”，地土自增长，若水中洲渚生也。“象”，若海市山市变化人物之象，《周礼》太卜作龟之八命，二曰象。眡祲掌十辉之法，二曰象。郑《注》：“象，谓灾变云物，如众赤鸟之属，有所象似。”《汉志》云“水澹地长，泽竭见象”，各为类也。“闺臬枯槁”，《汉志》作“润息槁枯”。二者，所以占城郭门闾之气也。

鬼哭若呼，其人逢俉；化言诚然。

案“化”为“讹”之借字，“化言诚然”，犹《左传》云“妖犹人兴”，即此之谓“讹言”也。鬼无声，安得有呼？鬼无形，安

得与人逢俉？而讹言之起，信以为有，则诚有矣。《汉志》作“与人逢遌”，遌，犹遇也，与俉通。

《封禅书》 第六

《封禅书》

案《封禅书》以封禅为名，而实备具当时祀典，班氏仍史公之旧而正其名曰“郊祀”，而亦泛及诸鬼神事。三代典礼，至秦而废灭无复存矣；乃以天子命祀之严，伥伥焉莫知所适从，而天地百神之祀亦皆出于方士之说，垂至于今。方士假天以惑世，诬民而渎天之纪，二千馀年而未有已，则甚矣！秦、汉以来命祀之不经，其贻害亦烈矣。后儒但知此书为讥刺武帝而作；由君子观之，三代礼乐之不复见于世，汉世君臣亦岂能辞咎哉！《礼》曰：“因名山升中于天；择吉土以享帝于郊。”“享帝于郊”，则郊祀也；“升中于天”，则巡狩之礼也。自汉儒者已不能知，伤哉！

至梁父矣，而德不洽。

案“梁父”二字衍文。

故其仪阙然湮灭，其详不可得而记闻云。

案《封禅书》发端便说其仪湮灭，不可得而记闻。然则所闻亦妄诞而已，是史公大旨归宿处。

《尚书》曰：舜在璇玑玉衡，以齐七政。至始未尝不肃祗，后稍怠慢也。

案《封禅书》以封禅为大纲，妖祠鬼神，纷然以起。史公以为草、木、鸟、兽之妖，三代有之矣，闻修德以胜之，未闻有因而祠祀之者也。国之将亡，渎神与慢神其失均也。所谓祇敬无他，修德以胜之而已；而托为鬼神之说者，因是以神其事，而祠祀兴矣。

或曰："自古以雍州积高，神明之隩，故立畤郊上帝；诸神祠皆聚云。盖黄帝时尝用事，虽晚周亦郊焉。"其语不经见，搢绅者不道。

案封禅皆托始黄帝，不可为典要也。史公叙秦立诸畤，而借黄帝烘托之，即是其用意斡旋处。

雍之诸祠自此兴，用三百牢于鄜畤，《索隐》曰："'百'当为'白'。"徐孚远谓"秦郊畤实用百牢"。

案上文明言"作鄜畤用三牲郊祭白帝"，又云："立畤郊上帝，诸神祠皆聚。"是秦郊祀用三牲，自文公已然。此雍之诸祠自此兴，所言三百牢者，统诸祠计之。《索隐》、《测议》说并误。

合十七年而霸王出焉。

案此与《周本纪》均作"合十七年"，惟《秦本纪》作"合七十七年"。疑周自不窋窜于戎、狄之间，至庆节始立国于豳，而秦中潏亦在西戎保西垂，皆当殷之中叶，是秦始与周合之征也。其后太王迁豳以有天下，而秦中微，造父又别封赵，是合而离也。至平王赐秦襄公岐以西之地，而西周故地多入于秦，上推至殷之中叶约及五百年，襄公至穆公之立一百一十九年，所云"七十七年"者，累七以加于十七年之上，恰得一百一十九年，穆公遂霸西戎，秦之兴自穆公始也。此当以《秦本纪》"七十七年"为正，皆叙献公以前事，以明秦之兴固有自来也。

八神：一曰天主，祠天齐。二曰地主，祠泰山、梁父。

案八神之祀起于齐，而祀天于天齐渊水，则仍泽中也；祀地于太山、梁父，则山也。史公以好阴而祠之山地，贵阳而祭之泽，与齐天主、地主之祠正相反，疑此处必有阙文。盖史公所闻与《周礼》异，宜加"或曰"以别之；《汉书·郊祀志》亦仍史公原文而不改，则误矣。

六曰月主，祠之莱山。

案《汉志》琅邪长广县有莱山，此当云“月主祠莱山”，云“祠之莱山”，承上“祠之罘”，而衍“之”字，《汉志》仍之亦误也。

而宋毋忌、正伯侨、充尚、羡门子高最后皆燕人。《索隐》曰：“最后，犹言甚后也。小颜云：‘自宋毋忌至最后，凡五人。’”

案《始皇本纪》：“使燕人卢生求羡门高誓。”韦昭曰：“高誓亦古仙人。”羡门、子高似为二人，史公杂记所闻，不必一一得合也。又《始皇本纪》：“东游海上，求羡门之属。”是当时相传羡门子高犹在，故可访而求之；谓在诸为方仙道者，羡门、子高为最后也。

此三神山者，其传在渤海中，《集解》曰：“瓒曰：‘世人相传之。’”

案“其传在渤海中”至下“终莫能至云”，皆所传之辞也。其后遣入海者，“皆以风为解，曰：‘未能至，望见之焉。’”即援所传之词以自解也。“其传”者，燕、齐海上之方士以为历古相传如此，臣瓒曰“世人相传之”，误矣。

而刻勒始皇所立石书旁，以章始皇之功德。

案始皇东巡刻石者五：秦山、琅邪、之罘、碣石、会稽是也。立石而不刻者三：上邹峄山，立石；穷成山；登之罘立石颂秦德，是也。而于二十八年“上邹峄山，立石，与鲁儒生议，刻石颂秦德。遂上泰山，立石，封禅梁父，刻所立石”，是其初但立石而已，既封太山立石，而后就所立石刻之。二十八年，穷成山，登之罘，立石。二十九年云：“登之罘刻石。”不别言立石者，即就二十八年所立石刻之也。三十二年登碣石，刻碣石门，则因山石刻之而已。二十八年，登琅邪，立石刻颂秦德；三十七年上会稽，立石刻颂秦德；独此二处兼立石刻石言之，叙法极为明显。二世元年东行郡县，尽刻始皇所立刻石石旁，著大臣从者名，而曰："金、石刻，尽始皇所为也。今袭号而金、石刻辞不称始皇帝，其于久远也，如后嗣为之者。丞相李斯等请具刻诏书刻石。"盖二世具刻从者名于始皇所立石旁；继又疑所刻从臣名皆二世从臣也，而刻石实为始皇帝，欲明著始皇帝之名，李斯等请并此诏刻之，自然明晓矣，所谓以章始皇帝功德者此也。"书旁"者，《本纪》刻大臣从者名，及刻诏书，皆刻始皇所立石旁也。合《本纪》观之自明。李申耆先生据《本纪》"尽刻始皇刻石"之文，遂谓始皇所立石文，至二世时始刻之，甚误。

始皇封禅之后十二岁，秦亡。

案《史记》著武帝之失，一引始皇为喻，此十一字正言以悟之。

恒山，泰山，会稽，湘山，

案五岳去衡山而以湘山当之者，始皇南巡仅及湘山，故祠及之也。湘山在洞庭北，即今君山。

而雍有日、月、参、辰、南、北斗、荧惑、太白、岁星、填星、二十八宿、风伯、雨师、四海、九臣、十四臣、

案参及南斗并在二十八宿中，此云二十八宿，又云参、辰、南、北斗，盖别祀之。《汉旧仪》云："祭参、辰于池阳谷口。"是汉时其祭犹存。刘奉世谓为衍文者，非也。九臣、十四臣祀之雍，盖皆周臣之有功者也。马融《论语注》乱臣十人，谓周公、召公、太公、毕公、荣公、太颠、闳夭、散宜生、南宫适，其一人谓文母，则九臣当是周初功臣，《祭法》所谓"有功德于民者"也。

诸布、诸严、诸逑之属，

案《尔雅》："祭星曰布。"天垂象，故曰布。"诸布、诸严、诸逑"，盖天神、地祈、人鬼之分，丘陵、林谷皆属之地，而义取

深严，故曰严。《说文》："逑，敛聚也。"谓合祀之。九臣、十四臣皆合祀之。逑，亦匹也。人神皆有配，《楚辞》湘君、湘夫人亦配也。故诸逑宜以当人神也。

沣、滈有昭明《索隐》曰："按乐彦引《河图》云：'荧惑星散为昭明。'"天子辟池，《索隐》曰："乐彦云：'顾氏以为辟池即滈池。'今按谓天子辟池，即周天子辟雍之地。"

案辟池即辟雍，《祭法》曰："文王以文昭。"昭明天子，谓文王也。《括地志》："滈水，出雍州长安县西北滈池。"周、秦都雍，沣、滈之间，王迹所基也，《始皇本纪》："为吾遗滈池君。"即谓秦皇也。旧注析"昭明"、"滈池"为二，甚误。

最小鬼之神者，各以岁时奉祠。唯雍四畤，上帝为尊。

案史公叙秦礼祠之滥，而以四畤之祀上帝者杂于杜主、陈宝之间，是秦祀天飨帝，与小鬼之神者同。其陵越而后，三代祭天之典礼一为方士所乱，垂及于今，盖三千年。圣人事神保民，只承敬畏之心；至秦始尽乱其常，一挟天子之尊，渎神人而肆其诬妄，汉以后承用之，无能革正者，三代之后而继以秦，此亦中国人民之大不幸也。

木禺龙《集解》曰："《汉书音义》曰：'禺，寄也；寄生龙形于木也。'"栾车一驷，木禺车马一驷，

案《汉书音义》云："禺，寄也。"本李奇说。顾炎武曰："古文'偶'、'禺'通用，木禺，木偶也，《孝武纪》作'木偶马'。《汉书·韩延寿传》：'卖偶车马下里，伪者弃之市。'古人用以事神及送死者，皆木偶人、木偶马。《酷吏传》'匈奴至为偶人象郅都'，《索隐》曰：'《汉书》作"寓人"，可以证"木禺"之为"木偶"矣。'"

通权火拜于咸阳之旁，而衣上白，

案秦始作鄜畤，祭白帝；继作密畤，祭青帝；继作吴阳上畤，祭黄帝；下畤祭炎帝：是为秦之四畤。始皇并天下，都咸阳，一仍四畤之祭，三年一举行，而于咸阳旁望祀之，通权火以达于畤所。鄜畤属左冯翊，在咸阳东；馀并属右扶风，在咸阳西。"衣上白"者，秦襄公始居西垂，立西畤，祀白帝，以起西垂，本所始也。至汉成帝建始中始定南郊祀天之仪，而罢雍五畤，礼之易渎而难复也如此。

长安置祠祝官、女巫。

案高帝杂天地于诸神之中，而一以巫领之；又縏立梁巫、晋巫、秦巫、荆巫、九天巫、河巫等，其诬诞倍甚于秦。则由始皇废绌儒生、博士，而三代之典礼已无复有通其义者矣，此尤可叹也。

于是作渭阳五帝庙，同宇，帝一殿，面各五门，如其帝色；祠所用及仪，亦如雍五畤。

案《周礼·小宗伯》："兆五帝于四郊。"是五帝之祀，各以四时于其郊祭。所祭天也，而因五行之令以迎其气，于是有五帝之名，《吕氏月令》又假人神以实之，统名之为五帝，其实四时所祭各一帝也。五帝庙自文帝始；至武帝用谬忌言，立太一祠坛，配以五帝，展转而有明堂五帝之说。郑氏用以注《礼》，而于古无征，则亦渎《礼》之至也。

五帝庙南临渭，北穿蒲池沟水，权火举而祠，若光辉然属天焉。

案文帝作渭南五帝庙而郊见五帝于灞、渭之会，则亦望祭也；犹循秦制，举权火以通于渭南，沿袭非礼，而不悟其失也。

文帝出长安门。

案金陵本无"安"字，《考异》云："'安'字衍，下文长门五帝可证。《汉志》亦作长门。”

安期生食巨枣，大如瓜。

案《汉书·郊祀志》作“食臣枣”，为是。

于是天子始亲祠灶，遣方士入海求蓬莱、安期生之属，而事化丹砂诸药齐为黄金矣。

案此著武帝信用方士之始。

而使黄锤史宽舒受其方。

案《武纪集解》引《汉书音义》曰：“二人皆方士。”误也。史宽舒即后“祠官宽舒”，徐广以黄、锤皆县名，属东莱。《始皇本纪》“过黄锤”，疑初为一县，后乃分治也。

而海上燕、齐怪迂之方士多更来言神事矣。

案此著方士言神鬼之始，皆李少君倡之。

令太祝领祠之于忌太一坛上，如其方。

案谓合祀天地于忌太一坛也。

其后人有上书言：“古者天子三年壹用太牢祠神三一：天一、地一、太一。”天子许之。令大祝领祠之于忌太一坛上，如其方。后人复有上书言：“古者天子常以春解祠，祠黄帝，用一枭破镜；冥羊，用羊祠；马行，用一青牡马；太一、泽山君地长，用牛；武夷君，用干鱼；阴阳使者以一牛。”令祠官领之，如其方，而祠于忌太一坛旁。

案武帝始信鬼神，淫祀所由起也，而郊祀一袭秦旧，至是创为太一之名，而滥及天地，繁为之名，杂天地之祀于诸淫祀中，则渎乱典礼为尤甚矣。此等皆由上书贸然言之，亦遂贸然行之，汉初君臣，不学无术如此，三代圣王之典礼，后世永不复能考见，此可叹也。

置酒寿宫神君，陈子龙曰：“《武帝纪》无‘酒’字，为是。”

案《汉书·郊祀志》亦作“置寿宫神君”，玩文义，当作“置酒寿宫”，班氏盖误也。《史记》“置酒寿宫神君”，以上下文义求之，实不误。武帝祠神君甘泉，自在病前，即此所云寿宫也。神君言：“天子病少愈，与我会甘泉。”于是上幸甘泉，置酒寿宫以应其言，所谓“因巫为主人关饮食”，则置酒时情事也。下云“置寿宫北宫”，别是一事，不可因此遂谓先置寿宫，又置寿宫北宫也。

所以言，行下。

案《汉书·郊祀志》作“所欲言，行下”。

后土宜于泽中圜立为五坛；坛一黄犊太牢具，

案“坛一黄犊太牢具”者，谓祀后土圜丘用太牢具，而分置五方后土为五坛，坛各加一黄犊，天子祠后土望拜，则以太牢合祀之也。祀地圜丘，显与《周礼》异，亦由诸儒附会然也。

是岁，天子始巡郡、县，浸寻于泰山矣。

案本以封禅为名，而由鬼神杂小祀以及太一、天、地，而后浸寻以至泰山，相与贸贸然行之，以明其无征也。

臣之师曰：“黄金可成，而河决可塞，不死之药可得，仙人可致也。”

案此文绝是支离有意味。

乘轝，斥车马、帷幄、器物以充其家。

案蔡邕《独断》：“天子所御车马、衣服、器械、百物曰乘舆。”言车马、帷幄、器物，皆视天子乘舆而以充其家。斥，盖指视之意，《后汉书·孔融传》“拟斥乘舆”语本此。李贤注《后汉书》云：“斥，指也。”

迎鼎至甘泉，从行，上荐之。

案“迎鼎至甘泉，从行，上荐之”十字，曲尽当时情事。下云至中山、至长安，则于其中另叙此二段，以烘托之。迎鼎者，上自迎也；从行者，既迎而遂从上以行也；至甘泉荐之，谓进而置之甘泉宫中也。下言有司议谓“宜见于祖、祢，藏于帝廷”，则亦荐告之祖庙而已。《汉书》如淳《注》谓：“以鼎从行上至甘泉，将荐之于天”者，非也。

水而洎之，《集解》曰：“徐广曰：‘“洎”，一作“酒”。灌水于釜中曰洎。’”

案《汉书·郊祀志》“洎”作“酒”。

或曰：“太帝使素女鼓五十弦瑟，悲，帝禁不止，故破其瑟为二十五弦。”于是赛南越，祷祠太一、后土，始用乐舞，益召歌儿作二十五弦及空侯琴瑟，自此起。

案古乐散亡，并琴瑟亦不复见于世，武帝始作空侯，而引二十五弦之制以推知琴瑟之用，而后稍稍窥见古乐之渊源，而琴、瑟之名，世乃有知者。战国二百馀年中，尽先王礼乐制度而沦废之，此可为太息者也。

群儒既已不能辨明封禅事，又牵拘于《诗》、《书》古文而不能骋。上为封禅祠器，示群儒，群儒或曰：“不与古同。”徐偃又曰：“太常诸生行礼不如鲁善。”周霸属图封禅事。于是上绌偃、霸，而尽罢诸儒不用。

案群儒琐琐集议，徐偃、周霸独以名显，固不如鲁两生之戛然远矣。

江、淮间一茅三脊为神藉，五色土益杂封。纵远方奇兽、蜚禽及白雉诸物，颇以加礼。兕牛、犀、象之属不用。皆至泰山，祭后土。

案前云“封泰山下东方”，此云“益杂封”，则所封不一处也。前云“射牛行事”，此云“纵远方奇兽、蜚禽及白雉颇以加礼”，则兼用诸鸟兽以为加礼也。前云“天子独与侍中奉车子侯上泰山”，此云“皆至泰山祭后土”，则上封泰山上者天子与侍中二人，而泰山下群臣皆得封也。

望气王朔言：“候独见旗星出如瓜；食顷，复入焉。”有司皆曰：“陛下建汉家封禅，天其报德星云。”《索隐》曰：“德星，岁星也；岁星所在有福，故曰德星。”又曰：“乐彦、包恺并作‘旗星’。”

案《天官书》，房星东北曲十二星曰旗。天旗直东方七宿，左右各六星，则此之云如瓜者，必非旗星也。《郊祀志》作“填星”，填星，土星也，土星亦无忽出忽入之理。此云“旗星”，谓星光芒射大如旗也。“德星”以明瑞应，不必据岁星之为德星当之。方士虚诞之言，原不足信，《索隐》必求实指其星名，误矣。

德星昭衍，厥维休祥，寿星仍出，《索隐》曰：“寿星，南极老人星也。”渊耀光明。信星昭见，《索隐》曰：“信星，镇星也。”

案此为祝祠太一之词。德星，即所谓“旗星出如瓜”者。寿星仍出，祝祠也。是时武帝方求长生不死之方，愿见寿星以明应也。信星，总言之，星出而入，据以为信，所谓信而有征也。《索隐》注误。

越人勇之乃言：“越人俗鬼，而其祠皆见鬼，数有效。昔东瓯王敬鬼，寿百六十岁。后世怠慢，故衰耗。”乃令越巫立越祝祠，安台，无坛，亦祠天神、上帝、百鬼，而以鸡卜。上信之，越祠鸡卜始用。

案武帝以事鬼，始浸寻而及天地、百神之祀，而极于封禅，终复返之于鬼。

而泰山下祠五帝，各如其方，黄帝并赤帝，而有司侍祠焉。

案泰山下祠五帝各如其方，谓周太山四方祠五帝，黄帝与赤帝并祠南方。以土位中央，王于四季，而黄帝之祭于夏月行之，故与赤帝同方也。五帝之祠同时并举，故惟有司侍祠而已，上不亲也。

薄忌太一及三一、冥羊、马行、赤星、五宽舒之祠官，以岁时致礼。

案三一，即所谓天一、地一、太一也。汾阴脽丘后土五坛，始自宽舒，故曰“五宽舒之祠官”，其实则一祠也。

方士所兴祠，各自主；其人终则已，祠官不主。

案见之篇中者，蹄氏观神君、少君祀灶、越人勇之鸡卜，皆小鬼神，不领于祠官。

今上封禅，其后十二岁，而还遍于五岳、四渎矣。

案《史记》讫于天汉三年，自元封元年至是十二年，中间凡三修封。《汉书·本纪》元封元年诏曰：“朕用事华山，至于中岳。”是元封元年幸缑氏实历华山而东也。元封五年，登礼灊之天柱山，号曰南岳；是年过祭恒山：是此十二年中，实遍五岳、四渎也。

《河渠书》　第七

《河渠书》

案《河渠》一书，叙武帝通渭，引汾，通褒斜之道，穿洛，而终之以塞决河复禹旧迹，其勤民至矣，而言水利者遂遍于天下，此两汉富强之业所由开也。儒者徒知《史记》为谤书，而瑕瑜固不相掩，在善读者究观而知其故耳。武帝雄才大略，秦、汉以来所未有也。

泥行蹈毳，山行即桥，

案《汉书·沟洫志》作“山行则梮”，如淳曰：“梮以铁，如锥头，长半寸，施之履下。”一作“山行乘跻”，《汉书·王褒传注》应劭曰：“跻，木跻也。”《说文》“山行乘樏，泽行乘钏”，似“樏”、“轫”为所乘木器。而泽行可以乘轫，山行固不能，知樏、梮义同，桥、跻义同；跻言其制，梮言其饰也，当亦登高着履之类。毳者，鸟兽毛也，泥行不能施舟车，则投鸟兽之毛于其上以履而过。山行、泥行，皆其暂也，禹岂必于此别制一器以求便哉？《史记》云“泥行蹈毳，山行即桥”，于毳曰蹈，于桥曰即，字法确切不可易。

乃厮二渠，以引其河，北载之高地。陈子龙曰：“载河高地，使沿太行之麓以北。虽升之高，而不失就下之性也。”

案禹厮二渠，其一漯川，其一即河，所谓北载之高地以出大陆者，既出大陆，复分为九河、逆河者，即所谓“北载之高地”者也。盖河性积淤，禹引漯以刷河，而导河使注之以放于海；而北釃一渠，使出渤海。地既高，则所釃渠必益深，又有漯川以杀其怒，而河之北行者乃得渟洄以浚其淤，而后灌入九河，急分其势，而其流益散而行益疾，则大陆之行于高地者，亦不至受河淤。此禹治河之情事也。陈子龙谓沿太行之麓以北而升之高，误矣。

入于勃海《集解》曰：“瓒曰：‘《禹贡》云：“夹右碣石入于海。”然则河口之入海，乃在碣石也。武帝元光二年河徙东郡更注勃海，禹之时不注勃海也。’”

案禹九河皆在渤海，《汉书·地理志》于魏郡邺县云：“故大河在东北，入海。”于勃海郡成平县云：“虖沱河，民曰徒骇河。”正禹河故道也，自周定王五年河决以后，迁徙不定，而皆不出勃海。《武帝纪》“元光三年春，河水徙从顿邱东南流入勃海”，谓河稍折而东南流，经顿邱而后入勃海。河徙在顿邱，其由勃海入海之口固未徙也。瓒据《武帝纪》流入勃海之语，遂谓禹河不注勃海，亦太失考矣。

荥阳下引河东南为鸿沟，

案汴渠北通河、济，南通淮、泗，秦汉间谓之鸿沟。

西方则通渠汉水、云梦之野，

案此江、汉互通之始。

东方则通鸿沟、江、淮之间，

案此江、淮互通之始，即邗沟也，亦谓之鸿沟。通渠溉田，皆起自六国时，《史记》惟著蜀守李冰之名，而江、淮，江、汉之互通遂莫知所自始也。

穿渠引汾，溉皮氏汾阴下，引河溉汾阴蒲坂下，度可得五千顷；五千顷故尽河壖弃地，民茭牧其中耳，今溉田之，度可得谷二百万石以上。谷从渭上，与关中无异，而砥柱之东，可无复漕。天子以为然，发卒数万人作渠田。数岁，河移徙，渠不利，则田者不能偿种。久之，河东渠田废，予越人，令少府以为稍入。

此谓引河通汾，西河壖弃地皆可溉为田，以省山东转漕之费，与上穿渭渠以利漕，又别一义。元光三年河徙顿邱，决濮阳，砥柱以上，河固无恙也，所云“河移徙，渠不利”，亦当时自解之词，盖河壖地沙多土少，本不利生植也。又案《百官表》：“少府，掌山、海、池、泽之税，以给共养。”所以给天子之私养也，属之少府，明不领于经费。

今穿褒斜道，少阪，近四百里；而褒水通沔，斜水通渭，皆可以行船漕。漕从南阳上沔入褒；褒之绝水至斜，间百馀里，以车转，从斜下下渭。如此汉中之谷可致，山东从沔无限，便于砥柱之漕。

案《禹贡》梁州“浮于潜，逾于沔，入于渭，乱于河”，通褒斜之道，则引漕由沔入渭。而自汉以南漕运皆便利，故曰“汉中之谷可致”，通汉以南言之也。而云“山东从沔无限”，则悉洛、泗之通漕者，皆改而从沔，避砥柱一隅之险，而就褒斜千馀里之阻，所谓言美而无实者也。盖本意主蜀言之，而故张大其词以动听者也。

自征引洛水至商颜下。

案顾亭林引《古今人物表》“屠岸贾”作“屠颜贾”，云“颜”当作“岸”，下文所以接言“岸善崩”也。

往往为井，井下相通行水。水颓以绝商颜，东至山岭十馀里间。

案《天官书》：“绝汉抵营室。”《尔雅·释水》：“正绝流曰乱。”绝，盖横渡之意，言水从下穿商颜而过。此谓凿井以溉田，而井中通引伏流，以出商颜之东，可以由山岭十馀里间，吸使上而下注之田也。

啮桑浮兮淮、泗满，《集解》曰：“张晏曰：‘啮桑，地名也。’如淳曰：‘邑名，为水所浮。’”

案《秦本纪》：“惠文王后二年，张仪与齐、楚大臣会啮桑。”是时楚至东极淮以北，与梁接壤，是啮桑楚地也。上云“梁、楚之地尤甚”，啮桑盖在梁楚之交。

《平准书》 第八

一黄金一斤，

案赵岐注《孟子》：“古者以一镒为一金，一镒是为二十四两也。”郑康成云：“三十两。”《汉书·律历志》“十六两成斤”，秦时无此名。《荀子》云“千镒之宝”，《韩非子》云“铄金百镒”；以镒为轻重之准，盖古如此，不自秦始也。准轻重以十六两而名之曰斤，自汉始，故史公特著之，亦是立法裁损之一端。

自天子以至于封君汤沐邑，皆各为私奉养焉，不领于天下之经费。《索隐》曰：“言封君以下皆以汤沐邑为私奉养，故不领入天子之常税，为一年之费也。”

案封君汤沐邑亦有朝贡祭祀之需，所私奉养者，山川园地市井租税之入而已，自天子至封君皆然。盖山泽之利，不领于经费，汉初之制然也。《索隐》注误。

留蹛无所食，《索隐》曰：“蹛，音迭，谓贮也。韦昭音滞，谓积也。按谓富人贮滞积谷，则贫者无所食也。”

案《说文》：“蹛，踶也。”据《庄子》踶跂为义，牛马行曰踶，虫行曰跂。留蹛，谓羁留不得行也。军无所得食则常留屯，以俟转输。《索隐》读“蹛”为“迭”，谓“积贮也”，大误。

级十七万，凡得三十馀万金。《索隐》曰：“大颜云：‘一金万钱也。’计十一级，级十七万，合百八十七万金。”

案前云“一黄金一斤”，臣瓒曰：“秦以一镒为一金，汉以一斤为一金。”是一金得黄金十六两，三十万金得黄金四百八十万两。下文“白金三品，其一‘重八两’，直三千”，是第一品一两，直钱三百七十五，盖杂银锡为之也。其馀无可考。然《索隐》谓“一金万钱”，恐必不然。级十七万十一级，而累至三十馀万金，是黄金一金而合二万五千有奇也。

以显军功，

案“以显军功”，谓买爵得至乐卿；自九爵执戎以上，必军功任之也。

吏道杂而多端，则官职耗废。自公孙弘以《春秋》之义绳臣下取汉相，张汤用峻文决理廷尉，于是见知之法生，而废格、沮诽、穷治之狱用矣。

案兴事多而用绌，则言利之臣兴；吏道杂而赏滥，则深文之吏起：其势有相因以生者，故史公类次言之。

而富商大贾，或蹛财役贫，转毂百数，废居，居邑，封君皆低首仰给。

案《货殖传》周人师史转毂以百数，贾郡国无所不至。居邑，谓都会也。《尔雅·释诂》“废，舍也”。郭璞《注》：“舍，放置也。”《白圭传》所谓“人弃我取”，废者弃也，居者取也，谓观时变为去取。

于是天子与公卿议：更钱造以赡用，而摧浮淫并兼之徒。

案此实开下半篇造币及孔仅、桑宏羊之兴利扰民，《平准》一书大旨归宿处，于此引其端。

兵革数动，民多买复及五大夫，征发之士益鲜。于是除千夫、五大夫为吏，不欲者出马。

案《汉书·百官表》，爵二十级，九曰五大夫；皆秦制，以赏功劳。武帝别为武功爵十一级，则借武功为名，而用以买爵者。而云千夫如五大夫，则亦准旧爵为差。民入资得复其徭役，故征发不足。其爵至五大夫则益贵，故皆除为吏。

官与牢盆，《索隐》曰：“乐彦云：‘牢乃盆名。’”

案《说文》：“牢，闲养牛马圈，取其四周帀也。”则牢为煮盐所，盆为煮盐器也。乐彦曰“牢乃盆名”，误。

郡不出铁者，置小铁官，便属在所县。

案是时铁器皆官铸，置铁官领之，郡不出铁，则置小铁官，掌所隶县铁器，为禁民私铸铁器故也。《汉书·食货志》作“使属于所县”。

诸贾人末作贳贷、买卖居邑、稽诸物及商以取利者，

案《汉书·食货志》作“卖买居邑、贮积诸物”。此谓坐贾也，《周礼》太宰“商贾阜通货贿”，郑《注》：“行曰商，居曰贾。”故于此别异之。

虽无市籍，各以其物自占。《索隐》曰：“郭璞云：‘占，自隐度也。’”

案《汉书·宣帝纪》："流民自占八万余口。"占盖著录之意。《后汉书·陈遵传》："召善书吏于前，口占书数百封。"亦自著录其书旨也。《注》以"隐度"释之，恐未然也。下文"匿不自占，占不悉戍边"，但曰隐度而已，于不悉者何罪哉？

敢犯令没入田僮。《索隐》曰："若贾人更占田，则没其田及僮仆，皆入之于官也。"

案此云田僮一事，僮即在田任耕作者，既没入其田，并其雇役任耕作者而尽没之也。《食货志》作"没入田货"，贾人有市籍不得名田而已，岂能并没其货？司马贞泛及其家僮仆，尤无谓也。

初，卜式者，河南人也，至上以为式朴忠，拜为齐王太傅。

案史公叙卜式，首及其分弟财；又自叙其所以待邑人者；上书报罢又自输钱河南守，其为人当亦喜善乐施者也。其以牧羊为谏，亦自得因事进言之义，武帝谓之朴忠，固亦无愧知人之明矣。史公叙此以讥武帝之弋取民财，多方以诱致之，于式无贬词也，而往往借桑弘羊与卜式互叙；若曰苟谋夺民之财而已，反之于己果愿输乎，否乎？此亦史公之微旨也。徐孚远谓"卜式深知人主意，故为钓奇"者，非也。

始令吏得入谷补官，郎至六百石。

案《汉书·百官表》，郎中令属官有大夫、谒者、郎，而郎多至千人，有议郎、中郎、侍郎、郎中，皆掌守门户出充车骑，《张释之传》："入訾为骑郎"者，是也。如淳《注》引《汉仪》："訾五百万，得为常侍郎。"《冯唐传》："为郎中署长"，又中郎属官也。郎吏二百石至六百石，而郡丞及减万户县长及诸曹丞皆六百石；此谓已试为吏者入訾补官，由二百石至六百石也。

赦自出者百馀万人，

案《周礼·大司寇》："不能改而出圜土者杀。"郑《注》：

“出，谓逃亡。”此云“自出”，盖事发逃亡未抵罪者。所赦之百馀万人，皆有名籍；其无名籍者尤众，明盗铸者之多也。

举兼并之徒守相为吏者。

案颜师古《汉书》注：“守，郡守。相，诸侯相。”即前入谷补官者，既诱使为吏，又以法案诛之。

而御史大夫张汤方隆贵用事；减宣、杜周等为中丞；义纵、尹齐、王温舒等用惨急刻深为九卿；而直指夏兰之属始出矣。而大农颜异诛。

案兴利之臣起而吏道杂，则深文之法兴，自然之理也，至此复一申前旨。

于是悉禁郡国无铸钱，专令上林三官铸。

案《汉书·百官表》，水衡都尉所属有钟官，掌铸钱，上文所谓“钟官赤侧”是也。是时桑弘羊置均输以通货物，而销郡国所铸钱，输其铜水衡，于是均输辨铜皆得与铸钱事，是以谓之三官钱。《盐铁论》云：“废天下诸钱，专命水衡三官作。”即谓此也。

及杨可告缗钱，上林财物众，乃令水衡主上林。上林既充满，益广。

案因广上林苑，下文又连叙昆明池、柏梁台两事，宫室之修由此日丽，以见所用之侈。

往往即郡县比没入田田之，《索隐》曰：“谓比昔所没入之田也。”

案《周礼·宰夫》：“比官府之具。”郑《注》：“比，校次之谓。”比次其田，使官领治耕作也。

边兵不足，

案《说文》：“兵，械也。”《世本》：“蚩尤以金作兵。”五经言兵者，皆兵器也。

中国缮道馈粮，远者三千，近者千馀里，皆仰给大农。边兵不足，乃发武库工官兵器以赡之。车骑马乏绝，县官钱少，买马难得，乃着令：令封君以下至三百石以上吏，以差出牝马；天下亭，亭有畜牸马，岁课息。

案此连叙三事：一馈粮；一缮兵；一课马；以见边事之急而边用之侈也。

汉兵连三岁，诛羌，灭南越，番禺以西至蜀南者初置郡十七。且以其故俗治，毋赋税，南阳、汉中以往郡各以地比给初郡，吏卒奉食币物，传车马被具。

案南阳、汉中以往郡，举南阳、汉中以明与西、南夷接近之郡，自南阳、汉中始也。诸初郡无赋税，而取给于旁郡，各视地近处为之转输，吏卒之费，车马之需，皆取给也。

不敢言擅赋法矣。《集解》曰：“徐广曰：‘擅，一作“经”。经，常也。惟取用足耳，不暇顾经常法则也。’”

案前言“下巴、蜀粟”，言“缮道馈粮”，皆以给军食，其讨西南诸郡畔乱，但取均输、盐铁钱给之，不更征粟于民以赡之。此与上除告缗，皆言武帝雄心稍戢，不更侈用以求急功也。徐《注》误。

故抑天下物，名曰“平准”。

案史公以“《平准》”名书，至此始一著其义，而以卜式之言终之，为武帝与民争利，至平准而始极也。而因取以名篇，以示讥刺之意。

古者尝竭天下之资财以奉其上，犹自以为不足也，无异。故云事势之流，相激使然，曷足怪焉！

案明指今事，而借古者言之，古者安有是哉？事变之流，相激使然，则武帝之雄心日起而日求逞，以致贻害天下无穷已也。

史记札记卷四

三十世家

《吴太伯世家》 第一

楚共王伐吴，至衡山。

案襄公三年《左传》：“楚子重伐吴为简之师，克鸠兹，至于衡山。”杜预《注》云：“鸠兹，吴邑，在丹阳芜湖县东，今皋夷也。衡山，在吴兴乌程县南。”

季札贤而寿梦欲立之，季札让不可，于是乃立长子诸樊摄行事，当国。

案左氏、公羊二《传》并以让国季札出自诸樊之意，无寿梦欲立之事。史公添此一层，因谓诸樊之立，为摄行事，当国，徒多费斡旋之力而已。

说晏平仲曰：子速纳邑与政！

案“说晏平仲”与下文数“说”字同义，谓交欢也。其告晏子之言，亦与晏子交欢，代为之计，非以说干之也。“悦”、“说”字通，《史记》各传记中“悦”皆作“说”。

惧犹不足，而又可以畔乎！《索隐》曰：“按《春秋·左氏传》曰‘而又何乐’，此‘畔’字宜读曰‘乐’。”

案“畔”字承上“辩而不德”为言，谓所畔者德也。下文

“而可以乐乎”，史公自不欲犯复，故易其文。司马贞读“畔”为“乐”，非也。

政将在三家。徐孚远曰：“时晋有六卿，而言有三家，则范、中行、知氏之亡，不言而见。”

案《左氏传》云“政将在家”，与上“晋国其萃于三家乎”互相影射。上文自据赵文子、韩宣子、魏献子言之，此自为叔向言之。史公于此亦云三家，是未达左氏立言之旨也；徐氏曲为之说，大误。

谓曰：“尔而忘勾践杀汝父乎？”对曰：“不敢！”

案《左氏传》夫差使人出入呼之，以志复仇之义；史公作阖庐告夫差，则意味远逊矣，此亦好奇之过也。

《齐太公世家》 第二

太公望吕尚者，

案太公，齐有国者之称，犹周之太王也。望，其名也。尚父，其字也。《孟子》若太公望连名为称，犹《戴记》之言王季历、文王昌也。

欲修文王业东伐以观诸侯集否。至武王于是遂行。

案史公据《今文尚书》，而杂采周、秦间人异说，以太公言兵谋，遂据战国言兵者阴谋诈变，以为原本于太公。史公承战国之遗习焉而不察也。

乃使召康公命太公曰：“东至海，西至河，南至穆陵，北至无棣，五侯九伯，实得征之。”

案《左传》此文为周武王册命太公之词，其云“赐我先君履”，固谓其国封域之广也，安得至成王时复加册命，使之征伐诸侯哉？

小白自少好善；大夫高傒及雍林人杀无知，至高傒立之，是为桓公。

案《春秋》庄公九年：“公及齐大夫盟于蔇。公伐齐，纳子纠，齐小白入于齐。”先及齐大夫盟，而后以兵送之，庄公之纳公子纠，谋亦至矣。桓公无外援，而贸焉以入，此必有为之内主者矣，史公补高傒内应一层，亦是想当然之词，而于义固为完足。

曹沫以匕首劫桓公于坛上，

案此用《公羊传》文。《穀梁》在《公羊》之后，亦袭其说，而著其名曰曹刿。《左传》于长勺之战言用曹刿之计，其人固微也。考之《春秋》庄公九年，桓公入齐，败鲁于乾时。十年，败齐师于长勺，齐师、宋师次于郎，公败宋师乘邱。十一年，败宋师于鄑。是庄公纳子纠，一败于乾时，其后屡胜，齐师于鲁地无所侵也。定公十年，齐人来归郓、讙、龟阴田，杜注《左传》：“三邑，皆汶阳田也。”齐人侵鲁汶阳之田，自在春秋中叶，庄公之世未尝失汶阳，《公羊传》云：“愿请汶阳之田。”非事实也。战国游侠之风，其端起于专诸之刺王僚，亦在定、哀之际矣，春秋以前无有也。《左传》于庄公十三年盟于柯云“始及齐平也”，最得当时事实，《公羊传》之言诬矣。史公于此但云“与曹沫三败所亡地于鲁”，而不云汶阳之田，盖亦知《公羊》之云汶阳之请为尤误也。又案《左氏传》，成二年：“晋使齐人归我汶阳之田。”成八年：“晋侯使韩穿来言汶阳之田，归之于齐。”汶阳之田忽属鲁、忽属齐，皆在成公之世，则齐之取汶阳之田，当亦去是时不远矣。

陈厉公子完号敬仲，来奔齐。

案桓公始霸诸侯，而陈公子完已至齐，亦盈虚消息之理然也。

鲁湣公母曰哀姜，桓公女弟也，

案《左传》云：“闵公，哀姜之娣，叔姜之子也。”《春秋》

于庄二十四年书“夫人姜氏入”，是时齐桓公即位十五年矣。三《传》皆不言哀姜所自出，而《猗嗟》之诗曰：“展我甥兮。”《小序》因曰：“《猗嗟》，刺鲁庄公也。”是《诗》当作于庄公纳币时，意哀姜当为襄公之女，《穀梁传》谓娶仇人子弟，意或然也。

夏，楚王使屈完将兵扞齐；齐师退次召陵。桓公矜屈完以其众，屈完曰：“君以道则可；若不，则楚方城以为城，江、汉以为沟，君安能进乎？”乃与屈完盟而去。

案“使屈完将兵扞齐”下忽云“与屈完盟”，文气不相应。楚制将兵者令尹也，屈完非楚令尹，亦不得将兵扞齐，此亦当从《左氏传》。

周襄王使宰孔赐桓公文、武胙，彤弓矢，大路，

案赐文、武胙不得参以彤弓矢、大路，史公增损《左氏传》文字有误处。

是时，周室微，唯齐、楚、秦、晋为强。晋初与会，献公死，国内乱；秦穆公辟远，不与中国会盟；楚成王初收荆蛮有之，夷狄自置；唯独齐为中国会盟，而桓公能宣其德，故诸侯宾会。

案齐桓、晋文修霸业为天下盟主，继三王而起，春秋以后因有王霸之名，史公以齐、楚、秦、晋四国相较，若适会其时以成霸业者。孟子固曰：“霸必有大国。”而假行仁义以劫制天下诸侯，而使之听命，亦惟齐桓、晋文惟能当之也。

惠公三年，长翟来，

案“三年”，他本作“二年”。

仲姬、戎姬，

案“仲姬戎姬”上当有阙文，《志疑》谓依上文“取鲁女”之例，当脱“取宋女”三字，是。

成请老于崔杼，

案《左氏传》云“成请老于崔”，与下“崔宗邑”相应，“杼”字衍文。

使崔杼仇卢蒲嫳攻崔氏，

案卢蒲嫳乃庆封之臣，《左传》载卢蒲嫳之言，谓崔杼为庆封之仇，非卢蒲嫳自谓也。史公谓卢蒲嫳为崔杼之仇，与《左氏》文异。

景公老，恶言嗣事，又爱荼母，欲立之，惮发之口，乃谓诸大夫曰：“为乐耳；国何患无君乎？”

案齐之失国，其源在此；史公于此叙景公昏耄可笑。

田乞伪事高、国者，至遂反杀高昭子。

案六朝、五代之际，篡杀相仍，必先擅朝权，尽举朝之士大夫而玩弄之，而审其果无人也，乃因以及其君玩弄陵蔑，惟其意之所欲为，而后成乎篡杀。夷狄之侵扰中国也亦然。陈乞之于高、国，玩弄而贼杀之有馀矣，齐安得不亡！

田氏方睦。

案田豹之欲为子我臣，欲为间也，公孙言之阚止，遂引而进之，又与之谋田氏。史公于此标出“田氏方睦”一语，以著阚止之愚。方是时也，无阚止之祸齐亦必亡；阚止之宠，乃所以速齐之亡也。

《鲁周公世家》 第三

我之所以弗辟而摄行政者，至于是卒相成王。

案孔《传》云：“辟，法也；谓致辟于三叔，据东征言之。”《经》明言居东与东征为二事，故下有“成王亲迎周公”之文，盖始之流言，周公辟之；继扶武庚以畔，则周公征之；东征以后，成王不得复致疑也。周公之践阼摄政，岂待自明于二公哉？此史公误耳。

东土以集，周公归报成王，乃为诗贻王，命之曰《鸱鸮》。

案史公引用诸经之文，往往倒乱不达其意旨，《鸱鸮》之诗作于东征之前，不应移置于此。

周公之代成王治，南面倍依以朝诸侯；及七年后，还政成王，北面就臣位，匔匔如畏然。

案武王年九十三，见于《戴记》，成王母邑姜，其年视武王当亦不甚远，谓成王年少不能莅阼者，传疑之词也。君薨冢宰摄政，殷礼固是如此，周公之践阼，犹行殷礼也。使周公遂有天下为天子，亦犹殷礼也。所以摄政七年而不疑，兄终弟及，犹循殷礼之常也。周公欲及身成文、武之业，制定礼、乐，垂万世之大法，是以《周礼》作而摄政之仪遂废；周公权古今之变，而正一王之统绪欤，以前无有也。周公之摄政，常也，非变也，秦、汉诸儒不明此义，而异说滋繁矣。

周公既卒，成王亦让："葬周公于毕，从文王，以明予小子不敢臣周公也。"

案成周东都以朝会诸侯，周公何缘葬成周以从文王？周公之葬毕自是周礼如此，亦岂得为成王之尊周公哉？此皆秦、汉间传疑失实之词也。

秋未获，至岁则大熟。

案此《尚书》古文家说也，今所传本乃今文，史公盖用古文说。

于是成王乃命鲁得郊祭文王。

案《戴记》明言世世祀周公以天子之礼乐，而祀以白牡，乘以大路，则犹殷礼也。以周公之摄政而得为天子者，殷礼也。《春秋》僖公之书郊，僭礼也。《左传》襄公七年孟献子曰：“郊祀后稷，以祈农事。”是鲁郊亦后稷配，未尝郊祀文王也，此史公误也。

《燕召公世家》 第四

及老而以启人为不足任乎天下，

案《孟子》以禹荐益于天为说，则云不足任天下者启也。《国策》、《韩非》俱无“人”字，此“人”字疑衍文。

将军市被与太子平谋将攻子之，至燕子之亡二年，而燕人共立太子平，是为燕昭王。

案据《孟子》，子哙不得与人；燕子之不得受燕于子哙。是齐之伐燕以讨子之为名，既入燕杀子之，燕王哙亦死，遂思并燕而有之；其后燕人畔攻齐，昭王乃得袭位。是齐据燕凡二年，而燕之乱即以子之踞非其有，国人不服，齐人得而袭取之也。孟子游齐，故叙其事特详。史公于此掇拾轶闻为之，遂使太子平忽举兵，忽被攻，忽为燕人所立，使人莫测其端倪。《田完世家》亦不载伐燕事，正以事无可征故也。

十三年，秦败赵于长平四十馀万。

案《秦本纪》：“大破赵于长平，四十馀万尽杀之。”《赵世家》：“秦人围赵括，赵括以军降；卒四十馀万皆坑之。”此当云“坑其卒四十馀万”。

赵使廉颇将，击破栗腹于鄗，破卿秦、乐乘于代。

案《战国策》云：“廉颇以二十万遇栗腹于鄗，乐乘以五万遇庆秦于代。”乐乘赵将，其后以代廉颇，此不得云破乐乘于代，“乐乘”或“乐间”之误耳。

廉颇逐之五百馀里，围其国。

案“廉颇逐之五百馀里”八字为一句，谓乘破栗腹之功，追逐至五百馀里，遂以进围燕国耳。陈子龙以两句合一句读，非也。又案《乐毅传》：“燕王喜用其相栗腹计欲伐赵，乐间谏不听。赵使廉颇击之，大破栗腹之军于鄗，禽栗腹、乐乘。乐乘者，乐间之宗也。于是乐间奔赵。赵封乐乘为武襄君。其明年，乐乘、廉颇为赵围燕。”《赵奢传》：“秦伐韩军于阏与。赵王问廉颇可救否？曰：‘道远险狭，难救。’问乐乘，对如廉颇言。问赵奢，曰：‘道远险狭，将勇者胜。’”赵奢救韩在赵惠文王时，廉颇伐燕在孝武王时，乐乘之代廉颇，又在赵襄王时。是乐乘仕赵，仕燕；忽为燕距赵，忽为赵攻燕。《战国策》与《史记》所以异同，亦总叙前后情事致有参差也。

《管蔡世家》　第五

二人相纣子武庚禄父，治殷遗民，

案《尚书》言“三监”，《史记》去霍叔处而言“二人”，盖当时主谋者管叔鲜、蔡叔度。《左传》曰：“周公吊二叔之不咸。”《孟子》亦言“周公使管叔监殷”，盖自周时相传已如此。

晋厉公伐曹，虏成公以归；已复释之。

案《左氏传》载曹公子臧事极有声色，史公于此略而不言，亦所未谕。

《陈杞世家》　第六

三十八年，正月，甲戌，己丑，陈桓公鲍卒。

案《春秋》桓公五年：“春正月，甲戌，己丑，陈侯鲍卒。”《春秋》例：“诸侯卒书日，陈乱再赴，故再书日。”《史记·世家》书诸侯卒但纪年而已，而于陈桓公犹依《春秋》之旧，再书日，是则史公之未经删节者也。

桓公弟佗，其母蔡女，故蔡人为佗杀五父及桓公，太子免，而立佗。

案《公羊》、《穀梁》不言陈佗之乱，史公盖依《左氏》之文；而《左氏传》明言“陈厉公，蔡出也，蔡人杀五父而立之”，则桓公六年蔡人杀陈佗为立厉公计也。而《公羊传》谓“陈佗淫于蔡，蔡人杀之”。史公分佗与五父为二人，又合厉公与佗为一人，于是谓佗蔡出，又娶于蔡；又谓蔡女与蔡人乱；又谓蔡人诱厉公以好女。合《左传》、《公羊传》二说，而繁为之词以附益之，则亦好奇之过也。

初哀公娶郑，长姬生悼太子师，少姬生偃。

案《左氏传》明言：“哀公元妃郑姬生太子偃师，二妃生公子留，下妃生公子胜。”《春秋》昭公八年书曰：“陈侯之弟招杀其世子偃师。”史公既用《左氏》之文，又变易之，而析“偃师”为二，此其失也。

《卫康叔世家》 第七

乃与武庚禄父作乱，欲攻成周。

案周公营洛而迁殷民居之，始有成周之名，史公于此云“欲攻成周”者，误也。

周平王命武公为公。

案周室既衰，诸侯于其国皆僭称“公”，《春秋》于诸侯之卒皆正其名，而于葬书“公”，所以著其僭也。当周盛时，或称侯，或称字，《世家》所著录流传亦久矣。齐、鲁之君称公，则周公、太公于周为三公，后世袭而称之，终春秋之世，诸侯有加命，而侯伯之称如故。史公于《卫世家》云“夷王命卫为侯”，“平王命武公为公”，误也。

州吁出奔

案《春秋》桓公四年：“卫州吁弑其君完。”《公羊传》曰：“曷为以国氏？当国也。”似不宜有“出奔”之文，此史公所附益。

为郑伯弟段欲伐郑，至因杀州吁于濮。

案此用《春秋》之文，三《传》皆不言伐郑之役为州吁主谋。其书郑伯克段于鄢在隐公元年，惟《左氏传》以为出奔，《公》、《谷》二传并云杀之。州吁弑桓公在隐公四年，不应复为叔段兴师，杜预注《左传》：“濮，陈地水名。”据世本“卫成公徙濮阳”，则濮自属卫地，史公牵合《春秋》之文以濮为郑郊者，误也。

《宋微子世家》 第八

及祖伊以周西伯昌之修德灭阢，阢国惧祸至，

案《书传》：“黎，近王圻之诸侯。”西伯戡黎，祖伊恐为其兵加于近畿也，此“阢国”二字必尚有逸文，疑当云“阢近畿之国”。

不从《鸿范》九等，常伦所斁。《集解》曰：“徐广曰：‘一作“释”。’”

案《说文》引《洪范》作“殬”，殬，败也。《诗·大雅》“耗斁下土”，郑《笺》：“斁，败也。”玩史公文义，当云“常伦所释”，徐广据别本云“一作‘释’者”，是也。

皇极：皇建其有极。《集解》曰：“孔安国曰：‘大中之道，大立其有中，谓行九畴之义。’”

案《说文》：“皇，大也。”《尔雅·释诂》：“皇，君也。”君至大，故称皇，《吕刑》已有“皇帝”之称，《诗·大雅》亦曰

“皇王”。《洪范》之言“皇极”，谓王者建极，为民准则也，汉儒以“大中”释之，则后云“维皇作极”，“皇则受之”，文义皆不能明矣。

三德：一曰正直，二曰刚克，三曰柔克。《集解》曰：“郑玄曰：‘克，能也。’”平康正直，强不友刚克，内友柔克，沉渐刚克，《集解》曰：“马融曰：‘沉，阴也。潜，伏也。阴伏之谋，谓贼臣乱子，非一朝一夕之渐。君亲无将，将而诛。’”高明柔克。《集解》曰：“马融曰：‘高明君子，亦以德怀也。’”

案郑氏云：“克，能也。”用《尔雅·释言》文。《释诂》亦云：“克，胜也。”《法言》“胜己之私谓之克”，故克亦训治。三德者，所以裁成天地之道，辅相天地之宜，以左右民者也。强不友刚克，兵刑所由作也。内友柔克，礼让所由兴也。沉潜刚克，以辅其不及；高明柔克，以裁其过；教化所由行也，马融《注》误。孔《传》云：“沉潜谓地，高明谓天，喻臣当执刚以正君，君当执柔以纳臣。”则亦不知所谓刚克柔克为何事矣。

卜五，占之用二，衍貣。《集解》曰：“郑玄曰：‘卜五占之用，谓雨、济、圉、雾、克也。二衍贷，谓贞、悔也。内卦曰贞，贞之言正也。外卦曰悔，悔之言晦也。晦，犹终也。卦象多变，故言衍貣也。’”

案“衍贡”兼卜筮言之。贡者，变也，卜筮皆占其变，《周礼》太卜有玉兆、瓦兆、原兆之分，各就其变占之，不独三筮视卦爻之变以定吉凶也。《洪范》明言卜筮之用七，郑氏乃析衍贡二字而属之筮，恐误。

月之从星，则以风雨。《集解》曰：“孔安国曰：‘月经于箕则多风，离于毕则多雨。政教失常，以从民欲，亦所以乱。’”

案王省惟岁，冬夏者天之所以成岁功也，而日、月之行循乎黄、赤二道以佐成岁功，以喻臣奉行君令而布之民。月入箕则风，入毕则雨，风雨者天之所以发生万物也。而月从星之好以施行之，以喻臣宣导百姓之欲而达之君，孔《传》以为“政教失常，以从民欲”，大失《经》旨。

四年春，郑命楚伐宋。

案下文“郑败宋”，是伐宋者郑也，此当从《左传》云“郑受命于楚伐宋”，而遗二字耳。

命曰“射天”。

案《殷本纪》，武乙亦有射天事，此当为传闻附会之误。

《晋世家》 第九

唐叔子燮，是为晋侯。

案此有阙文，疑当云“叔虞卒，子燮立，徙居晋，为晋侯”。

子穆侯费王立。

案《年表》，穆侯名费生，作“费王”者字误。

太子申生，其母齐桓公女也，曰齐姜，

案晋文公适齐，齐桓公妻之，献公与桓公同时，无娶于齐之文，史公以为齐姜桓公女者，误。据下文献公即位，重耳年二十一，而齐桓公之立先于献公十年耳，齐姜已前卒矣。桓公在位四十三年，度其年不过七十，视齐姜之年正相等。献公之年，当长于桓公，其卒亦在桓公之前数年，则谓齐姜桓公之女，亦太失考证矣。

蒲人之宦者勃鞮命重耳促自杀。

案《左传》云“使寺人披伐蒲与屈”，史公乃以为“蒲人之宦者”，则是蒲人自畔重耳而促自杀，于情事为不类。

重耳谢曰：“负父之命出奔，父死不得修人子之礼侍丧，重耳何敢入？大夫其更立他子！”

案此文今见《国语·晋语》、《礼记·檀弓篇》，为重耳对秦穆公之言。是时夷吾方附秦求入，重耳不能与争也。里克之在晋国，植本不固，亦不足托以求国，重耳于此自度，固已审矣。

惠公之立，倍秦地及里克，诛七舆大夫，

案此当为“惠公之立，倍秦地及诛里克、七舆大夫”。

重耳备蒲城守秦，

《札记》云：“‘备蒲城守秦’，‘备’、‘守’疑当互易。”

献公使宦者履鞮趣杀重耳

《札记》引《考异》云：“前云‘勃鞮’后云‘履鞮’，《史》驳文。或云本读‘鞮’为‘履’，‘鞮’字后人混入正文，转去‘勃’存‘履’耳。”案《志疑》云：“《文选·报任少卿书》及《宦者传论》，并引《史》作‘履貂’。”盖所见本异。

从此五士，

案“从此五士”当云“从者五士”，“此”、“者”字误。

且言何以易之？《索隐》曰：“子玉请杀重耳，楚成王不许，言人之出言不可轻易之。”

案“且言何以易之”，谓重耳之言不亢不卑，得持义之正，无以易也。《索隐》注误。

龙欲上天，五蛇为辅。《索隐》曰：“龙，喻重耳；五蛇，即五臣，狐偃、赵衰、魏武子、司空季子及子推也。”

案介子推亦从亡诸臣之一，而不当在五臣之列，以五臣为文公腹心爪牙，不应忘之。史公于重耳投璧盟子犯后，添入介子推一段议论，与《左氏传》不合，亦史公好奇处。

于是晋始作三行：荀林父将中行，先縠将右行，先蔑将左行。《集解》曰：“杜预曰：‘三行无佐，疑大夫帅也。’”《索隐》曰：“按《左传》，荀林父并是卿，而云‘大夫帅’者非也。不置佐者，当避天子也。或新置三行，官未备耳。”

案晋六卿分将三军，《左传》："命赵衰为卿，让于栾枝、先轸，使栾枝将下军，先轸佐之。"此立三行以御狄，不敢僭立六军之名，故不置佐。城濮之役，林父御戎，是此时林父尚未为卿也。杜预《注》不误，《索隐》失之。

问伯宗，伯宗以为不足怪也。

案《左传》载重人之言，伯宗用以进言景公，而没人之善，君子以知其不终。史公于此当录伯宗所以示景公之旨，不当以"不足怪"三字了之。《穀梁传》云："伯尊其无后乎？攘善也！"

《楚世家》 第十

熊绎当周成王之时，举文、武勤劳之后嗣，而封熊绎于楚蛮，封以子男之田，姓芊氏，居丹阳。

案周世封建诸侯，惟侯、伯二等，宋以殷后封公，其馀子男之国见于《春秋》者并三代以前封国，周因其故封而降为子男，大率皆古王者之后。楚亦高阳氏之苗裔也，史公谓鬻熊事文王，传四世至熊绎始受封，恐不然也。

熊渠曰："我，蛮夷也，不与中国之号谥。"乃立其长子康为句亶王，中子红为鄂王，少子执疵为越章王。

案楚自熊通立始僭号武王，当春秋之始，周室微矣；西周之世，王室虽衰，号令犹行于天下，必无僭称王之理。《左氏传》载熊绎、蚡冒皆称名，以楚居蛮服，谥号未立，惟以名纪世而已，安得夷王之世遽有僭王之事哉？此史公误也。

随人为之周，请尊楚；王室不听，还报楚。

案随、楚皆居江汉之间，不与中国盟会，楚武王并兼诸国，而楚始强大，渐通中国盟会，无缘更假随以通于周室。楚于是时已僭王矣，何假于周以尊其号哉？此亦史公好奇之过也。

是时楚国虽已立比为王，至众怒如水火，不可救也。

案此并用昭十三年《左氏传》文而略加点醒，又别是一种声色。

子怀王熊槐立。

案《秦诅楚文》：“熊相率诸侯之兵以加临我。”自春秋之世秦、楚无交兵事，惟僖公二十八年，从晋师与楚战城濮而已。怀王十一年，五国合从攻秦，怀王为从长，则所云“率诸侯之兵以加临我”者，正谓此也。城濮之战在秦穆公二十八年，下距惠文王十七世，亦为楚成王四十年，下距怀王亦十七世；《诅楚文》又云“熊相背十八世之诅盟”，争差一世而已，则熊相即楚怀王无疑。《诅楚文》作在秦惠文王时，当为得其实，史公谓怀王名熊槐，恐误。

楚灵王方会诸侯于申，至甚矣乎，几再亡国！

案灵王、弃疾，楚中叶一事耳，太史公取以为赞，此所以不能究其旨者也。

《越王勾践世家》 第十一

至于允常，《正义》曰：“《舆地志》云：‘越侯传国三十馀叶，历殷至周敬王时，有越侯夫谭，子曰允常，拓土始大，称王；《春秋》贬为子，号为於越。’”

案《左氏传》叙吴、越事，于吴称王，于越称子而已，是越王勾践之称王，当在灭吴以后，允常时尚无僭王之事。越立国夏初，至周而降为子，非至《春秋》始贬其名也。《正义》于此，皆未分明。

蠡对曰：“持满者与天，定倾者与人，节事者以地。”

案“与”、“以”二字古通用，“持满以天”，法天以防满也；“定倾以人”，尽人力以定倾也；“节事以地”，因地以审事也。

非其汗马之力也，

案金陵本作“非有汗马之力也”，《札记》云：“宋本、毛本并作‘非有马汗之力也’，中统本‘有’作‘其’，凌本、游本作‘其汗马’。”此从凌、游本耳。

废居候时转物。

案《货殖传》多言“废居”，似废居为转移货物之名，是以《越世家》用“废居候时转物”六字相连为文，言候时转物无一定之居也。陈子龙云：“废，舍也。居，取也。废居，谓观时而为去取。”

《郑世家》 第十二

郑桓公友者，周厉王少子，而宣王庶弟也。

据《左传》“宋祖帝乙，郑祖厉王”，是以鲁、郑皆有周庙。周庙者，所以成乎宗也，《礼记》所谓“公子有宗道，为其士大夫之庶者，宗其士大夫之适者”，其义推之诸侯。周公之为宗国，所谓“有大宗而无小宗”是也，故鲁得立周庙。郑之周庙，则所谓“有小宗而无大宗”也，是以得谓之上祖厉王，祖厉王所以系宗也。又郑桓公之为宣王母弟，无可疑者，此作“庶弟”，与《年表》异，盖传写之讹。

卒而立子兰为太子。

案“卒立子兰为太子”，“而”字衍文。

郑司城缯贺以郑情卖之，

案司城，宋官名，郑无有也，此史公之误。

子产者，郑成公少子也。

案子产事详见《左氏传》，其名为公孙侨，其非成公子可知，不知史公何以有此语？

《赵世家》 第十三

《赵世家》

案《本纪》至秦而文始奇，《世家》至赵而文始奇，世近而事窍，又传闻多异迹，足以发史公之奇也。

五世而生赵夙。赵夙，晋献公之十六年伐霍、魏、耿，

案此特书赵夙，以著赵氏之所以盛，然以文势论之，二字究可从省。

杀赵朔、赵同、赵括、赵婴齐，至大夫屠岸贾欲诛赵氏。

案《春秋》成八年："晋杀其大夫赵同、赵括。"据《左氏传》，则赵婴齐之放于齐由于赵同、赵括；同、括之见杀，由于赵朔之妻庄姬之诉。赵婴齐之亡在成公五年，是时赵朔已前死矣。成公十八年赵武为卿，距赵同、赵括见杀时仅十年耳，其后襄公三十一年穆叔讥赵武年未盈五十，则当以四十八、九矣，距赵同、赵括见杀时凡四十一年，距赵朔死四十五年，然则赵朔死时赵武生已四、五年。屠岸贾之名，尤无可考。史公盖杂采当时轶闻附会为文，以一发奇耳。

赵简子有臣曰周舍，好直谏，

案前叙程婴、杵臼，次叙董安于，又接叙周舍，以见赵氏家臣忠于所事，由赵氏之能受直言也，此亦赵氏所由兴也。

襄子（齐）〔斋〕三日，亲自剖竹，有朱书曰："赵毋恤！余霍泰山山阳侯天使也。三月丙戌，余将使女反灭知氏。女亦立我百邑；余将赐女林胡之地。至于后世，且有伉王。亦黑，龙面而鸟噣，鬓麋髭頔，大膺大胸，修下而冯，左衽界乘，奄有河宗，至于休溷诸貉，南伐晋别，北灭黑姑。"襄子再拜，受三神之令。

案简子之梦，襄子之剖竹，皆为赵武灵王之前兆，且及孟姚之宠。此由武灵王自侈其掠取胡地之功，又以吴娃之宠立子何而废太子章，托之前兆，以诳其臣民耳。史公文奇，因并取而录之。

于是襄子行赏，高共为上。张孟同曰："晋阳之难，唯共无功。"襄子曰："方晋阳急，群臣皆懈，惟共不敢失人臣礼，是以先之。"徐孚远曰："《韩非子》云：'赵襄子赏有功者五人，高赫为赏首，孔子闻之曰："善赏哉！襄子赏一人，而天下为人臣者莫敢失礼。"'"

案战国之君，积骄以临其臣，实赵襄子此言为之倡，春秋时无有也；秦、汉以来尊君卑臣之风，实开于是时。《春秋》纪哀公十六年孔子卒，二十年赵襄子有降于丧次之文，是简子之卒在孔子卒后五年，《六国表》则叙之孔子卒后二十一年，赵襄子立五年始与韩、魏共分知伯之地，孔子之不及见赵襄子明矣。《韩非子》以托之孔子言，尤为失实。

他日，王梦见处女鼓琴而歌诗曰："美人荧荧兮，颜若苕之荣。命乎，命乎，曾无我嬴！"异日，王饮酒乐，数言所梦，想见其状。

案武灵王之梦，与赵简子之梦遥相映合。《赵世家》写武灵王极精彩，而于孟姚之原始亦写得精彩，盖皆武灵王当时用以诳其臣民之辞也。

因夫人而纳其女娃嬴，

案"因夫人"，谓"韩夫人"也。武灵王八年五国相王，而武灵仍称君；其后二十五年惠后卒，而传位子何，自号主父。是赵之称王，乃在惠文王之世，武灵及惠后之谥皆在惠文王时也。《史》、《汉》记事之文常简，而前后事实，并可于文中推见之。

赵王使代相赵固迎公子稷于燕，遂归，立为秦王，是为昭王。

案秦昭襄王为武王异母弟，惠文君之子也。秦自武王时始僭称王，而昭襄王自为惠文君之子，故称公子。《秦本纪》著其为武王异母弟，而于《赵世家》著其名，《史》、《汉》文高简多类此。代近燕，自燕归秦必经历赵地，当时情事，亦历历如绘。

宠有孝弟、长幼、顺明之节，通有补民、益主之业，

案孝弟、长幼、顺明之节，责其顺君心也；补民、益主之业，责其修世业也；与下"而世必议寡人"句相呼应。

开于胡、翟之乡，而卒世不见也，

案此言欲开拓胡境，而其功卒不见。时武灵王即位已十七年，恐所志终身不能遂也，故曰"卒世"。

有独智之虑者，任骜民之怨。《正义》曰："言世有独计智之思虑者，必任隐逸敖慢之民怨望也。"

案"骜民"与上文"遗俗"对文。骜民者，谓与民俗相违骜也。《正义》误。

穷乡多异，曲学多辩。不知而不疑，异于己而不非者，公焉而众求尽善也。

案穷乡多异，目震于所未见，随所见而皆异也。曲学多辩，心疑于所未知，证以所知，而辩滋繁也。不知而不疑，异于己而不非，其斯为通人之识乎。

吾国东有河、薄洛之水，至非寡人之所望也。

案此所叙即上与楼缓密谋者，故不能径告公子成而自往言之。观其始与近臣密谋，亲贵如公子成必先反复开谕以悟其心，而凡廷臣之谏争者以正言折之有馀矣，此亦足见变法之难，而矫时赴功，操成算以转移一世之人心，尤必自亲贵大臣始也。武灵王于此足以为法。

且服奇者志淫，则是邹、鲁无奇行也，《索隐》曰："按邹、鲁好

长缨，是奇服也。”

案“奇行”，如《周礼》之云“奇衺”。服奇志淫，则凡服礼服者必无奇衺之行矣。邹、鲁自周、秦间称为礼教之宗，《索隐》云“邹、鲁好长缨，是奇服”，大误。

二十五年，惠后卒。《索隐》曰：“谓武灵王之后，前太子章之母，惠文王之嫡母也。惠后卒后吴娃始当正室，至孝成二年称‘惠文后卒’，是也。而下文又云吴娃死后，娃子何宠衰，故太子欲两王之，是误也。”

案惠后即吴娃，史公前已明著之，下惠文后则惠文王之后，孝成王之母，所称赵太后者是也。武灵王未称王，始娶韩女，为夫人；其后吴娃以子惠文王为王称惠后，犹秦昭襄王以武王异母弟嗣位，而其父惠文君亦未称王，昭襄王立乃尊其母为宣太后，皆从其子为之名也；惠文王以下则各从其君之谥。《索隐》颠倒。

主父欲令子主治国，至因观秦王之为人也。

案武灵王胡服，以掠取胡地中山为言，而其意实在谋秦。其后廉颇、李牧皆乐用赵人，由赵人习战之故也，则武灵王之遗也；武灵王不死，秦人旰食矣。

是时王少，成、兑专政。畏诛，故围主父。主父初以长子章为太子；后得吴娃，爱之，为不出者数岁。生子何，乃废太子章而立何为王。吴娃死，爱弛；怜故太子欲两王之。犹豫未决，故乱起；以至父子俱死，为天下笑，岂不痛乎！

案《传》中忽夹一段议论，此史公独擅之奇。

王梦衣偏裻之衣，乘飞龙上天，不至而坠，见金玉之积如山。明日，王召筮史敢占之，曰：“梦衣偏裻之衣者，残也。乘飞龙上天，不至而坠者，有气而无实也。见金玉之积如山者，忧也。”

案《赵世家》皆以梦境相关合，盛衰皆有前兆，而人心相与感召一征之于梦，故夫盛衰之征，一皆发之人心者也。

大备《正义》曰："谓行大备之礼也。"魏，欲通平邑、中牟之道，不成。《正义》曰："平邑在魏州昌乐县东北三十里。相州汾阴县西五十八里有中牟山。按中牟山之侧，时二邑皆属魏，欲渡黄河作道相通，遂不成也。"

案前云赵献侯立，治中牟，是赵始都晋阳一传而徙都中牟，三传而徙都邯郸，其势似渐徙而东，与河南之中牟旷远不相及，《正义》据汾阴县西中牟山为言，甚允。疑此中牟自属赵，由此以通魏之平邑。其云"大备魏"，谓大出兵以防魏，欲因以开通平邑、中牟之境，而东南以临魏也。《正义》谓"行大备之礼"，误。

李牧诛。

案李牧之诛，用郭开之谗也，此关赵氏兴亡之大者。《冯唐传》云："王迁立，乃用郭开谗，卒诛李牧，用颜聚代之。兵破士北。为秦所禽灭。"《国策》云："秦多与郭开金，使为反间。"《史记》于此并不一叙，而于论赞中略具之，皆所谓互文见义者也。

《魏世家》 第十四

与韩、赵三分晋地，灭其后。

案晋静公之失国已见《晋世家》，赵、魏、韩《世家》皆不复详，其叙次略同。

汾水可以灌安邑，绛水可以灌平阳，徐孚远曰："智伯虽骄汰，然汾水二语不必出智伯也。"

案知伯以骄致亡，二语聊以自豪耳，正其骄气之溢于不自知者也。韩、魏方与知伯攻赵氏，而忽反攻知伯灭之，自非无因，徐氏云非知伯语，误也。

夫越山逾河绝韩上党而攻赵，至兵出之日，非魏无攻已。

案信陵此说犹战国策士之风也，而指画形势，深切著明，字字皆从纸上飞舞，而出老谋深计，非苏、张辈所能仿佛。

《韩世家》 第十五

于是晋作六卿，而韩厥在一卿之位，号为献子。

案献子，韩厥之谥。《左传》称谥皆在其死后以代其名，史公云生号为献子，误也。

十年，韩姬弑其君悼公。

案韩姬弑悼公，《六国表》亦著其文。疑韩女嫁于诸侯者是时独有宋悼公，然亦前卒，又不载其被弑事，不知此文缘何而误，而使《世家》与《年表》亦两承其非。

是因秦、韩之兵而免楚国之患也。

案"因秦、韩之兵"，谓因二国之兵已动因而构成之，使其交不能合也。

苏代谓韩咎曰：徐孚远曰："公子咎与韩咎是二人，故苏氏说韩咎奉虮虱也。"

案苏代始终为韩咎谋，其云奉虮虱纳之所以诳楚也，其后之告新城君者乃其本谋也。徐氏以公子咎与韩咎为二人，误。

使公孙昧入韩，

案公孙昧亦当时说士，非秦使也；为秦使，不应尽输秦之隐情以使韩自结于齐、楚，则此云"使公孙昧入韩"，"使"字疑衍。

不如出兵以到之。《索隐》曰："到，欺也，犹俗云'张到'。"

案到，谓至楚、魏相持之地也；屯兵以观衅而不与之约战，以阴收其利也，下文"待秦而到"正此义，《索隐》注误。

遂与公乘楚，施三川而归。《正义》曰："施，犹设也。三川，周天子都也。言韩战胜楚，则秦与韩驾御于楚，即于天子之都张设救韩之功，行霸王之迹，加威诸侯，乃归咸阳是也。”

案“施”当作“弛”，《说文》：“弛，解也。”三川，韩地，楚、韩相持必于三川，秦之救韩其意亦谋规取三川，如前之拱手而取西河之外也。韩胜楚则相与乘楚，而三川之兵以解，《正义》甚误。

公必先韩而后秦，先身而后张仪。《正义》曰：“先以身存韩之计，而后知张仪为秦到魏之计，不如急以国合于齐、楚。”

案“先韩而后秦，先身而后张仪”，言秦所欲者地耳，求救于秦适以导秦之欲，是先秦也。张仪所欲助以为利者秦耳，而相导以为利，是先张仪也。《正义》未能分明。

《田敬仲完世家》 第十六

陈完者，陈厉公佗之子也。

案《春秋》桓公六年：“蔡人杀陈佗。”《左氏传》于桓五年云：“陈侯鲍卒。文公子佗杀太子免而代之。”于庄公二十二年云：“陈厉公，蔡出也，故蔡人杀五父而立之。”则陈佗之立未逾岁而蔡人杀之，不得有谥明矣。《春秋》桓公十二年：“陈侯跃卒。”杜预云：“厉公也。”陈佗与厉公自为二人，史公于陈厉公事用公羊、穀梁《传》蔡人杀陈佗文而为之辞，而叙陈完又全用左氏文，故于当时事迹多有参差。

子我者，监止之宗人也。

案史公叙监止幸于简公以招田成子之忌，忽于此别出子我为监止之宗人，而不一详其本末。析监止之名与字为二，反令当时事实不能明，亦由好奇之过也。

驺忌曰：“不若勿救。”

案此一事凡三见，于此为魏伐韩；再叙之威王二十六年，为魏围赵；又叙之宣王二年，亦为魏伐赵。而皆列驺忌、段干朋名，惟后作“田忌”，而此作“田臣思”耳。驺忌实为威王时人，前后两叙驺忌，由史公汇次诸书，所未经删定者也。

赵无食，请粟于齐，齐不听。周子曰：“不如听之以退秦兵。不听则秦兵不却，是秦之计中而齐、楚之计过也。且赵之于齐、楚，扞蔽也，犹齿之有唇也；唇亡则齿寒。今日亡赵，明日患及齐、楚。且救赵之务，宜若奉漏瓮沃焦釜也。夫救赵，高义也；却秦兵，显名也。义救亡国，威却强秦之兵，不务为此而务爱粟，为国计者过矣！”

案秦之并诸侯成于商鞅远交近攻之策；亦知六国之心，互相兼并，以求自私其国，无能规画天下大事为久远计者，是以更历威王、宣王之世，曾无见难相救之心也。长平之败，赵以受韩上党地而激怒秦，又不用廉颇而使赵括将，非齐、楚之救所能及也。所云秦计，亦战国策士虚张其事而为之辞，茅坤论之曰：“惜君王后深入秦人之购卒不救赵。”遽以为君王后受秦之购，未审也。

《孔子世家》 第十七

《孔子世家》

案高帝始以太牢祀孔子，太史公适鲁得观孔子庙堂，诸生以时习礼其家。《儒林传》亦称：“陵夷至秦，天下并争于战国，然齐、鲁间学者独不废。”是孔子之道因是以自世其家，不待后世之追崇也。史公列孔子于《世家》，自纪其实而已，儒者或誉之，或毁之，盖皆未达其旨也。

纥与颜氏女野合而生孔子。《索隐》曰：“今此云野合者，盖谓梁纥老而征在少，非当壮室初笄之礼，故云野合，谓不合礼仪。”

案“野合”，自承祷于尼山为文，无庸曲为之说。

字仲尼，姓孔氏，

徐孚远曰："'姓孔氏'三字衍文。"案以前并未标其姓氏，至此始表出之，岂得为衍文。

然后往合葬于防焉。

案防叔始奔鲁为防大夫，则防者孔氏之宗邑也。叔梁纥死而殡于五父之衢，孔子乃奉之以合葬于防，《檀弓》所记甚明，并不明言其时之有母丧也。史公误读《檀弓》之文，而传疑至今，莫能明其义矣。

由是为司空。已而去鲁，斥乎齐，逐夫宋、卫，困于陈、蔡之间，于是反鲁。

案此数语总括夫子生平，唐、宋以来文人多据之以为传例。

自大贤之息，《索隐》曰："息者，生也。"

案墨子崇俭而薄礼，以孔子之饰礼容为讥，言自王者之迹熄，礼乐缺者多矣，孔子所饰者礼容也，故不足以变移齐俗。"息"与"熄"通，《索隐》注误。

定公立五年。夏，

案此"立"字衍文。

曰："盖周文、武起丰、镐而王。《索隐》曰："检《家语》及孔子之书，并无此言，故桓谭亦以为诬也。"今费虽小，傥庶几乎！"欲往。子路不说，止孔子。孔子曰："夫召我者岂徒哉？如用我，其为东周乎！"

案《论语》公山弗狃以费畔，召子，欲往，曰："如有用我者，吾其为东周乎！"史公因而润色之，《索隐》引桓谭之言以为诬，甚误。

由大司寇行摄相事，

案定十年《左传》："公会齐侯于祝其，实夹谷，孔子相。"相者，摈相之事，即《论语》所谓傧也，非相国也。时季氏专鲁政，鲁安得立相，而又使孔子摄之？相礼乃襄一时之礼，与国政无关，此盖史公疏略失考处。

孔子使从者为宁武子臣于卫，然后得去。

案宁武子在时孔子尚未生，且孔氏之门不闻有臣于宁氏者，此从者何人？定、哀之世，宁氏衰微久矣，不足以庇孔子于匡也。

夫人在絺帷中。孔子入门，北面稽首。夫人自帷中再拜，环珮玉声璆然。孔子曰："吾乡为弗见；见之，礼答焉。"

案《聘礼》致圭币，君与夫人并同，孔子之见南子亦以宾礼接之也，不应絺帷中相与答拜。宋世垂帘听政，汉、唐以上尚无此仪，不知史公何所据而云然也。

求之至于此道，虽累千社，夫子不利也。

案求之至于此道，言夫子之道，求以用而已，无所为利也。

孔子之时，周室微，至若是我于《易》则彬彬矣。

案圣人赞《易》序《诗》、《书》、《礼》、《乐》，皆在反鲁之后，而《春秋》成于获麟，圣人盖亦有感焉而作《春秋》，其书之成为最后。史公分两段叙述，最为得其实。

孔子以四教：文，行，忠，信。至子云：不试，故蓺。

案圣人之德不可以言语尽也，《乡党》杂记孔子之言貌动止，史公悉取入《世家》，则亦繁而无当矣。

颜渊死，孔子曰："天丧予！"

案《弟子列传》："颜回少孔子三十岁。年二十九。发尽白，蚤死。"不著其卒年。或云颜子卒年三十六，是则孔子年六十六也。哀公十一年孔子反鲁，年六十八，颜子已前卒矣。伯鱼之卒在颜子前，而《世家》称伯鱼年五十先孔子死，孔子年六十九，则是颜子之卒在孔子七十以后。哀公十四年西狩获麟，孔子年七十一，史公叙颜子之卒于获麟之次，而有“丧予”之叹，是谓颜子与孔子之卒相次也。

据鲁，亲周，故殷，运之三代，

案“故殷”，由周以推之殷。故，犹掌故之意，《汉书·艺文志·鲁故》二十五卷，颜师古《注》：“故者，通其指义也。”春秋列国五等之封，皆建自周，而立国多在殷以前，秦、楚、邾、莒皆是也。周兴而前代诸侯皆命以子男，秦有功得加命为伯，《春秋》之正名，盖通三代而明一王之大法也，故曰“运之三代”，所以明王道之纪纲，而维万世之人心也。

而诸儒亦讲礼乡饮大射于孔子冢。

案孔子墓在泗水北，而所居阙里在泗水南，所谓背洙面泗者是也。史公论赞称“诸生以时习礼其家”，谓所居之阙里也，不必讲礼于孔子冢墓间也。下云：“故所居堂，弟子内。”所居与弟子所居，后世因庙藏孔子衣、冠、琴、车、书，盖皆在阙里堂内，其非在冢明矣。此“冢”字当作“家”。

《陈涉世家》　第十八

《陈涉世家》《索隐》曰：“胜立数月而死，无后，亦称《世家》者，以其所遣王侯将相竟灭秦，为首事故也。然时因扰攘，起自匹夫，假托妖祥，一朝称楚，历年不永，勋业蔑如，继之齐、鲁，曾何等级，可降为《列传》。”

案高帝以陈王首事，为置守冢三百户而谥之以“隐”，则陈胜之为陈王，高帝制诏御史而为之正其名矣，史公安得贬而置之《列传》。张耳尝王赵，而传之其子矣，而不得为《世家》，自高帝时而赵王之国已除也。知彭越、黥布、淮阴之不得为《世家》，即知陈涉之入《世家》，史公之尊汉制有宜然也。《索隐》之讥，抑何其不达也。

二世元年七月，发闾左，《索隐》曰："闾左，谓居闾里之左也。秦时复除者居闾左，今力役凡在闾左者尽发之也。"又云："凡居以富强为右，贫弱为左。秦役戍多，富者役尽，兼取贫弱者而发之者也。"

案秦、汉时发兵皆囚徒有罪者，是以谓之谪戍。闾左，谓平民，陈涉、吴广皆平民也，《汉书·诸侯王表》"作左官之律"，颜师古《注》："汉时依古法，朝廷之列以右为尊。"《循吏传》："文翁以为右职。"颜师古《注》："右职，郡中高职也。"名门贵族谓之右族，则是闾左谓平民也。秦曰"闾左"，汉曰"良家子"，义并同，《索隐》误。

陈守令皆不在，

案刘攽曰："守令者，非正令，权守者耳。"良是。下守丞亦然。《通鉴》作"守尉皆不在"，盖缘《史》、《汉》。《史》云"守令皆不在，独守丞与战"，知为令、尉皆不在耳，却又脱一"令"字。

守丞死，乃入据陈，

案陈涉首事仅一攻蕲下陈，而所遣诸将武臣则自立为赵王，韩广则自立为燕王，周市则立魏咎为魏王，葛婴则立襄强为楚王，秦嘉又立景驹为楚王，其自立者齐王田儋而已，馀皆陈涉所遣将也。陈涉起未久，事迹无可纪者，而楚、汉相争大局并由陈涉发其端，史公叙汉《世家》首陈涉以此。

当此时，诸郡县苦秦吏者，皆刑其长吏杀之。

案此及下文"当此时，楚兵数千人为聚者不可胜数"，"当此之时，诸将之徇地者不可胜数"，连用"当此时"三字，见一时仓卒乘乱而起，抢攘衡决，情事历历如见。

初，陈王至陈，令铚人宋留将兵定南阳，入武关，

案此叙陈王已死后事，而遣置在前，故用"初"字另提以追

叙之，是文家变换归并之法。

已为王，王陈，其故人尝与庸耕者闻之，至诸将以故不亲附，此其所以败也。

案《陈涉世家》无可纪，史公以一御人庄贾仓卒杀之而推知其无亲；又以陈涉起细微，自立威重，而推其所与佣耕者龌龊猥屑之状，以知其所以不相亲附之由，是史公立意生新处。

夥颐，涉之为王沈沈者！楚人谓多为夥故。

案夥，惊喜诧叹之音，颐者，语词。《方言》："凡物盛多谓之寇，齐、宋之郊，楚、魏之际曰夥。"则非独楚语为然。

陈王以朱房为中正，胡武为司过，主司群臣。

此南齐以后设立谏官，纠察群臣之滥觞也。宋世诸儒，以谏官与宰相并重，而曰宰相能行之，谏官能言之，所以相辅为治，但必得其人耳。

吾闻贾生之称曰：

案褚少孙袭《秦皇本纪》之迹，以贾生《过秦论》之陈涉本末，取附《陈涉世家》之后，因句首"褚先生曰"，徐广云"一作'太史公'"，裴骃遂用班固之言，谓"太史迁取贾谊《过秦》上、下篇以为《秦始皇本纪》、《陈涉世家》下赞文，言褚先生者非也"。以此乃史公本文，误也。

《外戚世家》　第十九

《外戚世家》徐孚远曰："纪后纪而号曰外戚，非也。后代史书皇后自作纪，而外戚别作传，乃为得之。"

案外戚者，合异姓之好而为婚姻，由外合者也，而亦因以世其家。史公因汉制后族建侯而为之名，徐氏沿后世之称后党者以讥之，殊失史公本旨。

《诗》始《关雎》，

案《十二诸侯年表》序“周道缺，诗人本之衽席，关雎作”，盖本薛君《韩诗章句》；此引关雎，本《毛诗训故传》，以“《关雎》后妃之德，《风》之始也”，是也。

薄太后以为母家魏王后，早失父母，其奉薄太后诸卫有力者。于是召复魏氏，及尊赏赐，各以亲疏受之。

案此谓魏媪父母早卒，无子，无从推恩，而就诸魏中薄太后少时少相存恤者除其役，以亲疏次其赏赐之厚薄。

至宜阳，为其主入山作炭。寒，卧岸下百馀人。岸崩，尽压杀卧者；少君独得脱，不死。自卜数日当为侯，从其家之长安。《索隐》曰：“谓从逐其宜阳之主人家，而皆往长安为居也。”

案宜阳属弘农，距长安为近，盖广国闻窦皇后立，用卜者之言，私诣长安，为上书计也。从其家者，谓去其主人之家，以往长安也。入山作炭至百馀人，则亦富家也，何为从宜阳往长安？使广国因此而得上书自陈，则是主人家固有恩矣，不应以后更不一及之也，此亦《索隐》读书不审之过。

乃厚赐田宅金钱，封公昆弟家于长安。《索隐》曰：“公亦祖也，谓皇后同祖之昆弟，如窦婴即皇后从昆弟子之比，亦得家于长安，故刘氏云：‘公昆弟，谓广国等’也。”

案上专叙窦广国事，其兄窦建已前赐田宅矣，至是复厚赐之，使兄弟均受田宅，以家于长安。云“昆弟”者，兼建与广国言之也，故下径接绛侯、灌将军之言，总举两人，是史公行文最峻洁处。是时建等皆未为侯，文帝召见后必已次第拜官，史公皆略而不书，独言诸所封赐皆以公之昆弟也。《索隐》说误。又“封公昆弟”是一大结束，前但云窦皇后兄窦长君弟曰广国，以下独叙广国上书召见事，于加恩窦长君处略未一及，故云“厚赐田宅金钱，封公昆弟"，统前赐窦长君者均赐之昆弟二人；公者，均也，合读自明。《汉书》仍《史记》原文，独于此云"乃厚赐之，家于长安"，则竟遗去窦长君一层矣。班《史》且未达史公之意，于司马贞何尤！

而景帝诸美人皆因长公主见景帝，得贵幸皆过栗姬。

案此谓景帝所幸诸美人皆由长公主纳之宫中，是以栗姬怨怒长公主，长公主乃因栗姬之怨，而诬其咀祝诸贵人幸姬以相倾也。

子夫侍尚衣轩中得幸。《正义》曰："尚，主也，于主衣车中得幸也。"

案左思《魏都赋》"周轩中天"，李善《注》："周轩，长廊有窗而周回者。"《汉书·师丹传》："天子自临轩槛。"殿堂檐特起曲椽曰轩。尚衣轩在所居堂侧，曰轩中，亦必周回有窗。《正义》云"车中"，误也。

跸道先驱，旄骑出横城门，至太后为下泣，女亦伏地泣。

案褚少孙文肤浅，独此叙武帝取姊谒太后，风驰电掣，精彩动人。

《楚元王世家》 第二十

已禽楚王韩信于陈，乃以弟交为楚王，都彭城。

案《黥布传》："东击荆，尽劫其兵渡淮，击楚；楚发兵与战徐、僮间。"是当元王初立，已有黥布淮南之兵，未宜阙而不书。

乃拜礼为楚王，奉元王宗庙。

案立楚后所以嗣元王也，吴王濞始立国而以反诛，不宜立后，于此亦煞有断制。

《荆燕世家》 第二十一

令其子求事吕后所幸大谒者张子卿。

案《汉书·荆燕吴传》云“吕后所幸大谒者张卿”，宋祁曰：“《汉书》南本、浙本并作‘张泽卿’，或作‘释卿’。《周勃传》‘宦者令张释谕告’，颜《注》曰：‘《荆燕吴传》云“张泽”，今此作“释”，未知孰是?’然则此宜作‘泽卿’矣，但‘释’、‘泽’二字不知何从?后云‘今卿最幸’，疑‘卿’是字，‘释’其名也。”《汉书·恩泽侯表》及《周勃传》与《史记·吕后纪》同作“释”，《匈奴传》与《史记·年表》同作“泽”，“释”、“泽”二字，形近必有一讹，而张卿字惟见此，作“子卿”者误也。

今吕氏雅故本推毂高帝就天下，

案《高祖纪》：“汉二年，败彭城，吕后兄周吕侯将兵，居下邑；汉王从之。稍收士卒。”是高祖初起，吕后兄即从将兵，雅故者，谓故旧相从久也。《吕后纪》：“吕后兄二人皆为将：长兄周吕侯，次兄吕释之为建成侯。”吕氏为将，自高祖初起时，故曰雅故。

泽还兵备西界，

案《齐悼惠王世家》，齐王东诈琅邪王，至临菑，因留琅邪王，而使祝午尽发琅邪国而并将其兵。琅邪王既见欺，乃说齐王入关计事。琅邪王既行，齐遂举兵西攻济南。相国吕产使灌婴击之，乃留兵屯荥阳，琅邪王亦从齐至长安，叙述甚明。此云“还兵备西界”，不知所备何国之界?殊不甚明。两传相次，而情事各异。

定国有所欲诛杀臣肥如令郢人。

案顾亭林据《汉书·武帝纪》元朔元年匈奴入辽西杀太守，谓辽西自为郡，不属燕。考《汉兴诸侯王年表》明言：“前后诸侯，以适削地，是以燕、代无北边郡；吴、淮南、长沙无南边郡；

齐、赵、梁、楚支郡名山、陂池，咸纳于汉。”盖皆在武帝下推恩之令，令藩国自析以后事也，元朔元年，肥如必尚属燕也。

郢人等告定国。《集解》曰：“如淳曰：‘定国自欲有所杀馀臣肥如令郢人以告之。’”《索隐》曰：“小颜以为定国欲有所诛杀馀臣，而肥如令郢人乃告定国也。”

案“告”，如《韩信传》“舍人弟上变告信欲反状”，谓发其阴事也。《彭越传》云：“太仆亡走汉，告梁王。”又云：“吕后令其舍人告梁王复谋反。”《淮阴侯传》亦云：“人有告楚王信反。”史公于诸告变事但曰“告”而已。肥如属辽西郡，燕地也，定国自怒其臣肥如令名郢人者而欲诛杀之，郢人因先告发定国阴事也。旧《注》并误。

《齐悼惠王世家》 第二十二

诸吕惮朱虚侯；虽大臣皆依朱虚侯。

案吕后顾惜吕氏甚至，诸吕有一人醉，亡酒，章追拔剑斩之。朱虚侯所以得免者，由娶吕禄女故也，亦吕后深惜吕氏之意。

朱虚侯、东牟侯为内应，

案城阳王附《齐世家》，而叙朱虚侯时事于此，以见齐王发兵西，由朱虚侯居中内应之故。而吕氏所以诛，朱虚侯之功为多，故特表出之。

魏勃父以善鼓琴见秦皇帝，至勃用事，重于齐相。

案魏勃始末亦如附传体，史公好奇，得魏勃遗事以间一发舒之，两汉以下之文不能然也。

事浸浔不得闻于天子。

案此当为“事浸浔闻于天子”，以其事既传播渐至上闻，是以主父偃之言易入。《汉书》正作“事寖淫闻于上”，“不得”二字，当为衍文。

《萧相国世家》 第二十三

以文无害，

案《酷吏传》：“赵禹为丞相史，府中称其廉平。然亚夫弗任，曰：‘极知禹无害，然文深，不可以居大府。’”无害，谓无所侵牟渔夺，秦、汉间语廉者为无害也。文与无害二事，盖其时所用以择吏者也。《淮阴传》云：“无行，不得推择为吏。”文者，才能也；无害，即行也。

秦御史监郡者与从事常辨之。何乃给泗水卒史事，第一。

案此谓由县吏转为郡吏也，疑当“以常辨之何”为句。《说文》：“辨，判也。”言沛中事一决之何也。《高帝本纪》有泗水监，又有泗水守，此云“监郡”者，则何之为泗水卒史，乃监郡者之属吏也。

汉王所以具知天下阸塞，户口多少，强弱之处，民无疾苦者，以何具得秦图书也。

案于此表何之功，与《留侯世家》“此三人力也”，及“留侯本招此四人之力也”，皆特揭其功之显著者，以隐寓其不足之意。

关中事计户口转漕给军，汉王数失军遁去，何常兴关中卒，辄补缺。上以此专属任何关中事。

案上言“给军食”为收巴、蜀言之，此“转漕给军”则何留守关中所专任之事也。疑此“关中事”三字承下“专属任何关中事”而衍。

毋收稿为禽兽食，

案此“毋”字当为发语辞，言毋宁令民入田，命收稿为鸟兽食，犹为两利之道也。

今相国多受贾竖金，而为民请吾苑，以自媚于民，故系治之。

案《萧何传》极写高帝猜忮之心，以何守关中久，得民心故也。高帝以匹夫有天下，一变三代相承立国之局，其心惴惴焉，惟惧人之效其所为而思所以诛戮之，而遂以开后世有天下者猜忌功臣之风，于是圣人以道经营天下，奠定生民之盛轨，不复可见于世，由高帝以天下自私而不闻道，贻祸若斯之烈也。

何置田宅，必居穷处；为家不治垣屋。曰："后世贤，师吾俭；不贤，毋为势家所夺。"

案此与前贱强买民田宅不相应。观其为民请上林苑弃地，是其所买田宅，必仍以蠲之民，史公于此更不叙述，盖其意在穷极高帝猜忌之心。以明相国之用智自全，不以相国惠施小节为重也。即此可悟古人行文高简处。

何谨守管籥，因民之疾，奉法顺流，与之更始。淮阴、黥布等皆以诛灭，而何之勋烂焉！

案史公于萧、曹以下皆薄视之，淮阴侯赞云："庶几哉，于汉家勋可以比周、召、太公之徒。"其轻重之意可见矣。然萧何运筹，要是三代以下名相，自汉以后无有能及之者也。

《曹相国世家》　第二十四

取砀狐父、祁善置。

案狐父当为砀地，善置当为祁地。祁即沛郡之祁乡也。《高祖本纪》，东阳宁君、沛公引兵攻砀，三日乃取砀。其后楚怀王以沛公为砀郡长。是砀于当时为郡，曹参从攻砀，而所取者砀之狐父，祁之善置而已。《汉书》无"砀"字，颜师古《注》因谓狐父、祁二县名，甚误。

取临济《正义》曰："淄州高苑县西北二里有狄故城，安帝改曰临济。"

案是时未立临济县，此临济与定陶相近，不得在高苑县西。《水经·济水》注："平丘县有临济亭。"是也。《正义》误。

夫狱市者，所以并容也，《集解》曰："《汉书音义》曰：'夫狱市兼受善恶，若穷极奸人无所容窜，久且为乱。秦人极刑而天下畔，孝武峻法而狱繁，此其效也。'"

案《孟子》"引而置之庄岳之间"，盖齐都市最盛之处。狱市，谓岳市也。临菑俗尚驵诈，多盗，岳市人民所萃，奸宄杂出其中，参欲一以清静治之，更不稽察奸宄以扰民也。记旧有此说，似较《汉书音义》为确。

日夜饮醇酒。卿大夫已下吏及宾客见参不事事，来者皆欲有言；至者，参辄饮以醇酒；间之欲有所言，复饮之；醉而后去，终莫得开说，以为常。

案前言"举事无所变更，一遵萧何约束"，是参为相，但不务纷更而已，非竟不事事也。开国之初，百度维新，人思献其智能以求用于世，宋李沆言："居位无所补，惟诸上书言事者一切报罢，庶以是报国。"亦是此意。史公好奇，因参善饮，极意形容之，不必有是事也。

吏舍日饮歌呼，从吏恶之，无如之何。乃请参游园中，闻吏醉歌呼，从吏幸相国召按之，乃反取酒张坐饮，亦歌呼与相应和。

案参相业，一治之以宽简，未尝以法绳治人。吏舍歌呼不一案问，益相与张饮歌呼以乱之，即下"见人有细过，专掩匿覆盖之"之意，亦阴以感吏舍，使知歌呼必相闻也。平阳此等雅量，夐乎远矣。

参怒而笞窋二百，

案参治黄、老言，专务宽简；惠帝疑其日饮过度，使其子谏之，参因趣其子入侍，不听休沐，不必遽怒而笞窋二百也。此亦史公好奇，加倍形容处。

参免冠谢，曰："陛下自察圣武孰与高帝？"上曰："朕乃安敢望先帝乎！"曰："陛下观臣能孰与萧何贤？"上曰："君似不及也。"参曰："陛下言之是也。且高帝与萧何定天下，法令既明；今陛下垂供，参等守职，遵而勿失，不亦可乎？"惠帝曰："善。君休矣！"

案于曹参行事，极意形容到尽处，至此始就参口中一点醒，截然顿止，是史公文笔绝高处。

顜若画一。《集解》曰："徐广曰：'顜，一音较。'"《索隐》曰："《汉书》'顜'作'講'，小颜云：'講，和也。'"

案"顜"与"講"通，《汉书》作"講若画一"，文颖曰："講，或作'较'。"《说文》："講，和解也。"和解，犹言讲解，解则分析明矣。《说文》："解，判也。"《广韵》："解，晓也。"讲解使明，故又通作明。"画一"，谓简要也。"顜若画一"，谓较然若画一，使人见而易明也。"和解"自是秦、汉间语，小颜径以讲为和，盖非也。

《留侯世家》 第二十五

东见仓海君，《索隐》曰："姚察以武帝时东夷秽君降，为仓海郡，或因以名，盖得其近耳。"《正义》曰："《汉书·武帝纪》云：'元年，东夷秽君、南闾等降，为仓海郡。'今貊秽国，得之。太史公修《史》时，已降为郡，自书之。《括地志》云：'貊秽在高丽南新罗北，东至大海西。'"

案《汉书》："元朔元年东夷秽君南闾等降，为苍海郡。"服虔曰："秽貊在辰韩之北，高勾骊沃沮之南。"张良韩人，以游淮阳值始皇东巡，因求力士击之博浪沙中，安得远逾辽东以达苍海，又反击之博浪沙中者。《晋太康地记》淮阳苦县赖乡，老子所生处，当时或有以道家言为隐术者，仓海君者，术士之假以为名者也。《索隐》、《正义》援引俱非。

良说曰：秦兵尚强，未可轻，至遂至咸阳。

案张良智术纯袭老子欲翕固张，欲取固与之旨。所从受学，殆亦盖公言黄、老者之流，而托名《太公兵法》耳。

汉王亦因令良厚遗项伯，使请汉中地。

案汉王因项伯请汉中地，关系天下大计，而不著之《本纪》，惟见之《留侯世家》。王武反黄；程处反燕；柱天侯反衍氏：并当时经营天下大端关系处，亦不著之《本纪》，惟一见之《曹相国世家》，想见史公行文消纳之妙。

此难以口舌争也。至上知此四人贤，则一助也。

案留侯所学犹战国策士之习也。而深机秘要，默运之心，以知高帝不言之隐情，而惟其所操纵之，盖尤神于揣摩之术者。《老子》所谓“百物出于机而入于机”，惟留侯得之。

四人至，客建成侯所。

案东园君四人岂能为建成侯客者？史公著此一语，使人于言外得之。

上曰：“终不使不肖子居爱子之上！”

案此又假四人口中揭出高帝欲易太子之本旨。

吕后承间为上泣涕而言，如四人意。

案此所谓阴谋也，吕后亦乐托之四人之言以愚廷臣。

竟不易太子者，留侯本招此四人之力也。

案此四人者，不为高帝屈，独肯为吕后屈乎？留侯阴猜高帝之心，非溺爱者；独忧太子仁柔，不足托国耳，于是因其心之所不足，托之此四人者以征感之。吕后用留侯策招致四人，阴谋诡密，世无知者，是以此四人者终莫得而踪迹之，史公亦但据疑以传疑之词，并此四人之名迹不及知，而于吕后之涕泣为上言，悉以托之此四人之意。高帝之使太子将，未有命也，独吕氏知此意耳，此四人侍太子，安从知之？然则吕后与建成侯谋所以眩惑高帝之术，亦至密而至工矣。四人之侍太子，始终未有闻，独一见高帝言姓名耳；其后惠帝立，亦未尝一旌其保护之功，立足证其事之虚实矣。

留侯从上击代，出奇计马邑下，及立萧何相国。

案《高祖本纪》：“十一年，高祖在邯郸，太尉周勃道太原入，定代地。至马邑，攻残之。秋，淮南王黥布反，高祖自往击之。”是击陈豨与黥布并十一年事，张良从击陈豨，而未从击黥布。《萧相国世家》：“十一年，陈豨反，高祖自将，至邯郸。吕后用萧何计，诛淮阴侯。上闻淮阴侯诛，使使拜丞相何为相国。”此特据留侯辟谷一年中事言之。《高祖本纪》：“闻豨将皆故贾人，乃多与金啖豨将。”留侯计划多此类，尤善窥伺隐秘，所谓“出奇计马邑下”，或谓此也。其并及立萧何相国，则似吕后诛淮阴侯之谋，留侯亦与闻之。史公于留侯盖多微辞，故其言隐约如此。又案因韩信而拜萧何相国，即留侯言之，于事亦无关轻重，此必留侯与闻诛韩信之谋，史公于此稍示微旨。

《陈丞相世家》 第二十六

富人莫肯与者，贫者平亦耻之，

案嫁娶计贫富，秦之敝俗一倡，而天下靡然从之，史公此二句写出当时社会风尚。

事嫂如母，《集解》曰：“兄伯已逐其妇，此嫂疑后娶也。”

案上“逐其妇而弃之”，一时之愤辞也；语言之失，因以弃嫂，陈平亦岂能安？史公于此多不暇斡旋，止可因前后之文以通知其情事，裴骃便据此嫂为后娶，恐失之。

汉王还定三秦而东，殷王反楚。项羽以平为信武君，将魏王咎客在楚者以往，击降殷王而还。

案《项羽本纪》："赵将司马卬定河内，数有功，立卬为殷王，王河内。"《高祖本纪》："汉王从临晋渡，魏王豹将兵从，下河内，虏殷王，置河内郡。"项羽分置诸王，罢兵戏下，各就国，不应此时有殷王反楚之事。《魏豹传》："陈王立咎为魏王。章邯已破陈王，乃进兵击魏王于临济。咎为其民约降，约定，咎自烧杀。魏豹亡走楚，楚与魏豹数千人，复徇魏地。项羽已破秦，立豹为魏王。"魏咎者，魏豹之兄，其王魏在陈涉时，未尝一日从楚。魏豹徇魏地，下二十馀城，楚因立以为王，魏王之故客何为在楚哉？此当高祖还定三秦，项王使郑昌为韩王距汉，而河内当时要害，足以扼汉兵东渡，所以拜陈平武信君，使助殷王守河内。陈平故仕魏，汉王东渡临晋，魏王豹又从汉攻下河内，是以项王心疑，又因其无功，欲诛之；陈平因间行归汉，情事极分明。史公于此叙述颇误，其云"降殷王而还"，竟似陈平已还至楚，与下"项王使项悍拜陈平为都尉"及"陈平封其金与印，使使归项王"，情事亦参差。"降殷王而还"五字，盖误也。

臣闻平居家时盗其嫂，

案陈平盗嫂之谤，以不事家生产，依嫂以食，嫂复嫉之，因而传疑，以为盗窃其嫂资财耳。盗嫂受金是一类事，证以前后事自明。读《史记》者不务考知盗字本义，传疑至今，谓陈平无行，亦太不审矣。以奸淫为盗，自汉以前并无此训。

士之顽钝嗜利无耻者亦多归汉。

案秦、汉以后一变三代之为，终以不能复古，其人才风俗亦靡焉日趋于敝，尽于此“顽钝嗜利无耻”六字，西汉二百馀年，始终不离此种人才。

用其奇计策，卒灭楚。

案史公所叙间楚君臣一事耳，而云“用其奇计策卒灭楚”，大是调侃语。

人有上书告楚王韩信反，至此特一力士之事耳。

案云“人有上书告楚王反”，语无端倪，而于陈平所以为高帝谋者叙之特详，以明高帝诛戮功臣，亦陈平智计附会以成之也。

高帝用陈平奇计，使单于阏氏，

案《留侯世家》一用“奇计”字，《陈丞相世家》乃连用之，而后举陈平之言“我多阴谋，道家之所禁”，史公于此极有微旨。

用陈平谋而召绛侯周勃受诏床下，曰：陈平亟驰传载勃，代哙将，徐孚远曰：“高帝疑哙不受代，故使陈平载周勃，隐之也。”

案绛侯受诏床下，谓代哙将也，陈平则直受诏斩哙，而令驰传载勃代将，则并以部署建置将帅命之。徐氏之言甚误。

王陵者，故沛人。至审食其免相。

案《陈丞相世家》兼附王陵、审食其二传，以并在高、惠之世与平为左、右丞相，其事以类相从，是史公极意经营以归简约之旨。

吕太后立诸吕为王，陈平讹听之。及吕太后崩。平与太尉勃合谋，卒诛诸吕立孝文皇帝，陈平本谋也。

案《萧相国世家》一意规合高帝意旨，由鲍生等教之，写得萧何之恭顺。《陈丞相世家》一意规合吕后意旨，写得陈平之诡秘。至立孝文皇帝亦其本谋，是术士行径。

愿以右丞相让勃。

案陈平之让周勃皆从其阴谋作用，随时俯仰以求诡合，庄生之所谓“吊诡”者也。

绛侯谢病请免相，陈平专为一丞相。

案吕后之阴私，王陵不能容，而陈平居相如故；文帝之明习国家事，周勃不能容，而陈平之居相亦如故。此风一开，延至于今垂二千年。祖述陈平，以保全禄位，皆居之以为奇计矣。

陈丞相平少时本好黄帝、老子术。

案留侯本习黄、老之术，陈平则全是阴谋，盖犹战国策士气习，所学阴符之谋、短长纵横之术而已，于老、黄无涉也。

《绛侯周勃世家》 第二十七

材官引强。《集解》曰：“《汉书音义》曰：‘能引强弓官，如今挽强司马也。’”

案《申屠嘉传》“以材官蹶张”，似“材官”为初起从军之名，“引强”、“蹶张”，壮其武力，则史公之词也。据《功臣表》，绛侯周勃“以中涓从初起”，未授官或曰中涓，或曰舍人，或曰家吏，或曰骑士，或曰卒；其分职有户卫，门尉，户将，队将，弩将，厩将及军匠之名；其异名曰执盾，曰执矛，曰连敖，曰骈怜：则当时侯国所置官，因以为名，亦有直称令史者，从未云以材官从，故知材官非官也。《汉书音义》以引强为官名，尤恐失之。

所将卒当驰道为多。

案驰道，犹言辇道，谓当上前也。盖以前锋击贼，仍存护卫之意，亦见高祖自将兵临敌。当驰道者，战功为最也。

最《索隐》曰：“最，都凡也；谓总举其从高祖攻战克获之数也。”从高帝，得相国一人，丞相二人，将军、二千石各三人；别破军二，下城三，定郡五，县七十九，得丞相、大将各一人。

案上击燕王臧荼，击韩王信，击代相陈豨，并从高祖；击卢绾则勃特将耳。别者，特将也。此总叙高祖灭项籍以后事，“最”者，谓殿其功最也，《索隐》以“都凡”释之，误。

孝惠帝六年，置太尉官。

案《吕后本纪》：“四年，置太尉官，以周勃为太尉。”是汉置太尉实始吕后四年，《功臣表》亦同，而《卢绾传》称：“东击项籍，以太尉常从，出入卧内。”五年，破项籍，乃使卢绾别将；绾为太尉在汉未有天下之先，犹秦旧制，非汉制也。《高祖本纪》十一年讨陈豨，“太尉周勃道太原入，定代地”。此或为史官叙述之词，以后所历官称之，秦、汉以前文字多类此。史公于《绛侯世家》前云“勃迁为太尉”，后复云“置太尉官”，已失之分别，而《本纪》及《功臣表》并云“吕后四年”，此复云“孝惠六年”，亦互有参差。

吏稍侵辱之。

案秦任吏以治天下，《项羽本纪》，当始皇之初，项梁已与栎阳狱掾抵书蕲狱掾，交通为奸利，而权已下移，数年而亡天下。汉循秦制，一切仍而不改，举天下之大一付之吏，以操纵绳治之，故绛侯既出曰：“吾尝将百万军，然安知狱吏之贵乎！”史公于此，盖有深痛。

上至，又不得入。于是上乃使使持节诏将军：“吾欲入劳军。”

案此当为文帝微行至军，军吏得遏止之，至是乃使使持节诏将军，以劳军为言。史公但自奇其文，故于此等细微不及详耳。

楚兵剽轻，难与争锋；愿以梁委之，绝其粮道，乃可制。

案条侯本计以梁委吴，而从后绝其饷道，坚壁不战以困之。盖吴、楚之兵剽轻，使其坐困而气馁，则成功速也。其竟视梁之急，不一遣援，亦知景帝与梁王相忮，故梁上书言景帝，景帝使使诏救梁，太尉可以不奉诏。其实以条侯讨定吴、楚之乱，成功有馀，而一意以梁委之，亦疑有未安也。

高皇帝约：非刘氏，不得王。

案是时薄氏、窦氏皆已前侯，亚夫犹以高帝之约为词，亦稍犯当时之忌讳矣。

景帝视而笑曰："此不足君所乎？"

案凡云"所"者，皆实指现在之词，言所置大胾不足君食，尚他求耶？景帝之阴鸷与条侯之愤懑不平，尽于此一语中。

吏簿责条侯，条侯不对。景帝骂之曰："吾不用也。"召诣廷尉。

案"簿责"，即《李广传》之"对簿"也。广言"吾今自上簿"，所谓"之莫府对簿"，即此，犹今人之自书供状也。"召诣廷尉"，则就讯矣。景帝言"吾不用"，不更责其对簿也。"条侯不对"，史公论赞所云"守节不逊"者，以此。

《梁孝王世家》 第二十八

西至高阳，《集解》曰："徐广曰：'在陈留圉县。'"

案《地理志》陈留无圉县。《郦食其传》云："陈留高阳人也。"又云："为里监门。沛公掠地陈留郊，沛公麾下骑士适食其里中子。"是高阳乃陈留县里名。

王入则侍景帝同辇，出则同车游猎，

案李善《文选注》："辇道，阁道可乘辇行。"《广韵》："辇，人步挽车也。"挽车以行宫中，游猎上林即"出"也。"同车"，亦止为游猎。

著籍引出入天子殿门，

案《韩长孺传》："奉引堕车蹇。"谓为天子导引，即扈从之属也。“著籍引”者，随从梁王出入天子殿门。《汉书》作“著引籍”，言得为梁王导引以入也。

有献牛，足出背上。《索隐》曰：“张晏云：‘牛者丑之畜，冲在六月；北方数六，故六月六日薨也。’”

案下云“六月中，病热，六日卒”，并未详其日，张晏《汉书注》据以为“六月六日”，误；刘敞《汉书刊误》已辨正之。

《五宗世家》 第二十九

坐侵庙壖垣为宫，

案《高祖本纪》：“令郡、国诸侯各立高祖庙，以岁时祠。”此当云“坐侵高祖庙壖垣为宫”。

建又尽与其姊弟奸。

案《汉书》：“建与女弟奸。男子荼恬告建淫乱，下廷尉，建罪不治。及淮南事发，建使人多持金钱绝其狱。建罪状甚具，而得不坐皆以此也。”《汉书》所叙较《史记》为详。

使使即县为贾人榷会，《集解》曰：“韦昭曰：‘平会两家买卖之贾也。榷者，禁他家，独王家得为之。’”

案《汉书·武帝纪》“初榷酒酤”，颜师古《注》：“禁民酤酿，独官开置，如道路设木为榷，独取利也。”韦昭据《说文》“榷，水上横木，所以渡也”，谓惟横木处可渡，其他皆不可渡，故取义于“禁他家”。其实“榷”、“课”字音义相近，《唐书·职官志》：“凡赋人之利：一曰租；二曰调；三曰役；四曰课。”《广韵》：“课，税也。”会，如《周礼》之“要会”，郑康成《注》：“会，谓计最之簿书也。”榷会者，记籍其物值而税之。《汉书》“豪民猾吏，辜而榷之”，辜榷，即估课也，《晋书·南蛮传》作“估较”，盖谓权量其物值也。《孝经·疏》“盖者辜较之辞”，辜较亦权量意。唐时方言其原亦出于此，韦昭之言误也。

自是之后，王齐数上书告言汉公卿及幸臣所忠等。

案《汉书》缪王齐嗣四十四年薨，而云："齐数告言汉公卿及幸臣所忠等，又告中尉蔡彭祖。有司案验，不如王言；劾齐诬罔，请系治，齐恐，上书愿击匈奴。上许，未发病薨。"是此等事，皆在天汉以后，由褚少孙附入之，故其词未竟。

使人致击笞掠，擅出汉所疑囚者。

案此谓勃杂取已受笞掠诸囚，以疑误汉使，终莫能究其实也。

《三王世家》 第三十

《三王世家》

案史公赞言："燕、齐之事，无足采者。"故特录其疏议制诏之文，以著其封国之原始。以三王立未久，其事迹本无可采也。孝文三王以二年封；孝景十三王亦以前二年封，远者至中三年、中五年，则以长幼为之程也。武帝三王以元狩六年封，时武帝即位已十四年矣，君臣相与逊让，以文辞争胜，史公录之，亦见汉世典章，凡诏令之行，由尚书令下之御史，由御史下之丞相，与其一时议事之制，备具于篇，实亦一朝之故实也。褚少孙谓求其《世家》不可得，传《史记》者遂以阙文言之，岂非孟浪。

御史臣光守尚书令丞非《索隐》曰："奏状有尚书令官位，而史阙其名耳。"

案上明言"御史臣光守尚书令"，此不云尚书守，承上文而省，《索隐》误。

言丞相青翟，

案《周礼·冢人》"言鸾车象人"，郑《注》："言，犹语也。"语之者，告当行，即此"言"字之义，由御史下之丞相等也。

或子男附庸，

案周建同姓之国，惟侯、伯二等，惟蛮夷之君称子，其所封建，有旧时建国在封域之内者，仍而不废，谓之“附庸”。汉儒于附庸之义多不达，观武帝制辞，则秦、汉间已失其义也。

陛下让文、武。

案让文、武，谓不敢上比周文王、武王封建子孙。

史记札记卷五上

七十列传

《伯夷列传》　第一

《伯夷列传》

案《伯夷列传》羌无故实，极意经营，为之稍诠次其文法，以知史公匠心独运处。杨升庵谓“《伯夷传》之妙在诞，古人精神使人于若不可寻处得之；读者必强令文义相属，则失之矣云云”，是尚未能究心史公文字者。

《诗》、《书》虽缺，然虞、夏之文可知也。

案此谓《诗》、《书》虽多缺略，然虞、夏时事犹可因文而考知其故。

尧让天下于许由，许由不受，耻之逃隐，

案《伯夷传》发端全叙论许由以为之引，盖以伯夷事迹见之诸子杂记，与许由同一渺茫。伯夷让国，许由让天下，史公独为伯夷列传，以孔子之言为足以征信也，俯仰悲怀，感慨淋漓，而本旨却仍蓄而不露。

太史公曰《索隐》曰：“盖杨恽、东方朔见其文称余，而加‘太史公曰’也。”

案于此陡出“太史公曰”，是史公文法绝奇处，亦正见其有无虚实之不易辨也。《索隐》以为杨恽、东方朔所加，岂非孟浪。

求仁得仁，又何怨乎？

案轻轻撇过许由、务光，直据孔子之言递入伯夷，熟玩史公叙论，可以悟其文法灌注自然。

且七十子之徒，仲尼独荐颜渊为好学；然回也屡空，糟糠不厌，而卒蚤夭，天之报施善人，其何如哉？

案前用许由作引，后借颜回作衬；前半有意比较腾挪，后半感慨无端。

其《传》曰：伯夷、叔齐，孤竹君之二子也，至遂饿死于首阳山。

案传后归重到伯夷之自求其志，让国以至饿死首阳山，固不以介其意也。而文气陵空荡漾，使人味之不尽。

岂以其重若彼，其轻若此哉！《正义》曰："重，谓盗跖等也。轻，谓夷、齐、由、光等也。"

案所重者志；所轻者富贵夭寿之遇。岂者，想像之辞。《正义》误。

贾子曰："贪夫徇财，烈士徇名，夸者死权，众庶冯生。""同明相照，同类相求；云从龙，风从虎，圣人作而万物睹。"

案"同明相照"五句为《易·系辞》文，史公引《易》承贾生之言，一气说下，而文气自为转折。汉文往往如此，唐、宋以后所无。

闾巷之人，欲砥行立名者，非附青云之士，恶能施于后世哉？

案结处申叙所以为伯夷立传，征信孔子之言，寄慨无端，而不一明著本旨，使人于言外得之，此史公文法绝高处。

《管晏列传》 第二

《管晏列传》

案史公十六国世家多袭《左传》、《国语》、《战国策》之文，《管晏列传》竟无一字蹈袭，惟举其轶事一、二端，而稍叙其大概，一以议论经纬之。

管仲夷吾者，颍上人也。

案《汉书·地理志》：“阳城乾山，颍水所出，东至上蔡入淮。”则颍上当为郑地。杜预注《左传》云：“荥阳景县东北有管城。”《广韵》：“管，姓，管叔之后，齐有管至父。”史公云管仲颍上人，即谓管仲，管叔之裔也，疑管仲世家于齐，其姓氏源流亦不可考，不得径以为颍上人。

其为政也，善因祸而为福，转败而为功。贵轻重，慎权衡。《正义》曰：“权衡，谓得失也。”徐孚远曰：“权衡，钧石之类，盖与民取平之意。《正义》非也。”

案以文义求之，轻重谓事势轻重，非谓九府圜法，则所谓权衡者，正衡量其得失也。因祸而为福，转败而为功，当时并无显著之迹，所事只在轻重得失之机，霸者作用正是如此。徐氏纠《正义》之误，恐失之。

有三归、反坫，《正义》曰：“三归，三姓女也。妇人谓嫁曰归。”

案《正义》所云，本何晏《论语注》。礼，诸侯始娶，同姓之国以娣侄媵；一娶三姓女，于礼未闻。考《说苑》以为台名，至金仁山氏始据以为算法，固为近之，而不能详其义。此盖管子九府轻重之法，当就管子书求之。《山至数篇》曰：“则民之三有归于上矣。”三归之名，实本于此。因考管子书，制国之用，在谷与币，相准以为之经，而以正盐策综而纬之，以次及金、铁、竹、箭、羽、毛、齿、革、皮、干、筋、角，凡天财所生，地利所在，皆量其出入之数，导民趋而赴之；下至北郭屦缕，唐园之微，亦使得专其利。《国准篇》曰："无用之壤，臧民之羸。"其视尺寸之土之有馀隙，皆其利之所从生也，故观管子书，多设法以罔民利，而其实使民歆其利，国家因而取赢焉。《轻重》乙篇曰："与民量其重，计其赢；民得其十，君得其三。"尽此而已矣。其《地圆篇》量物之宜，《度地篇》去物之害，又此《轻重》诸篇之本计也。所谓"谨守其山林菹泽草莱"，举一国轻重之势，分数明而权衡无或爽，所以为天下才。其书所载计民之利而归之公，有十倍百倍侈大言之者，而以三为率，《轻重》诸篇屡见焉。是所谓"三归"者，市租之常例之归之公者也。桓公既霸，遂以赏管仲，《汉书·地理志》、《食货志》并云"桓公用管仲，设轻重以富民，在陪臣而取三归"，其言较然明显。《韩非子》云："使子有三归之家。"《说苑》作"赏之市租"，三归之为市租，汉世儒者犹能明之，此一证也。《晏子春秋》"辞三归之赏"，而云"厚受赏以伤国民之义"，其取之民无疑也，此又一证也。

国有道，即顺命；无道，即衡命。

案顺命、衡命，即所谓将顺其美，匡救其恶也。"衡"、"横"字通，横逆君命，使其无道不足以逞也。

志念深矣，常有以自下者。

案晏子立身事君大节，尽于此"志念深矣"四字中，而所叙仅两轶事，其得晏子深处，又出自御妻之口中，此史公文法诡变处也。

《老庄申韩列传》　第三

姓李氏，名耳，字伯阳，谥曰聃。

案郑康成《礼注》云："老聃，古寿考者之号，与孔子同时。"疑"老"为氏，"聃"其字也。《论语》："窃（此）〔比〕于我老彭。"老聃、彭铿，当为二人。

而史记周太史儋见秦献公曰："始秦与周合，合五百岁而离，离七十岁而霸王者出焉。"

案此云"七十岁而霸王出"，《周本纪》作"十七年"，《秦本纪》作"七十七年"，互有参差。考秦自秦仲以前世仕于周，至庄公居故犬邱，周宣王使为西垂大夫，是自西周以前秦与周本合也。至平王东迁，秦襄公始为诸侯，尽有岐以西地，于是与周离矣。秦昭襄王十七年，东周君来朝，二十九年，周君来，两周君并至，是秦复与周合。其后七十七年而二世立，陈胜起。《秦本纪》襄公至二世六百一十岁，二世凡三年，自襄公至昭襄王二十九年，实五百三十年，史儋之云离五百岁而复合，合七十岁，皆举其成数言之。《秦本纪》言合七十七岁，则纪实也。霸者，项羽；王者，高祖也。史儋自通秦兴亡始终之数言之，《史记》旧注并误也。

或曰儋即老子；或曰非也。

案史公叙太史儋语凡三见，是当时已传为异人异迹。老子本周柱下史，"儋"、"聃"音近，史儋之为老子，或有然也。

老子之子名宗，至因家于齐焉。

案老子之年岁始终无可考，或指目为老莱子，太史儋，史公但亦只能传疑而已。此所云老子之子宗，宗子注，注子宫，宫玄孙假，假子解及其邑里，亦各据其所传闻叙之，终莫定其为何许人也。

其学无所不窥；然其要本归于老子之言。故其著书十馀万言，大抵率寓言也。

案庄子广己以造大，与老子守约之旨异趣；是以老子之言实，庄子之言虚；老子之文妙，庄子之文奇。

作《渔父》、《盗跖》、《胠箧》，

案此三篇伪托，史公所见或已佚亡耶?

然善属书离辞，《正义》曰："属，音烛。离辞，犹分析其辞句也。"

案离，丽也。《礼》："离坐离立。"郑《注》："离，两也；两相丽谓之离。"《诗·小宛》："不属于毛，不离于里。"离、属同义。凡物必两相丽而后文生焉，两则分矣，故亦为分离。相离属则可以陈列，又有陈设之义，《玉篇》："离，陈也。"《正义》以"分析其辞句"言之，非"离辞"本义。

申子之学，本于黄、老，而主刑名。

案史公之意，以为申、韩刑名法术之学，皆原于老子；亦谓老子原本道德，无所不包，为诸子之所祖述也。

于是韩非疾治国不务修明其法制，执势以御其臣下，富国强兵，而以求人任贤，反举浮淫之蠹，而加之于功实之上。

案"功实"二字，治国家亦岂能外而不讲？申、韩为害之烈，在一以法术绳治天下，而使臣民之情无以自达，以为尊主、卑臣之嚆矢，秦、汉以来用之以矫虔天下，而三代之法制遂以泯焉，则申、韩之罪也。明君良臣用之，亦足以制治；昏弱之朝用申、韩之术，自速其亡而已。徐孚远曰："申、韩之术，治弱国可以至于强；治强国可以至于亡。韩方弱，用之或能有功。"何异梦呓。

又非吾敢横失能尽之难也。《索隐》曰："韩子'横失'作'横佚'。刘氏云：'吾之所言无横无失，陈辞发策，能尽说情；此虽是难，尚非难也。'"

案"横失"当作"横佚"，六书本义"失"与"佚"通，《荀子·哀公篇》"其马将失"，《家语》作"其马将佚"。史公多用古文，不必曲为之解。

彼自知其计，则无以其失穷之。《正义》曰："前人自知其失误，说士无以失误穷极之，乃为讪上也。”

案“自知其计”，“自勇其断”，“自多其力”，是一例语。“知”读为“智”，《正义》误也。

《司马穰苴列传》 第四

景公召穰苴与语兵事，大说之，以为将军，将兵扞燕、晋之师。

案春秋行师，犹以古法约束；用杀以立威，战国始有此风，春秋无有也。《战国策》明言司马穰苴湣王时人，史公以属之景公；即“将军”、“司马”之称，亦当在战国六国相王以后，恐史公误也。

君之使不可杀之，乃斩其仆，车之左驸，马之左骖，以徇三军。

案《左传》：“晋侯之弟杨干乱行于曲梁，魏绛戮其仆。”君之使者不可戮，戮其仆可也，且及车之左驸，马之左骖，何为哉？盖亦当时稗官小说之流传，史公取而著之也。

士卒次舍，井灶饮食，问疾医药，身自拊循之。

案次舍，谓所居。饮食，谓所食。医药，谓有疾者。

齐威王使大夫追论古者《司马兵法》，而附穰苴于其中，因号曰“司马穰苴兵法”。

案《汉书·艺文志·军礼司马法》百五十五篇，入之礼家，而叙兵书五十三家，无司马穰苴兵法。班固论曰：“下及汤、武，以师克乱，冲之以仁义，行之以礼让，《司马法》其遗事也。”齐威王追论《司马兵法》，附穰苴其中，疑所追论亦必非《司马法》之遗也。又《司马法》与穰苴兵法不相为类，疑宣王追论《司马兵法》，穰苴复叙次之，因号曰“司马穰苴兵法”。司马，其旧名也，其后遂以司马之名被之穰苴。春秋、战国以封邑为名，如叶公商君之类多矣，未闻以官名者，或此有误？又案《田完世家》，威王三十六年卒，子宣王立；宣王十九年卒，子滑王立。《战国策》明著穰苴滑王时人，此史公误也。即如所录威王追论《司马兵法》而附穰苴其中，“司马”、“穰苴”自是二事，亦不得谓穰苴为司马也。

余读《司马兵法》，闳廓深远，虽三代征伐，未能竟其义，如其文也亦少褒矣。

案《汉书·董仲舒传》张晏曰：“褒，进也。”此谓《司马》之文，进于三代征伐之事也。

《孙子吴起列传》 第五

批亢捣虚，

案“亢”、“肮”字通。《娄敬传》“搤其亢而拊其背”，批亢者，制其要害；捣虚者，乘其疏忽；所谓攻其所必救，而出其所不虞也。

彼三晋之兵，素悍勇而轻齐，齐号为怯；善战者因其势而利导之。兵法，百里而趣利者蹶上将，五十里而趣利者军半至。使齐军入魏地为十万灶，明日为五万灶，又明日为三万灶。

案此设计以诱使趣利也，而叙孙膑之言与叙事相连，《左氏》亦时有此法，后世不能及也。

魏将庞涓闻之，去韩而归。至孙子度其行，暮当至马陵。

案齐之侵魏自东而西，庞涓之去韩而归，又自西而东，其势不能绕出齐军之后。此当为庞涓还救，孙膑因急退师以诱之，而庞涓悉锐追及以谋邀击也。史公于此，尚少一斡旋。又案虞喜《志林》云：“马陵在濮州鄄城县东北六十里。”《春秋》庄公十四年："单伯会齐侯、宋公、卫侯、郑伯于鄄。"杜预注："鄄，卫地，今东郡鄄城是也。"《汉书·地理志》鄄城属济阴郡，据《卫世家》："卫嗣君五年，更贬号曰君，独有濮阳。"其后秦置东郡，因并濮阳为东郡。卫嗣君五年当魏襄王之十一年，其战败马陵在惠王之三十年，是时濮阳属卫，马陵犹为卫地，齐侵魏所必经。史公云"齐军既已过而西"，西，盖指魏境言之，谓已过齐地而西入魏境也。及闻魏军还救而遽退师，是以谓之"怯"；若径由齐至马陵，是尚未涉魏境，何以云"入吾地三日"也？史公但自奇其文而已，地势事情，读者固可考而知之也。又案徐广曰"马陵在魏郡元城县东南一里"，是又一马陵也，《魏世家》惠王二年"败韩于马陵"，是时韩、赵并兵伐魏，魏军击败之，则魏地也。

曾子薄之，而与起绝。起乃之鲁，学兵法以事鲁君。

案吴起卫人，游于鲁，因得学于曾子；此云"曾子薄之而与起绝，起乃之鲁"，则是吴起之适鲁在事曾子后也。

文曰："主少国疑，大臣未附，百姓不信，方是之时，属之于子乎？属之于我乎？"

案《六国表》魏文侯二十五年太子䓨生，则武侯之立，年十四耳，此言置相当在武侯初立时，故有"主少国疑"之言。然文侯在位时久，内有魏成子、翟璜，外有西门豹、李克之属，吴起为将在文侯时，则亦老臣矣，不得复云"大臣未附，百姓不信"也。

于是吴起见公主之贱魏相，果辞魏武侯。武侯疑之而弗信也。吴起惧得罪，遂去。即之楚。楚悼王素闻起贤，至则相楚。

案《魏世家》，武侯九年"使吴起伐齐"，吴起事仅一见。而据《六国表》楚悼王元年当魏文侯二十四年；文侯凡立三十八年，楚悼王立二十一年，则楚悼王之卒，当武侯六年，不应武侯九年吴起尚在魏也。若吴起适楚在九年之后，是楚悼王之卒久矣。

乃使令尹尽诛射吴起而并中王尸者。坐射起而夷宗死者七十馀家。

案如此则亦楚之大变矣，《楚世家》顾不一载，何也？

《伍子胥列传》 第六

《伍子胥列传》

案《伍子胥传》袭《左氏》、《国语》之文，便苦沓冗不能自振拔，以史公之才一受前人拘束，亦徒自窘耳。

无忌既以秦女自媚于平王，因去太子而事平王。恐一日平王卒，而太子立，杀己，乃因谗太子建。

案费无忌谗太子建详见《楚世家》，《伍员传》不宜重叙。

闻太子建之在宋，往从之。至乃因公子光以求见吴王。

案伍员之奔吴，志在复仇耳，太子建非可恃以集事者；若从太子建奔宋、奔郑，又从建子胜奔吴，则是伍员始终系心楚国，不应与白公胜同在吴而无一语及之。疑白公胜奔吴未久，子西亦闻其勇而忧其为楚患也，故召之，与伍员奔吴两不相涉。伍员自奔吴，太子建自奔宋，史公必混合为一，展转以出昭关，于情事极为乖舛。当时追者及渔父之渡之，正为楚捕之急，人皆指目之耳；若从太子建居郑数年，又与建子胜奔吴，前事已久寝矣，追者何自来也？《十二诸侯年表》叙伍员奔吴在昭公二十年，叙郑杀楚太子建在昭公二十三年，亦与《伍员传》不合。

吴王既诛伍子胥，遂伐齐。

案此后叙吴事当入《吴世家》，又接叙白公、石乞事，当入《楚世家》，附之《伍子胥传》后均为不类。

《仲尼弟子列传》 第七

孔子之所严事：于周则老子；于卫蘧伯玉；于齐晏平仲；于楚老莱子；于郑子产；于鲁孟公绰。数称臧文仲、柳下惠、铜鍉伯华、介山子；然孔子皆后之，不并世。

案自唐以后从祀孔子庙堂诸贤，并取证《史记》。蘧瑗之从祀，则文翁《礼殿图》列其名，不足为典要也。明嘉靖时釐正祀典，又以《家语》为断；《家语》传之王肃，故不能如《史记》之征实也。至国朝增祀郑侨，则益无所取征矣。

回年二十九，发尽白，蚤死。

案《左传》哀公十一年孔子反鲁，是时孔子年六十八。《家语》孔子十九生伯鱼，伯鱼年五十卒，则孔子当六十九。据《论语》，颜渊之卒尚在伯鱼后，要皆孔子反鲁后事也，其年当及四十，《家语》云“三十二而死”，甚误。史公但云“蚤死”，而不著其卒之年，固为得之。

子路为卫大夫孔悝之邑宰。

案孔子自卫反鲁，子路因留仕卫，其初为蒲大夫，殆亦孔氏之家邑也。及蒯聩之难，孔氏之老栾宁使告子路，则子路是时实仕孔氏，非为邑宰也。邑宰自治其邑，舍所治而从孔悝于死，是亦不得为义也。史公据为孔悝之邑宰，杜预因之以注《左传》。疑子路当为孔氏宰，与定公时为季氏宰同。冉求、季路皆仕季氏，宰者，有司也，与家老别，史公云“邑宰”，恐误。又案《左传》哀公十四年，小邾射请使季路要我，子路辞。是时子路犹为季氏宰也。十五年秋，齐陈瓘如楚过卫，仲由见之，其冬遂及孔悝之难。以子路仕卫为日基浅，而始终在卫国，其不得为孔悝邑宰亦明矣。

宰我为临菑大夫，与田常作乱，以夷其族，孔子耻之。《索隐》曰：“‘宰我’疑为‘子我’之误。”杨慎曰：“按《李斯传》言赵高之短于二世曰：‘田常为齐简公臣，下得百姓，上得群臣，阴取齐国，杀宰予于庭，遂弑简公。’斯去宰予未远，所言宜得其实。如斯所言，‘作乱’本无明文，而‘与难’独有此证，不然几厚诬贤者。《索隐》知其非，而又曲为阚止、子我之辨，亦纡曲矣，不若是证之明也。”

案杨氏之言大误，《论语》：“从我于陈、蔡者，皆不及门也。”是为反鲁后，追思在陈之言。弟子或仕、或亡，《论语》特记其人以实之，何尝耻及宰我哉？田常之乱，当哀公十四年，孔子反鲁之二年也，《左传》于定、哀之时叙孔门弟子特详，而于宰我不一及之，何也？杨氏引李斯之言“杀宰予于庭”，正以阚止字子我，展转承误，而蔽其名于宰予，史公因以为“与田常作乱而夷其族”，盖承其误，而益加歧也。杨氏即据以为证，不信《论语》、《左传》，而信流传之词，岂有当哉！

田常欲作乱于齐，惮高、国、鲍、晏，故移其兵欲以伐鲁。

案陈乞、鲍牧攻高、国在哀公六年，是时专齐政者陈乞也；后又四年，陈乞死，子常代立，齐简公亦于是时即位，哀公之十一年也，安有陈常惮高、国，而移兵伐鲁之事哉？又案伍员之死在哀公十一年，孔子亦以是年反鲁。其明年，哀公会吴于橐皋。又明年遂有黄池之会，而吴亡矣。是自孔子反鲁后，并无齐伐鲁事，亦并无吴伐齐事，此皆见之《春秋经》，何可诬也。

臣请往使吴王，令之救鲁而伐齐。

案《春秋》，吴子光卒于定公十四年，至哀公十三年会吴于黄池，中间凡十五年，终夫差之世，一伐越（在哀公元年），而齐实两伐鲁（一在哀公八年，一在哀公十一年），鲁亦两会吴伐齐（一在哀公十年，一在哀公十一年），皆在孔子反鲁之前，《吴世家》称：夫差七年，闻齐景公死，伐齐，败齐侯于艾陵。十年，伐齐。

十一年，复伐齐。而《春秋》艾陵之战，实在哀公十一年，吴王夫差之十二年也。据《春秋》："哀公五年，齐侯杵臼卒。六年，齐阳生入于齐，齐陈乞弑其君荼。七年，公会吴于缯。"鲁与吴会实始此。《孟子》载齐景公之言，自阖闾伐楚，兵强于诸侯，齐常畏之。《左传》哀公八年，齐伐鲁请师于吴，已而及齐平，于是鲁遂两会吴伐齐。哀公十年，齐人弑悼公，赴于师，吴子三日哭之于军门外。则自景公以来齐与吴修好久矣，并无伐齐丧师之事。《吴世家》所叙已与《春秋》参差，于《子贡列传》叙述尤乖舛。取战国策士之言而以诬子贡，则亦史公好奇之过也。

吴、晋争强，晋人击之，大败吴师。

案终夫差之世，未尝加兵于晋，因数会鲁以求通于晋，遂为黄池之会。会晋以争霸，是时晋独强，非惮吴者，无待子贡之先警之。黄池之会，亦何尝有击吴之事哉？

故子贡一出，存鲁，乱齐，破吴，强晋而霸越。子贡一使，使势相破，十年之中，五国各有变。

案子贡定、哀之世亦常仕于季氏，《左氏传》载子贡拒吴之辞甚备：哀公七年与吴会缯，吴召季康子，子贡拒之；十二年，会吴橐皋，吴请盟，子贡拒之；其秋，卫会吴于郧，吴将执卫侯，子贡又拒之。是时吴方凭陵鲁、卫，子贡据理求胜，《左氏》载其文可云美善矣。史公乃取游说之辞，附之子贡，与《左传》抵牾，此皆好奇之过也。

子贡相卫，而结驷连骑，排藜藿入穷阎，过谢原宪。

案子贡哀公十一年为鲁使以释卫侯，并不闻有相卫事。疑子贡与闻一贯之旨，所学优矣，不应以结驷连骑，夸示原宪，此亦稗官家说，而史公过取之。

子路使子羔为费郈宰，

案子路为季氏宰在孔子仕鲁以后，约当定、哀之际。定公十年会夹谷，孔子相，时年五十二，以此推之，子路为季氏宰前后几二十年；其使高柴为费郈宰，不详何时？然其年固在二十二年以上矣。子游少孔子四十五岁，为武城宰，而孔子过之，是尚在反鲁以前也。孔子反鲁盖六十八岁，往来卫、郑、陈、蔡，而过武城，子游之年亦约及二十。宓子贱少孔子四十九岁，而为单父宰，即在孔子反鲁以后，亦不过二十二、三而已，何以独屈于高柴？《论语注》亦不言子羔之为高柴也。

商瞿年长无子，其母为取室。孔子使之齐，瞿母请之。孔子曰："无忧！瞿年四十后，当有五丈夫子。"已而果然。《正义》曰："《家语》云：'瞿年三十八，无子，母欲更娶室。孔子曰："瞿年过四十，当有五丈夫子。"果然。'《中备》云：'鲁人商瞿使向齐国，瞿年四十，今后使行远路，畏虑恐绝无子。夫子正月与瞿母筮，告曰："后有五丈夫子。"子贡曰："何以知？"子曰："卦遇大畜，艮之二世，九二，甲寅木为世，立五，景子水为应，世生外象生象来爻生互丙象艮别子应有五子，一子短命。"'"

案京房以世应占《易》，而孔子用之以占商瞿之五子，可云谬诞矣。《正义》引《中备》有误脱。

则论言弟子籍，出孔氏古文近是。

案史公所著弟子籍出孔氏古文，其由来固远矣。明嘉靖时釐正祀典，乃改从《家语》之文以纠正史公，则亦永嘉诸公学术疏浅之过也。

《商君列传》 第八

吾说公以王道而未入也。

案帝道、王道有何区分？《礼运》之言大同、小康，而以禹、汤、文、武、成、康属之小康之世，盖秦、汉间儒者论帝王之所以异如此。商君本习刑名之学，而高语帝道、王道，其无当也固矣。

是以圣人苟可以强国，不法其故；苟可以利民，不循其礼。

案商君议变法，与赵武灵王议胡服同一机杼。武灵王议胡服，计深而心慑，故其词多杼回；商君之变法，志决而气果，故其词多直切。

有军功者，各以率受上爵。

案《李将军传》："诸将多中首虏，率，以功为侯者。"颜师古《汉书注》："率，谓军功封赏之科，著在法令者也。"秦法以首虏为级，得一首虏拜爵一级；率者，著录其等次也。

作为筑冀阙宫庭于咸阳，

案《秦本纪》"作为咸阳筑冀阙"，是时未有咸阳，孝公十年始建咸阳为都城，故曰"作为咸阳"。此因《本纪》之文而总括之。

而令民父子、兄弟同室内息者为禁，

案此即商君初令民有二男以上不分异者，倍其赋。息，谓生育子息，禁民父子、兄弟不得同室也。

卫鞅说孝公曰："秦之与魏，譬若人之有腹心疾，非魏并秦，秦即并魏。何者？魏居岭厄之西，都安邑，与秦界河而独擅山东之利。利则西侵秦，病在东收地。今以君子贤圣，国赖以盛；而魏往年大破于齐，诸侯畔之，可因此时伐魏。魏不支秦，必东徙；东徙，秦据河、山之固，东乡以制诸侯，此帝王之业也。"

案此商君规画天下大势，知其扼要处，贾生《过秦论》言"秦人拱手而取西河之外"，亦为秦人兼并诸侯，实基于此也。

孔丘有言曰："推贤而戴者进，聚不肖而王者退。"

案"戴"者，委己而奉之。"王"者，雄长一切，俯临而为之主也。

大筑冀阙，营如鲁、卫矣。

案营如鲁、卫，谓所筑冀阙纵广如鲁、卫之城也。《韵会》：“东西为径，周回为营。”

劳不坐乘，

案古车皆立乘，惟安车坐乘。

教之化民也深于命，民之效上也捷于令。今君又左建外易，非所以为教也。

案教之化民，民之效上，所谓以身教者从，以言教者讼也。二语另提，以明商君之僭，不足以为教也。左建者，车左建纛，《汉书·高帝纪》：“纪信乃乘王车黄屋左纛。”李斐曰：“纛，毛羽幢也，天子车衡左方上注之。”疑是时汉王未为天子，必承秦制为之，后遂以乘舆饰。商君左建，如管仲之树塞门，上拟于国君也。易者，治也。外易，谓出必修治道路。此皆所以表示百姓者，故曰“非所以为教”，与上“劳不坐乘，暑不张盖”相对。下云“后车十数，从车载甲”，则与上文“不从车乘，不操干戈”相对也。

余尝读商君“开塞耕战书”，与其人行事相类。《索隐》曰：“按商君书，开，谓刑严峻则政化开；塞，谓布恩赏则政化塞。其意本于严刑少恩。又为田开阡陌，及言斩敌首赐爵，是耕战书也。”

案《开塞》、《耕战》商君所著书篇名，《汉书·艺文志》有《商君》二十九篇，入之法家，今世传《商子》书犹有此篇名，《索隐》误。

《苏秦列传》 第九

南有碣石、雁门之饶，《索隐》曰：“《战国策》，碣石山，在常山九门县。”《正义》曰：“碣石山在平州，燕东南，雁门山在代，燕西南。”

案碣石、雁门非饶地，谓极东西二界，其南皆饶沃之区也。又案《尚书》孔《传》：“碣石，海畔山。”由碣石入河，则此山为河入海之委也。其道山之文曰：“太行、恒山，至于碣石。”由恒山以东尽于海，其不得为常山九门县之山明矣。今此山已无可考，自汉儒谓碣石山已沦于海，义或然也。雁门山在太原之代州，观此知燕境西极雁门，东尽于海，为燕之南境，盖横长千馀里而纵半之。

窃为君计者，莫若安民无事；且无庸有事于民也。安民之本，在于择交。择交而得则民安，择交而不得则民终身不安。

案春秋、战国并峙称雄，尤重邦交，无交则无援矣，苏秦合纵，联六国之交，允为当时上计。是时秦并六国之端已前见，故交以图存，即无强秦之患，抑亦保国安民之要义也。

夫秦下轵道，则南阳危；劫韩包周，则赵氏自操兵；据卫取淇、卷，则齐必入朝秦。

案此三项逐层推下，攻韩而据其要害，然后可劫韩以包周；劫韩包周以临赵，然后可以举卫制齐：秦并天下之大势，终不能越此。

故窃为大王计，莫如一韩、魏、齐、楚、燕、赵，以从亲，以畔秦。

案秦自孝公用商鞅，为富国强兵之计，其势足以制六国而乘其敝；而六国之君苟取窥利，自便而已，交兵掠地，无有已时。当时惟苏秦合纵，于六国所以自立，最为得其要略，不可以为说士之言而少之。

乃激怒张仪，入之于秦。

案苏秦合纵允为当时上计，然秦意在揣摩诸侯之心以行其说，邀一时富贵，非能为六国长顾远虑以求安全也。故其始言合纵，即激张仪入秦，苟幸秦之不东伐以取信其计，其意六国在当时秦患愈急，合纵之势亦愈不可缓。合纵者，联六国之交以备秦，正不待无故与秦构兵邀一战之效也，故曰苏秦之合纵，其言是也，而其人非也。

韩北有巩、洛、成皋之间，

案巩、洛、成皋不得在韩地，《汉书·地理志》并属河南郡。韩地错入河西，其壤垸，正当成周之北，不得反谓“北有巩、洛、成皋”也。

北有河外、《正义》曰：“谓河南地。”卷、衍、酸枣，

案河外即魏之河西地也，《正义》云“河南”误。

五家之兵，《索隐》曰：“高诱注《战国策》云：‘五家，即五国。’”

案管子书“三军教士三万人”，所谓士乡十五者是也。其法约九家而得一兵，其乡连里轨之制，通之六乡之工商，及五属之农，亦可以备征调。五家之兵，则家出一人而成一伍。《索隐》引高诱《注》，甚误。

且夫韩、魏之所以重畏秦者，至秦之不能害齐，亦明矣。

案秦并六国，范睢远交近攻之一言足以尽其用矣，是以终秦之世未尝交兵于齐。韩、魏支秦于前，燕、赵延秦于后，韩、魏一有蹉跌，则秦兵旦夕压齐之境，故当说齐以辅韩、魏，不当说使绝秦而已。此苏秦之智所以出范睢下也。

北有陉塞、郇阳，《索隐》曰：“陉山在楚北境。郇，音荀。郇阳地当在汝南、颍川之界。检《地理志》及《太康地记》北境并无郇邑，郇邑在河东，晋地。计郇阳当是新阳，声相近，字变耳，汝南有新阳县。”

案《汉书·地理志》：“汉中郡旬阳，旬水所出，南入沔。”正当楚之北境，与河东之荀城自别，当距临汾界不远，亦并无郇邑

之名，《索隐》甚误。

秦之所害莫如楚，至故为大王计，莫如从亲以孤秦。

案六国时，惟楚可以支秦；而齐最远，可以安坐承秦之敝；魏不得楚之援，不敢拒秦；韩、赵不得齐之援，亦不敢并力向秦。韩、魏相与拒秦以翼蔽山东，而规画天下大势，保全韩、魏以当秦人之冲，齐、楚之所宜深思远虑，以谋自全之策者也。观楚威王之言，亦略知天下形势与秦人为患六国之隐忧，惜乎六国诸臣之不足知此也。苏秦，说士之弋取富贵者耳，何与天下之大计哉？以苏秦为六国合纵，则尤非其人也。

苏秦之昆弟、妻、嫂侧目不敢仰视，俯伏侍取食。苏秦笑谓其嫂曰："何前倨而后恭也？"嫂委蛇蒲服以面掩地而谢。

案《战国策》云："嫂蛇行匍伏，四拜自跪而谢。苏秦曰：'嫂何前倨而后恭也？'嫂曰：'以季子位尊而多金。'"叙此段情事绝有意趣，盖苏秦之嫂始见苏秦，自陈谢前，苏秦呼而问之，而嫂具以实对，写得乡里妇人见解如生。史公以兄弟妻嫂，并叙苏秦笑问，其嫂乃蒲服以面掩地而对，则于情事远矣，此史公不及《战国策》处也。

苏秦之弟曰代，代弟苏厉。

案苏秦之嫂呼之曰季子，似不当复有弟。苏代、苏厉，并是苏秦族属，不必为其兄弟也。

夫骄君必好利，而亡国之臣必贪于财。王诚能无羞宠子母弟以为质，宝珠玉帛以事左右，彼将有德燕而轻亡宋，则齐可亡已。

案《田完世家》，齐滑王伐宋，南割楚之淮北，西侵三晋，泗上诸侯皆称臣，其民力殚矣。苏代于此料其必亡，而说燕王纳质厚币以骄之，此亦足补《世家》之缺。

齐使人谓魏王曰：齐请以宋地封泾阳君，

案此人亦当时策士，为齐游说而不著其名。

齐紫败素也而贾十倍。

案《说苑》，齐桓公好服紫，其时紫为重。素丝加紫，即贾十倍也。

秦欲攻魏重楚，《索隐》曰："重，犹附也，尊也。"则以南阳委于楚。

案重，犹难也，《汉书·淮南王传》："文帝重自切责之。"如淳曰："重，难也。"言欲攻魏，惧楚之议其后，意有所疑难也，《索隐》误。

重燕、赵，以胶东委于燕，以济西委于赵。赵得讲于魏，至公子延，因犀首属行而攻赵。

案此言秦攻魏而难燕、赵之救，因委燕、赵以事，即己得讲于魏，而复使魏攻赵也。"赵得讲于魏"，"赵"字误，当从金陵本作"己"。又案此谓魏襄王七年，秦惠王之十年也。秦围魏蒲阳，降之，复与魏和，而使公子繇质于魏，魏因入上郡、少梁以谢，疑"至公子延"当作"质公子繇"。

兵伤于谯石，遇败于阳马，至则劫魏不为割。

案此谓赵武灵王十年，秦惠文王之后九年也。秦取赵西都、中阳，逾年又取魏曲沃，走犀首。战国策士之言，多借端为之辞，不必果有其事也。

《张仪列传》　第十

其妻曰："嘻！子毋读书游说，安得此辱乎？"张仪谓其妻曰："视吾舌尚在不？"其妻笑曰："舌在也。"仪曰："足矣！"

案苏秦、张仪并见笑家人妻子，而两人心境，各出一机杼：

苏秦犹有世俗耻心之存；若仪者，斯可谓之顽钝无耻者矣！

相魏，以为秦；欲令魏先事秦，而诸侯效之。

案张仪魏人，又身相魏，而决意折魏以使入于秦，而倡天下计，其于秦亦非有性命死生之相倚托也，徒与苏秦以术相胜，一纵一横，其势必不两立。而是时秦并天下之势已成，用秦与用六国尤易为力，是以苏秦之名正而成功难，张仪之志诡而取效便。二人者，相与颠倒天下以售其术，遂使三代以来人心、风俗，败坏决裂，而不复可收拾。彼二人者，其倾陂小人之尤者哉！

且夫秦之所欲弱者莫如楚，

案前既劫之以事秦，又歆之以伐楚之利，以使自败其约。

秦要楚，欲得黔中地，欲以武关外易之。

案《楚世家》："怀王十七年，与秦战丹阳，秦虏屈匄，遂取汉中郡。十八年，秦使使约复与楚亲，分汉中之半以和楚。"《屈原传》亦同。是所与楚约者，归汉中地之半，并非以武关外地易楚黔中也。其后五十年，当顷襄王二十一年，秦拔郢，楚徙都陈，明年，秦始拔楚巫、黔中郡，盖秦昭襄王之三十年也。《秦本纪》"取巫郡及江南为黔中郡"，是时黔中郡地极于江南，通洞庭以南言之，当怀王时无由遽越郢都以取黔中地也。苏秦、张仪说士之言，本不足据，史公于此亦殊失考。

张仪既出，未去，闻苏秦死，

案《苏秦传》："燕易王卒，燕哙立为王。"是苏秦死于齐，当燕哙之世。《齐世家》亦云："燕哙既立，齐人杀苏秦。"苏秦死，齐宣王复用苏代。《六国表》，燕哙元年，当齐湣王四年，齐宣王已前卒矣。史公叙述多有参差，然通计苏秦相赵在赵肃侯时，相燕在燕易王时，为齐客卿在齐宣王时，湣王元年，当秦惠文王之后二年，张仪会齐、楚于啮桑，则其时苏秦已亡，而从约已败矣，不应至此时始闻苏秦死也。“闻苏秦死”四字，疑衍。

居二年而觉，齐王大怒，车裂苏秦于市。

案此所云，盖张仪借事为说，欲以破从亲也。苏秦为齐客卿，实当齐宣王之世。其说湣王高宫室、大苑囿，欲以敝齐而为燕。秦使人刺杀苏秦，齐王且使人求贼，岂因谋败车裂乎？

屈原曰：“前大王见欺于张仪，张仪至，臣以为大王烹之；今纵弗忍杀之，又听其邪说，不可。”

案《屈原传》云：“是时屈平既疏，不复在位，使于齐，顾反，谏怀王曰：‘何不杀张仪！’”盖屈原使而还，张仪已去楚矣，与此所叙不同，似《屈原传》为得其实。

秦、赵战于河漳之上，至秦强而赵弱。

案苏秦、张仪遍历诸侯以售其术，其行径正同，然苏秦犹有赵王资之，所说者尊主强国之术也；张仪则一意挟秦以恫喝诸侯而已。张仪之说行，而六国之亡决矣。何也？说者与受其说者，皆无复有生人之气存故也。

今秦发三将军：其一军塞午道，告齐使兴师渡清河，军于邯郸之东；一军军成皋，驱韩、梁军于河外；一军军于渑池，约四国为一以攻赵，赵服，必四分其地。

案张仪连衡之术，先致力于魏，魏服而齐、楚从之；远而齐、楚，近而韩、魏，均已慑伏，而后以威力胁赵有馀矣。张仪说赵王挟制尤力者，以苏秦之合纵始于赵也，此亦其针锋两两相对处。

乃使其舍人冯喜之楚，借使之齐，谓齐王曰：至此臣之所谓托仪也。

案张仪言之于秦，冯喜复述之于齐，累累数十言，一字不易，而不厌其烦，《战国策》多此等文法，后人不能效也。

轸重币轻使秦、楚之间，

案《集韵》："轻，疾也。"《尔雅·释诂》："数，疾也。"车轻则行疾，疾则烦数矣。轻使，犹言频数往使也。

曰：田需约诸侯从亲，至犀首遂行，三国相事皆断于犀首。

案苏秦为六国约纵，楚尝为纵长，田需之约当承苏秦之故事为之。怀王惮秦不敢复合纵，而以身为纵长，合纵与否宜楚为之主谋；闻犀首之使燕、赵，疑各国之先己而合也，是以怒，而齐、楚构衅方深，犀首乘之，可以揽取三国之权，此陈轸之所以令犀首餍事之谋也。此即以议论为叙事之法。

犀首弗利，故令人谓韩公叔曰，至果相魏。

案犀首行径与张仪同，而尤蓄意挤张仪以济其诡变，则亦中其所不及防故也。

太史公曰：三晋多权变之士，至此两人真倾危之士哉。

案合纵以拒秦，连衡以事秦，用术各别，而史公并谓其"言纵、衡强秦"，盖秦之势日趋于强，言纵、衡者其究皆秦之利也。彼苏秦、张仪、公孙衍之徒，知苟利其身而已，得势则附之，失势则背之，亦安计人国之为利病何如哉？史公之意于仪、秦极有轩轾，与世俗之言柢牾，欲知苏秦之愈于张仪，观其行事瞭然矣！此亦史公之微旨也。

《樗里子甘茂列传》 第十一

胡衍曰：公释蒲勿攻，至故胡衍受金于蒲，以自贵于卫。

案胡衍说樗里子释秦以德卫君，"入言"者，入告蒲守，以使卫君德樗里子之释蒲也。及语蒲守，则自以为德。战国策士诡变如此。樗里子之知能，及百岁之后，而不能咫尺窥知策士之心，此所以可畏哉！

樗里子卒，葬于渭南章台之东。至武库正直其墓。

案《始皇本纪》，诸庙及章台、上林皆在渭南。秦每破诸侯，写放其宫室，作之咸阳北阪上，南临渭。秦之咸阳，即汉渭城，盖在渭水北，而秦时所置诸庙皆在渭南。昭王庙，昭襄王既卒所立庙也，汉时其庙基犹存，史公即因其地指证之。其室在昭王庙西，而墓在章台东，并渭南地。而墓与室自别，史公混合言之，读者于此自当分析。

宜阳，大县也。上党、南阳，积之久矣。《正义》曰："韩之北三郡，积贮在河南宜阳县之日久矣。"

案上党在宜阳北，南阳在宜阳南，是时秦已得楚汉中地，则韩边备秦者益多，而宜阳实当南北之冲，诸郡必厚积其势以相守。其地又广大，下文"名曰县，其实郡也"，又别是一义，《正义》误。

人皆言楚之善变也，而公必亡之，

案亡，谓亡失秦、楚之交。

秦、楚争强，而公徐过楚以收韩，此利于秦。

案收韩以利秦，则韩、楚之交终不能合，而楚亦必不能与秦争强矣。过，犹先也；谓谋先楚以联韩、秦之交也。徐广曰："过，一作'适'。"

而内行章义之难，

案《越世家》，赵伐齐，齐威王使人说越王无强，而不详其名，疑此"章义之难"，即齐威王所遣说越者也。齐有章匡、章义，或其族也？

赵攻燕，得上谷三十城，令秦有十一。

案《燕世家》，王喜四年，攻赵，赵将廉颇破之，遂围燕；十二年，赵使李牧攻燕，拔武遂、方城。燕使剧辛击赵，赵将庞煖击之，杀剧辛；《赵世家》，孝成王十五年，燕攻赵，廉颇为赵将，破杀栗腹，虏卿秦、乐间；十六年，围燕；十七年，乐乘攻燕，围其国；十八年，廉颇助魏攻燕。凡此皆在秦王政之前。悼襄王二年，李牧攻燕拔武遂、方城；三年，庞煖将攻燕，擒其将剧辛；九年，攻燕取狸阳城。此又始皇立四年以后事也。燕太子丹质于秦，亡归，当燕王喜之二十三年，赵王迁之四年，始皇之十五年也，后四年而赵亡，又二年而燕亡，并无燕、赵相攻事。悼襄王九年，赵攻燕，取狸阳城，兵未罢，秦攻邺拔之。《年表》云："秦拔赵阏与、邺，取九城。"邺属魏郡，正河间地也，甘罗所云"赵王立自割五城以广河间"者，即此。战国策士多因事设辞，无事实，史公取以为《甘罗传》，误也。

《穰侯列传》　第十二

昭王即位，以冉为将军，卫咸阳。至任魏冉为政。

案此上叙穰侯根柢深厚，又自昭王初立有大功，而太后为之内主，所以著其植基固而立功早也。

公不若谓楼缓曰："请为公毋急秦。"

案仇液说秦穰侯，《战国策》不著其言，而惟著宋父所以安楼缓之言。盖必先有以安楼缓，而后其言易入也。以穰侯之亲贤且有功，而其相秦必待赵遣使请之，其势不足敌一楼缓，亦见其时亦游说相倾，风气所趋固然也。

不为不信，不为无行。

案两"不为"字，反揭之词。

于是魏人范睢自谓张禄先生，讥穰侯之伐齐，至于是秦王悟，乃免相国。

案范睢远交近攻一语，实为秦并天下之基，而穰侯于是时专属意于齐，是以范睢之言入而穰侯遽罢，亦适会其时之足以相倾也。

及其贵极富溢，一夫开说，身折势夺，而以忧死，况于羁旅之臣乎！

案三晋游说之士兴，抵掌高谈，而擅取其国之权，犹掇之也。于是天下之士皆务于诡合苟进，而春秋时之世臣，一削无几，人主乃得孤持其权于上，以奔走天下，而驾御之若豕羊然。秦、汉以后之以词章取士，犹战国游说之馀也。

《白起王翦列传》 第十三

昭王三十四年，白起攻魏，拔华阳，走芒卯，而虏三晋将，斩首十三万。与赵将贾偃战，沉其卒二万人于河中。

案《年表》昭襄王三十四年，击魏华阳军，实赵惠文王之二十六年，魏安釐王之四年，韩釐王咎之二十三年也。《赵世家》云："与魏共击秦，秦将白起破我华阳，得一将军。"《魏世家》则云："秦破我及韩、赵，杀十五万人。"《韩世家》又云："赵魏攻我华阳。韩求救于秦。败赵、魏于华阳之下。"据此，则华阳，韩地，赵、魏攻韩而秦救之。魏军亡者十三万，而以赵二万合之，乃为十五万也。《魏世家》所云"杀十五万人"，合韩、赵言之也。

白起攻南阳太行道，绝之。《正义》曰："按南阳属韩，秦攻之，则韩太行羊肠道绝矣。"

案此谓攻南阳，将缘太行而上，以横裁韩之腹背，是以上党道绝也。《正义》误。

而秦奇兵二万五千人绝赵军后；又一军五千骑绝赵壁间。赵军分而为二，粮道绝。

案赵长平军四十五万，而秦奇兵绝其后者二万五千人耳；又中出骑兵五千横裁赵军，此一时出奇之策，非能持久者。赵括当于此时出锐卒搏战，一战不利，因遽筑壁坚守；赵卒已尽发，无可继者，而秦乃于其间悉发兵诣长平，以坐待四十五万人之自敝。白起兵法，亦于此得其梗概矣。

武安君遂称病笃。应侯请之，不起。于是免武安君为士伍，迁之阴密。

案鲍彪曰："起之策秦、楚、三晋，可谓明切；然人臣无以有已，故孔子不俟驾而行。长平之败属耳，赵何遽能益强？以起之材智，知己知彼，而得算多，不幸至于无功极矣，何破国辱军之有？三请不行，此自抽杜邮之剑也。"盖秦、汉以后，君臣相忮，以不得其死者多矣，其风自武安君开之。鲍氏徒计校其利害，何当于武安君之心哉？

于是王翦将兵六十万人，始皇自送至霸上。至秦因乘胜略定荆地城邑。

案王翦始议取荆非六十万人不可，以荆兵剽轻，与战杀伤必多，欲厚集兵力以应之，盖其意在举荆略定其地，非但取胜一战之功而已。其后闻李信军破，荆军三日三夜不顿舍，度其轻剽之气可以持重困之，而仍历岁馀而始定，亦略见王翦之策荆，老谋深算，规画始终，以出万全也。

《孟子荀卿列传》　第十四

孟轲，邹人也。至其后有驺子之属。

案《孟子列传》列叙诸子，烘托成文，于孟子只轻轻点过，于驺衍之言叙次颇详，韩退之言："见人心之好怪也。"

傥亦有牛鼎之意乎？《索隐》曰："《吕氏春秋》云：'涵牛之鼎，不可以烹鸡。'是牛鼎，言衍之术迂大；傥若大用之，是有牛鼎之意。"

徐孚远曰："据本文大意，言驺子欲于时也，与《吕氏春秋》

所载意别。”案牛鼎即承伊尹负鼎，百里奚饭牛言之，《索隐》盖误，徐氏于此亦不能明，何也？

慎到，赵人。

案《汉书·艺文志·慎子》四十二篇，入之名家。班固谓其先于申、韩，申、韩尝称之。此宜附之《申韩列传》，列之《孟荀传》中义无所取。

驺奭者，齐诸驺子；亦颇采驺衍之术以纪文。

案前言“齐有三驺子”，驺奭亦其一也，以别立传，故于《孟子列传》内仅叙邹忌、驺衍二人。又案《汉书·艺文志·驺奭子》十二篇，入之阴阳家，殆亦驺衍终始之流。

荀卿，赵人。《索隐》曰：“名况。卿者，时人相尊而号为卿。”

案“卿”者，荀况之字。荀子书中亦有称“卿”者，犹虞卿、荆卿然。《索隐》以为尊号，恐非。

而赵亦有公孙龙，为“坚白同异”之辩。剧子之言，魏有李悝，尽地力之教；楚有尸子、长卢；阿之吁子焉。

案《汉书·艺文志》有《公孙龙子》十四篇，入之名家，《李子》三十二篇，入之法家，《尸子》二十篇，入之杂家，《长卢子》九篇，入之道家，《芋子》十八篇，入之名家。刘尚《别录》“芊子”作“芋子”，史公作“吁子”，《札记》云：“疑‘吁’字本或作‘哶’，故小司马音芊。”此诸子所著书，史公当及见之，宜并附之《老子传》后。又《索隐》谓“剧子为著书之人，姓剧氏而称‘子’也。”考《庄子·天下篇》“以坚白异同之辨相訾，以觭偶不忤之辞相应，以巨子为圣人。”向秀云：“墨家谓其道理成者为‘巨子’，犹儒家之言‘硕儒’。”此云剧子，即巨子也，崔譔本作“钜子”。《索隐》以为“姓剧氏”，甚误。

《孟尝君列传》 第十五

其母因兄弟而见其子文于田婴。

案“因兄弟”者，与其诸母兄弟四十馀人同谒见也。

孟尝君待客坐语，至人人各自以为孟尝君亲己。

案“孟尝君客无所择”，列之传首，而于冯驩有传舍、幸舍、代舍之分，而以附之传末，盖综叙其始终情事，可以推测而知其故也。其初欲以取士声势倾天下，一意罗致而已，当委心以结纳之，不能有厚薄也；其后士归者日众，不能不量其才力为轻重，而其接待之等，不能不示区分，必又势之所趋然也，其情事两不相妨。而观孟尝君所以待冯驩，数问诸传舍长，而阴察其所为，是其留意观别人才之心诚有不可及者，非徒务为好士之名也。

孟尝君怨秦，将以齐为韩、魏攻楚；因与韩、魏攻秦，而借兵食于西周。

案楚怀王十一年，六国合纵攻秦，怀王为纵长，至函谷关引归。二十四年，与秦和亲。二十五年，齐、韩、魏为楚负其纵约，共攻楚；秦救楚，三国引兵去。二十八年，秦乃与韩、魏共攻楚。是齐与韩、魏攻秦在约纵之始，与韩、魏攻楚在楚怀王既负纵约之后；此叙“孟尝君怨秦”皆虚文，无事实。

苏代为西周谓曰：至而不借兵食于西周矣。

案《楚世家》怀王三十年入秦，楚因诈赴于齐。齐湣王欲留太子以求楚之淮北。此言“东国”，即淮北也。齐湣王谋挟太子以求割地，而此乃云西周欲说秦令楚割东国以与齐，于事为不类。齐合韩、魏攻秦，必无就食西周之理。《秦本纪》：“昭襄王十年，楚怀王入朝秦。薛文相秦以金受免。十一年，齐、韩、魏、赵、宋、中山共攻秦，秦与韩、魏河北及封陵以和。”所叙即指此，亦无攻楚及秦事也。

孟尝君恐，乃如魏，魏昭王以为相，至齐滑王亡在莒，遂死焉。

案齐滑王四十八年，燕昭王合韩、赵、楚、魏之师攻齐，是为魏昭王之十二年，而《魏世家》于魏哀王九年云，魏相田需死，楚害张仪、犀首、薛公有一人相魏，使昭鱼阻止之，而云“薛公相，必右齐而左魏”。薛公，即谓孟尝君也，距五国伐齐时二十七年，而燕伐齐为主谋，诸国乘之以取利，亦不必出田文之谋。要之《战国策》之文多无事实，不足据也。

使人出钱于薛。

案此谓出其私财贷之薛人，资其息以补邑入之乏而供客也。

《平原君虞卿列传》 第十六

毛遂曰：“从定乎?”楚王曰：“定矣。”

案此复申问“从定乎”，是颊上添毫法，史公于此等轶事常加倍渲染，写得十分精彩。

秦赵战于长平，赵不胜，亡一都尉。

案《白起传》：“昭王四十七年，秦使左庶长王龁攻韩取上党；上党民走赵。赵军长平，以按据上党民。”又云：“六月，陷赵军，取二鄣四尉。七月，赵军筑垒壁而守之。秦又攻其垒，取二尉。”是廉颇与秦相距长平，所失尉多矣，亦不止亡一都尉也。

赵王召虞卿曰：至长平大败，遂围邯郸。

案《范雎传》，雎相秦为昭襄王四十一年。四十二年昭襄王留平原君以求魏齐，魏齐走赵，虞卿因与魏齐亡走魏，魏齐自杀。《秦本纪》昭襄王四十七年，白起击破赵军于长平。是时韩上党守冯亭以城归赵，平原君赵豹请勿受之。冯亭复背赵，赵发兵取上党。已而秦复取上党。廉颇与秦相距长平，盖距虞卿与魏齐出亡时已六年矣，而长平之役，与秦争上党，无约和之事。此虞卿著书论天下形势，设为之辞，非事实也。

使赵郝约事于秦，割六县而媾。

案六国割地事秦，并当时策士设为之辞，非事实。综六国时事见之《世家》者，惟楚襄王十九年，秦伐楚，割上庸汉北地与秦；考烈王元年，纳州于秦以平；魏安釐王二年，秦军大梁，与秦温以和；四年，秦攻魏杀十五万人，魏与秦南阳以和；及燕王喜二十七年，献督亢地图于秦诸事而已。并乘战胜之势，挟以割地。策士之言，假割地之名以申其说，而论者遂谓六国之祸，弊在赂秦，不一详考其事实。故尝以谓战国策士之术行，颠倒反复以议论相胜，而天下之祸乃愈烈。宋、明诸君子相奖为嚣，而美其名曰通言路，盖犹沿战国策士之习，历数千年而莫之变易者也。

对曰："臣闻小国之与大国从事也，有利则大国受其福，有败则小国受其祸。今魏以小国请其祸，而王以大国辞其福，臣故曰'王过，魏亦过'。窃以为从便。"

案秦、汉以下对君之词，必务张大其国之势，而高其主之贤，其源固出于虞卿也。是时赵地不广于魏，其强弱之势亦无以加于魏。始皇十九年灭赵虏赵王迁，二十二年灭魏虏魏王假，魏之亡又后四年，以赵与秦接，其祸尤烈于魏也。虞卿之道谀，实开秦、汉以后二千年之风尚矣。

《信陵君列传》 第十七

《信陵君列传》

案《信陵君传》极意摹写，是信陵君为史公心目中最得意人，文亦为史公最心眼之文。

当是时，诸侯以公子贤，多客，不敢加兵谋魏十馀年。

案《魏世家》，安釐王元年，秦拔魏两城；二年，又拔二城；三年，拔四城；四年秦破魏，予秦南阳以和；九年，秦拔魏怀；十一年，秦拔魏郪丘；齐、楚攻魏，秦救之，魏王因欲伐韩求故地，信陵君谏；二十年，秦围邯郸，信陵君矫夺晋鄙军救赵。盖自魏安釐王立，无岁不有秦兵。是时秦益强，六国日益削弱，而赵将楼昌攻魏几，廉颇攻魏房子又攻安阳，所谓“诸侯不敢加兵谋魏十馀年”，是史公极意描写之笔，无事实也。

公子闻之，意骄矜而有自功之色。

案《战国策》，唐睢戒信陵君在赵王郊迎之先。观信陵君为人终身谦下自抑，不宜于此有骄矜之色，且其时去国而栖寄于赵，何为而有骄矜也？此史公因事布势，自奇其文，非当时事实也。

秦王患之，乃行金万斤于魏，至十八岁而虏魏王，屠大梁。

案《魏世家》：“安釐王三十年，无忌归魏，率五国兵攻秦。败之河内，走蒙骜。三十四年，安釐王卒。信陵君无忌卒。”而《秦本纪》：“庄襄王元年，使蒙骜伐韩。二年，使蒙骜攻赵。三年，蒙骜攻魏高都、汲拔之。攻赵榆次、新城、狼孟，取三十七城。四年，魏将无忌率五国兵击秦；秦却于河外。蒙骜败，解而去。”《始皇本纪》：“始皇元年，晋阳反，将军蒙骜击定之。二年，麃公将卒攻卷。三年，蒙骜攻韩。攻魏氏旸、有诡。”是时始皇初立，年少，岁有兵事。反间信陵亦有之，然不必以信陵一人而不敢加兵于魏，乃《战国策》铺张无实之词。

《春申君列传》 第十八

秦昭王方令白起与韩、魏共伐楚，

案秦昭襄王三十四年，白起击破魏华阳军，实为楚顷襄王二十六年。《楚世家》："顷襄王十八年，遣使于诸侯，复为从，欲以伐秦。十九年，秦伐楚，楚兵败，割上庸汉北地予秦。二十年，秦拔我西陵。二十一年。白起拔郢，楚襄王兵败，遂不复战，东北保于陈城。二十二年，秦复拔我巫、黔中郡。二十七年，复与秦平。"黄歇之使秦，殆即顷襄王二十七年复与秦平时也。白起伐楚无虚岁，不必借韩、魏之力，而当韩僖王、魏安釐王之世，亦无岁不有秦兵，此云与韩、魏伐楚者，非事实也。

从而伐齐，《索隐》曰："从，音绝用反。刘氏云：'从，犹领也。'"

案"从"，如字读，《索隐》误。

且王攻楚将恶出兵？至不待痛而服矣。

案春申君所以说秦昭王，即范雎远交近攻之旨也。而是时，韩、魏之亡亟矣。楚徙都寿春而秦祸日逼，不与秦和亡，与秦和亦亡，而其势且迫以求和。和秦以存楚，可也，导秦以并韩、魏，不可也；去国都咫尺而皆为秦地，犹托辞"随水右壤"以僻远诓秦，而沭以韩、魏之为秦利病，以急遂其兼并天下之谋。春申君之说秦昭王，为秦计亦深矣，其视信陵君所以说安釐王者何如哉？史公乃言春申君之说秦昭王为"其智之明也"，吾弗敢知矣。

当是时，楚复强，

案《楚世家》于考烈王之世云"是时楚益弱"，一出兵救赵，一与诸侯共伐秦，不利而去，遂徙都寿春。此云"楚复强"，亦第为春申君作声势而已。

楚考烈王无子，春申君患之，求妇人宜子者进之甚众，卒无子。

案《楚世家》："幽王十年卒，同母弟犹代立，是为哀王。哀王立二月，庶兄负刍之徒袭杀哀王而立负刍为王。"而此云考烈王卒无子，与《世家》乖异，此不可晓。

是岁也，秦始皇帝立九年矣，嫪毐亦乱于秦，觉，夷其三族，而吕不韦废。

案六国惟秦、楚立国最久远，秦未并楚而楚之传已中绝，绝而复续，终灭于秦；秦之传亦于是时而绝。史公于此，具有微旨。

《范雎蔡泽列传》 第十九

独不重任臣者之无反复于王邪？徐孚远曰："此言当有所指，今不可考也。"

案"任臣"者，即谓王稽；"无反复于王"，谓其言可倚信，为王素知也。徐氏以为当有所指，亦太不审矣。

臣闻善厚家者，取之于国；善厚国者，取之于诸侯。天下有明主，则诸侯不得擅厚者，何也？为其割荣也。《索隐》曰："割荣，即上之'擅厚'，谓擅权也。"

案善厚家者取之于国，暗指穰侯等。善厚国者取之于诸侯，谓已魏人，而希秦王之用之也。擅厚者，即取国以厚其家者也；家之厚，其于国也必有不利者矣。割荣，谓割削其国以自荣。《索隐》误。

意者，臣愚而不概于王心邪？亡其言臣者贱而不可用乎？徐孚远曰："此指王稽也。"

案范雎屈辱于魏而趋秦，托身于秦，其贱固也。愚者王所见，贱者王所闻，谓指王稽，非也。

详不知永巷而入其中。《正义》曰："永巷，宫中狱也。"王来，而宦者怒逐之，曰："王至！"

案《说文》："巷，里中道。"《列女传》"姜后脱簪珥待罪永巷"，盖谓出宫待罪耳。永巷，盖通内宫之路，《周礼》阍人掌王宫中门之禁，永巷即王宫中门之道，《小雅》诗所谓"巷伯"，于

《周礼》为阍人。《三辅黄图》以汉掖庭狱当永巷，甚误。此言范睢进入内宫之道，而秦王适自宫出，是以宦者呵逐之。《正义》以为“宫中狱”，范睢是时待见秦王，何为佯入狱中哉？

会义渠之事急，

案《范睢传》谓穰侯欲越韩、魏而伐齐刚寿，范睢上书昭王，故昭王有会义渠事急语，秦伐齐取刚寿，在昭王三十六年，《秦本纪》不载此年有义渠事。《年表》于惠文王十一年云“县义渠，义渠君为臣”，是义渠当惠文王之世已并于秦矣。《年表》于惠文王后十一年云“侵义渠，得二十五城”，义渠已为县矣，而复云“侵义渠”，恐并是惠文王前十一年事，误析为二。此云“会义渠事急”，或昭襄王三十六年义渠民复畔秦，而《本纪》未载耳。

且昔齐湣王南攻楚，至故齐所以大破者，以其伐楚而肥韩、魏也。

案《楚世家》：“怀王二十六年，齐、韩、魏为楚负其从亲而合于秦，三国共伐楚。二十八年，秦乃与齐、韩、魏共攻楚。”是齐湣王之世凡再伐楚者，皆非齐主谋也。而《田完世家》称湣王“南割楚之淮北，西侵三晋”，其穷兵亦至矣。大抵战国策士之言，多援附会以成其说，不必其言之足以取征也。

应侯惧，不知所出。蔡泽闻之，往入秦也。

案范睢、蔡泽两人事恰相接续并为一传，史公之文亦适与其时事相应，史迁以后，无此体也。

闻应侯任郑安平、王稽，皆负重罪于秦，应侯内惭，蔡泽乃西入秦。

案《年表》：“秦昭襄王五十二年，王稽弃世。”蔡泽入秦当在其时，至始皇十五年燕太子丹质于秦亡归，相距二十四年。

应侯因让之曰：“子尝宣言欲代我相秦，宁有之乎？至先生幸教，睢敬受命。”

案《蔡泽传》载其说应侯之辞，于战国策士中又别出一机杼，史公此传亦别是一种叙法。

《乐毅列传》 第二十

于是燕昭王收齐卤获以归。

案“卤”当为“虏”。《汉书·卫青传》：“车辎畜产毕收为卤。”则“虏”者为人，“卤”通物产言之。

临不测之罪，以幸为利，义之所不敢出也。《索隐》曰：“谓既临不测之罪，以幸免为利，今我仍义先王之恩，虽身托外国，而心亦不敢出也。”

案乐生之意但自明其捐燕归赵之旨，燕惠王疑乐生乘燕之敝以伐燕，并未明言及之，乐生报书自不能遽详斯义。临不测之罪，即谓燕惠王之使骑劫代将，恐蹈不测之诛也；于义当行，不当以幸免为利也。无庸曲为之解。

狱囚自出，《索隐》曰：“狱囚自出，是政乱，而士师不为之守法也。”

案狱囚自出，即谓武王入殷而释箕子之囚，式商容之闾事也。言至国破君亡，躬被罪而复得释，终自全其身名也。《索隐》误。

室有语，不相尽，以告邻里。

案室有语，不相尽，喻乐乘不极陈伐赵之害。以告邻里，喻乐乘之奔赵。

二者，寡人不为君取也。《正义》曰：“二者，谓燕君未如纣，燕民未如殷民。复相告，子反燕以疑君民之恶，是寡人不谓君取之。”

案“二者”二字承上文言之。“室有语，不相尽”，咎其谏事之不力；“以告邻里”，咎其弃燕而适赵也。《正义》误。

其后二十馀年，高帝过赵，问：“乐毅有后世乎？”对曰：“有乐叔。”高帝封之乐乡，号曰华成君。

案《乐毅传》独详其先世及其后嗣，又别是一叙法。

《廉颇蔺相如列传》 第二十一

《廉颇蔺相如列传》

案范睢、蔡泽相继相秦，因联两传为一事，廉颇、蔺相如同时仕赵，因合两人为一传，史公因事为文，不主故常，所以能发其奇而博其趣也。

秦御史前书曰："某年月日，秦王与赵王会饮，令赵王鼓瑟。"

案《曲礼》："史载笔，士载言。"《周礼》："太史，大会同以书协礼事。外史，掌书外令。"是以凡会盟，史皆从，春秋时犹然。战国相骛于争战，周以前典礼无复有存焉者矣，独渑池之会，《蔺相如传》犹见御史书事，是乃三代之遗法也。

顾吾念之，强秦之所以不敢加兵于赵者，徒以吾两人在也。今两虎共斗，其势不俱生；吾所以为此者，以先国家之急，而后私仇也。

案战国人才以蔺相如为首，其让廉颇可谓远矣，庶几与闻君子之道者也。

杀平原君用事者九人，

案平原君赵公子，赵奢一田部吏耳，何遽杀其用事者九人？此由史公好奇，取诸传闻之词而甚言之。

秦伐韩，军于阏与。

案《后汉书·郡国志》，上党涅县有阏与聚。《元和郡县志》："阏与，在武安县。"下文云"秦军武安西"，则是《郡县志》为得其实也。《秦本纪正义》云："仪州和顺县即古阏与城。赵奢破秦军处，在潞州铜鞮县西北二十里。"仪州为今辽州，潞州为今潞安府，壤地相接，并东界彰德府，阏与近接武安无疑也。《秦本纪》、《韩世家》并不言秦伐韩事，惟《赵世家》云：“秦、韩相攻而围阏与。”《年表》于赵惠文王二十九年但称“秦拔我阏与”，不言秦、韩相攻，而于次年复言“秦击我阏与城，不拔”。疑是一事，史公杂采诸记载因析为二也。阏与本与韩地相接，秦盖越韩而攻赵阏与，以其地险狭，谋拔取之，以下临韩、赵也。《赵世家》据为秦、韩相攻，恐未然。

秦军军武安西，秦军鼓噪勒兵，武安屋瓦尽振。

案《汉书·地理志》赵国邯郸县下云：“堵山，牛首水所出，东入白渠。”魏郡武安县下云：“钦口山，白渠水所出。”据此则邯郸当在武安西，然武安近接上党，实在邯郸西北。是时赵军甫出三十里，距武安尚远，秦军鼓噪而武安屋瓦皆震，亦不应叙于此时也。

赵奢既已遣秦间，乃卷甲而趋之，二日一夜至，令善射者去阏与五十里而军。

案所以留军不行，而诛杀谏者，其蓄谋在此。上云：“秦间来入，赵奢善食而遣之。”乃史公行文添毫法也。

许历曰：“秦人不意赵师至此，其来气盛，将军必厚集其阵以待之。不然，必败。”

案二日一夜驰至，亦稍乏矣，而秦军之气方盛，于此宜有以待之。许历盖微窥知赵奢之兵机，故其言相应如此。

曰：“先据北山上者胜；后至者败。”

案秦军久至而不知据此山者，由赵奢留军不行，先示怯，是以秦军易之。直见赵军据此山，乃始与争利，此其所以败也。

对曰：“始妾事其父时，为将，至父子异心，愿王勿遣！”

案赵括之母不以所闻于赵奢之言告王，而察知赵括奉命将兵后行径，以辨其不足任为将，其亦贤矣。赵王所以任使之，徒见其善言兵事耳；因其言而遽信其为人，古今人所以贻累而致败者，盖亦不胜数也，伤哉！

廉颇一为楚将，无功，曰："我思用赵人！"

案廉颇入楚在考烈王东徙寿春之后，其势亦不足以有为矣。廉颇喜持重，而楚军剽轻，所以不乐用楚人也。

秦多与赵王宠臣郭开金，为反间，言李牧、司马尚欲反。赵王乃使赵葱及齐将颜聚代李牧。李牧不受命，赵使人微捕得李牧，斩之。废司马尚。

案赵氏名将三，皆善持重，廉颇、李牧皆仕赵数十年，亦稍尽其用矣，而皆不保其终，独赵奢一人前死，得免于废戮，彼其持重不苟喜功名如此。郭开一夫之谗，能颠倒轻重之，将非用兵久而权势盛，犯人主之忌者多哉？

《田单列传》 第二十二

燕军闻齐王在莒，并兵攻之。淖齿既杀湣王于莒，因坚守距燕军，数年不下。

案《田完世家》："楚使淖齿将兵救齐，因相齐湣王。遂杀湣王与燕共分齐之侵地卤器。淖齿既以去莒，莒中人及齐亡臣相聚求湣王子，立之，是为襄王。"是淖齿杀湣王时，莒城早下矣。淖齿去而后，齐复立王。《乐毅传》云："乐毅留齐五岁下齐七十馀城。"是燕之攻齐，亦非七十馀城一时并下，惟独莒、即墨守也。燕师之攻齐莒与即墨，相距为最远，是以莒中得从容立王，而田单亦于其时部署即墨守具，史公言燕军闻齐王在莒，并力攻之，淖齿既杀湣王，因坚守距燕军，数年不下，皆非当时事实也。

以即墨距燕。顷之，燕昭王卒。

案据此文，则燕军之攻即墨固无几时也。

田单乃收城中，得千馀牛，至燕军大骇，败走。

案是时齐城存者独莒、即墨，度其存兵必无几，而燕以全力注之，必非即墨一城兵力所能支，故先出火牛以乱燕军，而随后出击燕者不过五千人，足见其兵力之诎矣，若非得火牛以眩乱燕军耳目，其势必不能取胜。故知此非奇计也，但不得已而为之者也；而为神怪以虚饰人之耳目，盖其计固已先定矣。

太史公曰：兵以正合，以奇胜。善之者，出奇无穷；奇、正还相生，如环之无端。夫始如处女，适人开户；后如脱兔，适不及距，其田单之谓耶！

案史公评田单之用兵，以正合，以奇胜。田单之纵火牛非奇也，直以兵力不足以敌全燕之师，托之神怪以惊眩其耳目，而因纵击之，迫不得而为之者也，故先厚集其势，以壮士民之气，而激怒其心，然后挟全力以冲突之，以收一战之效，盖其蓄谋深而用心亦苦矣。王寻之狮象不足以吓昆阳之师，而田单之火牛乃用之以破燕，托之神怪者可以试而不可久玩者也。兵法静如处女，动如脱兔，赵奢阏与之师，庶几近之，非所以论田单者也。

初，淖齿之杀湣王也，至求诸子，立为襄王。

案此一段，《札记》疑后人所增。盖襄王之立，《田完世家》已详，不宜更入之《田单传》赞中也。

《鲁仲连邹阳列传》 第二十三

《鲁仲连邹阳列传》

案史公列传有以事相连者，如《廉颇蔺相如列传》、《魏其武安侯》及《灌夫列传》是也。有随事为类者，如《扁鹊仓公》及《刺客传》是也。鲁仲连、邹阳以书说显，屈原、贾谊以词赋显，亦随事为类者也。太史公心目中自具千古，依类比义，摘合而连属之，岂复以时代论耶。

秦所为急围赵者，前与齐湣王争强为帝，已而复归帝；今齐湣王已益弱，方今为秦雄天下，

案《年表》秦将白起破赵括军长平，又三年围邯郸，在齐王建之八年，距齐湣王之世二十八年。此称湣王者误，盖是时齐湣王已死有二十四年矣，当云“今齐已益弱”，“湣王”二字衍文也。

秦将闻之，为却军五十里，

案秦将却军五十里，皆战国策士虚张无实之言，非事实。

其后二十馀年，燕将攻下聊城。《索隐》曰：“徐广据《年表》，以田单攻聊城在长平后十馀年，言二十馀年误也。”

案田单破燕军即墨，下距秦军围邯郸二十三年，又下距燕将栗腹攻赵九年。此所谓田单破燕后二十馀年，或聊城近燕，燕军退保聊城，齐遂不能取，其后二十馀年，田单始乘燕之被谗言而取之耳；若更距围邯郸时二十馀年，则田单破燕至此且五十年，恐田单亦无此长年也。

齐田单攻聊城岁馀，至聊城乱，田单遂屠聊城。

案秦困邯郸在燕孝王元年，其后三年而王喜即位，遣栗腹伐赵，自是秦、赵相攻无虚岁，以讫于亡；王喜之世，力不足以攻齐明矣。《燕世家》及《田完世家》皆不具其文，《年表》亦无之，当由《战国策》为虚文以高鲁连之节，并无事实也。

臣闻忠无不报，至愿大王孰察之。

案邹阳上书正意，发端一点醒之，以下全用比喻，其体格绝奇。

昔卞和献宝，楚王刖之；李斯竭忠，胡亥极刑；是以箕子佯狂，接舆避世，恐遭此患也。

案以上引喻，皆见疑于君，以忠而被刑戮者也。

昔者司马喜膑脚于宋，卒相中山；范雎折胁折齿于魏，卒为应侯。

案以上引喻，皆取信于君，而不惑于人言，因遂以竭其忠者也。

是以申徒狄自沉于河；徐衍负石入海。

案此引喻，谓士自知其不合于世，而遂以轻其生也。

故百里奚乞食于路，缪公委之以政；宁戚饭牛车下，而桓公任之以国。

案此引喻，言独知之明。

昔者鲁听季孙之说而逐孔子；宋信子罕之计而囚墨翟。

案此引喻，言偏听之惑。

是以秦用戎人由余而霸中国；齐用越人蒙而强威、宣。

案此引喻，言明于用贤之必有功。

至夫秦用商鞅之法，东弱韩、魏，兵强天下，而卒车裂之；越用大夫种之谋，禽劲吴，霸中国，而卒诛其身。

案以上引喻，言任贤必有功，而能善全其终始，又各不同，是以士常怀高蹈远引之心，而其舍身家以尽心于所事者，必有以深得其心者也。

臣闻明月之珠，夜光之璧，至树功而不忘。

案以上引人为喻，此一段又引物为喻，以明轻重、好恶，皆系于人言，亦足见贤否、是非之当审也。

故秦皇帝任中庶子蒙嘉之言，以信荆轲之说，而匕首窃发；周文王猎泾、渭，载吕尚而归，以王天下。

案此又引喻以见亲贵之言之未必可信，而疏远者则可资其力而致其功也。

臣闻盛饰入朝者，不以利污义；砥厉名号者，不以欲伤行。故县名胜母而曾子不入，邑号朝歌而墨子回车。

案此一段引喻略明正意，即所谓恐死而负累者也。意以为羊胜、公孙诡进谤之言，有必不可受者，何为而使进于其前也。

今欲使天下寥廓之士，至而趋阙下者哉。

案此最后数句，忽又推开说，文法绝奇。

《屈原贾生列传》 第二十四

《屈原贾生列传》

案屈、贾同传，正以《吊屈原》一赋相牵合，亦是史公一种抑塞不平之气，随处发见，谓士不极其才力之所至，则皆不遇也。要之鲁仲连、屈原当自为传，而邹阳、贾生合传，庶为得之。

博闻强志，

案“志”“记”字通，“强志”，即“强记”也，褚少孙补《三王世家》即作“博闻强记”。

其志洁，故其称物芳；其行廉，故死而不容自疏。濯淖污泥之中，蝉蜕于浊秽以浮游尘埃之外，不获世之滋垢，皭然泥而不滓者也。

案史公发明《离骚》之旨，归重到一“洁”字，忠臣志士所争在此，故《孟子》曰：“归洁其身而已矣。”

兵挫地削，亡其六郡，身客死于秦，为天下笑。此不知人之祸也。

案楚怀王之贪愚亦云极矣，史公反复沉吟，推咎其不知人。君昏国危，而犹有人焉枝柱于其间，则其国可以不至于亡。《诗》曰：“邦国殄瘁。”是以君德又莫大于知人。

令尹子兰闻之，大怒，卒使上官大夫短屈原于顷襄王，顷襄王怒而迁之。

案“大怒”二字承上“屈平既嫉之”一语。盖怀王入秦，实出子兰之谋，是以怒屈平而南迁。终怀王之世，屈平但见疏而已，至顷襄王乃始迁之江南，屈平之惓惓系心怀王，其心良可哀也。

渔父见而问之曰：“子非三闾大夫欤？何故而至此？”

案《卜居》、《渔父》，并屈原之设辞，非事实，史公引入传，盖屈原事迹，先秦古籍少记载耳。

抚情效志兮，俛诎以自抑。刓方以为圜兮，常度未替。《集解》曰：“王逸曰：‘刓，削也。言人刓削方木，欲以为圆，其常法度尚未废也。’”

案王逸《注》非也。俯屈以自抑，谓强抑制以从俗也。刓方为圆，而其体之方隅不能尽替而去之。言欲勉强从俗，而终不能变易其素守也。

巧匠不斫兮，孰察其揆正？

案此言楚至今日衰弱极矣，而其时固犹可为也；苟假乎贤者，拨而反之正，而其功效立见，特世人愦愦不自知耳。

同糅玉石兮，一概而相量。

案同糅玉石，说尽衰世气象。好恶不分，贤否糅杂，终乃以成乎大乱，而莫之救也。

重华不可牾兮，孰知余之从容？

案生不逢尧、舜之世，抗心希古，旁皇四顾，托慨无穷。

含忧虞哀兮，限之以大故。

案人身以生死为大限，极之死而无馀事矣；独含恤以终世，词有尽而哀无穷。

浩浩沅、湘兮，分流汨兮。《集解》曰：“王逸曰：‘汨，流也。’”

案“汨”即汨水，沅、湘合流以达于江，而汨水入焉。曰“分流”者，汨水自东而西也。

贾生以为汉兴至孝文二十馀年，天下和洽，而固当改正朔，易服色，法制度，定官名，兴礼乐，乃悉草具其事仪法：色尚黄，数用五，为官名，悉更秦之法。孝文帝初即位，谦让未遑也；诸律令所更定，及列侯悉就国，其说皆自贾生发之。

案自汉以来一切用秦之法，其制度亦屡更矣，而其本原立法之意，一皆承秦之遗。贾生所急欲更定者，秦之制度耳，其本则未之及也，以是知贾生才有馀而道不足也。

于嗟嚜嚜兮，生之无故。《集解》曰："瓒曰：'生，谓屈原也。'"

案"故"与"瓠"为韵，当叶辜。意谓默默以生今之世，求其故而不可得也。瓒《注》"生"字指屈原，误。

所贵圣人之神德兮，至固将制于蝼蚁。

案贾生《吊屈原赋》，纯是牢骚不平，与屈原本旨自异，是以其词骏爽而无沉郁之气。

贾生既以適居长沙，长沙卑湿，自以为寿不得长，伤悼之，乃为赋以自广。

案《西京杂记》谓"谊在长沙，鹏鸟集其承尘。长沙俗以鹏鸟至人家，主人死，谊作赋齐生死、等荣辱以遣忧累焉"。昌黎诸赋，皆自贾生出，而屡举汉世文章，惟数司马迁、相如、刘向、扬雄，不及贾生。

《吕不韦列传》 第二十五

不以此时蚤自结于诸子中贤孝者，举立以为適而子之，夫在则重尊；夫百岁之后，所子者为王，终不失势，此所谓一言而万世之利也。不以繁华时树本，即色衰爱弛后，虽开一语，尚可得乎！

案两"不以"字，一语急，一语舒。语急者常连二字为一字，如此云“不以此时”，谓何不以此时也。

吕不韦取邯郸诸姬绝好善舞者与居，至生子政。

案此与《春申君传》楚幽王为春申子同一传疑之辞，当时亦恶秦、楚之王，知其所幸姬人自吕不韦及为春申所献，因以讥刺之，不必果有其事也。

子楚夫人，赵豪家女也，得匿，以故母子竟得活。

案吕不韦所献子楚姬，《史》不详其姓氏，何知其为豪家女？下云“赵亦奉子楚夫人及子政归秦”，则是子楚夫人及子政留赵未匿也。史公前后所叙，均未能符合。

当是时，魏有信陵，至号曰《吕氏春秋》。

案四君自有盛名，吕不韦自慕之，不必同时争胜也。而吕不韦因之以成《吕氏春秋》，其巧于取名，又非四君所能及也。

孝文王后曰华阳太后，与孝文王会葬寿陵。夏太后子庄襄王葬芷阳，故夏太后独别葬杜东。

案史公于《吕不韦传》，叙论始皇前二世葬地，文法甚奇。

岁馀，诸侯宾客使者相望于道，请文信侯。徐孚远曰：“是时诸侯相罢免，列国多请之，如甘茂、孟尝君之属，皆迭为诸侯相。”

案“请”者，问遗之意。吕不韦相秦权重矣，虽退居而诸侯问遗者不绝。宾客，即所食客三千人也。是时李斯亦为舍人，各相与起居。诸侯、宾客是两项人，不如徐氏所言列国因其罢相，而请举国以听之也。

《刺客列传》 第二十六

鲁庄公惧，乃献遂邑之地以和，

案《春秋》庄公十三年：“齐人灭遂。”《穀梁传》曰：“遂，国也。其不日，微国也。”齐侯与诸侯为北杏之会，而因灭遂，与鲁无涉；史公因与盟于柯连文，而以属之鲁，误矣。

曹沫执匕首劫齐桓公。

案《春秋》庄公九年："纳子纠，齐小白入于齐。及齐师战于乾时，我师败绩。"十年："败齐师于长勺。"庄十年《左传》："齐师、宋师次于郎，大败宋师于乘丘。"自是以后无齐、鲁相侵伐之文。至庄十三年"会齐侯盟柯"，《左传》为之词曰："盟于柯，始及齐平也。"最为尽事势。《左传》庄十年长勺之战，记曹刿从战一节，观其从容匡尽之词，盖贤而隐者也，不知《公羊传》何以有手剑要盟之文？是时齐桓公初立，霸业未成，三与鲁战，一胜两败，方与鲁释怨修好，要盟何为者？《公羊传》云："请归汶阳之田。"而史公云："归鲁侵地。"因以曹刿入之《刺客传》，则亦好奇之过也。

吴人乃立夷眛之子僚为王。

案《公羊传》曰："僚者，长庶也。"是以季子云"杀吾兄"，史公以僚为夷眛之子，未详何据？

濮阳严仲子事韩哀侯，

案此当云"事韩列侯"，《史》文"哀"字误。

然后具酒自畅。

案《战国策》作"自觞"者是，此"畅"字传写者误耳。

聂政曰："臣所以降志辱身居市井屠者，徒幸以养老母；老母在，政身未敢以许人也。"严仲子固让，聂政竟不肯受也。然严仲子卒备宾主之礼而去。

案《刺客传》如聂政之刺杀韩相，尤为悖义；然聂政人品与伎能，乃独高出一切。

我虽不受，然是者徒深知政也。

案《战国策》云："我义不受，然是深知政也"，"者徒"二字，恐亦传写者误入。

聂政曰："韩之与卫，相去中间不甚远，今杀人之相，相又国君之亲，此其势不可以多人，多人不能无生得失，生得失则语泄；语泄是韩举国而与仲子为仇，岂不殆哉！"

案《刺客传》五人：曹沫、豫让始于激烈，成为坚忍；专诸椎鲁；荆卿有心计；以义却金，以忠许人，一往不顾其他，而为人谋仍计万全，若聂政者，庶几懔懔烈士之风，惜哉其不达于用也。

盖聂曰："固去也，吾曩者目摄之。"

案史公之传刺客，为荆卿也，而深惜其事之不成；其文迷离开阖，寄意无穷。首叙荆卿之能忍，不以小愤撄心，而中录盖聂之言，意若讥之。

其之燕，燕之处士田光先生亦善待之，知其非庸人也。

案荆卿胸中尽有抱负，尽有感发，与游侠者不同。

往而不反者，竖子也。

案荆轲意谓凡事当出万全，故"有所待，欲与俱"，岂能为竖子之行，一往而不顾哉？陈子龙以竖子为指秦舞阳，误。

鲁勾践已闻荆轲之刺秦王，私曰："嗟乎，惜哉其不讲于刺剑之术也。甚矣，吾不知人也！曩者吾叱之，彼乃以我为非人也！"

案《荆卿传》奇绝，又杂出盖聂、鲁勾践、田光先生、高渐离，备极一时之奇士，又有屠狗者一人。而终惜荆卿之不知剑术，藉鲁勾践之言以发之，盖鲁勾践亦知荆卿奇士，而以一叱试之，荆卿遂去不与见，故闻荆轲之死而悔当时未与深谈，以一叱而失其人，自咎不知人也。又写得鲁勾践分外出奇，为传末波澜。

《李斯列传》 第二十七

乃从荀卿学帝王之术。

案李斯学帝王之术亦托以自处焉，而为利于其身而已。史公叙李斯从荀卿本旨，文法绝奇。

今万乘方争时，游者主事。《索隐》曰："言万乘争雄之时，游说者可以立功成名，当得典主事务也。"

案《索隐》之言是也，而未能达知李斯之意。"万乘方争时"，即上承"得时无怠"，言时之所趋，人争赴之；时主于兴事立功，苟有能者任焉不疑，是以游者主事，相与为游说以立功名也。

故诟莫大于卑贱，而悲莫甚于穷困。久处卑贱之位，困苦之地，非世而恶利，自托于无为，此非士之情也。

案李斯生平只此一幅本领，其辞荀卿游说，务在趋时诡合，而已所以相始皇及为赵高所怵迫，其源皆出于此。

胥人者去其幾也，《索隐》曰："胥人，犹胥吏小人。去幾者，失时也。"

案《广韵》："胥，待也。"《玉篇》："幾，期也。"胥人者去其几，谓事之待人而成者，往往出于所期望之外。以喻秦安坐以待诸侯之敝，倘复有自强之一日，则是所期望失矣。故凡待人者去其期望之心，言当急时以图功也。《索隐》误。

阴遣谋士赍持金玉以游说诸侯。诸侯名士可下以财者，厚遗结之；不肯者，利剑刺之。

案《田完世家》："后胜相齐，多受秦间金，为反间，劝王去从朝秦。"《李牧传》："秦多与赵王宠臣郭开金，为反间。"皆李斯相秦时事也。然《赵奢传》云："赵王信秦之间言。"则犹在昭襄王之世。《信陵君传》："魏安釐王三十年，公子率五国之兵破秦河外。秦王乃行万金于魏，求晋鄙客令毁公子。"则犹在庄襄王之世。《范雎传》云："昭王用范雎谋，纵反间，买赵。"盖秦君臣专务以诈欺诸侯，尤善以反间离其君臣，其由来久矣。

臣闻吏议逐客，至求国无危，不可得。

案引喻多端，却只此一意，而分三层跌醒，文气乃益浩瀚。

若有欲学者，以吏为师。

案此法自汉以来为定制，独秦创始之功，又加酷虐耳。李斯揣测始皇之意而为此议，相沿数千年，承用其法，使人主孤尊于上，而臣民无敢非议者，为祸于天下亦酷矣哉！

胡顾小而忘大，后必有害。

案"胡"当为"故"，字之误也，《金陵本》则作"故"字。

夫忠臣不避死而庶几，《索隐》曰："斯言忠臣之节，本不避死，言已今日亦庶几尽忠不避死也。"孝子不勤劳而见危。

案"忠臣不避死而庶几，孝子不勤劳而见危"，语自一例。"庶几"补足"不避死"意，言侥幸以图苟存也。"见危"申足"勤劳"意，言不以危殆而弛其勤劳也。《索隐》于史公文义，多不能明。

高曰："上下合同，可以长久，中外若一，事无表里。君听臣之计，即长有封侯，世世称孤，必有乔、松之寿，孔、墨之智。今释此而不从，祸及子孙，足以为寒心！善者因祸为福，君何处焉？"

案赵高之言深中胡亥、李斯之隐，而皆反复辞却，迫不得已而后应之。盖其心深然赵高之计，而又不欲自居其名，以有此疑难；而赵高乃因以擅其事而专其功，亦势之所趋，有必然者也。

而十公主矺死于杜。《索隐》曰："矺，音宅，与'磔'同，古今字异耳。磔，谓裂其支体而杀之。"

案秦法无磔刑，《商鞅传》"车裂商君以徇"，偶一用之，非常法也。十公主无罪，亦不当施以极刑。《索隐》读“矺”与“磔”同，甚误，《汉书·刑法志》释秦有“凿颠”之刑，《小雅注》：“颠，陨也，从上曰陨。”《广韵》：“矺，磓也。”磓与捶同，《广韵》：“捶，擿也。”《荆卿传》：“引匕首以擿秦王。”擿者，投而掷之，盖投掷之杜陵以死。《广韵》亦云：“矺，掷地声。”“矺死”，即“颠刑”之类也。

采椽不斫，《索隐》曰：“采，木名，即今之栎木也。”

案采为栎木之名，未知《索隐》何所据而云然？栎材不中为椽，亦无不加斫之理。斫，谓雕镂之，言但施采画不加雕镂也，何待取栎为椽，以鸣俭哉？

彼贤人之有天下也，专用以适己而已，此所以贵于有天下也。

案此一语说尽秦、汉以来争夺天下者之心，三代圣人所以为民建极，奉天时以宠绥四方者，遂不复可得于秦、汉之世。二世慨然言之，亦是一快。

铄金百镒，盗跖不搏者，《索隐》曰：“《尔雅》云：‘铄，美也。’言百镒之美金在于地，虽有盗跖之行亦不取者，为其财多而罪重也，故下云‘搏必随手刑，盗跖不搏’也。”

案《说文》：“铄，销也。”铄金，谓方在镕炼之时。《说文》：“搏，索持也。”上文“弹筝搏髀”，搏，犹拍也，金方镕铄则盗蹠亦不敢近。下言“搏必随手刑”，刑者，糜烂之意。盗蹠日夜横行，摽吏而夺之金，岂有意畏刑见金而不敢攫哉？《索隐》注误。

能独断而审督责，必深罚，

案李斯此书贬斥尧、禹而灭仁义，绝谏说，困烈士，舛谬极矣。乃其云“独断而审督责，必深罚”，则自秦、汉以来操主术以制听从之臣，必由于是，莫之或易者也。李斯以其意务纵君之欲，一言而定万世之程。苍颉制字而天雨粟，鬼夜哭，于李斯之文复见之。

群臣、百姓救过不给，何变之敢图？

案始皇任吏以矫虔天下，一变三代以来临御天下之大经，期使臣民之心壅塞过抑以不能自达，而惟其法之控驭而左右之，正是此意，却得李斯着实说破，而后知秦、汉之君所以极天下之欲，皆利用督责之术也。

高自知权重，乃献鹿，谓之马。

案此下所叙俱与《始皇本纪》异。史公传李斯，历载赵高所以愚弄二世及李斯者，多近于故事传说，故于此叙二世斋上林，居望夷宫，射行人，及自杀事，又赵高上殿，殿欲毁者三，皆如小说家言。汉代或有此传说，史公以所闻而附之《李斯传》，亦疑以传疑之意也。

乃召始皇弟，授之玺。子婴即位，患之，乃称疾不听事，与宦者韩谈及其子谋杀高。

案《始皇本纪》云子婴为“二世之兄子”，而此云“始皇弟”；《始皇本纪》云“与其二子谋”，而此增入“宦者韩谈”，两处互有异同，皆所以传疑也。

《蒙恬列传》 第二十八

始皇欲游天下，道九原，直抵甘泉，乃使蒙恬通道，自九原抵甘泉；堑山堙谷，千八百里，道未就。

案《匈奴传》“使蒙恬击胡，悉收河南地，因河为塞，通直道，自九原至云阳；因边山险堑豀谷，起临洮至辽东万馀里”。而《始皇本纪》“城河上为塞”在三十三年，除道道九原抵云阳在三十五年。云阳即甘泉宫所在也，盖始皇西起临洮以达辽东，横截万馀里，为长城，又从九原除道至云阳为巡边之计，《匈奴传》所谓“通直道”者是也。其徒作亦属之蒙恬，为起长城连及之，而于此云“欲游天下”，则非事实也。

更置胡亥以李斯舍人为护军。徐孚远曰：“‘更置’二字连下，言更以李斯舍人典军，夺蒙恬兵也。”

案《李斯传》，为书赐扶苏，以兵属裨将王离。此云“护军”，盖亦监军之意。李斯舍人必与使者偕行至军，胡亥谋立以为监军，使者因而更置之也。徐氏之言尚未备。方苞云“‘胡亥’二字衍文”，是也。

罪百里奚而非其罪也，

案秦罪百里奚皆不见于记载，盖周、秦间百家之说，传疑者多，未足为信据也。

而阿意兴功，此其兄、弟遇诛，不亦宜乎！

案蒙氏有功无几微过差，其北备匈奴，方秦并天下时事无急于是者；起长城为防，至汉兴犹蒙其利。而蒙氏固将也，以任边事，其职应然，观其临死绝地脉之言，抑何其言之沉痛也？史公责其“阿意兴功”，而以其遇诛为宜，不亦过乎！

《张耳陈馀列传》 第二十九

《张耳陈馀列传》

案《张耳陈馀列传》，与《廉颇蔺相如传》同一格局。

为里监门以自食。《集解》曰：“张晏曰：‘监门，里正卫也。’”两人相对。里吏尝有过笞陈馀。

案“监门”，犹守门。“里吏有过”，谓里吏过此门，而陈馀有所抵犯，因笞之。张晏云“监门，里正卫”，是误也。

两人亦反用门者以令里中。《索隐》曰：“案门者即馀、耳也，自以其名而号令里中，诈更别求也。”

案张耳、陈馀为里监门，即门卒也，上云“两人相对”，则是同为里门卒。里吏，若《周礼》“里宰”之属；门者，即《周礼》之“司门”也。张耳、陈馀为徒卒传门者之命，以号令里中也。《索隐》注误。

当是时，燕、齐、楚闻赵急，皆来救。至卒存巨鹿者，楚力也。

案事详《项羽本纪》，于张、陈《传》但用总叙法，为张耳、陈馀两人相持中间作一转折，笔力横绝。

贯高等乃壁人柏人，要之置。徐孚远曰：“‘要之置’者，谓强邀高祖至柏人置顿也。”

案“要之置”，《索隐》本、毛本、金陵本“置”下有“厕”字，何氏《校正汉书刊误》云：“置者，邮传之名；‘厕’与‘侧’同。伏人于置侧，将要而杀之。”其言是也。“壁人柏人，要之置厕”系两事。《项羽本纪》：“诸侯军救钜鹿者十馀壁。”是壁者军垒之名，谓于柏人置军宿卫，而别于置馆旁伏死士以要杀之也。又凡房屋中置人谓之壁人，大抵壁人以备从骑卫士，而要之置厕者，则以谋杀高祖也，无“厕”字者非，徐氏亦误说。

《魏豹彭越列传》 第三十

咎为其民约降，约定，咎自烧杀。徐孚远曰：“秦法重，明誓不信，咎自知不免，故为民约降而自杀也。”

案魏咎为民约降而后死，有救民之心矣，秦、汉之际如周市、魏咎之君臣，君子有取焉。徐氏之说非也。

与期旦日日出会，后期者斩。旦日日出，十馀人后；后者至日中。于是越谢曰：“臣老，诸君强以为长。今期而多后，不可尽诛，诛最后者一人。”令校长斩之。皆笑曰：“何至是？请后不敢。”于是越乃引一人斩之，设坛祭，乃令徒属。徒属皆大惊，畏越，莫敢仰视。

案彭越初起，其令不能行于校长，乃自引而斩之。“设坛祭”，谓军礼也。《封禅书》始皇礼祀八神，三曰兵主，祠蚩尤。高祖初起，亦祀黄帝祭蚩尤以衅鼓。此因杀人，而遂用以祭也。

彭越常往来为汉游兵击楚，绝其后粮于梁地。

案彭越无大功于汉，而与韩信齐名，正以居梁地近楚故也。楚方与汉王相争荥阳、京、索间，彭越数从后绝其粮道，是以项王数反击彭越，往来奔驰，以至罢困；汉之所以卒灭项王，彭越之力为多，读《项羽本纪》自得之。

廷尉王恬开奏请族之。

案《汉书·百官公卿表》，高帝朝廷尉三人：一曰义渠；一曰宣义；一曰育。而高帝五年有郎中令王恬启，汉避景帝讳以“启”为“开”，或即此所谓“廷尉王恬开”也。但郎中令秩在廷尉上；汉诛彭越在高帝十一年，而《公卿表》是时宣义为廷尉，非王恬开。未审因何歧异？

《黥布列传》　第三十一

布乃引兵北击秦左、右校，破之清波，引兵而东。

案《陈涉世家》，陈王故涓人将军吕臣攻陈下之，复以陈为楚。秦左、右校复攻陈，吕将军走，鄱盗当阳君黥布击秦左、右校破之青波，复以陈为楚。是青波，陈地。黥布方从番君于鄱，北击秦军，又就项梁于淮南，故云“引兵东”也。

项籍使布先涉渡河击秦，

案金陵本作“渡河”，《汉书·英布传》作“涉河”，此“涉渡”二字疑有一衍。

布欲引兵走汉，恐楚王杀之，

案黥布以引兵走汉，楚军若闻必追击之，故先脱身归汉，而后使使收取九江兵，盖急为自全之计耳。《汉书·英布传》作“布欲引兵走汉，恐项王击之”，此云“恐楚王杀之”，亦恐其袭击追杀之也。

夏，汉诛梁王彭越，醢之，盛其醢遍赐诸侯，

案贯高说赵王反，蒯通说韩信反，高祖皆赦之，所为必诛信、越者，畏其能耳。既致之死，其猜忌之心应已释然矣，又醢之以赐诸侯，此何为也？盖将以威胁诸侯，使之噤不敢发耳。高帝以布衣有天下，专欲以威制人，秦世之所以用法刻深，亦此意也。呜呼，秦、汉之际，天地之一大变也！

楚发兵与战徐、僮间，至遂西与上兵遇蕲西会甀。

案黥布破楚军徐、僮间，不急引军趋彭城而西至蕲，是不乐取楚也。《汉书·地理志》蕲县下云：“垂，乡，高祖破黥布。”甀，蕲县乡名也。

《淮阴侯列传》 第三十二

信喜，谓漂母曰：“吾必有以重报母。”母怒曰：“大丈夫不能自食，吾哀王孙而进食，岂望报乎！”

案淮阴重报之言，见怒于漂母，视其贫困更无能自立，不应为豪语耳，怒中有揶揄之意。王孙者，韩信亦自出于韩，故有王孙之称。

何闻信亡不及以闻，自追之。

案萧何追信，关系楚、汉兴亡，特写得郑重，亦见信之始终贵贱生死一取资于人，是乃人臣之定分，非能反者。

至拜大将，乃韩信也。

案高祖起沛入关，诸将从者皆偏裨也，至南郑而忽拜信为大将，为还定三秦而东与项羽争天下耳。既定三秦，高祖乃自以其全力当项羽，而令韩信分道以制东诸侯，萧何所以为高祖谋者必关天下大计，史公但以调侃出之，写得当时拜信大将分外出奇。而高祖所以三年而定天下，规全局而操胜算，关系在此，使读者自求而自得之。

以义兵从思东归之士，何所不散？

案两军相敌，胜败之分，岂能尽聚而歼之哉，但使其众自散耳。一“散”字是兵家妙诀。淮阴见得楚、汉之势分明，所以说来如此容易。

汉兵败散而还，信复收兵与汉王会荥阳。

案《高祖本纪》：“汉王从临晋渡，劫五诸侯兵入彭城。”而不及韩信，以当时事实求之，拜信为大将，部署诸将所击，则高祖之定三秦，皆信所部署，高祖不自行也。既定三秦，而高祖直趋彭城以当项羽，自是相持荥阳、京、索间，专意与楚争衡，而韩信渡河击魏，因击赵、击齐，始终未与高祖会攻项羽。盖是时诸侯并起，大率项羽所立也。高祖出关劫五诸侯兵以攻项羽，而其心不能自固，东与项羽相持，诸侯得以其间窥关中，则大势去矣，所以拜信为大将专制东诸侯，使不得与项羽合并，是以韩信始终未与高祖会兵，直至垓下乃始一当项羽。萧何与高祖等定大计，先拜韩信为大将，其情事固可推见。高祖距楚荥阳，屡收韩信兵以自益，信固未尝与高祖会兵也。此云“信收兵与高祖会荥阳”，竟是韩信与高祖俱败彭城，则是高祖自将，又拜韩信为大将，令将谁出哉？又案《高祖本纪》无韩信与汉王会彭城事，高祖与项羽相距荥阳，信始终未与高祖会也，盖信从关外收散归之兵使诣荥阳。《高祖本纪》："项羽东至彭城，大破汉军，汉王与数十骑遁去。稍稍收士卒至荥阳，诸败军皆会。"亦韩信收戢之力也。

魏王盛兵蒲坂，塞临晋，信乃益为疑兵，陈船欲渡临晋，

案魏王豹之塞临晋，高祖所从渡处也。彭城一败，而魏豹即塞临晋以叛，则高祖与楚相拒荥阳，且有腹背受敌之势，是以韩信之击魏尤为急著。而于此云"陈船欲渡临晋"，则信固在河西，未从高祖东渡也。使并与高祖相距荥阳，则关中危矣；至是始悟萧何建议拜信为大将，扼河以控制东诸侯，尤为楚、汉兴亡之一大关键也。

而伏兵从夏阳以木罂缻渡军，

案韩信渡军击魏，所渡者大河也，河流湍急，岂木罂缻所能渡者？当是造为浮桥，施木板于罂缻之上，以其轻而能浮，又易于牵引以通南北两岸也。

信之下魏破代，汉辄使人收其精兵诣荥阳以距楚。

案高祖与项羽相距荥阳，数收韩信兵，又从赵壁夺韩信军以临河南，则是韩信所部皆精兵，为能用其节制之功也。

今韩信兵号数万，其实不过数千。

案《汉书》，韩信虏魏豹定河东使人请汉王，愿益兵三万人以北举燕、赵东击齐；汉王与兵三万人，遣张耳与俱。高祖渡临晋而东，军皆自随，信所部必无多，至是始益兵三万人，然其击魏定代，亦必不下二、三万人。成安君易视之，谓其兵不过数千，宜其速败也。

斩成安君泜水上，

案《水经注》，泜水即井陉山水，世谓之鹿泉水，东北流，屈经陈馀垒，又东注绵蔓水。

陷之死地而后生，置之亡地而后存。

案上云“赵已先据便地为壁，且彼未见吾大将旗鼓，未肯击前行，恐吾至阻险而还。信乃使万人出山，背水阵”，所以诱致成安君也，是信本旨。此云“置之死地而后生，置之亡地而后存”，又别出一义，是信托辞。韩信用兵，最为神奇，未有能及之者。

于是信问广武君曰：至从其策，发使使燕，燕从风而靡。

案韩信间谍之精，于知广武君策不用见之。取益之广，于西乡师事广武君见之。史公文法之神奇，足与韩信兵法相勒。

醳兵北首燕路，《集解》曰：“刘达曰：‘醳，酒也。’”

案《史记》“释”皆作“醳”。“释兵北首燕路”，谓但移军向燕，而不必张兵持戟以临之也。刘氏以“酒”释之，则词为不文。

收赵兵未发者击齐，

案高祖尽收韩信军以临河南，而令信发赵兵击齐，是所用以击齐者新发之赵兵耳；惟所用皆成精锐之师，此之谓神奇。

乃遣张良往立信为齐王。

案高祖之王张耳、黥布，皆因项羽之故而王之，其王韩王信，则以韩故子孙，与田荣、燕广等耳。其诸将有功若韩信者，亦至矣，韩信平齐自请为齐王，必待张良、陈平以深机相感悟而后许之，于是知高祖经营天下之心，固将芟夷天下豪杰，总而操之于己，其规画早定矣。既定天下而封彭越、卢绾，则不欲使韩信专擅其功，与之均势以相抗耳。

齐人蒯通知天下权在韩信，

案前云“范阳辨士蒯通”，是通当为涿郡范阳人；而后云“高祖曰：‘是齐辨士也。’”乃谓齐捕蒯通，径据以为齐人。疑通始从韩信击赵，及发赵兵击齐，信引兵东，闻郦生已说下齐欲止，而蒯通说之，是通自为范阳人；及从信下齐，因留齐为齐人。史公据实书之，始不嫌前后互异耳。

"吾将游云梦"。实欲袭信，信弗知。

案韩信之伺敌间可谓神矣，独于高祖所以驾御之术，身入彀中而不知，可见高祖之深机，以韩信之知能亦无从窥见崖略，操之、纵之、予之、夺之，惟所欲为，至于缚载后车而始悟。呜呼，高祖操机术以牢笼天下，殆亦旷千古而无对者与。

人或说信曰：斩昧谒上，至信持其首谒高祖于陈，

案信斩钟离昧以谒汉王最为无理，傥亦所谓迷乱失次者耶？

陈豨拜为钜鹿守，辞于淮阴侯，至陈豨果反。

案《汉书》作"为代相监边"，据《豨传》，豨亦为钜鹿守也。又陈豨反事，或当时爰书之辞，史公叙当时事但能仍而载之，下文"舍人弟上变"，即此也。

言豨已得死，列侯群臣皆贺，相国绐信曰："虽疾，强入贺。"

案《高祖本纪》："十一年高祖在邯郸诛豨等未毕，太尉周勃道太原入定代地。豨将赵利守东垣，高祖攻之，城降。春，淮阴侯韩信谋反关中，夷三族。"叙平豨在诛韩信之前，而《陈豨传》云："十一年冬，太尉勃入定太原代地。十二月，上自击东垣。"是时犹用秦正朔以十月为岁首，平豨在十月十一日，击下东垣在十二月，而诛信自在春后，合《本纪》与《豨传》观之，情事分明。其后年馀乃诛豨。周勃既定代地，列侯群臣应入贺，不必诈令人从上所来，言豨已死以绐韩信之入贺也。此由当时恶吕后之诈诛韩信而甚言之，史公亦未审也。

《韩王信卢绾列传》　第三十三

韩王信者，故韩襄王孽孙也。

案《唐书·宰相世系表》，韩襄王为秦所灭，少子虮虱生信。

据《韩世家》襄王十二年太子婴死，公子咎、公子虮虱争立。后又五年，襄王卒，太子咎立为釐王。二十三年，釐王卒，子桓惠王立。三十四年卒，子王安立。王安九年秦灭韩，是为始皇之十七年也。张良略韩地在二世三年，相距虮虱争立时九十五年，韩王信当为襄王之苗裔，未必即其庶孙也。

及闻汉遣韩信略韩地，

案《淮阴传》不言信略定韩地，高祖出关首定韩地者，韩王信也。《高祖本纪》分叙韩信及韩太尉信殊未分明。

徙韩王信王太原，以北备御胡，都晋阳。信上书曰："国被边，匈奴数入，晋阳去塞远，请治马邑。"上许之，信乃徙治马邑。

胡三省曰："时定襄未置郡，故太原之地北被边，兼雁门之马邑。"案信徙王边而去晋阳以都马邑，预为亡归匈奴地耳。

里中嘉两家亲相爱，生子同日，壮又相爱，复贺两家羊酒。

案《周礼》："党正，属民书其德行道艺，以岁时莅校比。族师，书其孝弟睦姻。闾胥，书其敬敏任恤者。"皆岁时以邦比之法劝戒之，此云"复贺两家羊酒"盖有《周礼》之遗意，更秦之乱而未尽泯者。

不知始所以得从，

案《功臣表》叙豨"以特将将卒五百人，前元年从起宛朐，至霸上"，则是高祖入关时豨以宛朐五百人从也；此云"不知始所以得从"，是《传》与《表》互异。

以赵相国将监赵、代边兵。

案《本纪》，高祖七年封刘仲为代王。八年，代王刘仲弃国亡，自归雒阳。九年，立子如意为赵王。周昌为赵相，在高祖九年，而陈豨以十年反代地，是豨当代王刘仲时拜为代相国，刘仲弃国亡归，豨乃以相国守代；此云“以赵相国将监赵、代边兵”，皆非事实。赵相自为周昌，其时赵、代各立国，豨亦不得监赵边兵也。

周昌乃求入见；见上，具言豨宾客甚盛，擅兵于外数岁，恐有变。

案高祖之猜忌至矣，周昌又益导之，乃以成豨之反谋，此可叹也。

自立为大王，

案《汉书》作“自立为代王”，《札记》引宋本、中统本、毛本并作“代王”，此传写之误。

上曰：“陈豨将谁？”曰：“王黄、曼丘臣，皆故贾人。”上曰：“吾知之矣！”乃各以千金购黄臣等。十一年冬，汉兵击斩陈豨将侯敞、王黄于曲逆下。

案《韩王信传》：“与白土人曼丘臣、王黄立赵苗裔赵利为王。”高祖击韩王信，信走匈奴，曼丘臣、王黄皆在，陈豨之反，尚与通使，《高祖本纪》：“八年，击韩王信馀寇于东垣。”即赵利也，至是始攻下之，与陈豨又别是一事。疑此当入《韩王信传》。《本纪》云“豨将赵利”，亦误也。

上曰：“代居常山北，赵乃从山南有之，远。”乃立子恒为代王，都中都，代、雁门皆属代。

案自项羽分封诸侯，徙赵王歇为代王，立张耳为常山王，王赵地，历汉而赵、代皆自为国。《文帝本纪》：“高祖十一年，破陈豨，定代地，立为代王。”语自分明。《豨传》载高祖之言，由史公为之辞，非事实也。

《田儋列传》　第三十四

楚怀王曰：“田假与国之王，穷而归我，杀之不义。”

案《项羽本纪》谓“田假与国之王”者，项梁语也，此以为楚怀王，疑误。

彭越是时居梁地，中立，且为汉，且为楚。

案项羽与高祖相距荥阳，所以卒不得志，以彭越居梁地绝其粮道为后患也。彭越始终为汉，未尝一为楚也。

田横来，大者王，小者乃侯耳。

案此当作“田横来，大者王，小者侯”。言大则王，小则侯，终不失富贵。史公遂致疑惑，如多用“乃”、“耳”二字，颜师古《汉书注》误谓“大者谓横身，小者其徒属”矣。

甚矣，蒯通之谋。乱齐，骄淮阴，其卒亡此两人。

案蒯通之说信袭齐，意在使信据齐以为资耳，而齐乃以覆灭；然使田横约降，而汉遂拜田广为齐王，终亦与燕、赵同就屠灭而已。楚、汉之争，天地一大变局也，高祖芟夷豪杰，以开秦、汉以后数千年之局，田横愈贤，愈不能容也。

无不善画者，莫能图。

案“无不善画者”，谓田横之立齐王广以及自王，未尝有失计也，而兵败国亡，卒无成功。史公盖高田横之节，而深惜其死矣。

《樊郦滕灌列传》 第三十五

从攻围东郡守尉于成武，

案《汉书·地理志》成武，县，属山阳郡。于时汉兵未至东郡，东郡守尉南拒汉兵至成武耳。《汉书》本传作“从攻圉都尉东郡守尉于成武”，师古曰：“圉即陈留圉县，后属淮阳国。”疑此“围”字为“圉”字之误，《汉传》衍“都”字，《史》文脱一“尉”字，不得于东郡守尉专言“围”也。

南攻秦军于犨。破南阳守齮于阳城。东攻宛城，先登。西至郦。

案《地理志》，阳城属颍川郡。先破南阳守于阳城而后攻宛至郦，是汉兵自东而西，南阳守拒之境外也。《高祖本纪》："还至阳城，与南阳守战犨东。"于情事为合。

项羽既飨军士，中酒，《集解》曰："张晏曰：'中酒，酒酣也。'"

顾亭林云："中酒，谓酒半也。《吕氏春秋》谓之'中饮'。凡事之半曰中，《左传》'中置'，谓馈之半也；《河渠书》'中作而觉'，谓工之半也；《项羽本纪》亦云'中分天下'，谓各得天下之半也。"案中酒，犹今人言半席，张晏《注》失之。

与樊哙等四人步从，

案《高祖本纪》，樊哙、靳强、夏侯婴、纪成四人。

别击西丞白水北，《索隐》曰："案西，谓陇西之西县。白水，水名，出武都。"

案《高祖本纪》："用韩信之计，从故道还，袭雍王章邯。雍兵败，还走，止战好畤。"此高祖始由故道袭雍事也。《地理志》故道属武都郡，哙于是时别出陇西折而至雍，南与高祖会。又《周勃世家》"围章邯废丘，攻西丞"，则又与周勃合军，非哙一人别将也。高祖定三秦，首击章邯，不宜遽及陇西，西县丞亦无由将兵至雍，《通志·氏族略》有西氏，疑"西丞"人名，章邯将也。彭衙亦有白水，不必白水之出武都者也。

雍轻车骑于雍南，《正义》曰："上雍，于拱反。"

案"雍轻车骑"之"雍"，读如字，谓雍王章邯也。雍轻车骑，即章邯之车骑也。连上"别击"字为文。如《正义》音，则字作"拥"，疑误。

从击秦车骑壤东，

案此当云"章邯车骑"，邯时为雍王，不得更言"秦"也。

围项籍于陈，大破之，屠胡陵。《正义》曰："在兖州南。"

案《高祖本纪》："追项羽至阳夏南止军，与韩信、彭越期至固陵。"晋灼曰："即固始。"是时项羽东走陈，阳夏、固始皆属陈，此云"胡陵"，盖字之误，《正义》乃以山阳郡之胡陵当之，亦太失考矣。

将军太卜太仆解福等十人，

案《汉书》作"将军大将一人，太仆解福等十人"，班氏殆因《史记》有"太卜"字，疑为"大将"之讹。上文固有大将王黄矣，所谓一人者，即王黄耶？抑别有大将一人耶？《风俗通》大，亦姓也，为大庭氏之后，《统谱》太亦姓，太颠之后，则此所云"太卜"者，将军姓名也，班氏恐失之。

益食邑千三百户，

案高祖命陈平即燕军中斩樊哙，陈平执哙，而吕后释之，则此益封者吕后事也，《哙传》及《本纪》皆不详。

商以将卒四千人属沛公于岐。《正义》曰："岐当与陈留、高阳相近也。"

案《本纪》："郦商将陈留兵与偕攻开封"，是高祖自陈留略地至开封，而郦商以兵会之，所以迟至六月馀，欲自成一军也。瓒注《地理志》引汲郡《古文》："梁惠王发逢忌之薮以赐民。"今浚仪有逢波忌泽，"岐""忌"音转，疑"岐"即"忌"字，盖至开封会高祖兵也。《正义》误。

汉王赐商爵信成君，

案前云"赐爵封信成君"，此当为"赐商爵信成侯"。高祖为汉王，诸将多封侯，商因其故号封之也，如灌婴初号"昌文君"，后赐爵列侯，号"昌文侯"是也，此"信成君"，"君"字涉上信成君而误。

破雍将军乌氏，周类军栒邑，《索隐》曰："栒邑在豳州，《地理志》属右扶风。栒，音荀。"苏驵军于泥阳。

案乌氏属安定郡，泥阳属北地郡，盖商为陇西都尉，以次定北地、上郡时功也，不应于其中忽出右扶风之栒邑，疑当为安定郡之眴卷，作"栒邑"者，误也。

二岁三月，攻胡陵。

案高祖平项羽在五年五月，二月即皇帝位于定陶。此云胡陵，即《本纪》汉王败固陵事也。《高祖本纪》云："遂定雍地，而遣诸将略定陇西、北地、上郡。"郦商为陇西都尉，当在是时。高祖以元年八月还定三秦，讫灭项羽凡三岁三月，郦商从击项羽或在高祖出关以后，统计二岁又三月也。下云"一岁七月，以右丞相击陈豨"，据《本纪》十年八月陈豨反代地，十一年十二月定代地，时以十月为岁首，凡五月而定，则所云"一岁七月"，谓为太上皇卫一岁七月也。

告故不伤婴，

案秦法有告讦之例；有见知故纵之刑；有相容匿之诛；于是以疑罪不能决者，又有久系待决之文；有移狱复讯之法。观夏侯婴事而益知秦法之敝也。

常以太仆奉车从击章邯军东阿、濮阳下，以兵车趣攻战疾，破之。

案《汉书·百官表》："太仆，秦官，掌舆马，奉车都尉，掌御乘舆车，武帝时置。"以太仆奉车，则掌御乘舆，近左右之臣也。以兵车趣攻战疾，趣者，促也，若《唐书·裴度传》之"督战"，《项羽本纪》之"数使使趣齐兵"，每战驰兵车催促诸将，使疾战也。

卒得脱而致孝惠、鲁元于丰。

案汉王败彭城，过沛收家室，楚亦使人追之沛，取汉王家。家皆亡，不与汉王相见；道逢得孝惠、鲁元。稍收士卒，军砀。高祖并未一留丰，安得置孝惠、鲁元于丰也？又案《本纪》："汉元年八月，遣诸将略定陇西、北地、上郡。令将军薛欧、王吸出武关，因王陵兵南阳，以迎太公、吕后于沛。楚闻之，发兵距之阳夏，不得前。"高祖王汉中，太公、吕后自宜从至汉中，沛与彭城相距近，岂有自远数千里而留家室近楚之理？楚能距之阳夏，使太公、吕后不得前，何以不能袭取之，必俟高祖败彭城乃使人追之沛，取汉王家乎？证以当时事实，恐未然也。又案《本纪》，高祖败彭城后，"吕后兄周吕侯为汉将兵，居下邑；汉王从之。稍收士卒，军砀"。下邑，属梁国，即秦砀郡也。据此，则所云"致孝惠、鲁元于丰"，确是史公疏处。

乃赐婴县北第第一，曰："近我。"

案县，即京兆长安县也。北第第一，最近北阙，故曰"近我"。

十月，拜为中谒者。

案《本纪》，汉元年十月，沛公军至霸上，降子婴。正月，项羽分王诸侯，立沛公为汉王。八月，汉王用韩信之计还定三秦。高祖入汉中，未尝一值十月也，此云"十月"，恐有误。

婴从还军于雍丘。王武、魏公申徒反，从击破之。攻下黄。

案《本纪》，高祖败彭城而西，立太子，令守栎阳。引水灌废丘，与关内卒，乘塞。稍收士卒，与诸侯及关中卒益出。是时汉都栎阳，高祖败彭城入关部署以固根本，灌婴于是时屯军雍丘以为外卫也。其后因击诸将反者，因攻下黄，又别是一事，并《本纪》所未详。

乃拜灌婴为中大夫，令李必、骆甲为左、右校尉。

案《汉书·百官表》，郎中令属官有大夫，有郎，期门、羽林皆属焉。中大夫秩比二千石，郎中有车、户、骑三将，秩比千石，此名“左、右校尉”，而实郎中骑将也。灌婴以中大夫领之，故《史》云：“愿得大王左右善骑者傅之”，盖谓愿得善骑者以为之副也。如淳曰：“傅，音附。犹言随从者。”考《诗·大雅》郑笺：“傅御贰王治事”，《史》所云“傅之”者，即“贰副”之意也。如淳《注》误。

送汉王到洛阳，

案高祖是时无至洛阳事，《本纪》谓与滕公出成皋玉门，北渡河，走修武，夺韩信、张耳军，即其事也。高祖既未至洛阳，韩信军亦不在邯郸，盖通举大势言之耳。

项羽使项声、薛公、郯公复定淮北。婴度淮北击破项声、郯公下邳，斩薛公，下下邳，击破楚骑于平阳，遂降彭城，虏柱国项佗，降留、薛、沛、酂、萧、相。

案《项羽本纪》：“与汉约中分天下：割鸿沟以西为汉；鸿沟东为楚。”解而东归，亦未有败亡之征也。垓下一败而遂燔焉，使人莫测所由，盖韩信定齐地，灌婴遂渡淮与项声等相持淮北。既破项声，下下邳，彭城势孤，遂降汉。项羽方解而东归，而彭城先失，军无斗心，是一败而不复可支。灌婴之掠淮北，降彭城，所以速项羽之亡也。韩信与项羽会战垓下，灌婴又东自彭城夹击，以婴本为骑将，故使以所部五千骑追项羽，《项羽本纪》所谓王翳、吕马重、杨喜、杨武、吕胜，皆灌婴所部骑将也。《项羽本纪》特叙战事，其详皆著之《灌婴传》中，以项羽之亡实系之灌婴一军也。此史公叙事最著明处。

破吴郡长吴下，得吴守，遂定吴豫章、会稽郡。

案汉定吴会稽诸郡，《本纪》皆未详，一著之《灌婴传》中以结项羽全局。

太史公曰：吾适丰、沛，至为言高祖功臣之兴时若此云。

案诸侯起微贱，一时遗闻轶迹，传闻必多，史公身历其地而知其遭际风云，未有异于人者也。史公于萧、曹、樊哙、滕公等《传》，盖得于民间传说为多，此所谓纪实也。

《张丞相列传》 第三十六

黥布反亡，汉立皇子长为淮南王，而张苍相之。十四年，迁为御史大夫。

案《功臣表》，张苍以六年八月封，《诸侯王表》，淮南王长以十一年十月立，是苍为计相当在高帝七、八年间，不在始封之年也。而《百官表》云淮南丞相张苍为御史大夫，在高后八年，上距高帝十一年，实十六年，此云"十四年"，疑有误。

赵尧年少，为符玺御史。至于是徙御史大夫周昌为赵相。

案《百官表》，御史大夫属官有两丞，千石，一曰中丞，其后更名御史长史，更领侍御史员十五人。《表》又云："凡吏秩比二千石以上皆银印青绶，秩比六百石以上皆铜印黑绶，御史谒者郎无，其仆射御史治书尚符玺者，有印绶。"郎中令属官有仆射，秩比千石，赵尧为符玺御史，亦御史中丞之属也，故得以侍上进言。周昌所云"刀笔吏"，谓其无学术也，非谓其为小吏也，然周昌易视一赵尧，卒为所挤，凡木强好直言者，固多在小人计算之中也。

高后崩，不与大臣共诛吕禄等，免，

案归有光曰："《汉书》云：'高后崩，与大臣共诛诸吕，后坐事免。'考《吕后纪》，《汉书》为是。"《吕后本纪》，平阳侯窋行御史大夫事，见相国产计事；郎中令贾寿趣产急入宫。平阳侯颇闻其语，驰告丞相、太尉；太尉既说吕产解上将印去，太尉遂将北军。平阳侯以吕产谋告丞相、太尉，令平阳侯告卫尉，无纳相国产殿门。是诛诸吕由平阳侯发其谋，功最多。《汉书》言平阳侯与大臣共诛诸吕，后坐事免，为得其实。然据《吕后纪》，高后崩在七月辛巳，辛酉捕斩吕禄，相距四十日耳。九月己酉代王至长安舍代邸，群臣往谒，相距又四十九日。而《文帝本纪》称代王驰至渭桥，群臣拜谒，云“丞相陈平，太尉周勃，御史大夫张苍”，是时丞相、太尉主政，平阳侯免御史大夫适当诛诸吕迎立代王时，《汉书》不详其故，惟云“坐事免”，盖误。就《史记》之文求之，云“不与大臣共诛吕禄等者”，平阳侯所与丞相、太尉谋者诛吕产事耳，吕禄已前去北军，平阳侯因欲宽吕禄之诛以全诸吕，以是与丞相、太尉异议，因自免去。史公叙述自明，归氏最深于《史记》之学，于此亦未能审也。

吹律调乐，入之音声，及以比定律令，《集解》曰：“如淳曰：‘比，谓五音清浊，各有所比也，以定十二月律之法令于乐宫，使长行之。’”若百工，天下作程品。《集解》曰：“如淳曰：‘若，顺也。百工为器物，皆有尺寸斤两，皆使得宜，此谓之顺。’”

案《乐书》云：“博采风俗，协比声律。”即“吹律调乐，入之音声”二语之旨。《律书》云：“物度轨则，一禀于六律，为万事根本。”即“比定律令，若百工，天下作程品”之旨。律令者，上所行法；百工者，备物致用，所守之程也。如《注》并误。

广国贤有行，故欲相之，

案《汉书·百官表》：“御史大夫，掌副丞相。”是以代丞相者，皆御史大夫也。据《外戚世家》，广国四、五岁时为人所略卖，闻窦皇后新立，上书自陈。绛侯、灌将军等曰：“吾属命且悬此两人，不可不为择师傅、宾客！”窦长君、广国由此为退让君子。《百官表》，文帝元年，绛侯勃为丞相；三年，太尉灌婴为丞相；四年，御史大夫张苍为丞相。是时窦长君已贵显，广国始自脱为人奴，灌婴为相一年中方择良师傅教之，安得遽有贤行，而欲以为相哉？史公故作激昂语，以表文帝，非事实也。

君勿言，吾私之。徐孚远曰："吾私之者，言以私恩幸之，不使干政也。"

案"君勿言，吾私之"者，言不欲公致其罪，而私属其丞相困苦之，而戒其勿泄也，与下"度丞相已困通"句正相应；否则通以大中大夫侍上，亦其丞相所能檄召哉？徐氏解误。

故他官居其中，《索隐》曰："《汉书》作'冗官'，谓散官。"

案《汉书·百官表》，奉常属官有诸庙寝园食官令、长、丞。诸庙所置官，当置署庙垣外。他官者，非谓掌庙之官，如奉常所属太祝、太史、太卜之类，凡有事于庙者，皆得居其中也。《汉书》作"冗官"，颜师古曰"如今之散官"，故为无谓。

皆以列侯继嗣，娖娖廉谨，为丞相备员而已，无所能发明功名有著于当世者。

案秦、汉制度留贻二千年，至今遵用之，而其事迹可见者，独有《史记》，是以二千馀年制度所由仿也。讫于今日，乃取史公所讥"娖娖廉谨"者以为宰相之器莫良于是，而以"发明功名"为大忌，未知其流极将何所抵止也！

而不遵明，用秦之颛顼历何哉？

案《汉书》作"专遵秦之颛顼历"，似未达史公之意。颛顼氏以水德王，秦之兴也亦自托于水德，故一切取法颛顼，而世所传三统历无建亥明文，则秦所用颛顼历亦但托以为名而已。汉承秦而仍托于水德，自当修明遵行颛顼之历，不当专以秦为法。史公之文常深曲，使人寻绎而自得之。

又得擅屏骑士事，

案《汉书·赵广汉传》："使长安丞按骑士苏贤，坐擅斥除骑士，乏军兴。”擅屏骑士，即此事也。《汉书》言广汉下廷尉狱，吏民守阙号呼数万人，下文云“陈平等劾中尚书，疑以独擅劫事而坐之，大不敬，长史以下皆坐死，或下蚕室”。曰“疑”，盖亦为广汉讼冤者。“劫”，谓劫持丞相；“擅”，谓擅斥骑士；是以丞相长史亦因之得罪。《百官表》中书谒者尚书员皆属少府，未知所指，《汉书》亦不载其事。

《郦生陆贾列传》 第三十七

汉三年秋，项羽击汉，拔荥阳，汉兵遁保巩、洛。楚人闻淮阴侯破赵，彭城数反梁地，则分兵救之。淮阴方东击齐，汉王数困荥阳、成皋，计欲捐成皋以东，屯巩洛以拒楚。

案史公列传中指画楚、汉相争大势，各因其时事为之词。据《高祖本纪》，汉三年楚围荥阳，汉王出荥阳入关，收兵，欲复东。袁生说汉王出武关，令荥阳、成皋间且得休，汉王乃出兵宛、叶间。项羽闻汉王在宛，果引兵南；汉王乃引兵北军成皋。项羽闻，复引兵西拔荥阳，遂围成皋。汉王出成皋渡河夺韩信军，复还取成皋。是时楚、汉相持荥阳、成皋间，数为项羽所拔，而高祖终引兵取之，是楚、汉相争尤以荥阳、成皋为要害也。袁生说汉王出兵宛、叶稍纾成皋之急，亦会项羽务于攻战，不务考览天下大势，令汉得终保荥阳，以为灭楚之资。汉王未尝一日为捐弃成皋、荥阳之计也，此为欲表郦生而为之词。《本纪》云：“项羽解而东归，汉王欲引而西归，用留侯、陈平计，乃进兵追项羽。”并是史公行文操纵之法。

楚人拔荥阳，不坚守敖仓，

案是时彭越反梁地，项羽东击彭越，令海春侯、大司马咎、长史欣守成皋。项羽至睢阳，闻海春侯破，乃引兵还。其致败由海春侯，非项羽之不坚守敖仓也。

守白马之津，

齐召南云："白马，县，属东郡，大河所经，其西岸即黎阳也。"

数见不鲜，《索隐》曰："数见，谓时时来见汝也。不鲜，言必令鲜美作食，莫令见不鲜之物。如淳曰'新杀曰鲜'也。"无久慁公为也。

案《玉篇》："鲜，善也。"《释名》："鲜，好也。"言物虽好而数数见之，则新者亦陈矣，故反不为好也。《汉书》云："数击鲜，毋久溷女也。"据鲜为杀生言之，《索隐》遂承之而误。《说文·心部》："慁，忧也。"《水部》："溷，乱也，一曰水浊。""慁"、"溷"字通，犹乱也，盖相烦扰之意。此当云"毋久溷乃公为也"。史公语急，遗一"乃"字，班氏乃云"毋久溷女"，意味全失矣。

陆生曰："天下安，注意相；天下危，注意将。将、相合调，则士务附；士务附，天下虽有变，即权不分。为社稷计，在两君掌握耳。臣常欲谓太尉绛侯，绛侯与我戏，易吾言，君何不交欢太尉，深相结。"为陈平画吕氏数事。陈平用其计，乃以五百金为绛侯寿，厚具乐饮，太尉亦报如之。此两人深相结，则吕氏谋益衰。

案陆生数语，足定天下大计。因考是时周勃为太尉，主兵，何以南、北两军太尉皆不得入，尚待纪通持节矫内太尉北军？据《本纪》吕禄为上将军，属北军；吕产为相国，属南军。吕禄解将印以兵属太尉，太尉令平阳侯告卫尉无入吕产殿门。朱虚侯入未央宫门击产，斩长乐卫尉吕更始。《汉书·百官表》："卫尉，掌宫门卫屯兵。长乐、建章、甘泉卫尉，各掌其宫，不常置。中尉，掌徼循京师。"其后武帝置八校尉，中垒校尉掌北军垒门内，是北军者，京辅屯兵也，领于中尉，故以吕禄为上将军居之。南军者，宫卫屯兵，领于卫尉，故吕产以相国居之。太尉主兵无专权，其时掌卫兵及诸屯者，皆吕氏党也，是以太尉无一兵之用，而朱虚、平阳、襄平及郦寄、刘揭等左右交通，卒诛诸吕，亦恃丞相、太尉交欢之故。其时绛侯木强无智计，曲逆专务自全而已，陆生彬彬，固为一时佳士。

吕太后崩，大臣诛诸吕，辟阳侯于诸吕至深，而卒不诛。计画所以全者，皆陆生、平原君之力也。

案《百官表》，高后元年辟阳侯审食其为左丞相，八年七月为帝太傅，九月复为丞相。《本纪》，吕后八年七月辛巳太后崩，遗诏以吕王产为相国，以右丞相审食其为帝太傅。既立相国，必兼废左、右丞相，而陈平仍为右丞相如故，此必诏书有遗。《汉书·陈平传》："审食其免相，文帝立，举以为相。"以《百官表》推之，审食其以七月免相，正诸吕用事时也；九月复为相，则诸吕已诛矣。是必吕后欲得专相吕产，审食其因免左丞相，而仍使与陈平并相，以成诛诸吕之功。既诛诸吕，因复以为左丞相。其时审食其必与闻诛诸吕事，而免相以求自全，当时情事，犹有可推见者。文帝并相周勃、陈平，审食其又复免相。《汉书》因《百官表》之文，遂谓"文帝立，举以为相"，又非也。

夜半时斩陈留令首，至遂相率而下沛公。

案郦生斩陈留令首以下陈留，《史记》不详其事，《汉书》亦不载，今读其文，阐缓类褚少孙，非史公本文也。疑当在史公赞后，褚少孙于此亦必有叙述之词，传写脱之，遂误入之正文耳。

《傅靳蒯成列传》 第三十八

属相国参，残博。徐孚远曰："曹参为淮阴副将，宽前属淮阴，今分属参也。"

案《汉书·曹参传》："韩信立为齐王，引兵东诣陈，而参留平齐未服者。"阳陵侯先属淮阴，又属相国参。其初定齐，阳陵及平阳侯皆属信，其后信会高祖于陈，而参以齐相留齐，是以阳陵又属参也。徐氏之言，尚未分明。

别之河内，击赵将贲郝军朝歌。

案《汉书》作"击赵贲军朝歌，破之"。考《汉书·曹参传》："西至开封，击赵贲军。"赵贲，秦将也，在高祖未入关之前。《樊哙传》亦云："攻赵贲，灌废丘。"赵贲又章邯将也，在高祖还定三秦未出关之前。此明云"三年"，则是韩信攻赵时事也，《曹参传》云："因从韩信击赵相国夏说于邬东。"又云："还围赵别将戚公邬城中。"正与此同时，是《汉书》作"赵贲"误。《黥布传》亦有中大夫贲赫，当以《史记》为是。

身得江陵王，生致之洛阳，

案《项羽本纪》："义帝柱国共敖将兵击南郡，功多，立敖为临江王，都江陵。"其后共敖不别见。《高祖本纪》："五年，临江王驩为项羽畔汉，令卢绾、刘贾围之，数月而降，杀之洛阳。"而《荆世家》及《卢绾列传》并作"临江王共尉"，李奇曰"共敖子"。

至孝景中二年，封绁子居代侯。《集解》曰："徐广曰：'《表》云孝景中元年封绁子应为郸侯，薨谥康。中二年，侯居立。'"《索隐》曰："郸，苏林音多，属陈国。"

案《汉书·周绁传》云："景帝复封绁子应为郸侯，薨，谥曰康侯，子仲居嗣。"此是史公误也。《汉书》殿本"音多寒反"，《索隐》云"苏林音多"，"郸"不得有"多"音也，疑传写脱误。

《刘敬叔孙通列传》 第三十九

附离而并事天子，《索隐》曰："案谓使离者相附也。"

案《易》："离，丽也。"《曲礼》："离坐离立。"郑《注》："两相丽，谓之离。"附离，犹附丽也，《索隐》误。

分而为两。《正义》曰："《公羊传》云：'东周者何？成周也。西周者何？王城也。'"

案"分而为两"，即《周本纪》所谓"东、西周分治"也。周自考王封其弟于河南，而成周遂与王城分建，传三世至惠王，复封其少子于巩，号东周；于是成周惠公之后，遂号为西周。赧王自居王城，亦属西周，而东、西周实分周地，赧王不以西周名也。《周本纪》索隐："西周，河南也。东周，巩也。"语极分明，《正义》引《公羊》甚误。

陛下诚能以嫡长公主妻之，

案《本纪》，七年高祖困平城。八年高祖之东垣过柏人，赵相贯高谋反。九年，贯高事发觉，废赵王敖为宣平侯。《年表》张敖嗣立为赵王在高祖五年，鲁元公主之归赵王张敖久矣，刘敬当时但言亲公主，史公以为高祖并无次女，故遂以"嫡长公主"为言耳。

刘敬从匈奴来，因言匈奴河南白羊、楼烦王，

案《匈奴传》："南并楼烦白羊河南王。"又云："卫青出云中以西至陇西击楼烦、白羊于河南，筑朔方。"而楼烦因胡地为县，隶雁门郡，固不在河南也，大率河套左近统名曰河南。

鲁有两生不肯行，曰："公所事者且十主，至公往矣，无污我！"

案史公叙叔孙通趋时应变，而推言礼乐之本，藉鲁两生之言以发之，不必实有其人也。

谒者治礼，引以次入殿门。

案《汉书·百官表》，谒者属郎中令，掌宾赞受事。引，谓导

引进退之节。

乃拜叔孙通为太常。

案《汉书·百官表》："奉常，秦官，景帝中六年始更名太常。"是时无太常名，《汉书》云拜通为"奉常"，是。

《季布栾布列传》　第四十

季布，楚人也。

案楚、汉之际，自淮北隶楚故地，东尽吴、越谓之楚。季布之从项羽在都彭城以后，当为彭城人也。

置广柳车中，

案车檐深曰柳车。《书》"昧谷"或作"柳谷"，柳盖深晦之意，广柳粗车大而深檐，可以载重，故丧葬用之。凡屋前有承霤，"柳"、"溜"一声之转。

数招权，顾金钱，《正义》曰："言曹丘生依倚贵人，用权势属请，数求他人。顾钱，赏金钱也。"

案招权，顾金钱，即招权纳贿意。权势、金钱，皆所顾爱常求者也。《正义》解未分明。

当杀人，亡之吴，从袁丝匿，长事袁丝，弟畜灌夫、籍福之属。

案杀人亡之吴，是居楚时事，袁丝亦楚人也，故与同匿。长事袁丝，弟畜灌夫，是居长安时事，袁丝楚人，灌夫颍阴人，皆仕京师，所云"气盖关中"，即其时也。

丁公为项羽逐窘高祖彭城西，至使后世为人臣者无效丁公！

案高祖斩丁公事，先儒乐道之，以为急正君臣之义也，综其实不然。高祖与丁公非有雅故也，骤然相厄一日之中，以一语之交而引兵以去，丁公亦非必以此示德汉王也。及项王灭而丁公谒见高祖，是将以彭城一日之引兵以去而望收报今日也。高祖于此时录其功乎？抑将以其一日之相舍而引以为雅故乎？其谒见也，其心有不可问者也。使丁公不来见，高祖方且求而用之，为其一日之雅故而相厄也，旋而相舍，固当俟其人之追而思之，而未宜居之以为德也。被丁公以不臣之名而徇之军中，乃高祖之谲也；虽然，高祖舍是而无以处丁公矣。其谲也，乃所以成其为高祖之英雄也欤？

身屦典军，《索隐》曰："徐氏云：'一作"覆"'，而下云'搴旗'，则'覆军'为是，愈于'屦'之与'履'者也。"

案"屦"为"屡"之讹，即本传所云"项籍使将兵，数窘汉王"者也，班《史》作"履军搴旗"，各自为义。据班史之文，迁就以释"履"字之义，此过也。

《袁盎晁错列传》 第四十一

袁盎者，

齐召南云："'爰'与'辕'通，史游《急就章》云：'爰展世'，师古注曰：'陈甲公后世孙，爰诸生、爰涛涂，因而命氏。其后或为"辕"字，又作"袁"字。'案'爰涛涂'，《左传》作'辕'，《公》、《谷》作'袁'。"案《汉书》作"爰盎"，"爰""袁"字并通。

盎兄哙任盎为中郎。

案"盎兄哙任盎为中郎"，《汉书》"中郎"作"郎中"。据《汉书·百官表》，郎中令属官有大夫、有郎、有谒者郎、有议郎。中郎，秩比六百石；侍郎，比四百石；郎中，比三百石：皆无定员，多至千人。掌守门户，出充车骑，如今宫门侍卫之类。《张释之传》"以资为骑郎"，即所谓"出充车骑"者也。《冯唐传》"为郎中署长”，则以积年久为郎署长，非郎将之属，领诸郎中为长者也。凡诸言为郎者，皆郎中也。奉车都尉属官亦有郎中，无员，其职卑，故可入资为之，亦可由长官任举。盎初任为郎中，后乃为中郎将，此当依《汉书》作“郎中”为允。

常自送之，

案朝仪无送迎之礼，《汉书》作“目送”为是。

盎兄子种为常侍，骑持节夹乘，说盎曰：“君与斗，廷辱之，使其毁不用。”

案《汉书·百官表》，散骑、中常侍，皆秦制。中常侍得入禁中；散骑，掌御乘舆车，武帝时为奉车都尉。又侍中、中常侍、给事中，皆得出陪乘舆。散骑无常职，亦得骑从，故曰散骑。魏文帝时，始置“散骑常侍”官，汉制无“常侍骑”之名，此当以“盎兄子种为常侍”断句。“骑持节夹乘”，则著文帝出时，种为常侍，宜骑从，盎当乘舆辱赵同，种亦得左右护持之也。“廷辱之”，犹言众辱之。又案《汉书·杨敞传》：“子忠嗣，忠弟恽以忠任为郎，补常侍骑。”《韦贤传》：“子元成以父任为郎常侍骑。”而《李广传》又云：“为郎骑常侍。”《司马相如传》亦云：“为武骑常侍。”似皆史臣因事为之辞，非官名也。《建元以来侯者年表》亦称“常侍骑郎”。

及坐，郎署长布席，

案《汉书·百官表》，水衡都尉掌上林苑，上林有八丞、十二尉，无郎官。此云“郎署长”，盖即郎中令属官，给事禁中者。行幸布席与在宫掖同，非上林直卫署郎也。

君能日饮，毋何，

案“毋何”，言无所事事也。

乃悉以其装赍置二石醇醪，

案所赍衣服尽以易酒也。

乃以刀决张道，

案“张道”，《汉书》作“帐道”，盖士卒围盎所支帐，用刀决而开之，以通人行也。

学申、商刑名于轵张恢先所。

案徐广曰：“先，即先生也。”《汉书》作“张恢生”。据《儒林传》，伏生、高堂生、田生、胡毋生，皆举其姓，辕固生，则连姓名为称。汉时儒者皆谓之生，陆贾曰陆生，贾谊曰贾生，连姓名称之，辕固、张恢并其类也。此“先”字为“生”字之讹，宜从《汉书》作“张恢生”。

及窦婴、袁盎进说，上令晁错朝衣，斩东市。

案《汉书·晁错传》：“丞相青、中尉嘉、廷尉欧劾奏错，乃使中尉召错，错衣朝衣斩东市。”是错之诛以欲使景帝出将而己居守，又欲瓤徐、僮旁地与吴，启景帝之疑，丞相乃相与共奏诛之，正为其自请居守，心有疑焉故也。中尉召而加诛，是以衣朝衣就市，《汉书》叙述甚明。史公云“上令晁错衣朝衣，斩东市”，则以错之衣朝衣就市，亦上之命之，非事实也。

史记札记卷五下

《张释之冯唐列传》 第四十二

事孝文帝，十岁不得调，无所知名。

案《百官公卿表》云，孝文三年中郎将张释之为廷尉。是释之当文帝时已贵显。其云“十岁不得调”者，当在惠帝、高后之世，文帝立而已调补谒者。史公云“事孝文帝，十岁不得调，无所知名”，通前后而为之辞也。

从行至霸陵，居北临厕，

案韦昭《注》：“高岸夹水为厕。”《汉书·地理志》：“霸水出蓝田谷，北入渭。”新丰道值渭，故登霸岸北望，以指示慎夫人由新丰走邯郸之道。

且罪等，然以逆顺为差。《集解》曰：“如淳曰：‘俱死罪也，盗玉环不若盗长陵土之逆也。’”

案“罪等”，言凡所获罪，情事相等，则视其所犯之顺逆以为轻重之程。如同一盗也，盗宗庙器物与盗发陵寝，顺逆自别。如淳以弃市与致族俱为死罪当之，恐误。

数为我言赵将李齐之贤，战于钜鹿下，

胡三省曰：“钜鹿之战，当是秦将王离围钜鹿时。”案《赵世家》，赵王迁杀李牧，逾年秦遂灭赵，是李齐之为赵将，固当在赵王歇时也。

上怒起入禁中，至公奈何众辱我？

案上云“文帝辇过”，是与冯唐问答之辞，皆辇过时语也。闻冯唐“虽得廉颇、李牧弗能用”之言，知其必有深意也，故俟旋入禁中，始召唐问之，其云“公奈何众辱我”，亦聊以为笑耳，不得云怒而起入禁中也。史公于此，用以自奇其文，班氏仍其语不加改正，则亦过矣。

遣选车千三百乘，

案《玉篇》：“选，谓简择其良者。”于此误衍一“遣”字，《汉书》云“选车千三百乘”，删去一“遣”字，最为有识。

破东胡，灭澹林，

案《匈奴传》：“晋北有林胡、楼烦之戎。”如淳曰：“林胡，即澹林也。”赵武灵王北破林胡、楼烦，置云中、雁门、代郡，楼烦属雁门郡，澹林当为云中郡之陶林，汉东部都尉治也。

其军市租尽以飨士卒。私养钱，五日一椎牛飨宾客、军吏、舍人。

案《汉书》云：“军市租尽以给士卒。出私养钱，五日一椎牛飨宾客、军吏、舍人。”军市租，收之市；私养钱，则将军所用以给其私者也。军市租尽散之士卒，其私自给者又用以飨宾客，似《汉书》作“出私养钱”，为得其实也。

《万石张叔列传》 第四十三

及孝景即位，以为九卿迫近，徐孚远曰：“太子太傅不当九卿数，言其位次当为九卿也。”

案万石君为太子太傅时，景帝方为太子也，为其恭谨所拘苦，以不得自肆。及即位，以为九卿迫近，日侍上前，故徙为诸侯相以远之。太子太傅，盖亦九卿之列也。班氏不达其意，于是云“以奋为九卿”，似谓孝景即位，奋始为九卿，殊失史公本旨。徐氏之言，犹承班史之误也。

建为郎中令，每五日，洗沐归谒亲，入子舍，《集解》曰：“文颖曰：‘郎五日一下。’”

案刘奉世《汉书刊误》曰：“建为郎中令，庆为内史，非郎官也。”汉公卿以下皆有休沐，文颖《注》误。

取亲中裙厕腧，《集解》曰：“晋灼曰：‘今世谓反闭小袖衫为侯窬。厕，此最近身之衣也。’”

案贾逵解《周官》：“槭，虎子也。窬，行清也。”《说文》：“槭，槭窬亵器也。”郑司农《周官注》：“亵器，清器，虎子之属。”“腧”同“窬”。《说文》：“厕，清也。窬，空中也。”厕腧，谓行清之上版，凿木为空者也。中裙厕腧，皆近污秽，故身自洗涤之。徐广、苏林、孟康诸说近是，而皆未详，《测议》专取晋灼之说，未免偏见。

万石君徙居陵里。《索隐》曰：“小颜云：‘陵里，里名，在茂陵，非长安之戚里也。’”

案刘敞云：“长安中自有里名陵，非茂陵里也。”《索隐》引颜说非。

万石君以元朔五年中卒。长子郎中令建，哭泣哀思，扶杖乃能行。岁馀，建亦死。

案前云“高祖东击项籍，时奋年十五，为小吏”，则汉之二年也，至元朔五年凡八十五年，万石君盖一百岁，建以哀毁岁馀卒，当亦近八十岁也。

尝欲请治上近臣所忠、九卿减宣罪，

案颜师古《汉书注》云：“近臣所忠及减宣二人。”《姓谱》云：“武帝时有谏议大夫所忠。”是所忠时为谏议大夫，属郎中令，故曰“近臣”。

公卿议：欲请徙流民于边以适之。

案汉时守边皆适戍，“徙流民于边”，谓徙令守边，以当适戍也。《汉书》载武帝诏书，言“孤儿幼年，未满十岁，无辜而坐”，率谓十岁以下适戍所不及，今以流民之故而并徙也。

绾以戏车为郎，

案下云“臣从车士”，则戏车者，郎属之导相乘舆者也。“戏”“麾”字通，《说文》：“麾，所以指麾也。”

朝廷见人或毁曰：至然终不自明也。

案颜师古《汉书注》以“朝廷见”为句，谓“阙廷大朝见之时，而人毁之”。刘敞《汉书刊误》曰：“朝廷见人，谓设大官也。”疑“朝廷见人”为共见知，谓毁之大廷广众之中也，故下云“终不自明”。徐孚远以“我乃无兄”之言为自明，不知其闻而言，则家自语耳，不必以语之毁者也。

景帝为太子时，拜为舍人。积功稍迁，孝文帝时至太中大夫。

案景帝为太子时拜为舍人，是为太子舍人也。积功稍迁至大中大夫，则早有位于朝矣。景帝为太子，固是文帝时也，《汉书》删去“孝文帝时”四字，最为得之。

御史大夫张叔者，名欧。《索隐》曰：“欧，音驱。”

案《汉书》“欧”作“殴”。音驱，《史记》本作“欧”，则不音驱。《索隐》注原作“《汉书》作‘殴’，孟康音驱”，此本误节《索隐》文。

《田叔列传》　第四十四

臣等当虫出，徐孚远曰：“言失国，无坟墓收葬也。”

案《荀子·劝学篇》：“肉腐出虫。”虫出者，谓湮没以死，化而为朽腐久矣，徐氏之言迂回无当。

复召孟舒以为云中守。

案《匈奴传》云：“至冒顿而匈奴最强大，尽服从北夷，南与中国为敌国。”单于之庭直代、云中，故代、云中被侵盗尤甚。文帝言“先帝置孟舒云中十馀年”，是孟舒免官在高后之世，文帝立而复为云中守，自在魏尚以前。文帝十四年，匈奴入朝那杀北地都尉卬，乃用冯唐言复以魏尚为云中守，前后相距十馀年，而情事适相类。以云中当单于庭，文帝之选守尤急也。

因占著名数，

案《后汉书·李忠传》：“流民占著者五万馀口。”汉时已有土著之名，见之《张骞传》，附籍者谓之“占”。“著名”，诸籍名其中。“数”，则其户口之差也。

任安常为人分麋鹿雉兔，部署老小当壮剧易处，

案分所猎禽，先令老小与壮强有力者易处，以防争竞。

司直以为太子骨肉之亲，父子之间，不甚欲近，去之诸陵过。

案谓骨肉父子之亲，不为已甚，何使近去之诸陵？俟事过当自解耳。

《扁鹊仓公列传》　第四十五

扁鹊者，勃海郡郑人也。

案下扁鹊自述云：“臣齐渤海秦越人也，家在于郑。”则此当云：“渤海人也，家于郑。”扁鹊生春秋时，既无渤海郡之名，而郑亦尚在，此由传方术者假汉郡县为之辞耳。

饮是以上池之水，三十日当知物矣。

案方家所谓上池之水，具之人身，一曰华池。知物，即谓知

痛之症结。

嬴姓将大败周人于范魁之西，而亦不能有也。《正义》曰："嬴，赵氏本姓也。周人，谓卫也。晋亡之后，赵成侯三年伐卫，取乡邑七十三是也。"

案此谓秦灭周，再传而亡，故曰"亦不能有也"，无庸曲为之说。

搦髓脑，揲荒《索隐》曰："搦音女角反，揲荒，膏荒也。"爪幕，

案"荒"同"肓"，"幕"同"膜"，皆谓腠理脉络之征也。《玉篇》："肓，肉间也。"《说文》："膜，肉间脉膜。"《释名》："膜，幕也。"幕、络，一体也，二者皆在皮里肉间。"盲"、"荒"同音而各别，《说文》："肓，心上鬲下也。"《集韵》："膈，肓也。"胸膈心脾之间谓之肓。《索隐》以"揲荒"当"膏荒"，甚误。

病应见于大表，不出千里，

案不出千里，言虽远隔，不出千里之外者，皆可以其病应决之。病应见于大表，自然之形变著明，无术以止之。扁鹊自明所言皆有征应，不待切脉、望色、听声、写形而后知也。

缠缘中经维络，

案《庄子》："缘督以为经。"任、督二脉，缘人身周转，故谓之"缘"。"缠缘"者，缠绕任、督二脉之间，使不相输纳也。

乃使子豹为五分之熨，以八减之齐和煮之，以更熨两胁下。

案此谓施行针后，不更用熨法，以五分热为度，由五分递减至一分，是谓"以八减之"。久熨则减数多，而药气以渐内达，而后加药齐和煮之，更熨两胁下。齐和，犹调和也，与前熨者相剂，仍煮至五分热也。《索隐》注未分明。

齐桓侯客之，

案《庄子》文径作"桓公"。扁鹊本黄帝时医，春秋时以医名

者独秦为盛，医和、医缓皆秦人也。疑扁鹊之为秦越人，亦秦医两游于齐、郑之间，郑故虢地也，因有过虢之言。古书流传失实者多矣，史公仍而录之，其时其地亦无由考而知也。

谒受其脉书上、下经，五色诊，奇咳术，揆度阴阳外变药论石神，

案脉书上、下经，言切脉也。五色诊，言望色也。奇咳术，言听声也。揆度阴阳外变，言写形也。《汉书·艺文志》有《五音奇胲用兵》二十三卷，颜《注》引许慎曰："胲，军中约也。"奇胲云五音，故知是听声也。药论，论药理。石神，论针灸之法。

脉长而弦，不得代四时者，《正义》曰："王叔和《脉经》云：'来数而中止，不能自还，因而复动者，名曰代，代者死。'"

案此"代"字与下"代脉"异。弦长者，肝脉也，主春，四时之脉相代过，春而长弦者，不受代，则肝病也。长弦如一者为和，中止复动为代，《正义》以两"代"字混言之，误。

代者经病，病去过人，人则去，

案经脉十二，络脉十五，凡病先传经，不治则转而入于络，经、络两病，是谓过人。病去者，传经已编也。人去，则是脉败而精亡也。

病得之少忧，数忔食饮。

案《说文·口部》："吃，言蹇难也。"此"忔"字当亦蹇难之意，谓难食也。少忧者，年力未至而忧积心，以滞塞其生机，故难食。

脉来数疾，去难，而不一者，病主在心。周身热，脉盛者，为重阳。重阳者，逷心主。

案不一者，忽数忽留，则心气郁也。脉甚为重阳，上溢心气内郁而致愦，于是张脉偾兴而阳上浮。"逷"犹《左氏传》"离

逖”之意，谓忧伤经阳，而病反在络阳也。

切其太阴之口，湿然风气也。

案《方言》：“自关而西，秦、晋之间，凡志而不得，欲而不获，高而有坠，得而中亡，谓之湿，或谓之惄。”湿然风气，如风之冲荡。

此五藏高之远数以经病也。

案五藏并气之所藏，肺气热则藏不纳气，而若高出于其径行之数，其间远近，即因其径病以为藏气之征。文法深曲，不易识。

不平者，血不居其处；代者，时参击并至，乍躁、乍大也。

案张仲景《伤寒论》：“代脉动而中止，不能自还，因而后动。”所谓“参击并至”，殆即动而中止，三五不调也。

是坏肝刚绝深。

案刚，阳也。

肝一络连属结绝乳下阳明，

案“结绝”字读如“绝流而渡之绝”，《天官书》：“绝汉抵营室。”《荀子·劝学篇》：“假舟楫者，非能水也，而绝江、河。”杨倞《注》：“绝，过也。”肝与阳明同络，络结而过阳明，则络绝也。

三阴俱抟者，如法；不俱抟者，决在急期。一抟一代者，近也。

案抟，犹击也。三阴脉俱紧小，得依《脉法》断之。三阴互异则脉乱，故期愈速，一击一代，将绝之征也，是以云“近”也。

汗出伏地者，切其脉，气阴；阴气者，病必入中，出及瀺水也。

案瀺水，即汗液也。地，阴气也；阴气入中则病内伏，而及汗液之出，阴气因而乘之，所以入中也。

是蹷阴之动也。

案“蹷阴”即“厥阴”。

是好为方，多伎能，为所是案法新。

案两“是”字皆谓女子竖，言凡为女子竖所案验古法，多能自出新意也。

食而不嗽，

案“嗽”同“漱”，《说文》：“漱，荡口也。”

脾气周乘五藏伤部而交，故伤脾之色也，望之杀然黄。

案五部有伤病应皆见于外，脾气周乘五藏，是以五部交见病征。

察之如死青之兹。

案《周本纪》“康叔封布兹”，徐广曰：“兹，藉草之名。”《尔雅·释器》：“蓐谓之兹。”其黄色如死草无光泽也。

所以至春死病者，

案此“死”字疑衍文。

病方今客肾濡，《正义》曰：“濡，溺也。病方客在肾，欲溺肾也。”

案“肾濡”，即医家所谓“肾俞穴”也，《正义》解太迂曲。

即窜以药，《索隐》曰：“谓以药熏之。”

案《文选·高唐赋》“飞扬伏窜”，《注》：“窜，走也。”《书》：“窜三苗于三危。”《疏》：“窜者，投弃之名。”窜以药，谓其内寒而凝，投以药以使之走也，今药中固有辛窜之品，如麝香等类。《索隐》说非。

寒湿气宛笃不发，

案宛笃，即菀结之意。

其尺索刺粗，而毛美奉髮，

案《急就篇注》：“索，谓切拈之令紧。”尺索者，尺脉紧，紧而粗，故著手若刺人。上文云“上肤黄粗”，此云“毛美奉发”，是肤理粗而毛髮自润也。“奉”者，自下承上之义；“毛美奉髮”，谓毛理洒然上泽及髮也。《医书》云：“脾主皮毛。”皮毛皆脾气之发也，肤粗而毛美，理所未喻。

切之得番阴脉，

案《广韵》：“番，数也，递也。”数道并至，是为番脉色。又乘之而入虚里，其脉内伏，是为“番阴脉”。

为重困于俞，

案“俞”即“肾俞穴”也，读如字。

切之得肾反肺，《集解》曰：“徐广曰：‘反，亦作“及”。’”

案医家以五藏法五行，因有“虚者补其母，实者泄其子”之文，肺者，肾之母也，肾反肺，故为藏气相反。徐氏云“一作‘及’”者，误。

切其脉得番阳，番阳入虚里。处旦日死；一番一络者，牡疝也。

案“番阳”、“番阴”皆死法。番者数道至，络者一丝相激急。

故古圣人为之脉法以起度量，立规矩，县权衡，案绳墨，调阴阳，别人之脉，各名之，与天地相应，参合于人，故乃别百病以异之；有数者能异之，无数者同之。

案此即后世医案之权舆也，史公为仓公立传，悉取所著医案著录之，而古脉法亦得以稍传于今，最其用意深处。

同产处临菑。

案同产处临菑，以仓公临菑人，谓同生长临菑者。

杨中倩不肯。

案杨中倩当即阳庆，中倩其字也，“杨”、“阳”字误，非别一人。

《吴王濞列传》 第四十六

以骑将从破布军蕲西会甀。

案《汉书·地理志》沛郡蕲下《注》云："垂、乡，高祖破黥布。"《传》云："遂西与上兵遇蕲西会甀。"垂乡在蕲西，言西与上兵遇蕲西，因遂会战于垂也。"甀"，《汉书》作"垂"。

吴有豫章郡铜山，

案吴王王三郡：会稽、豫章、故鄣也。《地理志》广陵国广陵下《注》云："江都易王非、广陵厉王胥皆都此，并得鄣郡而不得吴。"自秦置三十六郡，并无鄣郡，《地理志》丹阳郡有故鄣县，《注》云"故鄣，郡，属江都"，此必武帝以故鄣地为丹阳郡，故鄣并非郡也，《地理志》注误故鄣地为故鄣郡，遂以传疑耳。《灌婴传》云："破吴郡长吴下，得吴守，遂定吴、豫章、会稽郡。"是秦、楚时实分会稽为吴郡，其后并故鄣县为江都郡，又改为丹阳郡。吴王王三郡，实为吴郡及会稽、豫章也。宣州、润州当并隶吴郡，此云"豫章郡铜山"，疑历陵馀干山中自产铜，不必定为故鄣地也。

吴得释其罪，谋亦益解。

案皇太子提杀吴王太子，文帝置不问，吴王以是称病不朝；又急责之，辄系责治其使者，以成其逆谋。以文帝之仁，而刻待诸侯如此，卒因使者一言而赐吴王几杖，吴王谋亦益解。史公于此等处，指证入妙。

愿因时循理弃躯，

案循礼弃躯，谓诸侯罪不至削地，而侵夺无已，是不循礼也；义当矫而正之，而蠲弃躯命有所不顾也。

遂发使约齐、菑川、胶东、济南、济北，皆许诺，而曰：

“城阳景王有义，攻诸吕，勿与，事定分之耳。”

案是时诸侯并起，独城阳王不与，史公叙一时诸侯相聚以起，而城阳王情事乃于众人口中拟议出之，不烦叙述，而城阳王身分自见。勿与，谓勿与之谋也。

越直长沙者，因王子定长沙以北，《索隐》曰：“案谓南越之地，与长沙地相接。值者，因长沙王子以定长沙以北也。”西走蜀、汉中。《正义》曰：“南越之地对长沙之南者，其民因王子卒而镇定长沙以北，西向蜀及汉中。告越、楚王、淮南三王与寡人西面；齐诸王与赵王定河间、河内，或入临晋关，或与寡人会洛阳；燕王、赵王固与胡王有约，燕王北定代、云中，抟胡众入萧关，走长安。

案此皆部署诸军同西趋长安之词。越直长沙，恐中有阻滞，当因故长沙王之子定长沙而后可以整军北行，又折而西略蜀地以出汉中，此南越一军也。东越与楚及淮南三王皆与吴为邻，可以会兵而西。齐、赵自为军，亦可会军洛阳。盖南越由西南进，燕、赵由北进，其馀诸王会军洛阳并力入关，使汉四面受敌也。旧《注》并误。

其有故爵邑者，更益勿因。

案汉制益封者，皆因旧封定为若干户。此文所云封万户、五千以下至五百户，皆益封，不因旧户，为所加之数也。

《魏其武安侯列传》　第四十七

太后由此憎窦婴，至遂不用。

案《魏其武安列传》，专就两人得势、失势处摹写。魏其贤矣，为能淡于势利，而负气特甚。凡事端之起，下者怙势，其上者负气，而负气者得祸常惨，此秦、汉以来二千馀年之常局也。

相提而论，自是明扬主上之过，

案相提而论，谓争不能死，已负所职矣；又自负气屏居，是自不任过而专归过人主也：两者并论，难以自解。又于其中提出拥赵女一节，是或魏其监齐、赵兵时所得，可据之以为罪也。

魏其者，沾沾自喜耳，《集解》曰：“张晏曰：‘沾沾，言自整顿也。’”

案“沾沾”与“呫呫”同意，《唐书·王叔文传》“呫呫小人”。《礼·檀弓》“我丧也斯沾”，惠氏《九经古义》云：“沾，薄也。”薄，亦小也。《说文》：“沾，一曰益也。”古文“沾”“添”同字。谓附益其说以自矜张，大抵言其器局之小而已，无自整顿之义。

学《槃盂》诸书《集解》曰：“应劭曰：‘黄帝使孔甲所作铭也。’”

案《汉书·艺文志》孔甲《盘盂》二十六篇，列之杂家言，《注》云：“黄帝之史，或曰夏帝孔甲。”应劭以孔甲所作铭释之，殊无左证。

魏其失窦太后，益疏，不用，无势，诸客稍稍自引而怠傲，唯灌将军独不失故。魏其日默默不得志，而独厚遇灌将军。

案魏其、武安、灌将军，各以其势盛衰相次言之，合三传为一传，而情事益显，自班《史》以后皆无此体。

颍阴侯灌何为将军，

案《灌婴传》，婴以丞相卒，子平侯阿代侯，此“灌何”当为“灌阿”。

及魏其侯失势，亦欲倚灌夫，引绳批根生平慕之后弃之者，

案引绳批根，皆攻木之工事。绳，即绳墨，谓弹正之。批根者，近根处盘错，宜批削之也。引绳批根，弹削其不中程度者，盖当时常语。

程、李俱东西宫卫尉，《集解》曰：“《汉书音义》曰：‘李广为东宫，程不识为西宫。’”

案齐氏召南《汉书考证》："汉制长乐宫为东宫，太后居之；天子居未央宫，在长乐宫西。据《李广传》，广入为未央卫尉，而程不识亦为长乐卫尉，是广卫西宫而不识卫东宫也，《汉书音义》非也。"下文言"东朝廷辨之"，如淳曰："东朝，太后朝。"《武安后传》："御史大夫赵绾请无奏事东宫，窦太后大怒。"东宫为太后宫，诸传言之甚明，《音义》自失考耳。

与长孺共一老秃翁，何为首鼠两端？《索隐》曰："谓共治一老秃翁，指窦婴也。"

案老秃翁，谓老而发且秃。意谓其更事久当有断制，不宜瞻顾持两端。玩其辞义，无指窦婴意。

于是上使御史簿责魏其所言灌夫，颇不雠，欺谩，《正义》曰："言簿责魏其所言灌夫实颍川事，故魏其不对为欺谩者也。"

案灌夫横恣颍川有实验，魏其谓灌夫醉饱得过，丞相以他事诬罪之；此为案治灌夫得实，与魏其言不相应，因责以欺谩，《正义》之言误也。

五年十月，《集解》曰："徐广曰：'疑非五年，亦非十月。'"悉论灌夫及家属。

案徐广之言是也，然其误在"四年"为"五年"。其云十月，与下文云十二月并非误也，是时承秦制以十月为岁首，但改正朔而不改时，故下接云"其春，武安侯病"。《汉书·武帝纪》"元光四年冬，魏其侯、窦婴有罪弃市。春三月己卯，丞相蚡薨"，与此所云正相符合。惟此"四年"作"五年"，则传写之误耳。

《韩长孺列传》　第四十八

梁王父、兄皆帝王，所见者大，故出称跸，入言警：车旗皆帝所赐也。

案梁王僭拟天子，称警跸，无可为解说，安国词令圆妙，使人之意也消。

其后安国坐法抵罪，

案安国抵罪当属编置蒙县抵徒作，故蒙狱吏辱之，史公文简而事自显。

安国坐法失官，居家。

案安国持重知大体，而其在梁已屡坐法。汉治犹近古，而为法之敝如此。

雁门马邑豪聂翁壹因大行王恢言上曰：《集解》曰："张晏曰：'豪，犹帅也。'"

案马邑豪，谓其地豪猾能自立声名者，张晏《注》误。

得武州尉史，欲刺，问尉史。

案"欲刺"宜断句。《说文》"杀大夫曰刺"。刺，直伤也，引申为通杀之训。《匈奴传》："是时雁门尉史行徼，见寇，葆此亭，知汉兵谋，单于得，欲杀之，尉史乃告单于汉兵所居。"此曰"刺"，即彼所谓"欲杀之"也，盖欲杀尉史而先问以汉谋，以兵劫问之也。

卫尉安国为材官将军，屯于渔阳。

案安国自元光元年，汉始与匈奴构难即为护军将军，领诸将击匈奴，其后议置安国为相，不果，而卫青专任击匈奴，安国乃以屯将隶之。故历叙李广、公孙敖之被罪，见诸老将无一得志者，亦以明卫青之功由天幸也。

《李将军列传》 第四十九

而广以良家子从军击胡，《索隐》曰："案如淳云：'非医巫商贾百工也。'"徐孚远曰："良家子从军，盖自以才能力从大军取功名，非卒伍也，如说不分明。”

案汉制京师置南北军，而郡国各置材官车骑，高祖十一年发巴、蜀材官卫军霸上，惠帝七年发车骑材官谒荥阳，景帝后二年发车骑材官屯雁门，武帝元光元年发车骑材官三十馀万伏马邑旁，皆发之郡国者也，所谓常征之兵也。征调不足，则发闾左适戍，非适戍曰良家子。《汉书·东方朔传》：“上始微行与侍中常侍武骑及待诏北地、陇西良家子善骑射者，期诸殿门，故有‘期门’之号。”以六郡良家子给选，则又取良家子善骑射者为骑门卫士，亦为常征之兵。《索隐》引如淳之说甚谬，徐氏乃说“良家子自以才力从军，非卒伍”，亦太失考。

见匈奴三人与战，至生得一人，果匈奴射雕者也。

案射雕三人耳，而杀中贵人数十骑，广从百骑追之，三人止步行，尚须张左右翼后射，若临大敌然。此史公分外写得匈奴强悍不易敌，以见李广之神勇。

不击刁斗以自卫，

案“刁斗”，《汉书》作“刀斗”，钱泰吉云：“《玉篇》、《类篇》以‘刁’为俗，《广韵》、《集韵》以‘刀’为俗。”然此二字自通用。

程不识孝景时以数直谏为太中大夫，为人廉，谨于文法。

案《李广传》兼叙程不识、李蔡二人，首尾完备，错综出入，亦自具一传体。

广暂腾而上胡儿马。

案《说文》：“暂，不久也。”暂腾，犹言骤腾也。作“暂”者，兼寓渐次相机作势之意；其腾而上，须是迅疾，此兼两义。

广为人长，猨臂，《集解》曰：“如淳曰：‘臂如猨通肩。’”

案猨臂长能转运，猨臂者修臂之谓。猨，猿之异种。如淳

《注》“肩”字误。

与人居则画地为军陈，射阔狭以饮。《集解》曰：“如淳曰：‘射戏求疏密，持酒以饮不胜者。’”

案如淳《注》未分明。画地为军陈，谓行列也。行列为若干道，或狭或阔，而引弓下射之，矢植立狭中者胜；中阔与矢不植，皆负出行列之外，负罚各有差。

广以郎中令将四千骑出右北平，至胡虏益解。

案广自云“与匈奴大小七十馀战”，史公不一叙，独上文叙其以百骑支匈奴数千，此以四千骑当匈奴四万，写得分外奇险。妙在一以不战全军，一以急战拒敌，两事各极其胜。

而是时公孙敖新失侯，为中将军，从大将军，

案刘奉世曰：“《卫青霍去病传》，是岁出塞无中将军，而《敖传》是岁以校尉从大将军。”此传误也。

令长吏封书与广之莫府，曰：“急诣部如书！”

案封书，犹后世文檄。军行受将军进止以为信者，使广自之莫府受书。谒部者，即广所领之前军部也。

青欲上书报天子军曲折。《正义》曰：“言委曲而行回折，使军后大将军也。”

案曲折，谓军情曲折。《正义》以“曲折”二字属之广、食其二军，甚误。

《匈奴列传》 第五十

匈奴其先祖夏后氏之苗裔也，

案人生受姓皆托始帝王，推至戎狄皆然。以匈奴为夏后氏苗裔，周、秦间人语也，史公仍而录之。

其俗有名不讳而无姓字。

案讳始于周，夏、殷之世尚无讳也。既无文书，则所谓名者，亦有声而无辞义，无庸讳也。周人之有字，即所以为名讳也；夷狄无讳，则亦无字。至于姓氏，为生之所自出，即无文字亦皆有姓氏为之联属。然中国立姓始于黄帝，以前尚无闻，匈奴之始无姓字，不足疑也。

周西伯昌伐畎夷氏。《索隐》曰："韦昭云：'《春秋》以为犬戎。'按畎，音犬。大颜云：'即昆夷也。'"

案《诗·小序》："文王时西有昆夷之患，北有玁狁之难。"玁狁、昆夷，自分两种。

于是戎狄或居于陆浑，东至于卫，侵盗暴虐，中国疾之，故诗人歌之曰："戎狄是应。薄伐猃狁，至于太原。出舆彭彭，城彼朔方。"

案春秋时之戎翟皆在中国，推而至于熏鬻、玁狁、畎夷之属，大都与中国错居，未尝北及沙漠以外也；迨七国以后，渐次收取胡地，而后匈奴始横于塞外。匈奴立国之始，与诸胡之徙出塞外者，日相吞并，以成乎强大，其本未必多可纪者，而周、秦之世纪载无征，史公乃混中国与西戎、北狄言之，并其种类亦不可详矣。又案《左传》僖公二十二年："迁陆浑之戎于伊川。"杜预《注》云："伊川遂从戎号，今为陆浑县。"伊川汉属弘农。襄王以狄伐郑，在僖公二十四年。据庄公二十八年《左传》，晋献公使重耳居蒲，夷吾居屈，而云"狄之广莫，于晋为都"。蒲、屈并属河东，与狄接壤，其后重耳由蒲奔狄，由狄适齐而过卫，是狄与陆浑之戎东西回绝，而狄人之侵卫尚在闵公二年以前。史公牵混为言，甚误。《出车》诗据毛《传》为文王时作，亦不应列之春秋以后也。

晋文公攘戎翟，居于河西圁、洛之间，号曰赤翟、白翟。

案《春秋》僖公三十三年："晋人败狄于箕。"《左传》云："郤缺获白狄子。"杜预《注》："白狄，狄别种，故西河郡有白部胡。"其注"东山皋落氏"云："赤狄别种。"注"潞"亦云"赤狄别种"，以狄种类多，故别为赤狄、白狄二种。在北者赤狄，逾河而北者白狄，史公所谓"河西圁、洛之间"，正白狄种也。史公以为晋文公攘戎翟，乃有赤翟、白翟，非也。

筑长城自代并阴山，

案下云"度河据阳山北假中"，阳山、阴山盖相联，并朔方、五原二郡地也。时赵塞不及朔方，当是西河郡之阴山也。《水道提纲》："河北岸山最高大曰瓮金朔龙山，曰巴尔喀山，曰噶札尔贺邵山，曰洪戈尔山。噶札尔，俗言阴山也；洪戈尔，俗言阳山也：皆在乌喇忒旗西北境。"又云："左翼后旗北乌喇忒旗南，古三受降城地，即汉五原郡地也。"阴山相接不断，东至归化城，洪氏《乾隆府州厅志》，谓阴山即归化城北之翁衮山。

下至高阙为塞，

案《卫将军传》云："令车骑将军青出云中以西至高阙。"是高阙隶朔方，而距云中为近。

燕亦筑长城自造阳至襄平。

案《太康地记》："秦塞自五原北九里谓之造阳。"是时燕塞不及五原，而下云"汉亦弃上谷之什辟县造阳地以予胡"，《地理志》无"什辟县"，其地自属上谷，《太康地记》恐误。

筑四十四县城，临河，徙適戍以充之，而通直道，自九原至云阳，因边山险，壍谿谷，可缮者治之，起临洮至辽东万馀里。

案秦自昭王时陇西、北地、上郡已筑长城，而赵之长城起代至西河，又因高阙为塞，以近接上郡，燕亦自上谷至辽东为长城。

蒙恬既收河南地，因河为塞，筑四十四县城，临河，则惟朔方、五原二郡地为蒙恬所筑塞，馀皆因旧塞缮治之而已，云“起临洮至辽东万馀里”，盖通举成数言之也。

东胡强而月氏盛，

案《汉书·西域传》：“大月氏本行国，居敦煌、祁连间。单于攻破月氏，月氏乃远去，过大宛，西击大夏而臣之，都妫水北为王庭。其馀小众不能去者，保南山羌，号小月氏。”南山羌，即湟中羌也。

各居其边为瓯脱。

案《滑稽传》“瓯窭满沟”，《正义》曰：“瓯窭，高地狭小之区。”瓯如覆瓯，斜高而上狭。脱者，离脱，谓不相倚附也。边地备不虞，各就高处为居，不相比属，以资瞭望，谓之“瓯脱”。

与汉关故河南塞，至朝那、肤施，

案朝那隶安定郡，肤施隶上郡。汉初无安定郡，其地并隶北地。匈奴复收河南故地，则秦故时河南塞皆为所侵取矣。

诸二十四长亦各自置千长、百长、什长、裨小王、相封、都尉、当户、且渠之属。

案《卫将军传》：“得右贤裨王十馀人。”裨王，犹裨将也。又云：“骠骑将军攻祈连山，获相国、将军、当户、都尉六十三人。”又云：“骠骑将军绝大幕，获将军、相国、当户、都尉八十三人。”则此“相封”当为“相国”，“封”字误也，《汉书》作“裨小王相”，无“封”字。

拔刃尺者死，

案《说文》：“刃，伤也。”拔刃尺者，谓拔刀以伤人，而所伤处及尺，因以死论也。伤人亦至抵死，故其用法专而严。

而单于朝出营拜日之始生；夕拜月。

案《国语·鲁语》："大采朝日，日中考政；少采夕月，日入监九御。"《周语》："于是乎有朝日夕月，以教民事。"君朝日夕月，三代典礼，至东周而尽废；中国不知有是礼，而匈奴行之，史公且以为异闻矣。

战而扶舆死者，

案扶者，伤而未即死，扶之以行。舆者，舆其尸。

高帝先至平城，步兵未尽到，冒顿纵精兵四十万骑围高帝于白登七日。

案平城为汉东部都尉治，属雁门郡，雁门为今大同府。汉时定襄县隶定襄郡，大同府西北故定襄城是也。白登山在府东北之阳高县，盖逾平城稍东北行，以至白登。

是时匈奴以汉将众往降，

案《汉书》云"匈奴以汉将数率众往降"，必加"数率"二字，情事乃显。

其三年五月，匈奴右贤王入居河南地，侵盗上郡，葆塞蛮夷，杀略人民，

案《汉书》载文帝诏曰："今有贤王将众居河南地，往来入塞，欧侵上郡，保塞蛮夷，令不得居其故。"史公盖节诏书为文。

诏丞相灌婴发车骑八万五千，诣高奴，

案高奴县属上郡，今陕西延安府高塞县境。

皇帝即不欲匈奴近塞，则且诏吏民远舍，使者至，即遣之。

案"诏吏民远舍"，应上"与汉吏相距"一语。"使者至，即遣之"，应上"发使以书报，不来"二语。

嗟土室之人，顾无多辞，令喋喋而佔佔，冠固何当？

案此言汉使室屋中人，安知事要，请无多言，徒令喋喋佔佔，以自夸饰衣冠从容，果何当也？喋喋、佔佔，皆诮汉使之多言。

颜注《汉书》："沾沾，衣裳貌。"甚误。

虏人民畜产甚多，遂至彭阳，

案彭阳隶安定郡。汉初安定未置郡，并属之北地也。

使奇兵入烧回中宫，

案《始皇本纪》："二十九年巡陇西过回中宫。"《武帝纪》元封四年幸雍通回中道，遂北去萧关。盖即蒙恬所通之直道，由九原以达云阳者，以其地稍曲，故名"回中"。

匈奴日已骄，

案"已""以"字通，《汉书》作"以"。

亡人不足以益众广地，

案言收纳亡人，不足以益众广地也。

汉亦弃上谷之什辟县造阳地以予胡，

案"什辟"《汉书》作"斗辟"，孟康曰："县斗辟曲近胡。"师古曰："斗，绝也。县之斗曲入匈奴界者，其中造阳地也。"班氏以上谷无"什辟县"，上谷边地亦无十县割以与匈奴者，故易为"斗辟"字，正恐史公之意不必然也。

其后冬，匈奴军臣单于死，

案"后"字衍文，《汉书》仍之，非也。

信教单于益北绝幕，以诱罢汉兵，徼极而取之，

案既云"诱罢汉兵"，不得复言要说徼循至极边而取之也。凡边塞谓之徼，徼极者，穷极边塞之外也。

骠骑封于狼居胥山禅姑衍临翰海而还。

案狼居胥山在贺兰山北，今凉州塞外地，临戈壁，再北即瀚海也。

出令居数千里至匈奴河水而还。

案《卫将军传》"赵破奴为匈河将军，攻胡至匈河水，无功"，

此“奴”字涉下“不见匈奴一人”而衍。

又北益广田至肱雷为塞。《集解》曰：“《汉书音义》云：‘肱雷，地名，在乌孙北。’”

案《汉书·地理志》西河郡增山县下《注》云：“有道西出眩雷塞，为北部都尉治。”则眩雷塞在西河郡之西北边，不得远出乌孙北，《集解》误。

令吾太子为质，无几矣。

案“几”当与“觊”通，其既切。

左方兵直云中；右方直酒泉、敦煌郡。

案《地理志》，酒泉郡，太初元年开；敦煌郡，武帝后元年分酒泉郡置。史公不应有敦煌郡之名，恐“敦煌”二字后人误入。

欲以乖其国。

案《说文》：“乖，戾也。”《广雅》：“乖，离也。”此汉遣两使入匈奴欲以离间其君臣，故谓“乖其国”。《信陵君传》：“秦数欲使反间，伪贺公子，得立为魏王未也。”是秦、汉以来反间每用此计，盖欲使单于疑右贤王而生内乱也。

匈奴悉将致单于，

案谓并吊右贤王之使，而致之单于也。

出朔方西北二千馀里，期至浚稽山而还。

案是时武威尚未置郡，汉兵出塞者皆由朔方、云中，故须西北行二千馀里。

使强弩都尉路博德筑居延泽上。

案《地理志》张掖郡居延下《注》云：“居延泽在西北，古文以为流沙。”其后遂为都尉治也。居延泽，今名居延海。

而罔褒忌讳之辞也。《索隐》曰：“案罔者，无也，谓其无实而褒之是也。”

案“罔褒”，犹言无所褒贬也，连下“忌讳”为文，故略去一“贬”字以见义，《索隐》注误。

《卫将军骠骑列传》 第五十一

与侯妾卫媪通，《索隐》曰：“媪，妇人老少通称。小颜云：‘卫者，举其夫家姓也。’然案此云‘侯妾卫媪’，则似无夫。下云同母兄卫长子及姊卫子夫，皆冒卫氏，又似有夫耳。”

案《说文》：“奴曰童，女曰妾。”女子以给事者曰妾，卫媪已前有子一人女三人，及与郑季通又生子二人，而固未改嫁郑氏，是以卫青及步、广皆冒卫氏，史公叙述甚明，何以言无夫也？下文云“后子夫男弟步、广皆冒卫氏”，惟步、广不据为卫青之弟，而云“后子夫男弟步、广皆冒卫氏”，则又别通一人所生。《氏族略》有步姓，“步广”或兼姓名言之？孔子弟子有步叔乘。

常护军傅校获王，《索隐》曰：“顾秘监云：‘傅，领也。五百人为校。’小颜云：‘傅，音附。言敖总护诸军，每附部校以致克捷而获王。’”

案上文明言“皆诸校尉力战之功”，以前侯者二人，苏建、张次公，皆校尉也，则是所谓“校”者，即据“校尉”言之。公孙敖时为护军都尉，以监护诸校尉为职，《夏本纪》“兴人徒以傅土”，《索隐》曰：“傅，即付也，谓付功属役之事。”此“傅”字当与同训。前云大中大夫公孙敖为骑将军，犹与青分道出军，不相领属；至元朔五年始令诸将皆领属车骑将军。公孙敖不别见，盖以护军都尉从大将军，不假将军之名领军也。公孙敖官阀职司于此并见，是乃史公行文最高简处，旧《注》并误。

为麾下搏战获王，

案麾下搏战，似是当时功状语，谓近薄敌人军麾，而与之搏战也。

杀折兰王，斩卢胡王，诛全甲，执浑邪王子，

案前云“讨蒲泥，获符离”，“讨遫濮”，皆为王名，此与杀折兰王斩卢胡王相连为文，则是所谓“诛金甲”者，亦王名也。《匈奴传》云，自左右贤以下至当户，凡二十四长，各有分地；二十四长又各置裨小王。所斩获之王属，是此类也。

师大率减什三，益封去病五千户。《索隐》曰：“小颜云：‘破匈奴之师，十减其七。’”

案“师大率减什三”，以见当时捕虏多，而所伤亡亦十之三，正以著其力战之功也。下云“师率减十三，取食于敌”，骠骑所将常选，能深入，故所伤亡常多。小颜以为“破匈奴之师十减其七”，甚误。

捕稽且王，千骑将，得王、王母各一人。《索隐》曰：“《汉书》作‘右十骑将王’。然则此云‘千骑将’是汉之将，属赵破奴，得匈奴五王及王母也。”

案“千”为“十”，谓捕得稽且王及其骑将十人也，《索隐》注误。

军既还，天子曰：“骠骑将军去病率师，至以五千八百户，益封骠骑将军。”

案大将军捕斩万馀级，而骠骑捕虏七万四百馀级，史公独叙大将军战迹，骠骑战迹直假诏书以明之。史公意旨自示低昂，而行文正复纵横变化，不可端倪。

举大将军故人门下多去事骠骑，辄得官爵，惟任安不肯。

案“惟任安不肯”一语截住，以下更不叙述，而托慨自深。

骠骑将军自四年军后三年，元狩六年而卒。

案前云“元狩二年春，以冠军侯去病为骠骑将军”，此云“四年”者，盖据是年骠骑军出代、右北平千馀里而言也。

其校尉裨将以从大将军侯者九人；其裨将及校尉为将者十

四人。

案附传者公孙贺以下十四人，侯者七人：公孙贺、公孙敖、李蔡、张次公、苏建、张骞、韩说。赵信以匈奴降将封翕侯；曹襄自袭平阳侯，不以从大将军功侯也。已为将者，通李广则十五人，此云十四人，以李广自有传也。

其校吏有功为侯者凡六人。

案骠骑将吏为侯者：从骠侯赵破奴，宜冠侯高不识，辉渠侯仆多，符离侯路博德，壮侯复陆支，众利侯伊即轩，义阳侯卫山，共七人。若计李敢，凡八人，均见《史》、《汉表》。此云“六人”，盖误。

《平津侯主父列传》 第五十二

弘至太常，太常令所征儒士各对策，百馀人，弘第居下；策奏，天子擢弘对为第一。

案《汉书·文帝本纪》，十五年诏举贤良，上亲策之。凡特诏郡国举者，皆试策，《通考》谓“贤良以文学充选，所云征文学者，即贤良也”。据此，则贤良试策，太常掌之，不亲试。昭帝六年，诏有司问郡国所举贤良，民所疾苦。又以昭帝年少未亲政，由丞相御史大夫试之；其后察举孝廉，先谒公府试，此其权舆也。又此云“弘第居下”，则是太常试毕，亦次其等第而后奏进也。此当为武帝以后策试贤良之例，故于《文帝纪》特著“上亲策之”以示异，亦考求贤良试策者所宜知也。又案《汉书》具载其策，不应第居下；弘本以文学著闻，武帝亦能知文者，此太常误也。

元朔三年，张欧免，以弘为御史大夫。

案《汉书·百官表》，元光四年张敺为太常，与宣平侯张欧字异。《张敺传》：“元朔中代韩安国为御史大夫。”是元光五年弘举贤良，试太常，其时为太常者正张殴也，至元朔三年弘遂代殴为御史大夫。《汉表》误作“宣平侯张殴”，又于是年云“中尉张殴为御史大夫”，张殴或由太常为中尉，然其为御史大夫实在元朔中，其元光五年为太常者实张殴，非宣平侯张欧也。

卒以弘为丞相，封平津侯。

案《申屠嘉传》：“文帝元年举故以二千石从高祖者，悉以为关内侯。”文帝四年以嘉为丞相，因故邑封为故安侯，丞相封侯，实自申屠嘉始也。

学长短、纵横之术；晚乃学《易》、《春秋》百家言。游齐诸生间，莫能厚遇也。齐诸儒生相与排摈，不容于齐。家贫，假贷无所得，乃北游燕、赵、中山，皆莫能厚遇，为客甚困。孝武元光元年中，以为诸侯莫足游者，乃西入关见卫将军。卫将军数言上，上不召。

案下云“大臣皆畏其口，赂遗累千金”。主父偃之游所以穷困，利口而贪，善刺讥，是以厌苦之；而一见卫将军已能投合，实止此一副本领也。

且夫怒者逆德也，兵者凶器也，争者末节也。

案先将忘战一层轻轻撇过，而急言好战之弊，劈空提此三语，是汉人文字气息厚处。

且夫兵久则变生；事苦则虑易。乃使边境之民，靡敝愁苦而有离心；将吏相疑而外市，故尉佗、章邯得以成其私也。

案事苦而不见功，则将变心易虑；以自求便利而希冀非分，是以难成其功，君子弃而弗图也。

是时赵人徐乐，

案《汉书·徐乐传》：“燕郡无终人也。”据《汉书·地理志》，无终属右北平，并无燕郡之名。《武帝本纪》，元朔二年，燕王定国有罪，自杀；元狩六年，立皇子旦为燕王。中间相距十年，燕地当入汉为郡，而《志》不详；徐乐上书或在是时，无终于其时属燕郡，后乃改属右北平。要之无终在燕境东北，固不得为赵人，此史公误也。

臣闻天下之患，在于土崩，至况群臣、百姓能为乱乎哉？

案徐乐上书大旨，大抵言天下之患在民自畔其上，敌国外患，非所忧也；称兵犯顺，御之有馀，不必岌岌以为虑，而思剪灭之。其陈谏处，含蓄有馀味，而以土崩之势，原于民多穷困不安立言，固自悚切。

严安上书曰：

案《汉书》严安此疏前段言制度防淫，史公不载。史公列《平津主父传》于《卫将军传》后，专以谏伐匈奴为义，又附徐乐、严安二疏，此是史公最用意处。如贾山之至言，吾邱寿王之论禁民挟弓弩不便，皆至文也，史公并不为立传。《贾谊传》不录其治安策，《晁错传》不录其言兵事诸书。李太初尝言："居位无补作诸言事者，一切报罢，稍以报国。"史公直是视此等文字，不如词赋之犹可讽味也。

《南越尉佗列传》 第五十三

南越王尉佗者，真定人也。《索隐》曰："大郡曰守，小郡曰尉。"徐孚远曰："南海止有尉者，应是尉摄守耳。"

案秦制郡有守、有尉，而《汉书·百官表》中尉属官有左、右京辅都尉，典属国，属官亦有都尉。盖凡蛮夷属部置尉、典兵以镇守之，不设守，初定桂林、南海、象郡，而任嚣为南海尉，即其例也，至汉乃加都尉之名。《地理志》于郁林郡之领方下，交阯郡之麊冷下，合浦郡之朱卢下，九真郡之无切下并《注》云

“都尉治”，似汉时初得蛮夷地犹设都尉治之，南海已为内郡，不专置尉矣，《注》并误。

佗即移檄告横浦、阳山、湟谿关曰：《索隐》曰：“邹氏、刘氏本‘湟’并作‘涅’。”

案《说文》：“洭水出桂阳县卢聚山洭浦关为桂水。”《山海经》作“涅水”，一曰“灌水”。《水经注》：“桂阳含洭县有洭水。”此云“湟谿关”，正《说文》所谓“洭浦关”也。“洭”“湟”二字通，作“涅”者误。

使者狐疑，相杖，遂莫敢发。

案“相杖”，犹言“相持”也。

嘉遂出分其弟兵就舍。《索隐》曰：“案谓分取其兵。《汉书》作‘介’。”

案吕嘉弟为将，将兵居宫外，嘉出就舍，因分弟兵以自卫，为虑王及汉使之袭其后也。《汉书》作“介”，非是。

立明王长男越妻子术阳侯建德为王。《集解》曰：“徐广曰：‘元鼎四年，以南越王兄越封高昌侯。’”杨慎曰：“越妻乃越女，非汉女也，而徐广乃以越为人名，何也?”

案《建元以来侯者年表》，术阳侯建德以南越王兄越高昌侯，元鼎四年封；五年侯建德有罪，国除。据《武帝纪》，元鼎五年南越王相吕嘉反，遂定越地。时南越王即建德，为南越王兴庶长兄，在越为高昌侯以南越王求内属，推恩封术阳侯。越谓南越，“越妻”、“越高昌侯”，文法并同，越本非名也，徐广所引不误，杨慎失之考耳。

其后，越直开道给食，

案开道给食，诱之使深入也。

乃下赦曰：“天子微，诸侯力政，讥臣不讨贼；今吕嘉、建德等反，自立晏如，令罪人及江、淮以南楼船十万师往讨之。”

案方发兵讨南越，不得言“赦”，“赦”乃“诏”之讹。汉初发兵犹循秦制，先发谪戍者，此云“罪人”，则或死罪以下皆赦之，以充军。“令罪人”，当作“赦罪人”，此“下赦”字所以承讹也。《汉书》仍之，又误“令罪人”为“令粤人”，则乖甚矣。

下汇水，

案《汉书》作“下湟水”，或本作“下洭水”。《水经·溱水》注含洭县有洭水，云即《山海经》之“湟水”，出桂阳，自须顺洭水而下。“洭”者本字，“湟”者借字，诸本作“汇”者误。

故归义越侯二人，

案越侯二人，一为戈船将军，一为下濑将军，并出零陵分水陆二道前进。

出零陵，或下离水，或抵苍梧。

案《地理志》，郁林、苍梧二郡并秦桂林郡地。苍梧郡治广信，有离水关。海阳山为零陵、郁林二郡分界地，山北湘水所出，属零陵；山南离水所出，属郁林。戈船将军出离水，下濑将军别由陆路出苍梧，同出零陵，而分二道，故分立两将军。《汉书·武帝纪》：“归义越侯严为戈船将军，下苍梧。”仍由水道会师前进，故以“下濑”为名。

《东越列传》　第五十四

王闽中故地，都东冶。

案朱育云：“汉灭东瓯以为冶。”则冶名县，在国灭之后。又其民尽徙江、淮之间，故领于会稽之东部都尉。《史》因后日之名书之也。

令诸校屯豫章梅岭待命。《索隐》曰：“今案豫章三十里有梅岭，在洪厓山足，当古驿道。”

案梅岭即赣南之大庾岭。《地理志》有赣县，属豫章。汉时豫章郡治南昌，距赣一千三百九十里，南距大庾岭又三百馀里，司马贞云今豫章三十里有梅岭，未知其何所指也？

入白沙、武林、梅岭，杀汉三校尉。

案楼船将军击南越，本出豫章，其上书请击东越，而武帝不许，是时东越王馀善已有反征，故仍令诸校屯梅岭待命。梅岭非适东越之道也，东越兵何由入梅岭杀校尉？此或会稽郡别有梅岭，而于诸校屯处，特加“豫章梅岭”以别之。

越侯为戈船、下濑将军，出若邪、白沙，

案此仍为归义越侯严、甲二人，分道出若邪、白沙。

与其率从

案其率，谓东越王所部各渠率也。

封越衍侯吴阳为北石侯。

案“北石侯”，《汉书·两粤传》作“卯石”，《功臣表》又作“外石”，而皆不详其所属。《地理志》北海郡有羊石，琅邪郡有博石，并《注》云“侯国”。今考《王子侯表》有白石侯雄渠，孝景帝时封，又有博石侯渊，孝元时封，而《汉表》封国始终无羊石侯，疑此之“北石”为“羊石”之讹，班《史》或云“卯石”，或云“外石”，只以传疑而已。

《朝鲜列传》　第五十五

自始全燕时，尝略属真番、朝鲜至王之，都王险。

案《后汉书·朝鲜传》：“朝鲜自周封箕子，传国四十馀世，至朝鲜侯准始称王。汉初，其国大乱，燕人卫满击破准而自王。”史公于《宋微子世家》虽云“武王封箕子于朝鲜而不臣也”，但不详其后世，于朝鲜立国原始又复阙如，班《史》仍之，遂令朝鲜与真番分合之迹，皆不能明。

以故满得兵威财物，侵降其旁小邑，

案谓满得以兵威慑之，以财物诱致之。“侵”字承“兵威”言，“降”字承“财物”言。

左将军卒正多，率辽东兵先纵，败散。

案卒正，军吏之长；多，其名也。《汉书》误遗一“正”字，如淳《注》遂以为“辽东兵多”，大误。

楼船将军亦坐兵到列口当待左将军，擅先纵，失亡多。

案前叙左将军卒正先纵，而此复云楼船将军擅先纵，盖楼船兵至列口当筹会围之策，不应遽至王险邀功也。两将军所以相啮，其源正坐此；于此见武帝之明。

《西南夷列传》 第五十六

其外西自同师以东，北至楪榆，名为嶲、昆明。

案是时牂柯、越嶲皆未置郡，而今广西之西林有同舍河，云南之师宗有师宗河，并凑牂柯郡地，与益州郡壤地相接。其时嶲、昆明各自立国，必尚错出同师以东，而西北极于楪榆。自楪榆以西，后汉始置永昌郡，前汉属地所未及也。“楪榆”，《汉书·地理志》及《西南夷传》作“叶榆”。

白马最大。

案《后汉·南蛮传》：“白马氐居仇池山，其山四面斗绝，上有平田百顷。”

及汉兴，皆弃此国而开蜀故徼。

案“开蜀故徼”，《汉书》作“关蜀故徼”，以文义求之，秦时置巴、蜀二郡而开五尺道以通西南徼外，置吏以镇抚之；汉初弃徼外地而闭关绝诸夷不与通，是以巴、蜀民窃出徼外与羌夷通市，诸本作“开蜀故徼”者，字之讹也，应从《汉书》作“关蜀故徼”。“关”，或作“闭”。

道西北牂柯。牂柯江广数里，出番禺城下。

案《地理志》牂柯郡夜郎县下云：“豚水东至广郁入郁水。”郁林郡广郁县下云：“郁水首受夜郎豚水，东至四会入海。”《后汉书·西南夷传》谓之“遯水”，今谓之“盘江”。郁林郡增食县下云：“驩水首受牂柯东界入朱涯水。”朱涯水、斤员水、侵离水均入郁，是牂柯江在郁水上游，而夜郎豚水自为源，当是豚水入郁后乃名之牂柯江也。

乃拜蒙为郎中将，

案刘攽《汉书刊误》云：“‘郎中将’当作‘中郎将’，后相如以郎中将往谕同。”据《汉书·百官表》，中郎有五官左、右三将，郎中有车、户、骑三将，则“郎中将”自亦汉官名也。

蜀人司马相如亦言西夷邛、筰可置郡。

案初开邛、筰属蜀郡，元鼎六年置越嶲郡，邛都、定筰、大筰皆隶焉，而置都尉于定筰，并详《地理志》。

上罢西夷，独置南夷、夜郎两县一都尉。

案《地理志》：“牂柯郡，夜郎，都尉治。”南夷县当即且兰，后云“遂平南夷为牂柯郡”，未立郡前，以发南夷兵而且兰君反，盖是即名且兰为南夷也。

滇王离难西、南夷，举国降。

案《汉书·西南夷传》：“昭帝元始以后，益州蛮夷数反，钩町王禹、漏卧侯俞更举兵相攻。”则是西、南夷种类方繁，滇王之请内属，意求倚汉为重，而与西南诸夷离异也。

《司马相如列传》 第五十七

以赀为郎，

案《汉书·景帝本纪》，后二年诏曰："今訾算十以上乃得官，廉士算不必众，有市籍不得官，无訾又不得官：朕甚愍之，訾算四得官。"应劭曰："十算，十万也。限訾十算乃得为吏。"师古曰："'訾'与'赀'同。"据《茂陵书》"储积诸物，以其物自占，率缗钱二千而一算"。疑汉初赀皆有算。服虔曰："赀万算百二十七。"不详所本。大率武帝算缗之法，二千一算，是加五倍也；赀算十得官，则家赀十万矣。《张释之传》与此同。又案相如家徒四壁立，而以赀为郎，岂亦若张释之久宦减仲产耶？

长卿久宦游不遂，而来过我。

案"长卿久宦游不遂，而来过我"，临邛令王吉招相如之辞也。"而来过我"，犹言能否一来过我也。《经典释文》"宜建侯而不宁"，郑读"而"曰"能"。班《史》乃云"长卿乃宦游不遂，而困来过我"。加一"困"字，全失史公语意。

相如身自著犊鼻裈，《集解》曰："韦昭曰：'犊鼻裈，今三尺布作形如犊鼻。'"

案刘奉世曰："犊鼻穴在膝下为裈，财令至膝下，故习俗因以为名，非谓其形似也。"韦解非。

楚王乃驾驯驳之驷，

案《山海经》："中曲之山有兽如马，曰驳，食虎豹。"此借驯驳为名，要止是驳马耳。《诗》"皇驳其马"，《尔雅》曰："骍曰驳。"

靡鱼须之桡旃，《集解》曰："郭璞曰：'以海鱼须为旒旌，言桡弱也。通帛为旃也。'"

案《说文》㫃部："旃旗，曲柄也。"木部："桡，曲木也。"桡旃止是曲柄旗，郭《注》非也。

扬袘恤削，

案削格所以施罗网，“削”作“罥”，张衡《西京赋》“飞罕𫔍罥”，《曲礼》“以策彗恤勿”，郑《注》“搔摩之”，谓扬袘而搔摩削格也。

扶舆猗靡，《正义》曰：“谓郑女曼姬侍从王者，扶其车舆而猗靡。”

案扶舆，磅礴气盛之貌。扶舆猗靡，以言其衣裳盛美而已，无庸曲解。

于是楚王乃登阳云之台，

案“阳云”当作“云阳”，在巫山下，宋玉《高唐赋》“游于云梦之台”，一作“云阳之台”也。

何为无用应哉？

案《汉书》作“何为无以应哉”，“用”当作“以”。

紫渊径其北，《正义》曰：“《山海经》云：‘紫渊水出根耆之山，西流注河。’文颖云：‘西河谷罗县有紫泽，其水紫色，在县北。’于长安为北。”

案《地理志》西河郡谷罗下云：“武泽在西北。”文颖所引“紫泽”，即《地理志》之“武泽”也，然汉置西河郡在长安之东北境，《山海经》之云紫渊水当别是一水也。

东注太湖，《正义》曰：“太湖在苏州西南。”

案《说文》：“湖，大波也。”此承上文八川言之，皆东入于河。《周礼》雍州薮泽曰弦蒲，郑《注》“弦蒲在汧”，即《尔雅·释水》所谓“汧出不流”者是也。其浸曰渭、洛，则以渭、洛二水实受诸水而注之河，故溢为浸也。太湖者，据受水之泽言之，不得东及震泽。前言“桂林”，此言“太湖”，必据地名以释之，则牴牾多矣。

鲍鳍蜥离，

案《说文》：“蜥，螭。”《类篇》云：“蜥螭龙无角。”盖即《说文》所谓“无角曰螭”也。据左思《吴都赋》“筌鲍鳍”，李善《注》："鲔也。"《说文》："鲔，鮥也。"《尔雅》："鮥鮛鲔。"陆玑《疏》云："大者为王鲔，小者为叔鲔。"《说文》："鮥，叔鲔也。"此与鳃、鳙、鲅、魠为类，皆常鱼也。疑"离"当为"鱶"，《说文》："鱶，鲖也。""鱶""鳢"字通。《玉篇》："鲕，鱼也。"《尔雅》："鲣大鲖小者鲵。""鲕"、"离"二者，皆鲖类也，与"鮔"、"鳍"之为鲔，并分大小二种，不必远征异产。扬雄《蜀都赋》"石鳍水螭"，则"鳍"、"螭"为类，上文已著"蛟龙"、"赤螭"，知此"离"字不为"螭"也。

杂以流夷，

案《离骚》"畦留夷与揭车"，王逸《注》："香草。""流夷"即"留夷"，《汉书》作"留夷"。

葴橙若荪，《索隐》曰："《汉书》作'葴持'，小颜云：'葴，寒浆也。''持'当为'苻'字之误尔，苻，鬼目也。"

案一本作"葴蒋若荪"，"持"盖"蒋"字之讹也，史公作"橙"，疑当为"蕟"，《本草》有"苦蕟"，与《尔雅》"葴寒浆"者为类。

观徒车之所辚轹，乘车之所蹂若，人民之所蹈躏，

案《汉书》作"徒车之所闿轹，骑之所蹂若，人之所蹈籍"。刘攽曰："'徒'字乃助辞，徒，犹但也。"车也，骑也，人也，皆用以为猎者也，而非所以猎也；徒用其车、骑、人徒之盛多，以践轹禽兽有馀。人，即徒也。《汉书》所录为相如定本，《史》文疑传写有误。

狄鞮之倡，《集解》曰："徐广曰：'狄鞮，地名，在河内，出善倡者。'"

案狄鞮之倡，谓四夷之乐也。

无是公言天子上林广大，山谷、水泉、万物，及子虚言楚云梦所有甚众，侈靡过其实，且非义理所尚，故删取其要，归

正道而论之。

案史公原意叙述《子虚》、《上林》两赋大旨，不复录其文，故于两赋铺张扬厉之辞，稍一推论之；其后褚少孙辈传其书，并载相如全文，而于史公论列大旨仍而不改，刘奉世等遂疑此文史公尚有删削，失之远矣。

卫使者不然，

案《汉书》张揖《注》曰："不然之变也。"不然，犹言不虞。

西至沫若水，《索隐》曰："张揖云：'沫水出蜀广平徼外。'"

案齐召南云："蜀郡有广都、广柔二县，无广平县。"张揖《注》"广平"，"平"字盖误。沫水即今大渡河。若水即今打冲河。

中外提福，

案"提福"，《汉书》作"禔福"。

骇不存之地，

案刘攽曰："不存，犹言不虞。"下文"内无存变之意"，义亦同，言不虞虑其变也。

相如以为列仙之传，居山泽间，

案"列仙之传"，《汉书》作"列仙之儒"，颜《注》："凡有道术皆为儒。"疑此班《史》误也，古言仙人术皆有传授，李少君言安期生，公孙卿言申公，栾大言安期羡门之属，皆各言所传也。李少君以谷道却老方见上，文成既诛，上犹悔其早死，惜其方不尽，是以相如言列仙之传居山泽间。未有挟其仙人道术之儒以干人主求进者，班《史》作"列仙之儒"，误也。董份乃以"传居"字连文读之，并文义失之矣。

建格泽之长竿兮，《集解》曰："《汉书音义》曰：'格泽之气如炎火状，以此气为竿。'”

案《天官书》称格泽星，盖瑞星也，与旬始、蚩尤、枉矢为类，亦星之变体，《汉书音义》一以气释之，恐误。

怵臭以梁倚，

案张揖曰：“怵臭，奔走也。”《说文》：“臭，兽也，似兔。”《诗》：“趯趯臭兔。”谓其善走也。《说文》：“怵，恐也。”兔惊则走益疾，怵臭，犹言惊走也。

互折窈窕以右转兮，

案《大人赋》全仿屈子《远游》，而用意各别。自“互折窈窕”以下亦分东、西、南、北四段，申轻举远游之意。

厮征北侨而役羡门兮，

案“北侨”，《汉书》作“伯侨”。《郊祀志》：“宋毋忌、正伯侨、元尚、羡门高皆燕人，为方仙道。”此“征伯侨”，即“正伯侨”也，张揖云：“仙人王子乔。”颜师古曰：“姓征名伯侨，非王子乔。”史公作“北侨”，传写之误也。

大行越成。

案《封禅书》管仲曰：“周成王封泰山禅社首，皆受命然后得封禅。”是谓有周至成王乃封禅也。“大行越成”，盖周之道历文、武而后大行，以讫于成王。则云“成”者，自属成王言之。

《易》本隐之以显，

案《汉书》作“本隐以之显”，此云“之以显”者，误。又案班《史》本袭史公旧文，而增入“扬雄”以下二十八字，周密乃谓《相如传》赞“班固所自为”。无论《相如传》赞为史公最高之文，即《史记》百二十九篇皆有传赞，不应《相如传》独缺也。

《淮南衡山列传》 第五十八

厉王蚤失母，常附吕后，孝惠、吕后时，以故得幸无患害。

案贯高事发觉在高帝九年，黥布反在十一年，然则厉王长王淮南年三岁耳。尽孝惠、吕后之世，厉王年十八，而文帝已立矣，吕后于此时亦无能有所患害也。

令男子但等七十人与棘蒲侯柴武太子奇谋，以辇车四十乘反谷口。

案棘蒲侯陈武初以将军从高祖入关，晋灼曰："武一姓柴。"《高祖本纪》："绛侯、柴将军在皇帝后。"是"柴武"即"陈武"也。《功臣表》棘蒲侯薨在文帝后元年，而淮南王谋反徙蜀在文帝六年，其事绝暗昧，是以陈武亦不连坐。此云"令男子但等七十人"，似谓淮南王所使也。而丞相御史议，又谓"大夫但、士伍开章等七十人与棘蒲侯太子奇谋反。使开章阴告长，与谋闽越及匈奴发其兵"，又似始为反谋者太子奇也。云"七十人"，云"四十乘"，皆传疑无据之词，亦太史公微旨也。又案淮南王骄蹇，刑赏自恣，大夫但及士伍开章等并少年之无行者，淮南王皆引与游，以云谋反，则诬也。据丞相御史等议，"开章已前死"，则是与棘蒲侯太子奇谋者皆前事，无左证，《汉书·淮南王传》亦不能详其原委也。

春又请长，愿入见，

案前言"以郎中春为丞相"，次言"春使使报但等"，又次言"春又请长，愿入见"，写尽郎中春轻肆躁妄，因假"欲以有为"四字证成其狱耳。

吾特苦之耳，令复之。

案颜师古《汉书注》："令复之者，令其自悔，即追还也。"于此似多一转折，疑“令”当作“今”，言特一苦之，行即复其位矣。今者，即今为之之词也，颜《注》未免曲解。

淮南王乃谓侍者曰：“谁谓乃公勇者！吾安能勇！吾以骄故不闻吾过至此！人生一世间，安能邑邑如此！”乃不食死。

案淮南王此言，及后民歌淮南王之言，知丞相、御史奏当淮南王谋反，援引附合，证成其狱，其诬甚矣。

方今上无太子，大王亲高皇帝孙，行仁义，天下莫不闻；即宫车一日晏驾，非大王谁当立者？

案田蚡肺腑之亲，淮南王之于武帝支属疏矣，无嗣立之理，田蚡好儒术，稍习汉家故事，不宜悖乱至此。此由田蚡以喜儒术为名，淮南王亦好儒，两人相与推奖，狱词遂连及之耳。

乃与太子谋，令诈弗爱，三月不同席。

案《外戚传》论云：“妃匹之爱，君不能得之于臣，父不能得之于子。”太子之弗爱其妃，何可诈也？此亦事后为之词，以诬淮南王耳。

被即愿奋击匈奴，至其为反谋益甚。

案雷被以请击匈奴为淮南王所格，而免其官，雷被所自明以此，汉遣中尉讯验王亦以此。淮南王始终不肯赴逮，而怀逆谋，史公叙述当时情节，委曲尽致。

以令名男子若振女。

案《广韵》：“振，动也。”振子，谓精血初行时也。《国语》：“后宫之童妾既龀而遭之。”韦昭曰：“毁齿曰龀。”毁齿之年十四而天癸至，所谓振女也。

尉佗知中国劳极，止王不来。

案始皇三十三年略取陆梁地为桂林、象郡、南海；其后二世时，南海尉任嚣病且死，召龙川令赵佗行南海尉事。是时秦已亡矣，尉佗在秦时未尝为王也，此皆假借言之。

建具知太子之谋，欲杀汉中尉，

案淮南王反状独此一事可按治，以其部署卫士，其言必内泄不能终掩也。

男子之所死者一言耳！《集解》曰："徐广曰：'一无"言"字。'"

案刘攽曰："此言所死虽不同，等是死耳，以明男子之不畏死也。"无"言"字似于文义为顺。

又伪为左、右都司空、上林中都官，诏狱逮，书诸侯、太子、幸臣。

案《汉书》作"伪为左、右都司空、上林中都官，诏狱书逮诸侯、太子、幸臣"，《史》文"逮书"二字疑误倒。

太子念所坐者谋刺汉中尉所与谋者已死，以为口绝，

案此与淮南王长告侍者之词同一叙法，见当时谋反实据，只此一事，馀皆无左证。其与伍被谋者，由伍被自诣吏言之，其伪作皇帝玺及丞相以下印、使节法冠，由附会证成其狱，并无证验也。全传仅叙与伍被往复之辞，终告反迹具者伍被也，未尝发一兵遣一将，故知两淮南狱之终不免于诬也。

与诸侯、王列侯肄丞相、诸侯议。《集解》曰："徐广曰：'诣都座就丞相共议也。'"

案《广韵》："肄，习也。"谓展习丞相以下所议，而权衡其轻重也。赵王彭祖列侯让等四十三人及胶西王瑞各就其国议之，其诸侯在京师者自与丞相共议，不必尽征诸侯、王就丞相议也。徐广《注》误。

丞相弘、廷尉汤等以闻。

案诸侯、王各以意议淮南王罪，而丞相、廷尉会集其语上之。

内史治，徐孚远曰："此内史，汉内史也。治者，治其狱也。"言王不直。

案颜师古《汉书注》云："内史被治，而具言王之意状。"语极分明，徐说误。

日夜从容王密谋反事。

案"从容"即"怂恿"二字音之转，《汉书》作"日夜纵臾王谋反事"，如淳《注》曰："臾，读曰勇。纵臾，犹言勉强也。"并误。

日夜从容劝之，

案"从容劝之"，与上"从容密谋"同，《汉书》作"皆将养劝之"，并是"怂恿"之义。

王日夜求壮士如周丘等，数称引吴、楚反时计画以约束。衡山王非敢效淮南王求即天子位。

案"称引吴、楚反时计画以约束"为一句，"衡山王"属下句读。盖王求得周丘等以吴、楚计画为约束也。《汉书》"约束"上无"以"字。

遣中尉安、大行息即问王，王具以情实对。吏皆围王宫而守之，中尉大行还，以闻，公卿请遣宗正、大行与沛郡杂治王。

案"王以情实对"即上"闻淮南王作为畔逆反具，畏淮南起并其国"之情实也。衡山王并无谋反踪迹，是以公卿更请杂治王，必得其情事乃已，此亦史公微旨。

《循吏列传》　第五十九

相曰："罢，吾今令之复矣。"至而市复如故。

案更币则市所积币皆废，所以行之不定者，为币数易，变更者多也。此可以设法疏通之，而孙叔敖惟令复故，正以便市民耳。

大宫子期言之君，以子产为相。

案郑大夫无字子期者，公孙段子丰施字子旗，实后于子产，

《左传》襄公三十一年："郑子皮授子产政。"维时政在展氏，子产之执郑国之政，实子皮为之，太史公所记或即据此。

治郑二十六年而死。

案襄公三十一年，郑子皮授子产政，昭公二十年子产卒，治郑国之政凡二十二年。

李离曰："臣居官为长，不与吏让位；受禄为多，不与下分利；今过听杀人，傅其罪下吏，非所闻也。"辞不受令。文公曰："子则自以为有罪，寡人亦有罪耶？"李离曰："理有法，失刑则刑，失死则死。公以臣能听微决疑，故使为理。今过听杀人，罪当死。"

案史公之传《循吏》，取能尽职而已，石奢、李离均以不能尽职而自请死，此其在官能尽职者多矣，所以入之《循吏》也。

《汲郑列传》 第六十

《汲郑列传》

案叶梦得云："《循吏传》后即次以黯，其以黯列于《循吏》乎？而以郑当时附之？"《汲郑传》列之《循吏传》后，《大宛》别自为传，不与《西南夷传》相次，此必史公当时成书有次第，未及编定，传《史记》者仍而不改，不必为之曲说也。

然至其辅少主，守城深坚，招之不来，麾之不去。

案《汉书》"守城"作"守成"，无"深坚"以下十字。此即贾生所谓"植遗腹朝委裘而天下不乱也"。言汲黯才不足而守有馀；开创以才，守成则资其有节而已。曾子言"可以托六尺之孤"，其本在临大节而不可夺；史公云"守城深坚"，所以极状其守之节也。

大将军青侍中，上踞厕而视之。《集解》曰："如淳曰：'厕，音侧，谓床边，踞床视之。’一云‘溷，厕也。厕，床边侧。’”

案《说文》：“踞，蹲也。”《大戴礼》“独处而踞于床”。侧而踞，独处自纵，以之见大臣，则慢甚也。大将军见上，不应临厕而视之，如淳云“厕，谓床边”，良是。凡临朝必正坐，深宫燕见，天子亦为之起立，踞厕者，轻之也。一云“溷，厕”者，失之。

非苦就行，放析就功，

案“非苦”，犹言刺恶。“放析”，犹言破碎。

及事益多，吏民巧弄，上分别文法，汤等数奏决谳以幸。

案“上分别文法，汤等数奏决谳以幸”者，即《张汤传》所谓“奏谳款事，必豫先为上分别其原。上所是，受而著谳决法”是也。言“上方分别文法”，即所著“谳决法”也。“汤等数奏决谳以幸”，即“奏谳款事，必豫先分别其原”也。

唯天子亦不说也。

案“唯”、“虽”字通。

及浑邪至，贾人与市者坐当死者五百馀人。

案浑邪王来降至京师，而贾人与市者，乃以阑出财物，坐罪当死五百馀人。盖与匈奴绝和亲有此禁，吏遂缘之以困苦小民。路温舒上书言：“秦有十失，其一尚存，治狱之吏是也。”至宣帝时犹然；历二千年以至今日，亦莫不然。秦之遗毒，亦酷矣哉！

后张汤果败。上闻黯与息言，抵息罪。

案御史大夫为丞相之副，御史大夫之贤奸进退，于大行何与哉？因汲黯一言而诛及大行李息，武帝用法之滥如此。

常置驿马长安诸郊，《集解》曰：“瓒曰：‘诸郊，谓长安四面郊祀之处，闲静可以请宾客。’”

案郭外谓之郊，置驿马以迎候宾客至者，瓒《注》以“郊祀之处”为言，甚误。

不过算器食，《索隐》曰：“算，谓竹器，以言无铜漆也。”

案《广韵》：“算，初数也。”《仪礼》：“无算爵，无算乐。”郑《注》：“算，数也。”器、食二事，器谓器用，食谓饮食，算者可以记数，言其品目无多也。《汉书》作“具器食”，较明显，《索隐》之言甚误。

郑庄、汲黯始列为九卿，廉，内行修洁；此两人中废，家贫，宾客益落。及居郡，卒后，家无馀赀财。

案汲黯之激直，郑庄之通脱，性行各异，而其廉同；内行修洁同；其名显矣，而终不见用亦同。史公独以“中废，宾客益落”，明两人合传之旨，盖亦别有托慨之意也。

《儒林列传》 第六十一

余读功令，《索隐》曰：“案谓学者谓功著之于令，即今之学令是也。”至于广厉学官之路，未尝不废书而叹也。

案功令，通汉法著之令者言之。广厉学官，亦功令也。《索隐》专言“学令”，误。又案自周衰王政不下究，三代圣王所以一道德，同风俗者，不复能溉之天下，于是孔子之徒出，修明三代礼乐政教，私淑而讨论之，守先王之遗，以待圣人之兴，其得位乘时，所以溉之天下者不同，而为道一也。自秦焚书坑儒，而孔鲋藏书以道自全，犹庶几抱残守缺，存三代一线之遗，以诏后之学者，使知所宗仰；武帝广厉学官，诱之于利禄之途，于是儒者之道以熄，三代圣王之留贻涣散遗亡，遂以永绝于天下。武帝之广厉学官，其祸更烈于始皇，此史公所以废书而叹也。

故孔子闵王路废而邪道兴，于是论次《诗》、《书》，修起礼乐。

案天下有道，礼乐征伐自天子出；天下无道，礼乐征伐自诸侯出；所以自诸侯出者，犹礼乐之遗也。是以孔子闻《韶》于齐，正乐于鲁，犹有所资，以考求三代圣王之遗法修而明之，以诏后世。道虽不同于时，而固有赖以明也。儒者所以缵承帝王之统，而为功万世者此也。得志则推而行之，不得志则与其门人弟子共守之。武帝崇儒，而儒者之道乃以绝于天下，悲夫！

大者为师傅、卿相；小者友教士大夫；

案"师傅、卿相"与"友教士大夫"，亦各随其时之所值，与其意之所存而已，岂以是为大、小哉！

而鲁诸儒持孔氏之礼器往归陈王，至以秦焚其业，积怨而发愤于陈王也。

案孔鲋藏书，陈馀危之，鲋曰："吾为无用之学于世，知吾者为友；秦非吾友，吾何惧哉！"是其全身远害，与世相忘，若有以自得，然而其机亦危矣。陈胜起而鲋从之，所以避秦之祸也；避祸者不择地，惟其急耳。史公之言陋矣。

言《诗》于鲁则申培公；于齐则辕固生；

案《汉书》颜师古《注》云："培、固皆其人名。"

武安侯田蚡为丞相，绌黄老、刑名、百家之言，延文学儒者数百人；而公孙弘以《春秋》白衣为天子三公，封以平津侯。

案武帝之兴文学，主其议者田蚡，首膺经学之选为三公者公孙弘，即所兴之文学可知矣！此史公微旨。

公孙弘为学官，悼道之郁滞，

案此谓弘元光五年对策拜为博士时也。

当与计偕诣太常，得受业如弟子。

案博士弟子五十人，并由太常选置，受业如弟子，则郡国岁贡之太常者无员数也。

而请诸不称者罚。

案上言试弟子补官之法，此下言文学掌故迁转之法。

治礼次治掌故，以文学礼义为官迁留滞。请选择其秩比二百石以上，及吏百石通一艺以上，补左、右内史，大行卒史；比百石已下，补郡太守卒史，皆各二人，边郡一人。先用诵多者；若不足，乃择掌故补中二千石属，文学掌故补郡属，备员。请著功令。

案此言文学掌故以文学为官，不试以吏事，故常留滞不得迁。《汉书·百官表》，博士属太常，秩六百石，其下治礼治掌故，当比员吏，秩四百石，至百石以下皆得出补为吏，以疏通之。左右内史治三辅，行人、典客并涉外事，次则郡太守以文学掌故补佐史者，郡各二人，边郡一人，以为除授之程。“诵多”者，即上所谓“高第”，言不止通一艺者。盖先用其优异，而后循用常格。“中二千石属”，即左、右内史大行是也。掌故各有等差，而文学掌故为之初阶。“备员”者，所定郡二人，边郡一人，以为文学出身之资者，必使足数也。此为博士弟子除吏之始，所以广其登进之程，而诱之于利禄也。颜师古注《汉书》云：“备员者，示以升擢之非藉其实用也。”盖误。又案《晁错传》：“以文学为太常掌故。”应劭《汉书注》曰：“掌故，六百石吏，主故事。”据《错传》由掌故迁太子舍人门大夫而为博士，不得遽为六百石吏也。

申公以弟子从师入见高祖于鲁南宫。吕太后时，申公游学长安，与刘郢同师。

案《汉书·儒林传》，申公与楚元王交俱事齐人浮丘伯受《诗》。吕太后时，浮丘伯在长安，楚元王遣子郢与申公俱卒学。是申公所从之师，为浮丘伯也。

弟子自远方至受业者百馀人。

案《汉书》作“受业者千馀人”，齐召南云：“下云‘弟子为博士者十馀人’，而至于大夫，郎中、掌故者百馀。”则从《汉书》作“千馀人”，是也。

为治者不至多言。

案《汉书》作“为治者不在多言”，南监本、金陵本亦作“在”字。

其好学学官弟子，

案好学，犹言从学。《汉书》无“好学”二字。

此是家人言耳。

案颜师古《汉书注》云：“家人，僮隶之属。”非也。“家人言”，谓家人相与清静无为，不能致之于用，犹《晋书》所谓“老生常谈”耳。

固老，罢归之，时固已九十馀矣。固之征也，薛人公孙弘亦征，侧目而视固。固曰：“公孙子，务正学以言，无曲学以阿世！”

案申公征拜大中大夫免归，辕固生征亦罢归。于辕固生传后叙入公孙弘一段，是史公微旨。

以试第次补廷尉史，

案据此是博士弟子以试次第补廷尉史，不独左、右内史大行卒史而已。盖由公孙弘试补博士弟子为吏，而请曹吏、员吏皆得试补矣。

孔氏有古文《尚书》，而安国以今文读之，因以起其家，逸《书》得十馀篇，盖《尚书》滋多于是矣。

案孔氏古文《尚书》，加增逸《书》十馀篇，史公于安国亦从问故，故其选《史记》多采用古文家说也。《汉书》叙次安国古文《尚书》之传授，盖有由矣。《孟子》书及《戴记》引《书》，多古文说，后人乃谓王肃袭取之；但所称引固与今文《尚书》不类；王肃所传古文《尚书》乃与《孟子》、《戴记》所引文义并同，即放勋、重华并见于《史记》之文，亦《尚书》之晚出者也。此古今疑案之未易定论者。

诸学者多言《礼》，而鲁高堂生最本。《礼》固自孔子时，而其经不具；及至秦焚书，书散亡益多。于是独有《士礼》，高堂生能言之。

案汉初惟高堂生传《仪礼》十七篇，《曲台礼》本晚出，至戴德删古礼二百四篇为八十五篇为《大戴礼》，戴胜又删为四十九篇为《小戴礼》，马融、卢植传其书以至郑康成；而《周官经》至王莽时刘歆始列入学官，是以史公言礼尤略。

而鲁徐生善为容。茅坤曰："以容为礼，礼之亡也，太史公独挈而著之。"

案礼容亦入《仪礼》，升降酬酢之节皆容也，即《曲礼·弟子职》诸事亦多传礼容，汉初传《仪礼》者兼习其文谓之容，苏林《汉书注》引《汉旧仪》："有二郎为此容貌威仪。徐氏后有张氏，天下郡国有容史皆诣鲁学之。"则徐氏之流传亦远矣。《孔子世家》赞："诸生以时习礼其家。"所习者，此也。茅坤谓"以容为礼，礼之亡也，太史公独挈而著之"，所见甚陋。《汉书·儒林传》"容"作"颂"，同。

而瑕丘萧奋以《礼》为淮阳太守。

案萧奋传孟卿，即后仓《曲台礼》所从出也。

公孙弘治《春秋》不如董仲舒，而弘希世用事，位至公卿，

吴宽云："董、胡、瑕丘传中引入公孙弘，以弘治《春秋》不及三子，而位至公卿，史公亦微致不平之意尔。"案武帝广厉学官，首膺贤良大学之举以至公卿者，公孙弘也，史公《儒林传》屡及公孙弘，所以深叹汉世儒术之不能昌也，吴氏所见亦浅矣。

瑕丘江生为穀梁《春秋》。自公孙弘得用，尝集比其义，卒用董仲舒。

案《汉书·儒林传》云："瑕丘江公与董仲舒并。上使与仲舒议，不如仲舒。丞相公孙弘本为公羊学，比辑其议，卒用董生。于是上因尊公羊家，诏太子受公羊《春秋》，由是公羊大兴。"史公于此叙次未分明。

《酷吏列传》 第六十二

《酷吏列传》

案史公传《循吏》，皆在春秋之世，其时王政已衰，官司皆失其职，百姓张张焉，日入于非辟而不自知，而有一能举其职者，是即天下所资以为程式者也，故谓之曰"循吏"。至于战国，穷兵黩武，严刑以劫其民，而能尽职难矣。然其淫刑以逞，一依于国法行之，即商鞅之录囚，犹国法也，无有极法峻刑播恶以逞其私者，而皆起于汉之盛时，于此可以观世变矣！史公之传《酷吏》，不上及于战国暴秦之时，其旨微哉！

故曰："听讼吾犹人也，必也使无讼乎？""下士闻道大笑之。"

案上句见《论语》，下句见《老子》，此与篇首双引孔、老之言相应。

斲雕而为朴，《索隐》曰："斲理凋弊之俗，使反质朴也。"

案《汉书》颜师古《注》："雕，刻镂也。"谓斲除雕镂，以反朴质，《索隐》误。

居边，为引兵去，

案《汉书》作"举边，为引兵去"，谓凡近雁门边塞，匈奴不敢屯兵也。而史公自作"居边"，属郅都言之；班氏多不能窥史公之意。

为人小吏，必陵其长吏。

案《汉书·百官表》，县令、长秩千石至三百石，丞、尉秩四百石至二百石，是为长吏；百石以下有斗食佐史之秩，是为少吏。则长吏、少吏，为汉时通称，《武纪》元光六年诏曰“少吏犯禁”，凡所属吏谓之少吏。《汉书·宁成传》云“为少吏必陵其长吏”，至当。《史》文作“为人小吏”，疑“人小”二字，为“少”字之讹也。

乃贳贷买陂田千馀顷，假贫民，役使数千家。数年，会赦，致产数千金。

案买陂田千馀顷，役使数千家，是其致产岂啻数千金而已，《汉书》作“致产数千万”，为允。

吏治尚循谨甚，

案民朴畏罪自重，而郅都为严酷以绳之，是为下扰民而坏乱及于风俗。吏治尚循谨，而周阳由为暴酷骄恣以乱之，是为上侵官而争竞达于朝廷。史公著明此二人之罪，严于斧钺矣。

大抵吏之治，类多成、由等矣。

案《汉书》删“之”字，为允。

与张汤论定诸律令，作见知，吏传得相监司。

案汉法有见知律，谓得以所见知证成其狱也。《汉书·刑法志》，张汤、赵禹之属条定法令，作见知故纵监临部主之法：缓深故之罪，急纵出之诛，盖专绳用法之吏，以恣其搏击。《张汤传》所谓“务在深文拘守职之吏”是也。见知，即见知故纵之律。吏相监司，即相监临连坐之律。赵禹素称廉平，而以论定律令入之酷吏，史公意微矣。又案“吏传得相监司”，疑当作“吏转相监伺”，谓互相监察也。《汉书》无“得”字，此当有误衍。

傅爰书，讯鞫论报。

案爰书即狱词。傅，音付。傅犹著也，谓附会证成其狱也。刘奉世曰：“赵高作爰历，教学隶书，时狱吏书体盖用此，故从俗呼为爰书。”亦一解也。

遂使书狱。《集解》曰：“如淳曰：‘决狱之书，谓律令也。’”

案汤父为长安丞，汉制县有丞、尉，丞佐令理民事，尉典兵。“使书狱”者，谓凡听讼使书其狱辞，即上所谓“爰书”是也。如淳《注》误。

见文法辄取，

案见文法辄取，谓著之律令者，当其罪即取用之，不深求。

始为小吏，乾没，

案服虔曰：“乾没，射成败也。”如淳曰：“得利为乾，失利为没。”玩下“与长安富贾田甲、鱼翁叔之属私交”，服、如二说为得之，而义未允。乾没者，谓得利尽没入之，犹云“竭泽而渔”也。

絜令扬主之明。

案“絜”，犹“挈”也。《说文》：“挈，县持也。”谓县而著之令，以挈示天下，《汉书》作“挈令扬主之明”，是也。

严助及伍被，上欲释之，汤争曰：“伍被本画反谋；而助亲幸，出入禁闼爪牙臣，乃私交诸侯：如此弗诛，后不可治。”于是上可论之。其治狱所排大臣自为功，多此类。

案史公叙张汤诈处，尤在探刺人主隐微，一取顺意行之。其诛严助、伍被犯颜以争，方以忤意为虑，为所言尤深中人主之微隐也。一言而君、臣之大分以明，宜可居之以为功，此其所以为诈也。

若汤之治淮南、江都以深文痛诋诸侯，别疏骨肉，使番臣不自安。臣固知汤之为诈忠。

案汤治淮南、江都狱，皆伺上意为之。汉自文、景以来，疏忌骨肉多矣，武帝承之，益绳以法。汤之治反狱，穷极根本，所以承上意也，狄山据以攻汤，则真愚也。

汤为御史大夫七岁败。

案史公写张汤情状极酣足，而于汤之败著其年数，揭而书之，所以取快人心也，而文笔乃益巉绝。

数从中文书，事有可以伤汤者，不能为地。

案李文、鲁谒居皆当为御史中丞，小吏，事文书者，秦时所谓刀笔之吏也。盖专习律法，知其出入轻重之数，文书有失误及不应行，李文因而傅会中伤之，不为之地也。

事连其弟，弟系导官。汤亦治他囚导官，

案苏林注《汉书》引《汉仪注》："狱二十六所，导官无狱。"师古以为："导，择也；以主择米，故曰导官。时或以诸狱皆满，故权寄于此署系之，非本狱也。"二说皆无所出。汉时故有少府狱，凡上所治狱下御史大夫治之皆属少府，犹明世所谓诏狱也。其属官曰若卢，主狱，而凡隶少府者，皆可以系治有罪。略可考者，曰寝室，曰振廷，亦谓之黄门狱；上林亦有狱，皆属少府。此言"治他囚导官"，以导官属少府，并可为治狱地，不必其有狱也。据《汉旧仪》，若卢主治库兵品，令曰若卢，郎中二十人主弩射。则是若卢亦非狱也，服虔所谓"若卢诏狱，以天子自治狱，皆下少府，因为之名耳"。

庄助使人言买臣，买臣以《楚辞》与助俱幸，侍中，为太中大夫，用事，

案《汉书·朱买臣传》："诣阙上书，久不报会。邑子严助贵幸，荐买臣，召见说《春秋》、《书》、《楚辞》，帝甚说之，拜买

臣为中大夫，与严助居侍中。”此云“使人言买臣”，语不可解，当云“庄助为上言买臣”，买臣之贵幸，由严助之荐也，《史》文传写必有误。又案《汉书·严助传》：“举贤良对策，擢助为中大夫。”《朱买臣传》：“严助荐买臣，拜为中大夫。”据《汉书·百官表》，中大夫秩比二千石，太中大夫秩比千石，并属郎中令。故皆得侍中贵幸。以对策上书为太中大夫，至为优擢，不应遽比二千石。此当从《史记》，《汉书》作“中大夫”者，误也。

使吏捕案汤左田信等，

案李奇《汉书注》曰：“左，证左也。”田信即田甲名。田信贾人，与汤交，三长史因据以为阴事，谓其为奸利，而捕案田信以为之佐证也。云“田信等”，即上田甲、鱼翁叔之属。

出田信。

案汤死家产直不过五百金，必非与贾人为奸利者，武帝因之释田信也。上言“汤之客田甲，有贤操”，即预为伏根，此史公叙事消纳，极可为法处。

关东吏隶郡国出入关者，《集解》曰：“《汉书音义》曰：‘隶，阅也。’”

案《说文》：“隶，附著也。”《后汉书·冯异传》：“部分诸将，各有配隶。”此言关东人为吏，隶配郡国者。《汉书》云“关吏税肄郡国出入关者”，似谓关吏察阅郡国。李奇曰：“肄，阅也。”即此《集解》所引。而李奇所释乃《汉书》“肄”字，《史记》自作“隶”，《集解》改以就文，非是。又案《汉书·百官表》，关都尉，秦官。贾谊《新书》谓秦建武关、函谷、临晋关，为备山东诸侯。都尉典兵，以关为限，故自秦、汉以来谓之关中。宁成为关都尉，近距南阳，当属武关，《史记》云“关东吏隶郡国”，谓行旅往来者亦皆慑其威也。《汉书》据以为“关吏税肄郡国”，失其旨矣。关都尉典兵，亦安得税肄郡国之事哉？

迁为廷史。

案《汉书》作“廷尉史”，此脱“尉”字。

猾民佐吏为治。《索隐》曰：“案谓豪猾之人，干豫吏政。”

案此谓义纵收揽豪猾之民为爪牙也，《索隐》误。

温舒至恶，其所为不先言纵，纵必以气凌之，败坏其功。

案“温舒至恶”与下文“阎奉以恶用”，皆史公痛切语。所为不先言纵，纵必败坏其功者，谓事必关白义纵乃得行也。

部吏如居广平时方略：捕郡中豪猾，郡中豪猾相连坐千馀家。

案陈子龙以“部吏如居广平时方略”连下“捕郡中豪猾”一句读，非是。盖言设方略以掩捕郡中豪猾也。《汉书》不重“郡中豪猾”四字。

其颇不得，失之旁郡国，梨来。

案《汉书》作“其颇不得，失之旁郡，追求”，言所捕豪猾皆已论报，其有逃亡至他旁郡不可即得，须待追求也。疑“梨”当为“剺”，《说文》：“剺，划也。”《玉篇》：“以刀划破物也。”言逃亡至旁郡，踪迹刺取之，使先受创，故凡划破其面谓之剺面。《公羊传》：“公观鱼于棠，察来之也。”何休《注》：“齐人语也。”齐人谓“求得”为“得来”，作“察来”者，语大而急；此云“梨来”，或亦当时语也。

徙诸名祸猾吏与从事，

案杨皆、麻戊皆河内人，义纵迁中尉，犹徙以与俱行也。

迁为御史，使督盗贼关东。

案杨仆自以武功显，仅为御史以督盗贼，而入之《酷吏》，则杨仆之督盗贼其行亦酷矣，而本传不载。

置伯格长以牧司奸盗贼。

案“伯格”，即伍伯之属，主捕盗贼者，为置长以督率之。《汉书》作“伯落”，诸家解并多附会。

乃使光禄大夫范昆诸辅都尉，及故九卿张德等，

案“诸辅都尉”，即左、右京辅都尉，《百官表》右扶风、左冯翊、京兆尹，是为三辅。

及以法诛通饮食，坐连诸郡，甚者数千人。

案“通饮食”，即上“为檄告县趣具食”者，至是复以法诛之，坐连诸郡，以至数千人，足见武帝用刑之惨酷。

王温舒免中尉，而宣为左内史。其治米盐，事大小皆关其手，自部署县名曹实物，官吏令、丞不得擅摇，痛以重法绳之。

案左内史后为左冯翊。“县”，即左内史所属之县也。“名曹”，谓县所属诸曹吏。“实物”，谓山林、川泽、土田所入，仓储之积也。减宣综核之才，亦殊胜人。

前主所是著为律，后主所是疏为令。

案秦、汉以下人主之势日尊，汉初廷臣犹能有自举其职者，天子弗能夺也。乃使人主一言皆垂为律令，由杜周此言阶之厉也，悲夫！

廷尉及中都官诏狱，

案“中”，谓中尉；“都”，谓都尉：皆得受诏有逮捕之权。其内府诏狱，天子所自治，下丞御史大夫案问者，不在此数也。

后为执金吾，逐盗；捕治桑弘羊、卫皇后昆弟子刻深，

顾炎武曰：“《百官表》，天汉三年二月，执金吾杜周为御史大夫，四年卒。而卫太子巫蛊事乃在征和二年，周已卒四岁矣。又十一年，昭帝元凤元年，御史大夫桑弘羊坐燕王旦事诛，何以周为执金吾有捕治桑弘羊、卫皇后昆弟子事？”案“昆弟子”或指后族而言，非谓所捕即卫后与桑弘羊。史公本传并未言杜周治桑、

卫之狱，顾氏说失之考矣。

家两子，夹河为守。

齐召南云：“《唐书宰相世系表》，杜周三子：曰延寿、延考、延年。延年最幼，昭帝初始为吏，则夹河为守者，延寿、延考也。”案据褚先生书田仁事，仁剌举三河时，河南、河内太守皆杜周子，则所谓“夹河”，谓河南与河内也。

自郅都、杜周十人者，

案《酷吏传》有郅都、宁成、周阳由、赵禹、张禹、义纵、王温舒、尹齐、杨仆、减宣、杜周十一人；此云十人者，疑杨仆仅督盗贼关东，虽治、放尹齐，而未足为酷吏，故不数之。

至若蜀守冯当暴挫；广汉李贞擅磔人；东郡弥仆锯项；天水骆壁推减；河东褚广妄杀；京兆无忌、冯翊殷周蝮鸷；水衡阎奉扑击卖请；何足数哉！何足数哉！

案前序论云：“高后时，酷吏独有侯封，刻轹宗室，侵辱功臣。”赞复引冯常等八人，亦首尾相应见。侯封承吕后之意，以搏击为能，钳制天下。嗣是郅都一人，当景帝之世；自宁成以下则皆武帝所擢用也。史公以被刑自寄其微意，然而武帝用刑之酷，亦略可见矣。

《大宛列传》 第六十三

因欲通使，道必更匈奴中，乃募能使者。

案浩罕为回部大国，在葱岭西，其东一城名安集延，故又以安集延为浩罕种人之名，即汉之大宛国也。匈奴既灭月氏，楼兰、乌孙皆属匈奴，是以武帝谋通西域必取道匈奴中也。

与堂邑氏故胡奴甘父俱出陇西。《索隐》曰：“按谓堂邑县人家胡奴名甘父也。”

案《汉书·张骞传》作“堂邑氏奴甘父”。云“堂邑氏”，则是堂邑自为姓，非县名也。下文径称“堂邑父”，“父”者其通称，“奴甘”则其名也。此谓故胡人奴甘父入汉别为堂邑氏，史公叙次极分明，《索隐》注定一“奴”字为奴仆之名，以成歧误。

遣骞，为发导驿，抵康居，康居传致大月氏。

案下文“大宛西北则康居，西则大月氏，西南则大夏”，似月氏攻取大夏之地，大夏又南徙而臣服于月氏。康居为今哈萨克左右部地，疑汉时左部尚属匈奴，其右部必更错入浩罕地，是以大宛遣骞至月氏，必由康居传致。《汉书·西域传》云：“自玉门阳关出西域有两道：从鄯善傍南山北，波河西行，至莎车为南道，南道西逾葱岭则出大月氏、安息；自车师前王庭随北山波河西行，至疏勒为北道，北道西逾葱岭则出大宛、康居、奄蔡、焉耆。盖以大夏臣服月氏，通大夏之地皆并之月氏也。”

骞身所至者：大宛、大月氏、大夏、康居，而传闻其旁大国五六；具为天子言之。

案骞由匈奴抵大宛西走数十日，所历国尚多，以间潜行未历其国都；考揽形势，又本皆小国，无可纪者，故惟据所传闻之乌孙、扜罙、于寘诸国言之。

东北则乌孙；东则扜罙、于寘。

案乌孙即今伊犁，在天山北路，汉时为匈奴所隔。汉时西域所称西域二道，皆在今天山南路，其道出莎车，即今叶尔羌也。于寘为今和寘，在叶尔羌东。扜罙为今克里雅和屯，又在和寘东，唐时作污弥，一曰拘弥城。

于寘之西，则水皆西流，注西海；

案于寘西隔葱岭，其水无从流注西海，《汉书》称“其河北流，与葱岭河合，东注蒲昌海”，斯为得之，此史公误也。

盐泽潜行地下。其南则河源出焉，《索隐》曰：“《汉书·西南夷传》云：‘河有两源：一出葱岭，一出于寘。’郭璞云：‘河出昆仑，潜行地下，至葱岭山于寘国复分流歧出，合而东注泑泽，已而复行积石，为中国河。’”

案河源出星宿海，平地有泉千百泓，望若列星，汇为札凌湖，又下为鄂凌湖，《元史》所谓“二巨泽名火敦脑儿”是也。其西巴颜喀喇山，即古昆仑三山，阿克坦河东流入星宿海，因据以为河源。《汉书·西域传》：“于寘河北流，与葱岭河合，东注蒲昌海。蒲昌海，一名盐泽是也。”蒲昌海，今名罗布泊，在戈壁地，为镇西府境，东南至星宿海约千五六百里。西域诸水多为山势所阻，常数千里汇为泊，其地又皆沙漠，故自汉时谓星宿海之源出自盐泽，潜行地中，而河源及金沙江源及云南之澜沧江源，中国数大水并出自星宿海三数百里间。《索隐》引《汉书》甚误。

而楼兰、姑师邑有城郭，临盐泽。

案楼兰后改名鄯善，即今南八城之辟展。姑师即今南八城之广安城，为车师前王庭，亦名土鲁番，南距罗布泊约八百里。

匈奴右方居盐泽以东，

案匈奴地不能南及盐泽，盖其时西域诸小国多臣属匈奴者。

乌孙在大宛东北可二千里，

案徐松《西域水道记》，谓温宿北至乌孙赤谷，六百一十里。温宿为今阿克苏城北盐山，土色纯赤，《水经注》谓之赤沙山，《汉书》云“乌孙治赤谷城”，疑即此。《魏书》云“居赤谷城，后西徙葱岭中”，是为乌孙在山南之证。《后汉书·陈汤传》：“击郅支，度温宿国，从北道入赤谷，过乌孙，涉康居界。”据此，实在今伊犁境。或赤谷即在天山，未可知也。

康居在大宛西北可二千里，

案康居在大宛西北，则尚在哈萨克右西部。《汉书》称其国有小王五，而南羁事月氏，则与月氏交壤，可知大宛所以致送张骞康居以达月氏也。

奄蔡在康居西北可二千里，行国，与康居大同俗。控弦者十馀万。临大泽，无崖，盖乃北海云。

案《汉书》无《奄蔡传》，史公所记必张骞在康居时所闻。其云“北海”，即俄罗斯南界之里海，当为今瓦尔吉哈萨克之地，绵亘数千里，不得以康居一地概之也。又案今俄国所属之机发当里海、咸海之间，奄蔡当即其北境矣。

大月氏在大宛西可二、三千里，居妫水北。

案《瀛寰志略》以入咸海之阿母河当妫水，盖葱岭以西之水，其北为纳林河，其南为阿母河皆入咸海。阿母河南包布哈尔发源巴达克山，《史记》明言月氏之南尚有大夏，月氏之不能南逾阿母河明矣。《西域水道记》疑其太近，而以发源之乌浒河当妫水。乌浒河北注里海，《水经注》谓之雷翥海，大月氏自在大宛西，何能跨阿母河水达印度西境？此《西域水道记》之误也。

最为大国。临妫水，

案《西域水道记》引《水经注》“发源身毒之河水，西径月氏国，又西径安息国”，因据乌浒河水以当妫水。熟玩《史记》所载，而知徐松之误。月氏在大宛西，以阿母河为界，云都妫水，以为王庭，实全据阿母河之胜。安息之临妫水，自在阿母河之西，实与月氏夹阿母河为界。乌浒河径月氏南，又径安息南，其经流本与阿母河南北相望。《水经注》之云月氏，又兼大夏言之；大夏本自为国，而臣服月氏，则亦可通名月氏也。安息波斯，地方数千里，所属大小数百城，自乌浒河北以达阿勒富海，视今波斯地逶长约千里，汉时国都当在乌浒河北，故《水经注》以为河水经其南，而其地固不以乌浒河为界也，徐氏于此，考之未审。又案上“奄蔡国，临大泽，无涯，盖乃北海”，即今里海也。而《安息传》云“北有奄蔡、黎轩”，是安息国在妫水之西，灼然无疑。今里海横出纳林河之北，中间地广约百馀里，其下为戈壁，如俄罗斯所属军突、机发诸地，当为安息国及奄蔡、黎轩二国之地，与今波斯界相接，故自汉时为大国也。

画革旁行以为书记。

案西洋古书皆皮为之，盖安息遗俗也。

有大鸟，卵如瓮。

案鸟形如驼，故名驼鸟，今阿剌伯产此鸟，甚繁。

条枝在安息西数千里，

案《瀛寰志略》云“考太西人地图，安息即今波斯，条枝即今阿剌伯”，灼然无可疑者。史公自云“安息北有奄蔡、黎轩”，此出张骞在康居所闻，为西域极北地，而于条枝国云“国善眩”，不云黎轩善眩也。《汉书》于《安息传》云：“武帝遣使至，安息因发使随汉使者，以大鸟卵及黎轩眩人献于汉。”于《乌戈山离传》云：“西接黎轩、条枝。”案是混黎轩、条枝为一也。《后汉书》作“犁鞬”，云“一名大秦”，又并犁鞬、大秦为一。傅会《史记》之文而求得其地以实之，实与《史记》不合也。

安息长老传闻条枝有弱水西王母，而未尝见。

案此因武帝求仙人长生之术，而傅会及之。

大夏在大宛西南二千馀里妫水南。

案据此，妫水之为阿母河允无疑义，月氏地实不及妫水以南也。

其国临大水焉。《正义》曰：“大水，河也。”

案“大水”，明据印度海言之，而《正义》谓之“河”，何也？

是岁，汉遣骠骑破匈奴西城数万人，至祁连山。

案《匈奴传》云："过居延攻祁连山。"《汉书·张骞传》作"破匈奴西边，杀数万人"。匈奴无城郭，"西城"应从《汉书》作"西边"。居延属张掖郡，为今甘州，祁连山在郡西南，于时张掖尚未置郡，汉击匈奴，此为极西，故曰"西边"。

招以益东，居故浑邪之地，

案汉时匈奴浑邪王地南至敦煌；乌孙之东，车师、蒲类诸国环列，何以能东及浑邪故地？此亦张骞凿空之言也。

及汉使乌孙，若出其南，抵大宛、大月氏相属，《集解》曰："徐广曰：'《汉书》若作及，"若"意义亦"及"也。'"

案"若"字有故作声势，以悚骇乌孙之意。为所欲得者乌孙耳，匈奴北距乌孙，而汉使遮布其南，径西至大宛、月氏，势足以临逼，乌孙乃恐。史公下一"若"字，情势毕见。徐广引《汉书》"及"字以释之，于文义疏矣。

初，天子发书《易》云："神马当从西北来。"《集解》曰："《汉书音义》曰：'发《易》书以卜。'"

案《五经·纬书》起于周、秦间，至东汉乃大显，疑此之"书《易》"，即《纬书》所由始也，不得云卜。

而楼兰、姑师小国耳，《集解》曰："徐广曰：'即车师。'"当空道，攻劫汉使王恢等尤甚。

案《汉书·西域传》，车师前王治交河城，车师后王治务涂谷。前王庭，即今土鲁番；后王庭，即今乌鲁木齐。土鲁番在天山南路，乌鲁木齐在天山北路，汉通西域二道并在南路，即今辟展、土鲁番两城也。

及郡兵数万，至匈河水，

案疑此当为玉门关外居延海之下流。

及宛西小国驩潜、大益；宛东姑师、扜罙、苏薤之属，皆随汉使献见天子。

案《汉书·西域传》，康居有小王五，一曰苏𩩌，去都护五千七百七十六里。又谓大宛东至都护治所四千三十一里。是苏𩩌在大宛北尚远至一千七百馀里，不应反出宛东也。其驩潜、大益诸国，当为今浩罕以西四部。

是时上方数巡狩海上，乃悉从外国客，大都多人则过之，

案言西域使至者，皆令从巡狩，专择市聚人多处而过，以示汉之人口众多及富厚也。

然以畏匈奴于汉使焉。

案谓畏匈奴甚于汉使，是以待汉使加薄也。

然大同俗，相知言。

案谓其俗能互相通知语言。

其少从率多进熟于天子，《集解》曰："《汉书音义》曰：'进熟，美语，如成熟者也。'"

案进熟，谓从行至西域者，自谓熟悉彼中情形也，非"成熟"义。

以请宛王贰师城善马。

案《汉书·西域传》，大宛有副王、有辅国王，是此贰师城为副王所居也。下文云："贰师至宛城，攻之，四十馀日，其外城坏。许宛约，取善马数十匹，中马以下牡牝三千馀匹；与盟而罢兵。终不得入中城。"所取善马，即大宛城也，亦无所谓贰师城者，其云贰师城，则进熟者之言也。

乌孙、仑头易苦汉使矣。

案仑头今布古尔城，在库车东三百二十里，即所谓轮台也。

贰师令搜粟都尉上官桀往攻破郁成。郁成王亡走康居。

案郁成为大宛属城，亦称王者，《汉书·大宛传》云“有副王、辅国王”，如匈奴之有左、右贤王也。

《游侠列传》 第六十四

儒以文乱法，《正义》曰：“谓细碎苛法乱政。”

案以文乱法，谓喜古谊以非刺今法，轻易变乱之也。《正义》误。

至如以术取宰相、卿、大夫，

案史公最恶公孙弘，每有刺讥，必推论及之，此云“以术取宰相、卿、大夫”者，指公孙弘也。

况以中材而涉乱世之末流乎！

案秦为乱世，自秦以后皆乱世之末流也。史公值汉盛时而言，此诚亦有伤心者哉！

今拘学或抱咫尺之义，久孤于世，岂若卑论侪俗，与世沉浮而取荣名哉！徐孚远曰：“此甚言儒者无用，卑论取荣名，亦不指侠也。”

案“拘学”，谓俗儒抱咫尺之义，以取孤困，其行义不能逮季次、原宪也。身死而名泯灭无传，又不若卑论侪俗，与世浮沉，尚足取名于世也。此史公深讥世儒处，徐氏之言，未达其旨。

近世延陵、孟尝、春申、平原、信陵之徒，

案延陵季子事不著于《春秋》，据《左传》所载，襄公二十九年，吴公子札来聘，善叔孙穆子；于齐，善晏婴；于郑，善子产；于卫，善蘧瑗、史鳝之属；于晋，善赵文子、韩宣子、魏献子，又善叔向：所至尽交其贤人君子，终春秋之世未有能及延陵季子者。其平日好贤乐士，亦略可想见。史公博极群书，于此必有所本，篇中明言“招天下贤者显名诸侯”，以为游侠之引。杨慎云：“子贡既入《货殖》，季札独不入《游侠》乎？”直谓史公以季札为游侠，亦失之诬矣！

家无馀财，

案家无馀财，谓专用以施振耳，非谓其贫也。

乘不过軥牛，《集解》曰："《汉书音义》曰：'小牛。'"

案《说文》："軥，軶下曲也。"軶者，辕端横木，以驾马领，軥以状其下曲也。軥牛，犹言驾牛；若通"軥"为"驹"，而径以为"小牛"，则误矣。

少时阴贼，慨不快意，身所杀甚众。

案《汉书》作"少时阴贼感概"，"概"字属上读。疑"慨"当为"概"，言一切不快意者，即便杀之，所谓"草菅人命"者也。

与人欺，使之爵，

案诸本作"嚼"，《汉书》作"釂"。师古曰："尽嚼曰釂。"当从"釂"为允。

曰："且无用待我，待我去，令洛阳豪居其间，乃听之。"

案"且无用待我"，是属仇家语言；虽听我而不必待我为排解，仍令洛阳豪居间，是实收其用而不欲居其名也。

事可出，出之；不可者，各厌其意，然后乃敢尝酒食。

案如淳《汉书注》云："事可为免出者出之。"为人请求事，其权固在人也，非请求者所能自主；诚然，则亦常人之行矣，何足以名侠乎？玩此文义，谓解为人请事，不受谢耳。"事可出"，谓事幸了，躬自出也。事了即出，岂惟不受谢而已，并其名亦不可居也。或其事尚有轇轕不能即出，则常委曲尽意，使两相争者皆各平其心，虽一酒食之微，亦必人人喜悦，乃肯受此一饭之报也。

临晋籍少公素不知解，解冒因求出关。籍少公已出解，解转入太原，所过辄告主人家。

案冒，谓郭解冒昧自投也。所过必告主人家，乃追溯初亡时语言，将过某处，先告某人，吏至得指示某处以自脱，不为所累也。《汉书》作“过辄告主人处”，“家”字宜从《汉书》作“处”字为允。

《佞幸列传》 第六十五

人有告邓通盗出徼外铸钱。

案谓邓通所铸钱，私窃行之徼外，故曰“盗出”。

仁宠最过庸，不乃甚笃。《索隐》曰：“案庸，常也。言仁最被恩宠，过于常人，乃不甚笃，如韩嫣也。”杨慎曰：“‘仁宠最过’为句，‘庸不乃甚笃’为句。‘不’、‘否’同。”

案“仁宠最过庸”句，“不乃甚笃”句。史公直云孝景帝时中无宠臣，《索隐》此解不误，升庵断句，使人不得其解。

给事狗中。

案《汉书》作“给事狗监中”，何小山校《汉书》云：“《史》作‘狗中’，犹今言‘狗上’、‘鹰上。’”

其女弟亦幸，有子男。

案李夫人子即昌邑王。

延年佩二千石印，号协声律，

案《汉书》“协声律”作“协律都尉”，《礼乐志》亦同。汉制掌武事曰尉。据《礼乐志》，乐人员八百二十九人，凡鼓十二，鼓员一百二十八人，朝贺置酒陈殿下，应古兵法。《百官表》，水衡都尉掌上林苑。张晏曰：“有卒徒，故曰尉。”协律者，以声律授乐人，使调习之，亦卒徒之属也，因以都尉名其官。《百官表》凡都尉官，皆比二千石。

久之，寖与中人乱，

案《汉书》作“久之，延年弟季与中人乱”，是延年盖坐弟季事被除，非自与中人乱也。此当据《汉书》以补《史记》之缺。

《滑稽列传》 第六十六

《滑稽列传》

案史公传《滑稽》，止是以文为戏，而据本于天道之大，想见此老胸中亦自具一天地。

冠缨索绝。《索隐》曰：“案‘索’训‘尽’，言冠缨尽绝也。”

案“索”，谓结丝为之，《玉藻》所谓“朱组缨，綦组缨”，是也。缨者，冠系；其所以系者，结丝为之，故曰“索”也。《索隐》“索训尽”，误。

至赵，赵王与精兵十万，革车千乘。楚闻之，夜引兵而去。

案《年表》，齐威王三十六年无齐、楚交兵事。威王九年，赵伐齐甄；十一年，赵取齐长城；终威王之世，齐、赵有相攻无相救。淳于髡善文，此特髡寓言耳，为周、秦间辞赋之原始。《战国策》取录当时说士之言，多无事实，淳于髡“一斗亦醉，一石亦醉”之对，亦其类也。

其后百馀年，楚有优孟。

案据《年表》，齐威王元年，上距楚庄王二十三年，凡二百二十一年，而云“后百馀年”，史公杂取异说。不应于齐、楚纪年明著之《年表》者，而此则倒乱如斯，以是知史公之传《滑稽》，以文为游戏而已，原不以为征实之文也。

妇言慎无为，楚相不足为也。

案当云“慎无为楚相，楚相不足为也”，此脱“楚相”二字。

其后二百馀年，秦有优旃。

案齐威王三十六年，下距秦始皇元年，凡九十七年，由始皇元年上溯至楚庄王二十三年，实三百五十四年，此云“二百馀年”，盖不征实也。

时会聚宫下，博士诸先生与论议，至于是诸先生默然无以应也。

案《东方朔外传》所纪诡异不经，褚先生为得其实矣，乃取客难之文以为事实，秦、汉间传记语多无征者，皆此类也。又案褚先生所附《滑稽列传》中诸人，东方朔滑稽之雄，主文谲谏，亦淳于髡之流也。郭舍人之诡辞，视优孟、优旃等耳。西门豹有功德于邺，史公传《循吏》不列西门豹，而褚先生以附之《滑稽》，斯盖两失之。至于东郭先生、王先生之徒，导人为谄以趋时，是尚不可以滑稽论也。

《日者列传》　第六十七

《日者列传》

案《左氏传》：“天子有日官，诸侯有日御。”杜预《注》：“典历数者。”凡占候推测诸星家之言，通谓之“日者”。卜筮亦占候之一端，而自三代以来龟策之用尤广，史公分列《日者》、《龟策》二传，义各有系也。而《日者传》序论亦但主卜筮言之，其传司马季主，亦云游于卜肆中，要其云“分别天地之终始，日月星辰之纪”，则是日者犹天文家言也。疑此两传亦尚非史公定本。

究遍人情，

案究遍人情即指下“三公、九卿、朝士大夫”言之。

差次仁义之际，

案《乡饮酒义》：“南方者夏，夏之为言假也；养之、长之、假之，仁也。西方者秋，秋之为言愁也；愁之以时察，守义者也。

是以天子之立也，左圣乡仁，右义偝藏也。”“差次仁义之际”，语本此。

多言夸严以得人情，《索隐》曰：“谓卜者自矜夸而庄严，以得人情也。”

案《说文》：“严，教命急也。”夸严者，自夸其术之神，而急切言之，《索隐》注误。

公见夫被发童子乎？日、月照之则行，不照则止；问之日月、疵瑕、吉凶则不能理。

案童子被发以行而自顾其影；日月照之，则其影亦随以行，不照则止。以是为能得日月之用矣，而于疵瑕、吉凶之理茫然无所知焉。人之资世以为用也，亦何以异乎？

比周宾正，徐孚远曰：“宾正，犹摈正也。”

案汲冢《周书》：“内外宾服曰正。”《尔雅·释诂》：“宾，服也。”《说文》：“宾，所敬也。”“比周”者，比同于人；“宾正”，谓倾心以事权贵：四字平列。徐氏以“摈正”释之，亦殊费解。

有人者进，有财者礼，是伪也。

案“有人者进”，谓倚托奥援以求进也，主在下位者言。“有财者礼”，惟利是视也，主在上位者言。二者相成，自秦、汉至今二千馀年，此凡所从来远矣。

子独不见鸱枭之与凤凰翔乎，兰芷芎䓖弃于广野，蒿萧成林，使君子退而不显众，公等是也。

案此言凤凰不必与鸱枭同翔也。鸱枭所集，凤凰因远去之；鸱枭欲与之同翔，其可得乎？凤凰不与鸱枭为群，其德然也。蒿萧成林，兰芷不生，其地然也。直揭“公等”字，抹倒宋忠、贾谊二人。

述而不作，君子义也。

案此二语另提。

故骐骥不能与罢驴为驷，

案以下自明其高世远引之节，所谓托之卜筮以自藏者也。

道高益安，势高益危；至虽曾氏之义，未有以异也。

案《日者传》词馀于意，篇末一段，陈义极浅，而一种浑沦浩瀚之气，自是周、秦间文字，不类史公之雄骏，盖史公于此别有所本。

有居止舞泽者；

案“舞”当为“無”，谓蕃芜之泽也。

《龟策列传》 第六十八

或以草木，

案《楚辞》“琼茅以廷篿”，即用草木以卜者。

又其大小先后，各有所尚，

案《左氏传》“耆短龟长”，即“大小”之义。《礼记》“先卜后筮”，即“先后”之义。

人各自安化，分为百室，

案人各自安化，谓各就所习为之，流分而末益歧，故遂分为百室也。

虽父子畴官，世世相传。

案《历书》：“畴人子弟分散。”畴官者，掌历数之官也，史公以占候推测皆出一源，故颇混“日者”、“龟策”为一术。

数年之间，太卜大集。

案据此，武帝时以占卜著闻者必多有之，惜史公未及编录，致使其名不传。其丘子明之名，见于序论中，事迹亦无可考见。

如丘子明之属，至事后觉奸穷，亦诛三族。

案上著卜筮之征验，此复言卜筮傅会人主意，以伤害人为宠荣，其事皆不他见。所云丘子明贵宠倾朝廷，仅亦以卜筮射巫蛊者耶？《龟策传》但有序论，而列传之文未具，然其刺讥之意亦可见矣。

是以择贤而用占焉，

案“择贤而用占”，明上文“因公行诛，恣意所伤”之所用非人。

明有而不专之道也。

案“有而不专”，明丘子明之属“上尤加意，富溢贵宠，倾于朝廷”之所处失当。

下有伏灵，上有兔丝；

案伏苓生老松根下，其根常远引上发而为兔丝。此与《龟策传》无涉，褚少孙所见古传之文或有之，然固不待申引其说也。

龟来见梦于宋元王曰：

案神龟见梦于宋元君事，出《庄子·外物篇》。元君即宋平公之子元公也，周、秦间喜为异说，因《庄子》之文而衍之，又托之元王以资疑议。褚少孙取以补《龟策传》之缺，而于史公所述武帝时事，顾不一加搜讨，其谬甚矣！

王独不闻玉椟只雉，

案《仪礼·聘礼》“启椟取圭”。椟，所以函圭也；只雉者，所以为贽。《尚书》“五玉、三帛、二生、一死雉”。此谓琢玉为圭，以行朝聘之礼，有国者之所宝也。

桀有谀臣，名曰赵梁，

案此云桀之谀臣赵梁，下文“纣有谀臣名为左强”，及纣囚文王，阴竞活之，传记皆无征，盖周、秦间异闻见于著录者，其如屈原《天问》之类。

以革为囊，囊盛其血，与人悬而射之，与天帝争强。

案《殷本纪》载武乙为革囊射天事，武乙四传乃至纣；《宋世家》亦载宋王偃为革橐射天，当时谓之“桀宋”。此并引作纣事。

荆支卜之，必制其创。

案《仪礼·士丧礼》：“楚焞置于燋。”郑《注》：“楚，荆也。荆焞，所以钻灼龟者。燋，炬也，所以燃火者也。《周礼》：‘华氏掌共燋契以待卜事，凡卜以明火爇燋，遂龡其焌契以授卜师，遂以役之。’”是荆所以燃火灼龟者也。《说文》：“支，去竹之枝也。”荆支，犹言荆条。创，即灼之坼兆也。

神至能见梦于元王，而不能自出渔者之笼。

案以下忽以龟能见梦，而不能自全其生，推论物理之自然，无有全而不缺者。文气古茂，殆犹周、秦间人所述也。

罔有所数，亦有所疏，

案“罔”即“網”字。数，音朔，细也。有所密必有所疏，制网罟者常下密而上疏也。人之入世曰“世网”，陷于法曰“法网”，罣于文曰“文网”。此云“网”者，即所谓文法是也。

若尝以为祖，《索隐》曰：“祖，法也。言以为常法。”

案《说文》：“祖，始庙也。”《广韵》：“祖，始也。”周、秦间多训“祖”为“始”。《汉书·食货志》“帝命后稷以黎民祖饥”，孟康《注》：“谓始饥也。”“若尝以为祖”，言常以月旦祓龟，见曰有事于卜，必用此为始也。《索隐》误。

谨以梁卵焍黄，《索隐》曰：“梁，米也。”

案上云“以卵祓之”，不云以米，《索隐》云“粱米”，疑误。“梁卵”，犹言大卵也。焍，即灼炙之义。黄者，卵黄也。上言“土卵”，盖缚土为卵形，爇而周环龟甲，而后用钻也，故曰“焍黄”。

行一良贞。

案《说文》：“贞，卜问也。”良贞、良日，皆美词，即上文“必诚，必信”者是也。“行一”者，语助词也，言今日乃有此一美卜也。

今病有祟无呈，

案《玉篇》：“呈，赤也，见也。”《周礼》太卜作龟之八命，“八曰瘳”，郑《注》：“瘳，谓疾瘳不也。”其占皆有常、有祟，则其兆不见，故曰“无呈”。

卜居官尚吉不。吉：呈兆，

案当作“卜居官，吉不吉，吉，呈兆”云云，疑此衍一“尚”字，“呈兆”上又遗一“吉”字。

足肣，有外，若无渔。

案外起而中陷，若虚无物然，故曰“无渔”。渔者举网而得鱼，凡侵取所有者皆谓之渔也，下文“命曰渔人”，亦此义。

故其莫字，皆为首备。

案“莫”同“幕”，《释名》：“幕，络也，谓络缀成文。”《汉书·西域传》“钱幕”，韦昭曰：“幕，钱背也。”龟兆之圻文，视其背，故亦谓之幕。

行者，行。来。闻盗来，不来。

案“行者行”下，衍一“来”字。

求财物，买臣、妾、马、牛，至不得。

案“至不得”，疑衍一“至”字，下“渔猎至不得”，亦同。

渔猎，至不得。行，不得；行，不遇盗。

案此“行不得”三字，义无所系，疑是衍文。

行来，不来。

案此当云“行，不行；来，不来”，疑“行”下脱“不行”二字。

命曰：载所。以占：病。

案此等皆因坼兆而为之名，如今《六壬》、《奇门》之各立课名，由秦、汉间术士为言。《周礼·太卜》：“其经兆之体皆百有二十，其颂皆千有二百。”必无此等巧立名目也。

头见、足发，有内、外相应。

案“头见足发”下，疑衍一“有”字。

民疾疫，有兵，有兵不会。

案“有兵，有兵”，二文相连，疑衍“有兵”二字。

卜来者，来，卜曰即不至，未来。

案此言卜来者，当即至；其有不至，则是其尚无来意也。

此横吉，上柱，外内内自举，足肣。

案褚少孙补此传，略记其大旨，不写其图，褚少孙所见龟策卜事，必皆有图者，云“此”者，即据图而为之说也。上云“卜”，就事言之；云“命曰”二十七，就卜者所命之词言之；为龟策正文。云“此”者十一，就图言之，盖卜事之馀义，推衍而为之图也。

《货殖列传》 第六十九

老子曰：至则几无行矣。

案史公先引老子之言，而后自发议，文气紧相接，《测义》分为两段，大误。

故善者因之；其次利道之；其次教诲之；其次整齐之；最下者与之争。

董份曰：“按教诲，犹顺也。整齐则强之，管、郑是也；商、韩则争已。”案武帝平准均输之法，所谓与民争利者也。史公注意讥刺时事，何尝区区计后商、韩之得失哉！

山西饶材、竹、榖、纻；《索隐》曰："榖，木名，皮可为纸。"

案山西兼秦、晋、陇、蜀言之，七国时秦尽有山西之地。《汉书·地理志》称秦地"好稼穑，务本业。有鄠、杜竹林，南山檀柘，号称陆海，为九州膏腴"。则此所云"榖"者，五榖之属。《毛诗传》以榖为恶木，陆玑《草木疏》："幽州谓之榖桑，荆、扬谓之榖，中州谓之楮。"亦非山西产也，《索隐》即以"榖树"为说者，误也。

江南出柟、梓、姜、桂、金、锡、连、丹沙、犀、玳瑁、珠玑、齿革，

案《说文》："犀，南徼外牛。"今出印度及南洋诸岛。《周礼·旄人》注："旄，旄牛尾。"《说文》作"犛"，云"长髦牛也"。张揖曰："犛牛出西南徼外。"史公言山西出旄、玉、石，江南出犀、玳瑁、珠玑，皆极于徼外，尽山海之利言之。

《周书》曰："农不出则乏其食，工不出则乏其事，商不出则三宝绝，虞不出则财匮少，财匮少而山泽不辟矣。"此四者，民所衣食之原也。

案农、工、商、虞，四者并重，而于虞通山泽之利，尤郑重言之。《周礼》曰："虞衡，作山泽之材。"天地自然之利，一出于虞人，史公之言与《周礼》之"以九职任万民"者适相应；自汉兴，始为重农抑末之说以困辱贾人，今无复有能知此义者矣。

富者得势益彰，失势则客无所之，以而不乐，夷狄益甚。

案《货殖传》皆以商贾起家，"客"即"贾"也，《后汉书》，伏波如西域，胡贾到处辄留。夷狄以商贾为本业，故曰"夷狄益甚"也。

乃用范蠡、计然。《集解》曰："徐广曰：'计然者，范蠡之师也。'"

案后载范蠡之言："计然之策七，越用其五而得意；既已施于

国，吾欲用之家。”是范蠡所用者计然之术也，徐广以为“范蠡之师”，近之。传中详载计然之言，明范蠡所以为富国之计，其源皆在此也。疑此“乃用范蠡、计然”六字，尚有遗误。

故岁在金，穰；水，毁；木，饥；火，旱。旱则资舟，水则资车，物之理也。

案有旱则有水，有水则有旱，循环自然之理，先为之资以备之。计然之术，大抵因时观变，先事预防，承其乏而居以为奇。

积著之理，务完物，无息币，《索隐》曰：“久停息货物，则无利。”

案《索隐》说非也。物者，所居积；币者，财币，所以为居积之资也。“完物”有二义；一谓随时所需，无有缺乏；一曰物取其良，无有苦窳也。“无息币”，则言财币以流通为义；有馀即用以居积，不使停息也。

腐败而食之货勿留，

案杜预注《左传》：“食，消也。”此“食”字亦当作消毁之义，言货勿久留即有腐败，则消毁之耳。

与时逐而不责于人。

案“与时逐而不责于人”为句。《集解》、《索隐》以“与时逐”句，陈子龙因之，误也。言但规时观变，役其心以与之驰逐，而不更资人力经营，与下“择人而任时”，自属两义。不责于人者，所以尽观时之用；择人者，所以收任时之功也。

废著鬻财于曹、鲁之间，

案《弟子列传》：“子贡好废举。”《尔雅·释诂》：“废，舍也。”废举，即下《白圭传》云：“人弃我取，人取我与。”废则弃之，举则取之。废著，即废举，犹取而著之藉也。《汉书》作“发贮”，失史公之旨矣。

圣卯，积著率岁倍。

案上文云："太阴在卯，穰。"岁穰则百货流通，而所居积常赢也。是以至卯而居积，视馀岁以倍论。

欲长钱，取下谷；长石斗，取上种。

案下谷价廉，白圭专取下谷，则谷价日贱而钱价长矣。上种价昂，白圭专取上种，则谷价日长而钱价平矣。石斗，谓谷价也。惟其居积者多，是以随意高下，远近趋利者皆视之以为低昂，故韩子曰"多钱善贾"。

汉兴，海内为一，至然量其富，什居其六。

案史公传《货殖》，自写其湮郁，而揽括天下大势，上下今古，星罗棋布，惟所指画。前后分立数传，要自一气灌输，是一篇整段文字。中间指数关中、巴、蜀、天水、北地、上郡列郡情形，为一大枢纽。亦见汉世承六国之遗，抚临郡国，相奖势利，尽天下皆然，而能者遂以致富，高掌远蹠，睥睨千古。此自史公发摅生平一段胸臆，与他传体全别，班固讥之，故为不伦。

及秦文、孝、缪居雍，至故其民益玩巧而事末也。

案此言关中风俗，至秦而变。

陇、蜀之货物而多贾，

此当云"临陇、蜀，饶货物而多贾"，疑句中有缺文。

故关中之地，于天下三分之一，而人众不过什三，

案关中，尽关以西之地，西北极陇、蜀，故于天下为三分之一。上云"地小人众"，举长安言之；此云"人众不过什三"，通举关中言之。

杨、平阳、陈，西贾秦、翟，北贾种、代。种、代，石北也，《索隐》曰："杨、平阳，二邑名，在赵之西。'陈'盖衍字。"

案杨、平阳属河东，陈属河南，通举三河地言之，《索隐》谓"陈"衍文，误。

其民羯羠不均，

案“羠”当为“夷”，言种、代边胡，其民亦杂有胡种。不均，谓民夷杂处，种类不一。

故杨、平阳陈掾其间得所欲。《索隐》曰：“陈掾，犹经营驰逐也。”

案《说文》：“掾，缘也。”谓杨、平阳、陈附著其间，如州郡之有掾属，得分理其事也。《索隐》前以“杨、平阳、陈西贾秦、翟”，“陈”字为衍文，故此以“陈”字连下“掾”字读，均牵强。

温、轵西贾上党，

案温、轵属河内，上言河东、河南，故此别言之。

然邯郸亦漳、河之间一都会也：至东绾秽貉、朝鲜、真番之利。

案三河绾天下之中，故次关中言之，蝉联而及赵、燕，其势相衔而下。

洛阳东贾齐、鲁，南贾梁、楚。故泰山之阳则鲁，其阴则齐。

案由洛阳、梁、宋以达三楚，南极于粤。史公于此截分南北，微近山、河两戒之义。

九疑、苍梧以南至儋耳者，与江南大同俗，而杨越多焉。

案言广南径南至儋耳，皆与江南同俗，而近杨越为多也。

颍川、南阳，夏人之居也，至南阳西通武关、郧关，东南受汉、江、淮。

案颍川、南阳当南北之冲，借作绾束，因总叙各州大势，以自发摅其意。

或火耕而水耨，果隋蠃蛤，《正义》曰：“隋，今为種，音同，上古少字也。蠃，力和反。果種，犹種叠包裹也，今楚、越之俗向有裹種之语。楚、越水乡，足螺鱼鳖，民多采捕积聚，種叠包裹，煮而食之。班固不晓裹種之方言，修《太史公书》述《地志》，乃改云‘果隋蓏蛤’，非太史公意，班氏失之也。”

案《易·说卦传》：“艮为果蓏。”京房本作“果堕”。“蓏”、“堕”音相近，古字常通用之，故徐广引《地理志》“隋”作“蓏”。《正义》强作解事，乃以讥班《史》之失，其误甚矣。

是以廉吏久，久更富，廉贾归富，

案言吏可致富，贾亦然；虽廉，犹富也。秦、汉以来吏事之不修，其源正坐此。

故壮士在军，攻城先登，至不择老少者，奔富厚也。

案以富方封君，以贾方吏，其讽刺深矣。是时武帝攘斥匈奴，通西、南夷，厚赏战士，史公乃一比之劫盗倡优，尽天下之人奔趋于利，其道同也。史公于此盖不止于谩骂而已，然读其文亦自足以廉顽立懦也。

居之一岁，种之以谷；十岁，树之以木；百岁，求之以德。德者，人物之谓也。

案此本一年之计树谷，十年之计树木，百年之计树人，而去“求之以德，德者，人物之谓也”，明树人之有本也。史公寄慨遥深，而自以无意出之。

户百万之家则二十万，

案户，即家也。汉时民居谓之编户，列侯食邑以户为率，犹后世之言门役。此言“百万之家”与“千户之君”对文，“户”字盖承上文“千户”而衍，《汉书》无。

及名国万家之城带郭千亩亩钟之田，若千亩卮茜，千畦姜韭：此其人皆与千户侯等。

案此皆言树畜之利，不及农田；农田本亦利微，惟名都大邑附郭之田杂植茜韭，贩运为易，可以致富耳。

鲐鮆千斤，鲰千石，鲍千钧，

案鲐鮆、鲰、鲍，三者皆鱼脯也。左思《吴都赋》：“魟、鲔、鯸、鲐。”是鲐，江鱼大者。鮆，刀鱼，今谓之鲞鱼。鲐鮆，大鱼；鲰，小鱼；皆干脯也。《说文》：“鲍，饐鱼也。”《玉篇》：“鲍，渍鱼也。”饐臭味变，鲍鱼为盐渍鱼，鱼脯之渍者也。

贪贾三之，廉贾五之，《集解》曰：“《汉书音义》曰：‘贪贾未当卖而卖，未可买而买，故得利少，而十得三。廉贾贵而卖，贱乃买，故十得五。’”

案“三之”、“五之”，皆谓子贷取息也。下文“不中什二”，《正义》曰“不在什分中得二分之利”者。此所谓“五之”，即五分取息一分，即什二之利也。三之者，谓三分取息一分，盖乃什三之利，以有畸零，故特谓之“贪贾”。旧《注》误。

即铁山鼓铸，运筹策，倾滇、蜀之民。

案《货殖传》多以铁冶起家，故桓谭著论曰《盐铁》，意在讽刺时事。然固以为盐、铁二者，国家制用之经矣，后世言富贵者皆莫能知，此中国所以日趋于贫也。

贫人学事富家，相矜以久贾，数过邑不入门，

案言洛阳街巷人相习为贾，其贫者给事富家，乐为之用，而自忘其家也。《汉书》删去“贫人学事”四字，文义不能明矣。

宣曲任氏之先，《正义》曰：“按其地，合在关内。”

案宣曲侯丁义，以高祖六年封，子通嗣侯；景帝十一年国除。侯五十六年。宣曲任氏又以富显，而莫知其地之所在，或为乡聚之名，或秦旧邑而后已改？下云：“楚、汉相距荥阳也，民不得耕种，米石至万。而豪杰金玉尽归任氏。”疑其地当濒河距荥阳不远，《正义》云“其地在关内”者，误。

尽椎埋去就，与时俯仰，

案前云“攻剽椎埋”，皆劫掠之名。椎者，搏击；埋者，藏匿；言其规时去就，与椎埋之术同也。

掘冢，奸事也，而曲叔以起；

案金陵本作“田叔”，《札记》引南宋本、毛本同，是《史记》作“田叔”，《汉书》作“曲叔”，此“曲”字后人依《汉书》改。颜师古《注》云“姓曲，名叔”。

行贾，丈夫贱行也，

案邴氏、刁间、师史皆有“行贾”之名。然师史所任者贫人，刁间所使者奴虏，邴氏则贳贷于人，皆不躬自行贾，故于此谓之“贱行”。又案篇末所叙极诸猥杂，以言苟为利而已，辱身、贱行，其归一也。

《太史公自叙》 第七十

当始皇之时，蒯聩玄孙卬为武信君将而徇朝歌。诸侯之相王，王卬于殷。

案《项羽本纪》，项梁自号为武信君。又云赵将司马卬定河内，数有功，故立卬为殷王，王河内，都朝歌。此云“为武信君将”者，谓项梁也。《张耳传》，陈王使武臣循赵地，号为武信君。至邯郸，遂立为赵王。已而为李良所杀。张耳、陈馀求为赵后赵歇立为赵王。司马卬为赵将，亦当在赵王歇时，不在武臣时为将也。司马卬之从项梁，秦二世二年以后事，而云“当始皇时”者，史公本不为二世立本纪，盖统于始皇也。

去健羡，绌聪明，释此而任术。夫神大用则竭，形大劳则敝。

案“去健羡，绌聪明”，是道家要旨，儒者不务明此义，而任知术以役天下，是神先竭也。“形劳则敝”，应上“主劳而臣逸”句。

有法无法，因时为业；有度无度，因物与合。

案“有法无法”，“有度无度”，言道家之为术亦自有法度，而不任法以为法，絜度以为度，一因物之自然，顺而序之，是以终归之无也。

迁生龙门，

案《地理志》：“左冯翊夏阳，故少梁，《禹贡》梁山在西北，龙门山在北。”夏阳乃司马迁所生地，即今同州韩城县也。龙门一山跨河，其东为龙门县，唐武德元年于隋汾阴县置泰州，二年徙治龙门，为汉河东郡皮氏县地，与夏阳县隔河相望，后为河津县。史公生长夏阳，在河西之龙门山。

过梁、楚以归。

案上言“厄困鄱、薛、彭城”，则已南尽东楚之游而达西楚；复云“过梁、楚以归”，则又涉沛城、汝南循楚境而西也。

五年而当太初元年，十一月甲子朔旦冬至，天历始改，建于明堂，诸神受纪。

案史公自序《史记》一书，肇始太初元年，讫于天汉三年。《汉书·武帝纪》太初二年诏曰：“往者郊见上帝，西登陇首，获白麟。”而于天汉元年纪云“郊泰畤”，是武帝诏所云“获白麟”者，在天汉元年也。史公用此以纪《史记》之成，而上拟《春秋》，而于太初元年改历正岁，揭而著之篇，以明其著书之始，说来如许郑重。

孔子厄陈、蔡，作《春秋》，

案如此文所言，则孔子作《春秋》亦在反鲁之后。《孔子世家》载哀公十四年，“乃因鲁史记作《春秋》”，是《春秋》即成于获麟之岁也，而此以厄于陈、蔡言之，大抵随举以见义而已。

穆公思义，悼豪之旅；以人为殉，诗歌《黄鸟》；昭、襄业帝。

案秦之创霸，实始穆公，故言之为详。“昭、襄业帝”一句，语未尽，疑下有脱文。

改制易俗。

案序《高纪》“改制易俗”一句，语亦未尽，与《秦纪》同。

谱纪不明，有司靡踵，强弱之原云以世。

案此谓以其世之修短，而可以推知其强弱之原。大抵强者先亡，而弱者犹可苟幸以图存也。有司，即据史官言之。

五家之文怫异，

案《汉书·艺文志》有《黄帝五家历》三十三卷。怫异者，谓五家之文参差牴牾，不相通也。

申、吕肖矣，尚父侧微，《集解》曰：“徐广曰：‘肖，音痟。痟，谓衰微。’”

案申、吕太岳之后，世有封国，至周犹存，何以谓之衰微？肖，谓克绍其业也。

酒、材是诰，

案酒、材，谓《酒诰》及《梓材》也。

好荐人，称长者，壮有溉，

案“壮”，当为“庄”，言郑庄荐士，其泽能溉于人也。

不既信，不倍言，义者有取焉，

案《博雅》：“既，失也。”此当从《博雅》训，作“不失信”。信者，人之所要约之言，守而不失也。言者，已所许与于人者也，不自反其言，是曰“不倍言”。又案《说文》：“既，小食也。”既信，犹食言，盖谓不小食其言。此则“不既信”应属之已，“不倍言”为不负人之言也。两义自互相备。

人莫之害，以道之用。

案“以”，犹“因”也。

湘阴郭氏家谱

湘阴郭氏家谱叙

郭君伯琛编次家谱，以谱例示予，自其姓氏源流与族望之所由，分枝派之所由衍，考之史策，征之杂纪，验之时代，多所发明。盖谱牒之学废缺久矣。欧阳氏有言，姓氏之出，其来也远；谱图之法，断自可见之世谱。郭氏者，盛叙华阴间，见诸家谱，援引比次，以相侈尚，察所著录，容有舛焉。郭氏出自姬姓，伟矣。虢、郭，古义盖通。《春秋》称郭公，《国语》称郭靖君，当时已叙为郭族，姓之著岂待侈陈哉！伯琛为是谱，详其信，阙其疑，文成而法具，事备而指明，斯可谓雅达精揽者也。

自予督师东下，伯琛相从，往来吴、楚之交。四年，倦而归，将休息乎京师，又以其日月之暇，汇为是编。夫年代之谬悠，人事之迁变，古牒散亡不复见者，可胜慨也。仁人孝子怆乎兵革之方兴，搜辑其可见者，祖考以是凭依，子孙以是系属，顾不严且重乎。伯琛之为功郭氏，予尤有愧焉，用是推明其意，以著其略，使凡为谱者于兹取法，庶几有知之者。咸丰七年春二月，湘乡曾国藩叙。

家谱自叙

郭氏之先，盖出于王季之穆虢仲、虢叔。《左传》僖五年，晋灭虢。杜预注："在宏农陕县，今陕州卢氏县地，故西虢也。"为虢仲，封国公子。《谱》云："虢叔之虢谓之东虢，在荥阳，为郑所并。"应劭曰："荥阳故虢国，今虢亭是也。"颜师古《急就篇》注："晋灭虢，虢公丑奔京师，遂姓郭氏。"《春秋·公羊·郭公传》注："虢，谓之郭，声之转也。"按古人命氏以字、以谥、以官、以邑，无以国者。出奔他国而后，以本国为氏，陈敬仲奔齐而为陈氏，郑丹为郑，宋朝为宋，楚建为楚，皆其例也。

郭氏出于虢仲，殆无疑义。汉碑可考者，如《丹阳太守郭君碑》、《冀州从事郭君碑》、《太尉郭禧碑》、《北军中候郭君碑》、《司隶从事郭究碑》，并云有周之裔。较而论之，郭氏见诸史籍者，名迹莫著于汉，文学莫多于晋、宋之交，功业莫盛于唐，而唐太师汾阳忠武王尤显异。汾阳五传至在徽，仕南唐，官鸿胪右卿，始居吉州之望云门，又一传至广国公晖，今吉安郭氏皆广国府君之裔也。有分居赣州之信丰者，元季避乱徙广东，居南雄路保昌县芙蓉西溪，是为缓新府君。保昌为南雄首治，今废为州，在信丰西南。又数传姚山府君，由南雄迁湘阴，为湘阴郭氏初祖。

自缓新府君以来，传系数百年，无名史策。姚山府君三传，始有读书为弟子员者。又四传葵臣府君，领乡荐，通籍于朝。其后登科者踵续，遂为湘阴巨族，入仕版者数人。其传之久而仕进之难如此。

道光癸未，存门府君、诚斋府君编辑族谱，迄今三十馀年，丁不益多，业不益广。值时多艰，兵戈日骇，往往避地他徙。吾甚惧夫宗族之散处而不可复纪也，稍稽旧籍，证以所见闻，汇次《家谱》为十卷，繁征博引，不敢苟略。冀存先世遗闻于百一，使后人有所考证，疑者阙之，无侈虚文。区区鄙志，所存如是而已。时咸丰丁巳春三月，嗣孙嵩焘谨叙。

家谱例言

《家谱》始修于道光癸未，首载《芙蓉谱世系》，盖即吉州郭氏相传旧谱也。自虢仲、虢叔，以下世派具详，颠倒年代，牵率附会，往往而有。所可纪者，若在徽府君之迁吉州，缓新府君之迁南雄。先世所传述者，于此可推见焉。《金石录·郭辅碑》："子孙流分，来居荆土。"此郭氏始见于南者。五代郭忠恕，为湘阴公从事，此郭氏始见于湘阴者，皆在吾祖分迁之前。缓新府君以下十世，都无生卒年月。其九世名大全者，谱载顺治己亥移葬。而吾三世祖天锡府君，实生前明崇祯壬申，洎己亥廿八年，而三世皆不列于谱，无由知其派别。《欧阳氏谱》叙家世甚详，而谱图始景达事迹始，吉州刺史琮，则庐陵初祖也。《苏氏谱》称易简刺眉，眉之苏氏自此始而谱不录，盖并始迁祖亦以为远而不录矣。今略仿欧阳氏例，断自始迁祖姚山府君，族姓渊源可考见者，略为著录，正讹订误，庶有征焉。

郭氏始见于传者，齐有郭最，燕有郭隗。郭最世系无传，据《汉冀州从事碑》云，兴自于周，以国为氏。郭隗吐奇显于战国，君其苗胄也。隗出姬姓，实著于此。司马氏、班氏所纪《功臣表》，有东武侯郭蒙，以户卫起；薛阿陵侯郭亭，以连敖起；单父成安侯郭忠，起张掖，东汉郭氏始盛。汇而叙之，略有数派，阳安侯昌武帝时大中大夫郭昌，云中人，又别一郭昌也，昌子况，真定藁人，蜀郡太守梵梵子。大中大夫伋，扶风茂陵人。光禄勋宪李百药《法度寺碑》祖宪，荆州刺史，系出太原汾阴，又别一郭宪也，汝南宋人，并仕。建武初决曹椽宏，宏子躬，廷尉。躬弟子镇，定颖侯。镇弟子禧，太尉。禧子鸿，司隶校尉，颍川阳翟人。自宏起建武时，终汉之世贵显为著姓。独太原郭泰以征君显，史称其家世贫贱，《蔡邕碑》亦不详其先世。凡是数派，族望各别。《唐书・宰相世系表》据以为次，曰颍川，曰太原，曰中山，旧谱混而合之，固不足为典要矣。

《世系表》序郭氏源流，称平王东迁，夺虢叔之地与郑武公。楚庄王起陆浑之师，责王灭虢，于是求虢叔裔孙，序封于阳曲，号曰郭公。按《国语》郑桓公为幽王司徒，谋于史伯，寄帑与贿虢、郐之间。桓公死，武公遂有其地，右雒左沛，食溱洧焉，所谓新郑也。楚庄王立，当顷王六年，去平王之初盖百五十年。其后八年，伐陆浑之戎，观兵周疆，所称以陆浑之师责王灭虢，别无证据。汉置阳曲县，隶太原，春秋属晋，分亦无由，以封郭公。《左传》庄二十四年，《郭公传》、《公羊》、《穀梁》皆谓郭公失地归于曹。以文义揆之，曹羁，出奔陈，赤归于曹，语自相属，郭公自属脱简。是时东虢犹存，而西虢之亡已久，亡国之子孙不得仍袭为公。《金石录》载唐碑，如《歙州刺史郭茂贞碑》、《工部尚书郭虚已碑》、《河南府参军郭揆碑》、《赠太保郭英乂碑》、《郭思训碑》，并云出周之虢叔，盖唐世著录，承误如此，不如《急就篇》注为得其实也。

颍川之郭与后汉相终始，洪适隶释据史注：太尉禧，又徙扶沟。其居颍川者，魏军祭酒嘉、唐崑邱道副大总管孝恪、同中书门下平章事待举孝恪子待诏、待封，则待举乃其从子，皆其裔也。《世系表》载汉末大司农郭全，代居阳曲，生蕴。蕴生准，配镇与定颍侯镇又别一人，裔孙徙颍川。阳曲隶太原，其徙颍川，去汉末数世，当在东魏、北齐之际。如表所言，则待举之族宜云许州郭氏，出自太原，不宜使与颍川郭氏混也。其出太原者，一籍阳曲，一籍介休。而叙华阴郭氏，既云出自太原，又称汉有郭亭。亭曾孙光禄大夫广智颜真卿撰《郭氏家庙碑》，作广意，文集作广德。广智子孟儒，为冯翊太守，遂自太原徙冯翊。据《功臣表》，亭起单父，属山阳郡侯，阿陵属涿郡，并与太原无涉。《百官表》亦无光禄大夫广智名。如表所言，郭氏由冯翊转徙华阴，当云出自冯翊，不当云出自太原。凡此皆《唐书·世系表》之误也。

虢仲、虢叔，或次第封虢，分土定居后，人追称之东虢、西虢。当时不以此纪名也。东郭、南郭、北郭，始见《左氏传》襄廿五年。东郭偃对崔杼君，出自丁臣，出自桓，知偃为齐公族。其南郭且于北郭佐、北郭启，皆不详所出。顾栋高《春秋姓氏表》谓之有氏无姓。按刘向《说苑》，魏文侯时，有东郭子方，齐人；又齐人北郭骚，与晏子友。《史记·滑稽传》有齐人东郭先生。贾执《姓氏英贤谱》，齐有贤者，居西郭，因氏焉。汉有谒者仆射西郭嵩，晋有秘书西郭阳，《晏子春秋》亦称西郭徒居布衣之士，大抵皆齐人也。疑齐之公族，附郭居者各因其方为氏。《左传》宣十八年，逐东门氏。杜预注："襄仲居东门，故曰东门氏，即其证也。"《后汉书·第五伦传》，其先田氏，徙园陵者，以门秩次第为氏。《通志》载：田广孙田登，为第二氏；田广弟田英，为第八氏。齐公族自为氏，以示别类如此。旧谱并收入，不知姬姓、姜姓源流固殊也。

晋宋之世，郭氏文学最盛，略可纪者，晋郭象《礼记体略》二卷、《庄子》三十卷、目一卷，《庄子音》三卷、《太传集》五卷；郭琦注"天文志"、"五行传"、"穀梁"、"京氏易"百卷；郭颁《魏晋世语》十卷；郭冲《诸葛亮隐没五事》一卷；郭义恭《广志》二卷；东晋郭璞《周易林》五卷、《易新林》四卷、《周易洞林》三卷、《周易括地林》一卷、《周易髓》一卷、《毛诗释疑》四卷、《尔雅注》五卷、《尔雅音略》二卷、《图》一卷、《山海经注》廿三卷、《山海经图赞》二卷、《桑钦水经注》三卷、《三苍》三卷、《楚词注》三卷、《扬雄方言注》一卷、《子虚上林赋注》一卷、《穆天子传》六卷、《汉武洞冥记》一卷、《汉献帝起居注》五卷、《葬书青囊经》、《锦囊经》各一卷，《元堂品诀》三卷、《弘农太守集》十七卷；郭瑀《春秋墨说孝经错纬》二卷；《郭愔集》五卷；郭元祖《列仙传赞》二卷，《郭澄之集》十卷，《郭子》三卷；宋《郭坦之集》五卷，郭微之《赋音》二卷，郭仲产《荆州记》二卷，郭季产《晋续纪》五卷，《晋录》五卷，郭演《职令古今百官注》十卷，郭缘生《武昌先贤传》三卷。撰述之富，弘农太守璞、著作郎琦为尤盛。璞，河东闻喜人；琦，晋阳人，并出太原一派，而世系岐矣。旧谱并列叙之，因汇次晋、宋间文学于此，以备参考璞父建平太守瑗，旧谱作瑀。瑀，敦煌人，见《晋书·隐逸传》。

《唐书·宰相世系表》华阴郭氏，自太原徙冯翊，魏有同州司马徽，徽弟进，为汾阳忠武王六世祖。按《隋书列传》，郭荣，太原人，父徽，魏大统末为同州司马，周世受禅，拜太仆卿。是郭氏世为太原人，无徙冯翊之说。因考晋、宋以下诸史，郭氏不多见，魏、齐、周、隋，代有仕者。《魏书》郭祚，太原晋阳人，散骑常侍、征西将军、雍州刺史。郭文恭，太原平遥人，太平令。《周书》郭彦，太原阳曲人，赠司空、宜鄜丹三州刺史。《隋书》郭衍，太原介休人，左武卫大将军。郭绚，安邑人，拜仪同。郭儁，太原介休人见《孝义传》、《北史·节义传》作郭世儁。于时，颍川中山之族稍衰微矣，而太原郭氏独显于世，惟《隋书》郭均，冯翊人，历兵部尚书，《世系表》顾不及之。《魏书·郭彦传》亦称其先从官关右，遂居冯翊华阴。郭氏初居冯翊或亦类此，而其籍则太原也，当时碑表宜出其谱系。隋、唐以上，历代并有图谱局，置郎令史掌之，仍用通知古今者知撰谱事梁北中郎谘议参军王僧孺曾领是职，详定百官家状，藏于秘阁。而其时刘向《世本》、邓氏《官谱》、应邵氏《族篇》、何天承《姓苑》，王俭、王僧孺《百家谱》，徐勉《百官谱》诸书，具在唐世，因之为《氏族志》高俭撰、《姓氏谱》吕才撰、《大唐姓系录》柳冲撰、《开元谱》韦述撰、《永泰新谱》柳芳撰、《元和姓纂》林宝撰，援古证今，各有根据，而叙次讹缺犹时有之，故知谱牒之学久而益难言矣。

旧谱子仪长子曜，袭代国公。曜生锋，光禄少卿。锋生琮，濮州刺史。琮生端夫，太原令。端夫生在徽，唐庄宗时官鸿胪右卿，同光中坐言事贬吉州刺史，遂为吉州人。在徽生晖，南唐上柱国、太平广国公。晖生轩，赠左中大夫。轩生靖，殿中侍御史、检校国子监祭酒。靖生熙，吉州观察使。熙生子三，龙迁益一支所出、圣迁潭一支所出、宣，吾族所从出也。按《世系表》，曜子锐、锋、链、锜，锜子琇、珙、琮、珮、璩，不言后锋。端夫子彦崇、在徽、在岩、在微。在徽任卫尉少卿，唐时已贵显。梁氏篡窃，在徽以勋旧避地吉州，事或有之。自唐昭宗乾宁四年授杨行密江南诸道行营都统，吉州久为吴并，同光中无由贬官吉州。五代官职多袭唐，旧鸿胪有卿、有少卿，而无右卿。晖仕南唐，《五代史》及陆游《南唐书》皆不列其名。《表》载子仪弟幼儒，成都少尹，子六，其季晖也。晖上同其五世族祖名，亦殊可疑。又，曜四世孙有名轸、轺辇者，晖子轩，似与为类。大抵五代谱学残缺，掇拾纂辑容有舛误南唐有濠州刺史郭廷谓，又庐陵郭昭庆著《唐春秋》三十卷，保大中献《经国治民论》，擢著作郎。诸谱皆不列其名。桐城姚氏谓《汉书》独司马迁、扬雄、冯奉世三传详其先世，皆以其所自序载之耳。然则诸传不能自叙者，班史亦不得而详也。凡若此者疑而阙之可也。

《礼》别子为祖继，别为宗继，祢者为小宗。《郑注》谓之别子者，公子不得祢先君，又若始来在此国者，后世亦以为祖。临川纪氏《宗法论》因谓庶人亦得有宗，而引大传同姓从宗合族属之文为据，从宗者从始祖之宗也。始祖者，始迁祖也。苏洵氏言为族谱，其法皆从小宗。《苏氏谱》始高祖，高祖之上不可详，从宗之义穷矣。始高祖而迁其高祖之父，其意曰五世而亲尽，各以其亲为属，而互相证焉。此小宗之义也。有始迁祖而大宗之义系焉，宗法废，而宗祭与大宗立，后之文不复可行于今，而以之系族则同宗者犹有所统也。必自其祖上溯之，以求不可知之世系，亦古人之所不敢任也。

四世祖文蔚府君，始析为三房。长宾序府君，居城南；季人万府君，居城西，故有南郭、西郭之称。旧谱仅具三房世系，盖宗祠为三房，支祠谱亦支谱也。文蔚府君兄弟六人，或迁或无传，而其第五弟文运府君，别为城东一派。又，三世祖天锡府君之弟天宠府君，系派稍单微，亦有存者，并居城东。今自五世祖以上为一图，凡见于旧谱者皆录之，后裔失传者阙之，《欧阳氏谱》例也。外徙者，书邑、书地，古传例也陶氏叙鄱阳人后徙浔阳，《郭氏别传》南渡江，居于阳暨。五世以下，每房为一图，而附城东二房于后，录始于亲者，而后推及于疏且远者，其详略则均焉。苏氏详所自出，盖以小宗法自系其世，馀皆附见诸谱，以主修者详所出，是私也，诬其先人者也。

古谱见于《隋书·经籍志》、《唐书·艺文志》者数十家，而书皆不传。《纪氏家谱》叙例所引，惟据刘孝标《世说注》，略存古法而已。因考《史记·世表序》，余读谍记，黄帝以来皆有年数，于是以五帝系谍，尚书集为世表，故裴守贞有《裴氏家牒》

二卷、王方庆有《王氏家牒》十五卷，又有《家谱》二十卷。窃疑古牒即今表式，桓谭谓《史记·年表》旁行斜上，并效周谱，知古谱法类如此也。后或演之为图，《通志》载钱氏《庆系谱》一卷、《庆系图》廿五卷，图详而谱略，以此纪世系可知又，新定徐氏《谱图》十卷。《欧阳氏谱图》实古谱法，近世或以谱图世次多空幅，别为世纪，如纪氏谱，首图曰世系、支派，次分房目，曰支谱，次标年、月，曰生卒谱。又一谱而三式。吾家自明万历至今，见丁不逾八十人，披图按谍，一览可知，故不复为世纪。其通籍有名迹者传、状、志、铭，以次著录，盖又专法欧阳氏而稍变通其例者也。

纪氏谓谱古制，法当从古。略考古谱书法，见于《世说注》者曰某，几子曰字某《阮氏谱》牖字彦伦，裕长子。《王氏谱》凝之，字叔平，右将军羲之第二子。《桓氏谱》歆，字叔道，温第三子。一子曰某子《羊氏谱》权，字道舆，徐州刺史悦之子。曰历仕某，曰年若干《周氏谱》翼，字子卿，历郯令、青州刺史、少府卿，六十四卒。《羊氏谱》孚，字子道，历太学博士、州别驾、太尉参军，年四十六卒。曰娶某女，曰子某《羊氏谱》繇，字堪甫，娶乐国祯女，生五子秉、洽、式、亮、悦。《刘氏谱》刘邠妻武周女，生粹、宏、漠。曰某几女《羊氏谱》羊楷字道茂，娶诸葛恢次女。《谢氏谱》褒字子石，娶恢小女，名文熊。妻异籍曰某郡某女《王氏谱》导，娶彭城曹韶女，名淑。《谢氏谱》安，娶沛郡刘耽女。《诸葛氏谱》恢，娶河南邓攸女。《庾氏谱》翼，娶高平刘绥女，字静女。妻族阙曰某氏女《司马氏谱》丞，娶南阳赵氏女。再娶曰后娶《桓氏谱》桓冲，后娶颍川庾蔑女。《温氏谱》峤，初取高平李恒女，中娶琅邪王翊女，后取庐陵何邃女。曰女适某《谢氏谱》尚，长女僧要，适庾龢；次女僧韶，适殷歆。《袁氏谱》耽，大妹名女皇，适殷浩；小妹名女正，适谢尚。曰葬某所《史记》列传樗里子卒，葬于渭南章台之东；穰侯卒于陶，而因葬焉。此传记书葬地之始。《世说注》引永嘉流人名，载卫玠葬南昌城许征墓东。曰某向《金石粹编》载汤华墓志云：葬某里，庚向之原，为堪舆家罗经山向之始。女卒，书葬《续古文苑宋临澧侯墓志第一》女丽昭，第二女，丽明第三女，小字僧归，亡葬某所。其以义起例者，纪生也，纪卒也。《史记》世家惟孔子书生年，书卒日。汉以下碑志但书卒日，《苏氏谱》因之，忌日之礼所系也《净藏禅师颂》云：天宝五载，岁次丙戌十月二十六日午时卒，《金石粹编》引以为卒日书时之始。齐、梁以后，生日之礼行焉《颜氏家训》每至此日亲表聚集，因成宴会。至唐开元十七年，乾源曜张说等表，请以诞日为千秋节。肃、代以后，更置节名，至今相沿为俗，书生日从今制也。

诸家谱以妻从夫葬曰合子孙从祖父葬，曰祔。考《宋临澧侯刘府君墓志》，汇叙家世葬地，曰祖某某爵、妃某氏，合葬琅邪临沂莫府山。父某某爵、夫人某氏，合葬丹徒练壁雩山；所生母某氏，葬练壁雩山；兄某某官、夫人某氏，合葬练壁雩山；第三弟某某官，葬江乘白山；第四弟某某官、夫人某氏，合葬江乘白山；第五弟某某官，葬练壁雩山。但书合葬，不书子孙祔葬，古之祔葬，即合葬也。《檀弓篇》卫人之祔也，《离》之鲁人之祔也。合之许慎《说文》祔，后死者合食于先祖，从示，付声，葬之名祔，义盖相因。凡同兆者，妻于夫，子于父，弟侄于兄伯，妇于姑，皆书祔，以尊卑序，不以先后序。族葬书某山左界、右界，不书祔，义无所袭也蔡邕《朱公叔坟前石碑》，葬于宛邑北万岁亭之阳、旧兆域之南。同山异兆，子孙书祔，伯叔不书，小房公山亦与族葬同例也。

古谱妻书娶《王氏谱》讷，娶颍川庾琮女，字三寿；《谢氏谱》据，娶太原王韬女，名绥，书妻《王氏谱》羲之妻，太傅郗鉴女，名璿，字子房。《刘氏谱》刘绥妻，陈留阮蕃女，字幼娥，亦有书夫人者《王氏谱》夫人黄门侍郎钟琰女。欧阳氏因之，其实序述体非谱例也《朱子语类》无爵，曰府君，夫人只是尊神之辞。苏氏曰，娶某氏，从质也。古碑记之文书妻氏皆然韩氏、柳氏、欧阳氏、王氏各集于妻曰娶，曰初娶，曰始娶，曰先娶，曰后娶，曰再娶，曰又娶，三娶亦曰又娶。《昌黎集》书配者，仅见《河南少尹李公墓志》，公之配曰彭城刘氏。《金吾卫将军李公墓志》元配韦氏，次配崔氏。《说文》：配，酒色也，假借为妃。匹字释诂，妃，媲也。《左传》嘉耦曰妃。段氏《说文注》：妃，会意字，以女俪已，后人以妃为贵称，而妻专称配。义始见《诗·大雅》"天立厥配"。而后稍施之尊者，记述之文所谓某君之德配是也《丧服传》继母之配父，与因母同，故继妻曰继配。诸《家谱》生书娶，没书配，又因文起例，非配本义。今自九世以上书配，尊乎我也；十世以下书娶，与我齐也。苏氏所谓谱，吾作也，改适，不书配，不成乎配也。书改适，纪氏谓庶氏之母，孔门不讳经义也。再娶者子，下曰某出王祥《世家》祥父融，娶高平薛氏，生祥，继室庐江朱氏，生览，无子，曰无传，欧阳氏谱例也。

高安朱氏据大宗立后之文，谓小宗不得立后，其说主于何休。按《丧服传》，大宗者，收族者也，不可以绝，特重其文耳，不言小宗之可绝也。传又言适子不后，大宗亦明，夫传重者不自绝其宗也。金匮秦氏谓古者有井田，有世禄，故有宗法，后世各祢其祢、各亲其亲，虽支庶皆可立后。漳浦蔡氏著《继嗣之例》，自近者始，是二说者礼之宜也《朱氏族谱》解惑，谓舍父，而父，人非得已后，大宗则父，厌于宗，若权衡于所后者。晋羊祜无子，兄子某，武帝命袭爵，辞以无父命，不敢袭。是岂子之能权衡者哉？罗氏洪先谓为后者，专其货财、宫室，以为己私，圣人所必禁。礼酌古今之宜，不当以嫌示禁也。今律先尽同父周亲，又有择立贤能之文，忤逆者许改继，朱氏防起争者亦过也。凡继嗣曰立子。同父兄弟之子曰立某子某，同祖曰立某孙。某子某，同高、曾以上曰立某几世孙某子某，其本生下书出后，亦如之。《传》曰：如何而可为之后，同宗而可为之后；如何而可以为人后，支子可也。此古今之通礼也临川纪氏谓，百世之宗、百世之族，属同宗之四世、三世、再世之宗，四世、三世、再世之亲属，同宗之。再继及长子，出后则又礼从其变《临澧侯墓志》第一男晃，长晖出，后兄绍封桂阳侯；第二男昄，渊高，拜临澧侯，长子出，后次子袭封，此其证也。抚子不书。《春秋》莒人灭鄫，《穀梁传》谓立异姓以莅祭，祀灭亡之道也范宁《集解》缯女嫁莒，生公子但，缯立之。为立其外孙家，立异姓为后则亡国，立异姓为嗣则灭。通籍及有名迹书抚子某，使夫后之人知氏族之所从出，不没其实也。

近世以成丁入谱纪氏疑苏谱不系子名，观其谱录，曰上至高祖，下至昆弟，昆弟死而及昆弟之子，盖彼所详者宗法以著代也。《欧阳氏谱》系及其身而止，均此义也。《隋书》开皇三年，令民以二十一成丁《纪氏谱》据晋法，以十六成丁入谱。古法，成丁始供调发，据《礼·内则》之文。子生三月，父执子之右手，咳而名之。宰告闾史书曰，某月某日某生，凡二一藏闾府，一献州伯，藏诸州府。是命名以后，官著之籍，而家谱阙焉，非所安也。吾家见丁单弱，今之始生，皆异日支派所由衍也。凡已命名者皆书《周礼》小史掌奠，系世辨昭穆，犹今之族姓谱司民掌万民之生齿，异其男、女，岁登下其生死，犹今丁户册籍。殇子无系者不书。礼重宗子，而于殇子杀其文。曾子问宗子，为殇而死，庶子弗为后也。故长殇之服，九月中殇，七月下殇，五月不及下殇者无服。凡为谱以系世也。殇子娶者纪氏据《世说注》，庾会《阮牖见于二氏之谱》按《庾氏谱》，会娶诸葛恢女，《阮氏谱》牖仕至州主簿，是已娶且仕也。惟《郗氏谱》载，融字景山，辟瑯邪王文学，不拜而早终，则或近人录贤之义耳。立后者《礼》臣不殇君，子不殇父。仁和杭氏谓君殇，如闵公八岁立，二年而薨，父殇，经无明文。以意度之，盖取昆弟之子以后，三殇，所以济礼之穷也。与曾子问异义、礼文互见，言各有当也，皆书。今之中殇，有娶妻生子者矣，故不以殇没其名也。《礼》殇与无后者，从祖祔食。孔氏疏谓在宗子之家，宗法废而殇子之祭阙，俾从其父名书葬地焉，恤枯之义也。

《周礼》冢人掌公墓之地，辨其兆域，为之图墓。大夫掌凡邦墓之地域，为之图。古墓皆有图也。《通志》图谱略载有古墓图苍岩潘氏《金石例》云墓图作方石碑，内画墓样，各标其穴，某人嵌之祭堂壁上。其著于谱者，《隋书·经籍志》有《杨氏家谱状并墓记》一卷。古皆族葬而正墓位，跸墓域，守墓禁，其勤如此。今人营葬择地，无远近，稍存域兆、方位于谱，盖亦谱法之良者也。五世以上，如二里墩、南泉山、王家山、长岭，皆有图。五世以下，各听其子孙私图之附，刊于后。湘潭之茶园驿、长沙之新桥，善化之杨梅冲、胡家冲，葬皆异县，为之图，为之说，惧湮也。凡私图，视通籍、视有名迹、视子孙贵显，视异县收入之各者不入，不胜入也。

古者大夫三庙，士一庙，宗法之行必统于庙《白虎通》宗者何也，为先祖主也。汉魏以降，庙制无传。南北朝，著姓世立宗长，谱录、图谍各有纪述。今所传诸《家谱》，大抵明世系、备官阀而已，无及宗庙之事者隋唐以后始有庙碑，条载氏族并同谱系。《昌黎集·袁氏先庙碑》、《乌氏庙碑》皆然，故知家庙与谱为类。后世家自为政，人自为法，著录遂繁，要以系之于谱。礼文事例，宜取详实，今所纪者曰祠祭祭有隆杀，文有损益，笾豆荐飨之事皆具，曰祠规出入会计有所收恤，有所赏奖，皆系之，曰义庄条约吴郡《范氏义庄条规》费普而遍，故其文约。今惟廪其老疾穷独者，故条分缕晰，诸有支放，皆具于籍，使后之人修明世守、有所承事。《春秋传》曰吾视诸故府，《国语》曰问于遗训，咨于故实，是亦故实之所存也诸谱编纂家训，文而非实。然考《明岌明氏世录》六卷，又《明氏家训》一卷、王方庆《王氏列传》十五卷，又《王氏训诫》五卷，则是家训与谱合编，固亦有所本也。

魏晋以下，名人皆有别传行世《世说注》引《王司徒别传》、《阮光禄别传》、《顾和别传》之类凡数十。其汇纂为家传者，则有太原《王氏家传》二十三卷、王褒《江左世家传》二十卷、褚觊《褚氏家传》一卷、江祚《江氏家传》七卷、庾斐《汉南庾氏家传》一卷、裴松之《裴氏家传》四卷、虞览《虞氏家记》五卷、曹毗《曹氏家传》一卷、范注《范氏家传》一卷、纪友《纪氏家传》一卷、崔鸿《崔氏世传》七卷、《崔氏五门家传》一卷，殷敬《殷氏家传》三卷，各次其先世传状，亦谱例也。其为他人编次，则《郭公家传》八卷陈翃撰、《颜氏行状》一卷殷亮撰、《段公别传》二卷马宇撰。古谱与家传别行，隋唐以后，传状多以入谱《隋书·经籍志》谱系类有《姚最述系传》一卷、《杨氏家谱状》一卷，足为谱传合编之证。今所为系图，稍存古法，传、状、志、铭，流被金石，先德之所宏揽，家世之所启训，故亦汇而辑之，以资考证。

吕氏希哲、陆氏游并著《家世旧闻》，陈氏栎著《先世事略》，传状之文不能取备，故为杂述。《欧阳氏谱》载事迹，求存先世之梗概，亦其用心之勤也，而入之正谱，则非例也。《苏氏族谱》后录家世言行，皆有记述，稍仿其例，杂录所闻，附之谱末，为杂述，以征先德、垂示来兹，抑亦家谱之变例也殷羡《言行》、蔡洪《集录》、羊秉叙《魏文贞故事》，皆专纪一人之事。邵伯温《闻见录》末三卷，则记其父雍之行也。钱世昭《钱氏私志》则录其世父愐之所述也。范公称《过庭录》，则述其父雍之言也。苏籀《栾城遗言》，则记其祖辙之文也。古人重叙家世如此。寿赠诔祭之篇，文而不实，与传状异例。其或叙述有征，及所交游，名德宿望，表扬幽逸，其文可传，具入之杂述，俟后之人有采焉。

古谱但曰某氏谱，或曰家谱《通志》载《颜氏家谱》、《虞氏家谱》。隋唐以后，多标邑望曰谱者，如《京兆韦氏谱》、《北地傅氏谱》；曰家谱者，如《曲江张氏家谱》、《荥阳郑氏家谱》。其异名者，曰《挚氏世本》，曰《陶氏叙》，曰《裴氏家牒》，曰《刘氏谱考》，曰《刘氏家史》，曰《吴郡陆氏宗系谱》，曰《韦氏诸房略》，曰《刘氏大宗血脉谱》，曰《唐氏谱略》，曰《沈氏谱》。书谱本支者，曰《杨氏血脉谱》，曰《唐氏枝分谱》，曰《李氏房从谱》。亦有标邑不标姓氏者，曰《范阳家志》，则卢藏用所撰谱也。纪氏题景城，亦变例也。古谱系邑、系姓，不系里居也。世系流源有序，古法也《世说注》引《华峤谱》，叙温氏诸叙。次以例言、发凡也《日知录》、《左氏传》，言凡者皆凡例也。《易》乾、坤二卦，用九、用六，亦凡例也。《史通》谓史之有例，犹国之有法也。有目录焉，纪氏法也。古书皆有篇目，以便览也《隋·经籍志》有《郑元三礼目录》一卷、郭象《庄子目》一卷，今郑氏目录分系三礼卷首。纪图以知派别，纪事以考宗法，纪文以知品目，谱义备矣。终以行派纪世图，纪氏嗣续，无穷之思也。

世系卷一

始迁祖姚山公，始自广东南雄府保昌县芙蓉西溪迁居湘阴，生卒年、月阙，葬县北五里墩周家坝五凤山，丙向。配邹氏，继配陈氏，祔葬五凤山。子有诚、有达，并陈出。

姚山长子有诚，字敬宇，生卒年、月阙，葬县东南泉寺宋家垅，巽巳向。配王氏，祔葬宋家垅。继配刘氏。子大富、大贵、大荣，并王出。

姚山二子有达，字通宇，无传。

有诚长子大富，字云卿，配李氏，子应龙。

有诚二子大贵，字天锡，明崇祯五年壬申十月廿七日辰时生，康熙四十八年己丑十月廿五日寅时卒，祔葬宋家垅。配贺氏，祔葬宋家垅。继配吴氏、刘氏。子应凤、应隆、应魁、应甲、应科、应试，并贺出。

有诚三子大荣，字天宠，葬大垅欧家冲凤形山，丙向。配卢氏，葬南农蛇山嘴。子应麒。

大富子应龙，字在田，无传。

大贵长子应凤，字南鸣，配侯氏，子遇清、遇理。

大贵二子应隆，字昌然，配武氏，子遇德。

大贵三子应魁，字文蔚，号霞轩，康熙十一年壬子九月初七日未时生，乾隆十年乙丑九月初七日未时卒，葬县南窑厂巷书院冲大垅王家山，丙巳向。配陈氏，康熙十一年壬子十月初十日辰时生，乾隆十八年癸酉三月二十四日戌时卒，祔葬王家山。子遇贤、遇豪、遇杰。女三，长适朱氏，次适杨氏，三适张氏。

大贵四子应甲，字文炳，配傅氏，子遇圣。

大贵五子应科，字文运，葬大垅欧家冲邓家山。配彭氏，祔葬邓家山。子遇尧、遇舜。

大贵六子应试，字文选，配范氏，无传。

大荣子应麒，字圣生，康熙二年癸卯六月初二日申时生，康熙三十六年丁丑十月二十四日未时卒，祔葬凤形山。配李氏，祔葬凤形山。子遇选。

应凤长子遇清配王氏，无传。

应凤二子遇理，无传。

应隆子遇德，徙居浏阳。

应魁长子遇贤，字宾序，县学生员，康熙三十二年癸酉十月十四日亥时生，乾隆十五年庚子三月十一日巳时卒，祔葬王家山。入《县志·儒林传》。配陆氏，县学生员学诗女，康熙三十七年戊寅十月二十五日未时生，乾隆五十三年戊申六月十八日寅时卒，祔葬王家山，入《县志·列女传》。子炯显、炎勋。女一，适萧裕昆，入《县志·列女传》。

应魁二子遇豪，字重英，号铁斋，康熙三十五年丙子十月初四日午时生，乾隆二十年乙亥六月初十日巳时卒，葬杨泗庙中背，寅向。配姚氏，康熙四十年辛巳十月十二日寅时生，乾隆四十九年甲辰九月十四日戌时卒，葬竹牌江乾塘岭，艮向。子名成照。女一，适监生李亨鹏，入《县志·列女传》。

应魁三子遇杰，字人万，号鲠庵，康熙四十一年壬午四月初十日巳时生，乾隆四十四年己亥三月廿八日戌时卒，葬城东长岭韩家垅，卯乙向。配杨氏，康熙四十三年甲申五月十五日子时生，乾隆四十一年丙申二月十八日酉时卒，祔葬韩家垅。子熊、熙、雁、纯、元。女二，长适郑次芳，次适黄廷瓒。

应科长子遇尧，字则之，葬磅溪桥叶家冲雷道坡，亥向。配夏氏，继配闵氏，祔葬邓家山。子名盛、名兴、名茂、名发、名鼎。

应科二子遇舜，字历山，无传。

应麒子遇选，字宏才，乡耆生，康熙三十二年癸酉九月十八日亥时生，乾隆廿六年辛巳十月初七日戌时卒，祔葬凤形山。配王氏，康熙三十五年丙子十月廿九日辰时生，乾隆十一年丙寅九月初三日丑时卒，祔葬凤形山。子名远、名暹。

世系卷二

遇贤长子炯，字曦三，号晃园，县学优增生，康熙六十年辛丑九月初四日亥时生，嘉庆三年戊午三月十一日亥时卒，祔葬王家山右界，甲向。入《县志·文苑传》。配李氏，继配田氏，妾项氏，并祔葬王家山。子世仪、世修、世传、世僎、世俟，并项出。女一，适太学生张殿英，子乾发。

遇贤二子显，字次谟，号丕亭，监生，雍正六年戊申十月廿七日亥时生，嘉庆十九年甲戌十二月十七日巳时卒，祔葬王家山，入《县志·孝友传》。配张氏，处士南松女，雍正八年庚戌正月初八日子时生，嘉庆七年壬戌七月二十五日巳时卒，祔葬王家山。子世伟、世僖、世偁。女二，长适楚正武，次适监生李太元。

遇贤三子炎，字萃上，号赤亭，乾隆元年丙辰二月初二日亥时生，嘉庆十八年癸酉七月廿二日巳时卒，祔葬王家山。配江氏，处士紫书女，乾隆二年丁巳七月廿四日申时生，乾隆五十七年壬子三月廿三日申时卒，祔葬王家山。子世倜、世掀、世仰、世仕。女三，长适监生刘嗣谋，次适方世英，三适监生刘邦禄。

遇贤四子勋，字树侯，号建亭，监生，乾隆四年己未六月初五日丑时生，嘉庆七年壬戌八月廿三日寅时卒，祔葬王家山。配蔡氏，处士之炳女，乾隆四年己未八月廿五日寅时生，乾隆廿七年壬午九月十五日寅时卒，葬县东欧家冲。继配黄氏，处士楚山女，乾隆十二年丁卯八月十四日亥时生，嘉庆廿四年己卯五月初六日巳时卒，祔葬欧家冲。子世仁蔡出，世杭黄出。女一，适贡生吴垂五子心策。

炯长子世仪，字廷羽，乾隆二十七年壬午十二月十二日生，道光十九年己亥正月十五日卒，葬县东贺家山，丙午向。配高氏，县学生员在中女，乾隆二十六年辛巳七月廿七日生，嘉庆八年癸亥五月初七日卒，祔葬王家山。子家泰、家益出后世修、家豫、家临。

炯二子世修，字思永，乾隆三十五年庚寅十二月廿八日卯时生，道光四年甲申六月初一日戌时卒，祔葬王家山。配胡氏，县学生员成烈女，乾隆三十三年戊子九月初七日巳时生，道光三十年庚戌腊月廿九卯时卒，葬县北两头塘王家山，乾戌向。立世仪子家益为子。

炯三子世传，无传。

炯四子世僎，字同升，配顾氏，庠生元女，并祔葬王家山，无传。女二，长适张氏，次适何氏。

炯五子世俟，配向氏，处士纬经女，无传。

显长子世伟，字秀钟，乾隆二十五年庚辰四月十八日亥时生，嘉庆十九年甲戌二月初一日辰时卒，葬县北大冲吴家山，巳向。配吴氏，太学生诠女，乾隆二十五年庚辰四月十五日酉时生，道光二十一年辛丑十一月十一日子时卒，葬侯家塅学堂坡，癸向。子清晖、家宗、家瑗、家篁。

显二子世僖，字申永，监生，乾隆廿九年甲申十二月廿四日戌时生，道光七年丁亥十月廿七日亥时卒，祔葬王家山。配周氏，处士遇隆女，乾隆三十年乙酉二月初二日亥时生，道光廿四年甲辰十一月初一日辰时卒，葬冷水冲丝瓜坡，午向。子家瑞、家履、家亮、家鉴出后世偁。女一，适岳州府学训导长沙周克健，四子有煊。

显三子世偁，字铭玉，号存门，嘉庆辛酉科拔贡，辛未召试五台。道光戊子科举人，桑植县学训导。乾隆三十三年戊子四月十五日寅时生，道光廿九年己酉二月廿九日寅时卒，葬善化河西青石沟冲尾山嘴，未向。配甘氏，太学生必售女，葬御洗沟大园内，乾巽向。继配杨氏，长沙处士光植女，祔葬御洗沟，乙向。继配李氏，善化太学生廷瑗长女，乾隆五十二年丁未七月十二日亥时生，咸丰七年丁巳八月初九日子时卒，葬六都鸦公山，庚向。前立世僖子家鉴为子。子家钧、家铨、家错殇、家镛，并李出。女七，长适内阁中书湘潭李在青子立恒，奉旨旌表节孝；次适周氏，三适善化周氏，四适户部主事益阳周扬之子开鉴，五适易尔翰，六适营田易氏，七殇。

炎长子世倜，字超寓，葬洋沙湖口殷家园。配刘氏，庠生于辉女，葬虎狼冲邓家山。妾刘氏，祔葬殷家园。子家晟，妾刘出。

炎二子世掀，字立夫，武生，候选千总，乾隆廿五年庚辰九月廿二日生，嘉庆八年癸亥七月十四日卒，祔葬宋家山。配李氏，监生鸣盛女，乾隆廿二年丁丑八月廿二日生，嘉庆八年癸亥闰二月廿五日卒，祔葬宋家山。子家赞。女二，长适盛时景，次适杨大章。

炎三子世仰，字景高，监生，貤封修职郎，新宁县学教谕，乾隆廿九年甲申七月十二日午时生，道光七年丁亥十一月十九日未时卒，祔葬殷家园。配楚氏，监生发魁女，貤封八品孺人，乾隆廿六年辛巳正月初八日戌时生，道光九年己丑正月十六日子时卒，祔葬殷家园。子家睿、家馨、家第、家霖出后世仕。女二，长适监生蔡光韶，次适安乡教谕陈融观子邦庆。

炎四子世仕，字学优，监生。配陆氏，监生铨禄女。立世仰子家霖为子。

勋长子世仁，字伸雅，号佳甫，监生，乾隆廿六年辛巳八月十一日巳时生，嘉庆九年甲子十月廿四日申时卒，祔葬王家山，乙向。配蒋氏，处士竹斐女，乾隆廿二年丁丑五月初八日申时生，嘉庆五年庚申七月廿五日未时卒，祔葬王家山。子家惇、家恒。女一，适太学生单宾玉子。

勋二子世杭，字楫群，号汝舟，监生，乾隆三十八年癸巳九月十四日寅时生，道光七年丁亥二月初二日亥时卒，祔葬欧家冲。配刘氏，监生君达女，乾隆三十九年甲午六月初三日丑时生，嘉庆二年丁巳三月廿二日未时卒，祔葬王家山。继配韩氏，处士廷彩女，乾隆四十七年壬寅四月廿四日辰时生，嘉庆十二年丁卯二月十一日寅时卒，祔葬王家山。继娶张氏，改适。子家懋刘出、家哲韩出、家恕、家惠、家慜殇，张出。女一，适县学生员陈开甲。

世仪长子家泰，娶朱氏，改适。子先礼、先登，并无传。立世修孙家益子先搢为子。

世仪三子家豫，无传。

世仪四子家临，无传。

世修子家益，字谦受，乾隆五十八年癸丑三月初三日戌时生，道光廿一年辛丑五月十八日午时卒，葬望江岭将军庙王家园，巽向。配高氏，处士觐光女，乾隆五十七年壬子八月十七日亥时生，道光十三年癸巳六月初二日戌时卒，祔葬王家园。子先招、先擢、先扬、先振、先搢出后世仪子家泰。

世伟长子清晖，派名家光，字耿斋，嘉庆甲子科举人、拣选知县。乾隆四十二年丁酉十月廿三日酉时生，道光五年乙酉十二月十二日巳时卒，祔葬学堂坡，癸子向。配杨氏，州判武闱女，乾隆四十三年戊戌九月十七日子时生，道光六年丙戌十一月十二日酉时卒，祔葬学堂坡。子先治、先濂出后家宗、先濬、先溹殇。女一，适州同盛庆韶长子。

世伟二子家宗，字学山，乾隆四十五年庚子五月廿七日生，嘉庆十七年壬申正月廿四日卒，祔葬王家山。配盛氏，太学生贻远女，年六十七卒，祔葬王家山。子先法殇，立清晖子先濂为子。女一，适长乐冈吴氏。

世伟三子家瑗，字耀临，乾隆四十八年癸卯正月初八日生，嘉庆十九年甲戌八月廿二日卒，祔葬王家山。配张氏，武生茂源女，年六十八卒，葬望江岭。立家篁子先澍为子。

世伟四子家篁，字初园，监生，乾隆五十六年辛亥五月初四日生，道光九年己丑三月廿三日卒，祔葬学堂坡。配蔡氏，敕封宣德郎光华女，祔葬学堂坡。继配彭氏，处士开林女，嘉庆五年庚申正月十二日巳时生。子先俊、先澍出后家瑗，并彭出。女二，长适樊氏，次适任氏。

世僖长子家瑞，字云舫，县学增生，乾隆五十二年丁未二月十一日申时生，道光廿八年戊申六月初九日寅时卒，祔葬丝瓜坡，巳向。配胡氏，盐大使添棠五女，乾隆五十二年丁未九月初三日申时生，道光三十年庚戌三月初三日寅时卒，祔葬丝瓜坡。子先畴、先略殇、先畯、先畭殇、先畛出后家亮。女一，适王树藩。

世僖二子家履，字祥徵，葬大垅上皮刀湾，无传。

世僖三子家亮，字畤山，县学廪生，嘉庆二年丁巳五月十二日生，道光廿四年甲辰七月初二日卒，祔葬丝瓜坡。配陈氏，监生发良女，嘉庆元年丙辰七月二十二日申时生。子先畇殇，立家瑞子先畛为子。女二，一适杨氏，一适廪生嵇赞。

世偁长子家鉴，字酉山，嘉庆六年辛酉十一月初十日生，道光二年壬午十月廿二日卒，葬县东向家山。配李氏，监生太灏女，祔葬向家山，立家钧子先淳为子。

世俌二子家钧，字彤甫，县学廪生，嘉庆廿三年戊寅五月初四日卯时生，道光二十九年己酉六月初六日巳时卒，祔葬青石沟。配周氏，湘潭监生系培女，嘉庆廿一年丙子十一月廿六日卯时生。子先淳出后家鉴、先滋、先溥。

世俌三子家铨，字衡堂，县学生员，嘉庆廿五年庚辰五月廿七日亥时生。配吴氏，长沙监生光熊女，嘉庆廿五年庚辰九月初七日子时生。子先汝、先济。

世俌五子家镛，字笙陔，监生，道光七年丁亥十月十三日午时生。配秦氏，福建盐大使善化映奎女，道光十年庚寅十一月初六日丑时生。女三。

世倜子家晟，字承绪，无传。

世掀子家赞，字襄邻，乾隆五十一年丙午八月十六日生，嘉庆八年癸亥十二月廿六日卒，祔葬王家山。配熊氏，庠生名鳌二女，年六十卒，祔葬王家山，奉旨旌表节孝，入《县志·列女传》。子先定殇，立勋孙家恒子先澔为子。

世仰长子家睿，字敬五，嘉庆癸酉科拔贡，新宁县学以教谕御管训导事，敕授修职郎。乾隆四十八年癸卯十一月初七日子时生。道光十三年癸巳八月廿一日酉时卒，葬大垅上皮刀湾。配夏氏，太学生荣基女，敕封八品孺人，祔葬上皮刀湾。子二，殇，无传。

世仰二子家馨，字德裕，乾隆五十三年戊申六月廿八日子时生。配伏氏，监生起凤女，年四十四卒，祔葬上皮刀湾。

世仰三子家第，字辅臣。配盛氏，县学生员贻章女，并祔葬上皮刀湾。子先芝。

世仕子家霖，字松林。配胡氏，县学生员南元女，并祔葬上皮刀湾。子守先殇，先芝。

世仁长子应麟，派名家惇，字彝五，嘉庆癸酉科举人，咸安宫官学教习，报满以知县用。乾隆五十三年戊申十月十五日午时生，道光九年己丑六月初七日卯时卒，葬善化东乡胡家冲大坡山。丙向。配瞿氏，监生廉逵女，乾隆五十四年己酉七月初二日卯时生，咸丰三年癸丑二月初八日亥时卒，祔葬大坡山。子先瀛、先绶。

世仁二子家恒，字立吾，乾隆五十八年癸丑四月初三日生，道光十七年丁酉二月初二日卒，祔葬王家山。配朱氏，监生维新女，乾隆五十八年癸丑正月初二日生，道光三年癸未八月初三日卒，祔葬王家山。子先润、先泽、先澔出后世掀子家赞。

世杭长子家懋，字韶华，年二十三卒，祔葬王家山。配吴氏，监生敦五女，年二十二卒，祔葬王家山，无传。

世杭二子家哲，字籽卿，奖叙九品，嘉庆八年癸亥十月十五日辰时生。配韩氏，处士爵有女，嘉庆十年乙丑五月初九日酉时生。子岑焘、先梯。

世杭三子家恕，字宗贯，年廿九卒，祔葬王家山。

世杭四子家惠，字子元，嘉庆廿年乙亥十二月初二日戌时生。

家泰子先播，字笏堂，道光十二年壬辰二月十八日巳时生。娶陈氏，处士紫原女，道光十二年壬辰七月廿六日亥时生。子立敷，女一。

家益长子先招，字聘予，嘉庆十六年辛未十二月廿四日辰时生，咸丰二年壬子九月十四日申时卒，祔葬两头塘，庚向。娶吴氏，嘉庆廿三年戊寅十月初六日亥时生。子立溶。女一，适常氏。

家益二子先擢，无传。

家益三子先扬，无传。

家益四子先振，字育之，嘉庆二十五年庚辰十一月二十七日亥时生。娶甘氏，道光十九年己亥八月二十七日酉时生。

清晖长子先治，字咸理，葬县东向家山。娶盛氏，处士庆宗女，祔葬向家山。立家宗孙先濂子立寅为子。

清晖三子先濬，字涤源，无传。

家宗子先濂，字又周，嘉庆九年甲子二月初八日辰时生。娶李氏，处士家麟女，嘉庆十二年丁卯八月初二日酉时生。子立寅出后家光子先治、立庚。女四，长适吴松乔，次适熊泰阶，三适长沙陈氏。

家瑗子先澍，字羽生，即补把总，赏戴蓝翎，道光四年甲申十一月十三日寅时生。

家篁长子先俊，字清臣，武生，即补营千总，赏戴蓝翎，道光二年壬午九月三十日巳时生。娶刘氏，长沙处士欵禄女，道光四年甲申四月初八日午时生。女三。

家瑞长子先畱，字若农，嘉庆十四年己巳四月初五日生，道光廿八年戊申五月廿六日卒，祔葬丝瓜坡。娶吴氏，监生钺女，嘉庆十二年丁卯十一月廿八日生，道光三十年庚戌二月十九日卒，祔葬丝瓜坡。子立藩、立菁、立三出后遇杰四世孙先楠、立淦出后家亮子先畛。女二。

家瑞二子先畯，字喜田，嘉庆廿一年丙子八月十八日辰时生。娶吴氏，嘉庆二十年乙亥十一月十五日生，咸丰六年丙辰二月十九日卒，葬湘山寺蒍家坡。子立芸，女二。

家亮子先畛，字经田，道光七年丁亥正月廿九日生，道光廿五年乙巳八月廿二日卒，祔葬丝瓜坡。立家瑞孙先畱子立淦为子。

家鉴子先淳，字粹夫，道光廿二年壬寅八月廿日子时生。

家钧二子先滋，字荣覃，道光廿四年甲辰十月初三日卯时生。

家钧三子先溥，字泽春，道光廿七年丁未十月廿七日辰时生。

家铨长子先汝，字用舟，道光廿五年乙巳十月初九日未时生。

家铨二子先济，字子惠，咸丰四年甲寅三月初二日午时生。

家赞子先澔，字笏臣，嘉庆廿五年庚辰七月十七日生，道光廿八年戊申五月十六日卒，葬湘山寺万家坡。娶张氏，处士宏缔女，嘉庆廿四年己卯三月十二日辰时生。子立良。

家霖子先芝，年二十二卒，袝葬上皮刀湾，无传。

应麟长子先瀛，字蓬山，嘉庆十八年癸酉七月廿日子时生。娶胡氏，监生光夏女，嘉庆十六年辛未二月十三日生，道光十八年戊戌四月初四日卒，葬金塘围胡家园，庚向。子立忱、立闰出后遇杰四世孙先植。

应麟二子先绶，字临海，县学生员，嘉庆廿一年丙子三月廿八日巳时生。娶马氏，六品衔赏戴蓝翎长沙马英女，道光二年壬午四月十九日申时生。子立政、立邦。

家恒长子先润，字民生，年廿四卒，袝葬王家山。娶曾氏，从九品衔广南女，改适。立先泽子立玙为子。

家恒二子先泽，字手存，嘉庆廿一年丙子七月初十日戌时生。娶蒋氏，年三十卒，葬万家坡。子立琛、立玙出后先润。

家哲长子岑焘，派名先藻，字秉丞，道光九年己丑十二月廿九日卯时生。娶韩氏，处士禄耀女，道光十五年乙未十一月初六日未时生。子立纲。

家哲二子先梯，字青云，道光二十三年癸卯九月初九日申时生。聘监生顾明禧女。

先播子立敷，字诚中，咸丰四年甲寅八月十六日丑时生。

先招子立溶，字海珊，道光十八年戊戌三月廿四日申时生。娶刘氏，道光二十年庚子九月十四日午时生。子本骏。

先治子立寅，字星河，道光十五年己未闰六月廿七日午时生。

先濂二子立庚，字长青，道光二十二年壬寅十一月十二日寅时生。

先瞜长子立藩，字介屏，道光十一年辛卯十一月十八日酉时生。娶吴氏，监生大刚四女，道光廿二年壬寅五月初一日子时生。

先瞜次子立菁，字少兰，道光十三年癸巳八月十五日子时生。娶唐氏，处士水心女，道光十五年乙未九月十三日亥时生。女一。

先畯子立芸，字玉堂，咸丰三年癸丑十月二十三日戌时生。

先畛子立淦，道光廿六年丙午五月初十日午时生。

先澔子立良，字金裕，道光廿四年甲辰四月初五日酉时生。

先瀛子立忱，道光十三年癸巳二月廿四日亥时生。

先绶长子立政，道光廿五年乙巳七月廿一日亥时生。

先绶二子立邦，咸丰四年甲寅十月初一日巳时生。

先润子立玙，字勉吾，咸丰五年乙卯九月十九日酉时生。

先泽长子立琛，字毓吾，咸丰二年壬子六月廿五日辰时生。

岑焘子立纲，字维国，咸丰六年丙辰六月初九日申时生。

世系卷三

遇豪长子名成，字韶九，号凤翥，雍正八年庚戌八月初二日申时生，乾隆二十五年庚辰七月初四日申时卒，祔葬杨泗庙中嘴。配高氏，处士怀万女，雍正四年丙午十一月十八日寅时生，乾隆四十四年己亥二月初二日午时卒，祔葬王家山。入《县志·列女节孝传》。子世辉、世辅、世轨。女一，适州判衔杨武闱。

遇豪二子照，字远宣，号晓庄，嘉庆丙辰举孝廉方正，不赴试。乾隆五年庚申四月廿四日申时生，嘉庆十年乙丑十月初五日寅时卒，葬傅家冲蛇龙山凤凰坡。入《县志·处士传》。配张氏，监生之礼女，乾隆四年己未十月初六日戌时生。乾隆五十九年甲寅五月十六日酉时卒，祔葬竹牌江乾塘岭。子世典。女三，长适李道铨，次适监生李泰灏，三适张乾训。

名成长子世辉，字师望，监生。乾隆十三年戊辰二月二十四日生，道光四年甲申闰七月初四日卒，葬傅家冲周家山。配符氏，监生楚城女，乾隆十年乙丑十一月十一日生，嘉庆十七年壬申三月十三日卒，祔葬周家山。子家祺。女一，适新田县学教谕刘嗣曾子庚午科举人远墉。

名成二子世辅，字良弼，葬邓家山。娶鄢氏，改适，无传。女三。

名成三子世轨，字维正，乾隆十八年癸酉十二月初八日生，道光二年壬午七月初一日卒，祔葬杨泗庙中嘴。配徐氏，乾隆十六年辛未正月廿日生，乾隆五十二年丁未四月廿三日卒，祔葬王家山。继配李氏，乾隆四十年乙未三月初四日生，道光十二年壬辰七月初九日卒，葬木鱼山。子家佐、家佑、家仍，并李出。女二，长适李氏，次适李氏。

照之子世典，字肇书，号慎徽，监生。乾隆二十五年庚辰九月初四日申时生，道光十二年壬辰四月廿四日酉时卒，祔葬乾塘岭。配龙氏，廪贡生德顺女，乾隆廿五年庚辰十一月十一日午时生，道光十二年壬辰正月廿六日戌时卒，祔葬凤凰坡。子家方、家正、家康、家升、家训。女二，长适监生陈兴恺，次适监生吴齐焕。

世辉子家祺，字寿山，乾隆四十六年辛丑正月廿九日生，道光十八年戊戌正月十二日卒，葬县北王家山。配王氏，处士远茂女，祔葬周家山。子先悦，再立世轨孙家佐子先阅为子。

世轨长子家佐，字翼臣，乾隆六十年乙卯正月初五日生，道光十二年壬辰十二月十一日卒，葬油榨岭邹家山。娶孙氏，益阳处士大鸿女，改适。子先阀、先开、先阅出后世辉子家祺。

世轨二子家佑，字受之，嘉庆二年丁巳九月十八日生，咸丰元年辛亥二月三十日卒，祔葬油榨岭。配张氏，处士茂连女，嘉庆三年戊午十一月十五日亥时生。子先闵、先闰殇、先阌。

世轨三子家仍，祔葬油榨岭邹家山，无传。

世典长子家方，字端矩，乾隆四十六年辛丑十月初三日生，道光十二年壬辰正月廿四日卒，葬猪婆潭朱公坡。配蒋氏，江西乐平县典史定恂女，乾隆四十四年己亥七月十四日生，道光十二年壬辰六月廿六日卒，祔葬朱公坡。子先达、先芝殇。女四，长适监生姚正万子，次适蒋光峻，三适杨本锡。

世典二子家正，字位恒，乾隆四十八年癸卯十月初一日生，道光十三年癸巳正月十九日卒，祔葬凤凰坡。配刘氏，处士词说女，乾隆五十年乙巳三月廿八日生，道光六年丙戌五月十四日卒，祔葬凤凰坡。子先迪、先敏、先勉、先述。

世典三子家康，字仁寿，乾隆五十四年己酉正月三十日卯时生。配熊氏，县学生员鼎女，乾隆五十五年庚戌八月廿一日辰时生，道光廿七年丁未六月初三日辰时卒，祔葬凤凰坡，丙向。子先进、先汉。

世典四子家升，字怀德，年三十八卒，葬何家塘杨家山。娶谢氏，县学生员廷盛女。子先斗。

世典五子家训，字靖山，年五十四卒，祔葬凤凰坡，无传。

家祺长子先悦，嘉庆廿一年丙子四月三十日生，道光廿四年甲辰八月十七日卒，祔葬王家山。娶戴氏，改适，无传。

家祺二子先阅，字简秋，道光七年丁亥五月初九日辰时生。娶张氏，处士嗣安女，道光十六年丙申九月初七日辰时生。子立昌、立繁。

家佐长子先阀，字晓峰，年三十卒，葬万家坡。娶陈氏，改适，无传。

家佐二子先开，字爱旸，道光五年乙酉六月二十八日未时生。娶刘氏，道光十一年辛卯五月初九日午时生。

家佑长子先闵年二十五卒，葬万家坡。娶杨氏，改适。子立中殇，无传。

家佑二子先阕，字都士，道光十八年戊戌五月初七日亥时生。

家方子先达，字子幅，嘉庆七年壬戌九月初九日亥时生。

家正长子先迪，字星吉，嘉庆十三年戊辰六月十一日申时生。娶夏氏，嘉庆十七年壬申十一月初一日丑时生。

家正二子先敏，字慎徽，嘉庆廿一年丙子闰六月十一日辰时生。

家正三子先勉，年三十卒，袝葬凤凰坡，无传。

家正四子先述，字昭章，道光三年癸未二月十六日卯时生。

家康长子先进，字文思，奖叙六品，嘉庆十八年癸酉十二月十六日寅时生。娶卓氏，嘉庆十六年辛未六月十五日生，道光廿三年癸卯闰七月十五日戌时卒，袝葬凤凰坡。继娶谭氏，嘉庆二十五年庚辰十月初七日辰时生。子立堃、立基，并卓出。女二。

家康二子先汉，字南麟，嘉庆二十四年己卯九月初五日巳时生。娶徐氏，处士宏怀女，道光十一年辛卯八月初六日巳时生。子立垙，女一。

家升子先斗，字炳焜。

先阅长子立昌，字俾臧，咸丰四年甲寅八月十七日卯时生。

先阅二子立繁，字条生，咸丰七年丁巳八月初十日卯时生。

先进长子立堃，字辅臣，道光十九年己亥十月廿日亥时生。娶张氏，道光十七年丁酉十一月廿四日寅时生。女一。

先进二子立基，字开业，道光二十三年癸卯二月二十三日辰时生。聘彭遴本女。

先汉子立垙，字清和，咸丰六年丙辰二月初八日丑时生。聘易氏。

世系卷四

遇杰长子熊，字梦兼，号望湖，例贡生。雍正七年己酉十月十三日辰时生，乾隆五十九年甲寅十月初六日申时卒，葬湘潭茶园铺株木冲石嘴头龙团山，巽向。入《县志·行义传》。配罗氏，处士宏位女，雍正七年己酉十月初十日辰时生，嘉庆二年丁巳十月十三日亥时卒，祔葬龙团山。子世遴、世遵、诚世、世暹、谆世、诠世。女三，长适江苏海防同知、乾隆丁卯科举人杨琼子县学生员际晓，次适乾隆己亥恩科举人长沙张正旭子东安县学训导优贡生鹏振，三适四川川北道湘潭张世濂子内阁中书改授知县家棉。

遇杰二子熙，字驾唐，号恬斋，监生。雍正十年壬子二月初九日酉时生，乾隆四十五年庚子九月十二日辰时卒，葬县东桐木冲月形山，寅向。配张氏，处士斗明女，雍正九年辛亥九月十四日午时生，嘉庆十五年庚午十二月初五日亥时卒，葬紫花台引凤山，未向。入《县志·列女传》。子世斌、世儆、世崧、世琏、世璈、世芳。女一，适监生宋祥麟。

遇杰三子雁，字云书，县学生员。乾隆三年戊午四月廿日巳时生，乾隆四十四年己亥二月十七日未时卒，葬袁家铺关公山。配苏氏，处士瑶华女，乾隆四年己未十二月廿六日生，道光二年壬午九月十七日卒，祔葬关公山。子世履、世钰。女四，长适龙氏，次适县学生员杨同瑁子，入《县志·列女传》，三适卫守备张燮祥，四适贡生陈士伟。

遇杰四子纯，字嘏常，号两仪，乾隆五年庚申六月廿六日寅时生，嘉庆廿年乙亥七月十一日子时卒，葬紫花台引凤山，未向。配彭氏，从九品衔郁周女，乾隆七年壬戌五月初十日戌时生，嘉庆九年甲子三月廿七日未时卒，葬城北钟家山。子世谐、世寿、世安。女三，长适永州府学教授乾隆庚辰恩科举人左逢霖子县学生员人敏，次适甘肃两当县知县张乾珀四子，三适县学廪生龙德顺子。

遇杰五子元，字绍三，乾隆十年乙丑八月廿五日丑时生，乾隆五十五年庚戌六月初一日午时卒，葬袁家铺关公山。配严氏，处士启灏女，乾隆八年癸亥十二月十四日巳时生，嘉庆廿二年丁丑八月廿二日辰时卒，祔葬关公山。子世经。女二，长适长沙县学生员周俊钦，次适监生蔡太豫，入《县志·列女节孝传》。

熊长子世遴，字俊章，号济川，县学优廪生。乾隆十四年己巳二月初一日卯时生，乾隆五十八年癸丑十月十九日卯时卒，祔葬龙团山，入《县志·文苑传》。配盛氏，貤赠承德郎镇安女，乾隆十三年戊辰正月十一日亥时生，道光二十二年壬寅十月廿三日巳时卒，葬长岭韩家垅，卯乙向。子家陶。女二，长适嘉庆癸酉科举人易文焘，次适州同衔盛庆韶。

熊二子世遵，字佐平，号鸿渚，县学廪生。乾隆十六年辛未十月初九日亥时生，乾隆四十八年癸卯十二月十六日酉时卒，葬书院冲戴家墩，丙向。入《县志·文苑传》。配张氏，处士乾班女，乾隆十八年癸酉正月初十日亥时生，嘉庆廿四年己卯十二月廿日亥时卒，葬书院冲大垅下皮刀湾南竹山，甲向。奉旨旌表节孝，入《县志·列女传》。立诚世子家暾为子，再立诠世子家彪为子。女一，适贡生陈觉民子钺。

熊三子诚世，字效臻，号葵臣，乾隆壬子科举人，甲寅召试天津，历任内阁中书兼典籍厅事，署内阁协办侍读。乾隆廿二年丁丑九月初十日亥时生，嘉庆七年壬戌九月初六日酉时卒，葬侯家塅苏家冲玉钳山，壬向。入《县志·文苑传》。配陈氏，县学生员之观长女，乾隆廿一年丙子八月廿五日子时生，嘉庆九年甲子十一月十八日酉时卒，祔葬玉钳山。子家暄、家暾出后世遵。

熊四子世暹，字如升，号寅坛，敕赠承德郎，布政司经历.乾隆廿八年癸未五月廿六日戌时生，乾隆五十二年丁未五月廿四日辰时卒，祔葬书院冲戴家墩。配胡氏，县学生员硕士女，敕封太安人。乾隆廿九年甲申三月十九日未时生，道光九年己丑三月十七日午时卒，葬侯家塅玉钳山，壬亥向。奉旨旌表节孝，入《县志·列女传》。立诠世子家骥为子。女一，适州同衔危映奎。

熊五子谆世，字英育，号诚斋，候选县丞。乾隆三十四年己丑十月十三日辰时生，道光十五年乙未十月十三日辰时卒，葬长沙东乡狼林新砑，巽向。配单氏，贡生邦佐次女，乾隆廿七年壬午九月廿五日亥时生，道光十三年癸巳十月初十日戌时卒，葬侯家塅玉钳山，乾亥向。妾刘氏，州吏目衔善化敬承次女，乾隆四十七年壬寅十一月廿二日未时生。子家声，刘出。

熊六子诠世，字括矩，号吉皆，县学优增生。乾隆三十九年甲午十二月廿日辰时生，嘉庆廿五年庚辰九月十九日巳时卒，葬紫花台排山垅引凤山，未向。配张氏，甘肃两当县知县乾隆庚午科举人乾珀八女，乾隆四十年乙未十月十九日辰时生，嘉庆十四年己巳六月十三日申时卒，祔葬引凤山。继配张氏，长沙监生开汉次女，乾隆四十四年己亥十月廿三日酉时生，嘉庆廿一年丙子十一月初十日寅时卒，葬虎狼冲，丙向。继配吴氏，监生国勋次女，乾隆五十二年丁未七月初二日巳时生。子家彪出后世遵、家骥出后世暹、家莲，并前张出。徵畴、吴出。

熙长子世斌，字钦周，县学生员，葬中窑泥鳅墩，酉向。配吴氏，处士受益女。子家桓、家桐。女三，长适雷氏，次适胡氏，三适李氏。

熙二子世儆，字饬山，年三十七卒，葬城东范家坪朱家山，午向。配田氏，处士士明女，年三十九卒，祔葬朱家山。子家和。

熙三子世崧，字楷中，监生，年四十九卒，葬虎狼冲。配杨氏，县学生员同瑁女，年四十一卒，祔葬虎狼冲。子家庆。女三，长适杨氏，次适吴氏，三适甘氏。

熙四子世琏，字崑耀，乾隆三十三年戊子四月廿三日生，嘉庆十五年庚午八月十五日卒，葬虎狼冲。配李氏，县学生员文鼎女，继娶周氏，改适。子家聪，周出。女二，长适左氏，次适谢氏。

熙五子世璈，字凤闻，号玉川，从九品衔。乾隆三十三年戊子四月廿四日子时生，道光廿三年癸卯九月廿四日寅时卒，葬韩家垅毛家园，丁向。配徐氏，监生益来女，乾隆三十三年戊子六月初五日午时生，道光廿九年己酉六月十五日辰时卒，祔葬毛家园。

熙六子世芳，字镜吾，年七十三卒，祔葬毛家园。配殷氏，县学生员光斗女，无传。女三，长适谭氏，次适萧氏，三适胡氏。

雁长子世履，无传。

雁二子世钰，字品成，葬虎狼冲。配黎氏，武举德盛女，葬紫花台引凤山，未向。子家藻。女二，长适蔡氏，次适何氏。

纯长子世谐，字分夔，号律堂，县学生员。乾隆廿四年己卯八月廿九日寅时生，道光元年辛巳十一月初六日申时卒，葬袁家铺关公山，丁向。配黄氏，监生鼎三女，乾隆廿一年丙子五月廿四日子时生，道光廿一年辛丑十一月廿五日巳时卒，祔葬关公山。

子家恩、家香。女三，长适郑德凝，入《县志·列女节孝传》，次适县学生员李怀试，三适戴德纯。

纯二子世寿，字瑞龄，年四十七卒，葬虎狼冲。配刘氏，无传。

纯三子世安，字甫仁，年三十六卒，祔葬钟家山，无传。

元之子世经，字成一，年七十二卒，祔葬关公山。配虞氏，处士学河女，年二十八卒，祔葬关公山。子家璧、家玫。女一，适李发德。

世遴子家陶，字钧台，例贡生，乾隆四十八年癸卯六月十六日寅时生，道光二十年庚子十一月初四日亥时卒，祔葬韩家垅，巽向。配胡氏，县学生员南范女，乾隆四十七年壬寅三月初五日生，嘉庆七年壬戌七月廿八日卒，葬虎狼冲，丁向。继配赵氏，平江州同衔之瑶女，乾隆四十九年甲辰七月初三日生，嘉庆廿一年丙子十二月十三日卒，祔葬虎狼冲，午向。继配胡氏，巴陵处士本聪女，嘉庆四年己未四月初四日亥时生。立诠世孙家莲子岱焘为子，抚子崇焘。

世遵长子家暾，字晓融，监生，乾隆五十一年丙午九月廿日亥时生，嘉庆十二年丁卯十一月初四日卯时卒，葬侯家塅玉钳山，乾向。配吴氏，陕西榆林府知府、翰林院检讨灼次女，乾隆五十三年戊申七月十四日子时生，道光廿二年壬寅七月十九日未时卒，祔葬玉钳山。立家彪子岺焘为子。

世遵二子家彪，字春坊，议叙八品，乾隆五十九年甲寅八月廿四日亥时生，道光三十年庚戌二月十六日巳时卒，葬善化河西牧马田杨梅冲小团山，午丁向。配张氏，东安县学训导优贡生长沙鹏振长女，嘉庆元年丙辰十月十三日酉时生，道光二十九年己酉七月十六日亥时卒，祔葬小团山。子嵩焘、崑焘、岺焘出后家暾、先樾殇，葬虎狼冲右界，丙向。女一，殇，祔葬虎狼冲，丙向。

诚世长子家暄，字正融，嘉庆丁卯科副榜，候选教谕。乾隆四十九年甲辰二月廿六日辰时生，嘉庆十九年甲戌二月初三日亥时卒，葬傅家冲郑家山，丙向。配张氏，监生乾渭长女，乾隆四十九年甲辰九月十七日辰时生。子先植。女一，适嘉庆癸酉科举人易文焘子县学廪生贡章。

世暹子家骥，字兰友，敕封承德郎，布政司经历。嘉庆三年戊午十二月初二日子时生，道光廿七年丁未九月十三日申时卒，葬县东油榨岭玉尺山，巽向。配蔡氏，监生大豫女，敕封安人。嘉庆三年戊午十月初七日生，道光七年丁亥六月初一日卒。继配吴氏，处士振德女，嘉庆十二年丁卯二月十三日生，道光廿四年甲辰四月十八日卒，并祔葬玉尺山。子先梅蔡出，再立元三世孙家璧子承先为子。女二，并殇。

谆世子家声，字莲舫，历任浙江绍兴府、湖州府、严州府同知，杭州府、严州府总运通判，署建德县知县。嘉庆七年壬戌正月初四日寅时生，道光廿五年乙巳四月廿二日巳时卒，葬侯家塅苏家冲，癸向。配张氏，内阁中书改授安徽凤台县知县嘉庆戊午科举人湘潭家槱次女，嘉庆七年壬戌七月初五日辰时生。子先楠。

诠世三子家莲，字树芳，嘉庆六年辛酉四月廿日寅时生，道光十四年甲午九月廿六日亥时卒，祔葬引凤山。配李氏，处士先升女，嘉庆八年癸亥二月十四日生，嘉庆二十三年戊寅九月初三日卒，葬虎狼冲，丁向。继配刘氏，处士仁绣女，嘉庆二年丁巳正月十六日巳时生。子作恭、先棫出后世遴子家陶，并刘出。女一，适监生盛鸿猷。

诠世四子徵畴，派名家彬，字西清，道光丙午科举人，议叙加二级，即选知县，赏加五品衔。嘉庆廿二年丁丑十二月十三日酉时生。配吴氏，处士太昆女，道光二年壬午三月廿四日卯时生。子先楔，殇，葬虎狼冲，先枚、先朴，殇，葬万家坡，先柯、先权。

世斌长子家桓，字克恭，配刘氏，立世璈孙家柏子峰焘为子。

世斌二子家桐，字友于，无传。

世儆子家和，年三十九卒，葬虎狼冲。配谭氏，无传。

世崧子家庆，无传。

世琏子家聪，字达人，嘉庆元年丙辰十月廿六日辰时生。配陈氏，嘉庆十二年丁卯四月初五日子时生。子先芝、先蕙，女一。

世璈长子家桢，字广田，武生。乾隆五十八年癸丑十一月三十日亥时生，咸丰五年乙卯四月十四日亥时卒，祔葬毛家园。配邵氏，处士标甫女，年三十四卒，葬花石岩邵家山。继配胡氏，嘉庆十四年己巳二月十四日丑时生。子先灏殇、峻焘，胡出。女二，殇。

世璈二子家相，字燮廷，县学生员。议叙八品。嘉庆五年庚申八月廿四日巳时生。配陈氏，处士祖舜女，嘉庆十年乙丑六月十五日戌时生，咸丰六年丙辰六月初七日子时卒，祔葬毛家园，申向。子嵩焘、峰焘出后世斌子家桓。女三，长适监生顾世杰子，次适县学生员夏增荣子，三适监生蓝泰富子。

世钰子家藻，字心鉴，乾隆五十九年甲寅七月廿四日生，道光七年丁亥六月初七日卒，葬虎狼冲。娶湛氏，改适。子先乎、先秉。女二，长适夏氏，次适何氏。

世谐长子家恩，字有庆，乾隆五十五年庚戌八月初九日子时生。配刘氏，监生邦禄女，乾隆五十九年甲寅六月初十日生，道光二年壬午六月廿三日卒，葬虎狼冲。继配江氏，处士炳光女，嘉庆五年庚申十二月三十日生，道光廿二年壬寅四月十六日卒，祔葬虎狼冲。子先誉、先谛，并江出。女三，长适县学生员李瀛，次适县学生员夏渭城，三适钟氏。

世谐二子家香，字玉山，嘉庆元年丙辰十一月初八日酉时生。配张氏，武生茂建女，乾隆五十八年癸丑八月初二日生，道光四年甲申十月十七日卒，葬虎狼冲。继配李氏，处士谦六女，嘉庆十年乙丑十一月初一日生，道光二十年庚子八月十八日卒，祔葬虎狼冲。继配周氏，道光元年辛巳二月初十日辰时生。子先受，李出；先觉、先知，周出。女三，长适戴世荣，次适黄晓村，三适李氏。

世经长子家璧，字连城，乾隆四十七年壬寅十月初四日生，道光二十二年壬寅五月二十一日卒，葬县东范家园。配杨氏，处士道正女，嘉庆三年戊午四月二十八日子时生。子先沐、先藻、承先出后熊孙家骥。女二，长适彭氏，次适武生瞿遵训。

世经二子家玫，年二十四卒，葬虎狼冲，无传。

家陶子岱焘，派名先棫，字镐丞，县学生员。道光十二年壬辰正月初三日子时生。娶易氏，州同衔文穆四女，道光十年庚寅八月二十日子时生。

家陶抚子崇焘，字廉丞，监生，道光元年辛巳三月廿二日午时生。娶杨氏，嘉庆廿三年戊寅八月十二日生，道光十七年丁酉十月十九日卒，祔葬虎狼冲，午向。继娶嵇氏，嘉庆廿二年丁丑十二月廿四日卯时生。子立炳，嵇出。女二。

家暾子岺焘，派名先柏，字志城，县学生员，保选训导。道光七年丁亥十月十五日巳时生。娶张氏，从九品衔燃山女，道光七年丁亥五月初五日未时生。子立珪，殇，葬坡阴长冲横塍；立球、立琦。女一。

家彪长子嵩焘，派名先杞，字伯琛，道光丁酉科举人。甲辰考取觉罗官学教习，丁未科进士，改庶吉士。咸丰三年奉旨授职编修，交部从优议叙，加二级。嘉庆廿三年戊寅三月初七日申时生。娶陈氏，监生兴恺次女，嘉庆廿四年己卯二月十五日亥时生。子立篪。女四，长殇，祔葬虎狼冲。

家彪二子崑焘，派名先梓，字意城，道光甲辰恩科举人，丁未考取宗室官学教习，咸丰三年保国子监助教职。道光三年癸未正月十九日寅时生。娶盛氏，处士绍菁女，道光元年辛巳二月十二日亥时生。子立埙、立璋出后世暹孙先梅、立瑶。女三，长殇，祔葬虎狼冲；次字广东司郎中溆浦舒焘子习勤，三字安徽巡抚新宁江忠源子。

家暄子先植，字抡才，嘉庆十三年戊辰六月十六日亥时生，道光九年己丑六月十四日辰时卒，祔葬玉钳山，辛戌向。娶夏氏，处士平鉴女，嘉庆十二年丁卯四月十九日申时生。立遇贤四世孙先瀛子立闰为子，殇，葬虎狼冲。

家骥长子先梅，字开南，道光二年壬午十月廿三日辰时生，道光廿二年壬寅十一月初三日午时卒，祔葬玉尺山。娶刘氏，议叙九品远浦女，以贞节来归，嘉庆廿五年庚辰九月廿七日辰时生，立世遵三世孙崑焘子立璋为子。

家骥二子承先，字靖之，道光廿二年壬寅正月廿一日卯时生。

家声子先楠，字象文，道光二年壬午十一月廿二日亥时生，道光十八年戊戌五月廿九日申时卒，祔葬苏家冲。娶李氏，浙江宣平县知县道光己丑科进士长沙兴沅女，以贞节来归，道光二年壬午五月十四日戌时生。立遇贤五世孙先瞜子昌猷为子。

家莲长子作恭，派名先松，字青仞，议叙八品，道光七年丁亥七月初八日申时生。娶郑氏，道光四年甲申正月初十日辰时生。子立德、立庸、立中，女二。

徵畴长子先枚，字友畊，道光廿五年乙巳六月初二日亥时生。聘署河南宜阳县知县同知衔道光丙午科举人长沙易润城四女。

徵畴二子先柯，字达三，咸丰元年辛亥十一月初一日子时生。

徵畴三子先权，字席山，咸丰三年癸丑九月十八日辰时生。

家桓子峰焘，派名先概，字磐溪，县学生员，道光十三年癸巳九月初三日巳时生。娶李氏，年二十二卒，葬万家坡。继娶杨氏，从九品衔本沅女，道光十三年癸巳三月初七日午时生。子立茎，杨出。女一。

家聪长子先芝，字一新，道光十九年己亥三月廿六日巳时生。

家聪二子先蕙，字兰森，道光二十三年癸卯六月十四日子时生。

家桢子峻焘，派名先茂，字季阳，咸丰二年壬子十月初八日子时生。

家相长子嶐焘，派名先李，字汉丹，府学廪生。道光九年己丑四月初六日亥时生。娶盛氏，监生庆唐女，道光十年庚寅十一月十五日午时生。子立莘、立棻。女二，次字议叙九品胡森长子。

家藻长子先孚，年二十四岁卒，祔葬虎狼冲，无传。

家藻二子先秉，字尊彝，道光六年丙戌十二月初九日生，咸丰七年丁巳八月廿二日卒，祔葬虎狼冲，无传。

家恩长子先誉，字梅士，道光七年丁亥十二月十六日酉时生。娶毛氏，处士宏发女，道光七年丁亥十二月初九日卯时生。子立朝，女三。

家恩二子先谛，字用章，道光十年庚寅八月十五日亥时生。娶周氏，处士西园女，道光十三年癸巳十二月十二日申时生。女一。

家香长子先受，字虚谦，从九衔，道光辛卯八月十一日辰时生。娶王氏，处士光前女，道光十五年乙未四月廿五日未时生。女一。

家香二子先觉，字是贤，咸丰元年辛亥七月廿九日午时生。

家香三子先知，字心灵，咸丰六年丙辰七月十六日亥时生。

家璧长子先沐，字宏恩，年三十二卒，葬万家坡，无传。

家璧二子先藻，字书周，道光六年丙戌三月二十二日申时生。

崇焘子立炳，字焕南，道光十九年己亥三月十九日申时生。娶黄氏，道光二十年庚子十月初四日巳时生。

岺焘长子立球，字寅伯，咸丰四年甲寅二月初八日酉时生。

岺焘二子立琦，字健甫，咸丰七年丁巳二月十五日午时生。

嵩焘子立篪，字绍仁，道光廿九年己酉三月初四日申时生。聘兵部侍郎湘乡曾国藩四女。

崑焘长子立埙，字子敬，道光廿四年甲辰九月十八日寅时生。聘四川万县知县长沙冯卓怀长女。

崑焘三子立瑶，字玉如，咸丰四年甲寅十月廿七日亥时生。聘湘潭拔贡生罗汝槐女。

先梅子立璋，字秉文，道光廿九年己酉八月二十日辰时生。

先楠子昌猷，派名立三，字进扬，监生。道光十五年乙未九月初九日未时生。娶易氏，道光十五年乙未六月初八日子时生，咸丰五年乙卯二月二十三日卯时卒，葬杨梅铺堕石坡，辛向。继娶易氏，江西新城县知县赏加五品衔道光乙未恩科举人长沙易卓女，道光十九年己亥二月二十九日辰时生。子本初，前易出，殇，葬长冲。

作恭长子立德，字静修，道光廿七年丁未十二月十五日辰时生。

作恭二子立庸，字常存，咸丰三年癸丑十二月廿九日卯时生。

作恭三子立中，字行之，咸丰七年丁巳正月廿九日午时生。

峰焘子立荃，字荆荪，咸丰二年壬子十月初一日子时生。

巃焘长子立莘，字少尹，咸丰元年辛亥二月初日亥时生，聘议叙八品李守和长女。

巃焘二子立菜，字石生，咸丰五年乙卯十月初十日戌时生。

先誉子立朝，字紫贵，道光廿九年己酉正月十六日巳时生。聘戴氏。

世系卷五

遇尧长子名盛，字于斯，配邓氏，祔葬邓家山。子世瑜、世瑾、世琳、世瑄、世珍。

遇尧二子名兴，字渤然，无传。

遇尧三子名茂，字明训，祔葬邓家山。配李氏，子世服。

遇尧四子名发，字其祥，号吉亭，乾隆五年庚申十月廿一日辰时生，嘉庆二年丁巳四月十二日戌时卒，祔葬叶家冲雷道坡。配钟氏，乾隆六年辛酉正月廿日午时生，嘉庆十六年辛未正月廿九日申时卒，祔葬雷道坡。子世宪、世章、世文、世风、世程、世忠。

遇尧五子名鼎，字贡举，配方氏。子世榜殇，世培。

遇选长子名远，字声扬，雍正二年甲辰十一月初六日戌时生，乾隆四十五年庚子三月初八日戌时卒，祔葬凤形山。配瞿氏，雍正二年甲辰五月十二日辰时生，乾隆四十五年庚子四月廿八日未时卒，祔葬凤形山。子世龙、世凤、世麟、世鸿。

遇选二子名暹，字曙初，雍正十三年乙卯十一月廿一日辰时生，乾隆三十八年癸巳五月十九日巳时卒，葬书院冲大垅上皮刀湾。配杨氏，乾隆元年丙辰十二月廿二日辰时生，道光三年癸未十一月廿六日戌时卒，祔葬上皮刀湾。子世鹏、世鹍、世金、世玉。女一，适王文运。

名盛长子世瑜，字楚怀，祔葬邓家山，无传。

名盛二子世瑾，字步周，祔葬邓家山，无传。

名盛三子世琳，字雍美，无传。

名盛四子世琯，字西玉，祔葬邓家山。配吴氏。立名发孙世文子家梁。

名盛五子世珍，字席儒，祔葬邓家山，无传。

名茂子世服，字率群，无传。

名发长子世宪，字德云，配彭氏，无传。

名发二子世章，字绍云，乾隆三十五年庚寅正月初十日生，嘉庆十二年丁卯三月初七日卒，祔葬雷道坡。配周氏，乾隆三十六年辛卯九月廿九日生，嘉庆五年庚申五月廿三日卒，葬御洗沟殷家山。子家树，女一。

名发三子世文，字盛周，号郁堂，乾隆三十八年癸巳九月初六日亥时生，道光十四年甲午五月初七日未时卒，葬紫花台罗家山。配巢氏，乾隆四十二年丁酉三月十九日辰时生，道光廿二年壬寅十月廿九日戌时卒，祔葬罗家山。子家棠、家幹、家棫、家桬、家栋、家梁出后名盛子世琯。女二，长适刘祖耀，次适吴名先。

名发四子世风，字际云，府学生员，乾隆四十年乙未十月廿一日辰时生，嘉庆廿二年丁丑三月十三日未时卒，祔葬雷道坡。配黄氏，乾隆五十三年戊申八月初六日生，道光十一年辛卯十二月廿三日卒，葬县东范家坪。子家理。女三，长适黄氏，次适刘氏，三适黄氏。

名发五子世程，字扶九，乾隆四十二年丁酉十二月廿七日生，嘉庆十四年己巳四月十四日卒，祔葬雷道坡。配蒋氏，葬县东邹家山。子家棣、家槐。

名发（四子）〔六子〕世忠，字炳良，乾隆四十五年庚子正月廿九日生，道光二年壬午正月十五日卒，祔葬罗家山。配邹氏，祔葬罗家山。子家楹、家森、家柱。

名鼎子世培，字立本，葬邹家山，配黎氏，无传。

名远长子世龙，字鳞长，乾隆八年癸亥正月初三日生，乾隆三十九年甲午十月二十八日卒，葬长岺铺甘家山。配甘氏，乾隆八年癸亥四月初五日生，嘉庆十年乙丑十二月十二日卒，葬大垅上皮刀湾。奉旨旌表节孝，入《县志·列女传》。子家瑾，女一。

名远二子世凤，字传诏，年三十四卒；配丁氏，年六十八卒，并袝葬凤形山。子家琛。女一，适罗宜珍。

名远三子世麟，字玉书，无传。

名远四子世鸿，字飞万，葬上皮刀湾，西向，无传。

名暹长子世鹏，字远程，配熊氏，并袝葬上皮刀湾，无传。

名暹二子世鹍，字岳高，无传。

名暹三子世金，无传。

名暹四子世玉，字美田，乾隆三十六年辛卯六月初四日戌时生，道光十三年癸巳二月十九日卯时卒，葬下院黄家山。配黄氏，乾隆四十八年癸卯九月十七日子时生，道光元年辛巳九月十六日辰时卒，袝葬黄家山。子家璜、家玻、家莹。

世琯子家梁，字楩楠，嘉庆廿四年己卯二月廿八日亥时生，道光二十六年丙午二月初八日寅时卒，葬紫花台罗家山。立名发二世孙家桀子先贯为子。

世章子家树，字滋德，嘉庆元年丙辰九月廿八日午时生，道光十一年辛卯正月廿七日戌时卒，葬喻家垅顾家山。配欧阳氏，子先映。

世文长子家棠，字希召，年四十八卒，袝葬罗家山。配陈氏，年三十五卒，袝葬罗家山。子先员殇、先贺殇、先质、先赟殇。

世文二子家幹，字方廷，嘉庆五年庚申六月廿三日生，道光廿八年戊申八月十二日卒，袝葬罗家山。配邹氏，子先宝、先贽。

女二，长适熊氏，次适李氏。

世文三子家棫，字奉璋，嘉庆九年甲子二月初九日生，道光十七年丁酉正月十六日卒，祔葬罗家山。娶蒋氏，改适。子先宾。女一，适巢氏。

世文四子家桀，字汉臣，奖叙九品，嘉庆十四年己巳八月廿八日亥时生。配彭氏，嘉庆十七年壬申十二月十一日丑时生。子先实、先贯出后名盛孙家梁、先容，女三。

世文五子家栋，字良材，嘉庆廿二年丁丑正月十九日寅时生。

世风子家理，字永年，嘉庆十八年癸酉十一月初六日巳时生。配宋氏，处士化龙三女，嘉庆十八年癸酉十二月十三日生，道光二十年庚子二月初四日卒，葬紫花台顾家山。

世程长子家棣，字翕芳，年三十九卒，祔葬邹家山，配黄氏，无传。

世程二子家槐，字贵三，嘉庆十二年丁卯九月初九日生，道光十六年丙申十月廿三日卒，葬鱼池坝刘家山。娶吴氏，改适。子先馥。

世忠长子家楹，字廷翥，嘉庆十四年己巳三月廿四日生，道光廿三年癸卯闰七月十九日卒，祔葬罗家山。娶刘氏，改适。子先举。

世忠二子家森，字星耀，祔葬罗家山，无传。

世忠三子家柱，字国梁，嘉庆二十一年丙子七月十七日戌时生。

世龙子家瑾，字士怀，乾隆三十二年丁亥七月二十八日生，嘉庆十五年庚午三月初七日卒。配傅氏。子先春。女二，长适傅氏，次适甘氏。

世凤子家琛，字席儒，年四十七卒，配周氏，子先奉。

世玉长子家璜，字胜芳，年三十六卒，葬御洗沟戴家坡。配瞿氏，年四十五卒，祔葬戴家坡。子先明。

世玉二子家玻，葬御洗沟蒯家山大园。娶谭氏，改适。无传。女一，适关德扬。

世玉三子家莹，嘉庆廿五年庚辰四月十二日未时生。

家梁子先贯，字一斋，道光二十一年辛丑三月十四日卯时生。娶夏氏，处士如松女。

家树子先映，嘉庆廿五年庚辰十月初六日丑时生。

家棠子先质，字文胜，道光三年癸未九月初九日辰时生。

家幹长子先宝，字惟善，道光三年癸未二月初八日辰时生。娶王氏。

家幹二子先赞，字载之，道光二十四年甲辰八月初五日戌时生。

家棫子先宾，字与言，道光四年甲申九月二十四日辰时生。

家桀长子先实，字春华，道光十七年丁酉四月二十五日卯时生。娶刘氏，道光十五年乙未十月二十六日亥时生。

家桀二子先容，字树功，咸丰二年壬子十二月十一日戌时生。

家槐子先馥，字森桂，道光十二年壬辰六月初一日未时生。

家楹子先举，字虎榜，道光二十年庚子二月十六日亥时生。

家瑾子先春，字占魁，乾隆五十五年庚戌十月初七日生，道光十四年甲午四月初八日卒，葬姚家山。娶熊氏，改适。无传。女二。

家琛子先奉，字庆祥，娶周氏，无传。

家璜子先明，字正东，道光十八年戊戌冬月初八日戌时生。

墓图卷六

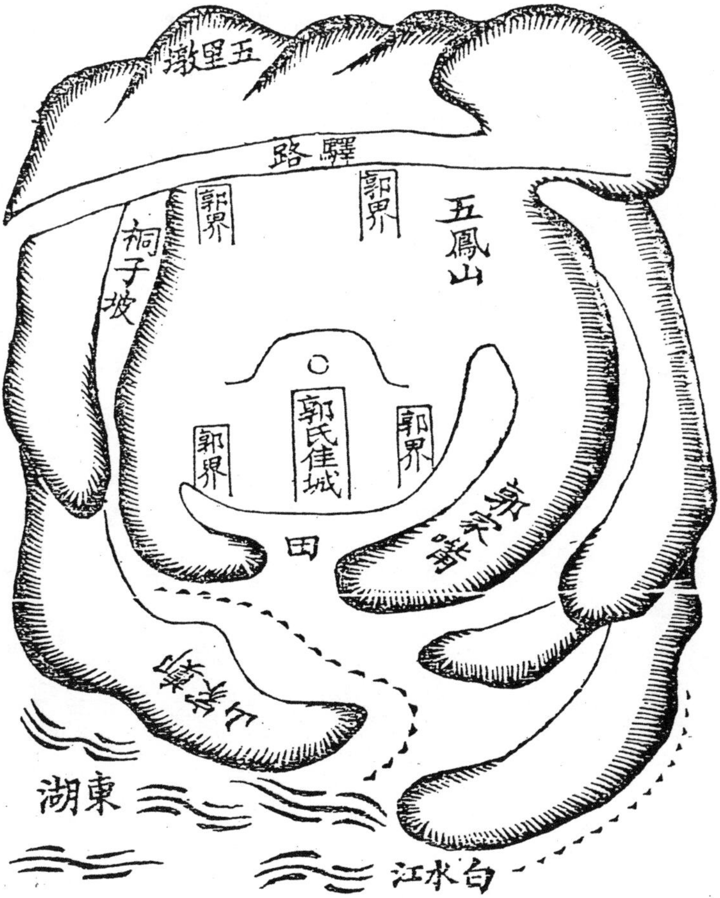

五里墩周家山墓图

去镇朔门二十五步为夏家桥，又径北四十步为湖上桥。白水江与数小水合注于此，汇为湖，地势稍逶，而东驿路达归义。道左有墩巍然，去邑治五里，故名五里墩。始迁祖母氏陈葬地。值墩之东曰五凤山，其下白水江所经，有坝，为周家坝，故周氏地也，明季天锡公合窆始迁祖于此。康熙三十一年，与周台鼎立合约，茔左右两家皆禁不入葬，耆民姚文生等为书合议。嘉庆十一年，周氏有侵葬茔界者，争讼逾年，重出金购置界地。周邦彦等契载，前抵山塍，起茔心二丈七尺；后抵壕墙，起茔心十一丈三尺左右，皆从路心直下，前宽二丈二尺，后宽二丈五尺，茔心左右各宽一丈八尺。盖葬后二百馀年，而墓界始定，今惟樵苏无墓树。

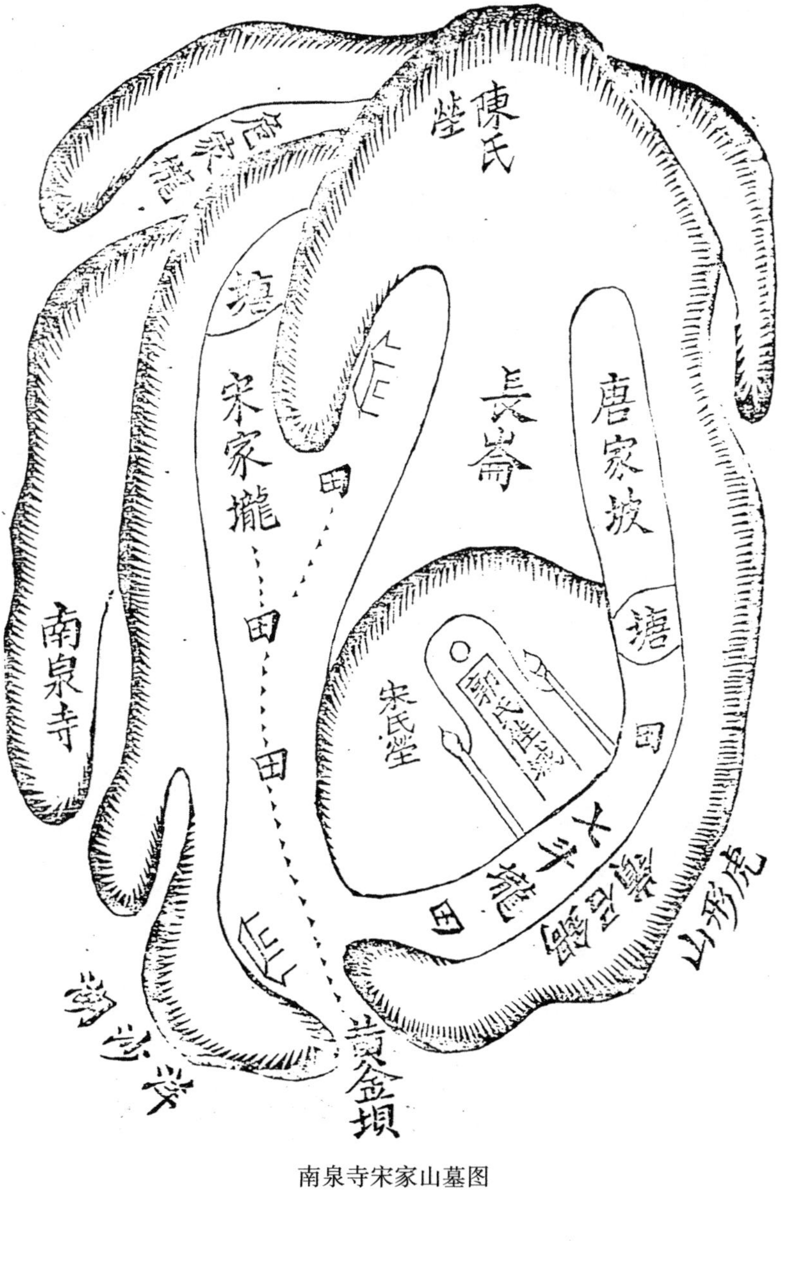

南泉寺宋家山墓图

南泉寺在邑东南三里渡南，小港过窑厂，稍逶而东，又越寺东数十步，过岭即宋家垅。水出黄金坝，汇周家桥水，南达洋沙湖。康熙四十六年，文蔚公售此，合葬二世祖、三世祖，故宋氏山也。宋谛赞契载：前后各二丈五尺。乾隆三十五年，补置前后馀地各一丈。宋捷元等契。时吾家方殷富，宋氏数侵界地，诈财物。嘉庆十五年，宋声扬等重书契据，前界起栏杆至山墈，右长九丈，左长九丈五尺，两翼张而下栏杆口宽一丈六尺，中宽三丈，下宽四丈；后界起罗围至骑岺土埂，长二丈，宽二丈，嗣是墓界始明。嘉庆八年，族祖立夫公祔葬，墓道下稍左，古松二株，矗立华表，下左右甃石为界，茔后小松数十株而已。

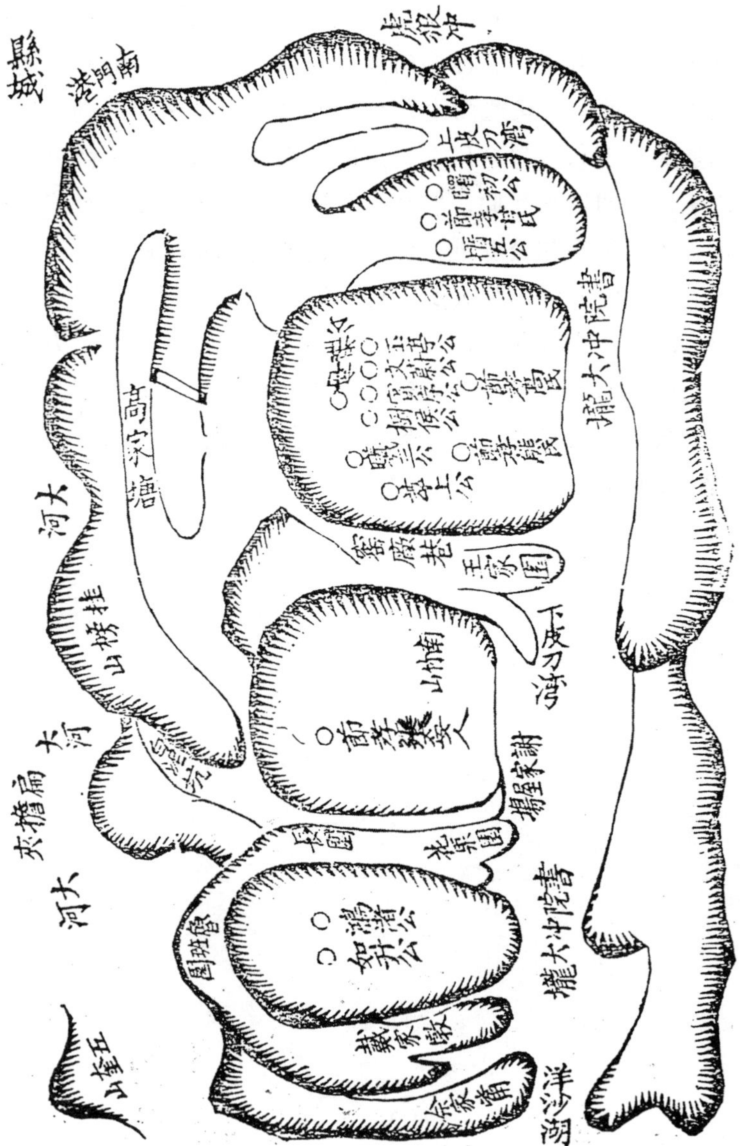

书院冲大垅墓图

邑南白水江，汇诸小水为东湖；杉木江，汇诸小水为洋沙湖。而洋沙湖最巨，五奎山、挂榜山横截其口，地书所谓龟蛇捍门者也。大垅自东而西，又逶而南，水出俞家嘴，以达洋沙湖。盖沿挂榜山逆湘水南行，越窑厂巷，南向一山曰王家山。从曾祖次谟公售之王氏，四世祖葬此，伯高祖宾序公以下子孙多祔葬焉。东上一山，族曾祖曙初公葬地，山势自此西趋嶂角，曲如皮刀，名皮刀湾。而大垅水直下百馀步，渐折而南，山势平衍，丛竹蔚然，为南竹山。山左小垅亦似皮刀曲张，为下皮刀湾。其后凹为白泥坑，横出为戴家墩。祖母张太安人葬南竹山右，祖父鸿渚公、叔祖父如升公合葬戴家墩左。山势演迤折落，至此始尽。背江直上，皆挂榜山支脚也。

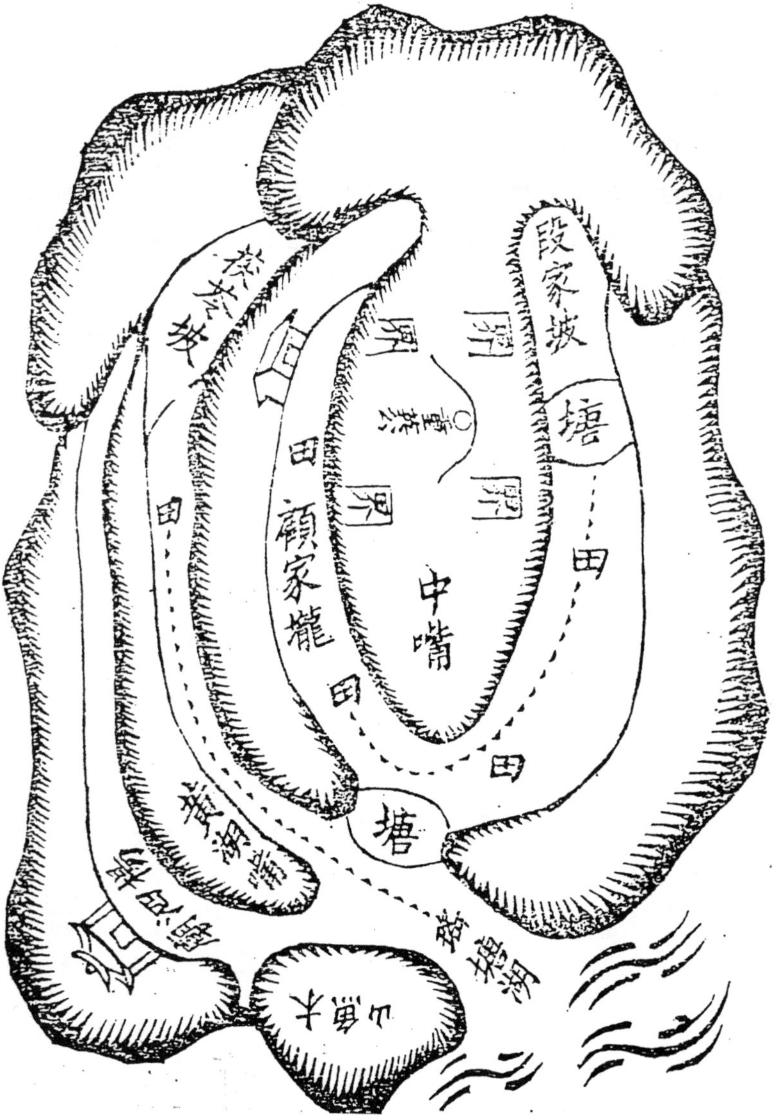

杨泗庙中嘴墓图

伯高祖重英公为二房支祖，葬段家坡中嘴，去杨泗庙里许。杨泗庙者，其神杨氏，峨冠金甲，仗巨剑。邑人颇尊事之，或曰水神也。庙常濒江。段家坡岭两嶂旁开，而中埂坦夷，山势正临西北，当乾向。易氏茔、蔡氏茔据其前，重英公窆所稍上，横出当东北。族祖维正公祔葬其下。向水所经，则顾家垅也。稍下为瑶塘湖，北与湘水合，曲折环互，世称三十六湾，湘水即其处也。循湘流下十二里为青竹庙，距邑治二十二里。

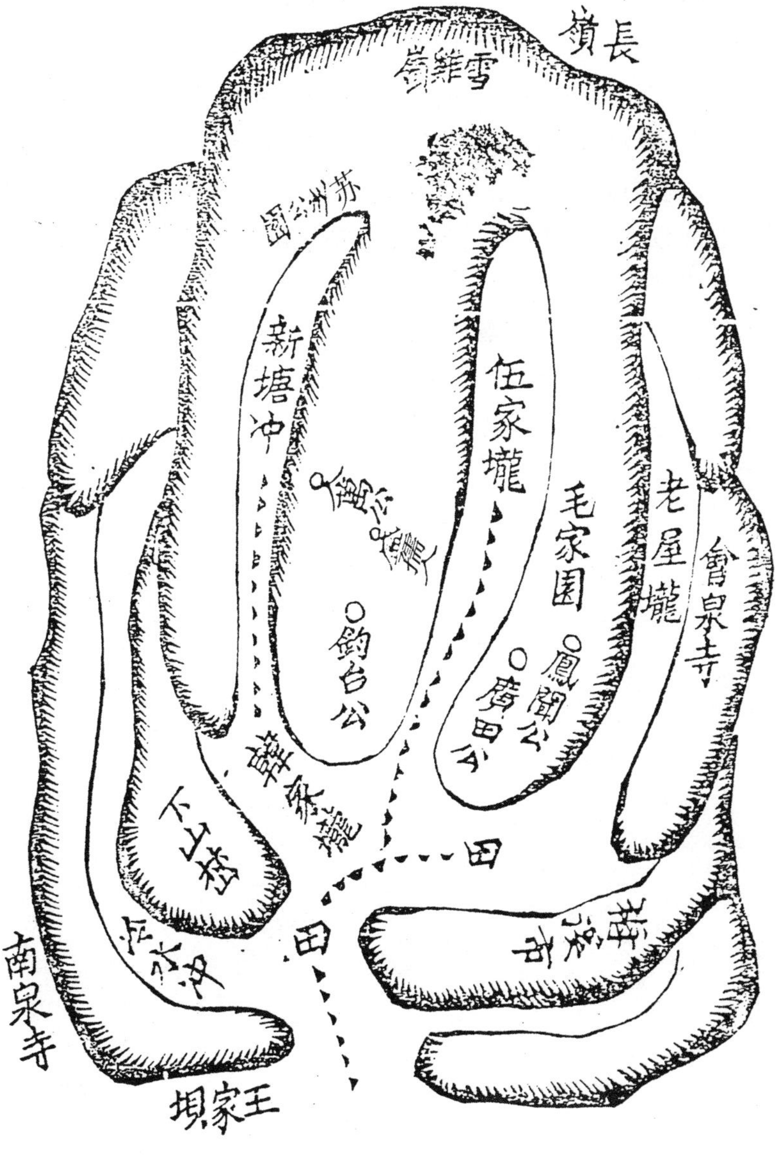

长岭韩家垅墓图

韩家垅山自雪鸡岭而来，两翼翕张如箕，中出长埂。高祖人万公之墓在焉。长松数百株，林立葱郁。伯祖母氏盛、伯父钧台公祔葬其下，有垅田四十馀亩。邑南濒江诸山皆发源雪鸡岭，岭稍昂，其高视众山逾偲。行者负担登陟，必弛肩小憩，故一名卸肩岭。岭左为苏州公园，右支分出，为毛家园。从祖凤闻公葬地，其外包环数重，皆雪鸡岭支脚也。始高祖葬北城外，术者谓其地不良，启攒插葬，而地卒不可得。钧台公乃即长岭庄所营葬。长岭者湘山寺岭左嶂，在雪鸡岭南里许，今被其名于此。吾家子姓惟知高祖葬长岭，本山之名不更详也。北城外地后归高氏子孙，多以武科显，地之吉否岂易言哉。

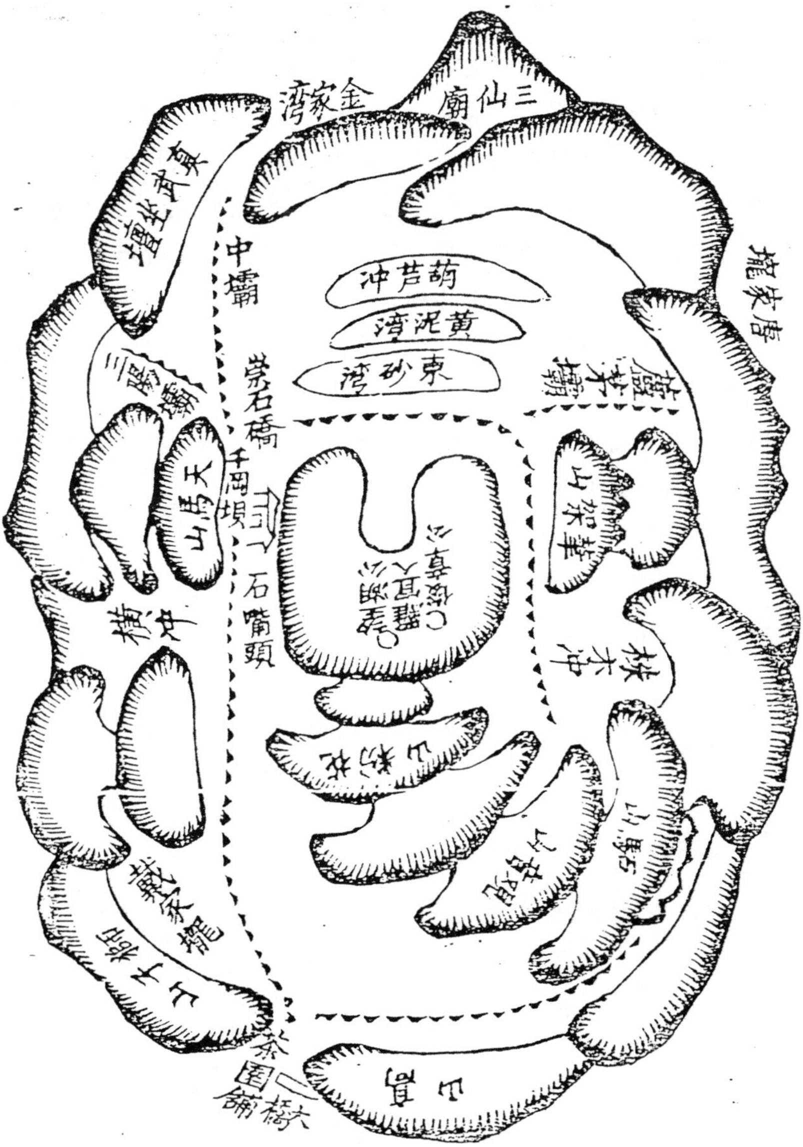

湘潭茶园驿龙团山墓图

曾祖望湖公葬湘潭南五十里龙团山，去茶园驿二里许。山峦起处，宽平如砥，自下视之如土屏，左右无大嶂，而山势折旋顿跌，稍作芦鞭三臬之格。最高者为石马山，怪石峨起插天，望之若立马然。芦茅坝自右横出，山下汇中坝、三阳坝两水。过崇石桥为千冈坝，绕山后出茶园驿大桥，右为狮子山屹起，横载水口，而高山亘其左，山口如环微缺，茶园驿实当其罅。沿狮子山稍逶而西，为仰望桥，谓与高山相望也。水由杨林砑行三十馀里，达湾塘港入湘水。嘉庆五年，叔祖葵臣公营此地，以伯祖俊章公祔葬。唐世翰等契截：地宽广三丈，起山顶直下至山脚，左右皆唐氏地。继置崇石桥田九亩，俗呼丛木桥，音之转耳。龙团山左巨石崭然，名石嘴头。

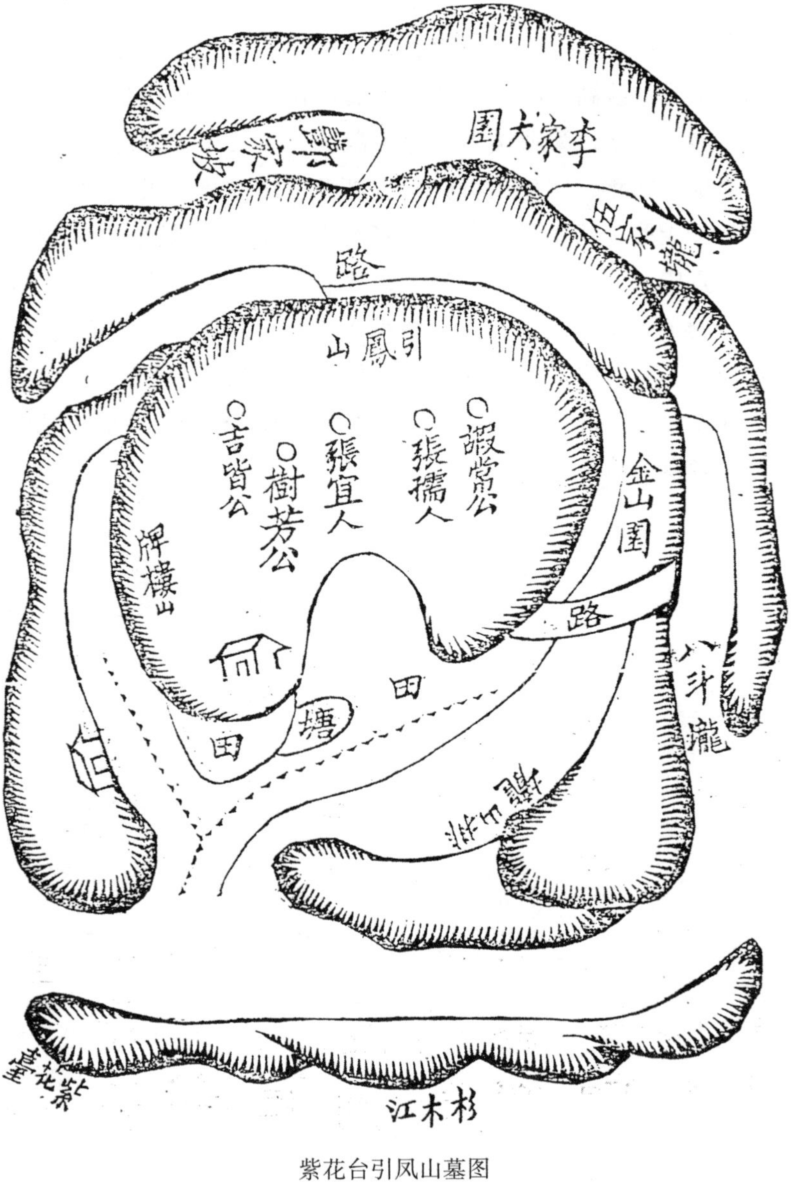

紫花台引凤山墓图

紫花台引凤山，本生祖括槩公售之顾氏者也。杉木江经紫花台下，值山南一里许。吴家渡经南泉寺下，绕山北二里许，自东迤西，汇为洋沙湖。冈势起伏，平夷演肆，下为排山垅。左去数十武，湾环如弓，为牌楼山，林木葱茏，多长松，望之隐隐如城郭。嘉庆十四年，本生祖母张宜人葬此，续葬叔曾祖暇常公及二叔曾祖母氏张、从祖母氏黎。去张宜人墓稍左各数武，皆括槩公意也。嘉庆二十五年，括槩公卒，葬右第一穴。道光十三年，从父树芳公卒，又近依张宜人墓右稍上以葬。其后季父西清公广置墓右山地，种藷薯，下有屋一所，春秋祭扫憩焉。始张宜人既葬，三十馀年无以为吉壤者，堪舆曾君闻言是山旗枪外向，必有仕者，至今传者以为信。

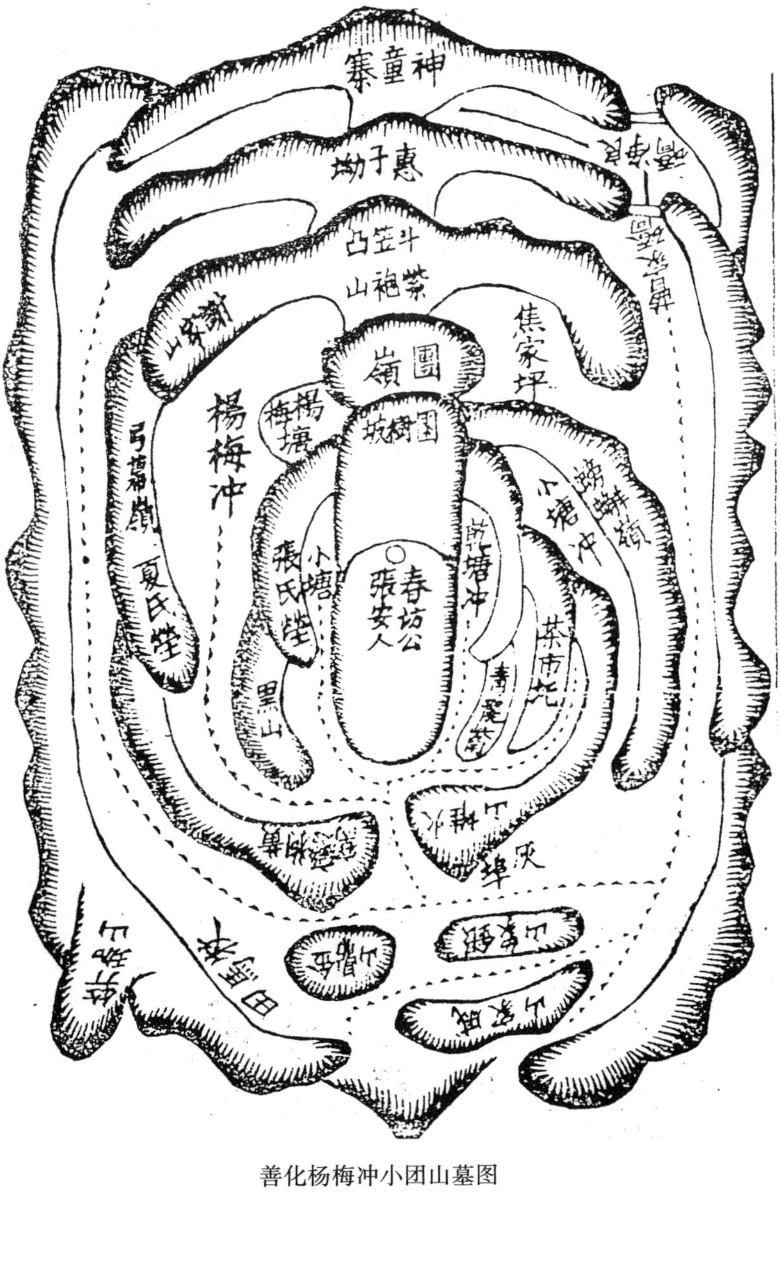

善化杨梅冲小团山墓图

先儒林府君及张宜人既卒，三年当禫期，始得地杨梅冲以葬。盖自衡山逶迤南行，至笄珈山，稍折而东，回环四合，转而南向，周轮数十里皆巉岩巨嶂，而紫袍山屹立如芙蓉插天。其下为团岭，岭下演为平冈，九中为小团山，左右尽处复起高峰对峙。外合数十小水，环绕山后，由曹家桥以达良净桥，经兵马桥逾石坝，行六十馀里，注新康东与湘水合。左为张氏茔，杨梅冲水外环之，又左为弓幕岭，夏氏茔在焉。其下为灰埠，稍西为牧马田。咸丰元年始得小团山地六丈，张氏公山也。后有濠上为园树坡，次年春收茔后馀地，径上又得七丈左右，直达山磡，以土平其濠，合为一园。五年置山左乾塘冲墓田廿二亩，又上得十八丈，庶几以妥吾先灵与。

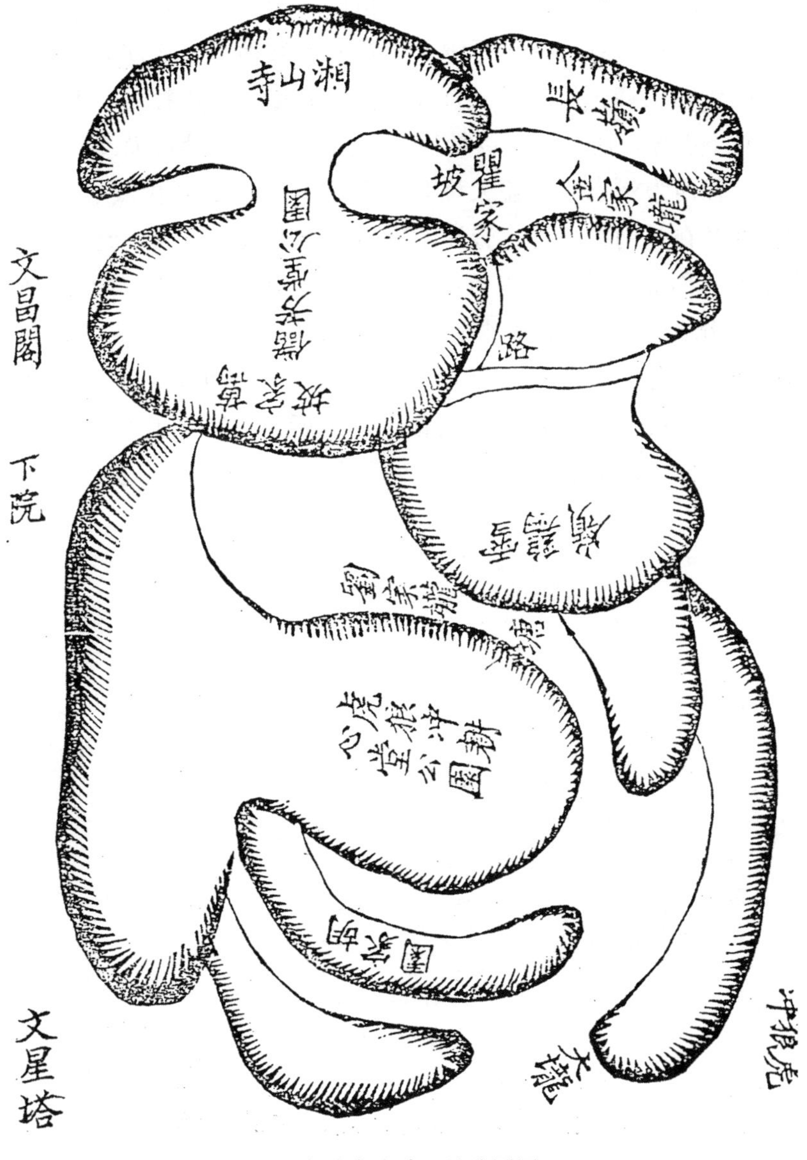

万家坡虎狼冲两处公园图

耕心堂始置虎狼冲公园，葬高祖以下子孙之贫者殇者，其旁种藷薯，岁得租息。季父西清公续置万家坡地，属之储芳堂，阖族子姓皆得入葬，植松千三百株，柚、梨各一柞八杉，二十馀茶兜。百下有屋一所，湘山寺岭直下，过万家坡，稍迤而北，为雪鸡岭，径西为刘家垅。盖大垅直上稍北一小冲，刘氏故居在焉。虎狼冲乃在其南二里许，旁界欧家坡，土人假借以名，此今大垅王家山亦称虎狼冲，而南竹山乃谓之瓦窑湾。王家山实界瓦窑，与南竹山绝远，或又名洋沙湖。洋沙湖宽广数十里，大垅水直下，出俞家嘴，始入湖尾，盖亦泛举为名者。凡若此类，悉厘正之。凡言山从俗命名，不复征考图籍，水道所经，略举其名之著者，亦使后人便于参求尔。

碑记条规卷七

祠堂碑记

吾族自信丰迁粤，明季由粤东南雄之保昌迁于湘阴，世居城市，四传至霞轩公，人文渐起。乾隆四十二年丁酉，始立行派，醵钱为联芳谱会。嗣是凡添丁、入泮、食饩、纳粟，各有捐赀，历年生息。至五十六年，共积得白金七百五十两，商建祠宇，相度地宜，置城南十字街房屋一所。壬子春鸠工庀材，撤而新建，定其墓址，高其垣墉，缭以井栏，树以槐、桂，气象规模可谓轩昂宏敞矣。共费白金一千三百馀两，积项不能敷，从伯曦三公率昆弟子姓量力捐输，八阅月而告竣。董是役者，长房秀钟、二房师望、三房俊章、钦周也。

乾隆六十年乙卯冬至，肃主入祠，于焉尊祖，于焉敬宗，即于焉收族。有为文运公所自出者，霞轩公同怀弟之后裔也；有为天宠公所自出者，霞轩公同堂叔之后裔也。群昭群穆，合敬合爱，其自始祖姚山公下，靡不顾而乐之。计自起立谱会，以及建祠入主，相距几二十年而始蒇事，创始之难，盖若斯也。有基勿坏，继起者正当何如？爰泐颠末于石，俾后人览而知所自云。嗣孙诚世敬撰。

宗祠祭田记

乾隆五十七年壬子，宗祠成。是秋，先叔祖葵臣公领乡荐，其时吾家方殷盛，宗祠规模次第毕举，而祭田未备，岁率冬至一祭，醵金供荐飨之礼，而合族之人馂其馀。道光三年癸未，先叔祖诚斋公捐入六塘驿罗家塘田五斗三升，供岁祭之费，岁以其赢馀经营生聚。续置族祖存门公王通垸田六石三斗七升，从父兰友公屋一所，从弟镐丞屋一所，岁共得谷租六十五石三斗、屋租五十馀缗，大抵诚斋公居积之馀也。而自诚斋公时醵金以供时祭，一守旧法，始终无浮费，故所积日丰。其后存门公及季父西清增置春秋二祀祭，礼始稍备矣。

道光廿五年乙巳，西清公又仿用古器，置爵三、笾四、豆四，以次增置铏二、敦二、尊一，用五品仪式，斟酌古今典礼行之，先期率群子姓演礼堂下，致斋而告虔焉。于是吾宗时祀，典章咸具，肃然为礼法之宗。而数年以来，入学及乡、会两试捷者有费，子弟贫而谨良习艺事者有费，丧葬有费，所出渐浮于入，而不知节。吾欲以田谷所入，专修时祀祭器、祭服之属，备具而置诸公，而其他以赡诸事。祭田所馀，岁权子母，稍赢则置业以备诸事之需，而后祭礼可永无缺。而凡赡宗之义举，可以次第举行，孰与岁罄其入，而漫不知纪也。骤有旱潦之灾，祭礼其犹缺欤。著其说以为祭田记，使后之人有考焉。道光戊申春三月嵩焘记。

耕心堂祭田记

先曾祖奉直公构堂曰“耕心”，大父儒林公昆季六人皆此堂所从出也。奉直公葬湘潭南三十里株木冲，故有丛木桥墓田九亩，岁得谷十三石，以其赢生聚得售。从父树芳公韩湾围牛头墩田二十七亩七分馀，岁得谷三十五石；又三合围柴头湖故有公仓一所。

戊申、己酉之岁，江水溃堤，仓屋为水所冲击，荡毁无存。即其基地募工垦治，半理田工，半治园圃。前有塘，不甚巨，鱼藕之利，亦稍有所获，岁得谷一十六石五斗、园租钱二千二百枚。乃聚诸兄弟议曰：自高祖人万公分房为支祖，一传至奉直公，而吾宗始大。宗祠岁三合祭，而支子之祭废不一举，是使祖考不得会食，而吾从兄弟子姓无所系属也。乃就耕心堂地奉直公神主所托，奉高祖主之为支祖祭所，岁以春仲、秋仲展事，祖祢以下嫡子、庶子各以位祔，以达群兄弟之情。岁入所馀，则耕心堂下庆喜吊忧及赡诸穷乏，皆取具于是。而丛木桥墓田所入，亦汇而附之。值庚戌、辛亥岁再稔，乃即所议厘定章程，以今岁之秋举行祀事，而述其本末如此。咸丰壬子春嵩焘记。

辨宗祭

古者卿大夫立宗，主祭必以宗子。所谓宗子，皆世官世禄者也，后世官无世守，不足以系族。宗祠之建，率集众力为之祭，宜谁主，曰宜其仕之贵显者。记曰无田不祭。通礼家祭以品官大小分祭之隆杀，故今庙制视所仕崇卑，以田禄为典祭之常，古今之通义也。

《宋史·礼志》始得立庙者不祧，以比始封。湛园张氏因谓起于是邦而始爵者，皆自为祖，其嫡继之，即为大宗。此犹拘于宗祭之说，而不达其变者也。大宗者，群宗之主始爵之嫡子为大宗，假而昮弟并受爵，再传而有两宗。宗于何系，近世仕者或一再传。

夷为氓隶，而群姓代有兴者，将仍系之氓隶之旧宗乎，抑将别立一宗乎？以是言宗而宗法逾紊。念庵罗氏变通宗法，曰尊尊，曰长长，曰贤贤，庶几近之。然终不若典三许氏贵贵之为当。其终以代任宗职为言，则仍张氏之蔽耳。或曰桴亭陆氏论宗祭，仿古族食世降一等之义，岁始祭始祖，大宗主之；仲春祭高祖，仲夏祭曾祖，仲秋祭祖，仲冬祭祢继祖，祢之宗主之。其法若何，曰此皆未达今之宗祠之义者也。

古者宗各有主，故祭必于宗子之家。今自公卿士庶皆立寝而祠庙，合族之人，昭穆咸在，高祖以下之祭，于寝乎？于庙乎？祭于寝，则荐食常仪而已；祭于庙，族之人各以其私骏奔祠下，毋已烦且渎乎！袭礼之变，酌时之宜，祭必以贵显者为主，虽使圣人处今之世，其于宗祭，亦必有变通者矣。《记》曰：礼，时为大，宜次之。称次之，四时享祀之举，废则称其宗，为之可也。

祭器考

嵩焘案：唐开元礼，官员庙祭，用簠、簋、铏、俎、笾、豆，其数以品为差。《通礼》载：家祭用古器七，曰俎、曰铏、曰敦、曰笾、曰豆、曰尊、曰爵。此非以饰观而已，以神道事其先人。三代法物，森列一堂，而因以生其震动恪恭之心《郊特牲》：笾豆之实，水土之品也，不敢用常，亵味而贵多品，所以交于神明之义也。自汉以来，存其制度，莫敢废也。

吾祖宗岂识此物，特宋高祖之陋言耳。邵伯恭《见闻录》载康节之言，乃承其蔽。司马书仪，至谓簠、簋、笾、豆、鼎、俎、罍、洗，非私家所有，尤为无据。《礼》载：天子、诸侯、卿大夫之祭，以隆杀为节，无祭器之别。今之品官，兼古诸侯大夫士之职，乃拘私见以废古制，其亦不达于礼矣。《朱子家礼》谓本合用古器，恐私家不能办，且用今器，则犹准人情、酌时变言之。《通礼》载：古器云代以檠者听，盖兼采朱子之说也。

宗祠旧置俎一、爵三、笾四、豆四，腥熟之荐，仍代以陶，杂用古今礼器。今年冬，始仿《通礼》五品官仪式，增置铏二、敦二、尊一、一堂对越，古制具存，匕著、醯酱之器咸备无缺《通礼》治笾、豆之实，陈铏、敦、匕箸、醯酱以竣。既考定礼器，因著其义于篇，以告后世之知礼者。

辨墓祭

嵩焘案：亭林顾氏论墓祭之非详矣。晋博士傅纯所谓制冢椁以藏形，立庙祧以安神，送形而往，迎精而反室，庙寝祊广，求神之道，而独不祭于墓，明非神之所处也。伊川程氏言：生不野合，死不墓祭。其词尤严。横渠张氏亦言立主以祀，以致其精神之极，而谨严其体魄，以竭其深长之思。故知墓祭非古也。《周礼·小宗伯》成葬而祭墓。《郑氏注》：先祖形体托于此地，祀其神以安之。《贾氏疏》：祀后土之神因据冢，人祭墓为尸以证其义。汉以来儒者议礼皆如此。

墓祭之始，兆于《春秋·僖》廿五年，莘有适伊川，见披发而祭于野，曾子椎牛祭墓，孟子东郭墦间之祭。盖亦沿习为俗矣。《史记》：孔子没，鲁世世以岁时奉祀孔子冢。苏武自匈奴归，诏奉一太牢，谒武帝园庙。元帝追念萧望之，遣使祭其冢。皆因事缘情，非常制。光武令功臣王常、冯异、吴汉等过家上冢。知西汉末上冢之风始盛，至明帝定上陵之制，蔡邕亦言古不墓祭，始谓可损。今见威仪，察其本意，至孝恻隐不易夺也。《范史》载：

楼护上书，求上先人冢。庞德公上冢归，当时官民皆已习为通仪。

唐开元中，寒食上冢，始编入五礼，遂为常式。今例上坟常祭，祭筵羊只，照定例减半《丧礼》：初祭、大祭，一品官筵十、羊五、楮二万八千；二品官筵八、羊四、楮二万四千；三品官筵六、楮二万；四品官筵五、楮一万六千，均羊三；五品官筵四、楮一万二千六；七品官筵三、楮一万，均羊二。礼仪始大备矣。据《戴记》出国哭墓而行，反国展墓而入，吊丧不及殡，亦先之墓。古人重丘墓如此其严也。《通礼》：拜扫以寒食，霜降为期。盖即祭义，雨濡霜降之意。《汉书》张安世及霍光传：起冢为祠堂，原涉以冢舍著名。哀平、王莽之世，司马温公谓汉世公卿贵人多建祠堂于墓所。今俗墓所有享堂，即此义也。其祭或以上冢之期，或以忌日，略如荐献之礼。今之葬者非古族葬法也。先人茔墓，或岁不一至，于心安乎？

吾宗岁以清明上冢，五世以上祖墓，皆有常仪；五世以下拜扫，各以其私。岁或再举，远者岁一举，皆荐而不祭。《通礼》载：祭墓具酒馔，明非祭比也。汉儒不主墓祭，而史载上冢者甚繁。以事考之，大率行坟域，眂封树，用荐食之仪。魏武赐徐晃羊酒，令上先人墓。又一时之创举也。

宗祠条规

宗祠岁入有限，而出项累累。比年以来，族中殷实者日少，方益求敦族谊，如春秋二祭及冬至，族公宴聚有费，岁科试、乡会试捷者有费，贫老埋葬有费，义庄帮垫有费，出浮于往昔者数倍矣，而其他用之无节者又有倍焉。顷岁水潦相仍，时忧短乏。少时见叔祖诚斋公掺持公项，所用至约，经营蓄积，以有今兹。遂使日销月削而不知反，后将何以为继。嗣今伊始，宜稍变通旧章，力求撙节，谨条具宗祠出入事宜，俾后之经理者加详察焉。

一、时祭用篚一实帛、俎一实羊豕、铏二实和羹、敦二《会典》有簋图，无敦图，陆氏佃曰敦即簋也。实稻粱、笾四实形盐鱼、脯枣栗、豆四实韭菹、醓醢、笋菹、鱼醢、尊一、爵一、瘗毛血槃二、灌尊一、盥槃一、祝版一文曰：维我祖系出姬周，派延湘楚，百世之宗支寖盛，累朝之阀阅长新。绍簪笏以承先，奉蒸尝而绵后，焄蒿馥郁咸荐恪。夫馨香礼乐，昭明益致，严于笾豆。兹当某节，衹率彝章，肃展微忱，用光祀事。尚飨。

一、时祭颁胙馂馀也，燕酺亦馂馀也，二者不宜重费。《通礼》：日中乃馂享神，惠序齿望以联宗族之情。古人制礼之意精矣，嗣今祭毕一馂，除颁胙之例，以节浮费。

一、例定奖赏，入学十缗，乡捷二十缗，春闱四十缗，拔贡、优贡并与乡捷同补廪，出贡与入学同。

一、清明拜扫，自五世祖以上，五里墩、宋家山、王家山、长岭、杨泗庙五处，皆公同拜扫，祭用酒馔、香楮，每房派子孙一人。

一、男妇五十岁以上死无以葬者，给埋葬费钱六缗，惟妇女贫能守节者不以年计。

一、添丁费，上户三百，中户二百，下户一百。每岁冬至接收，归经管人汇领生放。凡添丁注明生年、月、日、时，男妇死者注明年、月、日、时并葬地。

右总记宗祠出数，详其事宜，酌其丰俭，与族之人共参证焉。抑嵩焘尚有欲与族人约者。吾家世丰饶，科名鼎盛，为邑人仰望。比岁门户日就贫窭，统计一家近百人，读书求仕者十馀人，商贾贸易不过十人，其馀皆无艺坐食游民而已。其间吸洋烟者乃几至二十人，嗜赌者半焉。家法不立，人不务正，而欲求世泽之延难矣。吾宗近者议奖赏、议周济，莫不毕举，而惩恶劝善之意独缺不讲，宜著为规约。年至十五不能读书者，量其材质授以艺，拙者执百工之役，使佣力焉。凡初习艺，宗祠帮钱陆缗，不率教及艺不成，责而追偿之。其吸洋烟者，除年逾五十毋庸追责外，馀皆督令自新，越期不改，由族长杖罚。忤逆及奸宄作恶者，送官永禁，除其名，不准入祠。人生亦各执其业、食其力耳。族人一二忝窃科名而群情汹汹，比势称力，已不甘执艺，以为人役，假而公侯将相出其门，又将何以堪之？嵩焘甚不愿族人之有是也。时道光二十有八年岁次戊申春三月嵩焘书。

耕心堂规约

《记》曰：礼从宜，施从俗。古礼寖废，凡冠、昏、丧、祭之大，日用起居之细，皆各顺其俗，各适其意。《会典》、《通礼》诸所著为令者，知循守者已鲜。司马温公《书仪》、《朱子家礼》诸书，又罕能究知其义。《仪礼经传通解》分冠、昏、丧、祭四门。今冠礼不行，祭礼则宗祠，时祀族公，主之所宜讲者，独昏丧之礼。耕心堂下子孙，贫不能昏与葬，别有资助，因采定家仪著为常式。略考今制，以求古义，附以所见闻，杂著于篇。盖横渠张子之学主于敦本善俗，而以尊礼为用，顺人情，和上下，惟此之为急。凡为规约，属之耕心堂者，本为耕心堂公项言也，不敢概施之族人，而冀与吾从兄弟共守之云尔。嵩焘识。

一、耕心堂春、秋二仲祭，高祖以下祭仪，视宗祠时祭，凡在家者，老少俱会祭，日中馂以齿序宴。

一、凡嫁娶，告知房长，谨择门第相当者。古人以纳采、问名、纳吉、纳征、请期、亲迎为六礼。《朱子家礼》以问名并之纳采，以纳吉并之纳征司马《书仪》用《左传》公如齐，纳币之文称纳币，家礼仍之，以请期并之亲迎。杨氏复谓请期一节不可略，《通礼》仍增入之。惟庙见之《礼记》，称三月家礼改用三日，《通礼》仍之。司马氏《书仪》：新妇降舆，谒祖祢。古者三月始定为妇，故有反马之文。今自纳币以后，更无乖异，故凡婚皆从《书仪》。

一、袁氏《世范》、司马温公《居家杂仪》，皆以议婚太早为戒，《内则》女年十五而笄，二十而嫁。《书仪》、《家礼》皆云女年十四议婚，盖本《大戴礼》女七岁而龀，十四而化成。化成则有为妇之道，故《通礼》以男年十六、女年十四为断。今俗尚早婚，女过期不得配者多矣，然要须逾十岁以上，使男女之性质略有定则，乃可议也。

一、婚嫁务奢靡，十室而九。古人纳征以束帛，必以仪物，将事诚，重其文也。今或用钗镮诸具，要当以两具为率。亲迎之礼，女家张陈其婿之室，则古所无。司马温公谓床榻、荐席、椅棹之类，婿家具之；毡褥、帐幔、衾绹之类，女家具之；衣服、袜履藏之箧笥以从。酌古准今，最得其宜。贫者易以议昏，富者自当分给。女财不必以从嫁相夸尚也。

一、耕心堂下诸房，有兄弟数人贫不能娶者，由房长酌察其兄弟中才能较优一人，为之主婚，公同资助，给公项钱十缗。兄弟已授室者不再给。女贫出嫁，给钱五缗。

一、士、农、工、商为四民，馀者谓之闲民，谓之惰游之民。《耕读堂杂识》载：陆放翁言子孙当使读书、从事农亩，不可迫于衣食，为市井小人事。此为士大夫家言之汉制，贾人子不得为吏，贾生策定经制，已力陈贾人之僭。太史公传货殖，其势益偏重矣。倪文节公《钼经堂杂志》子孙计云：当授以资身之术。今贫民读书未就能者，奔走游扬，以求资助，不肖者遂为非类，由不授以常业之过也。晁错之言曰：一人耕之，十人聚而食之；一人桑之，十人聚而衣之。

今合一姓数十家，无一耕且桑者，此亦国计盈虚之本也。凡畊心堂下子孙，读书十六无成，力又不能任耕作，则督之学习经纪；拙者执百工之役，贫者始习艺役，给公项钱六缗，力有馀者不给。

一、丧葬一依《通礼》，而事所宜自尽者，莫重于敛。《通礼》小敛加敛衣，一、二、三品五称复三、禅二，四、五品三称复二、禅一，六品以下二称复一、禅一，皆以缯複衾一一、二品色绛，三、四品色缁，五品色青，六品色绀，七品以下色灰，衿绞，皆素色。今人叠丝绵三五袭，洞其中加衷袙，上以袭身面，手足用生绢，裁广二寸，络之外，加敛衣最为尽善。大敛，棺内奠七星板颜之推《家训·终制篇》：床上惟施七星板。《朱子家礼》：棺内用沥青溶泻，厚半寸以上，以熟炼秫米灰铺其底，厚四寸，上铺以纸，纸上加七星板。沥青者，用蚌粉、黄蜡、松脂、青油合煎而成者也。或用石膏末，今多用石灰，大不宜也。汉阳刘茮云遗属：以旧衣、絮绵衬棺底，并填纳四旁，或用棕皮叠布棺底。敛讫收衾后，以棕皮上掩，作鱼鳞交搭之状。棺外亦用棕丝密织，如棕箱式。其义皆取于经久不坏，附身附棺，无嫌详慎也。

一、《孝经》云：卜其宅兆而安厝之。《汉书·艺文志》有《堪舆金匮》十四卷、《宫宅地形》二十卷，是葬书自汉有之。郭璞《青囊经》言葬法始详，儒者所不宜言。据葬书，葬乘生气。程子五患，朱子须形势，拱揖环抱，无空缺处，已尽卜地之要嵩焘旧著《慎终录》一编，言此甚详。凡葬，开井宜宽，棺旁和干土、石灰捣筛，令细栗木杵累寸，筑之及棺而止《家礼》有作灰隔之法，先布细炭末于圹底，筑实，厚二三寸，然后以石灰、细砂、黄土筛拌，洒以淡酒，筑实，厚二三寸。别用薄板为灰隔墙，高于棺四寸许，置于灰上，乃于四旁放下四物，亦以薄板隔之。炭末居外，三物居内，如底之厚，筑之既实，则旋抽板，近上复以炭灰隔之，及墙平而止，盖又外加炭末一层也，上加三合土为封《通礼》一品九十步，封丈有六尺；二品以下以次递减二尺，发步均自茔心数至四旁。诸葬具及志铭式，一依《通礼》。

一、反哭而虞古者葬用朝日，故日中而虞。凡葬用柔日，遇柔日再虞，遇刚日三虞闲日再虞、三虞。今葬不论刚、柔日，则葬后遇柔日，再虞可也。今人惟初虞一祭，礼仪亦简，非古也。百日卒哭祔，以卒哭之次日，质明祔食。先祖葬后，惟此四祭，俗举七七之祭，义亦有所本田艺衡云：生以七日为腊，死以七日为忌，一腊而一魄成，一忌而一魄散。杨用修云：人生四十九日而七魄全，死四十九日而七魄散。郎仁宝云：天之道，七日为一候；人之气，七日行。《十二经》又引《论衡·订鬼篇》推五行相克之理，如木日鬼则金为之杀，金日鬼则火为之杀，皆隔七日也。王棠谓古诸侯七虞，以七日为节。《陔馀丛考》谓七七起于元魏、北齐。盖元魏时道士寇谦之教盛行，道家炼丹拜斗，皆以七七四十九日为断，遂推其法于送终耳。惟僧道建醮超度为悖礼耳。耕心堂以下子孙居丧者，当以尽哀崇实为务。《记》曰：三日而殡。凡附于身，必诚必信，三月而葬。凡附于棺，必诚必信。凡饰外观为非礼者，无惑而歧焉可也。

一、耕心堂下子孙贫不能葬者，给埋葬钱六缗《释言》葬不如礼曰埋。贫家始死，有夜讴柩旁者俗谓之唱夜歌，盖亦挽歌之遗，而所讴多取欢笑为乐，有用释道超荐者，当著为禁例，永守之。

一、耕心堂下子孙贫者，少年聪颖，资之读；老疾妇女守节，给之养，岁各给钱六缗读者为从师之费，老疾及节妇有义庄，有各家私助，故惟三节各给钱二缗。老疾者或嗜赌为非，吸洋烟皆不给。

义庄记

义田之制，创自范文正公，置附郭常稔田千亩，以养济群族之人，日有食，岁有衣，嫁娶、凶葬皆有赡，至今范氏义庄犹世守弗坏。吾父在时，每有志于是而力不逮，尝言吾家虽非巨，而于吾族本支中，丰啬则有间。家所有，由祖宗积累而来。族之人皆祖宗子孙也，其初兄弟也，吾幸免于饥寒，而不恤兄弟子姓之饥寒，奚以慰祖心而敦族谊。自高祖霞轩公，支派不下百人，其贫而能自食其力者不计，其必需佽助者又不过十中之一，此而不为之所，吾心恧焉。既而吾父病笃，易箦之际，犹再三命不孝家声曰：予生平有志未逮，惟置义庄、赡宗族一事。曩者既绵于力，天又不能假我以年，女其勉承吾志，仰承遗属，耿耿在心。自戊戌以来，水潦频仍，不孝又疏于理财，承遗命而不克遵行，奄忽数年矣。癸卯岁秋大熟，因念继志述事，人子之责，分多润寡，宗族之情，遂勉力均输钱一千串文，岁计其息，以为赡族经费。谨述巅末，以志家声之所以不敢厚一己之奉，以薄视夫族人者，实凛吾父之遗训也。后之有力者倘能扩而充之，以继文正公之义田，阔大其规模，是则家声所厚望也。夫所有分赡条约，胪列于左。

一、此项义庄，专赡高祖本支以下三房之贫者，合计年五十以上、十岁以下，专待赀给为生者，不过十人。经费尚属有馀，嗣后当以十名为限，按次补入，以防经费之不足。

一、男妇五十以外，各日给米一升；三岁以上、十岁以下之男丁，各日给米半升，以矜老幼而示限制。惟节妇及有废疾者则日给以食，不计其年无论米价贵贱，每米一升折钱二十文，以归简便而昭画一。

一、寒之需衣，犹饥之需食。每年十月初一日，凡食义租者，即于义租项下各给钱一串文；十岁以下之男丁，各给五百文，以为寒衣之助。

一、此项部署，应照范氏义庄例，择族中之长而贤者主其计，而时其出入。凡食义租者各立一折，每逢朔望前一日，赴经管房长处支领。

一、所议条款，按息酌议。日后如有盈馀，再行推广，幸为家声谅之。时道光二十有五年乙巳正月初三日，家声谨记。

义庄之兴，乃先叔祖诚斋公之意，而先叔莲舫公实成之。所谓捐钱一千串文者，乃先年置志城弟涌金街屋二栋所折抵，岁租八十四千。往年食义庄者岁不过六十馀千，比年常有增加。间值闰岁，则所费几至百千，而亏及宗祠，日以剧矣。食义庄者又不能相谅，常以艰乏累累预支，经理者惧焉。今秋八月，会有兵警，纷纷徙避乡间，各屋空无居人，租无所出。嗣是之后，义庄将日艰。鄙意当循照定规，度岁之所入，署为常额，缺则补之，以三季给发，省经理之烦。嵩焘再从昆季中尚多可自给者，岁尝赀济族人无少缺。是以吾族虽贫乏，而不至忧失所。比年以来，水旱兵戈，日忧不给，义庄之积，遗业仅存，安能起族之人齐心协力，以善其后哉！爰志其略，敬告来者。时壬子初冬，嵩焘识。

储芳堂双槐记

宗祠之堂曰储芳，树双槐两楹侧，伯父钧台公手植也。时予兄弟未始生，伯父召群季相与言曰：吾家积世久，必有兴者，《周礼》三槐三公位。宋王文正之父，树槐于庭，以兆其子之兴。今吾树槐兹堂下，他日名子必以槐其群，从兄弟以次依木为名，故予少领乡荐，名先杞，意诚名先梓，从伯父命也。其后伯父竟无嗣子，从子先棫，所谓槐者终不得一名其子焉。岂家之人不足承其庥与？抑予兄弟非所以亢宗伯父所期许者？宜靳不予与。戊申、己酉之交，大潦涨堂下右楹，一槐为水所啮，萎落赤立，乃伐去其枯槊，补置一槐，去伯父之卒又十年矣。

夫古仁圣贤人有所期幸于后，而假物以信其说，岂能必得之天哉。幸而其言，酬好事者传之，遂以取征史策。世固有行义于身，而报之反者，彼其言与行，后世犹或知而传之，而或抱负奇伟，终其身无所表见。至于老死而言与行澌灭不章者，又可胜慨哉。伯父耿介而和，义行闻乡里，有王氏之泽，而不及享王氏之报，悲哉！斯槐若斯之无闻也。夫物固亦有幸不幸，岂独人事然与。道光庚戌冬十月朔，嵩焘记。

涌金里先宅记

先世僦居城中，五传居宅无闻者。曾祖奉直公始营宅涌金里，曰耕心堂。乾隆壬子，从祖中书公书“耕心”二字，榹尚存，去今六十馀年。宅前为厅，厅后两檐为廊，中为堂。三楹前后皆寝，再进为内寝，亦析前后为夹室。大父昆季相比而居，本生大父奉直公，曾祖季子也，居外西室。

乾隆甲寅八月，先君始生。曾祖时病革，闻季氏有子，喜甚，扶掖起坐床上。乳媪抱孺子，摩视之，叹曰：佳儿佳儿，其年十月病遂卒。先君在时，尝指示其处曰：某所曾祖居，某所予呱呱时所托倚，其后析居，宅归大母张太安人。先君与伯母析居，宅又归伯母吴孺人。而吾家自大父以来，世居此宅，中间随本生大父居鸾和桥者十馀年，又返居此。厅后两廊更易为外室，宅西上复为楼，楼下为暖室，规制凡再变。

道光之季，宅归从叔莲舫公，后遂以其屋租所入为义庄。曾祖神主旧供此宅，予欲奉高祖主为支祠，岁时会群兄弟祭高祖以下。当乾隆初，族曾祖次谟公营宅城南，与此宅相望。再世鬻于蔡氏。从祖诚斋公亦营宅城南，尤壮伟，近毁于寇。而伯父钧台公宅与此宅对宇，从父正融公、兰友公环宅涌金里左右，皆幸无恙。故吾宗宅城西者尤盛，然独此为旧宅，今百年矣。

壬子秋，兵事起，予兄弟避居山中。所谓耕心堂者，宗人育之，实僦居之。高祖之祭，旷不能举，偃卧深山，人事都绝，独此宅往来心中，若不能一日以释。呜呼！先人故居岌岌不自保，吾独能无慨然也哉！为之记以诏后之人，庶几不忘所自。癸丑夏五月朔，嵩焘记。

传状志铭卷八

例贡生郭府君及德配罗孺人合葬铭

鸿胪寺卿湘潭罗典撰

君讳熊，字梦兼，湘阴郭氏。少常为科举之学，试有司不售，则弃而为贾，大赢于赀。晚筑室涌金里，值望湖门，因自号“望湖”。性瑰奇多智，所亿度必奇中，其规时趋事，人莫测其所向，或惊怪相遮，要而讫其终，若合符契。众皆帖然詘服，更相询以所疑，拱立寂听，无敢参差。

沉厚敏给，其才沛然，常若有馀。当乾隆中叶，用兵西北隅，天子忧转饷之艰，数诏富民入赀补官。言者谓君才，出任司牧，总会计，必举其职。或劝以趋时立功迹自愿。君顾漠然曰：吾尝求应明经试，明经吾志也，乃纳赀为例贡生。夫人罗氏，处士宏位女，柔嘉淑明，以才佐君，大沛其施，内仁九族，外赒乡里，勤而不厌。凡邑之公，资君以举，必究其力，夫人尝括家私佐之。故君于大小之事，挈提纲维要，会其成，综理琐细，以使完好无间，夫人与有助焉。君没于甲寅十月初六日，诸子营葬地未得，后又六年，夫人没于丁巳十月十三日，至是乃合葬湘潭南五十里之株木冲。子世遴、世遵，皆邑廪生。诚世，壬子科举人、内阁中书。世暹、谆世，候选县丞。诠世，邑增生。世遴、世遵、世暹并前卒。其葬也，以世遴附。予与君及陈太史每田、余太史存吾交最深，相与谈文事，君子诚世又从予受业，为世交。将葬，以状来求铭。铭曰：

川高而流，泽卑而止。君才蹇身，而施止此。富至仁归，有闻乡里。贤妃宾宾，称情俪美。委形斯丘，从以元子。我为铭词，用式来轨。

郭府君暨张孺人合葬铭国子监祭酒道州何凌汉撰

公讳显，字次谟，号丕亭，湘阴人，邑庠生吟亭先生之次子也。入资为太学生，自少废学，与兄弟居贾江汉间，而立心制行，动合古人。未尝临摹法帖，信笔所之，皆中矩矱。居家恪遵《朱子家训》，务屏去浮荡弛肆，论人世事当否，谈言微中，若烛照而数计也。壮岁懋迁有无，居积饶裕。晚嗜樗蒲，财辄耗，益慕为徜徉自适，一切不以屑意。好占梦，每奇中，若有默语者。盖至性朴实，诚精而明，非幻境也。配张孺人，贤明恭俭。先生每外适，孺人家居，奉姑以养，备极爱敬。

先生兄弟五人，长炯，邑庠生，有文名。叔季皆业商，少失怙，体慈母之爱，以积赀均赡昆弟。孺人亦出其私财，佐先生孝友雍睦之德，人无间言。先生以雍正戊申十月二十七日生，以嘉庆甲戌十二月十七日卒。孺人以雍正庚戌正月初八日生，以嘉庆壬戌七月二十五日卒。子三，世伟、世僖皆太学生，世偁拔贡生。女二，一适楚氏，一适李氏。孙十人，长家光，嘉庆甲子科举人。曾孙九人。孺人卒，祔葬大垅王家山祖茔旁。先生后卒，合窆。其嗣世偁为余同年，以行述邮寄京师，属为之志，遂合志之。铭曰：

其行其志，并以千古。卜贞兹土，荫尔子孙，如螽羽。

伯祖母盛太孺人行略

呜呼！吾大父兄弟六人，皆不幸早逝，而大母先后宛若，独多老寿贤仁，为时所称。伯祖母盛太君，年过九十又五乃卒。卒之日，宗族子孙走哭尽哀，姻党闻皆泣下，道路之人相与太息，诵言其贤无异词。

太君世居东仓，族繁且富，时号“东仓盛氏”。祖曰某，父曰某，素贵。盛太君之归伯祖廪膳君，能谨饬执妇道，虽舅姑亦称其贤。廪膳君有盛名，庠序交游广，宾客常交屦户外。太君日具酒，治饪以待需。洎廪膳君之丧，年四十六矣。而世父钧台公生才数年，太君每抚叹曰：稚子寡弱，先人名德何以能继乎！其课子必以礼法，温颜逊语，导使率从。钧台公习其教，耿介端严，至老言行无过差，邑人称贤。太君性仁厚，于人靡所不护育，待遇群从子侄，均一如所生。庆喜吊忧，同其惠爱，无几微异。视岁时造作醯醢酒浆，计数区分之手，自均量遗。诸子侄不以贫富异，积数十年以为常。

晚年病痹痿，勤勤以属，犹时或违其节，喟然曰：及吾之存，不能踵吾志，后将何如耶！其后稍沉绵，昏不知人。而钧台公前卒，闻家人哭声，咤曰：吾固死耶！谁与哭者？仆妇或以告，嘎然号而无泪，手足皆颤僵仆移时。自是食饮寝兴皆无所知晓，时庚子十一月也。又二年，壬寅十月二十三日，太君乃卒。

崑焘少读书钧台公家塾，每晨入学，必先谒太君，及夕亦谒告乃归。即寝或归稍晏，太君凭几以待，往往至夜分后。病剧，子妇至前，或不识，犹能辨声。知崑焘，抚摩如平时。病时，朝暮省谒未尝敢废。当时太君之视崑焘，笃爱逾其子孙。崑焘之倚太君，亦若所生祖母。呜呼！吾家自曾太父以来，骨肉休戚，交相为念，莫相为非，如太君之风，其尤可为深长思也哉！故于太君他行不具述，惟摭其所以施于家，与崑焘承事太君始末，为行略，求立言之君子托不朽以传焉。时壬寅十二月，从孙崑焘谨状。

郭鸿渚家传 翰林院庶吉士长沙余廷灿撰

郭君，字佐平，名世遵，一字鸿渚，湘阴人。静而好深沉之思，颇熟儒先理语。学时文，不肯随人下笔，锐意在自出匠心。先是君名世仙，读书仰高书社，都讲亟器之。是时，巡抚湖南敦公以兴贤育才为己任，一日小憩仰高书舍，目君于稠众，独询问甚悉，为改名世遵，然久困伍中无所遇。

乾隆己亥，余会学于城南，是年县试，冠童子军，得籍县学。及学使者按部试诸生，君岁科试两考文，连署第一，食米廪，名噪一黉，自是益期远到。惜瘦瘠善病，癸卯秋闱宿疴顿作，咸阻于省门。君尚力疾战文，文不称意，愈抚床激楚不自休。及病益笃，尚强作笑语，以纾亲忧。冬十二月十六日，吟诗属昆季曰：天既促我命，脉脉语不得，死者安足悲？生者各努力，遂投笔逝，年三十二。子其弟诚世之次子家暾为嗣。君自待不薄，每急人之病如己病，推解无难色。秀民贫而废学，则岁出橐金助之。其人因成学不徙业，约群从为联芳谱，会醵金权子母，累至千金，以敦友爱。其见之施行者如此，其未见者可知也矣。

君家自高曾世有隐德，尊甫益笃古心。每县中学校大兴作，及培壮形胜，津梁、衢路诸大役，辄多括家赀以蒇事。生君兄弟六，伯子世遴亦以文食饩，而君与季弟世暹乃先就萎。叔子诚世与余子邵贤共研麓山，壬子同举于乡，明年会试偕入都，为余述之甚悲。余亦扼腕，意为文传。君踌躇久之，以为人世之死于耆年老寿，与其死于达官贵仕，尚或草亡木卒、朝荣夕萎，自冢土外即一无所留于世。而君年不跻中寿，名不挂朝籍，吾文于君复何有。

一日，予方治《周官》经，读地官闾胥之法，敬敏任恤者则书之；读族师之法，孝弟睦姻有学者则书之。因念君曾执经请业于予，则予亦君之闾胥族师也。考君行谊，又应《周官》经书法，使其生也。予尚当执笔，特书以厉学行，矧短折不展所抱，顾听其泯泯就湮，晦无一言，标揭于吾文乎！乃作小传，俾藏于家而传于后焉。

祖母张太安人阡表

先祖母张太安人葬书院冲，三十有七年，而墓碑未立。术者谓其地后圩而旁空，不可久次，当谋栖葬。顾念先体之安，此未敢遽也。盖迟回十有馀年，始以丙辰之冬十一月营土为封，树碑于阡。

呜呼！太安人之归我祖鸿渚府君，岁方一纪，而遭府君之丧，所生惟适陈氏姑一人。始抚伯父晓融公，既授室矣，逾年而殒。而先考再为之后，骨肉之痛，哀悼惨烈，至于老而心常戚然。时家故饶于赀，岁羉有馀，赡亲故，贷诸困，约绰如也。而性严厉，督责家人过失无少假借，惟先妣能顺承之，以得其欢心。先妣之归，太安人寿六十，早暮承事，盥馈衣履，先事夙具，而家务丛委巨细，综理有法。太安人为稍弛其劳。其后六年，嵩焘生，择日具酒食，会诸娣侄，自觞以饮曰：吾数十年始有今日之欢也。明年己卯十一月，病遂卒，年六十有七。

嵩焘始孩提，先妣尝诏之曰：吾姑晚抚孙，劳悴过于平时，自晨至夜分，常在抱也。口承涕洟，惧巾拂之。伤逾年，病且卒，弥留之言，惟属念孺子，语无旁及。又曰：吾姑数言孺子非常见。术者比次其所生日，以五行推合之法当贵。笑曰：果不负吾所期许，而少未有知，谨志吾言，他日无忘而祖母也。每承先妣言，屏息肃听，间从问太安人容笑动作类何状，仿佛如有见者，此二十年以前所耳习也。

呜呼！小子之生，及今三十有八年，仕未进，名未立，又不能发之于文辞，使太安人潜德逸行暗而日章。追念先妣期许之言，未尝不涕泣且汗下也。因即揭是语以表于阡，俾知小子所以承荫太安人，获扬其庥，以幸不辱其宗者，若斯之艰难也。咸丰六年十一月，嵩焘谨表。

内阁中书郭君墓志铭翰林院修撰金匮顾皋撰

嘉庆壬戌之秋，内阁中书湘阴郭君以病乞归，道卒。士大夫知君者皆太息，悼君之无年。而君之孤家暄奉君之柩归葬，走币京师乞铭。予知君晚，而辱以文字交君，乃承事而为之铭。

按君讳诚世，字葵臣，姓郭氏。其先由江西吉安徙南雄，转徙湘阴，凡六世，世有名德。君少读书，务实行，孝友循循，为文章与古为趋，不苟取悦流俗。然读其文，深窅幽邃，虽卒不可窥寻，而莫敢相非。举乾隆壬子科乡试，数试礼部不售，释褐为内阁中书。旋补汉票签中书舍人，兼典籍厅事，协办侍读。同时在内阁者重君文行，有疑事相谓曰：以谘郭君。

君始通籍，遭父忧，又遭母忧，哀毁逾节。南方俗重葬地，君御芒鞋，从小奚奴，担簦，行百里外，露宿逾月，泥雨顿踣不为阻，终得地以葬。而伯兄世遴前卒，君曰嫡子当从父母葬，并葬如礼。其季诠世，阔达多大节，重气谊，然诺私负累千金，家人莫知。君侦知之，会就官京师亲友馈赆千金，悉以属其季偿负责，而孑身行入都。君之苦身以勤孝友之谊如此，斯可为难矣。

君行事务明大体，而端谨自持，历官数年，无纤毫过差，与君游者相重如师友。壬戌春病，予与吴君灼、秦君敬衡数往视疾。疾且笃，乃归湖南，以其年九月某日卒于某所。方君病时，同官某循资应补舍人，谋速得铨，丐所常与善，从容谓君若引疾归，我得补若职，是若赐也，敢不报。君怫然曰：吾病不能治官事，义当引退，顾奈何以朝廷官职供吾私交而利之乎！峻拒之。其后竟自告归，同官某卒补君缺为舍人。铭曰：

寄身天地为蘧庐，死于牖下与死于道周，一归于虚，曷为其唏。惟君耿介之节，较然不欺其素志，实孝与友为之权舆。及中寿而考终，永归全于斯墟。

节孝胡太安人墓志铭

翰林院编修善化俞东枝撰

太安人姓胡氏，庠生硕士女，赠承德郎郭君世暹妻，布政司经历家骥母也。生十九年而归郭氏，五年而为嫠，又十二年而叔子家骥生，始命以为子。

其为嫠也，上事姑嫜，下和娣姒，安于命之固然，数十年无有咨嗟怨郁之容。先后侍舅姑疾，在视寒暖饮食，专心一力，不爽其节妇也而承子职焉。性好施，津桥、祠庙之修建，曰于我乎主；孤嫠无依，曰于我乎养。而自奉粗衣粝食，终身无过，缮居室，治田产，岁籍其赢，计算无遗策。嫠也而秉男政焉，勤其子之师，而并择共学可为友者；笃子姓之爱，而尤厚其学行文章殊异者。慈也而兼存奖劝之教焉。

家骥既长，援例为布政司经历，以其官赠父承德郎，封母太安人。又汇次其节行，请于大府，以闻于朝，奉旨旌如例。是时，孙先梅亦长，能读书，人咸曰天将以是昌其晚节也。而家骥性故豪靡，以债负鬻所居室。太安人曰：吾居此久，能他适耶？遂自恚愤以卒，年六十有六。太安人既卒，家骥乃自悔艾，勉为善行以卒保其家。用是益知太安人之教能始终护育其子，使无违德也。

东枝于太安人为年家子，又与经历君交最深，得拜太安人堂下。将葬，请铭，敬系以铭曰：

傀然嫠，生靡毗，为世唏。躬有德，行无越，众所则。厥心臧，既寿康，宜繁昌。生有涘，垂无已，视兹土。

候选县丞郭君墓志铭 江西粮储道前翰林院编修长沙余正焕撰

君讳谆世，姓郭氏，诚斋其字也。世为湘阴巨族，祖曰遇杰，父曰熊，皆有隐德。君生而温夷粹雅，语言恂恂，人莫见其喜愠之色。而天性通敏，精于事理，人事填委，兼综博揽。惟所设施，兄弟皆读书，规仕进。家世厚资产，君之父既老不任事，事皆倚君办。洎终父丧，援例出仕，得谒选为县丞。已而叹曰：薄宦逐逐随人后，岂所堪耶。竟终不仕。

君故静秘，好深湛之思，所治事要会其成，宽假岁月，持久不懈。邑学当新始而积资微，众难其任。君聚众谋曰：假我五年可乎？乃悉其资，贷诸有力者，时其出纳而收其赢，五年而事集。

又出资为众倡，众辐辏争赴，湘阴学壮丽，遂甲东南数百郡县。又用其法以施于宗。君宗故豪汰，累数千金皆罄。君乃合其馀，变通计画，以置田承祀事，百废俱兴。既久资益丰，君常营室，预度栋、楹、梁、桷、楯、槛、盖、瓦、级、砖土木之役若干，漆髹、丹雘之役若干，锻镂、雕斲之役若干，先期宿具，各有记籍。至日会工役数百人，各授以事，假以材，督其员，程比室，成尺寸程式，不失锱黍。君所司会计，公私累数十馀籍，而管摄无遗算。以吾所见当世人才，精练世务，殆莫君若者也。

呜乎！君之沉博隽敏，推其能，可用理天下；究其志，可用阜民生。而终不一试其施，其施之里党宗族，间者什二三耳。知之者虽多，言之者虽哀，而功不著于斯世，名不附于史册。里巷悠悠之词，为得为失，于君何有也。呜乎！此予所以重为君哀也。予顷以老疾归乡里，亲戚故人相望日希。于君之卒，既衋然以为伤。逾年，君之子以书告葬期，且曰铭墓之文，惟先生，宜其忍不铭？铭曰：

君才觥觥，蛰于一乡。以奠穷荒，卑官弗涴。颓俗弗堕，畸行无愞。于世勤勤，邈与古群。终已无闻，我铭在碣。君才之揭，以诏来哲。

桑植县学训导郭君墓志铭云贵总督安化罗绕典撰

同年友湘阴郭君，年六十举于乡，始望，见君侪众中修髯广颡，容止魁然，时以方长洲沈尚书。尚书以诸生名重天子，公卿贵人争延致，跻台辅。公孤如坦，步履平地，而君挈提所为文试礼部，三不得第，无闻京师，岂非所遭之时异与。而尚书寿九十，君亦八十有二，得年差同。君为选拔生，先余二十有四年。见君名如古人，旷世相闻，而君固傫然健在。

道光二十九年，余以先大夫丧，自湖北巡抚解官归，始闻君卒。后又四年，余佐军事长沙，去君居百里，而君之孤以书来曰：先君葬已二年，而无碑于墓，知先君者莫宿于先生，敢请铭按状。

君讳世偁，字存门。祖遇贤，庠生，以经学文章知名。父显，太学生，生子三，君其季也。君父兄皆习贾，而君复用儒术起家，少从学湘潭罗鸿胪，与严方伯如煜、李舍人在青同师相亲，砥学砺行，声名大起。嘉庆六年，得选为拔贡生，掌签记，有名礼请无虚岁，足迹常越千里外。嘉庆十六年，天子西幸五台山，西提学周公系英荐君才，得召试，天子惊异其文，赐文绮焉，然终不得试仕为吏。道光八年，举戊子科乡试，卒用拔贡，循资铨授桑植县学训导，以老不赴官。

君孝友根于天性。太学君治家严，子弟虽长，衣无裘帛，每怒，长跽听命，为诸生时犹然。兄世伟，赠文林郎。世僖，太学生，以子姓繁，中析食，或不充。而君独丰饶，日伺诸昆困乏，周济之无缺。咸安宫官学教习举人应麟、拣选知县举人清晖、新宁县学训导拔贡生家睿，廪膳生家瑞、家亮，皆君子侄行，从受学。君施教无倦，藉荐待遇殷勤甚，争自刮磨，淬厉于学。所居室子弟取科名署榜标门楔，内外几遍，乡里荣之。生平无他嗜好，床榻几席，萧然一室。精书法，求者踵门至，后进习书法以为师。喜宾客，日丰食饮款客，惟恐不欢。温让谦退，人乐为亲，而性刚嫉恶，遇不可，引绳批根，辞气怫然无少假，乡里为不善者戒无使君闻。

邑文庙、书院、文昌阁诸大徭役，君皆在事，指麾经营，而建立宗祠、创置祭田、酌定家规，务以敦本善俗，力尤勤，心尤笃。岁时祭祀，腥熟之荐，虽至笃老，必监视致严。年八十二，以道光二十九年二月二十九日卒。君功名子姓皆晚昌。元配甘孺人、继配杨孺人，无子，子兄子家鉴，亦早卒。后配李孺人，生子三人，家钧、家铨、家镛，皆为邑诸生。女七人，孙四人。呜呼！君生平遭际、行谊学问，表表如是，是可以铭。铭曰：

有美鸿胪，君学有承。左挈右提，学徒烝烝。视时污隆，辨若淄渑。歧邪觝异，正教朋兴。其容敷愉，中藏圭稜。耄而考终，骏叶云腾。湘流如环，四彻中绳。君没四年，哮寇凭陵，巍然兹邺，野蔓寒藤。先民遗躅，于斯犹征。

郭母胡孺人墓铭

署衡永郴桂道前翰林院编修朝邑雷成朴撰

孺人姓胡氏，湘阴人，庠生成烈之女，归于郭氏。舅曰炯，庠生。夫曰世修，无子，子夫兄世仪子家益。夫卒，抚子成立，娶妇高氏，生子五。高氏卒，子小者才逾岁，孺人又次第抚之，以至成人。子家益复卒，孙夭者二，孺人更为其孙先招授室生子，又见其曾孙成立，能读书。年过八十有三，始以疾卒。

孺人慈温恳笃，自少至老如一日，宗族子姓数十人皆谂其名字，及其家男女长幼。至病且革，诸视疾者环榻前呼问，汇举无讹，臧获仆妇，礼遇毕隆。生平所历，丰屯平蹇，一安之若素，无陨无诎。子孙将事左右，终其身未见其有遽容谇色也。世仪兄弟五人，皆绝无后，而孺人所后独昌炽繁衍，绳绳奕奕，既光且大。盖孺人之德蕴于身，而流庆于后人也，有自来矣。孺人生乾隆三十三年九月初七日，卒道光三十年十二月二十九日。孙存者三人，先招、先振、先播，曾孙立榕。先招出以咸丰元年正月，葬孺人某山之原，使来请铭。铭曰：

有嬴其先后必丰，继世而往亢其宗。若堂若皇，版而封亿。载万世，垂无穷。

伯父钧台先生行状

伯父钧台公，讳家陶。祖讳熊，贡生，例赠奉直大夫。妣杨宜人，父讳世遴，廪膳生。妣盛孺人，世德廉孝，人望归焉。公生十年而孤，鞠于妣氏，噢咻煦濡，宽柔以教，守而弗违。既长，沉练精敏，通知人情，凡所设施，必当于理。

明御史李公建坊城南，毁于火，再建，再火，石暴烈伤人，居民相聚，戒不令重建。李氏子姓哗于市。公谕李氏：姑徐之，若急，群起为难，无益。李氏固欲假公言压众，恚公袒众，讼首公。人谓公，此众意，不宜独任。公曰：彼固且累我，我独何为累。公与李氏坦然质辩，事竟解。邑文庙及学故有田甚饶，主者间岁一更，率传舍，视寖失业。君值岁主进，悉数十年锢积次第厘正之，众怗然服，悉输公，资用以裕，后事者踵为法。会新建文昌阁，推公督治。公廉得公直士数人，各授以事，而自襆被宿公所，无巨细躬自监视。每晨起立檐下，露濡衣裾，人见者皆输写心腹，乐为用，不敢隐蔽。

公性耿直，闻人善若为己功，闻恶若己仇，遇同辈士贪谄，屏不与齿立交一语。邑令贤，勤政事，必诣公谘求利病。兴化徐公铉、新城陈公晋恩尤厚公。徐公责保甲，捕盗械治方急。公从容言，盗踪所发，视所窝藏盗根，视捕役保甲不足责。徐公翻然敬礼其言。陈公有所款接，士固颇僻，益用自张。公谓曰：是且假声息污公，愿慎之。先后令皆名公正人。苏标者，大猾也，横邑市中，狎侮搢绅，摘发其阴私无所避。每见公屏息立退，为人言：吾所狎乃非正人，公正人，吾不敢狎。公亦尝言标有古游侠风，世不足知之。

公所营室为园，植花木，列屋数楹，俾学者馆师其中。家子弟居此致通显，多公提挈。嵩焘束发受书，依公。公独伟视异诸儿，每顾而言亢吾宗者是子也。及为文，苦思深索。公怜其勤，加戒焉，且曰：是子体不任其气，介焉寡营，独其读书为文，若猛兽鸷鸟之发，吾乐之忘倦也。晚年视天下事多不当意，深居叹惋，言朝廷高远，世所以利病未必皆知，汝曹幸为御史，当言职，吾得一倾胸臆，藉报天子，死不憾。叩其所以，公笑而不言。生平蕴才负志，不一试于事，欲留以待后人，又不及待而死。且死，人咸曰：斯人也，不得善之报，为善者其惧乎！

公生于乾隆四十八年癸卯六月十六日，卒于道光二十年庚子十一月初四日，年五十有八。始配胡孺人，继配赵孺人，又配胡孺人，皆无子，以从子岱焘为子。汉黄德道彭公舒萼，嵩焘师也，讲授湘阴学，谓人曰：郭君斯邑之澹台子羽也。呜呼！公之德，忤于人而阏于天，既暗其施，又艰其后，其心所通晓与所能为，未尝一耀其文，著书诏后世，此世所以卒莫知公之深也。嵩焘愚骙无立，于公之大者莫能知，知其一二小者，相习久，是以能质且详，纂而存之，以待后之立言行远者。从侄嵩焘谨状。

伯父云舫公墓表

伯父云舫公，讳家瑞，邑增生，以五经教授乡里二十年。读书以文字轻重缓急，求义理所归，而审其脉络之输委。为时文字梳句栉，揉而淬之，引伸其义，使曲畅旁通。尝言圣人之书皆意馀于文，惟善学者能于虚空交会之中，涵玩而搦捉之。又言唐制试士曰帖括，帖经以字，括者总括经文大义，其道盖卑而非尊。而今制科之文，或昧于文字增损，谓之无帖，知文字矣，而义理不足发明，谓之有帖无括。故其课为时文务明法度，通经义，经所指授，规矩方员悉中程式。

嵩焘生十有三年，从伯父受学。始见语曰：文无古今，惟意之适。望溪方氏言义法易，所谓言有物者义也；所谓言有序者，法也。曲折往复，不相凌越，斯谓之序；荡涤稗垢，而其精者存，斯谓之物。嵩焘时为科举之学，二年茫然莫知其津涯，闻伯父言，大醒悟，自是通知时文之义法。少羸病，不乐章句之学，颓然自废，终以无成。而稍能窥求文字，望见崖略，以知古今人得失，皆伯父之教也。

伯父性恬适，气和色夷，未尝少侮于人。自少迄老，廉静耿介，始终如一，无几微过差，人皆知其长者。配胡孺人，盐大使添棠女。有男三人，女一人。以戊申六月初九日卒，葬冷水冲丝瓜坡。汉世儒者传授经义，所从受学为本师，终其身不敢忘。

嵩焘少从学，里塾凡数易师，独得时文义法于伯父，稍能知其体要。于伯父为本师，故于伯父生平行事不具详，独著其所讲授、有益于学者揭于墓，亦所以自志其承学之私尔。道光二十有七年戊申岁十一月朔，从侄嵩焘谨表。

简用知县郭府君暨瞿孺人合葬铭

咸丰七年九月某日，葬故简用知县郭公于善化大坡山之原，于时公卒已二十有九年。前葬大垅祖茔。公之配瞿孺人，后公二十五年卒，卜兆兹原。其由曰：吉用虚其左，栖公合窆。族子嵩焘为之铭。

公讳家惇，字彝五，更名应麟。少孤贫，振厉奋迅，不自沮挫。而天性开朗，读书能尽其精微，与诸昆以文贽谒邑令许公。许公指语人曰：诸君文辞可观，然皆小成而已，此少年生精力绝，人名世才也。嘉庆十八年，应选拔试，与从兄播五公攘臂角艺，时称“两郭”。提学汤公持其文，久不下，已而曰：兄弟当以次序，卒拔播五公，而以公为副，是科竟领乡荐。明年考补咸安宫官学教习，韩公鼎晋督学闽中，延公往佐。闽中山水奇丽甲天下，公时跨小骑，缒幽涉险，旁魄块圠，以发其奇于文，所艺日益工。

嘉庆廿四年，继祖母韩太孺人卒。旧制继祖母无承重例，公恳辞请终制曰：孤子幼鞠于祖氏，敢违丧服？大吏悯其情，为请于朝，自是继祖母承重著为令。道光五年，提学祁公奉府州县学官不得受生员贽谒，公为书力争言：师弟以礼贽见，于义无害且事微，而使朝廷创法禁除，伤教化，失国体。祁公卒自引谢，用公言复奏。任咸安宫教习，故事咸安宫肄业生皆宗室近属，傲謇不习科式，公舒而与之委蛇，稍稍开以问学，人知向化。在学三年，报满引见，以知县归部铨选。道光九年，应礼部试，疾作，以六月初七日卒于京寓，年四十二。瞿孺人太学生廉逵女。自公在时，食贫力苦，米盐零杂经纪无缺。公卒，挈二子僦居小市板屋中，日督以学，而躬自拣料衣食。其季先绶卒用以成，为诸生有名，致养于孺人者又十馀年，以咸丰三年三月初八日卒，年六十五。

呜呼！郭氏自公与播五公通籍为儒官，蔚然隆然，郁勃以起者负才相角，人曰郭氏其遂兴于世。而公寿不逾中纪，仕不履巨任，有其具不遂其施。播五公孑焉为瞽矇，困踣以终，曷为其兴哉！虽然天地之气，闭塞而昭苏。公之子瀛也，得一善，拳然在膺绶也。才足济时之变，辨足给理之穷，用其能振其家，屹起为杰士，郭氏之道，终于是兴。铭曰：

幼崭然孤生，茁旅京师。中年蹶翩，来归寥天。一懿厥妃，有恒德，履艰贞，安軉舵。三十年，窆同穴，宛贤昆，邦之桀，镵贞眠，永无防。

郭母熊孺人墓志铭长沙府知府前翰林院编修武进恽光宸撰

孺人姓熊氏，湘阴人，县学生员鼎女，年十五归郭君家康。祖照以节义志行有名里党间，厚于资产。父世典及诸昆家方、家训，秉承祖训，虔恭洁廉，和辑无间。孺人犹及见家之盛时。及父老诸昆析居，家益耗落。家康岁出经纪，孺人支小铛拾薪，煨薯芋，蹙缩衣食，终岁绰然有馀裕。子先进、先汉，既长居贾，各有室，家日丰饶。孺人往来布署，布衣粝食，不使有过。尝曰：吾始侍祖父修腆，得溉其馀，而不知味。洎吾支小铛自食，几二十年，腹常果，然人安可忘习苦哉！

孺人精敏沉密，御事有法。先进资积既赢，所居货常填委。孺人察时观势，忖度贵贱高下，辄奇中。言论纷尨，相持孑孑。时以一二语，辨析必极情理之平，见人无贵贱，和粹温雅，礼遇悉隆。子弟有违，终日不言笑，使自悟，未尝诟詈，历丰屯夷，约所守惟一，庶几有常德者矣。年五十八，以道光廿七年六月初三日卒。先进状其母之德，丐族昆、岺焘来乞铭。岺焘为予受业生，有学行，所言宜不妄，乃约次其状语，为之铭。铭曰：

躬啬约以永身，在富而不敢忘贫。性纯懿，宜葆真，未中寿而邈与古邻。惟得主而有常，以延庆于后人。

郭氏家传浏阳县学教谕巴陵吴敏树撰

吴敏树曰：余观古贤士大夫称道其先世行事，大都皆有累积，厚施不报于其身，以遗其子孙者，不可胜数也。而《春秋传》称郑之罕、宋之乐，皆以富能贷人，遂昌其宗。何则？利者，天之所以养人，不私天之利于其身者，天亦终利之，岂非然哉！余交郭编修嵩焘、助教崑焘兄弟，获闻其家世云。

郭氏为湘阴巨族，世有科第官人，而编修之本生祖，县学优行生讳诠世；父封儒林郎、翰林院编修，讳家彪，皆以行义闻。郭氏当优行君时，家最富。为人性豪，尚气谊，然诺一语，斥千金不惜。人以乏告，必有以应，不应不自惬也，未尝计虑其负。日尝数辈环其坐请求，虽所玩弄物，客或欲之，辄举以赠。盖所资假以兴起其业者至数十家，其收恤存活者不计也。县令某假重金而死，其家请以两美婢偿，遽却之，焚其券。至所宽舍于乡里者又多也。

往时湘阴城中颇多富室，郭氏富不大彰，而喜施，独称郭氏。及儒林之世，资且落矣，犹勤贷不已，无则为人任贷于他家，数数代还其负，坐是骤困为贫。人则益讲治方书，储善药以施病者，每与人药，必躬候视病差否，与忧喜如家人。盖郭氏之世积者如此。故编修兄弟出以才子，决科文章动天下，人咸曰是家宜然。其兄弟又称优行君，始尝以县试第一，当得入学。及学政试前二日，有母之丧，众谓君盍过试乃奔丧，君大恸曰：吾尚能试乎！即奔以归。又四岁，始竟补诸生。又言儒林君平生温温，家人不见其有怒，遇众疑争，常以徐语服人，因示余以曾侍郎国藩所为儒林君及张安人表墓之文，言之尤详。

盖儒林君为优行君，长子年长矣，以伯父子死出为之后。张安人奉事严姑，睦孀姒，厚于姑之女若婿，而俭其子女皆其所处地，人所难为者。又言其兄弟少幼时，家已甚贫，儒林君乐为歌诗，常忘其有无。张安人劬瘁蹙缩，以供衣食，资其兄弟读书，指其状欲流涕也。优行君四子，其季家彬，举人，候选知县，与编修兄弟后先有名。而编修季弟候选训导岺焘，稍后起，才又相亚，时称“三郭”。余乃掇取其两世行善大略著于篇，系之赞曰：郭氏有植，若农于田。祖耕父种，孙子逢年。其施在人，而报自天。有欣厥后，曷观其先。

敕封儒林郎郭府君暨张安人墓志铭兵部侍郎湘乡曾国藩撰

君讳家彪，字春坊，郭氏，湘阴人。生而温约夷愉，与人无竞，不苟为和翕，亦不为介介踔异之行。卒然投之事变，若不克辨其是非曲直也者。及夫群疑劫劫，徐出一言析之，关开节解，风生冰释，虽强辨者常默然而内自诎也。曾祖遇杰，貤赠奉直大夫。祖熊，贡生，诰赠奉直大夫。考诠世，县学生。世父世遵，县学廪膳生。世遵无子，以诸子家暾为嗣，早世乃复以君为嗣。

家故饶赡，诸父豪宕好施，或日费数十万钱无所惜。君亦夷然不为有亡顾虑。亲故假贷，每盈其意，或他人相称贷，要君一言为质，及期责偿于君，辄量偿之，又急，则又旅归之岁中为人理宿，逋率三四役，久之往往不仇，则毁其约契。会岁大祲，家以中圮，君故夙于淡泊，丰约不以易其度，布衣粝食，萧然自得。益务济人，广储方药，病者踵门求乞，手剂与之。自寻常草木、马勃、牛溲，以至丹砂、钟乳、千岁之苓、尚方之参，诸奇珍物可致，与不可卒致，无所不蓄，盖亦无所不施。其尤贫者，辅以羞饵，使人日再问焉，疾革，躬三问焉。君没后，里人刘氏言之，涕泗交颐也。

君生以乾隆五十九年八月廿四日，没以道光庚戌二月十六日，春秋五十有七。配张安人，少君二岁，以道光己酉七月十六日先君没之七月而卒，春秋五十有四。张安人柔婉懿恭，既笃既静，长沙举人正旭之孙、永州府儒学训导鹏振之子。自其在室，以逮为妇、为母，莫不训式。始时家嗷有妇吴氏，早寡而卞急。姑张太安人性亦严厉，积不相善。张安人既嗣为后，恭以事严姑，而卑以承姒妇，先姑之意以隆其奉，以推及于姒娣小姑，无所不隆。诎己之身以薄其给，以达于己之子，若女若妇，无所不薄。上尉下荐，内外融融，闾里亲族无少长，皆叹以为不可及。睹其诸子贵盛，皆颔首叹以为宜。其殁也，哭之皆哀有馀云。

子嵩焘，道光丁未科进士，改翰林院庶吉士，咸丰三年以救援江西功，圣恩特授编修。崑焘，道光甲辰恩科举人，宗室官学教习、国子监助教。仑焘，县学生，候选训导。其季曰先樾，早殇。孙六人，咸丰二年壬子岁三月十四日，嵩焘与其弟奉君之丧，葬于湘西善化杨梅山之原，张安人祔焉。又三年，岁在乙卯，国藩乃叙而铭之。铭曰：

我有执友，翰林郭君。至交金石，天下莫不闻。昔岁在戌，赴告亲丧；征我铭刻，用识幽藏。曾几须臾，岁星周半；大地戈铤，东南涂炭。我以丧归，墨绖即戎；葬不极礼，筮不协从。维郭氏阡，在岳之麓；云合峰环，龟著并縠。不肖之嗛，郭宗之祥。诗于坚石，以奠茫茫。永诏来者，下马式此。曰此善人之原，是生知名之子。

郭母张太安人墓表兵部主事前翰林院庶吉士武陵杨彝珍撰

自以科举取士，其得与否，虽非士之所以损益，然聪明才杰之士往往矜奋其间，大率以弱冠得者十之五。独湘阴郭氏两仲试，童子，甲其曹，年俱未舞象也。嗣后两君联翩登乡荐，长君遂举进士，改庶常，其季亦有声庠序间，时与善化孙氏伯仲并竞爽大。

湖南彝珍素交庶常君，后造其子舍，见其庭以内秩秩然，悉得理所。择日具觞酒款予，肆设皆洁，以旨询之，臧获辈知。其时太安人犹著裙布，亲俎醢于厨中，以为灶婢率。后予归以语家人，窃相率矜效之。今年七月，庶常君以太安人赴告予，并泣状其言行，而乞余表其墓。余受而读之，知太安人年十九归封君，性质直，与人不疑，有出贷子钱者，多取封君一语为质。至责逋亟，其人无以应，太安人每劝封君代偿之，坐是所业稍稍减。然遇亲党有冗求猝需，犹必应，拯人疾难如救溺焚。壬辰岁大疫，俗畏游厉，戒至疫者门。有刘媪，佣太安人家，一门皆病疫。太安人亲调药饵治之，乃皆活。今夏太雨潦濒，湖之区罹灾尤剧。庶常君倡赈其邑之人，日数归侍太安人疾，太安人辄谕遣之。

呜呼！观太安人之意，其戒庶常君辈，不欲以左右于己之故，而使国有损瘠焉，可知矣。其戒庶常君辈，不欲第取荣显于时，自今以往，苟有利于国家，不得复顾虑其私焉，可知矣。庶常君辈体此意而行之，其贻令名于当时后世，为何如耶！武陵杨彝珍表。

先妣张安人行略

先妣姓张氏，长沙人。祖讳正旭，乾隆己亥恩科举人。父讳鹏振，嘉庆癸酉科优贡，历官永州府学，平江、东安县学训导。

先妣幼慈顺，贞静寡言。嘉庆癸酉归家君时，家故丰饶。大母张安人守节无子，子叔子世父讳家暾，亦前卒。家君复以叔子为之后。大母性严厉，而世母氏吴守节，时年十九，尤亢烈不相能。先妣上奉姑，下和妯娌，弥缝匡救，尽瘁以事。有归陈氏姑者，大母出也。大母既老，委家先妣而贵施厚遗，尤笃爱姑。先妣承大母志，裒与之，所取求皆给，无悋容。大母卒，姑假遗言，括簪珥服饰之属以去。家君怀取一钗曰：留以为念，姑争之力。先妣私语家君，数十年委曲，乃以一钗故相难耶，卒持与之。后姑夫妇没，家中落遗二子，家君收恤之。已而长者夭，次又以游荡自废。先妣每叹息曰：吾不能令其有成，无以报吾姑也。

家君性质直，与人不疑，有贷于人者，既成券矣，请复得家君一言为质，家君诺之。其后负者不能偿责，家君急偿之数百金。而前后贷于人者，复多不酬，积十馀券。见人之艰，不忍悉弛而不问，或有迕意，言尨事纷，先妣则一意掩护宽释之，以故负累多无成讼者。然亦以是操家政数十年，既勤以俭，而产日削。自辛卯以来，岁大祲，生计渐艰。先妣操持尤力，早暮治事，综揽巨细，终老且病，未尝废。而是时，不孝等亦稍能以馆谷赡其家矣。

先妣慈仁淑慎，诚意盎然，与人言惟恐伤之，即忤意未尝蓄怨含怒。推肥就硗，务自贬抑以和于人。其居贫约，遇亲故之乏，援而与之，不以窘告。本生大母弟游食，家君及本生叔父见诋于叔母归。先妣馆而礼事之无倦，洎病且笃，为具棺衾资送以归。其卒属其子以先妣之义，吾子孙不可有忘。壬辰大疫，死者属于道，民俗患游疫，周亲密故戒不通问，恐传染。有刘媪，佣予家，一门皆疫，无过问者。家君为之延医视。先妣手调药饵，遗诸其家，刘氏乃皆活。媪女尝母先妣人怪之，涕泣为述先妣之旧曰：若家安事于予，然其生活我若父母，母吾私也，一时传者以为笑。幼知书，粗谙医术，岁储桑艾、莱菔之属尝十馀事以待需。诸伯叔母姑姊妹有小疾，辄就先妣求方药，星卜小数多奇中。诸所服用或遗亡，使人举一字，析其点画，以指推测曰：当于某方见，已而果验。

戊申大水，饥莩枕藉，西清叔父就赈灾所，逼除日未尝归息。先妣叹曰：今兹冬旱而暖，其占为愆阳、阴阳，愆而交胜，明岁灾其剧乎！己酉夏，水灾益甚，民情汹汹。太府檄夏太守廷樾勘灾湘阴，督办赈务，不孝嵩焘左右治事方殷，而先妣病作日以笃，数驰归视疾。先妣每诘曰：归何烦也，谕以尽心无忽，即坐促以去。疾且革，不孝等环侍涕泣，从容为言某某方有庆事，当为之助，喜如平时。其生平勤干周至，终老而神明不衰如此。卒之日，内外姻党，下逮臧获，皆号痛失声。远近之人叹以为母德之备，同声一词，无或异焉。男嵩焘泣血述。

布政司经历郭君墓碣

予同母兄弟三人，兰友居次，出后世母胡太安人。太安人守节十二年，而君生，生二十五年，而有子先梅。八年而太安人卒，卒十四年而先梅死，六年而君又死，遂无后。呜呼！太安人之德，静而严，性厚而慈。君继之以沉密渊微，信善容物，宜寿考硕大，而所遭如是，世固有蕴之宏而被之毒若君者耶！

始君少时，尚才负气，纵横捭阖，恢奇自喜，不屑法度士所为，稍稍隳其家。太安人大恚，君即日闭门谢交游，痛自绳削，折节为端谨，家之隳者日益完。宗族兄弟或十馀年莫能窥君一面，而上自天下生民利病、国家制度律令，下至市物贵贱，以问君，言之娓娓，若常所从事，不遗纤微。发之于言，清通简要而不烦；笔之于书，明辨精微而不惑。而自负其奇，未尝与世周旋款洽，世亦卒莫知，知君者独谓能通知市井琐事。一二士大夫常与往来，谓君有知虑深湛，不自炫露。君固一切纵浪颓废，任所止而休焉，终不一用其奇。呜呼！君之道其足悲也已。

君晚年，间出一接人事，修洞庭神祠、置临淄市小河义渡。予子嵩焘丁未成进士，君应时至，为布署宾客，人曰此非君之素守，其愈有不得于中者乎！果以其年九月十三日卒，年五十。君讳家骥，少纳资为布政司经历，兰友其字也。始娶蔡氏，继娶吴氏，前卒。君卒逾日，检君藏，无丰饶之积；窥君室，无侍御之亲。子妇刘氏守贞不嫁，殓君如礼。葬而铭诸碣者，同母兄家彪也。词曰：

世有早遂，曷如晚丰。幼荣老颠，于物为凶。君年在冠，发卷肌皙；搏髀歌号，有䜣无戚。一朝大觉，阖门施键。以终母丧，厥嗣熸焉。衰年孑孑，积哀成痗。迍邅咤郁，以死谁憖。贞姬在室，茹蘖饮冰。曷延君后，藐躬是承。濡泪缀诺，抒幽诏远。有征君藏，视此林巘。

浙江候补通判郭君墓志铭广西思恩府知府前翰林院编修长沙彭舒萼撰

君讳家声，字莲舫，世为湘阴名族。曾祖讳遇杰，祖讳熊，父讳谆世，三世皆不仕。君之父选试吏部，为县丞，卒自免归，名高而不过其行，能显而不逮其才。君益之以闳达之量、经纬之谋，慨然有志当世功名，援例以通判试仕浙江。始至，谒大府，问手版书者谁也，公对以此某自书。大府既伟君状貌瑰丽，又善其书，惊异之。

明年，通判湖州乌程。有大猾劫持，令所为檄，君密以实闻，君廉得所行不法事，戒伍伯。数人突入其家，猾故有气势，挺身出曰：谁敢挠而公，君曰：吾捕有罪，不知其他，即其家械系之，以状白大府。大府壮君刚决，争欲试之民事，未几署建德县事。钱塘江九姓船者，故倡也，隶建德治。令至，为规礼以献。君愕曰：是可受耶。吏白：故事相习久，献不如额者，取盈而后受。君曰：虽然，不可以污吾素，既却其献。九姓船者乃大惊疑，君且穷竟所为。君一宽以法，终任无所扰。旋通判杭州、湖州，同知绍兴、严州、湖州等府事。为县，县载其理佐郡，郡濡其化。同知绍兴时，以郡佐官，事简，自放于山水清奥之区，提榼挈壶，具简札宾客四五人，啸歌赋诗，穷日夕。而遇事断断，务导壅宣滞，以赞翼守。守大任之，奸宄屏息，柔软有立。

癸巳，以嫡母单太安人丧去官归。逾年，君父亦旋卒，遂绝意仕进，优游家食十年。君行事以才济变，不主故常。邑书院有田，而潦不能具生徒膏火。君酌入以出，尽汰所用之烦冗者，而徐以他事钩致富室，使出资以丰学食，学徒有赖。新建夏君廷樾令湘阴以二百缗属君葺养济院，时大水坏民居，君令凡砖若瓦苟适于用，畸零皆取具，人争持以献，终役费不甚丰。所治室崇广洁修，众谓千金莫能办。以君父遗属立义庄，赡族人，而取所置旁地屋，度其息，可赡若干户，又度某若某户当廪给者若干，一举而事毕具。临淄市有小河，君治田事，数往来，岁集操舟户廪以粟，使渡行人。及君终，君从兄家骥乃竟君志，捐田置义渡。

鸣呼！如君才足以达其有为，志足以贞其有守，试于吏而吏事未能一二具施于乡，十年行未广也，年之若是其促也，命矣！夫君生于嘉庆七年正月初四日，卒于道光二十五年四月二十二日，年四十有四。夫人张氏，有子先楠，贤而早终，以族孙昌猷为之嗣。而君生母刘太安人，年七十顾健在，盖一室而三世妇人相守，吾是以重哀君。君及诸昆若季，皆与予兄弟交，以君葬督铭，遂为之铭。其辞曰：

有位有名，而及荐其科；有子有家，而已承其瘥。少壮所历，有平无颇；中年以后，遘百罹以殄世，其伤实多。天之笃畀斯才也，将谓之何！

陈孺人传升用知府晃州厅同知番禺庄心庠撰

孺人姓陈氏，湘阴处士祖舜女。家世寒微，在室汲爨、缝纫、浣濯，服勤无倦。稍长，妇于郭氏，美姿容，善词令，见者知其方雅，不知其能操作为健妇。郭氏故巨族，孺人之夫家相独贫习儒。父世璈，慷慨多大志，意气昂然。家相既为诸生，岁授徒为养。孺人朝夕体舅姑所嗜所安，祇事左右，不违其节。伯父世斌，故诸生，既老病瞽，孺人食饮调护之如舅。而夫冢兄家桢亦诸生，冢妇邵氏卒，后妇胡氏久未有子。孺人所生子嵩焘、峰焘，皆贤，则命峰焘后兄。兄子峻焘生，复命返归所生。孺人曰：兄为小宗，而亲宜立后，今兄幸有后，而伯父子家桓于吾为大宗，宗绝弗续，心则何安？即日告宗人，以峰焘后伯氏。家相与兄相爱甚，苟得食与饮，非兄食莫敢先。与兄皆修长八尺，衣服惟兄之共，无常主。晚年馆谷之入益丰，而兄傫然坐食，未尝有异视也。孺人周旋妯娌之间，日益勤笃，冢妇之事，以隆其子，而己之子若妇，务自俭约，损抑不使稍过。

甲寅春，寇掠湘阴，城陷，兵交于道。孺人挟其子妇避乱乡野，冢妇不乐远徙，投近姻顾氏。孺人曰：兄弟同避兵，死生共之，义不可有乖异，相与共适顾氏。已而寇抄掠至顾氏，孺人麾其二子去，纳妇女空室中，自披发捍门，寇悉诸室所有，刮去而空室，妇女得无恙。即夕，挈冢妇以行，指所立门限曰：当吾捍门时，自分死此，乃今得跳以去，此神活我，终无一语咎冢妇。及兄死，冢妇为嫠，孺人温词就养，先意承志，如事严姑。自冢妇之归，数十年更历丰约险夷，无几微怨忤，至是益感其诚。

呜呼！孺人于伦纪天属，知本如此。其见诸行事，以才著闻，抑又其末焉矣！咸丰六年丙辰六月初七日病卒，年五十二。子巇焘，亦诸生，有才名。予与孺人族子编修君为同年交，宰湘阴，因编修得识茂才父子，数称述孺人之贤。今年秋，见编修长沙，告曰：孺人死矣，乃纂次其至行，为家传。其称孺人勤俭好施，多乡曲琐事，非世所以重轻，不著录焉。

论曰：望溪方氏论古文义法，妇人非奇节异行，于法不宜立传，明以来文人固多有之。老氏之言曰：道可道，非常道；名可名，非常名。言常者无可名也。天下要惟道之常，为不可越，如孺人之行，虽使读书为圣贤者，当之何以加哉！郭氏固多贤母，吾闻编修君之母张太安人，享厚福五十四年而终，贤能为姻党法。夫古之成德立名出于母教者，史传所纪，往往而然，宜郭氏之多贤也夫。

贞女郭李氏传 湘阴县知县长白书绅撰

贞女李氏，湖南长沙人，同年李公仁山之次女。性贞淑，言笑不苟，自少略览文史，通晓大义，父母甚爱重之。仁山以己丑进士出宰浙之宣平，时郭君莲舫亦以别驾需次于浙，其子先楠有神童之目，仁山见而爱之，遂以女字焉。未几，仁山卒，莲舫以忧去，先后旋里。莲舫既终制，谋为先楠授室，忽抱疾而殇。讣闻，女一恸几绝，矢志守贞，其母劝之，泣不语。戚属有劝其改字者，则塞耳，截发以死自誓。母知其志不可夺，乃请于郭氏，而于归焉。先是，女屡梦一少年，偕仆携衣袱对之更衣，衣毕不言而去。及闻讣前一夕，少年又至，始握其手，且泣且告曰：我郭氏先楠也，白玉一方，名载其上，汝当什袭藏之。并邀至家与食，食次惟佐以红椒四枚。噫！其亦隐示以洁白似玉、辛苦如椒之意乎！此殆不可以寻常之理测之者矣。

有明熙甫归氏，以女子适人，受命父母，未嫁而守贞，为非礼。《礼》曾子问曰：取女有吉日，而女死如之何。孔子曰：婿齐衰而吊，既葬而除之，夫死亦如之。夫既有齐衰、往吊之义，则夫妇名分定矣。况通以媒妁、加以弊聘，重以父母之命，而犹谓亲迎未行，视同秦、越，则是庶人不传质，即不必知有君也。圣人制礼，示中人以可守而已，不为过绝之行，予人以难企。未嫁而改适，不得议其非贞，而纯笃之行，一往不顾，出乎情之正而行乎礼之经。忠臣烈士遭时之变，亘天地、光日月，其道不敝，率由是也。

余宰斯邑，愧无以激浊扬清，俾民俗蒸蒸日上。得是女卓绝之行，廉顽立懦，于是乎在。故特表而传之，使后有闻焉。

述从弟先楠事

从弟先楠，字象文，从叔司马公子也。象文生时有异征，占者谓必贵。始一岁，教之识字，一再过即能志其故处。及长，美仪容，善言论。大父诚斋公爱之，不欲劳以学。顾性慧，读书能通其大意，他人积勤效之不逮也。

岁辛卯，司马公官浙之吴兴，象文奉母之任。时长沙李公仁山宰宣平，故善司马公，奇象文之才，字以女。居浙之明年，仁山公卒，司马公以太夫人丧去官归，诚斋公亦旋卒。既服阕，而象文当婚，婚有日，竟以瘵疾卒于戊戌五月之某日，年十有七。卒之夕，李氏女梦衣冠者至其家，自言郭氏子，出物若椒者四、玉一方，属藏之而去。女惊而啼，啼声闻于母，问之不言。越日讣至，女且哭且述前梦，即日具缟素，奔丧其家。时有引礼无奔丧之文为言者，司马公亦不忍于其妇，固命止之。其夜，梦象文来诉曰：儿志也。父无以人言夺儿志，儿固生也。象文泣，司马公亦泣。既起，语仲兄子嵩焘曰：死者固有知乎？嵩焘对曰：其然，天地之气弥纶磅礴，以生万物，人之命是气者充积之，至于穷幽，明格上下，而无有夭阏。以象文之慧且贤，其必非偶然以生也其生也，而忽以死，天之无如何者也，命也！而气积其中，动荡恍惚，骤使磨灭而不得。而李氏女以其幽贞之志，纯懿之性默存乎无言，䜣合乎幽微，于是感而通焉，有不可以寻常梦幻言者。予以知象文之死，而不死也。

夫气之积也厚，而感也神。一夫一妇，志节之微，弥纶磅礴，乃至穷幽、明格上下，而无有夭阏。世谓古仁人义士固不死，于今日益信无疑也。述其事以待采风者见而存焉。戊戌嘉平月既望，嵩焘述。

四弟先樾墓碣

四弟先樾，乙未某月生，戊戌某月殇。其生四年，长不逾三尺，而容貌端丽，聪颖秀发，动止如成人，家人皆宝爱之。其初，病若甚，微医者杂施温凉之剂，遂以剧。病中自言患关膈逆，不得通，夜卧加烦躁。时吾母病足，语曰：儿毋号，吾足良痛苦，遽止弗声。旋启母足摩视，问曰：娘足痛乎？已而疾渐不能言，以手自循，龈腭间出废肉寸许，旋卒，终不知其何疾也。

其年九月，余自礼部罢试归，薄暮抵舍，问吾弟所在，吾母泣曰死矣。吾与家人环泣榻前，一灯荧然，先君子旋起挑灯，呼予问京邑事，思之犹昨日也。弟葬虎狼冲丙向之原，与大姊合窆。大姊之卒以庚辰，盖相去十有八年。其后八年乙巳，吾女长贞及意城女二贞殇，并祔葬焉。二女皆秀慧绝人，长贞尤颖异，能经纪室事，麻缕、丝帛尺寸有藏，籍先君子裁帛径寸。许授之字，日有常课，皆俾自检藏。或值迕意发怒，用温语解之，为戢怒以笑。其卒也，先君子尤哭之哀，而予独悲四弟，以四岁驯良孝爱，宜亢其宗，不幸而遂殇也。

先君子尝命曰：四殇，墓宜记以文。后又十二年，将赴京师，惧墓久无识者，加土为封，埋石志之，而系以铭，盖去先君子之卒又七年矣。铭曰：

有累者坟，郁相次；姊弟相从，窅何逝。冉冉数年，讫一世；庚辰三十，七年事。再世四棺，淹此地；镌铭谁悲，悲我弟；有斑其文，汝兄泪。

杂述卷九

姚山公始迁湘阴，盖微甚，既卒，渴葬邑城外。夫人陈氏，葬周氏山，仅得一棺地。周氏无子姓，山地多旷。明季之乱，二世祖敬宇公因揺葬姚山公，与陈夫人合窆。康熙三十一年，有张台鼎者，周所出也。复周姓争周氏故地，是时三世祖天锡公以旧约仅载一棺地，不敢言揺葬事，与周氏定墓界，立合约，惟以陈夫人为辞。嘉庆十一年，周氏侵葬墓界，讼于官，久不决。是时，吾家方殷盛，出金易置界地，重书合约，亦只言陈夫人，不言姚山公，以前约未载故也。道光三年冬，修治墓域，甃石捶三砂，上为封，至今堪舆家以为吉壤。当时勉率成葬，岂有心求穴哉。

三世祖天锡公，生明之季，中更桂藩三藩之变，周旋兵火之间，数十年以才自全。藩帅略地湘阴，多募才杰知能士，或导之应募。公曰：天方扰攘，未有所定，察彼汹汹，岂天心所属也。卒自逃匿以免。自叙家世由吉安迁南雄，又觅旧谱藏弆于家，以知渊源所自。道光癸未所据为家谱者，皆天锡公所手纪也。

四世祖文蔚公，兄弟六人，独以家事自任，抚兄弟子侄，顾视惟均。是时，天下新出汤火，人民乐业，趣生之途广。文蔚公敦博精敏，能振其业，兄弟皆赖以养。其后兄弟或微或他徙，而文蔚公以下析为三房，子孙绳绳，保世滋大，盖其所由来远矣。

天锡公季子文选公，精堪舆之学，至南泉寺，爱其山势环合，营度竟日。曰：是山左注，穴必旁落。询知宋公弃地，以盐一提易之，揺其祖祢再世之柩合厝于是。道光三年，修治墓域，树立碑表，四周甃石为界，伟然巨观。文选公病羸早卒，无嗣，而两世茔兆由所经营。后人实嘉赖之，殆非偶然也。

五世祖兄弟三人，长宾序公，次重英公，季人万公。宾序公宅城南，人万公宅城西，尤显其后。子孙虽交错以居，而出宾序公一派者皆曰南城郭氏；出人万公一派者皆曰西城郭氏。重英公子孙无甚显著者，而为士为商，能经纪其家，不忧穷乏，故三房鼎峙并称。吾家肇祥于四世祖，衍世绵绪，以亢其宗，诸房皆与承其荫也。

宾序公以儒学显，性恬退，不苟荣利，而博通经术，为时文栗密窈眇，似徐思旷。晚年益喜为诗，于明诗人兼取李梦阳、何大复之长，自号吟亭居士。夫人陆氏，老寿贤明，世尤称其母德。长沙陈太史士雅，为公像赞云：湘邑郭吟亭先生，绩学能文，弱冠补弟子员，历南北闱不遇，年六十卒。乾隆丁酉孟冬，令嗣曦三先生出两尊人画像，示士雅属赞时，距公卒已二十有七载，而孺人寿亦八十矣。余维曦三先生之志，将使诒之，云礽累叶，犹得睹先范而追慕弗衰，是亦孝子思其居处，笑语之一端。爰熏沐而为之赞词曰：公既逝矣，我谓公存。奕奕铅椠，后人是缁。母既寿矣，我谓无斁。琅琅珩瑀，后人是则。惟二老者，正襟安坐，以永睇夫孙子之蕃殖，而磊砢世，展斯图孝思写。

五世祖妣，妯娌三人，皆具奇行。宾序公夫人陆氏，贤能干济，居室不闻声语，而事皆取办。营室役工百馀人，丛杂烦猥，籍录无遗。役竣，召诸工门外立，夫人左持筹，右操管，権算毕，赢其值给之，皆忻跃而退，人称女丈夫，年九十一卒。重英公夫人姚氏，仁孝蔼然，抚子侄无间言，年八十四卒。人万公夫人杨氏，有厚德，务实行，于邑北二十里长岺驿建亭施茶，二十馀年无少间。时人万公方健在，内外融融，务行其善，而过憩是亭者独知为杨太夫人施茶地也，年七十三卒。人言郭氏母德之盛，震耀一时云。

曾祖以后，宗派稍繁，望湖公与曦三公、次谟公谋建祠宇，至乾隆壬子始卒成之。是岁，叔祖葵臣公领乡荐；又十二年甲子，族父耿斋公领乡荐；洎戊子，族祖存门公领乡荐，故存门公撰联有“宗堂开子运”之语。

曾祖望湖公，精练世事而性旷达，于人无所校。奇叔祖诚斋公之能，俾秉家政，时出贷于人，岁常万金。诚斋公综核精实，管算无遗。策公尝命之曰：缓急人所时有，今称贷且繁，庸可锱铢计较乎？先君子尝有贷于人，多不取酬，晚年时举曾祖言以自解譬。

曾祖病革时，语诸子曰：吾床内箱箧可悉运去，盖其中尚藏白镪万馀。湘阴俗，床外檐有门，虚其中，置厨按，弆诸贵异物，夜卧则掩其门。后叔祖母胡太安人卒，治丧毕，启视床内箱箧，空无一物，所失逾千金，然后知曾祖思虑之密也。

族曾祖曦三公，敏异绝人，为文章随意所适，超远闲逸，迥出尘表。书法冠一时，尝言吾书取筋骨于唐，而求神韵于两晋，诸贤今所传各署书，百馀年来无其匹也。诙谐善谑，曲取古人文字，附会以申其说，闻者皆绝倒，邑人至今犹往往传其议论以为笑乐。

族曾祖声扬公，乾隆甲申倡修族谱，天锡公录存谱系，因藏其家。其书讫未就，自跋旧谱之后，追叙源流本末，勤勤以不忘祖泽为意。其后子孙乃匿其籍为私藏。道光癸未，叔祖存门公、诚斋公主修族谱，百计取之始得，亦不善承祖考之志者矣。

族曾祖次谟公，性俭约，行贾江汉间，积赀巨万，而所携惟一布被，数十年未尝更易。戒子弟不得衣裘帛。季子存门公，年二十馀，私制一裘接宾客，他适则易以出，及归，更故衣，而后敢面。一日，瞥见所衣裘，诘所自来，逡巡以对，怒曰：从奢不类，违教不祥，急呼火至中庭，火之。徐慰曰：勉力读书，入学当赐汝一裘。存门公晚年尝举以训子弟，因言裘也，而遽火之，老辈之刚决如此。

次谟公一夕自外归，掩门，门后蹲伏一少年，掖而起，烛之则故所识。微问曰：汝贫寒，将试为盗耶？应曰：诺。曰：无然，少年人何事不可为而为盗？即此生休矣。检囊中钱，罄数百枚与之，曰：以是为小经纪，无为盗。其后微举以示人，因言此少年今已小康，方饥寒，莫有扶掖者，及其醒悟，洒然自立，以是知人之不可易视也。子弟叩姓名，终不以告，曰安用知此为也。

次谟公夜梦，多得奇验。一夕，有盗方穿墙，公梦盗至，大呼捕盗，盗闻之逸。明日起视，则墙穴洞。然后召匠人营室，匠人以残烛插木屑中，而卧其旁。公梦一老人告曰：公家火，公大呼火，家人承声起，火光腾出，木屑引及板壁矣。季子存门公应县试，公梦人以金扣五相贻，语存门公曰：其次以五乎，比案发，名果第五。

族曾祖远宣公，少孤，事母姚孺人以孝闻。母年八十馀，依依膝下，为孺子。慕读书，务明大义，远声誉。乾隆中，诏举孝廉方正，不赴。晚以山水自娱，尝诵渊明“采菊东篱下，悠然见南山”诗，自谓有脱离尘垢之想，人以方之陶靖节云。

叔曾祖驾唐公，少秉礼教，所著《训子箴规》，世传为法。夫人张氏，事祖母陈孺人至孝。陈孺人卒，遗言令事灶，且曰：能此，必得大年。后年八十卒。吾家祖传以小除夕前致斋一日，犹陈太孺人遗法也。

叔曾祖暇常公，性奇僻，与人交接，无威仪，惟意所适。文辞浩瀚汪演，陵驾一世。应有司试，不称意，执文争辨，务伸其说。省试，得利风，乃操舟往赴。邑去省百三十里，或且至遇逆风，遽命返棹。人曰：今行已远，所赢十馀里，可缆而上也。公笑曰：违天不祥，以是赴省试常十九不得赴。晚年益务为奇，夜卧常荐草，或以絮进，怒曰：是岂如草之暖。坐则席地，曰古制也。冬寒，搔足，而袜绵厚，急不可开，辄命翦之。时无他袜，则跣足以行于道。人以其性古傲，呼之古四公。邑人相诟以性情乖异，辄曰：君岂古四公耶！其忘机任意，盖亦古逸民者流也。

先祖鸿渚公，与伯祖俊章公并以文学负盛名，崇尚气谊，士论翕然归之，而皆早卒。祖母张安人守节自誓，端严庄厉，所居室无欢哗笑语。家居造次，必以礼法。老仆马如贤，子弟传呼役使，惊曰：是非大伯祖嫌名耶！急命易其名。尝述姑罗宜人守祖法、敦族谊事，且曰：今虽不及先世名德，此意焉可忘也。

俊章公夫人盛孺人，年九十馀，诸房从子孙男妇三十人，一一记其生诞日。岁时伏腊，制醯酱、酒脯之属，分赉必均，数十年无异。伯父钧台公为其子，崇焘娶妇，予时尚未授室，孺人年已九十，病瘫痪，展转床榻，犹曰：弟先兄娶，可乎？其视子姓均一如此。韩侍郎鼎晋、周侍郎系英、袁太史名曜、贺尚书长龄先后以文及诗为寿，皆称其母德足以仪表一时，信非虚也。

叔祖葵臣公营葬父母时，兄弟六人，术者每自神其言，谓左右某砂某水，主某房吉凶。公却之曰：即有吉，视诸房所宜；凶则我自承之可也。后定葬湘潭之株木冲，为文告后土之神，历述所以奉安先体，不求反荫，凡诸凶煞，请自承当。少时闻先君子追诵其文，肃然为起敬也。

本生祖括矩公，豪宕好施与，不事家人生产，罄产数万金，无几微顾惜。衣服财贿，惟人所取携，意豁如也。邑侯松滋张公假贷数千金，卒于官，其子德公甚，饰二婢遗公。公愀然曰：张公穷且死，吾忍相责诺耶？且息女子偿债负，可哀怜，固拒之。少时，某所见伏氏叟，年六十馀。问曰：此括矩公孙耶？因言二十年前从公游，赖存活至今，历述公遗事甚悉。盖所提挈而衣食者，岁常数十家云。

本生继祖母吴太宜人，三十生西清叔，又三年而本生祖卒。时家资巨万，耗费无馀。太宜人劳筋力，劬思虑，以字其孤。冬寒，手足皲瘃，盎无储粱，桁无完衣，习以为常。西清叔始就外傅，每饭必营薄膳饲之，太宜人惟自饷齑菜一瓯。自嵩焘粗有知识，十馀年未尝见太宜人衣服饮食稍有加也。性刚果嫉恶，仆妇稍失检，屏之，终身弗与。齿鞠育，群从子姓疾痛疴养，无一不关其念。生平厚于仁而断于义，皆性所安也。

湘阴入国朝以来，酉科乡试获隽者无几人。嘉庆癸酉，邑令张公怀愚善风鉴，曰：邑西方空陷，若建亭，其处宜有应者。族祖秀钟公独力倡成之。时迫省试，乃树木为空间，覆以茅，状若亭翼，然是科举者四人，从父彝五公与焉。其冬，始因其处建亭，规制宏丽，名之曰“酉坊”，皆秀钟公所创修也。

族祖伸雅公，性坦率，少读书，略观大意。中年习为贾，日居市肆间，未尝问物值贵贱，而所积辄赢。见人无周旋款曲，端坐语史、汉事，上下古今，臧否人物，持之有故，辨者莫能夺也。坦夷任性，人皆喻其诚，所至亦无与为忤者，至今居贾者犹乐道之。

族祖存门公，年六十一始举于乡，与同年生四五人谒主师牛镜堂。先生下阶迎，手拂其须曰：是郭存门耶！人言沈确士尚书六十乡捷，君名士，足与抗也。生平奖掖善类，见少年颖异，爱之惟恐不及。工书法，吾家数十年习书者，以公为宗。后年八十白须飘然，伏案作小楷，极工妙，见者谓为神仙中人也。

从父燮廷公，卜葬从祖玉川公，其姻友毛谦吾梦从父偕曾姓者至其家索地，诺而寤，因诣从父，述所梦，所偕觅地者实曾姓也。已而得地韩家垅，既葬，书墓石，叩所葬山名，则毛家园也。又六年，夫人徐氏卒，亦祔葬焉。从祖年七十六，夫人年八十二，夫妇倡随至老，内外和豫，时人钦之。卒后，子孙日益丰炽，人谓韩家垅葬地实吉壤，梦卜俱叶，盖有神助云。

伯父钧台公，岁施棺百具，以给贫不能敛者。一夕，梦至一城，矮屋鳞次，不辨行径，曲折达一所，一少女倚门睇瞥，见伯父奔趋之，狂叫相持，诉曰何为压吾居。方窘急间，远见一人，白毡冠，昂然来，手曳女子，挥而却之曰：此自西门游甲事耳，何惊我。公为导伯父至城畔，款门出之，沙草迷漫，顿跌而寤。至晨，检查施棺册，果有游甲者领一棺，急传问之，嗫嚅良久，始述是日有邻人孤老者死，与其侄共挽其棺至丛冢间，得隙地一隅，开土尺许，有旧棺尚完好，时雨且暮，仓皇间压而掩之，果不虚也。时司棺册者曰仇方南，与游甲往验，则万冢累然，莫识其故处。伯父尝引此以为憾。

钧台公与罗明经鸿章同寓省城，夜半见明经倚床立，颜色惨异，屏息伺之，则端拱徐行，向外及伯父床隅，又倒却至故所立处，如是再四。度其异，拂衣起所悬帐，如风微拂，而明经欠伸醒矣。后月馀，明经大病，伯父语所亲曰：明经不死也，其魂离而仍合。先君子将病之前数夕，侍者见先君子自外入，及内门，呼火，往导阒无所，见一室大哄。久之，先君子乃归，以状白，笑曰：岂吾生魂耶，或以魂惊而散，病将不起。果遭大故，呜呼！此不可以理喻者矣。

从父正融公，甲戌元旦，梦中庭置棺二具，东序一棺，长二尺；西序一棺，覆置堂下。是岁，幼子殇，夫人张氏复大病。公语所亲曰：小者验矣，西阴方也，覆阴象也，其以夫人验乎！已而夫人病愈而公卒。家众治棺，覆置西序，适当所梦处。伯父钧台公尝叹以为人事巧中如是，数岂易测哉！

族父耿斋公，多通古籍，应省试，以引用《尚书大传》，主司服其博，遂举于乡。而性潇洒，不乐以文史自效，课子弟亦务宽假之。啸歌一室，尝悠然有尘外意，天性怡适，盖如是也。

族父搢五公，罢新宁教谕归，贫甚，晚益丧明。少时犹及见之，仪容伟异，议论雄辨，宾客盈座，隽词风起，闻者皆仰面笑，而公徐徐曲畅其说，旁若无人。于人无所不狎侮，其讥贬人多隐刺，人皆畏避之。其后卒，无嗣，至今论者犹惜其才之不善用也。

族父彝五公，性友爱，方谒选京师，弟秋舫公颇崇尚侈泰，有贷于人，辄曰：异时官署相酬答。彝五公每归视，罄装橐，赢馀不足以偿宿逋，而无一语相诟谇，终日怡怡泰然，若忘其贫也。寂居一室，日惟诗酒自娱，书法妙冠一时，人皆服其方雅。

族母熊孺人，年十九守节，抚叔子先澥为子，以礼法著闻姻党。一日薄暮，坐厅事，有物铿然自中梁堕地，命火烛之，得刻木长寸许，为妇人形，麻衣冠皆具，盖匠人营室时以相压胜，数十年于兹矣。言者谓节母之德，宜下荫其子孙，故是物无故自堕，若有神使云。嵩焘始束发，应童子试，表兄易君贡章，文名藉甚，每试冠军，余心艳之。先君子命曰：易生之文可茂才，清而不腴，直而不遒，吾惧其不永年也。汝文固不逮之，而磅礴有馀气，非彼所及，其毋自馁。易君后补县学生，数年而殒。先君子辨人穷通寿殀，微妙多类此。

先妣年五十馀，犹主中馈祭祀，宾客燕享，皆执烹饪之事。岁时伏腊宾祭之仪，一守祖母成法，终其身无少易。嵩焘间欲有所变通，先妣常正色曰：先世传习已久，无改其旧可也。及先妣没，六七年中，变而失其故者多矣。

先妣之丧，厝紫花台祖墓之西。先考之丧，厝长岭，葬地久弗得。辛亥元旦，卜珓于伏波将军祠，得其繇曰：皎月一轮挂碧空，今朝方喜运亨通。嫦娥自有团栾日，好事相成到始终。久不得其义。是岁小除日，得地善化之杨梅冲，忽悟繇辞，无一字不吻合。“皎月一轮”者，卜珓以岁始，得地以岁终，十二月一周轮，与落句同义也。“挂碧空”者，汪君岳生、殷君霞村、黄君师石皆托以营葬地，姓字略挂碧字，皆空无得也。“今朝”者，营是地为高旭堂寅亮，一字晓堂，皆朝义也。“团栾”者，所营葬处为小团栾山也。机兆之见亦微矣哉。

吾家先世皆享大年，祖母张安人、叔祖母胡太安人始以节显，伯父晓融公卒，伯母氏吴守节，年甫十九。其后从弟先楠妻李、先梅妻刘，并以所字，夫死，缟素奔丧，同时得二贞妇，事尤奇。先楠聪慧绝人，不幸早终，乃使妇人以贞节著闻，门祚衰微亦可慨矣。

少时学为帖括之文，吟哦一室，苦思精诣，而不为人所知。伯父钧台公独厚视，异于常儿。一日暑甚，余默坐斋中，伯父与二三执友纳凉阶下，相与言曰：龄儿遇事恂恂，独其读书为文，若猛兽鸷鸟之发，后来之英无及此者。虽少，然观其志意，无几微让人，岂徒欲为诸生之雄哉！龄儿吾乳名也。窃闻伯父之言，大喜过望，其后忝入词垣，伯父卒已八年，以文告诸墓云：纳予手而扪心，实平生之知己，盖不敢忘伯父勤勤之意也。

行派纪世图卷十

姚山以字顯行派遠難詳
有大應三世遇名漸繁昌
世家先立本道德與文章
億載功謨遠羣宗慶系長

湘阴郭氏家谱跋

湘阴郭筠仙编修既成其家谱，而考论氏族源流同异之见，于传记史策及汉唐碑志之文者，并论书法义例之稽于古而通于今者为例言，一书而谱之，序跋具焉。其弟叔子意城孝廉以示余，观其博洽精审，信为谱学之盛。凡谱其族者宜视之，非独一家之蒇籍矣。

郭氏系出虢国，《春秋左氏传》虢、郭异文，而《公羊》僖公二年传称虞虢事，虢皆作郭，殆一字尔。庄公二十四年经文郭公，盖书虢事而脱其下文者。《管子》书所称郭君，即谓虢君也。诸侯子孙出奔他国，而以本国为氏。颜师古《急就篇》注：晋灭虢，虢公丑奔京师，遂姓郭氏。按《左传》，晋并虢后，即有虢射，为晋大夫，是虢以国氏之始有明征者，不必其文之为郭也。编修君推原受氏，断出虢仲者精矣。辄以愚意所及，相为引伸之，古人所以必知其氏姓之所从者，其义盖远也。

其初生人之别为姬姜子姒之属，后遂皆以别子为祖，以为大宗、小宗，递嬗而不穷，而氏族繁焉。然其为姬姜子姒者，固在以明其久，而不相离也。今之氏犹古之姓也，宗法废而人皆有其可谱之族，是亦宗也。编修之谱郭氏，断自其居湘阴之族，而考论所及，尽乎数千年之流，别于谱法，不既大全，而无憾矣乎。抑其自序为谱之意，又以近日兵警迁徙，惧其散而急收之，尤仁人之所用心者。吾知其能厚于所亲，而推于天下未已也。咸丰七年闰五月既望，巴陵吴敏树敬跋。

家谱跋后

右家谱十卷，凡为图者六目：二世系图五、墓图一，纪事之属一，其目三，曰祠祭、曰祠规、曰义庄条约。纪文之属二，曰传状、碑表、志铭，曰杂述，而终之以纪派图。

盖自列国卿大夫胙土命氏，皆出公族，故《周礼》小史奠系世，郑氏谓定其世次而已。其起自庶姓者，闾史州伯又能各纪其名，而田禄皆世及，又为立大宗之法，使之合宗收族，是以传系久而不紊。及秦之衰，而匹夫豪杰之士兴焉，三代世系散焉无纪。东汉尚名节、重世望，魏晋因之，有九品中正之目，而贾弼、王宏谱学兴焉。沿及隋唐，各以其族望相崇尚，而三代系世之法盖蔑如矣。又无大宗收族之文，以相维系，至其久而盛衰递嬗，则亦莫之纪焉。于是昆弟宗族之间，泛乎若途人之相遇，无复爱敬防维之意。欧阳氏、苏氏诸谱例，盖愀然以为忧，而自系其世，以诏族之人，使各为之系，以统于宗，而汇于一，盖犹敬宗收族之遗意也。

宋、元以来，依用其法，家各为谱，虽以嵩焘之愚昧，亦得考求古义，以知族姓渊源之所自，纂次其族人，汇为是编。后之人知宗族之相系，则油然而生其孝弟之心；知家之所以保世而延于今，则益惕然思其负荷之重。其于斯谱之义，庶有当乎。异时族姓日繁，或别为谱例，不以图而以世纪，谨俟能者。是谱序例之文，则以编之卷首，无或意为增损焉可也。谱既成，书此以跋其后。咸丰丁巳秋八月既望，嵩焘书跋。

罗忠节公年谱

卷上

仁宗睿皇帝嘉庆十二年丁卯岁冬十二月己丑，先生生。

先生讳泽南，字仲岳，所居之地曰罗山，峰峦罗列，因自号罗山。其先世居豫章，元季曰华十三郎者，由吉水迁湖南之衡州。其子赐松徙湘乡爰湾洲之善庆乡新林里，即先生所生处也。曾祖日阮，貤赠通奉大夫；妣萧氏，貤赠夫人。祖拱诗，字六艺，赠通奉大夫；妣贺氏，赠夫人。父嘉旦，字元初，封通奉大夫，先生卒，奉特旨推恩赏加头品顶戴。母萧氏赠夫人。元初公有子三，长清漪，早卒；季泽曙，太学生；先生居次。

十三年戊辰，二岁。

十四年己巳，三岁。

十五年庚午，四岁。

十六年辛未，五岁。

时先生甫离襁褓，其从父简拔公授徒于家，先生时随大父往谒之。每诲以字，即不忘，如楹联难识者，至则私自仰览，若有省悟者。大父以是异之。外大父萧蔗圃公每指先生属元初公曰："此子不凡，虽极不给，必资之读。他日大门闾者，必是子也。"

十七年壬申，六岁。

从从父简拔公受学，读书过目成诵，日可千馀言。

十八年癸酉，七岁。

所居丹崖堂成。

十九年甲戌，八岁。

四月，弟泽曙生。

二十年乙亥，九岁。

二十一年丙子，十岁。

从族父巨卿公受学。先生尝曰："某自幼贫，不能读，先大父暨父母钟爱之，四岁命读书，十岁出就外傅。时大父年将七十矣，家业零落，四壁萧然，至不能具饘粥，一闻予读书声，则拈须自喜，饥寒俱忘。馆中饔飧不能继，恒典衣质物易食食之。大父一布袍亲持入典肆者六七次，皆为予读书也。得米无远近，必亲送之馆。尝曰：'吾之以汝读书者，欲汝明大义、识纲常，不坠先人清德耳。'"

二十二年丁丑，十一岁。

仍从简拔公受学。初学为诗，有奇气。所居外为药室，其左为染房，先生撰楹联云："生活万家人命，染成五色文章。"见者靡不叹异。

二十三年戊寅，十二岁。

二十四年己卯，十三岁。

从徐先生受学。

二十五年庚辰，十四岁。

从族父廷弼公受学。先生时读《左传》，每自命题，仿其篇法作传记，如战、守、攻、取之类。人知其胸所蕴蓄过人远矣。

宣宗成皇帝道光元年辛巳，十五岁。

先生曰："吾十五岁时读书乡村。一日，吾母得一掬米，与食就馆曰：'尔他日无忘此苦。'尝惓惓于怀不能释。"

二年壬午，十六岁。

从张叠浦先生受学。

三月，兄子庚日生。

三年癸未，十七岁。

先生自少为文即不求与时合，其义理充足，灏气流行，实追陶庵。每于世道人心，摅写透辟。时喜自负，人莫测其涯量。

四年甲申，十八岁。

十月，夫人张氏来归。夫人嘉庆丁卯十二月十八日亥时生，邑处士致遂公女也。

五年乙酉，十九岁。

二月，应童子试罢，归授徒石冲萧宅。

六月，母萧太夫人卒。太夫人，邑处士蔗圃公女。性纯厚，家贫，夙夜勤苦，孝以奉翁。课子女整饬有法，先生每自馆归，取先正格言及古人行事之可法者示之曰："此皆汝外祖之所以语我者，汝志之勿忘。"卒年四十一。先生念贫苦未尽孝养之道，痛几绝。安厝本里星垣里大镜山之阳。先生每展墓，涕泣不能自已。太夫人有女三：长适姚丹台，次适邹高明，三适黄。

六年丙戌，二十岁。

肄业涟滨书院。

五月，嫂萧氏卒。七月，兄清漪公卒。

七年丁亥，二十一岁。

馆椿树坪，离家约十里许。先生每夕携学徒所馈肴馔归，供大父。

八年戊子，二十二岁。

馆新塘刘宅。

六月，长子丙生。八月，游南岳。

九年己丑，二十三岁。

馆石灰塘匡宅。

冬，读书双峰书院，从学邑孝廉陈达卿先生。

十年庚寅，二十四岁。

馆新塘刘宅。

五月，大父六艺公卒，年七十六。大母贺夫人弃世最早，六艺公鳏居者五十年，盛德称于族党。营资送先生读，极勤恳。至是卒，先生痛甚，后每读辄饮泣。先生曰：“人生天地间，必有以复吾性、尽吾伦，而后无忝于所生。先大父清苦自励，日以读书明伦相期望，其所以贻我子孙者良厚。予小子悠悠忽忽，不能砥砺身心，有负先人之彝训，其罪何可缕数！每一追思，未尝不为之泣涕痛悔”云。有《记先大父六艺公事略》。

十一年辛卯，二十五岁。

馆江家塘张宅。

十月，次子辛生。族中有启明先生者，性诚朴，精《易》理，每来馆谈论，终夜不倦，先生深受益焉。

十二年壬辰，二十六岁。

馆张宅。

正月，次子辛夭。三月，长子丙殇。先生《哭儿诗》有云：“夜台有伴兄随弟，妆镜无心母哭儿。药岂伤人疑有误，德难宜子只增悲。”词旨凄怆，不忍卒读。然忧伤中具见达人知命之概。九月，再游南岳。

十三年癸巳，二十七岁。

馆张宅。

十二月，葬大父六艺公于细镜山，山在居室之左。先是，卜兆未就，权厝蛇形山，至是移厝于此。是后，每岁以馆谷所馀积，买四旁馀地培植祖茔。

十四年甲午，二十八岁。

馆新泽李宅。

六月，三子兆杰生。十月，游石龙山。

十五年乙未，二十九岁。

馆李宅。

六月，三子兆杰夭，兄子庚日亦殇。时岁旱荐饥，里中疫大作。先生省试罢归，徒步用夜半抵家，见所种田已荒芜。叩门闻呻吟声，侄庚日方病剧；就视，又闻夫人哭声，三子兆杰适先二日夭逝。先生饥甚，问夫人索米为炊，启盎视之，无一米之存。夫人又以哭子伤甚丧明。明日，侄旋夭。奇穷至戚，为人世所罕见。先生尝曰："吾年十九，训蒙糊口。遭家不造，大故频加。先母殁，越五年大父又弃世。十年之中，兄嫂姊妹相继逝者十一人。妻以三丧子故伤甚，两目俱盲，耳又重听。吾亦善病，潦倒坎坷，几无安日。奔走衣食之馀，窃自乘夜读书，冀成先志。所居穷僻，师承无人，萤灯糠火，夜以继日，盖留心词章者有年。"

十六年丙申，三十岁。

馆流南塘陈宅。

十月，长女生后适同邑太学生王开仍。时先生与王公笨云同馆授徒，常论为学之要，因取《性理》一书读之，遂究心洛闽之学，改号悔泉，作《号悔泉说》。

十七年丁酉，三十一岁。

馆陈宅。著《常言》，后改定为《人极衍义》。先生曰："予迩年始得宋儒之书，读之，因复求之四子、《六经》。至道精微，固非愚昧所能窥测，然已知圣贤之道，不外身心，往日之所学末学也。乃益叹大父之训为不可及。今年馆陈氏尚友山房，正昔年大父携米送吾读书处也。课读之暇，披览旧典，心有所得，随笔之于书，名曰'常言'，非敢以为窥大道之奥。亦以书吾所见，不自忘焉尔。"又作《上达图》以弁其首。《上达图》者，所以辨人禽之界限，正学者之趋向也。

十八年戊戌，三十二岁。

馆陈宅。作《悔过铭》。

邑人刘公蓉博通经史，为文宏宕，有奇气。先生与语《大学》明新之道，孟容叹服，订交莫逆。后闭户读，且十年，时与先生书札往来，彼此规劝，考求先圣贤为学之要旨，身体力行，至明且笃，时人咸倾慕焉。是岁三游南岳。

十九年己亥，三十三岁。

以郡试第一，补弟子员。冬，修《墨谱》成。先生七应童子试不售，为文不规时趋俗以求苟得。府试题“举枉错诸直”。先生取古今贤奸进退之故，反复勘论，包熔经史。太守何公其兴见之，叹曰：“此奇才也！”遂取冠军，入县学。先生泫然泣下，曰：“吾大父及吾母勤苦资读，期望有年，今不得及见之以稍慰也，痛哉！”

二十年庚子，三十四岁。

肄业城南书院。著《周易朱子本义衍言》。时宁乡刘公典、浏阳谢公景乾与先生共几砚，讲习讨论，互相砥砺。

二十一年辛丑，三十五岁。

授徒洲上朱宅。

冬，游石门。永丰双峰书院新建文昌殿，主者以立神位来商。先生采陆清献公《祀文昌论》复之，谓宜立木主，不宜立像。所厘定皆准于礼。盖凡事狃于习俗，涉于诞妄，经先生指示以归于正者，不可胜纪。此其一也。

二十二年壬寅，三十六岁。

馆朱宅。

秋，游龙山。

二十三年癸卯，三十七岁。

馆新泽李宅。

娶副室周孺人。孺人嘉庆丁丑十二月十六日辰时生。

二十四年甲辰，三十八岁。

馆善化贺孝廉修龄宅。著《姚江学辨》。

六月，四子兆作生，张夫人出聘益阳胡公达源女。次女生，周孺人出字同邑太学生刘鸿业。

是岁，湘阴郭公嵩焘兄弟同在长沙，与先生往来问学，相得甚欢。

二十五年乙巳，三十九岁。

馆贺宅。著《孟子解》。

秋，修湾洲祠成。先生族人在邑中者，分两支，皆季一郎裔也。岁时各祀支祖，而支祖所同出无祀，因商之族人合立祠于湾洲，以季一郎为始祖，众乐从之。方两月而祠成，规制整齐，凡所以上奉祖祢，下示后嗣者，极为周挚。

二十六年丙午，四十岁。

馆洲上朱宅。

十月，五子兆升生，周孺人出聘曾公国藩女。

二十七年丁未，四十一岁。

馆左刺史辉春家。

是年，提督学政梁公同新岁试一等，补廪膳生。改定《人极衍义》成。

二十八年戊申，四十二岁。

馆左宅。

科试一等。时前任云贵总督贺公长龄、太常寺卿唐公鉴皆家居。先生往语学问，甚洽，过从无虚日。著《小学韵语》成。

二十九年己酉，四十三岁。

馆左宅。著《西铭讲义》成。

秋，四游南岳。十一月，三女生，周孺人出。

时乡有盗患，胥役捕盗者因缘为奸，与诸豪猾谋陷良民，俾倾其资以昭雪冤诬，民益不自聊。先生乃为乡约，痛除诬陷之弊，乡俗以安。

三十年庚戌，四十四岁。

馆汪家冲孔宅。著《皇舆要览》。

会文宗初元，举孝廉方正，邑令朱公孙诒以先生应。时论以此举名实相符，先生为无愧焉。

文宗显皇帝咸丰元年辛亥，四十五岁。

馆善化贺公长龄宅。先是，贺公卒，遗命其子延为师。

时广西逆匪方炽。今节相曾公国藩方官礼部侍郎，应诏言事，有用人、行政、议礼、汰兵等疏，人争传之。先生致书曾公，盛称其言之切当，而尤冀其以正本清源为务。谓有所畏而不敢言者，人臣贪位之私心；不务其本而徒言其末者，后世苟且之学术云云。而曾公已于四月某日上《敬陈主德预防流弊》一疏，先生书至，因复书云："阁下一书，乃适与拙疏若合符节。万里神交，有不可解者。"观此，亦见忠君爱国之心，不以穷达异也。

二年壬子，四十六岁。

馆贺宅。

四月，广西贼匪陷全州，遂至黄沙河俘舟乘水下。江忠烈公忠源力扼之，焚其舟。贼遂由陆路进逼永州，旋窜据道州，三阅月连陷桂阳、嘉禾、安仁、茶陵、醴陵等州县。

七月，犯长沙。邑令朱公檄先生及王公鑫、刘公蓉，使练乡勇，以资防堵。先生仿戚氏法部署其众，教之击刺，勖以忠义，纪律肃然。会城解围，巡抚张公亮基论功奏保，以训导归部铨选。

三年癸丑，四十七岁。

正月，巡抚张公檄先生与王公鑫募带练勇赴长沙，会曾公国藩奉命督办团防，各军因隶之。

夏五月，江西上犹等县土匪窜至桂东，曾公檄先生驰往剿办。行次衡山，适草市土匪起，聚党千馀人。先生即驰赴草市，擒首恶刘积厚、龙念七等二十馀人正法，馀匪溃散。至桂东，会诸军进击，贼遁还江西。巡抚骆公秉章汇叙先生功，保奏以知县用。

六月，粤匪自金陵分军犯江西。江忠烈公据守会城，乞援湖南，曾公檄先生随夏公廷樾、朱公孙诒往援。时李忠武公续宾在先生麾下帮带湘勇。六月，至江西，击贼有功。

时太和土匪起，陷太和、安福，围攻吉安。江公檄先生与刘公长佑同援吉安。军至，贼解围。先生与刘公分途追剿，刘公赴太和，先生赴安福。时安福新为贼陷，城无居人，贼亦不据以守。先生以八月十三日入据其城，贼误以为本邑乡勇也，扬言当聚而歼之。日且夕，贼悉众蜂拥至。军骤不及防，持矛立街衢，左右横刺之，或乘屋飞瓦，大呼击贼。贼死咋不得入，乃惊奔曰："此湖南兵也!"明日复至，置巨炮交衢以击我军，势尤张。先生分布各哨扼衢口，而从旁道横击之，贼大溃，杀贼数百人。馀党窜永新莲花厅，焚扰上坪司、天河、东坑地方。先生饬李公续宾赴天河剿办，自由林陂迂道往天河策应。先生初以三百馀人破安福贼数千，贼犹四路屯聚，先生急请济师。夏公廷樾笑曰："贼胆落矣，罗山自足了之，益师何为?"先生兵果大捷。

会得湖南巡抚骆公札，以太和土匪窜扰湖南茶陵、攸县等处，饬即带勇驰回会剿。先生即由固江出吉安，并檄李公续宾回军吉安，以十月二十一日全师回楚。适永兴土匪千馀人盘踞油榨墟，曾公时在衡州，檄先生往剿。即日驰抵永兴，酌定攻剿之策。分派永兴绅勇攻墟之北，自督勇直捣墟之西、南，三面夹攻，破其垒，杀毙无算。永兴平。

江西巡抚张公芾以先生平安福功，保升直隶州知州，与刘公长佑并留江西补用。先生驻衡州，修复石鼓书院，剿办油榨墟股匪；驻军郴州，修复韩文公叉鱼亭，俱有诗存集中。

四年甲寅，四十八岁。

先生平油榨墟贼，驻军郴州城外，以资弹压。而遣李公续宾破毁梁园八股坌贼巢，擒巨犯黄荣发等十馀人，人心始安。先生因留李公驻守，而自率所部回衡州。

时曾公驻营衡州，大治水陆诸军，刻期东下。以衡、永四郡属为匪徒渊薮，叛者四起，当留重军以资剿捕，檄先生募勇一千，留驻衡州。盖曾公军制以三百六十人为一营，先生与李公续宾分带中、右两营，得七百二十人。至是，每营加至五百，先生所部始及千人。

衡山草市土匪复起，首逆王大汉聚众肆掠，戕害草市司巡检鲁正义。先生以王大汉起事在衡、攸交界之南湾，乃以五百人屯草市，而自率五百人赴南湾捣贼巢穴。会王大汉逃至攸县之灯笼桥，先生得团绅之谍贼者，用其言捕得之。及伪军师董某会粤贼上犯，由靖港径趋湘潭；衡山白果市土匪乘机煽乱，扰及湘潭之厂陵桥、青山桥等处，先生分军搜捕。巡抚骆公檄赴湘潭会剿粤匪馀党，先生乃由白果市至东湖马迹桥，绕赴湘潭之辰山、花市等处，捕除土匪之肆起者。

先是，贼破岳州，径趋靖港，陷宁乡。曾公遣兵击之，贼败遁。乃悉水陆东下，至岳州城，而王公鑫之师溃于羊楼司，贼复陷岳州。曾公退保长沙，贼复悉众趋宁乡，绕陷湘潭。提督塔齐布公力战，破贼水师。杨公载福、彭公玉麟等纵火焚贼所掳船几尽，贼大溃，即日遁还岳州。曾公乃定水陆夹攻之策，檄先生与李公续宾以所部随同塔公会师东下。

六月，进军岳州，贼先期遁。塔公约先生进次岳州城。先生以岳州四面环水，惟大桥一路上通省垣，贼所必争，独率所部扼大桥以拒贼。二十五日，贼果悉众万馀直犯大桥。官军进踞芭蕉湖上高桥，距大桥十里。先生于大桥北之九塘岭立望楼，以防贼之突至。二十六日，贼拥登九塘岭，拆毁望楼，逾岭而下。先生与李公续宾奋力堵御，贼稍稍引退。追至九塘岭，瞥见贼众逾万，分踞坡岭，乃饬李公驻九塘岭南，防贼抄尾，自督中营力战，直逼至高桥，毙贼千馀，贼悉退据高桥。二十八日，与塔公进击高桥贼垒，大战连日夜。

闰七月初二日，先生率中营出九塘岭，李公续宾帅右营出九塘岭之东岭，蒋公益澧率左营出大桥之东路。三路进剿，击破高桥东贼营九座，贼退据城陵矶关帝庙。先生乘胜进击，又破关帝庙贼营三座，贼悉众退至城陵矶下。曾公以岳州之战，独当大桥一面功最巨，保奏以知府尽先选用，并请赏戴花翎。城陵矶之战，塔公手刃贼大将曾添养，贼势大挫，所向皆获全胜。

〔闰〕七月十七日，由云溪拔营起行，分驻长安驿山坡。十八日，贼统众千馀，分四路绕扑两营。先生令两营掩旗息鼓，静立以待，乘间击贼，大破之。贼悉力扼羊楼峒之尾卢家桥，择两山隘口扎立大营，高逾数丈，中跨溪水，以拒我军进剿崇阳之路。二十三日，进剿羊楼峒，直抵贼穴，分军为三：一出左岸，一出右岸，扳藤援石以上，分抄贼尾；而以大军由中路进剿，逾沟越溪，立踏贼营破之。贼大奔溃，直追至百花岭下，贼退据佛岭。佛岭者，羊楼峒赴崇阳间道也。贼筑营守隘，卢家桥溃败之贼亦归之。两岸高山，羊肠一线。先生亲登高岭，相度形势。二十四日，塔公饬普都司承尧以兵来援。先生率所部由佛岭之西山而上，直攻贼巢。分派普公承尧由佛岭之东山而上，出西冲；所部萧公启江由佛岭之北出曹家冲，以截贼走崇阳之路。皆扳岩逾岭，冒险前进，踏破其营。自是，由蒲入崇之险隘皆为我军所夺。

八月初二日，进剿崇阳。贼于佛岭下二十里扼隘立卡，屯聚数百人以拒官军。其地两岸高峰参天，溪流中贯，惟一线小路可通人行。贼以竹木横塞河口，以石堆砌山路，搭盖棚厂于石岭之上，掷石滚木，使不敢近。军次小沙坪，分派彭公三元由右山而上，李公续宾、李公杏春由左山而上，出神桥之下，以抄贼尾。先生率所部由正路进攻，直抵贼垒。两山兵勇齐下，贼知隘已失，遁去。进扎虎爪市，旋破桂桥贼垒，连破大沙坪贼垒，贼悉众回窜崇阳。而咸宁经官兵收复后，各路兵勇归并嘉鱼大营，城内空虚。武昌贼分股由金牛乘虚入城，招集崇阳馀匪撄城自守，以阻我师北下。先生率各军抵城下，四面围绕，贼启东门溃出。追至十里外官步桥，又大败之。先生乃率湘勇、宝勇、新化勇、辰勇、川练勇由咸宁进攻，直趋武昌。贼悉崇阳、兴国之众上趋金牛，计图上阻官军。会闻大军东下，乃由余家坪趋横沟桥，谋袭据咸宁，骤与大军遇，迎击，又败之。馀贼尽由徐李铺渡河，屯立山冈。先生指诸军登山仰击，呼声震林谷。贼胆落，不能军。遂进驻江夏之紫坊。

八月十六日，先生与塔公及李公续宾、李公杏春、罗公嘉亮、萧公启江等，登八分山，审度形势，绘图志进攻方略。初，曾公自城陵矶部署诸军进剿，约水陆之师会于紫坊。八月二十日，曾公乃悉召水陆诸将，议攻武昌机宜。先生出图指画，言紫坊出武昌有二道：一出洪山大路，一沿江出花园。而贼精锐皆聚花园，若出洪山，前临坚城，仰攻不下，花园之贼得以袭我后路，非长策。今惟悉力攻花园，花园贼垒破，乘势平鲇鱼套诸贼垒，贼之精锐皆尽，武昌可不攻而下，故当以重兵剿花园，而分兵出洪山以防贼之反窜。诸将议未决，先生因曰："花园贼多且强，某请任其难者。"于是，先生率诸军出花园，提督塔公率诸军出洪山。

二十一日，由金口进剿，驻营河婆岭。花园悍贼万馀，扎大营三座："一枕大江，一濒青林湖，一跨长堤。营外掘长壕，宽二丈，深一丈许，由江通湖，引水灌注。内树木为栅，实以土、沙，枪、炮排列。架木楼数十，以备守望。深沟高垒，抗拒我师，外壕有掘至三重者。时水师亦由京口下击，炮声震天，贼亦从江边营内开巨炮以拒之。先生分军三路进击：李公续宾、萧公启江攻江边贼营，先生自与李公杏春、罗公嘉亮攻湖边之营，唐公训方等从中路攻堤上之营。贼凭木城用炮轰击，子如雨下，各军伏地以进。李公续宾先破江边贼营。湖边营聚贼最多，冀我军攻江边营，抄袭其尾，兼以小舟数十，由青林湖抄河婆岭大营。先生分军击杀舟中之贼数十名，贼舟退，营中贼因之而乱。诸勇乘势逾沟而进，直扑贼营，贼溃。中路各军亦扑入其堤上之营，花园贼垒同时烧毁。

二十二日，进击鲇鱼套贼垒。遥见堤上街口大营一座，套边街口大营一座，沿街小营无数，木城毗连，望楼高建。先生与李公续宾合击堤上街口之贼，分兵由中路攻套边之营。湖北同知李锦銮以四川勇助攻。贼悉锐迎战，四川勇溃，各军攻套边营者相继退败。先生由堤上进剿，与中路隔一溪，不能阻截，用枪炮击。堤上街口之贼负固不出，相持久，因见中路官兵败，乘机出战。先生率诸军进击，大破之，又饬李公续宾由江边折回中路以援诸军，又大破之。附城贼营焚毁遂尽，贼败窜洪山。适塔公率诸军至洪山，骤与遇，斩贼数千人。城中贼皆夺气，是夕，尽出其精锐以遁，留老弱军数千人守城。二十三日，李公续宾等环攻四城，遂破之。汉阳贼闻武昌破，亦遁。曾公以先生由岳州进剿武昌常在诸军前，保奏以道员记名。旋奉旨补授浙江宁绍台道。

九月，与塔公会师进攻兴国之败贼。塔公由武昌、大冶一带，先生由金牛。贼知官兵两路进剿，亦分军由兴国据大冶县城，堵截武昌一路官兵，留兵据州城堵截金牛一路官兵。先生急驰至沿埠头，横截贼之分赴大冶者，贼悉众迎战，大败之。二十一日，遂分三路进兵，直破州城。塔公亦克复武昌、大冶等县，并会师兴国，规取田家镇。田家镇者，江势至此一曲，而半壁山横截江之右畔，江水折而下，急溜如箭。前总督张公亮基曾设江防于此，所拒贼之上窜，寻陷于贼。贼因其险为铁缆，横江以截水师，而屯重军半壁山，与田家镇贼营相望，夹江以守。先生由兴国州城直捣半壁山。

十月初一日，驻营马岭坳。始至，筑营未定，贼悉众来犯，有由半壁山营下冲者，有由民房扑出者，有由北岸田家镇渡江会众者，合计二万馀人。先生匹马前冲，大呼跃入。贼大败，奔至江边登舟，又蹙之江中，坠水死者数千人。初四日，塔公因与湘勇距十馀里，中隔小河，遣人造浮桥通两营之路。贼忽出千馀人，阻遏渡处，江中贼船亦出数千人，上坡排列半壁山之左；北岸田家镇之贼渡江者又数千人，排列半壁山之右，其半壁山旧垒贼亦聚据数千人。先生登高阜瞭望，见伪官坐将台，龙旗黄伞，气焰甚张。数路贼党约二万馀人。时塔公尚隔小河，先生所部湘勇、宝勇仅二千六百人，众寡悬殊，军士有怯惧潜遁者，先生与李公续宾手刃数人，慷慨誓励，人心始固。即督勇驻高阜之左，李公续宾驻高阜之右，彭公三元等排列江岸，普公承尧排列马铃山左坳。先生与诸将约曰："贼众我寡，当以坚忍不发胜之。"诸军布阵以待，如不欲战者然。相持两时之久，贼鸣鼓吹角，数四扑犯，我军皆坚伏不动。先生度贼锐已竭，手大旗一挥，我军突起急攻，大呼冲阵。贼大溃逃窜，悉奔半壁山旧营。是山孤峰拔起，前瞰长江，山后线路通人，为我军所扼。旧营之贼斩杀几尽，从峭壁横坠死者，亦数千人。罥石挂树，血肉狼藉，岩石为殷。时水师亦蔽江而下，鏖战竟日。杨公载福等遣人棹小舟持斧凿沿半壁山捶断横江铁缆，先生亦遣壮士百馀缒岩而下，腰短刀砍护铁竹缆数条。

是役也，水陆两军并力奋击，杀声震天地。环田家镇贼舟四千馀，焚烧几尽，夜半火光照耀数十里。我军人人自奋，长夫馀丁争持刀杀贼。自用兵以来，未有毙贼如此之多者。田家镇贼营见江防已失，无险可凭以守，焚营遁去。先生力战半壁山，以二千人破贼数万，功最伟。奏闻，赏加按察使司衔。

十月二十日，由半壁山过江至菩提坝，贼数千人来扑。塔公亦前至，即率诸营迎敌。贼遇我军即奔窜，盖初不知为塔公及先生，及战，见大旗摇曳，乃大惊，不及交锋而溃。遂进克广济县城，时十月二十八日也。

十一月初一日，进军双城驿。贼扎营四座，扼险以守，知我军至，分三路来迎，约二万馀人。先生与塔公策马登高阜，审度形势，亦分三路击之。先生以贼在山岭，难以仰攻，因按兵不动，以伺其隙，一鼓直上，贼大溃，遂平其垒。进攻黄梅，贼闻风逃窜。以收复广济、黄梅两县功，奉上谕赏加叶普铿额巴图鲁勇号。军中赏勇号者，皆由外请。先生起诸生为大帅，圣恩特授勇号，尤异数也。

初五日，由黄梅之新夏桥进军浊港，破贼数千人，进抵白湖港。时贼屯聚孔垅数万人，悍贼罗大纲又率万人由湖口渡江，驻孔垅统诸军，以遏我师。十二日，我军分三路进攻，贼亦分三路迎战。先生分派诸军抄袭孔垅街口，贼败溃，奔入垒中。我军一鼓而前，遂破其营．罗大纲率残贼逸去。是役也，贼两万馀人，我军止八千人，又当罗大纲之凶悍，而战皆捷，贼遂大撤沿江各营，并力守九江，相谓曰：楚军锋不可当也！

十五日，进扎小池口。二十一日，渡江营九江城外白水港，悉焚贼垒之在城外者。二十五日，移扎大东门外四里坡。时贼驻九江者，为林启荣。悍贼石达开、罗大纲等皆至，深沟固垒，攻之不能下，而梅家洲、姑塘等处贼匪相为援应。先生与曾公会商，先绝其外援，因留塔公围九江，先生移扎湖口县之盔山，阻塞湖口之贼，使不得上援，且图攻破梅家洲贼垒，以搤九江之背。环攻十馀日，贼坚闭不出。先生尝言："九江城如斗大，梅家洲尤一小垒耳。而贼坚壁以老我师，静若无人，夜无更柝号火。我军一至城下，则旗举炮发，环城数千堞旗帜皆立如林。启荣之善守，贼中一将才也！而使之作贼以终，亦可伤哉！"会水师击烧湖口贼船，遂纵兵至吴城。贼潜以小舟载薪火，夜烧水师辎重船。船大且重，小船轻利者皆驶入内湖，贼舟至，不能迎击，湖口水师遂溃。

十二月二十三日，贼又出小舟袭九江水营，延烧大帅坐船。曾公檄先生回九江，与塔公及水师相应援。二十四日，先生由盔山拔营回扎四里坡。二十五日，进扎官牌夹。二十九日，渡江攻小池口贼。小池口为北岸黄梅、宿松交界处，旧有官军营与南岸诸军夹江为守。曾公调小池口营会攻九江，会水师失利，贼遂袭据小池口旧营，而分兵沿江上犯。先生谋先剿小池口贼，以蹑其后。时谍者言留营贼实无多，曾公檄周凤山以一营往剿。先生与塔公各率数十骑往觇之，渡江，则贼大至，周军败，先生急敛军而归。自是，北岸之贼纵横无所忌，旋陷黄梅，湖广总督杨公霈所部北岸兵勇率先溃逃，由广济以上达蕲、黄至汉阳，皆为贼陷。杨公退驻沌口，武昌空虚，旋陷。先生每扼腕叹息，谓九江北岸军力厚于南岸，竟无一人能遏贼也！

先生驻军九江，尝与李公续宾游庐山，至莲花峰下，谒濂溪周子墓。墓久倾圮，慨然共修治之，有记存集中。以是年薪水所馀百金置湾洲义学，又置宗祠祭器。著《周易附说》成，致书刘公蓉曰："《易》者，忧患之书。今于忧患时读之，尤亲切而有味也。"

卷下

五年乙卯，四十九岁。

正月初四五至十八九日，连攻九江城，贼负固不出。时武昌告急，曾公所部皆楚人，多主回援者。先生以大军一动，则江西不复可支，湖南、北终受其害，不如以一军牵制贼势，而分军回援武昌。曾公亦以为然。时胡文忠公林翼以援楚自任，曾公拣诸军以五千人隶之，而饬彭公玉麟悉率水师之在外江者退保武昌。比胡公等军至，武昌已陷。胡公遂驻洪山，彭公以水师驻金口。而曾公驰往江西，收集水师之在内湖者，进驻屏风。贼亦以舟师驻湖口，与我军相持。时湖口以下贼势蔓延，无官军堵剿。贼由皖南分股趋浮梁，进陷饶州府。曾公方驻南昌，与江西巡抚陈公启迈会商，檄先生率所部援饶州，九江围攻事宜专责成塔公。

二月二十八日，先生遂由九江拔营回江西省城，与曾公面筹方略，而饶州股匪已进陷弋阳，因渡章江而东趋贵溪。时先生分所部湘勇为三营，自将中营，李公续宾将右营，蒋公益澧将左营。唐公训方率常宁勇隶先生从征。

三月二十日，行次莲湖畈东之大水桥。贼乘官军初至，谋悉锐掩袭，以三万人迎拒五里亭，别以数千人由弋阳北门出，暗抄官军之尾。先生饬蒋益澧、唐训方堵北门一路之贼，自率中营驻李塘之陈家山。贼分队薄之，先生从容挥军迎击，杀数百人，贼败溃。乘胜追至西江桥，五里亭大股遂为所截。李续宾由大水桥迎上击之，又杀数百人。贼退逼湖汊，溺水死者无算，湖水为赤。

甫收队传餐，贼复分三股，由北门直抵陈家山东大松林内；又分股出西门，遥为声援薄官军；一股中复分数股，弥漫遍野。先生与李续宾夹松林南北两路分击之，贼大溃。明日，进攻弋阳县城。时贼众已多逃者，馀匪犹闭城拒守。先生至，挥众缘城上，克之，贼悉众奔德兴、乐平。别股有自婺源来者，先由德兴趋兴安，谋与弋阳股匪合攻广信，扼江浙咽喉，闻弋阳股匪败，乃引军急趋广信。

先生进军兴安，遂蹑贼至广信。二十四日，驻营大路口。闻贼已攻陷广信，入据其城。明日，进军城西之乌石山。山势稍高，俯瞰城中，贼出入无隐。先生驻营山下，饬李续宾营山之左，唐训方、蒋益澧营山之右，以防贼之数路夹攻。部署甫定，贼悉众分门出攻，一股出西门，径攻中营；以一股出北门，绕攻右营；以一股出南门，绕攻左营。先生方督诸军修筑营垒，不为动。贼屡冲力竭，然后麾大军乘之，贼大奔，击斩无算。居民闻官军胜，相率登乌石山大呼杀贼，声震林谷，贼气大沮。

二十六日，引军攻城，贼万馀分三路出迎，又以数千人伏藏树林深处，以待我师穷追。先生登高瞭望，知其伏兵所在，亦饬蒋益澧以左营伏右路高冈下。时德安令刘希洛以平江勇八百人至军助剿。先生令率所部踞右路平冈，列阵以待，令诸军皆不得出营，诱贼近前，然后接战；又择精锐之勇为四队潜往，截其埋伏之路。贼之三路来者，见我军不动，不敢前，相持两时之久。先生督中营由中路出冲之；唐训方从中路之右出，以顾右路；李续宾从左路出，逼近贼前，列阵出冈。又相持久，麾旗进，三营迅起乘贼，大败之。刘希洛、蒋益澧皆从右路绕出，贼之藏伏树林者反为我伏兵所袭。诸路之贼四散，其窜入城者，为诸军所乘，死无算。贼以大炮迎击官军之追贼者，反自毙其入城之贼。已而大雨如注，沟浍皆盈，城上大炮不能施。官军四面薄城，城外之贼不能复入。先生度贼必宵遁，夜择敢死士四路巡逻。

二十七日，复引军攻城，城中贼开东门遁去。时贼骤陷广信，居民多不及避，杀戮甚惨。次日，先生引军至，凡三日复其城，毙贼尤多。广信士民欢舞歌颂，先生所至，皆焚香迎拜。先生召见士绅，慰勉以忠义，出示令行团练法，以自相保卫。修复谢文节公祠，以是年死事上饶县知县蔡中和以下十一人附祀，有记存集中。游鹅湖书院，与诸生论学甚欢。比先生拔营行，士绅送者无不感激流涕云。

是时，贼自广信窜浙江开化县之华埠，旋窜入徽州。浙江巡抚札调先生赴浙防堵，先生以广信江、浙咽喉，东南大局所系，未便远往援浙。而弋阳败贼适窜扰乐平、德兴一带，四月十五日，追贼至德兴，收复县城。弋阳、广信两股，复合据浮梁之景德镇。自弋阳败回者，由德兴驻乐平之涌山，拦入景德镇，旋屯聚浮梁城外，深沟高垒以自固。自广信败回者，由开化出德兴、乐平，尽聚景德镇，设立关卡，拒抗官军。

先生以五月初二日驻营景德镇上五里村，贼闻先生至，皆遁去。先生以景德镇为广、饶门户，东控徽、宁，遂进驻景德镇，意图进剿徽州之贼，庶江、浙两省肘腋之患悉除，请于江西巡抚，暂驻景德镇以观变。访知积匪洪茂春、朱木匠、张景安、詹四美、余显亨、戴华章、江崇恺及监生朱克俊等，皆勾结贼匪，为之耳目，受伪官，搜括百姓财，贿以媚贼，因与浮梁都司定凯设法捕得之，悉斩以殉。会湖北崇、通股匪拦入江西，攻陷义宁州城，江西巡抚遣都司吴廷光往援，全军歼焉。廷光骁勇，江西所恃独此一军。南昌震动，曾公急檄先生回驻省垣，以卫根本，而令李公元度以平江勇二千馀人援义宁。

六月初五日，驰抵南昌，沿途感暑，吐泄并作，未尝休息。江西巡抚欲先生援攻义宁，曾公方以进攻都昌、合水陆之师驶出湖口为意，欲先生暂驻省垣，即回南康商度机宜。先生上书曾公，以为今日之忧不在湖口之难复，而在湖口之难守。贼上踞武汉，下踞金陵，相为犄角。湖口逼近江面，贼所必争，得湖口必分兵以守，与贼相持无已，非长策。为今之计，当以复武汉为要着，义宁当江、鄂之冲，尤江西腹心之患，必以急攻义宁为规复武汉之本，因请先以义宁自效。于是，先生遂率诸营进攻义宁。

七月初五日，驻营梁口。探知义宁有南、北二道，南路隔修河阻水，当从北路入。北路亦有二道：一由南岭逾岭以攻凤凰山贼巢，其路较捷，而山径崎岖，其险隘处仅容一人一骑，恐贼斩断其路，设栅拒守，必至为其所扼；一由梁口达四都，从老庄里西门坑以攻义宁州西门，其路较平，遂决计从四都进攻。贼复从梅岭而下，掩袭官军，至抱子石，分两支，一支循修江南岸而下，直逼官军，分三路排列；一支循南山而下，潜行林间，掩旗息鼓，以抄官军之后。先生饬李续宾、唐训方从营后绕出山阜，以为奇兵，而击循山之贼；又令训方分所部二哨埋伏山阿，以备策应；先生与蒋益澧列阵营前，以作正兵，而击沿江之贼。部署既定，令诸军士解甲释兵，坐地休息。相持一时，知贼之力已竭，突起乘之，贼溃。续宾、训方等从山后抄出，贼以一支循山抄我之尾，续宾等军反抄其后，贼亦乱。官军乘胜追击之，毙贼六七百名，四面堵截，贼泅修河而渡，溺毙者尤众。

十二日，进驻老庄里下之棋盘岭。探知入义宁又有二道，一由棋盘岭经杭口过双井，可攻州城之西门摆，正道也；一由棋盘岭经乾坑过小南岭、鳌岭，可攻州城之西门，间道也。南岭、鳌岭各高二里许，羊肠鸟道，盘旋而入。贼以其险，无重兵据守，闻官军驻棋盘岭，皆趋杭口，以图阻截官军进攻之路。先生得州举人李炎为向导，潜登小南岭瞭望形势，以为鳌岭为州城屏蔽，贼踞之，则杭口一路可以间道横截；我据之，则可以俯瞰州城，居高以临下。幸贼皆屯聚杭口，鳌岭可以乘虚而入。因诡言明日进攻杭口，而与李续宾等大军径趋鳌岭。度杭口之贼必乘其后，恐贼多难以抵拒，密令蒋益澧以所部扼守乾坑隘口，方可以寡制众。复饬李杏春与蒋益澧相机调度，其间有小路可达杭口，亦分兵扼之，以防贼之间道。各军掩旗卷旆，径度小南岭，望鳌岭直驰。时贼以一营守鳌岭，闻官军方攻杭口，不设备，皆枕藉酣卧。忽见官军至，纷然四窜。官军击之，毙百馀人，因据其巅为营。蒋益澧至乾坑，贼蹑其后追之，以大队逼坑左，以精悍之贼捣坑右，又有贼二千馀由小路踞乾坑山脊以临之。蒋益澧已先据乾坑之隘，旗帜间杂林中，使贼莫测其虚实，因与李杏春誓众曰："今以数百人抵七八千之贼，若不致死命，尽殒于此矣！"勇皆奋。唐训方奋登山上，以御小路之贼，萧启江助之。蒋益澧匹马当先，直击坑右之贼。坑右之贼先败，小路之贼亦为训方等所败。中路之贼虽众，而不敢前。李杏春知其精锐皆在坑右与山上，因督所部直奔中路，贼大败，乘胜直追，斩馘无算。

先生已据鳌岭，闻乾坑与贼相持，急急驰援，而蒋益澧等已获全胜，因会诸军鳌岭，深沟高垒以自固。鳌岭距州城七里，高约四五里，其左大山一支蜿蜒而出，经六七里结凤凰山，州城之主峰也。鳌岭之右，数峰参天，最高者曰鸡鸣峰，峭拔无匹，尽于州城之西，其下即西门摆，城外菁华之所萃也。先生令蒋益澧驻岭之左，以防凤凰山之一路；唐训方驻岭之右，以防鸡鸣山之一路。鳌岭中发一支，数峰蝉联，初峰下峻而上平，可以四应，先生自率中营驻之。其次岭长而脊瘦，广约二丈许，李续宾驻之，列营若长蛇。又前一峰高而锐，与城北之凤凰山相埒，建望楼其上，贼之来踪莫能遁。两面峭立，左右有坑深莫测，由岭逾坑以登两支绝顶，一升一降，约二十馀里，势险绝，攀援乃可上。大军驻此，贼来攻甚难；官军攻州城，则有建瓴之势，贼深忌之。

十四日，贼悉众四五万人，用五鼓袭击官军，分五路。一路万馀人从凤凰山而下，直抵南岭大山，相连八九里之遥，势若扑我左营。一路万馀人从西门摆登鸡鸣峰之顶，亦七八里之遥，如两翼分张，遥相搏击。中路由西门坑入者，复分三路：一路由两坑之会合处跨岭而上，约万馀人，直抵锐峰望楼之前，以号召两翼之贼；一路约六七千人，以坑左大路而上，多精锐，直抵中、右两营之左；一路从坑右小路埋伏树林中，冀攻中、右两营之右。先生饬唐训方攻右路，蒋益澧攻左路。分中营前、右两哨，与右营左哨击右坑之贼，即登鸡鸣峰上，分路以截贼之尾。分中营左哨，与右营之右、后两哨击左坑之贼，即分勇登凤凰山脉，以截左贼之尾。饬右营前哨聚立锐峰，以击望楼下之贼，中哨相为接应。时所部不及贼众十分之一，先生以地势可凭，谋一举歼之。部署既定，戒诸军无轻动，待贼近逼营前而后分路进攻，庶足以致其命。

贼见官军伏营不出，疑为弱，自恃其众，直薄营前。左坑之贼火箭、火弹已近及营，先生所部署诸哨整队大呼而出，其在凤凰山脉者，从横脊驰下截之，左坑贼先溃。望楼下之贼聚立山顶，无馀地自容，各勇从楼边掌旗而下，贼奔退，坠崖自压覆死者数百人。官军乘胜追之，两路之贼驻旗于两坑会合处，意待官军前进，坑右之贼得从而截之。而坑右伏贼已先为官军所袭，尾追而出，竟截坑左贼尾，上下夹击，毙贼千五六百人。其凤凰山上大股，见左坑贼败，官兵穷追，思欲循山而下，以横截之，而左坑败贼数百奋跃登山，冀与左路会合，共相堵御。左坑跟追之勇亦扪石攀藤而上，牵连以逐之，贼不能阻。蒋益澧率所部缠南山大岭横过，直逼贼前，左坑之勇复自下而上，以截杀之。贼下坑则为官军所截，欲逃脊东，则为大河所阻，惟直望凤凰山以奔。诸勇又追杀二千人，败贼悉窜城中。

右路之贼排列鸡鸣山上，见各路兵败，官军穷追，不敢归城，惟踞峰巅以待。官军以数十人诱之，乃循崖而下，徐度数峰，冀扑唐训方营。训方奋力迎杀，贼败。疾登峰巅。官军猱升而上，复寻间道以分抄之。贼窜急，反从峰侧以走。官军反出峰上，连杀数百人。先生所部署击右坑诸哨，从鸡鸣峰下循脊分道以抄之，李续宾又从鸡鸣峰左绕道以截之，贼左右窜，悉遇官军。官军所毙及坠崖死者，三千馀人。

是役也，贼倾城以出，杭口、小南岭诸处皆设伏，谓俟官军败，数路横截，可以百不失一。而先生以二千馀之众，毙贼六七千人，出奇制胜，所向无前，贼气大挫，所在惊扰无固志。

十五日，因饬蒋益澧率所部登凤凰山一带，以观城东北之形势；唐训方率所部登鸡鸣山一带，以观西门摆之路。先生与李续宾由西门坑审视，复分登左右各山以望。贼见官军将次薄城，以数千人扎凤凰山巅，阻我左路；以数千人聚西门摆山坡，阻我右路；其中路，西门坑于两山之交会处设卡三重，横跨溪上，各高丈馀，分万馀人以守。官军突与相遇，乘势前进，缘两岸之峭壁击之。贼见官军速进，皆夺气，所设诸卡尽破之。乘胜追至西门城下，悉焚江边贼垒，无一存者。左路凤凰山之贼见中路诸卡破，不能自持，纷纷下窜，官军奋临其巅，悉焚山上贼营。右路鸡鸣峰官军见两路并进，乘势搏战，杀三百馀人。贼所设西门摆望台、木城悉毁，城中之贼闭门以守，是夕弃城遁。江西巡抚奏先生功，诏加布政使司衔。

先生以武昌东南要害，在所必争，而崇阳、通城、兴国、大冶率为贼之巢穴，湖南、江西均受其害，谋欲出崇、通以进攻武昌。上书曾公，极言长江要害凡四：一曰荆州，西连巴蜀，南并常、澧，自古以为重镇；一曰岳州，湖南之门户也；一曰武昌，江、汉之水所由合，四冲争战之地，东南数省之关键也；一曰九江，江西之门户。此四者，皆贼之所争也。今九江与贼相持，而贼又已上据武昌，失长江之关键。崇、通一带，群盗如毛，江西之武宁、义宁，湖南之平江、临湘、巴陵，均无安枕之日。欲制九江之命，必由武汉而下；欲解武昌之围，必由崇、通而入。为今之计，惟有率南康水师与浔城陆师，合力以攻湖口，横踞大江，截贼船之上下；更选劲旅扫通城、通山、崇阳、兴国之贼，乘胜合攻武昌。武昌复，外江水陆之师沿江直下，与内湖水陆之师相为联络，九江可不攻自下，兵家之势固然也。先生因移营杭口，听候曾公进止。

时李元度攻湖口急，谓旦夕可图克复。曾公因檄先生至湖口，相度形势，并面筹进剿机宜。先生单骑赴南康，遂由屏风至湖口。见石钟山贼垒凭高而坚，外江水路尚为贼据，因言湖口未易猝复，统筹东南大局，必平崇、通，复武汉，以成建瓴之势，天下事乃可以有为。曾公因奏令先生回援武汉，兼以彭三元、普承尧所部宝勇隶之，合五千人，而刘公蓉亦自南康大营随先生行。先生令李公杏春分部中营，令刘公蓉分部右营，进规通城。

九月初五日，进次通城东南山下。先生自率亲兵数百人，沿城近处审度形势，以规进取。贼初据通城四五千人，而义宁州败贼尚万馀人，屯聚崇阳之桂口，闻官军进剿通城，亦分贼来援，于城西门外筑大木城二座，抗拒我师。见先生登山瞭望，所带兵无多，急出薄之。先生令军士席地坐，无敢动，贼渐沿山呼噪而登，因回旗击之，斩贼将三人，贼大奔。明日，先生亲率中营攻城之西南，分遣彭三元、普承尧攻城之东南，唐训方、蒋益澧攻城之东北，李续宾、刘蓉、李杏春分击城外贼垒，悉破之，纵火焚烧。

时城中诸门皆闭，惟留西门以通贼垒，留北门以通桂口之路。城外败贼为诸勇所截，无可逃者，争由二门奔入城中。官军因尾追之，相与夺门而入，东南路攻城者亦攀援而上，大呼杀贼。城中之贼铤而走险，尽从北门蜂拥而出，与官军出城者互相拥挤，官军亦有受伤者。先生分饬各勇伏北门外树林中，俟贼大队奔出，四路截杀；饬官军权退出城以诱之，内外堵击，鲜得脱者。湖南巡抚骆公秉章奏先生克复通城功，上嘉其劳，赏给白玉翎管一枝、绿玉四喜搬指一个、荷包四对、火镰一把。

十一日，进攻崇阳之桂口。桂口为湖北南岸巨镇，西南可以窥岳州，东南可以窥义宁。贼自义宁败窜后，屯驻于此，尚万馀人，意图复袭江西，以援通城。再为官军所败，不复能自振，闻官军至，悉窜入崇阳。先生以桂口三省要害，令平江勇之会攻通城者李源浚、何忠骏、黄策荣、方城等因贼旧垒驻防桂口，复调刘腾鸿所带湘勇五百以益之，为江、楚保障，且以壮后路声援。

十四日，进次崇阳之乌龟石。遣李续宾、刘蓉由乌龟石渡江前进，蒋益澧居后以防贼之抄尾，沿江东岸而下，于贼所搭浮桥东偏驻营，以截贼入通山之路。先生与李杏春、彭三元由乌龟石沿江西岸而下，普承尧、唐训方居后以防贼之抄尾，绕道出城之西北，逼近城外贼营半里许驻营。贼以官军初至，急出六七千人分两路来扑：一由山脊直攻大营，一由城西迂道以抄官军之后。先生令诸军，贼不逼营不可与战。移时，贼逼愈近，先生率所部破山脊而下，彭三元从左路堵之，两路之贼皆败。李杏春由江岸下绕贼垒，以截贼之归路，贼不敢复入营垒。唐训方、普承尧从后逐之，贼绕城西北，冀由东门渡江以逃。李续宾、刘蓉、蒋益澧适自东岸堵击而来，贼悉入城闭门以守，复出城以千馀人掘修垒外壕沟。先生沿江审视，闻城内人声鼎沸，顾左右曰："贼喧如此，将遁矣。佯为修垒，以示坚守耳。"因密令各营派勇分数十队暗伏两岸要隘，又令敢战之士数百人用夜半负沙囊、云梯薄贼垒，缘壁而上，焚其营帐，火光烛天。两岸伏兵见贼垒火起，环呼杀贼。城中贼大乱，遽开北门遁，伏兵截杀千馀人，馀贼皆窜蒲圻。凡攻崇阳一日，复其城。

是时，江公忠济驻营羊楼司，以遏贼上窜岳州之路，与贼战，军败死之。先生惧贼乘胜上犯湖南，遣李续宾、刘蓉、蒋益澧、唐训方、普承尧各统所部驻羊楼峒之西，以遮贼上窜；先生与彭三元、李杏春三营暂驻崇阳，以资弹压。

崇阳士绅以伪总制杨万年方据梯木山，距城三十里，当剿绝之。二十三日，饬彭三元、李杏春由塘泥岭进攻梯木山，焚其巢，杀贼数十人。忽报伪翼王石达开率悍贼六七千人前至壕头埠。杏春、三元等谋，分三路迎击之，毙贼八九百人，因营壕头埠。壕头埠四面皆山，官军以贼方败窜，不为意，就平地为营，期明旦还崇阳。是夕，彭三元以孤军深入无后继，虑贼大至，包山以袭我军，宜乘夜回崇阳，幸得自全。李杏春持不可。旦日，翼贼大队至，合二三万人。李杏春、彭三元左右拒战，贼来愈众，环之数重。三元左耳受炮子伤，血淋漓，血战益力。日暮回营，环顾四山，贼营屯聚，叹曰："孤军援绝，而贼势如此，吾有死而已！"

二十五日，贼悉众扑营，杏春、三元等方出迎击，而贼已分股自后扑入三元营。三元回救，贼追戕之。杏春驰至营前，复被害，其弟光炽亦力战死之。先生先夕闻三元被围状，率勇往援已无及矣。时仅馀中营三百馀人，即夕驰驻羊楼峒，与诸军会。招集诸溃勇，讯知哨长先逃者一人，临阵弃主将不知救护者二人。刘公蓉曰：“军法不行久矣！释有罪弗诛，无以惩后。”因斩以殉。先生自起一军，与贼数百战，未尝败衄，至是有壕头埠之挫，简军励兵，戮有罪者三人，士卒皆知军法，以义愤相激，人忘其败矣。

初，先生谒曾公南康，濒行，曾公谓曰：“君所部五千人，而贼众常数万，是可合不可分，分则不足以支大敌。”先生追念曾公之言，以书自引咎曰：“公神人也，不用公言，以有此耳！”

先生甫移营羊楼峒。贼闻官军败，谋急蹑之，适韦逆昌辉大股至蒲圻，合翼逆大股及崇阳败贼径趋羊楼峒，为二大支：一支薄山而下，逾田陇复分三支，薄官军之右，是为贼之正兵；一支卷旗息鼓，埋伏七里冲各山内，是为贼之奇兵。先生饬刘蓉击田陇贼阵之腰；李续宾从石山绕出，抄田陇贼之尾；唐训方以三哨当田陇之贼，以二哨搜其营前山内之伏；普承尧分为二路，以搜七里冲诸山之伏；而先生所部中营愤欲出杀贼，因使之策应各路。贼见训方所部兵少，专力直攻。训方按兵不动，相持久，始起薄之。刘蓉复从中段截之，贼乱，反旗走，为诸军所包，不得出，回奔山上。李续宾已先绕至山巅截杀之，贼之正兵大败。其伏于山内者，普承尧督兵进攻，中营策应之师从右路绕出山巅，承尧从山下蹙之，贼之奇兵亦败。先生曰：“中营败后得此一胜，军气庶几复振矣！”

十月初三日，贼复由枫树岭、雷家桥循七里冲东路来犯。分股由千嶂岭、张鼓岭逾山而来，排列营北山巅，韦逆昌辉张伞设盖于上，俯瞰官军。又分股由港口驿循中港而来，排列营西叶家山上，牵制西面诸营。东路大股进薄官军，复分三路，一路从山脊而上，直逼右营；一路据麦园，防中营之横截；一路登小石山，以扑左营。李续宾循山下击，山脊之贼先败。蒋益澧分左营为二，以一支奋登小石山，以一支绕山北抄之，贼众大溃。先生亦自击，败其中营。时刘腾鸿所部之湘勇亦适调回，与刘蓉、普承尧等分击营北及叶家山之贼，皆败之，自是不敢复犯官军矣。

先生乃调六溪口官兵三千二百人，谋进攻蒲圻。时贼守蒲圻尤严，凤凰山及南门、丰乐门外，环筑大营，设立石卡，以扼入城之要路；北岸为木城四座，以通咸宁、武昌之贼；河面造浮桥，以通来往。先生以重险难越，乃间道出公安畈，进踞铁山，临城西北隅，贼垒遽失其险。铁山高二里，绵亘数里，与丰乐门之鸡冠山相值。其东南为凤凰山，西北为宝塔一带诸山，形势雄险。先生驻营山脊，俯瞰城中，分营驻山之左右，以便分路进攻。念官军野战则易于取胜，攻坚则受伤必多，日出兵诱之，贼不为动。

二十一日，先生乃与刘公蓉攻南门外贼垒；李公续宾攻丰乐门贼垒；蒋公益澧、唐公训方攻五岳观贼垒；普公承尧、刘公腾鸿等驻宝塔诸山，截河北之贼，兼以攻城。贼尽锐拒守。官军攻垒卡者皆仰攻，攀援而上，贼俯御之，多伤，战久不利。先生与李公续宾、刘公蓉、蒋公益澧等驻山坡，据险休息，相与誓曰："今日不破此垒，贼势必张，须一战胜之而后已。"因复战。刘蓉弟刘蕃亲督兵揽稻草、柴薪烧贼垒，身先士卒，直薄贼栅，中炮子，伤而毙。诸军继之，挟草薪以前，纵火焚烧，贼众始乱，乃乘机夺栅以入。蒋益澧亦乘之，腾踏东岳观贼垒以入，唐训方亦毁河边之垒。贼大溃，刘蓉以兵四面环击之，毙贼数百人。先生乃悉锐攻其南门之垒，李公续宾亦急攻其丰乐门外之垒。贼见垒卡皆失，无斗志。诸军乘之以入，毙贼三千馀人。于是，环城之五垒及石卡重重尽为官军所破。

是夕，李公续宾以百馀人踞鸡冠山顶，俯惊贼营；蒋益澧督所部从凤凰山而下，防贼南窜崇阳之路；普承尧、刘腾鸿督所部驻城西门外山上。贼莫测官军所由入，大乱喧拥。官军乘势薄城，缘云梯而上。贼尽从北门出，自相践踏，死者尤多。蒲圻克复。时湖北巡抚胡公林翼亦以兵来会，兼劳军，与先生相得欢甚。石达开闻蒲圻为官军所克，遂自崇阳乘虚入江西义宁，江西之贼益剧。

十一月十一日，进次咸宁县。贼拥城自固，蒲圻败贼亦先后屯聚万馀人。先生至，即督诸营会攻，贼胆落奔溃，追十馀里，遂复其城。至是，武昌以南诸城皆无贼踪。十四日，进至山坡，贼复以数千人迎战，官军一击破之。十七日，进驻紫坊，与巡抚胡公大营会合，先生即往见提督杨公载福，于金口商度进剿机宜。二十八日，与胡公分路进兵。先生率湘勇三营从东路驻营洪山南冈，胡公率所部及普承尧、唐训方诸营由中路出省城之南，驻营堤上，令九溪营兵出西路驻营金口为犄角，兼护水师。

时贼于武胜门之（唐）〔塘〕角筑垒二，以通兴国、大冶之贼；鲇鱼套口、白沙洲筑垒二，以护江面贼船；望山门外八步街口筑垒二，防西路京口之师；中和门外十字街口筑垒一，防中路堤上之师；小东门外筑炮台一，东西附城坡上筑大石垒一，高与城等，与十字街口大垒相对，阻东路洪山之师；又筑二小垒联络于二大垒之间，使中、东二路不能相通。先生方驻洪山修筑营垒，适胡公堤上师至，贼遽集白沙洲、八步街口诸垒贼二万馀人，从十字街冲击官军。胡公麾诸军击之，贼败退，旋出搦战，如是者数次。先生乃与李公续宾驰赴之，息鼓卷旗，衔枚疾走，至赛湖堤边分为二路，一由堤上直攻附城大垒，一由堤下逾沟越溪经湖中涸处，以攻十字街口之垒。普承尧、唐训方见湘勇援至，即佯败反旗而走。贼不虞先生乘其后，纵追官军，普承尧等回旗迎击。先生已率师抄出垒北，纵火焚烧，遂破其十字街口一垒。贼之追官军者无路可归，官军蹙之尽殪。附城大垒之贼见官军进攻，遽合二小垒贼出营堵御。官军击之，贼大败归垒，遂乘之以入，贼皆缒城上。毁其附城大垒，并二小垒破之，武昌东南贼垒皆尽。先生与诸将议曰：武昌城大，可袭攻；必悉毁其附城贼垒，而后官军可以薄城。又，贼西路八步街口二垒，为我陆营通江要路，守之则我之军粮无由而达；北路塘角二垒，为贼通兴国、大冶要道，守之则贼之军粮无由而断。

十二月初二日，先生于鲇鱼套港内搭造浮桥，率兵直攻八步街口二垒，以奇兵逼望山门，袭垒之后。垒高而固，官军尽锐薄之，立平其二垒，西路贼垒亦尽。初六日，遂分兵薄城。胡公攻城西北，先生攻城东南。大东门炮台踞蛇山脊，不能掘壕，官军乘间以云梯薄城，缘而上，纵火城上，延烧炮台火药，城中大乱。贼悉精悍堵御，官军屡登城阙，皆为贼所阻，莫能进，多负伤者。贼从塘角经沙湖尾，谋乘官军之怠击之。官军分驻小龟山、双凤山，并力抄击，截杀数百人，贼大溃。

初十日，遣李公续宾攻塘角贼垒。三面围攻，李公亲督兵从炮石中冲入，缘栅上夺入贼垒，适以火箭延烧贼营火药，贼惊溃。官军复从垒中出，追击之，乘胜沿江而西，毁其汉阳门外一垒。贼所设船厂在垒旁，尽焚之，杀千馀人。城上之贼见官军转战西北，沙湖来路空虚，由城窦出截其后。李公急反旗回据小龟山以待，先生督所部由小东门城下截出，与李公夹击，复杀数百人。由是，环城西北贼垒皆尽，无一存者。先生以初六日攻城勇多伤，坚城仰攻非策也，谋引贼出城击之，以挫其锋。

十一日，遣李续宾、刘腾鸿出据小龟山上，贼以大队乘之。小龟山前有石山附近城（跟）〔根〕，贼复绕出石山之右，谋截官军。先生急分兵趋石山，伏山左右以待。李续宾冲山而下，分三队，各为一字阵排列沙湖涸处。前队进战，中、后队按旗不动；前队退，则中队进；中队退，而后队又进，循环不已。贼久战疲，忽分大队由城（跟）〔根〕出右山包抄。中营之伏于山右者挺出迎战，贼反走。伏山左者截之，毙贼千馀人。贼见抄后之师为伏兵所败，急以大众冲其伏。伏兵佯败，贼乘势穷追，伏者回杀，先生随出兵截之，毙贼又七八百人。贼拒城以守，乘夜于望山门外修葺石垒二重。

十八日，胡公饬中路各营塌破其前垒，贼复加修次垒，高与城等。先生以白沙洲贼垒尚存，谋并攻之。二十日，分三路进攻，中路各营攻白沙洲之垒，湘勇左、右二营攻望山门外之垒，先生率中营攻大东门，复分兵踞小龟山，防塘角之贼，各有斩获。二十三日，遣李公续宾出窑湾、百眼桥一带截贼饷道。贼出七八千人由塘角经小龟山沿湖下，以抄其后。先生饬刘腾鸿、蒋益澧等出洪山之东，自率中营出洪山之西，前后夹攻，贼大败，杀千馀人。贼自此馁甚，拥城自固，不敢出队矣。

六年丙辰，五十岁。

正月十二日，先生移营洪山绝顶，留后、右各营仍驻南冈，以成犄角之势。先生度贼必乘夜扑营，每夜遣兵侦探。十三日夜半，贼果以千馀人来袭，突与官军遇，败之。明日，饬刘腾鸿登双凤山击大东门之贼。贼以千馀人缒城，又于小东门出千馀人抄后。先生自率中营迎之，从湖涸处分二支绕贼左，腾鸿亦分二支绕贼右，四路夹击，毙贼六七百人。城中贼由汉阳门出数千人，绕沙湖之尾来援。李续宾、蒋益澧等由小龟山直逼沙湖，败其援师。二十四日夜，贼千馀人来扑中营，猝抵营前，几登墙矣。官军以大石击之，先登者皆殪。嗣是每夜来扰。二十六日夜，先生密遣两军分伏来路之左右，贼果以千馀人来袭。既过，而后起截之，毙贼数百人。贼连夜皆败，不复敢袭营矣。二十八日，贼复出数十旗诱官军，官军不为动。贼忽于塘角出千馀人，从堤上牵制左营；又于大东门、小东门出千馀人，直扑洪山顶何绍彩之营。先生率中营从城（跟）〔根〕包绕，贼反居其中，四面夹攻，毙贼六七百人。

二月初三日，贼以官军数缘城（跟）〔根〕抄击，出数百人掘赛湖之堤，以断城（跟）〔根〕之路。先生饬刘腾鸿驰击，以鹰嘴阁下有伏贼，别遣一军护其后。贼于堤上迎战，官军分三路抄之。乘胜追越鹰嘴阁，贼复以千馀人伏十字街口长虹桥下沟内。城中贼见官军寡，急以大队分三路，一接应鹰嘴阁伏贼，一出长虹桥助战，又以一支渡鲇鱼套循堤而上，于长虹桥对岸堤上列阵以待。官军抄至长虹桥，突遇贼伏起。刘腾鸿方与鹰嘴〔阁〕伏贼战，不能往援，几不能支，乃督军立于桥南，用劈山炮轰之，伤贼颇多。适各路援兵俱至，贼大败走入城。初九日，湖广总督官文公命水陆各军南北夹攻。先生饬各营制长梯三百架，多备土囊、沙袋、稻草，填城下之沟；又置大炮山巅轰击之，分兵进薄四城。暗遣健卒负长梯至城下，寂无声，凡列三十架，缘城上。贼始知之，炮石俱下，先登者皆伤，又有从而继登者，至日夕乃罢。自是连日攻城，贼负固相持，不敢出。

先生以下游青山、窑湾一带为陆路接济贼粮之道，拟分数千人驻扎其地，以断绝之。窑湾在沙湖尾，湖水所经建石坝以通江堤。先生与李公续宾先往相度，率数百人横列堤上，又以数十人沿江上观贼泊船处。贼四五万人由武胜门出，横亘六七里，前队八九千人直逼堤下。先生以寇众我寡，堤广不能战，必据险乃可，乃退驻港左。贼亦进薄之，列于港右。先生预以枪炮手百馀人伏港低洼处，令官军反走。贼追之急，甫至坝，枪炮齐发。先生回旗击之，贼大败。适各路援兵亦至，凡毙贼五六百人。而贼先分兵驻紫金、双凤诸山，见官军赴窑湾，度其不能遽归，尽由武胜门城（跟）〔根〕萃于紫金山下，谋径赴洪山大营。蒋益澧督兵御于山右，刘腾鸿御于山左。时腾鸿全队驻小龟山，贼不得逾小龟山而上，乃由紫金山之南横出小东门，与大东门之贼会，又冲而上。各营横截之，以数千馀人御贼数万，贼终不能逞。窑湾官军归者，又往会击，贼大溃入城。

二十三日，贼数百人复出小龟山、大东门搦战，先生令所部分应之。小龟山贼遁，官军追之，因驻其山以待。贼复由塘角出二万人列沙湖沟之北，分军登紫金山，从沙湖之堤上与官军相持。先生乃自督军先击退大东门之贼，饬刘腾鸿等同踞小龟山，用劈山炮击堤上之贼，又分兵奋登紫金山。贼遁归沟内，而排列沟北者如故，复据紫金山及堤上搦战。官军冀诱贼逾沟，复令数百人追堤上之贼。至紫金山下，沟内之贼见追兵寡，果逾沟来抄。先生督大队分路应之，横截紫金山之贼，贼悉为官军所包，大乱，毙六七百人。

二十五日，遂分湘勇右、后二营移驻窑湾。二十六日，先生亲往窑湾，与李续宾、刘腾鸿等巡江畔，以图截贼粮道。贼由武胜门出万馀人，与我军力战堤上。杀贼数百人，追抵城下，贼闭门自固。先生率所部绕城审视，以定进攻之策。从大东门至塘角，贼无有出迎战者。时江西吉安失守，瑞、临、抚、建皆为贼据。曾公屡檄先生回援江西，先生上书曾公言："今岁之围武昌，与去岁之围九江形势不同。去岁围九江，江面非我有也，北岸非我有也，即南岸东路之湖口，西路之瑞昌、兴国，皆非我有也。即令攻九江破之，亦一孤城耳。今岁攻武昌，北岸为我有，南岸为我有，江面自沌口而上皆为我有，所未合围者下游一面江路耳。现派李迪庵、刘峙衡扎营窑湾，断贼青山陆路之粮；杨厚庵军门已料理水师下泊樊口，断贼水路之粮。孤城定难久踞，俟水师一炬之后，大功幸成，回援江西易易耳。即不然，当令迪庵、峙衡与普钦堂宝勇由武昌攻大冶、兴国，乘此入江境，以复武宁，俟麾下之命；泽南仍率所部驻洪山与贼相持。天假之缘，武汉克复，当与大营会于浔城；或一时不能得手，亦必与此城相终始。天下之事在乎人为，决不可以一时之波澜自灰其壮志也。”盖公以武汉系天下大局，方与杨军门议断贼水路接济，力图攻复两城，始定回援江西之计。二十九日夜，有大星陨于西北。

三月初一日，大雾漫天，咫尺不能辨。初二日，贼出千馀人焚小龟山下民房。先生派兵迎剿，自率中营陈于大东门外田垅，见小龟山贼败，绕城截之。贼窥守营兵无多，开大东门出队万馀人，掩旗息鼓，疾趋扑营；又一支由小东门出，以御我接应小龟山之师；又一支由中和门出，从赛湖堤包抄而来，约二万馀人。汉阳之贼亦过江攻胡公堤上大营，彼此牵制，不能相救。先生勒马迎战，历二时之久。

先是，先生与诸营约：贼大队出，即以白旗标示各营。各营见白旗，皆趋救中营，守营兵并力冲杀，贼大败。乘势追至城下，环城枪炮如雨。有小子中先生右额，伤甚，血湿衣裾，犹力战。逾时而归，剧甚，日夜危坐不眠，与在营诸将议攻城方略。初五日，口占忠义祠楹联，授左右书之。初六日病益甚，不能起，口喃喃念时事，无一语及其私。忽睁目指几席间，意欲作书。左右濡笔伸纸以进，先生仰卧书曰：“愿天再生几个好人，补偏救弊，何必苦限此蚩氓!”又书曰:“乱极时站得定,才是有用之学。”初七日,神散气喘,自知不可为。适胡公来视,先生张目言曰:“武汉,自古用武地,贼必死守,不力战,恐荆、襄、岳、鼎,均无干净土矣!”初八日早,汗出如沈,握胡公手言:“武汉未克,江西复危,不能两顾。死何足惜?事未了耳!其与李续宾好为撑持。”言未毕而目瞑。

胡公具先生死事状奏闻,奉上谕:“胡林翼奏道员力战,受伤殒命,恳恩加等赐恤。等语。布政使衔浙江宁绍台道罗泽南,以在籍生员倡率生徒、办理团练,嗣因楚省贼氛猖獗,率其乡人自效戎行,转战湖南、江西、湖北等省,大小一百馀战,克城二十。朕嘉其忠义奋发、屡著伟绩,由训导超擢道员,加布政使衔。方冀其攻复武汉、殄灭逆氛,克膺懋赏,兹因攻剿武昌,乘胜追贼,直逼城下,受伤殒命。览奏之馀,深堪悯恻。罗泽南着加恩照巡抚阵亡例赐恤,伊父罗嘉旦着赏加头品顶戴,伊子罗兆作、罗兆升均着赏给举人一体会试,以示朕褒恤荩臣至意。并着于湖南本籍及湖北、江西地方建立专祠,其湘乡县士民弁勇打仗阵亡者,着一并入罗泽南本籍专祠,以慰忠魂。钦此。”

旋奉旨,予谥忠节。今上初元,命湖南巡抚遣员赴本籍家祠赐祭先生。所著有《周易附说》、《读〈孟子〉札记》、《西铭讲义》、《小学韵语》、《人极衍义》、《皇舆要览》及《诗文集》八卷。其言语行事散见于诸家者,则有同邑杨昌濬《尊闻偶录》、宁乡刘典《从戎日识》、湘阴郭嵩焘《思旧录》及先生所著《家训》,亦足以见先生之学行矣。

湘军志评议

湘军志评议[①]

先侍郎公[②]曰：凡目悉与所知之深者，皆为注明；其介在疑似之间者，不敢加注。

湖南防守篇第一

先侍郎公曰：案首篇就湖南一省总括天下大势，事势多有未确，而文特紧练。窃以为首篇当为《湖南城守篇》，专载壬子围城事，而述明寇事始末，以志湘军所由始。其讨平土寇，别为一篇附诸篇后。

又曰：仅叙湘军，当以湖南城守为始。若综寇事始末言之，则各股寇匪之所以起，与广西用兵情事，当详细载明，取足以垂示将来，以知所法戒。

自古言军势者，多侈言形胜要害积强弱之故，然其实非也。项羽缪言郴为天下上游；湖南自郡县以来，曾未尝先天下。国朝移行省于长沙，复汉国制，控扼十六大城。[③]

先侍郎公曰：湖南非形势必争之地，而自军兴，为东南保障，天下倚属，非形势之增重，以有人焉故也。壬秋此段议论，游宕

①辑自郭振墉《湘军志平议》，民国五年清闻山馆郭氏家刻本。
②侍郎公，即郭嵩焘，其曾任兵部左侍郎，故称，下同。
③楷体字为王闿运《湘军志》的内容。

无著，莫喻其意之所属。

又曰：起语无根。或因人言江忠烈公扼守蔡公坟为得地势，故有此说邪？

又曰：案元初设湖广行省，治潭州，后徙治鄂州。长沙自晋置湘州，历代为重镇。

以苗防故，镇筸颇有精兵出征四方。

先侍郎公曰：嘉庆初置三厅备苗，镇筸以道员驻扎地为重镇，兵骄而横，勇于私斗，而怯于公战，军兴以来，战功无可纪者。

至其财赋，全盛时才敌苏、松一大县。

先侍郎公曰：贵州自明置行省，财赋所出，仅抵苏、松一大县，湖南不如是之荒陋也。

诏湖南治团练善后，以乡人副巡抚，湘军始萌芽矣。

先侍郎公曰：长沙围解，诏曾文正公帮办团练，所谓“以乡人副巡抚”者，即指此也。曾文正公具奏团练不足办，惟当练治一军讨贼，是湘军之起，正在初办团练时，更无所谓萌芽也。

湘军则南至交趾，北及承德，东循潮、汀，乃渡海开台湾，西极天山、玉门、大理、永昌，遂度乌孙，水属长江五千里，击柝闻于海。自书契以来，湖南兵威之盛，未有过此者也。无他故，专灭洪寇之功耳。然而洪寇之盛，则亦由湖南始。始合围而纵之，后起偏师追而歼之，岂天数邪？一二人谋力之所致也。

先侍郎公曰：湖南兵威之盛，与粤寇始终。其后东平捻，西定回疆万馀里，皆乘荡平粤寇之馀力为之。平寇者，湘军之力也；纵寇而使之东窜，当时大帅为徐广缙，在湘军未起之前，于湖南无咎也。此等叙述，低昂抑扬，徒滋后人疑。

金田村者，浔洲倚郭桂平县地，前史所称大藤峡也，其西则武宣、贵县。土、客民自来杂居相仇。奸民杨秀清利客豪资，说令求土民女为妾，又自至土家激挠之，因劝豪劫女，使相攻烧。众无所归，秀清则悉劫之以叛，有众数千，恶自倡乱，乃投金田，合于洪秀全。

先侍郎公曰：广西山谷阻深，多藏盗。道光中叶，吏敝民顽，纪纲废弛。广西巡抚梁章钜、周之琦、郑祖琛凡三任二十馀年，以讳盗为名，顽民窟穴其中，椎埋为奸，一置不问。州县或乘盗发，苛诈平民以激挠之，盗贼横行剽掠，据险抗官，所在皆然，而金田贼之蓄乱尤深，盖自道光之季已岌岌不能支矣。此关治乱盛衰之大端，正须推源溯流，垂示将来，岂宜尽没其事实如此。

永安寇溃围，直北趋阳朔，四总兵败死。

先侍郎公曰：是时南、北两路围师分置统帅，乌兰泰统南路，向荣统北路，卒开围一面逸贼，四总兵蹑而追之，贼反攻，皆殁于阵。乌兰泰亦蹑至桂林城下，力战死。此皆关战事之大者，未宜削而不书；四总兵不具其名，亦似非宜。

又曰：四总兵不著其事，亦不著其名，则为无因。

遂围广西省城。余万清将千人往援，屯北门。

先侍郎公曰：乌兰泰战没广西省城，江忠烈公自新宁募兵驰援，此楚军之所自起也。此等并关系大端，未宜没而不书。

四月，寇解广西省城围，东北陷兴安、全州。撤七千人追之，以和春将。壬寅，寇入湖南境，将趋永州；阻水，退走道州。

先侍郎公曰：贼自全州乘湘水大涨，掠舟数百，直趋永州。江忠烈公径趋蓑衣渡扼贼舟，伐木为桩，堵截黄沙江路，伏兵两岸击之。贼弃舟趋永州，阻水不得渡，乃趋道州。江忠烈保全湖南之功，此为最巨，未宜直没其战迹也。

于是溃军或走城中。巡抚方巡城，乃遽还塞南门，然犹不知何军溃败。

先侍郎公曰：是时议筑垒豹子岭，罗文僖公躬往相度，出南城，遇溃兵，哗言贼至，急还闭城。无巡抚巡城之事也。

萧朝贵设幕城南，有杨生者，误以为达官，上谒，献策，朝贵领之。俄而寇将至，怪问："何人?"朝贵曰："此杨先生，条程事者。"生觉，蒲伏幕后，逾山走。

先侍郎公曰：时巡抚下令焚城南外民居，罗文僖公持不可，民大喜，至是尽为贼据。募民焚屋，一所辄赏数百金，而所焚卒无几，于是城中人皆以咎罪文僖。此等逸事皆有关系，宜书；杨生献策，了无关系，不足书也。

寇据郭外民居，不知所以攻，但发炮击城。炮丸及城中，街有卖浆者方食而碎其碗，城中大震。或议发城上大炮击之，或曰无炮台必惊崩城垣，不可轻也。

先侍郎公曰：壬秋学史公，惯从此等绝无关系处著意摹写，其实皆浮谈不经之言，并无左证。

丁酉，张亮基至。己亥，骆秉章解任，留居城中。庚子，郴寇悉趣长沙，益募矿夫穴城根。九月丙辰，赛尚阿至。诸援师大集，近五万矣。

先侍郎公曰：时承平久，文吏未见兵革，独黄冕曾从裕谦治海防，稍历事知兵，部署城守机宜；又素喜制造，城守所需，多取给其家，巡抚颇倚重之。张亮基至，急发使延致左宗棠。宗棠负才气，喜言事，亮基一以兵事任之，此左宗棠功名所从始也。湖南委任绅士筹饷治兵，遂以平寇，亦肇端于是时，未宜略而不书。

向荣不乐居城中，以寇渡湘，亦率所部渡湘为屯，时独搏战，不利。

先侍郎公曰：向荣时渡河搏战，贼伏水鹭洲邀击，荣军败，贼亦敛退，荣因移驻河西。然贼屯聚城南，渡江当出龙回潭，巡抚张亮基咨请向荣扎龙回潭，向荣不敢任也，颇以城中危地，避之河西。此等叙述亦未分明。

城南战事主于和春，屯白沙井，自以捍遏为功，而江忠源以偏师与合屯，或以为忠源之谋。然寇与官军均跧伏屯内，屯外一里，行人来往自如。

先侍郎公曰：萧朝贵据城南，仅及千人。江忠烈公继至，相地势以蔡公坟地倚天心阁，扼城南之冲，即驰据之。朝贵力争不可得。已而和春至，遂与连营，咫尺相持，贼终不敢越妙高峰而北。此亦江忠烈公守城功之最著者。所以“跧伏屯内”，以江忠烈军扼其吭也。

又曰：围城数日，江忠烈公最先至，至则相度地势，急扼蔡公坟。甫据险筑营，萧朝贵悉众与争，忠烈公伤焉。而营垒卒成，贼终不能越山而北。故当时论守城功，以江忠烈为第一，为先扼蔡公坟，得地势也。此叙之九月后，非事实。

又曰：明明有卷可稽，而乃以一“或”字抹煞之，是则小人之心矣。

于是，徐广缙方止湘潭，议者以为合兵腹背击，寇可歼也，而巡抚群官以为赛尚阿在城中，广缙不宜来逼之。其前军将福兴寔来。

先侍郎公曰：是时城中日夜引望徐广缙，巡抚张亮基屡遣员弁促之，广缙终不至。久乃遣福兴以兵助攻，福兴亦止靳家河探贼消息，不敢近城当贼锋。壬秋乃谓巡抚群官止徐广缙入城，此则全失之诬矣。

又曰：徐广缙驻湘潭，巡抚张公飞章数十，促其入城；所遣援省城者福兴，亦驻军靳家河不进。此皆当时事实，凿凿在人耳目，而以此诬巡抚群官，何也？

又曰：是时徐广缙距城百里，军无统帅，诸大将进退自由。河西一面无拦截之兵，巡抚张公与向荣议守龙回潭，争持且二十日，向荣终不从，而贼已遁。

乙未夜半，寇渡湘西走。丙申，城上诇寇屯，疑空虚。有呼者曰："贼去矣。"将帅闻报，皆愕且惧，无敢言贺，而僚吏士民相庆论功，不复问寇所往。张亮基奏请防湘潭，徐广缙以为寇走宁乡，遣兵南防湘乡，故寇收罢众从容以去。或曰"和春军士卖纵之"，或曰"非也。寇不畏官军，安肯贿之？"戊戌，寇破益阳，掠船出资口。

先侍郎公曰：是时徐广缙驻湘潭，福兴一军屯靳家河，亦当沿江上犯湘潭之冲，何待巡抚奏请？向荣追贼至益阳，贼回出林子口。屯三日，向荣不敢进，而声言湘潭重地，宜防贼上窜，贼乃从容出林子口，无一军遮遏之者。而以是罪及张亮基，亦非事实。

又曰：贼由城南渡江趋龙回潭，道出河西，和春一军连营醴陵坡，与贼东西相拒旷远，而贼所用以济师者船也，和春从何纵之？此于地势、军情两不相及，不足云信史也。

湖北巡抚常大淳奏留江南提督双福助守，悉敛兵入城，寇以故水陆长驱。

先侍郎公曰：常文节公本不知兵，非能任战者。是时贼锋方锐，水陆之师蔽江而下，湖北防兵以守不足，遑言战也。而以敛兵入城咎湖北巡抚之纵寇，亦足疑误天下后世。

丁亥，遣江忠源讨浏阳土寇。方省城之被围也，浏阳廪生王应蘋得周国虞通寇书，国虞惧，杀应蘋。言官发其事，事下巡抚，张亮基犹豫未敢发。周国虞者，忠义堂盗魁也。忠义堂自承平时有之，劫掠私斗，阴署徒党，历年不能治。亮基畏其众，初作奏以为不足烦兵，已而跛足卧且思，跃起曰："决矣！"乃遣忠源。忠源初至，国虞以为兵少易与，遽袭其营。官军出，众骇退，遂逼其巢，下令良民投营领牌者贷死，其夜解散数千，国虞走江西，斩其党众十馀人。湖南讨土寇自此起。

先侍郎公曰：江忠源讨平忠义堂，实受方略于左宗棠，发谋决策，皆宗棠任之，张亮基受成而已。奏报及方略馆所载，但著张亮基而名不及左宗棠。《湘军志》纪当时事实，补《方略》之阙遗，于此正当一发明之。

又曰：忠义堂根柢盘固甚深，非土寇之比，江忠烈公出不意讨平之。时省城初解围，喘息未定，布政司潘铎持不可，张亮基用左宗棠策断行之。已而曾文正公至，始议清查土匪，会衡山草市寇发，命罗泽南以三百人往捕。

是时，曾国藩始至省城议练军。城中守兵四千，将领多者统五百人，少或百人，以游击色钦额总营务。练勇成军者，有南勇、浏勇、楚勇、宝勇、湘勇，率以文员领之，而同知王葆生官最大，馀悉用生监。新田张荣组以知州在籍，颇被擢用，有事辄令将以往。

先侍郎公曰：曾文正公始议练军，三营兵及常德兵留省者皆会，募湘勇三营，定营制，躬自训练。"湘勇"之名始此。会塔齐布总理训练兵勇事宜，初无泛杂成军之事；色钦额之总营务，王葆生、张荣组之管带营勇，又自为巡抚调遣，不在练军之内。未宜混合言也。

又令在城官兵月六会操，以署参将塔齐布训练勤特，奏迁一阶，令兼领练军。

先侍郎公曰：时塔齐布以都司分发湖南，署抚标左营守备，未为参将也。

江忠源自湖北率所部军入南昌助守，请援于湖南。秉章、国藩以楚勇最有名，檄宝庆知府魁联募二千人，益以湘勇千人，镇筸、辰沅兵六百人，遣夏廷樾、朱孙诒各统之，而罗泽南实主其军，纯用其弟子领营哨，别用忠源弟忠淑率楚勇先进，期会于瑞州。忠淑军于道溃散，廷樾等至南昌，一战不利，诸生死者七人，收众入城。

先侍郎公曰：江忠源实奉帮办军务之命，自湖北率所部赴金陵，至九江闻贼已入鄱湖，急驰赴南昌，先贼一日至，部署城守机宜，焚城外民居，南昌守城之议始定。此所叙似忠源专为赴援南昌者，非事实也。

忠源以新军不可用，令往吉安击土寇。

先侍郎公曰：罗泽南与贼战南昌城外，败伤两营官，始令李续宾接带。会吉安、安福土寇发，忠源虑其与贼通，蔓延不可治，令泽南往讨之；亦会具奏治水师为木筏截江，令刘长佑至樟树镇试办，兼与泽南一军相犄角，属任颇重。而以为新军不可用，皆非事实。

九月，湖北防江军溃于田镇，张亮基免，吴文镕为总督。

先侍郎公曰：张亮基移任山东巡抚，未尝免官。

四月庚午，国藩自攻靖港寇，不利。布政使徐有壬、按察使陶恩培会详巡抚，请奏劾侍郎曾国藩，且先罢遣其军。巡抚不可，城中亦不复设备。

先侍郎公曰：徐有壬、陶恩培会详上，骆文忠公言：“曾公已自请议处，何烦再劾。君等但咎其败，不顾寇势之盛，非曾公一军，谁与任城守者?”是时城守事宜一委之曾文正公，未宜以“不复设备”为巡抚咎也。

是时，依故事，提督列衔在巡抚前，曾国藩以事降黜，衔名又在巡抚后，而塔齐布谨事国藩，自比于列将。

先侍郎公曰：国家定例：直省奏报一统于督、抚，交涉军务，提督会衔而已。其别简重臣督办者，与督、抚会奏，结衔仍在前。曾文正公统水陆之师东下，塔齐布仅为曾营一将官而已，奏报并不得列衔。其后围九江，专制一路，曾文正公特与列衔以宠异之，非故事也。此文所序意在表章塔齐布，非当时事实也。

五年正月，总督杨霈黄州师溃。曾国藩分水军还援武昌，饷道阻绝，水陆军将胡林翼、李孟群、彭玉麟等皆仰资湖南，大发船炮火药银钱拯之。

先侍郎公曰：杨霈军溃，贼势益张，因扼水师湖口而袭烧曾文正公水师大营，以所掠湘军水师直犯湖北。胡文忠公时为湖北臬司，与罗忠节公会击湖口贼垒不利，急请回援武昌。此等层次必应叙明。

九月，罗泽南自江西还军援武昌。

先侍郎公曰：曾文正公初合水陆之师东下岳州，以罗泽南有老父在，留驻衡州，防衡、永土匪，以便归省。其后自岳州败还，整军再出，始令泽南与塔齐布各统一军随征。其克复岳州，泽南扼桥拒贼，功最伟。自是每战必先。篇中专叙塔齐布，不及泽南，至此始叙其由江西援武昌，亦稍寂寞矣。

永年、云耀皆起行伍，领营兵，号有智略，至是俱死。营将中无复知名者，始专用练勇矣。

先侍郎公曰：曾文正公起团练讨贼，所用皆练勇，营弁中勇健者辄引以为营哨官，擢拔至提、镇数十百人，而未尝用一营兵。

云耀、永年官止于都司、守备，所部营兵无几，而以敢战名，亦兼所募勇将之。以为云耀、永年死始专用练勇者，亦非也。

茶陵寇陷吉安，江西列城尽为寇踞。曾国藩居南昌，军报阻绝。诏湖南出军援应，以刘长佑、萧启江出醴陵、浏阳。

先侍郎公曰：时吉安府知府黄公，以吉安府县皆陷，自湖南募勇驰援吉安，而以军事委之曾沅浦宫保，此又湘勇之别起为一军者也。于此皆没而不书，则事实全隐矣。

左宗棠将六千人，从曾国藩赴江南。

先侍郎公曰：左宗棠被劾，奉旨就讯湖北，潘祖荫疏陈其功状，以东南大局系于湖南一省，实由左宗棠经画调遣之力，宜仍令回巡抚衙门办理事件。奉旨："是否应回巡抚衙门，抑应饬令带兵之处，著曾国藩查明复奏"。

诏以江忠义为贵州巡抚，鸿宾以西南防急，奏留领军，其词言贵州巡抚需员云云，湖南巡抚始自尊矣。是秋胡林翼薨，病革时，密奏劾裕麟。鸿宾闻之，阳奏遣裕麟赴湖北，因解其任。裕麟久专利权，兼摄两司，开敏无过状，官吏民士用舍在其指顾，一旦罢去，鸿宾意益得。庆远知府陆增祥惮之官，从鸿宾来，用黔捐例，改道员以代裕麟。文格以丧归，召岳常澧道恽世临署布政使，超用李逢春，解长沙县印，即知本府。又专以赵焕联居省城领防军，总劳务、兵饷。吏治皆有私寄，异于骆秉章时云。十月甲戌，石寇党陷会同。十一月，鸿宾奏劾周凤山募军冗滥，因颇短湘勇不可尽用，欲他省命将，权悉归湖南。奏入，报闻。石寇攻黔阳，陷泸溪，劾江忠义委军归葬，罢其贵州巡抚，诏改提督。

先侍郎公曰：恽公吏才一时无两，毛鸿宾在湖南颇多失检者，而吏肃民安、不失声誉者，恽公之力也。此等是非公论，未宜尽泯。

然世临谨事巨室，阳示同好恶，士大夫喜事者翕然称之。

先侍郎公曰：恽世临有吏材，勤于治事，亦稍喜苛察，其综核名实，整饬吏治，一时无能及者。壬秋蔽于一二人之私怨，极口诋之，未为确论也。

又曰：详壬秋之意，专务发摅官场议论，以摧毁湘人为心，使人怅惘。

曾军篇第二

先侍郎公曰：案湘军之名，创始曾文正公，其后骆文忠用以平蜀，左宗棠用以平浙及闽、广，西至甘肃，复新疆万里之地，皆承曾文正公之遗，以湘军为名。是以曾文正公为湘军之大纲。疑此篇当为《湘军原始篇》，历叙各军分合与其源流本末，所以立功之由，以“曾军”名篇，是谓曾文正公亦统于湘军也。前后叙述，亦与《湖南防守篇》大致无甚区别，于文为复，于所述事实亦为失伦。湘军原始实由曾文正公，述其原始，而后本末分明，未宜混合言之。

又曰：以《湘军志》为名，自应以曾文正公创立湘军为主，不宜特立“曾军”名目，以使有所专属。如江忠烈、王壮武、萧启江、李忠武及今曾威毅伯，皆别立一军为统帅，功绩又最伟，别为一篇可也，不可以施之曾文正公。

军兴，而养兵之利害尽著。诸帅臣则稍稍召募，而江忠源以楚勇显。然后妒勇益盛，所屯则私斗，战败固不救，反陷之。咸丰二年冬，湖北大营患潮勇横恣，罢遣之归，乃益道掠，公奸良民妇衢市，所至焚杀。愚民以为官兵不如寇，则奸人倡伪议，谋通贼，及结盟拜会相挺起矣。

先侍郎公曰：天下养兵之费莫盛于广东，额兵凡七万馀人，而各营将有缉捕之责，率皆募勇为之，不一问之兵，是以道光中叶用兵海上，皆出召募。此在唐、宋盛时已然，而至今日额兵尽为虚设，一无可用，则古所未闻也。既言“军兴，而养兵之利害尽著”，“则稍稍召募”，又言兵勇相仇，又举潮勇以明勇之害，然则将两废之邪？此于文体皆不合。

又曰：纪曾军缘始，而首言潮勇之害，且谓奸人乘之以导乱，其意盖甚言勇之不可用也。然其言究为无因。

曾国藩既奉命帮办巡抚团练，是时湘乡先立练局，请主其事，辞母忧不出，且自言行军用兵不素习。已而武昌陷，湖南大震，始至长沙与巡抚张亮基治守御。

先侍郎公曰：曾文正公始具疏辞，嵩焘力劝沮之，遂应诏以出，其疏已具，未上也。壬秋但自喜其文之跌宕取势，不顾事实也。

又曰：湘乡练局，知县朱孙诒主之，何为请文正公主其事？其时亦并未告辞。此皆凭空编造，无事实。

抚标中军参将塔齐布，日阅所部军，训练有法。

先侍郎公曰：塔齐布时以都司拣发湖南，署左营守备。

又曰：《防守篇》云：“塔齐布以都司署守备，仅二年超擢大帅。”与此互有歧异，而《防守篇》所叙为实。似其后亦曾一署左营参将，此时则仅署守备也。

张亮基移督湖广，未几，移抚山东。署湖南巡抚潘铎引疾去，骆秉章复来。以国藩所行异于罗绕典及诸团练大臣，心诽之，然见其所奏辄得褒答，受主知，未有以难也。

先侍郎公曰：骆文忠与罗文僖同处，即一切委之罗文僖；与曾文正同处，即一切委之曾文正，其心诚无所计校，才虽薄而固君子人也，未宜以此冤之。

二月，常宁土寇起，以刘长佑将楚勇五百人、湘勇三百人往，未至，其县团丁讨定之。阳山寇窥宜章。大庾寇入桂东，杀汛官，以张荣组将七百人往。衡山土寇起，三月，刘长佑破平之。永兴、安仁、茶陵时有寇发，辄闻而兵随至，奸轨破散。

先侍郎公曰：《曾军篇》与《湖南防守篇》叙次多同，于文为复，而于事则皆不能详。故疑讨平土寇当别为一篇，以此为肃清湖南之功，一二将弁任之有馀，不足重述也。

是时，湘营制：营三百六十人。中营罗泽南将之，左营王鑫将之，右营邹寿璋将之，塔齐布将兵勇成二营，周凤山、储玟躬各将二营，曾国葆将一营。国藩仍欲充广至六千人，合忠源所将成一万为义师。

先侍郎公曰：是时始募湘勇三营。其后衡州增募十营，为东征之师，邹寿璋，曾国葆各将一营，塔齐布亦至是始任为营官。曾文正公初驻省城，塔齐布主会操而已，未为营官也。

又曰：此初至省城事。罗、王两公亦实由巡抚张公檄调，曾文正公奏请练勇，因就用之，亦不止立此三营也。其后诸营间有添设，曾国葆一营，则至衡州开立十营之一也。

长沙协副将清德，自以为将官不统于文吏，虽巡抚例不问营操，而塔齐布谄曾国藩，坏营制。提督鲍起豹者昏庸自喜，闻清德言，则扬言盛夏操兵虐军士，且提督见驻省城，我不传操，敢再妄为者军棍从事。塔齐布沮惧不敢出，司道群官皆窃喜，以谓可惩多事矣。

先侍郎公曰：塔齐布奉提督令止操营兵，而所部辰勇会操如故，惟引谢不敢传操营兵而已；以为沮惧不敢出，是又诬塔公也。

侍郎宋晋请发湘军援安徽。时新募壮勇分击土寇，未尝休息，合会军饷乏绌，器械旗服朴陋，又方议水军，造战筏守湘，初无意勤远，而鄂、皖羽檄日至，月三四奉诏促出师，乃议遣王鑫。鑫既得请饷省城，不复启国藩，后又罢行。国藩议合并湘勇为十营，汰鑫军，鑫大怨望。国藩初本倚鑫为大将，既以军新集，技器粗脆，远出遇寇忧必败，而鑫颇易言兵，度其才气终不能为下，乃听鑫别将。

先侍郎公曰：江忠烈公奏请设立水师，与贼争长江之险。曾文正公因创定水军营制，开立十营，意在助江忠烈公平贼而已，原未拟躬自任之。至谓专为守湘计，无意勤远，则非当日情事也。

又曰：曾文正公初募湘军，专倚罗泽南、王鑫，而所定营制，通三百六十人为一营。王鑫意少之，欲自改定营制，曾文正公持不可。时左宗棠与文正公以意气争胜，如王鑫旨，允所请，王鑫因别将一军，归巡抚调遣。曾文正公不之强也，未尝有汰鑫军事。

二月庚辰，遣储玫躬拒寇宁乡，雨雪步进，欲与寇争城。壬午，未至县十许里，县故无城垣，寇已据治所，官走免。众议止待后军，玫躬奋曰："自军兴，寇破城百数，皆待其休息或饱掠弃去耳，今舍营兵，起义勇，奈何闻警咨趄。"即部分其五百人，分三道向宁乡。寇方散掠，遂乘攻之市中，寇各求门出走。玫躬止营郊外，休士会食，而躬率十馀人行衢巷，抚难民。寇先出者不知官军至，方还县，见街中横尸，大惊，复出东门，乃反遇玫躬，相挤塞门。玫躬遽前搏寇，寇前后刺之，玫躬及十八人尽死。寇不知主将死，奔相告："此来者以数百人败数千众，今止营待后军，不可当也。"即夜引去，合蒲圻寇众俱去。湖南境内解严。省城、湘潭初闻寇破宁乡，大惧，及闻寇去，知由玫躬一战，道路交颂储石友云。宁乡人见其战者尤感念，即日为立祠。盖自此湘军重赴援，人人稍知荣战死矣。

先侍郎公曰：此一段叙次最有声色，储石友死事甚烈，其人君子也，壬秋于此尚能一持公谊。

国藩前军至岳州，王鑫先屯岳州城，见寇退，议进兵。崇、通寇大上。三月，寇先由蒲圻犯岳州。乙巳，败王鑫于羊楼。丙午，塔齐布复通城。其日，王鑫退守岳州，邹寿璋屯城中，谓鑫曰："城空无食，不可守也。"鑫不听。戊申，寇至，寿璋率所部退保南津，会水师，而别将还保城。城空，军士一日不得食，王鑫缒城走，众乱。国藩遣炮船迎师，免者千馀人，溃死大半，俱走保长沙。寇众乘之，遂据靖港，距省城六十里。再犯宁乡，败湘勇三营，营官伍宏鉴战死。塔齐布自崇阳还，奉檄援宁乡，会寒雨，行三日未至。甲子，寇陷湘潭，是日国藩下檄塔齐布，改援湘潭。使者以为军在宁乡，行半日遇之，乃在中途，距湘潭反近。塔齐布亦未知湘潭已破，喜于凭城保大县以自固。四月己巳朔，军长驱趋湘潭，将入城，乃知寇先在，势不得退。寇闻有官军至，亦即发兵拒战，迫相遇。塔齐布不得退，则驰陷陈，军士皆出薄战。寇自起，与官军未尝短兵接，相顾愕，欲退。其后队望四山多负仗者，以为官军大至，则先走，因相蹂。官军噪呼，观者皆噪呼，遂大破之，追至城乃还立营。其日，长沙惴惴居贼中，人自以为必败。国藩集谋攻守，皆曰入城坐困，宜亲督战。或议先靖港夺寇屯；或曰靖港败，还城下，死地矣，宜悉兵攻湘潭，不利，保衡州，即省城陷，可再振也。水师十营官皆至，推彭玉麟决所乡，定乡湘潭。五营先发，约明日国藩帅五营继之。夜半，长沙乡团来请师曰："靖港寇屯中数百人，不虞我，可驱而走也。团丁特欲借旗鼓以威贼，已作浮桥济师，机不可失。"闻者皆踊跃。国藩亦忧湘潭久踞，思牵之，改令攻靖港。庚午，平旦至，水急风利，炮船径逼寇屯，寇炮发，船退不得上，缆而行。寇出小队斫缆者，水师遂大乱。陆军至者合团丁攻寇。寇出，团丁遽反奔，官军亦退，争浮桥，桥以门扉、床板，人多桥坏，死者百馀人。国藩亲仗剑督退者，立令旗岸上曰："过旗者斩！"士皆绕从旗旁过，遂大奔。国藩愤，自投水中，章寿麟负之还船。日午，还至城下，而湘潭大捷报至。先所遣水师距湘潭十里，闻陆军战胜，鸣角发炮直上。塔齐布军三日三胜。壬申，寇散走，水师尽烧所掠船。寇大败，走靖港，遂俱走还岳州。湘潭既复，国藩以军不精练，悉汰所部，留五千馀人，因留长沙造船，增调罗泽南、李孟群、陈辉龙将水陆军，图再举。

先侍郎公曰：储石友死事，在曾文正公未出师之前。其后乃率水陆各十营出岳州，王鑫别将一军屯岳州，败绩，各军驰援者皆溃，文正公复回长沙，其时塔齐布一军尚未至岳州也。贼复由宁乡陷湘潭，塔齐布、杨岳斌水陆两军击走之。文正公截之靖港，又败绩，始回长沙，整军再出。壬秋所叙前后交错，未能清晰。

又曰：塔齐布领陆师，杨岳斌领水师，会攻湘潭，水陆搏战，力摧贼锋，湘军之盛自此始。不宜专叙塔齐布，而直没杨岳斌之名。

塔齐布屯湘阴新墙，待水军。庚辰，俱进，攻岳州。甲申，水军渡湖。丙戌，焚寇舟。七月戊戌朔，寇空岳州城，东北屯城陵矶，倚江，水陆相犄角。

先侍郎公曰：进攻岳州，罗忠节公功冠，罗军威名自此始也；削而不录，冤矣。

塔齐布、罗泽南东攻崇阳。己丑，陆军破寇屯于羊楼洞。八月己亥，复崇阳。己酉，国藩进屯金口。辛亥，泽南等进屯纸坊。癸丑，会于金口。泽南请沿江东岸攻花园寇屯，至，大破之。塔齐布伏兵洪山，要寇路。

先侍郎公曰：曾文正公自岳州督水师东下，而令塔齐布、罗泽南会兵出崇阳，约至金口会合。既抵金口，诸将会议进止。泽南言：“贼精锐尽驻花园，当以全力攻花园；花园破，武昌不攻自下。洪山但分一军驻扎，扼贼上窜。”出图袖中，指画形势。时塔齐布所部军倍于泽南，泽南意欲以攻花园任之塔齐布，而周凤山力沮之。凤山故夙将，塔齐布悉委以营事，进止取决凤山。泽南议久不决，奋曰：“吾兵力单薄而贼垒坚，是以犹豫。必无肯任此者，泽南当自请行耳。”即日驰攻花园，破之。塔齐布屯洪山，闻花园破，叹曰：“彼书生当前敌，而吾乃休息于此，何以自处？此凤山误我。”此段事实，《方略》不能详，《罗忠节公年谱》固详载之，宜补入。

又曰：花园、田镇为湘军初出时两大恶战，叙次嫌太简。

始寇之起，所行无留难，其踞省府，胁取民财谷而已，行道掠人夫，不用则遣还，未尝增众。及屡败，乃结土寇屯城镇，颇收拔悍挚者，而石大开、陈玉成用事，寇乃盛于此时矣。

先侍郎公曰：杨霈之败，贼袭破九江水营，再陷武昌，而以杨岳斌水师扼之金口，始终不敢逾武汉，自是攻战日急，贼之气焰亦稍熸矣。而以为贼乃盛于此时，恐未然。

湘军万馀人，水陆分为四：李孟群等水师回援武昌，塔齐布留攻九江，罗泽南入江西，国藩收萧捷三等水师三营屯南康。泽南奔命往来，复弋阳，克广信，收景德，攻义宁，虽战胜攻取，非东南所以安危之大，故不具载。塔齐布以五千人留屯，议者以为顿兵无所用武，而廷议多言不可解围，光禄卿王茂荫奏尤切，诏亦命留攻。相持半年，九江、湖口两城寇慑伏，终不敢犯大营。

先侍郎公曰：罗忠节公一军初攻梅家洲，与湖口贼相持约及半年，九江则相持四五年，即李次青一军与湖口贼相持，亦在一年以外也。罗忠节公既克复义宁，上书曾文正公，规画天下大势，以江西非用武之地，当急进兵武汉，扼天下之冲，东南大局始可筹画。曾文正公急遣之。是为平贼一大机要，正须于此叙述，以接鄂军。凡此大关节目，似未可以意轻重，削而不书也。

曾军后篇第五

先侍郎公曰：贼踞金陵十馀年，克复南京，自为湘军一大节目。湖北、江西各省皆标立名目，江南攻战事宜但名《曾军后篇》，并江南之名亦隐之，显示贬斥之意，似未足以服人。

闰八月，苏、常寇来攻，曾国荃军多发西夷火器相烧击，复穴地袭屯垒，连十昼夜不休。九月，浙江寇复来助攻，国藩急征援兵，皆牵制不得赴。国荃以三万人居围中，城寇与援寇相环伺，士卒伤死劳敝，然罕搏战，率恃炮声相震骇。盖寇将骄佚，亦自重其死，又乌合大众，不知选将，比于初起时衰矣。

先侍郎公曰：李秀成以三十万众困曾军三万人，搏战四十馀日，用火药轰其营垒，破其地道无数，极古今之恶战。壬秋一意掩没其劳，以数语淡淡了之，真使人气沮。

筹饷篇第十六

曾国藩初治湘军，慨然欲抑豪强、摧并兼，令故总督陶澍家倡输万金，以率先乡人。澍子诉于巡抚，籍其田产文券送藩司，官士大哗，遂以得免。其后湖南布政使李榕倡言米捐当先大户，是时曾国荃号有百顷田，于法当上户，榕不能问也，而京朝流言卒以败榕。

先侍郎公曰：曾文正公在衡州治军，惑于人言，下檄安化，令陶氏捐万金，其事亦中寝。以为“抑豪强，摧兼并”，陶氏既非豪强，亦无兼并之事。李方伯之米捐尤为见小遗大，并未一考求湖南情形，其事亦不能行之长沙、善化，何论外县。此等处皆未免有意诬蔑。

郭嵩焘全集

九

史部四

日记二

同治三年至同治十三年

岳麓書社·长沙

全书总目录

本册说明

本册为《郭嵩焘日记》的第二册，始于清同治三年（1864），止于同治十三年（1874）。

郭嵩焘之子郭焯莹《郭氏佚书叙目》称："先兵左自道光十八年入试京师，随所见闻及起居酬接，按日记之，终于卒之岁。"可知郭嵩焘一生日记，长达五十馀年。光绪二年十月，郭嵩焘奉命出使英国，抵达英国伦敦后即按照总理衙门的要求，将其自光绪二年十月十七日上海启程，至同年十二月初八日抵伦敦期间51天的日记，整理成书，并加上若干议论，寄呈北京总理衙门，后由同文馆于光绪三年以《使西纪程》书名刊行。除此之外，郭嵩焘的日记，直到1980年代以前，一直未有刊行。其手稿先是珍藏于郭氏家宅，1950年代，由湖南省文物管理委员会装订成40册，由湖南图书馆收藏。1980年，湖南人民出版社委托杨坚将其整理校点，分为四册，以《郭嵩焘日记》书名出版。1984年，钟叔河主编的"走向世界丛书"，复将郭嵩焘出使英、法两国的日记，包括往返途中及回国后一段时间的日记，并与《使西纪程》刊本对校，以《郭嵩焘：伦敦与巴黎日记》书名出版。

此次收入《郭嵩焘全集》的日记，即在杨坚所整理的《郭嵩焘日记》的基础上，并参考1984年版《郭嵩焘：伦敦与巴黎日记》，按照《湖湘文库》古籍整理的统一要求，由梁小进、马美著重新整理而成的。本次的重新整理，将原来的四册改分为五册，改正了1980年版《郭嵩焘日记》中的一些文字和标点符号的错误；并根据全书统一的体例，将郭嵩焘本人已经删除的内容，及原编者在日记正文中添加的文字，均予删除。

本册日记的主要内容均为郭嵩焘在同治年间的活动，包括他在署理广东巡抚期间苦心经营，整理广东军务、政务，与两广总督毛寄云、广州将军瑞麟、闽浙总督左宗棠之间的矛盾冲突，辞免署理广东巡抚，及其回湘以后的社会与学术活动，直至同治十三年冬应诏赴京的经过。

作为一位中国近代的杰出洋务运动思想家和政治活动家，郭嵩焘的日记，逐日记载了他的政治社会活动，他对于时代的思考及其政治主张、读书心得、学术见解，以及社会交往、起居行踪，内容极为丰富，对于研究郭嵩焘和他的时代，具有十分珍贵的史料价值。

目 录

日记二

同治三年

同治四年

同治五年

同治六年

同治七年

同治八年

同治九年

同治十年

同治十一年

同治十二年

同治十三年

同治三年　甲子

正月

同治三年甲子岁正月初一日癸卯。晴暖无风。诣万寿宫行朝贺礼，随诣文武二庙、文昌阁行香。回署，拜土地祠。门丁为予谢客，乃得一日之闲。拟团务总局章程十条，拟厘务告示并各札稿数通。抵粤百有馀日，无若此日之清爽者。

初二日。诣天后宫、风神、火神、龙王庙、城隍庙行香，同城文武处贺岁，老城新城内游历殆遍。热甚，貂冠羔裘，颇觉其苦。晚得官秀峰中堂、黄昌期军门二信。

初三日。雨。约刘晓沧、罗伯宜往看城北炮台地势。保极、拱极、耆定三炮台当西北二面之冲，不可不驻守。永康炮台山势最高，距城亦近，可以筑营，不可安炮。东面保厘炮台毫无所取义，当另相度山势修建。拟驰马一游白云山，因雨不果。晓沧、伯宜则并保厘炮台亦未能一往。比还署，雨亦渐住，乃知生平事事与天意乖忤，白云山之游或亦非天所许耶？晚接张竹屋信，以泰州缕陈广东情形一折，语颇伤时，极言规谏，当敬记之。

初四日。晴暖如初夏。换棉衣出门，热不可耐。城内外官绅处拜年，因至学海堂小坐，约陈兰坡不至。午后回署，兰坡先后与姚彦嘉过谈，酬应至夕。接刘缄三、华尧峰信，乞助丁未同年团拜费。

初五日。半日会客，半日补年例酬应。潘德畬、伍子裳、容春圃诸君来见。接方小圃、叶云岩、范云吉、皮小舲诸信。云吉以朱巨成见托，眉君之胞兄也。

初六日。会客半日。以毛贵、吴炳舞弊，遣去之，而自诉其舞弊之由，由门房主使。询其主名，历举袁震、杨贵、李荣、周顺四人，皆旧仆也。其实门房五人皆知情，毛贵、吴炳特举旧仆为言，疑予之或有庇护也。此曹之舞弊，屡戒不悛，无可顾惜，乃并逐之。而自家相从之旧仆，遂无一存。非敢为刻也，无一可施教训，或亦命为之耳。

初七日。阴热。督署徐子远、张璞臣、管才叔、蔡苹南四幕友皆得一见。徐君著有《通介堂经说》，亦学人也。海守言，虎门寨提调中军杨耀宗标下千总陈雄辉、施有政，私放海盗曾润添一犯，即曾牛黄胜之胞弟；徐玉舫一犯，皋兰盗匪之军师，皆要犯也。陈、施二千总敢于舞弊如此，提标营务大概可知。徐君好读书，询以本地晚出之人才，举三人：一曰桂文炽，为桂浩亭文灿之弟，通经学；一曰赵（齐婴）〔婴齐〕子韶，通地理之学；一曰陈起荣，通骈体。桂为南海秀才，赵、陈皆童生也。

初八日。阴，热。接见文武属吏七班，又他客至者踵接，日夕乃已，罢困之至。接骆籲门、劳辛皆两制军、曾沅浦、赵玉班、阮星垣、夏芝岑各信，阮、夏并以蔡令逢恩相托。又接意城湘字第七信。第三信交胡道生、第六信交劳世兄者，均尚未至。

初九日。晴，热。会客至未、申之交。凯章遣副将贺元吉国桢、知县龙雨庵甘霖解邓二尺七、邓亚凤至。劳次芗亦自湖南至，带到黎少琨、湛少帆并意城、志城家信湘字五号。张瑞墀来见，询悉南山先生所刻法帖为叶氏家藏，名《贞隐园法帖》。又接刘荫渠、严渭春、何小宋、吴安谷、朱小泉、吴筱帆、陈子奉、胡芷庭各信。寄去家信甲字第一号，并黄南老、汤敏斋、刘子梅三信。

初十日。邀幕中俞吉甫、陈莳松、钱篴仙、罗伯宜、罗麓山五人春酌。

十一日。阴，寒。吴莱庭、桂皓庭过谈。皓庭言番禺布衣有学问者，陈启荣、赵婴齐外，尚有黎永椿、冯佐勋二人，又刘昌龄，则诸生也。史穆堂亦言二人，曰梁汝谦，曰陈怀珍，皆南海诸生。吴莱庭言香山小榄局绅李光琛与何有济构讼事。各州县局绅之扰害乡民，为可叹也。接到刘岘庄、郑璞臣二信。

十二日。邀喻叔芸、胡研生、朱容庵、李小琴晚酌。夏氏兄弟在京师者，曰献云号芝岑，曰献蓉号人镜，曰献馨号兰庄，惟馨未与相识。

十三日。接见文武三班。刘晓沧营送龙戏、狮子戏。有亲兵张世赞者，能以身悬木棍，上下翻腾，捷如猿猱，亦一奇技也。

十四日。接到黄莘农、薛慰农二信。接奉十一月廿九日拜发各折廷寄一道，并各折回批。

十五日。雨。诣武庙行香。运司请至天后宫行香。邀林芗溪、贺元吉、龙雨龛、左孟辛四人晚酌。是夕大雨雷电。

十六日。雨。吴少村、李小荃、郭毓六、蒋璞山邀同寄帅至运署春酌。是日寒甚。

十七日。雨。致张凯章、梅小岩二信。接到意城湘字第九信，其第三信交胡道生、第八信交庄惕甫者，均尚未到。适缮家书，便寄吴贞阶、冯树堂、邹公让三信，并甲字家信第二号。

十八日。雨。接见文吏四班。方子听自韶州来见。陈月樵为予相度房屋，所据之说，吾亦不甚信之。

十九日。大雨。午刻开印。雨稍住。晚邀陈莳松、俞吉甫、林芗溪、罗伯宜、方子听、钱篴仙、罗麓山晚酌。篴仙及两罗均不会饮。

二十日。雨。接到少荃中丞、张月卿、江达川、邓伯昭各信。达川信以云南维西协副将程友胜相托，程为高要人，现在刘岘庄处帮办。伯昭信荐候选州同罗宝垣瑜、从九衔陈谦山能益，均新化人。邹公让亦以其从九刘家柱相嘱，刘盖其外孙也。

廿一日。阴，寒。自十一日至今，寒气逾旬，广东向所未有也。接到张凯章、蔡麟洲两信。

廿二日。大雨。是日甲子，乃久雨之兆。拜发恭贺万寿折，并同治二年十二月份月报，及奏请举行甲子科乡试，屠道继烈试用期满请繁缺补用，始兴县常维潮调补潮阳附开复程汝霖、奏参马长庚，查明张深等交代，豁免参追银两，审明命劫各犯，并九、十两月旧捐，九、十两月新捐，八、九、十三月封典职衔新捐，共折十一件，附寄王少鹤、张竹屋二信。

廿三日。大雨。接见文武属吏五班。

廿四日。库仁龛来谈，知寄帅以椿龄前岁诬控一案，重为言路纠参，交瑞澄泉将军查奏。又接准户部行知罗尚书奏参伍崇曜上谕。因此二事，诣成泉中堂、寄帅、昆静山、毓济川、库仁龛诸处一谈。复张凯章一信。

廿五日。寒极。赴箭道点阅本营兵丁：戈什哈一班，箭道操演兵三百人一班，洋枪队二百人一班，两营存兵一班。大率虚籍为多，亦不能认真清查，听之而已。为制军酌定折稿二件。

廿六日。毓济川邀同澄泉将军、寄云制军、库仁龛、海震垣晚酌，并阅济川所制备万寿贡物。曹炳自上海来，带到杨屺堂、商华伯二信。

廿七日。晴。陈经甫呈递条陈。传潘德畬、梁星航、伍子裳面议伍氏借款。奉过瑞澄泉将军、姚振甫二君。振甫言用人须看其才品，有才有品，其人始可用。而尤须有见识，识不足者，仅足供奔走使令，不足与兴事。举广东可用者数人，曰刘承埜云生，曰刘锡鸿兰坡，曰樊封昆吾，汉军生员，因言广东人有二弊，曰懒，曰好利。吾谓只是一弊：勇于营利，怯于顾公。

廿八日。接见文武吏五班。以论捐输事，斥论各官人所为，所以误事，其失小；所以坏乱人心风俗，其失大。自问区区此心，非竟甘颓废者。旁皇四顾，渺无同志。昌黎诗云，与众异趣谁相亲？念此为之怃然。晚邀石芸斋、徐子远、张璞臣、管才叔、章旭初、蔡苹南春酌。

廿九日。核定左孟辛所拟厘捐、盐厘各示稿，送交寄帅核办。终日未见一客，向所未有也。曾卓如制军之孙花烛，为一联贺之云：簪笏承饴，兰规馨合；舟梁奏雅，桐旭锵鸣。又为刘夫人寿联云：贾疏名经，渊源纱幔；婺娟曼寿，荣耀纶褒。夫人，王少鹤之姊也。

二月

二月初一日壬申。诣文庙行香。晚邀江蓉舫、黎凤楼、姚彦嘉、方子听、林耀如小酌。蓉舫语怡、郑当国时事甚悉。

初二日。春祭各坛庙祝文并帛，均于是日填名用印。随诣寄帅及胡莲舫、李奎垣、江蓉舫各处谈。致曾卓如制军一信。

初三日。卯刻拜发题本。文昌诞辰致祭。随诣李筱荃，为其母太夫人祝寿。

初四日。考试越秀、越峰两书院。姚正甫来谈，言为政在人，而生平所见居上位者百馀人，无能以人才为意者。吾谓世有伯乐而后有千里马，诸君即能以人为意，亦是枉然。正甫又言广东习尚之坏，皆自上酿成之。厚风俗、养廉耻，莫捷于搢绅，当加礼贤者，而劾出一二不肖，以示转移。又言各州县初得一缺，幕友仆从之累已不能支，安能望其为好官，此当示禁。数语皆有见地。骆天保来见，言省垣东关之鸡翼城，西关之猪母江，皆有匪徒潜伏。又前岁倡乱之道士黎梅石，闻现藏匿肇庆，改姓林氏。其党羽王亚秋名大排秋、萧亚贵、孔孖著，皆相从肇庆。接吴仲仙、郑璞臣二信。仲仙索饷，璞臣缄请募勇，令人对之茫然。

初五日。折弁梁遇高回，奉到十月廿一日拜发各件批折，并接朱桐轩师、王少鹤、张竹汀、杨缃芸四信。校阅左右两标挑赴箭道操演兵丁三百名。李筱荃、蒋朴山二君枉谈。筱荃一意比附粤东积习，以与鄙人相牴牾，不谓其所挟持遽至于此，为之三叹。

初六日。丁祭文庙，恭诣陪祀。终日为宾客所苦，竟不能一理正业，无可如何。邀石芸斋、吴子登、管才叔、左孟辛、王壬秋校阅书院卷。

初七日。致祭风神庙。庄惕甫自湖南来，接到意城家信第八号。去岁凡共发九信，惟胡道生一函未到耳。又接到湘乡相国一信。

初八日。致祭龙王庙。法领事李添嘉邀同诸君至小北门外校场，阅视满营洋枪队三百名。

初九日。罗廷琛、郭孟桐来见。罗为萝村先生之子，郭则道光廿九年赴桂东张罗，为予尽力者也。

初十日。雨。接奉吏部行知上谕，蒋运司升四川臬司，李太守升运司。

十一日。雷雨。接曾沅浦、朱桐轩师、林颖叔、杨滨石、华尧峰、张竹汀、丁果臣、金眉生、吴仲仙、张子卿、杨缃芸、刘芸笙、俞同甫、曾卓如各信。桐师以戴有恒见托，尧峰以其门人吴令尚恭子寅见托，子卿以其门人王令珠照见托，眉生以都司潘亮高见托，颖叔以黄守光周觐庭见托。

十二日。大雨，雷。致祭天后宫。遣武弁李泽麟、李上达解春贡入都。顺致王少鹤、张竹汀二信，又致恽次山一信，顺寄家信甲字三号。

十三日。接见文武属吏四班。陈璧池其琛农部来见。

十四日。酬应终日。十月廿一日参折始于是日奉到上谕。并知寄帅参案为被罪之大荆司巡检李际晟所讦。

十五日。致祭文昌阁。以史观察赴沪之便，顺致李少荃宫保、黄荷汀二信，兼各以物事少许寄之，兼寄陈作梅、黄昌期二信。校阅本标左营鸟枪兵二百馀名。

十六日。致祭关帝庙。传郑令春融香国、郑令晓如子斌、蒋丞震举春圃、俞令辅廷玉阶、刘令辰告小园、卓令诚、谢令树棠、吴令尚恭子寅覆校书院卷。晚邀庄惕甫、罗廷琛、郭孟桐三人小酌。省团总局以是日开局，往坐片时。

十七日。刘云生、陈经甫见示团局章程，徐子远见示舆图局章程，均尚详备，为酌定数条刊发。

十八日。大雨。接见文武吏四班。晚邀毛寄帅、毓济川春酌。

十九日。接到湘乡相国、彭雪芹、曾沅浦、冯萃亭、刘松岩、丁秩璜、李奎垣、黄小岱、赵玉班、王补帆各信。

二十日。阅右营鸟枪兵二百馀名。晚邀瑞澄泉、库仁龛、海震垣春酌。拟晓谕肇属客民示稿一通，并为吴少村解释张星耀参案片稿。

廿一日。梅小岩太守接署广州府事来见，言惠州协施溥、提标都司赖国恩、守备玉山、把总吴熊光四人，均武弁之可用者。晚邀吴少村、李筱荃、蒋璞山、郭毓六、李星衢春酌。

廿二日。雨。史伟堂、徐韵生贵州委员来见，均久谈，与鄙人臭味尚相投也。接劳辛翁、张月卿、郑朴臣诸信。

廿三日。大雨竟日。接见文武吏五班。过堂案五起。南海盗犯区老举称：与县差冯开、李堃构怨，为刘廷飏所诬。总之广东盗案所捕皆伪犯，真盗不可得也。题林芗溪《一灯课读图》云：林君六十手一经，阿母手泽犹涕零。儿时课经心历历，风吹井栏春草青。白头短檠穷郑、许，礼堂定本褒天语。我嗟母教苦无酬，独抱斯图泪如雨。

廿四日。寄帅邀同澄泉将军、库仁庵、海震垣、毓济川晚酌。接到曾沅浦、王少鹤、陈宝珊各信。

廿五日。早雾。致祭火神庙。嘉应州举人萧荐阶国香来见。校阅两营刀牌兵。

廿六日。王绳濬自石龙来，言巡检叶照墀、绅士同知黄照葵均可用。石龙生意以洋烟为最，纸行竹木均大宗，现认捐者只腌鱼、油、糖、棉花、布、豆六项，每行请一绅士为出官之计，曰举人冯椿、袁寿颐，曰容鹤龄，曰庶常蒋君，今已辞退矣。左孟辛言督标千总高廷瑞南海差高四之子可任缉捕。又言武弁可用者三人：芦包都司冯登，昆冈汛千总李恩荣，把总张承恩。

廿七日。微雨。郁热不可遏。复蒋霞舫四十金、陈宝珊百金二信，由璞山专足带京。

廿八日。接见属吏四班，会同督辕过堂一案。挽希庵中丞联云：不才名玷荐贤书，适逢桐杖遄归①，一别旌麾馀涕泪；上药天廑扶老意，忍见棠华再折②，双忠俎豆遍江淮。挽悬四字云：命世兴贤。

---

①此处旁注又作“偏逢拜表来归”。

②此处旁注又作“回忆趋庭问学”。

廿九日。接骆籲翁、刘仲良两信。刘晓沧枉谈，多可听者。

三月

同治三年甲子三月初一日辛丑。诣文庙行香。接奉廷寄，以张凯章廉使三出鹤嘴之捷，交军机处记名简用，仍交部议叙。卓杰四委员、吴大令廷杰解曾白面猪至省，询悉卓营将弁，曰孙周，曰陈来，曰陈牙，曰郑耀光，曰黄崇光；其带钦州勇者曰莫善喜，带东莞勇者曰张才，皆尚能打仗。晚邀刘晓沧、罗伯宜小酌，为之饯行。题林芗溪《海天琴思图》云：高山流水无定处，入君琴弦君自知。放棹孤征海波渺，揽衣长啸天风吹。存思音响不言妙，俯仰人天无尽师。犹嫌此图着色相，君知汝我今为谁。

初二日。晓沧、伯宜回湘，寄去家信甲字四号，并钱湘吟、赵玉班、李辅堂、张西丈、左景乔、罗研生、刘云笙、刘子梅各信。稍分廉俸，馈诸亲故之贫者。寄沈幼丹、程尚斋两信，以江西军事方急，属相报闻也。

初三日。接见文武属吏四班。意城专足至，接到恽次山、赵玉班并家信子字一号，又接到左季高制军一信。往制军及昆静山、毓济川、李小荃、胡研生各处谈。

初四日。寄帅专足赴佛山追还晓沧议军事，拟暂令凯章以所部驻南雄，晓沧以所部驻乐昌，兼治水师。并致凯章一信。

初五日。微雨，寒。郁泰峰馈我熊掌一具，邀胡研生、蒋璞山、李小荃、刘晓沧共飧之。晓沧以事不至，晚过谈，因留宿署中。

初六日。雨。寄帅会札晓沧募楚勇三千人，因拟两片稿陈奏办理。王壬秋以我明日生辰，枉过留宿。

初七日。雨。石芝老、管才叔、章旭初、姚彦嘉、王壬秋、左孟辛并枉过贺生日。文武属吏例谢不见。是日稍获清暇。

初八日。大雨竟日。往各处谢寿。库仁庵言袁午桥办临淮军务，其初志甚锐，后遂萧索。徐树人留河南办理军务，则并无其锐志。闻侍逆所部化旗股匪林正扬窜闽，必无以御之。

初九日。大雨。常淑昆、张眉叔来见。常，长沙人，故在翟子英镇军幕中，言所部惠来营游击王传训、饶平营署游击冯应元、黄冈协右营守备李瑄芳，皆武将中之佳者。张名麟定，嘉应州人，言嘉应州办团绅士，其父张其翰与候选主事李学恂最著。其父已老，渠与其兄麟宝承其志事，与内阁中书梁心镜、五品封典黄际升同办。黄为户部主事黄鸿藻之父，皆十年馀主办团务者也。时闻粤逆已窜近汀州，急札张君回嘉应会办团事。

初十日。大雨穷日夜。闻碣石镇李升扬尚能战，属制军檄办嘉应州防剿。致左季帅、恽次山、赵玉班各信，并致家信甲字五号。诣寄帅、蒋璞山、李星衢三处谈。挽刘佩泉太守一联云：半世历艰劬，晚岁翻教伤似续①；一官终偃蹇，炎荒谁与传循良。言树勋自湖南来，即派令在武巡捕处当差。

十一日。致祭先农坛，行耕耤礼，九推而毕。阅定羊城书院课卷甲乙，皆手自定之。连日大雨，是日行礼时雨止。午后大雨。

十二日。接到陈琴山师袁雪舟太守前带交者、殷谱经、冯景亭、冯萃亭、吴仲仙、劳辛帅、彭雪帅、骆籲帅、张月卿诸信，皆须手复者。雪芹信以严守家畴相托，其十数年前旧交也。又接黄晓岱、欧阳筱岑、王补帆、刘仲良、周瀛士、朱榕庵、吴贞阶、高碧湄各信。

---

①此处旁注又作“羁宦曾夸知制诰”。

十三日。阴。接见文武属吏四班。随诣寄帅、昆静山、胡莲舫三处谈。仆人袁震、杨贵、李贵犯赃案，牵连熊贵、周顺、杨顺、陈春四人，同时逐出。泰州傅贞、邹英一犯赃，至粤而王顺再犯赃，毛贵、吴炳三犯赃，牵连孙诚、陈茂、李荣、袁震、杨贵、周顺多名，念袁震、杨贵、周顺皆旧人，使复其旧，至是又四犯赃，而袁震、杨贵、李贵实为之首。人性固恶耶，抑广东风气一染便深耶？为之茫然。

十四日。大雨。寄帅、昆静山、童圭农、杨少芝、刘云生、梅小岩过谈。是日客至者为少，然已六次迎送矣。接到萧秬香比部、贾金门中丞、方子听三信。

十五日。诣文庙行香。复贾金门、萧秬香二信。梅小岩、王壬秋先后来言外间议论，为之怃然。

十六日。昆静山军门定议移驻惠州，以资东江调遣，于是日启行，一往送之。

十七日。镇平绅士杨元勋来见，曾任福建沙溪县，年七十馀，而精神矍铄，言嘉应州防堵，当于武平庵前城设防，地利民情，言之历历，拟札令随同吴春帆太守督办嘉应州防务。长乐绅士陈绍楷比部模。其父训导陈文溶，向办团务、刘嗣沂庶常曾来见。

十八日。接见文武吏四班。过堂命盗七案。挑补鸟枪战兵二名。邓安邦解到捕获巨盗叶乌榄头一名。

十九日。雨。陈莳松言：团局关税事件，两县不胜其扰。急函询诘责，陈经甫即时来见，则前后转达四事，皆极有关系，使民气得以稍通者。莳松闻之县署幕友。即此一节，亦足以见县幕之恶劣，允为乱天下之尤者也。

二十日。吴少村又具禀乞病，温语慰留之。丁仲文观察杰自安庆回粤，枉过久谈，盖湘乡奏调监制军火者也。

廿一日。雨。瑞澄泉将军枉过，言西关外曾有劝捐逼命一案。当传段振轩问之，乃绝无踪影。再四根求，则黄丞奋庸曾办海船捐输，入人家追索，为街邻所持，几至被殴，遂有此谣。澄泉将军又引此以证捐输之扰，而不悟其为五月事也，乃书致将军诘问之。过寄公及吴少村、李小荃三处谈。

廿二日。大雨。吴春帆及嘉应绅士杨元勋、萧国香来见，促之启行赴嘉应筹办防剿事宜濒行保举广州协把总刘士高，曾立战功，缓急可用。奉到寄谕一道，沈幼丹中丞奏贼势四扰，请饬湖南、福建、广东同办防堵，故有此谕也。复高碧湄大令一信。两夜皆大雨倾注。

廿三日。雨。恭值皇上圣诞，诣万寿宫行庆贺礼，又诣天后宫行礼，是日亦天后诞辰也。寄帅属代撰《燕齐会馆悬》联，舆中为撰三十二字云：渤海接燕齐，一棹南浮，天涯犹作比邻想；连圻叨节钺，重溟东望，岭外依然故里游。

廿四日。雨。接意城家信子字二号，并陈懿叔、冯树堂二信。

廿五日。折弁钟天佑递十二月份月报，奉到朱批。并接王定甫、朱桐轩师、曹琢如、王子怀、潘伯寅、胡小渠、何伯英七信。

廿六日。雨，凉。接昆静山信，言标兵需索饷米事，随以一信复之。瑞澄泉为言西关外劝捐，曾有从屋檐下入人家逼毙人命者，查询并无其事。昨接王子怀信亦云然，而吾在此苦不得知。传桂皓亭问之，言西关蔡赞逃避香港，差役有越屋事。

廿七日。雨，凉。晨起陡发痧症，几于不省人事，半日始获苏息，而委顿殊甚。然因此谢客，稍得半日清暇。接瞿桐云一信。

廿八日。大雨数次，亦时见日。接见文武吏三班。

廿九日。雨。拜发正、二两月月折，正月折四分，二月折六分。赴瑞澄泉贺寿，顺拜库仁庵、海震峰、梁槐轩、沈少韩及寄帅诸公。折弁入都，顺致王少鹤、王子怀、黄晓岱三信。

三十日。阴凉，大雷，晚雨。终日苦于酬应，委顿万状，竟不能食。是日立夏。冯令树勋赴苏，顺致少荃宫保一信。

四月

四月初一日辛未。卯刻日食，行救护礼。病泄，委顿殊甚，竟日食粥一盂。自廿七日痧症后，馀邪未稍去也。

初二日。两夜均雨。由驿递寄湘乡相国、沅浦中丞二信。附寄金眉生、欧阳筱岑二信。接奉寄谕一道，催解直隶协饷。

初三日。接见文武吏三班。与寄公论郑绍忠募勇事宜，所见不能合，亦未知得失之果谁在也。

初四日。阴雨。秋审过堂，计廿七案，人犯廿九名，以情罪准之，十九皆疑窦。乱之所由生，由纪纲法度之废弛，不可诬也。

初五日。午刻雨。接左季高、曾沅浦、黄南坡、刘听襄诸信，并家信子字第三号。

初六日。恭诣神祇坛，行常雩大祀礼。午刻大雨。寄恽次山、任松楼、徐寿蘅、陈懿叔、瞿桐云各信，并寄家信甲字第六号。

初七日。李筱荃见示沈幼丹奏留解皖厘金一折，有若私愤者。幼丹好名太过，与相国牴牾有名，留厘金以饷江西之将士又有名。幼丹惟知务此，是以背公负义而亦有所不辞。故人不可有所蔽，蔽于一指而不见天日，幼丹始终蔽于好名之一念耳。是日奉到谕旨一道，则王少鹤通政以幼丹前奏，忧皖饷之缺，而为两楚、江、广合筹之议，得此为之一快。寄公又见示相国咨到奏复幼丹酌留厘捐一节，言之沉郁，而语语和平正大，视幼丹原奏几有君子小人之分矣。

初八日。接见文武吏四班，回拜酬应，傍晚始回。

初九日。自初四日至今，每日午初大雨，早晚皆晴霁。本日一雨至夕不止。协成乾递到京信二缄，同年则庞宝生、徐勉如、刘缄三、唐啸石、华尧峰、曹湘溪、丁颐伯、阮星垣八信，知交则殷谱经、陈同叔二信，同乡则张竹屋、黄晓岱、黄汉仙、黄艺圃、黎简堂、唐镜秋六信，又接到李玉山、周笃生各信。

初十日。雨。寄刘印渠、彭雪芹二信。

十一日。雨。为蒋璞山饯行，邀同李筱荃、梅小岩晚酌。自初四日起，每午刻一雨，自是遂长雨。每雨必倾盆，辅以雷电。

十二日。雨。邀郭莲湖、陶安卿、杨少芝、杨小桥、王壬秋、左孟辛午酌。

十三日。大雨。接见文武吏四班。

十四日。大雨。罗楷卿观察赴潮州，寄狄朗斋一信，又寄黎凤楼一信。与唐子蕃论及吴少村情事，为之怃然。

十五日。大雨竟日夜不止。哀我人斯，其为鱼乎！恭诣武庙行香。高玉堂县丞曙云自湖南来，接到张力臣、姚庶侯两信，又接到湘乡相国、唐义渠、沈幼丹、程尚斋各信。入夜大雨尤剧，旁皇四顾，实怆于心。

十六日。雨。赴刘佩泉处致奠，随往寄帅、济川、少荃三处谈。夜雨视十五日略小，然终夜涔涔，听之为闷损也。

十七日。雨。以方子箴观察禀换江北巡船管带官，传刘百禄、张泽勋、张承恩三弁察看。

十八日。上午晴，午后又雨。以东、北两江防堵，传官绅会议。侧闻诸公议论，为之怃然。随至舆图局，与陈兰坡、桂浩亭、赵子韶、邹特夫、王兰汀诸君晤谈。六门缉私，曾询之蒋璞山，未能分晓，见洋人舆图，乃始恍然：一曰虎门，二曰蕉门，三曰横门，四曰磨刀门，五曰虎跳门，六曰崖门。

十九日。大雨穷日夜不息，为之惊悸。接彭实庵、李玉山、周笃生各信，又接富治安一信，荐已革金门镇陈清宇国泰可用。

二十日。恭诣城隍庙设坛求晴，早晚两次。辰刻微雨。寄湘乡相国、左季高制军二信。程令汝霖解饷入都，便致王少鹤、张竹屋、黄晓岱、黄子襄各信。廿五日接到陈筱航一信，随复一信，仍交程君带京，程君亦于廿五日早赴香港也。

廿一日。诣城隍庙求晴，未刻微雨。陈懿叔自湖南来，带到意城家信子字四号。

廿二日。雨。诣城隍庙求晴，自十六日斋戒起，至是七日。

廿三日。上午晴，下午雨。接见文武吏四班。

廿四日。大雨，寒甚。邀陈懿叔、周瀛士晚酌。

廿五日。雨。接（见）〔到〕意城子字家信第五号。陆存斋自直隶来，接到刘荫渠、陈筱航、陈渭滨三信，又接吴筱帆、杨屺堂、王秋恬、李少荃各信，并得李绍周信，枉寄衣料二事。

廿六日。大雨。赴瑞澄泉、库仁庵、海震峰、胡莲舫各处谈。

廿七日。大雨。终日酬应，不胜其苦。适患水泄，惫甚。拟奏停止溢坦变价折稿一件。

廿六日。早晚微雨，中午略见日色。诣城隍庙求晴。颜桐生来见，询知为鲁渔制军之嗣子也。遣吴香石大令桂芬，行六往查六门情形。

廿九日。夜雨。诣城隍庙求晴。胡大令宝晋解饷赴金陵，顺致左季高、曾沅浦两信。

五月

五月初一日庚子。雨。夜雨倾盆。志城携箎儿至。接到恽次山中丞信，并王经庵、徐莘皋、彭海春、刘赞廷、周昌辅、张西山、杨玉川、左景乔、吴镜舫、吴蓉舫、杨果臣七老官、陈豁堂、陈郁文、易梯衢、吴聘廷、唐曦臣、杨维梓、罗研生并西枝上人各信。又接蓝君炳瑛、谢君鹏飞、朱君启孚并昆静山宫保各信。是日仍诣城隍庙求晴。

初二日。雨。往制军及梁槐轩两处谈。孟辛生日，麓山为求联语，书赠十六字云：清直之气，与松比峻；渊懿所涵，如山益奇。亦效孟辛之为人也。

初三日。雨。接见文武吏四班。

初四日。中午雨。陈经甫见示刘云生信，论房捐事，语多剌谬，以一书复之。拜发慈安皇太后万寿本章。

初五日。雨。接曾卓如制军、曾沅浦中丞、恽次翁、彭雪芹、彭南纪、乔鹤侪六信，并接意城家信子字第六号。

初六日。雨。回拜法领事喇慕，并至英领事罗伯逊处谈。各以三变酒相饷，不觉沉醉，大吐泄，至于呕血。

初七日。晴。自二月以来，无此竟日晴霁之好气象也。志城检出去岁交胡道生带粤一信湘字三号，十月八日发，并王镜涵、张紫联、饶月樵、左景乔、杨杏农及衡唐叔共六信。钱湘舲学使自湖南来，带到恽次山、周韩城二信。钱大令廷焘自京来，带到许滇生师一信。方照轩耀来见，言其军用事者，曰方丰管总，保举都司，曰陈俊从前管总，系秀才，曰郑和坐省采办，保举都司，曰诸文鉴从九品，闻此数君皆富有资财。萧蘅士来见，言邓绍忠军从前管事者为陈瑞焘监生，六品顶戴，以方副将分给其军饷银，邓绍忠疑其侵蚀，实只领（铭）〔银〕九千六百两也。

初八日。雨。接见文武吏四班。何二乃至悖逆，所犯甚巨，用人诚难哉。

初九日。阴。郁热之至。折弁何瑞华、陈鸿威入都，顺致王少鹤一信。又简士高赍递三月份月折，何金亮赍递四月份月折。

初十日。雨。回拜温希初军门、钱湘舲学使。毓济川、毛寄帅诸处谈。由驿递寄恽次山、刘晓沧及家信甲字第七号。自四月六日后日记未载家信，恐其中必有遗漏。

十一日。阴。派许同知延毂、刘大令光远、刘大令大镛办理房捐。访得西关外绅士八人，曰马仪清江苏候补道，曰黄国光东安训导，曰吕元勋、谭杓、陈有孚皆举人。陈有才而人不甚可靠，曰劳应銮湖南候补吏目，曰张先庚、吴沛霖皆秀才；南关外绅士一人曰何承霈湖南候补布理问。

十二日。阴雨。有千总游定邦，直隶候补县罗南乔，府经历胡斌，军功罗家熙、潘镇邦，监生龙朝和，童生廖洪勋、李敬章、冯国忠、黎崇才十人，请办洋药厘捐。言水路有十要口：一曰东莞之虎门，二曰香山之石歧，三曰新会之江门，四曰顺德之陈村，五曰南海之沙口，皆由外洋入内江者也。其溯东江而上，必由东莞之石龙；溯西江而上，必由三水之思贤滘；溯北江而上，必由三水之西南芦包、清远之白庙：皆由内江上溯者也。陆路有五要口：由虎门起岸，出增城之新塘；由省城柳波涌起岸，出花县之炭步；由东圃起岸，出番禺之江村；由新会长沙起岸，出新宁之鸡翼嘴，由番禺沿江大石三山各处起岸，出南海之佛山：皆由西江起陆，以达口岸者也。《通商税则善后条约》，英美两国以十二两为一磅，一百卅三磅零三分之一准中国一担百斤之数。以一百四十一因制①准中国一丈之数，每一因制准中国七分零九二二。以

①因制，inch的译音。

十二因制为一幅地[1]。三幅地为一码[2]。四码欠三因制即合中国一丈。每一码准中国二尺五寸五分三一九二。法国六十吉罗葛稜么[3]零四百五十三葛稜么[4]准中国一担百斤之数。以三迈当[5]零伍十五桑的迈当[6]准中国一丈之数。三百五十八密理迈当[7]准中国一尺之数。

十三日，午后大风雨。关帝圣诞，恭诣致祭，并诣城隍庙谢神。传屠啸篔议南江设卡事。传梅小岩（诣）〔议〕房捐事。为家莲湖题小照云：萧然短榻谢尘颜，竟日烹茶松石间。云笈七签吾有意，与君把卷对青山。

十四日。接意城子字七号家信。中午微雨。

十五日。诣武庙行香。江北委员李芰芗大令绚，行十五旋淮，致复吴仲仙、万篪轩、许次苏、黄礼吾四信，兼以百金为许太翁奠分。

十六日。微雨。邀管才叔、王壬（林）〔秋〕、左孟辛三人晚酌。

十七日。微雨凉甚。往拜寄帅，澄泉将军，仁龛、震峰两都护，并从寄帅处见胡小蘧书，言王少鹤奏参总理衙门崇佩玲、薛觐堂、董醞卿、恒子久四君，并参皖抚乔鹤侪及内阁侍读学士王维珍两君。薛觐堂与少鹤讦参，奉旨王降三级调用，并饬出军机，薛降五级调用，仍留总理衙门。

十八日。微雨，凉甚。闻西水已发，苦吾农民矣！接见属吏

---

①幅地，foot 的译音。
②码，yard 的译音。
③吉罗葛稜么，kilogramme 的译音。
④葛稜么，gramme 的译音。
⑤迈当，mètre 的译音。
⑥桑的迈当，centimètre 的译音。
⑦密理迈当，millimètre 的译音。

四班。递发龙兰簃、史兰溪二信。杨委员国鼎自京回，接到薛觐堂一信。

十九日。微雨。接奉四月廿三、廿四廷寄两道。吴藩司升任湖北巡抚，李臬司升任藩司，李运司升任臬司，方道升任运司，唐道补授韶南道。两次寄谕，均催张臬司赴闽，其势恐难久留也。

二十日。同文馆开馆，各官并集。官学生二十人同时参谒。随往少村、筱荃、星衢、紫藩各处道贺。

廿一日。雨。发去家信甲字第八号，并寄刘晓沧一信。左孟辛以王壬秋为寄帅所诃斥，令速回楚，以书为之申辩。两君文才可爱，而无如其心境卒不可测何也？孟辛美才，为壬秋所误，寄帅尤惜之，吾亦云然。

廿二日。微雨。出西关报谒，因往华林、长寿二寺一游。华林石岩长老较长寿成果长老为佳。而成果颇能诗，出所藏曾宾谷《修禊图》见示，惟子贞太史一诗最佳。寺中小浮山、半帆亭风景绝佳。又劳辛皆制府建补经楼，为重刻皇清经解之地，刻天发神谶碑于两壁。

廿三日。大雨，凉。接见文武吏四班。

廿四日。大雨。由吴少村谢恩折，便致王少鹤一信，又邮致曾卓如、龙兰簃、史兰溪各信。

廿五日。雨。出门酬应。周瀛士来言各种情节，闻之怃然。

廿六日。雨。李筱荃接藩司印。是午为吴少村饯行，兼邀筱荃、星衢两人陪之。承办洋药帖饷十人，传到游定邦、罗南乔、胡斌三人，令其当堂具结，每年认缴十二万两。

廿七日。大雨。吴少村赴鄂抚之任，与各官同送至南门大码头，兼赴筱荃处道贺。钱笸仙移馆臬署。

廿八日。大雨如注，凉甚，心为之悸。接见文武吏四班。王令绳浚言石龙绅士可用者：一曰黎嘉骐，福建候补府；一曰黄兆葵，一曰刘清喆黄兆葵系候选同知；又有冯椿者，福建候补县，南海人，亦在石龙，举充董事；现充董事者中有蒋履祥、容鹤龄二名，物论皆不佳；又刑部主事陈世琛，人亦稳实；最有才者何仁山。

廿九日。大雨竟日，凉甚。赴督辕会讯洋盗一案。

三十日。中午雨。接湘乡相国、龙兰簃太常二信，寄去骆籲门宫保一信。

六月

六月初一日庚午。晴。诣文庙行香，随诣澄泉将军处谈。晚邀钱湘吟、胡莲舫、刘云生、陈经甫小酌。

初二日。李星衢接臬司印。接方子箴信，亦言是日交卸，定期初六赴省也。

初三日。接见文武吏四班。

初四日。贺万寿折弁回，并接奉十二月月折各批，诣制军处久谈。接到王少鹤、曹琢如、潘莲舫、张竹汀各信。为制军（诣）〔拟〕奏稿三通，皆巨文也。

初五日。接杨厚庵信，知奉旨补授陕甘总督。本朝异数，杨姓两得之。其意欲令吴贞阶赴甘相助，吾亦听之而已。

初六日。中午微雨一过。接李少荃宫保一信。陈懿叔论江汉以濯之，秋阳以暴之，发明圣人气象最为透快。是日开设筹饷总局，委郭毓六观察督办。

初七日。接王少鹤信，以县丞刘敬修相属。刘君为炯甫大令存仁之子，现官甘肃知县，闽人也。

初八日。接见文武吏四班。

初九日。方子箴都转自韶州至。接意城子字家信第九号。八号交任松楼带来者尚未到也。又接丁秩璜、李辅堂、吴秋舫、喻小舫各信。接准部文：广东正考官为郑光少锡瀛，副考官为翰林院侍读惠林，而黄晓岱典广西试。

初十日。方运司接印。终日为宾客所苦，工夫与精神并费于酬应，真觉无谓。

十一日。阴。邀方子箴都转、郭毓六、唐子藩两观察晚酌。子藩方赴南韶道任，兼为其饯行也。

十二日。中午雨。往毓济川、方子箴、李星衢诸处谈。

十三日。阴。邀吴子登为映相之法，因留与陈兰浦、桂皓亭、谭丽仙、陈懿叔与志城七人晚酌。

十四日。大雨。（黄）〔唐〕子藩赴韶州，一往送之，因诣寄帅谈。俞大令文莱回，接到王少鹤、华尧峰、潘莲舫、张竹汀、易汉乔、沈彦征、王雁峰各信，又接到丁秩璜、史士良、王润生、朱石翘诸信，皆须手复者。

十五日。雨。诣武庙行香。寄意城甲字第九号家信。并复周韩城、吴贞阶两信。封少霞舍人蔚礽广西容县人、黎仙舟舍人炳森，番禺人来见。

十六日。阴。会客四五次而天已晚，尤觉此日之速。

十七日。下午大风雷雨，凉甚。任松楼至，带到意城家信子字八号。其营官王镇军朝治、张协戎贵并来见，又其哨官四十四人旧哨官八（字）〔人〕，官副将以下；新哨官三十六人，官千总以下并来见。询悉湖南大水，为历来所未有。广东额兵七万馀人，两年不放军饷。予乃为挑选训练，令附省各营如永靖、三水、清远、增城、东莞各营，营各挑数百人，另编队伍训练，筹饷放给。不独放给数百人军饷，可以系其军心，亦渐可使操练成军，此外兵额逐渐裁汰，能者举而措之，裕如矣。此皆区区之妙用深心，可以收效数年之后者也。抚标、协标各兵，饷既不缺，又有箭道操练之兵，有学习洋枪之兵，皆另放给薪粮，已极优厚，可以不从新挑练。制军不悟此意，始则疑饷项之无着，概不挑练，继又并抚标、协标一例操练，亦未达鄙人之所以用心矣。此间诸事，如此类者甚多，姑记此一节，留备他日之考证。

十八日。大雨，凉甚。接见文武四班。验试同、通孙兆禄等十二人。甘泽溥一名因出差未至。

十九日。雨。诣寄帅及任松楼处谈。

二十日。大雨。何硕甫、沈秀亭、汪耕馀、沈问梅四人行号，半日不能记忆，精神之衰惫极矣。

廿一日。大雨。验试州县王绳浚等十二人。以竟日位思轩面试候补人员，谢客一日，得以清检公事。

廿二日。雨。孔小山来见，出示其尊人绣山侍读遗文，属为点定，并惠孔陵蓍草及碑刻数种。

廿三日。雨。接见文武吏四班。杨大令有成入都，顺致王少鹤、罗椒生、朱石翘、潘莲舫四信。

廿四日。雨。验试州县冯泰松等十七人。是日邀陈莳松、俞信甫、陈懿叔、罗麓山夜酌。

廿五日。雨。佛山拜会一案，春间已有所闻，密谕前同知徐溥文查拿，沈金昆继之，但言各艺手会饮而已。是日梁槐轩枉过，始具道其所以然。因以书询之吴朴园，得朴园回信，并令其侄阁臣孝廉来见，仍与地方官相为粉饰而已。已而获得逆匪陆亚坤、严亚纪，命南海令提讯之，始具悉其反状。文武吏敢为诬枉如此，岂不可叹。

廿六日。大雨。命保应熊、邓安邦赴龙眼洞，黄廷彪赴福山。

邓安邦因捕得池亚敏一犯，又于龙眼洞获得二小犯。

廿七日。雨。（试验）〔验试〕府经、县丞曾继鲁等十八人。接到湘乡相国、曾沅浦、江达川、福元修师各信，张副将贵赴韶州，寄唐紫藩一信。

廿八日。大雨。接见文武吏四班。

廿九日。雨。诣寄帅、胡莲舫、澄泉将军、梁槐轩诸处谈。

七月

七月初一日己亥。雨。诣文庙行香。李星衢又以吴少村之技术施之于我。与此曹为缘，或亦命为之也。

初二日。雨。验试府经、县丞吴悌法等十五人。邀萧蘅士、庄惕甫、劳次芗饭，令志城陪之。

初三日。早夜雨。接见文武吏四班。陶安卿、陈岱云来见，语四十五悬埠事及芦包缉私，盛称鄙人定识定力。此何与鄙人之事？明明有利无弊，见之甚明，故能力主其议，迫蒋璞山行之。利归之盐官，特识力不足，不肯任耳。鄙人好事，以致怨谤，亦有由矣。

初四日。阴。验试佐杂欧阳鼎泰等十八名。寄湘乡相国、彭雪芹、王润生三信。接李绍周上海信，言金陵十六日克复。外间有传言十六日克复外城，十八日克复内城。亦有言十六日克复，十八日大军入城者。准以绍周之言，或尚可信。

初五日。接杨厚庵信，托购洋枪千枝、藤牌千个。适丁惠良自香港回，当仍饬令采办也。

初六日。立秋。验试佐杂戴果恒等十七人。竟日浓云密布而无雨。

初七日。大雨，竟日凉甚。慈安皇太后花衣期。

初八日。雨。晚霁，见月。专足赴陈兰浦处取招生千里镜，招生归矣。

初九日。竟日无雨，夜月甚朗。吴子登携招生千里镜来，见月缺处如银底孔，其边底尤破碎。验试甘朗钟第五次等二十人。

初十日。雨。寄湘乡相国、曾沅浦、杨厚庵、唐紫藩诸信。

十一日。雨。接沅浦信，得克复金陵确信。张凯章自韶州来，枉过久谈，极服叶善堂观察永元之为人。随往回拜，并诣制府就商军事，不晤。

十二日。大雨。恭诣万寿宫贺慈安皇太后万寿圣节。奉到三月份月报批折。李德自上海来，接冯景亭、黄子赞、杨文台三信。杨名兆鋆，清雅能文，兼通西语，佳士也。

十三日。大雨。接见文武吏四班。赴澄帅、仁庵、震峰、济川四处谈。

十四日。大雨倾盆，穷日夜不息，闻之悸心。自正月至今，几无一日不雨，则尤生平所未见也。邀方筱园、毛仲云两君晚酌。

十五日。雨。诣武庙行香。寄唐紫藩、吴莱庭二信。为制军拟请江西设防南路奏稿一件。晚邀张凯章、任松楼两君便酌。

十六日。为先妣忌辰，谢客一日。从懿叔处借得《朱子封事》一本读之。

十七日。接到曾沅浦、福元师、王少鹤、徐勉如、马峙臣各信。徐、马各信，均以冒哲斋澄及其弟沅为属。少鹤则以光寿萱太史忻为属。验试刘启运等卅一人，又州县补试者六人。

十八日。接见文武属吏四班。佐杂中新到之顾言，人尚文秀。龙兰簃过谈，明爽似较胜于诸公也。是夜发家信甲字第十号。

十九日。赴督署会审洋盗，所谓循例过堂者也。因往龙兰簃处谈。黎桂舫遣其子来粤，并寄《黎氏易学》一部。

二十日。沈副将请与制军会看水操，因其阵法尚生，坐长龙船一只为其领队。接到官秀峰中堂、曾沅浦、吴贞阶、杨厚庵、温希初各信，兼接意城家信子字第十号。

廿一日。雨。验试佐杂刘家柱等三十六人。

廿二日。夜大雨。邀龙兰簃、史穆堂、梁槐轩、沈少云、潘德畬诸君晚酌。

廿三日。夜大雨。接见文武吏四班。

廿四日。雨。为城隍神诞，诣庙拈香。委员赵士桂解饷赴金陵，便致一信。验试佐杂骆孝光等四十九人。左孟辛回东莞，便致吴莱庭一信。

廿五日。与李小荃、李星衢商委沈翰卿协戎办理铁冈一案，再寄吴莱庭一信。晚接富治安、吴仲仙、唐义渠、桓尚斋、王壬秋、曹芗溪各信。

廿六日。拜发慈禧皇太后万寿贺折，并钟应龙递五月分、萧仲雄递六月分月折，顺寄王少鹤、张竹汀二信。

廿七日。雨。验试佐杂朱文辉等四十人。

廿八日。夜大雨。接见文武吏四班。寄湘乡相国一信。李晓峰自泰州来，接许次苏、黄子春、洪桐生三信。

廿九日。夜雨。阅视贡院。随往潘德畬处贺其六十寿辰。

三十日。雨。谭竹香观察伯筠来见，谈及土、客一案，所言极有条理，绅士中固尚有人在也。拟饬帮办土、客议和事，为寄帅所阻。

八月

八月初一日己巳。诣文庙拈香，吴翰园文辉来见，询知为吴碧山之子，人甚美秀。

初二日。接到富治安、胡研生、王子寿、王少鹤诸信，少鹤信交贡差李泽麟带回。

初三日。雨。接见文武吏四班。赴箭道考粮。为制军拟折稿三件，均极有关系之文。徐子远擅有改易，大乖鄙意。寄帅之无识如此，心甚苦之。

初四日。雨。因将入闱，料检公事，而终日为人客纠缠，意甚苦之。寄杨厚庵一信。

初五日。以将入闱，酬应终日。接曾卓如前辈、贺云湖同年二信。贺信以曹藻庭孝廉文杰见托，意在求一书院也。

初六日。入贡院监临。正主考郑惕庵光禄、副主考惠杏田侍读，及各官自制军以下，均诣抚署谢恩。随陪主考入贡院，至戒慎堂小坐。内监试顾畹香随同主考入内帘。挑选内帘分校官十人：沙翊清、李际昇、施绍文、王锡诰、徐锡麒、朱昌言、刘辰告、郑春融、陈昂、彭荣诰；内帘收掌一人：徐恺。此外，外帘五所官及各佐杂供事官均由提调派充。（调提）〔提调〕：粮道郭毓六。外监试：候补府袁雪舟前辈。

初七日。故事入帘后即封门，是科以王渔庄学使录科，入闱者多至千馀人，号舍不能容，临时搭盖棚厂，至是日申刻始竣事。提调、监试分派五所官十八人，同至戒慎堂盖印头场坐号。

初八日。卯刻祭魁星，旋出仪门点名，二鼓始毕。日午至官厅用饭。办差张姓，与杨琴、孔祥、曹升三人互相揭告，始终不解其为何故。世事固可叹也。是日申刻大雨。

初九日。巳、午时大雨。遣差官林森、刘铭文看视水槽，关兆熊、崔成忠巡查东夹道，邓兆熊、李长耀巡查西夹道。颁发告示二道。至戒慎堂监同五所官盖印二场坐号。两日撰《成劝戒浅语》十六条。

初十日。李筱荃来见，为言少荃宫保移督两湖，官秀峰相国物故。信出洋人，想不诬也。又出示吴春帆各信，言嘉应州情形，与所通禀略同。制军以海关委员禀称潮州洋药厘务有碍正税，即时撤罗道回省。广东吏治积疲万状，以办事为大忌，而又各怀私见，多所瞻顾，惟恐一有举措而不得保其私利。制军一意见好，毫无定守。贤者处此，亦只能与为委蛇而已，亦岂非气运使然哉。

十一日。出仪门点名，申刻而毕。接到左季高、冯萃亭、史兰溪三信。是日午刻微雨，热甚，申、酉之交大雨。

十二日。戒慎堂监视盖印第三场坐号。

十三日。李筱荃来见，出示罗楷卿观察信及所拟告示条规，似所办尚有端倪。制军以俞丞一言，遽撤之回省，使人茫然。因致凤五林观察一信，属与陈琴舫、狄朗斋、杨又卿诸君一酌议之。收到杨厚庵制军、熊秋白、夏金生各信，并接意城家信子字十一号。

十四日。出仪门点名，申刻毕。有新宁监生朱鸿逵者，为其族人所揭告，言入场者秀才赵某，非本生也。传问之，自供陈茂成，随札饬广州守讯问。

十五日。收卷官张观美、杨作舟各拟试帖诗一首。是夜月色甚明，自庚申回家五年，中秋月色无此光明也。

十六日。散给士子劝戒浅语十六条，人各一本，凡发去九千一百五十本。李筱荃出示凤五林信，力诋罗道之为人。取阅其所定条款，亦尚无甚违忤。三月四月分月报折弁回，惟四会县增广学额二名，奉批另有旨，报本已见军机处之八行，则无人照料为之钞寄也。馀皆循例交部之件。

十七日。翻译生入场，点名一如正场之仪。将军派监场佐领二人：塔齐贤、刘秉和。翻清笔帖式二人：祥林、张正纲。至内帘门，由主考交给黄匣一件，题封盖用同道堂印，内饮命满书论题一道、汉文翻清苏文一段，论题则倭什浑布所拟进也。

十八日。五所各官拟作诗文，纷纷送阅，多为之修饰，不胜其扰。

十九日。翻译各生，至申初乃始有交卷者。筱荃来谈。晚次寄公来，出示折稿二件，徐子远之文也，阅之不胜愤懑。

二十日。为寄公撰奏稿二件。一报南雄贼势及东、北两江防堵情形，一请截留京饷，皆天下之至文也。身膺疆寄，而所供者仅一幕友之职。素不与人争权势声名，岂至今日而与寄公争此区区？以徐子远之见忤，不能不痛切发挥，乃为一书与寄公，极力排抵之。志城携篪儿至，留谈竟日。

廿一日。任松楼、陆存斋、屠啸篔次第来谈，致复唐紫藩一信。

廿二日。因将出闱，往视郑惕庵、惠杏田，询问所阅卷几何。惕庵尚以病不能见客，与杏田略谈数语而罢。是日料理各应酬联幅，发家信甲字第十一号。

廿三日。中午微雨。晚邀郭毓六、袁雪舟饭，并送主考、东西帘官、内监试、收掌菜。以将出闱，聊一周旋，从前所未有也。

廿四日。辰刻出闱，随出外酬应竟日。

廿五日。致祭天后宫，随会同瑞将军、毛制军出东门看视各处炮台，仍不能违吾旧约也。是日大风，寒甚。

廿六日。任松楼赴韶，枉谈。周瀛士、姚彦嘉录示寄公与昆静山、龙兰簃诸公语，多刺谬。逐句逐字驳斥之。不谓此公心境乃至于此，无怪从前乡评之恶劣也。

廿七日。拜发七月份月报。章旭初枉过，留与陈莳松、俞吉甫、陈懿叔、谭丽仙晚酌。旭初以恐夜行犯禁，未留饮。

廿八日。接见文武吏四班。冯萃亭信，以所部武员陈名高、陈得贵见托。张渐逵信，以曾副将所部武员骆东昌见托。

廿九日。史穆堂、梁槐轩、沈少韩诸处谈。因（与）〔诣〕寄公处询所寄昆静山书意。强自解说，而真情固不可掩也。

三十日。曾敏行自上海归，关松志自镇江归，皆朴实人也。为言于寄公，令各募勇一千。关尤朴实。拟暂令曾协戎募千人为一军，以关部将陈名高、陈得贵分募五百人，归曾协戎管带。

九月

九月初一日己亥。以军事倥偬，筮得震初爻曰：震来虩虩，后笑言哑哑，吉。象曰：震（言）〔来〕虩虩，恐致福也；笑言哑哑，后有则也。又以京氏八宫筮之，遇随之既济。李筱荃、方子箴来谈。

初二日。李大令嗣宗赴京，顺寄倭艮峰中堂、王少鹤、沈彦征三信，并寄彦征银三十金。

初三日。接见文武吏四班，随赴贡院，与惠杏田谈。顺拜澄泉中堂、钱湘岑、石芬斋诸公。

初四日。照例入贡院，拜见主考一次。郑惕庵尚以病不能见客，见惠杏田一人。

初五日。酬应终日。

初六日。接奉谕旨一道，派令与荷兰国互换条约。其用宝条约已于前月廿九日由崇地山专弁千总杨保安寄到。时以未奉谕旨，不能径行换约，照会荷国公使攀大何文，并咨明总理衙门及三口通商大臣，以恐南雄驿路阻滞，谕旨能否递到尚无期也。此次仍据实咨明总理衙门，有无错误，亦不暇计。

初七日。致杨厚庵、任松楼、曾沅浦三信。并奉到寄谕五道。两道军务，一道催甘肃协饷，两道（两湘）〔湘乡〕相国奏请停解广东厘金，并请加广中额四名，奉旨允准，仍饬查明本省三成厘金，由部核议加广中额，并饬厘金照旧协解金陵。

初八日。接见文武吏五班。

初九日。入闱签榜。随偕寄云制军、渔庄学使并司道等入内帘写榜。夜半发榜，乃得回署。

初十日。澄泉将军、仁庵都护先后来谈。此间军务练习而又能知其窾要者，盖亦难其人矣。

十一日。制军设立营务处，派华樵云、陆存斋二人办理。存斋出示奏稿三通，为尽一夜之力订正之。

十二日。为制军贺生日。随往龙望如、游蓉裳处道贺，李星衢处送行，并赴胡莲舫、澄泉将军、仁龛都护诸处谈。

十三日。会同制军、学使及两主司率诸新中举人谢恩，歌《鹿鸣》之诗。接到湘乡相国及意城子字第十三号家信，其第十二信交吴玉山带来者，尚未接到。

十四日。验试同、通、州、县秦汝夔等九人，佐杂顾言等廿一人。回拜郑惕庵、惠杏田，谈京师事甚悉。时事固多可慨者，自汉唐盛时已然，非一日之积也。致翟子英镇军一信。

十五日。诣武庙行香后，恭诣万寿宫宣讲圣谕。寄帅言有御史周星誉，周沐润之弟，条陈广东事，恭邸大为其所动，恐有钦使南行之事。朝廷听言太杂，最为今日大患，周星誉辈不足论也。

十六日。寄家信甲字第十二号，并致唐曦臣一信。为陆存斋订正折稿三通。唐镜洲舍人泰澜来见。

十七日。郑惕庵递到白兰岩一信。胡芷庭自益阳来，递到周桂坞一信。

十八日。接见文武吏五班。

十九日。荷兰国公使罄大何文、通事凯士来见。验试佐杂陈朝铄等廿一人。雷质轩其蔚自江西来，西垣师之次子也。

二十日。与荷兰国公使罄大何文于华林寺公所互换和约。其经历官凯预求先对阅条约原本，因委同知刘朝华与之对阅。比至，见所持和约乃钞本，非原本也；另有荷兰文一册，缀以蜡饼，云即其国主之宝。予终以不见原本为疑，以去年上海与崇钦使互立和约，各持一本为据，不应两本皆归其手。争辩再三，约以函询天津查照向章办理，乃各罢去。随致崇地山一信，托罗伯逊由海道递去。是夕制军邀陪两主司。

廿一日。邀郑惕庵、惠杏田晚酌，而约制军与王渔庄相陪。是日雨。自八月十一日雨后，至今四十日，乡民又称旱也。

廿二日。赴河南回拜荷兰公使。小楼三面临江，风景绝佳。随赴毓济川、郭毓六两处谈。新监督师继瞻曾由济川处递到一信。午归，奉九月初二日寄谕，以贼势麇聚江、粤之交，饬扼要设防。朝廷眷顾南陲之意，愧无以应之。晚邀雷质轩、胡芷庭、沈翰卿、左孟辛小酌。接曾沅浦、刘荫渠各信。

廿三日。接见文武吏四班。

廿四日。雨。往各处酬应，并两主试处送行。

廿五日。雨。郑惕庵、惠杏田上船，送之南门外。

廿六日。开考武闱马箭。向例于箭道右旁别设一厂。监箭之旗员接看步箭。提调、监试二员，随同分阅。本科即饬令龄副将山，分校步箭。接意城子字第十五信。

廿七、廿八、廿九。每日戴星出入，阅试马箭，不过四百人。

十月

十月初一日戊辰。诣文庙行香后，随往校场①马箭。

初二日。始阅毕马箭。初三、初四、初五接阅地球。

初六日。下西箭道，阅视步箭技艺，仍与龄副将分棚。此间武闱技艺之佳，殆罕伦比。每日兼阅刀、弓、石二过，百馀人。

初七、初八、初九、初十。始阅毕步箭技艺，亦于初十日与提调、监试分按校视。初十日恭值万寿日，朝贺毕，仍赴箭道校阅。

十一、十二。阅毕技艺。是日新授廉州府戴友梅自京来，带到陈德甫、韩叔起二信，知叔起亦于八月入京供职也。又接王定甫、潘伯寅、白兰岩、曹芗溪、朱石翘各信。

十三日。拟就厘捐正折、夹片二稿送督辕。居粤年馀，不过为督辕供一幕友之职而已。发家信甲字第十三号。

十四日。始将所阅试各武生技艺择其尤者标出，以备取中。尽一日之力，始能讫事。

十五日。入闱试诸生默写武经，另挑二百人覆试劲弓。取中吕丙元等六十五人，于是夕子刻揭晓。

十六日。自廿六日起，至今未一出门。因往满营三堂及督辕以下各官处，酬应终日。在澄泉中堂处夜久始归。

---

①以下疑有脱文。

十七日。吴玉山自湘来，带到意城子字十二、十四两信其十三、十五两信已早到。是日仍出门酬应，傍晚始归。接到总理衙门信二件、崇地山信一件。

十八日。新中武举吕丙元等在署谢恩。晚邀俞小山、吴玉山两君小酌。

十九日。龙兰簃过谈，并送子鹿一只。接温岷叔前辈一信，由新选石城县伊令带交。

二十日。梁守元超自陈村来，言陈村包厘之腌鱼行，恃其司事之力，逐年求减。问司事何人，则龙兰簃也，为之慨然。

廿一日。诣制军处商办事件。接徐寿衡信，并书数种。

廿二日。接奉寄谕三道。一、十月初一日上谕一道：杨厚庵制军回籍募勇，饬广东与湖北、湖南、浙江、福建各拨银八万，东征局拨银四万，江苏拨银十万，速为筹解。安肃道蒋凝学、皖南镇唐义训酌带劲兵，先行赴甘，归杨调遣。蒋凝学现在蕲州，俟成大吉解围后，即带所部赴甘。刘于浔署甘肃按察使，并饬速赴新任。又直隶提督刘铭传、天津镇安勇、正定镇娄云庆、宣化镇宋国永，经直督奏催饬赴本任。能否赴任，由江督苏抚酌量办理。一、十月初五日上谕一道：直隶固本军饷，广东每月协济一万，江苏、江西、湖南、福建、四川、山东、山西每月协济五千，山东、山西解过及抵拨外，惟四川解到银一万，其馀分厘未解，饬即如数筹拨。一、十月初六日上谕一道：英、霍之贼退窜鄂疆，遍扰蕲水、蕲州等处。蒋凝学一军已到蕲水。现在成大吉被围，军情紧急，饬江督速令刘连捷速即赴援湖北。皖、楚交界地方，仍责令朱南桂等严防。皖南之贼，经易开俊出岭追剿，急走遂安、开化，漏逸而西，尚数千人，仍饬易开俊、金国琛等出境追剿。席宝田翦除湖逆洪仁玕、李继远等，其伪主将罗逆、王逆亦俱漏网，即饬席宝田确查幼逆洪福瑱所在，以净根株。鲍超驰援宁都，血战解围，赏戴双眼花翎。饬江西王文瑞一军由赣南一带会合惠、潮各军，以剿东江之贼。饬湖南赵焕联一军由桂东、桂阳一带入粤，会合南韶各军，以遏北江之冲。广西候补道王承泽、四川候补知府曾纪凤，著恽饬令该员等克日起程赴粤。江督所保刘松山一员请简总兵实缺，交军机处另单记存。验试同知、知县李大经等六名，佐杂廖葆常、彭功懋、阮承恩等三十二名。

廿三日。接见文武吏四班。接到恽次山中丞、杨厚庵制军、李月溪各信，并意城家信子字十六号。晚邀龙兰簃、李筱荃、方子箴、郭毓六会饮。

廿四日。发左季高一信。由扎令递到金眉生一信，由金令递到王少鹤一信，皆转属为说项者也。

廿五日。因李季荃简放安肃道，赴筱荃处致贺，乃闻少荃署江督，吴仲仙署苏抚，富治安署漕督，而湘乡相国专办楚、皖军务。

廿六日。接奉寄谕一道，以闽省漳郡之警，饬左制军派兵援剿，并知林文察已抵邵、汀，是已绕出贼后矣。兼饬广东查覆平远一带情形。左制军以湘乡相国奏言浙江杭州之复溃出十馀万人，至相排揭，力诋湘乡之短，（饬）〔斥〕为欺诬，得旨嘉奖。湘乡功成名立，而数遇此，亦物忌太盛之义也。季高以全浙肃清加伯爵，鲍春霆子爵。撰《武闱乡试录前序》一篇。

廿七日。王晓春镇军请阅靖安左营水操，视沈翰华靖安中营又加谙熟。归过澄泉将军、仁龛都护处一谈。

廿八日。接见文武吏四班。会同提调、监试补验何子良弓力。接奉十月十三日寄谕一道，据左制军奏，贼陷龙岩、南靖，入漳州。徐中丞调林文察回扼泉州。左饬提督黄少春、副将刘明珍由衢州取道浦城赴邵武，替出康国器进剿漳州。刘典一军由建昌赴汀。左又饬高连升由海道赴福州省城，并拟进驻衢州。催新抚马新贻赴任，万一闽省军情更紧，马新贻一时未能赴浙，即令蒋益澧暂行护理。毛、沈等于贼匪窜出境外，何以不令诸将跟追？即饬在事员弁出境穷追。左另折奏保贤员，已照所请允准。并将周开锡开缺，以道员留于福建、浙江补用。

廿九日。接奉十月初三日上谕一道，饬查广、惠、嘉应各属水灾应否接济抚绥，即于封印前覆奏。

三十日。谢客一日，料理京信。然亦会客五六次矣。

十一月

十一月初一日戊戌。诣文庙行香。随往勒镇军、毛制军处谈。发京信，汇成十封。王少鹤一封，内附瑞芝生师相、祁春浦师相、朱桐轩师、许滇生师、汪啸庵师、文博川、曹琢如七信各一百。薛觐堂一封一百。潘伯寅一封一百，内附杨滨石一信卅。潘莲舫一封，内附刘缄三、白兰岩、刘芝泉、阮星垣、曹芗溪、徐勉如六信各廿。张竹屋一封四十，内附周荇农四十、黄晓岱卅、易汉乔廿、喻小航廿四信。陈宝珊一封一百。陈筱航一封卅，内附宋雪帆卅、方子严廿二信。陈德甫一封五十。夏芝岑一封五十，内附裴石麓一信卅。朱石翘一封二百。共由新泰厚兑京平松江银二千两库平九百卅两兑。

初二日。拜发奏折九月月报本十月廿二日启行，因内有武闱检举一折，须调何子良覆验，廿八日始到；后又有参案一件，罗小溪、段小湖两观察结案一件附递，以至迟迟，并寄复总理衙门一信。

初三日。接见文武吏四班。

初四日。寄帅过谈，并见示参案及澄泉将军、静山宫保覆奏各件。玩其语意，直由寄公事事诿过，不明大体，以致自累。思之惘然而已。

初五日。云南委员王太守栋来见，略询悉云南情事，较陕甘汉、回一案，犹为易了也。

初六日。冯萃亭军门来见，言其部将以黄武贤为最潮阳人，西宁镇总兵，现回籍补孝，杨青山、关松志次之，又韶州镇右营游击湛恩华亦一好将官。军门办事似尚有条理，宜胜统将之任也。

初七日。回拜冯萃亭军门。吴璧山军门、王渔庄学使均于是日回省。谭丽仙、左孟辛来谈。

初八日。接见文武吏三班。卓杰四镇军已拿获戴子（溃）〔贵〕一犯，闻之甚喜。杨有成自京回，接到罗椒生、孙稼堂、王少鹤三信。

初九日。接奉十月廿四日廷寄一道，闽抚奏：漳州、龙岩、南靖、平和相继失守，现饬丁翼带勇五百赴大田，赵均带勇千馀赴宁洋，催林文察由同安一路进兵，惟盼浙军及援江各军早抵闽境。闽督前奏称：黄少春、刘明珍赴邵武，刘典赴汀洲，高连升赴福州。鲍超请假后，宋国永、娄云庆分带所部赴闽，着江督檄催迅速前赴，归左调遣。省城防守事宜，随时与英桂妥筹布置。曾玉明内渡已抵厦门，催令统领水师，会同现派之陆师相机兜剿。沈奏：嘉应、大浦均已失守。即着粤督等将各该州县失守情形，确实查奏。并饬催王文瑞、赵焕联两军赴粤。刘连捷一军坐守皖城，并未入楚，着曾迅催刘连捷等克日拔队前进，或僧或官调遣，均须饬令遵调，不得专候曾到楚始行前进，致误事机。

初十日。回拜王渔庄，因诣寄帅谈。撰《林芗溪三礼通释序》文一首。

十一日。吴碧珊来见，因接到金眉生两信，并馈书画四事。

去岁由泰州送行李赴上海者二船，其一丁守备，已擢至参将加副将衔；其一张游击，询之已于七月物故矣。

十二日。回拜吴碧珊军门，因诣毓济川处一谈。为王静山都转撰《七十寿序》一首。

十三日。接见文武属吏四班。

十四日。递寄湘乡相国、李少荃宫保二信。又因盐大使恩奎解京饷之便，附寄薛觐堂一信。

十五日。诣武庙行香。因出东门看保厘、耆定、保极、拱极四炮台工程。寄帅邀同澄泉将军、仁庵都护及李筱泉方伯、方子箴都转、郭毓六观察集饮于观音山寺之西轩，有陈孟卿埙所画秋山平远小幅甚佳。奉到十月廿九日廷寄一道，准将厘捐全数留粤，仍催解京饷，从湘乡相国之请也。江西厘捐，亦准截留。援江之鲍军门超、周军门宽世二军，仍归江西支放。饶州、景德镇两处厘捐，向归皖南防军采办食米之需，仍照旧办理。

十六日。卓杰四镇军解到客匪戴子贵一犯，制军约于是日过堂。晚邀罗小溪、左孟辛、谭荔仙、姚彦嘉四人集饮。杨厚庵宫保委王镇金楷来催饷，连接其两信，并接左景乔信及家信子字十七号。

十七日。验试同知徐庆勋，佐杂陈善、刘敬修等四十三人。晚邀吴碧珊、勒怡田、王翰卿小酌，勒怡田不至。

十八日。接见文武吏四班。赴西箭道挑缺。接湘乡相国信，并寄示寿沅浦中丞四十一生日小诗十三首。

十九日。奉到十一月初二日廷寄一道，以十月十四日奏击退各股逆匪现筹防剿情形，并请调鲍超剿除闽粤发匪，及广东现办厘金各折片，所筹尚合机宜。鲍超已经赏假回籍，所部之军，令宋国永、娄云庆分统其众，入闽援剿，归左调遣。毛等惟当严饬方耀迅速赴闽，合力夹击。王师祥既有主谋滋事等款，即着研讯确情，照例办理。另折奏各省抽厘历有成效等语，原折着留中。镇平县庞掌运、平远县吴炳绶均免治罪，仍革职留营差遣。镇平都司任士魁，照都司阵亡例从优议叙。奏留知县陶庆仍，从九李荆门，州同蔡忠玿，知县褚瑛、冯棫，分发福建盐大使朱云锦六员，均奉旨：着照所请，该部知道。钦此。是日会看三营大操，军容尚为壮丽。晚邀罗小溪、陈莳松、俞吉甫小酌。

二十日。校阅三营武官马、步箭。寄帅枉谈，始知初二日廷寄，尚有驳斥捐输移奖子弟一件。此波及之冤，无可自明者，为之怃然。梅大令霈琳自鄂来，带到王子寿一信，兼蒙枉寄《漆室吟诗》四帙。寄家信甲字第十四号。

廿一日。出小北门校场阅三营武官鸟枪、抬枪。寒甚。

廿二日。湘乡相国寄示八月廿日沅浦生日为小诗十三首，用其韵并寄沅浦：不才颇亦忝专城，江海分疆老气横；鱼鳖蛟龙同一水，劳劳今古可怜生。　历尽红羊小劫年，乡兵缘始自孙坚孙坚起兵讨黄巾，为承平时募勇之始；龙搏水击三千里，撑起东南一柱天。功名终古几悲酸，转海回山苦作难；要识安危公论在，尚书老气压龙蟠。　阿连一旅起偏师，耿耿孤忠天下知；记得青原山下路，横戈跃马薄城时。　万户邱墟九土尘，由来盗贼本王民；战功略似诗人笔，点画江山若有神。　吴西水接皖山来，直下长江天堑开；莫向新亭空洒泪，侍游犹近九城台。　孙吴兵法伏阴机，气感星辰晕合围；三复名城身百战，喜心翻倒泪沾衣。　万军腾涌似奔泉，乐府新传白马篇；依旧秦淮一沟水，江云如縠草如烟。　小丑纷纶阅俊髦，躬桓异数弟兄叨；八年危难兼疑谤，零雨东山无此劳。　堂堂万里马援书，时论①谁能意气除；今古梁松原不乏，生前薏苡谤尤虚。　四十旌幢早乞身，空山杖履有馀春；输君整顿乾坤了，不见骑驴湖上人。　万口雌黄非分加，台官阃帅各成家；韩王欢笑张王恼，恩怨人间岂有涯。② 人心世道两嵚巇，与世周旋暗自疑；谁似功成身早退，味回好在梦醒时。罗小溪约挪银一千两，已行至花地，忽遣曾姓者来取，因以一书告知意城，即交小溪带去，是为甲字第十五号。接到意城子字信第十八号。

廿三日。冬至。诣万寿宫行庆贺礼。治酒与林芗溪、吴玉山、姚彦嘉及志城、篪儿早饭。

廿四日。总税务司赫德自上海来，过此久谈，亦洋人中之当行出色者也。奉到五、六两月月折回批，并接汪啸师、王定甫、张竹汀三信。

廿五日。阴，微雨。患伤风谢客一日。李嗣宗自京回。又接到王定甫、沈彦嘉二信。为制军拟撤遣红单师船折稿及奏报捐输情形稿二通。

廿六日。伤风，筋骨俱作痛，若久病者，仍谢客一日。接到部文，如裁撤廉州厘厂等件，阅之但增愤懑。

廿七日。彭大令翰孙由沪回苏，顺寄丁雨生、郁泰峰、李绍周三信。接沅浦新堤一信，十一月初四日所发，计此时初抵长

①此处旁注又作“世事”。

②宋代台司半诞夸，吴奎唐介各名家；隋唐谏院馀深意，终古纷厖会有涯。双行注：汉世御史大夫次宰相一等，不专主谏职。至唐始以谏名官。盖后世人心日渐浇漓，若如汉世议郎、博士皆与朝廷之议，则将不胜其嚣；禁使勿言，又虞壅蔽。谏官之设，所以息天下之纷争而使有专司，言虽嚣而犹有所止也。宋明以来，益为显职，尊之与宰相等。历考史册，谏官之贤者，自以节气文章相高，而于国无裨。其有不肖，所损实多。盖以谏官劾权贵，十九自败，权贵嗾使谏官劾诸异己者，则其言必行，其大较也。窃意谏官之设，尊其秩，简其员，求公论之贤者任之，犹不失建官之本意尔。

沙也。

廿八日。接见文武吏三班，以病不能久周旋故也。随往制军处一谈。日久未晤，多有应商事件，扶病一诣之。

廿九日。为制军拟奏稿二通，一陈捐输情形，一请留冯军门接办东江军务。奉到八月廿八日所发七月份月报批折各件。

三十日。易麟书自湖南来，带到钱六岑、易墨村及笙陔叔三信。又接到许次苏、罗小溪、李春生三信。

十二月

十二月初一日戊辰。诣文庙行香，料理积日公事，病躯颇觉其惫，年力精神，月异而岁不同矣。

初二日。回赫德拜，便过胡莲舫一谈。题谭荔仙《罗浮证雪图》云：罗浮夜半寒如水，侵晓看山花满天。忽讶蓬莱千丈雪，交流勾漏百重泉。山光漠漠飞来影，诗意苍苍悟后禅。安得身骑五色蝶，从君拄杖白云边。题长寿寺僧成果所藏《曾宾谷脩禊图》云：诗僧能说南城叟，胜事春游动海溟。人影衣香三月景，花光石气半帆亭。乱馀鬓发凭阑白，寒尽风霜着树青。六十年来人事变，呼鹰出郭我重经。

初三日。接见文武吏五班。李眉生、王心田各有书至。眉生书甚艰贵，为其丈人敖公有所请托，以有此也。

初四日。酬应终日不辍。军需总局提用八旗发商生息银两三万馀，每月赔缴息银又欠至一万馀金。予为筹还此款，即从筹饷局拨兑，以省军需局每月赔解息银之费，并饬藩司查明提用各款目。李小荃开呈清折，自咸丰四年起，提用存积各款至四十馀万金之多。其间八旗生息一款，每月需解交旗库，最为吃紧。此外则桑园围积存岁修工程银二万七千馀金，亦发典生息之款，为百姓生计所关，乃并饬筹饷局归还。此两事问心尚足自慰。

初五日。寄沈幼丹、程尚斋两信。接徐勉如一信，仍自为张罗计耳。项安世周易玩辞释坎大象：德行常修，则邪念不能入其中；教习洊习，则衰俗不能乱其守。此君子设险以治身也。以设险为说，别出一义，亦自可玩。

初六日。牙痛大剧，细审之乃非牙痛，请方晓园诊视，据云即骨槽风也。乃至头昏心跳，恶寒尤甚，其薄弱不能堪摧残如此。接福建信，知张廉访运兰殉难武平之西门外支解无完肤，林军门文察殉难漳州之松风关。闽省失此两大将，贼势殊不弱也。吾粤上下，方群以铺叙战功为计，心甚忧之。志城言：办天下事只是气，气盛则江河直泻，才虽小，亦乘势以飞腾；气茶则百端阻滞，虽有长才，无所用之。豪杰大有用之才，只（得）〔是〕鼓得人气起。吾谓圣贤豪杰长处，尤坐一赖字。险阻忧虞，难苦挫折，都赖得下去。直是一赖字，澈上澈下，停停当当。低着头干，终其身无成功，亦只坐定如此干去。此为豪杰非常之才，不必其智虑果殊绝于人也。横政之所出，横民之所止，不忍居也，粤俗近之。何元子周易订诂：明夷自初至五，一爻一圣人也，盖惟居治世而天下之道出于一，居乱世，其道多矣，不达是者不称。精义入神。

初七日。以齿跟痛肿及左腮，终日不能出户。

初八日。以病止堂期。撰《通行札》二通，专为清理词讼、缉捕盗贼起见。接左季高制府、冯萃亭军门、杨厚庵制府、丁心斋观察、王少鹤通政各信。丁、王二信，均以丁令海珊见托。

初九日。制军见示接奉十一月廿三日寄谕，以杨制军奏催各省协饷，饬令照数拨解。仍饬迅即招募，或先派员带数营赴甘，或自行带赴新任。言甘省情形，静宁尚在被围，宁夏仍未克复，安、会、河、狄均有贼氛，而盐、关回匪出扰，秦州又复戒严。前闻宁夏失守以后，兼陷固原，谕旨却未提及。静宁在固原西，均平凉府属也，再西则巩昌之会宁、安定，再西则兰州之狄道、河州。狄道正当兰州之南，相距约百馀里；河州又由西迤北，正当兰州之西，相距亦不过百馀里；会宁距兰州东亦仅二百馀里：则是兰州三面皆贼也。秦州在巩昌东，与兰州相距约四百馀里。所谓盐、关回匪者，殆平凉之盐茶、安定之关川也。然盐茶尚在固原之北，关川亦在安定之北，无由便至秦州。或盐、关各股窜近秦州，甘营奏报约略言之耳。都兴阿、雷正绾所部兵勇各万馀人，曹克忠、陶茂林所部亦各数千人，兵力固不为单也。

初十日。有已革水师提标后营守备梁定海，引致贼目高国梁、黄福如，言伪沛逆谭富及黄华圣、朱兴隆、何球盛、林彩、黄宗保等诸粤人，皆有反正之意，求为招致之。为拟谕稿一通，拟令言树勋赴大浦一议之。俟其具呈，即与制军一筹商也。据梁定海言：高国梁系托名，其人实系何姓。

十一日。接倭艮峰中堂一信，其子福纶，（旋）〔现〕在筮仕广东，并以枉属。书言京师惟少一（幅）〔副〕恪恭震动精神，袭常蹈故，终无起色。旨哉言也，耐人寻思。又接富治安将军一信。

十二日。寄劳辛陔制府、张石卿、张月卿两中丞三信。以齿跟痛，自初六谢客，本日始一见筱荃方伯。出示唐子（方）〔蕃〕与张参将贵相诋一书，张参诚不免有盂浪之处，而子蕃据彰信一军以力护其私，亦失办公之正轨矣。阅之怃然。

十三日。接奉十一月廿六日寄谕一道，以署滇抚林鸿年奏，滇省拨饷，湖南欠解八万，广东欠解三十一万七千。又户部咨催粤海关欠解滇饷十六万九千五百。又张亮基于同治元年二月间，因协饷未到，恳请先于广东粤海关提银十万，太平关提银十万，藩库五万。如各库未能足数，请于运库拨银六万，粮库拨银四万，共二十五万，仅领到藩库一万。现在滇饷奇绌，请饬湖南拨银八万，广东拨银廿四万，迅速接济等语。湖南东征局筹用渐舒，广东厘金协助江南大营亦经停解，均可（均）〔匀〕出饷需分拨滇省，酌量数目迅速筹出若干两，源源拨解，以济要需。接见文武吏五班。新到直隶州祥瑞芝廷，带到贺云湖、张竹汀二信。竹汀并索皇清经解，且言军务之坏，坏于不言进剿而专言防堵，则亦书生坐论之见也。

十四日。往同城各处谢相问视，李小荃见示屠啸篔信，述及卓镇言论行事，使人怪愕，然固无足怪也。寄骆籲帅、江达川、邓伯昭三信。接到意城子字第二十、第廿一两号信。其第十九信交张伯羲带来者，至今尚未到也。

十五日。谒武庙行香。寄刘霞兄一信。

十六日。接奉十一月廿四日寄谕一道，总理衙门、户部奏，据美国公使蒲安臣照会称，咸丰八年伍崇曜向旗昌洋行借银三十二万两，由广督会同粤海关监督立揭银单，由伍崇曜交与洋行收执，请饬广东督抚将伍氏欠项查明，于应缴各项内先行拨抵，或由伍氏自行划扣，将印票收回，并将各年款项分晰造报等语。现由户部查明，该省递年应行报解各款内，有伍氏所开之怡和行欠缴公项银二百六十八万馀两，迅将伍怡和等行积年欠解公项，截至本年止究竟有无按限完缴，据实查明，勒限催解。一面在于应缴各项内准其先行拨抵，或由伍氏自行划扣，抑或由藩库转发，务须迅速妥办，将印票仍由海关收回。此外应缴各年款项已未完解，亦即分晰造册报部查核。倘仍借词推诿，即照道光二十五年奏案执法严惩等因。并钞发原折一件，据称立揭银单十三件，内言明每银一两每月六厘行息，限六个月清还。查咸丰八年黄宗汉向伍崇曜借银三十二万两以充兵饷，正在各国和议未定之时，是贷中国之银以御外国，非贷外国之银以攻其本国。是以议请劝令伍氏一家倡捐清款，准予优奖，最为平允。现在办理有无就绪，尚未据该督覆奏。查该省递年应行报解各款，内有伍氏怡和行积年欠缴捐输新疆军需、代赔万源等行欠项、应缴放关分头，及积欠英商不敷借领藩、关、运、道各库银，统计三百零五万五千馀两。前据该省于道光二十五年奏请将新疆军需一款未缴银四十二万两，自道光二十七年起分七限，每年缴银六万。又代赔万源等行银三十一万六千馀两，放关分头银十一万九千二百馀两，自咸丰四年起，分限四年，按款接续完缴。又道光二十一年借领各库归还英商银二百八十万两，先据靖逆将军奕山等转据该商禀奏明，分限四年，除二十一年缴过银六十万两外，尚有未缴银二百二十万，经奏准递展一年。嗣于二十七年耆英奏请，俟新疆等款银数完清，察看情形，再行分限完缴。经户部议令各项清完后，每年完缴银十五万两，不准借辞延宕。兹查道光二十七年至咸丰七年应缴新疆军需等银，按该省七年秋、冬册报，除已完外，尚未缴银四十八万馀两。至应完借领藩、关、运、道各库归还英商积欠银二百二十万两，应自咸丰八年起限至同治三年，计七限，每年应缴银十五万，共银一百零五万。该省前因军务倥偬，应报各案奏准展限，未据造报。现已渐次肃清，自宜赶紧追缴，以备提拨。又自同治四年起至十一年止，每年仍有应缴银十五万两，共银一百十五万两。是伍氏所开洋行，欠缴公项为数甚巨。虽应缴各款系伍怡和等十行公摊完缴，而伍氏为洋行首领，各家皆归统摄，责无旁贷。故凡有欠项，均由伍氏经理清完。念该绅素尚急公，格外体恤，未经按限严追。伍崇曜筹借银三十二万，本系饬令捐输，嗣准作为借款，如果自行清厘，收回印票，一经奏请，立予优奖。设使一时筹措不全，未能如前清还，即由伍怡和等行欠缴公项银二百六十八万馀两内移缓就急，暂将应缴之库银拨抵经手之借项。请饬下督抚迅将伍怡和等行积年欠解公项，截至本年止，究竟有无按限完缴，据实查明，勒限催解。一面在于应缴各项内，准其先行拨抵，或由伍氏自行划扣，抑或仍由藩库转发，妥速筹办，即将印票收回。此外应缴各年款限已未完解，亦即分晰造册，报部查核云云。户部此奏，亦可谓善于寻间矣。李筱荃见示唐子蕃信，言彰信军巡船必须留十六号为护厂、护送官船之计：径口四号、江口三号、白土三号、江西尾三号、东西关三号。且称张参将八月奉札管带水师，即向各营官派借银钱，李甲传派至二百三十；勒送寿礼，每营官派至六七十金；又好干预公事，每以名帖向县官交出羁押之人；所坐大河西船，船头高悬虎头牌，肃静、回避高脚牌分行排列，中舱设公案，摆印箱，军牢刑杖签筒一一齐整。且言旧船已裁十二只即前信所云四十二船中酌留三十船之数也，张参将议造之新船，现已议价，尚未定修；张参将到韶，即发令箭，将旧船悉行驱逐，不许逗留云云。观子蕃此信，张参将意气凌人，亦未免过甚。

十七日。接奉十二月初一日寄谕：左□□奏督师入闽行抵浦城，现筹剿办情形。闽省漳州各城，均为贼踞，林文察仓猝进剿，致后路被贼抄袭，兵勇溃散，林文察中枪阵亡，贼势披猖，泉、厦危急。高连升一军已抵泉州，着左□□、徐□□飞檄该署提督，迅率所部急趋同安，务期到在贼前，扼要防剿，以保泉、厦门户。并饬调赴长泰之黄少春等军，合力兜剿，稳慎进攻。刘典前队已抵宁化。王德榜一军由江西取道入闽，计已驰抵汀界。着饬刘典所部，先将汀州、连城、宁洋一带踞匪肃清，进攻龙岩之北；王德榜由汀州南趋上杭，进攻龙岩之西。总期联络遏截，妥筹分布，将龙岩踞逆，悉数聚歼，以免复行旁窜。左□□因中路空虚，先拨随行四营驰赴延平，即率亲兵续进，着俟抵延平后，居中策应，分筹遏剿。该匪被剿穷蹙，铤而走险，则回窜江西，旁窥粤境，或潜踪入海，以致滋蔓难图，均在意计之中。毛□□、郭□□所派粤军，前已越境收复武平等城，着仍饬方耀等军跟纵追剿，会合江西闽浙之军，进规漳郡。其闽粤滨海地方，并着左□□、徐□□、毛□□、郭□□拨兵严防，倘任令匪踪入海剽掠，必惟该督等是问。江西援闽之娄云庆等军，现在行抵何处，着沈□□迅催前进，并由左□□、徐□□探明催提，以厚兵力。沈□□务当严饬江防诸军，严扼要隘，以杜回窜。左□□另片奏：请将署臬司开缺帮办军务，已明降谕旨，将刘典开缺，仍以二品顶戴帮办福建军务，并将杨昌濬补授浙江臬司，高卿培补授浙江盐运司。林文察阵亡细情，着左□□等查明具奏，再降谕旨等因。以钱通判墉解关饷赴京之便，致王少鹤、潘伯寅、朱石翘、刘镌三四信。

十八日。为八儿定婚李筱荃之女，又为弱女许字李幼荃之子，并于是日过庚，属方子箴、郭毓六为之媒说。李仁、熊元办事怪诞，为之动气，殊无谓也。

十九日。华樵云自新兴回，述及卓镇及安抚客民情形，为之怃然。此局终无了期，此军又将如何使用耶？此事鄙人实早有所见，而制军私护卓镇，不能平时一与计议，吾固无如之何也。接沈幼丹中丞咨言现饬刘典等援闽，并及韩进春、刘胜祥由会昌察看贼势，就近进规武平。又饬王开琳带王文瑞所部入闽会剿。又饬周宽世由信丰进扎长宁，张岳龄由龙泉进驻会昌，以固南赣门户；韩进春移扎瑞金，刘胜祥移扎广昌，与石城席宝田一军互相联络，以固抚、建门户。刘典所部八千人进驻汀州，宋国永等亦陆续可到。又查营官王安敦尚无纵勇滋闹各情，并奏请将已革道员王沭免其发遣。均奉旨允准。姚彦嘉处见黄石公《素书》六篇，其言亦出于老氏，而有可为身心之助者，为全录之。《原始章第一》。夫道、德、仁、义、礼，五者一体也。道者人之所蹈，使万物不知其所由。德者人之所得，使万物各得其所欲。仁者人之所亲，有慈惠恻隐之心，以遂其生成。义者人之所宜，赏善罚恶，以立功立事。礼者人之所履，夙兴夜寐，以成人伦之序。夫欲为人之本，不可无一焉。贤人君子明于盛衰之道，通乎成败之数，审乎治乱之势，达乎去就之理，故潜居抱道以待其时。若时至而行，则能极人臣之位。得机而动，则能成绝代之功。如其不遇，没身而已。是以其道足高，而名重于后代。《正道章第二》。德足以怀远，信足以一异，义足以得众，才足以鉴古，明足以照下，此人之俊也。行足以为仪表，智足以决嫌疑，信可以使守约，廉可以使分财，此人之豪也。守职而不废，处义而不回，见嫌而不苟免，见利而不苟得，此人之杰也。《求人之志章第三》。绝嗜禁欲，所以除累。抑非损恶，所以禳过。贬酒阙色，所以无污。避嫌远疑，所以无误。博学切问，所以广知。高行微言，所以修身。恭俭谦约，所以自守。深计远虑，所以不穷。亲仁友直，所以扶颠。近恕笃行，所以接人。任材使能，所以济务。瘅恶斥谗，所以止乱。推古验今，所以不惑。先揆后度，所以应卒。设变致权，所以解结。括囊顺会，所以无咎。橛橛梗梗，所以立功。孜孜淑淑，所以保终。橛橛者，有所恃而不可摇。梗梗者，有所立而不可挠。孜孜者，勤之又勤。淑淑者，善之又善。立功莫如有守，保终莫如无过也。《本德宗道章第四》。夫志心笃行之术，长莫长于博谋，安莫安于忍辱，先莫先于修德，乐莫乐于好善，神莫神于至诚，明莫明于体物，吉莫吉于知足，苦莫苦于多愿，悲莫悲于精散，病莫病于无常，短莫短于苟得，幽莫幽于贪鄙，孤莫孤于自恃，危莫危于任疑，败莫败于多私。《遵义章第五》。以明示下者暗。有过不知者蔽。迷而不返者惑。以言取怨者祸。令与心乖者废。后令谬前者毁。怒而无威者犯。好直辱人者殃。戮辱所任者危。慢其所敬者凶。貌合心离者孤。亲谗远忠者亡。近色远贤者昏。女谒公行者乱。私人以官者浮。凌下取胜者侵。名不胜实者耗。略己而责人者不治。自厚而不薄者弃。以过弃功者损。群下外异者沦。既用不任者疏。多许少与者怨。既迎而拒者乖。薄施厚望者不报。贵而忘贱者不久。念旧怨而弃新功者凶。用人不得正者殆。强用人者不畜。为人择官者乱。失其所强者弱。决策于不仁者险。阴计外泄者败。厚敛薄施者凋。战士贫、游士富者衰。货赂公行者昧。闻善忽略、记过不忘者暴。所任不可信、所信不可任者浊。牧人以德者聚。绳人以刑者散。小功不赏，则大功不立。小怨不赦，则大怨必生。赏不服人、罚不甘心者叛。赏及无功、罚及无罪者酷。听谗而美、闻谏而仇者亡。能有其有者安。贪人之有者残。《安礼章第六》。怨在不舍小过，患在不预定谋。福在积善，祸在积恶。饥在贱农，寒在惰织。安在得人，危在志士。富在迎来，贫在弃时。上无常躁，下无疑心。轻上生罪，侮下无亲。近臣不重，远臣轻之。自疑不信人，自信不疑人。枉士无正友，曲上无直下。危国无贤人，乱政无善人。爱人深者求贤急，乐得贤者养人厚。国将霸者士皆归，邦将亡者贤先避。地薄者大物不产，水浅者大鱼不游，树秃者大禽不栖，林疏者大兽不居。山峭者崩，泽满者溢。弃玉抱石者盲，羊质虎皮者辱。衣不举领者倒，走不视地者颠。柱弱者屋坏，辅弱者国倾。足寒伤心，人怨伤国。山将崩者下先隳，国将衰者人先弊。根枯枝朽，人困国残。与覆车同轨者倾，与亡国同事者灭。见已生，慎将生，恶其迹者预备之。畏危者安，畏亡者存。夫人之所行，有道则吉，无道则凶。非其神圣，自然所钟。

务善策者无恶事，无远虑者有近忧。同志相得，同仁相忧。同恶相党，〔同爱相求〕①。同美相妒，同智相谋。同贵相害，同利相忌。同声相应，同气相求。同类相依，同义相亲。同难相济，同道相成。同艺相规，同巧相胜。此乃数之所得，不可与理违。释己而教人者逆，正己而化人者顺。逆者难从，顺者易行。难从则乱，易行则理。如此，理身理家理国可也。 此书出后人之伪托，意味亦浅，然其间多有切中鄙人之隐病者，因录一通于此，以时备省览焉。

二十日。午刻封印，贺者接纳甚烦。晚邀陈莳松、俞信甫、林芗溪、吴玉山、陈懿叔、姚彦嘉饭。史称濂溪廉于取名而锐于求志，薄于徼福而厚于得民，菲于奉身而燕及茕嫠，陋于希世而尚友千古。横渠语王安石：公与人为善，则人以善归公；如教玉人琢玉，则宜有不受命者矣。明道语王安石：智者若禹之行水，行其所无事也。舍而之险阻，不足以言智。自古兴治立事，未有中外人情交谓不可而能有成者。况于排斥忠良，沮废公议，用贱陵贵，以邪干正者乎！正使侥幸有小成，而兴利之臣日进，尚德之风寖衰，尤非朝廷之福。龟山言：今日事势，如积薪已燃，当自奋励以竦动观听。罗仲素言：君子在朝，则天下必治。盖君子进，则常有乱世之言，使人主多忧而善心生，故治。小人在朝，则天下必乱。盖小人进，则常有治世之言，使人主多乐而怠心生。又云：天下之变，不起于四方，而起于朝廷。譬如人之伤气，则寒暑易侵；木之伤心，则风雨易折。故内有林甫之奸，则外必有禄山之乱。内有卢杞之奸，则外必有朱泚之叛。又云：士之立朝，要以正直忠厚为本。正直则朝廷无过失，忠厚则天下无嗟怨。一

①据丛书集成本补。

于正直而不忠厚，则渐入于刻。一于忠厚而不正直，则流入于懦。李愿中言：讲学切在深潜缜密，然后气味深长，蹊径不差。若概以理一而不察其分之殊，此学者所以流于疑似乱真之说而不自知也。又言：三纲不振，故人心邪僻不堪任用，致上下之气间隔，义利不分。故自王安石用事，陷溺人心，至今不自知觉。人趋利而不知义，则主势日孤。晦庵言：不能随事以观理，即理以应事，是以举措之间，动涉疑贰，听纳之际，未免蔽欺。陈安卿淳言：天地间千条万绪，是多少人事？圣人大成之地，千节万目，是多少工夫？惟当开拓心胸，大作基址。须万理明彻于胸中，将此心放在天地间一例看，然后可以语孔孟之乐。须明三代法度，通之于当今而无不宜，然后为全儒，而可以语王佐事业。须运用酬酢，如探诸囊中而不匮，然后为资之深，取之左右逢其原，而真为己物矣。至于以天理人欲分数，而验宾主进退之机，如好好色、恶恶臭，而为天理人欲强弱之证，必使之于是是非非，如辨黑白，如遇莫邪，不容有骑墙不决之疑，则虽艰难险阻之中无不从容自适矣。然后为知之至而行之尽。晦庵语李公晦方子云：观公为人，自是寡过。但宽大中要规矩，和缓中要果决。　偶阅《宋史·道学传》，见诸先生之言，有切中鄙人病根，及于时事足相发明者，摘录十馀条，以备省览。又宋嘉熙时，监察御史兼崇政殿说书常挺疏言边阃三事，曰辟实才，曰奏实功，曰招实兵；朝廷（三）〔二〕事，曰选良吏，曰擢正人。当深思宏远之规模，奋发清明之志气。立纲陈纪，必为万世之法程；昭德塞违，以示百官之宪度。资政殿学士包恢尝因召对曰：此臣心恻隐，所以深切为陛下告者，陛下恻隐之心如天地日月，其闭而食之者，曰近习，曰外戚耳。史称包恢以严为治。衰世之民，非可以纵弛待之。而其召对言恻隐，尤可深长思也。

廿一日。陈经甫请饬欧阳泉贩运洋米以平市价，事尚可行。惟数千金来往转运，恐其力易穷耳。冯令泰松查勘南海罗村、安良等十七围溃口情形，并无须请领帑项。知前具禀实出林太翁之意，借此营利。粤绅之可笑如此。

廿二日。奉到十二月初五日户部奏拨来年京饷缘由，奉上谕：据户部将酌拨同治四年分京饷数目开单请拨，下年因各省军务稍平，尚须筹办善后，将应拨京饷酌减十分之三。现在金陵虽经克复，而闽广等省尚皆办防，新疆、甘省军务未平，（省晋）〔晋省〕又因协饷太多奏请酌减。是以该部此次所拨京饷，仍照上年酌减之数，仅拨银五百万两，将近年一切琐屑之款悉数减除。为数既少，自不难依限报解。即着各该省督抚监督等按照户部单开各银数，一体遵照，分为两限，五月以前解到一半，十二月以前扫数解清，不准截留请改，借词延误。并着于来年开印后，陆续分批起解，不得届期始行筹解，致误要需。如有逾限不到者，即着户部按照奏定处分章程，分别严参等因。又奉本日寄谕一道：历届京饷，向系年前预拨。上年户部拨银五百万两，而各该省、关报解，仍复拖延。京饷关系要需，该部放款累累，实已无可再减。现在户部奏请预拨同治四年京饷，拟于地丁、盐课、关税等项银内，仍照本年酌减数目，拨银五百万两，均系斟酌各省缓急情形，撙节动拨，以期易于遵解，并非强以所难。各该省将军、通商大臣、督、抚、盐政、监督及藩、运各司等，自当按照户部指拨银数清单，依限解齐，以济要需。倘以为数视历年较少之款，仍复任意截留，借词扣划，即着户部按照奏定章程指名参奏，定将该将军等从重惩处。原折单均抄给阅看等因。并单开：山西地丁银一百五十万，山东地丁银三十万，河南地丁银三十万，湖北地丁银廿五万，湖南地丁银廿五万，广东地丁银五万。以上地丁二百六十五万。长芦盐课银三十万，河南正课银廿五万、羡馀银五万，山东盐课银十万、盐课项下咸丰九、十及同治元、四等年加价银十五万，两淮盐课银十万，直隶旗租银十万，广东运库应缴新旧两息银五万，湖北荆、宜、武、襄盐厘银十万。以上盐课等项一百廿万。福建茶税银十万，粤海关税银廿万，闽海关常税银五万、洋税银十万，江汉关税银三十万，江海关税银二十万，山海关常税并新征税银五万，天津关常税银五万、洋税银五万，东海关税银五万。以上关税银一百一十五万。验试同知、知县甘泽溥等十名，佐杂关铉等卅四名。回拜库仁龛、胡莲舫、李筱荃、方子箴、郭毓六。发家信甲字第十六号，并致黄南坡、赵玉班、曾澄侯、杨厚庵、左孟辛各信。今岁凡发家信十六封，较往年为少，想见其无暇日也。

廿三日。接见文武吏四班。督辕咨：奉十二月初三日上谕，以所奏进剿客匪逆首就擒、馀众就抚一折，加卓兴提督衔，三代一品封典；侯勉忠免补都司，以游击尽先补用；把总莫善喜、郑耀光均以守备补用；外委林进升、林赂，把总陈英，均以千总拔补；在事出力文武官绅员弁，准其择尤保奏等因。陶安卿禀四十三悬（阜）〔埠〕情形，言此四十三悬（阜）〔埠〕均隶左江之南宁、右江之柳州及平乐等府。其隶左江者，概近平塘，全为私盐浸灌。其隶右江者，僻处边徼，挽运维艰。每年额引十五万一千馀包，因该（阜）〔埠〕素著疲难，自嘉庆年间归商承办，拖欠饷款，多半逃亡。道光廿八九年，逆匪肆扰，道梗滞销，以致多年悬宕。后合应兴试办，岁拆三万馀包，每包缴饷银二钱六分。上年责令承办，仅肯缴饷三万，且分秋冬两季完纳。因是改归官办，先将省局船头馆及充投拖包等陋规裁革净尽，复同梧局委员吕守铨商定，将耗馀羡盐银两全数提解缴库，务使利归客商，饷充国课。自三月廿四日起，截至十二月廿一日止，计九个月，共配河盐十三万九千零一十三包，每包饷银四钱，计银五万五千六百零五两二钱，按月解缴运库。至每包价款二钱八分，计银三万八千九百廿三两六钱四分，已由梧局并耗馀羡盐银两一千六百十两零零三分一厘七（毛）〔毫〕陆续汇解缴库，合共缴库银九万六千一百卅八两八钱七分一厘七毫，统计每年额销有盈无绌云云。此项四十三悬埠，乃鄙人力主归官经理。蒋璞山都转忧无人可任，吾又为荐致陶安卿，会议再四始定。一年之久，成效卓然。制府乃用幕友之言，招商承认，不过授幕友以通贿之资耳。为方子箴都转痛切言之，或冀其稍有省悟。致晏彤甫、蒋璞山二信，兼各致其太夫人障悬。

廿四日。为王静山都转七十生日诣贺。因至制军、将军处谈，兼为华樵云贺其长君乡捷之喜。过王渔庄学使署，观药洲九曜石遗迹。药洲为南汉时南宫，云聚方士炼药于此，故以名洲。九曜石者，池中有石九方，皆瑰诡可观，上多前贤题跋。岸边一石，为树根所络，亦非千年以上不能有此也。池中有爱莲亭，三面皆有桥。洲西故有濂溪书院，明宣德时建。嘉靖时改建粤秀山下，始为提学道署。洲北有屋三楹，颇轩敞，当即明时所谓演极堂也。今爱莲亭亦为平台，不复以亭名。而铁（岩）〔崖〕史文靖（曰）〔公〕题洲西壁曰：尚有西斋。盖其地旧有西斋，史公亦聊以存其遗迹耳。翁覃溪学士碑记甚多，未暇细览，属渔庄为拓之。澄泉将军为言及土、客一案，甚以为忧。予言先时主抚者，鄙人也。今此等抚法，大非鄙人之意。往时开恩，开一路以听客民之自复其业，实为要法。既坏于卓兴，不能一达其志。今直夺（扶那）〔那扶〕、企勘、赤水、大湖山之地以与客民，制军并列鄙衔出示。区区愚忱，既不得以稍伸，乃徒为所牵系，以丛百姓之怨。命实为之，无如何也。

廿五日。致唐荫云、金眉生二信。传潘仕成、伍崇晖、伍保恒三绅面商清理旗昌洋行一项。王雨庵观察来见，询及季报军需动用各款中商借一款，检查旧卷，反复始明，抑何疏也！

廿六日。金眉生专弁自江北来，兼接黄晓园观察一信，旦夕当赴粤候补。计此间道员，共得八人矣。

廿七日。毓济川过谈，言新监督师君以明日午刻起岸，托与寄云制军、澄泉将军同赴江干一接。故事监督至省，凡三品以上卿员例得迎接，未至三品者免。济川欲为监督稍示体面，故以情托一迎，非事例也。

廿八日。出城接海关监督师继瞻郎中。旋闻刘容斋学使亦已驰抵三水。是日为邹小君生日，晚邀陈莳松、俞信甫、陈懿叔、林芗溪、吴玉山、姚彦嘉诸人小饮。

廿九日。陈懿叔有诗见示，次韵答之云：梅花开尽已冬深，暖气翻成曀曀阴。老景渐催年似日，世途苦隘古犹今。殊方纷扰蛟螭窟，大地微茫蚤虱音。堪笑先生好归隐，尘埃苦耐鬓毛侵。张伯羲于除夕至署，补接意城家信子字第十九号，并接李玉阶、张芸阁、吴聘廷三信。刘仆亦随至署中，益觉人浮于事矣。

同治四年　乙丑

正月

同治四年乙丑岁正月初一日丁酉。元旦。同城文武各官，恭诣万寿宫朝贺。随诣文庙、文昌阁、武庙拈香。回署，天色始渐曙也。司道以次来谒，酬应逾时始毕。自去冬晴燠，未尝御裘服，数日尤觉燥热。以元旦休沐，谢客一日。刘容斋学使以巳刻起岸，文武官司道以上迎之南城外，跪请圣安。

初二日。诣风神、火神、龙王庙、天后宫、城隍庙拈香，因赴同城各官贺岁。读易屯卦，初九，以贵下贱，大得民也。王(嗣辅)〔辅嗣〕云：夫息乱以静，守静以虚。安民在正，宏正在谦。屯难之世，阴求于阳，弱求于强，民思其主之时。初处其时，而又下焉，宜其得民。杨诚斋云：德厚者无盈色，德薄者无卑辞。君子居其室，出其言善，则千里之外应之，出其言不善，则千里之外违之。下人之节，尤系于言。细审生平过失有二：曰多言，曰不能下人。

初三日。以忌辰谢客。接富治安、陈蓉伯二信。李星衢[1]东路防剿情形，请调方耀扎武平之高梧，以防下窜，而函商翟子英添募劲旅，以固潮防。条陈三事：一曰兵力宜增，二曰兵食宜裕，

①以下疑有脱字。

三曰穷民宜赈济。又为郑绍忠、邓安邦等请添马队。所言均佳，而大抵铺张照顾之意为多，以云朴干则未也。陈懿叔见示《春秋口义》、《孔子年谱》二种著述，竟不晓作何语。

初四日。出西关及补拜同城各官，酬应终日。自元旦至今，周历各城，未见有行庆贺之礼、具衣冠揖让之文者。人生早作夜息，以至于老，争名争利，负气求胜，惟岁朝三数日内，稍能息争夺之机，以礼相接，下至贩竖皆然。广东并此礼废之，但一以争夺为事，须臾揖让之节亦无所生于其心，而人道之存幾希矣。凡此皆乱征也。非知幾之君子，谁与辩之。是日热甚，微雨。

初五日。王静山都转过谈，论次及古文，述郑小谷之言曰，《文选》乃真古文也。因为论昌黎文起八代之衰，自明以来颇多异议，近代治经者祖述周秦诸子，薄视韩曾欧苏古文之学，以为八代之文固未尝衰，其论允矣。秦汉遗书，上溯六经，其气沕穆，其词典赡，类皆以排奡行之。魏晋以降，日趋华靡，至陈隋而流荡斯极，而庾子山、徐孝穆之文，犹非唐宋以后所逮及。然则谓八代之文为衰，亦岂笃论哉！昌黎所谓起八代之衰，非文之衰，文之理衰耳。汉人论事之文，华赡极矣，而曲折以尽事之变，意不为文掩也。晋宋以来，专务文胜，而义掩矣。乃至谬戾凶悖之为，皆能旁引曲证，洋洋洒洒以为美观，言之者无惭，受之者无怍。文日盛而天理之存乃遂绝于人心。昌黎一洗其陋，而后古文之学与六朝判而为二，而文之真气始流行天地之间，至今不敝。昌黎之功伟矣。斤斤然取六朝之文与唐宋诸儒较短长者，皆末论也。先儒谓读书在能变化气质，吾亦谓为文在能转移风气，当官行政在能挽回风俗人心。荀子云：仁者爱人，故恶人之害之。义者循理，故恶人之乱之。世言爱民如子、疾恶如仇，二语别分不得。煦煦焉以姑息为仁者，皆无爱民之一念存其心中者也。法行，则人从法；法败，则法从人。上亲下，则下有归；下亲上，则上有与。有归则不离，有与则不孤。与懿叔论春秋云：孟子言孔子成春秋而乱臣贼子惧，盖自周公制礼乐、定名分，列国诸侯世守之。凌夷至春秋之世，几无复纪纲法度之存矣，而犹知顾忌名义。赵盾弑君，董狐书之，崔杼弑君，南史争之，见于《左氏传》。其他记载之失实者，必在所不免矣。列国诸君，转相赴告，藏之国史，人莫得而见焉。圣人乃取而修明之，昭然显示于人，以震动天下之人心，故曰罪我者其惟《春秋》乎。杜预所谓被之恶名而不敢辞。其述圣人之意，则曰，我欲载之空文，不如见之行事之深切著明也。斯为得其旨矣。其曰《春秋》天子之事，何也？天下有道，礼乐征伐自诸侯出，《春秋》笔削而褒贬寓焉。孔孟之言，乃以垂法于万世。圣人之情见乎辞矣。孔子之以斯文为己任，任以此耳。庄周言《春秋》经世之大法。圣人论而不议，但论著其已然之事，而善恶美刺，人知择而从焉，此即圣人经世之微权也。斯文之统，造端圣人。其德足以行权，其言足以征信。孟子不能为孔子之事，乃汲汲以口辩争之。乱臣贼子不此之惧而谁惧哉？先儒论春秋，无能发明及此者。懿叔乃以其私见揣测圣人，而臆为之说，幾于侮圣人之言矣。平王东迁以后，周室衰微，政出诸侯。《春秋》之作必于是时。隐公之立。当平王之四十九年，至是而西周之业无复可为矣。《春秋》托始于隐，圣人盖伤之也。其不始于惠公何也？惠公之立当平王三年，是时周始东迁，诸侯未尽强大，盟会之事未繁，赴告之文未具。圣人于此有权衡焉。孟子以为其事则齐桓晋文。盖桓文霸主，主中国会盟者也。此为得《春秋》纪事之旨矣。隐公之立，当齐僖公之九年。齐国之乱肇于僖公。桓公，僖公之子也。《春秋》专记会盟征伐之事，托始隐公，斯为允矣。孔子之生，当襄公之三十二年，距隐公元年一百七十二年。又七十一年为哀公十四年，西狩获麟，《春秋》以是终焉。哀公十二年，孔子自卫返鲁，是时年六十有九矣。所谓自卫返鲁，乐正，雅颂各得其所。盖圣人知道之不行，归老而崇著述。后又二年，西狩获麟，圣人感焉而作《春秋》。杜预所谓有感而起，故以为终。史迁亦以作《春秋》之明岁孔子卒。是则《春秋》成，圣人之事毕矣。《家语》述孔子之言曰：志在《春秋》，行在《孝经》。《春秋》之义，正伦纪而已矣。此圣人之志也。

初六日。微雨，风，郁热仍甚。督辕咨，初二日奉到同治三年十二月十五日寄谕一道：沈葆桢奏，接准鲍超咨称，拟带所部八千三百名，另调川兵四千，募川省（布）〔步〕勇数千，酌添马队，统计新旧各营月需饷十馀万两，请饬各省酌拨协饷等语。新疆各城变乱，势甚猖獗，非有内地大枝劲旅出关，难资剿办。惟筹兵必先筹饷，新疆地处沙漠，饷无从出，从前用兵，皆由各省转运接济，此次鲍超所带兵勇，月饷计需十馀万，须合各省之力协济，俾免缺乏。著官□、曾□□、都□□、骆□□、毛□□、李□□、吴□□、恽□□、刘□、阎□□、沈□□、郭□□、恩□体察情形，每月可以协拨若干，均各酌定数目，奏明办理，即按月如数拨解等因。鲍营协饷由江抚奏请，幼丹于此上邀朝廷之誉，下结鲍帅之欢，可为一举而两善备矣。而幼丹首发其议，乃不一派及江西。本年部拨京饷五百万，江西亦邀宽典。幼丹喜邀名而名归之，宜也，而能使江西见谅于人人以上承天眷，此又事理之不可揣测者也。弥理坚国领事裨理、通事哈巴良德来见。哈巴良德，即去岁同文馆所用之小彝也。

初七日。沉阴，郁热尤甚。寄家信乙字第一号。并致恽次山中丞、张芝阁、欧阳信甫、李玉阶及燮廷叔诸信。

初八日。阴，凉。接见文武吏七班，以开春第一次衙参，州县以上官并须一见故也。会刘融斋学使至，尚有两班未及见。法兰西国通事巴世栋、萨来思来见。萨来思自称葡萄牙人，生长澳门而托籍于法国，曾在绍兴当兵目有功，得赏金牌一面，派充广东通事，与巴世栋受代。晚邀王春晓王汉卿两镇军、沈翰卿协戎、张澍霖参府、胡芷庭司马小酌。督辕咨，是日接奉十二月二十一日寄谕：左□□等奏官军逼攻龙岩，扼守漳、平，暨由连城进剿，先胜后挫，现筹剿办情形；毛□□等奏进逼云霄，并请调冯□□督办东江军务，吴全美请假回籍各折片。逆首李世贤仍踞漳州。汪海洋踞长汀、连城、上杭交界之南阳乡。刘典一军新挫。现在王开琳、王德榜两军计可抵汀。赖长等军经康国器调赴雁石，赵均所部亦已严扼漳、平。此路兵力较厚，着左□□、徐□□妥筹布置，先将汪逆巨股殄除，以期进逼龙岩。漳州地势平衍，自林文察败没，附近村庄多为贼胁。高连升一军现扎万松关、瑞香亭一带，以扼漳州东路。黄少春一军驰赴长泰，扼漳州东北一路。其漳军后路及泉、厦门户，须节节布置严密，毋致为贼所乘。闽省贼势甚重，该处兵力恐有不敷，着李□□于苏省防兵内酌量抽拨炮队赴闽，归左□□调遣。李□□所部，除刘□□一军已赴豫省外，此外该省得力兵将，左□□如须添调，即一面檄调，一面奏闻，以资协助。毛□□等奏官军赴援诏安，乘胜进逼云霄，惟龙、连、汀、杭一带界连漳州，不能不防其回窜。现饬李福泰往来嘉应、惠州之间，相机调度。方耀一军由武平进扎上杭之蚺蛇渡，先顾上杭，进规永定。郑绍忠一军驻扎上杭之峰市，与翟国彦、方耀等联络策应。贼谋甚狡，伺隙即逞，不得逞志于闽，必将全力趋粤。冯□□前经请假回籍修墓，着暂留广东，督办东江军务，并无庸俟假满，即驰赴大埔、饶平之交，择要驻扎，堵剿漳州大股踞逆。李福泰俟冯到防后再行回省。吴全美统带师船回粤，着赏假三个月回籍修墓。福建军务紧要，着毛□□传知该提督，假满后驰赴福建水师提督新任，毋庸来京陛见。所称据总税务司赫德面称，侍逆李世贤现踞漳州，勾串洋人帮同袭取泉州，进袭福州，约将海口通商地面让给洋人等语，原不足据以为信，而各处流氓鬼子，希图勾结网利，亦事所或有，请饬福建防范，并饬总理衙门照会各国驻京公使转饬驻扎闽省洋官及领事官等，约束商民各等情。已谕令总理各国事务王大臣妥为办理，着英□、徐□□严饬所属妥为稽查。如有外国流氓勾结生事，拿交各国领事官从严惩办。泉州等处防务，并着饬令地方文武认真办理，勿稍大意。另片奏香山富民陈守善、徐爪林二户查拿究罚等语。捐务之兴，原系朝廷不得已之举，必须准情酌理，多方劝谕，方可以免怨尤。若派捐勒捐，自不免人言藉藉。该督抚以此次谣言之起，谓苛派扰民，逼迫各富户迁徙澳门香港，查访不得主名，疑为陈守善等所为，欲行拿办。该富户等坐拥厚赀，一味悭吝，虽属可恶，然朝廷有宽大之体，遽加以造言之罪，查拿严惩，恐弭谤适以召谤。该督抚仍当斟酌妥办，未可一意孤行，致失人心等因。钦此。此折后数语，为寄公手笔，于吾心实不能安，而果致驳诘。此老于文章事理，两俱茫然，故为可慨。

初九日。丑刻立春。微雨。李筱泉、方子箴、郭毓六公请陪同制军春酌。主客皆蟒服，而予独常服。自笑山野之性，漫无考究，仆从辈皆然也。赫德以坚领事入潮州府城，久议不决，为制军言之甚力。制军因札李星衢一赴潮州处理，而札稿专为急迫请托之辞，甚乖体制，因为另拟一通发行之。

初十日。阴。总理衙门公致督抚一函，属设法料理伍氏借款，乃拟一函复之，由制军发递。日间为宾客所苦，剪烛成之。

十一日。阴。郁热而久不雨。准闽督左咨：东路防剿情形，高连升由泉州趋同安，黄少春及总兵刘明珍由福州趋长泰，曾玉明水师扎三汊河、江东桥一带，以固泉州门户。西路防剿情形，延邵道康国器由永安进扎雁石，距龙岩城东二十馀里现闻驻宁阳小陶地方，以固延平门户，刘典肃清长汀、连城、宁洋各界踞匪，攻龙岩之北现闻刘典、王德榜两廉访合军扎连城县境内莒溪、朋口两处，侍逆李世贤踞漳州，康逆汪海洋踞汀州南百馀里南阳乡，护汀漳韶道赵均驻扎朗车以遏汪、李两逆声援，兼规复龙岩城池之计，署福建臬司王德榜由瑞金赴汀州，南趋上杭，以攻龙岩之西现闻张恒祥、王开琳合军驻扎河田，为汀、延屏蔽，兼遏汪逆回窜江西之路。中路则左督亲兵驻扎延平，踞上游以策应龙、漳诸军，为犄角之势。其鲍超所部娄云庆等，尚无入闽消息云云。据奏称：漳州、龙岩、南靖、永定、平和、云霄各城，贼尚屯踞如故。是贼所踞各城皆在漳州以西、龙岩以南。而又称驱贼归并一处，严遏北窜，彼此联络，而后兵力乃敷分布，免为贼所牵缀。所驱之贼，不过连城、宁洋界内之游骑，为龙岩踞逆所分出者，并无屯踞各城之悍贼。此时仍惟粤东边界接连永定、平和、南靖、云霄各城数百里为最可虑。幸初九日据方副将禀，永定县城已于去腊廿八夜克复。北路武平、上杭、永定各城又为粤东添一重藩篱。制军已于初十日会衔具奏，兼为方耀开复原官、李臬司赏花翎、吴守赞诚以道员补用。接到彭雪琴、喻叔芸各信。化书云：俭于听可以养虚，俭于视可以养神，俭于言可以养气，俭于嫔嫱可以保寿命，俭于心可以出生死。

十二日。邀陈莳松、俞信甫、林芗溪、吴玉山、章旭初、陈懿叔、姚彦嘉、张伯希诸人春酌。外邀李生经畬，生七年矣，自比李邺侯，坐中林芗溪、陈懿叔皆为之屈。喜纪以诗云：头角峥嵘动有神，七龄心与邺侯亲。言惊长老温温语，酒泛眉容滟滟春。我老正须夸后进，眼明今喜见斯人。豚儿十六未知学，岂信人间有玉麟。后二改云：君家代有躬桓业，帐下奇儿赏更新。

十三日。郁热似盛暑，如是六七日，日益加甚，而终不雨。接见文武吏三班。与制军率同各官拱北楼落成。制军咨，正月初八日奉到十二月廿一日上谕：收复信宜县城并罗定等州县，堵剿贼匪出力官弁绅勇，开单请奖，自应量予奖叙。自道员英秀以下皆照准。

十四日。夹衣挥扇，郁热如故，真怪事也。接到同治三年十二月廿五日上谕：林鸿年奏，现筹进剿迤西回匪，军饷交绌，请饬湖南广东设法接济，并拟于川省设立后路粮台，请饬两湖于厘金项下每月协拨银一万两，以一年为期，以利遄行各折片。云南回匪负嵎已久，利源皆为逆回盘踞，必赖邻省协济。广东前于同治二年奉拨协滇饷银廿五万两，仅据解到一万两，其馀丝毫未解，着毛□□、郭□□督饬藩司，迅将欠解之二十四万两分起如数解交，不准借词延宕，并着恽□□查明该省欠解滇饷，共有若干，迅速筹拨。至湖南湖北两省，厘金来源尚旺，现在湘楚军务无多，自可酌量抽拨。即着官□、吴□□、恽□□于各该省厘金项下，每月各协滇省银一万两，自同治四年正月起，以一年为限，即行停止，务须如数按期源源筹解各等因。周发、杨贵屡违教令，又查出蒋明，三人同恶相济，皆湘阴人也。乃乘王汉卿镇军回湘之便，遣之偕行。付寄杨厚庵一信，荐致周发官名周长清；意城一信，属为杨贵、蒋明二人谋荐一地信未列号。接到意城子字廿二信，十二月廿日发。并接萧蘅士一信。罗研生托寄陈心海信，题其上云：两地同听腊鼓冬，迢迢楚粤信难通；凭经几十邮亭远，莫入荷汀帽盒中。因和一诗，亦题其上示陈君云：长沙年鼓响冬冬，灯火元宵信已通；信到即传如箭急，回书恐落董弦中。

十五日。微雨。诣武庙、天后宫行香。独任之国，劳而多祸；独国之君，卑而不威。明主不自用其智，而任圣人之智，不自用其力，而任众人之力。以圣人之智虑事者，无不知也；以众人之力趋事者，无不成也。水深渊广，则龙鱼生之；山林茂盛，则禽兽归之。吕伯恭云：大臣之位，百责所萃，震撼击撞，欲其镇定；

辛甘燥湿，欲其调剂；盘错棼结，欲其解纾；黯阇污浊，欲其茹纳。玩此数语，而后欿然自知其不足也，因录之以自警。

十六日。阴，寒。刘融斋学使以是日接篆，前往致贺。因过王渔庄、瑞澄帅两处谈。接左季高两咨，言闽省军事颇悉。志城言军务是豪杰人办理之事，不是卑鄙人办得；贪财好色无赖人皆可以办理军务，总须有豪杰气概。予深赏其言。

十七日。阴寒，风，终不雨。李奎垣、陆小渔过谈。小渔为述香山旧幕友冯振宇之为人号醒堂，至与邑绅林滋泉、林福清等合谋诈其主人二千馀金，谋瓜分之。广东幕友之无忌惮无廉耻如此，亦他省所无也。饥马在厩，漠然无声，投刍其旁，争心乃生。君子达理，故乐天而不竞；内克，故退让而不矜。德行宽容，而守之以恭者荣。土地广大，而守之以俭者安。位尊禄重，而守之以卑者贵。人众兵强，而守之以畏者胜。聪明睿智，而守之以愚者哲。博闻强记，而守之以浅者不隘。是以衣成必缺衽，宫成必缺隅，名成必加拙。示不成者，天道然也。是日邀瑞澄帅、毛寄帅、刘融斋、王渔庄、库仁龛、师继瞻、毓济川诸公春酌。

十八日。微雨，寒，大雷。寄帅邀陪同城各官春酌。器具之精美，视鄙人为有丰素之别。《诗》曰：物其有矣，惟其嘉矣。鄙人则什物不能备具，每一宴客动须借用，诚所谓自苦，然亦觉务为精美者之太过也。唐子蕃报丁忧。是日张澍林回韶州，方寄子蕃并任松楼各一信也。

十九日。午刻开印。并送篪儿入学。邀同署各友晚酌。筱荃过谈，述寄帅诸事甚悉，为之怃然。

二十日。王渔庄学使旋都，同城各官送之南城外。晚邀筱荃、子箴、毓六、小岩四人春酌。

廿一日。微雨。接沈幼丹、祝桐君各信。以委署南韶道一缺与制军意见参差，怏怏数日。困之为卦，刚掩也。上掩五、四，三掩二，初复从下掩之。阳为阴掩，以不得发摅。二、五虽得位，亦困于饮食车绂而已矣。文王为之词曰：有言不信。使言而犹有信者，亦何至于困哉。处困之时，默以俟之，此为大人之贞。

廿二日。曾卓如尚书自香山来，年七十六矣，而尚为出山之计，老态略具矣。晚邀方晓园、潘莲溪、陆小渔、俞又山、华樵云小酌。

廿三日。接见文武吏四班。林芗溪与吴玉山以馆相争。甚哉，知人之不易也。《列子》云：一气不顿渐，一形不顿亏。《说苑》云：江以逶迤故能永，山以陵迟故能高，学以积渐故能进，人以涵泳故能豪。张纮云：人情惮难而趋易，喜同而恶异，故与治道相反。

廿四日。回拜曾卓如尚书，因过澄帅、继瞻诸处谈，并致送程仪百金。又函致喻凤冈师家银百金，托梅小岩转寄。

廿五日。雨。林芗溪、吴玉山两人交相持，多不可理喻。英领事罗伯逊申陈民人黄亚发呈控武弁李光讹诈抢夺，檄广州协查报，则事实有因。民人有所呈诉，不于地方官，而于英领事，最为非法。鄙心独于此哀矜吾民。盖地方官之屈抑吾民，诚不如外人之易于上达也。曾子曰：上失其道，民散久矣。而谁与念之？是日批诛冈边盗匪萧老殿等十四人。

廿六日。接恽次山中丞信，知胡小渠查办湖南事件业已出奏。是日批诛盗匪黄北带等三人。督辕咨：兵部抄出闽抚徐请查实缺人员行催赴闽，同治三年十二月初五日奉上谕：福建水师提督吴全美撤勇回粤，陆路提督郭松林现在江苏军营，汀州镇总兵沈俊德前在湖北军营，经官□饬令带兵赴闽，著毛□□、李□□、官□等分饬各该员迅速赴任，其漳州镇总兵李成谋、金门镇总兵王东华、建宁镇总兵张得胜均在军营，着各该督抚一体饬令即速赴闽，以专责成云云。

廿七日。微雨。渡江回拜米领事禅理。谈次，及伍氏借款，颇以理折之。是夕邀齐仲炎、王雨庵、杜兰溪、冯柳堂、陆存斋、海星槎诸观察小酌。

廿八日。接见文武吏四班。过堂案犯四起。恽次山专足自湖南至，开示胡小蘧所查办事件，牵涉次山者凡十三，皆无左证。阅之怃然。

廿九日。晴。热。自十五日至今，得微雨三四次，土膏未及沾润而已开晴。去岁一雨至七月之久，八月至今，乃求雨不可得。天时人事如此，可为悸心。接到喻筱冈世兄一信。瞑而坐者，见乎四海，驰而视之，不观乎车之下，则静者常察也。

三十日。姚彦嘉归常州，饯而觞之。

二月

二月初一日丁卯。春祭文庙。接到湘乡相国一信。以湖南信足回湘之便，寄复恽次山中丞、罗小溪都转，并家信乙字第二号。

初二日。分祭社稷坛。制军祭神祇坛。卓杰四安插那扶客民与土民为仇，禀请用兵。此事重大，制军乃专任一凶横无礼之武员主持之，咎固不在卓君也。此事始终不能一申吾志，念之慨然。是日甄别越秀、越华两书院。

初三日。微雨。祭文昌，世传神生日也。顺诣梁槐轩、刘融斋、方子箴处谈。益知林芗溪为小人之险而鄙者，与制军均能为谣言，可笑。言巡捕树勋禀报途次情形，自长乐七都河口、牛头寨，至中洞、邓村数里之间，劫盗充斥，而中洞、邓村独为良乡，赖其力护送。由旱路三十馀里至水口，处处皆贼，黄旗林立。亦可想见长乐盗风之盛矣。该巡捕现由三河坝溜横至柏嵩关，已遣高、黄两头目行赴贼营，翟镇军亦遣巡捕黄大光与同行。扎柏嵩关者，李守备、陈巡检共千馀人。扎枫榔者，梁、戴两营。翟镇仍扎大埔城。

初四日。验试同、通、州、县福纶等四人，佐杂刘化鹏等廿七人。请南澳同知沙翊清等阅看越秀、越华甄别卷。寄屠啸篔观察一信，托华樵云转递。

初五日。武缺督辕主之，吾从未与闻。文缺吾主之，而督辕专意位置其私人。密奏陆存斋补南韶道缺，亦吾所欲。而与存斋商定具稿，绝不以相闻。吾方属意王闰生，而不知其已与存斋定议也。两次保案，其幕友徐颢，门签李钦、王嗣昌辈皆厕名。方为指摘之所集，而多行不义，以滋人议论，心甚忧之，他日必受其累。非与久处，亦岂知其所诣之遂至是哉。偶与箴、筱言及，略记之。

初六日。奉到正月十八日寄谕：毛□□奏越境剿贼，并防剿岑溪等处，何云章进攻云霄，杨清臣等进攻平和，方耀等进规永定，着严檄各路将士，先除永定等城各踞逆，将潮、嘉等处之防布置稳固，即行督兵入闽，听左□□调遣，以图迅克漳郡。至广西岑溪县属河洞地方，有贼首陈日升混名两头口股匪二千人，攻踞古眉，又有羊额股匪千馀，与河洞贼匪勾连，攻踞会村，又大垭会首罗阿光、藤县贼首霍十八等，攻陷岑溪之昙容等处，结拜洪家会，意图分窜。计各股六千人，与罗定、西宁、信宜等处在在毗连。即饬曾敏行锐意进攻，张凯嵩务即分派军士会同剿办。或即将驻浔之军就近调往，较为便捷。所有起事详细情形，并着毛□□、郭□□、张□□详查具奏等因。并钞发安徽巡抚乔松年、江西督粮道段起筹议安置凯撤兵勇。乔意主令保有武职者概饬归营，段意主令武职自提镇以次至千总各以本职，应领俸银由各县发给，为公养之俸，并加给食米，或动用正项钱粮，或留厘金开支。此项各县厘税多少不同，亦可裒多益寡，酌量办理。乔议可行，段则陋儒之见，以为美谈而已。段禀由江西巡抚转奏，并钞发上谕二道沈奏十二月十七日，乔奏正月初六日，饬各省一例筹议章程具奏。又奉批发广海寨保案一件。

初七日。关令持纬入都引见，便寄王少鹤、张竹屋二信。批诛盗匪徐亚朱等六十八人。

初八日。接见文武吏四班。邬令曰楚由花县调补陵水，历述其所莅各任之勇于趋公，以远徙海外为屈，至于流涕交颐。似吴、李两藩司于此不无稍薄。

初九日。胡莲舫由湘乡保奏，以四品京堂补用，开列在前，一往致贺。顺过师继瞻、毓济川、瑞澄帅处谈，澄帅适外出不晤。闻旗营领催董长禧、陈铨正白旗二人、窦广龄厢蓝旗一人、随印外郎李桐厢蓝旗、甲兵王如山厢红旗、炮兵吕清鉴正黄旗能铸开花炮，谋一试之也。嗣询造此者为陈国宏，顺德人。炮身每位二十金，炮子每颗七钱。

初十日。致祭火神庙。福建委员张星曹大令薇由海道运洋炮回闽，顺致左季高制军一信。

十一日。接到李少荃中丞、杨厚庵制军信，并意城丑字第一号家信。

十二日。瑞澄帅过谈，语及时事。吾于制府事事尽礼，从未与一争意气。渠所能任，吾皆推与之，渠所不能任，吾始一力承之所不能任，谓与例文有违，制府多所瞻顾，故不敢任，始终无稍过分，而渠之视我若外人，与其幕友相为朋党，势不可与处，念之怃然而已。

十三日。微雨。致祭风神庙。褚令瑛自恩平至，言卓镇初五日与土民开仗情形，属赴省求计。制府愦愦如此，惘然而已。翟子英信言贼有由官坡趋小溪，经白花洋、青竹径小路到饶平。又有言攻枫朗者，又有言绕窜高坡。两处均通九峻岭入饶之路。又有股匪三千馀人屯踞大溪，逼近诏安龙过冈，龙过冈距老虎岭四十里。其永定窜匪屯踞大池，（踞）〔距〕永定七八十里。闽省高连升扎万松关，黄少春扎北溪，曾玉明扎码溪、石码厅，李丞同扎码溪，顾参将飞熊、惠协寿扎浦南，漳州郭镇、厦门绅士叶德水均扎石码石码在漳州之南，副将林本调攻龙岩州，扎铁石洋，距州城二里许。现在饶平、柏嵩关有县丞吴国泰扎朱家山、巡检陈彬、黄冈右营守备李瑄芳、把总吴炳光等四（车）〔军〕，老虎关已派本标中军游击吉瑞协同堵御，千总梁仕光、戴朝佐驻扎枫朗，惠来营游击王传训驻扎竹箭隘云云。潮属防堵情形，略具于此。

十四日。微雨。致祭龙王庙。有新选兴宁令周连甲者，持恭邸书来见，询其书之所由来，云无锡举人张步青在邸司书记，转求得之。察其人，木讷而不达事理，非能作伪者，直是受人骗耳。是日辰刻，志城举一子。苏子瞻云：物之窒我者有尽，而是心无已，则终必胜之。水之所以至柔而能胜物者，惟不以力争而以心通也。同利者不交而欢，同患者不约而信。火得其所附，则一炬可以传千万；明得其所寄，则一耳目可以尽天下。

十五日。诣武庙行香，随诣万寿宫宣讲圣谕。赴杜兰溪处小坐。接翟子英信，言永定窜贼仍聚虎岭头、船坑、坎市一带。刘帮办典进剿南阳，扎杨家坊。王臬司德榜扎庙前。王镇开琳由白沙进扎旧县。张道恒祥分扎汀州之涂坊、南山坝、河田、三洲一带，会攻南阳。高军门连升扎距漳十里之虎头山。黄冈一路，署副将何云章、游击李元顺等驻扎。大埔各隘，惠来营游击王传训筹办。饶平、老虎岭一路，中军游击吉瑞筹办。方耀现扎上杭。郑绍忠扎峰市。邓安邦、周升现扎武平、松源一带。黄添元、邓奋鹏扎永定。戴朝佐、梁仕光扎枫朗、白兔。翟镇军扎蒲田，在枫朗、白兔之后。漳浦已于正月廿一日失守。龙岩州之贼于正月廿四日窜由上坪，会合坎市、孔阜之贼，并集南靖。贼势全注漳州，惟康逆汪海洋仍踞南阳官庄。

十六日。致祭文昌阁。是日为先公忌辰，谢客一日。接少荃宫保信，知已派郭子美军门松林、杨少铭军门鼎勋由海道援闽。又接王令绳浚石龙来禀：商民已有阻挠之势，亦王令有以致之。因颁给告示五道，并以一函一扎诫谕之。

十七日。致祭武庙。接少荃宫保信，饬派郭子美松林、杨少铭鼎勋两军门由海道援闽。适接方朗轩协戎信言南阳之贼已窜漳州，潮州尤急。乃会制军咨苏抚，请饬两军门分由厦门、汕头两路进攻，兼顾闽粤。寄复少荃宫保一信。

十八日。大风，寒。接见文武吏五班。并接江达川、刘松岩各信。制军咨：十六日接奉正月廿九日寄谕一道，又内阁奉上谕一道，以克复永定功，赏还方耀原职，李福泰花翎，吴赞诚以道员留广东补用，郑绍忠加游击衔，并饬方耀等军听候左调派，催提督冯前赴东江妥筹守御，李福泰速赴潮州府城严密布置，以固门户等因。

十九日。遣巡捕丁惠良赴江苏，咨郭、杨两军门分路由厦门、汕头进攻，便致少荃宫保、刘松岩、丁雨生、冯景亭、潘季玉、陈作梅、刘听襄、李幼荃诸信。广西翰林周鼎卿冠、小京官张松谱琴来见，均未见之。

二十日。吴子登荐制造洋器之巧匠林开祥当系林桂棡之本家，云得之邹梦兰，邹于西事最熟悉也。东莞陈埙字孟卿，为大兴街聚文楼店主，山水甚高老。晚为毓济川、海振峰治酒饯行，振峰不至，邀师继瞻一陪。

廿一日。制军咨：十八日接奉正月三十日寄谕，杨□□奏遵旨赶紧募勇，并筹拨各省协饷情形。甘省饷需奇绌，都兴阿等军现有兵勇已不能按月给饷。杨□□募勇赴甘，益以蒋凝学、金国琛、李鹤章三军，支绌情形更可想见。现（南）〔在〕东南数省渐次荡平，商贾百货日见流通，湖北江苏等省又陆续裁撤兵勇，以节饷需，此后各该省所收厘金，自可稍为宽裕。着官□、曾□□、骆□□、毛□□、沈□□、吴□□、恽□□、马□□、李□□、乔□□、郭□□各于该省每月盐厘项下分拨三成，百货厘金项下分拨三成，接济杨□□军饷，并着杨□□派员径赴各省，按月提解庆阳粮台，以应急需等因。陈懿叔、方子箴以志城得第四子，用东坡贺子由生第四孙韵各赋诗一首，予亦同作：皇天蹇不雨，我亦迟归沐。春风茁兰芽，微馥散新浴。我知天地机，一理妙回复。少年玩人事，吐纳乾坤腹。将老计转拙，但愿春睡足。李家好骥子李生经畬，筱荃方伯之令子也，偶见一开目。君今四夔集男儿，侍立森森玉。陈侯诗赌酒，酒倾头屡沃。方子耽吟哦，老笔戛风竹。我方营私计，故园瓜傥熟。破屋支残书，镫火宵深读。儿曹有事业，我老但流瞩。贾生究人情，观采长安卜。君无捧腹笑，耕稼吾能督。懿叔又用东坡以黄子木杖寿子由生日原韵见赠，偶见吾扶杖故也。次韵答之：吾衰匪今日，作宦乃病始。无能觍厚禄，促促平生耻。指摘所交加，几不丛诟痏！哦诗动遐契，风雨思君子。东皋倦落晖，欲去还徙倚。古来贤达士，硁硁独抱此。我老行[1]盘桓，扶老资[2]杖几。笙诗今已亡，坐笑[3]南山杞。

廿二日。接左季高制军信，催吴璧山雇红单船赴闽，属一资助之。随接吴璧山信至，并以雇船事见委，而专取制军所谓资助者，为其协饷。璧山好利，触端发见，不足取也。

廿三日。接见文武吏四班。督辕约与师继瞻监督及陈主事桂籍、伍道崇晖等会（昌）〔同〕美领事裨理、旗昌行洋商议伍氏借款事。辨论逾时，乃各罢去。随往唐子蕃处致吊，并吴子登、瑞澄帅、库仁龛各处一谈。

廿四日。与澄帅约赴烟塘演试开花炮，以人客纷至不果往。随为毓济川送行。接到曾卓如尚书一信。

廿五日。毓济川回京，同城各官于南门外寄请圣安。张寿荃观察由京带到张竹屋、靳迪丞、王子寿鹿苹铨部之子并刘荫渠制军各信。又由方晓园处寄到周小田一信，知其已捷秋闱也。

廿六日。顾实夫观察自京来，带到王少鹤、刘琴舫二信。琴舫久不通问，知顾实夫乃其甥也。方小园刺史自扬州来，带到金眉生一信，言忠鹤皋都转物故，代者为雨亭。不详其姓，竟不复能记忆为李雨亭宗羲，丁未同年。运开花炮四尊赴曾副将行营，并由将军派到镶红旗领催王绍宗，镶蓝旗领催窦广龄，又陈国鸿保荐镶白旗前锋萨克达春，督标中营候补把总武举王世裕四人，前赴军营演放。督辕咨：廿三日奉到二月初六日寄谕，李□□奏派兵由海道赴闽，请饬福建、广东各督抚协力筹备各折片。刘（传铭）〔铭传〕、周盛波等军现扎皖豫交界之三河尖，应暂留驻淮河上游，

---

①此处旁注又作“箴易得”。

②此处旁注又作“所恃惟”。

③此处旁注又作“采掇、归劚”。

以资扼堵。现派郭松林楚勇七营、杨鼎勋淮勇六营，益以曹仁美、黄中元各营，并由上海雇备轮船赴闽助剿。所筹尚属妥协。着左□□于此军抵闽后，妥为调遣。广东官军前已越境克复永定县城，并着毛□□、郭□□凛遵前旨，饬令方耀等军乘胜进攻漳州，与江苏闽浙各军协力进攻。其王德榜、黄少春等分剿汀、漳之贼，现在情形若何，着左□□妥为部勒，随时驰奏。苏省饷需入不敷出，该抚现拟将郭松林等援闽之军，照苏省各营饷章暂行匀拨，于上海厦门两处设局解运。惟当源源接济，以资饱腾。苏军向系各营人数另给食米柴薪油烛等项，俾临敌不致缺乏。郭松林等军抵闽后，去苏日远，势难琐屑代谋。着左□□、徐□□即行派委妥员筹款，就近采办，随营转运，以期无误军情。贼势靡定，郭松林等进剿之军，将来若去厦门日远，苏省亦难兼顾，并着左□□、徐□□、毛□□、郭□□就近协力筹济。闽省筹饷较苏省尤为竭蹶，李□□仍当于无可设法中竭力筹解，顾全大局，方为妥善。刘铭传等军现扎三河尖，本归曾□□调遣，现在豫省贼势南趋，扰及西平，皖省边防甚关紧要，仍着曾□□妥为调度，饬令扼要严防。如贼氛窜近皖疆，并就近由乔□□斟酌情形，或令出境截剿，与僧□□□追兵夹击，毋得画疆自守，任贼分窜，是为至要等因。

廿七日。吴子登带同邹梦兰诚、林开祥二人演试火轮车。林为潮人，游历花旗及金山诸处前后几二十年，通西洋制器之法。火轮车一具，约长尺许，所手造也。又携示邹特夫所藏《地球行度图》。是夕为陈纬南撰所模刻殿版《廿四史》序文一首。

廿八日。接见文武吏四班。李筱荃借阅桐川顾蒹厓脩汇刻书目十帙，略记丛刻数种以备搜求。秦刻《九经》无锡秦镤。《玉玲珑阁丛刻》国朝钱塘龚翔麟蘅圃编春秋四种及明朱睦㮮《授经图》，共五种。《积书岩》六种王澍中庸大学共三种，王甡学案等三种。古香斋袖珍十种《御撰资治通鉴》三编，《渊鉴类函》，《古文渊鉴》，《四书》，《五经》，《史记》，《朱子全书》，《初学记》，《施注苏诗》，《春明梦馀录》。武英殿聚珍版书共一百六十七种，内如扬雄《方言注》，宋吴仁杰《两汉刊误补遗》，《三国志辨误》，吴缜《五代史记纂误》，郦道元《水经注》，李吉甫《元和郡县志》，宋王存《元丰九域志》，宋徐天麟《东汉会要》，宋王溥《五代会要》，汉魏宏《汉官旧仪》一卷、《补遗》一卷，宋吕夏卿《唐书直笔》，宋叶大庆《考古质疑》，司马光《涑水纪闻》。《汉魏丛书》三十八种明新安程荣刊。《汉魏丛书》七十六种明括苍何镗纂，内经翼十七种，别史十四种，子馀十八种，载籍廿七种。《汉魏丛书》九十四种经翼二十，别史十五，子馀廿二，载籍三十七。《古今逸史》四十种明新安吴琯刊，分合志、分志、逸记、世家、列传五门，后又增入数种为五十五种。《六子全书》老、庄、列、荀、杨、文中子。《二十子》明新安吴勉学刊。《五雅》明武林郎奎金辑《尔雅》、《小尔雅》、《逸雅》、《广雅》、《稗雅》。《范氏二十种奇书》明鄞县范钦天一阁刊。《西京遗编》十二种明胡继新序。秘书廿一种。《宝颜堂秘笈》二百廿一种明云间陈继儒辑，内正集廿种、续集五十种、广集五十种、普集四十八种、汇集三十八种，附眉公杂著十五种。百名家书九十八种明钱塘胡文焕刊。《格致丛书》四十六种胡文焕刊。格致丛书三百四十六种分经训、总经训、小学、韵学、史学、掌故、律例、地舆、山川、异域、儒家、子、训诫、道经、养生、释、杂、说、博物、艺玩、茶、农、医，卜、星、选择、相、堪舆、评诗、论文、尺牍、乐府、词曲、评书、论画、金石、类聚卅七类。其以杂、说二字，杂如《风俗通》、《寰宇杂记》，说如《群辅录》、《述异记》、《戴氏鼠璞》，其分类之义亦所不晓。《国朝征信丛录》明山阴祁承㸁辑，共一百卅二种，明世掌故略备。《淡生堂馀苑》祁承㸁辑，经馀十一种、史馀四十六种、子馀一百一十一种、集馀十八种。《盐邑志林》明黄冈樊维城辑，四十一种，内顾野王玉篇直音、朱元弼《礼记通注》，均不经见。梓吴四十种均系一二卷小书，名目均不经见。《百川学海》一百种宋古鄮山人左圭禹锡辑，分甲乙等十集。《续百川学海》一百四种明昌江吴永辑，亦分甲乙等十集。《再续百川学海》七十三种。《三续百川学海》八十二种分集同。《广百川学海》一百廿八种明北海冯可宾辑，分集同。《名贤说海》廿二种。《历代小史》一百五种明丰城李栻编。《唐宋丛书》八十九种明武林钟人杰瑞先、张遂辰卿子同辑，亦分经翼、别史、子馀、载籍四种。《古今说海》明云间陆楫思豫刊。说选部十八种，说纂部廿一种，说略部卅二种，说渊部分甲乙等十集共六十一种。分部名目则明人气习然也。《明世学山》九十二种武进郑梓野洲辑。《今献汇言》二十五种。《蕿古介书》明邵阇生辑。前集十五种，后集九种。《由醇录》十三种。《纪录汇编》明沈节甫辑，一百廿七种。祁承㸁国朝征信丛录多采各举一事为书者，此所采皆丛说杂记之类，亦足备明代之掌故。《砚云甲编》八种、《乙编》八种秀水金忠淳刊。《稗乘》四十二种分史略、训诂、说家、二氏四门。《说铃》石门吴震方青坛辑。前集卅三种，后集十九种，续集九种。《昭代丛书》国朝新安张潮辑。甲集五十种，乙集五十种。《檀几丛书》国朝仁和王晫丹麓辑。初集五十种，二集五十种，馀集五十七种。《唐人说荟》国朝山阴陈莲塘纂，一百六十四种。《夷门广牍》明周履靖编，分艺苑、博雅、尊生、书法、画薮、食品、娱志、杂占、禽兽、草木、招隐、闲适、觞咏十三门，共一百六种。《学海类编》经翼十二，史参十六，子类六种，集馀分行谊、事功、文词、记述、考据、艺能、保摄、游览八门九十四种。《稗海》明会稽商浚刊，十函七十种。《秘册汇函》明武原胡震亨、秀水沈士龙、新都孙震卿同辑，二十二种。《津逮秘书》明常熟毛晋子晋刊，十五卷一百四十六种。《藏说小萃》明江阴李贯如一辑，十一种。《艺圃搜奇》十七册一百六种。《艺圃搜奇原阙补》上中下三册十九种。《艺圃搜奇续集》十册四十九种。《溪塘丽宿集》明曹文炳辑，十种。《朱氏藏书》十三种高安朱轼辑。《楝亭扬州诗局十二种》、《楝亭五种》奉天曹寅子清刊。《雅雨堂丛书》德水卢见曾抱孙刊，十四种。《贷园丛书》历城周永年辑十三种。《抱经堂汇刻书》钱塘卢文弨刊，十八种。《经训堂丛书》太仓毕沅校，廿三种。《微波榭遗书》曲阜孔继涵荭谷刊，七种。《奇晋斋丛书》平湖陆烜子章刊，一十六种。《知不足斋丛书》歙鲍廷博刊。《重订函海》四十函，一百六十种。《汗筠斋丛书》嘉定秦氏刊，一集四种。《读画斋丛书》石门顾修辑，分甲乙等十集。《问经堂丛书》承德孙冯翼刊，十八种。《佚存丛书》日本国刻，五帙十七种。《泾川丛书》泾县赵绍祖、绳祖校，四十一种。《武经》七书。《兵垣四编》。《张氏泽存堂丛书》吴郡张士俊刊，五种。《金石三例》雅雨堂刊。《杨升庵杂录》廿二种。《拜经楼刊书》海宁吴骞葵里辑，内《愚谷丛书》五种、《海昌丽则》四种、杂刊四种。《钱氏四种》嘉定钱坫述。华亭黄氏、嘉定钱氏皆多善本。《学津讨原》昭文张海鹏若云辑，二十集，一百七十二种。《艺海珠尘》南汇吴省兰潒之辑，甲乙丙丁戊五集，八十二种。是夕闻李小荃已擢楚抚。恽次山为胡小蘧所中伤矣。念之怃然。藩司李福泰、臬司张兆栋，皆山东人也。

廿九日。往筱荃处致贺，顺至寄帅、子箴处谈。元旦贺折赍弁关兆熊、杨春自京回，带到张竹汀、朱玉圃、陈宝珊三信。

三月

三月初一日丙申。诣文庙行香。会委运司权理藩司事，粮道署臬司，候补屠道署粮道。

初二日。刘锦川名汝新，信宜旧图人，前奉天盖平县、史伟堂、周鼎卿来见。

初三日。微雨。月馀阴不雨，河道苦涸，未知是何景象。接见文武吏四班。是日瑞澄泉将军接奉兼署督篆之命，始知胡家玉、张晋祺查办湖南事件，并劾寄帅及恽次山两公，以胡镛之弟胡崧不请回避委署两任，劳铭勋未开巡检缺委署知县，又牵及次山亲戚张昆祁。毛降一级调，恽降四级调，胡镛、张昆祺革职，胡崧降二级（降）〔调〕。又称恽次山信任黄冕，不准办理东征事务。贾铎此疏为可笑，胡、张二公覆奏尤为可笑也。

初四日。赴唐子蕃、库仁龛、师继瞻、王静山、冯萃亭诸处谈。接赵玉班、富治安、刘霞老各信。

初五日。酬应终日。陆存斋、张寿荃先后叙述各情，为之怃然。

初六日。瑞澄帅、方子澄、郭毓六、屠啸篔并于是日接篆。各大宪同日受事，亦从来所未有，独鄙人守旧而已。接到潘伯寅、薛觐堂二信。

初七日。以生辰谢客一日。奉到二月廿日寄谕一道：左□□、徐□□奏克复龙岩、永定各城，现筹剿办情形。逆首李世贤、汪海洋分据漳州、南阳，扰及古田、下车、南岭、马洋洞、涂坊一带，经左□□分饬王德榜、刘典、王开琳等，将涂坊贼馆扫除，连夺下车、马洋洞等要隘，馀匪俱向南阳奔窜。永定县城亦饬总兵关镇国会同粤军攻克，并令康国器克复龙岩。现饬总兵刘清亮出兴安趋泉州、同安，以固高连升等军后路，并分布诸军于永安、宁洋、漳平等处，以厚漳州兵力，兼杜贼犯安溪之路。渡东、浦南踞匪已为黄少春、高连升两军击败。侍逆退缩漳城，坚踞不出。前据毛□□等奏称：方耀一军会合闽兵，克复永定，馀匪窜向龙岩。现在龙岩股匪究向何处逃逸，着左□□查明具奏。徐宗幹亦当督饬地方各官联络乡团严扼要隘，毋任败贼纷窜，致滋蔓延。前经谕令毛□□等饬令方耀听候左□□调派，会合闽浙各军进攻，并令李□□进驻潮州，着瑞□、郭□□迅遵前旨办理，一面严扼要隘，毋令闽匪窜入粤疆。仍当不（令）〔分〕畛域，力图越境会剿，以期速靖边圉等因。

初八日。往各处谢寿，酬应终日。

初九日，微雨。接奉二月廿二日寄谕：沈□□奏闽省踞逆窜动，筹备边防情形。福建龙岩州城克复，馀贼入漳、南阳，汪逆窜上杭所属之白沙地方。沈□□已檄席宝田由石城、刘胜祥由广昌督队西驰，并调炮船上驶，着即督饬在防诸军，申严守备，令吉赣战船跟踪上驶，倘逆众西趋，即行迎头截击。该匪图窜赣南，窥伺两楚，湖南与江西交界地方防务亦关紧要。李□□赶紧赴湘，整顿防兵，认真办理。白沙地方，左通潮州嘉应，右达长宁会昌。入粤入江，踪迹不定。总当前截后追，就地殄灭，方为妥善。左□□务当督率各军，赶紧追蹑，勿任窜扰邻封，又滋延蔓。潮、嘉各属，瑞□、郭□□即饬李福泰等防军认真防范，如贼踪窜近，即行越境兜剿，以固边防。方耀一军能否回顾，并令酌度缓急，妥筹兼顾等因。

初十日。接奉二月廿三日上谕四道，即寄云制府二月初十日所拜发折件也。一、连山、英德剿办李复猷、邓二尺七、冯九指、李冠春、陈仰古各案保举。一、修炮台保案。一、何云章进攻云霄并击败岳坑援贼，保加何云章副将衔。一、张运兰请照巡抚阵亡例议恤，并于湖南福建广东建立专祠，其生平战绩宣付国史馆立传，伊子张恒湘服阕后由吏部带领引见。外密保陆心源、王承泽简放韶南道折留中，而陆君实补授斯缺。晚赴师继瞻处会饮，同席瑞澄泉、毛寄云、李筱荃、库仁龛诸君。

十一日。接朱桐轩师、祁春浦师、曹琢如、王少鹤、陈小航、方子严、薛觐堂诸信。

十二日。发家信乙字第三号，并寄石襄臣一信。晚为澄帅邀同寄老、筱荃四人小酌。

十三日。接见文武吏五班。赴筱荃处送行，兼诣师继瞻论石龙课税事。晚为筱荃饯行，兼邀子箴、毓六、啸篔诸君一陪之。

十四日。接奉二月廿七日寄谕一道：左□□等奏福建官军击贼大胜。刘典、王德榜等军进剿汪逆，迭破贼垒，续获大胜。该逆痛哭逸去，几为官军所获。刘明珍等军扼漳平一路，踏毁丁逆贼卡三座。高连升截剿漳州踞逆，大获胜捷。李世贤弃马而逃，其悍党亡失殆尽。现在汪逆势穷，图与侍逆合股。漳州南境，地濒大海。左□□已饬提督刘清亮率所部由同安径趋石码，以保漳州东南一路，令吴全美速雇红单、拖罾等船，赴闽助剿，以固海防。郭松林一军当已到闽，着派令严扼海口，并防其勾串洋人，计图窜逸，又成不了之局。汀、漳贼众，未尽剿除，江西、广东之防，仍不可一日或懈。沈葆桢尚未回籍，着饬令派出各军认真防范。广东所派出境助剿之方耀等军，着瑞□、郭□□饬令会合闽军，痛歼馀逆。潮州、大埔一带，即责成李福泰妥筹防剿，以杜窥伺。该逆既有入海之谋，各海口均应一体防范，并着瑞□等督饬地方文武员弁，悉（兵）〔心〕筹防。倘被阑入，定惟该地方官是问，决不宽贷等因。周勉民廉访士镗自闽来，带到潘伯寅一信。李筱荃是日启程赴湖南，顺致家信乙字第四号。

十五日。诣武庙行香。发湘乡相国信，并顺致李眉生一信。

十六日。出东城诣先农坛致祭，并行耕耤九推礼。途次竟未见一泓之水，弥望焦土而已。春旱如此，东南所未有也。粤患已成，又遭亢旱，知复如何！

十七日。拜发正月月折差弁邹汉章、二月月折差弁林森。顺致曹琢如司马一信。

十八日。接见文武吏六班。由新泰厚汇寄京银六百两，共信十八件。倭艮峰中堂一百，罗椒生司徒一百，潘星斋五十，潘黻廷五十，周小田四十，温珉叔宗丞廿，韩叔起比部廿，贺云湖副宪廿，靳迪丞铨部廿，朱玉圃侍御十六，梁檀圃侍读十六，伦梦臣水部十六，沈彦征农部十六，孙稼生燮臣礼部十六，家笙陔叔一百。寄银者十五信。潘伯寅、程蓉伯、张竹屋未寄银者三信。又因施副将专弁之便，致吴仲仙督府一信。

十九日。以（久）〔未〕雨，诣龙王庙求雨。顺至温希初、徐叔琴两处。

二十日。花衣期自今日起，太后廿三日寿辰前后各三日也。过澄帅、寄帅两处谈。

廿一日。致丁雨生、郑仁山二信，并公致杨徽猷、郭德炎、郭振瑞一信，请为潮州筹办军饷。接意城丑字第二信，并接左景乔、左孟辛、唐羲臣、周昌甫、崔春浦、高碧湄各信。又接到金眉生、杨厚庵、贺竹泉各信。竹泉托荐筱荃中丞馆。碧湄则自荐来粤也。

廿二日。李星衢、翟子英两君皆非知兵者，禀报防堵情形，到处设防，至有三百人、四十人分守一卡者。屡函告之，漫无省悟。昨李星衢禀称，贼势紧急，已饬各营会防柏嵩关、老虎关、分水关三卡，以厚兵力。临警而始撤各散卡之防，专防一路，不筹之平日，从容布署，而为此仓卒调拨之计，已嫌其迟，而犹幸其临敌而知省悟，未尝非天之诱其衷也。晚又见其致方子箴书，言分水关西有西潭一乡，系诏安至黄冈老虎关入郡要口，已调都司林柑驻扎西潭，又调方文一军驻扎湖坑，以为犄角。又诏安濒海小路甚多，可至柘林，分拨何云章勇一千往柘林东界所城择要驻扎。又柘林与澄海属之南港、北港，均系紧要海口，各雇头艋船二只驻泊。又调盐务缉私巡船四只，驻泊三河坝一带，以防偷渡窜嘉之路。察其大势，仍恐贼匪乘隙窜潮城，多为之备而已。行军不求其实际，而惟以多为名，不务考察人才，而惟以周旋为要义，是此公一生短处。终不可以语道，而以是得美誉，故为可慨。

廿三日。恭诣万寿宫行庆贺礼，随至天后宫行礼。接沈幼丹咨，已于二月廿九日交卸，回闽省亲矣。富久则府怨，位久则基危。盛名之下难久居，得意之处勿再往。

廿四日。诣澄帅及胡莲舫两处谈，途遇大雨，须臾而止。

廿五日。接吴仲仙、娄俊三各信。娄名云庆，统带鲍军门霆字全军者，遣副将杨会三、同知彭炳堂来粤购觅洋枪。询悉娄俊三浏阳人，娄蔼龙之侄也。

廿六日。为毛寄云尚书饯行。本约廿八日，以本日花衣期满，必会同各官求雨，不便设宴，故改订今日。

廿七日。步至龙王庙求雨，并自为文祷之。是日略得微雨。遣言树勋赴南雄，顺致任松楼一信。又致邵朴山、王润生二信。

廿八日。步祷雨泽，是午即得大雨，至晚不息。遣人赴东关外查看塘水，仅及二寸，缘入春无雨，井泉并竭，地土干燥已久故也。

廿九日。大雨，寒甚。夏金生自湖南来，专为张罗之计，此举颇觉无谓，意城不能以理势谕止之，亦可怪也。

四月

四月初一日乙丑。诣龙王庙谢神后，随诣文庙行香。接左季高、袁雪舟、李少荃、恽次山各信。

初二日。改派张寿荃、严升之等办理军需局事务，以局务有急需清理，分别札饬办理。

初三日。接见文武吏五班。接方子严信，并集随园语为联杠赠云：夔龙屈指谁同辈，兄弟焚香共一师。以其弟子听为予同人故也。正月廿一日，捻匪赖文洸回窜鲁山，僧邸挫败，阵亡护军统领恒龄等六人。贼由尉氏窜临颍、郾城，南趋西平。僧邸现驻鄢陵。二月十八日，张报捻匪南窜汝宁毛煦初少宰驻汝宁城，蔓延正阳、息县、新蔡之交，有由信阳窜楚之说。僧邸跟追赴汝宁。陈国瑞、詹启纶从僧邸进剿。廷议饬鄂抚吴少村督办，官相居守，乔鹤侪扎颍州督英翰等防剿，调成大吉一军赴豫。刘（传铭）〔铭传〕一军在光、固一带防堵，毛煦初仍驻汝宁，张子卿回省，此近日河南军情也。甘肃散勇勾串回匪，窜陕西凤翔、邠州至醴泉，距西安甚近。刘霞帅派彭体道办剿，仍由淳化回甘。而长武县属另有宁州窜回滋扰，屯驻白吉塬。雷正绾移扎泾州，派雷恒等会陕军夹击。饬彭基品等由乾州趋邠，剿杀略尽。二月十七日克复固原，逆首孙义宝有被戕之说。张保隆等投诚。曹克忠克复萧河城等处逆巢，靖远解围。巩昌戒（解）〔严〕，定番危急，令平庆泾道黎献、总兵陶茂林分兵会剿。阶州蔡逆受伤后屯踞如故。令胡中和督周达武等会合三省兵专剿阶逆，并准其专奏。雷正绾现由李旺堡一带通宁灵一路。拟令曹克忠攻会宁，陶茂林驻安会。此近日陕甘军情也。

初四日。见邸抄，恭邸为御史蔡寿祺劾论，革去一切差使，不准干预公事。太后之刚断如此，亦恭邸声名日隳有以自取之。为澄帅拟折稿三通。许建亭来见，知何伯英现方丁内艰也。

初五日。雨。万本仪自京来，带到万藕舲、陈宝珊二信，询知蔡梅庵以新得讲官，首劾湘乡昆仲、左季高、官秀峰、骆籲门、刘霞仙、薛觐堂等多人，次乃及恭邸。天下乃有此狂悖善噬之人，于时为妖矣。又倭艮峰、万藕舲亦各有参劾刘霞仙之折。朝政之乱，尤可知也。是日试验通、同曹椿江等六人，佐杂章懋勋等五十人。

初六日。微雨。会同督辕秋审，计案犯十九名。奉三月十八日寄谕：闽省南阳贼匪横窜白沙、石碣等处，图入粤境，经方耀等军并力分剿，将石碣等贼巢一并焚毁，歼除贼匪几及万人。另股逆匪由大埔属之白堠直扑枫朗营盘，经戴朝佐以少胜众，毙贼甚夥，馀匪奔向平和逸去。剿办均属得手。惟贼氛十倍兵勇，潮、嘉边界绵亘数百里，路路可通。该逆飞走计穷，其欲绕越方耀等军后路，图窜粤疆，自在意计之中。现在嘉应之防少松，而潮防日形紧急。毛鸿宾等已饬李福泰等分扎大埔、饶平等处，以固藩篱，与前次寄谕办法吻合。着即严督各军认真堵剿，毋任阑入。潮州民情素称犷悍，贼踪若至，一经煽惑，必至燎原。该署督等务当严密防范。如后路兵力尚单。急需添调劲旅，层层布置，万不可令贼扰及潮防，致办理又愈形棘手。并着左□□、徐□□懔遵前旨，饬规取南靖、漳浦各军将该逆就地歼除，与粤省入闽之方耀等军联络声势，妥筹夹击。此次白堠剿贼出力之游击戴朝佐，着以参将留于广东尽先补用。千总梁佐光着以守备尽先补用，并赏加都司衔。其馀出力员弁，准由瑞麟等汇案酌奖。广西永淳匪徒扰及东省灵山县属，博白土匪复窜化州之合江墟，均经粤军击退。罗定官军复将古眉、大埅、云胎各巢攻克。粤东粤西处处毗连，时虞窜扰，必须合力扫荡，捣其巢穴。刘坤一现在已抵横州，着张凯嵩饬令该藩司会同东省梁国安等军，进逼永淳孙逆老巢，协力聚歼，以除积寇。并分军将河垌老巢及博白等处馀匪，与粤军曾敏行、周士俊等并力剿除，毋任久踞化州。剿贼出力官绅勇练，着由瑞麟等汇案择尤酌保，以示鼓励。　前谕冯子材督办东江军务，现在容、岑一带贼势蔓延，梧属伏莽并有窜扑信宜之说。冯子材着即驰赴信宜之交，会合西军进规容、岑，以期呼应较灵。俟广东广西交界处所肃清，即行驰回本任。其东江防剿事宜，着瑞□、郭□□即饬李福泰、卓兴等会同督办，务臻严密，毋稍疏虞。　越南匪徒黎惟明等自称越南旧王，率党攻破海宁府（碓）

〔芒〕街等处。该国蛮触相争，惟当防其内寇。着瑞麟等饬令钦州沿边文武，遴拨兵弁及五峒各团练丁，扼要严为之备，以期自固藩篱。　所陈安插客民情形，尚为妥协。惟土、客仇衅已深，此次卓兴督押客民赴恩平所属之那扶等处安插，而恩平土民即敢肆行掳杀。现虽全数安插，若将来地方官吏抚绥稍不得宜，必又再生枝节。瑞□、郭□□惟当明定章程，使知遵守。如有寻衅滋事，无论土、客，必将肇衅之人严办，以杜乱萌。　毛鸿宾另折奏：提督昆寿积劳患病，恳请赏假等语。昆寿着赏假三个月调理，其惠郡防堵事宜即饬卓兴暂行兼顾。　另折奏遵覆段起条陈，及陈以勇补兵，有缺勿补片，均着留中备览等因。　接冯萃亭信，称王抗七踞嘉益墟，贼首陈独角牛信宜败回，率党投之。曾五股匪盘踞自良，吴春标、巫阿日盘踞南渡，李何娘败大南，勾引西匪麇集大垌等语。据罗定州信，陈两头口已为王抗七擒献，而该州局绅信则称王抗七三月廿九日擒献李何娘解赴冯军门营，四月初一日擒献陈两头口解赴罗定州也。

初七日。雨，凉甚。徐倅咏韶自京来，带到许滇生师、刘芝泉、夏芝岑并刑部六堂公信。又接潘濂舫、刘镌三、曹芗溪三信。又接李筱荃、冯萃亭二信。

初八日。大雨。接见文武吏三班。奉到三月十四日寄谕：左□□奏官军追剿获胜，汀、连肃清。刘典等军由汀州、连城进剿南阳汪逆老巢。白沙之贼亦经刘典会合王德榜等军奋力冲击，贼势大溃，汪逆留殿后悍贼数千，并力回拒，亦经官军击败，汪逆由坎市、龟阳窜去。刘明珍等由漳平南路进剿和溪，扫荡贼垒，乘势进攻水潮，丁逆弃水潮而遁。侍逆为高连升所败，呼援甚急，图与汪逆合股。漳州踞逆窜陷漳浦，现复遣党屯踞南路官田、颜厝前一带，以窥石码，并嗾龙岩败逆由北路图犯长泰。左□□已饬张恒祥一军移扎漳平，刘清亮一军由同安相机前进，高连升等分军驻石码扼北溪。王德榜已赴龙岩，刘典亦驰赴漳平、漳州一带。布置均尚周密。逆势现已穷蹙，惟当防其就近入海，勾结洋党，各处窜扰。郭松林等计可由沪抵闽。着左□□、徐□□即飞饬由海澄进取漳浦，断其入海之路。吴全美已雇募红单、拖罾等船赴闽，着饬令严扼海口，遇贼即击。该督抚务当檄饬南北两路，规取南靖、漳浦，将汪、李等逆就地歼戮，勿任再行纷窜。该逆飞走技穷，岂肯坐以待毙，必将拚死出窜广东江西边境，以图一逞。着瑞□、郭□□饬令李福泰等军严防潮州及埔、饶等处。方耀等军已入闽者即令归左□□调遣，倘粤边有警，仍令回顾。沈葆桢已启程赴闽，孙长绂责无旁贷，当督饬前派防军严扼本境，如被阑入完善，惟该督抚是问。娄云庆接统鲍超所部，既未入闽，即着仍留江境，协同防守。俟此股贼平，仍遵前营（令）驰赴鲍超军营，随同出关剿贼。左□□俟刘典到后，布置定下，再行进省（剿）〔办〕理一切事宜。此次力战阵亡之蓝翎把（翎）〔总〕康德修、军功郭庆云，均着交部照守备阵亡例议叙，以慰忠魂等因。晚邀唐子蕃、周瀛士、夏金生三人小酌。致曾燮堂协戎一信。

初九日。雨。折弁梁遇高自京回，带到朱石翘、夏芝岑二信。

初十日。赴梁槐轩、库仁龛、唐子蕃及澄帅处谈。适值保应熊等由香港捕获伪森王侯玉田。香港解送人犯以此始，盖亦由区区计画成之。乃悟去岁一叶舟一案，寄帅不能一用吾言为可惜也。

十一日。方子箴次韵东坡和李邦直沂山祈雨有应，懿叔、志城均有和诗，予亦同作：我无三尺剑，割取乖龙耳。三万六千年，此雨能有几？高埃塞天厚土裂，老蹇不挽银河洗。我从沪渎横海来，坐看罗浮飞雨颠春雷。忽忽晴秋二百日，人牛僵死枯草堆。日坐堂皇作蛟吼，强将好恶论可否。狂谋多忤老更慵，却羡醉卧空潭龙。龙醉犹能起行雨，程能课力吾何功。海南千钱一斛谷，民饥自是官吏责。高居指目岂所任，得失自知须自劾。又撰拱北楼联语云：拄杖登楼，正南浦潮回，北山云起；凭栏望阙，是九边外蔽，五管中衡。又外柱联云：建标天地阔，旷览海山深。

十二日。恭诣东城外先农坛举常雩大祀。毛寄云回山东，送之南城外。与库仁龛言：来此两年，而迎新送旧，合计十馀次矣。相与怃然。接到意城丑字三信，并彭海春一信。

十三日。接见文武吏四班。潘伯寅、崇地山缄托候补县丞潘露，玮如观察之弟也。高碧湄自江西来。

十四日。会审伪森王侯玉田自名侯观胜。随赴吴碧山、师继瞻、龙兰簃、屠啸篔诸处谈。奉三月廿七日寄谕一道：张凯嵩奏收复永淳县城，剿办梧州镇安各匪，请饬催援黔军饷，擒斩守备林源海，覆陈安插勇丁各折片。逆首孙仁广久踞永淳县城，经刘坤一督军进剿，连克水陆各隘，毙贼千馀，该逆惶遽溃走，当于二月十三日将永淳县城收复。逆首孙仁广、梁安邦率其馀党遁聚那檀、山泽两巢，必须赶紧进剿，一鼓歼擒，方免后患。着张凯嵩督饬刘坤一分道进攻，务将首要各逆悉数歼除，毋留馀孽。梧州府属土匪霍十八，勾结东、西两省边境匪徒，蔓延容、藤、岑溪一带。蒋泽春等军会集乡团，迭次进剿，颇有斩擒。现在西省大军已集，东省曾敏行一军亦已越境攻剿。着张凯嵩饬令蒋泽春乘此大兵初集之际，会合东省官军分路进攻，痛加剿洗。冯子才此时计早抵信、罗之交，着瑞□、郭□□催令该提督严檄曾敏行等实力进剿，毋稍延缓。镇安府股匪纷纭，署知府兴福等集团剿办，毙贼多名，匪势渐蹙，仍着饬令该署知府督饬乡团认真防剿，一面饬令刘坤一，俟南宁军务稍松，迅拨劲旅乘胜扫荡，以靖地方。杨廷桂一军进剿贵州黎平发逆，暂驻永从，专恃楚黔两省之兵会合进攻。

着劳崇光、张亮基、李瀚章、石赞清严饬派出各军，迅速前进，合力进攻，毋得互相推诿，以致旷日持久，毫无成效。部拨湖南省每月协济广西军饷银一万两，据张凯嵩奏称，自同治二年解过银一万五千两后，上年全无拨解，现在广西援黔一军，饷需积欠甚多，自应速筹接济。着李□□、石□□将原拨广西协饷迅速拨解。倘不能如数筹款，即着按月解足五千两，源源接济，俾杨廷桂一军不致停兵待饷，贻误事机。署思恩营中军守备林源海怙恶不悛，结党苛敛团费，擅杀平民，经张凯嵩派员擒缚正法，所办甚是。嗣后地方如有似此不法之员，仍着严密访拿，照此办理。其有被人迫胁，情尚可原者，亦当妥为弹压，毋令生事。所陈广西省咨遣回籍勇丁，为数无多，或令归农，或挑补兵额，其有职员弁，除实缺饬赴本任外，馀俱发标学习，均着照所议办理等因。

十五日。恭诣武庙行香。至吴璧山、师继瞻、库仁龛诸处谈。箭道挑缺。

十六日。奉三月廿九日寄谕：李瀚章奏交卸起程。石赞清奏东西两路防堵情形。上杭诸逆经刘典等军击败后，尽趋漳州。李世贤、汪海洋均系凶狡贼目，兹复归并一处，难保不为困兽之斗，纷扰旁趋，另谋生路。湖南东路防务自未可稍形松劲。着石赞清檄饬赵焕联等军扼要驻守，实力严防。汪、李等逆，现聚一隅，正可设法兜围，为一鼓聚歼之计。着左□□、徐□□激励将弁，会同粤东官军，将该逆等就地殄除，毋令扰及他处，或潜逃入海，致穷蹙之寇又肆披猖。瑞□、郭□□即饬李福泰等严密布置，力固潮州之防，并令由粤援闽之方耀等军会合进攻，协力扫荡，迅殄逆氛。黔省天柱县城复失，该匪窜扰靖、会边境，分股扑犯远洞等处。荆竹园号匪勾结镇远苗匪，亦有蠢动之信。石赞清即饬周洪印等军先剿天柱之匪，力顾靖、会腹地，并令彭炳武等军严扼沅、晃等处，以固边圉等因。高碧湄移住署内，就便邀同陈懿叔、吴玉山、张伯羲一饭。接冯萃亭信，欲令总兵关松志统带精严二营，福建相山营游击杜日新统带常胜二营。

十七日。史伟堂来，述及毛寄翁转达各节，皆所谓自生荆棘者也。接到军机处三月廿八日递发一件，则三月初五日毛寄翁奏报交卸各折也。中有保奏胡莲舫一折，奉旨：知道了。钦此。

十八日。接见文武吏五班。发乙字五号家信，并致李筱荃、恽次山、黄南坡、贺竹泉各信。又致毛寄云一信，兼以折件寄还之。丁惠良自上海回，接到冯景亭、潘季玉、陈作梅、丁雨生四信。碧湄见示《次懿叔韵同游粤王台》诗，予亦为和之：吾生愧姬公，一月头不沐。而遑握吾发，有才待薰浴。后来任折冲，左骖授贾复。生平敦儒尚，奇书挂满腹。长风动地至，那羡夔蚿足[①]。南登粤王台，海日荡朝目。张喉吐奇句，咳唾九天玉。荒哉此穷海，百阜尽饶沃。诸君蔬笋气，走课南园竹。陈侯老嗜酒，酒味谙已熟。君傥从论文，颇亦勤句读。贬讯到迁甫，青眼或君瞩。吾衰万事废，挟策就君卜。子才岂敢量，权为诸将督[②]。

十九日。丁惠良带到刘松岩见惠书四种，均佳。

二十日。会讯罗定逆首陈日升即陈两头口。随赴吴碧山军门处送行。

廿一日。奉到四月初五日寄谕一道并批发三月十五日具奏东、西两江军情各折：瑞□、郭□□奏迎剿窜匪获胜，现筹防剿情形，并罗定官军攻克河垌贼巢，擒获信宜匪首李可钟等，化州官绅歼剿广西窜匪各折片，与毛鸿宾前奏大略相同。南阳窜匪占据白沙，

①此处旁注又作“烟尘起两足”。
②此处旁注又作“权坐将军督”。

肆扰粤边，虽经官军迭次攻剿，擒斩甚多，而贼势尚未十分穷蹙。瑞□、郭□□仍严饬方耀等军奋力剿洗，并饬李福泰严防大埔、饶平等处，以固潮州门户。花旗股匪本系遣撤之勇，乘乱滋事，于粤东地势情形皆所熟悉，尤应防其与闽逆勾结，为之引导。务须严饬各军，将此股匪徒先行殄尽。龙岩、南靖等败匪趋扑诏安，李元顺、吴国泰等营皆为所袭，黄冈、饶平皆形吃紧，着瑞□等迅饬黄朝恩等防剿兼施，与何云章联络进取。前据李□□奏郭松林等军已饬由厦门前进，未便改赴汕头，已有旨照请办理。瑞□等以漳郡西路兵单，恐贼从此遁，粤东吃重，所虑亦是。郭松林等军现既不能赴汕头，东江一带仍着瑞□等责成李福泰、方耀等军扼要扎守。如兵力较单，即先将各处海口及本境要隘布置完密，无庸越境协剿。左□□、徐□□于郭松林、杨鼎勋军到后，妥为调遣，密防该逆入海之路。仍分饬各军环攻漳郡，务将逆匪就地殄除。如西路兵单，亦宜酌量分拨，毋使大股窜入东境。游击李元顺、县丞吴国泰，均着先行摘去顶戴。仍着瑞□等查明有无闻警先逃情弊，据实参奏。曾敏行进剿岑溪贼匪，迭获大胜，攻破河垌等处贼巢，馀逆遁归南渡、黎木等处。陆川县匪江甲鳞等馀党勾结博白等处股匪，窜扰化州，经知州张钦泰募勇攻剿，斩馘甚多，追至天井地方，尽歼馀孽。剿办均尚得手。仍饬令将逸匪全数拿获。曾敏行着赏加总兵衔。罗定、化州两处出力员弁，着瑞□等择尤汇案保奖。广西容、岑伏莽尚多，与东省紧相接壤，非两省全力夹剿，未易蒇事。前谕令冯子材驰赴信、罗之交，与西军会合进取，计日当已到防。即着该提督檄饬将士，认真剿办。张凯嵩所派弁勇已抵容、岑，务当与之联络声势，大张挞伐，尽歼丑类，使东、西两省边圉皆获谧安，以期不负委任。卓兴、方耀素不相能，瑞□等务须妥筹驱策之方，不令驻扎一处，方为妥善等因。

廿二日。右都护成鉴泉至粤，迎至南门码头请圣安，随往拜之。

廿三日。接见文武吏六班。是日米领事禅理并与旗昌洋商等同至督辕议伍姓欠款，又索新基渡沙地。惠潮凤道物故，委吴春帆往署，自以为合宜，而澄泉中堂以春帆于李姓有姻谊，疑为徇私。人言之无定准如此，可为三叹。

廿四日。闻万源张令兴烈被戕于六里乡，以带勇缉捕为贼所伤。此粤东一良吏也，为之怆然。因致陆存斋、任松楼两信，属其会商办理。

廿五日。热极，夜雨。接骆籲门、李幼荃、富治庵、张紫联各信。

廿六日。往瑞澄帅、成鉴泉、龙兰簃诸处谈。

廿七日。接丁雨生信，知吴仲仙已奉旨暂缓赴粤。鲍军门赴甘之师告变于京口，陷咸宁、崇阳二县。

廿八日。接奉三月廿一日会奏各件四月十一日寄谕：前据瑞□、郭□□奏，龙岩、南靖败匪窜扑诏安，黄冈、饶平皆形吃紧。兹复据奏称，探闻诏安县城已为贼陷，漳州逆匪数万，窜至平和粗溪地方，并屯驻上下坪等处，距风朗仅及三四十里等语。漳州等处逆匪不下二十馀万，现经闽军层层布置，东南北三面渐成合围之势，贼之去路惟广东一面。现在诏安被陷，潮州屏蔽已失，饶平、大埔等处，均形吃重。前谕瑞□、郭□□责成李福泰、方耀等军扼要扎守，如兵力尚单，即将本境要隘布置完密，无庸越境协剿。此时贼氛日逼，亟须加意严防。仍着督饬李福泰、方耀等军于闽粤交界贼势趋重之处，择要扼扎，迎头截击。并催令卓兴一军迅速到防，认真扼守，毋令贼匪乘虚窜入。吴棠现因发捻窜入邳境，清、淮防务紧要，未能赴粤。瑞□不得存五日京兆之见，务当与郭□□妥筹布置，固守岩疆，用副委任。诏安失守情形尚未据闽省奏报，着左□□、徐□□查明具奏。汪、李等逆均系粤贼中渠魁，虽经官军围逼，而匪党尚众，困斗铤走，自在意中。闽省此时兵力不为不厚，左□□老于戎事，自必成算在胸，务须将此股逆匪就地歼除，断不可纵令阑入粤境，或遁入海道，致剿办复形棘手。贼势既趋重西面，左□□、徐□□即当调派劲旅，严密分布，截其西窜之路，以便方耀等军专顾粤边，力保完善。均着妥速筹办。近日剿办情形，并着左□□等迅速驰奏等因。

廿九日。接杨厚安、徐勉如各信。高湘笛、李吉庐自湖南来见。琐琐姻娅，颇力拒之，不虞此二人之至也。

三十日。大雨，凉甚。邀卓杰四、张寿泉、蒋叔起三人午酌。

五月

五月初一日乙未。大雨。诣文庙行香。彭寅谷孝廉自湖南来，接到李黼堂、周芝庭、杨厚安三信。彭君，奉厚安制府檄赴粤提饷者也。又接家信丑字四号，并筱荃中丞、张竹汀、姚彦嘉、罗麓生诸信。是日发左季高、李少荃、丁雨生、郭子美、杨少铭、段小湖各信，并托英领事罗伯逊由海船分递上海、厦门，并寄实收百张上海。

初二日。接奉四月十五日寄谕：左□□、徐□□奏官军两路进剿迭获大捷，现筹办理情形。前据瑞□等奏，闽贼趋重西面，恐以粤东为去路。当经谕令左□□调兵分布，截其西窜之路。兹据左□□等奏称，闽军自永定至长泰，北路要隘，均有布置，漳州东路有高连升、黄少春两军，连日将贼众击败，腹地亦可无虞，漳南一路有郭松林等军扼截。是东南北三面布置均尚周密。惟西面之云霄、平和、漳浦、诏安等处贼氛甚炽。左□□亦虑及闽军攻急，必以粤东为退步，徐图逞其窜江下海之谋，现已调王开琳、康国器等军，严防永定一带，足以遏贼奔窜。而娄云庆一军万馀人，现在武平，距粤较近，正可移缓就急，为江西助粤之军。着孙长绂即饬娄云庆统带所部迅速前进，瑞□、郭□□一面迎提，相机调拨，以固边防。所有该军饷需，即由江西广东两省源源接济，毋令缺乏。饶平、大埔为粤省冲要之路，方耀一军已经调回本境，粤边防军亦不为薄，瑞□、郭□□务当督饬李□□等实力严防，如遇贼踪窜近，即饬各军迎头截击，毋得专待客兵，致多贻误。永定一带现有重兵屯扎，江省边防尚可无虑，惟汪逆既有窜江之意，孙长绂亦当先事防维，勿稍大意。现在漳州之贼迭经官军痛剿，其势渐蹙。左□□等仍当督饬高连升、王德榜、刘典等军乘胜进剿，力拔漳城，并将云霄、平和等处次第扫荡，毋稍延缓。碇口、铜山均系闽省海边要口，徐□□已调萧瑞芳红单船六号驶赴碇口，左□□又调吴全美统带红单拖罾等船四十号驶赴铜山。即着催令星速到防，并督饬该提督实力严密梭巡，不得稍有疏失。石码、海澄等处，即饬杨鼎勋等军严密扼守，以截侍逆南窜之路。粤省之汕头海口，瑞□等亦当加意严防，务臻周密等因。

初三日。接见文武吏五班。为瑞澄帅拟奏稿数通，并致陆存斋、卫楫臣、沈辅之一信。是夕邀同幕中诸友人小酌。

初四日。胡莲舫以是日回湖北，张寿泉以初六日赴潮州，均一往送之。晚为制军拟折稿三通。接吴仲仙一信。

初五日。为师继瞻题其画扇云：一年好景艳晴时，满苑风光绝世姿，浅碧深红竞春色，露华长在万年枝。为蔡默斋题其祠联云：声教讫重溟，传经尚有家风在；蒸尝绵百代，为善方知世泽长。为黄有恒题庙匾云：经文纬武。

初六日。赴澄帅、子箴、毓六三处谈。接杨少铭、陆存斋、方确夫、李绍周各信。

初七日。懿叔见……万树绿苍苍，都在西轩两面窗，病里拥……为和答之云：两翁相对发俱苍，剪烛微……一生能抵几悲伤。

初八日。接……相国一信，又以常立泰入都解饷之便，致贾……倭艮峰……四中堂并潘伯寅、朱石翘三信。

初九日。命李荆门为……庐荐之为司书记也。毓六过谈，言于……王旭初结，匪曰黄玉心，乡曰石塘乡案由：萧阿包致毙黄阿晚。

初十日。瑞澄泉过谈……而已，公事应商者甚多，无一语提及。岂所……者耶？

五月十一日乙巳。接奉四月廿五、廿六两日寄谕二道：廿五日都察院奏，广东举人冯典夔等遣抱告，以客匪焚掠，恳请妥为安插等词，赴该衙门呈诉。据称客匪马从龙等自倡乱以来，前后杀土民十馀万。该匪退守五坑老巢时，势颇穷蹙，而卓兴意存袒护，并不认真办理。迨客匪假意投诚，卓兴辄捏称恩平县之那扶、金鸡、赤水等处与土乡隔绝，禀请安插，带领该匪在恩平县占踞田庄，杀毙土人、商民数百名，抢夺货物，焚毁货船数百只，将那扶、金鸡、赤水土著村庄百馀焚毁殆尽，杀戮开平、新宁土人，掳掠妇女不可胜计等语。所控各情与毛鸿宾、郭□□前奏安插客民为土人掳杀数百之语，又属两歧。土、客仇衅已深，处置稍不得宜，必将报复相寻，酿成巨祸。该客民等如果焚毁村庄，肆行杀戮，是就抚竟属空言，而土民又岂肯相安无事。卓兴办理此事，是否意存偏袒，庇匪虐民？其客民妄肆焚杀各情是否确实？着瑞□、郭□□督同臬司秉公查办，并将安插客民妥议章程，无致再生枝节。其该举人等呈请改择别处旷土远地，分党妥为安插之处，并着斟酌妥筹办法，毋得固执一偏之见。原折呈均着抄给阅看。钦此。廿六日左宗棠奏，官军分路进剿迭获大胜，现筹办理情形一折，本日已明降谕旨，将出力之副将张福斋等照请奖励、阵亡之游击钟元兴等照拟保官阶优叙矣。逆首汪海洋盘踞龙岩、南靖、永定交界之金丰等处，经官军分路进攻，迭破茅畲、磜下并下奎洋贼垒，苦竹贼垒亦经攻破，馀贼逃踞山顶，其漳州东北两面横营之贼复为官兵击退，贼势渐形穷蹙。左宗棠以漳城东北一带兵力尚单，添调总兵刘明灯等五营由兴泉赴安溪边界进剿，该督亦带亲兵由省城取道趋赴前途督办，着即亲督各营将士，将漳郡踞贼实力扫荡，毋稍松劲。郭松林、杨鼎勋等分扎海澄、镇门及厦门等处，与高连升等各营联络声势，当可断贼窜入海道之路。惟贼情诡谲异常，左宗棠须严檄郭松林等加意巡防，不可稍涉大意。漳浦之贼既多转入漳郡，正可令郭松林等分兵乘虚袭取漳浦，以清漳郡南路。此股逆匪俱系积年悍贼，乘隙纷窜是其惯技。左宗棠务当分兵布置，四面围剿，将漳郡之贼就地歼尽，毋令逸出邻境，致垂尽馀匪又成燎原之势，是为至要。漳州西路官军虽屡获胜仗，而地广兵单，深虞旁窜，左宗棠前拟檄调江西之军就近援剿，未知曾否到防？现在金丰及上中奎洋贼巢尚未尽扫，苦竹山顶尚为贼踞，即着左宗棠檄饬各军乘胜攻拔，并着瑞□、郭□□饬令李福泰、方耀统带所部会合闽省西路各军，先将云霄、平和、诏安等处攻克，以断漳贼西窜之路，俾李、汪等逆可就漳郡聚歼，方为妥善。娄云庆一军尚有万馀人，现（踞）〔驻〕武平，兵力较厚，即着孙长绂仍遵前旨，檄饬进赴粤境。瑞□、郭□□迎提调拨，迅克云霄等处，以固边防。汪逆屡有窜江之意，孙长绂务当严密布置，毋令窜入本境。钦此。其在都察院具呈者：恩平举人冯典夔，开平举人苏潮、司徒准、潘思贤、关朝、张毓林、司徒纬、关梦鲲、劳其秉，新宁举人李秉钧、李尧寿、馀维夏、馀朝瀚。至谓客籍武举马从龙、贡生黄翼泰咸丰四年竖旗倡乱，图占土著田庄，嗣又勾结高州发逆盘踞阳江县之织篢、上洋等处，扼截官军运道，为发逆声援，已未免失之诬。其言攻陷广海、寨城，掳去参将黄连安、守备李雄彪，经臬司吴昌寿督剿，收复寨城，恩、开难民招集流亡，得还故土，该客匪即逃窜新兴、高明、鹤山等县境，复经副将卓兴剿办，搜获伪印、伪诰轴缴省，该客匪即退保高明县之五坑老巢，黄翼泰将发贼戴梓贵献出，恳求安置，卓兴即称恩平县属之那扶、金鸡水，开平县属之东山、赤水，新宁县属之大门、深井等处与土乡隔绝，禀请安插，突带客匪至恩平县之大田、莭底等处，仍复占据土人田庄，又到恩平县城盘踞南门外，杀毙商民数百，掳夺货财，将河下大小船只数百尽行焚毁；知县刘维桢求其止杀，卓兴称说奉大宪饬令剿洗；肇罗道史朴运解兵饷，不敢入城，退往恩平县属之歇马乡；卓兴即与客匪盘踞城内，旋攻恩平县属之那扶、金鸡水，由那扶分拨勇匪攻开平县属之东山、赤水，新宁县属之大门、深井等处；恩、开绅士往督抚衙门递呈，均被收禁等语，直于事端之原委、用兵之始末，颠倒附会，无复伦序。末言广东督抚能仰体朝廷好生之德，自应设法妥办，或迁之远地，如韶州府之英德、广州府之清远等县、广西浔州南宁各府属旷土间田，散为安插，以断祸根，则直任意处断，知有己而不知有人，彼英德，清远之人独肯听令安插乎？阅之为怃然也。为澄泉拟报近日军情一折，规画窜粤窜江事势利病，自谓纯实正大，非复他人所能措手。身任封疆而专为人司章奏，能无莞然。

十二日。昆静山宫保枉过，谈述一切，其人甚贤而有条理。

澄帅见示美国领事禅理伸陈，以定议清还伍姓借款章程，澄帅札覆不得要领，为所玩弄胁持，乃以求策于鄙人耳。为拟札覆一稿，委曲为澄帅解释前说。天下事只是一理，得则万事理，失则万端歧误，存乎其人而已矣。多疑者必轻信，见贤而犹疑者必与不肖为缘。苛求小节，掩护前过，必其中无所有。所思不于要道而多隐曲，所行不于正轨而骛歧趋，瞻前顾后，只益其迷，必终为小人之归而已矣。湘乡相国言，往知君子小人之名而不得其义，何以谓之小人？只是一小字括之。思此为之悚惧。吴竹如寓书湘乡言，小人之过吾知免矣，所患或为君子之过。湘乡复书曰：纯是小人之过。恭俭，美德也。行过乎恭，用过乎俭，可为君子之过矣。然其恭也，求誉乎？以施之贵人乎？俭也，有所吝而以自丰乎？终日检点，盖无一非小人之过。《宋史》：君子虽多，小人用事，其象为阴；小人虽多，君子用事，其象为阳。用事者，致一者也。天下之动，贞乎一者也。二则两有所树而交胜，胜者，争之阶也；二则互有所隐而交疑，疑者，倾之渐也。贤者体让以化争，履信以平倾。利人之不肖而以为名，其心陂矣。《易》曰：阳二君而一民，小人之道也，无所施而非小人之道也。

十三日。致祭关帝庙，以是日为壮穆生辰，与文昌生日同列祀典。随往河南诣昆静山谈，过屠啸篔、齐仲炎，不晤。有与啸篔商办者数事，因并约方子箴、郭毓六两君酌商应办事件。接蔡麟洲、任松楼、陈心泉诸信。与澄帅论事不合，至加以觝排攘斥。褊性如此，不宜仕宦允矣。横渠言：士君子处治朝则德日进，处乱朝则德日退。与诸公处，又安望德之进哉！船山先生曰：君之举臣，士之交友，识暗而力柔者，绝之可也。以徇私见好为局度，以冥行妄断为力量，急入于迷途而不知返，吾末如之何也已矣。下午大雨。

十四日。澄帅过谈。与之论辨伍氏一款，意若微有悟者，而大致终未通悉。其生平过信委巷无稽之语，而不能受尽言，厚疑君子而不能辨小人之情状，以其瞻顾琐委之计为至德要道，持之甚固而于心毫无主宰，非可以语言晓譬者也。

十五日。诣武庙行香，因过库仁龛、刘荔潭谈。李仁回新化，便致王润生、邹公让二信。由驿递回四月初八日会奏各件。奉四月三十日寄谕一道：瑞□、郭□□奏，官军越境规取诏安获胜，现筹防剿情形，信宜肃清，擒获首逆，及请饬提督冯子才赴任各折片。福建贼匪自攻陷诏安，逼近粤境，经李福泰督率总兵黄朝恩等分路进剿，追至诏安城下，杀贼无数。现在康逆盘踞苦竹、将阳等处，并分党进驻平和属之粗溪，直逼金丰乡，饶平、大埔两城势均吃紧。李福泰现拟分兵三路，责成卓兴、翟国彦、方耀各分一路，防守柏嵩关、风朗、白虎关等处，布置尚为周密。即着瑞□、郭□□迅催卓兴驰赴潮防，与翟国彦、方耀联络声势，互相策应，实力防剿，毋稍松懈。粤省边防既固，娄云庆一军即可为游击之师，仍着催提前进，视贼势趋重何处，即饬迎头截击，遏其西窜之路。诏安、云霄、平和等城均与粤省毗连，瑞□、郭□□仍当督饬李福泰等酌度情形，如兵力有馀、即行分军越剿，相机规复，不得徒以株守本境为了事。闽省各路防军兵力尚厚，左宗棠前奏调派刘明灯等驰赴安溪，该督督带亲兵由省进剿，谅已星速前进，着即督饬诸军实力痛剿，迅殄逆氛。惟该逆被官军兜围，势必急思铤走，一经窜入他处，又成不了之局。正宜乘此贼未窜动之际，一面严饬各军围逼漳郡，牵缀贼势，一面分兵先将平和、云霄、诏安等城设法规复，剪其羽翼，然后将漳州之贼合力兜剿，必可聚而歼旃。均着左宗棠、徐宗幹相机妥筹办理。信宜一带贼匪经副将曾敏行等进剿，先后毙匪数千，并将逆首李河娘等擒斩，信宜境内肃清剿办尚属奋勉，本日业经明降谕旨，将曾敏行等照请奖励矣。仍着瑞□等饬令地方文武，搜捕馀党，加意严防，毋令西匪再行阑入。现在西江既已肃清，冯子材即可驰赴广西提督本任，着瑞□等传知该提督驰赴西省后，将该省各股贼匪迅筹扫荡，用副委任等因。钦此。历来奉旨，督抚皆得列名。此次与澄帅会奏而不及列名，或者另有旨解任乎？居此两年，终日惴惴，以得早退为幸，念之为一快也。另奉内阁明发上谕二道：一奏剿除信宜、罗定股匪，地方肃清。除高廉道英秀交军机处存记外，副将曾敏行着交军机处记名，遇有总兵缺出提奏；署罗定州知县、长乐县知县周士俊，署信宜县知县黎正春，均着以同知直隶州知州尽先补用，并赏戴花翎，周士俊并着先开长乐县缺，署化州知州；补用同知直隶州知县张钦泰，着以本班遇缺先补，并赏加知府衔；知府蒋超伯、瑞昌均着赏加盐运使，以示奖励。其馀出力员弁，准由瑞□、郭□□择尤保奏，无许冒滥。一奏讯明广东大埔县知县陈庆麟，尚非闻警先逃，业经革职，应毋庸议一案。仅予革职，不足蔽辜。陈庆麟着革职永不叙用，以昭炯戒。馀着照所议办理。

十六日。雨。嘉应及龙川禀报，镇平又有失守之信，嘉应戒严。军情一日数变，难可测量，北路之防又岌岌矣。屠啸篔、史兰溪来见。啸篔言：寄帅伉爽，得良友赞助，稍裁抑其私心，犹不失为贤者。今一味徇人之求而心无定见，又过自信其心，虽有善言不能受益。传曰：甘受和，白受采。此则所谓一成而不可易者也。

十七日。闻湘乡奉旨赴山东剿办捻匪，少荃宫保仍署江督，松岩署苏抚，远堂署藩，晓莲署臬，兼闻僧邸有阵亡之信。兵端方起，此贼殆未易了，而使朝廷先失所依凭，东直一带，震惊可知。闽逆已渡汀河，分踞中都、象垌，其势必逶西窜出南雄。闻鲍军叛卒由莲花厅窜湖南之安仁以达永兴。因令樵云就商澄泉，急调郑绍忠一军前赴南雄，方耀驻嘉应，卓兴权驻龙川以便兼顾，韶郡有警，易于调拨。心有所见，姑一言之而已。

十八日。接见文武吏五班。翁源令贵德者，唐子蕃、方子箴、沈辅之均言其贪昏，李筱荃撤去之，予不谓然也。筱荃至韶，又专函言其人实猥下，乃商之澄泉，谋具稿劾之。澄泉忽令贵君开手折自陈。其颠沛如此，所至必乱人之国，岂可更与共事哉！自是而吾之去志决矣。

十九日。张澍林营有急足至，言乐昌十六日告陷。盖鲍军叛卒由永新、桂阳窜至，所在都无准备，其势如飘风骤雨，韶州一带皆空虚可虑。乃以急函告知陆存斋、任松楼、王春晓三君，令任松楼之军二千人移驻韶城，而饬湛游击恩荣添募一营佐之；令张澍林水师扼防乐昌河道并分驻南雄；王春晓、沈翰卿各分十馀营以次接防，以期稍厚兵力；而专责卫楫臣以城守事宜。一切须由督辕主之，咨札稍需时日，故先以一函会商也。

二十日。子箴、毓六、啸篔、仲炎就商北路防务。吾意急调郑绍忠一军由连平赴南雄。自和平数百里至南雄竟无一兵，南雄防务委之任松楼一人，以当大敌，实虞单薄。调曾敏行一军由三水赴韶州。韶防日紧，省城调拨苦不能及。通计北路军事，终恐不免四处蹂躏，自宜及早征调，以备不虞。另饬关（志松）〔松志〕、潘其泰、朱国雄号鸣冈、侯勉忠各募一营，听候调遣。澄帅于郑绍忠一军坚不肯调，但以防堵嘉应为辞，不悟东江卓兴、方耀各七千馀人，合计诸营约四万人，兵力极厚，北江直是空虚，乃言卓、方均不足恃，惟郑绍忠一军宜留防嘉应。盖数日前初闻镇平失守之信，予意贼势或由长宁赴南雄，欲调郑绍忠一军驰赴南雄预为扼截，澄帅不允，其时尚未有乐昌之信也。澄帅疑予必欲一行前策，故以全力持之，而不暇一计事理之轻重缓急。毛公以傲很为能，此又以阴凝为力，两俱不可共事，而毛君优矣。

廿一日。见邸钞，本科状元崇绮，正蓝旗蒙古人；探花杨霁，正红旗汉军；二甲三名松森，正蓝旗宗室。盖前十本中凡得三人，一甲状元、探花，满蒙得三人之二，二百年无此盛典也。又刘霞帅覆奏自陈，起自草茅，未趋朝阙。于亲贵之臣未识一面，枢密之地未达一缄，请严究诬罔根由。另片奏蔡寿祺前在四川省城，因把持招摇公事，经前署四川总督崇实参奏，奉旨驱逐回籍后，仍在四川自刻关防，征调乡勇，收招匪目陈八仙等聚众横行，曾宣言驱逐，致被造词罗织云云。奉上谕：仍着交原派查办此案之肃亲王华丰等研讯具奏。至朝廷听言必期详审，刘蓉、薛焕既被指参，岂能不加讯问，转致大臣名节无由共白。今刘蓉折内有请放归田里等语，词气失平，殊属非是。黜陟进退，朝廷自有权衡，非臣下所能自便，刘蓉所请着无庸议。钦此。此四月廿四日上谕也。恭邸亦于四月十五日重入军机。蔡公此折，几如东方小儿入太山宫，踏翻雷电，亦可笑也。接到毛寄云、李筱荃、刘荫渠各信，并意城丑字家信第六号，尚有五号未至，亦未言其由何处递寄也。

廿二日。延刘荔坛承缘为篪儿授读，因邀吴玉山、高碧湄陪同晚酌。拟覆奏土、客情形折稿一通，又自陈折稿二通。此时已决计乞病矣。李奎垣函称：后沥一厂比府排多新江、宋隆二水，排上日胜一日，而后沥厂日坏一日，皆缘走私之弊，荐绅士乙酉举人陈锦扬接管厂务。细察后沥情形，并无支河汊港可以绕越；其走私也，巡船差役扶同舞弊耳，非更换一二绅士而遂可以立除此弊者也。

廿三日。接见文武吏四班。吴玉山前赴曾雪堂军营，治酒饯之，便邀高碧湄、钟燧民荣焕同酌。燧民见所撰招抚鲍军叛卒檄文，极诵其文章之美，自愿持此直诣其营垒谕抚之。乃加札并发谕帖十道，遣赴韶州会商陆存斋办理。

廿四日。接奉五月初八日寄谕：户部奏遵旨酌筹直东军饷一折御史张观钧奏直东军务紧急，请宽储款项一折，交部核议者。直东军务紧要，曾□□统带各路兵勇北来剿办，需饷甚多，自应宽为筹备。僧格林沁各营官兵，现已统归曾□□节制，所有山东每月协解该营月饷五万两、河南三万两、山西二万两，着阎敬铭、吴昌寿、沈桂芬迅即筹备，按月如数解往曾□□直东军营，不得稍有贻误。其两淮盐厘项下原协月饷，曾□□亦可就近酌量提用。惟前项协款尚恐缓不济急，该大臣先就近在江海关税银内提银二十万两，以资分给，即着李鸿章、刘郇膏迅速如数拨解，无误要需，并将启程日期先行奏报。曾□□所带各路兵勇数目，并僧格林沁营中现存官兵若干？每月共需饷若干？着即查明咨报户部，以便该部核办。直东军饷，户部无款可提，难以协济，着阎敬铭于地丁项下欠解本年京饷银十五万两，留充该省军糈。刘长佑即将长芦盐课及旗租项下应解本年京饷银两，各扣留五万，以供防剿。其各省应解直隶固本军饷，报解寥寥。现在直隶增兵募勇，需饷孔殷，若再视为具文，不思筹解，则饷项立见缺乏。着瑞（龄）〔麟〕、左宗棠、骆秉章、李瀚章、徐宗幹、郭嵩焘、刘郇膏、孙长绂迅将各该省积欠银两，赶紧照拨，克期起解。官文、郑敦谨、吴昌寿、阎敬铭、沈桂芬，除业经抵拨解过外，各将积欠应解之数速行筹拨。各该督抚等当权衡缓急，顾全大局，不得再分畛域，是为至要等因。钦此。请碧湄为书自陈折件，并属自带笔墨。为二诗贻之云：封章斟酌万言新，更得君书妙入神。知汝远来天有意，放予归老楚江滨。　簪笔无缘向紫宸，携来西阁写嶙峋。江郎自有生花管，不用私传郭景纯。丁子骏解军装赴任松楼营，便致陆存斋一信，并致张怿斋奠敬百金，挽以一联云：民患未除，贤吏敢辞身捍御；人才难得，老怀惟有涕滂沱。

廿五日。雨。以头晕谢客三日。碧湄以湘乡办理直东军务，粤东不能不一助之，力止予自陈一折，而属一陈湘乡军事。亦自觉于心微有未安，姑从缓议之。

廿六日。雨。拜发三、四两月月报，遣记委戴龙恩赍递。便致汪啸庵师、万藕舲、朱石翘、夏芝岑四信。

廿七日。雨。接总理衙门五月初六日公信内言：三月廿五美国公使蒲安臣照会，催办伍崇曜借款，当经知照户部。嗣准户部覆称，以此项银两既经迭次奏咨，该督抚亦当妥速设法收回印票。查印票既落洋人之手，若不归清款项，岂肯将票退出？不但此语出之太易，亦恐于事有碍。原因票内用有海关印信，究系由官发给，断无款项未清遽欲撤票之理，只可暗中设法筹办。务望接此信后，严催伍氏洋行将所欠公项迅速筹缴，划抵此款，即早清结。上海新闻纸称伍怡和所欠积饷，督抚宪令先缴饷银三十馀万，准期此十日内交出银单。是否果有此事，亦望示知，并抄寄美国照会一件、户部文一件、新闻纸一条，希即见覆云云。查阅美国蒲公使照会称：去年八月曾经据情照会，今隔七月有馀，该领事申详，仍以大宪推在伍家归款延宕。今城西公局已散，何从追讨？若前照覆查照江苏军务借向洋商办理之语，而福州、广东、上海所借洋行之项数款，如期均已交还。此项拖延七八年总不完结，特请行饬该省大宪照此揭单速为办理，以免阻延云云。此案办法，寄帅失处较少，澄帅失处为多，而总坐不明事理，吾无如之何也。

廿八日。接见文武吏五班。诣澄帅、仁龛、子箴、毓六四处谈，途遇大雨二次。是日夏至。

廿九日。过啸篔、继瞻、静山、仲炎四处谈。江抚孙小山咨：奉五月初一日上谕，着骆□□传知鲍超克日启行，星夜趱程前进，驰赴鄂省，探明溃勇趋向，分别招集遣散，并迅赴江西，统领娄云庆所部霆营入闽会剿，力赎前愆。至鲍超出关剿贼之命，叠经有旨停止，孙长绂即传知娄云庆宣布各营，俾军心得以安定。官文前奏派成大吉追截溃勇，此时该勇已窜江境，并着督饬越境跟追。姜玉顺所部九营，迅赴直隶山东交界地方，听候刘长佑、阎敬铭调遣等因。四月廿八日上谕有：姜玉顺九营，昨经有旨令其星速赴豫严扼河防，应否调赴直、东交界地方防剿，即由吴昌寿妥筹办理。

闰五月

闰五月初一日甲子。雨。诣文庙行香。据李星衢信，康逆大股复窜镇平，函商卓镇进驻平远，盖以杜其西窜南雄、南扰兴宁长宁之路。澄帅谋令李星衢撤平远之防，纵使西窜。不知由平远内窜，皆粤腹地，不能移祸他省也。身为重臣，所恃以保全功名者计止于此，能无慨叹。屠啸篔以一语解之云：各营将帅，皆有开贼他窜之意，彼自有间道可以驰骋，无劳更相属也。乃皆一笑而罢。方子箴见示邸报，捻匪由汶上县之袁路口过河窜至郓城西北水套，马步数万人。僧邸以追贼，猝堕贼伏，四月二十四夜率队冲出，又被大股猛扑，在曹州城西力竭阵亡。派乾清门侍卫克兴阿、岳林、恩全、吉凌驰驲前往该营，迎护灵柩回旗。嗣子布彦诺谟祜承袭亲王，布彦诺谟祜所遗贝勒，即赏给其孙那尔苏。杭州将军国瑞、内阁学士恩承失于援应，一并革职。国瑞仍暂护钦差大臣关防，带罪剿贼。山东巡抚阎敬铭、布政使丁宝琛，于所辖境内未能协助，致督师重臣孤军深入，力竭捐躯，均先行交部严加议处。其馀援救不力员弁，着国瑞、阎敬铭查明参奏。

初二日。赴箭道挑选粮缺十一名。兵部咨行四月十八日内阁奉上谕一道：前据倭仁等覆奏会奏编修蔡寿祺所陈八条一折，如广言路、勤召对、复封驳、振纪纲、正人心五条，或事属已行，或诸多窒碍，业据倭仁等奏驳。惟称劳崇光、曾国藩均系特简重臣，该编修以私见妄行訾薄，碍难置议等语，自系因各省军务折件并历年谕旨例不发抄者较多，是以无凭置议。据军机大臣文祥等按照蔡寿祺所陈各条，将咸丰、同治年间册档逐细详查，覆奏俱与蔡寿祺原陈情节不符，诚如倭仁等所奏，该编修以私见妄行訾薄。朝廷用人行政，均经博访周咨，详细审慎。况曾国藩、骆秉章等，自咸丰年间以来，历任封圻，剿平各省巨匪，功绩昭然。曾国荃克复安庆、金陵，勋劳懋著。朝廷于各该大臣等倚任方专，亦岂该编修一人私议所能摇惑。除蔡寿祺已另照华丰等所议交部议处外，其倭仁等议准之整团练一条，着各该地方官认真办理，以杜流弊。其裁减厘局及军营虚报战功各节，前已迭降谕旨，令各该督抚及统兵大臣悉心稽察，核实奏报，着再行申谕各该督抚暨统兵大臣凛遵前旨，力除积弊，以恤商民，而肃军旅等因。钦此。阅蔡寿祺所陈八条原奏所称振纪纲、正人心，则专主纠参曾、骆、左、劳诸公言之，其狂悖乃尔，肤廓无当之言，摇笔而可以盈篇累牍，自宋以来已成滥觞。王者悬为厉禁，与招摇舞法者同罪，亦正人心肃纪纲之一端也。顽民之招摇者，舞朝廷之法以网利，害在一时一二人；俗儒之条陈得失者，侮圣人之言以网名，其蔽中于人心，害乃及于天下万世而不可禁遏。如八条内之广言路、整团练、裁厘局，自宋以来陈得失者大率悬此以为的，而于古今得失之宜，朝野丰歉之数，略无能知其节要者，徒以鼓愚民浮动之气，劫持天下，以为此平天下之要道也。人心之迷惑岂有穷哉。人言蔡君不足议天下得失，非也。君子不以人废言，苟其言可用，何必论其人矣。茫然无得于天下之故与此理之安，而繁称博引以资其簧鼓。其言虽烦，蝼蝈之聒耳而已；其义虽切，鹈鴂之厉声而已。岂徒一蔡寿祺哉！凡无所得于其心，而条举得失以为名者，皆此类也。世无知言之君子，谁与辨之！发家信乙字第六号，并致李筱荃、曾澄侯、曾沅浦、李辅堂、黄南坡五信，又致湘乡相国一信。

初三日。雨。遣钟应能、潘启鹍赍呈慈安皇太后万寿贺本。接见文武吏四班。朱鸣冈、梁珮玉各募勇千人，同赴韶防堵。据李星衢报称：康逆汪海洋由中都回窜镇平，郑绍忠、周升两军大溃。郑营将官徐桂祖者，骁将也，以是日阵亡。闻伤亡士卒千馀人。郑绍忠初起五百人，吾所定也，毛寄云无端加至三千七百人，李星衢又无端加给一千五百人，盖五千二百人矣。一遇康逆大股，即至溃败。其李星衢加给之一千五百人，声明此项口粮另行筹放。不由省局开支，而澄帅必强军需局筹解五千二百人口粮，以慰其溃败之心。彼见毛公厚待卓镇而享其利，心思效之。大臣之识量如此，吾不力持之而心不安。郑绍忠美才，吾待之至厚，而毛、瑞两公急自坏其纪纲，以邀一日之欢，吾虽欲不转而受诸君之怨，其庸可得乎？一意徇人之私，视公家之事无足介其意者，时贤多以此得美誉，直不知其心之将以何为也。宁为其介，无为其通，吾决不可久居此矣！至其谋撤平远之防，纵使此贼入江、楚，反复言之，不独不计天下之利害，即东北两江之利害亦不暇深求，无贤不肖皆知笑之，又不足论也。

初四日。雨。传书吏林瞻云、陈慧成、潘怀书、陆恩荣等分抄到任以后所发缮各稿，略存在粤之泥爪。寄刘荫渠、彭雪琴、黄昌期三信。富久则府怨，位久则基危。盛名之下难久居，得意之处勿再往。四时之序，成功者退。天道且然，何况人乎！

初五日。雨。以闰端午治酒，会诸幕友小饮。致刘荫渠、彭雪琴、黄昌期三信。

初六日。接湘乡五月十二日信，阅之怃然。又镇平绅士刘伯芙刑部，石吾，行一由京寄来一信，并上议四条，皆寻常已见之施行者，其迂腐处则亦不失其为儒生之见也。其述及京师人言之嚣嚣，则有令鄙人茫然于心者矣。

初七日。澄帅见示刘荫渠书，知崇地山管带洋枪队一千五百人助剿捻匪。直东军务，似未易了。

初八日。大风雨。接见文武吏六班。奉到五月十七日明发上谕一道，又十八、十九两日寄谕二道。其明发上谕则四月廿八日具奏罗定王阿狂七一案，奉旨：广东官军自攻克田子村贼巢，将匪首李河娘等擒斩后，守备陆龙芝等分路搜捕，复毙匪五百馀名，并将伪将军潘常典等三名擒获正法。罗定巨匪陈阿光即独角牛，亦经总兵关松志等诱擒，凌迟处死。其嘉益匪首王狂七一股，依山立寨，尤称狡悍。经（潘等）潘其泰等督勇急攻，守备杨昌云首先入栅，登时阵亡，各勇冒死拥入，横冲直杀，王狂七举火自焚，要匪张应元即大眼二等二十五名悉就擒斩，罗定等处一律肃清。广西提（西）〔督〕冯子材自办理罗定、信宜军务以来，妥筹布置，调度有方，着交部从优议叙。总兵关松志擒获首逆，着以总兵遇缺尽先提奏。阵亡守备杨昌云着交部从优议叙。其馀在事出力暨阵亡各员弁，着瑞□、郭□□查明汇案奏请奖恤。馀着照所议办理。钦此。外拿获伪森王侯玉田、改派常立泰解藩运两库京饷五万两折片。十八日寄谕：前据李鸿章奏，苏军会克漳州府城。本日据左宗棠奏，官军收复漳州、南靖府县两城及攻克苦竹等贼垒，并陈闽省腹地未清，未能先顾邻省各折片。已明降谕旨，将左宗棠、李鸿章等先后所保之高连升、郭松林等优加赏赉，其馀各员照请给奖矣。逆贼窜踞漳州，闽省全局震动，经左宗棠调派主客各军，和衷共济，迭拔坚城，实属调度有方，深堪嘉尚。侍逆由南靖鼠窜，是否已成擒，仍着左宗棠查明具奏。漳州、南靖克复，该逆分路逃逸，必将图窜粤东。现在苏军由漳州进攻漳浦以达云霄、诏安，与粤东黄冈守军联络，浙军分由南靖、漳州追贼以向平和，与粤东饶平守军联络，自不难乘此声威，扫荡而前。左宗棠现赴漳城，着即督饬诸军乘胜兜剿，如侍逆业经铤走，务当尽力追蹑，一鼓殄除。其王开琳、康国器各军扼永定之抚溪、湖雷、上杭一带，并着饬令将大埔等处之贼严密截剿，断汪、侍两逆合并之路。此时闽省腹地渐清，左宗棠素能不分畛域，必能与粤东官军共谋夹击，不至贻患邻封也。广东方耀、李福泰等军均已调回本境。此时贼势西窜，潮州、大埔之防极为紧要。瑞麟、郭嵩焘务饬防边诸军严阵以待，贼踪窜及，即与闽省官军联络截剿，毋得任令阑入滋蔓，致干重咎。贼不（贼）〔得〕逞志于粤，恐寻熟路复趋江西，王文瑞等军分扼永定、上杭，谅能固守江西藩篱。仍着孙长绂将毗连闽、粤边界，层层布置，无少疏虞。左宗棠仍凛遵十五日寄谕，拣派劲兵绕出江西边境，合力兜围，以免旁窜。其郭松林、杨鼎勋两军，前据李鸿章奏请，饬令驻扎湖南、江西边境，以备迎剿，而固腹地门户。现在该军进赴漳浦、云霄一路，能否调赴江、楚边境，或另派一军前往顾全腹地之处，着左宗棠就近斟酌，妥为调派。前据御史汪朝棨奏沿海水师营务废弛，请饬提镇各官勤加操演等语，着瑞麟、左宗棠等督饬该省提镇力除积弊，毋得视为具文，如有衰弱庸劣之镇将各员，即着严参罢斥，以重海防。原片抄给阅看等因。钦此。十九日寄谕：孙长绂奏叛勇窜扑袁郡击败，闽贼围困永定派队赴援一折。霆营叛勇攻扑袁州府城，经官军击败，由萍乡窜逸。该逆裹胁已至万人，若由吉、赣以趋闽、粤，恐与闽贼勾为一气，剿办更形棘手。着孙长绂转饬派出之席宝田等军会合成大吉等协力兜剿，无任滋蔓。娄云庆所带霆军由闽退回，经王文瑞等凑放饷糈，始行抚定，而汪海洋等逆复回窜永定，与李世贤等股合围老湘营，城内米粮缺乏，外无援师。其分扎城外之湘军八营，亦被围扑，折伤无数，情形危急万分。娄云庆赴援之军能否得手，尚无把握。倘该逆拥众西趋，则由闽窜江，又将不可收拾。着左宗棠迅饬漳州得胜之师，驰赴永定、上杭，救援截击，力解城围。仍遵昨日寄谕，绕赴江西边境，尽力兜围，无任扰及完善。孙长绂并饬席宝田赶将叛勇扑灭，回扎瑞金一带，以资扼守。抚、建防兵，关系至要，并饬刘于浔水陆各军严密布置，无少疏虞。其曾国藩派往江西之刘连捷等军，并即赶紧迎提，借资战守。贼既由大埔回窜粤东，方耀等军能否分援永定，以剿为防，着瑞□、郭□□妥筹调度，仍当慎固封守，方为妥善。钦此。御史汪朝棨所奏沿海各省水师营务废弛：旧例水师提督每年巡洋一次，无事亦须奏闻。炮船五年小修，十年大修，报部动支经费。近年水师营弁无不吸食洋烟，专以包揽商船漏税、坐收海盗规例为事。自水师总兵以下各缺，题补升署，其权均操之督抚兵房书吏之手，视其缺之肥瘠以定贿之多少，有上中下缺之分，督抚随事画稿而已。竟有庸劣衰弱之弁一旦由行伍循资升至参游专阃者。炮船屯于各海要口，日久朽烂无存，所领修船经费，各武弁照例瓜分。提督巡洋则雇用民间救生船，候风色大顺，在内洋巡哨数周，离海口不过五六十里之远，朝发夕还。若见盗劫商船，则必扬帆远避，仍以巡洋无事奏闻。东南数省漕米，由海运津者较往年渐多，沿海防护极关紧要，请旨通饬沿海各省水师提督、总兵等官，督率兵丁，勤加操演，力除委靡恶习。并请饬下各督抚，于水师总兵以下各官题补升署时，须面加考验。

如有衰弱庸劣之弁，即予罢斥，不得专信兵房书吏上下其手，庶海防渐有起色云云。所奏不为无见，而所陈整饬之方，则亦只见其粗而未见其深微受病之处也。

初九日。雨。林森递正、二两月分月折回。接到曹琢如一信。工部小京官邹小秦舒宇来见。

初十日。雨。华樵云言粤东暴风雨即为飓风，初起何方，顷刻四转，其馀气或衍至二三日至七日为止，终归于初起之方，此海气之与内地异者也。先期郁热，至日天昏黑如晦，雷殷殷不能一泄其声，即飓风起矣。初八日情状果然。接到方子颖、罗小溪、方子听三信。又接陆存斋信云：廿九日之战，松楼老营存勇无多，致为鲍军叛卒所劫。此小敌也，而已不能支，若遇大敌，何以堪之？念之浩叹。

十一日。雨。接奉五月廿四日上谕二道。一、五月初四日具奏一折，奉明发上谕，瑞□、郭□□奏东路防军剿贼获胜一折。汪海洋分股由永定县属大溪一带窜逼大埔，经瑞□等饬令副将方耀等扼要严防。该逆辄敢假冒官军，希图暗袭。我军严阵以待，俟贼逼近，枪炮齐施，毙贼无算。方耀复亲率马队横冲入内，毙匪二三百名，夺获旗帜器械无数。贼势不支，由演上、演下一带纷纷逃窜，剿办尚为得手。着瑞□等仍饬方耀等督率兵勇，实力堵剿，务将此股贼匪悉数殄除，毋留馀孽。所有出力之副将方耀，着交军机处记名，遇有总兵缺出，请旨简放。都司郑绍忠，着免补都司，以游击留于广东尽先补用，以示鼓励。其馀在事出力员弁，着瑞麟等择尤保奏，无许冒滥。钦此。一、同日寄谕，左宗棠等奏官军追剿窜贼大获胜仗，连克平和等城；瑞麟等奏东路防军剿贼获胜，现筹办理情形；李瀚章奏霆营叛卒窜至攸县，即经官军击退，现饬分驰剿办；鲍超奏伤疾举发，吁请续假各一折。

已明降谕旨，将连克平和、漳浦、云霄等城及大埔防军获胜情形分别宣示矣。平和等城既经克复，诏安一城前据李鸿章奏亦有探闻攻克之信，是闽省贼势渐就肃清，惟汪、李二逆合股奔窜，既不得逞志于粤，必将纠合大队窜入江西。左宗棠当懔遵五月十八日谕旨，亲督全军越境追蹑，务与江西防军会合夹击，殄灭净尽，不得以驱贼出境，即为了事。瑞麟、郭嵩焘仍督饬李福泰、方耀等严督兵勇，认真防剿，毋狃于大埔一胜，遂生懈弛。刘坤一已简放江西巡抚，着即恪遵前旨，速赴新任，将江西防守事宜严密布置。刘坤一未到以前，仍着孙长绂饬令王文瑞等军实力扼剿，毋稍疏虞。娄云庆所部勇丁既经抚定，即可饬令该军驻扎由闽入江要路，遇贼即击，以壮声势，而固藩篱。霆营叛卒由江西萍乡窜至湖南攸县，虽经官军击退，而逆踪已向安仁一路窜走，并渡河焚舟以阻追兵，其谋甚狡。着李瀚章督饬水陆防军兼程追剿，相机分队绕出贼前，迎头拦击，迅殄贼氛。席宝田一军已抵茶陵，并着孙长绂檄令会合楚军四面兜剿，以期一鼓歼灭。成大吉等军前有旨令其越境追贼，此时行抵何处？仍着官文查明具奏，一面饬令探明溃勇趋向，相机合剿，不准迁延观望，致干重咎。署攸县知县傅以绥，攸县汛把总黄占魁，于贼匪窜近边界，未能严密堵御，致被乘虚阑入。虽经当时击退，肃清县境，究属疏于防范，均着革职留营，以观后效。前因霆营勇卒背叛，叠经飞谕鲍超停止西征，无庸出关，迅赴湖北办理此事。此次鲍（赴）〔超〕吁恳续假，自系尚未接奉前旨，故有是请。现在叛勇已扰及安仁、攸县一带，事机孔棘，着鲍超懔遵迭次谕旨，一面赶紧调治，一面束装赴鄂，探明叛勇踪迹，分别剿抚遣散，即赴江、闽剿除发逆，以副委任。倘再迟延不前，任令旧部勇众日益蔓延，自问当得何罪？此起叛勇踪迹飘忽，若由郴、桂一带趋往西南，两广地方处处可通，与窜粤发逆亦可勾合，为患更大。着瑞麟、郭嵩焘、张凯章各饬兵弁，择要严防，毋稍大意等因。钦此。接卓兴文移，竟以初五日携所部径回潮州。此间有此跋扈将军，亦殊可笑。

十二日。接到宋雪帆、潘伯寅〔信〕。雪帆信以宋邦倬、彭佑、彭祥征为托，伯寅信以朱启仁为托，并由曹芗溪带来也。

十三日。接见文武四班。往拜冯柳堂、曹芗溪、王雨庵三君。为澄泉改订折稿。另拟折稿二通。接冯萃亭信。力陈茂名、信宜两处局绅之弊，而不一列其名。中言信宜茶山甲一案，有曾受伪职而倚托局绅亲属之势，指一二受伪职者杀人劫财，经县讯明押监，局绅为之扛庇。又局绅控陈辅龙一案，委系陆强务捏众绅之名联呈陷害，以图侵蚀所部勇丁口粮。两事语涉含糊，而又匿其姓名，使人寻索不得，殊觉无谓。

十四日。接到潘黻廷、潘星斋、潘伯寅、周小田、秦鹿笙、家笙陔叔六信，皆因三月汇寄之件，回信致谢也。

十五日。诣武庙行香。梁显扬欲土民以所得客民之产备价资遣客民，送之江南，奇矣。澄帅乃曰各县客民之产不易清理。即以客民现所居之那扶、金鸡、赤水等处，估其田值若干，备价资遣，乃尤奇也。澄帅此等见解，直令闻者不能赞一词。已而又以米领事裨理一函见示，盖犹伍氏借款，裨理指挥澄老以奔走控驭之，无不如志，澄老惟一意阿从而已。予为复澄帅一函，言如此定立新约，即请札复裨领事，无庸列巡抚衔，真是羞与之为伍。终竟使我外见忤于洋人，内滋怨于伍氏，思之茫然。乃令碧湄为《彩凤随鸦曲》一诗，以稍写其怨郁云。

十六日。西宁令倪澐由海道入都引见，致曹琢如、方子颖、王少鹤、潘伯寅四信，并托伯寅转递。又双禄解京饷回，带到薛觐堂、方子颖二信，始知已前有旨饬沅浦来京，御史丁培镒又请饬其剿贼，与鄙人前奏同旨。子颖信并以双廉匾见托。香山翰林黄植庭槐森、贵州州判周韶门瑞昌，长沙人来见，询据周君为访吴少村而来。

十七日。接刘荫渠信，现驻兵大名，筹办防堵。言树勋委赴任松楼处管带后营，所管巡捕事务暂委虞朝佐代办。

十八日。接见文武属吏五班。奉到上谕二道。一、五月初七日会奏一件，奉五月廿六日回批并明发上谕：瑞麟等奏广东惠潮嘉道凤安，自抵任以来，实心任事，舆情感戴，嗣以军务殷繁，积劳身故，请将该员追赠布政使衔，照军营立功后病故例，从优议恤等语。已故惠潮嘉道凤安系积劳病故之员，所请未免过优，着改为照道员军营立功后病故例从优议恤，该部知道。钦此。又奉明发上谕：广东惠潮嘉道员缺，着张铣补授。钦此。又军机大臣奉旨：览奏均悉，娄云庆一军，前已谕令左宗棠、孙长绂饬令驻扎由闽入江要路，并谕左宗棠亲督全军，与江西防军会合越境追剿。瑞麟等惟当严饬吴全美等师船严密扼剿，毋任窜越。钦此。又旨：张兴烈着交部从优议恤。钦此。又奉到闰五月初二日寄谕：孙长绂奏击退萍乡叛勇，闽匪麇聚上杭等处，现筹守御，并韩进春一军鼓噪奔溃各折片。西征叛勇由萍乡窜至攸县、茶陵，经席宝田等军截击，该匪闻风折向安仁狂奔，旋由龙海塘窜往郴州属境。楚省沿边各军，现在尚敷剿办，即着李瀚章激励将弁实力剿除，务将此股窜勇悉数殄除，毋令再行蔓延他处。该逆虽已败窜湘省，难保不由桂东、桂（陈）〔阳〕折回江境，孙长绂仍当严密防守，檄饬刘胜祥等军实力堵御，遇贼即击，严扼该逆回窜之路，以固边防。此次袁郡所派追剿叛勇出力各员，着准孙长绂归入袁州解围案内择尤酌保。其汪海洋、李世贤等逆现踞上杭、武平、嘉应等处，此次嘉应州境该匪窜入，何以未据瑞麟、郭嵩焘奏报？

即着瑞麟等督饬官军迅速扫荡，该逆现窜何处，并着随时奏报以闻。贼氛逼近赣、宁，江省东路之防倍形吃紧，着左宗棠仍遵前旨，不分畛域，督饬官军越境追剿，迅歼丑类，以期次第廓清。苏省援闽之郭松林、杨鼎勋二军，仍遵前旨饬赴江、闽交界处所驻扎，以遏贼氛回窜腹地之路。参将韩进春所部勇丁，因失火鼓噪，肆抢商贩，哄入粮台，抢去办米银八千馀两。该参将饬令营官交出滋事匪类，乃各营勇丁概行焚营而去，奔往高排墟等处，声言欠饷数目必须发足等情，实属目无法纪。韩进春着先行革职，勒令将滋事营官勇丁拿解来省，分别惩办；并着孙长绂督饬张岳龄将欠饷如数放给，妥为遣散，毋令再滋事端，并将为首滋闹勇丁严行惩办，以儆效尤。孙长绂另片奏江西绅士李道生等呈恳代奏请饬沈葆桢仍赴江西督办防剿等语，已明降谕旨令沈葆桢前赴江西，务须移孝作忠，毋再固辞等因。钦此。是日邀集曹艿溪、龙望如、彭寅谷三君小酌。

十九日。致陆存斋、张寿泉二信。关子明云：明乎内者家自齐，明乎外者物必睽。接陆存斋信，知去岁奏调之曾纪凤已至韶州，存斋意欲留其带勇。随复一信，属以任松楼续募之千人隶之。

二十日。过毓六处送行，以土、客一案饬赴开平查办。便至师继瞻、梅小岩两处。

廿一日。中午微雨。郭毓六赴开平查办土、客一案。委屠啸篔兼代办臬署事。为瑞澄泉改正复米领事禅理一函，因其迭次申陈，澄泉处之全不得法，致烦今日之唇舌，而尚未知其果有省悟否也。与此君共事，真乃郁闷不自聊也。

廿二日。接奉初五日寄谕一道盖五月十五日奏报克复平和、诏安两县情形，颇动朝廷之疑也：瑞麟、郭嵩焘奏官军越境剿贼，克复平和、诏安两城，及大埔防兵迭获大胜，现筹防剿情形一折。据奏侍逆大股扑犯粤境，林保一军于四月廿七日会同闽军将平和县城收复，其诏安踞匪复经官军于五月初一日由北路乌山、溪东一带迎击，杀伤甚多，随将诏安县城克复，该逆尽撤永定之围，直趋上杭等语。前据左宗棠奏攻克平和，皆叙闽军战状，并未叙及粤军，并云仅有诏安一城，拟即派郭松林、杨鼎勋等军前往规取。此次瑞麟等所奏攻克平和、诏安两城，与左宗棠所奏互异，且云逆贼有二十馀万之多，方耀血战数十里，诛贼万馀人，语意近于铺张。着左宗棠迅将平和、诏安如何攻克，是否会同粤军之处，详细查明具奏。瑞麟等所保出力之方耀等，着俟左宗棠奏到再降谕旨。瑞麟等所称已派卓兴专驻嘉应以固惠、潮门户，并饬林保等移扎平镇一带扼守，着即督饬各军严密防剿。并着左宗棠仍遵前旨，不分畛域，越境追剿，迅歼丑类，俾江、粤诸境一律肃清，以副委任等因。钦此。原折暂留军机处。澄老一见各营禀报，动称江、闽各军全不一与贼交战，惟粤军力战耳。吾谓闽军不与贼战，何为舍漳州而急去之？闽军之报战功，其视粤军之铺张一也，特吾辈不及见之。其攻克平和县城，直不一叙及闽军，吾为增入会合闽军四字。凡语言之过涉铺张者，吾皆为删节之。使竟依原稿，不知当更如何铺张也。所忌讳专在小处，而于此等大处则一意铺张，以求动朝廷之听。其立意与寄帅同。而其小处忌讳繁多，则又远出寄帅下矣，念之怃然。曾质民刺史纪凤自邵阳来，带到邵朴山、刘晓沧、姚智泉各信。又接任松楼，郑朴臣两镇军信。是日午刻风雨。

廿三日。接见文武吏五班。接毛沣浦、蒯岳青二信。蒯在霆营，毛在周厚斋军门营也。发家信乙字七号，交李仁带省，便寄友耕及左景乔、罗麓生三信。候补府经历李镛解方耀军饷，候补县丞高曙云解郑绍忠军饷，均自嘉应回。询问方耀营勇在城约二千人，城外尚有勇驻扎，皆住民房，无营垒。郑绍忠文案处张姓，称其勇尚有二千人。广东军政一坏而不可支，毛寄云当尸其咎，瑞公又不足责也。乃使鄙人与诸君为缘，岂非冤苦！是日过堂四案，诛盗十一名。

廿四日。接奉闰五月初八日寄谕：李瀚章奏击退霆营叛勇，楚境肃清，贼纵窜粤一折，已明降谕旨，将出力之副将张义贵等照所请给奖，阵亡之都司邹洪兴等交部议恤矣。此起叛勇，由攸县窜陷安仁、兴宁，经张义贵等追剿，将贼击退。复经陈士杰、周兴隆在小良田、百丈岭等处截击，擒馘无算，剿办尚为得力。惟贼现由粤东窜去，则乐昌一带必须有拦截之兵，方不致蔓延为患。前因贼踪飘忽，恐其窜入两粤滋扰地方，曾经谕令瑞麟等派兵防堵。此时贼踪已窜粤东境内，瑞麟等务当饬令派出防军实力扼截，一鼓歼除。李瀚章亦当督饬陈士杰带兵越境，会同粤军，觇贼所向，合力兜剿，不得稍分畛域。其屯扎郴、宜之和字、威信等营，并着李瀚章相度机宜，妥筹调派。此贼既悍且众，行走甚速，奔窜靡定，虽经楚军擒斩数千，而馀贼尚复不少，难保不乘隙奔突，或由粤东窜江，或仍回窜楚境以入粤西，均不可不预为防范。李瀚章、刘坤一尤当派拨兵勇，严扼本境。刘坤一未到任以前，孙长绂责无旁贷。并着张凯嵩先事筹防，毋稍大意等因。钦此。赴方子箴、曹芗溪等处谈，则徽州冯汝勤在焉。随往曾质民、顾实夫、朱云门诸处回拜。

廿五日。验试同、通、州、县陈立德等七名，佐杂易永年等五十一名。接罗小溪、李幼荃、葛振嵩各信。

廿六日。寄李少荃、刘松岩、丁雨生、冯竹渔四信，并由轮船递上海托雨生转递。

廿七日。雨。接到吴春帆信，以嘉防不足深恃，乞催郭子美、杨少铭两军入粤助剿。并闻左季帅有奏饬两军剿办捻匪之说，因致左季帅、郭子美、杨少铭三信，并托吴春帆专差投递。

廿八日。接见文武吏五班。复邵朴山、刘晓沧两信，并以一书致陈俊臣。

廿九日。回拜瑞澄泉、刘融斋，知强彦吉汝谌已至其署。前岁曾邀其赴粤，力辞不就，云为其兄强赓廷汝询所阻。吾不能致，而融斋能致之，吾德周不足也。

三十日。雨。李牧景福石泉解饷赴京，并解直隶协饷，顺致刘荫渠一信，并致方子颖五十、何伯英四十、周桂坞四十、家笙陔五十、张竹汀五信，另以百二十金托笙陔为购鹿茸二架。接奉闰五月十四日寄谕，左宗棠奏收复诏安，首逆乞降，截剿云霄、漳浦窜贼迭获大胜，首逆就歼，并截剿大股，及刘典一军攻克南靖各折片。本日已明降谕旨。照所请分别奖恤，并赏给刘典小刀、搬指等件。瑞麟等前奏请奖叙之方耀等，亦并降旨照准矣。丁太洋投诚，已照左宗棠所请赏给守备衔，着即令其督率挑留悍卒，随队攻剿，如不得力，仍当严行惩办，（遣）〔散〕降人沿途能否安静，着咨明各督抚督同地方官严加约束，以免复行勾结。李世贤是否被水冲没？仍着查明实在下落具奏。汪海洋一股人数尚众，现在上杭一带盘踞。高连升等军已驻卢峰，刘清亮军亦克日继进。着该督即饬诸军设法进剿，并杜其旁窜之路，毋令再扰完善。上杭距粤东之大埔、饶平，江西之会昌、长宁等处，均属切近，着瑞麟等督同李福泰将潮防各军实力整顿。方耀等军如能出境会剿，即饬该总兵等奋勉图功，为一劳永逸之计。贼氛逼近赣、宁，江省东路之防倍紧，前谕调郭松林、杨鼎勋二军赴江、闽交界处所驻扎，该督曾否调派？叛勇去江已远，席宝田等军现扎何处？着孙长绂酌度情形，赶紧调赴赣、宁一带扼防。左宗棠仍遵前旨，不分畛域，派兵赴江迎前兜截，勿任阑入完善。南靖克复，刘典一军声威甚壮，应如何调派之处，着该督妥为调度，以期速竟全功，同膺懋赏。永定猎射凹各营失陷详细情形，仍着查明具奏。王开琳已革职留营，即饬令收集各营，迅赴江西赣州防剿，立功自赎，倘再有疏虞，定即从重治罪等因。钦此。又奉同日明发上谕一道，瑞麟、郭嵩焘奏粤军越境，攻克平和、诏安两县城，大埔防兵获胜。本日左宗棠、徐宗幹奏闽军收复诏安，首逆乞降，截剿逆贼叠胜各一折，情形大略相同。闽军克复漳浦后，提督黄中元等进攻诏安，会同粤军将诏安攻克，云霄、漳浦败贼二万馀人，窜近平和，经高连升等迎击，生擒伪详王黄隆芝，馀贼歼除净尽，其伪利王朱逆等股，亦经王德榜剿毙无算，馀贼投械乞降。诏安逆首丁太洋窜至白土，王德榜率军夹击，毙贼四千馀名，丁太洋势蹙，率众赴刘典军前乞降。汪海洋自大埔回窜永定，道员康国器督队赴援，毙贼数千名，逆势不支，向永定西北窜走。侍逆败股续窜永定猎射凹等处，杨鼎勋等分路追杀，毙贼甚多，收降数万。粤军闻闽军逼贼渐近，即分路并力夹击，方耀、郑绍忠等连日鏖战，歼匪万计，擒斩逆首多名，协同闽军将平和、诏安两县城克复，办理均为得手。瑞麟等折内所保尤为出力之记名总兵方耀着赏加提督衔。都司郑绍忠着以副将留于广东补用。游击林诗成着以游击尽先补用，并赏加参将衔。都司陈乳着以游击补用。守备方鳌、蔡申、方恭、方敬、谢廷南、黄灼均着免补守备，以都司补用，并赏换花翎。千总侯玉、方杜、方茹、王敬庭、谭光、罗玮均着免补千总，以守备补用。云骑尉方杰着以守备补用。以上七员并赏加都司衔。把总林材着以千总尽先拔补，并赏加守备衔。军功徐桂祖、刘顺昌、梁五全、陈达、颜金、郑润材、赖英龙均着以千总归营尽先拔补，并赏戴蓝翎。徐桂祖、刘顺昌并赏加守备衔。左宗棠等折内所开阵亡总兵丁长胜，着照提督阵亡例议恤，并加恩予谥，准其附祀湖南道员王鑫专祠。补用游击陈观光着照参将例从优议恤。记名总兵王开琳于所部猎射凹营盘失陷、丁长胜战殁，未能救援，实难辞咎，着革职留营，以观后效。此次出力各将弁兵勇，着左宗棠查明，汇案请奖。投诚之丁太洋着赏给守备衔，责令立功赎罪。左宗棠另片攻克南靖详细情形，刘典一军进规南靖，分路并进，杀贼千馀名，收降四千馀人，立将南靖县城克复。所有尤为出力副将张福（斋）〔齐〕着赏换花翎。浙江补用道李耀南着赏加按察（司）〔使〕衔，并赏给该员祖父母、父母正三品封典。浙江补用同知杨鼎勋着赏换花翎，并赏加知府衔，改留福建补用。副将齐兰礼着以总兵记名简放。副委文继昌着赏加总兵衔。参将宋定元等二员着以副将留于闽浙补用。已革副将衔参将刘大谟着开复原官，并免缴捐复银两。都司张星元等五员，均着以游击留于福建补用。五品军功萧稚泗等二名，均着以都司留于福建补用，并赏戴花翎。安徽直隶州知州喻步莲着俟补缺后以知府补用，先换顶戴。候补按察（司）〔使〕刘典，督军入闽，肤（公）〔功〕迭奏，深堪嘉尚，着赏给白玉柄小刀一柄、白玉搬指一个、大荷包一对、小荷包二个、火镰一把，以示优异。该部知道。钦此。并发回五月十五日奏报一件，由左季高奏报克复诏安后情形，颇亦为粤军铺张，故不待其复奏，而特为降此旨也。

六月

六月初一日甲午。诣文庙行香，便过昆静山谈。晚邀蔡顺庵国祥、关辅臣镇国、许云松宝坤、曾质民小酌。发家信乙字第八号，并致李筱荃、罗麓生、李辅堂三信。

初二日。荷兰公使礬大何文来见，仍约初四日在华林寺互换和约。晚与幕中诸友叙饮。

初三日。接见文武吏四班。致任松楼、陆存斋二信，交曾质民带去。致郭子美、杨少铭、张寿泉、蒋叔起四信，交许云松带去。奉到闰五月十七日寄谕：瑞麟、郭嵩焘奏东路沿边防军追贼获胜，贼由上杭绕道窜入镇平，现饬各军堵剿一折。（明）〔昨〕日已明降谕旨宣示，并将出力各员弁，照所请奖励矣。康逆由永定屯聚上杭，经副将林保等节节进击，贼势不支，窜至镇平，现屯上杭、象洞等处。该署督抚现饬李福泰移扎嘉应，饬卓兴严堵龙川县之老隆，以固惠、韶；令林保等分守隘口，杜贼走兴长、嘉应之路；方耀等军饬赴镇平协攻。所筹均尚周妥。着即督饬在事各员弁实力剿办，务期与江、闽各军会合，痛殄馀氛，无留遗孽。侍逆李世贤，前据左宗棠等奏有被水冲没之说，兹据瑞麟等奏在永宁自刎。究竟已否身死，仍着查明实在下落具奏。该督抚每于具报胜仗一次，必随折保举多员。此次姑念该员弁等出境剿贼有功，从宽照准。惟逆众由闽入粤，粤省各军何以不能堵截入境之路？着责令方耀等认真防剿，勿令旁窜。嗣后保举，务须核实，遇有小胜，暂行记存，俟此股（战）〔贼〕匪殄尽，方准汇案保奖云云。钦此。又奉明发上谕一道：瑞麟、郭嵩焘奏东路防军追贼获胜一折，发逆由闽省败窜广东边界，经副将林保等叠次截剿于大溪、下河、茂芝乡等处，擒斩数千名，生擒逆酋朱得兴。陈得胜等逆匪复麇集东船乡，总兵翟国彦迎击，毙贼数百名，退至河边溺毙二三千名。馀匪窜至漳溪，副将方耀分军追杀二千馀名，都司郑绍忠复追击于谢村地方，三路夹攻，歼毙无算，将数十里贼垒一律焚毁，防堵尚为得手。所有尤为出力之总兵翟国彦着赏加提督衔。副将林保着赏加总兵衔。参将戴朝佐着赏加副将衔。游击黄相奎着免补游击，以参将补用，并赏换花翎。守备梁仕光着免补守备，以都司补用，并赏换花翎。千总邓安邦着以都司尽先补用，并赏给锐勇巴图鲁名号。守备周升着以都司尽先补用。黄添元、邓奋鹏均着以都司补用。千总着以守备尽先补用，并赏加都司衔。颜金、郑润材均着免补千总，以守备补用，并赏换花翎。同知衔张权着以同知选用。从九品陈瑞焘着免选本班，以县丞即选。该部知道。钦此。外批发折、片各一件。其霆营叛勇窜至乐昌一片，奉旨着饬湛恩荣等认真堵剿，勿令与闽逆勾结为患。钦此。瑞君瞻顾极多，而皆于小处着眼，此等处则屡受驳斥而不悟。固知智、仁、勇为三达德，未有无一德焉而可以语立身居官之道者也。

初四日。诣华林寺与和兰公使礬大何文互换和约。其和兰领事曰礬罗。去岁总理衙门咨称领事伯飞哩，想别一人也。通事伯罗能通嘉应州言语，然固不如礬大何文新习广东语，尚可略得其仿佛也。遣巡捕崔成贵由海道赴潮迎接子美、少铭两军门，各以翎管、（班）〔搬〕指、纱料、烟壶六事遗之。便附张寿泉、蒋叔起两信，兼属一查惠来王惠溥贤否。

初五日。赴河南回荷兰公使礬大何文拜。言其国所侵占海南一岛名遮法，故为大西洋地，而荷兰夺而有之。汤小莽炳巩来见，所言极透辟。来此两年，罕闻此等议论。瑞君会扎饬郑绍忠添募五千人，吾谓先意承志，导使营私，不独非奖劝人材之道，于体制亦有关系。驳还其稿。瑞君乃遣其巡捕保应麟前赴龙川点验其勇。身任封疆，乃至与一带勇之武弁朋比为奸，其意不过为掩耳盗铃之计而已，三尺童子犹知羞之，而毅然为之不顾，能（为）〔无〕慨叹！吕伯恭言：凡治事有涉权贵，须平心看理之所在。若其有理，固不可避嫌，故使之无理。若其无理，亦不可畏祸，曲使之有理。政自见得无理，只须作寻常公事看断，过后不须拈出说。寻常犯权贵取祸者，多是张大其事，邀不畏强御之名，所以处不能平。若处得平稳妥贴，彼虽不乐，视前则有间矣。然所以不欲拈出者，本非以避祸，盖此乃职分之常，若特然看作一件事，则发处已自不是矣。庾冰代王导为政，颇尚威刑。有相谏者，冰曰：前相之贤，犹不堪其宂，况如吾者哉。他日庾翼与冰书，论江东之政，失在妪煦。豪强常为民蠹，皆前宰之昏谬。江东事去，实此之由。朱子言王导为相，只周旋人过一生。史称导善因事就功，亦是其周旋人之效验。如瑞君者，只坐一味周旋。其于因事就功，尚非其心之所存也。

初六日。郭毓六自那扶归，叙述客民惨毒情形，并有意劫留之，至于挥刀自刺。客绅黄焕章、陈伍聪、杨元椿等皆引去。是日乃回至恩平。现在客民头目，文者黄焕章，武者韩端元。黄曾充书办，在那扶所部客民皆称之大人。

初七日。杨小匡水部鼎来自京来，带到潘伯寅一信。杨君，素闻潘季玉言之，谓可将兵。

初八日。接见文武吏四班。懿叔邀与本署幕友同饮。接杨小铭、段小湖二信，始知苏军已为季高宫保奏剿捻逆，迫使由海道旋沪，郭子美已前行矣。季高此举，使人郁闷。

初九日。志城带同立篪等为香港之游。便寄丁雨生、张寿泉二信。至则李景福、崔成贵二人均尚在香港也。

初十日。奉到闰五月十八日寄谕：总理各国事务衙门奏，据总税务司赫德呈称，番禺县第四号巡船有漏税洋药二百馀个，经粤海关扦手头目鲍朗查拿，并起获番禺县旗帜、灯笼、军器、炮火等件，又差票二纸，其为该县巡船无疑。平日走私，谅不止此一次，该县何得毫无察觉，难保无知情故纵，从中渔利情弊。着瑞麟、郭嵩焘、师曾访查确实，迅将此案人犯全行拿获，将洋药、船只照例入官，并查取番禺县职名，照案参处，以清弊窦。原折着抄给阅看。本日复据御史潘斯濂奏，粤省捕务因循，盗风日炽，并开列清单，请饬广东督抚认真整顿一折。若如所奏，南海、番禺、顺德三县劫案甚多，获案者不过十之一二。州县官置民事于不问，实堪痛恨。着瑞麟、郭嵩焘按照单开逐一清查，严饬地方文武上紧缉拿。如捕务不能振作，即行从严参办。另片奏，桑园围为粤省粮命最大之区，当西、北两江之冲，稍遭缺陷，工巨费繁，向有生息银两，以为岁修之费。近年将本息银两全数提用，从此岁修无措，水患难免，于两县生民大有关系等语。着瑞麟、郭嵩焘将咸丰四年提用桑园围原拨帑本，暨历年存库息银一项，查明已还未还各数目，设法归款，照旧发商生息，为御灾捍患之计。原折片均着抄给瑞麟、郭嵩焘阅看。将此谕知瑞麟、郭嵩焘，并传谕师曾知之。钦此。总理衙门据赫德申呈：三月十二夜闻有私载洋药赴黄沙者，经扦手鲍朗乘舢板至大石河面，该巡船炮伤舢板水手一名，舢板亦炮毙巡船水手十馀名，馀皆赴水逃去，当将该船拿获，与省河所设巡船一式。访闻该船洋药由东莞巡船运至虎门，分装省河保私之小巡船。该船逃去之人，已为顺德县拿获四名。查同治元年七月内据赫德申呈：东莞巡船装载私糖，枪毙金花巡船水手。经行令前督劳崇光将该犯袁亚开讯明正法。嗣于是年九月间议覆前督劳崇光具奏巡船盗盗各缉各私[1]折内，请饬该督等认真办理。如再积习相沿，致令走私漏课，即由该督等奏明参办，不准稍事瞻徇各在案。应请饬下督抚监督等访查确实，将拿获船只照例入官，仍将该犯严行讯办，并查取番禺县职名，

---

[1]此处疑有误。

查照前项奏案参处云云。潘斯濂奏称：近年捕务废弛，较前更甚。自同治元年正月起至同治二年九月止，广州府属南海县陈嵩等劫案六十二起，获犯仅十一起。番禺县秦锦光等劫案四十起，获犯仅五起。顺德县朱振谦等劫案廿四起，获犯仅四起。内拒伤事主之案甚多，竟有凶犯数年未能弋获。此外各府州县劫案及未获犯者不知凡几，被劫而不报案者又不知凡几。州县规避处分，改劫为窃，或一夜行劫数家，不论远近，俱作为一家同一大门，为避重就轻之计。伙党行劫，多则百馀人，少亦二三十人。每案获一二名，多不过数名。往往未获一犯，或获未及半，即借盗销案，以一犯抵数案。承审官以锻炼为能，无辜误获者刑逼承认，遽行详结。事主被劫到县报案，门阍需索禀费，衙役勒取差费，方准勘验候缉。既经贼劫，而到县报案，又复种种受累，且获犯与否尚未可知，以致事主不敢报案者十居六七。盗贼之患每起于劫掠，因劫掠而有拜会，聚众横行，酿成巨祸，皆由捕务废弛所致。粤省屡经兵燹，民困未苏，既不设法抚绥，又不一认真缉捕，猝有外警，土匪乘机勾结，在在可虞。请饬下督抚甄别州县及该管武弁，认真整顿。遇有劫案于参限内首犯未获，或获犯未半借盗销案等弊，即照定例据实严参云云。又开列劫案清单，分南海、番禺、顺德三县开列，起同治元年正月，讫二年九月。另片称：桑园围跨南海、顺德两县，起于北宋，户口数十万，赋税二千馀顷。嘉庆二十二年，顺德在籍侍郎温汝适呈请前督臣阮元，奏明在藩、道两库提拨银八万两，发交南海、顺德两县当商，按月一分行息，每年得息银九千六百两，以五千两归还原拨帑本，以四千六百两交桑园围岁修各基。嘉庆二十四年给领二十三年分岁修银四千六百两，修葺围基列册报销。嗣因卢、伍二商捐建石基，此后岁修银两暂停未领。道光十三年堤决，石堤亦多剥落，先后在司库借给修费银四万九千八百八十四两八钱八分三厘。经前督臣卢坤奏请将动支本款息银一万六千二百六十九两八钱八分三厘就款开销，又在本款息银内递年扣收归还借款银二万三千两，尚欠银一万零六百一十五两，分限五年由该围按粮摊征清还借款。道光廿四年、廿八年、咸丰三年三次奏请给发本款银各一万两。盖桑园围向有专款，递年收存司库，以备给领。咸丰四年，前督臣叶名琛将此项帑本并历年存库息银提用，计自嘉庆廿三年起，至咸丰三年止，共三十六年，实得岁修息银十六万五千六百两，除嘉庆廿四年领息银四千六百两、道光十三年至咸丰三年前后四次又共领息银六万九千二百六十九两八钱八分三厘外，应存岁修息银九万一千七百馀两。同治三年十二月间，前督臣毛鸿宾、现署抚臣郭嵩焘以桑园围堤基险要，筹拨银二万三千七百五十八两七钱七分解还司库，照旧发商生息，以资支发。查桑园围岁修一项，原系奏明在藩、道两库提拨银八万两，发交南海、顺德两县当商按月一分行息。近年既将本息银全数提用，今拨还本银二万二千馀两，请敕下督抚将咸丰四年提用桑园围原拨帑本暨历年存库息银，查明已还未还各数目，设法筹拨，全数归款，俾该围岁修有赖云云。是日回拜瑞澄泉、昆静山、杨小臣、郭毓六、屠啸篔诸处谈。彭寅谷回湖南，顺致杨厚庵、李辅堂。遣府经历郑敦善解和兰和约投呈总理衙门，顺致潘伯寅、陈宝珊，并致陈子鹤尚书关外凡三信。拜发五月、闰五月月折，遣钟天佑赍呈，顺致方子颖一信。又致刘岘庄、陆存斋二信，接到李（荃筱）〔筱荃〕中丞、王菽原方伯二信。

十一日。奉到闰五月廿三日五百里寄谕：劳崇光、张亮基奏复陈黔省现在情形，仍请饬拨饷糈一折。前因黔省饷需万窘，曾谕令曾国藩等分拨厘金，妥为接济。嗣据曾国藩奏通筹滇黔大局，请俟川湘防务稍松，骆秉章、李瀚章分任云、贵之事。当经谕令该督抚等会商酌定，再行降旨办理。现在贵州近省粗为安谧，而各股匪众出没靡常，该省防剿仍属吃紧。分兵四出，需项甚多，搜刮已尽。若再不迅筹接济，万一饥溃变生，其势益难收拾。着李瀚章迅速设法筹款，源源解济，不得以东征厘局裁撤为词，稍涉推诿。其从前奉旨每月协济之饷，仍须如期而给，不准稍有迟误。骆秉章已派刘岳昭等军援黔，即着将该筹饷糈宽为筹备。其每月应解黔饷，并着按期陆续接济，力顾大局。至粤东镇平等处，现在发逆窜扰，霆营溃勇又窜至乐昌一带，防剿正当紧要。能否酌提厘金协济黔省之处，着瑞麟、郭嵩焘妥筹办理。劳崇光、张亮基身任封圻，责无旁贷，仍当就现有兵力认真防剿，不准以饷需支绌为词，自甘颓靡。劳崇光等另折奏拿获包茅仙正身，请将前案误保之员撤销，此次出力择尤酌保等语。本日已明降谕旨，照所请行矣。钦此。是日志城等自香港回署。

十二日。接奉闰五月廿五日寄谕：户部奏请催本年京饷以供开放一折，上年该部奏拨本年京饷银五百万两，截至本月初十日，除山东、河南等省，闽海、江海等关，初限报解足数，其山西等省、江汉等关或解未及半，或丝毫未解，实属疲玩。既据该部奏称：本年五月以前放款，业经敷衍无误，此次姑免其参处。此后放款尚巨，如各该省仍旧延宕，必致有（此）〔误〕要需。所有欠解山西地丁银一百万两，河南地丁银十五万，湖北地丁银十六万五千，湖南地丁银十二万，广东地丁银二万五千，长芦盐课银二十万，河东盐课银十五万、羡馀银五万，山东盐课银四万、盐课项下加价银十万、地丁抵解加价银五万，两淮盐课银十万，直隶旗租银三万，广东运库应缴新旧两息银二万五千，湖北荆宜武襄盐厘银四万五千，福建茶税银十万，粤海关税银十五万，闽海关常、洋两税银七万，江汉关税银二十七万，江海关税银十万，天津关常、洋两税银四万，东海关税银二万，共有三百万两之多。着各该将军、督抚、盐政、通商大臣、监督，务将欠解银两统于年内扫数解齐，并督饬藩、运各司赶紧筹划，分起报解。倘再有稽延，致误开放，即着该部指名严参。另片奏现在神机营添练兵勇，秋间恭届奉安山陵，各衙门借用之款甚巨。本年京饷，即各省扫数解京，已觉不敷周转，请另行添拨等语。自系实在情形。所有该部拟行添拨之广东积年盐课银十万、厘金银五万、司库杂款拟抵运库报拨银五万，两浙盐课银十万，两淮盐课银十万，四川按粮津贴银五万，湖南盐厘银五万，临清关税银五万，江海关洋税银十五万，闽海关洋税银二十万，浙海宁波口洋税银五万，福建茶税银五万，共银一百万两，着各该督抚、盐政、监督等各按照指拨数目，督饬藩、运各司设法筹划，务于年内解到，以济要需，毋得饰词延宕，致干咎戾。将此由五百里谕知直隶、江苏、浙江、福建、湖北、湖南、河南、山东、山西、广东、四川各将军、督抚、盐政、通商大臣，并传谕粤海关监督知之。钦此。张文定言：事君者廉不言贫，勤不言苦，忠不言已效，公不言已安。

十三日。接见文武四班。奉闰五月廿六日六百里寄谕：左宗棠等奏官军剿贼获胜，全闽肃清，现饬越境追剿，请调援闽得力之军回苏，及查李世贤下落各折片。览奏均悉。汪逆由上杭中都败走，经高连升等追至武平，该逆由下坝先窜镇平，复由粤东边境窜去，有直趋嘉应州之势。左宗棠已饬康国器及关镇邦所部粤勇五千人由峰市追剿，此军到粤，必可得力。着瑞麟、郭嵩焘督饬方耀等，会同闽军，认真击剿。李福泰已移扎嘉应，谅已早有布置，即着饬令诸藩司等三面兜击，以期一鼓殄除，勿任再有窜逸。高连升、黄少春、刘清亮等军暂驻武平，稍为休息，仍着左宗棠饬令觇贼所向，实力遏截，以资得力。汪逆本谋窜江，未必久留粤境。孙长绂务当凛遵迭次寄谕，将赣防密为布置，督饬派出诸军，与左宗棠所派之王开琳一军实力防剿，毋任逆踪窜近边界，方为妥善。刘典一军或由汀赴赣，或径赴南安截其由江西窜湖南之路，着左宗棠斟酌军情缓急调派。所有此次追贼出力各军及防守转运各员弁，着该督查明汇案，择尤保奏。李世贤一犯，或云冲没，或云被擒，或云自刎，尚无实在下落，仍着查明具奏。郭松林、杨鼎勋二军，即照左宗棠所请，饬令迅速回苏听李鸿章调遣，本日已谕知李鸿章檄调矣。高连升已简放广东陆路提督，左宗棠即饬该员俟军务稍定赴任，其所署浙江提督另派黄少春署理。昆寿已放杭州将军，着俟到任后将旗营一切事宜妥为经理，以副委任。钦此。又准军机处咨行：所有广东现署副都统及现署提督、总兵人员，希分晰开单，每月咨送兵部及本处。至所保记名副都统及提督、总兵人员，并希将各该员年岁、旗分、籍贯一并开单，知照兵部及本处备查，以咨到之日为始，务于两月内查明，即行咨复。

十四日。赴昆静山宫保处致贺。兼往瑞澄泉、方子箴两处谈。

十五日。诣武庙行香。接左季高、赵玉班、蒯岳青各信。公致高果臣军门一信，属其移驻平远。

十六日。立秋。有担酒夫自内出，询之，则担酒至科房，误至内侧门，返而外出者也，侧门差役家人等一无拦禁，执而杖之。

十七日。拟定委署章程八条。详阅部文，原自准情度理，简括而亦周详。各省省例自生枝节，颇觉无谓。

十八日。雨。接见文武吏五班。许副将宝坤回湖南，寄筱荃中丞、罗小溪、彭实庵三信，兼寄家信乙字第九号二信。

十九日。接湘乡相国一信。现以捻势方注蒙、亳，驻节临淮，屡辞节制三省之命。刘（传铭）〔铭传〕、周盛波两营已调赴皖，另派潘鼎新赴临清接受国佐廷一军，并派李申夫会同办理。委申夫以此任，恐非所宜，亦足（以）〔见〕近日人才之苦乏矣。

二十日。微雨。月馀以来，仅此与十八日稍一过雨而已，旱势遍地，为之惶然。（借）〔接〕胡小蘧、喻小冈、陆小渔各信，致赵玉班郴州一信。

廿一日。接奉六月初四日五百里寄谕：恩麟奏请饬催各省协饷开单呈览一折。援甘并进剿新疆诸军，现已陆续到甘，需用甚巨。该省东西州县多遭蹂躏，捐输既无可劝，厘金所收亦属无几。若非各省力筹接济，饷需匮乏，饥军哗溃堪虞。各该省叠奉谕旨，先拨急需之款，自应赶紧解济，以备供支。着瑞麟、骆秉章、李鸿章、阎敬铭、吴昌寿、沈桂芬、刘蓉、马新贻、郭嵩焘、孙长绂按照恩麟单开，将欠解协甘急饷赶紧筹措，源源接济，毋再迁延推诿，致误戎机。恩麟原单着分别钞给各该省督抚等阅看。另片奏曹克忠一军饷项奇绌，帐房、军火亦不敷应用，甘省无款可搜，万难筹济，请饬陕西抚臣拨解等语。着刘蓉将应解曹克忠一军饷银并军火、帐房等项竭力筹画，随时报解，毋令稍有缺乏。钦此。另单开广东省欠解改拨饷银六万五千两，奉旨先拨急需银二三十万两，尚未拨报解。朝廷于各省协饷据折指拨，于本省筹画军饷又多方为之牵掣。疆吏能任事者已无几人，而军机、户部两处乃皆循守章句，无复远识。以勘定大难，窃虑非诸公之才所能及也。

廿二日。为瑞澄泉拟折稿二通，均有关系之文。为人司章奏，每以自笑，而又不免为庸笔所点污。与此曹共事，岂非冤屈！接刘荫渠、姚庶侯、徐勉如三信。

廿三日。接见文武吏五班。奉到六月初六日六百里寄谕：瑞麟、郭嵩焘奏发逆窜入镇平县城，调军进剿，并咨调郭松林等军由潮、嘉一带进防江、楚；暨霆营叛勇窜扰南雄、信丰地方，现筹剿办；翁源戕官匪徒，陆续获犯审办；及粤省军饷竭蹶，万难协济甘饷各折片。孙长绂奏遵核协甘饷数及现筹防剿情形，并席宝田所部均已到赣各折片。览奏均悉。镇平解围，复被康逆等股阑入，贼势骤张。瑞麟等现派黄添元、邓奋鹏及卓兴等军扼扎龙和、长乐要隘，饬李福泰驻扎嘉应，策应方耀等，联军进取，徐图恢复镇邑，所筹尚妥。即着督饬各军实力防剿，截其旁窜之路。一俟援兵齐集，即行会同进击，聚而歼旃。左宗棠当迅催闽军入粤，会合粤省兵勇两面夹击，尽扫贼氛。不得以贼已出境，遂置粤事于不顾。孙长绂所派之席宝田、王开琳两军均已到赣，即着饬令整饬队伍，择要严防。如粤境〔贼〕窜近边境，即行迎头截击，不准稍有疏虞。镇平文武下落，着瑞麟、郭嵩焘查明具奏。力战捐躯之拟保都司徐桂祖、梁五全，均着交部照都司例从优议恤，以慰忠魂。至郭松林、杨鼎勋两军，前因左宗棠奏闽省肃清，请饬回苏候调，当经降旨允准，并令李鸿章酌量情形调派赴皖。现在该两军行抵何处，抑尚在闽境？瑞麟等所奏咨调苏军，由潮、嘉一路进防江、楚，及孙长绂奏请俟该两军到江，咨商左宗棠调拨之处，是否可行？着左宗棠、李鸿章斟酌调派，毋失机宜。如郭松林等业已赴苏，应如何添派劲兵，赴粤赴江防剿，即着左宗棠妥筹兼顾，不得稍分畛域。霆营叛勇窜至南雄、信丰地方，万一与康逆等股合并一处，为患甚巨。鲍（赴）〔超〕因伤病举发，迭经有旨严催，尚未据奏报启程。瑞麟等惟当督饬朱国雄等就现有兵力，视贼所向，跟踪追剿，以靖地方。翁源县戕官匪犯涂洪古等虽经拿获正法，而逸（法）〔匪〕尚多未获。着瑞麟等督饬员弁实力搜捕，务期悉数歼除，不准一名漏网。瑞麟等所奏粤省军饷竭蹶，杨岳斌请拨厘金目前万难协济等语，自系实在情形。第甘省地瘠民贫，军饷万分支绌，瑞麟等仍当力为其难，设法源源接济，不准稍涉推诿。孙长绂奏每月协济甘饷二万两，尚须俟防务稍松以后。若他省悉皆如此，甘饷终恐无着。仍着刘坤一、孙长绂宽为筹画，随时协拨，不准以本境防务为词，膜视甘饷云云。钦此。寄复湘乡相国一信。司道言瑞君以左帅督办三省剿匪事宜为嫌。予谓用兵之道，一曰自强，二曰善下，兼之者胡文忠也。左季高、李少荃可谓能自强矣。沈幼丹可谓善下矣。既不务自强又不善下，齐景公所谓绝物者也。又论瑞君言租用火船四只缉私，岁可增税银百万。予谓火船缉私之说由我发之。火船行疾而军火利，可以壮声势，亦可以出洋捕逐。而六门缉私，当委员设卡，置备巡船，稽查偷漏，设火船以备缉私之用，非一设火船而私即息也。筹饷如读书立品，得尺则尺，得寸则寸，就吾力之所及与事之可行者，按部就班以求实效。今一切无所事事，而徒为大言，悬揣数百万之获，取快口舌之间，徒自欺而已矣，君子不屑为之辩也。又言昨具两疏皆不欲上。予谓事适于理，言当于义，虽或忤焉而心安。事出于私，言涉于伪，虽以取悦，而心岂能无咎？此君子小人用心之大防也，于此辨得分明而后心无回惑。今于徇私违理之事，侈口陈之，干谴责而无悔，而独于利病大局所关，多所瞻顾，欲言复止，无故自恐。与此曹共事，乌得谓非受厄于天哉！

廿四日。酷热不可耐。府县回复祈雨一节，向来府县先祷三日，再由两院具祷。两月不见雨泽，盖居此两年，从未有见雨旸时若之征，或亦乖气之所致也。

廿五日。接到瑞芝生相国、朱石翘、陆存斋各信。阅武经孙、吴及司马法三书，借以销暑。

廿六日。奉到六月初九日五百里寄谕：恭亲王等奏广东、河南积欠工程饷银延不交纳，请严饬各该省飞行拨解一折。定陵工程需饷紧要，前经谕令各该省督抚等迅速筹解，统限于上年十二月内如数解清，不准再有蒂欠。兹据恭亲王等奏称，各省欠解饷银，除四川、陕西两省均已陆续交清欠款外，广东粤海关欠解银二十七万两，仅汇解银五万两；河南省欠解银三十一万两，仅解银十二万两，现又报解起程银一万两。二省共欠银尚有四十万两之多。现在定陵暨顺水峪工程虽已告竣，尚有欠放之款。文宗显皇帝、孝德显皇后梓宫定于九月二十二日奉安，所有一切执事守护官员兵丁，亟应赶紧添设；兴修礼部、内务府、八旗营房等工，专待广东、河南欠饷解齐，方无贻误。请饬各该督抚等分批起解，以重要工各等语。定陵工程将次告竣，应发欠款及兴办营房等工，均属刻不容缓。该督抚、监督自应激发天良，移缓就急，于万分棘手之中，务当依限筹解，以期无误要需。着瑞麟、郭嵩焘、师曾迅将粤汉关所欠饷银二十二万两，分为五批起解，每月解交一批，限定五个月扫数解齐。并着吴昌寿迅将河南所欠饷银十八万两，分为四批起解，每月解交一批，限定四个月扫数解齐。经此次严谕之后，如敢故违定限，再行蒂欠，即着恭亲王等照例从严参办，以昭炯戒云云。钦此。是日闻张西山丈仙逝之信，为之惘然。

廿七日。贵西道徐孟卿志导来见，盖劳辛陔、张石卿两帅遣来索饷者。便接劳辛帅、黎简堂二信。又接左季高、吴春帆二信。徐君任保定太守，颇有名。瑞澄泉署直督，一奏调署保定，而遂有师生之谊。徐君质直，非务奔竞者，如方耀诸人皆联为师生。孟子曰：人之患在好为人师。其所养亦可知矣。

廿八日。接见文武吏四班。督标后营参将张寅，镇筸人，称同治二年抵万州营游击任，甫三月，而晏彤甫即派某都司往署。询知万州一缺，兵粮尚不甚短乏，故营官日食尚充。晏君视各缺以定价之优劣，张寅适遘此，为可慨也。关令持纬自京来，带到王少鹤、徐寿蘅、张竹汀三信。笙陔见寄鹿胶二匣而无一书，亦殊可怪。又由李筱荃处递到曾澄侯一信。

廿九日。恭率文武各官诣龙王庙祈雨，而亢阳愈甚。并闻高州、肇庆、潮、嘉、韶南一带皆苦旱。吾与澄泉共事，牴牾万状，以吾心之郁结，知天心之感召，必足以致旱无疑也。邹特夫代撰冯景亭《西算新法直解序》，其意在申中法以明西法之缘始，犹粤人恃强负气之风也。吾于此学未窥门径，不能加改，略节其烦冗而已。未知此君负气，尚能以为然后？周瀛士自石龙来，略谈广东筹兵筹饷情形，为之怃然。接梁檀圃信，以其外侄潘峄琴孝廉汝桐见托，指名新会景贤书院，此粤东书院干脩之最优者也。

七月

七月初一日癸亥。诣文庙拈香，随诣龙王堂求雨。早，得大雨。次懿叔诗韵：生平自信我亦颇，出门顾影与人[①]左。万事异趣谁肯亲，但求无忤不官可。起搔鬓发犹鰆沙，门前官鼓颇三挝。居高致旱吾当耻，拂衣归理湘江槎。一作：入秋枯旱犹煎沙，晓窗淅淅雷鼓挝。君诗告别随江涨，一放晴天万里槎。又和懿叔韵兼示碧湄云：一星灯火晃晴窗，坐对无双国士双。半夜哦诗虹贯月，随君清梦落沧江。

初二日。诣龙王堂求雨。接倭艮峰相国、刘岘庄、任松楼各

---

①此处旁注又作“时”。

信。为沈奏篪方伯家传一篇。奉到六月十五日六百里寄谕：瑞麟、郭嵩焘奏匪众尚踞镇平，现筹合剿，霆营叛勇复由江窜粤，派军剿办情形各折片，览奏均悉。康逆盘踞镇平，五月二十八日至闰五月初五等日，官军迭于五星桥等处获胜，并将九岭、茶园一带贼巢扫荡，办理尚为出力。惟该逆以败残之馀，犹为困兽之斗，出其悍党四路牵制，非厚集兵力不足制其死命。瑞麟等现将毗连镇平各要隘密布兜围，江、闽诸军亦分扎交界地方，着（将）〔即〕督饬诸军，迅将大柘、石正之贼先行扫除，然后以全力进攻康逆。郭松林、杨鼎勋二军前已谕令斟酌调派，诸军如尚未回苏，即着飞调由云霄取道嘉应进剿。康国器等军着左宗棠饬令会合攻剿，毋令再有窜突。霆营叛勇复由江西边界窜入广东和平、龙川之江广亭，并扰及兴宁属之十三都司等处，数不盈万，时思归入逆股。现经该督抚饬令黄添元等移扎老隆等处，绝其内犯及回窜之路。又令方耀抽拨劲旅，亲赴龙虎墟会商吴赞诚等，乘该匪初至，急图扑灭。匪数无多，谅不难一鼓殄除，断不可令其勾结康逆大股，致成不了之局。该匪等或江或粤，剽疾凶狡。现在江境是否肃清？如有遗孽，着孙长绂饬令地方文武搜剿，并令席宝田、王开琳等军出境防剿，毋任回窜云云。钦此。盖闰五月廿五日所发军报，奉到回谕如此。

初三日。接见文武吏五班。陈渭滨专弁由海道见寄一书，并惠貂衣。

初四日。雨。为陈懿叔饯行，临席已沉酣不知人事，此老终身无进德之日矣。碧湄言郑板桥榜门卖画云：大幅六两，中幅四两，小幅二两，斗方扇面一两。凡送礼物，送食物，总不如现银为妙。现银到手，则中心喜悦，书画皆佳。礼物既属纠缠，赊欠尤为赖帐。年老神疲，不能与诸君作无味语言也。重题一诗云：

画竹多于买竹钱，纸高六尺价三千。任渠话旧谈交接，只当秋风过耳边。吾谓此老以狂傲济其贪鄙，梁山舟（买）〔卖〕字，戴醇士（买）〔卖〕画，意皆如此。以云高雅，吾不敢信。

初五日。雨。奉到六月十六日五百里寄谕：张亮基请拨各省厘金以抵协饷一折，据称黔省攻剿绥阳、大定等处，现正得手，而饷需已竭。请饬湖南于东征项下每月定拨三万两，按月解黔；广东于厘金项下每月先解黔一万两；四川于泸州、重庆两处厘局，每月各提五千两，均于历欠协饷内扣数划抵等语。黔省军需，前据曾国藩奏请专责湖南供给，嗣以楚东防务正亟，尚未定筹。惟黔省现在窘迫情形日甚一日，必须亟为筹解，以免哗溃之虞。着瑞麟、骆秉章、李瀚章、郭嵩焘按照该署抚指拨各款数目，赶紧筹解，不得借词延宕。湖南东征局名目业已裁撤，即着李瀚章于本省厘金项下，按数拨给。以上各省协款，均着按月源源解济。统俟湖南专力济黔之议定有章程，届时可否停止，再行奏明办理。其刘岳昭援黔一军，月需饷项，仍着骆秉章力筹兼顾。湖南防务已松，地方渐就安谧，所有该省饷需应如何专力谋黔之处，即着李瀚章细心斟酌，请旨遵行。该省与黔省唇齿相依，廓清黔贼，即所以安静楚边。李瀚章尤当畛域不分，共支危局云云。钦此。又接到总理衙门六月初九日一信，仍以坚领事入城事，属责成张寿泉观察为之处理。

初六日。复陈渭滨信，顺寄官秀峰、唐荫云二信，又复刘岘庄信，致高果臣信。接总理衙门六月十六日信，言伍氏欠款二百廿万案卷，请查示核办。后言火轮车及不接洋官公牍之非宜。又接方子严、孙稼生二信。又接李少帅、丁雨生二信，知曾沅浦已放山西巡抚。又接李筱荃信，并意城家信丑字第七信，及刘云笙、崔春圃、罗研生各信。闻友耕已于五月内物故，为之怆然竟日。

又接陈俊臣一信，托书屏联寄之。

初七日。奉到六月十八日批发闰五月廿八日（奉）〔奏〕件并六百里寄谕：瑞麟、郭嵩焘奏官军迭破贼垒，平远肃清，现筹进剿镇平一折。康逆大股盘踞镇平县城，分党扰及平远县属大柘等处，经方耀带兵进剿，连将石正、超竹、大柘等处贼垒扫荡净尽，平远县境一律肃清，剿办甚为得手。现在康逆虽踞镇平，其势已成孤立，亟应乘此声威，尽歼丑类。着瑞麟等饬令李福泰迅筹规复，毋失事机。惟该逆死党尚众，必须四面兜剿，方能一（股）〔鼓〕荡平。康国器等军前经左宗棠派令赴嘉应进剿，着即会同翟国彦一军（与）〔由〕东路进攻，与方耀等西路之军同时并进，自可聚而歼旃。其长宁、安远一带，尤恐该逆绕越，着孙长绂饬令刘典、王开琳两军，由赣州一路移军前进，以剿为防，期与粤军并力夹击。高连升等军即着左宗棠檄令由武平赴粤会剿。其郭松林、杨鼎勋两军如尚未回苏，瑞麟、左宗棠等即可遵照前旨，飞调该军由云霄取道前进，以期厚集兵力。该督抚等务当不分畛域，迅奏肤功。投诚之朱兴隆，准其更名朱朝安，留营效力，仍着瑞麟等随时防范，毋稍大意。霆营叛勇困守十三都司，筑围自固。瑞麟等现已责成卓兴剿办此股，并有郑绍忠遥为声援。该逆已成槛兽釜鱼，不难扑灭。倘任其窜逸或煽惑土匪，再肆鸱张，即惟卓兴是问。瑞麟等片奏开平土民复有聚众往攻赤水客民之事，现派郭祥瑞前赴肇庆府属查办等语。那扶、金鸡、赤水等处客民既经安插，何以开平土民复行起衅？着瑞麟等饬郭祥瑞体察情形，妥筹办理，冀息争端。倘有不遵约束，恃强抗违，无论为土为客，均着一体惩办，勿稍迁就云云。钦此。

初八日。接见文武吏四班。致张寿泉、曾燮堂二信。总理衙门以法国柏公使照会，该国合实般船在八达思海岛被劫，云系琼州属地，距香港数百里，并绘有一图，皆番字也。特寄澄泉，属为译之。

初九日。奉到六月廿一日六百里寄谕：孙长绂奏逆匪窜扰长宁县境，旋经官军击退一折。兴宁逆匪窜入江西长宁县境之留车墟，经江军击退，贼向广东龙川县上坪墟一带窜去。铨字营随同周宽世等力战却贼，不无微劳足录。着准孙长绂择尤保奖，无许冒滥。前因瑞麟等奏平远县境肃清，康逆仍据镇平县城，当经谕令调集各军分路进剿，迅歼丑类。现在贼众数万，麇聚龙川，毗连镇平，与定南、龙南相距均不甚远。霆营叛勇若与合股，贼焰益张。设被往来窜越，则剿办更形棘手。孙长绂已饬席宝田、周宽世等军合力堵御，即着督饬该臬司等以剿为防，毋任该逆绕越。王开琳一军，新湘营既须整顿，老湘营何以亦有索饷争闹情事？着左宗棠等迅速筹发该营饷项，以固军心。孙长绂即饬王开琳赶紧整饬队伍，刻日到防，由赣州一路督军前进，与粤军并力夹击，共殄穷寇。粤境贼氛正炽，着瑞麟、郭嵩焘懔遵前旨，催调各省援军，会合本省之兵四面兜剿，迅拔镇平县城，剪除巨憝，毋令贼踪分窜，更益蔓延云云。钦此。

初十日。雨。接张寿荃信，言潮州事甚悉，于惠来县王惠浦情形言之尤详。寿荃尚是一办事才也。

十一日。雨。寄刘养素一信，以碧湄保荐熊君咏梅，现在养素处司厘务，以一信邀其来粤。志城为选一冯氏婢女，是日定议，年十五，貌中人而已。留备使唤，以察其性质之良否。

十二日。诣万寿宫行庆贺慈安皇太后生辰礼。寄家信乙字十号，约意城一来粤。以志城求归甚切，使意城为之接代也。兼寄李筱荃中丞一信。

十三日。接见文武吏五班。食新祀祖。约刘荔坛、俞信甫、陈莳松、陈懿叔、高碧湄、张伯羲诸人小酌。

十四日。立篪完姻，齐仲炎始定十月三日未时，嗣复订十月廿二日辰时，又虑道里辽远，未能如期至也，再订十二月初二日辰刻上吉。

十五日。遣巡捕崔成贵、家丁杨斌赴南京请期。寄曾劼刚、李少荃两信。恭诣武庙行香。

十六日。傍晚大风雷雨。以先太淑人忌辰，谢客一日。取平粜局赏给捐户黄务滋堂等匾联，并各处求书者，悉数料理之。兼挽黄荷汀一联云：循吏夙相期，记曾问卜藤阴，断定一生宦游，化作云间孤鹤去；善人宜有后，却为渡江桃叶，催令千里迎接，携将天下二麟归。懿叔为其子妇鲁氏求匾，盖守贞而死于贼者，为题四字云：蹈义完贞。电白冯令以前代理段永源与邑绅前乌程县康正基，将黄陈氏抵押康正基银六百两之盐墉，以千二百金召变，假康正基之戚廖士贤出名承买，实系康姓管业。段永源为之断抵，一本一利，出示召变。而康正基实已收过本银三百金，乃仍勒令补缴三百金。经黄陈氏揭示控县、控府，冯令仍恐力不能制伏之，欲假一访闻扎，以发其覆。为批饬之云：绅士不能为善于乡，辄至盘剥欺压，为天下所同患，而广东为甚。地方官又复朋比为奸利，人心风俗，安得不日益败坏。此案既经控府、控县，允宜据实查案究办，无所庸其瞻顾，吾亦必能为主张之。如此等细故，却未宜出以访闻，转致节外生枝。此禀事由已具悉矣，即行照案澈究可也。又为张西丈挽联一首云：父执怆晨星，一生孝友今尤少；时艰婴晚岁，同气摧残惨更多。

十七日。接奉六月廿九日批发六月初九日折件并六百里寄谕一道：瑞麟等奏康逆攻扑嘉应州屡经官军击退，现在移军进剿；张凯嵩奏遵饬刘坤一迅赴新任，南宁一军暂行遴员接统各一折，览奏均悉。康逆大股麇集镇平，乘虚窜扰嘉应，分扑白渡、石峰径两处营盘，经方耀等军驰往援剿，连获（仗胜）〔胜仗〕，该逆全数退回镇平。方耀全军现已进扎（进）〔新〕铺墟，渐薄镇城，力图攻剿。即着瑞麟、郭嵩焘督饬该总兵等统兵进剿，迅拔坚城，尽歼丑类，毋任阑入腹地，致贻后患。康国器所部闽军自松源移赴嵩山，瑞麟等已派邓安邦等军径抵嵩山，以为闽军向导。即着左宗棠、徐宗幹檄饬康国器会合粤军，节节进逼，将镇城踞匪悉数扫荡，以清馀孽。郭松林、杨鼎勋所部苏军如尚在闽境，并着左宗棠饬令速赴嘉应会合进剿，不可稍分畛域，致误戎机。前据瑞麟等奏霆营叛勇已困守十三都司，何以此次又与花旗合股扰及平越、汶水等处？可见卓兴等剿办不力，致被贼匪窜突。瑞麟等务当严饬卓兴、郑绍忠等军实力兜剿，毋稍松劲；并着孙长绂严饬在防各军并力堵剿，勿任窜越。副将林保驻守石峰径地方，虽因众寡不敌，为贼所乘，致令所部员弁勇丁伤亡多名，究难辞咎，即着暂行革职，仍责令戴罪立功，以观后效。阵亡都司杨仁、守备王熊彪、守备衔尽先千总郑纪勋、千总林恩、黄点，均着交部照例议恤，以慰忠魂。霆营叛勇等股尚在长宁、龙川一带，江西军务吃紧，刘坤一自应遵旨赴任，以资调度。张凯嵩现派同知刘培一接统南宁军务，并派知府覃远琎帮同办理，即着张凯嵩将南宁一军暂交该员统带，妥筹攻剿。提督冯子材前已饬赴广西本任，现在谅已启行，着瑞麟、郭嵩焘催令该提督迅速前进。俟冯子材到后，即着张凯嵩将南宁一军交该提督总统，以一事权云云。钦此。

十八日。接见文武属吏五班。随赴箭道挑缺。往瑞澄泉、库仁龛、敖经甫、颜憩亭各处谈。陈懿叔以是日启行回江西。撰《李选臣师寿序》一篇。

十九日。闻贼陷长乐，惠州搬徙一空，特传司道商出省堵御之法，饬就督辕一议之。

二十日。折弁戴隆恩回。五月廿六日所递通筹大局一折，奉旨留中。并接汪啸师、朱石翘、夏芝岑三信，又接邓厚甫、王壬秋、吴春帆、白兰岩各信。晚邀杨小匡、李季庐、禄海峰、敖经甫诸人小酌。经甫已前回永安矣。

廿一日。督辕以鄙人出省御贼，大触忌讳，再四不可，议论离奇，司道等至传以为笑。船山先生有言：士之交友，识阍而力柔者绝之可也。识阍而情愈僻，力柔而毒愈深，澄老当之。

廿二日。王春晓自芦包来。本意以出省，思得春晓募一营相助，召之来，相对惘然而已。是夕邀幕中诸友商之。

廿三日。幕中诸友为志城饯行，吾亦得与饮。具疏乞病，商之碧湄、志城，皆极怂恿之。吾行决矣。

廿四日。诣城隍庙行香，以俗传是日为城隍诞辰也。志城以是日回湘，顺致李筱荃、李辅堂、左景乔、罗研生、陈俊臣、彭海春、陈郁文、陈镜吾各信。

廿五日。赴五仙门外，登志城行船作别。两日未理公事，积牍丛委，并批发告呈十八件，劳乏特甚。

廿六日。成鉴泉、徐孟卿来谈。复龙兰簃信，以意欲送致王菽原先生二百金，属为汇寄，以杨小匡回江北之便告之。接李眉生、李晓峰、刘子岩各信。眉生以张星耀见托。晓峰、子岩以钱埙见托。

廿七日。就库仁龛、成鉴泉处谈。奉到七月初十日六百里寄谕：孙长绂奏叛勇被击窜逸，已赴粤东乞降，现在筹防情形一折。叛勇与发逆在吉祥墟搜括粮食，分派不均，互相斗杀，既合复分。叛勇窜长宁被剿，遁往平远，进退失据，遂向粤军乞降。经方耀收受，计七千馀人，现令前赴嘉应州石灰港，听候处置。着瑞麟、郭嵩焘督饬方耀，妥为区画。其有家可归者，酌量递解遣撤。如系无业游民，即遣散亦恐复为贼，须分营安插，令与官兵相辅而行，不可稍涉疏虞，致贻后患。汪逆仍踞镇平添造木栅望台，意在伺隙而动。着即督饬在事各军设法攻剿，务须四面兜围，勿令再有窜逸。发逆窜往老龙街，有图犯惠州之意。此股现系何人剿办？卓兴现在何处？能否跟击？并着该署督抚责令迅速剿办，勿稍松懈。左宗棠等当懔遵叠次谕旨，饬令康国器等会同粤军实力攻剿，将镇平踞逆悉数殄除，勿留遗孽。镇平逼近江西之会昌、长宁，孙长绂已令席宝田扼扎会、长边界，并令娄云庆等严防龙定、南安，令王开琳迅扎会、长。着即督令席宝田等扼要驻守，遇贼即击，勿稍大意。孙长绂另片奏韩进春一军勇丁索饷滋闹，遵将为首各弁勇惩办等语。韩字营营官游击杨景福、董德春，什长曾起洪倡率鼓噪，业经讯明正法。在逃之都司罗寅、王大魁，把总贾以标、叶隆仁、钟定高，均着革职，与在逃之什长钟明发等一并严拿，务获究办，不准一名漏网。韩进春着留于精毅营效力赎罪，以观后效等因。钦此。据孙小山所奏各情，全无影响，亦可谓道听涂说者矣。

廿八日。接见文武吏五班。会客至夕，意颇苦之，精力益不支矣。

廿九日。司道来见，以东江军务非粤军所能了，予前议请左帅督办，故相不谓然也。吾言君子立身有二义：一曰自强，一曰下人。治军、行政亦然。自强而又能下人者上也，胡文忠以之。左、李诸公立志自强，沈公虚心下人，其成功亦同。既不能自强又不能下人，斯可危矣。司道等仍申前说，属为具奏。吾谓此义会奏则顺，专奏则直相与为忤矣。司道等推陈本末事宜，其词甚辩。容再思之。

三十日。碧湄言：万本仪闻之方君，廿六日督辕有密件发递。吾之乞休，其计早定。徒以军务倥偬，无可托以为词，而又不乐与人牴牾，以致濡忍至今。督辕果先发之，则吾之理顺而（必）〔心〕亦安矣。是日具稿乞病。此吾素志所存，而势亦迫于不得已也。

八月

八月初一日癸巳。诣文庙行香。拜发慈禧皇太后万寿贺本。遣弁黄福成、刘凤升赍进。又递六月分月报，并具折乞病，及附片三件。

初二日。赴顾实甫观察处，吊其尊人萼亭之丧。随诣方子箴、曹芗溪谈。

初三日。接见文武五班。奉七月十四日五百里寄谕一道，催云南协饷，列官、骆两督之名而不列瑞公名。以寄谕恭存，不复详录。并接总理衙门咨，饬司刊刻荷兰条约，行知各口通商处。晚诣瑞公谈，其言乃渐归平易。并知罗椒生司农保胜粤东疆吏七人：李筱荃瀚章、吴少村昌寿、严渭春树森、郑小山敦谨、赵祐存昀、吴春帆赞诚、孙省斋观，且闻子箴都转辈皆有好考语，不解所见云何也。

初四日。与瑞公同委周承熙、达桑阿专办文庙祭品，乃知向日简率万状，因据会典厘正之。接奉七月十六日寄谕：瑞麟、郭嵩焘奏逆匪麇集一隅，现筹合力进剿一折。康逆汪海洋盘踞镇平，分筑贼垒，积粮自固，为坚守之计。瑞麟等以贼势合则兜剿易尽，兵势分则力薄难支，所见甚是。该逆自江、闽遁入粤东，其势本已穷蹙，若不合力会剿，迅图扑灭，铤走固属可虞，且此股一日不除，则江、闽防军即一日不能遣撤，老师縻饷，东南军务终未了局。左宗棠前仅派康国器一军进扎粤境，兵力究嫌单薄。即着添派后路防军克日进发，会同粤军进规镇平，无稍延缓。孙长绂亦即饬令席宝田等军前赴粤境，与闽、粤官军三面围逼，使该逆无路可窜，以期一鼓歼除。左宗棠、徐宗幹、孙长绂接奉此旨，即当迅速调派，督饬各军，同时并进，不得存此疆彼界之见，意存观望，贻误事机。瑞麟、郭嵩焘仍当督饬李福泰、方耀等军并力进攻，务将此股贼匪就地殄除，毋任再行他窜。花旗股匪与康逆分股，跧伏龙川、长乐交界地方。如果真心就抚，亦须相机妥办，断不可稍涉大意，致贻后患。霆营叛勇，前据孙长绂奏称已向粤东乞降。此次瑞麟折内，则称汪海洋结霆营叛卒为辅翼等语。究竟霆营叛勇是否就抚？仍着瑞麟、郭嵩焘查明具奏。甘肃西宁镇总兵黄武贤上年七月间赏假两个月回广东原籍省亲，令其假满赴任。现在历时已久，尚未（有）〔见〕该员赴任。着瑞麟、郭嵩焘查明该员现在是否在籍，催令迅速赴任，无稍迟延云云。钦此。并递回六月廿五日会奏一折，并奉旨：保应熊着照所请仍赏加副将衔，馀依议，该部知道。钦此。昨奉谕催解滇饷，不列瑞公名，谓必稍有变更。此次批折尚后两日，固知朝廷均无成心也。

初五日。秋祭文庙。瑞公以两次求雨有应，匾于龙神堂，曰：甘霖溥济。而命予撰联上之。其联曰：雨旸失时，五行休咎官人责；祷祈立应，八节均调造化功。至不能佳，乃属碧湄代撰一联云：惟尔有神，勉为苍生作霖雨；望君如岁，更令赤海息风波。以下联稍泛，重易十一字云：相予兹土，永扶元化赞高穹。接到志城家信二件：一佛山发，一三水县发。又接方子颖、刘松岩、夏芝岑、朱石翘、刘镌山、白兰岩、陈筱舫各信。又接彭雪芹信，并钞示添设长江水师善后章程，颇论江、皖各营以哗营为请饷要诀，当事者辄筹巨款给之，始终不惩治一人。其倡为哗噪，大率哥老会。近皖南至因哗饷撤革营官，即以哥老会首名老冒者将其军。纪纲废弛如此，将以弭乱，直酿乱耳！读此为之慨然。

初六日。恭祭社稷坛，督辕分祭神（祈）〔祇〕坛，亦向例也。周发自湖南来，带到意城家信丑字八号，并于英德途次遇志城行舟，带到家信道字三号。并接易汉乔一信。

初七日。恭祭文昌庙。往拜昆静山、卫楫臣。以静山于初六日交卸，提篆令卫君暂行护理也。随诣刘融斋学使谈。卓兴信言：围攻长乐，阵获伪洪烈王一名。花旗贼首林八头乃诣营乞降，并擒献伪来王。大概花旗一股，必尚易了，而粤东之酿乱益深矣。洪烈王不知为何人，来王则所谓陆顺德也。澄老得此信，喜动颜色。浅人但顾目前，以为权得此，谢朝廷之责望，君子之所不敢出也。营弁李元亮从星衢嘉应函寄其同事，言各营情形甚悉。遗山诗云：只知灞上真儿戏。竟欲相与以一戏了之。天厚粤东之毒，多生此才以重粤之隐忧。观澄公雍容揖让，今之所谓大臣者所习在此。欲国无危乱，得乎？

初八日。致祭关帝庙。接常月汀锡昌梧州信，极言后沥一厂厘务之废弛，为之惘然。

初九日。王春晓来见，知志城已于初四日抵英德。是日微雨，亢暑之气亦为之稍退。昆静山馈席一筵，因邀俞信甫、陈莳松、高碧湄、张伯羲小酌。

初十日。雨。奉到七月廿二日六百里寄谕：左宗棠等奏官军越境剿贼获胜，贼匪图由闽窜江，并兴、泉、永、漳等处剿匪情形各折片。汪逆盘踞镇平，复分扑嘉应州，经康国器督军援剿，将白渡、新铺墟一带贼垒、贼卡平毁。该逆复以江西粤东边界防兵甚多，图由闽边分窜江西，遂分两大股出扑岩前、猪股坳官军营垒。连日经高连升等军奋勇血战，计毙悍贼千数百名，该逆仍退回镇平盘踞。所奏情形，较广东前奏更为详尽。镇平地方险瘠，该逆势难久踞，终必遂其窜越江西之谋。康国器一军由嘉应州一路进剿，本嫌单薄。此时贼既拟由武平窜江，高连升、黄少春驻扎岩前、中赤之师，刘清亮驻扎武平、下坝之师，均距镇平仅数十里，正可迎头截击，就地歼剿，以杜其入闽之计。且汪逆猜狠日甚，驱除异（目）〔己〕，贼目多不附之，其势自将内讧，正可乘机就其遣党输诚者，使之内应，尤易得手。着左宗棠即饬高连升等得胜之师，移营进逼镇平，与康国器军及粤省官军两路夹击，毋失事机。其武平、上杭各路应防处所，仍着该督厚集兵力，节节布置，毋令旁逸。并着瑞麟、郭嵩焘令李福泰督方耀等军并力进攻，以成合围之势。其江西之会昌、长宁等处，孙长绂已饬席宝田等扼要严防，着仍遵前旨，饬令前赴粤境，与闽、粤官军三面围逼，以期一鼓歼除，毋稍观望。福建兴、泉、永、漳等处，民俗犷悍，动辄乘机蜂起，经左宗棠督饬地方各员，将永春、同安、兴化、新溪各属匪徒剿洗，平毁巢穴，办理甚属认真。仍着左宗棠、徐宗幹饬令地方文武尽力搜捕，无留馀孽。其岩前、猪股坳等处剿贼力战阵亡之副将汤复春，着交部照总兵例议恤；知府衔候选通判龙朝翼，着照同知例从优议恤；拟保副将参将衔游击黄春田，拟保都司王朝先、徐正魁，拟保守备袁金榜，均着照拟保官阶议恤；千总何亨全着照守备例议恤。兴、泉等处剿匪阵亡之都司朱得福着交部照例议恤，以慰忠魂。另折奏郭松林等军由海道回沪，已据李鸿章奏报矣。郭松林所署福建陆路提督，即着左宗棠拣员奏明派署，以重职守。又福建藩司张铨庆本日已降旨革职，并将王德榜简放福建布政使、邓廷楠简放按察使矣。该二员能否胜任，着左宗棠随时察看，据实具奏云云。钦此。同日，又奉五百里寄谕：裕麟奏黔省军务大概情形，请饬四川等省协拨饷需一折。据称黔省苗、教各匪蜂起，日成负嵎之势，皆由官军饷匮兵饥，不能捣穴擒渠所致。而士卒尚有可用，将领不尽无能，诚得粮足饷充，以次规取贵定等，可收事半功倍之效。请饬各该省将协饷源源报解，俾得及时剿贼，以维大局等语。黔省饷需匮乏，亟应迅筹协解。着骆秉章查照张亮基原请，在泸州、重庆两处厘局内，按月拨（省）〔解〕黔省银一万两，（数）〔如〕数赶紧筹解。湖南东征局现已裁撤，裕麟所请在该局按月先拨黔省银三万两，着李瀚章悉心酌度。该省于援黔尤属（重）〔责〕无旁贷，如可以指拨，无论何项，迅即筹解，以济要需。并着官文、瑞麟、李鸿章、马新贻、郑敦谨、郭嵩焘、刘郇膏、孙长绂将广东、湖北、江西、浙江、江苏历年积欠奉拨协滇兵饷银两，陆续筹解，毋得稍分畛域，置黔事于不顾云云。钦此。

十一日。雨。接卓兴来咨，长乐已于初四日收复。先是有列王黄宗保者，逾城纳款，卓兴又与贼战，获烈王洪桂芳。贼皆不能自固，林振扬乃捆献来王陆顺德以请降。曾敏行克复木式之报亦至。卓由招降，曾以力战克之，有愧曾君多矣。

十二日。致祭龙王庙，瑞公病不能往，予乃代之主祭。晚邀昆静山、成鉴泉小酌，为静山送行。鉴泉初至，宜一邀饭也。

十三日。接见文武吏五班。随诣澄泉、静山、继瞻三处谈。潘佑鲲、钟应能递万寿本回，带到潘伯寅、韩叔起、张竹汀各信。伯寅言江南近有宋伟度祖骏者，一时奇才，近为湘乡招致入幕。湘乡之门为群贤辐辏，他人不能及也。又接赵玉班一信，云将由文明司进扎乐昌之风门坳、西坑一带，扼楚粤之冲。

十四日。致祭火神庙。澄公仍以病不至，予代之主祭。

十五日。凉甚。诣武庙行香。以中秋佳节，邀杨小匡作竟日谈。小匡（有）〔言〕浙人赵子谦与宋祖骧俱美才，而赵特狂傲。

十六日。卯初月食，行救护礼。常立泰、倪澐自京回，带到潘伯寅、张竹屋及笙陔叔信，并带回鹿茸二架，托笙叔代购者也。又接到陈俊臣、李辅堂，吴春帆，任松楼各信。松楼以蓝翎外委李汉源、周良佐等均水师旧弁，属分派之靖安各营。

十七日。大雨竟日。致祭风神庙。随诣库仁龛、成鉴泉谈。居不幽则思不远，身不约则智不广。

十八日。接见文武吏四班。诣龙王庙上匾联。随赴刘融斋、方子箴、沈少韩谈。

十九日。孔祥送志城，自韶关归，接到志城第四信，并陈懿叔、张芝阁各信。探报汪逆海洋已窜平远之东石、八尺、公平、黄芗，可通大柘、长田，可通江西信丰、安远，为平远、和平、长乐、龙川各县交界之地。随寄任松楼一信。

二十日。接李筱荃、刘岘庄、曾澄侯三信，并接意城丑字第九号二信：一七月廿四日发，一八月初二日，而皆列九号。嗣接意城九月信，已改列八月二日信为十号矣。又接志城乐昌发寄第五信，知已由乐十六日开行矣。发家信乙字十一号，并寄李筱荃、曾澄侯二信。

廿一日。致祭天后宫。卓兴差官解到伪来王陆顺德、伪烈王洪桂芳二犯，赴督辕会审，恭请王命，凌迟处死。赴王雨龛处谈。

廿二日。邀曹湘溪、杨小匡、冯汝勤、敖经甫、高碧湄小酌。以香溪、小匡皆将回京，略致饯送之意也。

廿三日。以现具折乞病，各庙祀事均已告毕，乃辞文武各官之赴堂期者。接彭雪芹、高果臣、刘晓沧、罗伯宜各信。又接吴春帆信，述及高果臣、康友之两军追贼至罗浮，粤军无一骑从者。渠因率谭德恩五百人驰至大坪，则高、康两军已败于磁石，退守罗冈。询其情，则高、康两军初追贼南陂，为乡民劫夺其辎重几尽，并毙三百馀人。嗣行至罗冈，土人诡言贼已远去，因前行至磁石，中贼伏。白水以上各寨土民又拦截其军火，遂至大挫。闽军关镇邦阵亡，康友之部将也，为关镇国之弟。此间敝俗乃一至此，劫运殆未已也。

廿四日。崔成恩、杨庆自金陵回，带到李少帅、曾劼刚两信。所定婚期，仍未有成议也。接奉八月初七日六百里寄谕：瑞麟等奏官军击败花旗股匪，并拟规复镇平情形一折。花旗股匪被江西截击，回窜龙川等处，托为就抚，以款我师。经瑞麟等饬令卓兴等移营进剿，毙贼多名。现仍令诸将弁跟踪追剿，所办尚合机宜。惟康逆在镇平与霆营叛卒互相援应，并有由嘉应出窜之意。设与花旗合股同窜南雄、信丰，势必再扰江、楚。瑞麟等虽调派副将朱国雄等移扎连和，并添募楚勇驰赴南雄扼守，而进（副）〔剿〕镇平之军只有方耀、康国器两军，尚形单薄，未可以操必胜之权。闽、粤接壤之区，虽岭路崎岖，而高连升等军何以日久未到？着左宗棠等严饬各军迅速驰赴粤省，会同进剿，以期速复镇平。前谕孙长绂饬令席宝田等军赴境会剿，刘坤一并有会商粤、闽督抚派兵合剿之奏，计程当抵新任，并着迅速催令赣州防军入粤，以厚兵力，毋稍迟误。惟花旗剿败之馀，易于殄灭，若将此股速筹剿除，则不至专待客军方能蒇事。着瑞麟等严饬卓兴等奋勉攻剿，不得稍涉松懈，致任窜逸。伪天将谭富自拔来归，殊可嘉尚，着准其更名随营效力，倘能杀贼立功，并着瑞麟等奏请奖叙云云。钦此。并递回七月十七日奏报军务各件。

廿五日。致湘乡相国、高果臣、康友之、吴春帆回信。志城前信言靖安左营郭丙明、黎宗康，靖安右营翁诰，均读书人，而充当一哨官，与兵弁为伍，其人皆有用才也。接周世澂信，催取其尊人周弢甫墓志。

廿六日。考验州县钟启元等五名、佐杂倪鸿等卅七名。杨小匡回江南之便，寄王菽原方伯、潘季玉观察二信，并寄季玉银百两。

廿七日。香山翰林何瑞丹来见，言吴令于县城局绅信用者，一曰萧鼎铭生员捐主事者，一曰黎翔翰林；于小榄局绅信用者，曰张兆鼎福建知县，皆利徒也，终必为累。又言香山沙田有下沙、上沙之分，下沙皆近海新坦膏腴之业，上沙则瘠区也。上沙二钱略多，下沙二钱实少。随属梅小岩函知罗海农遵照办理。

廿八日。尚仲勉来见，率所部巡船及靖安水师共廿四号，剿办东莞角尾围、花枝围、仁安村等处，获盗六十馀名。因饬即夕率所部，益以抚标兵二百，剿办簸箕村盗匪，又获盗十馀（首）〔名〕。盗首姚亚庆，混名大炮，度已逃逸，获其妻以归。

廿九日。由香港寄李少荃、左季高两宫保，丁雨生都转，张寿荃、应勉斋两观察五信。雨生擢两淮都转，发信时始知之，为之一快。

三十日。接奉八月十三日六百里寄谕一道廿九日三鼓到：孙长绂奏遵旨调派各军赴粤会剿一折，据称林逆窜往长乐，翟逆尚踞龙川、兴宁交界地面，康逆由镇平移粮东石地方，似有他窜之意，现饬令娄云庆等会筹援剿，而兵力甚单，且须兼顾江境，惟有步步为营，以剿为堵，请特派重臣进驻粤境，节制三省各军督剿等语。康逆一日不除，粤境一日不靖，江、闽边防讫无了期。自应合三省兵力，围逼夹攻，迅图殄灭。第主客各军营数既多，职分又各不相下，且该将领进止机宜，须俟各该省督抚指挥调度，势必迁延观望，坐失事机。左宗棠廓清浙闽，威望素著，着即督率高连升等军驰赴粤境，调遣三省之军，相机合力攻剿。所有江西、广东援剿各军，均着归左宗棠节制，以一事权，务将镇平踞匪克日歼除，林、翟诸逆次第扫荡，俾粤省一律肃清，全功克竟，方为不负委任。汪海洋以残败馀孽，窜踞镇平，粤军进攻数月，迄未得手，殊属疲玩。着瑞麟等严饬李福泰、方耀等认真攻剿，迅拔坚城。如敢再事因循，即着左宗棠从严参办。刘坤一计期应已抵任，并着恪遵前旨，檄饬江境防军入粤会剿，听候左宗棠调遣，以期迅速蒇功。孙长绂另片奏：访闻崇仁等县有匪徒假吃斋为名，冀图滋事，现经文武员弁拿获斋匪汪碌保等讯办等语。匪徒传教，最易煽惑愚民，不可不严拿惩办。惟现获各犯，供词多有参差，难保无不实不尽。仍着孙长绂督饬承审各员，细心研鞫，务得确情。如果结党传徒，谋为不轨，即当尽法惩治，务绝根株。该犯供出之匪首朱明月等，业经孙长绂分咨浙江等省一体查拿，着俟咨覆到时，即将作何办理之处，迅速奏闻云云。钦此。孙小山此奏，与鄙人八月初一日所奏同意，亦如前奏恽次山一件，均落第二义矣。

九月

①初二日接奉八月十五日六百里寄谕：左宗棠、徐宗幹奏闽军剿贼获胜一折。康国器一军进剿镇平贼匪，迭破石坑、排蓝坑、南坑头等处逆垒，共毙贼三千馀名，剿办甚为得手。汪逆窜伏镇平，迭经闽、粤各军围逼，势孤力竭，其势断难久踞。惟穷极思窜，自在意中。现在康国器、关镇邦两军攻其东南，（踞）〔距〕镇城仅十馀里。高连升、黄少春两军并分布镇城之北，皆相距数

①此处有眉批“在后”。

十里，是东、南、北三面已成长围之势。惟镇平西路、西南路可通兴宁、长乐、龙川，闽军尚难兼顾，自系实在情形。本月十三日已有旨令左宗棠驰赴粤境，调遣三省之兵合力攻剿。即着左宗棠克期进扎，将江、粤各军应如何布置务臻周密之处，相机妥办，迅奏肤（公）〔功〕。左宗棠起程以后，闽省边防事宜，徐宗幹当随时咨商左宗棠认真筹办。卓兴一军剿办花旗股匪情形若何？着瑞麟、郭嵩焘严饬实力进剿，迅图扑灭，以便腾出兵力，合攻镇平，毋得旷日持久，顾此失彼。刘坤一、孙长绂当恪遵迭次谕旨，檄饬江省防军进扎粤境，合力围攻镇平，以竟全功，毋得徒事防守本境。左宗棠另片奏王开琳等所部各营饷绌争闹情形。军营饷需，刻不容缓。江省于该军应发之饷，何以任意迟延，直至该营滋闹，始行发给，适开嗥索之端。孙长绂于此事办理实属不善。嗣后新、老湘营及娄云庆所部各营饷银，着刘坤一、孙长绂等源源拨解，毋令缺乏云云。钦此。接到志城道字第六信，并高果臣及总理衙门各信。发寄彭雪芹、曾燮堂、陆存斋三信。

①九月初一日癸亥。诣文庙行香。拜发长至贺本。赴杨小匡、王雨庵两处送行，随诣昆静山处谈。凤梧冈太守来见，明畅稳练，亦良吏也。

初三日。瑞澄帅来谈，所言及所办事理，多中肯綮，绝不类从前之所为。亦岂非数应然耶？念之怃然。

初四日。徐孟卿来谈，询及黔中贼情，分红白二教，其稍大者：开州八蟒、何二强盗、修文县尚达坪潘名杰，皆白教也，距省均在百里内外。其红教则石圩、铜仁一带，无处无之。大定府属朱公菁积匪数万，则滇中散练为多，不在红白两教之内。苗匪

①此处有眉批“在前”。

惟受教匪雇值攻城，不自为匪。以教匪皆不能施放枪炮，故图攻城必借苗匪之力。

初五日。诣瑞帅、库仁龛、师济瞻、刘融斋各处谈，知林芗溪已拟回闽，另图张罗也。

初六日。新廉使张君是日由海道至，外间讫无知者。张兰陔亦自琼回省。

初七日。接志城道字第七信，八月廿四日由郴州发，计此时已抵长沙矣。据称劳辛帅已回京，张石卿署滇督，裕时卿护黔抚，湖南省信云尔。

初八日。奉到八月廿一日上谕，并八月初一日所上乞病批折。未蒙俞允，而训饬之词委宛尽致。冒昧有此一奏，意求引退，所言固多未合也。

初九日。率家人为登高之会以遣怀，略见其无聊矣。奉到八月廿二日寄谕：刘长佑奏直隶操防紧要，请饬催固本军饷一折。前因直隶练兵募勇所需固本军饷，由广东等省指拨协济。各该省报解寥寥，积欠甚巨，业已不敷应用。本年春间直隶设防以来，经费支绌。现在东西两路留防兵勇人数尚众，加以月协淮勇军饷，并添设水师制造炮船，需用不赀。若各该省不将固本军饷迅速筹解，畿辅重地，兵勇哗溃堪虞，所关匪细。着瑞麟、左宗棠、李鸿章、徐宗幹、刘坤一、李瀚章、郭嵩焘、刘郇膏、孙长绂查照刘长佑咨催单开欠数，严督藩司，将各该省欠解银两迅速如数筹拨，分起解赴直隶，以济急需，毋许迟延拖欠云云。钦此。张友山廉访带到霞老并黄子寿一信。霞老书发明应人接物之宜，极有远见，谓或可以免于罪戾。而据张友山言，在上海见京报，霞老已降二级调用，陕抚赵长龄补授。此陕事之不幸，抑亦世道之忧，而吾特为之一快，以山中伴侣之可以不孤也。

初十日。雨，寒甚。昆静山（是以）〔以是日〕下河，张友山、郭毓六并于是日接印。接奉八月廿三日六百里寄谕：左宗棠等奏官军剿贼获胜，现饬各军分道进剿；瑞麟等奏八月初四日具奏花旗股匪阑入长乐县城，官军（各）〔合〕力围攻各一折。览奏均悉。窜粤馀逆惟汪海洋一股凶狡最著，此次经康国器督军痛剿，歼毙悍贼甚多，汪逆身受重创，一时猝难远窜，自应以剿为防，步步围逼，方能聚而歼旃。左宗棠现饬高连升等进逼镇平之北，令刘典、王德榜等分屯要隘联络声援。惟镇平西南一路必须粤军严扼其冲，而花旗股匪窜陷长乐，卓兴等军为所牵缀，仅馀方耀、（邓）〔郑〕绍忠两军，恐不足以遏贼奔突。着瑞麟、郭嵩焘督饬方耀等实力扼守，一面严饬卓兴等将长乐县城迅图攻克，歼灭花旗一股，庶得早日合兵歼除汪逆。席宝田、娄云庆等军，前已有旨令其驰赴镇平会剿，即着刘坤一、孙长绂遵照前旨，迅速调派，毋得稍分畛域。左宗棠前已有旨令其驰赴镇平督办军务，广东、福建、江西三省兵勇均归节制，即着凛遵前旨，迅速前进，妥筹一切。如有不遵调遣及迟玩军务者，并着查明参奏，以一事权。康国器一军越境剿贼，以寡胜众，着准由左宗棠等查明出力员弁，择尤保奏。力战阵亡之把总区昌，着照守备阵亡例议恤，以慰忠魂。长乐文武下落，着瑞麟等查明具奏。都司黄添元、邓奋鹏奉派驰援长乐，辄因溪涨路阻，未能迅速赴援，以致被匪攻陷，实属咎无可辞。黄添元、邓奋鹏均着即行革职，仍令随营效力赎罪云云。钦此。解香蜡贡委员俞辅廷、姚颐寿入京，便寄总理衙门一信，并潘伯寅二百、杜季园一百、方子严卅、韩叔起廿银信，张竹屋，家笙陔，共七信。

十一日。接湘乡相国一信。致左季高、张寿荃二信。龙南窜匪又已窜入和平城，粤事其日棘乎？接刘养素信，为熊君咏梅代辞召命。

十二日。接到湘乡相国、黄芍岩、潘伯寅各信。伯寅信荐潘任卿庶常、其弟奕琴孝廉汝桐来见，兼求荐一书院也。又接官秀峰中堂、郑筱山、唐荫云、李筱荃各信。筱荃信委孙小山来粤索欠饷，兼寄湖南耆旧文征启。鄂省诸公则以重修黄鹤楼启，谋集资兴工也。

十三日。接见文武吏五班。与澄帅议北江调防事宜。会咨高果臣军门，以军事属之。

十四日。与督辕会讯李光及番禺巡船一案，随往师继瞻、方子箴、曹湘溪处谈。

十五日。诣武庙行香，随诣万寿宫宣讲圣谕。

十六日。钟天佑递五月、闰五月月报由京回，带到方子颖、刘镌三二信。寄湘乡相国一信，又缄致沈翰卿，谕以派船帮同北江防堵。据探报，汪逆大股已窜入翁源县境也。

十七日。接张寿荃信。英国坚领事已于十三日入潮州城。奉八□□□□上谕，派令瑞帅前赴潮州办理洋人入城事宜，而事已大定，瑞□□免一行，张道之为功不小矣。

十八日。接见文武吏五班。遣巡捕虞朝佐前赴高果臣军门大营，解送洋枪二百杆，并制备四时衣服遗之，并致信一件。便寄刘楚臣、康友之、吴春帆三信。又书致沈翰卿，属与尚仲勉会筹防江之策。以龙门、从化两处均有小河，应于江口驻扎兵船，兼可探询各路情形也。

同治四年九月十九日辛巳。立冬。奉到六百里递回八月十四日奏报克复长乐原折，并奉九月初二日明发上谕一道：瑞麟、郭嵩焘奏花旗匪党乞降，收复长乐县城一折。广东花旗股匪阑入长乐县城，经总兵卓兴等督率各军移扎城根，于七月十七至八月初一等日猛攻东南等门，该逆迭率悍党出扑官军营盘，均经我军击退，贼众骇溃。卓兴复令守备林进升于城北山上添筑炮楼，用炸炮轰入城内，铅弹雨集，逐日毙匪不少。该匪势日穷蹙，伪列王黄宗保遣人缒城赴郑绍忠营吁请投诚，旋率众二百馀人从南北奔出，剃发缴械。该逆复率队由东门冲出，我军伏兵突起，殪贼无算，生擒伪烈王洪桂芳于阵。伪天将林振扬亦率同许明升等乞降，将首先倡乱之伪来王陆顺德捆缚送出，并杀来逆亲随死党百馀名，逆众全行剃发，缴出伪印及军装炮械多件，当将长乐县城克复。剿办尚为迅速。总兵卓兴着以提督尽先提奏。其馀在事出力人员，着瑞麟、郭嵩焘择尤保奏，候旨施恩。署长乐县知县粟资源，被匪阑入县城，本有应得之咎，惟该员于失守后，即激励乡团，随同卓兴等克复城池，着免其治罪，仍革职留营效力，以观后效。降人林振扬，着准其改名林英彪，而赏给守备衔，以为自拔来归者劝。该部知道。钦此。同日又奉寄谕一道：瑞麟等奏花旗匪党乞降，收复长乐县城，现饬规复镇平官军赴西省会剿，攻克木式匪巢，调曾敏行移扎南雄各折片。花旗股匪阑入长乐后，经总兵卓兴等设法围攻，该匪自知穷蹙，伪列王黄宗保遣人赴郑绍忠营吁请投诚。于七月二十日，黄宗保率伙二百馀人从南门奔出，剃发缴械。伪天将林振扬亦率同许明升等缒城乞降，将首先倡乱之伪来王陆顺得捆缚送出，并杀来逆亲党百馀名。七月三十至八月初一等日，逆众全行剃发，当将长乐县城收复。此次剿匪出力之总兵卓兴等，已明降谕旨分别奖叙矣。卓兴等现于降人中酌选精锐，率领同赴镇平剿办康逆。着瑞麟、郭嵩焘督饬卓兴等严密防维，妥为驾驭，不可稍涉大意，致为该降人所绐，又生反侧。汪海洋屯踞镇平，凶焰日衰，现在长乐县城克复，卓兴、郑绍忠等军已即日移扎镇平，是镇平之西南面已有甯军兜围，着左宗棠檄饬闽、粤、江西各军协力进攻，务将汪逆一股迅速殄除。瑞麟等现调回岑溪之曾敏行一军驻扎南雄，派朱国雄等两营移赴连和一带，即着饬令该员等扼要严防，毋令逆匪蔓及江境。刘坤一、孙长绂即饬席宝田、娄云庆等懔遵前旨，迅速前进，听候左宗棠调遣。曾敏行一军现已调回。窜东其、岑溪等处馀匪，着张凯嵩饬令蒋泽春会同地方文武实力搜捕，毋留馀孽。此次攻克匪巢出力之员弁绅勇，着准瑞麟、郭嵩焘择尤汇案请奖，毋许冒滥。尽先都司李得胜、外委张光耀力战捐躯，均着交部从优议叙，以慰忠魂云云。钦此。是日拟免解厘金及藩库拨抵运库积欠两项京饷一片，并改定军报及惩办黄陂、白水两处土匪奏稿二件。

二十日。换戴暖帽。徐孟卿、黄筱园、许润泉来见。筱园带到金眉生一信。又接志城郴州发来道字八号信。

廿一日。庄小潭观察新自京来，带到杨缃芸、陈心泉、李绍周三信。刘云生过刚无礼，传陈经甫、陈古樵两君晓譬之。粤人亢直无私者不多见，此数君者略近之，然于世故人情全不一加体察，终为粤人而已矣，以粤人之性知有己而不知有人者也。张寿泉信详及洋人入城情事，而英领事坚佐治申陈督辕，述潮人所以狎侮之状，怨及张道，督辕乃横被洋人以翻悔入城前议之名。彻上彻下同一迷误，亦世运为之，君子之所无如何者也。

廿二日。诣瑞澄泉、师济瞻、徐孟卿、黄筱园、庄小潭各处谈。致左季高、张寿荃二信。

廿三日。接见文武吏五班。奉到九月初六日六百里寄谕：左宗棠等奏各军分路进剿，克获大捷，现筹办理情形；刘坤一奏驰抵江西任事，赴粤会剿，各军迭获胜仗各一折。本日已明降谕旨，将刘端冕等照左宗棠等所请分别奖励，许贵元等照刘坤一所请交部优恤矣。汪逆盘踞镇平，迭经官军剿败，急思觅路逃窜，遣党至分水坳一带，图由闽边窜犯江西。高连升、黄少春等分路纵击，杀贼众多。汪逆复逃回镇平。席宝田由平远进扼东石，连获大捷，斩馘及招降者甚众。逆众北窜大柘，复经娄云庆击败。江、闽等军入粤，先后败贼，贼势已蹙。惟汪逆人数尚多，难免横流旁溢之患。左宗棠现饬高连升等由镇平北路、东路、东南路进逼，席宝田、娄云庆与驻篁乡堡等处之兵皆已严为之备。着左宗棠、刘坤一即遣檄饬各军实力进攻，无任窜逸。左宗棠当懔遵迭次谕旨，迅赴粤境调度各军，以一事权。刘坤一仍檄催刘连捷等速抵南安、定南，以固江省门户，一面严催入粤之席宝田、娄云庆各军，会合闽粤各军协力围剿。投诚一股人数甚众，着妥为安插，勿稍大意。瑞麟等奏长乐逆首林振扬已将伪来王陆顺德擒献到营输诚，粤东腾出龙、长兵力，自可速进镇平。西南各路援军互为犄角。着瑞麟、郭嵩焘檄令卓兴等移扎镇平，听左宗棠调遣，以资得力云云。钦此。

廿四日。接高果臣、丁雨生、应敏斋各信。为澄泉拟报汕头领事坚佐治、佛理赐进入潮州府城情形折稿二通。胡令立镳解关饷进京之便，顺致方子颖、潘伯寅二信。藩饷委员张秉彝同行，两信仍交张君也。

廿五日。仆人何大久病，度不可起，遣居外舍调养，是夕遂卒。湖南会馆董事朱石园亦病卒。治棺敛殡，皆鄙人为主之。

廿六日。遣弁陈宗、区天保解香橙秋贡入都。连日燥热，遍身风湿作痒，甚不可遏。张锡田观察嘉福自湖南假归来见。

廿七日。奉到九月十一日五百里寄谕：工程处奏广东粤海关及河南省积欠工程饷银，请饬该督抚、监督飞速拨解一折。现在定陵顺水峪工程虽已告竣，尚有欠放之款，且礼部、内务府、八旗营房等工业经开工兴修。该衙门于本年六月间曾经奏催粤海关将欠解饷银二十二万两分为五批，限定五个月扫数交齐；河南省将欠解饷银十八万两分为四批，限定四个月扫数交齐。迄今三月之久，仅据粤海关汇解银七万两，河南省解到银五万两，现又报解银三万两。其馀欠款，均未据该省、关定期拨解。似此延缓，诚恐有误要需。着瑞麟、郭嵩焘、师曾将粤海关欠解工程饷银十五万两，吴昌寿将河南省欠解工程饷银十万两，按照前次奏定章程，移缓就急，依限筹解。倘再仍前玩泄，即着该衙门照例从严参办，以重要工云云。钦此。接到方子颖、杨小匡二信。汤令炳巩赴高果臣军营，顺致高果臣一信并衣箱各事遣巡捕虞朝佐往投。小匡信以候补沈钟英相托。

廿八日。风。接见文武吏三班。致李筱荃一信，兼寄家信乙字第十二号。接奉九月十二日六百里寄谕：瑞麟等奏会剿镇平逆匪，康逆率党窜去一折。康逆困守镇平，自花旗投诚后，其势日孤，经方耀等分路进攻，又经江、闽各军会合追截，该逆马队数千突向新铺一带奔窜，镇平县城旋即收复。逃窜之贼，沿途被官军节节追杀，精锐渐就散亡，正宜乘其溃散之际奋力痛剿，将全股悉数歼灭，以除后患。现在席宝田已向长潭、东石迎头击贼，其石正、大柘及楼车等处，亦有康国器、高连升、黄少春等各督闽兵分路追截，即着左宗棠、刘坤一严饬各军遇贼即击，务须全力痛歼，扫除净尽，不得以贼势已穷，稍涉大意。石正、楼车地方与江西接壤，刘坤一仍当督饬江省防边各军慎图防维，毋令逸氛阑入江、楚。徐宗幹亦当饬闽边防兵一体严备，以资堵遏。粤省方耀、郑绍忠两军现已随贼所向，尽力穷追；李福泰移赴龙川，相机剿办；任星元等严守南雄等处，布置尚属周密。着瑞麟、郭嵩焘等迅饬该员等乘胜追杀，不准一名漏网，毋令死灰复燃，贻患后日云云。钦此。并发回八月廿三日奏报一件。和方子箴赠曹芗溪诗四首云：堪笑人天无物著，此身何似泛虚舟。升沉得失争雄长，恩怨悲欢一聚沤。君访昌华遗苑在，我思丛桂小山幽。行行且住人休怪，端为江梅更小留。　华屋公卿抵掌谈，春明一梦醒犹酣。谁怜病马争长道，多似寒鱼聚古潭。抗疏大廷君自许，宪台小谪义宁甘。安平笑却旄麾命，暮景还思预散参。时予方具疏乞病。　自愧年来学道疏，观人观我语非虚。黄花老圃宜耽酒，红叶秋山好著书。却羡一航随去住，静思万事有乘除。转惭广汉专行法，获盗平陵意豁如。适闻巨盗李大庆被获故有落句。　楼船箫笛寄行踪，老气真蟠①耿耿胸。槛竹歆风生别意，园芙啸日富秋容。周旋烽火于今惯，问讯冰华似旧浓。周伯琦诗：金支滴露冰华浓。谓荇农侍讲。为语故人炎海畔，早寒霜露梦传钟。题云：芗溪侍御见示和子箴都转赠别且属同作，兼寄荇农侍读兄。

廿九日。方柳桥大令将归湖南，过谈近事，相与慨然。且言郴州邓星海明经逢源，老教师也，可以延授儿辈读。

十月

十月初一日壬辰。诣文庙行香。戏柬陈艺淑云：人生识字忧患始，此语痴人解道否？犀首但须无事饮，鸢肩肯信有功侯。荒山橘柚垂垂老，浅水芙蕖滟滟秋。努力时光各自效，枉烦诗笔苦雕锼。是日为芗溪书册叶诗片，并为毓六撰《所辑家谱序》一首。

初二日。接奉九月十五日六百里寄谕：左宗棠等奏官军克复镇平，追剿窜贼大获胜仗一折，与瑞麟、郭嵩焘前奏大略相同。汪逆负固镇平，经康国器、高连升等督军援剿，连克坚垒，直薄

①此处旁注又作“诗笔能传”。

城下。汪逆开西门逃窜，复经高连升等追剿，毙贼甚多。该逆现由石正、龙虎墟一带分路窜走。如江、粤各军能严扼其前，闽军能紧蹑其后，自可渐就殄除。着左宗棠即饬入粤各军跟踪追剿，不可稍涉松劲。刘坤一即饬娄云庆、席宝田等军迎头痛击，勿任阑入江境。如由广东、兴宁、和平窜至南雄，将来终恐为江西、湖南边患。着瑞麟、郭嵩焘督饬方耀等军，认真截剿。如有趋南雄信息，左宗棠饬刘典一军由武平出江西安远、清丰急趋南安，兼顾湖南边境。该督抚等总宜通力合作，将此股逆众剿尽，勿留遗孽，致贻后患。此次出力各员弁，着左宗棠等汇案择尤保奖，以示鼓励。阵亡之守备李如，着照都司阵亡例从优议叙，以慰忠魂。另片奏鲍超一军，应由该提督自为主持等语。前因粤省贼势渐衰，已有旨令鲍超募勇成军，带赴楚、豫交界剿办张总愚股匪，仍归曾国藩节制。娄云庆军本系鲍超旧部，仍准该提督酌量檄调，着左宗棠传知该员懔遵前旨，赴裕州、泌阳地方剿贼。如汪逆一（阵）〔股〕办竣，并着饬（各）〔令〕娄云庆一军亦赴南裕一带交鲍超调遣，以资得力。又奏前兴泉永道曾宪德，熟习地方情形，人甚明干，请令仍署兴泉永道，并请将曾宪德仍以道员留福建补用等语，均着照所请行。惟曾宪德一员，二年间左宗棠于年终密考折内，称其前在延建邵道任内，办事诸多诿卸，材识均庸，是以有开缺送部引见之旨，此后复据该督保奏，何以该员一人之身，先后异辙如此？着查明复奏云云。钦此。巡捕虞朝佐回，带到高军门一信，往返仅四日，询知高果臣由石龙水道赴龙门，适相遇石龙也。往李崇阶镇军起高、张锡田观察嘉福、梁周卿比部元桢各处回拜。兼赴子箴、芗溪处谈。

初三日。接见文武吏五班。过堂案四起，一起南雄州叶亚娣所供与招详全无一合，各州县办案，作伪而已矣。例文之乱法殃民，至于此极！接上海信，少荃宫保赴豫与侯相会办捻匪，吴仲仙署江督，李雨亭署漕督，丁雨生护理苏抚。苏绅一力倾轧，少帅竟以不安其位，而刘松岩与冯景亭构怨颇深，是以改命丁公。朝廷多取浮言，不求实济，决非天下之福。而苏绅气力如此，亦可畏哉。

初四日。诣澄帅及朱云门两处谈。是日会客六七班，顿觉身罢足软，困乏已甚，晚乃大病。

初五日。以病谢客。奉到九月十七日寄谕：刘坤一奏贼匪窜入江境，迭击获胜，现经出省剿办情形一折。汪逆大股由镇平窜出，盘踞罗浮司，扰及江西长宁县之篁乡堡，经周宽世等分路迎击获胜，贼踪改窜定南，复经娄云庆等击败，现由定南窜赴龙南，势尚鸱张。刘坤一已带亲兵驰往赣州督办，即着督饬将士迅筹扫荡，毋任阑入江西腹地。左宗棠有节制三省之责，务当派兵越境夹击，不可稍涉延缓。镇平一带是否尚有馀匪？并着瑞麟、郭嵩焘实力搜捕，毋留馀孽。南韶一带，并须严防回窜。贼踪飘忽无常，恐其西窜湘省，着刘坤一飞速知照李瀚章一体严防。其出力之将弁，准其并案保奏。阵亡之拟保游击衔都司陈庆福，着照游击例议恤；都司谢登科、张坤能，把总瞿明东、刘大发均着交部从优议恤云云。钦此。总理衙门咨照总税务司赫德保荐英学生葛德立充当通事。并接沈彦征一信。又罗仲芳孝廉棻自京回，带到周荇农一信。孝廉，椒生尚书之嗣君也。

初六日。以病谢客。粤俗遍身作痛谓之闷痧。觅一老妪遍视胸臂，于心窝得小颗三，用针刺之，出黑血少许，傅以朱砂，食苦瓜水一瓯。粤中风土奇幻，病症治法，皆属奇异。

初七日。自初四夜至今，不食不睡，为生平所未经之病症。本日头痛差愈，勉强起坐，循视腰围，已宽至一寸有奇，始知无病之为福也。接到王子寿、刘岘庄二信，随复（砚）〔岘〕庄、俊臣二信。三日不食，稍一用心，精力已不支矣。

初八日。自初四日病，至今未能一安睡。竟夜辗转，得诗一首云：岭表三年事事乖，无端枨触上心来。寒蚊绕榻冬逾猾蚊入秋而狠，入冬而益加凶猾矣，病眼支更漏转催。肺附全教真相变始居粤而觉起居、饮食、宜忌、寒热，均格不相习，久而觉在己之肠胃肝肾，竟亦不自能揣量也，疮痍先为一身哀时兼苦疮患。大言自合干天忌，眠食于今竟两裁邹姬及儿子篪，女锡，每食各一小瓯，夜常失眠。吾每语人，自嗟衰老，然犹能兼一家之食，夜寝亦独酣。接富治庵一信，由李令海楼带粤。

初九日。接到吴春帆、唐子蕃各信。又接李筱荃信，并意城丑字家信十一号，志城道字家信十号。其九号由湘潭百川通记发来者，至今未到也。

初十日。恭值慈禧皇太后万寿圣节，诣万寿宫朝贺。五日未一出户，勉强成礼，惟觉疲软不能自支而已。

十一日。雨。积日公事，勉强清厘。司道公商派员接左季高宫保，适准来咨，已辞三省督剿之命，度必不能来也。奉到九月廿三日六百里寄谕：李瀚章奏粤东逆股窜动，现筹楚边防剿情形一折。汪逆大股攻扑江西之定南、龙南两城，经官军击败后，复退窜定、龙之交，势将铤而走险。江、闽、粤兵力萃集，该逆似不敢回向东窜，惟虑逸入西路，则阳山、连州、连山及广西边境，在在空虚，恐致死灰复燃，仍成燎原之势。着李瀚章激励边防将士审机遮击，以挫贼锋。瑞麟、郭嵩焘当饬水师将弁严扼北江一带水道。其韶河下游并着加意拦截，严遏窜越。张凯嵩尤须迅调劲兵，将粤西边境扼要防守，毋令贼踪窜入。现在贼势败挫，奔突靡常，亟应乘胜剿灭。如果贼向西趋，刘坤一务当迅令席宝田一军驰赴楚省，并力会剿。湖南备多力分，实形单薄，刘连捷、朱洪章等军如能赴楚追剿，自可稍助兵力。并着左宗棠、刘坤一会商调派，毋失机宜云云。钦此。

十二日。接奉九月廿四日六百里寄谕：左宗棠等奏追贼获捷，现筹办理情形，并粤省土匪助逆，袭陷闽军，请饬粤省严办各折片。汪逆由镇平窜出，经左宗棠督兵追击，迭获大胜，毙贼一万数千名，甚属得手。前据刘坤一、瑞麟等各奏称，贼已由江西窜出定南，一路直扑龙安，已迭谕左宗棠尽力穷追，并令广东、江西等省各督抚会剿堵截。着左宗棠仍遵前旨，严檄各省之军，实力追击。瑞麟、刘坤一、郭嵩焘分路堵截，毋任纷窜。至汪逆由镇平逃出，势本穷蹙，不难立时殄尽。乃该处土匪竟敢贪受汪逆金帛，暗伏要路，于高连升等追至黄陂墟时，突出横截，夺去辎重军火，并将兵勇戕害甚多，带勇员弁被戕甚众，以致汪逆得以从容遁去。此等土匪名为乡团，实与（贼）〔叛〕贼无异，可恨已极。若不赶紧剿灭，势必又酿成巨股。瑞麟、郭嵩焘责无旁贷，着迅派兵勇，将此起土匪会同闽军实力剿洗，务期扫除净尽，不准一名漏网，以警凶顽。其方耀残杀张运兰所部湘勇二百馀名，及高连升，黄少春所部勇丁在粤被戕，并左宗棠差兵赍往银牌等件赴粤被该处团总抢杀各案，均着瑞麟、郭嵩焘即行捕获贼犯正法，毋稍宽纵。力竭阵亡之拟保参将都司关镇邦，着交部照副将例从优议恤；拟保都司外委康达本，拟保游击都司衔守备李恒、王兴宝，拟保守备把总梁材，拟保千总六品军功吴世钦，均着交部各照拟保官阶从优议恤云云。钦此。

十三日。接见文武吏五班。遣许丞延毂、常令立泰往迎左帅于嘉应。吾谓左帅已辞三省督剿之命，其不欲入粤明矣。此举颇属多出无谓也。

十四日。微雨。接曾卓如、张寿荃、高湘笛、李寄庐各信。

十五日。以病不能行香。发递高果臣、吴春帆、刘克庵、席砚香、娄峻三、李耀南各信，均有军情奉商也。

十六日。接奉九月廿八日六百里寄谕：左宗棠奏近日贼情，请收回节制三省成命，并官军剿贼获胜及土匪戕害官兵情形各折片，览奏均悉。贼由粤境窜扰江西定南、龙南之交，其势甚张。迭经谕令左宗棠、瑞麟、郭嵩焘、刘坤一等派兵会剿，并令李瀚章严防楚境。兹据左宗棠奏逆氛已窜江西，势将于江、粤、湘三省边界夺路狂奔，该督现驻漳州，去贼甚远，兵机最忌遥制，请收回节制三省各军成命等语。贼踪虽距闽、粤较远，左宗棠即可不必入粤，惟各路将领必须有威望重臣节制调度，方足以一事权，不至各怀观望，致误事机。左宗棠惟当视贼所向，前往江西，居中调拨，相机剿办，以期迅殄狂氛，俟此股贼匪殄除净尽，方能卸此重任。此次所请收回成命之处，着无庸议。其八月廿一日寄谕命查之件，仍着左宗棠迅速查办，据实复奏。刘坤一当饬席宝田等军乘胜痛剿。瑞麟、郭嵩焘懔遵迭次谕旨，督率粤军跟踪夹击。倘任令该将领等迟延观望，纵贼不剿，必惟该督抚等是问。李瀚章仍遵前旨，督饬防边各军实力扼截，不得任贼窜突。王开琳一军进驻江西长宁剿贼获胜，尚知愧（夺）〔奋〕。已革总兵王开琳着开复革职处分，已革参将熊常富着免其拿问。军功邓仕高着以守备补用，并赏加都司衔，以示鼓励。高连升等军奋勇追贼，为粤东土匪截杀，戕害竟至三百馀名之多，实属形同叛逆，可恶已极。着瑞麟、郭嵩焘懔遵前旨，赶紧严拿，尽法惩治。嘉应一带遍地土匪，尤应捕治净尽，不可稍涉姑容，敷衍了事，贻后日无穷之患。左宗棠片着抄给瑞麟等阅看。所有力战阵亡之拟保副将衔参将王得盛、拟保游击都（守）〔司〕衔守备李凤翔、游击衔都司周兴义、拟保游击都司于长林、拟保都司守备王汝洪、拟保都司守备衔千总朱传孝、拟保守备千总李光斗，及被匪戕害之参将邹朝瑞、千总胡得贵、李起生，均着交部照阵亡例从优议恤，以慰忠魂云云。钦此。寄李筱荃、李仲云、辅堂二信。并寄家信乙字第十三号。又由新泰厚递到志城道字十一信。

十七日。杨厚庵奏报甘肃情形，言于贼势则先剿狄、河，再图西北；于军务则先惩扰害，再汰疲羸；于粮饷则先筹采买，再议转输；于吏治则先警贪墨，再振因循；于民生则先去烦苛，再谋招垦。数语可为切中窾要。其叙述回匪情形，以狄、河为最强，又以狄道西乡、河州东乡为最众，现踞狄、河及渭源三城、陇西巩昌首县、安定、金县、皋兰兰州首县，防不胜防。且岷、洮为狄道后路，循化为河州后路，处处串通。其灵、宁逆首马化滢，以回弁王锡爵为心腹，节经都、穆分道进取宁城，兵力已疲，近又分窜中卫。梁生岳一军渐不能支。灵州之贼与宁夏相为犄角。雷正绾进屯韦州堡，曹克忠进逼强家沙窝，均有挫衄。雷正绾习气太深，多置姬妾，弁勇纷纷效尤，泾州一城，寄寓千馀房眷属。刘正高、沈大兴等七营分驻安定、会宁，滛掳焚杀，控案累累，不独陶茂林一军为然也。张华所部黔勇，远在秦州。附省之宣威、果胜两军，向未出仗。成联领兵无多，大都横索供张，务为粉饰。其西宁大会、花寺两教，借团构衅，以致大通失陷，丹噶尔被围，郡城岌岌。肃州一带，经黎献带兵扫荡，渐逼城垣，又以哈密之变，贼势愈张，骤难得手。此外零星股匪，游奕往来，不可枚举。

十八日。接见文武四班，随诣同城各署。以病半月未出门，劳诸公顾问，一往答之。接到十月初一日六百里寄谕：刘坤一奏湘军追杀窜贼定南、龙南，击退横城股匪，并精毅营扼剿大胜，先将出力各员开单请奖一折。本日已明降谕旨，将席宝田以布政使遇缺提奏，其馀出力阵亡各员，均照所请奖恤矣。逆匪由青龙等墟败窜后，王开琳一军复追及于白水渡，斩馘千馀。其前股窜至天花寺、下历墟，围攻横冈、营城，并分股直扑定南厅城，经同知王大枚会督兵勇击败，斩擒甚多。馀逆悉窜龙南，径扑县城，复为知县王家杰等会军击退。席宝田先期驰抵赣南铁石口一带扼剿，连日督军鏖战，汪逆背受矛伤，几被擒获，并歼除悍贼万馀。该逆再窜龙南围攻县城，复经官军出剿，该逆精锐殆尽。现在贼众不过三万馀人，复由江西败回粤境，辗转于和平、连平境上，势已万分穷蹙。亟应会集诸军，实力兜剿，为一鼓聚歼之计。着左宗棠仍遵二十八日谕旨，迅赴江西，择要驻扎，居中调度，檄饬各军克期会剿。并着刘坤一飞檄席宝田、王开琳等军，越境进攻，乘胜痛击，迅歼丑党。该逆自镇平克复后，从西南北窜长宁，闽军穷追数昼夜，而粤东曾未闻有一骑一卒蹑贼追剿，殊属玩延。此次该逆被击势穷，复由江西窜入粤境，馀众尚有三万馀人，难保不铤而走险，复逞狡谋。瑞麟、郭嵩焘既无会剿之师严扼边境，岂得复以驱贼入粤为辞，诿过邻封？着瑞麟、郭嵩焘严饬粤东在防诸军，与江、闽官军相机联络，协力夹击，务将此股窜匪悉数歼除，以靖地方。倘不实力堵截，致该逆深入腹地，复形蔓延，瑞麟等自问当得何罪云云。钦此。

十九日。杜兰溪自京回。接到祁春浦师、龙芝生二信。又接王子寿信，并近刻诗集一本，由委员朱家蒸带到。

二十日。接到任松楼、吴春帆各信，皆相劝出省视师。前李筱荃信亦以为言，而势固有所不能行也。随复春帆一信。

廿一日。接到李辅堂信。以高碧湄将为楚南之游，邀同陈莳松、张伯羲一饯之。俞信甫、刘荔坛皆以病不至。

廿二日。拜发元旦本，遣弁关兆熊、陈兆藻赍京。随发八月分月折借报潘启雄名、九月分月折借报陈贵扬名。连日以缮发京信冗甚，是日并交新泰厚汇寄。凡散信廿四件：倭艮峰相国、瑞芝生师、祁春浦师、朱桐轩师、许滇生师、汪啸庵师、宝佩蘅、文博川、曹瑑如、罗椒生、陈宝珊各一百金。丁酉同年团拜费百金，以交董醖卿。丁未同年团拜百金，以交庞宝生。万藕舲、吴竹如、宋雪帆、潘星斋、潘黻廷各五十金。温岷叔、惠杏田、王渔庄各三十金。陈筱舫、沈彦征、孙稼堂各二十金。军机章京信廿二件：方子颖百金。胡小蘧、郑惕庵各五十金。夏芝岑四十金。许星叔卅金。靳迪丞、江蓉舫各二十金。裴石麓、杜荣三、沈桐甫、周鉴湖、蒋椒林、王子默、徐小云、方子望、朱茗笙、范抟九、李小轩、龚幼安、史琴孙、徐肖坡、肖润宇各十六金。同年有交谊者六件：刘镌三、唐啸石、白兰岩、潘莲舫、徐勉石、阮星垣各二十金。书房有交谊者五件：鲍花潭、殷谱经、杨滨石各四十金。李若农、孙子授各二十金。广东有交谊者四件：冼云樵廿金。刘石吾、高子登、伦梦臣各十六金。同乡有交谊者十六件：徐寿蘅、周荇农各一百金。黄恕皆、张竹屋各五十金。谭文卿、龙芝生、黄晓岱、黄翰仙、李篁仙、李云舫、毕莼斋、皮小舲、张叔平、黄子襄、刘琴舫、黄艺圃各二十金。又湖广团拜百金，修理长郡会馆百金。计共信七十七件，银三千三百卅八两。合之前寄潘伯寅二百金、杜寄园百金、何伯英四十金、方子严三十金、韩叔起三十金，几及四千之数矣。嗣后张竹屋已于八月出都，撤出湖广团拜会百金及竹屋一分五十金，其馀各信并交龙芝生转递。

廿三日。接见文武吏四班。接彭雪琴、刘楚臣、张子卿、李小峰各信。雪芹并寄示其父母行述，小峰寄示湘乡移交少帅军饷入款。

廿四日。高碧湄以是日启行赴楚。随往各处回拜。接仁山族父并其孙立堃信，荐其亲戚参将罗青山。又接彭书麟信，荐曹军门志忠、李镇军世太。曹军门前统带霆军新左营，二人皆霆军部将也。

廿五日。接奉十月初三日寄谕各督抚，以南海等县曾报风雨损伤禾稻，饬查明来春应否接济，于封印前奏到。盖照例通行之上谕也，专行各省巡抚及总督之管理巡抚事者。刘荔坛以是日解馆，治酒邀陈莳松、张伯羲一陪之。

廿六日。赴箭道甄别候补两营人员，并挑弓箭战粮五缺，鸟枪九缺，藤牌一缺。接奉十月初九日五百里寄谕：前据裕麟奏黔省饷需匮乏，请饬四川等省协济，谕令骆秉章查照张亮基原请，按月拨解银一万两；李瀚章悉心酌度，无论何项，迅即筹解；官文等将各该省欠饷筹解。兹据裕麟奏称：饷源愈竭，奉拨各省协饷，恐各该督抚以自顾不暇，空文见复，仍同画饼。饥军一溃，贼势弥炽，更属不可收拾。虽各省办理军务，兼筹京饷，库储本亦支绌，究为较胜黔省情形。请饬催各该省于万难之中，通融匀拨等语。黔省艰窘万状，实有不可终日之势，亟应迅速筹拨，以济急需。着官文、瑞麟、崇实、骆秉章、李鸿章、马新贻、郑敦谨、刘坤一、李瀚章、郭嵩焘、刘郇膏仍遵前奉谕旨，无论如何为难，每月各协解黔饷一二万两或数千两，务须陆续筹解，毋得推诿迁延。裕麟另折奏黔省军务情形，下游尚有转机，若饷项稍裕，次第进攻，非惟下游得纾寇患，即近省一带亦可以次荡平。请饬四川、湖南各督抚先筹协济等语。着崇实、骆秉章、李瀚章就近先行筹款，赶紧解往黔省，以赴事机云云。钦此。接陆存斋、吴镜堂信，知吴玉山至翁源曾燮堂镇军营次，以病物故，为之怃然。又接连州黄德溥信，知由孝廉方正入都廷试，以知县分发江西。玉山求官不可得而遂死，黄君一保得官，两书同时并至，死生得失，岂不以命哉。

廿七日。以二百金助归吴玉山之丧，并致陆存斋及吴镜堂二信。又致赵玉班、刘晓沧、罗伯宜三信，三君皆有书枉寄也。桂东宗人名孔墀者来相觅，乡人耳，而以求事奔驰千馀里，知其不谙世故也，给以六金。致娄峻山一书，使罗青山往投之。接奉十月十一日六百里寄谕：瑞麟等奏贼窜和平等处，现约闽军会剿，并查办兴宁县属土匪情形各折片。康逆被江西官军击败后，回窜粤东，阑入和平县城，经兵团击退，遂窜入连平州属之忠信司，复扰及长宁、大席、翁源边界。贼踪飘忽异常，粤省官军总未能实力堵剿，力遏凶锋。瑞麟等现派邓安邦等万馀人赴连平追剿，王朝治等沿江扼守以顾韶州，并饬任星元等择要驻扎，即着严饬派出各员分投防剿，毋令贼匪得以深入，又形滋蔓。惟贼虽残败之馀，丑类尚众，粤省兵力较单，必须江、闽援军合剿，方可聚而歼旃。左宗棠当饬高连升、康国器、刘清亮等军由龙川横出连、长，会合粤军痛加剿洗。并着左宗棠察看军情紧要，即仍遵前旨亲自赴粤，节制各省之军，以期事权统一。刘坤一即督令席宝田、王开琳等军越境会剿，不得稍分畛域。方耀奉派剿贼，于贼抵龙南时，并未出境追剿，迨贼回连、和，又不驰往截击，实属观望迁延，咎有应得。方耀着撤销提督衔，暂行革职，仍饬该员奋勇剿贼，以赎前愆。和平失守详悉情形，（等）〔着〕瑞麟等查明具奏。至兴宁土匪助逆截劫闽军，前据左宗棠奏到，已严谕瑞麟等查办。此次瑞麟等仅起出洋枪等件，而首要各犯尚未查拿擒获。此等匪徒，岂容幸逃法网。即着瑞麟等催令李福泰督同该地方官认真查拿，务将该匪徒按名拿获惩办，不准姑息讳饰，敷衍了事云云。钦此。并发回九月廿一日会奏折二件。

廿八日。接见文武四班。过堂四案。随往邓星海、师继瞻、库仁龛、成鉴泉诸处谈。接奉十月十二日六百里寄谕：左宗棠、徐宗幹奏剿办上下府各属土匪，并左宗棠奏复陈广东军务贻误情形，请将访查事件另行派员查办各折。览奏均悉。本日已明降谕旨将瑞麟、郭嵩焘严行申饬，并令瑞麟将幕友徐灏驱逐矣。粤东军务正当防剿吃紧之时，瑞麟于布置调度机宜，自当虚衷延访，共济时艰。郭嵩焘亦当和衷商酌，务求至当，不得偏执己见。此后该督抚遇有公商事件，总当以国事为重，毋许各怀私见，再蹈前非。方耀于军务吃紧之际，竟敢逗留不进，纵贼窜逸，实属玩误，业据瑞麟等奏参撤销提督衔，革职留营。着瑞麟等即饬令该总兵奋勉图功，以赎前愆。倘再畏葸贻误，即着严参治罪。卓兴如不实力剿贼，亦着从严参办，勿稍姑息。贼踪现又回窜粤东，该省兵力本不如闽军之精锐，且卓兴、方耀不善驾驭，仍恐不能得力，必须左宗棠亲往督剿，方可扫尽狂氛。着左宗棠凛遵前旨，迅行前往，认真剿办。瑞麟前已有旨令赴潮州办理洋务，即着迅速前往妥筹办理。李福泰是否可用，有无粉饰贻误之处，左宗棠此次折内并未提及，仍着查明具奏。闽省上下游各属土匪横行，相沿成俗，种种凶悖情形，无殊叛逆。左宗棠等现饬地方文武带兵搜捕，擒斩多名，馀匪始稍知敛息。第积习已久，骤难期其革心。且兵至则伏，兵撤则起，尤为该匪等惯技。左宗棠等惟当饬令在事员弁随时访查拿办，以销其萌。又择廉明守令，遇事化导，久任而变其俗，庶沉痼之疾或可日有起色。剿匪阵亡之罗得彪等，已明降谕旨，交部议恤。知州周式濂亦照请革职留任，其办理土匪是否得贿徇庇，（等）〔着〕左宗棠等查明参奏。左宗棠另片奏军营染疫等语。高连升、刘清亮、刘典等军患疫过半，而康国器一军为尤甚。该将士等为国剿贼，驰驱况瘁，近因师行山谷，枕戈露宿，饱受烟瘴，以致传染疫气，物故颇多。览奏之馀，曷深悯恻。着左宗棠宣布朝廷德意，多方拊循，妥筹医治，给发饷需，俾得迅消疹疠，益资饱腾，以副轸恤戎行至意云云。钦此。郑怡元自京归，带到陈宝珊、黄晓岱、周桂午、李瀛台四信。

廿九日。是日邓星海开馆，以刘荔坛因病力辞故也。澄老枉过，以改请幕友陈讷人为言，曾卓如尚书之所訾议者也。乃托郭毓六为之寻访。毓六以粤中幕友推沈梅生彬为第一，现在臬署，可转荐致澄老。旋又已有人，大概徐、张之所请托耳。

三十日。闻萧笑农孝廉国香言，嘉应有失守之信。李星衢禀报，则但叙方、邓等军截剿大洲坝馀匪之功而已。拟请左帅急赴潮州，而令关镇国、曾敏行各率二千人东渡；其梁仕光、黄添元等军素不得力者即汰之。令司道以此意转达澄老。接左季高宫保、张寿泉、方子颖各信。

十一月

十一月初一日壬戌。诣文庙行香。澄帅会同两都护赴燕塘验炮，向例然也。复左季帅、张寿泉二信，均由海道递寄。新庶常潘任卿、曹吉三两君来见，均少年文秀而求馆甚迫，心爱之而尚思有以陶成之也。

初二日。接左季帅信，谋驻节嘉应，而嘉应已前有失陷之信。予昨信请其驻节潮州，以规进取。必兼顾两省，其大埔乎？属派文武数员通晓地方情形而朴健晓事者。云太史来见，语及海南一带情形，相与惘然，慨良吏之不易得也。

初三日。接见文武四班。复季帅信，便致张寿泉一信。是夕天官里又有行劫之案。各街有巡兵，街后栅栏有守兵，又有两县巡街之勇、查街之委员，观音山、飞来寺又各驻兵三百名以备巡缉。月费数千金，求免城内劫案不可得。粤事殆不可为矣。

初四日。张兰轩庶常带到张竹屋、冯竹渔二信。庶常，南山先生之孙也，其弟延秋孝廉尤有文名。

初五日。冬至。诣万寿宫行庆贺礼。孙竹堂自厦门来。李宫保委查洋税银水，附香港船至粤，因留晚酌。

初六日。闽中委员萧仲芳回漳，致左帅一信。又致岘庄中丞、春霆军门二信，商各军会剿机宜。

初七日。接黄晓岱、陈宝珊、李瀛台及曾卓如尚书各信。孙竹堂来谈及江南事，少帅才气有馀，所以能兴事立功，人才亦乐为之用，其发用处又与曾侯小异。

初八日。接见文武五班。往孙竹堂处谈。并托带寄少荃宫保及陈作梅、刘听襄。作梅、听襄，各以五十金馈之。

初九日。复方子颖一信。接李小荃中丞、丁果臣、左景乔各信。又接意城丑字十二信、志城安字一信中言道上共寄十三信，其李仆妇带来十二号、张参戎大升带来十三号尚未到。以后另编一号。

初十日。接奉十月廿二日五百里寄谕：户部奏请饬催本年京饷一折，据称本年京饷原拨五百万两，闰五月间因神机营添练兵勇续拨一百万两，现查截至九月底止，除解到划拨并报委解外，尚有山西地丁四十万两，河南地丁十五万两，湖北地丁十二万五千两、盐厘一万五千两，湖南地丁九万两，广东地丁二万五千两、厘金五万两、司库拟抵运库报拨杂款五万两、积年盐课十万两、运库新旧两息二万五千两、河东正课羡馀十五万两，山东地丁抵拨加价五万两、盐课项下加价五万两，两淮盐课十五万两，两浙盐课十万两，直隶旗租三万两，福建茶税十二万两，粤海关税十万两，江汉关税十万两，江海关税二十万两，闽海关税十五万两，天津关洋税四万两，临清关税五万两，浙海宁波口洋税五万两，以上共欠解银二百三十七万两，请旨饬催等语。秋间赏给八旗兵丁一月钱粮，恭届山陵奉安，一切用款繁巨，年内不敷支放，急应速筹接济。着各该将军、督抚、盐政、通商大臣、监督等，各将未解银两，务于十二月内尽数解齐，毋得稍有蒂欠。倘再借词延宕，致误开放，即着照奏定章程指名参处云云。钦此。过澄帅、(师济继)〔师继瞻〕、黄侯光各处谈。解饷委员张莹赴都，顺寄方子颖一信。

十一日。邀黄侯光、王春晓、袁衡堂、孙小雪晚酌。侯光言冯萃亭旧部将弁佳者，曰肇庆协副将杨青山、提标中营参将谢赞、提标前营游击王大伦。南韶镇标中营游击湛恩荣，罗定协右营都司唐元安，四川参将邓金胜，皆其选也。又黄冈协中营都司杨有鋆及游击李元顺，皆勇敢能战。又广西黄才贵，朴拙而勇，传其轶事多可笑者。杨蓉浦庶常来见。询其同年中有名望者，举江西姚步莹以对湖南知县，奏调直隶。张弼臣赴闽来见，言佐杂中可用者二人，一县丞黄庆铨，一从九赵兴诗。

十二日。张大令莹解饷赴京，寄方子颖一信。张牧钦泰赴闽，寄左季高宫保、张寿荃二信。又接到左宫保一信。

十三日。微雨。连日奇热，至是略有凉意。接见文武吏五班。部曹吕善卿、李辅廷来见，本年新进士分部者也。

十四日。接鲍春霆信，并其幕府姚彦毓一信，称何观察元普总办营务处，亦一人才也。

十五日。诣武庙行香。接汪啸师、陈俊臣、张月卿三信。

十六日。澄帅定拟修城，以是日开工，会同阅视。起北门周围至西门。致杨紫云协戎青山一信，商令募勇二千为剿贼东江之用。与澄泉论左帅咨鲍军兵米事。

十七日。接奉十月廿九日五百里寄谕：刘坤一奏粤东上坪踞逆宵遁和平，现饬各军东驰截击，并催鲍超督师进剿各折片。览奏均悉。汪逆败回连平州之上坪等处，经席宝田等军分路夹击，该逆始窜龙南之分水坳，为团练击退，遂于十月初九日夜纠党由浰头窜往和平。刘坤一现饬席宝田、王开琳、刘胜祥越境会剿，并令黄少春一军迅赴长宁，节节设备，力扼该逆纷窜之路，所筹均尚周妥。着刘坤一就近严饬各军，会同闽、粤官军分路进剿，协力兜擒，为一鼓聚歼之计。瑞麟、郭嵩焘务当督饬在防将士，严密防御，遇贼即击，迅殄逆氛，毋得专待客兵，致误戎事。该逆奔突无定，难保不由平远、镇平以犯汀州，应如何扼要设防，杜贼回窜，着左宗棠、徐宗幹妥筹办理。鲍超不日即可（致）〔到〕赣，现在汪逆东窜和平，江省定南、长宁、会昌等处正在堵剿吃紧之际，即着刘坤一知会鲍超统率娄云庆等军星速前进，视贼所向，疾驰痛剿。鲍超新募四营应需饷项，并着刘坤一督饬藩司竭力筹拨，俾资接济。至该营所开薪粮公费等项，与湘、楚各军数目多有参差，应如何核实支放以归画一之处，着咨明曾国藩妥商办理云云。钦此。咨孙丞兆禄前赴左营差遣，顺致左宫保一信。是日又接鲍帅一咨，即日派委各员分路采办兵米。

十八日。接见文武吏四班。丁游击得贵，椎鲁人也，次青数千里遣之来，即此足知其汶汶也。接左帅咨十馀件，指陈军事，与鄙人批饬李星衢、张寿泉者，无一不相符合，而词加严。发聋振聩之功可喜，亦窃自愧也。寄云、澄泉两帅以军各自私，惟恐鄙人一侵其权，至于今日而亦嗒然自丧矣。世间都是可怜虫，正为此曹言之。罗峄卿太史来见。

十九日。寄鲍春霆信，顺复姚彦毓一信。又寄李筱荃信，顺复李次青、李黼堂、左景乔、丁果臣、高碧湄五信。并寄家信乙字第十四号。接夏芝岑、朱石樵二信，知石翘出京，夏笠山先生已于七月内物故矣。信由新泰厚递到，九月廿四日发，至今始到，抑何迟也？

二十日。林芗溪回闽，奉寄沈幼丹一信，并挽其太夫人云：母病怆星奔，空嗟丹旐在门，迁延筹食筹兵日；公归同雪涕，为语苍生属望，珍重事君事父身。

廿一日。库仁龛生日。顺至成鉴泉、师继瞻、屠啸篔诸处谈。复鲍春霆并姚彦毓二信。文树臣观察前赴龙川办理鲍帅军米。

廿二日。致曾挚民一信，交丁得贵投交。并传司道等商议杨紫云募勇之事，并潮州、龙川两处军火委员及牙帖局分遣委员，为略定委员数辈，属诣澄帅商之。接左季高信，诮责之中，至流于悖谬。内见嫉于同事，外见侮于故人，吾亦且无以自解，岂非天之厄我哉。

廿三日。接见文武四班。沈（卿翰）〔翰卿〕保举将官五员：参将周发榜、林福祥，都司萧同祥、程天源，守备袁大友。致王春晓一信，又由新泰厚致曾卓如尚书百金、李瀛台、蔡与循各二十金、夏人镜笠山先生仙逝，致奠分四十金四信，并复夏芝岑一信。

廿四日。接鲍春霆信，知已于十二月行抵会昌，东江军务全借江、闽各军之力以效驱除，诮责陵厉，无所不至。粤军二万馀人，不足资以一战，相与懵焉无耻。因饬杨紫云协戎募勇三千，图一亲赴东江剿办。予命宫坐一劫星，平生行事从无一遂心者。明知兵事艰难，非所敢任，然实处于不得已，亦不忍竟漠然视之也。治粤有体，其体云何？曰：去欺。治粤有用，其用云何？曰：不侮鳏寡、不畏强御。圣人复起，不易吾言矣。

廿五日。病目，心气又发。检吴子序《求自得之室文集》，并王兰汀遗书四种、夏紫笙算学四种，校阅一过。夏紫笙算学传之项梅侣，其交游则徐君青、戴鄂士两君，算学四种内并传有徐君青一种。

廿六日。接到刘晓沧、罗伯宜二信。据称楚军健者王绶卿管带章字营外，尚有锐左营彭镇军虎臣、锐右营于镇军曦岷二人。又接夏小陶一信。

廿七日。遣熊元赴香港购办军火，顺致蔡默斋一信。接季帅一信五咨，嘻笑怒骂，无所不备，乃使我与诸君同受此辱，可慨也。张寿泉添设三河坝巡船，禀求管带官数员，为函致沈翰卿一询之。

廿八日。接见属吏三班。接到昆静山、蒋芗泉、王少鹤三信。知少鹤已由杭赴山阴，年内可以启程赴粤也。又按沈经笙讣信一件。接奉十一月十一日递回十月廿一日会奏各件，并奉六百里寄谕：瑞麟等奏逆匪由连平复窜和平，饬军追击；刘坤一奏逆众窜逼闽省边境，并请将席宝田暂行留营各折片。粤逆窜踞连平之上坪等处，经李福泰、方耀等军率队进攻，将其下坪暖水口炮台平毁，该匪焚烧上坪山寨，窜由龙南复至和平县属地方，尚系十月初十以前事。据刘坤一所奏，王开琳追贼，于和平、下车斩落后贼数十人，该逆遂于十三日窜龙川之小山墟，复于十八、九等日由兴宁向平远、镇平长驱而去，并据谍报已窜福建武平。是逆踪飘疾，旬馀之内已窜扰三省边境，倏忽东趋。江、粤各军并未大加惩创，扼其奔突，何能制贼死命？刘典、黄少春两军现率所部星驰回闽，席宝田、刘胜祥等军复驰赴会昌扼剿。着左宗棠、刘坤一迅即檄饬各军绕出贼前迎头截击，不得徒事尾追，致令着着落后。并着瑞麟、郭嵩焘飞饬李福泰、方耀等紧蹑贼踪，实力追剿，不准以驱贼出境为了事。鲍超现已抵赣，即着迅由安远一路觇贼所向，扼其去路，无任蔓延。贼踪已近闽边，左宗棠有节制三省之责，务当一面严饬沿边将士扼防本境，杜其深入，一面将江、闽、粤各路官军妥筹调遣，总期四面兜围，为一鼓聚歼之计。其江、粤各军更不得借口本省边防，徒事株守，致令贼势纵横，骤难蒇事。席宝田现带精毅营剿贼，战事方殷，着准其暂行留营，俟此股发逆扑灭，即行驰赴贵州臬司新任云云。钦此。

廿九日。阴，寒。接鲍春霆信，仍驻会昌。专候粤中馈饷至乃始移营，实为可怪。随复一信，催其移驻平远、大坪、石正、相公亭一带，以防此贼西窜之路。又致李筱荃一信，并寄家信乙字十五号。又致杨紫云一信，以开募经费万金给之。

三十日。接志城道字十三信，由参将张大升带来。其道字十二信仍尚未到也。遣文星瑞赴龙川采办鲍营军米。是夕并接志城十二信。

十二月

十二月初一日壬辰。诣文庙行香。视师东江之议已成，以周易卜之，遇渐之蹇。又筮之，遇艮之坤。兵，阴象也。一阳得中以御群阴，故师贞。两阳变而从阴，朋从之义，其待于外以求济乎？贞、悔皆艮。艮，无用之卦也。乾之四德，艮独无之。九三曰：艮其限，列其夤，厉熏心。孤阳处群阴之中，上下交逼而横施其裁抑，危矣。孤立无助而群阴乱之，抑有熏心之惧焉。上九曰：敦艮吉。置身事外以敦其所止焉可矣。夫子筮得贲而惧，其幾微矣。朱晦庵氏筮得遁而义以显，乃焚其奏草以求高蹈。吾今筮得艮，而益知圣人垂戒之深焉。敦艮者，周历险阻艰虞而宴处超然，以葆其贞。置身群阴之中，与为枝拒，未有能敦焉者也。敬书此以自讼。王松泉游府荣武自京来，带到贺云甫、唐荫云二信。

初二日。接奉十一月十四日五百里寄谕一道：本日据张亮基奏，各省历年欠拨黔省军饷、铅本等项，开单呈览，请饬分年补还一折。据称贵州岁需兵饷、铅本等项，无不仰给邻封。自咸丰四年杨逆倡乱，各省拨款概停，所入岁减百馀万，而防剿之需岁增。屡经奏请拨款，奉旨严催，仍属毫无实际，仅赖湖南劝捐一项，苟延旦夕。本年粮价陡昂，数倍于前，又值防剿吃紧，练费、军火，在在均须筹备。即湖南、四川偶拨一二万两，亦属杯水车薪，万难足用，深恐兵溃援绝，贻误大局。查自咸丰三年起至同治四年止，各省欠解兵饷银八百八十九万三千七百三十两。咸丰四年起至咸丰九年止，各省欠解军饷银四十三万四千两。咸丰三年起至咸丰六年止，各省欠解铅本银一百四万八千三百四十两。湖南省欠解文职不敷养廉银及兵粮米价等银十三万五千三百三十二两。统计欠解银一千零五十一万馀两。如按月年拨解半成，即可得银五十万两。请饬各该省迅即拨解，以济急需各等语。所奏自系实在情形。该省地方瘠苦，需饷紧迫，若不赶为筹解，恐军务益形决裂。即着四川、湖北、湖南、广东、江西、浙江、福建、山东、山西、河南、陕西各该督抚暨福州将军、粤海关监督，迅将单开积欠黔省兵饷、铅本及文武不敷养廉米粮米价等项，分作二十年清款，各照所欠总数，以奉旨之日为始，按年拨还半成，不准稍涉延玩。原单着分别抄给阅看云云。钦此。单开兵饷项下奉拨银一百九十五万六千五百一十九两，又奉拨太平关税银一十万两，共银二百五万六千五百十九两。除已解外，尚欠解银一百六十七万三千五百一十九两。军饷项下奉拨银三十万两，除已解外，尚欠解银一十五万两。按上谕内每月拨解半成，每年即可得银五十万。每月字当系每年之误。又奉十五日六百里寄谕一道：前据瑞麟等奏遵旨开导潮郡绅民，按照条约准英人进城，并据英国领事申称，此次进城，百姓不悦等情各折片，当交总理各国事务衙门议奏。兹据该衙门奏称，已将此案办成原委，知照前署英国公使威妥玛，冀稍释其寻衅之心。旋接该使信函并录呈该国领事详报一纸，所称百姓哄闹情形，较瑞麟等所奏尤甚，请仍饬该督等设法办理各等语。洋人进城，本系条约所载。潮州一府办理已阅六（千）〔年〕之久，始有就绪。且于开行设关建造等事，均经委员与该领事议明，概不举行。是此次进城，与该处地方并无干碍。该处绅衿经瑞麟等剀切晓谕，谅不至率意妄行，不顾大局一至于此。自系地方刁劣好事之徒，造言生事，殊属不知法纪。仍着瑞麟、郭嵩焘设法宛转开导，谕以准英人进城，不过为遵奉条约，不准其开行设店等事，实所以保护闾阎。仍一面饬道员张铣等将匿名揭帖之人严拿究办。如该领事仍前狡执，或令其再（令）〔入〕潮城一次。惟须办理慎密，必使百姓不逞刁风，洋人亦不长骄气，方为妥善。倘该委员等未能了结，即着瑞麟仍遵前旨亲往督办，以期速结。倘或迟延，致生他故，必惟瑞麟等是问云云。钦此。并接总理衙门一信，言之尤详，大概防洋人之寻衅而已。杨紫云委弁至，随以一信复之。

初三日。接见文武五班。夏石润自湘阴来，亦旧人之一而兼擅酒色财气之胜者也。

初四日。以督辕枉示容、岑保案，谬误百端。幕友徐灏罔上行私，于此略见一斑。略就鄙见所及，一痛驳之。

初五日。诣澄帅、师继瞻、方子箴诸处谈。日来以渡船事积痗于心，粤事殆不可为也。民情之恶劣，委员之不知事理，地方官之不能了事，实乃兼之。

初六日。寄复刘晓沧、罗伯宜二信。又寄任松楼、曾挚民二信。奉到十一月十九日五百里寄谕：左宗棠奏贼踪回窜粤境，现筹布置情形一折。康逆汪海洋一股，由连平绕窜和平、兴宁各境，突犯嘉应，该州城池于十月二十一日失守。左宗棠现派赖长等军各率所部分路扼剿。所筹均属周妥。该匪旬日之间狂窜数百里，其欲由闽边以犯江西，已可概见。着左宗棠檄饬派出各军，将由嘉应入闽之路分投堵截，遇贼即击，以剿为防，务将此股贼匪迅速扫除，肃清疆圉，以竟全功。该逆现有图窜江西之势，亟应实力严防，以扼其纷扰之路。着刘坤一督饬防军认真堵御，并严扼会昌、瑞金一带，与汀州镇沈俊德一军联络声援，会（算）〔筹〕剿洗，为一鼓聚歼之计。（应嘉）〔嘉应〕州城被陷，着瑞麟、郭嵩焘将失事情形并文武下落，查明具奏。并着严饬卓兴、方耀等军，迅图克复州城，一面将此股窜匪痛加剿洗，就地歼灭，毋令再窜福建、江西等省，又成不了之局。平和一路兵力较单，该督拟出屯琯溪以扼漳州之冲，兼顾平和一路，即着移营前进，相机布置。如贼窜江西，并着左宗棠择要驻扎，会同刘坤一督饬各军，视贼所向，力图扫荡。该督成算在胸，谅能统筹全局，迅殄逆氛也云云。钦此。

初七日。咨龙太常、札罗伯逊及各公事稿数十件，皆取怨于人而不顾者也。念之茫然。

初八日。接见文武吏四班。薛季馨比部德恩来见，亦本科分部者也。折弁黄福成等回，接到潘伯寅、陈宝珊各信。罗小苏寄到手卷二轴并信。沈翰卿交到刘晓沧、李竹浯、贺竺生三信，均以刘县丞为托者也。遣王浤赴上海催捐，顺寄应敏斋、冯竹渔、郑仁山及广东绅士一公信共四件。又致雷、喻两处信，各以百金馈之。雷颖生、慎轩兄弟。喻小冈兄弟，惟恭和不记其号。雷颖生以同知在闽候补。

初九日。接贺云湖信，以同知荣纪为属。接高果臣信，以知县江肇恩为属。又接刘松岩、潘季玉、刘岘庄各信。

初十日。寄曾挚民一信，并檄饬统带任镇军四营前赴龙川。郭丙明靖安水师前营于是日成军，于是东、西、北三江皆有巡缉之水师矣。

十一日。接奉十一月廿四日五百里寄谕：前因各省应解固本军饷，延未报解，降旨催令迅速筹拨。兹据刘长佑奏称：仅准四川解银五万两，广东、湖南、湖北、山东、山西或批解一二万两，或划拨二三万两不等，杯水车薪，无济于事。此外江西、福建、河南未解分厘，开单呈览，请旨饬催等语。现在捻逆势张，马贼东窜，畿疆防务极关紧要。该省库款罗掘已穷，若不速筹接济，势难使军士枵腹荷戈。着官文、曾国藩、左宗棠、崇实、骆秉章、瑞麟、徐宗幹、刘坤一、李鸿章、郑敦谨、李瀚章、吴昌寿、阎敬铭、郭嵩焘、王榕吉各照单开欠解银数，竭力筹措，源源拨解，以济要需。至山东、山西两省尚有另案奏准酌减每月协拨银二万两及一万五千两，据刘长佑奏称亦属积欠尚多。着阎敬铭、王榕吉查明单开欠数，一并星速报解。原单着分别抄给各该督抚等阅看。另片奏防饷繁巨，立虞匮乏，请在盐斤复价项下再行提拨银十万两，并于节年盐课、灶课、包课各项下凑解银五万两等语。着准刘长佑如数动拨，俾供支放云云。钦此。寄湘乡相国一信，并由军需局递寄杨紫云一信。

十二日。连日郁热至不能着绵衣。粤东天气人情，恍怫相近，总之不可测量而已。

十三日。接见文武四班。回拜英领事罗伯逊。赴箭道挑缺二十七名。晚邀吴子登、陈兰浦、刘云生、陈古樵、陈经甫、张兰轩小酌。接奉十一月廿六日六百里寄谕：瑞麟等奏逆匪拦入嘉应州城，现筹会军剿办一折。前据左宗棠、刘坤一先后驰报嘉应失守，迭经谕令各该督抚相机剿办。兹据瑞麟等奏，该逆由麻布冈突抵嘉应州城，兵勇力竭，致被拦入；署知州程培霖巷战受伤倒地，团勇掖之而出；署游击英秀与其馀文武不知下落各等语。现在方耀、邓安邦等军已进扎嘉应州属阑石、径心，即着饬令约会各军同时进取，并着督饬李福泰、张铣、翟国彦、郑绍忠等屯扎要隘，力筹堵剿。至卓兴一军，因欠饷过巨，裁撤回潮。不知瑞麟、郭嵩焘平日所筹画者何事？此时方耀等军剿贼正当吃紧，该督抚等务当宽筹饷项，源源接济，俾资饱腾，毋得再有贻误。瑞麟等折内有左宗棠即日起程赴粤，居中调遣等语。左宗棠如能迅速赴粤督剿，不特调度通灵，且可堵贼入闽之路，于大局最有裨益。该督素称知兵，想必有通盘擘画，荡定贼氛也。贼匪聚于一隅，利在会剿。着刘坤一凛遵前旨，督饬防军认真堵御，并着派劲旅数千，越境会同闽、粤之军，四面围攻，迅图剿洗，毋得稍分畛域。署知州程培霖疏于防范，咎无可辞，惟因仓猝贼至，众寡不敌，且巷战逾时，身受枪伤，情尚可原。着加恩免其治罪，仍革职留营效力，以赎前愆云云。钦此。因递回十一月初七日具奏各件，又奉明发上谕：瑞麟、郭嵩焘奏查明出洋捕盗出力文武员弁，开单请奖一折。广东高澜、三灶一带洋面，素为逋逃渊薮。该员弁等驰往围拿擒获著名盗匪及伙党共计一百八十馀名，歼毙无数，并起获军械多件，尚属著有微劳，自应量予恩施，以昭激劝。所有单开之前任潮州府知府留于广东补缺后以道员补用海廷琛，着免补知府，仍以道员补用；候补知府补缺后以道员补用文星瑞着免补知府，即以道员留于广东补用；知府聂尔康着赏加道衔；记名总兵王朝治着留于广东差遣委用，候旨简放；参将黄廷彪着俟补参将后以副将尽先升用；副将沈玉遂着留于广东尽先补用，并赏加总兵衔；游击卫明英等三员均着赏戴花翎；守备聂其光等二员均着赏换花翎；参将李绳武着俟补参将后以副将升用；游击衔沈福江等二员均着以都司尽先补用；都司张兆桂着以广东内河水师游击尽先补用，先换顶戴；都司李荣光着俟补都司后以广东内江水师游击升用，王雄耀着以广东内河水师都司遇缺尽先补用，守备蒋云豹着俟补守备后以广东内河水师都司尽先补用，千总温若武着以广东内河水师守备补用：以上四员均着先换顶戴；都司杨秀华着以广东水师都司尽先补用，先换顶戴；吴迪文着以广东水师都司尽先补用；守备刘鸿珍着以都司升用，先换顶戴；都司衔蒋福兴等二员均着以守备尽先补用；守备黄正达着赏加都司衔；游击冯建章着尽先补用，都司梁继班着以水师都司尽先补用：以上二员均着俟补缺后并案送部引（用）〔见〕；云骑尉梁鼎勋着以广东水师守备尽先补用，俟补缺后送部引见；千总霍赓飏等四员均着以广东水师守备尽先补用，龙炽应着以守备尽先补用：以上五员，均先换顶戴；郑现升等六员名均着赏戴兰翎；把总欧阳高等七员名均着赏给六品顶戴蓝翎；汤廷振等十七员名均着以千总尽先补用；县丞王湘源着俟补缺后以应升之缺升用；知县郭勋泰着赏加同知衔；县丞郭炳明着以县丞留于广东尽先补用；训导解玉衡着以教谕不论双单月即选；军功黎宗康着以从九品留于广东尽先补用，并赏加六品顶戴；县丞丁良騄着改以盐大使留于广东遇缺即补；县主簿周骏炳着免选本班，以盐大使留于广东遇缺尽先即补。馀着照所议办理。该部知道。单并发。钦此。

十四日。两日热极，由皮衣而绵而夹衣矣。仍终日挥汗不止，真怪事。接到李筱荃中丞一信，并接志城安字第三信，第二信交龙炳章带来者，至今未到也。

十五日。诣武庙行香。签得随，曰：元亨利贞无咎。以阳从阴曰随，非君子之所敢任也。奉到十一月廿七日五百里寄谕：前因劳崇光奏起程赴滇，请饬户部查明徐之铭原奏清单，于欠解滇饷各省内先行指拨银共二三十万，克期解滇，当经谕令户部速议具奏。兹据该部奏称：陕西省军务紧急，粤海关拨款较多，此次应请展缓提解外，拟在浙江省欠解银三百二十馀万内先提银十万两，广东省欠解银三十五万两内先提银六万两，四川省欠解银四十八万馀两内先提银四万两，湖南省欠解银八万两内先提银二万两，河南省欠解银三万两内先提银一万两，太平关欠解银三十七万两内先提银四万两，共提银三十万两解滇应用等语。滇中军务吃紧，自应饷项充裕，方足以利师行。着崇实、骆秉章、瑞麟、刘坤一、马新贻、吴昌寿、李瀚章、郭嵩焘各照部拨数目竭力筹措，迅速拨解，以济要需，并着郭嵩焘饬令太平关监督一并如数筹解。该督抚等务当兼顾大局，不得借词推延，致滇省停兵待饷，剿办愈形棘手也。至劳崇光所称前署督潘铎奏准由川省筹拨之五万两，业经该部咨催崇实、骆秉章筹解外，仍着该署督等懔遵前旨，克期委员解滇交劳崇光行营，毋稍延缓云云。钦此。又奉同日寄谕：户部奏预拨来年京饷一折，据称历届京饷均系年前预拨，现届应行预拨同治五年京饷，拟在各省地丁、盐课、关税等项银内拨银六百万两，请饬各该省于来年分批起解等语。京饷关系最为紧要，现经该部就各省缓急情形，撙节动拨，自应遵照奏定银数源源报解，以济要需。着各该将军、通商大臣、督抚、盐政、监督等，务于来年开印后分批起解，限五月前解到一半，十二月初间全数解清，不准截留改拨，借词延误。倘届期不到，即照奏定处分，指名严参。原折单均着抄给阅看。至本年未解京饷，前谕各该督抚等催令赶紧报解。兹据该部奏称：现届年终，仍属拖欠甚多。着各该督抚等懔遵前旨，星速筹拨，毋再迟延，致干重咎。另片奏同治五年，分新疆南北两路经费，应仍照案另筹，拟拨山西丙寅年应征地丁银十万两，山东丙寅年应征地丁银十五万两，河南丙寅年应征地丁银十五万两，共四十万两，请饬筹解等语。着山东、山西、河南各巡抚照数筹措，仍由山西解至绥远城，由绥远城从北路草地解至乌里雅苏台运交科布多，知照伊犁将军、塔尔巴哈台大臣核定数目，分提应用。如饰词请改请留，致误要需，即由该部从严参处云云。钦此。清单开山西地丁银一百五十万两；山东地丁银三十万两；河南地丁银三十万两；湖北地丁银二十五万两；湖南地丁银二十五万两；直隶旗租银十万两；长芦盐课银二十五万两；河东加课银十万两；河东羡馀银十五万两；山东盐课银十万两；山东盐课项下加价银七万两；两淮盐课银三十万两；两浙盐课银二十万两；广东盐课银二十五万两；广东运库应缴息银五万两；湖北盐厘银十万两；湖南盐厘银五万两；粤海关税银十五万两；闽海关常税银十万两；闽海关洋税银三十万两；江汉关洋税银三十万两；江海关洋税银三十四万两；浙海宁波口洋税银十五万两；浙海宁波口常税银四万两；天津关常税银五万两；天津关洋税银五万两；东海关税银十万两；淮安关税银五万两；福建茶税银十五万两。姚颐寿自京回，带到杜季园、潘伯寅、韩叔起三信。龙炽应自湖南来，带到罗小溪一信，并接意城丑字第十三信，志城安字第二信。龙炽应即龙炳章改名也。又接李筱荃、刘克庵、孙稼堂各信。

十六日。验试同通知县汪桐等二名，佐杂金念祖等四十六名，以是谢客一日。邀潘晴溪诊脉。

十七日。接左季高信，立言愈谬，诟詈讪笑，皆吾辈所不肯以施之子弟者。君子交接不出恶声，所以自处宜如是矣。是夕以一信复之。嗣后于此公处竟不宜时与通问也。

十八日。接见文武属吏四班，过堂案三起。接曾挚民一信。邀司道一会商，定议裁撤任军，并归曾营召募。

十九日。辰刻立春。料检移房各事件，巨细皆身任之。生性如是，然亦无可代劳之人也。致任松楼、曾挚民二信。

二十日。午刻封印。随由上房移居西院。以将督兵出省，上房屋宇太空阔，不如西院之团聚也。晚邀俞信甫、邓星海、张伯羲小酌，封印向例如是。发十月、十一月两分折报十月王兆芹递，十一月谢廷耀递。

廿一日。诣澄帅、成镜泉、库仁龛、师继瞻诸处谈。接鲍春霆信，所取求益繁矣！

廿二日。英领事罗伯逊约同澄帅诸公赴小北门演试炮车及抬枪队，吾甚爱其炮质之精也。

廿三日。接见文武四班。是夕恭祀灶神，犹然吾乡之土风也。寄鲍（军）〔春〕霆、李筱荃、罗小苏、罗小溪各信，并寄家信乙字第十六号。

廿四日。接意城丑字十四信，并接杨厚庵、张石卿、赵玉班、黄昌期、崇朴山、黄侯光各信。梅小岩送阅京报，杨厚庵奏：据陕西绅士候选道雷致福禀，降调巡抚刘自莅任以来，全陕倚若长城，今闻以事去官，遐迩惊疑等语。又片奏：刘为甘省筹饷筹粮，不遗馀力，一旦解任，甘省亦失指臂之助；藩司林寿图实力任事，不避嫌怨。奉旨：前派瑞常、罗惇衍驰赴陕西查办事件，自必确有闻见，着即据实具奏。复奏：刘于吏治未尽熟悉，语言词气亦间有自负过高之处，而办理军务，人多以有胆有识许之；林寿图办事认真，任劳任怨，惟急求速效，驭吏未免过严，参劾属员考语间有轻重失当，以致人怀畏惧，谤毁多端，而其廉洁之操，究不能稍加訾议，沿途询问，舆论尚无间言云云。略见公论尚在人心。然其端自厚庵发之。杨公可人，高出时贤万万。

廿五日。阅邸抄，知霞老仍留陕抚，赵公改署晋抚，林公回京另候简用。朝廷此举深合人心，远出宋、明之上。而霞公自是不得归矣。

廿六日。遍诣同城各官处。岁暮有此一举，亦向例然也。奉到十二月初九日六百里寄谕：左宗棠奏筹调官军分路进剿一折。

汪逆大股窜踞嘉应州城，高连升已扎州东北三十里之葵岭，康国器已扎镇平县城，嘉应城西蓝口地方有粤军方耀、邓安邦驻扎，四面布置已有规模。左宗棠现拟率所部由平和出大浦，绕三河坝赴松口，将水陆情形察看明白，然后折而北趋，驻扎嘉应州，北路并飞催鲍超军入粤，所筹均属妥协。现在黄少春军已抵左宗棠营，刘典全军已抵武平、上杭，着左宗棠即行入粤调度各军，联络声势，务将汪逆全股及土匪叛勇尽数殄除，勿任再行出窜。鲍超一军，前已据奏行抵会昌，听候调遣。着该提督即进兵嘉应，会师围剿，听候左宗棠调遣。左宗棠有节制三省之责，着于入粤后妥筹调度。如江、粤各省之兵有疲苶不能得力，贻误事机者，即由该督严参治罪。瑞麟、郭嵩焘即饬方耀等军归左宗棠节制，与江、闽诸军联为一气，并檄惠、潮等郡文武员弁妥筹守御，以防该逆旁窜。所需炮船，即饬局赶造，以遏水路要冲。鲍超一军入粤，人地生疏，着刘坤一按月筹饷解济，瑞麟等派令妥员设立米局，均须宽为筹备，勿任缺乏。刘坤一仍当懔遵迭次谕旨，催军出境会剿，不得稍存畛域之见。左宗棠另片奏：遵查李福泰于贼由连平上、下坪窜走嘉应时，靦然报攻克追剿之功，实则并无其事，实属粉饰。广东布政使李福泰，着先行交部议处，并着左宗棠察看，如始终不能得力，即另拣妥员统带，将该藩司撤回参办云云。钦此。接曾挚民、孙竹堂二信。

廿七日。邓星海见示《梅州纪事》一编，盖嘉应失陷后，其地士绅致怨方耀、程汝霖，著之诗歌以相刺讥者也。玩其议论之刺谬处，由举人萧国香为之。嘉应人心如此，劫运殆未已也。

廿八日。为邹氏生辰。料检积案尘牍，终日疲劳。

廿九日。接赵蔚堂、孙竹堂各信。据探报言，闽军进攻嘉应获胜，康逆已为所毙，阅之欣快。以除夕，邀同星海、伯羲小饮。

同治五年　丙寅

正月

同治五年丙寅岁正月初一日辛酉。诣万寿宫朝贺，随诣文庙、文昌阁、武庙拈香。文武各官来谒贺年。是日以公事稍暇，跋潘梅溪所藏魏文贞手册，并各处求书者稍为应付之。

初二日。诣天后宫、风神庙、火神庙、龙王堂、城隍庙拈香。酬应终日。接黄芍岩信，言去腊十二日塔子坳之战，实已轰毙康逆于阵前，群众复拥伪偕王谭体元为首。接娄峻三信，已于十七日移扎相公亭，有二十日进攻之说。而严升之所发探报，则云馀逆已于廿二日窜出松口，尚未接据各营禀报也。

初三日。以忌辰谢客一日。周易订诂引风俗通怪神篇云：凡变怪皆妇人下贱。何者？小人愚而善畏，欲信其说，类复裨增，文人亦不证察，与俱悼慑，邪气乘虚，故速咎症。易曰：其亡，斯自取灾。状小人变怪惊疑情事甚确。接鲍春霆、刘融斋二信。鲍军二十日由相公亭进扎平城铺，击贼大破之，距塔子坳之战仅八日耳，贼遂由水南堡、长沙一带窜赴丰顺。郑绍忠以追贼至黄沙嶂大获全胜为词。盖长沙一带经左帅迭札催令进扎，迁延至今，贼终于此路窜逸，郑君乃据此以夸张其战绩，廉耻泯然矣。方耀亦以追贼至黄沙嶂为词，则与其所驻之南口相距甚远。两禀又各不相谋。粤中军事如此，诸君靦颜相视，吾心能无愧辱乎？与诸君共事一方，亦前生之孽障耳。

初四日。酬应终日。接张月卿、翟子英、曾挚民、陆存斋诸信。存斋折开所属密考贤否得失，语甚明确，此才终竟可爱。

初五日。接到应敏斋、冯竹渔、彭雪芹各信。并寄复曾挚民、陆存斋二信。又接陈贻珊信，知懿叔遂已物故，为怅悒者久之。

初六日。邀集幕中俞信甫、陈莳松、唐明斋、邓星海、张伯羲及章旭初诸君春酌。杨青山、张寅二君来见，知已由肇庆部勇至省也。

初七日。瑞帅接奉寄谕，以坚佐治求入潮州郡城一案，经总理衙门奏称，潮民所要三款，均和约所不载，不宜自生波澜，仍饬瑞相核办。此事亦由瑞相奏件铺张失当，致有此耳。接鲍春霆信，十二月廿三四日追贼至北溪，竟将汪逆大股全数扑灭，生擒二万馀人，头且亦至七百馀人，可为悍将矣。汤小安来谈终日。

初八日。接见文武八班。接李筱荃、曾沅浦、李辅堂各信。并接意城丑字家信第十五、十六两号，志城安字家信第四号。回高年丰拜，果臣军门之叔也。晚陪澄泉、仁龛、鉴泉三君同饮师继瞻处。

初九日。微雨。诣高年丰谈。司道公请陪澄泉将军小酌。入粤以来，公宴运司署凡三度矣，念之怃然。

初十日。遣汤小安由海道赴潮犒师。顺致左帅及张寿荃二信。又发丙字家信第一号，并致李筱荃一信。

十一日。言树勋自韶州回，带到陆存斋一信。

十二日。张澍霖为人所指控，所有靖安右营事务，另委言湛甫接管。晚邀刘荔坛、吴子登、刘云生、陈古樵、陈经甫、梁芷卿诸人春酌。

十三日。接见文武五班。沈翰卿言，乔头之罗豆皮总、铜湖之谢恶狗仔，皆所谓蕴恶者也，以乱一乡有馀。奉到十二月廿五日五百里寄谕一道：瑞麟、郭嵩焘奏贼伏嘉应，现筹添军会剿，请将黄武贤等仍留潮州各折片。览奏均悉。汪逆窜踞嘉应，于城外四面建立土城望台，负嵎抗拒。瑞麟、郭嵩焘现饬曾敏行等军分扎各路，杜贼纷窜。着即檄饬各军会同江、闽官军通力合作，步步为营，实力进剿，为四面合围之计，毋令汪逆兔脱，乘间窜出，复肆蔓延。前因（李）〔左〕宗棠奏参李福泰军务多涉粉饰，当照部议将该藩司降三级调用，已授张兆栋为广东布政使，英秀为广东按察使。李福泰既经降调，所部兵勇亟须大员统带。郭嵩焘现拟驰赴各营相度地势，以图扼守，即着由惠州前赴言岭关及兴、长一带择要驻扎，就近与闽省官军力筹进剿，以期聚而歼旃。西北一路平远、相公亭、大柘、石正一带，可以横窜江西之长宁，又可由平远北窜龙定，西出南雄、始兴以窜楚境，必须劲旅扼守，以防该逆纷窜之路。着左宗棠等催令鲍超星速进扎相公亭等处，严密布置，遇贼即击，迅殄逆氛。各营需用军火及鲍超一军食米，着瑞麟、郭嵩焘竭力筹办，妥为接济。左宗棠有节制三省之责，嗣后一切军情，着左宗棠主稿会衔具奏。甘肃军务紧要，防剿需员，西宁镇总兵黄武贤着仍遵前旨饬令速赴新任；瑞麟等所请暂留潮州办理防堵之处，着毋庸议。游击李元顺着准其留于潮州，以资差委。刘坤一着懔遵迭次谕旨，迅派官军出境会剿，毋（令）〔分〕畛域云云。钦此。同日又奉明发上谕一道：瑞麟、郭嵩焘奏办理厘务出力各官绅开单恳请奖叙一折。广东省厘务于同治元年七月间开设局厂，接济皖、浙大营饷银，前后计三四百万之多。该官绅等或派办总局分局，或赴各口厘厂创办抽收事宜，均能认真经理，始终勤慎，尚属著有微劳，自应量予奖叙。所有单开之广东盐运使方浚颐着赏加二品衔；道员屠继烈等二员均着赏加盐运使衔；知府史朴着交部从优议叙；虎门同知吴赞诚着开缺以道员仍留广东补用；同知梁采麟着赏加知府衔；知县陶庆仍着免补知县，以同知补用，并赏加知府衔；同知方中着赏加知府衔；潘春辉等二员均着赏加运同衔；知县陈璞着赏加同知衔；陶庆瀛着赏加直隶州知州衔；县丞邹淦等三员均着赏加盐课司提举衔；典史陈树源着赏加布政司经历衔；同知潘国珍等九员均着交部从优议叙；郎中伍绍棠着赏加四品衔；举人梁肇修着赏给内阁中书衔；监生潘彭龄着赏给詹事府主簿衔；童生易耀堂着赏给国子监典籍衔；道员王福康着赏加按察使衔；郎中莫以枋着赏加道衔；（郎）〔员〕外郎梁应棠着赏加知府衔；按察司经历陈永公着赏加知州衔；经书陈俊章等二名均着赏给八品衔；主事欧守仁着赏加四品衔；县丞黄绍基着赏加五品衔。该部知道。单并发。钦此。又十二月初五日会奏各件，并奉批回，张崇恪开复原官，千总利龙彪、卢逢泰，知县吴楚理，拟保参将方彩、方丰，拟保游击谢且，拟保都司方锥，未入流诸文淦，从九何冠南，均着照所请交部分别议叙。是夕接到左季高一信。

十四日。张西山、郭毓六来谈。杨滨石、杨缃芸均有书，以蔡令宗谟相托。

十五日。诣武庙行香。又运司请赴天后宫行香。接到意城丑字十七信，志城安字五信，又达山一信。意城信仍编十六号，与前编号重出，盖无笔记之过也。

十六日。李星衢六十生辰，张西山太夫人七十五生辰，往贺之。至澄帅、子箴、啸筼各处谈。吉游戎赴潮，顺致张寿荃、蒋叔起二信。接夏芝岑、李绍周二信。

十七日。澄帅邀同库仁龛、成鉴泉、师继瞻春酌。是日微雨，略有凉意。

十八日。接见文武六班。陈古樵保品学之士二人，一曰何寿增号省庵，顺德进士；一曰陈泰遂号履之，番禺举人。英领事罗伯逊、翻译官梅辉理带领东洋水师提督景文铣并其随员边科第来见。

十九日。午刻开印。闻英提督景文铣明日回香港，往拜之。约申初相候，至则已酉初矣，遂不晤。晚邀莳松、铭斋、星海、伯羲诸君小酌。

二十日。拜发皇上万寿贺本，遣弁戴龙光、左鹤龄恭赍；并报差弁陈鸿昌递十二月分月折。诣学海堂送专经生十名入学，酌定学长陈澧、金锡龄、陈璞、邹伯奇四人专司课程。往英领事罗伯逊处回拜。晚邀澄帅、仁龛、鉴泉、继瞻春酌。

廿一日。遣杨紫云、沈瀚卿查办东莞罗屋土匪。据华翘云言，罗屋地言径贝村也。

廿二日。邀集子箴、友山、毓六、小岩四人春酌。前江宁藩司梁宝生佐中来见。询以李少荃宫保在吴功伟矣，勤能敏给，百废俱兴，吴人顾不满之，何也？对曰：吴人骄惰性成，甫离水火，遽思安逸。宫保发扬蹈厉，力与张之。吴人之性弛而不张，故不乐也。所言甚有见地。

廿三日。接见文武吏五班。为澄泉拟奏稿三通。忝居封疆之寄，专为人司章奏，所稍发摅利病，又多为所裁抑。岂惟道不能行，并言亦不能尽。督抚同城之制酷虐如此！

廿四日。雨，寒。仁龛、鉴泉邀同澄老、继瞻春酌。啸篔求一署臬缺，澄老欣然允之，晚忽有异议。人言之易入如此。

廿五日。雨。接高果臣信，知已为左帅奏留各军办理东江土匪。高军六千人，大都降卒，无纪律，留此甚非宜。左帅以盛气行事而不求其安，以立功名有馀，以语圣贤之道，殆未也。晚复果臣及致吴春帆二信。接奉正月初八日六百里寄谕：左宗棠奏官军渐逼嘉应，现筹合围，及龙溪剿匪情形各一折。汪逆盘踞嘉应，左宗棠筹调各军分路进剿，其东北之高连升、刘清亮两军由樟树坪进扎，遇贼于双板桥一带，血战数时，虽将贼击退，而哨弁伤亡不少。东、西、南三路驻扎之粤军，亦复被贼掩袭，或失去营垒。是贼势虽蹙而凶焰颇张。该督现进大埔，分布刘典、王德榜、黄少春、高连升、康国器等军互相联络。嘉应州城东路、东南、东北及北路长围之势渐成，正可力图进取。昨据刘坤一奏，鲍超已于十二月初六、七以次前进平远之相公亭，席宝田、刘胜祥两军于初九、十以次前进东石、大柘。两路官军计日业已到防，自可遏其北窜平远、西窜兴宁之路。即着左宗棠督饬各军克期齐进，务期步步近逼，合力兜围，毋留缝隙，以收聚歼之效。并着瑞麟、郭嵩焘檄令郑绍忠、方耀等军与江、闽之军互相联络，严密布置。倘粤省带兵员弁不能得力，致贼铤走，即由左宗棠严参治罪。鲍超及江西客军入粤，人地生疏，瑞麟等务须设局宽为采办军米，以期无误兵食。刘坤一并着迅遵前旨，出省督饬各军会攻，一面严扼本境边防，毋稍疏懈。贼见长围势合，掳船下窜潮郡必在意中。左宗棠、瑞麟等务当多备炮船，饬令黄联开、朱明亮水陆各军严备要隘，毋令贼踪善脱，又成不了之局。所有此次力战阵亡之同知衔知县汪遇元，县丞晏际时，拟保游击衔都司刘永茂、萧胜文、刘宣元、王连斌、赵玉林，都司何文禄，拟保都司衔守备郑秀章、萧焕武，游击朱体盛，游击衔都司钱桂仁，拟保游击都司衔守备郑炳礼，都司衔守备钟洪霖，拟保守备千总钟成魁，拟保参将游击钟敏遂，拟保守备五品军功容朝章，均着一并照拟保升阶交部议恤，以慰忠魂。龙溪县社匪郭凸、郭好等踞寨从逆，怙恶不悛，经左宗棠调派罗大春等将该寨匪徒殄除净尽。自此漳州、龙溪著名土匪一律肃清，实属大快人意。其剿匪阵亡之千总邝炳星、邵成旬均着交部照例议恤。另片奏粤东筹饷事宜，已交户部议奏。浙江布政使蒋益澧，已明降谕旨，饬令驰赴广东，办理军务兼筹军饷矣云云。钦此。

廿六日。致蒋芗泉一信，以左帅奏令来粤，意在挤排鄙人，不知鄙人七月一疏，原拟举蒋自代也。日夜以脱离此邦为幸，于左帅但有感激而已。诛逆犯何亚淐等五人。

廿七日。回拜李奎垣、梁槐轩、沈少韩，并过澄老、仁龛谈。司徒伯芬观察带到杨荇农一信，又接高碧湄一信。

廿八日。接见文武吏五班。黄荫山自苏回广西，便过一见，略闻近事数端。

廿九日。复左季高信，便致周寿山、吴桐云二信。季高以廿四日回闽。才高气盛，称其功业。复函互相诘责，不如且避之，所谓无与负气人争胜者也。

三十日。演试舞籥生。与澄帅诸公同诣文庙，并考订祀事数则。

二月

二月初一日辛卯。诣文庙行香。张友山以是日午刻接藩司印。与方子箴过谈久坐。考试越秀、越华两书院肄业生去取。

初二日。陈怡笙自楚来，带到衡唐及张芸阁二信。又接筱荃中丞信，并左景乔信及意城寅字一信、志城安字七信。其安字六信交李仁带来者，尚未接到也。

初三日。文昌诞辰，恭诣致祭。派即用县王伯良、袁祖安、井钟丹、郑惠常、卓诚，候补县谢玉汉、许宝珩、刘文运、蒋廷钧评阅越秀、越华两书院去取卷。晚取所定甲乙视之，袁祖安最为通达，王伯良、卓诚次之，郑惠常、刘文运、蒋廷钧、井钟丹又次之，谢玉汉、许宝珩为下。许工力浅，谢则老荒已甚矣。

初四日。接左帅信，杨小安赍呈犒军银两，乃蒙发还，书词亦稍平。闻以廿六日旋闽也。

初五日。热极微雨，雷雹交作。接梅小岩、沈翰卿两信，知办理田隔头径背罗姓一案，全无声色。小岩固非办事才也。

初六日。热极，雨，大雷。接方子颖信。康友之由潮州假归修墓，询知为西樵山人。

初七日。致祭文庙。邀友山、子箴、毓六三人公议委缺一件。缘友山初至，吾亦不欲专之，故付之公论耳。致梅小岩一信，颇加诘问。

初八日。雨，凉甚。郁热数月，至不能着夹衣，是日骤寒衣裘矣。致祭社稷坛。致李筱荃、李辅堂、左景乔、曾澄侯、曾沅浦五信，并寄家信丙字二号，又致曾挚民一信。派袁祖安、郑惠常、卓诚、王伯良四人重理书院卷，次其甲乙。

初九日。周令清培勘丈潘仕芳侵吞尝田，至为潘仕芳所凌辱，亦由番禺县之失其职也。闻之慨然。

初十日。阴，寒。诣成鉴泉、师继瞻谈。晚邀康友之、陈怡生、刘云生小酌。接奉正月廿三日六百里寄谕：本日据刘坤一奏江军进逼嘉应获胜，会同收复州城，并左宗棠、瑞麟、郭嵩焘奏收复嘉应州城，追剿窜匪，全股荡平详细情形各一折。览奏曷胜欣慰。业经明降谕旨，宣示分别加恩矣。逆匪盘踞嘉兴州城，屡思冲突出窜，经左宗棠督饬江、闽、粤三省之兵，面面兜击，遂使该逆无路可窜，一鼓歼除，深堪嘉尚。惟投降之人为数过多，必须妥为遣散，分别安插，方免后患。闽粤地方向多土匪，积年为患，亦应搜捕净尽，永绝根株。并饬地方文武将应办善后事宜，认真妥办，毋稍大意。所部各军，自应由左宗棠会同瑞麟、郭嵩焘、刘坤一酌量分别遣留。惟现在东南虽已肃清，而捻匪窜扰北路，楚、豫等省到处戒严，防剿正当吃紧。鲍超一军前本令其驰赴北路助剿，此时粤贼既已办结，即着左宗棠饬令统带所部，迅赴楚、豫之交，听候曾国藩调遣。其江、闽各路得力将弁兵勇，有可调赴楚、豫、江、皖助剿者，着曾国藩迅速函商左宗棠等酌量调往，以期厚集兵力，早殄逆氛。左宗棠等仍当听候曾国藩函商调派将士之信，分别遣留，不得先将得力诸军概行撤遣云云。钦此。同日又奉廿一日寄谕：前因左宗棠奏粤海关收税请由督抚设法筹办，当谕令户部议奏。兹据奏称：该关积弊已深，历任总督、监督，纵不至尽属肥己，亦难保不受家人丁书之蒙蔽。今左宗棠奏闻每岁不下二百万两，与该关奏报银数大相悬殊，请饬两广总督、广东巡抚查明办理等语。粤省军务日久未竣，筹饷之难，该督抚、监督等亦所深悉，岂容任听家人丁书群相吞食，视为故常。亟应严行查办。着瑞麟、郭嵩焘严密查明该关各口实在收税数目，以及蒙蔽情形，妥议章程，限三个月内详细奏明，再由该部酌核办理。该督抚受恩深重，务当破除情面，秉公确查。倘敢饰词回护，有意弥缝，别经发觉，即治该督抚以查办不实之咎。原折着抄给阅看，将此谕令知之。钦此。抄发户部奏稿一件：为遵旨议奏事。闽浙总督左宗棠奏粤海关收税请由督抚设法筹办等因，附片一件。同治五年正月初八日军机大臣面奉谕旨：着户部议奏，钦此钦遵。交出到部。据原奏内称：海关各口所收，闻每岁不下二百万两。其解京之数，无从稽考。此项若督抚臣设法筹办，于正供固期无误，而筹饷大局实裨益非浅。特此为二百年来旧制，非外臣所敢轻议。倘能以浙江杭州织务新章之改，则粤东大局或犹有为等语。臣等查例载：粤海关每年额税银四万三千五百六十四两，例系解交本省藩库留充兵饷。又嘉庆四年钦定盈馀银八十五万五千五百两，两共银八十九万九千六十四两，向系常、洋两税笼统核计。臣部曾于同治二年九月奏请各关洋税题销改题为奏案内声明：粤海关向来常、洋不分，请旨饬下通商大臣、两广总督会同粤海关监督体察情形，将该关常税酌中奏请定额。迄今两年有馀，尚未据该督等会同复奏。兹左宗棠奏称，该关各口所收闻每岁不下二百万两，若能由督抚设法筹办，于筹饷大局有裨等情。臣等查粤海关税银，向由该监督先将大关所收银数按年奏报，次将各口所收税银补行题奏。除咸丰十一年以后各口收数尚未据具奏外，其以前各口所收税银，如咸丰六年分各口征银七万六千五百六十五两零，七年分各口征银八万八千九百廿四两零，八年分各口征银九万六千六百九十七两零，九年分各口征银六万六千二百八十一两零，十年分各口征银一万二十四两零。历年均在十万两以内，而以咸丰十年分收数为最少。查前据两广总督劳崇光、粤海关监督毓清奏称：因各口货税多（防）〔赴〕潮州新关输纳，以致征数较历年稍减。臣等查潮州自咸丰九年设立新关征收洋税以来，惟十年分仅征一万两有奇，而自同治元年八月第八结粤、潮两关分报以后，潮州一关每年收数均在二十万两以上。该处本系该关各口之一，何以因有洋人帮同司税，一口所收税银转多于各口所收之数？如谓潮州近年征收多系洋税，何以劳崇光等原奏又有各口货税多赴潮州新关输纳之语？可知该关积弊已深，历任总督、监督纵不至尽属肥己，亦难保不受家人丁书之蒙蔽。今左宗棠奏称闻每年不下二百万两，与该关奏报银数大相悬殊。该监督亦系朝廷特简人员，似不应漫无觉察。现在粤省军务日久未竣，筹饷之难，当为该督抚、监督所深悉，各口税银向系监督派令家人丁书经理，岂可任听群相吞食，视为故常。左宗棠现有此奏，自必确有见闻，拟请饬下两广总督、广东巡抚严密查明该关各口实在收税数目以及蒙蔽情形，妥议章程，限三个月详细奏明，再由臣部酌核办理。该督抚受恩深重，务当破除情面，勿稍瞻徇。倘饰词回护，有意弥缝，别经发觉，即请治该督抚以查办不实之咎。谨将议奏缘由恭折密封陈奏，伏乞皇上圣鉴。谨奏。户部此奏，极为透彻，而无一语自求归宿之处，与左帅原奏用意各不同也。左帅陈奏及此，宜其不使鄙人与闻，然而固难以自解于人矣。

十一日。阴，寒。遣刘云生前赴东江商办铁冈各案。澄老过谈，于左帅及部议各件不能辨其得失。此件轻重权衡，不能不于鄙身任其责也。接吴子登信，戏以二诗复之曰：修乐陈君有职司，当时此议我坚持。诸君但作虚文看，岂独君疑我亦疑。　西案参差搁不行，衰年最懒与人争。胡君得失吾无与，辜负殷勤为致声。

十二日。折弁关兆熊、陈兆藻回，带到夏芝岑、潘濂舫、刘镌三、唐啸石四信。梅小岩自铁冈回，略言办理姚姓匪徒情形，略为一快。李星衢以是日回省。

十三日。致祭关帝庙。李星衢过谈久坐。

十四日。致祭龙王庙。诣星衢、仁龛、继瞻谈。继瞻留监督任，仁龛已于十二月廿六日升授西安将军，缘都直夫调奉天将军恩合原缺，恩为文尚书祥、福将军兴所纠故也。

十五日。诣武庙行香。随诣万寿宫宣讲圣谕。新泰厚递到朱桐轩师、汪啸庵师、（徐）〔祁〕春浦师、罗椒生、万藕舲、曹琢如、吴竹如、潘心斋、潘黼廷、董韫卿、温珉叔、孙稼堂、方子颖、胡小蘧、许星叔、杜荣三、周鉴湖、范抟九、李小轩、萧润宇、徐小云、龙芝生、黄晓岱、黄翰仙、皮小舲、高子登、陈宝珊共二十七信。

十六日。致祭火神庙。以先大夫忌辰谢客。高果臣适枉过，谈悉左帅奏李少荃、蒋芗泉分任粤事，实有此折。吾素志如此，然而左帅之用心亦曲矣。致沈翰卿、刘云生二信。

十七日。校阅两书院甄别卷。诛东江土匪姚殿球等一百二十人。汤小安带到左帅一信，所送致各件收两种而已。伯羲邀同章旭初、邓星海晚酌。

十八日。接见文武吏五班，过堂四案。往高果臣军门、丁梁臣贤发谈。

十九日。致祭风神庙。接湘乡相国信。

二十日。复试越秀、越华肄业生童共三百八十五名。澄老过谈。于是日接奉二月初三日六百里寄到密谕：总理各国事务衙门奏广东办理英领事入潮州一案，复接英国照会，请派员随两广总督前往潮州妥办一折。本日已明降谕旨，令丁日昌驰赴潮州随同瑞麟办理矣。英人进潮城一事，前据瑞麟等奏，坚佐治入城以后，游民复张揭帖，聚众喧呼，实因通事佛赐礼邀求建立洋馆，暂住一月，一时哄传，遂致复滋疑义。坚佐治以此不甚惬意。现摘传潮城绅士数人到省面加开导，熟筹经久善策等语。似此办法，尚为妥协。但未知瑞麟与该处绅士如何妥商定议？从前与坚佐治所约，有无照会往来凭据？何以坚佐治详报驻京公使则云并无允准前项等事之说？英国使臣阿礼国此次在总理衙门呈递照会，语多激切，若不妥筹了结，深恐别滋衅端。本日因丁日昌系潮州原籍，且前在上海与洋人熟悉，令其随同瑞麟前赴潮州办理。着李鸿章即传知该运使即日由上海乘坐轮船赴广东省城，随同瑞麟赴潮。务须不激不随，顾全大局，方为妥善。瑞麟等现在筹议情形，着随时奏闻，以慰驰系等因。钦此。并抄发总理衙门原折一件，内称准英国使臣阿礼国照会内称：据驻扎广州领事官详称，前准两广总督来文，以坚领事进潮州府城一案，该处委员禀报先曾与坚领事议定进城不开行店、不设关卡、不建天主堂等情，经坚领事允肯照办，嗣据坚领事详报，并无允准前项等事之说。因思英国官民准进条约所载已举城市，明系应得之益，断非领事所能允为禁阻，尚望贵国勿以进城一节为可以置而不办之事。并称前次失和生事，以拦禁英民不准入广州府为最大。又称如令各国以贵国力薄不能饬谕各省官民一体遵守条约，实有危险之处各等语。并称昨据瑞麟函称，私张揭帖之匪，业经访获方阿卯一名交县审办。其领事再入潮城一节，一俟东路军务稍平，潮防较松，即当妥办等语。现在逆匪业已悉数歼除，地方一律肃清，此事自应迅速办理。惟是瑞麟前称已与该领事言明不开行店、不设关卡、不建天主堂，将此晓谕居民，方获进城一次。现在阿礼国不以前说为然，较前更难措手，既虑该处众情不协，积疑生愤，并恐洋人以不能照约办理为词，必致别生枝节等语。总理衙门之为英使所窘久矣。潮人情性实亦不可理测，未知究何如也。温令自京带到温岷叔、陈宝珊二信。

廿一日。致祭先农坛，行耕耤礼。晚邀高果臣、丁粱臣两君小酌。

廿二日。微雨。致左季高一信，由永祥顺觅船便径递福建省城。接张寿泉、李寄庐二信。接奉二月初五日五百里寄谕：前因劳崇光奏滇省饷源枯竭，请饬部查催各省积欠协饷，并酌定数目拨解，当经谕令户部速议具奏。兹据奏称，上年十一月间经部奏准于各省欠解云南饷银五百八万馀两内，浙江省先提银十万两，广东省先提银六万两，四川省先提银四万两，江西省先提银三万两，湖南省先提银二万两，河南省先提银一万两，太平关先提银四万两，并令四川省将另案拨银五万两一并拨解。原因各省积欠过多，从少酌提，以期迅速筹解。迄今尚未据报起程日期，自毋庸另议数目，请仍就上年酌提数目，明定批解限期，以收实济各等语。滇省需饷万紧，该部酌提银两为数无多，自应迅速筹解。所有提解浙江省协（解）〔饷〕十万两，着限一年内解清；提解广东省协饷六万两，并四川省及太平关协饷各四万两，着限半年内解清；提解江西省协饷三万两，湖南省协饷二万两，河南省协饷一万两，俱着限三个月解清。均以奉旨之日作为起限日期。四川接济滇省银五万两，着一并赶办拨解。各该督抚等务当督（饷）〔饬〕各该藩司、监督等，不分畛域，按限批解，随时奏报。倘逾限不解，即着该部查明严参。至各该省奉拨本年云南兵饷银两，仍着照数起解，毋稍牵混云云。钦此。又澄泉接总理衙门信称：昨因法使照称附近香港洋面有旦图海岛洋船被劫一事，兹据法国翻译官李梅来称，旦图系大头门之误，其地在香港西北二百馀里，恳为更正知照。旦图、大头门，均洋人命名，非中国本名。（门）〔大头门〕据称香港西北二百馀里，当在内海零丁洋一带矣。

廿三日。微雨，凉。致祭天后宫。接刘云生、曾挚民二信，各以一信复之。曾攻六里墟炮楼，致伤营官黄文焕一员，粤军所未有也。

廿四日。大雨，寒。补复粤秀、粤华肄业生童三十六名。师继瞻见示京报，知左帅奏报大股贼匪全数扑灭，蒙恩赏给二品顶戴。高果臣赴惠州。一往送之。

廿五日。大雨，寒。致湘乡相国一信。遣屠啸篔赴东江察看杨、郑二军优劣。传张经赞、谢树棠、蔡宗谟、温树棻阅甄别复试卷。

廿六日。雨。接高果臣信。遣罗瀚隆查镇平田产，遣张崇恪查蓝山田产，意为安插客民之地。又昨遣屠继烈赴东江察看杨青山、郑绍忠两军，亦为安插客民须兵弹压故也。

廿七日。阴。检阅两书院复试卷。而澄老、仁龛、鉴泉三君先后枉过，间以他客，终日酬应，不胜其扰，此真无谓之周旋也。

廿八日。雨，寒甚。接见文武四班。诣澄泉、仁龛、鉴泉、继瞻及诸处谢步。

廿九日。张发越秀、越华两书院甄别榜。接刘云生信，随以一信复之。

三月

三月初一日庚申。诣文庙行香。接方子严信，犹昨岁姚巡捕带京银信，至今始接还报也。

初二日。会同澄帅赴粤秀、粤华两书院送馆。诸生以次入谒。虚文也，亦使诸生略习礼让之风。

初三日。晴。接见文武五班。是日拟各折稿凡六通，心力销耗，颇觉构思之苦。接方子颖、夏芝岑、朱茗笙、徐肖坡四章京信。

初四日。接刘云生信。知九房陈一案又已办讫，获其渠魁及党与六十二人。随以一信复之。

初五日。有邱步洲者，言自曾营来，并称曾与鄙人相见。召入，则始知为官相所保擢，而铺陈左帅、刘克庵、李希庵、赵玉斑，谓皆与共事。言无实不祥，邱公之谓矣。卫楫臣、李季庐来见。戏柬吴子登二诗云：阿兄所业颇精通谓君兄嘉仪，能辨阳明证圣功。却笑渊源家学在子序、子固诸公专主阳明之学，幡然自辟一家风。
刘君劳迹保原宜，此事端须有主持。不似序翁称谓错，由吾点窜改涂之。

初六日。方子箴生日往贺。兼诣卫楫臣、刘文庵及澄老三处。

接李筱荃、罗研生、罗伯宜及意城寅字二号、志城安字八号信。接奉二月十四日六百里寄谕：左宗棠奏粤省军务告蒇，班师回闽，请令高连升带所部赴任各折片。粤东之贼全股荡平后，复经康国器等追捕馀匪，并于降人中搜获逆裔及悍贼数百名，立予斩决，老弱丁壮分别资遣，办理甚为妥协。本日已明降谕旨，将康国器等员照请奖叙矣。该督以坠马，至旧病增剧，现于本月二十四日班师回闽。着于到省后安心调理，期于速痊，以慰廑系。左宗棠凯旋后，粤省安插降卒、搜诛土匪，善后之事方多，正当留扎劲兵，以资镇遏。瑞麟既咨催高连升赴广东提督本任，何以反令左宗棠将其部曲檄饬回闽？该署督徒为推诿该军饷需起见，曾不为地方计，殊昧事机。该省民风著名刁悍，平日所养制兵毫不得力，徒耗饷需。倘闽军凯撤，而降卒土匪又复滋生事端，重烦兵力，该署督其能当此重咎耶？高连升所部五千馀人，计每月需饷不过三万馀两，即着左宗棠檄饬该提督带所部赴任，月饷由瑞麟、郭嵩焘按月筹给，不（给）〔准〕丝毫短少蒂欠，致有掣肘之患。俟该省诸患悉平，伏莽净尽，再议裁遣。刘典现在请假省亲，该臬司久历戎行，素称得力，若令投闲，殊属可惜。着左宗棠谆饬该员于省亲后即行销假。应派往何路军营带兵剿贼，并着左宗棠斟酌奏闻云云。钦此。邀幕中诸人晚酌，厨人毁碗之声锵然。记己酉、庚戌两年正月吉旦，均有毁碗之祥，而先父母次第见（避）〔背〕，颇心忌此事。年老多病，精力销耗，颇用怃然。

初七日。以生辰谢客。华樵云赴潮守任，固请一见。早晚两次邀集幕中诸君小饮。

初八日。接见文武三班。谢寿竟日。奉正月廿六日一折回批，并奉二月十八日四百里寄谕：瑞麟等奏发逆全股荡平，现将各营兵勇分别撤留，筹办地方土匪情形一折。所称广东民气强悍，因循日久，纪纲废弛。如上年翁源县利陂塘土匪涂洪古等戕毙知县张兴烈一案，匪犯漏网尚多。永安县候选训导黄遇周挟仇劫杀刘姓一案，日久未办，遂至聚众抗拒。高连升追贼之师为土匪抄袭一案，各乡寨缴出案匪，未及惩办，复任逃脱。此外如东莞、惠、潮、肇庆等处，已发未发，伏莽尤多。若不赶紧筹办，必致酿成燎原之祸。瑞麟、郭嵩焘现拟裁撤方耀等营，酌留二十馀营，分三停办理，并移会高连升勘办黄陂等处之匪，均着照所请办理。广东兵数、勇数不少，若果得力，何至寇盗充斥至于如此？现即分投办理，恐贼众兵单，在事之勇不能图功，已裁之勇又复为盗，是该省军务永无了期。高连升所部不过数千人，且皆百战劲旅，瑞麟不令带赴广东，兵将不习，何以能济？着凛遵本月十四日谕旨，传知高连升将所部五千馀人带赴新任，并统率粤境各军，将各处土匪责令该提督次第剿除，冀收全效。月饷由该督抚筹给，不准推诿贻误。广东筹办防剿各员，准瑞麟等择尤保奖，无许冒滥云云。钦此。同日又奉上谕：前因左宗棠奏参广东布政使李福泰粉饰战功，当照部议将该藩司降三级（降）〔调〕用。兹据瑞麟、郭嵩焘奏称，该藩司服官粤省三十馀年，循声素著。自同治三年委办军务，尚能细心调度。现当大功告蒇，恳恩开复处分等语。李福泰粉饰之咎，本所应得，惟念其平日官声尚好，从戎数载，不无微劳可录，着加恩准其开复降调处分，来京另候简用。该部知道。钦此。又奉批旨：华廷杰着准其先开南雄州知州缺，以道员仍留广东酌量补用，俟补缺后再行送部引（用）〔见〕。馀依议，该部知道。钦此。

初九日。陈月樵枉过，为相住宅。诣黄侯光镇军、张友山、李星衢两方伯谈。接奉二月二十日五百里寄谕三道。两道为洋务，并抄发英参赞威妥玛新议略论，总税务司赫德局外旁观论，及公使阿礼国照会，威参赞说帖共四件，均另钞。其一件，户部奏各省欠解新疆饷银并历年积欠甘饷，请饬催筹解一折。前经户部奏拨新疆经费军饷二百十一万两。内山东解过银九万两，未解银四十二万两；山西解过银三十三万一千两，未解银五十万九千两；四川解过银四万两，未解银十七万两；直隶解过银一万五千两，未解银四万五千两；河南应解银四十九万两，丝毫未解。新疆地处边陲，自回匪滋事以来，饷源早经枯竭，全赖内地源源接济，方可维持大局。乃各省奉拨之饷已解者仅止四十七万六千两，未解者尚有一百六十三万四千两之多，实属任意延玩。着崇实、骆秉章、刘长佑、阎敬铭、丁宝桢、王榕吉、吴昌寿迅将前项奉拨未解银两赶紧筹措，不得再有玩误。除山西应解银两仍由绥远城转解乌里雅苏台外，其直隶、山东、河南即着解交山西，由该护抚派员递解乌里雅苏台。四川应解银两即着解交甘肃，由该督派员转解成禄军营交纳，无稍延缓。至各省自军兴以来拖欠甘饷，为数甚多。迭经该督奏催令各该省先筹二三十万两及数万两解甘，乃至今报解仍复寥寥。甘省地方瘠苦，现在攻剿正当吃紧，饷需甚形缺乏。各该督抚等理应竭力筹措，共济时艰。着曾国藩、李鸿章、瑞麟、郭嵩焘、刘长佑、阎敬铭、丁宝桢、吴昌寿、刘郇膏、乔松年、马新贻、刘坤一、刘蓉、王榕吉各将同治五年协甘新饷迅速筹款委解甘省。其历年积欠甘饷，虽一时不能全数起解，亦当各先筹一成解往。至广东、天津关所欠无多，即着尽数筹解，均不得饰词推诿，致误要需。户部原折着抄给阅看云云。钦此。户部奏甘饷历年积欠二千二百九十馀万两，同治五年新饷一百九十馀万两，各省筹饷一成，如山东新饷五十二万两，应解五万二千两旧欠五百二十九万不计；河南新饷五十万两，应解五万两旧欠五百六十八万馀两不计；江苏新饷十万，应解一万旧欠一百六十万两不计；江西新饷十万两，应解一万旧欠一百八十万两不计；两淮新饷八万，应解八千旧欠二百五十九万不计；山西新饷八万，应解八千旧欠二百一十万两不计；河东道新饷五十二万，应解五万二千旧欠四十万三千两不计。此外安徽旧欠八十万，浙江旧欠一百三十五万，陕西旧欠一百廿二万馀两，则皆在上谕内先筹二三十万及数万两解甘之内。惟广东欠解六万五千两，天津关欠解五万两，饬令尽数筹解。户部之优视广东固如此。按以上全误。所谓先筹一成者，皆指旧欠言之。广东、天津旧欠最少。故饬尽解耳。

初十日。约陈怡生诊脉，谢客一日。接鲍春霆、高果臣二信。

十一日。张友山、海星槎过谈，论粤事颇悉。

十二日。英芝山、陆存斋先后至省。英君言高州绅士陈兰彬之外，尚有举人张元亨者，亦绅士中之有学识者也。连平州绅士颜铣亦正派，为诸绅中之杰出者。严守云。

十三日。接见文武四班。接史琴孙小军机、冼云樵、蔡与循、刘子梅、高果臣诸信。梅小岩见示东莞李令天培一信，阅之愤懑。

十四日。往英领事罗伯逊处。又赴库仁龛、英芝山、郭毓六、陆存斋各处谈。接王少鹤、蒋湘泉信。

十五日。诣武庙行香。接王少鹤信，知粤抚已擢蒋湘泉，鄙人作何位置，尚无确信。能得罢职归家，乃为快耳。左季高三次保蒋公，必得此席而后已，可谓全力以争矣。终亦不能测其为何心也。

十六日。为库仁龛饯行。仁龛求与吾约为兄弟，（使）〔询〕之年，则庚午生，长涤公一岁。并以是日交帖，约英芝山、陆存斋陪。

十七日。发递总理衙门一函，交阮承恩带去。顺致方子严、方子颖、夏芝岑、陈筱航四信。晚次少鹤至，始悉左、蒋相倾之详。盖立意在挤鄙人而夺之位，穷其力为之。两人始相訾也，以是深相结纳。闻此为之悚然。世途之险巇，人心之变幻，可畏哉。

十八日。接见文武四班。诣少鹤久谈，再诣张西山。发家信丙字三号，并致李筱荃、曾沅浦、罗小溪三信。

十九日。接李若农、靳迪甫二信。行有日矣，当一谢客以资料检诸事，而酬应转多，亦殊可笑。

二十日。接张月卿、刘云生二信。屠啸篔自永安归，述及春帆在彼已穷于为计矣。发端先误，宜其然也。

廿一日。王少鹤枉过久谈，意将移住位思轩也。因言黄石琴任粤抚，为耆介春定折稿，若随员然；徐仲绅继为粤抚，则直一闲曹矣。粤抚之有气焰自鄙人始。左帅訾之，岂复知有人间世哉。

廿二日。大雨。沈翰卿、刘云生、屠啸篔先后来见。均求给假以行，不愿留粤，对之怃然，勉加慰留而已。

廿三日。大雨。诣万寿宫行皇上万寿庆贺礼。随诣天后宫致祭，是日亦神诞期也。梁玉病竟不起。仆辈中得此甚难，为之惘然。

廿四日。瑞相见示廿三日接奉三月初二日寄谕一道，盖户部复奏内务府请拨户部库银十万，并请迅催各省拨款。广东所拨则盐课银三万，统限六月前筹解一半，十二月扫数解清。粤海关例解广储司银三十万，仍饬源源报解。历年欠款遵照部议按成筹解，仍限三个月内详细复奏。户部不知各省盈虚，而假手书吏以儿戏出之。观部臣之愦愦，知天下之未易骤臻治平也。库仁龛赴陕任，致刘霞兄、黄琴坞丈、黄子寿三信。

廿五日。接到高果臣、宋雪帆、毕莼斋、黄艺甫各信。又接李筱荃、丁果臣信及意城家信寅字三号。

廿六日。库仁龛将军赴陕，往送之。便过张友山、方子箴、郭毓六、王少鹤诸处谈。寄刘荫渠，刘霞仙、杨厚庵、张月卿四信。夏子新自闽来，递到周寿山、吴桐云二信。又接冯景亭、裴石麓各信。

廿七日。会客终日。行有日矣，思稍一谢客料检诸事而不能也。海星槎来见，至于痛哭。念吾此行随之而去者，有屠啸篔、刘云生、周瀛士。力请求去者有王春晓、沈翰卿。海公此哭，则又一奇也。

廿八日。接见文武四班，过堂四案。会同澄泉、继瞻回拜布路斯领事甲罗威，即寓法领事李添嘉处也。爱伦为花旗商人，屡次以军火来见。接到总理衙门一信。又奉三月十一日五百里寄谕一道：李瀚章奏援黔诸军分路进剿事宜，并兆琛赴黔调员差委，及东贵军务请由兆琛奏报，俱照准。所称分路进剿，则王永章、李光燎、李元度及席宝田一军也。席军现尚为江西奏剿崇安斋匪。兆琛由沅、晃驰赴镇远，一切军情自行奏报。所调湖南知府陈佳蕙等十六员，湖北知府俞晟一员，均饬赴营差遣。另折奏据兆琛详称，黔省饷源枯竭，请饬照楚省黔捐章程，委员前赴欠拨黔饷各省设局劝捐，即以捐银作收该省协饷等语。所陈尚属可行，着官文、郑敦谨、崇实、骆秉章、瑞（龄）〔麟〕、郭嵩焘、刘坤一、左宗棠、徐宗幹、马新贻于黔省员到后，设局劝捐，派委妥员帮同办理。所捐银两即由各该省藩司源源委解，作为协济黔省之款。各该督抚务当不分畛域，妥为图维，不得稍涉膜视各等因。钦此。

廿九日。诣澄老贺生，并往各处回拜。复总理衙门一函。屠啸篔为言此间情事，为之怃然。

四月

四月初一日己丑。诣文庙行香。接曾挚民信，随以一信复之。并致左季高、周寿山、吴桐云三信，由永祥顺觅轮船递寄。

初二日。委员恩普解关饷入都，复总理衙门一函。并致汪啸师、杨柳岑二信。

初三日。常雩大祀，恭诣行礼。澄泉见示三月十五日五百里密谕一道。盖由少荃宫保陈奏丁雨生拟陈办理潮州交涉事宜，奉旨饬行。其意皆欲传之史册，以为经世之文也。其出事理甚远。唐宋以来，文辞之蔽道也久矣，此惟鄙人独心知之，环顾天下，竟无可告语者。总之，士务虚名而不求实用，无在不然也。接丁雨生信，已蒙抄示所拟章程矣。

初四日。接刘岘庄信，论粤事极中窾要。并知崇安斋匪由黄芍岩军门一战殄灭。而上海人来，又言蒋湘泉已赴崇安。因函致季高、湘泉力催之。

初五日。遣林森递正、二、三月月折，并谢二品顶戴恩。张友山、英芝山各以谢恩折附之。

初六日。秋审过堂二十三案。少鹤过谈，已，留晚饭。言有本朝四家词之选：一朱竹垞，一张皋文，一纳兰成德容（甫）〔若〕，一周稚圭。纳兰君词小令直逼南唐李后主，周君则（元）〔宋〕人姜白石以后无其比也。

初七日。寄湘乡及李少荃、潘琴轩、左季高、蒋湘泉五信。以闻湘泉赴闽，特以一书速之。接到瑞芝生师、许滇生师、许仁山、夏芝岑、蔡与循各信。

初八日。接见文武吏五班。张树人孝廉带到张星楼、彭海春二信。往吴春帆、康友之各处回拜。

初九日。发家信丙字四号，并寄李筱荃、曾沅浦、彭雪芹、刘岘庄四信。

初十日。唐子蕃自粤西来。寄高果臣、张寿荃、陆存斋各信。

十一日。雨。雇广西斗河便船一只装运木器。顺致家信一件，开具点单，不列号也。

十二日。雨。接方子颖、夏芝岑、夏小笠、夏镜人、鲍花潭、杨滨石、孙子授、王子默、沈彦征各信。

十三日。大雨。接见文武四班。往曹芗溪、王少鹤、李星衢、唐子蕃诸处谈。

十四日。雨。接陆存斋信，力保曾挚民。沈翰卿亦以澄老命赴高兰办理海盗，亦可谓用违其才也。方子箴述及澄老数事，固知其为阴险小人也。而梅小岩于是时力求叛我以去，人情可畏如此哉。

十五日。雨。诣武庙行香。接郑惕庵、陈宝珊信，知罗椒生亦有相倾之疏，则去岁檄饬龙兰簃之力也。粤绅之凶狠如此。又接志城安字第九信。

十六日。雨。郑云房来见。述及梅小岩之言，为之惘然。君子所贵乎道者三：动容貌、正颜色、出辞气。三者皆出之身以与物相接者也。君子指位言，吾之待梅君可云厚矣，而致其叛，则皆此三者之失检耳。

十七日。大雨。接高果臣军门、张月卿中丞二信。周陶羲丰岐来见，语及黎少昆自郴来投，殊愧无以位置之。

十八日。接见文武四班。以将交卸，拟谢恩各折稿，而酬应繁多，意甚苦之。

十九日。黎少昆来，语及湖南大吏专务节财之流而不务开源。

吾谓此筱翁世故极透处。渠非不知源之可开也，其意谓以此敷衍，则亦可以听其盈绌矣。朋辈中惟筱翁雅俗同赏，以此也。

二十日。梅小岩、尚仲勉、沈翰卿自香山回，言北水、南水、文湾、高兰四处情形。南水、文湾一山相连为向背，皆周围数十里树木丛密，孤悬海外，宜其为盗薮也。

廿一日。接意城寅字四号、志城安字十号各信。左亮甫自湖南来，因留住署中。

廿二日。师继瞻、英芝山、吴春帆三处贺寿，屠啸筼处送行。丁雨生自上海来。接左季高一信，词虽强而气固已馁矣。无他，理不足故也。

廿三日。接见文武四班。随往丁雨生处谈。晚邀周瀛士、黎少琨、左亮甫、张伯羲小酌。

廿四日。大雨。闻蒋中丞已定廿八日接印。而诸事须料检者尚无头绪，为之茫然。

廿五日。丁雨生过谈甚畅。雨生言吾所为，粤东二百年无此办法。吾谓此言也，鄙人亦心存之而不敢自言。乾嘉以前，人才盛矣。而时际承平，雍容文酒而已有馀，虽才无所表现。道光以后，则直相与酿乱而已矣，人才实不多见。吾辈身际其艰，所以自命，亦直不肯自居第二流人物，非敢自信其才力之裕，亦值时然也。此意也，吾与雨生亦心会焉，而不可与俗人言也。此粤东三年所最心焉领受者也。

廿六日。邀同少鹤赴郑仙翁祠与雨生会谈竟日。发家信丙字五号，兼寄李筱荃、黄南坡二信，并为南老借居其钟家墩大屋也。

廿七日。英芝山廉使病二日而死，往视之，甚为凄切。澄帅见示复总理衙门一咨，以英人照会编查香港、九龙司、新加坡三处地方居民。新加坡乃在暹罗、南掌各国之南，西南距彭亨，东北距满剌加，为西洋来往中国必由之路。华民流寓者数万人，遂成一聚落。嘉庆二十三年，英人据而有之。香港一岛，则道光二十二年在江宁议定和约给予英国主掌世守。九龙司地方一区，则咸丰十年二月，内起九龙寨城南，平横至仰船沙。仰船沙别为一岛，距九龙山约数十里，从山下垂插入海心，名曰尖沙嘴。东起马头涌、西起深水步，附近地方有红磡巴夏礼地图作红碪、大排沥、曹排山等名目，中间又有九龙塘汛地，计亦数十里矣。为稍改定咨件数语还之。罗伯逊信又有荔枝屿、橄榄洲地方名目，据海国图志，均在佛堂门之南略西，英人据而有之，中国并不过问也。

廿八日。接见文武三班。以蒋湘泉将至，各官须往迎候，不能多见也。拜发谢恩折。罗伯逊信言，琵琶洲非橄榄洲也。琵琶洲在急水门东北，与荔枝屿夹香港鼎立而三。

廿九日。归有日矣，为留别诗四首，盖三年以来未尝为诗也。始兴深渡水有守备李廷弼者，故降人也，聚众称乱，其势颇张。粤之纪纲法度，废坠至不可问，即此亦略见一斑。

三十日。接曾挚民信，随以一信复之。挚民用兵办事皆有条理，粤东人才尚无有能及之者。

五月

五月初一日己未。雨。诣文庙行香。少鹤见惠一诗，舆中为和一诗云：脱离簪绂道方尊，积雨经旬不出门。游宦肯随苏季子，论才终愧赵翁孙。我思涧户通幽径，君亦琴书返故村。为问韩泷水深浅，归舠认取涨沙痕。接秦淡如、孙竹堂各信。淡如言前湘泉有赴甘之信，此间日出迎迓而终无信息，念之茫然。

初二日。卓杰士函致金如意、金爵杯等事，是欲以毛、瑞二公相待也，因以一书却之。湘泉迟久不至，属两县专人赴闽探问，便致周寿山一书。

初三日。接见文武四班。湘泉中丞至花地，省城始知。齐仲炎为予占一课，言行人已潜至，予颇疑其说。湘泉至，人竟不能知也。

初四日。雨，晦。卯刻，南城外迎接新任蒋湘泉，即于是日巳刻接印。一日去官而身为轻，固知非功名中人也。往湘泉、继瞻、雨生、少鹤四处谈。少鹤处见何伯英，老态具矣。

初五日。以端节谢客。料理应酬字件，至三（股）〔鼓〕始毕。留别诗四首刊成。

初六日。偕王少鹤、丁禹生、何伯英、吴子登、陈兰浦、陈古樵及张伯羲、章旭初、邓星海、左亮甫、儿子立篪等同游潘氏海山仙馆，此间第一胜境也。地名荔枝湾，绕园小溪名胭脂水。归时已二鼓。

初七日。会客竟日。少鹤过谈，知蒋湘泉道福建为左君所唆使，将谋与我为难，亦一奇也。

初八日。梅小岩署粮道，蒋叔起署广州府，湘泉新政也。一往贺之，并贺毓六署臬之喜。因至湘泉处。与何伯英、杨理庵谈。二君述及左君语湘泉：何伯英巧于夤缘，杨理庵天性甚薄，居心卑鄙。并言往见左君，问曰：识郭中丞否？应曰：识之。曰：其人何如？应曰：文章经济均高于人，能办事亦肯办事。左君大怒，徐曰：肯办事庶幾近之，可擅许为能办事耶！其狂悖如此。

初九日。接方子颖、夏芝岑、高果臣、刘笏堂、冯云伯诸信。电白冯云伯泰松、梅小岩俱枉拜门墙。卓杰四、翟子英、郑心源饶华、洪惠臣恩泽、王雨庵均却之，惟受王雨庵锡器数种而已。

初十日。赴英芝山臬使处致奠，挽以一联云：凄凉遗箧竟无传，刚逢慈母七旬，家世恩荣归梦幻；怅望千秋一洒泪，莫讶病期两日，死生今古本须臾。丁禹生见示扬州各信，言捻逆各股由泗州西窜，清江防务稍纾。计此时捻逆分四大股：一张总愚，一牛落红，一赖文洸，一任柱。又有所谓任桂总者，均屯聚郓城、巨鹿一带。现由睢宁、宿州、邳州而至桃源。清江戒严。旋又西窜泗州矣。

十一日。丁禹生言：在江苏惟闻人言，中丞求治太急，以为急于求效而已。洎来粤考求一切措施之宜，无一不搜求底蕴，维持而匡正之。取怨一时，成名数年之后，而收效则远及数十年之久，此王道之久道化成者也。以云求治太急，失之远矣。在此两年，亦颇有歌诵及之者，而皆不及禹生所言之精透。得此数语，亦稍足以自慰矣。

十二日。接倭艮峰中堂、周荇农、高果臣、张寿荃、钱子明各信。寿荃、子明皆专使投书，先以一书复之。

十三日。接徐寿蘅信，去冬所寄银信竟未接到，想由其家人侵蚀耳。

十四日。雨。接华樵云信，有意附列门墙，与梅小岩意同。其书立言尤善，亦惟置之来者不拒之列而已。各处纷纷送程仪者，皆却之。

十五日。大雨。连日料检行李并一切酬应事件。致华樵云、应敏斋、金眉生三信。以将告归，奉致二百金，先以一函达知也。

十六日。瑞澄泉、蒋湘泉、成鉴泉、师继瞻、张友山、郭毓六、梅小岩、方子箴、陆存斋、蒋叔起邀同刘融斋学使、丁禹生都转饯饮于郑仙翁祠。

十七日。诣各处辞行。晚约少鹤、禹生过谈。芗泉亦约过谈，以少鹤、禹生先至，遣使辞之。

十八日。诣各处辞行。友山、子箴、毓六枉过夜谈。人有言鄙人十九日潜行者，一时人客毕集，漏下三鼓始散。

十九日。诣各处辞行。丁禹生邀同少鹤、伯英、子登、兰浦、古樵及儿子立篪重饯之郑仙翁祠。子登并为照七人小影，以志一时之胜。

廿日。外间纷传是日启行。各官皆出城候送，不得已料理登舟。伯羲病卧数日，是日乃得起。天气亦复晴霁，即去官归里，亦自有天人交应之机也。是日十里，泊花地。瑞澄泉、成鉴泉、师继瞻均就舟中一送，湘泉乃与司道同送至花地。林文忠有言：以礼之有馀，补情之不足。湘泉力反前政，其情可知，而虚隆其礼，稍得林文忠之秘诀矣。是夕吴子登、邓星海、刘荔塘、左亮甫留船小饮，所供皆草具，询知帐房船未至，一切无人照料，上房皆受饿终日。为免地方官供给，遂至如此，可为一笑。

廿一日。闻陈兰浦诸君将至，留花地候之。午刻，兰浦、经甫、古樵、屺堂四君至。禹生甫至，旋以病归。乃与子登等五人留船小饮。是日四十里，泊荔枝洲，稍下即乌鸦口也。

廿二日。十里至佛山。汤小庵、聂亦峰、吴莱庭、张南陔、饶柳夫、刘辅卿、陈京甫、方柳桥、向忆云公饯于佛山舟次。兰浦诸君归，以诗为别云：山海崇深此别情，更于诸老感平生。土田疆理思南纪，朝野艰虞赋北征。欲就青山论出处，懒随春草校输赢。炎天送远听鸣鸟，乔木森森急友声。又致丁禹生一诗云：艰苦流传有谤书，自纫兰芷袭琼琚。故人乡里来宣诏，深语丘山恐过誉。向日公才庭引凤，浮云世事瓮生蛆。沧江一别应回首，归计兴公赋遂初。又致林海岩一诗云：寻常天下无丁廙，国士无双那得知。浮海远来舟似叶，挑灯对语鬓成丝。长篇大论名臣业，流水空山皓首期。多少离怀为君起，西风一舸独归时。

廿三日。五里，泊新冲口，距关帝庙约三里。关帝庙下水势最急，海关税厂在焉。新冲口则广州府税馆也，均在佛山镇中路。

廿四日。十里，过黄鼎司。又十里，泊沙口。致聂亦峰一信，属汤筱庵转递。

廿五日。大风雨，寒甚。暑日阻风，尤奇。二十里，泊荔支园。

廿六日。四十里，至三水。郑云房告归，顺致蒋湘泉、方子箴、郭毓六、梅小岩、张寿岩、曹芗溪、陈经浦、丁禹生各信。方信仍交王兴投递；郭信仍交胡荣、杨椿投递；梅信仍交孙泰投递；张信仍交李荣、宋祥投递。又为杨顺重致芗泉一信。海星槎专足递信，亦以一信复之。接曾沅甫、陈经甫、李星衢三信。四十里，泊黄塘。三水为北江正流，西江之水自西来会，稍上五里，四会江水来会，故名三水。杨春霖大令过谈，亦粤东一循吏也。

廿七日。致周寿山书，以一诗题其封曰：老去深知世事艰，故人天末远相关，此书到日求相报，莫作区区怨谤看。廿里，芦包。廿里，大塘。廿里，石角。四十里，清远。佟生甫大令来见。虞巡捕归，顺寄张友山张信交毛顺、陈经甫二信。又寄周寿山一信，由永祥顺转递。寄徐寿蘅、方子颖、夏芝岑、杨柳岑四信，由新泰厚转递。

廿八日。二十里，白庙，遂入清远峡。五里，登峡山寺，亦名飞来峡。山顶有飞来寺，未往。坐淙碧亭观瀑，箕踞达摩石一名湛子石，半日始返。又十五里出峡，泊琶江口。

五月二十九日丁亥。三十里，横石。二十里，大庙峡。十里，黄城口。十里，连阳江口。二十里，波罗坑。自大庙峡至此，两岸山势高峻连阳江口以上名湞阳峡，凡数十里至波罗坑始出峡，泊舟已夜久矣。舟行峡中，见两峰高耸，中缺处一峰相距约数里，光明如月。东坡诗：江心似有巨火明。岂山神亦惊我顽而有此耶？英德令关星图来见。

六月

六月初一日戊子。三十里，英德县。四十里，望夫冈。清远以上，舟重水浅，时至停搁，不能畅行。由英德县递寄曾涤侯及李筱荃二信，并寄家信丙字六号。又由李荆门寄复方柳桥、张弼臣二信。

初二日。廿里，观音岩。岩凡四层，而透天光者三层。其上石壁千仞，亦一奇观也。廿里，龙头影。卅里，沙口。廿里，高桥。廿里，大坑口，为英德、曲江分界处。十里，乌石。曲江令陶韵笙来见。

初三日。十里，蒙里司，有巡检驻扎。四十里，白土，有盐务缉私厂。自白土以上，江路曲折，处处皆滩，船重水浅，行甚迟滞。三十五里，至石灰坪，竟为滩阻。

初四日。十五里，泊韶州西关。酬应终日。南雄绅士叶善堂允元、会同绅士梁尔恭等数人来见。庄少潭亦枉见舟次。

初五日。陆存斋邀同任松楼、沈辅之、陶韵笙、刘雨臣同游南华山。拜六祖真像。观旧传漆钵及五祖坠腰石石形似鞋，上有孔，旁镌：龙朔元年师坠腰石，卢居士志。此石旧存黄梅，后移置此寺，六祖响鞋及敕书四道：一、万岁通天元年（册）〔则〕天金轮皇帝敕书一道，为武后赐六祖敕。又元敕二道，一未译，一有译文，则帝师法旨也。武后敕旧系蕃字，并明天顺中译出。一、正统中敕书一道。时至石角铺，距南华寺十五里，遇雨，寒，甚苦。拟建避雨亭于曹溪，撰联云：何嫌岭峤三年，游过六祖谈经处；贪饮曹溪一勺，认取先生避雨亭。比至寺，察看左近无建亭处，遂不复议。又后楼有铜钟一口，明成化中制；铁鼓一面，明景泰中制。现寺规模宏壮，而倾圮略尽矣。盖平南王尚可喜所建，经咸丰四年红匪之乱，遂至毁坏。此游拟绘《曹溪证别图》以志之。

初六日。廿里，青村。十里，梅墙。十五里，沙园。韶河以上，水益浅，滩益急，舟次仅及四十馀里。

初七日。十五里，松林。十里，洪村。廿里，大温滩。接翟子英信，并惠虎字大幅，以一信复之。好名之过与好利等，而害尤基。以好利之故，颠倒是非，其气不能昌也；以好名之故，颠倒是非，则遂昌言之矣。且好利而取人之利，彼以利来，此以利往，交相市也，于人情犹顺。好名而遂攘人之善、讦人之私以为名，极其量，可以无所不至，尤悖于义。是以圣贤以名利为大戒，非知道之君子，谁能辨之！非名无以存身，非气无以集事，故君子重之。然圣人疾没世而名不称。要其终也，必先之以实。故曰：名者，实之宾也。孟子言养气归于集义，故曰：配义与道，无是馁也。尽事类之繁，人情之变，高之下之，抑之扬之，而皆以为吾之名，又负其盛气以行之，虽有周公之才之美，何以善其后哉？程子言：骄气盈，吝气歉。朱子以为二者常相因。负气者不能下人，其量常盈。好名者惟惧人之争之，其量常歉。兼是二者，其馀不足观也已矣。为政不顾人情所安，不察积弊所因，一用以成己之名，负其盛气行之，政之蠹也。其持之坚，将劫持天下以从我，与商鞅何异？其持之不能坚，则反也必厉。非知道之君子，谁与辨之！与我好者为好人，与我恶者为恶人，此真小人之术也。而古今人情皆所不能免。传曰：好而知其恶，恶而知其美者，天下鲜矣。其故有二：成于一念之私，有所蔽而不知辨也，其过也小。以是劫持天下使从我，进而加诸膝，退而坠诸渊，取决于一念之从违，惟所命之，而持之坚。小人之以揽权怙势，用此术也。此其过也大矣。王定甫曰：有豪杰而不圣贤者，未有圣贤而不豪杰者。今之学者，内之无得于性命之精，外之无当于古今事类之繁、人情之变。庄生所谓奉一先生之言而守之终身者也。靡靡之音以亡国，靡靡之学岂不足以亡道哉！豪杰之气盖天下，智周万物，君子用之而后可与言集义。今之为豪杰者，怙其气以与天下相轧，用其私，终其身以与之为构而莫能举其非。虽以立功成名，而损性多矣。此则君子所当戒而绝之者也。

初八日。十五里，杨溪墟。三十五里，乐昌县，冯朴甫大令来见，并知须用双单船，早已预备矣。致蒋芗泉、王少鹤、陈经甫、吴子登、任松楼、尚仲勉、郑云房、徐契芝各信。刘荔坛枉书，随以一信复之。并致宜章姚铭三、郴州杨少白二信。

初九日。乐昌县为备双船六十只。实止装行李廿六只，轿船二只，其馀随从人等各派船一只，共廿一只，而闻已坐至六十四号矣。遣李湘甫、高图南等回省。添致蒋湘泉、喀岱峰二信。

初十日。四十里，亥坑。十里，高桥。十里，奇门。过白茅泷，水势陡落，奇险万状。谣言之兴，俗之敝也，尤政之蠹也。胥动以浮言，则盘庚忧之。民之讹言，宁莫之惩，则诗人刺之。而终之曰：我友敬矣，谗言其兴。咎及同官之不敬。盖所以成乎谣言，有与倡之，有与和之，在官相怨者之力居多。各敬其事，即有谣言，无所发摅，亦将自息。诗人善体物情如此。自宋以来，庶人之议胜，乃崇奖谣言，以持朝廷之权，挠官吏之柄。诗书之微言大义，能辨之者鲜矣！黄鸟之三章，首言不我肯穀，谓以善相成也。次言不可与明，则此理之是非，此心之得失，无可告语者，终以不可与处绝之。可与明，则可相奖以趋于善；不可与明，则其势亦必不可与处矣。为政者引用私亲小人，岂惟无以示民，反之于身而亦有莫能自遂者。小人成群，焉保其终哉？方茂尔恶，相尔矛矣。既夷既怿，如相酬矣。小人相与，乍水乍火，喜怒无常，情态百变，故曰：无小人殆。诗人之忧讹言，至矣！曰：无罪无辜，谗口嚣嚣。即讹言也。而追究其由来，则成于一二人之噂沓背憎。噂噂无信实，言之诐也；沓沓无礼义，行之偷也。彼于正人，无能显为异同也，背憎而已矣。讹言之兴，此曹尸之，于小民何尤哉！宋仁宗有亡国之道一焉：进退宰相，一取决于人言，而不自辨其得失能否。诗曰：听言则答，谮言则退。以此行政，政必荒，以此求才，才必绌矣。听言可以为美政乎？曰：伊尹之言允矣。有言逆于汝心，必求诸道；有言逊于汝志，必求诸非道。凡诗书所陈听言之义，皆主从谏言之。曰稽于众：政有所疑则于众稽之。曰好问则裕：心有所未达则于人问之。非泛然取人之言而听之也。舜之戒禹：无稽之言勿听，弗询之谋勿庸。圣人之听言审矣。小旻之诗曰：谋臧不从，不臧覆用；中无适主而相奖以听言所必至之弊也。故曰：如匪行迈谋，是用不得于道。问津者于其津之人，为其习也。足未涉乎道里之远近，耳未闻乎山川之险阻，而就问所历之津，有导之迷而已矣。其言滋嚣，其迷滋甚，谋夫盈庭，何以异是？或圣或否，或哲或谋，或肃或艾。求其人以用之可矣。相奖以言，是谓筑室也而道谋之，徒使小人售其回遹之谋，而沦胥以败。潝潝訿訿，亦孔之哀。自宋以来上书言事者，皆小旻诗人之所哀也。相彼投兔，尚或先之。行有死人，尚或墐之。哀之至也。子之不得于其父，无可诉之词也。伐木掎矣，析薪扡矣。通其义者，仁人之心也，而亦天下理势之自然者焉。极其心之忿懥，忍于亲戚骨肉有甚于物者矣。故曰：君子不惠，不舒究之。所以发其恻隐之心也。周之末世，谗言盛矣。诗人急忧之，何人斯乃独斥言之曰：谁暴之云。而始终望其来，求其所为谗言者不可得也，反覆求之，曰：我闻其声，不见其身，不愧于人，不畏于天。呜乎，尽之矣！闻其声，则恶声及之；不见其身，则又身自匿焉，而假公议以饰其迹。不愧于人，强词以乱是非；不畏于天，颠倒其议论以持阴阳消长之机。故曰：为鬼为蜮。以是断之而有馀矣！

十一日。卅里，白矾泷。十里，树泷。十里，嘉江水，有小溪自西来会。十里，韩公泷，上谒韩公庙。大东之诗，其有求心乎？衣服酒浆，有位者尸之，如列宿之布天，饰观而已矣。获薪之载，所见亦微哉。北山之诗，其有忮心乎？劬劳鞅掌，臣子之分，而何偃息风议之羡焉？职劳不来之悲，从事独贤之怨，君子之所不屑也。小人而谋国家之事，目所营者，户庭之间；心所及者，交游之细。乃取天下之利病，人才之进退，援引附会以成其说，施之于用而淆然莫知其纪极，返之于心而亦茫然莫得其指归。大车之诗曰：无思百忧，不出于颎。颎者，小明也。咫尺之见闻，荧然熠然，如萤火之耀于幽，尺檠之熺于室。明者一隅，蔽者万里。规以尽天下之变，多见其不知量而已矣。

十二日。三十里，至坪石。宜章县姚铭三来接。奉到四月廿八日折件上谕：均照行。其一二紧要之件则仍交现任查奏也。接李星衢、郭毓六二信。

十三日。船人以坪石以上水益浅，乃改舟而陆。十五里，三公桥。又十五里，宿宜章西关。

十四日。以料检行李，兼咨行上谕十件，饬宜章县书吏缮发，遂致耽延一日。致瑞澄泉、郭毓六、王少鹤三信。晚，就张芸阁饭局中，沈晓楼、邹闻生、周丽生、张伯羲及立篪同席。闻生为邹云阶之子，任郴州教谕。训导张海珊，则张星楼之弟也。

十五日。廿五里，斋公岭。姚铭三送至此。力促之归。又五里，折岭，郴、宜分界处也。又廿里，宿良田。铺盖逾二鼓不至，仆夫之无良如此。

十六日。廿里，走马岭，杨少白接至此。廿里，郴州。姚铭三、蔡道三宜章参将各派兵勇护送，寓考棚内。盛敏臣、周翰臣、章佩西诸君来见。

十七日。以行李尚多未到，留候一日。小明之诗人以征行为忧，而思及政事之愈蹙，推其故，曰：畏此反覆。政至于反覆，而人民之蹙亟矣。朝下一令焉，迫民从之。夕下一令焉，迫民改之。倏驱之西，倏转之东。倏召之还，倏麾之去。而人民乃伥伥焉穷促无所复之。居反覆之朝，未有能行其义者，君子固将远避之。自诒伊戚，诗人之所为心伤也。经始勿亟，庶民子来：见古者督工之政。曾孙不怒，农夫克敏：见古者督农之政。工以力役，农以井田，天子与庶民同其事而公其利。主伯、亚旅，皆家人之属也。督民之耕，而什一之税出其中。后世以劝课农桑为报最之典，则亦徒袭其名矣。读柳子厚郭橐驼种树之说，课农之政，为害斯烈。汉之啬夫，宋之劝农使，适足为农之蠹而已矣。君子宜之：适其外也。君子有之：裕其中也。天下物类之繁，人事之变，先取足于心焉，而穷理以析其是非，审幾以制其进退，天下之理皆吾有焉。故曰：有诸己之谓信。有诸己者，格物致知之极功也。晚近人才无能及此者矣。

十八日。行李属之李仁、杨庆查点，两日尚无端倪，愤闷之至。张秀春、韩玉池、陈金垣、王杏乔诸君来见，皆局员也。

十九日。行李仍未发行，又至耽延一日。德音来括：始闻其声而相慕也。令德来教：继与之处而相益也。夫天下之求益者，岂曰益我几何，浥而注之，以求属餍于心乎？无心之欣合，而益在其中矣。虽无德与女，式歌且舞：所谓无心之欣合也。故曰：

高山仰止，景行行止。室家燕乐之中，至道存焉。君子所以渊默以居，望古而遥集也。饮酒孔嘉，维其令仪。有令仪焉，终日饮酒可也。子夏曰：大德不逾闲，小德出入可也。不失其为令仪也。善戏谑兮，不为虐兮：亦不失其为令仪也。君子之道，用威用爱，用劝用惩，而皆不悖于仁焉。饮酒孔嘉，嘉其为令仪也。此君子之通也。夜梦为诗引用俗语，一老人诵诗为戒云：座无名士笔，依傍俗人多。予为之悚然。梦中记此二语为杜老诗，醒忆杜诗但有眼中无俗物，多病也身轻，无此二语也。生平论文及立身、行政之义，专以去俗为宗，意者梦魂之自相为质证耳。

廿日。廿里，长村铺。廿五里，瓦窑坪。杨少伯为雇麻阳船三只，驳船四只。李弁万达自宜章查行李还，言护送之彭、吴二弁，以是亦受谴责。乃以一书谢姚铭三。平平左右，亦是率从。君子之交匪纾，左右亦从而匪纾；君子受福，左右亦从而受福。自非其左右仆从，焉有靡靡焉从人以受福者哉？东汉尚气节，一时贤士偾然以兴，以趋于气节。北宋尚议论，一时贤士偾然以兴，以务于议论。一动于名，靡靡焉从之，贤于为利者矣。而其若有所系于中，以动其歆羡，若有所炫于外，以制其从违，则亦均之为风会习尚所转移而已。亦是率从：彼左右者旅进旅退，固无能有达观昭旷之外者也。曾是君子之立身，靡靡焉从人之言以为言，从人之行以为行乎？庄生曰：一受其成型，不亡以待尽。习与成焉之谓也。能知习之不足以语道，庶幾君子之特立者矣。怨生于争，争起于利，古今之通情也。受爵不让，各以利相擅，则相怨者并而趋于一方，仰不知有天，俯不知有人，所必然矣。一方者，据一端以为之辞而不知有他者也。充受爵不让之心，亡身不顾，奚论怨乎？故曰，民之无良，先丧失其心焉，以动于恶有馀矣。老马反为驹：气矜焉耳。争利之心甚则气矜。于所不能胜而求胜焉，于所不能驰而强驰焉，庸知其后之将蹶乎？马自效于力，人自效于利，时过气尽而其行如驰，未有能善其后者。为君子者知鉴于是，庶免于困辱矣。猱之升木，谁教之？涂之积也，谁附之？风俗之敝，人心之偷，岂曰君子教使然乎？然而转风俗之敝而返之醇，惩人心之偷而使之立，则存乎君子矣。非日取其敝者而补苴之，日取其偷者而振发之，迫小人以从我也。示之准则而奖之善良，渊然取具于一身者，君子之徽猷也。尸居人上而无徽猷之可纪焉，谓风俗之敝由教之使敝，人心之偷由教之使偷，即亦何辞以自解矣。君子言有物而行有恒。小人性之所偏亦自有其常主。人之无良，莫甚于二三其德。喜怒无常也，爱憎无定也。倏而之此，倏而之彼。倏而加诸膝，倏而坠诸渊。心思之所极，无从质诸言行。旦昼之所为，不能保其暮夜。故曰：德二三，动罔不凶。使天下之人承其凶，乃是之谓无良。民劳五章，惟以无纵诡随为义。自古天下之乱，未有不成于诡随者也。而其目有五：始于无良，原其心也；成于罔极，著其用也；终于丑厉，暴其名也，乌乎，尽之矣！而于次章斥之曰惽怓，于卒章斥之曰缱绻。诗人类天下之情以知致乱之由。国之将亡，其政必嚣。惽怓者，发言盈廷，劫持人主而惽然莫知其故也，明之末造以之。小人深固盘结若相嬗然，反复沉锢，无能一发其覆，斯所谓缱绻也，宋之末造以之。而惽怓著其事，缱绻又终推究其心。凡此者，皆所谓诡随也。能知惽怓之同为诡随，可以语政，可以语道矣。

廿一日。六十里，澄江口。六十里，永兴县。陆典臣大令、刘召浦少尹、汤鉴秋、戴小浑两学博及桂东宗人郭海清孔浩并迎于舟次。出话不然，为犹不远，而民病矣；威仪卒迷，善人载尸，而天怒矣。治乱之机，微哉。言出乎身，加乎民；不然者，无实之言也。取资于口给，致饰于目前，以求远猷，得乎？言之无实，以病民有馀矣。礼义，威仪之则，以定命也。威仪迷，则纪纲法度随之以毁，虽有善者莫能匡正之，而天之降丧乱无日矣。容色辞气，君子取诸身以与天下相见，道莫尚焉。语言之无伦，威仪之不类，而乱机以兆。古今治乱之倚伏，无能易焉者也。寇攘式内，即周书所谓四方多罪逋逃，是崇是赏，是信是使。内者，纳而用之，此商政之尤敝者，周书盖屡及焉，而直揭其弊曰：俾暴虐于百姓，以奸宄于商邑。逋逃用则暴虐之风炽，而奸宄之气昌，欲无危乱难矣。朱温用而唐亡，李继捧封而宋乱，流寇抚而明惫，其端乃自商发之。朝廷无以自申其义，而相奖以流言；百姓无以共喻其心，而相习为诅祝。荡诗之二章，其商政之尤乱者乎？夙兴夜寐，洒扫庭内，维民之章。日用起居顺其常，以为民则有馀矣。谢元履屐得其任而以却秦。向敏中门庭肃然，真宗以为大耐官职。当大任、临大事，无改其寝兴洒扫之常，君子所以历险阻艰虞而淡然若忘者也。故夫语政之极则，一顺其日用起居之常而各尽乃事焉，而民以受其范围而不过矣。投我以桃，报之以李，感应自然之理也。顺施于朋友而万民承之，一涉回遹而民以大棘。故曰：顺事恕施，为政之极则也。不僭不贼，鲜不为则。事依于理而无过差焉，施顺于情而无伤害焉，以是为民之则，有馀裕矣。

廿二日。十里，观音岩。各官皆陪同一游。廿里，西河口。卅里，大驳洲。六十里，黄泥冈。十五（日）〔里〕，四门洲。秉心宣猷，考慎其相。诗人之言惠君，尽此而已矣。宣猷者，君也。助之宣猷者，相也。专心一志，惟宣猷之务，则民生之利病、国计之虚盈，必内究之心焉而不能饰以虚文。以此秉心，即以此考求其相之能否。贤君所以慎于求相者，知为猷之得失，而后其人之能否乃有所据依，以使之效吾用。无秉心宣猷之量而虚言考慎，则亦瞻顾迟疑之所为而已矣，虽有贤相，亦岂足以尽其用哉！大风有隧，有空大谷。谷风生而当之者靡。风之有隧，天地之噫气回薄震荡以成乎隧也。小人为政，其始回翔瞻顾，惧人侵其权，亦有所蓄而不敢逞焉。至于回薄震荡，其积已厚，而用已宏，度无可撄其势者，乃一切径情直遂以气陵之，如风之有隧，当之者靡矣。故曰：贪人败类。尽天下之类一败而无馀焉，乃以成乎小人之势焰。有国家者，其慎防小人之隧哉！听言则对，诵言如醉：漠然无得于其心也，惛然无入于其耳也。妄听而妄对焉，诲谆而听邈焉。法语之言，所不能强饰也，而亦有以致其辩焉。巽与之言，所不能厌斁也，而固无能发其悟焉。听言如此，善谏者穷于术，善言者窘于施矣。噂沓背憎。职涼善背，覆背善詈，譖始竟背。小人之恒态，莫甚于面从而背谩。面从背谩，以议是非必乱道；以语兴革必乱政；以相习为议论，人心必敝；以相诡为趋避，风俗必偷。小人利用其诡随，以矜其智能，而窃弄政柄，倾危善类。故小人之情状穷于思议，善背二字尽之矣。比俗之人，一闻正论而相骇为激直，专取背非之术，诡而从之，诡而违之，孰知其为小人之恒技乎？

廿三日。廿里，朱家洲。廿五里，耒阳县。尚吉堂大令为雇定大船一只，稍可坐，意甚感之。李芋山学博、赵祝眉少尉均来见。又四十五里，泊渡口。云汉八章，呼吁之声急矣。七章闵及庶正之鞠穷，而终以无弃尔成勖之。大夫君子，盖恐遇灾减膳而荒及政事，此所以为修省也。故曰：昊天上帝，宁俾我遁。不能遁而之他，则除祈祷无馀事矣。是以古者遇灾而修禋祀。侮鳏寡、畏强御，庸人处世之恒态也，求之天下，能免此者难矣。非以侮鳏寡为义，见可侮则侮之。非以畏强御为义，见可畏则畏之。侮之而莫吾报也，畏之而莫吾非也，而遂以成乎风俗矣。至于鳏寡无所容生，而相奖以强御，纪纲法度遂至荡然。治末流之天下，务此为尤急矣。如飞如翰，战法也。飞者其驰速，翰者其锋锐。如江如汉，步法也。江者纵出，为正兵；汉者横出，为奇兵。如山之苞，营法也。其止如山，深秘而不测。如川之流，阵法也。其行如川，回互而不穷。绵绵焉以舒，其蕴深也。翼翼焉以肃，其令简也。故曰：王犹允塞。贤于后世之言兵法者矣。君子而喻于利，世教之忧也。喻于利，则苟可以为利者无不求也，苟可颠倒以就吾之利者无不至也。如贾三倍，君子是识。悉公卿大夫一惟利之喻焉，而祸乱亟矣。士大夫而怀商贾之心，于古有之。士大夫而竟习商贾之业，则晚近数十百年争趋于是，无以为非者。浸淫以有舶市之祸，讵非人心之迷溺致然哉！士大夫不以天下之祸乱为忧，而同官相为猜忌，不祥莫大焉。然且不自惜其不祥，而其辞嗷嗷然，其容佽佽然，若有所甚护惜，若有所甚惊疑，推求其端绪而固不可得。故曰：人之云亡。盖天下之无人久矣。无人者，不吊不祥，威仪不类，而懵然不知其非者也。引水而灌之池，故池之竭由流之外塞。掘井而名之泉，故泉之竭由源之内枯。频者，封疆之事，赋贡之所从入也。中者，朝廷之事，政教之所从出也。下情不上输，上惠不下逮，其于国也危哉！瞻卬之卒章：无忝皇祖，式救尔后。勉之以法祖也。召旻之卒章：凡今之人，不尚有旧。策之以用贤也。国家危乱，救遏不遑，要其所以挽回补救、拨乱而反之正者，法祖而已耳，用贤而已耳，岂能别有救时之良策哉！

廿四日。四十五里，新城街。三十里，百里渡。三十里，小江口。自启行至今，未一遇雨，亢旱日甚。耒河水浅不盈尺，沿途搁浅。重以暑热，心甚苦之。康成注礼：凡与人交，不可以己心之爱憎诬人之善恶。礼，不逾节，不侵侮，不好狎。疑事毋质，直而勿有。谓人有疑事，毋以身为之质，但直陈其得失，听人自择之，而不必据有其说。记方望溪说亦如此。越国而问焉。必告之以其制，即七十致仕不得谢而赐几杖之制也。将适舍求毋固，谓所求或有缺乏，毋必得之以适旦夕之安也。注：固犹常也，求主人物，不可以旧常。又引周礼土训：辨地物，原其生以诏地求。是将执旧常为例，又时其缺乏以自裁抑也。词曲而义忤矣！帷薄之外，室外也。室外不趋，室中不翔，皆平居趋走之容。注：帷薄之外不见尊者，行自由不为容。误。（姑姊妹女女子）〔姑姊妹女子子〕已嫁而反，兄弟弗与同席而坐，弗与同器而食。父子不同席。注：远别也；父子不同席，异尊卑也。父子不同席别为一条。按姑姊妹女子子之已嫁而反，盖统老少言之。同列者，兄弟也。伯叔祖孙，皆父子也。兄弟之别，视父子加严，皆以远嫌也。毋咤食。咤，声也。〔噻羹，亦声也。注：噻为不嚼菜，亦非。大嚼则口有声，与啮骨为类。啮骨当以力，皆失口仪。注：咤，嫌薄也。误。君子不尽人之欢，不竭人之忠，以全交也。不尽人之欢，谓人交欢当留有馀，不尽情款曲，所谓君子之交淡如水也。不竭人之忠，谓望人以情输己，恐后反覆，持其短长。注：欢谓饮食，忠谓衣服之物。陋矣。

廿五日。四十里，茶兜。廿里，新渡。十五里，泉溪市。金丽生大令来见。

廿六日。卅里，耒河口。玉麟侄自衡州来见，带到张蔗泉一信。又戚敬臣、魏乃农来见。李筱泉遣杨辅贤来接，并带到湘乡相国、库仁龛、刘岘庄、李幼荃各信，随复筱荃一信。施人者不拒人之取，在尽其施而已，不望报也。故有往而无来。教则必人之动于诚，往教而道亵矣。故有来而无往。词意甚明。注误。天子视不上于袷，不下于带。国君绥视，则下于袷。大夫衡视，谓平带；左传所谓视不登带是也。士视五步，及近而已。注谓视天子，视国君，视大夫。误。按郑氏云：曲礼者，以其篇记五礼之事。非也。五礼者，经礼也。曲礼杂记仪文小节，五礼亦具其中，而要之所记语言动作之小节耳。孔子母死，先殡后葬，为欲详知父墓乃合葬也。情事甚明。注误。衰与其不当物也，宁无衰。注：不当物，谓精粗广狭不应法制。非也。《书》曰：享多仪，仪不及物，言其不称情也。杜氏之葬在西阶之上。盖武子庶妾，周人殡于西阶之上，请合葬焉。及入宫而不敢哭，指妾子言之。注：夷人冢墓以为寝，欲文过也。失其义矣。卅里，七里滩。廿里，大埠。四十里，傅洲。五里，下流塘。

廿七日。卅五里，雷家市。瞿景伊递到志城一信。新选梅菜通判赵曾锡来见，并带到宋雪帆一信。十里，衡山县，王春坡大令、瞿桐云学博来见。行并植于晋国。植谓封殖。并植，专利也。注谓刚而专己。误。十五里，石湾。十五里，三江墟。

廿八日。立秋。闷热益甚。五十里，朱亭。卅里，观田。十五里，昭陵滩。十五里，三门滩。十五里，渌口，泊舟时夜将半矣。复刘岘庄一信。

廿九日。三十里，朱洲。廿里，白祁庙，阻风片时。十里，马家河。五里，下湾。罗星源参戎遣二炮船迎护。

七月

七月初一日丁巳。五里，下竹司。十里，一宿河。十里，湘潭。罗子鸿、洪秋帆两大令来见。是夕由鹞子岩雇夜行船赴省。

初二日。早抵省。府县已于江干迎候。急雇小轿入城。诣李筱荃、石襄臣、翁玉甫、王初田、刘子迎、吕九霞、孙春皋、徐熙堂、潘小农、黄南坡、李仲云、辅堂诸处谈。

初三日。诣亲友在省者，左景乔、罗砚生两处久谈，遂不暇他往矣。

初四日。补拜初三日未往各处。因过笙陔叔午饭。李筱荃递到湘乡相国、曾沅浦、李少荃各信。冯朴甫专足递到一书，具述蒋芗泉新政，极力与鄙人为难，亦自为其狂悖而已矣。真粤之不幸哉！

初五日。饭后赴韩蒲塘新屋。何永清、李育之、达山、子敬俱至。

初六日。遣周五辈赴省，顺致左景乔一信。

初七日。往姚家老屋、荷叶塘看屋，将谋营新巢于姚家老屋也。张竹屋过谈。是日雨。

初八日。志城自长沙来，带到罗研生、方子箴二信。

初九日。意城送吾眷口至沙坪，绕道一过，随回桃木洞。

初十日。子敬、达山均各回家，料理赴省应试。

十一日。折弁林森自京回。接到正、二、三月月折回批，内惟保举刘锡鸿一片奉批：所请将刘锡鸿以道员记名请简，与吏部奏定章程不符，着另行酌核请奖。钦此。馀俱交部议奏。计正月份正折三件：一报晴雨粮价；一办理盗案三个月奏报；一房捐广额。夹片四件：一月报有无捐纳贡监；一复奏周承熙换戴花翎，言陈诰留于湖南以知县补用，吴廷杰留粤以知县补用批：着照所请，该部知道；一屠家珍捐银二万，请以道员归部，遇缺即选，并赏戴花翎；吴慰祖捐银一万，请赏给四品卿衔，并以郎中留部，遇缺即补；一张兆栋、英秀暂缓陛见。二月份正折三件：一报晴雨粮价；一报秋季分委署州县各缺；一新捐实在官职请奖。夹片四件：一报贡监捐数；一华廷杰署潮州府；一张月衔署佛山同知；一片奏拨委各员缺。三月份正折三件：一报晴雨粮价；一广东军需用款分别开单存案，及变通报销妥议章程；一奏结副将衔升用参将李光参案。夹片四件：一报贡监捐数；一屠继烈请假三月省墓；一保奏刘锡鸿以道员记名；一请豁免厘捐赔款。外谢恩折一件。并带到韩叔起一信。

十二日。眷口移居新庄。子敬侄赴省应试，便致罗研生、刘云生二信。云生信由新泰厚寄京。

十三日。新居仅得料理上房两间，此外均待修葺。幸行李无多，上房尽足容纳。数千里来归而无一椽之庇，终日与土木诸工相为程督。

十四日。食新。

十五日。傅连升回营，便寄王春晓一信。高碧湄专足至，并惠一诗，和寄云：羽节南滇效一麾，罢官仍下董生帷。万方多难求才急，百感临歧出宿迟。不遣荷戈追段颎，岂堪吹笛学桓伊。故人莫笑诛茅早，犹许香山凿小池。

十六日。为先太夫人忌辰。永晖来乡省视，便付张伯羲、熊绍香两信，均命立篪代缮。魏篁生之子疁先号乃农，竟由衡州来此求荐一馆，可谓谬诞之至，使人增一番苦恼。为函致戚少云、张小华、张蔗泉三君，以速其归。

十七日。应扬、炳文两侄来见。料检行李，益见仆从之不得力，情形多可慨者。

十八日。接子敬信，知省城酷热益甚，科试案尚未发也。

十九日。彭稷初世兄来，接到其尊人彭丽生一信。于桐轩递到喀岱峰、尚仲勉信。随复于君一书，以后信件属其由丰泰盐店汇寄也。

廿日。唐曦臣来，为予谋一理家者。此正鄙心所急求，然而颇难其人。曦臣诚笃，当无妄语也。

廿一日。遣人赴省，为篪儿纳卷，属之一侄，比至省，则一侄已前归矣。意城于先日生得一女，一侄闻而归省耳。李育之、召甫兄弟自家来。

廿二日。令育之赴省，为立篪觅一住处，并为料理纳卷事。

廿三日。刘云生自都专足枉书，始具悉蒋君饬府详参之略，随以一函复之，又寄张伯羲一信。

廿四日。立篪赴省应试。致李筱荃一信，并托递少荃宫保、沅浦、岘庄、幼荃、鉴泉、继瞻、存斋、作梅、云房、湘甫共十信。并另为张竹屋致书沅浦。欧阳泰适自湖北来，又求致书荐之沅帅处。山中有此酬应，亦大苦事。

廿五日。篪儿有回信，知试期已定廿九日。为欧阳泰题其诗集序文一首。

廿六日。接唐荫云、杨缃云、劳芗舲、崔春浦、张竹屋、张树人及汉舟各信。又接曾沅浦信，并寄示苍鹰行一诗，为左季高倾我而发也。熊绍芗自县城来。

廿七日。张伯羲复自县来。为意城荷叶塘新屋定门楼向址。子敬侄赴省送考，亦与伯羲偕至。

廿八日。高碧湄复由岳州专寄一函，启视则和留别诗四章。外附两叶，专为劳芗舲言事而已，别无一寒暄语。前函亦然，使人怪愕。此君举动离奇，即此两信可见。为复一函，并寄劳芗舲一函。

廿九日。曾挚民专足送书至，知其已回宝庆矣，随复一信。到家以后，诸求馆者至必求资助，诸送信者至必索盘费，日不胜其扰，心甚苦之。

三十日。接侄辈信，知试期又改定今日。并由粤寄到姚晓珊、姚朵云两信。李筱荃、罗研生均有回信。姚晓珊并寄到绢画六幅。

李荆门无一字见逮。唐子蕃已前为蒋公严札驱逐出境，洎吾归后，又留管理军需局。吾以子蕃为蒋公旧交，特以是周旋之，而不知其变幻至此。蒋公为朱全忠、李茂贞之流，诚不可测度。而唐、李之为人，亦可概见也哉。

八月

八月初一日丁亥。以周易卜北行宜否，得萃之旅，因书致刘云笙决之。并复罗研生、彭丽生二信。君人者，降礼尊贤而王，重法爱民而霸，好利多诈而危，权谋倾覆而亡。不仁之至忽其亲，不忠之至倍其君，不信之至欺其友。喜名者必多怨，好与者必多辱。聪者自闻，明者自见。聪明则仁爱著而廉耻分矣。水浊则鱼喁，令苛则民乱。城峭则奔，岸峭则陂。治国者譬若张琴然，大弦急则小弦绝矣。故急辔衔者，非千里之御也。有声之声，不过百里，无声之声，延及四海。山锐则不高，水径则不深，仁磏则其德不厚，志与天地拟者其人不祥。是伯夷、叔齐、卞随、介子推、原宪、鲍焦、袁旌目、申徒狄之行也。磏仁虽下，然圣人不废者，匡民隐括有在是中者也。兽穷则啮，鸟穷则啄，人穷则诈。君子有主善之心，而无胜人之色。窥其门不入其中，安知其奥藏之所在乎？治气养心之术：血气刚强，则务之以调和；智虑潜深，则一之以直谅；勇毅强果，则辅之以道术；齐给便捷，则安之以静卑；摄财贪利，则抗之以高志；容众好散，则劫之以师友；怠慢摽弃，则慰之以祸灾；愿婉端悫，则合之以礼乐。原天命，治心术，理好恶，适情性，而治道毕矣。大道多容，大德众下，圣人寡为。忠易为礼，诚易为词，贤人易为民，工巧易为材。观士者，居则视其所亲，富则视其所与，达则视其所举，穷则视其所不为，贫则视其所不取。一仞之墙，民不能逾。百仞之山，童子登游焉，（凌）〔陵〕迟故也。今其仁义之陵迟久矣，能谓民无逾乎？诗曰：俾民不迷。昔之君子，道其百姓不使迷，是以威厉而刑措不用也。昔者先（生）〔王〕使民以礼。譬之于御，刑者，鞭策也。今犹无辔衔而鞭策以御也，欲马之进则策其后，欲马之退则策其前，御者以劳，而马亦多伤矣。今犹是也，上忧劳则民多罹刑。托法而治谓之暴，不戒致期谓之虐，不教而诛谓之贼，以身胜人谓之责。责者失身，贼者失臣，虐者失政，暴者失民。王者不出户而知天下，不窥牖而见天道，非目能视乎千里之前，非耳能闻乎千里之外，以己之情量之也。己恶饥寒焉，则知天下之欲衣食也；己恶劳苦焉，则知天下之欲安逸也；己恶衰乏焉，则知天下之欲富足也。知此三者，圣王之所以不降席而匡天下。弓调然后求劲焉，马服然后求良焉，士信悫而后求知焉。士不信焉又多知，譬之豺与，其难以身近也。目者，心之符也。言之者，行之旨也。夫知者之于人也，未尝求知而后能之也。观容貌，察气志，定取舍，而人情毕矣。道虽近，不行不至。事虽小，不为不成。日月多者，出入不远矣。巧弓之见手也，传角被筋胶漆之和即可以为万乘之宝也，及其被手，而贾不数铢。人同材钧而贵贱相万者，尽性致志也。良玉度寸，虽有十仞之土不能掩其光。良珠度寸，虽有百仞之水不能掩其莹。苟有温良在中，则眉睫与之矣；疵瑕在中，则眉睫不能匿之。伪诈不可长，空虚不可守，朽木不可雕，情亡不可久。仁者好伟，和者好粉，知者好弹，有殷勤之意者好丽。骄溢之君寡忠，口惠之人鲜信。福生于无为，而患生于多欲。朝廷之士为禄故入而不出。山林之士为名，故往而不返。人习事而因人之事，使如耳目鼻口之不可相错也。故曰职小而民不慢，次定而序不乱，兼听齐明而百事不留。不学而好思，虽知不广矣。学而慢其身，虽学不尊矣。不以诚立，虽立不久矣。诚未著而好言，虽言不信矣。吞舟之鱼，不居潜泽。度量之士，不居污世。君子不乘人于利，不厄人于险。明王有三惧：一曰处尊位而恐不闻其过，二曰得志而恐骄，三曰闻天下之至道而恐不能行。明镜者所以炤形也，往古者所以知今也。夫知恶往古之所以危亡而不袭蹈其所以安存者，则无以异乎却行而求逮于前人。夫春树桃李，夏得阴其下，秋得（阴）〔食〕其实。春树蒺藜，夏不可采其叶，秋得其刺焉。由此观之，在所树也。今所树非其人也，故君子先择而后种也。官怠于宦成，病加于小愈，祸生于懈惰，孝衰于妻子。居处齐则色姝，食饮齐则气珍，言语齐则信听，（畏）〔思〕齐则成，志齐则盈。五者齐，斯神居之。望人者不至，恃人者不久。虽有国士之力，不能自举其身。非无力也，势不便也。君子之居，绥如安裘，晏如覆杅。与人以实，虽疏必密。与人以虚，虽戚必疏。阅韩诗外传，略录其粹语于此。

初二日。接言湛甫信，由张都司带家，阅之慨叹而已。吴燮卿来见，大都穷途失馆人也。丁叟以景老信至，随复景老一书，并书复罗研生。

初三日。尔勇伊何？非无勇也。尔居徒几何？非无居徒也。有勇而以勇济其恶，有居徒而以居徒助其骄。其为拳也几何？其为勇也几何？奖拳勇以持天下之是非，乱滋甚焉。苟为乱而已，尽人而皆可以为乱，奚论其拳且勇也。无拳无勇之讥，诗人所以夺其所恃而发其羞恶之良也。弗躬弗亲。喜怒刑赏一听之人，夫谁信之？其卒也，威福下移，群邪思逞，终承其敝者民耳。故曰：不自为政，卒劳百姓。乌乎，观政者，观其亲政与否，而贤否得失可知矣。琐琐之姻娅而得朊仕，怙权而耽安逸，一念之私成之，悬法律以束缚天下。琐琐之记室胥吏，胜于姻娅几何？而委而任之以坐受其成，胥天下无一亲政者。或嗾之前，或推之后，耳目手足皆为虚器。政之日偷，百姓之日以困穷，夫孰使之然矣。忠信孝弟以定万世之程，政教禁令以示一王之准。昭昭焉布告天下，期使民知所从而已。小人之为国也，利用民迷，若驱鸟兽而纳诸罟获陷井之中，高之下之，抑之扬之，惟吾之玩弄而使之疑于所从，其终惘惘焉泛滥淫泆以群趋于乱。一夫倡之，万夫和之，由其迷也。自秦任法吏矫虔天下，民之受其迷者二千馀年。节南山之诗曰：俾民不迷。王者之政，务此而已。好言自口，莠言自口。讹言之反覆岂有常哉！然所以成乎讹言，正以好言之亦出诸其口也。虽其诬善，而依附道理以成文焉。虽其蔽贤，而援引事情以立质焉。小人惑之，君子亦引其言而谅之，使尽为鸱鸮之音，则人知避之矣。知其好言莠言之同为反覆，言愈近是，贻害天下国家亦愈无穷，审声辨微，即以其言断之而有馀。故曰不知言无以知人也。虽当危乱之朝，曷尝不求人贤而用之。而贤者处末流，终无能有发摅。骤焉而进矣，进焉而又寂无闻矣。诗人为之词曰：彼求我则，如不我得。执我仇仇，亦不我力。乌乎，国家危乱之时，以虚声求人而无择也，以虚文应事而无适也。视天下理乱休戚，忽若迫焉，忽若淡而忘焉，朝野相循以成乎醉梦，诗人之言尽之矣。阪田之苗而有菀其特者，置身堉硗之中而犹有以自立也。既任之事，既受之成，行也，而或挠之，成也，而或毁之，引之绪而无与申之，矫之罔而无与正之。故曰：天之扤我。位与事皆为扤而已，虽有人贤奚裨哉！《毛传》：仇仇，犹謷謷。尔雅释训：仇仇謷謷，傲也。释文引舍人：仇仇，无伦理之貌。处之不以礼，用之而又不能尽其力。佌佌之屋，以庇其身而已；蔌蔌之谷，以丰其积而已。苟庇其身，则皆佌佌之屋也；苟丰其积，则皆蔌蔌之谷也。民焉有不困穷者哉？世乱方兴，贵贱无定程，贤愚无适守，攀援纠纷，交相觊觎。佌仳之屋遍于国中，蔌蔌之谷繁于陇畔。嘻，其殆矣！衰乱之朝，言尚巧而恶忠，行尚通而恶介。君令之臣，违之则撄其罪。一人行之，众人反之，则致其怼。是以居反覆之朝，僶出僶入，僶从僶违，萃盈廷之精神才力，以成乎反覆也。维曰于仕，孔棘且殆。君子之生于其时也，难哉！诗书所陈，圣贤所戒，无相奖以言者。圣门语言之科，专取其与宾客言，周知两国之情势，洞悉使事之体要，而以言文之。汉诏以使绝国与将相并重，犹此义也。非是无取于言。皋陶益稷之谟，伊尹周公之训，所重岂在言哉。士大夫之竞于言也，至宋而极。日取天下之得失是非以证其言，而身不撄其责。其言用，而言以昌；其言不用，而名亦以显。国势之盛衰，民生之利病，事机之缓急，成功之利钝，无与于其始也，无要于其终也。夫岂不洋洋言之，而于国何赖？发言盈廷，谁敢执其咎。诵是诗而无内疚于心，非君子之所敢知也。以言命官，专其责以息盈廷之嚣，隋唐以来不得已之制也。两汉进言匡君之失，大臣主之，下及博士，亦与朝廷大议。用其言而未尝以言奖进其人，最为近古。其以谏为名，将使引君当道，匡正其失，弥缝其阙，固非泛泛焉以言责之。言之嚣也，莫甚于宋，自韩、范、文、富、欧阳，论之劾之而皆有名，而天下之大政总于两府。贤者闻谤而洁身以去，不肖者窟穴其中，言及而贬谪随之。乃至王安石之僻，秦桧之横，私引谏官，排击异己，善类乃为之一空。而廷臣水火之互相争，国政兴革之交相胜，浸寻以至于亡，其效亦可睹矣。流风相煽以为名高，惟其言之出而无择焉。毛举细故以资其搏击，博采流言以益其泛滥，捃摭天下之利病以臆揣其盈虚，曲徇人心之恩怨以私致其货贿，求有益于国计民生，盖千百而无一也。诗人之言曰：哀哉为犹。洵哉其可哀矣。

初四日。陈绍湘自省来。我日斯迈，而月斯征。素位而行，履道坦坦。君子之居乱世，岂有善全之道哉，期无忝焉而已。握粟出卜，以求察知其吉凶而预为趋避，其终至于颠倒皇惑，迷失其所守。吉可趋乎？违道而吉，吉亦凶也。凶可避乎？履道而凶，凶亦吉也。吉凶而可以卜之人，傀而得之，傀而失之，奚所据焉？握粟者之情陋矣。知其不足为谷，而握粟以从之。居乱世更历忧患而莫之自主也，其情抑可悲也。谮言之起，非独智者辨之，尽人知辨之矣。君人者利其言之工可以尽人之情伪，而自信其察也，曰：且尽言之，其贤其否，循是而有稽也。始而涵焉，久而信焉，而谮言日闻矣。奕奕寝庙：宗社灵长之计，君人者主之。秩秩大猷：政教兴废之司，君人者任之。彼谮人者之心将以何为乎？试一忖度之，而其人之邪正与为国家之利病皆可知也。荏（苒）〔染〕柔木：树之者，君子将以利其用也。往来行言，心焉数之：孰为利乎？内审国家之大计，外察人言之自来，听言者之责也，亦庶幾可以止谗矣。按奕奕寝庙节，康成谓此四事者，言各有所能，因己能忖度谗人之心，故列道之。朱子亦以为兴，而于义终隔。今以赋体释之，字字皆有归宿矣。

谮人而谓之骄人，非骄无以成其谮也。受谮者而谓之劳人，非劳无以致其谮也。使皆泰然尸位于人上，谁与谮之？身任其劳，而后忌者寻端以构其疑似，怨者乘隙以肆其诋诬。三代以来，数千年无故而被谮者，皆劳人也。巷伯之诗曰：矜此劳人。知其所以劳，则知所以矜之矣。曰：视彼骄人。其语言奚若？其性情气势奚若？但一注视之而无难辨也。非夫穷极事物之理，乌足与言诗哉。朋友之怨，至谷风而极矣。恐惧而相比，安乐而相遗，夷狄之性也。其比也，非其果相亲也，利驱之也。其遗也，非其骤相怨也，利间之也。山之崔嵬，而风掩之，草以之死，木以之萎，是尚可与处乎？于此而为之计恩怨，所谓德者何德乎，非利而胡德也？所谓怨者何怨乎，非（怨）〔利〕而胡怨也？传曰：不知其人视其友。斯人也，胡然而有斯也？君子读谷风之诗而深慨友谊之衰而人道之日沦澌以灭也。天可颂乎？颂天而胡以加于巍巍也。父母可颂乎？颂父母而胡以解于瞿瞿也。故天之德大矣，覆之育之，无适而非天也，致其敬畏而无可言也。父母之恩笃矣，生之长之，无适而非父母也，致其哀思而无可言也。蓼莪之诗曰：鲜民之生，不如死之久矣。已矣，无可言矣。瓶罍之耻何校焉，顾复之德又何言之可尽焉，其诸王泽之衰而孝子之忧繁以乱欤？

初五日。立篪自省归。接到殷谱经、高子登、郭毓六、罗研生各信。《毛传》曰：周道如砥，贡赋平均也；其直如矢，赏罚不偏也。君子履而行之，所以成乎周道也。若日月之经天，小人视之以知昼夜。若江河之行地，小人视之以知疆理。故君子任其劳而小人享其逸，君子亲其事而小人乐其成。身居高位，言诐行颇，侈然自肆，而繁为条教以督民循而行之，不亦颠乎！山有嘉卉：喻人才之销靡。相彼泉水：喻政事之烦急。周之兴也，贤才众多，至于共和政行，传国百馀年而邦家赖以绥靖焉。乃举而废为残贼，此谁任其咎者？屈原曰：兰芷变而不芳兮，荃蕙化而为茅。即此义也。小明之诗人，隐情惜己，有惮劳之思焉，岂惟以见政事之烦蹙哉，忠厚之薄而人心之偷也久矣。靖共尔位，正直是与：勉自解譬，以希神听。君子读诗而求所以自靖之义，固亦有取焉尔。

初六日。邹姬赴周吉岭料检行李。接玉麟侄信，乃为取对联，由衡州专足至，又索取往还盘费，使人惘然。张星楼枉过一谈。

初七日。陈少湘由安庄来，带到徐契芝一信。两日料检书籍，(莓)〔霉〕湿甚多，殊以为憾。

初八日。达山偕甘玉廷来。邹姬自桃木洞归，带到意城、志城各信。如彼雨雪，先集为霰：忧乱之已成也。死丧无日，无几相见：忧生之有尽也。乱之已成，君子甚爱其身，而不以天下与身相汩。生之有尽，君子甚忧天下，而不以其生与天下相交驰，一贞其常而已。天下之治乱系之吾身而以其身推焉，其不能以身与而以其身待焉，奚所假于外而求以自慊，奚所计于后而规以自慰哉！乐酒今夕：诗人之志偷矣。天下之生隘而不能隘之于吾心，君子之道穷而不能穷之于自靖。今夕者，非君子所敢驻足之地也。

初九日。新居换一门楼，以是日午刻定脚。

初十日。唐荫泉来，带到曦臣一信。视其人亦失之老实，非能堪事者。

十一日。意城来，谈至五鼓，精神惫极，而意城尚不为倦，似较优也。

十二日。杨琴堂专足至。遣任大赴县，带送鼎臣叔及熊绍香二信。

十三日。遣周大赴省，带送筱荃中丞、郭毓六、孙春皋、徐熙堂、潘筱农、杨少白、姚铭三、陆典臣、尚吉堂、王春坡、罗子鸿、罗研生、衡唐叔各信。又遣高福田迎探木器船只，带送廷芳宇、张小华、周稚威各信。

十四日。周笏溪、蔡竹泉、陈希堂前后至。工人分赴府县，无人照料，意甚苦之。赴饶家老屋看庄屋地基，至晚方回。

十五日。何永清、李育之均来过节。为意城新屋撰联云：南荣东堂，辛勤有此；粟廪书库，优游其间。又题杨琴堂画兰一绝寄之云：晴日薰风趣正长，亭亭清影在潇湘，春芽茁遍阶除满，始信人间有国香。意城新屋联改云：南荣东堂，辛勤有此；楚材汉苑，蕴藉为筹。跋云：意城开新居东堂，有云卧之思，予亦新自粤归，乃取退之、子美二公诗意为联语，以落其成。是年暑热，历秋转剧，昌黎示儿之旨、子美述热之咏，于诗义亦有合也。

十六日。罗研生来。是日杨升、周大均遣赴牛口塅、茅岭塅收租。屋工未毕，人客纷来，一切支吾，深以闷苦。

十七日。丁叟回省。陈郁文自周吉岭来。陪研生至荷叶塘观意城新居。

十八日。研生回省。张蔗泉专足至，随以一信复之。黎竹龄枉过，谈次知其求信赴粤也，并携有随身烟具，意甚苦之。

十九日。杨四护木器船至，距高福田之行仅六日耳，为致易梯衢、罗研生二信，属其分别照料。又为黎竹龄致梅小岩一信。山居乃有此酬应，苦哉。

廿日。周佩亭、高裕堂、易墨村先后过访。墨村为言所居五甲有铁铺罗复兴，住石马嘴，承揽湘乡人熬硝。今其本家罗遇文，住大砂冲，亦铁铺也。承揽硝户张桂山，亦湘乡人。且据称：长沙乡内起有四十八厂，沙坪、陶家老屋、龙飞岭、乌鸦坝皆是。又云：淳化都、龙飞岭系伊等总办处。硝户必湘乡人，所居必铁铺，斯真形迹之可疑者矣。为述墨村之言，告之筱泉。是夕接李筱荃、赵玉班、曾劼刚、潘筱农、周昌辅诸信。杨升、周大始自茅岭塅回。接到志城一信，并高碧湄信，仍辨左书之得失也。

廿一日。归家以后无屋可居，无菜可食。上自海味鸡鸭，下至蔬果，举皆无之。而人客日相缠扰，颇厌其烦，而意外之来顾者尤多，惟有奉身以避之而已。馀苹皋来，辞以外出。

廿二日。苹皋访知予故在家，坐索一见，满屋叫呶。唐荫泉又不善为开譬，无如何也。杨熙春又至，玉川先生遣来问候者也。

廿三日。立篪由周吉岭回家，盖出门七日矣。是日起运木器。

廿四日。易小村过谈。意城将谋迁居，以所寄存书籍全数送还。书籍既已破烂，零星书籍益加漫散，对之闷苦。

廿五日。料理书籍，夜久方息。

廿六日。料理书籍。钱馀庆至。夜间又清理字画。

廿七日。以是日改换新灶，陈南池及家少溪同至。是日微雨稍凉。南池带到春城丈一信，叙述苦况，以一信复之，并馈以四金。兼致刘云笙一信，以前接其书约重九枉过，特专阻之。八十之年，远道枉存，所不能安也。

廿八日。微雨，寒。乡居几及两月，尚未一出门。以意城移居在即，而周吉岭故居又有急应检点之事，乃由沙坪桃木洞以至安庄，宿焉。

廿九日。由安庄坳上流珠岭以至周吉岭，检点半日，并将原佃周五辞退，另换戴家洞黄姓。

三十日。李鹿苹等多人为上洞田塍为甘姓侵占一小角，犹陈郁文初至周吉岭事也，至今相距三年，始一申论之。诸人至，为周旋片时。是日抵家已傍晚矣。易梯衢先至。接到左景乔、丁果臣、张蔗泉、危辅臣、魏乃农、张小华、孙春皋、徐熙堂、周稚威、李湘甫、唐子蕃、陶安轩、张旭初、吴莱庭、郑云房、陈经生、周寿山各信。又阮令承恩、孔令昭洙、王经历为桢，则不知其为何号也。

九月

九月初一日丁巳。接高果臣、翟子英二信。蔡顺庵军门专王副将星耀来接，以予原有晚秋赴金陵之约，特先派船迎护也。随以一信复之。是夕，(衢梯)〔梯衢〕、郁文、连城、志城同宿山斋，因意城明日移居荷叶塘，同来致贺。

初二日。雨。意城移居。与志城诸人同赴荷叶塘午饭。

初三日。大雨竟日。上房漏甚，帐被俱湿。此旧屋也，稍加修葺，计工三月有馀，费至千馀金，偶遇一雨，而正屋上房俱漏，能无慨然。

初四日。接李筱荃、陆存斋二信。以梯衢赴省之便，复筱荃及罗研生二信。

初五日。桂东宗人郭炳扬之子日宣枉顾，询悉郭筱岩家近况，知其夫人年七十馀尚存，而穷困极矣。为之怃然。日（昌）〔宣〕又述及其父炳扬名伟，号涤泉，在晓岩处教读，曾接予至其家一饭，并有馈遗。其家住老屋井头，由其家过贝溪以至沙田小住，始由流源赴县。所述是年行迹犹历历也，而称其父在晓岩处教读，并未回家，其寒苦可知，日宣年尚未长，何以能邀至其家作饭，又加馈遗乎？念其宗人，资助之以行。

初六日。罗研生、邹资山枉诗。随和研生四诗云：不道寒波住，偏多热客游。先生心貌古，野老户庭幽。清话宜蓬荜，遗规协簋篓来诗瓯窭误瓯篓，即承其误用之。何须招隐赋？从桂小山秋。　平生甘淡泊，世味厌敷腴。走卒身多贵，书生道固殊。深劳君一顾，留得桧三株门前七桧，谋去之，居士力争，为留其三。园竹宜垂钓，渔樵狎老夫。　半亩能容膝，吾庐自一天。晴多深喜雨，云散半成烟。小屋难藏客，秋瓜日费钱。蜗居经始日，未便许高眠。　老景无多好，年来酒味耽。茶呼诸阮饮居士馈茶，天待老邹谈兼蒙邹资山兄枉诗。东路归元凯一作积雨迟康节，西游问老聃。请君宽望眼，月月有初三。又接陈作梅一信。闻蒋君媒孽刘云生甚至，并传有与陆存斋同被揭参之信，乃以一书抵云生告知其情，又复高碧湄一信。

初七日。曹荸生、易浚吾、张掖亭、盛桂敷次第来顾，掖亭留宿。住屋工程尚远，对之茫然。

初八日。意城来谈。任大自省归，带到沈翰卿一信。又由意城递到刘荫渠一信。

初九日。致志城、郁文两信，属雇轿工赴省。山中工力，远胜此间也。

初十日。周桂坞及镐丞同至。沔阳州流民千人至荷叶塘，其头民三十二人索饭一顿而去。意城邀陪汤斐斋，嵇月生亦至。

十一日。邀汤斐斋、嵇月生同饭，适萧橘生、萧汝航至，因并入坐一谈。致湘乡相国及沅浦、劼刚及李筱荃、赵玉班五信。

十二日。至安沙、敖家湾两处为志城相屋。因至张星楼、易麦村、徐太翁渔臣三处谈。

十三日。姚庶侯、黄子襄至，并邀意城一谈。李宣伯至荷叶塘，带到李筱荃一信，酒半，不便邀宣伯也。

十四日。稍谢人客，料检行李赴省。团总吴、杨、屈三君至，乞助修理慈云庵费，为助钱百缗。

十五日。微雨。赴省。道遇萧橘生，见所乘小车极有意致，工省而行便也。至省，寓荷花池。

十六日。李辅堂枉过，久谈。晚诣黄南老，晤赵玉班、欧见五，会谈至三鼓始散。

十七日。诣李筱荃、李仲云、舒叔和、赵玉班四处谈。接奉湘乡相国、喻叔芸、左亮甫、尚吉堂、王春晓各信。

十八日。左景乔、杨性农、何简臣、徐苹皋过谈早饭。各官来见者尤多，苦不能酬应。数日热极，未能赴乡，恐不免遇雨途次。

十九日。大风。赴杨梅山。梁佃之叔梁昌厚、梁友终尚属作户。吴东山、岳云峰引荐王姓亦佳。然梁佃看守山场屡与张姓诋諆，其劳不可没也，故仍以墓田给梁友终等耕种。

廿日。赴湘潭茶园铺。六十里，宿烧汤河。

廿一日。小雨。六十里至湘潭，宿黄麓溪处。丁果臣、张振生、傅荫南、李星农皆枉见。

廿二日。雨。麓溪勉留竟日。并邀丁果臣、张振生同酌。

廿三日。大雨竟日。至茶园铺。丛木冲佃人杨姓以开坝事相诉，因传地保及绅士唐顺卿一议之。

廿四日。回湘潭县城，仍宿麓溪处。

廿五日。大雨，仍留一日。罗子鸿来见，并馈肴品，因一往回拜。

廿六日。为罗星垣借长龙一只赴省，晚次至省河，因赴河局一宿。蔡竹泉撤局务，亦随至。舟中无事，拟修县志采访章程十条。

廿七日。入城。刘云生、袁予文、郭海清、张云阁诸人纠缠竟日。因过南老处，适曾澄侯至，并同何子贞、许次苏一饭。

廿八日。研老邀同景乔、性农、宣伯早饭。随过李筱荃、陆心农、嵇月生诸处谈。晚赴玉班之召，与南老、澄侯及易芸陔同观泰益部也。接到王雨庵、师继瞻、戚敬臣、张蔗泉及曾沅浦各信。

廿九日。南老约同李辅堂、曾沅浦、赵玉班、陈俊臣、刘晓沧、张力臣会叙，辅堂以病不至，而予苦为人客纠缠，过午始至。随下船赴湘阴省墓，是夕泊三叉矶。

十月

十月初一日丙戌。热极，知必有风雨。船人及仆夫李六辈偷惰已甚，随处湾泊，惮于荡舟。是夕至湾河口。五鼓催令开舟，至麦子湾而大风起矣。杨梅山遇风，茶园铺阻雨，今且风雨交作。远归省墓，无损天和，而巧相值如此。

初二日。大风雨。致曾沅浦、曾劼刚、焦听堂、易梯衢四信。

廿九日在省，嵇月生招饮，并附一诗，和云：干戈天地仄，浪迹自年年。东路容归隐，南阳亦苟全。居庐新集燕，讲席旧悬鳣。清话犹无暇，宁论酒似泉。又挽邓小芸一联，属李宣伯转寄云：是简非狂，岂真捉月前身，依然江上骑鲸去；不官当隐，盼断归帆千里。谁料城东化鹤来。偶忆记，补录于此。

初三日。大风益剧。遣人赴县传永晖径由舟次赴山，会永晖赴乡，因传梅福至。撰《戚少云墓铭》一通，并致罗研生一信。

初四日。大风。径由紫花台、南泉寺、瓦窑湾、书院湾、上下皮刀湾、长岭、虎狼冲至县。梅福于诸处均不能知，予幸以修谱历诸山绘图，犹能得其形势，次第探索而得之。始知凡事一经阅历，皆能实有裨益也。寓西门厘局。

初五日。风，寒甚。赴五里墩。随过于桐轩、黄桐轩、庆卓峰、李树庵、黄凤喈诸署及吴蓉舫、李试吾、蔡寿民诸处谈。

初六日。祭告宗祠。是午，会族人宴饮，量为资助之。杨熙春至，知为玉川老者遣令相视也。

初七日。厘局左宾门、捐局熊漱芳、督销局左敏夫三局合一，而帮事者郭宝吾及吾家少晞并立德均郭姓，亦一奇也。李连田自靖港来，亦吾同人，而相顾不相识矣。下午与易梯衢、熊绍香夫妇及两女同登舟。

初八日。开行至橐驼嘴上，因船大不能再进，泊舟堤下。梯衢由河口过船赴省。

初九日。绕由罗汉庄抵家。询问泊舟处曰李家堆，距罗汉庄约十里。是日齿痛甚，牵连及头顶以达耳根，颧骨及下腮均痛不可忍，症若偏头风者，亦一奇也。本屋土石之工略无端倪，为之气愤终日，郁怒不已。

初十日。连接曾劼刚两信，一初七日由县城发，一初八日由矮子洲晋省发，当以一信覆之。熊氏姨及两女以是日接至家，绍香由原船赴省。

十一日。出门二十馀日，土木两工迄无端绪，唐荫泉贻误不小，以渠专事安闲，又加以颟顸，使人郁闷。

十二日。接曾劼刚信，急请婚期，意在十九日成礼，而吾所居室多为唐荫泉所误，至今未能完工，何以能举办喜事？略以一信复之，仍从前议，定期二十四日。

十三日。以张子卿所书福字为志城四十生日寿并系以诗：吾家兄弟固非奇，世俗颇亦相惊疑。精深透辟世无有，顾视予季真嵚崎。近来收敛归道气，推惠姻党拯寒危。今年四十盛宾客，我老亦觉心神怡。诸郎玉立家粗给，兼有诗笔穷酣嬉。在礼五十曰下寿，四十固是强盛时。东坡颍滨有赓和，四十称寿征诸诗。张侯老笔作大字，为进一寿倾一卮。愿君为龙似东野，我身云也能追随。上下四方相比倚，一年一寿无穷期。接到曾沅浦、郭毓六、曾挚民、魏乃农、姚庶侯、陆存斋各信。蒋君举动愈出愈奇，方之古人，其朱全忠、李茂贞之流乎？

十四日。遣篪儿赴安庄为志城拜生。徐苹皋又至，索借二千。予谓借钱亦须知己知彼，徐君此举，实两失之。

十五日。志城四十生日。予以屋事不能往也，命篪儿往祝寿。

十六日。专人赴省报日，致曾劼刚一信。

十七日。接劼刚回信。熊绍香由省运木器来。

十八日。志城自安庄来。

十九日。为篪儿完婚，拣是日安床。曾府亦即以是日铺房。

二十日。曾劼刚信欲就省河取亲，以涝刀河水势日浅故也。复书与商泊船之法。

廿一日。部署土木工事务。连日以此费尽心力，益信创造之难也。

廿二日。祭谢土神。黎少琨、舒兰生、左彦冲并至。遂令彦冲与子敬侄相礼。

廿三日。为篪儿举行婚礼，先期祭告祖先。易梯衢、盛岳云至，知曾府于陈家渡搭造浮桥，仍须就省取亲也。

廿四日。午刻为篪儿行合卺礼。亲友会者内外各四席。

廿五日。曾夫人留宴一日。

廿六日。曾夫人旋省。微雨竟日。

廿七日。遣人至省致礼物于曾府。志城亦以是日回安庄。随得曾劼刚回信，并寄示《求阙斋文集》及所自著词赋之属数篇，文气略近邵二云而沈博且复过之，此奇才也。

廿八日。陪绍香赴荷叶塘。接海星槎、冒哲斋、李芸坡、方柳桥、李湘浦各信。蒋君行径愈出愈奇，粤东亦何不幸而遭左君之厄也。

廿九日。饶家老屋新造庄屋一所，往告土神。顺至瓦雀塘、樟树坑两处一看。回庄接刘霞老信，将以今冬归矣，约予至岳州一会。为之心快。

三十日。湛少帆、王雪堂两君至。乡间如此酬应，意颇苦之，而无术以杜其来。专人赴省。检点酬应字终日。

十一月

十一月初一日丙辰。邀魏敏斋及意城陪同少帆、雪堂、绍香饮。李育之为我照料屋事，行径多可疑者，因泥工罗有福事，始得一切责之。

初二日。意城邀同绍香、少帆小酌。接罗研生、张紫联、易梯衢各信。

初三日。料理酬应字。为黄麓溪太翁子卿先生七十寿联云：世祚簪裾，笙璈介嘏；人伦模楷，川岳绵龄。颇闻此老刚正之风，非后辈所能及也。熊绍香及内外亲来送礼者均以是日回县。清臣夜至。

初四日。昨日方送客出门而清臣至，心甚苦之，饭后馈钱十缗以行。吾于宗族贫者皆有帮款，清臣盖亦闻风而至也。

初五日。偕意城往祝黄子卿年丈七十生日。晤冯树堂、任芝田、周鹤泉畅谈。宋子寿至。

初六日。宋子寿、涂子湘同饭，子寿旋回省。熊漱芳专递一函，当以一函复之，并函寄志城。

初七日。一女由安庄回县，舆致之安庄，便致志城一信。

初八日。易冕南专递一函，当以一函复之。

初九日。接张紫联信，并致木器数事，当复一信。柳松涛至，谋任修志采访之役。远来相求，为一询之志城。又为沈福致高碧湄一信。专足赴省。致易梯衢、嵇月生二信。

初十日。接成静斋、嵇月生、周笏须、易梯衢各信。是夕，焦听堂至荷叶塘。

十一日。听堂枉过，偕同赴荷叶塘午饭。

十二日。邀听堂及意城午饭，听堂因留宿。致罗研生、于桐轩二信，研生信即交听堂带省也。

十三日。黄泥灞庄田换立契约。志城自界头市来，为予成金塘嘴一大庄。予归家后初次置业两处，相距约百里，并以是日成之。

十四日。志城自荷叶塘归安庄。罗小溪专足来询，约十六日枉过。魏松龄来谈。

十五日。遣杨升赴省。顺致易梯衢、章子农、左彦冲、李升三各信。李君为新泰厚管事，视粤中邓燮卿、裴文友相去不啻天渊，因将所存各款收回，略存三数而已。诣饶家老屋一视屋基，创造诚不易，而基地却尚可用，不能不一筹之。顺过意城谈。

十六日。冬至。接罗研生、袁予文、彭葆初三信。葆初，晓航太守之令嗣，求为其尊公铭墓，并以晓航太守临终前一日遗诗属为题跋，诗云：送老梓州城，蹉跎为此行。人称勤太守，我愧旧书生。率属风方被，安民俗未清。平生虚愿大，太息一无成。　同孙生二岁，而我未携持。颇望吾门大，其如汝出迟。贻谋千卷在，阴德寸心知。双砚流传汝，他年知汝悲。　吾儿书信至，总是问归期。本以宦情淡，徒为诰命迟。以汝性情笃，切无哀毁移。德言功不朽，努力补馀亏。　忆我西征日，山妻留勿行。岂不安时命，丈夫志四方。四年成底事，万里有归丧。惟祝期颐寿，还如汝母长。湘乡相国谓其神明不乱，立言深厚，非学养兼到不能。信非虚语。笙陔叔函荐其同年熊梁生名棣良为吾家课读。意城又言黄麓溪曾语及周定先课读甚佳，当一考问之。又接到章子农、许子双二信。

十七日。罗小溪由省枉过，易三姨亦自县来。接到熊绍香、萧涵江二信，当复绍香一信。意城是日得一孙女。

十八日。意城邀同罗小溪午饭。遣龙大赴县，顺致志城及绍香一信。

十九日。罗小溪来谈竟日。

二十日。往铁炉冲、梅树坡、长塘三处看田屋。长塘屋最佳，杨姓业也，同屋魏小庭、汇初、象簪昆仲允为关说。张秀春、李南炳枉过。接劳湘舲、周翰臣、黎照昆、葛振嵩各信。又周芗石瑛、陈金垣万全皆有和留别诗枉寄。

廿一日。陈青云为涂子湘田屋事来见。接罗研生、馀苹皋二信。易冕南、吴蓉舫专足送信至。并接志城一信。

廿二日。李仁峰来，谈及梓洞中各家景况，知贫富各有定分也。复冕南、志城二信，并为文贵致书何小宋，为周发致书陶仲瑜，为袁升致书罗子鸿，为胡道生镜仙撰其尊人墓铭。

廿三日。易三姑娘回县。又寄志城一信。燮臣夫妇志气消靡，不足扶掖，以三十千资其经纪，未知有益否也。

廿四日。遣杨升赴省具呈乞假，顺寄李筱荃、罗研生、易昀陔、袁子文、易梯衢、李辅堂各信，并托筱荃转寄湘乡及汪啸庵师两信。吴东发以廿五日假归，饶家老屋各工暂停。

廿五日。专杨升赴省。陈少湘专足送信，言望城坡有杂货店出顶，钱二百馀缗，为张舲仙谋之。吾甚讶其所费之多也，约以一信复之。并寄志城一信。

廿六日，连日热甚，是日阴，夜半乃闻雪声。意城言陶洞人至，山上雪深约寸馀也。

廿七日。杨升自省回，带到筱荃、研生、昀陔、梯衢、岳云各信，并宋子寿信。以恐天雨，召泥工盖竹园围墙瓦。

廿八日。邹姬患气痛大病，以冯夫人来舍，晨起治庖冒风故也。是夕寒甚，四鼓始就寝。

廿九日。易冕南、王镜心专足送信，并寄县志一部，当以一信复之。邹姬病甚，接医生数辈来视。是日又早起冒风，颇觉头痛，遍身为之不释。

三十日。接志城来视邹姬病，谈县城及志局事甚悉。意城亦连日枉过。并接於（琴）〔桐〕轩、张友山、陶韵笙各信。

十二月

十二月初一日丙戌。刘云生专函枉寄，当以一信复之。方召南持志城信来，盖犹志城在县时荐致吾家者也。

初二日。陈诒珊枉顾，述粤事颇悉。蒋君特一童昏耳，左季高以身徇之，求济其私，斯为小人之渠魁矣。

初三日。韩玉池枉顾。意城谋专足赴省，顺寄李宣伯、左景乔二信。又寄筱荃一信。

初四日。意城经手置涂子湘田屋一所，为耕心堂建立宗祠之计。是夕杨云冈枉过。

初五日。接到李筱荃、曾沅甫二信。是日清检文件，终日劳顿。偶检数年日记，于往来书件记载颇详，而于日用所行如在粤两年劳迹一无记录。其间有事端重大，当时处置尚颇得法者，皆粗载其事略，而于当时办法不一及之。盖其本意在备遗忘而已，非欲以是自表著也。讫今阅之，颇为怅悒。

初六日。微雨。是日邀该甲绅士便酌，而皆告辞。午后蔡照安来，乃急治庖款之，移时又告辞以去。晚次闻杨升言，莫、彭两工邀客者，并未一登诸公之门，但遥致声而已。无怪其然！接郭勋泰、袁予文、崔春圃、李宣伯诸信。

初七日。大雨竟日。专足赴湘乡，致曾澄侯、劼刚叔侄二信。

初八日。晴。自五月至今，恒旸不雨，偶一雨，少顷已开晴，略似夏景，冬令所未有也。夜见流星，犹是秋初风景，世事殆不可问也。张进轩枉顾。是夕月明如昼，无复纤云。移时大雷雨震电，移数时之久，历来所未有也，可惧之至。

初九日。雨。接陈郁文一信。

初十日。雪。李仁来，知并未诣沅帅也，仍致筱荃一书荐之。并致易梯衢一信。

十一日。专足赴安庄。涂子湘、李寿朝先后枉谈。得罗研生偈语，仍以两偈报之。

十二日。接刘云生、金眉生、欧阳小岑、陶仲瑜、俞子仙、程筱农诸信。志城专陈满来，本约一赴界头市，特遣为前导也。

十三日。何世兄启定枉顾，晴岚先生之令嗣也。易小彦等专足送信至，以杨林寨事枉商。

十四日。以天气晴暖，赴各庄一行。就宿志城处，为唐羲臣话别。山中雪深尺许，夜久始至。沉吟明月照积雪之句，亦觉夜行颇饶奇趣也。

十五日。绕三梓桥一过应扬处，诣板桥，宿茅岭塅新庄。踏勘赵家塘、姚塘、油草塘、萧家塘情形。议先疏浚赵家塘，而油草塘亦须略为修整，此外工程可暂缓也。

十六日。由新开市三十里至下堰塅，周览各庄，就宿大屋场。刘荆台、朱醒秋、刘云台并来见，周可堂、周金台父子继至。清出石牛坡、李家冲山场二所，又金塘承荫田二丘四分之一，并令周可堂补批契尾。

十七日。微雨。由铜盆寺、清溪寺、栗桥至徐家桥，计行三十里。夜半大风雨。

十八日。由黄市桥、雷家桥回家，计程亦约三四十里，雨涔涔未尝少息也。

十九日。陈豁堂、萧蘅士、李宣伯、周焕鑫子佩之世兄也均经专足至，并于十八日归去。又接湘乡相国、李筱荃、易昀陔、杨云冈、杨柳岑、方子颖、刘泽远住南横街中栅栏东路北大门、韩叔起、李湘甫、秦协平、冯朴甫、蔡书台、陈义各信，又接师继瞻一信。

二十日。接李黼堂一信。遣人赴省，顺致易昀陔、袁予文、柳浦山及衡唐叔、易梯衢各信。又专足致陈豁堂、萧衡士昆季三信。是夕周大辈回家，接到曾澄侯、劼刚二信。

廿一日。船山注楚词《哀郢》，谓为顷襄王迁陈而作。循此说求之，语语皆有归宿。惟查屈子生周显王之廿六年，当楚宣王廿七年。后四年，威王立。十一年，怀王立。三十年，顷襄王立。后二十一年，秦拔郢，烧夷陵，顷襄王东北走陈，屈子于时年六十六岁。太史公不载屈子生卒年月，而叙述所为《离骚》专为怀王言之，突接令尹子兰闻之大怒。闻者，即闻其悲愤之言也，因遂谮而迁之。此当在顷襄王即位之初，不应二十一年迁陈时，屈子尚无恙也。此说尚待参详。

廿二日。萧松亭专足送信至，适于前二日专函资给之，萧君尚未知也。书词亦多孟浪，不足较论矣。

廿三日。与意城同赴烟坡、茶坡两处看庄屋。是日即成烟坡一庄，而非吾意所属也。吴东发行止盖多可疑者。接陈豁堂、萧蘅士两信。

廿四日。盛展奇专足递送一信，当以一信复之。赴饶家老屋看木料并砖，略得吴东发欺罔情形，亦唐荫泉之流也。罗伯宜至，谈近事甚悉。

廿五日。伯宜带到各处求书者凡十馀起，为作书终日。巢湘甫、罗小溪并专足至，各以一信复之。

廿六日。以岁终，土木之功毕，重谢土神，即令子敬与篪儿相礼。易冕南，陈敬亭各专足至，并以一信复之。

廿七日。大雨竟日。吴蓉舫专足至，而县城专足者五辈，均因雨为留一日。两日料检各处信件，夜半不得息，甚觉疲倦。

廿八日。大雨。遣杨升赴省，顺寄李筱荃、曾沅甫、恽次山、师继瞻、金眉生、吴子登、王少鹤、刘荔坛、陈兰浦、金屺堂、陈古樵、陈经甫、李湘甫、俞吉甫、陈莳松各信。又寄曹颖生、庄惕甫、张东墅及衡唐叔各信。是日为邹姬生日，并为置老众坡、耘田冲田二庄。

廿九日。阴，寒。料检岁事，颇苦用人之不得力。人才之难，家国一也。吴东发屡露奸状，遂即遣之。杨升自省归，带到筱荃中丞及曹颖生、张东墅、庄惕甫、崔春甫各信。邹姬大病，终日烦扰，吾亦为所牵连，病意颇涔涔也。

三十日。阴。遣杨升与莫二查问本团内穷户，凡得二十五家，各以钱米馈之。不欲以此为名，托之团上致送而已。然受之若所应得者，固知穷乡僻壤之民情，常胜于通都大邑，见闻所习然也。乡居事稍简，年下料理颇觉清闲，此景亦岂易得哉。

同治六年　丁卯

正月

同治六年丁卯岁正月初一日丙辰。元旦。雨。命儿子立篪赴宝树湾展谒祖先。率成一律云：又是人间一度春，江山歌咏得闲身。冰泉放溜风鸣涧，雾嶂捎檐雨洗尘。小放园梅潜改岁，半温炉火细熏人。及归领略清闲味，回首钧天隔紫宸。意城率一、六两侄来贺新年，因留食水馒。

初二日。宋理宗时，牟子才论人才聚散之机，曲尽宋室情事，谓始而以君子攻小人，其变也，以君子攻君子，甚至以君子力引小人。因推言人才聚散之权，常寄于若有若无之中，而散聚之机，常决于且信且疑之际。故群凶窥观，时或小瞢，弩羽叠至，散之机也。从中倒戈，自相击触，一彼一此，散之机也。论事如争，意向小异，衅隙渐生，散之机也。表正曝邪，鼓虚成实，撼摇其居，散之机也。设局张阱，柔声宛舌，射影中伤，散之机也。寓意歌诗，更相贤圣，自取议讥，散之机也。招纳党人，平治旧怨，兼用邪正，散之机也。显争力抵，激动忿心，陡分利害，散之机也。操舟共济，实左虚右，轻重不伦，散之机也。顾怀私恩，妄谈彼善，潜疑人心，散之机也。此十几者，造端甚微，为祸甚大云云。此古今朝局党和娼嫉之恒态也，人才之隆替亦即由之。某君之戕贼同类，兼此十机，惟易柔声宛舌为疾声暴怒耳。真景元云：立国不以力胜仁，理财不以利伤义，御民不以权易信，用人不以才胜德。

初三日。诣荷叶塘、宝树湾及徐渔臣、张星楼、易墨村、张蔗泉各处。缘以（翼）〔翌〕日邀诸君春酌，须一先往贺岁也。

初四日。周蟠西、魏鹤龄、左宾门枉过。星楼、渔臣诸君均至，谈饮至夕，始各散归。

初五日。大雨。意城邀同前人会饮。徐渔臣在两家均长揖，不缴还请帖，居然以长者自居。

初六日。与意城同赴黄麓溪之召，同席树堂、怡生共五人，夜谈至五鼓。

初七日。大雨。由麓溪处诣冯树堂，陪同前数君会饮。树堂屋宇修洁，布置均有条理，极可羡。

初八日。由树堂处诣陈怡生，同席添任芝田一人。是日由怡生处回家。

初九日。雨。入春以来，间日一大雨，晴雨皆无根兆，甚非佳景。毛墨庄毛丰浦之弟也带到其尊人毛化南一信。毛氏汉槎与雅林先后殂谢，故为惋惜。汉槎亦墨庄之兄也。

初十日。大雨。将命篪儿诣安庄，以雨未成行也。

十一日。大雨，寒。言湛甫来，带到陆存斋、湛渭波二信。又接李筱荃、杨厚庵、沈小楼三信，知陕、鄂兵事皆棘手，沅浦、霞老奉旨诘责。贤人君子生于末世，不独人厄之，天亦（扼）〔厄〕之矣。张海珂阵没，郭子美受伤，沅浦心绪可知矣，为之怃然。

十二日。大雪。邀地方长老春酌。到者三人，魏敏斋外，惟彭、饶二老而已。彭老年八十五，齿尚全，能饮啖。

十三日。阴，寒。魏登南、饶凤楼、杨墨农、屈笛青、刘运昌、张乐斋六人春酌。此外临席退帖者六人：袁甫廷、屈寿廷、李印堂、童小舫、饶宝臣、饶舫乔。竟不退帖者四人：吴照堂、蔡照安、饶利生、魏晃岩。此邦之无理如此。其先期退帖如袁秀廷、杨书田、曾忠信则无妨也。

十四日。邀蔡松圃、周蟠西、魏松林及子敬侄春酌。松圃不至，其二子星渚、杏除代之酬应。曾挚民、熊漱芳并专足送信至。

十五日。篪儿夫妇均患头痛，邹姨亦病，予亦患气逆。元宵佳节，颇以为怪。

十六日。雪。饶利生来谈，所言太无端绪，亦略见此间人心之乖异也。

十七日。晴。邀彭丽生、冯树堂、黄麓溪、陈怡生、任芝田春酌。是夕志城亦来。接到张伯羲一信。

十八日。陪同丽生诸君诣意城早饭。接张蔗泉信，录示其诸郎和予留别诗。又龙树棠亦两和前诗。又毛墨庄信，录寄其友人酆慕唐亦和前诗。是日凡得和诗六通，可为多矣。陈（通）〔遇〕佳偕笏堂至，接到黄桐轩少尹及喜田二信。遇佳百馀里枉过，值予方睡起，稍迁延而已行矣。

十九日。意城生辰，一诣荷叶塘，因留面食。同席饶藻亭、李元一、龙树棠、何永清及兄弟子姓内亲之属，凡十有八人。

廿日。熊绍香自县城来。觐堂邀予一书诣李玉森，因并寄镐丞一信。是夕雨。

廿一日。雨。专足诣彭丽生，为定请西席罗海安，属其转送关书也。

廿二日。何启定及九如、明斋及唐峻峰先后至，并带到志城两信。峻峰，羲臣之令嗣也，管新墙厘局，为高碧湄所撤，属吾为之道地。无如何也。

廿三日。雨。接镐丞信，当以一信复之。并寄陈遇佳、喜田、育之、笏堂各信。

廿四日。接彭丽生信，定罗海安馆局，约廿八日开馆。吾以廿七日较胜于廿八日，属定廿七日期，略以数语复之。读书理家两纷，吾心毫无归宿，拟（租）〔粗〕定功课，为缮性观理之助：早起读经书廿页，日午治史以方修辑绥边征实一书，故治史之功为多，灯下读朱子全书。姑录于此，以当座右之箴。

廿五日。澄侯由省来信，知于廿四日抵省，以一书寄之。并寄南老一书。罗小溪亦专缄枉寄。

廿六日。子桂来，便书寄志城。看书两日，口枯喉痛，精气之消亡多矣。

廿七日。李正吾来。澄侯复专足至，当复一函。并函寄筱荃、劼刚，均托澄侯转递。

廿八日。罗海安来，即于是日送篪儿入学。

廿九日。李中丞咨十一月廿八日代请续假一片，正月廿六日奉旨：郭嵩焘着赏假一个月。钦此。并接一信，言鄂中军事甚悉。当以一信复之。

二月

二月初一日乙酉。复罗小溪信。因诣饶家老屋丈量木料，便回拜周昌辅、甘裕亭两君，并诣涂子湘丈量所居屋地基，抵家已夜久矣。

初二日。雨，热甚，晚雷。巢湘甫、虞宾门同意城枉谈。接刘荔坛信，知已奉部文行取引见。其信由鄂省保安门内大朝街火药局寄，想其世兄在省当差耳。

初三日。雨。接易芸陔信，当以一信复之。畇陔信言少荃宫保已简放鄂督，霞老与乔鹤侪互相揭参，交左君查办。刘与乔万无相合之理，徒资左君以射日之弓而已。王阳生来，经庵先生之令嗣也。

初四日。邀巢湘甫、周昌辅、甘裕亭、朱寿九、舒兰生诸人午饭。湘甫以病不至。寿九初三日到馆，旋即告归。外邀达山、子敬二人作陪而已。易笏山专递一信，并寄示近著十篇，当以一信覆之。

初五日。偶过意城，视巢湘甫病，因留饭，齿为沙子所伤者四五，痛甚。数月以来幸无齿患，而为一饭所累，使人怅然。接曾沅甫、刘云笙及志城三信。云笙信由其孙世兄坊臣带到。

初六日。便邀刘坊臣、罗毅卿、周荣斋、李育之便酌。复刘云笙一信。

初七日。易冕南专信至，当复一书，并书寄黄桐轩少尉。冯岳青枉过，带到树堂一信，并承惠熟地。

初八日。邀湘甫便饭，并属令赴安庄一视志城病势，因寄志城一信。

初九日。张惟贵来，知李筱荃已调苏抚，仍先署少荃宫保鄂督一席。南抚已简放刘蕴斋。晚次，郭弥生亦至。

初十日。致章籽农一信，询及熊绍香、蔡竹泉两君馆事，交弥生带省。移时而绍香至，则已得平江局差矣。弥生来山，易梯衢竟不一告之，亦足见其疏散也。

十一日。往各处看视土工，大率颟顸而已。家用工人无一得力者，此事自关命分，不可强也。

十二日。二太太生辰。张旭春、韩玉池、张进轩、盛赐福、盛月台先后枉顾，因留进轩、赐福、月台午饭，意城与焉。杨庆自省来，言本日部文至，有重任两淮之说。筱荃尚未行知，是徒迫我以终隐而已。

十三日。专周大赴省，致筱荃中丞一信，顺致湘乡及沅浦、霞老、幼荃、景乔、研生诸信。移时而筱荃中丞专足至，并送两淮运司行知，当以一信复之，并（呈具）〔具呈〕乞病开运司缺。

十四日。接罗麓生信，随复一书。周大自省归，带到倪兰溪、邓香、周寿珊、左景乔、袁予文、黎绍昆、易梯衢并笙陔叔及龙炽应、刘家柱、赵樾等信。

十五日。陈夫人生辰，遣儿辈致祭。得筱荃、云老两信，各以一书复之。云老送橘六十枝，课工人栽植。

十六日。为先公忌辰。由欧阳筱岑递到金眉生一信，各以一信复之。是日橘树甫栽毕而雨，计正屋、后院共栽六枝，园中栽五十七枝。

十七日。黄兰生专送一信，乞书诣黄昌期军门。归家后为此等纠缠不已，而无大力以却之，因书数行为言于昌期，亦不过使老夫取厌于人而已。是日雨。

十八日。遣黄升赴平江，致复笙叔一信。便寄李筱荃、刘云生、杨柳岑、张竹屋、易梯衢、饶太和各信。郭海清专人送信，当以一信复之。其孟桐、树屏并夏炳文三信，则并未悉其行号，未复也。又接章籽农见复一信。

十九日。吴橘臣、陈佑如及经畬三人先后至，并接陈郁文一信。是夕雨微甚，农人开耕颇望雨也。

二十日。为杨庆、周发致孙春皋一书。文贵亦随至，实不乐以此取人嫌恶，固却之。亲友无因至者甚多，大抵为求馆计也。归家乃有此等酬应，使人闷苦。

廿一日。校完各家送行诗文，将谋付梓，命曰《海南证别诗文册》，凡汇存二卷，从研老之言也。

廿二日。遣周大赴湘乡，致曾劼刚一信。兼为佑如检点应酬字，颇觉劳倦。

廿三日。易冕南专信至，随复一信。并接吴莱庭、彭南屏、张旭春及汉舟、笏堂各信。旭春贺寿，笏堂求随任，汉舟则寄到和诗也。是日日晕，晕内似薄云掩日，其光甚暗。

廿四日，雨。复旭春、汉舟、笏堂。

廿五日。校正粤东送别诗文册，略分二卷。名作如林，以此题著笔故易佳也。

廿六日。杨星堂枉顾，带到杨玉川老者一信，意欲求荐筱帅而不知其难也。山居颇为此等窘苦，而无术以却其来。

廿七日。大风，热甚。微起云，逾时忽散，旱势似已成也。闻鄂事颇棘，贼踪已及巴河，沅帅军事无一应手者。接吴聘廷一信，言之颇悉。沅帅寄耳目于左右，能及近而不能及远，故在南京调度皆合，一任巡抚，声光为之稍减。军事与吏事兼长，亦颇难其人，惟胡文忠近之。

廿八日。阴寒似冬十月景象而不雨。舒仲和送寿礼，谢之。晚风，寒甚，微雨。

廿九日。接庄惕甫信并送寿礼，随以一书谢之。刘子迎至，乃知张月卿、兆保崖并为左季高所纠。兆君之必偾事，鄙人论之详矣，语筱荃以善处之法而不吾从，徒使公私交受其累，以贻害于吾楚，岂不可叹。

三十日。往饶家老屋看工，便过意城。周桂坞专足至，接桂坞并姚桂轩二信。周大自湘乡归，带到李筱荃、曾沅浦、易梯衢、盛月台并保应熊各信。是夕雨。

三月

三月初一日乙卯。专足赴省。复桂坞、桂轩、梯衢、月台四信。以五十生日，志城为制一序甚佳，因属意城用宣纸书之。接筱荃并少荃宫保一信及咨到代请暂开两淮运司一缺文件。当复筱荃昆仲各一信。是夕大风雨。

初二日。雨。王佑自岳州回，带到陈兆兰一信，盖陈熙堂之令嗣也，为王佑游说。

初三日。左宾门、熊漱芳、左敏夫三人同缄致寿礼，谢之。是日五女自省归宁，盖为予祝生日故也。杨琴堂至谈。

初四日。意城过早饭，因偕琴堂同诣饶家老屋相度形势。张紫联年伯母送寿礼，以一信复之。晚接袁予文、崔春圃各信。

初五日。桂东宗人璞斋宗仁、猷斋树屏、邹曙台及铭斋先夕并至，略具数肴款之。复予文、春圃二信，交璞斋带松阳递交。熊绍香夫人及易姨侄女及一女、满女均至，杨云冈、左丁叟亦至，为予祝生日。

初六日。贺生日之客至廿馀人之多，始意所不及也。幸荷叶塘相距甚近，分轿工至廿馀人，分客亦五六人。接到李筱荃、曾沅浦、陆存斋、罗研生、孙春皋、周镜帆及衡唐叔、廉丞各信，又接黄南翁一信并致寿仪。

初七日。宴客六席。地方士绅无至者。徐渔臣亦与之比同。读黄鸟之诗而知去乡远适之难也。接胡珏轩、姚桂轩、金眉生、欧阳筱岑各信，皆专足至。宾客杂沓之中，重以笔墨酬应，颇觉其倦。

初八日。周焕南乔梓至，为留一饭。致李筱荃、罗研生及衡叔、志城各信。

初九日。易氏姨侄女赴省，致左景乔、易梯衢二信。意城递到恽次山一信。次公谓：人言湘人不可用，吾谓使天下皆如湘人之崛强能好事，则天下无事矣。鄙意犹以次公此言未当情实。湘人之崛强，在助官办公事而无委阿，未尝一与地方官相齮龁。即不见信于地方官，相与引身退耳，未尝一贿属御史有所纠论，未尝一捏造谣言、颠倒是非以相诋娸。是故绅士之难处者莫如江浙，其次则广东，惟其立意与地方官为难，而所图在私利，未可以情理揆测耳。比俗之人，反习以绅士之把持公事者为不可异，而诬湘人之勇于从公者为藐视地方官，岂复有是非之公哉！阅次山之言，为之三叹。

初十日。邵阳李心渊秀才枉顾，带到曾挚民一信。以所著《蒙冈诗文钞》就正，盖犹秀才中之向学者。讽朱石翘办理团练四诗尤佳。

十一日。雨。唐西渠至，盖尝从予受业，以军功保留安徽知县者也。此等酬应多是求馆求信，心甚苦之。

十二日。朱雨田、朱岳舲邀同意城往饭，同席任芝田、鲁秋航。林园之胜，饮食之丰，真富家风味也。曾劼刚自省至。

十三日。邀意城陪劼刚饭。是夕雷雨。

十四日。大雨。意城邀陪劼刚。劼刚诵李眉生赠刘省三诗云：渥洼电掣神驹远，太华峰高秋隼横。一笑相看真突兀，三年入耳已声名。黄金结客思游侠，赤手擎天仗友生。六月火云千骑晓，桓桓貔虎起南征。　男儿三十已平吴，小队从容问酒徒。万古奇情倾笑语，五更归梦系江湖。愁来西北浮云疾，乱后东南沧海枯。芒砀至今思猛士，相逢胆气为君粗。又李西沤登镇海楼诗云：广州城北高高处，突起层楼接大荒。一道江山雄五管，三门风雨暗重阳。尽教互市来番鬼，剩有丛台属粤王。世外闲云人不识，微吟兀自立苍茫。

十五日。阴雨。自去岁五月至今，每雨不移时辄霁，雨亦微甚，入春屡雨，均未透也。昨日乃得大雨竟日，春耕得此，可以开犁矣，为之稍慰。劼刚回省，一女于是日敦促回县。

十六日。雨。专杨升赴省，致易梯衢一信。志城十五日由宝树湾回山，带到罗研生、黄南老、张小野、萧思厚四信。又由易芝生递到彭葆初一信。思厚，萧南舟之子，名士重。葆初求为其尊人筱航太守铭墓。小野寄阅其诗册。

十七日。早雨忽霁。袁予文、李石仙先后至。闻劳辛陔制府于正月十七日物故，而胡莲舫以侍读学士出摄置藩。山中闻见苦隘，久始及知也。

十八日。邀意城陪袁予文、李石仙饭。李德自苏州来为予贺寿，足为劳苦不惮烦矣。

十九日。诣任芝田，乃误至常见帆宅，随同芝田至张家新屋，晤张萼泉、张辅廷两君。晚接程尚斋一信。

二十日。唐羲臣来，述悉朗山局情形，极可怪愕。接唐西渠、易麟书二信。

廿一日。为唐西渠致书吴竹庄，为李德致书李眉生，为葛振嵩致书程尚斋。李玉森惠寄《乾坤正气集》一部，故河督潘芸阁前辈所刊也。

廿二日。寄沅甫一信，并尚斋信，交（志）〔意〕城带县发递。另函告志城。接高碧湄信，当以一信复之。

廿三日。郭晓岩之孙永观名竟成从桂东来，求荐与一馆，即次园之子也。为致郭丙明一信。又书贺郭海清重聘文玉兰夫人，并请婚诗，已属意城拟稿矣，临书，因就原韵稍润色之云：春风吹放碧桃花，花意风情婀娜家。闻说能诗兼善画，画眉窗下斗妍华。

生平至性里闾知，求妇当求天下奇。料理柔情归绣谱，鸳鸯晴暖护罘罳。晚接周汉臣、易梯衢及志城各信。

廿四日。宝树湾为满婶贺生日，因至安坡展墓。大雨，晚归，我仆痡矣。

廿五日。先迪来，老病颓唐而求借贷生理。接袁予文、易梯衢二信。张芝生枉过，紫联大令之子也。其弟曰少联，曰牧堂，凡兄弟三。

廿六日。邀张芝生及子敬侄早饭。接何小宋信。张登高来，进轩之弟也，其聪明活动优于进轩，而诚实不如。

廿七日。雨。姚庶侯专足送信至，以一信报之。信言得辰州劝捐扎，忧其无益，属为别营一差使，以此求之意城，而不知今昔之殊情也。并以及我，心实苦之。晚次，筱荃递到霞兄及幼荃二信。知霞兄已于廿日抵汉口，相约为君山之游也。

廿八日。复霞仙、筱荃两信，并专人赴省雇船，兼致梯衢、研生两信，约研生同船赴岳，亦霞兄信语云然也。生日省城送礼者九人：张紫联、庄惕甫、黄南老、舒仲和、朱雨田、瞿松阳、何永清、郭海清、左景乔。其暂寓省城者四人：易梯衢、盛岳云、杨景皋、湛少帆。县城送礼者廿八人：张旭春、钱天一、左敏夫、熊漱芳、左宾门、杨琴堂、张伯羲、夏琢堂、易警吾、胡亲仁、邹曙台、唐四怡、熊绍香、蔡竹泉、易燮臣、龚绍勤、陈郁文、张聚盛、易冕南、易汉乔、杨云冈、陈兆莲、兆芝、兆兰、郭光宗、李鹿苹、周汉臣、方草同。其外送礼者：郭弥生、言湛甫、饶舫桥、高碧湄四人。宗族除亲房外，则燮叔、衡叔、喜田、育之、笏堂及聘予孙、少兰子七人而已。姑录于此，恐以事过县，须一补请也。

廿九日。专足赴省雇船，带回黄晓园、郑云房、陈京甫、方柳桥、李湘甫、陈兰甫、金屺堂、陈古樵、陈经甫各信。吴蓉舫来访。

四月

四月初一日甲申。霞仙中丞约为君山之游，即雇一船约研生同行。随至罗汉庄与研生会晤，其次子柢敷亦在焉。随开行至(静)〔靖〕港。

初二日。过湘阴少泊，乘风渡湖。晚泊南星港。志城约初一赴县，遣人探之，尚未至。时方患痔病，未知已就痊否也。

初三日。与研老同登岳阳楼。张石珊先至，陈少海、秦鹿笙、巢湘甫皆就见岳阳楼。少海又知会高碧湄至。因会饮少海处。谈次及总理衙门新政，言开局延请洋人教天文、数学。御史张盛藻上言：中国崇道义，洋人尚机数，使中国习洋人之术，崇尚机巧，必至坏乱人心风俗，当令钦天监、理藩院两衙门习之，不必别取正途人员。奉旨申饬。于是湖南京官会议：有入馆从洋人肄业者不准入会（馆）（试），其各部司员皆不得分印结。山西人亦从而和之。相国倭公乃上言：开馆之议，意在调剂翰、詹各衙门，用心良苦，然人言藉藉，公论不可违，应请停止。朝廷特令将倭相此奏抄给各衙门阅看，不更着一语。因从少海处借读总理衙门原奏。立言之悖谬，无一语不足喷饭。所议章程数则，大致言：一、肄业宜专。所考取翰、詹、科、道及各正途人员入馆学习者，皆不准出馆。其应充派各项差使者，听候知照办理。一、考核宜勤。一月一考试，三年一大考。以所取高下分优劣而定黜陟焉。一、廪饩宜丰。凡正途人员在馆学习者，月各给膏火银十两。一、甄拔宜优。凡在馆学习应补缺者，准尽先提补，应升任者，准尽先提升。诸所云云，阅之不胜骇叹。用洋人所授之业为升阶以狎侮士大夫，流俗之所争趋，君子之所深耻。乃至行拘禁之令，出入有制，而月一加考试，移督教童蒙之政以施之翰、詹清贵人员，贱简士大夫以辱朝廷。总理诸公，无识甚矣。而御史之陈奏，湖南、山西之争持，倭相之调处，与总理衙门用意不同，而同一懵懵，如群盲相遇于道，争辩哓然，而皆一无所见。夷人从旁睨视，无一不资笑柄。廷旨忽申饬，忽传谕各衙门，终不一加处断。其意以是周旋洋人，又周旋士大夫，并无意考求实际。自来在官者之能事，如是而已。博采英年才俊，讲求天文数学，五年有成，由总理衙门上其名廷试之，以六部小京官补用，比诸拔贡，得厕为正途人员。其各衙门能知数学者，由堂官咨明总理衙门，得入馆讲求，数年后必有所益。总理衙门原奏，用意非不善也，而著语太谬。无他，由总理诸公与洋人相习，稍异于局外无识者之攻击；而遂欲有所建白，非徒不知政体也，于事势亦殊茫然，徒以滋盈廷之哗辩，是亦总理衙门授以攻揭之隙而已矣。方今天下，能推究夷情，知其所长以施控御之宜，独有区区一人，而不使一效其用。在粤遇事匡正，多所裨益，而瑞公一见洋人，倒地便拜，终不能有省悟。天下之无人，岂小故哉！自顷数年，洋人之势方张，而中国已无复生人之气。虽有善者，亦无如何。况若在廷矫诬之议论，与总理衙门相持以争胜，而皆无（要）〔当〕于事要，固知其不足与于事机之得失也。既以晓譬诸公，而志其大略如此。

初四日。与高碧湄诸公同诣（陈）〔城〕陵矶，写字竟日。初三日由巴陵县递寄霞老一信，以无从得其复书，乃复专足探其行舟现抵何处，仍以一书催之，乃与霞老相值于象骨港，距岳仅卅里耳。

初五日。大风，舟不能开行，以肩舆至象骨港迎接，霞老复以疾辞。邵阳郑简臣司马郁文来此，沅帅文案委员也，述及郭子美、彭杏南两次失机情形，为之怃然。

初六日。霞老至，兼晤黄子寿、朱铁樵、陈洛君三人。因与霞老回至岳阳楼久谈。晚饮陈少海处。

初七日。早诣吴南屏、巢湘甫、张敏吾、秦鹿笙诸处。因约南屏同诣君山，为大风所阻，因至吕仙亭会饮。晚宿阁上，寒甚。

初八日。放舟君山下，微雨洒尘，凉风习然。纵探轩辕台、秦皇赭树、柳毅井、传书树、二妃墓诸古迹。旧寺曰多胜，曰崇胜，皆毁无存，而吴退庵因崇胜寺遗址修九江楼，独擅君山之胜。退庵曾得小龟于楼下，腹甲坼解，即《尔雅》所谓摄龟者，乃建亭其右，曰息亭，取龟能食息也。又曾芝一本，作芝台与息亭相望，而于寺左隙地作东轩。有古松一株，为雷火所燔，大数十围，其质理坚结，作水纹，色若赭，置之轩中，承以石。而秦皇所赭树为古樟，巨枝四出而中空，不若此松之奇古。二妃墓左又有银杏一株，树身为火烧毁幾尽，仅馀皮数片着土中，而其上枝叶青蔚可观。墓顶亦有银杏，极奇古，干皆有轮。而柳毅传传书树固橘树也，寺僧以株树当之，同一托名古迹，而益支离矣。

初九日。霞老仍欲强留君山一日，予以五日北风，未易得之夏令，乘风渡湖。甫至磊石而南风作，遂与霞老隔。而刘蕴斋中丞与馀船相先后，未往见也。

初十日。泊舟芦林潭。与研生步洲上，论霞老抚陕屡疏乞病为无名。传曰：孔子厄于陈蔡之间，无上下之交也。霞老京师无一相识者，而言路纠纷，汶乱是非。朝廷专意崇尚无稽之言，以制贤人之进退。陕事岌岌不可支，而在廷诸臣一无可倚恃，终不能有所裨益，而徒以其身入于坎窞，以供人指摘，亦君子所不任受者也。霞老之乞病，抑亦所谓明哲保身者乎。致高碧湄、陈少海、秦鹿笙三信。

十一日。抵湘阴县城，研生遂雇一船回省。因过左宾门晚酌。于桐轩明府枉过相左。托邮递筱荃中丞一信。

十二日。大雨。乃过寿民、蓉舫、海青、汉乔、俊卿诸处谈。午饭皞丞处。是夜宿志馆，与冕南同饮陈镜吾处。

十三日。由县回家，已三鼓后矣。前后接易笏山、王梦虎、徐庭浦、刘荔坛、沈翰卿、吴柱臣各信。又有彭式南者过访山中，吾方赴岳阳，留书而去，盖由湛少帆为之先容者也。

十四日。与意城同过徐渔翁、童小舫两处谈。致易冕南、陈遇佳、廉丞及于桐轩明府四信。

十五日。雨。海青有子方五岁，聪颖秀发，指风、烟字示之，辄能道其形状。嘉其早慧，赠以砚一、笔四，媵之银饼二而系以诗：君年五十强，初举丈夫子。欣欣汤饼会，我亦蒙倒屣。五年复相见，出拜发垂耳。兰芽茁春秀，温润瑶璠比。于书读已多，神解辨疑似。点画风烟状，仰天谛凝视。泉源始活活，湛若渊含水。扩之而使充，何止日千里。世人重多才，苟才一可抵。君有此佳儿，我见神先喜。吾乡骚雅地，撷兰复揽芷。百年风俗沦，傥幸斯文起。期望后贤兴，百世行可俟。宠以笔砚资，为君发笑齿。

十六日。意城赴县候送筱荃中丞，便致易海青、陈遇佳二信。移时而大雨竟日。校定《安愚斋诗集》一通。

十七日。子敬见示沅浦致意城书，言左季高在鄂颇有脊令急难之谊，意甚感之，谓其能相恤也。吾谓季高于此有三说焉：沅浦劾官相为季高舒愤，宜所心感，一也。季高初任浙军，亦怀敬畏之心，稍一得志而遂用其恣睢。甘事较难于浙，其气固宜稍敛，二也。恐惧而相依，安乐而相弃。季高之任甘事，恐惧甚矣，又且设后路粮台于鄂，不能无所取给。求人者必先下之，三也。其间又有一说，则以吾致季高一书，引黄台摘瓜之词以相戒，虽其负强任气，而心已折矣，甫出而与沅浦周旋，必不敢有陵轹。故尝以此书未尝无益于季高，即此类也。沅浦遽以心性许之，则恐其未足深恃也。

十八日。遣杨大赴省，顺诣湘潭。致易梯衢、欧阳晓岑、志成（信）〔凡〕三信。遣杨升赴下荫塅修葺土仓。遣李大赴周吉岭。

十九日。微雨。意城自县递到章旭初、于桐轩二信，并知文昌阁东厅左厢房已兴工修葺。谋以秋间赴县居此，避嚣也。

二十日。因易笏山枉书，为复一函候寄，兼致沅浦一函。筱荃移鄂，此后致各处信当托之易芸陔也。

廿一日。杨大自省归，接易梯衢、柳浦珊、欧阳晓岑、王秉谦、俞吉甫各书。魏芝亭、石菊卿过谈。

廿二日。课奴子摘茶，亦颇识田间风味也。又买鱼数百头放之池中。老年事业，如此而已。

廿三日。微雨，寒甚。盖自十二日泊舟城河而天骤寒，历今十馀日。中间小晴数日，清冷如故，水兆无疑。

廿四日。雨。蕴斋中丞递到沅浦一信。闻马厂已淹没，两渡并为一矣，而雨势未已，何以堪之！复沅浦一信，兼致蕴帅及罗研生二信。

廿五日。雨。舒仲和属题各图，置架上年馀，始补为之。

廿六日。晴。周昌辅过谈。

廿七日。专杨大赴省，致易梯衢一信。

廿八日。韫斋中丞递到一信，并拟重邀意城入幕，当以一信复之。姚庶侯亦递到一信，以闻张力臣言平江局委绅张洪熙赴桂阳学官任，可谋接办，丐一致书陆心斋观察为谋之。予与观察从未通信，乃为致力臣一书，托其转求，而复庶侯信云：古人有言曰，争名于朝。争馆必于官，求官必于省。诸公省居而谋馆于空山卧病之一叟，此所以展转至今而馆终不可得也。此亦足供一笑矣。

廿九日。罗海安解馆归家过节。意城自县归，带到杨琴堂、杨寿田二信，并以予与霞老君山之游，张之以诗。和答一首云：故人旧有看山约，江水拍天吾欲东。细雨孤帆身似鹤，狂吟大醉气如虹。剧怜群阮皆佳士，颇有新诗慰老翁。远辱琼瑶期过访琴堂方约馀一至其家，升堂鸡黍趁家风。

五月

五月初一日癸丑。大雨。接库仁龛、易海青及邓军门训诰各信。又接陈怡生一信。

初二日。意城过谈，见示筱帅复奏一件，论兆保崖曰坚忍耐苦，论朝廷之用兆公曰知人善任，而欲以其军移交席宝田而令兆公直赴藩任，其意徒欲以楚抚授之兆公，与左君之援蒋，同一机杼，特左君出之暴而此出之巧耳。大臣不能为国求人，而专持意见，置公事于不顾，吾将谁与归哉？左、李贤者皆然矣。世道之忧何有穷极！终日循行庭除，睪然高望，恨吾此身不获生康熙、乾隆之世，诸公此种伎俩无复可施，吾道其有望乎？复怡生信，兼致江达川、黄子恒二书。致研生信，兼致库仁龛、罗小溪、张紫联、李宣伯四书。又以志城商议处置吴富仁、吴正都事，致周岳峰、彭月台一书。

初三日。晴。送五女回左宅。

初四日。接到罗研生一信，并所撰《游君山记》及霞老一诗。闻湘乡娄底有土匪滋事，中丞咨请高果臣前往剿办，始知果臣到省已多日也。

初五日。意城率子敬、子宽两侄枉谈，因偕至荷叶塘小坐。端午佳节，相贺为礼，亦家庭清趣也。

初六日。邹姬往黄宅，家中颇觉寂寂。徐渔臣过谈。

初七日。周发自省来，馈鲥鱼一尾。毛苾庄专信至，仍为酆慕唐馆事，随以一信复之。

初八日。邹姬自黄宅归，病颇委顿，吾方谓其已赴安庄也。辰刻致志城一信，尚属其勿久留之，而渠已冒暑归矣。

初九日。雨。周发回省，便寄刘霞兄、李辅堂二信，以修县志向辅堂借书也。

初十日。意城过谈，带到李宣伯一信。

十一日。前赴高家坊水埠头展视陈夫人墓地。有任姓老翁为之指示，知其葬后一切情事。是日就花屋住宿。

十二日。大雨。适东林和尚亦至，留谈一日，并询悉应扬土木各工处置极得宜，可为保家之主矣。

十三日。赴杨菱塘至杨琴堂处，因过熊绍香一谈，见所绘东南乡山水图极有条理，为之一快。琴堂之子曰玉山。

十四日。雨。偕琴堂赴茅岭塅。琴堂谓此屋基又高于饶家老屋，以其气象更开豁也。

十五日。雨。就志城一宿。时方患齿痛，不能久谈。循阶缓步，得题《李心渊诗集》一律云：投老文章与世歧，语言虽巧得非痴。刮磨自为荆金惜，摇落谁怜宋玉悲。拄杖看云山尽处，闭门听雨酒醒时。吾衰身世原无感，枨触闲愁为此诗。

十六日。微雨。一过周吉岭，比下山而霁，热甚。到家乃值童小舫枉过久谈，意甚苦之。接李筱荃信，始知朝廷必欲以两淮运司相强，仍赏假一月调理。并接湘乡及霞老、碧湄、少海、怡生各信，又接王君昌南、黄君伦燕、韩君峻勋三信，皆同邑人也。

十七日。杨庆、陈升自省来贺。黄子襄、盛月台、意城、子敬来谈，因留晚饭。

十八日。杨庆回省，顺寄湘乡相国、李筱荃、刘岘庄、刘霞老、章子农、易笏山、高碧湄、陈少海各信。

十九日。遣人至宝树湾托递安庄一信。甘裕轩为王汉池托寄沅甫书，至是始以一书付之。

廿日。文贵自省来，带到姚桂轩、蔡稚云二信。稚云，云帆丈之令子也，往馆辰州时见之，年方髫也。

廿一日。夏至。大雨竟日。罗海安由省到馆，以刘蕴帅乃其科试受知师，特一往见之也。

廿二日。微雨。益阳贾少云、郭班仙来访。班仙，霖甫子也，并出霖甫文稿，求制一序。易昀陔寄到一信，并沅甫及易麟书各信。

廿三日。徐经历澐带到吴子登信，并子序诗文集十部。意城过谈。接傅苏海一信，笙楼学博之子也。

廿四日。李七求当卡勇，为函致衡叔托觅之。此等缠扰，甚苦人也。

廿五日。意城递到孙竹堂、屠啸篔各信，又黄君伦秩一信。当以县城送信之便，顺寄易冕南、陈遇佳二信。

廿六日。接到杨柳岑一信，盖犹去夏六月书也，逾年始到。

廿七日。杨升赴下荫塅，顺致杨琴堂一信。两日天气寒甚，乃似冬景，甚奇。晚与罗海安同赴荷叶塘一谈。

廿八日。专李大赴省，致霞老、辅堂、研老、果臣、梯衢五信。以修辑县志，向辅堂借书数（书）〔种〕也。

廿九日。王梦虎军门专递一信，当以一信复之。军门现管带武毅左营也。

三十日。雨。接到李辅堂、罗研老、张紫联、章子农、英□□各书。黄南老专寄一书，当以一书复之。

六月

六月初一日癸未。雨。县志已得四卷，专足送县。顺致熊漱芳、黄石山及冕南、镜心、海青、寿民公信。

初二日。晴。下午大风雨，雷电。遣周玉堂及李大赴周吉岭粜谷，兼致志臣一信。

初三日。意城过谈，贵州主试于建章四川、廖钧培广西，竟不知其谁何，盖皆近科人也。

初四日。接严升之及易冕南、鄷慕堂、陈遇佳及廉丞、志城各信。知鄷慕唐、吴橘臣皆已入局矣。

初五日。寄复易冕南、陈遇佳及廉丞、志城四信。接黄恕皆、陈遇佳二信。又接李筱帅一信，知湘乡已大拜矣。

初六日。遣足赴省。寄张紫联、罗研生、欧阳筱岑、易梯衢、盛岳云各信。又复黄恕皆一信，托其世兄觐臣汇寄。黄麓溪过谈，并留同意城一饭。

初七日。雨。接王芝亭、罗研生、章籽农、杨琴堂、杨景乔诸信。芝亭并少鹤留书数部枉寄，始知少鹤去冬已回马平也。

初八日。复杨琴堂一信。言湛甫来。两日料检衣服箱，腰臂均为之痛。

初九日。致李石帆一信，以上洞一庄，石帆经手由李七承佃，李七以事在逃，此田恐就荒也。言湛甫来见。

初十日。专寄韫斋中丞及湘乡相国、筱荃制军各信，又致黄觐臣一信。运司一缺仍具呈乞假。

十一日。接韫斋中丞及黄觐臣二信。两日天气奇热，又恐为雨征也。

十二日。大雨。邹曙台来，便致蔡竹泉一信，属其道经袁家铺、曹公塘递送，以章秄农派其往平江分局，属告知也。接罗小溪信，当以一信复之。

十三日。大雨。霞老专足送到一信，夜半始到。是夜园中瓜菜又被窃。此间民俗过坏，殆不可与处也。

十四日。雨。复霞老一信。意城过谈。罗小溪托转递库仁龛信，因又以一信附寄，并托宣伯代请发行也。

十五日。雨。易冕南、杨琴堂两处专信，又接到王镜心、傅旭初及廉丞三信。是夕回各信，又寄陈遇佳及志城二信，三鼓始毕，目力枯矣。

十六日。雨。黄泥坝庄旧有一仓，领梁及瓦多已损坏，而近地无瓦，不能检盖。乃令徐凤五前往相视，移置本屋西园。

十七日。遣人诣下荫塅，中路遇杨升遣来一足，遂将运去灰纸交其带往，彼间仓屋工程竟未及一往看也。

十八日。入伏。是日幸未雨而燥热殊甚。遣人诣沙坪，带回达山一信，并递到县城一信。

十九日。高福田来，言陈豁堂以食鲜菌，一家毙四人，情殊可惨。盛夏食此，亦命应如是矣。为致奠十缗。

二十日。接盛岳云信。日来酷热与旧岁无异。王僧虔题尚书省壁云：圆行方止，物之定质。修之不已则溢，高之不（足）

〔已〕则栗，驰之不已则蹶，引之不已则迭。是故去之宜急。

二十一日。金山和尚求书扁额，题曰：真实权应。魏传赏求碧云庵匾额，一曰高广严净，一曰遍护大千，一曰清静慈悲。

廿二日。接到王镜心及廉丞、志城三信，各以一信复之。

廿三日。大雨，雷。易昀陔递到湘乡及陈作梅二信，以丁雨生太夫人病重，苏藩一缺苦无替人，要予往任此。既以谢病为义，又辞运司而就藩司，则尤无以自名矣。急复湘乡并作梅二信，属其转达少帅，万不可援此说具奏。并附致昀陔一书。

廿四日。再接易昀陔递到曾沅浦二信、柳浦山一信，又接李石帆一信。湖南主考王庆祺、毕保厘二人。闻劼刚、栗诚、符卿俱已到省。

廿五日。往意城处一谈。晚接志城及印扬各信。

廿六日。复志城信，并致岳云一信。新谷将登，旧谷尚未出售，曩不知粜谷之难如此，至是始茫然。家事小节，亦岂易言哉。

廿七日。接衡唐叔一信，于李七充勇小事不能应也，而丐我致书湖北为朱锡绶说项，颇觉无因。

廿八日。曾挚民枉顾，又接霞老专足一函。挚民述及刘岘庄致王润生书，言左季高道过江西，谈及与鄙人构怨事，一由鄙人自致。渠不独未相倾轧，且为之出考语以保全之，其词甚辩。当其相倾，无端罪状鄙人，遍告诸友，明正其罪，以使之无可置辩。及其后又一切谢而不居。负其强辩之才，伸缩自由，其力又足以取信于人。始终以援引蒋君一念之私，倒行而逆施之，又务充满其量以济其强狠，不惜反复诪张以逞志于空山偃蹇之一老友，其心果何心哉！使天理而未尽绝于人世，吾未敢信左君之必邀天眷也。江诚来，以其坟山事相求，为赏钱二千，属陈佐二为料理之。

廿九日。复霞老一函，并函致韫斋中丞、研生、昀陔三君。

霞老自撰联语云：地员海涵，达人所蓄；日光玉洁，君子之晖。属鄙人书之，而不便与黄纸一二张，乡间安得有此物也？为题其南阳归卧图云：卧龙磊落隆中对，南阳初不忘躬耕。成都养成桑八百，未暇一作春畴行。公胡为者去不顾，岂有遐心在空谷？无人君侧身已危，世态低昂如转毂。何况今人对面隔山丘，至交肝胆化戈矛。盘盘松桂风雨夜，纶巾羽扇行归休。史家评论听人口，但惜男儿好身手。君不见玉池老翁结屋寒蒲塘，侥幸追陪千载后！暑雨烦蒸，实惮远行。霞老再四促赴省垣，且以数日即回湘乡为词，必欲使冒暑一行，而所论鄙人出处，始终无一当者，亦正未知其所持何义也？李心渊蒙冈诗文草，求为阅定，置此数月矣，拟交挚民带去，匆匆为之评点，聊以答其意云。

七月

七月初一日壬子。邀黄子襄及意城乔梓陪同曾挚民早饭。达山递到张竹汀一信，并寄到京报四本，得稍知近事。而竹汀力诋杨柳岑之为人，至谓为吴人所不齿，则殊不可解也。又接到吴竹庄、曾燮堂、蔡竹泉三信。曾燮堂营官有陈龙书者，伉爽有才略，吾曾一保之。相距二年，乃始以书陈谢，极怀感激，盖亦有知己之缘故也。

同治六年七月初二日癸丑。雇……

敢就道竹屋寄到京……

文算学原委为……

于算学周髀……

习之特精方……

器之原用……

购求……

馆……

学士倭公又以朝……

刺之义没朝廷之苦……

比读总理衙门学习天……

体实甚衮衮诸公竟不能……

鼓士大夫以为名高国家亦安用……

特取所拟章程，逐条辨之。一、专取正途人员，以资肄习。至推及翰林并五品以下由进士出身之京外各官，直不解其何意。以为必正途始有人才耶？今日正途之人才，亦略可睹矣。以为重其选以媚洋人，则亦天下士大夫之耻也。今之督抚大员，多由军功保升，至有以一勇丁，目不知书而任封疆者。自非抡才大典，未尝专取正途科甲，而偏取之以使从洋人受业，辱国孰甚焉。且凡习天文、数学，多憔悴枯槁专一之士，正当求之府县学及山林隐逸。以正途科甲为名，是先导之使为虚浮也。唐宋取士，有进士、明经、明法、明算、明书诸科。学习有成，量与仕进之阶，使得比正途，若唐制明算一科而稍变通之，以求济实用。开馆之初，来者无几，但取英年才俊及素留意天文、算学者，并不宜更以策论试之。以学习三年为期，其能有成，量能而授之官，无成者罢归，庶使有以自效。若一切试之入馆之先，一经取录，即可滥求进仕，相率为伪而已矣，于天文、算学奚取乎！此第一条必不可行者也。一、请饬各员常川住馆，以资讲习。洋人学馆及理政所，下至工作，皆以八点钟起，三点钟毕，以时为限。故用力专而又有馀力以资游息，故能久而不倦。从洋人学习，即当以其法行之，多置馆舍，愿留住者听。若出入设立号簿，禁使不得自由，则直束缚以行督责之令而已。胡安定设经义、治事斋，授人以务实之学，为法甚备，未闻督禁其出入也。博士弟子初授业者，犹不可行，翰林人员尚有应送差使，此何为者？稍有廉耻自立之心，肯听束缚以服习洋人之教乎？此第二条必不可行者也。一、按月考试，以稽勤惰。此尚可行。要须总管同文馆事务者留心此学，与在馆诸人相为讲习，以知其浅深得失而诱进之，以开其新知。课功于一日之试，犹具文也。一、限年考试，以观成效。天文、算学，当以三年为（基）〔期〕。三年能通知布算之术，即留馆署以职事。不能者罢归。其于西人代、微、积三法，能推阐发明以求新义者，为高等，与优职，于本官亦转一阶。非有别委，亦皆留馆，以资讨论。今以大考为名，高等者立予奏奖差遣，下等者照常学习，俟下届考试再行察看，是以翰林大考之法待之也。一列高等，即弋取高官以去，而馀皆留。蒙尝论朝廷败坏人才，莫甚于大考。当乾隆盛时，上有右文之君，九卿百司亦多耆德宿学，一时博古能文之士，搜罗显擢，润色鸿业，人才懋焉。亦会其时四海清晏，用以振兴文教耳。数十年来，天下亦多故矣，人才亦愈靡靡。翰林中通知古今能文章者，尚未见其人。即有之，九卿百司亦无能辨知其高下，徒研审于点画之微，剖判于音韵之别，而归重楷法之秀美者，视唐代明经一科所取尤下焉。又重之以请托夤缘，徒使少年新进之士得志以高翔，老成宿望之儒扼腕而称屈。而中朝大老，且觊觎大考以为奖进门生之具。至于同治五年之大考，则竟未知诸公何以敢任此黜陟而无顾忌。总理衙门乃更欲以西法与翰林大考并行，无怪倭相以朝廷此举为朝官升阶计矣。此第四条必不可行者也。一、厚给薪水，以期专致。此所必应行者。月给银十两，丰俭亦适相宜，不为甚菲。而曰厚给，曰优加体恤，曰俾资津贴以无忧内顾，抑何其言之猥烦也。施之翰林之在官者，诙谐嘲笑，无所不可，得无为洋人齿冷乎。一、优加奖叙，以资鼓励。此特申引大考之义，反覆宣扬，以歆动士大夫之心。朝廷以实用求人，期使应时，须以宏济国家之艰难，出之以至诚恻怛，无不起而相应者。亦非徒以其求之诚也，利禄之所集，则亦鼓舞人心之具也。以利禄为名而眩使就之，君子必引以为耻。名义者，生于人心而与外相应者也。故君子重名。今使就洋人受业，所受者业也，于心无咎。而为之名曰：汝往从洋人，即高官厚禄随之。是先毁弃士大夫之廉耻，以使觍颜而为此。天文、算学所习者不可知，而耻心先已荡然矣。士习，人心之所关系，于斯为大，惜乎御史张公之未能辨此也。此第六条必不可行者也。然则如之何？曰：开同文馆算学，召海宁李善兰为之都讲，而择西人精算学者二人，分东西两斋课之。大员子弟及各省州县才俊，皆准保送，斋各二十人为额，缺者补之。期年而小成，三年而大成。听西人教算学者，量才进退，而都讲主之。三年一试，别其等第，授以职司。高第者得授官，而仍兼司馆职，总理衙门主之。而于火器营添设西洋制器局，其职司由同文馆生叙补。宋世太学得人不如明初之盛者，宋世专袭虚文，明初能取以济实用故也。文艺者，蹈虚之学，实用之而实效。天文算学，征实之学也，而可以虚应乎？观总理衙门所拟章程，亦不过以虚文相应而已。言者又益以虚文攻之，如群盲相遇于途，辨争哄击，相与哗然而终一无所见。此则人才之不振而圣学治功之所由每下而愈况也。《宋史》：开宝九年，诸道举孝弟力田及有才武者七百四十人，诏翰林学士李昉等于礼部试其艺，一无可采。而濮州荐孝弟者三百七十人。太宗骇其多，召对讲武殿，率不如诏，犹自陈素习武事。复试以骑射，辄颠陨失次。上绐曰：是宜隶兵籍。皆号呼乞免。乃悉罢去。儒生矜张自许，其技易穷若此者众矣，而不自知其可笑也。汉诏以使绝国与将相并重，周旋远人得失之机，不独国家利病系之，荣辱亦莫甚焉。此尤士大夫所宜究心者。庆历三年，遣富弼使契丹。弼得命，即入对曰：主忧臣辱，臣不敢爱其死。景炎元年，以文天祥为右丞相兼枢密使使元，天祥辞不拜，遂行。宋时国势弱矣，而议论益繁，犹不惜身与周旋。观二公北廷辩争之言，取决仓卒，严正而能持国体，此其蓄积宏矣。倭公疏言，天文、算学，博采旁求，必有精其术者。朝廷即令酌保数员，另行择地设馆，督饬讲求。复自陈意中并无其人，不敢妄保。即日诏令在总理各国事务衙门行走。于是疏恳收回成命，因称索性迂拘，恐致贻误。复诏：倭仁身为大臣，当此时事多艰，正宜竭尽心力以副委任，岂可稍涉推诿。而倭公遂以病辞矣。倭公理学名臣，而于古今事局多未通晓，朝廷又益以侮弄出之。倭公去，士大夫持议论者终以天文、算学为诟病，相与悼惜，而老成蹇硕之风益微矣。此君子所尤为感叹者也。京报四本中，惟翰林院讲学夏同善奏礼贵因时，请缓行幸惇亲王府，并闻传集梨园各部，请即停止一折，特谕撤去梨园，差有陈善闭邪之义。近来言路，如此等亦不多见也。少荃宫保为潘鼎新父潘璞奏请于庐江县原籍建立专祠，盖以训导带练勇殉难者也。中有云：子能仕而教之忠，尤见贻谋之善；身虽殁而祭于社，应推锡类之仁。颇有真西山、王伯厚诸公意味。是夕接刘韫斋中丞一咨，行知再请开缺折稿以六月廿六日发行。又接杨琴堂信，随以一信复之。

初三日。五鼓起程，至回龙岭始就曙。巳刻抵省，住赵家坪。约霞老同就南老畅谈。易芝生、曾芙卿、朱劭卿、王笛楼均在。夜坐亭上纳凉，乡间无此清爽之地也。子寿交到左孟辛一信，盖在桂阳州所发，云与王壬秋赴桂阳修辑志书也。

初四日。刘子迎、彭海春枉谈。外间已多知予至省者，一概谢却之。与霞老谈至夜半始散。

初五日。诣左景乔、罗研生、朱宇恬及衡叔四处。研生随至。周幼庵新自蜀归，与霞老四人并坐池桥纳凉，至夜久始散。景乔为周桂坞言举李星衢抚闽事相咎，盖袭季高无端归罪之词，规以重鄙人之过，而图自解耳。举以询之，其言绝颠沛无状。左氏无积累之德，骤极荣显，而一用其强狠倾险之术以凌人。心窃危之。

初六日。书致朱宇恬并附寄湘潭一信。晚就李仲云、黼堂兄弟及易墨村谈，便道一过文思处。

初七日。霞老连日过谈。是日复邀研老一聚。辅堂相借《历代职官表》一书。《元史》所载哒噜噶齐，蒙古语头目也。原本作达鲁花赤。元始三年，立学官。郡国曰学，县、道、邑、侯国曰校。校学置经师一人。乡曰庠，聚曰序。庠、序置孝经师一人。而《循吏传》谓文翁修起学官于成都市中，招下县子弟以为学官弟子。至武帝时，乃令天下郡国皆立学校官。实自文翁始。《董仲舒传》亦曰，复兴学校之官自仲舒发之。然则郡县学校设官，自武帝始矣。《韩延寿传》：令文学、校官、诸生皮弁执俎豆。《王尊传》：尊师郡文学官。梅福、隽不疑、盖宽饶、诸葛丰、张禹等传皆云为郡文学，而匡衡以太常掌故调补平原文学。当时太常以博士名官，郡学以文学名官。按郡国学官有掾有史。元帝置郡国五经百石卒史，郑崇为郡文学史，后汉杨伦为郡文学掾，皆即其职。张纳碑阴题名，文学主事掾、史各一人，文学掾二人，史一人。此上郡学。《后汉书·刘宽传》：典历三郡，每行县，辄引学官祭酒及处士诸生，执经对讲。隶释载文翁学生题名碑，有文学祭酒。中部碑又有校官祭酒。任延为武威太守，造立校官，校官即学官。《三国·蜀志·尹默传》：先主领益州牧，以为劝学从事。《谯周传》：丞相亮领益州牧，命周为劝学从事。大将军蒋琬领刺史，徙为典学从事。汉文翁学生题名碑有典学从事。此上州学。《魏志·高柔传》：太祖并使郡县立教学之官。《管辂传》：清河太守华表召为文学掾。冀州刺史裴徽辟为文学从事。王应麟《玉海》：魏乐祥为河东文学祭酒。《吴志·孙瑜传》：领丹阳太守，立学官。《晋书·熊远传》：郡辟为文学掾。《孟嘉传》：庾亮领江州，辟部庐陵从事，转劝学从事。《宋书·礼志》：晋征西将军庾亮在武昌开置学官，建儒林祭酒，班同三署。杜佑《通典》：宋职掌人：孝经师。与门亭长等并称职掌人，不在九品之数。《南齐·豫章王嶷传》：为南蛮校尉，荆、湘二州刺史，开馆立学，置儒林参军一人，文学祭酒一人，劝学从事二人。《王秀之传》：豫章王子荆州立学，以秀之为儒林祭酒。梁天监四年，分遣博士、祭酒到州郡立学。北魏天安初，诏立乡学，郡置博士二人、助教二人。《隋书·柳昂传》：隋文帝受禅，昂请劝学行礼，自是天下州县皆置博士习礼焉。《唐六典》：府州县并置博士、助教，上县、中县、下县各一人。上县学生四十人，中县廿五人，下县廿人。《新唐书·百官志》：武德初置经学博士、助教、学生；德宗改博士曰文学；元和六年废中州、下（县）〔州〕文学；京兆等三府助教三人，诸州各助教一人。《新唐书·选举志》：县学生，州县长官补，长史主焉；岁冬，州县馆监举其成者，送至尚书省。王明清《挥麈前录》：政和中，诏天下州县官皆带提举管勾学事。《宋史·职官志》：庆历四年，诏诸路州军监各令立学、置教授；学者二百人以上，许更置县学。宋初有石鼓、庐阜、岳麓、睢阳四书院，又有嵩阳书院、茅山书院。乾兴元年，兖州守臣孙弼私建学舍、聚生徒，乞请太学助教杨光辅充本州讲书，从之。此为州镇立学之始。崇宁二年诏县学生不及二十人，许依州学例，并附近大县一处教养。又庆历二年诏两制举官为武学教授。庆元五年诏诸州学置武士斋宫。《元史·选举志》：府，上、中州设教授，下州设学正，县设教谕。陶宗仪《辍耕录》：学宫朔望，自教授、学官皆讲说。钱伯全作训导时，行刑官至，讲惟刑之恤哉。据此，元学官已有训导，而《元史·百官志》无其文。《明史·职官志》：府教授一人，训导四人；州学正一人，训导三人；县教谕一人，训导二人。《廪膳增广》：府学四十人，州学三十人，县学二十人，附学生无定数。《历代职官表》载：宋，县置县学长谕。《宋史》但有教授，无此官名。元制知州、州同知、州判官、巡检。明制加州吏目、（巡检）、驿丞、库大使、税大使。宋制知县县令，元制县尹，明制知县。应劭《汉官仪》曰：《前书·百官表》云，万户以上为令，万户以下为长。三边始孝武，所开县户数百，而或为令。荆、扬、江南七郡，惟有临湘、南昌、吴三令尔。及南阳穰中，土沃民稠，四五万户而为长。《通考》：后汉，郡县出盐多，置盐官。工多，置工官即税课大使，主税物。有水池及渔利，置水官即河泊所大使，主平水收渔税。《魏志·郑浑传》：太祖召为掾，迁下蔡长、邵陵令。由长迁令，盖以县有大小，增秩迭迁耳。《通考》：晋制，不经宰县，不得入为台郎。晋制，县置吏，有（员）〔职〕吏，有散吏，有方略吏。梁制，县吏有书僮，有武吏，有迎新送故等员。《通考》：北齐，县凡九等，因循后魏，用人滥杂，士流耻居之。元文遥奏请搜扬世胄子弟，自此县令始用士人。《通典》：隋制，县令三年一迁，至是县分九等，皆置令。《旧唐书·职官志》：县令、丞、主簿、尉、录事、司户、司法、仓督、典狱即尉，今为典史。又有关令、丞、津尉。三十里置一驿，驿各有将。五代任官，凡龌龊无能者，始注为县令。唐贞元以来，已有权知县令之称。白居易集有裴克（让）〔谅〕权知华阴县令制。宋初，始以朝官为知县，《通典》所谓检校试摄判知之官是也。于慎行《笔麈》：宋时大县四千户以上，以朝官知；小县三千户以下，选京官知。以京、朝官衔知某县事，非县令也。后遂罢令，专设知县。乾道二年，诏非两任县令不除监察御史。庆元初，诏除殿试上三名、省元外，并作邑。五年，又令试大理评事官，已改官未历县人，并试邑一次，著为令。自是殿试科甲无不宰邑者。元制，州县并以尹名。《汉纪》：代王有卜人。《史记》：济北有太医，齐有侍医。唐，府州设医学博士。《魏书》始有佛老之志。北齐昭元寺置大统诸员，以管州县沙门曹，置司寂、司元，掌法门、道门之政。隋改诸郡县佛寺为道场，道观为元坛，各置监丞。元制：诸路总管府设阴阳教授。《通典》：开（府）〔元〕二十五年刊定职次，著为格令，设官以经之，置使以纬之。按察、采访等使，以理州县；节度、团练等使，以督军府；租庸、转运、盐铁、青苗、营田等使，以毓财货；其馀因时置使，不可悉数。自转运以下诸使，无适所治，废置不常。贞观初，遣大使十三人巡省天下，有巡察、安抚、存抚之名。神龙二年，置十道巡察使。景云二年，置十道按察使。开元二年改十道按察采访处置使。天宝末又兼黜陟使。乾元元年改曰观察处置使。至德后，改采访使为观察，并领都团练使，又置防御使治军事。上元后，改防御为团练守捉使，又与团练兼置防御使名，各有副使。《通考》：先天二年，李杰为水陆发运使，盖使名之起。开元二十一年，裴耀卿充江南、淮南转运使，崔希逸、萧旻为副。盖副使始此。开元十年，敕度支营田，一使专知。开元十一年，除租庸地税使。开元十二年，宇文融充诸色安辑户口使。建中二年，置汴东西水陆运两税使。宋乾德中，置诸道转运使。开宝六年，广南平除徐泽为判官，转运判官始此。置提点刑狱公事：绍圣初，以提刑兼坑冶事。天禧四年，加劝农使，复改提点刑狱劝农使。庆历三年，诏转运使皆领按察使提刑，不带使名。熙宁初，遣官提举河北陕西路常平，其后诸路悉置提举常平司。提举茶盐司。提举茶马司。提举三白渠公事。《宋史·职官志》：承宣使、观察使、防御使、团练使皆无定员。《元史·百官志》：宣慰司。又有招讨、安抚、宣抚等使。至正十八年，置团练安抚劝农使司。十五年，置军民屯田使司。元初，立提刑按察司。至元六年，兼劝农事。二十八年，改按察司为肃政廉访司。《北齐书·神武本纪》：养于镇狱队尉景家，长得给镇为队主。《慕容俨传》：魏河间王元琛辟俨为左厢军主。《杜弼传》：迁北豫州骠骑大将军府司马，左迁下灌镇司马。《周书·贺拔胜传》：父度拔，为武川军主。怀朔镇将杨钧，召补统军。《宇文贵传》：夏州刺史（雍子源）〔源子雍〕以贵为统军，加别将。《杨忠传》：魏初为武川镇司马。《齐王宪传》：子贵，白兽烽经为商人所烧，烽帅纳货，不言其罪。烽帅如今千总把总。《隋书·百官志》，镇置将、副，戍置主、副，又置诸防主、副。《唐六典》：戍主、戍副属官有佐、有史。而镇将、镇副、戍主、戍副品秩颇卑，亦如今千总把总。《通考》：熙宁七年，诏诸路分置将、副，又各以所将兵多寡置部将、队将、押队使臣，又置训练官，次诸将佐。

初八日。上天心阁一览，旋过彭海春。与刘子迎观察、南老、研老同饮霞老处，并观所藏书画。

初九日。易梯衢、易昀陔、成静斋、萧橘生枉过。子迎至，与霞老一谈。篪儿遣两工来迎。《南齐书·百官志》：魏晋世，州牧隆重，刺史任重者，为使持节都督，轻者，为持节督，起汉顺帝时御史中丞冯赦讨九江贼督扬、徐二州军事隶释：车骑将军冯绲碑，而何、徐宋志云起魏武遣诸州将督军，王珪之职仪云起光武，并非也。按中丞督兵讨贼，已见前汉成帝时。《汉书·胡建传》：监军御史与护军诸校列坐堂皇上。《高彪传》：第五永为督军御史，使督幽州。《桓典传》：典为侍御史，奉使督军破贼。是也。杜佑《通典》：建武初，征伐四方，权置督军、御史。建安中，魏武为相，始遣大将军督军，而袁绍分统诸军为三都督。魏武征孙权还，又使夏侯惇督二十六军。黄初三年，始置都督诸州军事，或领刺史。《通典》：后周明帝武成元年改都督诸军事为总管。隋世遂以三都督为散官。唐武德七年，复改大总管府为大都督，总管府为都督。谢维新《合璧事类》：唐自武德至天宝以前，边防之制，军城镇守皆有使，而道有大将，曰大总管，已而曰大都督。至太宗时，行军征讨曰大总管，在本道曰大都督。永徽以后，都督带使持节者，谓之节度使。景云二年，以贺拔延嗣充河西节度使，于是朔方、陇右、河东诸镇缘边地凡八节度。至德以后，中原刺史亦循其例，受节度使之号，若诸州在节度使内者皆节度焉。《唐六典》：曰关中朔方，曰河东，曰河北，曰河西，曰陇右，曰剑南，曰碛西，曰岭南，节度使凡八。《旧唐书·地理志》：至德后，刺史治军戎，遂有防御、团练、制置之名，大郡有节度使或观察使。《唐会要》：贞观二年，边州别置经略使。永淳元年，娄师德为河源经略副使，是经略亦有副使。而唐制兵政属之节度使，民事属之观察使。然节度多兼观察，谓之都府。各道度支、营田、招讨、经略等使，亦多以节度使兼之。《五代史·王处直传》：自将校为刺史，升团练、防御而至节度使。王明清《挥麈馀话》：节度州有三印：节度印，随本使；观察印，长吏用之；州印，则昼付录事掌用，至暮归于长吏。故命帅必曰某军节度主兵、某州管内观察总察风俗等使、某州刺史治州军。经略安抚使：沈括《梦溪笔谈》，唐方镇皆带节度、观察、处置三使。宋制，节度之制，观察归安抚司，处置归经略司。又，宋有制置使，或兼经略，又有宣抚使，又转运使，称漕帅。

初十日。阴，凉。刘子梅、李辅堂过谈。函致易梯衢、杨景皋，以到省并未出门，而蒙诸君枉顾，特一谢之。吏部掌铨叙、勋阶、黜陟。考功掌论劾考察、旌别功过；稽勋掌更名改籍、终丧服制；验封掌封赠袭荫、土司嗣职。户部掌土田、户口、财谷。清吏司掌民赋收支奏册、官兵俸饷及耗羡之数，及郡县丰歉水旱。礼部掌吉嘉军宾凶之秩序、学校贡举之法。仪制掌典礼嘉礼军礼；祠祭掌大祀、中祀、群祀吉礼凶礼；主客掌宾礼、朝贡、馆饩赐予宾礼；精膳掌燕飨之仪。兵部掌武职铨选、简核军实。武选掌除选、封荫及征伐训诰；车驾掌驿传邮符、中外牧马；职方掌舆图险要；武库掌兵籍、戎器。刑部掌折狱审刑、简核法律、捕获盗窝、囚粮出纳、散给囚衣。司务厅巡察出入、约束胥隶；律例馆修明法令、刊定条式。工部掌工虞器用、辨物庀材。营缮掌缮治坛庙、宫府、城垣、仓库、廨宇、营房；虞衡掌山泽采捕及陶冶器用，修造权衡武备之事，苇、席、竿、绳，储以待用；都水掌河防、海塘、河湖淀泊、川泽陂池水利；屯田掌修陵寝大工及百官坟茔，大祭祀则供薪炭；节慎库掌出纳；制造库掌攻治金革；管理街道厅掌平易道涂、清理沟洫。鼓铸二局：宝泉局隶户部，宝源局隶工部。各省钱局监铸官，湖南宝南局以长沙府同知充。汉有丹阳铜官；晋置督冶掾；六朝置郡县冶令、冶丞；北齐置局丞凡七；唐置监并监副；宋仍置监；元置宝泉提举司，铜冶场提领大使、副使。明置十三布政司铸钱局官。公、侯、伯、子、男、轻车都尉，皆分三等。以下骑都尉、云骑尉、恩骑尉。按秦爵二十级，汉武帝制武功爵十一级，而王及国侯、亭侯凡三等。魏制，王、公六等封以下有县侯、乡侯、亭侯、关内侯。又置名号侯，爵十八级；关（内）〔中〕侯，爵十七级；关外侯，爵十六级；五大夫，十五级。自关内侯皆虚封，不食租。置爵凡六十馀级。晋又别开国郡公、县公、郡县侯、伯、子、男及乡、亭、关内等侯凡十五等。陈制，伯、子、男皆加开国，而伯又分郡、县，视公侯。隋初分国王、郡王、国公、郡公、县公、侯、伯、子、男九等。炀帝时惟留王、公、侯三等。又仿周制，置上柱国、大将军、开府仪同三司、大都督总十一等，以酬勤劳。又制置武骑、屯骑、骁骑、游骑、飞骑、旅骑、云骑、羽骑八尉，后又增置十六尉，为武散官。唐仍隋制，置爵九等，而由武骑尉十二转至上柱国，谓之勋级。宋制与唐略同。元分王、郡王、国公、郡公、国侯、郡侯、国伯、郡伯、县子、县男、上柱国、柱国、上护军、护军、上轻车都尉、轻车都尉、上骑都尉、骑都尉、骁骑尉、飞骑尉、云骑尉、武骑尉，凡廿二等。明仍元制，以武骑尉至左右柱国，为武勋十二，又置左右柱国、柱国、正治上卿、正治卿、资治尹、资治少尹、赞治尹、赞治少尹、修正庶尹、协正庶尹，为文勋十。

隋文帝时，省临烝县入衡山。《旧唐·志》：隋改临烝为衡山，武德四年复改衡山为临烝。考《隋志》，衡山为衡阳郡治，注云：旧置湘东郡，平陈，郡废，省临烝县入焉。不言改也。而此衡山，隋前后俱无。而宋、齐、梁、陈之湘东郡皆治临烝，唐之衡州又治临烝。疑《旧唐·志》所云衡山即临烝，而《隋志》误以改为省也。唐初复置临烝县，并置重安、新城二县，寻以二县省入。明皇时改为衡阳县，为衡州治。吴分湘南县地置衡阳县。晋惠帝时改为衡山县。宋、齐、梁并属衡阳郡。陈为衡阳郡治。隋文帝时，省湘东县入衡山，属潭洲。按《隋志》有两衡山县，一属衡阳郡；一本属湘东郡，隋废湘东郡，改隶潭州。《皇舆表》，康熙十八年修，四十三年增修。是夕罗研生、裴樾岑、张笠臣三人枉谈。

十一日。黎明启行回乡，到家始停午也。陆续在省接到曾沅浦、王春晓、金眉生、左孟辛、宋子寿各信，又接李筱荃、程尚斋、陶安卿、宋西堂四信。汉碑官职可见者，少室石阙铭称阳城县今在登封县曰丞，曰五官掾，曰户曹史，曰监庙掾，曰廷掾，曰将作掾，曰庙佐。景君碑碑阴题名曰中部督邮，曰门下督盗贼，曰门下议史，曰门下书佐，曰骑吏，曰故吏，曰行义，曰脩行隶释脩、循二字相近，恐是借用，曰故午，曰故小吏隶续，隶文幹字，从二从干或从一从午，盖是幹字省文。按西狭颂：乃刊斯石；冯绲碑：刊石表绩；祝睦后碑：刊勒金石，刊字左旁皆作午，午即干，干即幹也。后汉书百官志，循行之下有幹小史。此碑故午在循行之（前）〔后〕、小吏之前，为幹字无疑。苍颉庙碑在汉御县，今白水县，其属御县者，曰御守丞，曰守左尉，曰御县三老，曰御乡三老，曰御主祀掾，曰御门下功曹，曰御门下游徼，曰御门下贼曹，曰功曹史，曰录事史，曰集曹掾，曰仓曹掾，曰军假司马，曰从掾位，曰文学掾，曰议曹史，曰功曹书佐，曰骑吏，曰高陵左乡有秩，曰万年左乡有秩，曰万年北乡有秩，曰莲勺左乡有秩，曰池阳左乡有秩，曰夏阳侯长，曰粟邑侯长，曰衙祤侯长。《集古录》言左乡有秩等不知是何名号，（阳夏）〔夏阳〕、衙祤侯长则是县吏之名。《桐柏庙碑》在济源县曰五官掾，曰功曹史，曰主簿，曰户曹吏，曰主记史。《泰山都尉孔君碑》阴曰门生，曰门童，曰故吏，曰故民，曰弟子，分别五等。《尉氏令郑季宣碑》又有处士。《李翕西狭颂碑》后曰丞，曰门下掾，曰议曹掾，曰主簿，曰五官掾，曰功曹，曰尉曹，曰衡官有秩，曰从史位。《校官碑颂溧阳长潘乾碑》后曰丞，曰左尉，曰右尉，曰将作吏，曰户曹掾，曰议曹掾，曰户曹史，曰从掾位，曰主记史，曰门下史。宋赵彦卫《云麓漫抄》：后汉书，永平十年，上幸南阳，祀章陵，礼毕，召校官弟子作雅乐，奏鹿鸣。则东汉时县有校官矣。金石文字记引《云麓漫抄》，谓东汉时有校官，此盖信潘君之职为校官也。《金石图跋》谓潘乾溧阳长，而额题校官，疑有断文，此盖疑潘君之职非校官也。二说皆非。校官者，学舍官职之统称。如汉书云某经列于学官是也。潘君自是县宰，此碑特颂其兴学之事。《授堂金石跋》云：《韩延寿传》，令文学、校官、诸生皮弁执俎豆，在西汉时已然。郃阳令《曹全碑》碑阴曰处士，曰县三老，曰乡三老，曰征博士，曰门下祭酒，曰门下掾，曰门下议掾，曰故督邮，曰将军令史，曰郡曹史守丞，曰乡啬夫，曰功曹，曰邮书掾，曰市掾，曰主簿，曰门下贼曹，曰门下史，曰贼曹史，曰金曹史，曰集曹史，曰法曹史，曰塞曹史，曰义士。

十二日。荐新于祖先，便邀周昌辅、黄子襄及意城父子宴叙。南老专足递到刘子迎一信，内附中丞寄意城一信，当函复子迎。并为杨少白刺史仁昌直隶交代事致书刘荫渠制府。又致南老及劳芗舲二信。

十三日。李召甫与子桂同至，询之子桂，知高碧湄以此月内回江西也。

十四日。意城约携立篪前赴荷叶塘食新，步月夜归，暑热殊甚。专人赴周吉岭，顺致志城一信。

十五日。邀李召甫及六侄过饭，以中元焚楮，须一上供，就便邀之。刘六庆偕木匠范泰春至，应扬所荐也。

十六日。先太夫人忌辰，中午上供。李大自周吉岭回，带到志城一信。

十七日。刘六庆回，便复志城及应扬二信。

十八日。易梯衢专函交何永清带至，以前在省托购木料，已定一排，而一委之木工黄某。去岁购之马裕和者，用木工尺，每尺加四分，价六贯四。今尺仅加二分，价七贯。梯衢善人，而多为人玩弄如此。

十九日。夜观星斗，知古人推测之术，先以察量得之。察知其起伏迟速，而后推测之术可用。所以为之名者，以纪其躔度也。而汉儒占应之法由是兴矣。

二十日。燥热，为生平所未经，岂年老而畏热转甚耶？遣徐凤五至下荫塅谕饬杨升。夜梦人以书八帙见示，披阅之，其中有云：所谓闭门咯血，以验圣言，以兹益信，言其用心之苦也。亦不记其前作何语，梦中讽玩沉吟，醒时语犹在口。

廿一日。由志城处递到易冕南、周印山、高碧湄、陈少海四信。

廿二日。寄复志城信，并复碧湄、少海、冕南三信，碧湄方谋以此月内归湖口也。蔡竹泉至，询知到西卡逾旬即归，为西卡系查河差使，意有所不屑也。此等既不能劳心，又不肯劳力，徒欲以其身坐受天地之豢养而已，天且如之何哉！

廿三日。杨升自下荫塅回，带到李橘潭及志城二信。随遣徐凤五赴山，复志城一信。

廿四日。以意城赴省之便，寄霞兄及李仲云、罗研老、张紫联、张力臣、左孟辛、李宣伯并衡叔八信。

廿五日。徐凤五自山中回，（借）〔接〕到志城一信。连日督奴子辈收租，奇热。

廿六日。大雨而热未解。编次志书，大为旧志所苦。乃知当日用费巨万，徒贻鄙人今日之累而已。

廿七日。接意城信并霞兄一信，兼得黄氏医书八种。

廿八日。阴凉，始觉有秋意。东林和尚枉顾，因遂留宿。昨日遣人赴山，复得志城一信，并易冕南寄到志稿各件。

廿九日。东林乞书，为书二诗赠之：西园修竹夕阳明，寂历深山物外情。旧雨忽来秋满眼，一樽谈笑夜凉生。　神鼎沩峰总幻思东林欲开神鼎与沩山寺埒，四山瓶钵一身随①。探丸起死差能事，自在游行老戒师。

八月

八月初一日辛巳。以子敬赴省乡试，顺致刘霞兄、黄子襄及意城三信，又致张竹屋一信，托子襄汇寄。蔡照庵枉过久谈，晚乃一诣荷叶塘。

初二日。接志城及张伯羲、戴长松三信，当复志城一信。汪恒升窑厂求往点瓦，一往省视，则尚不过二十万，略为处分数语。李育之实系巧诈不可恃也。桂东宗人郭达人孔璋枉过，寅宾县丞丙

---

①此处旁注又作“浮云世事一身随”、“乾坤遗憾岂胜悲”。

明之弟也。

初三日。赴沙坪收租，极费唇舌。晚归，接意城信并附寄王少鹤、袁予文、李宣伯三信。

初四日。赴黄泥坝收租。兰生自岳州来，便过安庄，带到志城一信。当因徐凤五回山之便，顺复志城一信。

初五日。专足赴省，寄意城及刘霞老、黄子寿、易梯衢四信。达三递到周笃生信，知已赴省应乡试也。

初六日。李大自省归，接到意诚信并库仁龛、刘岘庄、刘霞兄、易梯衢各信。又曹军门志忠一信，求免山东之行，托转求之筱荃、沅浦两公。山中有此等请托，殊难为善处之法也。

初七日。龙炽应自粤东来，谈述近事，多可慨者。其并广、肇二关，并攘夺之为私利，竟能行之不疑。苟强也，无不可行者。蒋君亦不幸而处承平之世，不能与董卓、朱温鼎立千古，亦其生平之一缺陷也已。

初八日。易笏山自省来，所谈多可听者。其论霞老二弊：曰偏，曰缓。论鄙人曰太真。真，美德也，太真则多受累，而于世路亦多不可行。所论俱能中人之隐微窾曲也。

初九日。致李筱荃、曾沅浦、库仁龛、吴桐云、王少鹤、黄南老六信，并交意城觅寄。

初十日。由志城转递到易冕南、吴橘臣二信，当复志城及冕南二信。

十一日。遣杨升等往周吉岭收租，顺致志城一信。意城递到沅浦、研生、仲云及任松楼、姚桂轩、崔春圃、张云阁各信。沅浦信言杨廷熙上书。岂即人人传诵论同文馆一疏耶？天下无晓事之人，而偏喜论事。朝廷求言，直一戏局耳。自有宋诸君子不能辨此矣，遑论其他！

十二日。热极，视伏日更加郁闷不可耐。寄意城及李仲云二信。

十三日。往瓦雀塘收租，竹屋言瓦雀塘庄屋右手坡中有地，真瞽说也。杨琴堂、杨云冈枉过。女客至者三人，人客坌集而租项尚未检清，颇觉劳扰。

十四日。倩琴堂前往瓦雀塘相度，益信张竹屋之地学全无端绪也。是日微雨，而郁热益甚，大类广东秋燥，可以郁热十馀日之久，昼夜为之不适，吾楚向无此也。

十五日。意城自省归，带到罗兆作两明、熊炳南二信。傅旭初专足至，为函致李申甫，并复旭初、冕南二信。

十六日。杨琴堂、杨云冈次第告归。云冈居京师十馀年，一无所得，人亦实寡才能，而困穷已甚，相距且百里，数相过从，人谓其不惮烦也。达山夜过谈。微雨而热益甚。

十七日。汇省城各信，寄付志城。数日热闷不可耐，是日微有凉意。

十八日。接到曾夔堂、蔡国祥各信。

十九日。意城过谈。本约栗诚、符卿十七日枉过，栗诚因约十九日，黄子寿同年与焉。顷意城专足自省来。又改约二十日。天阴且雨，不及一赴下荫塅，颇以为累。

二十日。姚庶侯专足递到一信，当以一信复之。是日，先遣杨升赴下荫塅。

廿一日。雨。曾栗诚至，知劼刚以是日回湘乡，符卿亦以是日赴湖北，黄子寿乃约廿六日枉过，吾不及在家候其至矣。

廿二日。接到南老及任芝田二信，子寿并寄阅候选同知杨廷熙同文馆十不可解疏稿，其言尚直，然恰无一中窾语。中外竞传诵其文，乃知自宋以后，议论繁多，徒以博流俗之称誉耳。以云按切事理，则失之远矣。朱寿九至荷叶塘，邀同意城、寿九陪栗诚一叙。杨同文疏内，四条论胥吏舞弊，五条论六部堂官之失其职，亦稍中近日情弊矣，而言之浮泛，于事理亦时有出入，终亦捕风捉影之谈而已。第一条言以不知天（命）〔文〕数学为耻，而忘天下之大耻。第二条言中国数学自精，如康熙乾隆间，当涂徐文靖一文学士，作山河两戒考，与西士互相考证，其间星宿多寡、度数躔次歧异者不一而足。又侍郎胡煦作周易函书，讲明河洛理数，指陈勾股尺算，采入四库全书，可以令天下学习，不必舍中国而师夷狄。第三条引杨幺轮船为证，谓轮船机器不足恃，当讲求破之御之之术。第四条言当务之急不在天文而在人事，不在算数机巧而在政治修明，因泛及督抚专权而律例烦苛，曹司胥吏从中舞弊。第五条言自强之道，不在天（下）〔文〕数学、轮船机器，而推及六部堂官之失其职。第六条言科甲正途依附西人，恐忠义之气自此消。第七条言西洋断不肯以精微奥妙指示于人，又科甲正途不谙江湖水性水道，而教工匠制法，必劳而无功。第八条言疆臣可行，朝廷不可行。疆臣信从，不过一省一时，朝廷诏令，则在天下万世。使科甲正途为西洋修弟子之仪，惟教是从，惟命是听，恐有颛蒙奸宄，连合响应，以倡乱阶。第九条言优给廪饩，量予升途，不用之励戎行而伸士气，而用之同文馆。第十条言同文馆原奏，外人之物议虽多，而当局之权衡宜定。谓其偏执己见，专权挟持，启拒谏饰非之渐。大抵皆引总理衙门原奏一二语而加驳正之，其终请收回正途学习成命，折尾引蔡京起同文馆狱，谓同文馆系宋时狱名，考据亦殊疏舛。

廿三日。曾栗诚回省，顺寄刘霞老、罗研生、黄子寿三信。黄子寿同年复至。

廿四日。邀意城陪子寿午饭，以子敬新自省城应试归，亦一邀之。人客络驿，未知何日始能一赴下荫塅，甚以为苦。

廿五日。黎明与子寿同行，北风寒甚。至铜盆寺下，李大两次蹉跌，至由高（勘）〔塝〕倒翻而下，轿板及左右两窗均至破碎。下舆步行，又为田家两犬所逼，幾至受伤。李大狂谬至此，殊属可憾。申刻抵下荫塅大屋场。

廿六日。收游湘山、周胜宗两佃租。此间人事稍简，所有应酬笔墨可以趁闲料检一二，未及携带稿本，即录存日记中。张小野《梦因阁诗集序》：吾友王太常之言曰：凡人心感物而动，凝而为天地，淆而为事物，荡而为忧乐哀思，敛而为性情。文章议论有不能宣者，惟诗能通之。其言伟矣。然非博览古今之事变，周知民物之情伪，以自理其性情而纳之温厚和平，则诗之为道，人皆得托焉以宣其郁，而流极于淫泆泛滥。六代诗人能语此者固鲜，唐宋以来益滋滥焉。沅陵张小野，与吾少同举于乡，而小野方充是科拔贡生，文采风流伏一世。与之交，情深而文明，悱恻而芬芳，盖有得于诗人之深者，而固未尝一肆力于诗。已而小野官中书数年，用外简需次广东，尹县有声矣。以目疾乞归，遂病盲。掌教虎溪书院，与诸生论文讲艺，耳聆口授，若不知其为盲。予固已奇之。既乃汇次所为诗寄予，属序而刊之。则其平生足迹交游及意所感触怨郁而不自得者，一皆寓于是，以蕲合诗人之旨，其性情之温厚得于天者然耶？呜乎，天将以其盲也，而使托之以宣其郁也？孔子论诗，以达于政、专对四方为义。夫必古今之事变熟于中，而政以通焉；民物之情伪衷于要，而言以昌焉。唐宋以来，诗人之滥而诗教之微，为其貌强而词袭，不学而以戾于古也。夫孰知吾小野以病盲而日进于业以有传也？吾是以重悲其志也。《太子太保谥文忠敕祀贤良祠益阳胡公神道碑铭》：故太子太保湖北巡抚谥文忠胡公，讳林翼，字贶生，一字润芝。湖南益阳人。自少以文学起家侍从，为国家讨贼立功，任节钺，公忠果毅，始终一节。言者谓数十年来封疆大臣，治行才望，莫或逮公。其薨也，天下士大夫同声悼叹，失所仰赖。而公是时年甫五十，志气恢然，其施方长，以是哀之尤深。公以道光十六年进士官翰林，充庚子科江南乡试副考官。正考官故大学士文端公文庆因事落职，公亦牵连被议。援例以知府分发贵州，历署安顺、镇远、思南诸府事，补黎平府知府，擢贵东道。是时东南寇乱萌孽，黔苗鸮张寖甚。武备积弛。公所至练民兵，捕治巨憝，覆其巢穴，惩奸佑良，威信大著，于是人皆以公为知兵矣。云贵总督吴文节公文镕调任湖广，奏公襄军事。公募黔勇千人以行，抵通城而武昌陷，吴公战没，湖南巡抚骆公秉章檄公回保湖南。已而今大学士毅勇侯曾公国藩会水陆之师东讨，公从至九江，与故宁绍台道罗忠节公泽南攻湖口梅家洲，贼垒未下，而贼袭破九江水师大营，悉众上犯武昌。公时已擢湖北臬司，议援武昌，久未决，愤曰：我湖北臬司也，义当回援。请于曾公，得副将王国才三千人以行。再擢藩司，授巡抚，益与今兵部侍郎彭公玉麟收集水师，相与扼金口为守，贼以是不得越武昌而南。会今陕甘总督杨公岳斌与罗忠节公先后至，力战逾年，遂复武昌。公以一身枝（拒）〔拄〕艰危，公私扫地无馀，独负其忠义，感发摩厉，既挫益奋，义无返顾，卒收全功。于是一以讨贼自任，既克九江，披贼势，遂与曾公定三路东下之策。而今湖北巡抚曾公国荃围安庆逾年，军不得进，贼以其间陷黄州，隳十馀城，进逼武昌，图解安庆围。公屹不为动，督战益急，而是时寝疾已深矣。既亦念武昌根本重地，悉诸军留安庆而自回武昌镇抚。贼闻公至遁走，安庆亦随下。显皇帝悯公劳，晋加太子太保，予骑都尉世职。先是英吉利大酋入京师，显皇帝巡幸热河。公疏请勤王，有诏止行。而乘舆久驻热河，以至大渐。公以受知深，不能出死力为朝廷攘除外患，解弛忧勤，感激哀号，疾遂笃。以其年八月二十六日薨于武昌。诏加总督，谥文忠，入祀贤良祠。今皇帝即位之三年，既定江南，追念公成劳，再予轻车都尉世职。呜乎！公以忠孝挺生，受事国家危难之际，外总军旅，内抚循百姓，廪廪焉讲求整饬吏事，进贤退不肖，一以公义，不参己私。又益念列圣培植之遗，人才蔚然，致上理二百年。讫于晚近，贤能失职，酿患保奸，习以成风，驯至大乱。慨然以奖进人才为己任，其所论荐，多为名臣。朝廷亦知公忠勤，每有擢拔，得公一言，断行无疑。公少以才气自豪，视世俗无当意者。晚年学益进，气益敛，抑然常自以不足，得人一长一技，必务推而致之国家，以使效其用。临大事，决大策，惟断惟果，退而论辨其得失，委弃己能，顺从于人。天下以是尤服公之德量。公之考少詹事公，以学行闻天下，著有弟子箴言。公承先志，建箴言书院，悉所藏书纳其中。因言天下事，非能通知古今、有学术，岂足胜此？庶幾后来英秀，有读吾书而兴起者。公之引扬世泽，作兴人才，以是绥靖我国家，庶永有赖，呜乎，岂易能哉！岂易能哉！嵩焘既谱公行状，次其家世与其生平伟节轶行甚具。故独取其有关天下国家之大者。以揭于公之墓道而系以铭。铭曰：人贤曷征，视国荣悴[①]，爰讫九围[②]，扶翘剬薉。岳岳文忠，受命倾危，披山导川，返于康夷。民有瘝呻，是咻是煦，吏有困瘥，相其硗朊。度地均赋，蠲涤烦苛，翕张以仁，纳之太和。公曰眇尔，禅时[③]能几，废兴由人，历世同轨[④]。穷幽抉遐，

①此处旁注又作“枢机之司，以国荣悴”。

②此处旁注又作“纬以提封”。

③此处旁注又作“为益”。

④此处旁注又作“孰究厥指”。

扬于王庭，荪椒揭车，撷其芳馨。维公一身，圣清之毗，奋起东南，挈提纲维。岂翳鄂民，私公歌哭，星颓岳隳①，震惊渊谷。公魂曷凭，诏祀贤良，万人堕泪，翳公之藏。

廿七日。张宇程为制风车，车谷至数十石而车叶已坏，乃借用岳峰旧风车应用。补收游湘山、周胜宗两家租，又收任文星、吴星台两家租，吴家顺租亦略收之。《诰授中宪大夫署理四川潼川府知府彭公墓志铭》：公讳洋中，字彦深，一字晓杭。先世由江西徙茶陵，再徙湘乡，遂为湘乡人。曾祖讳绳久，妣李氏。祖讳祖与，妣王氏。考讳兴绪，妣胡氏。自公祖以行义名乡里，及公贵，乃得追赠两世中宪大夫，妣皆恭人。公年始冠，举于乡，出其文，尊宿长老名能文者莫不嗟叹愧服，以为斯文出，使天下不敢薄视科名。然终不得一举进士，以大挑官邵阳县学训导。公为邵阳学官，自其郡若县政治利病得失及士民之良莠，周知熟览，衡量轻重，以措于理，莫或逾越。邵阳士以为得师；郡守及令苟欲举其职，以为得所谘询；他县之往来邵阳者，亦以与闻议论，炙道德之馀辉，开发启迪，得所归仰。道光之季，粤西寇乱萌孽，其党散布宝庆，实始发难，反者四起。故湖北臬司长白魁联守宝庆，日夕孜孜，披剔奸顽，期遏乱萌。所与谋者，幕客王治模及公。公寄耳目士民，往往下府符村社，缚献首逆致之法。令以下皆弗闻，以是忌且怼，而终使盗贼弭息，士民大欢，则又相与德公。及广西贼起，公益佐郡治保甲团练，献议积谷郡城，得万五千馀石。其后广西馀贼屡犯郡境，及石达开自金陵率数十万众掠江西而南，围郡城三月，赖所储谷济军食，而各乡团练亦皆能据险杀贼。于是宝庆屹然为重镇，忠义勇敢之士，奋起立功名，亦多出

①此处旁注又作“天地风霾”。

于其间。皆曰：微太守魁公，吾属终陷贼耳；微公，亦谁与佐太守以有成功？宝庆解围，得优叙选授云南定远县知县。而两江总督曾公、广西巡抚劳公皆具公名上闻，请随营差遣。会今大学士骆公办理四川军务，奏公自随。骆公旋总督四川，自川南北盗贼充斥，石达开又由广西陷石（柱）〔砫〕厅，掠酆都而北围涪州。征兵急，命公总办厘务佐军，遂以同知留四川候补，晋擢知府，加道衔，委署潼川府事。至则询问民生疾苦，督饬属吏，禁门丁差役需索，日坐堂皇治官事，听讼狱，兴教劝学，一新〔庶务〕。潼川饥，公自转粟邻州。奸民乘机遏粜，公请于大府，卒得转粟以食饥民，并通禁州县之遏粜者。居潼川半载，士民相与诵曰：循吏循吏。无异词。其年甲子十一月病，遂卒，年六十二。配胡氏，继配左氏。子一：廷弼。女六人，皆适士族。孙一人：焜光，殇。公丰颐广颡，沉厚端毅，精力绝人。遇事推求始末，穷极幽微，度可行，行之必要于成，即不可行，究论端委，务尽其说。生平自信，所学以济实用而已，视人世毁誉无足动其心者。而所至信从，既久，益怀思之，终亦无忤于人。文章书法卓绝一时，尤喜表章先贤伟节轶行。新化邓先生撰《沅湘耆旧集》，纂辑郡志，建前后五忠祠、十先生祠，宋明以来郡人士及官宝庆死事诸贤皆列俎豆，褒显无遗。倡其议者邓先生，赞襄考订，相与始终，繄公之力。及公莅仕四川，年老矣，汲汲焉思一摅所抱，求所以变化人心风俗，而躬自砥砺劳苦以正其始。其神明内充，沛然不穷于用。且死，犹为诗四章，诏其子廷弼用浣花笺书之，苍劲不减平时，去属纩时才一日也，其诗有曰：平生虚愿大，一事竟无成。读其言，思其人而哀之。廷弼叙次公行状，请铭，嵩焘泣曰：公幸辱知我，微我，谁当铭公？铭曰：塼塼之土，维郡与县，其贤其违，安危显见。天畀公才，以康世屯，临老一试，洞幽讨源。

群恬以嬉，而公孑孑，讴声四达，奸摧暴慑。否道未终，先以公倾，校其所得，谁亏谁成？名成身逝，遗诗在箧，同孙四龄，悲鸣梦呷。奈何乎公，又以孙随，嗟嗟廉吏，而不可为。不可而可，潼民思我，有峨者坟，湘西涟左。

廿八日。魏树义、王达二人无故告归。长沙风气凋敝，下至奴隶，无一有人心者，可叹也。周岳峰、彭月台、刘荆台、宋醒秋先后枉谈，终日酬应。补收吴家顺租及黄安富、孙超凡两家租。夜梦至一室，奇书满架，亦有小幅画册绝佳。方睇视间，旁一人言：诸君佳制尚在秘阁，此不足观也。予因丐其引导，进至一室。扃焉，发钥乃得入。案置玉瓶、珊瑚带勾及他珍奇十馀事，亦不暇研审，急取架上书视之，得古诗数十章，惊才绝艳，所指陈皆近事。急问谁为此者，曰李枚生。壁悬帖子数幅，其七言者尤佳，梦中惊叹不已。此人指称皆枚生作，而熊雨胪所书。最后一联云：众理挟持，相对徘徊之室；一灯明灭，独来归定之村。沉吟数四，闻犬吠声惊醒，其联犹在口中，故得记存之。出语闲情意本高唐、洛神诸赋，对语鬼趣，吐属实类枚生。似此室所藏，皆近时名人诗文杂著，而一人左右导引，又故不相识。岂诸贤著录，天（下）〔上〕人间同相与宝存耶？

廿九日。任萼楼来，传任萼堂之意，引人承佃金塘嘴田石。已而不至，仍由刘荆台诸公引换下金塘嘴一人曰邵显亲，上金塘嘴一人曰周达泗，朱家屋场一人曰蒋仕材，梅前山一人曰李德林，馀皆仍旧。收缪富交、刘星平两家租。接杨琴堂信，荐管事杨姓一人。《诰授中议大夫陕西凤邠盐法道敕祀陕西名宦贵筑黄府君墓表》：公讳辅辰，字琴坞。先世由江西瑞安迁醴陵，十五传至公之考运裳公，再迁贵筑，遂家焉。曾祖曰朝瓒，祖曰承谀，三世并以公贵，赠中宪大夫。运裳有子四人：长曰安泰；次曰辅廷，山西垣曲县知县，次曰辅相，广西右江道，（徇）〔殉〕难浔州；其季，公也。少贫，读书自刻苦。遭父丧，徒步走云南三千里，告贷所亲，得三十金归葬。自是贫益甚，至屑糠以食。日夜自砥于学，无所得书，故湖北布政使唐公树义少与友善，时携小童负书簏就公。公遂以博览经史，周知古今事变，慨然有志经世之学。由进士官吏部文选司主事，迁验封司员外郎，再迁考功司郎中，以知府分发山西。公在吏部历文选、考功二司，主天下人才进退，例案出入比校，吏缘为奸，公辑旧案揭示吏部堂，使不得蒙蔽匿饰。遇事持大体，论辩侃侃无阿回。尚书长白恩桂公，方厉威严，以公言事忤意，积九年不迁。及病且死，语潍县陈文悫公曰：黄君贤者，而久淹滞，此吾过也。昆吾窦君埗，为镌石曰硬黄，以赠公，于是人知公直谅能任事，而忧公之道不行于今。公至山西，闻贵州乱作，遽归。归则倡议团练，躬自察形势，建碉堡，积谷省城二万馀石，治垣堞楼橹，以其间抚辑清水江诸苗。已而贼犯清水，乱民四起，公急驰至巴香，平其乱。以功擢道员，旋署山西冀宁道。时户部铸行铁钱，议就铁鼓铸，设宝泉分局于平定州。铁钱积滞不行，京师钱法日坏，而平定一州岁销铁钱千馀万，当事以州地小，请通行各府州县。铁钱日贱，物踊腾贵，山西钱法亦大坏。公以铁钱馀利岁解部银三万馀两，为利无几，而为民害甚大，既通行各府县，必议交纳钱粮，以三万金之馀利而（防）〔妨〕数百万金之正供，是谓利一而害百。巡抚英桂用公言上闻，分局遂罢。当事者注意倚公矣，而公以抗直积忤当事，于是人又知公之道不行于山西。直隶总督恭襄公恒福，故为山西巡抚，知公。会天津海防急，调公直隶，为部议所持。公亦环视叹曰：有机事者必有机心，吾老矣，岂足堪此！居久之，四川总督骆公秉章驰书召公，遂入蜀。而刘公蓉适巡抚陕西，议兴屯田，询屯田利病。公为屯田辑要，曰成法者十七，曰积弊者十四，大旨在为民兴利，而不与民争利。刘公得公书，大喜，密奏公授陕西凤邠道。公遂一以屯田自任，正经界、定限制，行之期年，垦田十八万馀亩。于是士大夫知公者相谓曰：黄公之道庶幾一行于刘公。而公以积劳病，遂卒，年六十九，同治五年十一月六日也。公为政一主爱人，而刚严守法，持大体，无瞻徇姑息。其在吏部，易州牧以贿事发觉。侍郎何公与同年，阴护之。公亦与同年，因曰：如此，是骫法也，何惜一同年之纳贿者而骫法以徇之？其治狱山西，临汾令以非刑杀人，狱具矣，而以疑词上闻。公争之力，已而奉旨诘责，率从公议。山西大吏议行保甲，求公在黔成法。公曰：事不躬亲，取行文书集事，其可得耶？苟非其人，法虽良，为害而已。大吏意难之，山西保甲亦终不行，而公在黔在秦，行之皆著成效。其剿巴香贼，有武生罗宪章者，大猾也，与贼通，族众且强。公至，问曰：巴香亦有以死拒贼者乎？众曰：有罗燦奎，宪章叔父也。公召其子，慰抚厚恤之。众感泣。急召宪章，问通贼情状，厉声曰：谁能保宪章不反者？即反与同坐。众出不意，莫敢应。公顾曰：汝罗姓亦无敢保者乎？即缚斩之。众大慑。凡斩王登学、张洪三人。自是，巴香民无反者。其办陕西屯田，陕甘总督杨公岳斌请以陕西回民叛产变价充甘饷。公言变产利近而害多，募民开垦其利远，陕西民力竭矣，募民开垦，应者无几，宁复有越境裹粮以就危乱者？如此则弊且不可穷诘。刘公遂据公言覆奏。府、州、县有以屯田为利者，悉论如法。是以陕西民思公尤深。刘公于是具公事迹祀陕西名宦，而请以公治行编入国史循吏传，得旨褒叙如例。呜乎，吏失其职久矣。世所谓循良，务在平易近人情，邀流俗称誉，容顽保奸，驯至大乱。而贤者乐趋焉。有能持正议、行正道，则见谓迂阔不能和同于人，为世大诟。

呜乎，孰知夫循良者，非能持正议、行正道而固不可哉！微公谁与讨论政治之得失，微刘公则又谁与表章公之道以有传也？公夫人左氏，有贤行，先公卒。子彭年，自陕西奉公与夫人之柩归葬湘乡，盖刘公为之择地卜兆，庶幾能有始终者。嵩焘与彭年同举进士，夙知公，益知彭年学行，幸能守家法。乃叙次公行政大要，揭之墓道，以俟后世征公轶行者有考焉。

三十日。周岳峰邀饭，同席为彭月台。岳峰荐解匠向姓名贤能、泥匠胡姓，而大屋场建仓泥匠许姓召之不至，容再酌之。

九月

九月初一日辛亥。至茅岭塅。接到志城一信。遣杨瑞堂赴杨菱塘，约琴堂至茅岭商议起屋事。收卢德彩租。是日一过周可堂。热甚。

初二日。收刘维宝租。杨琴堂自杨菱塘来相度屋址，并丈量地基。

初三日。收龚玉堂租。以天色尚早，遂赴安庄。钱竹汀（改）〔解〕《春秋传》艮之八，及外传贞屯、悔豫皆八，泰之八，均佳。但云八而不云七，当缘三者所占皆八，其他无可纪者。江处士以为七七为蓍之德，八八为卦之位；神以知来，知以藏往，蓍，神也，故不占七。所论殊牵强，不足据依。

初四日。舆夫思赴苦竹坳一饭，乃绕由吴家塅下山，多至二十馀里，亦一奇也。接到李湘甫、郑云房、方柳桥、冒哲斋、冒小山各信；又接到刘云生、易晃南各信；又接到黄凤喈信，属为其祖撰墓铭。

初五日。大雨。昨夜小雨竟夕，而予适以黄昏归家，竟未遇雨，此十馀年未有之奇缘也。邀巢湘甫、左亮甫午饭。湘夫迫欲归家，坐顷即行。

初六日。雨。霞老信约赴省，云已定初九日归湘乡矣。予以受风寒，未能一赴其约，当以一书复之。

初七日。雨。乡试揭晓，闻舒兰生中试，此外竟无相识者。湘阴得二人，曰毛晋藩，曰邹用庚。意城以是日赴省，顺致张芸阁、张小野、彭葆初、宋子寿及衡叔各信。

初八日。雨。遣杨四赴益阳，致姚桂轩、蔡稚云二信。以胡珏轩属撰文忠神道碑铭，至此乃得交桂轩转致也。

初九日。周昌辅枉过，志城亦以赴省过宿。沔阳州流民百人至荷塘求饭，遣杨瑞堂往晓譬之。

初十日。送蔡氏姨赴县，便寄黄凤喈，易冕南，陈遇佳三信。是日大晴。

十一日。於桐轩明府递到李筱帅信，当复一信，仍托於明府发递。李仁自省来求荐，为书数语，属志城谋之。又接冒哲斋信，知已调署番禺县也。

十二日。张进轩枉顾，住两日归。杨景皋旋至，皆相向告贷者也。接邹曙台、陈遇佳各信，又接邓军门训诰、黄通守伦秩二信。

十三日。赴汤家湾为志城相屋，因过徐渔翁道贺。为景乔作书与梯衢及志城。晚得意城一信。

十四日。接姚桂轩、胡珏轩信。曾枢垣以候补道放黔抚、黎简堂以堂政放黔藩，异数也，亦奇举也。朝廷果信其贤而用之哉?

十五日。数日热极，竟似伏夏，天时之反复如此，可怪。周式和晚偕子敬过谈。

十六日。专足上省，顺致吴南屏、陈杏生、易冕南、易梯衢及意城、志城各信。易笏山求为其兄搢臣六十寿文，当以一信复之。

十七日。李大自省归，接到聂亦峰、张笠臣、刘霞老、易梯衢及意城、志城各信。是夜雨。

十八日。雨。埙侄及曾氏媳均以是日生。左宾门之弟完婚，与意城公致礼物数事。

十九日。雨。志城由宝树湾递到一信，并寄示山东、陕西近日军事。

二十日。雨。杨瑞堂赴下荫塅，寄周岳峰一信。杨升回，又带到岳峰、月台公信，知吴正都又有侵扰山场之事。此人屡容之而屡滋事端，殆不可恕也。

廿一日。阴，郁热。雨势殆未有已也。接张蔗泉信，并递到玉舲侄信及莲粉二事。

廿二日。晴。郁热仍未解也。陆家垅公庄，涂子湘盘踞侵害。为书致甘裕亭、陈青云转告涂子湘之兄涂林福、涂心垣，而涂心垣适至，乃面语之。晚得志城信，仍以一信复之。

廿三日。易筱村过谈。易墨村荐明年西席曰魏副贡传第。姑存其名，候考问之。

廿四日。阴。得志城、应扬二信，杨瑞堂亦自茅岭来。志城意留下手一坪，至今庄屋尚无可营造也。是夕篪儿举一子，约在亥、子之交。

廿五日。阴。以李大本日尚暇，一赴麓溪处。黄小麓言《春秋左氏传》筮法遇八之义，缘衍忒为说，谓所遇八数也。亦即占用变爻之说，而语反涉牵强，不如直举变爻之为顺也。

廿六日。阴。闻小儿啼声，心疑之。检视古方，始知其病症之重。昨夜竟夕啼哭，未及早防，吾与家人皆疏忽也。是早已遣李大赴湘乡，顺致曾劼刚、栗诚、敬臣兄弟一信。

廿七日。徐渔臣、张蔗泉过谈。周昌辅荐彭博山为钞胥，是日亦至。接周岳峰信，当以一信复之。

廿八日。专徐凤五赴省，致湘乡相国及沅甫、研生及意城各信，又致东林一信。

廿九日。五女自省归宁。接到意城及李湘甫信，略悉瑞澄泉、蒋湘泉相构情形，所列各款中有广东欠解广西协饷，与藩司郭毓六提拨划还蒋君前在广西随征亲兵口粮。蒋君胆大包天，此其惯技，毓六何所利而为之。船山之言曰：士之交友，君之使臣，识暗而力柔者，绝之可也。毓六力附蒋君以畔我，非有他故，无识无力而已矣。而终以自累，即亦何辞以解于天下耶？

十月

十月初一日庚辰。专人赴省及县，致意城及罗研生、易梯衢、李湘甫、陈遇佳各信，并发交初二日早启行。

初二日。周昌辅过谈，询问半帆先生入祀（贤乡贤）〔乡贤祠〕刊刻事实标题之法。吾为定标题曰：敕祀乡贤祠湘阴周先生实纪。一礼部题本，一公呈，一事实，一本传，所刻凡四。东林、子襄并至。

初三日。为小儿作三朝，敬谒祖先。是日大晴。接意城、研生信。又接熊漱芳信，当以一信复之。并致冕南一信。是日，开井西园。

初四日。萧涵江、周保和来。接曾澄侯、曾劼刚、黄子寿、盛月台各信。当复子寿一信，以专足候信故也。数日郁热不可耐，中夜忽闻大风雨，一洒而过，郁热如故。天气绝乖异，使人惶惧。

初五日。志城枉过一宿，盖为四女出阁铺房，赴省料理也。

徐凤五自县归，接易冕南、陈遇佳二信。

初六日。龙树棠、周青阶、周品金、彭博山同过一饭。县城专足踵至，顺寄易冕南及达山二书。

初七日。接意城信并抄示广东一咨。盖去夏交卸之先移咨吏部，属查捐输案内奉旨交部议叙情由，年馀之久，乃复移咨转查。部书舞文无足怪，吏、户两部各官，依依然一听部书之指嗾，天下事安得不日趋于败坏。念之浩叹而已。

初八日。荷叶塘专工赴省，致意城、志城二信。周仲陔枉顾，默庵大令之世兄也，素不相闻问，百馀里见访，三日乃达，亦太自苦矣，略以四金馈之。

初九日。易梯衢专足递到一信，又接意城、志城及库仁龛、邹资山、丁得贵各信。

初十日。复意城、梯衢信。曾劼刚、李橘潭并专足至。料检报礼至夜半，寒甚，知为晴兆也。

十一日。复劼刚及澄侯信，又复李橘潭信。任春浦至，为室人诊病。意城自省归，带到湘乡及周丽生及志城三信，衡叔专足递到一信。

十二日。复衡叔信，课奴子栽饶家老屋后山茶树。意城来谈，胡珏轩、姚桂轩亦至。

十三日。治酒款珏轩、桂轩，并邀意城同饭。为箴言书院改定章程一二条，拟扎由韫斋中丞行之。

十四日。珏轩、桂轩告归。致陈贻珊一信。遣杨瑞堂赴下荫塅换杨升归家。接黄麓溪及廉丞信，各以一信复之。四侄女出阁，志城属由此间升舆，以求距省近，不别租住省城公馆也。是午，蔡姨偕四女至。

十五日。志城送女来此，适值生辰，治酒邀同召甫为寿。曹孟芳枉顾，曹石山之长君也。次曰仲鼎，又次曰季衡。孟芳盖新自蜀归也。

十六日。送四侄女升舆后，急往宝树湾陪宴达山喜筵。媒氏何永清，丈人徐春圃，皆极诚实。春老任桂阳教官，劝治水利联云：相期度地辟池塘，转瞬丰年有兆；但愿作人兴孝友，此间元气能回。又咏曲逆侯诗云：险阻阴谋出，功名退步成。诸所诵诗联极多，则皆游戏之笔也，然皆有雄浑之气。春老教书数十年，兴趣意致，俱伉爽可喜。

十七日。接库仁龛信，始知其与左季高牴牾，一力引避之。季高才大气粗，侥幸以成功名，而一以凶横佐其权谋之术，倘亦天道所不容者耶？

十八日。赴意城处小坐，便寄李湘甫一信并银十两，系托买笔及篦；易麟书一信并银十两，系程仪，外洋银四元，则托买虾子卤鱼者也。又接罗研生及志城二信。志城言东南渡往永安市大路曾家坪曾毓松后园地尚佳，有屋一所、田七丘、菜地一块。曾毓松者，固治圃为生者也。

十九日。冕南、汉乔专足枉书，当以一信复之，并致罗小溪及志城二信，交意城带省。次韵罗研生云：君子所以贵知命，命自先生一言定。古人论命有妙诀，少算不如多算胜。长篇大论不嫌多，姑妄言之姑妄听。可怜世乱少诗书，功名专仗梃与刃。不尔须作多钱翁，有钱不怕无官印。聪明根器岂足凭，要学齐秦事兼并。漫羡区区鼠贵格，百五十金充贺敬。乃翁只管搔首望，根基须稳学须进。先生押韵颇支离，转入平瓶又转动。书来觅寄平安散，愿祝平安如此瓶。平安一瓶抵千金，切莫贪多学杨性。王壬亦修桂阳志，喙长过尺齿逾寸。笠臣夸说出新例，有何新例君肯信？荷池已冬尚言秋，佳否仍向梅根问。

二十日。何永清、张鲁堂、吴晴研、镐丞、新吾、进修六人同过一饭。

廿一日。阴。接志城及曹孟芳、陈俊臣各信。俊臣属书楚南会馆匾额，而无字式，亦不寄纸，惟属速书而已，或者命当字差乎？晚接意城及张惟贵二信。

廿二日。达山、席三偕其舅吴公枉过。虚堂专足至，当以一函复之。舒兰生来。

廿三日。专人赴省，致梯衢、意城、寿凤三信，并呈复中丞咨粤抚转咨户部粤东捐输军饷议叙一案，行取原奏，此特出部书之侮弄耳，略一呈复，期以发该部堂官之聋瞶而已，不暇计其诟怒何如也。邀舒兰生午饭，召甫、子敬与焉。

廿四日。罗海安、李桂仙同至，中屋李五姥亦至，年七十八矣，犹能作客，步履精神，尚如壮年。李大自省归，接意城及赵玉斑、易笏山，易梯衢、杨景皋各信。

廿五日。致笙陔及梯衢二信。为多孙满月之期，抱谒祖先及东厨司命，适值天气晴朗，一切俱极安善。

廿六日。接陈熙堂、陈镜亭、吴柱臣三信，又接师继瞻、王向亭、冒哲斋、保应熊、劳铭恩各信。

廿七日。遣人至饶家老屋、黄泥坝料理庄事。寄达山一信，并寄志城及杨瑞堂二信，交晏姓工带去。

廿八日。舒兰生回省，顺致梯衢一信。接盛岳云、杨琴堂二信，以眼疾命篪儿代复琴堂一信。

廿九日。接意城信，并递到陆存斋信，知已于八月中丁外艰，云在香港闻耗，尚不知其已归家未也。

三十日。接曾沅甫一信，张蔗泉寄示时艺一帙，极有佳致。

十一月

十一月初一日庚戌。寄意城信，以意城新置屋下手一庄，贷七百金付田价，专函给付之，专足赴山。寄志城一信。

初二日。接到意城、志城各一信。杨玉翁专足枉书，当以一信复之。流星如月，掠屋角斜飞而北，光始散。

初三日。以将赴县，为黄凤喈撰《其先世墓表》二通，其祖维周，奇士，以所叙事太多，无能为（出）〔去〕取，转累文气。

初四日。本定是日赴县，以多孙竟夜啼哭，不敢远行。接吴凤堂信，以善化张筱麓枉荐，愧无以应之。晚次又接姚庶侯、李石帆各信。

初五日。复庶侯信，并书寄意城、志城。周镜帆、昌辅兄弟枉顾，因留一饭，镜帆以进京来告贷耳。晚接周翰臣一信。

初六日。甫明即启行赴县，徐凤五四工均弱工也，至二鼓后始到。陈镜亭在此料理，一切均已预备。

初七日。接孙竹堂信，知总理衙门以换约期近，求熟悉洋务者，中堂以之应命。此举殊为蛇足。朝廷之无人久矣，虽欲不自取侮，其可得哉。是日入城酬应终日，并将采访各事宜稍行料检，回寓又已三鼓矣。

初八日。晨起（自）〔至〕夕，人客未尝少散，甚觉其累。眼跳已十馀日，向来如此，必有牴牾，未知主何祥也。闻曾沅甫已得请南归，接任北抚为郭远堂，而南藩已简李申甫，并日内可以过境，为之心喜。

初九日。黄凤喈、金蓉江、高葆吾、黄琴轩诸君皆得一晤。惟于琴轩明府以病未见。

初十日。陈郁文、杨景皋并以是日喜事，一往贺之，因过局一饭。是夕志城亦至。

十一日。于明府致送酒席，因邀左宾门、左敏夫、易海青、易冕南、蔡寿民、李镜吾、焦小峰、杨云冈及蟠西一叙。海青以避蔡寿民不至，而子卿四叔适至，并留之。胡道生枉过一谈。

十二日。李召甫来，得家信。接曹军门志忠信。

十三日。专足回家送鱼。杨玉川丈自乡枉顾，年七十八矣，精神矍铄如旧。宝应和尚议修南岳行宫石岸，邀诸君至寓叙谈，酬应终日。厘局郭宝吾、左星垣、熊玉堂、周湘浦、唐羲臣昆仲先后枉过。

十四日。左宾门、左敏夫邀饭，因过于桐轩明府及李试吾处小坐。

十五日。焦小峰邀饭。得家信，知熊绍香已至涵波山庄数日，约今日回县。唐羲臣、熊漱芳并于是日赴乡采访。晚至志局区画，并过燮叔及蔡寿民处谈。

十六日。罗小溪专其门客曾少章来，复书属令一来县，盖小溪由家赴陕，至省始得库仁龛书，传左季高之命阻其行，颇有进退维谷之势。左君乃以施施之声音，拒人千里之外。天下猜忌人多可与共患难而不可与同安乐，左君处患难犹尔，斯亦寡助之至矣。

十七日。彭月台递到彭丽生一信，当以一信复之。丽生言及长沙志局但日增议论。吾谓天下议论多者必无成功，成亦必不佳。志书亦其一也。自宋至今盖千年，合智愚贤不肖皆欲以议论相胜，人才事功，安得不益猥下！

十八日。张巳生带到罗研生、张莼生二信。又接衡叔一信，以李申甫方伯过此，托与荐一馆，而前已许舒棠阶矣。是日，申甫枉谈至三鼓。

十九日。过申甫谈，因偕至圣庙，随闻沅甫中丞亦至，同就申甫夜话至五鼓。

二十日。罗小溪、成衍吾至，因邀同晏圭斋、易冕南、易汉乔、罗麓生小酌。

廿一日。罗小溪、成衍吾、罗麓山复枉过。陈勉亭由省赴岳，来谈小坐。

廿二日。小溪回省，顺致罗研生、张莼生及意城三信。于桐轩枉谈。杨玉林协戎春华亦至，询知邓训诰字保臣、周兴国字辅庵。

廿三日。彭丽生至，谈至三鼓后始罢。

廿四日。于明府久坐。丽生傍晚始归，仍谈至三鼓。疲乏殊甚。

廿五日。陈熙堂邀酌，为鉴堂夫人过继事，为之处理。幸无异言。

廿六日。以冬至祀事，入城一宿，便至三槐晚饭。亲友处必须一至者，晚次皆一走视。

廿七日。冬至祀祖先毕，与志城同过蔡寿民早饭，同席殷竹坞、陈崧生、蔡元生及蟠西。过于桐轩、黄凤喈两处谈，仍至祠公宴。接李仲云一信。

廿八日。以盛岳云回省之便，致仲云及意城二信，又由县致陈怡珊、姚桂轩二信。以仲云递到一函，启视则匿名书也，大致以箴言书院一席，予仅允代馆，仍乞留陈月卿主讲。因以此说诘之桂轩，并辞此席不就，亦知精力不给，得以专心志事，以为郡县之志，非徒以资考证，实亦经世之学也。鄙人于此颇欲以区区一县之掌故，尽古今人事之变，而于史传记载之不合者，稍加纠正。而其命意，则以为天下者，郡县之积也，郡县得其理，即天下治矣。治平之略，岂有他哉。此区区鄙志之所存也。

廿九日。顾君约赴渫溪桥相地，以为五星聚垣之局。往视，殊谬。谭伯均、黄少更相过晚饭。酬应太忙，意甚苦之。

三十日。晨起归家，二鼓后始抵家。接罗小溪、曾挚民二信。

十二月

十二月初一日庚辰。王梦虎专足递到一信，当以一信复之。黎宗康来，略述粤事。吴仲宣官愈高，贪名亦愈著。广钱可以通神，亦自古然矣。

初二日。于桐轩专足递到一信，随复桐轩明府及罗小溪、易冕南、熊绍香、陈遇佳并志城共六信。

初三日。彭丽生在江南，有自京师来者，叙述寿蘅事，为之怃然。古今朝局大率如此，是以谓之浊世。自非圣君贤相聚会一时，则刚明者率遭屏抑，而软媚取容志意盈焉，无古今一也。而聪明才智之士，尤能用其心计以趋时，而不顾人世非笑。岂果非笑之不足顾哉？聚千万人于此，皆求为非笑而不可得者也。掩然媚于世者，亦世人之所同悦者也。君子于此，有所不屑较而已。因坐客论此，退而私志之。

初四日。书致申甫方伯及梯衢、意城。又以县城人来，便致黄凤喈、陈遇佳及蟠西各信。李季庐专足递到一信，并张寿荃信。

初五日。胡珏轩专足递到一信，立言极婉善，当以一信复之。谢龄伯已入都，而陈月卿尚在益阳也。吾亦苦箴言书院掌教十月之期，未免烦苦，思竟让之陈月卿。

初六日。僧善来，罗八先生并至。李大自省回，带到意城、梯衢各信。

初七日。易冕南专递一信，随复一信，并书致陈遇佳、陈敬亭、郭荫亭。专李大送信安庄，是日阴，风，微寒。夜雨。

初八日。送五女回省，顺致成静斋、罗小溪、曾挚民、梯衢、意城各信。曹孟芳、瞿秉常各专信至，并各以一信复之。

初九日。彭海春专递一信，并转递陈诒珊信，因就来便致意城一信，又书抵湘乡相国及金眉生。子敬侄自省回，带到意城及盛月台、庄笛甫各信。

初十日。遣李大赴湘乡，致曾澄侯、易梯衢及志城三信。舒叔俊至荷叶塘，带到罗研生、张石生二信。

十一日。雨。张蔗泉书来，知其夫人许氏已物故，即日赴衡矣。因便致一奠，并还其时文数艺，其气体乃类熊钟陵，非时人所能及也。

十二日。雨。舒叔俊过谈。是日夜半，大雨雷电。冬雷天变，间岁亦常有之，然大率一两声至数声，未有震奋数时之久者。去腊八日起戌时，交子而息。今起亥、子之交，至天明而息，虽夏日亦罕有矣。

十三日。邀舒叔俊及子敬午饭。致李申甫、黄凤喈、易冕南及意城各信。

十四日。接意城信并寄到罗研生编定《褒忠录》四套，又递到朱石翘、陈诒珊、成静斋各信。当复石翘、诒珊二信，并寄魏鉴堂一信，又寄志城信，并函谕杨瑞堂及绍西。

十五日。仰高书院订魏芝庭主讲，为专足递送关书。舒叔俊以是日旋省。

十六日。递寄易冕南、陈遇佳各信。冕南有回信，而陈遇佳无之，所询各节，讫不一复，此不可晓。

十七日。沅甫专足递到一信，邀令赴省。穷冬岁暮，不乐出门，随以一信复之。

十八日。接意城及李宣伯、黄凤喈、易冕南、蟠西诸信。蟠西汇抄采访各册，屡次以程式晓谕之，而终不悟，徒使我多费笔墨之劳而已。老病颓唐，精力实苦不支，可为慨叹。

十九日。李大自湘乡回，带到澄侯及梯衢二信。

二十日。告谢土神、井神。志城专足递到李筱荃、王春晓、袁予文各信。是日邀子敬、子宽相礼，即留晚饭。

廿一日。专足赴省，致意城、梯衢及曾沅浦中丞。冕南、廉丞及朱宇恬专足至者三辈。

廿二日。接意城、梯衢及沅甫回信，极以箴言之行为不然。盖今人竟以书院为怀利之一端，此义不明久矣。并接彭葆初及笙陔叔诸信。

廿三日。专足赴安庄，致志城、晋扬二信。又复廉丞、冕南及致熊绍香、陈遇佳诸信。

廿四日。荷叶塘专足赴省，致意城及沅甫二信。罗小溪请其友人成衍吾枉顾。危辅臣亦至。

廿五日。复小溪信。随接吴南屏、吴蓉舫、曹湘甫、邓辅廷、陈遇佳及志城、蟠西诸信。又由朱宇恬递到嵇月生一信。

廿六日。意城过谈，带示曾沅甫一信，则力止吾箴言之行者也。姚彦宏自陕西来，带到姚彦嘉一信。

廿七日。送罗杏垣归，亦遣立篪赴吊魏松龄家。任星田专足至。

廿八日。为邹姨三十生辰，意城率子敬、子宽两侄来贺，因留午饭。接於（琴）〔桐〕轩、熊漱芳及志城各信，均以一信复之。

廿九日。雨兼小雪子，而不甚寒。接杨玉川、陈遇佳二信。

三十日。阴。傍晚一诣意城，以冬至归后尚未出门，意城又新自省归，至是始一过谈也。

同治七年　戊辰

正月

同治七年戊辰岁正月元日庚戌。雨兼雪子。率儿辈恭祀祖先，率成一诗云：平时腊尽寒随尽，腊去寒生岂偶然。草树沈迷天隐雾，山川萧瑟雨催年。读书已憾今生晚，学道宁能故技捐。养气知言吾分在，敢云扫径托高眠。

初二日。晴。冬令寒雨，忽已开霁，今年旱势，恐遂成也。黄筱麓来，意欲鄙人一赴省垣。盖麓溪所见如此，然于渠事亦无甚益也。

初三日。舒棠阶专函索取肉桂，当以一信复之。曾忠信来贺岁，本地乡绅之一也。魏芝亭、屈寿亭亦随至。

初四日。立篪二十生辰。子敬、子宽两侄俱过早面。顾子良来。晚并邀魏敏斋一饭。意城送到喻小石一信，盖犹去十月廿一日在省缮寄者。

初五日。诣意城、达山及徐渔臣、张星楼、易墨村五处，晤易筱村、张兰生两世兄。蔡松浦、周蟠西、魏鹤龄枉过，亦未及晤。专足赴益阳，致胡珏轩、姚桂轩一信。

初六日。晴。为多孙满百日之期，携谒祖先。朱宇恬、朱若霖、任芝田、易墨村、徐荫轩枉过。傍晚黄凤喈由县至。是夜，西方有大星与小星斗。

初七日。童小舫过谈，接王梦虎、张伯羲及兰生各信。邀意城一陪黄凤喈。

初八日。陪凤喈过意城早饭，以天晏不能成行，仍回宿舍下。姚庶侯及腊生先后至。萧蘅士专足递到一信，当以一信复之。

初九日。阴，风，微寒。凤喈以天甫明启行回县。意城邀陪魏子健、朱若霖、任芝田、左宾门午酌。

初十日。阴。邀朱若霖、任芝田、易墨村及意城午酌。酆慕唐来。

十一日。小雨。立春。接到湘乡相国、库仁龛、崔春圃、韩峻勋、郭丙明诸信。慕塘以雨留住一日。陈遇佳复至。

十二日。雨。徐渔臣邀同易墨村及意城午酌。杨四自益阳回，带到胡珏轩信，仍将关书带回。此临去时谆谆告诫之件，竟一不服教如此，可怪可笑。

十三日。阴。立篪赴安庄，便递志城一信。阴天山中，苦雾未开，家中又无工力，令且缓数日，不我从也。

十四日。仍专杨四赴益阳，寄胡珏轩一信。立篪自安庄回，带到志城一信。

十五日。阴。接霞老及崔春圃二信。吴仲仙调川督，马穀山升闽督，李筱荃调浙抚，郭远堂署湖督，丁雨生升苏抚。朝廷用人如奕棋，不必有胜着也。惟丁雨生开府，足为一喜。

十六日。邀蔡松圃、饶仿桥、刘魁武、李育之春酌。徐渔臣、童小舫均以自请客不至。接罗小溪、周兴国二信。

十七日。雨。意城邀陪徐渔臣、蔡松圃、童小舫、罗楚卿晚酌。召甫、炳文至。接周昌辅、夏宝生二信。

十八日。杨琴堂、杨云冈先后至。区泰初自粤带陈经甫一信来，询考近事，为之三叹。五儿来，带到志城一信。

十九日。晴。意城生日，会者廿人。杨琴堂、杨云冈、唐峻峰、卢子桂皆就宿我家。五儿回安庄，便致（意）〔志〕城一信。蟠西递到殷竹坞一信，竹坞通人，湘邑未有也。峻峰带到羲臣一信。

廿日。早邀李镜吾、李作舟、龙树棠、曹孟芳、何永清及杨云冈、唐峻峰、子敬、炳文早酌。琴堂已前行矣。杨四自益阳回，接到胡珏轩一信。

廿一日。以多孙咳嗽久未愈，专足接罗杏垣至。曾挚民递到一信。

廿二日。微雨。黄鹤筹递到一信，求为其子伦秩一达之节相。复鹤筹、挚民二信。

廿三日。户书一卷，自去秋九（年）〔月〕至今五阅月矣，谓已成善本，偶一检阅，则歧误犹多，始知著书之难也。

廿四日。专杨升赴省，致意城、梯衢二信。晚得意城信，并递到劼刚所寄书三种。

廿五日。邀曹湘甫、虞宾门及子敬晚酌。杨升自省归，接到潘梅溪、曹孟芳及意城各信。夜雨，雷。

廿六日。雨。昨日治酒食邀诸工匠。今日邀诸佃人。慈云庵捐费百千，送交一侄。

廿七日。专杨瑞堂赴茅岭，寄杨琴堂一信，又寄志城及吴南屏一信。一侄递到志城及陈遇佳信。

廿八日。邀周昌辅、巢湘夫午饭，均以病不至。蔡竹泉、吴丛生枉过。丛生，西乔大令之子也。周坤伦亦枉过。

廿九日。张晓春、张合义、张进轩、张德修及巢湘甫、张禹山枉顾。湘甫、禹山旋他适。因邀周昌辅及晓春诸人晚酌。宝应和尚傍晚亦至。是夕雨，雷。

二月

二月初一日己卯。专杨四赴县，致黄凤喈、易冕南、陈遇佳、蟠西诸信，便道过安庄，顺致志城一信。

初二日。李福田枉顾。去岁曾以一书荐至笙叔处，笙叔枉书相疢。今仍为求馆而来也。

初三日。阴寒且风。乡民望雨不可得，旱征已见矣。王佑久留不去，求荐书。其如此辈何哉。

初四日。邀巢湘甫午酌。吴聘亭亦至。接陈宝林军门由立、汤小岩大令蟠及霞老、嵇月生、胡珏（胡）〔轩〕及意城各信。当复珏轩一信，并为珏轩致吴南屏一信。

初五日。意城信言罗小溪奉讳归安化；晋抚赵公竟为中外莅仕者连名具诉，致烦星使往查。近年查办督抚之案层见叠出，朝廷用人不慎，其始委任太轻，其终也信之亦不至，一闻浮言而已翻然改矣，徒亵名器以滋议论之嚣。星使一出而地方供亿之烦，又使官民两受其困。谋之不臧，谁执其咎哉！

初六日。专足赴省。致意城一信。言湛甫来，带到欧阳筱岑一信。

初七日。朱寿九来，因留共言湛甫晚酌。接到意城、志城及鼎叔、蟠西、腊生及黄凤喈、熊炳南二信。

初八日。交子敬寄志城一信，交言湛甫寄意城一信。

初九日。雨。霞仙中丞专足属书匾额及联悬，因致霞老一信。

初十日。雨。子敬由桃洞递到志城一信，知其足疾尚未愈也。

十一日。张旭春枉过。意城信言胡恕堂中丞谋呈请钱南园、祁春浦两公入祀名宦，邀吾列名，此亦义所不容辞也。易燮廷携黄少更信至，则为其子求书，而燮臣允为之说项者也。可谓愈出愈奇矣。

十二日。复黄少更信。专杨瑞堂赴省，顺致意城一信。接瞿秉常、区丽泉及意城三信。

十三日。志城递到一信，当以一信复之。邀张旭春及炳文午饭。舒棠阶亦至。

十四日。舒棠阶回省，致李申皃一信。又复郭班仙、瞿秉常二信，均专足守候者也。

十五日。大雨。意城自省递到孙竹堂、罗研生二信。竹堂信言洋人换约尚无信息，现寓金鱼胡同贤良祠内也。

十六日。为先大夫忌辰，素食一日，周昌辅信，属书致冕南，令其侄广□入局。冕南实苦人浮，于此必有定见，不欲以是相强也。

十七日。杨琴南函荐工人易三。吾家工人大半由所荐，亦一奇也。

十八日。督工人围山。入春月馀，始一省视园圃，无董生之专精，而徒以资其懒废，亦殊自慨。

十九日。致黄凤嗜、易冕南、燮叔、蟠西、意城诸信。以子敬专足赴县，并寄《明季稗史》一书，借交凤嗜。

二十日。冕南专足至，并递到喜田、蟠西二信，又接志城一信。当复冕南、蟠西、志城三信。子敬赴省，致湘乡相国、孙竹堂、嵇月生三信，并交意城递寄。

廿一日。五鼓雷雨。先日晴霁，所不及料也。专李大赴县，致陈遇佳一信。

廿二日。雨。张蔗泉枉书，为其夫人乞墓铭，并自撰一通见示，而不能佳，因为援笔志之。随复蔗泉一信。

廿三日。遣杨瑞堂赴益阳采办木料，致惺吾一信。又由志城致吴砚农一信。

廿四日。接黄凤喈、易梯衢二信，又接洪会臣明府及李试吾二信。试吾荐其侄煦丞绂入志局。事简人浮，实无以应也，然于情固不可却矣。

廿五日。赴张星楼家，道遇安庄来使，递到吴南屏及志城二信，南屏本荐致箴言书院，以将为江南之游，辞不往也。

廿六日。张旭春以向裕华被诬事无因，求留住一日。为致蟠西一信，属一处理之。

廿七日。旭春、宝应小住方行，而湛少帆至。是夕雨雹。

廿八日。雨。冕南专足递到一信，并接志城信，当各复一信，又便致陈遇佳一信。

廿九日。晴。多孙夜睡不安，乃移至东房，令邹姨照料之。周叔阶至。蔡寿民又专足递到一信，当以一信复之。寿民所据高赤城一面之词，非事实也。

三十日。雨。庄惕甫枉顾，盖奉委祭告黑麋峰，便道一过，因留饭，并约子敬与少帆、叔阶、召甫同酌。接意城信，粤人招毅生锡恩来省，欲请其绘画舆图，昨岁已约定晏圭斋，无能位置多人也。

三月

三月初一日己酉。雨。巢湘甫枉过夜酌。李育之及子敬同至。李仲云专足递到陈诒生一信。

初二日。复诒生信，并寄仲云及意城一信。

初三日。接意城信，并由周寿山寄到吴桐云一信。桐云、寿山满腹牢骚，而迟留不肯归，殆亦有所系恋于一官者耶？是日早雨雹。

初四日。沅甫专函接立篪夫妇，盖以曾侯夫人赴金陵，道经长沙，就便一往省视，因复沅甫一信，并令立篪挈其妇赴省。

初五日。晴。湛少帆回县，顺致易冕南一信。巢湘甫偕子敬过谈。

初六日。立篪夫妇自省归，曾栗诚亦至。晚次熊绍香、龙澍堂、达山、五儿并至，为予贺生日。意城亦自省归，带到李辅堂、曹志忠各信。

初七日。曾栗诚回省。周昌辅乔梓并枉过。以予生日，为小宴，序坐客凡十有三人。

初八日。龙树堂回。意城邀同熊绍香赴荷叶塘晚酌。是日微雨。

初九日。雨。圆木塘张君邀饭。此尤所居近邻也，命立篪一往酬应。

初十日。雨。熊绍香回县，顺致易冕南一信。志城专足送信，亦以一信复之。杨瑞堂自益阳回，接到吴砚农及薪吾二信，又接张旭春一信。

十一日。意城赴省。堤上宗人名家楹者，有女嫁刘氏，屡函求一归视，茫然莫知其谁何也。顷复专足来，乃问得之。

十二日。李召甫、周叔阶均回县应县试，而明斋随至。晚次刘筠斋来，接到意城、志城及易冕南、王镜心四信。

十三日。复志城、冕南二信。专足赴省寄意城一信，以中丞谋修辑通志兼开书局，属予主其事，预以一信辞之，明非鄙志所存也。

十四日。邀刘筠斋、何永清及一侄午酌。永晖自县来，带到志城一信。李大自省回，带到意城一信并曾燮堂信。曾侯夫人赴金陵，无因携带周氏仆妇同行，亦殊奇矣。

十五日。雨。荷塘专足赴省，便寄意城一信。永晖自县来，寒家老工人也，年七十矣。

十六日。雨。篪儿赴县应试，因令永晖随行，顺寄易冕南、李试吾、陈遇佳及燮叔四信。

十七日。张伯羲枉顾，随回县城，顺致易冕南一信。意、志均有信，均各以一信复之。

十八日。李大自县归，接到易冕南、曹志忠及笙陔叔信。

十九日。益阳张金鹗持胡珏轩书至，属荐致之曾相、李宫保处，其人则乡人也。珏轩此举太无谓。又接意城递到粤东三信：一王朝治，一虞朝佐，一罗云翰。蒋君行后，王又被撤，足以补蒋之所不及矣。

二十日。诣荷塘视刘芸斋，察看大女病证，颇心虑之。张翰秋见示上曾相书，所陈三说，一曰收天下之利权以维风俗，二曰慎朝廷之名器以厉人才，三曰调生民之元气以培国脉。其言甚美，要之空言而已，庄生所谓古人之糟粕也。

廿一日。雨。遣人赴荷塘问视大女病势，则已物故矣，为之怃然。以雨不得轿工，傍晚乃能往视。张翰秋冒雨回益，馈之路资，固辞不受，颇怀歉然。

廿二日。刘芸斋回县，便致冕南一信，并书示立篪。

廿三日。易冕南专递一信，知县试第一场案已发，篪儿取录二十八名，次场亦已覆试矣。当覆一信，并致志城一信。

廿四日。为满婶生辰，一诣沙坪，顺至宗祠相度工程。晚归，得意城、志城及魏鉴堂、姚彦宏各信。

廿五日。奇热，傍晚风雨交作。彭四自县归，知今日又为覆试之期。场中酷热如此，实心虑之。

廿六日。遣杨升赴省。致意城信，兼致梅小岩、曾燮堂及笙叔三信。盖托小岩查示黄小园观察情形也。

廿七日。左亮甫专递一信，当以一信复之。李大自安化归，接罗小苏、小溪兄弟一信。杨升自省归，接李申甫及意城二信。

廿八日。雨。饶家老屋于是日兴工，为文二通，一告土神，一告井神，盖旧有井须堙之以建屋也。因请何永清、周萼楼、李育之、龙笙楼四人为相礼。晚宴土木石工二十人于家。沙坪支祠亦以是日兴工，函致达山一往照料。

廿九日。冕南专送一信，并由志城递到姚时熙一信。志城信并及三太太病症，甚心虑之。当复冕南及志城二信，又书示立篪，属令作文不必求速。来书言三场交头卷，故及之。

三十日。黄麓溪枉过久谈。吴孟亭专足送到一信，当以一信复之。

四月

四月初一日己卯。立篪专彭四回，因便致送大伯母寿礼，并致廉丞、镐丞一信，命立篪饬送。

初二日。专易三赴周吉岭椝谷，便道一问安庄情形，以闻志城夫人方患病也。

初三日。冕南遣黎俊卿、樊延龄两生来乡充写手，而黎生先至。以荷塘专足赴省，寄意城并曾沅甫二信。

初四日。子刻，县城专足至，知县试以初三日午时揭晓，立篪已得案首。吾所不欲令赴考者，正虑有此耳。徒与人争进取，以滋议论，而又增一周旋之烦，故无谓也。因专杨升赴县，并致冕南一信。意城递到李筱荃、刘云生、章旭初、汤小庵四信。章信去岁七月杠寄，为小庵延搁至今，亦殊舛矣。周蟠西杠过久谈。

初五日。阴，寒。数日奇热，又忽有此，天行之违常度如此。遣人赴县接立篪回家。

初六日。雨。意城信言刘荩臣已擢滇督，而回酋杜文秀蚕食省旁县邑，近逼省垣矣，滇事殆不易措手也。是夕二鼓后立篪自县归，带到黄凤喈、易冕南、陈镜浯诸信。县试招覆各卷，明府皆面交之。文笔皆挺拔舒展，亦可喜也。

初七日。樊延龄、李召甫并至，并黎俊卿三人。高楚英回县，顺致志城一信。

初八日。吴松崖寄到一信，以岳州救生局事务杠商。松崖为南屏退庵族孙，亦一办事才也。

初九日。微雨。复吴松崖信。意城寄到霞老、沅甫及易麟书、刘家柱各信。

初十日。有日记数本并旧诗文稿在子敬侄处，往求之，得给还日记一本、文稿一本。旧稿久无一存，得此又稍有片羽之留矣。

十一日。大雨竟日。意城以满女病，冒雨归家，并携一医师汪姓者至。

十二日。诣荷塘久谈，汪医所拟方极有见解，亦一良医也。禾兜、芦根乃皆药中上品，向竟不知。

十三日。立夏。专杨升诣省，致霞兄、沅甫、研生并易昀陔信，又托昀陔转递易麟书、李湘甫二信。又致饶太和一信，查拨粮事。魏敏斋检交历年完粮清单，仅魏九如、魏宏有二户，其魏九如一户又更名魏敏慎堂。李育之无故拨入魏省吾一户，询之魏敏斋，竟不能知。自念生平于兄弟子侄，实不敢有过为。天日昭昭，可以自信。在粤两年，为毛寄云、瑞澄泉两君屈抑过甚此但坐一忌字，发愤一参，稍得自伸，而遽为左季高所陵藉此蓄意援引蒋湘泉，但坐一私字。幸得归家矣，乃为一至愚极陋之李育之挫折百端，其事又猥甚。惟其猥也，故更无可陈诉。偶举其略以语意城，则多为之解说，知其受蔽深而微矣。毛、瑞、左三君者，吾皆能仰测高深以知其由。至于李育之，屡世受吾提挈，以有今日，又实无开罪之处，其敢于相陵藉，实有所恃以无恐，其根株若甚固者，吾实茫然不知其所以然也。德之不修，于此亦可概见，特书此以志之。周丽生来，述悉郴卡员绅徇私护党，稍有才智，多遭忌刻而龄龁之，而于办事节要，一切漠然无所知晓。古今朝局，大抵如斯，岂独一郴卡然哉。李申老专递一函，并以重开褒忠局及刊刻官书属吾主之，此真无名之举，当复一书力辞。

十四日。杨升自省归，接到曾沅甫、易昀陔、罗研生、饶开文四信。开文者，饶太和主人名也。遣杨大诣安庄，致志城一信。意城来谈。

十五日。微雨。左亮甫、左泉山、宋寿九同枉过，因留一饭。泉山从军浙中，保盐大使，留浙候补。是夕大雨。

十六日。雨。数日郁热不可耐，是夕尤甚，着被则热极，去被又凉极，终夕汗出如着荆棘，至不能安寝。雨意恐未已也。

十七日。雨。魏敏斋自省归，言专以魏省吾一户粮事，向粮书查询未晤。吾以此事可不必查。人所以不敢公然为恶者，廉耻与忌惮两意足以维持之。李育之敢于相陵，察其意，似若将以是议功叙劳者，尚何忌惮之有哉。无忌惮则虽查知其由，彼固泰然任之。前岁与相周旋，若此类者众矣，故至今一切不敢与校论也。

十八日。晴。杨大约三日往返，至今无信。遣李大四处觅乳妇不必得，意甚苦之。

十九日。饶月樵率其子少安枉顾，询知新由四川归，语蜀事略悉。

二十日。邀意城陪同饶月樵一饭。杨大始回，带到志城一信。是日奇热。

廿一日。饶月樵父子仍回县城取行李赴省，顺致易冕南一信。接罗海安信，乞为其丈人范湛湖作传。

廿二日。雨。连日眼疾大发，意甚苦之。

廿三日。雨，寒。立夏久而每雨必寒，稍霁又复奇热。凉热百变，不可端倪。南方风气如此，然亦太过矣。

廿四日。大雨。唐羲臣自安庄来，带到志城一信，知方以日内赴县也。

廿五日。接到黄石珊信并寄示所撰《汨罗志》。又接到志城、冕南及饶月樵、李必生各信。

廿六日。复黄石珊、易冕南及志城三信。石珊为周绎臣乞诗片，临发信时又忘之。老年精力如此，亦可伤也。

廿七日。陆家垅宗祠修理，始知涂子湘不独毁坏山场而已，并屋宇亦皆拆毁之。而瓦雀塘租谷又以前岁所馀谷搀和。涂氏之为德如此，即长沙人心之坏，亦可想见。

廿八日。专杨升赴省，致沅甫及饶太和二信。又接志城一信。夏日方晴，而寒未减，中午以后，又阴云布空矣。

廿九日。杨升自省归，带到沅甫一信，并得会试榜信。邑中中式二人：易鉴章、周畸枚，而陈庚楼之孙陈启泰、黄仲常之子黄自元、李宣伯从弟李郁华皆与焉。

闰四月

闰四月初一日戊申。志城专递一信，知意城邀其来此而未能也，当以一信复之。是日午刻大雨如注。

初二日。立篪赴省赴府试。致文思一信，以寿山伯今年八十，补致食物数种。曾沅老至，人工均已赴省，一切都未预备，又值热极，稍一周旋，而眼疾大发，又同赴意城处一谈。是夕大雷雨，风。

初三日。意城满女殇，一往视之。此女甚慧而无夭征，极可伤怜。与侄孙女之（伤）〔殇〕相距才四十日，意城于此，亦颇难为怀也。

初四日。沅甫回省。接志城一信。眼病乃至大发，外皮俱肿烂，极不可过。

初五日。遣杨升赴省，以立篪约其今日到省。顺致曾沅甫一信，并致刷书价交黄少昆刷《船山遗书》二部。

初六日。阴。微雨数日，天晴而凉意未减。闻志城尚着重裘，吾此亦重绵也。

初七日。熊氏姨自县来。遣足赴安庄，便致志城一信。得意城手片，知一侄已于今日赴省，并知李宣伯自省来视，为一侄邀同回省也。

初八日。意城见示省信，知朱桐师已大拜，单地山吏尚，郑小山工尚，毛旭初总宪，沈经生户侍，殷谱经吏侍；而贵州寨头苗匪已为席砚香攻克，据叶兆兰信，已由寨头进克岑松、寨瓮诸大巢，皆历年用兵所未能得手者。苗匪或尚易了也。

初九日。朱甥相就读书。接石翘一信，并其女亦送此抚养。其情状亦可怜也。篪儿递到金眉生、刘荔坛、潘树辰各信。当以一信示篪儿，以闻其患喉痛，极念之也。

初十日。苏少卿枉过，出所为苏氏族谱凡例见示，且为序。是早大雨。饭后辞去。

十一日。由江西人便寄复朱石翘一信。翰舟专足递到王孟甫一信，并开示邓训诰号宝臣、周兴国号佐卿。营员书问，惟邓、周二公最勤。托冕南查开行号，独缺二公，顷始由孟甫军门开示也。以来便顺复翰舟一信。杨升自省回，知召甫、延龄二生尚留省也。

十二日。周瀛士、姚彦嘉枉顾山中，并带到金眉生所寄诗册。内怀人诗四十首，其佳作也。又寄惠罗两峰画《犬吠吕仙图》，极有奇致。冕南专递一信，并附寄傅旭初、黄凤喈及志城各信。闻志城赴县又复患病，甚念之。

十三日。复冕南一信，并书致志城，附寄志稿九卷。廉丞、蟠西，太无行径，真累人也。

十四日。陈又愚自县来，始知岳州一馆已被撤，痛诋张伯羲，谓渠实一力成之。语不足信也，而伯羲之居心行事亦实未易窥测矣。

十五日。彭四自省归，带到沅甫宫保、周稚威、陈杏生各信。沅甫并传示霞老信，知湘乡廿六都、三五都又有蠢动之信。人心之浮动极矣。

十六日。陈又愚赴省，顺寄意城及沅老、丁禹生、周瀛士、饶月樵各信。

十七日。遣杨升赴省运《船山遗书》送县。致于桐轩、黄凤喈二信。又复傅旭初、易冕南及志城各信。申老专足至，递到韫斋中丞、李榕峰廉访、王初田陆心农两观察信，仍以书局见委，当各以一信辞之。

十八日。大雨。荷塘专足赴省，顺致意城一信。

十九日。雨。宗祠及饶家老屋均于是日上梁树架，而雨不已，与三月廿八日兴工气象正同。此屋本非为卜居之计，一切乖忤，听之而已。

二十日。雨。立篪专足归，接到意城及张竹屋、沈观光、张德修各信。沈、张二君竟不知为何人，其立言皆若有所求请者，不可解也。

廿一日。雨。由立篪转寄意城一信，以场后谒太尊一切事宜托其照料。

廿二日。晴。陈怡生、伍松生枉顾。杨升自县归，接到于桐轩、黄凤喈、黄石珊、虞恺仲、易冕南、曹志忠、张伯羲及志城各信。又接张淮西一信，求为其族谱序。

廿三日。微雨。接朱宇恬信。张竹屋寄到诰轴三件并信。是日专足赴省接立篪归家，顺致意城一信。

廿四日。大雨。外科马茂亭，年七十，精神尚如四十许人。眼疾又复大发，每一客至则眼疾加剧，亦一奇也。

廿五日。伍松生回省。立篪自省归，接到崔春圃及意城二信。

廿六日。接育之信，知已自辰州归，为予购得寿木一具。本托购两具，大率以钱不便之故。示价十九千二百，计亦非上品也。

廿七日。邀任春圃午饭。大雨竟日，寒如深冬。今（日）〔年〕时令乖异，亦向所未有也。

廿八日。童小舫、任春圃枉谈。任芝田、杨琴堂并专足至。

廿九日。专杨升赴省，致意城及曾沅浦二信。又以初二日支祠安神龛，函告达山，嘱其就近照料。

五月

五月初一日丁丑。任春浦过饭。昨夕梦扈圣祖驾，在途召对终日，似方南巡，亦不知其何地。恍佛以前曾奉命查办事件，尽为解脱。圣祖问曰：吾所闻一二事甚确，而亦为之解脱何也？对言：皇上所查均确，不独此一事而已，然国家定制，必以亲供定谳，此数人者，皆不肯具亲供，其事又甚微，不宜遽以刑讯，亦念皇上浩荡天恩，以全此数人之廉耻尔。圣祖颔之曰：只合如此办理，我当时亦迫于势，不能不一查，不查将使人玩法，必一一致之于法则刑滥，刑滥亦足使人玩法。所论事理甚多，惟此一节记忆分明。同时召对者二人，皆犯颜直谏，心揣圣祖必怒，乃笑曰：汝姑从容尽其说，待吾思之。意怦怦然以为真圣人也。召对毕，甫出门而醒。以吾生平尝憾不生圣祖时，得上受圣人之陶成，庶幾有所成立，此梦因积想所致，所谓幻因也，然亦奇矣。是夕志城至。

初二日。饶家老屋是日上梁，一往视之。土工太远，罗工情形实令人怀憾，受李育之之累多矣。

初三日。奇热。志城归。接曾沅甫、赵玉斑、伍松生及意城各信。易冕南专足至，又接冕南、槃西及陈熙堂各信。

初四日。阴。接到周汉程一信。荷塘专足自省归，带到意城及门人葛振嵩一信。

初五日。阴。奇热。

初六日。奇热。荷塘专足赴省，顺致意城一信。

初七日。料理衣物。左手腕作痛数日，用膏药贴之，稍愈。是日稍一用力，右手腕又复奇痛，此真老态矣。

初八日。李七回梓（子）〔木〕洞，顺致志城及李石帆信，并致恺仲、冕南二信，托志城觅便递县。

初九日。陶晴溪自安庄来，带到志城及曹军门志忠、傅镇军永贵三信。

初十日。寄复志城一信。李七自梓木洞来，接到李石帆一信。

十一日。接志城信。

十二日。意城寄到蒋湘泉所刻《穗垣舆诵》，无一知名者。观所刻诗文，大都集矢鄙人，以诵蒋君之明德而已。小人之无忌惮如此。左季高贻祸之烈，以乱天下有馀，故为可叹。

十三日。何生携一刘姓者至，以其家与杨姓构讼，求一为之道地。求馆之不已而至于求词讼，深愧门墙之不峻，使小人得以至乎其前，惟有愧咎而已。

十四日。意城自省归，带到湘乡相国一书，语及时事，多可慨者。

十五日。新建陆家垅宗祠成，迎主入祠，恭诣行礼。意城、志城、镐丞、达山、席珊、焕南、子敬、炳文、敬修、腊生：会者共十一人。冕南专递一信，并接傅右衡、王衍庆、韩峻勋各信。

十六日。裕时卿以《晚凉洗马图》属题。左季高诗云：官阁新凉傍晚生，使君挥麈意纵横。偶缘岩壑着闲趣，更对琴书发古情。纾国暂筹盐铁论，忧时还听鼓鼙声。奚官呼马勤刍秣，拟试骅骝赋远征。予因有句云：试回铺张远征赋，何如拂袖南山归。亦知左君客气，不足与言纯忠之旨也。

十七日。志城专黄三递到一信，当以一信复之。随着杨升赴沙坪，顺付达山一信。

十八日。雨。罗海安枉谈。又有周虞章者名黼父，周稚威之侄也，来求帮助。而张力臣、苏少泉又各杠书，坐守回信。是日酬应，几至应接不暇，亦一奇也。

十九日。复张力臣、苏少泉二信，并为苏君撰《苏氏族谱序文》，并交来足带去。是日大雨倾盆，意城赴省，遇此良苦。

二十日。陶晴溪回县，大雨，顺致易冕南一信。

廿一日。大雨三昼夜不息，阴晦常如近夜，湘阴以下又已化为鱼鳖矣。念之怃然。

廿二日。阴雨如故。接库仁龛信，由意城递到，又递到张蔗泉信，并钞寄时文一本。

廿三日。大雨。育之自县来，其意仍以辰州道远，托意城为之调近也。周石荷亦来，坐少顷去。

廿四日。大雨。冕南专递一信，并抄寄各稿，当以一信复之，兼书致志城。

廿五日。晴。周昌辅过谈，出示静帆会试之文，可云佳作，而以殿试甲第太低，以进士归班，固为可惜。

廿六日。曾挚民专足递到一信，方致力于《毛诗》，所问皆系毛义与集传异旨。诗传固当从毛矣。

廿七日。致意城及杨瑞堂一信。

廿八日。由意城递到饶月樵一信，又有名竟成者，大约桂东宗人也。

廿九日。复曾挚民信。

三十日。阴。连日奇热，雨意又将作也。张力臣专足寄到一信。

六月

六月初一日丁未。复张力臣信。并检刘云生信复之，以云生前寄示喜怒哀乐未发谓之中说，纵横博辩，求申阳良知之说，久未寄复，至是始考订中庸本义，一与论辨之。

初二日。高赤城递到刘韵农信，知韵农掣签山西，求一书抵郑筱珊中丞、胡莲舫方伯。当复韵农一函。

初三日。意城递到袁予文一信，并知方伯书局必候鄙人到省，而冯次山、汤子惠诸公，皆待此为生，盼望甚急，势不能不一往矣。

初四日。以料理赴省，寄复湘乡相国及劼刚、库仁龛、李筱泉、金眉生、屠啸筼六信，皆所宜复者，似到省即须发行，故缮就带往。

初五日。赴省，就寓南老宛园。易芸陔、黄少琨、张力臣、曾沅甫、赵玉班及意城并至，申甫亦相就谈至三鼓。

初六日。往刘韫斋、张石卿两中丞，李申甫、裕时卿两方伯，李榕峰、葆芝岑两廉访，王初田、陆子寿、裴樾岑、陶仲瑜四观察，孙春皋太守，刘敬六、麻竹师、张紫联诸处谈。晚就申甫小酌。

初七日。往邹资生、成敬斋、劳仪卿、彭海春、李仲云、辅堂诸处谈。申甫夜过，至四鼓归。

初八日。往周瀛帆、罗海安、饶月樵诸处谈。三日衣冠热共，极不可过。

初九日。沅甫邀同李次青、成静斋、罗研生及意城荷花池早酌。

初十日。次青复约荷花池早酌，伯宜亦至。研生、次青力主纂辑通志之议，因过申甫一谈。

十一日。申甫邀同裕时卿、曾沅甫午酌，因过仲云、辅堂一谈。

十二日。仲云邀同李次青、易海青及意城早酌。是日热极，夜不能寐。

十三日。胡恕堂邀同曾沅甫会宴宛园，并出所绘《听禅图》嘱题，盖述其三生前果也，其说得之萧彩玉，并绘美人二百馀帧，奇缘亦巨观也。是日，召口技者为戏具数事，极有奇趣。

十四日。沅甫邀同成静斋、罗研生、易芝生、黄子寿至湘乡试馆销暑，作竟日之谈。晚与子寿过张力臣一叙。

十五日。出门酬应一次。晚过申甫谈。

十六日。申甫晚来谈。

十七日。题胡恕堂《听禅图》诗云：三人兀坐各殊状，是我非我屹相向。经过二十更七十，此身早出百年上。百年一瞬能几何，三生岁月此生多。古木苍藤无恙在，拈花微笑证波罗。

十八日。南老邀同沅甫、静斋、意城午饭。接孙竹堂、袁予文信。熊炳南赴江南，致曾中堂及劼刚二信，并寄志稿十三卷。又托韫斋中丞递寄李筱荃、库仁龛、金眉生、屠啸筼、刘云生五信。

十九日。沅甫邀同张哲泉、罗研生、成静斋及意城重聚湘乡试馆，为立秋之会。晚次李辅堂、杨砥皆、张力臣、黄少昆过谈，并与少昆酌议志局差使。

二十日。李仲云过谈。旋出酬应一日。家中遣工来接，料理作归计。沅甫晚过谈。

廿一日。热极，不敢就道。诣沅甫早饭，随偕沅甫、子寿及意城看鲁班庙周姓屋，因过小乌门，就黄少昆处纳凉，傍晚始行，到家三鼓矣。

廿二日。工人挑运行李，留宿石子铺，计在偷一夕之懒而已，而至发使三数辈往觅之，亦颇受其累。

廿三日。龙树堂、周坤仑及子敬过谈，因与子敬谈述近事，而龙、周二君已行，未及一见。

廿四日。以多孙病，专足诣志城询问药方。又因子敬赴省，致张力臣一信。由徐凤五赴坡阴，再致志城一信。

廿五日。陈怡生嘱题其尊人《袁江怀归图》遗照。题云：脊令原上秋草肥，清江一棹白云归。别日苦愁归日乐，此景历历人间稀。不用莼鲈学张翰，但愿耦耕息岩畔。风流老辈今已无，我亦归歌白石烂。

廿六日。志城专足递到一信，当以一信复之，以多孙患病，嘱其拟方即遣行也。

廿七日。接意城信并张竹屋、周桂坞二信，盖由舒兰生带到者。吴聘廷专足由崇阳沙坪局递到一信，求致书何小宋中丞为之说项，乃为致张小山一书，并以一书复之，略答其意。

廿八日。黄少琨专足递到志馆关书。以多孙病，致志城一信问方药。

廿九日。志城来视多孙病，亦接任春圃至，易冕南、杨琴堂各专足送信至。

七月

七月初一日丙子。复少琨、琴堂信，并致韫斋中丞，申甫方伯，榕峰廉使，福田、心农两观察及曾沅甫、黄南老、子寿各信。

初二日。黄少琨重专足至，知昨寄复各件尚未收到。

初三日。志城归。热甚。专足接东林和尚，并致意城及黄少琨二信。

初四日。雨。魏粹吾赴省，寄成静斋一信，并专足赴花屋，顺致志城及应扬二信。宝应、慧明及东林先后至。

初五日。雨。意城递到周筱楼、魏鉴堂二信。筱楼以监利厘局一年期满，惟恐失之，嘱一言之小宋中丞。鉴堂寄其尊人祝亭先生所著《四声综辨》、一是《纪始》、《天涯闻见录》三种。

初六日。晴。接志城、应扬及焦听堂信。听堂寄示诗稿一帙，意求以此附入县志也。

初七日。东林悄然遂去，实歉于心。黄子寿专足送书至，当复一书，并书致意城及沅甫。

初八日。两日奇热。多孙病势未退，夜间家人均不能寐，有累老人多矣。

初九日。意城递到沅甫宫保一信，志城递到陈军门飞熊一信，并为多孙拟方。相距过远，揣测病情，未知有当否也。

初十日。阴。是日为中元接祖之期。朝夕供饭凡五日，楚俗然也。

十一日。遣杨大赴省，致意城及曾沅甫、黄凤喈三信。

十二日。荐新。易晓亭军门荣华枉过，深山中乃有此等酬应，恰好以荐新筵席款之。杨大晚归，接意城一信。

十三日。雨。遣杨升赴安庄。晚次唐大复至，知志城方患病也。

十四日。雨。易晓亭归，遣李大送之，以易君骑马至，数日雨凉，改乘舆也。

十五日。阴寒，正当收割之期，虑非宜也。毛丰浦枉过一宿，早饭即行赴省。杨升仍在达磨山接东林至。

十六日。雨。为志城相时来塘周氏田宅。历来所相田山屋宇，无若此之佳善者。周氏从子曰子宪，领看屋前后形胜。

十七日。雨。立篪赴省应院试，顺致意城及焦听堂、周筱楼二信。

十八日。阴寒。谷未收者皆已生芽。岁功将成，而忽有此，此所谓天运也。张力臣专递一信，并黄劭坤、子寿各信。志城递到库仁龛、曾沅甫、成静斋、嵇月生、曹芗溪各信。

十九日。雨。复力臣、劭坤、子寿信并致家信二件。东林以家多疾病，灾及猫犬，谓土神不安所致，乃请其一安土神。

二十日。昨下午忽见晴霁，晨起又复阴雨，山上收成恐无望矣。接罗海安信并惠团扇一柄，意求荐书局及箴言书院一席。

廿一日。专足赴省，顺致罗研生、罗海安二信。是日大雨，卢妪并带朱氏女回家，遇雨可念。

廿二日。接立篪信，始知研生已回家。

廿三日。庄氏侄女来，以嫁妹之故，向我借贷。随接意城信，知埙侄岁试取录第一，并寄到姚庶侯一信。

廿四日。以荷叶塘便足，顺致意城信。子桂晚至，询及王觉民、张伯羲情形，乃云尽同事无不诟怨者。问何以然，曰意气盛耳。大约此二人尚为能任怨者，而专护私以伺人之隙，其致怨也宜矣。

廿五日。意城递到金眉生、袁予文二信。周受山专足至，并带到吴桐云一信，始知其由闽假归，廿三日已抵家矣。

廿六日。复周受山、吴桐云二信。受山并约中秋后枉临，允在家候之。又复金眉生一信。

廿七日。唐萼楼赴省应试，便致意城并示立篪二信，以次日为湘阴试期，日内收租，无暇专足往视也。

廿八日。雨。接席山信，知宗祠开窑制造砖瓦，涂子湘竟敢阻拒，其无状如此。遣足赴安庄致志城一信。

廿九日。中午雨，雷。周大自安庄回，接到志城一信。

八月

八月初一日乙巳。专足赴省，顺致意城及曾沅甫宫保一信，以其世兄符卿、健农试隽致贺。

初二日。得院试信，立篪取进二十四名，吴镜舫、易小彦、李仁庵、毛俊卿、胡镜仙、萧涵江均有子入学，焦听堂之孙、易桐生之侄亦与焉，吾家荣覃亦与焉。府、县前十名所未取进者，张力臣之子一人而已。入学乃至四十五人之多，视原额三倍。并得意城信，知直东捻匪全股肃清，李少荃宫保尚无回任之信，而霆军须撤遣者十馀营，亦吾楚之累也。意城又递到罗研生一信。

初三日。为志城相度时来塘一庄已成议矣，而闻其屋曾毁古圹三，因往辞之。午刻志城至，正以看屋而来，为之惘然。彭葆初枉顾，并带到其尊人晓航太守遗集十六卷，嘱点定之。

初四日。彭葆初回省。志城以相度屋基留住一日。

初五日。志城归。徐渔臣年丈枉过一谈。遣周大赴省，顺致曾沅甫、朱宇恬二信。下午唐萼楼回，得立篪信，则沅甫已于初四日悄然归湘乡矣。

初六日。遣四工赴省接立篪回家。周大自省回，知一侄亦于今日抵家矣。饶仿桥过谈。

初七日。立篪自省归，一侄亦归。接到周寿山、李次青、黄子寿、黄凤喈、朱宇恬各信。周辅堂专足递到一信，东直肃清，少荃宫保以鄂督协办大学士，曾中堂调直督。此老及时求退，抑亦明哲保身之一道也。

初八日。大雨。山中谷尚未收，此雨为累多矣。闻县城西水已入西门城，亦一奇也。复周辅堂信。黄子明递到曹岳森信，当以一信复之。岳森，曹石山之子，求入志局者也。

初九日。大雨竟日夜不止。易晓亭军门、毛丰甫均冒雨重至。思一遣人赴县，两日不能成行。饶家老屋土工，前夜适支钱谷起工，两日奇雨，坐食而已。末世之天，专务助成人心之恶，相与颠倒迷乱以趋于败坏，亦气数然也。

初十日。雨。易晓亭、毛丰浦均回省。吴孟亭专递寄一信，荐其从弟晓帆名奎焕者入省志局，味其书辞，盖伪托也，而志局事亦非我所乐与闻，当以一书复之。专周大赴县，顺致志城及于桐轩、陈遇佳各信。

十一日。雨。周昌辅、周丽生均有信托谋事，昌辅荐其亲龙墨仙名翰衢入志局。各以一信复之。

十二日。雨。意城递到胡珏轩一信，又以箴言书院约为来岁之局。孟子有言，是为冯妇也，于道亦不尊矣。何永清、黄小溪枉谈。李作舟荐其亲属何顾庐名宗试者入志局。

十三日。雨。复胡珏轩一信，并寄意城转递。周大自县回，带到志城及易笙友、陈遇佳、李莩香诸信。李莩香为陈君同事，予尚不知其人也。县城水涨而雨不止，凉秋得此，亦向所未有也。

十四日。雨。荷塘专足赴省。唐莩楼约归家过中秋，以雨未能成行。

十五日。晴。接意城信，知马穀山调两江督缺，湘乡相国已前有开缺之请，未必肯赴直督任也。是夕中秋月色，自顷数年未尝有此。

十六日。专足诣志城，并令送杨瑞堂一信。唐莩楼归。周昌辅、周堃轮、龙树堂枉谈。

十七日。两日甫见日，阴雨又作，天意荒矣。默观物理，猫犬之佳者不可得也，即家常所畜，一病辄毙，而鼠鼪纵横，为患日剧。乡间蚕蜜，俱不能旺，而松生虫，百菜生虫，其他虫产之繁亦较甚于往日。大抵正气销沮，沴气日昌，不独人事然也，物类尽然。天运之流而日靡也，谁与匡而正之？湖南乱机之伏久矣，心忧此二年必不免水旱之灾，而反见丰稔。今兹八月之雨，盖非徒戕贼晚禾之地，或者移开春栽插之雨于此时一倾泻之。大福不可妄邀，丰年不可屡幸，吾与衮衮诸公，皆天之人也，惟天所命之而已。是夕周大回，接到志城及于桐轩、杨瑞堂三信。

十八日。童小舫枉谈。志城专递一信，并以十金为立篪助喜，当复一信辞之。意城递到罗研生、李召甫二信。

十九日。以邻里枉贺诸公须一回拜，因诣魏芷亭、魏登南、徐渔老、饶凤楼、饶仿桥、童小舫诸处。长塘杨镇军月前枉顾，至是亦始能一往回拜也。

二十日。致意城信并复罗研生一信。是日又复阴雨。五月中谣传八月必有大灾，民命几戕其半。此二十日之雨，乃知谣传固非虚语。

廿一日。以多孙病，仍遣周大赴安庄问方药。易冕南递到曹志忠、傅永贵两军门信，熊铁臣军门专递一信，皆从安庄来者。是日凡接志城三信。

廿二日。复冕南一信。意城来谈。大雨穷日夜不息，山中租尚未收也。县城水势日涨，闻为历来所未有。

廿三日。大雨连日夜不息，而郁热殊甚，雨意方长。此非雨之有馀，直移明年春夏之雨尽注于此一时耳。天意亦劳矣。

廿四日。大雨。为先资政公生辰，率儿辈致祭，亦向章也。

廿五日。大雨。萧衡士过谈。刘云笙专递到一信，以志馆调取各族谱，乃抄其谱序见寄，当以一信复之。

廿六日。大雨。篪儿赴省领花红，顺致罗研生、黄凤喈二信。郭海清夫人文氏枉顾山中，并接海清一信。意城又递到原任广州府经历张家瑞一信号兰畦，其子汉昭，中式丁卯乡试，兼送朱卷一本。

廿七日。大雨。毛丰浦专递一信，当以一信复之。宋子钰专送一信。又由赴省工人带到罗研生、晏圭斋二信。

廿八日。大雨。海清夫人竟为雨阻，不能旋省。遣使赴安庄，又由安庄转致易冕南、虞恺仲、黄石珊各信。

廿九日。大风雨。自廿三日大雨涉旬，而郁热不稍减。本日始觉寒。海清夫人冒雨旋省。

三十日。雨。杨瑞堂回，接志城一信。

九月

九月初一日乙亥。雨。自八月八日雨至今，惟十五、十六两日晴耳。西水方涨，晚谷大歉。周吉岭租谷讫不能收，天心殆未可问也。杨琴堂晚至，带到土木工二人，盖为茅岭塅修造计也。

初二日。雨。意城邀同杨琴堂午酌。遣李大赴省，命篪儿转交罗研生、晏圭斋二信。高楚英至，带到志城及易冕南、虞恺仲、黄石山各信。

初三日。大雨晦冥。据志城信，县城诸围一溃无馀，损伤人口不少，盖藏一扫而空，所存独义合、文洲、荆塘数围而已。而雨势滂沱，水涨不已，竟不知时令之已至霜降也。为之心怖。李大自省回，并带到罗研生一信。

初四日。熊绍香夫人专足送信至，当复一信。又接到张紫联太夫人信。李筱荃递到信一件，并抄寄谕旨二道。高楚英回县，顺复冕南、恺仲、石珊信，并书致志城。

初五日。昨甫晴一日，本日又阴雨，何晴之艰也。遣工赴省接立篪，以前信约先一二日挑运行李归家。

初六日。雨，又兼郁热，此皆所谓挪明春之雨尽力倾泻者也，念之惘然。志城交杨育才递到一信，言正洞田事。

初七日。雨。复志城信。并添遣工赴省接立篪。熊绍香夫人自县至，李桂仙自子母洞至，萧学臣自省至，人客三班。周寿山又专足送信至。亦不胜其烦矣。

初八日。大雨。复周寿山信。桂仙、学臣为雨阻不能启行，省城亦未识能成行否。无情之雨，穷昼夜不息，天意荒矣。午刻，立篪归，谒告祖先。邀周昌辅、唐萼楼、李桂仙、黎俊卿、朱见言及意城午酌。

初九日。大雨两日夜不少息，为之心怖。遣篪儿诣周昌甫、罗海南，以意城十一日赴省，拟赶初十日邀周、罗两君一饭，遂令冒雨一行，而不虞终日倾盆若此之剧也。

初十日。大雨。罗海安不至，至者周昌甫，意城子敬父子陪饮而已。

十一日。大雨。盖至是狂雨四昼夜矣，能无悚惧，以意城赴省之便，顺致湘乡相国、库仁龛、李筱荃、王少鹤、张竹屋及赵玉斑、成静斋各信，并托竹屋领邹氏八品诰轴，先馈以廿金。

十二日。早晴，逾时云起，阴微雨。周拔吾尚文持黄鹤筹信至，亦求省志局差使者。数月以来，坐此疲于酬应。高楚英送到虞恺仲、黄石珊、易冕南、熊藻汀、张掖廷、焦听堂各信。

十三日。阴。复黄鹤筹、虞恺仲、黄石珊、易冕南、熊藻汀、张掖廷并致志城、汉舟各信。

十四日。阴。荣覃至，接到笙陔叔一信，又接意城及杨琴堂二信。荣覃求书楹联云：奋迹诗书，以鸿厥庆；承光门阀，载烨其施。琴堂信言：高华团有易龙斋之侄耀南兄弟，假神惑众，首士龚一臣、李星门、刘子青八人，尊信附会，勒捐修庙，其神曰黄毛大帝。

十五日。阴。周昌辅信言周静帆已抵家，嘱为谋置箴言一席，当即函示意城为胡珏轩言之。夜梦与左季高会晤，季高深自引咎，至于批掌自责，吾心亦稍释然。既寤，始知其梦也。季高阴贼险狠，鬼神亦欲于其睡梦之中督使省悟，但有一念悔心之萌，则生人之理犹未甚尽绝于其心，而观其厉气方昌，殆非鬼神所能斡旋者矣。

十六日。专足赴省致黄南老、子寿、魏鉴堂及意城四信，又遣徐凤五送志城一信。多孙昨又病，致累老人彻夜不能睡，特遣问志城一方也。罗云溪晚至。

十七日。省足回，接到意城及黄子寿二信。十五夜闻荷叶塘有工赴省，寄去一信，据意城信，则前信尚未递到也。

十八日。命篪儿诣安庄。湛少帆枉顾，以殷信臣、殷五云两家构讼，求一书解之。两家均非良善，又与老人平日无半面之识，何为干与之？少帆所干求，亦出意外矣。

十九日。黄麓溪来谈，因留便饭，始知竹屋参劾张力臣，五六月间已有此议论。

二十日。子敬陪同舒兰生至，因留饭。

廿一日。接张蔗泉信，当以一信复之。徐理问澐荫轩枉过，言黔事颇棘。意城信未言及，而闻黄少昆带所部赴黔，知所言非无征也。因致意城信，并致刘霞老、曾沅甫、黄子寿、瞿秉常四信。

廿二日。雨。抑何雨之多也，岂必使明春课耕之雨涓滴无馀耶？奇矣。曾静臣由省寄到金陵枉寄各件，因专足至省一催之。宝应和尚、周石匠并至。

廿三日。自昨早云起雨作，两日夜不一止息，奇情奇景，亦历来所未有也。县城专足至，致易冕南一信，又复志城一信。

廿四日。为多孙周岁之期，是日幸微见日无雨。县局专足至，得易冕南、虞恺仲、黄石珊信。

廿五日。雨。由意城递到杨性农、李辅堂二信。辅堂信满纸嘲诮。君子曰，此亦妄人也已矣。

廿六日。雨。又周自省来，闻四侄女廿三日以产难物故。志城方为儿辈疾病所苦，又得此耗，殆难为怀，而舒棠阶家运如此，倘亦天穷耶？

廿七日。专足送戴春和一信，以其子完娶之期，往致礼也，陈镜吾专信至，随复郁文、镜吾及致陈遇佳、易冕南各信。

廿八日。一侄来，接意城递到罗研生、赵玉班、许子双、欧阳信甫各信，许子双又递到黄生润露一信，盖黄晓园观察之子也。

廿九日。由意城处致复罗研生、李辅堂、杨性农三信。辅堂与吾论志事，无当事要而以狂悖出之，研老亦于其中推波助澜，故并以书诘责之。兼致王初田、欧阳信甫二信。

十月

十月初一日甲辰。率埙侄、篪儿谒告陆家垅支祠。竟夜星河满天，日出微见乌云，中道雨作。抑何雨之多且易也？邀许青樵、何永清二人相礼。随过宝树湾小坐。

初二日。雨。麓溪邀饭，同席曹竹苏、冯树堂、朱若霖。比归，夜已深矣。树堂精力愈强，相示八段锦诀，清趣盎然。

初三日。阴雨，郁热尤甚。天时之变如此。致志城及周春溪二信。拟令篪儿以十五日前赴水部头致祭陈夫人墓，托周春溪办理祭品也。

初四日。阴雨，郁热。周蟠西枉过。接达山信，知徐春圃老者遂已物故，计去岁与相见时恰一年耳，人事之不可测如此。易小村两次过访，携示易墨村一片，言高华团访闻案内有龚翼臣者，与其姻亲陶春海至交，属为之道地，云龚翼臣与刘籽青、李星门、龚怀民、朱耀辉、杨本立、易龙祺、杨本福等同荐黄马大帝庙，庙基则龚翼臣所捐也。

初五日。高楚英送到易冕南一信。遣周大赴下荫塅会同李祥恺诣县运取照油，是夕李祥恺自下荫塅回，恰与周大相左。

初六日。于桐轩明府专足递到一信，当以一信复之，并致冕南一信。以明府拟提各团社谷一年之息，于县城设局放赈，而令各围保正查开难户。凡此三者，皆所以自取纷扰，故以一书驳正之。

初七日。阴雨连日。尚无倾盆之雨，则犹秋冬常态也。李七赴省，顺致意城一信，并函致李申甫、李辅堂。

初八日。周大自县归，接到虞恺仲、陈建亭二信。又由意城递到曾沅甫、陈渭滨二信。周受山自益阳枉顾，得一畅谈。

初九日。雨。遣李祥恺赴省，致意城一信。午刻，次孙生，命名顺孙。是日颇寒，亦晴征也。又致志城及黄麓溪、杨瑞堂三信。

初十日。晴。李祥恺回，带到意城及罗研生二信。连日与寿山论左君所处情事，益有以比勘左君之用心矣，抑亦所谓俭人者哉。

十一日。徐仲恺至，带到徐莲浦一信。仲恺，莲浦之弟也，亦求馆者。寿山及徐仲恺均于早饭后次第回省。

十二日。专杨升赴省，顺致意城及罗研生、周寿山三信，并为寿山书一联云：愿大难酬今世事，心虚易入古贤期。

十三日。杨升自省回，接到意城及研生、寿山三信，又接周春溪信，知水部头展墓事，渠已代为部署矣。

十四日。以志城十五日生辰，遣篪儿往祝，即令就便一诣水部头展视陈夫人墓，并为文以祭之。

十五日。阴，寒。盖昨甫晴一日，急遣篪儿前赴水部头，而已阴且雨矣。黄小麓过谈，言陈松生来乡小住。

十六日。阴。篪儿自水部头归，知志城及蔡姬之病皆已小愈。

十七日。晴。为熊氏姨五十生辰，适来乡小住，因邀子敬及魏敏斋为之陪寿。陈松生、唐曦臣先后至，知蔡姬病状仍反。接志城信，方专足赴省接东林诊视也。

十八日。又阴。以安庄赴省便足，寄意城并罗研生二信，并以邓小芸墓铭寄之。专足赴安庄候问病情。

十九日。雨。接于琴轩一信，又由虞恺仲递到周辅堂一信，由意城递到王初田、劳湘龄二信。唐曦臣是日赴省。

二十日。雨。复志馆信，并检核抄来志稿一卷，甚费目力，数日颇有眼病矣。

廿一日。料检赴省行李。

廿二日。接陈熙堂信，当以一信复之。以志稿物产一类偶一检阅，约须耽延二日，致未能赴省。盖自接到李辅堂信后，未一检核志稿，距今已及一月矣。

廿三日。熊绍香自县来，意城递到张紫联、葛振崧二信，并闻易笏山近已至省。

廿四日。与诸当事约赴省久矣，而日事迁延，颇心惮出门之烦。顷幸开晴，当以便一诣先垄，料检行李一日。

廿五日。晴暖。赴省寓松阳客馆，始知凌海兄以是日子刻物故松阳。自粤归三年，竟未与凌海一面。此次相距一日，而凌海竟以痰气，顷刻委化，为之怃然。

廿六日。阴。易笏山、周寿山并至省，因罗研生约早饭，邀二君同往，鄂人黄西春太守随寿山南来，并邀同一往。随诣刘韫斋中丞、李申甫方伯、孙春皋太守诸处。

廿七日。阴。诣李榕峰廉使，彭习之、白兰岩、陆子寿、陶仲瑜四观察，刘敬六、麻竹师两大令，张石卿制府，裕时卿方伯，葆芝岑廉使，刘子梅镇军，黄南老、舒仲和诸处。侯月航亦同住松阳，新自京师归者，何子愚之女婿也。

廿八日。诣成静斋、萧橘生、彭海春、左景乔、易海青、易昀陔、张力臣、黄少春、李仲云、周蓉舫、罗海安诸处。晚赴申甫宴，同席周寿山、易笏山。函致曾沅甫、黄子寿、李次青，速其来省。

廿九日。诣何贞老、黄南老、周静帆、周瀛士诸处。晚赴瞿秉常宴，同席张力臣、黄子寿。

三十日。诣金竹虔、陈松生、饶春晓谈。晚赴黄少春、张力臣宴，同席罗研生、易笏山。

十一月

十一月初一日甲戌。王春晓自粤归，枉谈。终日人客纷集，大约求志局馆者。晚赴西枝上人宴，同席罗研生、张力臣、汤子惠、瞿秉常。

初二日。雨。此次赴省，本意赴杨梅山茶园铺展谒先茔，以连日阴雨，遂由省还家。

初三日。遣李祥恺赴省，顺致萧橘生、瞿秉章及意城三信。

初四日。雨。张芸阁托为宋子寿寓书刘咏如太守求一干馆，言咏如名撰曾常州人，为刘子迎族弟，子迎曾托缄荐曾侯处，累保至知府，遂选得辰州府一缺，至今尚心感鄙人，每言及之，但以书往，可决其成云云。鄙人前后函荐各营文武吏，致身通显，颇多有之，亦不甚能记忆也，而于咏如太守，始终未通书问，无故相请托，使致干脩于乡里一朋友，人其谓我何矣。芸阁开交咏如太守履历一纸，固请存留，因录其原始如此。李祥恺自省回，接到意城及沅甫、次青二信，均约以十五日到省。日方料理赴县，而雨意方隆，未卜能成行否也。

初五日。埙侄自省归，接到意城一信，并代撰挽唐聘山联云：归旐秋风，远宦空悲醉司马；对床夜雨，孤吟难遣老东坡。吐属自见方雅，又接志城及达山二信。

初六日。料检行李赴县。是日微雨，就宿志城家。

初七日。大雨日夜不息，到县日已夕矣，因就宿宗祠。

初八日。晴。冬至奉祀祖先。过于桐轩明府、胡橘生贰尹、黄桐轩少（轩）〔尹〕、高葆吾千总、李□□黄凤嗜两学师谈。

初九日。雨。人客纷集，竟日酬应，至二鼓始息。

初十日。雨。镐丞、左敏夫邀饭，同席杨琴堂、李镜浯、郭宝吾、左景垣及笙叔、埙侄、篪儿。

十一日。雨。易冕南委署龙阳县学，由家来县。虞恺仲、黄石珊邀同志馆一饭，同席晏圭斋、熊漱芳、鄷慕堂、李镜浯。

十二日。雨。连城伯之妻杨物故，镜芝生母也，别无子嗣，镜芝应得归宗。与夔廷、子卿、笙陔诸叔言之，皆应曰宜，而子卿叔于此亦若将据以为利者，有意簸弄之情形，极为可恶。因传蟠西申谕之，蟠西一至周旋，而随已下乡矣。吾宗如夔叔诸君行径，亦大可虑。

十三日。大雨。炳文邀饭，因过李小山、虞恺仲、殷坞云诸处谈。安南使者过县境，护送贡使之广西委员，闻极骚扰。

十四日。雨。李镜浯邀饭，终日饮食酬应，未免困于酒食。

同治七年十一月十五日戊子。雪。于桐轩明府馈佳肴四器，因邀虞恺仲、黄石珊、李镜浯、熊漱芳、左敏夫、晏圭斋、杨琴堂赏雪。敏夫不至。恺仲、琴堂讨论湘阴物产，又得二十馀种。

自七月一雨至今，日日苦闷，顷乃见雪，为之一快。

十六日。雪。熊漱芳、绍芗治肴具就文昌阁相饷，宝应和尚继之，并邀李月溪、蔡玉堂、杨星堂、李镜浯、陈镜吾、熊绍香、黎俊卿及廉丞、镐丞多人同宴，喧扰竟日，意甚苦之。

十七日。阴，寒。率荣覃及埙侄、篪儿展谒祠墓，并诣大垅祖墓焚黄。以同治三年升祔覃恩，曾请三代二品封典，春间始由张竹屋侍御寄致诰轴。至是以儿辈入学省墓，一并举行焚黄之礼也。

十八日。晴。篪儿偕埙侄同归。绍芗治席相款，适瞿炳常至县，因留宴。午刻就镐丞事处理镜芝、秉文叔侄家事，始悟天下无礼之礼，非义之义，蔽于流俗见闻者多也。

十九日。阴，寒。过桐轩明府谈。因至陈敬亭贺其弟完姻之喜。晚就恺仲、石珊饭。吾邑龚柏林者，妻董氏佣工长沙。同治四年其妻失亡，三年始求得之。盖益阳滩头围民刘大庆，在城上充当勇目，诱之以逃，遂据为妻。龚柏林控之县，陈诒珊大令置不理。展转至今县诸碧泉，凡八次鸣冤，数月始得一研讯，则断其妻以归于刘大庆。诸君亦孝廉也，坏人心、乱风俗，此曹官吏实为之厉阶。吾楚吏治不修久矣，即此亦见一斑，为之终日不乐。镐丞家晤医者唐建亭，令其诊脉。咄曰：脉歇指，何也？近年自觉精力衰惫，不能自支，亦不料其颓唐至此。以唐君言验之，果信。年岁殆将日促矣。志愿方长，终一不酬，所谓命也。

二十日。处置殷五云一事，又为秉文处置镜芝一事，终日困于语言。下午归寓，人迹阒然，始传杨升考讯，允为罪恶贯盈矣。出之愚劣万状之人，尤非意料所及，即时遣去之。

廿一日。晴。由县回家，已二鼓后矣。接沅老信，知已于十七日抵省。原约意城函示，而书信渺然，拟此三日内外仍赴省也。

廿二日。接傅旭初信，并寄到鄂省所刻官书七种。闻埙侄明日赴省，附寄意城一信，又寄志城一信。

廿三日。专徐元满赴省，致意城及陈松生一信。

廿四日。徐元满回，接到意城及李次青二信。曾挚民专递一信，并以尚书疑义百馀条见询。

廿五日。复曾挚民信，以方料理赴省（遣）〔践〕曾沅甫之约，不能逐条辨证，略就尧典中一二事，以鄙意引申之而已。

廿六日。赴省，仍寓松阳。黄南老家方集宴，屡促一往。张石卿制府，曾沅甫、胡恕堂两中丞，周瀛帆方伯，易昀陔、赵玉班、李次卿、成静斋、张力臣及意城，集者十馀人，夜半始散。

廿七日。沅甫约同吴南屏、罗研生、李次青诸人同集湘乡试馆，议通志事宜。为定八条，持示申甫方伯，则以赴臬署会谳不晤。因偕南屏及汤子惠赴罗研生之召，集荷花池小酌。

廿八日。诣韫斋中丞、申甫方伯谈。沅老以《志局章程》八条内薪水、火食动色相争，又不争之于昨日会议时，而争之于申甫方伯之坐，思之不得其故，废然自反而已。是夕秉常约陪李次青、张力臣会酌。

廿九日。沅老、力臣早至，定初一开局之议。人客踵集，傍晚始践胡恕堂中丞之召，罗研生、李次青、张海帆已相候多时，并闻蜕园修葺一新，亦不及一游也。

三十日。诣沅甫饭，语及申甫方伯识解、志趣、力量，皆绝于人，而吏事顾多不慊人意，其弊有三：曰好持成见，曰不矜细行，曰喜察小人之言而疑及君子。要其归，偏而已矣。吾尤为方伯惜之。

十二月

十二月初一日甲辰。雨。开湖南通志局于尊经阁，韫斋中丞，申甫方伯，习之、兰岩两观察并至，惟蓉峰廉使以疾辞不至，而申甫方伯独留饭。酒半，沅甫避席，还寓探之，则已开舟回湘乡矣。一切章程，以沅老持意见相为抵牾，至未能定议妥善。本不乐与闻此事，而为沅老所牵引，受累将无穷矣。

初二日。张石卿制府邀饭，同席恕堂中丞及次青、意城凡四人。

初三日。张力臣约饭，申甫方伯复约饭，力臣乃改订已刻，盖亦困于酒食矣。方伯处同席有曾璞山、邓弥之两观察。两处同会饮者吴南屏中翰。予惟竟席假寐而已。

初四日。黄南老邀饮，酒半，申甫方伯至，竟席客散，犹饮数巨觥以行。其豪迈有意致类如此，然究于体制非宜也。

初五日。为毛子亮恤赏言于申甫方伯，得蒙发交，乃急走书告知郑继之，令率毛氏来省领取。

初六日。曾澄侯自金陵回，始知侯相北行，劼刚未及从也，惟栗诚随侍以行。劼刚并寄到萧梁石刻数种，盖莫子偲所考订拓行者。

初七日。王郁卿明府枉过。接到高碧湄一信，始知其从少荃伯相营次，得保同知直隶州留江苏候补。又接方存之信，并寄到游定夫集及方植之集数种。

初八日。研生以手轴数种代人索题，云请速书数语以凭销差，因以诗调之云：强人诗句去销差，居士心情亦自佳。枉费管家忙接送，何如代写两行歪。小注云：歪者，歪诗也，惟居士行货店多有之。

初九日。料检行李归家，得欧阳信甫属题坦斋师遗照，倚装为题一律云：名山游莅记吾曾，重览遗图百感增。仍是绛帷开绿野，萧然白首向青灯。卅年人事浮云改，半学斋堂皓月澄。老屋遗经浑未減，名家后起更蒸蒸。自到省十馀日，阴雨未息，是日冒雨归家，已夜分矣。

初十日。徐元满归家，便致志城一信。毛丰浦复至，盖以毛子亮恤赏，心怀觊觎，来此探问。因其赴省，便致瞿秉常一信。

十一日。大雨。昨夜微见星月，谓将开霁也，早闻檐溜如注。天时之变幻未有若今岁者。自七月至今，无三日不闻雨声，雨辄连日夕，至兼旬累月不见星日。明年旱灾，殆可预决，心甚忧之。

十二日。大雨。归家三日，并行李未一检点，精神之疲困亦可想矣。阅游子代所刊《游定夫先生集》，所著《论孟新解》、《中庸义》、《易说》皆具，惟《诗二南义》则仅录所论诗义二条而已。定夫学尚纯实，经义亦近之，于传注鲜所发明。

十三日。瞿秉常专递一信，并递到黄子寿信，知贵阳太史已于初十抵省，恰值我归家后一日，约日内一枉顾山中，先属秉常道意。乃急作一书止其来，以来家亦无可商议事件也。

十四日。李福田以志局开后，求得一位置之，而已不免后时矣。意城递到张竹屋、赵搢卿、赵斐卿三信。志城又属转递意城一信，因并函致舒棠阶。张力臣专递一信至。

十五日。大雨。黄子寿太史自省枉顾，并带到刘霞仙兄一信，留住一日不可，仍冒雨回省。毛丰浦亦至，至是凡四来舍矣，酒食之供，颇以为累。萧松亭亦专足递到一信，因复一信，并复张力臣信。

十六日。大雨。左手下围墙倾倒丈许，以雨淋太久之故，急呼泥工治之，而雨益甚，使人心怖。

十七日。大雨数日夜不息，到处潮湿而不加寒。转明年春夏之雨于秋冬倾泻净尽，天心亦略可见矣。

十八日。大雨。告谢土神，邀子敬侄相礼。文云：惟神有灵，职司厚载。屋庐山壤，神无不在。终年土木，下堵上盖。阴阳五行，或违禁戒。保护维持，繄神是赖。人安物阜，家丰时泰。诸煞消除，无有患害。敬答神庥，牲酒具备。是日接意城及毕莼斋、彭葆初三信。

十九日。大雨。凡五昼夜，檐溜声未一断息，为之心悸。专李祥恺赴省，致意城及黄子寿、刘霞老、朱宇恬、彭葆初并笙陔叔凡六信。志城递到罗麓生一信。

二十日。大雨。杨琴堂递到一信，当以一信复之。并因熊绍湘来足，顺致志城及于桐轩、罗麓生三信，又致绍香一信。李祥恺自省回，接到意城及吴桐云、黄子寿、朱宇恬各信。

廿一日。阴，寒。致志城信并附黄弼臣信，以劝陈湘轮资助其侄妇而抗不允，转属弼臣一理谕之也。黎照琨枉过。是夕大雨。

廿二日。大雨。黎照琨及其令子心可冒雨赴荷塘，以新置文洲围业，假予钱百缗，为函致陈遇佳，属一筹之。

廿三日。大雨。接朱宇恬信，当以一信复之。是日斋，晚祀灶神，皆先世遗法也。丑时立春，雨甚。先一时许繁星满天，而雨如注。

廿四日。阴。意城自省归，带到屠啸筼、李作舟各信。李祥恺自县归，带到李镜浯、陈遇佳、陈建亭各信。易冕南专信至，当以一信复之。

廿五日。晴。苦雨凡十日，早起忽睹晴霁，窃幸亦窃忧之。致书志城及达山。

廿六日。阴。熊绍香专足接其夫人及满女回城，顺致熊漱芳、李镜涪、易镜湖、陈遇佳四信。是夕接易晓亭、顾子良、杨玉川及何仁甫、舒棠阶各信。专使至者数辈，颇苦回信之烦矣。

廿七日。阴雨。为地方穷民减粜一日。于桐轩专递一信，当以一信复之，便致陈遇佳一信。

廿八日。晴。为侍人生辰，一侄相过早面。志城遣人来，兼接到黄桐轩少尉、周辅臣军门并其侄仁舫一信、张伯羲各信。

廿九日。阴。复志城信，并过意城一谈。是夜雨，燥热殊甚。

同治八年　己巳

正月

同治八年己巳岁正月癸酉。元旦。大雨。魏相《论阴阳月令疏》：明主谨于尊天，慎于养人。阴阳者，王事之本，群生之命。动静以道，奉顺阴阳，则日月光明，风雨时节，寒暑调和。诸葛丰言：苟合取容，阿党相为，念私门之利，忘国家之政，邪秽浊溷之气上感于天，是以灾变数见，百姓困乏，此臣下不忠之效也。翼奉上封事言：人气内逆，则感动天地。而刘向条灾异言：众贤和于朝，则万物和于野，以和致和，获天助也。和气致祥，乖气致异。而推言不和由贤不肖易位之所致，而谗邪所以并进者，由上多疑心。既已用贤人而行善政，如或谮之，则贤臣退而善政还。以为执狐疑之心者，来谗贼之口；持不断之意者，开群枉之门。因论治乱荣辱之端，在所信任，信任既专，在于至固而不移。今出令如反汗，用贤如转石，去佞如拔山，如此望阴阳之调，不亦难乎？魏相端本君身，诸葛丰归责臣下，翼奉兼民气言之，刘向论贤不肖异位之由，则汉唐以来，末流之世，覆辙相仍。宋明诸儒，崇奖言路，眩乱朝廷，能知此义者鲜矣。因久雨，略举前汉言灾异者一疏证之。意城率子敬、子宽两侄来谒祖先，久谈。雨愈甚，竟日檐溜如注也。

初二日。晴。昨日大雨竟日夜，早起乃大晴。雨晴都无朕兆，亦阴阳乖舛之征也。遣篪儿诣各家贺岁。魏芝亭枉过一谈。

初三日。晴，大南风。乡邻贺岁者，以惮于衣冠，皆辞不见，所见惟朱寿九、李召甫二人。

初四日。偕意城诣陆家垅支祠，敬谒祖先。便过宝树湾及徐渔臣、易墨村三处谈。归遇雨。两日晴霁而燥热殊甚，知必有此也。

初五日。阴雨。易墨村、袁辅廷枉过。墨村言长沙富贵之家，子弟无嗜洋烟者，黄南老、李仲云、唐研农三数家而已，而黄子春大令且亦不免有此嗜。习俗之猥下如此，亦可为有家者惧也。

初六日。蒋铭自县来，接到志城一信。询之蒋铭，即日由此赴省，因附寄黄子寿、张力臣二信。

初七日。大雨。朱寿久过谈。周翰臣冒雨至，茶罢即去。

初八日。晴。邀徐渔臣、易墨村、魏芝亭、左宾门，童小舫及意城春酌。芝亭、宾门不至。

初九日。阴。邀魏登南、蔡松浦、魏鹤林、周蟠楃、饶凤楼、饶利生、饶仿桥、刘运昌、魏敏斋春酌。松浦、鹤林、仿桥、运昌不至。而彭春藻持彭丽生信来，求通志局馆，并邀一酌。

初十日。雨。李宣伯、李石生、黄子襄、舒棠阶枉顾，因并邀一酌，子敬侄亦偕来。致彭丽生、何仁甫两信。

十一日。雨。意城递到任昂千、沈晓楼、李小石三明府贺年信。郭海青自省至。

十二日。阴。治席陪郭海青，并邀张旭春、周昆轮、黎俊卿、朱见言一酌，以三次春酌，见言恰值他出故也。

十三日。张力臣至，知李申甫方伯又为言路所纠，款目甚多，大抵翠喜一人贻之累耳。申甫豪杰之士，脱离一切世俗之见，操守又极廉介，惟此不修小节，颇为时论所訾，又不乐人之尽言。鄙人与交至久，屡思一加劝戒，而为沅甫宫保所遏，至今为悔。

闻此折又出于张竹屋，竹屋，愚人也，乐为人所指嗾，抑亦国家之不幸也。

十四日。邀力臣及蔡竹泉、张振轩早酌，并邀意城陪谈。是日微雨，诸人皆次第告归。意城邀同萧汝航、魏子健午酌。

十五日。唐俊峰来，接唐羲臣信。入春沍阴而燥热类深春，全无寒意，亦奇景也。

十六日。笙叔与周（伍坞）〔桂坞〕来此，接周寿山方伯一信，知仍有福建之行。寿山，用世之才也，能动而不能静，要其与幼丹中丞经营船事，未免敝精神于所不能施展之地，吾甚惜其此行之无谓也。当以一书复之。

十七日。朱宇恬、岳舲昆仲邀同黄麓溪、任芝田及意城午酌，得一览其林园之胜，夜久始归。

十八日。接朱石翘、曹叔衡、黎少昆、熊绍香、陈敬吾及唐军门得胜、刘镇军正隆各信。当复少昆、绍香、敬吾三信。李镜浯及九如、绍羲、晋扬来谈。

十九日。为意城生辰，会者二十馀人。偶阅全谢山经史问答，喻湍石言：泰之小人道消，非消小人也，化小人为君子也。谢山以为此言似新而实戾经旨。否，君子道消，将化君子为小人乎？可以知其说之讹矣。其实经义甚广，此义亦包在内。三代之隆，不能无小人，而不为害者，惟其道之消焉故也。末世之朝廷，亦未尝无君子，而不能为益者，亦惟其道之消焉故也。此非系其身之显晦也。道之既消，则其学识趋向投之于世而必穷，则势必反之以从俗。谢山以为小人可化为君子，君子必不化为小人，是诚然矣。君子不化为小人，则亦奉身以退而已。属原曰：兰芷变而不芳，荃蕙化而为茅。末流之世，昏浊盈廷，亦岂非气习之所染然哉。

二十日。邀陆子恩、李镜浯、湛少帆、黎笏卿、黎心可、舒兰生早酌，二黎已于是早由荷塘归家矣。是夕大雷雨。

廿一日。雨。与意城公邀朱宇恬、朱岳舲、任芝田、黄麓溪午酌，麓溪令其子小麓至。

廿二日。雨。延杨致文上舍为朱见言课读，于是日开馆。

廿三日。大雨。张力臣专递一信，云已定议刊刻《十三经注疏》，并令张蔚卿监刻。此议由我倡之，颇喜其有成也。

廿四日。清江中村朱氏足归，寄复朱石翘一信，又复张力臣一信，并致书李少荃中堂，以闻其已践鄂督之任，为一申贺也。

廿五日。阴。致曾沅甫一信，交意城带省。王少赓、徐梓园过谈。

廿六日。阴雨。志城早过，知由荷叶塘来此也。旋往任芝田处，夜久始回。

廿七日。阴。志城归。腊生自县至，以今岁约同朱见言读书，廿二日开馆之期未赶上也。

廿八日。阴。接张力臣信，言西陲兵事消息甚恶，而不言其详，然固在人意计中矣。并递到金眉生一信。

廿九日。雨。卢德彩信：下荫塅李家冲山为任、吴两姓所侵占，栽松秧数万，皆徐葆初所主使。徐为庄邻富室，屡思侵占山土，不遂其意，复出此计，可为无赖矣。是夕大雷雨。

三十日。大雨。数日湿热殊甚，知雨意方长也。意者天意必先收拾湖田，乃以亢旱继其后耶。念之心怖。

二月

二月初一日癸卯。毛锡纯来，递到毛俊卿信。锡纯，俊卿子也，去岁与篪儿同入邑庠。询知俊卿苦贫而根本甚厚，君子人也，因复一信，并为致汉舟、蟠西一信，谋设法助之。

初二日。晴。热甚。意城以是日赴省。

初三日。大雨。毛席生来。蔡氏姨亦来，询知为其翁遣来求志局事务。冒雨行七八十里，而其少子方数月须乳食，其翁一切不顾，即此亦足见其谬诞矣，岂尚堪位置哉！是日，童小舫倡立文昌诞祭会，遣篪儿往行礼。

初四日。大雨。邀周昌辅、周荣斋、何永清、李育之、毛席生及六侄午酌。接意城及何春甫、姚铭山、齐慎斋、唐少轩诸明府信。

初五日。大雨。龙游府炽应自湖北枉书，求荐少荃爵相处。爵相部下济济多才，何以龙为哉！是日复唐少轩明府一信。

初六日。大雨。自初三至今四日矣。滂沱不已，何为者耶？邀孙弁家法及李生南炳一饭，孙弁为龙游府递信至者，亦在霆营充当营长。

初七日。阴。数日不窥园矣，偶一视之，满地莱芜。用工役四人，无一得力者。天下事无一不须精神贯注，家国大小一也。吾老矣，只好一笑置之。

初八日。阴。遣李祥恺赴省，致意城并库仁龛、金眉生、郭子美、黄子寿、曹叔衡、姚铭山、齐慎庵、瞿秉常、左丁叟凡十信。

初九日。大雷雨。李祥恺自省归，接到意城及黄子寿、瞿炳常、何仁甫各信。卢德采来，带到志城一信，始知金塘岭山界为徐葆初侵越至千馀丈，栽插松秧，大率周岳峰主使也。

初十日。雨。黄子恒早至，知昨夜宿龙回岭，距此三里耳。意城又递到李筱荃、苏少泉、欧巨光及笙陔叔各信。

十一日。雨。达山偕许可亭、何永清至。是夕遣立篪诣荷叶塘祝寿。

十二日。雨。立篪及朱见言、黎俊卿、腊生均赴荷叶塘祝寿。晚得郭海清一信。

十三日。虞恺仲、黄石山、李镜涺、毛墨村均有信至，盖恺仲专送所考证物产，由局遣来者也。

十四日。接易筱园、吴聘亭信。志城信嘱专人诣意城，为陈鉴堂夫人领黄用侯所赠银，因致意城信，并致孙春皋太守一信。

十五日。谈伯筠自县来，求为其子显守致周寿山一信。因县足便，并致虞恺仲、黄石珊、李镜涺、陈镜吾各信。张力臣专信至，知李申甫方伯已解任，接任者为王夔石。当以一信复之。

十六日。为先资政公忌辰。接张枬皆、唐羲臣信。张信由意城递到，唐信由志城递到。

十七日。六侄偕周荣斋见过。盖昌辅急催其尊人墓铭，遣使问讯者也。取阅周镜帆所为行述，大涉敷俗，所述事迹无足纪者，亦由其文笔之差故也。

十八日。张力臣专递一信，当以一信复之。力臣闻吾有意移居省垣，函请代为谋之，其肯任事类如此。

十九日。雨。郁热。周岳峰、张怀西各有信至。怀西遣其子鲁堂来索撰《营盘洲张氏族谱序》，当为撰就函覆之。岳峰为徐葆初请给予李家冲山地数丈。徐君少年狂谬，岳峰亦颇赞成其恶。回信饬令书立情求字据，乃让与之。

二十日。接达山信，当以一信复之。为周崧予处士及舒仲和之母罗氏撰墓铭二通。崧予，周镜帆昌辅之父，昌辅交其行述六年，数日坐守催成之。

廿一日。荷叶塘专人至县，带到陈敬吾一信。又由姚彦宏递到姚大令时熙一信。

廿二日。雷雨阴晦，郁热至不可耐，天意荒矣。张力臣专足递到一信。

廿三日。雨。复力臣信，并遣杨瑞堂赴省，以力臣云宝南街有屋一所，属一往相度故也。

廿四日。清明。盛桂敷枉过。

廿五日。阴。杨瑞堂自省归，张力臣所云宝南街屋无足取者。是日下午，黎少昆前送贵州一婢，家人为之裹足，竟至投塘水中，其谬诞如此。少昆前后送两婢，情形皆如此。退去复送，亦殊无谓矣。

廿六日。雨。荷塘专足赴省，顺致意城一信。曹孟芳枉顾，会工力皆已外出，周大竟以意辞之，不令入门。自湘潭来此，计程二百里，颇为歉然。是夕大雷雨。

廿七日。雷雨阴晦，竟日夜不息。意城递到罗研生、李寄庐二信。

廿八日。大雷雨。晨起阴晦如夜。家人皆举火洗漱。以一侄赴省，便寄意城及嵇月生二信，雨甚，未及启行也。

廿九日。雨，寒。自去岁冬至后数日冷，嗣后日苦雨而全无寒意。顷日乃微近冬寒。

三十日。雨，寒。昨日鹿房山礳围墙溃，致伤鹿足。今日马厂山礳围墙又溃，而雨势且未有已，乃饬工人将近屋围墙一例毁之，以防崩溃。即吾一身言之，此数月之雨，种种酷毒，饶家老屋工程竟致停废，虚糜钱米无算。以推之湖南、北两省，亿万生民，被患何可胜言矣。晚次，王良叔至，王经庵之孙也。

三月

三月初一日癸酉。接李少荃中堂及意城、翰舟、舒棠阶各信。适专足赴省，顺致意城、棠阶及湘乡相国、方成之四信。

初二日。雨，寒。恺仲、石山专足至，并接到志城及黎肇琨、陈熙堂、陈镜亭各信。省足回，又接到意城及孙春皋二信。

初三日。雨，寒。复恺仲、石山、熙堂、镜亭、棠阶及意城、志城各信。徐荫泉枉顾。晚次湛少帆复至。

初四日。雨。邹氏为我纳冯氏婢，于是日成礼，非吾本意也。是夕大雨，雷。

初五日。雨。邹氏之纳冯婢，一力主持之，吾老且病，非所愿也。甫逾夕而忽心移，盖仆婢之有以赞成之，此举竟为蛇足矣。

初六日。邹公让枉顾。易泰阶协戎、言湛甫都阃及龙树棠以吾生日走贺。小陶亦至，为两小儿点痘。亦觉人客喧聚矣。接到陈杏生、陈松笙、熊绍香、李镜涪四信。

初七日。公让、湛甫、泰阶、树堂、魏敏斋、周荣斋、陈幼愚：外客至者七人。方外则僧宝印，馀皆兄弟子侄行也。复杏生、松生、绍香、镜涪各信，并致恺仲、石珊及丰泰、陈遇佳、吴幼芳、李勤业信。

初八日。昨日天气稍见晴朗，午后云收日出，谓可一二日晴矣，早闻雨声甚厉，真奇景也。诸客次第告归，留者陈幼愚一人。

初九日。专人赴县，顺致恺仲、石珊、汉周及陈遇佳各信。张力臣专信至，知沅甫、次青、研生均未来省，亦一奇也，当以一信复之。龙树棠告归，以洋银四元馈之，系以诗云：贺寿诗成字字圆，老夫喜笑为开筵。园蔬家酿难供醉，聊助诗人买酒钱。

初十日。力臣复专信至，以沅甫、次青已到省，促我一往，当以一信复之。撰《送申甫方伯回剑州》一序。夏氏嫂携七女至，以七女为夏氏嫂所抚养，年内当遣嫁也。是日天气清朗，为开岁所未有，傍晚忽（开）〔闻〕雨声，真奇景矣。

十一日。雨。接金眉生都转、何伯英观察及虞恺仲、翰舟、镐丞各信。

十二日。雨。黄子寿专递一信，敦促赴省，犹张力臣前书意也，当以一信复之。

十三日。晴。意城递到沅甫一信。志城递到韩峻勋一信。恺仲、石珊专送一信，并寄示陈二阶遗著四种，大抵乡人之书也。当复恺仲一信。

十四日。雨。李祥恺言李育之为荷叶塘运煤数百石至，嫌其多也，欲吾家为分数十百石。吾谓荷叶塘分煤岂有不受之理，煤价几何，运价几何。曰：李育之言煤价二百三十，运价四十。杨瑞堂言昨询之舟人，煤价二百二十五，运价三十。吾谓李育之鬼魅不足信，曷一详探之。往问，则煤价实只二百二十。吾与意城兄弟彼此无相侵削之意，而李育之三年所以相待者穷极变幻，乃至区区数十百石之煤亦公行诬罔如此。乃遂一力辞之，为之浩叹而已。

十五日。雨。专足赴省，复沅甫一信，由意城转交。以沅甫昨信约期十五到省，而荷叶塘数日无赴省工便，专足一报闻也。

十六日。大雨。省足归，接意城一信。而荷塘亦适专足赴省，又以一信附寄。甘裕亭偕黄雪泉参戎席珍枉过，曾由左君委署乍浦副将者也，向隶衢州镇刘培元部下。

十七日。雨。陈松生专递一信，并述悉陈熙堂十三日五十生辰，因复松生信并致熙堂一信，又以志馆一信交其带送。

十八日。雨。连日阴雨而郁热潮湿滋甚，昼夜为之不适，天意真不可问矣。沅甫专函至，并示研生诗，因和之：居士惯咬文，又惯想奇方。文征事未毕，通志计复良。鲤鱼眼珠白，野鸭肚皮黄。问君煎与炒，还是吃清汤？石潭好刑于，乐哉双鸾翔。三月裁至省，妙计与谁商。

十九日。雨。唐曦臣六十生辰，为撰一序赠之，以将赴省，于是日脱稿。黄子寿专递一信，当以一信复之。金眉生撰《中兴间气集》，专取乱后诗文奏牍辑为一编，亦一巨观也。先正事略，如李申耆、朱干臣、栗恭勤皆有传。

二十日。晴。赴省，径住省志局。沅甫、子寿、静斋过谈。局中何仁甫、舒棠阶、罗海安、黄晓坡、罗丽生、张瑚臣、钟漱芝、李芗阶、吴晓帆、熊桂生、何顾庐、易藻卿、周春曦、萧子如均就一见。

廿一日。诣韫斋中丞、曾沅甫、李申凫、黄南丈、罗研生五处。在申凫处久谈，归寓已三鼓矣。

廿二日。接胡珏轩、王壬秋二信。拜客至夜始归，臂疮痛痒兼作，盖起已八九日矣。

廿三日。拜客至夜始归。凡此三日皆大早起会客，至巳、午之交出门，夜久始归，不胜其倦。天阴郁热，虑必有雨，而相持三日之久，尚幸无雨。家中递到虞恺仲、黄石山及志城各信。

廿四日。立夏。陈杏生邀同曾沅浦、易芝生、杨鹏海、丁子开晚酌。

廿五日。成静斋邀赴岳麓，以书院落成，重修文庙，相约一往视之。因同登山至麓山寺、云麓宫、寄岳云诸处，观六朝松、飞来石、响鼓岭诸胜，回至爱晚亭、风雩亭、吹香亭、抱黄阁，左出道林寺、屈子祠，回监院午饭。又至文昌阁、六君子堂、湘水校经堂，观监院后古樟。傍晚始回局。北风甚劲，颇觉凉也。

廿六日。杨蓬海邀同罗研生、黄子寿、李次青、张力臣、陈杏生晚酌，子寿不至。本日甚凉，至晚乃郁热，盖自廿日至今，凡七日不雨，而阴云时布，知其雨意方长也。夜果雨。

廿七日。大雨。南老邀同沅浦、意城谈宴。晚得家信，并递到黎少琨所著《鸿爪纪略》诗，为序其端云：肇昆自黔归，手一帙示予，皆其从军所莅及感事述怀之作也。豪情壮语，杂以悲愤。然玩其词，虽处旅羁艰难，而洒然有以自得于心。其于兵事倥偬、人民流离之情状，若独有深忧者。读其诗，究其心而贤之。而视其身穷且老无所憾，独憾不得藉手以奠安生民，于是又知其必有以自见示于世也。肇昆少豪于酒，所为诗多纵肆，涉世既久，而气益敛，语益深。今其所为，盖皆得之艰苦阅历之馀者也。士非奇穷困厄，固无以成其才，岂独诗也欤哉！

廿八日。大雨。韫斋中丞邀同沅浦、次青、子寿会宴又一村，盖中丞所新葺者也。小泊舫故有屋三楹，中丞易为平台，四面飞檽，下临菜圃，最有胜致。

廿九日。雨。数日颇闻上下议论，多不能和协。诣申甫一谈，其倔强之气未少减也，至于叙述人言，以意城为訾议，则尤为过愤矣。

三十日。阴。为黄子寿太史相定孙家桥一宅，为移局之计，而子寿已托故告归矣。罗研生过失之黏滞，子寿又过失之顾虑，均非适中之道，而研生于此不无遗议。人才之不易，与人言之不尽无凭，于兹益信。诣方伯谈，窥其意，似颇存官绅界限，而意主偏袒官，盖犹申甫、樾岑诸公之议论也。所欲办者事耳，诸公拥前驺，坐堂皇，诚然官也，归家则亦一绅士而已。家居则忌官而袒绅，在仕又忌绅而袒官，挟其一念之私，终身疲役而自不能明其所以然。诚一以办事为心，取其足以集吾事而止，于此必有辨矣，而何官绅之必相剖判哉！

四月

四月初一日癸卯。雨。黄子寿竟悄然以归，其顾虑太过，使人怨憾。而省居月馀，赔累百馀金，徒以与张力臣、罗研生两君周旋，恐有参差，不顾而去，庶幾避色避言之君子矣。因邀意城至，筹商办理。中丞之意，以吾能任此，渠当为主持一切，否则善为收束，酌留一二人在局收书，为稍缓开办之计。吾既不能任，遽尔收束，又于事非宜。因酌议数条，令意城达知中丞一区画之。

初二日。雨。诣沅浦会商局务，途次相遇，云过成敬斋。随诣敬斋，云方来此辞行，已前归矣。再诣探之，竟悄然以去。其行迹如是，是尚可与共过事哉！吾以一身深受其累，彼自谓知，而处我以愚，吾亦始终为愚人而已，能无慨然。

初三日。张花楼邀同意城一饭，盖雨农户曹之侄冯氏婿也，十馀年不相闻矣。其子鹤臣，年十六，文笔清矫不群，亦可喜。

初四日。大雨。于曦岷邀同次青、仲云、意城宴南门城楼。曦岷治军有纪律，临家庙碑，日百数十字，笔力坚劲，亦武员中之表表者。

初五日。大雨。郭子美邀同罗研生、张力臣、黄子寿午酌，子寿不至。

初六日。微雨。郁热至不可耐。以志局应办事宜函商王夔石方伯。瞿秉常邀同裴樾岑、黄子寿、张力臣及意城午酌。子美军门邀同娄峻三相度住屋三所：一草潮门屋一所，盐仓北向，住屋西向，刘晓沧遗业也。一贡院西街屋一所，北向，娄峻山业也。

一东长街屋一所，西向，熊溪山业也。均不甚合意。子美营盘街屋南向，允借我，然此数月内恐未必能出屋也。

初七日。大雨穷日夜。数日郁热，至不可耐，本日尤甚，有若炎火之相炙者，旷古无此奇也。李仲云邀同研生、次青、海青早酌。

初八日。大风雨，凉甚。有昨日之郁热，自宜有此凉，然亦奇幻矣。接邹公让、朱石翘各信，当复公让一信。

初九日。微雨，冱阴又加郁热。接家信，西厂屋又倾倒矣，距昨饶家老屋之倾倒才数日，此雨为累如此。与夔石方伯书论局事，当道中留心公事者固不易得也。

初十日。晴。往各处回拜。娄峻三住宅之工雅、器具之精丽，与厚庵、子美皆极一时之盛。相距约数十武。晚诣南老饭。

十一日。晴。胡恕堂中丞邀同祁赞臣、唐次江、李次青、罗研生晚饮蜕园。园林之胜与芋园相（捋）〔埒〕，而一水曲折，累石为邱壑以环之，尤有奇致。席间闻黄少琨黄平之败，邓星阶、罗伯宜殉焉。时研生在坐，不敢宣示，为之叹惋。

十二日。晴，热。杜鹤田太守邀同罗研生、李次青、易昀陔、黄子寿、张力臣、杨蓬海诸人晚酌。大风雨雷电。

十三日。大风雨，寒甚，天事不可测量加此，亦旷古所未有也。邓弥之邀饭已力辞矣，李申甫忽以书来，催促一往，同席张力臣、朱宇恬、杨蓬海、龙芝生诸人。

十四日。阴，寒。王夔石方伯来谈。邹敬堂推衍易数为六柱巧戏，并为图说，极有理致。罗研生闻其子之丧，将告归，一往慰问。因过五女，病状足怜念也。

十五日。陪同李申甫游上林寺，西枝、东林、慧舲三僧治斋供，因邀裴樾岑叙谈。申甫诵李西沤诗云：一班石火与风灯，人世纷纷几废兴。后视今犹今视昔，岸为谷又谷为陵。生平窃叹无心子，此日真成有发僧。下界不知天上事，仙官大抵亦昏腾。

十六日。郁热殊甚，稍见日而有此，雨意尚未已也。朱宇恬邀陪李申甫、易昀陔、黄子寿、张力臣、邓弥之、杨蓬海及意城饮。所建平台，全城俱在目，其右山水穷极数十里之远，亦省城一奇景也。是夜雨。

十七日。大雨。本意谢客一日，检理应酬笔墨，又值天雨而竟日会客，至晚方息，实出意外。

十八日。欧阳筱岑、李宣伯来谈。为张石林题《柏石图》云：柏生石间有深意，校量坚瘦宜位置。轮囷偃蹇寻尺间，挐云泄雾非吾事。昌黎寓意招之罘，石林乃有柏石图。何为幻作参天势？要展奇气雄千夫[①]。玉池老翁头半白，抚卷摩挲三叹息。良材自有[②]百炼（刚）〔钢〕，凭君着眼石间柏。致李筱荃、屠啸筼二信。

十九日。以周瀛士回浙之便，寄金眉生、孙竹堂、管才叔三信，而闻欧阳筱岑言，金眉生旦夕且至，乃留此一信交筱岑。

二十日。黄子寿邀同申甫、昀陔、力臣、蓬海、宇恬、弥之，又加李次青、郭子美、孙裕霖三人，予兄弟并与焉。予以伤风忌油，两次点心毕即归。刘训阁镇军、龙半洲观察以湘乡试馆借金眉生居住，因往过一谈。

廿一日。大风雨。归家，途次狼狈殊甚，计省居已逾月矣。接吴日京、虞恺仲、黄石珊各信。

廿二日。雨。轿工陈大回省，致志城及何仁甫、李次青三信。为邹氏请封，始由张竹屋寄到封轴，是日谒告祖先。

---

①此处旁注又作“人言此柏石间无”。
②此处旁注又作“虽小”。

廿三日。大雨。自十七日微患伤风，至今未愈，困倦殊甚。日午清检书房书籍，所积存志稿为鼠啮尽矣，其他书本受伤损者甚多。求一捕鼠之狸，数年不可得，所畜一二懒狸，盗窃食物而已，与群鼠耦居无猜。始悟末流之世，官司失职，盗贼横行，人物一理也。

廿四日。大雨倾盆。奇变也，乱征也。天实为之，谓之何哉。李次青、何仁甫专足递到一信。

廿五日。大雨连日夜不息，乡间潮湿尤甚，而郁热之气，乍炎乍凉，一日百变。数日狂雨之中仍有此景，奇矣，奇矣。复李次青、何仁甫，并致意城一信。是夕雨尤甚。

廿六日。子刻以后，闻墙倾塌崩之声，如急雷碾山而过，如是者数四，心甚苦之。甫明起视，则正房水深三四寸矣。雨急塌崩，屋后沟水不得宣泄，至溢出浸墙砖数寸。不谓山居亦有水厄，生平所未经也。左右杂屋，为崩塌所压毁者无处无之。冤矣，苦哉，雨之霪也。晚，接金眉生信，知已至湘阴，并枉寄诗。当和寄云：衡山苍梧约未践，形容长似守家犬。抑塞磊落可怜才，激昂一室蚕成茧。故人发兴山水幽，偶逢佳处为小留。枉书不惜山径远，南郭老人住青邱。昨宵就宿湘阴道，散帙已足开怀抱。安得扫除风雨尽，提壶走约江东老。

廿七日。雨，大风。复金眉生信并询知志城尚在县，亦以一信致之。一侄传到意城一信，内有张力臣事须面质者。意城接县信，三四日不以示我，至是始寄乡，坐失机会，可惜也。

廿八日。阴。杨学海来言为杨鞠味所控，求一解说之。以学海为志城所忌恶，不便与设措也。

廿九日。晴。专易三赴省，寄何仁甫及意城二信。甫见日半日，而又阴云四布矣，幸郁热之气未作，或犹能支持半日，不至即下雨也。

五月

五月初一日壬申。阴。接意城信，知金眉生始于廿九日到省。是夕雨。

初二日。雨。荷塘专足赴省，便寄金眉生、何仁甫两信。以仁甫方为谋置东长街一屋，广西太平府方月樵丙奎新置之业也。界碑石刻刘界，至今犹存。徐绥堂大令实主之，现为魏镜馀大令赁住。郭竟成来求事，海青谓其人极不足恃，为赠银遣之。是日检阅在省收接信函。张紫联托为说项，姚时熙、龙炽应均托致书鄂中当事，葛振崧托致书两淮运司吴聘廷托求事，郭植园为其子竟成托致书彭雪琴。此等既非吾力所能及，心亦不愿也，故一切搁置之。而在省廿馀日之中，所得此等信长篇屡牍，求请不已，检阅为之怃然。

初三日。雨。接志城书，知周礤旧屋为积土所压，门房左屋已毁矣。此雨累人抑何深也。意城自省归，带到金眉生、张力臣、何仁甫、李宣伯四信。达山亦寄到王大令昌南、唐大令光运二信，均有门人之称，大率皆曾肄业仰高书院者也。王君补舒城县缺，与徐大令堂赓署建平县，皆以一禀通知，势不能不一回信也。徐大令号廉浦。

初四日。微雨。意城递示金眉生信，云由水（陆）〔路〕至阳石潭，乃专工迎候，至夕不至。晚乃得其一片，知夜久始至也。

初五日。微雨。申刻日出，奇热，金眉生适至。雨住，辄郁热不可耐，自去秋讫今类然也。

初六日。热甚。以天时论，近夏至宜热矣，而以久雨初见日，遽作奇热，犹雨征也。是日邀意城陪眉生小酌。杨琴堂晚至。

初七日。大雨。意城邀同眉生、琴堂午酌。且雨且作郁热之意，旷古无此奇也。

初八日。大雨连日夜不息。各庄报墙塌倾倒者相踵而至。雨势之急与廿四、廿五等日略相等。

初九日。阴。眉生、琴堂并去。熊绍香专信至，知以奉讳家居日久，委员以其旷馆，方议撤之，故驰书相告耳。裴竹林自省来，并接王春晓、何仁甫二信。

初十日。意城以嵇月生画册属题，未及为之而月生已物故矣，意城专足来取，因书一绝于后：卅年心迹空寥落，万点云山一叶舟。酒后郑虔无处觅，春来烟雨满汀洲。意城复以和金眉生诗见示：十年知姓字，千里隔关山。忽枉簦舆至，欢言樽酒间。达观齐得丧，高论起虚孱。不信云中鹤，开笼羡白鹇。　苦雨郁怀抱，逢君眼为开。世人惊美服，天意扼奇材。今古事何限，升沉理可该。酒酣看落日，还欲上层台。

十一日。雨。裴竹林回省。因传冯氏婢，语以遣行之意，则啼泣数日，目尽肿矣。此女无他可取，其心志之定，他人鲜能及者，亦不欲相强也。

十二日。阴。接金眉生信，约十四日重至，回信约以十五，正以十五日乃得市肉耳。

十三日。阴。何仁甫专递一信，并接裴樾岑信。是日热甚，未知雨征耶，抑时令应然也？

十四日。复裴樾岑、何仁甫二信。热极，疑必有雨，下午果大雨。

十五日。雨。遣周大诣安庄，并托寄复唐少轩明府贺节信。接裴竹林、瞿秉常二信。

十六日。雨，寒甚。昨日着绵，今且重棉矣。志城寄到黄桐轩、张伯羲二信。

十七日。雨。王春晓为言东长街一屋，林姓业也，属及时置之。因遣杨瑞堂赴省，会同何仁甫前往相度。接金眉生信，重和赠意城诗，高于原唱也。诗云：骄龙痴不醒，游兴阻看山。置我烟霞外，交君伯仲间。养深心自旷，学博守仍孱。清绝王官谷，前溪倡白鹇。　江湖千里险，旅抱一时开。政府孰深虑？岩阿屈巨材。楚骚风未远，贾策语能该。预订黄花约，城南百尺台。徐芝泉司马枉过。

十八日。雨。接刘云生信，知近与许仙屏同住延旺庙街。仙屏近已简放贵州主考，以曾枢垣奏请补行乡试故也。遣罗贵赴省送复金眉生信。

十九日。阴热。雨意又作矣。龙树棠就宿有诗，为和一律云：百壶一泻不嫌频，颇憾身非石季伦。有酒直须终日醉，作诗何减古时人。后贤特达三成众，老友周旋懒是真。即事销愁聊小住，我思旨酒乐嘉宾。

二十日。雨，冱阴，严风。凉意飒然，竟似十月天气也。杨瑞堂归，接何仁甫、裴樾岑二信，当各复一信，并函致黄子寿太史。

廿一日。雨，凉。遣杨瑞堂赴茅岭，顺致志城一信。又遣李祥恺赴穆屯，为唐羲臣六十生日，制屏八幅遗之，并致一信。

廿二日。雨。阴寒中又作郁热，极不可过。意城以将赴省过谈，周昌辅亦偕至。

廿三日。雨。以意城明日赴省，一往视之。郁热尤甚，是夕果大雨。

廿四日。雨甚。寄李少荃中堂、库仁龛、李申甫、何伯英、张枬皆、徐廉浦、傅旭初、邹公让、曾挚民、李宣伯共十信，并交意城带省，以雨未能成行也。

廿五日。微雨。接志城（志）〔信〕，知杨瑞堂赴周吉岭即病数日，尚未愈也。当以徐凤伍便致志城一信。

廿六日。阴。下午微觉清朗。陈渭滨枉顾，知刘仲良、潘琴轩皆已致巨富。仲良与幼荃均以刘省山訾其不能军，遂各解兵以归也。李祥恺归，得唐羲臣一信。

廿七日。雨。抑何雨之多而且易也！陈渭滨回省。意城递到吴聘廷一信，并知吴蓉舫物故，为之恻然。

廿八日。雨。道光廿八、九年之水灾，小暑以后雨势遂息。今日小暑节天雨，昏沉益甚，乃真不可测量矣。

廿九日。阴雨而郁热殊甚，旦夕必更有大雨。何仁甫递到黄子寿、彭葆初二信，当以一信复之，并致刘霞仙中丞及子寿二信。以裴樾岑观察重有书抵子寿，并以附寄。子寿住湘乡县西百二十里南草坪，距霞老宅二十里。县足至，递到陈遇佳、李勤业、吴幼芳一信。

六月

六月初一日辛丑。微晴，湿热殊甚，恐尚有大雨也。复陈遇佳等一信。杨文台带到杨琴堂一信。

初二日。遣工分致杨琴堂、杨瑞堂及志城一信。儿女辈均患病，使人烦闷。李育之、舒兰生枉过。

初三日。一侄赴省，寄意城一信。志城信言郭丙明谋由安庄至此，志城以吾家方多病者，力阻之。俄而门者言李玉森刺史枉顾，而陈氏舅妇亦随至。内外喧阗，颇以为累。

初四日。大雨三日，微见日而郁热殊甚，知雨势未已也。天意直不可问。

初五日。大雨。李玉森回省，顺致意城一信。意城亦递到李申甫、魏鉴堂、李宣伯三信。申甫已于廿七日上船，云六月半开行也。

初六日。雨，凉。瞿秉常专送一信，言有彭作新副戎谋致身门下，嘱一来问。吾老矣，家居无所事事，未知何所闻而来，当以一信辞之。是夕东林和尚至。

初七日。雨。接到王夔石、裴樾岑、何仁甫诸信。仁甫又述及所相织机巷一屋，较东长街屋为加敞，价亦稍昂矣。

初八日。接到虞恺仲、黄石珊、熊漱芳、傅旭初、陈熙堂、陈松生诸信。旭初并寄到湖北所刻书十五种。

初九日。复恺仲、石珊、漱芳信，并由志城转递。漱芳论湄、罗二水源流，均得之目验，为可据依也。

初十日。是日初伏。复王夔石、裴樾岑、张力臣、何仁甫四信，并交意城转送。本以初八书就，而无便递省，闻荷塘日内有便，先期送交之。

十一日。何仁甫递到霞仙中丞及黄子寿二信。子寿决计入都，力辞志局，无如何也。因复仁甫并致李次青一信。两日热不可耐，入伏初晴而热如此，旱气已先至矣。

十二日。与东林谈竟日。东林以阴晦久，遍地潮湿，骤晴而热，湿气蒸郁上腾，中人成沴，夏秋之间必多病无疑也。今岁之天不可以理喻，而固可以数推矣。

十三日。两孙伤风病久未除。东林留此多日，日常告归而不能不勉留之，深以为闷。

十四日。魏敏斋荐一杨姓者，盖巫祝之流，为人治病，与前徐姓者同术而所行又各不同，亦楚人好巫之验也。仆妇辈喜附会证成其说，不欲违家人妇女之意，听之而已。

十五日。瞿秉章枉顾。意城递到金眉生、庄惕甫、何仁甫三信。眉生枉商出处，甚奇诞。是夜月食。

十六日。彭作新协戎至。致金眉生、庄惕甫，何仁甫三信，并交秉章送意城转递。

十七日。彭、瞿并早去。佛狸不捕鼠而善盗肉，毁窗际所置瓶盎。衰世物类皆然。司牧民之责者，求无毁瓶盎难矣。

十八日。李次青、何仁甫专递一信，次青论通志体例极娓娓，然要之为苟简饰观而已。

十九日。复次青、仁甫两信。熊氏姨冒暑来。接到陈兰池一信。

二十日。接意城及李次青、何仁甫并黎简堂、劳湘舲贺节共五信。热气益甚，竟夜不能安寝，平生所未经也。

廿一日。熊氏姨回县，顺致虞恺仲、黄石山一信，并检诸家采访武功疑似处，属一查之。

廿二日。刘斌为谭文卿旧人，荐刘韫斋中丞转荐之王夔石方伯，并求我一言之，竟未录用。顷来述及，亦略见当道之用心矣。有致意城一信，即属其带交。

廿三日。以腊生侄求应省试，其母惜费不听往也，因以二文课之，但能完卷，即资以考费以达其志。两文一诗竟能以一日竣事，亦殊可嘉。是日接杨瑞堂信。

廿四日。志城递到一信。适荷塘有便足赴省，顺致意城一信。

廿五日。东林和尚屡请回山，乃送赴苏家庵。晚接杨瑞堂信。

廿六日。送东林上人回，接到志城、橘生二信。两孙夜吵，家人率用巫觋之属治之。楚俗信巫，吾无以胜其说也。谈神说鬼，于处家尤为非宜，而亦无如何。

廿七日。意城递到杨云冈一信，知近已回家，赴澧、安两年，始得其一信也。连日热不可耐，偶起北风，天阴已凉如深秋矣，天时真乃奇幻，而值伏热之时，冱阴凉惨，尤觉非宜。

廿八日。阴凉，微雨。唐少轩明府专递一函问赈事函列知县唐荣邦、委员吴秉慈二名。志城又递到傅旭初、谢仙坡二信。

廿九日。复唐少轩明府信，兼致恺仲、石珊及傅旭初诸信。是夕大雨。

三十日。立秋。大雨。易少珊枉过。恺仲、石珊专足递到一信。食鱼为刺鲠，苦不得出，颇觉委顿。

七月

七月初一日辛未。雨。复恺仲、石珊信，并致焦听堂一信，以听堂由志城处递到锡器数事，当一函谢也。

初二日。雨。庄惕甫专递一信。一侄自省回，又接到意城一信，云江幼陶至省，约日内枉顾山中。

初三日。复庄惕甫、李次青、何仁甫并寄意城一信，以惕甫入都引见，相贷百金以行，属意城为挪付也。

初四日。东林和尚由花屋至，意即径赴省城，为强留数日，约初八日送省。江幼陶专足递到一信，又接陈渭滨一信。

初五日。志城递到虞恺仲、黄石珊、毛墨村诸信。恺仲并示晏圭斋所绘地舆三帙，可云精细，而阅所考地道，错误处尽多也。复江幼陶一信。

初六日。遣周达赴花屋，以九嫔姐初五日生辰，数日竟不复记忆，顷偶忆及之，以物事二三种往视，并函示晋扬。

初七日。复恺仲、石珊信，并由志城转递。周达回，接到晋扬一信。

初八日。阴热，雨兆也。送东林和尚赴省，顺致郭子美、金眉生、张力臣、黄子寿、瞿秉常及意城各信。志城又专足递到唐羲臣一信。

初九日。阴。省足回，接李次青、江幼陶、何仁甫、黎少琨及意城信。是夕大雨，抑何雨之多也。

初十日。微雨。接江西郭勋泰一信，盖由营保举知县者，已忘其号矣。何永清、易少山枉过。是日以中元接祖，乡俗之礼然也。

十一日。阴。以炳文回县之便，寄恺仲、石珊一信，以志稿须改正者数条录寄之。又以选举志一卷寄示意城。吴莱庭枉顾山中，带到方柳桥、陈经甫、李湘甫信件，并翟子英、杨春霖、饶柳夫、华小南各信，又邓安邦一信。

十二日。热甚。吴莱庭回省，以一诗送之。意城递到方存之，袁予文二信。存之信由彭雪芹带省，并寄有书传补商数种。

十三日。何仁甫专足递到李次青、张力臣二信，知李申夫已行，黄子寿亦已由省入都。是日食新，何永清及一侄过饭。

十四日。复李次青、张力臣、何仁甫各信。次青寄示通志序例，有间与吾意参差者，亦略与辩正之。是夕大雨。

十五日。雨。恺仲、石珊专足至，并接焦听堂、熊漱芳二信。知听堂已由花屋至安庄，道远无由一相接也。

十六日。复恺仲、石珊、漱芳各信，并由志城转递。是日为先太夫人忌辰。

十七日。大雨。遣杨德纯赴茅岭，顺致焦听堂一信，即属志城、晋扬转交，以听堂于此二处尚有数日留连故也。

十八日。阴。吴莱庭自省寄来一信，并寄到郑大令晓如所述《阙里述闻》一部。

十九日。阴。魏萃吾赴省，致意城信，并书抵李次青，约以赴省之期，属其一候也。是日大雨。

二十日。杨德纯回，带到志城及杨瑞堂二信。湘阴一带尚未收割，数日阴雨，谷颗多已生芽矣。

廿一日。以将赴省，料检志稿一卷，竟至终日劳顿，并行李亦未暇收检也。

廿二日。阴。赴省。至午日出，热甚，比抵局，至不能衣。自立秋后阴凉，无如此日之热者。

廿三日。阴，凉。以伤风未愈，将养一日。张力臣、陈杏生、江幼陶及意城过谈。

廿四日。雨。陶仲瑜、于桐轩过谈。下午始出门，便过南老，留饭。

廿五日。王夔石过谈。友朋踵至，拜客十馀家，已傍晚矣。至力臣处，适黄子恒留饭，因就一饮。

廿六日。天气郁热，雨征也。拜客竟日。晚与李次青谈，约明日商议局务。谢客一日。

廿七日。郁热尤甚。瞿秉常、袁予文踵至。专杨德纯回家。是日邀鹏海、晓坡、裔云诸人议通志事宜，亦李次青之意山。坐中谈及李辅堂所以相待情形，不知气愤之所从生，略为裔云一发挥之。晚次，张石卿制府过谈。

廿八日。郁热甚，已而雨，大风，寒。胡珏轩专足递到一信。篪儿来省应试，就住局中。

廿九日。大雨，风，寒甚。复珏轩一信。袁予文邀同李次青、张力臣及意城午饭。

八月

八月初一日庚子。大雨。善化劳文毅公以是日入祀乡贤祠，宾客会者数百人。龙芝生递到皞臣一信。随出门酬应，晚归，得恺仲、石珊由县专送一信。

初二日。雨。左景乔邀同周韩城，陶少耘、邓弥之兄弟及意城午酌。以昨日西枝上人处食油点过多，腹泄。

初三日。雨竟日。早郁热甚，中午大凉，晚次乃更郁热，终夕大雨如注，天意必致人于乱亡，机兆盖已久矣。唐研农邀同左景乔、陶少耘、邓弥之晚酌。

初四日。大雨连绵不息。院试考经古，篪儿亦与本局郑又新、舒棠阶一往应试。复恺仲、石珊信，适行而恺仲与罗麓山、李镜浯过谈。意城亦至。西枝僧以为吾相度屋址，亦随至。留谈竟日。

初五日。雨，寒。一日之间，屡郁热屡寒，混沌开辟以来，殆无如今岁天象之奇者矣。罗云汉辈邀看府正街、息机园两屋。

初六日。久雨未出门，是日稍见晴霁，乃出酬应。晚归而志城已至，偕诣黄凤喈，又偕凤喈诣虞恺仲、彭允乔、吴寄庐谈。

初七日。阴晴互见，湿气未收，雨意殆犹未止也。初六日正场经古，案至夜半始出，今早乃得见之。湘阴与茶、攸三县均无取录者，其陋可知。

初八日。有揭名帖专攻意城及潘子珍。潘君司府署钱谷，名甚微，人疑此必出裴樾岑观察，以裴于潘有夙憾，又屡疑及意城之相挤，故有此耳。此等出自士大夫，尤风俗人心之忧矣。晚过南老饭，同席成静斋及意城、志城。

初九日。李榕峰廉访见示元和宋宗元悫庭所著《巾经纂》悫庭仕知县，其书成于乾隆十六年，盖雍、乾间人，易问斋刻之虎谿书院者也，书凡二十卷，分卓鉴、远猷、伟度、慧力、仁方、政术、（粒）〔莅〕圻。民、折狱、师谋、经务、讽谕、词说、控驭、妙应、利导、沉几、穷变、处嫌、释纷、奇谲二十门，杂采经史子家所载古人行事，间参之以论断，亦智囊补诸书之流亚也。省居酬应过烦，未能细阅，略详其目于此。是午黄南老招同意城商议事件。

初十日。阴。南老见示书画两轴属题，其间惟何贞老题句最佳。一为唐陶山先生书山谷绝句二首：九陌黄尘乌帽底，五湖春水白鸥前。扁舟不为鲈鱼去，收取声名四十年。　桃李无言一弄风，黄鹂惟见绿匆匆。人言九事八为律，倘有江船吾欲东。末有：咸丰十年小子唐鉴识于衡丹岭之浣花草堂，年八十有三。则南老以示镜海先生题后者也。贞老题云：倘有江船吾欲东，我怀今复似涪翁。笑翁梦绕石牛洞，不入名贤五百中。山谷来往舒、扬间，未至吴郡，故不与名贤图像。　儒雅便宜不竞绿，陶山循誉嗣沧洲。遗文访遍桃花坞，何碍诗人吏事优。陶山先生搜刻六如集，哲嗣不谓然也，焚砚抛诗乍越年，强邀题句向前贤。回思捧手从摩顶，遗墨飘零打稻篇。嘉庆甲戌，馀得见先生，为先公书打稻词小册，今已失去。　当时弱冠与成童，老境相看面颊红。六十年前耆旧事，谈芬如雨落杯中。一为甲子仲秋八月廿八日南老七十寿辰王式杜为作寿星图，扶杖系双桃，并梅、菊、牡丹、松，旁有侍者捧卮进酒，抱而呷之。贞老题云：天上或明南极老，人间那有地行仙。寿星自古传图画，鲐背梨颜雪压颠。牡丹富贵菊延龄，点缀风光乐寿星。何不抛除手中杖，狂游五岳访真形。　宛园秋好绮筵开，彩章瑶篇烂漫来。更倩王郎图五老，年年同晋紫霞杯。陈雪楼题云：墨池一滴洞庭波，天上荣光正幕河。人我众生无尽相，独怜寿者醉颜酡。　落落晨星稀又稀，南弧何意现祥晖。宛园十日耆英聚，几使元龙不念归。

七十八登衡岳颠，前身道是湛甘泉。与君更约登岣嵝，待到甘泉再至年。自注云：馀长于公八岁，时方游南岳归，适公七十初度，制序以赠，篇末有更阅十年而公八十，当再至称觞，偕登岣嵝语。后见南岳志，明湛若水亦七十八岁登此，九十一岁重来，若与予相印证，殆机兆之先示也。棠阶治席款吾与志城及何仁甫，适袁予文至，留饮。四鼓发科试案，所知惟左壬叟、酆慕唐、蓝少村及殷氏昆仲三人。

十一日。阴。送立篪还乡。为南老题寿星云：少年指挥隘八极，老去谈兵犹动色。白头倚杖阅人代，岂信乾坤有榛棘。南极老人应寿昌，倾觞倒榼乐无央。却笑此翁恭且伛，何如张苍九尺须眉苍。题陶山先生书云：论诗颇识西江派，字法欲下涪翁拜。唐侯妙伎有师法，为公落笔风雨快。岁月堂堂六十年，已觉今时无此贤。嗟予白发生犹晚书成于嘉庆之季，当先予生数年，相趁鲈鱼刺钓船。

十二日。郁热殊甚。酬应终日。腊生晚至。饶月樵见赠诗云：熊子城边月照门，熊子城畔酒盈尊。凉风飒飒秋光冷，野日荒荒天色昏。世味不如书味好，新交无几旧交存。五溪道远家何处，黄叶萧条溪上村。左景乔自诩善联语，诵所挽寿阳祁相联云：一代斗山，日下早推韩吏部；三朝柱石，人间无复鲁灵光。挽花县骆相联云：遗爱在川湖，倡义能为天下首；中兴诸将帅，推诚咸识老臣心。寿胡恕堂中丞双寿联云：盛集同人当诞日；和气一室齐大年。亦无甚奇警处也。

十三日。自局还家。于人客纷集之中，致陶仲瑜、吴日京、饶月樵及意城四信，午后始能就道。

十四日。舆人陈甲回省，致志城一信。易小亭军门遣足贺节，当以一信复之。

十五日。阴。数日郁热已甚，与伏暑无异，雨意岂尚未已耶？

一侄自平江回，来述本团事，略与筹度之。

十六日。雨。遣杨瑞堂赴茅岭及下荫塅收租。杨琴堂专足送到一信。晚次接志城信，知科试案昨已发出，尚不知入学者为谁何也。

十七日。阴，寒。专足接腊生。顺致志城及何仁甫、易昫陔、易梯衢、郑又新、罗丽生各信。又为戴昆田致何伯英一信。

十八日。微雨。腊生自省归。带到志城及何仁甫、周芷庭各信。入学三十六人，无甚知名者，吾家惟立莘一人而已。

十九日。微雨。送陈氏舅嫂回县，顺致虞恺仲、黄石珊、胡大猷、陈遇佳、陈镜吾及翰舟、盘西各信。

二十日。雨。自十六日遣杨瑞堂赴下荫塅收租，至今阴雨不止。通计一年之内，昼夜见星日者不逾三十日，亦天变之至奇者矣。

廿一日。阴雨。赴县人归，带到唐少轩、黄桐轩、孙小云、劳芗舲各信。江涨日剧，盖历古未有也。

廿二日。陈兰池、陈松生自省枉顾，云省城领账灾民已增至五万人。而雨势未已，甚为忧之。

廿三日。雨。黄春山协戎带到黄鹤筹一信，盖求为荐营效力者也。谢病家居，岂堪此扰，当复鹤筹一信。

廿四日。雨。徐渔臣、吴兆棠、杨福田、屈寿亭诸君慈云庵议团事，子敬侄速予一往，小坐归。晚次，志城自省归，带到何仁甫、熊铁生二信。

廿五日。大雨。志城以九儿病，甫明即归。遣足赴县，寄恺仲、石珊、镜吾各信。意城自省归，带到库仁龛、李筱荃二信。

廿六日。阴。专足至省，致曾幼侯、何仁甫及文思三信，以幼侯入学，例须致送礼物故也。龙树棠枉过。志城信来，归家九儿已愈，家人辈亦太涉张皇矣。

廿七日。午后见日，热。复志城信。意城过谈。县中人归，接到陈镜吾一信。省中人归，接到何仁甫及文思二信。晋扬专递一信，告贷六百金，言何易也。

廿八日。阴，热。文思自省来，以永丰钱店关闭，所经手者多，来此设法。闻近十馀日内钱店关闭者十馀家，皆逼迫使然，甚或抄掠一空。省城风气坏乱如此，使人忧叹。

廿九日。李仁自广西回来见，询知江达川之解任由苏凤文之劾奏。朝廷用人倒乱失次如此，言路所攻讦又专在恽次山、阎丹初及霞老诸贤，于苏凤文、瑞麟之贪污无置一词者。极力凑成一乱世之局，无如何也。

九月

九月初一日己巳。意城以韫斋中丞之属，携李瀛仙中丞奏稿，并居易《草堂诗集》，属为点定重刊。竭三日之力为校定之，并代中丞制一序，亦自撰一跋归之。

初二日。何仁甫专递一信，并递到吴南屏、裴樾岑各信。樾岑为我觅得鲁通甫《清河志》一部。

初三日。杨致文始自省归，知黄子襄、孙鳌舟之子并已入学。孙氏，廉丞子婿也，已定此月十四日完姻，亦殊可喜。

初四日。志城过谈，语时事多可慨者。渠意欲辞院署事。气象实亦不佳也。

初五日。复仁甫信，并致裴樾岑、吴南屏二信。夏介峰枉过，谈及黄少昆之骄盈，其视兵事一以儿戏出之，大局遂因之贻误，亦殊可慨。

初六日。恺仲、石山专足递到一信，志城亦有枉商事件。李申甫常笑我一生精力，多耗于往来书牍，信不虚也。

初七日。夏介峰枉顾，知夏间已由黔营回益。述及黄少昆用兵以骄盈致败，其关系亦非轻矣。

初八日。过意城处一谈，遂至饶家老屋，岌岌若不可支，实由李育之贻累，而吾家人亦实无一可恃者，对之浩叹而已。

初九日。雨。以重九节邀意城一饭，因并约昌辅过谈。彭丽生、黄子寿各专足送信至，当复丽生一信。

初十日。复恺仲、石珊及子寿信。县城人至已五日，乃能遣行，酬应苦烦，精力实亦不支也。接子美军门一信。

十一日。以意城赴省，寄复库仁龛、劳湘（航）〔舲〕、孙小云三信，交意城觅递。

十二日。意城早赴省。易昀陔送到一信，并寄所藏《六书例解》，谋付书局刊行也。

十三日。以杨玉川丈八十寿辰，专足致书，并制寿屏八付寄之。甫行而杨咏笙、星堂昆季专足至，盖因寿期已近，虑予或有遗忘故也。

十四日。何仁甫寄到一信，并函寄志城，乃径遣赴安庄，并以寄恺仲、石珊信交志城递县。晚接杨玉川回信。

十五日。子敬侄来，带到意城信并王少鹤信，知少鹤方有长沙之行，以八月廿六日自桂林启行，计程当以一月为度，旦夕当至，尚须为此一赴省也。

十六日。阴，风。周坤仑、龙树棠枉过，因留宿。多孙又病口疮，日夜不能安睡，真累人也。

十七日。雨。以多孙病，专足至安庄问方药。魏敏斋以所造杂屋求资给，径入予书室言此。家人并不一通知，竟导之入，仆辈之不得力如此。

十八日。接意城、志城各一信。钟漱芝枉顾。又接庞宝森信，报阮子岩之丧。外傅旭初、毛俊卿二信。

十九日。邀许莲峰、钟漱芝早饭。徐原满回省，寄复何仁甫一信，并寄意城及翟子英、方柳桥、陈京甫、李湘甫、桂皓庭、周瀛士各信，属意城加封发递。又致成静斋信，求《罗忠节公遗集》。

二十日。钟漱芝甫去，张德修旋至，并带到其父张晓春一信，求事并求借贷。郭海青又专送一信，枉商销差事宜。实亦疲于酬答矣，皆各以一信复之。

廿一日。有卢云笙者来谒，自陈故廪生卢若梅之子，予为童子时识之，娶妻张氏，以贾于湘潭，寄妻舅氏家，乃诱而嫁之易氏，卢控之县，唐令乃批令县丞治其狱。予家居谢绝外事久矣，凡来诉者一概谢遣之。盖乡里冤抑，得一良吏为之理处，民情即已怗然大定。枉诉者之多，由无良吏为之理处也。卢，愚民，而亦书香之遗，至于其妻为人骗买而无能一自申理，其情亦殊可悯。为函致李镜浯属其查明此事原委，或凭公断还其妻，或其妻本不安于室，则令易氏多给礼价，由公理处之。县城若此类者甚多，聊以人力稍示补救，以申愚民之屈。前北乡团绅执送一贼痞，县署不与传见，亦不收其所送贼痞，团绅狼狈而归，失足堕水，几至殒命。此之批发县丞，亦知两造钱不甚多，聊供县丞之咀嚼而已，何尝有民事之系其心哉。略志二端，以示私慨。

廿二日。狄伯华昨夜至，茶园唐昭庆、唐锦云二人复至。会予病，不能与见，皆所谓无因至前者也。狄名丽源，为朗斋太守之子，曾求书诣山东丁秩璜中丞，已前允之。此次思诣山东，又求书诣陶仲瑜谋漕馆为川资。朗斋与予故不识，见官广东，给予一差，未几物故，为料理其家室南归，又为其子展转荐一馆席。今所求又如此。陶仲瑜，杨朱之学为我者也，岂知有人间缓急者哉。因为一书致丁秩璜，并以八金馈之。

廿三日。意城递到聂亦峰一信，并寄所刊《律例便览》一书。专足仍往安庄，适殷竹庵送到橘子一篓，嘱分属安庄一百，并交省足带往。

廿四日。阴。意城信来，知王少鹤昨日已到，并递到何仁甫、罗海安二信。恺仲、石珊专足递送各稿，并张保泰信，知在直隶乐昌有守城之功，随经合肥调营，保升知府矣。

廿五日。阴。复恺仲、石珊信。以将赴省与王少鹤会谈，料检行李。晚接易梯衢一信。

廿六日。阴。赴省，径诣韫斋中丞与王少鹤，谈至三鼓。许星槎、张海帆稍与一谈。

廿七日。雨。闻适有折弁赴京，顺致涤生中堂及李篁仙、刘云生、方存之各信，又致江达川、龙皞臣、聂亦峰三信，并托意城发递。少鹤约晚过谈。因诣温味秋、杨海琴、张紫联及南老诸(事)〔处〕小坐。少鹤晚谈至三鼓。

廿八日。阴。偕王少鹤游岳麓山，谈甚畅。少鹤诵庚申年京师送李申甫诣湘乡军营诗云：湘乡司马出群雄，一旅亲提七载中。天下安危几人在，日边谈笑昔时同。颇闻倒屣迎王粲，近接开樽识孔融。今日河阳盛戎幕，功寮愁寂酒徒空。朱眉君丙寅年送少鹤出都诗云：大地森霜气，贞臣出国时。与君名位远，诚意草茅知。赤县犹无象，青山遽有期。西湖秋水盛，应过敬舆祠。是日陈程初治早饭，黄裔云治午饭，谈甚畅。

廿九日。阴。遣罗贵诣朱宇恬，以一函致之。而罗贵无故导引多客列坐一室中，致未能分付详悉。半日始接宇恬一信归，与所属全左，恼恨万状。罗贵之愚，愚不可瘳，无如何也。下午韫斋中丞邀陪少鹤，酒罢即送其登舟。

三十日。阴。以支祠十月朔致祭，先诣陆家垅。书致白兰岩、彭辅臣。午后乃成行，到祠已入夜矣。是夕大风雨至次日。

十月

十月初一日己亥。恭率弟、侄辈致祭曾祖以下分祠，耕心堂先字一派以吾年为最长也。饭后一过宝树湾。廉丞、晋扬并枉至吾家。

初二日。廉丞回省，便致何仁甫一信。意城随又专足至，以韫斋中丞需用化州橘皮，随检取数圆寄之。

初三日。专足赴营田取棉花，致易梯衢一信，便送志稿。顺致恺仲、石珊及陈镜吾各信。

初四日。何仁甫递到一信，及镇溪营游击张惟贵一信。仁甫于所交事件，数日即已备办齐全，可谓能矣。

初五日。两孙均患咳嗽，邀许莲峰来视。今岁以来，老景侵寻，自觉精力日益不支，而诸事都未能料检就绪，夜半梦回，思之不能成寐。

初六日。专足赴省，致文思及何仁甫二信。许莲峰来，因留饭。

初七日。省足归，接何仁甫及意城并区巨光各信。营田足归，接易梯衢、陈镜浯、傅尹仲及恺仲、石珊各信。

初八日。立篪赴省，诣杨梅山、丛木桥二处展视先茔，顺致何仁甫及意城二信。又接谭柏春一信，以各围分领带银不及锡福围，求为道地，而固非吾力所能及也。

初九日。顺孙周岁，谒拜祖先。志城为一女添箱，专足送到一信，当以一信复之。

初十日。杨瑞堂自下荫塅回，始令将饶家老屋工程逐一清理。瑞堂述及卢德彩之为人，直是小人之无忌惮者。志城喜用此等人才，非所以为人心风俗之防也。

十一日。陈熙堂、熊绍香各专足至，各以一信复之。熙堂以其子出继其嫂而忽接归，屡有违言，回信颇痛加戒勉，未知其能省悟否。

十二日。以志城十五日生辰，略致酒面之遗，顺致一信，为两孙咳嗽求方药。

十三日。接志城回信，并递到姚庶侯一信，见遗净香酱菜，泸溪土产也。

十四日。罗海安、王良淑各专足送到一信。良淑，王经庵之孙也，远来告贷。先世交谊，未应至此。以其父子两度至此，吾皆有所遗。无厌之请，非所安也。略以钱数缗赠之。

十五日。专工赴省接立篪，顺致何仁甫、罗海安及文思三信。午刻得一孙女，是日阴。

十六日。李大自省回，带到何仁甫、舒棠阶二信，知立篪自湘潭回省，尚患伤风未愈。是日阴，大风。吴孟庭枉过。

十七日。阴，寒。仍遣李大赴省，顺致何仁甫、舒棠阶、唐研农及意城各信。周蕚楼枉顾。

十八日。立篪自省回，接意城及何仁甫信，并知廉丞前约同诣茶园祖茔，竟未往也。

十九日。恺仲、石珊递到一信，并志稿。黄华岭土人掘得古砖数方，文曰：大明七年太岁癸卯十月廿八日茹氏造。盖刘宋孝武帝时砖，距今一千四百十余年。

二十日。晋扬寄示古文数篇，颇有见地，文笔亦畅朗，而所持义则近人袁简斋之流矫为一说以乱正者。稍以正规之，而固不失为佳子弟也。

廿一日。复恺仲、石珊信，并致志城。东林晚至，以两孙咳嗽久不愈，请东林一诊视之。东林诵周寿山旧句云：开门汲水云争入，取径寻春草乱生。佳句也，然其生平遭际，亦可于此验之矣。

廿二日。一女定婚长沙周氏，于是日过庚，并报日、过礼并行。盖六礼之五，统于是日行之，可云简率矣。晚接何仁甫、罗海安、吴孟亭三信，知仁甫已委署湘潭县丞。

廿三日。专足赴县，顺致志城、恺仲、石珊及陈镜吾、陈遇佳各信，又复何仁甫、吴孟亭、罗海安及致杜鹤田及意城各信。龙树棠枉顾。

廿四日。一侄自省归，带到意城一信。两孙咳嗽久不愈，夜间至不能成寐，甚以为虑。

廿五日。龙树棠归。夏介峰复至，并带到黎少琨一□，以其县西百廿五里龙牙山故有寺，而其山则夏氏祖茔也。□庆廿五年续修邑志，寺僧谋隐其祖茔为寺地，贿属主笔者，据以为寺业。构讼十馀年，案始定。犹虑案有毁时，而邑志之流传无穷已也，谋因此次修志，删嘉庆志所增，仍循老志之旧。持议甚正，而必远求吾一书以达之益阳志局，则真所谓节外生枝矣。县足回，接石珊、镜吾各信。

廿六日。李六自省来，带到何仁甫、罗海安、吴南屏三信。介峰早去，托带省城二信，竟未及交之。

廿七日。由荷叶塘寄意城及黎少昆二信。由县足寄石珊一信。遣杨瑞堂赴周吉岭，顺寄志城一信。

廿八日。阴。数日热甚，知为雨征也。东林述及汤子惠之言，直谓志局用费由张力臣经营，曾沅甫承认一切，而我一力把持，阻塞士生计。此缘沅甫一念好名之误，使我招此无名之怨。而本局章程一切散乱，至今不能整理。乃知自古家国之贻误，成于一二人之私，其终乃至贻祸天下，如沅甫此等可为鉴戒，吾之招怨又无足论也。因书此以致慨。

廿九日。遣工力赴省挑运装奁等事，顺致何仁甫及意城二信。

十一月

十一月初一日戊辰。雨。省足归，带到意城及王定甫、何仁甫、罗海安各信，定甫并寄示游岳麓山诗。又接文思兄一信。

初二日。大雨穷日夜不息。苦雨逾年，乃复有此，真奇景也。饶家老屋屡倒不一倒，至是始将旧墙整理，□待上樑而雨作。此屋之不顺天心如此。

初三日。雨。专足赴省，致意城及李次青、何仁甫三信。

初四日。雨。省足归，接仁甫、次青回信，知次青正于是日抵局也。恺仲、石珊专递一信，并寄示刘宋大明七年古砖。志城亦随至，留宿一夕。

初五日。雨。意城递到金眉生、何伯英二信。眉生送联云：五单于争尊汉使，一欧阳敢望韩公。盖以荷兰换约事，吾得收还其原约，而处置西夷方略，惟眉生与吾为能知其要领，非今世人所能及也。伯英亦寄示所书黄鹤楼碑，撰《文者丁心斋观察》也。

初六日。连接吴南屏二信，并张紫联、郭海青、裴竹林、瞿秉常、陈镜吾及蟠西、达山、晋扬各信。

初七日。为次女择嫁长沙周氏，以是日铺房。昨夕云黑如磐，各种器物概用油纸障之，度其必雨也。早起乃见晴霁。

初八日。周氏解送酒席，俗所谓开容席也。儿子于世事无所通晓，又不肯留心体察，听信长老之言。吾楚风土浅薄，仕宦之家，佳子弟尤不易得，而后知湘乡相国福泽之厚也。宋刘氏敞公是先生弟子记中云：忘情者自以为达，悖情者自以为难，真情者自以为真，三者异趋而同乱。智不求隐，辩不求给，名不求难，行不求异。君子耻过而欲改之，小人耻过而欲遂之。数条皆警世之言也，惜不令左季高见之。

初九日。罗海安至，以一女许婚周氏，由海安为之媒说也。适意城自省归，邀同晚酌。

初十日。晴。一女以是日出阁，遣篪儿与腊生侄送之。彭作新协戎专信送添箱，辞不受也。曾媳病数日，微似痘疹，延医数辈诊视。家中工力并诣周氏，征求医药，倍觉其累。

十一日。大雨。昨日大晴，临卧时星月满天，睡醒闻雨声，犹以为疑。淅淅不已，乃至倾盆竟日夜不息。此数年天象之奇，往往如此。

十二日。曾媳忽出痘疹颇重，延医数辈诊视。晚次，立篪及腊生侄始自周处回。

十三日。晋扬屡书告贷，日益加增，盖出东林之指授也，因以一书晓譬之。所贷五百缗，亦不为不多矣。

十四日。江幼陶率其侄就婚意城，拟明日一陪之，并函邀冯树堂，而荷塘专足已前行。任芝田过谈，语及近日办事之艰难，决计辞厘务一席，所言极允。成静斋不可谓非君子，近年总办厘务，底蕴毕见，谓之能自守可矣，以云办事之才，所争尚远。

十五日。邀幼陶及意城晚酌，江氏甥亦随至，因并留酌。幼陶嘱为其书院及育婴堂碑记，竟忘之，顷幼陶以此责宿诺，茫然无以应也。

十六日。意城约陪幼陶午酌，适舒兰生、杨景皋及席山同至。

十七日。为七侄女婚期，在荷叶塘陪幼陶竟日。以秉文赴县之便，详书一信寄志城。接何仁甫、成静斋二信。

十八日。专足赴省，寄何仁甫、李次青、陈杏生三信。幼陶偕意城过谈，并守书楹联十馀事。

十九日。省足归，带到李次青、何仁甫、陈杏生各信，并罗忠节遗书十部。

二十日。冬至。以家人多患病，未获诣宗祠致祭，乃率立篪及腊生侄就家堂一祀祖先。是日是①。

廿一日。雨。数日潮湿，知必雨，何今年雨势之长也？专足赴省，又致次青、仁甫二信。意城见示书感诗六首：又作三年住，纷纷只自嘲。不辞文字役，但愧友朋交。世论争毛发，吾才困斗筲。归休息尘累，精力慎虚抛。　夙昔书生志，从来事可为。常时观物变，亦未要人知。闭户期千载，修涂有百歧。茫茫前路渺，持此欲安之？　肃肃哀鸿羽，深深封豕居。稻（梁）〔粱〕愁比户，飞挽急军书。大将旌麾壮，群生杼柚虚。兼筹足兵食，无补愧迂疏。东圃蕃嘉木，园丁树艺劳。时时护根本，往往长蓬蒿。看取凌云概，应知托地高。盘根森独立，莫任雪霜挠。　永夜鹍音乱，喧阗奈若何。梦中听易误，高处响偏多。老鹤遥天唳，孤鸿溟海过。飞鸣自珍惜，嗟尔北山罗。　疏窗延曙色，落叶战寒风。稍待朝曦上，翻愁阴雨濛。流光一瞬去，残梦万家同。春睡茅庐足，真堪阅我躬。

廿二日。接李次青、何仁甫二信。次青与吾论从祀诸儒，专

①此处疑有脱文。

主袁正献为言，与鄙人所见有未能符合者。惟王少鹤为能及此。

廿三日。接江幼陶信和意城书感诗六首。连日阴雨，饶家老屋工程为累不小。

廿四日。新制一床，于是日安之。界时乃稍见日。是夕蔡寿民自省至，接到黎少琨、夏宝森二信。

廿五日。雨。过饶家老屋一视工程，为之心烦。志城送到徐莲浦、戴昆田及张惟贵三信。

廿六日。蔡寿民在此为邹夫人诊脉，主方亦尚相安。是午气痛陡发，略如前冬气痛之比，昼夜不稍息，不食亦不睡，而寿民已前行矣，未审因何起也。

廿七日。连致志城二信，以邹夫人气痛之症一注来方。江甥过谈，气宇甚佳可爱，忠烈公为能有后也。

廿八日。意城递到刘云生、周瀛士二信，又接何仁甫、朱宇恬及志城各信。

廿九日。以邹夫人气痛日剧，往接焦听堂，以一函寄之。是日下午，气痛乃渐就平复。往视孙女，则症益变而险，是日夜半遂已物故。此孙女之生，吾视之甚贱也，一切皆不甚留心照料，而不虞其遽殇，为之怆然。

三十日。阴。往视屋右山地，竟得一穴，以孙女厝之。老年多感，使心摧也。是夕焦听翁至。篪儿久病，上颚肿痛，医者数以凉药投之，乃更加剧。听翁乃云大寒症为虚火所掩，虚火又有二，曰湿热，曰阴虚火燥，凉剂为大不宜。吾不知医而固已屡阻之，足见此道之难也。

十二月

十二月初一日戊戌。邀一侄陪听老午酌。晚接意城一信，知此次折弁已成行矣。

初二日。专足赴省，寄沈经笙、庞宝森、鲍花潭、刘镌山、潘莲舫、唐根石、杨慧堂、曹芗溪一信，并致阮子岩奠分廿四金，又寄刘云生、周瀛士二信，并托意城转递，外致左景乔、何仁甫二信。晚陪听堂赴荷塘小酌。

初三日。因瀛士寄有食物在省，专人往取，带回张寿泉、姚朵云由广东寄到信、物，又金眉生、何仁甫及意城三信。听老守治篪儿，吾不甚为意也，是夕病益加剧，乃始茫然，竟夜不能睡也。

初四日。专送志城一信，邹夫人之意欲邀与听老一商。又有言高家坊医生黄百万者，亦专足一往接之。是夕躬祷于神，比至亥刻而篪儿逝矣。其称病始于廿八日，以服徐医凉药一帖而加剧也。吾初不知之，察其症甚微而药剂过凉，方诟怨之。逾日听堂至，云凉药为患甚剧，（极）〔亟〕进姜桂等品，日或二帖，吐涎痰极多，乃知所谓上颚痛者，实喉痛也。肺胃先伤，竟至不起。始终神智清爽，无谵语亦无呻吟声。子敬、俊卿辈诊其脉，但询脉息何如，不为害否。初四日夜屡进参汤，皆坐起服之。忽语侍人，欲一起坐，侍人扶掖以起，而气遂绝。其病其死，吾至今三日犹如梦寐也。自初四日以下，并初七日成服后补书。

初五日。志城来视篪儿疾，比至则委化已半日矣。召画工萧启凡为写其遗容。意城闻信亦赶归。

初六日。小敛，用绵丝及绢，一循先资政公旧典。凡附身之物，吾皆尽力为之。求得屈氏棺一具，仅及中等而已。

初七日。大敛，成服。（至）〔自〕篪儿始卒至今，吾心为之摧，泪亦为之枯矣。陈杏生、罗研生、左景乔均有书来唁。

初八日。举行初祭之礼，自为文一通。接杨琴堂至，与筹葬地。左丁叟、陈又愚均来吊。

初九日。举行大祭之礼，再为文以诏亡儿之灵。杨琴堂云，息敞坪田地形局尚佳，尽可安葬，乃自往视之，蔡姓庄业也，当令杨司务言之蔡氏。

初十日。雨，寒。偕琴堂诣瓦雀塘相度。郭海青来吊。意城挽篪儿联云：福慧古难全，念汝浑厚聪明，谓当掇高第、享大年，家有阿咸，好待相邀陪老阮；遭际人所羡，顾独忧愁抑郁，竟使负隽才、伤短命，我悲（我）〔叔〕党，更将何计慰东坡。一侄联云：家门方顺，年齿方盛，学业方新，踏壁记联吟，怪尔常多悲楚语；老父在堂，寡妻在室，诸孤在抱，抚棺成一痛，嗟予难遣弟兄情。江味生联云：白头老父，黄口诸孤，事蓄愿方长，撒手知君难瞑目；玉树新依，金兰世好，切磋吾有赖，伤心觌面遽招魂。三联均情词兼到，使人不忍卒读。是日为篪儿初七之期。

十一日。雪。有瞽而丐者，善相，亦间有微中者，询之，翁姓，湘阴人也。陈松生遣足送祭幛挽悬。

十二日。阴，寒。令一侄为篪儿书立神主。琴堂以蔡氏息厂坪田不足存，仍定暂厝瓦雀塘之局，琴堂遂亦告归。

十三日。阴，寒。权厝篪儿瓦雀塘。日暮归，而为近地乞丐纷扰，至三鼓以后，以留工数辈在瓦雀塘修治坟茔，检被盖寄之，则客被于此数日失去五铺。此间人心之坏如此，不足与久处矣。十馀日来，一切皆恃埙侄照料，使人益增骨肉之感。

十四日。何永清来，因留住数日。周石荷寄到篪儿一信，尚不知其已死也。为之流涕。

十五日。一侄赴省，由意城处递寄曾澄侯、沅甫、朱石翘各信。

十六日。料检篪儿遗著，其七律数十百篇，自成一格调，极其量可以追踪杜牧之，惜乎其未尽其才也。所未见者甚多，遗失亦复不少，徒为老人伤心之具而已。是夕曾敬轩至，接到澄侯、沅甫二信。熊绍芗、蔡竹泉复至。又因朱建言喉痛接杨汉滨至，人客稍繁集矣。

十七日。为篪儿二七之期，为制屋三栋及楮镪金银之属，于屋右山辟地焚之。亲友亦多致送扛赟者。

十八日。绍芗、竹泉皆去。竹泉将诣安庄，并书致志城问方药。朱甥患白喉症甚剧。石翘乃以其子女累我，终岁为之营求医药，而病症且多奇出。由吾命运有以致之，而石翘于此亦稍远于人情矣。

十九日。志城递到一信，并石珊、恺仲各信，盖久已递至安庄，至是始送交也。何仁甫并递到曾挚民、萧衡士二信。

二十日。东林僧至，正予检篪儿遗诗，不知其涕泗之交颐也。

廿一日。东林本意留此度岁，昨夜甫至，今早即有马秉昭者专足催其赴省，甫行而龙树棠至。

廿二日。子敬侄自省回，由意城递到李筱荃一信，并知合肥相国督办贵州军务，筱荃接署鄂督。予方寄筱荃信，十四日已封就，不及改题官衔矣。

廿三日。专足赴省，托意城递寄湘乡相国、李筱荃、金眉生三信，又致王春晓、郭海青、姚月樵三信。是日往瓦雀塘奠土，而雨势涔涔不已。运之蹇也，大小事皆然。

廿四日。为篪儿三七之期。往年当此日，篪儿夫妇皆冠服行礼，俗所谓小年节也。思之怆然。

廿五日。陈龙门、徐澐来吊，适予病齿咽，方诊脉。意城亦至。志城递到张伯羲、黄惠廉及锡麟侄各信。

廿六日。傅旭初专递一信，并致礼物，当复一信，并复熊绍芗一信。用章专足至，云由安庄回县，便寄志城一信。

廿七日。邹夫人必欲解年猪，其立言以谓一切照常办理，而其用意则在以是宽我之心，不知徒以重予心之悲也。盖每年解年猪、谢土神，皆亡儿左右襄事，今独馀身自为部署而已，欲无悲怆得乎？意城过谈。晚鉴名僧至，为安灶谢土神。

廿八日。黄南老、裕时卿、张紫联、李宣伯皆有信慰唁，所复惟南老一信。检亡儿遗诗并所书篆、隶、楷书三体，属意城鉴定，谋为泐之石也。杨玉川二子，长咏笙，次星堂，吾屡问之而屡忘之，偶忆记，姑志于此。县城人回，得黄凤喈一信。

廿九日。晴，暖。居然除夕也，追忆亡儿，惟独坐涕零而已。任芝田专足馈岁，今年一切礼文俱废，除夕见此，尤无以自遣。达山递到志城一信，则廿六日一书当未收到也。

同治九年　庚午

正月

同治九年庚午岁正月初一日元旦丁卯。晴。常年于宗堂拜年后，书开笔吉祥语，今并此俱废而成诗一首：忽忽行年五十三，世情冷暖已深谙。一悲兰玉衰迟感，四饮屠苏醉梦参自广东乞归，至是四年。渐暖山岩销冻溜，先春梅柳拥晴岚。年年景物山川在，独立空庭泪暗含。

初二日。为亡儿四七之期，乡人贺岁者皆谢之，所见惟江甥及埙侄二人。

初三日。杨瑞堂辈诣瓦雀塘山庄省视亡儿墓道。周大告归，顺致志城一信。

初四日。篪儿生辰也，又系一月之期，为诗哭之：汝念生辰岁岁新，汝今一月九原人。晨昏已断门闾望，霜雪何心天地春是夕立春。砚匣注泉犹带润，书帷扫地欲生尘。伤心豚酒年年会，落日空庭独怆神。

初五日。卯刻立春。自去腊廿八日，大南风六七日之久，而晴霁如故，至今日始阴。楚谚云：但愿立春晴一日，农夫不用力耕田。数年以来，晴雨无一应时者，此亦天心之可验者也。以多孙疾，专足问方于志城。

初六日。微雨，寒。志城以闻多孙疾，冒雨来视。李宣伯、舒兰生枉顾，兼馈食物，以原礼报谢之。

初七日。寒，冰。闻意城微患伤风，偕志城往视之。接袁予文、何仁甫二信。

初八日。寒，冰，兼下小雪子。志城冒寒回安庄，心甚念之。多孙脾倦，日甚一日，儿女之累，至老转甚，天之所以命我者可知矣。

初九日。寒，冰。屋瓦皆白。凡四日并无雨雪，仅初八日微见雪子而已。是日为篪儿五七之期。

初十日。晴。专足诣安庄。腊生偕周甥及一女归宁，先期不一关白，一切未预备。篪儿自去岁送亲归，即以照料子妇医药，一病而逝。念之为增伤感。

十一日。王春晓枉过。周甥燡藻及腊生侄尚留此，已苦上下人客之烦，而子母洞李氏竹林三四辈至，岂独无可下榻，忧戚之中与为周旋，亦自觉其无谓矣。李七回省，顺致何仁甫一信。

十二日。周燡藻、王春晓及腊生侄均告归。微雨，寒甚。腊生赴安庄，顺致志城一信。

十三日。雨，寒。易梯衢早去。八女又病。亲丁六口，仅吾颓唐老病之身，勉强支持医药而已。邹夫人病情极重，多孙病情则极深，为之旁皇无可为计。是夕雷。

十四日。雨，寒。邀杨汉滨为八女治病，与东林所见殊左。然杨君喉症专科也，只好从之。

十五日。雨，寒。八女喉症转甚。先夕肃告李公真人，将往求符水。情迫矣，此心益增悚惧。是夕大风。

十六日。雪。午晴。取先夕所具告文，诣广济真人殿。为家人辈求茶求水，竟日抵牾，为之茫然。吾家之祸恐未已也。自少贫贱，一力支持。廿年受人陵践多矣。通籍后出应人事，颇以谨约自守。间有不能不以身自任者，一以直道行之，不乐徇私，然亦只经营乡里之事，未尝一日行其志也。合肥相国以苏松（糟）〔漕〕储谬相汲引，逾年遂莅封疆，谓庶幾吾志之一行也。而毛寄云、瑞澄泉、左季高诸公，或以知契，或以至交，同官同事，横加陵侮，卒相倾挤以去。唯于左季高至交，不能无生怨望，馀亦淡然忘之。已而连举两孙，以是深自慰幸。而每夜循思，常惧德薄福浅，无以堪之。故于一切应人接物，每从退一步自处，不敢有所过为。就中李辅堂、罗研生，即至戚如曾沅浦，亦时以陵厉行之诸君行之不觉也。吾虽数以书报之，而已受其践厉矣。自省生平于朋友实未敢以此相处。　通计一生，日在人欺陵之中，而于吾固无损也。乃至鬼神群起而欺陵之，则力有所不能胜矣。喉痛，恶症也，有厉鬼司之，先后病者数辈，既杀吾子，又戕吾女，而此子女者皆极老实可怜，何为□有此？使吾家尚稍有气势，不至沉沦，天地神明何至以此相加耶？此非独吾德之不修，吾此一家其不复能自振矣。归后书此，使吾子孙见之，知吾一生之艰辛也。五。任是举世人陵践侮犯，即鬼神亦加愚弄，此心却不可自馁。六。生世一日，且尽一日职事，忧患凶险只好付之适然之数，岂能与造化较论短长。一。天地大气运行，而其气之鼓荡万物者，一顺一逆，显分两道。得顺气者，无往而不顺，气与气相感召，凡顺者应之，否者拒之。得逆气者，无往而或顺，亦气与气相感召，凡逆者应之，否者拒之。至于沴气之作，天地亦自失其调摄，随之以推荡，又于此两气外别是一种凶戾之气，而与逆气相比以行。吾此数十年消息天地之变，确有以知其然，未可以理推测者也。二。天、地、人三才。人者，参天地以立，非徒为圣人之赞化育者言也。苟为人，即可以参天地。圣人之大用，先天而天弗违，后天而奉天时，则惟其理之至足焉而已。国家盛时，所进用必君子，所黜必小人。君子得气之运，有所恃以泰然行其志，而小人退听焉。及其衰乱，所进用必小人，所黜必君子。小人得气之运，亦有所恃以泰然行其志，而君子退听焉。人相趋于善恶，天地亦但能授其权于人，而不能自直其好恶。其究也，驯至大乱，则并天下之贤不肖而草剃禽狝之，天之气乃获一申。下而一乡之中，其俗良，其人善，则一乡之风俗淳，而贤者常享富贵以行其仁焉。一乡之中，其俗诡变而奸猾，其人凶狠而贪戾，则一乡之风俗薄，而不肖者常享富贵以行其暴焉。非天之好恶殊也。人参天而立以司其权，天地亦不能不随以转移。语所谓人定胜天，诚有以胜之也。世俗但谓人可以斡旋天地。斡旋者，人也；为治为乱以待斡旋之人者天也。则仍天定胜人之说也。书曰：民之所欲，天必从之。其必从者天之机也。圣人在上而民从之，以与天地准，是谓天地之大顺。三。鼓万物而不与圣人同忧，圣人赞易乃窥见天之真宰。天之所以生物者仁也，漠然内函而显于物，天无心焉。天之所以运行者道之用也，粲然具列而藏其神于虚，天无为焉。任天地之忧者，圣人也。操天地黜陟之大权，以显其仁顽之报；体天地生杀之大用，以剂其阴阳之平。是以民慝不兴，夭扎凶荒，杜微济变，纳之太和，惟其忧焉而已。四。圣人所以为功万世者，惟显出善恶二字，使民心有所归依。君子体之，颠沛流离，不易其守。报施感应之理，所以警凡民以戢其邪心而已。君子临之以天，质之以鬼神以行吾敬，惟见不足，不见有馀。昊天曰明，及尔出王。昊天曰旦，及尔游衍。岂区区祸福死生之足以介其意哉！①

十七日。阴，寒。八女病势日深，殆不可为矣，为之悲怜。

---

①此处眉批："学者第一吃紧工夫，在检点喜怒哀乐之发。程子言：能于怒时遽忘其怒而观理之是非。理者，条理节文之谓。情之发一往而无馀，惟能以理节之，非独怒时然也。能自制其喜怒哀乐之情者，乃可与言养性。"

接到何仁甫转递裴樾岑、彭实庵、宋远香各信。远香名绍梅，需次皖省，自称门生，吾不能记忆也。又接萧蘅士一信。

十八日。晴，寒。酆慕唐、郭海青枉顾，竟不及一陪之。各处贺年信，向皆命篪儿作答。今年凡遇此等，皆束之不忍观也。晚次，钟南山、陈松生及绍西自安庄来，兼接志城一信，知钟君即为先公觅得栗桥废穴者也。

十九日。为意城生辰，亲友来贺者便道枉过，皆不能一相款接。有荐喉科沈启仁者，专足往接，则已赴湘阴，接其中表何辅臣来。

二十日。遣钟南山回县。徐原满带往何仁甫一信，由此赴梓木洞，便递志城一信。

廿一日。传李大询问此屋情形，多可骇叹者。是夕，八女卒。悲哉，吾命之穷矣。

廿二日。专足赴省，致黄南翁、何仁甫二信。熊漱芳、熊绍芗及志城均有书来问。谋葬八女虎狼冲，俾其姊妹相依。而为《告土神文》云：惟神之灵，盖无不在。生有宅，死有归，一于神是依，而专其责于持载。繄吾女之坦化，拟尘飞而箭洒。指乡关而回睇，道置邮而又倍。俾归形于兹墟，偕姑姊以欢待。生何为乎急遽，此理畴测乎真宰。仗神灵之呵护，与山川而无改。陈椒浆而致词，永修祀而无改。拟由仙人潭从水路赴县，兼为文以告江神：惟神元冥之司，舟楫是赖。总湘流之一源，有群水之交会。嗟吾女之何归，乃遽歌于露瀣。将返归葬乎故乡，实利资于舟载。缅渺溟乎巨川，怆飞扬乎归旆。仗神灵之呵护，庶风涛之靡害。陈桂醑以告虔，放兰舟而行迈。酒三歆而若歆，神无远以弗届。

廿三日。为八女发引，顺复熊漱芳、绍芗二信，兼托绍芗照料虎狼冲葬事。

廿四日。阴。遣李祥恺赴省，致陈杏生、何仁甫二信。随得何仁甫专送一信，则林姓屋事已告成矣。略开应列中人数名给之：郭樗全、郭宜稼、杨瑞堂、罗孟良、杨岱来、李播明、易木生、周普志、周小管、杨才衷、熊肇殷、陈育智、陈苊生、蔡松池。瞿景伊自省枉顾。

廿五日。霞兄专足来慰，并言衡阳曾晴江地学之精，嘱延致之，当复一信。又接黄南老一信，为我定东茅巷许雪门所造公馆。又接陈杏生一信，约送子妇往渠家寄住。当复霞兄一信，并以现谋移省一节告之。

廿六日。何仁甫专递一信，则以林姓外出，其叔代之立契，不能信心，一意延搁之。阅之茫然。

廿七日。为八女初七之期。谢仙坡、毛墨庄与唐羲臣两子先后至。

廿八日。遣子妇携其二子避居陈松生处，顺致陈杏生及何仁甫、黄子寿二信。又书致唐羲臣约之赴省，为我点收行李。是日天晴无风。

廿九日。接仁甫、子寿、杏生三信，则以林姓未起造之前原有一屋，居者不甚利，劝勿就此。不知此屋从新起造，并原地培高二三尺，当以新屋论，不当更问从前之吉凶也。然既传达此语，又不能不怀疑忌矣。

三十日。遣周大赴省，致陈杏生一信，以昨信有代筹住宅之说，因以托之。

二月

二月初一日丁酉。杨贵自省来，开视住宅数处，即遣赴省为相度之，并致何仁甫一信。

初二日。去岁杨瑞堂为篪儿治棺，借用屈寿廷棺木一具，至为简陋，至今心歉。昨由杨氏缝人代购木料一付，价十四千，搬运又费至二千有奇。李祥恺乃谓其木料中等，经运至杨宅，力斥其更换，乃一意为屈氏效劳，不自知此身与所行者之为何事。虽由其愚谬致然，然倘非劫运之逼人，亦不足致此荒谬绝伦之仆夫矣，为之郁闷累日。

初三日。意城来谈。以八女二七之期，为焚冥镪以资之，为无人行礼，乃延一道者诵经一日。道人因请先夕开坛，只好听之。周甥（藻燡）〔燡藻〕至。

初四日。雨。下午焚化冥资，雨适止。杨贵自省来，接到何仁甫、杏生二信，则已相定住屋三所：一北门正街彭氏宅也，一鲁班庙张紫联新造之宅，一东茅巷许雪门新造之宅。意城又递至汤小庵一信。

初五日。大雨竟日。遣杨贵冒雨回省，先谋之彭氏。大约此三屋者，或尚有一相就者。周甥亦冒雨归去。

初六日。吴蓉舫夫人昨至一宿，甫去而陈钰四娘复至。人客杂沓之中，兼有意外之女客。接志城信，并荐周静溪为我照料行李。又接何仁甫、陈熙堂及衡叔三信。是夕料检书箱，至丑刻始罢。

初七日。大雨。本定今日搬运行李赴省，昨甫晴霁，今日又雨，可谓触端阻滞矣。雇得船二只，装运床铺，冒雨开行。接周昌辅〔信〕，以其中表李子襄与彭玉书军门相为牴牾，属为和解之。昌辅持论过高，而行事往往求自遂其意，而不顾情理之安，类如此。子襄、玉书，吾皆无一面之识，何从为之排解哉。

初八日。雨。因雇船至仙人潭运送行李。数日料检一切，劳顿万状。

初九日。晴。两日雨未甚畅，农功待雨尤切，而吾亦甚盼一雨，小河水得小涨，足以通舟。忽睹晴霁，又为惘然。吴君贤谨为西乔之子，毛君立贤为俊卿之子，同日枉顾，为求馆之计。各有闲愁数不清。吾亦无如此等之酬应何也。

初十日。雨。接曾媳省信，多孙又复患病，当又因感风寒而起。是子体太弱，而曾媳所以顾视其子亦太不能如法，无如何也。

十一日。雨。杨琴堂、熊少香、陈郁如并至，亦半为荷塘寿辰也。王春晓、周嘉会亦至。

十二日。晴。诣荷塘贺寿。自去腊以来，久废酬应矣。以弟妇五十寿辰，念此整生也，人生能几？兼已赴省有日，故特一往贺之。

十三日。晴。连接省信三次，皆以多孙病，催我一赴省。吾固不知医，往亦无益，适志城在此，属拟一方寄之。并函托汪树德为之诊视。

十四日。黄石珊、张晓春、杨景皋诸人偕意城至，盖知明日移居，来相送也。接陈杏生信，多孙病已至危笃，为之凄然。

十五日。晴暖无风。挈家赴省，而邹夫人已不能受舆行之颠簸，途次颇受其累。午后至新居，亲友皆集。入门见多孙消瘦可怜，视赴省时面貌全别。

十六日。雨。连邀赵蓉生、贺竹泉、汪树德及东林僧视多孙及邹夫人。主方各不同，而蓉生于多孙所患尚有见地，因为检药。而曾媳持之甚力，竟不与服也。

十七日。雨。亲友枉顾。而当事诸公如王夔石方伯，白兰岩、陆心农两观察，杜鹤田太守，潘心农明府皆至。以邹夫人及多孙方病，新居狭小，行李都不能一清检，更无暇酬应，凡求见者皆谨辞之。

十八日。雨。连日求一住宅不可得。惟翟锡三小东街公馆一所差为宽敞，托张力臣询之，潘小农竟一力相拒，此亦事理之不可晓。

十九日。西枝僧以观音大士诞辰，为多孙诵药师灌顶真经，以求消灾解厄，并属鄙人诣上林寺拈香。因便道一诣曾澄侯、张力臣，其馀他处皆未暇酬应。

二十日。有任氏妪为吾邑人，居汉镇久，能以符箓治病。王春晓、周嘉会荐使治多孙，亦微有效，曾媳因酷信之。所开方若槟榔、只壳、山查、藿香皆耗气之品，恐不相宜也。

廿一日。西枝为多孙拜佛一堂，属往拈香，归时已三鼓矣。伊川至某寺见诸僧午课，叹曰：礼乐尽在是也。拜佛仪容之盛，亦殊可观。

廿二日。赵蓉生谓邹夫人病肺痿，与贺竹泉所见正同。主方多系清凉之品，吾于此盖深信之，而邹夫人不谓然也。两日稍清检衣箱，而受潮湿已多矣。

廿三日。西枝为多孙诵经毕，兼为赈孤，令治沙衣一藏，往生钱五千。晚偕熊绍香、周静溪诣上林寺，至三鼓始归。

廿四日。与西林诣古延遐庵，就慧源和尚推星命吉凶，所言较胜诸星士。因便道一过东林。

廿五日。屡次相度住屋，无当意者。友人多劝购地起造，以省城近十馀年购买成屋较起造为更费也。有右营守备郭姓，旧于六堆子旁购得园土十丈，所费三百千。遣人问之，则索价千金，给以八百金尚不允，盖出入增加至六倍矣。

廿六日。三数日来热甚，至不能着绵。以闻张石翁三月初一日东归，为书告意城。是夜大雷雨。

廿七日。微雨，凉。与昨日天气所争寒燠甚远。到省十馀日，当事及诸亲友皆先枉顾，不能不一周旋。晚接意城信，始知其已抵省也。

廿八日。大风雨，寒甚。意城过谈，随同出门回拜诸处，至晚始归。

廿九日。大风雨，寒益甚。为邹夫人诵《心经》及《观音救苦经》各一藏。西枝为定四僧持诵：一曰溪源，一曰园朗，一曰慧日，一曰雪琳，皆圻山寺僧也。因与熊绍香、陈郁如诣上林寺晚饭。接志城及刘云生、朱石翘三信。

三十日。阴寒微雨。安庄人归，顺复志城一信。宁乡李秉苑来见，询知已保知府，留广东候补。王夔石、白兰岩先后枉过。

三月

三月初一日丁卯。阴。微雨冱寒至五日不解。刘韫斋中丞、郭若清守备枉过。守备有园土在又一村后，愿让以起造。省城房屋，皆计算起造工价，另有赢馀，而后出鬻，竟成此等气习，皆由武营领兵者开其风，亦事之骇人听闻者也。是日始定主讲城南之局。关书早到，是日中丞言之甚切。

初二日。阴雨严寒。韫斋中丞见示岳麓书院及贡院二记，易笏山所撰，文甚佳。绍香、郁如、静溪并告归。

初三日。阴雨寒甚，向未有也。稍出酬应，并买还屈寿亭杉料一付，于杨瑞堂、李祥恺二人不能无遗憾。

初四日。阴，寒。上林寺住持西枝为邹夫人诵《观音救苦经》、《心经》，祈免灾疾。是日并为礼佛，因诣寺一拈香。凡素食六日矣。张蔗泉为校定篪儿诗稿，并为跋后。

初五日。意城过谈。是日亦出门回拜十馀处。陆心农观察为言中丞已饬厘局承修书院。适专足往城南，见其工程太草率，此举正自不可少。

初六日。诣成静斋商议书院工程。随与意城诣南老谈。南老约初七日为予作生日，辞不敢当，因先期一诣饭。晚次归寓，则宾客已盈坐矣。

初七日。贺寿之客踵至，亲友后辈竟无以谢之，为之应接不暇。致张寿荃观察一信，托中丞封递。接到傅旭初一信，言去冬曾有书一单见寄，此间竟未收到，书词亦不能详其原委，容当一询之。

初八日。阴，热。自初五日以后，微见日，本日郁热又作，亦雨征也。农田需雨方殷，心甚盼之。昨日生辰，亲友多枉贺者，以谢寿酬应一日。老年失子，事必躬亲，此可悲也。于曦岷处见中丞密札，由平江获犯熊秉勋，供长沙郑俊声一名晋升住观音岭，保举提督矣，实为之魁。曦岷亦言湘乡葛吉臣者为言：湘乡称乱不足虑，可虑者乃在东南隅，其渠曰萧祥翥，平江亦有一渠，本约三月起事，而湘乡失期先发，故无成功。所言虽无踪影，而人心正尔思乱，楚难殆未已也。曦岷议添勇二百驻扎城外，而为三营所持，颇以失望。

初九日。微雨。约郭若清书立契据，以置备院园后地基，为起造之计也。于羲岷、陈程初二君招饮甚勤，亦坐此不能赴。园地作价一千四百金，出示老契则一百七十五金耳，所加十倍矣。省城近年房屋之贵，有不可思议者，窃虑非吉兆也。

初十日。阴雨。接李玉森、张小亭二信。凡枉书及来见者皆有所责望，各有闲愁数不清，无如何也。刘馨室处见孝感汤君授以天竺按摩法凡十八：一曰两手相捉纽捩，如洗手法。二曰两手浅相叉，翻覆向胸。三曰两手相捉共按胜，左右同。四曰两手相重按胜，徐徐捩身，左右同。五曰以手如挽五石力弓，左右同。六曰作拳向前筑，左右同。七曰如托石法，左右同。外加作拳按膝如骑马势，上升凡七。八曰作拳却顿，此是开胸，左右同。九曰大坐斜身偏额如排山，左右同。十曰两手抱头宛转胜上，此是抽胁。十一曰两手据地，缩身曲脊向上三举。十二曰以手反椎背上，左右同。十三曰大坐伸两脚，即以一脚向前虚掣，左右同。十四曰两手据地回顾，此是虎视法，左右同。十五曰立地反拗身三举。十六曰两手急相叉以脚踏手中，左右同。十七曰起立以脚前后虚踏，左右同。十八曰大坐伸两脚，用相当手勾所伸脚着膝中，以手按之，左右同。每食，平旦食少许淡水粥，或胡麻粥，甚益人，理脾气，令人足津液。日中淡面馎饦及饼并佳，慎勿饱。宜萝卜、椒、姜羹，凡咸酸辛物宜稍节之。食毕即须呵出口中食毒浊气。歌曰：淡粥朝餐浊自销，油麻润喉足津液。就中粳米饭偏宜，淡面馎饦也相益。好酒饮时勃气消，生椒服之百病息。饭了须呵三五呵，食前宜咽六七咽。李真人长生十六字诀曰：一吸便提，气气归脐；一提便咽，水火相见。其法一切职业事务皆不妨。但于二六时中略得空闲及行住坐卧，意一到处便可行之。先嗽三五次，以舌搅上下颚，仍以舌抵上颚，满口津生，连津咽下，汩然有声。随于鼻中吸清气一口，以意会反心目寂地，直送至腹脐下一寸二分丹田元海之中，略存一存，谓之一吸。随用下部轻轻如忍便状，以意力提起使归脐，连及夹脊双关肾门一路提上，直至后顶玉枕关透入泥丸顶内，其升而上之，亦不觉气之上出，谓之一呼。一呼一吸，谓之一（吸）。随又似前汩然有声咽下，鼻吸清气，送至丹田，稍存一存，又自下部如前轻轻提上，与脐相接而上，所谓气气归脐，寿与天齐矣。凡咽下，口有液愈妙，无液亦要汩然有声咽之。一咽一提，或三五口，或七、九或十二或廿四口。要行即行，要止即止。只要不忘作为正事，不使间断，方为精进。六气：一曰呬。呬法最灵应须秘，外属鼻根内关肺。寒热劳闷及肤疮，以斯吐纳无不济。二曰呵。呵属心王主其舌，口中干涩身烦热。量疾浅深以呵之，焦腑疾病自消灭。三曰呼。呼属脾神主其上，烦热气胀腹如鼓，四肢壅闷气难通，呼而理之复如故。四曰嘘。嘘属肝神主其目，赤翳昏昏泪如哭。都缘肝热气上冲，嘘而理病更神速。五曰吹。吹属肾脏主其耳，腰膝冷多阳道痿。微微纵气以吹之，不用外边求药饵。六曰嘻。嘻属三焦有疾起，三焦所有不和气。不和之气损三焦，但使嘻嘻而自理。病瘥即止，不可过，过则败气。（青）〔东〕方青色，入通于肝，开窍于目，在形为脉。南方赤色，入通于心，开窍于舌，在形为血。中央黄色，入通于脾，开窍于口，在形为肉。西方白色，入通于肺，开窍于鼻，在形为皮。北方黑色，入通于肾，开窍于耳，在形为肾。肺为五脏之华盖，居心上，对胸有六叶，色如缟映红，肺脉出于少商左手大指之端内侧，去爪甲二分许。心居肺下，上对鸠尾下一寸，色如缟映绛，心脉出于中冲左手中指之端，去爪甲二分许。肝在心下，少近后，右四叶，左三叶，色如缟映绀，肝脉出于大敦左手大指端，乃三毛之中。脾在掩脐上，近前横覆于胃，色如缟映黄，脾脉出于隐白左足大指端侧，去爪甲角如韭叶。左肾、右肾前对脐，傅着腰际，色如缟映紫。左为正肾以配五脏；右为命门，男以藏精，女以系胞。肾脉出于涌泉左足心中。春以六丙日，时加（时加）巳，食气百二十助于心，令心胜肺，无令肺伤肝，此养肝之义也。夏以六戊日，时加未，食气百二十以助脾，胜肾不伤于心。季夏以六庚日，时加申，食气百二十以助肺，令肺胜肝，不伤于脾。秋以六壬日，时加亥，食气百二十以助肾，令肾胜心，不伤于肺。冬以六甲日，时加寅，食气百二十以助肝，令肝胜脾，不伤于肾。凡受三五法，在存职三天贞名、三师贞名。有急灾困病，三大唤天贞名、密呼三师名，即灾痛皆消。上清微天贞名防中，中禹馀天贞名元，下大赤天贞名德邱。右三天贞名。左无上贞名叒即天字，右元老贞名众即人字，中央太上贞名𪓐即地字。三台内讳，知者众恶悉除，诸善备至。上台虚精，中台六淳又作六停，下台四生。静房端坐，思三台，覆头。次思两肾，气从胸中出，与三台相连。久久思毕，二七啄齿，二鼻微微纳气，闷口满便咽。咽毕，咒曰：节荣节荣，愿乞长生。太元三台，常覆我形。出入行来，万神㒩营。步之五年，仙骨自成。步之七年，食药皆精。步之十年，上升天庭。步台日：正月三日，二月二日，五月五日，九月九日，十月二十六日。日常以手按两眉后小穴中三九过。又以手心及指摩两目颧上，以手旋目。行三十过毕，辄以手逆乘额，从眉中始，以入发际中。仍须咽液，多少无数。常行，耳目清明。眉后小穴为上元六合之府，化生眼晖，和莹精光，长映彻瞳，保练目神。尊生八笺，延年却病。略择外功数种录之。其间亦有食气者，要皆粗浅工夫，无关要秘也。

十一日。阴雨。榕峰廉使为我择本日寅时兴工培基。小雨竟夜，天缘亦太忤矣。左营兵竟有树立界签于所购园内，云系六堆官地者。从前日从相度，无一人语及，甫定局交价而遂有此。人心之变诈如此。

十二日。城南书院于是午开馆。韫斋中丞，夔石方伯，心农、兰岩两观察，鹤田太守并至，惟榕峰廉使以病不至。连日阴雨，是日稍见晴霁。中丞方议兴修书院，暂不能住斋，还归住宅，见门生约六七十人。

十三日。中丞属拟经课题，为拟经题七通，拟古诗文题六通，前后晓示诸生条规凡五通。

十四日。胡恕堂中丞为张石卿制军饯行，邀同黄子寿、张力臣一陪。便道回各处拜。郭子美令看滕军门洪家井住宅，可云精雅矣，仍嫌住房太狭耳。

十五日。以中丞十三日官课，诸生来见者皆停两日，并饬以是日午刻分班进见。凡见百十馀人，大抵未经取课者。乃条示诸生，凡取列正附课者先须一见，馀暂投帖缓见。是日，泥工陶文华、木工李益隆为包又一村新宅起造工程。

十六日。奇热至不能着绵，知其为雨兆也。已而雨，大风，下午特凉。天气如此，固宜病痛之烦矣。曾媳又患喉症，延请多医，言人人殊，晚乃接唐伯皆一视之。

十七日。大风雨，凉。胡恕堂邀同郭子美、柳荫堂、张力臣、黄子寿晚酌。闻子美述悉山东剿捻战迹及襄阳行实，可云豪杰之士矣。

十八日。阴雨，寒。各乡禾种均已下土，而阴寒如此，极不宜。接曾挚民、陈镜吾各信。是日城南书院开课。由方莲庄行二处寄递吴南屏一信。

十九日。罗研生邀早饭，同席李宣伯、李勋堂。勋堂，新从予受业者也。笙叔邀午饭，因郭子美约往相度滕军门屋，便道一诣，则衣冠盈坐，与（君）〔吾〕野服不相称也，辞席归，则志城适至。书院未投帖注册而应课者，至四十馀人之多并检还之。

二十日。与意城公饯张石卿制军，假宛园地设席，并托子寿办理。并邀胡恕堂中丞、黄南坡方伯。接庞宝生、张竹屋及夏介峰、黄石珊各信。姚彦嘉自苏州来，递到金眉生信，知去腊寄眉生信由葆芝岑递寄者，至今未到。彦嘉盖随魏蟠仲南来者也。是夕热甚，明日必大雨，吾之起造，动干天忌，适定廿一日兴工，此屋之乖违，亦略见其机兆矣。

廿一日。大雨，酉时雨稍住，仍依榕峰廉访所择期勉强兴工，而为文以告土神云：惟神方隅之司，无往不在。况乎起造兴作，一惟神之所持载。嵩焘一屋之居，展转经营，历时已逾三载。既遭家之不造，乃蚁徙而蜂骇。始于又一村之东购地一区，冀稍托居乎爽垲。谨择吉而兴工，爰（庇）〔庀〕材而积贿。揆之于理，而固宜右此安居；质之于神，而岂忍更施其薄待。凡诸凶煞，一切远避。土、木、石之工匠，征召既繁，惟神默鉴其天良之不昧。但有（压）〔厌〕胜之术，一一皆反坐其罪。俾永保此室庐，比绵长于山海。竭微忱以致词，冀神得以其区区上彻乎造物之真宰。

廿二日。阴。庄氏侄女来省视，知廉丞五十生辰，以避贺客不回家，乃属其治面食，为作生日。曾沅甫枉过。

廿三日。热极。邹夫人又患气痛甚剧，病势已深，不复能堪此矣。一女适于是日回湘阴。追念亡儿，满目凄然。

廿四日。热极。志城适会意城诣杨梅山，邹夫人以病欲留之，遣人止意城，则已行矣。是日从母吴生日，又彭师母明日七十寿辰，与左景乔同生日，致送寿礼，一切皆身任之，仍须伺应病人医药，自省为悲惋也。

廿五日。阴，寒。诣新屋相定基址，随诣彭宅及左景乔贺生日。

廿六日。微雨，寒。南老约陪沅甫宫保，将行而邹氏忽发心气，又与前时气痛不同。疾病相纠，为累无已，使人心气俱索。志城亦因是不能一赴南老之约。

廿七日。大雨，寒。当头冲一屋，三年苦雨，不能讫功。于省城谋一家居，又苦为雨累，不知是何劫度。百事抵牾如此，忧伤之馀，一日数惊，天之厄我，安所极也。

廿八日。阴雨。何先得，吾家旧人，从鲍军门转战东南，官至记名总兵，求一书诣郭子美军门，乃以一书给之。曾沅甫过谈。

廿九日。阴雨。黄南老邀食熊掌，至则客或琴或棋方盈室。意城、志城酒半均诣张力臣饭，予早已辞张处，得终席而归。

三十日。雨。新屋挑运砖瓦，情弊百出。杨瑞堂最为肯任劳怨，馀皆不能及也。

四月

四月初一日丁酉。阴。为城南书院肄业生童评定馆课卷凡数日，亦稍惫矣。病妻在床，阴雨不已，又一村新屋不知告成何时，抚念生平，为之心痗。

初二日。热极，辰刻微见日，午后阴晦，已而大雨，彻夜下雨，继以大风。笙叔邀同易昀陔、张力臣及志城晚饭，冒雨来去，晚归已二鼓矣。

初三日。大雨。不谓此雨三年不已，到省月馀，见日无几，阴晦之气何时已耶？

初四日。早晴，寒甚，已而复阴。西枝邀同张力臣、笙叔、意城、志城早饭，因便回各处拜。晚归，闻玉山叔从母氏周、莲舫叔从母氏张物故之信。酆慕唐专足送信至，当复一信。

初五日。阴晴不定，又作郁热。雨意未已，时令尤可惧。接裴樾岑观察信，并寄到《邳州志》一部。又接吴南屏信，并以篪儿之丧枉寄诗一首，读之凄然。

初六日。邀欧阳晓岑、罗研生、魏蟠仲、姚彦嘉、吴松岩、唐羲臣晚酌。研生、松岩、羲臣皆不至。邹夫人病势转见沉重，殆不可治，为之惘然。易晋吾函荐华容令刘君之弟名耀彤号小林，属为觅一局务，可谓多事矣。

初七日。意城、志城并归去，朱甥见言亦于是日还临江。前岁来时，吾家方处极盛，今满目凄凉矣。见其兄妹相携就道，不知涕出之何从也。晚接丁次谷信。

初八日。雨。邀高旭堂、姚舸丞早饭。旭堂尚守湘潭，未至省也。晚大雨，且雨且郁热，与去岁天气正同，抑何一雨之久而不倦也？

初九日。大雨。李榕峰廉访为择是日巳时树架安门，而雨势不已。三年兴造，此雨乃皆随之以与为抵牾，天耶人耶？此屋之征验亦可知矣。致左敏夫信，并托递复丁次谷明府一信。又为易盛芝致信周寿山；为姚彦嘉致信李次青；为杨贵致信劳湘舲；为吴松岩、唐羲臣致信朱宇恬，则以救生局经费，谋借助于盐息也。

初十日。雨。高旭堂来诊视邹夫人，所主方差别，以语苏立斋，云极宜。晚间欧阳小岑枉过，以旭堂之子托求一馆，不能不接允之。

十一日。雨。旭堂重主一方。吾视邹夫人稍稍安睡片时，以为昨方尚有效也，询之，则竟未服，不胜愤懑之至，以仆婢合词诳我，情形为不可恕也。

十二日。接志城一信，知昨买唐姓一婢，谋置簉室，顷仍送回省城，窃恐于事体为非宜也。

十三日。巳刻为新屋上梁之期，大晴。先是郭子美军门择于是日启节赴陕西，吾谓新屋动土兴工树架，皆值大雨，十三日上梁，或可一仗军门之福，得一见天日乎？是日果然。晚次，张(臣力)〔力臣〕邀同欧阳晓岑、罗砚生、李季眉小酌。

十四日。雨。曾澄侯来谈，知湘乡相国左眼失明，以偶因会客觉眼昏，以手掩左右目试之，始知左眼全无光。此亦奇症也。

十五日。晴。邀姚舸丞前赴瓦雀塘为亡儿相度茔地，又令黎俊卿将邹夫人之命前赴水渡河真人殿酬愿。

十六日。阴。吴南屏以所著《春秋三传义求》及《四书考异别钞》嘱为校勘，其意欲由官局刊行之，尚当一与王夔石方伯计议。

十七日。邀曾澄侯、吴南屏、成静斋、黄子寿、张力臣晚酌。邹夫人病日加笃，无如何也。是夕奇热，至不能安寝。

十八日。雨。郁热甚，雨势又将倾盆矣。接金眉生、吴璞农二信。

十九日。早雨。陈尧农水部入祀乡贤，以是日入主府学宫，其子蓟生具柬相邀，辰刻雨止，遂一往。便道至妙高峰，相度其势，有不能不修葺者，因诣韫斋中丞、夔石方伯言之，皆慨然应允。接朱宇恬、吴玉京各信。

二十日。黄海华三次过访，周韩城两次过访，皆为门者所阻，仆人无一晓事者，无如何也。意城有书询邹夫人病状，以一书复之。

廿一日。九从母氏张丧事，不能一往会哭，乃令黎俊卿前往，并书示晋扬，便致玉山叔一书。西枝和尚来言岐山寺僧素存以寺业为陆子寿所攘走，控京师，掌京畿道某公既收其词，复为诗赠之，诗云：末世谁言理可凭，迂疏笑我似聋丞。每谈豪侠朝看剑，欲照逃亡夜掌灯。世事摧颓逢剧盗，风尘牢落走枯僧。普陀远在蓬山外，未必蓬山隔万层。　绛节坛前礼玉真，直将谳牍达中宸。南能北秀才俱妙，东抹西涂句更新。垂老自怜乌帽客，回山再访白衣人。衡云深处吾曾到，忍草禅花细作茵。罗小溪荐其友人刘砺锋为邹夫人诊脉，见所持扇有小溪一律：雏姹翁妪杂笑颦，到门争说晚晴真。熨蒸茶似丹难熟，废学书如马不驯。星焰烛天迟及地，草香随扇欲黏身。侧闻湖上方淫潦，六月江村未食新。

廿二日。大雨。邹夫人病势已至大渐，而刘砺锋诊脉仍云可治，真不易晓。接刘云笙一信，述所交游曰罗逸农太史家劭，曰梁伯乞祠部僧宝；曰王补庵比部衮，曰钟羽宾比部孟鸿，皆粤人也；曰李菊浦太史用清，山西人；曰李小良侍御汝弼，直隶人；曰刘春轩比部志沂，江西人。云笙用功甚勤，所见常过人数倍，未易才也。

廿三日。大雨。本往龙皞臣家陪吊，便道诣罗小溪、黄海华、左仲敏、黄子春诸处回拜。以邹夫人病势危笃，途次不能安，因遂归也。

廿四日。阴雨，苦寒。邹夫人疾势自廿一日以后日益沉笃，至是日两次昏逝，脉息亦散矣。移时复苏，如是者四，始于酉刻身故。伤怆万状，吾将何以堪哉。

廿五日。阴雨凄凄。为邹夫人治棺敛殡，率男媳曾氏以下易衰服。相礼为艾薇轩、常少梅二君。

廿六日。阴雨。《邹夫人家奠文》云：呜乎，吾抑不知生之何乐而死之何哀，而惟吾夫人之死与吾儿吾女奄忽尘埃，如飘风急雨之骤至，挟岸谷以崩摧。念夫人之初至，儿七龄而始孩，女小者岁方周，逾四岁而已失所怀。爰左提以右挈，粲盈阶其若笋。羌恩斯而勤斯，非夫人兮焉闵。予奉命以东巡，乘海舠以来游。女三尺而在携，剪秋水以盈眸。遂开府于粤峤，涉重溟以南浮。挈吾儿以度岭，资予季之绸缪。萃荣华于一时，谐婉娩于三秋。又信谗而斋怒，谬指瑕以摘尤。构人伦之奇变，怆覆水之不收。自是始推知夫人之贤，斯黾勉以相求。乘炎风以北征，返予旆乎故邱。乃卜居于寒蒲，资吾儿以授室。隽黉宫于一衿，媚香兰于再茁。夫人抚儿抱孙以顾予，恒眉开而欢溢。谂予生之薄德，履坦境而怀栗。固不虞天之大降戾于藐躬，乃痛深而创巨。一女孙之坠地，甫登褓而已失。悯吾儿与吾女，误庸医于微疾。惨四人之接踵，并一死而谁恤。方吾儿之在逝，予亦不自知其为悲。嗟夫人之在病，日扶杖以相随。语吾哀而颦蹙，恒懔懔其在眉。指寡息与雏孙，岂不在君之携持。为收悲以回泪，数往迹之参差。感斯变之遽膺，终相与流涕以歔欷。予有忧而与遣，亦有疑而与处。有求而与为营办，有事而与为枝拒。综百行以无愆，尤莫严于事祖。盖相从者十有四年，宜主馈而赞酹。越昔己巳之春，奉告祖先，跻夫人以为予辅。无子女之留贻，无璜珩之在抚。惓手泽于杯棬，纷盈箱而充筥。彼世俗之游谈，非其贤之所取。吾于夫人执期丧而却宾亲之吊，亦颇参今而酌古。兹当三日家奠之期，方在悲哀，义不可以言文，而生平梗概有不能已于言，言之而又不知其所云。惟夫人之生有自来，或庶幾其一闻。

廿七日。邹夫人遗属念经一藏，乃于是日起经，延僧超度，不忍违逝者之意也。接欧阳小岑信，当以一信复之。

廿八日。昨日稍见日而热极，今早尤热，午刻雨又寒。是日中斋，亲友至者数辈。接志城信，尚遣问邹夫人病情，为之悲怆。

廿九日。雨。为邹夫人焚烧冥资，亲友馈送冥器者，稍斟酌受之。

五月

五月初一日丙寅。暂存邹夫人灵柩南关外金刚院，途次稍遇微雨，至寺而大雨作，竟日滂滂不已。一雨三年，此何天也，而吾一家之为雨累乃尤惨酷。寒蒲山庄右砂为雨毁，终年修筑。比亡儿死，人始言此砂每一修筑必死数人。其屋内房室墙壀，倒塌者无虑数十处，随时修筑。本年为五黄煞。饶家屋竟为雨阻，三年不成。今卜筑又一村之东，又苦为雨所窘，计一月馀，日中以大雨停工者至十馀日之多，馀日亦多冒雨为之。于此雨有何孽，而急相持如此？即吾一身推之天下，亿万生民之命为所残戕者，可胜计哉。世乱方兴，天行尽失其常，所忧固方长矣。

初二日。大雨阴晦。以邹夫人丧事，两日为乞丐滋扰不休，则由瞿秉常一见乞丐即以钱给之以示惠，遂至源源而来，两日深受其累。日前以钱千二百包与花子头，亦瞿秉常所经手，不知其示惠之为何心也。

初三日。大雨，阴晦可怖。闻市肆米价日有增加，天之怒至矣。默察人心，实亦有以感召之。乱机已兆，无可为斡旋之计也。诸公又一以悠忽处之，祸至无日矣。

初四日。雨。是日料理节帐，竟至一千有奇，太和钱款存六百馀，仅及其半，杨瑞堂又未及早为部署，乃至深为其累，盖此十馀年所未有也。

初五日。晴。约罗小溪、刘砺锋、姚彦嘉午饭，砺锋不至，往约罗研生，又已外出。晚，黎少琨、蔡寿岷过谈。

初六日。阴。志城自乡来，盖以邹夫人之丧来相视也。接朱宇恬信。遣杨瑞堂赴各庄料理出谷事宜。

初七日。阴。郁热殊甚。达三遣昭纪来言瓦雀塘、黄泥坝两处谷事，昨日遣瑞堂往，昭纪尚不知也。

初八日。雨。志城归去。罗研生检湘乡及吴南屏所为亡儿志传，而遗吴传一篇，又索笔为我书扇，因戏柬云：两朝于帝帝窦逃，手敕曰咨予醉劳。曾吴三稿手检交，就中吴传陈义高。检二遗一真讹淆，两稿钞胥已付钞，益以张跋工摹描。此传一去风萧萧，尚待陈师责包茅。好扇有若书生绡，何用求助鼠须毫。付与二管帝亲操，江淹得一文已豪。何况双持丈八矛，把笔作字水滔滔。新诗探喉如摘条，一日告罢无停桡。帝闻瑟缩如猬毛，使风为手轮为尻。责期一日生何聊，再拜来告两日饶。

初九日。雨。致李次青书。丁果臣过谈，言及省志事，李仲云啧有烦言，大率以糜费为词，而以尖刻出之。吾湘之好议论，有不可思议者，其端皆自士大夫开之，亦世道人心之忧也。

初十日。自昨夜大雨，至此夕未尝稍住，为之心怖。黄昌祺枉过，因往回拜。就便一诣胡赐福，文忠公之令嗣也。杨琴堂晚至。

十一日。雨。治席款琴堂，适丁叟至，因留饭。琴堂言万家山地已有端倪，必须得姚舸丞一往相度。因书寄舸丞，并告知杨瑞堂。

十二日。雨。达山专信至，便复一信。琴堂冒雨归。专足致姚舸丞、杨瑞堂信。

十三日。大雨日夜不息。张力臣赴沅州，枉过一谈。随赴新庄看视工程，多不如意，又屡为雨停工，真所谓天穷无所逃者也。

十四日。雨益甚。城南课卷充积，数日评阅甚苦。以乡人之便，致意城、志城各一信。

十五日。雨。吴南屏见示岳州郡人公信，言杨林滋事始末。以前巴陵令严君鸣琦有爱政，求委赴岳，因为致之王夔石方伯转达中丞。当得方伯书，已照行矣。谷涌腾贵，而雨势不已，省城熟米已至五千六百，历古所未有也。

十六日。黄昌期过谈。罗小溪邀同罗研生、谭文卿、成静斋、姚彦嘉午酌。

十七日。王夔石方伯过谈。李次青新自平江来，枉过久坐。

十八日。拟邀黄昌期便酌。昌期前日枉过，言以求晴禁屠，予信以为诚然，不复关问。是日儿媳来告酒席已具备矣，乃走邀昌期。昌期约以明早，因并邀次青及仲云兄弟。书院前次课题，予与诸生论书义，言万物皆备是论仁体，不是说性，反身而诚，乐莫大焉，孟子亦隐然自道所得。诸生因撰一联云：万物皆备孟夫子，一窍不通郭先生。前数日有来告者，云闻之李仲云口诵如此。书院气习之坏，至不可问，然楚人好谣善谤，其端实自士大夫开之。因传斋长严查，斋长言书院实不闻有此联语。而省城传诵几遍，是必在城应课新生所为。是日乃专课住斋各生，而停止在城应课者，以必破此案为期，并以谕帖传示肄业各生。

十九日。邀昌期、次青、辅堂早酌，仲云不至。彭玉书、易昫陔、易晓亭、罗小溪以次过谈。小溪言裕时卿邀同王夔石、李仲云小酌，夔石言谣言乃及山长，仲云因应声云，从前陈尧翁、何贞翁尚无如此笑话。不知所谓笑话者，何笑话也。李氏兄弟坏乱省城风俗，抑亦吾邑之不幸也。龙树棠枉过。

二十日。达山赴县，枉过一谈，适明斋之妻来此，因令附船以行。树棠亦去，便致志城及复黄桐轩少尹二信。

廿一日。黄昌期、姚彦嘉、夏宝生、蔡寿民次第过谈，日已西矣。此数日内稍一会客，遂至终日困顿酬应之中。晚乃赴新屋相视工程。

廿二日。丁果臣过谈。赵明府诗贞屡来见，吾以谢客未与通谒，是夕见之，始知为合肥相国之妻侄，相国昆仲皆有见致之言，属其面达也。

廿三日。自十六日至今，晴者七日，数年所未有也。是日又雨。闻黄昌期军门将回江南，为赋一诗云：小队元戎过草堂，九年别泪尚沾裳。东南半壁手开拓，旌节长江气莽苍。雨□江湖增浩渺，吾衰身世已沧桑。无忘车笠平生约，岁岁迟君压酒囊。

廿四日。为邹夫人满月之期。楚俗以是日为城□□□□人及儿女辈年年谋赴省看城隍会。今岁颠沛流离以至省垣，邹夫人及一儿一女皆已物故。闻市人铙吹喧嚣之声，追怆无已。

廿五日。月馀未出门应酬，以次诣曾澄侯，始闻章子龙物故之信。澄侯属代撰挽联，因书与之：共事已多年，记曾来去双江，千盏喧呼真磊落；聚谈十几日，莫怪死生一瞬，百年人世总须臾。

廿六日。大雨。葆芝岑以王阳明客座私祝挂屏六幅属为之跋，实非阳明真迹也，为跋其后云：芝岑廉访得阳明此书于夏口，将刊行之。是时先生家居六年，奉命总督两广，留此以戒子弟，盖其晚年笔也。篇中两来此字，一作来以，一作此来。狂躁字亦误。懆，说文：趮，疾也。是其本字。与懆异义。或非当时原本。

廿七日。雨。白兰岩观察处观尹望山文端公诸贤画像，盖文端由江督入相，袁简斋以诗送别，文端皆有和作，简斋乃图其像，并手书和作装为一帙。已而庄滋圃亦由苏抚内召，简斋并图其像，且属滋圃作记。已而文端之子庆椒园官江宁藩司，袁简斋子曰阿迟者乃以此图归之，椒园补图简斋二像，一为送别时像，一为八十时像。其后又图孙渊如、张船山，王梦楼三像，而以其幕友□君殿焉。凡共图八人，亦雅品也。晚过成静斋饭。

廿八日。过刘馨室，始知汤君已将回鄂。凡酬□□□始粗讫事，诸未枉顾者皆不往也。以书院讲义及示谕分寄周韩城、易海青两君。

廿九日。细妮无故与吴氏侄女私约为之媳。吴氏，族兄先濂女也，浮嚣偷惰，万不能自成立，恐他日不免两受其累。此女本急欲遣之，遂令吴氏挈之以去。易氏姨至。

三十日。数日晴，南风热极。接达三信，知于廿七日举一子。意城、志城俱有信至。

六月

六月初一日丙申。通志局会议，到者唐荫云、李仲云、李禹门、许又泉、欧阳信甫、陈怡生、罗小溪、谢澧卿、魏椝仲、陈杏生十人而已。晚至黄南老处谈，因留晚酌。

初二日。葆芝岑枉谈。罗小溪约本日启程还安化，以天热太甚，未一能送之。

初三日。王夔石方伯过谈，意在为我周旋钱氏一事。此所谓孽缘也，思之亦自无可为计。

初四日。丁次谷明府专足递到一信，当以一信复之。又接黄用侯刺史，劳湘舲、吴拜廷、於桐轩诸明府信。

初五日。专（达）〔足〕至宝树湾，为达山初□一子□□，便致达山一信。

初六日。雨。数日热不可耐。一雨稍凉，然……宜也，陈镜涪自湘阴至。

初七日。微雨。姚舸丞归，为觅地二……而杨瑞堂已怪其与平昔所看人家好坟地绝不类，吾心亦甚疑之。戴少霞以瑞堂归家，即日赴坡阴。

初八日。黄子春邀饭。同席郭萃庵、易墨村。姚彦嘉为次青赴武昌，求致李小荃、郭子美二信。

初九日。雨。马鉴吾归，因约便饭，将使覆看舸丞所相地。罗研生、李宣伯过谈，因并留之。致湘乡、合肥两相国并李筱荃、库仁龛、郭子美五信，托中丞加封转递。

初十日。大雨。陆心农过谈，再申夔石之说。两孙俱感疾，请周题溪、罗小云同酌一方。致彭玉书军门一信。

同治九年庚午岁六月十一日丙午。大雨。刘竹亭邀午饭，同席彭玉书、刘湘亭、龙芝生、马鉴吾。罗研生以多孙体气过于薄弱，荐周题溪、夏勺舲、罗小云来视，而夏君七使往请，两日始一至。

十二日。大雨。有便足赴安庄，致志城一信。李篁仙自京师回，言道直隶见湘乡相国，相国言生平未尝动真气，而于左季高不能忍，因述前岁入觐时，恭邸言中堂与左季高同乡，何以左季高攻击甚力，屡向我言之。湘乡答曰：自是某错处多，左君一孝廉，两年间为某推荐至总督，某自无知人之明，敢辞咎耶！至是为篁仙言及，犹不胜其忿怒。吾谓左君攻击湘乡，亦正是其心之不安处。惟其负强使气于所不安处，故甚其辞以反攻之，以强求心之安，坐定此身无一毫错处，直欲掩尽天下耳目，以求骋其一念之私。日暮途远，倒行逆施，久而据之以为安，而天理之丧亡尽矣。其呰毁鄙人亦犹是也。孟子云：夜气不足以存，则其违禽兽也不远矣。左君必欲使其夜气一念之良不生于其心，以自命为强，岂复有人理哉。

十三日。接金眉生信，并具两稿，经营盐务，欲定川盐额引十万，招商给照，一如两淮之制，请饬川督专派干员查明旧井若干、新井若干，严立限制，不准再有私设。近来川盐入楚，分销南北两省，岁约二十万引，每斤抽厘十八文，每引六百斤，计十千八百文，内除半途改运湖南十万引，湖北只收一半，统计湖北每年厘钱约收一百六七十万串。若尽复淮盐引地，则两江贴楚每引银四两，合钱六千四百，湖北每年少收钱五六十万串。然两湖销川盐一引，只收厘钱十千八百，而淮盐一引，正杂盐课各项约需银十两，每（两）〔引〕合钱十六千。淮之多于川者，每引五千二百，以二十万引计，国家即少收钱一百馀万。户部议复曾国藩请复淮盐额一折云，逐渐增淮减川，实亦因势利导之一法。谓当限以定数，每年以十万引为度，分为春秋两纲，由川督招徕殷实商贩，照淮商之例，取具的实花名，给以印照。如有夹带多于十万引额者以私论，由湖北平善坝委员照数严查，腾出每年十万引地步运销淮盐，以五万引专销沙市、樊城，以五万引专销岳州、澧州，仿照曾国藩宝庆专案之例，招商认运，平价敌川。参用历来盐法志鸠资轻本保卫藩篱之法。十万引应得课、厘两项计九十馀万，应以一半全归湖北为李鸿章协饷之用，计与销川之旧数不至短绌，一半全归湖南为剿黔军需，亦较旧收川厘为便。其承办之商，即责成两省就近招认，以资人地熟悉之效。淮盐有额引、有纲分，而川盐漫无稽核，以致愈灌愈多，两省淮盐引地侵占无馀。此时但令淮盐多出十万引，不必急急以增课与楚省争利，自可各无借口，悉力维持大局矣。此议甚正，法亦简而易行。另议向例淮南给商引票，每引捐银二两为清水潭工程之用，川商定额亦应仿照办理，计可捐银二十万两。现在内务府公出支绌，盐务尚有杂款解京，此项即可全解内务府，以公济公，不无小补。是并朝廷私用钱亦筹及之矣。

十四日。马鉴吾为我赴乡相度所得数地。戴少霞持志城信至，新屋工程阻雨至二十馀日，近更以沈姓无砖，停工五六日候之，则瑞堂之失算也。

十五日。初伏。雨。俗谓之穿秋漏伏，无晒谷之天也。致意城一信。郭海君夫人来，始知一侄荐致彭玉书之郭孙渥润卿者，即此君也。玉书前曾问及，吾实茫然，此时颇费周折矣。两孙均患病，接夏洛舲三日，晚次始一至。

十六日。阴，凉。接金眉生信，尚有昨信之前所论，即分川盐十万引改运淮盐，而谋自大农发之，函属湖南大吏筹定。如奉旨饬议，并须奏明筹款官运，计本五十万两，可招上海丝商垫办，每引令缴馀利银二两，于课、厘外，又多十万两入款。所议极善，但未知能否照行耳。晚接史寿亭为顺孙拟方，始知其与庄寄渔为郎舅也。

十七日。阴，凉。志城有书枉问，回信并便递达山一信，属转递。何永清信催问地事。马鉴吾归，述及姚舸丞所相各地乃全无意义，为之茫然。

十八日。阴。遣杨瑞堂赴茅岭，以马鉴吾云相有两处，当一经营。晚过新庄，不如法者甚多，限于地势，无如何也。

十九日。热极。客枉顾者，积至十馀日之久，始一出门酬应。李篁仙述及在京时有广东人在日本国建立会馆，以重继求拟会馆楹联，篁仙为拟一联云：别开图画五千年，戴将汉寿威灵，来游海国；愿载珍珠十万斛，采遍秦时书籍，归献天家。以会馆所祀者关忠武也。

二十日。大雨。遣杨四诣荷叶塘，道遇此雨，携去纸幅皆成泥矣。金眉生信，报知天津夷案，湘乡相国奉旨前往查办。殆亦不易措手也。

廿一日。雨，郁热。围田必不可恃矣。复金眉生信，便致湘(阴)〔乡〕相国一信，属眉生由海船递至天津。

廿二日。蟠西、绍羲至，询问湘阴围田，损伤者甚多，所经手拨入岳麓之义成围田又复告溃，为之怃然。杨四自荷塘回，黎俊卿竟为埙侄诱去。区区写手，何足深论，而吾生平所不忍施之朋友者，今举以施之至亲，为之危惧。家运浅薄，不堪此也。

廿三日。曾符卿、健农昆季同至，皆应乡试者也。坐次，念及去岁科试时，亡儿寄居省志局，符卿昆季时相过从，今距其死时恰已二百日，怆然于心，惟忍泪相对而已。

廿四日。陈展堂至，接江幼陶信。展堂从刘荫渠保至道员加布政司衔，至省乡试。近年保举一二品大员应乡试者盖多有之，亦向来所未有也。

廿五日。二伏。回各处拜，因诣南老、研生、静斋谈，因及咸丰八年天津夷务，俄酋普理雅庭实助中国以折服英酋以四条定议，其后又稍示反覆，遂激成今日之巨患。于是推论圣祖《平定罗刹方略》一书，竟不列之方略馆。魏默深撰《圣武纪》，求其书不可得。而民间尚有藏本，予就彭文敬家钞得之。罗刹者，即当时所以名俄罗斯也。圣祖两次用兵雅克萨城，卒与俄罗斯议和，与定疆界，树五体字碑于尼布楚城北。以武功论之，用兵不过数千，初次克复雅克萨城，悉归其俘获，以书修好，而无还报。其后雅克萨城再为俄夷所据，复围之逾年，用荷兰国商人致书俄夷，始定议和之局。战功无足纪者，是以方略馆不列其书。当时诸臣意疑圣祖为惮于用兵，迁就了事，而不知圣祖于此实能窥见中外大局情形，以知夷情之曲折，知俄罗斯之方强，不足与渎武也。而自顺治以来，黑龙江一带岁与俄夷构兵，圣祖稍与绥定之，而至今二百年，西北边无俄罗斯之患。咸丰之季，中国与英吉利启衅，俄罗斯始乘间以规复尼布楚、雅克萨各城。语所谓其量十世，其量百世。圣祖一举而西北边享其利者二百年，非圣人能如是哉。咸丰九年，予直南斋，曾推明圣祖用荷兰商致书俄夷之旨，请饬萨克图办事大臣求通知俄夷语言文字者二人，饬江、浙、广、闽求通知英、法、米三国语言文字各一人，贡之京师，以理藩院一优职处之。文宗极为之动，饬郑王、怡王会同军机大臣议行，而终无敢赞一辞者。至咸丰十年，夷人入京师，始开同文馆局，而国体全伤矣。南老谓此等为人世所未闻，属为之纪载。予所撰《绥边征实》一书，正为此等。年老多病，人事丛委，成书竟无期日，可胜感喟。

廿六日。两日热极，夜不能成寐。晋扬撰《篪儿遗诗》一跋，因书复之。并致意城、志城各一信。

廿七日。任松楼过谈，语及瑞相处置洋务，令人气懑。吾往在粤语司道：瑞澄泉执属员之礼以事夷人，诸君且揣其意云何？众莫能对。予曰：是岂以国家艰难，屈礼夷人以求欢耶？澄泉亦知据此为言，而意殊不尔。不过求借重夷人向恭王前一保之，使多任数年两广总督耳。众大笑。

廿八日。雨，阴晦。数日热不可耐，度天必变，而闻下游大水更甚于去年，值晴霁时而省河水日有增加，濒湖一带可知，时事殆不复可问矣。熊绍香、陈熙堂专足送挽悬并信。

廿九日。雨，热。月杪雨，俗谓之过月雨；又甲子日也，俗谓之甲子雨。闻湘阴上下游各围溃决净尽，尚有此兆，意者欲以一雨收拾农民使不得收获耶？姚舸丞回益阳。诣张力臣谈，因留饭。

七月

七月初一日乙丑。罗研生、易梯衢、蔡寿岷过谈，因并留饭。严伯雅司马锡康枉过，以所刻《滇海雪鸿集》见赠。一林少穆制军，一潘小裴廉访楷，一郑稼修太守家宝，皆官于滇者。一傅雪蕉大令士珍，一严秋槎经历廷中，皆滇人也。一王后山巡检保大，一周初白大令锡桐，则皆官滇殉难者也。凡共七人。

初二日。录存湘乡致威妥玛书，跋其后云：同治五年，英使威妥玛为《和议论略》，总税务司赫德为《局外旁观论》，投递总理衙门。会有旨通饬沿海各督抚制造火轮船，并以此书发交议奏。

予因畅论中外交涉事宜，具稿将上矣，会有受代之命，乃以一书复总理衙门，以议奏之件，具详办法，不能不留俟后任也。其间一二节有足与此书相发明者，如论中国不独于夷人有不能明言之隐，于百姓亦然。广东商贾多倚附洋人制造火轮船出洋贸易，而国家商船出海，向有例禁。中国商人乃反与洋人交通一气，深相结纳，而官不能过问。宜仿元制沿海设立市舶司，专管出海商船，听从商人制造火轮船，报明市舶司著之籍。其官置之火轮船，亦归市舶司经理，一例与商船装运货物，稍备船役工食及岁修经费。夫将欲使中国火轮船与洋人争胜，徒恃官置之一二船无当也。使商民皆得置造火轮船以分洋人之利，能与洋人分利，即能与争胜无疑矣。吾与英领事议制火轮船，先造具小者二船，每船银四万，计费银八万，而得二船之用。会予去官，此议亦寝。闽督左宗棠乃承朝廷之议，极力铺张，设立船政大臣，以前任江西巡抚沈葆祯为之，而洋人乃从而欺侮愚玩之以网利。盖逾三年之久始成一船，所费已百馀万矣。吾与英领事约，设立船厂，派一广东绅士主之，十九可望其有实际。必以官样行之，候补从未中足充船局委员者尽有，其大官愈大则事理愈隔，洋人之舞弄亦愈深，岂徒以恣其网利哉，授之以狎侮之资，损伤国体亦已甚矣。吾言不用，而左君之策行，亦国家气运使然也。此文妙处，在切实还他一个究竟，绝无一语铺张回护，洋人亦遂为之气折。因并推论左君情事，使览者辨其得失焉。是日运行李至新屋。

初三日。黄子寿枉过，疑湘乡复威妥玛书为伪托。此言是也。湘乡举动必以理法。此书颇出常格之外，湘乡未必肯任之。而以为此书无济实用，则子寿未谙夷情事理之过也。威妥玛致总理衙门书，一眼觑定中国有不能明言之隐，横施其胁制，嘻笑怒骂无所不至。总理衙门以其书发交各督抚议奏，无有能出一言以发洋人之覆者。非但总理衙门人才猥下，不足以及此，身当其任，日受洋人之恫喝，为所玩弄久矣。吾此次复总理衙门书言之，诚有以折服洋人者。而虽善不尊，不尊不信，中国之气终无由一申。湘乡身负天下之重，当与国同忧戚，又不当总理衙门之任，洋人以局外旁观言之，湘乡即以局外答之，洋人惊于所创闻，亦不能不为之气折。故疑此数年洋人持前议不坚，未尝非湘乡此书之力也。此当通知天下古今之故，庶幾能辨而知之。

初四日。以多孙病，候夏洛舲诊视。有应回拜一二处，至半下午乃获出门。夏君仍未至。初鼓后乃始一至。

初五日。张小云以其父云阁之丧，邀予书主。此当以子弟辈为之，如此酷暑，乃以烦吾老人，可谓奇诞。晚过南老畅谈，步月而归。

初六日。瞿秉常侵用彭玉书军门拨张力臣捐款至五百金之多，求予为之设法。此所谓无赖也，何为使我闻之？夏宝生诸人于此亦太无识矣。

初七日。由杜鹤田太守递复朱石翘、罗小溪、黄海华、黄用侯、袁予文五信。由潘小农大令递复劳湘舲、於桐轩、吴拜庭三信。丁次谷专足送信至，亦以一信答之。

初八日。自初二起，就帮忙之五六工搬运行李。本日易新六诸人又至，书籍杂件并已起运。志城专足递到一信。

初九日。从张力臣处借得黄石斋先生经传九种：一、《孝经集传》。以《孝经》为经，以《礼记》所言孝者为传，而加注释焉。二、《易象正》。皆主卦变言之，即左氏传占法也。为图说极繁。三、《三易洞玑》。主天文晷度言之。三易者，伏羲、文王、孔子也。曰宓图经纬，曰文图经纬，曰孔图经纬，曰杂图经纬，曰馀图（总）〔经〕纬，曰贞图经纬。石斋深于易，所言殆未易窥测。

四、《洪范明义》。正定洪范文凡二：一、移曰王省惟岁以下八十七字于五曰历数之下。移敛时五福以下一百四十六字、又移惟辟作福以下四十八字相接为文于篇末六曰弱下。一、《五皇极》，皇建其有极。专以此一语为段，而移惟辟（于）〔作〕福以下四十八字于篇末。而于民用僭忒下连敛时五福为文。而多因图说，杂引史事以明之。五、《坊记集传》。引《春秋》以注坊记，盖谓坊记皆有为而言也。附录《坊记春秋问业》一卷。六、《表记集传》。体例亦同。七、《缁衣集传》。引经、史以注缁衣，又因坊、表记而推论之。八、《儒行集传》。杂引子、史、杂记，又因缁衣而推论之。以上四书，皆分章句。九、《月令明义》。首为星图。其注月令，亦间引经、史以证之。此老著书喜奇异如此。

初十日。接意城信，诋邹氏甚力。乃知前以埙侄诱致黎俊卿，吾曾以语笙叔，笙叔乃借邹氏事为书致意城，因据以相抵难。意城年来意气之不平，绝不类其生平，而又多所猜疑，以是叹其濡染之深而锢蔽之重也。

十一日。复意城信。又适有安庄便，因并举此以告之。

十二日。立秋。数日作势欲雨而终不雨，本日乃大雨，凉，俗所谓穿秋漏伏者也，陆田收成必不佳。

十三日。新屋修灶，因并神堂安之。土木工不如意者甚多，无如何也。以建农今日订庚刘氏，便道一往致贺，兼过刘康侯一谈。

十四日。重得意城一信，所言益歧左，因再以一信复之。兄弟之间诚非宜，而因一侄以有此，抑亦吾门之可忧虞者也。

十五日。奠谢土神，请吴晓帆、周镜西为相礼，并安家堂、安灶、告井，又新建一土神庙，并外井亦一祭之。是日荐新，并邀易梯衢、左丁叟、周（藻燡）〔燡藻〕诸人小酌。

十六日。接王润生、曾挚民二信，以挚民母夫人七十生辰，求寿文也。是日易氏、熊氏两姨先往新屋照料。

十七日。以料理移居，并书籍一切收检，是日惟清检一应杂事而已。

十八日。巳刻移居又一村后新屋。宾客踵至，至晚始息。书院至此时例应停课，吾仍照常一课之。

十九日。应酬贺客，竟日劳顿。

二十日。稍检西书房各箱书籍，以自丙寅归里后，书籍并未一收检，书本纵横塞满其中，至是始一清理也。

廿一日。仍以收检书籍闭门谢客，而如易梯衢、蔡寿民常会者仍数人。

廿二日。回拜贺客。是日志城自乡至，两孙并患咳嗽，得就便一诊视之。

廿三日。回拜贺客。

廿四日。清检什物。

廿五日。以何仁甫病势日深，劝其暂辞局务，以资养息，而以从九班庄廷珂补其缺，书致杜鹤田属酌定之。

廿六日。何仁甫两信力诋庄翰堂之短，似其声名已上达者。而王夔石方伯、杜鹤田太守乃均无异词。因传庄君诘问之。仁甫有才能，任劳怨，而诸事务为其刻，亦不宜也。

廿七日。检书柜中所存广东各手折，凡各官幕友门丁，皆折存其名，有所更动亦改记之。东、西、北三江巡船地段，皆有册报。各知州月报词讼案件堂判，皆详悉开列。其馀官绅开陈手折条陈事宜，皆逐条注明，或曰已办，或曰此件应急办，或曰缓办，或竟驳斥之，或于所开之外又引申至数条及十馀条之多。其于各州县巨奸大盗，考求其事迹，名目尤繁。合计各种约千数百件之多，亦可谓勤于为政者矣。存留数年之久未尝启视，至是乃悉取而焚之，以明吾志之不复乐为世用也。

廿八日。南老邀陪周瀛帆、胡恕堂晚酌，皆七十馀高年也。任松楼至，云有折弁入都，其从侄也，便寄湘乡相国一信，并以银二两属购同仁堂各种膏药。

廿九日。刘伯固带到霞老一信，并为亡儿撰墓碣一通，读之哀怆，当并录付罗研生。是日移住书院，以初一日秋祭须一直宿也。便过曾澄侯，见劼刚家信，并录寄吴吉甫信，始知崇地山之奸险。湘乡于洋务亦具有苦心矣。

三十日。接金眉生信论洋务，言教堂滋事，中国之疏有二，洋人之误有三，至为名论。眉生于此直是见得透澈。吾前致书湘乡，属其函召眉生一与议之，湘乡不能用，此可惜也。是日见诸生演礼讲堂，亦殊彬彬可观。

八月

八月初一日乙未。致祭先圣及文昌神，其魁星阁、南轩祠、两贤、前后五忠，则监院张君代行礼。人士彬彬，礼文尚可观也。祭毕回城，便道一过李次青、周蓉帆、黄麓溪。

初二日。邀曾晓城、符卿、剑农、刘伯固、康侯、陈杏生、松生晚饭。来省久，至是始一邀叙也。

初三日。邀马鉴吾、刘竹亭、黄子寿、饶柳夫、罗麓山、李镜浯、舒兰生及埙侄晚酌。鉴吾托故不至，奇矣。

初四日。致湘乡相国一信论夷务。邀黄石珊、李朗陔、丁芝龄及诸从兄弟应试者得十一人晚酌，因举湘乡故事，谓之磨耳会。适笙叔过谈，因复留酌。意城自乡来，往见中丞。以所议近事五条与之，属先往一商。是夕雷电，大雨。

初五日。罗研生以吴称三城步广文学博所藏徐莘伯收辑各家小柬装成巨册，属题记。中有何贞老二诗：星伯徐丈人，名重天禄阁。洎为绝塞行，专究舆地学。李申耆张石洲及魏默深沈子敦，同时考疆索。争斠元广轮，西域及朔漠。谁期事机伏，渐见中华弱。畴人立传后，徐君青罗茗香陈东之递作。今日同文馆，早已开槖籥。当时谈艺欢，我皆闻其略。畒畒盛名儒，冉冉归夜壑。太息抚遗笺，时艰竟安托。　醴陵吴称三，淡静不摸棱。春明恣游目，古匫归行縢。即此尺牍旧，姓字近可征。非吾丈人行，即其同志朋。皆具渊雅才，或以经济称。简扎有奇致，未点廛市蝇。殊胜佳想帖，通候费楮缯。一官入穷僻，千里劳寝兴。过从接琴尊，臭味无淄渑。赠言愿益勉，古谊勤服膺。

初六日。李作舟邀同左宾门、李宣伯及意城晚酌。

初七日。舒兰生邀同何永清及意城晚酌，仲和及子敬侄与焉。是日便道回拜数处。沿途求遗才者相属，一一允其投递，凡补发百馀人。

初八日。数日酷热如伏暑时，入闱甚苦。接朱石翘、罗小溪、吴拜廷、李寄庐、赵斐卿、黄昌期、刘霞老诸信。

初九日。雨，风，大凉，与昨日天气迥异。南老邀同意城及张力臣、黄麓溪早饭。晓岑夜谈。

初十日。阴，凉。检取小帽，而徐渔臣、李次青诸公次第来谈，遂至终日，并一小帽亦不能一检寻。以伯固、康侯有便足回家，寄复霞老一信。

十一日。微雨。偕马鉴吾赴杨梅山。三年缺于省墓，沿途气象又似小异。鉴吾善察山水之情性，所在指示，具有见解，人不能及也。

十二日。细察杨梅山形局，鉴吾指定张觉吾屋后一穴，正当举顶之下，前有拦砂为证。又白叶铺东侧塘冲马坡过岭间塘弯，张子盈之田庄也，佃人馀姓，山为乾巽向。又桥头铺西二许谢家巷谢姓屋，田塅甚大，谢家老屋也，山为子午向。又五里堆分路口东五里岭上，凌姓、陈姓、李姓诸家坟丛葬其下，鉴吾以为宜在举顶下数武，诸家坟皆落在山边，收砂不住。山为南门豫顺堂唐氏田庄，佃人陈姓，壬丙向。三者皆不易致，亦间有可疑处。而山水实皆大会城垣，宽或三四十里。鉴吾直指谢姓屋庄为禁地，则尤过于铺张矣。山后来势甚懒，又均系皴头破面，不知鉴吾之言何以如此。是夕宿渡头铺。

十三日。鉴吾前日诣杨梅山，在望城坡下三里许得一地，是日竟不往看。过望城坡始便舆问之，云已过去里许矣。问何以不一往视，曰：前三者皆大地也，此却嫌小，故可不看。以吾运气之迍邅，安敢觑覦大地哉，小者乃正吾所愿也。鉴吾不独不知吾命之穷，亦不知吾心之不敢过求也。

十四日。偕鉴吾至金盆岭。鉴吾为吾指点葬处，意仍疑之。李次青蓄意谋此。鉴吾另看有两处，其一已贡之龙皞臣，其一则穴法尚待考求。吾欲偕之一往，而次青以龙皞臣方谋此，恐予往张皇，力止之。人只是自营其私，己意所不属，则假公义以责人，言之正而去道也远矣。予亦竟以次青一言，均不及往看，颇为之悒悒。另看得刘氏一园，局势甚紧，而千家累累，难于求穴矣。

十五日。复志城一信，以渠意不欲移县志局于城南，而专为予计就近设立试馆，意亦良佳，拟即照行。晚邀罗研生、欧阳晓岑、周藻燡清酌。

十六日。回各处拜，并以诸家子弟皆出闱，一往视之。闻埙侄文甚佳，往视，值其外出，未及见也。

十七日。马鉴吾为相金盆岭、刘家园二处。遣杨瑞堂往问，金盆岭为驿路官地，不可得。李仲云过谈，言及江督马穀山被戕事，云穀山不足为轻重，而所处之地则江督也，无故为一小民所戕，国家声灵乃不足以震叠人心，非佳兆也。此语至精。声灵之所被，不独人心震慑，鬼神亦拱卫呵护之。今以总督，为一小民所戕，鬼神亦相与玩视，所关殆非细故也。可畏之甚。

十八日。接王少鹤、金眉生、袁予文、姚彦嘉各信。少鹤信署六月，前交张紫联递去一信，尚未收到也。晚邀陈葵心、袁小谷、左宾夫、左敏夫、陈秋垣、李作舟便酌。

十九日。接吴松圃信，知唐羲臣回家后，至今未赴礨石局也。往常与松圃、羲臣公议于皖南谋一家居，松圃欲候羲臣至局，即速之一赴皖也。

二十日。复丁次谷明府信云：旋马厅前，聊托一椽之庇；伏蛇弓下，未销多病之疑。以移新屋后，痁病纠缠，未有已也。今岁西乡大水，东乡秋收颇稔，故其颂扬语云：资斡旋于元化，水毁继以金穰；邀眷注于彤廷，郡符加之使节。诸来省乡试者求书不已，思一清检之，而苦为人客缠扰，不胜其惫。

廿一日。张力臣邀同吴南屏、罗研生、欧阳晓岑、冯此山、汤子惠、李次青晚酌。次青已回平江，子惠亦不至。见郭子美致杜鹤田书，于湘乡亦有遗议，盖亦眩于一哄之议论而相与言之。湘乡以陈夷情一折，犯天下之清议，亦由其顾惜人言太过，天亦有意污染之也。

廿二日。澄侯回湘乡，一往送之，便过易海青贺生日。数日为人客所苦，薄晚始能出门。

廿三日。力臣见示其尊人张少衡先生与龚若士方伯书，论围堤利病，与予所见正同。此老学识过人，而名未甚显，子孙宜有兴者。

廿四日。为先公诞期，计期七十七年，而先公之卒已二十一年矣。率家人致祭，环顾而吾儿吾女皆不见，为之涕零。

廿五日。阴。数日热极，今仍未解。左景乔邀同易海青、唐研农、但小湖、邓补之晚酌。

廿六日。大风雨。接於桐轩信，知其夫人物故。而李作舟则述其如夫人已有子矣。

廿七日。陈顾亭及子卿从叔先后至，终日为人客所苦。正以清谈求益之客少，而求馆告帮之客多，使人对之心烦耳。

廿八日。以南老寿辰诣祝，就便回拜各处。易梯衢自乡来，晋扬专信告贷。

廿九日。接小荃制府一信。以八女生辰，治菜数簋祭之，便陪顾亭及子卿叔。适研生过谈，因留酌。

九月

九月初一日甲子。白兰岩催取经课卷，云须于榜前出案。不知书院馆课尚馀两馆未校也，殊用皇然。韫斋中丞过谈，知新学使为嘉定廖寿恒，无能举其名者。

初二日。雨，热。接毛俊卿信，遣其子来就县志馆。吾家住客遂至五人，皆相就求馆求助，无如何也。

初三日。雨，热。黄子春过谈，语及洋务，为述在粤数事，为之怃然。

初四日。大雨，热益甚。秋雨郁热，自来无此景也。熊望溪、熊石生、高直斋同至。志馆无事而麇聚多人，徒滋烦费，为之茫然。

初五日。大雨，热。诣韫斋中丞，兰岩、辅堂两君，并为兰岩言悉明年城南一席万不能就，属转达中丞。

初六日。雨，热。志局于是日开火。诣李篁仙、邓弥之、张紫联三处。紫联见示郑小谷感遇诗有云：门生礼合终身执，国士恩谁异日酬，赢得人间传胜事，少微星动五诸侯。盖为予曾保荐之，为此诗也。

初七日。晴。未申以后传榜信，女婿左丁叟中式。门生（者）〔中〕稍属意者：易鼎勋、张百熙、陈理泰、曹昌祺、瞿鸿禨。馀六人严家佑、易炳奎、黄仁普、周若昆、文世勋、唐启珏。中式亦寥寥矣。知交中成静斋、张莼生、杨鹏海、舒少俊。而子敬侄无信，意颇怜之。

初八日。往各处道贺，过张力臣小谈。子寿、麓溪次第至，因留饭，畅谈至二鼓。

初九日。约马鉴吾至南门外相地。凡相江南太平府公山、唐氏山及萧家冲彭氏山三处。归至城，城门早上矣，乃呼守城者开便门以入，适遇龙皞（门）〔臣〕亦相地归，乃偕入城。

初十日。南老约偕张力臣午饭。此老于时事尚能随处留心，时贤中未易几也。

十一日。以萧家冲地事自诣彭处言之。我以诚求，彼以诈应。世谓求地是极忤逆事，信然，然亦见彭氏之终不能振起也。

十二日。换戴暖帽。先数日热甚，是日大风凉，可谓巧合。子卿叔住此已逾半月，牵连明斋及陈谷亭皆久不去，玉山叔复至，皆七十以外人也。生平稍留意宗族之谊，遂至求取无已时，何以堪之。

十三日。微雨。以湘潭风凰山股匪起，戕朱亭县丞，以数事言之韫斋中丞，皆关大局要计。数日无信，走询许星槎，犹了不知其踪影也。稍以义诘责之，而为拟稿六通，属言之中丞。朝廷所任封疆大吏，堪事者实无几人，能无慨叹。李篁仙请陪吊，以此故下午始能一往，邓弥之、王壬秋俱在，谈少顷，顺道一过张力臣。

十四日。雨。张力臣枉过。知沅浦宫保已至，急诣见之，已外出矣。因回拜两主考，顺至赵家坪。沅浦、力臣并至，因留饭畅谈。

十五日。王壬秋约食螃蟹，苦为人客纠缠，晚至而席已撤矣。与邓弥之、龙皞臣、吴颖含畅谈。吴名昌言，少村中丞之弟也。

十六日。朱宇恬、赵玉班、邹资山、曾挚民过谈。南老邀同玉班、澄侯、沅浦、力臣小酌，谈时事极畅。

十七日。曹识山、吴翔光以前有信转达唐荫云，荫云不为上达，遂以告我。我以其交涉地方利病，为言之中丞。识山闻此，又甚惧祸之及，坐守收回此信，中丞不允也。竟被其缠扰竟日。

十八日。沅浦为其次子剑农授室，刘文恪公之孙女也，往贺，因留饭。媒者张力臣、黄子寿。澄侯邀予与赵玉班、王瑞臣陪之。瑞臣，曾氏甥也。晚赴白兰岩之召。同席周韩臣、陆莘农，外易海青、谭文卿二人不至。

十九日。接李廷章信，知已进攻东岸山等处，其勇敢较胜诸将，当以一信复之。

二十日。诣中丞及杜鹤田、朱宇恬。鹤田询及丁次谷情形，予因以唐曦臣所言径告之。晚见熊望溪，又与羲臣之言参差。庄生所谓彼亦一是非，此亦一是非。末俗之人言，尤无可据也。

廿一日。张力臣、黄子寿、子恒会谈竟日。为中丞拟奏稿二通。唐羲臣谋赴皖南，托朱宇恬致其管事鲁煦生、吴振之一信。

廿二日。沅甫约陪韫斋中丞，王柳汀、杨理安两主考，夔石方伯，心农观察。同陪者李仲云、杨赓云、黄子寿、张力臣。

廿三日。早起盥毕而客至，至未初始能饭，甫就食而客又至，终日忙此一事，可笑。羲臣来谈，以十金为其行资。南屏深以此举为佳，其有避世之心者与？

廿四日。力属门者谢客。易梯衢、曹孟芬二人次第径入，流连竟日。以中丞廿二日席间所言，多为浮议所惑，因以一书申论之。

廿五日。熊氏姨回湘阴。沅甫过谈，因述及韫斋中丞有意邀其襄办军事，惟当深避之而已。予因论其阅历日深，志气日馁。沅甫为述十馀年涉历之境，相与泫然。林文忠由云贵总督谢病归，或问其故，曰，自揣精力尚不至衰颓，国家有事，犹可效力；司道中人才太少，久任督抚，百端牵掣，无能有为，殊无谓耳。湘乡相国初任军旅，终日抑郁不自聊，颇心疑其褊，迨后身自为之，始悟与人共事之难。湘乡与林文忠皆身处其境，而痛痒切身，惟心喻之，不能使人共喻也。今吾与沅甫亦皆身受其痛痒者。天下之并痛痒切身而漠然不知省悟者皆是也，此人才之所以尤难也。

廿六日。邀左景乔、曾澄侯、朱宇恬、黄子寿、李仲云、张力臣诸君小酌。沅甫已归，岳龄、子恒、子襄皆不至。是日谋公诣中丞，仲云固止之。仲云于此事，世情可云谙（炼）〔练〕矣。

廿七日。邀马鉴堂、欧阳筱岑、刘竹亭、曾挚民、王壬秋小酌。龙皞臣、邓弥之又皆不至。

廿八日。刘竹亭约饭，以熊鲁儒上珍军门在广德州为料理田事，属往一见。鲁儒以事不至。同席李升庵，次青从叔也。

廿九日。诣中丞言军事，适曾澄侯亦至。同许星槎一谈，始知其愦愦而多怀私以疑人，终身在荆棘之中，不一得康庄而坦行之。其愚不可瘳矣。

十月

十月初一日癸巳。诣左景乔、黄南老、王壬秋三处谈。有致王夔石一书，持与南老商之，在坐诸公皆请从缓。因与南老联名致沅甫信，属举一将官募勇二千，将以补省垣之不逮也。

初二日。邓弥之为其子授室，王壬秋之女也，一往贺之。晚赴周韩城之召，同席左景乔、欧阳信甫、陈伯平。

初三日。遣人赴荷塘、安庄，各致一信。晋扬由荷塘至省，询及子敬病状，服许莲峰方已就愈。

初四日。邀周韩城、唐荫云、舒仲和、杨鹏海、凌问樵及衡唐叔晚酌。热极，诸人皆单衣也。鹏海托故不至。

初五日。邀王春晓、罗海安、周静溪、周范丞、周（藻燡）〔燡藻〕及笙陔叔、文思、晋扬晚酌。（藻燡）〔燡藻〕手持扇有易昀陔二诗，其送铜山制府云：再造元黄仗老谋，参苓早被药笼收。臣心本是无瑕璧，时局真同不系舟。边徼去思碑在口，片帆归载月如钩。重来小作长沙住，左眄澄湘十五秋。其送胡赐甫云：七年前见裴中令，往事真同逐水流。知己我方惭后日，树人公已足千秋。江干故垒留兵法，邻道遗民颂壮猷。闻道荐贤满天下，勋华能绍即箕裘。

初六日。晋扬回乡。张力臣函报黄子春仙逝之信，因诣南老处一慰问之。坐中晤黄德昭昌，抚标候补参将也，六七月中曾举发一谋逆之案。

初七日。雨。诣力臣处谈，为言接许星槎信，知高见山物故：中丞同年，留住幕中者，病逾日而卒。与黄子春皆精神完固。人命之不可恃如此哉。

初八日。雨。罗麓山至。笙陔叔以局地褊狭，不能容多人，拟遂告归。

初九日。阴，寒。衡唐叔来，适上楼寻衣服，久坐，怒甚，为书楹联数事去。是日为顺孙生辰。

初十日。雨，寒。妙高峰建立船山先生祠，丁濬卿倡言阻之。成静斋、龙裕亭、罗小垣竟因其言停工，亦并不一告知。经问及小园，乃稍言其略。吾以山长倡建船山先生祠，一二无识之议论，屈挠之有馀。不知周、程、朱、张之祭，皆由其门弟子奉祀于学以为之基，朱子文集亦屡及之。楚人好议论，而学识猥陋大率如此，可笑可叹。

十一日。阴。昨闻道州失守之信，询之力臣，始知为广东窜扰股匪。力臣见示醴陵吴星台正祥信，知其县石笋冲、君山、风洞、门村等处，尚有匪徒屯聚劫掠。严湖、马迹等处，则闻伏匪数千，方思动也。所获贼目，县令龚君纵而释之，与大府心性正出一辙，所谓极力造成一个乱局者也。

十二日。微雨。张力臣邀同唐荫云、李仲云、欧阳信甫、龙芝生、谭文卿、谭心可晚酌。文卿、芝生以在制不赴宴，仲云托故以辞。语及时事，深为可忧。

十三日。大风，寒。龙皞臣邀同邓弥之、葆之、王壬秋、左子重午酌。先母生辰致奠，至晚乃归行之。致张东墅、张蔗泉、罗小溪三信。

十四日。大风，寒。盛展奇属致书李镜浯，求假各公项钱以资应接围事，因以一书与之。晚又赴张力臣之召，同席邓弥之、葆之、王壬秋、黄翰仙，此外谭文卿、李辅堂二人皆不至。

十五日。立冬。晴。周范丞与曾绮梅来省，曾谦山先生之从侄也，携谦山先生《守身堂文》一帙、《守身堂诗》二帙、《云山唱和集》三帙属点定。云山唱和者，谦山先生与书云史明府往来酬唱之作也。并见示衡山刘焕文与武弁陈世永招勇为暴于乡事。末流之世，官绅无一可恃，大率此类也。

十六日。黎照琨荐李晋发管带城勇，且云李仲云已荐之。晋发者，平江人，予尝识之。中丞猜嫌之心方甚，予不乐与言也。是日位置李作舟于通志局。

十七日。志城、达山并有信至，随以一信报之。日者谓我今年三、五、九月内必有喜庆，今九月已毕，统计之，三月始定起造之局，五月定纳凤氏之局，九月左甥中式乡举。以云喜，则皆喜也，而使我疲精耗财，劬劳无已时。天之命我喜者如是，亦岂不可虑哉。

十八日。曾兰生自陕西回，带到龙杏生一信。龙君现在西安，为仁胜军谭兰亭仁芳军门办理营务处。曾媳必欲为左癸叟夫人饯行，请客数辈，无一至者。黎少琨回湘阴，便致丁次谷、李镜浯及皞臣三信。接戴昆田一信。

十九日。张龚芝带到王少鹤一信，知其久病，颓唐甚矣。汪啸霞刻白兰岩藏尹文端遗像，展转累我，坐谈移时。致陆心农书，论任芝田语多直切，兼虑伤时。老病无他忌讳，然固知其不可与处世也。

二十日。西枝上人持内府画卷求售，为纯庙临雅宜山人王宠《书山居篇》，命翰林院侍读学士董邦达分绘十图，末署奉敕恭摹唐寅笔意，标题为《董邦达仿唐寅画鹤林玉露一则》，而纯庙以足清娱三字题其卷端。索价至三百金之多，恐无此售主也。其《山居篇》云：唐子西诗云，山寿似太古，日长如小年。馀家深山之中，每春夏之交，苍藓盈阶，落花满径。门无剥啄，松影参差，禽声上下。午睡初足，旋汲山泉，拾松枝，煮苦茗啜之。随意读

《周易》、《国风》、《左氏传》、《离骚》、《太史公书》及陶杜诗、韩苏文数篇。从容步山径，抚松竹，与麛犊共偃息于长林丰草间，坐弄流泉，漱齿濯足。既归竹窗下，则山妻稚子作笋蕨，供麦饭，欣然一饱。弄笔窗间，随大小作数十字，展所藏法帖、墨迹、画卷纵观之。兴到则吟小诗，或草玉露两段，再烹苦茗一杯。出步溪边，邂逅园翁溪友，问桑麻，说粳稻，较晴量雨，探节数时，相与剧谈一饷。归而倚杖柴门之下，则夕阳在山，紫绿万状，变幻顷刻，恍可人目。牛背笛声，两两来归，而月印前溪矣。味子西此句，可谓妙绝。彼牵〔黄〕臂苍，驰猎于声利之场，但见滚滚马头尘，匆匆驹隙影耳，乌知此句之妙哉。人能真知此妙，则东坡所谓无事此静坐，一日如两日，若活七十年，便是（四）百四十，所得不已多乎。雅宜山人王宠书于石湖精舍。左景乔邀同周韩城、陈伯坪、邓弥之、葆之午酌。

廿一日。接殷竹庵信，致送园橘。竹庵，殷信臣之子也，住营田乌塘。以赴宴左氏，未及回信。

廿二日。左彦冲赴京，就舟中送之。便拜客竟日。愤世嫉俗，以成乎隐，皆克伐怨欲之流溢于不能自持。君子有道则见，无道则隐，规模气象全别。邦有道，危言危行；邦无道，危行言逊。有道之世，人皆务为君子。惟君子能受尽言。言危者，以善责人，而人固从之；以不善戒人，而人固听之。无道之世，难乎其为听言矣。以善责人，以不善戒人，逊顺其辞，人犹以为怼，危言者只益其孤而已。君子惧乎处人世而孤立以无与也，故言之逊。为其逊焉，而于人世庶有裨益也，盖非区区之徒以避祸为心者也。圣人所以教人，尤莫严于谨言。君子之成德，与其所以治人接物，直于此争圣狂之分。忍得一言，有多少受用；忍不得一言，有多少悔吝。行之甘蹈于非而贻此心之悔吝者鲜矣，惟言之无择而悔吝从生焉，此圣贤所尤为兢兢也。玩圣人吾非斯人之徒与而谁与一言，有多少包涵、多少运量，使人褊急狭隘之心，至此全无所容。船山处乱世，几欲离人而立于独，气象又别。师船山之言以立身，体圣贤之心以应物，其庶幾乎。春秋时一辈隐逸之士，直欲并姓名亦不使人与知，其绝远世俗甚严而不可犯，度其所学，必有异者。圣人于此亦煞是动心，处处思与他考校一番。须将诸人气象细与体验，始觉得圣人之道之大。非有诸贤之节，无轻言嫉时；非有圣人之心，无轻言适俗。省居见见闻闻，适意者甚少，遂日流于愤时嫉俗。静坐以思，殊自笑叹，略就其所见者书之，亦以自广。

廿三日。任芝田过谈。盐厘总局竟为成静斋所遏。近世所号为君子者，阴狠嫉忌之心，往往甚于小人，自左季高不能免，成君更无论矣。道之不明，人心之不能轨于正，求有当于君子之实者，盖难其人，成君乃窃乡愿之近似者，以求护其私而忝窃时誉，究其归，一嫉忌之小人而已，良以浩叹。谭伯昆、陈敬吾自县来。

廿四日。治席陪谭伯春、陈敬吾，并邀罗麓生、熊望溪。适笙陔叔至，并留饮。马鉴吾自乡回。麓生拟赴县城，顺致丁次谷，孙朗青、黄凤嗜、李镜涪四信。

廿五日。周寿山方伯两太夫人均避居省垣，一往视之。晤周浙存，姚南侯之婿也，亦已成立。晚为唐荫云邀陪周步瀛、欧阳信甫、朱宇恬、张力臣、李仲云小酌，肴馔至精美，大率以清为上，诸家皆不及也。

廿六日。罗麓生赴县，顺致丁次谷、孙朗青、李镜涪三信。邀周步瀛、李廷章、于羲岷、陈程初、欧阳信甫、张力臣晚酌，程初以事不至。胡道生自县来，未及一见之。

廿七日。周步瀛邀同唐荫云、欧阳信甫、李廷章晚酌，廷章以事不至，肴馔极精腆，询知为如松馆所制造，如松馆在藩署左近，亦奢靡之至者矣。

廿八日。往赵家坪致吊，因过夔石方伯谈。胡道生求书与李镜涪。致李筱荃制府信。又为吴陶村致书彭玉书军门，为易小园、郭丙明致书周寿山方伯。

廿九日。张小亭枉书，当复一信。杨君载春，为杨氏姨丈之兄，以其家事就商，而吾为之画策。竟以其人过于忠厚，不能行业。来见，为之怃然。

三十日。马鉴吾及瑞堂次第归，知相得三地，均不易得，乃乞谭柏春一赴百叶铺谋间塘湾一地，恰以二月新售与徐氏。

闰十月

闰十月初一日癸亥。谭柏春回湘阴，顺致陈镜涪一信。罗小溪信言安、宁之交新得一地甚佳，以一书求之。

初二日。为龙皞臣尊人襄尧先生撰墓铭一通，王壬秋为之行状，邓葆之为之传。壬秋学半山，葆之学永叔，殆又过之。于羲岷邀饭，惮于应酬，谢不往。

初三日。朱宇恬、若林昆季邀同唐荫云、唐鲁庵、舒仲和、李仲云晚酌，肴馔极精。因顺回拜十馀处，在周句赓、邓弥之两处久谈。

初四日。舒仲和邀同唐荫云、唐鲁庵、朱宇恬、李仲云晚酌。以周寿山太夫人就居省城，邀其一饭。傍晚，乃接外姑陈太孺人仙逝之信，为之怃然。

初五日。雨。邀罗研生、张蔗泉、胡芝庭、任芝田、张芝龔、周哲成晚酌。专足赴湘阴县致唁陈镜涪，并致李镜吾、陈遇佳、盛展奇三信。

初六日。雨。接胡珏轩信，当以一信复之。又为中丞致书杨石泉，为方伯致书张东墅。

初七日。大雨。回拜各处。因过子恒，遂留晚饭。本约借胡恕老厨工治小菜，已为恕老挈赴保靖，乃从子恒借厨工夏姓者，初十日作一消寒小会。

初八日。大雨，寒甚。李黼堂过谈。晋扬寄示文数篇，其陈春皆广文哀辞一篇绝佳，当为批阅，以一信复之。

初九日。左景乔、马鉴吾、谭文卿、张立之次第过谈，而日已夕矣。冬日苦短，人事间之，省居应酬之烦苦如此。

初十日。邀罗研生，曾澄侯、张力臣、黄子寿、子恒、子襄昆仲、衡堂叔晚酌。本为力臣饯行，思从胡恕老觅一厨工治小菜，恕老已赴保靖，乃从子寿乞得厨工易姓，忙迫数日之久，有此一席。省城奢靡之习，遂及吾身，可为悚惧！初五日遣周大赴县，距今六日无信，恐沿途或有事故，心颇虑之。

十一日。诣船山王先生祠，悬所撰祠联，便回拜各处。曾谦山学博与书云史明府唱和诗三卷，题曰《云山唱和集》，书云史序云：白乐天刺杭，崔元亮刺湖，元微之刺越，有《三州唱和集》，集以官名。元、白有《唱和因继集》，集以事名。梦得、香山有《刘白唱和集》，集以姓名。刘、裴有《汝洛唱和集》，李、刘有《吴蜀唱和集》，集以地名。今则集以字也，故曰：云山。

十二日。丁次谷专足送到一函，当复一信。并为赵竹云明府致书郭子美军门，为龙炽应致书李廷章观察。

十三日。刘竹亭遣其佃人何姓领看城北两地，一荷叶塘，一寺冲，并马鉴吾所相也，距城约三四十里。是夕宿奔塛。

十四日。由奔塛至捎箕坡约里许，为蒋姓公山，局势甚小，而来脉尚真，似较昨两处尚佳。下午回城，始知志城昨日已至省。

十五日。志城十月十五日生辰。为邀文思、廉丞早面，作展生日会。晚邀江芾生、陈松生、周范丞、舒兰生、舒棠阶及志城、一侄便酌。

十六日。因芾生回新宁，为幼陶作书院、育婴堂二记文，交芾生带交。终日为人客所苦。萍乡喻氏专足赴湘乡，顺致赵玉班一信。

十七日。江芾生回新宁，致江达川、幼陶昆季各一信。接李廷章信，请言之中丞调回留黔六营，因以一信呈中丞览之。冒小山自粤来，带到其兄冒哲成及李湘甫、姚朵云三信，又易麟书一信。

十八日。接李筱荃制府信。志城专足递到一信。李廷章函嘱代商中丞调回援黔六营，中丞以须先请示席砚香，反谓廷章为哓渎。昵于一人之私，遂使太阿倒持如此，抑亦吾楚军事日下之征也。

十九日。李小峦通守自粤来见，会客三四，而日已夕矣。任芝田馈寒暑表一具。

二十日。遣人诣刘霞兄接曾晴江来省。偶至志局与黄晓坡谈，知其于地事亦有所得，可谓交臂失之者也。接玉班信一件。

廿一日。雨。回拜一日。因赴罗研生之召，同席李季眉、冯此山、易海青、张蔗泉。

廿二日。会客竟日。庄惕甫托为李仲云、白兰岩一言，求派育婴堂差，仲云展转推托，而其意早属之崔通判，亦终不一言也。世道人心之委曲如此，良可慨叹。

廿三日。往各处回拜。略以湖南大局为夔石方伯言之，知不足以解众人之惑，姑以自申其气而已。

廿四日。自早会客至未刻，欲专人诣安庄，不及分示，而日已晏矣。致书中丞以开诚布公四字相勖勉，中丞本不足及此，而其心却亦无他，诸公必求所以汩没其心而后已。以此推之，朝廷安得有了然之一日哉。仁圣贤人，终日孜孜，求闻己过，亦求所以祛其蒙蔽者而已。

廿五日。周大自安庄回，志城已先日赴县。夏宝生、庄迪甫先后枉谈。

廿六日。阴，寒。昨日热甚，宜有此也。志城转递到罗麓生一信。

廿七日。孙阆青奉委赴金陵催饷，求书抵湘乡相国，因以寿幛及意城所寄寿幛及篪儿遗著三种，托其带交。

廿八日。复喻小冈信，并致喻师母奠分四十金，凡共为张罗百馀金以行。黄莜臣竟以寄信乃翁相推，能者诚不可及。

廿九日。微雨，寒。回拜各处。为李小峦致书李筱荃制军，为王汉池致书周受山方伯。

十一月

十一月初一日壬辰。冬至。意城、志城各有信至，各以一信复之。微雨风寒，数年以来冬至日，惟今岁情景相称。罗小园清理书院款项，汇成一册，令缮三分，一付董事，一付斋长，一存院长处备查，为记其颠末于册端。

初二日。大雪。湘潭孙孝廉昌祺、王茂才序翼来见，述及湘潭情形，乱机方动未已，官绅之气，日益闭塞不通，意求我转达之中丞。为之慨念无已。

初三日。晴，寒。陈桐君自京师回，述及鹤丈家景况，为之怃然。兼知陈宝珊已谢职回京，方病甚，殆穷不可支矣。

初四日。回拜各处。为彭海春相其住宅。是日以陈松生夫妇偕赴金陵，为其夫人饯行。

初五日。回拜各处。晚赴凌问樵之召，同席李次青、刘瑞云、任松楼、刘竹亭。接金眉生信。腊生回县，顺致廉丞、志城二信。黄晓坡约赴下荫塅相地，以初二为期，日久不往，竟携寒波坳山主、中人来家相纠，吾心颇甚疑之。

初六日。李仲云处借观京报：十月廿五日黄子寿奏陈时事艰难，请勤修省，以时序失调，水旱迭见，天时示警；各省慢上逞凶之案，层见迭出，人事尤可忧。因陈懋圣学、戒臣工、节财用、广言路四条。廿一日夏同善、朱智、许庚身合进内阁中书张应昌所著《春秋属辞辨例编》八十卷，奏称：先儒沈棐《春秋比事》、赵仿《春秋属辞》、毛奇龄《春秋属辞比事记》，皆以属比明笔削之义。自左氏始作五十凡，公羊、穀梁更加日月之例，于是郑众以后，相率以例解经，而推阐愈密，转多窒碍。该中书所纂辑汉唐以来训释《春秋》者，采摭略备。其子史文集中涉及《春秋》，亦广为甄录，计共四百馀家，信为说《春秋》者之渊薮。经南书房奏称，是书意以《春秋属辞比事》，不必立例而义自见，属辞可赅比事，因采成说为书。因考舍传从经，扫空旧例，始自啖助、赵匡。宋元以来，多为此学，是书原本宋儒，兼及众说，间附案语，亦颇详审云云。

初七日。曾晴江至，接到霞老书，语及李廷章锐字营有会首二人，曰彭必达，曰尹长兴，属转达之当事。不仁者可与言哉！吾宁默焉而已。接曾挚民信，当以一信复之。

初八日。曾兰生来谈，于潭事极有见地。孙玉林、王辅臣诸君所见固不如兰生之稳实；办事亦颇有力，固是美才。

初九日。以陈松生挈眷赴金陵之便，致湘乡相国及劼刚一信，以银二十两托劼刚转寄方鲁斋家。

初十日。回拜唐荫云、龙海、夏芝岑、曾兰生，并往视方次坡观察，亦丁未同年也。计同年在湖南者道员三人，知府一人，知县二人，而当时分发即用八人，久无一存矣。接李申甫、罗小溪二信。小溪荐一地师名曹尚志，安化人。

十一日。微雨。金眉生寄到曹慈山《老老恒言》一部，并所为《楚疆三文忠传》，一林文忠，一周文忠，一胡文忠也。三文均具有识解，能窥见天下古今大局，观其文而知其为有用才也。

十二日。微雨。接四川嘉定县杨吉禄一信，不知其谁何，展阅始知为杨斐然都阃焕章之子，年甫十一，来告其父之丧殓，属回信交唐蓬洲大令步瀛、张云汉州倅，二人皆籍嘉定府之乐山。函称吾与都阃情深知己，不啻同胞。语殊妄。杨君充江忠烈巡捕，吾何从与之倾心吐胆哉。

十三日。微雨。接邹公让信，述及县幕章君之怪诞。由新政屏弃绅士，上行下效，如草从风，亦非一朝一夕之积矣。

十四日。微雨。子寿过谈，稍悉杜鹤田一切议论。吾谓国家以法律制天下，六部，守法者也；枢府，制法者也。两司以下，守法者也；督抚，制法者也。守法者尺寸不能违，制法者乃得以其意断行之。故吾以杜君守法，正也；制法者必欲使守法者曲行其意，为吾任过，舛矣。杜君于此，固不受咎也。

十五日。曾兰生过谈，语及一切，为之慨然。吾楚自铜山张公、花县骆公任一省之力，肃清东南各省，以赞成中兴之业，两公声名亦遂以照耀古今，岂能有异术哉，所恃通绅民之气而已。阳湖恽公为仓少平出死力挤之，罢官以去，楚人至今歌思之，两次醵金资寄其家。数年以来，悉中外之人，被湖南绅士以跋扈之名，相与嫉忌之。当事者至置吏治民风于不问，而专以裁抑绅士为能。民气阻遏，盗贼肆行，诸君名业，亦遂茶然无复可纪。孰得孰失，谁与辨之？自古亦岂有以阻塞绅士之气为能知政体者哉？翁玉甫、刘子迎倡为此言，求壅闭绅民之气以济其私，吾楚在京诸公更相与唱和之。违山十里，蟪蛄之声尚犹在耳，吾不悲奸民从乱者之多，而深悲诸公挟私以求乱，为祸乡邦之酷也。

十六日。左景乔邀同祁子□、李仲云、陶少云晚酌。便过张蔗泉、罗研生、曾兰生、孙玉林诸处谈。

十七日。接张寿泉、傅旭初二信，并湖北新刻书数种。为亡儿检点书箧，为之怆然。其手迹稍有存留，皆将以贻示其子孙也。所刻各种，当寄寿泉，并寄其业师刘荔坛一分。

十八日。黄晓坡自寒蒲坳回。刘姓一庄，以千六百金购得之。又于其旁得王姓山地长八丈许，横二丈许。据晓坡言，此为正结。其间翻覆，晓坡亦颇费用机谋，为其意在私营此地也。赖杨瑞堂同往，窥见其机兆，始询知之，晓坡不能隐，乃以付我。其果佳与否及有无他变故，亦尚不可知也。

十九日。接金逸亭、袁予文二信。逸亭信由意城送到，当寄复意城一信。伤风咳嗽，儿辈亦兼患此，镇日防病，为可叹也。

二十日。彭师母为其孙祖谷开学，邀予为之课读。便诣李次青、张立之一谈，日已夕矣。曾晴江自县来，所谈地学又与黄晓坡互异，于马鉴吾又互有参差，真使人茫然莫知所适从也。

廿一日。雨。学使枉过。温味秋即日旋都，当一回拜。终日为人客纠缠，竟不能一出门，惟有浩叹而已。

廿二日。诣曾澄侯，闻黄南老病甚笃，急往视之，为之神沮。吾楚诸贤中，求如斯老之勤恳而尚不可得也。是日回拜各处，夜久始归，为仆辈所苦。家畜一猫两仆，末世之人才，大率此类。

廿三日。微雨。曾晴江自杨梅山回，所言与马鉴吾互异，而云当栖葬则同。拟《王船山先生安位文》一通并《谢土神告文》二通，送罗小垣。

廿四日。诣城南书院船山王先生祠安立神位，并奠谢书院及妙高峰两处土神，因留饭。罗小垣、钟子琴、周蕴生、王丙章四人枉陪。又各祠拈香凡九处。是日寒蒲坳一庄清缴当价，为治席款之。周步瀛镇军送蜡梅、红梅四大株。门人葛振嵩求致书方子箴，原其叔芸士太史与子箴有旧故也。

廿五日。会同曾晴江赴寒蒲坳相度所置庄地，发李申甫、罗小溪、袁予文三信而后就道。比至，日已夕矣。

廿六日。大雾至日午不解，勉强登山，知黄晓坡以谋得草塘冲王姓山地，假寒蒲坳一庄为饵，强予受之。而王姓山穴右闪，王姓已前葬得之，晓坡不能分辨。尔无所得而累我实深，长沙人心术之坏如此，为之惘然终日。

廿七日。周步瀛馈梅四株，均佳品也，以一书报谢之。并专足赴寒蒲塘，顺致意城一书。

廿八日。黄氏来告丧，南老于先夕卒矣。为人客纠缠半日，午后乃得一往哭之。顺至裕时卿方伯处久谈。

廿九日。南老将敛，思再往一哭，而人客络绎不绝，大率以私事干求而已，使此心终日为之悒悒。颜知州其政候补江苏，求致意曾相；葛大使振嵩候补两淮，求致意方子箴。各有闲愁数不清，吾且奈之何哉。

三十日。为船山祠及《书院名宦祠碑记》二通。益阳张乘槎明经著《周易》，专取旁通为象，瞿塘来氏之支流也，属为撰一序，实不暇及之。接胡珏轩一信。

十二月

十二月初一日壬戌。冒小山过谈，云在官厅闻同寮议论，以湖南吏治尚逊于广东，深负改省之初心。小山良吏，吾知其必不能与世合也。南老是日成服，具柬枉邀，至则宾客盈门。省城此等风气，亦踵事增华之一端，非礼所尚也。

初二日。致湘乡相国及吴南屏、胡珏轩二信。南屏寄示《柈湖文录》，珏轩以蔡稚云、周少如二君所拟志稿六卷属为阅定，因各以一信复之。晚就罗研生、曾澄侯两处谈，研生外出不晤。

初三日。大风，寒，午雪。以亡儿明（年）〔日〕小祥，料检一切。张力臣自黔归，遣使来告，不能往也。

初四日。大雪。以篪儿小祥之期，为文以祭之。亲友馈冥资者为留一饭，会者夏宝生、李作舟、左壬叟、舒棠阶、郭海青、瞿秉常、景伊、杨书昌、龙炽应及绍西、子敬、庄氏外孙，共十二人。

初五日。阴，寒。严伯雅、周汉臣、杨星堂三君枉谈，遂竭一日之力。接杨玉门一信。眼跳二十馀日不止，向来有此必出事故。丙寅在粤如是，而有左季高之倾轧。去岁如是，而家难不可言矣。今惟颓然一老存耳，岂足更烦鬼神之来告哉！

初六日。夜梦至一处，见老叟十馀辈，朴野如乡人，中有一二人见予至，起与为礼。问君等何为，曰：吾辈皆土地也。吾因自忖此或优为之。旋见一人入，稍轩昂。指问之，曰：此都监。问曰：视土地何如？曰：职稍崇。予因别去，向前行至一第，主人执礼甚恭，屋凡九进，导馀入，仆隶从予者数辈，皆不相识，因即留宿。早起，若有远行者。予出就外舍，张氏璞庵舅在焉，羸然病也，相见数语，并无寒暄。旋出门，见一白牛甚骏。左右曰：此公坐骑。予跨其背，牛行甚驶。见一屋，巍峨若宫殿，牛遂徐行，馀心异之。入左角门，有僧迎问入乎，曰不入。又问往南岳乎，曰然。僧曰：愿留香火钱。予曰：身实无一钱。遂出右角门，牛又奔驰如飞。僧遥呼曰：前途甚险，当导公行。因见两白牛为先导。至一桥，木板跨百馀丈，宽可三寸许，其下水势迷漫，一望无际。两白牛前行，予下，手抚牛背度桥。三牛忽不见，瞥见宫殿当面起，尤壮丽。有二人者先在，相将入，宽广数十百丈，中列长案若市肆。就视，见故人吴西桥手一书，取视，所论皆眼症，亦不甚推求，仍与三人者入。见甬道两旁皆神龛，行且近，诸龛神像皆拱手相迎，入门则神益尊严，而拱迎如故。西龛一神跃而下，同行者曰：此伽蓝也。就而与之言，貌甚狞异，幞头金甲，若金刚然。问予曰：君郭大人耶？曰然。曰：吾与二大人有旧。问曰：何以？曰：吾本在二十人之列，赖二大人力为补一名，以有今日。予曰：天曹所甄录，亦必候朝廷恤赠耶？曰：皇上为天下主，事应如此，即来拜佛祖，佛祖必下答拜，一切也得依从他。予颔之。趋拜佛祖，佛祖恭默不言，旁有一人答拜。拜毕，三人者亦不见。予视殿西极深邃，趋就之，则诸神像聚一龛，尤狞恶。因念生平不信鬼神，今所见鬼神皆如生，向所持者恐非。因信步行至一处，若深巷黝墨。旁侍一人谓曰：此不可入。予不顾。既入，又遇一人曰：此何地，而君来此，入必不宜。予亦不顾。忽入一厅，阴风股栗，竟体为之不适。因惊曰：此得非所谓地狱乎？急转身趋出，曰：生平有何犯过而至此？且呼且行。家人闻予梦呓，急撼之。甫出深巷，见有屋宽敞甚光明，闻家人呼声而醒。须臾之间，天堂地狱，周历殆遍。白牛者，辛丑之祥也，其在辛丑之年乎？是日出门回拜，至新协镇韩赓飏处，始知其在合肥相国处与吾有旧，其人诚笃君子也。

初七日。得杨玉川信，即以一信复之，交杨星堂带呈。并致汉舟、蟠西、镐丞一信。由督销局递到湘乡相国一信，由抚署递到李筱荃制府一信。

初八日。出城南相度所购刘姓地，略有形局而已，以知马鉴吾相地之疏。回过李廷章、庄翰堂两处谈。

初九日。往茅岭、下荫塅诸处相视前后所购地。是夕宿阳桥。

初十日。至茅岭塅相度马鉴吾所定一地，亦微有形局，优于姚舸丞远矣。是夕宿大茅场。

十一日。相度将军山两地，皆大谬。黄晓坡所指草堂冲、石竹坡两处，山水皆粗恶。草堂冲所指则开右砂一胁，山势陡峻，万不可立穴。石竹坡陡峻无馀地，然较隐藏右情。遣易三致书杨琴堂，以万家山来去龙势，琴堂指点未分明，属一推求之。

十二日。偕黄晓坡至界碑岭黑屏墙周姓后山相度，晓坡遽指为大地，实无结作也。此君地学甚浅，而心术绝不可问，专意嗜利而已。是夕回至青山案宿。凡三夕皆夜行至二十里、三十里。

十三日。回家，闻意城已至。接王少鹤信。瑞堂述及张念一之言，谬诞已甚。长沙人心竟是不可测度，可惧之甚。

十四日。接志城信，回信交游大带交。晚邀熊绍香、胡道生、陈熙堂及意城小酌，意城赴宴他处不能来。接彭玉书、胡浴生、周镜帆各信。

十五日。立春。雨。十三日热如深春，度必雨，昨日仍不雨，至今乃雨。午刻立春，雨尤甚。接曾岚生、曾夔堂各信。夔堂乃在贵州带勇，亦一奇也。

十六日。阴，微见日光。回拜各处。至黄子寿处久谈。晚诣张力臣，适值宴客，因留酌。在席为许星槎、韩勉吾及意城。

十七日。回拜各处。便诣郭子美军门谈。晚过罗研生，晤俞竹君，便留饭。张东墅来省，一往拜之。

十八日。接罗小溪、杨琴堂、谈柏春、黄用侯各（处）〔信〕。熊绍香回县。舒兰生邀晚饭，为意城以明日回乡，邀予一谈也。

十九日。张力臣邀同罗研生、李篁仙、李辅堂、邓弥之晚酌，篁仙以移居不至。

二十日。雨。接江幼陶信。两日寻检一小物事，遍搜箱箧不可得，精力之衰惫极矣。所存者盖亦只此奄奄之一息而已，无复有能自遂之一日也。刘馨室来，久谈。

廿一日。雨。致信罗研生，昨已书就，以会客至晚，今日始送交，已于是日行矣，为之惘然。

廿二日。大雨。接罗小溪、黄用侯信，并何仁甫讣书，知归至南海途次物故。

廿三日。大雨。以祀灶君日，率家人致斋。祖母以来相传遗法也。自吾母没，不复行此，至是始修复之。意城专信至，当以一信复之。

廿四日。雨。楚俗谓之小除夕。去岁值此日，吾儿没二十日矣，而吾妇与吾女犹修祀事，今并逝矣，思之黯然。

廿五日。专足诣意城、志城、达山，各附一信。为冒小山跋其枕戈录。刘馨室新刻瞿唐来氏周易集注，亦为序之。接刘霞兄信，并附示曾晴江所寄霞老书，所言多可怪愕。

廿六日。雨。连日料理笔墨酬应，愈清理亦愈多。敬修、腊生辈方坐索资借，达山又专信至告贷。省居坐受此累，疲于奔命，无如何也。

廿七日。接意城、志城信。周步瀛、彭玉书及新化关晓川、桃源劳湘舲、益阳黄经畬均有贺年信。於桐轩、丁次谷两君无之。

於君知我之惮于酬应，丁君则别有意见也。黄桐轩少尹亦有贺年信。

廿八日。为邹夫人生辰，为之凄惋竟日。接胡珏轩信，以有幼子之丧，赋长古一篇，蔡稚云、谭琨桥并有和作。珏轩皆以见示，所言多不当于理，而以是推知吾心之悲，诚亦不能自知而自解也。

廿九日。至张东墅、左景乔两处谈。邀庄翰堂及廉丞午酌，俗例所谓年饭也。晚雨。接罗研生一信。

同治十年　辛未

正月

同治十年岁在辛未正月辛卯朔。元旦。阴，暖。遣使往各署贺岁，城居多此一番酬应。中午雨冰，俗所谓雪子也，已而雨霰，竟日微寒。漫成一律云：吾衰愁见岁华新，到此真成老病身。阴晦坐令①天异色，倔强难与世同尘。无才沉迫干戈世，多难侵寻雨雪春。世事饱谙无可说，惟应闭户对松筠。十馀年懒于作诗，元旦稍暇，偶一为之。是夕大寒，凌。

初二日。大雪。笙陔叔枉过。除夕接研生信，所言湘潭近事，属并呈张力臣、李仲云一阅。接力臣信，知杨鹏海太夫人物故。

初三日。阴，寒。诣张力臣、黄子寿及笙叔、文思谈。接应扬信，知其母李宜人亦以初二日病故。

初四日。雪，亦微见日。以篪儿生辰，凄然于心，谢免酬应一日。致李筱荃制府及刘霞兄、傅旭初三信。

初五日。出门贺岁。张东墅处偶及时政，不觉愤气之填膺，竭情一发挥之。以（辰）〔晨〕饮大醉，为酒兴所动，不自持也，亦足知其涵养之疏矣。

初六日。贺岁至龙皞丞处，晤李篁仙久谈，日已夕矣，以天

①此处旁注又作“直教”。

阴不辨早晚故也。

初七日。大雪。本意一出南城，不果行。致刘云生、张竹屋二信，交舒兰生带京。张力臣、汤慎台过谈。

初八日。贺岁许仙槎处，晤麻竹师，似若面熟者，不敢问其姓氏。既退，始问知之。老病多忘，多类此。

初九日。偶检日记，见去岁亡儿生日一诗，怆然流涕，因次前韵：万事凋残物候新，世间谁是百年人？独悲晓暮缨绅寂，再见园林榆柳春。雪霁山川浑似醉，梦回谈笑总成尘。飘零遗稿存无几，凭仗文章自写神。

初十日。贺岁。北门近地，至是始获一行。又出南城，至金刚院省视邹夫人存柩处，便道过罗星垣一谈。

十一日。劳湘舲至省，见馈桃源小石，因往视之。便过王益吾、李果仙两太史。复丁次谷、黄桐轩贺年信。

十二日。刘馨室贻我百岁酒方，如法治之。品配劳湘舲所贻桃源石，灌注泉水。竟日苦寒。遣足往寒波山庄，便致意城一信，兼馈其生辰也。

十三日。接意城、志城各一信。多孙数夜作吵，吾亦为之不睡。年老气衰，重罹忧患，学殖益荒矣。

十四日。为黄伯初致书邹公让、魏鉴堂、罗宝垣诸公。晚邀劳湘舲、张立之、（张）〔於〕桐轩、张紫联、张文心、汤斐斋、守蓉仙、庄惕甫及笙叔晚酌。三张及汤斐斋皆不至，劳湘舲病疟，会者五人而已。

十五日。雨。曾澄侯、张力臣过谈，始知年下祁阳亦有土匪之变，幸先期发觉，捕得廿馀人。祁阳令君固不失为良吏也。

十六日。雨雪子。邀庄翰堂、张锦堂、郭海青、李作舟、舒棠阶及廉丞晚酌。冯次山赴乡，黄伯初赴新化，俱不及与。海青言有以河洛理数占岁者，屡著灵验，今年兆云：本拟孤舟出翠微，花边钓出白鱼肥。就中无限烟波景，钓罢金鳞满载归。大有怀山襄陵之势。又有兆云：今日晴光整钓丝，求之必得数不移。以此推之，今年仍主水兆，吾邑殆不能堪矣。刘康侯、陈洛君至，接到霞兄一信。

十七日。微雨，寒。榕峰廉使枉谈。回拜各处，无一见者。因过白兰岩久谈。

十八日。雨。邀陈洛君、刘康侯、孙次韩、左壬叟晚酌。适王壬秋至，留之不可。次韩又以请其岳丈廉丞春酌，亦未就席。询知孙氏昆季：芝房子三人，曰仲符，曰君贻，曰季桢；叔孚子一人，曰镜人；次韩则鳌舟子也。

十九日。往王壬秋处谈，壬秋见示所注《庄子》，一一纳之实用，所见多有过人者。

二十日。邓弥之邀同张文心、张力臣、龙芝生、王壬秋早酌。韫斋中丞邀同左景乔、曾澄侯晚酌。中丞见示徐寿衡保举人才一折，所保已革河南学政俞樾、前任内阁中书张应昌、会稽学教谕汪曰桢、西安学教谕吴善述、署遂昌学教谕程炳藻、署宣平学训导王乃济、署秀水学教谕谭廷献、候补直隶州赵铭、举人潘鸿、举人黄以周、举人施辅华、举人何熔、试用训导王诒寿、贡生潘树棠共十四人，皆浙人也。又片保内阁中书衔拔贡生江西新城杨希闵及王开运、何维朴三人。上谕责其私心自用，谬妄糊涂，交部严议。部议降四级调用。

廿一日。张力臣、王壬秋同过谈。壬秋见示所注《庄子》，极有见解，看得《庄子》处处皆有实际，足与船山注相辅而行。

廿二日。阴湿郁热尤甚，南中天气入春多是如此，而若今年之晦蒙否塞，反复沉锢，自出冬以来，无日亦无（太）〔大〕雨，百馀日不解，则亦往昔所无有也。托张力臣致沈幼丹一信。与张东墅、白兰岩、张紫联四人合致沈年伯一祭幛。

廿三日。雨。复周步瀛、彭玉书、彭作新、黄用侯、劳湘舲、黄经畲、於桐轩各信，并贺年酬应也。郭九如自荷塘至，秉文侄自宝树湾至。

廿四日。大雨，雷。致刘霞兄信，交其子刘康侯带家。又寄复李试吾、周云帆、李镜浯、黎肇琨、熊望溪并镐丞各信。曾晴江闻已至霞兄处，并以一信托霞兄转交。

廿五日。大雨。王壬秋注《庄子》用崔撰本，多标新义，而于《庄子》无端崖之言，一一引之于实，所见诚有过人者，因为手录一通。

廿六日。雨。接金眉生信，约为吴（粤）〔越〕之游。又接吴聘廷、易麟书、胡珏轩、张小野、袁予文各信。小野以辰州厘局督查一席，向系石孝廉承当，石君比赴京，小野故欲得之。聘廷属致书厘局杨太守云帆。杨，衡州人也。并称援黔局设立小马站朝安书院。王益吾、王夔石、李仲云先后过谈。

廿七日。大雨，风，寒甚。催运各庄租谷，竟亦不能起仓也。舒仲和、唐鲁英来谈，以朱宇恬五十寿辰，制屏贻之，丐予为序。

廿八日。微见日，晴意可喜，继乃知其社日也。谚云：春社无雨莫种田，则此一日之晴独为非宜。回拜王夔石、王益吾、郭子美、舒仲和、唐鲁英诸处。

廿九日。西枝和尚邀同郭子美、王益吾、周立西、李辅堂、张力臣斋食。杨星堂、李齐伍均自乡枉顾。

三十日。阴雨。（辰）〔晨〕邀星堂、齐伍早饭。李廷章约饭，询知戏局也，遂辞不赴。省居始知官绅相与猜忌，而酒食征逐，音乐繁兴，莫知其非。饥荒岁见，盗贼肆行，亦岂诸公行乐时耶？

齐慎庵、朱宇恬、郭华汀过谈。

二月

二月初一日辛酉。杨瑞堂自下荫塅回。陈幼洺、张力臣过谈。幼洺以举人由席研香保知府指省，于事务最为谙练，所言多中肯綮。

初二日。阴雨。郭子美过谈，以湘潭许氏为予谋置簉室，力诵其贤。此事未宜造次，当考究筹度之。

初三日。胡恕堂邀同任松楼、陈怡生、李仲云晚酌，见饮金陵苦露酒、镇江百花酒，均佳品也。

初四日。接金眉生、罗小溪二信。眉生和东坡《竹枝歌》见寄，并属意城、志城和之。

初五日。蔡竹泉及腊生均自县来。接熊绍香、望溪兄弟各一信。绍西亦自县至。

初六日。黄石珊至。本约熊望溪约石珊偕行，石珊过县竟未一访问，致相歧左。

初七日。杨琴堂专足送信至，当复一信。任松楼邀同恕堂、怡生、仲云晚酌。

初八日。寄罗小溪信。并撰《黄南翁祭文》一通，寄意城书之。

初九日。接湘乡信，其论湖南致乱之由，以谓在贫人太多，则诚俗儒之论，而湘乡述之，不得为知言也。往彭作新处祝其太夫人生辰，因便回拜各处，在皞臣处久谈。

初十日。致湘乡相国及黄昌期二信，交昌期夫人带往。熊望溪至。皞丞专足递到一信。

十一日。李仲云邀同胡恕堂、任松楼、周立西、陈怡生晚酌。饮食过饱，竟夜为之不适。

十二日。黄少琨入主荷花池专祠，本约巳刻，比至则饭罢矣。是夜梁竹虚、董竹村、邓禹民、汤伯璠、饶蕊香、章丽峰、张立之、唐泉伯邀同唐荫云、李仲云、张立臣晚酌。

十三日。与荫云、仲云、力臣公宴竹虚诸君于芋园。为陈秋垣明府致书湘乡。并复曾挚民一信。

十四日。数日郁热殊甚，而无雨意。章丽峰过谈，与之言，多中肯綮。麻竹师、钱子宣诸君才气多是此种，均所谓有用之才也。

十五日。为陈夫人生辰。以金眉生专足候回信，并《烟雨寻鸥图》属予作序，夏忠愍公与顾东桥书真迹属予作诗，因谢客一日为撰成之。

十六日。大风，微雨。是日清明，楚俗又以为不宜雨。因料检金眉生所求笔墨事件，并屠啸筼委撰《秉彝堂》及《归来堂》两处义塾，又修龄堂及来园各楹联，留此亦二年馀矣，至是始并书寄之。意城下午入城，以先人（辰忌）〔忌辰〕，同上供行礼。

十七日。赴黄子寿处陪吊。沅甫为南老筹身后表章之策，予因为具一稿，亦惟此老足当吾辈之表章也。

十八日。诣赵家坪贺主。随往符介臣、张东墅各处。东墅十五日约在家专候，数日无信，至是往拜，亦不及见，踪迹甚奇。

十九日。阴，凉。送黄南老灵柩出南门，因过于羲民谈。接金眉生信，始知王孝奉两疏劾丁雨生父子，以马穀山之被戕由其指使，京师士大夫从而和之，真堪一噱。黄石珊从书肆觅得康熙《湘阴志》一部，所载事迹甚详。乾隆志删汰已多，道光志尤多缺阙，而又以意增入，去取至为乖舛，始知人才一代不如一代。今之所修，无亦猥下必转之机与？

二十日。诣刘馨室、裕时卿、王初田三处谈。晚赴舒仲和之召，同席胡恕堂、唐鲁英及意城四人。

廿一日。舒兰生家约饭，盖出爱侄女之意，为其父初至，治酒食以款之也。晤沅甫一谈。

廿二日。邀曾澄侯、沅甫、舒仲和、凌问樵、袁荚生、陈杏生晚酌。沅甫辞不至。是日热不可耐。

廿三日。邀郭子美、任松楼两军门、于西珉镇军、张力臣、李仲云、王益吾晚酌。是日热更甚，竟日为人客纠缠，未能一料检筵具，菜味至不可食。

廿四日。阴。热稍平，午后复晴热。郭海青邀同易海青、饶岱霞早酌。本为意城而设，意城不先辞之，临席避不至，烦费为无谓也。晚邀胡恕堂、唐荫云、周韩城、易海青、左景乔、陈怡生、谭心可宴叙。韩城以赴岳麓辞，景乔临催以疾辞，意盖不欲屈坐也。

廿五日。苏虞阶枉过。晚邀许星槎、龙皞丞、芝生、唐鲁英、李辅堂、邓弥之、李篁仙宴叙。

廿六日。大风，阴，寒。于曦珉邀同许星槎、李廷章、李健斋、李仲京及意城午酌。是夕归，大吐泄，委顿之至。

廿七日。雨，风，寒甚。左景乔邀同易海青、周韩城、刘朴堂早酌。唐鲁英邀同孙小峰太守、朱宇恬、朱岳舲、舒仲和、唐荫云及意城晚酌。疲于酒食者连十馀日，以腹泄，清坐相看而已。孙君名桐生，任永州守，宦迹甚劣，而著书十馀篇，专意诋毁绅士，其言绝无状。自方伯以下，皆以其诋毁绅士为快，竟以是得免参劾。蜀人官楚者，若谢小庄、张春江、陶襄臣，均小有才，而乖张暴厉之气，竟至穷于思议，虽以李申甫之贤，而意见之私，坚持不化，殆亦其山水险怪所钟毓然耶？而发议分别官绅界限，使上下之情隔塞不通，而利端日开，吏治亦日愈废弛，乃实由申甫开之先，此则所不能解于申甫之用心者也。是夕大雷雨。

廿八日。雨，下午晴。杨琴堂至，治酒食以款之，兼邀汤培元一叙。以琴堂来言万姓山地，拟托汤君一往相度也。是日通志局移局荷花池，分校以下住浏潭寺，以出门拜客之便，一往视之。

廿九日。热极。李廷章邀同唐荫云、谭文卿、舒仲云、李仲云及意城早酌，文卿不至。冯树堂赴江南谒湘乡相国，道省，得一相见。是夕适周氏女偕甥周（藻燡）〔燡藻〕至。是夕大雨，雷。

三十日。雨。昨日请汤培元赴瓦雀塘、水埠头一带相视，午后乃作奇热，至晚而雨，竟日不止。乡间望雨方急，独于下乡看地一节，巧相抵牾。此行必无所成，徒累此老遍体沾濡，于心颇不能安。是日广西提学杨君、朱岳舲、冯次山、郭海青、饶岱霞次第过谈，日已夕矣。致吴聘廷、杨少芝二信，即交饶君带赴广东。

三月

三月初一日辛卯。诣湘乡试馆，会同张力臣、刘竹廷诸人各祠行礼。随赴朱宇恬处早饭，同席冯树棠、舒仲和、唐鲁英及意城、岳舲七人。便道回拜，至王初田处谈。

初二日。微雨。李小峦回内江，枉过。李作舟邀同张东墅、朱香荪及意城晚酌。去腊交杨朋海带投合肥相国一信，至是始托郭子美发递。接章丽峰信。

初三日。雨。曾媳挈两孙归宁阿叔沅甫宫保家九日，至是始归。

初四日。偕李作舟步至朱香荪少尉处谈，适意城亦至，又得陈松泉、舒棠阶二人。

初五日。雨，风，寒甚。冒小山至，久谈。复章丽峰信。丽峰督办善化河西团务，极有条理，函示所议章程，因以一书复之。

初六日。雨。张力臣邀同许星槎、韩勉吾及意城晚酌。便道回各处拜。瞿秉常、周挹藻及达山、腊生为予祝寿，遂留晚饮。

初七日。雨。庄翰堂、庄惕甫、郭海清、瞿秉常、黄石珊、周范丞、左壬癸、周挹藻、舒棠阶、曾健农凡十馀人为予贺生，因留酌。燮廷叔、志城、晋扬俱有信至，各以一信复之。兄弟至者意城、达山、腊生三人。漫成一律云：忽忽行年五十四，眼花头白信吾衰。亲交欢会仍今日，生死悲哀异往时。积雨压檐云惨澹①，残花支架影②披离。阿龙小住情何限③，剪烛相看鬓已丝。④。是夕三鼓，任松楼来访，知义恒已关闭，主人胡茂如悄逃矣。年来蹇运，莫可穷诘，惟志局一款，存者尚四百馀千，不能不设法赔缴。误堕任松楼计中，以有此累，可为一叹。

初八日。雨，寒。谢拜昨日贺寿者，傍晚始回。王湛园明府来见，其人甚贤，钱子宣语及近时当事，意殊轻之，在今时自胜诸人一筹。张力臣见示营报，茶陵、安仁交界界首地方，有李鼎俊之子小名陈奶子，又号大明，在永兴县天塘赀聚众称乱，有大帽小旗等事。永兴十四都下山龙地方，又有匪首发给伪印洋布，上书集英山同心堂字样，云天塘、白泥塘、下山龙均系一种发给，

---

①此处旁注又作“欹竹压檐风淅沥”。

②此处旁注又作“雨”。

③此处旁注又作“为我增惆怅”。

④此处旁注又作“阿龙抱孙不归去，为我滴春把酒卮。阿龙谓意城”。

惟天塘为总。伪印数号，大者取钱三百卅三文，小者取钱百八文，领发十张即为十首，领发百张即为百长。大匪首名曹春发。永兴十五都、十七都均有会匪砍伐竹竿，并有赴郴州会齐起事之说。现经永兴县拿获一人，名曹竹开。又安仁县坪上地方有会匪开旗招勇，旗用白心红边，或云曹字营，或云尹字营。曹字营系曹老五，永兴人，曾经带勇者。有云欲至茶陵州廿五都掳粮者。人数万馀，飘忽四出。衡山之潭坝及江华、耒阳各县，均有聚众劫抢情事。乱机狂逞，而陆、王诸公专以粉饰猜忌为酿乱之资，吾不知所税驾矣。

初九日。晴。章丽峰来见，述及河西办团一切情形，竟是吾楚一办事才。有一二事托转达之中丞，吾意颇难之。因论孟子得道者多助，失道者寡助。多助之至，天下顺之。寡助之至，亲戚畔之。大抵好善恶恶之心，人心之同然也。人心所归向即是助。书言四方风动。风者，机也。周子善言幾。幾一动而远迩皆应之，故曰风也。尧舜时雍之化，德愈大，机之所感愈神而速。要之，善恶之理亦与吾人同。得道者，得其理而已。得其理，则孜孜焉惟治之求，贤者乐与尽力，不肖者亦闻风兴起，群思倚附之。不得其理者反是。区区一办团委员，所至利病人争告之。吾与韫斋中丞旧交，知无不言，乃至乡里利病所关，亦惮于上告。即此足悟孟子之言信而有征。而相与愦愦焉，以猜忌为心，以使贤者日远，不肖之言日益加亲。陆、王之学，自以为智，天下之至愚者也，以乱吾楚而有馀矣。闻章君之言，为之一快。接志城信，知六侄已冠县军，五侄、七侄及经生侄均列前十名。

初十日。为王湛园、潘小农两明府致贺。便过章丽峰、守蓉仙谈。黄子恒自乡回，往视，已赴岳麓山。是夕雨。

十一日。大雨。张力臣邀同曾沅甫宫保、黄子恒早饭，议定南老附祀事，当为改定前稿。归过达山处。徐府情形，有足奇者，其意盖疑我之不往拜为骄，不知老病忧伤，久废酬应，非可以是责望于我者也。夏氏嫂自湘阴县来。

十二日。大雨，午后晴。回王朗青拜。沅甫荐其友人黄湘江为予相屋，用水照之以知衰旺，亦阴阳家之一术也。守蓉仙求致书江幼陶，因以一函附寄，并托左景乔寄书胡珏轩。

十三日。梁生文瑗仲玉，昆圃大令之弟也，以其诗文求改削，当以一信复之。力臣过谈，论及刘韫斋中丞之为人，刻木为吏而已，而怯于为公，又复勇于行私；昏于听言，又复敢于自信。朝廷用此曹为疆吏，绝不一知考察，欲国家之无危乱，难矣。是夕雨。

十四日。微雨。由新泰厚寄陈子鹤夫人银信一件，以闻陈宝珊回京，光景甚窘故也。出门回拜各处，因过刘馨室谈，与汤培元论地事甚悉。大抵地道甚微，言地者多与地之真实处参差。汤君所言，未经相度，不敢信也。

十五日。微雨，郁热殊甚。接杨寿田、胡道生、盛展奇、熊绍香及燮叔诸信，无非求馆者。意城属致书黎照琨，因寄谢丁次谷明府一省，并照琨信托交，兼复高葆吾一信。

十六日。昨日郁热，犹着重棉。今日单衣矣，仍苦热不能支。是日邀刘馨室、夏芝岑、张东墅、陈怡珊、冒小山、章丽峰、张力臣诸君晚酌。馨室、东墅、丽峰三君不至。二月内曾邀客数日，均值奇热，及今又然，岂邀客一饭亦干天忌耶？运气所值如此，为之大惧。

十七日。邀王朗青、刘竹庭、朱宇恬、朱岳舲、曾兰生、李健斋晚酌。岳舲已回乡。是日热尤甚。

十八日。邀黄麓溪、朱香荪、叶芳圃、俞竹君、周砺松、罗砥甫晚酌。三日奇热不少减，是日乃治汤澡浴。

十九日。微雨。中午大风，始凉。出门回拜各处。张力臣见示孙小峰所撰《未信馀编》二十篇，其言绝谬，然吾不责其语言意见之偏驳，而责其文笔之劣，此岂足当论撰之任也。孙君名桐生、蜀人也，自署曰驼浦迂民。

二十日。盛梓震以邓宝生军门田土事，嘱致书蟠西为理处之，当付一信。是日斟酌诸术士之言，移安床位。多孙竟夕作吵，岂移床之过耶？

廿一日。出门回拜各处。晤刘绶卿之兄春荑，述及绶卿战迹，所谓豪杰忠孝人耶，使人欷歔感叹不能自已。晚次，谢寿人来谈，吉人之弟，穷困至不能自存。

廿二日。郁热已极，下午大风雨，雷。往罗研生、左仲敏两处。有郭从善、萧湘二君，均枉书求帮，形迹大可疑。省居若此类者，无时无之。接王式杜、沈小楼二信。

廿三日。微雨。诣宝树湾为吴氏婶母致祝五十生辰。意城、志城俱至，坐客凡三席。

廿四日。微雨。往各庄相地，便道一至水埠头，因就晋扬处宿。其西席郑子文，以其世兄煜章茂才见托。

廿五日。晋扬议购昌蒲塘陈姓公山地，嘱一往视。其形局远出姚桂轩、马鉴吾、汤培元所相各地之上。始信我一生命运，无往不为天所扼，非可以人力为也。中午至茅岭塅，细审卢家山、万姓山两处，于诸人所见，良不敢谓然也。是夕至大屋场。

廿六日。往视指前山地，汤培元所据以为上吉者，反复求之，不解所谓。卢德彩至，以庄事一二端嘱之料理。晚由寒蒲塘至荷叶塘。自移居后，年馀始一至，流览山庄，涕零如雨。

廿七日。由荷叶塘旋省。意城赴宴堂坡，未及一晤。任芝田本约廿六日由下荫塅径赴堂坡。名园欢会，良亦所愿，徒以忧患馀生，每逢欢乐，辄思避之，不乐勉强一行也。

廿八日。嘱门者谢客，而易梯衢、玉峰父子枉过。于是谈柏春、陈熙堂、舒棠阶诸君相纠竟日。

廿九日。易昀陔枉过，见示嘉应州黄岳川同知铖所论《和约条议十则》：曰和约宜永，曰学业宜专，曰报礼宜称，曰国体宜尊，曰巡查宜密，曰听讼宜平，曰把持宜禁，曰邪说宜辟，曰偏听宜除，曰武断宜革。《总理衙门事宜十二则》：曰选使，曰储材，曰汰冗，曰增幕，曰减口，曰节财，曰体民，曰诘奸，曰清款，曰筹资，曰正体，曰任人。所言均切中事宜。黄君为黄惠廉之弟，能通知西洋语言文字，谙悉夷情，故所言皆关系国体，而于夷情曲折能悉其隐微，知所以制胜之方。诚得总理衙门一人若金眉生者主持其间，亦可择其大端议行之，而固无望于今之在事者矣。黄君嘱昀陔转致鄙人，曰，方今能知此义者中丞一人，固当以是就正之。吾与黄君素不相闻，惟与其兄黄惠廉始相见天津，与论夷务，惠廉惊曰：去岁桂中堂、花尚书驻（京）〔津〕办理夷务，得数相见，自两钦使及制军文武从员以下至天津典史，所见凡数百人，但有一人似公之谙悉夷务，当时即已了结，且可保数十年无事，惜乎见公之晚也。黄君或亦得之乃兄者与？朝廷于天下人才一无研究，一切冥行擿涂，听其毁坏，此真无可如何之事矣。

四月

四月初一日庚申。阅孙小峰《未信馀编》二十篇，颇觉气愤之填膺，稍以意批斥之，发明古今事要，有非近世士大夫所能知者，亦足抉奸顽用心之隐密，而申公义以正是非。并以其书送沅浦宫保览之。张东墅及沅浦次第过谈。

初二日。热极。适舒氏侄女病甚，其家遣人来告，急往视之，已不省人事矣。拜客至夕始回，接胡珏轩一信。

初三日。雨。早接意城信，知昨日赶至，夜半而舒氏侄女已死，为之怆然，因急诣视一哭。便过韫斋中丞、赓飏协戎。因至沅浦处，为郭子美军门改定呈稿一纸。

初四日。沅浦约意城来此会谈，因并邀研生一饭，张蔗泉亦偕至。许星槎、郭子美来谈，留饭不允。

初五日。致霞兄信，托沅甫转递。又致刘荫渠、罗小溪二信，托王湛园转递。复胡珏轩信。舒氏侄女以是日成服，一往视之。

初六日。意城来此补书船山祠碑，始述及舒仲和一切情形，有乖孝友之义多矣。朱香荪来谈，极有意味。

初七日。雨。沅浦过谈。意城亦以雨未还乡，并来此会谈。沅浦以通志总纂不可无意城，嘱中丞延聘。此议吾早及之，以东墅太守询之意城，意城未允，濡延至今。

初八日。出门回拜，便诣朱香荪、龙皞臣两处痛谈。往相杨厚庵住宅，正屋上房仅得二间，上房前左右开二大池，中间甬道如桥式，池旁杂植树木，于住宅极不相宜，索租价极昂。厚庵为武弁，及后统领各军，均有雅致，督甘以后，声望阒然，殆终不免于伧父之所也。

初九日。韩赓扬协戎邀同李廷章、李仲云、郭子美、黄荩臣晚酌，子美、廷章均不至。

初十日。鄢友石观察以所著《诗》、《古文》附书见示，因往一谈。曾沅浦邀陪郭子美，闻子美谈合肥相国（遗）〔轶〕事，多可听者。

十一日。热。俞竹君邀同张荫堂、沈晴帆、陶敬亭、张花农、李作舟晚酌，原邀罗研生不至。研生以与张东墅争房之故，颇不惬于怀，并此宴叙亦不赴，其褊急如此。

十二日。热极。以夏宝生自江西来，宜一往视。便道回拜各处。比归，人客坌集，夜久方息，不胜其惫。

十三日。阴，凉。本意谢客一日，而客来转众。俞子清明府，连州人，再四求见，始知其保举知县，由予癸亥办理连州军务汇保者也。语连州事甚悉，其人盖亦能办事者。

十四日。阴，凉，微雨。患伤风三四日，是日加凉，遂至困惫，遍体酸痛。爱侄女出殡，思一往送而不能也。然以终日谢客，得一校《钱南园先生遗集》，遂觉到省以后，无此一日清闲也。

十五日。冒小山过谈，始知益阳县城十三日为贼所袭，衙署亦被焚烧。方伯以粉饰待属吏，致为祸之烈如此。吾以冒君贤者，函告中丞委赴益阳，中丞以方伯前定黄同知炳堃，不敢与异同。方伯持意见甚固，中丞无能一加匡正，曲意顺从之。天使此两人并集，以酿成吾楚之奇祸，殆非偶然也。

十六日。热极。邀张东墅、罗研生、左景乔、易芸陔、李次青晚酌，研生不至。为夏宝生致书黎简堂。

十七日。阴雨，凉。李仲云邀同东墅、次青、篁仙、眉之早酌，并看周端孝血书行看子。以周忠介公死诏狱，值思宗改元，稍昭雪之。其子茂兰字子佩，刺血题黄，请诛倪文焕、毛一鹭。姚文毅以其间鼎湖字宜避之，遂留此为家藏，别刺舌血上之，国朝诸儒皆有题跋。并阅天外山人名石庞、李复堂名李（鱓）〔鳝〕、石樵名严伦诸画册，董元宰字册，多可喜者。晚邀韩赓扬、李廷章、罗星垣晚酌，诸君皆不至。因改邀俞子清、夏宝生、龙泮洲、刘训阁、曾符卿、见农兄弟。

十八日。专足诣安庄寄志城一信。沅甫约同诣朱香荪谈，因过笙陔叔问益阳近事，不晤。

十九日。雨。黄子寿来省，带到刘霞兄一信，随又由霞兄专足递到一信。以夏氏嫂生辰，便治席邀陈熙堂、何永清、周挹藻及笙叔、子敬、腊生诸人一饭。

二十日。大雨连日夜不息。往见黄子寿舟次，知本日已涨至丈许，为之心悴。龙皞臣邀同黄子寿、李篁仙、李辅堂、邓弥之诸君午饭。唐荫云邀同刘朴庵、刘竹汀、周文斋、全□□诸君晚饭。两餐相连续，诚亦不胜其惫。晚接罗小溪一信，言其左近有唐锦斋、邓关一、刘饼子娃子，必得以法治之。

廿一日。雨。邀黄子寿、金竹虔、曾沅浦、龙皞臣、芝生、李篁仙、邓弥之午酌，惟沅浦、芝生〔不〕至。与子寿谈都门近事，言方今有帝师、王佐、鬼使、神差四要地。帝师：宏德殿四师傅倭艮峰相国、李（南）〔兰〕生侍郎、徐仪卿翁（少）〔叔〕平两学士。王佐：军机处以恭亲王主之，馀皆其佐也文博川相国、宝佩蘅、沈经笙。鬼使者，总理通商衙门也恭亲王、文博川相国、毛煦初、董韫卿。神差者神机营，醇郡王管理，权势亦盛，从前陈国瑞倚之以作威福者也。醇邸志在倾恭邸以挠其权，而气质尤粗，群小争趋附之，以长其骄，其去恭邸又远矣。以小溪信有所陈说，特诣方伯言之。以中丞识暗力柔，方伯教之以守例案之法，自是据以为至计，泰然若有以自足者，非度外议论所得而动其心也。由方伯转告，斯于例无忤矣。因为方伯极论吾楚所以治乱之由，以明骆、恽诸公之所以得，今之所以失。请移姑息之仁，以施之百姓；而移所以猜忌绅士刻不能忘之隐，以施之土匪。其言极切，方伯亦为之爽然自失也。蛰存信云：土匪开口便要杀官，官处处要屈抑绅士保全土匪。此二语足为寒心。

廿二日。雨。复刘霞兄、罗小溪二信。得探信，益阳股匪已陷龙阳，常德戒严。当事诸公一以不要紧三字处之，吾楚其殆矣乎。蛰存云，人皆忧旱，而吾独忧水。水者阴象，今朝政昏暗，吏道阘冗，无往而非阴象也。阴阳相为偏胜，则各以其类应之，无或爽者。两日大雨，江水骤涨至丈馀，而阴晦滋甚。念蛰存此言，为之怃然增感。

廿三日。再接小溪一信，极言益阳令办理明登山一案，不乱不止。其相助诈财为恶者，为候补县丞李舜斋，亦（西江）〔江西〕人，在益阳开设油行。益阳称乱者，何、杨、贺三姓，而益人则直指为刘美道、刘贯山。十九日由龙阳回窜虚塘，毙团总刘海青一家，而胁团总刘昆耀供给枪炮。其大股尚集竹篙仑、三官桥、虚塘一带。而石牛江、许家洲、杨家垧、石洞港、窑湾、和塘，或百馀人，或数十人，远近勾煽。此时李廷章一军尚按而未动，应派一营由宁乡小路至沙溪水，或由安化大福坪出高家塘，或直趋桃花江横插虚堂，或由宝庆顺水直下马家塘，可以免其入山勾结。若无营可派，可径募二三百人由宁乡小路直捣桃花江，亦是一办法。唐泉伯见示探报又云，贼股凡四，一舒塘，一三塘街，一桃花江，一大华村。大华村在宁乡大路左近。

廿四日。为邹夫人周年之期，亲友多致冥镪。请吴晓帆、胡岳生二人相礼，为文以祭之。

廿五日。再得小溪信，因封示中丞，意将以发其蒙也。而观其为人晦蒙否塞，反复沉锢，已成不救之凶。天也，非人也。

廿六日。接胡珏轩、周芷香二信，均切齿益阳令之所为，而言之多所顾忌。周哲存见示珏轩寄其族父周冶城一信，乃极详明。吏治如此，欲不迫民于乱（于）不能矣。黄子寿、王益吾过谈，因留晚食。

廿七日。诣沅浦谈，闻澄侯已至，适他出，未晤也。晤魏荫亭之子□铭，其长曰鼎臣，官兵部郎，次曰□□，主持盐政，才最优。

廿八日。闻任松楼军门物故，谋一往哭，又闻金竹虔本日物故，因次第往哭之。顺便回拜，中途齿痛大作，其苦万状。

廿九日。下午雨。常宁郭守备斌求一书诣李廷章。许星槎荐汉舟益阳馆，急催到馆，须专足诣汉舟，便致镐丞、绍曦及陈镜吾、郁如各信。黄桐轩少尉亦专足守领回信。罗智泉姨丈两书求事，无以应之，因遣其两孙妇守（信）〔候〕回信。顾敏夫亦守索绍曦回信，一时并集。而张力臣新自黔归，陈熙堂又急回湘阴，枉过一见，遂至忙遽。省居大率如此度日，惫精竭神于无谓之酬应，无复生人之趣矣。

三十日。乾，天道也，君子以之进德，故曰以自强不息。坤，地道也，君子以之居业，故曰以容民畜众。自强不息者，君子之所以自治也。容民畜众者，君子之所以治天下也。任刚以治天下，其自治也必疏，天下亦终无有能受其治者；任柔以治身，其治天下必乱，而其于身也，亦终失其所守而无成。故夫以刚治天下，非能刚也，愎而已矣。以柔治身，非所柔也，怠而已矣。自治之谓刚，斟酌调剂天下之谓柔。圣人所以备刚柔之德而建中和之极者，此而已矣。书鄢友石君道居柔任刚论后一则。会试报至。门人陈理太、瞿鸿玑、曹昌祺三人与焉，皆去岁新中者也。夜雨。

五月

五月初一日庚寅。北风。数日热极，稍见清解。得会试题名录，兼开载大挑名目，湘阴一等湛范仙，二等区晓峰，凡挑二人。张海珊、徐寿鸿皆得一等。是日齿痛甚剧，自癸亥年广东患此症，九年无此恶剧也。接李廷章信，知益匪已肃清矣。

初二日。阴。风甚寒，似深冬天气，历来五月无此景。胡珏轩及笙叔次第过谈，遂尽一日之力，颇觉光阴之可惜也。

初三日。阴，寒。偕沅甫宫保往见安南贡使。正使阮有立，字儒夫，官工部侍郎。副使范熙亮，字晦叔，官鸿胪寺少卿；陈文准，字直之，官光禄寺少卿。云并壬戌科进士也。笔谈亦极有意趣，言象出其国西北，名曰万象国，大率溪洞也。

初四日。雨，寒。贡使馈肉桂。各为诗二首赠之，遣送，已泊舟水鹭洲。连接子美信，兼馈《资治通鉴》一部。又接彭玉书信。张力臣见馈铜鼓二面。

初五日。邀朱香荪、罗研生过端午，研生不至。因与香荪纵谈。香荪语及龙山署令简春荣政迹，骇人听闻：一、田德茂以军功顶戴往见，责其假冒，罚钱五百串，田德茂往府具控，批县查复，又加罚钱五百串；一、勒索墟规，一武生往缓颊，即与杖责而收縶之，竟致毙命。种种不法，皆出意表。方伯纵此曹播恶于民，蕴孽无已，可为一叹。

初六日。复郭子美一信。为僧寄凡跋所辑名僧帖。志城自乡至。接沈幼丹、吴南屏、彭玉书、作新、守蓉仙诸君书。

初七日。衡山磨镜台僧海岸持与彭雪芹宫保倡和诗见示。海岸字卧云，诗、字均有意味。去年八月吴称三存留徐星伯先生所藏尺牍，偶一检阅，包慎伯五言诗十韵云：有钱行周道，幽草元且黄。云何望重乔，不闻歌绣裳？陵苕叶青青，悠远信不皇。涉波白蹢豕，离毕知月行。雪消因见晛，傅天鸟高翔。薪柞析其叶，谁与陟高冈。新田可采芑，美地况中乡。右有复（右）〔左〕宜，汉监岂无光？洌泉浸获薪，讵免坟首牂。伊谁乐吾心？眷言顾隰桑。李申耆为寿阳祁文端刻《说文繫传》，并刻小徐《篆韵谱》，附以校勘记。魏默深云，康熙中征准噶尔，大战于乌兰布通，其地距京七百里，未审何地？黑龙江将军治齐齐哈尔城，未审作何翻译？徐星伯《汉书西域传补注》：渠勒、绝精、戎卢、小宛等国，今并沦灭，意沦入瀚海，若曷劳落迦城之比。曷劳落迦城沦入沙海，未审何出？甘珠尔经、丹珠尔经卷帙甚富，剌麻寺均有刊本。《西域水道记》有论元兵征钦察，绕宽定吉思海一条，曰塔尔巴哈台之西有巴尔噶什泊，又西千馀里有慈谟斯鄂泊，又西（门）九千馀里有额纳噶泊，泊中皆有岛，惟额纳噶泊足当宽定吉思海。此泊《异域录》无之，《水道记》中额尔齐斯河一图[①]直入北海，亦无之，不知何出。周保绪有《晋略》十卷。胡敬云：《通鉴长编》，开四库馆时采《永乐大典》，方有足本。厉樊榭《辽史拾（辽）〔遗〕》，其书志一门，最为提要所称许，《礼志补》又胜《乐志补》。《宋会要》所载聒帐之类，应补入志中。星伯先生撰有《新疆水道记》、《唐两（考）京考》、《唐登科记》。刘燕庭刻有《苍玉洞题名》一种。罗士琳云：西陲之浩罕，遍考志乘无其名，外藩惟有瓦罕、霍罕两部落。瓦罕较近于安集延，无论矣；霍、浩双声，岂霍罕即浩罕耶？安集延于汉为大宛国地，浩罕于汉唐为何国？前明有谓爱乌罕者，抑即是与？罗茗香撰有《观我生室汇稿》、《弧矢算术》、《春秋朔闰异同》。陈东之撰有《四元玉鉴细草》。罗（香茗）〔茗香〕又撰有《算学启蒙》、《割圜密率捷法》。海盐张开福和《郡斋蓼花》：涉世偏宜冷，看花亦自幽。客中三见雁，塞上两经秋。卧雨逢贤守，寻诗忆铁沟。苍茫家万里，寒蝶不胜愁。潴水规前绩，风流赏绮筵。玉堂怀旧雨，牙管续新篇。对此秋非晚，闲来俗可蠲。垂帘琴与鹤，相伴著书年。

初八日。诣裕时卿、叶介堂、夏芝岑畅谈。晚归，朱香荪适

①此处疑有误。

就志城谈，夜久方散。

初九日。志城早归。复劳湘舲一信。裕时翁约枉谈，因邀沅甫宫保、张力臣、黄子寿、子恒小聚，子襄亦至。

初十日。专足诣意城。得研生信，知意城已至省。招君锡恩，广东人，自上海致丁果臣书，知吴桐云奉调至沪办理船政，亦一奇也。

十一日。属仆人谢客，笙陔叔及意城适至，遂相续见客。拟制挽帐一悬吊任松楼军门，亦竟不能也。

十二日。沅甫宫保邀同叶介堂、罗研生、张蔗泉、刘南云及志城晚酌，便道回拜各处。

十三日。为邹光汉致书陈心泉，为鄢友石致书黎简堂。意城力称鄢君为不可近，竟不敢以书交之。燮廷叔专足来信，顺复一信，并信示汉舟。又为杨星堂转托张立之致书严又韩。

十四日。朱香荪邀同黄海华、张东墅、曾沅甫、罗研生及意城小酌，沅甫不至。海华言及永州属情形，幾有岌岌不可终日之势。吾谓朝廷所以驾御天下，督抚所以驾御官民，一州一县所以驾御数十百万生民，无他，纪纲法度而已矣。今尽坏其纪纲法度，求以立国，难哉。因言及例案。吾谓例案者，即所以控制天下之纪纲法度也。张江陵相业非有他长，只是熟精例案。往岁曾为李中甫言，从前读书无阅历，随人议论，例案繁多，使书吏得以高下其手，实为国之大蠹。迨后躬历仕宦，始悟例案为患天下，在大小各官一无所事事，而倒授其权于书吏。一省之大，出入各款，但一考求例案，岁省经费五六十万诚亦无难。今人只是混混过去，即欲减省例案，上自宰相，下至从、未各官，果遂能研求其实，一无出入乎？吾自涉仕以来，未尝敢一轻毁例案也。申甫不能体贴此语，只是粗才。

十五日。早微雨。接吴拜廷、饶岱霞各信。又接周寿山〔信〕，言已辞军务南归，约八月就道。是夕月食。

十六日。约叶介堂、罗研生、邹子香、朱宇恬、张蔗泉及意城晚酌。蔗泉以风便回衡，辞不至。孙次韩惑于其诸弟之言，要求增加薪水，并兼琅林一缺，吾置之不理，而孙氏诸季以为得计，复要之蔗泉。蔗泉本为次韩求加薪水者，至是乃以孙氏群从之言告之东墅。东墅遂竟（其以）〔以其〕缺授之其婿罗拂士。人情变幻如此，为之怃然。

十七日。黄昌期至枉谈。日来多闻发审局员章懋林之暴，凡经其质讯者，无不憾之刺骨。盖上控之案，多牵涉绅士，诸君但欲借其手以陵藉士绅而已。

十八日。以齿痛谢客数日，始一出门回拜。陆心农世兄登进士第，得信已十馀日，始往致贺，以盛夏不请见，仆人以名柬入告，未免多涉形迹，于事为非宜也。

十九日。沅浦邀陪昌歧军门晚酌，同席惟有意城。菜味甚佳。

二十日。雨。任松楼军门家召使题主。接刘印渠制府信，知已定六月八日赴粤东新任。

廿一日。为郭海青纠缠竟日。老实而不明事理，煞是难处。为舒棠阶致书劳香舲，以舒馨谷物故，荐其子杏程为之更代。

廿二日。雨。自十五日后，凉若深秋，水征也，湘阴岁功又恐不可问矣。刘谷怀、涂次衡过谈。回拜各处，至东墅处与香荪久谈。

廿三日。闻龙、益之交乌排冲又有股匪，潭醴之交雷打石、泗洲亦有股匪。益阳黄炳堃、龙阳姚诗德政迹多可怪愕，与前黄庭诰及湘潭洪锡绶、道州刘友萼亦类耳。龙山简春荣又将以次激乱矣，于前会通之萧寿铭何责哉。是日邀黄昌歧、韩赓扬晚酌，意城同陪饮。

廿四日。邀周半溪、刘谷怀、黄伯初、周昌辅、胡赐福、易佐超晚酌，昌辅、赐福不至。并约笙叔，而蓬山、绍西适至，因并留饭。

廿五日。诣叶介堂谈。笙叔约同马小庄、文思、绍西、意城处置蓬山、裕庵叔侄家事，吾为之区画，尚能得其要领。

廿六日。沅甫宫保约陪朱香荪、易芝生早酌，畅谈。志城率五、七两侄来省应府试。

廿七日。雨，凉甚。闻西水已涨，过凉极不宜也。刘谷怀告归，寄复刘荫渠中丞一信，便致王少鹤通政、冒哲成、李湘甫、姚朵云、易麟书各信，兼致奠刘荔坛之子健、煜两君。

廿八日。以明日府试，往宗人应试者周旋半日。留笙叔午饭，竟亦不暇陪之。接湘乡相国及陈葵心二信。

廿九日。王湛园明府过谈，因论吏治以严为尚，予谓严非刻也，事事认真便是严。湛园言近人所以务为宽，只是自己提振不起，借一宽字以为护短之计。吾深赏其言。

三十日。子敬侄自攸县阅卷回省。连日阴凉，盖水征也，而又不雨。乡间望雨甚迫，濒湖之区又甚忧水。天意水旱兼施，良可畏怖。闻朝拜香声殷殷，盖楚俗常以秋后献香南岳，用小案高五寸许，炬香案端而手捧之，且行且号神，三步一拜，名曰拜香。常以八月行之，五六月之交未闻有此者，探询则乡人以旱，各持枯禾炬香案端，环院署号神祈雨，意在以是上警有位者，动其救灾赈难之仁。而闻各官皆漠然置之，百姓亦无所施其控告矣。

六月

六月初一日庚申。府试案发，七侄裒然为首举，五侄及子宽、经生两侄皆前列。是日邀陈敬吾、达山、席山、炳文、子宽诸侄晚酌。吴陶村适至，因留饭。

初二日。黄昌期过谈，以将循江而下，来告别。相与谈及湖南近事，为之怃然。

初三日。接湘乡相国信。山门酬应一日。过胡恕堂中丞，据言是午邀沅甫宫保及子寿、子恒便酌，属一往叙。是夕会饮池上小堂，颇觉凉爽。

初四日。朱香荪、龙皞丞、邓弥之同过谈，始知弥之应刘荫渠中丞之招，即日启行。就问粤事，因详书一纸告之。

初五日。晋扬、子敬两侄并自乡来。月馀不雨，旱势遂成。乡民困苦情形，殆不复能支也。

初六日。自移居子母洞，十馀年未尝晒衣，屋宇湫隘，势难举行。至是始清检皮衣，出晒一日。

初七日。志城谋置箧室，迎取十馀辈相之，佳者诚不易见。黄子寿、子恒、唐荫云次第至谈。

初八日。唐荫云见示罗小溪各信，力述安化令馀坚、益阳令黄炳堃立意与绅民抵牾，以求纵庇匪类，岂亦风尚然耶？王夔石方伯之积累亦云厚矣，恐吾楚不能不承其害。晚次张力臣、朱香荪过谈，龙阳令姚诗德之政迹，尤为骇人听闻。

初九日。上午奇热，中午云起风生，继以小雨。长沙民迎广济真人于省城以祈雨，三日而有此征，然雨甚小而未遍。天方降罚于吾民，真人能致雨，而恐不足以挽回天运。使能补救天运之流行，则岂独旱之为患哉。所以致此旱者，必能降罚以示之警矣。

初十日。上午热，傍晚微雨。益阳傅啸岩来省，为黄笛楼明府募勇四百，照亩科费，详之中丞，属为上达。因与胡珏轩计议设法止其谋。乡民捕送会匪，一意纵遣之，上以见好于方伯，下以取媚土匪，募勇何为者？叶介堂见示商民周石光呈报船户谢飏亭淹没盐船情形，龙阳令乘之网利，而以酷刑济之，阅之为增愤闷。吏治如此，王夔石一念之鄙私，以乱吾楚有馀矣。广东俞吉甫连寄两函，因以一函复之。

十一日。回拜各处，至朱若琳处谈。大风雨，坐候风止乃归，夜久矣。闻易笏山至，往觅不晤。

十二日。大雨。广济真人之灵爽，诚有然者。然天太凉，雨意且浓，又虑于围田不宜也。接吴聘廷信，并属转托唐泉伯为之行文。

十三日。雨。诣白兰岩、叶介堂、张东墅三处谈。大雨。罗研生问：今人撰传志，称某科进士改庶吉士，甫中进士而授官，何以云改？又何以不称改主事、改中书、改知县？请问改字之义云何。进士选翰林，始于洪武时。一甲为修撰，二甲为编修，均授馆职。而庶吉士别隶之六部及各署，不归翰林。永乐中始定凡馆选者皆为庶吉士。惟一甲一名实授修撰，一甲二名、三名实授编修，馀并以庶吉士候散馆始授实职，以庶吉士改隶之翰林，以编修、检讨改为先称庶吉士，或即改字之缘始与？

十四日。诣曾沅甫、易笏山、易海青、罗研生谈。笏山语黔事颇悉，为之怃然。

十五日。益阳黄笛楼一馆，许星槎原荐汉舟，汉舟以荐蔡小谷，既下关矣，而吴陶村就馆甚急，小谷又适不在省，乃属一侄转言之星槎，改荐陶村，以一函资其赴馆。

十六日。府试案发。七侄首选，六侄第三，五侄第五，经生侄第七，与县试名额略同。是日以张紫联致送志城四篚，因邀吴炳文、杨云冈及晋扬侄午酌。

十七日。接劳湘舲信，允以舒杏程接代其父馨谷馆席。五、七两侄府试前列，贺者盈门，吾亦为之神惫。

十八日。致湘乡相国及曾劼刚、吴子登、金眉生四信。南京信托李健斋便带，金信则仍交胡万昌信局。

十九日。志城挈五、七两侄回乡。出门回拜，就便一见刘韫斋中丞、杜鹤田太守。诣黄子寿、子恒昆仲畅谈。晚过刘玉庭，门者持柬入，自未达酉，始出谢客，曰有事。生平未见如此狂妄之品。因过朱香荪一谈，以涤荡其心之愤懑。

二十日。雨。过沅老及陈幼铭谈。沅老自负知人之鉴，胜于侯相，所言多中肯者。成天下之大功而享天下之大名，非幸致也。是日，手背发一疮。

廿一日。闻周寿山没于巩昌，五月十五日事也，为之怆然。因过周哲成商往迎之计。老母二人，皆年近八旬，家人尚相与隐之，亦可哀也。诣张力臣，而子寿、子恒昆季先至，得一畅谈。

廿二日。立秋。为适周氏女二十生辰，便邀挹藻及易卓超、张南陔一饭。适陈熙堂、熊望溪至，因亦留饭。接罗小溪信，荐其邑人曹尚志为予觅地。

廿三日。手生一疮大如粟，而全手俱肿，疑其疔也。刘医用刀划之，左医用白降丹烂之，遂至狼狈。

廿四日。朱宇恬、易笏山、曾沅老、张力臣过谈。力臣、宇恬言王湛园明府外科能手，宇恬为邀致之。又邀恒月坡通守同治。两君皆良医也。是夕梦为巴陵知县，梦中绝自疑也。

廿五日。大风雨。自立秋一雨，嗣是每午后云起必一雨。本日早雨大风，围田仍恐受伤也。

廿六日。大雨日夜不息，不知江涨几许矣。童岘云权长沙守，杜鹤田权辰沅道。以手疮，遣人致贺。

廿七日。李镜浯带到志城一信，又接意城一信。竟日为人客纠缠，并回各信，不胜其惫。

廿八日。黄子恒过谈，始知许次苏近已物故。杜公诗：访旧半为鬼，惊呼热中肠。中年以后，大率如此。数日以手疮谢客，而率一日会客六七起，读书未有能终叶者，此可慨也。

廿九日。张力臣邀陪叶介堂、罗研生、曾沅甫、文丽峰诸君午酌。沅甫已回湘乡。闻李次青至。胡珏轩方雇舟回益，以兰溪警信，中路回省，就便一往视之。

七月

七月初一日己丑。恒月坡、罗楚卿枉过早饭。朱香荪邀陪龙皞臣、易笏山、陈又治、李作舟。皞臣辞不至。

初二日。大雨。是日末伏，雨非宜。接郭子美信。闻左丁叟、舒兰生两甥均自京师回，一往视之。便过张力臣谈。

初三日。雨。为叶介堂筹商事宜。天下办事人才实难，故为可慨。因手疮不出门十馀日，就道一回拜各处。

初四日。雨。接虞恺仲信，当以一信复之。彭玉书所部勇营哄于常德，中丞令王绶卿往抚其军，而令张力臣、李仲经为之调处，并于是日启行。

初五日。接陈心泉观察一信。周文祉来谈，叙述李次青居乡，所行多不以法度。大抵利心胜者，其制行多不可恃，天下皆然也。

初六日。罗楚卿于苏虞阶中丞宅相一婢女梁氏，劝我纳之，遂以是日接之入门。楚卿、曹尚志、杨次山以是午留饮。晚大雨。

初七日。大雨。以手疮谢免酬应，而会客竟日不休，甚雨亦不为阻，心甚苦之。夏介峰来谈益事，适胡珏轩、胡荣覃叔侄同至，相与慨然。并言保安局绅士李应春同知衔候选知县，江西人，罗小溪信以为致乱之源者也、周世煐号芝阶，同知衔候选州判、周祚昌号花农，五品衔候选训导、涂春浦监生，亦江西人皆非善类。今则傅啸岩、夏先科实主（人）〔之〕，尤恐不能有益地方也。

初八日。大雨。从围中收谷二百石，盖晋扬去岁借款也，至省河三日，阻雨不能起仓，至是始冒雨起存朱宇恬处。

初九日。出门回拜各处，盖手疮积二十日未能酬应，始尽一日之力周旋。王湛园、恒月珊两明府处并一往倩其诊视疮患，均不晤。

初十日。张立之、恒月珊早至诊视病状，因留立之早饭。张东墅、易笏山继至，久谈。李镜浯、吴吉阶、易春湖、易玉丰次第枉谈，遂至夜久方散，不胜其惫。笏山再至，为述中丞已以营务处一差相属。是夕举行乡俗之礼，奉接祖先于堂，以邹夫人、篪儿祔食。

十一日。又会客竟日，以王湛园为予诊视手患，早至久谈，宾客络绎，无由一辞谢之也。虞恺仲至，因邀同易卓超、玉丰兄弟一叙。意城晚至。为李兰生司马及张立之之世兄各致刘荫渠一信。

十二日。舒兰生邀同谭心可、陈怡生、王朗轩、黄子寿、子恒、子襄及意城、子敬午酌，盖与其叔仲和以住屋事相与参商，招集亲友为调处。便道一过易笏山、陈又铭、张东墅、彭海春。海春病甚笃，为之怃然。

十三日。通志局集议，为定分派办理之计。是日会者，张东墅、罗研生、李次青、李篁仙、意城、周砺松、周邵庵、黄石珊、姚裔云、朱香荪、刘史亭、陈力田、舒棠阶、邹子翼、黄小坡、庄翰堂，共十七人。研生初四日初度，过上林寺午饭，得诗一首云：数尽严城铎五更，纶巾晓逐湿云行。停车古寺廉纤雨，击磬虚堂梵呗声。素馔一瓯新芋熟，分书九石老猿精。缘何揽揆寻禅悦，要向无生证我生。

十四日。黄石珊见示所拟《山水略》，头绪纷烦而无归宿，于山水分合都不能分明。窃谓山、水二志，均当依水经式为法。山之主望，水之经流，依经为之，所谓纲也。一山之分嶂，一水之起讫，各详于本山本水之下，依《水经注》为之，所谓目也。齐次风《水道提纲》即是此法。水道易于推求，山志为较难矣。石珊原稿，他人阅之茫然，故无足取。

十五日。荐新于祖堂。遂邀虞恺仲、黄石珊、熊望溪、周挹藻、腊生午饭。饶氏姊妹亦并至，内外凡两席。吴西桥次子名贤谨，以书告贷，立言多不合者。为复一书，并以钱十缗馈之，期使此心得以自尽而已。晚次，朱香荪过谈。

十六日。雨，凉甚，秋未深而已有冬意矣。晚谷亦多未获者。是日为先太夫人忌辰，谢客一日。

同治十年辛未七月十七日乙巳。阴凉。接李筱荃制府信，以贾山至言为戒，无愧今世达官之言。叶介堂来谈，并丐为拟告示一通。接文小南、黄用侯、於桐轩、吴陶村、吴吉阶、劳次芗各信，均应回信者。

十八日。左景乔夫人六十生辰，一往祝贺。便回拜各处，在陈幼铭、易笏山、龙皞丞、叶介堂处久谈。是日，纳梁氏女。

十九日。与衡叔酌商周寿山家事。以寿山曾任封疆，得其巩昌噩耗月馀，而其家以老母在堂，不敢以告，遂久不能成服，于礼不能安也。乃径诣其家告之，并为处分一切事宜。接李筱荃制军一信。

二十日。雨。久阴而雨。闻湘阴以下水大涨，秋水不知所极矣！曾沅甫宫保自湘乡回省，一往视之。自晨起至日夕，人客络绎，夜久始能出门。始知刘毅斋护其从父绥卿军门灵榇南归，已于傍晚到省。述金积堡始末甚悉。左君偏私而以刚愎行之，使绥卿之功不成，天为之也。

廿一日。黄子寿过谈。尝论及人身之表在鼻，明晦之色一见于鼻，而祸福立应。予自丙寅之春，左君倾轧之机一动于福建，而机兆发于吾鼻，准头见黑色一方。归，见黄子寿，怪而问之。嗣是百计求退不可得。自篪儿物故，家人先后沦谢至四人，凶祸为人生所罕见，以为鼻端黑气之机于是应矣。两年以来，仍不即退。六月中忽于鼻端生一疖，牵及鼻准，晦色转甚。早起揽镜自照，则全鼻皆见黑气。家人辈疾病纠缠，亦讫不少休。然皆非吾祸福之所存也，意者大运将终，而机兆有不容已者耶？

廿二日。周寿珊方伯以是日成服，一往唁之。并吊刘绥卿军门之柩，便道回拜各处。

廿三日。邀任西堂、黄石珊、陈镜吾、左丁叟、周挹藻、杨次山午饭。闻张力臣方伯回省，夜就一谈，黄子寿先在。

廿四日。致刘霞老、罗小溪二信，托王湛园明府转递。每日除出门酬应，大率会客写信两事，倥偬度日，更无馀力旁及。五十年光阴真是虚度。

廿五日。为罗赞卿言之张力臣，承办寒衣六百袭。赞卿者，罗麓西先生之曾孙也。甫议定而子敬至省，乃夺以与罗宝臣。以书询之意城，乃又欲令张力臣改派一次，未免责人以所难矣。以其书转给舒兰生，属以便还之。

廿六日。张力臣约早饭，以相师高君约同一叙，因就便回拜。下午大风雨。是日唐氏姨、陈氏两侄女均回湘阴，途次遇此，亦殊苦也。

廿七日。一女回周氏。下午雨。增莲舫廉访至省，因一往回拜，未晤。以竟日人客纠缠，傍晚出门，廉访为中丞邀饭，恰巧不相值也。

廿八日。数日阴，郁热非常。易笏山过谈，谓我喜推荐人于诸大吏，多不遂意，至相訾怨。何从得此谬语？因以一信详论之。

廿九日，接金眉生信，并寄示《建中探本论》及《洋筹十议》、《定陵大勋录》，及所为诗十馀篇及杂文稿。此才自不易得，惜其遇湘乡相国之已晚也。诣萧雨亭处致吊。增莲舫、符武陵、任昂千、汤伯璠诸君处致（和）〔贺〕。

三十日。胡珏轩寄到周少如茂才一信，求为谱序，自述谱例，可云精雅，其文亦曲折如意也。叶介堂派镜芝城陵矶核算胡树覃华容文案，属为转达。

八月

八月初一日己未。再接金眉生信，因并昨信复之。唐泉伯、张立之过谈。

初二日。冯树棠自乡至，盖湘乡相国约为觅地，将有湘乡之游也。人客次第至，至晚方息。自晨达夕，陪坐清谈，实人生之至苦。

初三日。雨。张力臣四十生辰，舒仲和又新移居，均往一贺，便回拜各处。并赴沅浦宫保之召，同席冯树棠、鲁秋航及澄侯与其二子晓澄、芎臣也。

初四日。凉甚。梁姬移居东夹室，稍为部署。会人客半日。夔石方伯重刻《请雨经》，庄翰堂携以见示。

初五日。早凉，午后郁热甚，雷雨大作。韫斋中丞邀同曾澄侯、沅浦、易笏山晚酌。学使示期十六日齐集，因分寄意城、志城两信以告之。

初六日。邀易笏山、裴竹林、张力臣、舒兰生、左丁叟及衡唐叔晚酌。适以赴吊章南轩处，就便回拜，傍晚始归，一切不及部署，肴品至不能下咽，相与一笑而已。

初七日。罗小溪至省，枉过久谈，适欧阳季临在坐。晚邀朱香生、曾小（溪）〔澄〕、符卿、莀臣、剑农、鄂生昆仲小酌。以小澄善治目疾，托为香孙一诊视也。符卿、莀臣以小恙不至。

初八日。风，大凉、复魏鉴堂一信。日自晨达夕，专以陪客为事，仆辈无聊赖如此。

初九日。见邸抄，知湖南臬司已简放涂朗轩。涂君曾任江宁府，适予督江苏粮运，知其贤。意者天犹有意湖南，得一稍明事理者从事其间，犹可不至颠覆。

初十日。罗小溪至，见示《益阳团练章程》及院批及委李仲经查办各札，多可笑者。时局直无可说，又一切以颠倒迷离出之，求无陨越难矣。

十一日。彭玉书、作新昆仲邀同易笏山、张力臣晚酌。就便回拜各处。

十二日。属门者谢客，而竟日周旋不能暂止，心甚苦之。小溪过谈，知其语言失次，致为韫老诋诃，愤闷不已。小溪有办事才，而曲尽事理之变要，则识力有所弗及。得一能者控御之，固亦任事之选也。如今时之愦愦，殆直无一可者。

十三日。彭海春病故，其妇丁欲奔丧，太夫人拒之力，其家皇皇不知计之所出。予为处理竟日，终亦无良策，乃听其奔丧，痛哭而去。其情亦殊可悯。晚为李廷章招饮，同席罗小溪、张力臣、成静斋。

十四日。诣张东墅、李仲经，贺其得缺之喜。晚邀罗小溪、李廷章、彭玉书、作新、张力臣、曾澄侯便酌，作新、澄侯均不至。

十五日。以中秋庆节，邀县志局诸君一叙。接霞仙中丞信，知曾晴江已归，其势未必能枉就也。

十六日。张力臣邀同罗小溪、唐荫云、李廷章早酌。因过沅甫畅谈，论及孟子得道者多助，失道者寡助。得道非有他也，得事之理而已。得其理，万事序，人心自然帖服而相与赞助之。失道者反是。未有能易焉者也。蒿目今时事局，益觉孟子之言包罗古今，味之无穷。

十七日。蔡竹泉自县来。陈诒珊、劳恺臣、丁子开先后至，为处理彭氏事，极费周折。

十八日。陈熙堂、李镜浯及埙侄均有专信，各以一信复之。终日办理会客回信两事，此外非所能及也。

十九日。李仲云、张东墅来谈，及他人客，亦尽一日之力。东墅言藩幕周桐侯名保珪，学人也，而有品行。予曾见所阅经课卷，又尝评论其文，心颇嘉之。吴越人文学，故非他省所及。

二十日。曾沅甫生辰，一往贺，便回拜各处。彭宅事处理数日，至是略有成议。夜久始归。

廿一日。省居以来，无日无宾客周旋。阍升又更无应对之才，受累尤深，常至数日不能一近书案。

廿二日。五侄、七侄均以省试至，询知志城病尚未全愈，正拟明日专足前往，可以省此一行。闻意城带领六侄亦以今日抵省。

金眉生信言湘乡于盐务大声疾呼，而不能得肯綮。吾谓湘乡非不知之，年老气衰，一意周旋，无复任事之心，古语所谓强弩之末不能穿鲁缟者也。

廿三日。以黄南城典当馀氏宅，彼此相持，胡文忠夫人重与承典，为从李仲云处措借典价。是日经李季眉、周笠西、萧厚村为之检理，因从文忠夫人处取还借款，归之李仲云。便过韩赓扬、黄子寿、龙皞臣诸处谈。

廿四日。为先公生辰，便邀邹资山、黄凤喈、邹文生、瞿秉常、景伊及意城、檗西便酌。资山以奉派监场不至。

廿五日。雨。彭海春始以是日成服，为处定其妾卢氏，以礼迎接之。为申戒焉。归家已夜久矣。邀巢湘夫、蔡竹泉、蔡蓉仙、蔡绵生及廉丞晚酌，廉丞不至。

廿六日。大风雨昼夜不止，思欲一谢客而亦不能也。所用两仆似有意延致宾客以相困苦，真无如何。

廿七日。出门回拜，因过张力臣，适遇宾客满座，于羲民、陈程初、李廷章、彭玉书诸人皆旧识，因留一谈。

廿八日。为王春晓、张晓亭两君言之张力臣，属转致之叶介堂。两人视现委诸君，自胜数筹。

廿九日。冯树棠自湘乡还，至沅甫处，沅甫来约谈。而曾晴江适至，移时志城又至。至夜乃一诣沅甫。所为《图说》凡十二通，指据分明。树棠于此可谓能者。

九月

九月初一日戊子。大雨日夜不息。沅甫约陪树堂。晚乃邀曾晴江、黄石珊、吴陶村诸人小酌。

初二日。大雨。张力臣约同易昀陔、曾沅甫、黄子寿、子恒、叶介堂午酌，共定张石卿制府、恽次山中丞从祀名宦呈稿。介堂、子寿不至，相与聚饮而罢。是夕雨尤大。

初三日。大雨。院试湘阴合醴陵，子侄辈入场者十三人。雨势三日不为少止，苦矣。

初四日。熊氏姨挈满女至，以议抚继事，与熊望溪违言，来省相诉。

初五日。曾晴江到省，三日阻风不能小门，昨日稍晴，乃从上至昌蒲塘相视，甫至晋扬家，雨作。便寄晋扬及杨瑞堂、冯树堂三信。

初六日。雨。是日院试湘乡。发湘阴案，提覆五十九人。五侄求兆于定湘王，中有岂知玉殿论三秀之句。刻板误三为二，中缺一横。吾家提覆四人，胞侄中得三人，其一京生，则族侄也。吾心知胞侄中县、府两试得首选二人，其三秀之三字，中画隐不见，必远侄也，五侄恐不能入学。

初七日。大雨。召试提覆诸生。回拜童岘云、叶介堂、谭文卿、左景乔诸处。闻唐荫云是日七十生辰，便道一往贺。介堂处晤唐义渠中丞。致李筱荃一信。

初八日。雨。昨夜案发。五侄竟不能入学，为之惘然。是夕邀任熙堂至局便酌，以须派令查考湘阴县境东南诸山脉络，约至局一会议。同席黄西樵，为石珊之侄。

初九日。大雨。庄惕甫邀食鱼生。自丁巳入都以后，不尝此味十馀年。同席齐子馀、罗少泉、意城、廉丞及庄翰堂。

初十日。大雨。于羲岷邀同许星槎、成静斋、李廷章及意城午酌。便道回拜各处。曾晴江到省，阻雨五日，乃能赴乡，甫至晋扬处而雨日甚。命之穷也，乃适与此天相值。两棺未葬，两坟须栖，不独地不可得，并一看地之缘，鬼神亦多方误之。郭氏根器，何以能固，非独此一时一身之忧而已。

十一日。大雨。为风氏生辰。霞老属为其女议婚于舒兰生，中间抵忤颇多，乃书复霞老，而以其八字退之。另钞记于此，以待舒氏之来问也：戊申，壬戌，己亥，乙丑。

十二日。与罗研生、李篁仙及意城公饯张东墅太守于荷花池。篁仙记忆甚广而能辞说，其所持是非，谬舛甚多，颇加面讦之，幾不能与终席。

十三日。雨。郁热似梅夏，遍体为之不适，晚尤热。接霞老信，言求地之方，当复一信。

十四日。张力翁邀同曾沅甫宫保、黄子寿公宴唐义渠、叶介堂两君。早间甚热，午后乃大风雨，冒雨诣力臣，顺道回拜各处。

十五日。大雨寒甚。意城邀陪周昌辅。树棠约十一日为予相地，雨势如此，阻遏百端，非此薄福，乌有是哉。

十六日。欧阳信甫邀同唐义渠、叶介唐、唐荫云、张力臣晚酌。予本不能书，而求者纷纷，一切以草率出之，工力亦日见退减。程子每作书必工谨，曰，非是要字工，即此是敬。今人诸事率意，宜其无所进益也。

十七日。六、七两侄领学使奖赏，因为治具以告于祢寝。便邀王旭初及经生侄同酌，皆同入县学者也，并邀意城及朱炳垣、冯筱亭两塾师同叙。

十八日。易笏山邀同胡恕堂、罗研生、曾沅甫及意城晚酌。顺便回拜各处。是晚大雨。致罗小溪一信。

十九日。微雨。冯树棠自乡来，言及昌蒲塘一地，尚合形局，而陈氏族众持之方坚，子桂又已回岳州，未知能有成否。此事终竟渺茫，而不能不一营求。命运屯蹇，百端阻滞，念之怃然。

二十日。冯树堂迫令随赴湘乡东台山为侯相卜生基，允天开晴即陪往。是早忽见晴霁，乃急料检各事，忙迫竟日，而阴云四布矣。是日下午开行。

廿一日。先夕开行，竟夜乘风扬帆，而风力过微，辰刻乃抵湘潭。是夕泊南北塘。

廿二日。下午至东台山。步行四里，投凤凰寺。寺屋亦尚修洁，由山下至寺可一里。

廿三日。与树堂登寺后山，视所相地有三善：曰龙旺；曰山顶开阳；曰两山交襟极紧。亦有三疑：曰过峡即上一埂，不举顶开面，顿起星峰；曰龙虎两山环抱开阳，而界水不清；曰地势陡峻。树堂极力赞此地，予不能知其深。然如此形局，颇不易下葬矣。

廿四日。与树堂登山覆视。彭葆初适枉顾，因并邀与偕行还寺，树堂尚在山审视。因为沅甫宫保撰《唐莘洲墓志》及《家传》两文，并为易笏山评诗四帙。山游人事清简，心志专一，家居所不能也。

廿五日。与树堂步行还舟，日已中矣。开行至江车，已向夕，夜过湘潭，径放船回省。

廿六日。立冬。辰刻至省。舆人以予体骨稍重，不能胜，因下舆步行，至府正街，有牵一蹇骑前行，予思绕出其前，从马后左趋，相距约三尺许，马忽踶趹，蹴予扑地。比归而左肘及右腰痛甚。岂与此马有夙孽耶？狭路相逢，为此恶剧，殆非偶然。

廿七日。树堂为予下乡，其意甚匆遽，恐未必能得地。曾晴江亦已归，十馀日无所得，吾命之穷固宜尔。接一侄信，详及常德盐法之坏，皆官为之。李作舟适来，言其议竟发之黄海华。此老与介堂本有夙嫌，遂因此以遗累大局，君子于此益知处世之难也。石似梅司马枉顾。接金眉生一信。刘康侯、劳次芗先后至，次芗护其祖母归粤，康侯则赴金陵为侯相祝生日也。

廿八日。以康侯赴金陵之便，顺致湘乡相国一书，并书寄劼刚。其致霞老一书，则康侯云有回乡之便，交其带往。接黎简堂信，论黔事极详，且知其要，并外封皆其手批，即此足见其精细。又得罗小溪一信。

廿九日。雨。树堂邀予赴东台山为曾侯相地。七日无雨，前日甫赴乡为亡儿求地，次日即见阴势，晚遂雨，至今日涔涔不能止矣。不独地不可得，一言求地，而鬼神已阴忌之，郭氏之泽可知。诗曰：我躬不阅，遑恤我后。天意如此，忧我躬之不能堪也。

三十日。出门回拜各处，夜久始归。披阅《益阳县志》，为厘定十馀处。曾晴江已定议赴河西相度山势。

十月

十月初一日戊午。丁果臣、张力臣、李辅堂数公枉谈，遂至盈日。闻左氏外孙之殇，闵念五女，一往唁之。顺过周哲成，则半溪姑氏已奉寿山之生母回益阳。接冯树堂一信，已由桥头驿回家。区区一地，殆终不可求矣。

初二日。大风雨。曾晴江始于昨日赴河西，昨夜风雨陡至，竟日不息，以是决知其不能得地。天心之忤，与蹇命相值，所在皆然。树堂信亦言，廿九日正在桥头驿营度王氏山地，以雨甚，决计告归。此非鬼神司之而谁司之耶？杨性农见示与杨海琴舟中唱和诗云：离别风篁地，因依水蓼丛。感增诗句里，秋尽酒杯中是日立冬。斗柄潜移北，江声浩向东。饮酣还太息，戚戚两心同。海琴和云：论诗才酒半，话别又舟中。踪迹云归岫，文章月在空。

乡心飞塞北，清梦落江东。侘傺谁千古，幽忧二客同。和诗不如原唱之深稳矣。

初三日。李瀑仙以书求见，陆彦颀所荐士也，尚有志于读书。辅堂荐画师刘笏田为写小照，遂竭一日之力。所摹小照，尚不及萧启凡之佳也。接张东墅一信。

初四日。复张东墅信。又致左敏夫、李絅间斋公信，言明年书院山长事。回拜十馀处，晚乃就朱香荪之召，同席杨性农、张力臣共四人。见徐寿蘅书小诗二首。一、麻信之《为寿》：中州人物一元龙，卓荦英才块垒胸。浊酒数杯遗世虑，清诗千首傲侯封。诸郎照眼三珠树，旧业关心五老峰。头白它年赋归去，彩衣扶杖看从容。一、曹兑斋《题东坡赤壁》：先生矫矫人中龙，京尘千丈不可容。五年一梦落江海，翩然野鹤开樊笼。雪堂闭户读书史，兴来飘然弄云水。黄泥坂下醉三更，赤壁矶头航一苇。明月清风共一江，迈往之气无由降。酒酣作赋记清赏，袖有巨笔如长杠。

初五日。王立斋明府以针法为予治臂，遂尽一日之力。晚得陈遇佳、皞丞、槃希三信，各以一信复之。

初六日。会客竟日，不胜其惫。恽次山中丞挽联一悬，安置笔墨三日而不能一书，省居之苦味如此。

初七日。以是日未时安床，为凤氏移居别室之计。刘笏恬重摹小照，实无一肖者。李生瀑仙、黄生本柱存复，行七来受学。杨海琴同杨性农集白兰岩斋中看画，兰岩写墨菊见贻。感事得六绝句：官闲日日画禅参，爱写黄花气味谙。寒过九秋仍傲骨，又从冬后现优昙。　风挟樯帆势欲飞，舟师寒噤结成围。须臾涌上榑桑日，云白山青送我归。　琢石为盆雪浪奇，苍然相对日成诗。斋中五岳真形在，榜字轮囷愧篆师兰岩属题小五岳山房匾。　鬅鬙衰柳送秋风，墙角芙蓉艳冷红。谈画评诗三集此，古欢喜与故人同権署翁玉甫、刘子迎皆集此看书画。 沧海无从挽逝波，小儒嘎喈奈愁何。只馀著述堪千古，诗刻金刚塔院多与性农得诗数十首，刻桂山金刚再来塔院。林宗祠畔忆乡关，谏草堂前客早还。相约他年结茅隐，同携残画看西山。

初八日。李次青至过谈。日短而人事苦烦，每日两食，倏焉已夕，竟不能了讫一事。为杨性农题杨海琴所赠《春明忆旧图》。接江阴夏君纬如一信，盖其子以小官候补湖南，属为照顾也。

初九日。张力臣邀同杨海琴、杨性农、朱香荪、李次青、李辅堂同宴于所造新楼下，肴品多用蔬笋，可云雅集。

初十日。邀性农、香荪、力臣及欧阳信甫、钟夏卿晚酌，言时事颇多愤激之言。据称夏芝岑之为人，盖又以昏行其悖而已。陆、王贻害之烈，安所底止哉。

十一日。邀陈幼铭、石似梅、王立斋、李次青、易笏山晚酌。竟日酬应，心纷不复可理，良亦由精气之衰也。接杜鹤田、文小南、颜半山诸信，均应回信者。

十二日。邀马鉴吾、邹谘山、彭作新、俞竹君、殷少乔及廉丞晚酌。会子恒过谈，语及恽次山从祀名宦事，相与慨叹。连日宴饮，只觉其烦而已。

十三日。致张小石、恽小山两处唁书，各寄挽联一付，并为小山（较）〔校〕订恽次山中丞行述，黄子寿所改订者为多。邓禹民枉谈，见示冒小山《枕戈录跋》，文笔能与所见相发明，盖尝致力古文之学者。

十四日。出门回拜各处。见黄子寿题杨海琴《春明忆旧图》诗云：南去湖南北去燕，夜深同泛洞庭船。好风送我成今约，旧雨逢君岂偶然。屈指故交三五辈，追谈往迹十馀年。欲知后会看前事，他日相遭何处天。

十五日。雨。曾晴江自河西回。易佩卿带到虞楷重一信，以疏浚花桥港为言，略计所费，亦在万金以外。

十六日。王夔石方伯过谈，以次青开浚碧浪湖之议垂询。予谓此湖开浚，有益而无甚益。惟一港出入为不便，北门外又故荒寂，船只不乐泊此，遇风起又收泊不易，以港口在北城下，风浪尤剧。平时无舍起货之马头而投荒寂之理，遇警又不能收泊，故无甚益也。次青一隅之见，殆未足深据。

十七日。曾晴江偕杨瑞堂赴乡，甫行而云起，是夜大雨。区区一地，殆无可望，此皆天也，非人也。

十八日。雨。张力臣过谈，始悉筱荃制府奉命来湘查办事件，其来甚速，未详何故。是夕邀任芝田、夏宝山、瞿秉常、盛展奇、周范丞晚酌。

十九日。陈幼铭邀同李次青、李篁仙、张力臣、易笏山、朱香孙晚酌。顺道回拜各处。是夕志城偕七侄来省。

二十日。李仲云约陪杨性农、邹谘山、易笏山、姚裔云诸君晚酌。酒后过石似梅一谈，年少而有学识，当事诸君无其比也。

廿一日。五侄定婚陈氏，以是日过庚，胡恕堂为媒说，遣其子久芬代媒。适邹公让枉顾，因并留宴。

廿二日。送五侄往赘陈氏。约邹公让、冯此山、丁果臣及意城、志城晚酌。

廿三日。意城、志城同率其子诣杨梅山、茶园铺两处展墓。往各处回拜。晚归而人客坌集，刘翰坡春元自安化来。

廿四日。复罗小溪一信。眼疾大发，甚以为苦。六月中，志城挈其两子来省府试，十九日甫自省回乡，而吾手发一毒；九月中来省院试，十九日甫自省回乡，而冯树堂适至，强邀赴湘乡东台山为曾相视生基，归途为马蹄所伤，遂患臂痛，至今未愈。顷又挈其两子至，一往赘陈氏，一展墓。廿三日甫行，而吾竟日患眼蒙，今日遂剧。三度来住吾家，而三承其灾，此果何为者耶？

廿五日。风，微雨。意、志两君方赴湘潭展墓，遇此天气，颇不宜也。邹文生惠金橘、麻菌，当以一信复之。中丞奉初八日谕旨解任，听候查办。王夔石署抚篆，固始吴学士炳元署藩篆。闻吴君以庶吉士留家办团，保至学士，遂简斯缺，亦一奇也。

廿六日。风，微雨，寒。意、志两君未审能赴茶园否。五侄夫妇来谒祖先，内外诸仆参差错忤，使我气闷。诣中丞处慰问，而为方伯致贺。传闻言路胪列中丞十馀款，牵引多人，亦稍过矣。

廿七日。为蓝辛山致书王咏生，从邹公让之请也。又致复黎简堂方伯、杜鹤田观察、梁竹虚太守、黄用侯刺史、文小南部郎各信。颜半山候补江苏，屡书求为关说，亦以一信复之。

廿八日。意、志两君自山回省。诣杨砥皆、萧屺山处谈，易笏山亦在坐。意城旋至，因同诣曾沅老，遂留晚食。

廿九日。李幼眉自京回，由天津带到合肥相国一信。黄子寿、张力臣、朱香荪来此久谈，遂留晚食。

十一月

十一月初一日丁亥。候连书樵明府至下午，乃诣陈亦渔官宅，遂至易笏山、陈幼铭、龙皞丞、周瀛士、张力臣诸处谈。闻李筱荃制府今夕宿靖港，明日当可抵省。

初二日。韩赓扬枉顾，据言制府有属面致之语，仆人竟不为通报，而终日强我会客，讫无已时，一不知轻重之分，其力不足胜一仆之任。天下之所以不平，皆此辈愚人为之而已。接王朗青方伯一信。瞿子玖太史来见。

初三日。李筱荃制军抵省，一往畅谈，适沅甫宫保亦至。微察所查事迹，外间早传言及之，似亦不甚远也。随过黄子寿，出示黄晓岱一信，所言皆梦呓也。湖南京官中人才可笑如此。

初四日。李筱荃制府枉顾，历数张力臣罪过。一一为辨释之。世俗议论，大率捕风捉影，不顾事理之安，恐唐以前无有此也。

初五日。李次青过谈，历指朱香荪过失。吾谓香荪文章见解自高出一世，此等岂足为其重轻，吾辈亦但取其长而已，必搜剔其短以为快，亦君子之所不取也。晚为筱荃制府过谈，至三鼓乃归。

初六日。邀周瀛士、夏宝生、石似梅、周翰城、罗海安、焦溉香及晋扬晚饭。宝生以赴芝岑召，辞不至。笏山、香荪同过谈。

初七日。走贺新抚王夔石、新藩增廉舫、新臬夏芝岑，并回拜各处，遂尽一日之力。

初八日。诣刘韫斋谈。其心无他，而苦太昏，所言事理，只在明昧之间而已。易笏山所见往往有过人处，优于目前诸公。

初九日。接於桐轩信，并惠辰炭。属门者谢客，而竟日为客纠缠不已，至三鼓未息。致意城、志城一信。

初十日。接喻筱冈信，属撰喻师母墓铭。拟一稍谢宾客为之，竟亦不能也。

十一日。冬至。晋扬送上栗桥一地图，乃属曾晴江前往一看，适李祥恺回家，遇晴江于途，乃复折回，而以顾灼三所献一地契寄示。顾君于地学毫无所得，而晴江颇有取焉，恐难凭信。

十二日。出门一回拜。冬日苦短，甫至一二处谈，日已夕矣。乃夜诣叶介堂、张力臣及笙叔三处，谈至三鼓乃归。

十三日。复於桐轩、喻筱冈二信。晚过朱香荪谈，适丁果臣亦至。言及时事，颇不免有愤激。学养多未能逮，无如何也。

十四日。南林自县来，带到意城、志城两信。王湛园枉顾，仆人六七辈，竟无一在者，仅一门者高姓，坐视不理，至今传帖之柬房咆怒于堂。终日酬应，疲于奔命，而如此类更多。命运屯蹇，深受仆人之累，正自无可申诉。寄复劳芗林、赵蓉生、守蓉仙、任昂千四明府信，托王湛园封递。

十五日。微雨。闻曾符卿生子，往沅甫宫保处致贺。并诣王湛园，谢日昨枉顾失迎候之意。天寒日短，倏忽已暮，真不免徂年之悲矣。

十六日。刘笏堂属题《琴莵图》，中有王少鹤《庆春宫词》一首云：梧语惊秋，蒿尘蹋地，武林倦舫重泊。嵇轸新邀，吴盐频饷，断桥黯黯残角。水仙祠畔，问苏白风流似昨。骢车声里，一卷长携，玉笙依约。　几年杖策戎车，露节霜晨，怨怀孤托。凤尾捎烟，龙牙映日，应是丹青愁着。鹿门村霭，独归访庞公片杓。东风长愿，燕律吹回，满园春觉。

十七日。澄侯、沅甫邀同曹镜初、黄泽生、韩勉吾早酌，镜初已回乡矣。过黄石珊一谈，任熙堂、殷竹坞适自县来。

十八日。日来以伤于饮食，重发气逆之症，而终日酬应不休。晚间周瀛士、石似梅、张力臣过谈，因留酌。气逆愈甚。

十九日。谢客。而张力臣、任熙堂、黄石珊、吴陶村、吴吉皆、罗楚卿、吴可楼及明斋，会者犹数辈。气逆愈甚。

二十日。接吴莱庭、粹璧各一信，亦各以一信复之。晚邀周瀛士、殷竹坞、任熙堂、黄石珊、吴陶村、吴吉皆及笙叔、达山晚酌。熙堂已归，石珊以生母期服不赴宴，而曾晴江适自乡归，会饮至二鼓方散。予以气逆，不能食饮也。

廿一日。周瀛士、石似梅同告归。为致湘乡相国一信，因附寄金眉生、欧阳小岑、曾劼刚各信。竟日劳顿，不胜其惫。

廿二日。偕曾晴江赴乡，覆视所相地。李筱荃制府、周瀛士各以信至，午刻乃成行。至花石坳微雨，晚宿道陵桥。

廿三日。晴暖。至侯家冲石坟岭，为顾灼三所易郑姓地，砂法甚佳。是夕宿花石岩。岩神故灵验，诣求一签，卜葬陈夫人，及篪儿应否祔葬。凡得三兆：一曰桂子飘香八月时；一曰一体儿孙富贵生；一曰儿孙兴旺坐朝堂。盖祷神时，以签语室家字主葬夫人，儿子字主葬篪儿，应葬一棺或两棺，皆以所示字兆卜之。而签语仅主篪儿，亦一奇也。

廿四日。暖甚。过栗狮桥志城新屋一饭。随至昌蒲塘覆视陈秀庭山地，盖一砂一水小结作也。冯树堂以为至吉，未免稍过。杨琴堂、曾晴江极口诋之，则亦远矣。晚宿花屋晋扬宅。

廿五日。早雨。饭后雨止，行至花石岩宿焉。数日热甚，知为雨征。日内筹度葬事，（至）〔自〕十月杪至今，杨瑞堂偕晴江久留乡间，濡延多日，晴景虚度可惜。追憾瑞堂，不能释然。

廿六日。大风，寒。行三十里到家，家人尚未早饭也。接夏子新、吴聘廷、胡珏轩、胡芷芗各信。

廿七日。遣杨瑞堂赴县，寄李镜浯、熊绍香、陈遇佳、陈镜吾、幼愚各信，并书致易镜湖、虞楷重、吴聘廷。易笏山过谈，诵所与石重甫诗云：人物江河下，功名径路宽。尽随今气运，谁抱古心肝？北面增馀愧，东归念子寒。长材须远到，郑重历艰(艰)〔难〕。

廿八日。回拜各处，小坐一二所，日已夕矣。晚归，舒仲和、殷棣生、吴陶村、刘培桃及达山五六辈久坐不去，心甚苦之。

廿九日。雨。杨海琴邀同黄海华、朱香荪、曾澄侯、曾达周、李篁仙、刘少臣晚酌，行酒令甚乐。射覆、点翠，篁仙为最习，然终以予射绍酒绍字，引追绍于前闻人、绍闻衣德言、绍庭上下三语射之，似当以此为第一。点翠收令，篁仙以乐酒今夕四字配廿九之数，盖今夕适当廿九日也。同坐为浮一大白。

十二月

十二月初一日丙辰。雪。筱荃制军以是日开门，往见久谈。就便回拜各处。

初二日。遣李祥恺诣瓦雀塘启圹，而令杨次山坐船至渡口迎护灵柩。筱荃制军枉谈。

初三日。与曾澄侯、沅甫昆仲公宴筱荃制军。便过夏宝生，送赴金陵，为宝生致湘乡相国一书。

初四日。为亡儿大祥之期，亲友会祭者郭海青、吴晓帆、左壬叟、舒兰生、熊望溪、杨次山、周范丞、易浚吾。范丞、浚吾均以事不入席。杨瑞堂回，为言瓦雀塘起柩，棺木极完好，为之心慰。

初五日。雨。灵柩已行，急应赴县，而以料检各事，倥偬终日，又会熊绍香夫妇挈满女至，未及就道。致湘乡相国、金眉生、朱石翘、李次青各信。

初六日。大风雨，寒甚。舟不可行，改由陆路。雇夫沿途留滞，四十五里宿道林桥。是夕雪。

初七日。七十里至侯家冲，询知篪儿灵榇已于初五日抵县河。冯树堂尚住花石岩相候。

初八日。早邀冯树堂至，力言此地之不可葬，予闻大惊。因同登山审视，则右肩随龙一水，直入洋沙湖，盖反行十馀里，地书所谓砂飞水劫也。因并邀志城至，相与筹度，定计葬邹夫人于此，而徙篪儿柩暂存昌蒲塘。盖树堂力赞昌蒲塘之佳，而今年山向不开，须明年乃葬耳。树堂决意告归，予因至县，赴舟中一哭。晚诣燮廷叔、陈氏外姑及镐丞、青荫四处致吊。本以伤心人，又值事机忤意，使人心摧，凡诣吊处皆为之一哭。是夕回宿舟小，以伤神过甚，举发气坠旧症尤剧，中夜呻吟与哭泣相间，斯为天之戮民焉矣。

初九日。扶篪儿灵榇诣昌蒲塘，就宿陈秀成宅。柩行五十里，到山尚早。是夕雪。过石桥湾昌马庙，见其题碑云昌神、马神。询之土人，明万历时掘井昌蒲塘得神木；马家园又挖得神像。因并奉祀于此。

初十日。雪。监视存柩土工竟日，工程尚不及半。下午晴，因偕陈秀成至其屋后及潘姓山审视堂局，与此山所取局略同，心甚疑之。因与瑞堂约，次早一穷此枝龙势之行度。

十一日。与瑞堂登山细审，瑞堂因言龙势径注周氏大坟山，地名柳丝冲。因与上下冈阜以求之，而后知昌蒲塘地皆其所开帐势之枝角也。到头开金星面结穴，星体甚尊严。周镜帆科第，由此山龙气甚长，发越尚未有已也。是夕回至县城，适志城陪唐羲臣、张资生两君，因邀入坐，同席朱星垣、唐竹虚、李镜浯、高萃夫诸君。是夕过李镜浯、盛展奇、李试吾、任熙堂诸处谈。筱荃制军已于昨日过县境。接夏宝生信，并惠诗一章。邹夫人灵柩是早已抵县河，杨次山随至。

十二日。丁次谷枉顾。苦为人客纠缠，午后乃能出门，一诣舟中。便过邹子香及廉丞诸昆季处一谈。与镜浯、槊希议邓婆桥工，因函致李仰山、李春渠、李絅斋诸公共议之。随偕盛展奇、陈幼愚相度邓婆桥工程，始悟诸人估价千缗，并未尝一至桥地审视也。是夕回宿侯家冲。大风。

十三日。雨。李试吾持肴馔枉顾山中，房东侯萼楼亦治馔相款。适张介生及书堂来顾，因并留饮。接达山信，当以一信复之，并书致李镜浯、盛展奇、陈幼儒、杨次山。近地有易小亭县丞文斌来谈，豪迈能文，新自甘肃回家。言初投左营，三上书言事，不纳，遂投陈国瑞号青云，为国瑞致书左君，诋之甚力。左君至以其书入告。其书天下传诵，不知出自邑人手笔也。刘省三初与陈青云交欢，为易君致书乌鲁木齐都统成子英禄，荐司奏记。易君由陈青云处假归年馀，挟其书赴甘肃，行抵晋宁州，适左君驻军于此，掩而执之，系之州狱。易君自狱上书告哀，左君批发州署云：笔亦潇洒，惟少年越分猖狂，应勒令回籍读书，闭门思过。并传檄各营及陕甘两省，不准容留，盖追憾其为陈青云致书相诋也。易君诗有：老泉曾著《辨奸论》，留与千秋作品评。用以发左君之覆，亦奇士也。易君弟一曰鸣洲，一曰蕙亭。

十四日。大雪。校龙皞臣诗。晓望云：春意去不息，晨寒搴薜帷。东湖步月云：澄湖无纤波，倾映千里月。章江门城楼云：延景穷地幽，波巘混一翠。悼怀陈希唐云：持障岂片土，浩义皎不灭。读朱侍御集云：阴机百垢扇，纤兆一吏理。赠朱麋君云：崇文基朴性，植义挺古心。赠黄琴坞云：舌韬柱史柔，道持柳下枉。寄怀后江董丈云：硕大十围躯，峥嵘酒力孤。文章身后计，骨肉眼中枯。别曲沃士民云：艰难三不朽，迟暮百无能。县居诗云：乡心秋后热，华发夜来生。惜雨重移树，贪云饱看山。皆饶秀削之气。王壬秋评其五言有谢宣远之涩而合刘公干之刚，五律乃时有跌荡流转和易之风。邓弥之评其五古古秀森耸，时有奇气，如古剑通神，泳涵星斗，（古）〔五〕律萧澹闲远，雅如其人，花影浮席，芳风洒然，未足喻其幽境。足以尽皞丞之长矣。傍晚，甘昆山来谈。呜乎！惟土有神，盖无之而不在也。凡物之生，皆地之持载也。其死也，复归于土，若水之流而趋海也。而其间又有经葬吉凶祸福之应，吾谁与叩诸真宰也？此地之营葬，于吾心固不能以无悔也。夫孰使之然？展转相寻，而若有待也。呜乎！予命之不辰，于人则何罪也。敬告明神，呵护兹土，以永无有灾害也。酒馨食良，歆神惠也。《告土神文》。呜乎！惟夫人既卒之再期，乃归骨于斯土。遘奇寒于雨雪，转旅榇于江浒。渺回顾而零涕，嗟孤凄而块处。方夫人之始殡，实矢心于同穴。缅贤劳于初在，励终始于一节。怆含胎而屡殒，终承嬴而短折。生靡鞠于孕育，死无服于衰麻。诞正位于中闺，奖成劳于有家。师鲁人之合祔，良宣圣之所嘉。眷两载之勤劬，伤灵祇之隐闷。屡卜葬而愆期，睇成垅而无日。亮予才之薄劣，感神鬼之夜泣。栖萧寺而靡依，黯空房而谁诉？又孰知夫颠倒迷乱之至斯，蹈百忙而启柩。竟抔土之无获，果高穹之不侑。夫固明知此兆之匪亨，抚遗棺而滋疚。悲夫！吾儿之未葬兮，又夫人一棺之久淹。不知者谓我何求，乃惟是之沾沾。腼藐躬之薄德，宁福荫之能兼？勉浮厝于兹邱，实违心于中变。不觑营乎高敞，庶并安吾体之为便。嗟嗟夫人之独葬此兮，良匪予心之夙愿。闵予身之多艰，盖无往而非天。乃死生之负咎，捐顶踵以从愆。幸兹山之左右，皆吾宗亲之遗阡。庶于此乎凭依，永无怼于重泉。周夫人墓告文。

十五日。雪。本定是日午刻卜葬邹夫人，以风雪不能下窆，未敢迎柩。志城冒雪来此，因留一饭。校陈右铭文一帙。《读皞臣诗》：严飏栗群动，积霰荡重阴。寂寂岩庐晚，聊为抱膝吟。斯人骚雅材，轩悬扬远音。鉴澈幽潜朗，气冥渊岳深。抱璞试一剖，卷怀南山岑。元音郁回薄，默坐契冲襟。繁声媚时耳，群嬉展欢寻。伶伦抱古瑟，寥寥千载心。《题右铭文集后》：予读右铭疏广论，以为兼有南丰、庐陵之胜。已而出示此帙，则右铭十馀年踪迹，与其学术志行，略具于斯。其才气诚不可一世，而论事理曲折，心平气夷，虑之周而见之远，又足见其所学与养之邃也。予不足以知文，而要知右铭之文，非众人之所晓。因其文而窥知其所建树，必更有大过人者。然则右铭所以自豪于此文，又岂少哉。

十六日。雪。自来山后，雨雪风阴，至不能起柩，改期数日，而默察天心，尚恐冰雪之未能即解也。以周易占之，遇泰，六爻不动而有合。其繇曰：小往大来。以阴阳之义言之，小者阴也，大者阳也。以家庭之义言之，则坤虽旁母，于属为尊而年又大，此其应也。此地本不足营葬，神意又若主葬此者。老病无能，不独人得而侮之，天亦实厌之，鬼神亦实愚弄之矣。易小亭以所为诗属点定。其上陈卿云侍卫诗卒章云：畿辅边关孰重轻，权衡可否自分明。将能胜任谗何惧，身为勤王险不惊。殷浩运谋无缓急，卫青却敌自纵横。老泉却著《辨奸论》，留与千秋作品评。盖左君方劾奏陈国瑞，又值捻匪北窜，左君忽奏调国瑞赴甘肃剿办回匪。国瑞既奉旨入关，行次获鹿，以畿辅之警，径率军回援。易君乃为国瑞作书痛诋左君。其时所处之势，亦正相持不能为下。此（恃）〔诗〕亦扬雄解嘲之义也。左君行径，亦足以自取侮辱矣。书易筱亭诗集后：宛邱年少狂将军，平诋权豪天下闻。岂意当时随草檄，争夸邑子妙能文。呼鹰健句销岩雪，驻马寒皋望陇云。凛凛元戎仇介士，刊章钩党更怜君。

十七日。雪。起邹夫人柩至山。李镜浯、盛展奇、易梯衢、陈敬吾、甘昆山及廉丞皆至，镜浯、展奇、廉丞留宿山中。遣杨次山回省，顺致张力臣一信。

十八日。巳刻下窆，镜浯及易筱亭相礼。侯氏七子名盈科者代为祝生。陈幼愚、卢福星并至。是日会葬者十二人，治两席款之。天气沍寒，雪凌未已，与筑坟事极不相宜，大损财与力，违心以葬邹夫人于此土，又移存篪儿灵柩昌蒲塘，其地视此尤劣，此心之疚悔极不可堪。天乃厚集其毒以酷虐之，而构成此局，以纳吾身于颠沛流离之中，杨瑞堂之力也。生平用人多受其累，皆命运为之也。瑞堂在吾家，一切倚任之，乃遂受此奇累，以应冯树堂之言，使据为口实。人乎，天也，夫复何言。志城遣足送信至，并递到韩司马峻勋一信。适为晋扬校定所辑阐贞集，其后跋出语多不伦，并为代拟之。并交志城转寄。

十九日。似雨非雨，似雪非雪，竟日不止，俗谓之下凌也。陈镜涪来山，以南林及易燮臣事，志城为之处理，属我一言之。

二十日。阴。易筱亭、鸣周各以所为诗就质，并索书楹联。张小秋、沈敬轩继至，亦觉竟日酬应之烦也。章丽峰《太朴山房诗草序》传曰：诵诗三百，授之以政不达，虽多亦奚以为。盖诗者，原于性情之正，而周乎家国天下之故，其感人也微，其托兴也远。讫今读三百篇之诗，其时政教之美恶，风俗之贞淫，皆若身与之周旋，以知其利病得失，征应无或爽者。故夫后世诗人之作，非夫周知古今因革之宜，民物节宣之诀，而端本于身，以理其性而顺于施，未足与言诗也。予始识章丽峰明府，与之言，纯实开朗，其莅事亦具有本末，谓庶幾达于政者，不知其能诗也。已而出示所为太朴山房诗草，属予点定。其言清空洒落，能自尽其意，而论事述古之作，曲折以尽其变化，尤务当于事理。予因以思夫古人之政之所以达者，达于人心之公而已。人心之变，百出不穷，而好善恶恶之实，具于心理之同然，未始有异也。为政者因人心之同然以昭示之，（则）而廓然一顺于其大公。夫苟达于人心之公，即政无不达矣。明府治团练于善化之河西，凡有劝惩，一依人心之公，而曰：人心之公，即理也；吾非能顺人之情，取顺于理，斯已也。今读其诗，情深而文明，婉至而昭晰，沛然若出于心理之同，无有艰深诡激可惊奇者。然则苟达于政矣，推之于诗，有必达焉无疑也。故曰诗可以兴，可以观。明夫兴与观之义，诗之通于政也，吾知其必非私一己之见以怫人之性者也。穷通得丧之外至，庸有不尽然者矣，而君子岂以是易其所守耶。

廿一日。霜寒阴雨。自初一日雪，至今沍阴积霰，为从来所未有，而吾以一身颠顿万山之中，悲凉感悼，心摧泪枯，偏有此旷古未有之天气与之为缘，殆非偶然矣。

廿二日。阴雨。甘昆山偕京生侄过谈，遂留晚食。张小秋以所撰时文求教。乡间又有此等酬应，亦出意外。

廿三日。坟事甫竣，天忽开霁。久雪必转南风，殆又谋阻吾回省之程期也。缘各工昼夜治坟事甚苦，已定由舟行，稍休息之。鬼神已觉其然，又变计以示摧折之意。侯怀瑾为吾言其妻为妖魅所祟，方十馀人围炉，忽失其首帕，是夕遂病。数日乃渐瘥，而妖魅据之为祟，昼夜抛击砖瓦，不胜其扰。杨瑞堂与其父侯萼堂故相识，以馀营葬来山。僦其屋以居，时十二月初一日也。是夕其后园有大花钵六七枚，无故自翻扑，覆置地上。其钵甚重，数人不能举。自是祟益甚。越日，又集十馀人围炉坐，若有曳其妻衣者，又将其妹首帕揭去，遍求不可得。夜半乃将其首帕覆其妻面。比予初七月至山，乃始寂然。明日志城来视，予送之至门外，随料理赴县。方予出至门外时，忽有巨砖从后山冲其瓦下墙缺处坠地。及予赴县护篪儿灵柩诣昌蒲塘，凡数日昼夜，为祟尤甚。十一日还至县城，魅乃语其妻云：明日吾当暂避去，以明日此屋吾不能进身故也，明年正月当再来。其家尚不知予已回县也。次日予果至，嗣是十馀日寂无所扰。予闻甚惊，而又甚怪。天之挫抑如此，而彼怪物者尚犹知敬而避之。因记庚戌秋展墓茶园铺，佃人刘姓，有同屋居者，其妻亦为妖祟。会予留宿一夜，寂然无事。次日，其妻涕泣为予道其事，求为援拯。予乃为之具文以告于土地。及予启行，竟失其文。其家旋亦远徙，未知其终竟何如。

固知一夕无事之为偶然也。侯氏之妖，则竟似有所避者，予何德以堪之。侯怀瑾以予将行，求计于予，予亦茫然，因书数语以诏其妻云：孝顺翁姑，和睦乡里，周济穷困，哀怜孤寡，不存妄想，不起邪念，谨守此心，无使外散。俾贴诸床右，朝夕讽诵此八语，循而行之，无稍间断。并正言以语之曰：此非汝宿孽，即是汝邪心感召，又值家运之衰，妖魅得乘虚以入也。吾昨询知汝祖母十九岁守节，辛苦积累，粗获自给。汝父母又极忠厚。汝当日夜用此自省，即有宿孽，汝当以一身当之，无贻汝家父母之累。汝试念汝先祖母及汝父母为人，岂宜受此扰累？抚心内省，汝何以为心？及此时邪气之入汝身尚非甚深，急当厉汝正气以敌之。吾此八语，即汝今日金刚神咒也。若明年为祟如故，当以告我，别为法治之。但须汝能确守吾说，时时内自循省，乃可议此耳。晚次登舟，人客纷集，检点一切酬应，并交陈幼儒、盛展奇两君为我料理。黎肇琨、李镜涪因事口角，互相告诉，曲在肇琨，而镜涪处置亦不得法，因各以数语解譬之。

廿四日。由县开行，恰转南风。午后南风益劲，舟行极是艰苦，老天之相忤抑何甚也。是日为小年节，漫成一律云：嘉平初过下弦日二十有四日，楚俗流传号小年。两岸寒沙晴后雪，半帆浅水夜行船。真成留滞悠悠世，默数穷通历历天。一别孤坟倍惆怅时为周夫人营葬归，残冬空使白头怜。过樟树镇得一律，水经注所谓哀江也：哀江寒水净如油，腊日南风滞客舟。暮鸟孤蓬倚丛薄，断云残雪满林邱。回看远树低黄水，空剩顽山对白头。旧怨销沉人事改，荒烟莫问[1]采桑洲。是夕泊（净）〔靖〕港。

廿五日。阴。舟人喜谓北风至矣，而南风益劲。年来忧患频

---

①此处旁注又作“漠漠”，“袅袅”。

仍，老态并作，而此心差定，所忧者两棺未葬，天时人事，到处乖忤，恐未必能久留此身，以使及见逝者体魄之就安也。下午雨，晚乃至水（鹭）〔陆〕洲。校古文《近道集》一过。

廿六日。立春。雨，已而雨甚。辰刻抵家。熊绍香夫妇急欲赴县，顺致盛展奇、陈镜吾、幼儒、陈遇佳、吴晴研及志城各信。

廿七日。雨。遣人诣冯树堂。兼函复刘霞兄、曾澄侯两信，托沅甫宫保转递。出门回拜各处。吴子健方伯气象似胜以前数任。

廿八日。雨。廉丞、志城均有信至，各以一信复之。又接冯树堂回信。回拜各处，夜久始归。是日为邹夫人生辰，颇以戚然。

廿九日。雨。周桂伍自京师回，枉顾一谈。韩晓安寄湖笔及国山碑帖。料检各事，已苦不给，桂伍、力臣久谈，致多未及检点，徒觉倥偬而已。韩君名峻勋，现办江苏宜荆厘务。文小南、周寿山、李申甫太夫人、何子敬夫人均有讣告，未致情也，明春即当补送，书志于此。

三十日。雨雪并作。料理书籍什物，竟日劳顿。周桂伍来谈，本留一饭，以人事坌集，未暇照料。胡府方留之度岁，因速之还五福堂。除夕大雪。

同治十一年　壬申

正月

同治十一年壬申岁正月初一日丙戌。大雪厚逾尺，盖自十二月初一日雪后，惟十一、廿三两日一见晴景。积阴沍寒，遂至逾月。虽屡经大雪，终觉天心之未甚酣适，固宜有今日之雪也。漫成一律云：积雪一冬今转剧，剧怜天意尚沉酣。人间元日催成老，身外浮名岂足耽。直道陵夷扶竹起庭竹为雪所压，怜而起之，清风惨栗与梅参。稍迟春日回妍暖，秉烛芳园一纵谈。①

初二日。阴。拜年客会者数辈，遂尽一日之力。笙陔叔述及虞恺仲之言，大率使气之为也。接方柳桥信，并馈远物。

初三日。雪。邀周桂坞、周昌辅、胡赐福、瞿秉常、左壬叟、孙次韩、舒兰生及笙叔与寅伯侄春酌。昌辅、赐福以疾辞，壬叟则以丁叟之病在家照料，不能与宴。思念五女，未尝不为之洒涕也。

初四日。晴。为亡儿生辰，前岁曾赋一诗，每一诵之，辄增呜咽。因再次韵云：精华销歇鬓毛新，剩此支离踽曲人。衰弱提携三世泪，死生乖隔两年春。积阴压地风回雪，小阁焚香雨洗尘。到处穷途消一哭，蹉跎诗笔岂能神？是夕邀郭海青、张花楼、文

①此处旁注又作“剧怜万古湖南地，谁共西窗剪烛谈”。

思、清臣春酌。本为杨瑞堂、次山两人邀集四客，以凭入坐，瑞堂决计归家，次山又两日出外，此皆人事之歧出者也。王厚卿少尉来谈地学。其北城一地，去腊曾献之我，会以赴湘阴营葬，遂转献之李次青。杨瑞堂误人之深，至于此极。天意竟巧假手瑞堂，以纳我于颠沛流离之中，此则不可以理测者矣。

初五日。接李筱荃信，盛称湖南官绅公忠相济，而以朱芗荪《潜园杂组》为横生议论。此说亦陇西诸公为之也。章丽峰来谈，语及时事，为之怃然。

初六日。始一出门酬应，自中丞以下诸官人，仅一见吴子健方伯。晚赴舒兰生之召，同席罗研生、张蔗泉、郭海青、陈勉亭。吴瀹斋先生所著《植物名实通考》，板存太原府署中。

初七日。西枝上人招饮，同席杨海琴、鲍淡生、张辛伯、刘剑农、刘峿樵、张力臣。西枝见示偈语四章，极有意致，仅记其二语云：要寻大海金狮子，不打空虚破鼓儿。

初八日。阴，寒。过罗研生，见其元日试笔诗，为和一首：光阴五十四年新，颇忆年年见此辰。我老乡风催贺岁，君家潞酒许颁春是日惠饮潞酒。荷池供养园林主，榆社推崇虮虱臣研老自称草莽臣而年最高。莫似江南黄发叟，含胡难吐是天津吴南屏近寄湘乡相国词云：问当日天津故事，一种含胡难吐。在省酬应至简，新年贺岁，会者寥寥。然已竭三日之力，十九不能周到，亦见省城无谓之周旋，若此类者，皆所谓徒烦心力者也。

初九日。会客竟日。王厚卿少尉邀赴天心阁相地，在斗姥阁左侧周氏宗祠菜园内，正对岳麓山一尖峰。公地逼侧，未易求也。郭九如自县来。

初十日。王厚卿又邀相视马敞一地，以岳麓作朝谷山为第一重关锁，罗洋山为第二重关锁，丁字湾为第三重关锁。而予视之殊茫然。其言亦未免近于夸诞也。

十一日。胡秋樵明府过谈。宾客踵至，纠缠竟日。严发求荐俞子清处，因以一书致之。

十二日。雨。方约王厚卿一赴杨梅山，便道审视枫树铺一地，先夕料检妥适，而一雨不止。天意竟不许我看地，三年之心，未有厌也。

十三日。郭九如回湘阴，顺致李镜浯、陈敬吾、盛展奇、陈遇佳、吴晴研及廉丞、檗希各信。本约送交展奇之兄盛佐卿带县，适九如自荷叶塘旋省，即刻登舟，以便托之。专足诣荷叶塘为意城作生日。

十四日。雨。昨日仍请王厚卿赴杨梅山，计算今早当登山相度，此雨乃恰相当也。求谢客一日，早食后，偶一至前厅，遂为客纠缠，至晚不息，真是苦趣。(借)〔接〕意城一信。

十五日。雨。王厚卿回，言枫树铺亦非地，语其形状。曾晴江、杨瑞堂真属谬品，岂有意相蒙蔽耶？接库仁龛信。已三次奉书未回信，库公情意不为少衰，蒙古人之厚实如此。

十六日。雨。复李筱荃制军一信，托韩赓飏转递。黄子恒述及沈翊臣大令在川，故有政声，其父尤为循吏。翊臣因回避其叔，改发湖南。其叔现官打箭垆同知，亦蜀中一循吏也。

十七日。大雨。戴柏斋自乡来求馆，甚愧无以应之。杜鹤田、梁竹虚、於桐轩诸贺年信，均应璧柬。老懒衰颓，精力多不能支，如此类者，屯积为多，无如何也。

十八日。张力臣邀同杨海琴、陈右铭、罗研生、朱香荪、张辛伯、黄子寿晚酌。右铭、香荪不至。所见关次平画《四夷朝贡图》、刘有仪临董书，均极佳。

十九日。邀杨海琴、陈幼铭、彭实庵、罗研生、朱香荪、刘史亭、张力臣、黄子寿，到者海琴、实庵、史亭、子寿四人而已。

二十日。雨。邀胡秋樵、邓禹民、冒小山、沈翊臣、赵竹云、庄惕甫晚酌。原邀赵蓉生、守蓉仙，以中丞催赴任，仓卒启行，不至。黄子寿为言某君之于张力臣，以席研香一禀，设法胁持之，使发张力臣之私以闻于大府。不独乘张力臣之危以构陷之，并因席研香之病以买弄之。其倾险如此，殆不可与周旋矣。已而探知其事曲在张力臣，子寿之言不可信。赵竹云述陈荣章所以相陷者，尤诡诈百出。世途之险，竟有如是，而偏为夔石中丞所赏识。端人取友必端，岂不信然。

廿一日。雨。邀叶芳圃、王厚卿、庄翰堂、罗小垣、李作舟、易作超、杨次山晚酌。阴雨而郁热益甚，雨势似未有已也。

廿二日。大雨。接库仁龛、黄用侯、劳湘舲、任昂千及门人王廷翰汉池诸信。王生信以其左近积恶五人开示：一曰周子固监生，一曰周抚万为周子固之族侄，一名晋唐，一曰蒋洪发，一曰蒋光廷武生，为蒋洪发之子，一曰曾升吾。周子固又倚徐东安以济其恶。徐东安者，左君中表也。其详皆不能知，置之不论而已。

廿三日。大雨。陈又铭邀同罗研生、朱香荪、曹镜初、刘史亭晚酌。黄子寿为言，夏芝岑、陈又铭钩取席研香一书，以为张力臣侵牟饷项之证，已申详中丞，发难方未有已。而香荪述及邓弥之信，言刘荫渠奉谕旨不准收用湖南人。殆合中外一心，以屏斥楚人为至计，而不知其所操何说。意者竟欲置湖南于化外耶，念此为之耸惧。

廿四日。左景乔属为关说，拟置鲁班庙周氏宅，黄子寿昆弟之女弟也。为之议价月馀。可以有成矣，而复中变。日为景老逼促，颇怪黄氏昆季持论之多反复也。

廿五日。朱香荪邀同徐我如、梅石卿、陈又铭、刘史亭晚酌。

我如、石卿两君为呈请恽次山中丞建立专祠来省办理，竟不肯列杨性农名，云出自外县公议。张力臣来谈半日，所事与黄子寿所述微有不同。

廿六日。出门回拜。适戴氏族姊枉顾。黄南丞见示所拟保甲章程十二条，精细之至。王耕娱中丞因论楚人宦鄂者，一曰方菊人太守大湜，一曰黄兰丞。因为述方菊人政迹数事，鄙心亦颇向往之。

廿七日。雨。闻唐荫云有冢孙之丧，思一往视，而苦为人客纠缠。因过杨海琴、陈幼铭、龙皞丞诸处，夜久乃归。

廿八日。童研云太守邀同胡恕堂、杨安卿、张力臣晚酌。为左景乔看屋。与何竹生、黄子恒及力臣一会谈。

廿九日。雨。彭作新邀同易海青、彭玉书、王维政晚酌。因过裕时卿一谈。

二月

二月初一日乙卯。雨。曾澄侯自湘潭来，相就一谈。王厚卿忽有宁远之役，看地之约，又忽中变。天时人事，两相抵牾，此事殆无了期。和朱香荪、刘史亭前后枉赠三诗。

初二日。热极。本约叶芳圃来用灸法，因为人客纠缠，未能往约。彭作新来告吴秋航之丧，求函致韩赓飏，谋代其常安营水师一缺，因以一书与之。

初三日。大雨，雷，郁热稍解。已而晴，郁热尤甚，竟似夏景。历来二月无此天气。萧衡士来，述武冈情形，恐不能免于乱。

初四日。大雨昼夜不息，晚大风。两日闻雷声，尚合时令。意城、志城、晋扬三家同时专人至，亦一奇也。李柏冈专函荐其侄光垣。李氏，将家也，廷章尚坐拥数营，乃求馆于一避地之病叟，亦一奇也。黄海垣以所修《桃源志》凡例、序跋，属为校正，由邓禹民交到。为评定，交禹民还之。夜梦身入枢廷，若留守者，不知其何以致此。旁有人语云：此圣祖意也。因问圣祖何在，曰：已复位矣。予讶曰：相距百馀年，圣祖于何避地，而有今日之复位？曰：圣祖自避静，见今时艰难，须出一与料理。予始恍然，为之狂喜以惧。惧者，以所受重寄，恐有蹉跌以负平生之志也。已而惊醒。因念家居五载，两梦圣祖，似并载入日记今不记何日。前次之梦，则圣祖音容笑貌，至今犹历历记之，此次但闻人传语而已。岂其精神意趣，犹有不忘用世之心耶？乃使荒远小臣，于百五十年后频频梦见之。即圣祖盛德之在人，亦可深长思也。

初五日。大雨。韩赓飏枉谈。知吴秋帆一缺，中丞已定杨名声，缘与中丞向在湖北有旧也。左丁叟病甚笃，为之心痗。年来所历境地，无一可意者。天之相厄，将安所极矣。

初六日。雨。以左氏买宅事就商朱宇恬。宇恬方约枉谈，而家人走报左氏甥死矣。急往哭之，见五女之悲痛不欲生，为之惨悼。以吾老境屯邅，累及子女，无德无福，重以忧患，亦岂能长耶！接梁竹虚、胡珏轩及衡唐叔各信。

初七日。朱宇恬、笙叔来此久谈。左氏甥成服，当一往视。适罗研生来言死生之数。吾谓末流之世，天直不乐世人之有善根者，死祸每多及之，恐道光以前之天，尚不至是也。

初八日，郁热。接恽小山信，由陆心农送到。阅之，尚系去冬回信。其第二信已早到矣。恐心农之不免有积压也。张辛伯见赠二诗。竟日接见宾客，深为一二仆人所累，无如之何。

初九日。出门酬应一日。在朱香荪、谭心可、丁果臣诸公处久谈，遂至日夕。

初十日。遣杨瑞堂、李祥恺至昌蒲塘，便寄意城、志城两信。罗小溪专足回安化，亦以一信复之。熊敬甫司马来见。

十一日。接黎简堂信，以予去腊所寄书，殷殷垂询，有服善求言之雅。曾介石重以其亲姚心镜馆事相属。其名条已前交陈右铭，未知能有济否。

十二日。邀姚舸丞、任莩堂、萧衡士、盛展奇、周静溪、任芝田午酌，芝田以事不至，适绍羲至，因偕杨次山入坐。槩希专足送信至。因遣诣周昌辅，询问周镜帆踪迹，并书复槩西。

十三日。雨。以左景乔移居五堆口，往视其新宅，顺道回拜各处。在曾兰生、张立之及沅浦宫保处稍坐，而日已夕矣。

十四日。雨。沅浦宫保来报侯相之丧，急往会哭。知以正月廿六日往视苏赓堂，客次昏眩，舆归，遂病，而食饮视事如常。初四日食毕，步东园，移时，昏眩大作，不能语言，遂于戌刻告终。在此老为全福，而不能不为时局一怀悲怆。曾澄侯定期十七日赴金陵，已属令归丧有日，即先报知，拟赴湖北一迎其柩。

十五日。陈夫人生辰。邀黎照琨、陈熙堂、蔡竹泉、吴吉皆、易应芝、罗楚卿、周范丞便饭。适子敬侄自乡来，并留酌。常韶垣带到冯树堂一信，随以一信复之。

十六日。晴，热甚。赴昌蒲塘，到时已二鼓后矣。戴春和邀之于路，请留宿其家，其势不能从也。

十七日。卯刻，安厝篪儿灵柩。泥工及家工等凡十馀辈，营造（厝）〔厝〕屋，诸尚妥适。是午，戴春和邀同陈秀廷、萧惺吾及子桂宴叙。志城下午由坡阴安庄至。

十八日。热愈甚，至不能着棉。早间晋扬邀饮。午间陈秀廷邀饮，坐客志城、子桂及戴柏斋。以热极防雨，赶促完工。晚次，大雨如注。

十九日。雨，大风，寒甚。子桂以玉山叔自新市回，邀同一叙。本拟奠谢土神，以雨甚不能行礼。晋扬乃请以告文存留渠家，候雨霁补为之。下午启行。三十里，宿沙婆塘。

二十日。雨。行至花石坳，杨瑞堂赶至，始知凤氏十八日申刻举一子，家人遣工报闻。乃由小路至晋扬处，途次竟不获相值。申刻抵家。易氏姨及郭海青夫人均于生子前一日来家，一切恃以照料，可谓凑巧之至。接吴莱廷、杨砥皆及槃希各信。

廿一日。于本屋巽方建立天灯，李榕峰廉访修方之法也。杨月轩为之择期本日之未时，是日幸无雨。

廿二日。雨。出门回拜各处。易笏山甫自金陵归，急思一见，不晤。张力臣、朱香荪、黎少琨、刘史亭均有诗贺十八日得子之喜。

廿三日。会客竟日。见任芝田，始知叶介堂已至；见曾沅甫宫保，始知刘毅斋已至。诸公竟不一相闻，真与懒性为宜矣。

廿四日。为左氏甥启殡之期，往送，则已行矣。回拜各处，夜久始归。孙春皋为言朱香荪致书当事论恽公从祀名宦事，中有云：人生做官时少，做人时多；做人时少，做鬼时多。恽公自有千秋，吾辈亦当思做鬼时也。可谓痛快警辟之至。然言之无忌，闻者实心嗛之，徒足为累而已。范公读石守道庆历圣德诗而忧其坏事，所见远矣。

廿五日。雨。邀江芾生、舒兰生、舒棠阶、周范丞及埙侄午酌。适长青侄自常德归，为致杨显臣镇军一信，以期保全其差使。任芝田将赴湘潭，同邀一饭，以事不至。

廿六日。雨。江幼陶枉谈。人客络绎至，过午不能早餐。是日为小儿浴九朝，致令诸事未及料检。省城酬应之苦，诚非衰老所能堪也。

廿七日。雨。出门回拜，苦为人客纠缠，下午始出。一二处小坐，日已夕矣。江幼陶、吴南屏先后至省，便就一谈。

廿八日。左氏女移居新屋，一往视之，兼回拜各处。竟日劳扰，不自知其何所营也。

廿九日。邀江幼陶、吴南屏、叶介堂、罗研生午酌。介堂以足疮不至，适冯树堂至省，便约一叙。

三十日。小儿患鹅口症数日，予适以连数日酬应，未一省视之。是日啼哭尤甚，则满口白点，不能乳食。周范丞荐一衡州女医至，内外兼治之，颇效。曾符卿见示二月十二日上谕，湘乡饰终典礼尚见优隆。沅甫宫保定初一日回湘乡，以觅地自任。

三月

三月初一日乙酉。清理书籍。一侄回荷塘。吴南屏属寄帖一部，笔一匣，欲乞其书碑也。

初二日。韩赓飏协戎太夫人七十寿辰，往贺生，因便回拜各处。白兰岩处见蒋和指画二幅，甚佳。

初三日。雨。自廿八日以后，热不可耐，相与禅衣摇扇。是日风雨交作，又复重绵。近岁天道反覆，大率如此，讵非咎征之应耶?

初四日。雨。为篪儿禫期，约蔡蓉仙、胡少笙、周范丞、易卓超及商农、腊生两侄相礼。外客至者郭海青、李镜浯、易梯衢、熊绍香、陈敬吾及杨瑞堂、次山，共治两席。复张东墅、温甸侯、虞恺仲及晋扬四信。东墅信交张蔚卿带往。

初五日。雨。上林寺僧西枝邀同彭玉书、朱宇恬、李廷章、张力臣、李仲云午酌。廷章不至。吾以新闻八儿之丧，不敢赴席。

西枝固以为请，以便衣素食，同席又皆知好，借可一谈，以解忧郁，夜久乃归。

初六日。雨。侯葶楼、张小秋、高直斋并来省，为鄙人祝生日。坐家客至六七人。本以八儿之丧，不欲宴客，而诸君实相逼而来，有乖吾志多矣。

初七日。早面六席外四席，内二席，中饭四席内外各二席。而外客至者至每席九人。杨瑞堂、卢福星辈尚不能登席。在省已三度生日，今年宾客遂倍于去年，即此亦见酬应之日开也。

初八日。谢寿竟日。在叶介堂、张力臣、李镜涪三处一坐，回家已夜久矣。

初九日。周范丞由县诣丽思堂，便寄邹子香、陈遇佳、盛展奇及志城四信。

初十日。复罗小溪一信。今年精气日见衰颓，实有不能自支之势，幾于万事俱废，思之怃然。是夕大雨。

十一日。雨。朱香荪邀同吴南屏、张力臣及意城午酌。接金眉生信。彭雪芹侍郎闻已至省。

十二日。雪芹宫保见过。本约陈右铭、朱香荪、张力臣及意城并来家候见，因并留饭。而宫保大早即至，下午回船，遂开赴水鹭洲。右铭诸君仍来家晚饭。诣何镜海处，其门客有熊子杰，武艺绝人，乃以周浥藻托之。

十三日。热，微雨。将往水鹭洲就见彭宫保，则已于午后开行矣。胡文忠夫人移居通泰街新宅，便道往贺，因留饭。同席周砺松、毕润生、罗两明、周桂伍诸君。

十四日。接金眉生京口信，于湘乡遗折，深叹其冗弱不伦。而昨得何小宋一疏，于湘乡心迹颇有发明，始知钱子密诸君文笔之陋。江浙人才，至是益靡矣。

十五日。陈秀廷、甘昆山均自乡来访亲友，留居者凡四五辈。无因数十百里乘舆而至，使人闷损。是夕大雨。

十六日。阴，微雨。邹子香自县来，语及督销局事宜，欲先为局员加增薪水。力劝其缓言之。凡事亦各有体，似此亦稍失体矣。

十七日。复盛朴人、胡秋樵二信。邀胡珏轩、周闻斋、陈诒珊、罗两明、周桂伍、胡赐福及子敬晚酌。

十八日。为凤氏所生子满月之期。便邀易海青、邹子香、甘昆山、易梯衢、陈敬吾、周浥藻晚酌。

十九日。回拜一日，至吴子健方伯处久谈。托王夔石中丞递寄何小宋、李小荃两制军，鲍华潭中丞，吴竹庄方伯，库仁龛都护及曾澄侯六信。

二十日。热极。龙皞臣邀同吴南屏、罗研生、朱香荪、李篁仙、胡蓟门及意城晚酌。篁仙为诵灯谜，佳者无数：锦瑟无端五十弦，一弦一柱思华年书经一句：自怨自艾。老大嫁作商人妇春秋一句：伯姬归于宋。叹此生之分离，望美人兮不见书经二句：牛一，羊一。往来元白丁四书一句：问管仲。分之为门口个个官中人七字。星礼记一句，日牵牛中。鸦四书一句：爵一齿一。臼书经一句，厥土惟白壤。皆巧思绮合，不易揣测。姬姓日也，异姓月也两古人名：周公旦、太公望。

廿一日。命凤氏所生子名曰立焊，字炎生，移居正房。又为寄拜观音大士座前，诣上林寺行礼，西枝集僧众为诵心经。又会孙朗青、何永清、舒兰生及子敬侄在寺会饮。观朗青画花卉数幅。

廿二日。雨。托王夔石中丞递寄何小宋、李筱荃各信，至是始得其复函。接刘霞兄及康侯两信。

廿三日。张力臣邀同罗研生、吴南屏、杨海琴、孙朗青、何镜海、李次青、朱香荪、刘史亭及意城洁园展禊，会者十一人。

令张子亮作图，取兰亭序中此地有崇山峻岭，茂林修竹，分韵赋诗，亦一时盛会也。

廿四日。雨。丁次谷邀同汤斐斋及意城晚酌。就便回拜各处。

廿五日。雨。李次青、朱宇恬、张力臣次第来谈，遂尽一日之力。屡属门者谢客，竟不能行。

廿六日。殷竹坞到省，谈及揣测地道所用仪器，有计里车、地平经仪等名目，拟先以湘阴境地道试之。

廿七日。寄李少荃伯相及刘霞兄、郑筱珊，李申甫各信，申甫讣告其母安太夫人之丧，以一信唁之。

廿八日。白兰岩、朱宇恬、鄢友石三处招饮，皆辞之。宇恬、友石必欲一邀，滩与便衣不具柬，遂尽一日之力，博两席饮食而已。

廿九日。张力臣过谈，见示叶介堂交到各公牍。身居大位，一为私利所荧惑，其颠沛遂至如此。是以君子急严义利之辨，而以读书明理为修身之本也。邓禹民见示曾文正公挽联二首，一云：爵禄讵萦吾念，惟忆封圻远隔，畴昔陈箴，数千里黾勉告猷，更愿逊志缉熙，典学俯俞遗疏语；勋名久在人心，独憾疾病弥留，苍黄易箦，卅四载忠诚许国，虽已鞠躬尽瘁，荐贤未遂老臣衷。一云：运逢百六，捍圉谋疏，大功乃出自儒生，闻者莫不兴起也；身系安危，盖棺论定，流言未足为清议，其何伤于日月乎。均可谓独出一格。

四月

四月初一日甲寅。雨。叶介堂关请黄麓溪入缉私局办理文案，邀同款宴。同席朱宇恬、张力臣、黄子恒共五人。

初二日。曾符卿、健农枉过，诵曾文正公挽联三付。李眉生联云：德行、言语、政事、文学，在圣门已备四科，又兼勋业崇隆，李、郭、范、韩，方之蔑矣；令妻、岂弟、孝子、顺孙，于人世斯为全福，更羡君臣际遇，禹、皋、伊、吕，无以过之。李次青联云：是洞庭、衡岳间气所钟，为将为相为侯，自吾乡蒋安阳后，历三唐、两宋暨（宋、元）〔元、明〕，二千年仅见，与希文、君实同功异地，立德立功立言，计昭代汤睢阳外，讫诸城、大兴至曹、杜，一个臣独隆。澄侯联云：无忝所生，病同考，没同妣，厥德有常更同王父，孝友式家庭，千里来临空自泣；以古为鉴，文似韩，诗似杜，鞠躬尽瘁殆似武乡，勋名在天壤，九原可作耐人思。

初三日。叶介堂递到虞恺仲一信，开呈图说极分明，意以城陵矶兼及江北之洪水港、东风窝、熊家洲、薛家滩二洲泥嘴，洪水港界华容，泥嘴则正与城陵矶相对，皆属巴陵地，谓之巴局。起棉花塘至象骨港、道人矶、马鞍山以至岛口，皆属临湘地，谓之临局。吾意以地势论之，当分江北、江南二局。恺仲之割分城陵矶，于地势为稍歧矣。

初四日。雨。致曾劼刚、李申甫二信。申甫信由蜀人龙仙源明府汇寄，劼刚信则以托之符卿也。

初五日。雨。本定是日邀方莲仙同赴县，而为雨阻。人客仍旧坌集，竟未及一料检行李。

初六日。张力臣及意城过谈，下午始料理登舟。以日记二则并复总理衙门一书，检示吴子健方伯，并以一书达之。是日泊靖港。

初七日。风雨交作。在靖港阻风一日。为张力臣点定其无知知斋诗集三卷。

初八日。抵县城，闻寅伯侄已得冠县试。志城亦定今日到县，乃稍留候之。闻唐竹虚掌管兴贤堂，相就一宿。其同事为闵养吾、李懋堂，共三人。诣谢胡秋桥明府，兼晤孙引诒一谈。

初九日。风雨大作。留县一日，各亲友处并一就视。黄凤喈属为其侄石史开示读书之方，晚间得一畅谈。

初十日。偕方莲仙赴玉玲寺，寺极幽静，而苦房屋太少。予独处东角一斗室中，略可习静，而房屋却非甚佳。两寄书家中，一交盛展奇由信货船递省，一则至玉玲寺后函托志城觅寄也。

十一日。方莲仙襆被神鼎，遣柳大随行。高直斋、盛耀堂同至。侯蓴堂亦至，为致一侄一书，交其赴常德。

十二日。石心和尚为觅马姓一仆，其父亲送之至，而蠢笨不可名状。是夕微雨。

十三日。风雨大作，寒甚。归一和尚、石心和尚、超凡和尚治素相款，并熊望溪、盛耀堂、高直斋同邀入席。

十四日。接盛展奇信，知饶葆臣已抵县。而左星垣适有辞馆赴山西之说，为致志城一信，属为筹之。

十五日。志城自县归，枉就一谈，并带到筱荃制府一信。窥其立言之旨，犹去岁所寄沅甫宫保一书之意也。

十六日。虞协臣来访，望溪为辞之。此君固善阴阳（言）〔家〕言，颇思相约一谈，觌面失之，殊以惘然。寄复易梯衢、陈敬吾、陈松生三信。

十七日。与方莲仙同赴丰仓相地。本约看地后一诣志臣，柳大贪图一饭之乐，径诣丽思塘，会唐羲臣、高粹之两君至，遂至久谈。饭后风雨大作，竟不及往丰仓。坐受家人之困，此所谓天人交厄者也。

十八日。大雨倾盆，竟日不息。接李镜浯、吴陶村各信。因复镜涪信，并以一信寄叶介堂。志城专足馈送食品。

十九日。大雨。题张力臣《无知知斋集册》一律。阴日苦短，日行事件实苦不给，精力本自短乏故也。

二十日。大雨。戴柏轩至。为吴南屏书《鹤茗堂记》一通，并补和箎部韵诗册，各以一跋书之。

廿一日。雨，郁热至不可耐。专足赴县，致唐羲臣信，便托带寄曾沅甫宫保、吴南屏、张力臣、周浥藻各信。杨琴堂函荐其侄号龙亭者入局，遂载其行李以至。此间实无可下榻处，琴堂于此可谓好揽事矣。下午李橘潭又至，以所住圆塘局故有晏公庙，蓄积颇丰，有谢姓者久怀觑覦，欲假为十姓私庙，夺而有之，遂至控官。周岳峰诸人乃属橘潭来此相求。生平未尝交涉官事，避嚣来此，而忽有此逆耳之言，真使人不耐。然此等顽民，使在吏道清明之日，必早已匿迹销声，不敢一肆其恶。即在道光之末，上下否塞，而能使人一尽其言，亦不难一陈之当事，为乡间稍申正气。今固非其时矣，闻此徒增懊恼。

廿二日。雨。石心和尚以《韦驮行纪》属书，将刻之殿壁。因以其便，为杨孝子书立墓碑，并铭其后而序之。是日郁热不可耐，竟体为之不适。

廿三日。大风雨，凉甚，竟似初冬天气也。吴橘臣至。周大由家赴省，绕道过此，因以家信一通，交其便带。

廿四日。风雨凄惨，两日夜未尝稍息，天气又益加凉。两日目疾复发，读书甚苦。天之于我，亦云虐矣！

廿五日。雨。志城来谈。为李月溪致白兰岩观察一书，由志城带交。

廿六日。与方莲仙覆视所相地：一井家坳，正趋密岩山过峡处也，毫无取义。一丰仓，乃神鼎山左帐支脚，稍下至戴姓山，略可营葬，而亦无结作也。方君乃取其左胁一孤峰，以为立穴之所，则大谬矣。方君眼法，视曾晴江又相去远甚，为之怃然。

廿七日。晴。自初六由省赴局，仅今日一见日，馀日皆雨。其间三四日无雨，亦阴多晴少。吾乡今年水患，不问可知。今日之晴，所谓得之意表，正恐不足久恃。方莲仙回省，遣李大送之，并一视家人安否。

廿八日。雨。家中遣周大来此，即饬一诣丽思塘。并遣柳大赴县，问李镜浯消息，顺致陈幼儒、高粹之两信。逾时而镜浯至，带到家信并李筱荃、吴竹庄、罗小溪、杨性农、罗研生、曾挚民、胡珏轩、吴莱庭、曾澄侯、张力臣凡十馀信。性农并寄到亡儿遗诗后跋，读之怆然。

廿九日。大雨倾盆，竟日不息。塅中坝水喧腾，如江涛汹涌，闻之骇人。杨龙亭告归。秉文自殷竹坞处回县，就问竹坞薪水，因属随同镜浯赴县。设法应付之。

三十日。大雨。卢德彩来此。山居幾一月，万缘俱寂，无复人世尘俗之想，而身体只益其困惫，徒以感伤过多，回思数年情事，触绪皆悲，无术以销遣之。而天雨沉迷，又若巧相击触，使之入耳而不能不凄然于心。未知老天负我此一副心肠，将以何为也？

五月

五月初一日甲申。雨。石心上人邀同熊望溪素食，遣柳大诣丽思塘。

初二日。雨。吴橘臣、盛幼唐、高直斋、杨次山、戴柏斋同时回家。饭毕启行，雨亦竟息，而后知诸人福分又胜鄙人一筹。

是夕移宿下房，检点望溪帐目。数年以来，开报甚多而功课无之。吴橘臣司收掌，查问数年稿件，茫然无以为应，惟一推之黄石珊而已。而后知此局之猥下也。

初三日。小周来，始知李大患病。接到盛朴人、王厚卿、王绶卿、王汉池、曾沅甫、曾劼刚、龙皞臣各信。皞臣属为胡蓟门作墓铭，览所撰述及其从父所为行述，其人学识志趣亦过人远矣。

初四日。雨。志城过谈，并约往渠家度节。以节后须赴岳州迎候曾中堂灵柩，先拟祭文一通。

初五日。原与志城约，晴当赴约，雨即不往。是日忽见晴霁，因诣茅岭邀卢德彩往视舒姓山场，旋会饮丽思堂，伴晚始归。

初六日。傅允仲枉谈，知其父傅旭初去冬尚寄有《史记》一部，并未收到。展转经张正亨、蒋砺山之手，必有一从中舞弊者，容一查之。

初七日。李镜浯昨寄一信，今早始到。志城又递到於桐轩、唐羲城二信。因复镜浯信，并寄家信及左壬叟一信。

初八日。与镜浯约同赴岳州迎候曾中堂灵柩，唐羲臣为派一红船枉送。因定初九日登舟，属镜浯先期开赴塔前，以免渡河之烦，且亦不乐入城酬应也。

初九日。镜浯回信，以探询县署，曾中堂灵柩尚无至鄂之信，恐难于在岳久候，因径坐红船以去。闻此茫然。是日大南风。半日可以抵岳，平生亦无此坐船之福也。是夕大风雨。

初十日。大雨。志城信言檠西在常德颇似颠，顷已将次回家。闻之怃然。戴柏（轩）〔斋〕在晋扬家见湖北所掘窖米，绀黑若今红曲，捻之即碎如粉。用水煮之，愈久愈坚。殆非数十年物也。初闻黄州吊桶山无故自崩，出窖米三千馀石，有石碑载鲁肃名。以为米尚成颗，必不能及数十年。据柏斋所言，则亦奇矣。碑面有四语曰：裂破平地生花，紧防二八交开。遍地龙蛇走马，五洋大乱中华。无论其为鲁肃所遗与否，要其事固非佳兆也。自大府至诸有司，皆以求乱为心，其兆固已早见矣。

十一日。大雨。接意城及埙侄二信。能定和尚自县来枉谈。不见二十年，幾不复相识。询知近住持新化古寺。

十二日。大雨凡三日夜未少息，阴晦如向夕者，凉甚，视初九日犹七月之于十月也。今年天气，忽凉忽热，前后两日常若节候相距百馀日者。南方天气变幻无常，盖时有之，而未有如今年之乖离，倘亦诸大府德化致然耶？而吾民之承其累者，将复谁诉矣。

十三日。大雨。致杨性农、张力臣、劳湘舲、黄昌期及意城各信。思专足赴县托胡秋桥明府加封，竟为雨阻至四日之久，亦一奇也。

十四日。大雨。唐羲臣信，曾中堂灵柩已于初九日由武昌开行，属赶赴岳州，并放红船枉迎。当遣工雇夫，而大雨倾盆，竟无暂息之时，为之闷损。下午雨稍住，即由白水江乘舟至城河上红船。

十五日。大风雨。逆风行至磊石，而闻曾侯灵柩船已上，因转至土星港候之，以磊石湖面太宽，而土星港由湘入湖，地势扼要故也。至则杨厚庵宫保船先在焉，得相见畅谈。

十六日。大风雨。午时乃得上谒曾中堂灵柩，为之一哭。距县已近，而侯夫人船前行，因随灵柩船至湾河，又搁浅两时之久。与劼刚谈至三鼓始回船。

十七日。大风雨。早饭后始开。至侯夫人坐船，见即问亡儿近状，不知亡儿没三年矣。劼刚及陈杏生皆相属暂隐之，亦不便质言也。是日傍晚抵长沙。闻左景乔于初六物故，因往哭之。便过沅浦，沅浦方往江次迎谒中堂灵柩。随至西城，而城门已闭。沅浦方专人诣韩赓扬协戎取钥开门。予以夜久疲倦，不能久候，乃归，时已三鼓。

十八日。大风雨。由红船之便，寄唐羲臣及衡叔信二信。衡叔一信即托羲城转递。是日酉刻入城，柩船二鼓后始到。

十九日。大雨倾盆，三日夜不息。曾府家眷住曾子庙旁公馆，一往视之。便过黄昌岐、张力臣二处。

二十日。雨。曾中堂灵柩起入曾子庙，约至舟中迎护，甫出城而柩已载途矣，回至曾子庙候之，为之照料人客竟日。便过易笏山、裴樾岑、王初田、杨海琴及劳湘舲诸处。雨势不止，惟中堂灵柩在路时，约两时许不雨。然后知此老福力，真不可及也。

廿一日。雨。沅浦诸公以江西应有请建专祠一奏，属代拟之，因为拟一通，交何镜海转寄。晚过朱香荪、刘史亭谈。

廿二日。雨。月馀积压酬应，始一出门料理。以黄昌岐所馈汉砖托陆心农为制砚。

廿三日。雨。出门酬应。至黄兰臣、李篁仙、毕莼斋会谈。适陈幼铭至，谈次及久雨恐有冤狱，臬署又适有蛇异，云蛇出即有冤狱待昭雪也。适闻前永州守孙桐生，与一巡检勾通，逼勒一富民，诈其财而毙之以绝口，经其母京控。孙桐生已告归，而巡检尚在任。承审委员知臬使不欲穷治，请坐其母诬控，而撤巡检任以示薄惩。臬使方一力护之，曰：此官也，宁使万人含冤，不可使官受过。即此一事观之，臬使日求结案以清理庶狱，而小民之受屈愈深矣。凡此皆乱机之将动，而假手诸公以激成之，皆所谓天也。

廿四日。雨。下午乃一出门，过刘蕴斋，以有客留饭辞，问其客，则易笏山也。适有一二事须诘问刘君，回思之，正以其不见为幸，亦少免吾口舌之烦也。

廿五日。雨。下午仍一出门，过罗研生、易海青、胡恕老诸处，研生告以荷花池近日相惊以鬼，殆亦非佳兆也。

廿六日。早雨，中午微见日，晚复大雨。盖自初九日至今，始得一见日影，未尝非庆典也。王厚卿白宁远归，晚过一谈。

廿七日。微雨。出门酬应。晚赴黄子寿、子恒昆季之召，同席赵玉班、周幼庵、易昀陔共六人。

廿八日。张力臣约金石子至其家谈相法。吾因子寿邀饭，约与偕往，其家人不知也。子寿又违约先至。金石子误以为鄙人至也，因许以曾官翰林、巡抚。会予至通姓，乃始茫然。嗣是唐义渠、吴南屏、陈俊臣、易昀陔次第至，所言多参差，知其神乱而气亦馁矣。金石子柳姓，福建人。

廿九日。至彭丽生处谈，至韩勉吾至，归家已三鼓后矣。接胡珏轩及晋扬信，并专足候取回信者。

三十日。约唐义渠、陈俊臣、彭丽生、叶介堂、黄麓溪、刘伯固、朱宇恬、岳舲晚酌。介堂、麓溪、伯固不至。

六月

六月初一日甲寅。出门酬应，因过笙叔，度其必归家也，至则笙叔甫下车，得一叙谈。诣曾劼刚，见陈俪秋上曾文正一禀，盖方出使西洋，闻文正之丧，缕述所办情形，焚告文正之灵也。考究所办情形，烦费过多，终恐于事无补，盖犹书生之见矣。

初二日。冒小山递到冒哲存、姚朵云二信，饶岱霞递到桂浩亭、刘石臣二信，并粤东旧吏也。

初三日。晚过沅浦宫保一谈。还至左壬叟处，询至定海音信，则报丧后尚无来信，恐年内未必能抵家也。

初四日。朱宇恬邀同唐义渠、陈俊臣、叶介堂、彭丽生、吴南屏早酌，并看城隍会。日午而会不至。探之，则适绕越清平街一段。宇恬、岳舲遂邀同诸公至督销局，见会数班。生平无一事如所算计者，乃至一看会之微，诋諆如此，可云咄咄怪事矣。晚赴裕时卿之召，同席白寄叟、张力臣、裴越岑四人。

初五日。黄子寿约同曾沅浦、刘筱山、王厚卿至金盆岭相视文正公葬地，穴情极真。距城十里，有此佳壤，而左近并无一棺，曾府乃于无意得之，足见文正公积累之厚。

初六日。劳湘舲、张力臣及达山、席山先后枉过，遂尽一日之力。陈右铭递到夏谦甫大令一信，并所著书，曰《五服释例》，曰《述均》，曰《中西纪事》，曰《明通鉴义例》，及其家集曰《夏仲子集》，曰《景紫堂全书》。又刻吴次尾先生各种，曰《楼山堂集》，曰《两朝剥复录》，曰《留都见闻录》，曰《东林本末》，曰《先拨志始》，黄梨洲先生《明夷待访录》，谢山居士《粤氛纪事》，凡十馀种。

初七日。陈右铭、程花楼、唐羲臣先后过谈。右铭于夏谦甫先生所寄各集，取去江双池先生年谱一本，容（候）〔后〕往求之。

初八日。接罗小溪信，展转由张力臣交到，逾期已久矣。并询知力臣适来自曾府，各官多已先期致奠。

初九日。信知意城、志城，报曾文正公堂期，以意城曾约迎柩，会以和孙小恙留滞，改约以堂期至也。

初十日。出门酬应，兼一诣曾子庙。会杨海琴、孙春皋诸君毕至，因留坐一谈。海琴挽联分切太傅、文正，而自叙其交谊，甚佳。

十一日。力臣约至曾子庙早饭，至则诸君皆久候矣。过午即归。

十二日。曾子庙午饭后，谋往各处回拜，甫行而遇雨，仆从皆未有雨具，因即回家。

十三日。雨。连日大热，至此一雨，稍觉清凉。晚仍过曾子庙，与沅甫久谈。

十四日。曾文正公厝存金盆岭，与诸君步行送至城南书院，道遇李竹浯。天气阴凉，罗星垣设茶点于城南书院之左，得一小憩，殊不为苦，因肩舆至山。下午入城，就竹浯、次青两处谈。

十五日。陈幼儒自县至，杨次山又自下荫塅至。晚过劳湘舲明府谈。

十六日。邀李竹浯、吴南屏、贺仪仲、欧阳凌云午饭。竹浯先辞，忽约南屏、仪仲掩至。仓猝为之供具，亦一乐也。

十七日。邀唐羲臣、周翰臣、陈幼儒、陈松生及达山、寅伯侄早饭。

十八日。陈右铭赴黔筹抚降苗。程花楼请从，属转求之。以为太原中丞曾为之称屈，必允其行也。而韩勉吾为言程君被劾，实出太原之意。右铭探询果然。庄子云：人心险于山川，难于知天。正谓此也。

十九日。偕姚舸丞赴龟塘伍家冲相地。舸丞以为良也，吾视之终不能无疑。是日以舸丞不知路径，往返寻觅，陟巘降原，计行二十里许，奇热尤不耐也。

二十日。偕姚舸丞赴北门外老虎夹相杨氏山地。舸丞传沅浦宫保之命，属一至金盆岭。急往赴之，而劼刚、栗諴兄弟并已前归，留山视工刘训阁遇诸途，亦不返陪。与舸丞二人徘徊墓道，移时归。中途遇风，甚凉。

廿一日。刘谷怀带到其尊人荫渠中丞一信，并属书其先世墓碑。询及粤事，言之甚悉。

廿二日。王夔石中丞、吴子健方伯并已即真，因一往致贺。吾于当事诸公，惟一通庆贺之仪而已，馀日不乐与往还也。

廿三日。诣曾子庙。沅甫为言以求地之故，函告刘馨室迎致汤神仙于粤中，适已抵省。因相就一谈。

廿四日。邀裴樾岑、易笏山、何镜海、龙皞臣、曹镜初、朱香荪、张力臣七人晚酌。

廿五日。邀刘晓山、姚舸丞、汤神仙、王壬秋、刘谷怀、黄子寿、子恒早酌。子寿适邀何镜（涪）〔海〕相视舒氏宅，因偕何镜海至，会者九人。

廿六日。曾府移居洪家井刘毅斋宅，前往致贺。因便回拜各处。

廿七日。雨。朱香荪邀同裴樾岑、何镜海、龙皞臣、王壬秋晚酌，谈论甚畅。

廿八日。陈松生求致刘毅斋一书，为投效甘营之计。因并致王翰池一信。

廿九日。张力臣、何镜海公邀至絜园早酌。以齿叙则予居首，为之怃然。同会者龙皞臣、李次青、易笏山、朱香荪、黄子寿、子恒、杨鹏海、曹镜初、王壬秋及壬秋之次子庆来，共十三人。

七月

七月初一日癸未。王壬秋、曾栗諴枉过。接罗小溪信，求王氏遗书。接李少荃相国、钱调甫、郭子美三信。

初二日。出门酬应。晚次风凉，步至荷花池，途次见募修斗姥阁告示，竟列入贱名，而以唐荫云居首，可胜怪愕。

初三日。唐荫云以列名告示愤愤来告，始知荫云处亦未告闻也。旋复以处置家人细故，多费唇舌。皆所谓命也。

初四日。立秋。李仲云、张力臣先后来谈。王壬秋行径诡异，忽然致徐仁山一书，径接钱氏来省。闻之骇异。是夕雨。

初五日。雨。刘荫渠属书其先世墓碑，正谋谢客，是日乃自晨起至于日夕，酬应无休时，深以闷苦。

初六日。雨。刘谷怀来谈。接周岳峰信，当以一信复之。并致志城一信。

初七日。为刘荫渠书其先世墓碑一通。子寿、力臣来谈，言及王夔石不乐闻绅士二字。盖江浙士绅气习之坏，甲于天下，夔石亦躬为之，无因而骤跻大位，则又专以猜防绅士为术，所谓惟小人能以小人之腹度人者也。江浙诸公见楚人稍能以战功自效，相与深嫉之。夔石又尝饫闻其说，是以蕴毒尤深。要之皆天也，彼小人亦何能为哉。

初八日。丁果臣来谈，言寻常人家兄弟未有不相和好者，其相争必以利，至如春秋时之争国，则兄弟相与加刃而不恤，无他，所为富贵而已矣。乃知富贵者，贼害人伦之资也。其言警切可喜。又言士农工商，四者相代持世。三代以上农持世。舜、伊尹皆起于耕，而王者之行政，以民事为急，人心一依于农。春秋以后士持世，至于战国而游说兴，诸侯之盛衰系于一士之去就，处士亦得以其横议持天下之权。自汉以来商持世，古者平度量、角斗甬、正权概，皆王政之大者，由汉至今，一操其权于商，至于米价之贵贱，钱币百货之乘除，皆商贾为之。今西洋制器之法行，继此持世者必工也。所谓持世者，齐天下之好尚而操人心之用舍者也。所论均极警切。

初九日。连书樵为馀诊所患背麻之症，云此中风之根也。与谈甚畅。

初十日。复钱调甫信。又因刘谷怀回粤之便，寄复刘荫渠、邓弥之、王定甫三信，并寄定甫银四十金。

十一日。高粹之寄到照油三石，当复粹之一信。并信寄陈遇佳。

十二日。袁守愚来见，语及其师黄君令看（儒先）〔先儒〕语录诸书，在省所与往还为成赞廷，宁乡诸生。又言陈春楼家有书可借，则王筠溪中翰遗孤抚养其家，书并王氏所寄存也。

十三日。张力臣来言，李次青传王夔石之言，催取张石卿中丞建立专祠公呈，为定数日内分别呈递。盖此议已逾年矣。

十四日。陈伯平邀同张力臣、郭涵万、陈程初午酌。外邀周桂伍、萧雨亭二人，皆不至。

十五日。荐新于祖堂，便邀笙陔叔、戴少霞、周范丞、易卓超、杨次山午酌。桂伍枉过一谈，约同入席，以须往湘潭，不果至。

十六日。为先太夫人忌辰，谢客一日。李次青以争论都城隍事来诉，遂留久谈。

十七日。为郭子美军门撰所立《义庄记》。先后记者凡七八人。子美行事极奇伟，此亦其一端也。

十八日。复子美军门一信。与易海青同诣院，呈递公请建立张石卿中丞专祠一呈。就便回拜各处。

十九日。裴樾岑观察枉谈，随邀同朱香荪小酌。知王夔石意欲延聘成静斋纂修通志，而属裴公先秘之不以告我。裴意（欲）〔颇〕不谓然，因枉就商所以回报之法。

二十日。诣易笏山、李次青、裴樾岑三处谈。笏山述及龙阳令之滥刑，其家有花翎参将争一公山，被（被）笞一千。吾言龙阳陆君所至有惠政，岂此参将固有可笞之罪耶？然亦酷矣。又大坏朝廷之纪纲，终不得为是。值晦蒙否塞之世，兰芷变而不芳，荃蕙化而为茅，吾不敢信陆君之能不为习俗所污染也。

廿一日。张力臣见示王夔石扎撤督销局一饶姓委绅，且饬督销局以后委派绅员均应请示办理，其故以饶绅办理桃源陬溪督销，为钱子宣以秘信发其处罚皮姓私盐中有二语云：人有自危之心，官无尺寸之柄。故夔石发之。暴厉如此，上下一心，以屈抑良民扶掖痞匪为莫大之经济，真所谓丧失其本心者矣。

廿二日。李镜涪自临湘来省，叙述彼地情形甚详。而往见张力臣，力臣以疾辞之。因属令早间必一往见，以叶介堂一切请示力臣，彼间实情，不可不先令力臣知其原委也。

廿三日。刘仰山通守自湖北解曾文正公刻书银三千两来南，因询知李幼荃已于十六日赴京候选，盖曾以盐运司请旨拣放者也。

廿四日。宋惠人太守见示所著《祥刑古鉴》及《劝戒十二条》二种。《祥刑古鉴》为官秋曹时所撰，《劝戒十二条》则其巡视京城所撰以晓示人民者也。观所著书，已不愧慈惠之师矣。

廿五日。一侄过谈，语及常德事，总苦委用之无人。天下事无大小一也。晚次，张力臣来久谈。

廿六日。自廿二日至今五日阴，亦时作小雨，而郁热不减，仍然伏日之溽暑也。吏道不修，暑酷从而应之，非偶然矣。以子敬侄常德事宜有须与介老酌商者，因往一谈。适张力臣在坐，移时始罢。就便回拜各处。

廿七日。微雨，凉。竟日会客，至晚不能息。陈幼儒及其侄松生、椿初各有书见遗，并以一信复之。

廿八日。雨。一侄一过谈，忽忽竟日。时事无可言者。自汉以来，史册所载，颠倒无实者多矣。易曰：小人道长，君子道（忧）〔消〕。君子之道，非小人所能消也。心知小人之将持是以乱天下，安得不忧。

廿九日。自晨起李镜涪至，刘小山、（饶）〔姚〕舸丞、易竹生、陈伯坪、何镜海、黄子寿次第枉临，皆久谈。客去午餐，已向夕矣，罗小垣、笙叔又至。人生如此度日，真亦无谓。

三十日。步至黄子寿、舒兰生两处。适一侄外出。小山、舸丞为予相地归，晚就一谈。

八月

八月初一日癸丑。裴樾岑过谈，言已扎派委员十馀辈，分赴各县之未议修志者，就便采访。此初开局时，鄙人献议如此，至是樾岑始一行之。

初二日。张力臣为述及李廷章事，又是楚绅一大波澜。刘小山约赴烂泥冲莲花山看地，所相度殆非时辈所及。

初三日。院试以是日齐集。至南城外烂泥冲莲花山覆视刘小山所相地，因与刘小山议所以谋而就之。

初四日。七侄自乡来，接志城一信，约俟试期有定日来省。

初五日。劳湘舲明府邀饮，询之，张力臣、李仲云皆往，因往就之。至则仅此三人，皆吾邑人也。席中谈时事数则，皆可慨叹。

初六日。张中丞请建专祠一折，已于是日出奏，此时政之差顺人情者。是日郁热尤甚。

初七日。七侄应科试。下午雨，大风骤寒。晚就刘小山一谈。

初八日。本约是日为恽公具呈。张力臣来言，沅甫意欲尽问列名诸公，以免议论。已而沅甫至，又云出自力臣之意。互相推诿，颇不晓其所谓。然而时事益可忧矣。

初九日。李筱荃制府寄到所刻《会典》一部，盖撮《会典》大纲为四帙，于国朝典制亦尚有赅括。

初十日。出门酬应。张子衡廉访述左季高之言，谓我修县志多为谤辞，盖犹李辅堂献谀之言也。因与子恒略言其始末，不自觉其愤懑之填膺也。

十一日。邀唐竹虚、闵养吾、李镜浯、黄伯初及子敬、子宽、京生诸侄午酌。适闻唐羲臣至省，因并邀之。

十二日。邀刘小山、姚舸丞、江春木、江芾生及达山、席山及寅伯侄午酌，江氏兄弟托病不至。此席实专为芾生，人世周旋之难如此。

十三日。出门酬应，晚归而志城已前至。刘小山为相度烂泥坑莲花山一地，于是日立契。刘姓旧契乃乾隆五十三年鬻之罗姓者也，凡八十三年，其全山已再易主矣。

十四日。朱香荪、姚桂轩、张力臣、李镜浯先后至，因留晚酌，语及时事，相与喟然。

十五日。以中秋令节，邀邹谘山、李镜浯晚酌。是日人客坌集，酬应无暇晷。

十六日。偕子寿、子恒往视莲花山地。子寿攻之甚力，子恒亦不谓然。其云岸山带煞，则实有见地。为之茫然。

十七日。力臣交到恽公呈稿，谋为京师具呈之计。此事殆不易办理。即诸人相与会议递一公呈，亦延至两年馀，沅甫宫保尚谋压搁。于此吾辈一无耽过之处，犹然如此，而能责官京师者之尽为君子耶？诸公趁口言之，吾终不敢信也。

十八日。与易海青、周桂伍同递恽公呈。就便回拜各处。彭雪芹宫保奏开黄昌期长江水师提督缺，而陈奏四条：一曰将帅宜慎选，二曰积习宜力除，三曰军政宜实讲，四曰体制宜复旧。语皆含贬刺黄昌期意，可云刚直矣。而目前诸公，自杨厚庵、彭雪芹外，亦尚未有能及黄昌期者。此举劾之所以难也。湘阴院试提覆案发，五（叔）〔侄〕名列第二。

十九日。邹谘山以黄子寿贬刺莲花山地，请为我一审视之。令柳大道之前往。

二十日。朱香荪枉谈。属拟恽中丞京师呈稿，顷刻成篇。为酌定数行，交周桂坞带京。

廿一日。诣吴子健方伯呈递恽中丞公呈，就便回拜各处。与裴樾岑观察论夷事极畅。

廿二日。曾沅甫宫保、殷默成、姚舸丞枉谈，因留早饭。一侄专足坐守读书秋树根诗，以一律应之。

廿三日。廉丞自县来。邀钟漱芝、蔡蓉仙、王旭初、萧子纯、周广莘诸人料理书籍。是日为湘阴新进（生）〔员〕覆试之期。

廿四日。志城偕寅伯侄赴茶园展墓，并邀姚舸丞同行。是日热不可耐。

廿五日。大风。石似梅自江南来，带到金眉生一信。为梁竹虚之弟月潭致书刘印渠，为王镜涵致书合肥相国，又复曾挚民一书。

廿六日。唐荫云邀同张子恒、胡恕堂、张力臣晚酌。就便回拜各处。

廿七日。邀邹谘山、张子恒同往相北门外地，形局本亦可疑。谘山、子恒直断其为水窖。子恒旋枉过久谈。

廿八日。志城自湘潭归，传述任芝田之言，属会同曾沅甫一（拟）〔诣〕介堂，为定湘潭帮办之局。此事本应归朱宇恬处理，不解何以委曲如此。

廿九日。志城复偕寅伯侄诣杨梅山。天阴且风甚妨，途次遇雨。

九月

九月初一日壬午。瞿子玖赴广东，春阶农部固请函致张西山中丞，为一书与之。自去广东后，与在事诸公久缺书问，而不能不移于春阶父子之请。此等意外酬应，则亦省居烦苦之一端也。

初二日。吴子健方伯奉委宣读谕祭曾文正公文，劼刚因请为之照料宾客。就便回拜各处。

初三日。雨。为新进生员大覆试之期。闻是日提覆湘阴、湘潭、湘乡、安化、宁乡、益阳六属拔贡生。其馀六属想已定局，不招覆也。

初四日。雨。志城邀唐羲臣、李朗陔，为五侄入学，陪宴其受业师也。张力臣属函致周文斋，以李镜涪、戴昆田、陈熙堂三人相托。湘阴拔贡闻为殷少乔。此外惟善化皮锡瑞为前岁受业门人而已。

初五日。志城邀唐羲臣、李朗陔、周范丞、舒棠阶晚酌。为五侄入学，羲臣、朗陔皆其受业师，应一陪也。

初六日。周濂二、彭月台、李菊潭自下荫塅为馀池坝事，周岳峰促其来说法，是夕因邀其一饭。

初七日。志城偕羲臣赴荷叶塘。以宋惠人太守初六接篆视事，应一往道贺。就便回拜各处。

初八日。邀曾劼刚、栗诚、符卿、剑农、刘康侯、陈杏生、松生及一侄晚酌。栗诚赴湘乡未回，剑农又有小恙，至者五人而已。为李镜吾、戴昆田、陈熙堂三人致书周文斋。

初九日。约吴南屏、石似梅、周桂坞、龙皞臣、黄子寿、子恒、张力臣为登高之会，意城适至，又值邹谘山来谈，并约之。由定王台上天心阁，归宴于东花厅，会者共十人。连接金眉生信，以一信复之。

初十日。席研香约同曾沅甫宫保、张力臣及意城会宴叶介堂所。

十一日。为凤氏生辰，家人治酒为庆。适姚舸丞、周桂坞、孙次韩至，因并留酌。杨敬吾及廉丞并以是日回县。顺致陈遇佳、熊绍香及汉舟各信。

十二日。子卿族（侄）〔叔〕自县来，所言事甚猥。终日会客，不暇一及他事，真觉此日之可惜也。

十三日。录所著《中庸章句质疑》及《礼记郑注质疑郊特牲》一卷，以与金诚斋明经求《古录礼说补遗》互有同异，思一就正潘伯寅也。子寿邀同南屏、谘山、皞臣，力臣及意城晚酌。

十四日。石似梅往平江践李次青之约，来商致书王若农事，径属张力臣为之。

十五日。为黄子寿太夫人七十寿往祝，就便回拜各处。朱香荪晚就一谈。

十六日。刘善吾六十寿，求匾联，匾云：庆云应辉。联云：寿考龙光，堂构诗书绵世德；贻谋燕翼，簪缨文武焕家声。化成和尚求火神庙联云：离曜炳中衢，湖山大启文明象；乾元昭盛祀，云日新增栋宇辉。又联云：十万家烟火闾阎，神贶胥恬，民生永利；百二载山川城郭，经涂四达，宝殿重新。两日热不可耐，至不能着单衣，历来九月无此气象。是夜微雨，风。

十七日。大风，寒。子卿族叔冒风回县。连日南风晴暖，催其回县，必迟至今日始行，亦见其运蹇矣。

十八日。吴南屏见示登高诗，为一诗和之。意城亦见示长古一篇。是日微雨风寒。

十九日。龙皞丞为展重阳之会，同坐裴樾岑、吴南屏、杨性农、朱香荪、黄子寿、子恒及意城共九人。

二十日。致李筱荃制军、少（筱）〔荃〕中堂、霞仙中丞凡三信。两李信托韩赓扬发递，霞兄信即交康侯带呈。

廿一日。何镜海邀同吴南屏、杨性农、龙皞臣、朱香荪、黄子寿、张力臣及意城午酌。

廿二日。朱香荪邀同杨性农、吴南屏、黄子寿、张力臣、龙皞臣、裴樾岑晚酌。

廿三日。邀杨性农、罗小苏、丁果臣、朱香荪午酌。果臣以病告归，乃改邀吴南屏、张力臣。致周桂坞一信，并托带潘伯寅、黄恕皆、周荇农、张竹屋四信。

廿四日。裴樾岑观察邀同吴南屏、杨性农、易笏山、朱香荪及意城小酌。性农以赴宴李仲云处，辞不至。

廿五日。张力臣邀同吴南屏、杨性农、易海青、龙皞臣、何镜海、朱香荪及意城晚酌。肴馔之精，殆罕伦比。久阴不雨，是日乃见晴霁。中丞以是日出省巡阅，鬼神岂为之效顺耶？

廿六日。周范臣治席相款。适周兰生刺史荐一相地之晏兆璜，因留款之。

廿七日。为炎儿及两孙点痘，顺孙以伤风不能点。点痘师则李作舟所荐之王君也。

廿八日。偕朱宇恬、黄子寿、张力臣、何镜海为曾文正公荐祠事相度局关祠地。晚饮唐鲁英处，同席熊雨胪、朱宇恬、唐荫云及意城。

廿九日。以祥大姨姐回县之便，致陈镜吾、陈遇佳二信。出门回拜。李辅堂自浙江回，穷览天台、雁宕、括苍、普陀及剡溪之胜，为言普陀化身崖事绝奇。

三十日。文少春自广西回，带到刘荫渠中丞一信。龙皞臣以邓弥之信见示，欲为其女弟相攸，询及袁生守瑜。袁生自佳品山。

十月

十月初一日壬子。顺孙忽患麻症，接言舫臣视之，亦殊重。稍稍清检书籍。

初二日。石心和尚至省，因属西枝为治蔬菜一席，并邀能定、莲州及张力臣小酌。

初三日。接刘馨室广东信。石心和尚回玉玲寺，便复黄石珊一信。

初四日。意城、汉舟并专足送信至，各以一信复之。意城并属撰《冯树堂六十寿序》也。

初五日。张力臣邀同熊雨胪、吴南屏、杨性农、朱香荪、石似梅早酌。

初六日。罗小苏枉谈久坐。宾客至者数辈，遂尽一日之力。省城酬应竟无已时，虚费时日，良可叹惋。

初七日。易笏山邀同裴樾岑、朱香荪、张力臣、何镜海、石似梅晚酌。李廷章亦邀同曾澄侯、罗小苏晚酌。两处并一赴谈。

初八日。石似梅求赠联语，为书十四字云：方廉妙得养心法；诚悫消除入世机。挽幛集语：式瞻清懿。居因业盛。委篋知归。履道是钟。幽赞微言。殊略卓峙。允迪大猷。载扬休风。诞茂淑姿。邦家之辉。含芳要耀。华繁玉振。精冠白日。猛烈秋霜。温敏肃良。廉深简洁。光启玉度。世覆冲华。

初九日。石似梅回江苏，寄复金眉生、恽小山二信，以三公祠之议，忽易恽次山为潘木君，眉生书来问故，并报知小山也。是日风，寒。

初十日。出门回拜。是日风，微雨，寒甚，以前数日郁热过甚，宜有此也。

十一日。杨琴堂至省，枉过久谈。西枝偕崔贞史枉顾，亦近日之能读书有名者。

十二日。诣何镜海谈，询及熊先生坐功，其言甚辨，于阳明、白沙之学，亦时有吻合。镜海举静中看出端倪一语，使相为体会。吾所求息心之法而已，不敢深论也。

十三日。出门回拜，所见吴子健方伯、韩赓扬协戎、王初田观察、劳湘舲明府，皆有相商之言，皆得见之。陈怡珊、陆心农、夏芝岑、白兰岩四观察，朱叔平太史，无甚言语，并相左不及一见，以诸公多因黔境肃清，得保升衔，往贺喜也。晚就何镜海会坐。

十四日。再诣何镜海会坐。镜海言多妙悟，吾皆不甚体会，惟言养生家妙诀，只是不树垛子，一树垛子，便招人弹射，恍然有悟。我一生与人相接，多是抵牾，其弊正坐此。所言最堪寻味。

十五日。叶介堂邀同朱叔平、张力臣、曾劼刚晚酌。因就席研香一谈。

十六日。罗小苏邀同看视南城外三穴：一七里牌，一阿弥岭之赤冈冲，一白马庙。晚邀小苏小酌，并约刘翰坡、姚舸丞、杨琴堂、甘昆山、盛展奇同叙。

十七日。邀何镜海及江西二熊：一熊蟠隐一号子新，讲求坐功，而以王阳（坐）〔明〕、湛甘泉、陈白沙之说佐之；一熊云村，则讲求劲功者也。年来稍悟养生之说，与约一会谈。

十八日。复李镜浯一信。席研香移居贤良里。晚与熊蟠隐会坚。

十九日。程少炳太夫人七十生辰，龙皞臣、舒仲和、徐云渠并为其子完娶，一往贺之。裴樾岑有兄丧，在上林寺设奠三日，吾不知也。闻力臣言，并一往唁之。

二十日。闻镜海谈心性之理，大率得之湛甘泉、陈白沙，原本象山、姚江而稍异其旨。镜海天分绝高，固宜有此。

廿一日。熊子新语坐功之法，一意存默而已，存默于中，以圈护之。镜海初语我圈法，而不言存默之旨，是为舍本从末。

廿二日。诣宋惠人、陈怡珊、凌荫亭、黄子寿诸处谈，皆有事相托者也。荫亭语及段邃史医学之精，一往问之，所见与诸人大异。

廿三日。荐晏兆龙于彭师母处，约即日延请而无信。陈怡珊于其家事殊未能相规画。兆龙与曾翘汉同至。翘汉已归，兆龙亦将行矣。

廿四日。与诸人为会文之约，于是日开约。会者：罗研生、吴南屏、龙皞臣、易笏山、张笠臣、朱香荪、何镜海共八人。笏山问曲礼：姑姊妹女（女）〔子〕子，已嫁而反，兄弟不与同席而坐，不与同器而食，父子不同席。依船山说：父子不同席，承上言之，盖姑姊妹女（女）〔子〕子总说，父子不同席，容可同食也。香荪问平准书：令民更铸钱，一黄金一斤。如淳云：秦以一镒为一金，汉以一斤为一金。所云金者，犹元人之锭，如今一锭重五两或十两，汉制则重一斤也。南屏见示冯树堂寿序及跋、杨性农《义谷记后》二文。

廿五日。何镜海邀同席研香、黄子寿、张力臣、熊子新晚酌。

便过研生、南屏一谈。

廿六日。以方谋赴乡，检点一切，而日为人客纠缠，竟无须臾之暇料理所事，为之茫然。

廿七日。段邃史、凌问樵枉过，为我诊脉。适邬友石、张力臣至，久谈。罗小溪专递一信，为致之俞鹤皋以达于陆心农观察。近来任事诸君，足资一噱而已。

廿八日。席砚（席）〔香〕邀同黄子寿、易笏山、张力臣、何镜海、熊蟠隐晚酌。便回拜各处。

廿九日。杨云冈卧病西枝禅院，一往视之。便过研香处会坐。

三十日。麻竹师为我作横幅二帧，书所为近体诗十馀章，诚佳品也。并以其尊人武功将军行述，属为家传，书词甚恭，当以一书复之。

十一月

十一月初一日壬（子）〔午〕。致李筱荃、庞宝生、王湛园、萧恒士四信。筱荃一信，则为彭作新说项也。

初二日。吴南屏枉谈，语及刘朴堂为人。因论六经无小人字，小人二字由孔子编成，其异乎君子者无他，为己为人之分而已。务外为人，便是小人，只是所见小耳，究竟是向上一路人。今世士大夫，盖求一为小人者不可得。圣人所谓鄙夫无所不至，又别是一种说法，小人二字不足以尽之。

初三日。以料理赴县，竟日劳顿。思一诣黄子寿，恰值枉顾，久谈。

初四日。偕黄石珊雇一小舟赴湘阴，比上船，日已夕矣。行次白沙洲，遇雨，舟人犹棹船至靖港。

初五日。小南（门）〔风〕，未刻抵县。本意即由船上赴乡，以省酬应之烦。甫泊舟而北风作，移时风愈厉，小舟颠簸不可耐，因至兴贤堂一宿。亲友闻而枉顾十馀辈，至三鼓后始罢。

初六日。风。早饭后赴玉玲寺，住屋无多，无复下榻处，乃安榻客堂中。

初七日。专足送志城一信。孙君诒在城枉过，专书致谢。并附寄家信及陈松生信，托次韩即日送交。

初八日。偕闵新吾往视蔡家塅地，马氏庄业也。因至志城处午饭。

初九日。石心和尚邀志城来寺午饭，饭后往看寿佛桥工程。即偕黄石珊、闵新吾、熊望溪同至喻浚川先生故墓，石珊所新求得其遗冢，为之树碑者也。杨云冈丁外艰，一往唁之。

初十日。至冯家冲视晏兆龙所相地。展转贻误，由瑞堂一人。过竹排江，至蓝生木家，适外出不晤。为篪儿求地四年，自以精力衰颓，不能步履，瑞堂生长乡间，山情水意，尚能体认，于地学亦微有门径，屡年延请地师，皆令陪行，并属其加意学习，一生受用不尽。前年得寒蒲坳一地，去年得侯家塅一地，来龙空缺，或系反水，瑞堂皆隐匿不言。稍有可图者，渠皆一无所得。于晏兆龙所相，则又支离其辞，前后矛盾，不能不使人憾之。乃以蓝君事函属志城办理。

同治十一年壬申十一月十一日壬辰。与黄子寿约赴下荫塅相度庄地。从何镜海借得《关尹子》一部，舆中得读一过。镜海言养生家无他秘诀，只是不竖垛子。树垛子者，招射者也。吾谓全部《庄子》，只是此义。镜海言《关尹子》树垛子，又是不见垛子。今阅其书，开端便说不可言即道，不可思即道，始终发明此义，其学以无我为宗，以去识为贵，疑隋唐人习禅理者之所伪托。

其《七釜篇》则附以丹诀。其书亦时有微妙之言，而视《庄子》之诡变则远矣。便过潘家山视周卓吾庄屋地，紫树山视吴姓茔地。傍晚抵大屋场。

十二日。雨。遣工迎子寿至，而予先往吴家山、荷叶塘两处，视子寿所相地。因至下荫塅，登虎形山、蛇形山，形局阔大，收水尤紧，周氏祖茔也。已而雨甚，就饮周岳峰处。子寿晚乃至。

十三日。与子寿至荷叶塘、云鹤寺、下坳上屋，指示所相地，始知昨日游湘山指引吴家山地之误。子寿于地学工力至深，尤具慧眼。惜予庄地狭而僻，所能取裁者仅此而已。是夕子寿前赴罗家屋场。

十四日。虞协臣至，并邀徐葆初早饭，同至山相度。因偕子寿登将军山顶。适李菊潭来，相与同登。而后云鹤寺以下山势，始能了然于心。子寿为其本家驱逐捕署差，盖其本家有为盗者，事发，累及其宗人，至于逃徙以避之。子寿为之不平，并搜得其差票，取视则被盗者巢湘甫也。因传谕其宗人云，君家受累良苦，然祸发于宗人之为盗者，一日不得盗，则君家一日不得安，何不捕盗授之团长，使宗人得免此累，不尤愈乎？子寿此举，极快人心，然恐湘甫被盗遂无破案之日矣。

十五日。偕子寿至桥档上一宿，便过斗米坳，视黄鹤汀葬其先人地。因至黄南坡丈新塘坡葬地，四山环合，会聚数十里形局，不愧名墓。黄子春桥垱上、石塘湾新茔，百倍不能及之，然龙、穴、砂、水四者俱到，亦地家之美格也。

十六日。早雾。子寿引至栗山坡，为所得地而未葬者。雾气迷漫，竟一无所见。岂天故妨我分外之邀求耶？所以屈抑之亦酷矣。随至饶家坡、瓦汉坡、桃花坡、株树山，历相其五六世祖茔，无美不备，无格不雄。天之笃厚黄氏，使尽据山川之胜，以泄其奇，可以想见其积累。饶家坡为其曾祖，号称名墓，气局尤大，下至四重关锁，外有罗星扼其水口，亦人世所罕见也。而株树山、新塘坡、石塘湾诸地，成于子寿一人之手。因语之曰，为人子岂可不知地，得此以妥其先灵，而后尽孝之义。如君者，可为至孝至弟人也，对此惟有惭惶愧悚，直觉此身无以自立于天地之间。许世子不尝药，《春秋》谓之弑君，置父母于不能相安之地，应从何等科罪？往时但觉子寿才智为不可及，至是闻其从事地学，冥心独悟，艰苦经营而后得之，而后知其为孝也。是夕回至大屋场，途次始知月食逾半。

十七日。虞协臣言刘家山内尚可安穴，又言谢家寺实是一阴地，因偕卢德彩一往视之。刘家山距大屋场甚近，竟不一往，而远逾重岭，至麻石山下云集禅林。粉墙丹壁，寺僧甚饶于资，而于阴地殊为不宜，以大山出脉太紧故也。便道一过志城。是夕回玉玲寺。

十八日。接吴竹庄讣书，始知其以九月廿四日卒于安徽藩司任所。并接王湛园、凌荫亭、李鹿苹、周挹藻各信。挹藻曾专足来此，言熊子灿将回江西，向我索修金。此子读书及学武艺皆懒漫无成，不足培植，殊为虑之。

十九日。偕张辅臣赴新开市，步至赵家冲，相其山地，气局极紧。登山视之，则山脉右出，又行六七节，为王姓山，知此山之不足与立穴矣。回至汤家冲，相其一地，较优于赵家冲也。

二十日。接笙陔叔信，为捧云堂说合买屋事，便递到意城一信。各以一信复之，并函寄熊绍香。

廿一日。冬至。以未携带衣服，不及诣宗祠致祭。李作霖、陈午桥枉谈。遣人诣志城，传示笙叔一信。

廿二日。偕陈午桥相视新开江一地，不如汤家冲之团紧，然亦一小结作也。便看胡氏杜家山、傅氏阿婆山，并两姓开族坟也。凡族姓为一乡之望者，其祖坟必据一乡之胜。谚云：天道无凭，地道有凭。其理有不能易者。而吾为先人求地三四年，苦累万状，终其所葬地，至今歉然于心。今又以妻儿辈累我，千磨百折，所购得十馀所，无一当意者。稍有称心之处，必多方抵牾，终以无成。友朋如罗小苏、黄子寿，皆自具粮，为我四处寻觅，其稍明地理为效劳者，更所不论，似人心尚能见谅者。而天谴终不可回，意者无德及人而忝邀禄位，应致挫灭。故自丁未通籍以后，历二年己酉，连遭父母之丧，经营地事，忧劳至今二十四年，目力足力两者皆不逮，则亦人谋之不善也；而稍得一善地，必多出枝节，以致贻误，似其中又实有鬼神司之者，吾其于悠悠之天道何哉！

廿三日。晏兆龙至。本意遣柳大往接，因连日看地未暇，近适以购买蔡家塘一庄，就便丐其一往相视。

廿四日。专柳大赴省。张辅臣、刘子茂两地师同至。闵养吾与刘子茂为旧识，因并留饭。熊绍香、陈幼儒自县枉视。

廿五日。闵养吾邀同黄石珊、熊望溪、陈午桥午饭。因邀视其屋下手先茔地，盖田穴也。左右砂各两重，案砂绕过左砂，而白水江自右流出寿佛桥，穴法自佳。绍香、幼儒回县，带去谭心可一信，交蔡竹泉面投。

廿六日。雾。闵养吾赴县，为书与志城。李缦卿、毛墨庄枉顾，以谢客，熊望溪并为邀之于门，不一通报，去后乃始知之。柳大自省回，带到李筱荃、黎简堂、罗小溪、吴南屏、李竹屋、胡珏轩、李镜涪诸信，珏轩并属转递钟云卿一信，不悟鄙人之避居荒山古寺，于邮递尤不便也。

廿七日。偕晏兆龙至神鼎山，宿苾云和尚禅室。苾云因偕至双虹桥，话神鼎八景之胜。一祖印泉，二罗汉洞，三万松岭，四双虹桥，五仙人迹石，六七星园，七堕子石，八烟霞仑。神鼎资圣寺，砂、水、案并得地法，实一佳穴也。

廿八日。偕苾云及晏兆龙由罗汉洞登神鼎最高处。西北至岳神尖，其下为接引庵，实为县龙出脉下关一嶂，而榆树山为之后嶂，榆树庵在焉。山下为准提庵。过大石塝坳，为西山庵。又东北至团圞山。因登榆树山顶，略察山北大势。白鹤洞水出龙抬头为一大冲。马头山水出神鼎洞为一大冲。又北上，武昌水为一大冲，并会于双江口，以出新市。岳神尖以北诸水，未暇详也。因由高坪头、宿龙湾、乌龟洞以达景家坳。其北为芳家园诸小冲，并会为丰仓。因循密岩山南以至卑树冲。询问玉池山诸水，一为赵家坊水出黄獭洞，会玉池山水以出芭矶桥。一为相思洞水，与芭矶水会于团山。一为金家桥水县龙新开市上过脉，其左为金家桥，右为苏溪塅，一为树冲水县龙过脉，左为树冲，右为黄柏塅，并会于板桥。一为丰仓水，出板桥下。一为卑树冲水至戴家坝会丰仓水，出同含口。一为邓家坊其上袁家洞水出李公桥。一为北冲水。一为大塘冲。一为新开江。大塘冲、新开江水，并出运斗山下。一为傅家山水，一为落马桥水，一为唐家山水，并出东湖。其北傅家冲水，别出夏家桥。是夕就宿李仙五宅。望溪专足递到志城一信。

廿九日。复志城信。即偕晏兆龙沿卑树冲左山行，直至戴家坝。会天阴，北风颇寒，急回（寺）〔玉〕玲寺，料理新置山场事。

十二月

十二月初一日辛亥。走访虞协臣、稷臣昆仲，晤其子明鉴。因至蔡家塅，细审山势。归接王厚卿一信，因以一信复之。晏兆龙为相洪家冲地，颇以谓佳。因念杨梅山地急须改葬，洪家冲地果佳也，亦须吾父吾母之盛德乃能堪之。急书告意城，令邀黄子寿一诣杨梅山，再至洪家冲细审所宜。信甫发，晏兆龙为择葬期，仅初六为上吉日，馀无可用者，而杨梅山迁葬事颇繁重，断非今腊月所能举行，明年山向不利，将至两误，力劝先葬篪儿一棺，明年二月，再为择一迁葬之地。因复发书商之志城。盖父母及陈夫人及篪儿凡四棺，皆待择地，心绪烦乱，以有此波折，亦可想见其苦趣矣。石心和尚治蔬相款。适志城至，因同石珊、新吾、望溪及晏兆龙会宴。

初二日。与晏兆龙同诣洪家冲，就宿蓝生穆家。张锡吾语及西大山诸水入扬沙湖者凡九枝：曰周家桥水，上承狮子桥、涝溪桥诸水。曰中塅水，曰田名塅水，二水又会出双叉口，名杉木江。曰石桥塅水，曰三塘坪水，二水又会出双江口。曰龙潭寺水，曰田家塅水，曰洪家坳水，曰马厂坪水，四水又会出蒋家坪。自石桥塅以上，诸水皆出五搭桥，此所谓九水也。其金鸡山之龙，左水为涝溪桥，右水为史家桥，以出梅溪市，皆西大山西注扬沙湖之水也。金鸡山别分一枝出东湖。龙势之绵亘，以金鸡山一枝为最。县境南止于龙潭寺，其田家塅以上，皆隶长沙。

初三日。熊绍香、陈幼儒并由县来乡照料。闵养吾、蓝萼臣、周哲文枉谈。偕晏兆龙、陈幼儒步山竟日。小周自省来，接到张力臣、李季庐诸信。是夕移住张氏老屋。

初四日。雨、雷竟日不息。由道林冲前赴花屋，照料水埠头、昌蒲塘两处迁柩事。水埠头营葬十二年，棺木一无伤损，晋扬自山中归，为言其详。雨甚，仆夫终日劳苦，遍体沾濡，相距七里，不能一往视。

初五日。大风，中午稍见日。昨日雷雨以风，至夜半未已，甚忧今日迁柩之难，而雨竟止，两棺途次俱尚顺利。晋扬专工数辈，于长湖庙设立顿尖，照料至为周妥。

初六日。辰刻下葬。志城来视，语及购置此地先后情形，出示山契，所开地名，与卜葬之地微为参差，盖张锡吾、蓝生木于此颇设心计。志城谓宜重为计议，遂至语言抵牾。房主张联桂邀看张锡吾杉木江田。距山太远，又系猥下之业，无所用之。因绕由杉木江入萧家冲，循此山水口而上，似地法所谓龙到、砂到、水到三者皆有之。而穴星嫌无遮拦，元辰水直出，虽复曲折关拦，而相距萧家冲口约二里许，心实疑之。是夕与志城及张锡吾、张辅庭、陈幼儒会饮蓝生木家。

初七日。张锡吾重立契据，始以卜葬山面载入，从志城之议也。晏兆龙赴谭家园曾翘溪家。志城亦告归。是日邀请山左右各户小宴，以既安坟此地，须稍周旋也。凡会者卅二人，共四席。

初八日。阴，寒。王厚卿、吴爱吾、胡道生先后枉谈，遂尽一日之工。厚卿舆人隶归义，因考问神鼎山北水道。一曰夹石水，由红花田、猫公桥、三合庙以出旷公桥。一曰西塘陈安山桥水，一曰马王桥水，并会于旷公桥。一曰大众塅水，会旷公桥水于鲁子坝，并出姚家河入汨水。又西曰枫树塘水，由栗桥注盘龙桥。曰牌楼峰水，由喻家塅、采家坝、车塘坝、甘家坝，并会于蟠龙桥。又西曰曹家垅水，由大坝、新桥、戈山桥，会盘龙桥水，并出青泥湾入汨水。其县北之水，曰石颈塘水，出曹溪港入湘水。曰宋家岭水，由鲤腮坝出吴家庙入湘水。曰三龙桥水，由黄家桥出黄陵庙入湘水。营田实界湘、汨二水之间。县东北诸水，由县龙分注湘水、汨水者，略尽于此。

初九日。杨星堂枉顾，因偕晏兆龙、张联桂视张锡吾所葬父墓，并板凳行何、张二姓墓，绕由扬沙湖，观狮子山形局。及归，日已夕矣。为蔡寿岷夫人致书易镜湖，得其回信，所言殊参差，因再以一信复之。

初十日。微雪。为晏兆龙之弟致书谭心可。周金品带到张力臣一书，知署江督为张振轩漕使，亦皖人也。

十一日。与杨瑞堂步行二十里，由山脊至象鼻嘴，得顾秀山所购李姓地，因至田名塅观杨姓祖茔，一方塅观杨姓私祖茔，于地法均有可取。

十二日。大风，寒。奠土后回县城，又与顾秀山步行数里，看杉木江一地。晚过熊绍香处饭。由西门至兴贤堂，人客纷集，五鼓乃能就枕。

十三日。大雪。诣胡秋樵、邹子香、张雨珊、姚葆臣诸处一谈。稍思料检诸事，竟为人客喧拥竟日，至四鼓不能息，罢惫万状。

十四日。早起闭户料检所事。熊彝臣军门过谈。人客纷集，至下午始诣各处酬应，并检理经手事，晚乃登舟。此次赴玉玲寺一月有馀，日为地事劳顿，自廿三日晏兆龙抵乡后，遂不及一登书案，至是始觉洒然，若重累之释于其身也。

十五日。早开行，又值南风，舟中读书甚闲适，不嫌留滞。计此行置地三所：道林冲已葬陈夫人及篪儿两棺；其蔡家塅则留以为百年归骨之所；象鼻嘴一处逆朝来水十馀里，气局尚紧，曾媳及凤氏妾，孰先则葬之。黄子寿又于下荫塅一庄为定两穴。一荷叶塘，为山脉所经过处，略垂一乳，勉强可用。一坳上屋，则山脉由云鹤寺过峡，连起两峰前趋，而于帐角逆回一砂，其实龙身行度尚未少停蓄也。子寿据为正穴，殆误。两峰停顿处略开枝脚为上砂，而颇有坳风射穴之患；偏右避其坳风，亦可勉强用之。以吾求地之勤，用人与财之多，至于四年之久，置地约十馀处，绝无当意者。此次愤激，躬自求之，费至二千馀缗，其佳与否尚不可知，惟自觉龙到水到而已。炎儿及小孙俱幼弱，恐难恃其为母求地，及吾身为之布置，所以为炎儿及两孙计者，于此为尤切。略记于此，以示后之人。晚次北风甚利，夜半抵省。

十六日。大雪。早归。移时子敬侄来，则严升所送信也，于是人皆知以是日回省矣。接霞兄诸人信凡三十馀件，皆陆续积存者。

十七日。大雪。赵竹筠、易卓超先后至，知竹筠缴凭事尚未了，王夔石持此甚力，合肥屡函相托，不顾也。

十八日。大雪。寄复罗小溪一信，并询赖君澄照堂名目，以赖君信及之而不语其详，使人疑愕。

十九日。出门酬应。王夔石中丞言接枢垣诸公信，文博川相国尚知恽次山之贤，不至中阻，又颇悔前次不出奏之误。凡事一涉瞻顾，宜有如此。周桂伍、龙芝生先后入京筹办，当稍候其回信矣。

二十日。出门酬应。以乡居数月，友朋枉顾者都失酬应，略一回拜。岁事匆遽，不能遍也。

廿一日。张力臣来，言曾文正公祠事，虽经定派董事八人，然但私议而已，无肯任此者。吾谓此惟当一会议，款以酒食。当询之朱宇恬，择渠暇日为之。

廿二日。出门酬应，至劼刚处小坐，语及楚军纪事本末事，仅接钟云卿一书，馀尚无回信。

廿三日。自先祖母相传以是日为祀灶之期，举家皆斋，遂亦不敢酬应。下午便衣就裴樾岑、朱香荪一谈。

廿四日。俗谓之小年日。周翰臣自郴州回省，因留晚酌，语及郴州牧贪黩之状，亦略见近年吏治之不可问矣。

廿五日。邀朱宇恬、黄子寿、张力臣、凌问樵、陈松生、刘训阁、龙半洲小酌。公议曾文正公祠事。训阁、半洲皆已归家，松生则此次添派之董事也。

廿六日。马贵回新宁，复守蓉仙大令一信。江春木为书吏唐姓所辱，守公置不问，芾生属一言之。

廿七日。出门酬应。以初闻郭子美太夫人仙逝之信，宜一往唁。涵万居丧次，容甚哀，其昆仲皆可谓贤者。

廿八日。达山去腊假二百金，从丰泰拨还，因兑付丰诒堂，陈遇佳已允之。回省后复有翻异，遇佳始终不以诚告我，致此数日多费波折，致书县城数次，县城专足至者亦两次，皆陈遇佳贻之累也。

廿九日。朱香荪枉诗，以一诗和之。向来岁除稍清检书案，亦致劳顿两三日之久。

三十日。接金眉生、石似梅两信，由汉口专足至者。又接合肥相国一信，始知陈作梅观察重九日物故。合肥功业冠时，任事有魄力，至此亦时怀避事之心。尝论明人以气胜，权愈重则气愈盛。本朝以度胜，位尊而心虚，其度可以无所不容，而气则靡矣。一代之朝局既成，则若天之过以容人之度，而其实风气之所趋，无贤不肖皆不能有以相易也。读合肥书而益信其然矣。

同治十二年　癸酉

正月

同治十有二年岁次癸酉正月初一日辛巳。元旦。阴，无风。得诗一首：楚江云雾霭寒空，楼阁春回澹沱风。鬓发萧萧无恙在，乾坤扰扰有生同。幽居悟道形骸外，薄俗论交潦倒中。复辟嗣皇千万寿，曙霞晴眺日生东。接刘荫渠中丞信，兼致粤西土产，其意欲得意城相助为理，遣使迎之，因并为致意城一书。

初二日。接李寄庐、吴聘廷、饶岱霞、陈敬吾、易尧阶各信。是日晴。

初三日。接俞子清、麻竹师、胡秋樵各信。曾劼刚、栗诚、符卿先后至。诸贺岁客并谢之，所见惟亲友常往返者而已。

初四日。朱石翘远至，盖自丁巳一别，距今十七年矣，相见各已头白。谈至二鼓始还寓。

初五日。复刘荫渠中丞信。新正尚未出门，因诣曾沅浦、朱石翘、席研香、何镜海四处。镜海已赴都，因熊子新寓其家，一往见之，亦已回江西矣。

初六日。雨。复金眉生、吴聘廷二信。又为聘廷寄信张寿泉，属其照拂。曾沅甫、张力臣、黄子襄枉谈，遂尽一日之力。

初七日。子刻立春时雨止，云犹积也，早起乃见日。俗谓立春宜晴，人日亦宜晴，盖两得之。是日出门贺岁，凡亲友须一会者，并以是日酬应之。

初八日。往各署贺岁。会者白兰岩、裴樾岑、王初田、孙春皋三数人而已。接唐益之军门、王绶卿镇军、毛丰浦、黄用侯、李瑞南各信。

初九日。雨。接罗小溪、熊子惺二信。子新见示存默之义，以书叩之，所言多近理。大约陈白沙所云静中悟出端倪，即子惺存默之旨。

初十日。熊绍香、易卓超自县来。麻竹师、胡秋樵均以贺岁来省枉过。接熊翊丞及翰舟二信。

十一日。雨。回拜各处，至郭子美处久谈，其知客为周道南协戎。筀陔叔邀晚酌，同席张笠臣、罗东阳、谢心田、张纯生、李振吾。谢、李两君以事不至。

十二日。雨。邀张花楼、郭海青、瞿秉常、周范丞及文思陪同绍香、卓超春酌。

十三日。绍香、卓超告归，甫登舟而北风大作，又复起岸。中午微雨。

十四日。回拜潘小农、麻竹师、胡秋樵，皆以贺年来省者也。熊彝臣军门至省，枉过久谈。

十五日。胡恕堂招陪朱石翘、连书樵、沈翊丞晚酌。适是夕邀彝臣来共上元之宴，登席未久即告归。

十六日。黄子寿告言王夔石中丞允为恽次山中丞请祀名宦，约自常德回省即出奏。刘蕴斋初议此，苦为夔石所持，至是乃顺民情为之，其智慧自高出刘君一筹。

十七日。为意城书寿屏十幅，志城撰文极有包涵，而吾书不足以称之。朱石翘、胡秋樵次第过谈，知湘阴已改委冒小山。

十八日。致意城、志城各一信。又复蟠西一信。郭九如、侯怀瑾、蓝生木均自县来。张力臣、朱宇恬为子敬任处理黄麓西口角事，枉过久谈。

十九日。邀蔡蓉仙及子容侄陪同九如、怀瑾早饭。接意城回信一件。冒小山夜过久谈。

二十日。大风。炎儿生时，占者谓不利于其母，宜别求亲友之相生者母之，俗谓之寄拜，已前为易海青夫人言之。展转至今，约午时往迎。会人客坌集，凤氏又惯与吾为忤，方喧哄间，而海青夫人至，诸事一无准备，使此心为之不适，窃虑诸事抵牾之必非佳兆也。

廿一日。邀朱石翘、裕时卿、陈右铭、陈怡珊晚酌。时卿见示所为汪啸霞、曹润芝小传，属为点定之。

廿二日。步至裴樾岑、朱香荪处一谈。王壬秋适在坐，询之，以是日来省，先至予家，为门者所拒，而是时正与丁果臣、黄子寿会谈。家人顽劣，大率如此。

廿三日。张力臣邀同陈右铭、龙皞臣、易笏山、朱香荪、王壬秋晚谈。皞臣尚赴安化未回，改约丁果臣、左仲敏二君。

廿四日。自王夔石中丞、吴子健方伯以下，开春均未及一见，是日稍一酬应。南风苦热，全似三月天气。在唐荫云处见童研云，则已着薄棉矣。

廿五日。燥热更甚，仍出门酬应一日。复意城、志城及汉舟三信。戴柏斋、陈秀庭先后枉顾。久为人客所苦，远道奔驰，尤觉无谓。朱石翘、赵竹云至久谈。

廿六日。燥热三日不雨，大风。邀冒小山、张立之、赵蓉生、沈翊臣、张力臣晚酌。本邀易海青、李仲云、辅堂一陪冒小山，海青、仲云诸君皆不至。是日为今上亲政之期，早间得一见日，气象尚佳。

廿七日。大风雨。邀唐荫云、胡恕堂、叶介堂、朱宇恬、欧阳信甫、唐鲁英、黄子寿、子衡、子襄及笙陔叔晚酌。至者荫云、鲁英、子寿、子襄四人，王壬秋却又不请自至。冒小山、张南屏、沈小亭先后枉谈。南屏递到刘子乾一书，荔坛大令之冢嗣也。

廿八日。邀裴樾岑、朱香荪、丁果臣、易笏山、龙皞臣、王壬秋晚酌。皞臣赴攸未回。壬秋以是日回湘潭，先日就饮，因改约曹镜初。果臣以胡宅邀陪严渭春，辞不至。

廿九日。接罗小溪信，仍以前事为言，因为致涂朗轩一信，并小苏、小溪前后二信均送阅。复胡珏轩信，缴还其所撰《光禄君行状》。宋惠人枉谈。晚过朱石翘、曾沅甫。适澄侯以是日抵省，谈至夜久始归。

二月

二月初一日庚戌。严渭春廉使道长沙，一往见之。就便回拜各处。李桂轩自乡来，恰值易藻汀枉顾，因留晚酌。

初二日。严渭春枉谈，言及李雨亭已简放江督。初赴山西陛见，太后语军机大臣：李某是有造化人，所至之处，人必蒙其福。盖其相貌魁梧，长髯满面，与瑞澄泉、李筱荃略同。近来简用大僚，多取材于此，此所谓天也。渭春言雨亭清修梵行，恐未（免）〔能〕堪江督之任。江督须兼用权术，雨亭忠信明决，而少倜傥权奇之概。予谓此论诚然。要之雨亭终系善人君子。朝廷若竟付之旗员不晓事者，岂得不谓之江督耶？但不识忠信明决四字，雨亭能及此否？渭春沉吟久之曰：明字尚能勉企，决恐不足。渭春开爽有才具，（致）〔至〕不易得。

初三日。雨。复罗小溪一信，又为李桂轩致邹子香一信。黄子寿专足诣河塘黄氏，附致黄理吾一信。

初四日。为曾文正公小祥之期，一诣行礼。随回拜各处。朱石翘枉过晚谈。

初五日。黄子恒见示《居易录》第三十二卷，载艾司寇元征为总宪时，疏请禁言官风闻言事，违者降罚。人或咎之，旋复有疏请复风闻之例者。唐史，武后以术制群下，谏官御史得以风闻言事，自御史大夫至监察御史，皆得互相弹劾，率以险诐相倾，此风闻言事之始，盖罗织告密之别名耳。东阿于文定公《笔麈》载此一则，当知请禁之非过，而请复者之失考也。子恒以此一段议论与鄙见同，故以见示。其中尚有可备考者数事：俗祀南宋刘漫塘宰为蝗神。刘，金坛人，有专祠，俗呼莽将，殊为不经。赵枢密蔡作漫塘集序，称其学术本伊、洛，文艺过汉、唐，不知身后何以矫诬如此。　会试旧例分南、北、中卷。康熙己未三十年，云、贵、广西无中式者，御史王承祐、江蘩疏请于南、北、中卷内再分左右。九卿议以直隶、山东为北左，河南、山西、陕西为北右；江南、浙江为南左，江西、湖广、福建、广东为南右；四川、云南为中左，广西、贵州为中右。康熙三十八年，左副都御史梅疜疏请仍照旧例，南北卷内不必细分左右，云、贵、川、广四省去其中卷名色，每科定为云字号额中二名，四川定为川字号额中二名，广西定为广字号额中一名，贵州定为贵字号额中一名。康熙三十九年奉恩诏加额，云南、四川各加中二名，广西、贵州各加中一名，其疏内亦云庐州等府、滁州等州旧系中卷，俱归于南卷，是又分安徽一隅之地为中卷也。　白衣观音咒云：南无佛，南无法，南无僧，怛只哆唵，伽罗伐哆，伽罗伐哆，伽诃伐哆，啰伽伐哆，啰伽伐哆，娑诃。

初六日。王人树枉顾，因相就一谈。适闻裴樾岑已至荷池，就便往视。丁果臣、阎义民、姚裔云三君并在，盖方议开刷褒忠录事也。瞿秉常、李仲云两处邀饭，瞿陪西席周逸渔，李处陪朱石翘。晚归，闻子敬侄至。

初七日。微雨，风。上林寺僧西枝邀同裴樾岑、韩赓扬、张力臣晚酌。就便回拜於桐轩、任芝田、杨星堂、曾澄侯各处。

初八日。微雨。张力臣为言龙皞臣为其母作生日，往贺则皞臣并未回，其母生日，实以九月，而于此时设席延宾，亦一奇也。因过黄子恒，适闻席研香回东安，已登舟矣，急往送之。陈右铭先至，得一畅谈。

初九日。雨。朱香荪邀同朱石翘、裴樾岑、陈右铭、易笏山晚酌。便过曾澄侯一谈。候补府禄升海峰太守两次枉过，库仁龛将军之子也，均值外出不晤。

初十日。雨。易笏山邀同朱石翘、裴樾岑、朱香荪、朱半崖晚酌。日为人客所困，不近书案者十馀日，大率所见皆求馆诉苦人也，如何如何。复黄石史一信。

十一日。大雨。禄海峰枉谈，始知其奉制府檄，查办益阳、宁乡事件。熊绍香专足至，便复一信。并致陈熙堂、陈遇佳、吴九如各信。又为任芝田致刘南云一信。晚赴张花楼之召，同席杨湘南、左峻庭二人。

十二日。张力臣招同朱石翘、裕时卿、胡听泉、李仲云、辅堂、易笏山晚酌，至者石翘一人而已，别邀易海青作陪。是日回拜各处，遂尽一日之力。

十三日。大晴。刘克庵、朱石翘枉过早饭。晏兆龙因并邀任芝田、杨星堂、陈夔臣晚饭。克庵评左季高四语云：质美而未学，自信而疑人，轻喜易怒，故示不测。吾亦评以四语云：欺善怕恶，喜谀恶直，去厚从薄，多伪少诚。

十四日。裴樾岑、成衍吾、劳凯臣、钟芷园、黄伯初诸人过谈，遂尽一日之力。与樾岑论居上之道在严，一意与人款曲，又于其中分别界限，有议及时政得失，概以秦法毁谤之罪坐之，是纵使人为不肖也。为学为治，总求上进，惟圣人为能无过，自馀宽严爱憎，尽有过处，亦须是向前做去，久久自悟。如今日处一事，似觉稍严，以后遇此等事，便加意检点。工夫尽容日进，便到得圣贤地位，须是进而不已。一味粉饰，终身无有进处，则诚天下之弃才也。外面粉饰，内面必自安于苟且。人生大患，莫大于万事都看得平常，惟于私愤私利，终身纠结不了。此种人亦无甚害于天下，而终致忘国、败天下，皆此一念酿成之。今世达官贵人，其能免此者仅矣，政教何由而善，人才何由而兴。

十五日。雨。方属晏兆龙赴喻家坳相地，此雨可谓凑巧。黄麓溪、罗小垣过谈，并为小垣致书文丽峰。

十六日。雨。延袁守愚为多、顺两孙授读，因邀罗小垣、钟芷园、周亶初、周镜溪及晏兆龙、达山晚酌。是日为先大夫忌辰，本待子敬侄为陪客，傍晚得其一信，已就寓舒兰生家矣。是日并修整菜房地砖。

十七日。雨。复罗小溪信，托成衍吾转递。曾澄侯邀同陆心农、叶介堂、欧阳信甫、张力臣、俞鹤皋、潘辅堂、杨丽亭、朱晓亭春酌，并演仁和班。自戊辰观（出）宛园，距今八年矣。接冯树堂、陈怡珊各信。

十八日。为炎儿周岁之期，亲友来贺者以面款之。晚邀张宇珊及子敬侄小酌。袁守愚赴书院甄别，晚始归。并晏禹门、杨瑞堂，共六人。

十九日。韩赓堂邀同曾澄侯、俞鹤皋晚酌。函致袁予文，托劳湘舲封递。

二十日。微雨。唐荫云邀同欧阳信甫、易笏山、舒仲和、张力臣晚酌。为周翰臣作寿序，早饭后估定字数，成文一篇，并为书之，盖半日而毕。

廿一日。萧子纯来，出节略一纸，为其父涵江司马六十生辰乞寿序，乃留之小坐，书以与之。

廿二日。晴，大热。李仲云五十生辰，往贺，宾客满堂，无甚相知者。交游之稀，如我为极矣。便过黄子寿、郭子美、吴南屏、吴伯乔处久谈。

廿三日。雨。戴昆田枉谈，所言多可笑者。叶介堂太无才，所用人尤无足论。湘乡晚年，精意销失，盐务之承其累多矣，为之怃然。

廿四日。大雨。请女客数辈。朱香荪邀同朱石翘、吴南屏、易笏山、张力臣、裴樾岑晚酌。

廿五日。雨。续请女客数辈。裴樾岑邀同朱石翘、吴南屏、易笏山、朱香荪晚酌。适馀我如至，相就一谈。询其赴粤之由，则赴其兄馀蓉初之召也。黎同人观察枉过。

廿六日。雨。请女客三日。毛俊卿专函告贷。位置其子志局一馆，犹复以此相扰，亦何不恕乃尔。复周昌辅一信，交周砺松转递。

廿七日。回拜黎同仁、谢澧卿。因至子美军门处。访湛汇川，晤其宗人湛雨苍，亦精于地学。晚邀赵斐卿、瞿景伊、钟漱芝、王旭初、萧子纯、易卓超及商农、京生两侄小（配）〔酌〕。景伊语及裴樾岑与武营口角一节，因并属一采其原委，当为理处之。

廿八日。上林寺兴工，西枝上人邀同裴樾岑、张力臣拈香。晚赴陈幼铭之召，同席朱石翘、裴樾岑、易笏山、曹镜初、朱香荪，共七人。熊绍香自县来催缴屋价。

廿九日。为曾夫人寿辰，适意城至，与偕往一饭。复李中堂一信，并致信笺十匣。为人客纠缠半日，至晚不能息，心甚苦之。

三月

三月初一日己卯。熊绍香回，便致陈遇佳一信。绍香并挈其侄樮生来，为荐之庄翰堂处。晏兆龙由曾汉乔处回省。

初二日。雨。炎儿骤病，危险万状，医者十馀辈皆茫然无有主见。持各方叩之广济真人，主服言舫臣方。会郭海青夫人闻炎儿病来视，因留照料，荐一陈医至，所主方则厚朴、苍术、法夏之属，吾意不谓然也。五鼓后，予以倦就寝，海青夫人私取陈医方给服，关窍始开。始悟药力之对症者必见奇效，而凡病者多（悟）〔误〕于庸医之方，为可惧也。

初三日。天甫明，专足延请张立之、赵蓉生。两君至则炎儿病势已解。两君皆言积食久停，皆化为痰，偶因风感，痰壅气结，不能宣泄。所言皆中窾要，而后知陈医一方所以奏效之由。昨日惶扰竟日，竟不及延请张、赵两君，致此奇险。岂此一日之病，亦有定数耶？曾沅浦、劼刚、叶介堂、龙皞臣并枉过久谈。

初四日。周韩城七十生辰，遣人往贺。力臣、子寿及意城先后过谈，遂尽一日之功。

初五日。邀朱宇恬、刘训阁、张力臣、黄子寿、凌问樵及意城同往碑石塘相度曾文正公祠园基地，因邀之早饭。力臣又为设食于局关祠，会议半日，大致规模略定。

初六日。龙树棠来省，为我作生日。是夕，晏兆龙、龙树棠、袁守瑜、瞿秉常、盛耀堂、杨瑞堂、意城及腊生、寅伯两侄，会者共十人。寄复冒小山一信。

初七日。以生辰，内外贺客六席。吴南屏、冯树堂欲相就一饭，乃并约张力臣、蔡纯斋、周逸渔、彭作新一饭。李镜浯、易梯衢、陈镜吾又自县至，周旋竟日。

初八日。出门谢诸枉过祝寿者，便过龙皞臣一饭。皞臣为言陈子鹤尚书在伊犁围城中部署城守事宜，为荣将军倚重，回逆亦惮之，乃伪为约降者，请陈尚书出讲。将军心疑其诈，不允。都统某公，力怂恿之。尚书携其子诣回营，皆遇害。遂纵兵攻城。有咸阳人刘琮汉者，随其亲戚贾于伊犁，粗知书，尚书以其诚笃重之，延课其孙读。将诣回营，语刘曰：伊犁城大而虚，断不能持久，吾此行自出死地，当以幼孙相托，脱有不幸，望君力能脱之。已而城破，刘与其孙转侧乱兵间，遂相失。逾年，刘探知其在某堡中，为回民掳以牧牛，百计营救之，不可得。会俄罗斯攻克伊犁，刘走谒其酋，语以陈尚书付托其孙事，求驰一檄回堡领取之。俄酋意不属，则抱持其足大（痛）〔恸〕，逾时，跪不起。酋果为檄回堡出之。比见，则一美少年。酋亦心喜，留之营，谋（娶）〔妻〕以女。陈孙亦安之，琮汉则力争，并诘陈氏子：奈何背弃乃祖，为异域人？昼夜请之俄酋，言陈尚书以其孙托我，必致之江西，吾事乃毕。酋言道路梗塞，万馀里何由得达。刘誓以死报尚书。酋叹曰：中国义士也，吾当发兵三百人护送之行。馈以五百金。由蒙古草地以达古北口，夜宿沙漠中，刘辄铺席地上，令陈孙就寝，自手洋枪坐其旁以备不虞。凡两月馀，乃达京师，见万藕舲尚书。藕舲乃为具状，使就谒合肥相国于天津。相国为请于朝，以原官赐恤，并恤其家属之死难者。先是城破，荣将军具大车二，一载其家小，一载陈尚书家小，阴纳火药其中，而施火焉。甫出城，火发，两车皆裂，家属皆出不意，以死徇。至是朝廷并允赐恤，而追责尚书前事，不准开复处分。此邓国瑶随尚书夫人自京南旋，与刘琮汉相处月馀，得详知其情状。国瑶者，邓保之之子，陈氏婿也。云刘君年四十馀，貌朴诚，语言质实，尚书尝称其生死可以倚托。卒得其力，万馀里护其孙以归，可谓烈士矣。

初九日。冯树堂来作竟日谈。张星槎在泰山得摩（岩）〔崖〕逾尺字碑数百字，用集成联。树堂得其一联云：种德来世福，声施满四维。晚偕树堂赴张力臣之召，同席吴南屏、黄麓溪及意城。是夜大雨。

初十日。朱石翘枉过久谈。荐熊櫄生于庄翰堂，荐周莹斋于庄惕甫宅，课其诸子，并以是日开馆。西枝上人邀同朱宇恬、李少皋、黄子寿、张力臣、朱香荪及意城晚酌，子寿、少皋不至。晚归，遇大雨。

十一日。雨。陈怡珊枉过久谈。荐李瀑仙、朱枫桥、范子雍三人为其子授读，怡珊自定枫桥一人。

十二日。雨。叶介堂、朱宇恬、张力臣、黄子恒、李镜涪、陈熙堂先后过谈，遂尽一日之力。

十三日。胡珏轩带到瞿翰篪一信，因诣珏轩小谈。便过裴樾岑，适朱香荪宴客，朱秬香、陈右铭、易笏山并在坐，畅谈至夜久乃归。

十四日。朱宇恬邀同吴南屏、龙皞臣、张力臣、曹镜初及意城赴檀湾赏牡丹，至则冯树堂已前至，出所为《敦朴会记》，属为点定之。

十五日。宇恬、岳舲陪同诸君历游恬园亭阁之胜，并属书额。因书其楼曰涌翠楼；联云：岩壑寓耳目，云海荡心胸。名其台曰清皞台；联云：举头望明月，把酒问青天。名其亭曰纳月亭。名其轩曰定舫。名其水阁旁屋曰宛沚。其杂联云：开径望三益，高谈玩四时。华萼相光饰，言笑吐芬芳。皆集文选句也。

十六日。熊雨胪、彭丽生、李少高各为展期之约，折柬相招。熊雨胪并寄示一诗，因次其韵：衰年兼及胜游难，酒晕生唇似渥丹。并作耆英九老会，尽传图画万人看树堂欲绘恬园雅集图。已饶雪萼浮螺黛，妄想风帆落马韩是日谈及西洋机船之利，往返日本，可半月程，群思一往游也。诗老不来吟兴健，花光水色剩凭栏。是夕黄麓溪亦来与会。

十七日。意城偕宇恬、岳舲赴李少高之召。本意由荷塘一过宝树湾，而三夜宿外，精神疲乏已甚，不复能周旋，仅一至荷塘。归家接刘南垣、张蔗泉、张莼生及衡唐叔诸信。

十八日。雨。李镜浯、闵养吾诸人过谈，遂尽一日之力。大率所言皆求馆事，意甚苦之。

十九日。雨，寒甚。本意出门回拜，竟为雨阻。李镜吾、陈熙堂谈局务甚悉，为之怃然。

二十日。朱石翘、吴松岩过谈。晚邀胡珏轩、闵养吾、朱炳垣、李镜吾、闵新吾诸人小酌。

廿一日。出门回拜。吴松岩以救生局事中蜚语，委员往查，稍为吴子健方伯、涂朗轩廉访言其略。为蔡纯斋致书刘荩臣。并复熊彝臣一信。

廿二日。出门回拜。邀湛利川晚饭，即约同赴杨梅山。终日为酬应所苦，不胜其惫。

廿三日。早偕湛利川同赴杨梅山，途次相得两地。一分路口小江周氏庄业，来水六七冲，齐收入明堂。一冯姓湾，冯、曹两姓屋场三所，全收木马田诸水，紧临水口，下砂重重关闭，与下荫塅周氏虎形山局面略同。

廿四日。湛利川谓先垅宜移葬，与诸地师议论略同，而断以为孤阴不生，山水不相见，允为扼要之言，似其见解又在晏兆龙之上。

廿五日。出门回拜。张力臣处见萧屺山当行出色，前后来省数次，未尝通拜，此次入京张罗，便通拜两次。凡此皆所谓当行出色者也。

廿六日。过朱石翘、裕时卿久谈，时卿已登舟，将北行也。晚与张力臣、黄子寿、朱宇恬同请韩赓扬，子寿以家有喜事不至。李辅堂以《三山归棹图》属题，中有罗研生一诗，意趣盎然：昔有僧来自南岳，自言独居古洞毗卢中。要乞关津过路牒，前往天台、雁荡、南海礼佛探灵踪。一担轻爽类转蓬，两脚便捷如飘风。目送僧去生狂蠢，壮游恨不行相从。自兹梦魂夜萦绕，不知此僧结跏何地露边草，挂锡何山云际松。是时僧年十八耳，澄澈双瞳照秋水。雄心直似凭象力，大胆真堪履虎尾。越二载馀僧忽来，入门酬我菩提子。细扣游踪笑不言，多缘奇境难摹拟。山川例是大夫说，僧非慧业文人比。昨年偶踏故山秋，煨芋时时怀邺侯。重来一访柑园宅，单舸已入名山游。历冬涉春复徂夏，不觉岁序行将周。想缘幽崖度绝壁，复从突兀穷荒陬。鱼龙曼衍入清瞩，猿鸟飞跃供冥搜。何水不照旅客襟？何山不入游人目？天教看尽浙东山，其大者三聊记录。经由径路僧岂殊，领取灵奇公所独。一轴荆关妙尽传，一卷宫商鉴可读。若兹游事直令仙与佛俱输，信有游缘并游福。君不见湘滨野老空头白，日汲湘流弄湘石。无济胜具恶乎游？何况三山天远隔。高卧远希宗少文，长征近谢徐霞客。

廿七日。雨。劳湘舲邀同黄氏昆仲、李氏昆仲、张力臣诸人晚酌，仲云临席退帖。坐中语及夏芝岑、裴樾岑、朱秬香、谢小庄四观察近事，为之怃然。裴公实非诸人之比，然苛求细故而不明大体，积怨日多，终亦不免授人以指摘，窃虑非宜。

廿八日。陈右铭邀同吴南屏、李次青、刘璞堂、张力臣、朱香荪晚酌。夜过郭子美谈。湛雨苍、湛利川言地，甚有意致。

廿九日。为吴梯青致张东墅一书，张力臣所托也。西枝属撰弥勒殿联。胡珏轩属撰箴言书院联。

三十日。致朱宇恬、岳舲书，兼复冯树堂一书，托其转递。杨文台赴荷塘，便致意城一信。

四月

四月初一日己酉。雨。改戴凉帽。回拜各处。至白兰岩、曾劼刚两处久谈。兰岩论事颟顸，而劼刚语语透出一层，且有断制。语言正足以观人也。

初二日。为郭子美撰其太夫人墓铭一通。古人于妇人皆不言事略，述其德行而已，自昌黎以下皆然。子美所撰行述，亦予改定。所载一二事实，竟不能不以入志。文之不及古人，岂惟才力学术之不逮。辗转迁就以从人之意，亦古人所不屑也。

初三日。张力臣约往郭子美处贺主，西枝和尚以午刻祭梁约往，皆懒不赴。今年一切酬应多从谢绝，岂老征耶？西枝再四催请陪同吴南屏、李次青、张力臣、崔贞史会饮，兼请祭梁。晚过沅甫谈。

初四日。过夔石中丞谈。朱香荪邀同吴南屏、龙皞臣、张力臣晚酌。

初五日。罗小垣、张雨珊过谈。晚邀朱石翘、裴樾岑、吴南屏、李次青、易笏山、朱香荪、张力臣小酌。

初六日。微雨。邀劳建亭、少芗、周步瀛、易海青、黄理吾、成衍吾晚酌。正以祈雨断屠，幸赖裴樾岑观察馈鸡鸭烧猪数事，得以供其所乏。

初七日。微雨。邹谘山过谈。人客踵至，遂尽一日之力。杨瑞堂自杨梅山归云，冯家湾、分路口两处，皆非正龙。湛利川取决目力之所及，自信不疑，恐未免轻于言地也。

初八日。张力臣邀同唐荫云、丁果臣、李次青、龙皞臣、易笏山、李辅堂诸人晚酌。顺便回拜诸处。

初九日。至郭了美处陪吊。晚就吴南屏、李次青、丁果臣谈。果臣为传人言数日前保出一周姓，不免受人欺骗。世事真可惧也。

初十日。郁热不可耐，而无雨意。接李懋堂、黄理吾及汉舟各信。

十一日。意城、志城均有信至。殷少乔、吴伯良、周哲存、劳少芗次第过谈。

十二日。以劳少芗赴京之便，寄潘伯寅侍郎及张竹屋、王逸吾、龙芝生、周桂伍各信。

十三日。阴寒。乡间盼雨甚急，偶阴便风，全无雨意，旱势成矣。与张力臣、李次青约送郭子美太夫人殡，甫至走马楼口，观者如堵，人舆皆不能杨行，因遂诣曹镜初、吴南屏诸处谈。胡恕堂邀罗研生、吴南屏、丁果臣、李次青午酌，径入会饮，得一畅谈。

十四日。大雨，自子刻至辰、巳之交，未尝少息，足为快慰。黄太夫人邀至赵家坪，与彭氏三位姑太太商议处置海春之妾卢氏事，吾竟穷于为计，拟十六日再一往劝之。顺便回拜罗小苏、周哲成、吴伯良。

十五日。龙皞臣邀同裴樾岑、吴南屏、丁果臣、易笏山、张笠臣、朱香荪晚酌。为吴伯良作书与杨厚庵宫保。

十六日。张力臣属撰《展禊图序》，竟为人客纠缠，竟日不能一近书案，闷苦之至。叶介堂邀同罗小溪、朱宇恬、黄麓溪、张力臣、曾劼刚晚酌，因处置彭宅事，薄晚始到。

十七日。诣徐寿蘅、季蘅处致唁。易笏山邀同罗研生、吴南屏、丁果臣、李次青、龙皞臣、朱香荪、陈又铭晚酌。

十八日。大雨竟日。早邀朱石翘、罗研生、吴南屏、龙皞臣、丁果臣、易笏山、张力臣、朱香荪便酌。晚邀周翰臣、陈熙堂、盛子元、蔡虞臣、吴伯良、盛展奇、熊逸亭、熊泰阶便酌。伯良、展奇已归，二熊以雨不赴席，而谈孔亭、顾秀山适至，因留一饭。

十九日。寿衡约往陪吊，至则王夔石中丞、白兰岩观察均已走吊矣。随以郭子美军门之信，走觅湛利川。晚邀罗小苏、黄麓溪、朱禹恬、殷少乔、周哲存及笙陔叔便酌。复郭子美一信。

二十日。张力臣东游之便，致彭雪芹、金眉生、恽小山、张小石四信，兼寄恽次山、张石卿、刘听襄奠分。听襄奠托金眉生转交。

廿一日。黄子寿早至，李升不为通报。已而黄老太太挈彭氏二女子至，喧哄半日，仍挈至张力臣处。晚赴黄麓溪之召，同席叶介堂、朱宇恬、黄子寿、张力臣、曾劼刚。长沙令劳湘舲邀同议事，予辞不敢赴也。

廿二日。晏兆龙为相河西望城坡西北阳和塘张姓山地，询知张姓住府正街，甚饶富，其地又尚须审度，不愿谋此也。

廿三日。白兰岩邀同李次青、仲云、黼堂晚酌。便道一拜客。彭府事议论纷繁，正如昔年论夷务，万口同声，不容置辩。士气之嚣，盖自宋已然，非一日之积也。

廿四日。会客六班，回信八通。岁月无多，以有（力）〔限〕之精力，销磨于无谓之应酬，为之叫苦而已。

廿五日。曾文正公建祠碑石塘，以是日已刻兴工。朱宇恬邀同叶介堂、刘训阁、李次青、黄子寿、张力臣、凌问樵早饭，偕往祭告土神，而属我主祭。相礼为屈午桥、闵观生二人。回拜各处，至晚方归。

廿六日。王梦虎、朱石翘及笙叔三人来谈，遂尽一日之力。晚为香荪招饮，本定黄海华、裴樾岑二人，比至，则罗研生、龙皡臣、易笏山、曾劼刚四人在焉。询知海华以事不至，樾岑则为朱秬香招饮也。

廿七日。接张蔗泉信，托为宇珊致书李筱荃。宇珊前亦言及之。吾谓便信言之，亦无不可，专函则不宜也。筱荃于此等处，亦颇未易以理晓之。

廿八日。诣舒兰生贺其新婚之喜。就便回拜各处。下午雨，遂由王梦虎处回家。

廿九日。雨。子敬侄来谈，遂尽一日之力。接张力臣信。遣人诣督销局，叶介堂亦已东行，始知其与力臣有约也。

五月

五月初一日戊寅。雨，凉。罗小垣来谈。袁守瑜解馆归。遣人诣宝树湾，致达山一信。

初二日。邀罗小溪、朱宇恬、舒兰荪、周挹藻及一侄晚酌。罗小垣示悉常德局撤去多人，阅之，并一侄所属心者。陈敬吾、陈建亭、李寄庐，凡与吾有亲谊者皆在撤中。而张力臣私人一无更动，使人愤憾。

初三日。致陈敬吾信，令其暂留育德铺候信，盖将与叶介堂一加办理也。舒兰生邀同朱宇恬、周文斋及子敬侄晚酌。唐鲁英、黄子寿均不至。

初四日。曾沅浦、罗小溪、罗小垣前后枉谈，遂尽一日之力。小垣述及局事，为之怃然。

初五日。邀朱石翘、罗小苏、小溪、成衍吾为端午之会，二罗及衍吾辞不至；改邀吴南屏、罗研生、小垣、吴孟亭，研生、孟亭又辞不至。曾沅浦来谈，言永丰以上多不能开种，旱势已成。惟闻衡、永以南，澧州以西，雨尚不乏耳。夜雨。

初六日。黄子寿、易海青枉过久谈。下午出门回拜各处。诣曾沅甫，门者持柬入，云赴刘训阁处闲谈，时已至其客厅相候，再持柬向刘处，而还报云已赴曾子庙矣。曾子庙相距甚远，沅甫骄贵，岂堪步行，亦取瑟以辞孺悲之义也。

初七日。罗小溪、张莼生枉谈，遂尽一日之力。竟日周旋，兼及家事，日夜不得休暇，为之茫然。

初八日。出门回拜各处。晚复志城及陈敬吾二信，又为敬吾致信张禹珊。

初九日。与黄子寿约往看水埠头地，子寿濒行忽辞不往。是夕径至周家坊福星宫宿，地名喻家坳。

初十日。至铁罩山看下脉过田峡处，至喻家坳，再过田峡，正结水埠头地，陈夫人旧葬处也。陈作梅极赞其佳，吾邑言地理者争毁之。去冬改至洪家冲。顷往观之，始知诸言地学者之谬。晏兆龙劝改水埠头地，又指其旁一砂地名株树湾，以为极佳，一何可笑。是日下午回至道林桥。说合株树湾地事为周炳堂。

十一日。回城。吴孟亭适自县来，极言省龙分枝结穴处，如数家珍，而云洞田铺有一地绝佳，约往观之，乃与订明日偕往。

十二日。与吴孟亭至洞田铺上下相地二所，可为谬诞。新化魏叔容、李石仙、李仲莘来见。适自洞田铺归，遇诸门。

十三日。雨。王夔石中丞见示恽次山中丞请开复处分朱批，因诣一谈。并回拜丁枕石各处。丁君持王子寿书枉顾，适赴乡未回，至是始一回拜也。

十四日。雨。黎彤云、胡云卿来谈，遂尽一日之力。白日苦短，而人事益烦，为之茫然。

十五日。大雨。邹子香自县至，又由便船回县。便复冒小山明府一信，并函致翰舟及捧云堂。

十六日。大雨，凉甚。为龙炽应致刘印渠一信。并得刘毅斋信，言去岁函荐陈松生，已为位置一席。

十七日。吴南屏邀同丁枕泉、朱香荪、龙皞臣、罗研生、丁果臣、吴伯乔晚酌。三日大雨，江水方涨，而各官求雨不已，屠禁未开，乡民动辄挟制官长，肆行无忌。上有酿乱之有司，下有应劫而生之百姓，乱至无日矣。

十八日。彭实庵来省，急往见之。就便回拜各处。晚邀黎彤云、周文斋小酌。

十九日。刘竹亭邀同朱石翘、罗研生、严浩斋午酌。就便回拜文丽峰、李廷璋、黄蔼士。

二十日。邀朱石翘、裴樾岑、吴南屏、罗研生、刘竹亭、曾澄侯、龙皞臣、朱香荪晚酌。

廿一日。早赴朱香荪，同席朱石翘、黄海华、裴樾岑、龙皞丞。晚邀彭实庵、黄蔼士、黄子寿、程竻西、劳恺臣、张小筠小酌。香荪见示赠朱石翘二律云：九江东下接平芜，彗日甘棠问旧途。骑竹儿童皆将相，转蓬身世独江湖。苍头却敌功谁论，白发朝天影更孤。闻说汉廷方吁俊，循良犹记寇公无。　长剑生尘久不磨，偶逢奇士一高歌。千秋信史空佳传，百战云台同逝波。论相只应惭李蔡，推贤安得尽常何。渝汾淡宕名儒老，为话沧桑泪更多。自注谓筠仙中丞。可谓寄慨遥深矣。

廿二日。为朱石桥送行，会任芝田过谈，遂为人客所困。比诣石桥，则已行矣，闻尚泊舟草潮门。随回拜李与吾、曾澄侯、曾劼刚、孙春皋诸处。至草潮门探问，又已开行。缺为一别，颇系于怀。

廿三日。曾劼刚递到李少荃中堂一信。黄麓溪过谈。复志城、意城各一信。又为陈熙堂致李镜浯一信。

廿四日。早微雨。自五月以来，沉阴且凉，雨犹未透。任芝田、江芾生见过，因留饭。兼邀朱香荪、李作舟一谈。

廿五日。闻黄子寿述李与吾议论，多可听者。一往访之，而已开行矣。便过胡听泉一谈。

廿六日。微雨。凌问樵、连书桥、朱宇恬、杨子介、郭子美、韩赓扬次第枉谈，自辰起至于日夕，未尝稍息，颇觉此日之可惜也。

廿七日。朱秬泉枉谈。胡云卿、恒月珊相继至，又尽一日之力。衣冠酬应，谢绝已久，却无一日能免此者。城居苦趣，此亦一端。

廿八日。微雨。诣刘秋云、张夔庵谈，并回拜各处。秋云又随任芝田枉谈。

廿九日。雨。湘俗以五月下旬迎城隍神遍历各城，以久雨，定期是日，甫齐会而雨。下午徐寿蘅来谈。

三十日。年来治礼经微有心得，而苦蹙蹙无暇，又多以无谓之酬应间之。近十馀日以来，至于友朋书问亦积压至十馀封，不暇拆阅。人但怪其读书之专，而不知老人精力之无多也。徐寿蘅过谈，语及时事，言近日人才不仁不义，无礼无信，而终归于不知。语殊深切。

六月

六月初一日戊申。黎彤云、罗小垣枉谈，语及湖南官绅士民，居心行事不可测量，各举一二事相告。以吾孑然介其间，日怀愤世嫉俗之心，可以想其情趣矣。

初二日。韩赓扬、陈怡珊来谈。易小山带到易墨村一信。罗小垣允为炎生求神水于善化城隍之神，为百祀之最灵显者。开具一疏与之。

初三日。陈怡珊、程黻西、劳凯臣邀同彭实庵丈、易仲云议彭府事，仲云不至。因偕实丈诣丁子开会谈。

初四日。天阴凉甚。罗小垣、湛利川枉过早饭。利川允为一步省龙，因遣之行。

初五日。过李篁仙、龙皞臣、曾栗诚、易笏山诸处谈。陈怡珊、程笏西、劳凯臣及彭实庵丈属为处置彭宅事，因诣东茅巷，又转至臬署，力与剖析之，而皆难于陈说，虚费语言斗许矣。

初六日。湛利川归。距城二三十里豹子岭，有虎伤人。派兵二百往捕，方植旗岭畔，为虎扑伤二人，遂狂奔。加派三百人往捕。此乱征也。中丞派兵往捕，亦但相与有儿戏而已。彭实丈、陈宝珊、劳凯臣、黄子寿、刘秋云先后枉谈，遂尽一日之力。

初七日。易笏山、陈笏西枉过久谈。吾方病，日食粥一瓯，竟日枝梧酬应，亦良苦矣。

初八日。寄复王阆青一信。闻何镜海自京师回，急诣一谈。京师局面，一循道光末年之风气，而相奖为无用。如刘霞仙、曾沅浦之为人，但以有脾气三字了之。楚人至今日，实犯天下之公恶，亦由同乡宦京师者太无识见之故，相与慨然。

初九日。回拜何镜海观察、朱筱塘太史、邓禹门太守、王鼎丞大令。又过韩赓扬，诉涂朗轩语言行事之谬。乃赴彭实庵处，仅一唐荫云，二人相对。询问回复臬辕情形，则已与李仲云、丁子开料理完妥。为保护彭氏一弃妾，相与肆意妄为，人伦纪纲全然抹煞，可为浩叹。是日先后闻库仁龛将军、王子寿比部之丧库以四月十四日，王以五月十五日。并以耆年宿德，为当世善人。是日凡两哭老友之亡，两次发怒后生之无礼，为吾老人第一凶日也。

初十日。就裴樾岑、朱香荪一谈。默察天下大局，万不足与有为。无他，无人而已矣。举朝昏庸，而能遏截天下之人才，以大力持之，所以为可伤也。

十一日。阅张子恒诗，有方元仲为登高之约一绝云：树阴如水上衣绿，剩欲呼童扫石苔。商略一杯何处好，重阳风雨送诗来。极有风致。中秋对月一律：二十四年空月明，今宵重照定王城。清光自合环中满，白发偏从镜里生。剩有令威寻道侣，早于仲默让诗名。一樽供我江湖梦，不问骖鸾上玉京。又神似遗山也。昨阅丁枕泉诗，深厚有韵味，直欲绝远一世人，追古人而从之，其境界绝不易及。惜其告别匆匆，仅得一浏览而已。

十二日。黄麓西来告，涂朗轩经课题内有归田箴拟北山移文，及今夕只可谈风月诗，盖为罗小溪事由我转达而发也。闻之骇异。乃告韩赓扬、裴樾岑一往谒之。王夔石之迷药，遂令涂朗轩狂乱至此。吾楚何不幸，而假手诸人以成其乱，所谓天也。龙皞臣约至何镜海处晚谈。

十三日。韩赓扬过谈，稍为涂朗轩解说。而所传涂君之言益乖谬，乃知若辈之不足与入道，总坐一昏字而已。赓扬复约至郭子美处晚谈。

十四日。雨，暑热已极。裴樾岑枉过久谈。世教不明，人心各是所见。间处理一二事，便觉遍国中无足与谈者。樾岑在今日，固为不可多得矣。晚就曾沅甫谈。

十五日。何镜海枉谈。暑热不可耐，而亢旱未已。近年诸在位者之德政，宜足以致此。

六日。奇热。似此数日暑气，为历来所未有。省城人心风尚，直不可问，相与极力凑成一个乱字，殆不可与久居矣。

十七日。出门回拜各处。天稍阴，视前数日暑热微减，始敢一出门也。刘伯固、罗允吉、欧阳心田并寓曾劼刚处。以赴沅浦宫保饮，未获一晤。

十八日。朱宇恬枉谈，因论及李仲云、辅堂之为人，阴险贼猾，不可名状，而声名最优。省城人心丧失已久，是非贤否，懵然无能辨而知者，此所以可惧也。

十九日。热极。周幼庵枉过，报言黄子恒以本日辰刻物故，亟往一哭之。因与罗寅桥、徐杏泉、郭子美诸君一谈。

二十日。往吊张柏轩及涂星畬太夫人之丧。李篁仙、孙云洲皆陪吊涂氏，得一叙谈。归过裴樾岑、罗少村两观察及胡恕皆中丞。

廿一日。接罗小溪信，以一信复之。又为吴聘廷寄王若农一信。友朋酬应，发绝百端，专为人效此无谓之请托，亦何可笑。

廿二日。罗研生七十生辰，意城属撰寿序一通，研生不谓然也。吴陶村自辰州来，带到刘咏如太守所编《救生船记》八卷，其规模亦宏大矣。咏如之才，亦自可爱。

廿三日。雨。是日为初伏日。望雨日久，而偏以是日得雨，俗谓之穿秋漏伏，于岁收为不宜也。

廿四日。雨。日来稍屏除人客，而兴趣萧然，并所常阅之书读之，亦若格格不相入。年老而精力就衰，殆无复有进境矣。

廿五日。致吊黄子恒处，遂就龙皞臣、郭子美、曾沅浦三处谈，遽尽一日之力。黄宅晤苏晴山，言在上海曾相见，相距十一年矣，竟不复能记忆也。

廿六日。邀欧阳心田、刘北固、罗允吉及曾劼刚、栗诚、符卿、健农、岳生晚酌。罗允吉已归，健农、岳生皆以病辞。裴樾岑晚谈甚畅。

廿七日。邀杨子介、张禹珊、左癸叟、姚裔云、罗小垣、左壬叟早酌，壬叟不至。是日热不可耐。

廿八日。阴，微雨。过王初田、胡珏轩、周砺松谈。易卓超玉峰过谈，盖奉其尊人梯衢之命，相就谋事，实无以应之。

廿九日。早大雨。朱宇恬邀同朱香荪、陈怡珊、龙皞丞、唐鲁英昆仲早酌。曾沅浦过谈。

闰六月

闰六月初一日丁丑。为沅甫撰五十寿序，又罗研生七十寿序，邓禹民太夫人八十寿序。唐羲臣自县来。

初二日。谭心可来谈，诘以陈熙堂事，竟穷于置辩，而诿之鲁秋航之倾轧。朱宇恬实托鲁秋航转告谭心可，以陈君为属。两君者乃躬行变幻，莫可研诘。长沙人心诡变，又他邑所无。正恐以是感召大劫，相与俱尽，将何术以避之。

初三日。叶介堂自金陵回，言谋夺其督销一席者二人：一蒋湘泉，托合肥相国为之言于李雨亭；一唐荫云，自以书求之，并倾及叶介堂。介堂因告言人心之险如此。吾谓何人之心不险，因历举介堂数事而诘之曰：此为险耶否耶？险之必倾，满而必溢。末世之人心，皆导乱之资也。

初四日。中伏。接恽小山信，并寄示恽次山中丞《国史馆传》，求铭其墓。

初五日。接罗小溪信。白兰岩枉过，以其少君谋与陈逸渔家结姻，属为媒说。胡珏轩、少芝、周砺松过谈。

初六日。回拜各处。至周蓉帆方伯、但少村观察、丁次谷大令处久谈。叶介堂述及近事，为之慨然。

初七日。万石臣自金陵回，述彭雪芹宫保逸事数则。李仁以所著《古今体诗》一本，属为点定，竭半日之力还之。

初八日。大南风。四五日阴，郁热无雨。裴樾岑见示刘生愚上吴制军书二通，上王藩司议十二怪书一通。吴仲仙奏请革职，交地方管束。其书痛快，直是吴仲仙顶门一针。朝廷之无纪纲法度久矣。如吴仲仙辈，使当乾（降）〔隆〕盛时，能如此之横行无忌哉。

初九日。意城至省。接刘荫渠信，仍思意城往助。意城闻诸江达川：文式岩屡书告京师贵人揭荫渠之短，势且攘其位而据之，恐其在粤不能久也。出门回拜各处，因至荷池晚饭。

初十日。接李筱荃信，知李幼荃六月初三日在天津物故。幼荃自少有伉爽之气，吾甚重之，深以叹惋。廉丞交易鸣周递到一信，意求为易小亭说法，其势固不能行也。

十一日。秉文遣人报其母之丧，为函致陈遇佳一致家奠之费。朱宇恬枉谈。

十二日。邹子香来谈，述及俞鹤皋、冒小山之言，皆若于我有所疑者。秉文之言尤悖。君子立身行己，求见信于流俗，盖亦难矣。

十三日。何镜海来谈，所言多可听者。刘励吾述粤西事尤详。其兄考言二，弟谷怀五、彝亭六，均来往粤西。予所识惟一谷怀也。

十四日。赴吊沈晴岚、褚敏斋二处。沈干臣枉陪，气宇甚佳。南风久晴，旱热日增，为之心痗。

十五日。复王绶卿军门、彭渔航观察二信。渔航信言及师门近事，义正辞严，所以责涂朗轩廉使甚至。会裴樾岑观察枉谈，并以示之。

十六日。裴樾岑见示吴侍御可读劾奏乌鲁木齐提督成禄十可斩五不可缓一折。并闻盐道白兰岩内召，接任者为惠林，盖由制府年终密考致然也。

十七日。韩赓扬枉谈。笙陔叔专寄一函，有属转达学使事件。以廖仲山为人沾染时气，以猜忌士绅为心，不足与言，函属裴樾岑转达。

十八日。樾岑见示廖仲山复函，则云宋惠人邀请即刻发行，已照办矣。幸鄙人尚能自重，未一往言之。李镜浯自县来。

十九日。邀李镜浯及衡叔、意城午酌。致复刘荫渠中丞一信，交励吾递寄。

二十日。雨。数日亢热不可耐，一雨稍解。镜浯论及冒小山在县各情，多不可晓者。大抵大府无一明晓事理，而承奉意旨者遂出而愈远，于区区小吏何尤焉。

廿一日。微雨。文忠夫人见示胡珏轩信，属为廖仲山言之。仲山岂足与言者，因面辞之，而允为宋惠人一言。旋闻益阳来人语云，宋公于此先具有一种私意，遂亦不便往言也。

廿二日。以雨后稍凉，出门酬应一日。晚过何镜海，会崔贞史在坐，遂留小宴。

廿三日。李作舟邀同香荪、意城、舒兰生、江芾生早酌，因留久谈。宋惠人于裴樾岑，故相善也，而颇以机心待之，盖其与各官周旋久，不能不从之而化。处末世而求所以自立，诚亦难哉。

廿四日。裴樾岑邀同龙皞丞、李篁仙、易笏山、何镜海、朱香荪及意城晚酌，屋小人多，热不可耐。

廿五日。何镜海邀同裴樾岑、朱宇恬、易笏山、刘瑞芸、朱香荪及意城晚酌。热不可耐。致合肥相国及筱荃制府二信。

廿六日。风，凉。殷少乔、徐仁羲、李惺吾来谈，遂尽一日之力。晚闻裴樾岑委署盐道之信。

廿七日。雨，凉甚。为裴樾岑贺署缺之信。便往俞竹君、劳湘舲各处。

廿八日。李允斋来谈，以其叔李忠武公、勇毅公墓表属书。忠武公之子健斋，吾所识也。勇毅公之子俊斋，去秋来省，竟未一见。李竹屋自衡州来，急往一见之。

廿九日。接周桂伍、金眉生、白寄叟、陈俊臣各信。黄石臣自龙山来。何镜海枉过夜谈。

三十日。香荪致宋惠人一函。原以惠人与樾岑至好，无所忌讳。而此语竟至上达。香荪好事，本不可为训。惠人于此亦稍失友朋之谊矣。

七月

七月初一日丁未。杨朋海、龙皞臣过谈，语及近事，有足骇人听闻者。晚过裴樾岑一叙，樾岑诵种放一诗云：我本背时性孤僻，自信已道轻浮名。中途失计被簪绂，目睹宠辱心潜惊。虽从鸳鹭共班去，常恐青蝇微有声。清风满壑石田在，终谢吾君甘退耕。种名逸，高士，亦睹宠辱而心惊，可以想见古今朝局，只是一个倾轧世界。是以君子之于仕宦，可以蘧庐视之，而不足与久处也。

初二日。郁热不可耐。五侄带到志城一信，即以一信复之。曾劼刚来谈，张力臣自江南回。

初三日。胡恕堂邀同丁果臣、陈茀生及意城午饭。因偕果臣、意城步访李次青于府城隍庙。次青竟与刘竹汀出游，久候不归。

初四日。致吴南屏一信。以张力臣道过鹿角，闻南屏病甚，遣人一往视之，因附书讯其起居，兼致金眉生所寄书。凌问樵、李健斋枉谈。

初五日。复志城一信，以其疑我于易小亭有所偏护，略一晓示之。出门回拜各处。刘馨室、裴樾岑、朱宇恬各处久谈。

初六日。遣炎儿谒见易海青于求忠书院。是日晴凉无风，可云佳日。笙叔邀同易昀荄、张力臣及衡叔、意城晚酌，力臣不至。学使者以是日会覆拔贡生。便道一探问江芾生、李笏生，尚未出场也。

初七日。大雨。李竹屋约来谈。适吴称三亦至，留之便饭，不可。称三谈文事甚畅，亦吾楚佳士也。

初八日。邀何镜海、俞竹君、姚庶侯、张力臣、刘瑞云及衡叔、笙叔、意城晚酌。竹君赴乡。衡叔回岳州。致李筱荃制府一信，由韩赓飏差弁带鄂，并致季荃、和甫、稚荃信，为幼荃之丧致唁也。又托筱荃致禄海峰一信。

初九日。邀刘励吾、邓直卿、李笏生、黄石史、方兰生、方松岩、江芾生晚酌，芾生以病不至。

初十日。回拜，至李次青、刘史亭、黄海华、张蔗泉、张力臣、俞鹤皋、吴称三、饶宝臣、姚庶侯各处。宝臣已归。过於桐轩处畅谈。

十一日。刘史亭来谈，语及时事，相与感慨系之。默察诸君子之用心，为乱而已矣。接张兰陔一信。

十二日。尝新祀祖，并邀晏兆龙、袁守瑜、易卓超、周莹斋及寅伯、健甫两侄小酌。接邹公让一信。

十三日。陈幼铭自永州回，枉过畅谈。楚事日忧昏乱，惟见樾岑，幼铭三君，裡气稍为爽然。

十四日。张力臣为何镜海饯行，邀同李次青、龙皞臣、易笏山、刘史亭、李辅堂、邓弥之、朱香荪十人会饮。夜归，晋扬适专足守候为点定易墨村祭文。为别拟一篇，交其来足带去。

十五日。杨鹏海、龙皞臣两处招饮，以中元祀祖，辞不赴。出门回拜各处，白兰岩、裴樾岑、何镜海诸处畅谈，遂尽一日之力。

十六日。龙皞臣招饮，以先太夫人忌日辞不赴。谋缮寄广东信，属门者谢客。曾小澄、岳松、周砺松、庄翰堂及诸传语及手答各函，犹至十馀起之多。精力实苦不支。罗小溪专寄一信，当以一信复之。

十七日。邓弥之邀同何镜海、龙皞臣、李篁仙、张力臣、易笏山、刘史亭、朱香荪晚酌。曾邀彭笛仙，辞不至。以何镜海赴粤之便，致陈兰浦、张寿泉二信。

十八日。李仲云邀同何镜海、龙皞臣、李篁仙、易笏山早饭。四君者又偕刘史亭、邓弥之、朱香荪、张力臣枉过午饭。曾劼刚又求入席，凡会者十人。篁仙述及灯谜佳者：直抵黄龙府与诸君痛饮。诗经一句，卷帘格。燕燕于飞，倒文曰，飞于燕平声燕。其妻归告其妾曰，良人者。四书一句。惟我与尔有是夫。两物集成一联酒令：叉鸡贼，武则天。茅店鸡声无赖贼，莲花鹤鼈有情郎。魁星，卷棚。曾看彩笔干牛斗，不见空梁落燕泥。　手炉，孕妇。袖手能添身上热，裙腰新长嫁时围。　回回，歌妓。生儿不敢呼豚犬，养女偏能学凤凰。四字集成联酒令：红烧芋头。心字烧香红袖拂，头陀煨芋白衣来。　清蒸鸭子。子夜焚香清鸭睡，午晴蒸饭报鸡啼。二字集成联酒令：宝兴。掷果人来卫叔宝，簪花书学赵吴兴。王壬秋题吴称三石笋山房诗：去岁乘欙度醴东，霜山晴簇青芙蓉。廿年九过负清景，灵岩近在东山峰。山人为我话奇石，夜窗斗撑千丈碧。石霜寺外钟泠泠，溪声不喧松声寂。小斋平天风月宽，藏书避劫如仙坛。四文阁灾武英火，独抱遗卷明琅玕。暂辞松筠锁门去，却入夫夷最深处。归时双笋应更高，试扫莓苔刻新句。　又成亲王书七律一首：倦童疲马卧松门，自把长筇倚石根。江月转空如白昼，岭云分照与黄昏。鼠摇岑寂声随起，鸦踏荒寒影对翻。当世不知谁主客，令人忘我我忘言。

十九日。邀吴称三、左宾门、俞竹君、邹秋浦、黄伯初、曾晓澄、岳松晚酌，宾门归家辞不至。致裴樾岑信，言朱香荪事。樾岑旋至，言及一切情形，知香荪见恶于人久矣，亦颇有自取之道。末流之世，君子道消。小人、君子亦当同任其过。接袁予文、夏宝生二信。

二十日。大风，凉。曾劼刚邀同刘馨室、何镜海、邓弥之、张力臣、李辅卿午酌。俞竹君见示闰六月廿一日巳刻南岳庙正殿火灾禀报，叙南岳自唐开元十五年火，南宋绍兴二十六年复火，顺治五年复火，皆相隔四百馀年。本朝两次火，相距才二百馀年。以所关天下安危，非但一省之祥。而如顺治五年之火，则前后三藩之变凡二三十年乃息，越数年即应，亦大可惧矣。居上位者，略无恐惧修省之意，吾且奈之何哉。

廿一日。庄翰堂见示司详朱香荪一案，始悟何镜海、易笏山于此实有见地，非鄙拙所能及。吴九如、周芷香、李春台来见。李君年八十三，初赴乡试，亦乡里善人也。

廿二日。大风，凉。袁守瑜以须应乡试，假监生名录科回家入场。补寄何小宋制军一信，并托何镜海带粤。

廿三日。朱宇恬、凌问樵枉过久谈。瞿秉常偕二袁君至，得悉袁予文近状。予文弟号小谷。

廿四日。为白兰岩、何镜海送行，兼回拜各处。便过斗姥阁，晤道士蔡浩楼，知其于是阁用心之勤。晤蜀人，言及刘愚以同知候补四川，其名愚，字曰又愚，号曰愚夫，灯笼标题曰天下第一愚人。真堪一噱。

廿五日。陈右铭、陈宝珊、麻竹师过谈。晚过黄石珊、李次青、张力臣诸处。夜久乃归。

廿六日。李篁仙邀同张立之、李次青、朱宇恬、张力臣、李仲云、辅堂早酌。接金眉生信，由应敏斋递涂朗轩转交。

廿七日。回拜各处。晤泸溪李少轩、小萍父子。自云在军早归，得保道员，送其子就乡试也。

廿八日。彭笙陔、魏叔容过谈。笙陔曾著《明史论略》，求予序已历二年，尚未有以报命也。

廿九日。黄麓溪、丁果臣过谈。陈熙堂、周莹斋回湘阴，絮语逾时，顺致廉丞一信。

三十日。朱香荪来谈，询及元旦贴诗门首一节，因自诵其诗云：申椒零落菊英残，自古潇湘作客难。连日市门三尺雪，更无人迹问袁安。　羔酒笙歌荐岁时，蓬门苔瘦得春迟。苍生莫问安危计，我尚无聊尔可知。

八月

八月初一日丁丑。出门回拜各处。龙皞臣约同邓弥之、朱香荪枉过夜谈。

初二日。黄子寿邀同赵玉班、李次青、易笏山、杨鹏海、曾劼刚晚酌。是日秋分，雨。

初三日。大雨。吴南屏来省病甚，其侄吴伯桐及庄翰堂来言病已垂危，急往视之。晚赴香荪之召，盖约皞臣、弥之及刘史亭夜谈也。为张力臣致席研香一信，为曾挚民复黎简堂一信，并函复挚民。

初四日。陈右铭、朱宇恬、曾澄甫、袁小谷来谈。随出门回拜。胡恕堂生日，一往贺寿，至则延入观剧。予久不与此会，反以为苦，少坐即辞去。

初五日。志城自乡来。朱枫桥、李镜浯、彭博山、吴聘廷、戴少霞并至，因留晚酌。接李筱荃一信。

初六日。魏鉴堂枉过，谈及近事，相与怃然。笙叔来视志城，强出一见，遂为他客纠缠竟日。

初七日。微雨。诣吴子健方伯谈，就拜其侄婿洪莲尃太史，因论及冒小山，谓其误会中丞之意，专与士绅抵牾，宜其有此。旋至冒小山处，痛责其无良。末世之人心，至于不可测量，而使之居民上，宜天下之日趋于危乱也。

初八日。寅伯、子健两侄入场，起送，已行矣。龙皞臣、冒小山先后来谈。吾以三语示冒小山，曰不护己过，曰不怫民情，曰不摧抑正气。且曰做官须是自作，上司好尚，一有迎合，则喜怒皆不能自主，而本心遂至澌灭矣。迎合上司之意不可有，迎合百姓之意不可无。上司性情意见各有不同，迎合到十分好处，一旦去位，全失所恃。百姓之意却留得久。百姓相与歌诵之，上司亦不敢不加异视。孰得孰失，必能辨之。冒君天分太低，粉饰太过，恐终不可与入道。

初九日。大雨竟日。姚庶侯来谈。易海青邀同庶侯、志城会酌，志城辞不赴，吾亦辞之。

初十日。大风，寒。龙皞臣约相就一谈，以朱香荪至，一切未及深言。香荪语言轻易，不能不防之。

十一日。陈俊臣、张力臣过谈。旋闻吴南屏之讣，一往哭之。力臣挽联云：应是岁星精，七十年鲁殿灵光，金石文章传不朽；刬却君山好，八百里洞庭秋水，桂花时节罢登高。丁果臣挽联云：同是白头人，记十九年前，识面在岳阳楼下，那堪黄叶地，与二三同好，哭君于贾傅祠边。出句清超，馀人不能及也。

十二日。赴吊吴南屏，因与裴樾岑观察及张力臣、黄子寿、李次青、曾劼刚留饭。劼刚挽联云：箍部妙句可赓歌，野服黄冠，九关云雾从先子；慧业文人无几见，洞庭青草，万顷烟波失此翁。易笏山挽联云：昌黎柳州古伯仲；君山洞庭神往来。李次青挽联云：抱病走星沙，直以友朋为性命；高文悬日月，更将清德荫儿孙。其馀亦皆平稳。

十三日。出门回拜。便赴张力臣之召，同席陈俊臣、黄麓溪、曹镜初、曾劼刚及志城。见洋人新闻报，知何子贞前辈于七月廿日物故。咸丰二年之乱，先岁黄虎痴、邓湘皋、张师白诸老宿一时并逝。今岁王子寿、吴南屏、何子贞诸老宿又一时并逝，可惧之甚矣。

十四日。朱宇恬、庄翰堂、胡道生、周范丞来谈。晚邀魏鉴堂、胡珏轩、赵玉班、王鼎丞、曾澄侯、曾劼刚便酌。玉班已先期归去。

十五日。微雨。意、志两弟及周范丞在此过节。皞臣、弥之、香荪约同至易笏山函楼赏月，因与意臣偕往。重云密布，相与凭阑凝睇，饮酒尽欢而散。

十六日。微雨。送吴南屏柩于江次，因偕李次青、刘晓山同至碧浪湖，观次青所条上开通江路处，遂至多福寺会谈。晚约荣覃、席山、商农、京生、子敬、子宽、寅伯、健甫诸子弟行应乡试者，并邀江芾生、盛岳云同酌，夜久始罢。

十七日。微雨。早赴朱宇恬、岳舲兄弟之召，相度曾文正公祠地。晚邀左宾门、罗麓山、李镜浯、钟芷园、王特卿及蟠西小酌。蓝璧田、龚辅臣两君则早已回湘也。

十八日。微雨。志城回乡。遂为人客纠缠半日。吴南屏挽联，又得佳者二首。龙皞臣云：其生在洞庭磊石之间，才名五十年，藻绘湖山，大地文章供放眼；不死于妇人女子之手，朋知八九辈，悲歌蒿薤，严秋风月与招魂。意城云：到此已弥留，自言扶病出门，为就友朋而来，收挽联而去；抚时感零落，剩有高文传世，能涵洞庭之阔，配君山之幽。

十九日。与龙皞臣约往夜谈，便过吴称三，以将回城步任，属书《石笋山房记》也。致周桂坞、王逸吾二信，托皞臣带京。

二十日。曾沅浦五十生辰，前往贺（往），与易昀陔、孙玉舲、魏温云同席。温云为魏荫亭之子，淮南大商也，极有才。随往回拜各处。至杨鹿笙、汤幼安各处久谈。

廿一日。杨鹿笙、裴樾岑、张力臣、刘翰坡过谈，遂尽一日之力。翰坡本约与莫瑞亭同了罗小苏、小溪兄弟与刘姓相持一事，而为小溪所指摘，来告言将远避也。

廿二日。张超堂以吴称三先容，来求执经门下。裴樾岑邀饮，就便至易海青、黄石珊、周昌甫、刘史亭及盛朴人诸处。是夕微雨，郁热殊甚。

廿三日。雨。张觉斋以李镜浯之约，来为曾文正祠相度方位，因偕至碑石塘。管事者为蔡厚坤、郭松涛、王赞生诸君。

廿四日。大雨。为先大夫八十冥寿，率家人致祭。是夜罗小垣来谈，以知予赴乡，而渠适定明日回家，故一枉顾耳。

廿五日。大风雨日夜不息，今年所未有也。致刘岘庄一信，并托转寄吴子登信，又致夏谦甫一信，并吴竹庄幛分，均托劳建堂带赴江西。致刘荫渠一信，托杨鹿笙带赴广西。致朱韬甫、肯甫兄弟一信，并朱久香幛分，托涂朗轩寄馀姚。致江幼陶一信，并江达川幛分，托江芾生带新宁。致杨艺芳、霖士、藕舫兄弟一信，托杨朋海寄湖北。以将赴乡，检点酬应各件，及时汇发也。

廿六日。晴。两日大雨，各庄送租必有一二至者，而杨瑞堂回家迟久不归，本定今日赴乡，坐此故不能不少候之。因过张力臣、李次青一谈。张觉斋开交曾文正祠方向一纸，随送蔡厚堃处。

廿七日。诣易笏山、朱香荪、刘史亭诸处谈。廿五日之行为雨阻，此两日又为晴阻。以瑞堂归家久不回省，寒蒲坳租谷得此一雨，必可启运，工人皆外适，恐租谷至无从照料，不能不留候之。致金眉生一信。

廿八日。接朱石翘信，当以一信复之。杨瑞堂是日回省，乃急料理上船，兼约王厚卿往看三叉矶地。厚卿强邀至曾曙村家书写条对。厚卿自命能知山水，能诗，健步，出纸乞赠联。为书二语云：登高能赋神鸾觉，行地无疆天马来。

廿九日。与王厚卿相度龙王市、天马山二地，随至三叉矶。约坐船开至三叉矶相候。适熊望溪来省，即令其在船照料。以北风过大，不能开行，傍晚仍回省河上船。

九月

九月初一日丙午。是日换戴暖帽，舟行亦颇凉。张力臣属于舟次拟校经堂章程。因思此举为修曾文正公祠倡为之说，不得空名校经堂，拟名曰思贤讲舍。为议章程八则，专课生章程八则，董事经理章程八则。自谓语皆征实，较胜先儒学约也。是日五鼓开行，到县已二鼓后矣。

初二日。起岸，住诗礼堂。冒小山明府先迎至河下，又至诗礼堂相候，执礼过恭，心殊不安。蓝璧田、龚黻臣固请寄食兴贤堂，供款又更盛于去年，颇愧无以对之。是日诣冒小山明府、雷寅轩少尉、高葆吾城守、张觉斋学博各处。

初三日。自晨起至二鼓以后，宾客填拥而至。晚后乃与李镜浯同至易镜湖处核算志局来往帐，以吾经手银钱均须一交付清楚也。

初四日。偕张觉斋诣冯家冲相度去年葬地，形局尚不甚恶，而砂势未能曲抱，去水稍长。而岸又太低，不能惬意。尤嫌大河水皆趋西北，廖公所谓第一莫葬去水地，恐未免犯此戒。觉斋极口以为佳，终未敢信。

初五日。拟稍料检各事即行赴玉玲寺，而自朝（自）〔至〕夜深为人客所苦，无力能及他事。是日稍掩户一时许，核算各账。傍晚始获诣各处一酬应。

初六日。绍羲携其子立湘字子沛来谒，年七龄耳。呈楹帖一幅，出笔雄秀有气势。人亦安详，有成人之风。为书绝句二首于所持扇端以赠之：八龄传诵周郎帖，万古昭潭黄九烟。大字擘窠才七岁，朝华夕秀问谁贤。　唐代中兴李邺侯，才臣更见度支刘。七岁风采朝廷重，要识人间第一流。是日起程赴玉玲寺，濒行犹书扇数柄，并为经笙致书守蓉仙大令。闵养吾、石他山极口诵甘氏宗祠湖尾地为不可多得，因偕张觉斋便道一往视之，极不称意。此事言人人殊，稍一考求，愈使人茫然也。

初七日。雨。晏兆龙由省至，云湘阴仅中莫炳琪一人，去岁冒籍入学者也。县运之坏如此。

初八日。大雨。专足回省，顺寄张力臣、黄石珊、庄翰堂、萧子纯四信。杨云冈冒雨来访。

初九日。大雨，风，寒。自初七日至此，三日昼夜雨未息。志城专足递示意城一信，经笙专足并带到李镜浯、张恒青二信，各以一信复之。本日始见题名录，解元为陈铭鼎，长沙人。湘阴仅得莫炳琪。所知黄传祁少溪、孙宗谷君诒、李世申三人而已，馀无识者。记去岁登高天心阁，共得九人。南屏死矣，馀皆出仕。追念曩游，怆然于怀。漫成一律：去年此日天心阁，醉插茱萸共九人。计数存亡馀涕泪，可堪出处各风尘时吴南老物故，龙皡臣赴京师，何镜海赴广东，易笏山赴贵州。逃禅远就荒寒景，揽镜惊呼老病身。墙畔酒尊无恙在，寒林秋雨黯伤神①。

初十日。志城专足来接，因诣一饭。便过蔡家塅相度山势。是日高直斋自县至。志城及九儿皆病虚，心甚怜之。

十一日。戴柏斋、周莹斋到局。曾文正公晚年以人世诸患皆生于忮求，因作忮求诗二首以自警。文正公早达，道德文章功业皆极一时之盛，忮求二字无所动于其心，却从此勘出世人一种大病根，通坐在此二字。固由其识解过人，亦实其随时随处省察，功力深而领会者微也。生平自信于此二字病根尚浅，然推勘到细处，即备责一使用仆夫，亦皆从忮求中来也。终日检点此二字，亦是用功有着落处。

十二日。诣傅旭初处致吊。舆夫展转歧误，致吊仪于其老屋，还至傅氏宗祠，适值其宴客，因留一饭。同席闵养吾、傅晴帆、傅午溪、傅闰笙并其子允仲。询之养吾，始知允仲落解，旭初会

---

①此处旁注又作“秋山夜雨独伤神”。

诸亲好一叙，以自遣也。为志城致书张力臣，并致家信，及黄石珊一信。王镜心过访，稍以用馀钱票数缗资助之。

十三日。陈午桥、闵养吾、杨云冈先后过谈。云冈习道家言，兼通禅理，亦颇有见道之言。

十四日。雨。石心和尚邀同杨云冈、陈午樵、闵养吾、晏禹门、熊望溪午酌。适傅旭初、杨星堂枉顾，留之饮，均辞不与席。柳大自省归，接到彭雪芹宫保、席研香、王阆青、周步瀛、张力臣、李寄庐、黄石珊、袁绶瑜及各贺节信，共十馀起。王夔石中丞寄到闱墨一本，询知黄月岩、唐艺农、魏荫亭皆有子中乡试，黄麓溪则子侄并同榜，可谓盛矣。旭初并赠书数种。雪芹宫保枉诗四章。

十五日。微雨。和雪芹四诗，并感怀一诗。石珊编纂志稿，其采访底本及舆图皆携归家，吝不缴局，心甚苦之，因属熊望溪函催。

十六日。严升伺候全不留意，饮洒多不以时。方食糯米团，气为之滞，无故又供黑豆一碗，遂至气逆板胀。平时从无供养，此次之进豆饭何为者耶？用人不得力，只受其累而已。

十七日。专足回省，寄复彭雪芹一信，又致裴樾岑、晏圭斋、谢仙坡、钟漱芝、萧子纯、彭博山、袁绶瑜及意城各信。熊望溪赴县，又致李镜吾、张恒青及蟠希各信。时已三日不食矣。焦雨农过谈，其言深有会于禅理。

十八日。胸满气逆，仍不能饭。蟠希、展奇专足送致一信，因以一信复之，并属代诣唐竹虚求方药。是夕立冬，一年行复尽矣，念之怃然。

十九日。杨星堂持蟠希信来，并乞得刘芸斋拟一药方。正书致志城，而冒小山遣足至，又为其弟廷章致书刘荫渠中丞。志城亦随专人至。遂尽一日之力。晏兆龙看山回，数日不得一地。

二十日。大雨。志城专送一信，并递到张力臣一信。前缄托力臣为七侄说合邓弥之之妹，据弥之回信，尚见允可，未知有无翻异。

廿一日。微雨。萧含江过谈。连日编次《山水略》，颇为黄石珊所苦，以渠所撰拟太涉苟且，而各底稿皆为所藏匿，实令人愤懑。

廿二日。黄石珊专送一信，当以一信复之。唐峻峰来言岳州救生局笑柄多端，至于救生赴局，并不发给钱文。其弟麓衡，尚在磊石局照常办理。柳大自省回，带到金眉生、裴樾岑、守蓉仙、吴称山、吴聘廷、晏圭斋、谢仙坡、彭博山及意城各信。

廿三日。张力臣专足送到一信，为七侄议婚邓弥之之妹，当复一信。并以杨云冈专足之便，致丁果臣、晏圭斋、谢仙坡各信。遣人视志城病情，颇不甚轻，心甚虑之。闵养吾、杨云冈过谈。偕云冈、望溪一步山巅。

廿四日。杨琴堂枉过，以水埠头地来与晏禹门辨论。适会晏君前赴金鸡山，未与相见。绍西又自志城处来，并留一饭。

廿五日。顾湖芙及汉舟各专足送信至，均以馆事为言。各有闲愁数不清，而不悟老僧方已入定，无暇计及人间得失利病也。吴橘臣以是日到局。

廿六日。志城递到韩瑞堂所馈各件，方专足诣志城，道遇来使，遂与之俱返，仆人之懒惰如此。

廿七日。遣人诣志城，知五侄已归。萧子纯、彭博山并以是日抵局。

廿八日。李辅卿枉顾，不见十馀年，颓然一老翁矣。以编辑山水略，用目力太过，至于眼痛头昏，心烦舌枯，惫不可支。旧存图册，遂无一存，甚怨石珊之累人也。

廿九（雨）〔日〕。大风雨。李辅卿归，晏禹门又赴曾乔汉处，皆冒雨行。李镜浯亦专足递到一信。

三十日。复镜浯一信。遣人诣志城，并以镜浯邀同张觉斋往视之说告之。回信殊欣然。本约十五日，当仍令镜浯改先数日，以是日人客烦多，反为不便也。

十月

十月初一日丙子。张力臣、晏禹门各专足寄到一信，并以七侄姻事为言。石心师邀饭。随偕望溪同至寿佛桥，察视建喻公祠地段，便过陈午桥谈。

初二日。馀大自省来，带到潘伯寅、张寿荃、胡珏轩、姚桂轩、张超堂、袁绶瑜各信。志城又递到朱香荪、舒棠阶各信。邹旭堂又带到邹子香信。其他若区维翰、杨辅贤、王懋祺、龚振之之属又复数函。竟日为信缠扰不休，亦殊苦之。遣小周回省，并寄复胡珏轩、袁绶瑜及周范丞、庄翰堂各信。夜梦吴南屏负登一山极峻，视其下黝黑不见底，南屏跃而下，予（极）〔亟〕脱去，遂醒。

初三日。与李镜浯约，邀张觉斋诣志城。得其回信，并关订。王雁峰主讲仰高。适昨接胡珏轩信，言雁峰已定箴言书院，此席不足屈就矣。

初四日。早雨。绍西枉过，云将改葬其先人杨梅铺，石他山所相地也。绍西能自达其志，而吾不能。才固不逮，亦命为之耳。

初五日。约李镜吾邀张觉斋学博为志城诊脉，因往一陪志城，并属为舒棠阶致书张寿荃。

初六日。馀大回省，便寄陈右铭、韩赓扬、朱宇恬、朱香荪、曾劼刚五信，甫行而小周至，接到熊彝臣军门、丁果臣、晏圭斋、谢仙坡、陈松生各信。

初七日。张力臣专足送到一信，报刘霞兄之丧，云闻之劼刚，以此月朔化去，而不详其病状。为之一哭，并告家人治吊具，当一诣其家会葬。遣人告志城，志城自以病势颇重，不愿我为此行。省阅书辞，为之黯然神伤而已。杨云冈过谈。

初八日。南风数日，温暖如深春，于时令为极不宜。志城以病源太深，自怀忧虑，闻予将赴湘乡，惘然若失所倚恃，以书枉商，阅之心恻。

初九日。又接邹子香一信。陈午桥、闵养吾过谈，以国初曾二见先生墓地，为势家所得，谋为之拊碑。询其地所在，则远在桃林，其子孙亦有存者。问何从知此，曰，傅闰堂曾闻之桃林近处人，其言如此。此所谓好义而不知所择者也。出示曾二见先生所刻乡试卷，称善化县学生。始知其并非邑人，康熙志亦未列名也。

初十日。大风，微雨。数日热甚，知必有风。考订《山水略》，石珊尽所有图册失之，日向晏圭斋舆图小字讨论，苦累万状。石珊为人，至是始知其底蕴。

十一日。寄复邹子香、李镜涪二信。杨瑞堂自省至，带到陈右铭、韩赓扬、张力臣、袁守瑜各信。

十二日。虞协臣、张麟唐、陈幼愚次第枉顾，遂尽一日之力。张君年几七十，颜貌丰腴犹昔，其子逸亭，侄介卿，并从军甘肃，尚称意也。

十三日。周哲成枉顾山中，以其尊人《汾湖草堂诗》并其墓志就商，兼求作诗序。出扇求书格言，为撰两则云：同乎流俗，合乎污世，非必富贵利达，世人所奔趋者亦从而奔趋之，其是非好恶而有依违人世之见，其进退趣舍而有计较宠辱之私，即是之谓徇俗，不足以语道。　人生席富贵之馀荫，衣食无缺，交游进取有所凭藉，此其自立尤难。无不足之意而骄泰易生，则多所蔽而易与小人为缘。其根基负荷何等重大，稍不惬人意，非独关系一身之荣辱，即先人志业身名亦于此系之。念之能无悚惧。

十四日。闵养吾馈菜，因邀养吾及傅旭初、陈午桥、杨云冈一叙。午桥为养吾邀至，旭初则适枉过留酌者也。

十五日。往志城处祝生日。杨茂林、龙树棠、高粹之、蔡虞臣并至。志城杂病略除，而周旋谈论，颇不甚节养精神，是日已强出陪客宴叙。

十六日。专足诣冯树堂，与订明年仰高之局，亦李镜涪意也。因便回省，寄张力臣、丁果臣、晏圭斋、谢仙坡及意城诸信。健甫七侄枉视，适陈熙堂馈菜，因留饭。

十七日。考览地图，目眩心烦，所患疮恙因而增剧，心甚苦之。

十八日。陈熙堂、杨云冈过饭。化成和尚来为归一和尚开道场，送雍正十一年御选语录一部。

十九日。孙君诒枉顾山中，以措资北行，谋向县城张罗，兼求一书抵合肥相国。

二十日。归一和尚自以老病，召诸僧为开道场、礼经忏，并邀杨云冈至，以素馔相款。云冈述及杨星堂前具一呈，竟触其族人之怒，连名发其阴私。此由蟠西处理不善，以致有此，星堂辈不足责也。

廿一日。晋扬专足至，寄示《重修龙象寺记》，属为点定。因以彭丰履事，属来足为通知黄十三、龙海丞、彭嵩生、戴世荣诸君，必得一惩创之。

廿二日。李辅卿寄示读史论数篇，以方求荐一教读馆，恐疑其学殖之荒落也。避静山居，偏又有此一种营求。各有闲愁数不清，吾且奈之何矣。

廿三日。雨。和尚道场，仍邀杨云冈过此一谈。甫罢宴，而归一和尚已物故矣。其徒石心和尚，年亦逾六十。东坡诗云：三过门间老病死，一弹指顷去来今。予恰三至玉玲寺，每至辄惊其老。吟诵此句，为之怃然。其徒众超凡、朗法，并归一和尚所最爱怜者，竟不闻其一哭。空门之解脱如此。

廿四日。徐仁希自新市赴县，枉过一谈。与傅旭初、杨云冈、闵新吾同赴张氏西塘庄阅所捐地，谋建喻公祠于此。

廿五日。为挽联致吊归一和尚。笙陔自县至，遂留宿。实用处轻，虚用处重。读（生）〔书〕养生，持身涉世，皆当知此义。

廿六日。杨云冈邀同笙叔及熊望溪便酌。陈南池自县来，述及青泥湾与徐姓争堤沟事，为函致徐仁溪。

廿七日。笙叔拟修宗祠后栋，因与商定一切，兼告志城。晚次法成、振海、常乐三和尚来谈。振海住密岩山，始知山寺为戴姓踞为私庙。密岩名山，不应有此。

廿八日。水步头有高姓、任姓二人来此，言彭丰履以彭逸生山地事，稍知恐惧，求为解说。大约黄十三、龙海丞、戴世荣、陈秀廷辈，稍以利害示之，以有此举。乡人愚劣，诚无足较，然亦世道人心之忧也。

廿九日。石心和尚为其师开堂受吊。邀闵养吾、杨云冈来此一饭。唐竹虚见过，为予诊脉，言心血亏损已极，为拟一方而去。

三十日。志城递到危辅臣一信。法成和尚求书楹联，遂书至十馀幅。石心和尚送李芳圃老者一联，为书二语云：文词近研审；

须眉各老苍。

十一月

十一月初一日丙午。寄李镜浯、陈遇佳、吴九如及笙陔叔各信。笙叔议修宗祠，而观其命意，徒欲取众人之财以治一墙工，非能实心求有益于祠堂者，因为一书以讯之。

初二日。戴柏斋、李丙照均以冬至祀祖告归。予自丙寅回家，三赴冬至，谓每年此行，必不能免。戊午冬兼携篪儿展墓，至次年遂有西河之痛，讫今又已五年。老病颓唐，感伤百端，不复能与祀事。于两生之行，为之惘然。

初三日。冬至。前夕竟夜不能成寐，以料理地图一月有馀，劳神过甚。冬至大节，所伤多矣。

初四日。杨晴寰枉顾，谈养生之术，因偕诣杨云冈。两君皆喜言元理，导予习之。予谓此术须先捐弃一切，予志在康济天下，嘉惠来学，不能事此也。

初五日。连夕不寐，胸膈板滞，心思亦觉迟钝。精神耗散，遂至于此，颇怀忧生之情。接志城信，所言各节，均有见地。

初六日。专足寄戴世荣一信。雨，大雷，郁热殊甚。冬日闻雷，近年颇常有之，似此天气则向所未有也。

初七日。雨。石心和尚邀同张立庵、熊望溪午饭。值杨云冈来此，以予连夕失寐，持清水相饷。传彭丰履来此，给还其捐款。

初八日。微雨。诣志城处，正值其料理搬房，因偕樊延龄、彭博山一饭。随过虞协臣，值其赴县。虞稷臣亦他适。

初九日。雨。邹子香专信托为俞心如荐其世兄子谷于子美军门处。避处万山中，犹有此等营求，亦何可笑。志城亦递到吴豫经、陈遇佳及笙叔各信。

初十日。熊望溪赴县，寄复杨大山、李镜涪、李月溪及汉舟各信，并书寄陈遇佳、吴九如。

十一日。雨，大风，寒。龚辛钊有献志城一地，志城属往视之。辛钊来此相约，俟稍晴霁，乃成行也。

十二日。大雪。入冬暖甚，昨甫风寒，即得此雪，为增欢庆。步出寺外视之，约深三寸许。

十三日。霜，晴，寒甚。冬至已逾十日，尚未得霜，雪后乃见霜也。志城函及彭姓事，以一函复之。

十四日。寒甚。诣张立庵、龚辛钊，为志城相度岳塘冲地。冒雪登山，亦一奇景也。

十五日。雪。诣陈熙堂、松生叔侄。石心和尚邀同熊望溪午酌，为予饯行。陈燮臣、杨云冈枉顾。

十六日。寒甚。赴县。以志局事交代李镜涪、易镜湖，因就宿丰泰，冒小山已枉候多时矣。又牵率多出一番酬应。

十七日。诣冒小山、邹子香、饶保臣诸处谈。熊绍香强邀一饭，恰以李镜涪禀究蔡虞城，思为处理之，便属邀同李镜涪、易琴斋、陈幼愚同饭，陈顾廷亦与焉。李伯寿数次相纠，稍授方略，虞城始得脱于羁系。而李镜涪忽至，述悉蔡虞城猖獗之状，仍欲一究理之，而虞城诸人竟不一枉顾，吾亦无从置辨也。

十八日。早，李伯寿忽至，仍乞传李镜涪至舟，为之解说。吾笑谢之，因语之曰：吾与镜涪交好，止能婉劝，不能以力压之。诸君不以礼自处，而欲凭借区区一人之力以相制胜，非所详也。如惧镜涪之相持，稍自贬屈，以平其心，其患立解。其必不能相下，避之可也。吾以此耽延半日，岂复能留为理处哉。诸君仍相纠不已。因言诸君本领去镜涪太远，何能为之理处？再求一二明者往说可也。诸君乃相与色沮而退。昨日以料理此事，未及开（风）〔船〕。今早适得南风，此诸人累我也。勉强行至青泥望。

十九日。晴，暖，微见北风。舟中书致冯树堂、汤幼安、晏圭斋、谢仙坡、李镜涪各信。是日申刻抵家。

二十日。接张寿荃、李季荃、李和甫、李稚荃、劳建亭各信。志城又专足递到黄石珊一信。

廿一日。接胡珏轩信，定明年正月廿四日约黄曙轩至胡少芝处启馆。当属袁守瑜转达。归家三日，属门者谢客，辞以乡居未回也。

廿二日。接黄石珊信，云即日回家，不能不一往视。因就罗研生、李次青、丁果臣诸处小坐。本有交代谢仙坡之语，以天晚未及诣谈。是夕雨。

廿三日。雨。书致张力臣，得其回信，始知其患病月馀，颇不轻。志稿六卷，数时之顷即已披阅一过，可谓能者。

廿四日。晴。邀胡云卿诊脉，属我服药三四帖。本定是日出门，以是又复中止。

廿五日。吴伯乔、丁果臣过谈，始知李次青以母病赶归，尚有属托之件令吴伯乔转达。伯乔兼惠巴陵志一部。

廿六日。朱宇恬来，约廿八日文正祠上梁，属过早饭。自县归颇惮于出门，其稍需一酬应处，又不宜过缓。以宇恬之约，乃定廿八日出门。

廿七日。接罗小溪一信，以与刘姓相构事，意求为之解说。予谓此等波澜，愈远则愈甚，宜早移居省城，安坐以伺之。未知肯见从否。

廿八日。文正公祠上梁，宇恬邀同叶介堂、黄子寿、张力臣、凌问樵诸人早饭。就便拜客，周旋竟日。

廿九日。出门周旋。长沙令君欧阳蘅若，年七十，与谈恰有意味。接周镜帆、昌辅兄弟信，以七八年前为其先人铭墓，专使致谢，亦属奇举。

十二月

十二月初一日乙亥。袁守瑜为易笏山招往读书，于是日解馆，因邀绍西及其子子佩及子敬侄早饭。随诣俞心如、朱宇恬、易笏山、黄麓溪诸处谈。晚赴香荪之召，同席裴樾岑、陈右铭、易笏山、邓弥之，凡六人。

初二日。殷少乔为湘潭韩君秉钺托题韩魏公遗像。置此逾年矣，竟不记所自来。顷少乔来取，始知之，为书一律。

初三日。苦为人客纠缠。到家少有酬应，竟至累日不能出门。傍晚乃过徐芸渠、寿衡、张立之、於桐轩，便诣曾澄侯、沅甫谈。

初四日。复冯树堂及志城二信。晚过易海青、李健斋，因诣刘蕴斋中丞。适邓弥之邀同左锡九、李篁仙、易笏山、韩勉吾诸公会饮，因留饭，大醉而归。

初五日。曾沅甫嫁女彭氏，为彭南汀之子石村，一往道贺。便过陈舫仙、裴樾岑、舒仲和、李仲京、李瑞南、黄海华、刘馨室、周励松诸处谈。

初六日。酬应竟日。杨朋海处晤郭子美，谈地理之学甚畅。大率主湛利川之说，以来水旺盛，定地之高下，而言之成理。覆阅旧坟，亦多信而有征。闻其言，于洪家冲新葬之地，不能无疑。而由水步头来水旺盛之地，改迁至洪家冲，尤使人茫然矣。天不祚郭氏，乃使吾一身颠倒迷惑，以至此极，亦岂偶然哉。下午过庄省庵，邀至上房畅叙，以省庵病风，不能外出故也。于常州旧识，皆问得其踪迹。又出左仲敏代撰《周稚威感春唱和诗序》见示，笔势横肆。仲敏才气，自不易及。

初七日。雨。朱香荪、邓弥之、龙研仙过谈，语及马王庙，颇有水榭石山之胜。弥之租其地读书，将以是月回宝庆。予意颇思接居之，因便道往视。龙憩生亦在焉。屋甚小而布置颇精，杨海琴、何子贞数于其间宴叙，名之为洗垢禅室。惟憩生、研仙叔侄居此已觉其隘，势不能参入。晚归，张力臣、孙君诒过谈，言及志局李簧仙一缺，裴樾岑已延定易笏山。陈诒生又以陆心农先有相诳之词，径诣笏山面争此席，颇乖雅道。中丞意思见好而诿过于人，遂至多生口舌。樾岑、笏山且疑鄙人之处置失当矣。闻朱香荪及力臣述及此节情形，为之怃然。

初八日。雨。上林寺僧西枝以佛殿落成，为腊八会，约同裴樾岑、朱宇恬、张力臣参佛，便食腊八（烛）〔粥〕。金陵、杭州、扬州、如皋分开四局刻藏经。西枝出金陵所刻楞严经见示。佛法流传东土，惟江浙两省能稍究其精微。藏经之刻，亦可谓盛举矣。

初九日。黄昌期过谈，随邀东林、西枝两僧研问上林寺工程，并属东林一实核之，以集费大难，一切宜且从省。吾方闭门谢客，不交人事，而苦以此相烦，真是各有闲愁数不清矣。绍羲及子敬侄杠过晚饭，绍羲并以其子立朝所书寿字属为题跋，为书数语其后。曾沅甫宫保言童子腕力未坚，不宜大书。所言殊有至理。立朝年六龄，所书寿字大二尺许，长逾其人矣。因戒以天生美质，世不恒有，灌溉扶（拟）〔持〕，期以远大，为之父兄者之责，不宜汲汲以此为名也。

初十日。雨。曾沅甫宫保补请寿酒，邀观（出）。凡五席。同席朱宇恬、陈舫仙、曹镜初四人。

十一日。大雨。胡茂松、杨子介过谈。夜梦曾文正见召，若自远归家者。予闻，急驰往。案头古书数帙，意若甚护惜之，因挟以行。至江次，登舟，宾客盈集，无一相识者，顾不见文正公。俄而文正公自云端相劳问，仰视但见白云绵亘，文正公为云所拥护，但闻其声而已。语次及官中堂，亦不详其何意。忽言自古闻人，原未尝死。馀因问今皆住何处，何所营为？文正公言：人但见其死，遂以为真死也，其实皆在。世人以为死，亦无从分辨也。舟左隔十馀丈见一大舟，尤庄严。或曰曾侯坐舟在彼，因相与趋就之。移时，坐客去尽，见邻舟喧聒殊甚。予挟书于腋，欲往，又苦所挟书之为累，欲委弃之，意若有不忍者。旁皇四顾而醒，梦境宛然，与前在乡时梦为吴南屏所负，情节略同。殆恐九原泉路之交期，兆于是矣。

十二日。大雪。邓禹民过谈，始知其委署永绥同知，尚未开行也。因诣禹民及任昂千道贺。便过黄子寿、裴樾岑、张力臣。子寿与朱宇恬适在力臣处，遂留晚饭。

十三日。彭博山带到志城一信，极论陈氏之失礼。恰于先时传五侄妇至此训饬之，与志城所言正合。志城所以处理其家人，本不甚合理。陈氏之乖忤，过又甚焉。而各以气相持不下。所以两悔无不解之隙，两俱以气相争，必无不成之衅矣。是日训饬家人，多所议论，念及易海青之福分，真不可及。

十四日。晚过香荪谈，适邓弥之来，遂留饮。因论及本朝朝局，至宣宗一大变。以恭俭仁慈之圣人，卒以致天下之乱，其大端有三。列圣所以致治无他，治官以严，治百姓以宽。至道光时，乃一意宽假在位者，其视律令之颁，但以施之百姓而已。吏治日偷，纪纲大坏，相与因循粉饰，苟偷旦夕。其弊一也。世宗所以训戒其臣工，每曰：人非圣贤，岂能无过，贵在能改而已，有过不妨直告，吾不责有过，而惟责夫文过遂非者。至道光时，但苟幸官吏之失无有举发者，以相为掩蔽，润色鸿业。作伪愈工，吏治愈弛。其弊二也。自圣祖、世宗、高宗，皆以圣人之资，乾纲独揽，群臣拱（命）〔手〕听命以供奔走，政府不足以持天下之权。故自明以来，以六部控制天下，其后阁臣又足以控制六部。本朝则一由人君操其柄，六部守成法以绳天下，朝廷准情达变，发明例意，推求六部之失以绳大臣。是以诸臣奉法惟谨，而不敢不探求事理之宜，以求制法之中。自道光后，则一委其权于六部，而人君拱手退听焉。又不求天下择人，以天下之大权付之一二阘茸无能之俗吏，使部书得以倒持其柄。国正日隳，人才日靡，终至败坏而不可支。其弊三也。近年当国大臣，急修宣宗之政，以自护其私而匿其短。能无危且惧乎？

十五日。遣人赴县，致李镜浯、陈敬吾、熊绍香、易镜湖、盛展奇、陈遇佳六信，又附致志城一信。晚治肴蔬数种，邀曾澄侯、左锡九、李篁仙、易笏山、邓弥之、成静斋、韩勉吾就饮刘韫斋中丞处。澄侯已回湘乡，会者八人。

十六日。黄树斋曾孙黄贻泉来访，就视之，其年二十七，而周旋倜傥，为时能手。随过郭子美，语及王逸吾事，为之怃然。晚就罗研翁便饭。

十七日。雨。莫瑞亭、刘翰坡来，以罗小溪事托为理处，因致小溪一信，戒以无任气结怨乡里。

十八日。雨。立春。过周步瀛谈。晚赴朱香荪之召，同席裴樾岑、李篁仙、易笏山、龙寄生，笏山以事不至。李大自县归，接到李镜浯、熊绍香、望溪、陈幼愚、陈遇佳各信。是夕雷。

十九日。任昂千过谈。志城专工来省，接樊延龄一信。为书致志城。并致意城一信，以有专足来城也。

二十日。廉丞、志城各专足至，各以一信复之。殷少乔自县来枉谈。此次旋省，精力益见支绌，闭门谢客，车马之迹少稀矣。

廿一日。大雨。易笏山为其子完姻，前往致贺。便过梁竹虚、陈右铭、张力臣及曾沅浦宫保处谈。沅老识解超出一切，其功名非幸致也。

廿二日。大雨。邀邹谘山、罗研生、朱香荪小酌。接意城一信，深以门者高姓拒客为咎，然吾亦无如何，以意在谢客，于此更不能分高下也。危辅臣之妻，风雨岁暮，戛然而至，奇矣。

廿三日。雨雪。曾宫保嫁女，一诣道贺。诣邹谘山、张宇珊诸处谈。是夕祀灶神，自祖母相传至今，以是日致斋一日。

廿四日。微雨。邀胡云卿、张立之为曾媳视疾。晚赴黄子寿之招，同席朱宇恬、郭子美、陈舫仙、张力臣，力臣以病不至，而予方患伤风，勉强酬应，要觉不适。

廿五日。钟芷园自衡山回县，枉过一谈，便寄志城及陈遇佳一信。张力臣见示杂感八首，诗笔雄杰有底蕴。

廿六日。荷叶塘有人来省，顺致意城一信。危三嫂自县来，给衣与钱约二十缗外。方送之出门，而吴四嫂至。两年以来，本有坐家女客，而外至者亦络绎不绝于门。言者谓自立天灯后未断女客，岂巽气所致耶？龙研仙递到其父皞丞一信。

廿七日。槃希专足送到一信，当以一信复之，并函寄周昌辅。以张力臣属为子寿寄书周镜帆，意恐镜帆不足当西席之选，欲令力臣分过，故属力臣致书，而吾仍私致昌辅一书也。

廿八日。诣吴子健、涂朗轩、裴樾岑、黄海华、朱宇恬、於桐轩、曾劼刚、栗诚、龙憩生、研仙一谈。归家月馀，藩、臬二公都未一通拜，势须一酬应之。年岁已迫，勉强一往，病势实未全退也。

廿九日。微雨。检点岁事，亦颇穷日夜之力。忽传轩辕殿火，使人探之，则药王庙，正当上林寺间壁。曾沅浦宫保宅亦不免受惊。

三十日。邀瞿翰池、罗小垣、陈熙堂、黄玉屏、彭博山来此吃年饭。诸务未经检点者颇多，年老气衰，凡百废惰，则亦听之而已。早起微见雪，午后又微见日也。

同治十三年　甲戌

正月

同治十有三年甲戌岁正月初一日乙巳。雨。得诗一首：去年晴旭今年雨，万事推移变化中。阅历一生识途马，纷纭终古可怜虫。阳开阴阖盈虚理，水毁金穰造化功。但祝年年丰稻黍，敢期重睹庆光风。自顷数年，元旦谒祖先后，试笔成一律而后治事，几为成例矣。袁绶瑜来贺岁，偶一出会，庄翰堂、罗小垣、殷少乔相继至，周旋至逾半日，又数年所未有也。

初二日。雨。本谋一出门，而为雨阻。曾沅甫宫保枉过，言明日即赴湘乡，以其祖星冈公初七日生辰，今年适满百龄，赴支祠一会祭也。因言及霞老葬期当在二月，约同一吊诸其家，大约此月杪必得一行。

初三日。诣曾沅甫宫保、曾劼刚、易海青、罗研生、张力臣、黄子寿、子襄及笙陔叔、文思诸处，皆应身亲贺岁者。沅甫已回湘乡，劼刚方病，见曾栗诚、符卿二人。符卿姊丈朱少卿，妹丈彭石村、欧阳星陔，均新就婚曾氏，当治席一款接之。

初四日。张力臣、文思见过久谈。晚赴樾岑观察之召，同席李篁仙、易笏山、朱香荪。陈右铭以事不至。樾岑见示临湘刘璈侵占圣庙地基建立兰军忠义祠各公牍。兰军者，刘璈号兰舟，遂以名其勇营。以所积资立祠，祀诸死事者，乃于岳州府城学宫旁购地一区，其前故有池，谓之（池）〔洗〕牲池，故学宫地基也，刘璈平其地十馀丈为祠外照墙，岳州人争之不能得，遂至构讼。岳州张守独左袒刘璈，人皆疑其贿属也。近来大府一意申官之气，因据张守私禀以为定谳。岳人益愤不能平。于是遣候补府吴春谷往勘，尽发刘璈之覆。张守独私护之。鄂督李筱泉、南抚王夔石竟致严饬吴守，以为受岳人蒙蔽。意存袒护，已属骇人听闻，竟谓圣庙馀地，何妨侵占，明著之公牍。屈原之言曰：恐鹈鴂之先鸣，使夫百草为之不芳。今耶稣之教行，圣学且至湮塞。诸大府之屈圣庙地基，以成岳州守纳贿之私，而助之倾覆，能无鹈鴂先鸣之惧耶？书此以志一慨。复劳湘舲一信，荐周砺松襄校衡山试卷。

初五日。雨。湘江水涨，围堤未修者水已灌入，闻资水涨尤甚也。黄子寿属转寄周镜帆一信，留坐久谈。易燮臣来省嫁女，屡请始至，因留饭。

初六日。微雨。裴樾岑观察过谈，始悉岳州学宫事，经增莲舫往勘，仍令刘璈让还学宫基地，为立界石，其事遂寝。彭作新、瞿秉常来诉罗姓事，吾不能明其始末也。凌虐仆婢，实有同愤，而吾楚风气之敝，动以公愤行之，其流亦不知所终极，此皆世教之可忧者也。

初七日。张力臣邀同易笏山、黄子寿、朱香荪、夏子常、龙憩生晚酌，肴馔极精，悉屏海味不用，可谓另出一格。是日闻吴子健擢湖北巡抚，涂朗轩擢藩司，新臬司名崇福，以甘肃臬司乞病回京者也。

初八日。出门回拜（告）〔各〕处，兼诣各署贺岁，晤涂朗轩、夏芝岑二人而已。至黄海华处畅谈，此老任事有力，不易及也。接王逸吾信，兼寄示《曾文正公列传》，并为其兄慧亭、敬吾、弟礼吾行述三篇。

初九日。各处贺岁，两日始毕事。增廉舫署臬司，王初田署岳常道，并往道贺。易笏山语及吴可读参劾成禄事，九卿会议竟坐吴可读以窥探私罪，闻之愕然。衮衮诸公，为鬼为蜮，殆不可测量矣。

初十日。筀陔叔过谈。接意城、志城各一信，当复志城信。又为熊泰阶致冒小山一信。并以志局事告之李镜浯。

十一日。大雨。邀黄海华、裴樾岑、陈右铭、朱香荪、易笏山晚酌。右铭述及有粤商李光照具呈内务府，请捐银十万两，购买木料助修圆明园工程，分十年解缴，请所至免各关课税，并准随处劝捐，颁给关防。内务府议如所请，惟劝捐及给关防事不准行。此由内务府以修圆明园为侵消之地，购通川商为之。所请采办木料凡六省：四川、云南、贵州、湖南、湖北、广西，则又逆揣此六省督抚之必不敢议驳也。鬼蜮盈朝，不顾国体，为之浩叹而已。为陈右铭撰《其尊人陈琢如先生墓铭》一通。

十二日。大雨。李镜浯专足送到一信，当加一信交来足诣文家塅，径投冯树堂。晚邀陈舫仙、朱宇恬、唐鲁英、黄子寿、张力臣、龙憩生小酌，憩生不至。

十三日。晴。黄子寿、张力臣约邀韩赓扬、陈程初两公小叙。适杨显臣来省，已折柬邀之，因并约至子寿处一谈，叙饮尚欢也。

十四日。邀劳湘舲、於桐轩、张立之、赵蓉生、守蓉仙、易海青晚酌。湘舲已前（由）〔去〕衡山，蓉生以病不至。

十五日。张锡吾自县来，述及捐事之扰，为之怃然。瞿秉常、陈熙堂及西枝次第过谈。有用之岁月，多用之无谓之闲谈，人苦不相谅耳。

十六日。郁热不可耐，雨。邀曾栗諴、符卿、健农、陈松生、朱少卿、欧阳星陔，彭石村晚酌。栗諴赴湘乡，少卿、健农均以疾辞。

十七日。大风雨，寒。邀张花楼、罗小垣、左癸叟、壬叟、孙少韩、功甫及笙陔叔、文思小酌。小垣、癸叟、少韩不至。

十八日。雨，大风，寒。专李诣意城贺生日，并致子敬、芾生程仪。周镜帆至，带到周昌辅一信。天寒日短，复朱香荪一信，而日已向夕矣。老病颓唐，汲汲顾景，为增浩叹。

十九日。雨。易笏山，瞿翰池、袁守瑜次第过谈。意城生辰，遣人致祝，并致埙侄帮捐之费，得其回信一通。

二十日。雨。上林寺僧西枝邀同裴樾岑观察午酌。张力臣言坐客十人，并于是日齐集蒋湘泉处团拜，故自樾公外无一至者，西枝、东林二僧围谈而已。谈次有永怀、妙朗二僧自外入。妙朗，沔阳州人。永怀名树德，河南祥符县人，持法华经十年，于禅悦似有所得。樾岑为诵谢麟伯赠海严和尚诗云：梦里高僧时入坐，秋来病骨好还山。出笔亦自清脱。

廿一日。雨，寒。李甫卿来授两孙读，因请刘韵农、袁守瑜、郭海青、张振轩、陈熙堂、瞿秉常一陪。韵农即日回湘阴，振轩前赴荷叶塘，均辞不至。陈遇佳自县至。

廿二日。雨，寒。为王初田送行，便过邓立山、朱香荪、陈右铭谈。右铭述及合肥李氏之盛，震耀天地，殆亦一时无两矣。

廿三日。雨。张力臣过谈，言及日内遣嫁其女黄氏。是日公宴，王初田、孙春皋、但少村、李仲京、陈诒珊无一至者。

廿四日。大雪。笙陔叔冒雪至，度必有事故，意揣当为篁五嫔姐之丧，询之果然。是日请女客数辈。

廿五日。雨。高直斋自县至。开春已编次月令一卷，正须录一副本，甚喜直斋之来也。王初田过谈，北闱被议诸公已见邸钞，胡小渠与焉。刘岘庄覆奏胡小渠事，又奉旨议处。惟潘（寅伯）

〔伯寅〕亦与北闱议处之案，朝廷如潘君者亦不足取容于今，可以上测天心矣。

廿六日。早雨。致王定甫、龙皞丞、王逸吾、林鹤田、黄用侯、任昂千并高粹之、邹子香及汉舟各信。庄省庵邀同唐荫云、王初田、胡听泉、李仲云、张力臣晚酌，肴馔之丰美，亦极天下之选矣。

廿七日。陈舫仙、冒小山过谈，遂尽一日之力。舫仙述及在官在营一切情形，多有透彻世情之语，其精能亦罕有及之者矣。

廿八日。晴。陈右铭邀同黄海华、易笏山、朱香荪、张力臣诸人晚酌，便过裴樾岑谈。曾沅甫自湘乡回，诣谈不晤。

廿九日。李镜涪、夏介峰、刘南林、樊延龄均自县至。接到朱炳垣及意城、志城各一信。陈夔臣亦携其父午桥及石心和尚二信至。

二月

二月初一日甲戌。涂朗轩、增廉舫均于是日接印，遣人一道贺。自去冬闻霞兄之丧，即思一往视，疾病因循，开春又值雨雪，闻其葬期已近，冒雨一行。甫登舟又值南风，五里至牛头洲。遂成一诗：感逝伤离一泫然，江湖来去自年年。孤舟日暮风吹树，细雨春深水拍天。近岸人家沽酒饮，傍山僧阁抱云眠。生平留滞真吾分，弃置樯帆为汝怜。是夕大雨。

初二日。雨竟日不止，冒雨行四十里至东窑港。校阅《曾文正公年谱》一卷。是夕大风雨。

初三日。大风。过湘潭，至欧阳筱岑家致吊，见伯元所为篆书，改学陈东之，极有意境。下午雨，由湘潭行二十里至袁家河。

初四日。大风雨。下午雪，寒。守雨竟日，推篷兀坐，昏不见人。平生舟行留滞，亦未有若此次之闷苦者也。

初五日。大雪风寒。下午开行，二十里至江车。检阅《曾文正年谱》，名所居曰八本堂，其目曰：读书以训诂为本，诗文以声调为本，事亲以得欢心为本，养生以少恼怒为本，立身以不妄语为本，居家以不晏起为本，居官以不要钱为本，行军以不扰民为本。又家训日课四条，一曰慎独则心安，二曰主敬则身强，三曰求仁则人悦，四曰习劳则神钦。

初六日。二十里，石潭。又二十里，文家滩。大雨。自登舟以来无日不雨，大雨连日夜，继之以风，继之以大雪竟日，而又大雨，亦从来未有之景也。冒雨行五里，至挂榜山。镜初所编曾文正公年谱，在舟中始一校之，其叙文正公诸事，太无剪裁之功、贯通之妙，因为八端以难之。

初七日。雨。曾文正公年〔谱〕载所著书目，曰《茶馀偶谈》；曰《曾氏家训长编》已成者《小学》一卷，《冠礼长编》一卷；曰《历朝大事记》；曰《藩部表》；曰《十八家诗钞》二十卷；曰《孟子四类编》一曰性道至言，二曰廉节大防，三曰抗心高望，四曰切己反求；曰《左氏分类事目》；曰《礼记章句校评》；曰《朴目杂记》分小学、修齐、礼、兵、经济、诗文六门；曰《周官雅训杂记》；曰《经史百家杂钞》四十八卷，又为《古文简本》一卷；曰《鸣原堂论文》；曰《论语言仁类记》；曰《易象类记》；曰《通鉴大事记》；曰《六家诗钞》。门人王定安辑录公诗文评注，曰《师训汇记》；又掇公平生言行，曰《求阙斋弟子记》。文正公为清、慎、勤三字箴。其清箴曰：名利两淡，寡欲清心，一介不苟，鬼伏神钦。其慎箴曰：战战兢兢，死而后已，行有弗得，反求诸己。其勤箴曰：手眼俱到，心力交瘁，困知勉行，夜以继日。是日行三十五里至湘乡县，探知曾澄侯、杨安臣、黄振斋均未在城，往见齐慎庵明府，发递家信，并书致易笏山。坐甫定，闻澄侯适至，以初八日致祭昭忠祠，来助祭也。因与澄侯及毛竹舟一畅谈。

初八日。雨。十里至朱津渡，过万福桥下，亦巨观也。又三十五里，泊石狮港，沿途乞食者颇多。湘乡繁盛之区，亦有如此。

初九日。雨。十五里，潭市。稍上，梁脊滩，水口极狭，有巨洲横塞其下。又上二十里，邓市渡。又上二十里，江口。校黎莼斋所刻《曾文正公文钞》一通。

初十日。早雨。二十里至翟水。自翟水以下，高山巨嶂重重关锁，以上地势渐敞，近来人才之盛，亦有由也。又十里，青石铺，舟人宋姓家在焉，相与回家探问。是日午晴。

十一日。十五里至永丰。澄侯先已通知永清阁闭局，局绅向子云早遣人至江干探候，因邀至局，并约王芝仙县丞尧松、曾至堂山长鲁道枉陪。

十二日。六十里至儒阶冲，一哭霞仙中丞之柩。其地名烂草坪。刘问轩、刘雪庵枉陪竟日夕，并霞老兄弟行也。本意住一日即归，伯固、康侯兄弟欲相留为题主，不忍拂其意，当为留数日也。是日小憩蜡树铺，店主人刘清泉、康学虎二人执礼甚恭。

十三日。致奠灵前，相礼者吴熙臣、康翰臣、孔培元、刘振轩四人。邹月殿来见，邹至堂之子也。伯固属相视鲇鱼形、紫木冲、廖家塘三处祖茔。鲇鱼形极佳。紫木冲为曾晴江所相地，大山龙方东行，万无可立穴之法。是日至清碧江登舟。

十四日。大风雨。本放舟至莲花桥，相霞兄卜葬处，又遇此风雨，为之茫然。六十里，谷水。又六十里，江口。滩河放舟，行甚驶也。谷水上十里，石龙。蒋氏墓正迎江水，穴法颇奇。

十五日。雨，大风，寒。四里，鲤鱼滩，冒雨起岸。廿五里至白竹，霞兄先为生基于此，龙气甚佳，故王氏山也。起山边至山上，连葬数棺，皆王氏先墓，其后转售之唐氏。霞兄又从唐氏买得山上地。细阅之，于地书所谓紫气垂头者，似微有合，形局甚完密，不易得也。下午，由白竹二里至凳脚坳，入湘潭境里许，过山田冲，赵氏先墓在焉，亦有形局。又三里，宿歇马铺，亦属湘潭。富厚堂，赴省必由之道也，相距约三十里。福厚堂，地名富圫，稍上十里为沅甫之居，曰大坪。略东为温甫居白玉堂，即犁头嘴老屋也，曰鲇鱼坝。又上数里，为澄侯居，曰万年堂屋场。旧居腰里屋，又居华吉堂。又上十里，为悫臣有恒堂之居，曰荷叶。

十六日。雨。为先大夫忌日。二十里至紫竹林，憩幽宝庵。寺僧益明为具食。食毕，招土工数辈扶舆上（工）〔山〕，盖劼刚方集土工十馀辈开道，以便迎柩也。山高约百馀丈，龙势方前趋脉自昌山来，此其开嶂左角也，其不宜立穴与紫木冲同，而险峻过之。因登山顶周览，于其龙势行度，一望了然，益觉沅甫宫保于此求地之为无谓也。又行二十里，就宿福厚堂。过长塘，见曾宫保所治田庄，塅势之敞，水口之紧，真壮观也。劼刚所治新庄，地势亦佳。主事者欧阳星泉、王云卿。星泉已归，已属云卿传语，令邀其季父欧阳廉云一往相视紫竹林地，详告劼刚。此事重大，非可苟且从事。此行于霞兄葬地尚为慰心，于文正公此地极耿耿。劼刚负强任气，吾言必不足征信，然固当一尽言之。

十七日。雨，寒。李紫仙监修福厚堂宅，刘伯固所委也。饭后，过屈宅一相度之，乾向两间皆可用。卅五（宅）〔里〕至龙王殿，桐梁大山至此过峡，其右为长塘一大冲，其左为青蓝一大冲。又卅里，紫明桥。过河五里，宿大仓。

十八日。雨。三十里，洪山殿。廿里，儒阶冲。曾劼刚已先日至，谈悉何贞老灵柩已至省，李季眉又于初八日身故。曾晴江亦至，谈地事颇悉。

十九日。曾筱澄昆季，唐东阁、王焕臣两军门，李觐斋，罗允吉并至，强予作书。燮庵兄弟四人，曰茗轩二，曰芗浦八，曰燮庵九，曰珂臣十一，其从父曰玉藻七。凡作书竟日，而来者益多，傍晚始罢。

二十日。伯固兄弟丐予为题主，因稍留数日。题主毕，遂由清碧江上船。送轿者秦、王两生，亦颇依依。舟人因水手未集，留半日候之。

廿一日。微雨，郁热殊甚，雨势恐未已也。霞兄以是日出殡，颇为念之。是夕见月即行，六十里至谷水，始及巳刻。又六十里，江口。大雨如注，至晚不息。又四十里，泊潭市。舟行谷水道中见桃花有作：舟行碧江向潭市，两岸荒山夹一水。春深不见园花发，雾雨溟濛山逦迤。数家茅屋篁竹丛，桃花两株相对红。忽如佳人卧空谷①，遭逢澒洞烟尘小。一株低出捎檐瘦，仙云娇小横枝秀。一株长大尤婀娜，淡沱回风舞红袖。当春苑囿争繁华，名园欢宴无此花。置身岩谷侣荆棘，泫然为汝生咨嗟。长江一瞬天漠漠，两株横江看隐约。莫辞烂漫醉春风，细雨疏烟似帘箔。

廿二日。六十里，泊湘乡镇湘楼下②。曾文正公挽词云：溟海沉星日，江淮泣雨辰。皇图资底定，臣节凛艰辛。力洗烟尘净，重开日月新。蛟龙惊夜半③，一瞬失斯人。　恩重心逾小，功深虑转微。累封崇命数，辞宠倍光辉。荐祢英贤奋④，依冯士女归。暮年幢盖赐，陶侃愿终违。　心契唐虞表，文窥贾董馀。六经身羽

①此处旁注又作“在深谷”。

②此句旁注又作“宾兴堂罗耀南处挪钱十千”。

③此处旁注又作“天容翻惨淡”。

④此处旁注又作“人才出”、“英才集”。

翼，百代手芸锄。取证群言妙，研寻万化初。卅年陪讲论，流涕抚遗书[①]。　擢拔无遗士，经纶天下才。独无书荐达，相对语谐诙。公于刘霞仙中丞及鄙人从未一荐论，盖知两人之心不在是也。吾道丘山重，天门阊阖开。只今馀二老，洋溢楚人哀。刘霞仙中丞挽词云：熟识穷通理，惟应闭户尊。声名一朝起，节钺九重恩。形胜河潼壮，规模召杜论。洞庭归隐地，钓石为谁温。　寂寞关闽业，艰难[②]赖服膺。寸心渺千古，白首对孤灯。霜雪胸犹咽，盘盂语白惩[③]。斯人天肯惜，道远力犹能。　一榻支高阁，琤纵万竹林。世情闲更远，诗境淡逾深。为感栖皇意，终怀迟暮心。山阳闻笛泪，岂信古犹今。　去岁江南梦，嗟嗟失老成。斯文再沦丧，尊酒尚平生。夙昔三人友，峥嵘万古情。白头留我哭，衰病只心惊。两年存此于心，老病忧伤，不复能属思，舟中稍暇，为足成之。是日傍晚过石潭，三鼓至江口，舟人就睡而纵舟所之，卧闻江间鼓角声，知其过湘潭县城也。

廿三日。阴，北风，郁热已极。往常四五月霉湿，生平所最难受者，今乃于二月得之。已刻抵家。接到何镜海广东信住天香街，并寄示其《守默斋癸酉除夕杂感诗》廿二首；曹葛民浙江信，并寄示其《石屋文存》，曰《籀书者》八卷内篇二，外篇二，续篇四，皆文也、《蝉蜕集》四卷皆诗、《春秋钻燧》四卷、《古文原始》一卷；又高菊人、周步瀛、陈渭川各信。晚过曾沅甫、张力臣谈，兼一晤黄晓岱。是夕大雷雨。

廿四日。郁热。诣王夔石中丞、涂朗轩方伯、增莲舫廉使诸处谈。与曾栗諴论紫竹林地甚切至。周桂坞晚过。

---

①此处旁注又作“微才叨指授，流涕对遗书”。

②此处旁注又作“斯文”。

③此处旁注又作“盘盂过必惩”。

廿五日。热如盛夏，单衣持扇，汗犹不止，数十年无此景也。周昌辅来，一出陪之，人客踵至，竟日不能自脱。晚诣宋惠人太守、欧阳衡佑、陈少卿两大令谈，归家夜久矣。徐寿蘅来谈。是夕雷，风。

廿六日。雨，大风，寒甚。两日之间，寒热迥异，相距约争三月之久。过惠（明）〔莲〕舫、孙春皋、裴樾岑、陈右铭、韩赓扬、郭子美数处一谈，忽已夕矣。子美言四路馆对门邓姓地极佳，曾为沅甫宫保言之，意不谓然也，此殊不可晓。

廿七日。雨。赴吊李季眉、贺竹泉及回拜各处。刘竹亭见遗花翎一枝、翎管二具。

廿八日。大雨。曾澄侯、陈舫仙、朱宇恬、徐寿蘅、朱香荪、於桐轩次第过谈，遂尽一日之力。意城有信使至，当以一信复之。

廿九日。曾夫人生日，诣贺。便过沅甫谈，晤唐时雍观察、匡南山居士及凌问樵。随过刘韫斋中丞、胡秋樵、於桐轩、张立之、黄子寿、张力臣、朱宇恬、黄晓岱、韩勉吾诸处。周桂伍太史晚过谈。

三月

三月初一日癸卯。曾澄侯、郭子美、张力臣、黄子寿公宴刘韫斋中丞，澄侯并属入分。张力臣、曾劼刚、黄晓岱、袁守瑜、龙研仙先后来谈。接刘岘庄中丞、劳芗舲、劳建亭诸信。

初二日。早邀徐寿蘅、黄晓岱、周桂伍、郭子美、曾澄侯小酌。晚邀任莩堂、周昌辅、张振轩、熊望溪、杨春森、高直斋、戴柏斋小酌。寿蘅、莩堂均久坐，穷日夜之力陪谈而已。

初三日。偕徐寿蘅、郭子美同至平塘，为文正公相地，盖沅甫去岁所相得者。在兴国寺后山，曰伏龙山，寺后主峰曰狮子山。地名桐溪港，故亦名寺曰桐溪寺。是日阴，亦不甚热，于山游为宜。恰值上巳日，十馀年无此游也。为寿蘅致书杨厚庵，为议姻事。

初四日。任芝田、於桐轩、韩赓扬杜谈，遂尽一日之力。闻袁宇文至，一往视之。韩勉吾邀同曾澄侯、左锡九会宴刘蕴斋中丞处。

初五日。雨，大雷。邀曾澄侯、沅甫、劼刚、栗诚、芑臣、符卿、健农及韩勉吾、任芝田晚酌。芝田赴安化，辞不至。适意城先夕自乡来，因留饮。

初六日。雨。志城及周挹藻、萧星吾、顾秀山诸人并由乡至省。是夕会饮，凡十人。

初七日。内外贺寿至开面八九席，开饭七席，视去岁人客稍有加焉，是亦踵事增华之一端也。

初八日。谢寿竟日。晚赴沅甫宫保之召，同席李次青、易昀陔及意城、澄侯、劼刚。意城讥评笏山少过，沅甫、次青均不一著议，知两人入世之深也。

初九日。早雨。杨大山诸君以周、吴、王诸生以魁星当为奎星，竟将西坊魁星阁匾毁坏，并毁及神像。董事诸君无以折之，因问计于我。诸生所持议论出自《日知录》，钱辛楣所著《十驾斋养新录》已辨正之矣。因为发明其义，并查例文所载，应比照毁损神坛杖流例科断，详复一书。又为陈钰致书冒小山，为陈顾亭致书陈敬吾、幼儒昆仲。

初十日。次青、意城以裴樾岑议修志事，在局诸君皆不谓然，属一往会议。谈次樾岑至，所言益加亢激而多不中理，稍以正言折之。因过陈右铭，与之（故）〔语〕，右铭亦不谓然也。吾楚大吏专意与人为忤，殆非佳兆。

十一日。守蓉仙来谈，叙述与刘咏如相交接各情，倘亦所谓前缘耶？近时趋向纷歧，廉饬自守者多至沉沦，固亦气数使然耳。寄复齐慎庵、冒小山二信。

十二日。赴吊李季眉，便回拜各处。文思、玉林父子邀同笙叔及意城、志城、兰士、玉峰午酌。

十三日。子敬侄来谈。笙陔叔邀饭，以病不赴。曾劼刚、朱香荪、枫桥先后枉过。

十四日。邀袁予文、刘史亭、江芾生及子敬、玉林两侄早酌。致江幼陶、胡珏轩二信，并复子桂一信。庄翰堂来回志局事。涂朗轩无理不情之谬举，裴樾岑奉宣其意旨，行之不疑。权势之在人，能使天地易位，元黄失色，固可畏也。

十五日。周桂伍、庄翰堂、吴嘉甫、杨映春、危文汉及意城过谈，遂尽一日之力。时事日见逼促，士绅在今日，正如萧翼所云鼠子入牛角，且将无地自容矣。

十六日。陈右铭邀同丁果臣、李次青、刘史亭、左仲敏及意城午酌，就便酬应半日。是日郁热如盛夏。亥刻月食，大风雷雨。

十七日。朱香荪邀同裴樾岑夜谈。以钟景堂、董伯元、杨春生代理晋扬及杨云冈、杨次山三人，函属庄翰堂，遇有发缮之件，即可交之。

十八日。换戴凉帽，北风颇凉。韩赓扬邀同李次青、裴樾岑、文紫垣午酌。闻彭雪芹宫保至省，遣足探问，约明日一相见也。

十九日。微雨，凉。彭雪芹过谈。志城由省赴湘阴，以北风，雇一小舟以行。晚偕张力臣、黄子寿诣彭雪芹，先至陈程初处小坐。刘子梅、凌问樵、杨桐士皆在。桐士，杨子嘉之子也，为彭公司笔墨，亦清品也。

二十日。微雨，凉。殷默存、易藻汀、盛耀堂、湛利川次第过谈。偶因意城至，一出会之，遂尽半日之力。

廿一日。立夏。微雨，郁热不可耐。略举乡俗赏夏之宴，邀袁予文、朱香荪、罗小垣、闵新吾、江芾生及意城、子敬晚酌。子敬、芾生赴都，定于廿二日开行，便寄李筱荃制府、李少荃中堂、潘伯寅侍郎及朱少桐、黄子寿各信，并属前赴螺山致吊王子寿之家。黄海园过谈。

廿二日。雨，北风。芾生、子敬以是日登舟北行，一往送之。意城亦同赴县。便过黄海垣、黄子寿。

廿三日。雨，风，凉。遣足至小西门探视子敬行舟，天明即开行矣。马小庄邀同笙叔及文思兄及玉麟、芋庵、瑞庵诸侄会饮胡家坪山庄。接龙皞臣一信。

廿四日。大雨。子敬以赴都引见，启行三日，风雨竟无止息，以此求宦途之通利，难矣。李筱荃始以道员奉江督委赴广东，浮海五日，风浪不兴。其时方七月，历古所未有也。三年遂拜楚抚之命。时运之通塞，验之天时，无或爽者。所谓命运者，果何物哉？

廿五日。大雨。为韩赓飏书《韩家湖堤碑记》。王夔石中丞撰文，而吾为加修饰之。地名韩家湖，堤废不修者几及二百馀年，恰得韩姓者为修复之，应合甚奇。

廿六日。大雨。接张哲泉信，以其世兄耒阳县补关为属，当以托之宋惠人。

廿七日。雨，凉。袁予文、邹子香、李次青先后来谈，遂尽一日之力。

廿八日。大雨。接志城信，知埙侄始以廿六日抵县。适邹子香回县之便，以一信复之。

廿九日。雨。陈俊臣入都枉顾，会以病谢客，未获一见。庄翰堂夜过，述及局事，多使人怃然，无以为应也。

三十日。陈俊臣过谈。得张哲泉书，以其世兄耒阳县馆修，托言之宋惠人为催取之。因函致惠人为达其意。

四月

四月初一日癸酉。宋惠人太守诣荷花池，为李忠壮公入祀十二忠祠，约往陪也。便道黄海华、朱香荪、周桂伍诸处谈。聂仲芳约赴河西，以张力臣约初二陪宴陈俊臣，属仲芳改定初三日。

初二日。微雨。张力臣邀同李次青、朱宇恬、夏子常饯陈俊臣北行。

初三日。聂仲芳邀赴三爪铺相视山地，地师为攸县萧姓。山势纵横四出，非结穴之地也。

初四日。杨云冈专足送信，以一信复之。是日，女客中有同日生者，家人为之治具贺生。出门回拜数处。

初五日。黄海华招同裴樾岑、陈右铭、张力臣、朱香荪晚酌。西枝晚来谈，将以初九日邀集陈舫仙、郭子美、刘栗桥、黄云岑、朱宇恬诸君一会议也。

初六日。雨。邀李次青、俞心如、朱宇恬、刘秋云、朱岳舲、张力臣晚酌。岳舲适先日归家，辞不至。

初七日。杨琴堂自县枉顾，适邀庄翰堂、王宝生、丁果臣、邹子翼、晏圭斋，黄石珊、谢仙坡晚酌，宝生以赴宝庆辞，琴堂为足八人之数。接周昌辅及意城、志城各一信。

初八日。何伯元过谈。治席款杨琴堂，邀李甫卿、钟景唐、杨春生、高直斋、杨瑞堂同酌。

初九日。诣刘馨室致贺，便过陈右铭、刘小山、周句赓、唐荫云、郭子美、何伯元、章丽亭、於桐轩。晚赴西枝上人之招，同席韩赓扬、裴樾岑、朱宇恬、张力臣。

初十日。杨琴堂回湘阴。於桐轩、吴聘廷先后来谈。夏日方长，稍一见客而已告暮。老病衰颓，惟苦日短，悔壮年奔走，读书之不能早也。

十一日。雨。往吊贺耦耕夫人及郭子美之从母，晤贺古愚、黄子寿、宋小亭三君，并两家知客者也。李次青来谈近事，使人心痗，不谓时事之变一至于此。涂方伯一味迎合上意，而以暴厉恣睢之气行之。裴樾岑以色厉内荏四字评之，虽未足以形容盛德，然穿窬伎俩，足以尽今日士大夫之德行矣。自古小人之恶之成，未有不由于逢迎者，故曰逢君之恶其罪大。凡善于逢迎，必终为小人之归。惟能谄人，斯为骄人，君子小人只是一副本领。於桐轩力称沈保孙绘事之精，以彭雪芹所书扇属作山水，并往一拜之。便过裴樾岑、宋惠人、陈舫仙诸处谈。

十二日。大雨。刘馨室、裴樾岑、宋惠人、李次青先后过谈，遂尽一日之力。次青属编入省志各传，稍汇次家传数篇与之。

十三日。黄曙轩开馆胡宅，一往视之。过李次青谈。张力臣邀同刘馨室、胡听泉、陈程初、唐荫云、朱宇恬午酌。荫云、程初以事不至。

十四日。胡秋樵、黄子寿、朱香荪枉谈。子寿精透世情，于吾狷急之性，时有纠正，独所示处世之法，则犹今日所自诩为能者，非吾志之所存也。

十五日。唐荫云枉谈。接一侄镇江初六日信，知其以初四日抵汉口，乘坐洋人轮船，一日夜遂至镇江，仍由清江浦入都。周句赓属题修竹小影，云即日有人赴常德，因便寄杨性农一信。涂朗轩又以孙琴西信属转递，并以托之句赓。

十六日。胡听泉生日往贺，便过黄子寿、张力臣、李仲云、陈程初、曾沅甫、劼刚诸处谈。

十七日。裴樾岑、胡秋樵、盛朴人枉谈，述及於桐轩初十日举一女。桐轩与守蓉仙皆望子甚迫，而各得一女，颇为歉然。

十八日。陈右铭、周桂伍、熊少书、黄伯初次第过谈。往贺孙春皋生日，便过朱秬泉、李仲京。

十九日。但少村、曾沅甫过谈。每一会客，辄有乡里故旧，相纠半日，实苦无词以应之。坐费日力，真是可惜。

二十日。崇辛皆廉使、增莲舫观察、朱秬泉同年枉过。因诣崇辛皆贺其到任，诣增莲舫送行，便过但少村、潘小农一谈。晚接李筱荃制军信，言以十二月十六日为其子经畬完婚，薛觐堂侍郎亦约送其女来鄂，函属一约鄙人，当时本鄙人为之媒说也。

廿一日。黄云岑过谈。一二日内，傍晚稍看书，两眼遂至昏痛。天之所限，无如何也。

廿二日。吊贺耦耕先生夫人之丧，兼贺陈程初生日。过张力臣谈，以力臣约同诣贺宅，以病不能出门，因往问疾也。

廿三日。贺王太夫人生日，兼过裴樾岑、黄云岑、吕慎伯、黄子寿、周镜帆诸处。为熊绍书致李镜涺及蟠西一信。

廿四日。雨。两日热极，一雨稍凉，然犹葛衫羽扇如盛暑时也。裴樾岑来述近事数则。

廿五日。接王壬秋、唐羲臣二信。壬秋自述近撰《诗补笺》廿卷，而以角味字见询。诣唐荫云、陈诒生、夏芝岑各处贺喜。荫云新娶孙妇，为黄仙桥观察之孙女，自松滋五百馀里送至长沙，年八十馀矣，道光丁未曾与予同寓京师张相公庙之地藏庵，忽忽已二十八年，精神风采，尚如旧也。晚邀李镜涺、盛展奇、廉丞、达山、席三、小春、晋扬、增颐小酌。

廿六日。赴接贵街看屋，因过达山及李镜涪谈。镜涪两子曰伯伦、曰仲芳，气宇甚佳。为述及席山县试情事，使人增烦恼之心。

廿七日。黄仙桥、刘伯固、易镜湖先后过谈。每日两食之外，必出周旋人客至三四次，惟苦日力之短而已。李甫卿回家过节。接胡珏轩一书。

廿八日。就陈右铭诊脉，便过朱香荪及廉丞谈。香荪颇笑楚人之无能：果有能也，虽跋扈何害，惟其无能，而以跋扈二字被之罪而不敢辞。可为叹喟。

廿九日。回拜黄仙桥、次圭乔梓及邹资山、姚桂轩、曹镜初、刘伯固。晚次，罗小垣、李镜涪、黄石珊过谈。

五月

五月初一日壬寅。邀黄仙樵、但少村、唐荫云、刘伯固、曾劼刚晚酌。为杨昌峻（到）〔致〕书蘅唐叔，兼复周镜溪一信。

初二日。邀易镜湖、李镜涪及其世兄伯伦、仲芳、蔡虞臣、樊延龄、唐管青。以蔡竹泉自县至，当一陪之，便邀诸君一叙。竹泉竟托故他适，罢席乃归，亦一奇也。

初三日。寄复齐慎庵一信。杨琴堂复自县至，以捐事为人揭控，来省乞援，苦无以应之。朱香荪邀同裴樾岑晚酌，坐晤黄冈林（咏）〔午〕珊，能文，有俊气。

初四日。为曾文正公升祔之期，澄侯、沅甫知会巳刻陪祭，会者数十百人，因留一饭。子寿为述及陈右铭近事，为之怃然。此公见解高出时流万万，常虑其不能求合今之世，今果然也。

初五日。邀达山、席山来此午酌，不谓已有十一人之多。热极。下午大风。似旱象已成。楚事极可虑。

初六日。方柳桥递到一信，由唐君带省，并《全唐文纪事》、《说文检字》二书，兼得陈兰浦、桂浩亭二信。晚过张力臣谈，询宇恬、子寿两君近事。

初七日。遣瑞堂赴乡，顺致意城、志城各一信，并复张东墅信，兼信寄杨海琴。晚过陈右铭、黄子寿、曾澄侯、沅甫处谈。

初八日。夏至。大雨。黄子寿过谈，遂尽一日之力。吴恪生求借钱刻书，如其言给之。吴西桥之子也，每岁必数至。

初九日。丁果臣、何永清、吴陶村及达山、增颐先后过谈。晚访朱香荪，以赴裴樾岑宴不晤。

初十日。阴，凉。回拜孙春皋、林午珊、夏子新。便过曾劼刚、王鼎丞、朱宇恬、张力臣。接金眉生一信。

十一日。阴，凉。天气极长，又无宾客之扰，而自朝至暮，读书不过数叶而已，益知吾体气之衰也。

十二日。孙春皋、朱宇恬、陈右铭过谈。王初田自澧阳回省，一往视之。便过俞心如、欧阳衡若、盛展奇、任萼堂。

十三日。大雷雨。是日关帝圣诞，俗谓之磨刀雨也。郁热至不可耐。

十四日。韩赓扬邀饭，辞之。致金眉生信，托张力臣转寄。胡听泉、於桐轩先后过谈。

十五日。黄子寿、罗小垣、李镜浯来谈。意城寄到志城一信，专论密岩山及东湖事宜。听信一二人之言，而全没其事实，听言之难如此。

十六日。热甚。竟日书室中读书，但能数叶而已。老病颓唐，精力日衰，终恐无所成就，为之浩叹。

十七日。回拜各处，因就张力臣、黄子寿谈，又于力臣处晤曾劼刚，正思往询姚桂轩事，暑热衣冠甚苦，遂不复诣劼刚。

十八日。雨。邓鸣之来谈，始知黄觐臣以同知候补两年，已保升知府矣，山居一切无所见闻，可为一笑。

十九日。府试案发，席山又列第十。朱宇恬、李镜涪先后过谈，惟苦日力之短而已。

二十日。大雨。复李筱荃制军一信，托韩赓扬发递。复冒小山、易镜湖二信，托李镜涪带递。彭丽生来，谈至夜久。

廿一日。回拜各处，因至彭丽生、黄麓溪诸处谈。欧阳仲芳晚过。

廿二日。柳大自下荫塅归，则各处谷价大减，积滞不至，而江湖水缩如冬令，五月以后虽数得雨，江水涸缩如故。乡间一获时雨，相与庆丰（稳）〔稔〕，无有问及谷值者。鄙人命运所值，到处阻塞。每年粜谷亦巧相牴牾，多耗财力，于理真有不可测者，不必定为乐岁也。

廿三日。大雨。朱香荪、欧阳伯元晚过。香荪意气如云，伯元有家事求为理处，予无以应之，香荪则已为料检矣。

廿四日。邀彭丽生、黄麓溪、邹子香、彭仲莲、吴松岩、文荻轩、周范丞晚酌。麓溪以事不至。

廿五日。邹子香过谈，并出其诗文帖括及各体诗，属为之序。是夕大雷雨。

廿六日。朱宇恬见饷鹿茸。屡承其盛惠，使此心为之不安。夜过邹子香、俞心如谈。

廿七日。回拜各处，因过裴樾岑、黄子寿谈。子寿语及为陶少云家事处置，极有条理。子寿才具见（量）〔识〕，亦自可人。

廿八日。黄麓溪、欧阳仲芳来谈。接曾枢元一信，盖犹去腊贺年信，且告今春入都备见也。

廿九日。刘馨室邀饭，以暑热辞之。临席来约，适得大雨，热气稍退，比往，则朱宇恬一人在坐。乃遣人代约张力臣、黄子寿，子寿以疾辞，予与宇恬、力臣三人扰其盛席，肴丰客少，虚縻而已。杨琴堂又携志城一信至。

三十日。自昨下午一雨，连日夜不息如注，凉甚。杨琴堂笨伯，百馀里往返极无谓，志城又以其意见之私，为之推助波澜。乃复以一书晓譬之。又为彭仲廉致李筱荃制军一信。

六月

六月初一日壬申。周幼安七十生辰，一往贺之。因过刘泳如、盛朴人、李瑞南、张力臣、王初田诸处回拜。

初二日。雨。晚过朱香荪。黄海华先至，因留久谈。张力臣见示申报四纸，因劝阅此，所费月六百文而已。

初三日。雨。易海青、张力臣来谈，遂尽一日之力。意城递到一信，当以一信复之。

初四日。接龙皞臣江西信，言赵抑叔藏有邹叔绩杂著数种，谋刊行之，属同为搜求。乃函托丁果臣、邹子翼两君，并就其家求之。

初五日。邹子翼来言叔绩诗文经说存者尚可三四卷，即属其专足取交。晴日甚长，而瞬息已暮，每日阅书不能二三叶，自愧精力之衰耗也。

初六日。午雨，凉。张力臣邀同叶介堂、黄麓溪、朱宇恬、朱香荪、曾劼刚晚酌，饮毕而黄子寿至，留坐一谈。

初七日。阴，凉。朱香荪、曾劼刚及笙叔、文思次第过谈。

旋诣海青谈。接易笏山、曾挚民、高少玉各信，高名厚，专足守催，因以数语复之。

初八日。大雨。接一侄京师信，并潘伯寅、朱石翘二信。唐泉伯邀同朱宇恬、周文斋、张力臣、陈右铭、陈诒珊晚酌。右铭时有耒阳之行，辞不至。

初九日。复郭春元一信，托罗小垣觅寄。张力臣来谈。连日雨，今日为二伏日，幸无雨，庶望有秋也。

初十日。雨。陈右铭奉差赴耒阳，枉过久谈。陈敬吾自县来，治席款之。杨春生亦自益阳至。

十一日。下午微雨，热。张超堂述及唐艺渠居乡治家，多无法度，颇有骇人听闻者。过陈右铭、俞心如、曾劼刚诸处谈。

十二日，郁热已极。易海青、邹子香枉谈。复龙皞臣一信。又接张东墅一信，知杨海琴新自粤东归，约秋凉赴省。

十三日。张力臣来谈，并递到金眉生一信，长至五纸，向来所未有也。观其词意，亦稍衰索矣。

十四日。邀周文斋、张超堂、刘史亭、邓鸣之、黄石臣晚酌。复曾挚民信，并复曾枢垣中丞及易笏山信，寄挚民转递。

十五日。张力臣、朱宇恬及笙陔叔皆过谈。数日热甚，阅寒暑表，已至九十五分矣。

十六日。与力臣公宴刘咏如、李瑞南、於桐轩、唐泉伯于洁园，适黄子寿至，久谈至更深始归。

十七日。下午大风雨而热如故。力臣馈苹果八枚。高直斋自县至，接戴世荣信，知柏斋近有断弦之戚。

十八日。黄仙樵、李次青、凌问樵过谈。下午热稍退，因过曾劼刚及仙樵老者及笙陔叔诸处谈。

十九日。朱宇恬、张力臣公请孙春皋、叶介堂、李次青、曾劼刚。曾、叶二公不至。

二十日。朱宇恬、张力臣约至叶介堂处，为料理公呈事，坐中惟郑云卿得与一谈其始末，其议始定。

廿一日。陈兰浦寄示所著二帙，真儒者之言。日长炎炎，而予总苦日力之速。精神疲乏，亦云至矣。

廿二日。午刻大风雨。接金眉生、陈熙堂、松生各信。眉生信交李辅堂转递，盖犹去腊所托也，逾半年之久始蒙递到。李氏之昆仲有意作难，凡事大小皆然也。

廿三日。至裴樾岑、盛朴人、郭子美、曾劼刚、郑云卿及衡叔处，惟樾岑、劼刚相见久谈。晚，王绍阶来领张东墅帮款。

廿四日。大雨。裴樾岑、郭子美、张力臣、周文斋次第过谈，遂尽一日之力。朱枫桥、欧阳伯元又以晚至，夜久始罢。

廿五日。微雨。王夔石中丞传示六月初八日上谕一道，特饬小臣及杨厚庵、曾沅甫、蒋芗泉四人入京陛见。老病颓唐，恐不及从诸君子一效奔走之劳也。接夏谦甫信，并寄到《明鉴》一部。

廿六日。唐荫云邀同黄海华、曹咏芝、王初田、胡听泉、但少村为黄仙桥祝寿。仙桥八十，海华、咏芝、荫云均过七十，初田、听泉均过六十，惟予五十七，少村尚不满五十，合计同席共五百三十岁。听泉言：五百年必有王者兴。海华指予曰：奉上谕进京。君当应之。予曰：其间必有名世者。相与莞然。便过王夔石、张力臣、曾符卿。晚归，朱香荪、易海青、黄石珊谈至夜久，始罢去。

廿七日。邀王鼎丞、刘康侯、凌问樵、聂仲芳、曾劼刚、栗诚晚酌。适闻刘瑟（龛）〔庵〕、伯固来省，因并邀之，而伯固以修墓事急告归，劼刚亦辞不至。

廿八日。热甚。邀张蔗泉、马小庄、陈黼廷、黄伯初、欧阳伯元、何少海、姚长生及笙叔便酌，黼廷、伯初均赴乡。裴樾岑枉谈，门者答帖极谬，樾岑怒色相告，甚愧无以对之。

廿九日。热甚。回拜诸枉贺者。晚过曾符卿。有谈星命者，刘赞廷、王瑞臣、黄菊圃三人因属推吾造，以审度行止之宜。人亦有言，万物无逃于命也。

七月

七月初一日辛丑。刘赞廷来相屋。随出门回拜。晚，黄子寿、朱宇恬来谈。子寿论事有内心，其规人过失甚直，而能深中其症结，亦可谓良友矣。

初二日。回拜各处。兼贺陈亦渔夫人生辰。刘馨室、邹子香晚过谈。

初三日。接张力臣信，告黄麓溪之丧，盖自省归未逾月也。其精神体气不类遽有凶变者，人命之不足恃如此。

初四日。热甚。雷敦甫、陈黼廷、黄霞山过谈。接刘荫渠信，知方有悼亡之戚。而安南与法兰西构患方长，沿海边防，殆未有已时也。杨瑞堂自乡归。

初五日。张力臣过谈，始知李次云与冯树堂构难，挟全力为之。幸吾先以书告知黄子寿、朱宇恬。子寿、宇恬均未及见次云，乃以吾书示力臣，而次云恰至力臣处，方具公状遍示人，并谋以呈之中丞、方伯、廉访及诸当事者。力臣婉劝之，并允为调处，或尚易了耳。

初六日。热甚，寒暑表已至九十七分，往年所罕有也。徐寿蘅江西信足守取回信，以一信复之。

初七日。微雨，暑热犹未退也。夏子新回粤之便，寄张友山、何镜海、方柳桥、陈兰浦四信。朱宇恬、张力臣邀同李次云、黄子寿及蘅唐叔处置冯树堂事。

初八日。回拜崇星陔、夏芝岑、王绶卿诸处。晚赴黄子寿之召，同席叶介堂、李次青、曾劼刚、张力臣。

初九日。黄海华七十生辰，值国忌日，不能往贺。黄伯初来谈厘局事件，闻之慨叹而已。

初十日。裴樾岑、唐羲臣、吴陶村、易卓超、瞿秉常先后来谈，遂尽一日之力，甚觉此日之可惜也。

十一日。微雨。陈舫仙、唐鲁英、张力臣、杨笛仙过谈。唐羲臣自县枉顾，为留一饭。复夏谦甫一信。

十二日。雨。荐新祖堂，因邀戴少霞、吴陶村、易卓超及李辅卿、杨春生、高直斋、杨瑞堂一饭。

十三日。大雨。回拜各处，至刘韫斋、刘泳如、陈舫仙处久谈。晚赴张力臣召，同席李次青、曾劼刚、朱香荪、黄子寿、崔贞史，夜久乃归。泳如开示砚石产所，一在西溪旁小溪，出凤滩上三十馀里，曰杉木溪，所产石浅紫色，属古丈坪界。又上十里馀，曰施溶溪，所产石深浅绿色二种，属永顺县界，石质细腻坚润，尤胜于杉木溪之紫石。

十四日。宋惠人、易海青、张力臣及衡唐叔先后来谈，日已夕矣。玩日愒时，甚可惧也。接朱宇恬、冯岳心二信。

十五日。自奉谕旨内召，内顾精力已衰，外察之世事，决计不敢求仕，而无可为自免之计。笔墨之役，又益繁多，从未一清理及之，而此心常若有所甚歉者。天不欲使我托一小艺以成名，无往而非厄也。

十六日。复彭丽生及意城、蟠西三信。以先太夫人忌辰，谢客一日。

十七日。热极。凌问樵招饮，同席李次青、张力臣。陈舫仙。便过李仲云、冯蕉生两处致唁。至黄曙轩、刘馨室处久坐。万慎伯奉江督委来南募勇，往返二次均不晤。

十八日。郭子美、欧阳伯元来谈。子美力劝入都，所以奖藉之甚至，其人心术气概，皆非常有，无愧为一代人杰。

十九日。韩赓扬、陈程初公请郭子美、李次青、张力臣，至则仅子美一人同席而已，终席为之不安。与子美同诣裴樾岑谈，因论及刘省三、潘晴轩、刘仲良之为人。子美胸中亦自具有邱壑，未易几也。

二十日。炳文、敬修均自县至。复冯树堂、李镜浯及蟠西三信。又为敬修致书万石臣。晚邀曾劼刚、曾符卿、李次青、黄子寿、张力臣、朱香荪、崔贞史小酌，盖为劼刚饯行也。

廿一日。接陈右铭、陈俊臣及子敬侄各信。知川督请为霞公立专祠，而以其在川事迹宣付史馆，稍为之慰心。杨子介枉谈。曾沅甫晚过久谈。

廿二日。黄桐轩、吴陶村并求寓书万石臣，为之推毂。吾于石（石）〔臣〕，面识而已，才奉江督檄募勇千人，而吾门已接踵来求，陈顾亭复至。世事之难亦可想见。

廿三日。赵玉班、蒋湘泉并至，一往回拜。并为曾劼刚送行。晚过沅甫宫保久谈。

廿四日。以曾劼刚入京之便，寄复朱石翘、陈俊臣、龙芝生三信。又接龙皞臣一信。

廿五日。北风，凉。为庄绎侯致书但少村，求保甲局差使。绎侯，寄渔太守之世兄也。意城、志城各有信至，各以使递复一信。刘荩臣制府到省，且值其五十生辰，为联语十六字送之。

廿六日。诣刘荩臣，谈京城近事甚悉。晚赴郭子美、黄子寿公宴之召，为刘泳如、盛朴人两君饯行也。便道过裴樾岑一谈。

廿七日。彭丽生自乡来，为其先人楚雄县祠名宦事，将以托之刘荩臣，属为先容。

廿八日。裴樾岑、张力臣枉谈。诣邹子香、俞心如，适易海青至，久谈。晚闻力臣复（皆）〔偕〕朱宇恬来此，以一书讯之。

廿九日。力臣、子寿及龙济生来谈。又诣沅甫宫保谈。竟日无所事事，惟苦日力之速而已。

三十日。大雨，雷。连日郁热已甚，知为雨征也。彭丽生托为刘荩臣言楚雄事，一往言之。张力臣邀同丽生、邹子香、俞心如、易海青、朱宇恬晚酌。

八月

八月初一日辛未。孙春皋、於桐轩早过谈。以将谋北行，衣服有须制备者，稍检点旧存衣服，竟日未能了也。罗研生枉过。黄曙轩见示湘乡黄宜中所刻《从宜家礼》，征引太繁而不得要领，于朱子原书时有增损，实不如原书脉络条理之分明。以云从宜，未见其为从宜也。因以所校订《家礼》五卷，付曙轩一讨论之。

初二日。晚诣罗研生、丁果臣。果臣方有妻丧，闻其至省，一往视之。是夕率家人祀灶神，俗传八月初三日为神诞期也。

初三日。率家人斋戒一日。出门酬应，诣惠莲舫久谈。王鼎丞述及曹镜初之为人，多令人不可解者。接王朗青信，并寄到楚军纪事本末公费。

初四日。罗小垣邀同出南城相度社坛岭、洪恩寺两处山地，均有气局。

初五日。雨，凉。复王阆青信，即交带信之徐玉庭协戎专送甘肃。宇恬、子寿过谈，知李镜浯洪江一局已定议，因函催镜浯来省。

初六日。大雨竟日，凉甚。熊望溪自县至，询知衡叔已前二日到县。

初七日。雨。清理衣服，谢客一日，亦实以足股并痛，步履不能如法，不乐周旋也。接黎少琨、瞿景伊各信。

初八日。诣王夔石中丞，言区维翰保案事。因过张力臣、朱宇恬、曾栗诚、曾澄侯、沅甫谈。晚复就朱香荪谈，至夜久乃归。

初九日。杨琴堂自县至。张力臣、曾栗诚、左壬叟枉谈。晚次黄瀛台至。江西一别，十九年矣，为谈旧事甚悉。

初十日。复龙皞臣一信，并钞寄邹叔绩遗著，曰《学艺斋诗钞》四卷；《学艺斋文钞》九卷，《词钞》一卷；《读书偶识》六卷以甲、乙、丙、丁标卷，知尚遗失四卷，《识馀》一卷；《颛顼宪考》上以《学艺斋》一集卷四标目，知所遗失者尚多。《殷高宗碑释文》碑在贵州永宁州东红岩山后诸葛营旁，黔书谓之诸葛碑，叔绩以为高宗伐鬼方碑也；《诗序去害释滞发微记》卷下遗失卷上；《采访条例》修《宝庆府志》时所拟。又寄复笙孩叔一信。其邹氏《五韵表》一书，皞臣已搜得之，其家无藏稿也。志城是日到省，北风甚劲，尚幸无恙。高宗碑云：惟捂秋尊齿刑威虓虐王乃环自西方西旅华稽东蹈义□南鬼二。

十一日。罗小垣、欧阳伯元来谈。因志城至絮谈，未能一近书案，所闻怪怪奇奇，使此心为之呜咽。

十二日。张力臣枉顾久谈，因书寿联为宋太夫人祝生，遂作字竟日。闻沅甫宫保已早停止求书者矣。

十三日。雨，凉。为宋太夫人祝寿，酬应终日，因便问曾相国夫人之疾。是日秋分，萧然有寒意矣。复陈右铭一信。

十四日。雨。曾澄侯来报曾相国夫人以昨日戌时身故，因一往哭之。接意城一信。

十五日。诣广济真人殿、善化城隍二处行礼。城隍庙演早戏，人肩相摩，肩舆不能入。午邀罗小垣、易卓（然）〔超〕与西斋诸君子同宴。王壬秋自衡州至，约晚邀裴樾岑、张力臣同就朱香荪处谈。去年今夕，与皞丞、弥之、香荪、镜海诸君同集易笏山处，忽忽一年，惟予与香荪在城而已。

十六日。曾文正夫人成服，知会行礼，因往陪吊半日。晚赴李仲云之召，同席刘静臣、赵玉班、黄子寿、张力臣。

十七日。裴樾岑邀同王壬秋、朱香荪、张力臣晚酌。壬秋诵其挽郭子美太夫人一联云：笃谊荷天题，圣母深褒贤母德；中兴毓名将，郭家堪并李家荣。挽左子重联云：成童折桂枝，不随流辈夸名字；世爵分茅土，谁怜老泪洒伊凉掠。

十八日。接葛海涛振嵩信。振嵩为葛念农少尉之子，以盐大使需次两淮，岁常十馀次寄书求为关说，心甚苦之。晚邀刘荩臣一饭，不至，因改邀刘馨室、赵玉班、朱宇恬、李仲云、黄子寿、张力臣。

十九日。邀黄海华、裴樾岑、王壬秋、朱香荪、张力臣晚酌。海华年七十，陶升执烛引下阶基，遂至蹉跌。仆人不得力竟至于此，使人愤憾。致唁刘南云、秋云、瑞云昆仲，交齐律樵觅寄。

二十日。风，凉。罗星垣约往其家，相视南城近地，便回拜各处。接林午珊信。吴陶村、孙君诒晚来谈。

廿一日。吴春谷、杨安臣、杨子介先后过谈。晚诣曾沅浦，适澄侯亦在坐，语及时事，相与感慨系之。

廿二日。为易海青贺生日，便道回拜各处。至潘辅臣处谈。接刘康侯信，荐其家旧仆沈福来此。

廿三日。黄仙峤、唐时雍、罗小垣先后过谈。张力臣邀同裴樾岑、朱香生、王壬秋、黄子寿、夏子常、孙君诒及志城晚酌，志城、子寿、子常、君诒均不至。

廿四日。为先光禄公诞（封）〔辰〕率家人致祭。李寄庐携其妻子至省，可谓不惮烦矣。

廿五日。志城为七侄订婚邓氏，厚甫观察之女也。张力臣、夏介峰为之媒说，而邀瞿秉常作陪。

廿六日。任萼堂、甘南塘枉谈。朱香荪邀同裴樾岑、张力臣、王壬秋早酌。回拜各处，诣黄子寿久谈。子寿见戒数则，曰当断不断；曰信人过深，用人过轻；曰勿轻近文章之士。三者皆切中予之隐微。子寿才识真有过人者。

廿七日。易海青、杨介侯来谈。晚邀杨晴寰、任萼堂、饶岱霞同陪李寄庐，并约京生、子宽及五、七诸侄一饭。接王阆青、周步瀛各信。

廿八日。任萼堂约至阿弥岭相地，出浏阳门五里，山川俱到而无结作。达山自乡来谈。

廿九日。谢澧卿、罗小垣、杨海琴先后过谈。昨日闻海琴至，为言之中丞，请补给所停支薪，此事微觉无以对海琴也，并为寓书裴樾岑，共筹补给。

九月

九月初一日庚子。大风，凉。回拜杨海琴、陈少炳、黄云生、李镜浯、王壬秋。见陈鲁瞻，深明医理，其明晓事体，亦较胜于陈小农。

初二日。邀唐时雍、欧阳信甫、罗研生、邹谘山、海青晚酌。与健甫侄谈家事，怃然于心，不能自已。

初三日。邀李仙伍、李镜涪、盛展奇、李寄庐、蔡虞城及达山早饭。适易海青至，因并留之。晚诣於桐轩不晤，因约王壬秋、朱香荪、张力臣夜谈。

初四日。於桐轩、言舫丞来此早饭。约唐时雍、罗小垣往湘阴看地，午时始能通知，久候小垣不至，乃为郭春元及笙陔叔辈纠缠半日，申刻始登舟开行，而北风骤至，仅行五里。

初五日。微雨。舟人勉强开行，至三叉矶，风势转劲。偕唐时雍、罗小垣登岸小步。小垣觅得彭姓一山，来势甚好而无穴。乃循山行至寨子岭，避雨山家，借笠子雨具，回至何镜涪祖墓，登穴视之，乃知龙势旁落，连回二枝，作案结穴正在此。下午乃饬舟人乘风回至省城。七侄见示志城信，知归后病势转剧，为之怅然。

初六日。大风，凉。人事稍简，以外间皆知已赴乡之故。悉求书之小品扇件书之。接扬州庄蒿庵书石忠棫与杭州曹柳桥书，皆应复者。曹君一字葛民。

初七日。接於桐轩信，因约杨介侯来谈，始知黄霞山事已了，大率冒君之力，高下抑扬可以惟所欲为也。

初八日。雨，凉。是日换戴暖帽。秋景萧疏，重以风雨，益觉短景之逼人也。龚辅臣及畇覃过谈。

初九日。雨。张力臣约为登高之会，会饮洁园，与裴樾岑、邹谘〔山〕、王壬秋、黄翰仙、朱香荪共七人，以一年年觉惜重阳分韵，予分得阳字，随为一律付力臣。

初十日。雨。骤闻左壬叟仙逝之信，一时美才也，伤悼无已，随往哭之。并过黄菊圃、王壬秋一谈。壬秋处晤蔡新吾，别十馀年矣，相见各伤老态。晚得李鹿苹一信。

十一日。凤氏生辰。便邀罗小垣、杨云冈午饭。会廉丞自县至，因并邀之。钟芷园晚来谈。子美军门语及日本事，极有见地，非独气矜之隆而已。

十二日。南风，而罗小垣以孙春皋观察赴常德之故，耽延半日，甫登舟而北风又作，行四十里，至丁字湾。

十三日。至塔子前泊舟。咫尺县城，不敢一遣人上岸，以增酬应之烦。

十四日。偕唐时雍、罗小垣步行至南泉山。雾雨行草露中，衣履皆湿。至寺索薪柴不得，乃就火炉脱衣袜烘之，耽延半日。由杉木江直至象鼻嘴，转赴洪家冲，再四研审，直断象鼻嘴为无地，而谓洪家冲地尽相安。吾意终不敢深信也。

十五日。本约由五里墩至蔡家垅，诣志城家午饭，早（赴）〔起〕天阴微雨，又值北风，乃饬开行，回泊丁字湾。

十六日。雨。至省河，值王夔石中丞阅水操，官民填塞于道。回闻舒兰生已抵家。接子敬及周小田二信。

十七日。大风，寒。朱香荪邀同黄海华、杨海琴、张力臣、王壬秋早酌。就便酬应，至王鼎臣处，始知王理庵已入学。述及吾邑宋龚舆字德载，为朱子门人，夷坚志称其就省试，求梦仰山祠，凡共四人，梦神语之云：龚舆不中。其后赐进士独龚舆一人，始悟不字为一个二字合成也。

十八日。雨，寒。意城自乡来。酬应竟日，尚不能了。晚赴黄海华之召。杨海琴、张力臣、王壬秋、朱香荪枉候甚久，此心颇为之不安。

十九日。大风，寒。周浥藻来省应试，至是始一来见。唐时雍、张超堂先后过谈。

二十日。出门酬应。晚赴杨海琴之召，同席黄海华、裴樾岑、张蔗泉、张力臣、孙阆青、朱香荪、王壬秋共九人。

廿一日。曾沅甫宫保、张超堂、罗小垣、黄石珊枉谈，遂至日夕。寄刘秋云一信，以杨瑞堂迟留乡间，至此始获发递，于事为过晚也。

廿二日。王初田、曾澄侯枉谈。意城随至。略书对联数幅，而日已夕矣。

廿三日。诣沅甫送行，就便回拜各处。吴鲁民枉过夜谈。杜子美诗云：眼前无俗物，多病也身轻。竟日酬应，雅俗参半，只觉其苦。

廿四日。曾文正夫人以是日成主，因偕意城一往，便过杨海琴、王鼎丞谈。鼎丞编辑《曾文正公读书记》、《弟子记》，于文正公生平著录搜括无遗，而皆能撷其精英，足资后人搜讨。曹镜初才力百倍不逮鼎丞，而一味负气，所刻《文正公文集》，已多不惬人意矣。陈镜吾回湘阴。致李少荃相国、李筱荃制军、王阆青方伯三信，并托王夔石中丞发递。

廿五日。曾沅甫宫保启行赴都，偕意臣送之江次。因与陈程初、唐时雍、罗小垣坐轮船赴平塘，相度曾文正公葬地。登主顶望之，全山形势俱见，亦不可多得之地也。

廿六日。左癸叟馈席，便邀刘赞廷、唐时雍、张超堂、徐晴溪、罗小垣、言舫丞、欧阳伯元、仲芳晚酌。守蓉仙、周桂伍、杨云冈次第过谈。蓉仙见示所撰《新宁县志序》，桂伍见示寿珊学士墓铭，有须添载者，均为斟酌审定，而精力已惫，不可支矣。

廿七日。杨晴寰练丹说：子时采药归壶，三十六息，以意运至绛宫，送归土釜，练三十六息，百日功完，所谓筑基也。于是移炉换鼎，仍用子时采药归壶，三十六息，以意运至绛宫，练三十六息，送归土釜，十月乃罢，所谓练已也。由是修丹，仍用子时采药归壶，三十六息，以意送过鹊桥，稍一停，运上尾闾，用鹿车至腰，用羊车至头后枕骨，用牛车上昆仑，至泥丸宫，炼三十六息，注双目，下重楼，至绛宫炼三十六息，然后送归黄庭炼三十六息，十月功完。邀罗研生、朱香荪、孙君诒、舒兰生、龙济生、研仙及意城晚酌，研生、兰生、君诒均以事不至。张超堂、李镜浯夜过久谈。

廿八日。偕黄子寿出城，看地阿弥岭，与任荨堂所看地正同一局，一在下枝，一在上枝，均之无取也。徐寿蘅自江西归，过谈。前交劼刚带京三信，至是始由胡万昌汇寄。

廿九日。回拜各处。晚赴意城之召，同席罗研生、刘史亭、黄石珊、庄翰堂，坐遇吕尚之、柳浦珊、宋子玉三君。吕君为慎伯之从弟，恽次山之外侄也，在厘局已多年矣。

三十日。微雨。罗小垣、言湛甫仍从渡河西看地。湛甫所云笑天狮子，为贺姓生基，实韩家湖刘文恪公祖墓之水口山也。夜至杨梅山，已二鼓后矣。

十月

十月初一日庚午。微雨。罗小垣为审杨梅山穴情，所见极允，十馀年积疑，至此始一豁然。是夕宿望城坡。

初二日。偕小垣至岳麓山，小憩万寿寺，住持僧岚光适赴城，惟知客和尚思齐煮茶相款而已。回至道林遗址，次圭和尚摘橘数十枚见贻。小垣所指二地极有意味。赫曦台前一穴，夹耳砂，岸山宛然，旧闻刘小山言之，实一佳穴也。入城已将夕矣。接到张寿泉一信。

初三日。出门三日，接信十馀封，大抵皆求馆者，其言颇极恳至，甚愧无以应之。是日拟稍料检行李。首清字画，所失已多。精神照顾不及，以致有此，然亦足见用人之不得力矣。恐非十馀日工夫不能清检完竣也。

初四日。意城来谈半日之久。得朱宇恬书，已于省河安置二船送赴汉口。随复宇恬一信。

初五日。杨性农至省，裴樾岑邀同性农及朱香荪晚酌。性农因相就谈，并出越裳使臣阮修所赠诗，因装成巨册征题，颜曰《越裳片羽》。张力臣、黄海老二诗极佳。

初六日。邀杨海琴、裴樾岑、杨性农、张力臣、朱香荪、邓直卿及意城早酌。周桂伍、朱炳垣枉过晚谈。

初七日。意城回乡，便赴丽思塘，因寄志城一信。杨琴堂自县至。彭作新署澧州参将。来此告辞。

初八日。往贺胡文忠夫人生日，胡珏轩适以是日至省。就便回拜各处。熊雨胪八十馀岁，步履康强乃胜鄙人。晚治席款琴堂及陈郁如。

初九日。陈舫仙约饭，以料检行李，李仲云又约初十日五鼓诣火官殿拜牌，恐因宴会耽延，遂径辞之。三日清检什物，存家及应携带出门，尚茫无端绪。天气晴和，连日南风，杨云冈为我择初十行期，竟不能成行。运气乖违，天若有意揶揄之，为之浩叹而已。

初十日。裴樾岑再邀同性农、香荪晚酌，以予北行有日，借此一小叙。来简引杕杜之诗曰：中心好之，曷饮食之。予甚愧其言，而尤感其殷勤之意也。晚归，唐时雍、王润生、张超堂过谈。

十一日。罗小垣、黄石珊、谢仙坡、刘赞廷、杨云冈过谈。小垣述及郁德铺情形，予甚愧之。

十二日。料检行李，困惫已极。郭海青馈蒸盆，欲邀樾岑、香荪一叙，竟亦不能也。

十三日。朱香荪邀同樾岑、性农晚酌。以先太夫人生辰致祭，又刘秋云专足至，坐谈至日夕乃往，两君候久矣。闻东洋事已了，台湾屯田之兵均自撤回本国，去兵费五十万金而已，办理尚属妥协。

十四日。樾岑复邀同性农、香荪宴叙。接意城、志城、达山各信，并以予北行，专函问讯也。两日郁热殊甚。

十五日。大风，寒，至夕微雨。稍稍料检行李，颇觉其惫。闻陈右铭已由永州回省，忙冗万状，不及一往谈也。

十六日。大风雪甚，雨霰，下午雪子。张力臣来谈，约为九老之会。吾以曾文正公祠落成，当以七人主名，相与议七贤，邀九老。其间贺麓樵八十四，熊雨胪八十二，黄仙桥八十，熊鹤生七十四，罗研生七十二，黄海华七十，唐荫云七十一，曹咏之七十，冯次山六十七。惟两黄一曹湖北人，馀皆长沙人也。

十七日。雪。各箱已收检者，稍稍料理包捆。周发清检各箱，极为妥帖，是此数年之进境也。

十八日。晴。始出辞行。晚赴裴樾岑之召，性农以赴陈少卿宴未至。陈右铭适自永州回省，得一叙谈。

十九日。辞行。冬日苦短，初意辞行两日可了，所至小坐片时，而日已西矣。两日拜客，尚不及半，徒苦人也。

二十日。辞行。香荪约晚酌，黄海华出差甫回省，与裴樾岑、陈右铭五人谈宴甚惬。酒罢还家，街鼓已三敲矣。

廿一日。辞行。罗小垣、杨子介夜谈，商定明年西席柳君。小垣为荐琅林一地，约廿三日一往相视。吾意连日晴霁，当急筹定行计，一切属杨瑞堂照料，不必亲往也。

廿二日。未刻由草潮门登舟，借坐陈右铭新置麻阳船。右铭暨刘馨室、朱宇恬、舒兰生枉送者数人。馀则言湛甫、郭海青、饶岱霞、杨次山、钟景唐、易卓超、刘赞廷先至船候送，此外竟无知者，以本约廿五日动身故也。自初九日料检行李，中间辞行四日，日夜无稍休息，困惫已甚。匆匆启行，诸多未及交代。然是夕安宿舟次，稍觉清暇矣。

廿三日。宇恬尚约一与九老之会，以舟人急欲开行，稍稍交代瑞堂事件，即时发舟。行四十里，泊丁字湾。是日北风甚微，以水落舟巨，行甚迟滞，有类予生平为人也。

廿四日。六十里，泊樟树港，守港三板船哨官杨千总来见。为张力臣撰《少衡先生墓铭》一通。意城赶来相别，于港次会合。

廿五日。卅里至县，张力臣已前专足至。随上岸周旋。晚赴冒小山之约，宾客杂沓，四鼓乃散。复张力臣一信。欧阳伯元亦随至。

廿六日。阴。以西枝料理南泉山事，约本日集会商议，乃以馀闲一赴丽思塘。志城精神面貌尚不甚憔悴，而脉息仍数。唐竹虚为之主方，并得一会谈。晚赴李镜浯之召，同席意城及欧阳伯元。上船酬应，又至四鼓后，宾客始各散归。

廿七日。告祭宗祠，族人治席相款，因稍诣亲辈长者告别。晚为西枝、法成两僧邀赴乾元宫，冒小山明府、邹子香同年及杨云风同席。杨大山、蔡浩楼亦以事至。回船酬应，又至四鼓。

廿八日。大风。因意城回省，附致一信，并料理馈赠诸亲友贫者。晚乃诣邹子香、姚葆丞一谈。俞丹林、易钦羲及绍羲、炳文各出纸求书，并书堂挂寄钱斐成。

廿九日。开行。冒小山送至乌龙嘴，临行请曰：大人心地开爽无城府，然世路崎岖，人心叵测，一切愿求慎重。予闻之悚然。生平愚直，未敢以猜防之心待人，又意求利人，不为人害，凡语言有损于人者，不敢轻出也。自问无取怨之道，而所在抵牾，则由语言激切之故。冒君此言，深中隐微，当书绅以志之。意城又与杨琴堂、李镜浯、盛展奇、熊绍香、陈敬吾、高直斋送至赛港。是日行六十五里，泊白鱼圻。杨斌回县，寄谢冒小山一信，并寄陈遇佳、吴九如及廉丞、蟠西、绍羲、炳文两公信。

三十日。雨竟日不息。欧阳信甫托撰《坦斋先生诗文集序》，曰《望云山房文集》四卷，曰《来谂堂诗集》二卷，曰《粤东游草》一卷，曰《有方游草》二卷，盖年馀未有以报命，姑记(于)〔其〕名于此。

十一月

十一月初一日庚子。行百零五里，泊舟鹿角。夔石中丞派送一船，哨官曰袁鸿宾。岳州水师派迎一船，哨官曰萧德祐。筱荃制军派迎一船，哨官曰吕长春。在鹿角市肉三十斤分饷之。西洋人推是日金星过日，云二千年始一见之。西洋言推测，不言占验。中国历法，太白昼见主兵，太白与日同度而上掩日，视昼见之变为尤异矣。是日天阴微雨，日中当有黑子，未及见也。

初二日。一百七十五里，至新堤，以南风甚利，岳州未一泊船。田海筹游府枉顾舟中，属致意文武各官及笙陔叔而已。海筹与田清臣并不同宗，海筹之先田琏，自江西南昌县迁居韩湾围，七传而至海筹，当在国初时也。

初三日。一百六十五里，至排洲。以南风过上排洲四十里，江势一折，反趋南行，至逾半日之久。麻阳船行甚迟，又不敢张多帆，使当时乘坐红楼，则早已抵鄂矣。

初四日。欧阳伯元见示所收画四帧。其一为赵仲穆雍仿古十则：一曰《湖亭谈道》仿江贯道，二曰《春峦叠翠》仿萧月潭，三曰《桃源采药》仿马和之，四曰《秋溪利涉》。仿李唐，五曰《鸣壑观泉》仿李升，六曰《苍鳞起蛰仿》陈所翁，七曰《丹山夕照》仿郭熙，八曰《仙山云阁仿赵千里》，九曰《疏林牧马仿陈居中》，十曰《万峰雪霁仿李成》，真神品也。有梁阶平先生题诗，后有胡布、柳贯、僧宗泐三跋。其一为仇十洲《兰亭修禊图》四十二人，后有文三桥彭书《兰亭序》。其一为关九思白描人物，乘坐牛车，迎候者十馀人，疑系《老子过关图》。其（人）〔一〕为文衡山《云中双阙图》四字为王谷祥书，名王禄，号西室，字法亦老劲，衡山书教诗于后。雨中放朝出左掖闲眺云：霏微芳润浥霓旌，历落彤墀散履声。暝色浮烟迷左掖，碧虚将雨过西清。柳垂青琐千丝重，水落银桥万玉鸣。沾洒不辞袍袖湿，天街尘净马蹄轻。元旦朝贺云：仙音缥缈协和鸾，天上春回白玉栏。日出鸡人齐唱卯，雪销风伯为驱寒。万方玉帛看王会，一岁仪文重履端。满目升平题不得，白头惭愧直金銮。进春朝贺云：玉殿千官拜冕旒，紫衣京兆在前头。四时盛德初临木，先日严寒已送牛。气转苍龙当法驾，风回明庶动宸游。圣王和令思行庆，次第颁恩下九州。恭候大贺还自南郊云：圣主回銮肃百灵，紫云团盖翼苍精。属车剑履星辰丽，先驾旗常日月明。十里春风传警跸，万方和气协韶英。白头掀睹朝元盛，愿续思文颂太平。是日行百三十五里至鄂，泊舟鲇鱼套。

初五日。昨夜筱荃制军栖顾舟中。时初至，已傍晚，不能登岸，故制军先至，谈至三鼓。今早薛觐堂制军又至，谈约一时许，乃得入城拜客，所见林远村、王小莲、杨艺芳、张鹿仙、方菊人皆旧好，沈鲁卿、何芷舠、恭养泉，则皆以先施回拜也。是夕与制军会宴薛觐翁处。

初六日。覲翁复早至，久谈。同乡来见者纷纷。午刻始能入城，谒曾文正、胡文忠二祠，兼一登黄鹤楼，同乡刘莘川、李镜潭陪行。曾文正祠旁三公祠，合祀罗忠节、李忠武、李勇毅。筱荃制军三祠联均佳。少荃相国黄鹤楼联云：数千里奔湍激浪，到此楼前，酒罢一凭栏，江汉双流相映照；十馀年人物英雄，恍如梦幻，我来重访鹤，沧桑三度记曾经。夜与覲翁会宴制军处。彭仲莲、邹叔舫来舟夜谈。

初七日。渡江至许炳南、程尚斋、李玉阶、吕秋丞诸处一谈。回至长郡会馆，规模宏敞。首事为吕藕池、张可亭、黄竹泉三人。前为禹王宫。藕池求署联、匾。联云：故乡共此湖山，看洞庭叶落，湘浦云飞，指点长沙一星在；神迹常留江汉，喜烽燧烟销，楼台日丽，流传委宛万年功。扁云：万世允赖。

初八日。诣彭汉航、张月卿、胡月樵诸处谈。制军约晚过，因转至督署，遂留饭。曹击三来见，亦曾文正公旧吏也。

初九日。陆彦颀早过，遂留饭，得一畅谈。薛覲堂召晚酌。苦为人客纠缠，在此酬应遂至六日之久，而轮船迄今不至，殊为闷损。张月卿过谈，语及王少鹤凶耗，为之凄然，不能自已。

初十日。雨。杨艺芳来，询及公请诸君别字，曰崔芬堂，曰张鹿仙，曰张樵野，曰程希禹，曰丁晓沧，曰沈鲁卿，曰禧祉堂。武昌府曰方菊人，县曰王子泉。汉阳府曰严香生，县曰熊殿臣。是日检点寄谢湖南信件，至于三鼓，精神散漫，夜睡为之不安。

十一日。大雨。文津轮船久不至，制军属少候之，遂逾七日之久。而江南白云船适至，管驾官李树勋镇军来见，约十四日开行，以十三日为冬至先一日，选择家谓之四离日也。是夕料检寄县各信，凡分作五总封。王夔石中丞、涂朗轩方伯、崇星阶廉访、夏芝岑观察、韩赓扬协戎，托之陈程初。惠莲舫观察、宋惠人太尊及黄子寿，托之张力臣。唐荫云、唐鲁英、欧阳信甫，托之朱宇恬。裴樾岑、黄海华、陈右铭、王鼎丞四观察，托之朱香荪。其郭子美、陈舫仙、胡珏轩、罗研生、丁果臣、曾劼刚、刘馨室、黄云生、王壬秋及意城、志城各信，则由家致送。田海筹及笙叔二信寄岳州，别交岳州舢板。并家信共三十三封。

十二日。大晴。诣各署辞行。以避送行者之烦，移泊汉阳晴川阁下。许炳南镇军、王顺堂游府均枉过一谈。

十三日。彭仲莲、刘莘畬均枉送至汉阳，因偕游归元寺、伯牙台、晴川阁诸胜。林午珊亦至，并留午饭。薛觐堂尚书枉送久谈。李镜潭求湖南会馆联，因书一联云：三湘七泽，回望乡关，土风南北一江水；烈士名臣，同歆俎豆，佳日春秋万古情。继思会馆祀周濂溪夫子，别无可悬联处，当为濂溪祠联，复书一联云：资湘沅澧，聚三千里英华，润色湖山，斯为楚国先贤冠；勇烈忠贞，合数十年人物，经纶天地，都自濂溪一脉来。伯牙台有宋芷湾湘竹叶书伯牙台诗石刻，笔势雄杰，飞舞可观。

十四日。冬至。晴。雷质轩、刘莘畬、鼓仲莲枉送。巳刻乃上轮船。李树勋镇军陪同上下循视。晤罗少村送其妹回武穴，因相就一谈，所言均有见地，不愧名父之子。是（行）〔日〕未刻开行，百五十里泊七矶洪。

十五日。雨。三十里过黄州，天甫明也。又行二百七十里，至武穴。舟中有由武穴登岸者，停泊片时。又行八十里，至九江之新关亦云二套口。计行三百八十里。

十六日。大风。四十里至张家洲。舟次携丹书数种，读魏伯阳参同契一过，为之加注。

十七日。微雪。行三百里，至安庆。李树勋遣人诣李和甫，附柬问讯。皖抚裕禄、安庆县赵志和均遣人来候。孙琴西方署安徽藩司，以夜久不及往视。

十八日。阴。微雨。李树勋属书楹联，亦请欧阳伯元为作篆书及画梅四帧。三百六十里至芜湖。李次荃寄居芜湖，亦因李树勋附柬（信）〔问〕讯。

十九日。大风。午后开行。一百八十里至金陵新关。书致李眉生、金眉生两君，并家信一件，拟付胡万昌信行递寄。

二十日。坐长龙船由水西门上岸。梅小岩、薛世香、勒少仲、汤小秋、黄幼农、首府蒋鹤庄、江宁县甘愚亭、上元县沈武臣、黄佩皆、车与吾、周澄清，并在官厅杠迎。因诣雨亭尚书谈，语及海防并黄河南徙二事，忧劳至病不可支。吾请以二语持赠：天下之事万变，吾以常道外之；天下之事万难，吾以易道视之。履其常，持其易，易简而天下之理得矣，多忧何为。尚书言，才短量狭，此语愧未能及。语次及四川吏治之敝，吾笑曰：禹、稷、颜子，易地皆然，此恐当以平心视之。幕中钱子密、陈小浦、任棣香、孙澄之，皆文正公旧友，所见小浦一人而已。晚过黄昌岐宿。

廿一日。昌期邀同孙树仁早饭，遂至日午。小岩、世香、少仲、小秋、幼农邀游莫愁湖，拜曾文正公像，因过文正公祠及湖南会馆。因念文正公在时，屡约为江南之游，今日至此，文正公没三年矣。道见江南士民为文正公立坊，榜曰民不能忘，见之为堕泪。至是入祠一哭，至于大恸，不能自已。祠中设香烛，杠陪者周锡三协戎，周倬云、谭青岩两协戎。周君督带新兵左营，驻督署旁，谭君督带亲军左营；并长沙人。湖南会馆杠陪者喻庆勋、宋长庆、曹仁祥三军门，王觐臣游府，唐子铭、黎友林两太守，贺麓松大令名醇，曹仁祥军门文案，其诸同乡二十馀人，不能尽悉其名号也。酒罢回船，风雪并作，泊舟下关口。周佐臣、吴小轩两军门来见。周君督带留防炮船，吴君督带淮勇江南总统庆字水陆全军，并旧识。小轩告知：扬州转运粮台许仁山、清江浦转运粮台王克斋，可托预备车马送保定；保定马队防兵叶曙清，可托预备车马入都。克斋处，筱荃尚书已致书告知；叶曙清处，小轩自允致书也。

廿二日。晴而风不息。下午始由江南派送之济川轮船拖带至草鞋夹，上白云轮船。伯元枉送至清江，夜谈极畅。同舟熊天保以都司候补，求荐致梅小岩；吕松亭为其亲友求荐致汤小秋。各以一书与之。致李眉生信，托之雨亭尚书；致金眉生信，托之勒少仲。二君并至金陵久候，均以前数日告归，为之惘然。

廿三日。百八十里至瓜洲口，因坐济川轮船一游焦山。寺僧芥航，故与裴樾岑交好，出示所为《同戒录》，方与寺僧修净土，颜其居曰小莲神。因相与历游诸寺，观周鼎、汉炉，及阮文达公所施定陶鼎，及杨椒山先生手卷二帧。一为《临洮锁林峡开煤山记》，先生谪狄道时事也。一为谪所苦雨寄怀王继津诗。一为哀商少峰中丞和徐龙湾五律四首。一为元旦有感寄凤洲七律，云：老天留我报君身，惆怅蹉跎又是春。几度丹心连血呕，数茎白发带愁新。回思往事真堪笑，自幸更生似有神。璞在不妨重泣献，踟蹰无计达枫宸。一寄王继津一札。石刻共五纸为一帧，阮文达公施之寺中，有送杨忠愍公墨迹归焦山记，称为谢东墅少宰墉家藏，其子寿绅庶常恭铭以赠梁山舟学士同书，学士不欲全留之，割存与王继津一书而返其四，有跋记事。翁覃溪阁学定为嘉靖三十一年在狄道时手迹。王继津为霸州王遴，明史有传。而梁山舟所藏寄王继津书，又刻之石，合为一帧，名人题跋甚多。椒山先生自明天启中祀之水晶庵，颜曰仰止轩。姜如须垓有诗云：六义风流今不灭，十行疏草未全焚，原因报国成忠愍，翻似完身傍隐君。嘉庆丙寅，移仰止轩于焦隐庵后。芥航索予题字，为书一律云：妙墨雄辞亘天地，奇光宜为此山留。沉吟烈士前朝迹，苍莽长江万古流。取伴云烟虬在鼎，空悲今古貉同邱。桑沧劫火难消灭，杰阁丛林快此游。其一帧则先生所临云麾碑也，扬州丁研山施之寺中。伊秉绶题五稿一帧曰：永镇焦山；贵征题临云麾碑帧曰：同缄石室。文达公又（施）〔以〕宋嘉定、元至元《镇江府志》二部写本施之寺中。芥航言此二书别藏一庵，未往观也。回舟观魏玛卿所筑炮台。

廿四日。四十里至扬州。甘泉令冯弁云迎候于途，展云前辈之弟也。至则方子箴前辈及其世兄仰昕、杨子木、许仁山、戴友梅、史伟堂、李晓峰、许秋槎、魏温云均枉见舟次，皆旧好也。子箴前辈假所坐蒲鞋头船送至清江浦。

廿五日。人客纷集。子箴前辈约为平山堂之游，同席林寿青、史伟堂、（徐）〔许〕仁山。酒罢，一过魏荫亭、许秋槎。湖南会馆穷极园林之胜，馀书圃、毛曙阶诸君陪游。曾善长所居亦距会馆不远。箴老设席平山堂，遍游林谷堂、洛春堂、四松草堂、晴空阁、明远楼诸胜。

廿六日。书局晤王香舲、庄蒿庵，谈次始知香舲为王敬一之侄，并兼承敬一之祧。询问今日谙习河务者，举于赞之、张林熙二人。诣晏同甫、钱呇仙两前辈谈。

廿七日。张菊浦、谭东湖、杨鹿汀来见。史伟堂、许秋槎又枉送十馀里，因留舟中一饭。过碧湖桥，水势漫下如驶，加雇纤夫二十馀名，轮船至此亦倒退不能前。是日行四十里至召伯镇，吕松亭长龙船亦竟未能赶到也。

廿八日。伯元处有俞（和）〔荫〕甫《春在堂随笔》，言戴子高议《续刻皇清经解》，其书目九十四种。《周易》十三种：庄氏《存与彖传论》、《象传论》、《系辞传论》、《说卦传论》、《卦气解》、《八卦观象解》；张氏惠言《虞氏易言》、《虞氏易事》；刘氏申受《虞氏易言补》、《虞氏五述》；李氏锐《周易虞氏略例》；胡氏祥麟《虞氏易消息图说》；姚氏配中《周易姚氏学》。《尚书》十二种：庄氏存与《尚书既见书说》；庄氏述祖《尚书考证》、《尚书记》；刘氏申受《书序述闻》；宋氏于庭《书谱》；龚氏自珍《尚书序大义》、《尚书马氏家法》、《大誓答问》；魏氏《源书古微》；周氏用锡《尚书证义》；焦氏循《禹贡郑注释》；朱氏右曾《逸周书补注》。《诗》十种：庄氏存与《毛诗说》；庄氏述祖《毛诗考证》、《周颂口义》；汪氏龙《毛诗异义》；陈氏奂《毛氏传疏》、《毛诗说音义类》；胡氏承珙《毛诗后笺》；马氏瑞辰《毛诗传笺通释》；朱氏右曾《诗地理考实》；魏氏源《诗古微》。《仪礼》十一种：褚氏寅亮《仪礼管见》，张氏惠言《仪礼图》；胡氏承珙《仪礼古今文疏义》；胡氏培翚《仪礼正义》、《仪礼宫室定制考》；吴氏卓信《丧礼经传约》；吴氏嘉宾《丧服会通（记）〔说〕》，董氏蠡舟《释祀》；徐氏养原《仪礼古今文疏证》、《饮食考》；郑氏珍《礼经小记》。《周官》八种：《庄氏存》与《周官记》、《周官》说；庄氏绶甲《周官礼郑氏注笺》；庄氏有可《周官指掌》；沈氏梦兰《周官学沟洫图说》；徐氏养原《周官故书考》；郑氏珍《舆轮私笺》；钱氏坫《车制考》。《礼记》十种：王氏聘珍《大戴礼记解诂》；庄氏述祖《夏时说义》、《夏时等例》、《夏小正文句音释》；刘氏申受《夏时经传笺》；黄氏模《夏小正分笺》、《夏小正异义》；魏氏源《曾子章句》、《子思子章句》；金氏鹗《礼说》。《春秋》十二种：龚氏自珍《春秋决事比》；魏氏源《春秋公羊古微》；柳氏兴宗《穀梁大义述》；洪氏亮吉《春秋左传诂》；梁氏处素《左通补释》；臧氏寿恭《春秋左氏古义》；朱氏右曾《春秋左氏传疏》；董氏斯垣《国语正义》；黄氏模《国语补韦》注；汪氏远孙《国语古注辑存》、《国语韦注补正》、《国语明道本考异》。《论语》六种：江氏声《论语俟质》；程氏廷祚《论语说》；钱氏坫《论语后录》；宋氏于庭《论语发微》；徐氏养原《论语鲁（论）〔读〕考》；包氏慎言《论语温故录》。《孟子》一种：宋氏于庭《孟子赵注补正》。《孝经》一种：周氏仲孚《孝经集解》。《尔雅》二种：戴氏鎣《尔雅郭注补正》；钱氏坫《尔雅释地以下四篇注》。《小学》四种：钮氏树玉《说文段氏注订》；桂氏馥《说文义证》；王氏筠《说文解字句读》；严氏可均《说文翼》。此外，毛氏奇龄《尚书广听录》、《舜典补亡》、《孝经问》、《四（学）〔书〕改错》、《圣门释非录》，阮氏学海堂本未刻，宜补刻。刘氏逢禄《公羊何氏释（注）〔例〕》、《公羊何氏解诂笺》，学海堂本多脱误，宜重刻。又阮刻体例未免杂乱，续刻者宜以经归经，而别为经义文钞一书附后，采辑诸家文集及说部书中之有涉经义者者。均戴子高之说也。又载苏州书局刻元和陈几亭鹤《明纪》一书始末五十三卷，后其孙中书克家续成之，近夏谦甫撰明鉴，刻之江西。是同时有两书纪明事者，亦一奇也。候长龙船至日午，乃倩轮船曳上之。又行六十五里，至车逻。

廿九日。十五里，高邮州。又百二十里，宝应县。刘晓渠大令来见，谈贵西铅矿事甚悉。又云贵阳白岩厂出水银，近年皆停采矣。曾澧楼来见，文正公从弟也，在此办理厘捐。漕标巡船陈副将来，言高邮州以上自廿一日河冻，廿八日始开，而予适后一日至，亦一奇也。

三十日。八十里，淮安府。又三十里，清江浦。漕叔恩竹樵、清河令万少畇、海州运判于少湘来见。随往拜恩竹樵、欧阳健辉、刘受亭、王克斋，夜久始回船。

十二月

十二月初一日庚午。庞省三，陈敬之、张屺堂三观察来见。屺堂并呈示《石庄户决河图》。随诣大王庙求卜而无筊，乃以钱卜之，三卜皆吉。直督护转运局水师领哨李永福、李福臣来见。黄哺洲太史来见，四川巩县人，出京为张罗计。

初二日。雇定祥顺公轿车六辆。分别缮发各信：湖北李筱荃制军、薛觐堂、林远村藩、王小莲臬、何芷舠粮、杨艺芳、李玉阶海关、程尚斋督销、胡月樵书局、张鹿仙、方菊人府、王子泉县、彭仲莲、刘莘畲、李玉森、邹叔舫、许炳南，共十七函，交吕松亭递送。金陵李雨亭制军，梅小岩、薛世香粮、勒少仲盐、汤小秋、黄幼农、蒋鹤庄府、甘愚亭江宁、沈武臣上元、黄昌期、周佐臣，共十一函，交梅文坡递送。扬州方子箴、杨子穆、史伟堂、戴友梅、许秋樵、魏荫亭、李晓峰、谭东湖江都、冯弁云甘泉。子听赴苏州，未及见，见其父及其子长孺，亦以一信寄之。魏荫亭之世〔兄〕魏温云尤有才。共十函，交运台坐船张姓递送。

初三日。张屺堂、于少湘、万少畇来送。饭后开行七十里，宿中兴集。旧黄河有浮桥，西坝盐河一过河。桃源县南距运河十里，县尹汤慎台来见，并设供张。此行沿途迎候，而却未一领其供给。慎台为汤小秋之兄，以乡（诣）〔谊〕加意照料也。中兴巡检严小村来见，善化人，官此十四年矣，旧驻古城，有官署毁于兵，乃移驻中兴。《春在堂随笔》录宋于庭和其移居石氏五柳园四诗云：城郭园林画不如，宽闲合作寓公居。贮囊未必存馀俸，插架犹堪列赐书。人境移家非寂寞，天街思旧费踌躇。商量此后谁千古，时盼高轩过敝庐。　此间一例住名贤，往迹流传过百年。不乏清风与明月，何劳凿石更疏泉。书成自具胸中竹，语妙能生舌底莲。触热冲寒正无数，任他蛇蚿各相怜。　重到真教老眼揩，回思昔日访高斋。论文忽忘前修远，道古方听新论佳。待与吾徒开境界，要知此事赖梯阶。栽培先问陶潜菊，早向东篱次第排。　吾生刻意慎风波，其奈烽烟满地多。无麦兼忧人局促，绩麻敢即市婆娑。渐看驵侩充流品，聊与高贤寄咏歌。相约闭门参世运，坐看山月上藤萝。孙琴西见赠二诗云：握手重来翰墨场，莫嫌髭鬓异青阳。承平旧事都如昨，项领群公不可当，垂老中兴思衮职，远方消息畏戎行。河汾要及当时用，待借元经与细商。　青山无恙旧战场，国故有合儒紫阳。议郎博士吾敢望，大师祭酒君能当。越吴两国四百里，经书一目数十行。赏音待得子期去，异义更就康成商。又集峄山碑字诗云：白日一去不可追，以后称今成昔时。山泽所嗜世莫禁，金石之辞臣能为。六经既明有述作，万念尽灭无思维。登高而立及者远，此理自古长如斯。又题明代同年录诗云：芙蓉镜下久睽违，落落晨星比昔稀。岂以云泥今隔绝，遂忘蒲稗旧因依。翱翔霄汉谁先路，憔悴江湖已夕晖。记否鹍鹏初展翼，烟波鸥鹭也同飞。偶忆得之，并录于此。廿四日至扬州，二鼓闻鸡鸣。廿七日召伯镇、廿八日车逻、廿九日宝（庆）〔应〕、三十日清江浦皆然。禽鸟得气之先，而乖乱如此，殆非佳兆，并记之。桃源一尖一宿，尖处名鱼沟。此行以走小路，未至鱼沟，仅一宿而已。

初四日。阴。六十里，仰化集，宿迁令游济生派人供张，因以一函谢之，并属知会前途停止供给。六里，过刘家江，即南北六塘河上游之总汇也。其下灌河口入海，向为运河支流。自黄河决山东石庄户，南出运河，分流由灌河口入海，水势始旺。又五十四里，顺化集，游济生大令迎候于道，询知前后在曾文正处十馀年，故与李申甫司文案者也。凡在文正公处当差者，吾视之皆若一家眷属。济生美才，尤为可爱。是日篪儿忌辰，遂已六年矣，念之堕泪。

初五日。大雪。五里，五花桥，过河。本运河分流，出蔷薇河，由洪河口入海，河形如井田式，故名井河头。其流长，又名长河沿，今黄河正流夺以入海。河宽约三里，冬寒水落，中出小洲，过渡甚难。夏秋盛涨时，则宽至十馀里矣。六十里，宿峒峿有巡检，本系尖站，以过河耽延颇久，又值大雪，不能赶站也。途次过水，盖由九、十月间积雨所潴蓄，沿路皆有之。忽翻一车水中，至店检视，则所带小木箱装盛所著论各书，并应用要件，半为水所渍，为之怃然。宿迁一宿二尖。

初六日。六十里，红花铺尖，山东郯城县属境也。县令宛海帆安徽庐江人亦遣家人迎候。又五十里，郯城县，驿道出城北。又十里，宿十里铺。郯城一宿一尖。

初七日。六十里，李家庄尖后渡沂河而北，兰山县属地。沂州府首县也，县令周东瀛遣家人迎候。北渡沂水，五十里至沂州府。协戎孙会之、知府嵩镇青均托辞不出。所见惟典史冯云卿，年甚少，而闻在官多善行，其人亦尚能也。

初八日。以闻冯云卿少尉言山路崎岖，宜改作人舆为安，乃从沂州雇肩舆。度山五里，过武河。四十里，伴城尖。又三十里，过东汶水，至许公店，巨石立岸旁如壁，可为砚，遂名之许公砚。又十里，青驼寺有巡检。沂河以北间有沙石，西望蒙山，东望艾山、大砚山，左右绵亘，而蒙山为最高。许公砚石坡甚峻。是日雪。兰山再宿再尖。

初九日。夜雪约寸许，天明乃行。五十五里，朵城，为沂水县属地，东距县城百六十里，县令饶伯云南昌人亦遣家人迎候。又五十五里，龚城，地属蒙阴县，县令许榴轩无锡人亦预备饮食，以中午伤于酒，未敢领也。沂水一尖，本宿站也，以渡河减程半日，遂成尖站。是夕周东瀛大令自省回兰山，同宿此，来见久谈。沂水一尖，蒙阴一宿。

初十日。十五里，蒙阴县。又四十里，敖阳，地属新泰县。县令郑小舫直隶人为故河南巡抚郑玄善之子，亦遣人供给。又十八里，新泰县，有家人迎候于道，甚能干。又三十七里，翟家庄。

十一日。风，寒。四十五里，杨柳店。新泰令在此迎候漕使文致堂。车夫以赶站，又四十五里崔家庄泰安县属早尖。适漕使启行，骑从蔽道，乃驻车道旁以避之。又四十里，泰安府。锡二泉太守、郭石臣大令丁未同年来见。是日以舆人困惫不能行，因复易轿而车。旅馆有楹联二付，字摹李北海，尚佳：鲁相嘉铭，奉爵称寿；汉宫吉颂，飞鸿延年。　采乐调风，集理宣度；研书约礼，敷文散怀。马队四人，遣回清江浦，顺寄王克斋、恩竹樵、张屺堂、欧阳健辉并属致意吴朝杰、于少湘、万少畇共六信。刘子迎自京回，相过一谈，语近事多可慨者，为之怃然。新泰一顿二尖，泰安一顿一尖。

十二日。五十里，殿台，地属长清县。县令王礼臣专家人迎候。又六十里，张夏，励巨大令已先至枉迎。距城五十里，县丞吴念劬来见，盖分防张夏者，询知为丁未年侄。都司胡俊林以兵百人驻防于此，莫军门所部哨官也。励臣大令见示京报：十一月廿九日召见六王，十二月初一、初二、初三连日召见，未详何故。寄丁秩璜宫保一信，托励臣大令转递。

十三日。王励臣、吴念劬枉送，坐谈少顷。三十五里，开山，盖山嶂尽处也，石路硗确难行。又十里，潘村，山路始尽。又十里，杜家庙，励臣大令仍专家人照料。驻防都司莫光荣，为莫军门之侄，派勇护勇〔送〕二十五里，过大清河。黄河北徙，由此入海，今尚存大溜十之三，测其地势，本较南流为污下也。渡河，道出城西，齐河令曾正之遣家人迎迓于此。又二十五里，燕城，地属齐河。长清一宿再尖，齐河一宿。

十四日。五十里，禹城桥，亦旧黄故道也。近来齐河。禹城皆苦水，今年黄河南徙，此道遂涸。禹城令德法三遣家人照料，为言初八日有兵部火牌过此，盖用蓝印，其后三见火牌，皆蓝印也。传闻圣躬以痘疹毒发两腰及尾闾，结毒穿三口，廿八日增剧，两宫召见军机、弘德殿、御前、内务府、书房诸大臣，议立载治贝勒之子为后。其后又三次分别召见，闻为文宗继立醇王世子，盖才四岁也。闻之感痛，为仰天悲号。五里，过禹城西关。又四十五里，二十里铺，始合大道。地属平原县，县令蓝孟题遣人迎候，不设供给，正合吾意。然沿途供给，四大碗、四小碗，所费无几，赏使之费且过之。蓝君浙人，亦略见其任性自便矣。旅店见朱拓二联并佳，张得天联云：介祉鸿篇传海屋，延年宝箓集仙庭。郭兰石联云：神仙见说须阴德，山水曾游是故人。禹城一尖，平原一宿。

十五日。七十里，旧黄河岸。有桥存焉，河沟不逾三尺，地属德州。州牧张彦甫安肃人派人迎候，询其家世，则龙山令君号称良吏者，其长子也。又三十五里，德州。彦甫刺史迎候于道，坐谈少顷，言及哀诏初十日颁发，尚未奉到行知，未敢哭临，而闻直隶总督十一日发丧，遂亦先更素服。略语近事数则。出德州西关北渡运河。往年冬下造浮桥，前十一月，冰后忽解冻，浮桥为流冰冲断，仍以船渡。此行一渡盐河，三渡黄河一旧黄河，二六塘河，三五花桥，四大清河。旧黄河有浮渡〔桥〕，一渡沂河沂河上下兼渡。武河、东汶河并浅流，可以踏沙石而行，一渡运河，其馀涉水渡者十馀，并泰山左右小支河也。又廿五里，宿刘智庙。德州一尖一宿。山东过十县一州，所见兰山周东瀛、泰安郭石臣、长清王励臣及德州张彦甫四人。

十六日。刘智庙一镇，南属德州，北属直隶之景州。四十里，过景州城。州牧宋静山溧阳人，为宋雪帆侍郎之从侄，为设茶点，迎候于道。下车一见遂行。又三十里，漫河，地属阜城县。又廿五里，出阜城东关，县令王姓置不理，心甚感之，以自治面饼食之甚酣，且省费也。又四十里，富庄驿，地属交州县，县令王稻篁萧山人来见，询之县城相去二十五里，远来可感。语次，始知其曾在恒月川幕中，同治九年相见天津。因语悉同时诸君踪迹，为之怃然。由山东入直隶境，一日而涉四州县之地。旅次见壁间昭君怨一词，轻蒨可喜。词云：昨日小楼同上，依约销魂模样。烟绕绿窗纱，认儿家。　今日小楼重到，无语相看一笑。笑靥衬花圆，鬓云偏。又过平原长古一首，末四句云：噫嘻众口非真评，公子好客徒徇名。当时谁识（买）〔卖〕浆者，却向平原忆信陵。亦有佳致。阜城一尖，交河一宿。

十七日。四十里过献县城。又三十里，商家林，尖。又四十里，出河间府西关，宿。保阳在此分路，河间府北二十里铺，为入京宿站。献县令赵、河间府陈守及陈令均不一过问，极属清静，起居饮食稍得自由，非但省费而已。去富庄驿北数里，过一巨桥，曰单家桥。过献县北十里曰庄家桥，又北四十里河间府南十里曰八里桥，土人谓之汤河。数年直隶大水坏堤，即此永定河工也。献县商家林一尖，河间县一宿。

十八日。五十里，扁担口，地属高阳县，县令王，亦不过问。二十五里，保里桥。又十五里，川头桥。堤工桥工均新修筑者，合肥相国之功也。又十里，出高阳城西，绕至北关，宿。叶曙清派马队二名迎护，言及中堂已于今日入都，此行恰与相左，为之怃然。接黄子寿专足送到一信，以中堂入都时属令邀赴莲池小住。当以一信复之。高阳县王佐卿怀宁人来见。高阳一尖一宿。

十九日。二十里，板桥，尖，地属安州。又四十里，保定府。叶曙清军门送伯相赴京，其营官唐茂斋、杨西园派队迎至五里外。孙省斋方伯、范眉生廉访、叶冠卿观察、李静山太守、邹岱东大令、恩东园刺史均迎至城外。莲花池卸车。蒋养吾、刘景韩两观察，陈鹤云太守枉谈。夜致合肥相国、沅浦宫保二信。安州尖，保定宿。

二十日。回拜各处。冷景云协戎庆曾从僧邸天津，今为督标中营副将。参将李炳业、游击何殿鳌、阿洪阿，似均在天津，亦未暇细询也。晚邀刘景韩小酌，以孙省斋馈酒席，子寿同年就便一邀谈也。郑柏崖方任保定二府，亦丁未同年。

廿一日。邹岱东来谈。刘景韩邀同黄子寿、何幼源晚酌，便过张子恒一谈。致周东瀛、郭石臣、王励臣、张念甫、宋静山、王稻篁、王佐卿七信，并沿途州县之供给火食者，函托邹岱东为之发递。

廿二日。叶曙清自京回，枉过一谈，因诣营回拜。便过杨西园、唐茂斋、张海珊三处。晚邀刘景韩、邹岱东小酌，以叶冠卿馈席，展转送至子寿兄处，邀同一叙也。

廿三日。叶曙清馈席，因邀其便酌。曙清派车七辆送至京师。时车亦已雇定，周发照料不能如法，致受此无名之惠，抚心滋歉。邹岱东治席，枉就一谈，兼邀刘景韩，候至夜久，席罢就寝，已四鼓矣。由正大信局发家信一通。

廿四日。自保阳开行。孙省斋、范梅生、叶冠卿、李静山、邹岱东、恩东园仍送至西门外，黄子寿又远送数里，至一小庙，谈半晌。五十里，安肃县南关，尖。县令叶介之成都人枉见，为备早食。又六十里，北河，宿，地属定兴。定兴朱令，不为设供，始得清净一饱食。安肃北十里，白塔铺，两桥中夹一塔，形势颇壮丽。安肃一尖，定兴北河一宿。

廿五日。十里，出定兴县城西。又五十里，桃林店，尖，地属涿州。二十里，涿州。过永济桥，榜曰：万国梯航，亦天下巨观也，桥长九十丈。又十里，夹河桥。又廿五里，琉璃河桥，即桑乾河也，地属良乡。又十五里，窦店，宿。道遇郑、肃诸王上西陵，陵工尚待择地也。涿州一尖，良乡一宿。

廿六日。廿五里，出良乡县城西。又廿五里，长兴店。叶曙清派守备王庶赓伺应至京。北河遣送合肥相国一信，属赶半程至长兴店相晤，而已于廿五日竭一日之力，取得相国及沅甫宫保二书，大早回长兴店，比予至，则已相候半日矣。可谓能者。相国已定廿七出京回保定，属在长兴店少候一谈，因即住此。为宛平县首站。

廿七日。合肥相国至，约在此小住一日，因留谈，至夜久。蒋芗泉已于廿二日物故，与沅浦宫保同住法源寺。宫保并约我至法源寺卸车也。致李筱荃制军一信，又致孙省斋方伯，范梅荪廉访，叶冠卿、刘景韩两观察，李静山太守，郑柏崖二尹，邹岱东大令，陈鹤云太守，恩东园刺史九信，并托黄子寿转送。又致吴小轩、叶曙清二信，小轩信并托曙清转递。又致叶介芝大令一信。概交巡捕带送。

廿八日。合肥相国枉过一谈，遂启程入都。至法源寺卸车。沅甫宫保为之具餐，肴馔极一时之盛。潘伯寅、陈俊臣、李雨苍、皮小舲、王泽生、蒋少穆诸君过谈。接韩赓扬信，当复一信，并寄家信一通。

廿九日。刘云生来谈。陈俊臣遣人告知，已奉补授山东臬司之命。诣潘伯寅、周荇农、陈小舫。至俊臣处道贺，晤谬鸿逵、夏竹轩二君。归与沅甫宫保谈时事甚畅。

郭嵩焘全集 三

经部三

礼记质疑

岳麓書社·长沙

全书总目录

本册说明

本册为《郭嵩焘全集》经部著作之三，收录郭嵩焘所著《礼记质疑》四十九卷，为郭嵩焘具有代表性的学术著作之一。

《礼记质疑》，又名《礼记郑注质疑》，系郭嵩焘对于东汉郑玄《礼记》注本的研究之作。据郭嵩焘《自序》，《礼记郑注质疑》一书，始作于咸丰二年（1852），同治十二年（1873）完稿，光绪十六年（1890）由长沙思贤讲舍开雕成书，名为《礼记质疑》。郭嵩焘在《自序》中说："窃论《礼》者征实之书，天下万世人事之所从出也，得其意而万事可以理，不得其意则恐展转以自牾者多也。"又以清初以来，"郑学乃大显……而援引傅会，屈经以从其说者，盖亦多也。嵩焘区区，时有疑义，一准之经，以校注之有合与否，不敢意为从违"。可知郭氏此著，系自《经》文出发而对于郑注的质疑和校正。梁启超在《中国近三百年学术史》中曾认为：清代学者在《礼记》研究方面，只有杭世骏的《续礼记集说》和郭嵩焘的《礼记质疑》两书"可述"，而"《礼记质疑》对于郑注所匡正不少。将来有著《礼记》新疏的人，这两部书总算最好的资料了"，对郭氏此著给予了很高的评价。

鉴于《礼记质疑》一书所具有的学术价值，1992 年，岳麓书社将此书整理出版，系由陈成国根据清光绪十六年思贤讲舍刻本校点。此次收录于本集的，即是此 1992 年岳麓书社出版的校点本，并由原校点者陈成国根据《湖湘文库》要求，作了某些调整和若干订正。

目　录

礼记质疑自序

咸丰壬子，避乱山中，有终焉之志。读船山《礼记章句》，寻其意旨，将合《大学中庸章句》为一书，以还戴《记》之旧，所得经义为多，鄙心窃独好之。有疑辄标识简端，乃益求之注疏，讨论其源流得失；积久而疑愈多，于是求之《仪礼》《周官》经，推测其立言之旨。凡戴《记》所录，皆发明二经之义趣者也；二经所未具，亦常推广而补明之。而其文或参差互见，或繁复相抵，或引其一端而辞有偏胜，或殊其旨要而义实兼通。其言列国时事，多与《左氏》异同，要以发明《春秋》之义例，以著礼之大经；诚欲上考古礼，必此之为涂径也，而拘牵文义、交午扞格亦多矣。

《汉书·儒林传》言后仓说礼数万言，号曰《后氏曲台记》，以授梁戴德、戴圣、沛庆普。窃疑《礼记》之名缘始曲台。而《艺文志》礼十三家、《记》百三十一篇、《曲台后仓》九篇，注谓“行礼射曲台，后仓为记”，而河间献王自得《礼记》古文献之。《隋书·经籍志》谓“献王得仲尼弟子、后学者所记一百三十一篇”，即据《汉志》为说；而言刘向增为二百十四篇，戴德、戴圣各有删合，未知其言所本。郑著《礼记目录》，皆见之刘向《别录》，似戴氏传经稍先于刘向；谓戴氏删定刘向之书，恐未然也。《艺文志》称孔安国献古经五十六篇；今大戴《礼》书有《诸侯迁庙》、《衅庙》、《投壶》、《公符》诸篇，皆《仪礼》逸文，疑出安国所献。曲台专记射礼，今《射义》一篇与《仪礼·乡射·记》文异，想出《曲台记》也。后仓所传，东汉庆氏学最显。《曹褒传》言自其父充持《庆氏礼》，褒又传礼四十九篇，庆氏学遂行于世，是《庆氏礼》四十九篇与小戴同也。《桥玄传》：其七世祖仁从戴德学，著《礼记章句》四十九篇，号曰“桥君学”。《艺文志》称大戴授琅邪徐良，小戴授梁桥仁，而仁本传明言从戴德学，是大戴《礼》四十九篇亦与小戴同也。后汉董钧亦习《庆氏礼》，而《钧传》论郑君本习小戴，后以古经校之，取其义长者为郑氏学，又注小戴《礼记》四十九篇。是郑君于三家之书会通抉择，始注而传之，于礼为颛门之学而用心尤勤。其考论典章制度及古今文声音训诂，流传至今，学者得知所归。宋世儒者研求义理，时有违反，而于三代典礼兼综毕贯、山函海纳，终不能有易也。然自汉世传经，具有家法而实各立新义，未尝拘守旧说。是以王子雍、李钦仲之徒以善贾、马之学专难郑义，其中得失盖亦参半，然固各持一义，不必强而同之。要如郑君传经之功，所谓百世之师者也，盖孔子后千有馀年而郑君出，由宋以前言礼者受范焉。又千馀年而朱子出，由元以至于今，言礼者受范焉；政教所趋，人心所向，凡所著书与其行礼之实，确守而尊事之，莫敢违越，而独《礼经》之传授持之有本，其异于郑说者终无幾也。

国朝诸儒创立“汉学”、“宋学”之名，援其说以诋程、朱，而郑学乃大显。讨论研习之深，精义之发于人心，亦足上掩前贤矣。而援引傅会，屈经以从其说者，盖亦多也。嵩焘区区，时有疑义，一准之经，以校注之有合与否，不敢意为从违。窃论《礼》者征实之书，天下万世人事之所从出也，得其意而万事可以理，不得其意则恐展转以自牾者多也。程子有言：“得于辞不达其意有矣，未有不得于辞而能通其意者也。”蒙于此经沈潜反复，于其辞也稍得其二三焉；由其辞以求其意，又幸庶幾其一得也。伏读《钦定礼记义疏》，实言礼者之圭臬，所录宋儒之说为独多。惟其斟酌古今以求当于理，有宋诸子之所长也；嵩焘于此亦时有会悟焉。戴《记》一书发明《礼经》之意，周秦间儒者为之。其言非尽纯也，而其义蕴拓之而愈闳、析之而愈深，汉魏以来儒者有不能竟其绪焉。即经以求之，而后儒所以为离合得失，可循考而知也。嵩焘于此粗涉其藩篱，所以乐发其疑，将徐俟其有悟焉，庶以求益也。

成书二十馀年，夺于仕宦；老病乞休，又迫人事；既乖夙昔求进之心，又自忖年衰学俭，志意销落，无由增益其所不能，束置高阁久矣。益吾祭酒强取授梓，起诸荒废之中，俾跻论述之末，用备言礼者之一说而已。知我罪我，吾无辨焉。时光绪十有六年，岁在庚寅，夏六月朔日，湘阴郭嵩焘自序。

陈澧序

经学难者三《礼》。国朝经学极盛，诸经师林立，而兼治三《礼》者盖寡。湘阴郭公兼治三《礼》，著书满家，先以《礼记质疑》寄示，且命为序。澧读之匝月，想见公之读书：一句一字，注目研思，细绎乎礼文，反复乎注疏，必求心之所安而后已；其有不安，则援据群经、稽核六书而为之说。故有易注者，有易疏者，有与注疏兼存者，于国朝经师中卓然为一家。其以封疆大吏退归田里而精治经学，则昔之经师所未有也。

近者经学衰矣。求治经者于韦布中，犹不可多得也。有大吏为经师，庶可以振而兴之。儒者读书，出则办天下之事，处则兴天下之学。办事必借权位，兴学则得自为之。礼学虽难，然《记》有之曰："难者不避人。"人皆避难就易，经学安得不衰与？且公之书多与注疏异义，而题曰"质疑"，又示学者以谦慎之意。为其难，复存其慎，尤可以持风气于不敝。

公昔抚粤，下交于澧。今以书命序，推许太过，澧不敢当也，为序且谢不敏。同治十二年十二月，番禺陈澧序。

潘祖荫序

郑君注《礼》之功，如江河日月，不复可泯。宋人好异先儒，朱子于《礼》独守郑注，不敢有所违反，诚大典之括囊、群言之萃薮也。然所注既广，或有先后不同、彼此互异；按之经籍，时亦明而未融。盖宏纲大目虽已包举，而繁文隐义难于周检。故自魏氏以后，若王肃、孙毓、王基、陈统、孔晁、马昭之徒，各有所持，纷纭攻难，而其说终不妨并存；即皇侃专疏郑礼，而亦时有不同；孔颖达《礼记正义》坚不破注，无一字出入，然其疏《易》及《春秋左传》，则又时匡郑短：盖治经之道贵于明辨审思，衷其是非，无取专己守残、阿党苟同也。

兹读郭伯琛丈所著《礼记质疑》，条举其说，栉疏帚耙，务融会于六艺、贯通于诸子，兼采宋以后诸家之义；平心衡量，无门户骑墙之见，无攻击争胜之心。国朝经儒林立，于郑学之卓然者阐扬申绎幾无复遗，而拾其阙失以归至是，诚亦高密之功臣也。是编也出，吾知读之者益知钻研于郑注，以求其得失之所在，而不至以陈汇泽之《集说》为足尽戴经之蕴，且以见尚博通而无墨守，正亦郑氏家法也。

吴县潘祖荫序。

礼记质疑卷一

曲礼上

曲礼曰："毋不敬。"

郑注："礼主于敬。"孔疏引郑《目录》："曲礼之中，体含五礼。"则五礼皆须敬，然五礼皆以拜为敬。嵩焘案：疏以拜为敬，又引熊氏以"兵车不式"为不敬而辨其不然，以释"毋不敬"之义，极为迂曲。《论语》："君子所贵乎道者三，曰动容貌，曰正颜色，曰出辞气。"皆礼之行于其身者，故曰"修己以安百姓"。戴氏记礼引此以冠全经之首，所以为行礼之本也。"毋不敬"是总括语。"俨若思"，敬之形于容色者也。"安定辞"，敬之发于辞气者也。《曲礼》一书，详论居处言动之节，而挈其大纲于篇首，足征三代立教之旨：内外交养，本末兼赅，自起居言动推至经世宰物之大用，其道无以逾此。郑注"礼主于敬"，亦略尽之。疏家创为"以拜为敬"之文，稍失郑意矣。

疑事毋质，直而勿有。

郑注："彼己俱疑而己成言之，终不然，则伤知。""己若不疑，则当称师友以正之，谦也。"嵩焘案：朱子经说以两句相连为文。"疑事毋质"，即《少仪》所谓"毋身质言语"也。"直而勿有"，谓陈我所见，听彼抉择，不可据而有之。经言"疑事"，自不得直陈所见，直陈所见即质也。《少仪》“毋身质言语”，谓自往证成之；此云“疑事毋质”，则或有问者，彼此均有疑焉，不与质正也。然事有疑而理可自信，则亦直陈之，证以理之当否，而行止进退不以己有所见而强使从，犹疑事之不可定以己见也。郑注析分上句为疑，下句为不疑，语自分明，而于义仍有未尽。

礼闻取于人，不闻取人。

郑注：此“谓君人者”。“‘取于人’，谓高尚其道。‘取人’，谓制服其身。”嵩焘案：朱子经说以此与“治人治于人，食人食于人”语意相类。“取于人”者为人所取法也，“取人”者人不来而我引取之也。礼有取于人，所以彼有来学，无取人，所以我无往教。郑意以此节分属之君师，朱子并为一义，而经两发“礼闻”之言，似不当合为一事。疑此云“取”即“取与”之取。礼务施报，取与者施报之大经也。而礼之德主于辞让，故有养欲给求之施，而无怀惠责报之意。下云往来行礼之大常，此云“取于人”而不取人。君子守礼之微旨，宜与下“来学”、“往教”参看。“不往教”者以道自重，“不取人”者以义自守。《孟子》“分人以财谓之惠，教人以善谓之忠”，二者事同而义各有取，故连类及之。胡氏铨云：“‘取于人’者以身下人也，即取于人以为善之意。‘取人’者屈人从己。”意亦近之。然屈人从己而谓之取人，于文义仍未曙然。以经诂经，自然明晓，不必深求。

七十曰老，而传。

郑注：“传家事，任子孙，是谓宗子之父。”嵩焘案：郑意据《仪礼》“传重”之文为说。而孔疏云：“七十时祭祀之事犹亲为之，其视灌溉，则子孙。”其意以为传者上受祖父之重，下传子孙，非宗子无由传也。《丧服》记："宗子孤为殇。"郑注："言孤，有不孤者。""不孤谓父有废疾若年七十而老，子代主宗事。"但以宗子主祭事为传。而《王制》言"七十致仕"，"七十不与宾客之事"，并不言宗子祭事传之子孙。是所传者通谓宾客酬酢繁缛之节，命子弟代主之，宗子老而传祀事亦犹是也。郑云"是谓宗子之父"，举其显而可见者证之，疏据以为郑唯云宗子，非庶子，似亦误会郑意。

行役以妇人，适四方，乘安车。

孔疏："行役谓本国巡行役事，适四方谓远聘异国。"嵩焘案：《王制》："七十不与宾客之事。"则会、盟、聘、吊自本国以至异国，皆所不与。此云行役，必非聘使之常。"妇人"谓内御者。七十需人以养，路室、候馆、庐餐、旅宿，远近一也。孔疏专谓本国行役，然则近固需人，而远否耶？恐不然也。《周礼·巾车》："王后之五路，重翟、厌翟、安车皆有容盖。"郑云："安车，坐乘车。"《说文·车部》"辒"、"輬"下皆云"卧车"、"辁"下云："蕃车，下庳轮也。有辐曰轮，无辐曰辁。"安车当为卑轮，其行迟。颜师古《汉书注》："辒、輬、安车可以卧息。辒者密闭，輬者旁开窗、牖。各别一乘，随事为名。孟康云：如衣车，有窗、牖，闭之则温，开之则凉。"似安车即庳轮车而兼温凉之用。郑注："安车，坐车，若今小车。"庾氏蔚因引"汉世驾一马坐乘之车"以明之。孔疏径谓"四马之车立乘，一马小车坐乘。"如《巾车》之文，"安车"并列五路，岂得为小车哉？经意"适四方"犹乘之，所以优老，其在本国可知。妇人不立乘，凡妇人所乘皆安车也。七十乘安车，则从车亦皆安车，故可以妇人自随。二语正互相备。陈氏祥道沿孔疏分析二者为说，径谓行役不以安车，适四方不以妇人，尤误。

越国而问焉，必告之以其制。

郑注：“邻国来问，必问于老者以答之。”嵩焘案：郑意人臣无外交，不宜越国有问者，因展转通之，皆据告问者以其制而言。疑此“必告之”与下“必操幾杖以从之”相连为文，所以为优老之礼也。“越国”承上“行役适四方”，盖谓所适之国也。“问”者，所适之国之人就而问之，以决其事之当否。然事当而于其国之制或有乖忤，则亦不能行，故先告以其国之制，使所问之事不至与其国之制相背，而后能审所宜以行之。先告之者，以省问答之烦也。其有越国来使者就问，亦同。礼文简括，云“越国”者，正通所问及问者言之。若他国来问，与本国之制何干而必告之？苟所问在此，又不容以不告也。郑注于此疑不可通。

负剑，辟咡。诏之，则掩口而对。

郑注：“负谓置之于背，剑谓挟之于旁。”嵩焘案：《史记·始皇本纪》“王负剑”。凡倚著于背皆谓之负。《明堂位》“天子负斧依”，《孔子闲居》“负墙而立”，《孟子》“虎负嵎”，《国语》“一个负矢”，《史记·司马相如传》“县令负弩矢”。负小儿于背，状如负剑，因以名之。《史记·夏侯婴传》“面拥树乃驰”，苏林曰：“南阳人谓抱小儿为拥树。”然则置于背曰“负剑”，挟于怀曰“拥树”，皆取形似。郑注分负与剑为二，恐非。而就此节经义求之，当连上“长者与之提携，则两手奉长者之手”为文，盖谓长者挈之以行而奉长者之手，以示不敢受长者之挈，因复以背承之，若负剑然，使长者得凭之以行。负小儿为“负剑”，负长者之手亦可以为“负剑”，取义同也。“辟咡”谓侧面向长者而屏气，不敢舒也。“辟”读若《周官注》“辟行人”之辟，谓旁止其吻。言“辟咡”，则侧面可知。“负剑”，“辟咡”，二事各为句，皆少者之仪也。陈氏《集说》析“负剑”二者而分属之二人，于词尤不文。据下文“掩口而对”，是皆教之以礼，非待抱负者也。

户外有二屦。

孔疏：“长者一人，脱屦户内，《少仪》‘排阖脱屦于户内者一人而已’，是也。”又引熊氏云：“一人之屦在户内，其外有二屦，则三人也。”嵩焘案：《乡饮酒礼》：“主人请彻俎，众宾皆降。脱屦，揖让如初，升，坐。乃羞。无算爵。”《乡射礼》：“彻俎，众宾皆降，主人以宾揖让，脱屦，乃升。大夫及众宾皆脱屦，升，坐。”并无一人脱屦堂上之文。《少仪》：“凡祭于室中，堂上无跣，燕则有之。”是登席尽欢乃脱屦。燕饮在堂，脱屦堂下；燕见在室，脱屦户外，——无少长皆同。《少仪》“排阖脱屦于户内者一人而已”，谓独居不与宾客为礼，故入室不修容。上云：“侍坐于君子，君子欠伸，撰杖屦。”《少仪》亦云：“侍坐于君子，君子欠伸，运笏，泽剑首，还屦。”屦皆在席旁，可为独居脱屦户内之证。宾客至，出迎，皆脱屦户外，卑幼则否，所谓“尊长于己逾等”、“燕见不将命”是也。此下“践屦踖席”连文，盖皆为就见尊长言之。“排阖脱屦户内”，礼岂教人为敖若此哉？排阖则不待奉扃，脱屦户内则无与为让，曰“一人”者，言不与宾客为礼也。其云“有尊长在则否”，不敢专有其室也。古者父在子不得当室，虽燕处与宾客同，故仍脱屦户外。郑注《少仪》云：“脱屦于户内者一人，虽众敌犹有所尊。”似于礼无征。案《乡射》疏：“尊卑在室，尊者脱屦户内，自馀脱屦户外。若尊卑在堂，则亦尊者一人脱屦在堂，自馀脱屦堂下。”是以《燕礼》、《大射》臣皆脱屦堂下，公皆不见“脱屦”之文，明公舄在堂矣。疑

《燕礼》、《大射》彻俎，卿大夫皆降而公不降，与《乡饮》、《乡射》宾、主人皆降者异。《燕礼》、《大射》“司正升受命，皆命。君曰：‘无不醉。’宾及卿大夫皆兴，曰：‘敢不辞。’”以君命临之，与《乡饮》、《乡射》宾、主人同燕者异。盖犹尊长脱屦户内，不与卑幼为礼之义。疏引以释郑注“众敌犹有所尊”之文，疑非经旨。疏遂援之以释此经，岐路之中又有岐焉，未敢据以为信。

大夫、士出入君门，由阑右。

郑注：“臣统于君。”孔疏云：“门以向堂为正，右在东。”嵩焘案：王氏《经义述闻》引《玉藻》“闰月阖门左扉”、《吴语》“乃阖左阖”，皆以东为左。路门之内有堂，雉门、库门之内皆无堂，安所得堂而向之？《周官·司士》“王族故士、虎士在路门之右，大仆、大右、大仆从者在路门之左。”《内则》：“子生男子，设弧于门左；女子，设帨于门右。”亦以东为左，西为右，“由阑右”当为“由阑左”，字相似而误。据《仪礼·士相见》、《乡饮酒》、《乡射》、《聘》及《公食礼》并言“宾入门左”，《少牢礼》“祝先入门右，尸入门左”，《特牲礼》“祝迎尸于门外，尸入门左”，《士相见礼》“主人揖入门右”，《有司彻礼》“主人揖先，入门右，尸入门左”，此经下云“主人入门而右，客入门而左”，正据《仪礼》为说。《士冠礼》“出门左”，郑注：“左，东也。出以东为左，入以东为右。”《士相见》疏云：“凡出门以西为右，东为左；入门以东为右，西为左。”《士虞》记“饯尸，尸出门右”，即出门西也。凡经言左右，皆据人之左右言之。王氏所引“左扉”、“左阖”及诸言“门左”、“门右”，正以自内向门而分左右，不以门东西为一定之左右也。大夫、士入君门由阑右，连“出入”为文，而义自系乎人。自君言之，曰“阖左扉”，由内以向外也。自大夫、士言之，曰“由阑右”，入以赅出也。王氏必改字以从之，反与经文为忤矣。

客至于寝门，则主人请入为席然后出迎客；客固辞，主人肃客而入。

郑注：“为犹敷也。虽君亦然。固辞，又让，先入。”嵩焘案：郑注《聘礼》“公揖入，立于中庭”云：“公揖先入，省内事也。既则立于中庭以俟宾，不复出，君行一，臣行二，于礼可矣。”其意以敌礼为席而出迎客，其非敌，则不出迎。孔疏衍其义云：“《聘礼》‘君使卿归饔饩，宾迎于门外。及庙门，宾揖，俱入。”是敌礼不重“出迎”者，尊主君之命不敢当也。宾见主国大夫，及庙门，大夫揖入，不出迎者，尊聘君之命不敢当也。据《仪礼·士冠》云：“宾立于外门之外，主人迎，出门左，与宾揖，先入。”《士相见》云：“出迎于门外，主人揖入门右，宾奉贽入门左。”《乡饮酒》云：“迎于门外，主人揖先入，宾入门左，介、众宾皆入门左。”《乡射》云：“主人出迎于门外，以宾揖，先入。宾厌众宾，众宾皆入门左。”凡此皆敌礼也。《聘礼》“公迎宾大门内，宾入门左；公揖入，每门每曲揖；及庙门，公揖入，立于中庭。宾袭执圭，摈者入告，出辞玉，纳宾，宾入门左。”又云：“宾即馆，君使卿归饔饩。宾迎于外门外，揖入。”又云：“宾问，卿迎于外门外，揖先入。”《公食大夫》云：“逆宾于大门内，宾入门左，公揖入，宾从。”凡非敌礼，皆迎于门内而揖先入，并同。郑据《聘礼》“立于中庭”一语，申“不出迎”之义，盖即沿此经以释《仪礼》之文。不知《仪礼》凡言“先入”者皆立于中庭以俟宾，为有当陈、当碑之三揖耳；独于《聘礼》言之，以《聘礼》既迎宾而后上介授圭、宾执圭以入，为时稍久，故及于庙门后申言公立之处以见义。郑遂据以为“不出迎”之证，误矣。孔疏乃通《聘礼》之文以附会郑义，尤为无据。详《仪礼》之文，《聘礼》、《公食大夫礼》皆于庙行之，故言“迎宾大门内”；《士冠礼》亦在庙，故言“外门之外”，外门即大门也郑注“外门，大门外”，亦欠分明)；其《士相见》“迎宾门外”，则寝门也；《乡饮》、《乡射》“迎宾门外”者，庠门也。《聘礼》“迎宾大门内”，遂及每门每曲揖，而他不言，盖自路门以外皆略之。《礼记》之文多补《仪礼》之未备，言“每门”，知凡迎宾皆于大门之外；言“及寝门，请入为席”，则礼辞也；“客固辞”，主人即不入为席，而“肃客入”。《仪礼》不言，略也。郑氏泥于“然后迎客”之文，谓“及寝门先入，而又出迎客”，于礼无征。孔疏因之，而愈岐矣。

主人与客让，登。主人先登，客从之。

孔疏：“《燕礼》、《大射》‘宾先升’者，以宰夫为主人，宾尊也。《聘礼》：‘君使卿归饔饩于宾馆，卿升一等，宾从。’于时宾为主人，不先升者，卿衔主君之命，尊也。至宾礼卿，宾升一等，大夫从升，以宾作主人故也。”嵩焘案：《仪礼·乡射》“主人升一等，宾升”，《聘礼》、《公食大夫礼》并云“公升二等，宾升”，是敌礼主人先升一等，其非敌则先升二等。《士冠》、《乡饮酒》但言“主人升，宾升”，不言“先升一等”，当以《乡射礼》为例。其《燕礼》、《大射礼》，公皆降阶迎而升即席，然后宾升自西阶，义系乎公。宰夫为主人，主献酬之事，升宾非所事也。惟《聘礼》“归饔饩，大夫先升一等，宾从升；问卿，则宾升一等，大夫从升”，独为异义。盖凡入门升堂，必主人先者，入门而揖，升堂而拜，主人先以为礼也；不当以尊卑论。君升先二等，则郑注所谓“君行一，臣行二，升宜稍后”是也。归饔饩，致主君之命于宾，则大夫先升。问卿，致其君之命于大夫，则宾先升。两段下皆有“东面致命”之文，足见《仪礼》先升、后升之序，皆有所事，因文可以见义。孔氏不达古人行礼之意，一以先升为尊，然则《仪礼》入门、升堂并主人先，岂皆所以尊主人耶？宾礼卿于其私庙，而云宾为主人，尤误。郑注《燕礼》云：“宾每先升，尊也。”已先开其误矣。

凡为长者粪之礼：必加帚于箕上，以袂拘而退，其尘不及长者；以箕自乡而扱之。

郑注：“以袂拥帚之前，扫而却行之。”孔疏云：“以一手捉帚，又举一手衣袂以拘，障于帚前。”嵩焘案：《释文》粪作拚，引《少仪》“扫席前曰拚”。拚、拼同字。经云“其尘不及长者”，盖谓长者已就席，席前或有尘垢，为拚除之，加帚箕上，则帚与箕相连，尘皆内敛，不外扬矣。郑注“加帚箕上，两手奉箕”，谓初执而往时也。如此则与下“以袂拘而退”句阔远不相及。玩“必加帚于箕上”一“必”字，明是粪时事，非初执而往时事也。《少仪》“拼席不以鬣，执箕膺擖”，即加帚箕上之义。以袂拘而退，所以状加帚之容也，谓屈肘以敛尘，退者席前地无多，拘而远之，既退而后扱之以箕，则箕内乡、帚外乡，稍舒帚为之，距长者远，且有箕扱之于外，不嫌外扬矣。郑注“以袂拥帚之前”，语自分明。疏乃云“一手捉帚，一手举袂”，于经文为添设矣。

为人子者，三赐不及车马。

郑注：“卿、大夫、士之子不受，不以尊逾父。天子诸侯子不受，自卑远于君。”嵩焘案：《典命》掌五仪五等之命，自九命至一命，“宫室、车旗、衣服各视其命数”。《巾车职》又有“服车五乘”，孤、卿、大夫、士下及庶人皆有乘车；其“良车、散车不在等者”，郑注谓“给游燕及恩惠之赐”。大夫、士以上命数车服，皆关典礼，良车、散车又惟所赐，岂容不受？四明万氏因谓赐者上与下之称，“三赐”至再至三也，引《坊记》“父母在，馈献不及车马”为证；然此辞受、取与无与于人，故以下文“称考、称慈”等为有阙文。疑戴氏记礼杂采遗文，当时及闻。万石君家法叙述其议论情事，如石庆入里门，不下车，万石君为不食，肉袒请罪，乃谢罢庆，庆及诸子弟入里门，趋归家；齐鲁诸儒自以为质行不及。其云“不及车马”，谓虽屡受车服之赐，不敢施之州闾乡党，故以考称之。亲戚交游各以类相应，服其善也。此条宜在“越国而问焉，必告之以其制”后。

奉席如桥衡。

郑注：“横奉之，令左昂右低，如有首尾然。桥，井上桔槔。衡，上低昂。”嵩焘案：“桥”字惟见《仪礼》“笲加于桥”。《说文》“桥”、“梁”字互训，云：“桥，木梁也。”桔槔自名井桥。似凡物平横而高出者谓之桥。“奉席如桥之衡”，似从《说文》为正。然“桥”、“衡”二字于义无取。陈氏《集说》：“如桥之高，如衡之平。”析分二义，尤恐失顺。《淮南·主术训》：“桥直植立不动，俯仰取制焉。竖者桥直，横者桥衡。”“桔槔之训确不可易。《公食礼》记：“蒲筵常，缁布纯，萑席寻，玄帛纯，皆卷自末。”是卷席末在里，首在外，不更分。首尾卷席成束，有似桥。衡以“平举”为义，不当以“低昂”为义。

请席何乡，请衽何趾。

郑注：“衽，卧席也。坐问乡，卧问趾。”嵩焘案：《说文》：“衽，衣裣也。裣，交衽也。”《方言》：“褛谓之衽。”郭璞注：

"衣襟也。或曰裳际也。"《丧服》记："衽二尺有五寸。"郑注："衽，所以掩裳际也。"《玉藻》："衽当旁。"郑注："谓裳幅所交裂也。"疑衣下掩裳处为衽，其旁为裣，亦谓之交衽。引申之，以卧席为衽席，盖坐席无首尾，卧席有首尾，当足处为衽，故亦谓之衽席，《周官·大府》"掌王之燕衣服、衽席、床笫"是也。郑司农训衽席为单席者，误。《坊记》"衽席之上，让而坐下"，又因卧席而通坐席为衽。《士昏礼》："御衽于奥，媵衽、良席在东。皆有枕，北止。"所谓"北止"者，即当衽处也。《弟子职》云："问疋何趾。"疋，足也。或言足，或言衽，皆据席下言之，郑注"卧席"是也。然通衽席言之，谓之卧席；专言衽，则谓席之当足处耳。

席南乡、北乡，以西方为上；东乡、西乡，以南方为上。

郑注："坐在阳则上左，坐在阴则上右。"嵩焘案：郑注《乡饮礼》"宾升席自西方"云："升由下也。"《乡饮》记："主人、介凡升席自北方，降自南方。"注云："席南上，升由下，降由上。"即据此经为说，而以升席自西方为由下，又与此经忤。《有司彻礼》："主人降筵自北方。"郑无注，亦穷于为说矣。《士昏礼》："主人筵于户西，西上，右几；醴宾，彻几，改筵东上。"郑注："乡为神，今为人。"贾疏云："为神则西上，为人则东上。"先儒因据以释此经，言祭于室，神东乡，拜者西乡，以南方为上；祭于堂，神南乡，拜者北乡，以西方为上。然此经连"请席何乡，请衽何趾"为文，并不及事神之礼，窃疑《昏礼》"筵于户西，西上，改筵东上"，盖初为虚位，设几以尊宾，彻几改筵而后成礼。案《仪礼》凡在门东者西上，在门西者东上；惟《聘礼》宾入门左，介皆入门左，北面西上，知虚位以西为上，所以尊宾。若以西上为神席，改而东上以待宾，神人共席，宁不为渎乎？《仪礼》凡言东面、西面皆北上，凡言南面、北面皆东上，适与此经相反。疑此承上“请席何乡，请衽何趾”言之，盖室中布席无常所，而以西上、南上为之节，与礼席有常所者自别。皇侃《论语疏》：“奥，内也。室东南开门，西南安牖，牖内隐奥，恒尊者所居之处也。室制以西南为尊。”《士昏礼》：“妇至，媵布席于奥。夫入于室，即席。御布对席……妇即对筵，皆坐。”又云“御衽于奥，媵衽良席在东，北止。”是室中东西席以南为上之明证。妇馈舅姑于室，特豚，合升，并南上；妇彻席于北牖下，设席前如初，西上：又室中以南为上、以西为上之明证。注家混堂、室为一，又据礼席以曲证其说，宜其不能通矣。

两手抠衣，去齐尺。

孔疏：“衣谓裳也。以两手当裳前，提挈使起，令裳下缉去地一尺。”嵩焘案：《玉藻》：“圈豚行，不举足。齐如流，席上亦然。”是登席而齐，犹拂地，若挈齐使去地尺，亦亵而不恭矣。经明言“抠衣，去齐尺”，岂可混衣与裳而一之？此记即席将坐之容，盖将坐而衣掩股际，或为所压以失容。古人坐必先跪，衣之去齐不能盈尺，故先抠之，使去齐尺以为节，与下“衣毋拨，足毋蹶”连文，或坐而压衣，而待拨而扬之，足亦为之蹶张，则失容甚矣。

虚坐尽后，食坐尽前。

郑注：“尽后，谦也。尽前，为汙席。”嵩焘案：《玉藻》“徒坐不尽席尺”。郑注《文王世子》：“席之制，广三尺三寸三分。”“不尽席尺”，则屈足而坐，得席二尺三寸。此云“尽后”、“尽前"，前后皆当虚席一尺，所谓虚坐即徒坐也。盖平居即席之常礼，凡席升降皆自旁，其升席就坐当以中为准，虚坐则当膝处宜中而虚其前以待事，食坐尽前以就食。豆去席尺，足以相及。曰虚坐者，正言不与宾客为礼也。尽后不当为谦，郑注似泥。

侍坐于所尊敬，毋馀席。见同等，不起。

郑注："必尽其所近尊者之端，为有后来者。"孔疏："坐于近尊者之端，勿使更有空馀之席，欲得亲近先生，且拟后人之来，故阙其在下空处以待之。"嵩焘案：《周官·司幾筵》"五幾五席"，皆不著其尺度。《公食大夫》记："司宫具幾与蒲筵常，加萑席寻。"郑注："丈六尺曰常，半常曰寻。"大率礼席下为筵，其加席小于筵者半。郑注《文王世子》："席之制，三尺三寸三分"，似常席应如此。郑注："群居五人，则长者必异席。"云席以四人为节。孔疏引《公食大夫》记"蒲席常容四人"，《周官·匠人》"度九尺之筵，凡室二筵，则丈八尺也"，以丈八尺之室而有丈六尺之席，疑异席无所容。经以五人为言，知凡室必有四席以待宾客，席容二人，四人以下可以专席，至五人必有同席者。若为同等，宜先上以明敬，有长者则专席。经言"长者异席"，谓专席也。先尽卑幼同席，五人以上可以类推，证之经传，无四人同席之文。宾主相接，各自为席，其宾席或专席，或同席，视人数为衡。"毋"、"无"字通，言"毋馀席"，正谓坐席已满。疏据为"勿使有馀席"，于事为牾，于辞亦为不文。经意：侍坐于所尊敬，宾至，所尊敬者主之；与己同等，而起与为礼，嫌于自主，而其坐席已不能容；又疑以己私敬强所尊敬为加设一席，皆非所安也。使后至者亦所尊敬，岂容不起、亦使有馀席？即同等，亦可起而让坐。经文交互见义，注以"近尊者"为义，失之。

烛不见跋。

郑注："跋，本也。烛尽则去之，嫌若烬多有厌倦。"疏谓

“藏所然残本，恐客见之知夜深，虑主人厌倦”。嵩焘案：《燕礼》、《大射礼》宵则庶子执烛于阼阶上，司宫执烛于西阶上，甸人执大烛于庭，阍人为大烛于门外。郑注：“作大烛以俟宾客出。”是宵而执烛，则宾当出。《春秋》庄公二十二年《左传》：“陈敬仲云：臣卜其昼，未卜其夜。”夜则宾应退也。“烛不见跋”，承上“烛至，起”为文。烛至而昼夜异，烛而见跋则夜久矣，故虽侍食尊者，亦尽烛而出。其曰“烛不见跋”者，以是为之节也。此记侍坐于所尊敬之仪，郑注于“烛不见跋”一语又旁及执烛者，似于文为歧出。

坐毋箕。

孔疏：“箕谓舒展两足，状如箕舌。”嵩焘案：《魏志·管宁传》注引《高士传》：“宁越海及归，常坐一木榻，积五十馀年，未尝箕股。其榻上当膝处皆穿。”古人坐，先屈两膝，故当膝处榻为之穿。箕股犹今盘坐，亦谓之箕踞。李善注《文选·高唐赋》：“箕踵，前阔后狭。”《九章算术》有“箕田”，亦云“前阔后狭”。凡盘足坐，其形正如箕，两膝张处犹箕舌也。古人坐皆席地，脱屦而后升席，无舒展两足之理。孔疏失之。

敛发毋髢。

郑注：“髢，髲也。毋垂馀发如髢也。”孔疏：“古人重发，以缅韬之，不使垂。”嵩焘案：《说文》：“髢，髲也。髲，益发也。”《少牢馈食礼》：“主妇被锡。”郑注：“被锡读为髲鬄。古者或剔贱者、刑者之发，以被妇人之紒为饰，《周礼》所谓‘次’也。”《春秋左传》哀十七年：“卫庄公见己氏之妻发美，使髡之以为吕姜髢。”髢所以益发，若今之假紒。《周官·追师》：“掌王后之副编次。”郑注：“副之言覆，所以覆首为之饰。编，编列髮为之。次，次第髮之长短，即所谓髢也，为妇人首饰。”《内则》“栉縰笄总”，总以束发，縰以韬发，男妇并同，惟妇人加髢以为发之饰。总与縰，皆所以敛发也。“毋髢”，谓不加饰。《诗》“鬒发如云，不屑髢也”，言妇人发美不施髢。《庄子》“秃而施髢”，则男子无发者亦可以髢饰之。“毋髢”者，嫌为妇饰也。郑谓“垂馀发如髢”，妇人髮鬌之制，冒之发端不垂以为饰也。

兄弟弗与同席而坐，弗与同器而食。父子不同席。

郑注：“女子十年不出嫁，及成人可以出矣，犹不与男子共席而坐。父子不同席，异尊卑也。”嵩焘案：《内则》“父母舅姑之衣衾、簟席、枕几，不传。敦、牟、卮、匜，非馂莫敢用。”疑此云“同席”、“同器”，犹上“同椸枷”、“同巾栉”之义。古人男女皆异器服，即椸椸篋笥，夫妇各别不相混。上云“男女不杂坐”，皆亲属也。此复别为姑、姊妹、女子子，容已嫁而反，器服备用者当别制之。杂坐且有禁，焉有兄弟共席而坐、坐器而食之理？案：“兄弟”，通辞也。赅上言之曰姑，赅下言之曰女子子。兄弟至亲，举以为例。孔疏：“不云侄及父，惟云‘兄弟’，侄，父尊卑礼殊，不嫌。”大误。子妇佐馂，则食馀之器仍而不易，而幾席无敢凭坐。专言“父子不同席”，则女子子反在室者亦可佐父母之馂。此当通《内则》之文而互求之，旧注皆恐未安。

齐戒以告鬼神。

郑注：“昏礼凡受女之礼，皆于庙为神席以告鬼神。”孔疏：“受六礼并在庙，明女是先祖遗体，不可专辄许人。”嵩焘案：郑注于“告鬼神”据女氏为说。《白虎通义》：“娶妻不先告庙者，示不必安也。”是以礼家论昏礼皆无告庙之文。据《春秋左氏传》：“郑公子忽如陈逆妇妫，先配而后祖。”杜注：“逆妇必先告祖庙而后行，故楚公子围称告庄公之庙。”朱子《仪礼经传通解》引此说，“与《仪礼》及《白虎通义》不同，疑《左氏》不足信”。记礼者独于此著其义，《文王世子》亦云：“五庙之孙，祖庙未毁，虽为庶人，冠、娶妻必告。”足见《左氏》之文、杜预之注之必有所本矣。今就《昏礼》记之文求之，可推见者亦有数条。其曰“凡行事必用昏昕，受诸祢庙”，明言亲迎之期质明告庙也。其纳吉曰：“吾子有贶命，某加诸卜，占曰吉。”卜必于庙，卜吉即告庙也。《仪礼》之文不具者多矣。如《昏礼》“戒女”“醮子”及“三月庙见”之文，皆详见《昏礼》记中。案：《士昏·记》“妇人三月然后祭行”，即《曾子问》所谓“三月庙见”是也。《士昏礼》“若舅姑既没，则妇入三月乃奠菜”，即《曾子问》所谓“择日而祭于祢”是也。旧注皆未分明。言礼者于“戒女”“醮子”则信之，于“庙见”、“告庙”一依经文为断，谓无是礼，传、记所载悉废不用，郑注至以“告鬼神”属之女氏，于此节文义亦为岐出矣。

故买妾不知其姓，则卜之。

郑注：“妾贱世无本系，故卜之。”孔疏引熊氏云：“卜者卜吉凶，既不知其姓，但卜吉则取之。”嵩焘案：《白虎通义》：“娶妻卜之何？卜女之德，知相宜否。”《昏礼》记所谓“命某加诸卜”是也。凡娶必卜。此云“买妾不知其姓，则卜之”，必非专卜吉凶明矣。疏与郑异义，殆非也。《史记》黄帝二十五子，其得姓者十四人。《国语》黄帝之子二十五人，同生而异姓者，四母之子别为十二姓。族姓之传始于黄帝，氏分益繁，而受姓止有此数。《春秋左氏传》族姓见于卜者，如“为嬴败姬”，如“有妫之后，将育于姜”，如“利以伐姜，不利子商”，未尝不可因卜而测之。此当云“卜其同姓与否”，不当仅以“卜吉凶”为言也。

左殽右胾，食居人之左，羹居人之右，脍炙处外，醯酱处内。

郑注：“食饭属居人左右，明其近也。外内，殽胾之外内也。”嵩焘案：《公食大夫礼》“庶羞十六豆”皆加豆也，在稻南簋西，其序：西北上，牛炙最北，次牛胾、牛鮨，次羊炙、羊胾、豕炙，次豕胾、鱼脍，凡四列，牛、羊、豕皆有胾有炙，或异列，或同列，而炙必先胾，脍炙不得处殽胾之外明矣。就《公食大夫礼》之文推之，醯酱最先设，大羹湆实于镫，在酱西。所谓“羹居人之右”也。豆六在酱东，铏四在豆西。豆二列，则铏当在豆南。俎在豆南，黍稷六簋在豆西。簋又在铏南，所谓“食居人之左”也。粱在湆西，稻在粱西。郑注：“进稻粱以簠。”《公食大夫礼》云：“赞者取黍稷授宾祭之。”又云：“宾坐席末，取粱稻祭于酱湆间。”粱稻近而黍稷远故也。礼以黍稷为尊，经所谓“食居人之左”，当指黍稷言之。酒实于觯，正馔在豆东，浆饮在稻西。豆东则酒在左，稻西则浆在右。经并酒浆处右言之，文略也。此云进食之礼，自当以《公食大夫礼》为据。郑云胾在豆，殽在俎，而脍炙皆豆实也，与殽之在俎者相距远，所云“处外”、“处内”，据初设之醯酱与加豆之庶羞以明其终始陈设之序次。举脍炙而胾亦在其中，与上“左殽右胾”各为一义，郑注误连殽胾外内言之。彭氏《燕食礼图》因列食羹为第一行，醯酱、葱渿、脩脯、酒浆为第二行，殽胾为第三行，脍炙为第四行，显与《仪礼》参差矣。

葱渿处末。

郑注：“渿，烝葱也，处醯酱之左。言末者殊加也。渿在豆。”孔疏：“《仪礼》正馔惟有菹醢，无葱渿，故知葱渿为殊加也。”嵩焘案：郑意以“葱渿处末”，承上“脍炙处外”。脍炙加豆在右，葱渿菹属在左，故云“处末”，以殊于加豆之在右者，语极分明。孔疏似失其义。据《内则》“脍春用葱，秋用芥，脂用葱。肉腥细者为脍，大者为轩。”切葱若薤，实诸醯以柔之，似葱芥一类皆以佐脍加豆，有芥酱与鱼脍最处末。经云“末”者当豆南尽处，与“醯酱处内”对文。郑注“处醯酱之左”恐误。礼葱与薤皆切而实于醯，无云“烝葱”者。郑注《少仪》“牛羊鱼之腥，聂而切之为脍”云：“聂之言牒也。”《说文》“牒，薄切肉也。”《正韵》：“牒，缕切也。”《释文》“葱渿”作葱渫。渫，本字。疑“渫”当为牒，葱之切而佐脍以实于醯者也。据《内则》“春用葱，秋用芥”之文，则葱渿与芥酱互用。

祭食，祭所先进。殽之序，遍祭之。

郑注：“主人所先进先祭之，所后进后祭之，如其次之序。殽谓胾炙脍也。”嵩焘案：经分“食”与“殽”二者，郑意似专以“殽”释之，盖据《公食大夫礼》正馔之黍稷、加馔之稻粱，皆祭，故不言“祭食”，而通以殽之先后为序。疑此证之《特牲》、《少牢礼》可以通其义。《特牲馈食礼》：“佐食取黍稷授尸，尸祭之。”其后九饭皆不祭，而举肺脊、举干，举骼，举肩，尸振祭，哜之。宾长以肝从，兄弟长以燔从，尸皆振祭，哜之。《少牢馈食礼》：下佐食取肺，上佐食与黍授尸，尸同受于豆祭。其后十一饭皆不祭，而祭羊铏、豕铏，上佐食举牢干、举鱼、举腊肩、举牢肩，取肝，尸皆振祭，哜之。似食先进黍，一祭而止，而殽体皆祭。《公食大夫礼》：“鱼腊酱湇不祭。”而又云“宾三饭，以湇酱”，则亦不祭也。是其云“祭所先进”，就进食时言之，以明侑食三饭以下皆不祭，而凡举肺、举肝皆祭。此食礼之可推见者。

礼文之不具葢多也，而十七篇中互文见义，可以参考而得之。胡氏铨云："黍稷稻粱之属，所先进者祭之，后者不祭，于文顺矣，而又于礼无征。"则所谓知其一，未知其二者也。

毋嚃炙。

郑注："嚃，谓一举尽脔。《特牲》、《少牢》'哜之，加于俎'。"孔疏："前云'毋反鱼肉'，此得反于俎者，上文共人同器而食，《特牲》、《少牢》独食，故得反也。"嵩焘案：《少牢馈食礼》羊俎、豕俎、鱼俎、腊俎、肤俎皆设豆东，尸入，举肺正脊而后升肵俎。其举肺脊、举干及取肝燔皆祭、哜之而加于肵俎。郑注《特牲礼》："佐食受而加之，反之也。"似肵俎以归尸所祭之馀，与礼食加豆之炙之为庶羞者自别。《说文》："最，积也。"《玉篇》："聚也。"《尔雅》："灌木，丛木也。"诗《释文》："丛木，一本作最木。"是"最"、"聚"字同训。嚃，谓聚食之。《孟子》"蝇蚋姑嘬之"，赵岐注："嘬，相共食之也。"攒聚食之与聚所食，皆可名嚃。炙之加于豆者，盖薄切而燔之。每食取其一，若连而聚之于梜，则为贪食。郑引《馈食》之"反加于俎"为说，非也。疏据"毋反鱼肉"为共食、独食之分，殆尤误矣。

彻饭齐以授相者。

郑注："《公食大夫礼》'宾卒食，北面，取粱与酱以降。'"孔疏："此是卑者侍食之礼，若敌者则否。"嵩焘案：《公食大夫礼》："北面坐，取粱与酱以降，西面坐奠于阶，而大夫相食，卒食，彻于西序端。"郑注："亦亲彻。"似大夫相食，但彻于西序端，于公所则彻于西阶。凡礼食皆亲设，故必亲彻。《玉藻》："主人自置其酱，则客自彻之。"是也。疏恐失之。《仪礼》皆言"坐彻”，此云“客自前跪”，“主人兴辞，然后客坐”，疑礼当然，《仪礼》之文不具也。《公食大夫礼》：宰夫授醯酱，公设之，宾辞；授饭粱，公设之于湇西，宾北面辞。主人亲设而宾辞，宾彻，主人亦辞。于礼宜矣。孔云“主人起，辞，不听，自彻，客亦止而坐”者，亦非也。

长者辞，少者反席而饮。长者举未釂，少者不敢饮。

郑注：“《燕礼》曰：‘公卒爵而后饮。’”孔疏：“《士相见》及《玉藻》二文皆先君卒爵而此后饮，此据燕饮正礼，《玉藻》及《士相见》谓私燕之礼，故不同也。”嵩焘案：《士相见》及《玉藻》云君赐之爵，盖专赐也。《燕礼》：“无算爵”，“执膳爵者酌以进公。执散爵者酌以之公，命所赐。所赐者降席下，奠爵，再拜稽首，以爵就席坐，公卒爵然后饮”，则无算爵行而君赐之爵也。疏据此为燕饮正礼，疑此云“长者”、“少者”，通私燕言之，与《士相见礼》之赐爵正同。郑注《士相见》“卒爵而俟”：“君卒爵，若欲其釂然也。”俟君卒爵，然后授虚爵，所以示不敢先君之义。膳爵酌先进，则公卒爵宜先矣。其义本无二也。

馂馀不祭。父不祭子。夫不祭妻。

郑注：“馂而不祭，惟此类也。食尊者之馀则祭。”孔疏：“祭谓祭先也。父得子馀，夫得妻馀，不祭，言其卑也。非此二者悉祭。”嵩焘案：此承上“御食于君，君赐馀”言之，当为饮食必有祭之祭。郑意：《特牲礼》两人馂，祭举，祭铏。《少牢礼》四人馂，祭黍，祭举，祭酒。是庙中馂必祭。《玉藻》“日中而馂”，亦云“朝祭肺，夕祭牢肉”，是日食馂亦祭，故但以“祭先”为说。然据《玉藻》“若祭，赐之食，而君客之，命之祭，然后祭”，上文亦云“主人延客祭”，亦云“侍食于君，君祭先饭”，则共长者食，以客礼待之，则延而后祭，否者不祭；侍食而馂其馀，不得有祭，明矣。与《馈食礼》“馂之，进敦俎铏豆”者自别。《玉藻》“朝祭肺，夕祭牢肉”，所谓馂者，日一牢而已，不以所食之馀进也。经明言“馂馀”，即承上“君赐馀”为义可知，郑注疑非也。“父不祭子”，“夫不祭妻”，当别为一义。《丧服小记》除殇之丧，除成丧，皆有祭；又云：“妇之丧，虞、卒哭，夫若子主之，祔则舅主之。”凡丧祭皆有主者，而馈献之事，尊者不亲，故于此发其义，曰“父不祭子”、“夫不祭妻”，犹之主丧者必于次。《杂记》：“为长子杖，则其子不以杖即位。”为主丧也。《丧服小记》“父不为众子次于外”，为不主丧也。而《丧服大记》发其义曰：“父不次于子，兄不次于弟。”与此正同义。《朱子经义》云：“孔子，君赐腥熟而荐之，非馂馀，以荐先祖；赐食，则或为馂馀，但正席先尝而已，虽父不以祭子，夫不以祭妻，不敢以鬼神之馀复以祭也。”以此为申足上意者，亦误。

为天子削瓜者，副之，巾以絺。为国君者华之，巾以绤。为大夫累之，士疐之，庶人龁之。

郑注：“副，析也。既削又四析之，乃横断之。华，中裂之，不四析也。累，倮也，谓不巾覆也。疐，不中裂，横断去疐而已。龁，不横断。”嵩焘案：郑注副、华、累、疐，皆备两义，而龁字无义。故孔疏连上文“以去疐而啮之”为训，据《尔雅》“瓜曰华之”，刑疏训“华”为“半破”，盖中析之，或四或二，取足以便食，副则横断之也。郑司农《周礼注》：“副，贰也。”《说文》：“判也。”既中析而又横断为二，故曰副。吕氏大临云：“自大夫以上皆削。故曰为天子、为国君、为大夫，以下不削，故曰‘士疐之，庶人龁之。'”最得经义。“削瓜”二字贯下三项，削者刊削其皮也。天子、诸侯皆中析，必覆巾以避尘；大夫不覆巾，是不中析也；累者，但去其皮以进。吕氏读为“裸裎”之“裸”，是也。士但削其疐，庶人不为削，龁去其疐而已。古者杂佩有刀砺之属，大夫以下皆自裂之。此明礼食进瓜之等差，大夫以上皆削，士、庶人不削，经语分明，郑注恐失之。

尊卑垂帨。

郑注：“授受之仪，尊卑一。”孔疏：“宾主俱是大夫，则为尊；俱是士，则为卑。”嵩焘案：《周礼》轮人为盖，“上欲尊而宇欲卑。”尊卑犹言高下。此承上“执箫承弣”之文，以明其高下之节，执弓者罄折而立，承弣当心，则执箫当佩垂处，盖均为执弓之容。下文“由客之左接下承弣”，方及受弓之容，中间不应搀入宾主之尊卑，可以体玩经义而自得之。

受弓剑者以袂。

郑注：“敬也。”孔疏：“不露手取之，用衣袂承接以为敬。”嵩焘案：《说文》“袂”、“袖”同训。《释文》：“袂，掣也，开张之使受臂屈伸也。”“袂”从夬，《说文》：“夬，分决也。”左右分出曰“袂”，袂口曰“袖”。凡言袂，皆谓当肘处。上文“操右袂”，亦谓扼持其右肘。弓剑之长三尺，张两臂以承之，自袖以上皆为袂也，与上节“自受而承弣”者各为一义。上云“自受”，则此或使人受之，而凡从长者受弓剑之仪皆应如是。徐氏师曾据为兼受弓剑者，误。

君知所以为尸者，则自下之。尸必式。乘必以幾。

孔疏："谓散齐之时，君在路见尸。'尸必式'者，庙门之外尸尊未伸，不敢亢礼，故式为敬以答君也。"嵩焘案：《特牲礼》："前期三日，筮尸，乃宿尸。"《少牢礼》："前宿一日，宿戒尸。明日筮尸，曰：'来（日）丁亥，用荐岁事，以某之某为尸，吉。'乃遂宿尸。"郑注："不前期三日筮尸者，大夫下人君，祭之朝乃视濯，与士异。"据此，则君筮尸只在前期三日，安得有散齐时在路见尸之事？疑自大夫以上筮尸前皆先戒尸，故君知所以为尸，宜在已戒而未筮时。不曰"尸"而曰"所以为尸"，明尚未筮也。大夫、士下君门，见君必下可知。为君尸者，大夫也。《既醉》诗传云："公尸，天子以卿，知诸侯以大夫。"既已戒尸，则有为尸之道，君亦必下，以致其敬。经不言尸下者，辞略也。《祭统》："尸在庙门外，则疑于臣。君在庙门外，则疑于君。"临祭犹然，断无在路相见、君下而尸式之理。礼卑者，避尊者之拜则还辟，不敢亢礼，自当辟之，而谓"尸尊未伸，以式为敬"，揆之经旨，尤为无当。"尸必式"，"乘必以幾"，别为一义。郑注"乘必以幾"："尊者慎也，其必式者，先祖之神凭焉，敬以迓之。"二语连文，言敬而又致其慎也。案下云："乘君之乘车，不敢旷左，左必式。"又云："乘路马，不敢授绥，左必式。"并与此"尸必式"同文，皆别为一义，以申足上意。《士昏礼》："婿御妇车，授绥"，"妇乘以幾"。乘幾者，践之以登车也。疏谓"幾在式上"，尤误。

生与来日，死与往日。

郑注："此士礼，贬于大夫。大夫以上，皆以来日数。"嵩焘案：郑意大夫、士之丧皆三日殡。而《丧大记》析分大夫三日之朝既殡，杖；士二日殡，杖。孔疏因谓"大夫三日殡不数死日"，则天子诸侯悉同。然礼言"诸侯五月而葬"，而《春秋》书葬皆以见月为期，其间或逾四月，或不及四月。葬以见月为期，知殡亦必以见日为期。《书·召诰》：三月丙午朏，越三日戊申，越三日庚戌，越五日甲寅，若翼日乙卯，越三日丁巳，越翼日戊午，越七日甲子。《顾命》：丁卯命作册，度越七日癸酉。凡《周书》计日皆然，足为明证。《丧大记》："君之丧三日，子、夫人杖；五日既殡，大夫、世妇杖。大夫之丧，三日之朝既殡，主人、主妇、室老皆杖。士之丧，二日而殡，三日之朝主人杖，妇人皆杖。"是三日成服杖，天子、诸侯以下并同，而殡异日，大夫、士之殡皆在成服杖前。大夫有家臣，与诸侯同，则疑成服之有次第，故并以"既殡"言之；曰"三日之朝既殡"，知殡之必不系于三日之朝矣。经文通言之，郑据《丧大记》谓之士礼，恐未安也。

史载笔，士载言。

郑注："笔谓书具之属，言谓会同盟要之辞。"孔疏："史谓国史书录王事。士谓司盟之士。"而引崔灵恩云："必载盟会之辞者，或寻旧盟，或用旧会之礼，应须知之。"嵩焘案：《仪礼·聘礼》"史读书"，是诸侯、卿、大夫出，史皆从。《周礼》"内史掌书王命"，"外史掌书外令"，即其职也。"士载言"，言即简策也。《周礼·士训》："道地图以诏地事，道地慝以辨地物。"《通训》"道方志以诏观事，道方慝以诏辟忌。巡守则夹王车。"凡所至山川物类及古今土俗之宜，具之简策。所谓"言"者，即此类。土训、诵训皆中士也，郑注专以盟会之辞言之，疑有未尽。

凡祭于公者，必自彻其俎。

孔疏："祭于公，谓士助君祭。大夫以上，则君使人归其俎。大夫以下，自祭其庙，则使人归宾俎。"嵩焘案：疏意据《公食大夫礼》“有司卷三牲之俎归于宾馆”，遂以通之祭礼。据《特牲礼》“佐食彻阼俎，堂下俎毕出”，郑注“兄弟及众宾自彻而出，惟宾俎有司彻归之”，然郑注《特牲礼》宾在有司中，《特牲》记有祝俎、阼俎、主妇俎、佐食俎，宾及长兄弟、宗人如佐食俎，似祝俎为最尊。而《特牲礼》云“祝执其俎以出”，《有司彻》云“祝告利成，乃执俎以出”，是虽士大夫之祭，助祭者皆自彻俎，惟尸俎、阼俎，佐食彻之。而《有司彻礼》云“司士归尸、侑之俎”，“祝执俎出”，“有司受，归之”，则自尸俎以下皆宜有司归之，又不必大夫以上矣。孔疏于此似未分明。

逮事父母，则讳王父母。不逮事父母，则不讳王父母。

郑注：“不及识父母恩，不及于祖。此谓庶人适士以上庙事祖，虽不逮事父母，犹讳祖。”嵩焘案：下文“大功、小功不讳”，则凡期亲以上皆讳也，王父母正服无不讳之理。此与下“夫人之讳”、“妇讳不出门”同义。《杂记》：“母之讳，宫中讳。妻之讳，不举诸其侧。”惟子与父同讳，父母所尝讳者则亦讳之。如世父母、叔父母期当讳，从父母小功可以不讳矣。而及见父母之讳之，则亦不敢举其名。《杂记》“王父母、兄弟、世父、叔父、姑、姊妹，子与父同讳”是也。经言“王父母”，正谓“王父母、兄弟”；《丧服》“从祖祖父母”小功，即此王父母也。从父昆弟大功已不讳，从祖祖父母于父为期，及见父母不讳之，则虽小功亦讳也。准此而言，知讳之所及皆仁之至、义之尽也。礼不下庶人，郑注以庶人为说，疑未安。

外事以刚日，内事以柔日。

郑注：“出郊为外事。《春秋传》曰：‘甲午祠兵’。”嵩焘案：

《表记》："大事有时日，小事无时日。有筮，外事用刚日，内事用柔日，不违龟筮。"经连"卜筮"为文，则外事、内事皆谓祀事。《左氏传》："礼不卜常祀。"如郊用辛，社用甲，禘于太庙，日用丁亥，皆所谓'大事有时日'者，其馀皆筮日。《诗》："吉日维戊"，"吉日庚午"。《毛传》云："外事用刚日。"用刚用柔，盖筮日者各以类求之。祭者求阴之义，惟祠兵以阳为用，郑注允矣。孔疏以郊、社分郊外内为言，似乖郑意。

卜筮不过三，卜筮不相袭。

郑注："求吉不过三。卜不吉，又筮。筮不吉，又卜，是渎龟筴也。"嵩焘案：《周礼·筮人》："凡国之大事，先筮而后卜。"《洪范》亦云"龟从，筮从"。并无卜筮不兼用之文。疑此承上"丧事先远日，吉事先近日"言之，非泛言卜筮之用也。《特牲礼》筮日"若不吉，则筮远日"。《少牢礼》："若不吉，则筮远日，又筮日如初。"郑注《少牢礼》"日用丁巳，筮旬有一日"，言"先月下旬之巳筮来月上旬之巳"。"不过三"者，筮及中旬、下旬而止，郑注所谓"鲁四卜郊，《春秋》讥之"是也。《士丧礼》筮宅，旅占，卜日亦旅占。《特牲》、《少牢礼》"筮尸"、"筮日"，或用卜，或用筮，无兼用者。盖谓丧祭常事，卜筮之用如此，与《洪范》之言"大疑"、《周礼》之言"大事"者自别。孔疏："袭有二义，一则大事用卜，小事用筮；一则卜不吉，不得用筮，筮不吉，不得用卜。"以意拟之，而于《礼经》之文未能研审，知其牴牾多矣。

仆展轸效驾。

郑注："展轸，具视。效驾，白已驾也。"嵩焘案："展轸效驾”至下“驱之，五步而立”当为一事。“效”盖校试之意。车已驾而先试其车具之完善、马力之调良也。《尔雅·释言》：“展，适也。”《说文》：“展，转也。”郑注《丧礼》：“轴状如转辚。”“展軨”即“转辚”之意，谓稍动车轮以校试之。下云“奋衣由右上”者，轮动车行，不复能从容，故言奋矣。“五步而立”，则犹近距阶前也。凡二十五字，一气直下。若展軨一视而即告驾于君，乃始乘而试之，是此二语中尚多一转折；而告驾于君，则君当出，何由反乘之以驱？文义亦稍陵越矣。

车驱而驺。

孔疏：“驱车而进，左右从者急趋从君行也。”嵩焘案：驺即《周官》“趣马”之趣。《月令》“命仆及七驺咸驾”，郑注：“七驺谓趣马，主为诸官驾税者。”《左传》成十八年：“程郑为乘马、御六驺属焉，使训群驺知礼。”杜注：“诸侯有六闲马，乘车尚礼，容。”君行有贰车、有从车。此谓车驱而驺从也。驺有趣音，车驱而驺随之以动，不敢后也。“车驱而驺”四字当别为一义，疏意似未分明。案车行有副车，有车右，皆以备不虞。副车随行而车右以时登降，各有当也。

故君子式黄发，下卿位。

郑注：“卿位，卿之朝位。君出过之而上车，入未至而下车。”孔疏：“君子谓人君也。”嵩焘案：《周礼》宰夫“掌治朝之法”，司士“正朝仪之位”，大仆“视燕朝则正位”，朝士掌外朝之法。天子、诸侯皆有三朝：雉门之外外朝也；朝士掌之；路门之内治朝也，宰夫、司士掌之；路寝，燕朝也，大仆掌之，亦谓之内朝。所谓“正位”者，如王南面，三公北面，孤东面，卿大夫西面，临时界画其方位而已。惟外朝左九棘、右九棘、面三槐，树槐棘以表之，为有定位，故朝士但云“掌外朝之法”，而不云“正位”。小司寇掌外朝之政以致万民，国有大故，谋及庶人，亦于外朝，无于此下卿位之理。案：“司士正治朝之位”，所正者北面、东面、西面之等，而卿大夫皆西面。《朝士》云：“左九棘，孤卿大夫位焉，群士在其后。”是天子三朝，卿大夫同位，诸侯之卿异位，亦与大夫、士分左右列而同位一庭之中。下车当庭，但当云下朝位而已，不得言下卿位也。于礼亦别无可征。凡朝皆有位，三朝则卿位凡三，当三下之，尤恐非宜。郑注《周礼·大仆》：“燕朝于路寝之庭”，而《乐师》注：“登车于大寝西阶之前，降车于阼阶之前”，则亦进越卿位矣。案：孔疏引《燕礼》、《大射礼》卿、大夫门右北面，公降阼阶，南乡尔卿。此为公始降阶迎宾之仪。《仪礼》于此下云“皆少进”，明非定位也。疏据以当卿位，尤失之。疑此“君子”通言之。《周礼·匠人》“九分其国”，以为九分，九卿治之。三代建国，统治于君，九卿各有官府以分治。《周礼》“辨方正位”，《书·召诰》“攻位于洛汭”，位谓王居，九卿治所即为卿位，“下卿位”者贵贵也。案“下”言国君下宗庙，谓不以车入庙中，宗庙在雉门外，外朝在焉。云“下宗庙”，过朝位不下可知。大夫、士下公门，于卿亦不下也。故知此“君子”通言之。郑据人君言之，则“下卿位”句不可通，而“入国”、“入里”之文施之国君亦为不伦矣。

国中以策彗恤勿，驱尘不出轨。

郑注：“彗，竹帚。”孔疏：“不用鞭策，取竹帚带叶者为杖，故云‘策彗’。”嵩焘案：《说文》：“彗，扫竹也。”用以扫者，竹之梢也。朱子经说疑谓策之彗，若今时鞭末韦带，是也。似不当别取竹帚为策。经意谓举策而垂其彗以搔摩马背，不振而扬之。《说文》：“勿，州里所建旗，象其柄有三游。”“勿”本以趣民，而下所建旗则止，故又引申为禁止。“恤”有抚恤之意，言以策彗搔马背，若抚摩之。“勿”字多借为“没”字，故郑注作“没”音。《尔雅·释诂》“蠠没”，郭注：“犹黾勉也。”《汉书》刘向疏作“密勿”。郑注《周易》：“亹亹犹没没也。”其注《祭义》云：“勿勿犹勉勉也。”经言“恤勿”，与“蠠勿”义略近。吴氏澄以“彗恤”句，“勿驱”二字句，云：“彗恤者，谓扫拂之。”然经言“驱之，五步而立”，则犹在路门内，车驱而驺则犹在大门内，“驰驱”二字自别。《说文》：“驰，大驱也。”《广韵》：“驰，疾驱也。”走马谓之驰，策马谓之驱，“以策彗恤勿”即所以驱也。国中不得言“勿驱”，明矣。此自当以郑注为正。

礼记质疑卷二

曲礼下

执天子之器，则上衡；国君，则平衡；大夫，则绥之；士，则提之。

郑注：“衡谓与心平。上衡谓高于心。绥读曰妥，妥之谓下于心。”嵩焘案：《周礼·梓人》“乡衡而实不尽”，郑司农云：“衡谓麋衡，《曲礼》‘执君器齐衡’。”是郑司农以衡当眉。礼言衡者不一，皆实有所指。《周礼》：“舆人为车。轮崇，车广，衡长。”《辀人职》谓之“衡任”，郑注：“在两轨之间。”《凫氏》“甬上谓之衡”，郑注：“此二名者，钟柄。”《玉人》“衡四寸”，郑司农云：“衡，勺柄。”郑注：“衡，古文横，谓勺径也。”《左传》桓二年“衡纨纮綖”，杜注：“衡，维持冠者。”《玉藻》“幽衡、葱衡”，郑注：“佩玉之衡。”皆假衡为名。《汉书·律历志》：“衡，平也。”故衡可训为平。而此经云“上衡”、“平衡”，明有所指，必非以衡为平之假借。郑注《梓人》：“衡，平也。”与此同训。而经言“上衡”、“平衡”，则是上于平、平于平也，似于词为不文。疑此“执器”与上“奉提”连文。《说文》：“奉，承也。”“提，挈也。”“挈，悬持也。”“执，持也。”凡握而持之曰执，县持之曰提，加敬而承之曰奉。《诗》“奉璋峩峩”，是执天子之器，极于奉而止，无因更加于奉之上也。《觐礼》“奉束帛”、“奉箧服”，《聘礼》“奉束帛加璧”、“奉束锦”、“奉币”，《周书·

顾命》"奉同瑁"、"奉圭兼币"。凡执天子诸侯圭币皆曰奉。《射礼》有"执弓"、"执旌"，《聘礼》有"执策"、"执圭"、"执币"，《燕礼》有"执幂"，其食饮馈奠"执镫"、"执丰"、"执爵"、"执觯"，自《士礼》以达于诸侯，其仪并同。盖凡"执器"者，皆有授受之节，岂得于士之器提而挈之？经云"执器"者，通词也。天子以下常用之器，执之皆有其节。凡器有典守者，有监造者，皆可以"执"言之。衡者佩玉之衡，正当带间。"上衡"，则上于带。"平衡"者，平其肘倚于带间。"绥之"，谓曲肘向后而手稍垂。"提之"，则县挈于旁。四者之异，皆不上于心，不下于带。案："上衡"、"平衡"皆两手执持，"绥之""提之"则从左右手之便。下文"国君绥视，大夫衡视"，衡又下于绥。绥如"武车绥旌"之绥，言下垂也。此云绥，承衡言之；下云绥视，承袷言之。郑据绥下于衡，遂以为视天子、视国君、视大夫、士之节者，误。天子视不上于袷，不下于带，袷带之间惟所视，国君则稍下于袷，大夫则当带间所视，上下皆有常节，与此节文义可以参观而得之。案：《荀子》"平衡曰拜，下衡曰稽首"，杨倞注："平衡谓磬折，头与腰平。"正此义。

执玉：其有藉者则裼，无藉者则袭。

郑注："藉，藻也。有藻为文。裼，见美，亦文。无藻为质。袭，充美，亦质。圭璋特而袭，璧琮加束帛而裼，亦是。"孔疏引崔氏云："圭璋特，故有藻。其馀束帛加璧，既有束帛。不须藻。"熊氏云："朝时用圭璋特，宾主俱袭。行享时用璧琮加束帛，宾主俱裼。"皇氏云："上公享天子圭以马，享后璋以皮。皮马不上堂。其上惟有圭璋，必以物覆袭之。侯、伯、子、男享天子璧以帛，享后琮以锦。既有帛锦承玉，其上惟用轻细之物蒙覆以裼之。"嵩焘案：郑注析藉为二义，孔引诸家疏又析为三义。据《周礼·典瑞》：大圭、镇圭，缫藉五采五就；桓圭、信圭、躬圭，三采三就；穀璧、蒲璧，二采再就；瑑圭、璋、璧、琮，二采一就。《玉人》大璋、中璋、边璋皆有缫。是礼玉无不用缫藉者，崔申郑义殆误也。案：郑注本析分二义，崔误合为一。皇氏之说尤谬。《聘礼》："宾裼，奉束帛加璧享。"加璧谓加于束帛之上。《易》"藉用白茅"，马氏融云："在下曰藉。"此言藉者，以束帛承藉之义。熊氏用郑注后说为长，其云"藻藉"者非也。窃疑"藻藉"二字之义，诸儒均未分明。《聘礼·记》："朝天子圭与缫，皆九寸"，"缫三采六等，朱白苍。问诸侯，朱绿缫，八寸。皆玄纁系，长尺，绚组。"郑注：古文"缫"或作"藻"，今文作"璪"。《说文》："璪，玉饰，如水藻之文。"《左传》桓二年"藻率"，杜注："以韦为之，所以藉玉。"率如《玉藻》"凡带有率无箴功"，谓缏缉之，《玉人》所云"藻以象德"者是也。而郑注《典瑞》："缫有五采文，所以荐玉，木为中干，用韦衣而画之。就，成也。……一匝为一就。"既云以韦衣木，则"一匝一就"之文将何所指？《弁师》"五采缫十有二就"，郑注："合五采丝为之绳"，"绳之每一匝贯五采玉"。《弁师》、《巾车》言"就"者，皆绳之一匝也。详味《聘礼》记之文，"皆玄纁系，长尺，绚组"，承上'缫九寸"、"缫八寸"言之，是所谓"三采二采"者，其组也；其藻藉但有玄、纁二色。礼文简括，互证之自明。董子《春秋繁露》："主天法商，玉厚九分，白藻五丝。主地法夏，玉厚八分，白藻四丝。主天法质，玉厚七分，白藻三丝。主地法文，玉厚六分，白藻二丝。"白藻者上玄下纁，用白为水藻文。五丝、四丝、三丝、二丝，即所谓五采五就，以次及二采一就，言所系之绚组也。《聘礼》言"垂缫"者，垂其组；"屈缫"者，敛其组；藉下之玄纁，系旁之组：通名为缫。郑注《聘礼》"贾人东面，坐启椟，取圭垂缫”云：“缫有系组。”语最合经旨，而言之不详，自皇氏侃以下皆不能明矣。《周礼·大行人》：“桓圭九寸，缫藉九寸”；信圭、躬圭七寸，缫藉七寸；榖璧、蒲璧五寸，缫藉五寸。藉之长广，一如其玉之数。郑注《聘礼》：“缫所以藉玉。”其或拜则奠于其上。屈缫者，敛之缫之，制仅足以藉玉，何为更敛之？而以韦衣木之缫，亦无能加敛也。据《仪礼·聘礼》：贾人取圭垂缫，授上介；上介不袭，执圭屈缫，授宾；宾袭，执圭。公袭，受玉于中堂、东楹之间。宾出。公侧授宰玉，裼，降立。摈者出请。宾裼，奉束帛，加璧享。”《仪礼》言“袭”、“裼”之文惟见于此。郑注：“裼者免上衣，见下衣。凡襢裼者左。”孔疏：“近体有袍襗之属，其外有裘，夏则葛，其上有裼衣。裼衣上有袭衣。袭衣上有常著之服，若皮弁之属。掩而不开谓之袭。若开皮弁及中衣，左袒，出其裼衣，谓之裼。”贾疏但云“裼衣上有皮弁服”，然皆承郑注“免上衣，见下衣”之文，谓裼别为一衣。据礼有袒衣，有中衣，有表。《说文》：“表，上衣也。”《论语》：“当暑袗，絺绤，必表而出之。”加衣于上，曰表；开其左右袥，曰裼。《说文》“裸”、“裎”、“裼”三字连文，并云袒也。郑注“免上衣”，亦即袒意。礼无以“裼衣”为名者，自贾疏乃有“裼衣”之文，而郑义亦隐矣。《玉藻》：“以帛里布，非礼也。”即谓中衣，冬裘、夏葛皆中衣也。故曰：“表裘不入公门，袗絺绤不入公门。”《论语》“狐貉之厚以居”者，表裘也；上加缁衣、素衣，即为礼服。经言“裼裘”特详。裘有羔裘、狐裘、麑裘之别，裼之所以为文也，惟加敬则袭。贾疏以《玉藻》裼衣与皮弁礼服之色微有异同，因谓裼衣上有皮弁服。据《士冠礼》“爵弁服：纁裳，纯衣，缁带”，“皮弁服：素积，缁带”，“玄端：玄裳、黄裳、杂裳、缁带”，皆详于裳而略于衣，盖衣、裳本同色。而郑注《周礼·司服》：“凡冕服皆玄衣纁裳，韦弁以韎韦为衣裳，皮弁服白布衣，积素以为裳。冠弁，缁布衣，亦积素以为裳。”其《诗·采芑》笺：“天子韦弁服，朱衣裳。”其《论语》注：“缁衣羔裘，视朝之服。素衣麑裘，视朔之服。黄衣狐裘，《司服》所云‘兵事韦弁服’之服。”如郑说，是一韦弁服而衣已三异。《诗·秦风》传：“锦衣狐裘，朝廷之服。”与《玉藻》正合。必谓裼衣上别有礼服，是缁衣羔裘上又加缁衣，恐非制也。孔氏乃以出其裼衣为裼，裼衣何衣而特出之以为饰乎？求之诸经之文，郑注近之，而词多隐而未宣。诸疏承之，而愈舛矣。《说文》：“膻，肉袒也。《诗》：“膻裼暴虎。”是“襢裼”之“襢”，《说文》作膻。古人肉襢盖出左背，而礼服之衽亦左掩右开之，则扱两衽于旁，与左襢者自别。郑引“襢裼”为训，亦恐失之。

士不名家相、长妾。

孔疏：“长妾，妾之有子者。”又引熊氏云：“士有一妻二妾，言长妾者当谓娣也。”嵩焘案：《丧服》缌麻章“贵臣贵妾”，郑注：“士卑无臣，妾又贱，不足殊，有子则为之缌，无子则已。”此即孔疏所本。然《礼仪》自列“贵臣贵妾”于“士为庶母”下，亦不专指大夫言之。“贵臣贵妾”自属通辞。从其娣姪言之，则娣为长，亦贵妾也。《士昏礼》“女从者毕袗玄，在其后。”郑注：“女从者谓姪娣也。”似士昏亦得备姪娣。经不云“贵妾”而云“长妾”，正以士卑不必尽备姪娣，妾年长者服役久，宜异视之，不与群妾齿。即经求义，固自明晓，无庸别为之辞。

君子行礼不求变俗。祭祀之礼，居丧之服，哭泣之位，皆如其国之故，谨修其法而审行之。

郑注：“不务变其故俗，重本也。谓去先祖之国居他国者。‘其法’，谓其先祖之制度。”嵩焘案：孔疏于此引熊氏云：“《王制》‘修其教不异其俗。’《左传》定四年：‘封鲁，因商奄之民封康叔于殷墟，启以商政；封唐叔于夏墟，启以夏政。’”疑熊义为优。《家语》：孔子相卫司徒敬子之丧，用殷礼，曰：“丧事吾从其质。”《郑志》答赵商：“卫武公居殷墟，故用殷礼，所谓因其国之故，大率质文之别而已。其正朔色尚及车服礼仪之等，自有本朝法度，不可逾越。”“其法”者，所奉一王之大法，谨修而审行之，期使因俗者仍不逾夫法，而法之行亦不与俗相戾也。三代立一王之法以整齐天下，而俗之所趋、时之所宜，君子不为苟异，要使其法修明于上，动而不过其则。《孟子》云：“鲁人猎较，孔子亦猎较。”即因俗之义也。案：“不求变俗”，正谓所处之地之俗，君子不求立异也。注反以去国用其故俗为言，则亦有意立异矣。

爵禄有列于朝，出入有诏于国。

郑注：“爵禄有列于朝，君不绝其祖祀。诏，告也。谓与卿大夫吉凶往来相赴告也。”嵩焘案：郑意“爵禄”、“出入”皆举故国言之，而于下云“兄弟宗族犹存”、谓无诏无列者，上下四语自相差参。吴氏澄因移上节“谨修其法而审行之”句于“出入有诏于国”下，又补“若兄弟宗族犹荐”二句于“出入无诏于国”下，寻求文义，殊不尔。“出入有诏于国”，如大夫、士私行，出疆必请，反必告，当就所处之国言之。“有列于朝”，出入不可以私，非凶丧大事不得外出。“兄弟宗族”，则故国所立为后者。三世仕于他国，旧君之义绝矣；“告于宗后，明不与旧君相闻也。以三世为言，知三世以前虽为大夫，犹用故国之俗；三世而无有仕者，则终守故国之俗行之，俟兴起受命为大夫，乃从新国之法。文义本自分明，说经者一循郑氏之说，而章法、句法隔阂多矣。案：此与上“君子行礼”两节文义相因而事各别，郑注误合为一。然经于故国言“俗”，于新国言“法”，字法极分明。法者行礼之大经，俗则质文繁简之从宜者也。去国而犹循用其国之俗，至于三世而遂已矣，吉凶之事以告其国之嗣为后者可也。若未仕，仍不变其国之俗。郑以“爵禄”、“出入”为复立其族，则其族之嗣为后者，出入自告于其君，与去国者何涉？而经以“出入有诏于国”、“出入无诏于国”为文，明所系者出入不得私也。

席盖

郑注："席盖，载丧车也。《杂记》曰：'士輤苇席以为屋，蒲席以为裳帷。'"嵩焘案：郑意据此为车盖，而误入《杂记》"苇席""蒲席"之文，连席盖言之。据《杂记》"其輤有裧，缁布裳帷，素锦屋"，郑注"輤，载柩之车饰"，輤取名于榇与蒨，輤以覆盖，裳帷以蔽车，屋以蔽棺，士覆车及棺皆以席，非以席为盖也。与此所引似忤。盖所以覆车：《左传》庄公三十二年"投盖于稷门"，正谓盖重且巨，无因挟之以入公门。吕氏大临云："席所以坐，盖所以御日与雨。席、盖当为二物。"《国语》"暑不张盖"，《家语》"孔子将出，雨而无盖"，司马相如赋"蜺为旌，翠为盖"，皆此。幾杖席盖为一类，重素袗絺绤为一类。幾杖席盖皆所以自便安者，以入公门，亦为不敬。案：朝燕布席，有司掌之。《曾子问》：诸侯相见及旅见天子，入门，雨沾服失容，则废。足为席盖不入公门之确证。

凡家造，祭器为先，牺赋为次。

郑注："大夫称家。谓家始造事。"嵩焘案：郑意以君子将营宫室节，主诸侯言之，此节主大夫言之。孔疏又引《礼运》之文"大夫祭器不假，非礼也"，《仪礼》"诸侯大夫少牢"此言牺谓牛，因据以申郑义云此为"天子之大夫"，据下文"无田禄者不设祭器。君子虽贫，不粥祭器"，是士受田禄皆得有祭器。《王制》："宗庙之器不粥于市，牺牲不粥于市。"经意正分宫室与器用之造于家者言之。马氏晞孟兼大夫士为说，至允。郑注："牺赋，以税出牲，有田则有牺赋。"吕氏大临所云"牺牲之器，牢互盆簝之属，皆随牺牲而具"者，《周礼·牛人》所谓"载公任器"者，是也。祭祀之牲通名牺。《说文》："牺，宗庙之牲也。"《尚书》

孔传："色纯曰牺，体完曰牷。"《毛诗传》："牺，纯也。"郑注："牺，牛毛纯也。"其注《牧人》"牺牲"云："毛羽完具也。"则并兼羽物言之。《诗》："与我牺羊"。《左传》："见雄鸡自断其尾，云：自惮其牺也。"《周礼·犬人》："共犬牲，用牷物。"牺、牷不专属之牛，明矣。疏申郑义，似亦失之。

素衣素裳素冠，彻缘鞮屦。

郑注："言以丧礼自处也。""鞮屦，无绚之菲。"孔疏："缘，中衣缘也。素服里有中衣，吉时用采缘，凶丧故彻缘而纯素。"嵩焘案：《丧服》衰三升，以次至小功十升若十一升，而朝服十五升，缌锡衰亦十五升而抽其半。是丧服以治麻疏密为差。郑注《周礼·司服》："皮弁服十五升，白布衣，积素以为裳。"而注《屦人》云："凡屦舄各象其裳之色，素积白屦。"注《士冠礼》云："皮弁者，以白鹿皮为冠。"《诗·曹风》笺："麻衣，深衣，诸侯之服。"《秦风》传："素衣绣黼，丹朱中衣。"是皮弁服、深衣、中衣皆用素，不必即为丧服。《桧风》传："素冠，练冠也。"笺又引《玉藻》"缟冠素纰"，谓之"祥冠"，而《间传》云："小祥，练冠缥缘"；"大祥，素缟麻衣"。《深衣》疏以布缘曰麻布。凡此练祥之服并未别为中衣。郑注《檀弓》"练衣黄里缥缘"云："练，中衣，以黄为内缘为饰。"疏以缘为中衣，即本此。而经明言"彻缘"，亦与练祥之"缥缘"、"素纰"异矣。案郑注《丧服》记"麻衣缥缘"："小功布，深衣。"而注《深衣》云："连衣裳而纯之以采"。朝服玄端以上皆有裳无缘，惟深衣加缘。此云"彻缘"，盖即深衣，常服而去其缘耳。云"中衣"者误也。《周记·司服》"视朝，皮弁服"，"凶事，服弁服"。后云："大札、大荒、大灾，素服。"所云"素服"，即服弁服也，亦谓之素端。郑注《司服》"其齐服有玄端素端"云："素端者，为札荒有所祷请。”盖所异者皮弁，而衣与裳皆同。郑云“服弁，丧冠也”，恐误。《周礼》明分凶事、吊事、衰服为三，似未宜以凶事并入下凶服言之。丧服惟衰，素衣素裳素冠非衰也。经云“彻缘”，但去深衣之缘，以凶礼自处，非能于去国时制衣以行也。鞮屦亦非菲屦。《说文》：“鞮，革履也。胡人履，连胫谓之络鞮。”郑注《周礼》：“鞮鞻氏，四夷舞者所屝也。”许别出胡人之络鞮连胫者，尤允。鞮履只是革屦，便于奔走，盖贱者之履也。郑注连丧服为文，遂据《檀弓》“绳履无绚”释之，皆恐未然。

大夫、士见于国君，君若劳之，则还辟，再拜稽首。君若迎拜，则还辟，不敢答拜。

郑注：“谓见君既拜矣，而后见劳也。《聘礼》曰：君劳使者及介。”“迎拜谓君迎而先拜之。《聘礼》曰：大夫入门，再拜。”嵩焘案：郑意据《聘礼》享私觌，礼毕送宾，公劳宾及介。疏云：“《聘礼》无‘还辟’之文者，文不备也。”疑《聘礼》自有常仪。经云“若劳之”，“若迎拜”，无常仪，则此见于国君者通词也。《聘礼》：使者归，反命，君劳之；再拜稽首，君答再拜。上介如上宾之礼，士介亦如之。是使归反命，君劳之，与聘享同。《公食大夫礼》：“宾朝服即位于大门外，如聘。”公逆于大门内，“宾入门左，公再拜，宾辟”。是食礼君迎拜亦与聘礼同。案：《公食礼》“宾辟”下云“再拜稽首”者，另文云：“辟则非答拜也。”《士相见礼》有始见于君之仪，有燕见之仪，有外臣相见之仪，此于礼有事则劳，食则拜迎，其国之君及异邦皆然。郑注一以聘礼证之，疑非经旨。案：郑注《聘礼》“劳之”，以道路劳苦，劳者辞也。宾至近郊，使卿劳，劳者奉币入，东面致命；宾北面听命，还，少退，再拜稽首。此云“还辟”，亦即受劳而还、少退之意，与“迎拜”、“还辟”之文略异。记礼者连类言之，迎拜还辟，不敢当其拜；劳而还辟，不敢当其言：则舛矣。《仪礼》之文已详于郊劳。疏言文不备者，亦误。

大夫、士相见，虽贵贱不敌，主人敬客则先拜客；客敬主人则先拜主人。

孔疏：“使臣行礼受劳已竟，次见彼国卿、大夫也。异国则尔，同国则否。”嵩焘案：朱子经说已疑此未有以见同国异国之辨。《士相见礼》：“先生、异爵者请见之，则辞”；辞不得命，则先见之。郑注引此云：“主人敬宾则先拜宾。”然《仪礼》之文仍以贵贱异等言之，自是士、大夫相见之常礼。此云“敬客”、“敬主人”，皆通辞也。《孟子》曰：“用下敬上谓之贵贵，用上敬下谓之尊贤。”郑注以尊贤释此，最合经旨。记礼者通礼文之变，以达人所以交相为敬之情，其义美矣。疏申郑义，失之。

凡非吊丧，非见国君，无不答拜者。

郑注：“国君见士不答其拜，士贱。”嵩焘案：郑意即据下“君于士不答拜也”为义。疑经但言见国君，并不言士。《士相见礼》：始见于君，士、大夫奠挚，再拜稽首，君答壹拜。《聘礼》：使者反命，君劳之，再拜稽首，君答拜；劳上介、士介亦如之。是于士不答拜，亦惟燕见为然，以事见犹答拜也。经以“吊丧”、“见国君”相连为文，所云“不答拜”，当据“见国君”者言之。《聘礼》：“宾入门左，公再拜，客辟，不答拜。”《公食大夫礼》：“宾入门左，公再拜，客辟。”其不敢答拜，于其国之君及异邦皆然。注于上下各节多据聘使言之，惟此专属其国之君，义亦未备。

大夫见于国君，国君拜其辱。士见于大夫，大夫拜其辱。

孔疏：“‘大夫见于国君’，谓见他国君也。《聘礼》公在门左，拜，是拜其辱也。‘士见于大夫，大夫拜其辱’，《聘礼》宾朝服问卿，卿送于庙门外，再拜，是也。”嵩焘案：疏意以下有“同国始相见”之文，故于此就异国言之，而以聘礼之宾当士，非所详也。案：“同国始相见”者，通辞也。以敌礼相见，则主人先拜其辱。同国而固有宾主之分，言同国以赅异国也。注家转因之而以上二句之文为异国矣。又引熊氏云：“同国大夫见君，君拜其辱，以初见君，敬之；寻常则不拜也。”《士相见礼》明言始见于君，士、大夫奠挚再拜稽首，君答一拜，不云“拜辱”也。士见于大夫，于其入也一拜其辱。“大夫拜辱”之文，实见于《仪礼》，则固同国，非异国也。据《玉藻》，士于大夫不敢拜迎，而拜送。是凡拜迎皆敌礼：《士冠》、《士相见》、《乡饮酒》、《乡射》主人迎于门外，再拜，宾答拜，是也。尊者迎拜，则辟：《聘礼》“宾入门左，公再拜，宾辟，不答拜”；《公食大夫礼》逆宾于大门内，再拜，宾辟，是也。奉使不答拜：《士昏礼》纳采，主人迎于门外，再拜，宾不答拜；《觐礼》“至于郊，王使人以璧劳，侯氏迎于帷门之外，再拜；使者不答拜”；《聘礼》“郊劳，宾迎于舍门之外，再拜；劳者不答拜”，“归饔饩，宾迎于外门外，再拜；大夫不答拜”，“宾问卿，迎于外门外，再拜，宾不答拜”，是也。凡言“拜其辱”者，迎宾之辞。而云“国君”，云“大夫”，明尊者可以拜辱，而卑者不敢以施之尊者，义不得行宾主之礼，以劳尊者之答拜也。此当与《玉藻》之文参看。《玉藻》于“不敢拜迎而拜送”下又云：“士于尊者先拜，进面；答之拜，则走。”盖变通其例言之，谓大夫见于士，士不拜迎；士见于大夫，大夫当拜迎，士则及其未出迎也而先拜之，答拜则走，与此章文义正互相备。旧注皆失之。

国君春田不围泽，大夫不掩群，士不取麛卵。

孔疏：“国君春田不围，则天子春围。大夫春不掩，则国君春掩。士春不取麑卵，则大夫春取。”而引《王制》“天子不合围，诸侯不掩群”，谓夏礼。嵩焘案：《周礼》田役，六官之属分掌其政，而总于大司马。公侯以下礼数不详，盖军礼以田简众，惟天子、诸侯得行之。《王制》“天子诸侯岁三田”，陈氏《礼书》引《左传》襄三十年“丰卷将祭，请田，子产弗许”，以为天子诸侯有四时田猎之礼，大夫士不与。《周礼·田仆》：“凡田，王提马而走，诸侯晋，大夫驰。”《王制》：“天子杀，下大绥；诸侯杀，下小绥；大夫杀，止佐车。”实为诸侯大夫从天子田猎之等，非大夫自行田猎也。疑陈氏之言得之。《王制》：“天子不合围，诸侯不掩群。”专据天子、诸侯为说，为足征信。其云“不合围，不掩群”，则固田猎之常仪也。《周礼·大司马》四时田惟冬狩为详，而虞人莱所田之野，为四表二百五十步，车三发、徒三刺皆及表而止，其左右和以旌为门，出左右陈，前后有屯百步，设驱递之车，盖所田不出二百步之中。昭八年《穀梁传》亦云：“蒐狩习武，艾兰以为防，置旃以为辕门，过防弗逐。”蒐狩、大田役皆无合围之事。天子诸侯，其礼略同，非但春田而已。《穀梁传》又云“掩禽旅”，范宁注：“掩，取众禽也。”郑注《大司马》“徒（幣）〔弊〕①，致禽”亦云：“冬田主用众，物多，众得取。”则田猎以掩禽为义。《王制》“诸侯不掩群”，与此“大夫不掩群”语同而义稍别。《王制》“不掩群”，盖即不合围之意。此云“不掩群”，大夫不足以致车徒、行诛赏，则固不能掩禽以校猎也。疏据此经，遂谓“诸侯不掩群”为夏礼，甚误。其大夫以下之有田猎，见于经传者实繁。《周礼·迹人》“掌邦田之地政，为之厉禁……凡田猎者受令焉，禁麑卵者”。郑注：“邦田之地若今苑。令，谓时与

---

①据阮刻本《周礼注疏》改。

处也。”天子、诸侯之苑有禁，而凡田猎者各有其时与处，知士大夫皆得以田猎取禽。《月令》“山林薮泽有能取田猎禽兽者，野虞教导之”，是教民田猎，自周盛时已然，又不独士大夫也。《郑风》之《叔于田》，《齐风》之《旋》，皆言大夫以下田猎之事。郑笺于《旋》言“子”言“我”，云：“皆士大夫也。”《豳风》“一之日于貉，二之日其同”，笺云：“其同者，君臣与民俱出田。”《孟子》“赵简子使王良与嬖奚乘”，大夫家臣亦有田；“鲁人猎较，孔子亦猎较。”列国风气相习于田，又事之变也。天子诸侯有车徒教令以简军实，大夫以下从禽而已，而大夫家臣之属犹多，故以掩群为戒。士无家臣，则亦不能掩群也。《月令》“毋麛毋卵”承“孟春”言之，《王制》“不麛不卵”承“豺察兽然后田猎”以下文义言之，是不取麛卵，天子诸侯四时之田并同；独于士言者，士田取禽少，麛卵其易取者也。经文错举见义，孔疏举一以例其馀，失之甚远。方氏悫云：“用大者取愈广，位卑者禁愈严。”附会疏义，大失经旨。

大夫不食粱，士饮酒不乐。

郑注：“粱，加食也。不乐，去琴瑟。”孔疏：“士平常饮酒奏乐，今凶年犹许饮酒，但不奏乐。”嵩焘案：《公食大夫礼》正馔黍稷，加馔稻粱，而惟饭粱。公设于湆西，宾左拥簠粱，右执湆以降，公辞。郑注：“降者，欲食于阶下，然也。”似食礼粱尤重。下云：“宾三饭，以湆酱卒食，取粱与酱以降。”郑注：“示亲彻。”是所饭者粱也。大夫不食粱，谓礼食无加馔，若常食黍、稷、稻、粱，惟所宜。无加食，不应于粱独异也。士礼惟《乡饮酒》用乐，岁凶则杀其礼，此与下“无故不去琴瑟”各为一义。下云“无故”，盖专据《丧礼》言之。此云“岁凶”，则《周礼》之凶礼、荒礼皆统于是。君言祭事，举其重者；大夫、士言礼食、礼饮，亦举其重者。其馀所以自奉之节，以君为差。君子自制其义于心可矣。

士有献于国君。他日君问之曰："安取彼?"大夫私行出疆，必请，反必有献。

孔疏："'安取彼'，犹何处取彼物。……士卑德薄，嫌其无有也。""'反必有献'者，大夫有德必能招人馈遗，故反必有献。"嵩焘案：《聘礼》反命，"执礼币以尽言赐礼"，私币不告；若有献，则曰"某君之赐也"。"上介徒以公赐告"。是礼币公赐以告君，君更赐之私币，大夫以献于君，介则否。经云"大夫私行出疆"，若庄二十七年公子友如陈葬原仲，宣五年齐高固来逆叔姬，昭五年《左氏传》郑罕虎如齐娶于子尾氏，昭九年晋荀寅如齐逆女，并当以币交，受币而归致之君，亦与聘礼同。凡献于君有礼辞。《少仪》："君将适他，臣致金玉货贝于君，曰'致马资于有司'"；"致隧于君，曰'致废衣于贾人'"；"为君丧，纳货贝于君，曰'纳甸于有司'"；"为人祭，曰'致福'；为己祭，致膳于君子，曰'膳'。皆礼辞也。"此云"士有献于国君"，则或私献，无礼辞也。所以问者，馈献宜有因：士献于君，不亲受，他日见君，乃详其致献之由也。孔疏疑失之陋。

畛于鬼神。

郑注："畛，致也。祝告致于鬼神。"嵩焘案：《尔雅·释诂》："畛，告也。"郭注引《礼记》曰："畛于鬼神。"《释言》："畛，致也。"正郑注所本，致即致告之意。而《释诂》"禧""畛"连文，《释言》"畛""厎"连文，自分两义。"禧""釐"字通。

《汉书》“祠官祝釐”，即礼告之意。郭注引此经以训《释诂》之“畛”，亦礼告也。“畛”“厎”之训“致”，犹言至极也。《周礼·太宰》“听其致事”，郑注：“平其事来至者之功状。”致者至也。窃意“畛”当与“眕”通。《说文》：“眕，目有所限而止。”古者巡狩望秩山川，极目所见谓之望。《虞书》：“至于岱宗，柴望秩于山川。”巡狩所至，止此一祭。经言“畛于鬼神”，正《虞书》之“望秩”也。《玉篇》“聄，听也”，《埤雅》“聄，告也。《礼记》曰‘聄于鬼神’。”《说文》无“聄”字，疑《埤雅》所引亦当作“眕”。《周礼·遂人》“沟上有畛”，畛者田间经界。《左传》：“封畛土略，遂通之于疆界，望秩山川，各视疆界所极。”郑注不云“畛，告也”，而云“畛，致也”，立义至精。吕氏大临云：“畛犹畦畛之相接。‘畛于鬼神’者，接于鬼神。”方氏悫云：“畛，田间道也。望秩之礼，必于野外。祭于畛而谓之畛，犹祭于郊而谓之郊。”望文生义，无当经旨。

天子未除丧，曰“予小子”，生名之，死亦名之。

郑注：“生名之，曰‘小子王’，死亦曰‘小子王’。晋有‘小子侯’，僭取于天子号也。”嵩焘案：《书·顾命》康王始丧，称“予末小子”。即位及朝诸侯，称“予一人钊”。因以春秋时事推之，僖公九年夏会于葵丘，称“宋子”。《穀梁传》云：“宋称‘子’，未葬之辞也。”《左传》：“凡在丧，王曰‘小童’，公侯曰‘子’”左氏固以未葬为在丧。僖公二十八年会于温，称“陈子”。定四年会于召陵，称“陈子”。杜注《左传》：“先君未葬，例在九年。”僖公二十五年冬盟于洮，称“卫子”，杜注《左传》：“卫文公既葬，成公不称爵，降名从未成君。”二十八年盟于践土，称“卫子”，杜注《左传》：“卫侯出奔，其弟叔武即位，从未成君之礼。”似《春秋》之例，凡未改元皆称“子”。而襄公三十二年冬十有二月晋侯重耳卒，三十三年夏四月晋败秦师于殽，《左传》云：“子墨衰绖，败秦师于殽，遂墨以葬文公。其秋，晋侯败狄于箕。”是《左氏传》例未葬称“子”，既葬称“侯”。庄公三十二年子般卒，《公羊传》：“君薨称‘子某’，逾年称‘公’。”僖公十年晋里克弑其君之子奚齐，襄公三十一年子野卒，皆其例也。昭十一年，楚子虔诱蔡侯般，杀之于申；冬，楚灭蔡，执蔡世子有以归。亦未逾年称“子某”之例。文公十八年子卒，以未正其为君子而不名。《公羊》及《左氏》义各有取。凡君薨，逾年改元，三代皆然。而礼辞不必称公。《公羊》《左氏》并著《春秋》改元之义。郑氏引《公羊》文九年传“三年称子”，此经所云“予小子”，即其征也；案文九年：“毛伯来求金。”《左传》：“不书王命，未葬也。”公羊氏以为逾年即位而未称王，以天子三年称王，亦知诸侯于其封内三年称子。疑三年称王于礼无征，当以《左传》为正。而据“晋小子侯”为例，则恐未然。《左氏传》桓公三年曲沃武公伐翼，获哀侯；七年，曲沃伯诱晋小子侯杀之；八年，灭翼。《史记》：“曲沃武公杀晋哀侯，国人立哀侯子小子为君，是为小子侯。四年，曲沃武公杀小子侯，国人立哀侯之弟缗。”小子侯及缗皆无谥，则“小子”者，其名也。即位四年，不得以未除丧为例，明矣。意或曲沃武公以其年幼，为之名以虐之，岂得为僭？《礼记》之文，有杂取三代遗制约略为之说者，此经所述与《周礼》及《春秋》义例不必尽同。此经云“除丧”，《春秋》或断以既葬，或断以改元，疑三代典礼固有参差，记礼者折衷以取义，所云“予小子”与“生名之，死名之”各为一义。“予小子”若《顾命》之称“予末小子”。“生名之，死亦名之”，则昭二十二年景王崩，《春秋》于悼王书“王猛”，其卒书“王子猛卒”。书名而系之王，正其为君也。书“王子卒”，未即位也。三者有自称，有书史之称，固不当混而为一也。《康王之诰》称“予一人钊”，则生亦自名。

天子有后，有夫人，有世妇，有嫔，有妻，有妾。

孔疏引郑《檀弓》注：“舜三夫人。夏因而广之，增九嫔。殷增二十七世妇，周增八十一女御。”又引郑《周礼·九嫔》注：“女御八十一人，当九夕。世妇二十七人，当三夕。九嫔，九人，当一夕。三夫人当一夕。后当一夕。尊者宜先，卑者宜后。十五日而遍。”嵩焘案：《周礼》九嫔、世妇、女御皆不言数，郑注“世妇”云：“不言数者，君子不苟于色，有妇德者充之，无则缺。”疑天子三公不备官，《周礼》之卿即上大夫也，不必公卿大夫之实备其数，则三夫人、九嫔以三相函，亦正不必其人之备而数之适均矣。《虞书》“嫔于虞”，《诗·大雅》“曰嫔于京”，是嫔者妇人之通称。天子之礼数以九为节，数极于九，九嫔者数之极也。《春秋》庄十九年《公羊传》：“诸侯一聘九女。”而何休《公羊》隐元年传注：“适夫人无子立右媵，右媵无子立左媵，左媵无子立适侄娣，适侄娣无子立右媵侄娣，右媵侄娣无子立左媵侄娣。”所谓九女者，一夫人，二媵，各从侄娣二人，则天子一娶十二女，一后二媵，各从侄娣三人。九嫔即侄娣之属。一后及左右二媵称三夫人，合之则十二人。《周礼·浆人》“供夫人致饮于宾客之礼”，《掌客》“夫人致礼”，《玉人》“诸侯以致夫人”，“夫人以劳诸侯”。郑注《掌客》云：“夫人，王后也。”三夫人宜统王后言之。古者天子诸侯一娶而媵妾皆备，安得别求三夫人、九嫔以备其数乎？《周礼》九嫔各帅其属以御叙于王所，世妇掌祭祀、宾客、丧纪之事，似九嫔治宫事，世妇治外事，皆为后以下任宫职者，所谓内命妇也。女御掌御叙于王之燕寝，祭祀赞世妇而从世妇以吊，则宫婢而已。《内则》庶子有有赐者，有众子。有赐若世妇之属，众子若女御之属，可以御叙于君所而不必尽当夕。疑世妇分任宫职，姪娣之属皆可为之。以分则嫔为尊，以职则世妇为重。《周礼》序“世妇”于“九嫔”之下，而此序之上者，义各有所取也。案《周礼·春官》世妇宫卿二人，下大夫四人，中士八人。郑引汉大长秋、詹事中、少府、大仆为证，而所职与天官世妇正同。疑世妇领于宗伯，而兼属之太宰。《周礼》固云“凡内事有达于外官者，世妇掌之”，其非卿、大夫、士之职明矣。内宰治内外，命妇正其服位。凡有命即有数。《昏义》三夫人以下视公、卿、大夫、士之等数，所谓“正其服位”者即此。疑《春官》详世妇之数，不及九嫔、女御；而宫职列为三等，必赅九嫔、女御言之。郑氏泥于《昏义》之文，牵合诸经以曲证其说，殆诬礼之尤者矣。

天子建天官

嵩焘案：郑注于此四节并云“此殷时制也”。据《虞书》命官羲和为首，而司徒、司空、秩宗已同周制，共工掌工事，别为一官。《禹贡》：“厎慎财赋”，总于六府。《左传》载少皞氏纪官治历最详，其言“五鸠鸠民”：司徒、司马、司空、司寇、司事，与此经正同。又云：“五雉为五工正”，则《虞书》共工所由仿也。马氏《通考》言陶唐以前命官，详于天事；虞夏以后命官，详于民事；而自三代以上，工事并重。其时制器以利民用，主之自上，有司掌之。《洪范》叙禹之治畴曰八政，以食统六府，以货统六材，以祀统六典，其馀五者五官之所掌也。《虞书》羲和主四时，四岳主方岳。《春秋》昭二十九年《左传》：“五行之官，是谓五官。”《楚语》“南正重司天以属神，火正黎司地以属民。”上世命官，皆取法天地，而以天地四时分命六官，实创始于周。经言“天子建天官”，盖周制也。记礼者综古今之宜，上察天道，下究民事，合三代典礼以求其精义之所在，而举大宗之属隶之天官，推本《虞书》“钦若昊天”之意以事天，其义精矣。杜氏《通典》

援郑注，据此以为殷制。孔子固曰：“吾学殷礼，有宋存焉。”《春秋》纪宋事及官无与此经合者。此当原本《周官》而总括历代之制以为折衷之论，盖论撰之文，非纪述之文也。以为殷制，窃恐未然。

五官致贡曰享。五官之长曰伯。

郑注：“贡，功也。致其岁终之功于王。《周礼·太宰》‘岁终令百官府正其治，受其会，听其致事，而诏王废置。’”嵩焘案：《周记·太宰》“以九贡致邦国之用”，是九服之贡太宰主之。而司徒制地贡，司马施贡分职。太宰之属职贡事者曰太府，曰内府，曰司会。其馀司马之属则职方氏制贡，各以所有。司寇之属则大行人掌五服之贡物，而小行人令诸侯春入贡，秋献功。王者居中驭外，制九贡以会四方之计，而总司于五官，所以整齐天下，以奉一王之大法，尤莫严于此。但以岁终考百官之成言之，则犹末也。“五官之长”，郑注谓为三公。孔疏：“三公无职，故不在五官之中。”据《王制》，分天下以为左右，曰二伯。《春秋》隐五年《公羊传》：“自陕而东，周公主之。自陕而西，召公主之。”《尚书·康王之诰》：“太保率西方诸侯，毕公率东方诸侯。”王氏肃云：“毕公代周公主东诸侯。”而《春秋》定四年《左传》云：“周公为太宰。”郑注《顾命》：“毕公入为司马。”孔传亦云：“冢宰第一，召公领之。司马第四，毕公领之。”周制六官分治，郑氏所谓“公兼官以六卿为正”是也。五官之长曰伯，言五官长诸侯者谓之伯，何尝不在五官之中哉？《春秋》隐十一年《左传》“许太岳之允”，襄十四年《左传》“诸戎四岳之裔胄”，杜注：“四岳，尧时方伯，姜姓也。”《诗·崧高》传：“尧时姜氏为四伯，于周则有甫、申、齐、许。”而《郑语》述史伯之言：“姜伯，夷之后也。”《史记·齐世家》：“其先祖尝为四岳。”《索隐》引谯周云：“炎帝之裔，伯夷之后。”《虞书》“伯夷为秩宗”，当主东岳。太岳者，东岳也。是唐虞四岳亦兼官。《史记》黄帝置左右大监，监于万国。唐虞为四岳，殷周又为二伯。经意以五官制诸侯之贡，又于五官之中置二伯，使长诸侯，以明内外相制、大小相维之义。孔疏疑未能详。

九州之长入天子之国，曰牧。

郑注：“每一州之中，天子选诸侯之贤者以为之耶。牧尊于大国之君，而谓之‘叔父’，辟二伯也。”嵩焘案：《周礼·太宰》“施典于邦国，而建其牧，立其监”。郑注：“侯伯有功德者，加命作州长，谓之牧，所谓八命作牧。监，谓公、侯、伯、子、男，各监一国。”《书》“西伯戡黎”，郑以为雍州伯。王逸注《楚词》亦云：“文王为雍州牧。”皆据《周礼》“八命作牧，九命作伯”为训。郑注《太宰》“牧以地得民，长以贵得民”云：“牧，州长也。长，诸侯也。”然《周礼》于牧言地，自据有国者言之；于长言贵，则六官之长也。施典邦国而建其牧，施则都鄙而建其长，长不得为诸侯明矣。《虞书》“辑五端，觐四岳群牧”，《王制》但言“觐诸侯”。群牧者，四方之诸侯也，各有方岳以领之。《虞书》十二牧统举十二州为义，非谓四岳之下别有十二牧以领诸侯也。《王制》：五国为属，属有长；十国为连，连有帅；三十国为卒，卒有正；二百一十国为州，州有伯。后世以一王临御天下，大小相维，宜有如此。三代建国无此制，《王制》以意拟之耳。以经义求之，五官之长曰伯，于外曰公；九州之长曰牧，于外曰侯；东夷、北狄、西戎、南蛮，虽大曰子；庶方小侯曰某人。四者盖皆《春秋》例也。桓八年“蔡公来”，僖九年“会宰周公于葵丘”，三十年“天王使宰周公来聘”。《公羊传》：“天子之为政者也。”《穀梁传》：“天子之宰，通于四海。”盖周盛时，周、召分陕以长诸侯，实为二伯。《周语》：“宣王欲得国子之能道训诸侯者，命鲁孝公于夷宫。”韦昭注：“命为侯伯。”其后平王锡文侯命，及僖二十八年册命晋侯为侯伯。侯国大者自为伯，以天子之命临之而固不得为公。惟天子之宰谓之公，则五官之长也。《觐礼》：同姓大国曰伯父，异姓曰伯舅；同姓小邦曰叔父，异姓曰叔舅。以国大小为次，而此系之五官之长曰伯，命为伯者必大国，其义一也。九州之长皆侯国也。周制惟宋承殷后，称公，其馀大国为侯。经言“九州之长”；言极九州之地有土之君皆长也，不必一州一长。《书·立政》“宅乃事，宅乃牧，宅乃准”，郑注：“殷之州牧曰伯，虞夏及周曰牧。”王氏肃云：“牧者诸侯之长也。”孔传：“牧，牧民，九州之伯。”取义略同。然《立政》言：“文王罔敢兼于庶言、庶狱、庶（政）〔慎〕①，惟有司之牧夫。”岂文王亦立九州之牧耶？《立政》又云：“其勿误于庶狱，惟有司之牧夫。”《吕刑》：“四方司政典狱，非尔惟作天牧。”孔传：“立政典狱，谓诸侯也。”经传所载，无以诸侯之长为牧者。牧者为天子牧民，觐于天子谓之群牧。郑据《王制》“八州八伯”之文以当州牧，是则诸侯之长曰伯、曰牧，相连为文，而遂及于夷狄，无一语及诸侯之通称。疑经义必不尔。蛮夷之君若楚若吴，于《春秋》为大国而称为子，亦《春秋》例也。桓十五年：“邾娄人、牟人、葛人来朝。”《（穀梁）〔公羊〕② 传》：“称‘人’，夷狄之也。”僖二年“齐侯、宋公、江人、黄人盟于贯”，三年“齐侯、宋公、江人、黄人会于阳

①据阮刻本《尚书正义》改。

②考《春秋》三传，此处当作“公羊”。

穀”。《春秋》之例，凡书“人”者微也，而小国之君来朝及会盟称“人”，书史之辞也。入天子之国曰“某人”，盖亦书史之辞。经所言皆周制六太五官之属，不得为殷制益明矣。案下“天子不言出。诸侯不生名。失地，名；灭同姓，名”，皆以发明《春秋》之例。

天子当依而立，诸侯北面而见天子，曰覲。天子当宁而立，诸公东面，诸侯西面，曰朝。

郑注：“春朝受贽于朝，受享于庙。秋覲一受之于庙。夏宗依春，冬遇依秋。”嵩焘案：《周礼·大宗伯》：“春见曰朝，夏见曰宗，秋见曰覲，冬见曰遇。”郑注：“六服之内，四方以时分来……名殊礼异，更递而遍。”《虞书》：“五载一巡狩，群后四朝。”《周礼·大行人》：“十有二岁，王狩巡殷国。”四方诸侯各以时至。其邦畿千里之外六服，常朝则五百里侯服，岁壹见；又五百里甸服，二岁壹见；又五百里男服；三岁壹见；又五百里采服，四岁壹见；又五百里卫服，五岁壹见；又五百里要服，六岁壹见。并无四时之异。郑氏合巡狩四方之礼与六服常朝言之，乃多有不可通者。《虞书》：“覲四岳群牧。”“八月西巡狩，至于西岳，如初。”孙传谓“如岱宗”，未尝言朝、覲异礼。四时朝诸侯并云“覲”，亦未尝言朝、覲异名。《周语》：“邦内甸服，邦外侯服，侯、卫宾服。蛮、夷要服，戎、狄荒服。甸服者祭，侯服者祀，宾服者享，要服者贡，荒服者王。日祭，月祀，时享，岁贡，终王。”又岂但朝、覲之异礼而已！疑四时朝、覲通言之，周公制为此礼，合天下以奉一王之大法。《大行人》以春朝图事，秋覲比功，夏宗陈谟，冬遇协虑，诸侯图事、比功者各以时至。《小行人》：“待四方之使者，令诸侯春入贡，秋献功。”郑注：“使者，诸侯之臣使来者也。”图事、陈谟，盖不常有；入贡、献功，则所同也，故亦不必诸侯自至。至于巡狩、四方朝觐，《大宗伯》所谓“时见曰会，殷见曰同”是也。僖二十八年夏五月盟于践土，公朝于王所；其冬天王狩于河阳，公朝于王所；是即时见礼也。《左氏传》言禹会诸侯于涂山，执玉帛者万国；《史记》亦言黄帝合符釜山：是之谓殷见。四时巡狩与朝、觐、宗、遇之礼自别，而六服之以岁见于天子者当并同朝礼，又不当以朝、觐之礼分别言之。诸侯见天子有朝、觐二礼而自分隆杀。旅见曰朝。《曾子问》“旅见天子，诸侯皆在，各以其方色与其兵。”特见曰觐。《觐礼》“诸侯前朝，皆受舍于朝，同姓西面北上，异姓东面北上。”郑注：“言诸侯明来朝者众，顾其入觐不得并耳。”《周礼·大行人》庙中将币，其飨、食诸礼皆于庙，惟朝礼诸侯旅见于朝。《尔雅·释诂》：“觐，见也。”《释言》：“陪，朝也。”郭注：“陪位为朝。”可以知朝、觐二字之旨。《书·康王之诰》：“王出在应门之内，太保率西方诸侯入应门右，毕公率东方诸侯入应门左。”此朝礼也。《效特牲》、《觐礼》：天子不下堂而见诸侯。《仪礼》所载摈与侯氏之辞，无“旅见”之文。其受舍于朝，分东、西，明同姓、异姓之别，而礼辞但称“伯父”，举受舍之等以见例耳。《觐礼》：“诸侯觐于天子，为宫方三百步，四门，坛十有二寻。”《周礼·司仪》：“合诸侯令为坛三成，宫旁一门。”《掌舍》“掌王会同之舍”，“为坛、壝、宫，棘门”，则巡狩之礼也。《明堂位》所叙诸侯之次是也。案古巡狩、朝诸侯方岳，《周礼》通谓之会同。《觐礼》“四传摈”，《明堂位》“极之四塞之国”，盖周公营东都，会诸侯于明堂，四方诸侯毕至，因以为颁政之所，所谓殷见也。《仪礼》惟云“诸侯觐于天子”，知“朝”、“觐”通辞。“觐”者见也，见于天子必北面。“朝”有东面、西面，而奉圭币奠、再拜稽首皆北面，以“觐”为文，所以明诸侯北面之义也。“朝”、“觐”之礼之异，于此经著之。诸侯秋献功，见天子上功状而已，故亦名“觐”。注家必以春朝秋觐之文通之于六服岁见及巡狩之礼，抵牾多矣。

诸侯未及期相见，曰遇；相见于郤地，曰会。

郑注："及，至也。郤，闲也。"孔疏："未及前所期之日及所期之地而忽相见，用遇礼相接。既及期，又至所期之地，其礼闲暇，故曰会。"嵩焘案：此经所云，《春秋》之例也。隐四年《公羊传》："遇者何？不期也。一君出，一君要之也。"隐八年《穀梁传》："不期而会曰遇。"未及期，犹言未与为期。凡《春秋》书"遇"者，皆此例也。而《左氏传》隐八年云："齐侯将平宋卫，有会期。宋公以币请于卫，请先相见，故遇于犬丘。"庄三十二年云："齐侯为楚伐郑之故，请会于诸侯。宋公请先见于齐侯，遇于梁丘。"据此，则遇亦有期也。昭二十二年《公羊传》以遇礼相见，礼简而已。《檀弓》"周人作会"，而《左氏传》云："禹会诸侯涂山。"又云："夏桀为仍之会。"会者天子之事也。《周礼·大宗伯》"时见曰会"是也。昭三年《左氏传》"有事而会，不协而盟"。会、盟之及于诸侯，周之季世也。《穀梁传》："会者外为主焉尔。"如《左氏传》隐九年"公会齐侯于防，谋伐宋"，十年"公会齐侯、郑伯于中丘，为师期"，十一年"公会郑伯于郲，请伐许"，桓二年"齐侯、郑伯会于邓，始惧楚也"。曰外为主者，义不系于其国也。郤地明非要地，所谓"有事而会"者，有所谋事于其国相交之地，期而见也。二者皆《春秋》例也。疏引觐遇之礼为训，已非经旨，而云"未及期为遇，及期为会"，至谓郤地为闲暇，殆尤失之。

诸侯见天子曰"臣某侯某"。

郑注："若为州牧，则曰天子之老臣某侯某。"其注"上摈于天子曰天子之吏”云：“摈者辞也。《春秋传》曰：‘王命委之三吏。’谓三公也。”孔疏于彼云：“若摈者传辞于天子，称二伯为天子之吏。……《玉藻》‘伯曰天子之力臣’，谓介传命，摈者受辞，传于天子，则曰‘天子之吏’。”嵩焘案：《周礼·大宗伯》：“朝觐会同则为上相。王命诸侯，则摈五官之长。”即六卿之兼职，为天子摈，以传命于诸侯，曰“天子之吏”。自称则曰“天子之老”。《召诰》之戒成王，自称曰“予小臣”。召公时为二伯，未闻于天子前自称“天子之吏”者。郑于此以“天子之老”加之“臣某侯某”之上，尤为无征。孔疏因谓天子之吏亦当称名，以意傅会经文，失之愈远。

既葬见天子曰“类见”。

郑注：“类犹象也。执皮帛象诸侯之礼见也。”嵩焘案：郑注《周礼·小宗伯》：“类者，依其正礼而为之。”许氏《五经异义》：“夏侯欧阳说：类祭者，以事类祭之。《古尚书》说：非时祭天谓之类。”疑此“类见”正其义。陈氏祥道云：“有事于上帝而非事天之常礼，曰‘类于上帝’。有事于社稷宗庙而非祭享之常礼，曰‘类于社稷宗庙’。经云‘类见’者，明非朝、觐之常礼也。”《周礼·典命》：“凡诸侯之适子誓于天子，摄其君，则下其君之礼一等，未誓则以皮帛继子男。”郑注引此经极允。谓之“类见”，其礼必稍从杀，而牲币皆具，比类以行事云尔。

问大夫之富，曰：“有宰食力。祭器、衣服不假。”问士之富，以车数对。

郑注：“宰，邑士也。食力，谓民之赋税。”孔疏：“祭器衣服不假，谓四命大夫。若三命以下，有田者造而不备。上士三命，赐车马，副车随命。中士乘栈车，无副车。”嵩焘案：郑注《周礼》：“宰，主也。”冢宰主国，家臣主家，通谓之宰。《少牢》、《有司彻礼》皆有宰，盖家臣之长。《春秋》襄二十五年《左传》：“惟卿备百邑。”郑注《小司徒》：“四井为邑，方二里。四邑为丘，方四里。四丘为甸，方八里，旁加一里。方十里为成。四甸为县，县方二十里。百邑之田加于县三分之一。”以卿食县之法推之，诸侯之卿四大夫禄，下大夫倍上士，上士倍中士，中士倍下士，则下士当食邑，不必大夫始有邑士食赋税也。疑经于国君之富言山泽，于大夫之富言有宰食力，似皆主人力言之。襄五年《左传》“宰庀家器”，杜注：“庀，具也。”祭器、衣服皆宰司之。国君任地利于山泽，大夫任采食于宰，明富之非外求也。《周礼·巾车》：“服车五乘，士乘栈车。”又云：“凡良车、散车不在等。”《既夕》记：“乘恶车，白狗幦，蒲蔽。”“贰车，白狗摄服。”又云：“荐乘车、道车、稿车。”郑注：“稿犹散也。”“道车，以朝夕及燕出入。”“散车，以田以鄙。”《玉藻》：“士齐车。”是士之车亦非独一栈车而已。郑注《大宗伯》“一命受职”云：“于子、男为大夫，王之下士亦一命。”“再命受服”云：“列国之大夫再命，于子、男为卿。卿之服玄冕。王之中士亦再命。”“三命受位”云：“列国之卿始有列位于王。王之上士亦三命。”“四命受器”云：“公之孤得有祭器，王之下大夫亦四命。”于礼无“三命赐车马”之文。案“四命受器”，若《左传》之受明器于王室，秬鬯弓矢之属，皆是也。自士一庙以上即当有祭器，不宜四命始受也。《左传》成二年“赐三帅先路、三命之服”，襄二十六年“郑赐子展先路、三命之服，赐子产次路、再命之服”。先路、次路，自非但乘车之比。再命以上皆得赐路。郑注《既夕礼》，以诸侯之下士为言，而已有贰车，则谓中士无副车者亦非也。《巾车》言“大夫乘墨车，士乘栈车”，亦未分别中士言之。以车数对，明非一车。良车、散车，车数不在等。车数备者为富也。孔疏一以命数定大夫、士之富，《周礼·典命》明谓“宫室、车旗、衣服、礼仪各视其命之数”，三命四命之等，固不待问而始知矣。

天子祭天地，祭四方，祭山川，祭五祀，岁遍。诸侯方祀，祭山川，祭五祀，岁遍。大夫祭五祀，岁遍。

郑注：“此盖殷时制也。《祭法》曰：‘天子立七祀，诸侯立五祀，大夫立三祀，士立二祀。’谓周制也。”嵩焘案：“五祀”相沿有二义。《月令》言“祀中溜、门、行、户、灶。”《左传》昭二十九年言“社稷五祀，属之五行之官”。郑注《周礼·大宗伯》“五祀”依《左氏传》，注《小祝》“分祷五祀”依《月令》，而一以《祭法》“王立七祀”为断，故其注《小祝》云：“王七祀。五者，司命泰厉出入不以告。”注《王制》“大夫祭五祀”，径以《祭法》诸侯立五祀之文当之。注《曾子问》“五祀之祭”，亦云：“天子七祀，言五者，通中言之。”而于《礼运》“降于五祀之谓制度”云：“始为宫室制度”，则亦不能主《祭法》“七祀”为说。案：《月令》“腊先祖五祀”，郑注：“五祀：门、户、中溜、灶、行也。”孔疏于彼亦云：“据殷礼言之。若周则七祀。”附会郑注，全失经旨。郑氏喜立异义，诸言“五祀”者，一以《祭法》之“七祀”证之，宜其抵牾多矣，及遂谓“五祀”为殷制。窃意七祀之制不别见于经传，而《祭法》所论庙祀与诸经传亦多异同，或秦世儒者缘饰《礼经》为之。而其言天子为群姓立七祀，诸侯为国立五祀，又各自为立祀，则亦足补《礼经》之阙。《周礼·小子》“珥于社稷，祈于五祀”，郑注：“珥读为衈，祈读为刉。刉衈者，衅礼之事，谓始成其宫兆时也。”五帝五祀，皆有宫兆，而宫中亦自有四时之祭。《曾子问》：

“天子崩，未殡，五祀之祭不行。”自启至于反哭，五祀之祭不行，五祀之祭在丧不废，则宫中之祀也。天子、诸侯、大夫皆兼五祀而立宫兆与否，宜有异者。《既夕礼》记“行祷于五祀”，则士亦兼五祀，而礼更略。郑注：“五祀，博言之。士二祀，曰门，曰行。”亦未然。五祀者，日用出入皆有事焉，故曰：五祀，所以本事也，自天子以下皆岁遍。诸经所言，可以互证。郑以为殷制，于诸言“五祀”者皆不可通矣。

支子不祭，祭必告于宗子。

郑注：“谓宗子有故，支子当摄而祭者也。”孔疏：“宗子有疾，庶子代摄可也，犹宜告宗子然后祭。”嵩焘案：《大传》：“庶子不祭，明其宗也。”此支子自通大宗、小宗之支子言之。《丧服小记》：“庶子不祭祖者，明其宗也。”谓继祢之小宗不敢祭祖，所以明其继祖之宗。“庶子不祭祢者，明其宗也”，谓非祭祢之小宗亦不敢祭祢，所以明其继祢之宗。继祖、继祢之宗以当宗子，则皆支子也。《内则》：“若富则具二牲，献其贤者，于宗子夫妇皆斋而宗敬焉，终事而后敢私祭。”私祭者，继祢之宗也。富谓大夫有田禄，而祭所宗之祖必献牲，使宗子主之，而己助祭。为大夫，得祭所宗之祖以大夫之礼，祭者大夫也，而告于宗子以祭，是主祭者仍宗子也。故曰“支子不祭”。下语正申足上意。郑云：“宗子有故，支子当摄而祭。”摄而祭则固已受命于宗子矣，不得更有告也。案庙制有定，而既葬、卒哭必立主。大宗世奉大宗之主，小宗各奉其主，非宗子宜就祭宗子家，所以必告。

犬曰羹献

郑注：“羹献，食人之馀也。”孔疏：“人食羹馀，以与犬。犬食之，肥，可献祭于鬼神。”嵩焘案：《礼运》：“腥其俎，孰其殽，体其犬、豕、牛、羊。”疏云：“腥其俎，豚解而腥之为七体。孰其殽，体解而爓之为二十一体。”凡牲有豚解，有体解。《仪礼》无“豚解荐腥”之文。《士丧礼》“特豚，四鬄，两胉，脊肺”，《既夕礼》“羊左胖，肠、胃、肺、豕亦如之。”《士虞》及《特牲礼》“举肺脊，举干，举骼，举肩”，《少牢礼》“升右胖，肩、臂、臑、膊、骼，正脊、脡脊、横脊、短胁、正胁、代胁”，羊豕并同，皆所谓体解也。《士冠礼》：“若杀，则特豚，载合升。”惟《乡饮》、《乡射》特用狗，但云“羹定”，无体解合升之文，然则犬惟羹食而已。案《乡饮酒》“荐脯醢，设折俎”，与《士冠礼》“有乾肉、折俎”同，所以荐脯也。祭肺亦加于俎，馀体皆不荐。曰“羹献”者，著其实也。郑注似太迂曲。

梁曰芗萁

郑注：“萁，词也。”嵩焘案：《说文》：“萁，豆茎也。”王氏《章句》通作“茎”也。《汉书·五行志》“檿弧萁服”，颜师古注：“萁草似藿。”《广雅》：“藿粱，木稷也。”粱茎高大似藿，故亦谓之高粱。曰“芗萁”者，正以其茎高美而名之。近程氏瑶田《九穀考》因《月令》“首种”之文，以粱当稷，以今粟当粱，稷为五穀之长，谓其色黄，主土，非以首种为义。粱自为今高粱，于经言“芗萁”，而可知其所以命名矣。似不得为语助词。案：《释文》正作萁，而云“萁音基”。王肃音期。期，时也。亦于义无取。

四足曰渍

郑注：“谓相瀸污而死。《春秋传》曰：‘大灾者何？大渍也。’”嵩焘案：今《公羊传》“大渍”作“大瘠”。《周礼·蜡氏》

“掌除骴”，郑注：“故书骴作脊。郑司农云：‘脊读为瘠。’”《曲礼》：“四足死者曰渍。”《月令》：“掩骼埋胔。”骨之尚有肉者及禽兽之骨皆是。似郑意骴、胔、瘠、脊、渍、殨并同一义。《说文》：“渍，沤也。”“沤，久渍也。”此云“相瀸污而死”，又别一义。疑鸟高飞死则降于地，兽行地死则陷于淖，曰渍，明不蠲洁也。孔疏谓“馀者更相染渍而死”，失之。

君命，大夫与士肄，在官言官，在府言府，在库言库，在朝言朝。

郑注：“君有命，大夫与士展习其事，惟就君命所在展习之。”孔疏：“先习学所为事，备拟君之所使。命之在官，则展习言议在官之事。命之在府、在库、在朝皆然。”嵩焘案：君命所在，自不得他及。经通大夫与士言之，则亦未知所命者大夫耶？士耶？将有命而兼习之耶？似此言“君命”者通辞，如有所董戒教令。大夫诸曹之长，士则其佐也。言“与”者，盖通肄之。诸曹之大夫、士，各以其职事奉行君之教令。官、府、库、朝，汇举见义。《楚语》旅贲有规，官师有典，诵训有谏，揩御有箴，皆各以其职司对扬君命，不敢漫令以废事，亦不敢旷官以承旨也。

纳女于天子，曰“备百姓”；于国君，曰“备酒浆”；于大夫，曰“备扫洒”。

郑注：“纳女，犹致女也。婿不亲迎，则女之家遣人致之。此其辞也。”嵩焘案：《士昏礼》纳采、问名、纳吉、纳征、请期，皆有礼辞。其问名曰：“敢请女为谁氏？”主人对曰：“吾子有命，且以备数而择之，某不敢辞。”所云“备数”者，即此“备百姓”、“备酒浆”、“备扫洒”之辞也。《左传》凡公女嫁于敌国，姊妹则上卿送之，公子则下卿送之；于大国，虽公子亦上卿送之；于天子，则诸卿皆行；于小国，则上大夫送之。凡纳女皆致送。《士昏》亦云：“飨送者以一献之礼。”礼始于谨夫妇。《齐风》不亲迎，则《著》诗刺之。《春秋》隐二年“纪履缩来逆女”，《公羊传》云：“讥始不亲迎也。”春秋之始也，似不宜有不亲迎而致女之礼辞。郑注失之。

礼记质疑卷三

檀弓上

檀弓免焉。

郑注："故为非礼以非仲子也。礼：朋友在他邦，乃袒免。"嵩焘案：《大传》："四世而缌，五世袒免。"《问丧》："缌者，其免也。"是丧服緦以上皆免，其专以袒免为文，则无服而情有不能已者，《丧服》所谓"朋友皆在他邦，则袒免"是也。服穷于缌而终之以袒免，盖惟临丧有礼哭，无常服。《大传》："五世袒免，杀同姓也。"杀于同姓五服之亲，则义赅于朋友矣。《士丧礼》："主人括发，袒。众主人免于房。"《奔丧》礼：自齐衰以下皆免袒。《丧服小记》："缌、小功，虞、卒哭则免。远葬者，比反哭皆冠，及郊而后免，反哭。"《问丧》："冠者不肉袒，故为之免以代之。"古人哭皆袒踊，免者，所以为袒也。齐衰以下，自小敛哭，皆免，五世无服亦免。《既夕礼》："商祝免袒，执功布。"袒者必免，是宾当事亦皆免也。《丧服》："朋友皆在他邦，袒免；归则已。"为在他邦，朝夕奠，将事皆袒免；曰"已"者，无朝夕将事之文也：是朋友亦有免义。而同姓无不免者。《姓统谱》："齐公族有食瑕丘、檀城，因以为氏。"《姓纂》亦云："瑕丘，鲁地。卫亦有瑕丘。"《姓统谱》六国时齐有檀子望，周卿士亦有檀伯达，此檀弓则鲁人也。疑檀氏亦出姬姓，于公仪氏为远族，故援五世袒免之例为之免以吊之。凡吊无不免。经云“免焉”，谓檀弓往吊其家也，辞之文也。注“故为非礼”以讥仲子之非，恐不可为训。

趋而就子服伯子于门右。

孔疏：“小敛前，主人未忍在主位，有事在西阶下，宾亦吊于西阶；小敛之后，主人位在阼阶下，宾于东阶下吊也。檀弓之来，当在小敛前，于西阶行吊，乃趋向门右，问于伯子。”嵩焘案：《士丧礼》：卒涂，奠，烛升自阼阶，众主人皆西面于东方。丧事大敛于阼，殡于客位，故既殡而后主人由阼阶，孔氏以为小敛后位阼阶下者，误。《仪礼》“三日成服”，乃详主人及宾即位之次；主人“即位门外，西面；外兄弟在其南；宾继之：门东，北面西上；门西，北面东上；西方，东面北上”。“主人拜宾，还入门；堂下，直东序，西面。兄弟皆即位，如外位。卿大夫在主人之南。诸公门东。他国之异爵者门西。”宾位门东门西皆有之，而以异国者为宾，朝夕奠皆然。先即位门外，而后人，是不当事皆在门外。郑注“公仪盖鲁同姓”，檀弓“去宾位”就门之右，语最分明。盖宾位门外东面，而趋门右以就伯子；趋者，趋而入也。郑注《士冠礼》：“出以东为左，入以东为右。”《既夕礼》：宾出，主人送；入，复位。公赗，主人迎于庙门外，先入门右；宾奉币，北面致命，出，主人送于外门外。“若奠，入告，出，出宾人，将命如初。”若赙，入告；主人出门左，西面；宾东面将命，告事毕；拜送，入。是丧礼，主人即位东阶下，吊者若赗若赙，有入而将命者，有主人出就宾而将命者，而主人皆在门内，宾皆在门外。同姓亦众主人之列，位主人南，故在门右。孔疏不达郑义，乃以未小敛宾、主人皆就西阶为辞，失之远矣。

季武子成寝。杜氏之葬在西阶之下，请合葬焉，许之。入宫而不敢哭。

郑注："季孙夙自见夷人冢墓，以为寝，欲文过。记此者，善其不夺人之恩。"孔疏引《晏子春秋》"景公成路寝之台"，逢于阿、盆成适后丧并得附葬景公寝中，与此同。嵩焘案：《杂记》："主妾之丧，其殡祭不于正室。"此或季武子有庶子、庶妇之丧而殡于正室，横渠以杜氏之葬当为杜氏之殡，良然。然谓取其柩以归合葬，未知合葬何所、取柩者又谁也。语意皆未分明，于此经亦多一转折。疑季武子成寝，若《小宗伯》之"兆甫竁"，《冢人》之"请度甫竁"，郑注"度量始竁之处"，谓始穿（矿）〔圹〕也。《汉旧仪》奉常属有诸庙、寝、园令、长、丞，又有园郎、寝郎。《续汉书·祭祀志》："诸陵皆有园寝，承秦制。"秦始起寝墓侧，名陵寝；此云"成寝"，秦语也。《冢人》："掌公墓，辨其兆域为之图。"武子盖自治其兆域，而庶妇有请合葬者。《丧服小记》"妾祔于妾祖姑"，礼无庶妇合葬之文，故曰"非古"。"入宫不敢哭"者，庶子、庶孙不当哭于正室也。此记季氏之失礼遂非无所顾也。哭于正室，视合葬之违礼固为细矣。

拜而后稽颡，颓乎其顺也；稽颡而后拜，颀乎其至也。

郑注：拜而后稽颡"此殷之丧拜"；稽颡而后拜，"此周之丧拜"。嵩焘案：郑注《周礼·太祝》："吉拜，拜而后稽颡，谓齐衰不杖以下者。凶拜，稽颡而后拜，谓三年服者。"据《仪礼》，士丧，吊者至，"主人哭，拜稽颡"，以次至"三虞，卒哭，宾出，主人送，拜稽颡"，无先稽颡后拜者。盖周人尚文，始"赴于君，主人命赴者，拜送；有宾，则拜之"，"宾有大夫，则特拜之"，皆先拜以致敬于宾，而后稽颡成踊以致哀。《礼经》具详其文，郑氏反据此以为殷礼，深所未喻。因考《太祝》九拜之文，郑氏已先失其义，且丧拜之多有未详也。《太祝》之拜（四）〔九〕：稽首、顿首、空首、振动四者，拜之体也。振动即稽颡，杜子春曰："振，读为振铎之振；动，读为哀恸之恸。"哭、拜稽颡、成踊，所以为振动也。吉拜、凶拜、褒拜、奇拜，则其用也。吉拜若拜稽首、拜手稽首、再拜稽首、稽首再拜，凶拜若拜稽颡、稽颡拜。周礼惟拜稽颡，经云"稽颡后拜"，疑当为殷礼。郑注惟奇拜、褒拜、肃拜得之，馀皆误；而以吉拜、凶拜均属之丧拜，则尤误也。《杂记》："非为人丧，问与？赐与？三年之丧，以其丧拜。非三年之丧，以吉拜。"言非为以丧来吊，则是所问所赐皆常礼也；惟三年重服不为之变，馀则拜受亦以常礼。《奔丧》礼："远兄弟之丧，既除丧而后闻丧，拜宾尚左手。"《内则》："凡男拜，尚左手。"尚左手者，吉拜也，则凶拜当尚右手：是亦吉拜、凶拜之义也。郑注"拜宾则尚左手"引逸《奔丧》礼："凡拜，吉丧皆尚左手。"郑意以拜稽颡为吉拜，稽颡拜为凶拜，因推论大功以上为凶丧，小功以下为吉丧。以丧服之轻重分吉凶，由误解《周礼》九拜之文故也。《丧服小记》："为父母、长子，稽颡；大夫吊，虽缌亦稽颡。"明非三年之丧无稽颡者；大夫吊，则缌丧亦为之稽颡，以大夫尊而专为己来吊，故重其礼。若在丧次，则惟主人拜稽颡，众主人无稽颡之文也。郑氏据《杂记》"丧拜"、"吉拜"之文，谓三年之丧凶拜，齐衰不仗以下吉拜，因牵合《周礼》以为之说，亦所不能解矣。《家语》：孔子相卫司徒敬子之丧，用殷礼，曰："丧事（吾）从其质。"此经所记亦是此意，郑注适得其反耳。

故君子有终身之忧而无一朝之患，故忌日不乐。

郑注：终身之忧，谓"念其亲"。无一朝之患，谓"毁不灭性"也。"忌日不用举吉事。"嵩焘案：《祭义》："君子有终身之丧，忌日之谓也。"此承"亡则弗之忘"句为文，而举"忌日"

以实之：忌日之衰，终身之丧所由寄也。“有终身之忧而无一朝之患”，疑古有是语，记礼者引之，以示终身弗忘之意，其义则《孟子》尽之。此连“无一朝之患”为文，非经义所系也，郑注失之。《祭义》言“忌日不用”以事言；此言“忌日不乐”，以心言。不乐，谓去琴瑟。《曲礼》：“士饮酒不乐。”《祭统》：“齐者不乐。”此经下云：“县而不乐。”“子卯不乐。”“吊于人，是日不乐。”凡言“不乐”者，皆谓琴瑟之属。“忌日不乐”，仍以丧礼处之，所谓终身之忧也。乐，读如字。郑注“不用举吉事”，疏云“不为乐事”，亦恐失之。

殡于五父之衢，人之见之者皆以为葬也。其慎也，盖殡也。

郑注：“欲有所就而问之。……殡于家，则知之者无由怪己，欲发问端也。……慎，当为引。……殡引，饰棺以輤；葬引，饰棺以柳翣。孔子是时以殡引不以葬引。”嵩焘案：此云殡，非大夫、士“三日而殡”之殡，盖葬之浅者。杜注襄十一年《左传》“五父之衢”：“道名，在鲁国东南。”（昭）〔定〕[①] 八年阳虎“取宝玉大弓以出，舍于五父之衢”，此当在鲁城外。“殡于五父之衢”，谓临大道以便挏也。《（杂记）〔丧大记〕[②]》：“君殡用輴”，“大夫殡以帱”，士殡“涂上帷之”。无用引者。《杂记》：“诸侯行而死于道，其輤有裧，缁布裳帷。”言载丧车，非殡车也，不得为“殡引”之证。《义疏》引《孔丛子》此说出于魏臣李由之对魏王，谓：“当时已斥其造谤诬圣，不足据。”《檀弓》所记，多非事实，于孔氏尤多诬诞；注家又并《檀弓》之意失之，其说乃益支

---

①考之《左传》，此“昭”乃“定”之误。

②下引文见《丧大记》，郭氏所记篇名误矣。

离矣。

问于郰曼父之母，然后得合葬于防。

郑注："曼父之母与征在为邻相善。"嵩焘案：《史记》："孔子生鲁昌平乡郰邑。"即叔梁父所治之鄹邑也，在曲阜东南。而《史记》叙其先曰防叔，《索隐》引《家语》云："防叔畏华氏之逼，奔鲁"；《阙里志》称其仕鲁，为防大夫。《左传》襄十七年齐高厚围臧纥于防，郰叔纥送臧孙如师，而复守防。疑防叔所治邑即此，叔梁为鄹大夫，而防犹其宗邑，故与臧氏守防。经云"合葬于防"，盖自防叔以下并葬防，实孔氏之私地域也。五父之衢为叔梁殡地，其时孔子甫三岁，而孟皮废足不能远葬，权葬于此，岁久而遂疑叔梁葬于五父之衢。所谓"不知其墓"，言不知叔梁之墓之为葬与殡也。案：杜注《左传》："五父之衢在鲁国东南。"郰邑亦鲁东南地，相距当不远。而《史记》云："叔梁死，葬于防山，在鲁东。孔子疑其父墓处。"误读《檀弓》而又以防为山，《括地志》乃据鲁东山当之，其承误实始自史公也。下云："殡于五父之衢，人之见之者皆以为葬也。其慎也，盖殡也。"曲尽前后情事，意谓防叔、伯夏两世葬防，叔梁不于防而于五父之衢，孔子亦心疑之。慎者，谓审知其事也。既审知其事，又得郰曼父之母问以证之。曼父，郰人，其母年长矣，亲见叔梁之殡此，孔子因启叔梁之柩而合葬于防。"案：《周礼·墓大夫》："令国民族葬。"《说文》："祔，后死者合食于先祖。"故祔葬亦为合葬。经但云"合葬"，并不及颜母之丧，疑所谓"少孤"者，父母皆早卒，《史记》所传恐不足据。经义分明，郑注自为迂曲之辞以诬圣人，《集说》从而辨之，并文义亦失之矣。案：《左传》[1]。所载凡有二防，隐九年"会齐侯于防"即此防，与齐接壤，在鲁

①考阮刻本《春秋左传正义》，据下文所引杜注，此《左传》当作《春秋》。

北，杜注“在瑯琊县东南”者误。隐十年“取防”，则宋地也，杜注“高平昌邑县西〔南〕[①] 有西防城”，地在鲁西，故名西防。隐八年郑人来归祊，为郑助祭泰山汤沐之邑，杜注“在瑯琊费县东南”，似误合防为一；其地当近泰山，亦不得远出瑯琊东南也。

周人墙置翣。

郑注：“墙，柳衣也。”嵩焘案：《既夕》记：“巾奠，乃墙。”谓载柩于车，举奠毕乃施帷荒也。郑注即本于此。据《礼器》：“天子七月葬，五重八翣，诸侯五月葬，三重六翣；大夫三月葬，再重四翣。”是翣本饰葬之具。《丧大记》：“饰棺，君龙帷……黼翣二、黻翣二、画翣二”；“大夫画帷……黻翣二、画翣二”；“士布帷……画翣二”。则柩车帷旁亦置翣，而帷荒之属不窆，惟翣窆。《说文》：“墙，垣蔽也。”凡蔽于外者皆可假借为墙，经连瓦棺、堲周、棺椁言之，所以饰葬也。天子棺五重，诸侯三重，大夫再重，通椁言之。案：此经下云：“天子之棺四重：革棺、地棺一，梓棺二，四者皆周”，惟“柏椁以端”。《礼器》云“五重”，自兼椁为言。凡葬，皆置翣椁外，此言墙者，椁也；郑据以为柩车之饰，与上瓦棺、堲周、棺椁之文似不相属。案：郑注《丧大记》云：“汉礼，翣以木为筐，广三尺，高二尺四寸，方两角高……柄长五尺。……既窆，树于圹中。《檀弓》曰：‘周人墙置翣。’”较此注为得其实。

布幕，卫也；䋞幕，鲁也。

郑注：“幕，所以覆棺上也。卫，诸侯礼；鲁，天子礼。”嵩焘案：《杂记》：“缁布裳帷，素锦以为屋。”郑注：“屋，其中小帐衬覆棺者。”《丧大记》谓之“素锦褚”，盖专为柩车载路而设。

---

①据阮刻本《春秋左传正义》补入“南”字。

《周礼·幕人》："大丧，共帷、幕、帟、绶。"郑注："帷以帷堂，或与幕张之于庭。"《掌次》又云："凡丧，王张帟三重，诸侯再重，孤卿大夫不重。"郑注："张帟柩上承尘。"此经下云："君于士有赐帟。"郑注："帟，幕之小者，所以承尘。赐之则张于殡。"而注"天子殡，菆涂龙輴以椁，加斧于（棺）〔椁〕上"云："斧谓之黼。以刺绣于缕幕，加椁以覆棺。"疑经所谓"菆涂以椁，加斧椁上"者，葬有椁，殡则菆涂以象椁；葬有翣，殡则加斧椁上以象翣：与缕幕无与。覆棺惟在车为然，自大夫以上皆素锦褚，亦无用布者。郑注《幕人》："帷幕皆以布为之，幄帟皆以缯为之。"此云幕者，即《掌次》之帟也。施之于殡，哭泣、齐斩、饘粥，皆在殡之仪。马氏晞孟云："三者所以自致，由庶人达于天子无加损焉。至于幕帟之饰，得以隆杀。此鲁卫所以有缕布之辨也。"最合经旨。《尔雅·释天》："纁帛缕，练旒九。"《说文》："缕，旌旗之游也。"《尔雅》以正幅为缕，缕幕盖通帛为之，而旁有旒。《周礼》帷、幕、幄、缕皆有绶，所以为饰也。经意：布幕、缕幕皆末也。隆杀惟所施。卫多沿殷俗之旧，方氏悫以布幕为殷礼，意亦近之。郑氏以为天子、诸侯之辨，尤恐无据。

末之卜也。

郑注："'末之'，犹'微哉'。言卜国无勇。"而又云："县、卜，皆氏也。"嵩焘案：以氏称人，于古未闻。死者县贲公，所责者卜国，亦恐不免歧左。《周礼·太卜》："作龟之八命：一曰征。"《左氏春秋传》桓十一年，楚败郧师于蒲骚，"莫敖曰：'卜之。'"（定）〔昭〕十七年，"吴伐楚，卜战，不吉"。哀二年，晋赵鞅御齐，"卜战，龟焦"。哀六年，楚子救陈，"卜战，不吉；卜退，不吉。"哀九年，"晋赵鞅卜救郑"。哀十年，"赵鞅伐齐，大夫请卜之”。哀二十三年，“荀瑶伐齐，（知）〔长〕武子请卜”：是古人行师一皆决之于卜。僖十五年，“卜右，庆郑吉”。哀十七年，“楚将取陈麦”，卜帅。十八年，“巴人伐楚，卜帅”。此云“末之卜也”，盖公仓卒从公子偃以击宋人，未及卜战，并御与右亦未及卜，所以深责县贲、卜国之意也。郑注但以为责卜国，恐未然。案：《左传》庄十年“公败宋师于乘丘”，无败绩事。庄九年，“及齐师战于乾时，我师败绩。公丧戎路，传乘而归。秦子、梁子以公旗辟于下道，是以皆止。”杜注：秦、梁二子，“公御及戎右也”。与此所叙情事正合。《左传》以为被获，而此云死，名氏又各不同，则传闻之异也。

遂诔之。士之有诔，自此始也。

郑注：“诔其赴敌之功以为谥。周虽以士为爵，犹无谥也。殷，大夫以上为爵。”嵩焘案：《周礼·太宰》：“爵，以驭其贵。”郑谓：“公、侯、伯、子、男、卿大夫、士也。”《广韵》：“爵，量也。量其职，尽其才。”《白虎通义》：“爵，尽也。所以尽人才。”《王制》：“王者之制禄爵。”郑注：“爵，秩次也。”疑爵者通言之，无“周以士为爵，殷大夫以上为爵”之分。而谥与诔又各异。《周礼·太祝》“作六辞”，“六曰诔”。郑注引《春秋传》“孔子卒，哀公诔之”，而云：“积累生时德行以锡之命。”似诔者，累其行读之，无锡命。《周礼·太史》：“大丧，遣之日，读诔。小丧，赐谥。”郑注：“小丧，卿大夫也。”《小史》：“卿大夫之丧，赐谥，读诔。”是诔通于天子，太史掌之；卿大夫之诔，小史掌之。郑并诔与谥为一，非也。案下经鲁哀公诔孔某，郑注：“诔其行以为谥”，曰“尼父”者，“因其字以为之谥”。孔疏强为之说，曰：“尼，谥也。”并混诔与谥为一。

华而睆，大夫之箦与？

郑注："华，画也。箦，谓床笫也。睆，说者谓刮其节目，字或为刮。"嵩焘案：《尔雅·释器》："箦谓之笫。"郭注："床版"也。《说文》："箦，床（笫）〔栈〕也。""笫，箦也。"《士丧礼》："设床笫；衽，下莞上簟。……浴襢笫。"郑注："襢，袒也。袒箦去席。"是箦本为床栈，与簟席实别。而《史记·范雎传》："雎佯死而卷以箦。"《索隐》："箦，谓苇荻之薄也。"《小雅》郑笺："竹苇曰簟。"陈氏《集说》因训箦为簟。《周礼·司几筵》："掌五幾、五席之名物。"有朝席，有飨席，有祭席，而寝席无闻。郑注："缫席，削蒲蒻展之，编以五采。"疑此云："华而睆"者，缫席也。《司幾筵》：诸侯酢席及筵国宾，皆莞筵，加缫席，王席又加次席，则大夫礼，席得专用缫席可知。《说文》："睅，大目也。"徐铉本睅下有睆子，云："睅或从完。"《诗·邶风》毛传："睍睆，好貌。"故孔疏于此云："睆睆然好。"疑缫席编以五采，则织文相交处如目之相比显见于外，故曰"华而睆"。《卫风》毛传："箦，积也。"积蒲蒻与竹为之，故席亦通名为箦。郑注云"床笫"者，非也。于箦言华，则亦不止刮削节目而已。《间传》："齐衰之丧，苄剪不纳。"是惟丧席不加刮削，不当更以刮削节目为言也。记礼者引此，见圣贤死生之际犹一谨于礼，无所迁就，正不必辨其事之诚然否也。

鲁妇人之髽而吊也，自败于台鲐始也。

郑注："礼，妇人吊服：大夫之妻锡衰，士之妻则疑衰与？皆吉笄无首，素总。"嵩焘案：《周礼·司服》："王为三公六卿锡衰，为诸侯缌衰，为大夫士疑衰。"《服问》："公为卿大夫锡衰以居，出亦如之。当事则弁绖。大夫相为亦然。为其妻，往则服之，出则否。"似锡衰非但吊服而已；大夫为大夫妻乃专用以吊。《丧服小记》:“诸侯吊,必皮弁锡衰。”《仪礼·丧服》记:“大夫吊于命妇,锡衰;命妇吊于大夫,亦锡衰。”知大夫以上吊服皆锡衰。《周礼·世妇》:“掌吊临于卿大夫之丧。”《内司服》:凡命妇,共其衣服及丧衰。是内命妇有相为吊之礼。《丧服·记》所谓命妇者,内命妇也。言吊,则知内命妇皆无服。大夫之有本服者,仍各服其服。士之相吊,朋友而已。《丧服》记:“朋友,麻。”则吊亦当以麻。郑氏乃谓士以缌衰为丧服,疑衰为吊服,分言似误,又推其例于士之妻。《周礼》以锡衰、疑衰为天子服公卿、大夫士之等,非以为大夫士吊服之等。士妻内外宗亲各有其服,髽而吊,为亲近也,安得专有疑衰为士妻之制哉!《丧服》记:“女子子适人者为其父母,妇为舅姑,恶笄有首以髽;卒哭,子折笄首,布总。”《丧服小记》:“齐衰,恶笄以终丧。”“恶笄”云“有首”者,异于衰三年之箭笄也。案:《丧服》记:“布总、箭笄、髽、衰,三年。”箭笄,谓其形似箭,无笄首。郑注训箭为篠者,误。“卒哭,子折笄首”,谓仍象笄而去其首,又异于恶笄也。恶笄之有首者,吉笄之无首者,盖皆齐衰之笄。《丧服小记》曰:“男子冠而妇人笄。”凡吊,弁服而加环绖,则妇人吊当吉笄而加素总,未闻以吊服而折笄首者。《曾子问》:“三年之丧,练,不群立,不旅行;……而吊哭,不亦虚乎?”是既练而犹不吊也。《杂记》:“三年之丧,虽功衰,不吊。……如有服而往哭之,则服其服而往。期之丧……练则吊。……期之丧,未葬,吊于乡人,不听事。功衰,吊,待事(于)〔不〕[①] 执事。小功、缌,执事,不与于礼。”妇人之髽盖丧服之重者,不得与于吊。经云“髽而吊”,明死者之众而吊之速也,郑注徒以吊服为言,恐非经旨。

①据阮刻本《礼记正义》改。

南宫绍

郑注："南宫绍，孟僖子之南宫阅也，字子容。"朱子《论语集注》因之云："南容，居南宫，名绍，又名适，字子容，谥敬叔，孟懿子之兄也。"《史记》："南宫适，字子容。"《索隐》云："《家语》作南宫绍，是孟僖子之子仲孙阅也。"《世本》："仲孙貜生南宫绍。"盖皆以南容与南宫敬叔为一人。《汉书·人物表》列南容三等，南宫敬叔四等。颜师古注于南容云"南宫绍，字子容"，于南宫敬叔云"南宫适"，又分适、绍为二人。案：《论语》"南容"再见，"南宫适"一见，并记者之词而名字互出，疑系两人。古字多假借，声形相近，皆可互通。近顾氏、江氏、段氏考定古音兑昏二字同出一部，故疑南宫遀为南宫说。《左氏传》称孟懿子与南宫敬叔师事仲尼，《家语》并详其事，而《论语》无敬叔名，意适、说字本通，《论语》之南宫适即敬叔也。自《世本》合适、绍为一人，于是南宫适之名遂属之南容矣。据《左传》昭七年："属说与何忌于夫子，故孟懿子与南宫敬叔师事仲尼。"是敬叔名说，一作阅，亦孔门弟子；而《史记》、《家语》皆不列其名。案：昭十一年《左传》："孟僖子会邾庄公，盟于祲祥。……泉丘人有女……奔僖子，其僚从之。……反，宿于薳氏，生懿子及南宫敬叔于泉丘人。其僚无子，使字敬叔。"敬叔当为懿子之弟，韦昭注《国语》云："敬叔，懿子弟南宫（阅）〔说〕也。"朱子谓为懿子之兄，亦误。敬叔自为仲孙氏以居南宫，故亦称南宫敬叔。而南宫之为氏见于《周书》甚繁，《君奭》有南宫括，《顾命》有南宫毛；《逸周书》武王时有南宫忽、南宫伯达；《左传》昭二十三年南宫极、二十四年南宫嚚为周之南宫氏，庄十一年南宫长万、十二年南宫牛为宋之南宫氏。王肃注《论语》："南容，鲁人"，孔安国亦云"鲁人"，则鲁亦当有南宫氏；《说苑》鲁穆公时尚有南宫边子，与敬仲之居南宫者自别。五代冯继先《春秋名号归一图》称仲孙阅即南宫敬叔，僖子之子，不及适、绍，自胜旧说。而南容自名绍，近世夏宏基《弟子传略辨正》定适、绍为一人，字子容；仲孙阅为一人，字敬叔。

王肃注《论语》亦云名绍，“字子容”。适或为说，或为绍声之转，或别为一人，则所不可知也。

有子盖既祥而丝屦组缨。

郑注：“讥其早也。礼，既祥，白屦无绚，缟冠素纰。”嵩焘案：《三年问》：“三年之丧，二十五月而毕。”《士虞》记：“中月而禫。”中月者，当祥月也。此经下云：“祥而缟，是月禫。徙月乐。”所云“既祥”者，据禫言之。《间传》：“禫而纤，无所不佩。”《方言》：“缯帛之细者谓之纤。”郑注：“黑经白纬曰纤。旧说纤冠者，采缨也。”《士冠礼》：缁布冠，青组缨，皮弁，爵弁，缁组（缨）〔纮〕。郑注《间传》“再期大祥，素缟麻衣”云：“十五升布，深衣。谓之‘麻’者，……无采饰也。”《杂记》：〔《丧服小记》〕：“除殇之丧，其祭也必玄。除成丧者，其祭也朝服缟冠。”除丧之祭，即祥祭也。祥而朝服深衣，已即吉矣。郑注“除殇丧”：“玄端黄裳……于成人为释禫之服。”案：朝服亦玄端，所异者缟冠。似禫冠采缨，其得用组缨宜矣。而《周礼·屦人》有赤舄、黑舄、素屦，《士冠礼》有黑屦、白屦、纁屦，不详其为丝为布。郑司农注《屦人》“赤繶、黄繶”云：“以赤黄之丝为下缘”，缘用丝，则屦亦丝。案《士冠礼》：“屦，夏葛；冬，皮屦可也。”举冬夏以明屦之异制，馀屦皆丝也。《丧服（传）》[①] 齐衰：杖，疏屦；不杖，麻屦。凡深衣无缘曰麻衣，麻屦亦无缘，《屦人》之素屦则丝屦之无缘者，互证之自明。孔疏乃据《士冠礼》冬皮屦，夏用葛，无云丝屦者，〔谓〕[②] “此丝屦以丝为饰，绚繶纯之属”，其误甚矣。丝屦组缨，盖即缁布冠、玄端之类，所谓禫服也。此谓既祥后兼用

①下引文意不见于传而见于经，故删“传”字。
②据上下文气补入。

禫服，非讥有子之失礼。疑丝屦犹当去饰以别于纯吉。疏申郑义，以丝当絇繶之属者，误也。

太公封于营丘，比及五世，皆反葬于周。

郑注："齐太公受封，留为太师，死葬于周。子孙生焉，不忍离也。"嵩焘案：《史记·齐世家》："太公子丁公吕伋，丁公子乙公得，乙公子癸公慈母，癸公子哀公不辰。纪侯谮之周，周烹哀公，立其弟胡公静，徙都薄姑。"是自太公以下都营丘者凡五世。《周书·顾命》："齐侯吕伋以二干戈、虎贲百人"，传称"伋为天子虎贲氏"。而齐自丁公、乙公、癸公三世皆无谥，疑太公后当世为虎贲，位下大夫，不甚显，至哀公被诛于周，因亦葬周。此必当时传闻太公有五世葬周之事，记礼者因以意拟之；郑氏遂谓"子孙不忍离"，非也。顾氏《日知录》辨此甚详，而引《水经注·缁水》，"下有'胡公陵'，胡公，太公玄孙，未尝反葬于周"，则亦未知胡公之上有哀公，足为五世葬周之证也。

伯鱼之母死，期而犹哭。

孔疏："伯鱼母出，期而犹哭，故夫子怪之。"嵩焘案：横渠张氏以为父在为母之制，当然。疏言出妻者，非。《年谱》：哀公十年，"夫人幵官氏卒。"案：《汉礼器碑》云："幵官，圣配，在安乐里。"《隶辨》云："《家语》：'孔子娶于宋之幵官氏。'"《通志·氏族略》引白褒《鲁先贤传》："孔子娶于宋之幵官氏。"《阙里文献考》作"亓官氏"，明刊《家语》亦作"亓官"。《姓谱》别亓氏，而幵官氏或省作幵官。作"亓官"者误也。《孔庭纂要》："哀公十六年六月初九日，葬夫子鲁城北泗上，与夫人幵官氏合葬。"《水经注》："夫子故宅一顷，所居之堂，后世以为庙。夫子在西间，东向；颜母在中间，南向；夫人隔东一间，东向。"《家语》

称孔子“十九（岁）娶亓官氏”，哀公十年亓官氏卒，距孔子卒七年，而合墓于泗上，安得有出妻之事！经言“期而犹哭”，统期以后祥禫之祭言也，正据《仪礼》“父在为母，期”言之，服除则不哭矣。郑注未详其义，疏乃据以为出母，于此经前云“子之先君子丧出母乎”，亦引伯鱼之母被出为证，案：近世江氏永引丰城甘氏《四书类典》云：叔梁父初娶施氏，无子，《家语·后序》所谓“叔梁公出妻”是也；其后施氏卒，夫子为之服期，经云“子之先君子丧出母”，谓夫子自丧出母，非谓令伯鱼为出母服也。《集说》亦不知辨而仍之，诬谬甚矣。

曾子之丧，浴于爨室。

郑注：“见曾元之辞易箦，矫之以谦俭也。礼：死，浴于适室。”嵩焘案：郑意似谓曾子之遗命然也。据《士丧礼》：“甸人掘坎于阶间，少西；为垼于西墙下……淅米于堂……煮沈于垼……弃渜濯于坎”，郑注所谓“重死事”是也。曾子盖贫甚不能备物，“浴于爨室”，谓煮所浴之沈于爨室，不为垼也。《丧大记》：“管人汲，授御者。御者差沐于堂上。君沐粱，大夫沐稷，士沐粱。甸人为垼西墙下，陶人出重鬲，管人受沐，煮之。甸人取所彻庙之西北厞薪，爨之。管人授御者沐。”礼文甚繁。曾元居曾子之丧，容有不能备礼者，以爨室供沐事，一以生道事之，而非薄于为亲也。记礼者无贬辞，注家以为非礼，误。

子思之哭嫂也为位，妇人倡踊。申祥之哭言思也亦然。

郑注：“过此以往，独哭不为位。”嵩焘案：以经义求之，似凡哭皆为位。伯高死，赴于孔子，孔子哭诸赐氏，而命子贡为之主。为主则为位以受吊。《丧服小记》：“哭朋友者，于门外之右，南面。”是亦为位也。《奔丧》云：“哭父之党于庙，母妻之党于寝，师于庙门外，朋友于寝门外，所识于野张帷。为位，不奠。”凡哭，无不为位者。《丧服（传）》：娣姒妇，小功；女子子适人者为众昆弟，大功；为昆弟之为父后者，期。嫂叔无服，妻之昆弟亦无服。“妇人倡踊”，以妻之为小功、大功者当为之主，虽无服而可以情推之以哭诸其位也。此为在远闻丧言之。凡丧之轻者断自小功，下云“小功不税”，《礼》有明文；此云“小功不为位”，则亦《礼》文所未有也。记礼者因更引无服之为位者以明之。《奔丧》云：“无服而为位者，嫂叔及妇人降而无服者麻。”盖以其情重于其服也。疏于子思之嫂引孔氏连丛云：“一子相承，以至九世或其兄早死”，“二子相承，惟存一人，〔或其兄早死，〕故得有嫂。”《家语》：“孔弗，字子蔑，孔子兄孟皮之子。”《史记》作孔忠。孔忠子璇，子思之嫂为同曾祖兄弟之妻。意或子思仕卫而闻嫂丧，缘情以为之礼，而不嫌其过也。郑注似未达经旨。

古者冠缩缝，今也衡缝。

郑注：“今冠衡缝，以其辟积多。”孔疏：“直缝者，辟积褶少，故一一前后直缝之。今冠多辟积，（不）〔下〕[①] 复一一直缝，但多作褶而并横缝之。”嵩焘案：《续汉书·舆服志》：“委貌冠、皮弁冠同制，长七寸，高四寸，制如覆杯，前高广，后卑锐”，当犹系周之遗制；礼图并多作褶缝。盖古布帛之幅二尺二寸，缩缝者，连一幅布为广狭之节。《尔雅·释器》：“绳之谓之缩之。”郭注：“缩者，约束之。”即此缩缝之义。衡缝则横幅为之，可以加褶为饰。是以横缝有辟积，缩缝并无辟积。郑注“今冠横缝，以其辟积多”，语简而尽。疏申郑义，以为直缝辟积少，又以今冠下

①不，当作下，字之形讹也。据阮刻本《礼记正义》及下文改。

复直缝多作襵，而又横缝之，是谓加横缝于直缝之上也，于郑注亦为忤矣。

兄弟，吾哭诸庙；父之友，吾哭诸庙门之外；师，吾哭诸寝；朋友，吾哭诸寝门之外；所知吾哭诸野。

孔疏："此殷礼，周则兄弟哭于寝。故《杂记》云：'有殡，闻远兄弟之丧，哭之侧室；无殡，当哭诸正寝。'"师，哭于庙门外，"故〔奔丧〕云：'师，哭诸庙门外。'郑答赵商之问，亦以为然。"嵩焘案：《春秋》襄十二年《左传》："凡诸侯之丧，异姓临于外，同姓于宗庙。"故哭父之党于庙，亲亲之义也。而经数云："有殡，闻远兄弟之丧，哭于侧室"；"有殡，闻外丧，哭于他室。"盖凡哭，必为位以受吊，重丧在殡，不得于庙受吊，故惟哭之他室。孔疏于此申其义，云"无殡，当哭诸正寝"，恐非经旨。寝，所私也，凡于己有私恩则哭于寝。母妻之党与所师，皆私恩也，尊师以抗之亲，则于庙门外；尽己之私，则于寝。自防叔奔鲁，三世而叔梁仕鲁，屡与于师，圣人自以羁旅之臣尊事父友，以章其志而明礼之等，所以为精义之学也。孔疏一以殷礼当之，非所谓"达于礼"者矣。

子夏丧其子而丧其明。

孔疏："此论子夏恩隆于子之事。"嵩焘案：子夏丧明事，自王充《论衡》已訾其虚妄。据《家语》，子夏少孔子四十四岁，孔子卒当敬王之四十一年，子夏年二十九；《年谱》称威烈王元年魏文侯立，受子夏经，上距孔子之卒五十四年，子夏年已八十有三矣。《史记·六国表》：文侯即位十（四）〔八〕年，受子夏经。若然，则子夏且及百岁。退老西河不知何时，大约因文侯师事而其名益著。《年谱》载曾子卒当考王六年，年七十一，下距文侯之立十有一年，而以“退老西河”责子夏，亦旷远不相及矣。近当涂夏氏著《檀弓辨诬》，谓其言不类曾子语气，允矣；而未一论及此。要之，《檀弓》一书，多假借春秋时事以为之辞，不必言之果信而有征也。

衰，与其不当物也，宁无衰。

郑注：“不当物，谓精粗广狭不应法度。”嵩焘案：黄氏干引《左传》：“服以（将）〔旌〕礼，礼以行事。事有其物，物有其容。今君之容，非其物也。”物，谓哀戚心貌之实足以称其服，黄氏之言是也。而物自为升缕长短制度之数，所以求当于物者，则心貌之实也。《间传》：“斩衰貌若苴，齐衰貌若枲，大功貌若止”，所谓当物也。下文“齐衰不以边坐，大功不以服勤”，盖丧服之制如此，亦使人因文以生其情，而求称于物也。郑注分析言之，恐误。案：“齐衰不以边坐”，即《曲礼》“有丧者专席而坐”意，郑注：“边，偏倚也。”孔疏：“丧服宜敬，坐起必正”，又曰：“齐衰不边坐，大功可也。”并误。

颜渊之丧，馈祥肉，孔子出受之，入，弹琴而后食之。

郑注：“弹琴以散哀也。”嵩焘案：郑注《士虞》记“期而小祥”引此，是郑意以馈祥肉为小祥。然礼于期言练，再期言祥，析言之为大祥、小祥；专言祥，则再期也。《丧服四制》：“祥之日鼓素琴，告民有终也，以节制者也。”祥而除丧，可以鼓琴矣。圣人之于颜渊，其哀有不能忘者，受颜渊之祥肉而心有动焉，乃弹琴以理之，所以自调其中和之节也。《记》曰：“夫子之丧颜渊，若丧子而无服。”祥而弹琴，正以丧子之义处之。吴氏澄云：“弹琴常事，此弹琴适在受祥肉之后，故记者云然。”殆误也。

设崇，殷也。

郑注："崇牙，旌旗饰。"嵩焘案：《诗》"崇牙树羽"，所以饰虡。《大雅》疏："以采色大牙，其状隆然，谓之崇牙。"《司常》九旗之制，无云崇牙者。《明堂位》两言崇牙，其一簨虡饰，承上"夏后之龙簨虡"言；其一旌旗饰，承上"有虞氏之绥"言。郑注一云刻木为之，一云刻缯为之。《尔雅·释天》："素锦绸杠，纁帛縿，练旒九"，郑注《周礼·巾车》："正幅为縿，斿则属焉。"旒斿同字，即旌旗旁之刻缯为饰者也。《考工记》"龙旂九斿，鸟旟七斿，熊旗六斿，龟蛇四斿"，斿皆有数。汉以后旌旗旁之饰，刻缯如齿无数，即古旒之遗制。郑据以释崇牙，恐误。《说文》："崇，巍高也。"簨虡之崇牙加之业上，故曰崇。《诗》"虡业维枞"，毛传："枞，崇牙也。"枞崇音近。牙者其形也。刻缯旌旗旁，不当名崇牙。以牙取义而去牙言崇，亦不辨为何物。王氏《章句》："崇牙，旐端横木以张旐者，刻为龃龉，高出，与簨虡之崇牙同。"三代仪物，皆相沿加饰。据《尔雅》，周制旌旗亦绸练、张旐之崇牙并宜通用之。经云夏殷，原其始也。孔子仕鲁摄卿，丧礼当从周制。记礼者因三代之遗，侈为之辞耳。

褚幕丹质，蚁结于四隅，殷士也。

郑注："画褚之四角，其文如蚁行往来相交错，似今蛇文画。"嵩焘案：《丧大记》：诸侯、大夫"素锦褚"，士褚不祥。素锦有织文；丹质无文，盖殷尚质。蚁结四隅，谓缝合四隅而结之，如蚁行有行列。《吴都赋》"重城结隅"，言郛郭周匝四隅，保而固之。《鲁灵光殿赋》"悬栋结阿"，亦言四垂完密，若蚁结为画文，而专施之四隅为无名矣。《书·顾命》"麻冕蚁裳"，传谓蚁裳玄色，是蚁亦色也。古棺外加衽束，故须有褚幕覆其上，四隅缝合，宜加组纠。《杂记》亦谓之“素锦屋”，郑以画文释之，恐未然。《士丧礼》：“为铭各以其物。”郑注：“铭，明旌也。”此经“公西赤为志”、“公明仪为志”，郑注：“志，谓章识。”实后世志铭所由仿。

群臣则绖，出则否。

郑注：“群，谓七十二弟子相为朋友服。”“凡吊服加麻者，出则变服。”嵩焘案：《丧服》记：“朋友，麻。”郑注：“朋友相为服缌之绖带。”而引此经“群居则绖，出则否”。《服问》“公为卿大夫锡衰以居，出亦如之；当事则弁绖。大夫相为亦然。”又云：“凡见人……虽朝于君，无免绖。惟公门有脱齐衰。”大夫相为锡衰而绖，惟当事齐衰以下服入公门脱之，而绖不除，皆谓服轻而绖重。朋友之麻，犹大夫之相为锡衰，无以绖居者。又，群居惟弟子之从师有之，朋友相为不得言“群居”。礼不为师制服，而此经发其例云“群居则绖，出则否”。群居者，师死而弟子相守以服习其教，为之制服以报之。“孔子之丧，绖而出”，则所谓“见人无免绖”者，同于事亲之礼也。二语发凡起例之辞，而与上连文，注家遂平列释之。《礼记》之文，多类此者。如《曲礼》：“尸必式，乘必以幾。”《郊特牲》：“以官爵人，德之杀也。死而谥，今也。”《丧服小记》：“养尊者必易服，养卑者否。”《少仪》：“乘贰车则式，佐车则否。”皆缘上文而发明其义例，别引一说以取证。郑注于此云“七十二弟子相为服”，失之。

主人既祖填池，推柩而反之，降妇人而后行礼。

郑注：“填池当为奠彻。……奠彻，谓彻遣奠，设祖奠。礼，既祖而妇人降；今反柩，妇人辟之，复升堂。……反之而又降妇人，欲矜宾于此妇人。”嵩焘案：《既夕礼》：“有司请祖期。……商祝饰柩，一池……设披，属引。”“商祝御柩，乃祖。……妇人降，即位于阶间。……乃奠。”郑注：“是之谓祖奠。”在葬前一日。郑意以饰柩县池在祖奠前，经云“既祖”，因改填池为奠彻，而遂以属之明日，谓“彻遣奠”，重“设祖奠”。其释“降妇人”，言“妇人避之，升堂，而又降”，以为“矜宾于此妇人”，并于经文多一转折。孔疏遂谓行礼为行遣奠礼。《既夕·记》：“祖，还车，不易位。”郑注“乃祖”云：“还柩乡外。”其注“正柩两楹间”云：“是时柩北首。”“如初”：“如殡宫时。”古人葬皆北首，殡及迁柩于祖亦北首，惟柩车行，南首以达之圹，故于此还车乡外。《既夕》记云“不易位”，又云“纳车于阶间”，盖由两楹间还柩，即达之阶间。经云“既祖”，盖始还车时也。“左还，布席，乃奠”，又由阶间而达于庭。案：孔疏：“下柩载于阶间，乘蜃车，载讫……迁柩向外……谓之祖。”据《士丧礼》：“掘肂见衽，升棺用轴。”《既夕礼》：“迁于祖，用轴。”以下但云“还车”，并无易车之文，盖古棺天子五重，诸侯三重，大夫再重，故殡用辅车以讫于葬，为棺重不能改载故也。《既夕礼》饰柩有池，有纽，有齐三采，有披，有引，皆所以饰葬车，经不云饰车而云饰柩，是即用殡车以葬之明证。经意谓既还柩则首乡外，不能受吊，故仍推柩反之以俟宾。（《杂记》）〔《丧大记》〕“鱼跃拂池”，下有振容，柩行则鱼跃。经云“填池”，谓车还池动，稍引而定之；填镇字通，以志还车之容也。既祖，妇人降于阶间，宾升自阶，妇人遂降阶下以避宾升。《既夕礼》既奠请葬期、宾赗、若奠、若赙、若赠皆当于庭，无为反柩以受吊，知此云“既祖”者，始还车而又反之，仓卒受吊，当时情事毕具，安得如郑注所云之繁累也？《檀弓》之文，多非事实，注家又更以意拟之以重其诬，证之《礼经》，而固知其不然矣。

子游为之麻衰、牡麻绖。

郑注："为之重服以讥之。"疏云："牡麻绞绖，与齐衰绖同。"嵩焘案：《丧服（传）》："朋友，麻。"郑注："服缌之绖带。"而《丧服》自缌以上皆牡麻绖，惟斩衰苴绖绞带，疏于此云"牡麻绞绖，与齐衰同"，未详所据。《周礼·司服》："凡吊事，弁绖服。"郑注：素弁"而加环绖"，亦牡麻绖也。子游盖以朋友之服临之，故曰"礼也"，何为而有齐衰之重服哉！《丧服》斩衰（传）为君，郑注："天子、诸侯及卿大夫有地者皆曰君。"又云："公士、大夫之众臣，为其君布带绳屦"，降于贵臣之绞带菅屦也。子游若以诸臣之服服之，又不止于齐衰也，疑注所云"重服以讥之"为非事实。其注"诸臣之位"云："大夫之家臣位在宾后。"《士丧礼》大夫"即位于门外，西面，外兄弟在其南，宾继之"，郑注："外兄弟，异姓有服者也。"似丧位以服为次，诸臣之服隆于外兄弟，当次主人之后。子游以惠子之丧不立适子为丧主，则诸臣皆可为之主，故进于主人之次以讽切之；郑注反以为在宾后，似于礼无征。案：《丧大记》："子坐于东方，卿大夫、父兄子弟立于东方"，是国君之卿大夫位父兄子姓之上。又云："君丧，三日，子夫人杖；五日，大夫、世妇杖。大夫之丧，三日，主人、主妇、室老皆杖。"是大夫之室老与主人同服，不复反位宾后明矣。而子游趋就诸臣之位，反去客位下，是又引而自远，不足示讽切之意，疑郑注失之。

主人深衣练冠待于庙。

郑注："待于庙受吊，不迎宾。"疏引《杂记》"既祥，虽不当缟者必缟"，注"谓有以丧事赠賵来者"。《杂记》为重来者，故缟冠；此经始来者，故练冠。"推此而言，禫后始来吊者则著祥冠，若禫后更来有事则著禫服。""《士丧礼》：始死为君命出，小敛以后为大夫出，是有受吊迎宾。今以除服受吊，故不迎宾。”嵩焘案：《既夕礼》“请（葬）期。公赗，主人迎于庙门外。宾赙，主人出门左，西面，宾东面。”是自君使至敌者皆出迎。而《士丧礼》小敛奠“有襚者，主人待于位”；既祖奠，赙，则出门左。似始丧迎宾之礼杀于殡葬以后，其平时相见无不出迎者。《士丧礼》“敌则先拜他国之宾”，他国之宾礼宜加隆。经云“待于庙”，盖于庙受吊而先至以俟吊者，与《士丧礼》之云“待于位”者自别，安在其不出迎也？疏云“除服受吊不迎宾”，尤为无征。（《杂记》）〔《丧大记》〕：“祥而外无哭者，禫而内无哭者，乐作矣故也。”祥而缟冠，除服即吉，不当受吊，故为之深衣练冠。深衣吉服，练冠则犹始期之丧冠也，子游故以为中礼。案：《杂记》：“既祥，虽不当缟。必缟然后反服。”经云“既祥”，有谓禫前者，有并禫言之者；祥而练冠，禫而绫冠，吉祭而后反常服。《杂记》之言“既祥”，盖祥而犹未反常服也。不当缟，则禫而绫冠矣。或有事而告，则犹缟冠将事，以为丧服之馀也。郑注一以受吊言之，而引此经以为始吊、重吊之分，大误。《三年问》云：“称情以立文”。受吊而有哀泣之节，既练不废哭，为之练冠，所以称情立文也。孔疏所云全失经旨。

学者行之。

郑注：“学于孔子者行之，效殷礼。”嵩焘案：郑意专承上“殷道”。以经义求之，当兼承上“周道”、“殷道”二节之义。其云“经也者，实也”，为一章之关键。周尚文，名者文之所由起也。敬长尊贤，文之用也。至于死丧之戚，必有哀痛之实以行之，文也，不如其质也。殷尚质，哀痛之至不能为文，则宗庙宫室掘之毁之而不恤。“学者行之”，盖欲学者损益质文之中，因事以制宜，而自缮其性情之用，岂谓“掘中溜而浴，毁灶以缀足”、躐宗以行，惟是之学孔子哉！《士丧礼》一书，宾吊者皆拜，出皆拜送，大夫则特拜之；宾有襚，有赗，有奠，有赙，有赠，有反哭之吊：从事于宾为多。圣人于丧礼，诚有取于殷焉。记礼者兼举周道、殷道，而以“学者行之”深致其斟酌典礼之意，郑注于此似未曙然。

子柳之母死，子硕请具。

郑注：“子柳，鲁叔仲皮之子，子硕兄。”嵩焘案：郑意据下叔仲皮学子柳为说，而训学为教，谓叔仲皮教其子柳。据《孟子》，鲁缪公时公仪子为相，子柳、子思为臣；又云：“泄柳、申详无人乎缪公之侧，则不能安其身。”子柳即泄柳，盖鲁人也，《孟子》又云：“泄柳闭门而不纳。”赵岐注但云“贤者”，不云鲁公族。叔牙孙叔仲彭生，文十八年为襄仲所杀，立叔仲氏，亦叔孙氏之族也。《史记》称鲁悼公时“三桓盛，鲁如小侯，卑于三桓之家”，其时距缪公不远，叔仲皮为公族，强盛，而子柳闭门以拒缪公，似公族之贤者不当有此。此经所记子柳贫而守礼，当为鲁人之贤而隐者，郑以为叔仲皮之子，非也。案《史记》：“颜辛，字子柳。”《家语》云：“鲁人，少孔子四十六岁。”《孟子》：“子柳、子思为臣。”叙子柳于子思之上，当亦圣门弟子。下经亦称颜柳，或其人也。泄柳与段干木、申详似当为名，与子柳恐非一人。

叔孙武叔之母死。既小敛，举者出（尸）〔户〕。出户袒，且投其冠，括发。子游曰：“知礼。”

郑注：“尸出户乃变服，失哀节。”子游曰知礼，嗤之也。嵩焘案：《士丧礼》：卒敛，主人括发，袒；士举，男女奉尸，侇于堂；即位，袭绖于序东。是括发、袒在小敛后，在奉尸侇于堂之前；而奉尸，男女并在事。袒而奉尸，或嫌已亵。武叔奉尸出户而后袒，括发，稍变通行之，以小敛毕奉尸将事，加慎焉耳。故子游谓之“知礼”。《问丧》“亲始死，鸡斯徒跣，扱上衽”，郑注：鸡斯，读为笄纚。《丧大记》：“小敛，袒，说髦，括发以麻，三日，杖。”是始死去冠小敛，乃脱笄纚而括发，然后袭绖，相距小敛一日之间，无因更加素委貌之冠。疑素委貌之冠，既殡成服而后施之；郑谓始死冠素委貌冠，似亦无征。此“投其冠”，亦但据笄纚之属言之。凡加于首，通谓之冠也。

从母之夫、舅之妻，二夫人相为服，君子未之言也。或曰：同爨缌。

郑注：“时有此二人同居，死相为服者，甥居外家而非之。”嵩焘案：《丧服（传）》为从母小功，为舅缌，从母之夫、舅之妻无服，二者皆从服也。由母而推至母之姊妹、母之兄弟，《大传》所谓“属从”，从于母之亲属也。从母之夫，舅之妻，又各以其服相属，而不属之于母，则无从推母之亲以为之服。《丧服传》：“出妻之子为母期，为外祖父、母无服。”而引“绝族无施服”为义。郑注：“在旁而及曰施。”族者，五服之亲也。非五服之亲而从为之服，则更不旁及。礼文广大，可以类通之，记礼者因有“同爨缌”之一说，而取证《礼经》所本无之义，缘情以为之辞。“相为服”者，礼无不报也。郑意以礼不为制服，委曲以求合礼文，而经旨反有未达矣。

丧具，君子耻具。

郑注：“避不怀也。”嵩焘案：《王制》：“六十岁制，七十时制，八十月制，九十日脩。”人子之于亲，思深虑微，豫防所阙，何云耻哉！经云“耻具”，盖自为也。《春秋》襄二年：“穆姜使择美檟，以自为榇。”襄四年：“季孙为己树六檟蒲圃东门之外。”此经下云：宋“桓司马自为石椁”。所谓耻具，亦耻自为丧具而已。下云“君即位为椑，岁一漆之”。是丧具亦有自为者，要适如制而止，不求备也。“一日二日可为”，则子之于亲有不忍具而顾自为之，所以为耻。

瓦不成味。

郑注：“味当作沬。沬，靧也。”孔疏：“沬，黑光也；言‘瓦器无光泽也’”。嵩焘案：《说文》：“沬，洒面也。”字亦作頮。《尚书·顾命》：“王乃洮頮水”。作頮者，省廾耳。《内则》“燂潘请靧”，《玉藻》“沐稷靧粱”，作靧，并荒内切。沬，从水，从午未之未；疏训“黑光”，谓浮沬黑者，从本末之末。《释文》：“沬，亡曷反。”亡乃轻唇之微母，以切沬字者，重唇借轻唇也。《切韵》取同等，明母无同等字，故借轻唇之“亡”字以切之。陆氏盖从孔疏作沬。注作与靧同，音悔，固喉音也。李善《文选》注亦引作沬，音悔，与郑同。“瓦不成味”，谓瓦器不可以洒濯，盛水则渗漏也。疏恐失之。

昔者夫子失鲁司寇，将之荆，盖先之以子夏，又申之以冉有。

郑注：“言汲汲于仕得禄。”嵩焘案：《史记·世家》：定公九年孔子为司寇；十四年适卫，适陈反卫；十五年去卫，过曹，去曹适宋，遂至陈，居陈三岁；哀公二年适卫，将西见赵简子，临河而还，反卫；哀公三年如陈，季康子召冉求；哀公四年自陈迁于蔡；哀公六年自蔡如叶，自叶反于蔡，楚使人聘孔子，于是使子贡适楚，昭王兴师迎孔子，孔子自楚反乎卫；哀公十一年季康子问于冉有，召孔子。是孔子去鲁八年始一至楚，其时冉有方仕于鲁，使适楚者，子贡也。《檀弓》之文多不足据，而“速贫、速朽”，矫时而失之激，已非曾子之言，又转而为丧不欲贫、死不欲朽；至援圣人制礼之精心，一出于计较之私，其弊尤有不胜言者。孔子受楚聘，方困于陈，犹先使子贡适楚以审进退之宜，未逾时而复反卫；郑注“汲汲于仕得禄”，亦失之诬矣。

公叔木

郑注：“木当为朱，《春秋》作戍。卫公叔文子之子，定公十四年奔鲁。”疏引《世本》：“卫献公生成子当，当生文子拔，拔生朱。”朱、戍声相近。嵩焘案：三《传》俱作公叔戍，此经下云卫“公叔文子卒，其子戍”，并不作朱，疑此“公叔木”不得为“公叔朱”之误。《檀弓》连言“仲宪言于曾子”，“公叔木问于子游”，“狄仪问于子夏”，皆鲁人也，记礼者因汇次言之。《春秋》成十五年“婴齐卒”，杜注：“襄仲子，公孙归父弟”；宣十八年逐东门氏，使婴齐绍其后，曰仲氏：仲氏亦鲁公族也。案《史记》：“仲由，卞人。”卞亦鲁地，而仲由自别为氏。郑注：“仲宪，孔子弟子原（思）〔宪〕。”《史记》：“原宪，宋人，字子思。”仲氏、原氏族别。《氏族志》有原仲氏，陈大夫原仲之后，而原宪不闻称仲，是以仲宪为原思者亦误也。《氏族志》：“周成王封母弟孝伯于狄城。”襄十年《左传》“狄虒弥”，杜注：“鲁人。”则狄亦鲁旧氏也。疑三者皆鲁人，而其名不别见，正不必举其人以实之。《春秋》成十一年，穆姜出声伯之母，“嫁于齐管于奚，生二子而寡，以归声伯，声伯以其外弟为大夫。”《丧服传》：继父同居不杖期，不同居齐衰三月。如声伯之外弟为声伯制服，宜也。《礼记》之文，多引申《仪礼》遗意以正当时之得失。于此经，似以子游之大功为允，而于鲁人之齐衰有未协焉。郑注："亲者属大功是。"而王肃难之，盖亦未知周以前之服制不可强同于后世也。

子思之母死于卫，柳若谓子思……

郑注："伯鱼卒，其妻嫁于卫。柳若，卫人也。"嵩焘案：此经下云："子思之母死于卫，赴于子思。子思哭于庙，门人至，曰：庶氏之母死。"郑注："嫁母也，姓庶氏。"合两节文义求之，一在卫，一在鲁闻赴，而皆不云嫁母。案：《檀弓》于子上之母称"出母"，于伯鱼、子思但著其居丧之节而已，所云"庶氏之母"，犹言诸子以下之母也。郑以庶为氏，误。《阙里述闻》称子思奉母居卫，又称子思游于齐宋，仕于卫，似子思居卫之日为多，中间或还鲁或游于齐宋，而其母常居卫。孔氏之庙，在鲁则防叔，在宋则孔父嘉。孔子之父叔梁以叔为次，当尚有兄。孔子亦有兄孟皮。云"庶氏"者，谓非冢嫡。非冢嫡不得哭诸庙，所谓"他室"，庙之别室也。使为嫁母，子思安得哭于庙哉？《新唐书》："展禽食采于柳下"，其后为柳氏。柳氏亦鲁公族，疑柳若之戒子思为在鲁闻赴时事。"慎"者，戒者不以哀毁也。子思言丧不尽礼者多，而哀可自致。"吾何慎哉？"言无所致其慎。"时"，即《礼运》所谓"礼，时为大"。鲁所行周礼也，卫所行殷礼也。死于卫，当因卫之俗，不能一准周礼行之。柳若鲁人，故告之如此。郑注一以"嫁母"释之，所嫁之族自为丧主，与子思何与？而何礼之足观乎？

绤衰繐裳，非古也。

郑注："非时尚轻凉慢礼。"嵩焘案：《丧服传》："繐衰者何？以小功之繐也。"郑注："治其缕如小功而成布四升半。"诸侯之大夫为天子繐衰，盖《丧服》"庶人为国君"齐衰三月，而家臣无服，为统于所尊也。故《传》曰“诸侯之大夫以时接见乎天子”，而为之服缌衰。周尚文，等差之辨隆于二代，意殷以前无此制。凡衰服皆麻。《丧服》：大功“即葛九月”，小功“即葛五月”。葛者，葛带也。经云“绤衰”，于礼无征。疑绤衰当为锡衰，与缌之麻同。缌者治其缕，锡者治其布，又较缌为加饰，盖周之吊服也。案《仪礼》：“幂用绤若锡。”绤之疏者，与锡同功，故绤锡字互混。锡缌皆以衰为名而在五服之外，云“非古”者，明周制之以文为尚也。孔疏“古谓周初制礼时”，恐误。

哭者呼灭。子皋曰：“若是野哉！”

郑注：“灭盖子蒲名。惟复呼名。”野哉，“非之也”。嵩焘案：《曲礼》：“卒哭乃讳。”此之哭必非卒哭时，尊者呼名，不为野也。经云“呼灭”，安见为子蒲之名哉？《周礼》“九伐”：“内外乱，鸟兽行，则灭之。”灭盖非考终之词。《间传》：“斩衰之哭，若往而不反。齐衰之哭，若往而反。大功之哭，三曲而偯。”所谓哭踊有节也。呼灭则号呼无次，语索气粗，有乖哭泣之节，故子皋以为野。郑注未协。

杜桥之母之丧，宫中无相，以为沽也。

郑注：“沽，犹略也。”嵩焘案：《丧服》齐衰“冠布缨”，传曰：“冠者，沽功也。”又曰：“齐衰，大功，冠其受也。”沽功即大功，疑即此沽字所本。《丧服》：“公之庶昆弟、大夫之庶子为母”，大功；传曰：“先君馀尊之所厌，不得过大功也。”《士丧礼》有摈者，郑注《周礼·大宗伯》：“出接宾曰傧，入诏礼曰相。”丧礼之有傧相，士以上皆然。庶子为其母大功，则不得于正寝，故不立相。杜桥之母未知何服，时人因其无相，以为服大功也。此可推求礼文而知之。案：襄十七年《左传》："齐晏桓子卒，晏婴粗衰斩，苴绖、带、杖，菅屦。其老曰：'非大夫之礼也。'曰：'惟卿为大夫。'"杜桥或僭用大夫礼为母丧，故时人以为讥。

司士贲告于子游曰："请袭于床。"子游曰："诺。"县子闻之，曰："汰哉叔氏！专以礼许人。"

郑注："时失之也。礼，唯始死废床。"子游"当言礼，然言'诺'，非也。叔氏，子游字。"嵩焘案：王氏《章句》云："此盖治鲁侯之丧也。'袭于床'者，士礼。诸侯必别有钦次……贲欲以士礼加之诸侯，而子游许之，故县子讥焉。……此子游盖鲁君之叔，与言子游同字。"据《周礼·司士》，"大丧，作士掌事"。郑注："事，谓奠敛之属。"司士贲告于子游，"请袭于床"，为治鲁君之丧。王氏之言极允，而谓诸侯之敛别有钦次，似于礼无征。《丧大记》："含一床，袭一床，迁尸于堂又一床，君、大夫士一也。"《士丧礼》："死于适室。"主人"人，坐于床东"。"妇人侠床，东面。"无废床之文。《丧大记》："寝东首于北墉下，废床"；"始死，迁尸于床。"此郑注所本。然迁尸后有浴有含乃袭，安得有袭于地之事？当时失礼，亦不至此。而自浴，而含，而袭，亦不别言设床。惟小敛设席于户内，设床第两楹之间，所谓迁尸于床，一床也。以事例求之，《丧大记》云"设床襢第"，当为浴床，即始死之床；而含、袭、敛别为一床，《士丧礼》"设席于户内"即此，以浴无席，含、袭、敛皆当有席故也。经文汇举见义，当通观之。此云"请袭于床"，或不别设席以从简略。而子游许之。《史记》："言偃，吴人，字子游。"从无"叔氏"之称。郑以为子游字，是子游又字叔氏也。疑当别为一人。《说文》："泰，滑也。"汰泰同字。汰者滑利，犹谓语言轻率也。"以礼许人"，言礼之所在而许人以简便行之，其渎礼亦甚矣。情事显然，郑意恐失之迂回。

宋襄公葬其夫人，醯醢百瓮。曾子曰："既曰明器矣，而又实之。"

郑注："名之为明器则与祭器皆实之，是乱鬼器与人器。"孔疏："无人器而亦实明器。……夏后氏用明器，分半以实之；殷人用祭器，亦分半以虚之；周人兼用"，"则空鬼而实人。"嵩焘案：《既夕礼》"陈明器"，"茵。苞二。筲三：黍，稷，麦。瓮三：醯，醢，屑。甒二：醴，酒。"苞、筲、瓮、甒四者皆实之。此外有"用器"，有"役器"，有"燕器"而"无祭器"，其"燕乐器"有亦可也。士礼盖如此。祭器若簠、簋、豆、铏之属，所谓礼器也，皆用实器，不专似明器之效形，而苞牲及筲、瓮、甒仍称明器，并不以实之祭器，安得如孔疏所云"空鬼而实人乎"？苞牲用遣车，即遣奠之牲体；《杂记》引"大飨，卷三牲之俎，归于宾馆"为证，此又别一义也。前云"竹不成用，瓦不成味"，竹者筲也，瓦者瓮甒。疑所谓黍稷、醯醢皆不必实有其物。《仪礼》云"翁三：醯，醢，屑"，但以屑为备物而已。案：《杂记》："遣车视牢具。置于四隅，载甒。有子曰：'非礼也。'"置牢具四隅而以载甒为非礼，足为明器不实之显证。故曰：明器，鬼器也；祭器，人器也。鬼无形与声而有用器，可以意拟之。祭器者，以人之精气上接乎鬼神而如或飨之，故谓之人器。郑释"鬼器"、"人器"字太泥，因谓醯醢诸物当实之人器，则亦未知祭器者人与鬼相交接之器，而不得专属之人也。曾子言明器不宜实醯醢，足证《仪礼》之称"醯醢屑"者必亦明器之类。疏援《仪礼》之文拟议以为之辞，未信三代之礼之果然也。案：《左传》宋襄公卒于僖公二十三年，文公十六年襄夫人尚见于传。《史记·宋世家》"夫人王姬使卫伯攻杀昭公"，服虔云："襄公夫人，周襄王之姊。"其时距襄公之卒二十七年；或襄公尚有前夫人，曾子从后追论其事。《檀弓》记载大率类此。

司徒旅归四布。

郑注："旅，下士也。司徒使下士归四方之赙布。"孔疏：孟氏"家臣司徒敬子使旅下士归还四方赙主人之泉布。"而引皇氏云："献子以馀布归之君，君令国之司徒归赙于四方"；熊氏则云："献子家臣为司徒。《左传》：叔孙氏之司马鬷戾。是家臣亦有司徒、司马。"嵩焘案：《周礼》有家宗人、家司马、家士，而《少牢馈食》为大夫礼，兼有宰、宗人、司马、司士，无司徒名。《少仪》："适公卿之丧，曰：听役于司徒。"司徒之职掌，起徒役，致民，而于公卿之丧无职司。疑卿大夫之丧得立司徒，以掌丧事，致徒役。旅，如"旅见诸侯"及"士旅之"之旅，谓既葬，司徒职丧事毕，总会宾之赙而归之。孟献子卒在襄公十九年。昭四年杜泄称季孙为司徒、叔孙为司马、孟孙为司空，事在襄公二十四年，上距献子之卒六年。其时为司徒者季武子也，三家三分公室已非一日，安能更待鲁司徒之下士治其丧哉？案：《周礼·宰夫》"公卿之丧，与职丧帅有司治之；大夫之丧，使其旅帅有司治之"，承上"邦之吊事"为言。《职丧》："掌卿大夫、士之丧，以国之丧礼莅其禁令，序其事。"凡为有司之所供皆掌之，诸所职者礼而已，岂能兼掌其财赙而为之归于宾？郑意据宰夫之职使旅帅有司，遂因以释此旅之为下士，证以当时情事而知其不然也。案《乡射》："作相为司正，司正为司马。"乡射兼大夫士置官莅事，一如邦国之礼，此其证也。

父兄命赴者。

郑注："父兄命赴，谓大夫以上也。士，主人亲命之。"嵩焘案：《士丧礼》："乃赴于君。主人西阶东南面，命赴者，拜送。"专以"赴于君"为言，则知大夫以下不亲命赴而以属之诸父、诸兄，以尊者莅之，重其事也，与《仪礼》之文正互相备。郑注以为大夫士之等临之以君，则固不得谓士必亲命，大夫遂可以不亲命也。

君复于小寝、大寝。

孔疏："小寝，高祖以下寝；大寝，天子始祖、诸侯太祖也。"嵩焘案：《士丧礼》复者一人升自前东荣、中屋，降自后西荣，即所死于适室之前后荣也。《周礼·夏采》："大丧，以冕服复于太祖，以乘车建绥复于四郊。"《祭仆》："复于小庙。"《隶仆》"复于小寝、大寝"，郑注："小寝，高祖以下庙之寝也。始祖曰大寝。"则是所居宫寝无一人复者，而太祖、小祖庙复者三人，于事为不类。《周礼》："夏采下士四人，祭仆中士六人，隶仆下士二人。"隶者贱称也，掌五寝之扫除，自当据王之五寝言之，自寝而庙而郊当同时并复。高祖以下四庙，祭仆六人于四庙为有馀裕，而以隶仆二人复于五庙之寝，亦有弗给矣。郑、孔之训恐未然也。

丧不剥奠也与？祭肉也与？

郑注："剥，犹倮也。有牲肉则巾之，脯醢之奠不巾。"嵩焘案：郑意以不剥奠为覆巾。然《士丧礼》小敛奠，俎豆皆有巾；脯醢，豆实也。大敛奠，加笾，"巾如初"；其朝夕奠，"不巾"；朔月奠，"祝与执豆者巾，乃出。"是自小敛后殷奠乃巾，而皆有脯醢，郑云"脯醢不巾"者，非也。案《既夕》记：始死，"即床而奠，用吉器……无巾柶"。既袭，"凡笾豆，实具设，皆巾之"。足证"脯醢不巾"之误。《说文》："剥，裂也。"剥盖割而裂之之意，不剥奠谓不视牲、不亲割。前云"始死之奠，其馀阁也与"，即《士丧礼》所谓"脯醢、醴酒奠于尸东"者是也。小敛"陈一鼎，其实特豚"，大敛"陈三鼎，豚合升"。不视牲、不亲割，明虽特杀祭肉而已；虞祭以后乃视牲。《士虞》记："主人不视，豚解。"郑注："主人视牲不视杀，为丧事略也。豚解，解前后胫脊胁而已。熟乃体解，升于鼎。"《士虞》记："羹饪，升左肩，臂、臑、肫、骼、脊、胁，离肺，取左膉"，皆亲割，则所谓剥奠也。未葬以前一主于哀而不备礼，无视牲亲割之文，是以丧祭祭肉皆无剥奠也。推明礼意，前无所承，记礼者约略言之，郑注似未协。

父母之丧哭无时，使必知其反也。

郑注：使，"谓既练"，"反必有祭"。嵩焘案：郑意以使为出使，疏因引《礼运》"三年之丧期不使"为证，是所谓"哭无时"，专主练后言之，仍与下语不相贯属，经义恐不尔。《间传》"斩衰之哭，若往而不反；齐衰之哭，若往而反"，为此反字所本。往而不反，一哭气尽，更无回声。往而反者，声相接续，其哀无穷，其哭亦与之无穷。盖哀极而哭，愤懑之气倾情而出，而哀旋又结于心，若反归其故居，与之相守，不能骤舍，是以"哭无时"。"使"者，谓若有迫而然。使之哭者心也，心一过焉而又反也。此为善言哀哭之情状。王氏《章句》疑有阙文，或当然，然如郑注则固不可通矣。

练练衣，黄里縓缘。

郑注："小祥练冠、练中衣。"孔疏："正服不可变中衣，非正服但承衰而已，故小祥而为之黄里縓缘。"嵩焘案：《间传》："期而小祥，练冠縓缘。"《丧服》记："公子为其母，练冠，麻衣縓缘；为其妻，縓冠，麻衣縓缘。皆既葬除之。"则所云练衣者，小祥后之丧服也。《间传》："斩衰三升，既虞、卒哭，受以成布六升，冠七升。为母疏衰四升，受以成布七升，冠八升。"但言卒哭之受服，而不言小祥之受服，小祥盖除衰而练。练者，治麻令熟，而升数当仍视功衰。小祥练衣之縓缘，与大祥麻衣之布缘，其制并同深衣也。《春秋》宣元年《公羊传》："已练可以弁冕。"是练冠、弁服、练衣、深衣皆即吉之渐也，故名之小祥。吕氏大临云："斩、疏、缌、大功、小功、缌、锡皆曰衰，丧正服也；练、麻皆曰衣，丧变服也。至亲以期断，加隆而三年，加隆之服正服；当除而有所不忍，故为之变服。"最得经旨。郑注以练为中衣，而小祥后之受服于礼无征，郑亦不能举其说；《礼经》之以小祥名练，反有难明矣。

鹿裘衡长袪。袪，裼之可也。

郑注："衡当为横。袪，谓褎缘袂口也。练而为裘，横广之，又长之，又为袂，则先时短狭无袪可知。""裼，表裘也。有袪而裼之，备饰也。"孔疏："有袪为吉，加裼之可也。……明小祥时外有衰，衰内有练中衣，中衣内有裼衣，裼衣内有鹿裘。"嵩焘案：《丧服》记："袂，属幅。""袪尺有二寸。"是衰皆有袪，袪者袂口，非袂口之缘也。经云"衡长袪"，谓练裘稍横侈而袪加长。本一事而注析为三。"袪，裼之"，以袪长外见，而练衣之加其上者无待更掩其袪，所以取便，非备饰也。礼服有裼，深衣之裘无裼。裼者开左右衽以见所服裘，深衣衽当旁而无下裳，无从见所服裘。意或稍敛外袂，露所服裘之袪于外谓之袪裼；既练而裘袪加长，从而裼之可也：明其与衰异。孔氏于裼袭之义多未能明，宜所言之加烦重矣。

所识，其兄弟不同居者皆吊。

郑注："就其家吊之，成恩旧也。"疏云"连上'有殡'"言之，又引皇氏云：“别更起文。‘所识’，谓识其死者之兄弟，小功以下之亲。既识，兄弟虽不同居，皆就吊之。”嵩焘案：《曲礼》：“知生者吊，知死者伤。”吊者所以哀生也，此从所识字起义，皇氏之言是也。“所识”而有兄弟之丧，虽不同居亦各就所居吊之。同国，则为之兄弟者宜在丧次；不同国，吊诸所识之家，因所识而推之也。《集说》谓：“死者为吾之所识，其兄弟不同居者，皆往吊之。”此于丧礼，在众主人之列，不为丧主则无受吊之文。不同国而为主，则其吊也又不待言矣。

天子之哭诸侯也，爵弁绖，紂衣。或曰：使有司哭之。

郑注：“周礼：王吊诸侯，弁绖、缌衰”；“不见尸柩，不吊服”。“此言‘绖’，衍字。时人间有弁绖，因云之耳。”嵩焘案：《周礼·司服》：“王为三公九卿锡衰，为诸侯缌衰，为大夫疑衰。”疏云：“君为臣吊服，既葬，除之。”《服问》：“公为卿大夫锡衰以居，出亦如之。（惟）当事弁绖。”郑谓“‘绖’，衍字”，即据《服问》为说。《春秋》襄十二年《左传》：“凡诸侯之丧，异姓临于外，同姓于宗庙，同宗于祖庙，同族于祢庙。”似临丧为位以哭即谓之当事，弁绖宜也。下云“使有司哭之”，谓闻丧必哭临，天子不亲临，则使有司将事也。郑以有司哭之为非，而云“哀戚之事不可虚”，均非经旨。

天子之殡也，菆涂龙輴以椁，加斧于椁上，毕涂屋。

郑注：“菆木以周龙輴，（加）〔如〕① 椁而涂之。天子殡以輴车，画辕为龙。斧谓之黼。以刺绣于缕幕，加椁以覆棺，已，乃

①依阮元《校勘记》改。

屋其上，尽涂之。”孔疏：“菆，丛也。先菆四面为椁，上与棺齐”，“绣覆棺之衣为斧文，从椁上入覆于棺，故云‘加斧于椁上’。又四注为屋（以）覆（于）上，而四面涂之。”嵩焘案：郑意菆涂加帱又屋其上，凡三事。《说文》：“菆，麻（茎）〔蒸〕也。”《既夕》记：“御以蒲菆”，郑注：“〔蒲〕菆，牡蒲茎也。”《左传》（襄）〔宣〕十二年：“左射以菆。”王逸注《楚辞》“枲翮”曰：黀一作菆；枲翮谓枲茎也。然则“菆涂”者，用麻茎或牡蒲茎攒柩而涂之，取其柔能护棺，且受涂以椁者，谓方其外如椁；“加斧于椁上”，言椁上并为黼文以象翣；其谓“毕涂屋”者，旁广而丰起如屋。《丧大记》：“大夫殡，涂不暨于棺”，惟君得“毕涂屋”也。《丧大记》：“饰棺，素锦褚”，郑注：“以椟覆棺”，既棺衣也。周素锦为之，无绣黼者，覆棺之衣岂得加于椁上？缪幕之属，则《周礼·幕人》所共之幕帟。郑注：“幕张之于庭”，帟者柩上承尘。王张帟三重，诸侯再重，又不得以覆棺也。《既夕》记：“用轴。”郑注：“轴，輁轴也。大夫、诸侯以上有四周谓之楯，天子画之以龙。”楯一作輴。《说文》：“楯，栏槛也。”纵曰栏，横曰楯。天子殡车四周有楯，画龙。而此注云“画辕为龙”，辕者车前辀，所以驾马，殡车不当用马；《考工记》注：辀长“丈四尺四寸”，以纳之所殡之屋，将无所容，尤乖“龙輴”命名之义。此当以《仪礼》注为正。

公卿、大夫士皆厌冠，哭于太庙。

郑注：“厌冠，今丧冠，其服未闻。”嵩焘案：《周礼·大司马》：“若师不功，则厌而奉主车。”郑司农云：“厌谓厌冠，丧服也。军败以丧礼。《春秋传》曰：‘秦伯素服郊次，乡师而哭。’”《司服》：“大札、大荒、大灾，素服。”素服者，损盛服也。郑注

《周礼》兼服言之，语自明晓。《既夕》记："冠六升，外縪，缨条属，厌。"贾公彦疏："吉冠从武上乡内缝之，縪馀在内谓之内縪。凶冠从武下乡外缝之，谓之外縪。以其冠在武下过，乡上反缝，故云厌也。五服之冠皆厌。"孔氏《曲礼》疏乃云：厌冠，谓"厌帖无梁纚"。《问丧》："亲始死，鸡斯。"郑注："'鸡斯'当为'笄纚。"笄纚者，去冠也，小敛括发，而后去纚。厌冠，易冠而已，未宜并纚去之。《晋书·舆服志》："古者冠无帻，冠下有纚。"汉世易纚为帻，《汉·舆服志》冠有铁卷梁、展筩。《晋书》以纚为展筩，而进贤冠有五梁、三梁、一梁之别。郑注《士冠礼》："纚，今之帻梁也。"帻梁连文，则若古之笄纚。非括发无去笄纚之理，厌冠自为冠制，孔疏以去梁纚当之，不独非厌冠之义，亦稍失事实矣。

三日，君不举。或曰：君举而哭于后土。

郑注："后土，社也。"孔疏："或者言亦举乐而自于社中哭之。"嵩焘案：两"举"字连文而义各别。《周礼·膳夫》："王日一举，以乐侑食。邦有大故，则不举。"郑注："杀牲盛馔曰举。'大故'，寇戎之事。"《玉藻》："诸侯日特牲，朔月少牢。"《论语》叙鲁乐师有亚饭、三饭、四饭之名。《王制》所谓"日举以乐"，盖天子、诸侯同之，举必以乐。经言"三日不举"，自谓不特杀，非谓不举乐也。下云"君举而祭于后土"，又别为祭告之礼，不承上为文。《师氏》："凡祭祀、宾客、会同、丧纪、军旅，王举则从。"举者，通辞也。《肆师》："凡师甸，用牲于社。"《小(司徒)〔宗伯〕》："凡会同、军旅、甸役之祷祠，为位。国有祸灾，亦如之。"《大司马》："若师有功，恺乐献于社；不功，则厌而奉主车。"郑注："主，谓迁庙之主及社主在军者。奉，送也。

送主归于庙社。”是凡军旅之事，出入必于社。《诗》：“靡神不举。”《曲礼》：“凡祭，有其举之。”《王制》：“山川神（祇）〔祇〕，有不举者为不敬。”“君举”者，谓君自告祠于社而哭之。孔疏不达其义，《集说》遂引应氏之言，以为君举非也，殆失之远矣。

未仕者不敢税人。如税人，则以父兄之命。

郑注：“不专家财也。税，谓遗于人。”嵩焘案：税当为裞。《说文》：“赠终者衣被曰裞。”段氏玉裁云：裞，“盖襚之或字”。而《说文》“襚”下云：“衣死人也。”以衣死人，故凡赠死者之衣通名为襚。许君自分两义。郑注《士丧礼》：“襚之言遗也”，与此同训。赠终者与生者皆可言遗，而以物遗人不得为税。《士丧礼》：“亲者襚，不将命”；“庶兄弟襚。……将命于室”；“朋友襚，亲以进”。凡五服之亲及朋友皆有襚，此云“税人”，泛言之也。《杂记》：“诸侯相襚以后路与冕服，先路、褒衣不以襚。”是凡致襚各以其服，未仕者玄端弁服皆不得具，故无裞人之理。通言“父兄”，当假父兄已仕者之命行之，诸父、诸兄皆是也。《内则》：“子妇无私货，无私畜，无私器；不敢私假，不敢私与。”父兄在而私遗人，尤礼所必无者。郑注“不专家财”，殆误也。

士备入而后朝夕踊。

郑注：“国君之丧，嫌主人哭，入则踊。”嵩焘案：经意尽其臣以下达于士而致其哀，所以尊亲也，郑注得之。然据《士丧礼》：朝夕哭。妇人即位于堂，哭。丈夫即位于门外，外兄弟在其南，宾继之。“主人即位，辟门；……还，入门，哭。妇人踊。主人堂下，直东序，西面。兄弟皆即位如外位。卿大夫在主人之南。

诸公门东，少进。他国之异爵者门西，少进。”拜宾，“升自阼阶，丈夫踊”。是朝夕哭之仪：众兄弟及宾先即位门外，而后主人即位，乃入门，哭，即位堂下，又序众宾之等以推及他国之异爵者，皆入即位，而后主人升堂，踊。自国君以达于士，其礼并同。国君之丧纪，大夫、士各供其职，而庖人、酒正、司尊彝、司幾筵之属，凡有事于朝夕哭者，皆士也。经云“士备入”，盖尽言之，孔疏以为士卑最后入，亦误。

是月禫，徙月乐。

郑注：“禫，明月可以用乐。”嵩焘案：郑注《仪礼》“中月而禫”云：“与大祥间一月，自丧至中月凡二十七月。”据《三年问》，“三年之丧，二十五月而毕。”《公羊传》：“三年之丧，实以二十五月。”《荀子·礼论》亦同。《丧服小记》：“再期之丧，三年也；期之丧，二年也。”古人叙次年月日，以见月、见日起例。练祥所以筮日者，及十二月而练，及十四月而祥，皆以见月为期。至于大祥，三年之期已届而服除矣，而孝子不忍变也，又为之禫，以明即吉之有渐，而尽一月之数焉。“徙月”者，终三年之期也，以所历月计之，则固二十五月矣。《间传》：“中月而禫，禫而饮醴酒。”禫祭以前未敢饮也。又曰：“禫而床。”禫祭以前未敢床也。《丧大记》：“禫而从御，吉祭而复寝。”既禫而未逾，吉祭犹居黝垩，未复寝也；始丧而有袭绖成服，既葬而有虞、卒哭，除丧而有祥、禫：皆所以重申其哀戚之情不敢遽已也。经云“是月禫”，明祥、禫之相因也。云“徙月乐”，明吉祭复寝而后乐。“徙月”者，不尽于二十五月之辞也。《杂记》：“期之丧，十一月而练，十三月而祥，十五月而禫。”郑注：“此父在为母。”齐衰三年之丧而厌于父，稍纾祥、禫之期，以达人子之至情；其馀期丧则否。戴德《丧服变除礼》引以为据，而云“二十五月大祥，二十七月禫”，实为汉儒论丧服之缘始。王肃之难郑义允矣，而云二十六月作乐，则犹未达礼文之精义也。后世定丧服之制，依于郑、王二说，而郑氏二十七月之论行之至今，为定制；稍申馀日，使人知哀之不可以遽忘，义不能废也。而丧服之宽假者固已多矣，此又古今人事之变然也。

礼记质疑卷四

檀弓下

君之适长殇，车三乘；公之庶长殇，车一乘；大夫之适长殇，车一乘。

郑注："降杀以两：成人遣车五乘，长殇三乘，下殇一乘。尊卑以此差之。"孔疏："有地，大夫以上皆有君号。公则五等之上，又同三公。"而引郑注《杂记》云："士无遣车。"嵩焘案：《杂记》明言"遣车视牢具"，郑云："天子太牢、包九个，诸侯太牢、包七个，大夫太牢、包五个，士少牢、包三个。大夫以上乃有遣车。"郑意以《士丧礼》不言遣车，而此经云"国君七个，遣车七乘；大夫五个，遣车五乘"，因据以为说。证以诸传记之言，似此言"车三乘"，即士礼也。而经但言"适长殇"、"庶长殇"，不及成人。成人者，适子传重者也。《丧服》：为长子三年，为众子期，大夫为子之为士者大功。天子、诸侯以下及大夫为长子皆同。大夫降其庶子；而君之庶子自为公子，得别立氏，故庶殇亦用遣车。其君之适殇降为三乘，大夫适殇降为一乘，视所服为断。《丧服》：大功，"公为适子之长殇、中殇，大夫为适子之长殇、中殇"，皆降二等。《传》曰："丧成人者其文缛，丧未成人者其文不缛。"三乘、一乘，以示简也。其君、大夫之适子，则自以杖即位。君之适子，牢具视君；大夫之适子，牢具视大夫：不宜更有降杀，为主丧者，君、大夫也。郑注“降杀以两”，恐未然。君，公异称。为君之庶子，皆为公子，以别于大夫。凡《记》称君者，通谓诸侯，孔疏就字义分析言之，殆亦误也。案：《士丧》记：“荐乘车、道车、稿车”，是士丧荐车凡三。《周礼·虎贲氏》：“及葬，从遣车而哭。”郑注：“遣车，魂魄所冯依。”郑意似以《虎贲氏》之遣车当乘车。经云“车三乘”、“车一乘”，不云遣车，疑国君之适殇葬车视士，所谓车者，荐车之属也。专言车，即不得为遣车矣。

公之丧，诸达官之长杖。

郑注：达官，“谓君所命”。“虽有官职，不达于君，则不服斩。”孔疏：“达官，谓国之卿大夫、士被君命者也。‘不达于君’，谓府史之属。”嵩焘案：《丧服》：“庶人为国君”齐衰三月。郑注：“庶人或有在官者。”不服斩衰，但服齐衰三月。疑经言“达官之长”，不言不达于君；言“达官之长杖”，并不言自长以下不服斩。府史之属、庶人之在官者不在此论。据《丧大记》：“子皆杖，不以即位。大夫、士哭殡则杖，哭柩则辑杖。”是君丧，大夫、士皆杖；而以杖即位与否，自各不同。《丧服》斩衰章：“公士、大夫之众臣为其君，布带绳屦。”传曰：“众臣杖，不以即位。近臣，君服斯服矣。”大夫之众臣异于贵臣，而犹服斩，郑云“不服斩”者，非也。经明言“达官之长”，自下士以上无不达于君者。《朱子语类》：“公卿、六官之长杖，次则不杖。”六官之属各有副贰，其职皆中大夫，恐无不杖之理。所云“诸达官”，犹《立政》之言百司、庶府，《顾命》之言百尹、御事。如宫伯上士二人、中士四人，司书上士二人、中士四人，牛人中士二人、下士四人，职丧上士二人、中士四人，并有职于丧纪者；而惟其长莅事，上士杖则中士不杖，中士杖则下士不杖，所谓“不以杖即位”是也。其衰服并同。郑注所云，似属无据。

及出，命引之，三步则止。如是者三。

郑注："以义夺孝子。"嵩焘案：郑意孝子不忍亲柩之行而君命引之。据下云"吊于葬者必执引"，是凡执引，宾皆与有事焉。君临大夫之葬，不亲执而命引。《周礼·丧祝》："及葬，御柩。王吊，则与巫前。"则此命引者丧祝之事也。《杂记》吊者之辞曰："寡君有宗庙之事，不得承事，使一介老某相执绋。"君临臣丧，虽亲至犹使人执引，三引而毕，略示助葬之义而已。孔疏："孝子攀辕，柩车不动。君夺孝子之情，命遣引之。"《既夕礼》："商祝执功布以御柩，乃行。君使宰夫赠玄纁束。主人去杖，由左听命，宾由右致命，主人哭拜稽颡。"君临葬，主人当迎拜，安得于此时有攀辕之事？似属以意拟之。

及其丧也，曾点倚其门而歌。

郑注："明己不与也。"嵩焘案：经意承上季武子专政，鲁人事之如君言之。事之如君，则丧必废乐。曾点自倚其门而歌，若不知有其丧者，故曰"不与"。孔疏云："慕蟜固之直，倚武子之门而歌。"曾点虽狂，亦何至故临丧者之门而歌哉？《义疏》："季武子卒在昭公七年，孔子年十七，曾晳少于子路，时止六七龄耳，未必有是事。"记礼者借以明武子之僭，而士之守礼者能不为之废乐，与蟜固事相类而实两不相蒙。疏申郑义，失之。

大夫吊，当事而至则辞焉。

郑注："辞，犹告也。摈者以主人有事告也。主人无事则为大夫出。"孔疏："当事，当主人大小敛殡之事。"嵩焘案：《士丧礼》：始死，襚，"惟君命出，大夫则特拜之。"及大敛，"有大夫，则告，主人奉尸，敛于棺，降，拜大夫之后至者。"盖大敛有视敛之文，主人当先拜宾。《仪礼》云“有大夫则告”，即谓大夫之后至也。主人方奉尸入棺，故先告辞，以示不能成拜之意。《丧大记》：“士之丧，于大夫不当敛则出。”出即降拜之义。《杂记》：“大夫至，虽当踊，绝踊而拜之；于士，既事成踊，袭而后拜之。”士于大夫，虽当踊不辞。皆所以发明《仪礼》之旨。凡当事皆踊。大夫至，绝踊拜之。惟当大敛视敛有告辞之文。《丧大记》言“当敛”者，大敛也；殡则视肂、视涂在主人降拜之后，不待辞也。

丧，公吊之；必有拜者，虽朋友、州里舍人可也。

郑注：拜者，“往谢之”也。“虽朋友、州里舍人”，“谓无主后”者。嵩焘案：《丧大记》：“丧有无后，无无主。”故人皆可为之拜，而拜谢之礼不见于经传。郑注《士丧礼》“三日成服，杖，拜君命及众宾”云：“既殡之明日必往拜谢。”孔疏于此云：若有主后，“主人自当亲拜”。然经言“必有拜者”，不云往谢，亦不云无主后。丧必有主拜宾，凡宾至皆然。此云“公吊之”，似其礼特施之君。玩下“寡君承事”之文与此云“舍人”，疑当为异国之辞。所谓“舍人”者，馆人也。“朋友”，谓出使之介及诸从行者。“州里”，则与同国之人先后并至此国。为在异国而受其君之吊，则其国之大夫、士不当主异国之丧而为之拜其君；惟馆人之义自其生时已为之主，至此而异国之朋友州里无能为主丧者，以馆人摄主可也。《士丧礼》：君“入门，主人辟”；“君升自阼阶，西乡”；“君升主人，主人西楹东，北面”。是君吊自为主。此摈者之辞曰“寡君”，而受吊者曰“临”，明虽在其国而固不为之臣，则一以宾礼接之也。案：《杂记》：“诸侯使人吊，其次含襚赗临，皆同日而毕事。”惟诸侯相与吊有临，主人曰“临”，尊之，亦以明此吊者之为异国也。《丧大记》：“为后者不在，则有爵者辞，无爵者人为之拜。”无为主后，大夫、士以上有爵者皆辞不受吊，不得更受君吊明矣。郑注疑不可通。

子张死，曾子有母之丧，齐衰而往哭之。

孔疏：“此论哭朋友失礼之事。”嵩焘案：上经云：“有殡，闻远兄弟之丧，虽缌必往。”《杂记》：“三年之丧不吊，如有服而往哭之，则服其服而往。”经言孔子之丧颜渊，若丧子而无服，丧子路亦然。曾子于子张之丧，当视兄弟；兄弟有往哭之义，其有服者服其服而往，朋友不当为之制服。故曾子仍其齐衰而往哭之，亦若丧兄弟而无服也。曾子曰：“吾吊也与哉！”情伤而语亦深矣。孔疏以为失礼，非也。

有若之丧，悼公吊焉，子游摈由左。

郑注：“丧礼废亡，时人以为此仪当如诏辞而皆由右相，子游正之。”嵩焘案：《少仪》：“赞币自左，诏辞自右。”皆摈者所有事。赞币者，宾币；诏辞者，主人之辞：盖亦尊左之意。凡吉事尚左，凶事尚右。此云“由左”，又非事也。郑注《大宗伯》：“出接宾曰摈。”而注《仪礼》云：“出以东为左，入以东为右。”由左者，传命而出之辞也。《士丧礼》：“乃奠，升自西阶。”郑注：“以君在阼（阶）。”君吊于臣，升降由阼阶，则主人自由西阶。有若未尝仕鲁而悼公吊之，当待以宾师之礼而不以臣礼。子游摈，由阼阶而出，迎于门左，所以成悼公之志，而明有若之不为臣，为能以道重于君也。郑注以意拟之，未能自证其说。案：《士丧礼》：“有襚者，则将命，摈者出请入告，主人待于位。摈者出告须，以宾入。”若君至，则主人出迎于外门外，无摈者请事之文。“君临臣丧，巫祝桃茢执戈”居前，摈者不为导也。悼公吊有若之丧而子游为摈，必不以君临臣丧之礼行之。子游之由左，盖亦摈礼之常，而施之于君，则变也。记礼者著其事于经，以明人君重道，士亦以道自重如此。旧注皆失之。

君子念始之者也。复，尽爱之道也。有祷祠之心焉。

郑注："始，犹生也。念父母生己，不欲伤其性。"嵩焘案：经方言"哀戚之至"，不当有自惜其生之情。"节哀顺变"，通丧事始终言之，言服以次而变，哀亦以次而节，自是段首总括语，于"念始"之意无取。王氏《章句》属下"复，尽爱之道"为言。盖人之生，形与气相依而气为之始。其生也，气聚于身，知觉运动皆气之所充周也；其卒也，气散而返之太虚，而身与判焉。复之为义，及其初判而假生人之气呼而召之。"祷祠"云者，幸其或感而通神，应以来返也。案：郑注以"分祷五祀"言之，据《士丧》记行祷五祀在未卒前，与复无涉。气既判而之幽，因以鬼神之义求之也。"念始之者"，一气之往复也；君子谓始制斯礼者于此求之，意味深长。郑注属之上文，非也。

爱之斯录之矣，敬之斯尽其道焉耳。

郑注："谓重与奠。"嵩焘案：孔疏云："此亦得总为（铭）〔明〕旌之义，故《士丧礼》'为铭'下郑注引此。"疑疏义优于注。郑意以下有"主人自尽"语，因以与此"尽其道"联合言之。"爱之斯录之"，谓不忍其死而遂已也，为之表而识之，以明其身死而名存也。《司常》："王建大常，诸侯建旂，孤卿建旜，大夫、士建物。"郑于"大丧，其铭旌"下注云："王则大常。"是铭旌各视所建之旗，尽其道而不过，所以昭敬也。疏亦未能发明其义。方氏悫云：敬之则不敢遗送死之道。铭旌者，死而揭其名于旌，示人以弗忘，非所以送死也。

重，主道也。殷主缀重焉，周主重彻焉。

郑注："《春秋传》：'虞主用桑，练主用栗。'殷人作主而联其重，县诸庙，去显考乃埋之。"嵩焘案：《春秋》文二年："作僖公主。"《公羊传》云："虞主用桑，练主用栗。"《穀梁传》云："丧主于虞，吉主于练。……作主坏庙有时日，于练焉坏庙，易檐改涂可也。"《左传》云："君薨，卒哭而祔，祔而作主，特祀于主，蒸、尝、禘于庙。"疑殷人练而祔，因有虞主，有练主，《公》、《穀》所述殷礼也。《左氏》所述盖周礼。周秦之交当已袭用殷礼，故《公》、《穀》皆据以为说。何休《公羊》注："斯年练祭，埋虞主于两阶之间，易用栗。"所谓"缀重"者，桑主也。何休引《士虞》记："桑主不文，吉主皆刻而谥之。"案：今《士虞》记无此文，或逸礼也。缀重于主以栖神，所系仍在重也；练而易主而后彻重。周卒哭而祔，则但有栗主无桑主，比葬而遂彻重焉。《荀子》："书其铭置于其重。"周礼设重以置铭也。郑氏以为县重于庙，未知县于何所？又云"去显考乃埋之"，《祭法》显考庙，高祖庙也，是谓亲尽毁庙乃埋重，重与主并设，凡庙皆然，于礼尤无征矣。案《士丧礼》："重木，刊凿之。甸人置重于中庭，三分庭一，在南。"夏祝用二鬲鬻馀饭；"幂以疏布，系用軡，县于重；幂以苇席，北面"。"祝取铭置于重。"既殡，"祝取铭，置于肂"。既启，迁于祖，祝复取铭置于重；正柩两楹间，置重如初。既祖，"祝取铭，置于茵"。遣奠毕，"甸人抗重，出自道，道左倚之"。是重之大当庭三分之一，旁县二鬲。《周礼·陶人》："鬲实五觳。"郑司农："觳受三斗。"郑注："豆实三而成觳，觳受斗二升。"五觳盖容六斗。郑注《士丧礼》云："士二鬲，大夫四，诸侯六，天子八。"似丧具莫大于重。自始设重置铭，中间惟殡后置铭于肂，所云"刊凿之"者，盖凿为员孔以树铭旌之杠也。其后柩行而先抗重倚于道左，嗣是不复言重，疑遂弃之道左。《杂记》："重既虞而埋之。"盖反哭而虞，就所倚处埋之道左。凡为重，三分庭之一，不得县诸庙，明矣。殷主缀重，当是县主于重以栖神，故曰"丧主不文"。置铭与县主，其义一也。置铭以表柩，故亦为神所栖。县鬲者，食道也。经义分明，诸儒之言重者，恐皆失之。

奠以素器，以生者有哀素之心也。唯祭祀之礼，主人自尽焉尔，岂知神之所飨，亦以主人有齐敬之心也？

郑注："哀则以素，敬则以饰。"孔疏："'哀则以素'，谓葬前；'敬则以饰'，谓虞后。故《士虞礼》不用素器。"嵩焘案：《士丧礼》云"素俎"，《既夕》记云"素勺"，《士虞礼》云"素幾苇席"，似祔庙后乃除素器，虞、卒哭皆素也。案：下云"卒哭曰成事，以吉祭易丧祭。"《士虞》记：卒哭、即位皆哭，三献皆踊，犹丧祭也。惟云"丈夫说绖带于庙门外"，"妇人说首绖"，为受服之始，其明日祔以吉祭。记礼者连为之辞耳。丧礼锦冒黼杀、龙帷黼荒皆用饰，而祭器用素无饰。奠者，人子自致其诚以上交乎鬼神；所以用素，犹人子自尽之情也。"岂知神之所飨"，犹言何以知神之所飨。齐敬之至，若或飨之，则亦飨之于人子之心而已。哀、敬二者，皆所自致，奠之用素器者，此义也。"祭祀之礼"，正承上"奠"字言之。郑意析奠与祭祀为二事，恐失经旨。

弁、绖葛而葬。

郑注："天子、诸侯，变服而葬。冠素弁，以葛为环绖。既虞、卒哭乃服受服。《杂记》曰：凡弁绖，其衰侈袂。"嵩焘案：经言葬服之异，仅见于此。《既夕礼》"髽，散带垂"，郑注："为将启变也。"以后无明文。《丧服小记》："父母之丧偕，……其葬服斩衰。"又云："久而不葬者，主丧者不除。其馀以麻终月数。"《孔丛子》亦云："三年之丧，未葬服不变。"似葬以前从重服无变。《丧服》："改葬，缌。"郑注："服缌三月而除之。"是服除改葬犹服缌也。《丧服小记》："为兄弟既除丧，及其葬也，反服其服。"是兄弟服除而葬，犹服本服也。《间传》："既虞、卒哭，去麻服葛；期而小祥，要绖不除。"卒哭易葛带，小祥除首绖；首绖先除而不易葛带，绖易葛而不除。故曰：“除服者，先重者。易服者，易轻者。”而于葬服以葛为环绖，恐非事也。郑意亦知其不可通，乃云“逾时哀衰”，“大夫士三月而葬，未逾时”，故据以为天子、诸侯之礼。丧礼，受服以卒哭为断。《杂记》“亲丧外除”，言日月已竟而哀未忘也，乃以七月、五月为逾时而易葛绖以葬，似稍乖礼意矣。陈氏《集说》因谓礼于山川之神，于弁绖葛而葬，意又为无著。据下“周人弁而葬，殷人冔而葬”，是所易者冠也。《周礼·弁师》：“王之弁绖，弁而加环绖。”郑注：“环绖，大如缌之麻绖。”《杂记》：“小敛，环绖，公、大夫、士一也。”则兼斩衰之苴绖、齐衰之牡麻绖言之。凡绖皆环，而苴绖之与吊服，麻有疏细，绖有广狭。郑氏援《周礼·司服》“凡吊事，弁绖服”之文，遂据以为吊服，并所服衰亦为侈服之吊衰，直以吉服从事，此礼所必不然者。《南史·吴苞传》冠黄葛巾、《宋书·陶潜传》取头上葛巾漉酒，并冠服之至简者。葬服之弁或葛为之，仍准六升之冠。案《士虞礼》：“主人及兄弟如葬服，宾执事者如吊服。”卒哭受服，虞犹始服之衰也。用此知葬服必无变易，所异者易冠而弁耳。绖之用麻，证之诸经无易葛之文。孔疏之云葛绖麻带为妇人之受服，《丧服》无此制也。

反哭升堂，反诸其所作也。主妇入于室，反诸其所养也。

郑注：堂，“亲所行礼之处”。室，“亲所馈食之处”。孔疏：反哭于庙行礼者，“谓生平祭祀冠昏皆在堂也。”《既夕礼》“遂适殡宫”，故知初反哭在庙也。嵩焘案：《坊记》：“殷人吊于圹，周人吊于家。孔子曰：‘死，民之卒事也，吾从周。’”与此章文义互相发明。吊于家，知不当受吊于庙也。《既夕礼》：“乃反哭，升自西阶”；“妇人入……升自阼阶。主妇入于室……宾吊者升自西阶”；“主人拜稽颡……送于门外”；“遂适殡宫，皆如启位。”疏援“遂适殡宫”，遂以升自西阶为“在庙”。下云“葬日虞”，既葬，当立虞立，无因复至于庙。《问丧》：“入门弗见也，上堂弗见也，入室弗见也。”《既夕礼》“遂适殡宫”，殡宫，柩所存也，自在西阶之上，而不必当阶；“适殡宫”，所以为哀之至也。疏以升堂、入室皆在庙，恐未然。

卒哭曰成事。是日也，以吉祭易丧祭。明日，祔于祖父。其变而之吉祭也，比至于祔，必于是日也接，不忍一日末有所归也。

郑注：“既虞之后卒哭而祭。”“日有所用接之，《（士）虞礼》所谓‘他用刚日’也。”孔疏：虞、卒哭、祔皆常礼，此经云“变”，以其变常礼也。所以有变者，未及葬期而葬。《丧服小记》：“报葬者报虞，三月而后卒哭。”卒哭日赊，不可无祭。谓之为变，三虞、卒哭之间连接其祭，恒用刚日。郑注《士虞》记“三虞，卒哭，他用刚日”云：“他，谓不及时而葬者。……虞、卒哭之间有祭事，亦用刚日，其祭无名。谓之他者，假设言之。”嵩焘案：郑注于礼无征。敖继公《仪礼集说》：“三虞卒哭，谓三虞遂卒朝夕之哭。他者，变易之词。不用柔日而用刚日，故谓之他。《士虞》记：‘三日而殡，三月而葬，遂卒哭。将旦而祔，则荐。’云‘遂’者，以其与葬事相属也。荐在三虞之夕，来日旦明祔庙，荐于寝以告之。”详考诸经之文，敖氏之说最为精核，而义仍有未尽。丧礼，葬及练祥之祭皆筮日，而虞、卒哭，祔不筮日，为其事并系于葬也。丧事用柔日，三虞、卒哭独以刚日，卒哭而祔，祔以柔日，故先期卒哭用刚。《既夕礼》：“三虞，卒哭，是明日以其班祔。”《士虞》记连“三虞、卒哭”为文，而不别详其仪；惟云“祭毕，未彻乃饯”，饯即卒哭之祭也，是此二者同日。其云“三虞，卒哭，他用刚日”，盖谓三虞、卒哭或有他，故易期祔庙，则此三虞与卒哭别为一日而皆用刚日。下云“三月而葬，遂卒哭”，葬而虞，三虞而卒哭，相承为义。其云“将旦而祔，则荐”，则以他故不即祔庙，临事而荐，荐饯同义，皆谓卒哭之祭。初虞辞曰：“哀荐祫事”；再虞曰：“哀荐虞事”；三虞曰：“哀荐成事”；卒辞曰：“来日某祔尔于皇祖某甫”。卒哭在三虞之夕，敖氏之说无可疑者。此经云“变而之吉祭，比至于祔，必于是日也接”，正发明此义。言虞属之葬，卒哭属之祔，葬而遂祔，则三虞，卒哭；葬而不即祔，则卒哭之祭必与祔接。《丧服小记》“报葬者报虞，三月而后卒哭”，亦此义也。经文错举其义，在善读者之自会之。郑注失之甚远。

明日祔于祖父。

郑注：“祭告于其祖之庙。”嵩焘案：郑注《既夕礼》：“祔，卒哭之明日祭名。祔，犹属也。祭昭穆之次而属之。”《士虞》记注：“祔已，复于寝。如既祫，主反其庙，练而后迁庙。”是郑意但以祔为祭名，相沿至今，循用其说。《说文》：“祔，后死者合食于先祖。”文二〔僖三十二〕年《左传》：“卒哭而祔，祔而作主，特祀于主，蒸、尝、禘于庙。”特祀者练祥之祭，四时常祀及荐新则同于祖庙。据《仪礼》之文，既葬而虞，以神道事之，而彻朝夕奠矣，丧祭止于虞、卒哭而用吉祭矣，必无馈食于寝之事。后世诚意不逮于古，而文或过之。贺氏循云：自祔之后，惟朔月、月半殷奠。《士丧礼》：“朔月，奠用特豚。”郑注：“大夫以上月半又奠。”然则士丧在殡，月半不殷奠，祔后乃殷奠乎？司马《(家)〔书〕仪》、朱子《家礼》并有祔祭，而于初虞后云“罢朝夕奠”，亦并不言朔月之殷奠。《开元礼》：“禫而祔。”程子云：“三年丧毕，吉禘然后祔，祧主藏于夹室，新主迁于庙。”祔者合食之谓，禫而吉祭，迁主于庙，非祔义矣。吕氏大临云：“以昭穆之班祔于祖庙，有祭即而祭之，既除丧而后迁于新庙，故此谓之祔。”论祔义最尽。未可援汉以后通行之礼，强周制以从之也。

殷练而祔，周卒哭而祔。孔子善殷。

郑注：“期而神之人情。”嵩焘案：《（曲礼）〔檀弓〕》“虞而立尸，有幾筵’，故曰以虞易奠。虞之名祭，盖以神道事之，而不复名奠。殷练而祔，则是既葬而仍不废朝夕奠也；周人易之，以虞、卒哭为终期，而朝夕哭不能常也。殷之质也，《仪礼》既殡而有朝夕奠，既葬而有朝夕哭；不奠至卒哭而止，以次差之。周之文也，孔子固曰：“三年之丧，吾从其（质）〔至〕[①] 者。”文二年《穀梁传》：“作主、坏庙有时日，于练焉坏庙。”又援“殷练而祔”而遂以祔为毁庙迁主，所传之失实也。郑注《士虞》记：“练而后迁庙”，又承《穀梁》之说而失之。

君临臣丧，以巫祝桃茢执戈，恶之也，所以异于生也。

郑注：“君闻大夫之丧，去乐卒事而往，未袭也；其已袭，则止巫去桃茢。”孔疏：“若往临生者，但有执戈，无巫祝执桃茢之事。今有巫祝，故云‘异于生也’。”嵩焘案：《士丧礼》：“巫止于门外，祝代之，小臣二人执戈先，二人后。”郑注引“《周礼·男巫》‘王吊，则与祝前’，《丧祝》‘王吊，则与巫前’。诸侯临臣之丧，使祝代巫执茢居前，下天子也。”《仪礼》明言“祝代之”，是不去桃茢也。襄二十九年，公在楚，楚康王卒，楚人使公亲襚，使巫以桃茢先祓殡。桃茢先者，巫也。《丧大记》云“祝代之先”，即谓先入以桃茢祓也。此经通巫祝言之。凡吊，巫祝与有

---

①据阮刻本《礼记正义》改。

事焉。使祝代者，祝相君以便事也。孔疏云临死者“谓未袭以前”；临生者，既敛而死者已不可见，故曰“临生者”。附会郑注“去桃茢”之文，曲析经义以从之，非所安矣。

国君七个，遣车七乘；大夫五个，遣车五乘。

孔疏：“《既夕礼》：‘包牲，取下体。’郑注：‘前胫折取臂、臑，后胫折取骼。’是一牲取三体。士少牢二牲，则六体也，分为三个，一个有二体；大夫以上皆太牢，牲有三体，凡九体，分为十五段，三段为一包，凡五包；诸侯分为二十一段，凡七包；天子分为二十七段，凡九包。”嵩焘案：《士虞礼》：“举鱼腊俎，俎释三个。”郑注：“个，犹枚也。腊亦七体。”贾疏：“羹饪，升左肩、臂、臑、肫、胳、脊、胁七体。初举脊，次举干、举骼、举肩，惟臂、臑、肫三者不复盛。”释，犹遗也。《特牲礼》：“盛所俎，俎释三个。”郑注：“牲腊则正胁一肩、长胁一骨及臑，鱼则三头而已。”《有司彻礼》：“乃摭于鱼腊俎，俎释三个，其馀皆取之，实于一俎。”郑注：“鱼摭四枚，腊摭五枚；所释腊则短胁、正胁、代胁，鱼三枚而已。”《少仪》：“膳，告于君子。太牢，则以牛左肩、臂、臑，折九个；少牢，则以羊左肩七个；特豕，则以豕左肩五个。”郑注：“折，断分之也。”并以牲一体为一个。郑注于此云：“个，谓所包遣奠牲体之数。”七个、五个，即牲体之数也。其释《既夕礼》“苞牲，取下体”云：“士苞三个，前胫折取臂、臑，后胫折取骼。”郑意前是臑，后是骼，皆下体，士苞三个，皆此类也。《既夕礼》云“苞二”，羊豕各骼一个而已。遣车置椁，四隅苞牲下体实之，亦明器之属也。疏云“尊者取三体，其肉多；卑者取三体，其肉少”，未详所据；而以个训包，又谓士二体为一个、大夫以上三体为一个，殆非郑意也。

曰："我丧也，斯沾尔专之。宾为宾焉，主为主焉。"

郑注："斯，尽也。沾读曰觇，视也。国昭子自谓齐之大家有事，人尽视之；欲人观之，法其所为也。专，犹（同）〔司〕也。"嵩焘案：《史记·魏其传》："沾沾自喜。"《集韵》："沾，的协切。沾沾，自整貌。""斯沾尔专之"当作一句读，言我之治丧，当令男女整位一方，专以宾主为义。《既夕礼》："主人西面，北上，妇人东面。"周礼自有常位，国昭子欲专以己意行之，悍然不顾，岂有意备人之觇视者哉？案：《既夕礼》"主人西面，妇人东面"，不及宾。前云："吊于葬者必执引，若从柩及圹皆执绋。"宾以助葬为义，无哭泣之位。国昭子盖欲会葬之宾皆临窆，以示矜张之意。

昔者吾有斯子也，吾以将为贤人也，吾未尝以就公室。

郑注：未尝就公室，言"未尝与到公室观其行也。季氏鲁之宗卿，敬姜有会见之礼。"嵩焘案：方氏《析疑》云："古者小学在公宫南之左，《周官·师氏》：'居虎门之左，国之贵游子弟学焉。'侯国制应同。（或）文伯少孤，敬姜未使就学于公宫南，至是始悔之。"方氏之说是也。郑云宗妇有会见之礼，则朝祭必与，何以云未就公室观子之行？而必就公室又非事也。经云"以就公室"，正以之就学公宫之意。意盖以其质美自能贤也，未尝使就公室薰习于师友，追咎其好色以自陨其生，亦伤其无取友之益也。

礼有微情者，有以故兴物者。

郑注：微情，谓"节哭踊"。以故兴物，谓"衰绖之制"。孔疏：微，杀也。哭踊有节，以杀其内情使之俯就。不肖者无哀情，使之睹物思哀也。嵩焘案：《说文》："微，隐行也。"《尔雅·释诂》：“幽，微也。”“匿，微也。”“微情”者，哀之至而若隐之，似无节杀其情之义。如宾之有拜也、大夫之有特拜也、袒括发之有袭也、冢人营宅之有筮也、日之有卜也，为之制以不得直达其哀，故曰“微情”。“故”者，已然之谓，因其已然之情而兴起之于物；衰绖之制，皆物也。悲痛之至之必为辟踊也，人心自然之应也；先王制之以为成法，使之哭且踊，以道其悲痛之心而自致其慎终追远之实。杖衰倚庐之异制，皆因其哀踊以致其文者也，故曰“以故兴物”。“微情”由外而隐之于内，“以故兴物”由内而道之于外，似不仅如旧注所云也。

古者天子崩，王世子听于冢宰三年。

郑注：“时人君无行三年之丧礼者。（子张）问有此与，怪之也。”嵩焘案：《论语》：“何必高宗，古之人皆然。”“古者”谓殷以前。亮阴之礼，自殷犹然。周公之摄政，盖行殷礼也；既定周礼，建六官，政统于君，遂废亮阴之礼。康王即位而朝诸侯，史臣记之，以是为周公之创制也。世降而文，不能以天下大政一听之冢宰，周公因时制宜以定万世之法，诚有不得已也，圣人于此盖拳拳焉。周制之文也，所以严君臣之分也。圣人继周公而起，承文之敝而返之于仁孝，其于周制必更有损益，而其道终以不能行，亦时为之也与？《论语》所记同旨。

至于今，既毕献，斯扬觯，谓之“杜举”。

郑注：“毕献，献宾之君。”“《礼》；扬作媵。”孔疏：“杜蒉此事在燕礼之初，宾主既入，得杜蒉之言，献君与宾，燕事则止。”嵩焘案：《燕礼》：主人献宾，宾酢主人；次献公，受公酢；遂媵觚于宾以酬宾。小臣自阼阶下请媵爵者，作下大夫二人媵爵。

公坐，取所媵觯酬宾，宾以旅酬于西阶上。似献宾与公而媵爵，乃燕礼之正文。宾举旅毕，而后献卿；又媵爵，为卿举旅，而后献大夫；又奠觯，为大夫举旅，而后献士。孔疏“献君与宾，燕事则止”尤为无据。《燕礼》：媵爵者序进洗角觯，酌散，交于楹。似所谓媵爵者，有从爵也，与扬觯“扬”字义别。《左氏传》称平公欲废知氏，知悼子卒，而饮酒，乐，所以快之。天子、诸侯月一举，皆有乐。杜蒉所饮者一工一嬖臣，必非燕礼可知；毕献而扬觯，乃推行之于燕礼。疑所谓“扬觯”者，直酌以饮公，无拜送爵之文。燕礼凡献、祭酒、啐酒、奠爵、告旨，而后卒爵扬觯；若加爵饮公，在燕礼媵爵举旅之外。郑注疑未合。案：《仪礼》周初文。昭公九年荀盈卒，《左传》载其事在春秋之季，未宜援《仪礼》为证。

夫子疾，莫养于下，请以殉葬。

郑注：“下，（谓）地下。”嵩焘案：《玉篇》：“殉，用人送死也。”春秋诸侯通用之。文六年秦穆公卒，以子车氏之三子为殉。成（三）〔二〕年宋文公卒，始用殉。成十年晋景公卒，小臣有晨梦负公以登天，遂以为殉。昭十三年壬申以其二女殉楚灵王而葬之。定三年葬（莒）〔邾〕庄公，殉五人。宣十五年魏武子有嬖妾，无子，疾病，命颗曰：“必以为殉。”是大夫亦有用殉者。此云“夫子疾，莫养于下”，盖愤侍疾者之无状，医药饮食不得其和，因以致死。下，谓内竖之侍疾者。以殉葬，即以此侍疾者为殉也。与下“彼疾，当养者孰若妻与宰”紧相呼应，郑注非也。陈氏《集说》乃云疾时不在家，家人不得以致其养，故曰“莫养于下”；于事无征，于文亦为不类矣。

与之邑裘氏与县潘氏。

郑注：“裘，县。潘，邑名。”孔疏：裘氏与县潘氏，二邑也。

陆氏《释文》："县音玄。"嵩焘案：《周礼·小司徒》："九夫为井，四井为邑，四邑为丘，四丘为甸，四甸为县"，邑与县别；邑方二里，县方二十里。而《载师》职云："以公邑之田任甸地，以家邑之田任稍地，以小都之田任县地，以大都之田任畺地。"又似邑与县以地广狭相乘而各异地，地远则益广，故六遂之县又与之乡之县异制。《左氏传》："凡邑，有宗庙曰都，无曰邑。"都邑二字三代通称。《尚书》言"夏邑"，言"商邑"，言"宅新邑"，言"用附我大邑周"，言"作新大邑于东国洛"，凡国都通谓之邑。春秋以后始有称县者：僖三十三年晋襄公"以再命命先茅之县赏胥臣"，宣十五年"赏士伯以瓜衍之县"，襄二十六年蔡声子曰："晋人将与之县"，昭三年赵文子曰："温，吾县也"，哀（三）〔二〕年赵简子誓曰："上大夫受县"；《晏子春秋》："桓公与管仲狐与穀，其县七十。"案：狐与穀即县也。其县七十，谓狐穀二县尽七十里之地。此仿《左氏传》"与六邑六十"为文而义各别。《说苑》："景公致千家之县一于晏子。"《史记·吴世家》："予庆封朱方之县。"而成二年仲叔于奚救孙桓子，卫人赏之以邑；襄二十一年庶其窃邑于邾以来，而与之邑；襄二十七年皆取其邑而归诸侯，襄二十九年说晏平仲纳邑与政，（哀）〔襄〕三十一年子皮使尹何为邑：邑与县错举为文。据昭三年《传》云："州县，栾豹之邑也。"昭五年《传》："韩赋七邑，皆成县也。"县邑二字通称而云"七邑皆成县"，是县固大于邑也。襄二十（九）〔六〕年赐子展先路三命之服，先八邑；赐子产次路再命之服，先六邑。杜预注："八邑，三十二井。"襄二十七年与免馀邑六十；宋左师请赏，与之邑六十。襄二十八年与北郭佐邑六十。疑《左传》言邑，有与县同者，有与县异者。而古制邑皆度田为之，四田井为邑，所云赐之邑六十，皆以田计。昭二十八年"分祁氏之田以为七县，分羊舌氏之田以为三县"，是县亦以田计。而邑实通大小言之。昭十年“与桓子莒之旁邑”，哀七年“宋伐曹，筑五邑于其郊”，似垒土为聚，通谓之邑。经云“邑裘氏、县潘氏’，自当为二事。《水经注》：“沙水东南径陈留县裘氏乡裘氏亭西。”陈留郑地，西与卫接壤，其时地或属卫。《水经注》又云：“漳水径磻阳城北。”《九域志》林虑县有磻阳城，在淇水北隋初分林虑置淇阳县。《水经注》汲郡西北有磻溪，疑即潘阳城所由名，潘即磻也。潘，县名；裘氏，邑名。邑小而县大，邑近而县远，故于此分别言之，未宜并为二邑也。

尔以人之母尝巧，则岂不得以其母以尝巧者乎？则病者乎？

郑注：“以与已字同。”“言（谁）〔宁〕有强使女者与？毋，无也。于女宁有病苦与？止之。”嵩焘案：郑意以“则岂不得以”断句，“其毋”作反揭语。阮氏《校勘记》云：“惠栋校宋本、宋监本、闽本、石经、岳本（作毋），卫氏《集说》同。监、毛本毋误母，嘉靖本同。《释文》出‘其毋’，云‘音无’，注亦云：‘毋，无也。’则经不作毋明甚。卢文弨校云：‘依注当作母，下仿此。’”据郑注《士相见礼》，古文“毋为”、“无为”毋无字异义，其注《曲礼》“毋不敬”并不云“毋，无也”，此独云然者，盖经本“母”字，而注以“毋”释之。陆德明《音义》从郑注音无；诸本作无，承注义也。陈氏《集说》“则岂不得以其母以尝巧者乎”作一句读，极允。“其母”正对上“人之母”，以人之母尝巧，则亦岂不得以己之母尝巧，于心亦有病乎？否乎？语极分明。郑注训“其母”为“其毋”，疏家直据以为“无”字，而经义亦稍迂曲矣。

使之虽病也，任之虽重也，君子不能为谋也，士弗能死也。

郑注：使，“谓时徭役”。任，“谓时赋税”。嵩焘案：《左氏传》云“事充政重”，杜预注亦云事充谓“徭役烦”，政重谓“赋税多”。疑此与《左氏传》所载情事不同。《传》云“公叔务人见保者而泣”，以师近在郊，征民入保而无能一战，何以能国，是以泣也。此云见“负杖入保者息”，则从征之士也。《传》称“冉有入齐军，右师奔”，盖孟儒子、郰泄之徒卒负其兵杖奔入保者；师次雩门之外而战于郊，距国为近，负杖入保而息于途，抑何暇也？是时孟氏、叔氏皆不欲战，孟孺子勉强一出，而士卒散乱如此，公叔禺人所为愤激以死也。与《左氏传》情事稍异而取义同，总以见鲁政之无纪而已；似此所记为得其实。《左传》“见保者而泣”在师始出时，无因为此愤激之言。哀、悼之世，季氏专政而以后无闻，郎之战其气已索；圣人固曰“三桓之子孙微矣”，此其征也。“任之重”属下“君子”言，谓三家之专政者。“使之病”属下“士”言，谓入保之士。任虽重而不能出一谋，使虽病而固当死，文气紧相承接，与《左氏传》都无役烦赋重之意。注家意为之辞耳。

朝不坐，燕不与。

郑注：“朝燕于寝，大夫坐于上，士立于下。然则商阳与御者皆士也。”孔疏：“路门外正朝，大夫以下皆立。若其燕朝，在于路寝，如孔子摄齐升堂……是大夫坐于上。”嵩焘案：《周礼》三朝：朝士“掌外朝之法”，司士“正朝仪之位”，太仆“王视朝则前正位”。司士所掌，治朝也，而云：“孤卿特揖，大夫以其等旅揖，士旁三揖。王入内朝，皆退。”是朝仪皆揖而退。朝士外朝“禁错立族谈者”，但有立，无坐也。《义疏》：惟王公有坐论之理。《考工记》云：“坐而论道，谓之王公；作而行之，谓之士大夫。”言王公谓坐而论道者，天子、诸侯非以朝位言也。《燕礼》“献士”，为士举旅，分先后而已，无不与于燕者。郑注并朝燕为一，疏遂授“摄齐升堂”以证朝坐之说，似皆失之。昭公十二年楚子狩于州来，围徐以惧吴，是时弃疾已有代楚之心，故为不忍杀人以示惠；疑工尹商阳、陈弃疾名当互易。郑云：“兵车参乘，射者左，戈盾在右，御居中央。”疏引宣十二年“楚许伯御乐伯，摄叔为右”，于时乐伯主射而云“左射以菆”。是凡兵车，左主射，左者甲士三人之长也。乘车之礼，君居左，车右居右，御者居中，故车将在左射者，将所有事也。工尹商阳与弃疾同车，必非任为将者，其时或为右，或御，弃疾无因代将手弓以射。昭公十一年楚子使弃疾居蔡，“朝不坐，燕不与”者，谓居陈蔡不与朝、燕之事，言未与闻伐吴之谋也。案：上“陈太宰嚭、行人仪”，洪氏迈云：“嚭为吴夫差之宰，陈遣使者正用行人，则仪乃陈臣也。”人名倒乱正与此类。

为懿伯之忌不入。

郑注：“忌，怨也。敬叔有怨于懿伯，难惠伯也。”孔疏：“敬叔杀懿伯，恐惠伯杀己；入滕国，由主人，防备不复在己，故难之。”嵩焘案：《左传》昭三年：“叔弓如滕，葬滕成公，子服椒为介。及郊，遇懿伯之忌，敬子不入。惠伯曰：‘公事有公利，无私忌。椒请先入。’乃先受馆。敬子从之。”杜预注：“叔弓礼椒，为之辟仇。”《传》言叔弓之有礼，郑意敬叔辟惠伯之仇己；杜意敬叔为惠伯辟仇，孔疏附会郑意，又创为敬叔杀懿伯之说。《集说》引刘氏敞云：“先言及郊而后言忌，是及郊方遇忌也。忌只是忌日。懿伯是敬叔从祖，及滕郊而适遇忌日，故欲缓至次日乃入。”一扫诸说之障。孔疏引《世本》：“叔肸生声伯婴齐，（婴）齐生叔老，（叔）老生叔弓。”叔肸，宣公母弟，于桓公为八世孙。“庆父生穆伯敖，敖生文伯穀，穀生献子蔑”，惠伯蔑孙，于桓公为七世孙。《春秋姓氏表》：子服它，孟献子之子，为子服氏；而《通志》称庆父玄孙懿伯，字子服，为子服氏。惠伯始见襄二十三年《左传》注："孟椒，孟献子之孙子服惠伯。"子服它当即惠伯之父，懿伯与子服它同出孟献子，懿伯不必为子服氏。案：《左传》襄二十三年称孟椒，昭三年称子服椒。《传》曰"胙之土而命之氏"，疑惠伯仕为大夫，乃以其父它之字为子服氏。敬叔以惠伯于懿伯当服期，故欲辟其忌日。《祭义》"忌日不用"，郑注："不用举他事"，是也。所以不入者，为惠伯辟也。刘氏乃云"懿伯是敬叔从祖"，则是疏属，无服之从祖无庸辟之，刘氏之说犹误。

哀公使人吊蕢尚，遇诸道，辟于路，画宫而受吊焉。

郑注："行吊礼于野，非。"嵩焘案：此经前云："君遇柩于路，必使人吊之。"《既夕》记："惟君命止柩于堩。"似柩在道亦得受君吊。经又云："君于大夫将葬，吊于宫；及出，命引之。……朝亦如之，哀次亦如之。"《既夕礼》："至于邦门，公使宰夫赠玄纁束。"将葬吊于宫、于庙、于门，赠则于国门，又似有常所。襄二十三年：齐侯自莒归，"遇杞梁之妻于郊，使吊之"。是尚未见柩也。杞梁死国难，当以礼吊，而吊其妻于郊，宜辞而拒之，不得与此使人吊蕢尚比。曾子所讥，盖谓其画宫受吊，视其在野如在家，为非礼也。君使至，主人去杖而左，听命，宾由右致命；辟于路而画宫，于礼虚矣。郑注似未尽。案：郑注不释"辟于路"。陈氏《集说》：辟读为闢，谓除闢道路。疑车在堩，无由画宫受吊；画宫盖画为拜迎、拜送之门，为东西阶，为庭，当引车就道右为之。《曾子问》："葬引至于堩，日有食之，止（车）柩就道右。"盖丧车专道而行，止车必于道右；"辟于路"者，犹言避就道右也。下云"画宫"，更不待言除闢道路矣。

孺子𩠌之丧，哀公欲设拨。

郑注：孺子䵍，“鲁哀公之少子”。“拨，可拨引辅车，所谓绋。”嵩焘案：《书·金縢》、《洛诰》、《立政》文称成王为“孺子”，《晋语》里克、杜原款并称申生“孺子”，里克亦称奚齐“孺子”，秦穆公吊重耳称“孺子”，似孺子为世子应为后者之称。《左氏传》称孟庄子曰“孺子速”，武伯曰“孺子泄”，齐子尾之臣称之良曰“孺子”，韩宣子称郑子齹曰“孺子”，皆嗣立为世卿者。哀公或欲以䵍为世子，用诸侯礼葬之，故有若以为可。经云：为榆沈，故设拨”，郑训拨为绋，甚误。拨盖所以转辅车。陆氏佃云：“榆性坚忍，所谓‘不剥不沐，十年成毂’者；性沈难转，所载亦沈，故设拨以拨辅。”语极明晓。郑谓榆沈“以水浇榆，白皮汁播地”以取滑，其于辅车之重，且胶粘不能行矣。

天子龙辅而椁帱，诸侯辅而设帱。

郑注：“辅，殡车也。殡以椁覆棺而涂之，所谓菆涂龙辅以椁也。”嵩焘案：经云葬车，与殡无涉。《说文》：“椁，葬有木郭也。”椁者周于棺外，殡以菆涂象椁，葬车以辅象椁，并取周棺四围为义。辅与楯通，《说文》：车“阑槛也”。龙辅，盖车四围桀木以象槛而画龙其上。《说文》：“帱，禅帐也。”《尔雅·释（器）〔训〕》：“帱谓之帐。”《史记·礼书》：“大路之素帱也。”是车帷亦通名帱。《丧大记》天子龙帷，诸侯黼帷，并以加于辅上。天子龙辅，周棺象椁，故曰椁帱；诸侯之辅，不画龙而下于棺，惟以帱覆之。郑以“殡车”为言，恐误。

孟氏不以是罪予，朋友不以是弃予。

郑注：“恃宠虐民，非也。”嵩焘案：陈氏《集说》引刘氏云：“买道而葬，后（以）〔必〕为例而难乎为继，此亦愚而过虑之一端。”其言近之而义犹未尽。《家语》：“子路治蒲，为水备箪食壶浆以食治沟洫者，夫子止之；子贱为单父宰，有齐师而禁民割麦：皆急以利防民。“买道而葬，后难继也。”陈义自正。一施小惠于民，而使之薄其哀死之情以生悖心而启争端，亦所谓违道以干百姓之誉者也。“孟氏不以罪予，朋友不以弃予。”姑以是释申详之，疑非苟幸人之不我责也。

仕而未有禄者，君有馈焉，曰献。使焉，曰寡君。

郑注：“见在臣位，与有禄同也。‘君有馈’，有馈于君。”孔疏：“若出使，自称己君为‘寡君’。言虽仕未得禄，而有物馈君；及出使他国，所称并与得禄者同。”嵩焘案：经明言“君有馈”而郑以为馈君，徒以使曰“寡君”为疑。方氏《析疑》引《左氏传》晋荀寅奔齐，陈恒与之言，称“寡君”，足为确证。卫氏《集说》引临川王氏、长乐陈氏、山阴陆氏、文叔李氏诸说，足证注疏之误。记礼者为孔子之居卫、居陈，子思之居卫，孟子之居梁、居齐，特著此例。禄谓田禄，如子思之继肉、继粟，孟子之养以万钟，皆所谓传食于诸侯而不可以云“禄”也。曰“使焉”者，即君所使致馈者也。

舍故而讳新。

郑注：“《易说》曰：《易》之帝乙为成汤，《书》之帝乙六世王。天之锡命，疏可同名。”嵩焘案：《左氏传》：“周人以讳事神。”是讳名之典，创自有周三代，传国皆数百年。周世之传三十，又上推之以至于帝喾，而名有不胜讳矣。是以卒哭乃讳，卒哭而祔，祔则昭穆各以次定而将上祧其祖；所祧之祖不复讳，亲尽故也。如穆王满十六世而有王孙满，厉王胡十七世而有蠤王胡齐。又如夷王十三世有简王夷，定王五世有慎靓王定，亦不闻讳夷王定王之称，五世亲尽不讳可知。殷以前本不闻有讳，以干纪号而不立谥，殷制也。据《史记》，汤号天乙，其名曰履；称帝乙者，以帝加之。郑以为同名，非也。

有焚其先人之室，则三日哭。故曰：新宫火，亦三日哭。

郑注："有焚其先人之室"，"谓火烧其宗庙"。嵩焘案：此经上下二语紧相承，专言"宗庙"，则经义不明。成三年《公羊传》："庙灾，三日哭，礼也。"昭十八年郑火，"书焚室而宽其征……三日哭。"是国大灾亦有"三日哭"之文。此云"先人之室"，谓居室传自先人者。先人所营宫室，子孙不戒于火而焚之，有足隐伤先人之心者，故为之三日哭。《穀梁传》："新宫者，祢宫也。"宣公十八年十月薨，成三年二月新宫火，吉禘未久，故曰新宫。以其为先人之神之所凭依也，亦三日哭。紧承上"先人之室"言之，言所重者先人也。"先人之室"与"新宫"相为映合。概以宗庙言之，非也。

丧不虑居，为无庙也。

郑注："丧不虑居"："谓卖舍宅以奉丧。"嵩焘案：郑义似非情事。《义疏》云："古者五亩之宅受之于君，非己所得卖。或曰'虑居'谓谋寝处之安。"据《丧礼》"寝苫枕块"，无谋及寝处之理。此"丧"字与"丧欲速贫"之"丧"同，谓出亡也。出亡则宗庙之祀无主，故不敢谋居处之安。古者适士以上皆立庙，卒哭乃祔庙。经云"为无庙也"，正据出亡而庙祀废言之；若为居丧之礼，不得言"无庙"矣。

易则易，于则于。

郑注："易，谓臣礼。于，谓君礼。"孔疏："臣来则行臣简易之礼，君来则行君广大之礼。"嵩焘案：郑注《杂记》"凿巾而饭"云："士亲饭，必发其巾。大夫以上，宾为饭，则凿巾。"《周礼·太宰》："大丧，赞含玉。"天子、诸侯之含，大宰掌之；诸侯朝会至者亦视含，上云"诸侯伐秦，曹宣公卒于会，诸侯请含"是也。《杂记》："使人吊，其次含、襚、赗、临，皆同日而毕事。""含者执璧将命……坐委于殡东南，有苇席；既葬，蒲席。降，出反位。"盖兼吊礼行之。含、襚、赗皆介将命。易者易直，如诸侯相为视含；于者迂曲，谓既殡既葬而使人归含。归含，委璧而已，而云"使某坐含"，是使之亲含也；故曰"易于杂"。郑以易为臣礼，于为君礼，似误。案：郑云大夫宾为含，疏易其辞云"大夫以上使人含"，大误。又据"'寡君使容居坐含，进侯玉'，为使者致词，'其使容居以含'为记人录语"，未知何所取义。徐君僭用王礼，邾之有司不能直正其失以拒之，而托为之辞以使其自悟，"容居"之对亦所谓"遁辞，知其所穷"者也。案：徐，少昊后；鲁国，少昊之墟也。容居自述为鲁人而仕徐。徐自周穆王时已僭称王，疑所谓"驹王"即《史记》所叙之偃王也。其后吴楚皆僭王，而徐距中国为近，子孙世袭其僭，邾娄又视徐为小，故遂以王礼施之。容居之言"不敢忘祖"，盖谓徐偃王时诸侯服从，皆用此礼也。注谓容居驹王子孙，而训鲁为钝，恐属意为之辞。

子思之母死于卫，赴于子思，子思哭于庙，门人至曰："庶氏之母死，何为哭于孔氏之庙乎?"子思曰："吾过矣！吾过矣！"遂哭于他室。

郑注"子思之母"；"嫁母也，姓庶氏。"嵩焘案：郑注因《檀弓》有"子上之母死而不丧"之文，遂并伯鱼之母、子思之母皆谓之出母。《春秋左传》襄十二年言："凡诸侯之丧，同姓于宗庙，同（姓）〔宗〕于祖庙，同族于祢庙。"族谓五服之亲；是以孔子亦言“兄弟，吾哭诸庙”，而庙亦自有亲疏次第。周礼以嫡长为尊，谓之宗子，其宗其祖之所自出为大宗，宗其祢以上皆为小宗。孔子之兄孟皮以病废，然苟有子，固当承所宗之祀为宗子。子思哭嫂，为位而不详其兄之名，意或其贤不及子思，传记皆略之。《史记》叙孔子世家，详其先世而不及孟皮。周人皆以孟、仲、叔、季为次，孔子之父叔梁则亦尚有兄也。其叙伯鱼、子思，八传而至孔鲋，鲋无传；乃次其弟子襄起博士，为长沙太（守）〔傅〕；又四传至延年及其弟安国亦起博士，为临淮太守。所叙录皆有名迹，而于派分不详。子思盖居宋、居卫而终反鲁。自防叔居防为孙氏宗邑，子孙之为大宗、小宗，必各有别。《孔丛子》云：哭孔氏于夫子庙，哭孔氏之别姓于弗父之庙。《燕义》“有庶子官”，郑注：“庶子，诸子也。”此云庶氏，犹若孔氏之庶子。庶子之哭其〔母〕，不于祖庙而于其所出之宗。“他室”者，所出之宗之别室。郑注子思之母嫔于庶氏，恐失之诬。

臣弑君，凡在官者杀无赦；子弑父，凡在宫者杀无赦。

郑注：弑君、弑父，“其罪无赦”。“诸臣、子孙皆得杀之。”嵩焘案：郑意据隐四年《公羊传》卫人杀州吁：“其称人何？讨贼之辞。”何休注：“明国中人人得讨之。”专正其弑逆之罪，而疑在官在宫皆杀无赦为滥刑，故有是说。诚然，则亦自相贼杀耳，于断狱之义无取。《易》曰：“臣弑君、子弑父，非一朝一夕之故，其所由来渐矣。”在官在宫有同恶者，有与闻其故者，有坐视君父之被弑而不救者，皆与党逆之诛。曰“凡”者，凡是有罪，从坐皆无赦也。如此而后可云断狱。《公羊传》：“孔父正色而立于朝，则人莫敢过而致难于其君者。”弑父弑君而及同恶之诛，亦《春秋》之义也。

敝帷不弃，为埋马也；敝盖不弃，为埋狗也。丘也贫，无盖，于其封也，亦予之席，（母）〔毋〕使其首陷焉。路马死，埋之以帷。

郑注："路马，君所乘者。其他狗马不得以帷盖。"嵩焘案：帷盖以埋狗马，通上下皆然。经引"路马"以证孔子之言，君子所以曲致其仁，其视狗马一而已，不当有贵贱之分也。据《周礼》，轮人为盖，属攻木之工；盖弓之长六尺，与帷席不相为类。而《轮人》云："良盖弗冒弗纮。"冒者，盖衣也。帷以衣车，冒以衣盖，冒小于帷，故以埋狗。《幕人》："掌帷、幕、幄、帟、绶之事。"郑注："在旁曰帷。在上曰幕。""四合象宫室曰幄。""帟，〔王〕在幕，若幄中坐上承尘。"盖衣曰盖，幕帟之属亦曰盖。《掌次》："王张帟三重，诸侯再重，孤卿大夫不重。"此经上云"君于士有赐帟"，是士不得张帟。孔子之云"贫无盖"，谓不得张帟也。席又小于盖，裹首以窆之而已。旧注通盖为车盖者，误。

尽饰之道，斯其行者远矣。

孔疏："吊有常服而得尽饰，谓更服新衣。"嵩焘案：《丧服》记："朋友，麻。"诸侯、大夫之吊服皆锡衰弁绖，朋友当缌衰，孔氏所云"新衣"者何衣？而于吊时更服，似属无征。近当涂夏氏《檀弓辨诬》云："丧礼有摈相，有将命，吊客有介，阍人何为而自拒之、纳之？古人行礼，未入之先，或待于次，或待于门外，厩何地也而曾子、子贡入之？"《丧大记》：大夫之丧，君视大敛，"君即位于序端，卿大夫即位于堂廉楹西，北面东上。"此从君入者。《士丧礼》："君出，主人拜送。袭，入即位，拜大夫之后至者。”此大夫后至者，当君在时自不得入，岂有君亲咫尺而卿大夫辟位之礼？又岂有行吊于人而君降一等揖之之礼？曾子、子贡之贤闻于鲁国，君、卿大夫之敬礼有素矣，于区区入厩之修容何与哉！《檀弓》所记，尤无如此章之猥陋者，疑庄周、列御寇之徒虚诞相高而戴氏误入之。此章大旨即《庄子》外篇儒以《诗》、《书》发冢之意，讥儒者之善饰而已。《庄子》语隽而此所刺微，戴氏亦不能辨也。

鲁庄公之丧，既葬而绖不入库门；士大夫既卒哭，麻不入。

郑注：“闵公吉服，不与虞、卒哭。”“群臣毕虞、卒哭，亦除丧。”“麻，犹绖也。”孔疏：“绖，葛绖也。诸侯弁绖葛而葬。”嵩焘案：《间传》：“斩衰三升，既虞、卒哭，受以成布六升……去麻服葛，葛（绖）〔带〕三重。期而小祥，练冠缥缘，要绖不除。”卒哭受服而易葛带，既期遂除首绖，首绖无易葛者；前云“弁绖葛而葬”，葬冠易弁，非易绖也：孔疏误。庄公薨，庆父乱政十有一月而始葬，葬而遂除服；士大夫卒哭而亦除服。麻，犹衰也。“不入”，言无有服麻而入者。此由庆父废丧礼以成其乱。闵公年八岁，见制庆父，亦以见丧礼由失也。

叔仲皮学子柳。叔仲皮死，其妻鲁人也，衣衰而缪绖。叔仲衍以告，请繐衰而环绖，曰：“昔者吾丧姑姊妹亦如斯，末吾禁也。”退，使其妻繐衰而环绖。

郑注：“学，教也。子柳，（叔）仲皮之子。”“衍盖皮之弟。”“衣当为齐……士妻为舅姑之服也。”“时妇人好轻细，多服（繐衰），衍既不知礼之本，子柳亦以为然……使其妻为舅服之。”嵩焘案：《丧服》：“女子子适人者”大功。《士丧礼》：苴，散带垂。牡麻绖，亦散带垂。“妇人之带，牡麻结本，在房。”是凡齐衰服皆缪绖。繐衰，治其缕如小功而成，布六升半，稍次于齐衰，《丧服》记序之大功之上，其服亦牡麻绖；环绖不缪，盖从简。叔仲皮为鲁公族。孔疏引《世本》：“叔身生武仲休，休生（意）〔惠〕伯彭，彭生皮，为叔仲氏。”春秋文十八年襄仲杀叔仲惠伯，已而复叔仲氏。襄七年杜注叔仲昭伯：“叔仲惠伯之孙”；二十八年注昭伯：“叔仲带”；昭十二年注叔仲穆子：叔仲小，叔仲带之子。叔仲皮、叔仲衍皆不见于《传》，与子柳同时，当为叔仲穆子之后，必非彭生之子也。子柳盖鲁贤者，叔仲皮师事之。子柳之妻与叔仲皮为昆弟，经云“鲁人”者，谓亦鲁公族也；为叔仲皮齐衰，以为父后之昆弟服之。“叔仲衍以告”，谓告于子柳之妻辞重服；繐衰环绖下于齐衰一等，亦非正服也；其云“吾丧姑姊妹亦如斯”，即《丧服》之云“姑姊妹报”者是也。子柳鲁之高节者，亦不乐加厚妻之族，因从而为之服。语意甚明，郑注直以子柳为叔仲皮之子，经义乃始纠纷矣。案：周之季世，人各以其私意制为之服，子柳贤者亦不能正，前云“繐衰繐裳非古也”正指此。

吾欲暴尪而奚若？

郑注：“尪者面乡天，觊天哀而雨之。”嵩焘案：《左氏传》僖二十一年：“公欲焚巫尪。”杜注：“瘠病之人，其面上向。俗谓天哀其病，恐雨入其鼻，故为之旱。是以公欲焚之。”《说文·尢部》：“尢，尳曲胫也。象偏曲之形。”篆文作尣。《玉篇》：“尪，偻也。”《说文·人部》大徐本云：“偻，尪也。”段氏注：“尣是曲胫之名，引申为曲脊之名。”尪、偻同病，与郑注“面乡天”正反。《荀子·正论篇》：“伛巫跛匡”，杨倞注：“匡读为尪，废疾之人。”《荀子》云“跛匡”，仍以足疾言之。其《王霸篇》“贱之如尫”，注云：“尫当为尪，病人也。”《广韵》云“尪弱”。杜氏以为“瘠病之人”，是也；其引俗说附会郑义，而益失之诬。此当即僖公二十一年事，记礼者以为穆公，盖传闻之误；而《左氏传》

云“焚巫尪”，此云“暴”，义较近。《周礼·女巫》：“旱暵则舞雩。”愤其不能以救旱而暴之，又牵及尪者，何为便焚之？《集韵》：“焚，火灼物也。”《玉篇》：“灼，热也。”疑《左传》言“焚”，亦只是暴意。

礼记质疑卷五

王制

公侯田方百里，伯七十里，子男五十里。

郑注："此地，殷所因夏爵三等之制也。鼠有鬼侯、梅伯。春秋变周之文，从殷之质，合伯、子、男以为一，则殷爵三等者公、侯、伯也，异畿内谓之子。周初更立五等，增以子男，而犹因殷之地，以九州之界尚狭也。周公摄政，致太平，斥大九州之界。……大者地方五百里，其次侯四百里，其次伯三百里，其次子二百里，其次男百里。"孔疏引《郑志》答张逸："微子、箕子，畿内采地之爵，非畿外治民之君，故云子。"嵩焘案：《虞书》"辑五瑞"，即《周礼·典瑞》公、侯、伯执圭，子男执璧，"以朝觐宗遇会同于王"者也。四岳群后以五玉为差，自唐虞已然。杜预《春秋氏族谱》：邾，颛顼之后。有陆终产六子，其五子曰安，邾即安之后也，周武王封其苗裔邾侠为附庸。楚，（重黎）〔颛顼〕之后，周文王时其苗裔鬻熊为文王师。莒，少皞之后，周武王封（莒）〔兹〕舆期于莒。许，尧四岳伯夷之后，周武王封其苗裔文叔以续太岳之嗣。杜氏所述皆出《世本》。楚、邾、莒子国，许男国，其来已久，疑武王所封各国之苗裔即《虞书》颁瑞之义，以明一王之大法而已。《通考》云："徐，子爵，出自伯翳，始封于夏"，历殷迄周，为徐戎。郑谓"殷爵三等"，未知何据。其云

"畿内谓之子"，则是殷爵固有子矣。畿内及五服建国同，制爵亦同，安得谓畿内尽称子？案：《古纪·循蜚、因提、禅通、疏仡》多缪悠之言，而诸侯之名始见《黄帝纪》。《虞书》统名之"群后"，如契封商、稷封邰，皆不详其名爵。《夏书》可纪者，防风氏、有扈氏、有穷氏，及有鬲、伯明、斟灌、斟寻之属，并以氏纪。历商始有侯伯之名。疑商以前但分五服，以五玉颁瑞别其等数，至周始备其制，而周之封爵实止侯伯二等。三恪称公；其称子男者，皆立国夏商以前，降而为子男者也。春秋列国皆然，其称续封，即降封也。吴楚僭国，不与朝会，圣人以义制法，使从要荒称子之例，文武时未有封也。孟子言"《春秋》，天子之事"，正谓此等。先儒于此义多未有发明。疏云"文家五等，质家三等"，而引《孝经》证夏制之非三等，不知五等之封由来盖远，殷亦未有变也。郑据殷爵三等，遂以此经制田为殷制，而谓周公"斥大九州之界"，以证周礼封国之等。《大司徒》：诸公之地方五百里，其食者半；诸侯之地方四百里，其食者参之一；诸伯之地方三百里；诸子之地方二百里，诸男之地方百里，其食者四之一。郑司农云："公所食租税得其半，其半皆附庸小国"；参之一、四之一皆然。案：郑注："其食者半、参之一、四之一，土均均邦国地贡轻重之等。"疑三代取民之制皆什一，封国制贡不应乃如是之重。郑又以"一易"、"再易"、"三易"之地为言，徒增枝节而已。《鲁颂》："锡之山川，土田附庸。"泰山亦鲁封地而自主东岳，天子以为四镇，则五百里、四百里之地不必尽为所受之土田。定四年《左传》："因商奄之民，命以《伯禽》而封于少皞之墟。"《史记·卫世家》："以殷馀民封康叔，居河淇间故殷墟。"《晋世家》："唐有乱，周公诛灭唐。遂封叔虞于唐，在河汾之东，方百里。"三代建国皆因其故封。《孟子》："周公相武王诛纣，伐奄，灭国者五十。"奄地最大，以封鲁。诸所建国，皆以有罪灭之而后改封。唐亦侯国，而仅得百里，限于地也。疑《周礼》所载为唐虞建国之常制，其后或削地，或益地，或改封，地势屡变。周制五等，但异以命数，而地制不必悉均；历时久而建国益繁，大率因其故地析而分之、合而并之，不复能如旧制矣。案：《左传》："禹会诸侯于涂山，执玉帛者万国。"亦略言之。《异义》公羊说殷三千诸侯，周千八百诸侯，递相减少，恐非事实。三传之文具在，略可考见三代封国之遗制。《大司徒》："建邦国，以土圭土其地而制其域。"周公之营洛，犹其遗也。而封国不以属之司徒为正其封域，足见《周礼》所述，追溯皇古分国建邦之法，不专为周制也。郑注一依《周礼》为说，于所不能通者概目之为殷礼。《王制》汉博士之书，会萃三代之礼为之辞，证之传记而固有以辨知其异同矣。

天子之元士视附庸。

郑注："元，善也。善士谓命士。"孔疏："天子上、中、下之士皆称元士，所以异于诸侯之士。"嵩焘案：元士者，六官以下有司之长。有上士，有中士，有下士，以其分职而领之。谓之元士，元者长也。方氏悫云：上士称元士，与元子、元侯同义。附庸之国不以里限，举元士以起例，中士、下士之为副者皆统其中。郑通命士言之，似泥。《孟子》："天子之卿受地视侯，大夫受地视伯，元士受地视子男。"与此所述微有参差，而此为得其实。《周礼·（司服）〔典命〕》："上公九命，侯伯七命，子男五命。王之三公八命，其卿六命，其大夫四命；及其出封，皆加一等。"《司服》五冕，卿大夫得服玄冕。故自天子大夫以上命数视子男，制禄亦如之。士之命数自分三等，而分职为多。子男制田有常数，以通之士，则畿内之田有弗能给。士一命得受邑，邑方二里，惟附庸之国不限里数，是以元士视附庸而可以降杀之等差之。《王制》言爵禄原本《孟子》，皆约略为之辞；而此之言"元士视附庸"者，视《孟子》为优矣。

百亩之分，上农夫食九人，其次食八人，其次食七人，其次食六人，下农夫食五人。庶人在官者，其禄以是为差也。

郑注："田肥墽有五等，收入不同。"孔疏：《周礼》地有九等，故《司徒》"上地家七人，中地家六人，下地家五人"。注云："七人以上授之上地，所养者众也。五人以下授之下地，所养者寡也。"以七人、六人、五人为率者，举中而言。上地家七人者，中地之上；家六人者，中地之中；家五人者，中地之下。以此推之，上地之上家十人，至下地之下家二人，有九等。此经自九人至五人惟五等，据庶人在官之禄言之。嵩焘案：《周礼·大司徒》："不易之地，家百亩；一易之地，家二百亩；再易之地，家三百亩。"是以周制授田三等，地硗则倍给之。《遂人》辨上地、中地、下地，亦以莱五十亩、莱百亩、莱二百亩为差。知必非食多者受上地，食少者受下地。《小司徒》之云"上地家七人，中地家六人，下地家五人"，以家之口率计之，非言地之等也。故下接言"凡起徒役，无过家一人，以其馀为羡"。馀者馀夫也。七人之家任役者三人，则是一夫而有二子，其半为妇女老弱；二子则一为馀夫，馀夫别受田二十五亩。《周礼》明分三等，以稽人民之数，郑注于此乃创为九等之说，于经义亦稍忤矣。窃意此以农夫所食多寡为庶人官禄之差，农夫所食多寡视其力，庶人在官之禄多寡视其职。《周礼·廪人》"诏穀用"，一曰"稍食"；而约计其食云："人四鬴，上也；人三鬴，中也；人二鬴，下也。"郑注："谓一月食米。六斗四升曰鬴。"以中人计之，五人之食十五鬴，是庶人最下之食月得米九十五斗。叶氏时云："王宫之宿卫，宫正均其稍食；后宫之人民，内宰均其稍食；士庶子及众庶之守城郭沟池者，掌固均其稍食；驭夫、圉师、府吏之在宫中者，校人均其稍食；内外朝官吏留治文书者，槁人均其冗食"：大率以是为等。疏申郑义，以为农夫受地之等者，误。

次国之上卿位当大国之中，中当其下，下当其上大夫；小国之上卿位当大国之下卿，中当其上大夫，下当其下大夫。

郑注：“此诸侯使卿大夫（覜）〔頫〕聘并会之序也。其爵位同，小国在下；爵异，在上。”嵩焘案：《周礼》六官皆卿，六卿之贰皆中大夫，前云“诸侯之上大夫卿”，即周制也。周制无上大夫，上大夫即卿，故卿自为一位。天子有中大夫、下大夫；诸侯无中大夫，贰卿者皆下大夫也，故大夫自为一位。崔氏灵恩于此云：“小宰、小司徒为上大夫，小司马、小司寇、小司空为下大夫。”是五大夫别分上下，大夫有二位矣。二卿又分三位，与《周礼》乖异。疑此数语见成三年《左氏传》，盖东周以后列国自为之制。僖十二年，“王以上卿之礼飨管仲，管仲辞……受下卿之礼。”其礼数亦各有等，非复《周礼》之旧矣。案：次国三卿，二卿命于天子，一卿命于其君。管仲言天子有二守国、高在，所谓命卿也。是以诸侯之卿亦各有等，至列国之季而益分矣。《王制》自引《左传》之文，以明三卿之等视国大小为差，不必专为聘会言之。注家必以此求合《周礼》，固无当也。

其有中士、下士者，数各居其上之三分。

郑注：“谓其为介若特行而并会也。大国之士为上，次国之士为中，小国之士为下。士之数，国二十七人：上九，中九，下九。以位相当，则次国之上士当大国之中，中当其下；小国之上士当大国之下。凡非命士，亦无出会之事。”嵩焘案：郑氏此训仍承上节言之，而以国大小为差，于“数居三分”之义无取。《典命》：“公士一命，侯伯之士亦如之，子男士不命。”郑注《大宗伯》：

"列国之士（一命），于子男为大夫；王之下士亦一命。"此云命数，兼及大国之下士、次国之中士、小国之上士，于礼亦无征。草庐吴氏、清江徐氏并以此节错简，当在下"上士二十七人"之下，似为近之。而郑以上九、中九、下九为三分，方氏悫以上士、中士、下士各二十七人为三分，于"各居其上三分"之义亦无取。据《周礼》，六官之属，其分职或上士，或中士，或下士；或上士统中士，或中士统下士，或三者兼统，其数皆相倍。所谓"各居其数之三分"者，上士一人则中士二人，上士二人则中士四人，以一统二，以二统四，三分之而上士居其一，中士居其二，连上而得三分之数；中士二人则下士四人，中士四人则下士八人，以二统四，以四统八，三分之而中士居其一，下士居其二，下以中为上，亦连上而得三分之数。"其有中士、下士"，为三卿、五大夫以下之分职言也。方氏悫云："其有"者，中士、下士诸侯或有或无。《周礼》之文具在，方氏略而不考而意为之辞。胡氏铨至谓上士数居大半，中士、下士各居上士之三，于郑氏以九为分、方氏以二十七人为分之外又增一说，亦失《周礼》建官之义矣。

州方千里。州建百里之国三十，七十里之国六十，五十里之国百有二十。

郑注："立大国三十，十三公也；立次国六十，十六卿也；立小国百二十，十二小卿也。此大界方三千里，殷制也。周公制礼，九州大界方七千里。"嵩焘案：郑氏此训，盖以畿内之制通之畿外。十二小卿者，六官之副，皆中大夫二人。言九州建国视畿内，公卿大夫皆十倍之，而统计其大界三千里，以为殷制。专据《周礼·大行人》侯、甸、男、采、卫、要六服各五百里，定为周制七千里，则非也。《禹贡》九州，自冀而南，为豫，为荆、扬，而荆、扬地最广；东为兖，为青；西为雍；西南为梁，梁地亦最广；而冀自处北。天下之势，赢于西南而缩于东北，兖、青二州之地，不足以当一梁。至舜而北加并，东北加幽、营，实始居中以制四方。其后并青于营，并梁于雍而废并，盖殷都多在豫地，其北为冀，梁地已多沦于夷，视舜十二州稍狭矣。郭注《尔雅》九州以为殷制者，是也。周起雍，东并徐于青而稍分青地属兖，东北并营于幽而别分幽地为并，九州之地不加于殷。周公营洛，建天下之中，以殷见诸侯为《周礼》九服之义所自仿。《大司马》及《职方氏》所叙卫服之外，尚有蛮、夷、镇、蕃四服；《大行人》以蛮服属之要服，是夷、镇、蕃三服皆宜属之荒服。《禹贡》要、荒并数，亦不宜专及要服而以七千里为断。九州地势自有参差。如青、徐、兖三州，专隶东海一隅，而又加置营州。三代画野分州，皆详于东北而略于西南，为西南地广，力有弗周故也。周公何从斥大九州之地，倍于殷而又加至一千里哉！九州以正疆域，九服以示藩卫，取义各别。九州之道里不能适均，九服之疆界岂能四达？王者建中定制，略示大法而已。郑注通九州五服之数以求合《周礼》，遂据此以为殷制，亦稍泥矣。《王制》以八州三千里定中国之地势，正据汉初言之。其时北极代边，南界闽粤，相距实不逾三千里。贾生所谓“众建诸侯而少其力”，博士实早及此。汉儒传经者守章句而未达事变，轇轕至今，固无当也。

天子之县内，方百里之国九，七十里之国二十有一，五十里之国六十有三。

郑注：“县内，夏时天子所居州界名也。殷周曰畿。畿内大国九者：三公之田三，为有致仕者副之，则六也；其馀三，待封王之子弟。次国二十一：卿之田六，亦为有致仕者副之，为十二，又三为三孤之田；其馀六，亦待封王之子弟。小国六十三：大夫之田二十七，亦为有致仕者副之，为五十四；其馀九，亦待封王之子弟。三孤之田不副者，以其无职，佐公论道；虽有致仕，犹可即而谋焉。”嵩焘案：郑意以《周礼》未尝名国都为县，《商颂》但言邦畿，而《夏书》已有“酒荒于厥邑”之文，因通邑于县，以为夏时之称。陈氏祥道引《周礼》有在乡之县，有在遂之县，有采邑之县，有间田之县，故王畿统谓之县。其说近之而义未尽。《周礼》：“四井为邑，四甸为县。”邑县地至小。而《诗》、《书》多称国都曰邑：《汤誓》“率割夏邑”、《立政》“其在商邑”、《周书》“用附我大邑周”，及诸言“作新大邑”、“宅新邑”是也。《诗》：“商邑翼翼”、“作邑于丰”，无云县者。《史记》：邹衍名中国曰“赤县神州”。《始皇纪》“宇县之中”，《陈书·高祖纪》“光宅区县”，《唐书·礼乐志》“福流寰县”，谢庄文“扫耻瀛县”、“缔寓开县”，皆承邹衍之遗，名天下曰县。《绛侯世家》：“盗买县官哭。”《索隐》：“县官谓天子。”疑秦汉之际乃有此称。经云“天子之县内”，亦汉时语也。郑据夏时言之，似属无征。其县内之国九十三，容亦有世禄及他有功者之赐。而以井里推之，王畿千里，提封百万井。百里之国九，去田九万井；七十里之国二十一，去田十万二千九百井；五十里之国六十三，去田十五万七千五百井：合三十五万四百井，约得王畿三分之一。八州建国，大小分井以三相函。王畿大国，得八州之一分而杀其一；次国又赢其一而以三相函，以合三分之一之数；正不必如郑注所云，九十三国按地分布，一无畸零也。

凡九州，千七百七十三国，天子之元士、诸侯之附庸不与。

郑注：殷承夏，“更制中国，方三千里之界建此千七百七十三国。周公复唐虞之旧域，分其五服为九，因殷诸侯之数，广其土，增其爵。《孝经说》曰：‘周千八百诸侯，布列五千里内。’此文改周之法，关盛衰之中，三七之间以为说也。”嵩焘案：纬书所记殷周国数本不足据，而云千八百国，与此千七百七十三国数正相符，盖一总其成数，一详其细目也。郑复据此为殷礼，以为“关盛衰之中”，然则周公广土增爵至千八百国乃谓之盛，《王制》顾不举周制之盛，而举殷制之衰者乎？三代建国，各因其旧，有罪诛之、灭之而后改封侯国。附庸皆先代小国，仍其祀不废；封国地广者包而有之，谓之附庸，所以为仁至义尽也。杜注《左传》如郳、小郳、极、牟、葛、萧、鄣、邿，并云“附庸小国”。僖二十一年《传》：“任、宿、须句、颛臾，风姓也。”杜氏无注，似须句、颛臾并当为鲁附庸。所云附庸之国，或曹姓，或子姓，或风姓，必非周所建国无疑。外如舒蓼、州来、偪阳、不羹、钟吾之属，皆小国而不云附庸者，不并入大国封内，不得为附庸也。经云“不能五十里附于诸侯”，亦约言之。春秋如郳、小郳屡与盟会，未尝不听其自达。“附庸不与”者，附于侯国封内，即不以大小之国合计而数之也。

天子百里之内以共官，千里之内以为御。

郑注：“田税所给。官，谓文书财用也。御，谓衣食。”孔疏：“官是卑亵，故用近物；御为尊重，故用远物。此殷法也。”嵩焘案：孔疏以郑注《王制》建国并云殷制，因亦附会及之。叶氏梦得云：官者，宗庙社稷、宾客燕飨有司所供也。御者，乘舆服善、匪颁赐予王所用也。君子廉于奉己，严于事神，故有司所供主在百里之内，王所用主在千里之内。《义疏》亦取其说。据《周礼·大府》，“关市之赋，以待王之膳服；邦中之赋，以待宾客；四郊之赋，以待稍秣；家削之赋，以待匪颁；邦甸之赋，以待工事；邦县之赋，以待币帛；邦都之赋，以待祭祀；山泽之赋，以待丧纪；币馀之赋，以待赐予。”《职内》：“掌邦之赋入，辨其财用之物而执其总。”《职岁》：“掌邦之赋出，以待会计。”《内府》：“待邦之大用。”《外府》：受邦之小用；“岁终则会，惟王及后之服不会。”似九赋财用之式各有职掌。郑注《大府》云：“良者以给王之用，其馀以给国用。”正不必以远近分隆杀。《外府》：“王及后之服不会。”常用所需，非经制也。郑以“共官”专属之文书，“为御”专属之衣食，恐未安。田税收入，则《甸师》：“耕耨王耤，以供粢盛。”《仓人》：“掌粟入之藏。辨九榖之物，以待邦用。”《廪人》：“掌九穀之数，以诏穀用。”惟祭祀用耕田；其九穀之数，藏者仓人，制其用者廪人，不得有百里、千里之分于其中等而别之。郑云“田税”，亦非也。疑此即《载师》“任地之法”，所谓“宅田、士田、贾田任近郊之地”，“官田、牛田、赏田、牧田任远郊之地”，皆以共官者也；“以公邑之田任甸地，以家邑之田任稍地，以小都之田任县地，以大都之田任疆地”：皆以为御者也。“为御”以供服御，卿大夫之采地皆为御者也。经言百里之内、千里之内，而不言赋贡之入，足证注家之误。

八州，八伯，五十六正，百六十八帅，三百三十六长。八伯各以其属属于天子之老二人，分天下以为左右，曰二伯。

郑注：“殷之州长曰伯，虞夏及周皆曰牧。老，谓上公。《周礼》曰：‘九命作伯。’《春秋传》曰：‘自陕以东，周公主之；自陕以西，召公主之。’”嵩焘案：《史记》黄帝“置左右太监监于万国”，其制实创自黄帝。至尧乃以四岳领诸侯，《虞书》言“群牧”，即四岳所领之诸侯也。《竹书纪年》文丁十一年：“赐季历主瓒秬鬯，九命作伯。”郑《诗笺》：“殷王帝乙之时，王季为西伯。”《书·西伯戡黎》，王肃谓之二伯。是二伯之名始于殷，黄帝谓之监，唐虞谓之岳。郑注西伯为“雍州牧”。《楚辞·天问》“伯昌号衰，乘鞭作牧”，王逸亦云“雍州牧”，即据《王制》“八伯”之文，而引《虞书》“群牧”并以为九州诸侯之长。疑经云属、长、连、帅、卒、正、州、伯，即汉世以州统郡、以郡统县之制，而文之以封建，合三代之遗文，参以汉世制度，非古建国之常法也。秦汉以后，建官分职，大小相维，统于一尊；博士因以推之三代，以明天子大一统当使四方诸侯更相连属以奉朝请。注家必援《诗》、《书》之文以实之，非所详也。

天子使其大夫为三监监于方伯之国，国三人。

孔疏引“崔氏云：‘此谓殷之方伯皆有三人以辅之。’下文‘其禄视诸侯之卿’，谓公之孤也。”嵩焘案：《周礼·太宰》：“施典于邦国，建其牧，立春监。施则于都鄙，建其长，立其两。施法于官府，建其正，立其贰。”两以副长，贰以副正，则监者所以副牧也。《书·梓材》言“王启监”；即命监之辞。其云疆畎、塈茨、丹雘，皆牧所有事而监卒成之。《周礼·典命》王之大夫四命，公之孤亦四命。疏以大夫为监者当公之孤，实不误。公孤之名见于《礼经》，而传记无可征。惟《周书》有命监之文，《酒诰》：“矧惟若畴圻父，薄违农父，若保宏父，定辟。”王氏炎亦据以为三监。孙传：“圻父，司马。农父，司徒。宏父，司空。”实三卿之命于王者。《左传》亦云“天子之二守国、高在”，盖齐初立国，而国、高为命卿，曰天子之守，即此使为监之意。大国三卿皆命于天子，因谓之三监。公孤之制，周礼已未尽行；而三卿之命于天子者，三《传》犹能言之。记礼者摭拾西周遗闻约略为之辞，证之《周礼》，犹有可推见者；孔疏以为殷制，失之远矣。

制：三公一命卷，若有加，则赐也，不过九命。

郑注："三公八命加一命，则服龙衮；多于此则赐，非命服也。虞夏之制，天子服有日月星辰。"孔疏："九命，卷龙之外若有加益，则是君之特赐，非礼法之常。《杂记》谓之褒衣。"嵩焘案：《周礼·典命》："上公九命，车旗、衣服、礼仪以九为节；侯伯七命，以七为节；子男五命，以五为节。"衮冕九章，鷩冕七章，毳冕五章，即衣服之节也。"王之三公八命，卿六命，大夫四命。"未及九章、七章、五章之等，则从其次者出封加一等，乃各服其正服；若不出封，三公加一命而服衮，谓之赐服。加命者，加于命数之常也。此举三公一命卷为例，下三语通辞。卿加一命服鷩，大夫加一命服毳，皆赐服也，明所加者非正服。郑注"多于此则赐"，语殊无据。疏因谓九命之外有褒衣，大误。褒衣即加服也。僖二十八年赐晋侯大辂之服，杜注："大辂，金（路）〔辂〕。"《周礼·巾车》："金路，樊缨九就。"金路之服以九为节，即衮也。案：（杜注）〔孔疏〕其服"鷩冕"，误。晋侯爵当服鷩而有衮冕之赐，故谓之褒衣。公服衮亦谓之褒衣者，衮上服，所以尊之。案：郑注《杂记》"褒衣"：始命为诸侯之衣，及朝觐，加赐之衣。似欠分晓。《杂记》："复，诸侯以褒衣、冕服。"冕服正服，褒衣加服，盖兼用之。后云"公袭，卷衣一、褒衣一"，卷衣自为缘衣之误。孔疏云"上服最在内者"，误也。详见《杂记》。郑注《周礼·司服》：舜"冕服十二章"，"至周而以日月星辰画于旌旗，所谓三辰旂旗，昭其明也。冕服九章，登龙于山，登火于宗彝。"郑意《司服》"祀昊天上帝服大裘而冕"，不言十二章之服，遂谓大裘表裘。疑礼服无表裘，大裘据冬至祀天言之，其服仍十二章也。案《玉藻》："裘衣裼也，见美也。……服之袭也，充美也。是故尸袭，执玉、龟，袭。无事则裼，弗敢充也。”又云：“礼不盛，服不充。故大裘不裼。”大裘不裼，则上有礼服可知。《周礼》举大裘以明十二章之服之用以郊天也，《玉藻》显著其文，诸儒未一详考耳。《郊特牲》：“王被衮以象天。”郑注：象天，“谓有日月星辰之（章）〔象〕”。是十二章之服通名为衮。《玉藻》于九章之服以龙衮别之，故知《司服》之云大裘者略文也。《左传》之言“火龙黼黻”、“三辰旂旗”，自据诸侯言之。《司常》：“日月为常，交龙为旂。”又云：“王建大常，（公）〔诸〕侯建旂。”（郑）〔孔〕引《左传》“三辰旂旗”，谓升日月星辰于旂，然则“交龙为旂”，又何升乎？周尚文，冕服之章尤文之外见者，反绌于古制，必非事也。郑注《郊特牲》乃谓日月星辰之章为鲁礼，殆尤支离不足据矣。案：冕服九章，先儒多能辨之，而义均未尽。

大国之卿不过三命，下卿再命。小国之卿与下大夫一命。

郑注：“卿命则异，大夫皆同。”孔疏：“此夏殷制也。”嵩焘案：《周礼·典命》：公、侯、伯之卿三命，大夫再命，士一命；子男之卿再命，大夫一命，士不命。周制天子六官皆卿，诸侯三卿兼六官之职，其副卿者大夫也，故卿、大夫之等视其国，而别无卿大夫之等。列国卿大夫之等始于东周以后，则诸侯之僭礼也；准以周制，亦全失其旧。《甘誓》言“六卿”，《伊训》、《微子》并言“卿士”，《说命》言“大夫”；师长、卿大夫、士之名，三代同之；而命数创自有周。《郊特牲》云：“古者生无爵，死无谥。”所谓爵者，命数也，盖周制之文也。《埤雅》：“命秩为爵。”殷以前无之。《孟子》所谓“君一位，卿一位，大夫一位”，三卿、五大夫之位惟均定于一尊也。卿大夫命数之不同，周制之紊也，疏据以为夏殷礼，舛矣。

命太师陈诗，以观民风。命市纳贾，以观民之所好恶。志淫好辟，〔正之。〕命典礼，考时月，定日，同律、礼乐、制度、衣服（正之）。

郑注："民之志邪淫，则其所好者不正。""同阴律也。"嵩焘案：《史记》："王者制事立法，物度轨则，壹禀于六律。"律有阴阳，是名六律、六同，总谓之十二律，而六律其准也。《虞书》："同律度量衡。"郑云：律，"阴吕阳律也。"王氏肃云："同，齐也。"律自兼阴阳言之，不必别分。"同律"，与《虞书》之文正同。律也，礼乐也，制度也，衣服也，皆守一王之大法。"同"字贯下四项。疑下"正之"二字当承"志淫好辟"为文，盖错简也。《虞书》："诗言志。"《乐记》："郑音好滥淫志，宋音燕女溺志，卫音趋数烦志，齐音敖辟乔志。"志者，诗之所从出也。"志淫"属"陈诗观风"言之，"好辟"属"纳贾以观好恶"言之；"志淫好辟"，民俗之流势将荡而忘返，故当矫正之。至于历律、礼乐、制度、衣服，一代之典，考之、定之、同之，以示诸侯之法守而已；有敢变易者，流之，讨之，奚待正之哉！此为错简，无疑也。案：正民俗，先正诸侯之法守。修明礼乐制度，即所以正之。二字通结上文。"志淫好辟"亦须是考求礼乐制度以为正之之本。所谓正之者，仍正其"志淫好辟"之过也。

天子将出，类乎上帝，宜乎社，造尔祢。

郑注："类、宜、造皆祭名，其礼亡。"孔疏："宜者，令诛伐得宜。""造，至也。言至父祖之庙也。"嵩焘案：《周礼·小宗伯》："兆五帝于四郊，四望、四类亦如之。凡天地之大灾，类社稷宗庙，则为位。"《肆师》："凡师甸，用牲于社宗，则为位。类造上帝亦如之。"《太祝》：掌六祈，"一曰类，二曰造"；"大师，宜于社，造于祖，设军社，类上帝"；"大会同，造于庙，宜于社”。《诅祝》：“掌盟、诅、类、造、攻、说、禬、萗之祝号。”《司巫》：“国有大灾，则帅巫而造巫恒。”三者之祭见于《周礼》甚详。《虞书》：“肆类于上帝。”《周书》：“宜于冢土。”《诗》：“是类是祃。”毛传：“于内曰类，于野曰祃。”《尔雅》：“禷、祃，师祭也。起大事、动大众，先有事乎社而后出谓之宜。”《说文》：“禷，以事类祭天神。”《诗》、《书》传记多能言其义，郑云“其礼亡”，盖谓秦汉以来此礼久废，其仪文无可考；郑氏注《礼》多引汉制为证，三者之祭皆汉制所无也。据《太祝》，类、造列之六祈，似类、造一例、禬、萗一例，攻、说一例。而类、造、禬三者为祈福祥。案：郑注《周礼》：“除灾害曰禬。禬，刮去也。”《说文》：“禬，会福祭也。”会部云：“合也。曾，益也。”不得有刮去之义。《说文》：“祮，祀也。”郑云“除灾害”，当属祮字解，非禬义。萗、攻、说三者为弭灾患。于《太祝》之六祝，则祈福祥吉祝也，弭灾患化祝也；于《太祝》之六辞，则皆祷辞也。推求其礼，《小宗伯》：“兆五帝于四郊，四类亦如之。”郑注：“兆，为坛之营域。”是类亦为坛。案：郑注：“四类，日月星辰。兆日于东郊，兆月与风师于西郊，兆司中、司命于南郊，兆雨师于北郊。”疑类祭，王出适诸侯及征伐告天，视所出之方各于其郊祭，故曰四类。郑注日月星辰分兆四郊，于礼无征。类者祭天，而又云“类社稷宗庙则为位”，《肆师》亦云“类造上帝”，似二者之祭亦通行之。而云“为位”，是类祭皆别为位也。《肆师》“用牲于社宗”与类、造连文，故郑注《太祝》云“类造皆有牲”。《诗序》：“《桓》，讲武，类祃也。”是类祭且有乐矣。《诗》：“吉日维戊，既伯既祷。”《曲礼》：“外事用刚日。”郑注引《春秋》“甲午祠兵”。类、造之祭皆用刚日。《五经异义》引《古尚书》说：“非时祭天谓之禷，言以事类告也。”《说文》：“祰，告祭也。”造从告。案：杜子春读造如造次之造，义亦未尽。《曾子问》：“诸侯（见）〔适〕天子，必告于祖，尊于祢。诸侯相见，必告于祢；反，必告于祖祢。”类、造二者皆告祭之名，合告曰类，特告曰造。疏云“造，至也”，误。《太祝》“设军社”，郑司农引《春秋传》：“君以师行，祓社衅鼓，祝奉以从。”《尔雅》所谓“起大事，动大众，有事乎社而后出谓之宜”，有事非但祭也，古者师行载社主，必先祭告；孔疏于此云“载社主也”，甚允。《说文》：“宜，所安也。”盖载社主以行，祭而安之，而统为祈祷之祭。孙炎云：“宜，求见福佑也。”凡祷祀皆以祈福，而取义于福佑，非所以名祭也。疏云“令诛伐得宜”，则尤陋矣。案：《太祝》：“大师，宜于社；大会同，宜于社。”但取所事之宜，何以云“宜于社”也？

天子无事，与诸侯相见，曰朝。考礼，正刑，一德以尊于天子。

郑注：“事，谓征伐。”孔疏：“诸侯相与朝王之时，考校礼仪，正定刑法，专一道德，以尊崇天子。”嵩焘案：《孟子》：“诸侯朝于天子曰述职。”考礼正刑，正述职中事。经云“无事”，明与“时见曰会，殷见曰同”以事见者异也。礼以兴化，刑以止奸，一代之典章，所谓大经大法者，诸侯不得自为损益。天子所以统制诸侯，一道德，齐风俗，惟此礼、刑二者之用而已。其有变通，就王朝考而正之，明有尊也。疏以考礼、正刑、一德分列三事，恐非。

诸侯赐弓矢，然后征；赐鈇钺，然后杀。

孔疏：赐弓矢，谓八命作牧。郑注《宗伯》“八命作牧”云：“诸伯有功德者，加命得专征伐。”此谓征伐，当州之内。若九命为二伯，则得专征一方五侯九伯。七命以下，不得赐弓矢。《尚书大传》云：“以兵属于得专征伐者。”锡鈇钺，谓上公九命；邻国臣弑君、子弑父者，得专讨之。晋文公受弓矢，不受𫓧钺，崔氏云："以不得𫓧钺，不得专杀，故执卫侯归之于京师。"鲁无弓矢之赐，陈恒弑君，孔子请讨之者，邻国篡逆，亦得专征伐。若邻国无罪而辄征之，则不可；故哀公八年鲁伐邾，吴子讨之，是也。嵩焘案：《周礼》："以九伐之法正邦国。"《论语》："天下有道。礼乐征伐自天子出；天下无道，礼乐征伐自诸侯出。"疑三代无命诸侯专征之事。《竹书纪年》：帝辛三十三年，赐西伯弓矢，得专征伐。《淮南子》命将之文，授钺授斧必亲，其辞曰：自此以"上至天，下至渊，将军制之"。《六韬法》亦云然，盖兵家言也。《周礼·司弓矢》："唐弓、大弓以授学射者、使者、劳者。"郑注："劳者，勤劳王事，若晋文侯、文公受王弓矢之赐。"《诗序》："《彤弓》，天子赐有功诸侯也。"《左传》文四年宁武子言："诸侯敌王所忾，而献其功，王于是乎赐之彤弓一、彤矢百、玈弓矢千，以觉报宴。"杜注："诸侯有四夷之功，王赐之弓矢，又为歌《彤弓》，以明报功宴乐。"是诸侯有功得赐弓矢。《文侯之命》及襄王策命晋侯之辞，无言及专征伐者。案：定四年《公羊传》何休注："天子雕弓，诸侯彤弓，大夫婴弓，士卢弓。"《荀子·大略篇》："天子雕弓，诸侯彤弓，大夫黑弓。"彤弓本诸侯之弓，故与马及大路之服、戎路之服同赐，安得有专征伐之事？《孟子》载葵丘之会，"四命曰：无专杀大夫。"齐桓霸主犹明此义，如崔氏灵恩之说，诸侯赐𫓧钺得自相杀，其谬已甚。而引晋人执卫侯归之京师为证，则晋文公自以私怨出卫成公于楚，既复国而又执之，又鸩之，其终纳赂以免；《春秋》书"晋人"，不与晋之执也。成十五年"晋侯执曹伯归于京师"，犹为稍近于正；其不得专杀，则同也。疏又以八命为八伯专征一州，九命为二伯专征一方，而以赐𫓧钺当九命，尤为无据。僖四年管仲引召康公命太公之辞："五侯九伯，汝实征之，以夹辅周室。"谓诸侯之陵犯王命者，太公未尝为二伯以主诸侯也。郑注《西伯戡黎》："文王为雍州伯。"南兼梁、荆，而黎入殷圻内，属冀州；文王以八伯征及畿内之国。《说文》戡作戋，云：杀也。"则并专征与杀矣。疏于此以意拟之，非事也。陈恒弑君，孔子请讨。春秋之季，王纲益微，圣人自制其义于心，以明春秋之大法，岂与列国诸侯私相讨伐者相提并论哉！吴晋争霸，非有王命；鲁于诸侯自为宗国，不受正于吴，伐邾，非也；而遂与吴讨鲁以伐邾之罪，则尤非也。记礼者承周末诸侯之专征专杀傅会经义，而假王命以临之，疏因比合春秋时事以为之辞，有害经义甚大。证之经传，而固知其不然矣。

小学在公宫南之左，大学在郊。

郑注："此小学、大学、殷之制。"孔疏："下云'殷人养国老于右学，养庶老于左学'，左学小，右学大。此云'小学在公宫南之左'，故知殷制也。"嵩焘案：《周礼·师氏》："居虎门之左以教国子弟，凡国之贵游子弟学焉。使其属守王门。"《保氏》："使其属守王闱。"蔡邕《明堂论》所谓《周官》有门闱之学是也。此"公宫南之左"，即虎门之学以教国子者。《礼》言诸侯之学仅见于此。而《文王世子》言"始立学"，似亦据诸侯之学言之，而东序、瞽宗、上庠之名毕具；后言"语于郊"，以德进、事举、言扬三者为之程而兼及曲艺，则又学之通及于庶人者详见《文王世子》。辟雍为天子之学，頖宫为国学，则专以教国子。《大司乐》："掌成均之法，而合国之子弟。"《乐师》："掌国学之政，以教国子小舞。"《大胥》："掌（国）〔学〕士之版，以待致诸子。"郑注并以公、卿、大夫之子弟言之，正与虎门之小学相当，不得下及庶民。州里庶民之秀者由乡学升之国学，国都以内庶民学者必由郊学升之国学；《文王世子》所云四郊之学以德、事、言三者之选，即升学之法也。《礼》文错综言之，可以推考而知其大略。郑氏援此以定四代学制，而云："上庠、右学，大学也，在西郊。下庠、左学，小学也，在国中王宫之东。东序、东胶，大学也，在国中王宫之东。西序、虞庠，小学也，在西郊。"《礼器》注云：判宫，郊学；字或为郊宫。孔疏因谓"鲁以小学为頖宫，天子亦以小学为辟雍"；引郑驳《异义》："三灵一雍在郊。"展转相沿，与《礼经》之言学制无一合者。周立四代之学：《文王世子》言上庠，虞学也；东序，夏学也；瞽宗，殷学也。庶人之学名虞庠，所谓虞庠在国之西郊者是也。所以名之大学者，亦国学之分。凡州党之学贡之成均者，必升之郊而序进焉。曰"大学在郊"，重其名也。国老者，卿大夫致仕之老；庶老者，庶人之老。养国老于国学，养庶老于庶人之学，经义原自分明。虎门之学，自八岁以至十五始就学者入焉，故曰小学；其馀通谓之大学。案：郑注《学记》"家有塾"云：古之仕者，"归教于闾里，朝夕坐于门。门侧之堂谓之塾。"正与门闱之学之专教国子者相当。小学为子弟之始学者，群聚其中而以之养老，可乎？郑氏于大学、小学之名言之未晰，而学名之与学制聚讼至今，益滋淆乱矣。

祃于所征之地，受命于祖，受成于学。

郑注：祃，师祭也。为兵祷，其礼亦亡。孔疏："受命于祖在造乎祢之前。前文类帝、宜社、祃于所征之地，总说出行之时。然后却本初时受命于祖、受成于学之事，所以文倒也。"疏又引《肆师》注"祭表貉"："于所立表之处为师祭〔祭〕[①]"造军法者，

---

①阮元等《校勘记》引孙志祖云："《尔雅》疏引注重一祭字，较明。"今据补。

其神盖蚩尤，或曰黄帝。”嵩焘案：《周礼·大司马》郑司农注云：“貉，读为祃。”《尔雅》疏：“祃，《周礼》作貉。”《诗》：“是类是祃。”毛传云：“于内曰类，于野曰祃。”经云“祃于所征之地”，则是至所征之地而后祭也。《肆师》“表貉”之文，明立表以为位，与毛传“在野”义合。《小宗伯》：“大师，立军社，奉主车。”郑注：“迁主曰祖。”《曾子问》：“天子巡守，以迁庙主行，载于齐车，言必有尊也。”《春秋》隐十一年《左传》：“郑伯将伐许，授兵于大宫。”杜注：“授兵，赋车马也。大宫，郑祖庙。”凡出师，必告于祖庙而奉迁庙之主以行；“受命”，谓奉迁主军中，示有所受命也。“受成于学”，礼无明文，案：《孔丛子·问军礼》篇：“使有司以特牲告社，告以所征之事而受命焉。舍奠于帝学以受成，然后类于上帝、柴于郊以出。”是告社、奠学在类上帝之先，而于“受成”义无取。疑《孔丛子》后出，不足信。疑即《鲁颂》之“在泮献功”，告于庙以受其成。下文“出征执有罪，反，释奠于学，以讯馘告”，申足“受成于学”之义。“受命于祖”者，在军将事之辞；“受成于学”者，旋师奏凯之辞。孔疏以为通在祃祭之前，失之。

天子、诸侯无事则岁三田。

郑注：“三田者，夏不田。盖夏时也。周礼：春曰蒐，夏曰苗，秋曰狝，冬曰狩。”孔疏引郑《释废疾》：岁三田。谓以下乾豆三事。嵩焘案：《春秋》桓四年：“公狩于郎。”《公羊传》：“春曰苗，秋曰蒐，冬曰狩。”《穀梁传》：“春曰田，夏曰苗，秋曰蒐，冬曰狩。四时之田用三焉。”何休据“岁三田”之文以驳《穀梁》，而郑释之。隐五年《左传》：“春蒐、夏苗、秋狝、冬狩，皆于农隙……三年而治兵，入而振旅。归而饮至，以数军实。”证以《周礼》之文，蒐、苗礼略，狝、狩礼详。以狝用旗物则徒众多也；冬狩而教大阅，《左氏传》所谓“三年治兵”，即大阅之礼。疑四时皆田，取备豆实之用而已，案：《周礼·兽人》：“凡兽入于腊人。”《腊人》：“掌乾肉，凡田兽之脯腊。祭祀，共豆脯。”脯者笾实，醢者豆实，《礼》盖通言之。郑注《醢人》：“作醢及臡者，必先膊乾其肉，乃后莝之。”云乾豆者，以豆实麋鹿麕兔，用田兽为多也。宾客及君之庖皆豆实而以祭祀为重，故专以乾豆言之。不必岁遍，《穀梁》“四时之田用三”最得其实。田取农隙，夏时农隙无多而苗礼自备。何休注《公羊》云：“不以夏田者，春秋制也。”亦不谓无夏苗之礼。《春秋》书“狩”者二，书“蒐”者一，书“大蒐”者四，书“大阅”者一，书“治兵”者一。案：《周礼·大司马》：“中秋教治兵，中冬教大阅。”因治兵而行蒐礼，因大阅而行狩礼，故田以秋冬为正。《公羊》于昭八年发其例云：“蒐何以书？盖以罕书也。”《春秋》纪异，无所讥而书“蒐”，为其罕也。东周以后，四时田政多废不修。案：《诗序》于《还》言“哀公好田猎”，于《卢令》言“襄公好田猎”，《左传》亦云“晋侯好田”，则又常时从禽之事，不必四时一举矣。经云“无事岁三田”，常礼也。《车攻》、《吉日》美宣王田猎，而云“之子于苗”，则因会诸侯而田事之盛也，非常礼也。《公羊》、《穀梁》二说，与《周礼》互有异同而义实无牾；郑据此为夏礼，恐未然也。

天子杀则下大绥，诸侯杀则下小绥，大夫杀则止佐车。

郑注：“下，谓弊之。佐车，驱逆之车。”孔疏引“郑答赵商”：“春夏用大麾，秋冬用大常。”“緌，旌旗无旒者。周谓之大麾，则春夏田用緌。‘下，谓弊之’者，谓弊仆于地也。”嵩焘案：《周礼·司常》：“大阅，赞司马颁旗物。王建大常，诸侯建旂，孤卿建旜，大夫、士建物。师都建旗，州里建旟，县鄙建旐。”《大司马》秋狝“辨旗物之用”亦略同，郑答赵商未知何据。而《司常》：“游车载旌。”郑注：“游车，木路，王以田以鄙。”析羽为旞，五采系之旞上，所谓注旄于干首也。其注《明堂位》：緌，以旄牛尾为之，缀于橦上。《田仆》："掌佐车之政，设驱逆之车，令获者植旌。"《山虞》："大田猎……弊田，植虞旗于中，致禽。"《泽虞》："大田猎……弊田，植虞旌以属禽。"弊者止也，田止则植旌以告获。凡建旌旗，无弊仆于地之事。案：《大司马》有"弊旗"、"作旗"之文，则以听誓令。作旗而先偃旗以待，作亦非弊仆于地之谓。疏引《诗》传："天子发抗大绥，诸侯发抗小绥。"抗绥者以表获也，正是此义。《曲礼》："武车绥旌，德车结旌。""下"即绥旌也，结旌则结而不下。植旌曰抗绥，垂其绥于下曰下绥；与天子所建之常、诸侯所建之旂又别一物，故以大、小别之。《周礼·戎仆》有"倅车"，《道仆》有"贰车"，《田仆》有"佐车"，与"驱逆之车"互举；则佐车者，天子木路之副车也。佐车以卫王车，宜取便利，故以田习之。大夫乘木路而不必有佐车，是天子之佐车得从大夫以田。大夫比禽以献，各从天子、诸侯所植之旌，不别树旌也。注义恐未然。

獭祭鱼，然后虞人入泽梁。

孔疏："月令：正月，'獭祭鱼'。《孝经纬》云：兽蛰伏，獭祭鱼，则十月中也。是獭一岁再祭鱼。此谓十月时。"嵩焘案：近王氏《经义述闻》云："《夏小正》：正月，'獭祭鱼'。《逸周书·时训篇》：惊蛰之日，'獭祭鱼'。并与《月令》同。……《鲁语》：'大寒降，土蛰发，水虞于是讲罛罶，取名鱼，登川禽。'……大寒降、土蛰发皆在孟春……《淮南·主术篇》：'獭未祭鱼，网罟不得入于水。'……《汉书·食货志》：'豺獭未祭，罝网不布于壄泽。'"高诱注《淮南》、颜师古注《汉书》并以为"孟春之月"。据《周礼·鱼人》："掌以时鱼为梁，春献王鲔"；《月令》：

“孟冬，命水虞渔师收水泉池泽之赋，案：“收水泉池泽之赋”，是听民取鱼也；而渔师至季冬始鱼。盖鱼常物，季冬“水泽腹坚”，鱼皆深伏不易得，故渔师取之。季冬，命渔师始渔。”“季春，荐鲔于寝庙。”《诗序》：“《潜》，季冬荐鱼，春（荐）〔献〕鲔也。”贾公彦《周礼》疏以为“一岁三时取鱼皆为梁”，并云“取鱼之法岁有五”，而引《鳖人》“秋献龟鱼”，谓秋亦取鱼。郑司农注《鳖人》“以时簎鱼鳖”：“谓以扠刺泥中搏取之。”然则秋惟扠鱼。渔人捕鱼以冬春二时：十月天寒水落，獭可以取鱼；再寒而冰，孟春冰解，獭又取鱼。故凡取鱼以獭祭为断，而献鱼以季冬，献鲔以季春。盖季冬冰坚，鱼伏不易得；季春鱼长大，《鲁语》故谓之“名鱼”：皆献其美者而已。

冢宰制国用，必于岁之杪。

郑注：“杪，末也。”而未详其义。嵩焘案：《周礼·太宰》：“以九式均节财用。”“必于岁之杪”，即所以均节财用之法，谓以今年所入之数制明所出之数也。所谓“式”者，有一定之常式，有一年之通式：祭祀用常式；宾客服用视所入之数而均节之，则一年之通式也。均者，比而齐之；节者，等而制之。“三十年之通”，谓通计三十年丰耗之数为之等差。如大荒耗一年之储，后虽有丰年，亦稍节其用以补之，故曰通也。旧注于此，均无诠释。

祭用数之仂。丧，三年不祭，惟祭天地社稷为越绋而行事。丧用三年之仂。丧祭，用不足曰暴，有馀曰浩。祭，丰年不奢，凶年不俭。

郑注：仂者，“算一岁经用之数用其什一”。“丧大事，用三岁之什一。暴，犹耗也。浩，犹饶也。”孔疏：“仂是分散之名。”《考工记》：“石有时以泐。”郑司农云：“谓石解散也。”《轮人》：“以其围之防捎其（数）〔薮〕。”彼注云：“三分之一”；“此云什一，以民税十一。国祭所用亦什一也。”嵩焘案：郑、孔此训，以经义求之，皆恐未然。下文“祭，丰年不奢，凶年不俭”，是此节正文谓有常式也。冢宰制国用，以年之丰耗定所用之赢缩，通一国之经制言之，而祭祀之用不在数。《易》言“归奇于扐”，《太玄经》作“艻”，郭璞注云：“成也”，谓归此一成之数也。郑注《周礼·轮人》“以其围之防”云：“防者，三分之一。”并与此仂字同义，通言一成之数也。总会祭祀之用，提出此一成，——祭有常经而所用不必适一，故通言之；如郑注《轮人》三分之一则已多，此言十分之一则太约矣。——而后以制用所馀为一岁之储。案：下“九年之蓄”、“六年之蓄”、“三年之蓄”，皆谓九年、六年、三年之储足备一年之食。云“用数之仂”者，明不在所制用数之内也。“丧，三年不祭。”“丧用三年之仂。”盖并三年祭祀常费为丧纪之用，而其中天地社稷之祭不以丧废，则是三年之仂仍当酌杀其数。案：郑注：“越，犹躐也。绋，辅车索。”孔疏：“未葬之前，属绋于辅；祭天地社稷，越躐此绋而往祭之。停住之时谓之绋；若在涂，人挽而行之，则曰引。”据《既夕礼》“商祝饰柩，设披，属引”，为将御柩以行也，殡无用引者，疏云：“属绋于辅”，未详所据。《曾子问》：天子郊社五祀之祭，簠簋既陈，天子崩及后丧，皆废焉。有丧在殡而祭天地社稷之礼，属绋于辅而必越躐以行，尤为悖理。《义疏》：“越绋，与‘大路越席’之越同，言路车之索不用丝而用苎麻。”《既夕》记所谓“约绥、约辔”是也。《周礼·巾车》：“丧车五乘。”郑注：“木车，始遭丧所乘。素车，卒哭所乘。藻车，既练所乘。駹车，大祥所乘。漆车，禫所乘。”此云：“越绋”，正素车之饰。祭必卜日，丧在殡，不得有祭。九式之用，祭祀为大。丧纪兼三年祭祀之式，丰俭均为适中。“丧祭，用不足”者，以常式之数为不足于用也。“有馀”，谓有存馀。暴，殄也。浩者，轻薄之意；《集韵》“以水沸酒曰浩”，谓清薄也。案：陈乐《集说》：“暴，残败之义，言不齐整。浩，泛滥之义，谓以美没礼也。”用以引申郑义。然此“有馀”、“不足”正承上“祭用数之仂”为言，郑意适得其反。

经言丧祭之用，常变相参，语语承递而下，义足辞完，略无渗漏。郑以“一岁经用之数用其什一”谓之仂，则是祭祀之用亦无常数也，与下“丰年不奢，凶年不俭”不相应。《周礼》九式，其丧荒之式非常数；祭祀居八式之一，而所用仅及十一，亦太简矣，古礼不如是也。

丧不贰事，自天子达于庶人。

郑注：“庶人终丧无二事，不使从政。《丧大记》曰：‘大夫士既葬，公政入于家；既卒哭，弁绖带，金革之事无辟也。’”嵩焘案：郑意以此专属庶人，谓大夫、士之丧有二事。而经两言“自天子达”，语自分深浅：上言葬殡之期有迟速，而致哀则同；下言礼数之等差，极之庶人，不封不树，亦云简矣，而专心一志于亲之丧以尽其哀，则自天子至庶人同也。天子、诸侯听于冢宰；大夫、士公事致于君，私事废。自始丧至卒哭以至祥禫，自有国有家以至庶人，事各不同，而居丧一主于哀。“不贰事”者，治丧礼不以他事间也。案：《礼经》凡言丧者，通辞也；而其中各有分辨；有通三年丧言之，有专就敛殡及葬以前事言之。如此之为丧不贰事，皆葬以前事也。如郑说，则“自天子达于庶人”句为无著矣。

丧从死者，祭从生者。

郑注：“从死者，谓衣衾棺椁。从生者，谓奠祭之牲器。”孔疏引卢植云：“从生者，谓除服后之吉祭。若丧中之祭，虞、袝、练、祥，仍从死者之爵。故《小记》云：‘士袝于大夫则易牲。’又云：‘其妻为大夫而卒，而后其夫不为大夫，则不易牲。’《杂记》云：‘上大夫之虞也少牢；卒哭成事、袝皆太牢。下大夫之虞也犆牲；卒哭成事、袝皆少牢。’是丧中之祭仍从死者之礼。而郑云‘奠祭之牲器’，与《小记》、《杂记》违者，《小记》、《杂记》据死者子孙无官爵，若其生者有爵，则祭从生者之法。丧祭尚尔，丧后吉祭可知。郑言奠者，吉祭之奠及非时祭耳。”嵩焘案：孔疏引卢植说甚允。又据生者无官爵以傅会郑义，不知记礼者通士以上言之，未尝及庶人也。奠者，丧祭；至卒哭、祔而用吉祭。云吉祭者，礼数哭物有异。虞、祔、练、祥之为吉祭，犹丧祭也，故皆用死者之爵。此云祭，但谓宗庙时祭而已。古之祭礼，文繁而事务尽其实。士田禄薄，牲器之供不能上逮大夫。先王制礼，使人所以上事其祖、父，其义足以自尽而已。士二庙，或祖为大夫而父为士，必祭大夫以大夫之礼，祭士以士礼，则祖与父牲哭皆异，人子之心反有不安。故祭从生者，三代之制然也。后世未尝著为律令，听人子之自达其情而不为之限制，此亦古今之异宜矣。郑注并奠、祭皆从生者，似未审；方氏《析疑》但据生时以大夫牲鼎养，不应以士礼奠为言：皆未达先王制礼之精意者也。

天子七庙：三昭、三穆，与太祖之庙而七。

郑注：“此周制。七者，太祖及文、武二祧与亲庙四。太祖，后稷。殷则六庙：契及汤与二昭、二穆。夏则五庙：无太祖，禹与二昭、二穆。”嵩焘案：《义疏》云：郑氏此说“皆原于《礼纬》”。“在西汉时，言始封之君为太祖，以下五庙迭毁，韦玄成也；言天子三昭、三穆，与太祖庙而七，刘歆也。”魏王肃言庙制同于刘歆。“郑氏以高祖而下与始祖为五，同于韦玄成；卢植、马融亦守此义。议礼者（多）伸王说；又据王肃谓高祖之父、高祖之祖与文武二（室）〔主〕，则周庙宜有九。”窃意经文明言“三昭、三穆”，自祖祢而上推之，文武二世室不得与四亲庙通言昭穆；证以经传之文，郑注实有不可通者。《商书》：“七世之庙，可以观德。”语出古文而其言要有所本。《礼经》言“七庙”甚繁，并未据为周制。《祭法》：“王立七庙。”《曾子问》：“取七庙之主。”又：“七庙无虚主。”僖十五年《穀梁传》：“天子七庙，诸侯五，大夫三，士二。德厚者流光，德薄者流卑。始封必为祖。”范宁注即据《祭法》为言，足知礼言七庙，通辞也，非专言有周一代之制《荀子·礼论篇》亦云：“有天下者事七世。”《家语》：“天子七庙，自虞至周所不变也。”盖祖庙暨四亲庙，天子、诸侯同；而亲尽当祧，天子特立二祧以赅群祖，为亲尽，故曰远庙。远庙之祧仍须与四亲庙序昭穆，合之为三昭、三穆，析之则四亲自为庙，二祖自为祧也。盖三代王者皆累数十世，太祖庙之夹室不足以容，故立二祧以统昭穆之祧主，《周礼》命官曰“守祧”，明有尊也。其分藏于祖庙夹室者，先公之祧也；由太祖顺而下之藏于二祧者，先王之祧也。由高祖以上之二祖等而上之，案：《祭法》：“五庙皆月祭之。”“远庙为祧，享尝乃止。”由庙而祧而后迁主而藏之，亦以明有渐也。亲尽而祧，分昭穆为二祧，升二祖主祧，自为二庙。《曾子问》：“七庙无虚主。”高祖以上之二祖，所以正祧庙之主也。经言七庙，三代之通制也；文武二世室为百世不迁之主，则周制也。刘歆之言九庙是也。郑合文武世室以言七庙，则夏殷礼异，而天子五庙下同于诸侯，不足以云七庙矣。《礼器》“旅酬六尸”，足为三昭、三穆之证。周公宗祀文王明堂，其时文王为祖庙，周公特创此制，以明文武当别立庙，用此以为之程。至穆王时，文王当远庙之祧；又再传至懿王，文王为文世室；至懿王子夷王而武王为武世室。不曰庙而曰世室，明与太庙并尊也。此周公制礼所未及，故《周礼》无“世室”之文。言礼者必以文武世室为七庙之通制，于经传之文抵牾多矣。

春曰礿，夏曰禘，秋曰尝，冬曰烝。

郑注：“此盖夏殷之祭名。周春曰祠，夏曰礿，以禘为殷祭。《诗·小雅》曰：‘礿祠烝尝，于公先王。’”孔疏：“《郊特牲》‘春禘’，郑注：‘禘当为禴’。《祭义》‘春禘’，郑注：‘夏殷礼。’引《诗·小雅》，谓文王受命，改殷之祭名，以夏祭之禘改名曰礿。”嵩焘案：戴氏《记》如《祭法》之言禘，《丧服小记》及《大传》言“禘其祖之所自出”，自据大禘言之。《祭义》：“春禘，秋尝。”《郊特牲》：“飨禘有乐，食尝无乐。”以禘为春祭。此经及《祭统》又以禘为夏祭。《仲尼燕居》：“尝禘之礼，所以仁昭穆也”，《中庸》“禘尝之义”，禘与尝连文，皆谓时祭也。《诗序》：“《长发》，大禘也。”是殷亦有大禘、时禘之分。《尔雅》：“春祭曰祠，夏祭曰礿。”《公羊》桓八年传：“春曰祠，夏曰礿。”并与《周礼》同。而禘尝之名犹沿以为称，不必即为夏殷之礼。

天子、诸侯祭因国之在其地而无主后者。

郑注：“夏后氏郊鲧，至杞为夏后而更郊禹。晋侯梦黄熊入国而祀夏郊，此其礼也。”嵩焘案：《都邑考》：“伏羲都陈。神农亦都陈，又营曲阜；少皞亦都曲阜。”故《左传》云：“陈，太皞之墟。”又云：“命伯禽而封以少皞之墟。”帝喾都，颛顼都帝丘，夏后相亦都帝丘，卫成公徒旁丘。《左传》：“卫，颛顼之墟也。”又云：“卫成公梦康叔曰：‘相夺予享。’公命祀相。”晏子对齐景公：“爽鸠氏始居此地，季萴因之，有逢伯陵因之，蒲姑氏因之。”子产亦言：“迁阏伯于商丘，商人是因，迁实沈于大厦，唐人是因。”如《左传》所载，鲧与相皆祀于杞，非无主后者；鲁为少皞之墟，而任、宿、须句、颛臾自司少皞之祀，为鲁附庸。而太皞、颛顼之祀无闻，疑陈当祭太皞，卫当祭颛顼。其因国之在其地者尤多有之，平阳、安邑皆晋地也。《世纪》：鲧封崇伯，禹封夏伯。崇、夏皆不隶于晋，鲧祀夏郊与晋无与，郑引以当因国之祭，非也。

天子犆礿、祫禘、祫尝、祫烝。

郑注："天子、诸侯之丧毕，合先君之主于祖庙而祭之谓之祫，后因以为常。天子先祫而后时祭，诸侯先时祭而后祫。凡祫之岁，春一礿而已；不祫，以物无成者，不殷祭。周改夏祭曰礿，以禘为殷祭也。鲁礼：三年丧毕而祫于太祖，明年春禘于群庙，自尔之后五年而再殷祭，一祫、一禘。"嵩焘案：郑意以祫字别义，下文于诸侯言"尝祫、烝祫"，故以为天子先禘而后时祭，诸侯先时祭而后祫。而于"禘一、犆一、祫"之文义不可通，因考禘、祫二祭不见于《周礼》。郑注《大宗伯》以"肆献祼"当祫，以"馈食"当禘，而注《司尊彝》："追享、朝享，谓禘祫也。在四时之间，故曰间祀。"禘之名，《丧服小记》、《大传》详其义，《祭法》著其事，《论语》发其微，《国语》亦屡具其礼；祫之名，《曾子问》备其仪，《公羊》、《穀梁》尽其说。而二者之异同，礼无明文。杨氏复云："禘者，禘其祖之所自出于始祖之庙，以始祖配之，不兼群庙之主，为其尊远不可亵也；祫者，合毁庙、未毁庙之主于太祖之庙而祭之：乃谓之殷祭。"证之《礼经》，数语为最尽。《春秋》于闵二年、僖八年书"禘"者二，于文二年书"大事"者一，《公羊》、《穀梁》并云"大祫"，杜注《左传》则云"禘也"。《左传》于昭十五年"有事于武宫"云："禘于武宫"；于昭二十五年云："禘于襄公"；于定八年"从祀先公"云："禘于僖公。"以《春秋》之例推之，三年迁庙伎俩中祭于太祖曰禘，《说文》所谓"谛祭也"。既祭而迁主于祧，新主正祢庙之名，故亦曰吉禘。《士虞礼》云"吉祭"，即吉禘也；文二年以"跻僖公”谓之“大事”，亦吉禘也。《左传》于祭毁庙之主与祭祢皆谓之“禘”，非事也；《公》《穀》二传于文二年之吉禘谓之“大祫”，以为合食毁庙与未毁庙之主，亦非事也。疑《公羊传》“五年而再殷祭”，与郑注“鲁礼：三年丧毕祫于太祖，明年春禘于群庙”之说正合。盖丧礼废祭，丧毕合食太祖而迁庙，而后四时之祭行，又明年始合祭毁庙之主；《说文》“三岁一祫，五岁一禘”，始免丧之祀，然也。免丧而祭，而诚以渐而达于远，不敢遽也，故曰“五年而再殷祭”。《礼经》言禘、言祫，无以年计者。《明堂位》：“季夏六月，以禘礼祀周公于太庙。”则亦常祀也。案：《大传》：“王者禘其祖之所自出”，“诸侯及其太祖”，大夫、士“干祫及其高祖”。诸侯不得祭其祖之所自出，故鲁禘止于周公；而因合祀毁庙之主，故通谓之祫。此禘、祫二祀之名所由合也。《周礼》固曰四时之间祀。三《传》之言禘者，始免丧之礼；《礼》之言禘，则常礼也：未宜混而一之。《春秋》纪异不纪常，书“禘”者二，皆鲁之失礼也；然固可以证鲁之吉禘，皆丧毕合祭而后迁庙。此经言犆、言祫，自据四时常祀言之，与他言祫、禘者有别。古人先祭，有卜日，有齐，有戒尸、卜尸；既祭，有绎七庙之祭。次第行之，则一月不能具举；若同日而祭，其于敬也弛矣，而力亦弗给。《礼器》：“旅酬六尸。”郑注：“后稷发爵，不受旅。”亦据祫祭为言。而祫祭合毁庙、未毁庙之主于太祖之庙，不得专立六尸。《曾子问》：“祫祭于祖，祝迎四庙之主。”疑皆为常祫。天子、诸侯七庙、五庙之主，岁惟一犆祀，其馀三祭皆祫。如此，则敬有所申而力亦有所能给。郑注于其中分析祫祭言之，恐未然也。

诸侯礿则不禘，禘则不尝，尝则不烝，烝则不礿。

郑注：“虞夏之制，诸侯岁朝，废一时祭。”孔疏：“南方诸侯春礿祭竟，夏来朝，故阙夏禘；西方诸侯行夏祭竟，秋来朝，故不尝；北方诸侯行秋祭竟，冬来朝，故废烝；东方诸侯行冬祭竟，春来朝，故废礿。”嵩焘案：《虞书》：“肆觐东后。”各以其方见，乃巡守之礼，非朝觐之礼。《周礼·大行人》：“侯服（一）岁见，甸服二岁见，男服三岁见，采服四岁见，卫服五岁见，要服六岁见。”《禹贡》五服，《周礼》析为九服，是《禹贡》甸、侯、绥、要四服当各以岁致朝贡于王。《虞书》：“五载一巡守，群后四朝。”盖四服各以一年朝也，安得有岁朝而废一祭之事？疑此叙于诸侯礿禘之前，必非诸侯之正祭，当承上言诸侯助祭天子之礼；所云诸侯，谓畿内诸侯也。《诗序》：《烈文》、《臣工》，并云“诸侯助祭”。诸侯因朝会而助祭者众，则播之诗歌，明非常也；惟畿内诸侯助祭有常制。经意岁或一助祭，或再助祭，间一时休息以使之不劳；通言诸侯者，诸侯朝觐助祭天子，亦与畿内诸侯同也。诸侯朝觐者当一助祭，畿内诸侯得再助祭，此经所述固当专指畿内言之。

有田则祭，无田则荐。

郑注：“祭以首时，荐以仲月。”孔疏引《晏子春秋》：“天子以下至士皆祭以首时。”嵩焘案：《周礼·大司马》：“中夏，享礿；中冬，享烝。”是《周礼》实以仲月。《龟人》：“上春衅龟，祭祀先卜。”凡祭卜日，皆以先月下旬。始春衅龟而后用卜，一岁首祭不于衅龟前卜可知，是为祭用仲月之明证。而《月令》于孟冬言“大饮烝”；《后汉·祭祀志》四时祭：“春以正月，夏以四月，秋以七月，冬以十月。”疑祭用孟月起于秦汉，康成注《礼》多援汉制以证之。《春秋》桓八年书“烝”者二，桓十四年书“尝”者一。尝以八月，周制也，三《传》皆无异辞。烝以正月，用夏制；

夏五月又烝，《公》、《穀》二传皆议其黩礼。桓五年《左传》云："始杀而尝，闭蛰而烝。"杜注：始杀，"建酉之月"；闭蛰，"建亥之月"。一据夏正言之，而尝以仲月，烝以孟月，不限以时。疑春秋以前四时之祭皆无常月，至汉始有定制，循用至今，从郑说也。《月令》："仲春，献羔开冰，荐寝庙；季春，荐鲔。孟夏，以彘尝麦，荐寝庙；仲夏，以雏尝黍，荐寝庙。孟秋，登穀，荐寝庙；仲秋，以犬尝麻，荐寝庙；季秋，以犬尝稻，荐寝庙。季冬，尝鱼，荐寝庙。"荐者新也，不当限以月。下云"庶人春荐韭，夏荐麦，秋荐黍，冬荐稻"，正当据孟月为言。黍熟于季夏，稻熟于季秋。庶人荐以四时，秋荐黍、冬荐稻者，祭先月之新也。疏申郑义，均恐未然。

庶羞不逾牲。

郑注："祭以羊，则不以牛肉为羞。"嵩焘案：《周礼·膳夫》："羞用百有二十品。"郑注《内则》："下大夫十六，上大夫二十。"《公食大夫礼》：羞庶，羞盖十六品，有膷、臐、膮郑注："今时脽也。牛曰膷，羊曰臐，豕曰膮"，有牛炙、牛胾、牛鮨郑注："《内则》谓鮨为脍"，有羊炙、羊胾、豕炙、豕胾：是牲皆备也。疑"不逾牲"如《左氏传》"博硕肥腯"之类。牛人所供，有祭祀之牛，有膳羞之牛。祭祀之牲掌之充人，"展牲告牷，硕牷则赞"。不逾牲者，言膳羞不得上与牲并也。《论语》："菲饮食而致孝乎鬼神，恶衣服而致美乎黻冕"，与此同意。下云："燕衣不逾祭服，寝不逾庙。"天子玄端以居，诸侯朝玄端、夕深衣，与冕服自别。路寝、内寝之制与宗庙自别，而天子、诸侯所居宜加广矣，知所谓"不逾"者，皆主丰俭之饰于外者言之。

夫圭田无征。

郑注："古者谓殷时。""夫，犹治也。"嵩焘案：《周礼》："士田任近郊之地，税什一。"郑意以《载师》之士田当圭田，而近郊之税什一，故并据此为殷礼。圭田之制见于《孟子》，赵岐注："所以供祭祀也。"是卿大夫之圭田犹天子、诸侯之籍田，与采邑之田以民力所供为禄入者自别。畿内之田税入于王，采邑之田税入于食采邑之卿大夫，皆征也；圭田卿大夫所自治，故曰"无征"。夫者馀夫也，赵岐注《孟子》引此经云："馀夫圭田皆不当征。"《春秋》宣十五年"初税亩"，《公羊》谓之"履亩而税"，《左氏传》云"穀出不过藉"。三代田法皆详于役而略于赋，计夫受田而分田以井，故以夫为之纲，赋役二者皆视之以为准。所谓"穀出不过藉"者，税则一出之井田也。圭田及馀夫所受之二十五亩皆不列于井田之中，犹后世畸零田，卿大夫齐盛之所出、馀夫力食之所资，以此取给；馀夫得正田四分之一，为不足于食，故亦无征《孟子》言"野九一而助，国中什一使自赋"，先儒谓国中用贡法，非也。园廛及郊地不能以井定税，无公田助法之可言也；其卿以下之圭田及馀夫之田，《孟子》不详其赋法，则自三代皆无征可知也。吴氏澄亦以"夫"当馀夫所受之田，似为得之。

凡居民材，必因天地寒暖燥湿，广谷大川异制。民生其间者异俗：刚柔、轻重、迟速异齐。

郑注："使其材艺堪地气也。"异制，"谓其形明"。异俗，"谓其所好恶"。异齐，"谓其性情缓急"。嵩焘案：此承度地居民之义而广言之也。材，谓造邑庐宿市之材；"广谷大川异制"，则其法度方式也。《周礼·大宰》："百工饬化八材。"《考工记》："审曲面势以饬五材。"《左氏传》："鸠工庀材。"材者匠人营国之首需也。《大司徒》："以土宜之法辨十有二土之名物，以相民宅而知其利害。""以土圭土其地而制其域"，"日南则景短，多暑；日北则景长，多寒；日东则景夕，多风；日西则景朝，多阴。"因寒暖燥湿而知制邑居民用材之宜；广谷则筑宜庳，大川则基宜崇；皆度地居民之事也。民生其间异俗，始及人民之习尚。刚柔，蕴之心者，以质性言；轻重，形之身者，以举止言；迟速，措之事者，以动作言。齐，如《内则》"食齐视春时，羹齐视夏时"之齐，谓调剂其平也。《尔雅》："殷、齐，中也。"《玉篇》："整也。"整齐之使适于中，过者裁而抑之，不及者辅而进之，所谓"异齐"也。

东方曰寄，南方曰象，西方曰狄鞮，北方曰译。

郑注："鞮之言知也。今冀部有言狄鞮者。"孔疏："通传夷狄之语与中国相知。"嵩焘案：郑意以冀部名知难通之语言者为狄鞮，故以知释之；亦取鞮与知同音为训。然传四夷语言以通相知，不得专于狄言知；疑《周礼·象胥》"掌蛮夷闽貉戎狄之国……协其礼，与其辞，言传之"，《说文》"译，传四夷之语者"，义主于传言语，《周礼》通谓之象，汉以后通谓之译。中国地势，东极于吴越，语言犹易通也；《说文》："客，寄也。"谓之寄者，若寄寓于中国之一隅，以客礼待之而已。南达于交阯，稍辽远矣；《周易》："象也者像也。"《说文》："像，似也。"语言嗜欲可以想像得之。西北地最远。《说文》："逖，远也。"《牧誓》"逖矣西土之人"。《诗》："舍尔介狄。"毛传云："远"也。是逖假借为狄。《说文》："鞮，革履也。"革履能行远；言须远历各国而后通知其言语也。译者传而释之。四者有远近之异，而取义亦各以类别。

凡居民，量地以制邑，度地以居民；地邑民居必参相得也。

孔疏："此论居民与地相得。"嵩焘案：经云"参相得"，则是地也、邑也、民居也三者皆量度所宜。熊氏安生云："计量地土广狭，制四井为邑，每邑居三十二家。"《小司徒》"四井为邑"，以制井田之数，不必四井聚居于一邑。《左传》：凡居，"有宗庙曰都，无曰邑"。邑若今之村落。《论语》："十室之邑"，"千室之邑"。邑大小无定，各因地以制之，公邑之大夫、私邑之宰居焉；百工之饬材者、商贾之阜货者，亦懋迁其中以通有无之用。而农民各就田亩。《匠人》"为沟洫"：田间有畎，井间有沟，成间有洫，同间有浍；而其后言"沟防之式"亦云："葺屋三分，瓦屋四分。"疑农民当依沟防馀地比次以居，无聚处一邑之理。此亦当为《载师》任地之法。地者井里之通名也。地有高下远近，所制之邑必与地相得；邑有赢缩险易，所用以居民者抑必与邑之地相得；邑不侵地之数以为馀间，是以无旷土；民不乐邑之媮以事转移，是以无游民：正申足上文"地邑民居必参相得"之义。

命乡简不帅教者以告。耆老皆朝于庠；元日习射上功，习乡上齿。

郑注：耆老皆朝于庠，"将习礼以化之，使之观焉"。嵩焘案：《周礼·乡大夫》："受教法于司徒，颁之乡吏，以教其所治，考其德行道艺。三年大比，兴贤者、能者。退而以乡射之礼五物询众庶。"《州长》："以月吉属其州之民，考其德行道艺而劝之，纠其过恶而戒之。春秋，以礼会民，射于州序。三年大比，赞乡大夫废兴。"《党正》："以四时之孟月吉日，属民而读邦法以纠戒之。祭祀，以礼属民，饮酒于序。"《族师》："（以）月吉属民读邦法。掌其治令戒禁刑罚。"《闾胥》："掌其比觵挞罚之事。"《比长》：

"各掌其比之治。五家相受，有罪奇邪则相及。徙于国中及郊，则从而授之；若徙于他，则为之旌节而行之。无授无节，则惟圜土内之。"自州长、党正、族师、闾胥、比长，皆乡吏也。而《大司寇》："以五刑纠万民，三曰乡刑，上德纠孝。"准以《周礼》之文，知乡简不帅之法即在属民读法之时，《乡大夫》之"以五物询众庶"、《州长》之"属民以纠其过恶"、《党正》之"读邦法而纠戒之"，皆其事也。耆老朝于庠而习射及乡饮礼，正《州长》、《党正》所谓"以礼属民"者。《(檀弓)〔射义〕》："孔子射于矍相之圃"，子路延射，先辨偾军亡国与为人后者。是乡射之礼即寓简不帅教之意。《乡射》、《大射》并云"司射取扑搢之"，郑注："扑，所以挞犯教者。"《乡射》记："射者有过则挞之。"《虞书》："侯以明之，挞以记之。"《小胥》："觵其不敬者，挞其怠慢者。"闾胥所掌"觵挞罚之事"，亦即射饮中事也。下云"右乡移之左，左乡移之右"，及"移之郊，移之遂"，疑即《大司寇》"九月役、七月役、五月役、三月役，使州里任之"之事，《比长》："徙国及郊，从而授之。"《邻长》："徙于他邑，从而授之。"授之比长、邻长，以从役也。《遂师》"移用其民"，《县正》"移执事"，亦即此移之郊遂者而以事役之，并不专属在学之士。案：此即《大司寇》之"乡刑上德纠孝"者。其讼狱之丽于法则掌之乡士。所云"简不帅教"，凡乡之民皆简焉。下文"小胥、大胥、小乐正简不帅教者以告"，始就在学之士言之。郑注似以射饮之礼专为不帅教行之，恐非。又云："中年考校"，移之左右，"亦复习礼于乡学；后中年，又为之习礼于郊学"；远郊之外四遂，"又中年移之，使居遂，又习礼于遂之学"。不变，屏之远方，谓"九州之外"。一准《学记》九年大成之例，次第移学而后屏之，未免臆为之说。

升于司徒者不征于乡，升于学者不征于司徒，曰造士。

郑注："造，成也。能习礼则为成士。"嵩焘案：《周礼·州长》、《党正》、《族师》："作民师田行役"，各掌其戒令政事。而《乡师》："受州里之役要"，"逆其役事"，"辨其可任者与其施舍者"。《乡大夫》：辨其夫家可任者征之，"贵者、贤者、能者、服公事者、老者、疾者皆舍"。《大司徒》："大军旅、大田役，以旗致万民。"《乡师》："以司徒之旗致众庶。"是小役征于乡，大役征于司徒，乡繁而司徒之役简也。《大胥》："掌学士之版"；祭祀用乐，"以鼓征学士"。《小胥》："掌学士之征令。"升之学则供学事，不属役于司徒。下文："顺《诗》、《书》、《礼》、《乐》以造士，国之俊选皆造焉。"是所谓造士者，合选士、俊士而造就之，非谓其为成士也。方氏悫云有"选士之造"，有"俊士之造"。《大司徒》：颁职事于邦国都鄙，以登万民，"十曰学艺，十一曰世事，十二曰服事"。其施十二教，"（六）〔十〕曰以世事教能，则民不失职"。疑所谓"学艺"者，即升学之俊士；所谓"世事"者，六官之属之政教禁令；"服事"，则其府史之属也：并乡所升之选士为之，而皆以时致之于学。曰"造士"者，明一造之以《诗》、《书》、《礼》、《乐》也。郑注"能习礼则为成士"，似于前后文义未能曙然。

将出学，小胥、大胥、小乐正简不帅教者以告于大乐正，大乐正以告于王。

郑注："此所简者，谓王太子、王子、群后之太子、卿大夫元士之适子。"孔疏："恐所简兼有乡人，故明之。"嵩焘案：上文"国之俊选皆造焉"，是凡与于学之事者皆简之，不尽于学士之版也。《太史》：掌邦之六典法则，"辨法者考焉，不信者诛之"。祭祀，读礼书，协事，“辨事者考焉，不信者诛之”。王者一道德，同风俗，期使学出于一，不帅教者无笃信谨守之实，则将流为邪辟而不自知，“屏之远方”，即《太史》“不信”之刑也。入学，谓因射饮而有乞言合语之礼以纠戒之。将出学而简其不帅教者，因而留之，不以升于司马，俟王视学，纠察其果不帅教而施罚焉。案：“屏之远方”，犹上文“屏之四方，惟其所之”。“终身不齿”，犹《周礼·司圜》“虽出，三年不齿”，谓不复列之于士而已；使为士者远之，虽有邪说诐行，而固不足以害人心而乱风俗。“西方曰棘，东方曰寄’，言听其所之也。正不必加以放流之刑。王者于四民之治，惟致其严于学，盖所与共天禄以理治天下者，无他士而已矣。其学之成否，天下之人即受之以为利病。故夫先王立学之意，期使才知之士浸渍于其中，而修己治人之大法，从容讨论皆夙成焉。则所以调和元气以董正天下之性情，皆于学基之。是以立法常严。《虞书》“敬敷五教，在宽”，为百姓言也，宽焉而使人易从也。《学记》“师严而后道尊”，为士言也。使夫天下之为不善者皆不得齿于学，则士知自重矣；士知自重，而后才成于学而教沛于天下，则教之郊也。《王制》一书，非尽周以前之制也，而时能得其遗意，即此足见三代立学之旨矣。

有发，则命大司徒教士以车甲。

郑注：“乘兵车衣甲之仪。”嵩焘案：《周礼·大司徒》：“大军旅、大田役，以旗致万民，而治其徒庶之政令。”《乡师》：“凡四时之田，前期，出田法于州里，简其鼓铎、旗物、兵器，修其卒伍；及期，以司徒之大旗致众庶，而陈之以旗物。”《族师》：“师田行役，合其卒伍，简其兵器，以鼓铎旗物帅而至。”《酇长》：“作其民，用之，以旗鼓兵革而至。”盖司徒掌民数，征发徒役皆司徒之事也。师田，则以旗致之，使成具，车甲士三人，皆具甲，所谓“教士以车甲”者，简其车甲使皆备也；即《族师》、《酇长》各“以旗物帅而至”之意。族师上士，酇长中士，由司徒发之以应司马之役，而后大司马大合军以行禁令。乘车衣甲、坐作进退之仪，司马掌之，非大司徒教之所及也。

凡执技以事上者，不贰事，不移官，出乡不与士齿。仕于家者，出乡不与士齿。

郑注：不与士齿，“贱也”。仕于家，“亦贱”，故亦不与士齿。嵩焘案：《周官》大祝、大史、射人、太卜皆下大夫，大驭中大夫，小祝、小史、驭夫、卜人皆中士、下士，医师有上士、下士；《考工记》所叙之轮人、舆人，皆以工名官者也，其仕为中大夫以逮中士、下士、无不齿于士之理。疑“凡执技”三节，层递补而下：首详其用，次列其目，终序其材品。“论力”，谓服劳作者；“适四方”，谓利奔走；“裸股肱”，谓劳筋骨；“决射御”，谓供役事：皆以术艺工作事人者。官，如《曲礼》“在官言官”之官，凡朝廷治事处曰官。“不贰事”，就所执之艺言之；“不移官”就所履之地言之。春秋圣门诸贤多仕为家臣，《论语》亦称“公叔文子之臣大夫僎”。战国以来，仕无世官，官无世禄，无可以家名者。此云“仕于家”，若《史记》春申君、吕不韦等《传》舍人之类，以食客为名，通谓之仕，非复春秋以前之为家臣者矣。案：“执技”通言之。若秦医和、医缓，鲁公输般，皆以技名，岂得为贱！疑此汉世功令，所以广厉学官，非古制然也。

凡制五刑，必即天论。邮罚丽于事。

郑注：“必即天论，言与天意合。过人罚人，当各附于其事，不可假他以喜怒。”孔疏：“言制五刑之时，必就上天之意议论轻重。天意好生，又有时以生，有时以杀。言就天道使生杀得中，故云‘与天意合’。”嵩焘案：《周礼·大司寇》：“庶民之狱讼，以邦成弊之。”《小司寇》：“以五刑听万民之狱讼，附于刑，用情讯之，至于旬乃弊之。读书则用法。”是以乡士、遂士、县士、方士皆达方司寇以听之，“群士司刑皆在，各丽其法以议狱讼”，轻重之法无不丽于事者。经盖言五刑之制必准以情，邮罚小者则弊以事可也；即《小司寇》“附于刑，用情讯之”之意。天论者，推诸天理人心之同然而因以论断其狱，非但以法丽之而已；至于过失之罚，一以其事之轻重为准，不复深究其情。《士师》：以“五禁、五戒先后刑罚”。无一不昭示之于民，而犹有犯者，纠其罪而无所赦，所以齐天下之耳目也。罪小而无事之可丽，亦不强法以从之。经义曲尽，郑注似未能分晰。

必察小大之比以成之。

郑注：“小大，犹（言）轻重。”孔疏：“言虽疑而赦之，不可直尔而放，当察案旧法轻重之例以成于事。”嵩焘案：疏申郑义，连上“疑狱”为文。疑此总结上文，言既致其详审而后比例以定其罪。“小大之比”，犹今律例之分，小，如司刑所掌“五刑之法”，其属各五百“以辨罪之轻重”；大，如司寇“建邦之三典”，有轻典，有中典，有重典。合而察之，所谓“庶民之狱讼，以邦成弊之”者也。察其大，则罪名定而不能私有出入；察其小，则狱情别而不能意为重轻。大小、轻重，未宜混而一之。

凡作刑罚，轻无赦。

郑注：“法虽轻，不赦之，为人易犯也。”嵩焘案：下文：“刑者侀也，侀者成也；一成而不可变，故君子尽心焉。”不应此二语全无矜恤之意。疑此以起下文，言先王制为刑罚之法，各以其罪之轻重附之。《司刺》：以“三刺、三宥、三赦之法”“求民情，断民中，而施上服、下服之罪”。其不入于三法者，固不能不正之以刑而无可赦也。惟其轻而无赦，是以一犯法而即列为刑人，君子所尤宜尽心者也。

析言，破律，乱名，改作；执左道以乱政，杀。

郑注：“析言破律，巧卖法令者也。乱名改作，谓变易官与物之名，更造法度。左道，若巫蛊及俗禁。”嵩焘案：郑意分例三项言之。疑此云“乱政”，即《孟子》所谓“作于其心，害于其事；作于其事，害于其政”，而统括之于“左道”。“析言”以下四者，皆左道也。析言，如《鬼谷子》之“七术”、《鹖冠子》之“四稽五至”、《韩非子》之“五蠹”；破律，如《老子》之“绝圣弃智”、《庄子》之“剖斗折衡”，《墨子》之“非乐非儒”；乱名，如《公孙龙子》之“坚白异同”、《慎子》之“椎拍輐断”；改作，如《商君》之开塞、耕战书，《邓析子》之竹刑。其言悖于圣贤之道，而用以矫虔天下，终至于乱政。下文“行坚言伪、学博顺非”，用之为学足以害教；此用之为道，足以害治，其事同也。

锦文珠玉成器不粥于市，衣服饮食不粥于市。

郑注：“不示民以奢与贪也。”孔疏：“‘衣服饮食’与‘珠玉’连文。据华美者不得粥之，恐民贪。”嵩焘案：此二者，一训俭，一训勤。《周礼·司市》：“治市之货（财）〔贿〕珍异。”《质人》：“掌成市之货（财）〔贿〕珍异。”《廛人》：“敛珍异之有滞者。”锦文珠玉皆珍异也。所禁者成器，如制锦为帷帟、镂珠玉饰器之类，《司市》所谓“以政令禁物靡而均市”是也。《鲁语》：

“自庶士以下皆衣其夫。”《祭法》“庶士、庶人立一祀，或立户，或立灶。”为衣服饮食皆自为之。衣服贵贱有制，饮食日膳有常，粥于市则等差无别，亦所以防淫佚也，《司虣》所谓“禁属游饮食于市”是也。合上下十四事皆市禁，司市掌之。

太史典礼，执简记，奉讳恶。天子齐戒受谏。

郑注：“讳，先王名。恶，忌日，若子卯。岁终，群臣奏岁事，谏王当所改为也。”孔疏：“馀讳亦太史奉之，《礼运》：‘天子适诸侯，必舍其祖庙，不以礼籍入，是谓天子坏法乱纪。’……是亦讳诸侯之祖父也。……‘恶’亦兼馀事，《诵训》云：‘掌道方慝，以诏避忌’。”嵩焘案：郑意于此析分两节。以天子与冢宰百官皆岁终受质，而《周礼》太史职凡丧祭、朝会、师旅皆得执简记昭王，不主岁终受质言之，故分析为二。据《周礼·太史》“正岁年以叙事”，《内史》“掌叙事之法，受纳访，以诏王听治”，郑注：“纳访，纳谋于王也。”《周礼》内史中大夫，太史下大夫，叙事纳访当属内史。叙事者，王日有所事，若左史记言、右史记动之类。疑太史所执之简记，即此岁终一诏诸王讳隐事、恶过举。“奉”者，备列而陈之，亦使人君知所畏戒。春秋列国史氏犹有能举其职者；隋唐以前人君不令见国史，盖犹古制而用意殊矣。北魏崔浩之诛，祸斯烈焉！奉讳恶，综一岁之言动，美恶皆备，无所隐饰，故曰“受谏”也。案：《周礼·太宰》：“岁终，令百官府正其治，受其会，听其致事而诏王废置。”《司会》：“以岁会考岁成，诏王及冢宰废置。”《小宰》：“赞冢宰受岁会。”《周官》以百官之成统之冢宰，《王制》以百官之成统之三官，则犹缘饰汉制以为之辞耳。惟太史执简记，奉讳恶，以天子之成诏王受之，疑古礼当然，为足补《周官》之阙。

凡养老。

孔疏引皇氏云："人君养老有四：一，养三老五更；二，养为国难死者（之）父祖；三，养致仕之老；四，引户校年，养庶人之老。"又引"熊氏云：'养老一岁有七，四时皆养老。'郑此注'饮，养阳；食，养阴。阳，用春夏；阴，用秋冬。'是也。《文王世子》：'凡大合乐，必遂养老。'注云：'大合乐，谓春入学，舍菜合舞，秋颁学合声。'《世子》（又）云：凡视学，必遂养老。""是季春大合乐、天子视学亦养老，总为七也。"嵩焘案：陈氏《礼书》引"《周礼·罗氏》'献鸠以养国老'在仲春、《月令》'养衰老，授幾杖'在仲秋"，通"季春大合乐"云"一岁三养老"，而言"《月令》无冬夏养老之文，《周礼》、《礼记》惟言春养秋食而已"，与孔疏又有异同。据《大戴记·保傅篇》，"春秋入学，坐国老，执酱而亲馈之"，是天子有事于学，就行养老之礼，春秋合乐，正其事也。陈氏所引《月令》春养老之说，则耆老孤子岁有常养，无关入学养老之义，其老者仍得春秋合飨。证之《月令》孟春"命乐正入学习舞"，仲春"上丁，命乐正习舞、释菜"，"仲丁，又命乐正入学习乐"，季春"大合乐"，是春习乐亦常礼也。仲春、季春天子皆有"视学"之文，而不必皆至季秋命乐正入学习吹。《大胥》"春，入学，舍菜合（乐）〔舞〕"，于《月令》为仲月；"秋，颁（乐）〔学〕合声"，于《月令》为季月；似春秋入学亦不必有定时。《大司乐》："掌成均之法，凡有德者、有道者，使教焉。"《内则》："凡养老，五帝宪，三王有乞言。"《文王世子》："天子视学，适东序，设三老五更之席位。"《尚书大传》："大夫七十致仕，退老归其乡里，大夫为父师，士为少师。入学，上老坐于右塾，庶老坐于左塾。"郑注："上老，父师。庶老，少师。"疑三代学制，乡学乡大夫主之，国学大司成主之；其任教学之责者，即所养之老也。乡饮酒礼，乡大夫所以养老；其平时则有德艺者留教于学，而其馀皆以礼会。《尚书大传》之言“上老坐于右塾，庶老坐于左塾”，盖乡学也。《乡饮礼》：“宾若有遵者，诸公大夫一人举觯，乃入。”则又致仕之老之尤尊者未留教于学而以礼会，故其礼杀于宾而席有加。天子之三老五更，则皆致仕之老之尊者；惇史之言，即以为教于学。故凡养老，皆主大夫、士言之；庶人之老，则但与之引年，免其子弟之征而已，不养之于学也。

五十养于乡。六十养于国。七十养于学，达于诸侯。八十拜君命，一坐再至，瞽亦如之。九十使人受。

郑注：“国，国中小学，在王宫之左。学，大学也，在郊。小学在国中，大学在郊，此殷制明矣。命，谓君不亲飨食，必以其礼致之。”孔疏：“八十年衰，不堪来学受养，君以飨食之礼使人就家致之。”嵩焘案：《乡饮酒义》：“六十者坐，五十者立，所以明尊长也。六十者三豆，七十者四豆，八十者五豆，九十者六豆，所以明养老也。”乡大夫养老之礼，自九十至于六十；五十者立西阶下，不与于养。此云“养于乡”者，乡饮五十者皆至，为其年已尊于乡也。天子视学养老，年六十乃得与，而仍不属于席；三老五更之席位必年七十以上，曰“养于学”者，明三老五更之正位于东序也。又经言“养老”，皆以礼会，大夫以上致仕者既使之教于学，天子有问则就见之，而以时帅公卿大夫养之于学，以致其敬。其《大司徒》“以保息六养万民”，“养老”与“振穷”、“恤贫”连文，则所谓“岁有常饩”者；上云“养耆老以致孝”而属之司徒，即其事也。《遗人》：“以门关之委积养老孤。”《司门》又云：“财物犯禁者举之，以养死政之老与其孤。”死国事者之父母，又养老中之一事，而与视学养老之礼固自判然，以此之养老隆其养，视学之养老则以致其敬也。案：《周礼·外饔》："邦飨耆老孤子，则掌其割烹之事。"《酒正》："飨耆老孤子，共其酒，无酌数。"《稿人》："飨耆老孤子，共其食。"《郊特牲》："春飨孤子，秋食耆老。"《月令》："仲春，养幼少，存诸孤。仲秋，养衰老，授幾杖，行糜粥饮食。"盖《遗人》"养老孤"，领于司徒，以门关所入之货贿为常饩，春秋特会而飨之。《汉书·高祖纪》"置三老，勿徭，以十月赐酒肉"，犹其遗意。大夫致仕有田禄，与在官无异；天子所以优老，与其时赐，皆有加礼；其在学，论说乞言，天子与在学之国子同礼而尊之：不得下及庶人之老，明矣。此经言养老之礼，自五十达于九十，盖通言之。乡皆有学，天子之虞庠亦乡学也，所以养老。熊氏安生云："国老，谓卿大夫致仕者。庶老，谓士。"国学以教国子；虞庠之学以教庶士，亦与乡学同升于国学。卿大夫致仕，有德者有道者教于国学，其次教于虞庠之学，退老于其乡者教于乡学。在乡学为庶老，在国学为国老。上云"小学在公宫南之左，大学在郊"，下云"虞庠在国之西郊"，前后相应。虞庠者，庶士之大学也。经文盖错综言之。郑氏据在国者为小学而以殷礼释之，证之诸经，无一合者。至谓八十以上不亲飨食，以其礼致之，则亦不知乡学之养老者亦上及九十。而此以"八十"与"瞽"并言，专论拜受君命之节，别为一义，以与上"七十"连文，故特以"达于诸侯"一语自为结束。经文比而分之，注家必联而合之，而文义皆不可通矣。

五十杖于家。六十杖于乡。七十杖于国。八十杖于朝。九十者天子欲有问焉。则就其室，以珍从。七十不俟朝，八十月告存，九十日有秩。

郑注："大夫、士之老者，君揖则退。"孔疏："此谓大夫士年老而听致仕者。若不听致仕，则《祭义》云：'七十杖于朝，八十不俟朝。'"嵩焘案：《曲礼》："大夫七十而致（仕）〔事〕。若不得谢，则必赐之幾杖。”是七十不致仕者得杖于朝。此通五十、六十、七十、八十言之，明不得赐，至八十亦可杖于朝。《周礼·司士》：“正朝仪之位，孤卿特揖，大夫旅揖，士旁三揖，王还揖门左，揖门右。王入内朝，皆退。”是朝礼，卿大夫士序立于庭，王左右揖，毕，还入内朝。司士所掌治朝之礼，当并通于外朝。君揖即退，不必大夫士老者始然。《祭义》：“七十杖于朝，君问则席。八十不俟朝，君问则就之。”此当为内朝之常礼。《玉藻》：“朝，辨色始入。君日出而视之，退适路寝听政；使人视大夫，大夫退而后适小寝。”是常日内朝毕，出就治事所居，《考工记》所谓“外有九室，九卿朝焉”是也。七十杖朝，有问则席；八十不俟朝，有问则就之：明谓常朝议所治事，八十可以不与朝位而俟君之就见之。盖朝位皆立，八十未致仕者就九室治事之所坐而论之，不俟朝见，以优老也。此云“七十”，谓既赐幾杖，亦可以是优之；若致仕，则固无位于朝也。八十之“告存”、九十之“日秩”，亦不当以施之无位者。经盖通言之。郑注不云致仕，孔疏所言，亦不善申郑义矣。

五十而爵。

郑注：“贤者命为大夫。”孔疏：“《王制》殷（礼）〔法〕，殷士无爵。”嵩焘案：《周礼·太宰》“爵以驭其贵”，《大司徒》“以贤制爵”，皆通卿大夫士言之。所谓爵者，命秩也，《大宗伯》之九命是也。殷制以官序而无命数。《广韵》：“殷爵三等，周爵五等。”以燕飨命诸侯而谓之爵，非周制诏爵之义。《燕礼》：“小臣纳卿大夫，卿大夫皆入门右，升就席”；士但旅食而已。燕飨之礼以爵为尊，卿大夫得因燕飨受爵。《士冠》记：“古者五十而后爵。”下云：“诸侯未赐爵，视天子之元士以君其国。”故爵通于士，而专言爵，则大夫也。孔疏据为殷礼，失之太远。

有虞氏养国老于上庠，养庶老于下庠。夏后氏养国老于东序，养庶老于西序。殷人养国老于右学，养庶老于左学。周人养国老于东胶，养庶老于虞庠——虞庠在国之西郊。

郑注：“上庠、右学，太学也，在西郊。下庠、左学，小学也，在国中王宫之东。东序、东胶，亦太学也，在国中王宫之东。西序、虞庠，亦小学也；西序在西郊。周立小学于西郊。”孔疏引熊氏：“文王从殷礼，辟雍、太学在郊。”又引刘氏：“小学为辟雍，在郊。”嵩焘案：自有虞立学，有上庠、下庠之分，三代因之，以东西相胜。盖古者天下以下及公卿大夫之子皆入于学，三代世禄，其礼义成于士大夫而士庶莫能并焉；凡入学以齿，不能概之士庶也。故士庶之子在乡学者必选其秀者而升之，天子国都之士庶别立学，以使与乡学同升。《文王世子》：“乃进其等，以其序，谓之郊人，远之于成均”，以明贵贱之等也；而取贤敛才，以不阻其进学之所以，终出于一也。至周立四代之学，而学制大备。《祭义》：“天子设四学。”《易·太初篇》：“太子旦入东学，昼入南学，暮入西学，夜入北学。”北学者，上庠也。西曰瞽宗，以祀先圣先师。东曰东胶，以养老：《文王世子》所谓“适东序”者，此也；《乐记》、《祭义》所谓“食三老五更于大学”者，亦此也。南曰成均，周学也。《大司乐》“掌成均之法”，明一代之学制以统四学也。案：注引董仲舒云：“成均，五帝之学。”贾疏：“‘周人立此学’，即虞庠之学是也。”大误。《大戴记》、《尚书大传》及贾谊疏并有五学之名，亦名其中学曰太学。有虞氏以北为上，谓之上庠。夏后氏上东，殷上右，右者西也。周以南为上，而合四代之学总名之曰辟雍，上云“天子曰辟雍”是也。疑上庠下庠以上下为次，东序西序、右学左学，皆东西相向为次；一为太学，一为士庶之学。周兼立四代之学，士庶之学不能与太学并立，故远之于郊。都城以外皆郊也。其必于西郊者，夏尚东，殷尚西，周立太学国中而绌虞庠西郊以相胜也。近秦氏《五礼通考》考定四代之学甚详，而于虞庠西郊之义不能有所发明。郑氏一据“小学在公宫之左，太学在郊”之文释之，孔疏因之而愈歧矣。

有虞氏皇而祭，深衣而养老；夏后氏收而祭，燕衣而养老；殷人冔而祭，缟衣而养老；周人冕而祭，玄衣而养老。

郑注：“皇，冕属也，画羽饰焉。凡冕属，其服皆玄上纁下。有虞氏十二章，周九章，夏殷未闻。”嵩焘案：《文王世子》：“凡释奠者，必有合也。凡大合乐，必遂养老。”是天子视学，合乐，释奠先圣先师，乃遂养老。《王制》因言学而及养老，则此祭即释奠之祭，非泛言《司服》五冕之祭也。《学记》：“皮弁祭菜。”视学之祭，当以皮弁。《士冠礼》及《郊特牲》并云：“周弁，殷冔，夏收。”殷冔、夏收正与周弁为类。《说文》：“弁，冕也。”郑注《士冠礼》“爵弁”：“制如冕，黑色，但无缫。”何休《公羊宣（五）〔元〕[①] 年传》注：“夏曰收，殷曰冔，周曰弁。加旒曰冕。”弁冕制同，以旒为别，是以《周礼》掌弁冕之官但曰弁师。此云“冕而祭”，盖即皮弁视学之祭也。玄衣即玄端，次于皮弁服。而《祭义》云：“食三老五更于太学，冕而总干。”《周礼·司服》：“飨先公、飨射，则鷩冕。”郑注：“飨食宾客，与诸侯射。”射亦视学之事，而服鷩冕，疑《礼经》错举为文，而事各

---

①《公羊宣五年传》注无下文所引何休语。郭氏引文所记出处之误不少，凡已发现者均为改正，但并未一一出校说明。

别。天子视学，有始立学，有春秋释奠。《乐记》叙“食三老五更于大学，冕而总干”，以明《武》乐之迟久，则周之盛礼也；其春秋视学养老，不必尽然。固知此冕而祭之，即为弁而祭也。郑据五冕之祭为言，似于“养老”之文为不类。

百工各以其器食之。

郑注：“器，能也。”孔疏：“百工，谓有杂技艺。因其名有所能供官役，使以廪饩食之。”而引《晋语》：“戚施直镈，蘧蒢蒙璆，侏儒扶庐，矇瞍修声，聋聩司火。”嵩焘案：疏意是也。《义疏》亦引《淮南子》：“伊尹之兴土功也，修胫者使跖镬，强脊者使负土，眇者使之准，伛者使之涂。”足尽此义；《国语》所谓“官师之所材”也。而“百工”二字，据瘖、聋、跛、躃、断者、侏儒之艺能言之，于文不类。《周礼·太宰》：“以九职任万民。……九曰闲民，无常职，转移执事。”是亦听民之相役也。《司稼》：“掌均万民之食，而周其急，而平其兴。”是课民之相赒也。国有六职，百工居一，而工事之任人力尤多；器者，百工所执之器，若攻木、攻金、攻皮、设色、刮摩、抟埴之属，所具以役人之力者也。案：《淮南子》言“伊尹之兴土功”，亦百工之一事。瘖、聋、跛、躃、断者、侏儒，皆可听役于百工，授之器而使食其力之所能给，所以广其仁于天下以各遂其养也。

古者以周尺八尺为步，今以周尺六尺四寸为步。

郑注：“礼制，周犹以十寸为尺。或言周尺八寸，则步更为六十四寸。”孔疏：古以周尺八寸为步，则一步六尺四寸；今以周尺六尺四寸为步，则一步五十二寸案：六十四寸之八得五十一寸二分，疏据成数言之。嵩焘案：《说文》：“尺，十寸也。周制寸、尺、咫、寻、常、仞，诸度量皆以人之体为法。”“咫”下云：“中妇人手长八寸谓之咫，周尺也。”《夫部》下云：“周制八寸为尺。”是许意径谓周尺八寸。蔡邕《独断》亦云：“夏十寸为尺，殷九寸为尺，周八寸为尺。”《说苑》：一粟为一分，十分为寸，积寸为尺。何休《公羊》注：“侧手为肤，案指知寸，布手知尺。”或云粟，或云黍，或云案指，陈氏祥道谓有指黍二尺之辨。尺者十寸之积也，长短在度，不必增减寸数。经云“周尺八尺为步”，“周尺六尺四寸为步”，言步法非言尺法，而步法实以尺为准。《孟子》：“夏后氏五十而贡，殷人七十而助，周人百亩而彻。”井田经界既定，不得擅变，以步法推之：夏八尺为步，百步为亩，五十亩方尺者三十二万；殷尺准夏尺八寸四分五厘有奇，七十亩得方尺者四十四万八千，每步当夏尺六尺七寸六分；周尺准殷尺八寸三分六有奇，百亩得方尺者六十四万，每步当殷尺六尺六寸八分八厘。是三代步法与尺法相准，以次各减其尺十之二而有畸零，步狭则亩数增多。商鞅治秦，步过六尺者有罚，似古尺法代有减杀；而秦汉之初一准周尺为度，而量步则减杀其尺寸，以周尺最为短缩，无可减也。周尺当今营造尺六寸四分，今步五尺，当周尺七尺八寸有奇；案：司马温公云：周尺当五寸五分弱。是宋尺赢于今尺八分有奇。步法亦略同，而秦之以六尺为步为最狭矣。《司马法》之云“六尺为步”，即秦制。经明言“周尺八尺”、“周尺六尺四寸”，与秦之以六尺为步，皆准周尺言之，更无减杀其寸以为尺之义。而周尺视殷得八寸三分有奇，殷尺视夏得八寸四分有奇，亦不如蔡邕所云“夏尺十寸，殷尺九寸，周尺八寸”，各减一寸以为度也。郑注以意拟之，恐未然。案：郎瑛《七修类稿》云：“周八寸为尺，秦比周七寸四分，前汉官尺比周一尺三分有奇。”所云秦尺，即准秦步六尺为言。然周秦传记但云六尺为步，不别著秦尺法。疑秦人更定三代步法，以加增田亩，为厚敛之计，于尺法初无更定也。依郎氏之说，秦尺当准周尺七寸五分，云四分者亦误。）

方伯为朝天子，皆有汤沐之邑于天子之县内，视元士。

孔疏：“前文‘不能五十里曰附庸’，‘天子元士视附庸’。此汤沐之邑亦五十里以下。”嵩焘案：《周礼·大司徒》：“九夫为井，四井成邑。”《史记》：“舜一年所居成聚，二年成邑。”《释名》：“邑，人聚会之称也。”汤沐之邑谓朝宿处，不必遽为五十里以下之地。《春秋》隐八年：“郑伯使宛来归祊。”案：《公》、《穀》二传祊皆作邴。桓元年：“郑伯以璧假许田。”三传皆云：郑以泰山之祊易许田。杜注《左传》：成王营王城，赐周公许田以为鲁朝宿之邑；郑桓公封郑，有助祭泰山汤沐之邑。《公羊》以为“诸侯朝天子，天子之郊皆有朝宿之邑”，从祀泰山皆有汤沐之邑。《穀梁》云：“邴者，郑伯之所受命而祭泰山之邑也。”据《周礼》，大行人辨诸侯之命以待宾客，出入皆有积；司仪致馈，致飧，致饔饩，致馆；掌客备其物，掌讶待其事；环人送逆邦国之宾客，舍则授馆：是诸侯朝觐天子，饩饔赐舍皆有司掌之，惟天子巡狩及朝会诸侯，东都宜有朝宿邑。定四年《左传》：“取于有阎之土以共王职，取于相土之东都以会王之东蒐。”杜注：“有阎，卫所受朝宿邑。”会王东蒐，为汤沐邑。“王东巡狩，以助祭泰山。”昭九年：“周甘人与晋阎嘉争阎田。”是阎亦近东都之邑。卫之阎田、鲁之许田。皆为朝会东朝汤沐之邑。《左传》云“取”者，明非天子所授邑也；其曰“许田”，曰“有阎之土”，并以井计邑，安得有附庸五十里之地为汤沐邑哉！

《汉书》注：郡国朝宿之舍在京师者名邸。《说文》：“邸，属国舍也。”朝宿、汤沐异名，起于《公》、《穀》二传，汉儒传经之所由仿，盖亦多本汉制言之。

事为、异别。

郑注："事为，百工技艺也。异别，五方用器不同也。"嵩焘案：此二者属之"八政"；百工及五方之器用，于政无与。项氏安世云："事为，如《冢宰》之九职、《司徒》之十二事、《考工》之六职，皆司徒所颁以任民者也。异别者，《司徒》五地之常，《职方》九土之宜，《王制》中国、四夷之俗，皆司徒所辨以居民者也。"然八政首"饮食"、"衣服"，自据民生日用之常言之，辨土居民、体国经野之大政，于此为不类。疑《司徒》十二事，颁诸邦国都鄙者，事为也；《冢宰》之九职，即属异别。如《（载）〔间〕师》任民之法："任农，以耕事；任圃，以树事；任工，以饬材事；任商，以市事；任牧，以畜事；任嫔，以女事；任衡，以（林）〔山〕事；任虞，以泽事。"即于"事为"之中加之"异别"，亦非仅辨物土之宜而已。

礼记质疑卷六

月令

祭先脾。

郑注："春为阳中，于藏值脾，脾为尊。"其注夏令"祭先肺"云："阳位在上，肺亦在上。"中央"祭先心"云："五藏之次，心次肺；至此心为尊。"秋令"祭先肝"云："秋为阴中，于藏值肝。"冬令"祭先肾"云："阴位在下，肾亦在下。"嵩焘案：《说文·心部》："心，土藏也。博士说以为火藏。"《肉部》："肾，水藏也。""肺，金藏也。""脾，土藏也。""肝，木藏也。"《五经异义》引《今文尚书》欧阳说：'肝，木也。心，火也。脾，土也。肺，金也。肾，水也。'《古尚书》说：'脾，木也。肺，火也。心，土也。肝，金也。肾，水也。'"《月令》用《古尚书》说。扬雄《太玄》："木藏脾，金藏肝，火藏肺，水藏肾，土藏心。"亦用古文家说。高诱注《吕览》始有相胜之说，亦兼引古文云："一曰脾属木，自用其藏。"其云"肺火、心土、肝金，自用其藏"，并兼取古文家说。《白虎通》云："脾，土也。春木王杀土，故以所胜祭之。冬肾、六月心，非所胜也，以为土位中央至尊，故祭以心。心，藏之尊者。水最卑，不得食其所胜。"此则专主《今文尚书》而曲为之说。郑《驳五经异义》："《月令》四时祭乃其五藏上下之次耳。冬位在后而肾在下，夏位在前而肺在上。春位小前，故祭先脾；秋位小却，故祭先肝；肾也、脾也俱在鬲下，肺也、心也、肝也俱在鬲上。祭者必三，故有先后焉。不得同五行之气。”盖郑意主今文而不取相胜之说，故以五藏上下次第言之。《说文·心部》主古文说，亦兼取今文；《肉部》专主今文，固以今文家说为胜。《月令》出于周秦之世，则《古文尚书》之说也。以经义求之，自以五行当令为先。郑注自立一说，然非《月令》之旨矣。

乃命太史守典奉法，司天日月星辰之行，宿离不贷，毋失经纪，以初为常。

郑注：“典，六典。法，八法也。离，读如俪偶之俪。宿俪，谓其属冯相氏、保章氏掌天文者。相与宿偶，当审候伺，不得过差。经纪，谓天文进退度数。”嵩焘案：郑注《周礼》“冯相氏”引《月令》“乃命太史”，言冯相、保章属太史。此云“太史”，即冯相氏、保章氏之属也。典，如《冯相氏》之“会天位”“以辨四时之叙”。法，如《保章氏》之“五物”，所以察天象之变者也。典者容成调历之式，法者畴人推步之方。《史记·天官书》二十八宿，宿犹次舍，日月五星必依之以为次舍。故曰：经星所会之辰有次舍谓之宿，所历之度有进退缓急伏见谓之离。离者丽也，不当训为俪偶。二十八宿之次，经也；日月五星相与出入，纪也。初者，冬至甲子之历元，治历者用为推步之准。郑注于此似未分明。

措之于参保介之御间。

郑注：“保介，车右也。君车使勇士衣甲居右而参乘，备非常也。保，犹依也。介，甲也。”嵩焘案：车右为保介，不见他文。

高诱注《吕览》："副也。"《周颂》"嗟嗟保介"，专言农事，朱子因训为农官之副。应氏镛引《诗·楚茨》尸为"神保"、《楚辞》巫为"灵保"，因以保介为农神，御者参陪而立，措之此间，依神以求福也。然神何神？天子之车与神并载，恐无是事。《载芟》诗："有依其士，有略其耜。"毛传："士，子弟。"耕而负耒者子弟，天子耕耤，负耒之农正谓之保介。《国语》："命农大夫戒农用。"韦昭注："农大夫，田畯。农用，田器也。"耕耤之耒耜必有司掌之。《国语》又云："王耕一坺。"韦注："一耦之发也。耜广五寸，二耜为耦。"赞王耜而比耦曰保介，高诱所谓"副"者，此也。《周礼》戎右中大夫、齐右下大夫，道右上士，有常职；而司右掌群右，凡勇力之士属焉，无常职。此云："参保介"者，参乘兼掌耒耜，居御者之右而措耒耜于其间也。参者，车右也。保介，赞王之耒耜。郑通以"车右"释之，《周颂》之云"嗟嗟保介"，义不可通矣。

躬耕帝藉。

郑注："帝藉，为天神借民力所治之田也。"嵩焘案：郑注《周礼》及《诗》笺并云："藉之言借也。"《说文》："帝耤千亩，古者使民如借，故谓之（藉）〔耤〕。"韦昭注《国语》："藉，借也。借民力以为之。"皆本《孟子》"助者藉也"之说。据《周礼·甸师》"帅其属耕耨王藉"郑注："其属，府史胥徒也。庶人终于千亩，谓徒三百人。"是郑意终亩之庶人亦庶人在官者，甸师之属下及徒三百皆天子之主伯亚旅也。《国语》："王治农于藉，耨获亦于藉。"天子之藉田，耕耨及获皆有事焉，而领之甸师，何尝借助民力哉？《汉书》文帝后二年"开藉田"，应劭曰："藉者，帝王典藉之常也。"臣瓒曰："藉，谓蹈藉也。"段注《说文》斥其刺谬，证之经义，瓒说固为近之。《国语》：“宣王不藉千亩。”又云：“农正陈藉礼。”以事名藉。又云：“司空除坛于藉”，“廪于藉东南，钟而藏之。”并以地名藉。卢氏植云：“藉，耕也。”《左传》：“郿人藉稻。”杜注：“藉稻，盖履行之。”即蹈藉之义。云“帝藉”者，天子自履行之田。《周礼》、《礼记》及《诗小序》皆作藉，《说文》作耤，亦名之为“帝耤”，因有“帝藉”之名而后以耤名田。《乐礼》：“耕藉然后诸侯知所以敬。”《祭义》：“耕藉，所以教诸侯之养。”天地山川、社稷宗庙之粢盛皆出于藉，故曰“藏帝藉之收于神仓”。郑以帝藉专属之天神，亦恐未然。《周礼·内宰》：“王后帅六宫生穜稑之种以献于王。”郑〔司农〕注：“王当以耕种于藉田。”王后献种，天子秉耒以耕，其耨获亦于藉。《国语》：“三时务农，一时讲武。”惟天子自行田，故谓之帝藉。段注《说文》：“言藉者，歉然于当亲事而未能亲事也。”疑非经旨。

命祀山林川泽，牺牲毋用牝。

孔疏：“山林川泽，其祀既卑，馀月牲皆用牝，惟此月不用，为伤妊也。若天地宗庙大祭，虽非正月，皆不用牝。”嵩焘案：《曲礼〔王制〕》“天子祭山川，诸侯祭山川之在其地者”，皆属正祀。《周礼·司服》：“祀四望山川，毳冕；祭社稷五祀，希冕。”《大宗伯》：“以血祭祭社稷五祀，以貍沈祭山陵川泽。”牺牲皆共之牲人而系之充人，郑注《充人》“凡散祭祀之牧，系之国门”云：“散祭祀，司中、司命、山川之属。”安得馀月有用牝之事！《周礼》自乡师、州长、党正、族师，皆以祭祀属民。《闾胥》：“凡春秋之祭祀，聚众庶。”此云“命祀”者，盖州、党、族、闾春秋祈报之祭祀，举山林川泽以赞生物之功也。民间方祀所用之牺牲，不必奉牲告牷，惟于首春申用牝之禁，以明长育之义耳。

玄鸟至。至之日，以太牢祠于高禖。

郑注："玄鸟巢人堂宇而孚乳，嫁娶之象也，媒氏之官以为候。高辛氏之世，玄鸟遗卵，娀简吞之而生契，后王以为媒官嘉祥而立其祠焉。变媒言禖，神之也。"嵩焘案：毛氏《玄鸟》诗传："汤之先祖有娀氏女简狄配高辛氏帝，与之祈于郊禖而生契。本其为天所命，以玄鸟至而生焉。"《生民》诗传亦主郊禖之说，《閟宫》诗引孟仲子曰："是禖宫也"；并据此经玄鸟至、祀郊禖为说，而遂以姜嫄之庙为禖宫。《说文》："禖，祭也。"与"祈"、"禳"、"襘"、"禬"为类。《生民》诗"以弗无子"，笺训"弗"为"祓除"。《周礼》女巫掌祓除，女祝掌"招、梗、襘、禳之事"。禖之名祀，亦招、襘之类，以非常祀，故宗伯所掌无其文。经云玄鸟至祀高禖，殆周秦间人缘饰《玄鸟》诗义说如此。《五经通义》："郊禖，祭天地。"据《诗·生民》"克禋克祀，以弗无子"而谓之郊禖，则亦祭天而已。蔡邕以为禖神高辛以前旧有，晋束皙因云："高禖者，人之先也。"罗泌《路史》："女娲氏正姓氏、职婚姻，是曰神禖。"祀为高禖之神。《隋书·礼仪志》称北齐高禖祀青帝，以太昊配，仍《月令》春帝之祀也。《宋史·礼志》始益以高辛，政和礼乃以简狄、姜嫄从配，是郑氏之说至宋始用为典礼。其云后王以简狄吞卵为嘉祥而立其祠，别无证据。《金史·礼志》又祀伏羲、女祸，则用《路史》之说也。自北齐祀青帝而配以人帝，亦讫无定祀，知郑注之不可为典要也。简狄吞卵，语出《纬书》，《史记》及刘向《列女传》皆取之，自不如毛氏《诗传》为得其正。

耕者少舍，乃修阖扇，寝庙毕备。

郑注："舍，犹止也。因蛰虫启户，农事少闲，而治门户也。

凡庙，前曰庙，后曰寝。”嵩焘案：高氏《吕览》注：耕者少舍，言耕者皆出在野，少有在都邑者也。“《尚书》曰‘厥民析’，散布在野。《传》曰：‘震雷出滞。’‘土不避垦，辟在司寇。’阖扇，门扇，民所由出，故治之。寝以安身，庙以事（神）〔祖〕。”似较郑注为优。《七月》诗：“四之日举趾，同我妇子，馌彼南亩。”是仲春之月妇子亦出在野。《国语》：“是时农司、农正、司空、司徒之属皆命其旅日徇[①]，安得有少闲之时？盖因耕者皆出，修治门户以严出入之防。马氏唏孟云：“修阖扇，启其向之塞，辟其户之墐。”其时春气向暖，宜疏通阳气，因耕者之启户而出以修阖扇，而通及寝庙，亦以顺时令之宜也。

祀不用牺牲，用圭璧，更皮币。

郑注：“当祀者，古以玉帛而已。”疏：“谓祈祷小祀。”嵩焘案：《义疏》引蔡氏邕云：“祈者，求之祭也，预（祝）〔设〕[②] 水旱疾疫诸事，《左传》所谓‘祈以币更’也。”是蔡氏本作祈，不用牺牲。《周礼·太祝》“掌六祈”，郑注：“类、造、禬禜皆有牲，攻、说用币。”《春秋》庄二十五年《左传》：“凡天灾，有币无牲。”郑注《周礼》：“攻如鸣鼓。”又引董仲舒：“救日食，祝，是之谓说也。”蔡氏亦云“（祝）〔设〕水旱疾疫”，是祈本有不用牲者。襄九年《左传》“祈以币更”，杜注：“不用牲。”则晋悼公所以节用而息民也。仲春雩祭未行，祈祷小祀，去牲以顺天地生长之气。《家语》：齐大旱，春饥，孔子请祈以币玉，尤为春祈不用牲之证。疏云“祈祷小祀”，足以补郑注之阙，而言之不详，于

---

①郑氏此文与《国语·周语》原意有出入。日，《周语》作曰。
②《义疏》引作“说”，据蔡氏《月令问答》，当作“设”。

经义仍未能曙然。

田猎，罝罘、罗罔、毕翳、餧兽之药毋出九门。

郑注："九门，路门、应门、雉门、库门、皋门、城门、近郊门、远郊门、关门。"嵩焘案：郑注《周礼·匠人》："天子十二门。"故于此通王居以至关门言之。《白虎通〔月令〕》云："九门磔攘，以毕春气。"天子之城十有二门，东方生气之门，不欲使死物见于生门。高氏《吕览》、《淮南》并云：九门，三方九门也。"东方王气所在"，不得出，"尚生育也；其馀九门得出，故特戒之。"吴氏澄云："南三门，王之正门，平日（亦）不得出。"然经但言"九门"，安见南门、东门之有异？陆氏佃据南北九经、东西九纬为说，则径以九轨之涂当九门。近高邮王氏据郑注《匠人》"九阶"云"南面三，三面各二"为例：僖二十年《左传》正义："鲁城南面三门"；定八年《左传》："公敛处父帅成人自上东门入。"杜注："鲁东城之北门。"是南面三门，三面各二门也。疑经云"田猎"、兼及天子、诸侯以下，并通庶民言之。"九门"，约举为文。秦汉都城有九市，市皆有门，《史记·吕不韦传》："布长安市门。"毋出九门，言不得出市门也。《虞书》："辟四门。"城门有四正，其旁又有四隅。秦汉都城别有便门。《淮南子》："道出一源，九门、六衢。""九门"自是周秦间语，无庸曲为之说。

乃合累牛腾马，游牝于牧，牺牲驹犊举书其数。

郑注："累、腾，皆乘匹之名。是月所合牛马，谓系在厩者。其牝欲游，则就牧之牡而合之。"孔疏："游此系牧之牝，就牡而合之；其在厩牝马须乘用者，则不放之。既游牝于牧之后，畜皆在野，所有牺牲及小马之驹、小牛之犊，皆书其见在之数。"嵩焘案：郑、孔于此添无数转折。《义疏》：“累，负而上。腾，跃而起。牛迟重，故云累；马骠疾，故云腾。皆牡欲就牝之形。”释“累”、“腾”字极允。“乃合累牛腾马”，就牡言之；“游牝于牧”，就牝言之：二语自相成。此盖牧人所掌。游牝于牧，所以合之也，安得有在厩在牧之分？“牺牲驹犊”，谓牛马所生息者。于所生驹犊中相其毛体纯者以备牺牲之用，藉其数而别录之，重其选也。故于此特出“牺牲”二字以见义。旧注皆未分明。

断薄刑，决小罪，出轻系。

郑注：“《祭统》曰：‘草艾则墨。’谓立秋后出；刑无轻于墨者。今以纯阳之月断刑决罪，似非。”嵩焘案：《义疏》：“薄刑小罪，如‘鞭作官刑，扑作教刑’之类。本不罹于五刑，而姑系之以待讯者，即断决而出之。”疑此亦明不留狱之意。盛夏缓刑而薄刑，小罪亦须以时断决，其尤轻者则竟出之。馀月皆然，至此月又加清理，非谓薄刑小罪馀月可以收系之，此月始断决也。注引《祭统》之文，未免以辞害意。

蚕事毕，后妃献茧，乃收茧税，以桑为均，贵贱长幼如一。

郑注：“后妃献茧，内命妇献茧于后妃。收茧税者，收于外命妇。外命妇虽就公桑蚕室而蚕，其夫亦当有祭服以助祭，收以近郊之税。”孔疏：“外命妇所以有税者，以其夫祭服官家所给，故输茧税以供造之。《载师》：‘近郊十一。’公桑在国北近郊。”“以桑为均者，以受桑多少为赋之均齐，桑多赋多，桑少赋少。贵，谓公卿大夫之妻；贱，谓士之妻。”嵩焘案：《祭义》：“天子、诸侯必有公桑蚕室……卜三宫之夫人、世妇之吉者使入蚕。”“卒蚕，奉茧以示于君，遂献茧于夫人。”卜世妇之吉者使卒蚕事，其地之不容多人可知。蚕者，世妇示于君以告茧成夫人也。下云“献茧夫人”，则悉所治之茧献之夫人以待缫。此经云“献茧”，与《祭义》之“奉茧以示于君”正同一事，所以告茧成也。两章文义互相备，注于此以“内命妇献茧后妃”为说，则经当为倒文，恐不然也。天子、诸侯之蚕室与耤田同。《内宰》：“中春，诏后帅外内命妇始蚕于北郊”，与天子耕耤同。耤田领之甸师，蚕室领之世妇、女御。《周礼·女御》“以岁时献功事”是也。公卿大夫各有治蚕之所，安能尽就棘墙外闭之蚕室，与天子之世妇交错以从事？《周礼·闾师》：“任嫔，以女事贡布帛。”而《孟子》云“五亩之宅，树之以桑”，是宅皆有桑以任女事。《载师》又有“宅不毛”之征，盖虽不树桑，亦征其里布，知茧税通贵贱征之。经云“以桑为均”，言有宅即有桑；三代制赋以口户为率，桑者，所以表宅也。“贵贱长幼”，并馀夫计之。疏以“受桑多少”为言，然则所税独公桑乎？卿大夫受桑之法，于《礼》无征；而谓茧税专取之外命妇，《周礼》“以女事贡布帛”，未尝专责卿大夫之妻也。典丝、典枲之属，皆有赐予。《典枲》云：“颁衣服，授之。赐予亦如之。”颁衣服者，颁之内命妇也；“赐予”所包甚广。《宫伯》：“掌王宫士庶子凡在版者，以时颁其衣裘。”是王宫之宿卫亦得颁衣，未闻卿大夫之祭服给之自官者。郑注于此多未分明，孔疏因之而益歧矣。

命有司为民祈祀山川百源，大雩帝，用盛乐。乃命百县雩祀百辟卿士有益于民者，以祈穀实。

郑注：“雩帝，谓为坛南郊之旁，雩五精之帝，配以先帝也。‘百辟卿士’，古者上公，若句龙、后稷之类。天子雩上帝，诸侯以下雩上公。周冬及春夏虽旱，礼有祷无雩。”嵩焘案：《周颂·

噫嘻》，《序》：“春夏祈穀于上帝也。”郑笺：“孟春祈穀于上帝，夏则龙见而雩。”《春秋》襄七年《左传》：“郊祀后稷以祈农事。”是以《春秋》书“鲁郊”皆祈穀之祭。桓五年《左传》“启蛰而郊，龙见而雩”，郊雩礼均。郑云“配以先帝”，即推郊祀后稷之义言之。《云汉》诗：“自郊徂宫。”而云“后稷不克，上帝不临”，则固与郊同也。其言“为坛南郊旁，雩五精之帝”，实于礼无征。《小宗伯》：“兆五帝于四郊。”是五帝之祀各于其郊。《大宗伯》：“国有大故，旅上帝及四望。”郑注云：“上帝，五帝也。”《周礼》凡祈、禳、祷、祠皆不及五帝，上帝、五帝自别，岂宜混而一之！《云汉》诗言“昊天上帝”者三，言“昊天”者三，言“上帝”者一，雩帝即雩天也。其言“群公先正”者二，毛传：“先正，百辟卿士也。”《烝民》诗“式是百辟”，郑笺训“百君”。百县之百辟卿士，谓古建国君斯土及为其臣有功德者。诗言“群公先正”，必非句龙、后稷、社稷五祀之神可知。《大司徒》荒政“十有（二）〔一〕曰索鬼神”，百辟卿士盖皆索而祭之。天子祭天地，诸侯祭社稷，《礼》有明文。昭二十九年《左传》：“五行之官，是谓五官，列受氏姓，封为上公，祀为贵神。”明谓社稷五祀之神其生皆为上公，天子、诸侯通祭之，安得据《左传》之云“上公”以当“百辟卿士”？天子之百县，亦不必尽为诸侯也。《周礼·司巫》：“国大旱，则帅巫而舞雩。”《女巫》：“旱暵则舞雩。”《春秋》书“大雩”者二十，书“又雩”者一。《左传》：“秋。书‘再雩’，旱甚也。”《公羊传》：“言雩则旱见。”成七年：“冬，大雩。”《穀梁传》：“冬无为雩也。”郑据《左传》“龙见而雩”，遂谓冬及春夏无雩，与《周礼》及三《传》之文异。经云：“大雩帝，用盛乐。”《周礼》旱雩无用盛乐之文，则此之“大雩”即今之常雩，用以祈穀，不待旱也。旱雩以旱行之。《穀梁》云：

"冬无为雩"，谓农事毕也。径谓冬及春夏无雩，非也。

令民毋艾蓝以染，毋烧灰，毋暴布。

郑注：毋艾蓝，"为伤长气也"，"此月蓝始可别"。毋烧灰，"为伤火气也"。"火之灭者为灰。"毋暴布，"不以阴功干太阳之事"。嵩焘案，毋烧灰，《吕览》作"毋烧炭"。高诱注："草木未成也，不欲夭物。是月炎气盛猛，布暴则脆，伤之。"张氏虙云："《考工记》'湅（布）〔帛〕以栏为灰'，言以栏木之灰渐释其帛。又曰'昼暴诸日'。云'毋'者，烧灰暴布，耗伤（元）〔阳〕气。""此二事亦为染而发。"方氏《析疑》：烧灰，"盖烧石为灰"。"地气上蒸，窯内湿，强烧即粗矿不可用。此时艾蓝、暴布，皆谓非时，不能为良。"似此三说宜参用。《夏小正》："五月启灌蓝、蓼。"《齐民要术》："二月浸蓝子，畦种之。五月拔栽，三茎为一科。七月刈蓝为靛。"《夏小正》言"启灌"，即拔栽之意。而蓼、蓝一岁可三刈，《四民月令》："五月刈蓝，六月种冬蓝。"五月非不可艾蓝者，艾蓝以染当渍成靛，亦尚须时日。疑此所重在染。凡染事始于季夏，《周礼·染人》："春暴练，夏纁玄，秋染夏，冬献功。"郑注："夏者，染五色。"郑司农云："秋乃大染。"《月令》"季夏染采"，谓始事也。五月尚未可以染。四月刈麦矣，五月刈黍矣，独刈蓝，为伤养气乎？郑注"蓝始可别"，而遽刈之，又非事也。《㡛人》："湅帛以栏灰，（湿）〔淫〕之以蜃，（又）清其灰，沃之盝之。"栏与蜃皆灰也。杜子春云："（湿）〔淫〕当为涅。"并谓以灰烧之。"烧灰"当作浇灰。染与练事略同，而皆暴之以日。"毋暴布"者，申足上二语之意：皆于色不良也。《月令》季夏治染，而染人职夏纁玄而已，其色皆取深黯，知此三者之非为顺阳气也。

百官静，事毋刑，以定晏阴之所成。

郑注：毋刑，谓“罪罚之事不可以闻”。“晏，安也。阴称安。”嵩焘案：《吕氏春秋》、《淮南子》并作“毋径”。“事毋径”，当先请详而后行也。高诱注：“晏阴，微阴也。”于义为优。然《月令》日长至、日短至并言“阴阳争”，夏至阳极阴生，不应专言“定阴”而已。王氏《经义述闻》：“《小尔雅》：‘晏，阳也。’晏阴犹阴阳也。《吕览·诬徒篇》：‘心若晏阴，喜怒无处。’《韩子·外储说》：‘雨霁日出，视之晏阴之间。’《太玄·踦赞》：‘冻登赤天，晏入黄泉。’范望注：‘冻，至寒也。晏，至热也。’是晏与阴相对成文。”释“晏阴”字至确。《说文》：“晏，天清也。”如淳《汉书》注：“三辅以日出清济为晏。”晏字本训日出天清，《小尔雅》所谓“晏，明阳也”。晏阴犹言明晦。《淮南·缪称训》：“晖日知晏，阴谐知雨。”晏与雨对文，犹言晴雨也。假借为“阴阳”字。案：“晏阴”，周秦间常语，冬至阴极阳生言“阴阳”，夏至阳极阴生当言“阳阴”，借言“晏阴”，亦足悟古人行文之法。夏至阳极阴生，阳造始而阴成终，以阴就阳而阳主之，故曰“以定晏阴之所成”；冬至阴极阳生，阳甫动而求定，以阳入阴而阴受之，故曰以待阴阳之所定。

命四监大合县百之秩刍以养牺牲，令民无不咸出其力，以共皇天上帝、名山大川、四方之神。

郑注：四监，主山林川泽之官。百县，乡遂之属，地有山林川泽者也。秩，常也。百县给国养牺牲之刍，多少有常。今《月令》四为田。”嵩焘案：《义疏》：“《周礼》甸师‘以薪烝役事’，委人‘供薪刍’，秩刍非虞衡所供。郑云‘今《月令》四为田’，盖甸即田也。”薪烝供自甸师，周制良然。然《周礼》“甸师下士二人”，而《淮南子》云“命四监大夫”，高诱注：天子畿内百县，“县有四郡。四监，监四郡之大夫也。”如高注百县四监，何以云“大合县百之秩刍”？《通典》秦汉内史有廪牺令、丞，即《周礼》牧人之职，而自汉牧苑皆置监，当亦沿秦制。疑秦置郡领县，自战国已然。《战国策》：“宜阳大县。”名为县，其实郡也。自秦武王时已以郡统县。四监属内史，故秩刍皆征之百县。“季冬，命四监收秩薪刍，以共郊庙及百祀之薪燎。”专以共薪刍为职，必非监郡之大夫明矣。此当通秦制言之，与《周礼》所载微有参差。《说文》：“稽，积禾也。秩，积貌。”引《诗》：“稽之秩秩。”是禾之积曰秩。《韵会》：“秩，再生稻。”刈而重出，故为秩序。疑秩者稆秸之类，盖禾属；刍者刍荛，草属，《说文》所谓“草薪”也：皆所以饲牺牲者。郑注“养牺牲之刍多少有常”，似于义无取。

树木方盛，命虞人入山行木，毋有斩伐。

郑注：无有斩伐，“为其未坚韧也”。高诱注《吕览》云：“虑伤方盛之气也。”嵩焘案：《周礼·山虞》：“仲冬斩阳森，仲夏斩阴木。凡服耜，斩季材。凡邦工入山林抡材，不禁。”是夏时亦得斩木。阳木，松柏之属；阴木，杞柳之属。杞柳质柔，夏时斩伐亦不蛀；其馀坚韧之木，必仲冬时乃能代取之，春夏斩者多蠹。郑注：“阳木，生山南者；阴木，生山北者。”大误。郑司农云：“阳木春夏生；阴木秋冬生，若松柏之属。”则又适得其反矣。凡伐木以制用，山虞为辨物性以知斩伐之宜；其非以制用，则春夏皆无伐木事《王制》所谓“草木黄落然后入山林”者是也，不应专于季夏示禁。此当为课种植之事。季夏树木已成，山虞入山巡视以知生植之数，重在行木而已；无有斩伐，止带说，亦以顺时令之宜也。

鹰乃祭鸟，用始行戮。

郑注："鹰祭鸟者，将食之，示有先也。既祭之后不必尽食，若人君行刑，戮之而已。"嵩焘案：獭祭鱼、鹰祭鸟、豺祭兽，皆谓猎取陈之如祭然，戮则杀而食之。于鹰、豺言戮者，鹰亦鸟类，豺亦兽类，鹰、豺应秋气而始鸷，以类相戕，如行戮也，文义本自相足。郑注析分二义，则鹰固知礼且廉于食矣，似非经旨。

命理瞻伤察创，视折审断，决狱讼，必端平，戮有罪，严断刑。

郑注："顺秋气，政尚严也。创之浅者曰伤。"嵩焘案：陆氏佃引"蔡邕曰：'皮曰伤，肉曰创，骨曰折，骨肉皆绝曰断。'伤瞻之而已，创然后察也，折视之而已，断然后审也。以伤、创、折、断正其罪之轻重，亦所以疗之。"徐氏师曾曰："用刑而有伤、创、折、断，所以致其义；恤刑而命瞻、察、视、审，所以致其仁。"疑此皆主用刑言。伤，盖古之鞭刑，若今笞；创，盖古之朴刑，若今杖；折者，墨劓之属；断者，剕宫之属。操五刑之用以决狱讼，使所拟一出于端平，瞻、察、视、审只是实慎之意。下云"戮有罪"，则大辟之刑，断刑之最重者，故曰"严"。而一准以其罪，仍出之以端平而已。皆就所拟之刑言之，所以矜恤之意即在用刑之中，无已刑而复加瞻、察、视、审之义。

天地始肃，不可以赢。

郑注："赢，解也。"嵩焘案：郑意仍属上节，谓有罪不可解纵。高诱注《吕览》："赢，骄也。"《淮南子》："赢，盛也。"均就时令言之。方氏悫云："阳道常饶，则有馀而赢；阴道常乏，则不足而缩。"意谓阴道不可使有馀，而所谓有馀、不足者，气也，非事也。其言终无归宿。《玉篇》："羸，溢也。"凡物盈而散之于外曰溢。羸，只是发舒之意。阳气长养，故主发舒；阴气闭塞，故主收敛。不可以羸即敛啬之意，起居、行政皆然。郑注仍主用刑言之，非也。

农乃登穀。

郑注："黍稷之属于是始熟。"孔疏于仲夏之月"农乃登黍"云：仲夏新黍未熟，犹用旧黍。嵩焘案：《说文》："禾，嘉穀也。""粟，嘉穀实也。""米，粟实也。"嘉穀之实曰粟，于是相沿以粟为名，而稷之名隐矣。穀者通名，以稷为五穀之长，故名稷曰穀。《月令》孟夏尝麦，仲夏尝黍，仲秋尝麻，季秋尝稻，各有其时，蔡邕于"农乃登黍"云"（今）蝉鸣黍"是也。早黍熟于仲夏，晚稻熟于季秋，今时犹然。郑通黍稷为穀，非也。

盲风至。

郑注："盲风，疾风也。"嵩焘案：荀卿《佹诗》："列星陨坠，旦暮晦盲。"秋后日色暗闭，不雨而风，尘沙上扬，有若晦盲，故曰盲风。孔疏云："秦人谓疾风为盲风。"恐未然。案：蔡邕《月令章句》云："秦人谓蓼风为盲风。"

群鸟养羞。

郑注："羞，谓所食也。《夏小正》曰：'丹鸟羞白鸟。'说曰：'丹鸟者，谓丹良也。白鸟者，谓闽蚋也；其谓之鸟者，重其养者也。有翼为鸟。养也者，不尽食也。'"嵩焘案：皇疏以丹良为萤火，萤食蚊蚋，八月蚊蚋为凉风所伏，不能急飞，故萤得羞之。经云"养羞"，谓储以御冬，飞萤与蚊蚋并尽于九月，何云养羞也?《淮南·时则训》作“群鸟翔”，高诱注：“群鸟试其羽翼而高翔。”《说文》：“翔，回飞也。”八月飞虫伏而草木之实成，群鸟回翔求食，与羞养之义为近。王氏《章句》谓如莺雀之类群飞者蓄聚草木之实于巢穴以备雨雪，故曰“养羞”。

具饬衣裳，文绣有恒，制有小大，度有长短，衣服有量。

郑注：具饬衣裳，“谓祭服也”。“祭服之制，画衣而绣裳。”衣服，“谓朝燕及他服”。嵩焘案：《义疏》：“‘具饬衣裳’句提其纲，下详其目。‘具饬’者，朝祭燕私之服无不饬正之也。”郑分衣裳为祭服，衣服为朝燕他服，恐非。《说文》：“服，用也。”衣裳言其制，衣服言其用。“文绣有恒”，如衣五章、三章，裳皆四章；衣三章、一章，裳皆二章。“制有小大”，如衣四幅，裳七幅。“度有长短”，如衣二尺有二寸，袪二尺有五寸，袪尺有二寸。量者称也，《丧大记》：“袍必有表，衣必有裳，谓之一称。”天子自后以下，衣服称数多少必有常供，故此申言“衣服有量”。上三句以制言，此别以用言也。

穿窦窖，修囷仓。

郑注：“入地隋曰窦，方曰窖。”嵩焘案：高诱注《吕览》：“圆曰囷，方曰仓。”与郑注互为训。据《说文》，窦、窍为类，并云“空也”。空、孔古今字。凡孔皆谓之窦，城垣行水处曰水窦。窖，地藏也。《考工记·匠人》“囷窌”，郑注：“穿地曰窌。”许君以“地藏”释窖，则入地者窖也，以藏粟而闭塞其门。窦盖依高岸为之，其门外敞若户窦然。疑当云：浅曰窦，深曰窖。《庄子·齐物论》：“窖者，密也。”郭象注：“窖，深穴也。”则窦、窖二字浅深之别，囷、仓二字方圆之别。郑注《匠人》：“囷，圆仓。”此以窦、窖为隋方之分，恐失之。

农事备收，举五穀之要。

郑注：举五穀之要，“定其租税之簿也”。嵩焘案：《小宰》：“听出入以要会。”《司会》：“以参互考日成，以月要考月成，以岁会考岁成。”郑注：“参互，谓司书之要贰与职内之入、职岁之出。”是凡出入之数总籍之谓之要。“举五穀之要”，总计五穀多少之数，籍而记之以制国用。《廪人》：“掌九穀之数以诏穀用。”《仓人》：“掌粟入之藏以待邦用。”《舍人》：“掌米粟之出入。”岁终会计其政，皆承冢宰之籍以知出入之经者也。

大飨帝，尝牺牲，告备于天子。

郑注：“大飨者，遍祭五帝也。尝者，谓尝群神也。天子亲尝帝，使有司祭于群神，礼毕而告备焉。”嵩焘案：五帝之祭详见《周礼》，与昊天上帝并重。而《小宗伯》云：“兆五帝于四郊。”是五帝各以其时祀于郊，所主四时之气，其实天也，无合祀之礼。明堂祀上帝，见于《孝经》，并无祀五帝之文。《周礼》亦不具其事。程子言季秋飨帝以父配之，即据此经“大飨帝”为说；陆氏佃因以此为季秋大飨明堂。《史记·封禅书》：“作明堂汶上，五年修封，祀太乙、五帝于明堂。”是为历代明堂之始，所祀太乙而以五帝从祀，其说盖出于谬忌、公玉带之流。后汉永平二年祀明堂，专主五帝，而率以正月行事。《魏书·礼乐志》：“太和十六年九月，大飨明堂。”隋唐以后，季秋在飨，沿自北魏，盖用郑氏之说也。而郑注实依仿汉制为说，遂并以“尝”为“尝群神”。徒谓四时之祭不当在季月，故因飨帝而遍及群神。要之，《月令》杂用周秦之典，“大飨帝，尝”，实合明堂及宗庙言之。此所记犹周制之遗，而正不必一一求合《周礼》也。

合诸侯制百县，为来岁受朔日。

郑注："秦以建亥之月为岁首。"孔疏："《史记》：秦文公获黑龙，自为水瑞，以十月为岁首。"嵩焘案：《史记·封禅书》："秦始皇既并天下，或曰：'黄帝得土德，黄龙见；夏得木德，青龙止于郊；殷得金德，银自山溢；周得火德，有赤乌之符。昔秦文公出猎，获黑龙，此其水德之瑞。'于是秦更名河曰'德水'，以冬十月为年首，色上黑。"而据《秦本纪》："昭襄王四十二年十月，宣太后薨；九月，穰侯出之陶。四十八年十月，韩献垣雍；司马梗北定太原，尽有韩上党。正月，兵罢。五十年十月，武安君迁阴密；〔十〕二月，攻晋军。"并叙十月于前。昭襄王五十六年卒，子孝文王立而云"十月已亥即位"，明昭襄王以十月为岁首，嗣君即位，即以是月改元耳。是秦改朔在昭襄王十九年僭称帝时，其后去帝号而正朔相沿不改。始皇并天下称皇帝，始颁正朔于天下，《史记》沿以相说，故于《始皇本纪》所载年月又有参差。《封禅书》叙秦改朔之祥始于文公，孔疏遂谓文公自为水瑞，以十月为岁首。文公当鲁惠公时，尚在春秋之前，无遽改正朔之理。

收禄秩之不当、供养之不宜者。

郑注："供养之不宜，欲所贪耆。熊蹯之属非常食，天气杀而万物咸藏，可以去之也。"嵩焘案：《周礼·太宰》："岁终，令百官府正其治，受其会，听其政事而诏王废置。"疑此即周官废置之典，与上受朔并举之岁终者。禄秩，若大夫、士；供养，若府史胥徒之属待养于官者。《宫正》："掌王宫之官府次舍。为之版以待稽其功绪，均其稍食，去其淫怠与其奇邪之民。月终，则会其稍食；岁终，则会其行事。”会其稍食，所以供养之。会其行事，则供养有宜不宜，岁终甄而别之。淫怠者废事，奇邪者骫法，即所谓不宜者。廪人所共之稍食，稿人所共之冗食，皆此类也。郑注恐失之。

命太史衅龟策，占兆审卦，吉凶是察，阿党则罪，无有掩蔽。

郑注：“策，蓍也，占兆，龟之繇文也。卦吉凶，谓《易》。审，省录之而不衅筮。筮短，贱于兆也。阿党，谓治狱吏以恩私曲挠相为。”嵩焘案：《吕览》：命太卜祷祀龟策，审卦兆以察吉凶，于时有阿上乱法者则罪之，无有掩蔽。《月令》本出《吕氏春秋》，自以吕氏所记为正。《义疏》以四字断句，曰：“占兆审卦，吉凶是察，阿党则罪，无有掩蔽。”陆氏佃《礼记解》亦以“吉凶是察”为句。必如此文义乃顺。郑注阑入刑狱，似无伦序。《周礼·龟人》：“上春衅龟。”《筮人》：“上春相筮。”衅者龟而已，此兼龟策为文，恐尚有脱字。郑据《周礼》有“衅龟”无衅筮，遂牵其事于卦兆，谓占兆衅，审卦不衅，尤误。疑“占兆审卦”四语，为命戒太史之辞。“阿党”者，以私意傅会，使吉凶本义不明。如穆姜筮，得《艮》之《随》，而史谓其“速出”；南蒯筮，得《坤》之《比》，而“以为大吉也”。“掩蔽”，谓掩护其事而蔽其吉凶之实。大卜以八命赞“三兆”、“三易”之占，观国家之吉凶以诏救政，阿党掩蔽，所系至重，故于衅龟策时申戒之。

命司徒循行积聚。

郑注：积聚，“刍禾薪蒸之属”。嵩焘案：陈氏《集说》“司徒”作“有司”，阮氏《校勘记》云：“闽监本、毛本、岳本、嘉靖本、卫氏《集说》作‘命司徒’。《石经考文提要》云：宋大字本、宋本《九经》、南宋巾箱本、余仁仲本、刘叔刚本皆作‘司徒’。”《月令》：季春，命司空“循行国邑”；孟夏，“命司徒循行县鄙”；季秋，命冢宰“举五穀之要”。六卿所职，大抵皆民事也。司徒以孟夏循行劝农，以孟秋循行收敛，始终农事。《酒诰》“农父若保”，传曰：“农父，司徒也。”似积聚即指所收敛言之，郑云“刍禾薪蒸”，恐非也。

天子乃祈来年于天宗。

郑注：“《周礼》所谓蜡祭也。天宗，谓日月星辰。”嵩焘案：郑注《虞书》“六宗”，谓星、辰、司中、司命、风师、雨师，此以“日月星辰”释“天宗”，谓天之神祇也。卢植《礼记注》云：“天宗，六宗之神。”蔡邕《月令章句》：“日为阳宗，月为阴宗，北辰为星宗。”《郊特牲》：蜡者，“合聚万物而索飨”。郑注《周礼·党正》索鬼神而祭祀，谓“大蜡”；注《大宗伯》“以疈辜祭四方百物”，谓“磔禳及蜡”。似蜡祭无及天宗之文。《春秋》哀十三年《左传》景伯谓太宰曰：“鲁将以十月上辛有事于上帝、先王。”《小司寇》：“孟冬祭司民，献民数于王。”《司民》：“掌登万民之数”，“司寇及孟冬祀司民之日，献其数于王……登于天府。”《天府》：“祭天之司民、司禄，而献民数、穀数，则受而藏之。”孟冬祭天宗，盖司民、司禄之类。《诗小序》：“春夏祈，秋冬报。”此祭天宗日月星辰，皆报祀也。孟冬祈年，于礼无征。疑此为秦氏祈年之祭，与孟春祈穀并行，一顺天时，一重岁首。《尚书大传》“古者帝王以正月（朔）〔朝〕迎日于东郊，所以为万物先而尊事天也。”亦即此义。谓之“来年”者，秦改朔不改月，孟冬方主收敛，岁事始毕，新年之功未来也。饮烝、祈年及腊，凡三事，未宜混而一之。

大割祠于公社及门闾，腊先祖五祀，劳农以休息之。

郑注：“腊，谓以田猎所得禽祭。”劳农以休息之。“《党正》‘属民饮酒，正齿位’是也”。孔疏：“天宗、公社、门闾谓之蜡，其祭皮弁素服。腊先祖五祀谓之息民，其服黄衣黄冠。”嵩焘案：《说文》：“腊冬至后三（日）〔戌〕腊祭百神。”《风俗通》：“腊者，接也。新故交接，大祭以报功。”亦曰：“腊者，猎也。”《说文》训“蜡”为“蝇（胆）〔蛆〕”，“《周礼》蜡氏掌除骴”，而《籥章》云：“国祭蜡，则吹《豳》，击土鼓，以息老物。”《罗氏》云：“蜡，则作罗襦”：盖皆“腊”之假借字。郑此注云“以田猎所得禽祭”，甚允；而注《郊特牲》析蜡与腊为二，孔疏因相承为说。据《周礼》及《戴记》之文，通作蜡，惟《月令》作腊；《左传》僖五年“虞不腊矣”，亦作腊。《史记》：秦惠文君十二年“初腊”，始皇三十一年十二月更名“腊”曰“嘉平”。案：周腊以孟冬，郑注《周礼》：“岁十二月大蜡之时，建亥之月也。”始皇更“腊”曰“嘉平”，仍用夏正，以十二月腊。其“初腊”盖沿周制，以季秋方务收敛，非可息民之时故也。《广雅》云：“夏曰清祀，殷曰嘉平，周曰大蜡。”亦曰“腊”，秦更曰“嘉平”。蔡邕云：“周曰蜡，秦曰腊。”并误。蜡、腊字见于经传者，言之已非其实，郑氏至强分为二。《郊特牲》明言“伊耆氏始为蜡”，然则腊于何始乎？《诗小序》：“《载芟》，春藉田而祈社稷也。”“《良耜》，秋报社稷也。”农事祈报主社稷，腊亦如之。《月令》“大割祠于公社”，《郊特牲》“蜡之祭也，主先啬而祭司啬也”，文义互相备。而腊祭通天子、诸侯以至庶民，《月令》记天子之事，劳农以休息之，其详见于《郊特牲》，则下及庶民之事也。索鬼神而属民饮酒，主之党正，《礼运》所谓“仲尼与于蜡宾”者是也。劳农息民，则黄衣黄冠之祭通及农民，《杂记》所谓

“子贡观于蜡”者是也。旧说似皆失之详见《郊特牲》。

饬死事。

郑注：“饬军士战有必死志。”嵩焘案：《月令》仲春“养幼少”、仲夏“养壮佼”、仲秋“养衰老”、仲冬“饬死事”，因四时寒暑之气推论阴阳盛衰，以证人之一身由少而壮，由老而死，用之以行政立制，盖周秦间诸儒缘饰经术立论如此。“饬死事”者，所以送死之具也。《檀弓》：“君即位而为椑，岁一漆之，藏焉。”大夫、士士以下六十岁制，七十时制，八十月制，并于是时饬而修之。

地气沮泄。

孔疏：“令地气泄漏。”嵩焘案：沮、泄二字异义。《毛诗传》：“沮洳，其渐（湿）〔洳〕者。”言水所渍，遂成渗湿。冬时地气下降，外寒而内温，外燥而中濡，养微阳于地中，蛰虫亦得内伏以就生气。内气以疏而泄，则温者寒；外气亦以泄而疏，则燥者亦濡。上文“以固而闭”，固者固外气也，闭者闭内气也。固之反为沮，闭之反为泄。下文“命之曰畅月”，阳气以固闭而得宣畅，昌黎诗“冬寒不严地恒泄，阳气发动无全功”，即此义。畅月者，言阳气宣畅之功成于此月也。

命奄尹申宫令，审门闾，谨房室，必重闭；省妇事，毋得淫。

郑注：“奄尹，主领奄竖之官；于周则为内宰。”嵩焘案：内宰“掌书版图之法，赞后祼献，赞九嫔之礼事”，非领奄竖者，门闾、房室亦非所掌。准以《周官》之职，宫正“掌王宫之戒令”，阍人“掌宫门之禁”，宫人“掌王六寝之修”，典妇功“掌妇式之法”，申宫令、审门闾、谨房室、省妇事，四者分领之。惟阍人为刑人，馀皆士也。《周官》奄人四十有九，其奄上士四人，则内小臣而已，奄尹当为内小臣之属。疑此“命奄尹”者，秦法也。《秦风》：“未见君子，寺人之令。”似秦法凡见君必由寺人，自襄公已然，是奄人之权为重。郝氏敬云：“此秦作法之弊，已开赵高柄政之渐。”斯为得之。

乃命大酋。

郑注：“酒熟曰酋。大酋，酒官之长；于周为酒。”嵩焘案：《说文》：“酋，绎酒也。从西，水半见于上。《礼》有大酋，掌酒官也。”《周礼·酒正》：“辨三酒之物：一曰事酒，二曰昔酒，三曰清酒。”郑注：“事酒，今之醳酒。昔酒，今之酋久白酒，所谓旧醳者也。”酋酒以久酿为良，故以名官。高注《吕览》：“大酋，于《周礼》为酒正。（酒正）掌酒之政令，以式法授酒材。”正与此合。郑偶误为酒人耳。

可以罢官之无事，去器之无用者。

郑注：“谓先时权所建作者也。天地闭藏而万物休，可以去之。”嵩焘案：秦自商鞅变法，务本业，论有功，屈末利，疑此亦所变法之一端。《周礼》掌葛、典枲、稻人、司稼，下及冥氏、庶氏之属，皆有专司；至此月收藏积聚，无事之官为多，秦法当一切罢之。至冬命工师效功而工事毕，诸非用器一切停造。“去器之无用者”，谓停造也。郑注“先时权所建作”，语似无著。

涂阙廷门闾，筑囹圄，〔此〕所以助天地之闭藏也。

郑注：“顺时气也。”嵩焘案：上云“土事毋作，毋发室屋”，此云“涂”、“筑”，亦土功也，似不为顺时气。《月令》：孟冬

“戒门闾”，仲冬“审门闾”。《易》曰：“先王以至日闭关，商旅不行。”故门闾出入，入冬有戒而严讥审焉，至是乃可以施涂墍。孟秋“缮囹圄”，为决狱讼收系者众，防囹圄之有疏，缮治焉而已。至是行刑已毕，囹圄于是为空，乃可以加修筑。天地闭藏之时，惟此二者宜兴土功，以门闾、囹圄于此时闭藏故也。

命乐师大合吹而罢。

郑注：“岁将终，与族人大饮，作乐于大寝。言罢者，此用礼乐于族人最盛，后年若时复然也。凡用乐必有礼，用礼则有不用乐者。王居明堂礼：季冬，命国为酒，以合三族，君子说，小人乐。”嵩焘案：《周礼·大胥》：“春，入学，舍采合舞。秋，颁乐合声。”《月令》：孟春“命乐正入学习舞”，仲春“命乐正习舞，释菜”，天子亲往视之，“又命乐正入学习乐”；季春“大合乐”，天子亲往视之；季秋“命乐正入学习吹”。皆学礼也。大胥所掌，为国子之习乐者言之，其事总于大司乐。孟夏“天子饮酎，用礼乐”，则燕礼也；仲夏，“大雩帝，用盛乐”，则又祭礼也：皆列其事。独此言“乐师大合吹而罢”，郑遂以族饮当之。据《周礼·乐师》，“凡乐，掌其序事，治其乐政”，似乐师掌教乐者。疑《月令》秋冬合吹即《大胥》之“合声”，而此为考乐之成。《文王世子》：“凡释奠者，必有合也。”故凡合乐、合吹皆于学，此云“大合吹而罢”，明不入学释菜也。《月令》秦制，而以夏正序岁之终始。季秋入学习吹，至是乃大合吹，盖岁终考乐成，而凡祭礼、学礼之有事于乐者，于是焉毕，故曰“罢”也。案：《周礼·大胥》：“以六乐之会正舞位，比乐官，展乐器。”郑注：“为大合乐习之。”疑“大合乐”即所以习乐。六乐之用各别，大合乐兼及六乐，《大胥》所谓“六乐之会”是也。此之“合吹”即《大胥》之“合声”，所云“乐师”，《周官》之大胥也。

礼记质疑卷七

曾子问

卿大夫士从摄主北面于西阶南。

郑注：“摄主，上卿代君听国政者。”嵩焘案：《丧大记》：“丧有无后，无无主。”主，谓主丧者；无子则有摄主。《左传》隐元年：“不书即位，摄也。”《公羊传》隐三年宋缪公曰：“吾立乎此，摄也。”《史记》亦称“周公摄行政当国”。此皆摄位，非摄主。《左传》哀三年：“季桓子卒，康子即位。南氏生男，康子请退。”康子，桓子之庶子，适子生而请退，斯之谓摄主。摄主者，以待适子之生也。无适子则为丧主，为丧主则亦正乎为君矣。摄主与上卿听国政者自别一义。据《檀弓》：“古者天子崩，王世子听于冢宰三年。”所谓古者，殷以前之制也，周公制礼已有变更。《顾命》、《康王之诰》详言居丧即位朝诸侯之仪，则周礼之沿至于今者也。圣人言礼必曰“从周”，而于子张之问“谅阁”，以“古之人皆然”追论及殷以前，明周制之有异也。上卿代君听政，自周已无此礼，圣人所不言也。

大祝裨冕，执束帛。

郑注：“诸侯之卿大夫所服，裨冕、絺冕及玄冕也。大祝裨冕，则大夫也。”孔疏：“裨，埤也。天子六服，大裘为上，其馀为裨。”嵩焘案：裨冕见《仪礼·觐礼》郑注：“衣裨衣而冠冕。裨之为言埤也。”即孔疏所本。其注《玉藻》：“裨冕，公衮、侯伯鷩、子男毳。”郑意以大裘为尊，自衮冕以下卑于大裘。据，《说文》：“裨，接也，益也。”《人部》：“俾，益也。”《土部》：“埤，增也。”《会部》：“朇，益也。”《诗》：“政事一埤益我。”毛传：“埤，厚也。”凡从卑之字皆有自卑增高之义。《觐礼》郊劳，侯氏皮弁迎于帷门之外。受舍于朝。侯氏裨冕。”盖自郊劳赐舍及受舍于朝皆皮弁，及觐而加冕。曰裨者，相接而加，合五等诸侯言之。《荀子·富国篇》：“天子朱衮而冕，诸侯玄衮而冕，大夫裨冕。”正谓大夫再命而上乃加冕。裨、埤字通，实为加益之称。郑注“大裘为上，其馀为裨”，以卑为训，非也。

三日，众主人、卿、大夫、士如初位，北面。大宰、大宗、大祝皆裨冕。少师奉子以衰。祝先，子从，宰、宗人从，入门，哭者止。子升自西阶，殡前北面。祝立于殡东南隅。祝声三，曰：“某之子某，从执事，敢见。”

郑注：“三日，负子日也。因负子名之，丧礼略也。”嵩焘案：《内则》：“三日负子，国君世子生，告于君，接以太牢。三月之末，妻以子见于父，父执子之右手，咳而名之。”凡接子以三日，名子以三月，君丧在殡，当急正其子之为丧主，故始生而告，三日而名，以见于殡，重其为丧主也。下文“已葬，三月乃名于祢”，已葬而丧礼毕，犹循三月名子之常，事死如生之义也。孔疏于“三月乃名于祢”引“王肃云：‘君未葬，当称子某，故三日名之’。既葬，称子不称名，故三月乃名。”于义近矣。而经意自重主丧，已葬而有摄位，无摄主，三月名于祢，一以常礼行之可也。

以名遍告及社稷、宗庙、山川。

孔疏："前不云社稷宗庙，此不云五祀，相互明也。"嵩焘案：《内则》：子生三日，负之，"射人以桑孤蓬矢六，射天地四方"；三月始见而名，宰书而藏之。无告宗庙群神之礼。此之告，乃变礼也。君始薨，世子未成乎君，不宜遽告社稷宗庙；告五祀者，明为主于宫中而兼及山川，则犹射人有事四方之义也。既葬，三月而名，则已正其为君，因以其名告社稷宗庙而并及山川。此专为命名而告，陆氏佃至谓"遍告"为"告同盟诸侯"，不知遍告同盟诸侯自有告丧、告即位之文，于命名之义无取。

乃命国家五官而后行。

郑注："五官，五大夫典事者。"孔疏："《太宰》：'建其牧，立其监，设其参，傅其伍。'是诸侯有三卿五大夫。不云命卿者，或从君出行，或在国留守，总掌群吏如三公然，不专主一事，且尊之。"嵩焘案：《曲礼》："天子之五官：司徒、司马、司空、司士、司寇。"意盖以天官主天，五官主民。《左传》昭四年正义：天子六卿，诸侯并六为三而兼职焉。故季孙为司徒，叔孙为司马，孟孙为司空。而文七年云：宋"六卿和公室"；襄十九年云："公享晋六卿于蒲圃"；昭十六年云："郑六卿饯宣子于郊。"春秋之季，列国多立六卿，大率因王朝六官各以职任之，不系命卿，如孔子为鲁司寇，则亦大夫也。《周礼》六官有都宗人、家宗人、都司马、家司马、都士、家士，而太宰、司徒无之，疑诸侯命官下于天子，故以五官之系于民事者言之。郑据五官为五大夫，疏遂以不命卿为"不专主一事，且尊之"，然则留守社稷无所命而独命大夫，殆非事矣。案：王氏《经义述闻》引大戴《礼》："千乘之国，列其五官。"《管子·大匡篇》："乃令五官行事。"《墨子·节葬篇》："王公大人早朝五官六府。"

《群书治要》引《申子·大体篇》："有道者，不为五官之事而为治主。"《商子·君臣篇》："地广民众万物多，故分五官而守之。"凡传记之言五官者，通辞也。然要多主侯国之制言之。

自启及葬不奠，行葬不哀次。反葬，奠而后辞于殡，遂修葬事。

郑注："不奠，务于当葬者。不哀次，轻于在殡者。殡当为宾，声之误也。辞于宾，谓告将葬启期。"孔疏：哀次，"谓大门外之右平生待宾处"。"孝子悲哀，柩车暂停，今为父丧在殡，不得为母申哀。"嵩焘案：上言"葬先轻而后重，奠先重而后轻"，此正申明上意。《既夕礼》：请启期，夙兴，迁于祖，有奠；请祖期，有奠；厥明，请葬期，有奠。自启及葬，二日三奠；公及宾有赗、有赠，皆奠币，宾又有奠，其文盖繁。先葬者不奠，为重丧之奠，旷至两日，于礼为不宜也。案：《既夕礼》："厥明，陈五鼎于门外，四豆，四笾。"葬日陈大遣奠，于礼为盛。疑迁祖之奠及祖奠礼不可废，所谓"不奠"者，当据大遣奠言之。《檀弓》："君于大夫将葬，吊于宫。……朝亦如之，哀次亦如之。"郑注"哀次"："他日宾客所受大门外舍也。"据《既夕礼》：商祝御柩，"主人袒……出宫，踊，袭"。郑注"哀次"即指此。《既夕礼》又云："至于邦门，公使宰夫赠玄纁束。"疑出宫以至邦门，有吊有赠，主人即位皆谓之哀次，不哀次则若赗若奠若赠皆止宾可知。葬先轻，当一日成事，为速葬，故礼从略。反葬而行奠，即所谓奠先重也；既奠而辞于殡，告启期。所谓"葬，先轻而后重"，当接行之。郑据《既夕礼》"告于宾"，故读殡为宾；然自启殡，迁于祖，而后请葬期，辞于殡，即谓启而迁祖，明后葬者相承不逾日也。此皆关礼之大者，郑注似未分明。

天子赐诸侯大夫冕弁，服于太庙；归设奠，服赐服。于斯乎有冠醮，无冠醴。

郑注："酒为醮。冠礼：醴重而醮轻。服赐服，酌用酒，尊赐也。不醴，明不为改冠，改冠当醴之。"嵩焘案：《士冠礼》有"醴冠者"、"醴宾"之文，下云："若不醴，则醮。"郑注："酌而无酬酢曰醮。"《说文》："醮，冠娶礼祭。"《士冠》记："醮于客位，加有成也。"《士昏记〔昏义〕》："父亲醮子而命之迎。"醮者，冠昏之通礼。据《士冠礼》，醴冠者、醴宾皆言"主人"，其云"若不醴则醮"不言主人，盖醮不醴宾，专醮冠者而已，郑注故曰"酌而无酬酢曰醮"。疑孤子之冠不醴宾，未及冠而为诸侯大夫，是为孤子之嗣位者，天子赐之冕弁而使之冠，归设奠以告庙，明已受冠于天子也。"于斯乎有冠醮，无冠醴"，其礼从略，不更加冠。案：《士冠礼》用醴有始加祝辞、再加祝辞、三加祝辞，又有醴辞；其用醮者但有醮辞，无加辞。天子赐之冕弁，则但服冕弁而已，更无三加之文。其因丧以行冠礼，亦但加丧冠。改冠，谓改行吉冠。三加之礼、冠醮、冠醴之分以此，郑注惟云"酒为醮"，于义未尽。则夫期功之丧，因丧以行冠礼，其礼亦宜从略，不更加吉冠，又可知也。旧注似未达经旨。

天子诸侯之丧，斩衰者奠；大夫，齐衰者奠；士，则朋友奠，不足则取于大功以下者，不足则反之。

郑注：天子诸侯，"为君服者皆斩衰，惟主人不奠"。大夫，"服斩衰者不奠，辟正君也；齐衰者，其兄弟"。士，"服齐衰者不奠，辟大夫也"。嵩焘案：丧礼有主人，有众主人，《士丧礼》于朝夕奠言"丈夫即位于门外"，言"丈夫踊"，赅众主人言之。众主人即位哭踊，不当与于执事。《丧服》："公士、大夫之众臣为其君，布带、绳屦。传曰：公、卿、大夫室老、士，贵臣，其馀皆众臣也。”疏谓布带与齐衰同，绳屦与大功等。经云“齐衰者奠”，谓众臣也。丧礼：馈奠，大夫室老亦不得执事。天子诸侯之命卿可推而知。《周礼·大宗伯》：大丧，相。无赞馈奠之文。大夫众臣与贵臣异，不如天子诸侯之同服斩衰；郑注大夫“辟正君”，士“辟大夫”，并误。《士丧礼》有祝，有甸人，有士，有举者，有错者，有彻者，皆朋友为之。《小宗伯》：“大敛、小敛，帅异族而佐。”知同族无与于执事，“大功以下”当主异姓之服言之，《士丧礼》所谓外兄弟与宾位相次者若外孙及婿之服小功、缌者可也。郑注“齐衰，其兄弟”，显与经旨相悖戾，恐未然。

天子诸侯之丧祭也，不斩衰者不与祭；大夫，齐衰者与祭；士，祭不足，则取于兄弟大功以下者。

郑注：“祭，谓虞、卒哭时。”孔疏：“知与祭为虞、卒哭时，非练祥者，士练祥之祭，大功之服已除，不得取于兄弟大功以下者。”嵩焘案：曾子此问承上言之，祭兼虞、卒哭、练、祥数者。缌之丧，至虞、卒哭而已除矣；大功、小功之丧，至练、祥而已除矣。既除则等于无服。天子、诸侯、大夫之丧祭，皆以众臣司其事，无及同姓者；士则服已除矣，可以与于祭事。大功以下，通谓小功及缌也。此云“兄弟大功以下”，明前言“大功以下”之必为异姓矣。以此推之，缌可以与于虞、卒哭之事，大功、小功可以与于练、祥之事，惟士无臣为然。孔疏反以大功之有服者当之，大失经旨。

“废丧服，可以与于馈奠之事乎？”孔子曰：“说衰与奠，非礼也。以摈相可也。”

郑注：废丧服，“谓新除丧服”。“执事于人之神，为其忘哀疾也。”故曰非礼。嵩焘案：曾子此问又承上“小功与于祭”言之。古者葬必筮日，而《曲礼》云：“丧事先远日。”士三月而葬，则缌麻三月之服容已先除，曾子以为大功以下除丧可以与于祭，缌麻除丧宜可以与于馈奠，而是时丧犹在殡，缌麻之服亦当就丧次，说衰与奠，自等于无服，非礼所安矣。《周礼·大宗伯》：大丧，相。《小宗伯》：“王崩大肆，以秬鬯渳。及执事莅大敛、小敛，帅异族而佐。”天子之丧，宗伯相，而执事必取诸异姓疏远者为摈，相不临殡而执事临殡，盖亦礼之微情也。曾子四问，惟“相识有丧服”义别，馀三者义例略同而礼所守各异，斯所以为辨之精而析之微也。郑注以“新除丧服”为“忘哀”，丧服至禫而毕，可以复寝矣，而何馀哀之犹有未忘也？既练而缟而纤，以次除之，亦不得云“说衰”。知此为缌麻除丧之在葬前者，旧注似皆失之。

三月而庙见，称“来妇”也。择日而祭于祢，成妇之义也。

郑注：三月庙见，“谓舅姑没也”。孔疏：“《士昏礼》无三月庙见之事，而云：‘舅姑既没，妇入三月乃奠菜。’此云‘祭于祢’者，谓奠菜也。庙见、奠菜、祭祢，是一事也。”嵩焘案：“庙见”二字始见于此。郑据《士昏礼》“三月奠菜”，“祝告，称妇之姓，曰‘某氏来妇’”，因就舅姑没者言之；疏又引贾逵、服虔说，谓“大夫以上无问舅姑在否，皆三月庙见后成昏”。似三月庙见为通礼，贾、服犹能举其说。案：《士昏》记“妇入三月，然后祭行”，即庙见之义。疏引贾、服说，谓大夫以上为然，非也。《左传》宣五年冬齐高固及子叔姬来，云：“反马也。”杜注：“礼：送女留其送马；三月庙见，遣使反马。”此云“庙见”，必非专主舅姑没者言之。《仪礼》文繁而事略，错举见义，可以类推。如《士昏礼》：“质明，赞见妇于舅姑。”知祖、父母在，执笲枣栗、腶脩以见，与见舅姑同也。

《士昏》记："庶妇不馈。"知祖、父母在，无特豚盥馈之仪，与庶妇同也。《仪礼》举舅姑既没以明著代之义，言舅姑在，质明而见舅姑；没，三月奠菜，而庙见之礼仅具之《士昏礼》，而不详著其仪。经云"三月庙见"，正以发明"三月祭行"之旨；注反沿《仪礼》以当舅姑既没之奠菜，与下"祭祢"意复，于文亦为赘设矣。《士昏》记"妇入三月，然后祭行"者，时祭也。《特牲礼》有主妇，有宗妇，有内宾，皆与于旅酬。凡庙四时有祭，祭而与于馈献之事，即为庙见；曰"三月"者，三月而后祭行也，通辞也。三月祭行为承事宗庙之始，故必庙见而后成乎为妇祭于祢。修特豚盥馈之仪，于舅姑加隆焉，事死犹生之义也。云"择日"，盖三月庙见之后踵而行之，祭必筮日，盥馈之礼犹祭也。盖古大夫、士庙制与宫室别异，而凡祭，宗妇与庶妇皆有事于庙。《昏义》："上以事宗庙，下以继后世。"而申以著代之义，所承事者舅姑也，故于舅姑有盥馈之文。舅姑没而奠菜，犹盥馈之义也。于舅姑曰"奠菜"，于庙曰"见"而已，明无"执笲"、"祝告"之仪也，所以明严事宗庙而不敢渎也。庙见与祭祢不当为一事。疏谓《昏礼》无庙见之事，不知三月而后祭行，即所以为庙见也。案：下云："女未庙见而死，不迁于祖，不祔于皇姑。"妇祔于祖、姑，未庙见则柩不迁，主不祔，示未成乎妇也。若据舅姑既没为言，是所见者姑而所祔者祖、姑，于庙见之义无所系，经意恐不然也。

"取女有吉日，而女死，如之何？"孔子曰："婿齐衰而吊，既葬而除之，夫死亦如之。"

郑注："女服斩衰。"嵩焘案：《仪礼·丧服》妻为夫、女(女)〔子〕子在室为父、女反在父之室皆斩衰三年，而传于女(女)〔子〕子适人者为其父母期发其义云："为父何以期也？妇人不贰斩也。父者子之天也，夫者妻之天也。妇人不贰斩者，犹曰不贰天也。”取女有吉日，则是已请期矣，为有夫妇之义焉，故死而为之齐衰。请期而亲迎，婿当往迎，则往吊可也。婿未亲迎，女不得往就婿之室。经云“夫死亦如之”，如其齐衰既葬而除，比于庶人为国君之服可也。圣人制礼，达人事之变而使各致其情。亲迎有期，死而不忍遽背之，所以为厚也。后世之不相为服也，以远耻也。世降而文，而礼益薄，古今人事之异，不可强同也；而礼要有所止而不过，圣人权衡乎义之中，以为相为齐衰焉足矣。郑注谓“女服斩衰”，于《丧服》不贰斩之义容有舛焉；陈氏《集说》至谓“夫死，女以斩衰往吊”，揆之人情不顺，准之《礼经》而固无明文，非所详也。

天子诸侯将出，必以币帛皮圭告于祖祢，遂奉以出。载于齐车以行，每舍，奠焉而后就舍。反必告，设奠；卒，敛币玉，藏诸两阶之间，乃出。

郑注：“所告不以出，即埋之。”孔疏引熊氏安生云：“每告一庙，以一币玉。若将所告远祖币玉行者，既载之而去；若近祖币玉不以出者，即埋之。反还之时，以此载行币玉告于远祖，事毕埋于远祖两阶间；近祖以下，直告祭而已，不陈币玉。”嵩焘案：曾子问：“师行无迁主，则何主？”如鲁公伯禽伐淮夷，始有周公庙，无迁主。隐三年齐侯、郑伯盟于石门。隐六年《左传》郑伯侵陈，始有桓公、武公庙，无迁主。若如熊氏“远祖”、“近祖”之说，安得谓无迁主哉！徒以郑注“所告不以出”一语自生枝节耳。经意谓无迁主，则或为祖庙，或为祢庙，但以币帛皮圭告庙，遂奉以出，若神之有凭依然，如鲁公伐淮夷告祢，郑伯侵陈告祖，汇举祖祢以见义也。《王制》：天子诸侯将出，造乎祢。“天子将出征……造乎祢，祃于所征之地，受命于祖，受成于学。”疑所谓“受命于祖”，即所载之迁主，故列次“祃于所征之地”下。其出但告祢而已。《虞书》：“归，格于艺祖。”郑氏云：艺祖，“文祖”。犹周之明堂。马融云：艺，“祢也”。《王制》作“归格于祖祢”，则天子兼及七庙，诸侯兼及五庙，于文不已繁乎？载迁庙主以行，与造乎祢为二事。造祢者，犹为人子出必告之义也。师行告庙则必于祖，此云“祖祢”，正据无迁主者言之。综览经传之文，可以观其会通矣。

“丧慈母如母，礼与?”孔子曰：“非礼也。古者男子外有傅，内有慈母，君命所使教子也，何服之有?”

郑注：“如母，谓父卒三年也。子游意以国君亦当然。《礼》所云者，乃大夫以下父所使妾养妾子。大夫、士之子为庶母慈己者服小功，父卒乃不服。”慈母无服，“据国君也”。嵩焘案：《内则》：“择诸母与可者，使为子师，其次为慈母，其次为保母。”此云内有傅、外有慈母，则亦师及慈母、保母之属也，本不得为之服，与《丧服》云“慈母如母”者异。子游云“丧慈母如母”，但谓比于诸母而已，未尝援《仪礼》之文而辨及君大夫之有异否也。《丧服》：“公之庶昆弟、大夫之庶子为母、妻、昆弟。”大功。传曰：“先君馀尊之民厌，不得过大功也。”《丧服·记》：“公子为其母，练冠，麻衣縓缘”，“既葬除之”。传曰：“君之所不服，子亦不敢服也。”是君之庶子不得申其私服，君卒，犹为馀尊所厌而不得尽申；大夫之庶子为母大功，而君子子为庶母慈己者小功，则正“慈母如母”之服。而父在率降一等。郑注《仪礼》：“君子子者，父在也。父没则不服之矣。”则是父在得申其私服，父卒反不得申，似乖礼意。《丧服》：“慈母如母。”传曰：“慈母者何也？妾之无子者、妾子之无母者，父命妾曰：‘女以为子。’命子曰：‘女以为母。’若是母死，丧之三年，如母。”父命为之子，即天子诸侯之子，亦与所以丧其母者同。若嗣为天子诸侯，则庶子为父后者为其母缌，自大夫已然，又不得有三年之服也。下云“练冠以丧慈母，自鲁昭公始”，正用公子练冠麻衣之服，不在五服之中，意为之服而已，与为庶母慈己者小功自别。孔疏据为异代之法，于经旨均未能分明。案：郑注：“昭公年三十乃丧齐归，是不少”；又无戚容，“此非昭公明矣”。“未知何公。”疏引“《家语》云：‘孝公有慈母良。’郑不见《家语》，故云然。”据《史记》，懿公九年，兄子伯御弑懿公代立；十一年，周宣王伐鲁，杀伯御，立懿公弟称，是为孝公。孝公之立年长矣，不得有慈母之服。《春秋》襄二年齐姜薨，（成）〔襄〕公四年定姒薨，是时襄公年七岁，慈母、保母之属或有劳，而襄公私为之服，为未尝受命于父，不得为之母，故以公子之练冠服之。《家语》王肃撰，未可为据。

接祭而已矣。如牲至未杀，则废。

郑注：“接祭而已，不迎尸也。”孔疏引《郊特牲》“既灌然后迎牲”。迎尸在未杀牲之前。此经杀牲后云不迎尸：灌毕迎牲，延尸于户外，行朝践之礼；然后退而合亨，更迎尸入坐于奥，行馈熟之礼。“此云不迎尸①者，直于堂上行朝践礼毕，则止，不更迎尸而入。”嵩焘案：经通尝、禘、郊、社、五祀之祭言之，孔疏所据则宗庙之礼也。《周礼·太宰》：“视涤濯、纳亨，赞王牲事。”《太宗伯》：“以禋祀礼昊天上帝，以血祭祭社稷五祀，以貍沈祭山林川泽。”一以牲将事，杀牲而成祭，可以交于神明，而不必备礼。经意盖约言之。宗庙之祭虽在群庙，亦与太庙近，接太庙火，未有能成祭者。疏据宗庙为言，甚误。迎尸与否，又不足言也。

①阮刻本《礼记正义》尸作牲。据文意，阮刻本误，郭氏引作尸是也。

士之所以异者，缌不祭；所祭，于死者无服则祭。

孔疏："士值缌、小功，不辨内外，一切皆废祭。"又引"熊氏云：从母，父虽无服，已为小功，'亦废祭也'。皇氏云：'以从母于父无服，不废祭也。'经云：'缌不祭；所祭，于死者无服则祭。'据缌为文，不关小功……皇氏横加小功，非也。"嵩焘案：大夫外丧，齐衰，若为君之父母、妻、长子、祖父母；大功，若为姑姊妹、女子子嫁于大夫者。服重则礼亦从略。士外丧，若外祖父母上功，为妻之父母缌，姑之子缌，于父为甥、于祖为外孙皆缌，此于所祭者有服则废；从母小功，若舅、若舅之子、若从母昆弟、若婿皆缌，此于父以上无服则祭。郑注本自分明，孔疏乃谓"小功、缌，不辨内外，一切皆废"，外丧之祭者亦以缌为断，并文义失之矣。

有君丧，服于身，不敢私服，又何除焉？

孔疏："身有君服，后遭亲丧，不敢为亲制服，况除服乎？"嵩焘案《丧服四制》："门内之治恩掩义，门外之治义断恩。"恩掩义者，如父母之丧三年不从政。义断恩者，如君既殡而有父母之丧，归居父母丧次，朝夕哭奠，有殷事，之君所；君未殡而有父母之丧，归殡，反于君所，朝夕哭奠，有殷事，则归。恩与义各权其轻重，而实亦两尽也。"不敢私服"，不敢以私服临君丧也。斩衰三升，冠六升，既葬，受衰六升。君葬，受衰六升，而有父母之丧，归居丧次，冠仍三升；虞祔之祭，之君所，则服所受六升之衰。父母葬而有君丧，则虞祔之祭当俟君殡而以君服临之，统于所尊也。君丧既受服，父母之丧未受，归居于家，服父母之服，之君所，服所受服；父母之丧既受服，而君丧未受，归居于家，亦服君之服。"不敢私服"者，言不得遂其私也。疏谓"不敢为亲制服”，恐非经旨。

君之丧服除而后殷祭，礼也。

郑注：君丧服除而后殷祭，“谓主人也”。“支子则否。”孔疏：“殷祭，谓大、小祥祭也。”嵩焘案：《杂记》：“三年之丧，既颖，其练、祥皆行。”通言三年之丧，则父之于君、母之于父，其礼并同。下云：“君未殡，反于君所，有殷事，则归。”朔月、月半荐新之奠，虽君未殡犹行之，知练、祥之祭既虞而行事，无俟君除服之理。《春秋》闵二年：“吉禘于庄公。”僖八年：“禘于太庙，用致夫人。”文二年：“大事于太庙，跻僖公。”范注《穀梁》：“三年丧毕，致新主于庙，因是大祭，谓之禘。”殷祭者，即《春秋》所谓吉禘也。《丧服小记》：“父为士，子为天子诸侯，则祭以天子诸侯。”曾子明言“大夫、士有私丧”，则是大夫、士之父，其礼祭亦视大夫、士，虽为支子，而固以大夫、士之牲从宗子以将祀事，义系于大夫、士，不系于宗子也。疏引庾蔚之云“今（日）〔月〕除君服，明（日）〔月〕可小祥，又明（日）〔月〕可大祥”，于礼无征，而云“（庶）〔支〕子任官，其家适子已行（二）祥，庶子无复追祭”，诚然，则适子二祥之祭亦庶人荐寝之礼耳，不当有致主于庙之文，固无所为殷祭矣。案：古者丧礼废祭，吉禘，致主于庙而后祭行，故亦谓之吉祭，《丧服大记》所谓“禫而从（役）〔御〕，吉祭而复寝”是也。君丧，大夫、士皆废祭，私丧不除服，为不得行吉祭也。郑注《士丧礼》：“殷，盛也。”朔奠荐新，盛于朝夕奠，曰殷奠；祫禘盛于时祭，曰殷祭。虞、卒哭、练、祥皆丧祭也，未尝于练、祥加盛。疏以殷祭当练、祥，既乖经义，亦失殷祭之旨矣。

“父母之丧，弗除可乎？”孔子曰：“先王制礼，过时弗举，礼也。非弗能勿除也，患其过于制也。故君子过时不祭，礼也。”

郑注“弗除可乎?”“以有终身之忧也。”孔子“言制礼以为民中，过则不成礼”。孔疏：“曾子疑适子除君服后有殷祭之事，庶子除君服后无复殷祭之事，便是其为父母之服，一生不有除说。”嵩焘案：曾子此问正承上文，孔疏微得其意，而据郑注“支子则否”之言专谓支子不行殷祭，则非也。《间传》：“期而小祥，练冠縓缘。又期大祥，素缟麻衣。中月而禫，禫而纤。”除服即吉有渐，今一统于君之服而私服不除，嫌于不见父母之丧，圣人因援“过时弗举”之文以证之。犹若服君卒哭之服，不复服父之练服；君练服，不复服父之纤缟也。其云“弗除”，正据练、祥之服言之，适子、庶子非有异也。曾子意谓除服有渐，除君之服，仍当反除父母之服，此则所谓“过于制”者也。过时不祭，又引常祭为喻，非谓丧祭也。《丧服小记》：“期而祭，礼也；期而除丧，道也。祭不为除丧也。”练、祥之服不除，练、祥之祭必不可废。疏云：“适子仕者除君服后犹行殷祭，其四时之祭过时不追。”既知为常祭，又专据适子之除丧者言之，徒多一干旋，而于经义反为隘矣。案：以丧祭言之，如当练、祥而身不与，摄祭可也。以未与于练、祥之祭，过时而行之，是即“过于制”也。

归殡，反于君所，有殷事，则归，朝夕否。

郑注：“其哀杂，主于君。”孔疏引“卢氏云：‘若临君殡之日，归哭父母而来殡君，殡君讫乃还殡父母。’以此言之，臣有父母之丧未殡，而有君丧，去君殡曰日虽远，只得待君殡讫而还殡父母，以君尊故也。”嵩焘案：经云“归殡，反于君所”，以君五日殡，大夫、士三日殡。归殡者，殡固先于君也。言殡，则凡殡以前浴、含、袭、敛诸事并赅其中。子于亲丧必躬亲，臣之于君视殡而已，不必皆有事于袭、敛，文义至为明备。卢氏云“临君殡日，归哭父母而来殡君”，盖丧莫重于殡，君、父一也，值君殡，则先殡君而后归殡。卢氏补义甚允。疏乃谓“父母之丧未殡而有君丧，待君殡讫而后还殡父母”，则是君丧在前而先殡父母，父母之丧在前而又先殡君，若相对待然，全失《礼经》之本意矣。

入自阙，升自西阶。

郑注：“阙，谓毁宗也。周柩入毁宗，殷柩出毁宗，礼相变也。”孔疏：“谓毁此宗庙之墙，其处空阙，故谓之阙。”嵩焘案：《檀弓》：“毁宗躐行，出于大门，殷道也。”殷尚质，毁宗庙出柩以表哀。《檀弓》亦云：“殷朝而殡于祖，周朝而遂葬。”是殷殡亦于庙，故有“毁宗”之文；周殡于阼，将葬而朝于祖。《杂记》：“至于庙门，不毁墙，遂入；适所殡。”则以君薨于外，为日已久，当殡于庙，云“不毁墙”，明与殷礼异也。此经所述盖初薨时事，如方殡，当自西阶；如方小敛，仍当自阼阶。安得毁及宗庙之墙？何休《公羊》注：“礼，天子外阙两观，诸侯内阙一观。”观当西，云“入自阙”，以适西阶为义。郑注以“毁宗”释阙，遂谓“周柩入毁宗”，与殷礼相变，似未免以意拟之。

不绥祭。

郑注：“不绥祭，谓今主人也。”孔疏：“尸与主人俱有绥祭，今摄主则不绥也。”嵩焘案：《士虞礼》“祝命佐食堕祭”在始迎尸时，为荐熟之始事。案《明堂位》：“有虞氏祭首，夏后氏祭心，殷祭肝，周祭肺。”堕祭祭肺，为盛礼。）《特牲礼》作“挼祭”，《少牢礼》作“绥祭”，《周礼·掌祧》、《小祝》并作“隋”。案《说文》肉部：“隋，裂肉也。”手部：“挼，摧也。”《仪礼》饮、射、燕、祭皆先祭肺，肺有本末，必绝末以祭。《乡饮》、《乡射》著其义曰：“肺皆离。”惟《公食大夫礼》云：“三牲之肺不离。”《周礼·太祝》九祭，曰“绝祭”，即绝肺以祭；曰“缭祭”，肺之不离者也。取裂肉为义谓之隋祭，隋本字，堕盖隋之假借字。挼与隋通用字，绥又挼之假借字。此经两言“尸入，三饭不侑，酳不酢”，盖皆礼之简者。《士虞·记》亦云：“无尸不绥祭。”《周礼·小祝》：“大祭祀，赞隋。”赞者尸也。《士虞礼》“祝命佐食堕祭”，即所谓赞隋也。尸入隋祭，礼之盛者，主人隋祭在九饭酳尸后，尸以酢于主人，知经云“不侑，酳不酢”，则亦不绥祭也。不绥祭，明其礼略，义系于尸，则此所云亦统于尸明矣。注以“不嘏，不绥祭”连文，专据主人言之，非礼意也。

不配。

郑注：“祝辞不言以某妃配某氏。”嵩焘案：上云“孝子某使介子某执其常事”，曰“常事”，则礼无变也。《士虞礼》：“是月也，吉祭犹未配。”明未禘也。即禘而致主于庙，而后云“配”；常祭无无配者。“不配”，谓无主妇视饎及设两敦、两铏及洗爵亚献之仪；为摄主，不得以主妇襄祀事也。方氏《析疑》云：“摄祭而使主妇同荐彻，不可也；主妇在而使摄主之妻代主妇，更不可也。故使有司代之。《周礼·大宗伯》：‘大祭祀，王后不与，则摄而荐豆笾，彻。’等而下之可知。”所论至允。以无主祭之宗子而废妣氏之祭，非礼所安矣。

殇不祔祭，何谓阳厌、阴厌？

郑注：“祔当为备，声之误也。”嵩焘案：《丧服小记》：“庶子不祭殇与无后者，殇与无后者从祖祔食。”其祔食之礼无征。经云“殇不祔祭”，则是卒哭及祔皆不行案《（间传）〔服问〕》：“殇：长、中，变三年之葛，终殇之月算，而反三年之葛。”殇不受服，故无卒哭。所谓“宗子为殇而死”，专据宗子言之，盖适殇无不祔者。《丧服小记》：“为殇后者，以其服服之。”殇亦可以立后；其云“庶子弗为后”，言为宗子而无与为后，当别立宗。孔疏“未成人，无为人父之服，不得代为之后”，恐误。《士虞礼》：用特豕。《杂记》又云：“大夫之虞少牢，卒哭、附太牢；下大夫之虞犆牲，卒哭、附少牢。”此承大夫为言，其吉祭视成丧降一等，郑注“尊宗子，从成人”，亦误。案：殇有为后者，则亦当序昭穆，致主于庙，其祭用成人之礼，故此专以“庶子弗为后”言之。《祭法》：“王下祭殇五，诸侯三，大夫二”，天子祔祭五世之殇，诸侯祔祭三世之殇，大夫祔祭二世之殇；皆谓适子为殇者，故知适殇必祔，所云“厌祭”，即祔礼也。郑注《士虞》记有玄酒。此经下云“祭殇不举，无肵俎，无玄酒”，谓殇祭无尸，礼从简也。《杂记》：“有父母之丧，尚功衰，而附兄弟之殇，则（敛）〔练〕冠附。”是不独宗子之殇祔，庶殇亦皆祔也。祭于宗子之家，即《丧服小记》谓“庶子不祭殇与无后”之义。《杂记》：“于殇称阳童某甫。”郑注：“阳童，谓庶殇也。宗子则曰阴童。”而于此云：“凡殇，谓庶子之适。”孔疏因谓：“庶殇不祭。”皆误。曾子疑殇不祔祭，圣人特示以凡殇皆祔，以释阴厌、阳厌之义。盖周末祭殇之文亦多从略，圣人为发明之。郑氏据“从祖祔食”之言，谓曾子云“不祔祭”为“不备祭”，不知祔食无专祭，此云“附祭”，盖卒哭、祔之礼祭也。阳厌、阴厌以无尸名，由举肺至利成，总祭之终始言之，其非直祭于主之在迎尸前者可知。郑氏以执奠祝飨当阴厌，以改馔西北隅当阳厌；《义疏》引陆氏、吴氏、敖氏之言正之，其说确不可易。经明言阴厌、阳厌为祭殇之礼，未可以拟《特牲》、《少牢馈食》之文矣。

又案：此经前云：“摄主不厌祭。”又云：“祭必有尸乎？若厌祭亦可乎？”似始祭，荐菹醢、举鼎、设敦铏、祝飨在未迎尸前，谓之“厌祭”。祭殇曰厌，为无尸也。玩下“宗子为殇而死，其吉祭特牲”，正承曾子“殇不祔祭”之问言之。《檀弓》：“葬曰虞，以吉祭易丧祭。其变而之吉祭也，比至于祔，必于是日也接。”是宗子为殇得行祔祭。《士虞·记》：“无尸，既飨，祭于苴，祝阖牖户。”阖牖户者，阴厌也。似祔无尸乃有阴厌，祭殇无尸，故专阴厌之名。其祔食之礼，主在奥东面，祔良南面，面阳。《杂记》：“祔于殇称阳童某甫。”其祭亦曰阳厌。阴厌者，卒哭、祔之祭；阳厌则祔食也。二者同文而礼自别。郑注《特牲礼》以阴厌、阳厌为言，误，而以祭毕阖牖户者为阳厌，则尤误也。详玩《仪礼》之文，《特牲礼》：“彻荐、俎、敦，设于西北隅，幾在南，厞用筵。”《少牢礼》：“彻馈，馔于室中西北隅，南面，如馈之设，右幾，用席。”并纳一尊室中，既彻而复设之，无奠飨之文，则非厌也；置之西北隅隐处，又非所以为奠飨也。既设，遂阖牖户以降，告事毕。注家以为改馔，《仪礼》实无其文。《士虞礼》所谓“祝反，入彻，设于西北隅，如其设也”，彻者馈馔，设者敦尊之属，云“如其设也”，则为虚度可知。疑祭毕彻，而敦、尊、幾、席纳之室中隐处，所以为神室中之陈设，以备祭飨之用者也。推求经旨，证之《仪礼》之文，可以微会而得之。

止柩就道右。

郑注：“行相左也。”孔疏：“就道右，以道东为右也。《仪礼》：‘吉事交相左，凶事交相右。’今柩行凶事，以遭日食之变，故从吉礼。”嵩焘案：《礼经》言左右，凡方位有定者，以左右分东西，如主人入门右，客入门左是也；方位无定者，不以东西辨左右，如男子由右、妇人由左，吉事尚左、凶事尚右之属是也。《周礼·匠人》“国中九经、九纬”，皆谓之“经涂”，必以道东为右，则经纬之涂错出，左右纷歧，无所适从矣。就道右者，凶事尚右之义。郑云“行相左”，意谓行者由右至，是避柩当与之相左，疏竟谓日食从吉礼，尤恐失之。

“下殇，土周葬于园，遂舆机而往，涂迩故也。今墓远，则其葬也如之何?”孔子曰：“吾闻诸老聃曰：‘昔者史佚有子而死，下殇也，墓远。召公谓之曰：何以不棺敛于宫中？史佚曰：吾敢乎哉！召公言于周公，周公曰：岂不可！史佚行之。’下殇用棺、衣棺，自史佚始也。”

郑注：“机舆，尸之床也。以绳絙其中央，又以绳从两旁钩之，舆尸以就园。周公言‘岂于礼不可’，不许也。”孔疏：“缩除直绳，则两旁之绳悉解，尸从机中央落入塈周中。衣棺自史佚始，明昔非惟于宫中不棺，亦不衣也。”嵩焘案：《檀弓》：“有虞氏（之）瓦棺，夏后氏（之）塈周，殷人棺椁。周人以殷人之棺椁葬长殇，以夏后之塈周葬中殇、下殇，以有虞氏之瓦棺葬无服之殇。”经云“下殇，土周葬于园”，即所谓塈周也。用砖甃之，取以待椁，似不应并棺去之。《说文》：“舆，车（底）〔舆〕也。”即车床。舆机盖但用车床，无辀轸轮毂之属，两旁各施转木，可以推挽，《说文》所谓“主发谓之机”也。《士丧礼》“奉尸敛于棺”，谓就尸床，奉尸以敛。“下殇葬于园”，舆尸就园而加敛焉，与“棺敛于宫中”对文，安得如孔氏所云置尸绳上，投之塈周中耶？用棺、衣棺系二事。衣棺，若帷荒及素锦褚之属。史佚盖始用棺，后人承之而复加饰。盖既用棺，则辁轴、柳衣之属相因而起；曰今之用棺、衣棺，又举后人之踵事增华者而推原其所由始也。孔疏析衣棺为二，谓并不衣，大误。周公、召公通礼之变以顺人情，圣人申序老聃之言而无贬辞，丧从其厚，古今道殊，固无甚悖于礼也。旧注恐皆失之。

礼与？初有司与？

郑注“初有司”：“疑有司使之然也。”孔疏：“初时有司强逼遣之。”嵩焘案：《丧大记》：“既卒哭，弁绖带，金革之事无辟也。”无因有司逼遣遂著为令之理。“初有司”者，谓初从事军旅，奔丧而归，既卒哭，遂往竟其事，言初有所司事不可避也。既因事创为，相与沿以为制。《春秋》僖三十三年《左传》：“遂墨以葬文公；晋于是乎始墨。”言初时有故为之，后遂相承而不变也。郑注疑未安。

礼记质疑卷八

文王世子

成王幼，不能莅阼。周公相，践阼而治，抗世子法于伯禽。

郑注："代成王履阼阶，摄王位治天下。"嵩焘案：郑注《尚书》："文王崩后生成王，武王崩时成王年十岁；服丧三年毕，将践阼，周公代之摄政。群叔流言，周公辟居东，时成王年十三也。居东三年，成王年十五，迎周公反，则居摄之元年也。居摄七年，作《洛诰》。明年成王即政，年二十二。"王肃云："武王崩时成王年十三，周公摄政七年致政，成王年二十。"王肃据《家语》，郑氏用卫宏《古文尚书》说。案：干宝《易》注："武王崩，成王年七岁"，又别为一说。《史记》亦称"成王少，周公乃摄行政"。疑武王崩，周公摄政，用殷礼。是时周礼未定，周公遂继武王以有天下，犹之用殷礼也。周公因流言而辟居东，成王感风雷之变，迎周公；而武庚遂叛，周公东征案：居东与东征二事，不宜互混。《东山》、《破斧》之诗，继《鸱鸮》而作，圣人之权也。七年定周礼，归政成王，而后世及之，制定。《洛诰》："惟周公诞保文武受命，惟七年。"《明堂位》及《逸周书·明堂解》、《淮南子·齐俗训》并云"七年致政成王"。如郑说则是摄政、居东凡十三年，别无证据。周公摄政，以世子之道示成王，不独任为君也，兼任为父。圣人之心，至诚笃棐，行之不疑，周公之圣尤莫大于此。汉世儒者，于文武受命、周公居摄之文多所傅会，不足辨也。

小乐正学干，大胥赞之；籥师学戈，籥师丞赞之。

郑注："小乐正，乐师也。"孔疏：武舞，"大者以干配戚，小者以干配戈。《周礼》惟有籥师，此言丞，或诸侯之礼，或异代之(礼)〔法〕。"嵩焘案：《周礼》："大司乐掌成均之法。"其属乐师，有下大夫四人、上士八人。疑下"大司成"即《周礼》大司乐；其大小乐正皆乐师也，下大夫为大乐正，上士为小乐正。乐师有羽舞、干舞，《司干》所谓"祭祀授舞器"是也。而"司兵掌五兵五盾，祭祀授舞者兵"。郑司农云：五兵，一曰戈。"司戈盾掌戈盾之物而颁之，祭祀授舞者兵。""舞师掌教兵舞、帗舞。"所谓兵舞，即戈舞也。陆氏佃云"干戚一舞"，下云"大乐正学舞干戚"是也；"干戈两舞"，此"小乐正学干"、"籥师学戈"是也；"干戚大舞，故教以大学正；干舞无戚，象武事之小者，故教以小学正；干舞又其小者，故以籥师教之。"然考《周礼》，"籥师掌教国子舞羽吹籥"，似不应舍所职之籥而教戈。疑"籥师学戈"之"戈"，为"籥"字之误。干、戈同为武舞，无须分教而羽籥反阙。此正涉上文"戈"字而误耳。乐师教舞，而大胥正舞位，比乐官以赞之；籥师吹籥，籥章以诗入籥，有吹《豳诗》、吹《豳雅》、吹《豳颂》之分，正所以赞籥师教籥。所谓"籥师丞"者，即周官之籥章也，孔疏失之。

胥鼓南。

郑注："南，南夷之乐也。旄人教夷乐则胥以鼓节之。"孔疏："胥，大胥。"嵩焘案：《周礼·大胥》："祭祀之用乐者，以鼓征学士。"《小胥》："掌学士之征令，巡舞列，正乐县之位。"胥当为小胥，亦教舞所有事也。《鼓人》："鼓兵舞、帗舞者。"凡舞皆用鼓。《诗》："以雅以南，以籥不僭。"南亦所以协籥。陈氏祥道云："南，所谓《象箾》、《南籥》。"陈氏骙云："南，亦雅乐名，犹乐章之有《九夏》。"刘氏炫、沈氏括、郑氏樵并主二南为说。要皆声诗之入籥者，盖教干舞，教籥舞，小胥击鼓声《诗》以协之，皆所有事也。郑注误。

春诵、夏弦，太师诏之瞽宗；秋学礼，执礼者，诏之；冬读书，典书者诏之。礼在瞽宗，书在上庠。

孔疏："若其未升大学之时，则春诵夏弦在殷之瞽宗也。"嵩焘案：周立四代之学。《大戴记·保傅篇》引《学礼》有五学之名，贾谊疏所引同。《易太初篇》曰：旦入东学，昼入南学，夕入西学，莫入北学；实即四代之学也。上庠虞学，北学也；东胶东学，亦名东序，为夏学；瞽宗西学，为殷学；南学即成均也。上庠典书，东序养老，瞽宗以祀先贤，各有专主。虞学以上下为次，上庠国学，下庠庶人之学。夏尚左，以东序为国学；殷尚右，以右学为国学。周因有四学之名，而统名之"大学"；其庶人之学，则虞庠之在西郊者也。案：上庠、虞庠错举为文而义自明显，注家多混言之。大司乐之教国子，陈其仪数，备其器物而已。其任教，则《周礼》所谓"有德者、有道者使教焉"者也，执礼、典书皆其任也，故不序其官。养老于东序，有"合乐"之文，乐阳也，习之东学；释奠于瞽宗，有行礼之节，礼阴也，习之西学。周立四学，其制如此。孔氏别瞽宗于大学之外，以"诏之瞽宗"在未升大学时，然则太师执同律以教六诗，其职下大夫也，独不与大学之教乎？

凡祭与养老乞言、合语之礼，皆小乐正诏之于东序。

郑注："合语，谓乡射、乡饮酒、大射、燕射之属。《乡射》记曰：'古者于旅也语。'"孔疏："祭末及养老亦皆合语也。"嵩焘案：《仪礼》凡用乐，乐正先升；旅酬以下之事，乐正不与。经所言皆学礼也。陈氏祥道引下"天子视学，适东序，释奠于先老，遂设三老五更、群老之席位；登歌清庙，既歌而语以成之，言父子、君臣、长幼之道，合德音之致。"此祭，即释奠。合语，即合德音之致。盖皆太学教国子之法。郑据《乡射》记以射礼当之，似误。《周礼·乡大夫》："以乡射之礼五物询众庶。"射礼之有合语，即所以"兴贤、兴能"之意。养老之乞言、合语以示教，亦此意也。凡祭旅酬，无"合语"之文，此言释奠养老，小乐正有事于东序，以明太学命官设教之义。旧注未尽。

大司成论说在东序。

郑注："大司成，司徒之属师氏也。"嵩焘案：师氏、保氏"教国子，居虎门之左"，即《王制》所谓"小学在公宫南之左"者是也。"大司乐掌成均之法，以治建国之学政而合国之子弟。"是成均教士之法领于大司乐。经云"大司成"，即《周礼》之大司乐也。王氏炎据下"乐正司业，父师司成"之文，以为司成者即下"太傅在前，少傅在后，入则有保，出则有师，以成世子之德"者也。窃意傅、师、保无专官，其云"父师司成"，以成德为义。大司乐有专官，而《乐师》云："乐成则告备。"乐以一阕为一成，故大司乐亦可名大司成。以所主乐德、乐语、乐舞言之，谓之大司乐；以所主成均言之，谓之大司成。论说在东序，盖即《周礼》"合国之子弟以治学政"之义。

凡释奠者必有合也，有国故则否。凡大合乐必遂养老。

郑注："国无先圣先师，则释奠者当与邻国合。"有国故，"若唐虞有夔（龙）、伯夷，周有周公，鲁有孔子，各自奠之，不合也，遂养老，用其明日。《乡饮》、《乡射礼》：'明日，乃息司正。'是养老之象类。"嵩焘案：《周礼·大胥》："春入学，舍菜，合舞；秋，（颂乐）〔颁学〕，合声。"是春秋皆合乐，合舞则合乐之盛者。《月令》："孟春，命乐正入学习舞。仲春上丁，命乐正习舞，释菜，天子亲往视之；仲丁，又命乐正入学习乐。季春，大合乐，天子亲往视之。孟夏，命乐师习合礼乐。季秋，命乐正入学习吹。季冬，命乐师大合吹。"习舞合吹，四时行之而不皆释奠；释奠则必合舞。《大胥》："以六乐之会正舞位。"郑注："为大合乐习之。"是大合乐亦必合舞。天子视学，释奠则遂养老；四时官释奠，无养老之文。曰"大合乐"，谓天子视学之仪也。合乐、养老，皆视学中事，安得分日为之？郑注并误。

凡语于郊者，必取贤敛才焉，或以德进，或以事举，或以言扬。曲艺皆誓之，以待又语。三而一有焉，乃进其等，以其序，谓之郊人，远之于成均，以及取爵于上尊也。

郑注：曰郊人，以技艺故贱之也。"董仲舒曰：五帝名太学曰成均，则虞庠是也。天子饮酒于虞庠，郊人亦得酌于上尊以相旅。"嵩焘案：《王制》："虞庠在国之西郊。"经云"语于郊"，即虞庠之学也。三代养老有国老、庶老之分，庶老养于庶人之学，即有虞氏之下庠、夏之西序、殷之左学。周立四代之学，而以虞庠处庶人之学者，亦谓之郊学。《王制》：王太子、王子、群后之太子，卿大夫元士之适子，皆教之学者，国之俊选则选之郊与乡者。德进、事举、言扬，所以选之之法也。《王制》统于乡，而此别之于郊。"曲艺皆誓之"，是凡一技之士皆造之于学。《王制》祝史、射御、医卜及百工不与士齿，然立学大旨，薄技微长亦所不遗，是以语于郊者兼察及曲艺，而仍以三者之程式使受范焉，而后以次升之于学。《说文》：“誓，约束也。”约束之使出于学之一途也。“谓之郊人”，选士、俊士升自郊学，与卿大夫士之子之在学者固有等也。“取爵于上尊”，则进而与大学之士同升。王氏《章句》引《燕礼》：“尊两方壶于东楹之西以酌卿大夫、士，尊两圆壶于门西以酌士旅食者。东楹之方壶对门西之（圆壶）〔尊〕为上尊，（取爵）〔酌之于〕上尊，则升而为士矣。”“远之于成均”，盖“达之于成均”之误。王氏之说是也。窃疑东序西序、右学左学，皆东西相向。周兼立四学，而置虞庠西郊，则有虞氏之下庠也，周学亦通以庠名。远之于郊，以明亲疏贵贱之有其等，及升之学而取爵上尊，又以示成德达才之同其归也。王者因祭祀燕飨而命官，以及取爵上尊，言及此时受爵也。成均者国学也，郊者周所立之虞庠也。郑氏误混为一而云“天子饮酒虞庠”，则亦未闻乡饮之礼之上通于天子也。

始立学者，既兴器用币，然后释菜，不舞不授器；乃退，傧于东序，一献，无介语可也。

郑注：“言乃退，谓得立三代之学者。释菜于虞庠，则傧宾于东序，若鲁有米廪。东序，瞽宗也。”孔疏：诸侯不得有东序，“故知有功德者得立三学如鲁也。东序在东，虞庠在西，相对。”嵩焘案：《尔雅·释宫》：“东西墙谓之序。”《周礼》：“州长以礼会民，射于州序”；“党正以礼属民，饮酒于序”。州党之学亦名序，疑前云“始立学，释奠”，通天子诸侯言之。此继“语郊”而云“始立学，释菜”，就乡郊之学言之。乡郊之学，乡郊之老受养焉。《尚书大传》。致仕之老教于州里，大夫为太师，士为少师。

又云：少师取小学之贤者登之大学，太师取大学之贤者登之天子。案："小学"对"大学"为文，乡郊之学皆小学也，与闱门之小学异。《大司乐》所谓"有德有道者使教"，即所养之老也。"释菜"与前"释奠"对文，"退傧于东序"与前"必遂养老"对文。"始立学"，必有使教于学者。乡郊之学其仪简案《王制》："习射上功，习乡上齿。"是乡饮酒礼即乡学养老之事；而《乡饮酒义》云"升歌三终，笙入三终，间歌三终，合乐三终，工告乐备"而不及舞，故知此之"不舞不授器"为乡郊之学也，退傧于东序以礼宾之，东序者，东厢也。下文："王乃命公侯伯子男及群吏曰：'反，养老于东序。'"郑注："群吏，乡遂之官。各反养老。"云东序者，通乡遂之学言之，必非大学之名东胶、东序。案：《州长》"射于州序"、《党正》"饮酒于序"并据乡学之东序言之。郑注臆为之说。熟玩经义，当自得之。

太傅在前，少傅在后；入则有保，出则有师，是以教喻而德成也。师也者，教之以事而喻诸德者也。保也者，慎其身以辅翼之而归诸道者也。《记》曰："虞、夏、商、周有师保，有疑丞，设四辅及三公。"

郑注：太傅在前，少傅在后，"谓其在学时"。入则有保，出则有师，"谓燕居出入时"。"《记》所云，谓天子也。"嵩焘案：《大戴记·保傅篇》："昔者成王幼，在襁褓之中，召公为太保，周公为太傅，太公为太师。比选天下端士，使与太子居处出入，左视右视，前后皆正人。及太子少长，则入于小学。"而引《学礼》曰："帝入太学，承师问道，退习而端于太傅。"故郑意以太傅、少傅为主学之官。然居处出入实通言之，不必在学即不得有居处出入也。《尚书大传》"天子有四邻，前曰疑，后曰丞，左曰辅，右曰弼"，而《保傅篇》引《明堂之位》："天子疑则问，应而不穷者，谓之道；常立于前，是周公也。辅善而相义者，谓之充；常立于左，是太公也。匡过而谏邪者，谓之弼；常立于右，是召公也。接给而善对者，谓之丞；常立于后，是史佚也。”则是四辅三公为兼职。因考《尚书·（召）〔洛〕诰》有“乱为四辅”之文，而周官之名存者独有三公。汉世以太尉、司徒、司空为三公，而周官三公之名存者独有太傅，太子官属有太傅、少傅。经云“立太傅、少傅”，殆亦秦汉间语也。王莽置四辅官，以疑、丞、辅、弼为名，与三公并建。后周亦置四辅，所谓“官不必备，惟其人”者，亦如周世三公之兼职，因事为之名而已。《后汉书·班彪传》：“昔成王之为孺子，出则周公、召公、太公、史佚，入则泰颠、闳夭、南宫括、散宜生、左右前后，礼无违者。”周公、召公、太公，三公也；泰颠、闳夭之属，则四辅也。《记》曰“有师保，有疑丞”，错举为文，举师、保以赅傅，举疑、丞以赅辅弼。下云“设四辅及三公”，固自分析言之。记礼者因周有四学之名，以为一日而历四学，又因四学创为四辅之名，援成王为之辞，当时固无此也。疑，如《仪礼》“疑立”之疑。《（射）〔燕〕义》：“不以公卿为宾而以大夫为宾，为疑也。”郑注：“疑，自下上至之辞。”疑、丞、辅、弼均近比于君。《士相见礼》：“正方，不疑君。”亦谓不近比于君。朱子云：“疑者，有疑即问之。”意恐未尽。

况于其身以善其君乎？周公优为之。

郑注：“于读为迂，犹广也、大也。”孔疏：“古人益君则勤苦，周公益君则逸乐。”嵩焘案：陈氏祥道云：“周公以臣而摄君之政，成王以君而学世子之事，此所谓迂也。”自胜郑注。然据下文“君之于世子也，亲则父也，尊则君也”，是教世子之责惟君任之。周公抗世子之法于伯禽，迂其道以曲善其君，圣人之心之所以为仁至而义尽也。武王始崩，周礼未定，周公摄政，用殷礼，以冢宰总己以听；而成王之德固未有成，而已立为君，不当以世子之教督责之，故齿伯禽于学，以使与成王居，习闻正言，行正道，相与有成。伯禽非世子也，教以世子之法而不嫌于逼，故曰"抗"；教伯禽，即所以善成王，而不涉于专，故曰迂。方氏悫云："优为之者，言为之有馀而不迫也。"

成王幼，不能莅阼，以为世子，则无为也。

郑注："以为世子，若为世子时。"孔疏："以成王为世子时，则无为世子之处。周公用世子礼教之，故云'若为世子时'，以实则不为世子也。"嵩焘案：疏意疑未分明。成王幼，不能莅阼，而固已嗣立为君，不使修世子之仪，无以养成其德，若令退居世子之列，则亦无有可据之义。以为此者，周公抗世子之法于伯禽，以济人事之穷，正申言迂其身以善其君意。

其朝于公，内朝则东面北上，臣有贵者以齿。

孔疏："皆以昭穆长幼为序，父兄虽贱而在上，子弟虽贵而在下。"嵩焘案：《周礼》三朝，内朝、治朝领于司马，外朝领于司寇。《太仆》"王视燕朝，则正位"，所谓内朝也。《司士》"正朝仪之位"，所谓治朝也。宰夫亦掌治朝之治，正公卿大夫、群吏之位。《朝士》"掌外朝之法"，《小司寇》"掌外朝之政"，所谓外朝也。朱子谓治朝常朝，内朝、外朝均非常朝。《司士》叙"朝仪之位，王南乡，三公北面东上，孤东面北上，卿大夫西面北上；王族故士、虎士在路门之右，南面东上；太仆、太右、太仆从者在路门之左，南面西上。"而《朝士》云："左九棘，孤卿大夫位焉，群士在其后。右九棘，公侯伯子男位焉，群吏在其后。面三槐，三公位焉，州长众庶在其后。”是外朝为大朝，以治万民，诸侯咸在，而其位略与治朝同。郑注《太仆》：“燕朝，王图宗人之嘉事”；《鲁语》：“天子诸侯合民事于外朝，合神事于内朝”：皆非常朝。而公族之东面北上者，与《司士》治朝王族之位同；郑注“王族故士”：“故为士，留宿卫者。”疑治朝，王族为卿大夫，仍各依卿大夫之位；其无位者，亦得为宿卫，若后世之以散秩奉朝请：通谓之王族。内朝，则王族、公族自卿大夫以下皆东面，所以尊之。云“臣有贵者以齿”，谓贵者自以齿也。公族之亲，胙土命氏，当不甚远，故可以齿序；其疏远者，不宜通以齿。《诸子》：“掌国子之倅，辨其等，正其位。”《周礼》之“诸子”，即此庶子也。贵贱亲疏皆有等则位自正，疏谓“皆以昭穆长幼为序”；《周礼》之云“正位”者，恐不如是也。

其登馂、献、受爵，则以上嗣。庶子治之，虽有三命，不逾父兄。

郑注：“上嗣，谓君之适长子。以《特牲馈食礼》言之，受爵，谓上嗣举奠也；献，谓举奠洗爵酌入也；馂，谓宗人遣举奠盥，祝命之馂也。大夫之嗣无此礼，避君也。”三命不逾，“惟于内朝则然”。孔疏：“‘庶子治之’应承前言‘有贵者以齿’之下，脱简在此。”嵩焘案：经通言庶子正公族之事，不当专及君之适长子。《特牲礼》：“嗣举奠。”郑注：“嗣，主人将为后者。”嗣子亦与于奠，《内则》所谓“佐长者视具”，犹此义也。无与于庶子之事，故孔氏以为脱简。案：郑据《少牢礼》无嗣子举奠之文，因谓“大夫之嗣无此礼，避君也”。窃疑《少牢》、《特牲》礼异者：《特牲》“宗人告有司具”，《少牢》“司马刲羊，司士击豕”，“雍人（概）〔摡〕敦”，“司宫（概）〔摡〕豆笾”，官备而礼繁矣；《特牲》九饭，《少牢》十一饭，数加而文盛矣。其始祭之视牲、视杀，及主妇视膳，三献后之加爵有长兄弟加爵、众宾长加爵，及嗣举奠，《少牢》皆无其文，其礼当一视《特牲》，故文不备。谓大夫之嗣不举奠，然则《少牢馈食》将不视牲、不视杀并无加爵之奠耶？郑注《有司彻》"宾长献于尸"云："不使兄弟，不称加爵，大夫尊也。"是即以宾举爵于尸为加爵；而《有司彻》固云"亦遂之于下"，则亦通之于兄弟以下矣。为称加爵，亦文略耳。郑注以为"大夫尊"者，亦非也。其实祭礼主人初献，主妇亚献，宾三献，长兄弟加爵，众宾长加爵，而后嗣子举奠，凡在庙者皆得申其敬焉，非此经义所系。据《特牲礼》，主人遣举奠及长兄弟盥，祝命馂。举奠者，嗣子也。郑注："嗣子及兄弟馂。其惠不过族亲。"《燕礼》：主人洗，升，于西阶上献卿；卿升，拜受觚；而后辩献卿。"主人洗，升，献大夫于西阶上；大夫升，拜受觚。"而后辩献大夫。"主人洗，升，献士于西阶上；士长升，拜受觯"；而后辩献士。"主人洗，升……献庶子于阼阶上，如献士之礼。"是凡燕，献、升、拜、受爵者一人，其馀辩献不受爵；登馂一事，献、受爵一事。《祭统》：君与卿四人馂；君起，大夫六人馂……大夫起，士八人馂。"《特牲》士礼，二馂，而命馂者嗣与长兄弟。以此推之，君祭而卿大夫、士之馂者，必所祭之祖之小宗。由适子之长者以推及众子，以推及庶子，所谓"上嗣"者，适子长之嗣也案：经云"以上嗣"，亦通辞，如祢庙以长兄弟，祖庙长兄弟以下，皆有适长。馂者四人、八人，则次嗣亦与其间。又有卿馂、大夫馂、士馂，及燕礼之献卿、献大夫、献士，贵贵亲亲，义自并行，馂及献、受爵皆以是为叙。庶子掌公族之版，故使治之。"三命不逾父兄"，谓先适嗣之长者不以爵与官也。郑注误为"君之适长子"，孔疏因之，以"三命不逾父兄"承"有贵者以齿"为说，而经义多不可通矣。

族食，世降一等。

郑注："亲者稠，疏者希。"孔疏："假令本是齐衰，一年四会食；若大功，则一年三会食；小功，则一年二会食；缌麻，则一年一会食。"嵩焘案：《周礼·大宗伯》："以饮食之礼亲宗族兄弟。"《大传》亦云："合族以食。"而其礼不详。郑注《月令》：季冬，"与族人大饮，作乐于大寝"。而引《王居明堂礼》："季冬，命国为酒，以合三族。"其仪亦终无可考据。《诗·楚茨》："诸宰君妇，废彻不迟。诸父兄弟，备言燕私。"郑注《特牲礼》"彻庶羞设于西序下"引《尚书》传："宗室有事，族人皆侍终日；大宗已侍于宾奠，然后燕私。"此庶羞置西序下，为将以燕饮，是祭毕有燕兄弟之文案：朱子《行苇》诗传取义于此，《中庸》所谓"燕毛以序齿也"。《祭统》："有事于大庙，群昭群穆咸在而不失其伦，此之谓亲疏之杀。"孔疏："亲者近，疏者远。"群昭群穆之伦，宜先其亲者。所云"世降一等"，盖自太祖下至五服之族属，各以远近之等叙之。《大传》："同姓从宗各族属。"合诸宗子之家，惟宗祭而已，系之以姓，缀之以食，通小宗以至大宗言之。姓，所生也，系之所生，其下子孙皆有合食之义。五服之属各系之所出之庙，而族食系之太祖庙，故《丧服传》曰："大宗者，收族者也。"案："公与族燕，异姓为宾，膳宰为主人。"盖通言之。《国语》："公父文伯饮南宫敬叔酒，露堵父为客。"敬叔，孟僖子之子。文伯，季悼子之孙，敬叔其族祖也。大夫士族燕，亦以异姓为宾；族食之礼与父兄齿，不宜有请宾命宾之文。无宾则亦无献食之主人，《行苇》燕父兄而（日）〔曰〕"曾孙（为）〔维〕主"，即此义也。世降一等，仍于合族之中见亲疏之杀，孔疏以齐衰、功、缌之服属言之，于礼无征，于义亦稍狭矣。

公若有出疆之政，庶子以公族之无事者守于公宫，正室守太庙，诸父守贵宫贵室，诸子诸孙守下宫下室。

郑注："太庙，太祖之庙。"贵宫贵室，"谓守路寝"。"下宫，亲庙也。下室，燕寝。"嵩焘案：陈氏《集说》："宫以庙言，室以居言。贵宫，尊庙。贵室，路寝。下宫、下室，是亲庙与燕寝也。"吴氏澄云："郑以贵宫贵室总为路寝，下宫为亲庙，下室为燕寝，则贵宫、室混为一，下宫、室分为二。又亲庙称下宫，而但使子孙守之，路寝反称贵宫而以诸父守之，是尊己而卑祖祢也。贵宫，群公四亲之庙。若亲庙外别有庙，如鲁仲子之宫，则称下宫也。太庙、贵宫、下宫，共为都宫。"其说允矣。然据《周礼》，"诸子掌国子之倅，国有大事，率国子而致于太子。"太子君行则守，此公族之守于公宫皆所以致之太子者也。"宫正比宫中之官府、次舍，为之版以待。国有故，则令宿。""宫伯掌王宫士庶子凡在版者，授八次八舍之职事。"郑司农云："庶子卫王宫，在内为次，在外为舍。"是平时宿卫王宫。庶子之事；而庙祧惟掌之司祧。刘向《别录》："宗庙在路寝东。"《礼运》疏："出游于观之上，谓出庙往雉门，雉门有两观。"五庙七庙皆在雉门内，故统之公宫。案：《穀梁传》隐五年考仲子之宫："庶子为君，为其母筑宫，使公子主其祭，于子祭，于孙止。"然天子之子为诸侯得立妣庙，《毛诗》传：閟宫，"先妣姜嫄之庙"。周礼享先妣则亦有常礼也，此当别立庙，不在五庙、七庙之列，而固不得谓之下宫。公出疆，庶子之领公族者固有守卫公宫之责案：成十六年《左传》："公出于坏隤，使孟献子守于公宫。"是公出而公族守公宫，春秋时皆然，而以适嗣守太庙，以重宗祧。宗庙在左，当公宫之东北隅，举太庙以赅群庙也。贵宫贵室，如先郑云："在内为次"；"下宫下室"如先郑云"在外为舍"。宫正所掌"宫中之官府"，通名之下宫下室。六寝之事，掌之宫人，无宿卫及燕寝之礼。郑注非也。

公族，其有死罪，则磬于甸人；其刑罪，则纤钊，亦告于甸

人。公族无宫刑。

郑注："县缢杀之曰磬。纤读歼；歼，刺也。告读为鞠；读书用法曰鞠。"孔疏："公族无宫刑，但髡去其发。"嵩焘案：《周礼·掌戮》："王之同族与有爵者，杀之于甸师氏。"是以《小司寇》"以八辟丽邦法"，首曰"议亲之辟"；一皆附之五刑，无"缢杀"之文。《春秋》、《左传》皆以自死为缢。桓十三年杜注："缢，自经也。"昭二年子产数公孙黑之罪曰："不速死，大刑将至。"乃缢，亦迫使自死，安得别有县缢之刑以治公族哉！案《说文》绞、缢字互训。《左传》哀二年赵简子以绞缢为戮，下卿之罚当起于春秋之季。《说文》："摎，缚杀也。"《广韵》："摎，绞缚杀也。"正后世绞刑所原始。绞以两绳相交为义，非县杀之，亦与磬义无取。《毛诗》传"伣天之妹"："伣，磬也。"《韩诗》正作"磬天之妹"。《说文》："伣，谕也。谕，告也。"磬籀文作殸；耳部聲从耳殸声。《乐记》："石声磬，磬以立辨。"故聲从殸得音，而辨别其事以告人亦曰磬。磬于甸人、告于甸人，皆谓正其罪以告甸人行刑而已。案《王制》："刑人于市，与众弃之。"公族不忍刑之市，故远之郊甸。《司市职》："刑戮者，各于其地之叙。"《甸师职》："王之同姓有罪，则死刑焉。"所职掌正同，旧注似皆失之。告当如字。郑司农训《小司寇》"读书用法"，谓"如今时读鞫"。《说文》："（鞫）〔𥷚〕，穷理罪人。"甸人主用刑，无加讯鞫事，郑谓"告读为鞫"，非也。案：卢植《礼记注》"磬，丽系也"，较郑注为优。然据《周礼·甸师》："王之同姓有罪，则死刑焉。"此经下文明言："狱成，有司谳于公，致弄于甸人。"甸人行刑而已，不主系与讯鞫之事也。《尔雅·释诂》："歼，尽也。"《说文》："歼，微尽也。"《春秋传》曰："齐人歼于遂。"《公羊传》作瀸，云："渍也。"何休注："瀸之言死积。"纤固不训为刺。《周礼》"司刺"，刺亦杀也。《说文》："纤，细也。细，微也。"故歼亦训微。纤刌，犹若小刑用刀锯，所割截者支体之细而已。《玉篇》："刌，截也。"截而断之，墨、劓、刵、宫之刑皆然。公族无宫刑，墨、劓、刵三者固不废也。“小辟”、“纤刳”对举为文，孔疏以“髡去其发”释之，尤嫌添设。

为之变，如其伦之丧，无服，亲哭之。

郑注：“不往吊，为位哭之而已。君于臣，使有司哭之。”嵩焘案：《奔丧》：“哭父之党于庙，母妻之党于寝，师于庙门外，朋友于寝门外，所识于野张帷。凡为位，不奠。”《檀弓》故曰：“小功不为位也者，是委巷之礼也。”凡哭，无不为位者，而注云“君于臣使有司哭之”，殆据《檀弓》“天子哭诸侯，爵弁绖，紨衣。或曰：使有司哭之。”郑于《檀弓》以有司哭之为非，此复引以为证，似非此经之旨。经意：公族致刑，而公自以丧礼处之。如其伦之丧，谓齐衰以下亲疏之等。《间传》：居丧容貌声音、言语居处，视所服为之节。公族已致刑，则义绝，故无服而仍各视其伦制为之节。亲哭之，亲亲之义也。公族，通齐衰以下言之。天子诸侯绝期，则固无服。而言此者，以见仁与义之兼至，周公之诛管、蔡，用此制也。据《丧大记》，君于大夫、士皆临哭。《左传》襄十二年：“凡诸侯之丧，异姓临于外，同姓于宗庙。”诸侯相为闻丧亦临哭。惟天子于诸侯不亲临，则使有司哭之。注于此增入“于臣使人哭”一节，似属歧出。

乃命有司行事，兴秩节，祭先师先圣焉。有司卒事，反命。

郑注：“兴，犹举也。秩，常也。节，犹礼也。使有司摄其事，不亲祭者，视学观礼耳，非为彼报也。”嵩焘案：视学养老，命有司祭先师先圣，先儒多疑之。据《月令》：孟春“命乐正入学习舞”；仲春“命乐正习舞，释菜”，天子亲往视之，“又命乐正入学习乐”；季春“大合乐”，天子亲往视之；季秋“命乐正入学习吹”；季冬“大合吹”。天子再视学，而习舞、释菜、习乐、习吹皆掌之乐正。盖周立四学，瞽宗殷学也，亦谓之西学、大学。正祭于瞽宗，取神道尚右之义，《祭义》“祀先贤于西学”是也。而成均，学政领于大司乐，其教乐于东序，养老乞言及大司成论说皆于东序，瞽宗之先师先圣通殷以前祀于学者，天子视学适东序，是以瞽宗之祀有司行事，正以养老礼繁，不能并举，即《月令》命大乐正释菜之义。叶氏梦得云：“典礼言秩，典乐言节。”秩序赅礼乐言之，秩者仪文度数之序，节者歌舞升降之节。习舞释菜，备礼乐之用，乐正所有事也。

始之养也，适东序，释奠于先老，遂设三老五更、群老之席位焉。

郑注：“云始，始立学也。养老东序，则是视学于上庠。三老五更各一人也。”孔疏：“天子视学在虞庠之中，有司释奠既毕，天子乃从虞庠反入于国，明日，乃之东序而养老，故云‘始之养也’。”嵩焘案：《王制》：“虞庠在国之西郊。”即此经所谓“语于郊”者。而又云：“礼在瞽宗，书在上庠。”盖周立四学，有虞氏之学以上下为序，夏殷以东西为序，而夏尚左，殷尚右，各因其所尚以为之名。上庠之学，即《大戴记》、《尚书大传》所谓“北学”也。虞庠庶人之学，以养庶老，当为有虞氏之下庠。《孟子》：“夏曰校，殷曰序，周曰庠。”《王制》“耆老皆朝于庠（序）”者，乡学也。周名乡学曰庠，故于郊学以虞庠别之。《尚书大传》：“大夫致仕退老，归其乡里，大夫为父师，士为少师。”《周礼·大司乐》亦言：“有道者、有德者使教焉。”教于学者，致仕之老也；凡云养老，亦此也。其间或在学，或以礼会而乞言、合语，皆有兴贤劝学之责，是以天子视学，以养老为始事，合乐习射及简不率，皆因养老之礼推行之。《（学）〔乐〕记》："武王克殷，食三老五更于太学。"《祭义》论弟道之达亦云："食三老五更于太学。"经云"始之养也"，犹言天子视学，其始事一主于养老；视学而适东序，明所有事也。孔疏据郑注"遂养老"，用其明日为说，失之。养老之礼，至周始盛，而三老五更之名实沿自殷以前。案《乐记》："左射，《狸首》。右射，《驺虞》。"尊右，犹用殷礼，而已有三老五更之名。《礼运》："三公在朝，三老在学。"三公并尊而有专重，三老亦然。《大戴记》："召公为太保，周公为太傅，太公为太师。"而周公实辅导成王，故又曰："周公用事也。"汉儒据《乡饮酒礼》一宾一介，因以三老五更并属一人。蔡氏邕言："三老，三人，明天地人之道。五更，五人，明五伦之理。"而自汉置三老五更，皆各为一人。据《礼运》以"三公"、"三老"对文，则恐所云三老者，亦如三公之官不必备，因事为之名也。案：始，适东序，释奠于先老。似东序别有先老之祀。《周礼·大司乐》：教学者"祭于瞽宗，以为乐祖"；而国老之养于学不能尽祭之。瞽宗或于设位养老之时祀先老，以明养老之礼之所由始，即此"始"字之义。

遂发咏焉，退，修之以孝养也。

郑注："发咏，谓以乐纳之。退修之，谓既迎而入，献之以醴，献毕而乐阕。"嵩焘案：《仲尼燕居》："入门而县兴，升堂而乐阕。"《郊特牲》："宾入大门而奏《肆夏》，卒爵而乐阕。"《燕礼》记："以乐纳宾，则宾及庭，奏《肆夏》；宾拜酒，主人答拜而乐阕。公拜受爵，而奏《肆夏》。公卒爵，主人升，受爵而下，而乐阕。"盖主人献宾、献公皆有乐，所奏《肆夏》也。既卒爵，宾以虚爵降，主人降。"退"者，献毕而降。"遂发咏焉"，总叙入门、升堂及献情事，皆以乐为之节也。郑以"退修之"为句，与下"修之以孝养"复句牾，并文义亦失之矣。

下管《象》，舞《大武》

郑注：“《象》，周武王伐纣之乐。以管播其声，又为之舞。”嵩焘案：《明堂位》：“升歌《清庙》，下管《象》；朱干玉戚，冕而舞《大武》；皮弁素积，裼而舞《大夏》。”《祭统》：“升歌《清庙》，下而管《象》；朱干玉戚，以舞《大武》；八佾以舞《大夏》。”下管《象》、舞《大武》盖两事，一为堂下之乐，一为舞。《郊特牲》：“歌者在上，匏竹在下。”《乡饮酒礼》：“工人，升自西阶……歌《鹿鸣》、《四牡》、《皇皇者华》。”“笙入堂下，磬南，北面立，乐《南陔》、《白华》、《华黍》。”《大射礼》：纳工，升自西阶，歌《鹿鸣》三终；工降，“立于鼓北……管《新宫》三终”。磬鼓皆县在堂下，是以《乡射》、《大射》并云：“笙入，立于县中。”笙管盖堂下之乐，以诗协之。“象”者，《维清》之诗，以入管；管《象》，与《仪礼》“乐《南陔》”、“管《新宫》”同义。《仲尼燕居》：“下管《象》、《武》，夏籥序兴。”《象》“维清”，《武》“於皇”，则《象》、《武》二诗并以入管而所舞者《大夏》。籥，文舞也。管《象》或入舞，或不入舞；《大武》之舞，又与“於皇”之奏《大武》以入乐者别。《荀子·礼论》“韶、夏、濩、武、酌、桓、箾、简、象”，上四者，舞也，下五者，诗之入乐者也。《左传》襄二十九年“舞《象箾》、《南籥》”：箾、籥，乐也，所以舞；《象》、《南》，则歌之入乐者也。杜注以为“文王之乐”。郑据《诗序》“《维清》，奏象舞”，以为武王制，遂谓“象，武王伐纣之乐，又为之舞”，似失“管《象》”之义。

古之君子举大事，必慎其终始，而众安得不喻焉？《兑命》曰：“念终始，典于学。”

孔疏：“虑之以大，是慎其始；终之以仁，是慎其终。”嵩焘案：上“虑之以大”一节，总结视学养老之事，此节总结全章。世子之教，入则有问安视膳之仪，出则齿之于学，养之以成德者礼乐，辅之以成教者师保；以次至于国子，皆有教焉。天子以时视学，修养老之礼，明孝弟之义，始终纳之于学而已。《大戴记·保傅篇》：“殷周之前以长久者，其辅翼（太）〔天〕子有此具也。”其叙太子入学之礼，极为周备。此记更说得广大，略见三代以前所以重国本之意。末引《兑命》之文，为此篇要旨归宿处。上言“举大事”，盖通论之。案：“虑之以大，爱之以敬，行之以礼”三者，不见上文。“修之以孝养，纪之以文，终之以仁”三者，上文皆具其事。疑此章脱简尚多。

礼记质疑卷九

礼运

昔者仲尼与于蜡宾，事毕，出游于观之上。

郑注："蜡者，索也。亦祭宗庙。时孔子仕鲁，在助祭之中。观，阙也。"嵩焘案：《史记·孔子世家》：定公九年，孔子由中都宰为大司寇，年五十一。《弟子列传》："言偃，少孔子四十五岁。"时年六岁耳。案：《家语》言偃少孔子三十五岁，其年亦始十六。定公十四年，孔子去鲁适卫，居十月，适陈，月馀反卫，又月馀，过曹适宋，又适陈，居三岁，会吴侵陈，反卫，将西见赵简子，至于河又反卫，遂适陈，明年自陈迁于蔡，又明年，自蔡如叶；哀公四年，吴伐陈，楚救陈，孔子在陈、蔡之间，楚使人聘孔子；哀公六年，自楚反乎卫；哀公十一年归鲁，年六十八。《家语》称子游尝从孔子适卫，与将军子兰善，使受学夫子，当在哀公六年自楚反卫时。刘向《新序》："孔子居于阙党。"《论语》亦云"阙党"。《寰宇记》："孔子家在故鲁城归德门内阙里，背洙面泗。"以阙名里，当有所本。《春秋》定四年《左传》："因商奄之民，命以《伯禽》而封于少皞之墟。"《元和志》："曲阜，炎帝之墟。"是鲁故帝都，其后以封商奄，周初犹为大国，旧阙或有存者，因以名里。其遗址高处，登临游览，亦谓之观。《周礼·党正》："国索鬼神而祭祀，饮酒于序，以正齿位。"孔子归鲁居阙里，年七十矣，宜为蜡宾，因蜡祭毕而往游，《杂记》所谓“百日之蜡，一日之泽”，圣人亦与同乐焉。云“观之上”者，所居阙里之旧观也。郑氏据为“仕鲁时”，则司寇也，而曰“蜡宾”，非名也；雉门两观之上，弟子游焉，又从而发叹焉，非事也；且于是时得位行政，何为而有“三代未逮”之思哉？

大人世及以为礼。

郑注：“大人，诸侯也。”孔疏：“父子曰世，兄弟曰及。诸侯亦传位自与家也。”嵩焘案：大人世及，谓三王家天下，以世相及，犹《孟子》所云“夏后、殷、周继”也。自三代传子之法定，而唐虞禅让之风遂不复能行。圣人辨上下而定民志，尤以是为人伦之纪，考礼正刑，整齐天下，以奉一王之大法。天子既定，其尊于上，而诸侯及卿大夫以下亦以世相及。下文：“诸侯有国以处其子孙，大夫有采以处其子孙，是谓制度。”制度者，所以范围天下之人心而不过其则者也。故曰：“大人世及以为礼。”注、疏并误。

以设制度，以立田里，以贤勇知，以功为己。故谋用是作，而兵由此起，禹、汤、文、武、成王、周公，由此其选也。

郑注：谋作兵起，“以违大道敦朴之本也。”“教令之稠，其弊则然。《老子》曰：‘法令滋章，盗贼多有。’”孔疏：“田，种穀稼之所；里，居宅之地：贵贱异品。以功为己，立功起事不为他人。”嵩焘案：《尔雅·释言》：“里，邑也。”《小司徒》：“九夫为井，四井为邑。”田，即井也；里，即邑也。井田疆界，三代仍而不变。而《孟子》云：“夏后氏五十而贡，殷人七十而助，周人百亩而彻。”三代步法，各有不同，田亩随步变更，一代有一代之田制，故曰“以立田里”。其云“以贤勇知，以功为己”，与“以设制度，以立田里”文法并同；勇知则贤之，为己则以功归之。四者皆三代所以创制，显庸以立国家之基。汤、武征诛，所谓谋也兵也。谋者，制治保邦之深机；兵者，戡乱定暴之大用。禹、汤、文、武、成王、周公所以用谋与兵，圣人之权也，时为之也。郑注似以谋作兵起由教令致然，孔疏因据为“奸诈之谋”，“战争之兵”，大失经旨。

以著其义，以考其信，著有过，刑仁讲让，示民有常。如有不由此者，在势者去，众以为殃。是谓小康。

郑注“势，势位也。去，罪退之也。殃，犹祸恶也。大道之人，以礼于忠信为薄；言小安者，失之则贼乱将作矣。”嵩焘案：郑氏此注微近老庄之旨，石梁王氏讥之，允矣。经意：皇古之世礼教简而民伪不生，三代以还，防民之术备矣，圣人急明礼教之本，使民之情伪有以自达。义者，以大其防而人莫敢违。信者，以会其成而过无能掩。潜移默化，迁善远时，由其道而不能变；一不由此，则民伪作而邪慝繁兴，虽天子之尊，亦无所凭借以求自立，而民咸受其殃。“在势者去”，身失道而国以倾，所谓“与之天下，不能一朝居也”。“众以为殃”，人失望而名以隳，所谓“孝子慈孙，百世不能改也”。殃者，不祥之名。众以其名为不祥，桀、纣、幽、厉是也。夫惟不能以无礼居民上，于是又有圣人承之以起以安天下，故以“是谓小康”一语结之。小康者，谓能定天下之乱，成一时之功而已。夏至大康而乱，殷至雍己而衰，周至穆王而微，三代以来，治日常少，乱日常多，斯则所谓“小康”也。

达于丧、祭、射、御、冠、昏、朝、聘。

郑注："民知严上，则此礼达于下也。"嵩焘案：仁和邵氏《礼经通论》："丧、祭、射、御、冠、昏、朝、聘"及后"饮食、冠昏、丧祭、射御、朝聘"，两御字皆当作乡字。《乐记》"乡射食飨，所以正交接也"，《仲尼燕居》"射乡之礼，所以仁乡党也"，皆"射乡"二字连文。《昏（礼）〔义〕》"和于乡射"，《乡饮酒义》"合诸乡射"，《王制》"六礼：冠、昏、丧、祭、乡、相见"，并指乡饮酒言之。《经解》叙礼凡五：曰朝覲，曰聘问，曰丧祭，曰乡饮酒，曰昏姻。射者，大射、乡射；乡者，乡饮酒。并著于《仪礼》之篇。邵氏此论极允。丧、祭、射、乡、冠、昏、朝、聘八者《仪礼》备详其文，不当与六艺之射御为类。谓之"达"者，极天地之安，顺人情之用，备物而不过其则，泛应而皆适其宜。(孔疏)〔郑注〕但主"严上"为说，于义未尽。

我欲观夏道，是故之杞，而不足征也；吾得夏时焉。我欲观殷道，是故之宋，而不足征也；吾得坤乾焉。

郑注："征，成也。无贤君，不足与成也。"嵩焘案：石梁王氏疑此仿《鲁论》为之，而此经立论实与《论语》文献无征取义各别。盖经意言礼起自三代，而肇原皇古以前。夏得天统，于时为正，而自黄帝考定星历，颛顼受之，建正于寅，其来盖远。殷得地统，于《易》征之，其原自伏羲画卦，历代圣人用以观阴阳之化，察人事之宜。是以古历建正无征，而夏时以定；古《易》仅见《连山》，而《归藏》坤乾之用益广。故曰："坤乾之义、夏时之等，吾以是观之。"玩其义，辨其等，而知其流传远也。下文"皆从其初"，"皆从其朔"，正以推见三代。圣人制礼之精意，皆有其本原，而以此节引起之，旧注似未达此义。

蒉桴而土鼓。

郑注："蒉读为凷，声之误也；凷，塥也。谓抟土为桴也。"嵩焘案：《说文》："枹，击鼓杖也。"段氏谓当依《文选》注作"击鼓柄"，引"卫宏《诏定古文官书》：枹、桴二字同体，鼓椎也"。《丧服传》："寝苫枕凷。"《说文》："从土凵，凵屈象形。"盖块形方可为枕，《尔雅·释言》："块，塥也。"郭注引《外传》："枕王以塥。"《吴语》："涓人畴枕王以墣。"韦注："墣，块也。"以块击土鼓，两土相搏，不得名桴。《左传》："右援枹而鼓之。"《齐语》："击枹鼓。"《吴语》"提鼓秉枹"。桴不与块为类明矣。《尔雅》："蒉，赤苋。"苋高数尺，其本轻而坚，可为杖。陶土而空其中为鼓，以杖筑之，惟苋本之坚轻者为能发其声：亦古人用物精处。

故玄酒在室，醴盏在户，粢醍在堂，澄酒在下。

郑注："《周礼》五齐：一曰泛齐，二曰醴齐，三曰盎齐，四曰醍齐，五曰沈齐。盏与盎，澄与沈，盖同物也。"孔疏："泛齐所陈，当在玄酒南、醴齐北。熊氏、崔氏并云：此据禘祭，不用泛齐也。"嵩焘案：郑注《司尊彝》："朝践，酌醴齐；馈献，酌盎齐。"其注"醴齐缩酌，盎齐说酌"云："泛从醴，醍、沈从盎。"而《司尊彝》："春夏用献尊、象尊，秋冬用著尊、壶尊，追享、朝享用大尊、山尊。"《明堂位》："尊用牺、象、山、罍。"牺象，周尊也。疏引崔氏先著尊、壶尊，后牺尊、象尊，而云："祫用五齐，盛以著尊、壶尊；禘用四齐，盛以牺尊、象尊；时祭用二齐。"盖据郑氏"祫大禘小"为说。许氏又言"禘大祫小"。其说皆非也。禘祫二者由宗庙之祭推行之，安得祫禘隆其礼，而七庙之时祭反杀其文乎？所谓“禘尝之义大矣”，言其义也，非言其文也案：《祭义》言禘尝之义，正据时祭言之。《酒正》：祭祀“共五齐三酒，以实八尊”。《司尊彝》但有六尊；《小（司寇）〔宗伯〕》：“辨六亲于之名物以待祭祀。”史氏浩云六尊皆设，春夏用两献尊、两象尊，秋冬用两著尊、两壶尊，追享朝享用两大尊、两山尊，故为八尊，最为得之。案《酒正》：“大祭三贰，中祭二贰，小祭一贰。”郑司农云：“大祭天地，中祭宗庙，小祭五祀。”《司尊彝》所云“两献尊、两象尊”之属，正中祭二贰之义。“齐酒不贰”，则郁齐也。六彝无用贰者。郑注《郁人》：“筑郁金煮之，以和鬯酒。”鬯者，酿秬为酒而以盎齐说之，故谓之齐酒。史氏八尊之训，为能通其义。《特牲礼》：“尊于户东，玄酒在西。”《少牢礼》：“司宫尊两甒于房户之间，甒有玄酒。”大夫士尊二，其西玄酒，盖神道尚右。《礼器》：“罍尊在阼，牺尊在西。”牺尊尊也。案：《礼经》错举为文，牺尊、罍尊不平列。君西酌牺象，夫人东酌罍尊，亦不当及阼阶。所云“在阼”、“在西”，即《仪礼》“玄酒在西”之意。《燕礼》：“司宫尊于东楹之西，两方壶；左玄酒。公尊瓦大两，在（东）〔尊〕南。”似礼尊皆平列，玄酒在室缩，泛齐当在其东。《幂人》：“祭祀以疏布巾幂八尊。”皆所谓献尊也。《特牲礼》：“尊两（方）壶于阼阶东，西方亦如之。”郑注：“两壶皆酒，为酬宾及兄弟。”《特牲》记：“尊两壶于房中。”郑注：“为妇人旅。”《司尊彝》所谓“皆有罍，诸臣之所胙也”。是天子当用罍，其数不详。堂下之尊，不在八尊之列，经文但浑言之耳。案：疏引崔氏云“凡十八尊”，与《礼经》之文全忤，未免臆为之说。

以降上神与其先祖。

孔疏：“上神，谓在上精魂之神，即先祖也。指其精气谓之上神，指其亡亲谓之先祖。皇氏、熊氏等云：上神，谓天神也。”嵩焘案：经意由宗庙之祭推言之。《周礼·大宗伯》：“掌天神人鬼地祇之礼，以佐王建保邦国。”《周颂》曰“怀柔百神”，曰“敷天之下，裒时之对。”王者礼百神，以导阴阳之和、顺性命之理，道固然也。祭祀之起，由孝子事亲之心，慎终追远，不忘其所由生。因而推及于百物之无知，凡有功德于民，皆为之祭以报之，以上达于郊，大报天以反始；而后精诚之积旁皇周浃，百神于斯受职焉，而祖宗之感格与子孙精神相接，尤显而易见者。故但以祖考之祭言之，而义实通乎群神。降其上神与其先祖，天神地祇赅具于是。《中庸》言春秋修其祖庙，而由宗庙之礼以推至郊社，亦此义也。上者尊也，不专主上下之义言之。

又案：经意由饮食通其义于鬼神，以有祭祀；由祭祀而尽其仪于馈献，以有五齐三酒、豚解体解及水草多品之供；而尊卑之分、昭穆之序，极爱与敬之致，以交于神明而合气于漠，德盛文备，而始事之质存而不敢变焉。此圣人制礼之原始，因人心自然之应，达之于幽明感格之地，以为之节文，使有以自致其情。世降而下，不知其所终极，犹赖此礼之存；扬诩万物，相与维持于不敝，不能如皇古之无为而成化也。因世运升降之分，而益见礼之不可废，其义微矣。陈氏《集说》据篇首大同、小康之说，疑非夫子之言，殆未之深求也。案：王氏应麟亦病此记分裂太甚，幾以帝王为有二道，盖皆以粗浅读之。

鲁之郊禘非礼也，周公其衰矣。

郑注：“鲁之郊牛口伤，鼷鼠食其角，又有四卜郊不从，是周公之道衰矣。言子孙不能奉行兴之。”嵩焘案：《义疏》引蒋氏君实据《吕览》“鲁惠公使宰请郊庙之礼，天子使史角（谕）〔往〕止之”以正注疏之失，郝氏敬据《鲁颂》“周公之孙，庄公之子”言“《春秋》书‘郊’自僖公始”，义至详参。然考《论衡》引今文《尚书》说：周公死，成王感风雷之变，以天子礼葬周公。说与《洪范五行传》同。《史记》：周公（卒）〔将没〕，“曰：‘必葬我成周，以明不敢离成王。’成王葬周公于毕，示不敢臣周公也。”说与《尚书大传》同。《史记》又言：“成王命鲁郊，鲁有天子礼乐者，以褒周公之德也。”汉初诸儒传说皆如此。细玩《明堂位》之文：“以禘礼祀周公于太庙，牲用白牡。”又云：“大路，殷（辂）〔路〕也。”盖周公摄政，用殷礼：殷有天下三十二世，兄弟相及者十五世，凡九传而至大戊，以弟继雍己而立，为殷中宗，又十（年）〔传〕[①] 而至盘庚，以弟继阳甲而立，殷道复兴；周公遂继武王以有天下，犹之用殷礼也。既定周礼，归政成王，而后世及之制定。所以祀周公以天子之礼乐，周公固已摄位于天子也。其禘周公，用白牡而乘木路，犹之用殷礼也。经言以禘礼祀周公，周公而下固不敢干也。案：襄十年《左传》：“鲁有禘乐，宾祭用之。”禘乐，谓所僭用之礼乐，亦兼用之燕享矣。周公制礼作乐在成王时，方策所载，制度所贻，鲁必备有之，其仪文亦习而行之，春秋列国大夫相语，皆言鲁秉周礼，正以仪文典策之备存也。东迁以后，王室板荡，故府无征，僖公因周礼旧文僭行祈禘之祭。《春秋》之书“郊”，圣人之微旨也。成王命鲁公祀周公而用禘礼，未尝命之郊也；汉初诸儒，展转傅会，其义益隐。经并郊、禘言，若《春秋》书“古禘于庄公”，书“禘于太庙，用致夫人”，禘礼之失亦多矣；而终引“杞之郊禹，宋之郊契”为说，仍但以郊言之，以明鲁郊非周公之法度也。

---

①据《史记·殷本纪》，殷中宗至盘庚凡十传。郭氏“十年”之说无据，且于义不可通，故订正之。

祝嘏辞说藏于宗祝巫史，非礼也，是谓幽国。

郑注："藏于宗祝巫史，言君不知有也。"嵩焘案：《周礼》"太祝掌六祝之辞"，其"同鬼神祇"有六祈，祈有"说"；其"通上下"有六辞，辞有"祷"。祝嘏有常辞，辞说因事为之；无常辞，皆掌之太祝。惠氏《礼说》：守祧职"既祭藏其隋"，疑即嘏辞。《仪礼》主人隋祭当受嘏时。因引《曾子问》、《士虞》记、《少牢礼》作"绥祭"，《周颂》云"绥以多福"："凡受福谓之绥。"如惠氏说，是祝嘏辞说亦在所宜藏也。然嘏辞司之祝史，实与守祧无与。案《周礼》："小祝赞隋。"据《仪礼》："尸入，祝命挼祭，佐食取黍稷肺祭，授尸。"祝所赞者，尸也。主人主妇挼祭，佐食授之，祝不命。《仪礼》或云"挼祭"，或云"堕祭"，或云"绥祭"。凡祭，先肺离而绝之以祭，亦谓之绝祭。《乡饮礼》："宾升席，取肺，左执本，弗缭，右绝末以祭。"《大射》、《乡射》、《燕礼》并云："宾升，取肺坐绝祭。"礼以隋祭为重，藏其隋，当谓承隋祭之器。《士虞礼》："妥尸，尸拜，遂坐。从者错篚于尸左席上。"其后举干举胳、受肺脊受爵皆实于篚。疑隋祭盛黍稷肺者篚也，祭毕藏之；云隋者，重其名也。郑司农云："隋，谓神前所沃灌器名。"近之。然《周礼》："郁人掌祼器。鬯人大渳设斗。"注："斗，所以沃尸。"是灌器掌之郁人，沃器掌之鬯人，并与守祧无涉。郑注："所祭，黍稷肺脊之属。"则固非所能藏矣。《礼》者征实之书，非可意拟，惠氏说失之。《金縢》：周公祝册，纳于金縢之匮中；二公及王以问诸史。《左传》昭十七年："三辰有灾，祝用币，史用辞。"其称赵武之贤亦曰："祝史陈信于鬼神无愧辞。"宗祝巫史所掌祈弭之事，具见《周官》，由来久远，所以达幽明之情而昭神人之感。上文"祝嘏莫敢易其常古"，圣人之严也。春秋以降，盟诅之事繁而矫诬之辞作，多为之祈祷以奸神而邀福，而宗祝巫史藏其辞以诬后世，正《吕刑》所谓"泯泯棼棼，罔中于信，以覆诅盟"者，是以谓之"幽国"。案：《左传》襄十一年，"季武子作三军，盟诸僖闳，诅诸五父之衢。"定元年，"昭公出，季平子祷于炀公，遂立炀宫。"（哀）〔定〕五年，"阳虎盟季桓子于稷门之内，庚寅，大诅。"（哀）〔定〕六年，"阳虎盟公及三桓于周社，盟国人于亳社，诅诸五父之衢。"（哀）〔定〕

八年，“阳虎欲去三桓，顺祀先公而祈焉。”祈祷盟诅之辞，并当藏之祝史，亦足见鲁政之失纪矣。郑以“君不知有”释之，恐误。

盏斝及尸君，非礼也，是谓僭君。

郑注：“盏斝，先王之爵，惟鲁与王者之后得用之，其馀诸侯用时王之器。”孔疏：“此谓尸未入时，祝酌奠于铏南者也，故《郊特牲》云‘举斝角’。若寻常献尸，则用玉爵耳。”嵩焘案：《乡饮酒》记、《乡射》记并云献用爵，其他用觯，而《燕礼》、《大射》献宾用觚，《特牲》献尸用角，佐食献尸用散，《大射》司马献获者用散。《特牲》记“篚在洗西，实二爵、二觚、四觯、一角、一散。”郑注引《礼器》“贵者献以爵，贱者献以散；尊者举觯，卑者举角”云：“爵一升，觚二升，觯三升，角四升，散五升。”是礼尊惟此五者。《周官·梓人》：“爵一升，觚三升。献以爵而酬以觚。”郑《驳异义》：“觯，古书作觗，与觚相涉。”是觚当为觯。饮器一属之梓人，爵觚以下皆木为之。《燕礼》：“主人洗象觚，升，北面，献于公。司正洗角觯，坐奠于中庭，升，东楹之东受命，西阶上北面命卿大夫。”郑注：“奠角觯中庭，明其事以自表威仪多也。”司正射人，下大夫，似公爵饰象，大夫爵饰角。案：《士丧礼》“用角觯”，当以丧礼摄盛用大夫之觯耳。《说文》：“斝，玉爵也。”昭七年《左传》：“赂以瑶瓮、玉椟、斝耳。”杜注：“斝耳，玉爵也。”《明堂位》：“夏后氏以盏，殷以斝，周以爵。”疑三代王者爵皆玉，周爵有等，而玉爵遂承盏斝为名。《明堂位》所云“以禘礼祀周公，爵用玉盏，加以璧散、璧角”，玉盏玉斝，即玉爵也。《周礼·大（宗伯）〔宰〕》：“享先王，赞玉爵。”是天子爵用玉，案《祭统》：“尸饮五，君洗玉爵献卿。尸饮七，以瑶爵献大夫。尸饮九，以散爵献士。”凡言君者诸侯。此云“尸饮九”，当据天子九献之礼言之。鲁禘用玉爵，而以盏斝为之名耳。《左传》昭十七年“瓘斝、玉瓒”，杜注：“瓘，珪也。”疑即裸尸之圭瓒，《周礼·司尊彝》“裸用斝彝”乃其实证。《特牲》、《少牢礼》：“尸入，主人拜妥尸。”《郊特牲》所云“举斝角，诏妥尸”亦当为瓘斝，以尸入而有裸献之礼故也。三代礼器皆以所尚为尊，无尊及前代者。《行苇》诗“（举）〔洗〕爵奠斝”，谓兼用二代之器，郑笺“用殷爵者，尊兄弟”，甚误。《周礼·郁人》：“大祭祀，与量人受举斝之卒爵而饮之。”量人与郁人受斝，历而皆饮之，当即《燕礼》“士旅食者”之爵。郁人、量人皆下士，亦兼掌旅食之爵也，其不以斝为尊可知。经云“盏斝”，即《明堂位》之爵用玉盏，据鲁之僭礼言之，郑注未达其义。孔疏乃以《特牲礼》“酌奠铏南”当之。铏南之奠尚未迎尸，《郊特牲》所谓“直祭祝于主”者是也，与“及尸君”何涉？既误以夏殷之爵为尊，因谓“寻常用玉爵”，《周礼》安得有是哉！

冕弁兵革藏于私家，非礼也，是谓胁君；大夫具官，祭器不假，声乐皆具。非礼也，是谓乱国。故仕于公曰臣，仕于家曰仆。三年之丧与新有昏者，期不使，以衰裳入朝。与家仆杂居齐齿，非礼也，是谓君与臣同国。

郑注：“臣有丧昏之事而不归，反服其衰裳以入朝。或与仆相等辈而处，是谓君臣同国，无尊卑也。”嵩焘案：《服问》：“凡见人，无免绖；虽朝于君，无免绖。惟公门有税齐衰。”郑注：“谓不杖齐衰也。”孔疏：“不杖齐衰之丧，至公门税去其衰；若杖齐衰及斩衰，虽入公门衰亦不税。故曰君子不夺人之丧，亦不可夺丧也。”《丧服大记》：“大夫、士既葬，言公事，不言家事。”又云：“大夫、士既葬，公政入于家。既卒哭，弁绖带，金革之事无辟也。”盖卒哭受服，出而从公，周礼自是如此。案《曾子问》：“夏后氏三年之丧，既殡而致事；殷人既葬而致事。”不言周人亲丧致事，夏殷礼也，始丧尽哀，无暇及外事，故殡葬而致事。《杂记》：“三年之丧，祥而从政；期之丧，卒哭而从政。”郑注：“谓庶人给繇役。”周制，大夫、士丧既葬，公政已入，并无“致事”之文。郑注《曾子问》云“周卒哭而致事”，以意拟之，非也。《服问》公于卿大夫之丧锡衰出居，出亦如之。是卿大夫丧，公亦为之制服，大夫、士得以衰裳入朝可知。案《檀弓》：“士惟公门税齐衰。”专据士言之，盖亦凶服不入公门之意。疑所谓税衰者，税出前衰及负适。所税者衰也，其衰衣衰裳若并税之，将吉服而入公门乎？大夫、士既卒哭入朝服公政，宜仍衰裳，所谓“君子不夺人之丧”也。后世君臣之礼，不可以拟三代，明矣。《春秋》僖九年会葵丘，书“宋子”，《左传》：“宋桓公卒，未葬而襄公会诸侯，故曰子。”僖二十五年盟于洮，书“卫子”。僖二十八年会温，书“陈子”。定四年会召陵，书“陈子。”其间惟卫文公葬而成公犹书“子”，馀皆未葬也。而陈惠公以二月卒，三月而怀公会召陵；僖三十二年晋襄公败秦于殽，文公未葬，而《左传》云“子墨衰绖”以从戎，故施墨：是凡盟会并不易衰也。经意公臣与家仆别：君臣之分严而固以礼相接，三年之丧与昏期不使，以衰裳入朝，皆所谓以礼相接者。案：期不使与衰裳入朝二事：使，谓会盟侵伐出适他国；入朝，则常朝也。大夫家臣礼杀矣，固不与大夫、士齿。疑此数节据鲁事言：襄十一年“季武子作三军，分公室，各有其一”；昭五年“舍中军，四分公室，季氏择二，二子各一”；（昭）〔哀〕十一年冉求言“鲁之群室众于齐之兵车，而季氏之甲七千”；襄二十九年“享范献子，射者三耦，公臣不足，取于家臣”；昭二十五年禘于襄公，万者二人，其众万于季氏：兵革声乐之在私家者加于公室，又以家臣承公臣之乏。定哀之世，南蒯、阳虎执国政，遂与大夫为列出入公朝，圣人有隐痛焉，故曰：“仲尼之叹，盖叹鲁也。”“幽国”、“僭君”谓君，“胁君”、“乱国”则大夫也，“君与臣同国”则陪臣也，转相效慕，惟鲁为然。

故天子有田以处其子孙，诸侯有国以处其子孙，大夫有采以处其子孙，是谓制度。

郑注："言今不然也。"《春秋》昭元年："秦伯之弟针出奔晋。刺其有千乘之国不能容其母弟。"嵩焘案：经意承上以起下文。诸侯大夫之相为僭胁，起于相轻相亵，积久遂至陵夷。君臣名分之严，非徒以其名也，各遂其私而天下之大闲立焉，各致其情而天下之大法昭焉。其私足以自遂，而后事以有所立而不废，情以有所止而不流。天子正其制于上，于是巡狩以考制度，而诸侯一受成于天子，恪恭以尽其职；又下推及其臣，问疾吊丧，皆有以致其情。著之礼籍而不敢亵，则僭端无自开矣，故曰："惟礼可以已乱。"

是故夫政，必本于天，殽以降命。命降于社之谓殽地，降于祖庙之谓仁义，降于山川之谓兴作，降于五祀之谓制度。

郑注："降，下也。殽天之气以下教令。"嵩焘案：经言政者，礼之所自行也。万物统乎天，而天命之流行因物以致其功用，惟所散布，而命于是显焉。坤元资生而顺承天。尊卑秩叙，礼之原也，而显其命于社。仁者亲亲，义者尊尊，亲亲而有昭穆之序，尊尊而有贵贱之位，而显其命于祖庙。山林、川谷，丘陵，民所取财用也，因而有创建兴造，而显其命于山川。地之五行，所以生殖，因而授时命官以制百为之节，而显其命于五祀。圣人因人心之不容已，以推知天理自然之节，而祭祀之礼之兴，法天以神其用，而若或命之；其于天下之事，放而推之，举而措之，有馀裕矣。郑意训殽为效，而云教令由社下、由祖下、由山川五祀下，以降命属之人，似失经旨。

处其所存，礼之序也；玩其所乐，民之治也。

郑注："存，察也。治，所以乐其事居也。"孔疏："天有运移寒暑，地有五土生殖，庙有祖祢仁义，皆是人之所观察。兴作器物、宫室、制度，皆是人之所乐。"嵩焘案：《易》："所居而安者《易》之序，所乐而玩者爻之辞。"玩作翫，《说文》："翫，习厌也。"存谓体验于性功，乐谓发挥于事业；处者持守其视听言动之常，玩者翫习其秩叙经纶之用。此明君子之行礼，涵养有其本，推行有其宜；存之而为天地不易之经，序之所以定也；玩之而为人心自然之应，治之所以顺也。郑意分承上文为说，恐非。

故君者所明也，非明人者也；君者所养也，非养人者也；君者所事也，非事人者也。故君明人则有过，养人则不足，事人则失位。

郑注："明，犹尊也。"嵩焘案：胡氏铨云：明，犹视也，言下之所察视。陆氏佃云：指人之失谓之"明人"，故曰"君明人则有过"。疑当合此两义言之。人君谨庠序之教，何尝不明人？制田里，教树畜，何尝不养人？尊师重道，何尝不事人？然所明者，以身示之，则非日取人而强之使明也。所养者，制贡赋之法；所事者，任六官之职。谨修其法于上，而不苛人以从善，不尽人以给其求，而人自归之。"明人则有过"者，以求诸人、非诸人为心，而过之积已多也。下言"则君以自治"，与此紧相呼应。郑训明为尊，因谓下"则君"当为"明君"，陈氏《集说》又谓此三"明"字皆读为"则"，恐皆失之。

故用人之知去其诈，用人之勇去其怒，用人之仁去其贪。

郑注："用知者之谋、勇者之断、仁者之施，足以成治矣。诈者害民信，怒者害民命，贪者害民财：三者乱之原。"嵩焘案：方氏《析疑》："知者知有礼，则知诈之累于知而明可进于诚；勇者知有礼，则知怒之累乎勇而气可配乎道；仁者知有礼，则知贪之累乎仁而仁且兼乎义。"其说至允。知、勇、仁、性也，去其诈与怒与贪，礼之所以缮其性也。人君以礼示之准，而天下之人皆有以善其性之用以效于世，故曰"君者所明也"，所明礼而已矣。郑据用人为说，误。

君死社稷谓之义，大夫死宗庙谓之变。

郑注："变（读）〔当〕为辩，声之误也。辩，犹正也。君守社稷，臣卫君宗庙。"嵩焘案：《曲礼》："国君去其国，止之，曰：奈何去社稷也？大夫曰：奈何去宗庙也？"是君以守社稷为义，大夫以守其宗庙为义。而又云："国君死社稷，大夫死众。"郑注："众，谓军师。"所死，君事也。案《春秋》定四年："楚囊瓦出奔郑。"《左传》："子常之卒奔……吴师大败之。子常奔郑。史皇以其乘广死。"囊瓦以师败出奔，故《春秋》书名恶之。《春秋》庄四年书"纪侯大去其国"以示讥；而文八年"宋司城来奔"，文十四年"宋子哀来奔"，《左氏传》并云："贵之也。"是以大夫有去国之义，而不以死宗庙为义。襄二十六年"卫孙林父入于戚以叛"，《左氏》发其例云："臣之禄，君实有之。义则进，否则奉身以退。专禄以周旋，戮也。"大夫以事去国，君为之立后以守宗庙之祀，宗庙之祀非大夫所得私守者，晏子故曰："君为社稷死则死之，为社稷亡则亡之。"经云"大夫死宗庙"，则是专有其宗庙而以死守之。《春秋》襄二十三年书"晋栾盈入于曲沃"，定十三年书"晋赵鞅入于晋阳以叛"，皆其私邑有宗庙之守；若可死也，则亦可踞以叛也。圣人于臧武仲之以防求后谓之“要君”，正以明大夫宗庙之存亡，非大夫所能专也。郑注似未达《春秋》之义。

人藏其心，不可测度也；美恶皆在其心，不见其色也。欲一以穷之，舍礼何以哉？

郑注：“言人情之难知。”嵩焘案：欲恶，人心所同。欲恶得其正，则美；失其正，则恶。恶者无礼以治之，则肆而不及防；美者无礼以节之，则亦流而不知返。存之于心，不可测度，而其见于事为、施于日用，皆此一心之累积而成，而害滋烈矣。以礼穷极其心之发，使其恶不敢逞；美者益道之于中，和以动而不过其则，所谓以礼治情也。案：上云“知”“勇”“仁”，以礼缮性；此云“欲恶”，以礼治情。疏申郑意，谓人情难知，以礼察知之，疑非经旨。

播五行于四时，和而后月生也。

郑注：“此气和，乃后月生，而上配日，若臣功成进爵位也。”嵩焘案：上二语言天地之体，此二语言天地阴阳之用。五行丽形于地而用阳也，天运其气而四时行焉，故曰“播”。月垂象于天而体阴也，阳施其明而月受焉，故曰“和”。五行播而散之，以成岁月之明；和而交相感合，以知朔望：阴阳之大用，无有显著于是者。日月交会于十二辰，而月之盈阙，待施于日以受其明和之象也。孔疏“四时不和，日月乖度……则月不依时而生”，恐失之。

故人者，天地之心也，五行之端也，食味、别声、被色而生者也。

孔疏：“五行各有味，人则并食之。五行各有声，人则含之。皆有分别。五行各有色，人则被之以生也。五行有此三种最为彰著，而人皆禀之以生，故为五行之端。”嵩焘案：味也声也色也，人欲之所附以行者也，而天命之精聚焉。人秉五行之秀以生，有口自能知味，有耳自能审声，有目自能辨色。圣人为之制五味之宜，辨五音之正，察五色之文，而天理之流行依乎人心之感应以为之则，是以味声色三者，五行万物自然之符，即民生日用自然之序，非是则天地之用穷，民生日用之经亦废。人之生，生于味声色之各有其情，故礼者治人情者也，非能绝远人情以为礼者也。疏意专承五行言之，于义未尽。

月以为量，鬼神以为徒，五行以为质。

郑注：“量，犹分也。鬼神，谓山川。山川助地通气之象也。”嵩焘案：应氏镛云：月之行，一月一周天，视其朔晦以课事功，如物有量以揆其平。鬼神布列于天地之间，造化之用也，以为徒则开合变化常与之并行。五行变合于阴阳之内，以为质则亭（毒）〔毒〕胚胎，不昧其所生。似较郑注为确。“以天地为本”四语，所谓“观法于天”也，皆虚拟之。自“月以为量”以下，变文言之，所谓“征事于人”也，皆实指之。月行一月一周天，而十二月之名以立，与天为量而民从之。云“以为量”者，极其量以为功，而亦如其量以为施。鬼者人鬼，神者天神。圣人示人以孝敬而有祭享，引而近之，使人反其所自始，故曰：“圣人以神道设教而天下服矣。”为徒者，心神与相接，动止与相临，并行天地之间，体物而不遗也。五行者，丽形于地而感气于天，为天地显著之功用，万事万物莫能违也。月以为量，因而分立十二月之政；五行以为质，下至旗服饮食，一取则于五行。《月令》及《吕览》、《淮南》之书具详其文，即此经之旨也。

月以为量，故功有艺也。

郑注：“艺，犹才也。十二月各有分，犹人之才各有所长也。”嵩焘案：王氏《经义述闻》：“艺文言臬；臬，极也，法也，准也。文六年《左传》‘陈之艺极’是也。胡铨曰：‘艺，极也。《春秋传》：贡赋无艺。”正义引服注：“艺，极也。一曰常也。”杜注：“艺，法制。”“有艺对无艺言之：昭十六年《左传》‘大国令而共无艺’杜注：艺，法也。。二十年传‘布常无艺’杜注：艺，法制也。《鲁语》‘贪无艺也’，《晋语》‘贪欲无艺’韦注并曰：艺，极也，《越语》‘用人无艺’，皆谓无常法、无定制；有常法有定制，则谓之有艺矣。”据此，艺字盖兼三义：月行一月，周天三百六十五度四分度之一，又过一匝，更行二十九度半馀而与日会，是有极也；五星有顺逆迟留，而月无之，是有常也；弦晦朔望不失常期，是有法也。郑注徒以盈阙校人之才有限量，于义未尽。

故龙以为畜，故鱼鲔不淰；凤以为畜，故鸟不獝。

郑注：“淰之言闪也。獝、狘，飞走之貌。”孔疏：“淰，水中惊走也。”嵩焘案：郑注“淰之言闪”以音取义，非训淰为闪也。孔以“水中惊走”释之，陈氏《集说》因谓为“群队惊散之貌”，皆非淰字本义。《说文》澱、淤、滓、淰为类，云“浊也”。鱼伏汙泥之中谓之淰。《大雅》：“王在灵沼，於牣鱼跃。”鱼多则群游而跃；潜伏汙泥之中，非惟鱼失其性，其生亦不繁矣。《乐记》：“水烦则鱼鳖不大。”烦则未有不浊者，《庄子》所谓“鸟乱于上，鱼乱于下”即此淰字意。《玉篇》：“獝，狂也。”《广韵》：“獝，狂也。狂，病也。”《集韵》本作“矞”，云：“兽走也。”木华《海赋》：“鷸如惊凫之失侣。”李善注：“鷸，疾貌。”郭璞《江赋》：“鼓翅翻䎗。”《玉篇》：“翻，飞貌。”疑疾飞字当作翻，假借为鹬，亦借为獝，禽兽飞走，义原相通。此节獝、狘、失三字皆韵，疑淰当作淈；《说文》亦云：“浊也。一曰滒泥。”《淮南·原道训》：“甚淖而滒。”高诱注：“滒亦淖也。”鱼鲔游于淖，不适其性可知。淈字亦有乱义，《楚辞通释》：“淈其泥而扬其波”，淈谓“挠乱之”，于义尤顺。

故先王秉蓍龟，列祭祀，瘗缯，宣祝嘏辞说，设制度。故国有礼，官有御，事有职，礼有序。

郑注：“皆卜筮所造置也。”嵩焘案：蓍龟、祭祀二者礼之大端，圣人重之，非专言卜筮之用。圣人以神道设教，蓍龟以决人事之疑，祭祀以昭人心之信，荐其牲币，致其精诚，而制度等差于以辨焉。又为设官以司之，官有御者言其纲，如大宗伯治礼，大司乐治乐；事有职者言其目，如太卜、筮人、大祝、典祀、司服之属。礼文既具，纲目备举，如是而五礼之行咸得其序矣。四语相承而下，郑意一以卜筮统之，恐未然。

山川，所以傧鬼神也。

孔疏：“傧，敬也。王自祭山川，欲使傧（礼）〔敬〕鬼神之教达于下。”嵩焘案：方氏悫云：我为主于内，而山川之鬼神在外，故有宾道。其说至允。《虞书》：“望于山川。”《周礼·小宗伯》：“兆山川、丘陵、坟衍，各因其方。”是山川之祀皆望祀也，以礼接之，若宾之自远至；其制则统于地。天神地祇定于一尊，惟山川自五岳四渎由畿内以达侯国，名山大川之不以封者，民物于此生殖，四方于此会同，随其山川之名而皆有神司之，故于山川有宾鬼神之义。疏义似未曙然。

故宗祝在庙，三公在朝，三老在学。王前巫而后史，卜筮瞽侑皆在左右；王中心无为也，以守至正。

郑注："慎居处也。侑，四辅。"嵩焘案：《周礼·大司乐》："王大食，三侑。"《膳夫》："王日一举，以乐侑食。"《玉藻》亦云："凡侑食，不尽食。"《仪礼·有司彻》："议侑于宾，以异姓。筵于户西，南面。"为尸席，筵于西序，东面；为侑席，侑与尸并尊。郑注《周礼》："侑，犹劝也。"宾尸立侑，犹劝相饮食之义。"四辅"见于《洛诰》，《尚书大传》以疑、丞、辅、弼为名，谓之"四邻"；《大戴记》居前谓之道，居左谓之充，居右谓之弼，居后谓之丞，仍周、召、太公任之而加以史佚，犹三公之职也：不当与巫史卜筮同在左右。疑"宗祝在庙"以下推广言之。礼有五经，莫重于祭，先王欲以礼达之天下，竭诚敬以修祀事，非具文也。在庙而修敬，则宗祝将事；在朝而莅政，则三公论道；在学而明教，则三老乞言。巫以祓不祥，史以诏六典，考法则，记言记动，外及四方之志、三皇五帝之书，卜筮以决疑，瞽以赞乐，侑以佐食：一以礼相之，而动不过物，言不过则，自起居饮食皆临以鬼神之严。王者奉其诚悫之心，端拱渊默，基命宥密，此礼之所以达于天下也。

其降曰命，其官于天也。

郑注："圣人象此下之以为教令。官，犹法也。"嵩焘案：《乐记》"礼乐明备，天地官矣"，即此"官"字义，言效其职于天也。天生万物，散布殽列，而礼之秩叙行焉。以天道言之，降于人者曰"命"，所谓"天命之性"也；五官百骸，无爽厥职，一皆天命之惇叙。以人事言之，降于下者曰"命"，所谓"天命有德"也；政教刑赏，无旷厥官，一皆天命之凝承太一者，即所以立天之道也。

夫礼，必本于天，动而之地，列而之事，变而从时，协于分艺。其居人也曰养，其行之以货力、辞让、饮食、冠昏、丧祭、射御、朝聘。

郑注："本于太一与天之义。后法地。后法五祀，五祀所以本事也。后法四时。协，合也。言礼合于月之分，犹人之才也。养当为义；下之则为教令，居人身为义。《孝经说》曰：'义由人出。'"嵩焘案：篇中两言"本于天，殽于地"，一言"本于天地"，一言"本于太一，分而为天地"，一言"本于天，动而之地"，皆以明礼之大原出于天，辞旨略同而各有归趣。礼之秩叙皆具于天，而地受之以成体，体立然后用行，于是动而合焉以显效其能，灿而为万事而交接往来称其物，沿而为古今之异时而变通损益权其宜，而又各视其人之分以立法制之等，使人皆有以居其常以顺其养。存之于身，是为养德；达之于事，是为行礼。养则有动作威仪之节，行则有货力饮食之资。内外交须本末兼备，夫是之谓礼。马氏晞孟引"《荀子》：'恭敬辞让，所以养安；礼义文理，所以养情。'圣人之道，寓于度数之间，莫非顺性命之理而所以养人也"，庶为近之。王肃之难郑注破养为义，允矣；而牵合五祀四时为说，于经旨尤未能曙然。

义者艺之分、仁之节也；协于艺，讲于仁，得之者强。仁者义之本也、顺之体也；得之者尊。

郑注："艺，犹才也。"孔疏："义主断割，能服于人，故得义者强；仁是恩施，众所敬仰，故得仁者尊也。"嵩焘案：《左传》文六年："陈之艺极。"杜注："艺，准也。"犹言准的。谓之极者，极所至而固有界限也，如今言分际。艺之分，犹分际等差之辨。“仁之节”与“义之本”对文，“艺之分”与“顺之体”对文，言礼兼仁与义行之，得义以为之节而分严则其体强，得仁以为之本而情顺则其用尊，仁义交相为用以成礼。礼者，所以达仁义之施而立人道之准者也。承上“以义起礼”，言既协诸义，又须济之以仁，而礼乃行。仁义字分别等差不得。

安之以乐而不达于顺，犹食而弗肥也。

郑注：“功不见也。”孔疏：“不使知达至顺之理，亦为未善。”嵩焘案：上“播乐以安之”，圣人之治功于是备矣；此复言“安之以乐而不达于顺”，盖大顺之理达于天下，必涵濡之久、积累之深以驯致之。文武受命，周公制礼作乐，迨至成、康之世，致刑措者四十馀年，此所谓“圣人之时”也。古获而食，人力之所及也；食而肥，充积自然，非人力之所及也。下文极言“大顺”之效，以见礼之化成，天下尽人皆受其治，其积之也厚矣。旧注似未曙然。

大顺者，所以养生送死、事鬼神之常也。

郑注：“常，谓皆有礼，用无匮乏也。”孔疏：“前明国家之顺皆局有条目，此更总说其事。”嵩焘案：圣人以礼治人情，人情治而万事理。上言天子临御天下，统臣民而受治，诸侯曰“相与”，大夫曰“相序”，士曰“相考”，百姓曰“相守”，皆主交际言之：人相奖为雍睦，而大顺之理达于天下矣。大顺者，大同之征也，岂有异道哉！各率其养生送死、事鬼神之常，而人自尽其分焉，即是之谓大顺。旧注总括言之；经意实申叙大顺之义，一循乎爱敬之常而无馀事也。

故事大积焉而不苑，并行而不谬，细行而不失，深而通，茂而有间，连而不相及也，动而不相害也，此顺之至也。

郑注：“言人皆明于礼，无有蓄乱滞合者，各得其分理，顺其职也。”嵩焘案：“大积”与“细行”对文：新安王氏以“万幾日来，庶事总至”释大积，以“威福并用，刚柔迭施”释并行，以“嚬笑好恶之微”释细行，最为得之。“深”与“通”对文：深者劼之使入，通者利之使出。“茂”与“有间”对文：茂者厚而积之使密，有间者条而理之使疏。“连”与“动”对文：连者因仍而从其汇，动者变动而易其常。上言“大顺”，天下咸得其顺；此则王者之一身，事事顺理行之。《中庸》所谓“大德敦化，小德川流”，自然应乎天，则所以为顺之本也；推极礼之大达之天下，而其精微体之有天下者之一身。下又言顺民之实，归本于治人情，息之至深，操之至约。疏以“事大”断句，云“天子事”：“并行”，谓诸侯来朝；“细行”，谓大夫、士出聘；“深”谓九州之外，越裳是也；“茂而有间”以下，谓万国贡赋庭实。意为傅合，失之太远。

礼记质疑卷十

礼器

如竹箭之有筠也，如松柏之有心也，二者居天下之大端矣。

孔疏："筠是竹外青皮。《顾命》：'敷重笋席。'郑云：'笋，析竹青皮也；《礼记》曰：如竹箭之有筠。'"嵩焘案：《说文》："筤，竹肤也。"筠、筤同字。《玉篇》："筤，竹表也。"又别出筠字。《广韵》："筠，竹皮之美质也"。即据此经为说。方氏《析疑》：筠从均得声，"当为竹节，谓其长短略均也。竹有节，所以约束而能固。礼，亦君子所以自约束也。"似此说得之。《说文》："节，竹约也。"有节以约之而后体直而干坚。郑注："端，本也。"竹箭之节、松柏之心，皆所谓"本"：节者，秩叙之外毖；心者，调理之内含。下文"贯四时而不改柯易叶"，乃所谓"文"也。《说文》"竹肤"，节亦肤之外见者。《释名》："肤，布也，布在表也。"故筠可以赅竹肤，而不得专据为竹之青皮。《顾命》"笋席"，析竹为之，《说文》所谓"箓，析竹筤也"。筠为竹肤，统节为名，《礼器》自据竹节言耳。

顺于鬼神。

郑注："鬼神，所祀事有德也。"孔疏："祀之必顺，不滥逆也。"嵩焘案："礼也者，合于天时，设于地财，顺于鬼神，合于人心，理万物者也。”凡五项。“天时有生”，春秋异品，故曰“合于天时”；“地理有宜”，水陆异产，故曰“设于地财”；“人官有能”，繁简异施，故曰“合于人心”；“物曲有利”，隆杀异用，故曰“理万物”：分承上四项，不及鬼神。郑注“天时、地利、人官、物曲”：“言皆有异。”鬼神亦当有别异，若《大宗伯》“禋祀”、“实柴”、“槱燎”、“血祭”、“狸沈”、“疈辜”、“肆献”、“馈食”数者之分；惟能知鬼神之情状为之报祀，所以为“顺”。下文“天不生，地不养，鬼神弗飨”，再承天时、地财二项言之而推及鬼神；又云“居山”、“居泽”，则但申言地财而已。错综变化，益见行文之妙。郑注“祀祀事有德”仅祭法中之一义，孔疏以“理万物”别为句，言能上数者则“万物各得其理”，并于文义未洽。

故必举其定国之数，以为礼之大经；礼之大伦，以地广狭；礼之薄厚，与年之上下。

郑注：“定国之数，谓地物所出多少。”礼之大伦，“谓贡赋之常差”。孔疏：“经，法也。伦，犹例也。”嵩焘案：地物所出与地广狭义复，经云“礼”，亦不为贡赋言之。应氏镛云：“定国，犹立国也。”方氏《析疑》：“数，盖隆杀之礼数也，如公九、侯伯七、子男五之类。”其说至允。《周礼·典命》：“宫室车旗、衣服礼仪各视其命之数。”《左传》：“王命诸侯，名位不同，礼亦异数。”正此“数”字注脚。《大司马》：“设仪辨位，以等邦国。”朝聘丧祭之礼一视其等数，故曰“为礼之大经”。经，常也。《说文》：“伦，辈也。军发车百辆为辈。”辈，谓以类为次。九仪之命为五服之次，而封国广狭不必适均。《职方氏》：“凡邦国，小大相维。制其职，各以其所能；制其贡，各以其所有。”班爵同而壤地参差，又别为之等次，如《左传》所谓“鲁赋八百乘，邾赋六百乘”，一以地为率，故曰“礼之大伦”。伦，犹次也。至于薄厚，视年之上下，则隆杀损益岁为之制，如《掌客》所谓“凶荒杀礼，札丧杀礼，祸灾杀礼”是也。大经者，所奉一王之大法；大伦者。国之常制；其有薄厚，则一时丰杀之节也。王氏《经义述闻》：“与，即以也，《史记·货殖传》‘智不足与权变，勇不足以决断，仁不足以取予’，《汉书·扬雄传》‘建道德以为师，友仁义与为朋’，并‘以’‘与’二字互文。”

礼，时为大，顺次之，体次之，宜次之，称次之。

郑注：“言圣人制礼所先后也。”孔疏：“揖让干戈之时于礼中最大，故云‘时为大’。”嵩焘案：时者，一代之典章互有因革，不相袭也。生乎今之世，反古之道，则与时违矣，故“时为大”。顺与宜为近，顺者天理自然之秩叙，宜则品章节目裁之以义而各当于心。体与称为近，体者人心自然之别异，称则度数仪文制之为经而不过乎物。案：下文皆因事取证，如“尧授舜，舜授禹，汤放桀，武王伐纣”，圣人乘天之时以有天下，而一代之礼兴，岂遂以时为礼哉！此就行礼之实以推求制礼之原有是五者之次，不当以轻重先后论之。

羔豚而祭，百官皆足；太牢而祭，不必有馀：此之谓称也。

郑注：“称牲体之大小而为俎。”官，“指助祭者言”。“百官，喻众也。”疏：“助祭各有俎，播及胞翟，虽复羔豚之小，百官一切皆得；小而皆得，大而不馀，是各称牲体也。”嵩焘案：《特牲》记尸俎、祝俎、阼俎、主妇俎、佐食俎，所载体骨有常数：宾及长兄弟及宗人皆有俎，下及众宾、众兄弟、内宾、宗妇、公有司、私臣；《有司彻》尸俎四、侑俎三、阼俎四、主妇俎一，所载体骨亦有常数：此岂足云称哉！《说文》：“羔，羊子。豚，小豕。”《毛诗》传：“小曰羔。”《尔雅》：“猪子曰豚。”郑注《仪礼》：“羊豕曰少牢。”祭有特豕，有特豚，《内则》：“庶人特豚，士特豕。”《礼运》：“燔黍捭豚。”《杂记》：“宗庙之器衅之以豭豚。”《曲礼》：“豕曰刚鬣，豚曰腯肥。”豕豚各别。《王制》亦云：“献羔开冰。”羔豚之祭盖礼之简者。经意大夫少牢士特牲，羔、小羊亦可充少牢，豚、小豕亦可充特牲。“百官皆足”，言一命之士皆能取办，所谓“称家之有无”也。太牢之祭，则大夫以下家虽有馀亦不得用，尊卑制度不可逾也，所谓“称”也。郑注恐失之。

家不宝龟，不藏圭，不台门，言有称也。

郑注：“古者货贝宝龟，大夫以下有货耳，《易》曰：‘十朋之龟。’阇者谓之台。”孔疏：“两边筑阇为基，基上起屋曰台门。”嵩焘案：《尔雅》十龟，“四曰宝龟”，（郑）〔郭〕注引《书》：“遗我大宝龟。”《乐记》：“青黑缘者，天子之宝龟也。”《春秋》定八年：“盗窃宝玉、大弓。”《公羊传》：“宝者何？龟青纯也。”似龟大者为宝龟，亦谓之守龟。此下及《郊特牲》并云“龟为前列”，以充庭实之首，当即此。《论语》：“臧文仲居蔡。”何注引包咸云：“蔡，（诸侯）〔国君〕之守龟，长尺有二寸。”《左传》昭二十五年：“臧昭伯如晋，臧会窃其宝龟偻句以卜。”是臧氏世有宝龟。《白虎通》引《礼三正记》：“天子之龟长尺有二寸，诸侯一尺，大夫八寸，士六寸。”所谓宝龟者，尺以上之龟也。《士昏礼》：“卜纳吉。”《士丧礼》：“卜人奠龟。”《杂记》：“大夫卜宅与葬日。”大夫、士皆有卜，即当有藏龟；亦未闻大夫不藏龟贝之说，所不得藏者宝龟耳。郑谓“古者货贝宝龟”。疏引《汉书·食货志》，言王莽以龟贝为宝货，“二枚一朋”；《虞氏易》“十朋之龟”，即据《尔雅》“十龟”言之，郑引以为龟贝，非也。《尔雅》亦云：“四方而高谓之台。”雉门两观为方台，《逸周书·作雒解》“应门库台”，台即观也。《尔雅》：“观谓之阙。”郭注：“宫门双阙。”《三辅黄图》：“周置两观，以表宫门。”《韵会》：“两观双植，中不为门。”然则台门者，因台为门，即雉门之两观也。下文“天子诸侯召门”，与塞门、反坫并国君宫室之制，疏云“筑阇为基，基上起屋”，似无此制。

天子之豆二十有六，诸公十有六，诸侯十有二，上大夫八，下大夫六。

郑注：“豆之数，谓天子朔食、诸侯相食及食大夫。《公食大夫礼》曰：‘宰夫自东房荐豆六。’《聘礼》：致饔饩于上大夫，‘堂上八豆’。《周礼》公之豆四十，其东西夹各十有二；侯伯之豆三十有二，其东西夹各十；子男之豆二十有四，其东西夹各六。”嵩焘案：《周礼》“膳夫羞用百有二十品”，而“醢人掌四豆之实”：朝事八、馈食八、加豆八、羞豆二，是天子礼豆二十六，而庶羞不在列。案：陆氏佃引《醢人》文以释豆二十有六之数。王氏《经义述闻》以朝事、馈食宗庙之祭。“此天子之豆”“非指祭祀言之”以难陆氏。其实礼豆止有此数，《周礼》笾人、醢人并领于太宰，非专掌祭祀之官也。《公食大夫礼》：“宰夫自东房荐豆六，设于酱东。”下大夫之正豆六，是无加豆也。案：昭六年《左传》：“季孙宿如晋，晋侯飨之，有加笾。武子请彻加，而后卒事。”杜注：“周礼，大夫三献。”三献之礼无加笾豆。《公食大夫礼》又云：“上大夫八豆。”此云“八豆”、“六豆”，正据《仪礼》言之。《聘礼》“堂上八豆”，以韭菹、醓醢为次，“西夹六豆”亦然，是《周礼·掌客》之上公四十豆、侯伯三十二豆、子男二十四豆与牢礼并致之宾，自堂上正豆外，馀皆为庶馐。《公食大夫礼》：士羞庶羞十六豆。又云："上大夫庶羞二十豆。"此不言者，礼食豆数不及庶羞。案：僖二十二年："楚子入飨于郑，九献，加笾豆六品。"杜注："用上公之礼。"是上公九献，加豆六，其庶羞不与礼豆之数。《聘礼》记："凡致礼，用其飨之加笾豆。"则是四十豆、三十二豆、二十四豆之等，并不列于正豆也。郑注引《周礼》之文，与此所陈豆数各为一义，而沿《聘礼》之文，以侯伯子男之正豆设于堂上者同为十二豆。《周礼》侯伯与子男异等，不宜东西夹之豆减去其半，而正豆反从同也。案：《王制》："天子之卿视伯，天子之大夫视子男。"此云"上大夫"，卿也。《周礼·典命》："王之三公八命，其卿六命，其大夫四命；及其出封，皆加一等。"卿加一等而后得上视伯，是天子之卿礼数正视子男。此云上大夫八豆，以赅子男，郑注恐误。

天子之席五重，诸侯之席三重，大夫再重。

孔疏："《仪礼》之例，一种席皆称重，《燕礼》注'重席，重蒲筵'是也；异席称重，则此经是也。"嵩焘案：《周礼·司幾筵》："掌五席之名物。大朝觐、大飨射设莞筵纷纯，加缫席画纯，加次席黼纯；祀先王胙席，亦如之。诸侯祭祀，薄筵缋纯，加莞席纷纯；胙席，莞筵纷纯，加缫席画纯。甸役，设熊席。"是天子席三，诸侯席二，而天子甸役席一。陆氏佃以为"筵皆单设，席则重"，引《书》"敷重篾席，敷重笋席"。《行苇》传亦云："设度，重席也。"再重有筵，则席亦单设；无加席，则筵重。据《公食大夫礼》："宰夫设筵，加席。"《大射礼》："司宫设宾席户西，南面，有加席。"《公食》记云："蒲筵常，缁布纯，加萑席寻，玄帛纯。上大夫蒲筵，加萑席，其纯皆如下大夫。"是自大夫以上皆有加席，而筵视席逾倍。《燕礼》设加席："筵宾无加席；主人献卿，司宫卷重席，设于宾左；诸公先卿献之，无加席。"案：《大射礼》献卿、献公并同。燕礼视大射、公食礼为简，故宾无加席，而献卿有加席亦与大射同。《仪礼》云"重席"，云"加席"，盖通言之，郑注《燕礼》据《乡饮》记蒲筵重席为说，恐误。所谓加席者，皆加席筵上。《乡饮酒礼》："宾若有遵者，席于宾东，公三重，大夫再重。"《乡射礼》："大夫有遵者，席于尊东，大夫辞加席。"而《乡饮》、《乡射》记并云："蒲筵，缁布纯。"似所设蒲席而已，其三重、再重，当并为蒲席，所由与公食大夫异也。《大射礼》、《燕礼》并云："卿辞重席，司宫彻之。"《公食礼》："宾坐，卷加席，公不辞。"《乡饮礼》：卿"辞一席，使一人去之"。郑注："辞一席，自同于大夫。"又云："大夫辞加席，委于席端，主人不彻。"《乡射（记）〔礼〕》："大夫辞加席，主人对，不去加席。"郑注："不去者，大夫再重，席正也。"就《仪礼》之文求之，凡加席皆彻；《乡饮》、《乡射》之重席不彻，疑五重、三重、再重之席通常席言之，尽饰则加席。《公食》记："蒲筵常，萑席寻。"是加席之制，小于筵而露本席于外。郑注"司幾筵"："敷陈曰筵，藉之曰席。"筵所以为位，而加席以饰之。案：《司幾筵》"甸役，熊席"，无加席，盖甸役武事，不尽饰也。陆氏谓"筵单设"，然则天子之席，甸役一重矣；而谓筵与席忽单忽重，以就五重、三重、再重之数，恐礼制不如是之烦也。《顾命》之四席皆曰"敷重"，是即筵也。筵当重，加席小于筵，以在五重、三重、再重之外，故曰"加"。疏释《仪礼》之文多未合者，而引熊氏"祫祭五重；禘四重，时祭三重，司幾筵职是也"，尤属臆为之说。

天子崩，七月而葬，五翣；诸侯五月而葬，三翣；大夫三月而葬，再重四翣。

郑注："天子葬五重，谓抗木与茵也。葬者，抗木在上，茵在下。《士丧礼》曰'抗木横三缩二，加抗席三；加茵用疏布，缁翦有幅，亦缩二横三。'此士礼之一重者。"嵩焘案：《既夕礼》有折，有抗木，有抗席，有茵，盖外椁累木四周而上下空，下有茵以藉棺，上有折以施抗席，而后加抗木。天子之椁抗木五重，诸侯抗木三重，大夫抗木再重，于《礼》无征，而一椁之上累抗木五，疑非制也。《檀弓》：“天子之棺四重：水兕革棺被之，杝棺一、梓棺二。”方氏《析疑》以为：“革棺如合甲为二重。”《丧大记》：“君大棺八寸，属六寸，椑四寸；上大夫大棺八寸，属六寸；下大夫大棺六寸，属四寸。”五重、三重、再重，正言棺，不数椁。椁上下空，不得云重也。翣者，棺在车以饰帷，窆以饰椁；是此五重八翣、三重六翣、再重四翣，即谓天子以下棺椁之制也。郑注误。

大路繁缨一就，次路繁缨七就。

郑注：“大路繁缨一就，殷祀天之车也。”孔疏：“次路，殷之第三路。”嵩焘案：《明堂位》“大路，殷路也”，据鲁郊禘言之。郑注下“大路素而越席”云：“大路，殷路也。”注《郊特牲》“乘素车”亦云：“素车，殷路也。”因考《左氏传》言“大路”者凡二义：僖二十八年王赐晋文公大路之服；襄十（六）〔九〕年“郑公孙虿卒，王追赐之大路”；襄二十四年“穆叔如周聘，赐之大路”；定四年分鲁公、康叔、唐叔，皆以大路。据《周礼》，金路以封同姓，则所分者金路也；馀不详何路。是凡王所赐皆谓之大路，此一义也。桓二年“大路越席”，杜注：“大路、玉路，祀天车也。”是祀天谓之大路，此一义也。《巾车》：“五路：玉路以祀，金路以宾，象路以朝，革路以即戎，木路以田。”木路次五，以封藩国，而天子乘之以祀天，于义舛矣。就《周礼》之文推之，玉路，钖，樊缨十有再就；建大常十有二斿。金路九就，象路七就，革路五就；木路不言就。郑注“樊缨”：“皆以五采罽饰之。”木路之饰与革路同。繁缨者马饰也；就数之多寡合五采罽计之。

郑注《士丧礼》“马缨三就”云：“饰缨以三色，蒌条丝也。”则此之一就当为一色；爵若丝，其色苍也。案《巾车》：“木路前樊鹄缨。”郑注：“前读为缁翦之翦，浅黑也。”以浅黑饰韦为樊，鹄色饰韦为缨，据此，则木路樊缨止一色。《郊特牲》言“素车”者，繁缨一就也，越席也：皆言乎车之饰也。其车则仍玉路也，其所建之旗则仍太常十二斿也。故曰：酒醴之美，玄酒明水之尚；黼黻文绣之美，疏布之尚；丹漆雕幾之美，素车之乘。”玄酒明水用以陈，非废酒醴也；疏布用以幂，非废文绣也：则素车亦言车之饰而已，非废丹漆雕幾也。郊乘木路，鲁礼也。盖周公摄政殷礼也。成王赐周公天子礼乐，而祭以白牲，乘以木路，亦犹行殷之礼也。《明堂位》特著其文，所以别于凡言大路者之为玉路也，而反用此以概凡经之言大路者，宜其龃龉不能通矣。周用四代之车，无尊殷路为大路而用以郊天之理。经云“大路”，即《巾车》所谓“玉路以祀”，以郊天尊之曰“大路”。次路者副车也，郑注《尚书·顾命》：“大路，玉路。缀路，玉路之副。先路，象路。次路，象路之副。”《杂记》“诸侯相襚以后路，先路不以襚”，郑注：“不以己之正者。后路，贰车也。”七就于《巾车》为象路：贰车之饰不必各以其等。就数之多寡加于大路，可以随事为之；大路一就，次路当止于七就耳。疏以“殷之第三路”释之，未详所据。

门外缶，门内壶，君尊瓦甒。

郑注：“壶大一石，瓦甒五斗，缶大小未闻。”嵩焘案：《左传》昭三年：“豆、区、釜、钟：四升为豆，各自其四，以登于釜；釜十则钟。”是釜受六斗四升，钟受六斛四斗。《小尔雅》：“釜二有半谓之薮，薮二有半谓之缶，缶二谓之钟。”是釜受一斛六斗，缶受四斛，大于壶者四，恐不足据。《鲁语》：“田一井，出稷禾、秉刍、缶米。”韦昭注：“缶，庾也。《聘礼》曰：‘十六斗曰庾。’”据《聘礼》记：“十斗曰斛，十六斗曰薮，十薮曰秉，四秉曰筥，十筥曰稯。”韦昭即以薮当缶。案《周礼·陶人》：“庾（受）〔实〕二觳。”郑司农云：“觳读为斛。斛受（斗）〔三〕斗。”郑注：“豆实三而成觳，则觳受斗二升。”薮所受数倍于庾；如《说文》十（二）〔斗〕为斛，则庾实二石，又大于薮，以薮当庾，恐误。《尔雅》：“盎谓之缶。”《广雅》：“盎谓之盆。”《陶人》：“盆实二鬴。”郑注：“量六斗四升曰鬴。”二鬴则石二斗八升。瓦器可以盛酒，而大小无定式，门外之缶与薮同量，当十六斗；若如韦注之庾，当受二石；如《广雅》之盆盎，当受十二斗八升。

至敬不坛，扫地而祭。

孔疏：“此谓祭五方之天，初则燔柴于泰坛，燔柴讫，于坛下扫地而设正祭。”嵩焘案：《周礼·小宗伯》：“兆五帝于四郊。”五帝亦郊祀。《典瑞》：“以祀天，旅上帝。”凡言“旅帝”，皆五帝也。《司服》：“祀昊天上帝，服大裘。祀五帝亦如之。”是以《大宗伯》“以禋祀祀昊天上帝”，不别言五帝，五帝盖亦禋祀。《郊特牲》“祭天，扫地而祭”，固以天统之；孔疏以属之五方之天，未详所据。《大司乐》：“冬日至，于地上之圜丘奏之。”孔疏：“‘土之高者为丘。’盖取自然之丘圜者象天。”《郊特牲》“兆于南郊”，即因丘而为之兆。《祭法》：“燔柴于泰坛。”泰之言大也。又因丘之兆而谓之坛。《尔雅》非人为（谓）之丘”，即据圜丘言之，此经所谓“因吉士以飨帝于郊”是也。《广雅》“圜丘泰坛，祭天也”，兼释《仪礼》、《戴记》，其实一也。《周礼》：“禋祀昊天上帝。”《尔雅》：“祭天曰燔柴。”燔柴即禋祀。疏谓“燔柴讫，扫地而设正祭”，是禋祀之外别有正祭，于礼无征；而祭天又于泰坛之外，于义为尤舛矣。陈氏《礼书》承孔疏之误，遂谓泰坛设于圜丘南，泰折设于方丘北。《周礼》明言："地上之圜丘，泽中之方丘。"圜丘择之地上，所谓"因天事天"也，而就其在上者曰坛；方丘求之泽中，所谓"因地事地"也，而就其方曰折：互文见义，明白显著。此经云"不坛"，谓以泰坛为名，而其实圜丘之因地者未尝积土为坛也。孔疏失之甚远。

天子诸侯之尊废禁，大夫、士棜禁。

郑注："废，犹去也。棜，斯禁也。谓之棜者，无足有似于棜。大夫用斯禁，士用（棜）禁，如今方案，隋长，局足高三寸。"嵩焘案：孔疏引《玉藻》："大夫侧尊用棜，士用禁。"郑注《士冠礼》："禁，承尊之器，因为酒戒。"注《士昏礼》："禁，所以庋瓯。"注《乡饮酒礼》、《乡射礼》："斯禁，禁切地无足者。"注《既夕礼》："棜，今之轝也。"注《特牲礼》："棜之制，上有四周，下无足。"注《少牢礼》："棜，无足禁者，酒戒也。"其注《玉藻》云："棜，斯禁也。无足有似于棜。"与此同。是棜即斯禁无足，而禁有足，《仪礼》注甚明；此注又析斯禁、棜禁为二，云"足高三寸"，似别出一义。《特牲礼》亦用棜，郑注："祭尚厌饫，故与大夫同。"然则棜禁大夫、士通用之。《燕礼》："（君）〔公〕尊瓦大两，有丰。"郑注："丰形似豆，卑而大。"《大射礼》："膳尊两瓯，有丰。"郑注："膳尊，君尊也。丰以承尊。"《聘礼》记："瓦大一，有丰。"郑注："丰，承尊器。"《乡射礼》："设丰。"郑注："丰，所以承爵。"《公食大夫礼》："实于觯，加于丰。"郑注："丰，所以承觯。"《说文》："（乡）〔礼〕饮酒有丰侯者。”崔（骃）〔驷〕[①]《酒箴》：“丰侯沈（湎）〔酒〕”，“图形戒后”。是丰亦以示戒，与禁同义。尊与觯皆承以丰，而《少牢礼》云：“司宫尊于房户之间，同棜。”《燕礼》两瓦大、《大射礼》两瓶不云同丰。是丰各别也。《周礼·司尊彝》：“彝皆有舟，尊皆有罍。”郑注：“舟，尊下台，若今时承槃。罍，神之所饮也。”尊罍同器，而云牺尊、象尊、著尊、壶尊、大尊、山尊“皆有罍”，与上“皆有舟”对文。《说文》：“櫑或为罍。酒尊刻木作雲雷象。”《汉书》：“櫑具剑。”晋灼注：“剑首刻木如花初生。”是櫑当为刻木作雲雷以承尊，天子诸侯之尊皆有器以承之。陆氏佃云：废读如《仪礼》废敦、废爵之废。无足曰废，礼家亦名丰为废禁。凡承尊，圜大曰丰，圜长曰舟，刻雲雷曰櫑，其制略同。禁者各以大小为之，有所制以承尊；丰圜大能容，无所制，故曰废禁。疑斯禁、棜禁当有足而卑。《尔雅·释言》：“斯，离也。”《说文》：“斯，析也。”谓之斯禁者，稍离地而已。《玉篇》：“棜，幾属。”幾，案也。幾象形，上平，下有足。郑注棜禁：“局足。”《说文》：“局，促也。”足卑微离地，故亦谓之斯禁。郑谓“棜制，上有四周，下无足”，四周犹若四相，以四相木支地，不别为之足。《仪礼》注云“无足”，此云“局足”，义正相成，疏家未能深究耳。

天子之冕朱绿缫十有二旒，诸侯九，上大夫七，下大夫五，士三。

郑注：“朱绿，似夏殷礼也。《周礼》：天子五采缫。”孔疏：

①据《太平御览》卷七六二改。《北堂书钞》卷一四八作崔寔。《后汉书》卷五二记崔骃作《酒警》。《御览》不误。

"诸侯九、上大夫七、下大夫五、士三，言夏殷也。周则旒数随命数。士爵，弁无旒。"嵩焘案：方氏悫云：缫五采曰朱绿者，举其华者以赅之，与杂带君朱绿同义。其说是也。然据《弁师》，"诸侯缫旒九就，瑉玉三采。诸侯及孤卿大夫之冕，各以其等为之。"郑注："三采，朱、白、苍也。侯伯七就，子男五就，缫玉皆三采；孤四就，卿三就，再命之大夫再就，藻玉皆朱绿。"是再命之缫止于朱绿。于天子之五采举朱绿以概其馀。明示之等，而所尚则文也。《典命》："王之三公八命，卿六命，大夫四命。"各下侯伯子男一等。《王制》谓"天子三公视公侯，卿视伯，大夫视子男，元士视附庸"。郑注《大宗伯》："王之上士三命，中士再命，下士一命。"其司服职云"孤之服希冕，卿大夫之服玄冕，士服皮弁"，通侯国言之。郑注《弁师》，再命之大夫承孤卿为说，亦侯国之制也。经云"上大夫"，《周官》之六卿也；下大夫亦赅中大夫。疏沿《司服》之文而不知孤卿大夫之下通于侯国，亦不善申郑义矣。

大路素而越席。牺尊疏布鼏。椫杓。

郑注："《明堂位》曰：'大路，殷路也。'椫，白理木也。"孔疏："祭天用陶匏，用牺为尊，是夏殷礼也。疏布鼏者，谓郊天时以疏布为巾以覆尊也。"嵩焘案：《周礼·幂人》："祭祀，以疏布巾幂八尊，以画布巾幂六彝。"郑注："以疏布者，天地之神尚质。宗庙可以交。"郑意祭天无裸献，故分言之；而凡尊皆疏布幂，不得专云祭天。《明堂位》于"灌尊"下云："其勺，夏后氏以龙勺，殷以疏勺，周以蒲勺。"灌尊幂用画布，勺亦加饰，凡尊不加饰也，与上大路各为一义。郑引大路为"殷路"，孔氏遂并牺尊为"夏殷之礼"。《明堂位》："牺象，周尊也。"周尊首牺尊，不应祭天去不用，《梓人》：“为饮器，勺一升。”勺、爵皆木为之，龙勺、疏勺、蒲勺加饰而已。陆氏佃云：“凡木不饰为榫。”榫者其本质也，故郑训为“白理木”。《集韵》单通作“檀”。《史记·历书》“旃蒙单阏”，徐广曰：“单阏，一作‘亶安’。”杨倞注《荀子·议兵篇》“路亶”，谓“上下不相覆，《新序》作‘落单’”。是榫、檀字通。《说文》：“檀，坚韧之木。”《本草》有紫檀、白檀、郑别之为白理木，或此也。疏一以郊天释之，而云“贵素，故用白理木为勺”，大误。

晏平仲祀其先人，豚肩不掩豆。

郑注：“祀不以少牢，与无田者同。”孔疏：“并豚两肩不掩豆。周人贵肩；肩在俎，不在豆，假豆者之。”嵩焘案：《周礼·旊人》：“为豆，豆实三而成觳。”郑注：“觳受斗二升，豆实四升。”《说文》：“豆，食肉器也。”《特牲礼》：“佐食举肺脊，举干，尸受，加于肵俎；举骼如初，举肩如初。”《少牢礼》：“上佐食举牢干，尸受，加于肵；举牢骼如初；举牢肩，加于肵。”而《特牲礼》“举干”下云：“尸实举于菹豆。”是凡侑食，举牲体加于菹豆而后食之，而归其馀于肵俎，许君所以释豆为“食肉器也”。豆非所以盛牲体，并豚两肩不掩一豆，亦恐未然。上文“羔豚而祭，百官皆足”，羔豚可以充少牢，而豚视羔为大，豚肩不掩豆，羔更可知。经意但喻其小而已，不必竟废牢俎之供也。

祭祀，不祈，不麾蚤，不乐葆大，不善嘉事，牲不及肥大，荐不美多品。

郑注：“祭祀不为求福。‘自求多福’，福由己耳。麾之言快也；祭有时，不以先之为快也。”不乐葆大，“谓器币，葆之言褒也”。“嘉事之祭，致夫人是也。礼，宜告见于先祖；不善之而祭。”嵩焘案：此经前半推阐“称”字之义，称者，丰杀多寡之适宜也。此复承上“祭则受福”而言：祭者，诚孝之本，丰杀多寡之数皆末也；又因以推见礼之大原，制度文为有不能尽者。《郊特牲》：“祭有祈焉，有报焉。”祈报者，祭祀之大常也。然祭祀之所由起，岂祈报之云哉？经言“不祈，不麾蚤，不乐葆大，不善嘉事”，只是祈报之义。《太祝》有祈尸有嘏，或因事，或以常祭，圣人达鬼神之情状以和人情，非曰祭祀之本意然也。《说文》：“麾，旌旗所以指麾。”似不得为快也。麾者，招麾行事，其于礼率；蚤者，蚤莫失常，其于礼数：又由祈推言之。葆大犹言盛大，若年穀之顺成、国家之丰豫，所以为报也。嘉事者，冠昏之告见，庙寝成器之衅，礼又由报推言之。凡此所有事，皆非祭祀之义之所系。至于祭祀所由行，牲牢也。笾豆之品也，备物而致其诚敬者也；要其为物则亦未焉而已矣。疑此经义当于文外求之。

燔柴于奥。夫奥者，老妇之祭也，盛于盆，尊于瓶。

郑注：“奥当为爨，或作灶。《礼》：‘尸卒食，而祭饎爨饔爨也。’时人以为祭火神乃燔柴。老妇，先炊者也。盆、瓶，炊器也。明此祭先炊，非祭火神。‘燔柴’失之。”嵩焘案：《特牲礼》：“尸卒食，而祭饎爨饔爨。”郑注引“旧说”：“宗妇祭饎爨，亨者祭饔爨。用黍肉，无笾豆俎。”而注《月令》祭先灶云：“祀灶之礼，先席于门之奥，东面，设主于灶陉。”是为五祀之正祭：祭祀之饎爨于西堂下，其亨于门外东方，牲牢鱼腊亦异爨；尸卒食而后献，主妇方有事于笾豆。故饎爨之祭以宗妇，饔爨以亨人，其礼简，不当燔柴。《周礼·大宗伯》：“以实柴祀星辰。”襄九年《左传》：“古之火正，或食于心，或食于味。”杜注：“火正之官配食于火星。”郑氏所谓祭火神燔柴，即据《周礼》为说。夏祀火正亦祀灶；灶者，地祇之祀也。《特牲礼》：“主妇视饎爨。”视爨妇职，则祭灶亦妇事也。故曰老妇之祭先炊，固不必为妇人。疑此奥为灶之奥，其祭灶也；当依郑后说作“灶”。

有擶而播也。

郑注：“擶之言芟也。谓芟杀有所与也，若祭者贵贱皆有所得，不使虚也。”嵩焘案：《玉篇》、《广韵》并云：“擶，投也。”《集韵》：“投版以堰水曰擶。”擶从斩，《说文》：“斩，截也。”投版堰水亦是截制之义。“擶而播”与“推而进”对文，如宣十六年《左传》“飨有荐体，燕有折俎；公当飨，卿当燕”之类，擶然有制，而其播于下也无微不至，似不得有“芟杀”之义。

三代之礼一也，民共由之，或素或青，夏造殷因。

郑注：“一者俱趋诚也。言所尚虽异，礼则相因耳。”嵩焘案：此经上文郑注“一，谓诚也”，为朱子《中庸》注所本。经意自谓礼者显人性之固然，昭事理之极则，三代无能易也；至其服色之仪文之末，王者整齐天下以示一朝之大法，而精意不存焉。三代之改正朔、异权量、别衣服，皆是也。“因”，兼因革损益言之，谓因其已然而知所以变而通之、推而行之也。下二语别立一义以足上意，郑注疑未合。

郊血，大飨腥，三献爓，一献孰。

郑注：“大飨，祫祭先王也。”嵩焘案：《戴记》言“大飨”者七：《郊特牲》一言天子飨诸侯，一言诸侯相飨，《月令》言大飨帝，《仲尼燕居》言两君相见；此经三言大飨：一言王事，则亦天子飨诸侯也；其二言宗庙之祭。据《周礼·大司乐》“祀天神，祭地祇，享先祖”，《大宗伯》言“享先王”者六，是宗庙之祭通曰飨。郑注《尚书·盘庚》：“大享，烝尝也。”宗庙时祭皆可云大飨。《司尊彝》：春祠、夏禴用牺尊、象尊，秋尝、冬烝用著尊、壶尊，追享、朝享用大尊、山尊。郑〔司农〕注：“追享，禘；朝享，祫。”而六尊以牺象为上尊，大尊、山尊为下。禘祫二者由时祭推行之，其礼不重于时祭。案《司服》：“享先王衮冕，享先公鷩冕。”郑注：“先公，谓后稷之后太王之前，不窋至诸盩。”《大传》：“追王太王亶父、王季历、文王昌。”周公制礼当成王之六年，四亲庙实始于太王。《周礼》不祥禘祫之文，所云“享先公”即祫祭也，其服鷩冕杀于宗庙之衮冕，此其明证。《郊特牲》：有虞氏尚气，“血、腥、爓，祭用气也。”郑注《司尊彝》：“朝践，荐血腥，酌醴，始行祭事。”《礼运》所谓“荐其血毛，腥其俎”，凡宗庙之祭皆然，皇氏侃云“郊、大飨、三献并有血、腥、爓、孰，此据设之先后言”者，是也。郊者天也，大飨者宗庙也，其不专主祫祭明矣。《司尊彝》以追享、朝享为四时之间祀，由宗庙时祭而上溯之以合祀先王先公，又追其祖所自出而名之大禘大祫，所以为礼之盛也，非谓以禘祫为重而四时亲庙之祭反杀其文也。汉儒言禘祫之说各执一义，而皆以其礼隆于时祭，证之《周礼》而有以知其不然矣。

故鲁人将有事于上帝，必先有事于頖宫。

郑注：“上帝，周所郊祀之帝苍帝灵威仰。先有事于泮宫，告后稷也。”嵩焘案：郑氏说礼，以禘为祭昊天圜丘，郊为祭感生帝于南郊。苍帝灵威仰，火德所自生也。《尚书中候》云“姬昌苍帝子”，其说诞而不经；王肃难郑义，于此为最伟。《春秋》书“卜郊”者四，皆以夏四月；书“郊”者三，一以九月，一以夏五月，一以夏四月。襄七年《左传》孟献子曰："郊祀后稷以祈农事，是以启蛰而郊，郊而后耕。"成十七年《公羊传》："郊用正月上辛。"是鲁郊以祈穀也。《毛诗》传：閟宫，"姜嫄之（宫）〔庙〕。孟仲子曰：是禖宫也。"于周为先妣，于鲁但为禖宫。鲁固无后稷之祀以后稷配郊，尤无先郊而祀后稷之文。《郊特牲》：卜郊，"王立于泽，亲听誓命"。《射义》亦有"将祭，习射于泽"之礼。鲁之頖宫即泽宫也。此与下"有事于恶池"、"有事于配林"文同而义异。《公羊传》："大山河海能润于百里者，天子秩而祭之。"晋之恶池、齐之配林，所专祀也；泰山及河，齐晋不得专祀，而亦略涉其境焉，因推而望祀之。孔疏"先告恶池小川"，"先告从祀者"，"配林是泰山之从祀者也"，皆恐未然。

乐有相步。

郑注："相步，扶工也。"嵩焘案：《周礼·视瞭》："凡乐事相瞽。"郑注："相，谓扶工。"其〔注〕《乡饮酒礼》"工四人、相者二人"云："相，扶工也。乐工用瞽矇，故有扶之者。"陈氏《集说》因谓"扶相其行步"，非也。相，拊也；乐之将终，以相节之。步，缀兆也；舞之方始，以步准之。《义疏》引《乐记》曰"治乱以相"，又曰"三步以见方"，正如礼之有摈以相道其步趋之节也。

故凶事不诏，朝事以乐。

郑注："朝廷养贤，以乐乐之也。二者反本也。"嵩焘案：《祭义》："建设朝事，燔燎羶芗，见以萧光，以报气也。此教众反始也。"《周礼·笾人》有"朝事之笾"，《醢人》有"朝事之豆"，朝事谓朝践之礼。经意据祭祀言之，无因阑入养贤。《郊特牲》：

"乐三阕然后出迎牲。"其云有虞氏尚气，殷人尚声，周人尚臭，皆原天地之始，兆端于冲漠，有气而后有形，有声而后有色，有臭而后有味。声之以乐，所以合气于无形之始也。人之初生，但有哭泣耳，色与臭、味未发而声先焉。哭泣者生而能然者也，乐者声之动而与神合漠者也，夫是之谓"反本"。旧注恐失之。

因其财物而致其义焉尔。

孔疏："财物，犹云才性也。圣人制礼，因万物之才性而致其义。"嵩焘案：《义疏》："财与材同，物各适用之谓材。因所用之物推极其义，得物理之宜而后行之。"窃疑"财与材同"是也。材者其本体也；物，事也，用也。凡有事于祭祀者，与物相应而后其义显焉。天时、朝夕、丘陵、川泽，物也；天地、日月、山川之祭，所以为道之体也，财也。陈氏《集说》云："财物，玉币、牲牢、黍稷之类"，似又与下文不相应。

是故天时雨泽，君子达亹亹焉。

郑注："君子爱物，见天雨泽，皆勉勉劝乐。"孔疏："天地感祭而降雨泽，君子乐之，所以与天地合德。"嵩焘案：《祭义》："霜露既降，君子履之，必有凄怆之心。""雨露既濡，君子履之，必有怵惕之心"。既此二语之义。雨泽者天时之见端也。因天时自然之运油然而沛为雨泽，君子以知春秋之时之变，而亹亹焉自达其心之诚而不容已，此祭享所由兴也。《左传》"启蛰而郊，龙见而雩，始杀而尝，闭蛰而烝"，即此义。

因名山升中于天，因吉土以飨帝于郊。

郑注："谓巡守至于方岳，燔柴祭天告以诸侯之成功。《孝经说》曰：‘封乎泰山，考绩燔燎；禅乎梁甫，刻石纪号。’吉土，王者所卜而居之土也。飨帝于郊，以四时所兆祭于四郊者也。”嵩焘案：《周礼·天府》：“凡官府乡州及都鄙之治中，受而藏之。”郑司农云：“治中，谓治职簿书之要。”《小司寇》“登中于天府”，即其事也。凡计最要会谓之“中”。巡守燔柴于四岳，各以其方之功状告成于天。名山者四岳也，吉土者圜丘也。巡守五年一至方岳，故以瑞应言之；圜丘有常祀，故以岁功之应言之。变文言“帝”，帝即天也。祈穀郊天，而《月令》言“祈穀于上帝”亦此义。郑氏一以“飨帝”属之五帝，五帝亦郊祀也，而分系之四时，非大报天反始之义。圣其以纬书释经，遂假“升中于天”为封禅之征，有宋诸子辞而辟之，功尤伟矣。

庙堂之上，罍尊在阼，牺尊在西；庙堂之下，县鼓在西，应鼓在东。

孔疏：“罍尊当阼阶堂上设之，牺尊当西阶堂上陈之。《大射礼》大鼓及应所悬不同，祭与射别也。”嵩焘案：《特牲礼》：“尊于户东，玄酒在西。”《少牢礼》：“司宫尊两瓶于房户之间，有玄酒。”凡尊西东列。《司尊彝》六尊，以牺、象、著、壶、太、山为次，宗庙之祭二贰，故《酒正》、《幂人》皆云八尊。春祠夏禴用两牺尊、两象尊，则二尊西列，著、壶、太、山四尊东列；秋尝冬烝用两著尊、两壶尊，则牺、象、著三尊西列，壶、太、山三尊东列；追享、朝享用两太尊、两山尊，则牺、象、著、壶四尊西列，太、山二尊东列。君酌西尊，牺、象二尊常列西；夫人酌东尊，泰、罍二尊常在东：故错举以明之。罍者，《明堂位》所谓“山罍，夏后氏之尊也”。《礼运》：“玄酒在室，醴盏在户，粢醍在堂。”由室以达之堂而与户相属，《特牲》、《少牢》谓之“户东”者是也。尊位堂东，不及阼阶，曰“阼”者，谓与户东相值也。西者，户东之西也。《大射礼》：“建鼓在阼阶西……应鼙在其东”；一建鼓在西阶西南，朔鼙在其北；“一建鼓在西阶之东”。是悬鼓凡三面，而皆在应鼓之右，击鼓者面鼓则右手与应鼓相值。郑注《大射礼》“朔鼙”：“朔，始也。奏乐先击（应）〔西〕鼙。”经云“悬鼓在西，应鼓在东”，正其例。疏乃以此经“在西”、“在东”为西阶、阼阶之分，恐误。

蘧伯玉曰：“君子之人达。”故观其器而知其工之巧，观其发而知其人之知。故曰：君子慎其所以与人者。

郑注：“观其礼乐，则知治乱也。”嵩焘案：经意由家国天下之治成而推极人之一身，所谓“礼乐不可斯须去身”即此义。制礼以节事，修乐以道志，事之所函而措诸德业皆礼也，志之所显而发诸声容皆乐也。“君子之人达”，达此而已；引蘧伯玉之言止此一语。所谓达者，达于礼乐之原，则事达而行之必节，志达而发之皆和。故下两引喻以明之，谓观其志与事之皆达，而知君子之于礼乐深也。“与人”，谓与人相交接。礼乐由交接而生，君子应人接物一依于礼乐，万事万物之施行皆一身之节度也，故曰“慎其所以与人”，为君子之行礼者言也。疏申郑意，言“有德君子自达理义”。陈氏《集说》因以“观其器”、“观其发”皆属之“君子”，不知此言礼也，非言君子之观礼也。熟玩经义，当自得之。

君亲制祭，夫人荐盎；君亲割牲，夫人荐酒。

孔疏：“侯伯子男之君朝践，君不献，故夫人荐盎；荐熟时君亦不献，故夫人献酒。”嵩焘案：《祭义》：“君牵牲，夫人奠盎；

君献尸，夫人荐豆。”《祭统》：“及迎牲，君执纼，宗妇执盎，夫人荐涚水；君执鸾刀，羞哜，夫人荐豆。”皆错举为文。《特牲》、《少牢礼》：尸卒食，酳尸，主人献，主妇亚献，宾三献；大夫、士馈食、侑食而已，酳尸而后献。天子诸侯之祭始于祼献，制祭燔肝又有献。陆氏佃谓祼献后有从献，不与正献之列，《郊特牲》所谓“举斝角诏妥尸”者是也。经云：“夫人荐盎”，明君献而夫人从君以献也。“君亲割牲”，即《郊特牲》之“肉袒亲割”，羞肝肺心，升首；乃行朝践，求神于阴阳之间：礼之至严者也，故曰“凡祭慎诸此”。案：郑以制祭当“朝事”。割牲当“进熟”，馈食荐熟不得云割牲。《司尊彝》：“醴齐缩酌，盎齐涚酌。”郑注：醴齐浊，以明酌泲之。盎齐差清，以清酒泲之。“泛从醴，缇、沈从盎。”“明酌，酌取事酒之上也。”献用五齐而泲以三酒，“荐盎”、“荐酒”亦错举为文。孔疏以经言“夫人”，遂谓“君不献”者，误也。

设祭于堂，为祊乎外。

郑注：“设祭之馔于堂，人君礼焉。祊祭，明日之绎祭也。谓之祊者，于庙门之旁，因名焉。”孔疏：“设祭于堂者，谓荐腥焖之时。”嵩焘案：《特牲礼》：“羹饪，实鼎，陈于门外”；实笾豆，陈于房中；“盛两敦，陈于西堂”；佐食举牲鼎；举鱼、腊鼎；升肵俎，然后入设。《少牢礼》：羹定，陈鼎五；主人出迎鼎；陈鼎于东方，当序南；俎设于鼎西，肵俎在羊俎之北；相从入设。《郊特牲》所谓“直祭祝于主”者是也，在迎尸肖。其言“设祭于堂”与上“羹定诏于堂”，实为一事。其祭仍在室，而不在堂。郑注：“人君礼焉，盖若《少牢礼》主人出迎鼎所设之馔，必躬亲也。”疏以“朝践荐腥焖”当之，恐乖郑意。《毛传诗》“祝祭于祊”：“祊，门内也。”郑笺：“孝子不知神之所在，使祝博求之平生门内之旁，待宾客之处。”语甚分明。独其注礼以祊当绎祭，与上“设祭于堂”旷远不相及。《郊特牲》“直祭祝于主，索祭祝于祊”，正与此二语相发明。《祭统》：“铺筵设同幾”，“诏祝于室，出于祊”，言入事之于室，而出求神于门，皆在未迎尸前。疑祭礼有朝践、荐腥爓，皆事主于室之事。《祭义》：“建设朝事，燔燎以报气，荐黍稷以报魄。”《特牲》、《少牢礼》设两敦黍稷，祝酌，皆在主前，知朝践尚无献酬之礼也。《祭义》“羞肝肺首心”，荐腥之事也。《少牢》、《特牲礼》设两铏芼，荐爓之事也。《礼运》“作其祝号”，“荐其血毛，腥其俎，孰其殽”，谓朝践、醴盏以献；“荐其燔炙”，谓馈食：正分两截言之。朝践之祝号，即《少牢礼》之祝辞。馈食之醴盏，即《礼运》君与夫人之交献。朝践交神，馈食而后有尸。经言“为祊乎外”，外者门也。时方求神未延尸，绎祭宾尸然后事尸于堂。郑注混而一之，而《礼经》之文乃多不可通矣。

一献质，三献文，五献察，七献神，大飨其王事与！

郑注：“一献谓祭群小祀。三献谓祭社稷、五祀。五献谓祭四望、山川。七献谓祭先公。大飨谓祫祭先王。”嵩焘案：宾、祭皆有献，证之经义，此所言盖宾礼也。《大行人》：上公九献，侯、伯七献，子、男五献。“凡诸侯之卿，其礼各下其君二等”。诸侯相飨亦然。昭元年《左传》郑伯飨赵孟，具五献之笾豆，赵孟辞，乃用一献。赵孟侯伯之卿，其礼宜五献。五献始有祼，而文益著矣。七献始有酢，而上同于神明之交矣。大飨九献，则方伯诸侯朝天子，天子赐之飨礼，故曰“王事”。案：僖二十二年《左传》“楚子入飨于郑，九献，庭实旅百”，则诸侯之僭礼也。下文特申言之。知此一献、三献、五献、七献之文，通诸侯之相飨言也。《周礼》之享先公，即袷祭也,《中庸》所谓"上祀先公以天子之礼"者是也。郑谓大飨袷祭先王而以七献当享先公之礼,则亦不知先公之祀何祀,所谓袷者又何礼也。

三牲、鱼、腊,四海九州之美味也。笾豆之荐,四时之和气也。内金,示和也。束帛加璧,尊德也。龟为前列,先知也。金次之,见情也。

郑注:三牲、鱼、腊,笾豆之荐,此诸侯所献。内金,"所贡也,内之庭实先设之"。"荆、扬二州贡金三品。"龟"陈于庭,在前","荆州纳锡、大龟。""金有两义。"金次之,言:"先入后设。"嵩焘案:《周礼·掌客》致礼有笾豆,飨食太牢。《聘礼》:饪一牢,鼎九,前陪鼎,陈牛、羊、豕、鱼、腊。《大司乐》所谓"大飨不入牲",其他皆如祭祀。此所陈大飨鼎俎笾豆,郑谓"诸侯所献",恐非。金者,金奏,谓乐悬也。《仲尼燕居》:"入门而金作,示情也。"《郊特牲》:"以钟次之,以和居参之也。"郑注:"以金参居庭实之间。"正与此相应。《钟师》"掌金奏……飨食奏燕乐",《镈师》飨食鼓金奏之乐,皆是也。《仪礼·大射》"钟鑮南陈",南陈则金奏皆乡内。故曰"内金"。《太卜》"凡旅陈龟",旅即"庭实旅百"之旅。飨礼当陈龟,龟与金参居庭实之间。所谓"见情",即《仲尼燕居》之"示情"也。所谓"示和",即《郊特牲》之"以和居参之"也。"丹、漆"以下,则《郊特牲》所谓"旅币无方",《觐礼》所谓"庭家惟国所有",盖举钟悬及庭实错杂言之。乐悬言金,宾出入奏《夏》,《九夏》皆金奏也。郑注一以诸侯贡献释之,误。案:《聘礼》记:"凡庭实,随入。""主人之庭实,则主人遂以出"。是庭实宾主皆用之。私觌,陈宾之庭实;飨,陈主人之庭实。旧注于此均未分明。

其出也，《肆夏》而送之，盖重礼也。

郑注：“‘肆夏’当为‘陔夏’。”嵩焘案：《大司乐》：王出入，奏《王夏》；尸出入，奏《肆夏》；牲出入，奏《昭夏》。《燕礼》记：“若以乐纳宾，则宾及庭，奏《肆夏》。”《大射礼》：“奏《肆夏》，宾升自西阶”；宾醉，降，奏《陔》。郑注《钟师》：“‘肆夏’，《时迈》也。‘繁遏’，《执竞》也。‘渠’，《思文》也。”案：韦昭注《国语》：“肆夏，一名樊；《昭夏》，一名遏；《纳夏》，一名渠。”又分《樊》、《遏》为二诗。馀篇皆亡，而以“祴夏”当《仪礼》之《陔》，引杜子春云“客醉而出奏《陔夏》”，即据《仪礼》为说。《春秋左氏传》明谓“《三夏》，天子所以享元侯”；《大司乐》言奏“夏”者三，通出入言之；《郊特牲》“宾入大门而奏《肆夏》”，不言出；此云：“《肆夏》以送之”，不言入：义正相承。《仪礼》之“奏《陔》”，或别一义，《仲尼燕居》：“客出以《雍》，彻以《振羽》”。燕、射与两君相见，与天子之飨诸侯，当各有所取耳。

大飨之礼不足以大旅。大旅具矣，不足以飨帝。

郑注：“大旅，祭五帝。”孔疏：“大旅是总祭五帝，天与人道隔，其礼转难。”大旅具矣，“不如飨帝正祭之备”。嵩焘案：《周礼·大宗伯》：“国有大故，则旅上帝及四望。”《典瑞》“祀天旅上帝，祀地旅四望。”于天言上帝，主天言之；于地言四望，赅山川言之：而通名之为旅，郑注一以上帝为五帝，又以祭五帝为旅，恐未然。《典瑞》又云：“大祭祀，大旅，共其玉器。”《司尊彝》：“大丧，存奠彝，大旅亦如之。”《视瞭》：“大丧，廞乐器，大旅亦如之。”《笙师》：“大旅，则陈之。”郑注：“陈之，不莅其县。”是大旅乐设不作，而用玉币与大祭祀同。《义疏》云：“一献质，三献文，大飨极文之至。至大旅又具文质之中。飨帝则又用质。文为贵乎？质为贵乎？议礼者可轻乎？”此论至精。《诗三百》，乐辞备矣，而一献之礼仪文度数、升降进退不赅于此也。祭愈大，则文愈繁，又或转而用质。圣人制礼，以义类求之，而其精微可以实体而不可以虚拟也。疏云：“天人隔，其礼转难”；又云：“祭天礼备”：皆于义未尽。

礼记质疑卷十一

郊特牲

郊特牲。

孔疏："《大宗伯》：'实柴祀日月星辰。'郑司农云：'实牛柴上也。'郑康成云：'实牲体焉。'郊唯特牲供燔燎正祭二处所用，熊氏、皇氏等以为分牲体二处，其实一特牲也。"嵩焘案：郑注《大宗伯》"禋祀"、"实柴"、"槱燎"："三祀皆积柴实牲体……燔燎升烟，所以报阳也。"疑郊以燔柴为正祭，其初迎牲惟荐血而已，《礼器》云"郊血"者是也。方氏《析疑》：郊无荐献，"经传中言荐献，皆祭稷之事"。其言甚允。《周语》："禘郊之事，则有全烝。"全烝荐熟有肵俎，惟后稷配祀有之。《召诰》："用牲于郊，牛二。"传云："配以后稷。"所谓全烝者，稷牛耳。《节服氏》：郊祀，送逆尸。郑引《春秋传》："晋祀夏郊，董伯为尸。"韦昭注《国语》："董伯，姒姓。"所谓尸者，鲧尸也。郑意亦据以释郊祀之尸为稷尸，有尸然后有献。燔柴之祭无献，案：郑注《小宗伯》："人道宗庙有祼，天地大神至尊不祼。"然《大宗伯》云："凡祀大神，祭大祇，莅玉鬯。"大神大祇正据天地言之，尸人亦当有祼。疏谓燔柴之外别有正祭，未免以意拟之。《尔雅》："祭天曰燔柴。"郭注"既祭积薪烧之"，较疏义为长而亦未尽。荐血燔柴即所以祭，经言郊事甚备而不一及荐献，足知事天燔柴以简为文，惟此之致敬也。案《周礼·牛人》：

"祭祀，共其享牛。"与宾客飨射之膳牛、军事之犒牛、丧事之奠牛并举为文，而于"祭祀，共其享牛"下云："求牛，以授职人而刍之。"盖凡祭祀，展牲告牷，辨其毛色，必先拣取之，故言"求"。牧人受而共之，充人刍之，惟祭祀之享牛为然。注引郑司农云"享牛，前祭一日之牛；求牛，祷于鬼神祇求福之牛"，误分享牛、求牛为二。又云："享，献也，献神之牛所以祭。求，终也，终事之牛所以绎。"注家相承为说。罗泌《路史》："享牛者祀神之牛，求牛者降神之牛。"陈氏祥道、陆氏佃皆主其说，因谓祀天燔柴用求牛，详味《周礼》牛人、牧人、充人之职，有以辨知其误矣。经云"特牲"，明不备太牢，《召诰》疏所谓"天神尊，用犊"者是也；而于此分"燔燎、正祭"为说，案：罗泌《路史》："燔柴泰坛，所以降神；扫地而祭，所以祀。"疑《礼经》无降神之文，《大司乐》"天神皆降，地祇皆出"，以天高地下状其感格之义耳。燔柴禋祀，使其气上升以交于天，亦不得为降神也。反使经义不明。宗庙之燔燎羶芗与祀天之燔柴，固未宜并论也。案：疏云"初燔"，用《祭义》"建设朝事，燔燎羶芗，见以萧光"为说；郭注《尔雅》云既祭燔，用此经"既奠，然后焫萧"为说。果尔，则宗庙之祭亦得称禋祀矣。

故天子牲孕弗食也，祭帝弗用也。

郑注："孕，妊子也。《易》曰'妇孕不育'。"嵩焘案：此申言"用犊"之义。据《说文》，"特，牛父也"，与牡、犅字为类。《玉篇》"特，牡牛也。"是"特牲"字已明著用牡不用牝之义。《周礼·牛人》："凡祭祀，共其享牛。求牛以授职人而刍之。"《牧人》："凡祭祀，共其牺牲以授充人系之。"《肆师》："大祭祀，展牺牲系于牢，颁于职人。"《充人》："掌系祭祀之特牲。凡散祭祀之牲，系于国门，使养之。"《司门》："祭祀之牛牲系焉。"是凡祭祀，共牛者牛人也，所授之职人牧人也；肆师展牲必于牧人，其颁之职人则充人也；散祭祀之牛由充人授之司门，而牧人又共不系之牲；祀五帝享先王，则充人系于牢刍之三月。凡祭祀之牲共之职人，必无用牝之理。《月令》：孟春，"牺牲无用牝"。仲春，

“祀不用牺牲”。为民间小祀言之。陆氏佃于此云“祭天容或乏少，用牝犊”，甚误。《史记·平准书》：“乘字牝者，傧而不得聚会。”崔〔裴〕骃注但云牝马，以牝则能孕字，故以其类言之。经云“牲孕”以别于犊：“累牛腾马”皆孕类也；犊，牛子，未有牝牡。故以是明之。

大路繁缨一就，先路三就，次路五就。

郑注：“《礼器》言‘次路七就’，与此乖，字之误也。”孔疏：“大路，殷祭天车也。先路亦殷路；殷三路，其世犹质，故以少饰为先。”嵩焘案：《明堂位》“大路，殷路也”，自就鲁言之。注家据以释经，凡《记》所云大路，通谓之殷路。《周礼·巾车》：“五路，玉路以祀。”而云祭天用木路，显与《周礼》违。《巾车》木路次五，天子乘之以祀天，尤非所详矣详见《礼器》。《礼经》云大路，即《巾车》之玉路，以郊天尊之曰大路。先路，如《太仆》之“左驭前驱”、《齐右》之“前齐车”、《道右》之“前道车”。次路，如《戎仆》之“倅车”，《道仆》之“贰车”，《田仆》之“佐车”，《驭夫》之“贰车、从车、使车”，皆是也。郑注《尚书·顾命》：“大路，玉路。缀路，玉路之副。先路，象路。次路，象路之副。”疑先路、次路随事为名。《左传》成二年：“公会晋师于上鄍，赐三帅先路三命之服。”襄二十六年：“郑赐子展先路三命之服，赐子产次路再命之服。”是大夫车马之赐通名为路，先路、次路著其等耳。《礼器》之次路与此之先路、次路略举见例，皆以发明郊天尚质之义，以补《巾车》之职之所未备而存《周礼》之遗。郑注一以殷路释之，疏于此乃云殷三路以质为尚，并经义失之矣。

大飨尚腶脩而已矣。

郑注："亦不飨味也。"嵩焘案：《仪礼》宾祭皆先荐脯醢：脯笾实，醢豆实，盖合荐之。《燕礼》："膳宰荐脯醢，宾升筵，膳宰设折俎，宾坐，祭脯醢。"《聘礼》："礼宾，宾受醴，宰夫荐笾豆脯醢，宾升笾，祭脯醢。"《公食大夫礼》："宾升席，坐取韭菹以辩擩于醢，上豆之间祭。"凡荐，先脯醢，宾祭亦先，而后及肺。礼有飨，有食，有燕，《仪礼》不详飨礼，略于《聘礼》见之。《说文》："脯，肉乾也。"郑注《士昏礼〔内则〕》①："腶脩，捶脯施姜桂。"庄二十四年《公羊传》："枣栗云乎？腶脩云乎？"何休注："腶脩，脯也。"此云腶脩，即脯醢之加于笾豆者。飨礼太牢陈鼎俎，而皆先荐脯醢，自一献至九献皆然。"大飨尚腶脩"云者，言大飨礼盛，仍以荐脯醢为先也。郑注承上"血"、"腥"、"焖"、祭用气为说，似非经旨。

大飨，君三重席而酢焉；三献之介，君专席而酢焉。

郑注："三献，卿大夫来聘，主君飨燕之，以介为宾，宾为苟敬，则彻重席而受酢。"孔疏："卿礼三献，其介大夫，谓之三献之介。大夫席再重，今为介，降一席。"嵩焘案：《周官·大行人》："上公九献，侯伯七献，子男五献。"凡诸侯之卿，其礼各下其君二等，以下及大夫、士皆如之。此为天子飨诸侯之仪，准此以推：诸侯相朝，其卿大夫为介者皆当三献。《司幾筵》："王设莞筵，加缫席、次席。诸侯蒲筵，加莞席；莞筵加缫席。"陈氏《礼书》据以为天子之席三重，诸侯二重，则诸侯之卿大夫当席一重。然《礼器》"天子之席五重，诸侯三重，卿大夫再重"，所谓"大

①郭氏误记篇名者数见不一见，此又一例也。

夫”，自据王朝之大夫言之，侯国大夫当下于天子一等。准此以推，诸侯之卿大夫皆当席一重。

飨禘有乐而食尝无乐。

孔疏：“此经所论，谓夏殷礼也。”引“《祭统》：‘大尝禘，升歌《清庙》，下管《象》。’是秋尝有乐。《王制》：‘凡养老；夏后氏以飨礼，殷人以食礼，周人修而兼用之。’盖春夏用飨礼，秋冬用食礼，四时皆用乐，故《文王世子》云：‘凡大合乐，必遂养老。’注云：‘春合舞，秋合声。’下言‘登歌清庙’，是秋时养老亦用乐。”嵩焘案：疏所引是也，而遂以此经为夏殷礼则非。陈氏《礼书》：“冕而总干，施于食礼。《诗·商颂》‘顾予烝尝’，而有‘鞉鼓渊渊，嘒嘒管声’；《小雅》‘以往烝尝’，而有‘钟鼓既戒，鼓钟送尸’：则尝有乐矣。《乐师》：‘飨食诸侯，序其乐事，令奏钟鼓。’《钟师》：‘飨食，奏燕乐。’《籥师》：‘宾客飨食，鼓羽籥之舞。’是食有乐矣。”食尝本皆有乐，殷人尚声，乐阕而后迎牲，《商颂》烝尝用乐是其明证。疏谓“食尝无乐”为殷礼，尤为失考。《仪礼·乡饮》、《燕》、《射》皆有乐，《觐礼》飨诸侯，《聘礼》飨宾无乐，《公食大夫礼》则食礼之仅存者，《特牲馈食礼》、《少牢馈食礼》则祭礼之略具者，皆不言乐。而祭有祼献，有朝践，有馈食，有酳尸，独以“馈食”为名，义亦近于秋尝，疑周礼固是如此。《燕礼》荐脯醢，有折俎，有羞膳，亦兼食道。《周官》序乐，言飨食不言燕射，燕射亦可以通飨食为名，经文各举一义，不相为害。《小雅》诸诗多出自东迁以后，礼文固多变矣，言礼者参考之以通其变焉可也。

朝觐，大夫之私觌非礼也；大夫执圭而使，所以申信也。不

敢私觌，所以致敬也。而庭实私觌何为乎诸侯之庭？为人臣者无外交，不敢贰君也。

郑注：“其君亲来，其臣不敢私见于主国君也。以君命聘，则有私见。”嵩焘案：《仪礼·聘礼》宾及上介、士介皆有私觌，郑注：“以臣礼见也。”盖聘礼致命以宾礼为君致敬，私觌者，所以自致其敬也，皆有庭实。觐礼无私觌。诸侯北面觐天子，自执臣礼，无所容其私觌也。疑此当分两截读之。朝覲者诸侯见天子；诸侯相见通曰“朝”，至连“朝覲”为辞，则列国诸侯尚无敢僭此名者。大夫使于诸侯曰“聘”，使于天子亦曰“聘”。此云“朝觐，大夫之私觌”，谓诸侯朝覲天子而大夫以私礼见。《丧服》：“诸侯之大夫为天子”缌衰。传曰：“诸侯之大夫以时接见乎天子。”惟以时见，明与庶人之齐衰三月者异也。诸侯之大夫不纯臣于天子，故亦为之私觌；而从其君以朝覲则义系之其君，而以私觌上干天子，故曰“非礼”。至于诸侯大夫相聘之有私觌，周礼也。殷道尊尊，常主于义；周道亲亲，常主于仁。《聘礼》宾觌，宾及上介、士介奉币入奠以交欢，视邻国之君犹其君也，此周道之仁也。“大夫执圭而使”，盖承上“私觌”而据殷礼以正周礼之失。私觌者，殷礼所无也。庭实旅百，“何为乎诸侯之庭”，所以明《聘礼》私觌之非也。圣人于礼曰“从周”者，为其仪文度数之可近征也；其于礼之因革损益，必有通变者矣。《檀弓》云“殷道也，学者行之”，云“孔子善殷”，云“古者天子崩，王世子听政于冢宰三年”，云“读赗非古”，并据殷礼言之，盖皆孔氏之遗意也。旧注泥《聘礼》之文，展转求通，疑非经旨。

大夫强而君杀之，义也，由三桓始也。

孔疏：“襄仲、季孙意如虽强，君不能杀，据时有能杀者言之。”嵩焘案：《春秋》庄公二十二年：“陈人杀其公子御寇。”二十六年：“曹杀其大夫。”三十二年：“公子牙卒。”闵公二年：“公子庆父出奔莒。”自庄公以前，书“杀”者二而或非其罪，鲁大夫之以罪死自公子牙始。牙死以鸩而《春秋》书“卒”，庆父死以缢而《春秋》书“出奔”，此记礼者所以为《春秋》表微也。

诸侯不敢祖天子，大夫不敢祖诸侯，而公庙之设于私家，非礼也，由三桓始也。

郑注：“鲁以周公之故立文王庙，三家见而僭焉。”嵩焘案：《明堂位》：“命鲁公世世祀周公以天子之礼乐。季夏六月，以禘礼祀周公于太庙。鲁公之庙，文世室也；武公之庙，武世室也。”明鲁用天子礼乐以祀周公，太庙、世室并拟周制，无为文王立庙之文。疏引襄公十二年“临于周庙”杜注“周庙，文王庙也”为证，又引匡衡说：“天子之子以上德为诸侯者，得祖所自出。”《大传》言公子之宗道，自天子诸侯皆然。王者绝宗，而立母弟以为兄弟之宗；宗必于庙，无庙则宗无所系。昭十八年郑火，“徙主祏于周庙”，杜注：“周庙，厉王庙也。”鲁为宗国，郑亦以母弟为宗，故皆得立庙。然曰“周庙”而不曰“文王庙”、“厉王庙”者，明大宗之系之出自周而已不设主也；不设主则不得系之文王、厉王。《记》言鲁禘甚详，而不言禘周公之所自出，明周庙虽禘祭不与，义不得设主故也。《左氏传》“鲁为诸姬临于周庙，为邢、凡、茅、蒋、胙、祭临于周公之庙”，而推言其例云：“凡诸侯之丧，异姓临于外，同姓于宗庙，同宗于祖庙，同族于祢庙。”所云又别一义。同姓统之太庙，宗庙者太庙也。同宗则太庙以下有大宗、小宗之分，而皆可以序之于祖，故于祖庙，祖庙者王考庙也。同族则五服之亲系之于考，故于考庙。邢、凡、茅、蒋周公之胤，《左传》特著“周公之庙”以别之，明非凡例也。杜注以宗庙为“所出王之庙”，证之《礼经》无能合者，似未宜以鲁之周庙为例也。鲁周庙礼也，非僭也；郑注“三桓见而僭焉”，恐误。

三日齐，一日用之。犹恐不敬，二日伐鼓何居？

郑注：“齐者止乐而二日伐鼓，则是成一日齐也。”嵩焘案：《周礼·大胥》：“凡祭祀用乐，以鼓征学士。”前云“春合舞，秋合（乐）〔声〕”，先祭而习其事；次云“比乐宫，展乐器”，将祭而备其仪；则此之“征学士”当在临祭先一日，郑引《文王世子》“大昕鼓征，所以警众”为证，是也。凡经言三日、七日，皆合用事之日计之。《大司乐》：“大祭祀，宿县，以声展之。”贾疏：“宿县者，于前宿预县之。”于时王致齐于庙之齐宫。鼓征学士亦当于庙。先祭一日，当致齐之二日。记礼者引孔子之言，云齐者止乐，而于庙伐鼓警众，使齐者之心震荡不宁，为不宜也。郑注“三日齐”：“二日伐鼓”，止得齐一日，似失文义。王肃辑《家语》，因谓季桓子将祭，齐三日而鼓钟之音不绝，冉有问而孔子答之。据《少牢礼》：“宿。前宿一日，宿戒尸。”明日筮尸，遂宿尸。宗人告“旦明行事”。是大夫祭，致齐一日，筮尸、宿尸并同日，桓子齐三日，钟鼓为乐，渎礼甚矣！而遑以宗庙之敬责之也哉？

绎之于库门内，祊之于东方。

郑注：“祊于庙门外之西室，绎又于其堂，神位在西也。此二者同时而大名曰绎。”嵩焘案：《说文》：“祊，门内祭先祖所旁皇也。”《诗》“祝祭于祊”，毛传：“祊，门内也。”郑笺：“孝子不知神之所在，使祝博求之平生门内之旁、待宾客之处。”皆不名为绎祭，独注《礼器》“为祊乎外”云：“即明日之绎祭也。”此经明分绎与祊为二，郑并合而释之，陈氏《礼书》因论礼有正祭之祊，有绎祭之祊：正祭之祊于门内之西室，故毛氏释《诗》以祊为门内；绎祭之祊于门外之西室，故郑氏释《郊特牲》以祊为门外。此礼今不可考。郑注《有司彻》：“卿大夫既祭而傧尸，天子诸侯明日祭于祊而绎。”《尔雅》：“闬谓之门。”祊之名祭，义取诸此，故毛传直以“门内”祭之。而《仪礼·有司彻》：“扫堂，司宫筵于户西，南面。”郑注：“为尸席也。”无祀于门之礼。《周颂·丝衣》小序：“绎宾尸也。”而云“自堂徂基”，祊自于门内，绎祭自于堂。郑氏既合祊、绎为一，陈氏又析祊事为二而曰一在门内、一在门外，证之《礼经》，无能合者。《有司彻》云：“侑出，俟于庙门外。”“主人出迎尸”，“尸入门，左”，“升自西阶西楹”。是卿大夫宾尸于堂，不于门外，与《丝衣》诗合；天子诸侯亦当然。孔疏“绎祭于庙门外之西堂”，庙门之外正库门之内也，经云“失之”，亦似未合。疑绎祭礼本从简，周衰礼变，遂于门内西塾行之，是益求简也。记礼者正其失，郑注反引为据，是与经文自为牾也。祊者索祭也，当在正祭未迎尸之前。《特牲馈食礼》：“祝迎尸于门外，尸入门左。”《少牢馈食礼》：“祝出迎尸庙门外，尸入门左。升自西阶。主人升自阼阶。”神道尚右，故尸次在庙门外西，索祭于祊亦必自门西。案《说文》云：“祝，将命也。”《特牲》、《少牢礼》祝赞主人，赞尸，无专祭之事。“直祭祝于主”，亦赞主人为之。“索祭祝于祊”，与《诗》“祝祭于祊”同文，似专属之祝者。《特牲》、《少牢礼》并云：“祝迎尸庙门之外，主人降，立阼阶东。”疑祝出迎尸，先于门内索祭，非是亦无由远主人而于祊祭也。经言祊祭而不著其时，亦不详其行礼之仪，独此正言东方之失，或祝迎尸而主人自就门东索祭，为失求神之义也。近任氏启运《肆献祼馈食礼纂》叙祝求神门内之祊于五献正祭后。时祝与主人方事尸于室，何由出而求神于祊？任氏所述，倒乱失次多类此。

又案：《家语》：卫庄公改旧制，变宗庙，高子羔问于孔子曰："周礼绎祭于祊，祊在庙门之西，今卫君更之，如之何？"孔子曰："绎之于库门内，祊之于东方，失之矣。"经文无以祊当绎祭者，《家语》之文未详所据，盖王肃见郑注，未暇深考，因沿其误耳。

又案：凡门左右皆有堂。《顾命》"左塾"，《说文》所谓"门侧堂也"。凡门内外堂四。天子诸侯库门之内左宗庙，右社稷；库门为南正门，门东曲行为宗庙，其外则庙门也，亦有左右堂而无室。郑注"祊之于庙门外西室，绎之于其堂"，未详所据。疑"库门"为"庙门"之误，庙门之内即西塾也。据《有司彻礼》，皆于堂行之，绎于西塾，变从简也，无缘行绎祭库门之内。郑氏缘此遂谓当于庙门之外，以祊祭从门，因合祊与绎为一祭，又引《礼器》"为祊乎外"一语以证之，展转承讹，于礼固未安也。

朝市之于西方。

郑注："朝市宜于市之东偏。《周礼》市有三朝：大市日（侧）〔昃〕而市，百族为主；朝市朝时而市，商贾为主；夕市夕时而市，贩夫贩妇为主。"嵩焘案：此经并言祭礼，郑据《周礼·司市》为言，于文为不类。王氏《章句》："'朝市'盖'朝事'之讹。"所见甚允。然朝事正于室内西方，《少牢馈食礼》所谓"尸升筵，祝、主人西面立于户内"是也。当位室西南隅，主妇自东房荐敦豆。周衰礼废，尸入，升自西阶，或即于西序行朝践之礼以趋简便。要之，经旨言祭事，不言市事，固无疑也。案：《周礼》："面朝后市，朝市一夫。"注："方各百步。"朝市、夕市只此一夫之地，岂必朝东夕西？

社，祭土而主阴气也。君南乡于北墉下，答阴之义也。日用

甲，用日之始也。

郑注：“北墉，社内北墙。国中之神莫贵于社。”孔疏：“天子诸侯社皆有稷。郑康成之说以社为五土总神，稷为原隰之神。贾逵、马融、王肃之徒以社祭句龙，稷祭后稷，皆人鬼也，非地神。”嵩焘案：郑意以社稷当地祇，王肃则谓社与地祇各为一祭。而郑氏注《周礼·牧人》：“阴祀，祭地北郊及社稷。”是郑仍两存其说。其注《大司乐》“方丘”，则言“地祇主昆仑”，而于《大宗伯》“黄琮礼地”云：“礼地以夏至，谓神在昆仑者也”；注《大司乐》“以祭地祇”，言“地祇祭于北郊，谓神州之神及社稷”，而于《典瑞》“墇两圭有邸以祀地”云：“祀地，谓所祀于北郊神州之神。”又析方泽、北郊为二。近秦氏《五礼通考》以祭地、方泽与祭社尊卑广狭大别，盖仍主王肃之说。以《礼经》之文证之，社稷与方泽之名“社”者，实二事也。《大司乐》：雷鼓雷鼗奏之圜丘，灵鼓灵鼗奏之方丘，路鼓路鼗奏之宗庙。而《鼓人》云：“以雷鼓鼓神祀，以灵鼓鼓社祭，以路鼓鼓鬼享。”与《大司乐》之文正相应。《封人》：“掌王之社壝。凡封国，设其社稷之壝。”专言“社壝”，盖泰折之壝与社稷之社自别。《云汉》诗“上下奠瘗”，兼言天地之祭。其曰“祈年孔夙”，谓祈穀之郊也；曰“方社不莫”，谓祭地也：又分言之。经传地祇之祭但曰社而已。《祭（义）〔法〕》“为群姓立社曰大社”，即此经之“大社”也。其社壝谓之“大折”，《大司乐》谓之“方丘”。合社与稷言之，主畿封之地曰“后土”；合社与郊言之，主以地配天曰“地祇”。而亦通名之曰“后土”，《尚书》所谓“皇天后土”是也。天尊，惟天子得祭之；地亲，下至州社、里社通庶人祭之。诸侯有其国土而礼焉，故统之社稷；天子尽有天下之土而礼焉，故统之郊社。《王制》言“天子将出，类乎上帝，宜乎社”，《礼运》

言“祭帝于郊，祀社于国”，案：社稷于国，大社于郊；天郊而已，社不专系之郊。言国，以赅郊也。《中庸》言“郊社之礼”，《仲尼燕居》言“郊社之义”，并兼天地为言。汉儒南北郊之说，其原即出此经之“北墉”。顺南郊而就阳位，故圜丘南向；顺北郊而答阴义，故方泽北向。墉者方丘之外壝也。此经郊、社并举，于社曰“主阴气”，于郊曰“就阳位”；于社曰“用甲”，于郊曰“用辛”案：下文：“郊之祭也，迎长日之至也。”又云：“郊之用辛。”疑冬至圜丘、夏至方丘为天地之正祭，其馀有事于郊皆用辛，有事于社皆用甲，经文错举见义耳。于社曰“神地之道”，于郊曰“明天道”；于社曰“报本反始”，于郊曰“大报本反始”。而又申其义曰：“地载万物天垂象，取财于地，取法于天，是以尊天而亲地也。”《礼经》以社配郊，其祀曰“天（坤）〔神〕”、“地祇”，其地曰“圜丘”、“方丘”，与社稷之社为二。诸侯亦别立社，《大雅》“乃立冢土”是也。案：《逸周书·作雒篇》、《白虎通》并云：天子大社，东方青，南方赤，西方白，北方黑，上冒以黄土；将封诸侯，凿取其方土，苴以白茅，以为土封。《春秋传》“用牲于社”，“用币于社”即此。定六年《左传》亦谓之“周社”。诸侯专言社，天子则郊、社对文。《泰誓》：“类于上帝，宜于冢土。”《大传》：“柴于上帝，祈于社。”《周礼·小祝》：“有寇戎之事，则保郊祀于社。”郑注：“保、祀互文，郊社皆保而祀之。”亦足证所祀之社，即地祇之在北郊者也。《祭（义）〔法〕》明分二社，与诸言郊社者互相发明。《五礼通考》直谓方丘之祭不得名社，然则《礼经》之言不足据，而又何据乎？善夫横渠张子之言曰：社者地祇之祭，泽中、方丘亦社也。准之《礼经》，其说固无以易矣。

家主中溜而国主社。

郑注：“中溜，亦土神也。”孔疏：“卿大夫之家主祭土神中溜，天子诸侯之国主祭土神于社。”嵩焘案：《说文》：“溜，屋水流也。”《释名》：“中央曰中溜。古者寝穴，后室之溜当今之栋，下直室之中，古者溜下之处也。”郑注《月令》：“中溜犹中室。土主中央而神在室，古者复穴，是以名室为溜。”疏云：“古者窟居，开其上取明，故雨溜之。后人开牖，象中溜之取明也。”土神在室，疑非经旨。中溜四周下垂而中隆起，所以名室中为中溜，推原宫室之所由起也。《白虎通》“中溜象土在中央”，但以中央取义，并不以中溜为土神。有中溜而后有室，有土而后有国，故曰“示本”。杜氏预云：“在家则祀中溜，在野则为社。”并谓社与中溜皆土神，恐未然。

唯为社事，单出里；唯为社田，国人毕作；唯社，丘乘供粢盛。

郑注：“二十五家为里。单出里，皆往祭社于都鄙。”孔疏：“都鄙，公卿大夫采地。公卿大夫祭社，其里之人皆往就祭。”嵩焘案：《大司马》：“仲春，以蒐田誓民，围禁火弊，献禽以祭社。”《月令》：“仲春之月教民社。”郑注《祭法》“大夫以下成群立社，曰置社”云：大夫“下至庶人”，“大夫不得特立社，与民族居，百家以上共立一社，今时里社是也”。是社祭下至庶人。杜注《左传》“二十五家为社”，《大司徒》“各以其野之所宜木名其社与其野”，并据民社言之。此承上言“教民美报”，推论社祭之通行于天下。“单出里”者，二十五家之里社，民皆得祭也。民社用牲及粢盛，故社田遍及国人而粢盛一取给丘乘。举丘乘以赅井邑之民，谓计田以供粢盛也。下文详言蒐田祭社之礼。《周礼》：州党族闾远及遂县鄙酂，皆有祭祀田役作民之事。《大司徒》：“大田役，以旗致万民。”《小司徒》又云“惟田与追胥竭作”。疑四时田通及州闾以下之有祭祀者，而惟社与腊得下及于庶人。此经于社、腊二者详言田事，亦见惟此二者之用禽多也。郑注《祭法》“成群立社”以“里社”言之，至允；此复以社事专属之大夫，而经义全晦矣。

郊之祭也，迎长日之至也。郊之用辛也。周之始郊，日以至。

郑注：“‘三王之郊，一用夏正。’……此言迎长日者，建卯而昼夜分，分而日长也。”又云“郊天之月而日至，鲁礼也。”鲁无冬至祭天之事，“是以建子之月郊天”。“用辛日者，凡为人君当齐戒自新。”嵩焘案：郑意并“用辛”与“日至”为一，而云“推鲁礼以言周事”，又以“迎长日之至”为建卯之月，与下“日至”异训。据《左传》襄七年：“启蛰而郊，郊而后耕。”《月令》孟春“以元日祈穀于上帝”，郑注“元日”：“上辛。”而《春秋》书“鲁郊”皆以“夏四月”，周正四月，建卯之月也。郑以建卯之月昼夜分而日长，本《春秋》为说；其云“建子之月”，惟见《明堂位》“孟春祀帝于郊”郑注：“孟春，建子之月。”而终鲁世无以是月郊者。经意自分圜丘与祈穀诸祭言之。圜丘祀天，正祭也；周正建子一岁之始，故曰“始郊”。其祈穀诸祭则皆用辛。《说文》：“辛，秋时万物成而熟；金刚味辛。”《释名》：“辛，新也。物初新者皆收成也。”祈穀用辛，盖取新意。《春秋》成十七年：“九月辛丑，郊。”定十五年：“五月辛亥，郊。”哀元年：“四月辛巳，郊。”郊时不同而皆用辛，先儒谓用辛为鲁礼，非也；凡鲁礼皆周礼也。用辛者祈穀之郊也，昭二十五年“七月上辛大雩，季辛又雩”，雩亦郊也。王氏肃云“用辛者，以冬至阳气新用事”，因以日至为冬至之月，亦承郑注之误。经旨简括，而“用辛”及“日至始郊”对举为文，亦自剖析分明。郑注强合为一，非也。

王被衮以象天。

郑注：衮象天，“谓有日月星辰之章，此鲁礼也”。嵩焘案：郑注《周礼·司服》：“古天子冕服十二章，至周而以日月星辰画于旌旗，而冕服九章。衮龙衣也。”此复云“有日月星辰之章”，而据为鲁礼，盖以《司服》“祀昊天上帝服大裘而冕，享先王衮冕”，而“公之服自衮冕以下如王之服”，经言“被衮象天”，故郑氏以鲁公当衮冕耳。而以象天之文谓备有十二章，林氏之奇谓周制九章，鲁乃加以十二，必无是理；杨氏复谓公服衮冕九章，天子之服十二章，可知《司服》“祀昊天上帝服大裘而冕”，不言三辰十二章之服，尚质也。贾氏《周礼》疏云：衮冕九章，“无正文，并郑以意解之”；则疏家亦知其非矣。疑周尚文，《论语》“服周之冕”正取其文之备，而反去三辰十二章之饰而为九章，郑氏此说必不足据。被衮象天，则祀天之衮十二章，殆无疑也详见《王制》。）

帝牛不吉，以为稷牛；帝牛必在涤三月，稷牛唯具。

郑注：“养牲必养二也。唯具，遭时又选可用也。”孔疏：“‘以为稷牛’，为犹用也，用稷牛而为帝牛”。嵩焘案：郑注浑括经义而未能详，疏谓用稷牛为帝牛，似于经文为忤。《周礼·牛人》：“凡祭祀，共其享牛。求牛以授职人，刍之。”《牧人》：“共祭祀之牲牷以授充人系之。”《充人》：“系祭祀之牲牷。祀五帝，系于牢，刍之三月；享先王亦如之。”是以《春秋》书“郊”皆以四月，而书郊牛“伤”及“死”、“改卜牛”皆以正月。《祭义》：“君召牛，纳而视之，择其毛而卜之，吉然后养之。”郊祭卜牲必先三月，共之者牧人，既卜以授充人。郊牛告牷告备必其至者，不吉，以始卜者为稷牛，更卜其次，是以《春秋》有“改卜牛”之文；未卜以前并无“帝牛”、“稷牛”之名也，安得如疏所云用稷牛以为帝牛乎？“具”谓体色纯备。《充人》“展牲告牷”，郑司农云：“展，具也。”具牲，若今时选牲。稷牛唯具，言不卜也，临时取具，亦当展牲告牷，非但取足而已。详味《周礼》之文，可以辨而知之。

帝牛必在涤三月。

郑注：“涤，牢中所搜除处也。”嵩焘案：《周礼·充人》：“掌系祭祀之牲牷。祀五帝，则系于牢，刍之三月。”“凡散祭祀之牲，系于国门，使养之。”是大祭祀之牲乃系于牢，牢之以“涤”名者，谓其洒扫涓洁也。《集韵》：“涤，养牲室也。”变牢言涤，以示诚洁。《周礼》膳羞之牛、犒奠之牛、兵车之牛皆掌之牛人，充人专主祭祀，而散祭祀之牛尚令守门者养之，故得以涤名牢，非谓牢中又别有搜除之处也。

天子大蜡八。蜡之祭也，主先啬而祭司啬也。祭百种，以报啬也。

郑注：“蜡祭八神：先啬一，司啬二，农三，邮表畷四，猫虎五，坊六，水庸七，昆虫八。先啬，若神农。司啬，后稷是也。农，田畯也。”嵩焘案：《月令》“祠公社及门闾，腊先祖五祀”，不言稷，以稷统劳农之事，为此八蜡之主也。以文义求之，蜡之祭主先啬，谓八蜡之祭以始治啬者为主，而所祭者司啬之神，则后稷是也。案：《祭法》厉山氏之子曰农，“能殖百穀”；（祀以为稷）“夏之衰也，周弃继之，〔祀以为稷〕”。郑注：“厉山氏，炎帝也。”《左氏传》、《鲁语》并云：“烈山氏之子曰柱，为稷。”《帝王世纪》“神农起于烈山”，子者其后也。是三代之祀及稷而止，无远及神农者。郑以神农、后稷合下为八，于“主先啬”一语为无征，而至下及禽兽以与神农、后稷为列，于礼亦有未安。疑蜡祭当奉后稷为主，以统下八者之祭。八者，农一也，田畯之没而有功者也；邮二也，表三也，畯四也，猫五也，虎六也，坊七也，水庸八也。八者各以类相从，祭社而及门闾，祭稷而及八者，其义同也。横渠张子以昆虫为害，不当祭而数及百种，百种以所陈祭言之，黍稷及水陆之品之加于笾豆者皆是。亦无祭及百种之理。

飨农及邮表畷、禽兽，仁之至、义之尽也。

郑注："邮表畷，田畯所以督约百姓于井（闾）〔间〕之处。禽兽，服不氏所教扰猛兽也。"孔疏："邮，若邮亭屋宇处处；表，田畔；畷者，谓井畔相连畷。于此田畔相连畷之所造邮舍，田畯处焉。"嵩焘案：如孔说，此三字相连为文。（马氏晞孟）〔陆氏佃〕以"表畷禽兽"为句："表者表而祭之，若《周礼·肆师》'祭表貉'是也；畷者畷而祭之，若《曲礼》'畛于鬼神'。谓接祭鬼神，无迎尸之事也；表畷禽兽，接祭而已矣。"然郑注《周礼》"祭表貉"："于所立表之处为祭。"《晋语》"设望表"，韦昭谓："望祭山川，立木为之表。"不应八蜡独为禽兽立表。疑邮、表、畷三者为一类，禽、兽二者为一类。《集韵》："邮，田间舍也。"此为田畯所止。表，若《左氏传》"列树以表道"，《毕命》"表厥宅里"，疑若后世之里坊。《说文》："畷，两陌间道也。"此为行田所经，故并列而祭之。禽兽，则疏所云"即下猫虎之属"是也。

皮弁素服而祭，素服以送终也。葛带榛杖，丧杀也。蜡之祭，仁之至、义之尽也。

郑注："送终、丧杀，所谓老物也。"嵩焘案：方氏悫云："带不以麻而以葛，杖不以竹而以榛，若丧也而实非丧，故曰'丧杀'。"此杀字当为降杀之义。因蜡祭推类而及禽兽，此所祭之物也，仁至义尽也。蜡祭于岁终，万物亦于是终焉，故以丧服之杀行之，此所祭之服也，是亦仁至义尽也。两云“仁之至、义之尽”，意味深长。

黄衣黄冠而祭，息田夫也。野夫黄冠。黄冠，草服也。

郑注：黄衣黄冠而祭，“谓既蜡，腊先祖五祀也”。嵩焘案：郑意析蜡与腊为二，未免强生分别。疑腊祭通天子与庶人行之，《月令》“祈来年于天宗，……腊先祖五祀”，为天子诸侯之礼。此经八蜡亦腊祭之一，则庶人通行之礼也。《说文》：“腊，冬至后三（日）〔戌〕腊祭百神。”郑注《月令》：“腊，谓以田猎所得禽祭也。”《风俗通》：“腊者接也，新故交接，大祭以报功。”亦曰：“腊者猎也”；《说文》训蜡为“蝇蛆”，《周官》“蜡氏掌除骴”。是《月令》之“腊”为本字，此经及《杂记》之“蜡”为假借字。陈氏《礼书》附会郑注，遂谓“皮弁素服，为蜡祭四方百物；黄衣黄冠，为腊先祖五祀”，而引《月令》“‘祈来年天宗’者，蜡也以息老物；‘腊先祖五祀’者，腊也以息民”，分别乖舛。皮弁素服者，天子以下之祭也；黄衣黄冠，谓庶人通行腊祭，《杂记》“子贡观蜡，一国若狂”者是也。案：经明言“黄冠草服也”，故野夫亦得以黄冠从祭，郑注乃以加于皮弁之上，恐未然。曰“息田夫”，即《杂记》所谓“百日之蜡，一日之泽”也。方氏悫云：皮弁素服，主祭者；黄衣黄冠，助祭者。并失之。

大罗氏，天子之掌鸟兽者也。诸侯贡属焉，草笠而至，尊野服也。罗氏致鹿与女，而诏客告也，以戒诸侯曰：好田好女者，亡其国！

郑注：“诸侯于蜡使使者戴草笠贡鸟兽。”嵩焘案：《月令》季冬“命太史次诸侯之列”，赋牺牲，以供祀。腊祭百神，其用禽必多。《周礼·罗氏》：“蜡则作罗襦。”郑司农读襦为繻，云“细密之罗”也。罗密则得禽多。诸侯贡禽以助蜡祭者，并以属之罗氏。草笠而至，示与农民同其事；罗氏因致禽荒之戒于诸侯，以此纵猎不可常也。禽荒、色荒，古所同戒。致鹿与女，疑假古之以禽以色亡国者为之式，陈之以诏使者，使归戒于诸侯。经旨分明，注意疑未尽。案：凡祭必田，而惟社与腊通天子与庶人行之。社系之里，有常所。腊更无常所，用禽尤广。故于社田言“习军旅之事”，于腊又致从禽之戒，礼之所以示节也。

天子树瓜华，不敛藏之种也。

郑注：“又诏以天子树瓜蓏而已，戒诸侯以蓄藏蕴财利也。”嵩焘案：《周礼》：“甸师掌耕耨王藉。祭祀，供萧茅，供果蓏之荐。”甸师，天官之属；天子树瓜华，树之甸师者也。《月令》：季冬，“命宰历卿大夫至于庶民土田之数，赋牺牲”；下至天下九州之民，咸献其力以供祀。其诸水土之实，取之山林川泽，皆民力所殖也。惟瓜华宜荐新，不能敛藏，故天子自树之。承上文言诸侯贡禽，天子亦自出其瓜华之荐新者以与民同乐，示腊祭之为惠溥而用宏也。《王制》：“祭，丰年不奢，凶年不俭。”惟腊祭视岁丰俭，以惟此祭之与民同也。注以戒贪为义，失之。

顺成之方，其蜡乃通，以移民也。

郑注：“移之言羡也。”孔疏：“蜡祭丰饶，醉饱酒食，使民歆羡。”嵩焘案：《广韵》：“羡，馀也。”《诗》“四方有羡”，毛传云：“羡，馀也。”笺谓“有饶（裕）〔馀〕”。《史记·货殖传》“时有奇羡”，崔〔裴〕骃注：“时有馀衍也。”郑意盖谓以民力之馀衍及之，疏据“歆羡”为说，恐非郑意。《广韵》又云：“移，延也。”《大传》“绝族无移服”，疏云：“在旁而及曰移，言不延移及之。”因四方之有馀而延移及于民人，使之同乐，正与上“谨民财”义相对。周氏谞云：移民者，“敛民之所有馀而供其祭”。但以供祭为言，义固未尽。

既蜡而收，民息已，故既蜡，君子不兴功。

郑注：“收，谓收敛积聚。息民与蜡异，则‘黄衣黄冠而祭’为腊必矣。”嵩焘案：郑意以此云既蜡而息民，与下言“黄衣黄冠而祭，息田夫”为一事，盖谓先举八蜡之祭，而后腊先祖五祀，腊即所以息民也。误会经义于语言之外，遂生轇轕。经言“民息已”，谓农事至此始毕，民可以休息矣；诸言“息田夫”、“息老物”，就事言之。此言“民息”，盖总结其义，辞愈繁而意旨愈深。余氏心纯云：“民息者，民自息也。不兴动，君子之息民也。”此二语实为蜡祭后之馀义，注失之。

恒豆之菹，水草之和气也；其醢，陆产之物也。加豆，陆产也；其醢，水物也。

郑注：“此谓诸侯也。天子朝事之豆有昌本麋臡、茆菹麏臡，馈食之豆有葵菹蠃醢、豚拍鱼醢，其馀则有杂错。”嵩焘案：《周礼》醢人掌四豆之实，多以水陆相副，如郑注所引外，馈食之“脾析蠯醢”、加豆之“笋菹鱼醢、箈菹雁醢”，皆以陆产合水产之醢；馈食之“蜃蚳醢”、加豆之“深蒲醓醢”，又以水产合陆产之醢。郑意以《周礼》馈食恒豆陆产而醢水产，遂以此经为诸侯之礼。《内则》有腶脩蚳醢、麋肤鱼醢，而所叙膳之属二十皆豆实也。郑注《特牲礼》“羞庶羞四豆”云：“四豆者膮、炙、胾、醢”，用《内则》为训。《少牢礼》亦云：“羞葴两瓦豆。有醢，亦用瓦豆，设于荐豆之北。”郑注葴醢四豆为加豆，然则豆实固不尽于醢人所掌。而《士冠礼》、《士虞礼》，又《特牲》、《少牢礼》，皆有葵菹蠃醢，《既夕礼》四豆脾析、蜃醢、葵菹、蠃醢皆恒豆也；岂得谓诸侯以下之恒豆，菹必水草而醢必陆产乎？经文约略言之，明水陆之互备而已，意或恒豆与加豆水陆相间为用。此经所述别为一义，盖记礼者之辞也，郑注失之。

冠义：始冠之，缁布之冠也。大古冠布，齐则缁之；其緌也，孔子曰“吾未之闻也”。冠而敝之可也。

郑注：“《杂记》：‘大白、缁布之冠不緌。’”冠而敝之，“三代改制，齐冠不复用也。”孔疏：“缁布之冠初加暂用，罢冠则敝弃之。”又引皇氏疏：“《杂记》：‘缁布冠无緌。’而《玉藻》云：‘缁布缋緌，诸侯之冠。’诸侯位尊尽饰，故有緌也。”嵩焘案：《士冠礼》：“缁布冠，青组缨。”郑注《内则》“冠緌缨”云：“緌，缨之饰也。”《仪礼·丧服》：“斩衰，冠绳缨；齐衰，冠布缨。”是凡冠皆有缨，缨之馀下垂以为饰谓之緌。《檀弓》“丧冠不緌”，谓扱其馀也。大白、缁布冠不緌，正以冠主质素不为饰。《士冠礼》：“缁布冠缺项，青组缨属于缺。”郑注：“缺，读如‘有頍者弁’之頍。著頍围发际，结项中，隅为四缀，以固冠。”《说文》：“缨，冠系也。”此云“属于缺”，谓以二组系于頍端，卷结颐下；缁布冠盖有缨而无緌，非但结頍固冠而已。《玉藻》“始冠，缁布冠，自诸侯下达”，下云：“玄冠朱组缨，天子之冠也。缁布冠缋緌，诸侯之冠也。”正据冠礼言之。天子玄冠，诸侯以下皆缁布冠，而以缨别异之。士青组缨，诸侯杂以五采为缋缨，“缋緌”盖“缋缨”之讹。玄冠有緌而缁布冠无緌，《玉藻》独于缁布冠言緌，非事也。皇云“诸侯尽饰，故有緌”，恐未然。

又案：《玉藻》：“居冠属武，自（诸侯）〔天子〕下达，有事然后緌。”是礼冠必緌而居冠不緌，文质之异；缁布冠不緌者，从其质也。《玉藻》：“始冠，缁布冠，自诸侯下达，冠而敝之可也。”疑此“敝”字当作“蔽”，《广韵》：“蔽，掩也。”细布冠缨之馀则扱之，不云“扱”而云“敝”者，取掩蔽之不为饰也。《玉藻》及此两言“冠而敝之”，郑注训为敝坏之敝，于义无取。《考工记·（工）〔弓〕人》：“长其畏而薄其敝。”郑司农云：“敝读为敝塞之敝。”《前汉·东方朔传》“敝膝”，师古曰：“敝与蔽同。”是敝、蔽二字古本通用。

醮于客位，加有成也。

孔疏：“若夏殷醮用酒，每一加则一醮于客位。周则用醴，三加毕乃一醴于客位。”嵩焘案：《士冠礼》“若不醴则醮”，郑注“若不醴，谓有旧俗可行”，意谓或醴或醮，各从其俗；而陆氏佃云：“适子有故而醮；若无故，有冠醴，无冠醮”：均因《仪礼》“若不醴”之言望文生义，又与此疏异说。详《仪礼》之义，主人立于序端，西面；宾字冠者，出，主人送于庙门外；宾就次，乃醴宾以一献之礼；主人酬宾，束帛俪皮；而醮礼不言主人，不言醴宾。下云“若孤子，则父兄戒宿，主人紒而迎宾，如冠主礼”，正承“不（醮）〔醴〕则（醴）〔醮〕”之文言之。郑注“父兄”谓“诸父诸兄”，然则此主人为诸父诸兄，前主人即冠主，冠者之父也。疑醴礼，冠者之父主之，亦醴宾，其礼简而严；醮礼有干肉折俎，有特杀，加以笾豆，于礼加隆，而不醴宾，孤子之冠然也。此云“醮”者通辞。《说文》：“醮，冠（婚）〔娶〕礼祭。”郑注《士冠礼》：“酌而无酬酢曰醮。”是冠娶皆可云醮，而孤子之醮正以不酬宾故也。陆氏云：醴礼简，醮礼繁，醮用酒，醴用醴，醴在房内，醮在房外，醴脯醢，醮折俎，似谓醮隆于醴。然用醴以简而隆，用酒以繁而杀，古礼正如此，是以醴礼三加皆有加辞，三加毕有醴辞，醮则三加各为醮辞而已。是醴礼简而文而多戒辞，醮礼丰而直而多颂辞，父命与孤子之非出于父命，各有取义故也。据《士冠礼》，"若不醴则醮"，不言主人。礼之有冠，父命之也；不言主人，无父命可知。或父远适而行冠礼，诸父诸兄主之，其礼并同。郑注《士冠礼》多未分明，疏乃以夏殷用醮、周用醴为说，失之远矣。

委貌周道也，章甫殷道也，毋追夏后氏之道也。

郑注："常所服以行道之冠也。或谓委貌为玄冠。"孔疏："三代俱用缁布而其形自殊，周为委貌之形，殷为章甫之形，夏为毋追之形。行道，谓养老、燕饮、燕居之服。若视朝行道，则皮弁也。"嵩焘案：《左氏传》昭元年"冕昇端委"，十年"晏子端委立于虎门之外"，杜注但训为礼服。《国语》晋侯端委以入武宫，董安于曰"臣端委以随宰人"，韦昭注："端，玄端。委，委貌。"《论语》"端章甫"，陆氏耀通云："章甫，玄冠也。"端委连文，是委即玄冠。《后汉书·舆服志》："委貌、皮弁同制，长七寸，高四寸，状如覆杯，所谓夏之毋追、殷之章甫者也。"《礼图》谓"毋追有覆杯之状"。《释名》："弁追：弁，冒也；以其冒发追追然也。"《周礼·追师》郑司农亦引《士冠礼·记》牟追为证，云："追，冠名。"《周礼·钟（人）〔氏〕》："三入为纁，五入为緅，七入为缁。"郑注《士冠礼》云："玄则六入。"玄，黑色，缁则黑之甚者。玄冠、缁冠、素冠当同制，各以色为名。此当云：周之委貌，即玄冠也。玄冠、缁布冠同制，故亦可名委貌；毋追、章甫，其遗制也，故皆以“道”言之。注云“行道”，泥字为训。疏遂据事以释之，其云玄衣养老，据《王制》；云玄端以居，皮弁，以日视朝，据《玉藻》，则天子之服也。《士冠礼》始加缁布冠而服玄端，缁布冠、玄冠通谓之“委貌”，安得如郑注“常所服以行道”之云哉！

周弁，殷冔，夏收。

郑注：“齐所服而祭也。”孔疏：“其制之异未闻。”嵩焘案：郑注《周礼》“弁师”：“弁者，冠之大称。”其注《士冠礼》：爵弁，制如冕，黑色，但无缫耳；“皮弁者，以白鹿皮为冠”。然则爵弁、皮弁制同而色异，惟爵弁色与冕同。《说文》：“弁，冕也。”《世本》：“黄帝作冕。”应劭曰：“周始加旒。”周冠通以弁为名，而加旒曰冕。《王制》：“有虞氏皇而祭，夏后氏收而祭，殷人冔而祭，周人冕而祭。”《檀弓》：“周人弁而葬，殷人冔而葬。”《王制》所言学礼也；《学记》“皮弁（释）〔祭〕菜”：冕、弁字正通。郑注《周礼·司服》：“弁绖，如爵弁而素。”范氏宁云：爵弁一名冕，有收特笄，所谓夏收、殷冔者也：皆以爵弁近冕。《文王》诗“常服黼冔”，正谓冕服助祭，故孔疏以周弁一条专言爵弁。要之，经意但分冠弁二者，以见三代弁服各易其名而其实一也。周弁兼《士冠礼》爵弁、皮弁言之，郑据为齐祭之服，似泥。

无大夫冠礼，而有其昏礼。古者五十而后爵，何大夫冠礼之有？诸侯之有冠礼，夏之末造也。天子之元子，士也，天下无生而贵也。继世以立诸侯，象贤也。以官爵人，德之杀也。死而谥，今也；古者生无爵，死无谥。

郑注：以官爵人，“德益厚，官益尊”。“古者，谓殷以前。大夫以上乃谓之爵，死有谥。周制，爵及命士，虽及之，犹不谥。今记时死则谥之，非礼也。”嵩焘案：《周礼》有世禄无世官，未有嗣爵为大夫者，惟诸侯继世以立，故有诸侯冠礼而无大夫冠礼。其言“天子之元子士也”，谓冠礼自天子之子皆以士礼行之，推而上之，天子诸侯之冠礼犹士礼也。《玉藻》：“玄冠朱组缨，天子之冠也。缁布冠缋緌，诸侯之冠也。”天子、诸侯冠礼之有异，皆当起于夏时，言诸侯以上贱天子。世降而文，而名因之以起。殷以前有命官而无命爵，《大宗伯》九命之等、《典命》五仪之数，至周而后详。官，事也；爵，名也：此质文之差也。殷以前，天子、诸侯皆名之，尧、舜、禹名也；殷而后有字，太丁、太甲以下以干相次，字也；至周而后有谥，谥亦名也：质文之差也。《左氏传》：“周人以讳事神。名，终则讳之。”谥之所以行也，殷以前无有也，故“生无爵，死无谥”。爵与谥皆所以为名也，盖因冠礼百推言之，注似未能分晰。

又案：“以官爵人，德之杀也”与“死而谥，今也”，二语平列。诸侯之卿三命，大夫再命，士一命，周制然也。以官爵人者，官任其职而又以爵命之。世降文胜，而德已杀也，因推而及谥，皆为之名以示等也。爵以明贵，谥以别贤，其义一也。曰“今也”者，变文言之。

婿亲御授绥，亲之也。亲之也者，亲之也。敬而亲之，先王之所以得天下也。

郑注：“已亲之，所以使之亲已。”嵩焘案：《哀公问》：“冕而亲迎，亲之也。亲之也者，亲之也。故君子兴敬为亲，舍敬是遗亲也。”此下亦云“敬而亲之”，敬与亲对文。躬所自致之谓敬。“亲御授绥，亲之也”，犹言躬自致之躬亲之，所以致其敬也。惟敬而后能致其亲，故此与《哀公问》皆以亲与敬并言之。

灌用鬯臭，郁合鬯，臭阴达于渊泉。灌以圭璋，用玉气也。既灌然后迎牲，致阴气也。

郑注："灌，以圭瓒酌鬯，始献神也。"孔疏："酌鬯酒灌地以求神。"嵩焘案：《祭统》："君执圭瓒祼尸，大宗执璋瓒亚祼。"郑注《周礼·大宗伯》："祼之言灌。灌以郁鬯，谓始献尸求神时也。"《诗·文王》传："祼，灌鬯也。"《周礼》："郁人掌祭祀宾客之祼事。"《典瑞》"祼圭有赞，以肆先王，以祼宾客"，郑注："爵行曰祼。"《大行人》："上公之礼再祼而酢，侯伯一祼而酢，子男一祼不酢。"是凡郁鬯用瓒施之。祭祀、宾客通谓之祼。《郁人》："和郁鬯实彝而陈之。"《明堂位》谓之"灌尊"，亦谓之"郁尊"。始献酌之瓒以祼尸，《祭统》所谓"献之属莫重于祼"是也。郑注《小宰》"凡祭祀，赞王祼将之事"云："祼之言灌也，明不为饮。"凡郁鬯，受祭之啐之奠之。据《特牲礼》，凡献，尸皆祭、啐而后奠觯。奠，置也。祭者，尸祭神。啐者，尝而不饮。郑以"明不为饮"训灌之义，而徐氏铉云："瓒亦圭，其首为勺形，其柄为注水道，所以灌。"然则祼之言灌，因瓒以名之，而祼遂亦通为灌，其礼则始祭之正献也。自《白虎通》创为灌地降神之说，孔疏遂据以为训。王氏《诗稗疏》："《小宰》：'凡祭祀，赞祼将之事。'《小宗伯》：'凡祭祀，以时将瓒祼。'《郁人》：'诏课将之仪与其节'。是祼将之事，诏其仪节者郁人，酌之于彝以授王者小宗伯，王奉之而转以授尸者小宰，尸受而祭之、啐之，不卒爵而奠之，并无灌地降神之说。《礼器》诸侯为宾，'灌用郁鬯'，灌用臭也，岂诸侯宾客之前亦倾酒于地以求其降乎？《国语》'及期，郁人荐鬯，牺人荐醴，王祼鬯，飨醴乃行'，韦昭注：'灌鬯、饮醴，皆所以自香洁。’《投壶》曰‘当饮者皆跪奉觞曰：赐灌’，注：‘灌，犹饮也。’然则灌之为训乃饮之异名，岂必倾沃之于地乎？”王氏此辨至允。郑注明言“献神”，疏乃授“灌地求神”为说，朱子《论语集注》因之，此礼遵行至今，而郑氏之义隐矣。

又案：《周官·甸师》“祭祀，供萧茅”，郑司农云：“束茅立之，祭前沃酒其上，酒渗下去若神饮，故谓之缩。”其说亦与《白虎通》相近，而与此经缩酌用茅之义实显相刺谬。详疏义，灌地降神亦因经文有“臭阴达于渊泉”一语附会及之。而经义先以裸者，取郁鬯合，而水性沈下，故谓之“臭阴”。阴者凝而下聚也，故曰“致阴气”，非必灌之地而后达于渊泉也。案《士虞礼》：“苴刌茅，长五寸，束之。实于篚……祝盥，升取苴，降洗之；升，入设于幾东席上，东缩……”佐食“取黍稷祭于苴”；“取肤祭，祭如初。”是祭用茅以藉食，《易》言“藉用白茅”是也。缩酒藉食均与灌鬯无涉，《说文》：“鬯，以秬鬯①酿郁草，芬芳攸服以降神也。郁，郁人所贡芳草，合酿之以降神。”云“降神”，犹言“来格”之义，亦并无灌地降神之说也。）

故既奠，然后焫萧合羶芗。

郑注：“奠，谓荐熟时。”嵩焘案：《祭义》：“建设朝事，燔燎羶芗，见以萧光，以报气也。”此云“焫萧”，正与《祭义》合，盖朝事也。祭礼，朝践荐腥犹神道也，馈事荐熟乃始事以人道。“求阴”、“求阳”，求神也。周人先求诸阴，故先灌鬯，而后燔燎、升首以报阳，祭黍稷加肺以报阴，求先报后，皆祭之始事也。《信南山》诗“执其鸾刀，以启其毛，取其血膋”，笺云“毛以告纯，血以告杀，膋以升臭”，并在始割牲时，则此“焫萧合羶

①秬鬯，段注《说文》作䄍。

芗”在朝践而不在馈食明矣。其云“既奠然后焫萧”者，《礼器》“君亲割牲，夫人荐酒”，《明堂位》“君迎牲于门，夫人荐笾豆”，《祭义》“君牵牲，夫人（荐）〔奠〕盎”，《祭统》“君执鸾刀，羞哜，夫人荐豆，四者文别而义同。据《周礼·内宰》“大祭祀，后祼献则赞瑶爵”，郑注：“王既祼而出迎牲，后乃从后祼”；《礼器》“荐酒”列之“迎牲”之后，《祭义》“（荐）〔奠〕盎”列之“牵牲”之后，皆谓从祼也。《九嫔》：“凡祭祀，赞玉粢，赞后荐，彻笾豆。”《特牲》、《少牢礼》：始祭，主妇荐豆，设敦。《明堂位》、《祭统》之“荐豆”谓奠器也，此云“既奠”，合证之，其义自明；郑以为“荐熟是”者，误也。

诏祝于室，坐尸于堂。

郑注：诏祝于室，坐尸于堂，“谓朝事时也”。“朝事：迎尸于户西，南面，布主席东面；取牲膟膋燎于炉炭，洗肝于郁鬯而燔之；入以诏神于室，又出以堕于主。主人亲制其肝，所谓制祭也。”嵩焘案：《说文》：“祝，祭主赞辞者。”《少牢礼》“主人户内西面，祝在左。主人再拜稽首，祝祝曰：孝孙某……用荐岁事”，所谓厌祭也。既酳尸，尸执黍“命祝，祝受以东，北面于户西，在嘏于主人”，于礼为受嘏。诏神，诏主人，皆在室。经以求神为义，则诏神也在未迎牲前。《特牲礼》凡席陈于西堂，“祝筵幾于室中，东面”。室中，神席也。西堂幾席或以坐尸。疑尸入门，升自西阶，有坐尸于堂之礼。此当在尸始入时，盖凡祭，主东面，尸南面，皆于室，惟傧尸于堂。《有司彻》所谓“扫堂，筵于户西，南面”者，尸席也；又“筵于西序，东面”，侑席也。是傧尸专取侑尸，而尸南面，侑者东面，所以尊尸也，安得援室中主席于奥之例，而谓朝事迎尸于堂南面，主亦东面乎？其云“入以诏神于室，又出以（隋）〔堕〕于主”，所谓诏神者何属？而以当燔肝之制祭，既无祝，诏又不于堂，于义无取。又所谓堕者，绥祭也。尸有堕祭，主无所为堕也。诏祝于室，坐尸于堂，明为二事。经以“纳牲于庭，升首于室”相次为文，当并在迎牲前无疑。

直祭，祝于主；索祭，祝于祊。

郑注：直祭祝于主，“谓荐熟时也”。索祭祝于祊，“以於绎祭名也”。嵩焘案：《特牲》、《少牢礼》并有厌祭，主人西面，面主。《特牲礼》：荐两豆，举牲鼎、鱼腊鼎，升肵俎，设两敦、两铏。《少牢礼》：荐四豆，有羊俎、豕俎、鱼腊俎，设两铏。此为馈食礼，故在视杀之后。天子宗庙之祭，先有制祭而后迎牲，所云“制祭”正当直祭于主时。盖制祭燔肝，与取膟膋燔燎实为二事，《礼器》云制祭在割牲前，是其明证。案郑注：“入以诏神于室，又出以（隋）〔堕〕于主。主人亲制其肝，所谓制祭也。”而叙朝事：“延尸于户西，南面，布主席东面。”窃疑朝事为直祭于主。郑注并延尸与主于堂，未详所据。制祭于主前，即《特牲》、《少牢礼》之厌祭也。谓之“直祭”，明无献侑酬酢之事，而郑以“荐熟”当之，误矣。祊，《说文》作鬃，云：“门内祭先祖所旁皇也。”《楚茨》诗“祝祭于祊”，毛传：“祊，门内也。”郑笺：“使祝博求之平生门内之旁。”毛、许说祊字但谓求神。《祭统》：“铺筵设同几，为依神也。诏祝于室而出于祊，此交神明之道也。”相连为文，皆在迎尸之前，是亦祭祀求神之一义。郑氏《诗笺》依毛义，而其注《礼》乃一以绎祭当之，于经旨皆不可通；祊与绎二者交互，而其说乃日纷纭矣。详见《礼器》）

祭齐加明水。明水说齐，贵新也。凡说新之也，其谓之明水也，由主人之絜著此水也。

郑注："五齐加明水，则三酒加玄酒也。"嵩焘案：《周礼·司尊彝》"郁齐献酌，醴齐缩酌，盎齐涚酌"，是五齐以三酒涚之。祭齐加明水，所谓"玄酒明水之尚"，盖设而不荐，礼无以明水泲齐者。黍稷与肺并祭，齐与明水并陈，故皆可言"加"，加者通辞也。案《祭义》："见间以侠瓶，加以郁鬯。"朝事无用郁鬯者。郁鬯谓灌礼也，而云"加"，亦通言之。下文"明水涚齐"，即明酌也，《周礼·酒正》所谓清酒以泲盎齐者。玩经文"洁著此水"之义，似与《司烜》之"明水"各别。

又案：《祭统》"宗妇执盎从夫人，荐涚水"，郑注："涚，盎齐也。盎齐，涚酌也。凡尊有明水，因兼云水。"郑意亦疑明水不可涚盎齐，故分析言之。然经意但著其清而已，变涚酌为涚水者，言其清也。周氏谞云"盎齐而下，涚用明水，从其味之薄"，尤为无据。

称曾孙某，谓国家也。

郑注：曾孙某，"谓诸侯事五庙也，于曾祖以上称曾孙而已"。嵩焘案：《曲礼》："内事曰孝子某侯某，外事曰曾孙某侯某。"《武成》："告皇天后土、所过名山大川曰：曾孙周王发。"晋平公祷于河曰："曾臣彪。"陆氏佃云：此为有国家者之称，"故曰'谓国家也'。"

腥肆爓腍祭。

郑注："治肉曰肆。腍，孰也。"嵩焘案：《周礼·大司徒》"奉牛牲，羞其肆"，郑司农云："肆，陈骨体也。"《小子》"羞羊肆羊殽"，郑司农云："羊肆，体荐全烝也。羊殽，体解节折也。"郑注《大司徒》："进所肆解骨体。"引《士丧礼》曰："肆（鬄）

〔解〕，去蹄。”注《小子》：“肆读为鬄。”案：郑注《士丧礼》：“鬄，解也。四解之，殊肩髀而已。今文鬄为剃。”《仪礼》明言“四鬄”，郑因“羞其肆”之文引为“肆鬄”，因遂训肆为鬄，展转相因，似均非肆字本训也。《楚茨》诗“或肆或将”，传云：“肆，陈也。”笺云：“陈其骨体于俎。”《掌戮》“凡杀人者踣其尸，肆之三日”，郑注：“肆，犹陈也。”《礼器》、《郊特牲》并云“郊血，大飨腥，三献爓，一献孰”，《郊特牲》亦云“血、腥、爓，祭用（器）〔气〕也”，并以“腥、爓”为次；此云“腥肆爓”，肆若禘郊之全烝以陈于俎，亦腥类。《士丧礼》“四鬄，去蹄”为鼎实，“特豚”则荐孰也，不当列腥、爓之间。《小胥》“凡县钟磬，半为堵，全为肆”，郑司农所云“肆，体存全烝”者，是也。《特牲礼》“请期曰羹饪”，郑注：“饪，孰也。”饪亦通为稔。《尔雅·释言》：“馈、馏，稔也。”《说文》食部：“饪，大孰也。”《禾部》：“稔，穀孰也。”穀熟曰稔，羹孰曰脍，义正相通。腥爓脍，即《礼器》、《郊特牲》之云“腥爓孰”也。治肉当为荐孰之义，注谓肆为治肉者，非也。

汁献涚于盏酒。

郑注：“献读为莎。秬鬯煮郁和盎齐，摩莎泲之，出其香汁，因谓之汁莎。”嵩焘案：《周礼·司尊彝》“郁齐献酌”，郑谓“献当为摩莎之莎”，疑献酌与缩酌、涚酌为类，云摩莎泲之可也。此云“汁献涚于盏酒”，是以汁献当郁齐，不得遽云摩莎。方氏悫云：“以煮郁金汁和之曰汁，以献之而不缩曰献。灌用郁齐，为九献之首。《祭统》‘献之属莫重于灌’，故通谓之献。”语最分明。《周礼》郁齐、醴齐、盎齐，举其名；献酌、缩酌、涚酌，详其用。献者和而荐之，缩其缩去滓，涚者所以泲之。此于涚酒举其名，缩酌汁献又著其用，与《周礼》之文互相发明。“汁献”之献，似不必破读为莎。

犹明、清与醆酒于旧泽之酒也。

郑注："旧泽之酒，谓昔酒也。天子诸侯礼废，时人不知，云若今明酌清酒与醆酒，以旧泽之酒泲之矣。就其所知以晓之也。"嵩焘案：《周礼·酒正》"以法共五齐三酒"，所云"三贰"、"再贰"、"一贰"，盖六尊之有副者，亦即所以涚酒而泲之。"齐酒不贰"，则郁齐也。疑"明、清与醆酒"一语总结上文。盖灌事用郁齐，朝事用醴齐，馈食用盎齐。醴齐泲以事酒，事酒，明酌也；盎齐泲以清酒；郁齐泲以醆酒，醆酒，盎齐也：厚薄清浊不同，所泲亦异。凡酒新成则气烈，久酿则味醇。此"旧泽之酒"约略言之，不专指昔酒；言此明、清醆酒之相泲，欲使厚薄清浊之互相得而其味适醇，与旧泽之酒相当也。注恐失之。

礼记质疑卷十二

内则

栉縰笄总

郑注："縰，韬发者也。总，束发（者）也，垂后为饰。"孔疏："总者裂练缯为之，束发之本，垂馀于髻后。栉讫加縰，縰讫加笄，笄讫加总。"嵩焘案：《说文》："纚，冠织也，谓以缁帛韬发。"段注："凡缯布不须剪裁而成谓之织成。冠织者，为冠而设之织成也。"《广韵》纚或作縰。《仪礼·士昏》及《特牲馈食》惟云"纚笄"。《士冠礼》："缁纚，广终幅，长六尺。""赞者奠纚、笄、栉于筵南端……将冠者即筵坐；赞者坐，栉，设纚。"宾坐，正纚。乃冠，冠者兴。即筵坐，栉，设笄，宾正纚，受皮弁；加之如初。受爵弁，加之如受皮弁之仪。似纚韬发而以笄约之，无别加总之文。《说文》："总，聚束也。"笄总，犹言以笄聚束其发。男子纚而施冠，故《说文》谓之"冠织"。妇人施副、编、次之属。童子亦纚而以锦分束其发，谓之"总角"，《玉藻》"童子锦束发"是也。《士冠礼》亦谓之"紒"，郑注："古文紒作结。"《士丧礼》"主人髺发"，郑注："髺发者，去笄纚而紒。古文髺作括。"《广韵》："括，结也。"案：《士丧礼》"鬠用组乃笄"，郑注："古文鬠皆为括。"《玉篇》鬠同髺。疑敛死者之发曰鬠，正如冠之有纚。发取会聚其发而已，异于纚之加饰也，似与括发义别，不当通为一字。《檀弓》云："榛以为笄，长尺而总八寸。"《丧大记》:"括发以麻。"《丧服》:"女子子在(家)〔室〕为父,布总。"《丧服》记女子(之)〔子〕适人者为其父母,妇为舅姑……布总。布总,齐衰之髽。"女子子在室为父,布总",杀于妻为夫、妾为君之以麻也,为去笄縰而以麻若布结束其发,故谓之总。吉冠无加总者。案:《丧服传》"总六升,长六寸"。疏据《檀弓》"总八寸"云"斩衰六寸;大功与齐同,八寸;小功、缌麻,尺;吉总尺二寸",以意推拟之,大误。郑注:"长六寸,谓出紒后所垂为饰也。"总安得有饰?亦误。《汉书·江充传》"冠禅缅",颜师古注:"缅,织丝为之,即今方日纱是也。"《后汉书·舆服志》:"古者有冠无帻。秦为绛袙,以表贵贱,其后作颜题。汉兴,施巾连题,却覆之,名之曰帻。孝文崇其巾这屋。"《说文》:"发有巾曰帻。"帻巾正古缅遗制,范氏谓"古者有冠无帻",非也。"崇其巾为屋",乃又施梁。郑注《士冠礼》:"缅,今之帻梁也。"亦未分明。男、妇皆有縰笄,丧服去縰而后有总。此去"笄总",与下"总角"对文。郑意既加笄又束发为总,证之《礼经》而固知其不然矣。

衿缨

郑注:"衿,犹结也。妇人有缨,示系属也。"嵩焘案:《曲礼》:"女子许嫁,缨。"《士昏礼》"主人入,亲脱妇之缨",郑注:"以五采为之,其制未闻。"《尔雅·释器》:"妇人之袆谓之褵。褵,绥也。"郭注:"即今香缨。袆邪交落,带系于体,因名为袆。案:《校勘记》引"《说文》交部:'䙈,邪也。'郭用䙈邪为重叠字。交落者,交络也。带系连文,并用同音之字为训。"绥,系也。"案:《说文》:"绥,系冠缨垂也。"系缨而垂其馀谓之缡,与冠绥同,故曰:"缡,绥也。"郭以绥为系,尚恐失训。毛氏《诗传》"亲结其缡":"缡,妇人之袆也。母戒女施衿结帨。"疏引"孙炎云:'袆,帨巾也。'《士昏礼》言'结帨',此言‘结缡’，则缡当是帨。”据诸家说，是《礼》之缨、《诗》之缡、《尔雅》之袆，同为一物。《说文》：“帏，囊也。”《楚（词）〔辞〕》“苏粪壤以充帏”，王逸注：“帏谓之幐。幐，香囊也。”《说文·巾部》帏、帣连文，并云“囊也”；《衣部》：“袆，蔽膝也。”然则袆、帏字异。郑于此经下文“衿缨，皆佩容臭”，云“容臭香物，以缨佩之”，亦不云“囊”。陈氏《集说》直去“缨，香囊也”，大误。案《说文》：“容，盛也。”徐铉曰：“屋与（容）〔谷〕皆所以盛受也。”《广韵》：“容，受也。”容臭谓能容此香物，大小随所受以为之制，即香囊之属也。郑注“以缨佩之”，意谓系此容臭于缨而佩之。《集说》：“容臭香物，助为形容之饰，而以缨佩之，后世香囊即其遗制。”亦大失郑义矣。《士昏礼》：“主人脱衣于房，妇脱衣于室。主人入，脱妇缨。”缨必著身可知。盖织丝而交结之，内附亵衣，亦巾属也。《说文》：“婴，颈饰。”李善《文选·天台山》注引《说文》：“婴，绕也。”冠之有缨，谓与颈相属；许嫁名缨者，亦自颈而系之身，取义正同。此云“衿缨”，明系之燕衣之交领，缨同而用以结之衿者固异。《说文》：“裣，交衽也。衽，衣襟也。”《毛诗传》“青青子衿”云：“青，领也。”《尔雅》“衣眦谓之襟”，郭注：“交领。”襟、衿同字。衣之边幅为衿，交领处衿所自始，因以交领名衿。织丝为巾，结之交领，亦谓之缨，案：《士昏》记“母施衿结帨，庶母施鞶”，皆谓嫁服。衿，即“女次（丝）〔纯〕衣缅袡”之衿也。施衿结帨，正此所谓“衿缨”。凡服皆然。与许嫁之缨自别。“衿缨綦履”与上“逼屦著綦”对文，并于左右佩用，外兼言衣履之饰。结缨于衿，系綦于屦，又自对文。下文“总角衿缨，皆佩容臭”，童子无衣绅，衿缨焉而已；无左右佩，所佩容臭而已。男女佩用互异，曰“皆”者，兼上“男女”言之。经旨分明，旧注皆未能昭晰。

又案：《尔雅》：“衣蔽前谓之襜。妇人之袆谓之缡。缡，绥也。”郭注：襜，“今蔽膝也”。《方言》：“江淮之间谓之袆，或谓之袚，魏宋南楚之间谓之大巾，自关东西谓之蔽膝，齐鲁谓之袡。”《类篇》袡、襜字通。《说文》：“袆，蔽膝也。”毛氏《诗传》：“缡，妇人之袆也。”合毛、许两家之说，证之《尔雅》，其云：“妇人之袆谓之缡。缡，緌也。”意谓缡有緌，所以别于男子蔽膝之名襜。《说文》：“韠，韨也，所以蔽前。”《释名》：“韠，所以蔽膝前也。”《广韵》：“靺韐，韦蔽膝。”郑注《士丧礼》：“靺带，靺韐缁带也。靺带用革。”韠与襜通名蔽膝，而韠用韦系之革带，襜用巾系之。衿其长过膝亦名蔽膝。《毛传》引《士昏》记“施衿结帨”以证“结缡”之意，明其为佩巾也。郑注《尔雅》以“香缨”释之，谓即许嫁之缨。疑许嫁之缨与此所谓“衿缨”一物而制不同：衿缨以固衿而垂为饰，与佩巾之为蔽膝义亦相近；郭以“袆邪交落，带系于体”释妇人之袆，是即以许嫁之缨当之。下文“男女未冠笄者总角衿缨”，自通男女为言，系之衿而不必交络，与缨相近为类，而取义各别，形制亦各殊也。

堇荁枌榆

郑注：“荁，堇类也。冬用堇，夏用荁。”嵩焘案：《尔雅》：“齧，苦堇。”郭注：“今堇葵也，叶如柳。”《说文》：“堇，根茹荠，叶细如柳；蒸食之，甘。”此云堇，亦葵属也。《诗》：“七月烹葵。”《本草》：“六七月种为秋葵，八九月种为冬葵，正月复种为春葵。”是葵四时生。瀹食之，滑，《农书》亦名“滑葵”。《士虞》记：“有滑，夏用葵，冬用荁。”葵种甚繁而皆近滑，堇葵微苦，种与菟葵略同。堇荁、葵荁见之《礼经》，郑但云“堇类”而不详何物。疑荁为蕈案《说文》：“莃，兔葵也。”《广雅》：“莃、茆，兔葵也。”莃、荁、蕈同出十四部，许君自以蕈为“蒲丛”，《广雅》亦云：“蒲穗谓之蕈”，则荁与搴当为古今字。荁者，即许君所谓“皃葵”也。《毛诗传》“薄采其茆”云：“皃葵也。”郑注《周礼·醢人》亦云：“皃葵。”陆玑《诗疏》：“江（东）〔南〕谓之水葵，菜之尤滑者。《士虞》记：“冬用荁。”蓴至秋冬尤胜，郑注《仪礼》：荁“干则滑，夏秋用生葵，冬春用干荁”，殆未然也。堇、荁、枌、榆，并取新者为滑。此当仍如《仪礼》注“夏用堇，冬用荁”，而忽易之，亦自相抵牾矣。枌、榆不详所用。邵氏《尔雅正义》：“枌皮白，剥去其粗皮，中更白而滑。”因谓《内则》之言滑，榆取其叶，枌取其皮。榆皮、叶皆可为粉，而非常食。《农书》：“榆钱可羹，又可作糕饵。”《四民月令》：“榆荚可作醔醶。醔醶者榆酱也。榆性滑，酱质亦取其滑，自与堇、荁同类也。

免槁滫瀡以滑之。

郑注：“免，新生者。槁，干也。秦人溲曰滫，齐人滑曰瀡。”嵩焘案：《周礼·庖人》“凡死生鲜槁之物”，《渔人》“辩鱼物为鲜槁”，郑司农云：“鲜，生也，槁，干也。”《说文》：“鲜，新鱼精，”鱼鲭谓之鲜，引申之，凡物新者为鲜。免字无新意，盖亦鲜音之转；而《说文》训鲜为鲭，则鲜固非生物，案：《庖人》“鲜槁”与“死生”对文，死生者自然之质，鲜槁皆制成之。于菜为生酿之菹，《说文》谓之“酢菜”。槁又干之，皆所以为滑也。《说文》：“潘，淅米汁也。”“周谓潘曰泔。”“滫，久泔也。”“溲，沃汏也。”“滑，利也。”《玉篇》：“随，滑也。”沃汏亦淅米之义，其汁曰泔。凡米泔，久则益淡，浓则滑。免槁者，干濡之异；滫搴者，浓淡之异。《集说》“滫搴，滫之滑者也”，误。堇、荁、枌、榆，取于物之滑者；免、槁、滫、搴，取于和之以为滑者。孔疏牵合言之，亦误。

父母舅姑将坐，奉席请何乡；将衽，长者奉席请何趾，少者执床与坐。御者举幾，斂席与簟，县衾箧枕，斂簟而襡之。

郑注："将衽，谓更卧处。"嵩焘案：《说文》："床，安身之幾坐也。""幾，踞幾也。"踞谓凭以坐。床制同幾而庳于幾，可坐。注家并名坐幾曰床，经兼坐卧言之，文义多不能明。方氏悫谓"侍父母舅姑行游所至，憩卧他所"，即申郑"更卧处"之义，以实言之。床，卧具也。《丧大记》"疾病废床"，郑注："人始生在地，去床，庶其生气反。"《士丧礼》："设床笫当牖。"案：凡寝当牖。《丧大记》"寝东首于北（墉）牖下，废床"，盖移床北墉下而废当牖设床之地，以俟迁尸牖下也。《左传》："下冰而床焉。"《广雅》："栖谓之床。"赵岐注《孟子》"使治朕栖"；"栖，床也。"《荀子·礼论》："有簟席而无床笫。"是床专为卧具，而坐榻亦通谓之床。此于将衽又分长者、少者言之，则知执床以待卧也。《集韵》："执，持也。"床席张斂皆御者事，子妇但奉之以请所安，而少者执止其床，助之张设。"与坐"，与下"与恒食饮"同为语词。长者、少者皆有事于席；既坐而御者举幾相承以进，以俟其凭也。"斂席与簟"，又承上坐卧二者，谓坐而起则斂其席，卧而起则斂其簟也；而卧具实多于坐具，又当分别斂之。"御者"二字直贯下文，明执役皆御者，而器物之张斂，取顺其意、不逾时也。郑于此无注，《集说》盖全失之。

斂簟而襡之。

郑注："襡，韬也。"嵩焘案：《说文》："襡，短衣也。"《广雅》："襡，长襦也。"又云："襡，袖也。"《玉篇》"襡，短衣。又衣袖。襹，长襦连腰衣也。"又析为二字。《广韵》："襡，韬藏"，入一屋；"襡，短衣。襹，长襦。"入三烛。合诸家之说求之，襡褊实一字。《说文》：“襦，短衣也。”长襦连腰衣谓之褊，谓襦之长者下覆至腰，犹之短衣也。《释名》：“褊，属也，衣裳上下相连属也。”衣裳相属，正释“连腰”之义。长襦连腰直幅，故又通其义于袖，案《方言》：“袒饰谓之直（衿）〔衿〕。”《广雅》：“袒饰，长襦也。”然则长襦直（衿）〔衿〕，而左右袂皆直出，故袖亦名襡。假借为韬簟之具，皆用直幅为之，疑若今之簟囊，侈口而收合其两端。襡之者，纳之襡中而收合之也。案：郑注《少仪》“亏则以左手屈韣”云：“韣，弓衣也。”弓衣以韦为之，而取义同。郑注但释为“韬”，《广韵》因别出“韬藏”一义；襡之即所以韬之，不得谓襡为韬也。

既食恒馂。

郑注：“每食馂而尽之，末有原也。”嵩焘案：《说文》：“既，小食也。”既、叽双声字，《口部》：“叽，小食也。”《玉藻》“进禨进羞”，《少仪》“饮酒者、禨者、醮者”，变文为禨，皆谓小食。小食者，常食之外设食，不备肴。“恒馂”即承上“恒食佐馂”为文，言小食之馀留俟恒食毕同馂之。小食专设非常食，所以养老，子妇不得同也。子妇馂之馀，御者亦得馂之，岂必以尽食为义哉？

不有敬事，不敢袒裼，不涉不撅。

郑注：不敢袒裼，“父党无容”。“撅，揭衣也。”孔疏：“不因涉水，不敢揭衣。”嵩焘案：此皆言致敬之文，不当忽及“父党无容”。朱子经说：“敬事，如习射之类”，良是；案《乡射》记：“大夫与士射，袒纁襦。”“君在，大夫射，肉袒。”然则常敬袒裼而已，尤敬则肉袒。而谓“射而袒裼”，“涉水而后撅”，无因“父母舅姑之所”，泛叙及涉水。据《曲礼》“拾级聚足”郑注“拾当为涉”，《逸周书·尝麦解》“王涉阶”，是涉即陟。《论语》：“摄齐升堂。”凡陟阶必揭衣，《说文》“撅，从手，有所把也”，正谓两手提揭衣两旁，以便升阶。“不涉不撅”，即《曲礼》“暑不褰裳”意，在父母舅姑前为尤谨也。案：《曲礼》：“毋（践）〔踖〕席，抠衣趋隅。”“将即席……两手抠衣。”是即席与陟阶仪同。父母舅姑所侍立而已，故专据涉阶言之。

不啸不指。

郑注：“啸读为叱。叱，嫌有隐使也。”嵩焘案：《说文》：“啸，吹声也。”毛诗传〔郑笺〕“其啸也歌”云：“啸，蹙口而出声。”《声类》云：“出气急曰吹，缓曰嘘。”吹者蹙口出气，啸又扬其声。《诗》多以“啸歌”连文，“歌”盖文之以辞而引使长，蹙口出声；同按抑之则为“吟”，故亦曰“吟啸”。啸者，歌与吟声之急出而无馀者也。《说文》啸与“嘑”、“啰”为类，云：“嘑，号也。”“啰，音声啰啰然”。是大声曰嘑，众声曰啰，啸当为吹急声。啸与指使人惊疑，故非入内所宜。注意盖训为以声使人，而疑啸非所以使，故读为叱。啸与叱音义实别，不相为训。

若饮食之，虽不耆，必尝而待；加之衣服，虽不欲，必服而待；加之事，人代之，己虽弗欲，姑与之而姑使之，而后复之。

郑注：尝而待，“待后命而去。”服而待，“待后命释藏”。己弗欲，“难其妨己之业也”。而后复之，“远怨怼于劳事”。嵩焘案：郑意恐人怨亲爱己而移劳事于彼，似非经旨所系。此专发明上文“勿逆勿怠”之实。“尝而待”、“服而待”，所谓“勿逆”也；人代其事而必身复之，始终弗敢忘亲所事，所谓“勿怠”也：而此二义亦正相兼。衣服饮食惟身适也，亦舍而从父母舅姑之命，以徐俟察己之隐，而无须臾之敢忽焉，则勿逆也；而其心仍勿怠也。

人代之，当亦父母舅姑之命；弗欲者，其人或弗堪任使。“姑与”谓己，己为因而授之，以竟其功。“姑使”谓传父母舅姑之命，使承而任之。“而后复”者，既事而躬自简料，以终父母舅姑之命也。委曲以求尽其心，则勿怠也，而其于父母舅姑之命，仍勿逆也。旧注似皆未明晓。

子妇有勤劳之事，虽甚爱之，姑纵之，而宁数休之。

郑注：“不可爱此而移苦于彼也。”孔疏：“且缓纵之，宁可数数休息，不可移此勤劳于他不爱之子妇。”嵩焘案：爱由勤劳而生。《广韵》：“爱，怜也。”《孟子》“百姓皆以王为爱也，臣固知王之不忍也”，赵岐注：“爱，啬也。”又云“爱惜”。经意谓不忍其勤劳也，郑注似以为偏爱，误。《檀弓》“丧事欲其纵纵尔”，郑注：急遽“趋事貌”。《说文》：“纵，缓也；拾也。”缓之为急，犹乱之为治。“姑纵之”者，谓且驰骤之、策勉之使任其劳，而以时量其事之难易、力之优绌以数休息之，使从容以有成功；虽甚爱惜之，而固不可令其辞劳以就逸也。

父母有婢子。

郑注：“所通贱人之子。”嵩焘案：《说文》：“婢，女之卑者也。”子者，阳之动，万物滋，人以为称，故男曰男子，女曰女子。婢子之称犹是也。《曲礼》“自世妇以下自称曰婢子”，则婢子亦属礼称。玩下“若庶子庶孙”，似此婢子为父母之御者，若婢妾之子统于庶子。凡曰“若”者，别文以见义。婢妾之子与庶子别文，于义无取。郑谓“所通贱人之子”，亦非所以为文也。

舅姑使冢妇，毋怠、不友、无礼于介妇。

郑注：无怠，“虽有勤劳，不敢解倦”。“众妇无礼，冢妇不友之。善兄弟为友，娣姒犹兄弟也。”嵩焘案：项氏安世云：“毋怠，谓以尊自怠而凌辱众妇，令其代己也。不友，谓烦虐之。无礼，谓麾叱之。怠也，不友也，无礼也，三者皆当以‘毋’字统之。”其说是也。然怠、不友、无礼三者，与下“敌耦冢妇”对文，项氏之说于义犹未尽。此谓舅姑存而以事任之，子妇、冢妇、介妇惟所使也。怠者，漫视舅姑之命，自休怠而推劳于介妇。不友者，径行己意，不与介妇商度其宜否。无礼者，有所挟以骄之。冢妇于介妇不敢自异，介妇于冢妇亦不敢上与之同也。

子弟犹归器，衣服、裘衾、车马则必献其上，而后敢服用其次也。

郑注：“子弟若有功德，以（功）〔物〕见馈赐，当以善者与宗子。”嵩焘案：郑氏以有功德馈赐为言，注家相承，皆谓君赐；详玩经义，殊不尔。君有赐，岂必上者、次者之兼具哉？“子弟犹归器”，通凡为子弟者言之。造置器物必归于父兄，所归必其上者，而所服用必其次者，言若子弟归器，其道固应然也。故事宗子之礼，凡所服用，必先献其上者于宗子，以自处于子弟之义。君赐之衣服车马，礼数所加，不得私献之宗子矣。

饭：黍、稷、稻、粱、白黍、黄粱、稰穛。

郑注：“黍，黄黍也。熟获曰稰，生获曰穛。”孔疏：“下言白黍，则上黍是黄黍。下言黄粱，则上粱是白粱。”嵩焘案：《农书》五穀各具五色，不应独出白黍、黄粱，疑别是一种。《农政全书》：薏苡，叶似黍，一名蜀秫。《本草》李时珍云：苗似芑黍，一名芑实。《说文》：“蘱，一曰薏苡。”《续博物志》：“薏苢，一名蘚珠。”蕛、蘱双声字。《图经》：“薏苡实青白色，形如珠而稍长。”此云白黍，当为薏苡。李时珍又引《广雅》荻（梁）〔粱〕即蜀黍。“玉蜀黍，苗叶俱似蜀黍而肥矮，亦似薏苡；苗心别出一苞，如椶鱼形。”亦名苞谷，色黄。是玉蜀黍为黄粱。《说文》：“糈，粮也。”《楚辞》“椒糈”，王逸注：“糈，精米。”《说文》：“穛，早取穀也。”《楚辞》“穱麦”，王逸注：“麦中先熟者也。”穱与穛同音通用。张衡《南都赋》“冬稌夏穱”，正谓其早熟。糈稰同字，穛穱同字。米以精为良，而早获及时尝新，举糈穛而义备矣。郑云“熟获”、“生获”，亦据迟早为言。孔疏“穛是敛缩之名，明以生获，故其物缩敛”，意谓生取之，恐非郑意。

膳：肜，臐，膮，醢，牛炙；醢，牛胾，醢，牛脍；羊炙，羊胾，醢，豕炙，醢，豕胾，芥酱，鱼脍；雉，兔，鹑，鷃。

郑注：“此上大夫之礼庶羞二十豆也。以《公食大夫礼》‘馔’校之，则膮、牛炙间不得有醢，醢衍字。”嵩焘案：《周礼·膳夫》“食用六穀，膳用六牲，饮用六清，羞用百有二十品，珍用八物，酱用百有二十瓮”，郑注“八珍”，即取淳熬、淳母、炮豚、炮牂、捣珍、渍、熬、肝膋为说。凡经所述皆礼食也，而《周礼》庶羞多至百有二十品，其见于《公食大夫礼》者二十，则亦述其可纪者而已，不必如公食大夫之备数也。礼食之有脍羞，各视其力之所能供，而极其数以为量，未尝分主诸侯、大夫言之。经言内则而推及饮食，凡礼食之膳羞，物有其数，事有其文，备举之以为量，郑据《仪礼》而证其为豆实耳。孔疏乃引“《玉藻》诸侯朔食四簋——黍、稷、稻、粱，天子加以麦苽，为六”，似谓上“饭，黍、稷、稻、粱”为诸侯礼。郑注《太宰》“九穀”曰黍、稷、稻、粱、麻、大豆、小豆、麦、苽，《疾医》“五穀”曰麻、黍、稷、〔麦、〕豆，《职方》“五种”曰稻、黍、稷、麦、菽，错举为文，岂必天子之食专于六穀而已？《公食大夫礼》设簋六，谓诸侯食礼四簋，亦恐未然。此为不善申注义矣。

或以酏为醴，黍酏，浆，水，醷，滥。

郑注：醷，“梅浆”。滥，“以诸和水也。”“以《周礼》‘六饮’校之，则滥，凉也。纪莒之间名诸为滥。”嵩焘案：《周礼·酒正》“辨四饮”，曰清、浆、医、酏；《浆人》“供六饮”，曰水、浆、醴、凉、医、酏。郑注：“医，《内则》所谓‘或以酏为醴’。医与醷相似，文字不同，记之者异耳。凉，今寒粥，若糗饭杂水也。”而此注云：醷，“梅浆”。《集韵》“医，梅浆也，或作醷”，盖兼取郑意为说。而郑于此经“滥”云“以诸和水”，下文“桃诸、梅诸”疏引“王肃云：诸，菹也。《周礼》谓之‘干藤’”。郑意小和日滥，兼桃诸、梅诸言之，又与醷“梅浆也”互混无别。《说文》：“醇，杂味也。”杂和之，正此注所云“以诸和水”，然则滥与凉同，即《说文》杂味之醇也。《水部》：“凉，薄也。”引申为寒凉之凉，而醇自以薄为名。案《释名》：“桃滥，水渍而藏之，其味滥滥然酢也。”似《说文》“醇”以质言，此经云“滥”以味言。《广韵》：“醷，浊浆也。”醷以酏酿之成浆，滥渍干藤而和之，二者自分酞薄。《酒正》“五齐”皆醴也，故“四饮”无醴。《浆人》“六饮”杂醴言之，醴自六饮之一，——兼用黍、稻、粱三者，又各有清糟之分，——其馀五饮皆酏属也。或以酏为醴，则五穀之酏皆可为醴；自据醴言之，与“黍酏”以下别，其义备于《浆人》之“六饮”。而此经所记最为分明，正不必别求训。

蓏食、雉羹，麦食、脯羹、鸡羹，（折）〔析〕稌，犬羹、兔

羹：和糁不蓼。

郑注："稌，稻也。凡羹齐，宜五味之和米屑之糁，蓼则不矣。"嵩焘案：《尔雅》："肉谓之羹。"《说文》："臛，肉羹也。"王逸注《楚辞》："有菜曰羹，无菜曰臛。"是凡肉羹皆用菜芼之。《公食大夫礼》："芼：牛藿，羊苦，豕薇，皆有滑。"郑注："滑，堇荁之属。"是菜以和其味，且使滑。经云苽食、麦食、（折）〔析〕稌，盖皆用以和羹。《说文》："糂，以米和羹也。"古文糂从糁。和糁，即谓苽、麦及（折）〔析〕稌稻实（折）〔析〕之而已，为不屑也；以米和羹，不复加芼。《说文》："蓼，辛菜也。"举蓼以见用芼者之取味，谓之"不蓼"者，明不芼而和之。

腶脩，蚳醢；脯羹，兔醢；麋肤，鱼醢；鱼脍，芥酱；麋腥，醢，酱；桃诸，梅诸，卵盐。

郑注："腶脩，捶脯施姜桂也。卵盐，大盐也。自蜗醢至此二十六物，似皆人君燕所食。"嵩焘案：《仪礼》豆实，先脯醢，腶脩又加捶治，故析言之。上文饭六以实敦牟，膳二十以实豆，饮、酒以实卮匜，羞二以实笾，羹食七以实铏；腶脩以下凡十又豆实也，桃诸以下凡三又笾实也。"脯"与"腶脩"对文，不当为羹，盖涉上文"脯羹"而衍。《笾人》"朝事之笾"有白、黑、形盐，"馈食之笾"有桃、干藤。《说文》："藤，干梅之属。"《盐人》："祭祀，供苦盐、散盐；宾客，供散盐、形盐；膳羞，供饴盐。"疏云："苦当为盬。盬盐出盐池，今之颗盐是也。饴盐，盐之恬者，即石盐是也。"散为末，苦为颗，石盐亦为颗盐。卵盐即颗盐也，郑注谓之"大盐"，疑即《周礼》之"饴盐"。孔疏"盐形似鸟卵"，语殊无征。桃诸、梅诸、卵盐，笾实各别，疏谓"以卵盐和之"者，亦误。

夏宜腒鱐，膳膏臊。

郑注："腒，干雉也。鱐，干鱼也。"嵩焘案：《说文》："北方谓鸟腊曰腒。"《士相见礼》："冬用雉，夏用腒。"敖氏继公云："禽干谓之腒，犹兽干谓之腊。"似腒不专为干雉。《腊人》："掌脯腊朊胖之事。"《说文》："朊，无骨腊也。扬雄说鸟腊也。"鸟腊曰腒，鱼腊曰鱐，皆通词；《说文》亦云："鱐，干鱼尾鱐鱐然也。"《射鸟氏》"掌射鸟"，郑谓"凫雁鸨鹗，中膳羞者。"《罗氏》"（共）〔行〕羽物"，《掌畜》"共膳献之鸟"，郑谓"雉及鹑鴽之属"。鸟与鱼皆有鲜槁之异，渔人及掌畜共之。郑云"腒，干雉"，而于下文"冬宜鲜羽"云"羽，雁也"，似皆泥于一说。

芝栭

孔疏："庾蔚云：'无华叶而生曰芝栭。'卢氏云：'芝，（水）〔木〕芝也。'王肃云：'无华而实者名栭。'皆芝属。庾又云：'自牛脩至姜桂三十一物，则芝栭应是一物。'贺氏云：'栭，软枣。'亦云：'芝，木椹也。'以'芝栭'为二物。郑注下云'三十一物'，则数芝栭为一物也。"嵩焘案：《本草别录》："木生者为檽，地生者为菌。"《集韵》楝或作檽，木耳别名。《广韵》檽，木耳别名。《篇海》檽而楝。檽栭音义并同。是芝地生，今蕈菌之属；栭木生，今木耳。《说文》："栭，屋枅上标。""枅，屋欂栌也。""欂栌，柱上枅也。""楮，欂栌也。"徐氏《系传》谓梁上短柱上承屋脊者。山楶藻棁，盖刻此柱为山形，画两旁枝梧木为水藻之文。楶，《论语》、《礼记》俱作节，包咸云："节者栭也。"《尔雅》"栭谓之楶"，郭注："今栌也。"《鲁灵光殿赋》"芝栭（攒）〔欑〕罗"，张载注："芝栭，山节。"薛综云："栭，斗也。"

今谓之斗拱。斗附著于柱，木耳亦附著于木，故假栭为名。饰斗以芝，名芝栭；注家展转相因，并此芝栭为一物，误。“牛脩”以下，或登于俎，或实于鼎，或加于铏；“爵鷃”以下，或施于豆，或加于笾，或用以和庶羞：类记之以补《仪礼》、《周礼》所未载。郑注以“人君燕食所加庶羞”当之，并误也。

鹑羹，鸡羹，駕酿之，蓼。鲂鲔烝，雏烧，雉芗，无蓼。

郑注：“酿，谓切杂之。‘駕’在‘羹’下，烝之，不羹也。”孔疏：“鲂鲔皆烝熟之。雏，鸟之小者，火中烧之。‘雉’在‘烝’、‘烧’之下，或烧，或烝，或可为羹，其用无定。”嵩焘案：《公食大夫礼》“铏牛藿、羊苦、豕薇”，凡肉羹皆有菜芼之；此记通谓之“蓼”，非羹无用蓼者。《说文》：“作酒曰酿。”《广韵》：“酿，酝酒。”“駕酿之”，谓先渍之以酒而后羹。《说文》“烝，火气上行也”，明但熟之而已。凡羹皆和五味。鲂鲔烝，无五味之和。案《说文》：“煮，亨也。……煮或从火。煮或从水。”《亨人》：“共鼎镬，以给水火之齐。”是兼用水火曰亨，以器载之，令火气上升。无水火之齐曰烝。《说文》：“燔，爇也。”“爇，烧也。”“雏烧”，盖燔炙之。下文“为熬”，“屑桂与姜，洒诸上而盐之，干而食之。”《说文》：“熬，干煎也。”芗者苏桂之属。“雉芗”，谓干煎之而合芗，以达其气也。羹蓼而煎，和无蓼，经义原自分明。郑注駕“烝之”，因以“酿之”二字兼承上文，疏遂沿此，以“芗”字兼承，而谓雉亦“可羹”，亦自乱其例矣。

马黑脊而般臂，漏。

郑注：“漏当为蝼，如蝼蛄臭也。”嵩焘案：《周礼·内饔》：“乌皫色而沙鸣，狸。”“马黑脊而般臂，蝼。”此记狸为郁，蝼为漏。陆氏佃云："凡物宜露，郁之则臭；宜覆，漏之则臭。郁与漏言所以臭，狸与蝼言其臭如之。"疑凡物渗漏处，渍水久作朽湿气。《说文》："歾，腐也。""殠，腐气也。"朽漏即为腐气，不必破读为蝼。

鹄鸮胖

郑注："鹄或为（鸨）〔鸮〕。"嵩焘案：《司裘》"大射，设其鹄"，郑注："鹄者取名于鳱鹄。鹄小鸟，难中。"《广雅》："鳱鹄，（鹄）〔鵻〕也。"鳱一作干。《埤雅》："鸮，大如班鸠，绿色。"陆玑《诗疏》："鸮肉美，可为羹臛，又可为炙。"《庄子》所谓"见弹而求鸮炙"，是也。郑意以鹄大鸟，非常食。《释文》："鸨似雁，无后趾。"鹄雁亦类也，因以鹄为鸨。《说文》"鸨，肉出尺胾。"逾尺而可为胾，言其肥大，亦非小鸟。

肉腥，细者为脍，大者为轩。或曰：麋鹿鱼为菹，麕为辟鸡，野豕为轩，兔为宛脾。

郑注："轩、辟鸡、宛脾，皆菹类也。菹、轩聂而不切，辟鸡、宛脾聂而切之。"嵩焘案："肉腥，细者为脍，大者为轩"，总举其名，"或曰"以下析言之。郑注《周礼·醢人》："凡醯酱所和，细切为齑，全物若牒为菹。菹之称，菜肉通。"《少仪》"牛与羊鱼之腥，聂而切之为脍"，郑注："聂之言牒也。"《说文》"牒，薄切肉也"，即郑注所谓"藿叶切"。是大切曰轩，和醯酱曰菹，细切而和醯酱曰齑。疑"辟鸡"之"鸡"，即"齑"之假借。辟与擘同，《广韵》"分擘也"，谓析裂之。《说文》："宛，屈草自覆也。"引申为宛曲、宛转。脾与膍同。《诗》"福禄膍之"，毛传："膍，厚也。"《尔雅·释诂》："膍，厚也。"脯直曰脡脡，条析之曰宛脾。言或薄切，或细切，或条析之，而实醓为菹同也。

天子之阁，左达五、右达五，公侯伯于房中五，大夫于阁三，士于坫一。

郑注："达，夹室。大夫言'于阁'，与天子同处。天子二五，倍诸侯也。五者，三牲之肉及鱼腊。"嵩焘案：《士昏礼》"醴于房中"，又云："馔于房中，醯酱二豆，菹醢四豆，黍稷四敦。"《大射仪》："宰胥荐脯醢，由左房。"《公食大夫礼》："饮酒浆饮，俟于东房。"又云："凡宰夫之具，馔于东房。"《士虞礼》："方妇洗（豆）〔足〕爵于房中。"《特牲礼》："实豆笾铏，陈于房中。"又云〔《少牢礼》〕："主妇自东房执一金敦黍，有盖。"（少牢礼）〔又云〕："馔豆笾与筐于房中。"《有司彻礼》："宰夫羞房中之羞，自东房荐脯醢。"又云："主妇自东房荐韭菹醢，取笾于房，𪎊蕡。"《乡饮酒》记："荐脯五挺，出自左房。"《乡射》记："荐，脯用笾，五膱；醢以豆，出自东房。"是笾豆铏皆馔于房，酒浆黍稷亦在房，取便饮食。《仪礼》详著其文，据此经，是证笾豆铏敦之属皆有阁以庋之。天子笾豆之品为多，房左右皆有阁，公侯以下但于房中而已，庶馐燕食于此取给。《仪礼释宫》："堂之东西墙谓之序，序之外谓之夹室。"《尚书·顾命》："西序东向，东序西向，西夹南向。"东西夹室在堂左右墙外，别为室而南向。天子阁于夹室，非所便也。《玉篇》："达，通也。"《明堂位》"刮楹达向"，郑注："谓夹户窗也。"亦取通达为义。证之《礼经》，无以夹室名达者。盖阁者，施木为板以庋物，而空其中以一木板扞格，谓之一达。五达、三达，犹若五间、三间也。下文"于房中五"、"于阁三"，并承"达"字言之。天子二阁，阁五达，在东房左右。诸侯一阁五达，大夫一阁三达，皆在房中。士宫室卑，不置阁，为坫而已。《士冠礼》、《士丧礼》言“西坫”，《大射礼》、《既夕礼》言“东坫”，贾疏云：“堂隅有坫，以土为之。或谓堂隅为坫也。”士之坫当在房隅，崔灵恩《三礼义宗》云：“于室中为土坫庋食。”亦通谓之阁，《檀弓》“始死之奠，共馀阁也与”，（郑注）〔孔疏〕馀阁“以生时庋阁上所馀脯醢”，于此互相发明。若如此注之言夹室，证之《仪礼》，无能通者，庶羞笾豆之实，宜庋于阁；三牲鱼腊登之鼎俎者，非阁所能庋也。郑注于此殆兼失之。案：孔疏“天子尊，庖厨远，故左夹室五阁，右夹室五阁；诸侯卑，庖厨宜稍近，故于房中五阁”，所见尤陋。经云“左达五、右达五”，疏径以“五阁”释之，亦误。

淳熬　淳毋

郑注：“淳，沃也。”嵩焘案：《说文》：“浇，沃也。”“淳，渌也。”“漉，浚也。”“浚，抒也。”漉或从渌。手部：“抒，挹也。”是浚之训抒，谓挹诸水中。《考工记》：㡛氏“湅帛，以栏为灰，渥淳其帛，实诸泽器，淫之以蜃，清其灰而盝之，而挥之，而沃之，而盝之……明日，沃而盝之”。玩上“渥淳其帛”，似淳属浸渍之义。“钟氏染羽，淳而渍之”，亦此义。沃但以水浇之而已。《说文》：“渍，沤也。”“沤，久渍也。”久渍则淳矣，引申为淳浇厚薄之义，故沃所以为淳，而淳非活也。郑注《周礼》“淳，沃也”，并于义未尽。案郑注：“毋读曰模。模，象也，作此象淳熬。”取义迂曲。毋、牟声近相通。《释名》“牟追，牟冒也”，《郊特牲》作“毋追”。淳毋犹淳牟，牟盖黍稷器，以淳加牟，犹和羹之名铏羹也。

涂之以谨涂。

郑注：“谨当为墐，声之误也。谨涂，涂有穰草也。”嵩焘案：《说文》“墐，涂也”，与墍、垩为类。疑此两涂字上虚下实。《毛诗·角弓》传“如涂涂附”：“涂，泥也。附，著也。”两涂字又上实下虚。此云“谨涂”，谓泥涂也。《说文》：“堇，黏土。从黄省，从土。”从黄者，黄土多黏也。《玉篇》“《礼》‘堇涂’，涂有穰草也”，葢从郑义而亦主堇涂为说。《月令》“皆墐其户”，郑注：“墐为涂闭之。”《诗·七月》“塞向墐户”、《小（宛）〔弁〕》“尚或墐之”，并有涂闭意。而谓穰草为涂，似凡经传言“墐”者皆无此义。经云“编萑以苴之，涂之以谨涂”，是先编草里之而后涂，不得更有穰草明矣。此当从《玉篇》作“堇涂”，许君谓之“黏土”。水土合曰涂，《广韵》：“泥，水和土也。涂，泥也。”《玉篇》：“堲，涂也。”无俟增加字义以为之说。

为稻粉，糔溲之以为酏。

郑注：“糔溲，博异语也。糔读与滫瀡之滫同。”嵩焘案：郑谓秦人溲曰滫，变文为糔。《广韵》滫、糔皆息有切，引《说文》“久泔也”，盖用郑说并为一字。《毛诗传》“释之叟叟”，疏引樊光云“释之溞溞”。《广韵》：“溞，淅米也。”《尔雅·释诂》：“溞溞，淅也。”《说文》：“溲，浸沃也。”溞、溲音义并同，而滫自为“久泔”，秦人音读与溲为一，而义实别。溞溲连文，义无所取。《集韵》：“粨，滤取粉也。”疑糔当为粨，盖取稻粉滤而汰之，而后浸渍之以为酏；溲，当从《说文》为“浸沃”，既淅汰之，又浸沃之也。

取稻米举糔溲之，小切狼臅膏，以与稻米为酏。

郑注：“此酏当从餰。”嵩焘案：《周礼·醢人》“酏食”，郑司农注“以酒酏为饼”，郑引此驳之云：“酏，餰也。”《玉篇》饘同饘。《说文》：“饘，糜也。”《荀子·礼论篇》饘粥作饘鬻。《檀弓》疏：“厚曰饘，希曰粥。”《说文》：“酏，黍酒也。贾侍中说酏为鬻清。”云清者，粥而去米也，故郑于“酏食”通为飺。此经上文“糗饵粉酏”，即《周礼》糁食、酏食之分。《说文》：“糁，以米和羹也。”“糜，糁也。”糁酏皆稻粉为之，干调曰糁，糔溲之曰酏，盖屑稻米和水而有酴薄。上文“为酏以付豚”者，清和也；此为狼臅膏为酏者，酴和也。其糔溲则同，或以酏为醴，又加酿治，《说文》所谓“黍酒也”；黍酏水煮之，贾侍中所谓“粥清”也。而皆为粉。溲之以水，故通谓之酏。郑一以酏食为飺，飺米糜之已成者，反失酏之本义矣。

不敢县于夫之楎椸。

郑注：“竿谓之椸。楎，杙也。”孔疏：“植曰楎，横曰椸。”嵩焘案：《尔雅·释宫》：“樴谓之杙。在墙者谓之楎。”郭注引《礼记》：“不敢县于夫之楎箷。”《说文》：“楎，六叉犁。一曰犁上曲木犁辕。”“樴，弋也。”“弋，橜也。”弋，“象折木〔衺〕锐（衺）著形”；从厂，“象物挂之也”。是楎本曲木犁，而杙之施于墙者其形亦微曲，故假楎为名。《尔雅》：“竿谓之箷。”《广雅》：“箷谓之架。”《说文》：“竿，竹挺也。”徐氏《系传》新附：“椸，衣架也。”《尔雅释文》：“箷，李巡本作筤。”《（曲礼）〔内则〕》“男女不同椸枷”，《释文》椸作杝。《众经音义》引《苍颉篇》云：“椸，格也。”似椸与箷音同义异。张揖训箷为枷，郭注《尔雅》因即以椸为箷，盖以字音合之，而固不得为《尔雅》之竿。楎以弋施于墙，而椸别为县衣之架；竿之名箷亦可县，又别为一物，注家强合之耳。案：《尔雅》“蓐谓之兹，竿谓之箷，簀谓之（第）〔笫〕”相连为文，蓐、簀皆卧具，疑此竿施之寝床，县帷帐之属。楎曲木而固横施于墙，孔疏“直曰楎，横曰椸”，亦误。

敛：枕箧，簟席襡；器而藏之。

郑注："不敢亵也。"嵩焘案：郑于此但明其意而无注，贾、孔以下都无疏证。据此经上文"县衾箧枕，敛簟而襡之"，则此当分三句读。古人枕皆有箧，簟席有襡；敛字贯下二句，言敛枕而纳之箧，敛簟席而韬之襡也。上文又云："凡内外，鸡初鸣，盥漱，敛枕簟。"枕簟之属日必敛之，将衽而后施簟。夫不在，别为厨椟藏之。敛与藏异义。箧与襡，所以为敛器者；厨椟之属并敛具，纳其中所以为藏也。器字必加注释乃明。

故妾虽老，年未满五十，必与五日之御。

郑注："五日一御，诸侯制也。诸侯取九女。姪娣两两而御，则三日也；次两媵，则四日也；次夫人专夜，则五日也。天子十五日乃一御。"嵩焘案：郑注《周礼·九嫔》，言天子御见之法一夕九女，此言诸侯一夕二女，证之经义，实未尝及诸侯之礼。罗氏愿云："天子之后，每夕至王所以主内治。取休沐之义，五日一休，一嫔与其御进；又五日一休，一嫔又与其御进。凡四十五日而九嫔毕见。一时而再见，一岁而八见。自诸侯大夫以下，其妾媵有多少？然皆用五日之制，所谓'五日之御'是也。"罗氏此说，《礼》无明文，而深得礼意。玩上"七十同藏无间"之文，则夫妇共寝室而不必当夕；妾御以下必五日御见，未至五日之期，妻虽不在亦不敢当夕。通观前后之文，益见罗氏之说之精。后、夫人之尊而使与庶妾更进迭退，各当一夕，渎礼甚矣！郑氏此说，尤为害理。

国君世子生，告于君，接以太牢，宰掌具；三日，卜士负之。

郑注："接读为捷。捷，胜也。谓食其母，使补虚强气也。"

嵩焘案：郑意以“接以太牢”下始有“三日，卜士负之”之文，故疑接在负子前。然下文明言“接子择日，庶人特豚，士特豕，大夫少牢，国君世子太牢；非冢子皆降一等”，一据其子言之，不及其母；又言“三月之末，妻以子见于父”，则是三月之前子未见父，不得有接子之礼。大戴《礼·保傅篇》：“（卜）〔使〕士负之，有司端冕见之南郊。”《白虎通》：“使士负子于南郊，以桑弧蓬矢射。”接子用牲牢，如飨宾之礼；负子不用牲牢。经于三月名子云：“具视朔食；夫人，食如飨礼。”是所谓“接以太牢”者，接子而名之，而夫妇共飨。经文错综言之，当参观以求其义。

卜士之妻、大夫之妾使食子。

郑注：“食子不使君妾、适妾有敌义，不相亵以劳辱事也。”嵩焘案：下文“择于诸母与可者”，所云“慈母”即兼乳食言之。魏氏校云：慈也者，养其子而使之长。师母、保母，诸母皆可任之；慈母乳食，诸母有不能任者矣。士卑使妻，大夫尊使妾，集诸可以食子者而卜之。以大夫、士之妻、妾，君不能就择，故决之鬼神；诸母则择之，不用卜也。经义盖互相备，郑注误。

男角女羁

郑注：“夹囟曰角，午达曰羁。”孔疏引“《仪礼》注：‘一纵一横曰午。’留发顶上，纵横各一，相交通达，故曰午达；纵横各一在顶上，故曰羁，羁者只也。”嵩焘案：《说文》：“羁，马络头也。”《玉篇》：“羁，络也。”《广韵》：“马络也。”《增韵》：“系足曰绊，络首曰羁。”陈氏《集说》引严氏云：“‘夹囟曰角’，两髻也；‘午达曰羁’，三髻也。”盖虚其中顶而为三髻，相缀若马络头之式。郑云“午达”，正谓旁午交达，周四围而虚其顶。疏乃以留发顶上一纵一横为说，不详其为何式也。

夫入门，升自阼阶，立于阼，西乡。妻抱子出自房，当楣立，东面。

郑注："入门者，入侧室之门也。大夫以下，见子就侧室，见妾子于内寝，避人君也。"嵩焘案：天子诸侯路寝有堂有阶，夫人正寝曰内寝，亦有堂有阶。士寝分内外，其制略同。《士昏礼》"及寝门，揖入，升自西阶"当为内寝，侧室在寝旁，不当有堂有阶。接子用牲牢，如飨宾之礼，必于路寝行之。大夫、士曰适寝，亦曰适室；对内寝言之亦曰外寝。下云"适子庶子见于外寝"，通诸侯大夫士皆然。案郑注："外寝，君燕寝也。"其注"世子生，世妇抱子升自西阶"云："升自西阶，则人君见世子于路寝也。见妾子，就侧室。"孔疏："燕寝当在内而云'外寝'者，对侧室而为外耳；侧室在旁处内，故谓燕寝为外寝。"变易经文字义以成其说，正由以此"入门"为入侧室之门，自生歧误耳。大夫、士所以异者，妻抱子出自房，国君世子则世妇抱之。士之适寝亦与内寝相连，即所云"出自房"者是也；国君世子则出就路寝以见于君。其馀诸礼，国君以下及士皆然也。国君庶子，摈者以见于君所，而庶子之母自见于内寝。妾于君备御而已，不敢私有其子也。曰"君所"者，即外寝也；而别言之者，申叙庶子之母见君之礼。盖世子生，君、夫人并于路寝；庶子见于路寝，而庶子之母见君内寝，不得于路寝。经文委晰言之，非有两庶子之别也。上文"具视朔食"，谓牢礼也，岂有升牢俎以就侧室之礼？抑不知升阶而当楣立侧室，能有此制否也？案：郑意以君世子见于路寝，适子于燕寝，庶子于侧室，大夫、士并于侧室，而牵合经文以从之。内寝小寝，燕私之地，不以生子而必于侧室，为其亵也；而以牢礼接子于是，可乎？

妾将生子，及月辰，夫使人日一问之。子生三月之末，漱浣

夙齐，见于内寝，礼之如始入室。君已食，彻焉，使之特馂，遂入御。

郑注："此谓士大夫之妾也。凡妾称夫曰君。"嵩焘案：郑意是也，而据为士大夫之妾，则犹未尽。经意自以"妻将生子"、"妾将生子"析分两项，节首均系通论。惟人君之礼微有异者，故别论之，其馀君、大夫、士一也。"妻将生子"一节，通言始生及负子之礼。"国君世子生"节，专言国君负子严于大夫、士。"凡接子择日"以下数节，通言接子之礼。"世子生"以下，又专言国君接子有冢子、适、庶之分，亦严于大夫、士，而以"凡名子"一节通结之。"妾将生子"一节，通言妾子之礼。"公庶子生"一节，又专言国君庶子有有赐及众子之分，亦严于大夫、士。其负子、接子之礼已详于前者，可以互见，故于"妾将生子"一节，言妾见君之礼而不及其他，为其礼同也。君已食，彻之而馂，亦即所具之牢礼；妻则共食如飨礼，妾则馂也。君、大夫、士负子、接子之礼同者通论之，国君异者别论之，故更不言大夫、士之礼，而于"接子择日"首提其纲，以明君、大夫、士、庶人牲牢之等及冢庶之差，案：下异为孺子室于宫中，在三月名子之前，是自三日负子已别为室，不于始生之侧室也。尤足证郑注见于侧室之误。而终论命名之义。案：经言"大夫、士之子不敢与世子同名"，世子者继体乎君者也，固当避之，其馀虽适子弗避也。郑注"其先世子生勿为改"，亦恐失之。君大夫士之异惟具其等。于此既析妻子、妾子为二，而上言世子生见于君又兼及适子、庶子，亦为其礼同也，故于"公庶子生"言有赐及众子命名之等，而不更详其礼。经义完密简括如此，旧注似皆失之。

凡父在孙见于祖，祖亦名之。礼如子见父，无辞。

郑注："父卒而有适孙，则有辞，与见冢子同。"嵩焘案：此经上云："姆先，相曰：'母某，敢用时日祗见孺子。'夫对曰：'钦有帅。'父执子之右手，咳而名之。妻对曰：'记有成。'"所谓辞者即此。郑注"有适子者无适孙，与见庶子同"，立义至精，而增入父卒一层，疑于礼有未安者。辞者，夫妇相为酬答之辞。自冢子以下皆杀其礼，庶子则摈者以见，亦不得为之辞。父卒而有适孙，其生必练以前，妻与子皆衰。《曾子问》详言君薨世子生之礼，推及大夫、士，祝、宗人奉子以告于殡，祖为之名，又奉以见，尚有哭拜袒踊之文，安得从容为之辞，而以"有帅"、"有成"者与为赞祝也？经云"礼如子见父，无辞"，何等明截，无庸别为之说。

由命士以上及大夫之子，旬而见。冢子未食而见，必执其右手；适子、庶子已食而见，必循其首。

郑注："旬当为均，声之误也。有时适妾同时生子，子均而见者，以生先后见之。既见乃食，亦辟人君也。天子诸侯尊别，世子虽同母，礼则异矣。未食已食，急正缓庶之义也。"嵩焘案：此与上"食子者"二节为接子之馀义，不当忽及冢子、适、庶均见之礼。郑既释旬为均，于是又分未食、已食而见为天子、诸侯之礼，而谓大夫、士既见乃食为辟君，自生岐误。经明言"接子择日"，具牢礼，何为并日而见，及校先后一食之间为是亟亟乎？经云"旬而见"谓虽在襁褓，顾复有节，及旬一见之。其云"未食而见"、"已食而见"，盖奉以适父所。冢子有视膳之文，自其无知时为期而习其仪，未食而见，为晨省也。适子、庶子稍繁多矣，不敢以就见妨长者之食，故俟之已食时。"执其右手"，授受之义详焉；"循其首"者，略也。士妻抱之，大夫食母抱之。旬而见，止于大夫；天子诸侯异，为孺子室于宫中，择三母保护之，岁时以礼见，不能有旬见之仪也。

男鞶革，女鞶丝。

郑注：“鞶，小囊盛帨巾者。男用韦，女用缯。有饰缘之，则是‘鞶裂’与？”嵩焘案：《说文》：“鞶，大带也。《易》曰：或锡之鞶带。”郑氏《易》注亦云“佩鞶之带”。盖郑意以《玉藻》天子、诸侯、大夫皆素带，士练带，皆用熟绢为之，不用革；革带博二寸，则韠带也，系于韠之两角，《士丧礼》所谓“袷带”也。《礼》家遂分革带、大带为二，云革带以系佩韍，而后加之大带，引《杂记》“朱（丝）〔绿〕带，申加大带于上”为证。然朱（丝）〔绿〕带即为革带，于《礼》亦无征。《左传》桓二年“带裳”，杜注：“带，革带也。”“鞶厉”，杜注：“鞶，绅带也。亦名大带。厉，大带之垂者。”庄二十一年“鞶鉴”、定六年“鞶鉴”，杜注并云：“鞶带，以鉴为饰。”似大带通名为鞶，不必用革为之；杜氏所以训“带裳”之带为革带，以别为“鞶厉”。疑孺子之带用韦为之而假鞶为名。郑注“小囊”，为上“施縏帙”之縏，妇人之佩也；男女未冠笄者佩容臭，无帨巾之佩：仍从《说文》训带为正。

朝夕学幼仪，请肄简谅。

郑注：“谅，信也。请习简，谓所书篇数；请习信，谓应对之言。”嵩焘案：上“学书计”，即谓六书九数，不应重及篇数；应对之言拟之以谅，亦未莹。此据十年就傅所以教之之意言之。幼仪，谓《少仪》、《弟子职》诸篇。云“朝夕”者，幼仪朝夕所有事为多，亦以其时习之。“请肄简谅”，则谓摘取幼仪中简易质实者讲诵服行，如朝夕问安及佐长者视具之类。“学书计”，言所服诵；“请肆简谅”，言所循习。“肆”者谙悉其节文，“请”者问知其仪法也。

博学不教，内而不出。

郑注：“内而不出，谓人之谋虑也。”孔疏：“‘博学不教’，帷广博学问，不可为师教人。‘内而不出’，惟蕴蓄其德在内，不得出言为人谋虑。”嵩焘案：内而不出，即申上“不教”意。凡据所见为是以论事之得失皆教也，《荀子》“以善先人谓之教”正此意。所识未充，所历未深，固而存之，无自表著，《马援传》所谓“良工无示人以璞”者是也。为师教人及为人谋虑，经意尚未及此。

织纴组紃。

郑注：“紃，絛。”孔疏：“纴为缯帛，故杜注《左传》纴谓‘缯帛’。组紃俱为絛，皇氏云：‘组，绶也。’然则薄阔为组，似绳者为紃。”嵩焘案：《说文》：“织，作布帛之总名。”“纴，机缕也。”“组，绶属；其小者（收）〔以〕为冠缨。”“紃，圜采也。”是丝缕谓之纴。杜注《左传》“鲁赂楚以织纴百人”云：“织纴，织增布者。”析言之，则纴为丝缕；合言之，则纴者所以理其丝缕以待织，许君故谓之“机（丝）〔缕〕”。《类篇》“纴，织也”，又通织、纴言之。组之小者为冠缨，则组当为絛之大者。《说文》：“絛，扁诸也。”《唐韵》：“绦，编丝绳也。”《急就篇》注：“绦，一名扁诸。”紃为圜采，谓以采丝辫之，而其体圜，与绦之为扁诸者对文。织纴为一类，组紃为一类。组紃皆结丝为絛，组者扁而大，紃者圜而小，又杂以采丝也。

礼记质疑卷十三

玉藻

天子玉藻。

郑注："杂采曰藻。天子以五采藻为旒。"嵩焘案：《周礼·弁师》"五采缫十有二就"，《说文》"缫，绎茧为丝也"：本缫丝字，借作缫旒之缫。《郊特牲》作"冕璪"，《说文》"璪，玉饰，如水藻之文"：字当从璪，藻又其假借字也。以玉言曰璪，以县玉之丝言曰缫。《周礼·曲瑞》"缫藉五采"，郑注"用韦衣而画之"，谓画作藻文也，字正当作藻。桓（三）〔二〕年《左传》"藻率"，杜注："用韦为之，所以藉玉。"案《聘礼》：始受命，"贾人取圭，垂缫授宰；宰执圭，屈缫授使者；使者受圭，垂缫授上介；上介受圭，屈缫出授贾人。"又云："摈者出请命；贾人取圭，垂缫授上介；上介执圭，屈缫授宾；宾袭，执圭。"是缫藉二事，垂缫所以为饰也；画韦衣木，亦不得名缫。详见《曲礼》。经传缫、藻字通用，惟"冕璪"字仅一见之《郊特牲》。《弁师》天子五采缫、诸侯三采，采所以为藻饰也。《礼器》"天子之冕朱绿藻"，似不得径以杂采释藻。《说文》"藻，水草也"，质若缫丝为之，初无五采、三采之文也。

玄端而朝日于东门之外，听朔于南门之外。

郑注："端当为冕。朝日，春分之时也。"嵩焘案：《乐记》：

“魏文侯端冕而听古乐。”玄端加冕亦可以端言之，不必读端为冕。据《典（端）〔瑞〕》“王搢大圭，执镇圭，缫藉五采五就，以朝日”，则是朝日盛礼，玄端、玄冕皆非朝日之服。证之经传，朝日之礼盖有四。《大戴记》“春朝朝日，秋暮夕月”，所谓秩祀也；《大宗伯》“以实柴祀日月”，《典瑞》“圭璧以祀日月”，皆是也。《觐礼》“为宫方三百步，四门；坛十有二寻，深四尺，加方明其上”；天子“拜日东门之外，反祀方明”：则觐礼也，《典瑞》“王搢大圭，执镇圭……以朝日”，案：韦昭注《国语》“大采朝日，少采夕月”，引《典瑞》之文，云：“朝日以五采，则夕月三采。”然《周礼》但言朝日，不及夕月，必非常祀。《国语》大采、少采，言辨朝暮之色而已。《掌次》“朝日张大次小次”，《大戴记》“帅诸侯朝日于东郊”，皆是也。《鲁语》“天子大采朝日，日中考政，少采夕月，日入监九御”，《周语》“于是乎有朝日、夕月以教民事君”，则日所有事也。韦昭注并以春分祀日、秋分祀月释之，失其旨矣。《尚书大传》：“古者帝王以正月朝，迎日于东郊，所以为万物先而尊事天也。”其迎日之辞曰：“维其年月上日，迎日东郊。”疑此为朔旦迎日之礼，举正月以例其馀。庄十八年《穀梁传》：“天子朝日，诸侯朝朔。”朝日以迎日，朝朔以颁一月之政；王者尊，事日。《典瑞》特著朝日之仪，似不得概以春分朝日与秋分夕月对举言之。《晋书·礼志》载：“汉仪：每月旦，太史上其月历，牵牛酒至社下以祭日”；又载魏文帝诏：“汉氏不拜日于东郊，旦夕常于殿下东西拜日月，烦亵非祀天神之道。”是注朔旦祭日，每旦夕亦有拜日月之仪。而《郊祀志》不载，仅附见于《晋书》，其礼仪当有所本。古礼残缺，宜参考互证以存其略。如此朝日、听朔相连为文，亦与下视朝及日食、朔食为类，必非春分朝日之正祭。“皮弁以视朝”，朝日、听朔用玄冕可知。合观诸经传之文，当有以会其通矣。

诸侯玄端以祭，裨冕以朝。

郑注："端亦当为冕。诸侯祭宗庙之服，惟鲁与天子同。"嵩焘案：《礼器》："天子龙衮，诸侯黼，大夫黻。"郑注《周礼·司服》："衮九章：山、龙、华虫、火、宗彝，皆画以为绘；案：《书》："日、月、星辰，山、龙、华虫，作会；宗彝、藻、火、粉米、黼、黻，绨绣。"郑升火、宗彝于衣而云"皆画以为绘"，未知何据。藻、粉米、黼、黻，皆希以为绣。其衣五章，裳四章。鷩七章，始华虫；其衣三章，裳四章。毳五章，始宗彝；其衣三章，裳二章。希三章，（刺）〔剌〕粉米，无画；其衣一章，裳二章。玄者衣无文，裳（刺）〔剌〕黻而已。"是自衮冕而下裳皆有黼，惟玄冕有黻无黼。诸侯祭得兼五冕，五冕始于衮，终于玄冕。天子之祭据其上者言之，诸侯之祭据其下者言之，所以明等也。及朝，则各以其爵命加冕服，裨之言加也详见《曾子问》)。盖天子所事者天也；诸侯不得祀天地，所事者天子也，故皆加冕服以临之。案《荀子·大略篇》："天子山冕，诸侯玄冕，大夫裨冕。"杨倞注："山冕，谓画山于衣而服冕，即衮冕也。"凡冕皆玄，诸侯玄冕兼五冕言之，大夫裨冕谓始加冕。此云："玄冕以祭，裨冕以朝"，正举玄冕以赅五冕，朝则加服上冕耳。鲁侯国，而周公自以三公出封，宜加衮。《周语》："宣王欲得国子之能道训诸侯者，命鲁孝公于夷宫。"是鲁世为诸侯之长。《明堂位》之言衮冕，鲁之僭礼也，而亦有所本，安得遂谓鲁与天子同哉！

凡有血气之类，弗身践也。

郑注："践当为翦，翦犹杀也。"嵩焘案：此承"君子远庖厨"之义推广言之。《说文》："践，履也。"《广雅》："践，蹃也。"《释名》："践，残也。"《书序》"成王东伐淮夷，遂践奄"，郑亦云："践读为翦。翦，灭也。"《释文》："践，藉也。"《广韵》亦云："蹋践。"《文王世子》"不翦其类"，郑注《周礼·甸师》作"不践其类"。盖翦绝之意，践、翦音近相通，谓蹈藉而残毁之。郑注于此训"杀"，非也。

至于八月不雨，君不举。

郑注："此谓建子之月不雨，（尽）〔至〕建未月也。《春秋》之义，周之春夏无雨，未能成灾；至其秋秀实之时而无雨，则雩。"嵩焘案：《穀梁传》定元年"秋九月，大雩"云："雩月，雩之正也。其时穷人力尽然后雩，雩之正也。"郑氏此注盖用《穀梁》说。《春秋》书"大雩"，或"秋八月"，或"秋九月"，或"秋"，或"冬"，仅昭二十五年一书"秋七月"。《左氏传》于桓五年"秋，大雩"发其例云："书不时也。"又云："龙见而雩，过则书。"周之九月当今七月，犹可以雩，然自正月不雨至于八月，则灾之尤甚者。《月令》："季夏之月，土润溽暑，大雨时行。"于周为八月，不雨苗必伤，"不举"者以示警也。年不顺成而灾乃见，若不雨之期至于八月，则旱势已甚，不应至此时始不举也。

卜人定龟，史定墨，君定体。

郑注：定龟，"谓灵射之属所当用者"。定墨，"视兆坼也"。定体，"视兆所得也"。嵩焘案：《周礼·占人》"凡卜筮，君占体，大夫占色，史占墨，卜人占坼"，此所记当与《周礼》互证。"卜人定龟"，即卜师辨龟之上下、左右、阴阳以授命龟者而诏相之；扬火以作龟、致其墨、灼龟者卜师之事，辨龟而占其坼，即谓之定龟。《太史》"大祭祀，与执事卜日"，郑注："执事，太卜之属。与之者，当视墨。"占墨太史之事，亦谓之定墨。体，即

《太卜》所谓“经兆之体皆百二十，其颂皆千二百”。太史陈之而君审而定之，谓之定体。《周礼》所谓“占”者著其用，此所谓“定”者会其成。

君羔幦虎犆。大夫齐车。鹿幦豹犆；朝车。士齐车，鹿幦豹犆。

郑注：“幦，覆笭也。犆读如直道而行之直，直谓缘也。”嵩焘案：《周礼·巾车》：“（乘）〔丧〕车五乘：木车，蒲蔽犬複……素车，棼蔽犬複……藻车，藻蔽鹿浅複……駹车，萑蔽然複……漆车，藩蔽豻複。”《广韵》複同幦：“车覆軨也。”《仪礼·既夕》记“主人乘恶车，白狗幦，蒲蔽”，郑注：“幦，覆笭也。古文幦为幎。”《说文》：“幎，幔也。”郑注《周礼》“幎人”：“以巾覆物曰幎。”《曲礼》“素簚”，郑注：“簚，覆笭也。”孔疏释为“车覆阑”。《毛诗·韩奕》传“浅幭”：“浅，虎皮浅毛。幭，覆式也。”《说文》：“幭，盖幭也。”幭之言幎也。此经与《仪礼》之“幦”、《周礼》之“複”若“幎”、《诗》之“幭”、《曲礼》之“簚”音义并同。《说文》：“軨，车樀间横木也。司马相如说軨从（轜）〔霝〕。”“樀，车箱交错也。”《尔雅》：“车革，前谓之鞎，后谓之茀。竹，前谓之御，后谓之蔽。”《毛诗·载（驰）〔驱〕》传“簟茀”：“簟，方文席。车之蔽曰茀。”《硕人》传：“茀，蔽也。”《韩奕》笺“簟茀”：“漆簟以为车蔽，今之藩也。”丧车蒲萑之属为蔽，吉车并用方文席，曰簟茀。《巾车》幎与蔽二事。凡车箱，左右曰輢，輢上横木曰较，輢内之軨曰轵；前曰轼，轼下之軨曰轛。軨者轼、较下纵横木，析言之则轵、轛也。《释文》于此经郑注“覆笭也”云：“笭又作（玲）〔軨〕。”于《典礼》“展軨”言：“旧云车阑也。”軨取昤昽为义。疑幦惟以覆轼，轼下曰转，轼上有覆而垂其下曰覆转。郑云“覆笭”，毛云“覆轼”，其义一也。《说文》笭、篚连文，并云：“车笭也。”笭下云：“一曰籯也”：“籯，笭也。”“笼，一曰笭也。”是笭竹器，在车中者曰车笭。《释名》：“笭，横在车前，织竹作之。”《集韵》：“笭箵，车笭也。”舟车器通曰笭。《周礼·缮人》：“凡乘车，充其笼箙。”笼即笭也。《集韵》又云：“笭篁，车中筵也。”《玉篇》：“篁，筵也。”《广雅》亦作“笭篁”。中置物曰笭，其上荐物曰篁。别为车中器，是车箱横木曰转。车中器曰笭，郑云“覆笭”，或云“覆苓”，皆假借字。《广雅》承郑义，云“覆笭谓之幦”。治《说文》者径以笭当车箱，而《巾车》之云蔽与幦者混合为一矣，恐非郑义也。《义疏》又云：“朝车降于齐车一等，大夫朝车、士齐车与大夫齐车同鹿幦豹犆，可疑”；引芮城定本：“大夫齐车豹幦豹犆，其朝车与士齐车鹿幦豹犆。”虎幦，即《韩奕》传之“浅幭”，为诸侯朝车。士齐车与大夫朝车同，则大夫齐车当与诸侯朝车同，大夫齐车豹犆宜亦为虎犆。幦以覆轼，其下垂曰犆。《周礼》舆广六尺六寸，“六分其广，以一为之轸围。三分轸围，去一以为轼围”，则轼围七寸三分寸之一。覆轼之幦必下垂于转，故亦曰“覆转”。其下覆之幦，即此经所谓“犆”也。郑注“犆，缘也”，亦恐失之。

浴用二巾，上絺下绤。出杅，履蒯席，连用汤。履蒲席，衣布晞身，乃屦。

郑注：“蒯席涩，便于洗足也。连犹同也。”嵩焘案：郑意似谓洗足蒯席之上，则上“上絺下绤”同在杅中用之，而此洗足又别一事，于文义稍隔。在杅之浴无分于上下，去其垢汗之甚者而已。出杅而后，用汤濯上体，以絺巾拭之，又用汤濯下体，以绤巾拭之。经不云濯足，足亦下体之一也。曰“连用汤”者，但加浣洒之功，以汤沃之；初履蒯席以防水渗，而汤则仍沃之杅中也。如郑注，则下“衣布晞身”为无著矣。

天子搢珽，方正于天下也。诸侯荼，前诎后直，让于天子也。大夫前诎后诎，无所不让也。

郑注：“此亦笏也。珽之言挺然无所屈也。或谓之大圭，长三尺，杼上终葵首。荼，读为舒迟之舒。诎，谓圜杀其首。大夫又杀其下而圜。”嵩焘案：《说文》：“珽，大圭，长三尺，杼上终葵首。”《广雅》：“瑹、珽，笏也。”《逸周书·王会解》：天子搢珽，唐叔、荀叔、周公、太公以下搢笏。据《周礼·典瑞》，诸圭皆言“执”，惟大圭言“搢”，搢者笏也。桓二年《左传》　“黼、珽（也）”，杜注：“珽，玉笏也。”《荀子·大略篇》：“天子御珽，诸侯御荼，大夫服笏。”郑注《典瑞》“搢谓插之绅带之间”，御与服皆此义。《说文》：“曶，一曰佩也。象形。”（崔）〔裴〕骃《史记集解》引郑注《尚书》：“曶者（笏也），臣见君所秉，书思对命者也。君亦有之。”天子大圭即笏，而自名珽，郑、许之说确不可易。周氏谞云：诸侯荼者，“荼茅秀”，刻文其上为饰，“笏饰以荼，独璧饰以蒲”。郑训舒迟，似稍迂曲。珽者其体直。陆氏佃云：诸侯“前诎，躬其上也”；大夫“前后诎，上下躬也”。笏体方，中博三寸，上下微杀而博二寸五分。皆有棱角。惟天子大圭终葵首，稍杀其两肩。诸侯、大夫皆方，诎直并以笏体言之，不得为圜杀也。

侍坐则必退席，不退则必引而去君之党。

郑注：“党，乡之细者。退谓旁侧也，辟君之亲党。”嵩焘案：

陈氏《集说》分郑注为二义。《经义述闻》："古人多训所为党，郑以党为旁侧，已得之矣，又以为君之亲党，非也。"凡党有二义：文十三年《公羊传》"往党，卫侯会公于沓。反党，郑伯会公于斐"，何休注："党，所也。"哀五年《左传》"何党之乎"，杜预注："党，所也。"《释名》："党，长也，一聚之所尊长也。"因相沿谓所曰党。《乡射礼》"乏参侯道，居侯党之一，西五步"，孔疏："党，旁也。"《书》："无偏无党。"党谓相偏比，故又通其义于旁近。"去君之党"，谓君所坐处却而远之。退者，向后。引而去者，引而向下也。

若有尝羞者，则俟君之食然后食。饭，饮而俟。

郑注："不尝羞，膳宰存也。"嵩焘案：《周礼》"膳夫授祭品，尝食，王乃食"，为常食言之。臣侍君食则臣品尝，品尝所以导尊者也。前云"先饭，辩尝羞"，因赐食而代膳夫导食。此云"若有尝羞者"，明赐食非一人，则一人先尝，而其馀者俟君食乃食也。陆氏佃云："侍食者众，其尝食常卑者一人先"，于经义为近得之。

君未覆手，不敢飧；君既食，又饭飧。饭飧者，三饭也。

郑注："覆手，以循咡（己）〔已〕食也。飧，劝食也。"饭飧者，三饭，"臣劝君食如是可也"。孔疏："覆手者，谓食饱必覆手以循口边，恐有殽粒污著之也。飧，谓用饮浇饭于器中。"嵩焘案：《公食大夫礼》："宾三饭以湆酱。宰夫执觯浆饮……以进。……卒食会饭，三饮"。三饮盖九饭，疏谓用饮浇饭，盖即此义。然浆饮以漱不以浇饭，尤与注"劝食也"无涉。陆氏佃云："飧，卒食也。一日三食以是为卒，一食三饭以是为卒，故曰'饭飧者三饭也’。”案《杂记》疏：“既食，更飧而强饭。”赵岐《孟子》注：“朝食曰饔，夕曰飧。”引申之，凡后食皆曰飧。疑此即上“俟君食然后食”意。飧当为餐，《尔雅·释言》“粲，餐也”，《释文》作飧，引“《字林》云：‘水浇饭也。’本又作餐。”《说文》：“餐，吞也。”字或从湌。饭餐二字连文，言食之速。方氏悫云：“覆手谓释已梜。方其用已梜而食，则致爪掌焉，及释而不用，则覆手而已。”食当用手，食毕则覆手。言须俟君食毕乃食，凡三饭皆然。注云“飧，劝食”，疏云“飧，用饮浇饭于器中”，似皆意为之说。案：此章通言侍食于君之礼，而云“劝君食”，于礼无取。）

君既彻，执饭与酱，乃出，授从者。

郑注：“食于尊者之前，当亲彻也。”孔疏：“此食合己之所得，故授从者。”又云：“此经食不客。若君与己礼食，则但亲彻之，不敢授己之从者也。”嵩焘案：《公食大夫礼》“宰夫授醯酱，公设之；太羹湆，实于镫；宰执镫授公，公设之酱西；宰夫授饭（梁）〔粱〕，公设之湆西。卒食，宾“取（梁）〔粱〕与酱以降，西面坐奠于阶西”；“大夫相食……卒食，彻于西序端”。郑注：“亦亲彻。”是礼食，饭、酱、湆亲设，宾亦亲彻，食于公及敌者皆然。经言“赐食而君客之”，则亦与礼食同；疏云“食不客”，强生分别，与经文适相牾。《燕礼》：“请彻俎，宾取俎以出。”《大射礼》：“宾北面取俎以出，授从者于门外。”此臣于君之礼，大射以俎授从者，知燕礼亦同。《乡饮礼》：“请彻俎，宾取俎还授司正。”《乡射礼》：“宾取俎，还授司正；司正以俎出，授从者。”此敌礼，乡射司正以俎授从者，知乡饮亦同。惟公食大夫礼重于燕，则“有司卷三牲之俎归于宾馆”；彻（梁）〔粱〕与酱奠之阶西，不以出：明以礼进退，不敢私君惠也。《燕礼》、《大射礼》：

"宾北面坐，取其荐脯以降，以赐钟人于门内溜。"钟人司金奏，以乐出入。燕、射献工献笙皆有脯醢，不及钟人，宾得以君惠之馀均及之。证之《仪礼》之文，俎也、荐脯也、饭与酱也，宾皆得彻之取之；《曲礼》"卒食，彻饭齐以授相者"。与此所记正同。以授相者，若乡饮、乡射之授司正，皆转以授之从者。饭酱主人亲设，记礼者特举以明之。郑注《公食大夫礼》："不以出者，非所当得。"疏因谓"非君臣则彻以授主人相者，亦以非己所得也；此食合己之所得，故授从者"，望文生义，而于《礼经》大旨固未能曙然。

凡侑食，不尽食，食于人不饱。

郑注："谦也。"孔疏："侑食不尽食，明劝食于尊者之法。食于人不饱，通包食于尊者及礼敌之人。"嵩焘案：《尔雅·释诂》"酬、酢、侑，报也"，谓相报劝。《特牲礼》："尸三饭，告饱，祝侑；尸又三饭，告饱，祝侑之如初；尸又三饭，告饱，祝侑之如初。"《少牢礼》："尸告饱，祝……侑曰：'皇尸未实，侑！'……尸不饭，告饱。主人拜侑。"《公食大夫礼》："宾三饭，公受宰夫束帛以侑，宾卒食会饭，三饮。"是凡宾祭皆用侑，侑者礼食也。郑注《公食大夫礼》："三饭而止，君子食不求饱。"礼食止于三，其侑之亦三饭而止，经言"不尽食"者，通辞。《公食大夫礼》："宾三饭以酱湆。"会饭三饮不以酱湆。郑注"不复用正馔"，则是侑食以礼相接，尤不尽食也。此与"食于人不饱"一节，侑食者又食之，以礼相接者也。孔疏分析未允。

玄冠朱组缨，天子之冠也；缁布冠缋緌，诸侯之冠也。

郑注："皆始冠之冠也。诸侯冠有緌，尊者饰也。"嵩焘案：

"冠义：始冠，缁布之冠。……其緌也，孔子曰：'吾未之闻也。冠而敝之可也。'"此经云："自诸侯下达，冠而敝之。"是自诸侯至士，缁布冠制并同。《杂记》："太白冠、缁布之冠皆不緌。"二者古冠之遗，古冠不緌。周人以太白冠为丧冠，以缁布冠为始冠之冠，亦皆不緌。敝者蔽也，谓扱其缨之馀掩蔽之，不为饰也。案下云："居冠属武，有事然后緌。"属武者，结缨而纳之武下，缨之两端并与武相属。属武，所以著其形；冠而敝之，所以详其义也。详见《郊特牲》。《士冠礼》："缁布冠，青组缨。"诸侯用缋，是冠同而缨异，所以明等；而天子自服玄冠，玄冠则有緌矣。缁布冠不緌，古冠制固如此，诸侯与士同也。《毛诗·齐风》传："冠緌，服之尊者。"凡冠皆緌，惟缁布冠存古制之遗；施之始冠者，明其非尊也。缁布冠不緌，记礼者屡言之。此云："缋緌"，盖"缋缨"之讹。郑以为尊者饰，非也。

垂緌五寸，惰游之士也；玄冠缟武，不齿之服也。

郑注："惰游，罢民也。亦缟冠素纰，凶服之象也。垂长緌，明非既祥。"不齿，"所放不帅教者"。嵩焘案：《周礼·司圜》"掌收教罢民，弗使冠饰，而加明刑焉"，郑注："'弗使冠饰'，著黑幪。"《尚书大传》："唐虞象刑：（大）〔上〕刑，赭衣不纯；中刑，杂屦；下刑，墨幪。"杨倞注《荀子》"墨鲸、慅婴"，云："当为墨幪、澡缨。澡或读草。"引《慎子》以"草缨"当劓。罢民受役圜土，其出犹三年不齿，安得为士冠加緌？贾谊《政事疏》："闻谴（诃）〔何〕，白冠氂缨……造请室请罪。"为大臣言之，岂能概之罢民？《周礼》明言"弗使冠饰"，必非以施之有罪明矣。案：蔡邕《独断》云："帻，古之卑贱不冠者之所服。"《释名》：帻，"贱者所著曰兑发，言裁裹发也"。《礼经》不详庶人之冠服，何有于罢民哉？盖玄冠士以上之常服，案：郑注承上"既祥之冠"，云"此亦缟冠素纰"，恐误。緌者所以为饰，垂緌五寸，则荡而不知检；经云"惰游之士"，谓望而知为游士之惰者，所以愧厉之。"不齿"，犹《王制》"百工执役不与士齿"之类，同为玄冠而以缟武别之，明非士服也。凡庶人之在官者，玄冠常服当并同此。玄冠玄端，天子以下及士之通服；其不得与于士者，为之缟武以别异之，亦以明章服之等也。

玄冠紫緌，自鲁桓公始也。

郑注："盖僭宋王者之后服也。緌当用缋。"嵩焘案：《祭义》："天子冕而朱纮，诸侯冕而青纮。"纮施于冕，缨施于冠，其义一也，似未宜引上"缁布冠缋緌"为证。何晏《论语》注引孔安国云："紫，间色之好者。"《乡党》章"红此不以为亵服"又引王肃云："亵尚不衣，正服无所施。"邢昺疏亦以为"间色"。礼服无用紫者，故曰"自鲁桓公始"。郑以为"僭宋王者之后"，未知何据。案：下"朝服以缟，自季康子始"，郑注亦云"僭宋王者之后"，盖据《王制》"殷人缟衣而养老"。（郑）〔孔疏〕于彼云："缟衣，白布深衣。"《（郐）〔曹〕风》笺亦云："麻衣，深衣。"于周为常服。朝服以十五升布为之，康子易之以纤缟，非但易其色而已。郑并据"王者之后"言之，恐未然也。《韩非子·外储说》："齐桓公好服紫，一国尽服紫。当是时也，五素不（敌）〔得〕一紫。"以好紫而施之冠缨，凡服尤以冠为重，记礼者特著其失：此鲁桓公当为齐桓公之误。

深衣三袪，缝齐倍要，衽当旁。

郑注："缝，紩也。紩下齐倍要中，齐丈四尺四寸。衽，裳幅所交裂也。凡衽者，或杀而下，或杀而上，是以'小要'取名焉。衽属衣，则垂而放之；属裳，则缝之以合前后：上下相变。"嵩焘案：《玉藻》、《深衣》详古深衣之制，合衣裳为一，案：《后汉·舆服志》称“秦郊祀服以袀玄，礼服合衣裳为一，自秦始”。又云：“深衣制有袍。”《说文》：“袍，襺也，以絮曰襺，以缊曰袍。”盖亦中衣之属，自汉已为礼服矣。犹析分上下而缝合之，盖古衣裳异等，上玄下纁以别尊卑，深衣连合上下，以从简便，而特别异其幅，存古制之遗，故记礼者严志之。“衣三袪”，通前后四幅得七尺二寸。深衣无衣裳之分，上下四幅，缝合以周于身，故谓之深衣。其云“深衣三袪”，必不专主要缝言之。《丧服》记：“衽二尺有五寸，衣二尺有二寸。”郑注：“衽，所以掩裳际也。”举裳际以明裳之长短。案：《方言》“褛谓之衽”，郭注：“衣襟也。或曰裳际。”盖即以裳际名衽。郑注“所以掩裳际”，谓其外幅交相掩也。近江氏《冕服考》、邵氏《尔雅正义》并云衽属于衣，下垂以掩裳际；于衣两旁别为衽，恐亦非郑意也。深衣上下幅适均，自领以达于要，自要以达于齐，长短之数同。齐缝与要缝相倍。三袪，明其幅之广。“缝齐倍要”，明上下之幅相准而成衣也。郑注《丧服》：“凡裳，前三幅，后四幅。祭服、朝服辟积无数。”是裳用布七幅而有辟积，又以韦带收合于要；深衣无辟积，乃用六幅邪裁，而使下齐之广倍于要，则此丈四尺四寸之齐，何以适手足之宜，为行坐之节乎？《说文》：“衿，衣裣也。① 裣，交衽也。”《尔雅·释器》“衣眦谓之襟”，郭注：“交领也。”《毛诗·郑风》传：“青衿，青领也。”裣、衿、襟三字同。《释名》：“襟，禁也，交于前所以禁御风寒也。”凡衣交合处曰襟。《方言》：“衿谓之交。”衣交处始于领，故亦谓之“交领”，而由裣以通之。衣裳之边际皆曰衽。《尔雅》“衣裗谓之视”，郭注：“衣褛也。”《广雅》：“褛谓之衽。”《方言》“褛谓之袩”，郭注：“即衣衽也。”又云：“褙谓之袩。”《广雅》：“褙，衣衽也。”皆谓衣际所以掩裳，郑注“衽属衣则垂而放之”是也；《丧服》记“衽二尺有五寸”，《释名》“衽，襜也，在旁襜襜然”，郑注“属裳”者是也。案《曲礼》：“请衽何趾。”席下曰衽，卧席有上下，故通名卧席曰衽。《檀弓》“棺束，缩二，横三。衽每束一。”《丧服大记》“三衽三束、二衽二束”。郑注

①大徐本《说文》无此语。

并云“小要”，盖棺束于其端以小要合之，亦取其交合处为衽，由交衽之义引申之。郑于此并引“小要”为说，非也。“衽当旁”，通言深衣之交搿。古衣裳之制皆用正幅。《曲礼》：“天子视不上于袷，不下于带。”由袷而下及带，用正幅为衿。深衣衣裳交属为曲裾，旁引至胁而下当裳际，故曰：“衽当旁”，盖钩其边以属裳而通合之。“衽当旁”与《深衣》“续衽钩边”义相备，“缝齐倍要”与《深衣》“要缝半下”义相备。凡衣以称身而已，冕服有常制，而裳自为辟积以收合于身，短长肥瘠各适其宜。深衣一视其人之身以为量，上下通用四幅布为之。案：《深衣》“制十有二幅”，盖并衣前后缝合处言之。其衿之收合于内者，不与十二幅之列。上下正幅各四而已，并两袂为六。详见《深衣》。“衣三袪”，取肘以准之身；“缝齐倍要”，取身之中以准合其上下幅。有常而称量以为之节，各以其身准之。经义分明，注家意为之说，而古制乃不复可辨矣。

长、中继揜尺。

郑注：“其为长衣、中衣，则继袂揜一尺，若今褎矣；深衣则缘而已。”嵩焘案：郑氏《深衣目录》：“深衣，连衣裳而纯之以采。素纯曰长衣，有表则谓之中衣。”据《仪礼·聘礼》，“遭丧，将命于大夫，主人长衣练冠以受。”《杂记》“大夫卜宅与葬日，有司麻衣……如筮，则史练冠、长衣”，郑注：“麻衣，白布深衣。”是丧服有衰裳，有深衣，深衣用白布为之，谓之麻衣。《檀弓》“主人深衣练冠”，即《杂记》之“长衣练冠”也。《深衣》云：“具父母，大父母，衣纯以缋；具父母，衣纯以青；孤子，衣纯以素。”不以纯有青素而易名。郑注“长衣”并云深衣之纯以素者，其实“深衣”、“长衣”随事为名，初无别异也。《郊特牲》“绣黼丹朱中衣”，疏谓“冕及爵弁（服）之中衣”。《毛诗·唐风》传

“素衣朱襮”、“素衣朱绣”，并引“诸侯绣黼丹朱中衣”为训。《说文》：“衷，里亵衣也。”案：《左传》宣九年“皆衷其衵服”，杜注：“衵服，近身衣。”《说文》引此以释衷字之义，似衷即为中衣。“衷其衵服”，谓即以衵服为中衣也。凡服皆有中衣，因而缘之以为饰。案：中衣亵衣，而加饰者当衽，则为裼衣。裼衣外见绣黼丹朱，因裼以为文也，故特著之。详见《曲礼》。长衣与中衣相继而掩中衣一尺，与下“以帛里布”相连为文，郑注：“冕服丝衣，中衣用素；皮弁、朝服、玄端麻衣，中衣用布。”准此而言，深衣之中衣亦布也。案：冕服无纯而中衣有纯，（郑注）〔孔疏〕《郊特牲》所谓以“绣黼为领，丹朱为缘”是也。深衣有纯而无裼，中衣不外施，无俟加饰，故深衣之中衣无缘。长衣、中衣准人身以度其长短，而中衣常减长衣一尺以为节，郑注专以袂言之，则文义不能明。案孔疏：“长、中制同而所施异。”其《深衣》疏云：“长衣、中衣及深及制度同。”方氏悫亦云：长衣、中衣与深衣制同，惟“继袂掩覆一尺，所以异于深衣。”析长衣与深衣为二，又合中衣为三，未达《礼经》之旨，徒生轇轕而已。

纩为茧，缊为袍，禅为絅，帛为褶。

郑注：“纩，谓今之新绵也。缊，谓今纩及旧絮也。”孔疏：“时以好者为绵，恶者为絮。”嵩焘案：《说文》：“絮，敝绵也。”“纩，絮也。”“缊，绋也。”“绋，乱枲也。”古无绵絮，凡絮皆丝也。丝成缕者，经纬之为帛；其不受缫，无缕可析为絮。许云“敝绵”，正谓丝不成缕，联绵软熟，可用为温。麻成缕者为布，缊者乱枲，亦用为温。《说文》“以絮曰襺，以缊曰袍”，语极分明；郑以新绵旧絮释之，似用汉时绵絮为说，恐误。《说文》：“禅，不重也”“袷，衣无絮也。”《丧大记》“君褶衣褶衾”，郑注：“褶，袷也。”《士丧礼》“襚者以褶，则必有裳”，郑注：“複与禅同，有裳。”《说文》有袭无褶，袭褶古今字。《玉篇》：“袭，重衣也。”絅，《诗》作褧，《郑风》笺：“褧，禅也。盖用禅縠为之。”《玉篇》：“褧，衣无里也。”案：《诗》“衣锦褧衣”，《中庸》引作“衣锦尚絅”，是絅以为锦衣之表。此茧、袍、絅、褶四者并为中衣，絅但为禅衣之名，中衣与衣之在表者皆可名絅也。茧、袍、絅、褶四者举其名，纩、缊、禅、帛四者所以著其用也。纩以丝，缊缁枲，皆谓絮衣；其禅衣、袷衣之分，兼丝枲言之。疑禅当与袷对文，郑氏释褶为袷、为複者是也。上文“袷二寸”，以袷为交领字。《说文》“裣，交衽也”，字从裣。《唐韵》裌同袷。《集韵》亦云：“裌，衽也。”盖沿戴《记》以袷为交裣而合而一之。经云“帛为褶”，当作“袷为褶”，褶不专主帛言也。

唯君有黼裘以誓省，大裘非古也。

郑注：“僭天子也。黼裘，以羔与狐白杂为黼文。省当为狝。狝，秋田也。国君有黼裘誓狝田之礼，时大夫又有大裘也。”嵩焘案：陆氏佃云：“黼，其裘领也。《士昏礼》：‘被颎黼。’盖纇黼于纇上缘以黼，黼裘于裘上缘以黼。”据郑注《士昏礼》：“纇，禅也。”引“《诗》：‘素衣朱襮。’《尔雅》云：‘黼领谓之襮。’天子诸侯后、夫人狄衣。卿大夫之妻刺黼以为领。士妻始嫁，假盛（服）〔饰〕，施禅黼于领上。”此云“黼裘”，当亦加黼于领以为饰耳。郑云“以羔与狐白杂为黼文”，疑无此制。《周礼·司服》“祀昊天上帝，服大裘而冕”，郑司农云：“大裘，羔裘。”此为冬至圜丘之祀，祀天尚质，遂以大裘当十二章之服。经云“非古”，据殷以前言之；若如郑注，诸侯大夫皆有大裘，“僭天子”，当云“非礼”，不当云“非古”。裘者亵服，非所以章敬。陈氏祥道云：“誓，谓前期十日，太宰帅执事卜日，遂戒。省，谓前祭一日，太宰及执事视涤濯。《郊特牲》‘卜之日，王立于泽，亲听誓命’，则王于誓省皆与。”陈氏之说是也。誓省严其事而简其文，故可以

"黼裘"莅之；其羔裘仍当用玄，齐缩之义也。非是无可以裘莅事者。大裘非古，明《周礼》之以质而失者也。郑注似皆以意拟之。

君衣狐白裘，锦衣以裼之。

郑注："《诗》云：'衣锦絅衣，裳锦絅裳。'然则锦衣复有上衣明矣。天子狐白之上衣皮弁服与?"嵩焘案：《毛诗·秦风》传"锦衣狐裘"："朝廷之服。"笺云："受命服于天子。"据《诗》以"锦衣狐裘"与"黼衣绣裳"对文，明为诸侯之冕服。经亦云："锦衣狐裘，诸侯之服也。"皮弁服下逮于士，不与锦衣狐裘为类可知。郑据《尚书》以衣作绘、裳絺绣、冕服无用锦衣者，案《说文》："缋，画也。""绘，会五采绣也。""绣，五采备也。"是绘会五采，其功尤多于绣，不必衣用画而裳用绣也。郑注《司服》引《尚书》会作（绘）〔缋〕，并易其字。因谓"锦衣复有上衣"。锦盖缯帛之有织文者，上加绘绣，下害其为冕服。案：黼黻并施之裳，而《秦风》云"黼衣绣裳"，毛传引《周礼》"黑与青谓之黼，五采备谓之绣"，但就衣之色言之，不能据文求义也。缯有文曰锦，《杂记》亦谓之"素锦"，意取尽饰而已。凡冕服皆有中衣，所以用为袭裼而饰其内。其于裘也曰袭裘，曰裼裘，以裘为饰，不当复有中衣。"锦衣狐裘"，通冕服、燕服言之。惟君为能尽饰；经云"士不衣织"，"士不衣狐白"：其不专施之皮弁服明矣。

君子狐青裘豹褎，玄绡衣以裼之；麛裘青豻褎，绞衣以裼之；羔裘豹饰，缁衣以裼之；狐裘，黄衣以裼之。

郑注："君子，大夫、士也。绞，苍黄之色。黄衣，大蜡时腊先祖之服。"嵩焘案：疏引皇氏云："玄衣即玄端。"又引熊氏："六冕皆有裘，此云玄，谓六冕及爵弁也。天子诸侯皆然。而云'大夫、士者'，君用纯狐青，大夫、士杂以豹褎。"又引刘氏云：

“六冕皆黑羔裘。《论语》注：‘缁衣羔裘，祭于君之服。’是祭服用羔裘。”似熊氏以玄衣当冕服，刘氏以羔裘当冕服，其馀不详。《论语》“缁衣羔裘，素衣麑裘，黄衣狐裘”，与此记同。其“素衣麑裘”，郑注引作“麛裘”；《聘礼》注亦同，云“皮弁素衣，其裘同”：则此“绞衣”不当作“苍黄色”。“绞衣”当为“缟衣”。《楚辞》“安能以皎皎之白”，《史记》作“皓皓”。《集韵》皓通作皜。《汉书·司马相如传》：“皜然白首。”皜皎字音近相通，《说文》所谓“鲜色”也。玄衣玄端上通玄冕。绞衣即《论语》之“素衣”，邢昺疏所谓“素衣皮弁服”、“缁衣朝服”是也。《郊特牲》：“野夫黄冠。”黄衣、黄冠，庶人之服详见《郊特牲》；郑注于此为不伦。近凌氏廷堪《礼经释例》云：“黄衣狐裘，韦弁服也，陈氏《礼书》以为即爵弁服。《士冠礼》陈冠服：爵弁服、皮弁服、玄端。《士丧礼》陈袭衣：爵弁服、皮弁服、褖衣。《周礼·司服》：‘凡兵事，韦弁服；视朝，则皮弁服；凡甸，冠弁服。’韦弁服即爵弁服，冠弁服即朝服。惟《仪礼》既有爵弁服，又有韦弁服。郑注：爵弁服，‘缁衣’；韦弁服，‘靺布衣’，《司服》注又以为‘靺韦衣’。其衣不同，名亦随之而异，犹之缁衣素裳为朝服，缁衣玄裳为玄端，其实一物也。”金氏榜《礼笺》：“韦弁服之裘，经记无可考见。郑注韦弁以靺韦为弁，靺者赤黄之间色。”二说皆本《诗·羔羊》正义。兵事既用靺韦服，则当用黄衣狐裘及狸裘，襄四年《传》“臧之狐裘，败我于狐骀”、定九年“晰帻而衣狸制”是也。郑注《聘礼》亦云：“靺韦之弁，兵服也。”明裘与衣同色，大夫士冠弁服之裘，亦取其色之相近者耳。

又案：下文“裘之裼也见美也，服之袭也充美也”，析裘与服言之，而于服言袭，于裘言裼。又云：“犬羊之裘不裼。”疑凡礼服皆有中衣，开左右衽，使中衣外见曰裼。裘有裼有袭，是裘即中衣也，何为别言之？反覆乎经文，而知所谓“锦衣以裼之”、“绡衣以裼之”、“绞衣以裼之”、“缁衣以裼之”、“黄衣以裼之”，义系乎裘，而衬使外见，犹衣之有韠也。古者衣裘外向，著衣其里而缝合之，其色必与裘相称。礼服之有玄端、素端，不必与裘准也。裼在内而裘外见曰表裘，常服皆然。经云“裘之裼也”，常服也；“吊则袭”，裘之上加吊服也；“君在则裼”，裘之上又加朝服，而开左右袒以为裼也。两“裼”字义别。言“君在”，知由朝服以上至弁冕服皆然也。故又云“表裘不入公门，袭裘不入公门，入公门者必朝服也。“锦衣”以下皆非礼服，礼服有裼有袭，亦不得专言“裼之”。《檀弓》“鹿裘衡长袪”，袪裼之为既练之服。据《周礼·巾车》“王之丧车五乘，木车犬複”，郑注“始丧所乘”、“素车犬複”，郑注“卒哭所乘”；“藻车鹿浅複”，郑注“既练所乘”：以此推之，既练鹿裘，始丧当为犬裘。犬羊之裘不裼，而鹿裘惟袪裼之，是袪有複而其馀无複，所以为练服者。凡言“裼之”，皆用以表裘者。礼文简括，通求其义而情事显然，益见经文立言之妙。案：礼以裼为文，以袭为敬，不裼则袭矣。经云“犬羊之裘不裼”，将一于敬而不为文乎？此义之不可通者。故知于裘言“裼”，当别一义，无疑也。

大夫以鱼须文竹，士竹，本象可也。

郑注：“文犹饰也。大夫、士饰竹以为笏，不敢与君并用纯物。”孔疏引庾氏云：“以鲛鱼须饰竹以成文。”又引卢氏云：“以鱼须及文竹为笏。”《释文》引“崔氏云：‘用文竹及鱼班也。’《隐义》云：‘以鱼须饰文竹之边。’须音班。”嵩焘案：《释文》及疏凡三说。鱼须饰竹，未详其制。《说文》：“鲛，海鱼也。皮可饰刀。”《荀子·议兵篇》：“楚人鲛革犀兕以为甲。”《释文》读须为班，谓鲛鱼皮也。今名之鲨鱼，皮有班文而坚，疑非可以释笏。

案：笏者“书思对命”，用以当铅椠。鲛鱼皮可饰器物，而非丹铅之所能施也。司马相如《子虚赋》“靡鱼须之桡旃”，张揖注：“以鱼须为旃柄。”左思《吴都赋》“（旃）〔旂〕鱼须”，李善注：“以鱼须为柄。”《尚书大传》“东海鱼须”，郑注：“今以为簪。”是郑君时鱼须犹可为器物。《尔雅·释兽》须属：“兽日齸，鱼日须。”郭注：“鼓颐须息。”邢昺疏：“鼓动两颊若须道其气息者。”似鱼头骨通为须。卢氏植、崔氏灵恩并云“鱼须、文竹二事”，似为得之。文竹，竹有班文者。竹笏饰象为本，大夫、士同也。“本象”兼承“大夫文竹”、“士竹”二者言之。案上文云：“将适公所，史进象笏。”竹笏以象为本，亦名之象笏。孔疏引熊氏云：“大夫不得有象笏，有‘象’字者误。”恐失之。大夫笏兼用文竹，以鱼须非常有之物，并举以备用耳。

笏，毕用也，因饰焉。

郑注：“毕，尽也。”嵩焘案：《尔雅》“简谓之毕”，郭注：“今简札也。”《说文》：“简，牒也。”《片部》：“牒，札也。”《释名》：“札，栉也，编之如栉齿相比。”《聘礼》记“百名以上书于策，不及百名书于方”，《既夕礼》“书赗于方，书遣于策”，郑注并云：“方，板也。策，简也。”（策）〔册〕①，《说文》作“𠕋”：“象其札一长一短，中有二编之形。”然则方者椠板，王充《论衡》言“断木为椠”者是也；策者编简，蔡邕《独断》言“其制，长者二尺，短者半之”，是也。《说文》：“编，次简也。”次简为策，则简者随其多少而记之，《王制》故谓之“简记”、“简札”。“牒”、“毕”同义，《礼经》多谓之“毕”。《学记》“呻其佔毕”，郑注谓“所视简”。《说文》：“毕，田网也。”《攴部》：“𢾺，尽

①据下文所引《说文》，此“策”当作“册”，篆作𠕋。

也。”毕之训尽，非古义。“笏，毕用也”，谓“书思对命”用以代简；因加之以文饰。正承上“受命君前，书于笏”言之。

笏度，二尺有六寸，其中博三寸，其杀六分而去一。

郑注：“杀，杼也。天子杼上终葵首，诸侯不终葵首，大夫、士又杼其下首。”嵩焘案：王氏炎云：“‘中博三寸’，中博不杀，则是上下皆杀也。‘其杀六分去一’，则是上下皆二寸有半也。其下六分去一，则便于搢插；其上六分去一，则便于操执而搢之。”王氏之说是也。王搢大圭，惟用以朝日，天子所尊事者日也。诸侯觐天子，天子以客礼待之，无“书思对命”之事，所执命圭而已。经但以大夫朝于君言笏之用，则此所云笏式者亦大夫也。案：上文云“天子搢珽，诸侯荼”，皆别为之名，不名笏也。如郑说，则天子搢珽，诸侯前诎后直，并与大夫同，于前文为牾矣。前云“诎直”，此云“杀”，自别一义。

而素带终辟，大夫素带辟垂，士练带率下辟。

郑注：“辟读如裨冕之裨。裨谓以（绘）〔缯〕采饰其侧。”嵩焘案：上文“缟冠素纰”，郑注：“纰读如埤益之埤。”埤裨同音，凡郑训为“读如某字”，多即声以通其义。《说文》：“裨，接益也。”徐铉曰：“若衣之接益也。”辟为采绘以饰带，接而益之于带两边，故通其义于裨。疑字当作“纰”。《尔雅·释言》：“纰，饰也。”《广韵》：“纰、纯，缘也。”《玉篇》：“纰，冠缘边饰也。”《广韵》：“饰缘边也。”纰本为冠缘之名，带之缘边与冠同义。《广韵》云“饰缘边”，正郑注所谓“绘采饰其侧”也。《杂记》“纰以爵韦，纯以素”，郑注：“在旁曰纰，在下曰纯。”《既夕》记“縓绰緆，缁纯”，郑注：“饰裳，在幅曰绰，在下曰緆。饰衣曰纯。”在幅即在旁意。綼盖纰之或体，辟则其假借字也。《士冠礼》“素积”，郑注训为“辟蹙”。《毛诗·鄘风》传：“纰，所以织组也。”然则组织而蹙起之以成文，乃所以为辟也。

居士锦带。

郑注：“居士，道艺处士也。”嵩焘案：陈氏祥道引《乡饮酒礼》“就先生而谋宾介”，郑注：“宾介，处士也。”《乡射礼》“以告于乡先生君子”，郑注：“君子，有大德行不仕者。”诚然，则以锦带自饰为文，亦异乎处士之风矣。据《王制》，士有选士、俊士、造士、进士之分。疑始在乡校称弟子，自选士而上皆居士也；司马论进士之贤者而授以官，而后有上士、中士、下士之名。居士者，士之未仕者也。弟子以纯洁为义，居士则其文著焉。三代盛时，不当有处士之名也。

子游曰：“参分带下，绅居二焉。”绅、韠、结三齐。

郑注：“三分带下而三尺，则带高于中也。”孔疏：“人长八尺，大带之下四尺五寸，分为三分，绅居二分焉，绅长三尺也。”嵩焘案：《丧服》“衽二尺有五寸”，郑注：“所以掩裳际也。与有司绅齐。”则是士绅三尺，当下齐于裳。人之一身，短长各异，而韠与绅皆准以三尺，取足以及屦，子游岂能概天下之人以八尺之躯哉？此承上“有司二尺有五寸”，言韠与绅皆不以常制，各度其身体为之，上至带，下至屦，三分其长短，而馀一分以便事。引子游之言约计有司二尺五寸，取义当如是也。

凡带，有率无箴功。

郑注：“凡带，有司之带也。亦繂之如士带矣。无箴功则不裨之。凡带不裨，下士也。”嵩焘案：经言“凡”者，皆发凡起例之词，所以申发上义，不宜另文为说。云“凡带”者，天子以下及士皆然也。桓二年《左传》“藻率”张衡《东京赋》作“藻绛”，杜预注：“以韦为之，所以藉玉。”疑率即《说文》“帅”。服虔曰：“《礼》有率巾。”巾裨必缭缉其两旁，故凡缭而缉之通谓之率。天子素带朱里，诸侯大夫里不朱，士练带围缭而紩合之，不别为里。曰：“有率”者，士带也，而一收其缝于内，使箴功不外见；大夫以上之有里者，亦皆紩而纳之，若今之隐箴：曰“无箴功”，自天子朱里以及士练带之用率，皆然也。大夫大带四寸，而士二寸，再缭之亦四寸。缭而合之，所以为率也，而内缝不见箴缕，并同。通上下文求之，可以得其义矣。

韠，君朱，大夫素，士爵韦。

郑注：“此玄端服之韠也。”嵩焘案：《说文》：“韠，韨也，所以蔽前者。以韦，一命缊（韨）〔韠〕，再命亦（韨）〔韠〕。”《市部》：“市，韠也。上古衣蔽前而已，市以象之。天子朱市，诸侯赤市，大夫葱衡。从巾，象连带之形。”篆文市从韨。“韐，士无市有韐。制如榼，缺四角。爵弁服，其色韎。”韐或从韐。是韠韨同义，韨芾同字，而韎韐别为一物。《毛诗·瞻彼洛矣》传：“韐，所以代韠也。”郑注《士冠礼》：“韐之制似韠。”而于此云“玄端之韠”，于下文“韫韨”、“赤韨”云“玄冕爵弁服之韠”，而以“缊韨”当韎韐。据《士冠礼》，“爵弁服韎韐，皮弁服素韠，玄端爵韠”。而《诗》言“赤芾金舄”、“赤芾在股”，皆据诸侯言之；“朱芾斯皇，室家君王”，兼言天子诸侯。《曹风》“三百赤芾”，毛传引此经云：“大夫以上赤芾。”是爵韦玄端服素韠、皮弁服朱韠通五冕言之。诸侯之韠上极于朱，大夫之韠下及于素，盖亦约略言之，与下“一命缊韠，再命赤韨”，实各为一义。

圜、杀、直：天子直，公侯前后方，大夫前方后挫角，士前后正。

郑注：“士贱，与君同，不嫌也。正，直方之间语也。天子之士直，诸侯之士方。”嵩焘案：吴氏澄申郑义，言韠制极详，而于士云：“下端左右角亦裁方，上至五寸而止。止处广二尺，亦就止处斜裁，至上端广一尺（尽）〔处〕，（处）〔尽〕如大夫，但不剡圜二角。盖后直而前方，故曰‘前后正’。”亦只申郑义。“士贱，与君同，不嫌。”郑以天子直、诸侯方，故天子之士同于天子，诸侯之士同于诸侯，因谓“正者方直之间”，恐礼制不当如是。《说文》“士无芾有韐，制如榼，缺四角”，《毛诗传》所谓“韐以代韠”是也。士服爵弁韎韐，其制与韨稍异。经言韠制“圜、杀、直”三者：天子直；诸侯上下方五寸，而中削幅减天子之直一尺，故曰“杀”；案：郑注“杀四角使之方”，则是上方缩而下方赢，不得云“杀”也。大夫亦上下方，而上端挫其角，为圜式，故曰“圜”。案：吴氏澄云“下端裁方”，与诸侯同；上端不裁方，但剡其两角而已：则是大夫前方后直，下杀而上不杀，反尊于诸侯也。三者通谓之韨。士韠用韐，别为一物，许君谓其“制如榼，缺四角”。《木部》云：“榼，酒器也。”“椑，圜榼也。”是榼圜者为椑，而榼缺四角为八方。大夫挫角谓之“圜”，士韠缺角谓之“正”者，正与圜对文也。案：下文“一命缊韨，再命赤韨”，并据大夫言之。僖三十三年《左传》：“以三命命先且居将中军，以再命命先茅之县赏胥臣，以一命命郤缺为卿。”诸侯之大夫，如加命数谓之一命，缊韨、赤韨皆冕服之韠也。郑注以韎韐当缊韨，亦恐误。当仍如韠，上广一尺，下广二尺，两边皆用正幅，不斜裁而削其上下，成八角之式。故许君以为“制如榼”。正者上下皆正幅也，不得兼方与直言之。

王后袆衣，夫人揄狄。

郑注：“袆读如翚，揄读如摇。翚、摇皆翟雉名也。刻缯而画之，著于衣以为饰。”嵩焘案：郑司农《内司服》注：“袆衣，画衣也。揄狄、阙狄，画羽饰。”《毛诗·鄘风》传：“（翟）揄狄、阙狄，羽饰衣也。”《说文》：“褕翟，羽饰衣。”《衣部》“袆”下云：“《周礼》‘王后之服袆衣’，谓画袍。”是毛、许并谓褕狄、阙狄为羽饰衣，先郑以为“画羽饰”，与毛、许异，而许以袆衣为画衣，又与先郑同。据《尔雅》八雉，云：“秩秩，海雉。（翟）〔鸐〕，山雉。”而以鹞雉列首。又云：“伊洛而南，素质、五采皆备成章曰翚。江淮而南，青质、五采皆备成章曰鹞。”兼及四方雉名，则所以广异名也。昭十七年《左传》“五雉”，杜预注：“南方曰翟雉，伊洛而南曰翚雉。”说本贾逵。而《尔雅》云：“南方曰𢑱。”《周礼·染人》“秋染夏”，郑注：“染五色谓之夏。《禹贡》曰：‘羽畎夏翟。’”疑南方翟即夏翟，案郑注云：“‘羽畎夏翟’，是其总名。其类有六，曰翚，曰鹞，曰𢑱，曰鶅，曰鵗，曰鷷。”似此六者以所生地异名，其实一物也。雉备五色曰翟，故后、夫人之服谓之翟服。褕狄、阙狄，又翟服之异名者。“巾车掌王后之五路”，曰重翟，曰厌翟，曰翟车，皆以翟羽为饰，而或重羽，或厌次。其羽车有重翟、厌翟，衣有褕翟、阙翟，取义正同，袆衣、褕狄不当复属之翚、摇二雉明矣。《考工记》：“画缋之事杂五色。青与赤谓之文，赤与白谓之章，白与黑谓之黼，黑与青谓之黻，五采备谓之绣。”亦兼取（刺）〔刺〕绣为义，以色加之谓之画。郑司农云“袆衣画衣”，郑注“刻缯而画之，著于衣”，是又别为雉形缀系之衣。崔氏灵恩因谓“后三翟，数皆十二；三公而下夫人雉数如命数”。郑注《司服》“鷩冕”云：“鷩画以雉，谓华虫也。”华虫十二章服之一，后、夫人以为上服，取其五采备也。《毛诗·鄘风》传：“象服”，

“以象骨及羽为衣服之饰。”笺[1]云：“象服即翟衣，象鸟羽而画之。”先儒取训各别，古制益无可推寻。而经明言袆衣王后之服，当加于翟服之上，先郑及许君皆不以画翟释之；郑注破读为“翚”，而注《〔内〕司服》云：“袆衣玄，褕狄青，阙狄赤。”翚素质，亦与袆衣之玄者异色也：两义亦相牾矣。

君命屈狄。

郑注：“君，女君也。屈，《周礼》作阙，谓刻缯为翟，不画也。礼，天子诸侯命其臣，后、夫人亦命其妻以衣服。”嵩焘案：《周礼·内司服》：“辨内外命妇之服：鞠衣、展衣、缘衣：素沙。”而《杂记》云：“夫人之不命于天子，自鲁昭公始也。”似命妇之服上至鞠衣，翟服以上亦须天子命之。“君命屈狄”，言五服之君受命于天子，其夫人乃服翟也。下云“再命”、“一命”，则卿大夫以下各从其夫之爵，《内司服》所谓“命妇之服”是也。案：《弁师》五冕，明著其等。《内司服》“王后六服”，惟言“内外命妇之服”三等而已，故记礼者补著之。其内命妇之服，以时命之天子。《典妇功》“及秋献功”，《内宰》“佐后受献功者，比其大小与其粗良而赏罚之”，即《祭义》“世妇卒蚕、献茧”之事。主蚕事者世妇也。献茧校功而命之服，其事领于内宰，命之者亦君也。郑据为后、夫人之命，恐非。

凡君召以三节。

郑注：“《周礼》曰：‘镇圭以征守。’其馀未闻。”孔疏：“节者以玉为之。”嵩焘案：《典瑞》“珍圭以征守”，“牙璋以起军旅”，“穀圭以和难”，“琬圭……以结好”，“琰圭……以除慝”，

---

①郭氏此处所引传笺皆非原文，乃孔疏推论言之。

使者莅事，执之以征信。郑注引此以释《掌节》之“邦节”。然《掌节》固云“守邦国者用玉节，“守都鄙”者用角节”，案：郑注“守邦国”、守都鄙云：“有命亦有节以辅之。”《典瑞》之“珍圭”，杜子春读如“镇圭”，盖即“公桓圭、侯信圭、伯躬圭”之属，言以所执之圭，征所分守之国也。杜子春训为“征召守国诸侯”，恐未然。而使节用金，又有符节、玺节、旌节之名，节固不尽以玉也。“道路用旌节”，则凡行道路皆以旌。《孟子》“庶人以旃，士以旂，大夫以旌”，皆所谓旌节也。经云“在官”、“在外”，据国君自召其臣言之，当以《孟子》之说为正。

士于尊者先拜，进面，答之拜则走。

郑注：“士往见卿大夫，卿大夫出迎答拜，亦辟也。”嵩焘案：《聘礼》：“迎宾于大门之（外）〔内〕。……宾入门左。公再振，宾辟。”《公食大夫礼》：“迎宾于大门内。……宾入门左，公再拜；宾辟，再拜稽首。”无于尊者先拜之文。其《士相见》、《乡饮》、《乡射》皆“迎于门外，再拜，宾答再拜”，而《士相见礼》云：“士见于大夫，于其入也，一拜其辱。”是以《燕礼》、《大射礼》皆不及迎宾，似尊者于卑幼无拜迎之文。案：惟公食大夫，执宾主之礼，与燕、射礼异。据《聘礼》：宾觌，入，奠币，再拜稽首；公再拜，“宾三退，反还，负序”，案：《聘礼》介请觌礼同，而于士介云：“奠币，再拜稽首。”“公答再拜。……士介皆辟。”是公再拜皆为答拜。是“先拜，进面”为入见之礼，非主人出迎之礼。拜而进面，正卑幼接见尊者之义；主人迎宾再拜，亦无由先进而与之面也。

右徵角，左宫羽。

郑注：“徵角在右，民也事也，可以劳。宫羽在左，君也物也，宜逸。”嵩焘案：郑以左右分尊卑劳逸，求之经文，似无此义。吴氏澄云："林钟为徵，阴声之首。徵三变生角，角间二律与徵近，故以徵配角。黄钟为宫，阳声之首。宫三变生羽，羽间二律与宫近，故以羽配宫。"疑左者阳，右者阴。玉声动于左，则声发于阳而阴应之；玉声动于右，则声发于阴而阳应之。林钟阴声，而角声中姑洗又阳律也；黄钟阳声，而羽声中南吕又阴律也：言阴阳之声相和而已。宫羽之数合一百二十七，徵角之数合一百一十八。两璜相对，上承两琚，轻重厚薄等而均之，亦必与阴阳之声相应。古人制物一以度数为之，准其取义，当有然者。

君在不佩玉。左结佩，右设佩；居则设佩，朝则结佩。齐则绩结佩而爵韠。

郑注："谓世子也。所处而君在焉，则去德佩而设事佩。结其左者，若于事有未能也。结者，结其绶不使鸣焉。朝于君亦结左。"嵩焘案：经言"君"，不言世子之于君。疏引"君子无故，玉不去身"，谓"臣朝君，备仪尽饰，当佩玉"。又引贺氏云："事佩不鸣，今云结绶使不鸣，则犹在佩玉也。"据《诗·卫风》"佩玉之傩"，《郑风》"佩玉琼琚"、"佩玉将将"，《秦风》"琼瑰玉佩"，似男女常服皆佩玉。《郑风》亦谓之"杂佩"。《采芑》"有玱葱珩"，为方叔南征言之，是在军亦佩玉。《笃公刘》"何以舟之？惟玉及瑶"，为迁豳言之，是行役亦佩玉。而《雅》诗备言天子诸侯燕飨之礼，以及《采菽》之来朝、《朝奕》之入觐，极陈车服之盛，独不一及佩玉，似在君所不佩玉乃通礼。下文"凡带必有佩玉，惟丧否"，又云："君子无故，玉不去身。"郑注并以丧释之，非也。朝祭有事于敬，则亦不佩玉也。左结佩，右设佩，皆谓事佩。君在，结左以便事。案：《燕礼》、《大射礼》"宾升，降自西阶"，其献卿、献大夫、献工、献士及旅，并于西阶。是在君所就西阶，其左近君，故结左佩。

设佩，如《内则》之“左右佩用”，言其多也。居则设之，朝则结之，——结之者，所以待事而不敢为饰也。前析言之，后总言之，互相备。齐又诎而结之案：郑注《士丧》、《士虞礼》：“绮读为绊，屈也。”《说文》：“绮，赤缯也。”“绊，纡未萦绳也。”纡者诎也。《小尔雅》：“诎而戾之曰绮。”《礼经》皆假绮为绊。齐不亲事故也。结佩与“君在不佩玉”各为一义。注云“结其绶使不鸣”，佩玉繁重，亦非绶所能结也。

孔子佩象环五寸而綦组绶。

郑注：“谦不比德，亦不事也。象，有文理者也。环，取可循而无穷。”嵩焘案：《经解》：“行步则（闻）〔有〕环佩之声。”《说文》：“环，璧也。肉好若一谓之环。”“璜，半璧也。”玉佩左右璜分之则为半璧，合之则为环，所谓环佩之声，即璜也。聂崇义《礼图》：“佩（玉）上有珩①，长五寸；下有双璜，径二寸。”陆氏佃云“环，佩上玉”，即以珩之五寸当五寸之环。而珩所以系组，其制长五寸而博一寸，不得为环式，疑此“环”即合两璜言之。璜径二寸，则长当四寸；孔子佩象环五寸，则径二寸五分。列国大夫视天子之士，孔子当仍士服，佩瓀珉。《说文》：“珉，石之美者。”《广韵》：“珉亦作瑉。”《（燕）〔聘〕义》：“君子贵玉而贱瑉。”《集韵》：“瓀，珉也。”孔子不佩瓀珉而佩象环，意盖不取石之似玉者，故杀其制也。然其组绶用綦，固加于士，是所杀者环，其珩、琚、（衡）〔衝〕牙仍当用玉。盖佩玉以璜为用，杀其用即亦可以隆其体。经云“无故玉不去身”，不宜专取象环而废玉。段注《说文》“天子白玉、公侯山玄、大夫水苍、士（瓀珉）〔瓀玟〕”皆主珩言之，又与陆氏“环，佩上玉”之言合；然

①珩，聂氏原书作衝，盖误。

珩、琚、璜、（衡）〔衝〕牙同一玉，举衍则琚璜及（衡）〔衝〕牙可知，故专以玉色言之。惟孔子所佩言“象环”，知惟两璜似环者用象，馀均用玉也。

食枣、桃、李，弗致于核。

郑注：弗致于核，“恭也”。孔疏：“谓怀核弗置于地也。”嵩焘案：《曲礼》：“（食）〔赐〕果于君前，其有核者怀其核。”此云“食枣、桃、李”，并不言“于君前”，自与《曲礼》异义；而以“不置于地”释“弗致于核”之义，亦稍迂曲。陈氏《集说》因谓“致者委弃之”。疑此与下“瓜，食中，弃所操”同义。“所操”，谓上下环也。“食中”，则近环处皆不食。“弗致于核”，则近核处亦不食也。致者至也，谓留有馀不尽食也。此亦君子随事自安于雅，不使近鄙之意。

君赐，稽首，据掌致诸地。

郑注：“致首于地。据掌，以左手覆按右手也。”嵩焘案：如郑说，凡稽首皆然，不必君赐。上言“君赐车马，乘以拜赐；衣服，服以拜赐”，则此所谓“君赐”者，盖面赐之。君赐必拜，方手受君赐，不能成拜，则先据掌而致所赐于地，然后拜稽首：句法倒装。古者坐皆席地，食饮亦于地，不如后世以地为亵也。“据掌致诸地”所以为稽首之节，当自为一句。

凡赐君子，与小人，不同日。

郑注：“慎于尊卑。”嵩焘案：“赐君子，与小人”，若《月令》“赏公卿、大夫于朝……行庆施惠，下及兆民”，谓之“庆赐”。由命士以上颁于朝者曰“赐”，遍绍及于宫府以达于国曰

"与"。《月令》："庆赐遂行，无有不当。"不同日者，亦以重其事也。

膳于君有荤、桃、茢，于大夫去茢，于士去荤。

郑注："膳，美食也。荤、桃、茢，辟凶邪也。"嵩焘案：陈氏祥道云："膳于君、大夫、士者，致福之膳也。非致福之膳，则无事于桃、茢。《少仪》"为己祭而致膳于君子曰膳"，正此膳字所本。《说文》："膳，具食也。"祭祀，已具之食为鬼神所飨之馀，故用桃、茢祓除不详，恐君之以祭馀为嫌也。荤者和之以助其气，使阴气不得干，故与桃、茢为类。若寻常熟食和以五辛，亦不必于士去荤也。

君与尸行，接武；大夫，继武；士，中武。徐趋皆用是。疾趋，则欲发而手足无移。圈豚行，不举足，齐如流；席上亦然。端行，颐溜如矢；弁行，剡剡起屦。执龟玉，举前曳踵，蹜蹜如也。

郑注：徐趋皆用是，"谓君、大夫、士之徐行，皆如与尸行之节也"。"疾趋，谓（疾）〔直〕行。"圈豚行，"徐趋也"。端行、弁行，"疾趋也"。执龟玉，"著徐趋之事"。嵩焘案：《义疏》："武以足迹言，行兼身容言。就足而观其迹，有接武、继武、中武三者之异；就身而视其容，有圈豚行、端行、弁行三者之异。"分疏最晰。《曲礼》"堂上接武，堂下布武"，布武即继武也。《曲礼》以地言，此以人言，所谓"君行一，臣行二"也。案：君尊尸亦尊，故尸之行视君。郑意似谓"君与尸行"为君从尸以行，亦属误会。徐趋亦以是为节，惟举步加速耳；疾趋则开发其步，不用是为节矣。《释名》："徐行曰步。疾行曰趋。疾趋曰走。"《说文》走、趋字互训。徐趋、疾趋通名趋也，行者步趋之总名。圈豚行，谓徐步之容也。端行，徐趋之容。弁行，疾趋之容也。弁，《说文》作辩。段氏《说文》注："《左传》：'邾庄公弁急而好絜。'弁盖辩之叚借字。"端行、弁行皆趋也。执龟玉，又徐步之加慎者。案："剡剡起屦"，即下"疾趋欲发"之意。"不举足"及"举前曳踵"，均兼接武、继武、中武三者。"不举足"，徐步安闲而已；"举前曳踵"，盖又加慎。《曲礼》："行不举足，车轮曳踵。"车轮即举前之义，曳踵而举其前，犹之不举足也。《曲礼》："堂上不趋，执玉不趋。"经云"席上亦然"，席上之节视堂上为更从容，郑注一以"趋"释之，失其旨矣。

戎容暨暨。

郑注：暨暨，"果毅貌"。嵩焘案：《说文》："暨，日颇见也。"《尔雅》："暨，不及也。"《公羊传》："会及暨，皆与也。暨犹暨暨也。暨，不得已也。"《公羊》之言暨暨，犹幾幾之意，皆引申为之辞，其本训则《说文》所谓"日颇见也"。军容宜盛而不露，暨暨者，望之甚盛而又隆然，内含不盈溢于外也。军容与丧容正相反对。案：《广雅》"仡仡、暨暨，武也"，亦本郑注。武与果毅，自是戎容之发见处，经云"暨暨"，却更有含蓄，非徒以示武而已。

立容辨，卑无讇，头颈必中。山立，时行。

郑注："辨读为贬。自贬卑，谓磬折也。"孔疏："谓在军中立之形容。"嵩焘案：《义疏》引贾谊经立、拱立、肃立、卑立之分以释辨字之义，至允。马融《易传》"剥床以辨；辨，足上也"，盖谓上下分别处。《尔雅·释器》："革中绝谓之辨，革中辨谓之拳。"孙炎云："辨，半分也。"立容辨，谓股以下直，腰以上诎，半分之而直诎之形判然各别也。卑无近谄，微诎而已，若贾生所谓“微磬曰拱立”。拱者常立之容也，磬折则已卑，惟君前有磬折，故曰“立容德”。《说文》：悳者，“外得于人，内得于已也”。不亢则得于人，不卑则得于已。吴氏澄云：“立容以下五句，于戎容无所当，宜别为一节。以文义求之，当在节首“行容（惕惕）〔愓愓〕”下。“山立，时行”，正兼立与行二者言之。

大夫私事使，私人擯则称名，公士擯则曰“寡大夫”、“寡君之老”。

郑注：“私事使，谓以君命私行，非聘也。”嵩焘案：刘氏敞云：“此若赵襄子使楚隆吊吴夫差之类。”然楚隆之辞称“寡君之老无䘏”，与此经所言不合；惟哀公二十三年《左传》宋景曹卒，季康子使冉有吊，称“肥”，乃专称名。而经言“大夫私事使”，其擯者或私人，或公士，非谓大夫使人聘也，其例见于昭公元年《左传》。楚公子围聘于郑，娶于公孙段氏；（伯州犁）〔赴者〕[①]之辞称“寡大夫围”。又称“寡君老”）[②] 伯州犁，楚太宰，公士也，亦称名。其私人擯则专称名，以“寡大夫”、“寡君”非大夫之臣所得言也。案：楚隆称“寡君之老无䘏”，以大夫家臣称其君曰“寡君”，亦僭礼也。刘氏所引似未达经义。古者大夫交不出境，以私事使而以私人为擯，盖亦春秋之变例也。

---

①据阮刻本《春秋左传正义》改。

②亦郭氏误记。据阮刻本《春秋左传正义》删。

礼记质疑卷十四

明堂位

昔者周公朝诸侯于明堂之位。

郑注："周公摄王位，以明堂之礼仪朝诸侯。不于宗庙，辟王也。"嵩焘案：《逸周书·作雒解》："作大邑成周，乃位五宫：太庙、宗宫、考宫、路寝、明堂。"其《明堂解》："周公摄政六年，会方国诸侯于宗周，大朝明堂之位。"《周颂·清庙》序："周公既成雒邑，朝诸侯，乃率以祀文王。"《我将》序："祀文王于明堂也。"周公营东都朝会诸侯，因建明堂。《洛诰》云："王在新邑，烝祭岁。……王宾，杀禋。咸格。"是为成王始政，会诸侯东都，而周公创为之制，故曰"周公朝诸侯明堂之位"，为其位皆周公所创定也。其云"天子"，则成王也。案：《竹书纪年》"成王七年，如东都，诸侯来朝"，正此所谓"朝诸侯于明堂也"。

自汉以来，明堂之说聚讼尤纷。郑氏以为明堂、太庙、路寝异实同制，蔡邕以为明堂、太庙、辟雍同实异名；郑所据《周礼·匠人》，蔡氏所据大戴《礼·盛德篇》：皆各得其仿佛而未尽也。《觐礼》："诸侯觐于天子，为宫方三百步，四门。坛十有二寻，深四尺，加方明于其上。上介奉其君之旂置于宫，公侯伯子男就其旂而立。"《周礼·司仪》"将合诸侯，则令为坛三成，宫旁一门"，即《太宰》所谓"大朝觐会同"是也。疑古皆同此制。案：

庄公十三年《公羊传》："会齐侯，盟于柯，庄公升坛。"定公十年《穀梁传》："会齐侯于颊谷，两君就坛。"是春秋诸侯盟会皆为坛。周公营洛邑，朝会诸侯，始正其名曰明堂，而宗祀文王于此，《明堂位》一篇正详此制。此东都朝会诸侯之明堂也。案《大宗伯》："时见曰会，殷见曰同。"时见者，王载巡狩，以时会于方岳。赵岐注《孟子》："泰山下明堂，东巡狩朝诸侯之处。"四岳皆当有之。殷见者，会诸侯东都，四方毕至。《孝经》云："宗祀文王于明堂，四海之内，各以其职来祭"，则东都之明堂也。此必周公之创制也。《考工记》："夏后氏世室，殷人重屋，周人明堂。"明指王宫言之，故其前曰："左祖右社，面朝后市。"其后曰："内有九室，九嫔居之；外有九室，九卿朝焉。"所谓明堂者，天子之路寝也。文二年《左传》："《周志》有之：'勇则害上，不登于明堂。'"杜注："明堂，祖庙也。"言"《周志》"，则自周相承，以太庙为明堂。《乐记》："祀乎明堂而民知孝。"《祭义》："祀乎明堂，以教诸侯之孝。"此又宗庙之明堂也。先儒必合而一之，其说乃始支离而不可通。

《考工记》："东西九筵，南北七筵。五室，凡室二筵。"凡堂后曰室，室左右曰东西房，房前曰东西序，序左右曰东西夹室；分言之曰室曰房，合言之曰五室。房室之广视堂，而室有四隅，户东牖西。其户牖之间谓之依，其广视堂之中房与夹室之广半之。案《聘礼》："受玉于中堂与东楹之间。"两楹之间视室之广。《周礼》所谓"二筵"者，言其修也，非言其广也；以其前敞通，谓之"明堂"。其朝会诸侯之明堂，即《觐礼》所谓"为宫方三百步，四门"，案：《虞书》"询于四岳，辟四门……咨十有二牧"，正指朝会诸侯言之，盖古制如此。"四传摈"，案：明堂位三阶，诸侯朝位自阶而达之门，其环立于四门之外者，盖荒服之国，虚存其位而已。《逸周书·王会解》所叙蕃国内台西面、东面，外台西向、东向、北向，则亦皆就朝位也。天子亦以其时"拜日东门外"，"礼日南门外，礼月与四渎北门外，礼山川丘陵西门外"。《家语》："孔子观乎明堂，睹四门墉。"盖堂中而门四达，周公始定其制，曰明堂：

东迁以后，无复朝会诸侯之盛，天子即其地以视朔，于是有《明堂》、《月令》之书。其云“青阳”、“明堂”、“太室”、“总章”、“玄堂”，盖周秦诸子创为之名。《吕览》、《淮南子》言以出四时之令，因谓之“月令”，而《淮南子》云“东宫御女”、“南宫御女”、“中宫御女”、“西宫御女”、“北宫御女”，又因郑注《周礼》“小寝五”之文傅会及之；然其言朝于青阳、明堂、太室、总章、玄堂案：高诱注云：“天子朝日”，与所居宫二事，自较《月令》为明晰，大戴《礼》因有九室十二堂之说。案：《白虎通》云“九室十二座”，蔡邕《明堂月令说》云“九室十二宫”，似《白虎通》“十二座”为得其实。李谧《明堂论》始牵合《考工记》之五室，通左右夹房为九。其实明堂南向，其中太室宗祀文王，《月令》之言“左个”、“右个”，谓左右隅耳，安得有九室之制，如《大戴记》所云乎？案：《顾命》云“夹两阶戺”，又云“东垂”、“西垂”，传谓“东西堂之阶上”。又云“侧阶”，传谓“北下阶上”，疏据以为“堂北阶”。是古宫室有东堂、西堂、北堂，其前皆有阶；阶之廉曰戺，亦谓之堂廉，堂廉左右隅曰个。《月令》各依其方行四时之令，盖东周以后视朔之礼也。周秦诸儒，博采异闻证成其说，其后汉武帝时公玉带上黄帝时《明堂图》，大率依仿《大戴记》之文。后世儒者能辨公玉带之诞，而于《大戴记》之泛引异闻，无能一加辨证，固不如郑注之依《考工记》为说犹为得其正矣。案《觐礼》：“诸侯受舍于朝，天子设斧依于户牖之间。”此举太仆所掌之燕朝言之。其治朝掌之司士，外朝掌之朝士，则当于门屏之间。《尔雅》：“户牖之间谓之扆，门屏之间谓之宁。”《曲礼》：“天子当依而立，诸侯北面见天子，曰觐。天子当宁而立，诸公东面，诸侯西面，曰朝。”凡诸侯觐天子于朝，而飨诸侯于庙。《觐礼》曰：享事毕，“侯氏肉袒于庙门之东”，谓飨礼也；自诸侯常朝皆然。惟朝会诸侯于明堂，《周礼》谓之“大朝觐”，其礼独隆；宗祀文王亦于是焉。先儒谓朝皆于庙者，亦非也。

九采之国，应门之外，北面东上。

郑注："九采，九州之牧典贡职者也。二伯帅诸侯而入，牧居外而纠察之也。"嵩焘案：《禹贡》五服，《周官》九服，其制略同。《禹贡》甸服，即《周官》之王畿；孔安国云"为天子服治田"，《说文》"甸，天子五百里地"是也。《周官》之甸服在侯服之外，则《毛诗》传所谓"甸，治也"，言天子治化所及也，宜并统于侯服。采者供其事，男者任其力，《禹贡》所谓"百里采"、"二百里男邦"是也，于夏亦侯服；卫者备其不虞，《国语》所谓"侯卫宾服"是也。于夏为绥服：三者皆周之宾服也。其蛮服、夷服、镇服三者，《禹贡》之要服，《周官·大行人》亦谓之要服；又其外蕃服，则《禹贡》之荒服：此所谓"四塞"是也。九采之国，当《国语》之宾服，列侯服之次而尊于要服，宜居九夷之上。案郑注："朝礼不于此，周公权用之。"《周礼》朝士、司士所掌，皆常朝之仪；明堂朝会见于司仪所掌，《太宰》所谓"大明觐会同"是也。未可据常朝之兼孤卿与侯伯者言之。《逸周书·作雒解》太庙、明堂均有应门、库台，是明堂之制旁四门，异于太庙、路寝，其前应门、库门则同。孔疏云"明堂无重门"，殆误。明堂正朝，所谓门东、门西，即应门也；所谓南门之外，即库台也。诸儒不知明堂之制而一以太庙当之，因谓南门为庙门，应门反在南门之外，至以九采为"九牧"，为"居外纠察"，而经旨乃多不可通矣。

命鲁公世世祀周公以天子之礼乐。

郑注："同之于周，尊之也。"嵩焘案："世及之礼，至周始定。殷以前兄弟相及，苟长且贤，则民望归之，武王崩而周公总己以听，殷礼也。是时周礼未定，周公遂践阼以君临天下，亦犹行殷之礼也。传曰："周公成文武之德。"盖武王在位三年，未遑礼乐，周公踵而成之，而后礼乐备、王道洽。所以七年而始归政者，周公身任圣人之德，为万世定礼乐之准，有所不得辞也；而周世之基亦定于此。至于七年归政，天下晓然于周公之用心，而其经营周室之大勋，亦昭然并揭于天下。成王赐周公以天子之礼乐，惟岁时祭飨周公为然，非鲁之君所得僭也。《明堂位》一篇，多出鲁儒之附会，然其言固亦有本。周公之得践阼为天子，殷礼也；成王以王子礼乐祀周公，而乘以木路，牲以白牲，亦犹行殷之礼也。辞虽夸而意有专系，鲁之僭郊僭禘，非成王之过也。于"命鲁公世世祀周公以天子礼乐"一语，见其义之严矣。

牲用白牡。

郑注："白牡，殷牲。"孔疏："尊敬周公，不可用己代之牲，故用白牲。"嵩焘案：《春秋》文十三年《公羊传》："鲁祭周公，何以为牲？周公用白牡，鲁公用犅。"《毛诗·鲁颂》传："白牡，周公牲也。骍犅，鲁公牲也。"何休《公羊》注："周公死，有王礼，谦不敢与文武同也"，较疏义为优；然既以天子之礼乐祀周公，又屈使用殷牲，成王命之，谦乎？抑鲁自谦乎？周公之摄政，殷礼也；其可以践阼有天下，亦殷礼也。既定周礼，而后君臣父子之道益严，并总己之制亦废；成王之不敢臣周公，盖谓周公摄政之时，周礼犹未定也。周公自以周礼退就臣位，成王自以殷礼尊周公，《鲁颂》之文，《公羊》、毛氏之说其所从来亦远矣。案：陈氏祥道云："推周公之勋劳而上之以同于王"，而牲用白牡，亦以辨君臣之分。方氏悫云："止用时王之礼者，诸侯之事；通用先王之礼者，天子之事。"陈氏之说本于何休，方氏之说原于孔疏，均之于义无当也。《郊特牲》云："祭以白牡，乘大路，诸侯之僭礼也。"明指鲁言之。盖自僖公以后僭行郊祀，通用大路、白牡，而无能辨知其由来也。

大庙，天子明堂。

孔疏："言周公太庙制似天子明堂。"嵩焘案：《周礼·掌舍》："掌王会同之舍。""为坛壝宫，棘门。"明堂朝诸侯，宗祀文王，即《掌舍》"坛壝宫"之遗制。盖有堂无寝，旁四门，与太庙之制远异。周自东迁以后，惟视朔明堂，是以有《明堂》、《月令》之书。文十六年《穀梁传》："天子告朔于诸侯，诸侯受于祢庙。"故范宁注文六年"犹朝于庙"亦云"祢庙"。何休注《公羊传》则以为"太祖庙"。疑天子颁朔，诸侯受之，当于祖庙，何休说为优。经谓鲁君视朔太庙以颁政令，与天子明堂出四时之令同也。僖九年《左传》："盟于蔡丘，王使宰孔赐齐侯胙，曰：'天子有事于文武。'"于时为九月，疑为季秋大飨明堂之礼。武王始王周而宗祀文王，鲁公封鲁而宗祀周公，其义一也。

反坫出尊，崇坫康圭。

郑注："反坫，反爵之坫也。出尊，当尊南也。惟两君为好，既献，反爵于其上。礼，君尊于两楹之间。崇，高子。康读为亢龙之亢。又为高坫，亢所受圭奠于上焉。"嵩焘案：《士冠礼》"爵弁、皮弁、缁布冠各一匴，执以待于西坫南"，郑注："坫在堂角。"《士丧礼》："馔于西坫南。"《既夕》记："设棜于东堂下，南顺。齐于坫。"《大射礼》："卒管，太师、少师、上工皆东坫之东南坐。"是堂东西皆有坫。而《大射礼》云："小射正取公决拾于东坫上。设拾，以笥退奠于坫上。卒射，小射正以笥受决拾，退奠于坫上。"坫惟射置决拾其上，馀无考。贾公彦疏云坫有二，引此"（反）〔崇〕坫康圭"别为一坫。陈氏《礼书》遂析"反爵之坫"、"奠玉之坫"、"庋食之坫"及"堂隅之坫"为四。据《仪礼·乡饮酒》、《乡射》、《大射》、《燕礼》并云"设洗篚于阼阶东南，篚在洗西”《特牲·记》“篚在洗西，实二爵、二觚、四觯、一角、一散”，凡取爵若觚若觯皆于篚，既献，以虚爵降，亦奠于篚。而《燕礼》、《大射礼》俱有膳篚，云：“篚在洗西，膳篚在其北。”《乡饮》、《乡射》记亦云：“献工与笙。取爵于上篚。既献，奠于下篚。”是篚亦分宾主上下，而无反爵于坫之事。案：黄氏《日钞》亦疑郑注以坫之反为爵之反异于经文，因谓反坫与塞门一类，并指宫室之制言之。所见甚允。《聘礼》：“宾袭，执圭致命。公侧袭，受玉于东堂与东楹之间。宾出，公侧授宰玉。”《觐礼》：“侯氏入门右，坐奠圭；……取圭，升致命。王授之玉。”而《觐礼》记云。“奠圭于缫上”，郑注：“谓释于地。”亦无奠圭于坫之事。《尔雅》：“垝谓之坫。”《说文》：“坫，屏也。”“屏，蔽也。”“垝，毁垣也。”“毁，缺也。”疑堂东西墙谓之序，其旁谓之夹室，夹室前谓之东西堂，序端为小墙以别内外。《乡射礼》：“主人之弓矢在东序东。”《大射仪》君之弓矢适东堂，其小射正取决拾拂弓，小臣正赞袒，皆退俟于东堂，必非连序为墙以间之可知。《说文》谓之屏，《尔雅》谓之垝，是所谓坫者，正序端缺其墙之半以示屏蔽者也。《逸周书·作雒解》“乃位五宫，咸有四阿反坫”，孔晁注：“反坫，外向室也。”盖若《顾命》之东西垂，亦有坫向外，故谓之反坫。出尊者，堂廉四出而阶九尺，所谓上廉远地，则堂尊是也。郭注《尔雅》：“坫，墆也。”墆垤音近相通，垤者土之高也。崇坫，当即《作雒解》之“堤唐”，孔晁注：“唐，中庭道堤，谓（为高）〔高为〕之也。”与反坫之坫异义。圭同闺。《儒行》“筚门圭窬”，襄十年《左传》作“闺窦”。《尔雅》：“宫中门谓之闱，其小者谓之闺。”《考工记》“闱门容小扃三个”，郑注：“庙中之门谓之闱。”宣六年《公羊传》：“有人荷畚自闺而出者。”宫庙内门或名闱，或名闺，据《尔雅》小者闺，则此所云“康圭”，即《考工记》之闱门容三扃者耳。经明言“天子之庙饰”，于出尊、康圭之义无取。洗篚本当尊南，亦不以反坫之出尊者为加隆也。案：此经“山节、藻棁”至“崇坫、康圭、疏屏”，与《逸周书·作雒解》“四阿、反坫”至“应门、库台玄阃”并以二字为一事，“反坫出尊”亦与上“刮楹达乡”文义相近，不当于此两坫字专言其用。其所云反爵奠圭之坫，求之经传所载，亦实无显证也。

鸾车，有虞氏之路也；钩车，夏后氏之路也；大路，殷路也；乘路，周路也。

郑注：“鸾，有鸾和也。钩，有曲舆者也。大路，木路也。乘路，玉路也。”嵩焘案：郑注《周礼·大驭》：“鸾在衡，和在轼。”《大戴礼·保傅篇》亦云：“在衡为鸾，在轼为和。”《毛诗·小雅·蓼萧》传：“在轼曰和，在镳曰鸾。”《说文》：“銮，人君乘车四马镳八銮。”衡在辕前以驾马，是鸾马饰，《诗》云“和鸾”，云“钩膺镂锡”，皆以马饰言车。郑注《巾车》“钩、樊缨”，云“娄颔之钩”，“金路无锡有钩”；而于此云“钩，（车）有曲舆者”，盖谓轼深，两旁曲抱以达于輢。《周礼·舆人》：“参分车广，去一以为隧。参分其隧，一在前，二在后，以揉其式。”郑注：“兵车之隧四尺四寸，其式深尺四寸三分寸之二。”曰“揉其式”，车前曲向后谓之式，深以便左右顾。《广韵》：“（揉）〔楺〕，屈木”；同煣。《说文》：“煣，屈申木也。”轼两旁曲出，故名钩车，《释名》“钩车，钩股曲直有正”即此义。谓自夏时而车制始定也，鸾车、钩车皆缘其创制之始，殷周之路并同此制。郑云“有曲舆”，但浑言之，疏未能引证其义。《巾车》：“玉路以祀，金路以封同姓，象路以封异姓。”鲁郊禘乘木路，用殷礼，其乘路当依同姓之金路。《左传》僖二十八年赐晋侯大路之服、戎路之服，定四年分鲁公、康叔、唐叔皆以大路，杜注并云：“大路，金路。”于“分鲁公”下云：“锡同姓诸侯车也。”天子用玉路以祀，鲁公之乘路必无僭用玉路之礼。

灌尊，夏后氏以鸡夷，殷以斝，周以黄目。

孔疏：“殷以斝者，郑司农云‘画为禾稼’。”嵩焘案：上文“爵，殷以斝”，郑注：“斝，画禾稼也。”其注《周礼》引郑司农云：“斝读为稼。”据《说文》：“斝，玉爵。从（口）〔吅〕从斗，冂象形。”《毛诗·行苇》传：“斝，爵也。”《玉篇》亦云：“斝，爵也。”疑斝本爵而彝象其形，故名斝彝。《周礼》六彝、鸡彝、鸟彝、虎彝、蜼彝皆刻画鸟兽之形，黄彝、斝彝无刻画。郑训“黄目”：“以黄金为目。”盖黄彝以目饰其身，斝彝以目饰其口，许君故谓之“象形”。殷尚质，爵与彝同制而无饰。郑司农以斝、稼音近，因谓“画禾稼”，而读斝为稼，恐未然。

崇鼎、贯鼎、大璜、封父龟，天子之器也。越棘、大弓，天子之戎器也。

郑注：“文王伐崇。古者伐国，迁其重器以分同姓。”孔疏：“贯与崇连文，故知崇、贯皆国名。”嵩焘案：崇、贯皆见《春秋》。杜注《左传》僖二年“盟于贯”，云“宋地，梁国蒙县西北有贯城”，据汉梁国为言，今归德之睢阳县也。《括地志》：“贯城，今为蒙泽城，在济阴县南。”宋时济阴县隶曹州，即今曹县。晋初承汉制，蒙泽故城犹隶梁国，其后已入济阴郡。今曹县南十里蒙泽故城，即古贯国。杜注宣（九）〔元〕年“赵穿侵崇”云：“秦之与国。”注定四年“封父”云：“古诸侯。”是崇至周仍建国，而贯、封父为宋、郑二国地。昭十五年《左传》：“诸侯封，受明器于王室。”定四年《左传》：“昭之以分物。”崇鼎、贯鼎，若昭十五年之“鲁壶”，杜注：“鲁所献壶尊。”盖殷藏器，武王迁殷器于周，封建兄弟，有功德者则赐之分器。定八年“盗窃宝玉大弓”，杜注《左传》：“宝玉，夏后氏之璜。大弓，封父（氏）之繁弱。”《穀梁传》亦云：“大弓，武王之戎弓也。”数者皆鲁所受分器，故曰“天子之器”。

有虞氏之两敦，夏后氏之四琏，殷之六瑚，周之八簋。

郑注：“皆黍稷器，制之异同未闻。”嵩焘案：《说文》：“梿，胡梿也，从木。”哀十一年《左传》“胡簋之事”，胡梿字皆不从玉。包咸《论语》注：“瑚琏，黍稷器。郑云：‘夏曰瑚，殷曰琏。’”杜注《左传》亦云：“夏曰胡，周曰簋。”似胡梿制略同。《左氏传》之“胡簋”，即《周礼》之“簠簋”。《考工记》：“旊人为簋。”簋周器，故详其制。郑注《周礼·舍人》：“方曰簠，圆曰簋。”《说文》：“簠，黍稷圆器。簋，黍稷方器。”《聘礼》明云“竹簋方”，自当为方器。《说文》：“连，员连也。”“员连”或许君时通语，正以员取义。是敦、琏、瑚三者皆圆；惟簋方，则周创制耳。

周以房俎。

郑注：“房，谓足下跗也，上下两间，有似于堂房。《鲁颂》曰：‘笾豆大房。’”孔疏：“俎头各有两足，足下各别为跗；足间横者似堂之壁，横下二跗，似堂之东西头各有房。”嵩焘案：《毛诗·鲁颂》传：“大房，半体之俎。”郑笺：“其制足间有横，下有跗，似堂后有房。”然郑意上下两间，则所谓足间横者，通俎四足言之；室之间曰房，俎下亦有间，故曰“房俎”。《鲁颂》径以“大房”名俎，足知周俎之为上下两间也。案：毛传“半体之俎”，即

《周语》所谓“房烝”也。《特牲》、《少牢礼》有“俎”，有“肵俎”。俎者房烝；肵俎亦名“折俎”，《周语》谓之“殽烝”。韦昭注《国语》云：“房，大俎也。”豚解体解乃加于俎，非谓半体之外又有全体之俎也。疏谓“俎头各有两足，足间横，横下二跗”，则与夏后氏之嶡之横距者无异，亦不得名之为“大房”矣，似于郑义未合。

有虞氏之绥，夏后氏之绸练，殷之崇牙，周之璧翣。

郑注：“此旌旗及翣皆丧葬之饰。《周礼》：大丧葬，巾车执盖，从车持旌，御仆持翣；旌从遣车，翣夹柩路左右前后。天子八翣，皆戴璧垂羽；诸侯六翣，皆戴圭；大夫四翣，士二翣，皆戴绥。”嵩焘案：郑似以翣别为一物。《礼器》言天子八翣，诸侯六翣，大夫四翣，以饰葬；《丧大记》言君六翣戴圭，大夫四翣、士二翣戴绥，以饰棺。此经并无其文，而与前簨虡之言“崇牙”、“璧翣”同，又与前言旂者合为一例。前言璧翣明属之簨虡，此言璧翣明属之绥，其非丧礼广三尺、高二尺四寸、方两角之翣可知。《尔雅》“注旄首曰旌”，郭注：“载旄于竿头，若今之幢，亦有旒。”《释名》：“绥，有虞氏之旌也。注旄竿首，其形燊燊然也。”疑此与上“夏后氏之绥”，制同而义各有取。盖初以旄牛尾注之竿首，《司常》之“全羽为旞，析羽为旌”皆然；而后乃垂为旒，如郭注所云是也。前言旂，据缪幅言之；此言绥，据旌竿言之。有虞氏注羽为饰，夏始以练约其杠，殷又横木杠端而刻画之，为重牙以县缪详见《檀弓》，周因树翣其上。《小尔雅》：“大扇谓之翣。”疑此翣但为张扇式。其云“璧翣”者，形圆如璧，树翣竿首而后注羽为饰。案：《丧大记》无“天子八翣，戴璧”之文，其云“戴圭”者，稍锐其上如圭，非谓以圭饰翣也。“璧翣”仅见于此，亦不云“戴璧”。丧车所建之翣，尤无饰玉之理。四代相承，其文弥盛，而旌旗所以示远等威之辨，章采之饰，莫著于此，故详述之，不宜谓翣别为一事也。

是故鲁，王礼也，天下传之久矣。

郑注："传，传世也。此盖盛周公之德耳。"嵩焘案：周公制礼，典章仪物度数之详必备存于鲁，藏之故府而太师世掌之。东迁以后，王纲不振，鲁人乃私窃袭用其礼乐，以成乎僭。齐仲孙湫所谓"犹秉周礼"，晋韩宣子所谓"周礼尽在鲁矣"，正以周室礼乐之留贻，鲁人犹世守之，惟其仪文度数之备存于鲁也。"鲁，王礼也"，正谓周礼，而遂侈言鲁得用天子之礼乐，则亦儒者张鲁之过也。

礼记质疑卷十五

丧服小记

为母，括发以麻，免而以布。

郑注："母服轻，至免可以布代麻也。为母又哭而免。"嵩焘案：《奔丧礼》："奔母之丧……于又哭不括发。"《丧大记》："母之丧，即位而免。"《士丧礼》：既小敛，"主人降自西阶，即位踊，袭绖于序东，复位。乃奠。"所谓"即位"者，小敛括发，奉尸侇于堂，当奠而即位袭绖；母丧于是时，易括发以免。郑云"又哭"，则奔丧之礼入门哭，明日又哭，又明日三哭，《记》所谓"为母异于父者，壹括发，其馀免以终事"是也。疏当据《丧大记》之文以正之，而引《士丧礼》"即位"以当又哭之节，恐误。案《士丧礼》："卒敛，主人冯尸，踊，髻发，袒。奉尸侇于堂，踊。降自西阶，即位，踊。"是卒敛至即位凡三踊，不仅为又哭也。古冠皆有笄纚以约发，亲始死，去冠而纚；小敛，去笄纚而括发；三日成服而后冠，则以布约束其发。案《丧服》："女子子在室为父，布总。"传曰："总六升。"女子之总与男子之冠同，斩衰、齐衰之免，当亦与冠同。免冠而约发之，布外见，因谓之免。下文"虞卒哭则免，远葬者比反哭者及郊而后免，君吊主人必免"，皆《玉藻》所谓"当事免"也。去冠曰免，因遂以约发者代冠，通曰免。案：郑注《士（冠）〔丧〕礼》："免之制未闻，旧说以为如冠状，广一寸。"疑免所以代笄纚，即《丧服》所谓"布总"，髽与免皆以布总其发也。《问丧》云："冠至尊也，不居肉袒之体，故为之免以代之。"辞之文也，非谓去冠而始加免以代之也。用此知《大传》"（四）〔五〕世袒免"，并无缌麻之服，但为之免冠以哀之而已；其免当仍笄纚之旧，必不制为广寸之布以代冠而施之无服之亲也。免而以布，小敛即位为母成服，以后为父及齐衰以下之亲皆然，经文简括言之耳。

男子冠而妇人笄，男子免而妇人髽，其义为男子则免，为妇人则髽。

孔疏：皇氏之说髽有麻，有布，有露紒。"今考校正有二髽，一是斩衰麻髽，一是齐衰布髽，皆名露紒。"嵩焘案：郑注《士丧礼》"妇人髽于室"云"去纚而紒，如今妇人露紒，其象也。"其注《奔丧》"髽即位"云："去纚大紒曰髽。"杜预注襄四年《左传》："髽，麻发合结也。"疏引"郑众以为枲麻与发相半结之；马融以为屈布为巾，高四寸，著于颡上。"杜以郑众为长，故用其说。以义类求之，结麻即露紒也。《丧大记》："小敛，髽，带麻于房中。"麻者带绖，而髽兼斩衰及齐衰以下言之。斩衰去纚，以麻结发，更无冒覆之者，故露紒。布髽敛发而结之，不露发也。亦名之"布总"，《丧服》"女子子在室为父，布总，箭笄，髽，衰，三年"，布总即髽也。郑注于此云："斩衰括发以麻，则髽亦用麻。自项而前，交于额上，却绕紒，如著幓头。"并麻髽为说，甚误。《丧服》之云"成服"者，五服之制三日始成，括发以麻自在成服前，麻髽结发而已，安得绕紒为幓头式？《仪礼》所谓"髽衰"，盖不为髻，而以布总之。男子以免代纚，妇人亦以髽代纚。既免乃始加冠，去冠而为免；既髽乃始加笄，去笄而亦名为髽。《檀弓》论髽而云"榛以为笄"，髽者通辞也。冠有六升、七升，绳缨、布缨之分，笄有箭笄、栉笄之分，而皆以布约其发。曰免者，因免冠而著其义；曰髽者，因总发而象其形。经云“为男子则免，为妇人则髽”，正谓其制同，而所以取义各别也。疏意似未尽。

为父母长子稽颡。大夫吊之，虽缌必稽颡。

孔疏：“为父母长子稽颡，重服先稽颡而后拜也；其馀期以下，先拜而后稽颡。大夫吊士，虽是缌服之亲，亦必先稽颡而后拜。”嵩焘案：《士丧礼》凡稽颡，皆称“拜稽颡”。《檀弓》固曰：“拜稽颡，哀戚之至隐也；稽颡，隐之甚也。”此盖周礼然也。晋献公之丧，公子重耳稽颡而不拜，穆公称其仁，而以为不成拜。经云“稽颡”，举其重者，凡稽颡必先拜也。《檀弓》之云“拜而后稽颡，稽颡而后拜”，圣人准校古今之异，以达人子之情，未宜据以释周礼也。《士丧礼》众主人即位，而拜宾惟主人。《既夕》记“尸在室，有君命，众主人不出”，郑注云：“不二主。”《曾子问》：“季桓子之丧，卫君请吊……公拜，哭，康子拜稽颡于位，有司弗辨也。”君命，众主人不出；异国君吊，公为主，主人亦不拜宾。安有缌服而稽颡之礼？经云“大夫吊”，盖谓士有缌服，而大夫吊于其家，为士而吊，则亦为大夫之吊者稽颡也。经文简括而义自完备，疏恐失之。

亲亲以三为五，以五为九，上杀、下杀、旁杀而亲毕矣。

郑注：“（巳）〔己〕上亲父，下亲子，三也；以父亲祖，以子亲孙，五也；以祖亲高祖，以孙亲玄孙，九也。杀，谓亲益疏者服之则轻。”嵩焘案：郑意层递推之，是谓有上杀、下杀而无旁杀；由祖而亲高、曾，由孙而亲曾、玄，又以一推二。孔疏亦云：“应以五为七，而言九者，曾祖、曾孙为情已远，略其相亲之旨。”引庾氏云：“高、曾二祖，曾、玄二孙，服之所同。”而于经文

“以三为五，以五为九”之义，终不能明。《尚书释文》：“上至高祖，下至玄孙，凡九族。马、郑说同。”郑注《周礼·小宗伯》及《仲尼燕居》并云：“三族，父、子、孙也。”子孙皆系于父言之，故于《士昏礼》“三族”云：“父之昆弟、己之昆弟、子之昆弟。”凡类而聚之曰族，族统于三而成于九，九者之等以五服维系之。服止于五，上杀、下杀、旁杀一以五为节。由己而上推至于高祖，五世；由己而下推至于玄孙，五世；由己而旁推至于三从昆弟，五世。父也，己之身也，子也，服之统宗也。而上溯之、下推之、旁衍之，以制为服之经，皆断之以五，故曰“以三为五”；合之则九世，谓之九族，故曰“以五为九”。郑注分晰未允。

王者禘其祖之所自出，以其祖配之，而立四庙。

郑注：“始祖感天神灵而生，祭天则以祖配之。”嵩焘案：郑注《祭法》以祭昊天于圜丘曰禘，祭上帝于南郊曰郊，祭五帝、五神于明堂曰祖、宗。其注《大传》云：“五者之先祖皆感太微五帝之精以生，《孝经》曰‘郊祀后稷以配天’，配灵威仰也。”其注《周礼·大司乐》云：“天神主北辰，地祇主昆仑，人鬼主后稷：三禘大祭也。此祭天圜丘，以喾配之。”郑意圜丘祭天，南郊祭感生帝，而以圜丘之祭为禘；又并禘、郊二者混合为一，其义皆主于祀天。《祭法》疏：“‘禘’文在‘郊’前，故知是圜丘。《尔雅·释天》：‘禘，大祭。’大祭总得称禘。”引《河图握矩记》云“姜嫄履大人迹，生后稷”，又《中候》云“姬昌，苍帝子”，以证感生帝之说，实为郑义所本。然《尔雅·释天》先举四时之祭，以次及祭天祭地、祭山祭川，兼及师祭、马祭，而后言禘言绎；所谓“禘，大祭”，实主宗庙言之。《祭法》言禘、郊、祖、宗，则四代所以宗事其先，既配其祖于郊，又推其祖所自出而祭之为禘。《鲁语》言："禘、郊、祖、宗、报，五者国之典祀"，似祖、宗有庙，禘、郊、报三者皆无庙。周人宗祀文王于明堂，而以后稷兼郊与祖，周之创制也；而世室之祭不迁，则犹祖、宗之义也详见《祭法》。《汉书》韦玄成毁庙议云："《祭义》：'王者禘其祖之所自出，以其祖配之，而立四庙。'言始受命而王，祭天以其祖配，而不为立庙，亲尽也。立亲庙四，亲亲也。"极合此经之义，而以祭天为言。周秦之交，《礼经》渎失，亵天诬祖，汉儒因相承为说，董仲舒亦曰："天者祖之所从出也。"其云"立四庙"，自据始有天下言之。祖者四庙之始祖。虞夏之祖颛顼，有未及四世者，其时祖、宗之名未立，而推原四庙之祖所从出而为之祭；殷周以后，沿之而奉契与稷为始祖，祭礼之相袭而文乃渐备也，亦时为之也。其四庙之制，则自三代以前所沿而不变者也。韦氏玄成为得其义，而据祭天为辞；郑注因之，遂以禘当圜丘之祭；王肃之难郑义，于此为尤允。国朝诸儒，犹援《国语》言禘、郊者与烝尝宗庙对文以申郑义，不知烝尝有庙，禘、郊无庙；而《楚语》之言"天子禘郊，诸侯宗庙"，则正以禘郊赅宗庙之义，明禘郊之礼惟天子行之，诸侯不得同也，固不能据此以证禘郊之均为祭天矣。

庶子王亦如之。

郑注："世子有废疾不可立，而庶子立，则祭天立庙亦如世子之立也。春秋时卫侯元有兄絷。"嵩焘案：继祖之宗祭祖，继祢之宗祭祢，庶子不得与于祭；而惟天子绝宗，庶子继世而王，则适者之子孙不得祭其祖，而庶子之为王者主之：天子之庙祭所以异于大夫、士也。曰"亦如之"者，如其所立之四庙而不得有增加也。殷之太戊、盘庚，皆以弟继立，而大戊自祢雍己，不得祢小甲；盘庚自祢阳甲，不得祢祖丁。王者以统相继，不系以宗。适子、庶子之禫位同，而庙之所以序昭穆者亦同，止于四而不能以私亲入焉，明天子之以统相承也。注义疑未尽。案：宋濮王议、明兴献王议，两朝议礼，诸臣纷如聚讼，而无能援引此经之文以正其失者，由礼意之有未明也。

庶子不祭祖者，明其宗也。

郑注："言不祭祖者，主谓宗子、庶子俱为适士，得立祖祢庙者也。"嵩焘案：下文"庶子不祭祢者，明其宗也"，郑云："宗子、庶子俱为下士，得立祢庙。"似皆未免望文生义。《曲礼》云："礼不下庶人。"《礼经》所述，自为士大夫以上言之，而言宗则通法也，不能限以士大夫。三代宗法所以系其宗，系之庙祭而已。《礼经》之文垂示大法，尽人可以循其文而通其义。既葬而虞而祔，固必有主，主祭者必宗子，推之庶人之荐寝，亦犹是也。为长子斩衰，与殇与无后者之祭，虽在庶人亦犹是也。曰"明其宗"，所以示礼之大闲也，而宗法因之而立。注以"宗子、庶子俱为适士"明不得祭祖之义，然则宗子为下士，庶子为适士，独可以祭祖乎？经义原自广大，专主一义言之，即所不能通者多矣。案：陈氏《集说》："适子为适士，祭祖及祢；庶子虽适士，只得立祢庙，不得立祖庙。"则是庶子之适士以二庙为一庙，又与适子各立祢庙，承郑注申言之，而不达《礼经》之旨，亦与郑注为牾矣。

庶子不祭殇与无后者，殇与无后者从祖祔食。庶子不祭祢者，明其宗也。

郑注："不祭殇者，父之庶也。不祭无后者，祖之庶也。无后者，昆弟诸父也。宗子之诸父无后者，为墠祭之。"嵩焘案：经义明分庶子不祭祖、庶子不祭祢二者言之。为己之昆弟，从祖祔食者也，祭祖之宗子主之；已之子姓，从祢祔食者也，祭祢之宗子主之。殇者未成人，无后则成人而未有子者也。上文“庶子不为长子斩”，斩者成人之服也。而以无后专属昆弟诸父，似未尽；又创为宗子诸父无后者为墠祭之之说。据《祭法》，适士二庙一坛，明言“显考无庙；有祷焉，为坛祭之”。显考者曾祖也，无常祭，不知所谓“为墠祭之”者，特祭乎？抑坛祭曾祖而使祔食乎？考之礼为无征，施之事亦为不顺。《祭法》之言“坛墠”者，仅见之《金縢》，所谓祷祭者也，似不宜下及士。其不曰坛而曰墠，以坛封土，墠扫地为从简也。曾祖之正祭，不能举而推及诸父之无后者，恐亦无是礼也。

从服者，所从亡则已。

孔疏：“徒从有四，一是妾为女君之党，二是子从母服于母之君母，三是妾子为君母之党，四是臣从君而服君之党。其一所从虽亡犹服，如女君虽没，妾犹服女君之党。其馀三徒所从亡则已。”嵩焘案：《义疏》：“服君之党如君之父母，小君本应服，不可谓之徒从。”其说至允。《丧服》：“为君之母、妻，期；为旧君之母、妻，齐衰三月。”非独从君为之服而已。此当据《仪礼》为说，“所从亡则已”有三：妻为夫之君期，传曰：“从服也。”凡从服降一等，其夫三年，故妻期。夫亡则不服。此从夫而服也；妾（子）为君母之父母、从母小功，为君母之昆弟缌，传曰：“从服也。”君母在，不敢不从服；君母不在，则不服。此从君母而服也；案：此经下云：“为君母后者，君母卒，则不为君母之党服。”是妾子，君母抚之以为子；君母卒，亦不服其党，所以别微也。为母之君母，母卒则不服，此从母而服也。从君母者义系于君母，从母者义系乎母。君母者嫡母也；母子君母，母之嫡母也。

世子不降妻之父母。其为妻也，与大夫之适子同。

郑注："世子不降妻之父母，为妻故亲之也。"嵩焘案：《丧服》：为妻之父母，缌。大夫绝缌，大夫之子于兄弟降一等，为从父昆弟庶孙小功，是自大夫之子已不应为妻父母制服。而《服问》云："有从有服而无服，公子为其妻之父母。"郑注："凡公子厌于君，降其私亲；女君之子不降。"所谓女君之子，即此经之世子也。故《丧服》："大夫之适子为妻"，不杖期；"大夫之庶子"为妻，大功。传曰："大夫之庶子，从乎大夫而降也。父之所不降，子亦不敢降也。"大夫不降其适妇，是以适子得申其妇之服；世子于妻与大夫适子同，以适妻亦有传重之义。既申其妻之服，则妻之父母亦不降也。此于《丧服》无征，记礼者表出之。郑云"为妻故亲之也"，于义似未尽。

故期而祭，礼也；期而除丧，道也。祭不为除丧也。

郑注："谓练祭也。期天道一变，哀恻之情益衰，衰则宜除，不相为也。"嵩焘案：《杂记》："亲丧外除，兄弟之丧内除。"外除者，服除而哀戚之情无已也。期而祭，明九月以下之无祭也。天子七月而葬，诸侯五月，大夫三月，因有虞祔之祭。而除服者无祭，是以期而练，再期而祥，逾期而禫：感天时之变，存亲而致其哀思以为之节。练而男子除首绖，女子除要绖；祥而除衰杖；禫而除祥冠：情有所极则哀有所止，除丧者亦因是为之程焉。祭与除丧义一也，而情固殊。经言"祭不为除丧"，所以引人子之心于无穷，天明人事之既变，而凄怆怵惕之心之尤不容以已也。期，通一期、再期言之。案：此"期"犹言期程，谓祭与除丧皆有期日也；祭，通练、祥、禫言之；除丧，通除首绖、要带、衰杖即吉言之。礼也者节文之应感而起，由外而致其内者也；道也者，丧服之积渐而除，裁过与不及而纳之中者也。似未宜据一“期”字，专主练祭言之。

三年而后葬者必再祭，其祭之间不同时而除丧。

郑注：“再祭，练祥也。间不同时者，当异月也。而除丧已祥，则除不禫。”嵩焘案：此经下云：“久而不葬者，惟主丧者不除。”《孔丛子》引子思之言：“三年之丧，未葬服不变，除何有焉?”是未葬练祥之服不变。而经明言：“期而祭，礼也；期而除丧，道也。”祭与除丧明系两事。祭以哀死者，练与祥则以生者之哀稍杀而服随以变也，恐无三年不葬并练祥之祭亦废不行之理。此云“再祭”，与下“大功，主人之丧，必为之再祭”，文同而事例各别。主丧之再祭据练祥言之，此云“再祭”，则初虞、再虞之祭也。葬有远近，既葬而行虞祭，无远近之分，故曰“报葬者报虞”。三年而葬必再虞，其云“不同时而除丧”，正谓未葬服不变，既葬可以除矣。而初虞、再虞皆用柔日，是间日也。既虞而行禫祭，为不急于除丧，故曰“不同时”。案《士虞》记：“始虞，曰‘哀荐祫事’；再虞，曰‘哀荐虞事’；三虞、卒哭，曰‘哀荐成事’。”三年葬者无卒哭之祭，故曰“再祭”。《说文》：“禫，除服祭也。”言除丧则必有禫祭矣。注云“不禫”，均恐未然。

大功者，主人之丧；有三年者，则必为之再祭。朋友，虞、祔而已。

郑注：“大功，为之再祭。小功、缌麻，谓之练祭可也。”孔疏：“皇氏云：‘死者有三年之亲，大功主者为之练、祥；若死者有期亲，大功主者为之练；若死者但有大功，大功主者至期；小功、缌麻至祔。故《杂记》云：凡主兄弟之丧，虽疏亦虞之。为无三年及期者也。’”嵩焘案：“注于大功主人之丧”外，兼及小功、缌麻，疏又引皇氏兼及死者有期亲、有大功之亲，由练、祥而期而祔，各以是为差，甚非经义所系。盖无三年之亲即为无后者，从祖祔食，练、祥之祭无变除之文，阙焉可也；有三年者则为有后，其子幼，不能主练、祥之祭，凡服属亲者得主之，大功者服属之犹亲者也。主丧以是为限，降而至于小功则疏矣；其义等诸朋友。主丧者大功，自尽其亲亲之谊，以终丧为之节；主丧者朋友，本非亲属，而于死者有相维系之情，以毕丧事为之节：皆仁之至义之尽也，而一准乎人之情为之。小功、缌之主丧，练、祥可也，虞、祔可也，不能缘情以为之节也。其云“三年”者，为之后者之服也。有为之后，丧服当有变除；练、祥之祭，变除之礼之所系也。无大功以下之亲而朋友主之，至虞、祔而丧事毕，朋友之义尽矣。练、祥之祭之行于庙，朋友所不能与，无为之主，则亦听之而已；大功以下之主练、祥之祭，所以安存者之心也，朋友自尽其心而固不敢越也。疏乃推及死者之有期亲与有大功之亲，固无当于经旨也。

近臣，君服斯服矣；其馀从而服，不从而税。

郑注：“谓君出朝覲，不时反而不知丧者。近臣，阍寺之属。‘其馀’，群介、行人、宰史也。”嵩焘案：《丧服传》曰：“公卿大夫室老、士，贵臣，其馀皆众臣也。……众臣杖，不以即位。近臣，君服斯服矣。”郑注亦云：“近臣，阍寺之属。”窃疑近臣在君左右，若太宰所属之内宰、宫正，宗伯所属之内史、司服等职，皆当为近臣。《服问》云：“君之母非夫人，则群臣无服，惟近臣及仆、骖乘从服。”仆、骖乘，司马所属，以出入近出、比于君，则亦从为之服。以此知云“近臣”者，宫府侍御之有职司者也。

阍人掌守宫门，寺人掌内人及女宫之戒令，郑注：“内人，女御。女宫，刑女之在宫中者。”盖皆奄竖刑馀，不足备近臣之列也。

虞，杖不入于室；祔，杖不升于堂。

郑注：“哀益杀，敬弥多也。”孔疏：“此论哀杀去杖之节。”嵩焘案：此经下文“练，筮日、筮尸、视濯，有司告具而后去杖；有司告事毕而后杖，拜送宾”，郑注：“临事去杖，敬也。”虞祔事异，去杖之节亦异。虞于寝，有飨神酳献之事，不以杖入室，为行礼故；祔于祖庙，祭及所祔之祖，不以杖升堂，为不敢戚其祖故。《士虞礼》“主人即位于堂，倚杖入”，郑注“倚杖西序”是也。《士虞》记：三虞、卒哭……乃饯。主人即位于门东。明日祔，祝辞曰：“适尔皇祖某甫，以跻祔尔孙某甫。”郑注：“欲其祔合，两告之。”堂者祖庙之堂也。不敢以杖升，非以室与堂为哀杀之节也。郑注《士虞礼》云：“练杖不入于门。”练祭于主亦有酳献之事，其杖惟不以入室而已；注意以哀杀为去杖之远近，恐非也。

除丧者先重者，易服者易轻者。

郑注：易服，“谓大丧既虞、卒哭而遭小丧也。其易丧服，男子易乎带，妇人易乎首。”嵩焘案：《间传》：“斩衰三升，既虞、卒哭，受以成布六升、冠七升。齐衰四升，受以成布七升、冠八升，去麻服葛，葛带三重。”此易服者易轻者之义也。“期而小祥，练冠缬缘，要绖不除。男子除乎首，妇人除乎带。”此除丧者先重者之义也。盖男子所重者首绖，妇人所重者要绖，有除无变，卒哭不受以轻服，既练而遂除之，是之谓“除丧者先重者”；男子要绖为轻，妇人首绖为轻，男子既卒哭而易葛带，带即要绖也，既练而要绖不除，是之谓“易服者易轻者”。下云：“易服者何为易轻者也？斩衰之丧，既虞、卒哭，遭齐衰之丧，轻者包，重者特；既练，遭大功之丧，麻葛重。”言易服所以易轻者，以轻者可以重，而重者特服也。如斩衰卒哭易葛带，与齐衰之麻同，遇齐衰之丧，则又以麻绖加葛之上，故曰“轻者包”，包者加其上也；既练受服，与大功同，遭大功之丧，牡麻绖三月，受以小功衰即葛，是斩衰之葛带，初加大功之牡麻，旋又加大功受服之葛，故曰“麻葛重”。丧服升数轻重皆有定，可以一见而知其斩衰兼有齐衰及大功之丧也。有重丧而后有轻丧，视所受服之轻重适均兼服之；先有轻丧而后有重丧，则以重者易其轻者。《间传》固曰：“麻同则兼服之，服重者则易轻者也。”“除丧先重者，易服易轻者”，二语为之纲。其卒哭以后更遭丧，麻葛同者兼服之，重者特服之，则又《间传》之推广其义，以释服轻者可以易之故。注牵合为说，并《间传》所记辞义皆失之矣。

复与书铭，自天子达于士，其辞一也。

郑注：“此谓殷礼也。殷质不重名，复则臣得名君。”嵩焘案：《曲礼》：天子曰“天子复”，诸侯曰“某甫复”。郑注《士丧礼》“皋某复”云：“死者之名。《丧大记》：‘凡复，男子称名，妇人称字。’”通辞也，不以上施之天子诸侯。经云“复与书铭，自天子达于士”，并不云天子名。《释名》：“铭，名也，述其功美，使可称名也。”《周礼·大师》：“大丧……厥，作柩谥。”郑司农云：“陈其生时行迹，为作谥。”《小祝》：“置铭。”《士丧礼》云：“为铭各以其物，曰：某氏某之柩。”铭以表柩，而《大师》之作谥者亦曰“柩谥”，则即以谥书之铭以表柩也，刘熙所谓“述其功美可称名”者是也。《周礼·夏采》：“大丧，以冕服复于大祖，以乘车建绥复于四郊。”《祭仆》又“复于小庙”，与士之中屋招以衣者异矣；而曰“天子复”，曰“皋某复”，其辞同也。《司常》“大丧，共铭旌”，“王建大常，诸侯建旂，孤卿建旃，大夫、士建物”，所以为铭者异矣；而曰“天子之柩”，曰“某氏某之柩”，其辞同也。辞同而称名固不同，似未宜假辞为名而据为殷制也。

斩衰之葛与齐衰之麻同，齐衰之葛与大功之麻同。麻（葛）〔同〕，皆兼服之。

郑注：“男子则绖上服之葛，带下服之麻；妇人则绖下服之麻，（同）〔固〕自带其故带也。兼服之文，主于男子。”嵩焘案：麻葛兼服之文详见《间传》，记者略节取之。《丧服传》曰：“齐衰、大功，冠其受也。”斩衰卒哭而受齐衰，故卒哭之葛绖与齐衰之麻同；既练而受大功，故既练之葛绖与大功之麻同。凡新丧皆服麻，前丧已易葛绖而复有新丧，则麻葛兼服，兼服者必麻葛之同者也。斩衰卒哭而有齐衰之丧，既练而有大功之丧，齐衰卒哭而有大功之丧，皆麻葛兼服。《间传》举此为例，知斩衰卒哭而有大功之丧，麻葛不同者即不兼服也。故曰：“服重者则易轻者。”男子首绖有除无变，除则服新丧者之服，不除不兼服也；妇人要绖有除无变，除则服新丧者之服，不除不兼服也。凡兼服者麻葛重。郑谓“兼服之文主于男子”，非经义所存也。

士祔于大夫则易牲。

孔疏：“《杂记》云‘士不祔于大夫’，谓先祖兄弟有为士者，当祔于士，不得祔于大夫也。”嵩焘案：《说文》“祔，后死者合食于先祖”，经所谓“卒哭而祔”是也。殇与无后从祖祔食，则因祭而祔从为之名。《檀弓》“卫人之祔离之，鲁人之祔合之”，又通其名于葬。《杂记》：“士不祔于大夫，祔于大夫之昆弟；无昆弟则从其昭穆。”所谓“祔”者，祔葬也，《周礼》“冢人掌公墓之地，以昭穆为左右”即此义。案：戴《记》言祔者，或言“祔庙”，或言“祔葬”，各有取义。概以“祔庙”释之，遂成抵牾。此经云“士祔于大夫”，则祔庙之礼也，与《杂记》之云“士不祔于大夫”自别。《杂记》又云：“上大夫之虞少牢，卒哭、祔大牢；下大夫之虞犆牲，卒哭、祔少牢。”是祔庙礼隆而各有其等。士祔于大夫，谓祖为大夫而孙以士祔之，当仍大夫之牲，不以士牲。疏引《杂记》为说，宗庙昭穆之次岂能以大夫士为断？谓当祔祖兄弟之庙，尤恐失之。

继父不同居也者，必尝同居，皆无主后。同财而祭其祖祢，为同居；有主后者，为异居。

郑注：“见同财则期。同居异财，故同居、今异居，及继父有子，亦为异居，则三月。”嵩焘案：《丧服》“齐衰不杖期”章“继父同居者”，传曰：“夫死，妻稚子幼，子无大功之亲，与之适人；所适者亦无大功之亲，以其货财为之筑宫庙，岁时使之祀焉，则继父之道也。同居，则服齐衰期；异居，则服齐衰三月。必尝同居，然后为异居；未尝同居，则不为异居。”《仪礼》于继父之义详矣；于异居之说，但以昔同今异为辞，而未详其义。此云“有主后者为异居”，所以补《仪礼》之所未详也。盖凡为继父者，必母嫁，子无所依，后夫为之婚娶以有室家，使之修其祖父之祭，而后谓之“继父”。继父无后，又无大功之亲，而为之主其丧，则为同居期；继父有主后，不为之主其丧，而但以恩服之，则为异居齐衰三月。同居言“皆无主后”，兼子言之；异居言“有主后者”，专指继父言之。此经与《仪礼·丧服传》正互相发明。为之婚娶、筑宫庙，则异居矣。案：《仪礼》“为之筑宫庙”，使自祭其祖祢；此云“同财而祭其祖祢为同居”，则继父之祖祢也。继父无主后，子又未有宫庙，而从继父以祭，此之谓“同财”。异居者，明不为之主后也，郑注一以“同财”为义，又创为“同居异财”之说，似失经旨。

祔葬者不筮宅。士、大夫不得祔于诸侯，祔于诸祖父之为士、大夫者。其妻祔于诸祖姑，妾祔于妾祖姑。亡则中一以上而祔。祔必以其昭穆。诸侯不得祔于天子，天子、诸侯、大夫可以祔于士。

郑注：“士、大夫，谓公子公孙为士、大夫者。‘不得祔于诸侯’，卑别也。既卒哭，各就其先君为祖者兄弟之庙而祔之。中，犹间也。”孔疏：“若（太）〔夫〕祖无妾，则又间曾祖而祔高祖之妾。”嵩焘案：此经前云：“别子为祖。”郑注：“诸侯之庶子别为祖。谓之别子者，公子不得祢先君。”天子诸侯绝宗，公子公孙之为大夫、士者皆谓之别子，不祔于祖而祔于其祖兄弟之庙，情不相属，义不相统，宗法紊而庙制之从祖合食者亦滥矣。《春秋》隐五年《穀梁传》：“礼，庶子为君为其母筑宫，使公子主其祭。于子祭，于孙止。”妾主无祔庙者，天子诸侯达之大夫、士皆然也。案：郑注《大司乐》“以享先妣”云：“姜嫄也。”后稷不得祖帝喾，而为姜嫄立庙。其后周有天下，推原后稷之生而有先妣之祀，《鲁颂》之云“閟宫”者是也。而谓妾间曾祖而祔高祖之庙，循昭穆之文而乱尊卑之次，尤为悖礼。《周礼》：“冢人掌公墓之地。”公墓者，王族之统于王，公族之统于诸侯者也。而云：“辨其兆域为之图，先王之葬居中，以昭穆为左右。凡诸侯居左右以前，卿大夫〔士〕居后，各以其族。”所云“前后”，当与王墓别为一行，而依昭穆之次自分前后。天子诸侯各自为兆域，卿大夫与士亦各为兆域。公子公孙为大夫者祔于大夫，为士者祔于士；其祖为士而子孙为大夫，则从祖而祔，不能舍其祖而别祔其族之为大夫者。推而至于始为天子、诸侯者，其祔亦同也；案：《大传》：“追王太王亶父、王季历、文王昌。”自周有追王之礼，武王祔于王季，成王祔于文王，其昭穆之庙皆王也。亦无天子祔于士庙之事。推而至于墓大夫掌邦墓之地，凡国民之族葬者，其祔亦同也。妾祔别为兆域，亦以昭穆为次。案：据此经，公墓分昭穆各为一行，以诸侯、大夫、士为先后之次；而妾自为一行，无妾祖姑即中间一兆以明之。妾当祔妾祖姑；无妾祖姑，则中空一兆，为虚位以间别之，不能使孙妾越祖姑而上二世以祔于妾高祖姑也。案：此经下云"妾无妾祖姑者，易牲而祔于女君"，乃为祔庙之礼，与此义别。经明言"祔葬者不筮宅"以发其例，郑注一以祔庙为辞，证之《礼经》而固不能通矣。

宗子母在为妻禫。

郑注："宗子之妻尊也。"孔疏："贺玚云：'父在适子为妻不杖，不杖则不禫；父没母存，为妻杖。……宗子尚然，其馀适子母在为妻禫。'……贺循云：……'宗子为妻禫，其馀适庶母在为妻并不得禫也。'贺循又云：'妇人尊微，不夺正服，厌其馀哀。'……宗子妻尊，母所不厌。"嵩焘案：疏意以父在适子为妻不杖为厌正服，母在不禫为厌馀服。以实求之，父在适子为妻不杖期，父主丧故也，非厌服也。故父在庶子为妻杖，母在不禫，不敢为妻申其哀，为尊厌也。于母且然，于父可知。故庶子在父之室为其母不禫。宗子之妻所以禫者，父没则宗子之妻代母为主妇，得申其哀也。凡为适长子即宗子也，其不云"适子"者，明惟宗子之妻为主妇者然也。疏引贺氏三说，于经义均未分明。

为慈母后者，为庶母可也，为祖庶母可也。

郑注："此皆子也，传重而已。不先命之，与适妻使为母子也。缘为慈母后之义，父妾之无子者，亦可命（巳）〔己〕庶子为后。"嵩焘案：《丧服》"慈母如母"，传曰："妾之无子者，妾子之无母者，父命妾曰：‘女以为子。’命子曰：‘女以为母。’若是，则生养之，终其身；死则丧之三年如母；贵父之命也。”此经又通其义于庶祖母，所谓后者为之制服而主其丧也。《丧服》：“士为庶母”缌，大夫以上无服；而“君子子为庶母慈己”者小功。云“慈己”，则是不命为母子者。无父命而有慈己之恩，亦为之制服。庶祖母慈己者不见于《丧服》，而通谓之“为慈母后”，其制服亦当与慈母同。先王制礼精义，以济人道之穷有如此者。子无母者，恃慈母以生；庶母无子者，恃所慈之子以养。有父命，则三年；无父命而有慈己之恩，则小功五月。其庶母或有子或无子，其制服皆同，然但云“为慈己者”服，不得云“为后”也；“后者”制服而为之主其丧，庶母与庶祖母之为慈母同也。郑注以“传重”为言。疏因谓庶母、庶祖母已经有子而子死，为立后，或无子不得立后，并引贺玚云“服于慈母三年，犹为己母不异，异于大宗之降本也”，非独“传重”与“为后者”无所取义，并《仪礼》“慈母”之文亦失其旨矣。

为殇后者以其服服之。

郑注：“言为后者，据承之也。殇无为人父之道，以本亲之服服之。”嵩焘案：《曾子问》：“宗子为殇而死，庶子弗为后也。”郑注：族人以其伦代之，明不序昭穆立之庙。”疏引以释此经，又云：“既不以父服服殇，而来后，其宗事之如子。”又云：“为殇者父作子，应服以兄弟之服，而云‘以本亲之服服’者，当在未后之前，不复追服。”似与注义亦不相属。案：殇者之父立后，不得云“为殇后”，殇服齐衰以下皆降，为父后者之兄弟顾独不降，于义无取。疏知其未安也，因以本亲为为父后者之本服；若从父昆弟、从祖昆弟之属，谓在未为后前，证之经义，尤觉迂回不可通。郑意谓承殇者之宗，而不为之制服。疑《曾子问》“庶子弗为后”，此云“为殇后”，义各有取，盖周末之变礼也。襄九年《左传》：“国君十五而生子。”是国君生子，仅及中殇之年。上云：“丈夫冠而不为殇，妇人笄而不为殇。”《曲礼》：“二十曰冠；三十曰壮，有室。”冠而不为殇，则有未及二十而冠者。冠有为人父之道，而其年犹殇也。长殇、中殇之服大功，下殇小功，自齐衰以下仍各以殇服服之，而为之后者不降。盖在殇而冠，则亦可以立后；冠而不为殇，为之后者自不能以殇服降也。与上义正相承，不宜援《曾子问》之文以证殇者之必不可为立后也。

齐衰三月与大功同者，绳屦。

郑注：“虽尊卑异，于恩有可同也。”孔疏：“齐衰为尊，大功为卑，而三月为恩轻，九月恩稍重，制之在尊卑深浅之间。”嵩焘案：《仪礼·丧服》：斩衰菅屦，齐衰疏屦，齐衰不杖期麻屦。齐衰三月以下无文，记礼者补著之。齐衰三月者义重而恩杀，义重故隆其服，恩杀故减其月。衰裳、绖杖皆而屦独异，屦轻从降也。麻屦、绳屦降之等也，绳者麻之成缕者也。齐衰三月与大功同绳屦，明屦者服之馀，可以渐杀而轻也。准此以推小功、缌，皆绳屦而有疏细。案：郑注《丧服》云：“旧说小功以下吉屦无絇。”据《士冠礼》，玄端黑屦，素积白屦，爵弁纁屦”，是冠屦皆有等，吉屦不以饰丧明矣。《周礼·屦人》有命屦、功屦、散屦之分，郑注“散屦”：“去饰。”其注《仪礼》“繐屦”云：“丧屦也。”缕不灰治曰繐。小功、缌之屦当为繐屦，不当径以吉屦。疏沿郑意，以齐衰、大功较其尊卑深浅，恐非经旨。

练，筮日、筮尸、视濯，皆要绖、杖、绳屦，有司告具而后去杖；筮日、筮尸，有司告事毕而后杖，拜送宾。

孔疏：“既告三事办具，将欲临事，故孝子去杖。……筮日与尸二事皆有宾来……占事毕，孝子更执杖以拜送宾。不言视濯者，视濯轻而无宾。”嵩焘案：《特牲馈食礼》“宿宾”，郑注：“宾在有司中。”其筮日、筮尸，有筮人及宰及宗人及有司群执事。既筮，宗人告事毕，而不拜宾。其视濯，宗人升自西阶，告濯具；宾出，主人出，宗人视牲，雍正作豕。”告事毕，宾出，主人拜送。”凡有司之属若筮人、宰、宗人、雍正，皆宾也。此经与《仪礼》之文互相备，前言“要绖、杖、绳屦”，详其服；后言“拜送宾”，著其仪，筮日、筮尸、视濯三者同也。去杖，事毕而后杖，则筮日、筮尸二者之异。盖视濯者，视有司之涤溉而已，不亲为之，故不去杖。案：《士虞礼》：“主人即位于门西，宗人告有司具，遂请拜宾。入门哭，即位于堂。主人倚杖入。”是临祭去杖，告具、拜宾皆不去杖。莅尸告神而后有事于筮，故有去杖、反杖之节；其拜、送宾则同。礼文错综言之以见义，孔疏并《仪礼》视濯、拜宾之文亦不一省究，宜其于经旨无所发明也。

庶子在父之室，则为其母不禫。

郑注：“妾子父在厌也。”孔疏：“此谓不命之士父子同宫者。若异宫则禫之。”嵩焘案：此经前云：“为父母、妻、长子禫。”《丧服》：父在为母齐衰期，为妻亦期。子统于父，期而除丧，父主之。士妾有子而为之缌，而其子自期。《杂记》：“期之丧，十一月而练，十三月而祥，十五月而禫。”父在为母皆然。庶子在父室不敢为其母禫，所以避尊也。《丧服传》：“昆（季）〔弟〕之义无分。然而有分者，避子之私也。……故有东宫，有西宫，有南宫，有北宫。”以此推之，命士以上之异宫，必在授室之日。陆氏佃云：“‘在父之室’，谓未娶者。”较疏义为长。《杂记》：“主妾之丧自祔；至于练、祥，皆使其子主之。其殡祭不于正室。”不于正室，则不在父之室也。疏分命士与不命之士言之，似未允。

庶子不以杖即位。父不主庶子之丧，则孙以杖即位可也。

郑注："祖不厌孙，孙得伸也。"嵩焘案：《杂记》："为长子杖，则其子不以杖即位。"以杖即位，为主丧受吊言之。郑注《丧服》："适子父在则为妻不杖，以父为之主也。《服问》曰：'君所主，适妇。'父在，庶子为妻以杖即位。"是衰丧，为主则杖；不为主，于妻不杖，于父母则不以杖即位；子为父无不杖者。《丧大（祭）〔记〕》："子皆杖，不以即位。"明庶子之不为丧主也，杖同而以杖即位异，非有所厌也，不主丧也。其不得为丧主者不杖，如祖父母、世父母、叔父母。为人后者，为其父母皆不杖期；为祖父母，承重则杖矣。经明言："庶子不以杖即位。父不主庶子之丧，则孙以杖即位。"所异在以杖即位与不以即位而已，而云"祖不厌孙"，非经旨也。

诸侯吊，必皮弁、锡衰。

孔疏："此有二种：一吊异国臣；若自吊己臣，则素弁、环绖、锡衰也。郑云：'国君于其臣弁绖，他国之臣皮弁。'一〔云:〕自吊己臣，未当事皮弁、锡衰，当事乃弁绖。"嵩焘案：《周礼·司服职》："凡吊事，弁绖服。王为三公六卿锡衰，为诸侯缌衰，为大夫疑衰，其首服皆弁绖。"《弁师职》："王之弁绖，弁而加环绖。"《司服》著其仪，《弁师》详其制。"弁而加环绖"即此经之皮弁加环绖耳。郑注《周礼》"弁绖"，云其弁"如爵弁而素"，于礼无可征者。案《檀弓》："天子之哭诸侯也，爵弁绖、纣衣。"郑注《士冠礼》："皮弁，白鹿皮为冠。爵弁，色赤而微黑，如爵头然。"是皮弁本近素，而天子于诸侯爵弁绖。明但加绖而已，不易冠也。戴德言"君吊臣，素弁加绖；诸侯相吊，皮弁加绖；同国大夫，素冠加绖；同国士，朝服加绖”，意为分晰。疑所谓素弁、素冠，与皮弁、朝服皆当为常服，无天子大夫有吊冠、诸侯士常冠之理。吊服加绖，亦不应谓之丧冠也。

养有疾者不丧服，遂以主其丧。非养者入主人之丧，则不易己之丧服。

郑注：“‘遂以主其丧’……其为主之服，如素无丧服。”嵩焘案：养疾而遂为之主丧，谓大功以上之亲无后者。其云丧服，必轻于所养之亲，无居重丧而变服以侍人疾之理。或侍伯叔父母之疾，则所服与己之为重服者同。疾者亦自有服，侍疾者虽丧服可也。经意浑括言之。其为之主，亦小敛而免，成服而杖，非养而入主人之丧亦同。惟养疾者去旧有之丧服而服新服，非养者不去旧有之丧服而易新服。旧服与新服均则兼服之。然为之主，则新丧之重于旧丧可知。服重者亦不为轻者主其丧也，郑云“为主之服如素无丧服”，似于义未惬。

妾无妾祖姑者，易牲而祔于女君可也。

郑注：“女君，适祖姑也。”嵩焘案：此与上“妾祔于妾祖姑”文同而义各别。祔葬与祔于庙，以昭穆为次同也。《春秋》隐三年“君氏卒”，《左传》云：“声子也。不赴于诸侯，不反哭于寝，不祔于姑，故不曰‘薨’。不称夫人。”似凡妾不祔庙。隐二年夫人子氏“薨”，五年“考仲子之宫”，是又祔而不配。杜预注：“诸侯无二嫡。”惠公元妃孟子配，故仲子别立宫；其书“薨”，则固祔于庙矣。案：定十五年“姒氏卒”，《左传》亦云：“不称夫人，不祔。”哀十二年“孟子卒”，则昭公之夫人也。礼：当祔庙，亦不称夫人。而文四年“夫人风氏薨”，为僖公之母；宣八年“夫人嬴氏薨”，为宣公之母；昭十一年“夫人归氏薨”，为昭公之母：均非适，而以君母称“夫人”，宜别立宫，其祔礼并同。《穀梁传》：“庶子为君，为其母筑宫。”其卒也，当祔于妾祖姑之宫；或以适嗣无妾祖姑之宫，则祔于女君。祔于妾祖姑，别庙也，礼之正也；祔于女君，则祢庙也，礼之权也。仲子薨逾三年而为之立宫，卒器祔庙可知。何休注《公羊传》：“妾母卑，虽为夫人，犹（别）〔特〕庙而祭之。”疑此当为诸侯之礼。《丧服》“妾为女君”，郑注：“适妻也。”凡言“适”，皆谓之“女君”。郑于此以“适祖姑”释之，恐误。

主人未除丧，有兄弟自他国至，则主人不免而为主。

郑注：“亲质不崇敬也。”孔疏：“君来吊，虽非时亦为之免。若五属之亲，主人不为之免。嫌亲始奔亦应崇敬为免如君，故明之。”嵩焘案：《奔丧礼》：“奔丧者非主人，则主人为之拜宾送宾。”奔丧者“免麻于序东”，“与主人哭成踊，于又哭、三哭皆免袒。”“奔丧者不及殡，先之墓”，齐衰以下“免麻于东方”，“与主人哭成踊，袭”。“有宾，则主人拜宾送宾”。“遂冠，归”。于又哭、三哭犹免袒成踊。“若除丧而后归，则之墓，哭成踊；东括发袒，绖”；拜宾，送宾，又哭，遂除。“主人之待之也，无变于服，与之哭，不踊。齐衰以下所以异者，免麻。”凡丧礼，冢子主丧为主人，馀为众主人，有司执事及凡吊问者皆宾也。《奔丧礼》分别主人与非主人而统于齐衰以下，其实适子、庶子不主丧者皆不得为主人，拜宾送宾一以冢子为主，《曾子问》所谓“丧不二主”是也。经云“兄弟自他国至”，盖主人之兄弟同服斩衰者。《奔丧礼》言“与主人哭成踊，袭”，既踊而袭，则主人亦免袒可知。除丧而归，主人括发袒，绖，遂除。众主人不变服。“众主人”兼主人之兄弟言之，兄弟不变服，则主人亦不变服可知。经云“未除丧”，盖练、祥以后将禫而未除所服馀服而已，不待免也。兄弟括发袒而服祥服，主人不免而为之拜宾，一如奔丧之礼而杀其文。《奔丧礼》言既葬，言除丧，此经云“未除丧”，正所以补《奔丧礼》之阙，为练、祥以后异于始葬及除服时也。郑云“亲质不崇敬”，疏遂援君吊虽不当免时亦免为证，似失经旨。

陈器之道，多陈之而省纳之可也，省陈之而尽纳之可也。

郑注：“‘多陈之’，谓宾客之就器也，以多为荣；‘省陈之’，谓主人之明器也，以节为礼。”嵩焘案：《既夕礼》陈器有二。迁柩于祖，荐车，陈明器于乘车之西，乃祖。宾赗若赙若赠，奠币如初。“就器，则坐奠于陈。”郑注：‘陈者，明器之陈。“是宾就器皆陈于明器之次；就者成也，宾助葬者必以成器。此陈之庙门内者也。既遣奠，“行器，茵、苞、器序从，车从”；“至于圹，陈器于道东西。”此陈之圹前者也。《士丧礼》袭有明衣裳，有祭服，有陈衣，陈衣者，庶襚也，不尽用。葬有苞、筲、翁、瓶，有用器，有燕乐器，有役器，有燕器，而无祭器，郑注：“士礼略，大夫以上兼用。”所谓祭器，即就器也；瓮瓶之属适于用者即祭器。《檀弓》固曰：“祭器，人器也。”明器以饰葬，就器则宾之助葬者，不必尽用，郑注是也。然陈之庙门内，将命奠币无不陈者；陈之圹而遂窆，则所陈器当尽纳之圹中。疑“多陈之”谓陈之庙门内者；“省陈之”，谓陈之圹前者。玩两“可也”字之义，当言行器至圹，或尽以从，或择而从之，皆惟所便。《既夕礼》：“藏器于旁，加见；藏苞筲于旁，加折。”是明器皆藏之椁中。《丧大记》：“棺椁之间，君容柷，大夫容壶，士容瓶。”所藏器亦当有数，陈器、纳器，各视所宜而已，非丧纪之所存也。

与诸侯为兄弟者服斩。

郑注："谓卿大夫以下。言诸侯者，明虽在异国，犹来为三年。"嵩焘案：《丧服传》："始封之君，不臣诸父昆弟；封君之子，不臣诸父而臣昆弟；封君之孙，尽臣诸父昆弟。"盖始封国，其诸父昆弟不必从之国，无相臣之礼，故诸父昆弟之相臣属断自封君之子始。经不言与君为兄弟，而言"与诸侯为兄弟"，盖谓始封之君也。始封之君其昆弟从之国，君犹为之服期，以示不相臣之义。而兄弟之从之国者，不敢不以臣道自处；既从之国，则固以君道临我也，故当为之服斩。陆氏佃云："始封之君兄弟犹服斩，所臣兄弟可知。"郑注"虽在异国来为三年"，疑诸侯之兄弟何为而在异国？既仕于异国，不相为臣，应从父兄之服；若能来归，则固臣也。卿大夫以下为君服斩，又何待言哉？郑注恐误。

其妻为大夫而卒，而后其夫不为大夫，而祔于其妻，则不易牲；妻卒而后夫为大夫，而祔于其妻，则以大夫牲。

郑注："不易牲，以士牲也。此谓始来仕无庙者。无庙者不祔，宗子去国乃以庙从。"孔疏："此谓始来仕无庙者。若其有庙，当祔于其祖，不得祔于其妻。宗子去国以庙从，则祔于祖矣。"嵩焘案："祔于其妻"，谓祔其妻子祖姑，犹言致祔于其妻也。礼无以夫祔妻之文，妻虽先死，亦祔于夫。《王制》："齐衰大功之丧，三月不从政。"大夫三月而葬，虞祔以前不应从政，无因而有不为大夫与为大夫之异；经意但明丧祭从厚之义，举此以见例耳。言大夫之妻死，敛殡皆以大夫；案《中庸》："父为大夫，子为士，葬以大夫，祭以士；父为士，子为大夫，葬以士，祭以大夫。"惟夫妇礼均，故但据妻言之。及葬而祔，其夫已不为大夫，仍以大夫之礼成之。"不易牲"者，不易大夫之牲也。士之妻死。敛殡皆以士；及葬而祔，其夫（已）

〔已〕为大夫，则用大夫之牲。盖死及祔，其礼相承，为日无幾，丧祭有从厚无从薄，举为大夫与不为大夫之在此三月中者，皆得用大夫之礼也。若为日已远而追从其厚，则亦僭而已矣。当此微会经意而得之，郑注误。

女子子在室为父母，其主丧者不杖，则子一人杖。

郑注："在室，亦童子也。则子一人杖，谓长女许嫁，及二十而笄，笄为成人，成人正杖也。"嵩焘案：《仪礼·丧服传》曰："童子何以不杖？不能病也。妇人何以不杖？亦不能病也。"盖据妾为女君、妇为舅姑不杖期为说，而为父、为长子，妻为夫，皆斩衰、苴绖、杖、绞带；女子子在室为父布总、箭笄、髽、衰三年，独变文言之，是女子〔子〕在室为父亦不杖也。《丧服传》言杖之义三：爵也，担主也，辅病也。而主丧者必杖；妇人不主丧而杖，惟妻为夫而已，馀皆不杖。女子子在室为父母无主丧者，齐衰以下为之主，则长者一人杖，杖者为之内主也。经援《仪礼》妇人不杖之义而明女子子在室亦有杖者，以发明其例，犹《丧服传》之言担主也。

缌、小功，虞、卒哭则免。

郑注："言'则免'者，则既殡先启之间，虽有事不免。"嵩焘案：《士丧礼》：小敛，"主人髻发袒，众主人免于房。"《既夕礼》："公赗，众主人袒。"凡袒必免，众主人下赅及小功、缌。丧礼：小敛、大敛、殡，皆袒踊，其朝夕奠有踊无袒，是自殡以后，虽主人无免者。而此经前云"君吊，虽不当免时主人必免，亲者皆免"，五服之属在丧次通谓之亲者，君吊亦皆免也。兄弟除丧而服葬服，虞、卒哭犹免。小功、缌在殡当免时，无不免之理，郑注于此推广言之，恐非礼意。

除殇之丧者，其祭也必玄；除成丧者，其祭也朝服缟冠。

郑注："殇无变，文不缛，〔玄〕① 冠、玄端、黄裳而祭；不朝服，未纯吉也，于成人为释禫之服。缟冠，未纯吉祭服也。既祥祭，乃素缟麻衣。"嵩焘案：《士冠礼》："玄端，玄裳、黄裳、杂裳可也。"《特牲馈食》记："其服皆朝服，玄冠……惟尸、祝、佐食玄端，玄裳、黄裳、杂裳可也。"郑注并云："上士玄裳，中士黄裳，下士杂裳。"然《仪礼》通言之，似惟朝服素裳，玄端之裳兼此数者，自天子下达于士同也。就经义求之，言"必玄"者，玄端而已；玄端之裳惟所用，亦不必皆玄也。此与下"朝服缟冠"对文，所异者冠耳。《杂记》"祥主人之除也，于夕为期，朝服"，郑注："既祭，玄端而居。是玄端亦士燕服。除殇丧，不朝服，礼简也，其服则吉服也。案：郑注《杂记》引《释禫之礼》云："玄衣黄裳，黄裳者未（纯）〔大〕吉也。"玄衣黄裳即玄端，而云"未（纯）〔大〕吉"，未详所据。除成丧，朝服而仍缟冠，缟冠者祥冠也；案：经言除丧有通言之者，凡变服皆曰除，如云"除丧者先重者"是也；有专言之者，则谭祭也，《论语》所谓"去丧无所不佩"也。除丧之祭犹缟冠，不敢遽即吉也。戴德《变除礼》："禫，玄衣黄裳；乃服禫服，朝服绫冠。逾月吉祭，玄端朝服；既祭，玄端而居。"然则朝服缟冠为祥之变除服，朝服绫冠即"禫而纤"之纤，禫之变除服也。郑谓"黑经白纬曰绫"。由缟而渐即吉，为禫服。经云"除殇丧"、"除成丧"，下统卑幼言之，缟冠而除丧矣，无变除也。除殇丧，吉服而文不缛；除成丧，不敢纯吉而文缛：所以示别如此。

①据阮元《校勘记》补。

礼记质疑卷十六

大传

大夫士有大事省于其君，干祫及其高祖。

郑注："大事，寇戎之事也。省，善也。善于其君，谓免于大难也。干，犹空也。空祫，谓无庙，祫祭之于坛墠。"孔疏："此言支庶为大夫、士者耳。若适为大夫，亦有太祖，故《王制》云：'大夫三庙，一昭一穆与太祖之庙而三。'若有善于君得祫，亦祫于太祖庙中，遍祫太祖以下。"嵩焘案：大夫、士宗庙有常制，无因有功而赐祫祭之文。襄公〔二〕十二年《左传》"祭以特羊，殷以少牢"，杜注"四时祀以一羊，三年盛祭以羊豕"，似即以祫当殷祭。大夫庙祭宜有祫，案《说文》："祫，大合祭先祖亲疏远近也。《周礼》曰：五岁一禘，三岁一祫。"疑大夫、士无太祖庙，不得有三岁之祫，而禘祫礼数亦与时祭同，无加牲。《杂记》："上大夫之虞少牢，卒哭、祔太牢；下大夫之虞特牲，卒哭，祔少牢。"虞、祔礼均而用牲各别，则时祭亦或有加盛者。《左传》言"祭"言"殷"，只浑言之，不必即为三年之祫。郑据《祭法》"大夫三庙二坛"，因谓"祫祭之于坛墠"，尤乖礼意。祫，有大祫，有常祫。《王制》："天子犆礿，祫禘，祫尝。祫烝。诸侯礿犆，禘，一犆一祫，尝祫，烝祫。"是四时祭一犆而已，馀皆祫，《礼器》"周旅酬六尸"即据时祫言之。大夫士庙制不及高祖，而得祀高祖于祖祢之庙，通谓之"祫"。干者自下干上之词。经云"干祫"，言上溯而祭之，异于天子诸侯之即太祖庙以合祭群祖也。其云“大夫、士有大事省于其君”，兼士言之，以明天子、诸侯君道也，大夫、士皆臣道也，有大事必省告于君而不敢自为制，非若天子诸侯之得以自尽其孝享也。惟然，而庙止于三，高祖之亲不得立庙以逾其制。祫祭止于高祖。高祖以上无服之亲，不得合食于太祖以隆其报。分有所统，制有所限，不敢专也。经义本极明晓，旧注皆失之。

又案：《祭法》言庙制，曰“考”，曰“王考”，曰“皇考”，曰“显考”，曰“祖考”。大夫三庙，则显考以上无庙而祷之于坛，是以大夫、士庙祭无上及高祖之文。程子言：“自天子至于庶人，五服未尝异，皆至高祖。服既如是，祭祀亦须如是。七庙、五庙，止是祭及高祖；大夫、士或三庙、二庙、一庙，或祭寝，亦不害祭及高祖。”详味此经之文，而知程子精义之学，其事固具于是也。大夫三庙止于曾祖，士一庙祭祢而已；而经于高祖之祭通大夫、士言之，各视所立之庙上推之以及高祖，故曰“干祫”。案：《王制》大夫亦有太祖，而继世为大夫，则奉太祖以祫祭高祖，始为大夫，则奉高祖以祫祭所立之斋，其义正互相备。孔疏于此自为有见。《春秋》文公二年“大事于太庙”，《公羊传》云：“大事者何？大祫也。”凡祭皆谓之“有事”。《士丧礼》“卜日，卜人奠龟”，郑注引《周礼·卜师》为证，是士卜日皆请命有司。襄公三十年《左传》：“丰卷将祭，请田焉。弗许。”大夫家庙请命于君乃行田，《少仪》亦有祭而致膳于君之文。所谓“有大事省于其君”，盖大夫、士有事于宗庙亦告于君也，旧注谓有功而见省录于君，固为失之。经明言大夫、士皆得祫及高祖之义，郑注一失其解，遂使大夫、士庙祭数百年而未有定。程子之言垂法万世，而《礼经》实已详及之。通观《王制》、《祭法》之文而求其义，未有能易此者也。

五曰存爱。

郑注："存，察也。察有仁爱也。"孔疏："察于民下侧陋之中而有仁爱之心，亦赏异之。"嵩焘案：《说文》："存，恤问也。"爱者民所爱慕，如封比干之墓，式商容之闾皆是。推至凡有功德于民，尧后封祝，舜后封陈，夏后封杞，并统于存爱之中。《论语》"举逸民"，即此举贤使能之事；《论语》"兴灭国，继绝世"，即此存爱之事。姚氏舜牧云"先世功德遗爱在民，兴灭继绝，所以存之"，最合经旨。"所先者五而民不与"，言圣人治天下无非为民，而固不于民求之。先此五者，未尝有与于民事，而民因之以赡足矣。盖非独使人观感振兴，亲亲尊贤，存其遗爱，乃所以立人道之极也。疏云"王者所急行，民不得干与"，恐失之。

其夫属乎父道者，妻皆母道也；其夫属乎子道者，妻皆妇道也。谓弟之妻妇者，是嫂亦可谓之母乎？

郑注："谓之妇与嫂者，以其在己之列，以名远之耳。复谓嫂为母，则令昭穆不明。昆弟之妻，夫之昆弟，不相为服，不成其亲也。"嵩焘案：郑义至精，而释经文微近凿。陈氏《集说》云："弟妻不可谓之为妇，犹兄妻不可谓之为母，言皆不可也"；变易郑注，益成乖忤。《尔雅》："女子谓兄之妻为嫂，弟之妻为妇。长妇谓稚妇为娣妇，娣妇谓长妇为姒妇。"《丧服》"娣、姒妇"小功。是兄弟之妻相谓通曰"妇"。而男子无称，以嫂叔不通问，不相为服，故亦并无称名以示别。《丧服传》曰："夫之昆弟何以无服也？其夫属乎父道者，妻皆母道也；其夫属乎子道者，妻皆妇道也。"夫之祖父母、世父母、叔父母，属乎父道者也；从而为之名，父母道均也。姪亦大功，《传》曰："谓吾姑者，吾谓之姪。"此属乎子道者也；从而为之名，子妇道均也。《传》曰："世父、叔父何以期也？与尊者一体也。世母、叔母何以亦期也？以名服也。”是故世父、叔父犹父也，昆弟之子犹子也；而男子相谓曰昆弟之妻，妇人相谓曰夫之昆弟，不能为之名，曰昆弟之妻犹妻也。弟妻曰妇，从弟为之名也；而不能以妇道属之兄，犹之兄之妻不能以母道属之弟也。两无所系，则昆弟之妻有相别也，无相亲也。故不得为之服，所谓“主名治（会际）〔际会〕”是也。经引《丧服传》文而无“何以无服”一语，郑注补出之，于礼文极有关会；而独于“谓弟之妻妇，是嫂亦可谓之母”二语，但求之文辞之末，而不能会其义。《集说》因之，而益歧矣。

服术有六，一曰亲亲，二曰尊尊，三曰名，四曰出入，五曰长幼，六曰从服。

郑注：“亲亲，父母为首。尊尊，君为首。名，世母、叔母之属也。出入，女子子嫁者及在室者。长幼，成人及殇也。”嵩焘案：经义主五服之亲言之。《丧服》斩衰章：为父，“传曰：父至尊也。”“妻为夫”，“传曰：夫至尊也。”“妾为君”，“传曰：君至尊也。”齐衰不杖期章：为祖父母，“传曰：至尊也。”世父、叔父，期，“传曰：与尊者一体也”，尊尊之推也。齐衰杖期章：“父在为母”，“传曰：至尊在，不敢申其私尊也。”齐衰三月章：为曾祖父母，“传曰：不敢以兄弟之服服至尊也”，又尊尊之变也。齐衰期章：为妻，“传曰：妻至亲也。”而“大夫为世父母、叔父母、子、昆弟、昆弟之子为士者”大功，“传曰：尊不同也。尊同则得服其亲服。”大夫为姑、姊妹、女子子嫁于大夫者，君为姑、姊妹、女子子嫁于国君者，大功，“传曰：尊同也。尊同则得服其亲服”，又亲亲之变也。齐衰不杖期章：世母、叔母，“传曰：何以亦期也？以名服也。”士为庶母、乳母缌，“传曰：以名服也。”从母昆弟，缌，“传曰：以名服也。”从母小功，“传曰：以名加也。”齐衰期章：“父卒继母嫁，从；为之服”，“传曰：何以期也？贵终也。”又名之变也。大功章：“姑、姊妹、女子子适人者”，“传曰：何以大功也？出也。”“夫之姑、姊妹，娣、姒妇”小功，“传曰：相与居室中，则生小功之亲焉。”姑、姊妹之小功，出焉而为小功也；娣、姒妇之小功，入焉而为小功也。而“姑、姊妹、女子子适人无主者”期，“传曰：何以期也？为其无祭主也。”又出入之变也。女子子适人者为父母期，“反在父之室，为父三年”，亦出入之变也。长幼之相为服者，报也。齐衰不杖期章：“昆弟之子”，“传曰：何以期也？旁尊也；不足以加尊焉，故报之也。”夫之昆弟之子，期，“传曰：何以期也？报之也。”小功章：“从祖祖父母，从祖父母，报。”为甥缌，“传曰：报之也。”为婿缌，“传曰：报之也。”为姑之子缌，“传曰：报之也。”以长幼为之名，服之所以有报也。其从服之见于《丧服》者尤详。故凡服制有三治，上治、下治、旁治是也。准而行之有四义，由上治而准之曰尊尊，由下治而准之曰亲亲，由旁治而准之曰长长，曰男女有别，是也。推而衍之有六术，由尊尊而衍之曰名，由亲亲而衍之曰出入，由长幼而衍之曰从服，是也。殇服之起于大功，服之降也，不足尽长幼之义，郑注于此似未允。

自仁率亲，等而上之至于祖，名曰轻；自义率祖，顺而下之至于祢，名曰重。

郑注：“用恩则父母重而祖轻，用义则祖重而父母轻。恩重者为之三年，义重者为之齐衰。”嵩焘案：郑以祖祢分轻重，于义为舛。“等而上之至于祖”，祖者通辞也。“自仁率亲”，由父而上推之，至于祖而齐衰期；至于曾祖、至于高祖而齐衰三月；高祖以上无服，远则仁有不及也，故曰“轻”。“自义率祖”，祖者太祖也。顺而下之，有大宗，有小宗。继太祖之大宗，百世不迁；继高祖以下之小宗，五世而迁。宗者宗其所自出之祖也，义系于祖则祖为重。仁以服制言，义以宗法言，故自此以下皆据宗法言之。

君有合族之道，族人不得以其戚戚君位也。

郑注：“君恩可以下施，族人不得以父兄子弟之亲自戚于君。位，谓齿列也。”嵩焘案：人君绝宗，故君之别子自为祖，自诸父昆弟皆臣也。君为之绝服，而服君者皆斩衰，是以《穀梁传》云：“诸侯之尊，兄弟不得以属通。”然《周礼·大宗伯》：“以饮食之礼亲宗族兄弟。”《文王世子》：“族食，世降一等。”合族而缀之以食，亲疏之等亦于是辨焉，而君于其宗族自序亲疏。宗族之亲者疏者，一以臣道将之，不敢各以其亲与君为齿列。郑注训“位”为“齿列”，极允。疏但以“上亲君位”释之，又云“兄弟（亲）〔相〕属多篡代之嫌，令远自卑退”，以后世猜嫌之术释经，尤为乖舛。

有小宗而无大宗者，有大宗而无小宗者，有无宗亦莫之宗者，公子是也。公子有宗道。公子之公为其士、大夫之庶者，宗其士、大夫之适者，公子之宗道也。

郑注：“公子不得宗君，君命适昆弟为之宗。所宗者适则如大宗，死，为之齐衰九月，为其妻齐衰三月；无适而宗庶则如小宗，死，为之大功九月，其母、妻无服。公子惟己而已，则无所宗，亦莫之宗。”嵩焘案：天子诸侯之宗法，仅见《孟子·滕文公》言“宗国鲁先君”。《诗·大雅》：“食之饮之，君之宗之。”其时公刘居豳，为之君，又为之立宗。是公子之宗道自周以前有之，而

《春秋》传不一详。隐七年《公羊传》："齐侯使其弟年来聘。其称弟何？母弟称弟。"宣十七年《左传》："公弟叔肸卒，公母弟也。凡称弟，皆母弟。"杜预注："庶弟不得称公弟。"故《春秋》母弟书"弟"，庶昆弟书"公子"，所尊适也。经固曰："为其士大夫之庶者，宗其士大夫之适者。"以母弟统庶昆弟而为之宗，此公子之宗道也。案：桓二年《左传》"大夫有贰宗"，杜预注："适子为小宗，次者为贰宗。"而宣二年《传》云："晋成公宦卿之适子，为之田，以为公族。又宦其馀子，亦为馀子；其庶子为公行。"疑所谓"贰宗"者，馀子得别为氏。成公以晋无公族，广置馀子、公行，为公族之辅耳。庄公二十三年《传》云："晋桓、庄之族逼，献公患之。"杜预注："桓叔、庄伯之子孙。"献公，武公子，于桓叔为曾祖，于庄伯为祖，而桓、庄已自立为族，是即以公子之宗道统族者。揆之经义，并无适兄弟为大宗、庶昆弟为小宗之文。凡为宗者适也。周道亲亲，传子以适，则君为大宗。而君不与族人为宗，于是别立一宗以联属其族之人，庶昆弟以下皆以宗属焉；而上统于父，不得为祢，则其昆弟亦各自为宗，而不与公子之宗序昭穆，但以大宗收族之法系之而已。故曰："有大宗而无小宗。"其继世之君，各立其母弟为宗以联属其昆弟，而不得统族之人；至于亲尽，则昆弟亦各自为宗，而所立之宗不能为之统。故曰："有小宗而无大宗。"案：《左传》襄十二年"鲁为诸姬之丧临于周庙"，杜注："周庙，文王庙。"昭十八年"郑火，使祝史徙主（祏）〔祏〕于周庙"，杜注："周庙，厉王庙。"鲁于诸姬为宗国，以周公武王母弟，武王有天下而以宗属焉，故得立文王庙，统同姓之国而为之宗，是谓大宗。郑桓公宣王母弟，宣王封之郑而以宗属焉，故得立厉王庙，统庶兄弟而为之宗，是谓小宗。凡宗必系之庙，鲁、郑之有周庙，此其证也。其皆庶昆季而无母弟，则君不能以所统之宗属之，而使之各自为宗，如晋成公之立馀子、公行，别为枝系而已。同为庶子而无所宗，亦不能以宗统其昆弟，故曰"有无宗亦莫之宗"。鲁之"三桓"，郑之"七穆"，无为之宗者，非如郑注所云"公子惟己而已"。所宗者适为大宗，无适而宗庶为小宗，既于义无取，而又何以云“有小宗而无大宗，有大宗而无小宗”？蓝田吕氏、东莱吕氏虽极意申论之，亦止言适子为大宗，庶子为小宗，其大、小宗之何以为名，则固不能详也。《丧服》：“大夫之庶子为适昆弟，期。”经云“为士大夫之庶者，宗士大夫之适者”，所服皆同也。“丈夫、妇人为宗子、宗子之母、妻”，齐衰三月。公子继世为大宗，小宗所服皆同也。“公之庶昆弟、大夫之庶子为母、妻、昆弟”大功，降也。君绝期而庶子降大夫，降庶子而庶子昆弟亦从而降，不得立以为宗明矣。郑于此创为齐衰九月之文，似尤无据。

绝族无移服，亲者属也。

郑注：“族昆弟之子不相为服。有亲者服，各以其属亲疏。”嵩焘案：《丧服〔传〕》齐衰期章：“出妻之子为母期，则为外祖父母无服。传曰：绝族无施服，亲者属。”郑注：“在旁而及曰施。亲者属，母子至亲无绝道。”横渠谓施、移字通用。此引《丧服传》文发明公子宗道之义。绝宗即为绝族。不与族人论亲疏，所谓绝族也。经意谓人君绝宗则服无所施，故为公子立〔宗〕道，使以亲相属。亲为弟而可以统宗，庶子不相为统，则不能立宗，经故曰：“为其士、大夫之庶，宗其士、大夫之适者。”《仪礼》云“亲者属”，出母绝族，而母子之亲自相属；此云“亲者属”，人君绝宗，而母弟之亲可使相属。案：天子诸侯绝宗，其昆弟皆以别子为祖自为宗，而合族之昭穆远近无所统，故自始立国时立宗以统之。所宗庶昆弟也，而不得合食于太祖，则不能以其宗序昭穆。下及嗣君之昆弟，又各为宗焉。是以其制视大宗而不得有小宗。其后继世为君者各立一宗，其制视小宗，而所立之宗与其庶昆弟皆别子也，其子孙自奉别子为祖，各自为宗而不系之所立之宗，是以不得有大宗。此天子诸侯之宗法，所以自通其变。而推而衍之，即为大夫士之宗所自出，枝分派别而不失其伦焉。先王之制为宗法，仁至义尽有如此者，旧注全未分明。小宗各属其所亲，大宗合族而亲固存。此为总结上文，旧注似皆失之。

自仁率亲，等而上之至于祖。自义率祖，顺而下之至于祢。是故人道亲亲也。

孔疏："前文已具，此重说之者，前文论服之轻重，此论亲亲之道。"嵩焘案：疏所云非也。此言宗法之立归本仁义，重言之以致其咏叹也。由亲亲之仁上推之，以不敢忘其祖；由尊祖之义下施之，以皆知重其祢。天伦之序，人心自然之应，王者因之制为宗法。导之于仁义之归，以知反本之意，宗法行而人纪于是乎立焉，要其归亲亲而已矣。等而亲之之谓"仁"，顺而宜之之谓"义"。五服之施，具于四宗，而为之大宗以统之，此宗法所以维持世教人心于不敝也。

礼记质疑卷十七

少仪

闻始见君子者辞曰："某固愿闻名于将命者，不得阶主。"

郑注："阶，上进者。言宾之辞不得指斥主人。"嵩焘案：郑意："不得阶主"，记者引申礼文之辞。据《士相见礼》"曰：'某也原见，无由达，某子以命命某见'"，郑注："某子，所因缘之姓名。"是凡相见，必先有人通其意以为之阶，因谓之"阶主"。案《表记》："事君不下达，不尚辞，非其人弗自。"不下达者，不以意自通。不尚辞者，不以言干进。其所由以进者，抑必得其人焉。君臣朋友道一也。阶主即《表记》所云"自"。固者原始之辞，言既不得阶主，则名无由自通；今乃以其名闻于将命者，所以自叙其求见之情也。案：郑注"重则云固"，孔疏"若初辞，则不云固，惟云某愿闻名于将命者"，似于经文别生枝节，亦与"始见君子"之辞相背戾矣。陆氏佃云"不得阶主亦辞也"，无可疑者。郑以"不得指斥主人"释之，误。邵氏困云："阶，犹'阶梯'之阶；主，犹'观近臣以其所为主'之主。言恐不得将命者道达，为之阶主。"是又以"阶主"属之"将命者"，方为将命者通辞而云"不得"，又非事也。

罕见曰闻名，亟见曰朝夕。

郑注："罕，希也。希相见，虽于敌者犹为尊主之辞，如于君子也。”嵩焘案：郑意承上“敌者曰‘某固愿见’”为文。以经义求之，“闻名”字与上“闻名”紧相承，尊者辞也。其云“朝夕”，犹朝夕侍教于君子，亦尊者辞也。始见之辞曲折。罕见非始见也，而为曰已多，仍以其名自通，曰“闻名”，曰“朝夕”，皆礼辞也。案郑注：“亟，数也。于君子则曰：‘某愿朝夕闻名于将命者’。于敌者则曰：‘某愿朝夕见于将命者。’”是以“罕见”专属之“敌者”，以“亟见”兼属之“君子”，已非经旨；又以“朝夕”加于“闻名”之上，礼辞安有是哉！疏引或云“始来礼隆，故尊卑宜异；重来礼杀，故宜同”，“闻名”字又通“君子”与“敌者”言之，而以“罕见”为重见，不达经旨而意为之辞，宜其扞格不能通矣。记礼者述见君子之辞，又有“罕见”“亟见”之分，经旨至为完密。敌者之亟见，朋友居游之常，于辞宜略矣。旧注皆失之。

受立、授立不坐，性之直者则有之矣。

郑注：“谓受授于尊者，而尊者短则跪，不敢以长临之。”嵩焘案：此与《曲礼》“授立不跪，授坐不立”同文，盖通言之，无与尊者受授之义。郑云“尊者短则跪”，短，长度也，不当训直。经云“性之直”，亦安见据尊者言之？朱子经义：“性之直，犹所谓直情而径行。”授受礼之常，坐立亦人之常；礼谨于其常，而直情径行可为礼乎？《曲礼》：“立则磬折，垂佩。”《玉藻》“立容辨卑”，郑注：“自贬卑，谓磬折也。”是凡立，其身皆俯。《玉藻》亦云“立容德”，郑注：“如有予也。”是凡有所予授，其身亦俯。《毛诗传》：“籧篨，不能俯者。”性之直者，犹言生质不能为俯，即所谓“籧篨”是也。《周礼·大司徒》“辨五地之物生”，郑注：“杜子春读生为性。”《释文》性亦训生。《孝经说》曰：“性者生之质也。”性生字通，“性之直”犹言生之直。立而授受，其身宜俯；直躬不能为俯，则跪以明谦。曰“有之”者，礼之所不禁也，非是；虽尊者有所授受亦不跪，为自贬已甚，又重劳人之答己也。

排阖说屦于户内者，一人而已。有尊长在，则否。

郑注：说屦于户内者一人，“虽众敌犹有所尊也”。“在，在内也。”尊长在，则“后来之人皆说屦户外。”嵩焘案：《曲礼》“户外有二屦”，为一宾一主言之，自馀说屦无明文。《乡饮酒》、《乡射礼》：“主人请彻俎。主人降。宾降，说屦，升坐。”《燕礼》、《大射礼》：“司正请彻俎。宾出。卿大夫皆降，说屦，升坐。”凡礼食，皆降，说屦，升坐，而后无算爵行。惟君不降，不与臣为宾主也。案：《仪礼》不详公说屦之文，而云“司正升受命，皆命：君曰：‘无不醉。’”及无算爵行，“执膳爵者酌以进公；执散爵者酌以之公，命所赐”。是无算爵但以命宾及卿大夫，而公不与其间，惟一酌公，又副之以散爵以待公赐，公不说屦与为宾主可知。《乡射》疏引此经为宾长一人说屦堂上之证，不知此经说屦户内，正是不与人为宾主。孔疏误会经意，遂成乖舛。此经所谓“堂上无跣，燕则有之”，燕以说屦尽欢，宾及卿大夫皆然，并无尊卑之分。郑以说屦户内为尊，谓“尊长在，后来之人说屦户外”，则是为尊长者侈然说屦户内，疑非礼所安。假而后来之人尊长有加焉，又将何以处之？《曲礼》：“侍坐于君子，君子欠伸、撰杖屦。”此经亦云：“侍坐于君子，君子欠伸、旋屦。”“侍坐于君子”，卑幼之辞也。“撰屦”、“旋屦”近在席端，说屦户内可知。经云“一人”，谓燕居不与人为礼，宾至出迎，仍说屦户外。下言“尊长于己逾等，燕见不将命”，不将命则不出迎，故于卑幼一循燕居之常。席旁之屦可撰可旋，其云“排阖说屦户内一人而已”，独居无与为礼，自便焉可也。《曲礼》：“入户奉扃。”排阖则不待奉扃，脱屦户内则亦不待辞让。“一人而已”，谓无宾主之相接也。案《曲礼》：“侍坐于长者，屦不上于堂。”是于同等脱屦户外，于尊长脱屦堂下。而《曲礼》于“入户”后云：“无践屦，无踖席，抠衣趋隅。必慎唯诺。”盖亦侍坐尊长之礼也。以践屦为戒，则尊长之屦固在席旁。皆尊长不将命、不出迎之证。经文错举以见义，注家各以其说乱之，而经旨晦矣。“尊长”，父兄之称。有父兄在，则终身执子弟之礼，居处坐立不敢自专。《曲礼》：“为人子者，居不主奥，坐不中席，行不中道，立不中门。”说屦户内，惟取自便以示尊也。“有尊长在则否”，即不在父兄之侧，犹子弟也，无敢自便者。郑注于此失其义；孔疏援之以释《乡射》之文，而经旨愈纷矣详见《曲礼》)。

问道艺曰：“子习于某乎？子善于某乎？”

郑注：“道，三德、三行也。艺，六艺也。”孔疏：“道难，故称习；艺易，故称善。”嵩焘案：“道艺”与“品味”对文，就所嗜所习之浅者言之。郑注《周礼·乡大夫》“考其德行，察其道艺，而兴贤者能者”云：“贤者，有德行。能者，有道艺。”注《大司乐》“有道者有德者使教焉”云：“道，多才艺者。德，能躬行者。”并以道系之艺，所云“道艺”犹术艺也。《说文》：“道，所行道也。”味以品言，艺以道言，盖谓所嗜之味、所习之艺不一端。郑训“道”为“三德、三行”。《师氏》三德曰至德，曰敏德，曰孝德；三行曰孝行，曰友行，曰顺行。先王立教不越乎此，而问人以“习于至德乎”、“习于孝行乎”，此必不然矣。意惟术艺之长，可以问人以所习而课人以所能，“习”谓始有事于道艺者，“善”则习之已成者。郑析“道艺”为二，与《周礼》注异。疏因以“习于某”、“善于某”分难易言之，似属意为之说。案王氏《经义述闻》：“韦昭《吴语》注：‘道，术也。’杜注《左传》定五年：‘道，犹法术。’《周官》：‘保氏养国子以道，乃教之六艺。’《太平御览》引马融注曰：‘道，六艺也。’娴于道艺之谓‘习’，工于道艺之谓‘善’，皆指一事言。孔疏强生分别，非也。”其说确不可易。

不疑在躬，不度民械，不愿于大家，不訾重器。

郑注："不服行所不知使身疑。械，兵器也。不计度民家之器物、使已亦有。訾，思也。"嵩焘案：此皆言持身涉世之义。"不疑"兼人己言之，事有疑而率意为之，在己已不能自喻，是重人之疑也。在躬者当使昭然可以共信，故曰"不疑"。辅氏广曰："械，犹机械。此不逆诈之意。"于义允矣，而于文未惬。《说文》："械，器之总名。"经言"民械"，则是日用常具之器也。"不度"谓不经营校量。"愿"当为觊望之意，言有所期望也。"重器"若古彝器，为人宝重。陈氏《集说》："訾，鄙毁之。""思"与"鄙毁"皆于义无取。《商子》："訾粟为税。"訾犹量也，揣量其器之真赝与其贵贱，亦疑于自眩。下三语皆"不愿"外之意。

侍射则约矢，侍投则拥矢。胜则洗而以请，客亦如之。不角，不擢马。

郑注：约矢，"不敢与之拾取也。"拥矢，"不敢释于地也"。胜则"洗爵请行觞，不敢直饮之"。"'客亦如之'，客射若投壶不胜，主人亦洗而请之。"嵩焘案：乡射、大射，宾、主人皆受监于司射、司正，故有请宾、请主人之辞。其比耦、拾矢、释算、告算、立马、命弦、命酌皆司射主之。经云"侍射"、"侍投"，自当在有司弟子之列，而亦可以备耦。凡射，比耦，有司授弓，遂授矢。三耦皆执弓，搢三挟一个。卒射，设楅，司射乃比众耦，拾取矢。上射却手自弓下取一个，下射覆手自弓上取一个。既拾取乘矢，皆左还，北面，搢三挟一个。是始射授矢，卒射拾取矢；拾取矢，射者之事，非侍射者之事。士与大夫为耦，则以大夫之耦为上，大夫于士亦尊长也。其执矢有却手、覆手之分，而拾取矢并同。其拾取矢，亦如受矢之搢三挟一个以为节。疏云"一时并取四矢"，为始受矢乎？为射毕拾取矢乎？《仪礼》之文具在，无有此也。案：注“不敢与之拾取”，卒射后之事。疏云：“上耦前取一矢，下耦又进取一，如是更进。卑者侍射，不敢更拾进取，但一时并取四矢”，似谓始受矢时。《仪礼》既无明文，亦与注意不相应。《投壶礼》：“主人奉矢。”其文视射礼稍杀。无有司监射，故主人奉矢。侍尊长投壶，则亦奉矢。疑“约矢”即《射礼》之“授矢”，“拥矢”即《投壶礼》之“奉矢”。射矢长，手束之，故曰“约”；投壶矢短，抱持之，故曰“拥”：所以著其执矢之容也，并在始事授矢时。注以为视算之节，似于“约矢”、“拥矢”无所取义；疏云“投壶，宾主各四矢，委于身前，坐一一取之。卑者侍投，不敢释置于地，手并抱（持）〔投〕之”，《投壶礼》亦无其文。案《乡射礼》：“释获者执鹿中，一人执算以从之。释获者坐设中……受算”，射中则释一算。注云“不释于地”，卒射视算之事；疏云“抱持之”，亦未详其所指。“胜则洗而以请，客亦如之”，因尊长而推及于客，正《仪礼》所谓“宾及公卿大夫不胜，则不降，不执弓”，“执爵者取觯，降洗，升实之，授于席前”，“卒觯，授执爵者，反就席”。乡射、投壶执爵者弟子，大射执爵者仆人师，侍射、侍投则自执爵。“不角，不擢马”，在“客亦如之”下，盖惟卑幼之侍射、侍投为然。《射礼》、《投壶礼》命酌、立马，大夫与士为耦皆然，无尊卑之异，故知此为侍尊者燕射，其礼又从简也。

不窥密，不旁狎。

郑注：不窥密，“嫌伺人之私也”。不旁狎，“妄相服习，终或争讼也”。嵩焘案，《尔雅·释诂》：“狎，习也。”《曲礼》“贤者狎而敬之”，郑注：“狎，近也，习也。”相习久则狎，故郑于此训“旁”为“妄”。朱子经义：“旁，泛及也。”与人为狎且不可，何庸泛及哉！下文“不道旧故”嫌有所援引，“不戏色”嫌有所轻亵，即是不相狎之意，又与此复。疑此“不旁狎”与“不窥密”

为一类。旁读如《庄子》"旁日月"之旁，谓依近也。密者人所隐秘，窥之则嫌于发人之阴私；狎者人相为亲昵，以身近之，则嫌于间人之情好。二者于人皆有所不适，故戒之。

毋循枉。

郑注："谓前日之不正，不可复循行以自申也。"嵩焘案：郑意以"枉"属之身，陈氏《集说》因以"贰过"为戒。疑"枉"与"过"有辨。《说文》："枉，邪曲也。"枉直之分，君子所必不容苟，岂复能循而行之？经云"毋循枉"，谓前事之不轨于正，不当据为成法而循用之。如《檀弓》所记"士之有诔，自此始也"、"鲁妇人之髽而吊也，自败于台鲐始也"，《郊特牲》所记"由齐桓公始也"、"由赵文子始也"、"由三桓始也"，皆是循枉意。

工依于法，游于说。

郑注："《考工记》曰：'薄厚之所震动，清浊之所由出，弇侈之所由兴，有说。'"嵩焘案：《考工记》"有说"字仅一见此，而百工之职皆为之说。如："凡察车之道，欲其朴属而微至。""凡斩毂之道，必矩其阴阳。""凡〔居〕材，大与小无并。""凡揉辀，欲其孙而无弧深。""凡甲，锻不挚则不坚，已敝则桡。""凡相笴，欲其生而（抟）〔抟〕。""凡兵无过三其身，过三其身弗能用也。""凡句兵欲无（弹）〔僤〕①，刺兵欲无蜎。""凡沟必因水势，防必因地势。""凡析干，射远者用势，射深者用直。""凡相角，（春）〔秋〕䋤者厚；（秋）〔春〕䋤者薄。""凡相筋，欲小简而长，大结而泽。""凡为弓，方其峻而高其柎，长其畏而薄其敝"；"凡为

①据阮元《校勘记》改。

弓，各因其君之躬志虑血气。”其言“凡”者，皆“说”也。“士依于道，游于艺”，养其源而后可以畅其流，由内以及外也；“工依于法，游于说”，循其迹而后可以通其义，由粗以致精也。成上成下，各有所先。而艺者道之枝流，可以旁通；说者法之程度，不能泛及：故学者多通，而工惟守一也。

问国君之子长幼，长则曰：“能从社稷之事矣。”幼则曰：“能御。”“未能御。”

郑注：“御，谓御事。”孔疏：“御，治也。事，谓寻常细小事，小于社稷之事。”嵩焘案：《说文》：“御，使马也。”引申之为御使人，因而凡有听役于人亦谓之“御”。《广韵》：“御，侍也，进也。”《曲礼》“御食于君”，《射义》“御于君所”，盖即服事左右之意，凡问寝视膳皆是。《左传》（僖）〔闵〕二年：“太子奉冢祀、社稷之粢盛，以朝夕视君膳者也。”从社稷之事，谓奉粢盛以助祭祀。《曲礼》“问国君之年，曰‘能从宗庙社稷之事’”，则主祭也。能从社稷之事，朝夕视膳，自其馀事。《内则》：“佐长者视具。”幼者之能御，谓能视具而已。郑注御谓“御事”，但浑言之，疏遂以“寻常小事”为说，恐非经旨。

妇人吉事，虽有君赐，肃拜；为尸坐，则不手拜，肃拜；为丧主则不手拜。

郑注：“肃拜，拜低头也。手拜，手至地也。妇人以肃拜为正，凶事乃手拜耳，‘为丧主则不手拜’，为夫与长子当稽颡也，其馀亦手拜而已。虽或为唯。或曰：丧为主则不手拜，肃拜也。”孔疏：“妇人吉礼不手拜，但肃拜。吉事及君赐悉然。”嵩焘案：《士昏礼》：“若舅姑既没，妇人三月乃奠菜。”“妇拜，扱地”，郑

注："扱地，手至地也。妇人扱地，犹男子稽首。"是妇人与宗庙奠献之礼，皆拜扱地。《馈食礼》："尸入，主人拜妥尸。尸答拜，遂坐。"其后酳尸及尸醋主人，主人拜，尸皆答拜。凡拜皆以首加诸手，故亦谓之"拜手"。案《说文》："顿，下首也。""䭫，下首也。"稽首与顿首同训。《列子·天瑞篇》："一气不顿尽，一形不顿亏"，顿盖急遽之意。顿与稽相对为文，而皆谓之"拜手"。云"下首"，所以异于空首也。孔疏："手拜，犹《周礼》空首。"手拜与拜手不同，手拜但以手扱地，正九拜之"空首"。郑注《周礼》："空首，拜头至手。"误。《馈食礼》："主妇拜，献尸，尸拜受。主妇北面拜送。"疑此拜当亦以手扱地，即所谓"手拜"也。妇人之拜三：曰肃拜，曰手拜，曰稽颡。"吉事虽君赐，肃拜"；惟宗庙之事有手拜，而为尸答拜则亦肃拜而已。《既夕礼》："卒，袒，拜宾。主妇亦拜宾。"《士虞》记："宾出，主人（拜）送，〔拜〕稽颡。主妇亦拜宾。"郑注："不言出，不言送，拜之于闱门之内。"所谓"拜宾"，即稽颡也，郑引或说甚误。妇人与丈夫为礼，吉拜则肃拜，凶拜则稽颡。郑注《周礼》吉拜、凶拜之文甚误，详见《檀弓》。吉事虽君赐，亦无手拜之文。其言"为尸坐"，明宗庙有手拜，而为尸酬醋亦只肃拜也。案：《丧礼》惟主人、主妇拜宾。其专为己吊则拜，而妇人无明文。郑注"为夫与长子稽颡，其馀手拜"，义或然也。注云"虽或为唯"数语，似属多出。

取俎进俎不坐。

郑注："以其有足，亦柄尺之类。"嵩焘案：《管子·弟子职》："柄尺不跪。"注："豆有柄，长尺，则立而进之。"此为弟子御食之节。据《少牢馈食礼》，主妇执韭菹（醓）〔醓〕醢，坐奠于筵前；赞者执葵菹、蠃醢以授主妇，"主妇不兴，遂受，陪设于东"；佐食执羊俎、豕俎，司士执鱼、腊、肤俎，序升自西阶，入，设俎；主妇执金敦黍，有盖，坐设于羊俎之南；赞者执敦稷授主妇，“主妇兴受，坐设于鱼俎南；又兴受赞者郭黍，坐设于稷南；又兴受赞者敦稷，坐设于黍南”。此未迎尸以前直祭于主之事也。“主人羞肵俎，升自阼阶。上佐食取羊铏，坐设于韭菹之南。下佐食又取一豕铏以从，上佐食受，坐设于羊铏之南。”此尸入正祭之事也。凡豆、笾、郭、铏之属皆坐设，惟俎先陈之阼阶西，佐食执以入，设于豆东；其后主人羞肵俎、宾长执俎、佐食设俎皆不坐，以俎质长大，坐设为不便也。注引《弟子职》，于《礼》未合。

乘贰车则式，佐车则否。贰车者，诸侯七乘，上大夫五乘，下大夫三乘。

郑注：“朝祀之副曰贰，戎猎之副曰佐。”七乘、五乘、三乘，“盖殷制也。《周礼》贰车，公九乘，侯伯七乘，子男五乘，及卿大夫各如其命之数。”嵩焘案：《曲礼》：“兵车不式。”佐车，戎车之副，故不式，其馀皆式。然考《周礼》，《道右》有“从车”，《道仆》有“贰车”，《田仆》有“佐车”，《驭夫》“掌驭贰车、从车、使车”，郑注：“贰车，象路之副。从车，戎路、田路之副。”车仆所掌之五萃，皆戎车也。《大驭》、《齐右》不言贰车，似贰车远行，用之朝祭之车无贰也。《月令》：“命仆及七驺咸驾。”《左传》成十八年：“程郑为戎马御，六驺属焉，使训群驺知礼。”七驺咸驾，当为贰车，而《左传》六驺属之戎马，《周礼》之萃车亦惟戎路为详。经云“贰车”者，当兼上贰车、佐车言之。《周礼》不详贰车、佐车之数，大率《周礼》多以公、侯、伯、子、男命数为言，戴《记》多以诸侯、大夫命数为言。《王制》：“天子三公视公侯，天子之卿视伯，天子大夫视子男。”命数各有等差，而举其中则上下可知。郑注以为殷制，恐误。

笏、书、脩、苞苴、弓、茵、席、枕、几、颖杖、琴、瑟、戈有刃者、椟、策、籥，其执之，皆尚左手。

郑注："颖，警枕也。策，蓍也。籥，如笛，三孔。皆，十六物也。左手执上，上阳也；右手执下，下阴也。"孔疏以"戈有刃者椟"为句，意谓注释"颖"为"警枕"，而总名之"十六物"，故知椟属之戈也。嵩焘案：此经下云"刀却刃授颖"，郑注："颖，环也。"颖前后异训。据《曲礼》，"进戈者前其镈，后其刃；进矛戟者前其镦"，郑注："锐底曰镈，平底曰镦。"《说文》："颖，禾末也。"禾末锐，故凡锐底谓之"颖"，以金为之曰"镈"。疑颖杖一事，谓杖末锐者。上言"枕几"，不应更出"警枕"；警枕之名"颖"，亦别无证据。颖为杖末；刀末之有镈者亦名"颖"，无庸异训。郑释此为十六事，疏因以"椟"属之"戈有刃者"。疑"椟"连下"策籥"为一事。《说文》："（叶）〔箓〕，籥也。""籥，书僮竹笘也。颍川人名小儿所书写为笘。"策即简策之策。策以纪文。籥以载事，而皆有椟缄之。上十二事举其名，下二事兼著其用也。案：凡执器以右手为便。笏书之属，方圆、大小、修短不同，而皆有首尾，尚左手，就授者言之，授者左则受者右。此明以器授人之义，尚左所以便受者也。似不得有上阳下阴之义。

数噍，毋为口容。

郑注："口容，弄口。"嵩焘案："燕侍食于君子"，谓因燕而侍食燕者。礼食侍食，则犹御食长者之节也。"数噍，毋为口容"，申明上"小饭而亟"之意：小饭故数噍，亟故常能为口容。《玉藻》："口容止。"《荀子·荣辱篇》："呥呥而噍。"《集韵》："呥呥，自安貌。"是虽噍，亦不得为朵颐，所以为口容也。数噍则翕张不能为容，故曰“亟”。案：赵岐《孟子》注：“于尊者前赐食，大饭长歠，不敬之大。”然又不得舒徐以后尊者，故有小饭而亟。数噍者，即小饭而亟之容也。注反以“弄口”为口容，恐误。

客爵居左，其饮居右。介爵、酢爵、僎爵皆居右。

郑注：“客爵，谓主所酬宾之爵也，以优宾耳。”孔疏：“《乡饮酒礼》主人酬宾，宾受，奠觯于荐东，是‘客爵居左’也；旅酬之时，一人举觯于宾，宾奠于荐西，至旅酬，宾取荐西之觯以酢主人，是‘其饮居右’也。‘介爵、酢爵、僎爵皆居右’者，此既不被优，故爵皆居右，示为饮之。《乡饮酒》于此爵皆不明置爵之所，故记者明之。”嵩焘案：《乡饮》、《乡射》记并云“凡奠者于左，将举于右”，郑注“于左”者：“不饮，不欲其妨”。“于右”：“便也。”凡主人献宾、酬宾，皆奠爵于荐西。而献爵皆卒爵；惟酬爵，宾取而坐奠于荐东，不卒爵：故此客爵为酬爵。惟宾有酬爵，介及众宾无酬爵。一人举觯而行旅酬，均惠众宾，礼之末也，似不宜据旅酬之文，以释饮爵“居右”之义。自介爵以下皆居右，明皆饮爵也。郑注《乡饮酒》：“酬酒不举，君子不尽人之欢，不竭人之忠。”酬酒所以优宾，宾奠之荐东，明不饮也。其馀饮者均奠之荐西，居左、居右无示优意，而云“不被优，故并居右”，然则献爵居右，为非所以优宾耶？案：主人献宾、酬宾皆奠之荐西，其酬爵，宾取而奠之荐东，以示不饮，非主人意也。谓介爵以下奠之荐西者为“不被优”，似失经旨。《乡饮酒礼》：“主人释服，乃息司正。”司正僎也。《乡饮》、《乡射》记并云：“献用爵，其他用觯。”郑注：“爵尊，不亵用之。”然则献爵固尊于酬爵，酬宾、酢主人皆觯，其息司正无献爵，则亦觯也。爵、觯之分，居左、居右之别，《仪礼》之文具详。此经兼及僎爵，则《仪礼》所未备，记《礼》者为补明之。疏乃谓《乡饮酒》于此介爵、酢爵、僎爵“皆不明置爵之所”，于经义亦太疏矣。

郑注：“古文《礼》僎作遵。遵谓乡人为卿大夫来观礼者。”嵩焘案：《乡饮酒义》：“坐宾于西北，而坐介于西南以辅宾。主人坐于东南，而坐僎于东北以辅主人。”《仪礼》不详僎席。《说文》：“僎，具也。”亦不及《礼》之有僎、介。足证“辅主人”之僎，周、秦间儒者创为之名。《乡饮》、《乡射》并云“主人一相迎于门外”，记礼者之云“僎”，即《仪礼》所谓“一相”也。《仪礼》详宾席、介席、众宾席，宾有遵者之席，而宾与介酢主人不及相者。郑意礼饮僎、介并重，《仪礼》独不及僎，遂以“宾有遵者”当之。其注《乡射礼》云“今文遵为僎”，以遵、僎字为古今文之异。《仪礼》明言“宾若有遵者”，遵、尊同字，谓宾之尊者也。《乡射》记申其义云：“若有诸公，则如宾礼；大夫如介礼。无诸公，则大夫如宾礼。”宾有遵者，宾党也。《乡饮礼》曰：诸公大夫，“一人举觯，乃入”。郑注：“不干主人正礼也。”其设席于宾东，公三重，大夫再重，其礼又加于宾，不得为辅主人之僎明矣。《仪礼》于宾有献、有酢、有酬，于介有献、有酢，而相者无与于献酢之事。一人举觯而工入合乐，乃作相为司正，而旅酬之礼兴；二人扬觯而无算爵兴。是正礼主人主之，举觯后之馀礼相者监之，立为司正，重其任也，乃所以辅主人也。其云“一相”，则主人之赞者有一人，举觯有二人。举觯而以一相迎宾，谓之“僎”。《仪礼》不详其席与位，以作相为司正，于礼加繁。无常位，其初从宾入，与主人陪位；视介之于宾，其位东北可知。《大射礼》：“大射正摈。摈者请宾，公曰：‘命某为宾。’摈者命宾。”乐作。摈者请立司正。“公许，摈者遂为司正。”燕、射之有摈，犹乡饮之有僎也。摈者为司正，知《乡饮》之“作相为司正”，即属之僎。《乡饮酒义》谓之“僎”，《仪礼》谓之“相”，其义一也。遵、僎二者绝不相蒙，未宜牵混。案：汉儒传经元有古文、今文之分，郑君博采异闻，而不著某氏说，惟以古今文别之，传古文者字义时有出入，盖其承误久矣。

赞币自左，诏辞自右。

郑注：“谓为君（受）〔授〕币，为君出命也。立者尊右。”嵩焘案：赞币、诏辞皆释《聘礼》之文，因“左”“右”字连类及之。《聘礼》：公受币，“士受皮者自后右客”；“公侧授宰币；皮如入，右首而东。”此聘享之礼所以赞受币者。公受币而侧授之宰，宰在公左。士受皮自后而西，居客左；郑注“从东方来”，士亦在公左。《聘礼》：“公用束帛”，“摈者进相币。”宾“受币，当东楹”。此所以赞授宾币者。宾当东楹受币，是亦在公左。凡币出入皆自东。《聘礼》于介私觌发其例云：“宰自公左受币。”明凡受币皆然也。《聘礼》“宾致命；公左还，北乡。摈者进，公当楣再拜。”郑注：“进阼阶西，释辞于宾。”此诏始聘之辞，阼阶西，则在公右也。《聘礼》：“公升，（授）〔受〕几于（席）〔序〕端，……进，西乡。摈者告。宾进，讶受几于筵前，东面俟。”“公用束帛。……摈者进相币。”郑注：进相币，“赞以辞”。此诏聘享设几用币之辞，亦在公右。《礼》云“左”“右”，多据东西为言：自左东也，自右西也。赞币者宰也、士也，诏辞者摈也。宰主币，常在公左；摈主辞，近宾，常在公右。郑注似未分明。

酌尸之仆，如君之仆。其在车，则左执辔，右受爵，祭左右轨范乃饮。

孔疏：“将欲祭軷，酌酒与尸之仆。今为軷祭，如酌酒与君之仆也。”嵩焘案：《周礼·大驭》：“掌驭玉路以祀。犯軷……驭下祝……遂驱之。及祭，酌仆；仆左执辔，右祭两轵，祭轨[①]，乃饮。”疑“犯軷”、“酌仆”二事。“驭下祝”，即是祭軷；“及祭，酌仆”，谓祭之馀分酌之群仆。《祭统》：“煇、胞、翟、阍，皆以其馀畀之。”大驭群仆之长，因酌以均惠焉。酌尸之仆如君之仆，酌之者大驭也，当主在庙言之。尸始就车入庙，（太）〔大〕驭无因往酌其仆。祭軷在车始行时，既祭遂驱。经云“乃饮”，不云“乃驱”，知非軷祭明矣。《大射礼》：“司马师受虚爵，洗献隶仆人及巾车获者。”是旅酬得以遍及在庙驭仆之属，亦同受酬。“其在车”，则不从入庙而致之于车者。轵轨之祭，推君惠以逮及车之所以行，与“犯軷”异义。疏通軷祭言之，则经意多不能明。

尊者以酌者之左为上尊。

郑注：“‘尊’者，设尊者也。酌者向尊，其左则上尊也。”孔疏：“人君陈尊在东楹之西，于南北列之。设尊之人在尊西乡东[②]，以右为上，则尊以南为上也；酌人在尊东西面，以左为上，亦上南也：故云‘以酌者之左为上尊’。”嵩焘案：《乡饮酒礼》：“尊两壶于房户间，玄酒在西。”《乡射礼》“尊于宾席之东，左玄酒”，郑注：“设尊者北面，西曰左。”似设尊者皆面尊。经专以酌者明其义，酌者北面则玄酒在酌者之左，而所酌之酒在右，上尊者玄酒也。玄酒设而不饮，故左之；酌酒为次，尊在右，以便酌也。经明言“酌者之左”，疏据《燕礼》以设尊者、酌者异乡为

---

①据阮元《校勘记》，轨当作轨。郭氏不察，自作轨，观下文“轵轨之祭”可知。今仍之。

②“尊西向东”，阮刻本《礼记正义》作“尊东西面”。考之礼仪，揆之下文，此则郭氏所引是而阮刻本误也。卫氏《集说》亦引作“尊西向东”。

训，经义反不能明。朱子《经义》云：“《燕礼》设尊者西面，而‘左玄酒，南上’。公即位于阼阶上，酌者不得背公，自当东南以酌，而上尊乃在其右矣。此经所云，以为为乡饮、乡射而言则可，以为为燕礼而言则正与之反，惟《仪礼》贾疏以为据君面以左为尊者得之。”朱子此说足证孔疏之误。据《燕礼》，“司宫尊于东楹之西，两方壶，左玄酒，南上。公尊瓦大两，在尊南。”《燕礼》：“筵宾于户西，东上。公席于阼阶上，西乡。”宾尊为一行，公尊为一行，皆南北陈、东乡，《玉藻》所谓“惟君面尊”是也。而宰夫为主人献宾、献公，及宾酢主人，及主人酬宾，皆酌膳。郑注：“君物曰膳。”酌膳者，即瓦大之在尊南者也。凡尊面君，酌者亦东乡面君，宾尊、玄酒在君尊之北，亦酌者之左也。其后媵爵于公，举旅升自西阶，进酌散，交于楹北，降阼阶下。环尊一周而交于楹北，则此酌散者宾尊也。酌者又还而西乡，玄酒、上尊仍在左，义系于酌者；所酌之尊在右，惟其便也。经通礼尊言之，朱子乃别燕礼于乡饮、乡射之外，而于《燕礼》设尊之文竟遗“公尊瓦大在尊南”一语，亦未为融贯也。

饮酒者、禨者、醮者，有折俎不坐；未步爵，不尝羞。

郑注：“已沐饮曰禨，酌始冠曰醮。”孔疏：“‘饮酒者’，下文‘禨者’、‘醮者’是也，总以饮酒目之。有折俎为尊。禨、醮小事为卑，故不得坐也。”嵩焘案：《乡饮》、《乡射》、《大射》及《燕礼》并云：“存脯醢，宾升筵，乃设折俎。宾坐，左执爵，右祭脯醢；兴取肺，坐绝祭，哜之；兴加于俎。”《士冠礼》：“若不醴，则醮。三醮，有干肉折俎，哜之。”经云“饮酒者、禨者、醮者”，凡三事。饮酒，礼饮也，乡饮、乡射之属是也。禨当为叽，《说文》“叽，小食也”，言非礼饮而私相酌也。酌而无酬酢曰醮。

冠、昏皆有醮，郑注“已沐饮曰礼，酌始冠曰醮”，似未尽。据《仪礼》之文，凡设折俎，皆兴取肺，坐绝祭，哜之，又兴，加于俎。此经“不坐”与“未步爵不尝羞”连文，盖所谓“不坐”者即“不尝羞”也。《乡饮酒》、《乡射礼》：“主人请彻俎，宾取俎还授司正，主人取俎还授弟子，介取俎还授弟子。脱屦升坐，乃羞。”《大射》、《燕礼》：“司马正请彻俎，公以宾及卿大夫皆坐，乃安，羞庶羞。”坐而羞庶羞，必在彻俎之后，始设折俎，坐祭肺，哜之而已。不羞故亦不坐。盖礼有立饮无立食，“不坐”明不敢食也。礼食及寻常小食有折俎者皆然，疏似未达经旨。

其有折俎者，取祭反之，不坐；燔亦如之。尸则坐。

郑注：“亦为尺柄之类。《乡射》曰：‘宾奠爵于荐西；兴取肺，坐绝祭，左手哜之；兴加于俎，坐捝手。’尸尊也，《少牢馈食礼》：‘尸左执爵，右兼取肝（肺），擩于俎盐，振祭，哜之，加于菹豆。’”嵩焘案：此与上“取俎进俎不坐”同义。《仪礼》凡荐脯醢，设折俎，宾坐，执爵祭脯醢，兴取肺，坐祭，哜之，兴加于俎。脯醢在席前，可以坐取。俎高，距席差远，取肺及反于俎皆不坐。《特牲礼》：“佐食取肺授尸，尸祭之。”《少牢礼》：“下佐食取牢一切肺于俎，以授上佐食。”上佐食以授尸，尸“祭于豆（间）〔祭〕”。尸祭，则取肺反俎皆佐食为之，尸不取，不以反于俎也。《特牲礼》：“兄弟长以燔从，尸受，振祭，哜之。反之，羞燔者受，加于肵。”兄弟长授之，羞燔者反之，尸亦不取，不以反于俎。准此推之，礼食取肺与燔皆兴，惟尸坐。孔疏：“《乡射礼》云‘兴’，《少牢礼》不云‘兴’，故知‘尸则坐’。”引申郑义，尚欠明晓。

执烛不让，不辞，不歌。

郑注："以烛继昼，礼杀。"嵩焘案：《燕礼》、《大射礼》："宵则庶子执烛于阼阶上，司宫执烛于西阶上，甸人执大烛于庭，阍人为大烛于门外。"执烛有司之事，不得有辞让；烛出而宾遂取荐脯以降，辞让之事毕：故郑据"礼杀"为言。然《燕礼》、《大射礼》：烛出，宾降而奏《陔》。《大射礼》亦云："公入，《骜》。"宾降而乐未阕，不得云"不歌"。此因饮酒执烛而通言执烛之常仪。宾主进退宜有辞让，惟执烛者手有所持、目有所注，辞让非所便也。"不歌"别是一事。啸歌居处之常；方执烛时，专壹于所事，引声而歌，或至两失其节。言凡为宾执烛及居室时，皆不得别致其敬而旁引其情也。案：此亦申足上文"为献主，执烛抱燋，客辞然后以授人"之意。执烛以明敬，而终以授人。盖执烛则不复能为礼，宾主之节当各有所适也。

礼记质疑卷十八

学记

发虑宪，求善良，足以谀闻，不足以动众。

郑注："宪，法也。言发计虑当拟度于法式也。谀之言小也。动众，谓师役之事。"嵩焘案：《说文》无谀字。《广韵》二十九"筱"、四十五"厚"两收之，其"苏后切"云："谀，怵诱辞。"其"先鸟切"云："诱为善也。又小也。"《汉书》"怵于邪说"，如淳曰："见诱怵也。今俗犹云相谀怵。"似《广韵》训谀为"怵诱"，本义如此。其云"又小也"，专据郑氏此注为言；而寻求训小之义不可得。谀怵，犹若传闻相煽诱。《说文》手部："搜，众意也。一曰求也。"疑谀与搜同训。《玉篇》："搜，数也，聚也，求也，劲疾也。"《广韵》："搜，索也，求也，聚也。"盖言声闻足以求而致之。虑，知虑；宪，法度：谓尽之己者。善良，谓资之人者。二者足以立政，政立而闻望归矣。此主于兴事立功者能成一己之名，而不能启发众人之善。贤者就而下之，贤之在远者曲而体之，此主于尊贤劝善者能启发人之善，而不能成就人之德。程子云："变化人才易，作新人才难。""动众"者变化之意。"化民"者作新之意。注谓"动众，师役之事"，非也；以谀闻为小闻，后世相沿，凡小说谓之谀说。疑"发虑宪，求善良"，治国之要务，未宜小视之。

古之教者，家有塾，党有庠，术有序，国有学。

郑注："术当为遂，声之误也。《周礼》五百家为党，万二千五百家为遂；党属于乡，遂在远郊之外。"孔疏："于遂中立学，教党学所升者。"嵩焘案：《周礼》州、闾、族、党皆有"读法"之文，而《州长》"以礼会射于序"，《党正》"属饮于序"；《仪礼》乡饮酒于庠：似乡党之学庠、序互称。而《遂人》专言治野之事，县正、鄙师、酂长、里宰之属，主颁田治穑及作民役而已；《遂大夫》"三岁大比，属其地治者"，无一言及于学。然则郊地属之六乡，专详读法；野地属之六遂，专详治田。而《小司徒》"会卒伍"，又有伍、两、卒、旅、师、军之名；"任地事"，又有井、邑、丘、甸、县、都之名：皆以六为节。《载师》"任地"，又有廛、园、近郊、远郊、甸、稍、县、都之名。郊、甸、县、都参差互出，疑皆为设官分职而异其名。教宜乡，故以乡、州统之；治田宜野，故以遂、县统之。遂、县之就学者，皆并聚于乡，《文王世子》所谓"郊人"，即乡学也。遂之有序，于《礼》无征。陈氏《集说》谓"术当为州"，义亦近之。《管子·度地篇》："百家为里，十里为术，十术为州。"以《周礼》之法准之，二千五百家为州，万二千五百家为乡。《管子》云"术"，盖千家，与州相(捋)〔埒〕；《管子》云"州"，盖万家，与乡相(捋)〔埒〕。东周以后，国自为制，记《礼》者随所见以为名耳。《周礼》"乡大夫三年大比，兴贤者、能者"，而"州长大考州里，赞乡大夫废兴"；《文王世子》"凡语于郊，取贤敛才而进其等"，进其等者升之国学也：皆统其事于乡，无由党、庠升之州、序之文。遂人掌邦之野，郑注引郑司农云："遂在王畿百里外。"《王制》"令乡简不率教者移之郊，不变，移之遂"，盖远屏之。疏援郑义，谓党学升之遂，未免意为之说。

九年知类通达，强立而不反，谓之大成。

郑注：“知类，知事义之比也。强立，临事不惑也。不反，不违失师道也。”嵩焘案：注意多未分明。“知类”以知言，“强立”以守言，二者交相济。知贵兼通，故可以类求之，而因此以悟彼；守贵专一，故无所屈挠于人，积之久则亦日益而不见其止。“不反”者进之基也。知通而行介，可与入德矣。曰“大成”者，乡学之既成，可进而升之大学也。《尚书大传》：“七年入学，十有五年而入大学。”小学之教成于九年，郑注以“三年”当《周礼》三岁大比之期，则以下“五年”、“七年”、“九年”皆无著矣。

蛾子时术之。

郑注：“蛾，蚍蜉也。蚍蜉之子，微虫耳。‘时术’蚍蜉之所为，其功乃复成大垤。”孔疏：“时时术学衔土之事。”嵩焘案：《毛诗传》：“垤，蚁冢也。”据《孟子》“泰山之于丘垤”，蚁封不得与泰山为类。《广韵》：“垤，土之高也。”蚍蜉起土成封，土脉坟起，故亦谓之“垤”，初无大垤、小垤之分，亦未见有蚁子术学衔土事。《说文》：“术，邑中道也。”“道，所行道也。”此云“术”者，蚁所行之道也。道、导字通。蚁行常有一蚁为之前引，后者相踵，循一径而行，无散乱旁出者。“时术之”，谓时开通一径以导之，如上所云“中年考校”是也。郑注疑未曙然。

又案：《学记》一篇，责成教者之意居多。周世既衰，学校之制寖废，而师儒任其责；其后庄、列、申、韩之徒，各以所业相传授，而杂学以兴。记《礼》者推明立学之本原，以知教学之相为取益，必使学出于一而专其责于师儒，盖自三代盛时莫不皆然。

《周礼·太宰》："系邦国之民"，"曰师，以贤得民"。师者司徒之属、典乐之官，各以职事教导国子；下及闾、党、乡、州之长，皆司教化之责。贤者能其事也。"曰儒，以道得民。"有道有行而名为儒，各主教化于其乡。道者备其学也。孔疏引《书传》大夫退老教于其乡。"大夫为父师，士为少师。"《白虎通》："里中之老有道德者为里右师，其次为左师。"大夫致仕及里中之老，皆任教者也。"蛾子时术之"，任教者之责，所以明学之有本也。

未卜禘，不视学，游其志也。时观而弗语，存其心也。

郑注："禘，大祭也。天子诸侯既祭，乃视学考校，以游暇学者之志意。"时观而弗语，"使之愤悱然后启发也"。孔疏："此'视学'，谓考试学者经业，或君亲往，或使有司为之，非天子大礼视学。若大礼，仲春入学，舍菜合舞，仲秋颁学合声，天子则视学焉。季春大合乐，天子亦率三公九卿视学，与此别也。视学既在夏祭后，则天子春秋视学，亦应在春秋时祭之后。"嵩焘案：《周礼》大司乐掌成均之法以教国子，曰"乐德"，曰"乐语"，曰"乐舞"，"大祭祀宿县，以声展之"，而大胥掌"祭祀之用乐者，以鼓征学士"。《月令》言视学者二：仲春，"命乐正习舞释菜"；季春，"大合乐"。而孟春言"入学习舞"，郑注："为将释菜。"孟夏言"习合礼乐"，郑注："为将饮酎。"季秋言"入学习吹"，郑注："为将飨帝。"是凡祭，必有事于乐而先视学。《文王世子》："释奠养老，遂发咏焉。既歌而语，以成之。"郑注引《乡射·记》："古者于旅也语。"是释奠养老大合乐，为视学正文，养老乞言而后有语，其祭祀习乐视学无语。国子之习舞习吹者，于此一合乐焉，皆掌其教于成均。而《月令》于仲夏"命乐师修鞀、鞞、鼓，均琴、瑟、管、箫，执干、戚、戈、羽，调竽、笙、篪、簨，饬钟、磬、柷、敔”，阳气已极而乐备，故禘祭之用乐为尤盛。《郊特牲》：“飨禘有乐，食尝无乐。”言“卜禘”者，举其盛也。三代立教必主于乐，所以畅宣学者之志意，而养之以和平。“游其志”者，优游渐渍，使之自化也。以时观焉而非养老乞言，故不合语，《文王世子》所谓“言父子、君臣、长幼之道，合德音之致，礼之大者也。”勿数语之而使自会，而后其存于心者，其旨弥永。“未卜禘，不视学”者，卜禘而合乐，而后比国子而习之，以观其仪容进退之节，使服驯于大司乐之教。二节实属一事，通观《礼经》之文而求其义，孔疏之陋有不足辨矣。

凡学，官先事，士先志。

郑注：“官，居官者也。士，学士也。”孔疏：“学为官，则先事；学为士，则先志。”嵩焘案：《周礼》大司徒、大司乐及师氏、保氏之属，皆官也。官，任教者也。而祭菜、鼓箧、卜禘、视学，详于事而略于教事者，所以立教之程也。其于学者，先示之以敬、孙与和，不课其功而急责其志，即使知入学为服官之基，亦惟以《小雅》之三君臣上下相与为和者奖进之。能敬而和，则志定矣。凡司教之职者谓之“官”，凡服学之事者谓之“士”，郑注分晰甚明。孔疏以“学为官”、“学为士”分言之，亦不善申郑意矣。

大学之教也，时教必有正业，退息必有居学。

郑注：“有居，有常居也。”孔疏：“‘大学之教也时’，谓教学之道当以时习之。‘退息必有居’者，谓学者疲倦而暂休息，必有常居之处。各与其友（间）〔同〕居，得相咨决，不可杂滥。”嵩焘案：疏申郑义，以“大学之教也时”句，“教必有正业”句，“退息必有居学”句。朱子《经义》：“‘时教’，如春夏《礼》、乐，秋冬《诗》、《书》之类；‘居学’，如《易》之言‘居业’。盖常习所学，如下文‘操缦’、‘博依’、‘兴艺’、‘息、游’之类。”其说确不可易。《文王世子》“凡学世子及学士必时。春诵夏弦，太师诏之；秋学《礼》，执礼者诏之；冬读《书》，典书者诏之”，所谓“时教”也。弦诵也，《书》、《礼》也，皆业之正者也。“退息”者，退而服习所闻，如子夏习《诗》、子游习《礼》、商瞿习《易》。教者多方诱进之，学者各因其性所近专致其功，所谓“居学”也。下文“操缦”、“博依”、“杂服”，言所居之学若乐若《诗》若《礼》，繁文缛旨，层累渐渍以求之。教者错举以引其端，学者专精以竟其绪，非可泛杂交通以期其成者也，朱子之言盖犹未尽。

不学操缦，不能安弦；不学博依，不能安《诗》；不学杂服，不能安《礼》；不兴其艺，不能乐学。故君子之于学也，藏焉，修焉，息焉，游焉。

郑注：“‘操缦’，杂弄。‘博依’，广譬喻也。依或为衣。‘杂服’，冕服皮弁之属。杂或为雅。兴之言喜也、歆也。艺，谓礼、乐、射、御、书、数。藏，谓怀抱之。修，习也，息，谓作劳休止之息。游，谓闲暇无事之游。”嵩焘案：《周礼·磬师》：“掌教缦乐、燕乐之钟磬。祭祀。奏缦乐。”《钟师》：“掌鼙，鼓缦乐。”郑注：“缦，杂声之和乐者也。”凡乐有金奏，有工歌，有笙乐，有管象；始之以金声，终之以玉振。而《周礼》缦乐兼钟、磬、鼙鼓，郑注谓之“杂声”，是也。君子无故不去琴瑟，亦必广习众声，辨知其清浊、高下、抑扬之节，而后始终条理以明。疏申郑意，云“将学琴瑟，不先学调弦杂弄，则手指不便”，于义褊矣。“博依”者，依于风、赋、比、兴，则鸟兽草木之名、兴观群怨之旨，非博通之无以畅其义。“杂服”者，习于升降上下、周旋揖让，则典章度数之繁、因革损益之宜，非杂求之无以尽其微。依犹“声依永”之依，服犹“乃言惟服”之服。“兴其艺”，即承上“乐”、“诗”、“礼”三者。弦诵、干戈、羽籥，振发而兴起之，使之涵濡其德性而畅宣其志意，乃所以为立教之旨也。乐也、《诗》也、《礼》也，教之大成也，而各有所习之业，优游焉以俟其通，通则居之安矣。“藏焉，修焉，息焉，游焉”，即所居之学也。藏者穷其义，修者习其文，息者安其趣，游者畅其流。从容渐渍，触类逢源，则凡所居之学皆足以资其涵咏，自求而自趣之，皆退息之事也。郑意未能融贯；朱子以“操缦”、“博依”、“兴艺”、“息、游”平列言之，故亦未尽。

呻其佔毕，多其讯言。

郑注：“呻，吟也。佔，视也。简谓之毕。讯，犹问也。言今之师自不晓经之义，但吟诵其所视简之文，多其难问也。呻或为慕。讯或为訾。”嵩焘案：王氏《经义述闻》：“佔读为笘。《说文》：‘颍川人名小儿所书写为笘。’又曰：‘籥，书僮竹笘也。’《广雅》：‘笘，籥也。’亦谓之简，故以‘佔毕’连文。”其说是也。《博雅》：“笘，箓觚也。”《集韵》笘音帖，“简也”。李善注《文赋》：“觚，木之方者，古人用之以书，犹今之简也。”史游《急就章》曰“急就奇觚”，觚，木简也。是笘、觚一物。“佔毕”正谓简牍，如郑注“佔，视也”谓呻其所视之简，于辞为不文。《尔雅·释言》：“讯，言也。”《玉篇》：“讯，辞也。”讯盖整理其言之意。“呻其佔毕”，记诵之学；“多其讯言”，辞章之学：朱子所谓“其功倍于小学而无用者”也。“佔毕”者，循章守句，行之必不笃矣；“讯言”者，道听涂说，入之必不深矣。若以问难为言，则亦学中要义，未可轻视。

及于数进而不顾其安，使人不由其诚，教人不尽其材。

郑注：言及于数，“发言出说不首其义，动云有所法象而已”。不顾其安，“谓务其所诵多，不惟其未晓”。不由其诚，“谓使学者诵之而为之说，不用其诚”。不尽其材，“谓师有所隐也”。嵩焘案：注意迂曲。吴氏澄以“及于数进而不顾其安”为句，于经义最为明晓。“不顾其安”、“不由其诚”、“不尽其材”，是三项事。人之才质各有所安，不顾其安，所谓躐等也。数进则督之益急。其性情所习各有其诚，不由其诚，谓不察其质性所近、意向所趋，而杂乱以施之。其志业所成各有以自尽其材，不尽其材，谓听其作辍，不能诱进之使底于成。不顺其安，就过一层说；不由其诚，就中等说；不尽其材，就不及一层说。教学之相资尽于此三者，郑注疑未分明。

当其可之谓时。

郑注：“未发，情欲未生，谓年十五时。可，谓年二十成人时。”嵩焘案：《内则》“十年学书记，十三舞勺，成童舞象，二十学礼”，皆所谓“时”也。《论语》“不愤不启，不悱不发”，即是“当其可”意。因其愤而启之则易通，因其悱而发之则易悟，故曰“有如时雨化之者”。经义澈上澈下，馀味曲包。朱子云：“适当可告之时，不必以年为断。”玩下“时过然后学”义，则及时成学。此意亦不可少，郑注专以“二十成人时”当之，则误矣。

独学而无友，则孤陋而寡闻。燕朋逆其师。燕辟废其学。

郑注：“燕，犹亵也。”燕朋，“亵其朋友”。燕辟，“亵师之譬喻”。嵩焘案：程子云：“朋友讲习，尤莫如相观而善之益多。”此节承上为文而析四为六，就“相观而善”义反推之，盖有是三者：其一独学无友，其二燕朋，其三燕辟：皆属朋友言之。朋者比党之意，谓与同学者；辟者便辟之意，谓并不与同学者；燕谓燕处相亲狎也。比党为非，则必逆其师矣；便辟相习，则必废其学矣。逆其师必流于自暴，废其学必终于自弃，皆较孤陋之害为尤甚。

强而弗抑

郑注：“抑，犹推也。”孔疏：“微劝学者，使神识坚强。随才而与之，不甚推抑其义而教之。”嵩焘案：强当读如“勉强而行”之强。《孟子》曰“强为善”，曰“强恕”，亦即是自强之意。人之才质或过或不及，裁其太过，辅其不及，皆须勉强掖持之。然须是有扬诩鼓舞之机，使之自厉以进于强。《说文》：“抑，按也。”抑之使不得扬，则气郁而志亦馁矣。策勉其进而不至遏抑其机，则将有动于不自知而勤于其所不能已者，故曰：“强而弗抑则易。”

大学之礼，虽诏于天子，无北面。

郑注：“武王践阼，召师尚父而问焉。王下堂，南面而立。师尚父曰：‘先王之道，不北面。’王行西，折而南，东面而立。师尚父西面，道书之言。”疏引皇氏云：“王在宾位，师尚父在主位，此王庭之位。若寻常师弟，则师东面，弟子西（位）〔面〕。”嵩焘案：郑引《大戴记·武王践阼》之文，以明“无北面”之义。北面，臣道也。为师则弗臣，宾道也。以宾礼处之，师当东面。《士丧礼》：“君至，入门右，升自阼阶。及敛，君降，西乡；主人升自西阶，由足西面冯尸，不当君所。”君适臣则君为主，臣不敢当主人之位。武王东面而受丹书，谓若亲就尚父而问之，武王反为宾，而尚父为主，则直忘君臣之分而用宾主之礼，所以为敬之至也。皇氏疏据为“王庭之位”，失之远矣。

待其从容，然后尽其声。

郑注：“从读如‘富父舂戈’之舂。舂容，谓重撞击也。始者一声而已。学者既开其端，意进而复问，乃极说之，如撞钟之成声矣。”嵩焘案：八音皆一鸣即止，惟金之为音，馀韵悠长，久而不尽。待其从容，言小鸣、大鸣皆有馀韵，使人徐而待之，既久而后尽其声。其言之旨，味之而弥长，犹若钟之声，引之而不竭也。注以“重撞”释之，恐失经旨。

记问之学，不足以为人师。

郑注：“记问，谓豫诵杂难杂说，至讲时为学者论之。”嵩焘案：记即上“呻其佔毕”，问即上“多其讯言”。简策具在，但能记之而已，无师可也；有告语之繁，而无启发之益，贸然而问之，则亦道听涂说而已，有师而犹之无师也。故曰“不足以为人师”。

大德不官，大道不器，大信不约，大时不齐。

郑注：大德不官，“谓君也”。大道不器，“谓圣人之道不如器(拘)〔施〕于一物”。大信不约，“谓若胥命于蒲无盟约”。大时不齐，“谓或时以生，或时以死”。嵩焘案：三代立学，不外《诗》、《书》、六艺。及其成也，皆有以通夫性命之原、道德之旨，而不可以艺名者。官者滞于形迹，案：官即上文“学无当于五官，五官弗得不治”。耳、目、口、鼻、心、思之用，惟学为能治之。而及其学之成，视、听、貌、言自然合乎天则，而固不倚一官之用以名德也。器者丽于名物，约者证于语言，齐者存于比拟，皆受其成型而限之以方隅者也。道之本无一成之式，积久以会其通，而《诗》、《书》、六艺皆与道相成，如木有本而枝叶之生，自然有以畅其机而效其用。上节有志于学，盖少成习惯之意，据学之始言之；此节有志于本，盖融会贯通之机，据学之成言之。

三王之祭川也，皆先河而后海，或源也，或委也，此之谓务本。

郑注："源，泉所出也。委，流所聚也。始出一勺，卒成不测。"嵩焘案：此承上"有志于本"而申言之。学至于洞澈本原，则泛应曲当，不言而万物自顺，君子之成德，斯为至矣！然当其始，亲师讲艺，不能遽责以穷本达化之学，而要一以仁义道德为本。本立乎其先，而所讲者《诗》、《书》、六艺，皆以培护其本而已。此补全篇未详之旨，义深辞远，在学者体玩而自得之。

礼记质疑卷十九

乐记

声相应，故生变。变成方，谓之音。

郑注："乐之器，弹其宫则众宫应，然不足乐，是以变之使杂也。《春秋传》曰：'若琴瑟之专一，谁能听之？'方，犹文章也。"孔疏："声既变转，和合次序，成就文章，谓之音。音，今之歌曲也。"嵩焘案："声相应，故生变"者，五音所由起也。应谓宫商相应，损益以为清浊，而变生焉。变穷于五，而宫、商、角、徵、羽之名以立。"变成方，谓之音"，八音所由仿也。方者五音之变，假物以谐其声，轻重高下皆有常节，如《国语》所谓"琴瑟尚宫，钟尚羽，石尚角，大不逾宫，细不过羽"，而十二律吕各统五声以依于物而成音，所谓"变成方"也。方极于八，而金、石、丝、竹、匏、土、革、木之制以备。比和八音，以律调之，诗以协律，歌以依声，而节奏于是乎成，则下文所谓"比音而乐之"也。旧注都未分明。

故礼以道其志，乐以和其声，政以一其行，刑以防其奸。礼乐刑政，其极一也，所以同民心而出治道也。

郑注："极，至也。"同民心而出治道，"此其所谓至也"。嵩焘案：极犹"以为民极"之极。生人之大用，性与情而已，二者同物。情者性之发也，爱敬之理根于性而发之为情；既发于情，则性亦随以流而不反。先王节情以理性；礼乐刑政因人之燥湿刚柔，损益节宣以为之制，其道一也，皆以整齐民心，宣布治理而立为准极，道民以从之者也。自“十三舞勺”以后，尽人使习于礼乐，以缮其性而引其情于正，故曰“慎所以感之”，亦防其情之流焉而已。

桑间、濮上之音，亡国之音也。

郑注：“濮水之上地有桑间者，亡国之音于此之水出也。昔殷纣使师延作靡靡之乐，已而自沈于濮水；后师涓过焉，夜闻而写之，为晋平公鼓之，是之谓也。桑间在濮阳南。”嵩焘案：《义疏》引“《路史》‘桀作东音，操北里，大合乐桑林’，是桑间桀乐，濮上纣乐，其为亡国之音，坦然明白”，最为得其实。郑合桑间于濮上，而说《诗》者又据《（卫）〔鄘〕》“采唐”一诗以实“桑间”，并谓此音流传于晋、卫。如郑注，濮上、桑间为此音所自出，于周皆为卫地，而云师延沈于濮水，师涓因之为濮上之音，是谓亡国之音并出于卫，而卫于春秋为最后亡，又何说也？

乐者，通伦理者也。

郑注：“伦，犹类也。理，分也。”孔疏：“阴阳万物，各有伦类分理。”嵩焘案：郑意似谓乐中之条理，疏又通之阴阳万物。方氏悫云：“伦，人伦。理，物理。”乐得其伦，则君臣上下之伦亦得其序，故曰“通”。《虞书》“八音克谐，无相夺伦，神人以和”，亦是此义。此伦字即下“论伦无患”之伦。合和君民之义，节理事物之宜，皆于乐乎通之。若谓乐中自然之节奏，但可云循而习之，而不可云通也。

是故审声以知音，审音以知乐，审乐以知政。

孔疏：“音由声生，先审识其声，而后可以知音。乐由音生，先审识其音，而后可以知乐。政由乐生，先审识其乐，而后可以知政。”嵩焘案：《虞书》：“予欲闻六律、五声、八音。”《周礼·大师》：“文之以五声，播之以八音。”是五声谓之声，八音谓之音。“审声以知音”，言审夫宫、商、角、徵、羽之清浊高下，而后八音之律可协。虚言之为声，丽之于物为音。上文“禽兽知声”，如引声以呼之而知喜，厉声以叱之而知怒，是亦五声清浊高下之分也。“众庶知音”，铿者为钟，磬者为石，哀者为丝，滥者为竹，讙者为鼓，入耳而知八音之辨也。声与音相须而乐成，乐与德相资，而一代之政亦无能越于此，审而知之，初无先后相生之序。旧注于“声”、“音”二字皆浑言之，故于经旨多未能昭晰。

知乐，则幾于礼矣。

郑注：“幾，近也。听乐而知政之得失，则能正君、臣、民、事、物之理也。”嵩焘案：《仲尼燕居》：“不能乐，于礼素。”是乐所以行礼而致其文。入门而县升，登堂而乐阕，客出以《雍》，彻以《振羽》：乐者，所以为礼之节也。故礼乐交相为用，知乐，则礼之习也素矣；幾于礼者，明礼乐之功相济也。经义广大，当熟玩深思而微会之，郑注似稍泥。

壹倡而三叹。

郑注：“倡，发歌句也。三叹，三人从叹之耳。”孔疏：初发声，壹倡惟有三人叹之，“言叹者少也”。嵩焘案：《仪礼·乡饮酒》、《乡射》、《燕礼》并云：工四人，献，工一人拜受爵；郑

注："一人，工之长也。"《大射礼》"小臣纳工，工六人"，郑注："六人，大师、少师各一人，上工四人。"《周礼·大师》："大射，率瞽而歌射节。"是凡登歌，以四人为节，工之长一人，发声三人，引而和之，歌与瑟相调而不杂以众乐，惟其清也。"遗音"兼瑟与歌言之。疏云"叹者少"，误。熊氏安生乃谓"乐有五声，但有三人叹之，馀两声未叹"，真成呓语。

人生而静，天之性也；感于物而动，性之欲也。

郑注："言性不见物则无欲。"孔疏："感外物而心遂动，是性之所贪欲也。"嵩焘案：性情同物，而引性以之情者欲也。性动欲生，而本然之性一嬗而即于欲，于是食色之性承之以为用。告子曰："食色，性也。"食色之为性，亦出于同然；而必与物为缘，感物而动于不容已，是性也，而不得据以为性。经曰"性之欲"，言性甫动而未遽流为情，其动而有其萌，是亦欲也，而固未离乎性疏云"性之所贪欲"，径说到物欲上去，误)。故夫食色之出于同然者，亦性也，未尝诡于正也；而因物而动，但可名为性之欲，而不名为性。知其为性之欲，而为告子之说者，亦可憬然悟矣。

物至知知，然后好恶形焉。

郑注："知知，每物来则又有知也，言见物多则欲益众。形，犹见也。"嵩焘案：由外而感于心为物，由心而接于外为知。物方至而吾心之知之应乎物者为能辨，知其可欲与其不可欲而好恶生焉。故夫荡性者情也；函情以与之俱荡，而因为之效其用者，知也。上"知"字即"知诱于外"之知，下"知"字兼有辨知意；上"知"字实，下"知"字虚。郑意以"知知"主物至之多言之，恐误。

又案："物至知知"，皆真知也。知其为善而好之，而凡所好皆善也；知其为恶而恶之，而凡所恶皆不善也，固无害于知也。然好恶既因物而流，则知亦遂随情而荡。知荡于情，但以效情之用而与物相比。物感知而蔽之，知即感情而引之，于是情之戕性者遂假知以济其用。故夫知非不善也，物至之知荡于情而迷失其知之用也，记礼者因遂一蔽其罪于知。《孟子》曰："气，体之充也。"气之用之最微而灵者为知。以知效性，则知者性之藏也；以知效情，则知者亦情之引也：君子所以急养知而不欲使之荡于情也。

则是物至而人化物也。

孔疏："所好所恶无有法节，物善则人善，物恶则人恶，是人化物也。"嵩焘案：化即程子"变化气质"之化。化者变之甚也，逐物而流，随物而迁，久之遂与物化，而好恶随以转移，物至之知亦迷惑而丧其守，于是心知气体一沦于物，莫能自主，故曰"化物"。物者何？人欲而已矣。疏于此兼善恶言之，大误。

乐胜则流，礼胜则离。

孔疏："胜，犹过也。乐过和同而无礼，则流慢无复尊卑之敬；礼过殊隔而无〔和〕乐，则亲属离析，无复骨肉之爱。"嵩焘案：此承上"同"、"异"、"亲"、"敬"言之。同则亲而或至于流，异则敬而或至于离，是以礼乐交相为用。礼胜、乐胜犹言敬胜、爱胜，礼乐固必无偏胜之理也。真氏德秀云"此礼乐且是就性情上说"，盖谓行礼乐而至于相胜则亦慢矣，故以性情言之。细玩经旨，言人所以相接，爱敬而已矣。而爱敬有偏胜则患生，圣人一以礼乐行之，以防其偏胜。此言"胜"者，谓亲敬之相胜，蒙上礼乐以为之辞耳。

礼义立，则贵贱等矣；乐文同，则上下和矣；好恶著，则贤、不肖别矣；刑禁暴，爵举贤，则政均矣。仁以爱之，义以正之，如此则民治行矣。

孔疏："此经凡五事也。"嵩焘案：礼乐者，敬与和之显也，其体则仁义也。乐属阳，仁者阳之施也，故主于爱而为赏；礼属阴，义者阴之别也，故主于恶而为刑。好恶刑赏，仁义之用也，其原皆出于礼乐。涵之于心为好恶，措之于政为刑赏，而无礼乐以为之经纬，则贤、不肖之实不显，而政亦必不能均，故礼乐者，仁与义之散而著焉者也。好恶刑赏，以礼乐推之于民，则民皆向化而治行矣。孔疏析分五事，陈氏《集说》至谓"仁义为礼乐之辅"，于经旨似未能融会。

乐由中出，故静；礼自外作，故文。

郑注："乐由中出，和在心也。"礼自外作，"敬在貌也"。"文，犹动也。"嵩焘案：由中出者，宣导其和之意；自外作者，兴起其敬之意，乐，文之盛也；而声依永，律和声，默会潜通以与节奏相应，行其易良之心而无容强也，故曰"静"。礼，质之干也；而兴拜之等、酬酢之仪，多为之节以诏之，使之从容揖让而不敢懈也，故曰"文"。但谓"和在心"、"敬在貌"，则礼者专饰其外之貌，荀子之所谓"伪"也，于义似未尽。案：王氏《经义述闻》："古字静与情通。《大戴礼·文王官人篇》：'饰貌者不情。'《逸周书·官人篇》情作静。《逸周书》'情忠而宽'，《大戴礼》情作静。《大戴礼》又曰'诚静者有可信之色'，即《表记》所谓'情可信'也。《表记》又曰'文而静'，郑注'静或为情'。下云'知礼乐之情者能作，识礼乐之文者能述'，又曰'情深而文明'，皆以情、文相对为义。"郑注"文犹动也"，意盖以动对静。其实乐由中出，礼自外作，正当以情对文言之。

明则有礼乐，幽则有鬼神。

郑注：礼乐，"教人者也"。鬼神，"助天地成物者也。《易》曰：'知鬼神之情状。'《五帝德》说黄帝德曰：'死而民畏其神百年。'《春秋传》曰：'若敖氏之鬼。'然则圣人之精气为神，贤知之精气为鬼"。孔疏："圣王既能使礼乐与天地同和节，又于显明之地尊崇礼乐以教人，幽冥之处尊敬鬼神以成物。"嵩焘案：鬼神者，天地之成化；礼乐者，圣人之成能。鬼神体物不遗，礼乐功化之盛，万物受裁成焉。阴阳之撰、神化之迹，礼乐为昭矣。《中庸》言鬼神之德，以著诚之功用；礼乐之散布流行，圣人积诚之功用，所以扬诩万物者也。幽者功化之运行，随事而不能越；明者制度之昭著，尽人而不敢违。郑意求鬼神以实之，疏因谓圣人崇礼乐于明，而别鬼神于幽，于经义似未能融洽。案：下文"乐者敦和，率神而从天；礼者别宜，居鬼而从地"，并以阴阳言鬼神，朱子所谓"气至而伸者为神，反而归者为鬼"。乐统同，神之至而伸者也；礼别异，鬼之反而归者也。注以先圣先贤释鬼神，大误。

缀兆舒疾

郑注："缀，酂舞者之位也。兆，其外营域也。"嵩焘案：郑注《奔丧》："位有酂列之处。"《集韵》："酂，聚也。"是郑训缀为聚，取相连缀之义；而训兆为位外之营域则非。《说文》："兆，分也。""㸐，灼龟坼也。"兆者分析之义。马融注《论语》："佾，列也。"《周礼·大胥》："以六乐之会正舞位，以序出入舞者。"序舞者谓之缀，八佾各自为列谓之兆。董氏《春秋繁露》："法商而王，舞佾圆；法夏而王，舞佾方；法质而王，舞佾椭；法文而王，舞佾衡。"佾者兆也。圆之、方之、椭之、衡之，所谓缀也。

下文“行其缀兆，要其节奏”，正谓舞列相连缀，而又秩然有别也。屈伸俯仰，舞者之容；缀兆舒疾，舞者之节。案：下“总干山立”，舒也；“发扬蹈厉”，疾也；“武乱皆坐”，又舒也。凡舞节始终皆舒，故初言“备戒之已久”，后言“迟而又久”；而其中之逮事皆疾，故谓之“象成”。舞以行数、人数相缀为义，故舞列谓之“缀”。方氏悫云：“缀，表〔缀〕也。”所以表行列也。行缀既成而为兆。缀兆，犹舞列之有分合也。郑训缀为位，而及位外之营域，是屈伸、俯仰、疾舒皆虚，独缀兆实指其位，于辞为不文矣。

过制则乱，过作则暴。

郑注：“过，犹误也。暴，失文武之意。”孔疏：“谓文乐、武乐杂乱。”嵩焘案：此经下文“始奏以文，复乱以武”，郑注：“文，谓鼓。武，谓金。”而《周礼》磬师掌教缦乐之钟磬，“凡祭祀，奏缦乐”。《钟师》：“掌鼙，鼓缦乐。”是缦乐金鼓杂。《视瞭》：“宾、射，奏其钟鼓。鼜、恺献，亦如之。”《镈师》：“军大献，则鼓其恺乐。”是军中乐亦金鼓杂。乐有文声、武声，而不名文乐、武乐；乐师教舞，始有羽舞、干舞文武之分。《大司乐》“舞《雲门》、《大卷》、《大咸》〔《大磬》〕、《大夏》、《大濩》、《大武》”，七代之乐，皆能调和其声以应舞节。《诗小序》：“《武》，奏《大武》也。”“《酌》，告成《大武》也。”“《维清》，奏《象舞》也。”郑笺：“《象舞》，武王制焉。”“《大武》，周公作乐所为舞也。”是《大武》成于周公之世，武王总干而立而奏《象舞》，《大武》之乐所由仿也。作乐象功，亦必无文乐、武乐杂乱之理。盖乱者序之反，暴者和之反；圣人备中和之德，而因天地自然之和序，发之于礼乐，万物皆受裁成焉，非能以人为之妄参之者也。过者，德未至而妄作者也。

论伦无患，乐之情也。

郑注：“伦，犹类也。患，害也。”孔疏：“在心则伦类无害，故为乐情。”嵩焘案：情也、质也，本之所以立也；官也、制也，用之所以行也。此言乐之原也。论，即下“使其文足论而不息”。伦，即下“乐行而伦清”及“乐者通伦理者也”之义。论，谓讨论制度之详。伦，谓节理事物之宜。“无患”者，声容节奏与性情相为䜣合，非作而致其情也。《大司乐》言“乐语”，论也；言“乐德”，伦也。《大师》“以六律为之音”，论也；“以六德为之本”，伦也。施之于论而不相陵越，察之于伦而不相侵夺，故以是为乐之情。郑注“伦，类也”不误。疏以“论说等伦，无相毁害”为言，是谓所论者伦耳，语似未惬。案：《集说》引刘氏说“论者《雅》、《颂》之辞，伦者律吕之音”，则下文所谓“施于金石”、“发于声音”者即此“论伦”也，亦不足为乐之情矣。

卑高已陈，贵贱位矣；动静有常，小大殊矣。

郑注：“动静，阴阳用事。小大，万物也。大者常存，小者随阳出入。”嵩焘案：卑高以体言，体有定者也，故曰“贵贱位”。动静以气言，气无定而有定者也，故曰“小大殊”。阴阳动静之互为其根，而万物资始资生以各正性命，受形于阴阳之气，终古不失其节，小大之所以殊，殊于阴阳动静之有常也。郑注“阴阳用事”，语至精确；疏以“风雷动散有常”言之，失其旨矣。

化不时则不生，男女无辨则乱升，天地之情也。

郑注：“乐失则害物，礼失则乱人。”孔疏：“乐以法天，化得其时则物生，不时则物不生，天之情也；礼以法地，男女有别则治兴，无别则乱成，地之情也。”嵩焘案：此推原天地之情，明生物之始自有其和与别者以为之程。凡物之牝牡雌雄，皆男女也，无辨则万物之伦理乱，天地亦无所施其成物之功。阴阳之气升主生，而降主杀。天地䜣合，阴阳相得，斯其气升而群生皆遂其性。男女无辨则化不醇，即阴阳之气亦为之杂乱以不得自升。“乱升”者，乱其生初之序也。此因礼乐以上溯天地之情，而明所谓和与别者，生化自然无相渎也；并兼人、物言之：春温秋肃时也，男女婚姻亦必以时。郑以礼乐分系之人、物，疏又以人、物分系之天地，恐无当经旨。

著不息者天也，著不动者地也。一动一静者，天地之间也。故圣人曰“礼乐”云。

郑注：“间，谓百物也。言礼乐之法天地也：乐静而礼动，其并用事则亦天地之间耳。”嵩焘案：天为气化之始，故著不息；地主成物之功，故著不动。圣人作乐以应天，制礼以配地，而天地之功用，动静变合，互为其根；礼乐之施行，动静修为，亦交致其用。经言“天地之间”，犹云天地际也。天地阴阳之会，絪缊充塞，无有端倪，而气化之行，皆此一动，一静之机，相为保合。圣人制礼作乐，以消息天地之大用，而使人各正其性命。动静之幾，一息不可离，即礼乐之化，一物不能废。动静无二用，礼乐无二揆。是以天地阴阳之运，不能判然而各有其藏；礼乐动静之幾，亦岂能截然而各施其化？“曰礼乐云”者，明礼乐之原之出于一也。上二句言天地之所以分，下三句言礼乐之所以效天地之合。郑注“乐静礼动”，则于乐之应天、礼之配地适得其反。其言“间者百物也”，意谓礼乐并用事则百物以昌，词旨迂曲，似尚未尽此经立言之妙。

故其治民劳者，其舞行缀远；其治民逸者，其舞行缀短。

郑注："民劳则德薄，酂相去远，舞人少也；民逸则德盛，酂相去近，舞人多也。"嵩焘案：隐五年《左传》："天子用八，诸侯用六，大夫四，士二。"是天子舞以八人为列，自八以下降杀以两，人数多少皆有常制。昭公二十（二）〔五〕年"禘于襄公，万者二人"，德薄矣；而未必季氏之用八佾，反为德之盛也。盖舞节繁则行缀远，舞节简则行缀短。繁者备仪，舞人常劳；简者不备仪，舞人常逸。此言"治民"，即《大胥》之"正舞位"、《小胥》之"巡舞列"，所治者舞人之节，而假"治民"为之辞耳。观其行缀之远近，而知其舞节之繁简，则知德盛者备中和之极，其繁简必均。行缀之有远近，皆非舞节之盛者也。舞以象功昭德。如《大武》之舞，"先鼓以警戒，三步以见方，再始以著往，复乱以饬归"：因舞节之繁简，想像其功德之盛，有如见其心者。季札之观舞，盖亦求之繁简之节而已，民劳、民逸无关优劣。辅氏广云："治民劳，谓劳于治民；治民逸，谓逸于治民。行缀远则气纾，行缀短则气促。上（勤）〔动〕则下纾，上逸则下促。"郑以劳逸属之民，辅氏又以劳逸属之治民者，未达经义而以意拟之，均之无当也。

《大章》，章之也；《咸池》，备矣。

郑注："《咸池》，黄帝所作乐名也，尧增修而用之。"嵩焘案：郑注《周礼·大司乐》："《云门》、《大卷》，黄帝乐；《大咸》、《咸池》，尧乐也。"《吕氏春秋》："黄帝令伶伦作为律，取竹嶰溪之谷，断而吹之，以为黄钟之宫。制十二筒，以别十二律。"律吕盖原于黄帝之世，故乐肇始黄帝。《周礼·大司乐》：六变而降天神，舞《云门》；八变而出地祇，舞《咸池》；九变而礼人鬼，舞《大磬》。天神尚质，《云门》乐之始；其制犹质，故止于六变；至《咸池》而八变，至《韶》而极于九变，相继增盛。下云“《韶》，继也”，继《咸池》而为九成也。此与《周礼》教乐舞次序正同，疑《大章》即《周礼》之“《大卷》”；黄帝垂衣裳而治，作乐象功，《大章》、《大卷》，其义均也。案《王制》：“三公一命卷。”郑司农《周礼》注：“衮，卷龙衣也。”《毛诗传》：“衮衣，卷龙衣也。”《荀子·富国篇》：“天子祩裷，诸侯玄裷。”《说文》：“衮，天子卷龙绣于裳。”九章之服谓之衮，卷龙为之，故亦曰卷。郑注于此与《周礼》异训，故为失之。案：疏引熊氏云：“《乐纬》：‘黄帝曰《咸池》，帝喾曰《六英》，颛顼曰《五茎》，尧作《大章》。’”《庄子·天下篇》：“黄帝有《咸池》，尧有《大章》。”《吕览·古乐篇》亦云然，《淮南·汜论训》亦云“尧《大章》”，盖周秦间诸儒相传如此。经明以《大章》、《咸池》为后先之次，自应以郑注《周礼》为允。

天地之道，寒暑不时则疾，风雨不节则饥。教者民之寒暑也，教不时则伤世；事者民之风雨也，事不节则无功。然则先王之为乐也，以法治也。

郑注：“教，谓乐也。以法治，以乐为治之法。”嵩焘案：此言圣人法天行之度以有政教。乐者，政教之资也。以法治，言其因时合节，与政治之法天者同也。教有常，故曰“寒暑”；事无定，故曰“风雨”。刑赏者，寒暑之施也；赏以春夏，刑以秋冬，期不爽其时而已。董劝者，风雨之用也；戒之用休，董之用威，期不逾其节而已。王者以政教整齐天下，而乐之用行焉。故其展而陈之有其时，其比而合之有其节。曰“以法治”，则知政教之不统于乐明矣。郑训教为乐，张氏守节因谓“乐以气”曰教，“礼以形”曰事，傅会以成其说，非经旨也。

狄成涤滥之音作。

郑注："狄、涤，往来疾貌。"孔疏："狄成涤滥，谓乐之曲折，疾速而成，疾速而止。"嵩焘案：王氏《经义述闻》引《吕氏春秋·音初篇》"流辟誂越慆滥之音出"，云："成者戉之讹，戉与越通。狄读为誂。誂越即狄戉也。誂亦作咷。《汉书·韩延寿传》'噭咷楚歌'，服虔曰'咷音涤濯之涤'，正与狄同音。《方言》曰：'佻，疾也。'《广雅》：'越，疾也。'佻与誂同声，越与戉同声，皆谓乐声往来之疾也。"疏云"疾速而成"，陈氏《集说》因谓"成者乐之一终"，王氏《章句》乃以滥为尾声，展转相沿，强经以成其说。疑"狄戉涤滥"四字平列，狄戉往来疾，涤滥则一往而不反；惟疾越，故至流滥无归也。郑注狄、涤同训，亦恐失之。

慢易以犯节，流湎以忘本。广则容奸，狭则思欲。

郑注："广，谓声缓也。狭，谓声急也。"孔疏："朋淫于家，是慢易以犯节。淫酗肆虐，是流湎以忘本。"嵩焘案：哀乐、广狭对文，慢易、流湎亦当是对文。慢易声急，流湎声缓。慢易者，飒然而起，戛然而止，所以为急。犯节，谓陵越而失其节也。流湎则靡靡之音一往而不知反，故曰缓。郑以缓急释广狭，非也。广狭，如《典同》之"微声韽，回声衍，侈声筰，弇声郁"，侈声、回声皆谓之广，微声、弇声皆谓之狭。漫衍而宏筰，则容奸矣。杜子春云："韽读为暗不明之暗。"郑注："弇则声勃郁不出也。"暗昧而郁结，则思欲矣。如郑注，缓者声纾，容奸可也；声急而促，安能道欲乎？疏以朋淫、酗虐释慢易、流湎，并文义亦失之。

感条畅之气。

郑注："感，动也。动人条畅之善气，使失其所。"嵩焘案：王氏《经义述闻》引《史记·乐书》及《说苑·修文篇》作"感涤荡之气"；"《吕氏春秋·音初篇》：'流辟诽越慆滥之音出，则慆荡之（风）〔气〕、邪慢之心感矣。'慆滥即涤滥也，慆荡即涤荡也。涤荡、条畅声相近，故字相通。"王氏之说是也。《乐记》言声音之道，皆由于感，感于善而善，感于恶而恶，未有感善而使失其所者。上云"犯节"、"忘本"、"容奸"、"思欲"，正言其放荡而无检约，故曰"感涤荡之气"。注意迂回。陈氏《集说》"感或作蹙"，则意为之辞，别无证据。

是故清明象天，广大象地，终始象四时，周还象风雨。五色成文而不乱，八风从律而不奸，百度得数而有常。

郑注："清明，谓人声也。广大，谓钟鼓也。周还，谓舞者。五色，五行也。八风从律，应节至也。百度，百刻也。言日月昼夜不失正也。"嵩焘案：清明、广大统言乐体，而郑以一声概之；八风、百度专论乐律，而郑以八方之风、昼夜百刻之度泛杂言之。清明者律吕相宣，如《大司乐》"奏黄钟，歌大吕；奏大簇，歌应钟"之类，其声纯一以清也。广大者众音俱备，如《虞书》"戛击鸣球、搏拊、琴瑟以咏"，其声洋溢以盈也。终始者合止有节，如《论语》之，"翕如"以象春，"纯如"以象夏，"皦如"以象秋，"绎如"以象冬也。案：下文"始奏以文，复乱以武，治乱以相，迅疾以雅"，亦终始自然之节奏也。周旋者循环无端，如《礼（器）〔运〕》"五声六律十二管，还相为宫也"。案：《大司乐》"圜钟为宫"、"函钟为宫"、"黄钟为宫"，而角、徵、羽依类以相生，即十二管还相为宫之义。五色成文者，《义疏》云："角音木色青，徵音火色赤，宫音土色黄，商音金色白，羽音水色黑。”八风从律者，陈氏旸云：“坎音革，其风广莫；艮音匏，其风融；震音竹，其风明庶；巽音木，其风清明；兑音金，其风阊阖；乾音石，其风不周；坤音（土）〔瓦〕，其风凉；离音丝，其风景。”案《经义述闻》：“八音谓之八风。《左传》襄公二十九年‘五音和，八风平’，谓八音平也。昭二十年：‘一气，二体，三类，四物，五声，六律，七音，八风，九歌，以相成也。’昭二十五年：‘为九歌、八风、七音、六律，以奉五声。’八风与七音、九歌相次，则是八音矣。八风从律而不奸，犹《虞书》之‘八音克谐，无相夺伦’也。”百度得数者，马氏晞孟云：“乐之始有柷，柷方二尺四寸，三八之数；深一尺八寸，二九之数。九胜八，阳胜阴，乐所以作。乐之终有敔，敔有龃龉二十七，三九之数；长尺，十之数。十胜九，阴胜阳，乐所以（成）〔止〕。”度者所以准律，各有数以合之；乐师之序乐事，大胥之典乐器，典同之辨乐声，皆不越此。案《经义述闻》：“《左传》襄公二十九年：‘节有度。’百度者，乐之节奏也。八音之奏有节，其节皆有常度，数者度之多寡也。其大者，如升歌三终、笙入三终、间歌三终、合乐三终，及‘《武》，始而北出，再成而灭商，三成而南，四成而南国是疆，五成而分周公左、召公右，六成复缀，以崇天子’之属。其小者，如‘三步以见方’、‘夹振之而驷伐’、‘壹倡而三叹’之属。多寡得宜，故曰‘得数’；一成不变，故曰‘有常’。”五色者五声之序，八风者八音之和，百度者，以六律六同辨阴阳之声而播之器者也。注意未能分明。

君子乐得其道，小人乐得其欲。

郑注：“道，谓仁义也。欲，谓邪辟也。”嵩焘案：君子、小人以位言之。君子乐得其道，即所谓“乐者通伦理者也”。小人乐得其欲，则天下宁而万物各得其所。合天下而皆得所欲，此乐之所以为乐也。以道制欲，则乐行而民向方矣。忘道者，仲由之瑟、原壤之歌，纵情以出之而成乎涤荡之音。“反情以和其志”，君子以道制欲之功也；“广乐以成其教”，君子以道制欲之化也。

乐者，心之动也；声者，乐之象也；文采节奏，声之饰也。君子动其本，乐其象，然后治其饰。

郑注："文采，乐之威仪也。"孔疏："声无曲折则质素，故以文采节奏饰之。治其饰，则亦声之饰也。"嵩焘案：治其饰，谓饰舞以昭乐之盛。文采，舞之容；节奏，舞之节。文德武功，必由舞以宣之，再始复乱之义，六变、八变、九变之节，一成、再成、三成、四成、五成、六成之容，惟舞为能曲尽其形容。声者乐之象，如《昭》、《夏》、《濩》、《武》，皆播之声以象功；然后文之以干戚羽毛，以和其声而尽其饰，舞乐之所以相须也。《史记·乐书》此章本为乐象。象者舞也，故此下专明乐舞之节。注意恐失之。

君子以好善，小人以听过。

孔疏："君子，谓在位尊者。小人，谓士庶之等。"嵩焘案：此君子、小人以德言之。情见义立，则中和之道著而文武之用殊。君子由之以见圣人之情，故"好善"。小人由之而缀兆有位，进退有节，俯仰疾徐有容；一有不齐以正焉，则失伦矣：故曰"小人以听过"。

礼乐偩天地之情，达神明之德，降兴上下之神，而凝是精粗之体，领父子君臣之节。

郑注："偩，犹依象也。凝，成也。精粗，万物大小也。领，犹理治也。"孔疏："礼出于地，尊卑有序，是偩依地之情；乐出于天，远近和合，是偩依天之情。又能正其万物大小之形体，理治君臣父子之限节。"嵩焘案：邵氏囦云："偩，载也。天地之情隐于造化，礼乐则偩之而出；神明之德行于幽冥，礼乐则达之而显。”玩下“大人举礼乐，天地将为昭焉”，正谓天地之情资于礼乐以显其功用也，似不得为依象之义。精者爱敬之实，粗者节文度数之祥。礼乐之情通于天地，故以之交于神明而不爽其情；礼乐之体凝于性命，故以之行于君臣父子而不逾其节。偩者载而显之于事物，凝者固而存之于心。注以精粗属物大小，疏又以天地之情分属之礼乐，皆恐失之。

是故德成而上，艺成而下，行成而先，事成而后。是故先王有上有下，有先有后，然后可以有制于天下也。

郑注：“德，三德也。行，三行也。艺，才技也。”孔疏：“德成而上者，人君及主人之属以道德成就，故在上。艺成而下者，乐师、商祝之等艺术成就而在下。人有多少品类，先王因其先后，使尊卑得分，然后可以制礼作乐，为法以班天下。”嵩焘案：礼乐之节，数与事而已。习其数乃能通其情，知其事乃能达其义，故夫本末一致也。德成者不能废艺，行成者不能遗事，而先王之制礼乐，固不待执其艺、陈其事、躬习俯仰屈伸之文。而一曲之士得皆与于礼乐之末，为艺与事之备其文者，其原皆通于德；而及其行之，则固有专资于艺以致其精者。曰“有制于天下”，所以明礼乐之行，非一手一足之烈，而仪文之等、节奏之繁，资于工祝以效其用而扬诩其德，乃以成乎礼乐之盛也。疏意似失之泥。

弦匏笙簧会守拊鼓，始奏以文，复乱以武，治乱以相，讯疾以雅。

郑注：“相，即拊也，亦以节乐。拊者，以韦为表，实之以糠，糠一名相，因以名焉。今齐人或谓糠为相。”嵩焘案：《周礼

·大师》“帅瞽登歌，令奏击拊。下管，播乐器，令奏鼓朄。”《小师》“登歌，击拊；下管，击应鼓”。郑司农云：“拊者击石。”“朄，小鼓也……读为道引之引。”“小鼓为大鼓先引，故曰朄。”《说文》：“朄，击小鼓引乐声也。”据《虞书》“搏拊、琴瑟以咏”，而《仪礼》凡工歌先授瑟，是乐始登歌以琴瑟和之，而先之搏拊者，所以引乐声也。疑拊亦鼓类，郑司农云“击石”，非也。《说文》不云“朄小鼓”而云“击小鼓”，似击拊、鼓朄皆假搏击为鼓之名。《大射仪》有建鼓、应鼙、朔鼙、簜鼗之别，而无朄鼓，知许君之云“击小鼓”为得其实也。《周礼·笙师》“舂牍、应、雅”，郑司农云：“牍，以竹大五六寸，长七尺，其端有两空，髹画，以两手筑地。应，长六尺五寸，其中有椎。雅，状如漆筩而弇口，大二围，长五尺六寸，以羊韦鞔之，有两纽，疏画。”郑注：“牍、应、雅教其舂者，谓以筑地。笙师（筑）〔教〕之，则三器在庭可知。”案：郑司农《小师》注：“柷如漆筩，中有椎。”小师、笙师所掌，皆在升歌时，《周礼》亦谓之“弦歌”，疑《笙师》之雅，即《小师》之柷，用以节弦者。笙师所掌，在笙入之后，牍、应、雅皆以节乐，与拊搏之引乐声者自别。《考工记》“韗人为皋陶”，郑司农云：“皋陶，鼓木也。”疑应、雅二者，《考工记》所谓“皋陶鼓木也”。牍即《大射仪》之簜，所谓“鼓竹”也。竹木皆可为鼓以节乐，而相之以糠实韦，用以筑地，当与牍、应、雅为类。《曲礼》：“舂不相。”凡舂以声助之而为之节曰相，此所谓相，盖舂以节乐也。拊用击而相用舂，郑合为一，恐误。

及优侏儒，獶杂子女。

郑注：“獶，猕猴也。言舞者如猕猴戏也，乱男女之尊卑。獶或为优。”孔疏：“俳优侏儒之人，状如猕猴，男女无别。”嵩焘案：侏儒、子女二事。侏儒为俳优，以悦人耳；子女相猱杂，以眩人目，——猱犹乱也。疏混合言之，恐误。齐人归女乐，郑人赂晋以女乐二八，所谓“猱杂子女”也。俳优、子女之兴，皆在春秋之世。

克顺克俾。

郑注：“慈和遍服曰顺。俾当为比，声之误也。择善从之曰比。”嵩焘案：郑所引昭公二十八年《左传》文。杜注：“比方善事，使相从也。”《尔雅·释诂》：“俾，从也。”字异而义同。顺，谓德普于人而人服之。俾，谓善备于身而人从之。克顺克俾，则化民成俗之道著矣。比、俾同训，不必改字。

石声磬。

郑注：“磬当为罄，字之误也。”嵩焘案：《说文》磬古文从巠作硁，《史记·乐书》“石声硁硁以立别”：硁，古文磬字。《论语》“鄙哉硁硁乎”，正谓磬声。磬声一发即止。乐有编磬，以协阴阳之律。大小之声，戛然可以立辨，故聲亦从磬而以耳辨之。磬自有辨义。《说文》罄亦从磬得声，谓其一发即罄也，正不必改磬为罄。

声淫及商。

郑注：“时人或说其义，为贪商也。”嵩焘案：《周礼·大司乐》有宫、角、徵、羽而无商，郑注：“五音宫所生，浊者为角，清者为徵、羽。无商者，祭尚柔，商坚刚也。”朱子谓无商调，非无商声。淫者声之过，亢而流为商调也。《国语》：“王以夷则之上宫毕（陈）以黄钟之下宫布戎，以无射之上宫布宪施舍。”史记武王伐纣，吹律听声而音尚宫，皆取宽大之义。商者西方金音，义主杀伐。《武》乐以迟久咏叹为心，发扬蹈厉而会朝清明，于商音无取，故知为有司之失传也。

敢问迟之、迟而又久，何也？

郑注：“‘迟之迟’，谓久立于缀。”孔疏引贺氏云：“备戒已久，是迟；久立于缀，是迟而又久。”嵩焘案：备戒之久，据乐之始言，即下“始而北出”是也；迟之又久，据乐之成言，下文“再成”以及“六成复缀”皆是也：通取久道化成之义。“迟之”者，从容以象其成。“迟而又久”，总干而久立于缀，以俟乐之馀声尽而始收也。郑以“迟之迟”为句，疏遂兼上“备戒之久”言之，似于经义未顺。

夹振之而驷伐，盛威于中国也。分夹而进，事蚤济也。久立于缀，以待诸侯之至也。

郑注：“夹振之，（上）〔王〕与大将夹舞者振铎为节也。驷当为四，声之误也。每奏四伐，一击一刺为一伐。《牧誓》曰：‘今日之事，不过四伐、五伐。’分，犹部曲也。舞者各有部曲之列，又夹振之者，象用兵务于蚤成也。”久立于缀，“象武王伐纣待诸侯也”。嵩焘案：“六成复缀，以崇天子”，叙舞事已尽；案：郑以“天子夹振之”为句，云“王与大将夹舞者”，似谓武王与太公夹舞者参错而立，是不知舞以象成，直谓天子亦与于六成之行列；而云“天子夹振之”，于文义亦为忤矣。此复申叙上文未尽之义。夹振之而驷伐，即“再成灭商”之容，所谓“发扬蹈厉，太公之志”也。方氏悫云：“八佾相夹，则合而为四，伐，谓以戈伐地也。”语最分明。夹振之，所以一其心。至于三成，分夹而进，以示整暇，耀军容而已，故曰“事蚤济也”。

五成分左右二列，则舞位无所施其回旋，故皆坐，以象天下之大定，所谓“武乱皆坐，周、召之治也”。久立于缀，则“总干山立，武王之事”矣。其始之备戒，立于缀以待之，其终还立于缀，故曰“复缀”。云“待诸侯之至”者，《大传》云“设奠于牧室，遂率天下诸侯，执豆笾，逡奔走”，即谓此也。《下武》诗：“受天之祜，四方来贺。”《文王》诗：“上帝既命，侯于周服。”久立于缀，以待诸侯之从周，不欲以武强致之，故曰“复缀以崇天子”。郑以“伐纣待诸侯”为辞，则当在“备戒已久”之时，不宜列之章末。且牧野誓师，诸侯不期而会者八百国，又何云“待”也？

名之曰“建櫜”。

郑注：“建读为键，字之误也。兵甲之衣曰櫜。键櫜，言闭藏兵甲也。”嵩焘案：上文“车甲衅而藏之府库”，则注意为复。王氏《述闻》：“建当为鞬。《方言》：‘所以藏弓谓之鞬。’《说文》：‘鞬，所以戢弓矢也。’《释名》：‘鞬，建也，弓矢并建立于其中也。’《左传》僖二十三年‘右属櫜鞬’，杜注：‘櫜以受箭，鞬以受弓。’马融《广成颂》正作‘鞬櫜’。”王氏之说是也。《后汉书·马融传》注又云：“鞬以藏箭，櫜以藏弓。”疑鞬櫜之为名，不必专藏弓矢。《说文》：“櫜，车上大櫜也。”《广韵》：“鞬，马上藏弓矢器。”鞬以革为之，并藏弓矢。案：《毛诗传》：“櫜，韬也。”《时迈》曰：“载櫜弓矢。”是弓矢并言櫜。《左传》“左执鞭弭，右属櫜鞬”，杜注：“弭，弓（反）末无缘者。”《小雅》诗疏：“弭者弓弰之名。”弓亦执之，则下云“櫜鞬”，亦总言弓矢之房而已。杜以櫜为矢箙，似亦别无显证。鞬櫜连文，则櫜亦以革为大櫜，干戈弓矢皆可包而藏之。后人缘此，名弓房为“鞬”，右属之腰，正未可据以释此文也。疏云：“键是管籥闭藏之名。”键所以持门户，府库之藏皆有键闭，固不能施之櫜櫜矣。

散军而郊射：左射，《狸首》；右射，《驺虞》。

郑注："郊射，为射宫于郊也。左，东学也；右，西学也。"孔疏："东学在东郊。周立虞庠之学于西郊，故知诸侯习射于东学。"嵩焘案：《周礼·射人》："王射，乐以《驺虞》；诸侯射，乐以《狸首》。"郑以东学为大学，不应诸侯之射在大学，天子之射反在小学。《乡射》记："君国中射，则皮树中；于郊，则闾中；于竟，则虎中。"郑注："国中，谓燕射；于郊，谓大射；于竟，谓与领国君射。"似乡射于学，天子诸侯射不必于学。《射义》疏"大射于庙，宾射于朝，燕射于寝"；《乡射》记所谓"惟君有射于国中"：凡此皆国中也。散军郊射，盖及郊而射，以与诸侯明礼让之义。《王制》述三代之学，夏曰东序、西序、殷曰右学、左学，周曰东胶、虞庠。周立四代之学，而惟虞庠在郊，谓乡学也。《王制》特明著之，夏、殷以东西相胜，并无在郊之文，疏云"东学在东郊"，甚误详见《王制》。殷道尚右。武王始有天下，犹循用殷礼，故天子居右，诸侯居左，谓比耦之次也。《仪礼·乡射》、《大射》并云："上射在左，先升三等。下射从之，中等。上射升堂，少左。卒射，上射降三等。下射少右，从之，中等。"盖周礼以左为尚，故上射居左。经云"左射《狸首》，右射《驺虞》"，犹殷制也。《大射仪》："司射西面誓曰：'公射大侯，大夫射参，士射干。卑者与尊者为耦，不异侯。'"此以《狸首》、《驺虞》为节，盖天子诸侯相与为耦。凡射，皆先比三耦，惟天子居右，诸侯以次皆居左也。注云"东学"、"西学"，疏遂以"东郊"、"西郊"释之，是天子诸侯分郊而射，证之经义，恐不然矣。

致乐以治心，致礼以治躬。

郑注："致，犹深审也。"嵩焘案：致乐、致礼，与《中庸》

“致中和”之致同。《说文》：“致，送诣也，由此而致之彼也。”中和者，具于心者也，推而被之民物曰“致”。礼乐者，生于心而具于事者也，引而纳之于心与身亦曰“致”。习其仪文度数，以节理其性情，所谓“学以致其道”也。治心者，涵濡其德性，故曰“乐也者，动于内者也”。治躬者，检束其仪容，故曰“礼也者，动于外者也”。行乎礼乐而致之身与心，非但深审之而已。

礼减而进，以进为文；乐盈而反，以反为文。

郑注：“礼主其减，人所倦也；乐主其盈，人所欢也。进，谓自勉强也；反，谓自抑止也。”嵩焘案：礼主于撙节退让，故曰“减”；乐主于流动充满，故曰“盈”。减盈者，礼乐之体也。减而以进为文，盈而以反为文，文者用也。一献、三献以至九献，礼所由名也。由献而有酢，而有酬、有酳，而有旅酬，而有无算爵，相承以致其敬，故以进为文。酢也、酳也、酬也，所以为报也；得其报，则乐礼之所以为顺也，顺人情者也。入门奏《肆夏》，出而奏《陔》，乐所由成也；而升歌三终、间歌三终、合乐三终，皆各自为节，终而复始，故以反为文。得其反，则安乐之所以为和也，和人心者也。礼有序而终始相成，故曰“进”；乐有节而合止各别，故曰“反”。疑此据行礼乐之节言之，非虚言其理而已，注意似无著。

声音动静，性术之变，尽于此矣。

郑注：“性术，言此出于性也。益于此不可过。”嵩焘案：声音动静交于外，而性术应于内。变者，谓性术随之以发动也。言乐之原由人心之乐而宣导之以为之节，而声音动静之成乎变，与性术函而相守，以不可离而性功成焉，故曰“乐观其深矣”。篇首云："凡音之起，由人心生也。"又云："凡音，生人心者也。"此兼前两义言之。

节奏。

郑注："阕作进止所应也。"孔疏："作则奏之，止则节之。"嵩焘案：《尔雅》："和乐谓之节。"奏者，众音并作。节者，中间一声以调其中声，如拊鼓、相雅皆是节也。曲、直、繁、瘠、廉、肉六者，于声之高下清浊辨之。节奏则调和六者之音，使之刚柔相济、疾舒适均，以成乎和平之听也。下文："节奏合以成文。"似未宜专以止作言之。

审一以定和，比物以饰节。

郑注："审一，审其人声也。比物，谓杂金、革、土、匏之属也。"嵩焘案：昭元年《左传》："乐有五节，迟速本末以相及"，而推本于"中声以降"。一者，中声也。《国语》："古之神瞽，考中声而量之以制。"以中声定其准，而阴阳之声之依乎律吕者应节相生，自然成文，《大司乐》所谓"圜钟为宫"、"函钟为宫"、"黄钟为宫"，皆中声之所从出也。因而分乐以序之，以成乎六乐之变，而各得其中声焉，故曰"审一以定和"。物者，事也。郊庙射乡食飨之事，皆有事于乐，而《仪礼》之"乐《南陔》、《白华》、《华黍》"，"笙《由庚》、《崇邱》、《由仪》"，"管《新宫》"，"奏《肆夏》"、"奏《陔》"、"奏《骜》"，各依于事以比乐官，展乐器而为之节奏。《燕礼》记："宾及庭，奏《肆夏》，宾拜，主人答拜而乐阕。公拜受爵，奏《肆夏》，卒爵，主人升受爵而乐阕。"皆因事之节以尽其饰，故曰"比物以饰节"。郑以"审一"属之人声，以"比物"属之八音，似于义未尽。

故乐者，天地之命，中和之纪，人情之所不能免也。

孔疏："乐（师）〔既〕合天地之命，协中和之纪，感动于人，是人情不能自免也。"嵩焘案：乐以理人之性情，是即天地之命所凝也，而使其心知百体莫不顺则焉，则中和之具人心者必资乐以纪之。乐之理，日流行天地之间，先王用之以宣导人心之和，和而不使失其节，故乐者，所以范围乎人情者也。上文"乐者乐也，人情之所不能免也"，据乐之用言之：情之动于自然而不容已者也，故曰"不能免"。此云"人情之所不能免也"。据乐之理言之：所以节理人情而依于性者也，非是则其情流溢而不知所节，故亦曰"不能免"。

肆直而慈爱者，宜歌《商》；温良而能断者，宜歌《齐》。

郑注："《商》，宋诗也。"嵩焘案：昭公二十九年《左传》："吴季札来聘，请观于周乐。"《颂》也、《大雅》也、《小雅》也、《风》也，皆周乐也。案：杜注《左传》："《颂》有殷、鲁，故曰'盛德之所同'。"是《鲁颂》、《商颂》皆统于周乐。《周礼·大司乐》："舞《云门》、《大卷》、《大咸》、《大韶》、《大夏》、《大濩》。"其时《云门》、《咸池》，辞皆不传；即《韶》、《夏》、《濩》乐舞之节具存，而工歌声诗在周已无考。"孔子删诗，但得《商颂》五篇而已。五帝三王之乐，当因《韶》、《夏》之节各为之辞以写之，故曰"遗声"。《商》、《齐》二者，与《风》、《雅》、《颂》并列，当时必有其辞。下文："明乎《商》之音者，临事而屡断；明乎《齐》之音者，见利而让。"五帝以揖让得天下，而其歌归于能断；三王以征诛得天下，而其歌归于见利而让：盖又后人窥知圣人之情，为之辞以曲传其心。而歌者各因其性情所近，长言咏叹之，其终慈爱又要于能断，能断者又要于能让，则亦以见圣人之德无所偏倚，而歌者又自有以启发其性情也。

故歌者，上如抗，下如队，曲如折，止如槁木；倨中矩，句中钩，累累乎端如贯珠。

郑注："言歌声之著，动人心之审，如有此事。"孔疏："此论感动人心形状，如此诸事。"嵩焘案：郑意"歌声之著，动人心之审"谓闻歌者审其歌声之曲折，疏以"感动人心形状"言之，似乖注意。经云"上"、"下"、"曲"、"止"，一声之节也，抑扬转顿各适其宜而已。"倨中矩，句中钩，累累如贯珠"，全章之调也。"矩"者声重而止，"钩"者声轻而留，而其音与节圜转相属，犹夷荡漾，引而愈长。盖六者之辞异，而播之歌者音调固无异也。三代之乐，皆始升歌，故曰"歌者在上，匏竹在下，贵人声也"。《乐记》以师乙之言歌终，为歌之发于人声者，乐之原也；而歌必倚瑟，君子无故不去琴瑟：是以弦歌者乐之纪，君子之治乐，尤莫先乎此也。

礼记质疑卷二十

杂记上

诸侯行而死于馆，则其复如于其国；如于道，则升其乘车之左毂，以其绥复。

郑注："馆，主国所致舍。如于其国，主国馆宾与使有之，得升屋招，用褒衣也。道，道上庐宿也。升车左毂，象升屋东荣。绥当为緌，读如蕤宾之蕤。緌，谓旌旗之旄，去其旄而用之，异于生也。"嵩焘案：郑注非也。《周礼·遗人》："十里有庐，三十里有路室，五十里有候馆。"《环人》："掌送迎宾客，舍则授馆。"《聘礼》："入竟……展，布幕。……及郊，又展。""及馆，展币。……至于近郊，张旜。"君使卿用束帛劳，"宾礼辞，迎于舍门之外"；"劳者奉币入"，"受于舍门内"。"夫人使下大夫劳……遂以宾入。""至于馆，卿致馆。"是自境及郊未授馆，有布幕；其食宿皆有馆。所谓"舍门"，即馆也。不独于其国为然。此经下云："公馆复，私馆不复。公馆者，公宫及公所为也；私馆者，〔自卿〕大夫（士）〔以下〕之家也。"据此，则所谓"馆"，即环人所授之馆；所谓"如于其国"，即卿所致之馆也：在馆在国皆公馆也。故其复同于道，谓不及授馆而死于道。《左传》庄公四年，楚武王伐随，卒于樠木之下，杜注"樠木，木名"，足为死于道之明证。死于道，则自在车中，因升其所乘车之左毂而复。案《丧大记》："其在野，升其乘车之左毂而复。”云“在野”，则非有庐舍可知。疏云“不于（道路）庐宿之舍复者，庐宿供待众宾，非死者所得专”，亦显与经旨相背戾矣。绥者，升车之绥。行于道，朝夕升车下车必执绥，遂以所常执者复之；《周礼·夏采》“大丧，以乘车建绥复于四郊”，亦是此义。建绥者，诏死者之魂，执之使登车也。郑并作“緌”，误。《司常》：“王建大常，诸侯建旂。”《节服氏》：维王之大常六人，诸侯四人。《广雅》“天子（旌）〔杠〕高九仞，诸侯七仞”，故须四人、六人维持之。即令去旒而用旌旗之旄，亦无由执此九仞、七仞之竿，以升车之左毂也。《尔雅》“缁广充幅、长寻曰旐，继旐曰旆，注旄首曰旌”，即《司常》所谓“全羽为旞，析羽为旌”。绥者，旞与旌所注之旄也。亦不应舍旌旗之本名而名之为“緌”。证之经义，恐未然也。

其輤有裧，缁布裳帷，素锦以为屋。

郑注：“輤，载柩将殡之车饰也。輤取名于（衬）〔榇〕与蒨，读如蒨旆之蒨。（衬）〔榇〕，棺也。蒨，染赤色者也。将葬载柩之车饰曰柳。裧，谓鳖甲边缘。缁布裳帷，围棺者也。裳帷用缁，则輤用赤矣。輤象宫室。屋，其中小帐衬覆棺者。若未大敛，载尸而归，车饰亦如之。”嵩焘案：《广韵》：“輤，载柩车盖。”輤字仅一见于此，以文义求之，《广韵》之言是也。《丧大记》：“君龙帷黼荒，大夫画帷画荒，士布帷布荒”，郑注：“在旁曰帷，在上曰荒，皆所以衣柳也。”柩车以帷荒为饰，不施盖。《士昏礼》：“妇车有裧。”《既夕》记“主妇之车疏布裧”，郑注：“裧，车裳帷，于盖弓垂之。”裧者，妇人之车饰。郑注《仪礼》皆训“裳帷”，此不云者，以与下“裳帷”字复。裧与裳帷并在车旁而分上下。行道之丧车有裧以下覆裳帷，使重闷也。《说文》：“幔，衣车盖。”衣车者，辎軿衣布也；幔盖借幔为名。下文“大夫以布为輤”，疑輤与幔同义：车盖衣也。丧车有饰，加黼幔其上曰荒，合杂采结其顶曰齐，施盖而衣之曰輤。行道之车宜有盖，正与辎軿加幔者同饰也。郑因下文“适所殡”，遂据以为殡，而谓殡车名輤，丧车名柳，柳者车名，輤非车名也，殆未免强生附会。《丧大记》“素锦褚，加伪荒”，郑注：“大夫以上有褚以衬覆棺，乃加帷荒于其上。”屋者棺衣，大夫以上用之。《丧大记》：“君殡用輴，大夫殡用帱”；葬用素锦褚，皆以覆棺，而于帱不详何物。此云“素锦以为屋”，接下“适殡所”，即仍此素锦屋为帱无疑矣。帱、褚一物，因葬而加饰耳。

至于庙门，不毁墙，遂入适所殡。

郑注：“适所殡，谓两楹之间。凡柩自外来者，正棺于两楹之间，以其死不于室而自外来，留之于中，不忍远也。”嵩焘案：《春秋》定公元年“昭公之丧至自乾侯”，《公羊》、《穀梁》并引沈子曰：“正棺乎两楹之间，然后即位也。”《既夕礼》：“迁于祖，正柩于两楹间。”昭公薨于三十一年十二月，明年六月丧还，已逾葬期矣；又逾月而即葬，故不成乎殡。沈子所谓“正棺乎两楹之间然后即位”，盖谓昭公之丧入于祖庙，正其为君，然后定公得行即位之礼也。《曾子问》：“君出疆而薨，其殡服入自阙，升自西阶；如小敛，入自门，升自阼阶。”《檀弓》：“（小）〔大〕敛于阼，殡于客位。”升自阼阶者，小敛之位；升自西阶者，殡位也。安得有“正棺两楹”之文？郑据《春秋传》，以为“死不于室而自外来，留之于中，不忍离”，恐非礼意。

至于家而说輤，载以辁车；入自门，至于阼阶下而说车；举

自阼阶，升适所殡。

郑注："言'载以輲车，入自门'，明车不易也。輲读为辁，或作槫。《周礼》又有蜃车，天子以载柩，蜃、辁声相近。不易者，不易以楯也。庙中有载柩以輴之礼。"嵩焘案：郑注非也。《曾子问》："君出疆而薨，其殡服入自阙，升自西阶；如小敛，入自门，升自阼阶。"此举大夫之礼，据小敛言之。盖古者会盟朝聘不越四邻，壤地相接，死于道必归而即殡。《曾子问》："君出疆，以椑从。"是以君有殡与小敛之分，而大夫无之；举自阼阶，犹小敛之位也。《说文》："轜，丧车。"輲即轜之异文。天子诸侯之輴，士之轶轴，通谓之輲车。《说文》："有辐曰轮，无辐曰辁。"又云："辁，蕃车下庳轮也。"輲车亦卑轮，而自与辁异义。《玉篇》、《广韵》并云輲与辁同，盖以卑轮强合之。大夫行以輶车，至家而后载以輲车；死于道，不得以丧车从，曰"载"者，至是始改载也。诸侯言"说輤"，大夫言"说车"，以未即殡。故说车与诸侯之载椑者异。经义原自分明，注家未能详耳。

大夫次于公馆以终丧，士练而归，士次于公馆。大夫居庐，士居垩室。

郑注："公馆，公宫之舍也。练而归之士，谓邑宰也；练而犹处公馆，朝廷之士也。唯大夫三年无归。"大夫居庐，士居垩室，"谓未敛〔练〕时；士亦谓邑宰，朝廷之士亦居庐"。嵩焘案：《周礼·宫正》"大丧，则授庐舍，辨其亲疏贵贱之居"，郑注："庐，倚庐也。舍，垩室也。亲者贵者居倚庐，疏者贱者居垩室。"《丧大记》："君为庐宫之，大夫士襢之。既葬，涂庐，〔君〕、大夫士皆宫之。既（葬）〔练〕，居垩室。既祥，黝垩。"是所谓庐，又有涂、不涂，宫、不宫之分；所谓垩室，又有黝垩之分。而

《丧大记》于“既（敛）〔练〕，居垩室”，不及大夫士，又云“大夫俟练、士卒哭而归”，则此云“大夫居庐”，当止于练；“士居垩室”，当止于卒哭。大夫练而归矣，而犹次于公馆以终丧；士卒哭而归矣，而犹次于公馆以及练。公馆者，从政之所，大夫士皆有常次，《丧大记》所谓“既葬，大夫士言公事，不言家事”是也。《丧大记》之言“归”，据居倚庐、垩室言之；此之言“归”，据次于公馆言之。《丧大记》断其义，此申其情也。士居垩室，至卒哭而止，其归也必及练；云“士次于公馆”者，明卒哭以后之事也。郑析士为二，无当经旨。

大夫为其父母兄弟之未为大夫者之丧服如士服，士为其父母兄弟之为大夫者之丧服如士服。

郑注：“《春秋传》曰：‘齐晏桓子卒，晏婴粗衰斩，苴绖、带、杖，菅屦，食粥，居倚庐，寝苫枕草。’粗衰斩者，其缕在齐、斩之间，谓缕如三升半而三升不缉。斩衰以三升为正，微细焉而属于粗也。其为母五升缕而四升，为兄弟六升缕而五升乎？惟大夫已上，乃能备仪尽饰；士已下，则以臣服君之斩衰为其父，以臣从君而服之齐衰为其母与其兄弟，亦以勉人为高行也。”嵩焘案：《丧服传》大夫士为其父母兄弟之丧服，大率贵者隆而贱者杀。如昆弟期；大夫为昆弟为士者大功；大夫为从父昆弟为大夫者大功、为为士者小功；士为庶母缌，大夫无服。此“父母兄弟”，当指诸父母兄弟言之。士为为大夫者士服，其详见于《丧服》，礼之经也；大夫为未为大夫者士服，不见于《丧服》，则礼之通也，于服虽屈，而可以情自申也。案：《左传》襄公十七年晏婴对其家老曰：“惟卿为大夫。”古者丧礼皆有等差。《丧服传》曰：“杖者何，爵也。”是始制杖，以爵为之。天子、诸侯、大夫、士之宫室异，则倚闾寝枕之属亦异。《顾命》：“延入翼室。”殷以前谅闇之制，至周已不能详；所同者服，而所异者制服之礼也。卿为大夫，命于天子者也。凡礼言上大夫、下大夫，皆以命数为差。《左传》僖公十二年：“天子之二守国、高在。”受命天子为世臣，斯其礼异列国之大夫，固有不得概论者矣。此与《丧服传》之文义各有取，记礼者明丧服之可以从厚耳。《丧服传》衰服升数无大夫、士之别。于斩衰言“斩衰裳”；于齐衰言“疏衰裳齐”，郑注“疏犹粗也”，明齐衰之为粗，与大功以下之布衰异也。其云“斩衰裳”，重词也，非谓轿衰之不可名为粗也。郑注援“粗衰斩”之文，遂谓其布缕在齐、斩之间，似无左证。《间传》“斩衰三升，齐衰四升、五升、六升、大功七升、八升、九升，小功十升、十一升、十二升，缌麻十五升”，郑注以为正服、降服、义服三者之别。父母兄弟服有降杀，而固不可以义服例之。郑注又推及士已下斩衰、齐衰皆从义服之等，而谓“惟大夫备仪尽饰”，疏因以“服重为伸，服轻为屈”。士服从屈，显与经文相背戾。《丧大记》言君之丧、大夫士之丧，杖与食粥各有时日而衰服无别，郑氏此注未免以意拟之。

大夫之适子，服大夫之服，大夫之庶子为大夫，则为其父母服大夫服，其位与未为大夫者齿。

郑注：“仕至大夫，贤著而德成。适子得服其服，亦尊其适象贤。虽庶子得服其服，尚德也。使齿于士，不可不宗适。”嵩焘案：《丧服传》：大夫之适子为其妻期。大夫为旧君齐衰三月；大夫在外，其妻、长子为旧国君亦齐衰三月。大夫之庶子为母、妻、昆弟大功，为适昆弟期。大夫之子为世父母、叔父母、子、昆弟、昆弟之子为大夫者期。大夫为世父母、叔父母、子、昆弟、昆弟之子为士者大功；为从父昆弟为大夫者大功，为士者小功。详玩《丧服》之文，有发例者，有错举见义者。大率大夫自期以下皆降而服，止于从父昆弟。为大夫之子者，亦从大夫之服，而适子得比于大夫，庶子不得比于大夫。如大夫庶子为母大功，而为父后为其母缌，《传》曰："大夫之庶子，从乎大夫而降也。"郑注："从乎大夫而降，则于父卒如国人。"是以大夫卒，庶子为母三年，准此而推，大夫庶子为大夫、得服其母如国人。《传》曰：大夫为世父母、叔父母、子、昆弟、昆弟之子为士者。"何以大功也？尊不同也。尊同则得服其亲服。"大夫之子为大夫，为其父母服大夫服，为得申其母之私亲也。兼父母言之，辞之通也。此补《仪礼》之文所不具，亦以发明大夫丧服之等也。其位与未为大夫者齿，尊适也；其服从大夫之服，其位犹之庶子也，虽为大夫不敢主丧也；并承上丧服言之，郑以"尚德"、"宗适"为说，恐非经旨。

大夫卜宅与葬日，有司麻衣、布衰、布带，因丧屦，缁布冠不蕤；占者皮弁。如筮，则史练冠、长衣以筮，占者朝服。

郑注："有司，卜人也。麻衣，白布深衣；而著衰焉，及布带、缁布冠。此服非纯吉，亦非纯凶。占者尊于有司，卜求吉，其服弥吉。筮者筮宅也，谓下大夫若士也。筮史，筮人也。长衣，深衣之纯以素也。长衣练冠，纯凶服也。"嵩焘案：《士丧礼》："卜日……族长莅卜，及宗人吉服立于门西"；"占者三人在其南"；卜人及执燋者在塾西。"筮宅……命筮者在主人之右"，筮者南面受命；卦者在左。卜人，《周礼》之卜师；筮者，《周礼》之筮人；占者、卦者，《周礼》之占人；执燋者，《周礼》之菙氏也。莅卜命筮，则有司也。士无家臣，以族长、宗人莅之。吉服者，示与神接也。大夫之有司若史，皆家臣也。麻衣、长衣，亦吉服也；而加衰，家臣与主人同服，不敢纯吉也。《士丧礼》筮宅、卜日，主人皆免绖。莅卜以缁布冠，莅筮以练冠，并冠易之，下主人也。

练冠固异于始丧矣。郑云“纯凶”，非也。此明大夫之礼所由，与《士丧礼》异也。《士丧礼》筮宅，卜日；大夫得兼用卜，其用筮，亦惟所便，不必此筮即为士之筮宅也。

大夫之丧，大宗人相，小宗人命龟，卜人作龟。

郑注：“相，相主人礼也。命龟，告以所问事也。”嵩焘案：《周礼》“家宗人掌家祭祀之礼”，有上士，有中士。大夫家臣得备官，大宗人、小宗人皆家臣也。《士丧礼》：“卜日，族长莅卜，宗人命龟。”相即莅卜也。于士为族长，于大夫为大宗人，盖家宗人之为上士者也。疏引皇氏侃云：“大小宗人，并是其君之职。《肆师》云：‘凡卿大夫之丧，相其礼。’”据《肆师职》：“凡祭祀卜日，诏相其礼。”《大卜》：“凡丧事，命龟。”是王礼，莅卜者肆师，命龟者大卜，无宗伯莅卜、命龟之文。《礼器》：“家不藏龟。”卜人以职赞卿大夫之丧，为之卜可也；大小宗伯为之莅卜，则非事也。

内子以鞠衣、褒衣、素沙。

郑注：“内子，卿之适妻也。褒衣者，始为命妇见加赐之衣也。”嵩焘案：《周礼·内司服》“辨内外命妇之服：鞠衣、展衣、缘衣、素沙”，郑注：“内命妇：九嫔鞠衣，世妇展衣，女御缘衣。外命妇：其夫孤，鞠衣；其夫卿大夫，展衣；其夫士，缘衣。”似此“内子”并世妇及孤、卿之妻言之。《典命》：“公之孤四命，卿三命。”《司服》：“孤之服希冕，卿大夫之服玄冕。”其有加赐，则谓之褒衣。下云“先路褒衣不以襚”，以其为加服，不敢亵用之；注云“不以已之正者施于人”，恐非。《左传》成二年：“公会晋师于上鄍，赐三帅先路、三命之服。”襄二十六年：“郑赐子展先路、三命之服，赐子产次路、再命之服。”皆加赐，于礼曰褒衣也；其妻亦视其所加之服，通谓之褒衣。《玉藻》：“君命屈狄。”命妇之服止于鞠衣，君有命而后上及阙狄，褒衣即君所命之屈狄。鞠衣本服，褒衣加服，郑以始为命妇之赐衣当之，误矣。

大夫附于士。士不附于大夫，附于大夫之昆弟；无昆弟，则从其昭穆，虽王父母在亦然。妇附于其夫之所附之妃；无妃，则亦从其昭穆之妃。妾附于妾祖姑；无妾祖姑，则亦从其昭穆之妾。男子附于王父则配，女子附于王母则不配，公子附于公子。

郑注：“附读皆为祔。从其昭穆，中一以上，祖又祖而已。配，谓并祭王母；不配，则不祭王父也。女子，谓未嫁者。嫁未三月而死，犹归葬于女氏之党。”附于公子，“不敢戚君”。嵩焘案：此章与《丧服小记》文多同，皆为祔葬言之。《周礼·冢人》“掌公墓之地，先王之葬居中，以昭穆为左右。凡诸侯居左右以前，卿大夫〔士〕居后，各以其族。以爵等为丘封之度”。《墓大夫》“令国民族葬，正其位，掌其度数”，与此记之文正合。郑注：“位，谓昭穆。度数，爵等之大小。”所谓昭穆之位，即左右之次，大夫昆弟之次同也。所谓爵等之数。即前后之序也，大夫、士之序固异也。从其昭穆，谓无王父昆弟之为士者，则因昭穆之次而自为一域；王父在，亦视其爵等为前后之序：《冢人》所谓“辨其兆域”是也。郑谓从其昭穆为“中一以上”以从高祖，假而高祖亦为大夫，又将何从？其于《小记》“中一以上”之文，亦自未能曙然详见《丧服小记》。古者祔葬，夫妇同兆而妾异兆。郑氏《诗笺》“死则同穴”云：“穴，冢圹中也。”《檀弓》“卫人之祔也离之，鲁人之祔也合之”，正据夫妇言。夫所祔之妃，谓夫在而从王母昭穆之次也。无妃，亦谓王母为大夫之妃，不得以士祔，与下“无妾祖姑”异义。有无妾祖姑者，固不能无王母也。孔疏谓“无祖姑，亦间一以上祔于高祖之妃，无则祔于高祖之祖妃”，从昭穆之班而乱世系之等，圣人制礼，安有是哉！经明言祔葬之礼，与《周礼·冢人》互相发明；注以祔庙言之，则无一可通者。惟“男子附于王父则配，女子附于王母则不配”，又似为祔庙之礼。据郑注，女子“谓未嫁者”。未嫁及反归称女子，殇及无后称男子。《玉篇》、《广韵》并云：“配，合也。”妃偶之配自作妃。殇与无后及女子之反归者，皆从其昭穆以祔于王父王母之次；而男子之殇与无后，可以合为一兆。女子必异兆，以示别也。晋范汪《祠典》：凡夫妇者同席。兄弟同席，谓未婚也。同席，即《祭统》之“同幾”。祔墓与祔庙同，故未婚兄弟之殇得同兆。公子者，诸侯之子。不能上从王父昭穆之次，而自以昭穆次于王父昆弟之为公子者。合族以明爱，而仍序爵以示之等威，周礼族葬之法备具于此。注失其义而聚讼至今，《礼经》之文遂晦塞不可通矣。

有父母之丧尚功衰，而附兄弟之殇，则练冠附。于殇称“阳童某甫”，不名，神也。

郑注：“此兄弟之殇，谓大功亲以下之殇也。大功亲以下之殇轻，不易服冠。阳童，谓庶殇也。宗子则曰阴童。”嵩焘案：《丧服传》：昆弟之长殇、中殇大功，布衰裳，牡麻绖，无受；下殇小功，布衰裳，澡麻带绖，五月。上文：“有三年之练冠，以大功之麻易之。”殇服无受，不应至祔而复易葛。郑因谓大功以下之殇；据《丧服》下殇小功五月，亦无以“练冠祔”之理。此明殇服以父母之丧厌也。士丧，卒哭受服，至于祔而大功之衰皆已即葛矣。殇服无受，而有父母之功衰，则亦卒哭而还服父母之服。为功衰同，而除绖而服练冠，不欲使殇服上掩父母之重丧也。郑氏不达其义而释以小功。经意正承上“大功之麻”，以明殇服与父母之丧并于服无受，而于经亦在所宜除也。称“阳童某甫”，不忍殇之也。阳者，明也，生气也，《檀弓》“望反诸幽”之义也。《玉篇》“阳，伤也”，亦不忍其殇也。《尔雅·释诂》：“阳，予也。”郭注引《鲁诗》“阳如之何”，今《诗》作“伤如之何”。阳、伤字通。据《尔雅》，“阳，予也”，犹《魏风》所谓“予季”也，为兄弟之祔殇者言也。王氏《章句》疑阳即殇字之误，义皆可通。《曾子问》：“殇不祔祭。”孔子之云“厌”，即祔祭也，从而为之名曰：“阳厌”、“阴厌”。宗子主奥，谓之阴厌；祭于宗子之家，当西北隅屋漏向明，谓之阳厌。阴厌、阳厌，非所以为名也；而以名“殇”，又但取以名庶子，不及宗子，舛矣。

主妾之丧，则自祔至于练祥，皆使其子主之。

郑注：“祔自为之者，以其祭于祖庙。”嵩焘案：《丧服小记》：“妇之丧，虞、卒哭，其夫若子主之，祔则舅主之。”郑注：“祔于祖庙，尊者主焉。”故于此以“主妾之丧则自祔”为句。据《小记》，“妾祔于妾祖姑”，则其祭亦于妾祖姑。礼无主妾丧之文。经文“自祔至于练祥皆使其子主之”，即主妾丧之义也，与《小记》之文正相备。郑读未允。案：《丧服传》：父在为母期；大夫之庶子为母大功；庶子为父后者为其母缌。是父在为母止于期，而妾子且有不得遂其服者。而练祥之祭行之不废，制有所绌，而情可使自伸。此皆《礼经》所未详，记礼者为补著之。

凡主兄弟之丧，虽疏亦虞之。

郑注：“丧事虞祔乃毕。”孔疏：“《小记》云：‘大功者主人之丧，有三年者，则必为之再祭。’郑注：‘小功、缌麻，为之练祭可也。’今此言疏者亦虞，谓无服者，朋友相为亦虞祔也。”嵩焘案：注义甚明。《小记》云主丧，统终丧言之；此云主丧，专就治丧事言之，大功以下至于无服，皆可以为之主。《小记》言大功再祭，下即接云“朋友，虞祔而已”，则是“大功者”，通大功以下之亲言之。郑注强生分别，于义未允详见《丧服小记》。疏又专属之无服，以求合郑注，失之逾远。

稽颡者，其赠也拜。

郑注：“独母在，于赠拜得稽颡；父在，赠拜则不得稽颡。”嵩焘案：郑注非也。经明言“为妻，父母在，不杖，不稽颡；母在，不稽颡”，如郑注，则此言为赘矣。《既夕礼》公赗公赠有拜稽颡，宾赗若奠若赙若赠惟拜而已，凡父母之丧皆然；及窆，“赠用制币，玄纁束，拜稽颡”。敖氏继公云：“此赠谓主人以币赠死者。朋友赠于家，主人赠于圹。”其言“拜稽颡”，主人所以致赠也。于父母拜稽颡，于妻拜；是父母没，为妻拜稽颡，主人但以施之吊者。其赠妻，为妻拜，不为稽颡，夫道然也。疏云“他人以物来赠己，为拜得稽颡”，并文义失之。

丧冠条属，以别吉凶。三年之练冠亦条属右缝，小功以下左。缌冠缲缨。

郑注：“条属者，通屈一条绳若布为武，垂下为缨，属之冠，象太古。吉冠则缨、武异材。右缝者，右辟而缝之。”小功以下，“左辟，象吉轻也”。嵩焘案：《仪礼·丧服〔传〕》：“冠绳缨，条属，右缝；冠六升，外毕；锻而勿灰。”郑注：“外毕者，冠前后屈而出，缝于武也。”是据冠武交缝处外见谓之外毕，其言极明显。而于此云“通屈一条绳为武，垂下为缨”，《丧服》明言：“冠绳缨，外毕；锻而勿灰。”锻而勿灰者，功衰也。斩衰冠六升，齐衰冠七升；斩衰受冠七升，齐衰受冠八升。八升者，功衰也。六升之冠已用功衰，“锻而勿灰”之布缨自以绳，冠自以布，安得“屈一条绳为武”？《既夕》记：“冠六升，外縪，缨条属，厌。”条属者，缨也。冠缝外縪，皆六升衰为之，又安得屈绳为武而垂下为缨？《丧服大记》“吊者袭裘，加武，带绖”，郑注：“武，吉冠之（武）〔卷〕也。”丧服之绖无武，“加武，带绖”，犹言“弁绖”，谓加绖于武耳。屈绳为武而加苴绖，是重绖也。证之《礼经》无此制，亦与《丧大记》注“丧冠无武”之文相背戾矣。《周礼·弁师》“朱纮”，郑注：“纮一条，属两端于武。”盖冠弁，武左右有纽，贯之以笄，用组为纮，自頤屈而上，左右属之武，以笄约之，垂其馀而悬瑱焉曰“紞”；冠无笄，用两组为缨，左右属之武，而下结于頤，亦垂其馀曰“緌”。《士冠礼》：“缁布冠，缺项，青组缨，属于缺。皮弁、爵弁笄。”《说文》：“项，头后也。”“领，项也。”缺项者，当项处左右缺之以系缨。《仪礼》之“属于缺”，即此之“缝”也。郑注《弁师》之“纽”云：“小鼻在武上。”缺亦当为小鼻。冕弁之纮属于笄，左右皆垂；冠缨属于武而下垂。丧冠之缨，从右缝之而属之左，纳于毕，不垂。曰“条属”者，以一条绳结之，别于常冠之缨也。《既夕》记“缨条属，厌”，郑注：“厌，伏也。”以缨之馀纳于冠旁当毕处，故曰“厌”。左，阳也；右，阴也。丧冠右缝，小功以下左缝，服杀而冠缨之缝改而从阳也。疏云“古冠缝乡左，凶冠缝乡右”，《礼经》之文具在，未闻以左右缝分吉凶者。缌冠缲缨，明丧服齐衰以下布缨。小功、缌无文，记礼者独详缌冠之缲缨，知小功澡麻带绖犹布缨也。绳缨、布缨、缲缨皆条属，郑注于此独不主武缨相属之说，是亦自相抵牾也。

诸侯相襚，以后路与冕服，先路与褒衣不以襚。

郑注：“不以己之正者施于人，以彼不以为正也。”嵩焘案：《玉篇》“褒，扬美也”，《广韵》“褒，进扬美也”，皆谓褒而大之，故凡加赐之服曰褒衣。《左传》僖公二十八年：“策命晋侯为侯伯，赐之大路之服。”杜注：“大路，金路。”《周礼·巾车》：“金路繁缨九就。”金路之服，即衮服之九章者也。晋侯爵应服鷩冕，而赐之衮服，所谓“褒衣”也。冕服通五冕言之，公侯以下各有所服之正服；褒衣则赐服之加于正服者。案：周爵五等，惟宋以殷后称公，车服犹循殷制。自馀诸侯，以所加之命数得赐加服，故皆有褒衣。“不以襚”、不以君之赐服加之人也。郑氏未达褒衣之义，反以为己之正者，误也。

载粻，有子曰：“非礼也。丧奠脯醢而已。”

郑注：“遣奠本无黍稷。”孔疏：“《既夕》士礼，谓遣奠之外别有黍、稷、麦也。遣奠用牲体，是脯醢之义。”嵩焘案：《士丧礼》惟月朔殷奠有黍稷；自始死，奠用豆、笾、俎，陈鼎，皆有脯醢无黍稷，哀死者之不复食也。《既夕礼》陈明器：“苞二；筲三，黍、稷、麦；瓮三，醯、醢〔屑〕；甒二，醴、酒。”苞者牢具。筲，即所谓“载粻”也。曰“载粻”，则非以施之遣莫可知。疑此与《檀弓》“读赗，曾子曰‘非古也’”同义，皆以所闻于圣人之言正周礼之失也。疏意似涉迂曲。

委武玄缟而后蕤。

郑注：“委武，冠卷也。秦人曰委，齐东曰武。”嵩焘案：《国语》“晋侯端委以入武宫”，韦昭注：“端，玄端。委，委貌。”《穀梁传》僖三年“桓公委端搢笏”，范宁注：“委，委貌之冠。

端，玄端之服。”凡《左氏传》言“端委”者，皆据委为玄冠言之。郑注《士冠礼》：“玄冠，委貌也。”《郊特牲》：“委貌，周道也。”郑注或谓委貌为玄冠。经言“委武”谓委貌之加武者。玄冠、缟冠皆常服，玄冠亦施之礼服，故经传详言玄冠之用，不及缟冠。《玉藻》：“缟冠玄武，子姓之冠。缟冠素纰，既祥之冠。”子姓若公族之子弟。《左传》闵公二年卫文公“大帛之冠”，《墨子·兼爱篇》“练帛之冠入以见于君”，盖皆缟冠。缟冠者，大白冠之遗；玄冠者，缁布冠之遗。委武玄缟，言委貌之施武者，有玄冠，有缟冠。玄、缟施武，知大白、缁布冠无武也。郑注并释委为武，于辞为不文。

士弁而亲迎。然则士弁而祭于己可也。

郑注：“亲迎，摄盛服尔，非常也。”孔疏：“亲迎配偶一时，故许其摄盛服；祭祀须依班序，著弁，于礼不可也。”嵩焘案：《少牢馈食礼》“主人朝服”，《特牲馈食礼》主人玄端。少牢，大夫礼；特牲，士礼，其祭玄端而已，无加弁者。“弁而祭于公，冠而祭于己”，不敢以己之私上同于公也。记礼者准亲迎以推之祭，所以通礼之宜也。亲迎之摄盛，犹未为士也，而服士之弁服。弁而祭，则士之正服也。冠祭以明礼之等，加弁焉以达己之情，记礼者固谓君子严事宗庙，盛服临之可也，未宜据礼以折之。

瓮、甒、筲、衡，实见间而后折入。

郑注：“实见间，藏于见外椁内也。折，承席也。”嵩焘案：《既夕礼》：“藏器于旁，加见；藏苞筲于旁，加折。”似见与折皆以约制所藏明器。郑注《既夕礼》：“见，棺饰也。《檀弓》曰：‘周人墙置翣。’”贾公彦疏因以帷荒为见。陆德明《音义》亦承其误，云："见，棺衣也。"陆氏所谓"棺衣"，即上文之"素锦屋"、《丧服大记》之"素锦褚"也，以衣棺而覆之，不能外加之明器之上。据《既夕礼》，明器有用器，有燕乐器，有役器，有燕器，为物甚繁；而苞、筲、瓮、甒四者，别陈之以实食饮，皆有木桁，与所藏之明器不相为类，因为之间以别异之。云"见"者，以约制诸明器使不外见，惟此见也；云"折"者，瓮筲之属加钜，又不能适匀，曲折相约制也。《丧服大记》："棺椁之间，君容柷，大夫容壶，士容甒。"盖皆虚其中以实明器。用器、役器在内，加见以间之；食器在外，加折以约之，与《既夕礼》足相发明。

朝夕哭不帷，无柩者不帷。

郑注：朝夕哭不帷，"缘孝子心欲见殡肂也"。无柩，"谓既葬也"。孔疏："《士丧礼》：'君使人吊，彻帷。'"嵩焘案：《士丧礼》：始死，帷堂。君使人吊及襚，彻帷。小敛帷堂，卒敛彻帷。明日大敛帷堂，卒敛彻帷。皆在殡前。《丧大记》："士殡见衽，涂上帷之。"疑帷有二义：未敛之前施帷于堂，因事设也，卒事则彻之；既敛之后施帷于殡，为殡设也，临事则褰之。经云"朝夕哭不帷"，殡所之帷也。郑注"欲见殡肂"，最得经旨；疏据"君使人吊，彻帷"言之，非也。既葬而虞而卒哭祔，吊者皆于庙，不待言不帷。《奔丧礼》云："丧，不得奔，乃为位，括发袒，成踊，即位拜宾"，亦当有朝夕哭，而柩所不在，不施帷也。故曰："无柩者不帷。"郑云"既葬"，亦恐失之。

君若载而后吊之，则主人东面而拜，门右北面而踊，出待，反而后奠。

郑注："出待，不必君留也。君反之，使奠。"嵩焘案：《士丧礼》：君视敛，入门，升自阼阶。“主人哭，拜稽颡，成踊，出。”君命反行事，乃敛。“主人降，出。君反主人；……君坐抚，当心。主人拜稽颡，成踊，出。君反之。”主人奉尸敛于棺，乃盖。“主人降，出；君反之。入门左，视涂。……卒涂，主人出；君命之反奠。”“卒奠……君出门。”《既夕》记：“君视敛，若不待奠，加盖而出。”是君视敛凡五节：敛一，冯尸二，敛棺加盖三，视涂四，视奠五。主人五出待君，君五反主人，卒事乃出，不视奠则加盖出。所谓“反奠”者，仍大敛之奠也。《既夕礼》：既祖，请葬期；公赗；厥明陈器，乃奠，经云“载而后君吊”，当在祖奠之后，若君亲赗者。所谓“反而后奠”，仍大遣之奠也。既奠，御柩遂行，君无因反之使奠。《丧大记》：“大夫、士，若君不戒而往，不具殷奠，君退必奠。”是君吊宜具殷奠，不具，则俟君退而奠，以荣君之来。经云“吊”，不云“赗”，是亦不戒而至也，亦皆无君命反奠之文。“出待”者，拜送君；“反而后奠”者，反而行遣奠也。郑注恐失之。

公七踊，大夫五踊，妇人居间。士三踊，妇人皆居间。

郑注：“始死及小敛、大敛而踊，君、大夫、士一也。君五日而殡，大夫三日而殡，士二日而殡。士小敛之朝不踊，君、大夫大敛之朝乃不踊。‘妇人居间’者，踊必拾，主人踊，妇人踊，宾乃踊。”孔疏：“诸侯五日而殡，则合死日六日也。始死一踊，明日袭一踊，〔袭明日朝踊，〕又明日朝踊，日晚小敛又一踊，又明日朝踊，至明日之朝不踊，当大敛乃踊，凡七。大夫三日殡，合死日四日。始死一踊。明日袭一踊，又明日小敛再踊，又明日大敛一踊，凡五。士二日殡，合死日三日。始死一踊，明日小敛一踊，又明日大敛一踊，凡三。”嵩焘案：《曲礼》“生与来日，死与往日”，《王制》“天子七日而殡，诸侯五日而殡，大夫士三日而殡”，皆通往日言之详见《曲礼》)。郑据《丧大记》“士二日而殡”，遂谓天子、诸侯、大夫并数来日，甚误。以事类求之，天子七日殡，诸侯五日殡，日必有事。《白虎通义》云：“天子、诸侯三日小敛，大夫、士二日小敛。”天子备礼，故日尤纾，七日者，始死复一日，含袭一日，小敛一日，傧于堂又一日，大敛一日，敛于棺又一日，殡一日。诸侯五日者，始死复一日，含袭一日，小敛一日，大敛一日，殡一日。《奔丧礼》“至于家、括发袒，即位成踊；于又哭，括发袒，成踊；于三哭，括发袒，成踊”，实为士三踊之节。据《士丧礼》，惟大敛、小敛踊；而小敛之节三：冯尸踊，奉尸傧于堂踊，及奠、丈夫、妇人相间踊。大敛之节五：升自阼阶、丈夫、妇人相间踊，迁尸踊，冯尸踊，奉尸敛于棺踊，及奠，又相间踊。案《丧大记》：“铺绞纷踊，铺衾踊，铺衣踊，迁尸踊，敛衣踊，敛衾踊，敛绞纷踊。”是当敛而踊者七，《士丧礼》亦但举其略而已。其间君吊哭，拜成踊，不在礼踊之数。似所云“七踊”、“五踊”、“三踊”，通据日一踊言之。《奔丧礼》：奔丧者不及殡，先之墓哭，归入门哭，又哭：三哭。三日成服，五哭。是成服之日再哭。凡哭必踊，《奔丧礼》所谓“哭天子九，诸侯七，大夫五、士三”，哭之数与踊之数相当。或日一踊，当敛又踊，亦未可知。注谓诸侯大夫并于小敛日再踊，似属无据。《士丧礼》大小敛、奠，丈夫踊，妇人踊，《奔丧礼》谓之“拾踊”。经云“妇人居间”，又踊中之一节也。《檀弓》“辟踊，哀之至也”。妇人居间，无与于宾。《士丧礼》：“朋友亲襚，哭踊三；主人不踊。”安得如郑注所云“主人踊，妇人踊，宾乃踊”也？案：《丧大记》“吊者袭裘加武带绖，与主人拾踊”，自据吊礼言之，非七踊、五踊、三踊居间之节。丧礼有主人踊，有主人、主妇同踊。如冯尸，主人西面踊，主妇东面踊。而男女踊不同时，故曰“居间”。居间者，所以为哭踊之节也。

公袭，卷衣一，玄端一，朝服一，素积一，纁裳一，爵弁二，玄冕一，褒衣一。

孔疏：公袭上服在内。嵩焘案：《礼经》衮衣通作卷衣，上公九章之服也。周爵五等，惟宋以殷后称公，其封国止于侯，是以衮衣为赐服，亦谓之“褒衣”。《士丧礼》袭三称：爵弁衣，皮弁衣，褖衣。郑注：“黑衣裳赤缘谓之褖，所以表袍者。《丧大记》曰：‘衣必有裳，袍必有表。’”《内司服》“缘衣”，郑注引“《丧大记》曰：‘士妻以褖衣。’字或作税。男子之褖衣黑，则是亦黑也。”郑意褖衣表袍，盖深衣之属。袭之内者不禅，士用以代玄端。公袭有玄端，则始袭必用褖衣，即《玉藻》所谓“中衣”也。案《士丧礼》：“商祝袭祭服，褖衣次。”自玄端以上，皆祭服也；褖衣不谓之祭服，自当为中衣之在内者，《士丧礼》亦谓之“散衣”。凡礼服必有中衣，袭之用衣犹以生道事之，无无中衣而但袭礼服之理。疑此“卷衣”当从《士丧礼》作“褖衣”。卷衣上服，岂能袭之玄端之下？又与“褒衣”重出，为“褖衣”之讹无疑。

小敛环绖，公、大夫、士一也。

郑注：“环绖者，一股，所谓缠绖也。士素委貌，大夫以上素爵弁而加此绖焉。散带。”嵩焘案：《士丧礼》小敛，“主人髻发，袒；奉尸，侇于堂；即位，踊，袭绖于序东。”《间传〔问丧〕》：“亲始死，鸡斯徒跣。”则已去冠矣。小敛括发，并笄纚之约发者去之。所谓“袭绖”者，加绖于首；于斩衰则苴绖，于齐衰则牡麻绖，环者，言其式也。其时方括发，安得有素委貌、素爵弁之制？经言“公、大夫、士一也”，注复析言大夫、士之冠制，尤非事矣。《丧服》“斩衰，苴绖，绞带”，为既殡以后成服言之，小敛皆散带。《士丧礼》：“苴绖，大鬲，下本在左；散带垂。牡麻绖，右本在上，亦散带垂。”首绖、带绖并同，而带必散垂，至成服而绞之。郑注因释环绖而及散带；孔疏乃以一股缠绕为环、两股相交为绞释之，尤舛。环者首绖，散、绞皆要绖。散与绞对文，不以一股、两股与环对文也。斩衰、齐衰之绖带，并以一股环之。经云“小敛环绖”，则首绖也。《周礼·司服》“凡吊事，弁绖服”，郑司农云：“弁而加环绖。”弁绖亦环绖，而麻葛衰布异用。郑注必以“委貌”、“爵弁加绖”释之，是亦弁绖服之属也。亲丧，饰冠为文，恐非礼意。

公视大敛，公升，商祝铺席，乃敛。

郑注：“《丧大记》：‘大夫之丧，将大敛，即铺绞、紟、衾’，乃铺席，则君至为之改，始新之也。”嵩焘案：《士丧礼》：“君若有赐焉，则视敛。即布衣，君至。”是君于大夫视敛，于士则有赐而后视敛。士布衣，君至；大夫既铺绞、紟、衾，君至。似君视敛，必在布衣之后。《丧大记》言“君至”，“升堂”，即位于（席）〔序〕端，“迁尸，卒敛”。商祝铺席者，所以为迁尸之节也。《丧大记》叙“铺绞、紟、衾”于“君至”之前，此叙“铺席”于“公升”之后。《丧大记》举其时，此详其用也。初无商祝改铺席之文，注意恐失之。

鲁人之赠也，三玄二纁，广尺，长终幅。

郑注：“言失之也。《士丧礼》曰：‘赠用制币，玄纁束（帛）。’”嵩焘案：郑注《既夕礼》：“丈八尺曰制。二制合之。

束，十制五合。”即所谓“束五两”也。三玄二纁，则玄者六制，纁者四制。《士昏礼》“玄纁束帛”，郑注：“束帛，十端也。《周礼》曰：‘入币，纯帛无过五两。’”五两十端，总名之一束。丧礼有赗有赙有赠，赗与赙所以助主人行礼，赠则以施之死者。鲁人盖主于俭，削二尺二寸之幅而广一尺，以纳之窆中，其长终幅，犹之制币也。其用三玄二纁，犹之纳币一束也。圣人意有取焉，以言“赠”，惟其礼而已，不惟其物也。记者无贬辞，郑云“失之”，恐非经旨。

主孤西面，相者受命曰：“孤某使某请事。”

郑注：主孤西面，“立于阼阶下也”。“不言摈者，丧无接宾也。”嵩焘案：《聘礼》：宾（入）〔及〕[1] 竟，君使士请事；至于近郊，君使下大夫请行；至于朝，宾入于次，摈者出请事，公迎宾于大门内。此不言迎而云“吊者入，主人升堂”，是亦迎于门内也。案：上云：“吊者即位于门西，东面。”“主孤西面”，正相承为文，似不宜在阼阶下。《士丧礼》：君使人吊，主人迎于寝门外；公赗，主人迎于庙门外。其宾吊、朋友禭赗，无出迎之文，丧礼略也。既迎宾，无于阼阶下者。案：燕礼、大射礼宰夫为主人，公降立于阼阶东南；公食大夫礼不立主人，则亦迎于门内也。《既夕礼》：“公赗，摈者出请，入告”；宾赗若奠若赠，“摈者出请，入告，出告须”；赙，则“主人出门左，西面，宾东面将命”：一皆摈者主之。《周礼·大宗伯》“朝觐会同，为上相”，郑注：“出接宾曰摈，入诏礼曰相。”摈、相一也，不应于此异训。《士丧礼》始死，“帷堂，赴于君”，下即接云：“有宾则拜之。”周礼吉凶皆有事于宾，而云“丧无接宾”，非也。

---

①据阮刻本《仪礼·聘礼》原文改。

含者坐委于殡东南，有苇席；既葬、蒲席。降，出，反位，宰夫朝服即丧屦，升自西阶，西面坐取璧，降自西阶以东。

郑注：“《春秋》有既葬归含赗襚，无讥焉。皆受之于殡宫。”孔疏：“宰谓上卿也。言‘夫’，衍字。此遭丧已久，嗣子亲受礼。宰著朝服若始遭丧，则主人不亲受，使大夫受于殡宫。”嵩焘案：经明言“有苇席；既葬，蒲席”，列国之致含襚，容有不能及殡者，以席别异之。《公食大夫》记：“司宫具幾与蒲筵。”知蒲筵者，常席也。其受当于庙，《檀弓》“主人深衣练冠待于庙”是也。此云“委于殡东南”，是尚及殡也，郑据为“既葬”，失之。案：郑注“《春秋》既葬归含赗襚，无讥”，据《左传》文九年：“秦人来归僖公、成风之襚，礼也。诸侯相吊贺也，虽不当事，苟有礼焉，书也。”成风以文公四年十一月薨，至是始归襚，《左传》以为礼，郑注引以释此经，于事为不类。疏又据隐元年“天王使宰咺来归惠公、仲子之赗”为言，则《春秋》固已讥也。“宰咺言‘来’，得周事也”，《穀梁传》并无其文，未知孔疏何据。疏乃谓此遭丧久，故亲受礼；始丧主人不亲受，使大夫受于殡宫，尤为悖礼。《士丧礼》：“有宾则拜之。”襚者将命于室，主人拜于位，安有不亲受之礼？其云“受于殡宫”，则丧固在殡也。下云“将命乡殡”，正据既殡言之；不知孔疏所云“始丧”，果属何时，《左传》昭十年：“晋平公卒，既葬，诸侯之大夫欲因见新君。叔向辞曰：‘孤斩焉在衰绖之中？其以嘉服见，则丧礼未毕；其以丧服见，是重受吊也。’”意谓衰绖可以受吊，而不可以礼见。孔疏之云“亲受礼”，盖以致含致襚皆礼见也。其于礼文失考亦已甚矣。《既夕礼》：“赗，奠币于栈左服，宰由主人之北举币以东。赙，坐委之，宰由主人之（坐）〔北〕举之，反位。”《周礼·小宰》：“丧荒，受其含襚币玉之事。”《宰夫》：“凡邦之吊事，掌其币器财用。”含、襚、赗三者，正宰夫所有事也。或云“宰夫”，或云“宰”，通小宰与宰夫言之。士无家臣，而于举币者亦名曰“宰”。疏以宰为上卿，未详所据。

陈乘黄、大路于中庭，北辀。执圭将命，客使自下由路西。子拜稽颡。坐委于殡东南隅。

郑注：“自，率也。下，谓马也。马在路之下，《觐礼》曰：‘路下四，亚之。’客，给使者，入设乘黄于大路之西。”嵩焘案：《觐礼》“路先设，西上；路下四，亚之。”郑注：“路下四，谓乘马也。亚之，次车而东。”《既夕礼》：“宾奉币，由马西，当前辂，奠币于栈左服。”由马西而当前辂，则是马在车西矣，与《觐礼》异。自下由路西，谓设乘黄大路者先入居前，客使者由下出路西以升。上云“执圭将命”，下云“坐委于殡东南隅”，紧相呼应；坐委者，即此所执之圭也。郑谓客使为客之从者，牵马设于路西，则与上文语复；而训“下”为马，于辞亦为不文。凡礼陈币及车马，其升降左右多就所陈明之。《既夕礼》“宾奉币，由马西，当前辂”，与此“执圭将命，自下由路西”正同一例。而以“客使”二字系之“自下由路西”句上，盖谓所陈者马，所用以将命者圭，以引起客使委圭之文。联合无间，自郑氏已不能达其文义矣。熟玩经义，当自得之。

临者入门右，介者皆从之，立于其左，东上。

孔疏：“前四礼客皆在门西，此临在门东者，前是奉君命而行，此是私礼，若聘礼私觌，故在门东。”嵩焘案：下篇云：“诸侯使人吊，其次含、襚、赗、临，皆同日而毕事。”吊以慰生者，而有赙以致其仪；含、襚以赠死者，而有临以将其意。《书》曰：“享多仪，仪不及物，曰不享。”是以仪为轻，而将命以致哀者为重。吊与临皆使者，赗者上介，含者襚者必皆次介。吊有迎，临有送、含、襚、赗相继行事，故礼以始终为节。临者入门右，主人礼辞三，乃立于门西，终以宾礼自处。孔疏之云“私礼”者，误也。郑注谓其“不迎而送，丧无接宾之礼”。迎也送也，皆以接宾也，注意亦恐失之。

其国有君丧，不敢受吊。

郑注：“辟其痛伤己之亲如君。”孔疏：“国有君丧而臣又有亲丧，不敢受他国宾来吊也。”嵩焘案：《曾子问》：“有君丧服于身，不敢私服。”私服且不敢服，况受吊乎？盖国有君丧，其臣皆服斩衰，无相吊之义；云“不敢受”者，礼辞也。郑意似稍迂曲。疏因斩衰不相为吊，遂以他国宾为言。《丧服》“庶人为国君齐衰三月”，郑注：“庶人或有在官者。”容君未葬而有私丧，庶人之服除矣，不必吊者之尽为大夫、士也。“不敢受吊”，义系于有丧者，无庸曲为之辞也。

礼记质疑卷二十一

杂记下

如三年之丧，则既颖，其练、祥皆行。

郑注：“此主谓先有父母之服，今又丧长子者。其先有长子之服，今又丧父母，其礼亦然。然则言‘未没丧’者，已练、祥矣。”嵩焘案：郑意以上言“父之丧，未没丧而母死，其除父之丧也服其除服”，为父与母言之，故以此为长子与父母言之；又以此言既颎而行练、祥，为父母亦当然，疑上言“除服”者，母死在练、祥之后。详玩经义，殊不尔。《丧服小记》：“期而祭，礼也；期而除丧，道也。”故凡除丧必有祭，未有练、祥之祭不可行，而除丧反可行者。此盖申明上二节之义。上言母死而除父丧服，其除服当父母之丧；而除诸父昆弟之丧，亦服其除服。父母之丧，所自主者也；诸父昆弟，皆期丧也。期之丧，练、祥必与于祭，故并服其除丧之服。案：经言“诸父”，谓世父、叔父，并不及从祖诸父；言“昆弟”，并不及从父昆弟。郑注诸父昆弟，通期、大功言之，似非经旨。其云“三年之丧，既颎而行练、祥”，为自主祭言之。父母之丧及妻、长子，皆三年也。案：《左传》昭公十五年“王一岁而有三年之丧二焉”，谓穆后及王太子寿也。妻丧亦通谓之三年。古者练、祥之祭筮日，通一月之期行之。大夫士三月葬，其不得行练、祥之祭，独中月耳。卒哭受服而行练、祥，言后一月而已。诸父昆弟之丧当除而有重丧，未葬则亦不除也。诸父昆弟得自行其练、祥之祭，故既颢而行练、祥，惟三年之丧为然，上言母死而除父丧是也。诸父昆弟自有主丧者，练、祥之祭不易期，则亦既颢而与除丧之祭也。经义微，至郑分三节读之，而扞格多矣。

有殡，闻外丧，哭之他室。入奠，卒奠出，改服即位，如始即位之礼。

郑注："哭之为位。后日之哭朝，入奠于其殡，既乃更即位就他室，如始哭时。"嵩焘案：上篇"凡异居，始闻兄弟之丧，惟以哭对可也。其始麻，散带绖"，与此所记同旨。异居闻丧必哭，此因有殡而哭之他室也。异居必奔丧，即位兄弟之丧次，《檀弓》"有殡，闻远兄弟之丧，虽缌必往"是也。此无丧次，而仍就他室为位。改服者，易绞带而散带绖。如始即位之礼，仍就他室始哭之位也。《奔丧礼》："闻丧不得奔丧，哭尽哀，问故，又哭尽哀，乃为位，括发袒，成踊。"始哭与为位自属两事。在殡而有朝夕奠，则既哭而后奠，奠而后改服即位，不以新丧间重丧之奠也，辞之通也。经无明日入奠之文；据《奔丧》，哭遂为位成踊，亦未尝俟之明日：注意恐失之。

大夫士将与祭于公，既视濯而父母死，则犹是与祭也，次于异宫。

郑注："'次于异宫'，不可以吉与凶同处也。"嵩焘案：《曾子问》：诸侯祭，俎豆既陈，闻天子崩、后之丧而废；大夫祭，闻天子崩、君薨、后夫人之丧，皆废。视濯非临祭之比，临祭告丧而废祭、视濯前期一日而告父母之丧，特不与祭耳。《檀弓》："卫柳庄寝疾，公曰：'若疾革，虽当祭必告。'"当祭而大夫之丧可以告，大夫士父母之丧，视濯而不以告，《祭义》曰“教民相爱，上下用情”，此得为用情乎？《祭义》又言“致齐于内，散齐于外”，是自散齐已居外寝，致齐则于庙之齐宫，大夫士与祭者居外寝久矣。《仪礼》由命士以上，父子皆异宫，谓内寝之别；其外寝一而已。经云“异宫”，将于谁氏之宫？如郑注，是有意避父母之凶事以趋吉也。秦法尊君卑臣，使人悖礼以忘亲；案：下“期之丧未葬，吊于乡人”，亦据秦俗言之。秦人轻骨肉之恩而重乡里之义，故有期丧未葬而吊于乡人之礼，记礼者亦杂采而录之。疑周礼无此，或秦制然耳。案：下文：“卿大夫将为尸于公，受宿矣而有齐衰内丧，出舍乎公宫以待事，礼也。”据《特牲礼》：“前期三日筮尸，乃宿尸。”《少牢礼》：“前宿一日戒尸，明日筮尸，遂宿尸，祝告曰：‘来日丁亥，用荐岁事，敢宿。’”士宿尸，大夫戒尸，皆三日，是以大夫当祭前一日宿尸，祝为之告异于凡与祭者矣。而必舍于公宫以待事，则私哀不得以间之。抑所言者齐衰以下之丧也。父母之丧，虽为尸犹当改卜，况凡与祭者乎？用此知父母死而与祭之，必非周制也。

父母之丧，将祭而昆弟死，既殡而祭；如同宫，则虽臣妾，葬而后祭。祭，主人之升降散等，执事者亦散等；虽虞、附亦然。

郑注：“言‘若同宫’，则是昆弟异宫也。古者昆弟异居同财，有东宫，有西宫，有南宫，有北宫。”孔疏：“吉祭则涉级聚足，丧祭则栗阶。助执祭者亦栗阶。主人至昆弟虞附而行父母二祥祭，执事者亦散等。”嵩焘案：郑引《仪礼》异宫，犹同居也。东宫、西宫、南宫、北宫，谓内寝之别耳。《丧服》“缌麻”传曰：“有死于宫中者，为之三月不举祭。”“宫中”通内寝之异宫者言之。经云“同宫”，岂必昆弟臣妾之相聚一寝室哉！用此知上文父未没丧，母死而除父丧，孔疏补俟母葬一层，为确不可易。“虽虞、祔亦然”，申足上意，别为一义。虞、祔亦祭也。《檀弓》：“葬日虞，比至于祔，必于是日也接。”然或既葬而有昆弟之丧，虽虞、祔之祭有所不能行，则亦异居以待殡为期，同居以待葬为期。为虞、祔吉祭，于文为繁，异居而敛，殡必有事焉；同居而有新殡，则亦不能将事，虽虞祔之祭之系于既葬者，于势亦有不得行也。《丧服小记》“父母之丧偕，先葬者不虞、祔，待后事”，与此同义，疏意恐失之。

亲丧外除，兄弟之丧内除。

郑注：亲丧，“日月已竟而哀未忘”。兄弟之丧，“日月未竟而哀已杀”。嵩焘案：父母之丧，其哀无穷，而制为再期之服，通之以三年，所以为人子示之节，以明服之极于三年，而哀亦以是而渐杀也，故曰“外除”；兄弟之丧，别之以期、功、缌，则因其亲疏之杀而制为之服以报之，使各当于其心哀戚之节而已，故曰“内除”。外除者，卒哭练祥之受服以渐而即于轻，而哀亦以是为之节也；内除者，亲疏隆杀以期、九月、七月、三月为之等，而齐衰、功、缌之制即以是立之程也。注意似未曙然。

视君之母与（君之）妻，比之兄弟。发诸颜色者，亦不饮食也。

郑注：“言小君服轻，亦内除也。”嵩焘案：《丧服》：昆弟期。为君之母、妻期。期丧同也。《檀弓》：“居君母与妻之丧，居处饮食衎尔。”从君而为之服，哀不属焉，其服与兄弟同，而情固殊矣。《间传》：“齐衰之丧，疏食水饮，不食菜果。”又云：“齐衰貌若枲。”为君之母、妻发于容貌饮食者，不可以期丧概也。然服期而饮酒食肉，外见于颜色，于服亦有未称，故亦不饮食之，所谓“颜色称其情，戚容称其服”是也。“亦不饮食”上承“比之兄弟”，中含无数转折；郑意承“兄弟之丧内除”为言，非也。

祥，主人之除也。于夕为期，朝服。祥，因其故服。

郑注："始即吉，正祭服也。《丧服小记》曰：'除成丧者，其祭也朝服缟冠。'祭犹缟冠，未纯吉也。既祭，乃服大祥素缟麻衣。"嵩焘案：《特牲》、《少牢礼》前期一日皆有为期请期之文，而《特牲》玄端、《少牢》朝服，自筮尸皆然。《丧服小记》："大祥，吉服筮尸。"吉服，朝服也。筮以吉服，卒筮仍练服。为期以夕，及旦而祥祭行，是祥祭朝服实自先夕为期，故至是遂除练服。《间传》"大祥，素缟麻衣"，郑注："麻衣，十五升布深衣。"亦同朝服。十五升朝服祭服，深衣燕服，麻衣即深衣异者，深衣采缘，麻衣布缘耳。大祥除衰服麻衣，升数与朝服同，盖祥祭除服，先夕为期已然，故曰"因其故服"。

既祥，虽不当缟者必缟，然后反服。

郑注："谓有以丧事赠赗来者，虽不及时，犹变服服祥祭之服以受之。反服，反素缟麻衣也。"嵩焘案：祥祭之服即朝服也。朝服非受吊之服。麻衣而加朝服，亦不得为变服。《檀弓》"祥而缟"，缟者祥服也。《丧服小记》"朝服缟冠"，据祭服言之；《间传》"素缟麻衣"，据燕服言之。其为缟同也，不得更言反服。疑此与《丧服小记》"为兄弟既除丧，及其葬也反服其服"同义。上云"服其除丧之服"，即此所谓"缟"也。兄弟期丧，至练已除，而练、祥之祭皆与；曰"必缟"，以明其得与于丧祭也。葬逾时而兄弟之除丧者犹丧服，祥而兄弟之与祭者犹缟，皆以从厚也。不当缟者，昆弟、昆弟之子皆期丧，至亲而不得有既祥之服者也。

当袒，大夫至，虽当踊，绝踊而拜之；反改成踊，乃袭。于士，既事成踊，袭而后拜之，不改成踊。

郑注："事，谓大小敛之属。"嵩焘案：《士丧礼》：当敛，"有大夫，则告"。"主人奉尸敛于棺，踊如初，乃盖。主人降，拜大夫之后至者……乃涂。踊无算。卒涂。……主人复位，踊，袭。"正与此记同文。"有大夫，则告"者，告以方敛不能礼宾，盖奉尸敛于棺者主人之事，涂则有司之事也。卒涂而后敛事毕。凡大小敛皆袒，既事踊，乃袭。此以"踊，袭"为拜大夫及士之仪，《士丧礼》所谓"视肂"、"视涂"者是也。《士丧礼》：小敛，"主人髻发袒，……奉尸，侇于堂，……拜宾，大夫特拜，士旅之；即位踊，袭"，是拜宾在"踊，袭"之前。此云"当踊"，云"改成踊"，据大夫、士之后至者言之，适当踊时至也。《士丧礼》独于大敛言"大夫之后至者"，于礼有视敛之文，必视涂乃成礼；小敛则当敛不入，不俟主人之特拜也。疑此当专属大敛之事为允。

非为人丧，问与？赐与？三年之丧，以其丧拜；非三年之丧，以吉拜。

郑注："此上灭脱，未闻其首云何。稽颡而后拜曰丧拜，拜而后稽颡曰吉拜。"嵩焘案：朋友相遗曰"问"，君及尊长曰"赐"。言所问所赐各以其私致之，非丧故也。非丧故则不得稽颡。详玩此节经义，并无脱误。郑以问赐之常通三年以下之丧，皆为之稽颡，尤非事实。《奔丧礼》"闻远兄弟之丧，既除丧而后闻丧，拜宾尚左手"，郑注：尚左手，吉拜也。《檀弓》："孔子与门人立，拱而尚右，二三子亦皆尚右。孔子曰：'……我则有姊之丧故也。'二三子皆尚左。"然则丧拜当尚右，吉拜当尚左。三年之丧丧拜，虽非为丧故，而一以丧礼自处也。非三年之丧吉拜，非为丧故，而固不敢以丧礼处人也。郑于丧拜、吉拜之义言之不详详见《檀弓》，故于此并失经旨。

乡人五十者从反哭，四十者待盈坎。

郑注："非乡人则长少皆反，优远也。"嵩焘案：《既夕礼》："实土三，主人拜乡人。"《周礼·族师》："以时属民，辨其可任者，以相葬埋。"实土者，葬埋之事，乡人之任力役者为之。五十不从力役，故先反。疑此当引《周礼》，以明乡人助葬实土之事。疏但据"非乡人皆从归"，以"优饶远者"为义，亦失之疏矣。

曾申问于曾子曰："哭父母有常声乎?"曰："中路婴儿失其母焉，何常声之有!"

郑注："所谓哭不偯。"嵩焘案：《丧服传》："居倚庐，哭昼夜无时。既练，舍外寝，哭无时。"丧礼袒有时，踊有节，而于哭云哀至则哭，无常声。胡氏铨引《檀弓》孔子不取弁人孺子泣，而此取婴儿哭，谓《檀弓》"在袭敛"，此为"始死时"言之者，非也。孺子泣，谓行卧哭无威仪；此以婴儿为喻，状其声之无常而已。《间传》"大功之哭，三曲而偯"，郑注："偯，声馀从容也。"孺子不能为偯，与此之无常声者自别。

王父母兄弟、世父、叔父、姑姊妹，子与父同讳。

郑注："王父母以下之亲讳，是谓士也。天子诸侯讳群祖。子与父同讳，则子可尽曾祖之亲。"孔疏："王父母，谓父之王父母，于己为曾祖父母，正服小功。兄弟，谓父之兄弟，于己为伯、叔；正服期，父亦为之期。世父、叔父，是父之世父、叔父，于己是从祖，正服小功。姑，谓父之姑，于己为从祖姑；在家正服小功，出嫁缌麻。姊妹，谓父姊妹；在家正服期，出嫁大功九月。小功不合讳，以父为之讳，子亦同父讳之。"嵩焘案：《曲礼》："大功、小功不讳。”是讳止于期，而父所讳子亦讳之，推而至逮事王父母亦然。郑于逮事王父母之文未能详审详见《曲礼》，遂谓士讳及祖，庶人惟及父母。疏又推此亲以期断，而谓曾祖父母正服小功，其他所述父之亲，或轻或重，参差错乱，于义无取。此通子与父同讳言之。“王父母兄弟”，犹言“王父兄弟”，连“父母”为文，急词也。于父为世父、叔父，推而至父之王父兄弟从祖，为之讳，是亦与父同也。父所讳者，子不敢不讳也。姑姊妹在室，期；出嫁，大功：从其重而讳之，亲也。父所讳之姑，子亦不敢不讳也；其于服则缌也。经言王父母兄弟、世父、叔父、姑姊妹，皆据父之亲言之。“与父同讳”者，父卒而不为之讳，凡此皆大功以下之亲也。世父、叔父之有讳，则期也；于父亦期，所不必言也。《传》曰：“周人以讳事神。”讳之所由起也，盖亦仁之至、义之尽也。合观《曲礼》“大功、小功不讳”之文，而义自通矣。注意恐失之。

与从祖昆弟同名，则讳。

郑注：“从祖昆弟于父轻，不为讳。与母、妻之亲同名，重，则讳之。”嵩焘案：郑意承上“母之讳，宫中讳；妻之讳，不举诸其侧”，谓此从祖昆弟与母、妻之亲同名则讳，然则为母、妻之亲讳乎？为从祖昆弟讳乎？是两无所名也。《丧服》：从祖昆弟，小功；外祖父母、小功；妻之父母，缌。是以母、妻之亲为母、妻讳而已，从祖昆弟无讳于父，为从父昆弟之子亦不得有讳。王氏《章句》：“同名当作同居，传写之误。”此盖遥承“王父兄弟”言之。王父兄弟于己为从祖，《丧服》从祖父母小功；于父则为世父、叔父，期。从父为之讳，礼之正也；父卒则亦不讳矣。而与从祖昆弟同居则讳，以本与父同讳，又推从祖昆弟之义守之而不渝焉。君子于所讳之亲而仁孝之意油然自生于其心，所以为圣人制礼之精意也。注意疑不可通。

大功之末，可以冠子，可以嫁子。父小功之末，可以冠子，可以嫁子，可以取妇。己虽小功，既卒哭，可以冠、取妻。

郑注："父大功，卒哭而可以冠子、嫁子；小功，卒哭而可以取妇。己大功，卒哭而可以冠子；小功，卒哭而可以取妻。必偕祭乃行也。"嵩焘案：陈氏《集说》："末，服之将除也。大功卒哭，尚有六月，不可言末。"小功言卒哭，逾月而除丧。大功言末，亦当在七月后逾月除丧之时，注云"卒哭"者，失之。《义疏》："父小功，谓己服轻而父小功，如为族曾祖父母缌而父小功也。己小功，谓父服轻而己小功，如为从父兄弟之子、外祖父母小功，而父皆缌。从母小功，而父无服也。"丧服从其重者，父服重，以父之服论；己服重，以己之服论。疏云"互相通"者，失之。王氏《经义述闻》：父小功之末当为父大功之末，"因下文两言'小功'而误也"。据《丧服》，己大功则父当期。如昆弟之子期，从父昆弟大功是也；己与父同服大功，如姑姊妹、女子子适人者大功是也；父大功则己小功，如从父昆弟大功，从祖昆弟小功是也；父小功则己缌，如从祖昆弟小功，族昆弟缌是也。父之服视己为重，于己言大功，于父言小功，是期与缌麻之亲无别也。己大功则父当期，父小功己当缌。子统于父，服之轻重一也，则期与缌麻无别。"父大功之末"正承上"大功之末"言之，王氏之说确不可易。小功言"卒哭"，大功言"末"，义正相当。王氏谓大功之末在弟九月，小功之末在弟五月。大功九月除丧，小功五月除丧，冠取之礼，何待言哉！经明以小功卒哭为言，其义正可推见。

凡弁绖，其衰侈袂。

郑注："袂之小者二尺二寸，大者半而益之，则侈袂三尺三寸。"孔疏："大夫以上侈之，明士不侈，故称'端'。"嵩焘案：《丧服》："袂属幅，衣二尺有二寸，袪尺二寸。"疑古冕弁之服皆如此。袂视衣，长二尺二寸以为节，与衣相为连属，故曰"属幅"。属幅而侈，其下渐敛而收合于袂，《深衣》所谓"袂圆以应规"、郑注云"胡下"是也。惟衰为有削幅。玄端之用正服者，与冕弁服同。此谓锡衰、缌衰、疑衰之施于吊服者，一如玄端冕弁之制，所以异于正衰也。郑注《周礼·司服》，谓玄端士服，"衣袂二尺二寸，袪尺二寸。大夫以上侈之，半而益一，其袂三尺三寸，袪尺八寸"，案：《深衣》之"胡下"亦侈袂也，所谓"行举手以为容，尽饰之道也"。《玉藻》"袪尺二寸"，古制盖如此。郑谓（三）〔二〕[①] 分益一以为侈，并侈及袪，于礼无征，恐属意为之说。则是玄端与冕弁服异制，大夫以上之玄端，将与士同乎？抑别为大夫之侈袂乎？证之经义，恐不然也。

父有服，宫中子不与于乐。

郑注："谓出行见之不得观也。"孔疏："此谓命士以下与父同宫者。若异宫，则得与于乐。"嵩焘案：疏意与注忤，而皆非经义所系。父有服未除而子已除，如父为从母小功，为姑子、舅子缌，而子无服者，以父方为之服，不敢举乐宫中，父之余哀未忘，子亦不得自遂也。出外而闻乐，则有不必避者矣。宫中不与于乐，亦即居室不御琴瑟之义。疏以同宫异宫为言，亦非也。

夫若无族矣，则前后家、东西家；无有，则里尹主之。或曰：主之而附于夫之党。

---

①据上文"半而益一"，此"三"自当作"二"。

孔疏："或人之说云：妻党主之，而祔祭之时夫之党主之。"嵩焘案：《丧服小记》："男主必使同性，女主必使异姓。"推而至于前后家、东西家，推而至于里尹，以明妇人外成，妻党无主丧之礼也。《丧服小记》又言"朋友，虞祔"。凡主丧必为之祔，夫无族则祔有不得行。此云"祔于夫之党"，苟同族者皆可祔也。盖主丧，必其情意相属可以为之主。前后家、东西家，出入相近习者；里尹，则其长也。其远族不相哀恤，不为之主，而可以为之祔。非有故而出反归在室者，妻党不得与其丧。引或人之言，所以推论夫党之可以远及，而妻党之必不得为丧主也。

泄柳之母死，相者由左；泄柳死，其徒由右相。由右相，泄柳之徒为之也。

郑注："亦记失礼所由始也。相，相主人之礼。"嵩焘案：《少仪》："赞币自左，诏辞自右。"诏辞者相也，礼宜由右。《既夕礼》："摈者出请，入告，出告须。……以宾入。"丧礼之有相，将命出入，赞宾而已，注云"相主人之礼"，恐误。此当与《檀弓》"有若之丧，悼公吊焉，子游摈由左"之文参看。由左，东也；由右，西也。丧礼，主人升降由阼阶；惟君临臣丧，臣不敢当主位，升自西阶。相者出传主人之命，当由左。悼公临有若之丧，子游由左，明有若未尝臣鲁，得备宾主之礼。泄柳之于鲁，犹之有若也。或穆公吊其母丧，泄柳亦为宾主之礼；泄柳死，其徒乃贬而就臣位，于是援凶礼尚右之文，凡相者皆由右，以出致主人之命。盖记泄柳之贤与其徒之盛，而明鲁之俗尚所由以变，由泄柳之徒之不能尊其师说也。旧注全未分明。

天子饭九贝，诸侯七，大夫五，士三。

郑注："此盖夏时礼也。周礼饭含用玉。"嵩焘案：《士丧礼》："贝三，实于笲。祝受米，奠于贝北。扱米，实于右，三；实一贝。中、左亦如之。"《檀弓》："饭用米贝。"《荀子·礼论》"饭以生稻，含以槁骨"，杨倞注"槁骨，贝也"，正谓士礼。天子诸侯丧礼无征，而《典瑞》云"大丧共饭玉、含玉"，是天子含、饭皆以玉。《大戴记》："天子饭以珠，含以玉；诸侯饭以珠；大夫士饭以珠，含以贝。"疑屑玉以饭曰珠，米亦曰珠，郑注《典瑞》"饭玉，碎玉"是也。其云"含玉，柱左右䪼及在口中"，《既夕》记："实贝柱右䪼左䪼。"《玉篇》："䪼，牙也。"《说文》："牙，象上下相错之形。"盖左右辅车，柱之以便实贝。天子自含玉，若用贝，则九贝并饭玉将无所容。经文随举见义，通以贝言之，注据以为夏礼，非也。

君子有三患：未之闻，患弗得闻也；既闻之，患弗得学也；既学之，患弗能行也。

孔疏："人须多闻多识，若未闻知古事，恒忧患不得闻。"嵩焘案：疏意当属"学"说。"闻"者，所以为学之基也。《左传》襄公三十一年："君子务知大者、远者，小人务知小者、近者。"大者远者，闻而得之于心，故君子急先闻，道弗得，弗能有辨。患弗闻，求得师友以质之；患弗学，求考古今以通之。学而试之以行，则自视乎才力之广狭与其存养之浅深，取足以达之于物，使人信而从之。故曰：患弗能得者得之于外，能者能之自己。

既得之而又失之，君子耻之；地有馀而民不足，君子耻之；众寡均而倍焉，君子耻之。

郑注："众寡均，谓俱有役事人数等也。倍焉，彼功倍己也。"

嵩焘案：君子之“五耻”，皆所以内自毖，其心未宜以兴事立名言之。“既得之失”云者，若《论语》“知及之，仁不能守之，虽得之，必失之”；躬行实践之谓得，色取行违之谓失。“地有馀而民不足”，保民之无方也；“众寡均而倍焉”，取民之无节也：二者据政之及人言之。地必有所受，而民视德之足以聚之，故不以地不足为耻，而以民不足为耻；财赋以制用，而民者赋敛之所从出也，倍征则民无所措手足，故不以贫为耻，而以“众寡均而倍焉”为耻。疏云“他人功绩倍多于己”，是将教人为忮也，恐非经旨。

孟献子曰：“正月曰至，可以有事于上帝；七月日至，可以有事于祖。”七月而禘，献子为之也。

郑注：“鲁以周公之故，得以正月日至之后郊天，亦以始祖后稷配之。献子欲尊其祖，以郊天之月对月禘之，非也。”嵩焘案：《明堂位》：“孟春，祀帝于郊。季夏六月，以禘礼祀周公于大庙。”是郊以冬至，禘以季夏，周礼正如此。以《春秋》推之，闵公二年始书禘，以五月，则建辰之月也；僖公八年乃以七月禘。僖公三十一年始书郊。以四月，则建卯之月也；其后成公十年、襄公七年、十有一年、哀公元年，并以四月卜郊，惟宣三年、成七年、定十五年以郊牛伤角改卜牛，宣三年遂不郊，成七年不郊犹三望，定十五年郊并以五月，而成十七年至以九月郊：无正月用郊之文。盖《春秋》纪异而已，常事则不书也。（昭）〔桓〕五年《传》云：“启蛰而郊。”杜注：“启蛰，夏正建寅之月。”襄七年《传》：“孟献子曰：‘郊祀后稷，以祈农事也。是故启蛰而郊，郊而后耕。’”吴氏澄谓鲁郊用建寅之月，《明堂位》当通夏正言之。《礼运》明言“鲁之郊禘非礼”，经以七月而禘成于孟献子之傅会，非但谓禘以七月为非礼也。注意似未尽。七月之禘，《春秋》固有明文，于时尚未有孟孙氏，盖季友、仲遂、臧孙辰之徒为之，记礼者误为孟献子耳。

外宗为君、夫人，犹内宗也。

郑注："外宗，谓姑姊妹之女，舅之女及从母皆是也。内宗，五属之女也。"嵩焘案：内宗、外宗有两义：《周礼》"内宗凡内女之有爵者，外宗凡外女之有爵者"，据内外命妇言之，《服问》"君为天子三年，夫人如外宗之为君"是也；此云内宗、外宗，自据同姓之亲及诸姑姊妹言之，郑注兼及从母、舅之女，疏引"诸侯不（外）〔内〕取，舅之女及从母不得在国中"，良然。凡丧服有二义：亲亲也，尊尊也。从其尊而论，则大夫之妻为君服期，为夫人齐衰三月；从其亲而论，则女子子适人者为其父母期。疑内外宗均兼有尊尊、亲亲之义，当视女子子适人者为父母服期。玩经义，"外宗为君、夫人，犹内宗也"，则内宗为君自与外宗有别。《礼经》皆不具其文。近南丰吴氏《丧服会通说》以内外命妇为言，似为得之。内命妇，则所谓妾为君斩衰三年、为女君期是也。同姓之女及诸姑姊妹之女，皆统于为君不杖期之例，不得更分轻重，是以同姓及诸姑姊妹有服制者通谓之外宗，与大夫妻齐衰三月之服自别。似仍从《周礼》内宗、外宗之义，于经旨为顺。

内乱不与焉，外患弗辟也。

郑注："同僚将为乱，己力不能讨，不与而已。"嵩焘案：《春秋》庄二十七年《公羊传》"君子辟内难而不辟外难"，襄二十五年《左氏传》"君为社稷死则死之，为社稷亡则亡之，若为己死而为己亡，非其私昵，谁敢任之"，即此经所本。春秋之世，有亡君无亡国。"内乱不与"，君之私也，辟而去之可也。"不与"，言不与同死，注意似谓不与其事，恐非。宣二年“赵盾弑其君”，董狐据以为“亡不越竟，反不讨贼”，遂以弑君之罪被之。必不能以坐视不与为义之正也。

《赞大行》曰：圭，公九寸，侯伯七寸，子男五寸；博三寸，厚半寸，剡上左右各寸半，玉也。藻，三采六等。

郑注：“《赞大行》，书说大行人之礼者名也。藻，荐玉者也。子男执璧，作此赞者失之。”嵩焘案：王氏《章句》：“赞盖瓒字之误，祼玉也，以圭为柄。记者引《大行人》记圭之文，以明圭瓒之等。”据《周礼·玉人》，“祼圭尺有二寸，有瓒”。天子瓒圭与镇圭同，公侯以下自当各视其命数。于礼瓒圭用藻，无明文。而《玉人》云“大璋、中璋九寸，边璋七寸；射四寸，厚寸，黄金勺，青金外，朱中，鼻寸，衡四寸，有缫”，则所谓璋瓒也。璋瓒有缫，圭瓒亦当有缫。郑注《典瑞》云：“射，剡也。”注《玉人》云：“射，琰出者也。”瓒圭、瓒璋柄皆剡起，从剡处左右斜杀而下，各得寸半。圭之长短，以命数为之等，而皆博三寸，与《玉人》之言璋瓒者同。“玉也”二字，兼瓒言之，明璋瓒黄金勺，圭瓒玉勺，《诗》所谓“瑟彼玉瓒”是也。圭之为玉，更不必言。“藻，三采六等”，言公侯以下之制。《聘礼》记：“朝天子缫三采，朱白苍；问诸侯朱绿。皆玄纁系，长尺；绚组。”郑注：“采成文曰绚。”缫藉二物：绚组缫也，以系玉，玄纁荐也，以荐玉。缫有五采、三采、二采、一采之别，而荐之为玄纁者同。《礼经》多据缫言之，注云“藻，荐玉者也”，恐误详见《曲礼》下。此皆《聘礼》记之文，故属之大行。盖即圭之等，以明瓒之用圭，其义均也。熟玩经义，当自得之。

雍人拭羊。宗人、祝（之）、宰夫北面于碑南，东上。

郑注："宰夫摄主，故东上。"嵩焘案：《仪礼》凡言"东上"、"西上"，皆通言之，如《乡饮》"众宾皆入门左，北上"，《乡射》"三耦俟于堂西，南面东上"之类，无专举一人而以东上、西上为之序者。《大戴礼·衅庙篇》："祝、宗人、宰夫、雍人皆玄服。宗人曰：'请命以衅某庙。'乃行，入庙门，碑南，北面东上。"与此上云"其礼，祝、宗人、宰夫、雍人皆爵弁纯衣"，叙次正同。如郑注，雍人、宗人皆有事，而"东上"之文专属宰夫而不及祝，与上文为有参差。《周礼》："肆师掌序其祭祀及其祈珥。"肆师隶于宗伯，此云"宗人"，即肆师也，与宰夫、大祝皆下大夫。祝、宗人实与衅庙之事。公食大夫礼宰夫为主人。大戴《礼·衅庙》宗人请命，此经下云"宗人告事毕，反命"，似宗人主之，无宰夫摄主之文。阮氏《校勘记》："宗人祝之，宋本、石经本、岳本、嘉靖本作'宗人视之'。《石经考文提要》云：'宋大字本、宋本九经、南宋巾箱本、余仁仲本、《九经误字》并作"视"。'《通典》引亦云'雍人拭羊，宗人视之'。"而郑氏无注，孔疏亦不一及之。疑此述《大戴礼》之文，而序次碑南东上之位，为宗人、祝、宰夫之次；"之"字当为衍文。雍人拭羊、举羊，掌衅庙之事；宗人、祝、宰夫莅其礼。拭羊者濯涤之，盖外饔之职，其属史胥为之，而饔人视之。《大戴礼》叙"雍人拭羊"在入庙之前，宗人亦无从莅视也。

其衈皆于屋下。

郑注：其衈，"谓将刲割牲以衅，先灭耳旁毛荐之。耳，听声者，告神欲其听之。《周礼》有刉衈"。嵩焘案：《周礼·肆师》、《羊人》曰"祈珥"，《犬人》曰"幾、珥"、《士师》曰"刉珥"，郑注并读祈为刉，珥为衈，而注《小子职》“珥于社稷，祈于五祀”云：“用毛牲曰刉，羽牲曰衈。”《司约》云：“若有讼者，则珥而辟藏”，郑注：“辟藏者，开府视约书。珥读曰衈，谓杀鸡取血衅其户。”是珥与衅通。《小子职》又云：“衅邦器及军器。”《羊人》亦分祈珥、衅积为二事，郑注：“衅国宝，渍军器。”似凡庙社曰刉衈，案《说文》血部：“釁，以血。有所刉，涂祭也。”是釁本字，刉又釁祭中之一义也。器物曰衅。《月令》“衅龟策”、《孟子》“衅钟”，皆据釁言之。《穀梁十九年传》“叩其鼻以衈社”，范宁注：“衈者衅也。”《公羊》作“叩其鼻以血社”。盖衅为血祭之总名。《周礼·大祝》“隋衅”，郑注：“谓荐血也。”《说文》：“衅，血祭也。”而因以取牲血涂器谓之衅，衅庙曰釁，声转曰衈。郑注《周礼》，以用牲毛者曰刉，羽者曰衈，与《羊人》“祈珥，共羊牲”、《犬人》“〔共犬牲……〕幾、衈共犬牲”已不免参差，此复为“先灭耳旁毛荐之”之说，盖援《祭义》“（牛）毛〔牛〕尚耳”，以意拟合之。《礼运》：“荐其血毛。”血以告幽，毛以告全，《郊特牲》所谓“贵纯”也，不当从衈字取义。

割鸡：门，当门；夹室，中室。

孔疏：“门、夹室皆用鸡，如上用羊，升屋割之也。未刲割羊、鸡时，先灭耳旁毛以荐神。庙，则在庙之屋下；门与夹室，则在门、夹室之屋下：故云‘其衈皆于屋下’。衈讫，然后升屋而衅。门与夹室，亦当门屋上中及室上之中。”嵩焘案：衅庙之礼，升屋刲羊，取血涂屋而下注于簷阿，《说文》所谓“以血有所刉涂祭也”，经于“升屋刲羊，乃降”下，即接云“门、夹室皆用鸡，先门而后夹室，其衈皆于屋下”，盖门者神所由出入，室者神所依，故加衅焉。凡衅皆特杀。《大戴礼》云：“门以鸡。雍人割鸡屋下，当门。郏室，割鸡于室中。”经言“其衈皆于屋下”，正谓门与夹室，亦见衅门者不涂门，衅夹室者不涂室壁也，故此复申言之。“门，当门”：门之屋下。“夹室，中室”：中室之屋下。《大戴礼》之文极明显，孔疏所云并文义失之。

女虽未许嫁，年二十而笄，礼之。妇人执其礼。燕则鬈首。

郑注：“言妇人执其礼，明非许嫁之笄。既笄之后去之。鬈首，犹若女有鬌紒也。”孔疏：“二十而笄，妇人礼之，未许嫁，无主妇、女宾，不备仪也。既笄后，寻常燕居则去其笄而鬈首。”嵩焘案：《内则》：“十有五年而笄，二十而嫁。”不云许嫁而笄，似冠有成人之道，笄有成妇之道，十五而笄，乃许嫁也。《曲礼》：“女子许嫁，缨。”缨者明有系属，不系乎笄与否也。《士昏》记：“女子许嫁，笄而醴之。”与《曲礼》之文相同，亦谓女子十五而可以笄，其未笄者已纳采，而必为之笄以俟嫁期。此云“二十而笄”，谓有他故逾期，至于二十而犹拂髦总角，则非事也，故二十必弄。女子笄而醴之，亦视男子之冠有内宾，有主妇。当妇人主其事而此专言之者，或已孤，无伯叔及兄嫂，则宗妇主之，而凡内外亲之妇人，皆可执其礼也。“妇人”实赅主妇、女宾言之。《内则》：“男、女未冠、笄者，栉縰。”似縚发之缅，未笄已用之，笄则复加总。所谓“栉縰”。笄总是也。合言之则通名“缅”。《士昏礼》：“女次，立于房中，姆缅笄。”是又加缅于次也。以缯曰缅，编发曰次，其用盖同也。鬈发之制，妇人、女子并用之；《诗·鄘风》“鬒发如雲，不屑髢也”，《小雅》“鬈发如蛋”，即此义。鬈发当仍以笄固发，女子燕居皆然，亦不为二十未许嫁示之别。郑注“明非许嫁之笄”，是笄为有二义，似非经旨。孔疏至谓“妇人礼之，无主妇、女宾，不备仪”，尤属臆为之说。

礼记质疑卷二十二

丧大记

寝东首于北牖下。废床，彻亵衣，加新衣，体一人。男女改服。属纩以俟绝气。

郑注：寝东首于北牖下，“谓君来视之时也。废，去也。人始生在地，去床庶其生气反。彻亵衣，则所加者新朝服矣。”男女改服，“为宾客来问病，亦朝服也。纩，今之新绵，易动摇，置口鼻之上以为候。”嵩焘案：《既夕》记“寝东首于北牖下”，无废床之文；此云“废床”，所以申明东首北牖之旨，注遂以为寝于地者，非也。《玉藻》：“君子居恒当户，寝恒东首。”东首则寝必当牖。疾病，左右持体；东首当牖不便持体，故移寝床北牖下。下云“始死，迁尸于床”，为将含袭易床。迁尸于床谓之“正尸”，郑注：“正尸者，迁尸牖下南首也。”《既夕》记：“设床第，当牖。迁尸，即床而奠。”其设床在属纩前。始死迁尸，子坐于东方，夫人坐于西方，即为哭尸于室之位。此云“废床”者，谓废平时设寝床之地，而退置之北牖下，以凭设含床、袭床，当南牖，为始死迁尸之地也。《尔雅·释诂》：“废，舍也。”郭注：“舍，放置。”舍此而置之彼。曰“东首”，则床不易乡。曰“北牖下”，则稍远牖使可容左右持体。所迁者床也，于病者无所转侧，安得为废床而寝之地哉？“属纩”，状死者弥留仅存之一息；属者缀系之意，纩者绵微之意。属纩以俟绝气，男女茹痛而不敢哭，惶遽而不敢嚣，屏息伺视而不敢暂离其侧，尽于此一语中，可谓体会微至。注以置绵口鼻为训，是气已微，又从而掩之，亦忍于其亲矣！于经文立言之妙，似稍失之。其云寝东首为君来视，男女改服为宾客来问，《义疏》辨之已详。疾病时情事，亦安得有此也？

君、夫人卒于路寝。大夫、世妇卒于适寝。内子未命，则死于下室，迁尸于寝。士之妻皆死于寝。

郑注："死者必皆于正处。寝室通耳，其尊者所不燕焉。君谓之路寝，大夫谓之适寝，士或谓之适室。此变命妇言世妇者，明尊卑同也。世妇以君下寝之上为适寝。内子，卿之妻也。下室，其燕处也。"嵩焘案：《既夕》记："有疾，疾者齐。"《春秋》庄公三十二年《穀梁传》："寝疾居正寝，以齐终也。"士大夫寝皆有内外，外寝者治事之所，齐则居之，《玉藻》"将适君所，宿齐戒，居外寝"是也。天子诸侯谓之路寝。《春秋》惟庄公、宣公、成公书"薨于路寝"。僖公三十三年"薨于小寝"，文公十八年"薨于台下"，襄公三十一年"薨于楚宫"，定公十五年"薨于高寝"，《穀梁》并谓之"非正"。然自始疾居此，疾病不能复迁，《春秋》谨书之以著正终之义。是以凡有疾必居正寝。经云："内子未命，死于下室，迁尸于寝。"未命而不敢当正寝，死亦迁焉。以此推之，天子诸侯死于别室，皆迁尸路寝，即所以为正终也。注云"死者必皆于正处……尊者所不燕焉"，意谓路寝、适寝尊不燕处，惟死则就之，似于经旨不合。案：司马氏《书仪》："疾病迁居正寝。"其始疾不能齐宿居外寝，及疾革，而其子之侍疾者迁焉。颇疑其乖礼意，而郑氏此注实有以导之。路寝齐疾皆居，安得有尊者不燕之文也？《玉藻》："惟世妇命于奠茧，其他则皆从男子。"内外命妇之爵同，是以大夫妻亦称世妇。世妇、九嫔、女御以下亦称内子。案：《周礼》通谓之“内人”。郑注《内宰》、《寺人》、《典妇功》并云内人谓女御，亦恐泥。卿大夫之妻各视其夫之爵，其妻无所受命。天子诸侯之世妇视大夫、女御视士，皆异寝，未命不得专寝，故居下室，——下室，寝旁室也；死则各就其寝而殡之。内子未命而从世妇、女御之等，与君、夫人之路寝自别。郑注以“君下寝之上为适寝”，世妇固不得有适寝，所云“下寝之上”，未知何属，于礼无征。盖不知内子之为内命妇，而强据世妇死于适寝之文以意拟合之。然则春秋列国之卿，未命者多矣，其妻之为内子者，将皆居下室以死而不得于正寝耶？此礼所必不然矣。

妇人复，不以袡。

郑注：“袡，嫁时上服，非事鬼神之衣也。”嵩焘案：《士昏礼》“纯衣纁袡”，郑注：“袡，亦缘也，以纁缘其衣。”《类篇》：“袡，衣下襈也。”《释名》：“襈，撰也，青绛为之缘也。”盖六冕服无缘，而深衣有缘。王后之六服亦无缘，则纯衣纁袡，女子之燕服也。据《士昏礼》：“女次，纯衣纁袡，立于房中，南面。姆缅笄宵衣，在其右。”郑注：“宵，读为《诗》‘素衣朱绡’之绡。《鲁诗》以绡为绮属。”后云“缅笄宵衣，质明见于舅姑”，则所谓“嫁服”者，宵衣也。纯衣纁袡，女在室所服，与嫁服无涉，郑注“嫁时上服”误。凡男女复，皆以正服，不以燕服。“妇人复，不以袡”，则士之复不以深衣，亦可知矣。

始卒，主人啼，兄弟哭，妇人哭踊。

孔疏：“主人哀痛呜咽，不能哭，故啼也。有声曰哭。”嵩焘案：《说文》：“啼，号也。”“号，痛声也。”“哭，哀声也。”近段氏《说文》注云："痛在内，哀形于外，此啼与哭之别也。"疑痛声、哀声，声自有辨，疏意似谓哭有声而啼无声，段氏因之有内外之分。啼固非专痛在内，即哭亦发于其心之哀，而非但形外而已。《说文·丂部》云："气欲舒出，上碍于一。"是号之为义，张口出声而气不得舒，是以气蹙而声急。哭者，长声以发其哀；啼者，累嘷以申其痛，声重气谒，不能引而长。所谓啼者，哭声之尤剧者也。疏云"呜咽"，是反轻于哭矣。

卿大夫、父兄子姓立于东方。有司庶士哭于堂下，北面。

孔疏："《士丧礼》言'众主人在其后'，又云'亲者在室'，谓大功以上在室内东方。诸侯以上位尊，不宜〔与〕卿大夫父兄子姓俱在室内。卿大夫等或当在户外之东方，遥继主人之后。《士丧礼》：小功以下'众兄弟堂下北面'。经云'有司庶士在堂下'，则诸父兄子姓等虽小功以下，皆在堂上西面也。"嵩焘案：此卿大夫、父兄子姓立于东方，即《丧礼》所谓"众主人在其后"也。列国卿大夫多系公族而位近君，此为始死哭临之礼，卿大夫无不入哭者。《士丧礼》独于妇人下云"亲者在室"，明众主人有为卿大夫者，虽疏亦在室也。既殡，主人就丧次，而后父兄子姓及卿大夫各有常位；此之入哭，非常位也。《士丧礼》："众妇人户外北面。"北面者，所以向尸。疏谓"卿大夫等当在户外之东方"，又谓"小功以下皆在堂上西面"，徒据《仪礼》"亲者在室"之文，疑卿大夫不宜在室，遂并子姓列之户外，又统小功以下之亲列之堂上，与众妇人相错，而又背尸以就户外之东方，亦可谓不达于礼矣。

君之丧，未小敛，为寄公、国宾出。大夫之丧，未小敛，为

君命出。士之丧，于大夫，不当敛则出。

孔疏："士之丧，大夫来吊，不当小敛之时，尚为大夫出。若当敛而至，则'摈者以主人有事告，主人无事则为大夫出'。但云敛不云袭者，未袭之前惟为君命出，其馀则不出。"嵩焘案：《士丧礼》小敛以后始有拜宾、送宾之文，盖未小敛，尸在室，主人、主妇侇尸，不当与宾为礼。故始死赴君，主人西阶南命赴者，有宾则拜之；君吊及襚，主人拜送，升降自西阶，遂拜宾，大夫则特拜之。以君命出乃得拜宾，自小敛以前皆然。经云"士之丧，于大夫，不当敛则出"，亦据小敛以后言之；所谓"敛"者，大敛也。《士丧礼》："有大夫则告。"既敛，"主人降，拜大夫之后至者"。盖自小敛后拜宾，大夫至皆特拜；当大敛而大夫至，则先以事告，卒敛而后降拜也。丧礼有吊有襚，亲者襚在室，案：《士丧礼》有亲者襚、庶兄弟襚、朋友襚三节。庶兄弟，大功以下之亲属；朋友，所常与往反者：皆亲者之属也。其馀襚者皆在小敛后。为始死，主人在室侇尸，无接宾之礼；小敛出在堂，而后接宾。凡经所云，皆以证明《仪礼》之义，孔疏谓"不当敛则出"为既袭后言之，大失经旨。

凡主人之出也，徒跣，扱衽，拊心，降自西阶。君拜寄公、国宾于位。大夫于君命，迎于寝门外；使者升堂致命，主人拜于下。士于大夫亲吊，则与之哭，不逆于门外。

郑注："寄公位在门西，国宾位在门东，皆北面。小敛之后，寄公东面，国宾门西北面。士于大夫亲吊，与之哭；既拜之，即位西阶东面哭。大夫特来，则北面。"嵩焘案：《问丧》："亲始死，徒跣，扱上衽，交手哭。"知此"主人之出"，正承上"未小敛"言之。《士丧礼》："君使人吊，主人迎于寝门外。吊者入，升自西阶，东面。主人进中庭。吊者致命。主人哭，拜稽颡。"大夫于君命与士同。经云“降自西阶”，承上“主人之出”为文。君于寄公、国宾，大夫于君命，皆降迎；案《士丧礼》：始死，主人升降自西阶；既殡，自阼阶。故凡主人之出皆然。惟大夫于君命迎于寝门外，故下申言之。“君拜寄公、国宾于位”，即宾位也。凡吊，皆升自西阶，东面，主人西面拜。《士丧礼》：朝夕哭，主人即位于门外，西面；兄弟在其南。宾继之。“门东，北面西上；门西，北面东上；西方，东面北上。”入门，“主人堂下，直东序，西面；兄弟皆即位，如外位”。“卿大夫在主人之南。诸公门东，少进。他国之异爵者门西，少进。”郑注似以朝夕奠门外之位当未小敛前，以朝夕奠门内之位当小敛后，似亦以意拟之。“士于大夫亲吊，与之哭，不逆于门外”，亦据小敛后拜宾、拜大夫为言。《士丧礼》：“朋友襚，亲以进；主人拜；委衣……哭。”大夫于士吊及襚，得入就室，主人与之哭，不逆亦不出也。《士丧礼》既小敛，亦云：“朋友襚，西阶东北面哭。”吊东面，所以为主人；襚北面，所以为尸。注谓“大夫特来则北面”，于义无取。博考《礼经》之文而求其义，当自得之。

夫人为寄公夫人出。命妇为夫人之命出。士妻不当敛，则为命妇出。

郑注：“寄公夫人、命妇位在堂上北面；小敛之后，尸西东面。”嵩焘案：《士丧礼》“众妇人户外北面，众兄弟堂下北面”，谓大功以下之服属也。经云夫人、命妇出，亦据未小敛言之。士妻云“不当敛”，亦据小敛后言之。《周礼》：“世妇掌吊临于卿大夫之丧。”是即夫人之命也，故亦为之出拜。《士丧礼》：“妇人即位于堂。”妇人之出及堂而止，即位阼阶上，西面冯尸；及棺，则主人西面，主妇东面：此在小敛前。吊者自阶升堂，东面，亦当西面拜。寄公夫人、夫人之命皆尊者，而使就外命妇堂上北面之位，恐失经旨。小敛以后，妇人阼阶上西面，宾至则拜之，亦不得为寄公夫人、夫人之命出也。案：下文“夫人亦拜寄公夫人于堂上”，为小敛后拜宾之文，故不言出。

主人袒，说髦，括发以麻。

郑注：“士既殡说髦。此云‘小敛’，盖诸侯礼也。”嵩焘案：《既夕》记：“小敛……既冯尸，主人〔袒,〕髻发（袒），绞带。”“既殡，主人说髦，三日绞垂。”据《内则》“栉、縰、笄、总，拂髦，冠緌缨”，似髦加于笄縰之上，冠又加于髦上。始死，鸡斯去冠，小敛髻发，并笄縰去之，无因尚存拂额之髦以为饰。《士丧礼》：小敛：“髻发，袒”，“袭绖于序东”；散带垂，成服而后绞带，《既夕》记所谓“三日绞垂”是也。而先叙绞带于髻发袒之下，然则所谓绞带、说髦者，错举为文。下云“冠六升，外縪，缨条属，厌”，以明说髦而加衣冠，非谓既殡而始说髦也。自当以此文为正。郑以士既殡说髦，遂据此为诸侯礼，恐未然。

君堂上二烛，下二烛。大夫堂上一烛，下二烛。士堂上一烛，下一烛。

郑注：“烛，所以照馔也。灭燎而设烛。”孔疏：“有丧，中庭终夜设燎，至晓灭燎，而日光未明，故须烛以照祭馔也。”嵩焘案：郑意据《既夕礼》“请葬期，宵为燎于门内之右，厥明，灭燎执烛”为言，而《既夕礼》自据遣奠言之。经云“代哭”，在小敛时。《杂记》：“士丧与天子同者，终夜燎。”而凡奠及迁柩于祖皆用烛，用烛所以将事也，与“为燎”、“灭燎”两不相及。《士丧礼》：大敛，“烛俟于馔东”；卒涂，乃奠；（烛）〔祝〕[①] 反降。朝夕奠，烛先入；豆、笾、俎、醴既错，乃奠，灭烛。《既夕礼》：“请启期……二烛俟入殡门外。”烛入，拂柩。迁于祖，“重先，奠从，烛从，柩从，烛从”。正柩两楹间，置重、奠设如初。“质明，灭烛。”有司请葬期。厥明，灭燎，执烛，乃奠。行器，车从。“主人之史请读赗，执算从。柩（车）〔东〕[②] ……烛在右。”“读书，释算……灭烛。”“读遣……灭烛，出。”是凡将事皆用烛，而《既夕》记于迁柩于祖明其事云：“烛先入者，升堂，东楹之南，西面；后入者，西阶东，北面，在下。”士丧，堂上一烛，下一烛，自小敛至将葬行柩皆然。遣奠之云“灭燎，执烛”，纪其时也，谓甫明而遣奠之祭行也，郑注据以为例，恐失之。

宾出彻帷。

郑注：“此君与大夫之礼也。士卒敛即彻帷。”嵩焘案：《士丧礼》：始死，帷堂。“君使人吊。彻帷。”“君使人襚。彻帷。”“卒敛，彻帷。……奉尸，侇于堂。”谓小敛也。“厥明……帷堂。……卒敛，彻帷。……奉尸敛于棺。”谓大敛也。始死而浴而含而袭，明日敛，帷堂治袭敛之事；又明日大敛，帷堂治敛事。君吊及襚彻帷，吊与襚皆有事于堂，施帷非宜也。郑注：“彻帷，房之，事毕则下之。”大小敛之彻帷，当竟彻之，既敛无事于帷也。丧礼宾皆与敛，敛事毕乃拜宾。云“宾出”者，通辞也。卒敛彻帷，而宾亦以时出也。郑据以为君、大夫之礼，恐失之。

---

①据阮刻本《仪礼注疏》改。
②据阮刻本《仪礼注疏》改。

哭尸于堂上，主人在东方，由外来者在西方，诸妇南乡。

郑注："'由外来'，谓奔丧者也。无奔丧者，妇人犹东面。"孔疏："新奔丧从外来者，则居尸西方，欲异于在家也。未小敛而奔者，则在东方。"嵩焘案：《奔丧礼》："至于家，入门左，升自西阶，殡东，西面哭。"案："升自西阶"，殡在西也。奔丧始见殡，亦不敢遽当阼也。妇人奔丧，亦殡东西面哭。奔丧自外来，无就西方之义。疑"由外来"谓外姻之有服者，若外孙及甥及婿，得哭尸于堂上，妇人为之避位而立于尸北。此《仪礼》之文所不具，记礼者补明之。注意恐未然。

子幼，则以衰抱之，人为之拜。为后者不在，则有爵者辞，无爵者人为之拜；在竟内则俟之，在竟外则殡葬可也。

郑注："为后者有爵，摄主为之辞于宾耳。不敢当尊者礼也。"孔疏："'为后者不在'，谓不在家之主有官爵，其摄主无官爵，则辞谢于宾，云己无爵，不敢拜宾；若不在之主无官爵，其摄主之人为主拜宾也。"嵩焘案：《丧服小记》："士不摄大夫。"大夫之有爵者不在，无爵者即不得为摄主，何待辞于宾？经两言"人为之拜"，人者，通辞也，非摄主。其一有后而可以为丧主矣，而幼不能拜宾。其一为丧主者适不在，殡葬之事犹可俟之，不能俟则为之殡葬。从父兄弟以下权为之主可也，不遽摄其丧事也。权为之主则不敢受吊。有爵者辞之，尊也；无爵者不足辞也。馈奠之事，亦有待于宾焉。从父兄弟以下，皆可为之拜也，故曰"人为之拜"也。

大夫于君所则辑杖，于大夫所则杖。

郑注："大夫于君所辑杖，谓与之俱即寝门外位也。"孔疏：

"大夫与世子皆在门外位，大夫则辑杖，敬嗣君也。大夫与大夫俱在门外位，是两大夫相对，同为君杖，不相降。"嵩焘案：《丧服传》："杖者何？爵也。无爵而杖者何？担主也。非主而杖者何？辅病也。"衰丧之杖，尽于此三者。大夫、世妇以爵杖，子、大夫寝门之外杖，夫人、世妇在次杖，病也。君命及卜及有事于尸去杖，不敢言病也。惟为丧主以杖即位。下文"子皆杖，不以即位"，辟丧主也。大夫于君所辑杖，不敢同于君也。君所、大夫所均谓丧次，若即位则去杖。寝门之外位，亦不得为君所、大夫所也。既即位，君、大夫皆在，杖乎？缉杖乎？恐亦两无所施矣。注意疑未安。

君设大盘，造冰焉；大夫设夷盘，造冰焉。

郑注："汉礼，大盘广八尺，长丈二，深三尺，赤中；夷盘小焉。《周礼》天子夷盘，《士丧礼》君赐冰亦用夷盘。然则其制宜同之。"嵩焘案：《周礼·（冰）〔凌〕人》"大丧，共夷盘冰"，郑注亦引汉礼器制度为训，然则夷盘即大盘也。郑注亦云："夷之言尸也。尸之盘曰夷盘，床曰夷床，衾曰夷衾。称尸曰夷于堂，皆依尸为言。"凡陈冰以寒尸者，通谓之夷盘。大夫士之盘若衾若床，当亦有异，而制不尽详，惟天子之盘加大耳。注意疑未昭晰。

小臣楔齿用角柶，缀足用燕幾。

孔疏："柶以角为之，长六寸，两头屈曲。"嵩焘案：《说文》："礼有柶。柶，匕也。从木。"据许意，常用器曰匕，礼器曰柶。其以角为之者曰角柶，《士冠礼》"觯、角柶"是也。柶底圆而旁流，径视人口，有柄可持，故用以楔齿。角柶、燕幾皆常用之器，含袭毕，埋柶于坎，必非专制以柱尸齿者。疏意恐未然。

君沐粱，大夫沐稷，士沐粱。

郑注：“《士丧礼》沐稻，此云士沐粱，盖天子之士也。以差率而上之，天子沐黍与?”嵩焘案：《荀子·礼论》：“尚玄尊而用酒醴，先黍稷而饭稻粱”，似黍稷为尊。而《玉藻》云：“沐稷而靧粱。”靧加于沐，则粱固加于稷。《说文》：“禾，嘉穀也。粱，禾米也。”《说文》自以米名粱，与稻粱之粱义别。禾者，稷之主名也。哀十二年《左传》：“粱则无矣，粗则有之。”粱与粗对文，谓米之精者。士以下稻粱。惟所用两“粱”字，自别言之。

陶人出重鬲。

孔疏：“重鬲，谓县重之罂。是瓦瓶受三升。”嵩焘案：《士丧礼》：“为垼于西墙下。”“新盆、槃、瓶、废敦、重鬲，皆濯，造于西阶下。”“祝（浙）〔淅〕米于堂。”管人“受潘，煮于垼，用重鬲。……外御受沐入。……乃沐，栉，挋用巾；浴，用巾，挋用浴衣。”重鬲者，一用沐，一用浴。《周礼·陶人》：“鬲，实五觳。”以供沐浴之潘宜用鬲，疑《士丧礼》之文为得其实。无用潘沐而用汲即入浴之理。《士丧礼》：既袭，置重，“祝鬻馀饭，用二鬲于西墙下”。因煮潘之鬲而用之，二鬲即重鬲也。方浴时尚未有重之名，郑注《士丧礼》：“重鬲，鬲将县于重者。”误。疏因郑说，又误鬲为瓶。《士丧礼》明举盆、槃、瓶、敦及重鬲为言，鬲用以煮潘，瓶用以汲，安得并而为一？于此殆又失之。

朝一溢米，莫一溢米，食之无算。

郑注：“二十两曰溢。于粟米之法，一溢为米一升二十四分升之一。”嵩焘案：《孔丛子·杂训〔小尔雅〕》：两手曰掬，一手曰溢。溢与搤通，《史记·封禅书》“莫不搤捥”、裴松之注“满手曰搤”，是也。《说文》：“溢，器满也。”器满曰溢，手满亦曰溢，王氏肃此注云：“满手曰溢。”食之无算者，朝夕哭无时，力惫则歠之，不以时食之。朝、莫者，尽一日之词也。郑注假溢为镒，——亲死歠粥，犹待称量之以及二十两之镒，何为者乎？

大夫之丧，主人、室老、子姓皆食粥；众士疏食水饮，妻妾疏食水饮，士亦如之。

郑注：“室老，其贵臣也。众士，所谓众臣。”士亦如之，“如其子食粥”。嵩焘案：郑注非也。室老，家宰。众士，若《周礼》之家宗人、家司马上士，家士中士，皆系爵于王朝者，所谓“贵臣”也。“士亦如之”，则众臣也。《丧服》为君斩衰，郑注：“天子、诸侯及卿大夫有地者，皆曰君。”又曰：“公士，大夫之众臣，为其君布带绳屦。”传曰“公卿大夫室老、士，贵臣。其馀皆众臣也。”《丧服传》之士，即此之众士。降于室老一等，而与众臣之布带绳屦者自别，故析言之。郑谓“如其子食粥”，则文义不能明。上文“君之丧……（众士）食粥”，“士疏食水饮”，亦与此同。众士若宫正上士，宫伯中士，饔人下士，掌次、掌舍下士，大府上士，内府、外府中士，司书、职内、职岁上士，皆左右近臣，故其哀与大夫同。士则庶司之为士者，同服斩衰而亲疏轻重异宜。通观《礼经》之文而求其义，当自得之。

九月之丧，食饮犹期之丧也。食肉饮酒，不与人乐之。

郑注：“食肉饮酒，亦谓既葬。”嵩焘案：上文：“期之丧，三月既葬，食肉饮酒。”郑意以此重言食肉饮酒，专系之九月之丧，故亦以既葬为言。其实“九月之丧，食饮犹期之丧也”，文义已尽。“食肉饮食，不与人乐之”，二语总结，言凡食肉饮酒，自致口腹之养而已；与人为乐而忘其丧，不可也。乐，谓燕饮及射。

君以簟席，大夫以蒲席，士以苇席。

郑注：“簟，细苇席也。”孔疏：“士卑不嫌，得与君同用簟。《士丧礼》记云：‘设床当牖，下莞上簟。’《士丧礼》云：‘布席户内，下莞上簟。’”嵩焘案：《说文》：“簟，竹席也。”《顾命》谓之“篾席”，其小者谓之“笋席”。《杂记》：“有苇席，既葬蒲席。”苇席自视蒲席为疏，郑以簟当细苇席，恐非。《释名》：“簟，覃也，布之覃覃然平正也。”《方言》：“宋魏之间谓之笙。自关而西谓之簟，或谓之箝。”似席通名簟。《斯干》诗笺：“竹苇曰簟。”《士丧礼》之“下莞上簟”，盖通言之，与此簟席、苇席之分自各一义。疏因郑注，谓士与君同席，尤恐失之。

绞一幅为三，不辟。紟五幅，无紞。

郑注：“小敛之绞广终幅，析其末以为坚之强也。大敛之绞一幅三析，用之以为坚之急也。紞，以组类为之，缀之领侧，若今被识矣。生时禅被有识，死者去之，异于生也。”孔疏：“绞以一幅之布分为三段。小敛绞全幅，析裂其末为三；大敛之绞既小，不复擘裂其末。”嵩焘案：《士丧礼》“绞横三缩一，广终幅，析其末”，郑注引《丧大记》曰“绞一幅为三”，而于此异训、恐非经义。小敛之绞缩一横三，大敛之绞缩三横五，皆所以固敛衾者。其广终幅，不能结，故三析其末。所以结者，其末也。辟，犹《玉藻》“终辟”、“下辟”之辟，联其幅而辟积之。不辟，则三幅、五幅之绞自为结，与下棺盖之“三衽三束”、“二衽二束”同义，犹所云三币、五币也。小敛有衾无紟，大敛兼有紟。《士丧礼》“缁衾，赪里，无紞”，此云“紟五幅，无紞”，义正相备。杜注《左传》：“紞，冠之垂者。”韦昭注《国语》：“紞所以悬瑱，当耳。”盖衾两旁当耳处织组以约之，亦名紞。小敛承以衾而外加绞，先缩而后横，自肩以上内削为横者一，系紞，则或与绞相戾；大敛承以紟，亦不施紞。案：袭用冒，有缀旁以约之。小敛之衾、大敛之紟独无紞者，为外施绞，衾、紟但敛合之而已。郑以生时用紞、死去之为义。于礼，衾被之属，似亦并无用紟之文也。此经所记，正以发明《士丧礼》之义也。衾、紟皆所以承敛衣而收合之；绞三幅、五幅，不辟；紟五幅，辟。合《士丧礼》之文观之而经旨自明，注意恐未然。

小敛，君、大夫、士皆用复衣、复衾。大敛，君、大夫、士祭服无算；君褶衣、褶衾，大夫、士犹小敛也。

郑注：“褶，袷也。君衣尚多，去其著也。”嵩焘案：《士丧礼》“幎目用缁，方尺二寸，䞓里；著”，郑注：“著，充之以絮也。”似谓为袷衣无絮。据下文，“袍必有表，不禅。衣必有裳，谓之一称”。《士丧礼》“明衣不在算”，“禅不在算”，并以禅衣、禅被不成称。是凡敛，衣衾必袷，而衣与裳通为一称，禅、袷皆用之。《士丧礼》“襚者以褶，则必有裳”，郑注：“复与禅同有裳乃成称。”《说文》：“复，重衣也。”褶、袭通，《玉篇》：“重衣也。”复与褶衣均为重衣，而褶自为袷，复衣则表里上下相重者均谓之复。陈氏《集说》沿郑注，谓“复衣、复衾，衣衾之有绵纩者”，恐未然。

君之丧，大胥是敛，众胥佐之。大夫之丧，大胥侍之，众胥是敛。士之丧，胥为侍，士是敛。

郑注：“胥，乐官，不掌丧事；胥当为祝，字之误也。《大祝之职》：'大丧，赞敛。'《丧祝》：'卿大夫之丧，掌敛。'《士丧礼》：商祝主敛。"嵩焘案：《士丧礼》：小敛，"商祝布绞衾、散衣、祭服"；大敛，"商祝布绞紟衾衣"。似士敛商祝掌之，士举迁尸而已。《周礼·小宗伯》："王崩，大敛、小敛帅异族而佐。"《职丧》："掌诸侯之丧及卿大夫、士凡有爵者之丧。"《大祝》："大丧，赞敛。"《丧祝》："凡卿大夫之丧，掌事，而敛饰棺焉。"是《周礼》祝莅敛，而小宗伯又有莅大敛、小敛之文，自诸侯以下丧事又掌之职丧。经云"大胥"、"众胥"，似不专言大祝、丧祝之属。吴氏澄云："《周官》大祝以下有胥四人，所谓'大胥'者，大祝之胥也；丧祝之下有胥四人，所谓'众胥'者，众祝之胥也。"郑注《周礼》胥、徒："民给徭役者。"君大夫敛事，不宜一任之胥。胥谓在官之主丧事者，如职丧、丧祝之属是也。职丧、丧祝皆上士，其属有中士四人、下士八人，故谓之"众胥"。下文："君大敛，商祝铺绞紟衾衣，士举迁尸于敛上。"商祝，即丧祝也。士丧之有商祝，盖习敛事者假为之名，不必丧祝之为上士者。胥，所以待事也，正无庸易字为"祝"。

士与其执事则敛。敛焉，则为之壹不食。

郑注："敛者必使所与执事者，不欲妄人亵之。"孔疏："士与其执事，谓平生曾与亡者共执事，今与丧所助敛。生经有恩，死又为之敛，为之废壹食。"嵩焘案：孔疏沿注意，谓《士丧礼》"士举迁尸"为士之朋友来助敛；考之《礼经》而知其不然也。《士丧礼》所记执事者：曰甸人，曰管人，曰祝，曰外御，曰商祝，曰宰，曰夏祝，曰筮者，曰卦者，曰卜人，曰史，各有专执之事。其执事而无主名，曰复者，曰彻衣者，曰摈者，曰错者，曰彻者，曰杝者，曰执豆者，曰命筮者，曰有司。独于大小敛曰

“士盥”，曰“士举迁尸”，而亦谓之“举者”。其后亦曰“士盥举鼎”，曰“士受马以出”，郑注：“此士谓胥徒之长。”同为士，安在一为朋友，一为胥徒之长乎？《说文》：“士，事也。数始于一，终于十。”尽乎事之终始谓之士，则士者，外御、有司之属。君之佐敛者，小宗伯所帅之异族，即宫伯所掌士庶子之在版者也。安得所共执事之朋友为之举尸佐敛？案《周礼·射人》：“大丧，与仆人（举尸敛）〔迁尸〕。”与迁尸似属两事，亦不得以士举迁尸为治敛事。通言士，凡在丧与执事皆可为之敛。《释文》“与音预”，良是。王氏《经义述闻》以为读如字者，误也。

自小敛以往用夷衾。〔夷衾〕质、杀之裁犹冒也。

孔疏：“幠用敛衾，是大敛之衾。自小敛以前覆尸至小敛时，君锦衾，大夫缟衾，士缁衾。用之小敛，敛讫则制夷衾以覆之。其小敛以前所用大敛之衾者，小敛以后停而不用，至将大敛及陈衣，又更制一衾，主用大敛也。所谓大敛二衾者，其夷衾至大敛时所用无文，总入大敛衣内并敛之。”嵩焘案：《士丧礼》“幠用敛衾”，郑注：“大敛所并用之衾。”盖以敛衾无文，大敛衾二亦无文，而小敛云“君锦衾，大夫缟衾，士缁衾”，若独别异之者，因以敛衾属之大敛。据此经之文，证以《士丧礼》，而知其不然也。丧礼，小敛承以衾，悉十九称之衣收合之，用衾一；大敛承以绞，又悉三十称之衣收合之，而于其中用衾二，一覆一荐。大敛之绞五幅，小敛之衾亦必五幅。而夷衾惟取覆尸，故惟小敛之衾得专敛之名。《士丧礼》：始死，“幠用敛衾”；既袭，“设冒，櫜之，幠用衾”，仍前敛衾也。小敛设夷衾，“商祝布绞衾”，乃取敛衾承尸，“卒敛，侇于堂，幠用夷衾”；乃大敛，商祝布绞幠衾二，则所用以覆尸者必夷衾也。经云“自小敛以往用夷衾”，足与《士丧礼》相发明。《士丧》“冒，缁质，䞓杀”，郑注：“上玄下纁，象天地也。”而此云“夷衾质、杀犹冒也”，则覆尸之夷衾亦上缁下赪。以此推之，《士丧》“缁衾赪里”之必为敛衾无疑矣。敛衾以敛，夷衾以覆尸，故特表而出之。自郑注失其义，相沿至今，无有能辨知之者，无怪孔疏惝怳猜测，竟不知夷衾之将以何用也。

君于臣抚之，父母于子执之，子于父母冯之，妇于舅姑奉之，舅姑于妇抚之，妻于夫拘之，夫于妻于昆弟执之。

郑注：“冯之类必当心。”孔疏：君尊于臣，“以手抚案尸心，身不服膺也”。“父母于子执之……‘当心上衣也’。子于父母冯之，服膺心上也。妇于舅姑，‘尊，故奉当心上衣也’。舅姑于妇，亦手案尸心。妻于夫拘之……‘微引心上衣’，‘轻于冯，重于执也’。夫于妻于昆弟……‘亦执心上衣也’。”嵩焘案：《士丧礼》：“君坐抚，当心。”以手抚之宜当尸心，尊临卑之义也。奉者从旁承其袂，执则探其手执之，拘又加以力持，冯者以身倚尸而哭。抚之、奉之、执之、拘之、冯之，以为轻重之节。郑以“冯之类必当心”。当心者，不及心以下。而奉之、执之、拘之以相持为义，盖即袸袪执手之意；冯则倾身以冯之。疏并以“心上衣”为说，然则五者之事一而已，于文亦为不类也。

君为庐，宫之。大夫、士，襢之。既葬，柱楣，涂庐不于显者，君、大夫、士皆宫之。

郑注：“宫，谓围障之也。襢，袒也。”嵩焘案：《丧服传》：“居倚庐，既虞，翦屏柱楣。”《尔雅》：“楣谓之梁。”《书》“高宗谅阴”，古作“梁闇”，谓以一梁倚寝门外壁支之，无楹柱，故亦曰“倚庐”。既虞，加柱承檐，曰“柱楣”。案：郑注《丧服传》：“柱楣，所谓谅闇。”恐未尽。云“剪屏”者，蔽草为屏，至是剪而涂之。是士丧倚庐有屏，不宜大夫袒露。《周礼·小胥》“王宫县”，郑〔司农〕注：“（官）〔宫〕县，四面县。”倚庐，惟君四面皆障，大夫士倚墙者不障，——禫者，内禫也。案：《周礼·稻人》：“丧纪，共其苇事。”《泽虞》：“丧纪，共其蒲苇之事。”而《掌舍》、《幕人》、《掌次》无共丧纪之文。倚庐之障，盖亦蒲苇之属，疏云君“庐（外）〔次〕以帷幛之，如宫墙”，亦恐未然。下云“君、大夫、〔士〕皆宫之”，杜楣支檐，四面垒土为墙，不复禫后矣。两云“宫之”，义自明显。

禫而从御，吉祭而复寝。

郑注：“从御，御妇人也。”嵩焘案：疏引杜预以为“从御谓从政御职事”；郑意以练而君谋国政，大夫、士谋家事，故此不当以政事言之。“禫而从御”，公私行役一复其常也。蔡邕《独断》云：“凡衣服加于身，饭食（适）〔入〕[①] 于口，妃妾接于寝，皆曰御。”从御者，尽乎事役之辞也。复寝而后居处悉复其常。未及吉祭，居处犹不敢复常也；而凡人事无不可服从矣。未复寝，则犹在垩室中，而云“御妇人”，非也。

公之丧，大夫俟练、士卒哭而归。

郑注：“此公，公、士、大夫有地者也。其大夫、士归者，谓素在君所食都邑之臣。”嵩焘案：经言“大夫、士”，皆浑言之，有贵戚之大夫，有众大夫；有左右近习之士，有庶士。左右近习之士，其礼视大夫，上文“大夫、众士食粥，士疏食水饮”是也。《周礼·宫正》：“大丧，授庐舍，辨其亲疏贵贱之居。”亲疏贵贱，

①据四库本改。

等差各别，疑此与《杂记》各据一端言之。

大夫士，父母之丧，既练而归；朔月忌日，则归哭于宗室。

郑注："归，谓归其宫也。"孔疏："大夫士，谓庶子为大夫士。适子则终丧在殡宫。"嵩焘案：此为兄弟异居者言之。上文："凡非适子，未葬于隐者为庐。"是既葬，当各就其家为庐，不于适子之室终丧。此云"大夫士"，则庶子中之贵者，又异于众庶子，必及练而后归就其家为垩室。郑云"命士以上父子异宫"，谓同居而异宫者。疏故谓"适子终丧在殡宫"。诚然，必为适子而后有三年之丧，庶子既练而复寝，礼意恐必不然。

君退，主人送于门外，拜稽颡。

郑注："迎不拜，拜送者，拜迎则为君之答（已）〔己〕。"嵩焘案：《曲礼》："凡非吊丧，非见国君，无不答拜者。"是吊丧无答拜之礼。《士丧礼》大夫士吊者皆不迎，惟君命出迎，不拜。盖凡拜迎者，宾、主人之礼也。丧事不敢以礼接人；宾未致辞，则亦不知其为吊否也。既成礼而出，固已受其吊矣，其拜送也，犹行宾主之礼也。虽其于君也亦然，故不拜迎而拜送。注意恐失之。

其君后主人而拜。

郑注："将拜宾，使主人陪其后而君前拜。不俱拜者，主人无二也。"嵩焘案：《曲礼》："大夫于其臣，虽贱必答拜之。"大夫之臣视大夫，犹君也；而大夫不敢以君礼自处。是以君吊，即位阼阶；大夫即位堂下，当阼阶而立而不敢升阶，辟国君也。君为大夫拜宾，大夫亦为其臣拜宾，为之主而犹使主人拜，亦以辟国君也。拜宾者，主人也。大夫不敢专主也，而犹为之拜于其臣，则君道也，有受吊之义焉。案：礼凡受吊必拜，《丧服小记》“大夫吊，虽缌必稽颡”是也。此大夫、君子变礼，可以义起者也。注意似于文未顺。

君殡用辅，欑至于上，毕涂屋。大夫殡以帱，欑至于西序，涂不暨于棺。士殡见衽，涂上，帷之。

郑注：“天子居棺以龙辅，欑木题凑象椁，上四注如屋以覆之。诸侯辅不画龙，欑不题凑象椁。其他亦如之。大夫之殡废辅，置棺西墙下，欑其三面；涂之不及棺者，言欑中狭小，裁取容棺。”嵩焘案：《檀弓》“天子之殡也，菆涂龙辅以椁，加斧于椁上，毕涂屋”，与此节文义正相承。注意分析甚明，而情事有未尽合者。《说文》：“欑，积竹杖。一曰丛木。”与菆涂同义，盖取以护棺而加涂其上。“欑至于上”，谓四面环而向上。“欑至于西序”，谓缺其西，一面负序，三面周而讫于序。四面象椁，收合其上，则四阿垂而象屋。三面不能为椁，而横径西序必平其上，亦不能为屋。“涂不暨于棺”，谓其西负序不涂，所涂者不周棺也。《士丧礼》：“掘肂见衽。”士盖下棺于地，涂及棺盖而止。此以繁简之节、高下之差明殡视涂之等。郑谓诸侯不象椁，大夫“欑狭小，裁取容棺”，皆非经旨。

又案：《士丧礼》：“掘肂，棺入。升棺，用轴。”“迁于祖，用轴。”两言“用轴”，一在始升棺时，一在将葬迁祖庙时，文义正相承。其后柩行，惟言“祖还车”。还车者，即还朝祖之车以向外也。是以商祝饰柩设披，直云“饰柩”而已，更不言及柩车。盖古者天子棺四重，诸侯三重，大夫再重，士一重，其质重，尸入而使即安，不宜数震动之，故自未敛时升棺用轴，以达于葬。用轴者殡车也，加饰焉曰葬车，自君、大夫、士皆然。《诗毛传》“龙盾之合”云：“画龙其盾，合而载之。”盾者车蔽，郑注《仪礼》："诸侯以上有四周谓之辎。"即车栏辎也。《檀弓》："天子龙辎椁帱，诸侯辎而设帱。"椁帱者，四周如椁冒辎上。诸侯覆辎而不周；大夫废辎，惟设帱，帷者所以御涂。而此云"大夫殡用帱"，明无车辎之覆其旁，惟恃帱为蔽而已。殡用帱，葬用素锦褚，其义一也。下文"君葬用辎，大夫葬用辎，士葬用国车"，郑注："大夫废辎。此言辎当为辁，声之误。辁或作团，是以文误为国。"然则士之用辁，即䡅轴也。殡车、葬车但加饰，不易车，《礼经》之文甚明。注谓"大夫之殡废辎，置棺西墙下"，竟似大夫无殡车者，非也。

熬，君四种八筐，大夫三种六筐，士二种四筐；加鱼腊焉。

郑注："将涂，设于棺旁，所以（感）〔惑〕蚍蜉，使不至棺也。"嵩焘案：《檀弓》："明器，鬼器也；祭器，人器也。"《士丧礼》："饰柩。陈明器：苞二，筲三，瓮三，甒二。"所谓人器也。鬼器以寓思亲之意，故凡用器皆虚设之。人器以达其哀亲之情，故凡食器皆实陈之，为不忍死者之不食而为之备物以奉之，所以为孝子无已之情也。其葬而加隆者，殡在堂，犹有朝夕之奠存焉；至葬而遂已也。郑注《仪礼》亦云："熬，所以惑蚍蜉。"诚然，而置熬柩旁，适足以引蚍浮而已。古今事异，要可以情势揣测之。注意恐未然。

齐五采五贝。

郑注："齐象车盖蕤，缝合杂采为之，形如瓜分然，缀贝络其上及旁。"孔疏："齐五采五贝者，鳖甲上当中形圆如车盖，高三尺，径二尺馀；缝合五采缯，行列相次，如瓜内之子，以穰为分限；又连贝为五行，交络齐上也。"嵩焘案：注以齐为车盖蕤缀贝络其上，是谓五采、五贝专饰荒也。孔注《论语》“摄齐”云：“衣下曰齐。”郑注《曲礼》“去齐尺”云：“裳下缉也。”似凡下缉曰齐。帷荒相连，又有纽结之，不得云齐。经云“素锦褚，加帷荒，齐五采五贝”，盖谓帷荒之下，并以五采丝贯五贝垂下为饰。《周礼·弁师》“五采玉十有二，瑎玉三采”，文义并与此同。其以贝不以玉者，丧礼惟含用玉，饰器不以玉也。帷荒皆布系贝以垂于四旁之下，亦所以重之，使不轻飏耳。

士戴前纁后缁，二披用纁。

孔疏：“戴当棺束，通两边为四戴。二披用纁，通两旁则亦四披也。”嵩焘案：大夫、士丧制有等，而棺皆二衽二束，束左右有戴以系结于车，故同为四戴，而稍屈其披以明等。盖披所以引棺，大夫之棺再重，士棺一重，轻重原自不同。君、大夫、士戴、披同色。士戴前纁后缁，而二披用（缁）〔纁〕，则知前有披而后无披也。戴以维棺，披以引棺，二者异用，不必适均，疏意似属添设。

凡封，用綍，去碑负引。君封以衡，大夫士以咸。

郑注：“凡柩车及圹，属绋于柩之缄，又树碑于圹之前后，以绋绕碑间之鹿卢，挽棺而下。衡，平也。君以木横贯缄耳，居旁持而平之。”嵩焘案：郑注《檀弓》：“丰碑，形如石碑，于椁前后四角树之。穿中间为鹿卢，下棺以绕繂。天子六繂四碑，前后各重鹿卢。诸侯下于天子，斫之形如大楹。四植谓之桓。”据《说文》：“桓，亭邮表也。”徐氏《系传》：“表双立为桓。”郑云“四植”，徐云“双立”，立植义同。桓楹象楹，则二植也。贯木其上，用綍转鹿卢以引棺，持引面向外，力注于引，谓之“负引”。去碑者，远碑以辨急舒之节也。《释名》："棺束曰缄。"棺束上施缄耳，在车以系戴，下棺以贯绋。君则别以组贯之左右束而上系木，横于棺上。曰"以衡"者，拘之使平也。君四绋，则前后二衡。大夫士二绋，通上下二束而连贯之，故曰"以缄"。束纽在棺旁，则绋之结于束者亦当在棺旁。四碑、二碑，皆左右对立。凡窆，必由圹道引棺悬而下，天子阙地通路曰隧，其不能树碑圹之前后明矣。又云君封"以木横贯缄耳，居旁持平"，诚然，则直贯之而已，亦不得云"衡"也。

君里椁虞筐，大夫不里椁，士不虞筐。

郑注："里椁之物、虞筐之文未闻。"嵩焘案：上文："君里棺用朱、绿，大夫里棺用玄、绿。"此"里椁"当与"里棺"同义，谓椁内之饰。筐与匡同。《檀弓》："蚕则绩而蟹有匡。"蟹之外甲曰匡，竹筐之盛物者亦取匡为义。《诗毛传》："方曰筐，员曰筥。"故于椁方以筐言之。虞筐，谓椁外之饰也。虞者，营治之言。惟君之椁内外皆治。《檀弓》"柏椁以端"，即虞筐之意。

礼记质疑卷二十三

祭法

有虞氏禘黄帝而郊喾，祖颛顼而宗尧；夏后氏亦禘黄帝而郊鲧，祖颛顼而宗禹；殷人禘喾而郊冥，祖契而宗汤；周人禘喾而郊稷，祖文王而宗武王。

郑注："此禘，谓祭昊天于圜丘也。祭上帝于南郊曰郊，祭五帝、五神于明堂曰祖、宗。有虞氏以上尚德。禘、郊、祖、宗，配用有德者而已。自夏以下，稍用其姓（氏）〔代〕先后之次。郊祭一帝而明堂祭五帝，小德配寡，大德配众，亦礼之杀也。"嵩焘案：《汉书·韦玄成传》："祭义曰：'王者禘其祖自出。'言始受命而王，祭天以其祖配。"《史记·封禅书》论郊祀，亦引《论语》"或问禘之说"。是西汉诸儒以禘合郊为祀天。《虞书》"受终于文祖"，马融注："文祖，天也。"郑注："文祖，谓五府之大名，犹周之明堂。"故于此并禘、郊、祖、宗四者皆统于祭天。盖三代王者严事天，而礼之黩自东周始。《史记》称周东徙雒，秦襄公列为诸侯，作西畤，祀白帝，其后文公作鄜畤，郊祭白帝焉；至宣公，作密畤渭南，祭青帝；灵公作吴阳上畤祭黄帝，作下畤祭炎帝；献公又作畦畤栎阳，礼白帝，而雍四畤上帝为尊。案：四畤，谓鄜畤、密畤、上畤、下畤，盖即五帝之遗。而秦制三年一郊，常以十月郊见，通权火，合祀之。汉（三）〔二〕[①]年，高祖立北畤，祀黑帝，为雍五畤。其后武帝立泰一祠坛，亲郊日泰畤，而五帝为佐；令奉高作明堂汶上，祠泰一、五帝于明堂，如郊礼。而史言苌宏以方事周灵王，明鬼神事，周人言方怪者自苌宏。秦时雍旁有美阳武畤，雍东有好畤，或言黄帝时常用事。是东周以来郊无常祀，由苌宏以方怪乱之，而秦之祀天为尤黩矣。《汉书》称武帝元鼎五年冬至，立泰畤甘泉，亲郊见；太初元年十一月甲子朔冬至，祀上帝于明堂。而自元封五年、太初四年，祀高祖于明堂以配上帝，更祀孝景皇帝于明堂。至成帝建始二年，始用匡衡议，郊祀长安南郊，罢雍五畤。案：《汉书·郊祀志》："祠太一，五帝于明堂，合高帝祠坐对之。"服虔曰："汉是时未以高帝配天，故言对。"其后元始三年，王莽奏言："文帝起渭阳五帝庙，祭太一，以太祖高皇帝配。武帝立太一祠甘泉，亦以高祖配。"似当时并无配祀之文，至王莽以日冬至使有司奉祠南郊，高祖配。武帝时独有明堂配帝之祀，王莽之言"太一"者，即明堂也。太一祠始于武帝。据此，文帝时已开其端。后汉建武二年，制郊兆于雒阳城南，采元始中郊祭故事，以高祖配。明帝永平二年，祀五帝于明堂，光武帝配。章帝元和二年，东巡至泰山，宗祀五帝于汶上明堂，光武帝配；又告祠高祖、太宗、世宗、中宗、世祖、显宗于明堂。历数百年，而后祀天及上帝之礼，始稍准古定制，而亦时有出入焉。郑氏注礼，多依东汉制度，以求上合古义。光武喜谶纬之学，一依纬书命祀，于是有五帝之名：青帝曰灵威仰，赤帝曰赤熛怒，黄帝曰含枢纽，白帝曰白招拒，黑帝曰汁光纪。郑注《周礼》屡引之，亦汉制然也。其注《大司乐》天神、地祇、人鬼："三者皆禘大祭"。《郑志》答赵商，亦言禘者祭名，天人共云。盖自周秦以来，祭天典礼领于祠官者，纷纭繁变而未

①据《史记·高祖本纪》及《封禅书》改。

有定。《国语》多连“禘郊”为文，亦云“禘郊不过茧栗”；《王制》固曰“祭天地之牛角茧栗”：郑氏以禘为祭天之名，固亦有本。案：经传言郊，多举配祀言之。《尚书大传》：舜入唐郊，丹朱为尸，郊者喾也。《左传》晋祀夏郊，董伯为尸，郊者鲧也。《周语》：“禘郊之事，则有全烝；王公立饫，则有房烝。”祭天，燔燎而已；升俎者，稷，牲也。《国语》连“禘郊”为言，正谓帝喾及稷追崇之礼。未宜据《国语》之文，遂并禘、郊为祀天也。而以圜丘之祀属之禘，谓主北斗，别为南郊祭感生帝之说，证之《礼经》，实无其文，盖沿周秦祀天之黩礼而失之者也。

又案：《丧服小记》、《大传》两言“王者禘其祖之所自出，以其祖配之”，并述宗庙之制。《史记》纪五帝世系，一依《大戴记·帝系》之文，其流传盖远，此经言禘法，与《帝系》之文正合；即诸经之言禘其祖之所自出，亦足互相证明。尧与舜同祖黄帝，而尧之先玄嚣降居江水，舜之先昌意降居若水。推原所出而禘，黄帝不得称祖，而祖喾以为有天下之始。《史记》：“舜受终于文祖。”固曰：“文祖者，尧太祖也。”案：马、郑以文祖为天，其原亦出周秦诸儒。史公于此辨明之，所见自出汉世诸儒之上。舜承尧有天下，不能遂废尧祀，于是推喾以配天，而自以世系祖颛顼，而奉尧为宗，明天下之统之有由受也。《尚书》又曰：“受命于神宗。”神宗者，尧也。禹有天下而宗舜，犹舜之宗尧也。启以后之宗禹，则三代家天下者之法也。其称“祖”，则必先祖之始受命者。《穀梁传》曰：“始封必为祖。”舜、禹之祖颛顼，殷祖契，周祖稷，其义一也。而后稷以始祖配郊，周人于此制义尤精。自夏殷袭虞制，郊其所亲，非推本所出以配天之义。程子曰：万物本乎天，人本乎祖。本所自出以祖配天，未宜援亲与功以示尊也。文武二世室之祖宗与太祖同不祧，又与夏殷之称祖义别。传曰：“周公郊祀后稷以配天，宗祀文王于明堂以配上帝。”案《周礼·大宗伯》：“以禋祀祀昊天上帝。”而《掌次》云：“大旅上帝，朝日祀五帝。”《司服》云：“祀昊天上帝，则服大裘而冕。祀五帝亦如之。”是上帝与五帝别。《典瑞》：“以祀天，旅上帝。”是天与上帝别。《大司乐》冬至圜丘降天神，天也；《月令》季秋飨帝，上帝也；《小宗伯》“兆五帝于四郊”，则五帝之祀也。郑注《典瑞》：“上帝，五帝所郊。”注《大宗伯》引郑司农云：“昊天，天也。上帝，玄天也。”并天与上帝，五帝为一，恐误。宗祀文王，为周公言也，周之创制也。东周以后，因东都明堂之旧并祀文武，《左传》所谓“天子有事于文武”，是也。记礼者汇次以为之说，四者之祭，历代各有取义，不必强而同之。郑注《丧服小记》：“始祖感天神灵而生。”注《大传》：“王者之先祖，皆感大微五帝之精之生。”遂以郊祀之天为感生帝。《生民》之诗曰：“履帝武敏。”因是有姜嫄履拇之说。《商颂》曰：“天命玄鸟。”因是有简狄吞卵之说。诗人之言，明天命之有自来也。殷周之祖之所自出，訾也，岂曰感生自天哉？自苌宏明鬼神以诱惑末世之人心，流传诬谬，遂至于此，汉儒传经者乐据之以为说，而感生帝之名以立，王肃辨之，允矣。今但据经以明其义，于诸儒聚讼之言，略而不论。黩天诬经，实周秦间儒者为之也。

又案：《觐礼》：“为宫方三百步，四门。坛十有二寻，加方明于其上。天子拜日东门外，反祀方明。礼日南门外，礼月与四渎北门外，礼山川丘陵西门外。祭天，燔柴。”盖古巡狩，朝觐诸侯，祭天而及四方，《虞书》所谓“柴，望秩于山川”是也。《周礼·司仪》：“将合诸侯，则令为坛三成，宫，旁一门。”是凡朝觐，临事为宫，司仪掌之。周公营东都，建明堂，为朝会诸侯之常所；而“宗祀文王以配上帝”，即《虞书》巡狩、柴望之礼；而配以文王，以明周有天下之始。传曰：“严父莫大于配天。”武王有天下，推原所自出而尊稷以配天，而文王无配天之祀。周公建明堂，而奉之以配上帝，此周公之创制也详见《明堂位》。方明以统四方，方各以其色；四方之诸侯，各就其方之旂以立。证以《礼经》之文，并无明堂祀五帝之说。秦汉之世，五帝各为畤。武帝始立泰畤祠泰一，而以五帝为佐；其后立明堂汶上，以高祖配。盖其时雍五畤即郊祀高祖，惟配明堂不配郊，亦因郊祀五帝各为畤，而通祀之配位无所施也。武帝立泰畤而雍五畤并存，乃因泰畤之制以立明堂，去古既远，展转以求合于礼，亦变而必通之势也。东汉始以高祖配郊，以光武配明堂，其制为稍近古，而明堂合祀五帝，则亦汉制然耳。注言“小德配寡，大德配众”，盖谓周人以稷配郊，稷始封周，谓之“小德”；以文王配明堂，文王始有天下，因谓之“大德”，援汉制以定明堂之合祀五帝，而以文王之祀明堂为“大德配众”，反谓稷之配郊为“小德”，于礼亦为牾矣。

燔柴于泰坛，祭天也；瘗埋于泰折，祭地也。

郑注：“坛之言坦也。坦，明貌。折，照晢也。必为照明之名，尊神也。”孔疏：“《礼器》云：‘至敬不坛。’此云燔柴于泰坛者，谓燔柴在坛，设馔在地。”嵩焘案：注意通折为晢。据《玉藻》“折旋中矩”，方曰矩，折者四折而方也，正与《大司乐》圜丘、方丘之义合。《礼器》：“因天事天，因地事地。因名山升中于天，因吉土以飨帝于郊。”吉土者，地自然生，《尔雅》所谓“非人为之丘”是也。其云“至敬不坛，扫地而祭”，不坛谓因丘为之，异于诸祠之坛场也。六变之乐、《云门》之舞，奏之圜丘；八变之乐。《咸池》之舞，奏之方丘：其地广大。可知郑谓“封土为祭处”，封犹《周礼》之封域，制其四疆而圜方之。《史记·封禅书》：荐五畤，畤加一牛，以燎；祠后土，为五坛，坛一黄犊，太牢具，已祠尽瘗；其泰一祠坛，杀一狸牛，已祠，皆燎之。西汉去古未远，燔、瘗二者之礼。当有所本。燔柴，即所以祭天；瘗埋，即所以祭地。《礼器》疏云：“燔柴坛上。燔柴讫，扫地坛下而设正祭。”即此之云“设馔在地”也。是则燔柴、瘗埋之外别有祭，泰坛、泰折之外别有祭之地也。经意恐未然详见《礼器》。

埋少牢于泰昭，祭时也；相近于坎坛，祭寒暑也；王宫，祭日也；夜明，祭月也；幽宗，祭星也；雩宗，祭水旱也。

郑注：“时，四时也，亦谓阴阳之神也。埋之者，阴阳出入于地中也。凡此以下，皆祭用少牢。‘相近’当为‘禳祈’，声之误也。寒暑不时，则或禳之，或祈之；寒于坎，暑于坛。‘宗’皆为‘禜’，字之误也。”孔疏：“《周礼·大宗伯》不见祭四时、寒暑、水旱。《周礼》岁时常祀；此经所载，祈祷之礼也。”嵩焘案：王肃《尚书》注引此以释“六宗”，于义为近。然“六宗”唐虞之制；《戴记》所述，周制也，亦颇杂以秦制。“六宗”自为日月星辰，而以鸟、火、虚、昴四中星分主四时。唐虞治历，命曰“六宗”，历三代而日星行度复有推移，遂废中星之祭，此不得为“六宗”明矣。《周礼》四时有迎气之祭，《小宗伯》所谓“兆五帝于四郊”是也。无瘗埋之礼。《史记·封禅书》：“雍四畤四仲之月祠，黄犊羔各四，皆生瘗埋，无俎豆。”意或秦制如此。“相近于坎坛”，《孔丛子》作“祖迎于坎坛”。案：此王肃所本。臧氏琳云：孔安国《书传》、《孔子家语》、《孔丛子》三书，并出肃手。据《周礼·籥章》，“中春昼逆暑，中秋夜迎寒”。逆暑当送寒，迎寒当送暑，寒暑有迎送，无禳祈。《祭义》：“祭日于坛，祭月于坎。”《大戴记》：“春朝朝日，秋暮夕月。”韦昭注《国语》：“春分朝日，秋分夕月。”郑注《玉藻》亦云：“朝日，春分之时。”似逆暑于朝日为近，迎寒于夕月为近。《祭义》亦云：“祭日于东，祭月于西。”中春逆暑，亦当在东；中秋迎寒，亦当在西。故曰“相近于坎坛”。坎坛者，日月之兆也。逆暑迎寒，击土鼓，吹《豳》乐，通民俗为之，不别为坛。举“坎坛”以见逆暑、迎寒东西之分也。《月令》“仲（春）〔夏〕大雩帝”，郑注：“吁嗟求雨之祭也。”桓五年《左传》：“龙见而雩。”《说文》故以为“夏祭乐于赤帝”。与《太祝》六祈之因事设者自别。疏意专主“祈祷之礼”，非也。《说文》：“禜，设锦蕝为营，以禳风雨雪霜、水旱厉疫于日月星辰、山川。”雩、禜同为水旱之祭，而雩者常祭，禜者祈禳之祭。郑读宗为禜，是雩、禜相重为文。而如《左传》所云：水旱厉疫。禜祭山川；雪霜风雨之不时，禜祭日月星辰，——则是四者皆为禜祭，经义恐不然也。

其万物死皆曰折，人死曰鬼，此五代之所不变也。七代之所更立者，禘、郊、祖、宗；其馀不变也。

郑注：“五代，谓黄帝、尧、舜、禹、汤，周之礼乐所存法也。七代，通数颛顼及喾也。少昊氏修黄帝之法，后王无所取焉。”孔疏：“黄帝以下七代所变易而立者，禘郊及宗祖也。除此外，其馀社稷山川五祀之等，不改变也。”嵩焘案：圣人言礼专及三代，为近而可征也。《明堂位》凡四代之服、器、官，兼有虞氏言之，唐虞道一也。故唐虞可合四代为三，黄帝、尧舜不能舍周而合二代为五，疏于此与注亦有异同。而郑于七代兼数颛顼及喾，而云“少昊氏修黄帝之法，后王无所取”，则颛顼亦修黄帝之法者，何以并及之？自帝喾以前，典章制度皆无可征，此云“五代”、“七代”，必非通言黄帝、颛顼、帝喾历代之制明矣。人死曰鬼，不能等诸万物之自化，因而有五代之祭。案：“人死曰鬼”下即接云“五代之所不变”，此意当微会。王者立七庙，而禘、郊、祖、宗之礼行焉。虞、夏、殷、周，各有取义，不能无所变更，故曰“更立”，《丧服小记》：“王者禘其祖之所自出而立四庙。”四庙者，考庙、王考庙、皇考庙、显考庙。合之祖考庙，则五代也。鬼有所归，是以体魄亡而精气自还之天地。孝子慈孙用其凄怆怵惕之情，合漠以通之，反本复始而祭以行，本其所亲而有昭穆之序，推原其所自始而有祖，此五代之庙制，皇古以来沿而不变者也。王者又通其变而立二祧，于是有七庙之制。虞夏之禘黄帝，殷周之禘喾，本其祖之自出，不以时代论也。虞之郊喾，于尧为祢；夏之郊鲧，于禹为祢；殷之郊冥，于汤九世；周郊稷，于武王十五世，周之太祖也。虞夏祖颛顼，于舜七世，于禹三世；殷祖契，于汤十四世，殷之太祖也。而始受命有天下，皆称“宗”。夏之传十七，殷之传三十，周之传三十有七。四者之祭既立，遂成为一代之制。曰“更立”者，始立七庙，从而为之制，而禘、郊、祖、宗有在七庙之中者，有在七庙之外者。其四世昭穆之序，与所推原以为太祖者，则亦无能有所变也。“其馀”云者，即上“五代之所不变也”。疏云“社稷山川五祀之等不改变”，则下明言“厉山氏之子曰农，夏之衰而周弃继之”，是社稷之祀有改变矣。山川之祀尤各不同。此节文义，用以引起下文，合下节读之，其义自显。

曰考庙，曰王考庙，曰皇考庙，曰显考庙，曰祖考庙，皆月祭之。远庙为祧，有二祧，享尝乃止。

郑注：“祖，始也。”孔疏：“‘祖考庙’者，祖，始也。远庙，谓文武庙也。文武庙在应迁之例，特为功德而留，故谓为祧。”嵩焘案：王氏《经义述闻》：“《祭法》之祖考庙，与《王制》大祖之庙不同：《王制》太祖之庙，谓始祖，庙之不祧者也；《祭法》祖考庙，谓显考之父，（之庙）〔庙之〕亲尽则祧者也。其曰……‘远庙为祧’，则祖考庙乃庙之不远者，其为显考之父之庙无疑。二祧者，一为祖考之考，一为祖考之王考。”“郑注以祖考为始祖，孔疏以二祧为文武之庙，‘去祧为坛’为高祖之父，‘去坛为墠’为高祖之祖，皆与记文次序不合。……议礼之家各记所闻……故《祭法》与《王制》不同。”王氏之说是也。然七庙之中无太祖庙，周制不应尔。据经文，王立七庙，诸侯立五庙，大夫立三庙，为始为天子、诸侯、大夫者言也。《王制》所言天子七庙，三昭三穆与太祖之庙而七，典祀之常也。此经所言，建置之制也。贾公彦《守祧》疏：“当周公制礼时，文武在四亲庙之内，不得为祧而已立其庙；至后文武应迁而不迁，乃为祧也。”足与此经相发明。经意通论庙制，固不为周言之，而贾氏径以文武世室当二祧，于古七庙之制，尤有不能合者。王者功德为盛，高祖亲尽，不敢遽废其祭也，别为祧庙以处之；而昭穆二祧，各以新入者主其祭，而以次纳主于寝，故通四亲庙为三昭三穆。文武之为世室，百世不祧者也，安得反以祧名哉？始立七庙之二祧，固远于祖，而自考以上，皆非有功德受命为天子诸侯者；其终也，由祧而为坛、为墠，则皆废其祭焉。而奉始有天下者为太祖，而后二祧之主之藏于寝者，乃得合食于太祖，而不复远之为鬼。案：始立二祧，在祖庙之前。祖庙亲而祧庙远，故一祧而止，而以次迁之坛、墠。既正太祖之名，则二祧降而从三昭三穆之列，而凡太祖以下之子孙皆祧。祖庙尊，而二祧之主可以从祖合食，故凡祧主皆藏于寝，而以新人者从昭穆之班以主二祧之祭，此七庙之制之确不可易者也。经云“去祧为坛”，盖去祧而奉其主于坛。再传而除坛为墠，则并主瘗之，非如周世先王先公传国久远，因而有祫禘之礼，自不窋以下之祭，皆得合食太祖而不能废也。郑注：“天子诸侯为坛墠，所‘祷’谓后迁在祧者。既事，则反其主于祧。鬼亦在祧，顾远之于无事，祫乃祭尔。”信尔，则固岁有事焉，何得云“有祷而后祭之”？且如成、康，在西周之世已沦为鬼矣；王者崇德报功以事其先，亦岂若是之简哉！《王制》、《祭法》之文，实互相备，注家自不达其义耳。案：《礼》无月祭之文。《月令》仲春献羔开冰，季春荐鲔，孟夏尝麦，仲夏尝黍羞含桃，孟秋尝穀，仲秋尝麻，季秋尝稻，季冬尝鱼，《士丧礼》所谓“荐新”也。月皆有事焉而不及远庙，知荐新之祭之即为月祭也。

坛墠，有祷焉祭之，无祷乃止。

郑注：“鲁炀公，伯禽之子也，至昭公、定公久已为鬼，季氏祷之而立其宫，则鬼主在祧明矣。惟天子诸侯有主禘祫。大夫有祖考者亦鬼其百世，不禘祫，无主耳。”嵩焘案：《周礼》：大宗伯祷、祠、肆、仪为位，凡天地之大灾类宗庙社稷为位，而“都宗人掌都祭祀之礼”，“家宗人掌家祭祀之礼，国有大故，皆令祷祠”，是自天子、诸侯、大夫、士，宗庙皆有祷祠，而可以上及其远祖。《说文》：“坛，祭坛场也。”“墠，野土也。”郑注：“封土曰坛，除地曰墠。”坛场于郊，墠于野，远祖之祷祀以次及于野外，鬼所依也。远之为鬼，则精气不足以相接，并祷祀不及之矣。此祷祭与《周礼》宗庙之祷祀，事同而义各别。以此之为坛墠者，其主已不在庙也。郑云“鬼主在祧”，甚误。又因大夫显考、祖考并为坛，遂谓之“无主”，盖用马融说。《特牲馈食礼》注：“祝在左，当为主人释辞于（主）〔神〕[①] 也。”其注《士虞礼》云：“特牲少牢当有主象，而无，可乎?”是大夫以下无主之说，郑意亦不谓然，徒以大夫显考皆无庙，又不得有祧，意其无主耳。疏云“鬼者祷祠亦不得及，惟禘祫乃出”，未达经义而以意拟合之，其惝宜矣。《祭法》通言其义，注家一沿周制为说，自生轇轕。

诸侯立五庙。

①据阮元《校勘记》改。

郑注："诸侯无祧，藏于祖考之庙中。《聘礼》曰：'不腆先君之祧。'是谓始祖庙也。"嵩焘案：《王制》："诸侯五庙，二昭二穆与太祖之庙而五。"如伯禽封鲁，不能上祖文王，惟奉周公为考庙。至五世厉公而后周公为太祖。至六世献公，伯禽以始君鲁不能祧，乃立为世室，《明堂位》所谓"鲁公之庙，文世室也"。自考公以下祧主，皆藏鲁公庙。康叔封卫，不能上祖文王；奉康叔为考庙，至五世靖伯而后康叔为太祖，考伯以下祧主皆藏康叔庙。此其例也。《祭法》"诸侯立五庙"，如太公封齐，得立五庙；亲尽则祧，而祧主无祖庙可入则迁之坛，至五世哀公而后太公为太祖，丁公以下祧主皆藏太公庙。此其例也。案：庙制历三代而始详，太公封齐，未必遽有四代之祭。记礼者推原三代礼制，为后世示之程，其意固是如此，亦不必强三代之制以求合也。凡庙，四而已。而天子立七庙，由四亲庙上逮祖考庙及二祧。诸侯亦立祖考庙，盖先为之制，而后始受命者得以正其名。天子二祧，其始五世，亲尽则祧，而犹专为之庙，不敢遽废四庙以上之祭，以明功德之盛也。故祧远于祖，既正太祖之名，则二祧亦备三昭三穆之数，而凡入祧之主皆得有祭焉。故祧统于祖。诸侯不立祧，始自祖考以上无祧而径为坛。天子立二祧，始自祖考以上由祧而之坛；祖考以下乃各从其昭穆之祧，以待合食于祖庙。《周礼·（掌）〔守〕祧》："掌守先王先公之庙祧。"五庙二祧，为天子七庙之常制，其必别为一庙，而非文武之世室明矣。郑注"诸侯无祧，藏于祖考之庙中"，盖从其后言之，非诸侯始立五庙之义也。案：五庙二祧，说本韦玄成、刘歆，谓天子本七庙，加二祧为九庙；并以二祧当文武二世室。郑注《周礼》："迁主所藏曰祧。先公之迁主，藏于后稷之庙；先王之迁主，藏于文武之庙。"文武世室，百世不祧，反因迁主所藏而谓之"祧"，非所以为名矣。文武之祭上同太祖，视殷三宗且有辨，不当在七庙常制之列。知文武世室之不得为祧，而后二祧之义乃可得而详也。

王为群姓立社曰大社，王自为立社曰王社。诸侯为百姓立社曰国社，诸侯自为立社曰侯社。大夫以下成群立社曰置社。

孔疏："大社在库门内之右，故《小宗伯》云'右社稷'。王社在耤田，故《诗·颂》云春耤田而祈社稷是也。诸侯国社亦在公宫之右，侯社在耤田。"蒿焘案：《周礼·大司马》"以蒐田，献禽祭社"，郑注："祭社者，土方施生也。"《封人》："掌王之社壝，为畿封而树之。"《肆师》："凡师甸用牲于社。"《大祝》："大师，宜于社；及军归，献于社。大会同，宜于社。"《（大师）〔小祝〕》："有寇戎之事，保郊，祀于社。"《大司马》亦云："若师有功，献于社。"《郊特牲》："社者，所以神地之道也。"《大宗伯》"以黄琮礼地"，《大司乐》"方丘"、"出地祇"，即此社而已；《大宗伯》"王大封，先告后土"，《（肆师）〔大祝〕》"建邦国，告后土"，亦此社而已。《夏书》："弗用命，戮于社。"《召诰》："乃社于新邑。"《王制》："天子将出，类乎上帝，宜乎社；诸侯将出，宜乎社。"《礼运》："祭天于郊，祀社于国。"《左传》庄二十五年："日有食之，鼓、用牲于社。大水，鼓、用牲于社、于门。"昭十八年："郑为火故，大为社。"定四年："君以军行，祓社衅鼓。"《诗·小雅》"以社以方"，毛传："社，后土也。方，迎四方气于郊也。"《大雅》"乃立冢土"，毛传："冢土，大社也。"是凡建国必立之社，自三代皆然。《史记》称禹兴而修社祀，汤伐桀迁夏社，不可社一而已。禹曰夏社，商曰亳社，周公营洛曰洛社。先代之社则屋之，《郊特牲》所谓"丧国之社屋之"是也。《义疏》："社有与郊对举者，禋祀之礼也；有与稷并称者，血祭之礼也。"天神之祀有配，故稷配郊。地祇之祀无配，故别立之社稷而祭以人鬼。案：句龙主社，后稷主稷，自三代皆然。孔疏：农及弃以配稷神，共工氏之子孙为后土之官，祀之以配社神；似谓社稷之祭亦有配，证之《礼经》，殆不然也。社稷之祀与地祇之主社者，固两不相蒙也。《大司徒》："设其社稷之壝而树之田主，各以其野之所宜木，遂以名其社与其野。"盖地主养，下至士。庶人皆得祭之，自周初听民立社而为之名，《郊特牲》所谓"教民美报"是也。天子诸侯自立社，疑出周秦之季，广立社主之名，遂有此制。《月令》："天子乃祈来年于天宗，祠于公社。"云"公社"者，正此所谓"群姓"之社也。杜氏预云："在野为社。"太社，即上文之"泰折"。《大司乐》"泽中之方丘"，当即所立泰折处。天子诸侯自立社，与大夫以下之成群立社，则或在国中，或于他所。如《史记·封禅书》立后土祠汾阴，天子亲祷祠，盖犹秦制也。天子诸侯既自立社，于是以太社为公社矣。疏以社稷当公社，而云王社、侯社在耤田，耤田以供天地宗庙之祭，不得为自立社。《载芟》诗序："秦（耕）耤〔田〕而祈社稷。"《良耜》："秋报社稷也。"兼社、稷言之，又不止立社而已。证之《礼经》，无一合者，殆不可为训也。

王为群姓立七祀：曰司命，曰中溜，曰国门，曰国行，曰泰厉，曰户，曰灶。王自为立七祀。

郑注："司命与厉，其时不著。今时民家，或春秋祠司命、行神、山神，门、户、灶在旁，是必春祠司命，秋祠厉也。或者合而祠之。山即厉也。民恶言厉，巫祝以厉山为之，谬乎？"嵩焘案：七祀之制，他经传无之，而中溜、门、行、户、灶之为五祀，详见《月令》，《周礼·大宗伯》、《仪礼·士丧礼》皆各其文。《王制》"大夫祭五祀"，正以五者日用出入之常，大夫士皆得祀之。陈氏《礼书》言郑氏释《大宗伯》之五祀，用《左传》、《家语》，以为五官之神；释《王制》则用《祭法》。据《曾子问》，"天子崩未殡，五祀之祭不行；自启至于反哭，五祀之祭不行"。

是五祀之祭，在丧不废。《礼运》："五祀，所以本事也。"日用出入之所有事，报之必勤也。此于五祀，加司命及厉为七祀。郑注："司命主督察三命。"疏引《援神契》："命有三科：有受命以保庆，有遭命以谪暴，有随命以督行。"《春秋元命苞》云司命主灾咎，与《大宗伯》司命之为槱祀者自别。司命与厉，关系民生祸福，而司命主生、厉主死，故与五祀之切近日用并为一类；亦由周秦之季喜祷祀祈禳，以有此制。《周礼·小子》"掌珥于社稷，祈于五祀"，郑注："珥读为衈，祈读〔或〕为刉。刉衈者，衅礼之事，谓始成其宫兆时也。"五祀别有宫兆，而宫中亦自有四时之祀。《曾子问》言"五祀之祭不行"，则宫中之祭也。经云"王自为七祀，诸侯自为五祀"，主宫中之祭言之；大夫、适士使聘行役宜在外，故祀门祀行；庶士、庶人不出门，祀户祀灶而已。旧注皆未分明。

王下祭殇五：适子、适孙、适曾孙、适玄孙、适来孙。诸侯下祭三，大夫下祭二，适士及庶人祭子而止。

郑注："祭适殇于庙之奥，谓之阴厌。王子、公子祭其适殇于其党之庙，大夫以下庶子祭其适殇于宗子之家，皆当室之白，谓之阳厌。"嵩焘案：郑此注非经义。经言适子、适孙，下及适来孙，所以明天子诸侯之统，传重有远近，故祭有隆杀，正其为适而使从祖祔食，明庶子之不得干也。如祢为昭，适子死可以祔诸祢庙，适孙死不能上祔诸祖庙之穆，则适子藏其主以待祔，推而至适曾孙、适玄孙、适来孙皆然。凡为适者，统之所系也。天子之德为能及远，故下及五世，庶子庶孙之殇不得入庙。天子诸侯绝宗，不入庙则亦不祭也。大夫不绝宗，则固可以祔其庶子。郑谓"王子、公子祭其适殇于其党之庙，大夫以下庶子祭其适殇于宗子之家”，不知所谓“党”者何属，所谓“宗子”又何属。适子者庶子所宗，故谓之宗子；庶子之宗子，即适子也。而为大夫之庶子，则三庙之祭统于大夫，安所得宗子之家而祭之？大夫庶子之适殇，亦当在“大夫下祭二”之列。《丧服小记》“庶子不祭殇与无后者”，为大夫以下言之也。天子诸侯之庶子，则虽其适殇不得祔庙，亦当从适士、庶子之列而自祔于所立之庙，更无党之可祔；而为大夫者得自立庙，又更无宗子之家之可祭也。如庶子为大夫得自立庙，而适子为庶人，则固不能以庶人主大夫宗子之祭。注意似属旁及，于经旨无涉。

黄帝正名百物，以明民共财。

郑注：“明民，谓使之衣服有章也。”孔疏：“明民，谓垂衣裳，使贵贱分明得其所也。共财，谓山泽不障，数民取百物以自赡也。”嵩焘案：《吕刑》：“禹平水土，主名山川。”盖梁、岐、衡、漳之属，皆禹为之名。“正名百物”，上自日月星辰，下至虫鸟草木，皆命之以名，使人知牛之可服、马之可乘、草木虫鸟之可以纪候，乃能备物致用，立成器以为天下利，故曰“明民共财”。其制衣裳，以辨贵贱之等，生子而赐之生，以知族姓之别，皆所谓“正名百物”也。注以“明民”专系之“衣服有章”，则上下二句文义各不相属。

礼记质疑卷二十四

祭义

是故君子合诸天道，春禘秋尝。

郑注：“春禘，夏殷礼也。周以禘为殷祭，更名春祭曰祠。”嵩焘案：《周礼》祠、禴、尝、烝四者之祭，名见于《尔雅》、《公羊传》，义著于《毛诗传》。《王制》乃云：春祭曰礿，夏祭曰禘。凡《戴记》举祭之名，但言禘、尝，无及禴、祠者。《郊特牲》“春禘秋尝”，正与此同。《仲尼燕居》言尝禘之礼，《中庸》言尝禘之义。凡云“禘”者，皆谓时祭：春夏阳盛，以飨礼行之；秋冬阴盛，以食礼行之。禘之礼盛于礿，尝之礼备于烝；兼禘、尝为言而云“春秋”者，略辞也。《祭统》之言备矣，其曰：“礿、禘，阳义也。尝、烝，阴义也。禘者，阳之盛也。尝者，阴之盛也。”凡《礼经》之言禘、尝者，其义毕具于此。郑云“周以禘为殷祭，更名春祭曰祠”，义或有然。然禘本夏祭名，禘祫、禘尝二者之义，不妨互存。郑注《王制》云“夏殷祭名”，注《祭统》云“谓夏殷时礼”，注《郊特牲》云“此禘当为禴字之误”，并失之泥。

又案：《戴记》言禘言祫有二义。《丧服小记》、《大传》：“禘其祖之所自出”，大禘也；馀皆时祭。“干祫及其高祖”，大祫也；馀亦时祭。《曾子问》祫祭于祖，祝迎四庙之主，即《王制》所谓

“祫禘”、“祫尝”、“祫烝”也。《说文》引《周礼》曰“五岁一禘”、“三岁一祫”，而《公羊传》云“五年而再殷祭”，于是有三岁一禘之说。许慎《五经异义》：古《春秋左氏》说，日祭、月祀、时享、岁祫、终禘。于是有一岁一祫，而禘惟一祭之说。以《春秋》之义揆之，闵公二年“吉禘于庄公”，范注《穀梁传》云：“三年丧毕，致新主于庙。”因是大祭谓之禘。杜注《左传》云：“大祭以审昭穆。”是以终丧合食太祖，迁主入祧，《春秋》谓之“禘”，《五经异义》所谓“终禘”也。僖八年“禘于太庙，用致夫人”，《左传》谓“致哀姜”，《穀梁传》谓“致成风”，并同此义。文二年“大事于太庙，跻僖公”，《公羊》、《穀梁》并以为“大祫”，而云“毁庙之主陈于太祖，未毁庙之主皆升合祭于太祖”；《公羊传》于此并云“五年而再殷祭”，是谓大祫也。其实致僖公之主于庙，当亦为“终禘”之祭。《曾子问》：“天子崩，诸侯薨，祝奉群庙之主藏于（太）祖庙，卒哭成事而后反于庙。”反于庙，以待祔也。《王制》：“丧三年不祭。”终丧迁主入祧而审昭穆之序，是以谓之“大事”。《春秋》之书“禘”，自当别为一义。其后宣公八年“有事于太庙”，昭公十五年“有事于武宫”，《左传》亦云“禘于武宫”，则时祭也，《明堂位》所谓“武公之庙，武世室也”。又案：定公八年《左传》：“顺祀先公而祈焉。辛卯，禘于僖公。”亦时祭也。郑氏《鲁礼禘祫志》并以为殷祭，而引《明堂位》“鲁，王礼也”，谓可以准况周礼，恐非《春秋》之旨。案《明堂位》：“季夏六月，以禘礼祀周公于太庙。”鲁或仍夏禘之名举行盛礼，而因以为终丧迁主之祭。《春秋》书“吉禘于庄公”，明终丧而始行吉祭，因奉庄公之主于庙也。鲁虽僭禘而自为诸侯之礼，其云“太庙”，犹周公之庙也。未尝禘其所出而祀文王，则亦时祭之事也。《诗》小序：“《雝》，禘太祖也。”“《长发》，大禘也。”郑笺：“太祖，谓文王。”“《玄鸟》，祀高宗也。”郑笺：

"祀当为祫。"禘者禘其祖所出，何以云禘文王？祫者合食太祖，殷周礼同也，何以云祫高宗？禘自有时禘、大禘之分。《春秋》之书"禘"，诸侯礼也，与大禘别。先儒之说，多未分明。

祭之日，入室，僾然必有见乎其位；周旋出户，肃然必有闻乎其容声；出户而听，忾然必有闻乎其叹息之声。

郑注："无尸者，阖户若食间，则有出户而听之。"孔疏：《士虞礼》无孙行为尸，则祝阖户牖，如正祭尸一食九饭之顷。嵩焘案：《士虞》记："无尸，则礼及荐馔皆如初。""主人哭，出复位。祝阖户牖。……男女拾踊三，如食间。祝升，止哭；声三，启户。主人入。"盖以当尸入初献、亚献之节，于时主人哭、拾踊，安得出户而听？虞祭丧礼，引以释此，故非宜也。《特牲礼》："祝筵幾于室中，东面。主人及祝升。祝先入。主人从，西面于户内。"《少牢礼》："司宫筵于奥，祝设幾于筵上。主人升自阼阶。祝先入，南面；主人从，户内西面。"此所谓"入室"也。时主位西，主人西面，面主如见所祭者之在其位也，故曰"有见乎其位"。《特牲礼》：主人降；佐食举牲鼎；举鱼腊鼎；佐食升肵俎；"主人升，入复位。俎入，设于豆东"。此所谓"周旋出户"也。周旋，谓升鼎及俎，及设敦铏、启会之事。至是而有酌奠赞飨之仪，故曰"有闻其容声"。《特牲》、《少牢礼》："主人降，立于阼阶东。"于时祝出迎尸，主人出立阼阶，西面屏息而若有所听，酌奠之事于是毕矣，故曰"有闻其叹息之声"。三者皆在迎尸前，《郊特牲》所谓"直祭祝于主"也。尸入而有献有酢有酬有醋，以馈食礼行之，不能专致其思矣。郑引《士虞》记之文，岂谓有尸者遂无出户而听之事？恐不然也。

惟圣人为能飨帝，孝子为能飨亲。飨者乡也，乡之然后能飨焉。是故孝子临尸而不怍。

郑注：能飨帝、能飨亲，“谓祭之能使之飨也”。“中心乡之，乃能使其祭见飨也。色不和曰怍。”嵩焘案：马融《论语》注：“怍，惭也。”《孟子》：“仰不愧于天，俯不怍于人。”凡有愧歉于心之谓怍。圣人之能飨帝，孝子之能飨亲，非徒致敬于所飨而已，所以顾諟天之明命，而敬守其亲之遗体，息息与相依焉。常若天之鉴临其上，与亲之诏示其前。所谓乡者，常目在之，心专志壹而无敢违越也。尸之与亲一气相感，而于吾尤习；动静语默稍有不合，临祭对之而必多惭沮。孝子临尸不怍，所以为乡亲之本也。《义疏》谓“此节紧承上‘终身弗辱’”。辱者，防其身之或玷；不怍者，信其心之无枉也。思弗辱，则能不怍矣。注意恐未尽。

君牵牲，夫人奠盎；君献尸，夫人荐豆。卿大夫相君，命妇相夫人。

郑注：“奠盎，设盎齐之奠也。此时君牵牲，将荐毛血。君献尸而夫人荐豆，谓绎日也。傧尸，主人献尸，主妇自东房荐韭菹、醢。”嵩焘案：《礼器》：“君亲牵牲，大夫赞币以从；君亲制祭，夫人荐盎；君亲割牲，夫人荐酒。”《明堂位》：“君肉袒迎牲于门，夫人荐豆笾。”与此文互有繁减，而皆约略言之。《礼运》“玄酒在室，醴盏在户，粢醍在堂，澄酒在下”，郑注：盏同盎，澄同沈。《周礼》之五齐，同设于宗庙，而献用盎齐。《司尊彝》：“郁齐献酌，醴齐缩酌，盎齐涚酌。”《郊特牲》申其义云：“缩酌用茅，明酌也。盏酒涚于清，汁献涚于盏酒。”是裸鬯亦涚以盎齐。郑注《司尊彝》：“朝践，酌醴。后于是荐朝事之豆笾。后酌亚献，内宗荐加豆笾。后于是荐馈食之豆笾。”而《郊特牲》云“既灌，然后迎牲”，夫人不得有奠盎之事。《祭统》：“君执纼，卿大夫（序）从，士执刍，宗妇执盎从夫人荐涚水；君执鸾刀，羞哜；夫人荐豆。”与此所记略同，而义较明显。盖君出迎牲，宗妇注盎齐于尊，而夫人荐涚以待朝事之奠也。凡祭献，主妇先陈设，君献尸，夫人荐豆，朝践、馈食及酳尸皆然。《周礼·醢人》有“朝（食）〔事〕之豆”、“馈食之豆”、“加豆”、“羞豆”，《笾人》亦然。郑氏《司尊彝》注极详，而于此据《特牲》、《少牢礼》主妇荐豆在迎尸前，因引《有司彻礼》为言而谓之“傧尸”，则亦不知馈食士大夫之礼无祼无朝践，故亦无迎牲之文，未可据以释此经也。案：庾蔚之《礼记略解》：此奠盎在迎牲之时，于事太早。奠盎为洗牲，礼无奠盎洗牲之文，庾氏亦未达主妇陈设之义耳。

如见亲之所爱，如欲色然。

郑注：“‘如欲色然’，以时人于色厚，假以喻之。”嵩焘案：疏引王肃云：“欲色，如欲见父母之颜色。”则亦疑注“此父母于女色”于文有未安者。上文“思其所乐，思其所嗜”。所爱，即所嗜也。如见其色之甘而食之，即所谓“乡之然后能飨”也。王肃云“欲见父母之颜色”，于义反隔。陈氏《集说》：“想像亲生平所爱之物，如见亲有欲之之色也”，较王说为胜。

反馈乐成，荐其荐俎，序其礼乐，备其百官，君子致其济济漆漆，夫何慌惚之有乎！

郑注：“天子诸侯之祭，或从血腥始，至反馈，是进孰也。”孔疏：“皇氏云：‘初祭，尸入于室，后出在堂门，尸更反入而设馈，故云反馈。’”乐成，“谓设馔进孰，合乐成毕”。“君子，谓助祭之人。于此特致其济济漆漆，宾客之事。”嵩焘案：《特牲礼》：宾三献，有荐俎。“尸卒爵，酢。酌献祝及佐食。洗爵，酌致主人、主妇。……更爵，酢主人。”于是有献宾酬宾之礼。《有司彻礼》：宾三献。主人酌，献宾西阶上。司士设俎于豆北。献兄弟私人阼阶上。献内宾于房中。并有荐脀。“尸作三献之爵，司士……执俎以升。”于是有旅酬之礼。似所谓“反馈”者，馈食之礼终，而后献祝、献佐食、献宾，皆有荐俎。“荐其荐俎”，兼尸俎、祝俎、阼俎、主妇俎、佐食俎、宾俎言之，所以序礼乐而备百官，以昭馈献之盛也。案：下重言“荐其荐俎，序其礼乐，备其百官”，自据奠馂时言之，与此事同而义各别。《乡饮酒礼》献宾、献介及众宾毕，然后乐作而行旅酬；《乡射礼》献宾及众宾毕，然后乐作而立司正比耦；《大射礼》献宾、献卿、献大夫毕，然后乐作而羞庶羞，献士而行无算爵。曰“乐成”者，即乐正之告正歌备也。在礼无“设馔进孰合乐”之文，宾祭之礼同也。经意谓馈食礼毕，献宾献兄弟而行旅酬，乃致其济济漆漆之容。济济漆漆者，充周流动，威仪众盛，非慌惚以交神明之义。疏以“君子”专属“助祭者”，亦非也。

其立之也敬以诎，其进之也敬以愉，其荐之也敬以欲。退而立，如将受命。已彻而退，敬齐之色不绝于面。

郑注：“‘诎’，充诎，形容喜貌也。‘进之’，谓进血腥也。‘荐之’，谓进孰也。‘欲’，婉顺貌。”孔疏：“‘其立之也’，言孝子尸前而立也。”嵩焘案：立者祭前。《特牲礼》：“主人服如初，立于门外。”《少牢礼》：“主人朝服即位庙门外”，将祭，“即位阼阶东”。此所谓“立之”也。诎者卑屈。下文“容貌必温，身必诎”，与此同义。郑训“充诎”，非也。案：郑注《儒行》：“陨获，困迫失志之貌。充诎，欢喜失节之貌。”陨获、充诎，皆兼两义。郑以“欢喜失节”释之，极允。此训充诎“形容喜貌”，亦与《儒行》注不合。“进”者始入时。《特牲礼》：“主人及祝升。祝先入。主人从，西面于户内。”《少牢礼》：“主人盥，升自阼阶。祝先入。主人从，户内西面。”此所谓“进之”也。“荐”者进孰时。《特牲礼》：“主妇荐两豆。俎入，设于豆东。设两敦黍稷于俎南，两铏芼设于豆南。祝洗，酌奠，佐食启会。”《少牢礼》：荐四豆四敦。“佐食上利执羊俎，下利执豕俎。司士三人执鱼、腊、肤俎。”“祝酌，奠……佐食启会（盖），二以重，设于敦南。”此所谓“荐之”也。“欲”者，欲其歆飨之。“退而立”，谓迎尸时。《郊牲》、《少牢礼》：“祝迎尸于门外，主人降，立于阼阶东。”于时事尸之礼方始，故曰“如（亲）〔将〕受命”。“已彻而退”，谓尸出而馂事毕。《特牲礼》：“祝告利成，降，出。主人降。”“佐食彻阼俎。堂下俎毕出。”《少牢礼》：“馂者三人兴，出。上馂止。”主人受爵，坐奠爵。“上馂兴，出。主人送，乃退。”“敬齐之色不绝于面”，谓祭毕然也。注意疑未合。

是故至孝近乎王，至弟近乎霸。至孝近乎王，虽天子必有父；至弟近乎霸，虽诸侯必有兄。

郑注：“天子有所父事，诸侯有所兄事，谓若三老五更也。天子衰，诸侯兴，故曰霸。”孔疏：“虽天子之尊，必有事之如父者，谓养三老也。虽诸侯之贵，必有事之如兄者，谓养五更也。”嵩焘案：此节文义，推原人心自然之爱敬，以为治天下之本；由一家达之天下，其理莫能外也。上言“先王所以治天下者五”，即横渠《西铭》之旨所以出。项氏安世云：“事亲为仁，敬长为义。王者以仁覆天下，故至孝近之，君之道主乎仁也；霸者以义尊王，故至弟近之，臣之道主乎敬也。《孟子》云：‘亲亲，仁也；敬长，义也。’仁之实，事亲是也；义之实，从兄是也。皆以孝、弟尽仁、义之用。举王、霸为言者，明孝弟之用也。”项氏此训，略为近之。下文明言：“立爱自亲始，立敬自长始。”爱亲以教民睦，而民贵有亲；敬长以教民顺，而民贵用命。有亲者，王者之事也，故曰“至孝近乎王”；用命者，霸者之事也，故曰“至弟近乎霸”。郑引“三老五更”明父事、兄事之义，已非经旨。疏因以为父事三老、兄事五更，而谓“天子尊，故父事属之；诸侯卑，故兄事属之”，失之逾远矣。

祭之日，君牵牲，穆答君，卿大夫序从。

郑注：“穆，子姓也。”孔疏：“姓，生也。是昭穆所生谓子孙，言‘穆’者，文不备。子姓对君，共牵牲。卿大夫佐币，士奉刍，依次从君。”嵩焘案：《特牲礼》“嗣举奠”，郑注：“嗣，主人将为后者。”其举奠，在献宾献兄弟之后，当与兄弟、弟子为旅酬，无及牵牲对君之文。王氏《章句》：“穆，谓尸也。据主祭者而言，孝子为昭；孙为尸，则穆也。君牵牲入自庙门，尸在堂南面临之。”据《郊特牲》“既灌然后迎牲”，其时尸先入，而待割牲制祭。经言“答君”，与《郊特牲》言“坐尸于堂”同为一事。盖牵牲在庭而尸在堂，正两相向，故曰“答君”。《周礼·大宗伯》：“帅执事省牲镬，诏相王之大礼。”《小宗伯》：“毛六牲，辨其名物。大祭祀，省牲。”《肆师》：“大祭祀，展牺牲。”《大祝》“凡大肆，隋衅，逆牲”，郑注：“隋衅，谓荐血也。”《少牢礼》：“司马刲羊，司士击豕。”郑注《小宗伯》引郑司农云：“司徒主牛，司马主马及羊，司空主豕。”凡大宗伯之属皆卿，小宗伯中大夫、肆师、大祝下大夫，皆有事于牵牲者，故曰“序从”。疏据《礼器》大夫赞币从君为言，亦非也。

卿大夫袒，而毛牛尚耳。

郑注：“以耳毛为上也。”孔疏：“卿大夫袒取毛牛荐之。耳主听，故以耳毛，欲使神听之。”嵩焘案：《郊特牲》：“毛血，告幽全之物也，贵纯也。”《礼运》：“荐其血毛。”血以告幽，毛以告全。此云“尚耳”，耳毛纯则馀必纯矣。荐以耳毛，亦取其柔。郑注《杂记》：“衈，谓割牲以衅，先灭耳旁毛荐之。耳，听声者。告神，欲其听之。”疏于此据以为说，望文生义，恐非经旨。

夏后氏祭其暗，殷人祭其阳，周人祭日以朝及暗。

郑注：“暗，昏时也。阳读为‘曰雨曰旸’之旸，谓日中时也。朝，日出时也。夏后氏大事以昏，殷人大事以日中，周人大事以日出，亦谓此郊祭也。‘以朝及暗’，谓终日有事。”嵩焘案：《檀弓》明言“敛用昏”、“敛用日中”、“敛用日出”，未可据为郊祭之证。《少牢礼》：“‘请祭期。’曰：‘旦明行事。’”《尚书》：“正月朔旦，受命于神宗。”《召诰》一篇，言“（丁）〔乙〕未王朝步自周”，“戊申太保朝至于洛”，“乙卯周公朝至于洛”，“甲子周公乃朝用书”，似古人行事皆以朝。刘氏敞云：“周人祭〔日〕以朝及暗，周尚赤，先日欲出之初，犹逮及暗，则可行祭事矣。”似为近之。暗者未明，阳者日已出。“以朝及暗”，犹言明晦之间，所谓“昧爽”是也。“朝”则已曙，“及暗”则日犹未出；周之郊，岂必穷日之力哉？《尚书大传》：“夏以平旦为朔，殷以鸡鸣为朔，周以夜半为朔。”朔，以三正为候也。《檀弓》：“夏后氏尚黑，殷人尚白，周人尚赤。”赤者日初出，郊祭之时，以所尚之色为候也。案：崔灵恩《三礼义宗》：“阳气始施，万物动于黄泉之下，微而未著，其色赤。”故以三微为义，以朝及暗，一日之阳微动也。

天下之礼，致反始也，致鬼神也，致和用也，致义也，致让也。

郑注："因祭之义泛说礼也。致之言至也。至于反始，谓报天之属也。至于鬼神，谓祭宗庙之属也。至于和用，谓治民之事以足用也。"嵩焘案：此五者承祭义言之，以总结上文。反始者：万物本乎天，人本乎祖；德小者推一身之从出，反之祖以报之；德大者又推万物之从生，而反之天以报之：故曰"厚本"。鬼神者，见闻之所不能及，性情嗜欲之所不可知，而合气于漠，积诚以求通焉，故曰"尊上"。和用者，备物致用，序其礼乐，备其百官，使人孝弟之情、爱敬之实油然自生于其心，故曰"以立民（极）〔纪〕"。致者，推究其极之意。致反始以达其心之诚，主在己者言；致鬼神以昭天地祖宗之德，主所祭者言；致和用以见物产之丰，主在物者言：三者体也。致义著其肃，而献飨之各有其节；致让著其和，而酬酢之交致其情：二者用也。故曰"合此五者以治天下之礼"，语意正当微会。

气也者，神之盛也；魄也者，鬼之盛也。合鬼与神，教之至也。

郑注："气，谓嘘吸出入者也。耳目之聪明为魄。合鬼与神而祭之，圣人之教致之也。"嵩焘案：《说文》："魂，阳气也。魄，阴神也。"谓之阴神者，形体中之性识。《白虎通》："魄者，迫迫然著于人也。"《关尹子》："因意有魄，因魄有精。"朱子云："魄主藏受。"是也。郑以"耳目之聪明为魄"，其实聪明即魂，所以效其聪明之用者魄也。《左氏传》："人生始化曰魄，既生魄，阳曰魂。"魄具而后魂有以效其用，是以魂有聚散，而魄无聚散。气散魂游，魄斯泯焉，故曰魂升魄降，升者无而仍有，降者有而固无也。气魄离而后鬼神之名立，圣人制为祭祀之礼，以迎气而返之于魄，致魄而通之于气，即其（乎）〔平〕日居处笑语嗜欲而以诚合之，故曰“合鬼与神，教之至也”。教，即“厚本”、“尊上”、“以立民（极）〔纪〕”之意。谓圣人设教致鬼神合而祭之，恐未尽。

其气发扬于上，为昭明、焄蒿、凄怆。此百物之精也，神之著也。

郑注：“焄，谓香臭也。蒿，谓气蒸出貌也。蒿或（谓）〔为〕藨。上言众生，此言百物，明其与人同也，不如人贵耳。”孔疏：“百物之气，或香或臭，烝而上出，其气蒿然；人闻之，其情有凄有怆。人与百物共同，但人情识为多。人气发扬于上为昭明，是人神之显著，故特谓之神也。”嵩焘案：万物各受天之气以生；其死也，气散而返于无。而人于其间陟降，怳惚若犹有气之存焉，不与物同其澌灭；是之谓神，神者气之至精而不散者也，故曰“百物之精”。“百物之精”与上“众生”对文，兼人、物言之。《曲礼》：“羽鸟曰降，四足曰渍。”鸟之上飞者，其死亦必丽于土，盖气属天而形属地，气尽则形必反归于地，故曰“鬼者归也”。此之谓鬼，专主人言，谓人所以为鬼，与物之归于土同也；而其气之发扬于上，独有其至精者耿耿然相为照临焉，是以谓之“百物之精”。昭明、焄蒿、凄怆三者，皆以状其气之盛；昭明者，气之洋溢然也；焄蒿者，气之絪缊然也；凄怆者，气之肃穆然也。昭明如或见之，焄蒿如或闻之，凄怆如或感之。郑于此兼人、物言，误。疏谓焄蒿凄怆百物所同，昭明人所独，亦于经旨未合。

明命鬼神，以为黔首则。

郑注："明命，犹尊名也。尊极于鬼神，不可复加也。"孔疏："圣人因人与物死之精灵，遂制造为尊极之称。尊而名之为鬼神，亦兼山川五祀百物之属。故《礼运》'列于鬼神'注云：'谓祖庙山川五祀。'《乐记》'幽则有鬼神'注云：'助天地成物者。'"嵩焘案：此论鬼神之义，专主宗庙之祭言之，所以教民反始也。"明命鬼神"者，示人之死必不与众生百物同其泯灭；而鬼与神之合效，其精爽存乎人子之心之感而通之，而仁孝之心自动于不容已。天地百神之祀，以是推而行之而皆准矣。疏兼人、物言，以通之山川五祀，似非经旨。

二端既立，报以二礼，建设朝事：燔燎羶芗，见以萧光，以报气也，此教众反始也；荐黍稷，羞肝、肺、首、心，见间以侠瓯，加以郁鬯，以报魄也。

郑注："二礼，谓朝事与荐黍稷也。朝事，谓荐血腥时也。荐黍稷，所谓馈食也。"嵩焘案：《周礼·司尊彝》有裸献，有朝践，有馈献。而《仪礼·特牲》、《少牢》惟详馈食之礼，其初酌奠，致祝，辞，郑注谓之"厌祭"，《郊特牲》云"直祭祝于主"者是也。皆先荐豆举鼎，升俎设敦——黍、稷、铏、芼，其礼甚备，惟祝酌奠无献受之仪而已。《郊特牲》以灌用鬯臭为臭阴，萧合黍稷为臭阳，而云"既奠然后焫萧"，故以为"殷人先求诸阳，周人先求诸阴"；复申其义曰："祭黍稷加肺，报阴也；取膟膋燔燎，升首，报阳也。"似荐黍稷在焫萧之前。案：疏援"既奠焫萧"之文，遂据为馈食之焫萧，而云"一祭再焫萧"，甚误。郑注《郊特牲》"既奠"亦云"馈孰时"，则是馈食后乃焫萧，与此经所注正相歧左。《特牲》、《少牢礼》并于初献之始"取黍稷肺授尸"，荐黍稷者，事尸之始事也。《司尊彝》："凡四时之间祀，其朝践用两大尊。"大尊正此所谓“侇祼”，而连“郁鬯”为文，其必非馈献之礼明矣。经明言“建设朝事”，报气、报魄二者，皆所设朝践之事也。郑注《笾人》“共其笾荐羞之实”云：“未饮未食曰荐。”朝践之荐黍稷，犹求神之义也。馈食以后，以人道事之，无所为报气报魄矣。天子诸侯之祭礼不详。《周礼》叙“朝践”于“祼献”之后，故言礼者通朝践为事尸之文；其实荐血腥燔燎制祭，致臭以通之于神，不当用以事尸，而《礼经》错举为文，无从推见其义。要之，此经以“建设朝事”赅下二义，固未宜以馈食为言也。案：《郊特牲》“蟠燎，升首”，此云“荐黍稷，羞肝、肺、首、心”，《特牲馈食礼》凡献皆取肺取肝授尸。《礼经》错举为文，正未宜执一义以概之。

古者天子诸侯必有养兽之官。及岁时，齐戒沐浴而躬朝之，牺牷祭牲必于是取之，敬之至也。君召牛，纳而视之，择其毛而卜之吉然后养之，君皮弁素积；朔月、月半，君巡牲；所以致力，孝之至也。

郑注：“‘岁时斋戒沐浴而躬朝之’，谓将祭祀卜牲。君朔月、月半巡视之，君召牛纳而视之，更本择牲意。”孔疏：“‘岁时’，谓朔月、月半。‘君巡牲’者，即前言‘岁时朝之’也。”嵩焘案：《周礼》：“牛人掌养国之公牛。凡祭祀，共牛以授职人刍之。”“牧人掌牧六牲，共祭祀之牲牷。凡祭祀，共其牺牷，以授充人系之。”“充人掌系祭祀之牲牷。祀五帝，则系于牢，刍之三月。享先王，亦如之。”是牧人掌养祭祀之牲，“岁时躬朝”，谓祭前三月择牲于牧人而卜之，躬朝，即所谓“纳牛而视之”也。“吉然后养之”，又养之充人者也。朔月、月半之巡牲，又就充人而省之于牢，如《春秋》“鼷鼠食郊牛角”及以饬而改卜牛。“巡牲”者，惧其有伤也。躬朝以择牲，既卜而又数巡视之，自属两事，注意似未分明。

夫人曰："此所以为君服与？"遂副袆而受之，因少牢以礼之。古之献茧者，其率用此与？

郑注："副袆，王后之服；而云夫人，容二王之后"。其率用此与，"问者之辞"。嵩焘案：《内司服》"掌王后之六服"，四曰"鞠衣"，郑注："黄桑服也。《月令》：'三月荐鞠衣于（先）〔上〕[①] 帝，告桑事。'"似后亲桑，服鞠衣。《玉藻》："世妇命于奠茧。"献茧而内命妇因以受命焉，其礼宜加隆。曰"副袆"者，极言服之盛也。经原通天子、诸侯为言。案：《祭统》"君衮冕立于阼，夫人副袆立于（房中）〔东房〕[②]"，亦兼天子诸侯为文，以明服之盛而已。《周礼》"后"亦多兼夫人为称。王后献茧，不详于《礼经》。郑注《内司服》袆衣、揄狄、阙狄"三者皆祭服"，恐亦未必遽以享先王之袆衣临之。茧成而掌之典丝，凡内宫人之服及王赐予皆取资于是；初献茧时，不能别之为君服也。夫人"副袆而受之"，为君服之在其中也，故郑重而言之。其礼之用享，非重茧也，重其为祭祀之服也。盖自古为然，记者所以发明礼意之辞，谓重其事必备其仪也。

孝有三：大孝尊亲，其次弗辱，其下能养。

孔疏："大孝尊亲，圣人为天子者也。尊亲，严父配天也。'其次弗辱'，谓贤人为诸侯及卿大夫、士。'其下能养'，谓庶人也。"嵩焘案："尊亲"者，继志述事，使其德与名被于天下，而推以为父母之功，而人尊之；语其极，则圣人也。"弗辱"者，出言举足，不敢忘父母，所谓"不亏其体，不辱其先"者也。"能

---

①②据阮刻本《礼记正义》改。

养”，竭其力以事父母者也。“尊亲”、“弗辱”不待言养，能养者尽此而已。此言孝道之广，视所以自成其身者以为之程，故曰“仁者仁此者也，义者宜此者也”，岂能以贵贱为之等哉！

博施备物，可谓不匮矣。

孔疏：“博施，则德教加于百姓，刑于四海。‘备物’，谓四海之内各以其职来助祭。”嵩焘案：备物，即《孟子》“万物皆备于我”之意。博施者，推一己之仁于天下；备物者，涵天下之物于一心。仁者，孝之施也，能孝于亲，必能仁于物。苟一物之不慊于其心，则仁之体有亏，而孝亦有所不能充，为其心之仁爱犹有歉也。故曰：“孝者，仁之本也。”仁能备物，斯之谓不匮矣。疏意失之。

父母既没，必求仁者之粟以祀之，此之谓礼终。

郑注：必求仁者之粟，“喻贫困犹不取恶人物以事亡亲也”。嵩焘案：《孟子》：“惟士无田，则亦不祭。”士有禄而后祭，然苟非其道，则荐而不祭，亦自尽其诚焉而已。危邦不入，乱邦不居，惧辱亲也。必求仁者之粟，即《孟子》“又恶不由其道”之意。穷究物之由来，而有不适于其心焉，则不可以为养；虽没而假于物以飨之，不敢或违也：如是之谓礼。郑注云云，意是而语非也。

忿言不反于身。

郑注：“忿怒之言当由其直，直则人服，不敢以忿言来也。”嵩焘案：郑氏刚严嫉恶，故有是言，于经义非也。忿言之加于人，未有不反报之者；是以君子之无忿言，非徒以恕人也，所以内自訾焉，而恐乖戾之气之或留于吾身也。至反而有忿言之及其身，其必由吾之德不足以容之，而所辱多矣。故夫颜子之犯有弗校焉，孟子之横逆有可以自反焉。忿言之反于身，则亦自取之而已，是以君子惧之也。

有虞氏贵德而尚齿，夏后氏贵爵而尚齿，殷人贵富而尚齿，周人贵亲而尚齿。

郑注："贵，谓燕赐有加于诸臣也。舜时多仁圣有德，后德则在小官。"嵩焘案：郑意以"贵爵"、"贵富"与"贵德"不相为类，故竟谓虞氏贵德，不以爵论，不知贵德即贵爵也，九官十二牧之命，皆所以贵德也。夏殷贵功，爵与富，功之积也。殷道尊贤，若伊尹、伊陟、臣扈、巫贤、甘盘、傅说、胶鬲之属，皆非同姓。至于周之兴，子姓之国存者，微、箕以外无闻焉。周道亲亲，而夏殷之制始一变。武王克殷，封同姓之国四十有八，异姓之国十有六，所贵者亲也，犹之贵爵也。沿至于今不废，周道之仁也。疏分四代优劣，殆尤失之。

天子设四学。

郑注："四学，谓周四郊之虞庠也。"嵩焘案：周立四代之学，详见《文王世子》。其云"礼在瞽宗，书在上庠"，上庠亦四学之一，与虞庠之为郊学者同以庠为名而学自别，犹虞氏上庠、下庠之分也。《大司乐》："凡有德者、有道者，使教焉。死则以为乐祖，祭于瞽宗。"瞽宗，殷学也，于周为西学。学礼于西学，习乐于东序，礼阴而乐阳也。故西学以祀先贤，而东序以养老学（礼）〔乐〕①，因是有东学、西学、南学、北学之名。郑注《文王世

①据上文"学礼于西学，习乐于东序"改。

子》，引“董仲舒曰‘五帝名大学曰成均’，则虞庠近是也。”注《王制》：“西序、虞庠，小学也。西序在西郊，周立小学于西郊。”又以“小学在公宫南，大学在郊”之文与“虞庠小学”参差，而据以为“殷制”。其注“祀先贤西学”，亦云“周小学也”。遂使《礼经》之言学者一无可通。此又因“四学”而为四郊虞庠之论，益见其惑矣。详见《王制》及《文王世子》。

八十、九十者，东行，西行者弗敢过；西行，东行者弗敢过；欲言政者，君就之可也。

郑注：“弗敢过者，谓道经之则见之。”嵩焘案：下文“欲言政者君就之”，则不言政固不就见。“弗敢过”，谓让之于途，不敢疾行先之。虽东西异道，天子自致其尊崇之礼，徐行以俟老者先焉，敬之至也。疏云“至八十、九十閭里之旁，不敢过越而去”，于文似属添设。

壹命齿于乡里，再命齿于族，三命不齿。族有七十者，弗敢先。

郑注：“此谓乡射饮酒时也。齿者，谓以年次立若坐也。三命，列国之卿也；不复齿，席之于宾东。不敢先族之七十者，谓既一人举觯乃入也；虽非族亦然。承齿乎族，故言族耳。”嵩焘案：《乡饮酒礼》“就先生谋宾介”，郑注：“先生，乡中致仕者。宾介，处士。”似乡饮酒合乡之士大夫以观礼，而宾介皆不及爵，故《乡饮酒》记云：“乐作，大夫不入。既旅，士不入。”是乡饮宾介惟贤，不及大夫、士。似此所记，与射饮之礼无涉。《党正》：“以礼属民而饮酒于序，以正齿位。一命齿于乡里，再命齿于父族，三命不齿。”则通乡人、大夫士而饮之，兼正其齿与位，正此类也。齿与位并尊，党正以明正之，示民不敢逾；其平时与乡族为齿，亦犹是也。七十上寿，礼有优焉。“族有七十者弗敢先”，于正齿位之中仍致其敬老之意，所以广孝也。《乡饮礼》：“宾若有遵者，一人举觯乃入。”则凡乡人之与饮者，皆弗敢先焉，又不独以施之“族有七十者”而已。

宿者皆出，其立卑静以正，如将弗见然。

郑注：“宿者皆出，谓宾助祭者。”嵩焘案：《特牲礼》：“宗人告事毕。宾出，主人送于门外，再拜。”无反立之文。疑尸将出，主人出立于户外西南，佐食彻尸俎；既馂，祝彻胙俎。“其立卑静以正”，当据此时言之。凡祭，宿尸、宿宾；祝与佐食皆宾也。经云“宿者皆出”，兼谓尸及祝、佐食之属。

礼记质疑卷二十五

祭统

忠臣以事其君，孝子以事其亲，其本一也。上则顺于鬼神，外则顺于君长，内则以孝于亲，如此之谓备。唯贤者能备。能备然后能祭。

郑注：“其本一者，言忠孝俱由顺出也。”嵩焘案：此推言“无所不顺之谓备”，由其诚敬积之于平日，忠孝之实、幽明之理，惟顺以相感召。顺者，诚敬之至也。顺于鬼神，所以仰不愧天；顺于君长，所以俯不怍人。推仁孝之心以事君，以质之鬼神，终身在诚敬之中而无敢失坠，故曰“百顺”。未能慊然于平日，而取给临祭一日之顺，未有能顺者也。注意似以祭祀之顺通诸事君事亲，恐非经旨。

致其诚信与其忠敬，奉之以物，道之以礼，安之以乐，参之以时。明荐之而已矣，不求其为，此孝子之心也。

郑注：“为，谓福祐为己之报。”嵩焘案：《少牢礼》：“嘏，曰：‘主人受祭之福。’”《礼运》：“祝以孝告，嘏以慈告。”盖通鬼神之意于人，人以致报鬼神，鬼神亦以致报于人，《乐记》所谓“礼必有报”是也。孝子之祭其亲而以求福，非也。“不求其为”，如《檀弓》云：“惟祭祀之礼，主人自尽焉耳。岂知神之所飨？亦以主人有齐敬之心也。”《郊特牲》云：“主人自致其敬，尽其嘉，而无与让也。”谓自尽其诚孝之心，而不必求其所以然，正申明上文“心怵而奉之以礼”意。诚、信、忠、敬，心怵之实也；物者，鼎、俎、笾、豆之数；礼者，三献、九献之文；乐者，宫县、轩县之等；时者，春礿、秋尝之宜：皆所谓“奉之以礼”也。心怵而奉之以礼，祭义备矣。其所以然之故，孝子不求知也。不必承上“受福”为言。

孝者畜也。顺于道，不逆于伦，是之谓畜。

郑注：“畜，谓顺于德教。”孔疏：“孝子顺于德教，不逆伦理，可以畜养其亲。”嵩焘案：《说文》：“畜，田畜也。”“蓄，积也。”云“田畜”者，谓力田之蓄积也。《说文》引《淮南子》：“玄田曰畜。”徐锴云：“畜，养起于微也。”是畜字本训但为蓄积之义，通于畜养，又假借为“好”字。《孟子》：“畜君者，好君也。”《说苑》：“民善之，则畜也；不善，则雠也。”《庄子·外篇》：“畜畜然仁。”又通为容畜之义。郑注《周礼·庖人》“始养之曰畜”，即徐注《说文》所本，而义实各别。孝之为畜，正谓蓄积之久，始终保之。畜固不训养也。疏云“畜养其亲”，恐误。

昆虫之异，草木之实，阴阳之物备矣。

郑注：“昆虫，谓温生寒死之虫也。《内则》可食之物有蜩、范。”嵩焘案：昆虫、草木属之阴阳者，昆虫化生，草木之实生植以时。注以“温生寒死”释阴阳之义至精，而专以属之昆虫，举蜩、范为言，又似稍泥。《周礼·醢人》有蠃醢，有蜃醢、蚳醢，皆物之化生者。郑注“陆产之醢”云：“蚳蝝之属。”其实陆产当为兔、麋，以供笾豆之实，不入牢俎，故曰“小”。昆虫之异，正郑注所云“蚳蝝之属”也。案：《周礼·鳖人》“祭祀，共蜱、蠃、蚳，以授醢人”，注：“蚳，蛾子。”《尔雅》“蝝，蝮蜪”，注：“蝗子未有翅者。”并引《国语》“虫舍蚳蝝”为说。是正见阴阳生化之机，不必专举蜩、范以时生灭者言之。《内则》蜩、范不登祭品，似未宜泛及。

王后蚕于北郊，以共纯服。

郑注：“纯服，亦冕服也，互言之尔。纯以见缯色，冕以著祭服。”嵩焘案：《玉藻》“纯组绶”，注云：“纯当为缁。古文缁或作糸旁才。”《周礼·媒氏》“纯帛”注云：“纯实缁字也。古(犹)〔缁〕以才为声。”《论语》“今也纯”，注云：“纯读为缁。”是郑意纯、纣字通。据《周礼·考工记》，“五入为緅，七入为缁”，注云：“玄在緅缁之间，其六入者与?”玄、缁二者色异。缁衣玄端，朝服也。玄冕，祭服也。郑注《周礼·司服》：“玄者，衣无文、裳刺黼而已。”凡冕服皆玄衣纁裳。《士冠礼》“爵弁服，纁裳纯衣”，郑注：“纯衣，丝衣也。馀衣皆用布，惟冕与爵弁服用丝。”《司服》天子六冕，皆用以祭。此云“纯服”，通天子六冕言之；云“冕服”，通诸侯五冕言之。《说文》：“纯，丝也。”《周颂·丝衣》传云：“祭服也。”天子六冕丝服同，故统言“衣”；诸侯五冕章数各别，故析言“冕”。王后共蚕，正备丝服之用。冕服玄衣，与缁衣别，郑谓“纯以见缯色”者，非也。

君致齐于外，夫人致齐于内。

孔疏：“外，谓君之路寝；内，谓夫人正寝。”嵩焘案：《祭义》：“致齐于内，散齐于外。”外谓路寝燕朝之地，内谓庙中，内者隐而外者显也。此云“君致齐于外，夫人致齐于内”，内谓宫寝，外谓庙中，内者入而外者出也。疏意似与《祭义》忤。

及迎牲，君执纼，卿大夫从，士执刍，宗妇执盎从夫人荐涚水；君执鸾刀，差哜；夫人荐豆。

郑注："涚，盎齐也。盎齐涚酌。凡尊有明水，因兼云水尔。哜，哜肺，祭肺之属也。"孔疏："哜有二时。一是朝践之时，取肝以膋贯之，入室燎于炉炭，出荐之主前。二谓馈孰之时，君以鸾刀割制所羞哜肺，横切之使不绝，亦奠于俎，尸并哜之。"嵩焘案：《礼器》"君制祭，夫人荐盎"，《祭义》"君牵牲，夫人奠盎"，与此凡三言夫人荐盎，一次之制祭后，两次之迎牲后。割牲、制祭，并在朝践前，夫人不应有荐盎之事。《特牲礼》："主人及祝升。祝先入。主人从，西面于户内。主妇盥于房中，荐两豆。"《少牢礼》："主人户内西面。主妇荐自东房"，四豆。凡祭，主妇先设豆。此经叙"荐涚水"于"荐豆"之前。《郊特牲》云："盏酒涚于清。"郑注："盏酒，盎齐也。"夫人荐涚水，即《司尊彝》所谓"盎齐涚酌"，盖涚清酒于盎齐以待奠，并始祭陈设然耳。"及迎牲"三字，总摄此二节。《特牲礼》：举肺脊、举干、取肝、羞燔，尸并哜之。《少牢礼》：举牢干，举牢肩，取肝，尸并哜之。经云"羞哜"，谓割牲时分别以授尸，不专为举肺言也。疏兼肝肺为说，而引燔肝制祭之文，以谓"哜有二时"。燔肝制祭，《祭义》所谓"燔燎羶芗，间以萧光，以报气也"，安得以羞哜言之？疏于此失之尤远。

舞莫重于《武宿夜》。

郑注："《武宿夜》，武曲名也。"孔疏："皇氏曰：'师说《书传》云：武王伐纣，至于商郊，停止宿夜，士卒皆欢乐以待旦。因名焉。'熊氏曰：'宿夜，即《大武》之乐也。'"嵩焘按：献始于裸，乐始于升歌，则武宿夜者，亦舞之始也。《乐记》“备戒之已久”，故有“再始”“著往”之文。《酌》之诗曰：“於铄王师，遵养时晦。”追叙伐商之始，迟留审慎。故凡舞，以乐奏一终为一成；而舞之始，既备戒而又迟之久，谓之“武宿夜”者，乐奏之宿留停缓以引其声者也。《诗小序》：“《维清》，奏《象》舞也。”“《武》，奏《大武》也。”舞有文武之节、六成九变之容。《乐记》云：“诗言其志，歌咏其声，舞动其容。”是以文采节奏为声之饰，舞者所以饰乐也。疑《周颂·酌》、《桓》、《赉》、《般》，皆以饰舞而为之节，不能仅以《维清》一诗概《象》舞之变，《（大）武》一诗尽《〔大〕武》舞终始之容也。皇氏据《尚书大传》“停止宿夜”之文以证“武宿夜”之为曲名，恐属傅会。

是故尸谡，君与卿四人馂；君起，大夫六人馂，臣馂君之馀也；大夫起，士八人馂，贱馂贵之馀也；士起，各执其具以出，陈于堂下，百官进，彻之，下馂上之馀也。

郑注：“进当为馂，声之误也。百官，谓有事于君祭者也。”嵩焘案：《特牲礼》两養，曰“上養”，曰“次養”；《少牢礼》四人養，曰“上養”，曰“次養”。郑注：“古文養皆作馂。”士馂者，举奠及长兄弟。大夫馂者，上佐食、下佐食、宾长二人。凡祭，献宾、酬宾以至旅酬，无算爵，皆神惠也。宾者，《有司》、《特牲礼》曰宗人，曰祝，曰佐食，《少牢礼》又有司马、司士、雍人、廪人、司宫、宰夫之属。《特牲礼》有尸俎、祝俎、阼俎、主妇俎、佐食俎、宾及长兄弟俎。《有司彻礼》叙十二俎：正俎三、侑俎二、阼俎三、主妇俎一、鱼俎三。其馀宾俎、次宾俎、司马俎不具其数。而酬酢之礼既行，神惠固已遍矣。馂有酌有酳，亦酢主人。佐食、宾长、兄弟既与献酬之礼，馂复及之者，亦取有司中之习礼者为之。君馂，遍及在庙，由四人至六人、八人，堂下之俎则群有司皆得馂焉；与《仪礼》命馂之文异，其礼不见于他经。《仪礼》专详大夫、士馈食之仪，天子诸侯之礼，犹可推类见之。

铺筵、设同幾，为依神也。诏祝于室而出于祊，此交神明之道也。

郑注："诏祝，告事于尸也。出于祊，谓索祭也。"孔疏："诏祝，谓灌鬯、馈孰、酳尸之等，祝告事于尸。祊，谓明日绎祭。"嵩焘案：《郊特牲》："直祭祝于主，索祭祝于祊。"《特牲》、《少牢礼》并叙主人西面户内，"祝在左"，郑注："祝释辞于（主）〔神〕。"此为事主之礼。《郊特牲》之云"直祭"，即郑注所谓"厌祭"也。经云"铺筵设同幾"，郑注："以其妃配，亦不特幾。"其注《司幾筵》云"于庙同幾"，亦明为主筵。所以谓之"交神明"，直祭与索祭相连为文，皆在迎尸前，尸入而神有所凭，一以人道事之，非事鬼神之道矣。注以诏祝为"告事于尸"，大误。疏因连灌鬯、馈食、酳尸皆告事，而以祊当明日之绎祭。《仪礼》不详告事之节。绎祭宾尸，尤不得为索祭。《仪礼》之文具有，犹可一证郑注之误。言礼者正当参互考求，无徒拘守一说以诬经也详见《郊特牲》。

所使为尸者，于祭者子行也。父北面而事之。

郑注："朝事延尸于户外，是以有北面事尸之礼。"嵩焘案：《少牢礼》："司宫筵于奥。"室中之筵当西南隅，主东面，尸南面，主人户内西面，向主也。《郊特牲》云："坐尸于堂，用牲于庭。"祼献毕，迎牲，祝延尸升，《祭义》所谓"君牵牲，穆答君"是也。主人于是有北面事尸之文。尸还入室乃行朝践，注谓朝践“延尸户外”者，非也。

尸饮五，君洗玉爵献卿。尸饮七，以瑶爵献大夫。尸饮九，以散爵献士及群有司。皆以齿。

郑注：“尸饮五，谓酳尸五献也。大夫、士祭，三献而献宾。”孔疏：“祭二献，祼用郁鬯，尸祭奠而不饮。朝践二献，馈食二献，及食毕主人酳尸，故云‘尸饮五’。主妇酳尸，宾长献尸，是‘尸饮七’也。时正九献礼毕，但初二祼不饮，故云‘尸饮七’。长宾、长兄弟更为加爵，尸又饮二，是并前尸饮九也。侯伯七献，朝践、馈食各一献；食讫酳尸，但尸饮三。子男五献，食讫酳尸，尸饮一。大夫、士祭三献而献宾，明与诸侯献宾不同。《有司彻》下大夫不宾尸，与士同，亦三献而献宾。其上大夫别行宾尸之礼，与此异。”嵩焘案：《仪礼》酳尸毕，乃献祝及佐食，是未酳尸以前不得献卿及大夫。疏以祼尸不饮，饮尸除祼尸二献，极允；而云馈食二献酳尸，以释注“酳尸五献”之文，与《仪礼》不合。《特牲礼》：尸入，祭酒，啐酒。乃食，尸三饭，告饱；祝侑。又三饭，告饱；祝侑如初。又三饭。主人升酌，酳尸。《少牢礼》：尸升筵；食举，三饭；尸又食、又食、又食、又食，告饱，祝侑；尸又食；主人拜侑，尸又三饭，主人酌酒，酳尸。士祭九饭，大夫祭十一饭，卒饭，酳尸，皆在主人一献之中。主妇酳尸，《仪礼》无文。疑朝践、馈食宾皆有献，故酳尸为饮五。案：九献皆正献，酳尸不与九献之数。经云“尸饮”，不云“献尸”。注谓“酳尸五献”，亦误。《仪礼》三献，皆有献祝、献佐食之文。士、大夫之祭，有司以祝为尊。经云“献卿”，盖大宗伯之属。大祭祀，莅玉鬯，奉玉粢，有事于馈献者，《少牢》、《特牲》之酳尸、献祝即其例也。《仪礼》

"三献作止爵"，于是有兄弟之加爵，有众宾长之加爵，有嗣子之举奠，有佐食洗散之献，皆加献也。似九献之礼，卿、大夫、士并当有正献。《特牲礼》："宿宾，曰：'某荐岁事，吾子将莅之。'"郑注："言将临之，知宾在有司中。"《有司彻》叙献尸之仪云："宾长设羊俎……雍人授次宾疏匕（举）〔与〕俎。"司马挹湆注于疏匕……以授尸。"次宾羞羊燔。"叙献侑之仪云："司马执羊俎以升"，"次宾羞羊燔"。叙主人受尸酢之仪云："长宾设羊俎"，"次宾羞匕湆"，"司马羞羊肉湆"，"次宾羞燔"。叙主妇亚献尸之仪云："次宾羞豕匕湆"，"次宾羞豕燔"。长宾，次宾与司马、司士同有事于祭。主妇献尸及受酢，独有次宾而已，长宾不与焉，其献侑独有司士。此当为卿、大夫、士赞献之等。士祭以一人为宾，其馀为众宾；大夫祭以一人为长宾，一人为次宾，其馀为众宾。一皆有司之与于祭者，与此之"献卿"、"献大夫"、"献士"正同一例。注家不详其义，而祭之有宾遂无有知其故者。注云"大夫、士祭，三献而献宾"，不知馈食礼酳尸而献祝、献佐食亦献宾之事也。案《有司彻礼》："不宾尸。"三献毕，献宾、献兄长之礼并同宾尸，则与正祭相间为之，其仪繁而实一也。疏以为上大夫、下大夫之分，并谓"礼与此异"，似谓郑注"大夫士"专据下大夫言之，强生分别，无当经旨。

又案：《礼器》："宗庙之祭，贵者献以爵，贱者献以散。"以此经之文准之，君之献卿、大夫，士，即用卿、大夫、士之献尸者。君与卿同馂，故献卿之爵，可以用君献尸之爵。《特牲礼》：宾三献爵止，主人献宾。似凡献卿及大夫士，亦当视其所以献尸者为之节。《特牲礼》："主人献宾，宾受爵。主人献众宾。洗觯酬宾。"此当为献卿、大夫之节。"利洗散，献于尸。酢，及祝。"此当为献士之节。

又案：王氏《述闻》："此言尊卑之等，非言长幼之序，不得云‘皆以齿’。盖涉下文‘凡群有司皆以齿’而误衍。疏谓齿同列则长者在先，则序爵又序齿，与下‘明尊卑之等’文义相剌谬。”据《燕礼》、《大射礼》，献士而及祝、史、小臣、师；既为士举旅，遂献庶子如献士之仪，献左、右正与内小臣如献庶子之仪。是群有司亦自有等。《左传》隐公十一年“不敢与诸任齿”，杜注：“齿，列也。”孔疏：“人以年齿相次，列以爵位相次。”群有司各视其所职司之高下以为列，——齿者列也，——与下文“凡群有司皆以齿”，文同而义自别。

故祭之日一献。君降立于阼阶之南，南乡。所命北面，史由君右执策命之。再拜稽首，受书以归，而舍奠于其庙。

郑注：“一献，一酳尸也。”嵩焘案：《义疏》引“《洛诰》：‘烝，祭岁，惟告周公其后。’是因时祭而命之。但《洛诰》告后，始云‘王入太室，祼’，此记则一献后乃降立而命之，其次少别”。以文义揆之，“王命作册逸祝册，惟告周公其后”，谓告之文武庙也。祝者，告神之辞也。既告而后迎尸入太室祼，迎尸以后之事也。“王命周公后，作册逸诰”，诰周公也。于篇后言之，祭事毕颖。曰“王宾”，周公于时亦有事于庙，王命周公因烝祭而告之于庙，重其事也。《周礼·内史》：“命诸侯及孤卿大夫，则策命之。”内史无职于祭祀，因祭祀而策命，内史自以其职掌之。此经下云：“于禘，发爵赐服；于尝，出田邑，发秋政。”“发爵”、“发政”，相并为文，自当行之祭后，不能于九献之中行之。《大宗伯》：赐诸侯则傧。《小宗伯》：赐卿、大夫则傧。傧者，宾礼也。祭之日一献，谓因祭策命，为行一献之礼。凡祭，献卿、献大夫、献士，所受命者亦当与于献，至是一献为加礼也。馈食酳尸，祭事方殷，安得遽降而策命？所命者皆有事于祭，安得遽受而归？凡受命必于庙，归又自释奠于庙，《祭义》所谓“禄爵庆赏成诸宗庙”是也。一献而策命爵禄，非所以重祭事也。凡祭，酳尸一而已，尤不宜以当一献。注谓一献为一酳尸，恐未然也。

凡赐爵，昭为一，穆为一；昭与昭齿，穆与穆齿。

郑注：“君赐之爵，谓若酬之。”《(孔)〔义〕[①] 疏》引贾公彦云：“（公）赐爵，谓祭末旅酬无算爵时。”嵩焘案：《周礼·司士》：“及赐爵，呼昭穆而进之。帅其属而割牲，羞俎豆。”《特牲礼》：主人献宾，“荐脯醢，设折俎”；献众宾，“荐、俎设于其位，辩”。“主人洗爵，献长兄弟……如宾仪；洗，献〔众〕[②] 兄弟，如众宾仪。”长兄弟及众兄弟，即昭穆之次也。司士呼昭穆而进之，割牲羞俎豆，正当是时。《有司彻礼》：“主人酌，献兄弟于阼阶上”；遍受爵；“其荐脅设于其位”。受爵荐脅，故谓之赐爵。其后宾及众宾、长兄弟及众兄弟交相酬曰“旅酬”，宾子弟、兄弟子弟又各举觯于其长曰“无算爵”，《乡饮酒礼》所谓一人举觯而行旅酬，二人举觯而行无算爵是也。其礼主人不与，安得云“赐爵”也？郑注“谓若酬之”，拟议之辞，疏遂以当旅酬者，误也。

煇者，甲吏之贱者也。

郑注：“煇，《周礼》作韗，谓韗磔皮革之官也。”嵩焘案：《韗人》“为皋陶”，盖治鼓者所主皮革，犹乐吏之属，而不得为甲吏。《说文》：“煇，光也。”《周礼·视祲》“掌十煇之法”，郑司农云：“日光气也。”凡雲日气有光者谓之辉。张弨《唐韵正》：

---

①据下文，考群籍，为郭氏正之如此。
②据阮刻本《仪礼注疏》补。

“烀从火，其用为熏燎之属。”则烀者，司火之吏也。《司爟》：“掌行火。凡祭祀，则祭爟。”司爟属大司马，甲士之属也。《燕礼》、《大射礼》：“甸人执大烛于庭。”执烛之甸人亦甲士也，并当在烀者之列。郑注误。

兴旧嗜欲，作率庆士。

郑注：“率，循也。庆，善也。士之言事也。言文叔举起先祖之旧德以循其善。”嵩焘案：洪氏《读书丛录》：“旧当为观字之讹。《说文》观古文作雚，与旧字形相近。”其言甚允。观者循省之意。循省其心志之所注，振发兴起，以是表率在廷之卿士，相与趋事赴功。庆、卿字通。《尚书（太傅）〔大传〕》[①]“相和而歌《卿云》”，郑注：“卿当为庆。”《古今乐录》：“庆云之瑞，因以作歌。”《战国策》：“乐乘以五万遇庆秦于代”，《史记》作“卿秦”。卿、庆一声之转，庆士即卿士也。此孔悝所撰其父孔文子之鼎铭。铭辞分两截：“缵祖服”者，美成叔之继庄叔；“缵考服”者，勉孔悝之继孔文子之业也。一铭而表扬其祖考三世之贤，又并己名传焉，为铭辞之最盛者。于文叔无兴起旧德之意。洪氏之说为允。

升歌《清庙》，下而管《象》，朱干玉戚以舞《大武》，八佾以舞《大夏》。

郑注：“管《象》，吹管而舞《武》、《象》之乐也。”嵩焘案：《乡饮酒礼》、《燕礼》：“歌《鹿鸣》、《四牡》、《皇皇者华》。笙入，堂下乐《南陔》、《白华》、《华黍》。”《大射礼》：“歌《鹿

---

①《尚书》无下文所谓“《卿云》”，《尚书大传》有之。“太傅”者，字之讹也，盖手写之误。

鸣》，管《新宫》。”乐有升歌，有间歌，有合乐。升歌下管，序乐之始事。《义疏》云：“‘升歌’与‘下管’对，‘大武’与‘大夏’对。《象》有但吹以管者，此‘下管《象》’是也；有舞以籥者，《左传》‘象箾南籥’是也。《象》舞以羽籥，是文舞；《武》舞以干戚，是武舞。郑合《象》、《武》为一，误。”其言至允。据《大司乐》，六乐有三节，曰奏、曰歌、曰舞，而《大胥》云“以六乐之会正舞位”，是凡舞必合歌与奏以为之节。蔡邕《月令章句》云：乐声曰歌，乐容曰舞，二者并举。《诗小序》：“《维清》，奏《象》舞也。”管《象》，即《维清》之什。文舞、武舞并用之，而“下管”自与“升歌”相应。《郊特牲》固曰：“歌者在上，匏竹在下。”合舞，则并歌与奏展而序之。《仲尼燕居》：“入门县兴，升堂乐阕，下管《象（舞）》〔《武》〕，夏籥序兴。”相连为文，非谓《象》、《武》之舞专与下管相应也。

礼记质疑卷二十六

经解

孔子曰："入其国，其教可知也。"其为人也，温柔敦厚，《诗》教也；疏通知远，《书》教也；广博易良，乐教也；絜静精微，《易》教也；恭俭庄敬，《礼》教也；属辞比事，《春秋》教也。

孔疏："入国而教可知者，言人君以六经之道各随其民教之。"嵩焘案：疏意以下六经之教并为孔子之言，非也。六经皆圣人手定，《春秋》则圣人笔削之书也。记礼者广明六经之教，而引孔子"入其国其教可知"之言，以证人之成德必原本教化，而六经之教之感人，其旨趣亦各有所极也。自"其为人也"以下，皆记者之辞。圣人之意，自谓入国而觇其人民风尚之贞淫，以知其教之得失。六经之旨涵濡于人身，与教之涵濡于一国者同也。旧注并以此节为圣人之言，刘氏彝至谓"古者编年之史皆曰'春秋'，仲尼未作已列为经"，失之远矣。

故《诗》之失愚，《书》之失诬，《乐》之失奢，《易》之失贼，《礼》之失烦，《春秋》之失乱。

郑注："《易》精微，爱恶相攻，远近相取，则不能容人，近于伤害。《春秋》习战争之事，近乱。"嵩焘案：六经无失，学者习而传焉而失其本旨，所以为失也。记礼者殆有见一周秦间言六经者各这[①]其师说，展转相传，源远而流益岐。如《诗》之有齐、鲁、韩，《易》之有费、孟，《春秋》之有公、穀、左，各分门径。《易》之失，为焦赣、京房及凡爻辰卦气之说，以小术害道，是之谓“贼”。《庄子》云：《春秋》经世，圣人存而不论。三《传》受经，孔子之徒皆各发明义例，指为有所刺讥褒贬，而公羊氏至贤蔡仲之行权，大卫辄之拒父，是《春秋》方数传，已有因之奖乱者。记礼者有忧之，郑据以为经之失，非也。

行步，则有环佩之声。

郑注：“环佩，佩环、佩玉也。环取其无穷止，玉则比德焉。孔子佩象环五寸。人君之环，其制未闻。”嵩焘案：《毛诗·郑风》传：“杂佩，珩、璜、琚、瑀、冲牙之类。”《大戴记·保傅篇》：“下车以佩玉为度，上有双衡，下有双璜、衝牙，玭珠以纳其间，琚、瑀以杂之。”《玉藻》：“佩玉有衝牙。”衝牙者，谓其与左右璜衝触而有声。是佩玉之声，璜为之也。《说文》：“璜，半璧也。”又云：“璧肉好若一谓之环。”两璜相向，皆虚其内以受衝牙，正如环然。凡云“环佩”者，皆主璜言之，取其合而有声者以为名也。注据“佩环”为言。陆氏佃云“环，佩上玉”。佩上玉即珩，以系佩者，不宜有怕，[②] 恐误。

除去天地之害谓之义。

孔疏：“天地之害，谓凡水旱疾疫之属，及凡恶事害人者是

①这，疑“遵”之讹。
②怕，疑误。

也。”嵩焘案：水旱疾疫，有祈禳而无除去之义。义得，所以济仁之穷也，若禹之驱龙蛇。周公之兼夷狄、驱猛兽，及《周礼》之掌戮禁暴以除人害，蜡氏、雍氏以除事害，冥氏、穴氏以除猛兽之害，翨氏、硩蔟氏、庭氏以除鸟害，庶氏、翦氏以除蛊害，赤犮氏、蝈氏、壶涿氏以除虫黾之害，柞氏、薙氏以除草木之害，皆是也。

夫礼，禁乱之所由生，犹坊止水之所自来也。故以旧坊为无所用而坏之者，必有水败；以旧礼为无所用而去之者，必有乱患。

孔疏：“礼本坊乱，若谓旧礼无用而坏去之，必有乱患。”嵩焘案：水所自来而为之防，防其源也；至于泛滥，有不胜其防矣。旧（防）〔坊〕，旧时相沿之坊。旧礼，旧时相沿之礼。乍而观之，其势若远，其文若烦，而圣人之精意存焉。或苦其烦而相与日趋于苟简，故礼之废，非能一朝而废之也，其所由来渐也。旧时相沿之礼一有变而迁焉，久而遂尽失其故。昏姻丧祭未尝一日废于天下，而礼之失其旧者多矣。先王不易之礼，所谓大经大法垂诸天地之间者，亦未能有决然去之者也。

礼记质疑卷二十七

哀公问

然后以其所能教百姓，不废其会，节有成事。然后治其雕镂文章黼黻，以嗣其顺之。

郑注："上事行于民有成功，乃后续治以文饰，以为尊卑之差。"孔疏："会，犹期也。期节，谓天地、君臣、男女之期节。"嵩焘案：《戴记》之言"然后"，皆自为发端语，无连上为文者。此节言"然后"凡三，而以"有成事"三字属之第二段，以"其顺之"三字属之第三段，似《戴记》无此文法。王氏《章句》以"节有成事"为一句，"以嗣其顺之"为一句，于文义较长。"不废其会"，会犹计也。如太宰之受其会，乡大夫之会政，州长之会民，县正之会事，言既以身教而不废致民读法之典，事事示之以成法。"节有成事"，如乡师之令作秩叙，党正之以岁时莅校比，遂大夫之戒其功事，里宰之行其秩叙，一依成事为之准。节者，所以制为之极也。疏训期节，误。会民而授以成法，而质立矣，于是制为衣服器用之等以文之。人情之用之必饰以文也，亦天地自然之序也。圣人因其势而利导之，而必使厚植其质以立之干，所以为顺也，为其质之可以为嗣也。既轨于顺，然后因丧祭之节，以达其追远之忱，而致其报本之义。盖推原礼之所以起，所以纳民轨物之中者，其本厚也。注谓"治文饰以为尊卑之差"，误。

固民是尽，午其众以伐有道。

郑注：“固，犹故也。午其众，逆其族类也。”孔疏：“守道者被害，是伐有道也。”嵩焘案：陈氏《集说》：“固，如‘固获’之固，言取之力也。”“固民是尽”，承上“好实无厌”言之，谓殚民财也，与上“与民同利”正反。“午其众以伐有道”，承上“淫德不倦”言之，谓穷民力也，与上“以嗣其顺之”正反。下文“求得当欲”，又总结此两义，言贪其所得而不计民生之盈虚，恣其所欲为而不顾人情之顺逆也。

内以治宗庙之礼，足以配天地之神明；出以治直言之礼，足以立上下之敬。物耻，足以振之；国耻，足以兴之。

郑注：“直，犹正也。正言，谓出政教也。”嵩焘案：妇人无外事，此言昏礼而及政教，于义无取。详玩此节文义，言夫妇之配合，配其德而已，而家国之兴衰系焉，故昏礼为重。“治宗庙之礼”，《士昏》记所谓“受诸祢庙，三月然后祭行”是也。始事而立于阼、立于东房，正内外之治以配阴阳。“治直言之礼”，《士昏·记》所谓“辞无不腆，无辱”是也。昏辞曰：“敢以礼告。”郑注：“宾不称币不善，主人不谢来辱。”是之谓直言之礼。物耻、国耻，则同忧乐，申警戒，《邶风》诗所谓“何有何无，黾勉求之”，即其义也。《左传》哀公二十四年：立公子荆之母为夫人，国人始恶之。二十七年公患三桓之侈，欲以越去之，遂逊于越。孔子自卫反鲁，在哀公之十一年，殆有见乎其微矣！

三者，百姓之象也。身以及身，子以及子，妃以及妃，君行此三者，则忾乎天下矣，大王之道也。

郑注："太王居豳，为狄所灭，乃曰：'土地，所以养人也。君子不以其所养害所养。'乃去之岐。是言百姓之身犹吾身也，百姓之妻子犹吾妻子也。"嵩焘案：经引大王之道以证所以敬妻子之义，郑据大王为说，非也。身与妻与子三者，百姓所同，王道即基于是，各治其身家而天下治矣。及者，敬之推也。《大雅》："爰及姜女，聿来胥宇。"敬其妻子以及人，而从者如归市，大王之道正如此。此义盖本之《孟子》。

君子言不过辞，动不过则，百姓不命而敬恭。

郑注："民者，化君者也。"嵩焘案：此言敬身之实。身之用，言动而已。君子所贵乎道者三：曰动容貌，曰正颜色，曰出辞气。曾子省身之功，皆具于此。言动者本诸身，以与天下相接，莫之能外者也。舍言动无以为敬身之资。身敬则百姓莫敢不敬矣。化民之义，只带说。

不过乎物。

郑注："物，事也。"孔疏："成身之道，但万事得中，不有过误。"嵩焘案：物者何？言动而已矣。身之所以成，非能求加于言动之外也。言与动取具于一身，而各求其节。事事求止乎其节，五官百体不穷于用，而只以自效于其身。故曰"惟圣人然后能践形"，取具于言动而无馀矣。

贵其不已。如日月东西相从而不已也，是天道也；不闭其久，是天道也；无为而物成，是天道也；已成而明，是天道也。

郑注："'日月相从'，君臣相朝会也。'不闭其久'，通其政教不可以倦。无为而成，使民不可以烦也。'已成而明'，昭察有功。”嵩焘案：经以一“如”字贯下四项，原兼人道所以法天言之，然一归重君身，不及臣民。《易》曰：“君子以自强不息。”不息所以能久，一有闭塞，其用已穷。不闭，所谓“久则征”也。此不息之功也。无为者，诚也。诚则成己成物，仁知并立，所谓“诚则明”也。此立诚之体也。诚以为体，不息以为用，斯所以为天道乎？

仁人不过乎物，孝子不过乎物。是故仁人之事亲也如事天，事天如事亲；是故孝子在身。

郑注：“事亲事天，孝敬同也。”嵩焘案：全章以“敬”“爱”二字相绾合。礼始于谨夫妇，爱敬由是行焉，而因推本于敬身以成亲，法天而要归于成身。成亲之谓孝，法天之谓仁。仁、孝之实，爱、敬而已矣。极爱敬之心，因物以示之则，而所以事天事亲者，取具于身而终亦无能溢乎其量。故曰：“存其心，养其性，所以事天也。”此成身之义也。

礼记质疑卷二十八

仲尼燕居

给夺慈仁。

郑注："巧言足恭之人似慈仁。特言是者，感子贡也。子贡辨近于给。"嵩焘案：何晏《论语集解》引孔氏云：口给，"口辞捷给"。此云"给"，知非以辞辨取给于口也，而恭之与口给，亦不相为类。盖敬、恭、勇三者，德也，其不中礼，据所行之丽于事者言之。敬以心言，恭以容言，勇以气言。敬与勇，内涵之心，而容发之于外，周旋进退，亦近于礼。云"给"者，取给仪容之末也。礼之有节，所以达其情而制其义者也。取给于仪容，而爱敬之生一其心亦微矣。野与逆之失易见，为其率性然也。给则外似优于礼，而一出之以矫饰。如是而悱恻缠绵行于交接之顷者，忽不自知其销靡以尽也。故曰"给夺慈仁"。

敢问礼也者，领恶而全好者与？

郑注："领，犹治也。好，善也。"嵩焘案：此"恶"非邪慝也。行道而有过与不及，则亦恶矣。过与不及，由其行道而见之者也。领之使出于中，则惟礼之准乎？天理人情之至者，为之节文，驯习自然，以全其性。所谓领者，悬礼以为表率之意。《乐记》"领父子君臣之节"，亦是此义。

明乎郊社之义、尝禘之礼，治国其如指诸掌而已乎！

郑注："郊社、尝禘，尊卑之事，有治国之象焉。"嵩焘案：此就上文五项中，专提郊社、尝禘二者言之，盖报本反始之义。仁孝爱敬之施、幽明礼乐之教，可于此二者尽其义。人心之爱敬因事而生，圣人制为礼以达之，故凡礼之行皆本于仁。郊社、尝禘，反诸人所自生，以明报本之意，而仁溥诸天下焉。治国者使之反本归厚，以骛于仁而已。故此二者可以尽其义。注于此二节文义多未尽。

吾语女：礼犹有九焉，大飨有四焉。苟知此矣，虽在畎亩之中，事之，圣人已。

郑注："四者，谓金再作、升歌《清庙》、下管《象》也。……县兴，金作也。金再作者，献主君又作也。……《振羽》，……及《雍》。金作，示情也。"嵩焘案：《义疏》据郑注"大飨有四"，而疏引卢氏植说、王氏肃说并谓大飨有九，而言卢、郑全异，王前四事与郑（同）〔异〕①，后五事与郑（异）〔同〕②，为不达郑意，至为精确。经明言"大飨有四"，而以所谓九者并入大飨中，又于经文所叙十二事各以意为增损，其失经义远矣。郑于此析"金作"为二事，而于"县兴"外添入并献主君之金作，又在本经外，于四者之义终未分明。《义疏》云"大飨有四"：前言"食飨以仁宾客"，观之固可知仁；而"示情"、"示德"、"示事"又有其三，合前"知仁"为四。自较注义为明晓。细玩经旨，所谓"示情"、"示德"、"示事"，即据前用乐为言；而所谓"知仁"

---

①②据《钦定礼记义疏》原文与阮刻本《礼记正义》改。

者合言之，又于此分言之为“示情”、“示德”、“示事”，要其实则一“金作”而已，不足以尽大飨之义也。吴氏澄云：“大飨之礼，其节有四：初迎宾一也，次献宾二也，次乐宾三也，次送宾四也。”于其间分升堂一节为献宾，而合升歌、下管为乐宾，又与经言“示情”、“示德”、“示事”之意牾。以文义求之：示情也、示德也、示事也，君子由之以知仁，飨礼之始事也；客出以《雍》，彻以《振羽》，行步之节、鸾和之音，备物也，君子由之以观礼，飨礼之终事也。凡分二段顺叙，后云“示情”、“示德”、“示事”，申明前一段中实具此三义，文法至为完密。“以礼乐相示”而精义自存乎其中，经云“知此”才，圣人惟知礼中之义焉耳。

又案：经言“犹有九焉，大飨有四焉”，郑注不详九者之为何事，至吴氏澄，始据上文郊社、尝禘、馈奠、射乡、食飨，以为是五者，即“诸礼之中总其凡而言；大飨之四，就一礼之中分其目而言”。窃疑上文通言食飨，已赅大飨言之，复于大飨中约举四端，以与五者相配为九，未免轻重失伦。《周礼》或言“食飨”，或言“大飨”，大抵朝会飨诸作之文，所述皆王礼也。其他飨礼不具见，《春秋传》举其礼甚繁，约言之实有四焉：一天子飨诸侯，一诸侯相飨，案：庄二十一年“郑伯飨王于阙西辟，乐备”，是为诸侯飨天子之礼。昭元年秦后子飨晋侯，定十三年卫公叔文子飨灵公，是为大夫飨诸侯之礼。据《郊特牲》，“天子无客礼，莫敢为主焉”。天子诸侯，君道也。飨礼备宾主之义，而上及天子诸侯，春秋之变礼也。一天子诸侯飨其臣及异国之为聘使者，一诸侯飨王臣。案：天子飨诸侯大夫，如僖十二年“王以上卿之礼飨管仲”，宣十六年“晋侯使士人平王室，定王飨之”。诸侯飨王臣，如僖三十年“周公阅来聘，飨有昌歜、白黑、形盐”。凡备礼为飨，不备礼为燕，是以天子诸侯用飨礼者，皆可名“大飨”。诸侯之自飨其臣，不当云“大飨”。然如襄二十六年“郑伯飨子展，赐之先路、三命之服，先八邑；赐子产次路、再命之服，先六邑”，因飨而赐命与邑，皆大飨也。承上“食飨以仁宾客”，言飨礼中又有所谓大飨者四焉，以极论其礼之盛，而举两君相见所以备礼乐之用者以见义。上达天子，下及卿大夫，其事同，其仪文度数之各异者，固可以类推也。上言食飨，如公食大夫礼及养老之礼之兼燕食飨者，一以宾礼处之，其义广矣。而大飨之有是四者，实各不相蒙。列国邦交之义，岁时朝聘用此，盖尤繁焉。至于春秋，而僭替繁减，有失其纪者矣。此亦圣人精义之学也。

不能诗，于礼缪；不能乐，于礼素；薄于德，于礼虚。

郑注：“《王制》曰：‘乐正崇四术，立四教，顺先王《诗》、《书》、礼、乐以造士。春秋教以礼、乐，冬夏教以《诗》、《书》，王太子、王子、群后之太子、卿大夫元士之适子，国之俊选，皆造焉。’则古之人皆知诸侯之礼乐。”嵩焘案：郑氏意以此节上承大飨之礼，故牵合言之。先王治天下，礼而已矣；而成均教国子之法，掌之大司乐。《玉藻》：“行以《采齐》，趋以《肆夏》。”进退升降，一以乐文之，乐者，礼之所由行也。自唐虞典乐始于诗，诗以歌永之而有声，声以律和之而有伦。大司乐教六诗，而以六律为之音，以六德为之本，郑引《王制》教士之法是也。君子之成德，亦必有其质焉，有其文焉，而后动容周旋为能中乎礼。诗，言志者也。昧于贞淫正变之旨而不能诗，故曰“缪”。乐，彰德者也。阙于文采节奏之饰而不能乐，故曰“素”。

万物服体。

郑注：“服体，体服也。谓万物之符长皆来为瑞应也。”嵩焘案：郑意据《虞书》“凤凰来仪，百兽率舞”，为礼乐之应。疑

"万物服体"只是万物皆得其所意，通人、物言之。服体，如衣服之附体，亲而安之，顺而从之，施之而有序，被之而有章也。《尚书》"山川鬼神及鸟兽鱼鳖咸若"，亦是"万物服体"意。

礼记质疑卷二十九

孔子闲居

四方有败，必先知之。

孔疏："观微知著，豫知祸害。"嵩焘案：此即《论语》"父母惟其疾之忧"意。先知之，所谓思患而预防之者也。应氏镛云："父母之心恻怛恳至，四方万里微有祸败，必先知之。盖受其民者切，虑其事者周，故不善之幾微萌芽，稍触于吾身，则已先知焉。"最得其旨。五至三无，内蕴之心，不言而周于民物，而有以察乎其微。《孟子》"文主视民如伤"，自是窥见本原语。知此，则四方所以致败之由，亦思过半矣。

志之所至，诗亦至焉；诗之所至，礼亦至焉；礼之所至，乐亦至焉；乐之所至，哀亦至焉。哀乐相生。

郑注："凡言至者，至于民也。志，谓恩意也。言君恩意至于民，则其诗亦至也。诗，谓好恶之情也。"嵩焘案：志者，仁义之所从生，尽己之事也。由是正好恶，以理人之性情而诗至；由是详节文，以端人之趋向而礼至：二者，由己及人之事也。由是易俗移风，太和洋溢，睹万物之遂生而乐至；由是忧盛危明，至诚恻怛，惟惧一夫之不获而哀至：二者，治人反己之事也。"哀乐相生"，以是哀即以是乐。视己之于人䜣合无间，缠绵固结，穷极幽微而自不容已，故曰“至”。

“凡民有丧，匍匐救之”，无服之丧也。

郑注：“言君于民有丧，有以赒恤之，则民效之。”嵩焘案：“三无”者，君子之心之所以内自毖，无责民效之意。言礼言乐而及无服之丧，礼乐之原皆寓于政教之中，而行之必以至诚恻怛。极天下四海之众，疾病夭札，皆其裁成辅相之宜之有未至。文王视民如伤，诚伤之也。故治民以能用哀为本。无服之丧，由其仁心流动，充满自然，以生其哀者也。

无服之丧，以畜万邦。

郑注：“畜，孝也。使万邦之民竞为孝也。”嵩焘案：郑据《祭统》“孝者畜也”，以求合“丧”字之义。《说文·田部》：“畜，田畜也。”犹言力田之蓄积也。《草部》：“蓄，积也。”畜本训蓄积。《易》“容民畜众”，《周礼·稻人》“以潴畜水”，又通为容畜之义。《周礼·庖人》“六畜六兽”，郑注：“始养曰畜。”《坊主》“以畜寡人”，又通为畜养之义。《孟子》：“匹夫匹妇有不（与）被尧舜之泽者，若己推而纳之沟中。”“无服之丧”一念存于心，以怀保万邦无难矣。注意似涉迂曲。

无声之乐，气志既起；无体之礼，施及四海；无服之丧，施于孙子。

郑注：“起，犹行也。”嵩焘案：起，如《孟子》“百世之下，闻者莫不兴起”之起。首言其蕴之深气志不违，次言其发之盛气志既得，次言其感孚之远气志既从，次言其光辉日闻四方，终言其兴起天下后世。两“施”字，与前“施及四国”之施，语同而义微别。

《玉篇》："施，张也。"《广韵》："施，设也。"此施及四国之义。《诗毛传》"施于中谷"："施，移也。"郑笺"施于孙子"："施，延也。"此"施"字之义。

耆欲将至，有开必先。天降时雨，山川出云。

郑注："'耆欲将至'，谓其王天下之期将至也。神有以开之，必先为之生贤知之辅佐。"嵩焘案：经三引《诗》：首汤，言其德之盛；次文、武，言其化之神；次三代、太王，言其名之远。《崧高》诗以证文、武之德，"不显亦临，无斁亦保"，若息息与天通而默受其佑助，未宜援"生甫及申"之辞专据贤佐为言。"耆欲将至，有开必先"，言王者神明其德以前民用，凡利病之原，察及隐微，因机而利导之，如天地之生物，皆有以遂其性，而使之无不达者也。有清明之德，然后生民之耆欲皆能化而裁之、神而明之，以自任其先觉先知之责，所以开耆欲之先，清明如神之志气为之也。

礼记质疑卷三十

坊记

坊民之所不足者也。

郑注："民所不足，谓仁义之道也。失道则放辟邪侈。"嵩焘案：《周礼·稻人》："以潴畜水，以坊止水。"故坊者，坊其过而已。凡行而过，则德必有不足。暴者不足于仁，贪者不足于义，其所不足，乃其行之所以流而为过者也。注意正当微会。

命以坊欲。

郑注："命，谓教令。"嵩焘案：陆氏佃云："命以坊欲，《孟子》所谓'有命焉，君子不谓性也'。"马氏晞孟云："命所以知分而安之。"应氏镛云："命出于天，各有分限。以是防之，则觊觎者塞，羡慕者止，而欲不得肆矣。"皆以"知命"之命言之，与郑异义。疑礼以防君子之失，刑以禁小人之非，命者又引之于微，使知分定自天，而欲自有所止，及所以济礼、刑之穷也。礼、刑二者，均在教令之中，知此"命"字不当复为教令也。

贵不慊于上。

郑注："慊，恨不满之貌也。慊或为嫌。"嵩焘案：《说文·心部》："慊，疑也。"《女部》："嫌，不平于心也。一曰疑也。"是嫌疑字正当作慊。郑注《大学》“此之谓自谦”云：“谦，读〔为〕慊，慊之言猒也。”段氏申其义云：“凡云‘之言’者，皆就字之本音本义而转之。猒，非慊之本义也。”猒与嫌疑，义相反而文相通。此云“恨不满”，又因嫌疑展转释之。《杂记》：“君子上不僭上，下不逼下。”贵有等，以下干上则疑于僭上，以上侵下则疑于逼下；制为之节，循分而自安焉，则无所嫌矣。必使无恨不满之意，是又益其骄也。此当从郑后说。

故制国不过千乘，都城不过百雉，家富不过百乘。

郑注：“古者方十里，其中六十四井，出兵车一乘，此兵赋之法也。”孔疏：“兵赋之法，家出一人。万二千五百家为乡，是一乡出一军。乡为正，遂为副，遂之出军与乡同。公邑出军亦与乡同。其公卿大夫采地，既为井田，殊于乡遂，则出军亦异于乡遂。郑注《小司徒》：‘井十为通，士一人，徒二人。通十为成，革车一乘。十成为终。十终为同，革车百乘，士千人，徒二千人。’此公卿大夫采地出军之制也。《鲁颂》‘公车千乘’，谓大总计地出军也。‘公徒三万’，谓乡遂兵数。《左传》‘惟卿备百邑’，地方百里也。郑注《小司徒》：‘百里之国凡四都，五十里之国凡四县，二十五里之县凡四甸。采地食者，皆四之一。”嵩焘案：疏意盖本郑氏《小司徒》注。因考《大司徒》，掌土地之图与人民之数，各有职司，是以载师任土，闾师任民，两不相蒙。《小司徒》之“五人为伍，五伍为两，四两为卒，五卒为旅，五旅为师，五师为军”，此任人之法也；“九夫为井，四井为邑，四邑为邱，四邱为甸，国甸为县，四县为都”，此任地之法也。而《大司徒》之“五家为比，五比为闾，四闾为族，五族为党，五党为州，五州为乡”《遂人》之“五家为邻，五邻为里，四里为酂，五酂为鄙，五鄙为县，五县为遂”，又兼土与民而经理之；而《大司马》赋民之政，一依司徒任民之数以为率。于是又为之均土以任民，其法：上地家三人，中地二家五人，下地家二人；又为之因民以均土，其法：不易之地百亩，一易之地二百亩，再易之地三百亩。未闻兵赋家出一人之说也。《司马法》曰井、曰成、曰通、曰终、曰同，《周礼》曰井、曰邑、曰邱、曰甸、曰县、曰都，各自为说。郑注：“甸之言乘也。”甸凡六十四井，而出一乘，与《司马法》之成出车一乘，井数各殊。由《司马法》推之，千乘之地方三百五十一里有奇，加以山川沟洫之地及田莱之分，与《周礼》制地之法参互比合，略可以推见其大凡。郑注比而同之而为旁加一里之说，《周礼》初无明文，遂据以为采邑出车之法，而以一乡夫家之数与军数相准，据以为乡遂之法。其注《小司徒》及《匠人》，两言采地制，井田异于乡遂，然则千乘之赋，固在乡遂之外乎？井田、兵赋，各有取义，其立法未始不相准，郑注《周礼》强生分别，非也。家富不过百乘，上承“制国不过千乘”，即《孟子》“千取百”之意，举其极言之。如郑注《小司徒》，食采邑者四之一，又以四之一田税入于王，于此经不相符合。襄二十七年《左传》“惟卿备百邑”，杜注：“此一乘之邑，非四井之邑。”四井之邑方二里，一乘之邑方八里，卫卿采邑，安得有此？《王制》：“量地以制邑，度地以居民。”庄二十八年《左传》：“邑曰筑，都曰城。”邑，若今时聚落，《大司马》：“野以邑名”是也。山陵川谷及井田九家之宅，下及馀夫，凡民居所聚，通谓之邑，《论语》故有“千室之邑”、“十室之邑”。备百邑者，合大小都会，以言其数之多也，尤不当据此为地方百里之证。注云“十里六十四井，出兵车一乘”，千乘百乘皆可准此推之，语极明显；疏援皇氏疏为说，只益其迷而已。

《春秋》不称楚、越之王丧。

郑注："楚、越之君僭号称王，不称其丧，谓不书葬也。《春秋传》曰：'吴、楚之君不书葬，辟其僭号也。'"嵩焘案：《春秋》于鲁书"公"薨于外，诸侯书"卒"，而各书其爵与名，惟葬书"公"。吴、楚之君，但书"吴子某卒"、"楚子某卒"，无书葬者，以诸侯之葬称"公"，"公"者亦僭号也。吴、楚僭号称王，故《春秋》黜之。昭五年楚子会越人伐吴，越始见于经，其后定十四年於越败吴于槜李，哀十三年於越入吴：凡见于经者三而已。越子允常之卒不书，不赴也。疑此"楚、越"字当为"吴、楚"之讹。

君不与同姓同车，与异姓同车不同服。

郑注："同姓者，谓先王先公子孙有继及之道〔者〕也。其非此，则无嫌也。仆、右恒朝服，君则各以时事，惟在军同服。"孔疏："《曲礼》云：'乘路马必朝服。'《玉藻》云：'君之右虎裘，厥左狼裘。'《左传》云：'均服振振，取虢之旂。'是在军同服。"嵩焘案：注意以不同服为左、右之别，而同姓不同车无文，疑若太仆、司右、大驭、戎右、齐右之官属。为君御及骖乘者，不以同姓为之，为其侍御于君若仆隶，故不以任之同姓。夫子推广其义，所以远嫌也。《左氏》载为右及御者，多由于卜，而皆不及同姓，于礼或应然。同车同服，与君无别，虎裘、狼裘之分，亦所以远嫌也。案：杜注《左传》"均服"："戎事上下同服。"从郑义也。《周礼·司服》"凡军事韦弁服"，注引"《春秋传》：晋郤至衣韎韦之跗注。今时五伯缇衣，古兵服之遗也"。而《旅贲氏职》云："军旅则介而趋。"《戎仆职》云："掌驭戎车及倅车之政，正其服。"是军旅有韦弁，有介，戎仆又为之正其服，其必非上下同服明矣。《左传》以明军服之齐整。李善注《文选》，引《说文》作"袀服振振"，服虔曰："袀服，黑服也。”并谓士卒之衣不得为上下同服。

贵人而贱禄，则民兴让；尚技而贱车，则民兴艺。

郑注：“人君贵尚贤者能者，而不吝于颁禄赐车服，则让道兴。贤者能者，人所服也。”嵩焘案：禄加于贤者，车受于能者，禄与车非贱也；人君惟贵其人之贤且能者，视其禄与车，惟贤能之是畀，而不敢以禄与车自骄：则所谓“贱”者，人君贵贤与能之心然也。人知人君之心所贵贤与能也，则亦不敢滥视其禄与车而苟求得之，故曰“兴让”；而皆相率勉为贤者能者，求得一艺之长而后有以自立，故曰“兴艺”。于是而禄与车之所及，天下皆知贵焉，则人君贵贤与能之效也。禄不必加于贤，车不必及于能，苟得禄与车而相与贵之，贤且能者有引以为耻而已。有国家者，至使人耻受其禄与车而引而避之，贱亦至矣。贱禄而民兴让，贱车而民兴艺，非知道之君子，乌能辨之？

上酌民言，则下天上施。

郑注：“酌，犹取也。取众民之言以为政教，则得民心。恩泽所加，民爱之如天矣。言其尊也。”嵩焘案：洪氏《读书丛录》：天当为先。《缁衣》“惟尹躬天见于西邑夏”，郑注：“天当为先。”《玉篇》兂、兟，并古文“天”字，与“先”形相近。言上酌民言，则下先施于上。下文“信让以莅百姓，则民之报礼重”，即所谓“下先上施”也。下之所施于上者，赋也，役也。其待理于上者，言也。不平于心，而有歌谣；不下于人，而有讼狱；不平于上，而有诅祝。曰“酌”者，乃所以行而宜之者也。行而宜之，民顺乎上，供赋而无吝于财，任役而无吝于力，故曰“先施”。不酌民言，则好恶之公动而与民牾，故曰“犯”；不先上施，则计校之私动而与上争，故曰“乱”。

故君子有君不谋仕，唯卜之日称二君。

郑注：“君子有君，谓君之子父在者也。不谋仕，嫌迟为政也。卜之日，谓君有故而为之卜。二当为贰。惟卜之时，辞得曰‘君之贰某’尔。晋惠公获于秦，命其大夫归择立君，曰‘其卜贰圉也’。”嵩焘案：君子有筮仕之义，伊尹五就汤，五就桀，伯夷、太公避纣而归西伯。《少仪》曰：“事君者量而后入。”故可越国以求仕。孔子之于鲁、卫、陈、蔡，孟子之于齐、梁，未尝有君臣之义，就而谋仕焉可也。卜之日，谓始筮仕时。既正君臣之义，而复谋仕他国，乃所谓“贰”也。此以示民不贰为义，郑注非也。

以此坊民，阳侯犹杀缪侯而窃其夫人，故大飨废夫人之礼。

郑注：阳侯，缪侯“同姓也”，“以贪夫人之色，致杀君而立。其国未闻”。嵩焘案：此即《左氏传》楚子灭息而取息妫之类，注意恐误。《淮南·氾论篇》“阳侯杀蓼侯而窃其夫人”，高诱注：“蓼侯，皋陶之后，偃姓之国，在今庐江。”郑樵《通志·氏族略》云：“今寿州霍邱即其地。”据《汉书·地理志》：南阳郡湖阳，“故蓼国”。《左传》桓十一年杜注：“蓼国，今棘阳县东南湖阳城是也。”今唐县南八十里有湖阳故城，即古蓼国地。秦置湖阳县，晋初省入棘阳县，隶义阳郡。郑樵沿高诱之误，以今霍丘当之，别无证据。《汉书·地理志》城阳国阳都，应（邵）〔劭〕曰：“（秦）〔齐〕人迁阳，故阳国是。”《汇纂》：今沂水县有阳都城，即阳国也。《姓氏书》谓召康公之后为阳伯，注云“同姓”，似与经旨不合。

诸侯不下渔色。

郑注：不下渔色，“谓不内取于国中也”。嵩焘案：《公羊传》：“诸侯娶一国，则二国往媵之，以侄娣从。”《毛诗·韩奕》传：“诸侯一娶九女，二国媵之。”何休《公羊传》注：“适夫人下有嫡侄娣，左右媵下有左右媵侄娣。”是诸侯一娶而夫人、九嫔之属咸备。世妇、女御，《周礼》不言数，不备位也。“不下渔色”，言不复更求女色，非以诸侯不内娶为义也。案：娣之名，见《易·归妹》爻辞。媵之名，见《仪礼》。而“诸侯一娶九女”之文，见《公羊》及《毛诗传》，汉儒皆据以为说。《白虎通》云：“天子诸侯，一娶九女。地有九州，承天之施；娶九女，亦以（成）〔承〕[①] 君施也。必一娶，防淫佚也。”《春秋》载其事颇详。如隐（元）〔二〕年“伯姬归于纪”，七年“叔姬归于纪”。杜注《左传》：“叔姬，伯姬之娣。”于隐公之母声子，亦以为“孟子之侄娣。诸侯始娶，同姓之国以侄娣媵”。《春秋》成九年，书“伯姬归于（纪）〔宋〕。晋人来媵”；而于前一年书“卫人来媵”，次年书“齐人来媵”。《左氏传》著其义云：“凡诸侯嫁女，同姓媵之，异姓则否。”而于伯姬，三国媵之，齐又异姓。襄二十三年“晋将嫁女于吴，齐侯使析归父媵之”。似春秋时异姓皆备媵娣之选，而所用以充媵娣者，传记皆不详。疑古者严嫡庶之分，诸侯遣嫁其女，以侄娣媵，皆庶子子也。同等者娣，兄弟之子以下异等者侄，同姓之以媵者皆然。据《仪礼·士昏礼》“女从者”，注：“谓侄娣。”其注“媵布席于奥”云：“媵，送也，谓女从者。”证之经传，似媵为送致娣侄之称，而凡娣侄亦假媵为名。何休《公羊》注所谓“左媵、右媵”，及“左右媵侄娣”，盖沿三夫人、九嫔之称而意为之辞耳。要之，诸侯一娶而妇御之数备焉，正防其有他色也。

①据丛书集成初编本改。

礼记质疑卷三十一

中庸

率性之谓道。

郑注："率，循也。循性行之是谓道。"孔疏："言依循性之所感而行，不令违越。"嵩焘案：《尔雅·释诂》："率，循也。"《诗·北山》及《绵》传并云："率，循也。"据《说文》："率，捕鸟毕。"《辵部》："達，先道也。"《行部》："衛，将衛也。"《巾部》："帅，佩巾也。"四字义别。而经传"達"皆为"率"，"衛"皆为"帅"。率、帅二字，常假借通用。郑注《周礼·乐师》及"聘礼"并云："故书帅为率。"《聘礼》注亦云："帅，道也。谓道己道路所当由。""率性"之率，正具此义，即《辵部》所云"達，先道也"。《孟子》曰："志，气之帅也。气，体之充也。""率性"之率，直是挈提此性以循乎物之则，兼志与气言之。注谓循而行之，所循者性也。疏以为"依循性之所感"，而谓"感仁行仁，感义行义"，是性一物，所感而行者又是一物，非注本义。"率性"者，圣人尽性之功也。道性而使之行仁、义、礼、知，根于心，施于四体，尽有工夫在。《章句》因之谓"人物各循其性之自然"，"自然"者，性也。循其自然，则将一切无所为，而"良知"之说行矣。

致中和

郑注："致，行之至也。"嵩焘案：《说文》："致，送诣也。"由此达彼之谓致。用其中和之德，达之天地民物，裁成辅相，咸受则焉，是之谓致。尧舜之从欲以治，四方风动，正自有事功在。治历授时，厘工熙绩，所以位天；奠山浚川，任土作贡，所以位地；平章百姓，表正万邦，暨鸟兽鱼鳖咸若，所以育万物。推致中和之德于天下，而范围天地，曲成万物，乃以见圣人之功用，故知致中和者，实功也。圣人之道，极于中和，至矣，更无所谓"行之至"也。

驱而纳诸罟擭陷阱之中，而莫之知辟也。

孔疏："罟，网也。擭，谓柞樗也。陷阱，谓坑也。穿地为坎，竖锋刃于中以陷兽也。"嵩焘案：《说文·网部》："罟，网也。""罛，鱼罟也。""罗，以丝罟鸟也。""罝，兔罟也。"《尔雅》："鸟罟谓之罗。兔罟谓之罝。麋罟谓之罞。彘罟谓之羉。"郭注：罞，"冒其头也"。知凡网之小者为罟。《手部》："擭，擘擭（不正）也。……一曰握也。""握，搤持也。"取兽之具，用木交拒，张于兽所往来之径，使兽入足于中，左右抵牾，不能自脱，如搤持之。罟，结绳冒之，以施于兽之小者；擭，用竹木交午持其足，以施于兽之大者。《西京赋》："杪木末，擭獑猢。"木末亦可施擭以拘猱玃之属。《阜部》："陷，高下也。"《玉篇》："陷，坠入地也，没也。"自高下坠谓之陷。疏训陷为坑。《尔雅·释诂》"阬，虚也"，郭注："阬壍也。"《土部》："壍，阬也。一曰大也。"《井部》："阱，陷也。阱或从穴作穽。古文阱从水作汬。"陷大而浅，以陷兽之大者；阱小而深，可以见水，以陷兽之小者。四者各别。《周礼·雍氏》："春令为阱擭。"《冥氏》："设弧张，为阱擭。”郑注：“擭，柞㮬也。坚地井浅，则设柞鄂于其中。”《鲁语》“鸟兽成，设穽鄂”，韦注：“鄂，柞格，所以误兽。”一名蹼，以罥兽足。《书·费誓》：“杜乃擭，敜乃穽。”穽、擭二字，分言之则穽者为阬，擭者设机；合言之，则为深坑而设机其中。设机以治兽之猛者，阬非深大不能设机，《冥氏》所谓“为阱擭以攻猛兽”是也。郑注《周礼》“坚地阱浅，设机其中”，似属意为之说。疏于此云“穿地为深坑，竖锋刃其中以陷兽”，疑擭以拘禁兽足，无施锋刃之文，殆尤误也。

衽金革

郑注：“衽，席也。”孔疏：“衽，卧席也。金革，谓军戎器械也。以甲铠为席，寝宿其中。”嵩焘案：《说文》“衽，衣裣也”。“褛，衽也。”“裣，交衽也。”《尔雅》“（交背）〔衣眥〕谓之襟”，郭注：襟，“交领”。《方言》：“褛谓之衽。衿谓之交。”《丧服》记“衽，二尺有五寸”，郑注：“衽，所以掩裳际也。”衣旁及下通名衽，其交领名裣；《玉藻》“衽当旁”，又通交领为衽。案：《说文》裣，《尔雅》、《方言》衿，并一字之变。《尔雅》“衿谓之袸，佩衿谓之褑”，又别为小带。席有上下，亦名衽席。《曲礼》“请衽何趾”；《弟子职》作“请疋何趾”，疋，足也。谓之衽席者，卧席下有表识，故叚衽为名。倪氏思云：“衽，衣衿也。金，铁也。革，皮也。联铁以为铠甲，被之身若衣衿然。”衽金革，谓衣际皆饰以金革，正铠甲之施于身者也，与卧席无涉。

素隐行怪

郑注：“素，读为攻城攻其所傃之傃。傃，犹乡也。言方乡避害，隐身而行佹谲。”嵩焘案：《毛诗·桑柔》传“如彼溯风”：

"溯，乡也。"郑笺："使人唈然如乡疾风。"即下"大风有隧"意，言风之从来，当之而靡。溯、傃音近，郑训傃为乡者，是也。而以素隐为避害隐身，似涉迂曲。《说文》阜部："隐，蔽也。"艸部："蔽茀，小貌。"小者，所以为隐也。凡深闭固拒以隐为义者，皆道之小者也。倾心乡之，则亦随之而靡矣。《说文》："𥿋，素属。"《毛诗·采菽》传："绋，𦆘也。"郑注《丧大记》："綍或作率。"字并当为索。糸部："绳，索也。"𣎵部："索，草有茎叶可作绳索。"索或为𥿋，亦作𥿋。朱子《章句》云："案《汉书》当作索。"《易·系辞》："探赜索隐。"索隐以求深也。索隐而行怪，必有诡于道者矣。似较注意为长。

君子之道费而隐。

郑注："言可隐之节也。费，犹佹也。道不费则仕。"嵩焘案：《说文》："弗，矫也。"费从弗，有矫拂之意，郑因以佹戾释之。《说文》危部："䧦，陒也。"䧦陒，不安意也。谓道与时相戾拂。寻求此章文义，注意似无归宿。《说文》"费，散财用也"。《玉篇》："费，用也。"财散则施之于外，故与隐对文。横渠张子云："夫妇可以与知与能，故曰费。圣人有所不知不能，是隐也。"神圣之诣，自在寻常日用之间，生民相与共由之，而终极于神化，天地亦不足尽其量。朱子《章句》云："费，用之广也。隐，体之微也。"语自精确不可易，而通以下八章言之，则亦非也。

故君子以人治人，改而止。

郑注："言人有罪过，君子以人道治之，其人改则止，不责以人所不能。"嵩焘案："以人治人"，与上"人之为道而远人"紧相呼应。人各以其身与心，应天下万事万物之变，而身心之则即存乎日用饮食，而无待外求。以吾身心之则自治其身心，使出入从违之不尽遵乎道者，悉改而依其自然之则。存之于心为忠恕，应之于人为父子、君臣、兄弟、朋友，施之于事为言行：皆其目也。“止”者，修道之方至此已尽。推而至于圣人，无以逾焉，故曰“惟圣人而后可以践形”。践形者，还其所以为人之量也。《诗》曰：“天生烝民，有物有则。”以人治人之谓也。注意恐未合。

期之丧，达乎大夫；三年之丧，达乎天子；父母之丧，无贵贱一也。

郑注：“期之丧达乎大夫，谓旁亲所降在大功者。其正统之期，天子诸侯犹不降也。三年之丧，明子事父以孝，不用其尊卑变。”嵩焘案：注谓“正统之期天子诸侯不降”，疏引熊氏云：“天子为正统之丧，嫡妇（期）〔大功〕[①]，嫡孙之妻小功。”此于《丧服》无明文。齐衰不杖期章曰：“大夫之嫡子为妻。”传曰：“父之所不降，子亦不敢降也。”言大夫知天子诸侯于适妇不为服。郑意盖据为妻齐衰杖期言之。昭公十五年《左传》：“王一岁而有三年之丧二焉。”谓穆后及太子寿也。天子为后，亦统于三年之丧。疏以此经“不云父母而云三年”，谓包“嫡子”，非也。天子以旁枝继统，皆从为天子之例三年。三年之丧达乎天子、后也、适子也，所继之统之为天子者也。是以天子绝期；而期丧之统于三年者，天子不能绝也，故曰“达”。父母之丧，自天子下及庶人，倚庐、饘粥、苴杖之制，哭踊之节，不敢有异焉，故曰“无贵贱一也”。“三年之丧”，“父母之丧”，分明两义，注并言之而云正统之期不降，恐非经旨。

---

①据阮刻本《礼记正文》改。

序事，所以辨贤也。

郑注："'事'，谓荐羞也。'以辨贤'者，以其事别所能也，若司徒奉牛、宗伯共鸡牲矣。"嵩焘案：《周礼》六官，皆有事于祭，即大祝、肆师，各有职掌，不待临时序事。《射义》有泽宫选士之文，所选者士耳。如内、外饔人割亨陈鼎俎，并有中士四人、下士八人；司士帅其属割牲羞俎豆，其属有中士六人、下士十有二人。员数既繁，不尽与祭，而以射选之。所以"序事"者，序此而已。试之于射，以观其才；程之于事，以观其习：故曰"辨贤"。《章句》："事，谓宗祝有司之职事。"凡有事于祭者，皆有司也。注以司徒、宗伯六官之长当之，恐误。

仁者人也。

郑注："'人也'，读如'相人偶'之人。以人意相存问之言。"嵩焘案：郑注《仪礼·大射仪》、《聘礼》、《公食大夫礼》，并引"相人偶"之言。《说文》："仁，亲也。从二人。"郑意以人与人相偶而爱生焉，曰"相人偶"者，相亲之辞也。《淮南·缪称训》"鲁以偶人葬而孔子叹焉"，高诱注："偶人，相人也。叹其象人而用之。"疑偶人相人，当时因有"相人偶"之言。郑注《檀弓》，赵岐注《孟子》，并云："俑，偶人也。"古但云"俑"，或因其两两相比，而谓之"人偶"。《匪风》诗笺："'谁能'者，言人偶能割亨。'谁将'者，亦言人偶能辅周道治民者也。"所云"人偶"，又通为人类之意。郑意惟取人与人相比而人之名以立，因假当时"相人偶"之辞以明之。经云"人也"，谓人道之所以行也。《告子》固曰："仁，内也。"必以人与人相与亲爱为辞，是爱仁矣。案：阮氏《研经室集》释仁即本郑义，古训原只如此。

故君子不可以不修身；思修身，不可以不事亲；思事亲，不可以不知人；思知人，不可以不知天。

郑注："言修身乃知孝，知孝乃知人，知人乃知贤、不肖，知贤、不肖乃知天命所保佑。"嵩焘案：圣人发端，便言"其人存则其政举，其人亡则其政息。"说得"人"字郑重，故曰"为政在人"。政之所以行，人而已矣。有文武之人而政行；欲行文武之政，非徒以其政也，以身取则而已矣。经云"不可以不修身"，修身以道之谓也；"不可以不事亲"，修道以仁之谓也。审端于仁而归本于亲亲，从天性自然之爱体贴"仁"字实际，是乃人道之所以立也。知人者，知人道之当然者也。仁者，天性自然之爱；亲亲者，天伦自然之仁：是乃天命之所以行也。知天者，知天道之本然者也。语意紧相承接，旧注于此多未分明。

既廪称事。

郑注："既读为饩。饩廪，稍食也。《稿人职》曰：'乘其事，考其弓弩，以下上其食。'"嵩焘案：《说文》："气，馈客之刍米。气或为槩。"《聘礼》"归饩饔五牢"，郑注："牲杀曰饔，生曰饩。"《说文》："饔，孰食也。"《毛诗·祈父》（传）："有母之尸饔。"疑《仪礼》言"饔饩"，兼致生孰牲牢米禾，生者皆曰"饩"也。桓公十年《左传》："齐人饩诸侯。"是饩者，专为馈食宾客之辞。《廪人》"稍食"，郑注"禄廪也"，又专言九穀。似"既"不当为"饩"，"饩"又不当为"稍食"也。《说文》："既，小食也。"既、廪二事：廪，如廪人所颁稍食；既，如外饔所供师役献赐脯肉之事。廪者，常也；既者，小食，若今之犒劳，其暂也。

凡为天下国家有九经，所以行之者一也。

郑注："一，谓当豫也。"嵩焘案："哀公问政"章所言，皆学也。此节始说到"政"上，究其实，一皆达道之所以行也。修身，本也。天下国家之九经，统乎君也。亲亲，父子兄弟之推也。大臣、群臣、庶民、百工，君臣之推也。尊贤也、远人也、诸侯也，朋友之推也。行政之方不越乎此，而所以行之，则"知"也、"仁"也、"勇"也，皆此三者之运量以行焉而不悖、施焉而不穷者也。三者有弗至焉，必有疑滞而不达、阻遏而不行者矣。"所以行之者一也"，覆说前文，言总此知、仁、勇三达德之推暨于天下，而不能稍阙者也。"凡事豫则立"，另文起义，仍归重到"学"上，所以为行政之本也。注意误。

其次致曲，曲能有诚。

郑注："致，至也。曲，犹小小之事也。"嵩焘案：《说文》："𠙹，象器曲受物之形。"器以曲受物，假借为委曲字。凡事委曲以有成，知之必悉，入之必深。致曲者，推极深微之辞也。圣人发端已见全体，其次须是曲折以尽其变，层层推勘入细。致曲工夫，与《孟子》之言"四端"有别。四端者，偶尔发动之。孟子言"四端"，即因其发动处引之，使之自悟。致曲工夫，自是全体已见得亲切；而如圣人动容周旋，自然中礼，容有所未能，于是专心致志，曲折而求通，所以言"曲能有诚"。"致曲"二字内，已自具有真实无妄之全体。汤武"反之"，颜渊"克己复礼为仁"，皆是"致曲"意。龟山直以学、问、思、辨、笃行五者为致曲，惟不能径造直达，是以谓之致曲也。程子云"曲，偏曲之谓"，朱子《章句》"曲，一偏也"，并承郑注而误。

国有道，其言足以兴；国无道，其默足以容。

郑注：“兴，谓起在位也。”孔疏：“其言足以兴成其国。兴，谓发谋出虑。”嵩焘案：此节言凝道之君子所以崇礼之实功。圣人得位，则凝道于天下；不得位，则凝道于一身。崇礼者，行乎上下有道无道之交，无非至诚之不息，以时措之宜也。《中庸》大旨，推极神圣之化，而集其成于“仲尼”章内；两“君子”，即隐据仲尼言之。上文“居上不骄，为下不倍”，以位言。居上不骄者，圣人之得位者也。“有道”、“无道”，专承“为下不倍”句。兴，即闻风兴起之意，所谓“百世以俟圣人而不惑”也。陈氏亮云：“兴，如‘绥之斯来，动之斯和’。(默)〔容〕①，如‘磨而不磷，涅而不缁’。”要见得圣人全体大用毕具于此，非以因时隐见为义也。

王天下有三重焉，其寡过矣乎！

郑注：“三重，三王之礼。”嵩焘案：上章明言夏殷之礼无征，自不得更据三王为三重。朱子《章句》据吕氏说：“三重，议礼、制度、考文。”然制度、考文亦是议礼中事，故章后但言“作礼乐”；于此文列为三重，非也。（姚氏）景星《中庸集说启蒙》云：“征以时言，一重也；尊以位言，二重也；善以德言，三重也。”最为精核。上章言作礼乐，专主“德”、“位”二者；此章又补出“时”字。时者，治定功成，兴建礼乐，以垂法万世，故曰“无征不信”。舜恭己以治，而后《九韶》之乐成；周公致太平，而后六官之书备：其云征也，时也。上焉者无其时，下焉者

①据《陈亮集》及卫氏《礼记集说》引文改。

无其位，故“君子”以下，极言圣人之德之备而后可以得位乘时，损益古今制礼以建中和之极。德至矣，而时与位皆弗至，则亦自明其道，以俟百世以后之圣人。动而为道，行而为法，言而为则，惟其德之备焉而已。此上三章，极言圣人之功用，以引起仲尼为中庸立之准，旧注皆未能体会。

小德川流，大德敦化。

郑注：“小德川流，浸润萌芽，喻诸侯。大德敦化，厚生万物，喻天子也。”嵩焘案：郑注于此章，专以《春秋》赞圣人之德强生附合，而遂以小德喻诸侯、大德喻天子，并文义失之。朱子《章句》精矣；抑其所谓“并育并行”、“不害不悖”者，分而纪之，合而理之，纷纭繁变。时行物生，皆道之散见者，所谓小德之川流也。其所以然之理，主宰纲维，以行乎至诚不息之机，则大德之敦化也。《章句》以不害不悖属之小德，以并育并行属之大德，则亦未知并育并行皆其条理之灿著者也。小德者，显而丽之事。大德者，默而运之，神成性存。存道义之门，是之谓敦化。

苟不固聪明圣知达天德者，其孰能知之？

郑注：“言惟圣人，乃能知圣人也。”嵩焘案：《中庸》尽人合天之诣，一本于性功，推极于达天德，自有以穷性之原而立诚之体。其感动也神，而动作语言自然成化，无往非成己成物之功。其存主也微，而过化存神莫知所由，自有其不贰不测之用。曰“孰能知之”，至诚尽性至命之学，显诸仁而藏诸用，内外合一，本末兼赅，诚不可以形迹求也。惟能知之，是以能行之。故曰：“中庸不可能也。”知此道者之诚难其人也。郑意别求一知圣人者，似非经旨。

礼记质疑卷三十二

表记

归乎君子！隐而显，不矜而庄，不厉而威，不言而信。

郑注："此孔子行应聘，诸侯莫能用己，心厌倦之辞也。"嵩焘案：注意"归乎"犹《论语》之"归与归与"，而与下数语全不相应。马氏晞孟云："'隐而显'，德隐于中而辉光发于外。'不矜'、'不厉'、'不言'，所谓隐也。'庄'、（厉）〔'威'〕[①]、'信'，所谓显也。""归乎君子"，叹美之辞。《庄子·天下篇》"岿然而有馀"，郭象注：岿然，"独立自足之意"。《释文》："岿或为魏。"《天下篇》亦云："不师知虑，不知前后，魏然而已矣。"郭象注："任性独立。"《说文》："魏，高也。"高则独立无所并。《尔雅·释山》"小而众，岿"，郭璞注："小山丛（聚）〔罗〕[②]。"岿，犹众往归之。《庄子》云"岿然有馀"，当为含蓄包容之意。经文"隐而显"三字总揭。"矜"者，仪容之发；"厉"者，政刑之施；"言"者，教令之设：与《中庸》"动"、"言"、"行"同旨。动而敬，言而信，行而说，则人归之矣。"归乎君子"，言君子之蕴蓄闳深不可量也。郭象以"独立自足"释之，

①据文例改。卫氏《礼记集说》、《钦定礼记义疏》皆作威，是也。

②据阮刻本《尔雅注疏》改。

殆误。

裼、袭之不相因也，欲民之毋相渎也。

郑注：“不相因，以其或以裼为敬，或以袭为敬。礼盛者以袭为敬，执玉龟之属是也；礼不盛者以裼为敬，受飧是也。”嵩焘案：二者同时异用，文盛则裼，敬盛则袭。不相因者，如《聘礼》：“上介不袭，执（玉）〔圭〕授宾。宾袭，执圭。”公袭，受玉，侧授宰玉；裼。“宾裼，奉束帛加璧享。”一聘礼也，执圭袭而享裼，是聘享不相因也；宾袭而介不袭，是宾介不相因也；公袭，既受玉而裼，是受玉与接宾不相因也。渎者，乱也。言敬与文各致，不相紊乱。

笃以不掩。

郑注：“掩，犹困迫也。”嵩焘案：郑据《易》“困，刚掩也”为义。然《易》之云“刚掩”，自训掩蔽：二之一阳，五、四之二阳，俱陷于阴中，为所掩蔽而困矣。“困”之取义如此，而掩固不训为困。《说文》：“掩，取也。”掩取，谓若为人所胁持。祸者危其身，耻者愧其心，则掩者盖谓拂乱其行也。笃厚持重，谁得而掩取之哉？掩意略近困迫，而义未尽。

君子不以一日使其躬儳焉如不终日。

郑注：“‘儳焉’，可轻贱之貌。‘如不终日’，言人而无礼死无日也。”嵩焘案：《义疏》：“《左传》‘鼓儳’，《曲礼》‘儳言’，皆急疾参错之意。”其言至允。《说文》：“儳，儳互不齐也。”《周语》“夷翟轻儳”，韦昭注：“进退上下无列也。”《后汉书·何进传》“从儳道归营”，李贤注引《广雅》：“儳，疾也。”《广韵》：

“傀，恶也。”恶亦疾意。此从上文“安肆日偷”句翻出，言安肆之久，一加检束，遂至疾遽不可终日。庄敬日强，有事于敬，自宽裕而有馀；安肆日偷，有事于敬，便至参错而无序。若一向安肆，亦无不可终日者。《仲尼燕居》“手足无所措，耳目无所加，进退揖让无所制”，即此所谓“傀焉如不终日”也。郑注望文生义，无当经旨。

报者，天下之利也。

郑注：“报，谓礼也。礼尚往来。”嵩焘案：“报”字之义甚广，国家之有刑赏，人世之有取与，及凡君民上下所以相接者，皆报也。以下广明“报”字之义，而先之以“仁”、“义”。报本于仁而裁之以义，报者仁义之大用也。行焉而宜，从焉而顺，则天下之利矣。

则宽身之仁也。

郑注：“仁亦当作民，声之误。”嵩焘案：《说文》仁从二人。仁、人字通。王氏《述闻》：“《系辞》‘何以守位曰人’，王肃本作仁。《论语》‘井有仁焉’，汉韩勅造《孔庙礼器碑》‘四方士仁，闻君风耀’，仁并与人通。”人亦民也，不必改为民。凡言“人民”，亦微有分别。通言之曰人，下言之曰民。“宽身之仁”，正当作人。

是故君子议道自己，而置法以民。

郑注：“‘自己’，自尽己所能行。”孔疏：“君子议道，先自己而始。己所能行，乃施于人，故云‘置法以民’。”嵩焘案：道者，仁之显也。君子务于仁而己以身任道，造次颠沛，必如是焉。

议道者，明道之当然也。至于制法，必以民情通之，而使之知所劝惩，以日迁善远罪，而自不容已。下文“利仁”、“强仁”，盖相与循习于法之中，制情以反之性，君子所以通愚贱之志，而不敢以己之无为为之者强责之人也。是以制法以裁成天下，而刑赏董戒之义由是行焉。故曰“报者天下之利也”。疏意恐未尽。

与仁同过，然后其仁可知也。

郑注：“过者，人所避也。在过之中，非其本情者，或有悔者焉。”嵩焘案：注意只说得一边。马氏晞孟申其义云：“过者人所避，惟仁者受之而不辞。至于利仁、强仁者，不能无悔也。故同过然后知仁。”语极明显。然经言“与仁同功”、“与仁同过”，两“仁”字尚当体会。《论语》：观过知仁。所谓过者，即从仁中推勘而出。宁武子之愚不可及，愚即仁也；《小宛》之诗之怨，怨即仁也。非仁无以成其过，非过无以显其仁，故曰“与仁同过”。马氏谓“与仁”如司城子罕之分谤、知武子之与郤献子同罪，亦不得为无悔也。经意正恐不如此。

仁者右也，道者左也。仁者人也，道者义也。厚于仁者薄于义，亲而不尊；厚于义者薄于仁，尊而不亲。道有至，义有考。至道以王，义道以霸，考道以为无失。

郑注：“左也、右也，言相须而成也。”道有至，义有考，“当言‘道有至、有义、有考’，脱一有字耳。有至，谓兼仁义者。有义，则无仁。有考，考成也。能取仁义之一成之以不失于人，非性也”。嵩焘案：此章“道”字“义”字忽分忽合，当深究其立言之旨。“仁者右也，道者左也。”凡人右手为利于用，然须是左手辅成之。谓所行一依于仁，行之却有条理，故下文直以“道者义也”显揭之。案《说文》：“道，所行路也。”所行之路自分经纬，故道可通为义。义有裁制，即是道中之条理。道者广言之，义者实体之，左右相须，道之至也。下云“道有至”，即指此。仁义之有厚薄，则偏胜也。仁者中心之发，义者因事之宜。《孟子》“以不忍人之心，行不忍人之政”，仁也。王者之政必本于仁，仁至而义亦易尽；专以义制，而仁或有不至矣。故末节直以“道”、“义”字分承，道兼仁义，义者其偏胜也。义有体事之宜而实践之者，有考求古人之事宜而因袭之者，所以行之又有别也。记礼者殆有见于三代以且政教之施，其势必趋于义，而义之行又有内体与外袭之分，圣王之以仁道覆冒天下，后世容有弗逮焉，其言可深长思也。注意于此似未曙然。或乃谓“义道以霸”非孔子之言，则亦不知此固记者之辞，自非孔氏之徒，亦无能有以知其深也。

又案：注以下文分言“至道”、“义道”、“考道”，因疑“道有至，义有考”以二语引起下三项，为有脱字。反复求之，知经义之深微未易议也。天生民而立之君，实兼尊亲之义。皇古以前，等威未辨，亲而不尊者也。诸侯相王，名法之说繁兴，其道乃尊而不亲。三代王者，仁育天下，义正万民，仁与义交相济，而其道一依于仁；刑赏喜怒，皆仁之发，而义自行于其中：夫是之谓“至道”。其曰“道者义也”，何也？盖义无他，裁制而已；道者，所以裁制万物者也。道无不包，而因义以制其用。仁行而义周焉；专以义断，而仁隐矣。王者视天下如一家，视中国如一人，使之各遂其生，而后其心安焉。霸者劫持天下为之，而所持固义也；其兴灭国、继绝世，奉一王之大法以正诸侯，则犹王者之迹也。春秋之终，霸者不复作，圣人修《春秋》以持其敝，所修明以昭示天下，犹一王之大法也。当春秋时，列国诸侯各自为公，《春秋》侯之、伯之，下逮子、男，各仍其爵；吴、楚僭王，则削之，其见诸会盟侵伐之迹，一绳之以法，而得失自见。《孟子》固曰："《春秋》，天子之事也。"而断其义曰："其事，则齐桓、晋文"，诚伤桓、文之不作，而王迹以终泯也。故曰：西周灭而王道终，战国兴而霸道绝。其不能为王者之事，德为之也；展转以趋于霸，而亦并不能为霸者之事，则时为之也。考道者，义道之外见者也。循乎义道以求合，苟得其迹，亦足用以整齐天下，盖义道犹可袭取，至道以王，有不能袭取者矣。故曰"义有考"，为所能考者义而已。秦汉以来，贤君令辟正德厚生以安天下，皆所谓"考道无失"者也。民非三代之民，时非春秋之世，仁义之用两穷；圣人于春秋之季，犹有望焉，过是无望也。《戴记》所录，多出东周以后儒者，其义未尽纯也；而所见远出秦汉诸儒之上。孔门传授之遗言，其流传固远也。

仁有数，义有长短小大。

郑注："数与长短小大，互言之耳。"嵩焘案：长短，言所及之远近。小大，言所被之广狭。数者，总言之，全章"仁"、"义"有对举者，有专言者。此节"爱人之仁"，与"资仁"，与"数世之仁"、"终身之仁"，专言仁之所及长短小大。义者制事之宜，正未可以所及之数言之。疑此"义"字即承上"数"字说下，言行仁有分际，而其义之及于人者因有长短小大：谓仁中所行之事宜也。自此以下，专论仁道之广。记礼者之微旨，当熟玩深思而自得之。

取数多者仁也。夫勉于仁者，不亦难乎？

郑注："'取数多'者，言计天下之道，仁居其多。"嵩焘案：仁之为器重，其为道远。举仁之全体言之，取数多者仁也。举仁之见端言之，如修己治人、喜怒刑赏，各有所施，而其道多取之仁。勉于仁者，谓尽乎仁之实，责无旁贷。功无止期，无能少得而即止，故曰“难”。

是故君子以义度人，则难为人；以人望人，则贤者可知已矣。

郑注：“言以先王成法拟度人，则难中也。当以时人相比方耳。”孔疏：“‘难为人’，言难中乎古法也。‘贤者可知’，言能合乎今世事，则是贤人也。”嵩焘案：以人望人，犹《中庸》之“以人治人”，与上“难为人”人字紧相呼应，勉人以各自尽也。承上文，言仁之难为如此，要各随其人心力所自致。若充其义以绳人，则“仁者人也”，求尽乎人之实，固已难矣。因其人之所能尽而以望之人，不失乎仁，则亦不失为贤也。注意似与上文不相应。

乡道而行，中道而废

郑注“废，喻力极罢顿，不能复行则止也”。嵩焘案：废与癈通。《说文》：“癈，固病也。”言力不足者中道而病，然且自忘其老而孳孳以求之，所以为好仁之实也。章旨言仁之量大，随人所自勉，岂能一以“安仁”之谊望之天下哉！两引《诗》，明求仁之实功，以身任之，又心注之，念兹在兹，无所于让。故曰“为仁由己”。力不足而心诚好之，其自勉于仁，则亦安之矣。注意未合。

是故君子衰绖则有哀色，端冕则有敬色，甲胄则有不可辱之色。

郑注：“言色称其服也。”嵩焘案：此节专承“衣服以移之”句。黄帝、尧、舜，垂衣裳而天下治。章服有等而贵贱之各循其分，吉凶有辨而哀乐之各达其情，先王所以尽人而为之制。因所处之地以兴起其情，莫著于衣服，故特申言之。郑读移如“（水）〔禾〕[①] 氾移”之移，云“犹广大也”，误。

是故君子恭俭以求役仁，信让以求役礼。

郑注：“役之言为也。”嵩焘案：《玉篇》：“役，使役也。”役者，从事于人之谓。君臣以义合，而仁以居之，礼以行之。恭俭近仁，急行恭俭之实，以从事于仁；信让近礼，急行信让之实，以从事于礼。进退从违，一听命于仁、礼，以行乎上下之交，所以为事君之盛也。案：“至道以王”，仁义兼尽者也；而以仁为之本，异乎霸者之为“义道”也。然至道诚不易言矣；而强仁以为治，自三代至今，未之能易也。是以反覆明仁之用，而终以“恭俭役仁”为言。役仁者，效此为用，而不移所以立仁之基也。

是故君子不自大其事，不自尚其功，以求处情；过行弗率，以求处厚；彰人之善而美人之功，以求下贤。

郑注：“率，循也。行过不复循行，犹不贰过。”嵩焘案：郑注非也。处情者防名之过，处厚者防行之过，即《中庸》庸（言）〔德〕之（信）〔行〕、庸（行）〔言〕之谨、“慥慥”笃实之意。过行者，故为矜奇立异以徼声誉，是其心已非厚也。于人则彰而美之，名虽过，无嫌也；但知其善与其为功于人而已，行虽过，无嫌也。下贤者，自下而尚贤。下文后稷“自谓便人”，谓便习于稼穑而已；而其功之被于天下，不敢自居焉。曰非一手一足者，下贤之实也。

---

①据阮元《校勘记》改。

其民之敝：利而巧，文而不惭，贼而蔽。

郑注：其民“以本数交接，以言辞尊卑，多狱讼”。嵩焘案：夏之民愚，殷之民暴，周之民伪。文胜者其流必趋于利，利则机械生而巧作矣。以其文贼害仁义，则悖乱兴而蔽深矣。周之衰，贿赂行而僭弑相仍，皆此“文而不惭”阶之厉也。夏之民愚，于《汤誓》见之；殷之民暴，于《微子》见之。

又案：夏、周非不尚尊也，而意主于亲；殷非不尚亲也，而意主于尊。一代之制，一成而不可易，而民心相习，以成乎风俗。及俗之敝流极不返，于是圣人应天革命，创制显庸，而民俗又为之一新。然所以范围百姓而神其鼓舞者，要归于尊亲而已。秦承周敝，一示民以尊；二千馀年，循其道而代益加甚，而后君民之势旷远不相属，但得其所谓尊者，而亲之义亡矣。五方风气，既无圣人之德教以济其穷，而诸豪杰之起，勃然以兴，澌然以灭，虽甚暴厉，而民俗之浸淫渐渍未深也。是以吴、越尚夸诈，秦、晋务强实，犹承春秋战国之遗，而夏殷末流习俗之敝，亦不复可得于后世。至今日，一沿周季之敝，于文以伪相承，而益之以狙诈，二千馀年无能改易。此三代圣王之以民俗为急，而务驯而化之，所以为德之至也。

夏道未渎辞，不求备，不大望于民，民未厌其亲；殷人未渎礼，而求备于民；周人强民，未渎神，而赏爵刑罚穷矣。

郑注：“‘未渎辞’者，谓时王不尚辞，民不亵为也。‘不求备’、‘不大望’，言其政宽、贡税轻也。‘强民’，言承殷难变之敝也。‘赏爵刑罚穷矣’，言其繁文备设。”嵩焘案：此言三代政教之施，未尝及贡税，亦不及民俗之趋尚。世降而文，踵事增繁，多为刑赏之制，日从事于民，不复能返始而趋于简。夏道未渎辞，至殷而辞渎矣；《盘庚》三篇，委曲丁宁，夏无有也。殷人未渎礼，至周而礼渎矣；《仪礼》十七篇，揖让升降，殷未遑也。强民者，推极民生日用制为礼，而强使习之，劝惩之意隆，刑赏之施备矣。其曰“未渎神”，殷人率民事神，至周又一变也。政教代益加繁，而所望于民者亦代益加甚，九命之数、五刑三千之属，莫备于周。曰“穷”者，穷极天下之情状而为之制也。

殷周之道，不胜其敝。

郑注：“胜，犹任也。殷周极文，民无耻而巧利，后世之政难复也。”孔疏：“敝，败也。”嵩焘案：此与“寡怨于民”对举，于败坏义无取，敝，如《周礼·弓人》“筋欲敝之”之敝，贾公彦疏：“筋之（推）〔椎〕打嚼啮，欲得劳敝。”《左传》襄九年“以敝楚人”，杜预注：“敝，罢也。”言虞夏之政简而民易从，殷周之政烦而民日罢于文法之中，而若不能胜也。

事君，先资其言，拜自献其身，以成其信。是故君有责于其臣，臣有死于其言。

郑注：“资，谋也。言臣事君，必先谋定其言，乃后亲进为君言也。”嵩焘案：郑读资为咨，非也。《虞书》：“敷奏以言，明试以功。”古者命官，各言其所事，度可行而后以身任之。故曰“以成其信”，所试之功不越其所敷奏之言也。先资其言，谓先以言为之资也。君有责于其言，即所谓“明试以功”也。因其所言而受录，而以功试之，其有方命而旷官者，亦鲜矣。

事君，大言入则望大利，小言入则望小利。

郑注：“入，谓君受之。利，禄赏也。入或为人。”嵩焘案：

马氏晞孟云："大言入，则望其大有利于国；小言入，则望其小有利于国。望，犹庶幾也。"吕氏大临云："利及天下，泽及万事，大利也。进一介之善，治一官之事，小利也。谏行言听，利斯从之矣。"二说最尽。大言、小言，皆必有可成之事，有可居之功，然后其言足以为自献之资。利者，即《虞书》"明试以功"之义也。注因下"不以小言受大禄，不以大言受小禄"，乃据禄赏言之。周氏谞云："大利于民，则受大禄，而不以为有馀；小利于民，则受小禄，而不以为不足。"文义自相管摄。大禄、小禄，一言入而希幸其一得，是贾山、主父偃可云小利，张璁、桂萼可云大利矣。以之奖奸而导欲，岂礼意哉！

事君，不下达，不尚辞，非其人弗自。

郑注："'不下达'，不以私事自通于君也。'不尚辞'，不多出浮华之言也。'弗自'，不身与相亲也。"嵩焘案："不下达"，言所处卑下，当由大臣举而进之，不自下以求通，"下达"者，求荣冒进之意。"非其人弗自"，又补足此义，言所举非其人，犹当避而去之。引《诗》"正直是与"，正申明二句之义。"不尚辞"，谓先资之言以实不以文也。

事君，远而谏，则谄也；近而不谏，则尸利也。

疏："与君疏远，强欲谏争，则是谄佞之人望欲自达也。"注："尸，谓不知人事，无辞让也。"嵩焘案：《说文》："谀，谄也。""谄，谀也。"《玉篇》："谄，佞也。"疑谏君不当谓之谄。《义疏》："谄，谰字之讹。《汉书·文三王传》：'王阳病诋谰。'《谷永传》：‘（诬谰满）〔满谰诬〕[1] 天。’谓远而谏。则犯诋君之过。”其言至允。据《说文》，“谰，怟谰也”。《玉篇》：“诬言也。”《春秋繁露》：“是非之情，不可以相谰也。”《广韵》：“谰，逸言也。”逸言犹谩言也。此言远臣本无谏君之责，又去君远，所陈之过容有未详，则亦谩言而已。《采蘋》诗“谁其尸之”，毛传：“尸，主也。”《说文》：“尸，陈也。象卧之形。”尸利，谓一主于利而卧以承之，无所事事。《汉书·鲍宣传》：“以拱默尸禄为智。”尸利，犹尸禄也。郑、孔于此，均失之泥。

迩臣守和，宰正百官，大臣虑四方。

郑注：“迩，近也。和，谓调和君事者也。”嵩焘案：吕氏大临云：“迩臣，谓左右常伯、常任、准人、缀衣、虎贲之类。”叶氏适云：“迩臣，三公四辅。”疑“迩臣守和”主调和君德，当为公孤之属。应氏镛云：“先君德而后朝廷，先朝廷而后天下”，最得经旨。郑注《周礼》，天子立冢宰统御众官，三者各有专责。尚书大传《大戴礼记·保傅篇》：“周公为太（保）〔傅〕，召公为太（傅）〔保〕，太公为太师。”[2] 定公四年《左传》：“周公为太宰，康叔为司寇，聃季为司空。”隐公五年《公羊传》：“自陕而东，周公主之；自陕而西，召公主之。”是此三者，周公兼任其职。经意言自君身以及百官以及天下，皆大臣之责，其统归有是三者。疏以“二伯州牧”言大臣，而于迩臣惟云“亲近之臣”，殆犹未之详考矣。

---

①据《汉书·谷永传》及《钦定礼记义疏》改。

②《尚书大传》无保傅篇，亦无下引文字。据大戴《礼记》、贾谊《新书》订正。

事君难进而易退，则位有序；易进而难退，则乱也。

郑注："乱，谓贤否不别。"嵩焘案：下文："事君可贵可贱，可富可贫，可生可杀，而不可使为乱。事君，处其位而不履其事，则乱也。"凡三言"乱"字，皆紊乱官常之意。郑注"为乱"，谓"废事君之礼"。经云"使为乱"，则使之者固君也。易进必有其干荣冒进之心，难退必有其要君固位之术，而官常之渎乱者多矣。"位有序"者，官位有等，各以序进，正与"乱"字对文，一升降之违其节，而行次已乱，至于官常乱，而政术治行将皆出于乱而不可复纪也。下文"不可使为乱"，言荣辱祸福一听之君，而行己自有本末，使为渎乱官常之事，虽君命有所不能强；所以守官，即其所以行己也。官有常守，职有常司，处位而不履其事，则是蔑视官常也。蔑视官常，则乱矣。初言进退之礼，次言从违之节，又次言敬怠之功，以明人臣之义。所处一有不当，皆足以乱官常而轻朝廷，经意至为耸切。

故君使其臣，得志则慎虑而从之；否，则孰虑而从之。终事而退，臣之厚也。

郑注："使其臣，谓使之聘问师役之属。慎虑而从之者，此(已)〔己〕志也。"谨慎思虑，从命而行，"欲其必有成"。虽非己志，"孰虑而从之，又计于己利害也。终事而退，非己志者，事成则去也"。嵩焘案：注意微失经旨。得志者，得君之心，如《孟子》"谏行言听"之意。既得君心，则卧之志可以一申，而仍须将之以慎。若君授以事而不见信，则又加之以孰计，恐媒（孽）〔蘖〕者众而嫌疑之见易生也。终事而退，正惟处其位而事无可避，事毕奉身而退，以全君臣之义，而明始终以礼进退之心，所以为臣之厚也。得志与否，其权在君，非可以己志为之程也。

故君命顺，则臣有顺命；君命逆，则臣有逆命。

郑注："臣受顺则行顺，受逆则行逆，如其所受于君，则为君不易矣。"嵩焘案：此犹《孟子》"莫非命也，顺受其正"之义。士受命于君，穷通得丧一听之君，惟君可以造命，故自天子以下，其命皆操自君。案：经言"惟天子受命于天"，是自诸侯以下，天子皆得司其予夺之权。其云"士受命于君"，士者，尽乎人之辞也。上言"君命"，谓君所制贵贱死生之命。下"命"之，天命所赋，臣得之于君以为命也。逆命，犹言所受横逆亦命也。引《诗》言"人之无良，我以为君"，《庄子》所谓"君臣之义无所逃于天地之间，知其无知奈何，而安之若命"，即此之云"逆命"也。程子云："乱臣贼子，只见君父有不是处。人之所以受命者，天也。引君而亢之天，则凡其命之顺逆，受之而皆安矣。孟子曰'命也，有性焉'，惟其安也。"注意似谓君命顺以顺报之，君命逆以逆报之，大失经旨。

情欲信，辞欲巧。

郑注："巧，谓顺而说也。"嵩焘案：陈氏《集说》："巧当作考，犹《曲礼》则古昔称先王之谓。"玩经义，"情欲信，辞欲巧"，对举为文。巧者，信之反也。《广韵》："巧，好也，能也，善也。"《孟子》："能与人规矩，不能使人巧。"又云："智，譬则巧也。"凡技之精能者，谓之"巧"。辞者，言之著于篇章者也。《易》："脩辞立其诚。"立其诚者，情欲信也。脩辞，辞欲巧也。言君子不尚辞，求信其情而已。至于脩辞，则欲其善；郑氏《雨无正》诗笺云"巧，犹善也"，《左传》"言之无文，行而不远"，正此义。注云"顺而说"，则《论语》所谓"巧言"也，于经旨似未合。

是故不犯日月，不违卜筮。卜筮不相袭也。

郑注：“日月，谓冬夏至、正月及四时也。袭，因也。大事卜，小事筮。所不违者，日与牲尸也。”孔疏：“大事，谓征伐出师及巡守。小事，若《周礼·筮人》有九筮。”嵩焘案：《戴记》言卜筮之用，专据祭祀言之。大事小事、内事外事，皆祭也。日者，刚柔之分。月者，孟仲之异。犯，亦违也。《曲礼》“大飨不问卜”，郑注：“祀五帝于明堂。”《太宰》：“祀五帝，率执事卜日。”蓝田吕氏因据《大司乐》冬至、夏至言之，《郊特牲》所谓“周之始郊日以至”是也。而《郊特牲》即承以“卜郊”之文，是冬至郊亦卜。《春秋》僖公三十一年“卜郊”，《左传》讥其“非礼”，云：“礼不卜常祀，而卜其牲、日。”常祀之卜牲卜日，皆卜也。注云“大事卜，小事筮”；而《大卜》：“大祭祀，命龟；小事，莅卜。”郑注“小事，莅卜”：“代宗伯。”以大祭祀宗伯莅卜也。是小事亦用卜。《筮人》：“凡国之大事，先筮而后卜。”而此与《曲礼》两言“卜筮不相袭”，各依事言之。《特牲》、《少牢礼》并有“筮日”、“筮尸”之文，知祭祀用卜用筮，以事大小为之程；大夫、士之祭，亦小事也。月有常，日有刚柔，而旬之远近，一依于卜筮。经文错综言之，未宜拘守一说。

后稷之祀易富也：其辞恭，其欲俭，其禄及子孙。《诗》曰：“后稷兆祀，庶无罪悔，以迄于今。”

郑注：“富之言备也。以传世之禄，恭俭者之祭易备也。”孔疏：“言后稷生存之时，于四郊之兆域，祭祀于天，事皆合礼，庶无罪过悔恨，迄至于今文武而王天下。”嵩焘案：凡经引《诗》，断章取义以释经旨而已，惟此一章，承上“无害乎鬼神，无怨乎百姓”，取证《生民之什》，又推阐诗人立言之意以赞美之。《诗序》：“《生民》，尊祖也。文武之功起于后稷，故推以配天。”曰“兆祀”者，推言子孙受禄之由，原其所始。“以迄于今”，其禄之被于子孙远矣。“庶无罪悔”，若尚不敢幾幸其能然，其辞之恭也；求无罪悔而已，不敢遽徼福于天，其欲之俭也。富与福通。惟恭以俭，以是祈天永命而受福无疆，故曰“后稷之祀易富也”。疏意失之太远。

天子无筮，诸侯有守筮。

郑注：天子无筮，“谓征伐出师若巡守。天子至尊，大事皆用卜也。‘守筮’，守国之筮。国有事，则用之。”嵩焘案：礼，天子诸侯有守龟，藏之龟室，龟人掌之。谓之“守龟”者，明征伐巡狩不以行。然据《周礼·龟人》，秋取龟，春攻龟。《筮人》“上春相筮”，郑注：“龟岁易。”疑所谓“守龟”者，别为一物，如《大诰》所云“遗我大宝龟”，《金縢》所云“即命于元龟”，自在龟人所掌六龟之外。诸侯有守筮，当亦如此。项氏安世云：“筮椟不出国，是以有守筮。”据此，则“天子无筮”，当谓无守筮。盖筮人所掌岁易之，诸侯守筮则不易也。天子有守龟，无筮。诸侯有守筮，则不得有守龟可知。诸侯之有守龟，礼之失也。天子守龟，故筮可以出境。诸侯守筮，故筮不出。疏以“无筮”为“无徒筮”，似尚未达经旨。

礼记质疑卷三十三

缁衣

则民言不危行，而行不危言矣。

郑注："危，高也。言不高于行，行不高于言，则言行相应也。"嵩焘案：危，犹佹戾之佹。《淮南·齐俗训》："争为佹辨，久积而不决。"郑注《考工记》："菑与爪不相佹。"佹行、佹言，谓言行相乖戾也。王氏《述闻》："危读为诡。诡者，违也，反也。《吕氏春秋·淫辞篇》：'言行相诡，不祥莫大焉。'谓言行相违也。《淮南·主术篇》'拂道理之数，诡自然之性'，《汉书·董仲舒传》'有所诡于天之理'，高诱、颜籀注并曰：'诡，违也。'古字诡与危通。《汉书·天文志》'司诡星出正西'，《史记·天官书》诡作危。曹大家注《幽通赋》曰：'诡，反也。'《李斯传》：'今高有邪佚之名，危反之行。'危反，即诡反。贾子《傅职篇》：'天子燕业反其学，左右之习诡其师。'《淮南·齐俗篇》：'礼乐相诡，服制相反。'诡亦反也。"引证极详。诡、佹字通，正谓言行相违戾，与危高义无取。

臣仪行，不重辞，不援其所不及，不烦其所不知，则君不劳矣。

郑注："仪当为义。……言臣义事（君）则行也。……援，引也。引君所不及，谓必使其君所行如尧、舜也。（不）[①] 烦以其所不知，谓必使其知虑如圣人也，凡告喻人，当随其才以诱之。”嵩焘案：此承上文“下难知则君长劳”为说。所以难知者，烦辞诡行，使人君不能辨知，而多烦考察之力。君之所以示人，好恶而已；臣之所以答君，言行而已。言行二者，一以所行为之式，不尚言也。而行必考其所成，其所不及，不援引附会以自多也；言必征其所信，其所不知，不烦渎游衍以自诬也。“不劳”，谓无烦考察之力。“下难知而君长劳”，易知则不劳矣。“臣仪行”，就臣身言之。不引不及以为及，不强不知以为知，则行皆可为法，而君自信之。无责难于君意。

大臣不亲，百姓不宁，则忠敬不足，而富贵已过也；大臣不治，而迩臣比矣。

郑注：“忠敬不足，谓臣不忠于君，君不敬其臣。”孔疏引沈氏云：“大臣离贰，不与上相亲，政教烦苛，百姓不宁，是臣不忠于君、君不敬于臣所致，由君与臣富贵已过极也。”“大臣不肯为君治职事，由迩臣与上相亲比也。”嵩焘案：君所与图政者，大臣也。大臣不相亲信，则人皆得挠其权，而政令不一，民无适从。“不宁”者，望不属而趋向无所取准也。“不治”，谓大臣不安其位。不安其位，则所治之事亦必不能适宜，而左右近习之臣皆得以罔上行私，相比而为恶。此即《中庸》“敬大臣则不眩”之旨。“忠敬不足而富贵已过”，谓待之不以忠敬，而既任之以政，势位固隆，必积而为猜疑，此百姓之所以不宁也。疏意尤无当经旨。

---

①揆文意，据文例，此“不”字当删。卫氏《集说》本正无此字，是也。

夫民闭于人而有鄙心。

郑注："民难卒谕。"嵩焘案："闭于人"，即《礼运》"人藏其心，不可测度"之意。鄙心者，私心也。人各挟其私心而深闭固拒，不欲人窥见之。闭于人者，掩闭于人前也。是以谓之"民隐"。人君勤求民隐而敬以临之，不敢纵己以拂民之欲，亦不敢枉道以徇人之私也。

心以体全，亦以体伤；君以民存，亦以民亡。

孔疏："此论君民相须。"嵩焘案：石林叶氏引汉诏："君者心也，民犹肢体。肢体伤则心憯怛。"正用此经意。然以文义求之：体，从心者也，而心非体亦无以致其用；民，从君者也，而君非民亦无以施其功。视听言动，体之用也；其必依于礼，则心也。体从心而顺之，而心之德以全；视听言动之有妄，亦心之道之以从妄也。而体有亏，即心之旷缺多矣。故为心之利病者，体也；而操利病之权以授之体者，仍心之为之也，或全或伤，体不任功过也。则知所谓"伤"者，心先累焉，而体乃从而累之也。外至之患之以累吾体者，皆心之累，而无待外防也。君之于民，亦若是而已矣。

多闻，质而守之；多志，质而亲之；精知，略而行之。

郑注："质，犹少也。多志，谓博交泛爱人也。"嵩焘案：多识可以择取，正不必以少为贵。蓝田吕氏云："质，正也。不敢信己，质众人之所同，然后用之。"《曲礼》"疑事无质"，郑注："质，成也。"《少仪》："无身质言语。"皆谓证成其言。多志即多识。《周礼·小史》"掌邦国之志"，郑司农云："志，犹记也。"《保章氏》"以志日月星辰之变动"，郑注："志，古文识。识，记也。”《檀弓》“公西赤为志焉”，“公明仪为志焉”，郑注：“志，谓章识。”志、识字通。多闻多识，仍须征之事物，正之师友，择善而从之。守者，服膺弗失。亲者，切己体察。略而行之，谓得其要略也。《博雅》：“略，治也，要也。”《淮南·本经训》“其言略而循理”，高诱注：“略，约要也。”《义疏》：“多闻多识者，学之博。”质而守之，亲之择之，精略而行之，“所谓守之约也”。注意恐误。

私惠不归德，君子不自留焉。

郑注：“私惠，谓不以公礼相庆贺，时以小物相问遗也。言其物不可以为德，君子不以身留此人。”嵩焘案：注意未分明。陈氏《集说》：“言人有私惠于我，而不合于德义之公，君子决不留之于己。”《义疏》引子思不受鼎肉，孟子不为货取为证。《史记·秦本纪》：“臣诚私利禄爵，且留。”谓为利禄羁留，如陈氏说，则直不受惠耳。然礼，朋友有通财之义，《孟子》固曰周之亦可受也，是私惠亦君子所弗绝。经言“君子不自留”，为施惠者言也。《孟子》：“分人以财谓之惠，教人以善谓之忠。”私惠，谓以私意相周。不归德者，不因私惠所及而以德归之。是以君子有所施，不自存留于心而引之以为德也。受人之私惠而不以为德，则《曲礼》之云“务施报”者为忤矣，恐非礼意也。

苟有衣，必见其敝。

郑注：“敝，败衣也。衣或在内，新时不见。”嵩焘案：《释文》引庾蔚之注：“敝，隐蔽也。”敝、蔽字通。《周礼·弓人》“长其畏而薄其敝”，郑〔司农〕注：“敝，读为蔽塞之蔽。”疏谓“人所握持手蔽之处”。《汉书·东方朔传》“主自执宰敝膝”，颜师古注："敝，读为蔽。"《白虎通》："衣者，隐也。"《类篇》："衣，象覆二人之形。"故衣取蔽形而已。车之有轼，人所凭也；有车则必乘而凭之。有衣则必服之；服之而体固必有敝矣，明衣所以章身也。此与《郊特牲》、《玉藻》"冠而敝之"之敝，皆通为蔽。

故君子寡言而行，以成其信。

郑注："寡（读）〔当〕为顾，声之误也。"嵩焘案：郑据《中庸》"言顾行，行顾言"，而其实言行交相为成，不容相饰。言之饰，常失之过；行之饰，常失之不及。美恶在行，而所以张而大之、饰而小之者，皆言为之也。故欲言行之不相饰，惟寡其言而专致其力于行，则信孚于己矣。信者，言行相成而无所饰之谓也。注读寡为顾，意味反浅。

爵无及恶德：民立而正事，纯而祭祀，是为不敬；事烦则乱，事神则难。

郑注："纯，犹皆也。言君祭祀赐诸臣爵，毋与恶德之人。民将立以为正，言放效之疾。事皆如是而以祭祀，是不敬鬼神也。纯或为烦。"嵩焘案：经引古文《尚书·兑命》之文，而变易其字句。凡传记引经，断章取义，有用其辞而意或忤者，有会其意而文不必相准者。此以"恶德"当"无恒"，所云"民立而正事"者，约《兑命》"惟臣钦若，惟民从乂……惟厥攸居，政事惟醇"为之辞，言民所以有立，赖上之正其事而已。古文《尚书》作"黩于祭祀"，此云"纯而祭祀"。证之经传，多以缘为纯，如《尚书·顾命》之黼纯、缀纯、画纯、玄粉纯，《周礼·司几筵》之黼纯、粉纯、画纯、缋纯，《仪礼·既夕》之缁纯，《深衣》之

“纯以缋”、“纯以青”、“纯以素”，皆训为缘。此假纯为缘饰之，若谓缘饰其文以施之祭祀。《广雅》：“黩，狎也。”狎者，不敬而缘饰之以为名，所以成乎狎也。《兑命》言“礼烦则乱，事神则难”，戒高宗之黩祀。此引其语，以“事烦”当“无恒”，以“事神”当“卜筮”，当据所引经文以求通其义，未容以意拟之。

礼记质疑卷三十四

奔丧

若未得行，则成服而后行。

郑注：未得行，“谓以君命有为者也”。“成丧服，得行则行。”孔疏：“奉君命而使，使事未了，不可以私丧废公事，故成服以俟君命，——则人代己也。”嵩焘案：据下文云：“闻丧不得奔丧，哭尽哀；问故，又哭尽哀。乃为位，括发袒，成踊。”于又哭，于三哭，括发袒，成踊。“三日成服。……拜宾、送宾如初。”闻丧不得奔丧，特详其仪，则此之成服而后行，以别于上文“问故，又哭尽哀，遂行”，谓不能遽行耳。《问丧》：“亲始死，鸡斯徒跣，扱上衽。”《奔丧》：“见星而行，见星而舍。”不及成服，一依亲始死之仪，惟其遽也。若闻丧不即行，则由括发袒而袭绖，由散带垂而绞带而成服，服衰；有馀力行之而犹常服扱衽，非所安也。故曰“成服而后行”，明非闻丧即行，而但俟之成服而已；则行犹遽也。注谓“以君命有为”，恐误。《聘礼》：“有私丧，则哭于馆，衰而居，不飧食。归，使众介先，衰而从之。”使众介先，为反命也；而必俟之终事而后归，并无成服待命之文。疏申郑意，殆又失之。

括发袒；降堂东，即位，西乡哭，成踊；袭绖于序东，绞带；

反位。

郑注："括发袒者，去饰也，未成服者素委貌、深衣，已成服者固自丧服矣。已殡者位在下。不于又哭乃绖者，发丧已逾日节，于是可也。不散带者，不见尸柩。"嵩焘案：《问丧》："亲始死，鸡斯徒跣。"笄纚去冠，徒跣去履，始丧之仪也。括发则并笄纚去之，成服而后冠。此始闻亲丧，当亦笄纚见丧，则括发视小敛时。注意已成服，丧服未成服素委貌、深衣。深衣常服，扱衽而已；素委貌之制，于礼无征。《问丧》："三日而后敛者，以俟其生也。三日而不生，亦不生矣。家室之计、衣服之具，亦可以成矣。"是故三日成服，丧冠衰裳于是乎成也，安得有素委貌为亲始死之冠哉？案：郑注《问丧》，"亲始死，去冠，二日乃去笄纚括发"，为最得其实，馀多据素委貌言之，亦自相抵牾矣。《士丧礼》："苴绖，下本在左，散带垂；牡麻绖，右本在上，亦散带垂。"《杂记》："凡异居，闻兄弟之丧，其始麻，散带绖。"似散带垂亦始丧之服。《既夕》记："既冯尸，主人袒髻发，绞带。既殡，主人说髦。三日绞垂。"案：《丧服传》："绞带，绳带也。"是散带为麻之未成绳者，故其本可辨。苴绖下本垂之；牡麻绖上本，垂其末；括发则绞，其带不垂，成服而后绞垂。奔丧见殡视小敛，括发而后袭绖、绞带，小敛之节也。又哭、三哭而成服，则又哭当视大敛。其始闻丧，已哭尽哀，不能以始见宾之括发当始丧之节，明矣。注意于此，恐均失之。案《奔丧礼》："闻亲丧，遂行。"故此之云袭绖、绞带者，用小敛之仪，而亦赅成服言之；其云"殡东，西面坐"，是成服即于殡所也。于此不当分未成服、已成服为言，注意亦恐未允。

免麻于序东。

郑注："于此言麻者，明所奔丧虽有轻者，不至丧所，无改服也。"嵩焘案：《丧服传》齐衰以下牡麻绖，小功以下澡麻带绖。

此云“麻”，通五服言之。《杂记》：“凡异居，闻兄弟之丧……其始麻，散带绖。未服麻而奔丧，及主人之未成绖也，疏者与主人皆成之，亲者终其麻带绖之日数。”成绖则绞带。“终其麻带绖之日数”，谓散带垂至绞垂凡三日也。奔兄弟之丧与父母有间矣，故有不散带者，《杂记》之云“服麻”，即散带也。上文明言“若未得行，则成服而后行”，是虽父母之丧，未能即奔，亦当为位成服齐衰以下可知。成服亦散带而后绞，此云“免麻”，为未成服者言也。奔丧见殡视小敛，袭绖免麻，小敛之节也。注谓“不至丧所，无改服”，则下文“闻丧未得奔丧”，固有“袭绖、绞带”之文，何为无改服也？

于又哭，括发成踊；于三哭，犹括发成踊。三日成服，于五哭，相者告事毕。

郑注：“又哭、三哭不袒，哀戚已久，杀之也。告事毕者，五哭而不复哭也。成服之朝为四哭，此谓既期乃后归至者也。其未期，犹朝夕哭，不止于五哭。”孔疏：“三日成服，谓来奔丧后三日，通奔日为四日。初至象始死，为一哭；明日象小敛，为二哭；又明日象大敛，为三哭；又明日成服之日，为四哭；成服明日，为五哭：皆数朝哭，不数夕哭。”嵩焘案：注意非也。奔丧始至，哭，括发袒，视小敛。为始闻丧而哭，鸡斯徒跣，无待象始死之节也。明日又哭，明日三哭成服，专为奔丧者言之。既殡而有朝夕哭，奔丧者亦即位哭，不待言也；至不及殡，则已逾卒哭之期矣。三日成服，如在殡之仪，而始至初哭、又哭必兼朝夕，盖已彻朝夕哭，奔丧者犹于此致其哀焉。故通为五哭，其以三日成服为节，则同也。下文“闻丧不得奔丧”，亦通三日成服为五哭，为成服之前二日并有朝夕哭也。案：郑注于此云：“言五哭者，以迫公事，五日哀杀亦可以止。"似皆未达经旨。下文明有"三日五哭"之文，是显与经相背戾也。礼文简括，在善读者之自通之。凡括发必袒，不言"袒"者文略。下文："齐衰以下不及殡"，又哭、三哭皆"免袒成踊"。又云："除丧而后归，则之墓，括发袒发。"轻若齐衰以下，远若除丧，犹袒。丧礼括发为重而袒为轻，括发无不袒者。郑注乃云："为父于又哭括发而不袒，此（齐衰）又哭、三哭皆言'袒'，衍字也。"于此殆失之诬矣。

凡为位，非亲丧，齐衰以下皆即位哭尽哀，而东免绖，即位，袒成踊；袭，拜宾，反位，哭成踊；送宾，反位，相者告就次。三日五哭卒。

郑注："父母之丧则不为位，其哭之，不离始闻丧之处。齐衰已下更为位而哭，皆可行乃行。三日五哭者，始闻丧讫，夕为位，乃出就次一哭也，与明日、又明日之朝夕而五哭。不五朝哭而数朝夕，备五哭而止，亦为急奔丧。"嵩焘案：注意非也。上文："闻丧不得奔丧……乃为位，括发袒，成踊；袭，绖、绞带，即位。"此云齐衰已下非亲丧，以别于为母之齐衰也。三日五哭，自亲丧至齐衰已下皆然。成服之朝一哭，犹之三哭也；通始至哭、又哭朝夕为五。郑注误以"三日五哭卒"为"急奔丧"，不知此正承上"闻丧不得奔丧"而通言齐衰已下之仪，无为父母不待急奔丧，齐衰已下反急奔丧之理。三日五哭，成服。云"五哭卒"者，齐衰已下至成服而事毕。下文"成服拜宾"，正申足此意，言即位成服之后，更无拜宾之事也。注谓"亦明日成服"，则是三日五哭之后始成服拜宾，与前云"成服之朝为四哭"者，亦自为抵牾矣。

若所为位家远，则成服而往。

郑注："所当奔者外丧也。外丧缓而道远，成服乃往，容待赍也。"嵩焘案：上节"凡为位，非亲丧，齐衰已下皆即位"，承上"闻丧不得奔丧，乃为位"为文，而云："相者告就次。三日五哭卒……众主人兄弟皆出门，哭止。"似谓兄弟在他邦，闻丧不得奔丧，则亲且长者一人为主，众兄弟皆就其家哭。所为位者，兄弟之亲且长者也。众兄弟相去远，则自成服，而仍往哭诸其家，礼之以亲亲为义也。斯亦仁之至也。疑此经无奔外丧之文。篇首奔父兄之丧，已云"若不得行，则成服而后行"，齐衰已下之丧，又更不必言也。

哭父之党于庙，母妻之党于寝，师于庙门外，朋友于寝门外，所识于野张帷。

孔疏："《檀弓》'师，吾哭诸寝'，与此异。熊氏云：'《檀弓》殷礼，此周法也。'此哭父党于庙，而《檀弓》云'有殡，闻远兄弟之丧，哭于侧室'，亦异代礼也。此母党在寝。逸《奔丧礼》母党在庙者，皇氏云：'母在则哭于寝，母亡则哭于庙。'熊氏云：'哭于庙者，是亲母党；哭于寝者，是慈母、继母之党。'沈氏云：'事由父者哭之庙，事由己者哭之寝。'此师于庙门外，是父之友与为师同。"嵩焘案：此与《檀弓》之文，各据一端言之。凡为庙者，宗所系也。母妻之党不系于宗，故于寝。《学记》："师无当于五服，五服弗得不亲。"于庙门之外，尊师以况亲；必于外者，不以师之戚戚其祖也。凡私亲之以义合者，皆当哭于寝。师友道一也。哭师于寝，亦正也。《檀弓》：有殡，而哭远兄弟于侧室；"无侧室，哭于门内之右"。是父之党亦哭于寝，云"侧室"者，以避殡也。《檀弓》又云："妻之昆弟为父后者〔死〕，哭之适室；父在，哭于妻之室。非为父后者，哭诸异室。"同一哭寝，而所哭之室又各不同，礼之所以准乎情与义之宜也。疏引《檀弓》与此异文，而据以为异代之礼，似失经旨。

大夫哭诸侯，不敢拜宾；诸臣在他国，为位而哭，不敢拜宾。与诸侯为兄弟，亦为位而哭。凡为位者壹袒。

郑注：大夫哭诸侯，“哭其旧君。不敢拜宾，避为主也”。与诸侯为兄弟，“族亲婚姻在异国者”。嵩焘案：《丧服大记》：“君之丧，子、大夫寝门之外杖。大夫于君所则辑杖。”子、大夫之哭君并同。大夫于君所辑杖，则以避君也。服同而不以杖亢君，为不敢主君之丧也。凡非主丧不拜宾。宾，谓他国之君若大夫来吊者，其出使他国亦然。为位成服而不拜宾，避君也。两言“不敢拜宾”，相承为文。注谓大夫哭诸侯为“哭旧君”，恐误。“与诸侯为兄弟”，通谓他国之君。襄公十二年《左传》：“凡诸侯之丧，同姓于宗庙，同宗于祖庙，同族于祢庙。”临于庙，必为位以哭。云“为位”者，诸侯相与临丧之礼也。注谓“族亲婚姻在异国者”。亦误。

所识者吊，先哭于家而后之墓，皆为之成踊，从主人北面而踊。

郑注：“北面，自外来便也。主人墓左西面。”嵩焘案：《士丧礼》：“君使人吊，主人迎于寝门外，见宾不哭，先入门右，北面。吊者致命，主人哭，拜稽颡，成踊。”先入北面，为成踊也。其后云“即位踊”、“复位踊”，皆北面。凡踊，在宫则乡殡，在墓则乡墓。经明言“从主人而踊”，则是主人至墓北面先踊，而吊者乃与之拾踊。注谓“主人墓左西面”，西面者，主人拜宾之仪，非至墓成踊之仪也。

凡丧：父在父为主；父没，兄弟同居，各主其丧；亲同，长者主之；不同，亲者主之。

郑注："各为其妻、子之丧之主也。父母没，如昆弟之丧，宗子主之。"不同，"从父昆弟之后"。嵩焘案：《丧服小记》："父不主庶子之丧。庶子为妻，以杖即位可也。"是父所主者适子之丧，庶子则否。经文约略言之。而据《丧服》：父在为母期，父卒为母三年，是子之服一统于父；大夫之庶子为其母大功，庶子为父后者为其母缌，父所不主者，子亦不敢主也。父卒而后得申其私。经言"父为主"，犹《丧服传》曰"父之所不降，子亦不敢降也"，"君之所不服，子亦不敢服也"，所谓"子统于父"也。"父没，兄弟同居，各主其丧"，则各为其母若妻子，皆得遂其私恩也。"亲同"、"不同"二者，并谓昆弟以下无丧主者：昆弟之有子者，各主其丧；无子，则昆弟之长者主之。注云"宗子"，谓嫡子也。据《仪礼·丧服传》，昆弟期，无嫡昆弟、庶昆弟之别，于"宗子"之义无取；经明言"长者"、"亲者"，亦各视其长与亲为之主而已。

无服而为位者，唯嫂叔及妇人降而无服者，麻。

郑注："妇人降而无服，族姑姊妹嫁者也。逸《奔丧礼》曰：'凡为其男子服，其妇人降而无服者麻。'"嵩焘案：《丧服传》："出妻之子为父后者，则为出母无服。"嫂，叔，本无服者也；为父后者之于出母，降而无服者也。逸《丧礼》"凡为其男子服，其妇人降而无服者麻"，则正婶叔之服也。族姑姊妹嫁者递降而至于无服，则其情固疏矣。兄弟之无服者不相为位，而族姑姊妹嫁者独推及无服之亲，恐非礼意也。

礼记质疑卷三十五

问丧

亲始死，鸡斯。

郑注："鸡斯当为笄纚，声之误也。亲始死，去冠，二日乃去笄纚括发也。今时始丧者邪巾貊头，笄纚之存象也。"嵩焘案：《内则》"栉、縰、笄、总"，所以理发而约之。汉时谓之帻。《说文》："发有巾曰帻。"《方言》："覆结谓之帻巾。"《急就篇》注："帻者，韬发之巾。"《后汉·舆服志》："古者有冠无帻。秦加武将首饰为绛袙，其后稍作颜题。汉兴，续其颜，却摞之；施巾连题，却覆之，今丧帻是其制也。"以帻因帕为名。渐崇其屋，加耳，其制略与冠同，而别以巾覆发。《急就篇》注"巾"者，一幅之巾所以裹发是也。注云"邪巾貊头"，盖即所谓"丧帻"。《后汉·西南夷传》：哀牢夷有貊兽。《广志》："貊色苍白。"貊头犹言帕首；谓之貊者，其色苍白。此因冠有帻而为丧帻，盖汉制如此，与笄纚之约发者全别。注以"邪巾貊头"为"笄纚之存象"，非也。

妇人不宜袒，故发胸击心爵踊。

郑注："爵踊，足不绝地。"嵩焘案：爵踊犹言雀跃。《说文》："踊，跳也。""跳，跃也。""跃，迅也。"僖公二十八年《左传》

"距跃三百，曲踊三百"，杜注："距跃，超越也。曲踊，〔跳〕[①]踊也。"《六书故》："大为跃，小为踊。跃，去其所。踊，不离其所。"似踊、跃皆绝地，踊犹今之顿足哭。谓之"爵踊"者，雀行双足踊；惟其身轻而踊数，不如男子之顿地有声也。注谓"足不绝地"，恐误。

亡矣丧矣！不可复见已矣！故哭泣辟踊，尽哀而止矣。心怅焉、怆焉、惚焉、忾焉，心绝志悲而已矣。

孔疏："以其不可复见，故反哭之时哭泣辟踊，尽哀而休止也。"嵩焘案：此段文义痛绝。"不可复见"，言并亲之柩所以藏形者亦不复见也。"哭""踊"之节，"尽哀而止"，言其外著之容；"怆""忾""悲""绝"，不能自胜，言其内蕴之心：容之哀有尽，而心无穷也。

冠，至尊也，不居肉袒之体也，故为之免以代之也。

郑注："肉袒则著免。免状如冠，而广一寸。"嵩焘案：古冠皆有笄缅以约发，亲始死，去冠而笄缅；小敛，去笄缅而括发；三日成服而后冠，因以布约束其发，用之以代笄缅。免冠而约发之布外见，因谓之"免"，——免者，免冠也。惟斩衰、齐衰有免以代笄，故假"免"为之名。《丧服》："女子子在室，为父布总，三年。"传曰："总六升。"斩衰之冠六升，齐衰之冠七升，布总六升视斩衰之冠，则免之为斩衰、齐衰者，亦当各视其冠。《玉藻》"当事免"，谓免冠也。其非去冠而加免明矣。免以代笄缅，云"免状如冠"者，非也详见《丧服小记》。

---

①据阮刻本《春秋左传正文》补。

然则秃者不免，伛者不袒，跛者不踊。

郑注："将踊先袒，将袒先免，此三疾俱不踊、不袒、不免；顾其所以否者，各为一尔。"嵩焘案：免以代冠，秃者冠矣，何为不免也？盖免所以约发，秃者无发，则免无所施，当遂去冠而袒踊，故谓之"不备礼"。若以其不能免，并踊袒去之，是废礼矣。此各据一端言之，注意非也。

免者以何为也？曰：不冠者之所服也。《礼》曰：童子不缌，唯当室缌。缌者其免也，当室则免而杖矣。

郑注："不冠者，犹未冠也。'缌者其免也'，言免乃有缌服也。"嵩焘案：不冠者之所服，犹言去冠以免将事也。童子不冠，总角而已，无待以免约发。当室而有缌服，则丧冠备矣；有丧冠必施免。《杂记》："以丧冠者，虽三年之丧可也。"童子为丧主，于时可以冠，故曰"当室"。当室而服及缌，一以成人之礼行之，其免宜也。注意似未分明。

礼记质疑卷三十六

服问

有从无服而有服，公子之妻为公子之外兄弟。

郑注：“谓为公子之外祖父母、从母缌麻。”嵩焘案，此于《丧服》无明文。据《丧服》缌麻章：“姑之子”，郑注：“外兄弟也。”“舅之子”，郑注：“内兄弟也。”（传）《〔记〕》曰：“夫之所为兄弟服，妻降一等。”外兄弟缌麻。妻为夫之外兄弟无服。不应公子之妻反为之制服。《丧服》为夫之昆弟之妇人子适人者，大功；夫之姑、姊妹、娣姒妇，小功；为夫之昆弟无服。而夫之姑、姊妹，小功；夫之昆弟之女子子既嫁，犹大功。同为从服，而恩有所及，则服为之加重。以此推之，夫为姑之子缌，妻为姑之女子子亦当服缌。所谓“外兄弟”者，姑之女子子也。《丧服》：君为姑、姊妹、女子子嫁于国君者，公之昆弟为姑、姊妹、女子子嫁于大夫者，皆服大功。传曰：“尊同则得服其亲服。”公子为姑之子尊不同者则无服，而妻自服缌。注以外祖父母、从母当外兄弟，非所以为名矣。

三年之丧既练矣，有期之丧既葬矣，则带其故葛带，绖期之绖，服其功衰。

郑注：“带其故葛带者，三年既练、期既葬，差相似也。绖期之葛绖，三年既练，首绖除矣。为父既练，衰七升；母既葬，衰八升。凡齐衰，既葬，或八升，或九升。‘服其功衰’，服粗衰也。”孔疏：“粗者谓七升，父之衰也。”嵩焘案：《间传》：“除服者先重者，易服者易轻者。”卒哭受服，去麻带，易葛带，而首绖不易。期而小祥，除首绖，而要绖不除。《间传》据为父斩衰、为母疏衰言之，而期丧无明文。《丧服》：父卒则为母三年，父在为母期。此云三年之丧既练，期丧既葬，练葬同时，其卒已及九月，得为母申三年之服，期丧之不为母明矣。《丧服》妇人有葛绖，男子无葛绖，而自期以下并不详除绖之文；大功章“三月受以小功衰，即葛，九月”，小功章“即葛，五月”，而殇服大功“牡麻绖，无受”，小功“澡麻带绖，五月”。准此以推，期丧既葬，不当除绖，故仍三年之葛带，而服期之麻绖。注云“葛绖”，误。其功衰则前后丧并同。《杂记》“有父母之丧，尚功衰”，又云：“三年之丧，虽功衰，不以吊。”正谓既练而服功衰，受以大功七升；齐衰既葬，亦受以大功七升。《丧服》记于斩衰云：“衰三升，其冠六升；以其冠为受，受冠七升。”于齐衰云：“衰四升，其冠七升；以其冠为受，受冠八升。”三年之丧既练，再受服；齐衰既葬，一受服。所受并同。“服其功衰”，盖兼言之。注通八升、九升为言，疏专系之“父衰七升”，并误。

有大功之丧亦如之。

郑注：“亦反服其故葛带、绖期之绖，差之宜也。”孔疏：“大功既葬者首绖四寸有馀，若要服练之葛带，首服大功既葬之葛绖既粗细相似，不得为五分去一为带之差，故首绖与期之绖五寸有馀，进与期之既葬同也。”嵩焘案：《丧服》：“齐衰之绖，斩衰之带也，去五分一以为带。大功之绖，齐衰之带也，去五分一以为带。”大功正服之衰八升，与齐衰受服同，所受皆功衰也。经云：“有期之丧既葬”，“有大功之丧”，两“有”字紧承“三年之丧既练”为文，盖此三者同为功衰，而首绖与所受之葛带固有不同。是以期丧既葬受葛，犹之练服也，而练服为重，既练除首绖。齐衰既葬，首绖不除，故服期之绖。大功之丧牡麻绖，而大功之麻与三年既练之葛同，亦犹之练服也，而练服为重。其首绖则已除矣，故亦服大功之绖。《间传》：“既练，遭大功之丧，麻葛重。齐衰之丧，既虞、卒哭，遭大功之丧，麻葛兼服之。”为此三者麻葛同，既练受葛，而丧固重。齐衰既葬，亦受葛而屈于练服，但服练服之葛而已，《间传》所谓“轻者包”是也。齐衰之绖、大功之绖，并以加之练冠，《间传》所谓“重者特”是也。微有异者，大功始丧，麻葛重，而反服其故葛带，亦与期丧既葬同也。注于此云“绖期之绖”，似误合期之丧既葬与此为一事。疏遂以大功既葬首服葛绖为言，且谓“进与期之丧既葬同”。大功既葬受小功之服，不与此为类，安得与期之既葬同？郑意大功与衰丧并，疏乃引大功以进于齐衰，亦全失郑意矣。

麻之有本者，变三年之葛。

孔疏：“大功以上为带者，麻之根本并留之，合纠为带。”嵩焘案：下文“小功不易丧之练冠，如免则绖其缌、小功之绖”，是所谓三年之葛主首绖言之，言除练冠，加大功之绖，而假三年之葛为之辞耳。《杂记》：“三年之练冠，则以大功之麻易之。”正是此义。上文明言“三年之丧既练，有期之丧既葬，带其故葛带，绖期之绖。有大功之丧亦如之。”《间传》“轻者包，重者特”，所谓重者首绖也，所谓轻者要绖也。斩衰之葛与齐衰大功之麻，皆兼服之，无变葛之文，所变者易练冠而首绖而已。疏以大功麻带为言，与上下文义皆自相抵牾矣。

殇：长、中，变三年之葛，终殇之月算，而反三年之葛。是非重麻，为其无卒哭之税。下殇则否。

郑注："谓大功之亲为殇在缌小功者也。可[①]以变三年之葛，正亲亲也。……男子为大功之殇，中从上服小功；妇人为之，中从下服缌麻。"嵩焘案：《丧服》云："其长殇，皆九月"，"其中殇，七月"。盖皆齐衰之服降而大功者，下殇小功五月。经明言殇长中变三年之丧，正谓大功之殇服，殇服大功牡麻绖，无受，既葬而麻带绖，终其殇服之月数。"三年之葛"亦据既练言之，故曰"变"，未及练而三年之绖不除，不得云"变"也。其要绖仍麻葛重，所谓"轻者包"也。经意大功三月即葛，而殇服无受；不即葛，长殇则终九月，中殇则终七月，下殇则否。正谓小功不变葛也。郑以大功之亲为殇在缌小功者言之，则文义全不能明。《丧服传》"大功之殇中从上，小功之殇中从下"，为殇服小功不及中殇言也。注谓男子为大功之殇服小功，妇人为服缌麻。凡为殇服降一等，无妇人降大功而缌之理，似皆未免经外求义也。

君为天子三年，夫人如外宗之为君也。

郑注："外宗，君外亲之妇也。"嵩焘案：《周礼》："内宗，凡内女之有爵者。外宗，凡外女之有爵者。"郑注："同姓之女谓之内宗，诸姑姊妹之女谓之外宗。"而《内宰》云："佐后，使治内外命妇。"郑注："内命妇，九嫔，世妇，女御。外命妇，卿大夫之妻。"《丧大记》："内命妇，姑、姊妹、子姓立于西方。外命

---

①可，阮刻本《礼记正义》作所。

妇率外宗哭于堂上，北面。”郑注：“外宗，姑、姊妹之女。”疑姑、姊妹之女不当从外命妇堂上，外宗当谓大夫、士妻之未受命者，而凡卿、大夫妻之为命妇皆可统之于外宗。《丧服》“为夫之君”期，传曰：“何以期也？从服也。”《杂记》“外宗为君、夫人，犹内宗也”。内宗、外宗之于君、夫人，视卿大夫之妻当有异，故特著之。此之：“外宗之为君”，正《丧服》“为夫之君”期者是也，不当专主外亲之妇言之。

君之母非夫人，则群臣无服；唯近臣及仆、骖乘从服，唯君所服服也。

郑注：“礼：庶子为后，为其母缌。言‘唯君所服’，伸君也。”孔疏：“近臣谓阍寺之属。……贵臣不服。此诸臣贱者，随君之服也。……《丧服》‘庶子为父后者，为其母’缌；若不为后，则为母无服。”嵩焘案：《春秋》之义，君母卒称“夫人”，葬称“小君”。隐公二年“夫人子氏薨”，《公羊传》以为隐公之母，《左传》以为桓公之母，而于惠公皆不为夫人。文公四年“夫人风氏薨”，僖公之母成风也。宣公八年“夫人熊氏薨”，宣公之母顷熊也。襄公四年“夫人姒氏薨”，襄公之母定姒也。案《公羊传》作“定弋”。昭公十二年“夫人归氏薨”，昭公之母齐归也。（宣）〔定〕[①] 公十五年姒氏薨，《穀梁传》：“妾辞也，哀公之母也。”案《穀梁传》作“定弋”。《公羊传》：“定姒何以书葬？未逾年之君也。有子则庙，庙则书葬。”《左传》“不称夫人，不赴，且不祔”，“葬定姒，不称小君，不成丧也”。是年五月定公薨，七月定姒薨，哀公未即位，不得尊其母为夫人，《春秋》书“姒氏薨”，书“葬定姒”，是赴且成丧

①宣，当作定，字之误也，据《春秋》及三传改。

矣，此当以《公羊传》义为正。隐五年“考仲子之宫”，《穀梁传》曰：“考者成之也，成之为夫人也。礼：庶子为君，为其母筑宫。”既成之。为夫人，必不以庶子为父后为其母缌之例论矣。《丧服》“慈母如母”，齐衰三年；“君子子为庶母慈己者”小功。慈母者，父命以为母者也。君子子则适也。郑注《丧服》：“君卒，庶子为母大功。大夫卒，为母三年。”庶子为父后，为其母缌，厌于父也。疏云“不为父后，为其母无服”，未详所据。《丧服》记“公子为其母练冠，麻衣”，“既葬除之”，则固重于缌矣。郑云“唯君所服，伸君也”，准诸《公羊》“子以母贵，母以子贵”之例，是庶子为君，称其母夫人，自得为其母服。疏引“庶子为父后，为其母缌”以释郑氏“伸君”之义，大误。近臣即贵臣，朝夕在君侧者。《周礼》：“大仆，下大夫”，“戎右，中大夫”，“齐右，下大夫”，“道右，上士”。郑云“右者，骖乘，不得谓之贱臣”。仆、骖乘亦近君，固知近臣之即为贵臣也，疏并失之。

凡见人，无免绖，虽朝于君，无免绖。唯公门有税齐衰。

郑注：“有免齐衰，谓不杖齐衰也。”孔疏：“已有不杖齐衰则税去齐衰，绖犹不去也。若杖齐衰……虽入公门，衰亦不税也。……以差次约之，大功非但税衰，亦免去其绖也。”嵩焘案：《丧服》为祖父母、世父母、叔父母、昆弟，妾为女君，妇为舅姑，皆不杖，而服固重。经云“无免绖”，专为父母之丧言之，齐衰以下衰稍杀矣。“税衰”者，脱去前衰、后负板及左右之辟领，非能易其衰裳为吉服也。《丧大记》：“大夫、士，既葬，公政入于家；既卒哭，弁绖带，金革之事无辟也。”三年之丧，既葬而服公政，而绖带不易。齐衰以下之丧，则时有之。是以入公门有税衰之文，不能概之父母之丧也。经义无杖、不杖之分，注于此未免添设。

礼记质疑卷三十七

间传

斩衰“唯”而不对，齐衰对而不言，大功言而不议，小功、缌麻议而不及乐。

郑注：“议谓陈说非时事也。”嵩焘案：此下第五节言“既虞、卒哭”，则此容貌、声音、语言、饮食四者皆据始丧言之。《丧服四制》：“百官备，百物具，不言而事行者，扶而起；言而后事行者，杖而起。”所谓言议，丧次之言议也，似不宜遽陈说非时事。言者言其事也，议则论其事之所以然，乐则又更畅言之。唯、对、言、议、乐五者，只据一事言其处断之有详略也。

去麻服葛，葛带三重。

郑注：“葛带三重，谓男子也。五分去一，而四纠之。”嵩焘案：《丧服》：“苴绖大搹，去五分一以为带。”郑注：“盈手曰搹。”“中人之扼围九寸。”五分去一，得七寸二分。卒哭变葛带，亦五分去一，得五寸七分有奇。《士丧礼》：“苴绖，大搹……要绖小焉；散带垂……牡麻绖亦散带垂。”《既夕》记：小敛“既冯尸，主人袒，髻发，绞带”。《丧服传》：“绞带者，绳带也。”绞谓纠合之。葛带成幅，亦准五寸七分有奇之葛，裁为三幅，合缝之为带，曰“葛带三重”，葛之成幅者也，与绞带自别。郑以“四纠”

释之，恐误。

除服者先重者，易服者易轻者。

郑注：“‘易服’，谓为后丧所变也。”嵩焘案：经方言“卒哭”以后受服之节，尚未及后丧变服事。下云：“易服者何为易轻者也？”始推言变服之等差。除服者除重者，释上“男子除乎首，妇人除乎带”之文，既练除绖之节也。“易服者易轻者”，释上“去麻服葛，葛带三重”之文，卒哭受服易葛带之节也。妇人则易首绖。易服所以易轻者，以重者不可兼，而轻者可兼，故为之制，使人见所易之葛，知其斩衰之已及卒哭、及练，而又有新丧加之麻，亦可辨知其为齐衰大功之丧也。圣人定为丧服之制，原是如此，而此之云“易服”，则尚未及后丧变服之节也。

斩衰之丧，既虞、卒哭，遭齐衰之丧，轻者包，重者特。既练，遭大功之丧，麻葛重。齐衰之丧，既虞、卒哭，遭大功之丧，麻葛兼服之。

郑注：“既虞、卒哭，谓齐衰可易斩服之节也。轻者可施于卑，服齐衰之麻以包斩衰之葛，谓男子带、妇人绖也。重者宜主于尊，谓男子之绖、妇人之带，特其葛不变之也。”“既练”已下，“言大功可易斩服之节也。斩衰已练，男子除绖而带独存，妇人除带而绖独存，谓之单。单，独也。遭大功之丧，男子有麻绖，妇人有麻带，又皆易其轻者以麻，谓之重麻。既虞、卒哭，男子带其故葛带，绖期之葛绖；妇人绖其故葛绖，带期之葛带，谓之重葛”。“齐衰之丧”以下，“言大功可易齐衰期服之节也。兼犹两也，不言包、特而言两者，包、特著其义，兼者明有绖有带耳。不言重者，三年之丧既练，或无绖，或无带。言重者以明今皆有，期已不固皆有矣。两者，有麻有葛耳。葛者亦特其重，麻者亦包其轻也”。孔疏：“‘兼服之’者……男子大功麻带，易齐衰之葛带。其首犹服齐衰葛绖，是首有葛，要有麻，故云‘麻葛兼服之’……据男子也。妇人则首服大功之麻绖，要服齐衰之麻带，上下俱麻，不得云‘麻葛兼服之’也。”嵩焘案：斩衰卒哭受服，与齐衰同。既练受服与大功同。齐衰卒哭受服，亦与大功同。而男子之带、妇人之绖有易葛之文。丧服或重或兼服，则凡兼有齐衰大功之丧者，皆可辨而知之。男人重首绖，妇人重要绖。斩衰之丧重于齐衰，齐衰之丧重于大功。轻者不能以抗重者，故曰“重者特”。男子轻者带绖，妇人轻者首绖，既皆已易葛矣，而后丧之麻可以加于葛，于此兼服之，故曰“轻者包”。其或言包，或言重者，何也？斩衰三升，受以成布六升，而齐衰四升，与所受服不相准，则齐衰之带可以包葛。《玉篇》：“包，裹也。”卒哭，葛带加布带，其上若包裹之也。既练，受以成布七升，而大功七升，麻葛正相准。曰重者，成布之数适相当也。男子既练，首绖除矣；妇人既练，要绖除矣：则各绖大功之绖，亦所谓“重者特”也。《檀弓》：“妇人不葛带”，服重者有除无变，男子之绖，妇人之带，皆无变。注意析麻葛为二，通举葛绖、葛带言之。又云：“兼服之者，明有绖有带。”“三年之丧，既练，或无绖，或无带……期已下固皆有矣。两者，有麻有葛。”似谓斩衰首绖不易葛，齐衰已下易葛。疏据《檀弓》“妇人不葛带”，谓妇人独不易葛，多生轇轕，无当经旨。

斩衰之葛与齐衰之麻同，齐衰之葛与大功之麻同，大功之葛与小功之麻同，小功之葛与缌之麻同。麻同则兼服之。

郑注：“唯大功有变。三年既练之，服小功已下，则于上皆无易焉。此言大功之葛与小功之麻同，小功之葛与缌之麻同，主为大功之‘殇长中’言之。”嵩焘案：郑据《服问》“缌之麻不变小功之葛，小功之麻不变大功之葛”与此文忤，故假殇服为言。《杂记》：“有三年之练冠，以大功之麻易之。”《服问》：“麻之有本者，变三年之葛。”所谓变者，易冠而绖，约略为之辞耳。《服问》“小功不易丧之练冠，如免则绖其缌、小功之绖”，为小功、缌轻，不得加于练服，当事而免，又嫌于无服，故仍加小功之绖。其要绖之麻葛同者，自可以兼服之。兼服与上“轻者包”及“麻葛重”异文。包也，重也，谓服之重者麻葛并施。大功以下服轻矣，前丧之葛，后丧之麻，相去无幾。《服问》“既练，遇麻断本者，于免绖之，既免去绖”，施之当事而已，不以变前服也。经故曰：“兼服之服重者，则易轻者也。”大功重于小功，则易小功之麻。小功重于缌，则易缌之麻。而或大功将除而有小功之服，小功将除而有缌之服，则小功、缌重，而大功、小功之即葛者又轻。此与《服问》之义正两相成，注意恐失之。

礼记质疑卷三十八

三年问

三年之丧，二十五月而毕，哀痛未尽，思慕未忘，然而服以是断之者，岂不送死有已，复生有节也哉？

郑注："复生，除丧反生者之事也。"嵩焘案：复生者，复生人之常理，居处、饮食、衣服以渐而复常，所谓节也。据《丧服小记》"再期之丧三年也，期之丧二年也"，凡年以见岁为期。《仪礼·士虞》记："期而小祥"，"再期而大祥"，"中月而禫。是月也，吉祭，犹未配"。玩《仪礼》之文，祥、禫同月，既禫而可以吉祭矣，而不得遽迁庙，迁庙而后有配。《少牢礼》："用荐岁事于皇祖伯某，以某妃配。"未迁庙，则祔食祖庙，不言配也。《丧大记》"禫而从御，吉祭而（后）〔复〕[①] 寝。"吉祭者，吉禘也，禘而迁庙，始正祢庙之名。案：《士虞》记"吉祭，犹未配"，盖通言之。当禫之月不迁庙也。不迁庙则亦不遽行吉祭。经文略标其义，在读者之善通之而已。丧至禫而毕、而寝处之节，至吉祭而始复，固不限以二十五月也。而三年之丧二十五月而毕，则礼之不易者也。《杂记》"期之丧，十一月而练，十三月而祥，十五月而禫"，父在为母期，伸其馀月以尽

①后，当作复，盖两字繁体形似致误。据阮刻本《礼记正义》改。

其哀，与《士虞》记之“中月而禫”又别一义。

将由夫患邪淫之人与？则彼朝死而夕忘之，然而从之，则是曾鸟兽之不若也，夫焉能相与群居而不乱乎？

郑注：“言恶人薄于恩，其相与聚处，必失礼也。”嵩焘案：注意训“患”为“恶”，则“将由夫”三字语气与下不相类。《荀子·礼论》作“愚陋邪淫之人”。王氏《述闻》：“愚字与古文‘患’字作‘悬’者相似，故‘愚’误为‘患’。又脱‘陋’字。”《荀子·礼论》篇“然而从之”作“然而纵之”，纵读为故纵之纵。下文“然而遂之”言遂君子之心，此言纵小人之心，纵之则为禽兽矣。“群居不乱”，言鸟兽自为群，不相紊乱；人而禽兽，生理自乱，禽兽亦不与群，人焉能与同群哉？极言以绝之。

然则何以至期也？曰：至亲以期断。

郑注：“何以有降至于期也？谓为人后者父在为母也。”嵩焘案：至亲以期断，若《丧服》为祖父母，为世父母、叔父母，为妻，为昆弟，为众子，为昆弟之子，皆至亲也，加隆则再期。而为父母三年，杀则为大功九月、小功五月、缌麻三月。《丧服小记》：“九月、七月之丧，三时也。五月之丧，二时也。三月之丧，一时也。”其则四时备矣，隆杀之节以是为之准，故曰“至亲以期断”。孔疏以注“未尽经意”，而云“至亲以期断，明一时可除之节，故礼期而练，男子除绖，妇人除带”，专就除丧言之，亦未尽。

焉使倍之，故再期也。

郑注：“焉犹然。”嵩焘案：孔疏言“子既加隆于父母，故然使倍之”，似于辞义为不顺。王氏《经传释词》：“焉，犹于是也，乃也，则也。”征引甚备。据《淮南·时则训》“天子焉使乘舟”，高诱注：“焉犹于也。”其注《吕览》云：“焉犹于此。”僖公十五年《左传》“晋于是乎作爰田”，“晋于是乎作州兵”，《晋语》云：“晋焉作辕田”，“焉作州兵”。亦云“晋逐群公子，乃立奚齐，焉始为令，晋无公族焉”。《墨子·鲁问篇》：“公输子自鲁南游楚，焉始作舟战之器。”《亲士篇》：“分议者延延，而支苟者洛洛①，焉足以长生保国。”凡云焉，皆通作于是。缓言之曰“于是”，急言之曰“焉”。“焉使倍”，犹言“于是使倍期也”。“焉使弗及”，犹言“于是使弗及期也”。训焉为然，于义未合。

上取象于天，下取法于地，中取则于人。

孔疏：“三年一闰，是三年取象于一闰。天地一期物终，是一期取象于一周。九月象阳数，又象三时而物成也。五月象五行，三月象天地，一时而气变。此五服之节，皆以法天地也。子生三年，免于父母之怀，故服三年。人之一岁，情意改变，故服一期。九月、五月、三月，亦逐人情而减杀。是中取则于人。”嵩焘案：三者并承上“至亲以期断”，言天地人往复之幾，以期为之节也。天有温凉寒暑，地有生长收藏，人有舒惨启闭。岁之一周，天行地运，履端更始，而人事之应以动者，亦皆以复其常。此丧服之所以因时以隆降也。疏于此析言之，恐未合经意。

①据孙诒让《墨子间诂》，苟当作苟，“敬”之坏字也；洛当作路。

礼记质疑卷三十九

深衣

郑注："深衣，连衣裳而纯之以采者，素纯曰长衣。有表则谓之中衣。"孔疏："长衣以素缘。若以布缘则曰麻衣。"嵩焘案：《丧服》记"麻衣縓缘"，郑注："麻衣，小功布深衣。"其《杂记》注云："麻衣，白布深衣。"《郐风》诗笺云："麻衣，深衣。"麻者布也，深者所以为衣之式也。吉服自朝服以上及丧服之衰皆有裳无缘，惟深衣有缘。"麻衣縓缘"，盖丧服之深衣，与吉服异缘者，其间深衣之缘又各视其父母以为纯缋、纯青、纯素之别，如下文所记"具父母，大父母，及孤子之衣纯"是也。深衣，长衣，随事为名。《玉藻》"长中继掩尺"，所谓长者即深衣也。《郊特牲》"绣黼、丹朱、中衣"，《唐风》诗传引以释"素衣朱襮"之义。是中衣亦有缘。冕弁服之中衣，上覆以裳。深衣无裳，其掩中衣以尺为节，故亦名长衣。郑注《杂记》："长衣，深衣之纯以素也。"证之《礼经》，实无其文。《杂记》之云"麻衣布衰"，则犹衰服也。其云"练冠长衣"，则犹练服也。同为深衣，而衰服各别，未宜执一以论之。

续衽钩边，要缝半下。

郑注："续犹属也。衽，在裳旁者也。属连之，不殊裳前后也。钩边，若今曲裾也。续或为裕。三分要中，减一以益下，下宜宽也。要或为优。”孔疏：“衽谓深衣之裳，以下阔上狭谓之衽。要缝谓要中之缝。下畔一丈四尺四寸，要缝半之，七尺二寸。凡布广二尺二寸，以四寸为缝，一尺八寸在三分之一分为六寸，减六寸，以益下，上二幅一尺二寸，下二幅二尺四寸。”嵩焘案：“续衽钩边”与《玉藻》“衽当旁”之文两相备。“要缝半下”与《玉藻》“缝齐倍要”之文互相成。凡冕弁服，衣及裳皆正幅，而裳之前后幅不相属，故衣两旁皆有衽以下掩裳际。郑注《玉藻》：“衽属衣，垂而放之。”盖别为一幅，垂于衣之左右。《丧服》记“衽二尺有五寸”，郑注“衽以掩裳际者”是也。《说文》：“衽，衣裣也。”“裣，交衽也。”衣裣谓之衽，则此深衣之衽也。于冕服谓之襘。昭十一年《左传》“衣有襘”，杜注：“襘，领会。”言领相交会处也，亦曰襘。《玉藻》及此经之袷，深衣之交领也。《曲礼》之袷兼言冕服。“袷”“襘”字通。冕服正幅襘下及带。《说文》：“襘，带所结也。”谓带所结处，通名为襘。其左右两衽自垂于衣旁。深衣无两旁掩裳际之衽，而前裣斜交以收合于右，遂通裣为衽，《说文》所谓“交衽”者是也。“续衽”，谓与裳相属，正以衽者下掩裳际，因据其以左掩右而名之衽。《广韵》：“钩，曲也。”钩边谓裣斜交而曲下，与冕服之正幅者异。《玉藻》所谓“衽当旁”，盖冕服由交领直下，深衣曲下，而收合于右。“当旁”者，当衣右之一旁也。案：郑注“钩边若今曲裾”。盖汉制衣裣相交处以一幅布属于后，曰后裾；又诎之向前，曰曲裾，若今之小裣：曲裾者，曲抱向前；钩边者，斜交向右。似不当为一类。“钩边”肖其形，“当旁”著其用，故曰“两相备”。续衽则衣裳相连，短长之度以要为准，由要而上达之领，下属之齐，适得其半。“要缝半下”据要言，“缝齐倍要”据下齐言，盖虽上下相属而犹存衣裳之遗。每幅中裁而缝合之，要缝得衣之半。下齐之视要，与要之视领相倍也，故曰“互相成”。旧注似皆失之。

又案：郑注《丧服》：“祭服朝服，辟积无算。”颜师古《汉书·相如传》注：“辟积犹今之裙褶。凡裳前三幅，后四幅，幅二尺二寸。”以孔疏“四寸为缝”准之，前除交缝一尺二寸，得五尺四寸；后除交缝一尺六寸，得七尺二寸。合计之，得一丈二尺六寸，故须辟积之，使与身相称。深衣无辟积，而斜裁六幅之布，削上而益下齐，下乃至广一丈四尺四寸，何以适体而便趋走乎？详玩注意，“要缝半下”，三分要中，减一以益下，盖谓衣前后四幅得八尺八寸，除交缝一尺六寸，得七尺二寸。三分之，减其一分，得四尺八寸；以其一分益下齐，得九尺六寸，所谓“缝齐倍要”也。深衣所以异于冕弁服者，惟其便也。无衣、裳之分，故于上幅削下，下幅削上，使足以固要而宽其下以为容。然九尺六寸之齐，下垂于地，固非所以取便也。疏乃以下阔一丈四尺四寸为说，朱子《深衣图考》因之，而古制乃益茫然矣。

袂之长短，反诎之及肘。

郑注：“袂属幅于衣，诎而至肘，当臂中为节。臂骨上下各尺二寸，则袂肘以前尺二寸。”嵩焘案：臂上下各尺二寸，与衣幅广二尺二寸者不相当，“反诎”之义终不能明。盖人身由背脊至肘者长于由肘至手，袂缝别为一幅，与衣之正幅相属，而缝合其左右各二寸。案：袂缘属之幅。孔疏据“纯袂缘纯边广各寸半”之文，遂谓“袂幅二尺三寸半”者，误。其长盖三尺六寸，以中人身臂计之，长短不必适均，而袂幅各视其肘以为节。反屈之，及肘，并衣之正幅与袂幅通计，以所诎处及肘为袂之长短也。由肘而上达于背，下及于指，以当袂之适中处，则下掩手有馀，一以人身为准而不强制其长短，以为一成之式，所以取便也。疏谓衣幅二尺二寸，身脊至肩尺一寸，至臂又尺一寸，是衣幅得覆及臂。今又属袂于衣，故反诎其袂得及于肘。诚然，则袂幅与正幅有定制，不当以反诎及肘定袂之长短矣。郑注“当臂中为节”语自分明，疏恐失之。

制十有二幅，以应十有二月。

郑注：“裳六幅，幅分之以为上下之杀。”孔疏：“每幅交解为二，是十二幅也。”嵩焘案：裳六幅而析为十二，于礼无征。凡裳通前后七幅而有辟积。深衣无裳之可名，联合上下为一，故无辟积。而以六幅上杀之以益下，又析六幅为十二幅，而仍以裳名之，似失深衣之义。下文明言“完且弗费”，析六幅为十二，裁合参差，幾同褛褴，则非完也；缝衽之功倍于冕服，则非弗费也。经云：“制十二幅”，自通衣言之。而独据其下之象裳者创为十二幅之制，颠倒割裂，勉强求合，证之《礼经》无其文，考之先王之典章亦无其义。十二幅者，衣前后各四幅，上二幅通前后联属之左右袂为二幅，亦通前后相属而自分阴阳。凡前六幅象阳，后六幅象阴，阴阳十二律，以应十有二月。通深衣前后求之，而阴阳十二月之义备焉。曰“制”者，明深衣上下通用。正幅而稍缝之，前后可见者凡十有二幅也。自郑注失其义，而司马文正公及朱子各仿其制为之，当时见为诡异，实亦非古制也。

袂圆以应规，由袷如矩以应方，负绳及踝以应直，下齐如权衡以应平。

郑注：“袷，交领也。古者方领，如今小儿衣领。”嵩焘案：《说文》：“袷，衣无絮。”《广韵》：“袷，複衣，一曰曲领也。”杜注《左传》：“襘，领之会也。”领之会处曰交领，《礼经》多假袷为袷，会与合皆取相交义。《说文》："𧞤，衣领。""衽，衣衿。"衿交衽，衽相交曰衿，在领曰袷。郑注《曲礼》："袷，交领边。"注《玉藻》："袷，曲领也。"惟深衣有曲领。《玉藻》之袷二寸，正据深衣言之。由领向右曲下，曰曲领。斜杀而属之要，曰钩边。其曲处直折而下，"曲袷如矩"，专就折处为言。适当胸旁，故曰抱方，似不得为方领也。"下齐如权衡以应平"，前后四幅适平，裳之有辟积不能平也，而裁为一丈四尺四寸之齐，其广倍要，幅旁曳而委于地，何以云平？用此知疏义之必不然也。

纯袂，缘，纯边，广各寸半。

郑注："广各寸半，则表里共三寸矣。惟袷广二寸。"嵩焘案：《玉藻》"袷二尺，袪尺二寸，缘广寸半"。郑注《郊特牲》"绣黼丹朱"，以为中衣领缘。而《唐风》诗笺云："绣黼以为领，丹朱以为缘。"《毛传》："'素衣朱襮'，领也。"亦云朱绣似朱为领，而加绣黼。《说文》："襮，黼领也。"袷者交领，袷二寸，领亦二寸，绣黼所以为领缘也。注云"袷广二寸"，专据领缘言之，恐误。冕服无缘，而有裼袭。裼则中衣外见，故中衣有缘。深衣无裼袭之分，自领以下缘有缘，所以为饰也。证之《礼经》，亦无"表里皆缘"之文。《檀弓》："鹿裘，衡长袪。袪裼之。"裼则反出其袪，而里外见。深衣之袂，胡下而收合其袪尺二寸，是不能反出也，尤不应缘其里。经云袂缘边三者皆纯，注："缘，緆也。"《既夕礼》："縓綼緆。缁纯。"注："饰裳在幅曰綼，在下曰緆。饰衣曰纯。"深衣通衣裳为一边，即所谓在幅，缘即所谓在下。纯广各寸半，与《玉藻》"袷二寸，袪尺二寸，缘广寸半"同文。注于此以"表里各寸半"为言，似未免以意拟之。

礼记质疑卷四十

投壶

主人奉矢，司射奉中，使人执壶。

郑注“司射奉中”：“投壶，射之类也。其奉之西阶上，北面。”嵩焘案：《乡射》记“射自楹间”，“序则物当栋，堂则物当楣”，似射皆南面。而《乡射礼》言设楅中庭南，设中楅西，当西序南，东面，则是中设于西阶下，东面以射者，西面故也。投壶礼同于射，而布武则射广而投壶狭，故可设中阶上。郑注“奉之西阶上，北面”，专为奉以升阶言之。然下有“授矢”“设中”之文，而不言壶所置处，疑壶正当阶北面。《乡射礼》：司射兼挟乘矢，升自西阶，北面。司射，宾党也，宜自西阶。主人自升阼阶以授矢于宾。投壶之亲授矢与射礼异。郑注据射礼为说，非也。

宾再拜受，主人般还，曰辟。主人阼阶上拜送，宾般还，曰辟。

孔疏：主人见宾拜，乃般曲折还谓宾曰：“今辟而不敢受。”于是宾主人皆来两楹之间，南面。主人授矢于宾，复归阼阶上，北面拜送矢。宾亦归西阶上，般还而告主人曰：“今辟而不敢受。”嵩焘案：“曰辟”者，记礼者之辞，言所以般还，为辟其拜也。疏据“曰”字为宾、主人之辞。《大射礼》：“宾及庭，公降一等揖宾，宾辟。”“君有命彻幕，宾及诸公、卿、大夫皆降西阶下，再拜稽首，公答拜，大夫皆辟。”《聘礼》：“宾入门左。公再拜，客辟。”“受幾于筵前……公壹拜送。宾以幾辟。”《公食大夫礼》：“宾入门左，公再拜，宾辟。”辟者所以为礼也。安得于此复有礼辞？熊氏安生云：“曰辟者，是赞者来辞告主人及宾。”投壶礼简，宾及主人自相授受。尤不得有赞者之辞，失之愈远矣。

顺投为入，比投不释。

郑注：“比投，不拾也。”孔疏：“比，频也。宾主投壶，要更递而投，不得以前既入喜悦而（已）〔己〕频投。”嵩焘案：《乡射礼》“取弓矢拾”，郑注：“拾，更也。”下云“三耦拾取矢”，言更取矢也。又云“既拾取乘矢”，言更取四矢也。又云“司射作拾取矢”，言司射复命之更取矢也。《大射礼》“遂命三耦各与其耦拾取矢……上射横弓，却手自弓下取壹个，……下射横弓，覆手自弓上取一个……既拾取矢，捆之，兼挟乘矢”。是取矢亦各与其耦更取之。《仪礼》云：“上射既发，挟矢；而后下射射，拾发以将乘矢。”拾发者，上射既发，挟弓矢而立，而后下射射，凡四发皆然。《士丧礼》“男女更踊”，谓之拾踊。《曲礼》“左右足更升”，谓之拾级。下文“拾投”，注亦云：“拾，更也。”《广韵》：“比，并也。”《韩诗外传》：“高比所以广德也，下比所以挟行也。”言上下相比并。比投谓宾主并投，两矢并发。则中者与不中者不辨为谁何之矢，故不为之释算。注云：“比投，不拾也。”语极明晓。疏乃以频投释之，亦稍失注意矣。

正爵既行，请为胜者立马，一马从二马，三马既立，请庆多马。

郑注："司，胜算也。"孔疏："'立马'谓取算以为马，表胜数也。每一胜辄立一马。礼以三而成。但胜偶未必得三，得二即彻取劣偶之一，以足胜偶之二为三，故云'一马从二马'。"嵩焘案：下文"宾党于右，主党于左"，射者比三耦以三为节，投壶亦以三为节。而通以宾党、主党分左右，每投四矢，取其钧也。是以奇则曰"奇"，钧则曰"左右钧"。四矢而有奇数，则胜负见矣。一投而释一算，四投毕而立一马。释算以行罚爵，立马以行庆爵，明分二事。三马既立，谓"三耦具投"，而一行庆爵，胜者在前，负者在后，曰"一马从二马"。一胜则立一马，二不胜则此一胜之马退居二马之后，不用以为胜算。所谓"请庆多马"，马多者乃得行庆爵也。举二马而三马可知矣。郑并马与算为一。疏遂言"取算以为马，彻取劣偶之一以足胜偶之二为三"而云"礼以三而成"，似失经旨。

命弦者曰："请奏《狸首》，间若一。"大师曰："诺！"

郑注："'间若一'者，投壶当以为志取节焉。"孔疏谓"前后乐节中间疏数如一"。嵩焘案：《乡射》记"歌《驺虞》若《采蘋》皆五终"，而《乡射礼》"命太师奏《驺虞》间若一"，"奏《驺虞》以射"；《大射礼》"命大师奏《狸首》间若一"，"奏《狸首》以射"。下并云三耦卒射，大夫、众宾继射，是所谓歌五终，三耦及众耦相间，皆取应乐节也。似《仪礼·乡饮》、《燕》、《射》皆有乐，无以乐节疏数诏大师之文。《驺虞》、《狸首》、《采蘋》、《采蘩》皆所以为射节，每歌必五终，而《大射礼》云"奏《狸首》"，是专以《狸首》为节也。因以诏之大师，言每耦间射一以《狸首》为节，似不得为歌《诗》疏数之节也。

卒投。司射执算曰："左右卒投。请数。"二算为纯，一纯以取；一算为奇。遂以奇算告，曰："某贤于某若干纯。"

郑注："司射数其所释左右算，如数射算：一纯以取，实于左手。十纯则缩而委之，每委异之。有馀则横于纯下。一算为奇，奇则缩诸纯下。兼敛左算，实于左手，一纯以委，十则异之。其他如右获。"嵩焘案：郑所引，《射礼》之文。此经下云"正爵既行，请立马"，是每投毕，一行罚爵而后立一马，与《射礼》稍异。每耦八算，宾主各得四算，二算为纯，一算为奇。如四投四入，得四算，曰二纯；一不入，得三算，曰（二）〔一〕[1] 纯一奇；二不入，得二算，曰一纯；三不入，得一算，曰一奇。胜者二算，则司射告曰："某贤于某一纯。"胜者一算，则告曰："某贤于某一奇。"胜者三算，则告曰："某贤于某一纯一奇。"各据一耦言之。案疏云："若有奇数，则曰奇。假令九数，则曰九奇。"大误。数毕而行罚爵，因为胜者立一马。射礼先比三耦，以次及众耦，卒射而后视算，故《乡射》记曰"箭筹八十"，盖每射极之十耦，左右各得二十纯，至十纯则缩而委之，而横其馀纯于下，委其总数，而比次其馀数以较胜负也。卒射而饮不胜者，而胜者之庆爵不行，射之所以终于让也。投壶兼行庆罚，因有"立马"之文，未宜据《射礼》释之。

正爵既行，请立马。马各直其算，一马从二马，以庆。

郑注"马各直其算"：言"当其所释算时也"。"三立马者，投壶如射，亦三而止也。三者，一党不得三胜，其一胜者并其马于再胜者以庆之。"嵩焘案："马各直其算"，谓宾及主人左右视

---

①上文云"二算为纯，一算为奇"，此三算自当为一纯一奇。二者一之误也。

算，为胜者立马，当所释之算前以表识之也。“各”者分左右言之，注谓“当释算时”，据经文“正爵既行，请立马”，知当在众耦卒射之后，非释算时也。一胜而立一马，三马既立，请庆多马。马多为胜，马少为负，一马从二马，负者亦从而庆之，而不敢有争心。二马自胜一马，不待并负者之一马以自益。胜者一负而不为屈，负者一胜而亦不相蒙，何为掩而有之以求多乎？注云“其一胜者并其马于再胜者以庆之”，非经义也。

算多少，视其坐。

郑注：“算用当视坐投壶者众寡为数也。”嵩焘案：《乡射·记》“箭筹八十”，举成数而言。郑注略以十耦为正，贵全数也。而要以人数之多寡为置算之数。《射礼》算亦名筹，别于矢也。投壶筹算异物，而筹亦名矢，比于射也。

毋怃，毋敖。

郑注：“怃，敖慢也。”嵩焘案：此戒侍立执事者偝立逾言，皆以事言，不应以敖慢为戒。偝立逾言，亦即是慢。《尔雅·释诂》：“怃，大也。”郭注引《诗》“乱如此怃”。又云：“怃，厖，有也。”郭注引《诗》“遂怃大东”，今《诗》作“遂荒大东”，荒亦大也。《说文》：“怃，覆也。”亦不当为慢。疑怃当为诬，《广韵》：“诬，诱词也。”案方氏《析疑》：“怃当作嘑，音同而讹。盖投壶中者喧嘑以助势，怃嘑并荒乌切，义亦可通。”敖当为嗷。《荀子·强国篇》“百姓讙敖”，杨倞注：“喧也。”讙嗷正作讙敖。皆戒其多言之意。无怃者，本无言而诱之使言。无敖者，扬其声言之，近于嚣也。毋逾言越位而与人言。投壶习礼，冠士使者童子并当在弟子之列，左右执事，惟戒其嚣，故身容一而言容三，于此不得有敖慢之戒。

鼓。半。鲁鼓。半。薛鼓。取“半”以下为投壶礼，尽用之为射礼。

孔疏：“每一圆点则一击鼙，每一方点则一击鼓。频有圆点则频击鼙，频有方点则频击鼓。”嵩焘案：《大射礼》：“建鼓在阼阶西，应鼙在其东。一建鼓在西阶南，朔鼙在其北。一建鼓在西阶东。”郑注：“鼙，小鼓。……先击小，后击大。”“朔，始也。”“应鼙，应朔鼙也。”是先击者西鼙也。其连击者，西鼙始而应鼓应之，其收声亦必以应，鼙鼓亦东西相应。此当通《大射礼》求之。案《仪礼·乡射》、《大射》并言“司射北面命曰：‘不鼓不释。’”注云：“不与鼓节相应，不释算，鼓即乐节也。”郑于《大射礼》云：“凡射之鼓节，投壶其存者也。”即此鲁鼓、薛鼓之辨，投壶之鼓半射节。

礼记质疑卷四十一

儒行

衣逢掖之衣。

郑注："逢犹大也。大掖之衣，大袂禅衣也。"孔疏："大夫以上侈袂，朝祭之服不禅，庶人禅。今孔子禅与庶人同，袂大与庶人异。"嵩焘案：王氏肃谓逢掖之衣即深衣，其说确不可易。疏云"大夫侈袂"，郑注《周礼·司服》之文。据《杂记》"凡弁绖，其衰侈袂"，郑注："弁绖，吊服。……袂小者二尺二寸，大者半而益之，则侈袂三尺三寸。"因是据为大夫之侈袂，似于礼无征。《丧服》记："衣二尺有二寸，袂尺二寸。"郑注："衣二尺二寸，所谓袂中也。"通言衣制，并无大夫、士之分。《士丧礼》："襚者以褶则必有裳。"《丧大记》："小敛，君大夫士皆用复衣复衾。大敛，君褶衣褶衾。"又云："衣必有裳，袍必有表，不禅。"盖惟敛衣为然，朝祭之服无明文。《玉藻》："纩为茧，缊为袍，禅为絅，帛为褶。"深衣之制有是四者，亦不必庶人皆禅而馀否也。逢掖即深衣之袂，圆应规，郑注所谓胡下是也。"逢"、"缝"字通。逢其当掖处则袂侈。《杂记》之云"侈袂"亦犹是也。似不当专以"大袂禅衣"为训。

儒有衣冠中、动作慎，其大让如慢，小让如伪，大则如威，

小则如愧，其难进而易退也，粥粥若无能也。

郑注：“如慢，如伪，言之不愊怛也。如威、如愧，如有所畏。”孔疏：“己让此大物，辞貌宽缓，如傲慢然。”“让小物如似诈伪，亦谓宽缓不急切。”“行大事时形貌似有畏惧。”“行小事时如有惭愧。”嵩焘案：“难进易退”，如《孟子》之言“进以礼，退以义”，则此之云“动作”兼出处辞受言之。“大让”、“小让”、“大则”、“小则”，对待为文。《说文》：“则，等画物也。”谓定其等差为界画。《玉篇》：“则，法也。”凡制度品式，皆曰则。此云“如威”、“如愧”，正据品式言之。大让辞而不受，意若慢之；小让辞而后受，若伪饰然：此言辞受之节也。大则品式尊严，无敢亵视者，故如威；小则小心抑畏，若有所怍而不敢承，故如愧：此言出处之节也。郑注兼释之，疏遂分大物、小物、大事、小事为言，非也。

儒有居处齐难。

郑注：“齐难，齐庄可畏难也。”嵩焘案：注意迂回。张子云：“难者恭慎也”，语较明直。王氏《述闻》：“难读为戁。《说文》：‘戁，敬也。’徐锴《传》曰：‘今《诗》作熯。’《小雅·楚茨篇》‘我孔熯矣’，毛传：‘熯，敬也。’《尔雅》同。熯、戁、难声相近，故字相通。”其实“难”字亦自具戒慎意。《商书》“其难其慎”，《论语》“为之难”，皆言勉强自检饬，庄敬而勉强自持，所谓齐难也。下文“言必信，行必中正”，两“必”字亦即董子“勉强学问”、“勉强行道”之义。

道涂不争险易之利，冬夏不争阴阳之和。

郑注：“行不争道，止不选处所，以远斗讼。”嵩焘案：注意非也。经言“备豫有如此者”，只是随遇而安意。此身绰然有以自处，所历之地不足以累之，所谓“备豫”也。不争，言不与天地阴阳争一身之休咎。地有险易，地之常也。山行乘樏，泥行乘橇，顺其常而已。天有寒暑，天之常也。冬日衣裘，夏日衣葛，顺其常而已，推极人事之万变，一以常应之，险夷丰悴无与于心，而何争焉？二语深隽，犹周秦诸子之寓言也。疏据以为与人争，恐失之。

其近人有如此者。

孔疏：“其亲近于人如此。”嵩焘案：君子之近人，非求与人近也。“近人”承上“易禄”言。伊尹之乐道，是“难得”也。子思之摽使，是“难畜”也。“难得”者，出处之大节。“难畜”者，辞受之大闲。君子于此可谓远人矣，而先劳后禄，实与人以可近。所宝所祈，与其所谓富者，一求之已而无所资于人，己与人两无歉，故近人。

流言不极。

郑注：“不极，不问所从出也。”嵩焘案：《淮南·精神训》：“贱之而弗憎，贵之而弗喜，随其天资而安之不极。”高诱注：“极，急也。谓急求之意。”流言不极者，流言加于其身，不急求其故也。所从出在人，不急求其故，则所以致流言者亦不一置念，只是强忍之意。吕氏大临言：“《儒行》之文有矜大胜人之气，少雍容深厚之风。此所谓特立，尤近于战国游侠之为，非儒者之言也。”

虽有暴政，不更其所。

孔疏："虽有暴政，不改其志操，迥然自成立也。"嵩焘案："所"，如《诗》之"献于公所"，谓所处之地也。言有忠信之德，礼义之行，而将之以仁义，无所处而不宜。"不更其所"，即素患难行乎患难意，但能"邦无道免于刑戮"，于暴政何歉焉。诸葛公曰："此中足士大夫遨游，何必故乡？"所以自立，在己而已。虽有暴政，不足以撄其心。疏云"不改其志操"者，非也。

虽危，起居竟信其志，犹将不忘百姓之病也。

郑注："起居犹举事动作。"孔疏："比党之民共危之，而行事举动终能伸己之志谋，不变易也。"嵩焘案：经言身可危，志不可夺。举事动作属之身者，疏谓行事能伸己之志谋，恐非郑意，伊川当崇宁时，追取出身以来文字、其所在著书，令监司伺察。朱子当庆元时有伪学之禁，而其后卒为百世楷则，可谓能伸其志者。志立于不可夺，而事不必其集。谋不期于成，积久而其志业终显著于天下。此节如程子、朱子，足以当之。

礼之以和为贵，忠信之美，优游之法，慕贤而容众，毁方而瓦合。

郑注："忠信之美，美忠信者也。优游之法，法和柔者也。毁方而瓦合，去己之大圭角，下与众人小合也。"孔疏："见人忠信则美之，见人和柔则法之。"嵩焘案：忠信之美，优游之法，是行己大段工夫。慕贤容众，毁方瓦合，是接人大段工夫。忠信，蕴之心者。优游，从容有馀之意，是发之外者。法谓一身之法度。"慕贤容众"，所以待人，主存心言。"毁方瓦合"，所以处人，主临事言。瓦之体方，而用员。其圭角四出者，非瓦之所以为用也。以其员为用，而受众瓦与之比合，以成覆屋之功。其相比合，至密且周矣，而各自相体不相胶结，故曰“瓦合”。毁者，除也。言瓦本方而用以覆屋，以上承“栋”而下极于“溜”，无有罅漏之荐，则惟其用之员而其方者自在，而固不以为用，故曰“毁方”。旧注似皆失之。

儒有澡身而浴德，陈言而伏。静而正之，上弗知也；粗而翘之，又不急为也。

郑注：“粗犹疏也，微也。君不知己有善言正行，则观色、缘事而微翘发其意，使知之，又必舒而脱脱焉。己为之疾，则君纳之速；君纳之速，怪妬所由生也。”嵩焘案：注意极害道，孟子所谓“穿窬”之类也。汉世儒者于此尚少析义之功。澡身浴德，君子以洗心，退藏于密，而尤悔不生。《孟子》固曰：“归洁其身而已矣。”此言儒者之仕，自饬其躬而不相奖以言。“陈言而伏”，谓自隐藏其事君也。于其事之未形，静而正之，昭德塞违，纳之轨物之中，而使不自知。于其事之已著，略而举之，谈言微中，不迫为之程而使之自悟。守约而施博，言近而指远，斯惟有德者能之。

不临深而为高，不加少而为多。世治不轻，世乱不沮。

郑注：“‘不临深而为高’，临众不以已位尊自振贵也。‘不加少而为多’，谋事不以己小胜自矜大也。‘世治不轻’，不以贤者并众，不自重爱也。‘世乱不沮’，不以道衰废坏己志也。”嵩焘案：郑注非也。儒者之言行，惟务其实。“不临深而为高，不加少而为多”，谓不援引傅会以成其说。世治，君相皆贤，其志可以行焉，而一出之详审，无喜事立功之心。世乱，其志不行，而确然有以内信于心，而不自疑沮。此皆儒者守道之义。

博学以知服

郑注："不用己之知，胜于先世贤知之所言也。"孔疏："谓知服畏先代贤人。"嵩焘案：《说文》："服，用也。"《广韵》："服，用也，行也，习也。"《国风》"寤寐思服"，郑笺："服，事也。"《大雅》"昭哉嗣服"，毛传："服，事也。"言博学以知所当行之事，博学则闻见广、义理明，其于身之所服习，必有以知其方矣。似不为畏服之义。

虽分国，如锱铢。

郑注："八两曰锱。"嵩焘案：《说文》："锱，六铢也。"《风俗通》："六铢为锤，倍锤则锱，倍锱则两。"《韵会》："八铢曰锱。""锱"、"铢"二字相连，言轻微也。杨倞注《荀子》"八两曰锱"，高诱注《淮南子》"六两曰锱"，《玉篇》亦云"八两为锱"，皆沿郑说。似当以从《说文》为正。

儒有不陨获于贫贱，不充诎于富贵。

郑注："'陨获'，困迫失志之貌。'充诎'，欢喜失节之貌。充或为统。"嵩焘案：陨者获之反，充者诎之反，二字异义，犹得失损益之分。富贵、贫贱，皆外至者也，于己无与。忽而贫贱焉，而吾自若也；忽而富贵焉，而吾自若也；无加损于其心。以此见富贵之骄人与贫贱者之骄人，皆失也。"陨获""充诎"，皆言忧喜失常意，当分两义释之。案：凡处贫贱，戚焉而已。凡处富贵，骄焉而已。惟富贵贫贱之交眩于心，与其骤至，于此变易其常度而不自知。陨获充诎，忽喜忽惧，由其心之荧惑无主也。

礼记质疑卷四十二

大学

大学之道。

孔疏：郑《目录》云：“《大学》者，以其记博学可以为政也。”嵩焘案：“大学”二字，始见《大戴礼·保傅篇》。《尚书大传》：“十有三年入小学。二十入大学。”《白虎通》：“八岁入小学，十五入大学。”《戴记》亦多言大学之义。《易传·太初篇》：“大学，天子之所自学也。”古之教者必于学，自天子、诸侯及大夫、元士之子，皆有入学之仪；而《王制》言“天子曰辟雍”，《祭义》又言“天子设四学”。陆氏佃云：“南成均，北上庠，东东序，西瞽宗，辟雍最居中，总名曰大学。”《学记》言大学之教，具其事也；案《学记》言学乐、学诗、学礼、以《王制》“《礼》在瞽宗，《书》在上庠”之文推之《诗》、《礼》，三者皆当异学。言大学之法，详其义也。而由入学以至小成、大成，推及于化民成俗，乃谓之大学之道。道者，所以行也。推《大学》之精义，于“明明德，亲民”二者以发明圣人立学之原，人才之所以成，风俗之所以厚，一本之于学。于篇首揭之曰“大学之道”，明乎始终条理之毕具于是也。郑注：“博学可以为政”，亦浅之乎论学矣。

在止于至善。

孔疏："言大学之道在于此三事。"嵩焘案：圣人之学，成己成物而已，而功莫大于成物。天之生此民也，使先知觉后知，使先觉觉后觉。一物之未遂其生，一人之未复其性，圣人有弗安焉。诚者非自成己而已也，所以成物也。大学之道兼成己成物二者，而成物之功用一皆所以自明其明德，而无待外求，故曰成己仁也，成物知也，性之德也。常疑朱子言三纲领，所谓"止至善"者，虚为之名而无其实。孔疏于此直据为三事，意当谓大学之道以明德、亲民为纲，而此二者又必止于至善。三言"在"者，圣人立学之旨归不越是也，庶为得之。

致知在格物。

郑注："知谓知善恶、吉凶之所终始也。格，来也。物，犹事也。其知于善深则来善物，其知于恶深则来恶物。言事缘人所好来也。"嵩焘案：郑意似以致知为前一层，事物随感而来，乃所以为知之至。《说文》："格，木长也。"段氏注云："引申之，长必有所至，故《释诂》曰：'格，至也。'……《尚书》'格于上下'、'格于艺祖'、'格于皇天'、'格于上帝'是也。此接于彼曰至，彼接于此曰来。……《尚书》'格尔众庶'、'格尔众'是也。"《说文·至部》云："不上去而至下。来也。""至"与"来"同训，故郑注于此云："格，来也。""来"、"至"均有止意，故庋阁亦谓之"格"。"格"者，限也，物有所限而遂止也。《大学》明言"物有本末，事有终始"，物与事自别。意心身家国，天下物也；诚、正、修、齐、治、平，事也。意心身家国天下之为物，其义皆有所极。其行之也，皆有其程。格者，穷极其所以然，推类至义之尽而仍不逾其则。朱子《章句》精矣，而训物为事，犹循郑注，终有未协。

其所厚者薄，而其所薄者厚，未之有也。

孔疏：“‘其所薄者厚’，谓己既与彼轻薄，欲望所薄之处以厚重报己，未有此事也。厚之与薄，皆以身为本也。”嵩焘案：经旨并无报施之义。“厚薄”字又从“本末”字上推进一层。本，所重也，故曰厚。末，所轻也，故曰薄。其本既厚而后推而放之，合内外之道以措之宜，而其末之宜薄者亦同归于厚。所厚者身也，所薄者一身之推也。其云薄，云厚，则功用之所暨，而效之所由成也。只是申足上意，无推及报施之说，疏恐失之。

汤之盘铭曰。

孔疏：“汤沐浴之盘，刻铭为戒。”嵩焘案：《说文》：“槃，承槃也。”《内则》：“进盥，少者奉槃，长者奉水。”《特牲礼》：“尸盥，匜水实于槃中。”盖凡盥以匜沃水，以槃承之，故曰承槃。承槃，盥器，日必用之。《说文》：“沐，濯发也。”“浴，洒身也。”濯发洒身不必日日为之。《内则》：“五日燂汤请浴，三日具沐。”三日、五日，则其功亦有间矣，似与铭辞之言“日新”者无当。知此必为盥槃，非沐浴之盘也。

人之其所亲爱而辟焉，之其所贱恶而辟焉，之其所畏敬而辟焉，之其所哀矜而辟焉，之其所敖惰而辟焉。

郑注：“之，适也。言适彼而以心度之，曰：吾何以亲爱此人？非以其有德美与？吾何以敖惰此人？非以其志行薄与？反以喻己，则身修与否可自知也。”嵩焘案：郑意观人以喻诸己。孔疏又推言众人亦亲爱、贱恶、畏敬、哀矜、敖惰于我，疑此为修身、齐家之事，向内一层工夫。己自检点入细至此，而喜怒哀乐之发与家人相为交接，而偏私稍介乎仪容，骄逸或形于动静，必有窥乎其微而知其身之云未适于道者多也。《大学》自正心而后，皆就情之发用处言之。情者，人与人所以相接之机也。由一身而推之天下，好恶尽之矣。一家之近，随处感发，有不能尽之于好恶者。是以体之愈密，而察之愈微，亲爱、贱恶、畏敬、哀矜、敖惰，皆其所以施之人者也，而以一身谨其机。郑注借人喻己，于修身、齐家之义相去恐远。

好人之所恶，恶人之所好。

孔疏："人谓君子。君子所恶者凶恶之事，今乃爱好凶恶，是好人之所恶也。君子所学，仁义善道，今乃恶此仁义善道，是恶人之所好也。"嵩焘案：好恶即承上"能爱人，能恶人"言之，明用人之道一准诸天下之公义，凡公好公恶之显见于天下者，君子不敢私焉。所谓爵人于朝，与众共之；刑人于市，与众弃之：惟其公也。人者，极乎天下之词也。《孟子》："国人皆曰贤……国人皆曰可杀，然后察之。"是也。疏失之泥。

是故君子有大道，必忠信以得之，骄泰以失之。

孔疏："大道，谓所由行孝悌仁义之大道也。"嵩焘案：此章发端言絜矩之道，絜之以好恶而已。好恶极之天下，惟用人、理财二者足以尽之。此"大道"字，与上"絜矩之道"紧相呼应。其中三言得失，微分三段结束。"道得众则得国，失众则失国"，结上"好""恶"之义。"好""恶"者。通词也。得失之机系于君心之好恶，此所以为絜矩之道也。"道善则得之，不善则失之"，结上理财之义。此云"忠信以得之，骄泰以失之"，结上用人之义。而"忠信"、"骄泰"字又实为全章之总结。言此絜矩之道，非徒絜之以好恶也，必有忠信之实以行之。“忠信”者，道之所以行也。疏云“孝悌仁义由行忠信以得之”，别出“孝悌仁义”字，若与此章大旨全不相涉。而其所谓“忠信”者，又若别为一事。朱子云：“发己自尽为忠，循物无违谓信。”二语何等精透！汉儒之言义理，安从望见其肩项哉！

未有府库财非其财者也。

郑注：“其为诚然如己府库之财为己有也。”孔疏：“又为人君作譬，譬如人君有府库之财，必还为所用也。”嵩焘案：郑意以“府库财”与上“仁义”并举为不类，故假譬以明之，而经意归重用人、理财二者，惟仁义而后能有其财也。《集注》：“上好仁以爱其下，则下好义以忠其上，所以事必有成，而府库之财无悖出之患也。”三语相承而下，至为明晰。案：郑注“君行仁道则其臣必义”下，字统臣民而言。郑专以属之臣，亦误。《说文》：“库，兵器所藏。”“帑，金帛所藏。”“府，文书所藏。”《曲礼》：“在府言府，在库言库。”郑注：“府谓宝藏货财之处，库谓车马兵甲之处。”又《曲礼》六府同曰府，而水土器货所司不同。《月令》五库同曰库，而金铁皮革所贮亦不同。《周礼》大府、玉府、内府、外府，皆理财之官，而掌库无闻。是分言之则府库异用，专言之则府库通为货贿出入之司也。

畜马乘。

郑注：“谓以士初试为大夫也。”孔疏：“大夫以上乃得乘四马。”嵩焘案：《说文》：“驷，一乘也。”《周礼·校人》注：“郑司农云：四匹曰乘。”为疏所本。疑此云“马乘”，以车乘言之。《左传》哀公十七年：“浑良夫乘衷甸两牡。”孔疏：“衷，中也。

驷马为上乘，两马为中乘。”许慎、毛苌皆云天子之大夫得驾四，诸侯大夫惟驾二，无四。哀公二十七年“陈成子设乘车、两马”，杜注：“乘车两马，大夫服。”《史记·孔子世家》：“鲁君与之一乘车两马。”知此马乘当为车马。疏云“乘四马”者非也。

又案：《左传》襄二十五年“惟卿备百邑”，杜注：“此一乘之邑，非四井之邑。”孔疏引《司马法》：“成方十里出革车一乘。”此一乘之邑方十里也。《坊记》疏引《司马法》“四邑为邱，出马一匹；四邱为甸，出长毂一乘”，而云：“据《司马法》之文，车甲马牛皆计地令民自出。”郑注《小司徒》：“甸之言乘也。甸方八里，旁加一里，则方十里为一成。”又引《司马法》：“亩百为夫。夫三为屋。屋三为井。井十为通，三十家马一匹。通十为成，百井三百家，革车一乘。”《易·讼卦》：“其邑人三百户。”《正义》引郑注：“小国下大夫之制。”《论语》“骈邑三百”，郑注云：“此齐下大夫之制。”以此准之，则下大夫采地一成者得有马乘。《坊记》“家富不过百乘”，百乘当得采地百里，采地之至大者。郑注以“畜马乘”为“初试为大夫”，“百乘之家”为“有采地”，似与古制不合。

伐冰之家。

郑注：“‘伐冰之家’，卿大夫以上丧祭用冰。”嵩焘案：《士丧礼》：赐冰“用夷槃可也”。是士丧亦得赐冰。《左传》昭四年：“朝之禄位、宾食、丧祭于是乎用之。……食肉之禄，冰皆与焉。”杜注：“‘食肉之禄’，谓在朝廷治其职事就官食者。”孔疏：“大夫以上食乃有肉。”是用冰亦不专主丧祭。“伐冰之家”，似谓大夫以上得自藏冰而伐之。申丰所谓“命夫命妇至于老疾皆用冰”，一国之大，用冰者多矣，或不必尽颁之君也。

彼为善之。

郑注："彼，君也。君将欲以仁义善其政，而使小人治其国家之事，患难猥至，虽云有善，不能救之。"嵩焘案：郑意上下两"善"字皆据君身言之。疑此所云"善"者即上"好人之所恶，恶人之所好"二语切实归宿处，所谓"亡国之君自贤其臣"是也。彼诚信小人之为善，而后使为国家，其好恶固有蔽焉，而因不胜其私念之动而从而善之，灾害既至而犹不悟利之所趋，天下贸贸焉莫能言其故，虽有善者周旋其间，何救于危亡哉？朱子《论语集注》："'彼哉'者，外之之词。"彼其所谓善者，诚不善也。而于此疑上下有阙文，亦恐误。

礼记质疑卷四十三

冠义

醮于客位。

郑注："适子冠于阼，若不醴则醮用酒。"孔疏："周礼适子以醴礼之，庶子以酒醮之。周时或有旧俗，虽适子亦用酒醮之，则因而行。"嵩焘案：《说文》："醮，冠娶礼祭。"郑注《士冠礼》："酌而无酬酢曰醮。"疑醮者冠娶之通名。致敬用醴，则曰醴，醴亦无酬酢也。《士昏礼》"舅姑醴妇"，而《记》云"庶妇则使人醮之"，亦醴与醮同义。段注《说文》疑古本作"醮，冠娶礼也，一曰祭也"。引宋玉《高唐赋》"醮诸神，礼太一"为醮祀之始见，醮有以尊临卑之义，故以施之诸神。其实古者荐必有祭。《士冠礼》"祭脯醢"、"祭醴"、"祭酒"，亦可名礼祭，故知醮者冠娶之通礼也。详味《仪礼》"不醴则醮"之文，似醴礼隆而物简，醮礼约而物丰。醴侧尊一甒，醮两甒。醴用觯，醮用爵。醴荐脯醢，醮则再醮两豆、两笾，三醮有干肉、折俎。醴无牲，醮加特豚，有鼎，有俎。醴有祝辞，有醴辞，醮则始加即荐脯醢，但有醮辞。就事求之，醴有主人，有飨宾之文，而醮无之。似《仪礼》之云"醴"者，醮礼之加隆者也，惟适子之冠以之。玩下孤子、庶子二义，皆当用醮。经不明著其例者，父不在而诸父诸兄主之，皆醮也，故不言主人。案下云："冠者母不在，使人受脯。"知此之无主人，亦谓父不在者也。《仪礼》析言之而备载醴与醮之辞，知用醴之尤为盛礼也。周尚文，而又以物简仪繁为加隆。要之，冠礼之名醮，所从来固远也。用醴用酒，各有宜也。

见于母，母拜之。

孔疏：“冠子，以酒脯奠庙讫，子持所奠酒脯以见于母，母拜其酒脯，重从尊者处来，故拜之，非拜子也。”嵩焘案：吕氏大临云：“所荐脯醢为醴子设，非奠庙也。妇人有从子之义，当其冠也，申斯须之敬以明从子之义，未害乎母之尊也。《义疏》引《士冠礼》注‘妇人于丈夫，虽其子犹侠拜’，《昏礼》‘婿见妇之父母，主妇一拜，婿答再拜，主妇又拜’，注云：‘必先一拜者，妇人于丈夫必侠拜。’盖礼无不答。《燕礼》君之于臣，《昏礼》舅姑之于妇，《馈食礼》尸之于主人、主妇、嗣子、举奠无不答拜者，何独致疑于此?”其说至允。下文见于乡大夫、乡先生，必用士相见礼，再拜送贽。凡云见，已包拜字在内。见于母，见于兄弟，皆拜也。母与兄弟拜之者，答拜也。凡《仪礼》言兄弟，皆兼伯叔而言，与言昆弟不同，伯叔、昆弟皆答拜也。妇人之拜，肃拜而已。《少仪》“妇人吉事虽有君赐肃拜”。郑司农《周礼》注：“肃拜但俯下首”，若今揖也。凡经云拜者皆通言之，如拜迎、拜送，盖有拜有揖而皆谓之拜。其坐皆膝著席，离席而立曰立，不离席曰起，起而俯首曰拜，《大祝》所谓“空首”是也。《士冠礼》：“北面见于母，母拜受，子拜送，母又拜。”拜受，受其脯也，皆肃拜，若今揖。孔疏执唐礼以求合于古，故为失之。

玄冠玄端。

郑注：“服玄冠玄端，异于朝也。”嵩焘案：《士冠礼》“筮于庙门，主人朝服玄冠缁带素绁”，而叙皮弁服素积缁带素绁，玄端服缁带爵绁。郑注《玉藻》：“朝服玄冠玄端素裳”，是朝服玄冠玄端惟素裳异耳。《士冠礼》“主人及宾”，及摈者，皆玄端。玄端盖士之通服，其礼服则有爵弁。始冠者之服，从士之未仕者，不能服弁，惟玄端常服而已。《士冠礼》“乃易服服玄冠玄端。”郑注：“易服不朝服者，非朝事也”，恐误。冠礼三加而服爵弁，先以礼服荣之，乃易士之常服，以成人见，谓甫成人，其时本未列于朝上，抑不知所谓朝服者果何服也。

所以自卑而尊先祖也。

孔疏：“诸侯冠于太祖之庙，故《左传》云：‘以先君之祧处之。’《聘礼》‘不腆先君之祧’，郑注以为始祖之庙。是天子当冠于始祖庙。”嵩焘案：郑注《士冠礼》：“庙谓祢庙。”先祖于庙言之，盖通称也。古人行礼皆于庙。凡宾客之事于太庙，太庙者，正室也。非宾客之事于祢庙。《聘礼》、《公食大夫礼》皆于庙，而《聘礼》命使者朝服，释币于祢，反释币于门，至于祢，荐脯醢，明非食飨皆于祢。《王制》：天子诸侯将出，“造乎祢”。《郊特牲》：“卜郊，受命于祖庙，作龟于祢宫。”昭元年《左传》楚公子围言“告于庄共之庙而来”。是凡卜于祢，诸侯之子昏礼亦告于祢，皆其例也。据此，冠礼正当于祢庙行之。祢庙亦通辞也。

礼记质疑卷四十四

昏义

盖亲受之于父母也。

孔疏："婿北面奠雁再拜，降出。女出房，南面立于母左，父西面诫之；女乃西行，母南面诫之。是婿亲受之于父母也。"嵩焘案：疏意主女之父母言之，是时婿已出，而女之父母自诫其女，不得言婿亲受。《士昏》记："父醮子，命之辞，曰：'往迎尔相，承我宗事。'"命者父也，而兼母言之，所以上继父母之事也。经于《昏义》详婿之受昏，以为正家之本，而不详诫女之文。承命以迎，升堂，奠雁，行之女家者，一以父母之命临之，文气紧相关合。孔疏误。

男女有别，而后夫妇有义。夫妇有义，而后父子有亲。父子有亲，而后君臣有正。

郑注："言子受气性纯则孝，孝则忠也。"嵩焘案：郑氏此注似近迂曲。夫妇有义，非徒亲之而已，必有所事与朝夕奉事舅姑之仪。知其为义之所必尽，则子所以事其父者，益得所助而父子益亲。资于事父以事君，则君臣之义正矣。端本于一家，而取则于天下，可以由闺门之内达之朝廷。和顺成，则家庭有法度；礼仪肃，则朝廷有纪纲。事相豫而道实相成也。

厥明，舅姑共飨妇以一献之礼。

郑注：“《昏礼》不言‘厥明，此言之者，容大夫以上礼多，或异日。”嵩焘案：《士昏礼》：“妇盥、馈。特豚……卒食……妇馂姑之馔……彻于房中，媵御馂，姑酳之。”是妇馈而舅姑卒食，妇又馂姑之馀，无因接行飨妇之礼。《仪礼》：“舅姑飨妇，舅洗于南洗，姑洗于北洗，奠酬。”其文甚略，而后云“归妇俎”，郑注：“言俎则飨礼有牲矣。”妇以特豚馈舅姑，飨妇亦以特豚，皆特杀。是馈与飨自宜异日，而于《昏义》发之，以补《仪礼》之未备。郑据以为大夫礼，非也。

是以古者妇人先嫁三月，祖庙未毁，教于公宫；祖庙既毁，教于宗室。教以妇德、妇言、妇容、妇工，教成祭之。

郑注：“祭无牲牢，告事耳，非正祭也。……君使有司告之宗子之家。若其祖庙已毁，则为坛而告焉。”嵩焘案：《士昏礼》亲迎至于庙门，入升再拜，奠雁，是女嫁必于庙。《义疏》：“公宫谓君之宫庙。”准此而言，则士昏妇人亦当教于祢庙三月。郑注“祭之，祭其所出之祖”，孔疏：“女出于君之高祖，则祭高祖庙；出于君之曾祖，则祭曾祖庙。五服之亲，统于四世之庙，亲亲之义也。所出之庙已毁，则各教于其宗室。”承“毁庙”为文，所谓“宗室”者，小宗四世之庙室也。宗子之为大夫者，统之士则于祢庙。小宗四世无庙，则于大宗之庙室，临之以祖，严其事也。“教成”，谓遣嫁时祭于所出之庙以告事也。郑注“君使有司告于宗子之家”，四庙之亲尽，则其所谓宗子之家与君为疏属，何取乎君之告之？至谓“祖庙毁，为坛而告”，则经明言“教成祭之”为教于所出之庙而后有祭，女嫁而为坛以告于远祖，于义无取，于礼尤无征矣。

天子立六官、三公、九卿、二十七大夫、八十一元士。

郑注："'三夫人'以下百二十人，周制也。'三公'以下百二十人，似夏时也。"嵩焘案：《周礼》六官皆卿而兼上大夫，而自周初三公皆六卿兼官。《考工记·匠人》："外有九室，九卿朝焉。"郑注："六卿三孤为九卿。"三孤，三公之佐，犹太宰之有小宰，大司徒以下之有小司徒，故方氏悫以为九卿兼三公数之。然《周礼·司服》"公衮冕，侯、伯鷩冕，子、男毳冕，孤希冕，卿大夫玄冕。"郑司农注《典命》"公之孤"云："上公九命，得置孤卿一人。"是孤亦卿职也。六官之职始备于周，其三公以下，或兼官，不必备设，亦如"九嫔"、"世妇"之以兼职为名。说见《曲礼》。记礼者取以三相函之义，约略为之辞，正不宜以名数限之。郑注疑为夏制者，非也。

礼记质疑卷四十五

乡饮酒义

案孔疏以《乡饮酒》有四事：一，三年宾兴贤能；二，卿大夫饮国中贤者；三，州长习射饮酒；四，党正蜡祭饮酒。并据《周礼》为说。而乡大夫饮国中贤者于礼无征。郑氏谓记乡大夫饮宾于序之礼，则“饮国中贤者”，《乡饮酒》之正文也。郑注《仪礼》又以乡饮酒专司之大比宾贤。据《射义》，古者诸侯之射也，必先行燕礼；卿大夫之射也，必先行乡饮酒之礼。《仪礼》分乡饮、乡射为二，盖射必饮，而乡饮不必尽射。燕礼者，诸侯通行之礼，则乡饮酒亦卿大夫通行之礼也。古者礼不下庶人，惟腊祭及乡饮酒通行之庶人。州长属民读法，《春秋》以礼会民，射于州序党正，《春秋》祭禜索鬼神，饮酒于序，以正爵位，其礼近之。而乡大夫三年大比以礼宾贤，因举乡射之礼，州长党正亦皆以大比赞乡大夫废兴，则是乡饮酒之礼宜行于乡，养老宾贤皆寓其中。《周礼》于乡大夫不言岁时春秋，明非岁时常礼也。宾介二者必以贤，其馀众宾各以齿序，故曰：“乡饮酒者，所以明长幼之序也。”《昏义》云：“尊于朝聘，和于乡射。”朝廷礼重，故曰尊。乡饮以礼属民而教之让，故曰和。《王制》详养老之礼，曰国老，曰庶老。孔疏：“国老，卿大夫致仕者。庶老谓士也。”其云“养庶老于虞庠”，天子所以养老也。而其礼通行之乡，乡大夫主之，兼取正齿位、宾贤二者之义，而以礼属民，使观之。谓之乡饮酒者，献贤能之书于王，乡大夫所有事也。疏并州长、党正之属民而析为四事，反使本义不明。其卿大夫以下之燕礼，专主一人为宾，亦此义。方氏《析疑》引尹吉甫“饮御诸友”而有张仲，公父文伯饮南宫敬叔酒而以堵父为客，是也。礼之通及士、庶人者，惟此。圣人固曰：“观于乡而知王道之易易也。”

又案《周礼·乡大夫》：“三年大比，兴贤者、能者，帅其吏与其众寡以礼宾之。”郑注：“众寡谓乡人之善者无多少也。”下云“大询于众庶，则各帅其乡之众寡以致于朝”，疑此“众寡”字即据所兴之贤能言之，与下“帅其乡之众寡”同义。所兴之贤或少至一人，或多至数人，皆以礼宾之，而以其有德而长者为宾，馀为众宾。如询众庶，则或从或违，能与议者乡或数人，或十馀人，皆可以“众寡”概之，非尽帅其愚无知之乡人以致于朝也。知此所云“众寡”，必不虚属之乡人矣。

故圣人制之以道乡人士君子。

郑注：“道，指此礼。乡人，乡大夫也。士，州长，党正。君子，谓卿、大夫、士。卿、大夫、士饮国中贤者，亦用此礼。”嵩焘案：王氏《经义述闻》以“故圣人制之以道乡人士君子”十二字作一句读，谓圣人制此礼以教道乡人、士、君子。《射义》曰：“是以天子制之而诸侯务焉。”《乐记》曰：“先王耻其乱，故制《雅》《颂》之声以道之。”皆此文义。王氏之说确不可易。道兼道路、引道二义。马融注《论语》：“道谓为之政教。”《玉篇》、《广韵》并云“理也”，言合乡之人士君子理治之。王氏独谓“士君子为士、大夫”，“宾介，士”，“主人，大夫”，“大夫谓之君子”，则犹承郑注言之。经云“乡人”者，通辞也。其与于乡饮之礼者，士也。“君子”美称，所以引而进之。玩此两节文义，亦见乡饮为乡人士通行之礼。《周礼》：乡大夫，卿；州长，中大夫；党正，下大夫。郑注一以乡人士概之，而又通卿大夫谓之君子，似此礼全与乡人无涉，恐未然也。

宾主象天地也，介僎象阴阳也。

郑注：“阴阳助天地养成万物之气也。”嵩焘案：此经下文“四面之坐象四时”，似此天地阴阳之象皆以坐次言之。天极于西北，故坐宾于西北以尊宾；地极于东南，故主人坐以自卑。而上承宾，犹地之承乎天也。阴阳者，日月之精之所统摄。月生于西，二十七日一周天，至二十九日强半而与日会，故以月统日。以介，象月尊介也。日出于东，其光当月则月明；背月则月暗。僎者，佐主人以承宾者也，故象日。云阴阳者，又宾主之义也。析言之，则象天地阴阳；合言之，则象四时。

又案：郑注：“古文礼‘僎’皆作‘遵’。”其注《乡饮酒礼》“遵者降席”云：“今文‘遵’为‘僎’”。盖以《仪礼》有宾、主人、介、众宾之席，而无僎者之席，其后彻俎，宾降席，主人降席，介降席，遵者降席，相连为文，因以“遵”当“僎”。《玉篇》、《广韵》沿郑氏之说，兼收子伦切一音，竟谓“遵”、“僎”同字。据《仪礼》之文推之，殆未然也。《仪礼》：“宾若有遵者，……一人举觯，乃入。”公如宾礼，大夫如介礼。明谓宾属一人，举觯在献众宾之后，酬酢之事毕矣。《乡射礼》：遵者入门左，主人献遵者，酢主人，皆知宾礼。入门左者，宾属也。一人举觯之后，为遵者献，以申其敬，其必非辅主人之僎，一也。席于宾东，则犹在户西也。众宾席于宾西，而遵者席于宾东，所以尊之。《乡射礼》：遵者酢主人毕，主人复阼阶，遵者降立于宾南。郑注于此云："虽遵，不夺人之正礼。"其必非辅主人之僎，二也。《乡饮礼》记"乐作，大夫不入"。所谓大夫，即遵者也。乐作而行旅酬，无以申遵者之敬，故遂不入，其必非辅主人之僎，三也。《说文》："僎，具也。""具，共置也。"《乡饮礼》献宾及介，及众宾，及酬宾，皆主人，僎无与焉。谓之僎者，供具以将事，岂可以宾之遵者当之？《乡饮礼》："主人一相迎于门外。"相者不一人，此云一相，即僎者也。《乡饮酒礼》有赞者，有弟子，郑注《乡饮》记：赞者"佐助主人礼事，彻鼏，沃盥，设荐俎"。疑此弟子之事，非赞者之事。赞者兼僎言之，一人扬觯，二人扬觯，皆赞者也。《乡饮义》谓之僎，《乡饮》、《乡射礼》谓之相，《大射礼》谓之摈，皆此赞者之称。主人献宾、献介、献众宾毕，而后一人举觯于宾，"一人"当即前之一相，因遂作相，为司正，而旅酬之礼行，乃使二人举觯于宾介。"一人举觯"与介对文，"二人举觯"与众宾对文，则此举觯之一人即相也僎即《乡饮义》之所谓僎也。《仪礼》不著僎者之位，盖僎位东北，既为司正，则从宾于西阶，无常位也。《乡饮义》坐僎于东北，原其始也。而《乡饮》记明言主人之赞者西面北上，则亦坐僎东北之意。主人献工而不献僎，僎者所以辅主人，不待献，《记》所谓"赞者不与，无算爵然后与"，明献酢之仪不及僎也。而自一人举觯以后，僎者之仪特繁，是以有"释服息司正"之文。《乡饮》有僎、介，《燕射》有摈介，《燕》及《大射礼》"摈者为司正"，《乡饮》、《乡射礼》"作相为（正）司〔正〕，知相即僎无疑。《仪礼》未明著其文，而详其仪特备，郑注以宾若有遵者当之，证之《仪礼》而固不可通矣"。案：明制乡饮酒礼以大夫致仕者一人为僎，即《仪礼》所谓"宾之遵者"，殊失《礼经》本义，由承郑注而误。

三宾象三光也。

郑注："三光，三大辰也。"孔疏引《公羊传》："大辰者何？大火也。伐为大辰。北辰亦为大辰。"何休注："大火与伐所以示民时早晚，天下取以为正。三宾，众宾也。"嵩焘案：《乡饮酒礼》："主人西南面，三拜众宾，众宾皆答一拜。"主人洗爵献众宾，"众宾之长升拜受者三人"。"众宾献则不拜"。而《乡饮》记云："众宾之长一人辞洗如宾礼。"是众宾辞洗者一人，拜受者三人，馀俱不拜献，安得据"众宾之长拜受者三人"以当三宾之数乎？主人献宾及介酬酢毕，介立于宾南，主人西南面拜众宾，疑众宾之席皆东面北上，当介席之北而稍后，主人献众宾，介遂立于宾南。《乡射礼》宾席南面东上，众宾之席继而西，而《乡射》记云"西序之席北上"，则或众宾席多因继宾席而属于西，而遂据《乡射》之文谓众宾三人皆席于宾西南面，恐未然也。三宾者，宾也，介也，众宾也。宾介各一人，以象日月。众宾不言数，以象星。自介与僎言之，以东西相向而象日月，自宾言之，则月与星受光于日者也。介与众宾皆属于宾，以象三光，义各有取，不相蒙也。宾者正也，介者辅也。又设众宾以与宾介参立乎其间，故下云"参之以三光"，郑注以三宾当众宾而避宾介，以三辰当三光而避日月，恐并失之。

让之三也，象月之三日而成魄也。

孔疏："三日成魄者，谓月尽之后三日乃成魄。此谓月明尽之后而生魄，非必月三日也。若初以前月大，则月二日生魄；前月小，则月三日乃生魄。"嵩焘案：《朱子语类》："《书》称'哉生明'、'旁死魄'，皆谓月二三日，月初生时也。称'既生魄'，谓十六日，月始阙时也。孔疏既有'月明尽而生魄'之说，又言

‘月二日三日生魄’，何相戾之甚!”陆氏佃云：“‘成魄’谓望后三日，月以生明为进，生魄为退，退让之事也。”《义疏》亦取其说，然经言“成魄”，非言生魄，月晦而死魄，月望而生魄，以见与不见为生死，死魄则并月之魄而亦无能名焉。至三日明生而魄始成，成魄则明生，明所以为月之用而魄其体也。升堂奠爵而后行礼，始升之，三让，非所以行礼而亦礼之体也。“成魄”者，正承“旁死魄”为言，必至三日明生而后魄成也。于望后之义无取。记礼者以三日而后明生，三让而后礼行为说，略举其义言之。孔疏分二日、三日为生明之征，亦恐泥。

四面之坐，象四时也。

孔疏：“四面之坐，主人东南象夏始，宾西北象冬始，僎东北象春始，介西南象秋始。”嵩焘案：《乡射礼》：“席主人于阼阶上，西面。”先儒据以释《乡饮礼》，谓主人西面。然《射礼》无介，则亦不立僎，故席宾南面以尊宾，而主人自处西面之常位。案此经下云“宾必南乡”，“介必东乡”，是宾正席、介席当宾西，东乡；众宾以次，皆东乡。四面之坐亦略言之，如疏所云，全与经牾矣。《乡饮礼》以主人当宾，以僎当介，而于此发其义，云“四面之坐象四时也”，是主人之席当北面。而《乡饮》记云“主人、介凡升席自北方，降自南方”，则席仍西面，此经所谓“主人必居东方”是也。盖僎立为司正，而旅酬之礼行，司正传主人之命，洗觯、实觯、奠觯，皆有事焉，无“复位”之文，故主人常正西面之位以承乎宾，四面之坐亦约略为之辞耳。下云坐宾西北，坐介西南，坐主人东南，坐僎东北，盖据方位所在言之。孔疏即以为坐位，于是四面之坐皆侧席相向，明世定乡饮酒礼因之而承误至今矣。

五十者立

孔疏："五十者立于西阶下，东面北上。《乡饮酒礼》'众宾立于堂下'者，皆二豆，其五十者二豆而已。"嵩焘案：《乡饮》记"立者东面北上，若有北面者东上"，正据"五十以下立"者言之。其有北面者东上，地或不能容，则属之南而北面也。五十杖于乡，亦在老者之例，而不得列于宾而立之堂下。下云"六十者三豆，七十者四豆，八十者五豆，九十者六豆"，盖尊老者自六十始也。《乡饮》记云："主人之赞者西面北上，不与无算爵。"然后与五十立者当同。此礼立者无席，安得有二豆之设？孔疏之言，未详所据。

笙入三终。间歌三终。

案：《乡饮礼》："笙入三终，乐《南陔》、《白华》、《华黍》。间歌三终，歌《鱼丽》，笙《由庚》；歌《南有嘉鱼》，笙《崇丘》；歌《南山有台》；笙《由仪》。"郑注于六笙诗并云"今亡，其义未闻"。《诗小序》，《华黍》、《由仪》后并云"有其义而亡其辞"。郑笺以为遭战国及秦而亡，子夏序诗，篇义合编，故诗亡，而义犹在。《毛氏故训传》各引序冠其篇首，《正义》所云"有其义而亡其辞"一语，为毛氏著之也。刘氏敞谓："亡"本为"无"，非亡逸之亡也；《乡饮酒》言"乐《南陔》、《白华》、《华黍》"，《燕礼》言"奏《南陔》、《白华》、《华黍》"，因笙，曰乐，曰奏，而不言歌，则有声无辞明矣。朱子《诗传》因之。郝氏敬又据《乡射礼》"奏《驺虞》"，《国语》"金奏《肆夏》、《繁遏》、《渠》"，《肆夏》为《时迈》，《繁遏》为《执竞》，《渠》为《思文》，皆有诗而亦言"奏"。陈氏启源云："声者乐也，辞者诗也。有声无辞，不当列之《雅》。《南陔》等名篇当有取义。朱子引《投壶》‘鲁鼓’‘薛鼓’为证，鲁鼓薛鼓无辞，故冠之以国而不立篇名。则但据以为笙谱，亦恐未然也。疑笙诗当别有谱，具列之简中，周衰，失其传，遂并诗亡之耳。”案《汉书·艺文志》有《河南周歌声曲折》七篇，《周谣歌诗声曲折》七十五篇，当为古乐谱之遗。

合乐三终

案：孔疏：“‘合乐三终’，堂上下歌瑟及笙并作，工歌《关雎》则笙《鹊巢》，歌《葛覃》则笙《采蘩》，歌《卷耳》则笙《采蘋》。”贾公彦《仪礼疏》云：“堂上有歌，堂下有笙磬，合奏此诗。堂上歌《关雎》，堂下亦奏《关雎》；堂上歌《鹊巢》，堂下亦奏《鹊巢》。”万氏充宗云：“如孔疏，则三终是矣。而《关雎》、《鹊巢》诸诗文辞有多寡，音节有短长，何以能合？如贾疏，则合乐是矣，而六诗当为六终，因谓《周南》《召南》惟其所用，不必同时并奏。”然如万氏之说，则经当如《射礼》记所云“歌《驺虞》若《采蘩》”之例，不当以合乐兼《周南》《召南》言之。近林氏乔荫据《射礼》记“歌《驺虞》若《采蘩》，皆五终”，云：“终者，乐之一成。凡云三终者，每次各为三阕，不必一篇为一终。”据《大射礼》“歌《鹿鸣》，管《新宫》”并云“三终”，是一诗而三终也，林氏之说得之。然《仪礼》自云“合乐三终”，则《关雎》、《鹊巢》合而歌之，自属正解。

建国必立三卿。三宾者，政教之本，礼之大参也。

孔疏：“《乡饮酒》立三宾，亦象国立三卿。”嵩焘案：三卿者，政之所从出也。《乡饮酒礼》：“宾、介、众宾与有事焉。”三卿有上卿、次卿、下卿之等，三宾亦犹是也。《乡饮礼》：“主人献众宾，众宾之长升拜受者三人。”主人拜送，众宾献则不拜。每一人献，则荐诸其席。是凡献众宾必于其席，宾拜受，则主人亦拜送。礼成乎三。众宾拜受者三人，明其馀不拜以示节也。主人之于众宾，礼杀矣，拜受者三人，以其长为之，非义所系也。故《乡饮礼》宾、介皆使能。众宾拜受者三人以长，不使能，礼简也。安得于众宾中别立三宾之名?《乡饮义》之言三宾，为之立名以示等也。曰宾，曰介，曰众宾，亦如三卿之有其等也。

礼记质疑卷四十六

射义

案：孔疏："礼射有三。一，大射，是将祭择士之射；二，宾射，诸侯来朝天子……或诸侯相朝而与之射；三，燕射，谓息燕而与之射。案：燕者燕礼，非息燕之谓。天子、诸侯、大夫，三射皆具。士无大射。"又云：大射在庙，宾射在朝，燕射在寝。长乐陈氏又衍之云："饮于乡有乡射，会于州有州射，《聘礼》有聘射，习武有武射，行军有军射。"据《周礼·大司乐》："大射，王出入，奏《王夏》；及射，奏《驺虞》。诏诸侯以弓矢舞。"《乐师》："燕射，帅射夫以弓矢舞。"《太师》："大射，帅瞽而歌射节。"《射人》："王大射，以狸步张三侯。"《司弓矢》："凡祭祀，共射牲之弓矢。泽，共射椹质之弓矢。大射、燕射，共弓矢如数。"《车仆》："大射，共三乏。"是《周礼》但有大射、燕射二者之分。《大仆》："王射，则赞弓矢。"《小臣》："宾射，掌事如大仆之法。"《视瞭》："宾、射，皆奏其钟鼓。"《笙师》："凡祭祀、飨、射，共其钟笙之乐。"《镈师》："鼓其金奏之乐……宾射亦如之。"《典庸器》："设笋簴，陈庸器……宾射亦如之。"《仪礼·乡射》、《大射》皆有宾，则所云"宾射"者，自兼大射、燕射言之。《大宗伯》所谓"以宾射之礼亲故旧朋友"，《大射》、《燕射》皆可云"宾射"。"泽宫之射"，则《司弓矢》所云"泽，共射椹质之弓矢”是也。就《仪礼》之文求之，《燕礼》云：“若射则大射正为司射，如《乡射》之礼。”《大射礼》云：“君有命戒射。宰戒百官有事于射者。射人戒公、卿、大夫射。司士戒士射与赞者。”燕射以燕为主，大射以射为主。《司幾筵》：“凡大朝覲、大飨射……王位设黼依，依前南乡。”《射人》：“掌国之三公、孤、卿、大夫之位。三公北面，孤东面，卿、大夫西面。……诸侯在朝则皆北面。”是天子与畿内诸侯行射礼为大射，诸侯来朝者亦与焉。《司裘》：“王大射，则共虎侯、熊侯、豹侯。……诸侯，则共熊侯、豹侯。卿、大夫，则共麋侯。皆设其鹄。”诸侯与其臣行射礼，下及卿、大夫，通名大射。《仪礼》所记，即诸侯之礼也。而《乡射》记云：“凡侯：天子熊侯，白质；诸侯麋侯，赤质；大夫布侯，画以虎、豹；士布侯，画以鹿、豕。”“歌《驺虞》若《采蘋》，皆五终，射无算。”于《乡射》兼记天子诸侯射礼，则燕射之礼也。卿大夫以下之射属之于乡，别于在朝之燕射耳。大射、燕射皆立宾比耦，故通谓之宾射。郑氏《目录》云：“名《射义》者，以其记燕射、大射之礼。”语最明晰，而其中又有选士之射、将祭泽宫之射，盖皆推广言之。孔子射于矍相之圃，则亦乡射之礼也。

又案：郑注《周礼》：“大射为祭祀、射郊庙之事。以射择诸侯及群臣与邦国所贡之士。”其注《大射礼》亦云：“将有祭祀之事，当射宰告于君，君乃命之。”即据《射义》为说，而于《周礼》、《仪礼》之文无一合者。先儒因据《王制》“习射上功”以当大射。《王制》明言“命乡”，言“耆老皆朝于庠”，盖谓乡射也。以当大射，误矣。详考《仪礼》、《周礼》之文，但有大射、燕射二事。诸侯相朝之射，若聘射，皆于燕行之，通谓之燕射。卿大夫以下，则谓之乡射。其贡士之射与泽宫选士之射，不列大射、燕射之中。记礼者推广言之，郑氏以当大射，而礼经之文扞格不能通者多矣。

又案：《仪礼·燕礼》及《大射礼》命宾及献酢，乐作，射乃立司正，其事并同。而《燕礼》云："若射，则大射正为司射。"如乡饮之礼。所异者，燕有射，有不射，因燕而射，遂名燕射。其燕礼之乐，工歌笙入，间歌合乐，与乡饮同。《大射》歌《鹿鸣》，管《新宫》，乐又从简。蓝田吕氏直云："诸侯之射必先行燕礼者，大射也。卿大夫之射必先行乡饮酒之礼者，乡射也。"于《仪礼》之文未合。《周礼》明分大射、燕射两事，岂能合而一之？据《周礼·大行人》有飨礼，有食礼，而无燕礼，《掌客》兼言飨、食、燕，而《司仪》云"宾之拜礼"、"拜饔饩"、"拜飨食"，则燕于礼为简也，故曰燕以示慈惠。《聘礼》、《公食大夫礼》皆言及庙门，而《燕礼》记云"燕朝服于寝"。《聘礼》之礼宾，即飨礼也，而后总言之云："公于宾，一食再飨，燕……无常数。"以此推之，燕射于寝，大射当于庙，卿大夫之射皆在学。《乡射》记云："惟君有射于国中，其馀否。"乡射在乡之学，故不于国中射也。大射者，天子诸侯之礼。孔疏云："卿大夫皆具三射。"亦误。案《大射礼》宰夫为主人献宾，献公，献卿，献大夫，不及士。而司射请射，遂告曰："大夫与大夫。士御于大夫。"又云："若有士与大夫为耦，则以大夫之耦为上。"是诸侯大射之礼，士皆与也。其卿大夫自为射，但名乡射，而不得谓之大射也。

又案：乡大夫以乡射五物询众庶，一曰和，二曰容，三曰主皮，四曰和容，五曰兴舞。以此求之，可以知圣人重射之义矣。人生八年入学，而有《少仪》、《弟子职》诸篇约束其言动步趋之节，使无敢少肆。及其入太学，所以调其心性，习其仪容者，一以礼乐之文诏之。于是乎相习为柔顺，而肌肤之会、筋骸之束，积靡而不复能自强。圣人乃急道之于射，使渐习乎礼乐之中，以强其志气，练其筋骨，悉天下之人皆有所恃，以为御侮捍患之资，而要依于礼乐以为节，充实光辉，自然有以胜天下之用。所以通祭祀燕飨而皆有事于射，使相与尽志于是，而以不能为耻。此圣人所以振厉人心之大用也。主皮者，射中之一事。《论语》云："射不主皮，为力不同科。古之道也。"圣人有感于当时之专以力相尚而为之辞。先儒据以为射之本义者，非也。

是故古者天子以射选诸侯、卿、大夫、士。

郑注："选士者先考德行，乃后决之以射。"孔疏："诸侯继世而立，卿大夫有功乃升，非专以射选。但既为诸侯、卿、大夫，更以射辨其才艺高下。"嵩焘案：疏申郑义非也。详味《射义》之文，自"故曰射者所以观盛德也"以上，通言大射、燕射及卿大夫乡射之义，为《射义》一篇之正文。以下皆推广言之。云"古者"，盖言射之事自古为尚，所从来远也。据《尚书》"侯以明之"，孔传："当行射侯之礼，以明善恶之教。"下云"书用识哉"，谓著之竹帛以识其善恶，即《周礼》"书其德行、道艺"之意。是以射分别善恶而书之，其法自唐虞时已然。《王制》习射尚功，犹其遗意。记者追溯三代之前选士之法，一主于射，而两引"古者"以明之，非但谓周礼然也。孔疏据以为成法而申论其义，恐非经旨。

是故古者天子之制，诸侯岁献贡士于天子，天子试之于射宫。

郑注："岁献，献国事之书及计偕物也。三岁而贡士，旧说大国三人，次国二人，小国一人。"孔疏："中多者得与于祭。此谓大射也。"嵩焘案：疏引《尚书大传》："古者诸侯之于天子，三年一贡士，一适谓之好德，再适谓之贤贤，三适谓之有功。有功者，天子赐以衣服、弓、矢，再赐以秬鬯，三赐以虎贲百人，号曰‘命诸侯’。……一不适谓之过，再不适谓之敖，三不适谓之诬。一绌以爵，再绌以地，三绌而地毕。”正与《射义》之文合。盖谓诸侯贡士，得其当，则天子有庆；不当，则天子有让。与于祭、不与于祭者，所贡之士。有庆有让者，贡士之君也。射者射为诸侯，又据诸侯言之。下文明分两项，与此互相发明。两引“古者”，通言射之重如此，而引申其义以明之。孔疏据为大射，误。

四正具举。

郑注：“四正，正爵四行。四行者，献宾，献公，献卿，献大夫，乃后乐作而射。”嵩焘案：《仪礼·大射》、《燕射》并宰夫为主人，其行爵有献、有酢、有酬，无专以献为正爵之文。大射献士在射后，燕射献士在射前，其仪又各别。此《诗》言“大夫君子，凡以庶士”，实兼士言之。而献止于大夫，不当据此为义。近林氏乔荫云：《射人职》乐以《驺虞》，九节五正；乐以《狸首》，七节三正；乐以《采蘩》，乐以《采蘋》，五节二正。皆系于乐，不系于侯。盖正者乐之阕也，乐之每阕为成，而小成曰终，大成曰正，《乡饮礼》所谓“正乐备”也。天子之礼不可见。《仪礼·大射》，诸侯礼也。工歌《鹿鸣》，管《新宫》，及射而奏《狸首》，此诸侯之三正也。《乡射》合二《南》而奏《驺虞》，此大夫、士之二正也。推之天子五正，盖升歌一正，笙入二正，间歌三正，合乐四正，及射而奏《驺虞》，是为五正。此云“四正具举”，即升歌、笙入、间歌、合乐四者。乐之正歌既备，可以行射事，即《大射仪》乐既作而立司正、安宾、司射请射时也。此后以乐志射，更有一正，是为五正。正与节相联，统系于乐。九节、七节、五节者，乐节疏数之差。五正、三正、二正者，则其用乐多寡之等也。下云“尽志于射以习礼乐”，林氏之说允矣。

与为人后者，不入。

(案)[1] 郑注：“与犹奇也。后人者一人而已。既有为者而往奇之，是贪财也。”嵩焘案：郑氏此注，古无其事。训“与”为“奇”，文义亦极迂曲。刘氏敞云：“‘与为人后者’：庶子而夺其宗，则篡其祖也；嫡子而后其族，则轻其亲也。诸父诸兄诸弟而后其子，兄弟则乱昭穆也；异姓而后于人，则背其姓也。周衰，此等盖多，仲由之所恶也。‘为人后’当兼此诸义言之。其应立为后者，不在此列。郑氏求其说而不得，遂有‘奇出为后’之文。”

又使公罔之裘、序点扬觯而语。

郑注：“射毕又使此二人举觯者，古者于旅也语。”孔疏引《乡射礼》“司马反为司正，君使二人举觯于宾与大夫”，以当公罔之裘、序点二人举觯之节。嵩焘案：《乡射礼》将射比耦，司正为司马，卒射，司马反为司正，二人举觯，彻俎，乃羞，无算爵。郑注《乡饮酒》“无算爵、无算乐”：“尽欢而止。”其时宾且出而始择宾，疑非事也。经明言“射至司马”，谓始立司马时也。《乡射》比耦，司马诱射；子路延射，即《仪礼》之诱射也。射者升堂，司马扬弓，司射进，与司马交于阶前，命射曰：“无射获，无猎获！”公罔之裘、序点之扬觯，即《仪礼》二人之命射也。“扬觯”当为“扬弓”之误。此举圣人乡射之礼，延射、命射皆有辞以征射，以观德之实。

---

①据全书文例删。

故天子之大射谓之射侯。

郑注："大射，将祭择士之射也。"嵩焘案：经言射己之鹄，兼君臣父子言之，其非专言择士之射明矣。郑意以前言射宫之礼，有"射为诸侯"之文，遂比合为一事。此申上"射为诸侯"之义，据天子大射言之，礼射之大者也。射之为言绎也。方言射之时，各绎己之志：射中为诸侯，不中不得为诸侯，皆其志之所存也。《梓人》祭侯之辞曰："惟若女宁侯，无或若女不宁侯。不属于王所，故抗而射女。"射之张侯，其义盖取诸此。记礼者以射为绎己之志，推广言之，立义绝精。朱子疑"射中为诸侯，不中不得为诸侯"之语难信，亦失之拘矣。

天子将祭，必先习射于泽。泽者，所以择士也。已射于泽，而后射于射宫。

郑注："诸侯朝者，诸臣及所贡士，皆令习射于泽。已，乃射于射宫，课中否也。"嵩焘案：《春秋》昭公八年《穀梁传》："禽虽多，天子取三十焉，其馀〔与〕士众。以习射于射宫，射而中，田不得禽则得禽；射而不中，则不得禽。"《尚书大传》云："凡祭取馀获陈于泽，然后卿、大夫相与射也。中也，虽不中也，取；不中也，虽中也，不取。向之取也于囿中，勇力之取；今之取也于泽宫，揖让之取也。"据此，则习射于泽者，射所获之禽也。既得禽，而后射于射宫。《司弓矢》云："泽，共射椹质之弓矢。"郑注："树椹以为射正。"疑质自通槷。《匠人》"置槷以县"，郑云："槷，古文臬。树八尺之臬，以县正之。"树椹为臬而系禽其上，但取中为义，以为与祭不与祭之准。明夫射而中者揖让之仪，能不失其节也，而亦取其强有力以胜事。此就《射义》推广言之，亦古者贵射之一义也。郑氏据此为正文，其误久矣。案：《周礼·司弓矢》："王弓弧弓以授射甲革椹质者。"郑注："树椹以为射正试弓习武也。故书椹为鞎。"《圉师》"射则充椹质"，郑注："杜子春读椹为齐人言铁椹之椹。椹质，所射者习射处。"玩郑意，谓椹质所以习射，良然。然《司弓矢》"大射、燕射，共弓矢"，馀惟射牲、射椹质二者，其异于射之比耦张侯可知。而于"椹质"之义言之未详。《尔雅·释宫》："椹谓之榩。"郭注："斫木櫍也。"《诗·商颂》"方斫是虔"，郑笺："正斫于椹上。"《玉篇》："椹，斫木櫍也。""櫍，椹也。"《史记·范雎传》"臣之胸不足以当椹质"。裴骃注："椹，鍖椹也。质，剉刀也。"是椹者所以为藉，斫木剉刍并用之，而于射无取。《穀梁传》昭公八年"以葛覆质以为槷"，范宁注："质，椹也，橛也。槷，门中臬，似椹，坚木可以为臬。"《韵谱》："櫍，柎也。"《说文》："柎，阑足也。"树木为臬，下承以柎。泽宫射已获之禽兽，悬之于椹以为的耳。《淮南·兵略训》："夫射仪度不得，则格的不中。"高诱注："格，射之椹质。的，准也。"又沿《周礼》之文以椹质当射格，其实椹质者圉师以剉刍之木充之，非射格也。郑注云："质，正也。"射侯悬正为的，椹质立木为臬，取用各别，椹质固不得有正也。通考《礼经》之文，自能尽其义。

又案：《周礼·司弓矢》有"射泽"之文，而泽宫选士之说不著于经。郑氏以大射当射宫选士之射，允为无征。孔疏以大夫三射皆具，士无臣，祭无所择，故无大射。《少牢馈食礼》则大夫之祭也，亦并无择士以射之文。《射人职》"祭祀则赞射牲"，证之《尚书大传》，似泽宫之射即射牲之礼。《国语》云："禘郊之事，天子必自射其牲。"是禘郊大祭，天子亦与。其云"选士"者，若太宰宗伯之属上士八人、中士十六人、下士三十二人，大司乐之属上士八人、中士十六人，员数甚繁，不尽与祭，故于射选之，以供戒具、荐羞、视涤濯及诸宿悬展声之类。其助祭之诸侯，赞祭之太宰，诏相及摄王后荐豆笾之宗伯，皆与射牲之礼，而固不待选也。郑氏据《射义》张大之辞，遂以大射当之，承误至今，无有据《礼经》之文以正其失者。此云"进爵绌地"，又沿上文"贡士"之文连类及之，天子之士亦即诸侯岁所贡之士也。

君子无所争，必也射乎！

郑注："言君子至于射则有争也。饮射爵者，君子耻之，是以射则争中。"嵩焘案"郑注于经义似只看得一层"。方氏悫云："揖让而升堂，复下而饮不胜，则材养不材之意也。材养不材，仁之道也。君子当仁不让，于此安得不争？"王氏谓"求胜人而害之者，小人之事也；求胜人而养之者，君子之事也"，与末节"辞养"之义相应。射之所以饮不胜，亦圣人制义之精也。自"故男子生"以下，杂引之以明射义之精微，又此章之馀义。

发而不失正鹄者，其唯贤者乎！

郑注："画曰正，栖皮曰鹄。"嵩焘案：正与鹄二事，栖皮与画又属二义。朱子《中庸注》作"画布曰正"，卫氏《集说》因之，则又与栖皮为一义。《周礼·司裘》："王大射，共虎侯、熊侯、豹侯。诸侯，共熊侯、豹侯。卿大夫，共麋侯。皆设其鹄。"《梓人》"为侯……参分其广，而鹄居一焉"，下云"张皮侯而栖鹄"，"张五采之侯"，"张兽侯"，不云"栖鹄"。是则大射张皮侯，乃设鹄。其不设鹄者，《乡射》记所云："天子熊侯，白质；诸侯麋侯，赤质；大夫布侯，画以虎、豹；士布侯，画以鹿、豕。凡画者，丹质。"即郑注《周礼》所谓"质，正也"。而注《射人》之"五正"、"三正"、"二正"，又云："五正之侯，中朱，次白，次苍，次黄，玄居外。三正，损玄黄二正，去白、苍而画以朱、绿。"然则五采之侯，其正亦五采也。《礼经》所记，别无证据。《乡射》记云："侯道五十弓，弓二寸以为侯中。倍中以为躬，倍躬以为左右舌。"是侯身二丈，而中一丈。《梓人》云"参分其广而鹄居一"，郑注："天子侯中丈八尺……则鹄六尺。"《乡射》记"乡侯，中十尺"，鹄盖三尺三寸有奇。疑中即所谓"白质"、

“赤质”者，侯中之中谓之正。郑众、马融皆云：“十尺曰侯，四尺曰鹄，二尺曰正，四寸曰质。”《毛诗·齐风》传亦云：“二尺曰正。”《小尔雅》云：“侯中者谓之鹄。鹄中者谓之正。正中者谓之槷。”贾逵则云：“四尺曰正，鹄居其内。”《礼经》皆无明文，似郑氏为得之。而所云“画曰正”者，又主五色为五正。疑正即质也，画兽其旁而空其中曰质。《射人》云“九节五正”、“七节三正”、“五节二正”，皆谓乐节，不得更有五色为五正如郑氏所云也。

礼记质疑卷四十七

燕义

庶子官职诸侯、卿、大夫、士之庶子之卒。

郑注："卒皆读为倅，诸子副代父者也。"嵩焘案：《说文》："隶人给事者为卒。"郑注《周礼·诸子》"掌国子之倅"云："故书倅为卒。"《说文》无倅字。郑司农训为副倅。郑遂据国子为公卿、大夫、士之副贰言之，窃恐未然。《周礼》师氏教国子以德行，保氏"养国子以道"而教以艺，属之司徒。"凡国之贵游子弟学焉"，郑注："游无官师者。"此教国子之事也。《宫伯》："掌王宫之士庶子……作其徒役之事。""邦有大事，作宫众，则令之。"郑司农云："庶子，宿卫之官。"郑云：士庶子，王宫诸吏之适、庶子。此庶子宿卫王宫之事也，故属之太宰。诸子掌国子之倅，而属之司马，必非若师氏、保氏之专教国子，所云"掌其戒令与其教治"，"合其卒伍，置其有司"，盖为国子之徒卒言也。《文王世子》叙庶子之职，而云："若出疆之政，庶子以公族之无事者守于公宫。"此云"诸侯、卿、大夫、士之庶子"，《周礼》谓之"国子"，皆公族也。庶子所领之国子，盖公族子弟之无爵位者。其云"别其等"，亲疏之序也。其云"正其位"，公、卿、大夫、士、庶子之次也。公、卿、大夫、士之子领于庶子而属之太子。太子，守国者也。庶子率国子以其徒卒致于太子，疑即《文王世子》"守于公宫"之义，为公族子弟之领于庶子者，故司马不得征也。古者卒伍皆发之民。司徒之职会万民之卒伍，凡起徒役家一人，而以其馀为羡。凡国之大事致民，大故致馀子。民者，若后世之丁壮，籍其名以供军。馀子者，羡丁也，以供役。所谓"上地家七人，可任者家三人；中地家六人，可任者二家五人；下地家五人，可任者家二人"，即合民与馀子计之。国子之卒各发之于其族属，存游卒者就司徒所任之人数选取，而别籍之为游卒，以待国子之征发；而使之就学，以习射进者登诸庶子之版以待用，退者除名也。

又案：《仪礼·大射仪》献宾，献公，献卿，及射毕献服不氏，皆庶子设折俎。公祭，庶子赞授肺。司马请彻，庶子正彻公俎。其后旅酬献庶子，如献士之礼。宵则庶子执烛于阼阶上，并同《燕礼》，而《大射仪》叙庶子之事为详。疑此段当列《射义》之末，所以推广言之，言自公、卿、大夫、士、庶子之游倅，皆使之入学以习于射。盖射者武事也，圣人防民气之嚣也，以礼乐化其气质而和其心性；又恶民气之靡也，立之射以便其手足而强其筋骨，使之务于强而仍以礼乐行之：此圣人之精义也。合国子之游卒尽习于射，而合其卒伍，置其有司，举宗族之无事者皆可备甲兵之用，亦所以推明习射之本义所重在射而已，不系乎庶子之事也。芮氏城谓此与燕礼无与，当删之；而于射义关系甚大，知必为两章之错简矣。

"君立阼阶之东南，南乡尔卿……大夫皆少进。"定位也。

孔疏引《燕礼》云："卿大夫入门右，北面。君南乡尔卿，卿西面北上；尔大夫，大夫皆少进，皆北面。"郑注《仪礼》亦云："大夫犹北面少前。"嵩焘案：《仪礼》卿大夫入门右，皆北面序立，公“南乡尔卿”而云“阼阶东南”，是必越中庭而南，而后退立阼阶下，卿大夫皆趋而就西阶，东面序立。曰“卿西面北上，尔大夫”，明大夫与卿相接。其云：“大夫皆少进”，兼卿言之，视前北面序立之处、大夫之次最下者，亦稍进也。卿大夫皆西面立，而后公揖而升。经义极明，而云“大夫犹北面”，是不得尔卿矣。孔疏“大夫少进皆北面”，沿郑注《仪礼》而失之。

又案：“定位”者，始入门，北面东上，则卿东而大夫西，继而趋就西阶，东面北上，则卿上而大夫下，先定其位而后以次而升。“定位”者，犹后世之齐班也。郑注：“定位，为其始入蹴踖，揖而安定也。”语殊迂曲。

君独升立席上，西面特立，莫敢適之义也。

孔疏：“‘西面特立’，‘莫敢適’，言臣下莫敢与君匹敌而为礼。”嵩焘案：《燕礼》公升即位于席，西乡，而后纳卿、大夫。卿、大夫升就席。宾筵于户西，东上。献卿，卷重席，设于宾左，东上。诸公之席于阼阶西，北面东上。大夫继宾以西，东上。其献宾及卿大夫皆于西阶上。是公席阼阶西面，备宾主之礼；而宾席户西，犹宾礼也。卿大夫皆席于宾左、右，诸公则阼阶西，无于西阶东面面君者；故曰“西面特立”。特立，无对待之辞也。疏意似未分明。

不以公卿为宾，而以大夫为宾。

郑注：“公，孤也。”孔疏：“上公得置孤，孤止一人。”而《燕礼》云“诸公”，郑注彼云：“容牧有三监。”嵩焘案：《义疏》云“天子不以公为宾，诸侯不以卿为宾”，或通天子言之。然《燕礼》“若有诸公，则先卿献之，如献卿之礼；席于阼阶西，北面东上，无加席”，与献卿卷重席而卿辞重席者礼又稍别，不得为天子之公明矣。疑卿大夫老而致仕得谓之公，故献则先卿而重席之，设北面之位，礼又杀于卿也。

席：小卿次上卿，大夫次小卿。

孔疏云：“《燕礼》上卿在宾席之东，小卿在宾席之西。”嵩焘案：《燕礼》：“司宫筵宾于户西，东上。”“射人请宾。公曰：‘命某为宾。’”郑注：“某，大夫也。”主人献卿，“司宫卷重席，设于宾左，东上”。大夫“继宾以西，东上”。三言“东上”，明非一席。宾一人，亦云“东上”者，尊宾也。位于户西，而大夫继宾以西，明宾之亦为大夫也，安得有小卿乎其间？孔氏乃以“隔越宾席而云‘次上卿’”释之，徒为迂曲而已。案：周制，卿、大夫、士皆有等。《孟子》自言卿、大夫各为一位。《仪礼》略具其文，记礼者引申而疏通之，不必尽征实也。

俎豆、牲体、荐羞，皆有等差。

孔疏：“公及卿、大夫、士之节皆有等差。《燕礼》不载，无以言。”嵩焘案：《燕礼》主人酬宾毕，小臣请媵爵者，下大夫二人媵爵。公坐取大夫所媵觯以酬宾，宾以旅酬于西阶上，是谓为宾举旅。主人又献卿毕，二大夫媵爵如初；公又行一爵，若宾，若长，唯公所酬，以旅于西阶上：是谓为卿举旅。及乐作，公举奠觯，唯所赐，以旅于西阶上，是谓为大夫举旅。及献士毕，宾媵觯于公，公坐取宾所媵觯；唯所赐，受者如初受酬之礼：是谓为士举旅。盖初媵爵酬宾，再媵爵酬宾及卿之长，皆二大夫媵爵，示专敬也。举旅于大夫，不媵爵。举旅于士，用宾所媵爵。庶子及左右正及内小臣为类而不举旅。此其等差之可见者。

礼记质疑卷四十八

聘义

上公七介，侯伯五介，子男三介。

郑注："此皆遣卿出聘之介数也。《大行人职》曰：'凡诸侯之卿，其礼各下其君二等。'"嵩焘案：如郑注，是所云上公、侯、伯、子、男据遣聘之君言之。然聘礼之使有卿、有大夫，此云"上公、侯、伯、子、男"，而不言所遣之使，则亦不能据以为例。疑诸侯相朝，视朝觐天子之礼自当稍杀。记礼者举上公、侯、伯、子、男之等以例其馀耳。《春秋传》记列国朝聘之介、摈，无及众介之数者。《聘礼》"士介四人"，是五介也。上介之礼亚于宾，一食一飨，而众介无之，礼简故不具也。

卿为上摈，大夫为承摈，士为绍摈。

孔疏："主君公则摈者五人，侯、伯四人，子、男三人。"嵩焘案：朱子《论语集注》云"摈用命数之半"，是也。《周礼·大行人》：上公之礼，摈者五人；侯、伯四人，子、男三人。王礼迎朝宾之摈，以其爵为之等差，而诸侯之摈无明文。孔疏即据《周礼》为说，然《大行人》之礼，天子所以待诸侯，诸侯待聘使之卿似不得上同于天子。蓝田吕氏谓当下其君二等，上公当三人，侯、伯二人，子、男一人。是又视聘宾介数以为之等，而其礼皆无可征。《周礼·大宗伯》："王命诸侯，则傧。"《小行人》："掌宾客之礼籍……为承而摈。"《肆师》"大朝觐，佐傧"，郑注："佐摈为承摈也。"小行人、肆师皆下大夫。《司仪》掌摈相之事，旅摈、交摈，"摈之各以其礼：公于上等，侯、伯于中等，子、男于下等"。司仪上士。孔疏于此云："摈者五人，则士为绍摈三人；四人，则士为绍摈二人；三人，则士为绍摈一人。"所谓摈之各以其礼也。聘礼者，诸侯之礼也。而此所引实据王礼言之，记礼者亦约略为之辞耳。

以圭璋聘，重礼也。已聘而还圭璋，此轻财而重礼之义也。

郑注：圭璋"用之，还之，皆为重礼"。"财谓璧琮飨币也，受之为轻财"。嵩焘案：《聘礼》圭璋皆还于馆，而享用束帛加璧，享夫人用琮，不还。主人致束纺、礼玉、束帛、乘皮以报聘君。郑意圭璋重，不能反报，故还之；璧琮则反报；以分释"重礼""轻财"之义。然圭璋聘以将礼，璧琮享以通情，情亲而礼尊，经文明主圭璋言之。郑注兼璧琮为说，似属歧出。其释还圭璋之义，又云"不可以己所有遥复之"，意据圭璋为命圭。《典瑞》"公执桓圭，侯执信圭，伯执躬圭……子执穀璧，男执蒲璧……以朝觐宗遇会同于王"，所谓命圭也。朝天子则执以合符。《典瑞》又云"瑑圭璋璧琮以覜聘"，郑司农云："瑑有圻鄂瑑起。"聘礼之圭璋，则瑑圭也。聘使所执之圭，不得为命圭，明矣。

出入三积。

孔疏："待客三积者，谓上公之臣。《司仪》云：'诸公之臣相为国客，则三积。'"嵩焘案：《周礼·掌客》：子、男三积，五牢，米二十车，禾三十车，乘禽日五十双。"凡诸侯之卿、大夫、士为国客，如其介之礼以待之。”《大行人》：“凡诸侯之卿，其礼各下其君二等”，即谓介也。是诸侯之卿聘，其礼当视子、男，米及乘禽之数与《周礼》微有异同。记礼者亦略举为之辞耳。

故圣王之贵勇敢强有力如此也。

孔疏：“质明而始行事”以下，“申明行聘之时”，此是聘礼。“酒清人（饥）〔渴〕而不敢饮，谓射礼也。”“‘勇敢’，射之所须；‘强有力’，聘之所须。前论聘，称‘强有力’；后论射，则云‘勇敢’。”嵩焘案：孔意以章段首言聘射之礼，因析分二事言之。疑此为《聘礼》之馀义。聘、射本二事，经言聘义而兼及射，盖圣人制为射礼以道民于强，而饰之以礼乐，使有以自胜其质气。一聘礼也，而有食、有飨、有燕，习为委曲繁重之节文，而无敢或怠与慢，而卿大夫叙射之五物、揖让之文、强武之实，一以射礼习之。记礼者于此发明圣人制礼之微旨，而兼聘、射二者以著其功用，为安国治民之本。聘之有射，即燕射也。凡礼之行，多由于射，独于《聘义》兼言之者，聘以交邻国，强与弱之相接，国之宠辱系焉，《大戴礼》无此一段，则此为小戴氏推论圣人教民习射之原，而发其微意如此。孔疏之言，大失经旨。

孚尹旁达。

郑注：“孚读为浮。尹读如筠。”嵩焘案：《礼器》疏：“筠，竹之青皮也。”以浮筠为玉之采色，语殊不类。蓝田吕氏云：“信发于中谓之孚。尹或训诚，亦信也。”山阴陆氏云：“尹，正也。孚尹犹言信正，言玉坚贞之德外达。”就字解义，于辞亦觉不文。《说文》“卵”、“孚”字通。《通俗文》：“卵化曰孚。”卵因伏而孚，以喻玉之蕴藏于石，而剖而治之。《说文》：“尹，治也。”

“旁达”者，言玉在石而征见于外。就玉之未剖者言之，与下“天”、“地”三者为一例。聘用圭璋，因以论玉终篇，又承上节而推论其馀义。

礼记质疑卷四十九

丧服四制

资于事父以事母，而爱同。天无二日，土无二王，国无二君，家无二尊，以一治之也。故父在为母齐衰期者，见无二尊也。

案：郑注以此一段四十五字属之上节“以节制者也”之下。孔疏云：自“资于事父”以下，“申明节制，欲尊归于一”。大戴本此四十五字在“三日而食”上，先言丧服之有制，次言丧期之有制，于文为顺。此当为错简耳。

杖者何也？爵也。三日授子杖，五日授大夫杖，七日授士杖。或曰担主，或曰辅病。妇人童子不杖，不能病也。

孔疏：“权制之中，所以先明杖者，以下有不应杖而杖，又有应杖而不杖，皆是权宜。故先举正杖于上。”嵩焘案：《丧服传》：“杖者何？爵也。无爵而杖者何？担主也。非主而杖者何？辅病也。”如诸侯为天子，天子、诸侯、卿、大夫之臣为君，所谓杖者爵也。庶人无爵，而为主则杖。童子当室则杖。女子子在室，其主丧者不杖，则子一人杖，所谓担主也。担者承荷之谓也。庶子拜宾，不杖；而居次则杖。妇人为夫，为长子，姑在亦杖，所谓辅病也。杖者正也，而统于爵而杖，是以权制也。为丧主则不应杖而杖，亦以权制也。辅病则不应杖而杖，亦以权制也。合《丧服传》与此求之，可以知其义矣。

凡此八者，以权制者也。

孔疏："所谓八者，谓应杖不杖，不应杖而杖，一也；扶而起，二也；杖而起，三也；面垢，四也；秃者，五也；伛者，六也；跛者，七也；老病者，八也。"嵩焘案：庾氏蔚之以"父在为母期"为八者之一，而不数"妇人、童子不杖"。吕氏大临亦以"父在为母期"为八者之一，而不数"扶而起"。疑"父在为母期"不得为权，"扶而起"、"杖而起"，则非权也。"妇人、童子不杖"，承上"辅病"为言，据妇为舅姑言之，为夫、为长子则亦杖也。八者何？爵也，担主也，辅病也，"扶而起"、"杖而起"及"面垢"之异也，其下四者并同旧注。此须融贯经旨而后能辨而知之。

然而曰"言不文"者，谓臣下也。

郑注："'言不文'者，谓丧事辨不所当共也。"嵩焘案：郑意谓丧事所当共与否，当一辨之，辨则文矣。吕氏大临云："言而后事行者，杖而起，故言不文。此大夫、士之丧礼也。"记礼者既引"高宗三年不言"，又引《孝经》"言不文"，疑"不言"与《孝经》之"文"相剌缪，故以"臣下"释之，明非为天子者之丧节也。下更推言"唯而不对，对而不言，言而不议，议而不及乐"之别。

嵩焘寡昧，读书无多，不敢侈言论述。而于《礼经》之文颇深求其义，以知其曲折；自汉以来，诸儒论说各有发明，亦颇能辨其得失。国朝经师推求文字之原以尽其变，其制义尤精，其辞尤辨，亦幾穷极诸经之蕴而无馀憾矣。嵩焘区区，独谓《礼经》

之文多明先王制礼之义例；今礼文可征，独有《周礼》、《仪礼》，而《春秋三传》亦时有阐明。推见三代之礼之遗，凡记之言，皆有据依，稍与疏证之。诸所札记，有同先儒之说，视所征引，足以增益学识，辄加录採以广见闻；其无所发明，即同旧说，不复注明。亦时有所见偶合而缺于搜讨，无从指证，意取畅明经旨而已；原不敢以剽窃旧闻，自矜博揽，故亦不复有所避忌。谨述其略，幸览者详焉。郭嵩焘谨记。

礼记质疑后序

汉儒传经，皆有师承。然其为说务立新义，不相因袭，至于辨难纷纭，诋非百端；又各以其说相授受，流分派别，莫能统一。史称郑氏“囊括大典，网罗众家，删裁繁诬，刊改漏失，学者以知所归”。自汉至唐数百年，言经者归郑氏。贞观中，创定诸经注疏，各主一家之说，而三《礼》独宗郑注。《诗笺》与《毛传》并存，则以郑氏援《礼》笺《诗》，《诗》与《礼》相因亦相备也。朱子最深于礼，其所述录多依郑氏，无有异同；略有辨正，语言文字之归趣而已。陈氏《集说》颁行学官数百年，议废者屡矣，独赖其文平浅易通，仍而弗改。要其式序典礼，于郑注固无违反，而于《礼经》微言大谊，所弗能达多矣。故知郑氏之邃于《礼》，二千年未有能易者也，徒以包罗群籍，兼综并揽，折衷于礼，时有出入，或拘于一义而无由会其通，或淆于众说而时未免决以臆。先王制礼，经纬人伦，纪纲万事，其勒为成书，条其篇目，独在仪文度数之末，而精义不著于篇。更秦之乱，焚烧载籍，掇拾灰烬之馀，大都残缺不完。又学校沦废，无复师儒世守，盖《礼经》之散亡尤甚矣。孔氏之徒各据所闻，明礼制之原，推论其义例，而详略区分，参差互见。诸儒叙论，又益纷岐。会礼之家名为聚讼，有由然也。郑君博采群言，校其优劣，“述先圣之元旨，整百家之不齐”。更历魏、晋诸大儒，下逮宋、明，论难往复，互有从违，各以发明其义趣。嵩焘亦幸于其中窥求崖略，辨知其得失。其言之蕃变交午，通诸三《礼》之文，可以辨而析之；

其言之微举见义，证诸《礼经》之以类相从，可以疏而明之。如是，郑义即有抵牾，旁推交通，曲折融贯，涣然无有疑难，其庶以为读郑注者之津梁乎？夫三代典礼未易，行之后世，而圣人固曰“从周”，为夫大体明备，垂法万世，放而皆准。苟知其意，则今日所行何一非周礼之遗哉？不知其意，则亦具文而已；于其宏纲大用，一皆滞固不可通。是故礼者，人情物理之所不能违也；知其不可违也，范围曲成，斯礼意也。区区愚昧，因《礼经》之文之散见者，以求知礼意，实惟郑君之有以诏我也。光绪庚寅冬月，书成，并志于后。郭嵩焘谨记。

郭嵩焘全集

四

史部一

奏稿

岳麓書社·长沙

全书总目录

本册说明

本册为《郭嵩焘全集》史部之一“奏稿”，收录郭嵩焘自咸丰三年至光绪十七年间所撰奏折、片共410篇。

郭嵩焘在其所撰《湘阴县图志·艺文志》中记载，有《自订奏稿》十六卷。郭氏逝世以后，王先谦与郭氏之侄郭庆藩整理其遗著，将其奏稿编定为《郭侍郎奏疏》十二卷，计188篇，作为《养知书屋遗集》之一刊刻行世。据郭群《湘阴郭氏遗著提要》，王先谦等在刊定此书时，曾对郭嵩焘的《自订奏稿》作了较大的删节，“去其有为时忌者若干篇，盖不及原稿十之五六，然非公志也”。1982年，杨坚以《郭侍郎奏疏》为底本进行整理，并从有关书刊辑录郭氏奏折、片18篇，以《郭嵩焘奏稿》之名，于1983年由岳麓书社出版。

此次整理郭嵩焘奏稿，仍以王先谦编《郭侍郎奏疏》为底本，并参照岳麓本《郭嵩焘奏稿》进行。我们从《毛尚书奏稿》、《清政府镇压太平天国档案史料》、《筹办夷务始末》（同治朝）、《清季外交史料》等书刊及中国第一历史档案馆馆藏档案中，收辑到郭嵩焘奏折、片的集外文和未刊稿，共计222篇。以上所辑录的篇目中，有的与底本所收显系同一奏件，但因其文字出入较大，我们在保留底本篇什的同时，仍将辑佚之件附录于后，以保持各该件的原貌。

对郭嵩焘奏稿的整理，在体例方面，改分卷为分年编次，所有奏稿均按时间先后分别系于所属年份之下，而日期不能确定者置于月末，月份不能确定者则置于年末。原《郭侍郎奏疏》各篇奏疏均未署时间，经由编者考订后，置于各篇目之下。有的篇什，原所置不当者，则经考证后依时序予以调整。各篇所署的时间，多为发折时间，有的系原件所署的奉旨时间，或为原编者所署时间，而未能考定出发折时间的，则一仍其旧，并于脚注中予以说明。郭嵩焘奏稿由杨锡贵整理校点。

目　录

奏　稿

同治二年

同治三年

同治四年

同治五年

光绪元年

光绪二年

光绪三年

光绪四年

光绪五年

光绪六年

光绪八年

光绪十年

光绪十三年

光绪十七年

咸丰三年

请置战舰练水师疏代

奏为请置战舰、练水师，以资堵剿，恭折仰祈圣鉴事。

窃惟行军之法，因敌制胜。阻山寨之险者，直扼其要害；兼水陆之势者，先破其舟船。粤匪自湖北、安徽转陷江南，沿途掳掠民船，已逾数十万艘。自九江以下，江路一千数百里，尽以资贼，多或百数十船，少或一二船，往来停泊，无敢阻难。江南扬、镇等处，皆两面凭江，并力攻围，而贼得水陆救护，以牵制兵力。故欲克复三城，必筹肃清江面之法；欲肃清江面，必破贼船；欲破贼船，必先制造战船以备攻击。贼船出没无常，乘风急趋，一日可数百里。官兵既无舟楫之利，哨探不能施，防御无所用，是以其势日益猖獗。使早制备战船，多安炮位，调广东、闽、浙水师营兵以截江路，而大营兵勇分堵三城，与水营声势联络，以四扼其分窜之路，兼施堵剿之力，断彼接济之途，未尝不可克期奏绩。

向荣、琦善曾请调雇民船为剿贼之用，不思船户非习战之人，一闻贼至，张皇失措，官兵不能遽绳以法。若贼用民船，劫之以威，稍违指挥，即行杀戮。故以民船击贼船，我先不能得力，而贼之奔突自如；以战船击贼船，贼既不能整齐，而我之冲击有势。剿贼之略，无急于斯。

论者徒谓贼势方炽，制船购炮，有缓不济急之势。不知贼据三城，已逾六月，未闻战胜攻取，坐收旦夕之效。长江天堑，尽为所据。苟非分扼江险，虽劲兵良将无可施其力，防堵攻剿，势且两穷。即其窜扰江西，两月有馀，官兵屡挫其锋，而不能及时扑灭者，良由贼船过多，既可资以策应营盘，复可借以掳掠粮食，如前分扰瑞州、丰城而无船可以追剿，转扰饶州而无船可以堵截，虽屡经设法焚烧其船，而诸多不能应手。

臣愚以为宜饬四川、湖北、湖南各督抚制备战船百馀只，一以广东拖罟为式，每船计可载兵五十名；饬广东督抚购备夷炮五百斤、三百斤者合千馀尊，以奉到饬旨之日起，克期三月，一例齐备，陆续放至武昌，以备调遣。此三月之中，力能破贼，即以此项分布沿江水师各营。盖用近日水师战船，有名无实，一经调拨，无从应付，得此分布，为益日多。且贼众数万，掳船万馀，纵使败衄而乘船远遁，沿江一带必受其扰，搜捕馀匪，不能不资船为用，与其贻悔于他时，何如急筹于今日。

窃计每船以千金之费准之，约船百只，银十万两；每炮一百馀银准之，约炮千尊，亦需银十馀万两。除官办外，宜劝谕绅商捐办，并照捐输新例，酌减三成议叙。总以广为预备，迅速蒇事为务。俟战船炮位刻日造齐，然后调集闽、浙、广东水师营兵，兼雇广东水勇，扼守江险。以剿则相机冲击，而力有馀；以堵则依营据险，为势亦壮。其于战剿之方，未必无补万一。

愚昧之见，是否有当，伏乞皇上训示施行。谨奏。

此咸丰三年癸丑江西代江忠烈公所具疏稿，盖其时江路为贼所踞，官兵无一船之用，嵩焘至江西，力陈之忠烈公，忠烈公大喜曰：“在营两年，未闻此言。”即令嵩焘具稿。因携短榻，就窗际为之，即日缮发。张石卿制府时督两湖，依此数造船二十号，曾文正公赴衡州，以造备水军自任，遂以成肃清江路之功，实由此疏发其端也。自记。

咸丰九年

谨推陈致理之原疏[①] 正月二十四日

奏为挽回世运，端本圣心，推陈致理之原，恭折奏祈圣鉴事。

伏见军兴以来，宵旰焦劳，日求戡定，时逾数载，未有转机。臣窃以为，皇上，天也，皇上以挽回世运为心，政事日修，人才日出，天心未有不随以转移者。所虑上下之情太格，名实之数太淆，欺罔之风成为积习，其患不可胜言。臣请举其大端言之。

天下政事，分隶部院而总摄于军机，皇上择部院大臣堪以运筹决策者，俾当此任，使各竭其心思智虑，以赞襄至计，意见同异不为嫌也，期折衷以求一是而已。自顷军机召对，惟班次首列者得陈奏上前，馀皆委蛇旅进，取充陪位。此非有随班例奏之条，越职言事之谴也，而积久成习，莫敢逾越。国家大计取决俄顷之间，又以一人独对，臣虑其无兼营之智，而多贻误之举也。军机若此，部院何莫不然。偶有持异议单衔具奏者，又辄先得处分，于是相与囫囵迁就，以为和衷，政务大小取决上裁，使皇上一人独任其劳，而诸臣退安于逸，以苟幸无过。皇上圣明，天纵俯视，诸臣智虑悬隔，遂亦无有倚畀信任之大臣。《经》曰：敬大臣也，体群臣也。人臣以责难于君为敬其君，人君亦以责难于臣为敬其

①辑自中国第一历史档案馆藏“军机处录副奏折”（以下简称“录副奏折”）03-4185-183号。标题系编者拟。

臣。臣愿皇上召对大臣，责令直摅意见，其间学识具备、阅历有得及依人为俯仰者，精神意气迥不相侔，皇上于此略其文而详其实，宽其小而务其大，使情意足以相通，而群才自然思奋。间遇疑难，相顾唯诺，得一人謇谔其间，圣心之权衡必有以处此矣。臣所谓通上下之情者，此也。

国家深仁厚泽二百馀年，小民何所怨咨，何所愤激，而竟起从逆？实缘吏治隳坏，销磨善气，以有今日。而积习相仍，瞻徇掩护，略无变计。臣见御史纠参，府、州、县交督抚提讯，无不巧为开脱。天下之大，一二贪污劣迹，经科道举发，盖亦仅矣。而终无一能正其罪者，纪纲废弛已非一日。粤西酿祸十馀年，积成巨患；捻匪之起，又复似之。去岁河南、山东京控杀人纵掠巨案，辄以贿通胥吏，捕得复释，习为固然。朝廷以名相求，曰察吏，曰安民，督抚之能以实应者，天下几人？夫祸乱初起，一州县治之有馀；迨其既成，竭兵力剿之不足。要当盗贼横决之时，推求政本，仍以整饬吏治为首务。吏治不清，虽日克一城，日破一贼无益。盖地方之缓急不能筹，则此城得而彼地失；夫闾阎之疾苦不能问，则前贼灭而后贼复兴。正本清源，莫要于是。至于领兵大员屯驻地方，行止时日，距贼之远近，当贼之众寡，种种情形，皆当有成算在心，先了然于朝廷之上，使无所张皇遁饰，乃可推求实际，以责成效。间者内外臣工相戒以国家多故，虑增圣心忧念，专务粉饰弥缝，无取征实，不知寇乱之起，根本欺诬。善医者，首察受病之原；善治者，先攻致乱之本。循常守故，踵事虚浮，长使当官乐便给而远忠直之士，遇事工回护而轻干济之才，非所以弭祸乱而厉人心也。臣愿皇上申明嘉庆五年上谕，以剿捕责成领兵将帅，以守御责成督抚。朝廷所注意考察者，惟此数十大员。观其举措之当否而节操可知，辨其奏报之诚伪而功效可知。事事认真体察，使天下晓然于圣心之所注措，万事万务自然就理。臣所谓核名实之数者，此也。

汉黄琼言：天者务刚其气，王者务强其政。求自强之术，不以盗贼为忧，而忧耳目之多所蔽；不以艰难为惧，而惧积习之未能除。皇上洒然振兴于上，天下臣民精神俱奋，区区寇乱不足平也。故臣以为挽回世运，存乎皇上一心之用而已。臣以愚顽待罪翰林，仰蒙特达之知，入值南斋，涓埃之效未有万一，今当荷戈从征。瞻望天颜，倍增依恋，稍有得于一隅之见而不竭诚尽言，则臣为负此心以负圣恩，为咎滋大，是以卒忘其愚贱而备言之。伏乞皇上圣鉴。谨奏。

请于天津添设战船并请责成杨载福派员经理片[①] 正月二十四日

再，天津为京师门户，夷船游驶海口，踪迹无定。防海之兵不能添设，有警则征调，无事则撤防，来往络绎，军费烦多。且令夷船沿海侵扰，所驾火轮日行数千里，临时征集诸军，已虞不给。迨兵力足资堵剿，而夷船不时至，坐縻饷糈，悬军无用，势难经久。臣愚以为，今日海防，当筹数十年守御之计，非务防堵一时。又，夷船水道拦入，专从陆路抵御，亦非全算。

窃计夷人所恃，船坚炮利，中国物力所不能及。然一入内江，有搁浅之虞，有运掉不灵之势。故御夷之法，当筹之于内江，不当筹之于外洋。盖外洋水深浪巨，船大能冲击者胜；内江水浅岸束，船小能腾掉者胜。此所谓分敌之势，而用我之所长以制敌者

①辑自中国第一历史档案馆藏“录副奏折”03-4247-008号。标题系编者拟。

也。应请天津添设战船四十号，募沿海水勇一千馀人，编之军籍。仿广东拖罟、快蟹船式，每船容四五十人；小者仿舢板之式，每船容二三十人。统计造船及制备器具，约需银万馀两；添造炮位约数千两；每年水勇饷约三万馀两。责成直隶督臣筹办，为费无几，而使海防长有所恃。兼查湖北提督杨载福，统领水师最称精练，所用战船皆一手经理，工归核实，事无旁挠，故能工坚料实，而价亦从减省；其部下将领，多悉水战机要，于造船制器各事宜，均所谙练。可否饬令杨载福选派将领数人、造船委员一人，前赴天津，仿照湖北水师章程，如法估造，责成经理，足以扼海口之冲，而补陆军之不及。臣为海防要务起见，谨附片陈奏，伏乞皇上圣鉴。谨奏。

请饬令推求谙习夷语者入京传习以通知夷情片[①] 正月二十四日

再，臣伏读圣祖平定罗刹方略，移书俄夷，前后四次，并命依罗刹字，作书往谕。圣人远猷大略，神明变化，未易窥测。而所以制御远夷之道，虽甚顽梗，必务疏通其情。其后因与俄夷互习语言文字，盖辞命通而往返无阻，乃能悉知其情伪。今英夷鸮张于南，俄夷桀骜于北，中国情形虚实，皆所周知，无复顾忌。而通市二百馀年，交兵议款又二十年，始终无一人通知夷情，熟悉其语言文字者。窃以为今日御夷之窾要，莫切于是。英夷在广东、上海，率以重赀雇中国读书人，审正文字声音，所以能习知中国情形，大率由此。

①辑自台北中央研究院近代史研究所 1962 年编《四国新档·英国档下》。标题系编者拟。

中国不能钩致夷人，自可访求蒙古汉人之通夷语者。广东、上海与诸夷相接，恰克图、库伦等处与俄夷相接，语言文字积久谙习，当不乏人。

合无仰恳皇上，饬令江广督臣、黑龙江将军、库伦办事大臣，推求此等人才，资送入京，命理藩院岁斶银数千两，给之薪米，使转相传习，亦可以推考诸夷嗜好忌讳，以施控制之略。圣祖所以卒服俄夷，使之贴耳受盟，其深略犹可考见。谨奏。

赏戴花翎恭谢天恩折[①] 八月二十九日

奏为恭谢天恩事。

八月二十七日，钦差大臣僧格林沁传知咸丰九年八月二十五日内阁奉上谕："翰林院编修郭嵩焘着赏戴花翎。"等因。钦此。当即恭设香案，望阙叩头谢恩。

伏念臣楚壤庸才，词垣滥职。彯缨释褐，十有三年；磨盾簪毫，百无一效。属以熊疆之多事，渥蒙豸绣之加衔。入直□□，滋惭貂珥；出依幕府，实昧霓铃。忝效力于边防，载邀荣于章甫。钦承藻綷，宠锡雀翎。惟兹异数之颁，尤属褒功之典，深愧櫜鞬介胄，无冲锋却敌之劳；岂剑佩雄冠，有飞翮垂蕤之饰。奉诏而恩隆鳌戴，飘翠羽以增辉；悬□而力竭驽驱，矢丹心以图效。

所有微臣感激下忱，谨恭折叩谢天恩，伏乞皇上圣鉴。谨奏。

咸丰九年九月初二日奉朱批："知道了。"钦此。

①辑自中国第一历史档案馆藏"录副奏折"03-4145-008号。标题系编者拟。

特参山东巡抚崇恩任意开捐安心含糊请交部议处片[①] 十二月十五日

再，臣嵩焘查军兴数载，户部筹画饷糈，不遗馀力，各直省支拨浩繁。圣心忧劳，屡降谕旨，凡有可以筹备经费之处，自当体谅情形，核实办理。前四川总督王庆云、陕西巡抚曾望颜并非用兵省份，均经奏请办厘金，奉旨允准在案。

山东海口两次奉谕办理厘税，前抚臣崇恩以一通札转饬各州县，虚应故事。迨经谕旨诘责，始有委员试办之奏。臣昨周历各海口，如海阳、文登等县，曾经出示抽厘，商民亦讫无应者，其馀各县以未经奉准章程，并未出示晓谕。查各省捐厘章程，无正税者专办厘税，有正税者必从正税内榷加厘税。山东海口以为正税则亦有尽征尽解之条，有正税则每年报解数两、数十两，不成款目，种种情形，崇恩并未一考究。且谕旨据袁甲三、庆祺等所奏，专指登、莱、青三府海口言之，而如武定府属之利津、海丰，沂州府属之日照，较之宁海、海阳、文登等州县，贸易尤较繁盛。崇恩亦遂含糊隐匿，不一据实奏明。查崇恩久任山东，地方情形最为熟习，于可以节省之出款则任意开销，于可以筹画之经费则安心含糊，实未知其用意之所在，应请旨将前任山东抚臣崇恩交部议处。谨附片具奏，伏乞皇上圣鉴。谨奏。

咸丰九年十二月十五日奉朱批。钦此。

①辑自中国第一历史档案馆藏“录副奏折”03-4453-117号。日期为奉朱批时间。标题系编者拟。

奇山厅痞匪纠众拆毁烟台厘局自请议处片[①] 十二月十五日

再，臣嵩焘查烟台地方近年贸易较盛，人心浮动，辄聚众滋扰其间，实亦有痞匪数人为之雄长。臣嵩焘前在烟台督同委员董步云等设立厘局，传集各民，恺切晓谕，商民人等皆以世受国恩，分应报效，不敢复有异议，计数日之内，共缴过厘税银壹千伍百馀两，钱伍百馀吊。臣嵩焘设定此局之后，即由宁海、文登一带沿海各口查勘，仍饬委员董步云暂驻督办。董步云亦见厘局安静无事，转赴莱州，查办掖县旧征税务，留随员候补。未久，陈俊及绅士萧铭卣、张健封等照常征收各税，突有奇山厅痞匪刘所、王九成、张立、张昆、刘宣周等，指为伪设官局，任意辱骂，旋即匿名揭帖，定于二十八日毁捣厘局。该局员以距县较远，不晓弹压之法，仅将所收银钱巨款挪移寄顿，坐以待变。刘所等竟纠聚多人，毒殴萧铭卣等，将局屋立时捣毁，哄然而散。经福山县获匪二名。刘所等复纠聚多人，声称入城劫狱，适今抚臣文煜巡阅海口，已至登州，严饬福山县缉拿要犯，即日拿获首〔从〕各犯二十人，厘局照旧设立，仍札饬董步云赴局弹压。该匪等以数日之间，聚众作乱，目无法纪，现据福山县详报各犯初供，内惟张立、王幅子、吴发子三犯，实与刘所倡议捣局，张昆一犯与刘所倡众劫狱，藐法呈凶，肆无忌惮，应候登州府讯明，由抚臣文煜尽法惩办，其首犯刘所等仍饬县勒限缉拿，其馀附和愚民，讯明平素为匪与否，分别开释究办。现在厘局照旧设立，当不至贻

①辑自中国第一历史档案馆藏“录副奏折”，03－4574－072 号。标题系编者拟。日期系奉朱批时间。

误事机，商民相率报税，亦俱安静。至此局事属创始，痞匪滋事，未能预防，应请旨将臣嵩焘交部议处。谨附片具奏，伏乞皇上圣鉴。谨奏。

咸丰九年十二月十五日奉朱批："已有旨。"钦此。

咸丰十年

因病请假回籍就医疏[1] 三月十七日

奏为恳恩赏假事。

窃臣体气素弱，偶受风寒，常患咳嗽之证。去冬因海风感动肺气，夜咳加剧，或至终夕不能成寐。初以为风寒内侵，入春天气和暖，当自愈也。迄今三月春深，多方医治，久而未效。伏念臣遭际圣明，蒙被知遇，天恩优渥，何敢自外生成，遽甘暴弃？乃沉疴日积，负疚弥深，惟有仰恳皇上天恩俯准，乞假回籍就医，俾得安心调理。一俟病痊，即当泥首宫门，求赏差使，不胜感激惶悚之至。谨缮折具奏，伏乞皇上圣鉴。谨奏。

①辑自中国第一历史档案馆藏“录副奏折”03-4150-063号。标题系编者拟。

同治元年

请优恤曾贞幹折[①] 十二月十七日

奏为即用知府曾贞幹，在金陵营次积劳病故，请旨格外加恩赐恤，恭折奏祈圣鉴事。

窃据藩司曾国荃禀称：胞弟曾贞幹于咸丰三年以诸生随兄曾国藩募勇三百人，击贼常宁之洋峒，旋会水陆各军东下，自岳州假归。咸丰八年，因兄国华殉难三河，慨然有杀贼复仇之志。前湖北巡抚胡林翼札委募湘勇千人赴鄂防剿。十年，克复太湖县城，经湖广总督臣官文奏保训导，并加国子监学正衔。嗣围攻安庆，渐次统带至五千人，屡次击败援贼，克复安庆省城，奉旨以同知直隶州选用。时安庆初复，江北各城多为贼据，该员驻守枞阳镇，以固皖东门户。同治元年，随曾国荃大营肃清江北各城，渡江扎营三山峡，会贼赴援青阳城，数万人环攻三山营垒。该员以一军力战支持，卒解贼围，遂进克繁昌县城。又会水师克复鲁港、南陵，奉旨赏给迅勇巴图鲁名号。又进克芜湖县城，遂围金陵。该员独当江东桥一路，七八月间病疟，医治甫愈，适忠逆李秀成、侍逆李世贤率贼数十万赴援金陵，时曾国荃驻雨花台，当金陵东

①辑自《李鸿章全集》奏稿卷二，海南出版社 1997 年清据光绪乙巳五月金陵刻本影印。据《郭嵩焘日记》记载，此折系郭嵩焘同治元年十二月十四日代李鸿章所撰，奏折时间系《李文忠公奏稿》署。

路，该员当西路，力保饷道，兼援东路之急，苦守力战四十馀日。十月初五日，击退大股援贼，奉旨加恩，以知府用。初八日，该员与福建提督杨岳斌察看九袱洲贼垒，设法进攻，感受风寒，旧疾复发，以十一月十八日卒于江东桥营次。等情前来。

臣查补用知府曾贞幹，素负奇气，为诸生时，专习击刺超距之法，有幽并侠骨。自曾国藩奉命督办军务，曾国华、曾国荃皆从事行间，该员以诸兄受国厚恩，感激图报，益习为劳苦忍饥寒，隆冬短耩衷袙，不御棉衣。初带勇三百人，杨岳斌、彭玉麟皆其帮办。该员知为大将才，力言于曾国藩，使各将一军，论者服其知人。治军有纪律，万善拊循战士，我乐为之用，履危蹈险，坚固不摇。忠、侍大股赴援金陵，屡争夺官军饷道，该员从容布署，战守兼施，昼夜防护，无少休息，使贼卒不得逞以去。先后克复安庆、芜湖各城，及解金陵贼围，该员之力居多。而在军中日久，劳苦忧思，该员精气亦已竭矣。又逆揣金陵之贼，势必北渡，解围四日，即与杨岳斌冒风雨乘舟上下谋攻九袱洲，以遏窜路。屡接曾国荃禀报，叙述该员战绩，徒以曾国藩亲弟，未敢声请奖叙；臣欲专折保奏，又念曾国藩公忠之谊，不欲为诸弟叙劳乞恩，实出至诚；若由臣具奏，亦涉形迹之私；欲俟克复金陵汇案叙保，而遽一病不起，于臣心尤为遗悔。该员年甫逾三十，并无亲生子嗣，初谋带勇时，先抚兄子纪渠为子，本年五月，其妻邓氏又已病故。闻其病中谵语，但以杀贼守濠为言，忘家为国，至性耿耿，崭然无所顾念，尤为难得。

伏查曾国藩兄弟五人，为国家效力疆埸，先后死事者二人，一门忠义，海内钦仰。从前候选同知曾国华殉难三河，经胡林翼奏请加恩赐谥，以其劳绩宣付史馆。兹曾贞幹在军营病故，其生前功绩之盛，与所以积劳致疾之由，迥非寻常将士可比。臣知之较深，不敢任其湮没。可否仰邀谕旨，准照二品例赐恤，并予赐谥，于本籍及死事地方建立专祠，仍宣付史馆，特予立传，出自逾格天恩。

所有曾贞幹在营病故，请旨优恤缘由，谨缮折具奏，伏乞皇上圣鉴训示。谨奏。

同治二年

筹办京米章程折[1] 四月初七日

奏为遵定筹办京米章程，并先饬商试运三万石，克期放洋，恭折奏祈圣鉴事。

臣于二月十四日承准议政王军机大臣字寄，同治二年二月初二日奉上谕："李鸿章筹备京米情形一折，前因户部奏请筹款，由江苏省购运商米以实京储，当经谕令李鸿章赶紧购买，陆续运津。兹据该抚奏称，现拟责成商人分赴湖广等处采办，并设局劝办各等语。江苏省各府县产米不敷，民食向赖湖广等省商贾贩运，近来米商断绝，采购维艰，自系实在情形。即着照该抚所议，责成商人分赴湖广、江北一带采办，由该商承运，赴津交兑，劝谕商绅各富户，无论粳籼洋米，或自行捐运，或凑缴银钱交商购运，尽捐尽解，藉济要需，并着妥议章程，设局劝办。该商等捐巨款，准其随时奏奖，其凑捐各户并准其汇案分别咨部核办。"各等因。钦此。当经督饬司道，设局承办，酌派商董，按数筹捐，期于必成。

惟沪上用兵以来，事事皆资商力，臣军水陆数万人四处攻剿，

①辑自《李鸿章全集》奏稿卷三，海南出版社 1997 年据清光绪乙巳五月《李文忠公奏稿》金陵刻本影印。据《郭嵩焘日记》，此折系同治一年三月二十七日代李鸿章所拟，奏折时间系《李文忠公奏稿》署。

专恃各项捐厘接济，祇此一县之贸易，艰难搜剔，窃所疚心。此次筹办京米，该司道等宣布朝廷德意，商感激图效，无敢阻难。两月以来，酌量摊派，值商力疲乏之时，又兼米价腾跃日久，未能定局。湖广、江西米价亦昂，民间处处阻禁，不准出运，采办尤难。该商董等现在设法收购粳籼洋米，共计三万石，由司道等会议章程，先饬运津兑收，仍赶紧筹捐采购，接续放洋。臣惟该商等急公图报，自应查照旧章，力求撙节，俾其少一分浮费，即多一分捐输。谨拟缮章程、清单，并将现在筹备京米三万石先行试运情形，由驿具陈，伏祈敕下户部核准，并饬仓场侍郎、直隶总督转饬天津道验收接运。

再，据该商等呈称，上年奉饬采买运津米十一万三千石，除已购运米九万四千六百九十石外，尚短米一万八千三百一十石，又在津奉剔驳换及各船短交米三千一百九十一石，共计短米二万一千五百一石，实属力难兼顾，请宽免以纾商力等语，由总局司道具详请奏前来。臣查上年认运之米，本系由官发价采办，该商等尾欠米石，既未领过米价银两，现在筹办捐输，自不能再令赔垫补缴，应恳恩施，敕部将上届短运米石，准予宽免，以示体恤而清界划。合并声明。统祈皇上圣鉴训示。谨奏。

米捐仿照铜捐给奖片 四月初七日①

再，各省筹办捐输事例日烦，捐数日少，嗣经部臣议定分发指省捐复验看，及各项班次，均由京饷捐局办理，外省不准报捐，

①辑自《李鸿章全集》奏稿卷三，海南出版社1997年据清光绪乙巳五月《李文忠公奏稿》金陵刻本影印。据《郭嵩焘日记》，此片系同治二年三月二十七日代李鸿章所拟，折片时间系《李文忠公奏稿》署。

实为整顿捐务之要法。此次采办京米，例系仿照历届米捐章程设局劝办，而捐项过巨，商力更疲，非酌量通融，不足以资鼓舞。查铜局在京输银，与沪局运津米同为裨益京储。若以铜局定章为准，藉广招来；仍以米石收数为衡，庶存限制。将来此项米捐总计银数不过数十万两，应请准照铜局事例给与奖叙，专案核办，俟所捐米石运津完竣之日，即行截止。其零星散户报捐，先须核发执照，应请部颁发各项职衔、翎枝空白执照一千张，由驿递交，以便随时填给。可否饬下部臣核准办理，使商民等乐于输将，似于筹办京米要需，不无裨益。谨附片具奏请旨。

署理广东巡抚谢恩疏七月二十四日[①]

奏为恭谢天恩，仰祈圣鉴事。

窃臣七月十八日准江苏抚臣李鸿章移咨，准兵部火票递到同治二年六月二十九日内阁奉上谕："郭嵩焘着以三品顶戴署理广东巡抚，并着迅速前赴署任，无庸来京请训。"钦此。闻命之馀，惭惶罔措。

伏念臣通籍词垣，抽毫秘府。以一介庸愚之节，荷两朝特达之知。去岁由本籍简任粮储，总苏松之财赋；今兹以监司擢升都转，绾淮海之枢机。要职频叨，寸长靡效。重被超迁之宠，俾权专阃之荣。窃思广东俗尚繁华，民气之凋残已甚；巡抚职资表率，官常之关系尤多。自揣迂疏，深虞陨越。望阙廷而弥增眷恋，蒙恩谕止来京；盼海峤而勉效驰驱，刻日趋临署任。臣惟有恪遵谕旨，迅速启程，体察情形，认真整顿，以冀仰答高厚鸿慈于万一。

①据本疏内容及《恭报启程日期并委员代理两淮运司疏》考订。

所有微臣感激下忱，理合恭折陈奏，叩谢天恩，伏乞皇太后、皇上圣鉴。谨奏。

缕陈广东大概情形疏七月二十四日①

奏为钦奉谕旨，谨就微臣管见所及，缕陈广东大概情形，恭折奏祈圣鉴事。

窃臣七月十八日准江苏抚臣李鸿章移咨，承准议政王军机大臣字寄同治二年六月二十九日奉上谕："郭嵩焘以三品顶戴署理广东巡抚，该省军务吏治急须整饬，晏端书、黄赞汤均系五日京兆之员，办理深恐贻误，着郭嵩焘迅速前赴署任，将该省军务、厘务及地方吏治妥为整顿，以副委任。如郭嵩焘已赴江北，并着曾国藩、李鸿章飞速行知，令其迅速由江赴粤，无少延缓。"等因。钦此。跪诵之下，悚惧交并。

臣查广东风俗强犷，趋利背公，习为固然。又擅山海之饶，商贾巧诈，居奇动赢巨万。无艺之民，眼热心忮，聚而为盗贼，平时已号称难治。重以地方殷富，官吏之诛求皆足遂其所欲，相与利其顽梗，以各餍其贪婪之私。凡在官之办事行为，无一非酿乱者。至于吏治，败坏已极，风俗益因之而波靡，自搢绅以至走卒，傲狠嗜利，莫不皆然，骤难革使向善。故以天下大势而论，惟广东足以致富强，而其实末富而本不足，人情但骛于虚浮；民强而盗贼先横，正气反为之消沮。推原本根受患之地，则吏治之坏乱实深；较论目前切要之功，则军务之整饬为急。现在广东军务，以高州、信宜为最巨，逆首陈金刚、郑金、刘超等皆以积年

①据本疏内容及《恭报启程日期并委员代理两淮运司疏》考订。

巨猾，负嵎既久，凶焰日张。而肇庆土、客之变，抄掠至十馀县，杀气满野。广东兵勇积习，勇于犯上而怯于临敌，工于扰民而拙于杀贼，其势尤难持久。闻督臣毛鸿宾现调福建臬司张运兰、前任安襄郧荆道金国琛分起募勇，带赴广东，诚为发端扼要之计。必使军威稍振，民气稍固，而后可次第清厘吏治，以求补偏救弊之方、兴利裕饷之策。后先次第，不能越此。

臣尤以为广东之患，在于富名太著。凡言事者语筹饷必盛举广东。云南、广西、贵州皆设捐局省城，各处协济之款，指名提解，几等追呼。地方大吏，本乏推行尽利之术，而绅商则习为巧伪，官吏则甘坐卑污，流风所染，涤荡实难。而盗贼频兴，民气日嚣，方且搜求利孔，较量锱铢，四邻有圜顾之望，百姓有侧目之虞。琼州一毁厘局而知府撤参，惠州之河源再毁厘局而知县撤参，徒使奸民之风日长，筹饷之术日穷，此又广东事势之最难处者。臣愚以为不急督责广东之饷，而后利源可以徐浚，一切应办事宜亦可以徐理。应由臣等先收回利权，如京饷为根本重计，江南大营为军饷要需，酌量事势之缓急，尽力筹解，其馀一切在广东筹饷者悉与罢除。稍使百姓知尊亲之义，而后可因以收拾人心；官民有维系之心，而后可用以消除乱本。此又臣之愚见，思及时为之，以图补救于万一者。

臣赋性庸愚，毫无知识，广东一切事宜，尤所未能谙习。而吏治不修，人心思乱，财力虚耗，外强中干，就所闻知，殊非急切可以图治之地。应俟抵粤后推求轻重缓急之宜，斟酌通变达时之术，于军务、饷务、吏治三者，稍有所知，必与督臣细心体察，力求整饬。区区驽钝之力，不敢复有顾惜。

除另折叩谢天恩，谨将预筹广东大概情形，恭折由驿陈奏，伏乞皇太后、皇上圣鉴。谨奏。

接奉密谕先陈大概情形片 七月二十四日①

再，臣七月二十日承准议政王军机大臣密寄，同治二年七月十三日奉上谕："晏端书奏查明史杰被参各款，并查抄陶昌培、章升耀财产，不免为人蒙蔽。着毛鸿宾、郭嵩焘于到粤后将史杰被参各款再行按照原参逐一切实详查，务得确情，严行究办。郭嵩焘接奉署理粤抚之命，此时尚未启程，着即径取海道，由沪赴粤，以期迅速。"同日又奉上谕："毛鸿宾、郭嵩焘行抵新任，即将地方应办事宜逐一整理，军营文武及各该地方员弁兵团，均着严加整饬，以资防剿。"各等因。钦此。仰见皇上廑念海疆南服，彰善瘅恶，鼓舞振兴之至意。

臣于史杰之贪污亦早有所闻，俟到粤后访求实据，尽法惩办，以彰人心好恶之公，而明在官劝惩之义。至江省赴粤，由海道则直而速，由江路上溯则纡而迟，而臣前在上海，习知赴粤便船不能常遇，有候至一两月者。由泰州赴上海，计程六七百里，若值广东便船不能骤遇之时，则亦不免虚延时日。督臣曾国藩约臣赴粤时就商事件，往返亦略须十馀日，行走反多周折。又凡办事务在得人，而人才之有济实用者，务在先能信心。臣与督臣曾国藩、抚臣李鸿章商议，咨调数员，察看人地相宜，再行具奏，而管理文案及得力员弁，尚须求之湖南本籍，带领同行，是以斟酌取道江、海之宜，尚未能自决。钦奉谕旨饬令径取海道，谨当恪遵圣训，赶速赴沪，搭载轮船，冀可刻期抵粤，藉慰宸廑。一面飞请督臣曾国藩迅即派员接署运司一缺，赶于此月内刻期交卸启程，

①据本片内容及《郭嵩焘日记》考订。

不敢稍事迁延。

所有接奉密谕，先陈大概情形，谨附片具奏，伏乞圣鉴。谨奏。

请饬都统富明阿拣选精兵赴援临淮片 七月二十四日①

再，江宁将军都兴阿，老成持重，驻扬州数年，淮扬各郡均赖其保障之功。然以长江大势论之，金陵之贼方与官军相持，则江浦、六合足以截贼北窜之路，最关紧要。下游靖江与江阴相距，江路稍狭，常州之贼亦可由孟渎河口北窜。从前镇江未复之时，则扬州控制江淮，为形势所必争。现今扼要之地似并不在扬州。自来军情地势，随时变易，权衡缓急之宜，斟酌取舍之术，贵能乘机应变而已。自苗逆叛陷寿州，全淮震动，临淮孤军，饥疲已甚，岌岌不能自保。督臣曾国藩派何绍彩一军及水师往援，道路颇极纡折。漕臣吴棠亦派黄开榜水路各军往援。盖临淮为长淮锁钥，北跨怀远，南带凤阳，非得精悍之兵数营，不足以资控御。都兴阿所部万馀人，月支饷糈较江、皖各营尚为饶裕，而一意持重，不肯轻动。闻帮办军务都统富明阿，屡欲督兵往援，讫无成议。凡兵日习战事，则材武之将乐效驰驱，中材亦可借以自奋；久处闲散，则志惰气靡，怠极而骄。未有屯兵万馀人，终年不一临敌，而可成劲旅者。臣微察都兴阿、富明阿意见亦颇不相契合，可否特下谕旨，饬令富明阿拣选精兵万人，赴援临淮，或驻扎凤阳，为掎角之势，而令都兴阿以数千人驻扬州，遥为声援，南与

①据本片内容及《郭嵩焘日记》考订。

镇江，西与江浦、六合各军亦自互相联络，于皇上治兵御将之术，似亦微有关系。

臣愚昧之见，稍有所知，不敢不据实上陈。谨附片密奏，伏乞皇太后、皇上圣鉴训示。谨奏。

恭报启程日期并委员代理两淮运司疏七月三十日[①]

奏为恭报微臣启程日期，并委员代理两淮运司一缺，专折奏祈圣鉴事。

窃臣七月二十四日恭折叩谢天恩并陈广东大概情形，一面飞咨督臣曾国藩委员接署两淮运司一缺，以期赶速交卸启程。嗣据曾国藩缄称，钦奉谕旨，特派候补道忠廉署理，饬臣即交忠廉接受。臣查忠廉尚在直隶，奉旨后来淮尚需时日，若再与督臣咨商委署，往返亦须十馀日，不能不由臣就近交代，以归简便。同城现任司道，仅江宁藩司乔松年，缘总办粮台，事务殷繁，势难兼摄。两淮盐务凋敝万分，一切新定章程，必须廉干通达之员清厘整饬，以期推行尽利。查有江苏候补道许如骏，才优心细，遇事持正，于盐务利病情形亦能考究，应由臣饬令代理运司一缺，即于初九日交卸印篆，赶速启行，由海道赴粤。

所有微臣启程日期及委员代理运司一缺缘由，谨缮折具奏，伏乞皇太后、皇上圣鉴训示。谨奏。

---

①日期系据本疏内容考订。

官军迭破高州贼隘匪党斩献首逆投诚折[①]九月十八日

奏为官军迭破贼隘，贼党悔罪投诚，斩献首逆，谨先将大概情形，恭折由驿六百里驰奏，仰祈圣鉴事。

窃高州一带官军于八月初二日将南山、白花塘等贼巢攻克，经署督臣晏端书等由驿奏报在案。

查逆匪陈金刚占据信宜，滋扰高郡，全恃其党郑金、刘超为爪牙，而郑金、刘超历年抗拒官军，亦只以陈金刚为奇货。迩闻楚师不日抵境，官军勇气百倍，贼众心胆亦寒。自前月南山一捷之后，卓兴、方耀两军陆续移营，进扎大沙坡、横岗岭一带，距大井约二三里。该匪见我军渐逼渐近，每日俱齐队欲出，而又不敢径前，惟由山顶用枪炮轰击。我军以大竹篓实土筑墙，铅弹至即陷入，赖以无恐。九月初一日黎明，大井贼匪二三千人分路扑来，青垌之匪亦倾巢而出。方耀督军迎剿，卓兴率勇继之。该匪抵死接仗，我军愈战愈勇，当场击毙贼匪无数，夺获器械多件，馀匪败窜回巢。我军因贼遍路插有竹钉，一时未能深入。

崑寿于收队后，登将军岭瞭看，见贼依险设防，巢穴甚固，若由外攻入，必至多伤士卒，不如乘贼震慑之时，诱其内应。先是，有主事陈兰彬，教授陆达务，举人李崇忠、梁玉琳，职员陈观泰等，屡诣护高州镇施溥、高廉道秀英、前高州府蒋立昂处面称：嵩坡、石骨各巢内有被胁之匪李安、余巧珍、何九二等，原系信宜、茂名殷户，被掳胁从，向因无路可归，今愿立功赎罪等

---

①辑自毛承霖编《毛尚书奏稿》卷十一，清宣统元年开雕，二年刊成。系与两广总督毛鸿宾、广东陆路提督崑寿会衔。

语。是夜，李安于贼中放火为号，经崑寿派令把总陆能富、谢廷安、钟美玉、陈成邦带领兵勇，衔枚驰赴，从外杀入，李安由内杀出，内外夹击，贼猝不及防，斩毙甚众，馀匪拼命逃逸，遂将嵩坡克复。拔出难民一千二百馀名，酌给饭食，移扎安良堡，听候调遣。

初五日，陆能富等督同李安乘夜潜至石骨，余巧珍等即开栅放我军入巢，老长发匪正在熟睡，擒斩殆尽。维时人声鼎沸，有附近之龙头垌贼千人来援，陆能富率同李安、余巧珍等奋勇迎敌。适副将卓兴等亦拨勇驰至，合力剿击，杀毙多名，该匪败退。我军追抵龙头垌，又毙悍匪数十名，夺马二匹、炮械无算，搜出伪印札多件，生擒伪前军参谋一名、贼目二名，即日将龙头垌克复。

崑寿又侦知黄塘地方为贼屯粮之所，令卓兴等督饬陆能富等乘胜出贼不意捣之。初六日早驰抵黄塘，该匪误认旗帜，以为其党也，并不出拒。我军突入呼噪，骈戮长发数十名，生擒贼目黄亨乡保九名，馀匪伏地乞命，俱愿剃发归诚。起获旗械、火药、米石不计其数，遂克黄塘。

又据举人吴选青等禀报，屯聚大坡墟之匪多系被胁难民，亦愿杀贼献巢，随据拔出投首之吴公谟等，缴到长发首级十二颗，献出大坡墟地方。

合计数日之间，连克贼隘五所。惟馀大井、东岸两处，贼守尚坚。经崑寿飞饬卓兴、方耀加意哨探，妥速进剿。其化州所属之宝墟，为西路要隘，前经施浦、英秀、蒋立昂给谕，准被胁之黄兴芳、黄正安等杀贼赎罪。当派千总黄国彪、张绍儒，廪生李寿松、职员廖庆达等集团驰赴，外攻内应，即于初八日卯刻开仗，攻入宝墟。崑寿恐团勇力单，商之道员唐启荫，飞调果勇五百名驰往接应。其夜戌刻，复据难绅陈瑞焘投诣方耀军营禀称：贼将郑金密约刘超于初七日在信宜举事，立将伪南兴王陈金刚杀死，割取首级，搜获伪刻玉玺一颗，并将陈逆全家暨亲信逆党二百馀人杀尽，馀匪情愿剃发归顺，献回信城。当经崑寿派令兵勇验明，逆首悬于高州城外，以快人心。节据提臣崑寿来函，并委员赍解伪玺前来。

伏思陈逆负嵎据险，时阅三年，官军与贼相持，总未得手。兹于十日之内，势如破竹，党（与）〔羽〕反正，首恶就诛，虽慑于楚军之先声，实出于粤兵之用命，仰赖圣主威福，地方可望肃清。惟查东岸、大井贼巢尚在，郑金、刘超一时投顺，心迹未明，受降难于受敌，尤不可不慎。

除严饬各军加意防范，务将馀匪搜捕净尽，难民安插得所，一俟官军振旅入城，再行详细驰奏外，所有官军迭破贼隘，并贼党悔罪投诚，斩献首逆大概情形，理合会同署广东巡抚臣郭嵩焘、广东陆路提督臣崑寿，先行恭折由驿驰奏。伏乞皇太后、皇上圣鉴训示。谨奏。

恭报接篆日期谢恩疏九月二十一日①

奏为恭报微臣接篆日期，叩谢天恩，仰祈圣鉴事。

窃臣于同治二年七月十八日钦奉上谕："郭嵩焘着以三品顶戴署理广东巡抚，并着迅速前赴署任，无庸来京请训。"钦此。当具折恭谢天恩。随于八月初九日交卸两淮运司印篆，由泰州驰赴上海，候轮船之便，稽留半月，于九月十一日行抵广东省城，准前任抚臣黄赞汤将广东巡抚关防、太平桥监督关防并王命、旗牌等

①据本疏内容及《郭嵩焘日记》考订。

件，委员赍送到臣，谨即恭设香案，望阙叩头，祇领任事讫。

伏念广东阻山濒海，民俗强犷，值盗贼未息、兵戈肆起之时，有利孔繁开、度支日绌之虑。臣之愚昧，何以能胜！惟自入粤之始，高州首恶幸已伏辜，军务渐有起色，但使高、肇各匪不虞滋蔓，地方应办事宜自可渐次清厘整饬。臣受恩愈重，报称愈难，惟有勉竭颛愚，与督臣同心合力，遇事考求，期无遗误，以仰副皇太后、皇上廑念南服之至意。

除将到任日期循例恭疏题报外，所有微臣感激下忱，理合恭折叩谢天恩，伏乞圣鉴。谨奏。

信宜抚局稍定筹办进剿积匪片 九月二十一日[①]

再，信宜逆首陈金刚为其部下郑金、刘超所诛，约期献城，经督臣会衔奏明在案。贼之精锐屯聚东岸、大井两处，与官军相持日久，亦经次第就抚，保无他虞。

臣查高、廉、雷、琼四府，属广东西南边地。自贼据信宜以后，分窜阳江、阳春，与客匪勾联，四府陆路文报遂致阻隔。故必由海道进兵高州，制贼之要害，而固四府之藩篱，以不至惟所窜越。高州东至电白之马塔、沙螂、渔垌，西至化州之宝墟，官兵营垒相望，其势皆趋重南路。由高州东北以达省城，大路凡三：一由新会沿海西出新宁以至阳江，一由肇庆南出新兴以达阳春，一由肇庆西出以达罗定州。各路股匪尚多。高州沿海以东，客匪屯聚，自新宁之曹冲、大湖山，阳春之金堡、企磡、黄薑，高明之五坑，尽属匪巢。迤西北一带以至罗定之排埠、嘉益，西宁之

①据本片内容及《郭嵩焘日记》考订。

思化等处，皆为股匪占踞。又与广西之岑溪、容县，在在毗连。所设防堵之师，仅范幹挺驻扎罗定之勇一千五百，侯勉忠驻扎阳春之勇三千馀，朱国雄、梁琼驻扎新宁之勇二千，蒋朝刚驻扎阳江之勇五百馀，水陆险隘，均无重兵。幸赖信宜款服，贼势自相携贰，当亟乘此时进剿广西积匪范亚音、李木火诸股，以期边防稍就肃清。而肇属客匪负嵎之势，亦不能不威以兵力，应俟信宜抚局大势稍定，权衡缓急，分别办理。大约卓兴、方耀两军尚足以资攻剿，当以一军由信宜进剿广西之容县，以一军驰赴阳春、新宁剿办客匪，其馀分防各县之兵，酌量归并裁汰，以期兵有实际，饷无虚縻。

一切军情，应由督臣奏报。谨就臣到任以后体察各路情形，缕晰上陈，以冀稍慰宸廑，伏乞皇太后、皇上圣鉴。谨奏。

请饬催札调各员迅赴广东差委片 九月二十一日①

再，臣前在泰州札调数员饬赴广东差委，拟俟抵粤后察看人地相宜，再行具奏。顷查各员尚无来粤日期。所调刑部主事郑献甫，学深养邃，通达治体；湖北候补道吴炳昆，久历戎行，廉干精敏；前任江西建昌府知府隋藏珠，强毅耿直，坚忍耐劳；前任四川万县知县升用知府冯卓怀，坚强果决，勇于任事；江苏候补直隶州补用知府张富年，精明强干，胆识兼优。郑献甫现在广西本籍，隋藏珠现在山东本籍，吴炳昆、冯卓怀均在湖南本籍，皆怀高尚之志，不求仕进。应请旨饬下各抚臣敦促就道，使地方多一朴实耐劳之好官，即朝廷多一结实办事之能吏，而臣于办理一

①据本片内容及《郭嵩焘日记》考订。

切事宜亦得稍资臂助。愚昧之见，是否有当，伏乞皇太后、皇上圣鉴。谨奏。

调补首府员缺疏会总督衔

奏为首府员缺紧要，遵旨拣员调补，恭折奏闻，仰祈圣鉴事。

窃臣于同治二年四月二十七日奉上谕："广东广州府知府员缺紧要，着该督抚于通省知府内拣员调补，所遗员缺着瑞昌补授。"钦此。臣等查广州府系省会首郡，管辖一十四县，地方辽阔，政务殷繁，时有发审要案，且省垣各国洋人杂处，抚驭一切，尤须操纵得宜，非在粤年久，熟悉情形，才猷懋著，督率有方之员，不足以资治理。

查有准补潮州府知府李福泰，年五十岁，山东济宁州人，由进士以知县即用，签掣广东，题补潮阳县知县，调补番禺县知县。咸丰三年大计，荐举卓异，升补广州府海防同知，奉文复准，尚未请咨赴京。七年十二月初九日在任闻讣，丁父忧，续经奏留军营差遣。八年五月三十日奉到朱批："均照所请。"钦此。嗣因办理广东军务出力保奏，奉上谕："同知李福泰着俟服满后记名以广东知府用。"钦此。十年，代理广州府知府事，丁父忧服满起复，旋经奏委署理斯篆，俟军务告竣，饬令回籍补行穿孝。嗣据该员禀请交卸，领咨起程回籍，因军务未竣，并筹饷支应军需，为目前必不可少之员，奏请暂缓给咨，奉旨："依议。"钦此。同治元年奉上谕，简放潮州府遗缺知府，旋因拣调乏员，以该员奏补潮州府知府，奉文复准，因署广州府尚未卸事，未赴新任。嗣因酌保官声最优，及筹办捐饷、军务出力保奏，于同治二年正月十八日奉上谕："着以道员补用。"钦此。

该员廉明干练，胆识兼优，以之调补广州府知府，洵堪胜任，与例亦属相符。据藩、臬两司具详请奏前来。合无仰恳皇上天恩，俯准以准补潮州府知府李福泰调补广州府知府，实于省会要缺有裨。如蒙俞允，该员系实缺知府拣调首府，衔缺相当，毋庸送部引见，亦毋庸核计参罚。所遗潮州府知府，亦系外调要缺，查简放广州府遗缺知府瑞昌尚未到粤，应俟该员到粤后，再行分别察看请补，合并陈明。

所有拣员调补首郡知府缘由，谨合词恭折具奏，伏乞皇太后、皇上圣鉴训示。谨奏。

收复信宜县城解散匪党折[1] 十月十五日

奏为官军收复信宜县城，陈逆馀党悉行解散，谨将办理情形，恭折由驿驰奏，仰祈圣鉴事。

窃广东高州官兵攻破嵩坡、石骨、龙头垌各贼巢，及贼将郑金等将逆首陈金刚杀死，馀匪情愿剃发归顺各缘由，经臣于九月十八日由驿具奏在案。查信宜一县，在高州府治之北，僻处万山之中，西北一带与广西岑溪、容县毗连，其前又有南山、石骨等处，叠嶂崇冈，为之屏蔽。陈逆自咸丰十一年春窜陷以后，裹胁附近士民以及外来之众不下十馀万人，而容县又为逆首范亚音所踞，彼此相为声援，是以连年进剿，未能迅奏肤功。提臣昆寿携带巨饷驰往督办三月之久，犹未得手。臣奉命擢督两粤，即奏请募带楚勇六千人前来会剿，仍一面檄饬在事文武，毋许株守待援，

①辑自毛承霖编《毛尚书奏稿》卷十一。系与两广总督毛鸿宾、广东陆路提督昆寿会衔。

致干严参。该副将卓兴、方耀等咸知愧奋，遂于八月杪连破南山、白花塘等坚巢十三座，收复二十馀乡。九月初，复进拔嵩坡、石骨、龙头垌，并将其屯粮之所攻克，该逆始少受惩创。而贼将郑金闻楚军万馀人将次到境，甚为胆寒，遂密约刘超袭杀陈逆，率众来归。嗣于九月十五日献出信宜县城。

自是以来，大井东岸之匪均知失势，亦各幡然归顺。崑寿等初尚虑其人数过多，或贻后患，当传绅士陈兰彬等面商。据称：该匪等大半系茂名、信宜农民，从前被匪逼胁，并非甘心从逆，今幸首恶就诛，恩准招抚，伊等怀德畏威，保无他变。崑寿等允其所请，遂饬副将方耀及代理信宜县知县陈廷耀入城安抚。该首民等伏地流涕，佥谓得见官军，复睹升平之世，本籍被胁之民，欢然归里，共庆更生。其籍隶广、韶各府及广西、湖南者，分别给与验票、川资，委员弹压，分路遣散，并令郑金等另派头目，沿途照管。臣一面督饬司道，筹措饷项，解赴崑寿行营备用；一面咨行各原籍地方官，遇有首民回籍，听其自安生业，不许兵役人等索诈滋扰，并饬沿途各州县妥为接递，给与口粮、船只，勿令片刻逗留。惟降众太多，须陆续分作十数起，一时尚未能散尽。同时化州之石水堡，西宁之排阜、加益，阳春之八甲、双窖等处，馀匪亦各剃发投诚。先后接准提臣崑寿及各员弁函禀前来。

臣查高州郡一隅之寇，蔓延数百里，用兵将及三年。崑寿前往督师，屡破坚巢，剿抚兼施，军威丕振，遂使凶逆授首，其党反正来归，兵不血刃，克复岩城十万之众，一旦全行解散，安静无虞。此皆仰赖天威远播，将士用命，故办理迅速若此。实非臣等初念之所敢期。臣已飞饬试用道唐启荫，会同副将方耀，乘胜移师西下，会合广西候补道蒋泽春协力夹攻，务将容、岑两城克期进拔。

又，肇庆各匪窜屯阳春境内，该县官兵剿办尚未得手，并令副将卓兴管带所部壮勇驰赴援剿，务期悉数歼擒，肃清两省边陲，仰纾宸廑。惟据昆寿函称：郑金、刘超名下尚有众三千恳求随征效力，拟先酌给饭食，俟立功后再行起支口粮。臣以其人数过多，良莠不齐，恐生事变，现在经费支绌，未便添此巨众，致多糜费。郑金、刘超亦应分隶卓兴、方耀两军部下，责令随时钤束，迭经函嘱。该提臣务须相机妥办，早立限制，不可迁就了事，转致后来掣肘。

伏查此次高郡迅扫寇氛，收复城邑，虽由贼党反正，歼厥渠魁，然非迭破坚巢，怵以兵威，力不及此。该员等栉风沐雨，效力行间，均各著有微劳。仰恳天恩俯准，优加奖拔，以示鼓励。广东陆路提臣昆寿，素娴将略，调度有方，惟系专阃大员，身受殊恩，臣不敢为之吁请议叙。广东试用道员唐启荫，钦奉谕旨，帮办高州军务，虽到防未久，然会同昆寿筹商剿抚，悉合机宜；该员业经广西抚臣张凯嵩于克复陆塘等处案内奏保，留于广东，无论班次，遇缺即补，兹拟请赏加按察使衔。署广东罗定协副将事琼州镇中军游击尽先补用副将卓兴、署三江协副将事琼州镇右营游击升用副将方耀，俱迭破坚巢，战功懋著，均拟请交军机处记名，遇有广东副将缺出，请旨简放，并各赏加总兵衔。奏升广东儋州营游击平镇营都司赖国恩，谙练火器枪炮有准，随营进剿，不避险难，拟请仍留广东，以参将即补。蓝翎刑部候补主事补缺后升用员外郎陈兰彬，侦探贼情，深中窾要，连年办理防剿，督团击贼，此次招抚尤得其力，拟请先换五品顶戴，并赏换花翎。郑金、刘超皆系贼中健将，骁勇异常，此次谋诛逆首，率众投诚，实属深明大义。查前次匪首侯陈带投诚立功，曾经前督臣劳崇光奏奉恩旨，更名勉忠，以守备补用。今郑金、刘超歼除元恶，解散夥党至十万之众，较之侯勉忠尤为出力，合无仰恳天恩，弃瑕录用，将郑金更名绍忠，以都司留于广东补用，刘超更名刘维义，以守备补用，并各赏戴蓝翎，以昭激劝。此外，在事文武员绅弁勇人等，可否容臣会同崑寿择其尤为出力者奏请奖励，出自圣主逾格鸿兹。臣谨会同署广东巡抚臣郭嵩焘、陆路提督臣崑寿，合词恭折驰奏，伏乞皇太后、皇上圣鉴训示。谨奏。

请变通办理盗案片会总督衔　十月十五日[1]

再，粤东山海交错，匪类窝藏，到处皆是，兼以民情犷悍，重利轻生，劫盗重案，远甚他省。臣等抵任后，各州县详报抢劫之案，日常数起。查阅旧卷，盗案获犯过半者已寥寥无几，甚至累月经年，杳无弋获，而申报获犯，辄先声明带病进监，旋即报称病故，如是者不一而足。推原其故，皆由地方官捕务久弛，加以近年办理军务，缉捕一事，往往视为缓图，而盗案处分綦重，不得不以获盗搪塞。其所称在监病故之盗，难保无将无作有、以少报多之弊。且或距省穹远，长途解讯恐有疏虞，必须多派差役护送弹压，为费不资。故方其弋获之时，即存一监毙之计。是盗而被获者十之二，获而伏法者十之一也。

窃思此等凶盗，罪恶贯盈，仅听其瘐死狱中，幸逃显诛，已不足昭炯戒。若各州县惮于办案之烦，意存避就，积习相沿，视为故常，为弊尤大。欲求革除积弊之法，必先稍示变通之方。查从逆滋事及迭劫凶盗，罪至斩枭者，例得由外恭请王命，先行正法。臣等悉心商酌，公同拟定章程，除广州府所属各县及佛冈直

[1]据《毛尚书奏稿》卷十一同片补。

隶同知拿获逆匪盗犯，仍行解省勘审外，其外府各州县距省较远之区，如有拿获曾经拜会从逆，拒敌官兵，及迭次抢劫，夥众持械，拒捕伤人，罪应斩枭斩决者，于审实后禀解该管府州复审，如道、府同城，即由道、府会审，其直隶州厅承办者解赴巡道复审，俱先行录供禀报，由臣等核明批饬，就地正法，仍令备具招详，由府、司核转，分别归案具奏。如此量为变通，则获一盗即诛一盗，刑人于市，耳目昭彰，非如报病之有可捏饰。匪徒即愍不畏法，而身首异处，见之寒心，非如监毙之无足惩创。案经道、府复审，由臣等核明批行，亦足以昭详慎而不至枉滥。而于各州县办理盗案，期归直捷，庶稍免因循颟顸、拖延搪塞之弊。统俟军务完竣，盗风稍戢，再行奏明仍复旧例办理。此外寻常命盗杂案人犯，均仍照例详办，按拟招解，以符定制。

臣等为肃清地方起见，是否有当，谨附片陈明，伏乞圣鉴训示。谨奏。

此鄙人初至首议整顿之事，寄云尚书乃假手幕友徐灏为之，而诡称所自具草。鄙人不敢违其意，略就字句之间改定百馀字。而于盗贼源流本末，与办理缓急轻重之宜，绝未一叙及，至今为憾。继乃知其幕友所为，而鄙人所参削亦日多矣。自记。

檄饬楚军防剿连阳窜匪片[①] 十月十五日

再，石逆馀党李复猷由蜀绕黔，阑入楚境，经湖南抚臣恽世临飞札福建臬司张运兰、湖南补用副将杨虎臣等将新募援粤之勇

①辑自毛承霖编《毛尚书奏稿》卷十一。系与两广总督毛鸿宾、广东陆路提督昆寿会衔。

驻扎郴、宜，以固边界，并由臣札饬该臬司等先其所急，务将李复猷一股速行殄灭，以除楚、粤巨患等情，经臣附片奏明在案。

查此股贼匪虽系残喘游魂，而其众尚有三四万人，东奔西突，飘忽异常。先自湖南之会同窜出，欲由城步、东安等县乘虚内犯，旋因该处有备，遂由江华、永明窜入广西之富川、贺县，其地皆与广东毗连。九月下旬，据连州报称，贼踪已至星子地方。未几，又绕从广西全州回窜湖南道州，探有由楚入江之意。十月初九日，复据连州知州严先佑禀称，探得逆首李复猷自率大股窜往广西一路，其党李幅、曾贵在广西怀集县之石莹、坑尾等处树栅屯粮，有久居之势。其地逼近阳山县之寨冈，距州城不满百里。窃思该贼以不得逞志于楚，故复图两粤，而粤西地方瘠苦，非其所恋。其在石莹踞守，正以垂涎粤东，遂欲扼占中流，攫取商贩之利。该处地势险阻，设令筑成坚巢，则破之不易。况逆首李复猷四出游哨，伺间鸱张，无非牵制我师，使之疲于奔命，借以遂其凶狡之谋。若不及早扑灭，恐致燎原。臣已飞调张运兰一军由郴州西度骑田岭，直抵连州，顺流进剿，乘石莹贼垒未坚，迅速掩捕。张运兰前在连阳一带，卓著战功，地利人情皆所熟悉，当可期其得力。一面札饬杨虎臣将所部三千人仍驻宜章，以堵该逆窜越江、楚之路，并檄饬连州、阳山及与怀集连界之清远、广宁各地方文武，一体严密堵御，以备不虞。

除俟续将剿办情形驰报外，所有分别檄调楚军缘由，理合会同署广东抚臣郭嵩焘、陆路提臣崑寿，合词附片陈明，伏乞圣鉴训示。谨奏。

请录用丁日昌片[①] 十月十五日

再，臣于十月初四日钦奉寄谕："饬催江西候补知县丁日昌赶紧赴沪，督匠趱造火器，以资攻剿。"等因。钦此。遵查该员于臣未经到任以前，已由轮船驶赴上海。该员质朴精练，晓畅戎机，前经提臣崑寿带赴高州军营，一切资其赞画。卓兴、方耀素有嫌隙，经该员开陈大义，力为排解，两人遂相和睦，是该二将之成功，皆丁日昌调和之力。臣向不识其人，闻其学术湛深，才识出众，非徒以火器见长。惟在籍官绅，例非冲锋陷阵，不得越级奏保。而现在高州军务已蒇，揆厥所由，其功甚伟。臣不敢壅于上闻，相应据实陈奏，恭候圣主施恩录用，以示鼓励。谨会同署广东抚臣郭嵩焘，合词附片陈明，伏乞圣鉴训示。谨奏。

沥陈广东隐患日积应请及时筹办情形疏 会总督衔

奏为沥陈广东隐患日积，应请及时筹办情形，恭折奏祈圣鉴事。

窃照广东民俗强犷，嗜杀轻生，多非意想所能及。惠、潮、嘉三属械斗之案，动连人命数十，习以为常。南雄、连州及广州所属之东莞、新安、龙门等县，械斗、掳劫、勒赎各案，时时有之。肇庆土、客之乱，互相仇杀，至毙男妇丁口数十百万之多，贪横残忍，积为风俗。而尤甚者劫盗。附省近地，如番禺之鹿步，

①辑自毛承霖编《毛尚书奏稿》卷十一。系与两广总督毛鸿宾会衔。

东莞之双冈、水口、沙部，新安之冈边，顺德之谭村、五沙，竟有连村比户，以劫盗为生者。农民耕作馀闲，二三人偶语，持刀出门，辄至行劫。城垣市镇，白昼伙抢，悍无顾忌。近省州县，详报劫案，日或数起，而获案者常少，获案而起赃者更无其事。大率讳盗为窃，改轻情节，以图规避处分。归善、博罗以东，英德、清远以北，距省较远，则报案亦属寥寥。推求其故，缘州县自顾考成，遇有禀报劫案，多方迟难，差役因之需索。所费既多，赃犯仍无一获。百姓转苦官吏之扰，相与隐忍，不复呈报。积久相沿，乃使百姓群趋于劫盗，无术以遏其流。臣等抵任之初，通札各州县整饬捕务，严缉盗匪，不拘以文法，并经奏请变通办理在案。而历年积习已深，尚未能收速效。

伏查广西金田逆匪之起，由道光二十年广东洋务遣散之勇，潜伏屯聚，蓄逆日深，各州县因循粉饰，酿成巨乱。今之伏莽，倍甚从前。比日信宜降匪，遣散四万馀人；岑溪降匪数千；李复猷窜距怀集之石茔，降匪又复数千籍隶广、潮各属者；信宜本籍降匪又数万人；馀党李可钟尚踞热水堡。又戴永英踞藤县之罗峒，麦新踞岑溪之大峒，并于纳降剃发之后，首鼠两端，未敢尽望其驯伏。加以高州裁汰各起勇目，及江苏淮扬汰归之潮勇，水师红单船汰归之艇勇，接踵而至。金陵、苏、杭各处逆党，亦多有逃回者。肇庆土、客游荡无归，或逃至省城，或逃回嘉应、潮州，亦或乘驾艇船，沿海劫掠。东南贼势，仰赖皇上威福，渐就肃清，而粤东隐患日积，通观大局，日夜忧惶，有非敢故为过虑者。

臣等以为，遏止祸萌，急须治盗以防乱；筹思本计，尤在驻兵以自强。广东水陆额兵七万馀人，久成具文。从前小有军务，动须募勇剿办。省垣捕务及北江、东江巡缉，皆常年募勇，多三百人、五百人各成一军，莫相统摄。带兵各员，或拔自勇目，或起自降将，纷纷藉藉，谋开一营。军事之不振，盗源之不清，大率由此。现在肇庆客匪，所在负嵎；卓兴一军，责成剿办。方耀一军，以广西军务已有起色，无庸添调多营，又因历年积欠口粮至九十馀万之多，留之则转滋烦费，撤之则无力资遣，已饬令暂回省城，面与计议。其馀朱国雄、梁琼、范幹挺、关镇邦、卢振刚、张榕庆、陆能富、陆龙芝、陈德铣、陈辅龙、黄再熙、梁效贤及北江巡防之孙仲安、黄相奎、朱向善等各起勇目，均饬陆续裁遣。拟将卓兴、方耀两军酌留数千，并张运兰一军分驻省城要地，剿办土匪，兼资镇压，而饷源支绌，岌岌不能自持。中夜旁皇，迄无良策。追呼急迫之情日形于上，潜伏圜视之寇日积于下。虽有贤者，犹难保其久安无事。臣等庸愚，膺斯重寄，默念治棼束湿、与乱相寻之戒，深惟禁奸戢盗、为民除害之方，不敢不以广东乱兆方萌实在情形，缕陈于圣主之前。臣等惟当勉竭颛愚，认真办理，一无隐饰，以冀稍效涓埃。

所有广东应行及时筹办缘由，谨恭折具奏，伏乞皇太后、皇上圣鉴训示。谨奏。

恳请补授首邑员缺疏会总督衔

奏为省会首邑要缺需员，恳恩俯准补授，以资治理，仰祈圣鉴事。

窃照番禺县知县黄光周准升罗定直隶州知州，扣计吏部行文日期，应于咸丰十年正月初六日接准部咨。所遗番禺县知县，系冲繁疲难最要缺，例应在外拣员题补。定例应题缺出，先尽候补正途题补；候补无人，以应升人员题升；如无堪升之员，准于现任人员内调补。先因应升应补无人，经前兼署抚臣劳崇光奏请，以东莞县知县五福调补，嗣接部复，以五福尚未赴部引见，无俸资可计，与例不符。续请以长乐县知县周士俊调补，又准部复，以周士俊未到长乐本任，例无准其捐免历俸明文。旋又请以乳源县知县彭夔尧调补，今复准部复，以彭夔尧历俸虽经捐免，究系开缺在先，到任在后，应仍令另拣合例人员调补。各等因。

伏查番禺县为省会首邑，政务殷繁，时有发审要案，并有外洋交涉事件，非精明练达、才识俱优之员不足以资治理。兹据藩、臬两司会详：在于通省候补及应升暨现任各员内逐加遴选，非人地不甚相宜，即属与例未合，实无应补、应升、应调之员。惟查有分发即用知县孔昭浃，年三十九岁，山东曲阜县人，由廪生中式举人，庚申恩科会试中式第九十八名贡士，殿试三甲第六十名进士，引见奉旨："以知县即用。"钦此。签掣广东，咸丰十一年十月十二日到省，署饶平县事，办理裕如。该员才优识敏，练达有为，以之补授番禺县知县，洵堪胜任。溯查道光十三年间，因海阳、揭阳两县拣调乏员，请以到省在开缺以后之候补知县韩凤修补海阳县、姚柬之补揭阳县，均奉旨允准，补授有案。兹番禺县系省会首邑，事繁责重，较之海阳、揭阳两县缺尤为紧要，应请援案办理。等因。

臣等伏查番禺县开缺在先，孔昭浃到省在后，以之请补，与例委实不符，且不在例准声明之列。惟省会要缺，屡调屡驳，悬宕已越三年。展转委署，殊不足以资整饬。而前时请调之五福已升知府，彭夔尧已经身故，周士俊于署番禺县任因案撤委，不能再请拣调。此外不惟合例堪调者不得其人，即与例稍有未符，例准声明者亦难其选。省会四字要区，未敢拘泥迁就。兹据两司援照成案，请以到省在后之即用知县孔昭浃请补，系为人地实在相需起见。合无仰恳圣恩，俯念省会首邑紧要，敕部核议复奏，准以该员孔昭浃补授番禺县知县，俾资治理。如蒙俞允，臣等仍随时察看，若才不胜任，立即撤回，另行拣员请补，不敢稍事因循。该员系进士即用知县请补知县，衔缺相当，毋庸送部引见。

所有拣员请补首邑要缺缘由，谨合词恭折具奏，伏乞皇太后、皇上圣鉴训示。谨奏。

江海关代征太平关丝税延不造册移粤核办请旨敕部咨催疏

奏为江海关代征太平关丝税，延不造册，移粤核办，请旨敕部咨催，并恳展限，仰祈圣鉴事。

窃照太平关征收税银，向系一年期满，俟江海关将代征丝税数目移知到粤，牵算入额题报。咸丰十一年，前任江苏巡抚臣薛焕奏请以江海关向征北新、赣州、太平三关湖丝税银，因新章洋商准赴内地贸易，一律改完内地半税，系属笼统核计，毋庸分拨三关。经户部议复：太平等三关丝税既归入江海关征收，此有所盈，必彼有所绌，仍应俟一年期满，将共完内地半税若干报部，照从前应征之数酌量比较拨补，以昭平允。等因。奏奉谕旨："依议。"行知遵照在案。

兹据委管太平关税务南韶连道方濬颐禀称：太平关自同治元年五月二十一日起，连闰至二年四月二十日止，一年期满，征收正税除拨支各项经费工食外，实存银三万二千七百二十六两四钱四分八厘，又征收木税额银六百五十两，木税盈馀银六百四十七两五钱二厘，亟应造册请题。惟查江海关自同治元年三月二十六日以后，代征丝税若干，并不遵照旧章按月移知，无凭入册汇算。且查上年移报咸丰十一年五月至同治元年三月二十五日止代征之数，借称改完内地半税为名，仅拨补银三万五百馀两，较之咸丰八、九年代征数目，相去悬殊。上年户部议复文内声明："江海关代征三关丝税，太平关每百斤正耗银一两五钱七分五厘二毫五丝，赣关每百斤正耗银一两零一分一厘，北新关每百斤正耗银九钱四分三厘三毫七丝五忽，总共银三两五钱二分九厘六毫二丝五忽。今不论中国商人概完内地半税银五两，除拨还三关丝税之外，尚属有盈无绌。"各等语。洵属切中窾要。现届太平关一年期满，未准江海关将代征丝税移知，办理更无依据。理合禀请奏明，饬部咨催，并展限题报。等情前来。

臣查太平关税饷，历年奉文将江海关应拨补之代征丝税一并牵算。今自同治元年五月二十一日起，连闰至二年四月二十日止，一年期满，例应将征收税数依限题报。惟自元年三月二十六日以后，江海关代征丝税，尚未移知来粤。经前抚臣黄赞汤迭次咨催，未准移复，以致无凭归总。相应奏明，请旨敕部咨行江苏巡抚严催江海关迅照旧章，将代征丝税确数按月造册，移粤核办。

所有同治二年四月二十日关期届满应行题报之案，并恳展限俟江海关移知到日，再行办理。谨恭折具奏，伏乞皇太后、皇上圣鉴，敕部核复施行。谨奏。

修筑广东省城炮台片

再，户部尚书罗惇衍奏请修筑广东省城炮台，经前署督臣晏端书、前抚臣黄赞汤勘明城北永康、耆定、保厘、保极、拱极五台，派员估修，劝捐筹办，奏奉谕旨允准在案。旋以捐款所收无几，各路军饷随时拨放，炮台工程需费甚巨，至今未能兴修。

伏查广东沿海各口，嘉庆年间设立炮台一百二十馀座，道光以后添修至一百六十馀座。由省河以达虎门，炮台林立，添修者为多，所以防洋船之出入也。道光二十一年，洋人攻毁虎门炮台，次年重修炮台十四座、内河炮台四座，用银四十一万有奇，制备炮位亦不下数十万。咸丰七年，洋人滋扰省城，大小炮台复遭平毁，无几存者。就广东海洋大势论之，西、北两江之水经省河合东江南流，汇为内洋，大虎山扼其冲，实踞全省形胜之地。而东、西江支流分注外洋，如顺德之龙江，新会之熊海，皆上受西江之水以注于海。故论粤海形势，以虎门为东江正流，以新会之厓门为西江正流，而香山之蕉门、涌口门、第一角海，新会之虎跳门等处，海船皆可出入。即虎门之大角、横档、水军寮、九宰山诸炮台，峙立大洋，四面皆通舟楫，港汊纷歧，在处绕越，独洋船入水最深，必经虎门，为能扼之。其实自古设险之地，亦因天时、人事与为轻重。现今虎门之上，约百里为大洲，洋人于此修造船只；再上二十里为黄埔，洋船于此屯泊；附城沙面地方，亦属之洋人。所须防者，洋盗之驶入而已。虎门炮台局势雄阔，工程浩大，万无经费可以筹办，亦并非目前切要之举。

伏读圣谕，饬将省城内河及城北各地方炮台择要兴修，诚为扼要。臣等察看省河东、西两江，一水襟带，左右控扼。西路之大黄窖、沙腰炮台二座，经于咸丰十一年修复。东路之中流沙、猎德等处，向设炮台四座，亦应酌量修复。省城以北，陆路则白云山、马鞍山蜿蜒南趋，入城为越秀峰，城垣横跨山腹。其外冈阜罗列，永康炮台正当其北，俗谓之四方炮台。稍东曰耆定，俗谓之圆炮台，当白云山飞鹅岭之冲。又迤西曰拱极，曰保极，当三元里西村之冲，皆距城咫尺，次第修复，足资保障。又东北曰保厘，则距城较远，应从缓议修。

专就省垣附近紧要各台估计，为数已巨。值库款艰乏、捐输疲难之际，各路军饷随处搜括，欲兼筹修理炮台巨案，尤应通筹工料，有可移东补西者，不妨变通办理。因查内河炮台，基石全无，赴新安山中开采石料，颇属艰烦。虎门炮台十四座，加以两岸新涌、蕉门二座，大半倾毁，而基石存留尚多。其间镇远、横档、大角炮台三四座，为嘉庆年间基址，应酌量存留，以符旧制。其续经添造炮台，本图以壮观瞻，不尽扼要，其势万难修复，所有残废基石，亦无庸存留。现在议修城北中流沙炮台，需用石料，可否即将虎门炮台残废基石，移为内河各处工程之用，于费为省，于工为便。查虎门上至中流沙等处炮台，向归水师提标经管；城北等处及省河东西炮台，向归广州协标经管。现因省河西炮台及虎门大角、大虎，并东岸内港之九宰、竹洲、新涌，西岸内港之蕉门各炮台，基址完全照旧，拨兵看守，支发口粮，亦应分别查勘是否地方均属扼要，应行照旧存留，统候谕旨准将虎门残废炮台基石移修内河炮台，再由臣会商水师提督酌量办理。

愚昧之见，是否有当，伏乞圣鉴训示。谨奏。

虎门等处及各海口炮台，原由水师各营派兵护守。道光二十二年，增修虎门以内炮台，无故添设额兵数百千名，以其时清查溢坦，岁得租课数万金，借此支销。咸丰七年以后，炮台全毁，而添设额兵支销饷银如故。鄙人以水陆额兵七万有奇，欠饷过多，欲以此款改充正饷。水师提督持之甚力，至请制军移咨，以相搪抵。聊以此折一发鄙心之郁结而已。自记。

肇庆各属土客一案派员驰往办理情形疏会总督衔

奏为肇庆各属土、客一案，构祸日深，谨将现在派员驰往办理情形，恭折具奏，仰祈圣鉴事。

窃臣等于同治二年十一月初五日承准议政王军机大臣字寄，同治二年十月十六日奉上谕："肇属土、客仇衅甚深，势不能尽数剿洗，总须办理得宜，一劳永逸，不使该匪肆行固结，亦不至事后再启衅端，方为妥善。当承信宜蒇事、事机正顺之时，体察情形，妥筹剿抚。"等因。钦此。仰见皇上瀓机密运，明烛无遗。此案办理轻重之宜，实无以逾此。

因查肇属客民，原籍皆隶嘉应，其始垦山耕种，佣力为生。土民役使严急，仇怨日积。咸丰四年红匪之乱，被扰二十馀州县，绅民多被裹胁，客民应募充勇，因假公义以快其报复之私，所在惨杀，往往占据其田山产业，因以为利。嗣是土、客互相残害，各该州县劝谕弹压，屡和屡翻，垂六七年。上年开平民谭三才寓居香港，私购洋人火器，约集其族人，尽歼开平所属客民。于是恩平、高明、鹤山等县乘机响应，聚众相攻。而恩平客民庄村最多，亦最强，因悉其众窜扰阳春、阳江。惟高明之五坑、鹤山之附城都，客民踞险抗拒，至今相持未下。其恩、开客民窜踞广海寨者，经藩司吴昌寿带兵克复，馀匪窜踞曹坤，与大湖山客民声势相倚。而阳春之金堡、企碪、黄蕴、凤南等处，尽为客匪屯踞。又有李四、白面猪、陈亚猞、杨双四各股土匪与之合并，四出滋扰。阳春之凤凰、冰川，阳江之水西、八图、塘口、织篢，新兴之布夏、布辰、云礼，高明之更楼、中山、恭田等处地方，迭遭杀掠，告急之书日数至。臣等屡札卓兴一军驰赴阳春，相机剿办，迄今一月有馀，以积欠口粮过多，不能拔营前进，昨始凑解银二万两，稍资接济，催令移营。

伏思土、客一案，千端万绪，纷纷轇轕，其是非曲直，竟亦无从分辨。徒以客匪为土民所蹙，聚众肆扰，又有李四各股搀杂其中。必须威以兵力，急殄其凶渠数人，并所勾结李四、白面猪等一例扫除，而后可施抚绥之术。阳江之蒋朝刚一军，阳春之侯勉忠一军，兵力单薄，勉强自守。卓兴所部各军，日内计可启程驰抵阳春，相机勦办。就中鹤山客民与土民构衅最久。县境所属，凡分三都，一曰古劳都，一曰双桥都，一曰附城都。双桥客民素强悍，上年双桥土民约同古劳土民攻逐客民殆尽，其馀众逃入附城，土民攻之不克。客绅马从龙、张宝铭等节次赴省具控。念其地方未遭残毁，较易安辑，传集土绅古熺、冯仁等，并咨留湖南即用知县李龙章，反复开谕。札委道衔候补知府史朴，督同候补知县冒澄等，专办调处肇属土民事宜。分调卓兴所部千总李胜一军由史朴调遣，俾资弹压，即饬令经始鹤山。现在土、客两籍绅士数十人，均经具结遵候理处，即由史朴等体察情形，严定章程，使有所循守。其馀各县，以次相机办理。开平、恩平客民势不能使复业，就便察看大湖山、曹坤等处有可安插之处，随地安插。所在田山产业，清厘疏剔，变通互易，头绪繁多。其能听从理处、久远相安与否，尚不可知。而推求事理缓急轻重之宜，及其构难始终本末之故，既不能偏助土民以攻客民，专快其私愤，又不能曲谕客民使顺土民，渐化其强梁。但期有所惩创，强事消纳于一时，或冀得所安居，勉思保全于异日。

所有现在设法办理土、客一案缘由，谨缮折由驿驰奏，伏乞皇太后、皇上圣鉴训示。谨奏。

石逆馀党窜扰粤境经调到楚军将首逆擒获正法馀匪分别剿抚疏会总督提督衔　十一月十六日[①]

奏为石逆馀党窜扰粤境，经调到楚军，将首逆擒获正法，馀匪分别剿抚，恭折由驿驰陈，仰祈圣鉴事。

窃石达开馀党李复猷由蜀绕黔，阑入楚境，复窜至广西怀集县属之石茔、坑尾等处，逼近广东阳山县属之寨冈地方。经臣飞调由楚派往郴州驻扎之福建臬司张运兰一军驰赴连州进剿，并饬湖南补用副将杨虎臣带领所部三千人仍驻宜章，以堵窜越江、楚之路，于同治二年十月十五日附片奏报在案。

查该逆由楚窜粤，踪迹飘忽异常，逮窜至石茔、坑尾等处，便即树栅屯粮，意图久踞，良由其地依山阻水，势极险要，筑成坚巢，足以自固，该逆又系英德县人，风土皆所熟悉，兼可乘机内犯，逞志乡闾，乃一面修筑营垒，一面使夥党李福、曾贵诡言首逆他窜，馀众情愿投诚，借为缓兵之计。

先是高州军务已平，而李复猷一股方出没于江、楚、两粤之交，臣因迭檄臬司张运兰、副将杨虎臣等，责成专办此股。无论该逆窜往何省，总须跟踪追剿，不灭不止。傥任令远飏，定惟该臬司等是问。该臬司等亦毅然以办贼自任。比贼窜怀集，张运兰遂与杨虎臣计议，深虑该逆据险负隅，持久难下，莫如乘其垒尚未坚，迅速掩捕。遂各统率所部，拔营急进，于十月初九日驰抵连州，分路进兵。杨虎臣由龙津门渡河，直抵寨冈；张运兰由茶

---

①日期据《毛尚书奏稿》卷十一同折补。

田至阳山县属之七巩地方截剿。十四日，张运兰复将部勇分为二队，一由东路驰赴茶岩，一由南路绕出白莲。正在部署进发间，该首逆骤闻大兵云集，惊惶失措，乃自率其亲信悍贼数十人潜行避匿，仍遣馀党往投绅士，乞恩请降。张运兰以该逆等现踞石莹、坑尾者尚有数千人，聚而未散，军械亦未呈缴，知有变诈，即率兵由间道驰抵寨冈，会同杨虎臣及署三江协副将瑞龄、连州知州严先佑等，密计熟商，以为该逆既占地利，莫如将计就计，姑允所请，以懈其心。于是自领大军，督同署阳山县知县王锡诰扼其东，分兵令署连山绥瑶同知韩凤翔遏其西，先断该匪窜越之路。随于十六日传令绅士罗传心等带同贼目来营投降。张运兰讯以逆首李复猷何以不来，该逆目等言语支吾，不能指实，遂仍以好言慰遣之。次日黎明，即与杨虎臣督带队伍，直抵石莹、坑尾一带，将贼垒十二座一律毁平，擒获伪旗帅向日鼎、伪元宰李辅、伪武卫将军夏光新，及带队之秦明瑞、李二苟等三十馀名，讯明正法。其馀匪众二三千人伏地乞命，讯系各省被胁难民，并有妇女四百馀人、幼孩四五百人，当交严先佑分别遣散安插。

维时逆首李复猷及其亲党曾贵、李福尚未就擒，经张运兰勒令代贼乞降之绅士购线踹缉，敢有知情不举者，与逆同罪。十九日捕获曾贵、伍福二名，伍福即李福，俱系积年老贼。讯得李复猷因我军四面张网，不能远遁，尚藏匿老雅坑之洪奎岩。张运兰等即派勇迅往捕拿，讵该逆已剃发扮作难民，乘间逸出。随又侦得该逆带领死党十馀人，潜窜连州属之铁坑地方。张运兰悬立重赏，挑选敢死之士，星夜将该庄围住。该逆犹敢率党抵死抗拒，被壮勇范正纲等劈伤，登时就缚，并将馀党一并擒获，先行就地正法，将李复猷、曾贵、伍福三名解省审办前来。

查李复猷骁勇善战，险诈多谋，为石达开之心腹。自石逆就擒之后，该逆拥众数万，自树一帜，由蜀而黔而楚而粤，迭次攻陷城池，戕杀官弁。及其窜入石茔，意在养精蓄锐，四出鸱张。比闻官军骤至，自度不能飞越，则又诡称他窜，假托投诚。种种狡谋，洵为贼中之桀黠。若官军稍存大意，误令脱逃，则将来之啸聚蔓延，几不可问。兹幸仰赖天威，真凶不至漏网。臣等督率司道亲提讯明后，即恭请王命，将李复猷凌迟处死，曾贵、伍福一并处斩。李复猷前在湖南戕害会同县知县邓尔昌，甚为惨毒，因将该逆首级、心肝，委弁解往致祭，以慰忠魂，而快人心。

辰下寨冈、石茔等处业已肃清，除檄杨虎臣一军仍回宜章，由湖南抚臣酌量调遣外，惟闻阳山县一带有土匪乘机窃发，臣现密饬张运兰移军前往拿办。此等小丑跳梁，不难扑灭。总期悉数歼擒，不留馀孽，以仰副圣主除恶务尽之至意。

至此次出力官绅兵勇，可否择尤酌保之处，恭候命下遵行。臣等谨合词恭折由驿驰陈，伏乞皇太后、皇上圣鉴训示。谨奏。

克复信宜一案，寄云尚书单衔具奏，属予点定奏稿。予疑督抚同城，例得列名。尚书曰："广东向例独不。"尔时予莅任才三日耳，嗣是凡有奏案，皆用督辕单衔，予为主筹画、司章奏，自同幕府而已。此次凯章以楚勇围擒李复猷，与崑军门无涉，亦令鄙人与军门同列后衔。因检查三十年案卷，凡遇奏案，督抚无不同列名者。尚书强横自擅，吾亦无词，盖其意本不欲自炫著也。是以相处年馀，从未一与校论。而种种陵藉，多出意表，大抵成于娼嫉之一念为多，而终以不悟其非。因清缮此稿，有感于中，聊一记之。自记。

解散难民擒获逆首范亚音片[①] 十一月十六日

再，信宜逆首陈金刚被诛，其党投诚解散，官军收复信宜县城，先经臣恭折奏报，并将西省容县、岑溪次第克复情形附片陈明，及会同广西抚臣张凯嵩具奏在案。

查陈逆党羽及裹胁之众，实有十馀万人，其籍隶高州所属者当即遣令归农。此外皆系广、韶、肇、罗诸郡及广西、湖南之人，水陆兼行，道途杂沓，诚恐滋扰生事。经提臣崑寿会商试用道唐启荫，暨高州镇道选派文武员弁，妥为弹压护送，并令降人郑金等另派头目照管，陆续由罗定取道进发。臣复檄饬南海、番禺、高要、德庆、东安、西宁各州县多备船只，络绎驶往接应。先后据沿途各属禀报，自十月初旬起，按程接递，分别解送回籍，各首民一路甚为安静，并无逗留滋事。现在业已全行遣散，高州一带地面可以无虞。并据督办军务广西候补道蒋泽春禀报，容县逆首范亚音已于十月十七日就获，经臣批令就地正法，其党羽分别剿抚，以靖地方，仍饬高州镇道督率各营县，并令蒋泽春率同西省文武，搜捕馀匪，招集流亡，一切善后事宜，妥为经理。辰下东西边境大致乂安，士民亦渐复业，堪以仰纾宸廑。

除范亚音就获详细情形应由广西抚臣会折具奏外，谨会同署广东抚臣郭嵩焘、陆路提督臣崑寿，附片驰陈，伏乞圣鉴。谨奏。

---

①辑自毛承霖编《毛尚书奏稿》卷十一。系与两广总督毛鸿宾、广东陆路提督崑寿会衔。

沥陈广东厘务情形疏会总督衔　十一月十六日[①]

奏为沥陈广东厘务情形，恭折奏祈圣鉴事。

窃以风俗之厚薄，南北异尚；山川之险易，远近异形。故有均是一法，于此而效，于彼而不效；同此一意，有时而行，有时而不行。苟非因地制宜，鲜能于事有济。伏查广东厘金一事，历年以来，办理未得裕如，以致上廑圣虑。臣等到任后，推求其故，实缘广东情形有异他省判然不同者，请一一为皇太后、皇上陈之。

他省厘务，皆先查明物产处所、行销地方，统核其资本之多寡、利息之盈歉，然后酌中定数，取少于多，既免偏枯，亦难巧避。粤东则货物不尽产于本地，多半接自外夷；售销不全在乎中华，兼可行之异国。来去之源流莫定，即子母之衰旺难稽。其不同者一也。

他省货物，皆有官帖牙行，总持贸易之大纲。物价之低昂、销行之通滞，易于推求；起货落货，呈验行户报单，即纤悉不能自隐。广东则货不归行，悉听商贾自便，既无总汇之所，即乏稽核之方。其不同者二也。

他省土著人等，多以耕凿为生，其在市井逐什一之利者，率系外乡客民，根蒂不深，畏人欺压，每于士绅势力之家，乐为亲附，遇有一切公事，但经劝谕，即无不俯首听从。广东不然。自编户以至缙绅，莫不从事贸易。逐末者多，斯急公者少。盖他省办厘之人非即出厘之人，情不属，故易出之以慨慷；广东则出厘之人即系办厘之人，爱难割，故不自觉其悭吝。其不同者三也。

---

①日期据《毛尚书奏稿》卷十一同疏补。

中国与洋人通商口岸，自牛庄以至广东，凡十馀处，皆属商贾辐辏之区，厘捐皆胜于他处。虽亦时为洋人所牵掣，而其通商地方，或附近城池，或分列市镇，商民与洋人交易者，犹为官法所能约束。广东则澳门据其西，香港绕其东，所有省河扼要海口，其地全属之洋人，而香港尤为行户屯聚之地，一二大行店皆移设香港，以图倚附夷人，便其私计，一切劝捐抽厘，从不敢一过问。其有意规避捐输者，亦多寄顿香港，希图幸免。统计出入各货，凡大宗经纪，皆由香港转输。是他省但防偷漏之途，而粤东兼有逋逃之薮。其不同者四也。

他省地方公事，只在官绅联络，则呼应自灵。盖执法在官，通情在绅。法所不能禁者，以情谕之；情所不能动者，以法绳之。宽猛相兼，事罔不济。至广东则买卖人等往往恃夷人为奥援，借轮船为捷径，有不便于己者，辄勾通夷人，横生枝节，遂使情法两穷。甚或捏造情节，铺张事实，刻入新闻纸，既以鼓动洋人之议论，又以炫惑远近之听闻。官不畏考成而畏挟制，绅不畏清议而畏流言。凡属捐输、厘金，与绅商富民有相关涉者，造言阻挠为尤甚。其不同者五也。

而其弊则尤在从前办理之始，从未将天理人情，殷殷与商民讲求，贸然而行，率然而止，一切授权于奸商，而公私交受其病。即如充商章程，某人愿充某商，呈明先捐银若干两，准其设局抽收，每年再认缴银若干两，试办几年，如按年缴不足数，仍可随时告退。是官取之总商者，总商仍取之散商，商收之数，难保不浮于官收之数。乃各商便其不经官手，可无投纳之烦，官亦觉其事有责成，借省钩稽之力，任令居中轩轾，恣意侵渔。迨知其弊所从生，改为官办，而上下之情，久已扞格不通，张弛之间，反或龃龉百出。议行议罢，均无善策。此一误于颟顸者也。

小民固当使之怀德，亦不可不使之畏威。广东习俗强悍，好勇斗狠。各城乡市镇游手无业之徒，百十成群，遇事生风。保正不敢举发，官吏不敢查拿。故自开办厘金以来，哄闹者不止一处，亦不止一次。而历年以来，从未闻办过一案，惩过一人，无非用计消弥，含糊了事。民情因此益生藐玩，动辄把持。地方官偶欲举行新政，时惴惴然以生事为虑。良由其时军务未蒇，寇乱滋多，不敢持之过急，驯至苟且因循，酿成锢习。此一误于姑息者也。

窃思地方情形之不同，为病之本；官绅办理之未善，为病之标。本病宜徐治之，标病宜急除之。查门市之厘抽之坐贾，过路之厘抽之行商，而坐贾之厘不逮行商远甚，即再加扩充，为数亦属有限。现在拟将总抽之法酌量变通，如有呈报不实及隐匿遗漏者，分别酌增补办，以昭公允。其有各行户于水口设立私卡，侵碍官厂，影射行商，借以充抵门市坐厘等弊，概行查明禁革。至路过之厘，除已经设立官厂之处无事更张外，其馀水陆各要隘，有应行添设厘卡者，查明酌量添设，其外府、州、县未经举办之处，亦拟次第开办。从前以地方不靖，恐民间聚众阻挠，今各路次第戡定，匪徒咸知儆惧，谅不敢再肆诪张。果能逐渐推行，当不患其终无起色。

而臣等愚昧之见，则尤以为利不在上，即当在下。在上固以济军国之要需，在下亦仍为商民所自有。所不可不杜绝者，全在中饱之弊耳。与其失之滥抽，犹不如失之漏抽之为愈也。臣等不敢谓利必可兴，而务求其弊无不革。下所已出，涓滴必使归公；上所或遗，豪强不能巧取。但使日计不足，月计有馀，弊尽而利即因之，庶于恤商裕国之意，并行而不相悖，交济而适相成，以期不负圣明委任之至意。

所有广东厘务情形，谨恭折沥陈，附驿具奏，伏乞皇太后、皇上圣鉴。谨奏。

此折有极中窾要者，有绝非情实者。鄙人为之条其文义。所手定者，三百馀字而已。自记。

沥陈广东筹解京饷万分支绌势不能兼及镇江协饷疏会总督衔　十一月十六日[①]

奏为沥陈广东筹解京饷情形已万分支绌，势不能兼及镇江协饷，恭折复奏，仰祈圣鉴事。

窃臣等于同治二年十一月十四日承准议政王军机大臣字寄，同治二年十月二十七日奉上谕："前因镇江军营需饷甚迫，谕令广东督抚将应解镇江协饷不论何项，先行赶解银十馀万两。兹据冯子材等奏称：委员前往守提，仅据知县虞庆澜领解银五千两。此项协饷，自元年正月至今，共应解银六十馀万两。先后两次委提，仅据拨银七千两。镇营上年闰八月整顿清厘之后，按月尽摊尽放，现又积欠新饷四十馀万两。饥军哗溃堪虞，请旨饬催等语。金陵渐次合围，城贼穷极思窜，镇江适当其冲，防剿极为吃重，若因饷需告罄，稍有疏虞，东南全局即恐因之掣动，关系实非浅鲜。着毛鸿宾、郭嵩焘懔遵前旨，不论何项，先行赶解银数万两，以救眉急，并酌量情形，无论多寡，按月定数拨解若干，俾得源源接济。镇江军务现在极关紧要，傥该督抚任意迟延，致令饷项缺乏，贻误戎机，恐毛鸿宾等不能当此重咎也。〔将此由六百里谕令知之。〕[②]"钦此。仰承皇上廑念东南大局，力筹接济。

臣等遵查广东岁入正款，曰地丁，曰盐课，曰粤海关课税，

①日期据《毛尚书奏稿》卷十一同疏补。

②据《毛尚书奏稿》卷十一同疏校补。

曰太平各关课税。近年筹备军需之款，曰溢坦变价，曰捐输，曰厘金。从前广东全盛之时，地丁正耗等银一百二十馀万两，年清年款，岁支水陆各营俸饷、草价等项一百六十万馀两。除粤海关课额有例解拨款外，其馀盐、关各课，照例由本省开支，一切无虞短绌。自咸丰四年各属被兵以后，地丁征收日形艰乏。惠、潮各属，勉强征至五分，而官垫常居十之二三，州县疲难日甚。然其时商贾之力犹厚，海关课税收数尚充，得资接济，每一办理捐输，动逾百万，故虽屡经兵燹而不甚忧贫。广东之贫，实自去年始。盖洋人肆扰省城数年，公私扫地无馀，所犹恃者商贾百货云集，尚足藏富于民耳。去年内江通商，所有洋货大宗，向由粤中转运湖广、江西者，今全数移至汉口、九江。至出口茶叶，统计闽、浙、安徽、湖广、江西，每岁不下千百万。近年闽、浙、安徽之茶全出上海，而湖南、江西之茶犹分出广东，自去岁则又并归之汉口。于是沿江各省出入经纪，从前广东所擅为利者，悉举而空之，不独海关课税因之大绌，即民间贸易亦实日形凋敝。而厘捐适于是时拨充皖、浙军饷。溢坦变价经办多年，计数约已百万，协拨广西、贵州、安徽、闽、浙各省共六十四万有奇，馀并为积年军需随时动用。是广东旧办之款无一可以设措，即在咸丰初元无事之日，其力已不能自支，而又有高州之股匪、肇庆之客匪，滋扰一府十馀县，募勇至数万，需费烦多。又以京饷紧急，盐、关各课指明起解，捐输京米接连两年，以根本大局攸关，全力经营，其实皆腾挪本省之军饷，以相抵拨。各营勇粮，积欠至二百馀万，至于无力撤遣。水陆额兵饷银，则咸丰十一年尚有尾数未清，积欠实已逾二年之久。每一念之，深怀惴惴。其京米之派捐各县者，又每借之以搪塞钱粮。同治元年，藩库经收实数尚止五十馀万，各捐户且多方迟难，每报解时先行挪垫。勒限各州县追缴藩库，迄今未能清解，盖捐输之力至是而益穷。此实两年以来艰难竭蹶筹解京饷之实情也。而广西与广东近邻，利害相关，势不能不稍为应接。至于军务吃紧如镇江水陆各营，以及艰苦如贵州，均曾勉强供给数千金，已觉力不能给，万无馀力再能筹巨款，以资拨解。

臣等查镇江冯子材一军不过万馀人，每月尚有江海关协济三万两，镇江、扬州各关解款数千两，泰州盐厘万馀两，通州花布捐、如皋江贩捐、象山都天庙厘捐共约万馀两，较之江南各营，尚不为甚窘。金陵穷窜之贼，以此军精锐当之，不难邀截堵击，以收扫荡廓清之功。臣等稍有可以协济之处，断不敢安心坐视，置大局于不顾。无如广东支绌情形日甚一日，且有不可以咸丰年间相提并论者，若使专意待广东接济，必致贻误事机。臣等亦不能不据实沥陈，以明京饷吃重，万无力可以旁及。

所有镇江协饷无可筹解缘由，谨恭折复奏，伏乞皇太后、皇上圣鉴训示。谨奏。

密陈学政王淜考试无弊疏[①] 十一月二十九日

奏为学政考试无弊，据实恭折具奏，仰祈圣鉴事。

窃照学政考试有无劣迹，例应每年陈奏一次。道光二十七年八月初四日，接准礼部咨开，钦奉上谕："该督抚等于年终密考，率皆以场规整肃、士论悦服为词，习成故套，毫无切实考语，殊非秉公核实之道。嗣后各该督抚等，务宜破除情面，认真访察。如该学政等不公不勤，或徇私坏法，以及约束幕友、家丁、胥吏

①辑自中国第一历史档案馆藏"朱批奏折"04-01-13-0302-054号。标题系编者拟。

人等不能严肃，甚至精神疲敝，不能振作，有玷厥职，均着该督抚等秉公具奏，不得仍以空言塞责。倘意存见好，徇隐不举，另经发觉，惟该督抚等是问。将此通谕知之。”钦此。又咸丰元年十一月初十日准吏部咨开，奉上谕：“各省学政经朕特简，为士子表率，亦各宜砥厉廉隅，恪守清操。虽延请幕友出棚，按试费用较繁，向资棚规津贴，但各省均有旧章，岂容踵而加厉。嗣后各学政如有不知自爱，任意需索者，着各督抚随时查察，据实参奏，毋稍徇隐。”钦此。钦遵在案。

兹查广东学政臣王泚，上年考过潮州、嘉应，本年考过惠州、广州、韶州、肇庆、连州、连山、南雄等府、州、厅，据藩司转据各属申报，俱系遵例关防，提调教官均无干预私谒诸弊等情，具详前来。臣确加访查，该学政王泚考试各属，关防严肃，去取允当，并无不公不勤、徇私坏法等弊。询诸来省绅士，所言亦复相同。臣仍随时留心查察，如有前项劣迹，即当据实奏闻，断不敢稍事徇隐，致干严谴。臣谨据实恭折具奏，伏乞皇太后、皇上圣鉴。谨奏。

广东省历年积欠兵饷难以印票补放请仍将盐课拨支以昭核实疏会总督衔　十二月二十一日①

奏为广东省历年积欠兵饷难以印票补放，请仍将盐课拨支，以昭核实，恭折仰祈圣鉴事。

窃照广东水陆各营及驻防满八旗弁兵，岁需俸饷银一百二三

①日期据《毛尚书奏稿》卷十一同疏补。

十万两有奇，向由户部指拨盐课银四五十万两，解交藩库，凑并地丁支放。嗣因运库盐课历年欠解藩库银二百四十馀万两，藩库筹垫竭蹶，遂亦积欠俸饷等项银二百馀万两。前署督臣晏端书会同前抚臣黄赞汤奏请将续征盐课尽拨补放，经户部议复，饬照皖、豫等省捐输饷票章程，由藩司刊刻印票补放，准其抵捐军饷请奖，至运库未解盐课，即提解部库，应如何立限督催，专案奏报。等因具奏。奉旨："依议。"钦此。当即咨行钦遵查照办理。兹据广东布政使吴昌寿查明详复前来。

臣等伏查粤省各营兵饷，岁拨地丁、盐课支放，已历二百馀年，本有定章可循。军兴以来，财赋日绌，地丁、盐课征不足额，又复提拨京饷、接济军需，以致积欠饷项二百馀万之多。兹准部议，仿照皖、豫捐输饷票章程，以印票补放，但使事尚可行，则臣等既借以清宿逋，亦得以资周转，岂非善策。无如情势迥别，室碍实多，不敢不为圣主一一陈之。

盖皖、豫等省及傅振邦、冯子才等军，因欠发兵饷过多，以票抵银，劝捐弥补。维时各路粮台皆兼设立捐输局，其势不能不减价以示招徕，而又碍难报销，各营欠饷动逾巨万，按月求领二三成而不可得，故为此权宜变通之计。在各营借以挹注，而领款已较为多；在粮台便于报销，而支放亦易为力。两有所利，故其法易行，非真能以一纸空票，巧为腾挪，强各营而使之具领也。广东历来开办捐输，均系按照定章，实银上兑，从无钱票折算。近年因随时裁撤兵勇，发给口粮，酌支现银数成，其馀折支印单，准其一体请奖，办法与皖、豫饷票，名异实同。每月奏报捐输请奖新案，多属此项，盖勇粮本较兵粮加增数倍，而又随募随撤，并无定额，既经散遣，则领款一并销除，又所裁率系疲弱获咎之夫，尚可迫以不得不从之势，其精锐各营口粮，则分厘皆须现镪也。自裁勇之印单日多一日，售给捐生之亏折日甚一日，绅富捐输现银之奖励难与裁勇之印单角胜，于是捐输现银缴局亦复日短一日。京仓米价不能解足派捐之数，本省经费尚须搜括各库之银，大率由此。

至于水陆额兵饷银情形，又更不同。从前广东全盛之时，地丁、盐课照常支拨，间有额外挪用，或欠放二三成，次年另筹弥补，更递牵搭，以至于今。近年地丁征收，岁形短绌，盐课欠拨至二百馀万，各营额饷或牵放一二月，皆以一时之补苴，抵历年之积欠。如能筹备巨款，扫数完结，勉强搭放饷票数成，各营亦或可乐从。而旧欠未清，新饷复迫，终亦无了期。又地方情形与军营迥异。军营收数，尽多尽少尽充兵饷，各营尚能相谅。地方用款浩繁，各项支销均用实银，独以饷票给放营饷，既绝其补支旧欠之望，益滋其搭放新饷之惧，将使怨讟烦兴，阻挠滋甚，其不便一也。

皖、豫粮台筹备捐输，以营务总汇之地，当人文辐辏之区，所放饷票随时给奖，故能畅行。广东迭次劝办捐输，富户均已得有奖叙，续捐之款，多半移奖亲友。饷票纵能减成，而无销售。通省水陆营汛，或远处山陬，或孤悬海澨，乡闾僻陋，距省数百千里，谋生拮据之士卒，固不能自请奖叙，舍实获以博虚名，而操防巡徼，终年劳苦，又谁暇执票以赴都会，访求报捐者而交易之？其不便二也。

水陆营务之废弛，积渐已久。自顷数年，额饷支绌，各营请放口粮，情词迫切，一月数至。劝之以拊循，已觉其情之窘；责之以整饬，更苦其词之穷。但使按月稍能接济，亦可将就敷衍，相为慰藉。苟顾目前部议，以积欠过多，饬用饷票抵还，臣等所深虑者，尚不在旧欠之加多，而在新饷之无措。盖旧欠能约至丰裕之时徐为归款，无庸急切清厘，而新饷之待领者不能专以空言搪塞。统计各营欠发饷糈，以此两年为最巨，实有不能支持之势。若能以饷票清厘，则是数百万之积欠，以数纸应付而有馀，军士嗷嗷，何能诱使听从。既忤军情，亦乖政体。其不便三也。

臣等再四思维，藩库每岁额征地丁正耗等银一百二十馀万，内有缓征，有民欠，约收得七八成。近年军务繁兴，统计所收不过五六成，而加增勇粮、军火，一切经费月至数十万，只此一省之物力相为灌输，而额支俸饷、养廉、草折公费等银一百六十馀万。历年指拨盐课，实为入款一大宗。近年放款倍于从前，而运库指拨一款积欠已如此之巨。前督抚臣请将盐课于历年指拨之外馀银尽拨补放，尚系按照原拨旧章办理，并非额外另请动拨。值此时事方艰，京饷重大，臣等亦不敢望旧欠之尽还，而不能不有资于新课之通融指拨。查广东盐课六十馀万，此数年内，各岸融销尚能足额。以后淮盐日通，粤盐之销数必至日形短绌。向来指拨四五十万岁征盐课，多资本省兵饷之用，此外并无拨款。昨准部咨：同治三年预提京饷，于广东盐课提解银二十四万两。是即盐课征收足额，而馀存之项，较之历年指拨藩库之四五十万数已相悬。合无吁恳皇上天恩，于部提盐课之外，概行拨解藩库，以资协济。但于运库少一分提解，即于兵糈多一分转输。俟一二年中，部库稍有赢馀，仍应如前督抚臣所请，全数拨解藩库。二三年而后，积年欠饷始可设法清厘。此又情事之不能不预筹者。总之，以盐课之积欠，抵兵饷之积欠，两足相当。而盐课二百馀万之拨款断不能遽还，兵饷二百馀万之欠数亦断不能全数清结。是以抵清欠饷尚可图缓，而指拨盐课必应循照旧章，以昭实际。

所有印票抵饷窒碍难行之处，亦不敢不缕晰复陈。是否有当，臣等谨合词恭折具奏，伏乞皇太后、皇上圣鉴训示。谨奏。

采办红黄飞金先行起解半批所有部议筹解之处势难承办疏会总督衔

奏为遵旨采办红、黄飞金，先行起解半批，并将实价开陈，所有部议仍饬筹解五批之处，势难承办，恭折缕陈，仰祈圣鉴事。

窃照同治二年七月内接准户部咨：奏派广东采办红、黄飞金七批，统限年内全数运库交纳。经前署督臣晏端书、前抚臣黄赞汤会奏，由广东尽力设法采办一批，计红飞金二千七百五十块、黄飞金四百五十块，共三千二百块，于年内赶造一半，其馀一半亦赶于来岁五月以前解部交纳，此外六批仍请由江苏省办解各情。奉旨饬部议奏。旋于本年十月二十一日准户部咨：应需红、黄飞金共二万二千四百块，饬由江苏、上海赶紧制造两批，其馀五批仍令广东采办。所需经费，应由江苏省无论何项酌拨银五万两解往粤省，以备支应。海关应解铜斤水脚银四万四千四百馀两，饬即如数筹解，此外均令自行筹备。等因。于九月十八日具奏。奉旨："依议。"钦此。

又先于同治元年六月内起解红、黄飞金四百五十块，造具动用钱粮清册，报部作正开销。现准户部咨：检查苏省额办红、黄飞金成案，每红飞金一块计用银一十一两三钱六厘零，黄飞金一块计用银一十两九厘零；广东所办红飞金一块用价银一十七两五分，黄飞金一块用价银一十八两六钱，较之苏省所办红、黄飞金，每块计多银五两七钱四分三厘零至八两五钱九分零不等。此次所办飞金四百五十块，核与苏省请销成案，共计多开银二千七百二十六两零。此项红、黄飞金，粤省虽无办过成案，自应将所用金数分量，详细开列，即或较之苏省少有区别，何至每块用银如此悬殊？应令仿照苏省成案，核实办理，详细造报。等因。于七月十八日具奏，奉旨："依议。"钦此。由部抄录原奏，咨会前来，当经转行钦遵办理。

兹据藩司吴昌寿详称：此项飞金，广东本无办过成案，缘奉部文采办，由前藩司文格督饬南、番二县，按照民间贩运价值，现雇工匠议交承办。广东制造金箔工匠不如江苏之精，其质底较厚，用金较多，售价原视江苏昂贵。惟红、黄飞金成本轻重之别，当时承办各员未及细加推求，徒见红飞金四百块为数甚巨，核减工价稍与从严，黄飞金五十块为数较少，核减工价遂亦从宽。盖缘承办飞金本非常例，一切按照市价造报，视例价均有参差。此次按照部文抄录苏省历年造报请销成案，饬令南、番二县招集工匠，子细核算，开具清单。计：红飞金一块价银一十六两九钱四分二厘零，黄飞金一块价银一十五两一钱八分二厘零，再四推求，万难再减。合计红、黄飞金三千二百块，需用价银五万三千四百二十四两七钱七分八厘零。除海关应解铜斤水脚银四万四千四百馀两，尚须筹备银八千四百馀两。广东此项飞金从不销贩他处，工匠无多，即使库款充裕，所需红、黄飞金二万二千四百块，亦非三四年不能制造齐全。兼又海关解款不能如数，藩库挪垫万分艰窘，江苏正当军务倥偬之时，未必能筹银解粤，是拨款亦成具文。且江苏各种工匠拥聚上海，傥有现银可以酌拨广东，益无难招集工匠，多为制造。计粤东办解两批之价，江苏将可制办三批。现今苏州克复，气象一新，诸事可以渐次清厘，规复旧章。广东竭蹶情形，万无馀力能筹办飞金至五批之多。应仍遵前奏，设法筹办一批，分两次起解，业经选雇工匠，赶紧督造，已据造成红飞金一千三百七十五块，黄飞金二百二十五块，饬委试用按经历王浤领解，于十一月二十四日起程，附搭轮船，由海道行走，赴部投纳。仍遵照将动用银数造册报部，作正开销。详请具奏前来。

臣等敬谨查验成色分寸，比较部颁原式，均属相符。核其所开清单，委系现在办理实价，视江苏例定价值不免浮多，而一切金价、工匠、估计成本不能核减。请旨饬下部臣核准，再由臣等具题请销。其元年采办飞金长出价值，责成承办各员按数摊赔。一面督饬藩司，赶将应解之半批给价督造，按限起解，稍备陵寝工程紧急之需。其馀六批，应饬江苏赶紧办解，可期事半而功倍。广东工匠既难雇觅，饷项尤万分支绌，即使勉强承认，亦决不能保其必无贻误。应恳皇上天恩，俯念广东筹办艰难情形，仍准报解飞金一批，稍资接济，庶可赶紧督办。

除将飞金半批核给咨批，饬令委员解赴部库投纳外，所有飞金五批无力筹解及现办价值势难核减缘由，谨缮折附驿具奏，伏乞皇太后、皇上圣鉴。谨奏。

谨将南、番二县折开粤省奉行采办红、黄飞金与苏省章程比较不符各数目，照缮清折，恭呈御览。

计开：

苏省红飞金章程

一、每金一两，制造红飞金二千三百一十九张。计红飞金每块一千张，应用金四钱三分一厘二毫二丝。

一、每金一两，飞耗六分。计每飞金一千张，应飞耗金二分五厘八毫七丝三忽。

二共用金四钱五分七厘九丝三忽。

金价一五算，该纹银六两八钱五分六厘三毫九丝五忽。

一、每打金一两，制飞金二千三百一十九张，共该工匠等项花银一十一两一钱，九三折实纹银一十两三钱二分三厘。计飞金一千张，该纹银四两四钱五分一厘四毫八丝七忽。

统计苏省制造红飞金，每块金价、工匠等项纹银一十一两三钱七厘八毫八丝二忽。

粤东采办红飞金数目

一、每金一两，制造红飞金一千三百四十二张。计红飞金每块一千张，用金七钱四分五厘一毫五丝六忽。

一、每金一两，飞耗六分。计每飞金一千张，飞耗金四分四厘七毫一丝。

二共用金七钱八分九厘八毫六丝六忽。广东每飞金一千张，比较苏省加重三钱三分二厘七毫七丝三忽，因广东工匠手生，不能如苏省制造轻薄，以致用金较多。

十成赤金照时价每两一五八算，每千张用十成金七钱八分九厘八毫六丝六忽，该纹银一十二两四钱七分九厘八毫八丝二忽，比较苏省每千张计多金价纹银五两六钱二分三厘四毫八丝七忽。

一、制飞金一千张，需用工匠等项纹银四两四钱六分二厘八毫九丝一忽，比较苏省每千张计多用工价纹银一分一厘四毫四忽。

统计粤省制造红飞金，每块金价、工匠等项纹银一十六两九钱四分二厘七毫七丝三忽。

计采办红飞金一块，粤省较苏省多用纹银五两六钱三分四厘八毫九丝一忽。

苏省黄飞金章程

一、每金一两，用十成金八钱五分，制造黄飞金二千三百一十九张。计黄飞金每块一千张，应用金三钱六分六厘五毫三丝七忽。

一、每金一两，飞耗金六分，实十成金五分一厘。计每飞金一千张，应飞耗十成金二分一厘九毫九丝二忽。

二共用十成金三钱八分八厘五毫二丝九忽。

金价一五算，该纹银五两八钱二分七厘九毫三丝五忽。

另飞金每千张，加入纹银六分四厘六毫八丝三忽。

一、每打金一两，制飞金二千三百一十九张，共该工匠等项花银一十一两一钱，九三折实纹银一（千）〔十〕两三钱二分三厘。计飞金一千张，该纹银四两四钱五分一厘四毫八丝七忽。

统计苏省制造黄飞金，每块金价、工匠等项纹银一十两三钱四分四厘一毫一丝五忽。

粤东采办黄飞金数目

一、每金一两，用十成金八钱五分，制造黄飞金一千三百四十二张。计黄飞金每块一千张，八五折十成金六钱三分三厘三毫八丝三忽。

一、每金一两，飞耗金六分，八五折十成金五分一厘。计黄飞金一千张，应十成耗金三分八厘三忽。

二共用十成金六钱七分一厘三毫八丝六忽。广东每飞金一千张比较苏省加重十成金二钱八分二厘八毫五丝七忽。

十成赤金照时价每两一五八算，每千张用十成金六钱七分一厘三毫八丝六忽，该纹银一十两六钱七厘八毫九丝八忽，比较苏省每千张计多金价纹银四两七钱七分九厘九毫六丝三忽。

另飞金每千张加入纹银一钱一分一厘七毫七丝三忽，比较苏省每千张计多用纹银四分七厘九丝。

一、制黄飞金一千张，需用工匠等项纹银四两四钱六分二厘八毫九丝一忽，比较苏省每千张计多用工价纹银一分一厘四毫四忽。

统计粤省制造黄飞金，每块金价、工匠等项纹银一十五两一钱八分二厘五毫六丝二忽。

计采办黄飞金一块，粤省较苏省多用纹银四两八钱三分八厘四毫四丝七忽。

现奉采办红、黄飞金一批，年内赶造半批，计：

红飞金一千三百七十五块，共该纹银二万三千二百九十六两三钱一分二厘八毫七丝五忽；

黄飞金二百二十五块，共该纹银三千四百一十六两七分六厘四毫五丝。

二共一千六百块，共该金价、工匠纹银二万六千七百一十二两三钱八分九厘三毫二丝五忽。

特参声名平常府县各官疏会总督衔

奏为特参声名平常之府县各官，请旨分别降补革职，以肃官方，恭折具奏，仰祈圣鉴事。

窃照府、县分理地方钱粮词讼，皆关治乱之源。广东积年以来，盗贼充斥，风俗颓敝，地方官因循废弛，积习相沿。臣等莅任之初，访察地方情形及府、县官声名优劣，深知吏治民情之相为维系，其间声名较坏之员，必应严加参劾，以冀有所劝惩。

查有署潮州府知府候补同知直隶州汪政，年力就衰，性情贪鄙；卸署佛山同知候补知府三多，居心庸劣，气习太深；准补德庆州知州蒋元裕，行止卑污，不知自爱；澄海县知县张星耀，贪污懒废，声名最劣；署和平县知县朱世忠，人品轻肆，难资委任；

署东莞县知县朱用孚，习为软熟，一味逢迎。以上各员劣迹昭著，物议纷腾，均经访闻确实，询据藩、臬两司闻见相同。应请旨将署潮州府知府汪政、候补知府三多、准补德庆州知州蒋元裕、澄海县知县张星耀，并行革职；署和平县知县朱世忠、署东莞县知县朱用孚，并以府经县丞降补。其馀所属官吏，容臣等详细察看，核实参办，以冀仰副皇上澂叙官方之至意。其德庆州、澄海县二缺，应由臣等查明应补人员，分别题补。仍一面严查各该员经手钱粮仓谷，有无亏短，另行核办。

所有特参府、县各官缘由，谨合词缮折具奏，伏乞皇太后、皇上圣鉴训示。谨奏。

调署潮州府知府片会总督衔

再，署揭阳县知县题补佛山同知陈毓书，廉明强干，能举其职。臣等见该员禀报揭阳县情形，条分缕晰，切实办理，不辞劳瘁。证以人言，颇相符合。因查广东潮州一府，民情尤为犷悍。各县应完钱粮，率不满三四成。抄抢掳掠，视为故常。其民户有大族、小族之分；一族之中，又有强房、弱房之分。强者侵弱，众者暴寡，寻仇相杀，积为械斗。其嗜利轻生，习与性成。而惟得一不要钱、能办事之官，尚能输心畏伏。该员陈毓书前署潮州府通判，捕治盗贼，查办积匪，绅民已相信服。此次揭阳县任内，朴实耐劳，政声尤著。以之调署潮州府，必能资其整饬。应恳皇上天恩，准饬该员署理潮州府知府，以示优异。如能整饬有方，挽回风气，再由臣等查案保奏。是否有当，谨附片奏明，伏乞圣鉴训示。谨奏。

官军攻剿三山土匪贼巢获胜现在筹办情形疏会总督衔　十二月二十四日[1]

奏为官军攻剿三山土匪贼巢获胜〔及〕[2]现在筹办情形，恭折由驿驰陈，仰祈圣鉴事。

窃石逆馀党李复猷窜扰粤境，经臣等飞调楚军，将首要各犯擒获正法，馀匪分别剿抚，于本年十一月十六日由驿奏报，并将阳山县一带土匪窃发，现饬福建臬司张运兰移军剿办缘由，随折陈明在案。

此股土匪，其为首之邓二尺七，系英德县人。咸丰四年发逆为乱，该匪即与陈金刚互相勾连，踞险劫掠。经官兵剿办，该匪与其凶党潜匿深山，一时未能搜捕净尽。乃于英德所属之三峡头、大湾、犀牛潭，阳山所属之青莲墟等处地方，驻扎兵勇，防其肆扰，已阅多年。本年十月间，李复猷窜至连、阳边界。该匪乘兵勇分途防剿，不遑兼顾，遂纠约党羽，四出劫杀，扰及阳山之田心乡、龙家洞等处，意在牵制官军，援助李逆。迨闻李复猷就擒，官军势盛，又潜行遁回英德县属之三山老巢，负嵎自固。

十一月初七日，张运兰押解李逆来省，臣等面授机宜，饬令前往查办。十二月初三日，张运兰督率两营往剿，行抵长富峒地方扎营。是晚，该匪乘我军营垒未定，由山冈冲下，意欲扑围。经张运兰严阵以待，该匪旋即退去。次日，张运兰乘高瞭望，遥见三山、鹤嘴等处，四面皆山，冈峦险峻，内有村庄十馀座，绵亘七八里，只有两路可通。其要隘均修筑坚卡，安置大炮，前后

---

①日期据《毛尚书奏稿》卷十一同疏补。

②据《毛尚书奏稿》卷十一同疏补。

小径亦俱堆砌乱石。询问本地绅民，据称邓二尺七党众约有三千馀人，三山地方为藏垢纳污之所，历时已久，即附近居人，亦莫能身入其中，窥探该匪行径。张运兰料其根株盘结，狡计必多，随将各山茅草焚烧，以免匪徒埋伏。初五日黎明，派令带队之刘光明、贺国桢分左右两路进攻，张运兰自率亲兵接应，署英德县冯宝封等带勇继之。辰刻，左路队勇将抵隘口，该匪即在山上扬旗吹角，枪炮木石，势如雨下。我军鼓勇直登，立破隘卡三重，阵斩悍贼二十馀名。其右路勇队亦乘势进战，枪炮并发，杀贼三四十名。该匪力不能支，退入村内，四面环立。我军尽锐攻扑，以火箭射入贼巢，登时火发，贼情慌乱。我军乘胜逼攻，复毙贼匪多名。惟其中大村墙屋，高峻坚厚，四围皆安设炮眼，贼从墙间施放枪炮，势如飞蝗，并以滚油粥汤，从高泼下，我军仰攻甚难。鏖战至暮，以主客之势不同，且兵力亦尚未厚，收队而退。计烧毁贼巢四处，焚毙贼匪约数百人，我军弁兵亦间有伤亡等情，据张运兰禀报前来。

查邓二尺七本系著名土匪，自咸丰年间节经地方官购线严拿，迄未弋获，无非以三山地势险阻，借为藏身之固。其坚筑卡墙，安设炮眼，所有一切守御之具，无不预备，可见其潜蓄异图，已非一日。地方官苟且偷安，粉饰消弭，隐忍不发，以故北江一带贼匪之多，甲于通省，要皆恃该匪为逋逃渊薮。臣毛鸿宾前在湖南即有所闻，迨从韶州经过，接见南韶连道方濬颐，面询该处情形，即据痛言其害，并称迭经募勇镇压，总以兵力、饷力俱有未逮，未能大加惩创，其实变迟祸，大可为隐忧等语。臣等溯查道光六七年间，前督抚臣以连州、阳山、英德等处接壤湖南、广西，犬牙相错，山深林密，滩河险阻，匪徒最易潜踪，曾经筹集经费，委派文武员弁入山搜捕，岁以为常。旋以拿获匪首蒙叫化等及其党众千馀名，谓可无事，而经费亦渐不敷，遂尔中止。咸丰初年，匪首邓南保、周亚浲等先后聚众滋事，皆在其处。四年，各路贼匪同时并发，连、阳一带，几至梗绝不通。虽经次第戡定，而深山穷谷，未能处处遍及。匪徒狙伏林间，兵出则归，兵归则出，官军竟无从掩捕，是伏莽啸聚，已属蒂固根深。今邓二尺七突然起事，适值陈金刚、李复猷两悍贼已先后扑灭，该匪失其外援，而楚军锐气方新，驾轻就熟，敢于深入，亟应乘势进剿，扫穴擒渠，为一劳永逸之计，以期绥靖地方。张运兰所部向分五队，除二队已抵英德外，其三队尚在连州。臣等已檄饬该臬司，将全队调齐，再行悉力进攻，务将邓二尺七擒获，并馀党及三峡头另股逆匪冯九指等一律扫除，免致养痈贻患。

所有攻剿贼巢获胜及现在筹办情形，谨〔会同署广东巡抚臣郭嵩焘〕[1] 合词恭折，由驿驰陈，伏乞皇太后、皇上圣鉴训示。谨奏。

拿获汀延土匪李阿四解闽惩办片[2] 十二月二十四日

再，臣于十月二十七日承准议政王军机大臣字寄，同治二年十月初九日奉上谕："徐宗幹奏汀、延土匪经文武员弁节节追剿，斩馘无算。跟踪追至龙岩州属之宁洋县境，零匪百馀人翻山窜入粤省界内，首逆李阿四改装商贾，由僻路逃回广东嘉应州原籍，着毛鸿宾、晏端书、郭嵩焘严饬所属，一体会拿，务将首逆李阿四擒获，逃入粤界之零匪捕拿净尽，毋任漏网。"等因。钦此。

---

①据《毛尚书奏稿》卷十一同疏校补。

②辑自毛承霖编《毛尚书奏稿》卷十一。系与两广总督毛鸿宾会衔。

查本案于九月间先后准闽浙督臣左宗棠、福建抚臣徐宗幹咨会饬拿，臣即会同署抚臣郭嵩焘密札嘉应州严拿务获去后。兹据嘉应直隶州知州萨保禀称：探得逆首李阿四即正海在州属各处及福建上杭、武平等县边界忽来忽往，踪迹靡定。当经广购线目，会督各县营及闽省委员萧仲芳等，四路访拿。十二月初一日，该逆因被拿严紧，党羽分散，独自逃往平远县属地方，欲由江西长宁一路远窜，经平远县知县吴炳绶督带兵役，暨该州及闽省委员，上杭、武平各县兵役，于初二日在平远、长宁交界之土名磨石寨，将该逆首李阿四拿获。讯据供认，连年在福建汀、延一带焚劫滋事，屡次拒敌官兵，因被击败逃回，欲图纠党复往滋扰不讳。核与来咨年貌、瘢点相符，并经委员萧仲芳等认明，实系正身。随即派拨兵役随同委员解回汀漳龙道审办。

除一面再饬该州县严密查拿，如有匪党潜匿，即行兜擒，一并解办外，所有拿获逆首李阿四缘由，谨会同署广东巡抚臣郭嵩焘附片具奏，伏乞圣鉴。谨奏。

留方耀剿办阳春客匪片[①] 十二月二十四日

再，肇庆府属各处客匪，勾结发贼，四窜滋扰，经官军屡次击败，退屯阳春县属金积堡、企堋一带。十一月二十二夜三鼓，该匪窜至三甲墟肆行掳杀，次日进攻潭水营盘，经守备侯勉忠率勇击退。该匪旋分两股，各有数万之众，一绕西山，一由冈尾，两道并进，意图夹扑阳春县城。经该地方文武会同绅士分督勇练悉力守御，守备侯勉忠亦移营近城二十馀里马水地方，相为犄角，

①辑自毛承霖编《毛尚书奏稿》卷十一。系与两广总督毛鸿宾会衔。

两旬有馀，迭次进仗，均有斩馘。因贼势甚众，尚未能克日歼除。臣先经飞调署罗定协副将卓兴，由高州拔营赴援，已扎营阳江织篢地方。察看情形，兵力尚单。复添调署三江协副将方耀，带勇三千名，驰往协剿。

正在奏报间，适于十二月十二日钦奉寄谕："容、岑一带伏莽尚多，藤县、苍梧、平南各路土匪亦未遽靖，着饬方耀一军会同西省官军实力剿除。"等因。钦此。伏查方耀一军，臣本檄令赶赴岑溪一带，会同西军搜捕馀匪，嗣因广西军务正顺，无庸借助此军。该营欠饷为数亦巨，势难迅速拔营远行。适会阳春军务吃紧，改调该将驰往阳春，以厚兵力，而免疏虞。现在西省浔、梧各路土匪，有蒋泽春一军已进扎藤属虎跳地方，臣复派令广东试用道唐启荫会同该地方文武，妥为商办，其贵县黄三，横州李亚得、甘太升等股，复经广西藩司刘坤一督师进剿，均皆顺手。如阳春解严之后，西省尚须添兵，再行饬令方耀驰往协助。是否有当，谨会同署广东巡抚臣郭嵩焘附片陈明，伏乞圣鉴。谨奏。

恳请调补知县疏会总督衔

奏为海疆要缺知县需员，恭恳圣恩，俯准拣员调补，以资治理事。

窃照准调潮阳县知县王廷魁，于同治二年十月初五日在省寓病故，所遗潮阳县知县，系海疆繁疲难要缺，例应在外拣选调补。该县地处海滨，民情刁悍，械斗成风，素称难治，一切巡缉稽查，抚绥弹压，在在均关紧要，必须精明强干、才守兼优之员，方足以资治理。臣等与藩、臬两司于通省现任知县及候补应升各员内逐加遴选，非现居要缺，即人地未宜，实无合例堪以调补升补之员。惟查有始兴县知县常维潮，年四十六岁，河南祥符县人，由举人丙辰科会试中式第一百七十二名贡士，殿试三甲六十一名进士，引见奉旨："以知县即用。"钦此。签掣广东，咸丰七年四月十七日到省，题补始兴县知县，同治二年六月十五日到任。该员才力优裕，以之调补潮阳县知县，实堪胜任。历俸未满三年，先于咸丰十一年四月十三日在本省按十成实银上兑捐免，由户部核准给照收执，并无参罚案件。据藩、臬两司会详前来。

合无仰恳圣恩，俯念海疆员缺紧要，准以该员常维潮调补潮阳县知县，实于地方有裨。如蒙俞允，该员系现任知县请调知县，衔缺相当，毋庸送部引见。所遗始兴县知县员缺，粤省现有应补人员，俟接准部复，另行选员请补。

臣等谨合词恭折具奏，伏乞皇太后、皇上圣鉴训示。谨奏。

密陈司道知府考语疏

奏为密陈司、道、知府考语，仰祈圣鉴事。

窃照司、道、府等官贤否，例应于年底加具切实考语陈奏。道光十七年钦奉上谕："督抚职任封疆，责任綦重，凡属员之贤否，自当随时查察，无稍徇隐。乃近年各省督抚视为具文，仅以一奏塞责，经朕留心察看，往往与所注考语大不相符。嗣后各省督抚惟当仰体朕用人之苦心，事事求一实字，其考察属吏，尤应就其所办公事，认真稽核，一秉至公。"等因。钦此。又道光二十六年正月十八日钦奉上谕："嗣后各省督抚于年终密考，务须格外慎重，倍加严密，毋稍视为具文，致滋率忽。"钦此。又道光三十年十二月十八日钦奉上谕："嗣后各直省督抚于年终密考，务将各该员贤否实迹，指出确据，胪列密陈，不得仅以空言含混了事。

倘有保举在先，该员不能始终奋勉，亦着据实直陈，毋稍回护。封疆大吏，朕寄以耳目腹心。旌别之公私，即以定劝惩之得失。若考核不精，名实不副，是上以实求而下不以实应，安用此虚文为耶？将此通谕知之。”钦此。

臣仰承恩命，权抚粤东，值地方多事之时，正整顿需才之际。三月以来，留心考察同城司、道，实事求是，同心合志，号称贤能。各属实任道、府，亦多精明廉干之才。而吏治尚形颓靡，民俗日苦刁顽，良由气习已深，转移较难为力；空虚已甚，玩废更习为常。臣惟有遇事讲求，认真考核，以期诸事渐有起色，仰副皇上澂叙官方、循名责实之至意。兹届年终注考之期，谨将现任司、道、知府各员，就臣愚见所及，填注切实考语，密缮清单，恭呈御览，伏乞皇太后、皇上圣鉴。

再，调补广州府知府李福泰，未准部复，应于潮州府本任注考；调署琼州府知府徐嵩生，应于肇庆府本任注考；雷州府知府周毓桂、琼州府知府刘长绂，甫经调省离任，无凭注考。合并陈明。谨奏。

谨将同治二年广东省现任司、道、知府密注切实考语，手缮清单，恭呈御览：

布政使吴昌寿，年四十九岁，浙江进士，同治二年八月二十四日到任。该员久历戎行，耿直伉爽，其操守之廉洁，尤为士民所共信。

按察使李瀚章，年四十岁，安徽拔贡，同治二年八月二十一日到任。该员明练而有安详之度，精核而有稳实之操，谨守绳尺，从容寡过，自不掩其才能。

盐运使蒋志章，年五十岁，江西进士，同治二年四月初九日到任。该员谨慎周详，诚意盎然，其厘剔弊端，杜渐防微，识量亦见深远。

督粮道郭祥瑞，年五十二岁，河南进士，同治二年九月十八日到任。该员朴实恬和，不激不随，其分别属员能否，持论侃侃，毫无假借。

南韶连道方濬颐，年五十一岁，安徽进士，咸丰十年八月二十二日到任。该员谙练明通，能持大体，于地方应办公事，出之以勤恳，用能措理裕如。

肇罗道蔡夔，年六十四岁，江西进士，满洲翻译生员，咸丰十年十月十一日到任。该员老成笃实，谨守有馀，足资表率。

惠潮嘉道风安，年四十三岁，镶蓝旗（人）〔满洲翻译生员〕①，同治二年六月二十一日到任。该员遇事推求，安详慎审，于地方风土人情，留心体察，洞悉本原。

高廉道英秀，年四十三岁，镶蓝旗满洲翻译生员，同治二年三月十二日到任。该员和平谨饬，临民接属，均无违忤。

雷琼道孙观，年四十七岁，安徽进士，同治元年三月初八日到任，五月二十（一）日奉部文准补。该员明达稳练，实心任事，足资有为。

潮州府知府李福泰，年五十岁，山东进士，准补未到任，调补广州府知府，同治二年四月初十日到任。该员廉明谙练，宽博温和，政声最为优著。

韶州府知府沈映钤，年五十四岁，浙江进士，准补未引见，先赴署任，同治元年十二月初七日到任。该员练达周详，留心吏

①此据“朱批奏折”同疏“考语清单”改，朱批档号为04 01 13-0300-046。本疏其他各处校刊，均据此。

(事)〔治〕。

惠州府知府梅启照，年三十七岁，江西进士，同治二年七月初八日到任。该员精明廉干，遇事敢为，志趣特远。

肇庆府知府徐嵩生，年五十九岁，河南进士，咸丰九年十一月初六日到任，调署琼州府知府。该员精详稳实，为守兼优，能胜繁巨。①

高州府知府蒋超伯，年四十岁，江苏进士，同治二年五月初二日到任。该员朴诚端谨，静镇恬和。②

廉州府知府五福，年五十七岁，内务府正白旗汉军，同治二年五月三十日到任。该员老成历练，清正廉明。

①②“朱批奏折”考语与此相反。

同治三年

绅民同仇敌忾力保危城援案仰恳永增学额疏会总督学政衔

奏为绅民同仇敌忾，力保危城，援案仰恳天恩，永增学额，以广皇仁而昭激劝，恭折仰祈圣鉴事。

窃照广东省四会县城于咸丰四年间，被逆匪陈金刚阑入，经该县绅练随同文武员弁协力攻剿，旋即克复；九年间，怀集逆匪由广宁窜入，围攻县城，该县绅民登陴守拒，奋勇击退；十年二月间，积匪侯陈带等，纠邀练四苦等十馀股，由贺县突至四会，恃众攻城，势甚猖獗，其时兵力单薄，援师未至，危险万分，该县绅民众志成城，昼夜固守，逆匪三次挖掘地雷，城垣轰缺，冒死冲入，均能极力击退，登时补葺完固，转危为安，直至三月有馀，大军毕至，始将该匪合击败逃，县城赖以保全。历次堵剿固守情形，均经前督抚臣先后奏报有案。

嗣据该县士民援照咸丰七年福建建安、瓯宁二县保守危城，奉准永远加广学额成案，呈请永广四会县文武学额各二名，由县确核通详前抚臣，当查咸丰十一年辛酉科部颁科场条例内所有福建省团练守城出力，请加学额，钦奉谕旨允准。是剿匪保城增广学额，已有成案。但条例内未将原奏刊入，或恐情节不符，即经移准福建抚臣抄录原案咨复，内开：咸丰七年江西逆匪阑入闽疆，围攻建郡，建安、瓯宁二县绅民协力固守，克保危城，经闽省督抚臣奏请加广学额，于咸丰九年五月初八日钦奉上谕："江西逆匪阑入福建，围攻建宁府城，建安、瓯宁二县士民同仇敌忾，协力固守二月有馀，克保危城，四乡团练并与团丁联络，捐资出力，随同大兵平毁贼营百数，歼擒逆匪万馀，实属深明大义。所有建安、瓯宁二县均着永远增广文武学额各三名，以昭激劝。"钦此。

今广东四会县绅民办团剿匪，克复县城之后，连年被贼围困，均能婴城固守，而咸丰十年困守三月之久，以待援师，尤属果毅坚贞，深明大义，核与福建建安等县剿匪保城之案情节相同，据军需总局司道吴昌寿等议详请奏前来。合无仰恳天恩俯准，援照闽省成案，将四会县永远增广文武学额各二名，以昭激劝之处，出自逾格鸿施。

除分咨户、礼二部查照外，臣等谨会同广东学政臣王溁恭折具奏，伏乞皇太后、皇上圣鉴训示。谨奏。

甲子科乡试驻防翻译乡试应请依限举行疏会总督衔

奏为广东省甲子科文武乡试并驻防翻译乡试应请依限举行，恭折复奏，仰祈圣鉴事。

窃臣等接准礼部咨：奏奉谕旨，饬查同治三年甲子科乡试，军务省分能否依限举行，考官赴省有无绕道，按照具题，考官例限先期一月奏到，其有驻防省分，翻译乡试能否照例举行，亦于折内声明等因，当经分别咨行查照去后。兹据广东布政使吴昌寿等详称：广东省军务，仅止肇庆土、客一案及零星小匪，尚无碍于大局，本年甲子科文武乡试自应依限举行，以隆作育而重宾兴。惟广东至京驿路正站，向由江西、湖北、江南、山东、直隶各省行走。前届辛酉、壬戌两科乡试，因安徽、江西等省驿路梗阻，经前抚臣耆龄等奏明，正、副考官改由河南、湖北、湖南等省绕道来粤。嗣于同治元年十一月及同治二年二月先后接准江西、安徽抚臣咨会：江西、安徽各州县次第肃清，所有粤东递京文报，即经照旧由江西南赣正站行走各在案。本年正、副考官来粤，可否照依递文驿路，由江西、安徽各省行走，抑应绕道河南、湖北、湖南等省之处，应分咨各省，体察情形，随时知会考官查照。其驻防翻译乡试，已准广州将军臣瑞麟等咨会，将考试过广州驻防翻译录科人数试卷咨送礼部查核，届期题派考官夹片请题等由。臣等复查无异。

除咨户、礼、兵三部查照，并咨各省督抚查明驿路能否通行，随时知照考官外，所有广东省同治三年甲子科文武乡试并驻防翻译乡试应请依限举行缘由，臣等谨合词恭折复奏，伏乞皇太后、皇上圣鉴。谨奏。

确查史杰参款及陶昌培章升耀财产片会总督衔

再，臣等承准议政王军机大臣密寄，同治二年七月十三日钦奉上谕："晏端书奏查明史杰被参各款并查抄陶昌培、章升耀财产各一折。自刘长佑调任直督，所有查办史杰参款，查抄史杰、陶昌培、章升耀财产，均由晏端书办理，其所封抄财物，与原参数目大相悬殊，尤恐中多不实不尽，不免为人蒙蔽。着毛鸿宾、郭嵩焘于到粤后将史杰被参各款再行按照原参逐一切实详查，务得确情，严行究办。其史杰、陶昌培及章升耀财产难免别有隐顿，并着该督抚再行访查，严密办理具奏。闻该省在籍候选道马逢亨即有为陶昌培等寄顿情事，未知是否确实，并即详细访查，毋任藏匿。毛鸿宾、郭嵩焘均受国厚恩，优加委任，谅不肯稍涉瞻徇，代人受过，亦无所用其回护。晏端书原折二件均着抄给阅看。”等因。钦此。臣等抵任后，当即公同严密访查，切实根究，一面密嘱藩、臬两司督同地方府县，广咨博采，确加查办。兹细核案卷，证诸公论，所有史杰原参谋缺包私、得规把持各款，实在杳无确据，亦无被人控案。只因平日办事任才使气，不避嫌怨，并曾代埠商招募水客，致滋物议。其财产先已消耗，迨经查抄之后，更致一贫如洗，不能自存。臣等复加查察，与晏端书查复情形尚属相符，委无隐饰。史杰及其弟史绩懋俱已奉旨革职，勒令回籍，现复确查，别无劣迹，应请毋庸再议。至陶昌培由广西至广东，为时未久，所得资财，浪费之馀，本属无几，经劳崇光拿问后，又无亲属为之照料，浪散在所不免，委无寄顿情形。章升耀财产、借款，亦经全行查封，变缴银四万馀两，业据委员协同地方官逐细追求，出具并无隐漏切实印结在案。兹奉圣训，在籍候选道马逢亨有为陶昌培等寄顿情事，亟应饬提马逢亨到案，严切讯究，方成信谳。讵马逢亨患病沉绵，屡提未到，旋据报于本年正月初二日病故。访查陶昌培、章升耀等，皆以奢侈挥霍，耗散过多，一经核实封抄财物，遂致与原参传闻数目相去悬殊。马逢亨本以沙田致富，曾经罚捐银十二万两，此次拟令其报捐京饷，因未到案，亦尚未有成议。详考其平日往来踪迹，实与陶昌培等素不相识。今陶昌培、章升耀均已正法，马逢亨又已病故，其有无寄顿财产，杳无的确证据，实属无从追问。据藩司吴昌寿、臬司李瀚章及署广州府知府李福泰等密查禀复，众论佥同。

此案迭奉谕旨严切查办，臣等受恩深重，如查有不实不尽，亟当公同举发，彻底究办，断不敢稍涉瞻徇。诚如圣明指示，实亦无所用其回护。惟再四确加访察，委无别项情弊，亦不敢不据实直陈。所有遵旨查明缘由，谨合词附片复奏，伏乞圣鉴训示。谨奏。

官军攻剿三山贼匪老巢生擒首逆现在搜捕馀匪以期净绝根株疏会总督衔　正月十七日①

奏为官军攻剿三山贼匪老巢，生擒首逆，现在搜捕馀匪，以期净绝根株，恭折由驿驰陈，仰祈圣鉴事。

窃广东英德县属巨匪邓二尺七等，前乘石逆馀党窜扰粤境，纠众窃发，经臣等檄饬统带楚勇福建臬司张运兰移军剿办。上年十二月初间，攻破该匪三山外巢，大获胜仗，于十二月二十四日由驿奏报在案。

该匪邓二尺七因被击败，踞守英德县属之鹤鬏山中，依山筑垒，树立木城，深挖濠沟，密排枪炮，山前左右两村，皆傍山麓，相为犄角，后路复有村庄数处，互为声援，形势极为险固。张运兰调齐五队楚勇，亦依山联络为营，并令署英德县冯宝封、署阳山县王锡诰各带队勇，分守东路之水浸洞、西路之金鸡坪，以防奔窜。十二月十三日黎明，率领全队分三路进兵。总兵文恒久、副将贺国桢由右路前进；总兵易荣华、叶明瑞等由左路前进；该司自领中军，督同游击谭发律等绕出鹤鬏山后，同时夹攻。该匪率众分途拒敌，均被我军击败，生擒头目孔二十等，阵斩及滚崖落涧死者共约千馀人。当将楼井、大径涌等处贼巢村落平毁，我军亦有伤亡。嗣是连日雨水，不能进兵。二十一日晴霁，张运兰

①日期据《毛尚书奏稿》卷十二同疏补。

复率各队径进，先将附近山麓之左右两村攻破，向逆巢连扑数次，俱为枪炮所阻。环攻三时之久，贼巢内滚石炮火，纷纷雨下。游击易永茂越濠拔栅，斩守栅之贼数人，被炮子飞击殒命。把总刘明辉、勇目钟承天亦中枪阵亡。总兵文恒久被炮伤肩背。该匪抵死拒守。张运兰亲督大队，斩馘悍贼百馀人，鏖战至夜，方始收队回营。张运兰察看该山前面险峻，难以仰攻，惟山后径路坡陀，稍易进攻。随于二十三、四两日派令各队更番迭战，先将山后贼村数处攻破，即于山间开挖地道，搬运大炮，逼近邓逆老巢。二十五夜，励兵秣马，预备火器，于五更后带领各队直扑该逆坚巢，越濠而进。匪党猝不及防，被我军喷筒火蛋射入栅内，登时火起。山中树木丛杂，四面皆燃，延及贼巢，火光烛天。我军乘势围攻，贼匪冒烟突火，四路逃奔，多被截杀，馀皆扒山越岭潜遁。比及天曙，贼巢已空，查看烧死之贼约五六百人，杀毙者亦数百人，擒获邓亚喜、李观春等二十馀名。逆首邓二尺七率领悍贼百馀人奔往菱角塘之卢家村，该处距三山、鹤鸜约四十里，素与邓逆勾结。我军探悉情形，即于二十六夜星驰前往，将卢村围住，尽锐急攻，随将村外贼垒攻破，歼戮多名。卢村之贼知势难抵御，遂与邓逆及其亲党数百人翻山宵遁，潜匿菱角塘后一带山洞。二十七日，我军追蹑至彼查看。该处悉系深山穷谷，险峻异常。邓二尺七等在蒋家山洞负嵎不下，并于洞外隘口安置抬枪木石，以图抗拒。张运兰觅得乡民冯声銮、冯上秀等，令作向导，访悉该处山洞屈曲通行，约长数里。遂令分兵于洞后出路堵截，仍于前面逼攻。我军鼓噪登山，总兵易荣华、副将贺国桢奋勇先登，军士扒山越涧而前。军功叶光先中炮阵亡。各哨队愤恨之馀，勇气百倍，悉力拒战，杀贼数十人。至暮，该匪退入洞内，我军围守达旦。次早，张运兰令各勇多备柴薪火具，填塞洞口诸处，举火焚烧。该匪被烟薰火灼而死者不计其数。邓二尺七携其幼子邓亚保及死党邓亚凤等，由洞后窜出。伏兵齐起，一并兜擒。并据英德、阳山二县，各擒获逃贼邓亚盘、邓亚通等数十名；又贼目邓亚广一名，经署阳山县王锡诰督同练勇格杀。总计先后歼擒各匪略尽。此外尚有零星馀匪，皆已远飏。张运兰随将生擒各犯于军前正法，首要各犯委员解省，禀报前来。

臣等查连、阳一带，界连数省，峻岭危滩，万重险阻，从前屡为匪徒啸聚，多历年所。前抚臣耆龄攻剿兰山案内，邓二尺七曾经投诚，给与顶戴，而恃险负固，蓄逆愈坚，环山数十村匪类推为渠魁，以劫掠为生。积年设兵驻防，因山势险阻，未能深入剿洗。去冬李复猷股匪窜突连、阳一带，邓二尺七乘势偾起。初犹以谓劫盗之雄，可以掩而捕之。及派兵进剿，其巢穴险固，岩洞幽深，所有山内村庄及各要隘之区，皆坚筑墙垒，藏伏枪炮，层层周密，大炮、火药、谷米、猪牛之属，逐村屯集。其蓄谋之久，抢掠之多，亦可想见。张运兰以得胜之师，乘势急捣，缒幽凿险，尽力围攻，受伤将士至三百馀人，仅〔而〕① 能克，此皆仰赖圣主天威，无远弗届，遂使元恶授首，逋寇荡平，不至蔓延为害。臣等现已饬提该首逆邓二尺七、贼目邓亚凤来省，督同司道审明，即行正法，以彰国宪而快人心。邓二尺七之子邓亚保及邓亚凤之子邓亚生，均年未及岁，饬司审明，照例缘坐，另行咨部办理。臣等仍饬张运兰率领所部弁勇，周历各处，实力搜捕，务将在逃馀匪悉数歼擒。一面督同地方文武，将善后事宜妥为筹画办理，毋令匪徒再有潜聚勾结，以期断绝根株，一劳永逸。

福建臬司张运兰经臣等檄调来粤，先后剿办李复猷、邓二尺

①据《毛尚书奏稿》卷十二同疏校补。

七两股巨匪，亲督各队兵勇，于深山穷谷中转斗而前，躬冒矢石，不避艰险，迭次出奇制胜，陷阵摧坚，遂使积年逋寇，一旦荡平，实属勇略过人，功绩卓著。该司职分较崇，应如何奖励之处，臣等未敢擅拟，伏候皇上天恩，给与奖叙，以资鼓舞，出自逾格鸿施。各将弁千里从征，冲锋冒镝，亦俱著有微劳。记名总兵文恒久、叶明瑞、易荣华、刘光明，均请赏加提督衔；副将贺国桢、谭邦连，均请以总兵记名简放；游击谭发律请以参将升用。其馀在事出力员弁兵勇，容臣等择尤另行奏恳恩施，以示鼓励。此次阵亡之参将衔两江补用游击易永茂、把总刘明辉，及前次阵亡之守备熊万隆，仰恳天恩先行交部议恤。其馀伤亡弁兵勇练人等，汇册咨部，分别恤赏。

臣等谨合词由驿驰陈，伏乞皇太后、皇上圣鉴训示。谨奏。

派员巡缉洋盗片[①] 正月十七日

再，粤东负山面海，壤地辽阔，陆梁之徒较他省尤为桀黠。自咸丰以来，狂寇狡起，随扑随灭，十馀年未尝止息。近者高州军务虽已蒇事，阳山、英德各匪亦已荡平，而客匪屯聚阳春县属之金堡、企壆一带，勾结发贼，其众至数万人，屡经檄调各路官军剿办，一时犹未能得手。海外则高澜洋面素为逋逃渊薮，盗匪啸聚有年，航海商民时遭劫掠。该处港汊纷歧，岛屿林立，非厚集兵力，不能聚而歼旃。而各营师船多因年久破坏未修，遇有出洋捕盗，皆须添雇海船充用。上年经署督臣晏端书会同水师提臣

①辑自毛承霖编《毛尚书奏稿》卷十二，清宣统元年刻本。系与两广总督毛鸿宾、广东水师提督温贤会衔。

温贤严饬巡洋将弁，合力查拿，先后拿获洋盗陈亚幅等名奏办，盗风总未尽戢，高澜一带洋面，仍时有抢劫之事。臣现咨商水师提臣选派干练将弁督率巡洋，舟师添雇挖船前往围捕，并责成该管地方文武设法严拿。

又，东莞县属之板头村、新安县属之冈边村，近有匪徒私造长龙艇，动辄数十号，出洋滋扰。臣已派委前任潮州府知府海廷琛等，会同水师游击黄廷彪等前往查办。已起获长龙匪艇十馀只。惟各犯尚多在逃未获，现饬购线督兵严行踹缉，务期悉数擒获解办，以靖海洋。臣谨会同署广东巡抚臣郭嵩焘、广东水师提臣温贤，附片陈明，伏乞圣鉴。谨奏。

官军追剿阳春客匪连战大捷疏会总督衔　正月二十八日[①]

奏为官军追剿阳春客匪，连战大捷，恭折由驿驰陈，仰祈圣鉴事。

窃广东客匪屯聚肇庆府阳春县属之金堡、企墈一带，勾结发贼，四出滋扰，逼近阳春县城。先经守备侯勉忠等堵剿获胜，因贼势甚众，未能克日歼除。臣等飞调署罗定协副将卓兴由高州拔营赴援，前经奏明办理在案。

该匪迭次扑犯阳春县城，均经守备侯勉忠会同地方文武官绅奋勇击退，先后将黄泥峡、白木桥、十二排坡、潭水等处村庄收复。嗣据署罗定协副将卓兴禀报：由高郡移驻阳江县属之织篢地方，复进扎双捷墟河旁。正月初四日，该匪率领大股突往扑营，

①日期据《毛尚书奏稿》卷十二同疏补。

漫山遍野，由河东西分两路拥至，势极汹涌。卓兴分部队伍，严阵以待，欲俟其半渡击之，并于陆路分兵互相援应。外委陈仕不遵号令，先自带勇渡河，千总黄崇光止之不及，亦相率竞渡，为匪所乘，不能抵御，遂致败溃。外委周忠海力战捐躯，并阵亡壮勇十九名。千总许加晋身受重伤。此外尚有被伤队勇多名。千总黄崇光随督所部奋勇扼重堵截，方得收队。卓兴愤怒，亟分兵两队往河西一路迎战，自率大队由河东继进，呐喊而前，所向披靡。该匪抵敌不住，大败奔逃。我军四面包抄，歼毙无算，其渡河溺死者以千计。追杀至二十里外，尸横遍野，斩取首级二百颗，内有伪营官二名，搜出伪印二颗，生擒十一名，夺获旗帜、炮械、马匹多件。卓兴因外委陈仕不遵号令，轻进取败，即按军法，立斩以徇。千总黄崇光虽亦违令擅进，而能转败为功，尚有可原，将该弁棍责摘顶，以观后效。是日都司蒋朝刚督勇在金缸岭一带堵截，阵斩贼目一名，生擒二名。追至樟木湾，沿途斩戮及落水淹毙者甚多，割取首级五颗，耳记二只，并获器械多件。初六日，该匪复分股由双捷河西前来挑战，另有悍贼数百名突近双捷墟口。卓兴出队击之，追杀数里，虑有设伏，收队而回。该匪窜至地豆冈，复被都司蒋朝刚截杀，生擒贼目二名，歼馘甚夥。初七日，匪首戴梓溃等亲率大股麇至，卓兴分兵五路兜剿，该匪面面受敌，力不能支，被我军阵斩多名，大败奔北，自相践踏，死者无数。追至那旦地方，将贼巢三座悉行攻破，巢内辎重举火焚毁，救出龙溪寨被困难民万馀口，割取匪首二十七颗，夺获旗帜、炮械多件。卓兴随以半军留守双捷，自领馀队驰赴麻汕，以遏贼匪窜扑阳江县城之路。适闻该逆攻扑游击雷秉刚、都司蒋朝刚所扎牛场、沙中桥各营，炮声不绝，相持甚急。卓兴即由麻汕出其后抄击，该匪不虞此军猝至，不敢拒敌，纷纷退窜。雷秉刚等亦带队协剿。

初八、九两日，连战大捷，杀贼数百名。乘胜直追至塘角墟等处，将该处匪巢攻毁，斩获匪首一百一颗，生擒四名，夺获大旗、抬枪等件。外委庄富发奋勇当先，手刃骑马贼目二名，割取首级，旋中伏炮阵亡。受伤壮勇十八名。该匪连次挫衄，势已穷蹙，奔回鸡笼门、金堡、企墈等处。卓兴于初十日带队进抵阳春县属古良、水口等情，据各将备禀报前来。

臣等伏查客匪勾结发贼，屯聚阳春，据险负嵎，历时已久。自信宜克复后，高州各处败匪复以该处为逋逃薮，是以愈集愈众。臣等前调卓兴一军专办此股客匪，以口粮欠放甚巨，迁延多日。至去年十一月内，始能移营阳江县属之织篢。其时阳春告急，匪势方盛。卓兴按兵观变，伺隙而动。乘初四日一战之威，节次扫荡，使贼势不至猖獗。该副将行军素有纪律，每次接仗，谋勇兼资，出之以镇定。收斩不遵军令之外委陈仕，尤为近时将兵者所难及。现在剿办阳春、阳江客匪事宜，应即责成该副将一手经理。其驻防阳江之都司蒋朝刚一军、驻防阳春之守备侯勉忠一军，应并归该副将节制调遣，以一事权。俟剿办略有头绪，必将戴梓溃、李四白面猪各匪搜除净尽，再行察看情形，遵照前旨，将各老弱良善之客民妥为抚绥，庶几一劳永逸，用以仰慰宸廑。

此次阵亡之潮州镇左营外委五品蓝翎周忠海、潮州镇中营外委蓝翎尽先千总庄富发，临阵捐躯，殊堪悯恻，恳请敕部从优议恤，以慰忠魂。其馀伤亡弁兵壮勇，容俟确查，另行汇案咨部核办。

所有剿办阳春客匪迭获大胜情形，臣等谨合词恭折由驿驰陈，伏乞皇太后、皇上圣鉴训示。谨奏。

钦奉寄谕谨将前后拟办情形缕晰密陈疏正月二十八日[①]

奏为钦奉寄谕，谨将前后拟办情形缕晰密陈，仰祈圣鉴事。

窃臣等于本年正月十四日承准议政王军机大臣字寄，同治二年十二月十四日奉上谕："罗惇衍奏劣绅勾通外国，勒还巨款，请收回印票，以杜后患一折。据称已故布政使衔候选道伍崇曜捐输银三十二万两，诿与咪国要在粤海关索本息银四十七万馀两。今该绅已于十月二十四日病殁，恐海关原给印票一落于咪夷之手，则持据来索，又费唇舌，且酿事端，请令两广总督察看妥办等语。广东绅士伍崇曜前代筹银三十二万两，据云借自咪国，并需息银十五万两。前经晏端书奏请，由粤海关税项下陆续给还，当经总理各国事务衙门、户部议由广东现任督抚饬令伍崇曜先行倡捐，并于通省商富内劝令一体捐输归款，业经有旨允准。兹据该尚书称，伍崇曜身故，恐海关印票一落外国之手，诸费唇舌，所筹不为无见。此项银两，无论借自何人，总以速行归款为妥。着毛鸿宾、郭嵩焘、毓清查前项银两曾否劝捐归补，陆续清还；现在尚欠若干，能否令伍崇曜子弟自行筹补若干，其不敷者官为劝捐清结。惟海关印票总以先行收回为最要之着，免致咪国执持原券，致多饶舌。该督等务须妥速筹商，预弭后患，是为至要。原折着抄给阅看。将此谕令知之。"钦此。仰见圣主于思患预防之中，寓宽大不苛之意，准情察事，仁至义尽。

臣等遵查故绅伍崇曜号称巨富，咸丰六年前督臣黄宗汉劝派

---

①日期据《毛尚书奏稿》卷十二同疏补。系与两广总督毛鸿宾、粤海关监督毓清会衔。原置《粤东募勇苦无把握应仍行添募楚勇片》之后，兹改置于此。

捐输，托称筹借银三十二万两，约明六厘行息，半年为期，指在海关税项下拨给抵还，给与海关印票，〔分交各借户收执〕①，其时并未有借自咪夷之说。迨同治元年十一月，始据咪国领事裨理以该国旗昌行出名申陈追讨。经前督臣晏端书奏明，自同治二年八月起，按月由海关扣还。以未奉准部文，尚未起扣。臣等莅任之初，体察情形，知为该绅托辞，即经据事指斥：中国借贷洋商银两，约期归还，不能稍逾时刻，岂有约期半岁而迟至六年尚能支展之理？且黄宗汉借之伍氏，应黄宗汉归还；伍崇曜转借之洋商，应伍崇曜归还。各还各欠，两不相蒙。黄宗汉办事乖谬，贻累至今，无可解说。然当时伍崇曜自云借贷，黄宗汉自云劝捐。伍氏避报捐之名，黄宗汉收劝捐之利。② 即使黄宗汉尚在广东，亦必不能筹款归还，何况事隔数任，时逾数稔，又当艰难竭蹶之时，伍氏家赀虽不及从前，较之官库犹为充裕，自应仍由该绅设法清理。适会该绅病故，伍氏子弟无晓事者，以致延搁。嗣奉准户部议驳，即饬广州府李福泰谕知伍氏，令以伍崇曜遗言报捐，上纾朝廷之隐虑，下顺本省之人情。当为吁恳恩施，从优奖叙。一时亦尚未能定议。荷蒙谕旨垂询，臣等于此区区不能开谕理处，仰慰圣廑，倍增愧悚。敬绎谕旨，有碍难宣示者数端，不敢不为皇上陈之：

伍崇曜托名咪商，仅据该领事申陈。既经奏请按限扣还，因部文驳斥，亦并未索追。臣等所据为辞者，印票交伍氏收存，伍

---

①据《毛尚书奏稿》卷十二同疏补。

②"应黄宗汉归还……黄宗汉收劝捐之利"一节，《毛尚书奏稿》同折为："只知其为伍氏资时，伍崇曜转借之洋商，并未据将洋商声说，是洋商仅能索之于伍氏，伍氏始可索之于官。此项即果出自咪国，亦断无不由中人径向官索讨之理。所以自同治元年申陈一次以后，至今并未续催，其从前之为伍氏指使者已无疑义。至当时伍崇曜托为借贷，不过借以求偿；黄宗汉意在劝捐，原不更思归款。黄宗汉自收贷捐之利，伍崇曜自避报捐之名，各有隐情，不肯明说。"

氏应别有借据交之咪商。若假外人挟制，当即禀参。倘明示以一落外人之手，诸费唇舌，是既宽伍氏挟制之罪，又资外夷以口实，使有所据以行其恫喝。印票在伍氏，不能理处清晰，必不肯退出印票；若在洋商，不能全数归还，岂肯先行呈缴？与其轇轕而设法收回，不如直截而正词拒绝。且与外夷交接，惟当据理以示之限制，不当过虑以授之猜疑。臣等所谓碍难宣示者一也。

广东艰窘情形，官绅同关休戚。臣等每告谕伍氏，直谓已出之财，万无索还之理。一家收其利，而使一省承其累，伍氏尚为巨富，亦何忍独享！无论库款丰歉，概不能筹还。钦奉寄谕，无论借自何人，总以速行归款为要。伍氏若据诏旨为言，臣等亦无从置办。是前之索还尚出于情求，今之索还且将以势压。臣等所谓碍难宣示者二也。

此项银两，经户部议饬捐输归款。罗惇衍原奏亦称向粤东捐助归款。将由官捐，既无此馀力；将由伍氏私捐，更无此办法。广东历年办理捐输，民力凋耗，各州县借捐款为辞，正项钱粮报解益形短绌。臣等以军饷紧急，前督抚臣定有派捐章程，恐其苛扰平民，改为按照富户酌量劝捐。平民之气为之稍纾，而在事谣谤之言反为之加甚。为地方筹办军饷，已多行其阻难；为伍氏筹还借款，必更滋其抗拒。既授以劝捐归补之柄，必且多方要求，期遂所欲。臣等所谓碍难宣示者三也。

再四思维，应由臣等敬谨节录上谕，宣示责成。旋于正月二十二日接准户部行知，既经抄发，则中外宣播，必不能掩人耳目。若据臣等节录之上谕，与抄发之文比较，必更有所借口。当即商之毓清，暂将部文收藏内署，先据罗惇衍原奏，饬知伍氏令其赶速清理。如果实属借之咪商，伍崇曜家属力难全偿，亦必俟之情势两穷之日，再行展限，由官帮同料理，断不可先事惶惑，使伍氏反得置身事外，坐待地方官之区画经营，以收其已去之利。应恳皇上天恩俯准，依照臣等此奏再下谕旨，责成伍氏自为清理，期使洋人不得生其猜疑，伍氏不得行其挟制，而臣等亦有馀地以与之辨论开导。不胜悚惶待命之至。

是否有当，谨缮折密陈，伏乞皇太后、皇上圣鉴，训示。谨奏。

据实举劾以肃官方而苏民气疏会总督衔

奏为据实举劾，以肃官方，而苏民气，恭折仰祈圣鉴事。

窃查广东吏治不修，积时已久。民情之扞格，盗贼之横行，几为意想所不能测。自古世治则正气必昌，世乱则戾气先积，在官为纪纲法度，在民为风俗人心，皆可以察其阴阳消长之机，以知治乱之本。广东戾气之充塞，正气之微茫，至今日而已极。官民之气不交，而更加之锢蔽；义利之分不辨，而益奖其贪邪。人第知民俗之顽梗视他省为强，而不知民情之郁结亦视他省为甚。不及此时勤求吏治，疏通民气，万无可以支持之理。臣等博采舆论，细心体察，考求贪廉之实迹，以明劝惩之微权。期使宦途之趋向日端，庶可渐次破除积习，力挽颓风。

查有虎门同知补用知府吴赞诚，廉静精详，需次多年，于广东气习毫无沾染，所至皆有遗爱。署龙川县知县准补饶平县知县郑梦玉，清操实政，勤干练达，在龙川办理老隆积匪，一清积年行旅之患，邻县绅民，同声歌诵无异辞。署东莞县知县候补同知吴经采，砥节砺行，志趣甚远，在东莞清厘积案，裁革陋规，事事讲求本原，足以挽回风气。卸署连山厅绥瑶同知候补同知韩凤翔，廉惠慈祥，在连山七年，民瑶爱戴，匪徒敛戢，循循如老书生，而遇事推求，具有定识定力。以上四员，才品兼优。吴赞诚应请饬交军机处记名，遇有广东知府缺出，请旨简放。郑梦玉、吴经采、韩凤翔均请以同知直隶州尽先题补。

又，连州直隶州知州严先佑，稳实老练，整顿地方风俗，坚强耐劳。署澄海县知县题补番禺县知县孔昭浃，才优守洁，练达有为。镇平县知县调补顺德县知县庞掌运，静镇安详，能使民服其教，匪类为之敛迹。署罗定州知州准补长乐县知县周士俊，遇事细心讲求，历署县事，皆有循声。署清远县知县准补新兴县知县李文烜，悃愊无华，洁清自好。准补增城县知县刘光远，素著清名，一尘不染。李文烜前署澄迈县，刘光远前署文昌县，据地方绅士言，海南数十年清廉之官，无及此二员者。以上六员，或办事勤能，或廉名特著。严先佑应请以知府尽先升补。孔昭浃、庞掌运、周士俊、李文烜、刘光远均请以同知直隶州升补。

再，查有署雷州府知府朱德澄，性情乖张，不胜表率。候补归善县知县定启，纵容家丁，昏庸贪鄙。准补兴宁县知县郭溶，趋向不端，难膺民社。候补知县伍中翰，行止卑污，有玷官箴。以上四员，应请即行革职。

又，候补同知甘槐，私累太重，难期有守。候补知县方鉴源，年力衰迈，才具平常。以上二员，应请勒令原品休致。

所有应举应劾各员，经臣等与藩、臬两司核实访察，闻见相同，不敢不据实陈奏，以期稍裨官方，疏通民气，仰副皇上勤求吏治之至意。是否有当，伏乞皇太后、皇上圣鉴，训示施行。谨奏。

请奖擢拿获巨盗之都司守备片会总督衔

再，广东劫盗肆行无忌，其著名大头目，党羽或联数府县，交通勾结，盘踞甚深。臣等莅任之初，访知东莞县属大埗墟盗魁叶乌榄头，党羽甚多，大为民害，当密扎营县设法拿办。未数日而附城西荣巷时昌银店被劫，拿获首犯陈亚积、李亚松等多名。又数日而城内清风桥广裕银店被劫，拿获首犯吴亚先、叶华仔等多名。臣等以会垣劫案，一岁中至三四次之多，必有著名积匪潜伏勾通。密加考问，廉知两案均叶乌榄头为首。盖广东大弊在本地土音不能通知，每遇劫案巨盗，差役自度不能捕获，即先隐其名。是以盗首愈纵而愈横，盗民亦因之愈炽。叶乌榄头一犯，经扎营县访拿之后，竟敢潜匿省城，连次行劫，而仍无举其名者。劫盗之横行，纪纲法度之废弛，均可想见。

因查署广州协中军都司题补三江口协中军都司保应熊、补用守备广州城守营千总邓安邦，缉捕素称勤能，即经密饬严拿叶乌榄头，务获到案，并语以获犯优保，否即参办。该二员往来奔驰，经营数月，节次招集练勇，设法购线。自去年十一月至今，始将叶乌榄头拿获。当于会讯后恭请王命，先行正法，以昭炯戒。其馀要犯，除吴亚先、叶华仔等外，续经拿获哨牙仔、沙楼全、萧亚保、何亚通、陈亚名、龙亚江、黄亚安、周华支、何九仔等多名正法，省城街道略为之肃清，数月未犯劫案。似此积年巨患，设法捕除，人心称快。而该二员于奉委后，并先后拿获别案迭次行劫要犯李亚会、刘亚坤、刘亚妹、梁亚礼、黄志三、赖亚旺、梁亚坚、樊亚金、樊亚祖、樊绵羊苏、樊运通、周亚富、黄亚作、李干等至十四名之多，皆系著名巨盗，洵属缉捕认真，奋勉出力，与寻常巡缉尽职者实有不同。合无吁恳皇上天恩，破格奖擢。都司保应熊应请以游击尽先补用；候补守备邓安邦，咸丰五年克复和平县案内经提臣崑寿拟保都司，赏换花翎，讫未出奏，应仍请以都司升用，赏换花翎。

臣等为整饬捕务起见，可否饬部照准之处，出自皇上逾格鸿施。谨会同提臣崑寿附片陈奏，伏乞圣鉴。谨奏。

请奖拿获邻境要犯人员片会总督衔

再，署南海县知县候补同知罗澣隆，居官廉谨，素有声誉。此次拿获东莞盗犯叶乌榄头等多名，该署县悬赏购线，筹给经费，出力为多。又代理化州知州试用知县张钦泰，前于搜剿信宜馀匪，迭次禀报情形，遇事敢为，具有条理。嗣石城县正丰店被劫案内，该代牧拿获要犯方良、周点、谢亚初、吴强、郭亚意、钟效妹、陈满等七名，解归石城县并案办理。当以该员办事认真，密扎高州府知府蒋超伯就近查询其官声，据该府禀称：信宜股匪窜扰州属宝墟时，该代牧保守州城，独力经营；后信宜周坑股匪滋扰，该代牧复能派勇三百名赴信宜助剿。其勇粮经费，一由局绅劝捐经理，丝毫不染，操守亦见清洁。以上二员，可否援照拿获邻境要犯之例，均请加恩以本班尽先补用，出自皇上天恩。其张钦泰化州守城接仗劳绩，仍应汇附信宜保案另奖，以昭激劝。谨附片陈奏，伏祈圣鉴。谨奏。

保奖获盗人员恳酌量变通并陈广东治盗情由片会总督衔

再，臣等于同治二年十二月十一日接准部咨，同治二年九月初六日内阁奉上谕："骆秉章奏请将获盗人员仍复送部引见旧例等语。向例获盗人员俱系交部分别议叙，即所获盗犯较多，亦止于送部引见。自咸丰五年部议章程，凡获盗人员有拿获斩枭斩决一案六名以上，或两案三案每案均在三名以上者，勿庸分案议叙，俱准督抚核实保奏，给予应升官阶，免其送部引见。原以四方多故，盗贼横行，奖励不妨稍优，庶缉捕可收实效。乃自此例一开，获盗请奖之案层见叠出，其认真缉捕者固不乏人，而诈伪日滋，或竟徇亲友之请托，以盗犯相赠遗，在予之者以首先获盗让人邀功，而自居协获，仍免处分；在受之者毫无劳绩，优奖幸邀。似此夤缘为奸，巧于干进，殊于吏治有碍。嗣后获盗人员，仍照旧例送部引见。其由督抚指定官阶专折保奏章程，着即停止，以杜幸进，而重名器。"钦此。仰见皇上循名核实、慎守旧章之至意。

臣等前札饬都司保应熊、守备邓安邦缉拿要犯叶乌榄头，尚在未奉部文之前。广东节次办理军务，临时应许给与奖叙，事后于应奖各员遗漏常多，人皆以在官之言无足凭信。臣等方谋力矫其弊，又亲见保应熊等经营赔垫，多获巨犯，与寻常缉捕情形有别，不敢不据实奏恳恩施，以稍资鼓励。

抑臣等更有请者：国家立法，奖能惩奸而已。权衡缓急轻重之宜，考求虚实情伪之辨，责在督抚。督抚喜夤缘，何途不可巧进？督抚重名器，何事可以幸邀？咸丰五年部议获盗给与优奖章程，专为整饬捕务起见，亦以军兴以来，保奖人员百倍平时，而寇乱之兴，其原多起于劫盗。得一捕盗之良吏，亦足以稍遏乱萌。若但令送部引见，徒使奔走烦费，无益于升阶。在平时循资濡滞，得之自以为荣；在此时保案纷繁，得之反以为苦。恐并获盗议叙一节，亦成虚文。值此寇乱方张之日，吝一阶之赏，阻人以可图之功，是直视此时捕盗反轻于平时也。骆秉章所奏，或四川有此弊端，欲以概之天下。臣愚以为，寻常盗案，虽至斩枭斩决，原可无庸保奖，至或举发巨案，或拿获著名大盗，核其劳绩，几与战功无异，似仍应酌量给予优奖，俾有所激劝。应请旨敕下部臣另议具奏，略与变通，于捕务不无裨益。

臣等又见抄报户科给事中王宪成奏刑部纂修条例，有应行参酌者四条，其第一条，办理盗犯新章宜稍加区别等语。臣等查刑部贼盗原律，凡得赃者不分首从皆斩。敬绎律文，岂不知情节各有重轻，而断以一语，以防治刑者之意为高下，亦缘贼盗纠众行劫，罪本无可逭也。雍正五年，九卿定议，分别法所难宥，情有可原，纂入例册。乾隆二十六年，复经刑部议：夥盗转纠党羽，俱拟斩决，不得以情有可原声请。其时海宇绥和，法令修明，朝廷仁政得以下究，而固不肯稍宽有罪，以示有所姑息。列圣之心，先后同符。窃见近数十年州县办案，不惜磨难平民，而惮于惩办匪类。遇有盗案，设法解脱。遂使无形之中，善气日益消磨，恶气日益增长，以酿成今日盗贼之患。文宗显皇帝知其流弊，于办理劫案一依本律问拟。胡林翼巡抚湖北，张亮基、骆秉章先后巡抚湖南，皆以惩办盗贼、匪类，振兴百姓之气，而各州县狃于积习，反复沉锢，避重就轻，改盗为窃，仍所不免。

至于广东，盗风之盛尤非各省情形可比。臣等检查案卷，比较情实，尝以为疑。迨经采访民情，始略知其梗概。盖广东民气素强，嗜利轻生，乃其本性。盗贼之多，百倍他省。州县防劫盗处分，先于报案时勒令改轻情节。又递呈有费，行票有费，勘案有费，百计困苦之，而赃犯终无一获。愚民苦需索之扰，相率容忍，不敢报案。其力能具控者，或因捕获一犯，牵引数案，勉强成谳，以图宽免处分。积之久，而著名大盗皆能自脱于法，于是差役可以庇盗矣，绅士可以豢盗矣，互相勾结，悍无顾忌。犹恃律文不分首从皆斩一语，非捕获夥党数人不能了案。若如王宪成所奏，除首盗一二名外，其馀夥党皆属可原，将益开州县自便之门，以成差役纵盗之计。且查广东劫盗，伤毙人命者十九，其不致毙命者十一。缘凡为盗者，人各挟一洋枪，藏一顺刀。事主畏伏藏匿，方能幸免于死。臣等检阅各州县详报盗案，于伤毙人命一节，必称事主尾追，被落后一贼拒捕毙命。是即伤毙事主重情，亦不过归并为首一二人，含胡问抵。新章如此从严，州县犹不尽遵照，若再加轻减，是未经伤毙人命，虽怀杀人之具，吓禁强夺，皆可援照迫于饥寒得财而未伤人，概邀宽典。鼠偷狗窃，可云迫于饥寒；夥众行劫，杀人放火，以为饥寒所迫，可乎？又搜赃与接赃把风，为事不同，为盗一也。如叶乌榄头连劫省垣重地，所供要犯十馀人，未经拿获者仅连亚幅、叶成济、叶幅三犯，而供称连亚幅亦系盗魁，极有勇力，每次劫案，派令把风，是把风接赃，有时罪更浮于搜赃。必欲以国家宽大之恩，施之盗贼，窃以为非宜。臣等每次会讯盗案，于为首要犯反复研讯时，不免怀疑故常，以为加恩盗贼，莫如加恩承缉盗贼之文武官吏，使之不为处分所累，有馀力以求真盗。若复于刑部原律，加入情有可原一条，是盗贼杀人，官吏莫之能禁，官吏杀盗贼，例文反能禁之。以此行之休养无事之时则可，以此行之今日则不可；以此行之他省犹可，以此行之广东则大不可。是以今日治盗，有从严无从宽，有速断无久稽，非直寇乱方急，宜求禁暴之方，酝酿太深，尤为救弊之术，亦律文本意固如是也。又贼盗与被胁从逆之犯，情形实有不同。被胁从逆者，罪重而情实可矜；盗贼行劫，谁从胁制之？非负性凶强，何至怀刃肆行抢掠？广西之逆匪、河南之捻匪，无一不起于盗贼。故盗贼、匪类同科，而必不可与被胁者同科。但顾矜恤盗贼，则愚民百姓之气，益将郁而不申。臣等实不忍文宗显皇帝除暴救时之心，又误于书生之见，致办理多所滞碍，不敢不竭其狂愚，先事具陈，吁恳皇上天恩，并将臣等折片交刑部核议，或亦不无万一之裨。

以上二条，皆于广东治盗情由尤有关系，谨附片缕陈，伏乞圣鉴。谨奏。

广东省咸丰十一年份支给额外孤贫人口养济银两疏二月初三日[①]

为奏明稽核养济孤贫，请专责成，以行实政事。

据广东布政使吴昌寿详称：案奉前署广东巡抚印务、广州将军策楞案验乾隆玖年柒月初壹日准户部咨开，查乾隆贰年贰月内臣部议复署西安按察使魏定国条奏，内开孤贫一项，如有外来流丐，察其声音，询其住址，移送本籍收养，令保甲务将实在孤苦无依者，开明里甲年貌，取结呈报州县官验补足额，其有浮于额数者，亦收养院内，动支公项，散给口粮，仍将散给过额外孤贫口粮名数，按年另造清册，据实题销。又于乾隆陆年柒月内，臣部议复浙抚卢焯条奏，内开各直省额内、额外孤贫，饬令再行逐一严查。凡不愿居住院内冒滥食粮之辈，悉行革除。实系老疾无依之人，照例取结，收院顶补，其馀多者准作额外孤贫收养，有滥报捏结者，照例治罪。查定之后，将实在人数，按照额内、额外，分造贰册查核。如有房屋坍损、孤贫年貌不符及胥役孤头代领吞蚀等弊，将州县道府各官立即题参议处。各等因。俱经奉旨："依议。"钦此。钦遵在案。

今据前护广抚讬庸等疏称：粤东通省额内孤贫肆千陆百柒拾肆名口，题准部复，照例每名每日给银壹分，遇闰加增，小建扣除，递年动支正项奏销在案。尚有广南等玖府，罗、连贰州，共

---

①辑自中国第一历史档案馆藏"户科题本"02-01-04-21771-017号，标题系编者拟。

额外孤贫贰千玖百壹拾肆名口，请照额内孤贫之例，每名每日给银壹分，共该银壹万肆百玖拾两肆钱，内除吴川县民李蔚元欺隐田亩，递年入官租谷壹拾玖石柒斗叁升柒合，每石伍钱折算，共银玖两捌钱陆分捌厘伍毫凑给外，尚需银壹万肆百捌拾两伍钱叁分壹厘伍毫，请自乾隆玖年为始，在于田房税羡项内动支，按名支给，遇闰加增，小建扣除，岁底造册报销。如遇额内名缺，即将额外顶补，仍饬各属实力奉行，毋许冒滥及胥役孤头代领扣克等语。除该省额内孤贫肆千陆百柒拾肆名口，应支口粮银两业于每年地丁奏销册内支给报销在案，毋庸置议外，其广南等玖府，罗、连贰州，共额外孤贫贰千玖百壹拾肆名口，应如该护抚讬庸等所请，自乾隆玖年为始，照额内孤贫之例，每名每日给银壹分，以资养赡，遇闰加增，小建扣除，除吴川县民李蔚元欺隐田亩入官租谷折银凑给外，馀在各年田房税羡银两按款支给，仍于年底据实造册报销。倘有浮冒支给及胥役人等扣克等弊，即行严参究追。如遇有额内孤贫名缺，即将额外孤贫顶补足额造报。至疏称吴川县民李蔚元乾隆伍、陆、柒、捌等年存县租谷玖拾捌石陆斗捌升伍合，照数折价凑给额外孤贫口粮，统于岁底归案，通融销算等语。查李蔚元欺隐田亩，节年入官租谷，先经该抚报部在案，亦应如该护抚讬庸等所议，将李蔚元从前入官租谷折银凑给额外孤贫口粮，年底归案报销可也。乾隆玖年伍月贰拾日题，本月贰拾贰日奉旨："依议。"钦此。相应行文广东督抚，查照施行。等因。

又奉前任广东巡抚讬庸案验乾隆贰拾陆年拾月贰拾伍日奉准户部咨，查粤东省应需额外孤贫口粮动支田房税羡银两一案，先于乾隆贰拾叁年拾月内据该抚以各州县当年税羡每多完解不齐，而孤贫口粮难以缓待，咨请在于各年所存税羡银两动支报销等因，经本部行令于上年所存田房税羡银两内动支，岁底分晰题报核销在案。今该抚既称乾隆贰拾伍年春夏贰季正值各州县将贰拾肆年税羡解司之时，而贰拾伍年孤贫口粮亦于是时纷纷具领，诚恐各属于现解银两□请抵兑，以致牵溷不清。是以贰拾伍年应支口粮银两，仍在于贰拾叁年税羡银内动支，其贰拾陆年孤贫口粮又经在于贰拾肆年税羡银内动支，应请嗣后孤贫口粮银两总于征存司库隔年税羡银内支给报销，以免牵溷等语。应如该抚所咨办理可也。等因。咨行到司，奉此依经遵照办理在案。

该广东布政使吴昌寿查看得广东省支给额外孤贫口粮一案，奉准部咨，自乾隆玖年为始，照额内孤贫之例，每名每日给银壹分，遇闰加增，小建扣除。除吴川县民李蔚元欺隐田租谷折银凑给外，馀在各该年田房税羡银内按款支给，年底造册报销。如遇额内孤贫名缺，即将额外孤贫顶补足额，造册报销。又奉准部咨，额外孤贫口粮银两，嗣后总于征存司库隔年税羡银内支给报销，以免牵溷。各等因。俱经移行遵照在案。

咸丰拾壹年分陆续据广州、惠州、潮州、肇庆、高州、雷州、廉州、琼州捌府，罗定、连州、南雄叁州，将各州县支给过额外孤贫口粮银两花名数目，列册到司。兹查广东省咸丰拾壹年份通省额外孤贫贰千玖百玖名口，每名口每日给银壹分，除小建病故月日口粮扣截不支外，共支口粮银壹万贰百玖拾柒两捌钱陆分，内前任布政使伊霖经支银陆千玖百肆拾陆两陆钱壹分贰厘，前任布政使文格经支银柒百陆拾陆两叁钱捌分，现任布政使吴昌寿经支银贰千伍百捌拾肆两捌钱陆分捌厘，内动支咸丰玖年份田房税羡银壹万贰百捌拾柒两玖钱玖分壹厘，又动支吴川县解到咸丰拾壹年份李蔚元欺隐田租谷折银玖两捌钱陆分玖厘，俱候入季册造报。并据各府州申称：俱系实给实领，并无冒滥及胥役扣克等弊。复查无异，理合汇造总册，详请查核题销，等情到臣。据此，该臣看得广东省支给额外孤贫口粮准部咨行，自乾隆玖年为始，照额内孤贫口粮之例，每名每日给银壹分，遇闰加增，小建扣除。除吴川县民李蔚元欺隐田亩租谷折银凑给外，馀在各该年田房税羡银内按款支给，年底造册报销。如遇额内孤贫名缺，即将额外孤贫顶补足额。续又咨准部复，额外孤贫口粮银两，嗣后总于征存司库隔年税羡银内支给报销。等因。转行遵照在案。

兹据广东布政使吴昌寿详称：广东省咸丰拾壹年份通省额外孤贫贰千玖百玖名口，每名口每日给银壹分，除小建病故月日口粮扣截不支外，共支口粮银壹万贰百玖拾柒两捌钱陆分，内前任布政使伊霖经支银陆千玖百肆拾陆两陆钱壹分贰厘，前任布政使文格经支银柒百陆拾陆两叁钱捌分，现任布政使吴昌寿经支银贰千伍百捌拾肆两捌钱陆分捌厘，内动支咸丰玖年份田房税羡银壹万贰百捌拾柒两玖钱玖分壹厘，又动支吴川县解到咸丰拾壹年份李蔚元欺隐田租谷价银玖两捌钱陆分玖厘，俱候入季册造报，并据各府州申称，俱系实给实领，并无冒滥及胥役扣克等弊。复查无异，理合汇造总册，详请查核题销等情前来。臣复核无异，除册揭送部科查核外，臣谨具题，伏乞皇上圣鉴，敕部核复施行。谨题请旨。

盘查广东督粮道郭祥瑞等员任内接收各年饷折银米疏[①] 二月初三日

……[②]同治贰年玖月拾捌日到任，计至拾月拾柒日限满，兹准

①辑自中国第一历史档案馆藏“户科题本”02-01-04-21763-021 号，系与两广总督毛鸿宾会题，标题系编者拟。

②系底本所缺。

郭祥瑞于拾柒日限内造具册结移司，本司查各册数目不符。是月贰拾壹日移回查改。现任道郭祥瑞接册改造清楚，于拾贰月初柒日移册到司，核计改册，迁延壹个月拾陆日。所有交代改册迁延壹个月以上，职名系现任广东督粮道郭祥瑞相应开报等由到臣。据此，该臣因得粮道交代钱粮，例应督抚亲临盘查，由藩司核明数目，加结详送保题。

兹查广东督粮道郭祥瑞于同治贰年玖月拾捌到任接印视事，查前任广东督粮道李瀚章自同治贰年贰月初柒日到任起至捌月贰拾日卸事前壹日止，又前署道王澍自捌月贰拾壹日到任起至玖月拾捌卸事前壹日止各任内，接收旧管前任道蒋志章、前署道吴昌寿、王澍统任交盘册开：实在存各年饷折粮料米银玖千捌百肆拾玖两肆钱伍分玖厘，新收通共收各年饷折粮料及借拨省仓折价米银贰万柒千玖百柒拾叁两玖钱玖分伍厘，旧管、新收共银叁万柒千捌百贰拾壹两肆钱伍分肆厘，开除过共支各营各年饷折粮料米银叁万柒千捌百贰拾叁两肆钱伍分肆厘，实存无项。

又接收旧管前任道蒋志章、前署道吴昌寿、王澍统任交盘册开：实存各年折价米壹万贰千陆百肆拾陆石捌斗贰升壹合壹勺，新收共收各年折价米叁千肆百捌拾叁石捌升叁合肆勺，旧管、新收共米壹万陆千壹百贰拾玖石玖斗肆合伍勺，开除共支汉军各旗咸丰拾壹年份马料米伍千捌百陆拾伍石肆斗捌升捌合肆勺，实存各年折价米壹万贰百陆拾肆石肆斗壹升陆合壹勺，俱经授受清楚，实存无亏，造具册结，经广东布政司吴昌寿查核，数目间有舛错，移回另缮。兹缮正移送到司，复核无异，加结详送前来。经臣会同两广总督臣毛鸿宾亲临盘查，并无亏挪等弊。除册结分送部科查核外，臣谨会同两广总督臣毛鸿宾，合词加结具题，伏乞皇上圣鉴，敕部核复施行。

再，本案督粮道郭祥瑞于同治贰年玖月拾捌日到任，计至拾月拾柒日限满，今于限内造具册结移司，由司查核各册数目不符，于是月贰拾壹日移回查改另缮。现任道郭祥瑞接册改造清楚，于拾贰月初柒日移册到司，核计改册迁延壹个月拾陆日。所有交代改册迁延壹个月以上，职名系现任广东督粮道郭祥瑞。相应开报，合并陈明。谨会题请旨。

官军追剿客匪发贼迭获全胜生擒贼首馀匪窜散现饬委员察看情形分别办理疏会总督衔　三月初七日[①]

奏为官军追剿客匪、发贼，迭获全胜，生擒贼首，馀匪窜散，饬委员察看情形分别办理，恭折由驿驰陈，仰祈圣鉴事。

窃粤东客匪勾结发贼，屯聚阳春县属之金堡、企壆等处。正月初旬，署罗定协副将卓兴等各军进剿，连战大捷，经臣等于正月二十八日会折奏报在案。

卓兴自移扎阳春县古良、水口之后，探悉该匪分窜阳江县属那旦地方，随督率所部跟踪追蹑。正月十三日，卓兴会商署阳江县徐宝符与都司蒋朝刚等及绅士前任山东青州府知府谭伯筠，带领兵勇由河边右路进攻。该副将分拨队勇由龙溪堡左路夹击，自率大队居中调度。匪众左右冲突，被我军层层包裹，阵斩五百馀名，割取首级十颗，夺获旗帜多件。正酣战间，风雨交作，枪炮难施，该匪乘间兔脱。次日午后，复大股蜂拥而来。卓兴会合阳江官军暨署阳春县吴璇、在籍刑部候补主事刘承辈等各练勇，奋

①日期据《毛尚书奏稿》卷十二同疏补。

力迎击。该匪见我军势猛，不敢拒敌，扒山越岭，逃回金堡等处老巢。嗣是连日大雨，不能进兵。至望后稍霁，卓兴随与春、江二县官绅驰往鸡笼门，相机进剿。贼匪于金堡、企墈、鸡笼门一带，内踞瓦屋，外搭篷寮，数十里内棋布星罗，填满山谷。十七夜，卓兴遣人潜往金堡，用火箭射入贼巢，登时火发。匪众不及提防，踉跄扑救，并分党拒敌，被我军击杀多名。十九夜，复往鸡笼门如前纵火，并预拨各队分向金堡、企墈，水陆夹攻，首尾相应。该匪黉夜慌乱，被我军破栅直入，哗然惊溃，自相践踏，斩馘甚多。金堡、企墈两处队勇，亦各乘胜进攻。该匪胆落心寒，不能复成队股，四散奔突，且战且走。各匪巢同时火起，到处皆燃。我军勇气百倍，直至天晓，所杀不可胜计。当将鸡笼门、金堡、企墈收复。贼匪遂由潭水、坡仔一带奔窜。卓兴亦进扎潭水。因天雨连绵，路途泥淖，休息士卒。二月初五日，匪党漫山遍野，前来扑营。卓兴与各练勇分作三路御之。该匪布阵拒敌，先与中路接仗，贼目数人，手执大旗，率队向前，势甚凶猛。我军施放枪炮，无不应声而倒。馀众披靡，大败奔逃。其左右两队亦同时败溃，被我军合围包抄，歼毙不下千人，追杀二十馀里，至白马径，一路尸横遍野，我军直赶渡河，始行收队。计斩获首级二百馀颗，生擒十名，夺获大旗、抬枪、洋枪多件。匪党有分窜凤南、白马、新墟者，又被守备侯勉忠等沿途追杀多名。该匪随在阳江三甲、双窖等处山险屯聚。初七日，卓兴由潭水进攻三甲，至荆山径口。该匪一路密钉竹签，以阻官军进攻之路。卓兴挥军拔钉前进，直至三甲鸡头塘，与该匪栅垒相近。卓兴督率各军鼓勇而进，枪炮齐施，该匪纷纷四散，登将三甲墟收复，馀匪向新楼西岸山坪窜去，复经侯勉忠由庞垌小路绕道截击，生擒伪先锋冯新养等五名。初八、九等日，复连攻新楼西岸各处匪巢，阵斩伪帅尉黄焕新一名，将贼巢悉行焚毁，该匪由黄潼河一路窜往东安县属之风洞、长沙及信宜县属之分水、钱排等处。卓兴访闻匪首曾白面猪潜匿阳春县属之上村，亲督大队前往围捕，即将该首逆擒获，一面解省审办，一面分兵追捕馀匪等情，据卓兴及各营县禀报前来。

臣等查客匪盘踞阳春县属之金堡、企壆，时阅数年，根深蒂固，又复勾结发逆，扰害地方，攻扑城池，其势已成燎原。现经卓兴会合侯勉忠、蒋朝刚等军及阳春、阳江二县练勇，迭次攻剿获胜，焚毁老巢，擒获匪首曾白面猪，足以少示惩创。但臣等初意，拟于痛剿之后，即将各路土匪分别搜剔，锄其顽梗，以为设法安插地步。乃该匪复因被剿穷蹙，分窜信宜、东安所属各处。查信宜久为贼扰，民生凋残，元气本难骤复，且与西省容、岑各县相距匪遥，其间新抚之众观望徘徊，心怀疑惧，一二不逞之徒亦复时相煽诱。虽经屡饬地方官并加派道员会同设法镇抚，而清还占产，解释积仇，一切尚费周章。设使此次客匪相与勾串联合，恐又成屯踞蔓延之势。臣等迭咨广西抚臣，并分饬东、西连界各文武一体堵截搜捕，复札饬侯勉忠等军绕出信宜，迎头截击。现据禀报，该匪因不得西窜，又折回东安之富霖洞、新宁之天党墟，为苟延残喘之计。当檄饬卓兴一军驻扎阳春，以防回窜，仍令相机进剿，慑以兵威。一面派委候补知府史朴，携带告示驰往，剀切晓谕，乘其流离颠沛、创巨痛深之馀，易于感动，期使服罪畏威，如将土匪戴梓溃等捆送大营，即当会同地方官将现存丁口开造清册，体察各该县情形，设法安置，庶几一劳永逸，用以奠民命而广皇仁。

除俟办理能否确有把握，再行驰报外，所有剿办阳春、阳江出力各员弁绅勇人等，著有微劳，可否由臣等择尤酌保，以示鼓励，出自天恩。先后伤亡各兵勇，饬行确查汇案咨部赏恤。是否有当，臣等谨合词恭折驰陈，伏乞皇太后、皇上圣鉴训示。谨奏。

肇庆土、客一案，卓兴阳持剿客之义，而阴与之比。督辕一意私徇卓兴，交相为利而已。此等奏案，把笔欷歔。督辕辄多加铺张之词，能无感喟！

花旗股匪有回窜粤东之意张运兰暂难赴闽片 会总督衔　三月初七日①

再，臣接据探报：金陵逆贼伪侍王李世贤分大股上窜，其前队广东花旗股匪，已由浙境绕越江西之广丰、玉山，渐及抚州、建昌地界。擒获贼探供称：该逆有回窜粤东之意。臣查咸丰六年广东红匪大股窜扰吉安、袁、临数十万人，会石逆达开至临江，勾降其众，另编花旗股匪，本在广东肆扰多年之众，其党羽散归者亦数万人，时虞蠢动。前闻侍、辅诸逆有由福建、江西回窜广东之说，臣等度该匪乘间上窜，为浙、苏、皖三军日加逼临，其势已极穷蹙，粮道亦渐忧断绝，分股肆扰，出险求生，亦足掣动官军进规杭、湖之势。以大势论之，江、楚当防其窜扰，未必遽及广东。及闻侍逆大队为浙师所截，独花旗及沛逆一股裹粮疾驰，先期窜入江境，是此股贼匪本无定向，又非若侍、辅诸逆，与金陵有相维系之心。其回窜广东，勾结党羽，以图一逞，亦情势所应有。粤东伏莽，遍地皆是。前此李复猷一犯边界，即有邓二尺七起而应之。一经勾结，必至蔓延，尤不可不早为之备。

现在兵勇，惟卓兴一军屡立战功，而至今尚为客匪所牵，难

①日期据《毛尚书奏稿》卷十二同片补。

于拨调。其足备堵剿之用者，仅有张运兰所部之湘勇三千人。臣等现已檄饬张运兰移扎南雄州，探明贼踪缓急情形，相机办理，兼顾韶南一带边防。如贼已占踞城邑，则当越境助剿，以期聚歼此股，不使滋蔓。若第伺间狂奔，势成流寇，则且稳守门户，以免歧出之虞，而蹈尾追之失。惟张运兰一军剿办三山、鹤鬓后，阳山、英德、翁源、郛源各县纷纷禀请拨兵搜捕积匪。张运兰移扎青莲墟，安立老营，自率三旗，驰抵英德之石街，专办冯九指一股。其菱角塘、蒋家洞、墩口乡各处，方谋次第剿办。一经调赴南雄，恐各匪乘势啸聚，反致滋生事端。复饬四川候补知府刘德谦管带信字营，移扎乐昌，以资镇压，仍饬添募楚勇三千人，期与张运兰一军相为掎角，以厚其势，亦可分拨搜剿各处伏匪。其嘉应州一路，毗连福建、江西两省，道路分歧，拟饬署三江口协副将方耀挑选所部潮勇三千名驻扎镇平，兼顾平远、大埔边防。其馀不甚得力者，即饬遣散回籍，以节糜费。

正在筹画间，接准浙闽总督臣左宗棠来咨，饬令张运兰挑选所部二三千人，驰赴福建臬司本任。臣查福建屡经贼扰，终不得一逞。其山岭重叠，俗悍民贫，野无所掠，贼亦不愿屯踞。即据左宗棠来咨称获贼探，均有回窜粤东之语，闽境即被贼扰，亦不过藉境以趋广东，无及此时舍粤趋闽之理。福建当先调集诸军，截其入境之路，亦不宜远待此军取道江西，又成跟踪追击之势。左宗棠谓臣因高州蒇事，檄止张运兰一军，自尚未悉臣前后办理情形。窃计江西与皖、浙毗连，军事缓急，声气犹足以相通。广东现存各军均未经当大敌，诚恐该逆拦入边境，江、皖各军势不足以相及。是以张运兰一军，此时万不可轻离粤境。如探明抚、建一带县城或为该逆屯踞，抗拒官兵，可以会围环攻，杜其四窜，一举荡平，仍当饬令张运兰酌量会剿，顾全大局，亦断不敢私此一军，以专为自顾之计。

是否有当，谨附片驰陈，伏乞皇太后、皇上圣鉴。谨奏。

粤东募勇苦无把握应仍行添募楚勇片 会总督衔　三月初七日①

再，粤东军务积弊太深，骤难振作，综其大要，约有数端：

一曰募勇全无限制。召募之始，从无点验。编立营哨，或由数百人添募至数千，均据一禀为凭。一营积欠口粮多至数十万，无能言其端委者。虚浮冒滥，视同儿戏，莫知其非。其弊一也。

一曰召募但顾虚名。湖南之镇筸勇、广东之潮州勇，均号称强悍。湖南守城一次，见镇筸勇之剽掠不服约束，解围后即行遣散。嗣是湖南勇攻剿遍天下，从未一开募镇筸营。广东潮州及广州属之东莞，其民皆剽悍轻生，习为劫盗。历来募勇，专意潮州、东莞，散而为贼，收而为勇，更迭乘除，不知鉴戒。其弊二也。

一曰招降太无章程。每次股匪滋事，阻山负险，经年累岁，抗拒官军。竭尽兵力办理，稍有端倪，辄以约降了事。始而投诚免罪，继而怙众邀恩，多或数千，少或数百，录其渠魁，使为营将，相率以举兵称逆为进身之阶。湖南管带营勇者十九皆儒生，广东管带营勇者十九皆降将，既非约束整齐之师，纪纲法度亦因以不能复振。其弊三也。

一曰将弁无所取法。带勇各员，多拥重赀，视为罔利之具。勇粮任意折扣，亦不禁其剽掠。卓兴一军纪律较严，亦尚稳实能战。臣等莅任后，发给高州大饷一二次外，每月仍按解其军饷银

①据本片内容及《郭嵩焘日记》考订。

二万，而犹以饷糈不足，不受调遣。固由薄视诸将，恃己傲物，致近于骄蹇，实亦潮勇之难于驾驭，藉口持其短长。故当从前繁盛之时，优赏浪费，各将弁歆于厚利，尚可资其一战。饷糈愈绌，则督率愈难。其弊四也。

臣等亦知就地择才，系属正办。广东民俗强悍，尤易鼓舞其锐气，以利攻剿。而旁皇四顾，无可恃之将，无可信之勇。使能骤筹饷银数百万，尽数散遣旧勇，按照楚军营制，编立哨队，约束训练，从新整饬，未尝不可一新壁垒，使成节制之师。而旧欠既多，营勇尤杂，张皇补苴，因简就陋。日思渐次筹饷一批，即撤遣一营，而力犹苦不给。仍用其旧，则当大敌而必不能支；另招新勇，则求良将而苦无可试。且此间充当勇目者，多与各股贼匪声息相通，官军胜则设法约降，贼匪胜则潜谋从逆，本难恃以自卫。而此股红匪，党羽众多，尤恐勾结贻害。臣等初闻江西警信，即谋调拨张运兰一军越境迎剿。而环边千馀里，无可应调之军。骤有缓急，将至束手无策。故不能不饬刘德谦添募一军，以资调遣，急则备本省攻战之需，缓则为分军越剿之举。虽不免稍有烦费，而审度事势之宜，通筹数省之局，有不能不出于此者。

所有粤东现在募勇苦无把握，应仍行添募楚军缘由，谨附片密陈，伏乞圣鉴。谨奏。

屯田溢坦变价已在八成以上馀坦无可变缴分别应留应豁以期核实而免苛扰疏会总督衔

奏为屯田溢坦变价已在八成以上，馀坦无可变缴，分别应留应豁，以期核实而免苛扰，恭折具奏，仰祈圣鉴事。

窃查道光二十三、四、五、六等年办理洋务善后案内，前督抚臣奏请将虎门官坦一百三十九顷零由官圈筑，召佃耕种完租，为各炮台添设弁兵俸饷经费。续又查办沿海私垦溢坦一千九百一十一顷零，议立年限租额，召佃承耕，为各炮台员弁守兵增给薪水口粮。彼时急于见功，贪多务得，连未经出水之沙坦一律召承。迨后陆续报坍，咨豁未邀部准，佃户力不能赔，遂致逃亡逋欠。而原奏又有五年一加租之议。咸丰元年初届加租，前督抚臣体察情形，万难办理，据实沥陈，仰蒙文宗显皇帝俯鉴民隐，准予暂缓。嗣于咸丰三年奉文变价充支军需，前督抚臣屡次奏请设法变通，截至九年十二月止，共变价九百四十七顷三十七亩零，收价银七十五万九千八百六十七两零。嗣又截至同治二年五月初十日止，续变三百九十馀顷，收价银二十七万六千九百二十九两零。均经先后奏明，拨解各省协饷及支放军需口粮。其同治二年五月十一日以后续变六十馀顷，收价银四万七百七十三两零，又陆续劝谕绅富垫缴坦价银十四万二千一百二十九两零，约应变抵屯坦二百四五十顷，尚未指定坦亩，换领执照，其银亦归同治二年军需按季奏拨在案。

臣等推求此案延缓之由，备悉办理曲折之状。缘各属上腴之业，有利可图，人皆乐于承领，变缴自易。中下之业，以次递推。至于办理数年之久，讫未承缴，大率洼下水滩，十年九荒，平时已属欠租，积久遂为虚坦。是以前督抚臣于无可筹画之中，参酌成案，准各佃户另觅官荒，抵兑变价。其本邑查无荒坦，并准向别县通融觅抵。复虑其觅抵迟延，又经劝谕富户垫缴价银，以待查坦拨给。并委员清查各县新生溢坦，拨抵屯虚，于香山、新会两县开设分局，多方搜剔，无微不至。而绅富垫缴坦价经年之久，尚未有指明坦地、请领印照者，足见所馀虚坦无可召买之实情。统计屯坦变价一千六百四五十顷，收价银一百二十一万九千六百九十八两零，已在八成以上；其馀坦田二百六七十顷，若必令概行承缴坦价，正恐催缴日形短绌，徒滋烦扰，于军饷、屯政两无裨益。因查咸丰五年户部奏催本案变价文内声明：售变无期，不若仍循其旧，作为本案经费，奏明停办。等因。奉旨允准在案。其时军饷紧急，坦价开办初有端倪，未经遵照停止。兹当搜括已穷之时，筹办筑复炮台之际，亟应遵照咸丰五年户部奏奉谕旨，奏明停办，以昭核实，而循旧制。第停止变价之后，熟筹要需，体察民隐，不得不渎恳圣慈者，盖有三端：

一在酌定租额也。查向来召佃输租成案，均就其地之肥硗，酌定租之多寡，从无于初勘水坦时预计数年迭次增加之事。此案初议五年一加租，只顾当时之饰观悦听，并未计及后此之悬赋病民。道光三十年间，前督抚臣原奏言之甚详。兹查变价以外应存租坦二百六七十顷内，有坦可耕之东莞明伦堂等坦一百馀顷，该佃户近年勉力照初次加租之数完纳，馀仍悬欠，由局委员勘估，委属中下之产。如照咸丰六年再次加租之数饬追，各该佃已经力难支持，万不能再加。至咸丰十一年三次之租，应请即以再次加租永为定额，免其再加，以纾佃力。

一在勘豁虚租也。查道光二十六年，前督抚臣议奏章程内开：佃坦坍卸，准该佃随时报明地方官，禀请委员会勘属实，详请豁租，以免赔累。迨二十八、九年，香山佃户何隆平报坍三十顷零，觅荒抵补，咨部议准照办。而新宁县佃户余创绪等报坍四十顷零，无荒可觅，户部即驳令照额征租。于是各属遇值屯坦坍卸，佃户不复呈报，以致变价无人承领，租欠又无可着追，国计民生，为之交困。溯查广东办理沙田，本有五年清丈成例。每届五年之期，丈溢者承升，丈缺者减豁，各归各办，向无不准报坍、必待觅荒抵补之例。况道光二十六年奏办屯田章程，亦经定议，准其报豁，更未便失信于民。现查无可变价、无可征租之虚坦，约有百数十顷，应请照例开除，以符原案。

一在请免积欠也。上年变价各坦一千六百馀顷，多系另招承买。所欠旧租及现请开除虚坦，原佃均已失业流亡，历年租欠，万无可追。窃查同治元年钦奉恩旨，豁免咸丰九年以前民欠，各省款项，名目不一。如河南之漕项、杂税，直隶之租税、仓粮，均经奏奉谕旨，饬部议准，一律豁免，通行各省遵照。粤东屯租，出自地亩，与河南、直隶之漕项、仓粮，并无二致。拟请比照通行成案，仰垦圣恩，将咸丰九年以来屯欠一律豁免，以广皇仁。

以上三项，均系子细推求，势处万难，不得不为民请命者。可否俯允所请，出自逾格鸿施。所有各年奏销，臣等已督饬屯田局司道赶紧造办，并将已未缴价各坦分案清厘。应输租者归入屯田造报，应升科者归入民粮造报，应请豁者归入虚坦造报，统俟恭奉恩谕，分别办理。

再，同治二年臣等奏修城北炮台工程，请以虎门残废炮台当经饬委候补知府海廷琛察看情形，扼要处所不过数处，而自咸丰八年炮台被毁，所馀大角、大虎、九宰、竹洲、新涌、蕉门各炮台基址犹存，照旧支给台兵口粮，核其地势，均非扼要，应酌量裁撤，以节糜费。其应存炮台，分配防兵所需口粮经费，尚不甚巨。臣等当与水师提督臣会核，撙节筹议，另行奏报。

又查咸丰七年，部议于坦价内增估银二十万两，发商生息；八年，部议即不能如数增估，亦当于所变之价酌留若干，永远生息各等语，均系未悉粤省办理艰难之故。此时估变之计已穷，不惟无可估增，且无可酌留生息。臣等职司筹饷，凡有可兴之利，不敢退缩畏难。而事势既处必穷，亦断不敢支吾迁就。据屯田局司道会详前来。所有变价馀坦应行停止召买及统筹办理缘由，谨合词恭折具奏，伏乞皇太后、皇上圣鉴训示，饬部知照。谨奏。

催办钱粮奏销情形及现依部咨分别办理片会总督衔

再，查广东省自办理军务以来，钱粮奏销，连年展缓，迨展缓期届，不惟仍不能全完，甚至循例具题之册，又逾限经年，方得造报。前抚臣黄赞汤于同治二年六月办理咸丰十一年奏销时，曾经奏明历年逾限之由，请将同治元年奏销展至同治二年年底为限，嗣后按年提前一月办理。臣等抵任后，于是年十月十九日据差弁赍回前折，后开议政王军机大臣奉旨："该部知道。"钦此。当经恭录饬遵。

兹据藩司、粮道详称：咸丰十一年奏销，前司道于同治二年六月截数出册后，尚有俸饷银一十一万九千馀两、武职养廉银六万九千馀两无可支扣，当经据实列册报部。所有同治元年饷米，实自同治二年七月以后方始开支，截至二年年底，尚未支及一半。其故由于同治二年盐运司库所收盐课，先尽京饷解部，馀剩应解藩库之银，又因军需紧急，提拨二十万八千两，以致奉部拨解藩库充支壬戌年兵饷之盐课四十四万两未解分厘。藩库收款少此盐课巨数，各属地丁又复请缓请蠲，而军需项下又提拨藩库地丁银三十二万三千四百馀两，藩库遂为之一空。粮道库粮料年额银七万两，例由藩库拨支，是年所收无几，而提拨粮库屯价支应军需之银亦多至十六万两，粮库亦为之一空。以上三库之银，一岁之间，搜括以应军需急款者七十馀万两，同治二年业经按季详请有案。其同治元年军需项下提支各库银款须等补奏者，尚不在内。此藩、粮各库同治元年各营俸饷支解不能及半之实在原委也。

至兵米一项，绿营二十五万九千馀石，就近拨归各属开支，除贼扰之区另行筹办外，馀俱惟所在地方官是问。而旗营米石，闰年九万二百馀石，无闰年八万六千七百馀石，系广、肇、韶、惠、罗各属三十四州县征解，理事同知兑收支放。近年各属逆匪肆扰，土客交讧，民力既穷，官之征解日绌，每月开放，只得尽各属解到米石，悉数散给。有放六七成及八九成者，而旗营则总按十成计算，按月取盈。所以近年支放兵糈，无非挪新掩旧。兹计旗营兵米，仅放至同治元年六月底止，粮料银仅放至元年二月底止，此后每月即以十成赶放，亦须同治三年七八月方能放足。此又旗营米石支绌之实在根由也。

元年奏销展限届满，而旗营销算册屡催未据造送，绿营未到者亦多至二十馀营，以致无凭核算结总。司、道等焦急万分，筹思再四，惟有将一切迟延有因，据实沥陈，会详请奏。等情前来。

臣等逐细体察所详，委属实在情形。随又推求各营造册延缓之故，如高州、信宜初复，肇、罗土客狓猖，各营剿捕正繁，凡兹循例事宜，确有未能兼顾之处。此外各营均处绥静之区，亦复借口饷米未清，拖延册籍，几至固结不解。臣等当查饷糈未能应期，系先顾军务急需之故，而催取销算册，仅照例核计该年升拔建旷应支应扣之实数，并非一经造报，饷米便属久悬，亦非延不造册，饷米便能早清也。各营员任意将册延搁，殊属彼此两误。又经谆切饬催去后，各营稍稍明白遵办，而造齐仍属无期。因思营册未到，只系支数未清，地方官经征考成，责任綦重，展限届满，既经截数，亟应将州县官征解银米数目及司道库已经支发之款，先行造报，免致例限久逾，而各牧令催征之奖叙处分早日核定，亦可以昭激劝。

正在严饬办理间，适接户部本年二月初八日咨复：咸丰十一年奏销迟延案内文开钱粮奏销未完各官，例有起限报参处分，自应按限造报，庶归核实，岂容日久耽延，自干议处；此次既据该抚将迟延缘由分晰咨报，姑从免议，此后历年奏销，务须遵照定限造报，即或营册未到，亦应随时一面咨明，一面先行造报，不得借词宕延，以符定例等语。核与臣等意见相同。现经严饬藩司、粮道，勒限一个月内，先将各州县征解同治元年钱粮银米叙参各册赶造详题，并将支过实数另具简明清册，随案送部查核，一面照案严催营册到齐，另行题咨。

所有臣等到任数月催办奏销情形及现依部咨分别办理缘由，相应附片陈明，伏乞圣鉴。谨奏。

拣员调补海疆要缺知府疏会总督衔

奏为拣员调补海疆要缺知府，恭折仰祈圣鉴事。

案于同治二年四月二十七日奉上谕："广东广州府知府员缺紧要，着该督抚于通省知府内拣员调补，所遗员缺着瑞昌补授。"钦此。广州府知府员缺，先经以潮州府知府李福泰奏请调补，声明所遗潮州府知府缺，俟补放广州府遗缺知府瑞昌到省后察看，另行请补。经吏部议准，转行遵照。

臣等伏查潮州府知府原定为冲繁难请旨简放要缺，嗣于道光二十五年因该府地方难治倍常，奏奉谕旨："该府既系海疆要缺，着准其比照省会首府之例，由该督抚拣员奏请调补，所遗之缺仍请旨简放，以符定制。"钦此。历经领遵办理。该府管辖九县，界连福建漳、泉，民俗强悍，械斗成风。所属各县，陆路则山重岭复，奸匪最易潜藏，水路则半处海滨，洋船往来绎络。难治情形，甲于各郡。非才守兼优、熟悉地方之员，不足以资表率。遗缺知府瑞昌业于上年十二月十八日到省。该员安详稳练，朴实勤能，足胜繁缺知府，惟到粤未久，于海疆扼要之区尚未熟悉，未便稍涉迁就。

查有高州府知府蒋超伯，年四十一岁，江苏江都县人，由进士以主事用，签分刑部，主贵州司湖广司稿，记名军机章京，丁母忧回籍。服阕，补陕西司主事，总办秋审，军机处行走，充方略馆协修，洊升安徽司员外郎、江西司郎中，记名御史，补江西道御史，历署稽察北新仓、巡视南城、山东道事务，截取引见，奉旨记名以繁缺知府用，署京畿道御史。咸丰十一年五月，奉简放广西南宁府知府，前督臣劳崇光奏请对调今职，同治二年五月初二日到任。该员才优识卓，干练明通，现在高州办理军务，整顿地方，悉臻妥协。以之调补潮州府知府，洵堪胜任。其捐免历俸十成实银九百六十两，已于同治二年四月十三日上库，据藩、臬两司具详请奏前来。合无仰恳皇上天恩，俯念潮州府海疆员缺紧要，准以高州府知府蒋超伯调补，俾资治理。如蒙俞允，所遗高州府知府，请即以广州府遗缺知府瑞昌补授。再，蒋超伯系现任知府调补知府，衔缺相当，毋庸送部引见。又查拣调潮州府缺，系遵旨比照省会首府之例，毋庸核计参罚，毋论缺项是否相同及历俸已未满年限，一体调补，历准部复有案。今该员已经捐免历俸，照常升调，更属与例相符。任内本无参罚案件，合并陈明。

除咨吏、户二部外，所有拣员调补海疆要缺知府缘由，谨合词恭折具奏，伏乞皇太后、皇上圣鉴训示。谨奏。

首府员缺紧要遵旨拣员调补疏会总督衔

奏为首府员缺紧要，遵旨拣员调补，恭折奏闻，仰祈圣鉴事。

案于同治三年正月初九日奉上谕："广东广州府知府员缺紧要，着该督抚于通省知府内拣员调补，所遗员缺着顾兰生补授。"钦此。

臣等查广州府系省会首郡，管辖一十四县，地方辽阔，政务殷繁，时有发审要案，且省垣各国洋人杂处，抚驭一切，尤须操纵得宜，非精明干练、督率有方之员，不足以资治理。查有惠州府知府梅启照，年三十八岁，江西南昌府南昌县人，咸丰二年壬子恩科进士，朝考一等第二名，引见，改翰林院庶吉士。癸丑散馆，二等第二名，引见，以部属用，签分吏部，派文选司兼验封司行走，帮掌验封司印，又帮文选司印，奏补文选司主事。题升员外郎，保送考试御史，钦取第一名，引见，奉旨记名，续题升郎中，掌文选司印。奉旨回籍办理团练。全省肃清，回京供职。同治元年俸满引见，奉旨记名以繁缺知府用，补授浙江道监察御史，转掌浙江道监察御史。续补授广东惠州府知府，二年七月初八日到任。该员勤能练达，见义勇为，能任劳怨，毫无习气，现署斯缺，办理裕如。以之调补广州府缺，洵堪胜任，与例亦属相符。据藩、臬两司具详请奏前来。合无仰恳皇上天恩，俯准以惠州府知府梅启照调补广州府知府，实于省会要缺有裨。如蒙俞允，所遗惠州府知府员缺，遵旨即以顾兰生补授。再，该员梅启照系现任知府拣调首府，衔缺相当，毋庸送部引见，亦毋庸核计参罚，合并陈明。

所有拣员调补首郡知府缘由，谨合词恭折具奏，伏乞皇太后、皇上圣鉴训示。谨奏。

广东军务未清应行引见人员恳准轮流给咨赴部片会总督衔

再，接准吏部咨，同治二年十一月初一日奉上谕：“御史张盛藻片奏，请饬吏部严定章程，除带兵各员暂缓引见外，凡保举至地方官者，未经赴部引见人员，不准到任，已到任者给咨赴部，并定迟延处分等语。着吏部妥议具奏。”钦此。经吏部议奏，嗣后实在军营督带兵勇各员，准各该督抚及统兵大臣于接到部文后两月内据实奏明，暂缓赴部。又片奏，外官业经俸满各员，实有承办要件，必须一手经理，仍准查照定例，于接到部文两月内奏明展限，其馀现任、候补、保题、保升、捐升、开复、俸满各项应行引见人员，该督抚于接到此次新定章程后，限三个月给咨赴部，如再逾限不行赴部，即将本员照卓异人员赴部迟延例议处。等因。于同治二年十二月初九日具奏，奉旨：“依议。”钦此。又准吏部咨会，查同治元年大计，广东省卓异知县以上官员，应俟到京引见注册等因，于同治二年十二月十七日具奏，奉旨：“依议。”钦此。先后咨行到臣，当经转行钦遵查照。

臣等伏查粤东办理军务十有馀年，时事艰难，需材孔亟，援照军务省份之例，将保升、捐升、开复、卓异、俸满一切应行引见之道府丞倅牧令留省差委，共有六十馀员，而剿办各股匪徒及劝捐抽厘诸要务，较平时为多，前督抚臣及臣等均时有取材邻省，奏调差委之案。目下高州军务未清，肇庆土客正炽，江浙逆匪回窜江西、福建，凡与界连之南、韶、惠、潮、嘉等处属，筹防诸务，倍益增繁，不惟在任在局各员难以骤易生手，即卸事来省现无差使各员，亦不时轮派要差，核与无军务省分情形迥不相同，万难拘泥部行，立饬数十员同时赴部，亦无由酌定若干员数，奏明展限。兹据藩司吴昌寿核议：拟就卸事在省现无要差各员，每月饬二三员领咨赴部，俟轮流引见回省，再与现在任所及办理局务各员酌量更替给咨，不过二三年间，可以全数引见等情。臣等伏查所议，洵属因时制宜，切中肯綮，相应仰恳圣恩，俯准饬部立案，庶于例文无忤，而于差委要需，亦不至虞旷废。

再，广东上年未引见各员中，有声名平常之守丞牧令三多、汪政、朱世忠、朱用孚、甘槐、伍中翰、方鉴源，现均陆续参革降补勒休。嗣后如查有庸劣不职之员，仍当随时劾参，不敢因未送部稍予姑息，合并陈明。

除咨吏部外，臣等谨合词恭折附片具奏，伏乞圣鉴训示。谨奏。

候补知府陆心源请仍留广东补用片会总督衔

再，候补知府陆心源，经直隶督臣刘长佑奏调赴直并留直委用在案。该员现奉差委回粤。适值东、北两江同时举办防堵，就近于东江之潮、嘉各府州，北江之韶、南各府州筹备经费，以资接济，在在需员办理。查该员勤敏晓畅，才识兼优，刘长佑奏留直隶差委，并未准其留直补用，是该员仍为广东候补之官。此时直隶全境肃清，听候差委各员不忧缺乏，既据奉差回粤，又值防堵需员之时，自应将该员陆心源仍留广东补用。臣等谨附片陈明请旨。

筹办边防先清内匪片会总督衔　三月二十九日[1]

再，花旗股匪林正扬由广德州窜扰江西，兼及闽境。探闻汀州之宁化、宁都之石城，皆有贼踪。广东此时边防，又以嘉应州为急。臣等前饬福建臬司张运兰一军移扎南雄，防堵赣宁一路；署三江协将方耀一军移扎嘉应，防堵宁都、汀、漳各路。通计嘉应州属之镇平与上杭交界，迤东至潮州之大埔、州属之平远与江西长宁交界，迤西至惠州之连平，计程六七百里，皆并汇于东江，为东路边防。方耀一军，势难分布。因令潮州镇总兵翟国彦挑选本标精兵数百名，驰防大埔；惠州协副将施溥挑选本标及提标精兵一千四百名，分防嘉应；又饬虎门同知补用知府吴赞诚，督同绅士广西候补知府张其翰、福建沙县知县杨元勋等，办理沿边团练。现在江、浙各府县渐次肃清，贼之流毒，必及广东，而其大患尤不在外寇之拦入，而在内匪之潜藏。此股花旗贼匪，皆籍隶惠州、嘉应，在在可以勾结。咸丰四年红匪之乱，三十馀县奸民一时蜂起，赖省库充盈，军饷易于筹措，得收勘定之效。其后搜捕馀匪，近省各县，办理至数万人。而惠、潮、嘉各属，终以兵力不及，未能惩办。各处匪乡建造炮楼、围墙，村村相望，恃强争胜。此时清厘吏治，设法消弭，尚可不至无故蠢动。若骤有外匪拦入，内地伏匪乘机响应，又当山穷水尽、罗掘四空之时，必致瞻顾旁皇，智勇俱困。

查嘉应一带，民气强悍，〔贼得之则为寇兵，我收之可为劲

---

①日期据《毛尚书奏稿》卷十二同片补。

旅。]① 张其翰、杨元勋等又经屡次办团接仗，为地方所信服。应及此时鼓励绅民，免致尽流为盗贼，亦使各路兵勇声气联络，总期遏贼于境外，不令深入扬祸，边防庶稍有可恃。

谨将办理防剿缘由略陈梗概，伏乞圣鉴。谨奏。

擒获菱角塘首逆北江一路肃清折② 四月初一日

奏为官军剿捕菱角塘一带土匪，生擒逆首，北江一路肃清，恭折由驿驰陈，仰祈圣鉴事。

窃英德巨匪邓二尺七等在三山等处纠众肆扰，先经臣派令统带楚勇之福建按察使张运兰督军剿办，捣穴擒渠，于本年正月十七日由驿奏报在案。臣以北江之英德、阳山一带，地势险阻，山深箐密，素为逋逃渊薮，邓二尺七虽已就戮，此外伏莽尚多，若不乘时搜捕净尽，诚恳官兵一撤，馀烬复燃。当经札饬张运兰派拨弁勇，协同阳山、英德、郛源、翁源各县逐处搜查。张运兰即移扎青莲墟，督同各地方官办理善后事宜，先后将邓二尺七馀党、著名要匪廖观养、曾即受、吴进邦、邓亚伦、阮亚养、黄伸祐、黄亚保等拿获。复查悉英德、阳山、郛源三县交界之菱角塘、石街、蒋家洞一带，多有积年凶慝在彼啸聚，为首之冯九指及卢亚隆、卢亚养、刘亚奇，均系邓二尺七死党，并皆受陈金刚伪职，凶狡异常，恃其山溪僻险，官兵不能深入，遂成负固之形。张运兰驰抵该处，见其难于用兵急攻，随购觅线人作为向导，派令总兵易荣华、副将贺国桢等选带敢死之士，亲诣山内，捕获匪党卢陈贵、卢水保、蔡蒂养等十馀名。而首逆冯九指、卢亚隆、卢亚

①据《毛尚书奏稿》卷十二同片校补。

②辑自毛承霖编《毛尚书奏稿》卷十二，清宣统元年刻本。系与两广总督毛鸿宾会衔。

养、卢亚朗、刘亚奇等，已逃入深洞中，屡搜未获。张运兰念力攻不如计取，遂麾兵退出山外，一面接见绅民，示若不复措意者。然不数日，探知冯九指等果潜回乡间。张运兰密谕线目，先将刘亚奇一名诱擒，即于二月二十六日三更时候，与总兵易荣华，副将贺国桢、谭邦连，游击谭发律等，分督所部偃旗息鼓，驰至石街地方，将冯九指村寨围住，遣令线人冯声銮、冯上秀等进村传谕乡民，如将冯九指捆献，其馀被逼从贼者，均予宽宥，否则悉数骈诛。该村民不意官兵猝至，仓皇失措，无敢抗拒者。移时，冯声銮等将首逆冯九指捆缚献出，并获要犯卢亚隆、卢亚养二名。复于附近深洞村、田心村后山洞擒获从逆打仗之悍贼卢灶养、卢单、边灶、蔡弟养、卢亚元等二十馀名，匪党略尽。惟卢亚朗、卢亚保率其死党数十人，携带粮食逃入老虎径之水仙岩洞内。此洞缭曲深邃，不能进兵。张运兰分派各营弁勇于出入路径，层层堵截，日夕轮伺。该匪匿迹深藏，绝无动静。复募死士缒入传谕，责令缚献要逆，馀俱不杀。而卢亚朗、卢亚保以前此邓二尺七出洞，被视为覆辙，力抑其党甘死洞内不出。张运兰忿甚，随传令各营，多备柴薪、火具于岩洞两头，尽力熏灼。阅五六日之久，洞中寂然无声，谅亦无有生者，乃搬运大石，将洞门填塞。三月初二日，拔营驰回青莲，将要逆冯九指、刘亚奇、卢亚隆、卢亚养四名录供，委员解省审办，馀匪悉在军前正法等情，禀报前来。

除将各犯发司讯明处决外，伏查该逆冯九指等，皆与邓二尺七狼狈相依，归附陈金刚为伪官，分踞山砦，扰害地方，兵至则负嵎抗拒，兵退则出而肆虐。十馀年来，根深蒂固，营县文武各官力不能制，实亦无可如何。此次臬司张运兰督兵围捕，设计兜拿，使该逆等及时就擒，不致损伤士卒，办理实属得法。现在北江、英德、阳山一路，大致肃清。臣正拟饬张运兰驻师韶州，听候调遣，适闻金陵逆贼李世贤前队之花旗股匪有回窜粤东之意，南雄州为江西入粤首站，最为扼要。当即札调该司督率所部驰往驻扎防堵，以备不虞。此外翁源、英德交界之陇口乡，尚有零星土匪数名早已逃匿，尚不值重烦兵力。惟有严饬地方文武实力搜查，务期全获究办，毋任漏网。

所有迭次剿捕在事出力官绅兵勇，可否容臣择尤酌保之处，出自天恩。谨会同署广东巡抚臣郭嵩焘合词恭折由驿驰陈，伏乞皇太后、皇上圣鉴训示。谨奏。

查明广东咸丰九年以前各州县民欠地丁钱粮本折米各数目疏会总督衔

奏为遵旨查明广东省咸丰九年以前各州县民欠地丁钱粮本折米各数目，开列简明清单，恭折具奏，仰祈圣鉴事。

窃照同治元年三月十三日接准户部咨：议复御史朱梦元奏请蠲免各省历年积欠钱粮一折，拟遵照道光十五年恩诏豁免十年以前民欠、道光二十五年恩诏豁免二十年以前民欠成案，所有各该省民欠咸丰九年以前钱粮，凡已题报奏销到部者，督饬司员将各年实在民欠案册查明，一面行文各该督抚，将各该年应征钱粮实在未完若干并缓征若干，据实具奏，并造具细册送部，以凭将实在民欠概行豁免。其现在有军务省分，九年以前民欠地丁钱粮奏销到部未齐者，应请皇上特沛恩纶，一概准予豁免。仍令各该督抚先将完善各州县历年应征钱粮，某年已完过若干、实在民欠未完若干，查明具奏，并造册报部。其馀未收复地方，一俟克复后，亦即详查造报，以凭奏请豁免。如此分别核办，庶几事有实济，恩不虚施等因。同治元年二月初七日具奏，本日议政王军机大臣奉旨："依议。"钦此。

又准户部咨：议复河南巡抚郑元善、直隶总督文煜等奏民欠漕项杂税等项一律豁免一折，同治元年六月十八日具奏，本日议政王军机大臣奉上谕："户部奏遵议直隶、河南民欠漕项请予豁免一折。直隶、河南省咸丰九年以前民欠漕粮杂项，前经文煜、郑元善先后奏请豁免，当交户部议奏。兹据奏称，核与办过成案相符。所有咸丰九年以前直隶等省民欠出借仓粮、籽种、口粮、牛具、漕项、苇课、学租、杂税等项，准其随同钱粮一律豁免。即着文煜、郑元善查明实在民欠之项，查照办理，毋任稍有弊混。其因灾缓征九年以前漕粮并民欠未完常漕仓谷，着一并豁免，以纾民力。该督抚即刊刻誊黄，遍行晓谕，务使实惠均沾，毋任吏胥舞弊，用副朝廷轸念民依至意。馀依议。"钦此。当经前督抚臣先后饬行藩司确查民欠实数，一面敬谨誊黄，先行颁发各属，遍行晓谕，务使城乡僻壤无不周知，以杜影射侵欺之弊。

嗣据各属陆续开造民欠清册到省，经前司道查核，舛错甚多。恐有捏混情弊，移行该管各道府州，吊查所属征收红簿，复核更正，加结转详。旋因贼踞信宜，分扰邻邑，各属力筹防剿，支应兵差；土客扰害之区，各地方官弹压抚绥，亦复刻无暇晷，以致年馀之久，应造册档，不及次第清厘。迨臣等抵任，适值广海、信宜克复，当即严饬各属赶紧查报，以期早日推广皇仁。惟是自前届奉旨豁免道光二十九年前民欠以来，时越十年，款目纷繁，查办勾稽，急切本难清理，而实欠在民与征存在官，尤不容稍涉含胡，经臣郭嵩焘于上年十二月间将饬催查办缘由附片奏闻在案。

兹据藩司吴昌寿、督粮道郭祥瑞催据各道府州将所属各州县历年民欠银米实数，查明开列，详报前来。臣等复查粤东省额征正杂钱粮，并无漕项、苇课名目；近年亦未出借仓粮、籽种、口粮、牛具；其杂税年清年款，向无民欠；学租由绅衿捐置，为贫生灯油之资，与别省学租不同，向不归案请豁。计应查办者止有地丁、本折米石两项。兹查得自道光三十年起至咸丰九年止，民欠及缓征未完地丁备支正银九十八万三千五百一十五两零，耗羡银一十六万六千二百一十四两零；又未完本折米一十六万八千七百九十六石零，耗米二万七千七石零。以上未完民欠地丁备支正耗银两及本折正耗米石，委系实欠在民及缓征未完之项，饬据各该道府吊查所属红簿，纤悉相符，并无将完作欠情弊，由藩司、粮道核明造册，详缴到臣。臣等复核无异。

除饬司道严催各州县将未经奉文以前征存地丁正耗银两、本折正耗米石迅即追提，找支各营积欠饷糈，其请豁无征不敷折支之数，亦饬另行筹办，分别造报，并将藩司、粮道造缴历年民欠地丁备支正耗银两暨本折正耗米石原册咨部，一面另缮清单咨送军机处备查外，臣等谨合词恭折具奏，并缮简明清单，敬呈御览，伏乞皇太后、皇上圣鉴，敕部核复施行。谨奏。

查复原报请销南海县炉户铸造大广锅用过工料等项银两疏[①] 四月二十八日

三品顶戴署理广东巡抚臣郭嵩焘谨题，为题驳等事。

据广东布政使吴昌寿详称：案奉前任广东巡抚叶名琛案验道光贰拾玖年柒月叁拾日准工部咨，虞衡司案呈工科抄出广东巡抚叶名琛题前事等因，道光贰拾玖年正月贰拾伍日题，闰肆月初肆日奉旨："该部察核具奏。"钦此。钦遵抄出到部。该臣等查得广

①辑自中国第一历史档案馆藏“户科题本”原件 02-01-04-21771-004 号，标题系编者拟。

东省办解广锅壹拾口，委员解部，转行遵照。嗣据铸造完竣，委员新宁县典史谭绍恩于道光贰拾捌年伍月拾捌日起程，解赴工部投纳在案。兹据广东布政使李璋煜详称：查南海县铸造大广锅壹拾口，原用工料肆百陆拾捌两玖分伍厘。又委员解运水脚照例正价壹两给银叁分，该银壹拾肆两肆分叁厘，通共用工料等银肆百捌拾贰两壹钱叁分捌厘，已在于道光贰拾陆、柒两年分地丁银内照数支给，造入该年奏销地丁省总册内造报在案。兹据该县造册报销，节省银柒分陆厘，实共用过工料等银肆百捌拾贰两陆分玖厘，所用工料价值均与届年奉行铸造准销数目相符，理合造册题销。臣复核无异，除册分送部科查核外，臣谨具题，等因前来。

查广东省办解广锅壹拾口，前据该抚委员新宁县典史谭绍恩解部投纳，经臣部派员监收销库讫今，按广东巡抚将用过工料、运脚等银共肆百捌拾贰两陆分柒厘造册题销，臣部按册查核此次办解肆尺广锅伍口、肆尺伍寸广锅伍口，所开工料、运脚以及包裹等项银两，比较前次题销成案，均属浮多。至开用熟铁阴阳佑车模车并大小铁箍银两，向无此项名目，臣部碍难核准，应将原册发还该抚转饬分晰核减删除，另造妥册，送部核办等因，道光贰拾玖年伍月拾肆日题，本月拾陆日奉旨："依议。"钦此。相应移咨广东巡抚钦遵查照可也，并发原册一本。等因。咨院行司奉此，当经转行遵照，并迭次饬催去后。

兹据南海县详称，当经原前县遵照奉行驳饬情节，饬令该炉户等，将用过工料银两逐一删减，列册案缴去后，未据删缴，旋饬卸事，卑职莅任，核准移文，照案勒催删减。兹据炉商陈子彬等禀称：缘伊等奉行铸办大广锅拾口一案，先经造具工料细册呈缴，遵奉驳饬，屡次删减，始蒙拨给银两兴铸，以致册开各工料照时价开报四成之一。如工匠一款，每名每日需支银壹钱陆分，册报每工银肆分；坚炭一起，每担市价需银柒、捌钱之多，商等册报每担价银壹钱伍分；其馀稻草、稻子皮各款均系照市价开报四成之一，断不敢稍涉浮冒。此次奉行铸办广锅拾口，锅势较大，与向办不同，必须打造阴阳印车、大小铁箍，乃得铸成。长途跋涉，不至裂开。且向来奉行铸办广锅，每口仅重贰叁拾斤，此次每口重至陆柒百斤，锅身较为重大，所用工料自需加增，实非敢于浮开多报。兹奉大部驳饬，以阴阳印车、大小铁箍向无此项名目，商等只得懔遵，将各款银两删除，实尚共用工料银叁百柒拾玖两玖钱肆分柒厘。至包裹锅盖工料银两，系解官自行领办，与商等无干。除俟奉饬知，再将删减银两禀缴外，合遵另造工料细册禀缴，伏乞俯赐，转请核销等情到县。据此，卑职复核无异，理合查明造册，具文详报察核，俯赐详请核销，实为公便。至删减银两，俟奉核转，再行饬知解缴，合并声明等由，并将册缴送到司。据此该广东布政使吴昌寿查看得南海县炉户铸造大广锅壹拾口，需用工料银肆百柒拾叁两壹钱肆分柒厘，需用包裹工料银肆拾肆两捌钱柒分肆厘，共用银肆百陆拾捌两贰分壹厘。又每正价银壹两，给解官水脚银叁分，该银壹拾肆两肆分壹厘，二共银肆百捌拾柒两陆分贰厘，先经汇册报销。旋准部驳，以此次办解广锅，所开工料、运脚及包裹等项银两，比较前次题销成案，均属浮多，至开用熟铁阴阳印车模车、大小铁箍银两，向无此项名目，碍难核准，饬令分晰核减删除，另造妥册，详请题销。等因在案。

兹饬据南海县详据炉户将阴阳印车模车及大小铁箍等款概行删除，另造细册，请缴前来。本司伏查册开，计删减银肆拾叁两贰钱，连包裹工料银肆拾肆两捌钱柒分肆厘，共工料银肆百柒拾肆两捌钱贰分壹厘。又解官水脚一项，应照案核减，系照工料银数核给，每正价银壹两给银叁分，该银壹拾贰两柒钱肆分伍厘，计应删减银壹两贰钱玖分陆厘，通共删减银肆拾肆两肆钱玖分六厘，实共用工料、水脚银肆百叁拾柒两伍钱陆分陆厘。复核工料价值，实属无浮，应请准其报销。并经缴饬遵照分别将前项删减工料、水脚银肆拾肆两肆钱玖分陆厘，已照数完解，收还地丁项内，除造入同治叁年秋季册报外，理合开造清册，详请察核题销等由到臣。据该臣看得南海县炉户铸造大广锅壹拾口，需用工料肆百柒拾叁两壹钱肆分柒厘，需用包裹工料银肆拾肆两捌钱柒分肆厘，共用银肆百陆拾捌两柒分壹厘。又每正价银壹两，给解官水脚银叁分，该银壹拾肆两肆分壹厘，二共银肆百捌拾柒两陆分柒厘，先经汇册报销。旋准部驳，以此次办解广锅，所开工料、运脚及包裹等项银两比较前次题销成案，均属浮多，至开用熟铁阴阳印车模车、大小铁箍银两，向无此项名目，碍难核准，饬令分晰核减删除，另造妥册题销等因，当经前抚臣叶名琛转饬遵照在案。

兹据广东布政使吴昌寿详称：据南海县详据炉户将阴阳印车、模车及大小铁箍等款概行删除，另造细册请销等由，查册开，计删减银肆拾叁两贰钱，连包裹、工料银肆拾肆两捌钱柒分肆厘，共工料银肆百贰拾肆两捌钱贰分壹厘。又解官水脚一项，应照案核减，系照工料银数核给，每正价银壹两，给银叁分，该银壹拾贰两柒钱肆分伍厘，计应删减银壹两贰钱玖分陆厘，通共删减银肆拾肆两肆钱玖分陆厘，实共用工料、水脚银肆百叁拾柒两伍钱陆分陆厘，复核工料价值，实属无浮，应请准其报销，并经檄饬遵照，分别将前项删减工料、水脚银肆拾肆两肆钱玖分陆厘，已照数完解，收还地丁项内，除造入同治叁年秋季册报外，理合照造清册，详请察核题销等由前来。臣复核无异，除册分送户部、工部查核外，臣谨具题，伏乞皇上圣鉴，敕部核复施行。谨题请旨。

遵旨檄饬福建臬司张运兰拔营赴闽迎剿并分调官军防堵连界各处疏会总督衔　五月十五日①

奏为遵旨檄饬福建臬司张运兰拔营赴闽迎剿，并分调官军防堵连界各处，恭折由驿驰陈，仰祈圣鉴事。

窃臣等前据探报：金陵逆贼伪侍王李世贤大股分窜江西、福建各处。当经檄饬带勇在粤之福建臬司张运兰率领所部湘勇三千人驻扎南雄州，探明缓急情形，相机办理，兼顾韶、南一带边防，如贼已占踞城邑，则当越境助剿，毋使滋蔓；并令四川候补知府刘德谦管带信字营楚勇移扎乐昌，相为犄角，仍饬添募楚勇三千人，以成劲旅。嗣准闽浙督臣左宗棠来咨，饬令张运兰挑选所部二三千人驰赴福建臬司本任。当将该司一军不能轻离粤境情形，于本年三月初七日具奏。是月二十八日奉上谕："张运兰既不能即赴任，而闽省防剿亟须预为筹布，着左宗棠、徐宗幹催督曾元福内渡之军，迅移得胜劲旅，回顾腹区，以资调遣。由江窜闽贼势如何，并着随时驰奏。张运兰之军驰往英德，于该处零星股匪，自当迅速扫荡。刘德谦楚勇即准其添募，与为犄角，速将各处伏匪剪除，严布粤东毗连江、闽边境，以防逆匪回窜。其南、韶与嘉、潮两路，均属不可大意。而嘉、潮民俗尤悍，逆匪由闽之邵、汀一路奔趋，路尤径捷，且恐其党与散归者于该处为多。张运兰如移扎此路，相机堵剿，于闽省较为声息易通。即以刘德谦新募

①日期据《毛尚书奏稿》卷十二同疏补。

楚勇专防南、韶，亦觉便捷。应即如何办理之处，着毛鸿宾等妥筹办理。方耀所部驻扎镇平以顾嘉应一路，是否合宜，并着毛鸿宾妥筹调度，毋稍疏虞。”等因。钦此。当经恭录转行钦遵查照。

嗣据张运兰禀报：于四月初三日全军驰抵南雄，探得前踞江西建昌府属新城之贼，已败窜福建之建宁、宁化二县，复窜江西广昌县属之尖峰、白水寨，欲与前踞南丰之贼为援。嗣南丰股匪经江西官军击败，由新城东窜福建延平府属之将乐县，又窜至邵武府属之建宁，汀州府属之清流、归化、连城等县。其江西广昌一股，始则回窜福建宁化，继又从瑞金、石城西窜宁都州。而南丰分股亦有闯至瑞、石二县境内者。又据潮州镇道府禀报：探闻闽省建宁、宁化二城俱已收复，惟贼踪飘忽无常，往来靡定，现在邵、汀各属俱有兵练防堵，惟连城、永定一带较为空虚，民心不无惊恐等情。并据东北两路文武查探禀报，大略相同。

臣等查江、闽贼匪，多在邵武、汀州二府及宁都州之境，与粤省东北一带处处毗连。潮、惠、嘉、南四府州边防数百里，统计调防四处兵勇八千馀人，兵力实形单薄。然以闽、粤相较，则粤东止守边防，而闽省则贼氛已炽，情形更为吃紧，自应迅图扑灭，以免蔓延。臣〔与署抚臣郭嵩焘〕① 等连日熟商，本拟檄饬张运兰拔营前往东路迎剿，惟南雄地处江西之冲，接替防守，必须选派得人。刻下虽有副将沈玉遂管带楚勇，驻守乐昌，而知府刘德谦招募楚勇来粤，尚需时日。该处兵力单薄，难以独当一面。正在计议间，适于四月二十二日承准议政王军机大臣字寄，四月初二日奉上谕：“现在由江窜闽之贼日多，如由邵武、汀州一路奔趋闽省，官军恐难堵截，着毛鸿宾饬令张运兰仍即速回本任，带

①据《毛尚书奏稿》卷十二同疏校补。

领所部迎头堵剿，使贼之窜闽者不得肆行奔突，即所以保完粤境。毋许固执力争，过存畛域之见。并着将知府刘德谦添募楚勇，酌定如何调拨，预防贼由江境窜粤之路；粤东剿除各处馀匪，兵力如尚不敷，须行另募，道员唐启荫现在何处，该员是否得力，能否筹给勇资，饬令添募西勇及楚边各勇，以资调遣之处，着毛鸿宾、郭嵩焘酌量办理。”又五月初一日复奉上谕：“张运兰前为毛鸿宾奏留粤省，嗣经寄谕仍饬赴闽。现在闽边吃重，着毛鸿宾仍饬张运兰速回本任，迅统所部即赴建宁，与曾玉明妥筹会击。不准坚留渎请，辗转耽延，贻误大局。其粤东毗连江、闽各边，并着毛鸿宾、郭嵩焘严密布置，预筹分扼，以杜窥伺之路。”等因。钦此。仰见圣主筹备边防，无微不烛，下怀钦佩，莫可名言。

臣等查臬司张运兰上年奏派募勇成军，随同来粤，剿平李复猷巨股，连破邓二尺七，并搜捕各路伏莽，实为粤中缓急足恃之军。今江、皖逆匪上窜，该匪分合无常，去来飘忽。近日接阅各处探报，福建汀州颇为震动，武平一路更觉空虚，难以恃为屏蔽。是目下情形以东路为尤急，自应钦遵谕旨，饬令张运兰即行驰赴嘉应，察探贼踪所在，转战而前。

其南雄一路，查有广东补用道唐启荫，前在高州及广西容、岑等处办理剿抚，诸称得力，三月间回东销差。察看该员明干朴诚，精神沉细，从军数载，明于战守机宜。第饬令回西募勇，不惟库空如洗，经费难筹，且旷日持久，缓不济急。现已饬委该道率领都司衔郑绍忠，带勇一千五百名，先赴防所，择要堵御，仍令该员在于广西旧部亲勇，挑选三四百名，来东调遣，并委因公在省之广西新太协副将潘其泰随同唐启荫前往帮办。仍俟刘德谦募齐楚勇到粤，再行酌量分别调拨。其张运兰一军开募至今才及八月，而欠饷已积至四月之久。越境远征，急应筹款清厘。一面札饬唐启荫前往接防，一面札饬军需局赶紧筹画，期使交替、启行，不至迟延。

至署三江协副将方耀一军，前经饬令驻扎镇平，以顾嘉应。嗣因所部兵勇多系潮人，而大埔一县与闽省永定、上杭带水可通，距汀州不过三四百里，应改调方耀移扎大埔。惟该营积欠口粮甚巨，分限清厘，极费周章，致未能迅速赴防，因调署惠州协副将施溥挑选营兵一千四百名前往镇平，复饬潮州镇道府选募兵勇八百名，派委都司杨清臣、守备许步云等管带，在于大埔、镇平一带，树之先声。并委虎门屯防同知吴赞诚驰往嘉应，督同地方官绅办理团防。

臣等才术短浅，地形、贼势，详加考究，竭力筹防，总期遏贼境外，使不至深入为害，以仰副圣主绥静边陲之至意。谨〔会同署广东巡抚臣郭嵩焘〕[①] 合词由驿驰奏，伏乞皇太后、皇上圣鉴训示。谨奏。

陆续拿获洋面盗匪片[②] 五月十五日

再，粤东地方滨海，劫盗风行，近洋高澜一带素为盗薮。经臣咨商水师提臣温贤选派干练将弁，督率巡洋舟师，添雇拖船前往围捕。又东莞县属之板头村、新安县属之冈边村，均有匪徒私造长龙艇数十号，出入海洋，拦截行船，又经饬委前任潮州府知府海廷琛等会同水师游击黄廷彪等前往查办，已起获长龙匪艇十馀只。惟各犯尚多在逃未获，当饬购线督兵，严行踩缉，于同治

①据《毛尚书奏稿》卷十二同疏校补。

②辑自毛承霖编《毛尚书奏稿》卷十二，清宣统元年刻本。系与两广总督毛鸿宾、广东水师提督温贤会衔。

三年正月十七日具奏，承准议政王军机大臣字寄，二月十九日奉旨："知道了。阳春、东莞各属土匪及高澜洋面盗匪均着分别严饬认真缉拿，悉数弋获，以期地方、海洋两臻静谧。"钦此。当经恭录转行钦遵在案。

查阳春客匪、发贼业经官军击败，逃窜新兴。现在檄饬署罗定协副将卓兴、署清远营守备侯勉忠拔营赶往会剿，并委候补知府史朴携带示谕前往，相机招抚。虽经该匪等呈递禀词，申辩冤枉，而土逆戴梓溃等迄未捆送，尚无真心悔罪之意，仍须重创示惩，免留后祸。第客匪尚十馀万人，新兴、东安一带山路重复，四处蔓延，又以久雨泥淖，不能进兵，迭经臣饬催速剿，仍及时体察情形，酌量办理。至高澜盗匪，节经严饬水师员弁前往查拿，并经水师提臣温贤捐资雇船募勇，督饬各协营将备出洋查办。本年春间，据署水师提标左营游击卫明英禀报，督同守备杨秀华等雇驾拖船，会同香山舟师，先后在高澜、横洲、三灶口等处洋面追捕贼船，炮毙贼匪数十名，生擒何元得等八名，续获温莫修等九名，并贼船炮位。又于四月间，据护香山协副将汤骐照、署水师提标左营游击卫明英，统带大小拖船，在浪白滘、乾雾涌等处焚击贼匪头艋船一只，毙贼百馀名，拿获盗首张容得四及贼夥共三十四名，起出被掳事主工伴三名，夺获贼船九只，大炮十一位。又千总杨卫清等在芒洲洋面擒获贼匪林德权等八名，贼船一只。又据水师提标右营游击黄廷彪等禀报，千总吴迪文、黄廷耀在三洲塘洋面遇见贼船三只，督率舟师追至大浪环洋面，焚毁贼船一只，各贼被烧落水淹死无数，生擒贼匪陈志满等七名，并获贼船二只，及炮械等件。并据前任潮州府海廷琛等禀报，查办冈边等乡贼匪，会同营县先后拿获行劫盗犯邓亚羊等三十四名，又萧亚合等五名，洋匪邓亚有等二名。又迭据新会营参将尹达章等禀报，自二月至四月内，节次在西海一带拿获贼匪黄亚昌、吴晖松、张宝仔、梁亚乞、李得伟等三十七名。以上各犯，均已押解到省，饬发广州府审办。

伏查高澜洋匪招集党与，驾船出洋，并在香山、顺德、新会各处劫掳，打单商旅深受其害。今经舟师节次前往围捕，格毙及生擒首夥多名，并获贼船炮械多件，足以寒贼胆而快人心。惟该处港汊纷歧，一时尚未能歼除净尽。冈边等乡贼匪虽经海廷琛等前往围捕，获解三十馀名，逸犯尚多在逃。若不悉数就擒，终为海洋之患。臣已严饬各文武员弁设法围拿，并悬赏购缉，务将外洋、内河各匪悉数擒获解办，以安商旅而靖地方。一面檄饬广州府将各案人犯审拟解勘到日，即行分别正法，汇案奏报。现当严办盗匪之际，各员弁或远涉重洋，或深入险阻，多方购捕，实属著有微劳。可否仰恳圣慈，准臣择尤酌保，以资鼓舞之处，出自逾格天恩。谨会同署广东巡抚臣郭嵩焘、水师提督臣温贤，合词附片具陈，伏乞圣鉴训示。谨奏。

请优恤总兵文恒久片[1] 五月十五日

再，据福建按察使张运兰禀称：提督衔湖南补用总兵文恒久，湖南长沙府湘乡县人。咸丰三年入老湘营，迭次随同打仗，屡受重伤，攻克各府州县城，勇敢过人，战功卓著，由千、把总洊至副将、总兵。同治元年，带勇至贵州，克服天柱汉寨。二年，又往益阳、辰州等府县剿办各逆，不避艰辛，经湖南巡抚恽世临保奏，赏加勇号，尚未接准部复。上年七月，奉调来粤，剿办信、

①辑自毛承霖编《毛尚书奏稿》卷十二，清宣统元年刻本。系与两广总督毛鸿宾会衔。

宜陈金刚股匪。适陈逆授首，而石逆馀党李复猷窜扰粤境，复奉札调前往剿办，将首要各犯擒获正法，馀匪分别剿抚。该总兵昼夜勤劳，心力交瘁，继又移师剿办英德、三山、鹤嘴邓二七尺贼巢。连日督兵进攻，将各处贼巢平毁。上年十二月二十一日，该总兵亲执大旗，直捣邓逆老巢，将守豪悍贼尽斩。讵意逆巢枪炮四出，该总兵右边肩背受伤，流血及履，各勇赶上救回，彼时已不省人事，当即延医调治。无如炮子落腰，按之其大如丸，挖取不出，数日后始进水米。嗣是，偶能起坐，举动须人扶持。炮子时上时下，皮肉肿溃。本年春间，旧伤尽发，肩背肿溃更甚，一身几无完肤。延至四月初九日殒命。该总兵平日最得士心，合营为之流涕。现在因伤亡故，禀恳据情奏请优恤。该故员临终之日，自恨未得仰报朝廷，并有“此生不能显扬其亲”之语。请奏恳赏给伊父母正一品封典，以慰忠魂而励士气，并声明该总兵现有一子在籍肄业等情前来。

臣查总兵文恒久，带勇剿匪，不避艰险，十馀年来，未尝一日休息。兹因在粤剿办逆贼，身受重伤殒命，深堪悯恻。查该员因攻剿英德、三山、鹤嘴邓逆一案，仰蒙皇上赏加提督衔，可否吁恳天恩，将该总兵文恒久照一品官军营立功后因伤亡故例，从优赐恤，并赏该员父母正一品封典之处，出自逾格鸿慈。臣谨会同广东巡抚臣郭嵩焘合词附片具奏，伏乞圣鉴训示。谨奏。

沥陈广东度支艰窘请缓解协拨各款并现催张运兰一军赴闽疏会总督衔　六月初十日①

奏为沥陈广东省度支艰窘情形，请将协拨各款分别缓解，恭

①日期据《毛尚书奏稿》卷十二同疏补。

折仰祈圣鉴事。

窃臣等承准议政王军机大臣字寄，同治三年五月初一日奉上谕："徐宗幹奏请饬催广东等省欠饷一折，据称广东欠解三十一万九千三百馀两，另有应解按月添拨督臣援浙军饷银十万两等语。逆匪由江入闽，军情甚形吃紧。着毛鸿宾、郭嵩焘迅将欠解前项闽饷赶紧筹措，〔派〕① 委妥员解闽，以资接济；并着将应解添拨援浙军营按月协饷银十万两，一并陆续筹解，毋再迟延。前谕令毛鸿宾、郭嵩焘檄令张运兰由潮州入闽剿贼，现在闽省贼势甚重，兵力不敷剿办，亟须添拨劲旅，借资扫荡。着毛鸿宾、郭嵩焘凛遵迭次谕旨，飞催张运兰督率所部星驰赴闽协剿。倘再任意奏留，或任令延不起程，致令闽省贼匪蔓延腹地，掣动全局，恐毛鸿宾、郭嵩焘不能当此重咎也。"等因。钦此。臣等跪诵之馀，莫名悚惕，当即咨行钦遵查照。

伏查粤省旧欠闽省协饷银三十馀万两，经前任福建抚臣瑞瑸于同治元年正月间将洋商货本截借银二十万两，由粤海关兑完洋税，应即在粤省未解闽饷项下照数划抵，是旧欠已无三十馀万之多，至前闽浙督臣庆瑞带兵援浙，奏令粤东续拨协饷银二十万两，旋又奏请按月添拨银十万两，并无款项可指，尤属凭空结撰，任意添拨之数。迨升任闽浙总督前广东抚臣耆龄由粤赴浙援剿，即在粤省各库尽情搜括，勉凑银二十万两。而浙江藩司蒋益澧由广西带勇赴浙，迂道来东，迫索勇粮行资银十二万两，守候数月之久。库款不足，从而贷借，并拨给仓盐二万包，运赴湖南销售，溢出盐价盈馀银四万馀两，均由蒋益澧带往浙省备支军饷。统计前项银三十馀万两，亦应分晰截算，作为粤省拨兑援浙饷项。臣

①据《毛尚书奏稿》卷十二同疏补。

等现饬藩、运二司暨军需总局司道逐一查明，列册分咨核办，以清款目。

因思粤、闽两省，海关、盐课、地丁支拨军饷情形大略相同，而其大宗在海洋贸易。向年广东以兼通湖广、江西，揽数省之利，故为繁盛；福建南界广东，北界江浙，百货流通不出省境，故为俭约。近年内江通商，广东之利源已塞。而福建之建、宁、汀、漳、延、泉等府产茶极旺，径行贩运出洋；洋药销行，向以福建为第一口岸。以此二者之利，闽关课税，数倍从前。是广东由丰而已至于约，福建由约而渐趋于丰。情事较然，共知共见。自咸丰三、四年以来，福建用兵间有止息，广东寇乱繁兴，从无止息之时，其艰难又更甚于福建。若一指拨广东协饷，而即据为陈欠，按年增加，责成供给，在臣等原不敢区分畛域，然情见势绌，亦断无自顾不遑而反舍己从人之理。现在江西窜匪扰及福建建宁、宁化等县，臣等檄饬张运兰一军驰援福建，而积欠之饷与起程行装，并须预给一月粮饷，筹放至五六万两，已早穷于搜索。闽省委员试用同知金治礼采买洋火药一千馀斤，所需价值，亦已饬由粮道库筹给。广东协济闽省之力，止于此数。臣等因查广东艰乏情形，为事势所固然，而无能见谅于人，敬为我皇上缕悉陈之。

从前国家繁盛之时，苏、广并称。江苏为财赋之原，故解款甚巨。广东则粤海关利擅华洋，夙称殷富，所征关税，除例解内务府广储司公用等银三十馀万、部库数十万外，馀银存库，缓急皆可支拨。至藩库额征钱粮等银百馀万，以之全充本地兵饷等项。不敷之数，则有运库盐课银六十馀万，每年由部拨济本省充用，总在五十万两左右。此外别无格外拨款。是以各库常见充盈，广东之富，故与苏省并擅名于天下。迨道光二十一年间，外洋人初次构衅，海防经费耗散数千万两，各库遂至匮乏。及咸丰初年，红匪滋事，迭陷郡县，旋复续办洋务，地方残破，征收渐绌。而支用转繁，愈形竭蹶。然尚有捐输之款，有商贾抽厘之款，有溢坦变价之款，动辄百数十万，借资挹注。故虽所入不偿所出，然勉强支撑，亦尚不至穷困。至于近年则不然，关税、盐课提充京饷，一切例拨之款半成具文，无从拨解。如海关应解藩库正额铜斤水脚、粮道库、普济堂等银九万馀两，为数无多，积欠至三四年。部拨盐课，积欠至二百馀万。仅地丁一款供藩库支放，而又有蠲缓、有民欠。惠、潮各属征收日形短绌，重以信宜之变、肇庆土客之扰，蹂躏十馀县，不能开征。统计岁征地丁不过六七成。以此六七成地丁，供常年支放之款，犹不及其半，而又添慕勇丁至数万人，支应浩繁。近复因江浙窜匪蔓延江西、福建，筹备边防千馀里，东、北两江添造炮船，日不暇给。止此岁入之经费，止此一省之民力，需用日多，筹画日绌。

所稍恃以接济者，捐输耳。而捐输之弊，又有二难：广东向办捐输，压派之意多而劝导之情少。嗣遂相援为例，省城派之州县，州县派之各乡。官绅因缘为利，报捐之数多耗于中饱。又当正气销沮之时，一二明理者勉强在事，亦复多方推诿。其肯任事者，经手而或多侵牟，失职而又生谣谤。体察情形，讫无善策，则得人之难也。广东吏治不修，为时已久，官民积相猜疑。民情之怙其私利，各直省皆然，所恃劝导之适宜耳。广东一会之花消可至巨万，一席之豪举动辄数千，而厘金、捐输独多阻滞，无他，官民之语言不通而情易隔，而在事者之劝导先无以自喻其心故也。乃至没其筹饷之苦衷，而或訾为罔民之稗政，奔走异地以求避，倚附外人以相持，则取信之难也。坐是二难，加以迭次筹办之势，罗掘四穷之时，无能望有裨济。至于溢坦变价，业经完竣，厘金酌留三成，勉强分润，增加无几，固更无措手之地矣。

臣等日夜筹思，京饷不能不如数报解，江南厘金不能不按成协济，少或愆期，已觉负咎常深。而于本省艰乏情形，尤有所甚惧者。总其大患，约有三端：

广东绿营额兵，计数几至七万，而无一营可用之兵。承平日久，疲弱既多，加以额饷递年积欠至三十月有奇，责成教练，竟亦穷于立言。臣等顷咨商水陆提臣，于附省各营及肇庆、惠州距省略近之营，每额兵七八百人内挑选训练二三百名，以资调遣，渐次求练兵之实，省募勇之烦，而前挑选惠州提、协两标之兵出防镇平，各兵已因缘索饷，几至鼓噪，近日南韶镇标又闻有索饷之揭帖。督之出战，则为罢兵；俾之训练，又成骄卒。此七万馀人之额兵，每岁筹放三四成之饷而不可得，何能久与相持。此其大患一也。

广东旧募之勇，营数既繁，营制亦疏，虚报虚支，其弊莫可究诘。臣等于克复信宜后，遣散至十馀营，按其欠数多寡，分别清厘，或予现银，或立限票，为数已复不赀。而卓兴、方耀两大营，积欠皆至数十万。昨调方耀一军驰赴嘉应防堵，驻扎省城两月有馀，将欠款一一开列，计八十馀万两。臣等饬总局司道逐细勾稽，就禀报有据者核实结算，其馀概行删除，尚应给银四十馀万两。当经议给现银十二万两，馀欠分限带还，以资周转。该营勇丁六千八百馀名，马队夫役在外，向因积欠过巨，不敢议裁，以至尾大不掉如此。臣等此次用恩用威，刚柔交济，勒令挑留精壮三千名，馀人撤散归农。十年积困，为之一舒。然旧逋甫结，新欠又积，展转腾挪，智术俱穷。卓兴一军现在肇庆剿办客匪，欠领口粮亦数十万，尚未知从何筹放。欲勉强敷衍，则一有征调，借欠饷为辞，多方阻抗。欲遂分别裁撤，又无从得此巨款。既苦筹画之已穷，遂至补苴之无术。此其大患二也。

广东盗贼风行，有出洋之巨艇，有内河之快艇，有各村庄之长龙艇，皆船坚炮利，聚众横行。每出行劫，又有包庇匪类为饭主之绅士，有窝匪之村庄。历来办盗，皆先筹备经费。经费愈多，则著名之大盗亦可设法捕除，非是则人皆乐纵遣之以邀厚利，亦积习然也，而遂因循以至寇盗之充斥。臣等惩治盗贼，无稍宽假，而欲整饬水师，添造船只，穷究盗踪之出入，围剿窝匪之村庄，经费浩繁，动苦无措。现在各直省无不患贫，独广东有贫之实而仍有富之名，由于积惯浮靡之习眩人耳目故也。又民间嗜利轻生，以重利驱市人而使之战，皆能冒死邀功，一贫则百计俱废。今盗贼日积而日多，经费日筹而日绌，不必外寇之至，即内地伏莽，办理已形棘手。此其大患三也。

就广东现在情形论之，民力之凋残已甚，而地方究属全完，利源之疏凿已穷，而商贾犹能周转。若及时从长筹画，尚足自强。无如历年之积弊，广收博用而亏负太深；目前之补苴，百孔千疮而支持乏术。如去冬奉准部咨，饬将盐课、地丁提拨京饷之款，限于端节以前提解一半。经臣等督催藩、运两司次第报解，皆从银号挪垫，按卯催收课银，陆续归还。初次报解之款，距今三月有馀，始经结算清楚。诚恐东、北两江防堵，尚须添募兵勇，一切经费正不知于何筹措。所有各省协饷，亟应一例停止。至应解本年京饷，藩、运两库已起解及半。其海关税项，短解尚多，已迭催该监督赶紧筹画。其藩、运二库年内应解之一半，计惟竭力督催，以冀陆续解京，或不致有延误。臣等受恩深重，具有天良，但使少可措手，断不敢将艰苦情状上渎圣听。惟是广东积弊，由于粉饰过甚，臣等若再隐忍不言，则其患将不可思议。此时若暂缓征求，俾地方气力少舒，尚可徐图补救。此又臣等愚虑，体察大势情形，不敢不缕陈之圣主之前者也。

至张运兰所部湘勇，臣毛鸿宾前在湖南募集成军，借支湖南库项八万馀两，原议到粤即行解还，延今半年有馀，未能丝毫归款。张运兰抵粤后剿办巨匪，迭著战功，其勇粮亦不能按期支放，又已积欠银数万两。昨据张运兰禀报：定于五月十八日起程，由江西陆路取道赴闽。嗣又禀称：所部湘勇探知福建艰苦，兼之路途遥远，山路崎岖，皆不愿往，多有散回原籍，及在边界屯聚，候领欠饷者。臣等一面饬张运兰察看各散勇是否尚可招集，以期迅速启行，一面赶紧筹拨饷银，俾得有所借以联一军之心，断不敢私此一军，为留粤防堵之计。即张运兰索性勇往，亦断无闻警逗留、迁延不进之理。应俟其查明各勇散驻边界情形，再行据实陈奏。

所有粤省度支艰窘，力难协济闽饷，并现催张运兰一军赴闽各缘由，谨合词恭折附驿驰陈，伏乞皇太后、皇上圣鉴训示。谨奏。

截支法国教练洋枪弁兵经费折[①] 六月十四日

奏为法国调回教练洋枪弁兵，谨将截支经费日期，恭折具陈，仰祈圣鉴事。

案照同治元年十二月间，据法国领事李添嘉申陈，该国派有武弁一员、兵丁十五名到粤，请照英国练兵成案，酌拨旗兵，交给教练等情，经前督抚臣会商广州将军，以英、法两国一体和好，遇事悉应持平，即据法国派来兵弁、援案声请教练，未便拘泥拒

①辑自毛承霖编《毛尚书奏稿》卷十三，清宣统元年刻本。系与两广总督毛鸿宾、广州将军瑞麟会衔。

阻，当即在于满汉八旗驻防各营内，陆续拨出旗官六员、旗兵三百名送交法国领事，与法国派来弁兵公同练习洋枪，并委协领全济总统管带，以资稽查钤束，所需薪粮经费，由军需总局按照英国练兵章程，一律支给，于同治二年三月十三日、八月十八日由前署督臣晏端书节次附片奏报各在案。

兹据法国署领事喇慕申陈，接到该国来文，请将前派来粤教练洋枪之武弁一员、兵丁十五名，全行调取回国，定于同治三年六月十三日将教练之旗兵及洋枪器械等件，交还广州将军查收。该国弁兵即于是日由省起程，先赴香港候船回国等语。臣与广州将军臣瑞麟公同悉心体察，法国教练洋枪之弁兵，原系自行派来练习，今既自请撤调回国，应即准如所请，以顺远人之情。所有前拨出之旗官六员、旗兵三百名即撤令各回本旗，照旧操防；洋枪等项器械，亦即点验收回备用；其薪粮经费每月约需银九百馀两，均于六月十三日截数停支，以归核实。

除饬军需总局司道分晰造册报销，并咨明总理各国事务衙门查核外，臣谨会同广州将军臣瑞麟、署广东巡抚臣郭嵩焘恭折具陈，伏乞皇太后、皇上圣鉴。

再，英国所练弁兵，现仍勤加教习，需支经费，另案办理，合并陈明。谨奏。

挑选旗员训练阵法片[①] 六月十四日

再，英、法两国教练洋枪兵，亦犹循用中国步武止齐之法，

---

①辑自毛承霖编《毛尚书奏稿》卷十三，清宣统元年刻本。系与两广总督毛鸿宾、广州将军瑞麟会衔。

其纵横开阖不及中国阵势之变化，而其勤于训练、号令整齐，则为洋人所长。中国之兵归其教练，进退左右，一听洋人指挥，而其兵头充当教习，每月薪工恣意开销，所费不赀；又于训练之兵故示优异。臣等深念沿海各要地皆有训练洋枪名目，久恐要结把持，侵我兵权，意稍得其演习火器之法，即应设法与商，仍归中国自行操练。兹幸法国先将其兵头撤回，使臣等隐衷不待明言，而彼此各得所安，实深意外之幸。

据该领事喇慕之意，尚欲酌留兵头一名，照常教练。臣等以该国既令撤回，若再酌留训练，尚须请旨遵办，委曲繁难，不如全数撤遣回国。婉言开导，均已照准。其挑选训练之旗官六员、旗兵三百名，臣等公同校阅步法，心手俱为相习，进止均合程度，应即归入将军各衙门，勤加训练，仍可推广，令各旗官挑选各旗兵，次第操演，但须各将领如洋兵教练之勤。

中国阵法，成式生动周密，无在不可师法。臣等日前咨会提镇，札饬各协营按照额兵挑选数成，约束训练。犹恐各该将弁因循玩废，积习相沿，仍须时常加意督率办理。而广州将军臣瑞麟现与左右都统按日操练旗兵，颇为勤实。此项法国兵头口粮、经费应即截支，其各洋枪兵津贴、口粮，臣等仍拟酌量成数，拨交将军衙门，以备犒赏之资使，不至于旷废。俟军务告蒇，军需撤局，即行截止报销，以示限制。

臣与广州将军臣瑞麟、署广东巡抚臣郭嵩焘悉心商酌，意见相同，谨合词附片陈明。是否有当，伏乞圣鉴训示施行。谨奏。

官军进剿客匪连破匪巢馀匪窜入高明县境五坑地方现筹办理情形疏会总督衔　六月十五日①

奏为官军进剿客匪，连破匪巢数十处，馀匪窜入高明县境之五坑地方，现筹办理情形，恭折由驿驰陈，仰祈圣鉴事。

窃照肇属客匪屯聚阳春之金堡、企㘭等处，经署罗定协副将卓兴等进剿，连战克捷，该匪折回东安之富霖洞、新兴之天堂墟，盘踞滋扰，当经檄饬卓兴相机进剿，并派委候补知府史朴携带示谕，前往相机招抚，经臣等于三月初七日会折奏报在案。

该匪自本年二月窜入新兴之后，党徒尚夥，所过村庄，掳掠焚烧，悉成灰烬，复窜逼县城，势颇猖獗。迭据该县文武飞禀告急，又经檄调署清远营右营守备侯勉忠先往应援，并饬卓兴拔营赶往督剿。侯勉忠移扎新兴县城，督勇防剿，迭有斩擒，该匪退走白村等处。卓兴由阳春拔营进至新兴，踏勘地势，查探贼匪虚实，知新兴东南悦塘一路便于进剿，于五月初四日进扎悦塘，并饬侯勉忠移扎车冈，以期前后夹攻。该匪闻我军进扎，即深沟高垒，于山路密布竹签，并在险要处建设望楼炮台，计图负嵎久抗。卓兴亦于悦塘要隘分扎营垒，建立炮台。

初七日，该匪大股拥出悦塘前面之虎尾尖、文笔岭各山顶，施放枪炮，冀窥伺我军虚实。卓兴正在出队进击，该匪遽悉数引去，连日伏匿未出。卓军滚营进逼，因莲村一路最为扼要，随于十四日领兵前行。该匪乘我军筑垒未成，倾巢涌出。卓兴严阵以

①日期据《毛尚书奏稿》卷十三同疏补。

待，并派小队向前挑战。该匪见而却退，我军正追赶间，忽伏莽四起，拒杀当先壮勇一名，山颠之贼亦乘势冲下。卓兴派队迎击，枪炮齐发，歼毙多名。该匪奔回老巢拒守。至夜戌刻，卓兴闻报贼匪分途攻扑我军分扎之莲村、悦塘各营，并探悉该匪于山涧内设伏数千，欲俟我军往援各营，即以全力突扑芳园大营。卓兴知其夜出必有奸谋，随选派劲卒坚守大营，潜督亲军衔枚疾趋，绕出贼后。该匪攻扑悦塘营盘正急，不虞我军已抄出其背，内外夹击，势不能支，被我军歼毙无数，当场斩取贼目首级四颗，夺获大红旗二面。其莲村、芳园各营，亦皆悉力堵住。该匪败回巢穴，坚匿不出。

卓兴因见匪营中路重重险阻，无隙可乘，拟由该处左旁绕出匪巢之后，乘其不备，据险进攻。二十一日五鼓蓐食，亲率全队绕道潜行，令候补把总陈树棠管带乡导壮勇三十名，由丹蝶山而进。先派把总莫善喜、外委林洛率队由富贵村从旁直包过匪巢后路，并密令把总卓梅、孙周，外委陈来、陈牙等分带劲勇，设伏接应。该匪随同五六千人蜂拥出拒，与莫善喜等接战。卓兴令外委郑耀光带勇呐喊杀入，该匪惊骇慌乱，匪首戴梓溃亲率悍贼数千前来策应，由回龙河突出。卓兴麾兵横截，并令外委王维忠带勇从后抄击。该匪进退无路，四面被围，夺路狂奔。把总卓梅等伏军四起，一齐冲杀，枪炮回环，毙贼不计其数。我军勇气百倍，攻进匪巢，抛掷火罐火包，各巢同时火起，该匪且战且走。我军攻击所至，无不一以当百，奋迅异常。维时侯勉忠及新兴县文武亦各带兵勇由东路夹攻，贼势益绌，四散逃窜。当将古院、回龙、碧塘、布乾、白土、稔村、云河各处纵横三十馀里之大小匪巢八十馀座尽行攻破，一路斩杀，毙匪千馀名，炮伤者不计其数，当场割取悍匪首级三百四十六颗，夺获大铜炮十二尊，大铁炮三尊，抬枪、洋枪、百子鸟枪、大旗等项数百件，伪印一颗，火药铅子无数，兵勇亦间有伤亡，馀匪随向五坑客村逃窜等情，据卓兴等禀报前来。

伏查客匪勾结悍贼戴梓溃等到处滋扰，其迹虽甚凶暴，而其情实为攫食求生。臣等初拟锄其顽梗，去其胁从，如该匪能将贼首戴梓溃交出，即应分别设法安插。经委员史朴再三晓谕，该匪反恃戴梓溃为之主谋，多方狡辩，与官军相持，其势不能不一加剿办。此次卓兴督军会剿，谋定后动，尽一日之力，攻破大小匪巢八十馀处，馀匪悉窜高明县属之五坑。查五坑客民与高明土民相持数年，负山阻险，其力足以自保。而由五坑东南出四会以达鹤山，由五坑东北出合水以达高明，均不过数十里。其南径达恩平之尖石墟，为该匪民本籍。此次窜入五坑者尚七万馀人。五坑接连老香山等处，皆系客民，足以暂息一时，而田山屋宇，万不足相容，其蓄意在窜回开平、恩平各本籍，而该处土民防堵甚严，是以徘徊新兴、高明之交，不敢自决。鹤山古劳、附城两处，土、客和议甫成，其双桥之客民，亦有附入此股者。若复扰及鹤山，和局又虞决裂。土、客之曲直是非，几不可以理喻，其挟仇愤相杀，此吞彼噬，各不相让，至兵连祸结，积十数年而不一悔悟，所谓劫运生于人心，竟不知所终极。臣等惟有竭尽至诚，以相感动，责令交出逆首戴梓溃等，而后徐筹安集之法。一面檄饬〔卓兴〕①趁此声威，相机布置，以杜其四处蔓延之路。

至此次接仗员弁兵勇，实属著有微劳，应恳恩施格外，准与汇案奖叙，以示鼓励。其先后伤亡兵勇，并饬行确查，分别咨部赏恤。

---

①此据《毛尚书奏稿》卷十三同疏校补。

谨〔会同署广东巡抚臣郭嵩焘〕[1] 合词恭折驰陈，伏乞皇太后、皇上圣鉴训示。谨奏。

奏销广东省同治元年份支给额外孤贫人口养济口粮银两疏[2] 七月初四日

为奏明稽核养济孤贫，请专责成，以行实政事。

据广东布政使吴昌寿详称：奉前署广东巡抚印务、广州将军策楞案验乾隆玖年柒月初壹日准户部咨开，查乾隆玖年贰月内臣部议复署西安按察使魏定国条奏，内开孤贫一项，如有外来流丐，察其声音，询其住址，移送本籍收养，令保甲务将实在孤苦无依者，开明里甲年貌，取结呈报州县官验补足额，其有浮于额数者，亦收养院内，动支公项，散给口粮，仍将散给，遇额外孤贫口粮名数，按年另造清册，据实题销。又于乾隆陆年柒月内，臣部议复浙抚卢焯条奏，内开各直省额内、额外孤贫，饬令再行逐一严查。凡不愿居住院内、冒滥食粮之辈，悉行革除。实系老疾无依之人，照例取结收院顶补，其馀多者准作额外孤贫收养，有滥报捏结者，照例治罪。查定之后，将实在人数，按照额内、额外，分造贰册查核。如有房屋坍损、孤贫年貌不符及胥役孤头代领吞蚀等弊，将州县道府各官立即题参议处。各等因。俱经奉旨："依议。"钦此。钦遵在案。

今据前护广抚讬庸等疏称：粤东通省额内孤贫肆千陆百柒拾肆名口，题准部复，照例每名每日给银壹分，遇闰加增，小建扣

---

①据《毛尚书奏稿》卷十三同疏校补。

②辑自中国第一历史档案馆藏"户科题本"原件，02-01-04-21771-019 号，标题系编者拟。

除，递年动支正项奏销在案。尚有广南等玖府，罗、连贰州，共额外孤贫贰千玖百壹拾肆名口，请照额内孤贫之例，每名每日给银壹分，共该银壹万肆百玖拾两肆钱，内除吴川县民李蔚元欺隐田亩，递年入官租谷壹拾玖石柒斗叁升柒合，每石伍钱折算，共银玖两捌钱陆分捌厘伍毫凑给外，尚需银壹万肆百捌拾两伍钱叁分壹厘伍毫，请自乾隆玖年为始，在于田房税羡项内动支，按名支给，遇闰加增，小建扣除，岁底造册报销。如遇额内名缺，即将额外顶补，仍饬各属实力奉行，毋许冒滥及胥役孤头代领扣克等语。除该省额内孤贫肆千陆百柒拾肆名口，应支口粮银两业于每年地丁奏销册内支给报销在案，毋庸置议外，其广南等玖府，罗、连贰州，共额外孤贫贰千玖百壹拾肆名口，应如该护抚托庸等所请，自乾隆玖年为始，照额内孤贫之例，每名每日给银壹分，以资养赡，遇闰加增，小建扣除，除吴川县民李蔚元欺隐田亩入官租谷折银凑给外，馀在各年田房税羡银两按款支给，仍于年底据实造册报销。倘有浮冒支给及胥役人等扣克等弊，即行严参究追。如遇额内孤贫名缺，即将额外孤贫顶补足额造报。至疏称吴川县民李蔚元乾隆伍、陆、柒、捌等年存县租谷玖拾捌石陆斗捌升伍合，照数折价凑给额外孤贫口粮，统于岁底归案，通融销算等语。查李蔚元欺隐田亩节年入官租谷，先经该抚报部在案，亦应如该护抚托庸等所议，将李蔚元从前入官租谷折银凑给额外孤贫口粮，年底归案报销可也。乾隆玖年伍月贰拾日题，本月贰拾贰日奉旨："依议。"钦此。相应行文广东督抚，查照施行。等因。

又奉前任广东巡抚托庸案验乾隆贰拾陆年拾月贰拾伍日奉准户部咨，查粤东省应需额外孤贫口粮动支田房税羡银两一案，先于乾隆贰拾叁年拾月内据该抚以各州县当年税羡每多完解不齐，而孤贫口粮难以缓待，咨请在于各年所存税羡银两动支报销等因，经本部行令于上年所存田房税羡银两内动支，岁底分晰题报核销在案。今该抚既称乾隆贰拾伍年春、夏贰季正值各州县将贰拾肆年税羡解司之时，而贰拾伍年孤贫口粮亦于是时纷纷具领，诚恐各属于现解银两溷请抵兑，以致牵混不清。是以贰拾伍年应支口粮银两，仍在于贰拾叁年税羡银内动支，其贰拾陆年孤贫口粮又经在于贰拾肆年税羡银内动支，应请嗣后孤贫口粮银两总于征存司库隔年税羡内支给报销，以免牵混等语。应如该抚所咨办理可也。等因。咨行到司，奉此依经遵照办理在案。

该广东布政使吴昌寿查看得广东省支给额外孤贫口粮一案，奉准部咨，自乾隆玖年为始，照额内孤贫之例，每名每日给银壹分，遇闰加增，小建扣除。除吴川县民李蔚元欺隐田亩租谷折银凑给外，馀在各该年田房税羡银内按款支给，年底造册报销。如遇额内孤贫名缺，即将额外孤贫顶补足额，造册报销。又奉准部咨，额外孤贫口粮银两，嗣后总于征存司库隔年税羡银内支给报销，以免牵混。各等因。俱经移行遵照在案。

同治元年份陆续据广州、惠州、潮州、肇庆、高州、雷州、廉州、琼州捌府，罗定、连州、南雄叁州，将各州县支给过额外孤贫银两花名数目，列册到司。兹查广东省同治元年份通省额外孤贫贰千玖百玖名口，每名口每日给银壹分，除小建病故月日口粮扣截不支外，共支口粮银壹万壹千壹百柒拾两伍钱陆分，内前任布政使伊霖经支银肆千壹百捌拾陆两肆钱伍分叁厘，前署布政使蒋志章经支银叁百贰两柒钱肆分叁厘，前任布政使文格经支银肆百柒拾伍两柒钱玖分叁厘，现任布政使吴昌寿经支银陆千柒百伍两伍钱柒分叁厘，内动支咸丰拾年份田房税羡银壹万壹千壹百陆拾两陆钱玖分壹厘，又动支吴川县解到同治元年份李蔚元欺隐田租谷价银玖两捌钱陆分玖厘，俱候入季册造报。并据各府州申称：俱系实给实领，并无冒滥及胥役扣克等弊。复查无异，理合汇造总册，详请查核题销等情到臣。据此，该臣看得广东省支给额外孤贫口粮准部咨行，自乾隆玖年为始，照额内孤贫口粮之例，每名每日给银壹分，遇闰加增，小建扣除。除吴川县民李蔚元欺隐田亩租谷折银凑给外，馀在各该年田房税羡银内按款支给，年底造册报销。如遇额内孤贫名缺，即将额外孤贫顶补足额。续又咨准部复，额外孤贫口粮银两，嗣后应于征存司库隔年税羡银内支给报销。等因。转行遵照在案。

兹据广东布政使吴昌寿详称：广东省同治元年份通省额外孤贫贰千玖百玖名口，每名每日给银壹分，除小建、病故月日口粮扣截不支外，共支口粮银壹万壹千壹百玖拾柒两伍钱陆分，内前任布政使伊霖经支银肆千壹百捌拾陆两肆钱伍分壹厘，前署布政使蒋志章经支银叁百贰两柒钱肆分叁厘，前任布政使文格经支银肆百柒拾伍两柒钱玖分叁厘，现任布政使吴昌寿经支银陆千贰百伍两伍钱柒分叁厘，内动支咸丰拾年份田房税羡银壹万壹千壹百陆拾两陆钱玖分壹厘，又动支吴川县解到同治元年份李蔚元欺隐田租谷价银玖两捌钱陆分玖厘，俱候入季册造报。并据各府州申称：俱系实给实领，并无冒滥及胥役扣克等弊。复查无异，理合汇造总册，详请查核题销等情前来。臣复核无异，除册揭送部科查核外，臣谨具题，伏乞皇上圣鉴，敕部核复施行。谨题请旨。

饬总兵任星元统领炮船巡防片[1] 七月十六日

再，广东濒海各处，港汊纷歧，向设巡船，缉拿盗匪。其盐

①辑自毛承霖编《毛尚书奏稿》卷十三，清宣统元年刻本。系与两广总督毛鸿宾会衔。

务、税务亦雇备缉私船往来梭巡，以补外海、内江水师控驭之所不及。立法不为不密，无如形势涣散，呼应不灵，以致缉私者，或受贿以营私，捕盗者转得财而纵盗，商民受害，贼党公行，由来已久。

臣在湖南习闻其弊，于赴任之先，函商两江总督臣曾国藩，调拨新授广东阳江镇总兵任星元，统领营哨各官来粤，拟仿照淮扬水师、太湖水师之例，筹添勇丁、船炮，以备巡防。经于上年九月十三日具奏，钦奉上谕："粤东盐船走私积弊日盛，毛鸿宾现商曾国藩饬令总兵任星元统领水师赴粤弹压剿捕，着即照所拟办理。该督惟当筹添勇丁、炮船，督饬该总兵实力巡查，力除旧弊，总期言行相符，不得有名无实。"等因。钦此。当即钦遵咨会办理在案。

兹总兵任星元已于本年六月十七日带领营哨员弁抵省，臣连日察看，该总兵精明强干，胆识俱优，所商战守巡防各策，无不悉中机宜。臣当即饬令缓赴阳江镇本任，另发给木质关防。所有省河一带巡船，均责成该镇统领稽查，设法联络一切，船只炮位缺者补之，废者修之，多者裁减之，少者增益之。其勇丁等项，亦逐加选择，取朴实有来历者充补。又查省河以上分东、北、西三江。北江南雄之浈水界连江西，乐昌之章武水界连湖南，总汇于韶州，江流益大。东江则龙川以上东界福建，西界江西，水凡数道。臣等前饬副将沈玉遂造舢板战船二十号，长龙战船四号，备东江防堵之用。现又饬副将张贵，会同南韶连道唐启荫造舢板战船二十号，备北江防堵之用。现复于省河添设船厂，制备长龙、快蟹船只，内可以顾东、北、西三江来路，外可以出海巡缉盗匪，一归阳江镇任星元调遣，期收巡缉之实效而备防堵之要需，以仰副圣主绥靖海疆之至意。

谨会同署广东巡抚臣郭嵩焘附片具奏，伏乞圣鉴训示。谨奏。

请奖擒斩土匪陈仰古等出力官绅片[①] 七月十六日

再，广东连州及阳山、英德各县，壤地相接，皆系崇山叠嶂，密箐深林，素为逋逃渊薮。臣上年九月到任后，访闻积匪冯九指、李冠春、陈仰古等，纠党劫掠，地方深受其害，即经分檄各该州县会营严拿。旋因石逆馀党李复猷等由楚窜入连、阳，并有土匪邓二尺七等纠众响应。当檄调福建臬司张运兰统带湘勇驰往剿办，并令就近督同各地方文武，将该匪冯九指等一并围拿。所有剿办情形，迭次奏报在案。

张运兰于剿办李复猷、邓二尺七、冯九指等后，适闻浙西败贼窜入江右粤省南雄一带，防堵要紧，经臣飞饬该司就近移师赴粤，一面酌留弁勇，协同地方官绅，将在逃匪首李冠春、陈仰古等设法围捕。旋经署英德县冯宝封会同营员先获匪党陈如邦、张贵容二名，解赴张运兰行营，讯明正法。复于五月二十一日带同弁勇前往匪巢，四面围拿。该匪陈仰古率众拒敌，当场格杀多名，随将陈仰古及其党陈九佬、陈耀荣、陈有信、陈云渠、陈传古、罗增寿共七名，一并捕获，解赴南韶连道，审明正法。而李冠春一犯，亦经连州知州严先佑密派淇潭司巡检张沛霖、绅士俞扬赓等蹦踪至冲塘地方，上前围拿。该匪舍命拒捕，砍伤壮勇三人，经军功范镇刚枪戳该匪肚腹倒地，斩取首级，解州验明枭示，并擒获匪党吴维安、李水保二名，审明后就地正法，均报经张运兰转禀前来。

①辑自毛承霖编《毛尚书奏稿》卷十三，清宣统元年刻本。系与两广总督毛鸿宾会衔。

臣查陈仰古、李冠春等凶悍狡猾，为积恶匪棍之尤。前因官军压境，伏匿不出，一经兵退，辄即复行啸聚。该匪一日不除，则北江一日不靖。今经张运兰所留弁勇兼同地方文武克期捕获，连、阳一带业已安堵。查剿办李复猷、邓二尺七两案出力人员，业经遵旨保奏，尚有剿办冯九指案内官绅兵勇，可否汇并拿获李冠春、陈仰古等各员弁，一并择尤酌保，以昭激劝，出自圣主逾格恩施。臣谨会同署广东巡抚臣郭嵩焘附片具奏，伏乞圣鉴训示。谨奏。

饬查客匪戴梓溃下落并筹攻剿折[①] 七月十八日

奏为官军剿办客匪军师戴梓溃一股，斩馘极多，馀匪退入五坑，现饬跟查戴梓溃下落，并筹攻剿情形，恭折由驿驰陈，仰祈圣鉴事。

窃肇郡客匪勾结发逆戴梓溃在阳春、新兴等县肆扰，先经檄调署罗定协副将卓兴、署清远营右营守备侯勉忠分带队勇前往剿办，本年五月迭次进击获胜，连破贼巢数十处，该匪败回高明县属之五坑地方，臣于六月十五日会折奏报在案。查五坑本系客籍所居，叠嶂层峦，林深箐密。其东南一带为鹤山、开平、恩平三县地方，西与新兴毗连，北与高要接壤。五坑附近之八宝坪、槽马布、社鹤嘴、昆田各村庄，久为所居。本年五月间，卓军大小十馀战，虽屡挫凶锋，而其党实繁有徒，未易尽行殄灭。该匪自败回五坑后，复于五月二十四日分党数千，出扰高明县之合水墟、高要县之横冈坡，均被该处练勇击退。该匪仍于四路添筑炮台，

---

①辑自毛承霖编《毛尚书奏稿》卷十三，清宣统元年刻本。系与两广总督毛鸿宾会衔。

深沟高垒，为进战退守之计，一切部署，皆逆首戴梓溃为之主谋。经护理肇罗道史朴与卓兴会商，以大军移驻新兴县属之布辰等处，并酌调各乡练勇，分扎高明县之合水墟、鹤山县之四合墟，三面堵守，相为犄角。六月初二日，卓兴亲督队伍前往布辰，踏看扎营处所，驰马登山，忽见该匪蜂屯蚁聚，结队来攻，约有万人之众。卓兴当即督勇收队出至云河，匪众尽锐跟追，漫山遍野，四面包钞。卓军火药将尽，势颇阽危。适额外委林霁明自营中赶送铅药，前往接应，遂得分布弁勇，枪炮齐施，连环轰击。该匪力不能敌，大败奔逃。我军追杀数里，毙贼甚众。是日，我勇一人中炮阵亡，其馀受伤八人。卓军遂进扎回龙墟，直扼匪巢之冲，逐层进逼。该匪与卓军相持不决，复分股潜窜恩平县之尖石、东城，开平县之罗村、黎洞，鹤山县之龙湾、大萠，新兴县之稔村，新会县之石步等乡，到处焚杀掳掠，势殊汹汹。卓兴知该匪以五坑之众牵制我军，而分党四出滋扰，使我军到处穷追，疲于奔命。若分军援应，则兵力愈单，必须择要害之区，控制得宜，以为拊背扼吭之势。当令把总卓梅、孙周等分带队勇，驻守新兴属之稔村，而自督大队移扎鹤山县属之四合墟，另派都司李胜、千总黄崇光各带队目，分往开平、新兴两城，互为声援。臣复饬都司侯勉忠一军移扎鹤山、新会交界处所，以臻周密。嗣是，旬月之间，该匪伏匿不出。

二十三日早，卓兴探闻该匪万馀人窜踞尖石墟，即于是日辰刻拔营进剿。未刻甫抵所届，尚隔一河，时值大雨淋漓，坑堑皆满。遥望河水弥漫，无舟可渡，又虑该匪乘我半渡出击，不敢轻进。正踌躇间，天忽开朗，水势亦缓，察探浅处可涉，匪踪寂然。遂亲率前队所到千馀人厉水渡河，比登岸复行数里，该匪始觉。卓兴因戒所部以我军冒险至此，贼众我寡，时将薄暮，尚未扎营，必须拼死一战，方有生路。于是众皆奋发，踊跃向前。该匪当大雨之后，不料我军骤至，仓猝拒战。我军欢呼竞进，直薄墟旁，乘其措手不及，刀矛并举，阵斩百馀人，匪势披靡，登时败溃。我军三面兜截，枪炮齐施，矢刃交注，所杀不可胜计。

正酣战间，忽见贼目十馀骑率领悍匪百馀人夺路而逃，卓军麾兵追击，各勇争先恐后，悉力环攻，将此队悍贼聚而歼旃。其得突围逸去者不过数人。此外，溃散各匪皆翻山越涧，亡命狂奔，坠崖及落水死者不计其数。卓兴引军追杀十馀里，复毙千馀人。传言戴梓溃已死于乱军之中。时将昏黑，始行收队。计斩获首级三百四十五颗，生擒八名；夺获伪营官银印四颗，木质大同总管伪印一颗，并杀伪师尉张贵昇；搜出黄绫伪职文凭一道，词极狂悖；夺获马十匹，大铜炮二尊，长洋枪四十杆，抬枪十二杆，大旗九十六面，火药、器械不计其数。

先是，卓兴督队移扎四合之后，五坑匪众连扑稔村营盘，把总卓梅、孙周率勇奋力抵御，迭有斩获，至是败亡。馀寇遁回五坑，晚过稔村，复经卓梅等引兵追截，自夜达旦，歼毙甚多，夺获旗帜、器械等件。诘讯所获生供，此次戴逆亲党凶徒及客中悍贼多被击杀，现在跟查逆首戴梓溃实在生死下落，一面督兵严密堵剿，力图扫荡等情，据该副将卓兴及各地方文武禀报前来。

臣查客匪起事之初，止与土民互相仇杀，比发逆戴梓溃为之主谋，又有陈逆馀党投入其中，凶焰既张，贼胆愈炽。前此虽屡经挫衄，而十数万之众不可胜诛，计欲剿抚兼施，逐渐解散，而客匪乡里亲串到处皆有，难免不暗相勾通，其胁从戴逆之党久已狼狈相依，铤而走险，遂更固结莫解，竟敢伪授职官，恣其狂悖，实属情同叛逆，罪不容诛。此次卓兴冒险进兵，以少击众，大张挞伐，痛快人心。虽逆首戴梓溃未卜存亡，而经此大创，其势当不至复振。臣现饬各地方官仍于交界处所严加防御，不得因现时安靖，稍涉疏忽，并檄该管文武深入穷追，务得戴逆实在生死下落。一面严谕卓兴乘此大捷之馀，力图围剿，悉数扫荡，以仰副圣主绥靖海疆之至意。

所有在事出力文武员弁，前经吁恳天恩，择尤保奏。拟将此次劳绩，分别等差，汇并列折，奏乞恩施，以昭激劝。臣谨会同署广东巡抚臣郭嵩焘合词恭折具奏，伏乞皇太后、皇上圣鉴训示。谨奏。

密保总兵卓兴片[①] 七月十八日

再，广东补用副将、琼州镇中军游击卓兴，现年三十五岁，揭阳县人，由勇目出身，迭次随剿廉州、潮州各府贼匪，并解四会、广宁等县城围，复调赴广西浔州攻剿艇匪及赴福建剿贼，克复府城，洊升今职。咸丰九年，钦奉谕旨，赏给格艮吐巴图鲁名号。该员谋勇兼备，胆识过人，弱冠从军，战无不克，且秉性刚正，操守清廉，故驭军极严，而士卒皆乐为之用。向来潮勇最为蛮悍难驯，惟该将部众六千馀人无一不恪遵纪律，所过之处实能秋毫无犯，尤为通省绅民所感悦。臣上年九月到任，旋值高郡逋寇荡平，逆徒授首，论功行赏，据实奏闻，钦奉上谕："卓兴着遇有广东副将缺出，尽先补用，并赏加总兵衔。"钦此。

该员自以身受国恩，涓埃未报，言论之际，慷慨激昂，以杀贼为己任。前此肇郡客匪勾结发贼，在于阳春、新兴、恩平、高

---

①辑自毛承霖编《毛尚书奏稿》卷十三，清宣统元年刻本。系与两广总督毛鸿宾、广东提督昆寿会衔。

明一带四处滋扰。该员督师进剿，屡挫凶锋，近复冒险进兵，大张挞伐。察其才具，实有古名将之风，粤省武职各员，罕有能出其右者。现在南韶连镇总兵勒福因病陈请开缺，回旗调理，经臣另折具奏，请旨迅赐简放，以重职守。该员卓兴系尽先补用副将，又迭次汇案叙功，臣本拟保举该员堪胜总兵，请旨记名擢用，刻下南、韶沿边一带防堵江西窜贼正当吃紧，卓兴才识优裕，勋绩昭然，夙著悃诚，军民悦服，如以之镇守一方，洵足为长城之倚，粤省营务久弛，亟宜旌拔贤能，以端风尚而挽积习。合无仰恳圣主破格鸿施，特旨畀以总兵之任。该员仰荷特达之知，必能效力边陲，扫平馀寇，臣亦借收指臂之助。是否可行，出自圣裁。

臣为荐举将才、保固边境起见，与署抚臣郭嵩焘、提督臣昆寿往返熟商，意见相同，不揣冒昧，谨附片密陈，伏乞圣鉴训示。谨奏。

筹办边防并饬拿温凌两姓械斗片[1] 七月十八日

再，前据探报，金陵逆贼伪侍王李世贤大股分窜江西、福建各处，时因东路潮州府属之大埔、嘉应州属之镇平防堵紧要，当经扎饬署三江协副将方耀挑选所部潮勇三千名前往堵御。因方耀清算积欠，遣撤勇众，一时未能到防，乃檄调署惠州协副将施溥挑选营兵一千四百名，复饬潮州镇道府选募兵勇八百名，分往大埔、镇平一带，择要驻扎，借壮声威，并委虎门屯防同知吴赞诚驰往嘉应，督同地方官绅办理团练，均先经奏明在案。

兹查闽省贼踪尚远，潮州、嘉应各属均已举行团练，方耀头

①辑自毛承霖编《毛尚书奏稿》卷十三，清宣统元年刻本。系与两广总督毛鸿宾会衔。

队潮（普）勇一千名先于本年五月十七日行抵嘉应，其后队二千名亦于六月二十日到齐。臣已饬嘉应州萨保会同委员吴赞诚察看情形，妥为布置。此时嘉应一带兵力已厚，应将施溥所带弁兵撤回归伍，已据报于六月二十四日由镇平起程回营。其潮州兵勇亦经潮州镇道府酌量裁撤，以节縻费。查粤省东路嘉应州与江西长宁、会昌等县犬牙相错，而北路南雄州与大庾县接壤，更为入粤通衢。现在边界各处尚无匪踪，惟逆贼全注江西，刻下大军云集，四面合剿，一经官军击败，势必到处分窜，不独嘉应等处应须扼要驻守，南雄一带尤当加意严防。此时新授南韶连道唐启荫业已履任，广西新太协副将潘其泰督同都司衔郑绍忠所部安勇二千名亦已到防。臣惟有督饬各路文武，多派侦探，随时严密稽查，认真防守，一有贼匪窜近，即当实力抵御，迎头截剿。如应添调兵勇，再行临时酌量办理，务期绥静边圉，仰抒圣主南顾之忧。

再，前闻嘉应州石坑堡温、凌两姓因事挟嫌纠众，互相械斗，温姓子弟勾通揭阳匪首温亚乔率党相助，温亚乔因而盘踞该乡，借端肆扰，其长乐、兴宁二县亦有械斗之事，均经知州萨保会同营员及委员吴赞诚弹压查拿。迨方军到嘉应后，颇振声威，附近各乡械斗均已止息，其石坑温姓族众亦闻风畏惧，情愿引同官兵捆拿匪首，温亚乔交案究办。臣现仍札饬萨保会同委员吴赞诚，勒限温姓各族迅将匪首交案，傥逾期不交，即督率长乐、兴宁二县率领兵勇、团练，并知会方耀选派队勇数百名驰往，严密围拿，务将械斗滋事及匪首温亚乔等悉获惩办，并严谕各姓绅耆，各自约束子弟，毋许再出滋事，以靖地方。臣谨会同署广东巡抚臣郭嵩焘附片具奏，伏乞圣鉴训示。谨奏。

防贼窜粤片会总督衔　七月十八日①

再，臣等接准曾国荃来咨，知江南省城已于六月十六日克复，从此东南底定，永（辑）〔戢〕干戈，薄海臣民，同深庆幸。此时大兵云集，纵有逋逃馀寇，当如疾风扫箨，刻日荡平。惟湖州踞匪，尚在稽诛；江右贼踪，犹虞奔突。臣等审度形势，通筹全局，窃有所陈于圣主之前。

臣闻金陵之克，杀贼十馀万人，洪秀全之死党得脱者无几。湖州之贼，势成孤立，戡定之期可预计。贼之奔窜，最近皖南，而皖省被创已深，无可掳掠，贼势必并趋江西。湖城既克之后，左宗棠所部可由浙鼓行而西，李鸿章、曾国荃所部可由皖鼓行而南，杨岳斌、鲍超、刘典各军皆重扼赣西之地，如此则江右一省，迤东、迤北、迤西皆可无虞，独南路之防犹有未备。今下游之贼麇聚抚、建一带，往来于宜黄、崇仁、南丰、广昌之间，与赣州、南安相距仅数百里。其与闽、粤交界之处，均无防兵。福建山川阻深，地瘠民贫，各乡皆结寨自守，无肯从贼者。是以此贼屡次入闽，未尝久驻。惟岭表地广人稠，无业游民数倍于耕作之众，且群贼多籍隶粤东，风土人情素所惯习，其势尤易于纷合。前年黄金笼之潜谋倡乱，实与金陵逆贼消息暗通。近日于佛山石牌、龙眼洞等处破获拜会谋逆数案，皆有金陵匪党为之勾结。故以大势论之，湖州所属各城以次克复，贼必悉众上窜，而以粤东为尾闾之泄。

欲制此贼之狂逞，必以控制赣南为第一要义。前此浙西败贼

---

①日期据《毛尚书奏稿》卷十三同片补。

初窜江西，曾国藩之意主于力保赣西，兼顾两楚，独开赣、宁一路，纵之入粤，以免蔓延。彼时臣等亦以金陵未复，两楚为东南关键，设被窜扰，足以掣动江、皖全局，莫若姑听窜粤，其祸犹轻，故亦未肯以兼防赣、宁为言。今则事异情迁，赣西固当保全，而赣南尤宜扼守。

臣等愚昧之见，窃以为贼在江西分踞数城，其势甚散，易于扑灭。浙、皖援师，一时并集至五六万人，宜及此时急筹剿洗之方。一入岭南，贼势又将复张。左宗棠之围杭州，曾国荃之围金陵，不以急切图功，而以窜逸为虑，正为此也。溯查从前贼之初起，本在广西永安州，官兵围攻数万人，独开北路使窜桂林。其后踞道州，又开东北一路使窜长沙。官兵围攻又数万人，复开西路使窜岳州。一皆开其出路，蹂躏完善之区，以成燎原之势。今若复开南路，使窜粤境，其为患何可胜言！江西当四冲之地，川原平衍，以之据守则不足，以之围剿则有馀。况今之贼势，异于曩时。当其气焰方张，官兵但能尾追而不敢迎击。今则我强彼弱，合数省之全力，乘大捷之馀威，不于此时聚而歼旃，尚复何待？

或者谓江西兵力恐不及远，逼令入粤，然后蹙之，或易为功。不知兵贵乘时，机不可失，舍目前之要着而待后来之事机，无此理也。曾国藩等诸臣久在行间，谋勇兼备，其器识过于臣等百倍，岂不知计当出此。然臣等既管窥所及，亦不敢自外刍荛。通筹利病情形，即此贼注意窜粤，犹当极力截剿，稍杀其势；若无大枝劲旅截剿，则全力所注，必滋糜烂，实亦不敢过存畛域之见，知而不言。假如贼势穷蹙，不必至赣即已殄灭无遗，则是臣等过虑，亦于事无害。

现已飞咨曾国藩、左宗棠、杨岳斌、李鸿章、曾国荃、沈葆桢等会商，调拨劲旅万馀人，绕越宁都、石城一带，以为扼贼南窜之计。臣等亦即派拨一军，会同福建臬司张运兰所部湘军，于闽、粤交界之处会同江西大军进剿，一面照行署南韶连镇总兵卫佐邦、南韶连道唐启荫，督同各地方文武，协力守御。请旨敕下曾国藩等，迅速酌量调拨，兼守赣南，俾无窜越。

是否有当，臣等谨合词附驿具奏，伏乞圣鉴训示。谨奏。

粤海关岁征课银不敷拨解疏会总督衔

奏为粤海关岁征课银不敷拨解，谨将实在情形恭折缕陈，仰祈圣鉴事。

窃臣等准内务府咨：具奏粤海关欠解广储司公用共七季银五十二万五千两，请将监督臣毓清暂行革职留任，勒限年内解京，倘再逾限，即行严参惩办；并将两广总督，广东巡抚、藩司一并交部议处等因。同治三年四月十四日奉旨：“依议。”钦此。咨行钦遵查照办理。臣等伏思广储司公用一项，系供奉内廷要需，近因支放浩繁，已屡由户部借拨备用。粤海关积欠巨款，未能催解接济，以致上廑圣虑。抚衷循省，悚惧滋深。

溯查粤海关向来征收课银，每年解京之款，则有内务府备贡银五万五千两，广储司公用银三十万两；支拨本省之款，则有例解藩库正额铜斤水脚银四万三千五百馀两，例解粮道库普济堂公用银四万两；其馀银两，除支给通关经费外，如有征存，随时解交部库。此定制也。然从前沿海各口，与洋人通商者仅一粤海关，岁征正额盈馀八十馀万，以一口总天下之全利，出入有常，支放有节，故办理自有馀裕。洎五口通商，丝、茶两税多归上海，粤关已形减色。然综五口计之，福、厦两口，出入货物不越省境；宁波则甬江一水，上及奉化，旁通曹娥江以达绍兴，不能及远；

惟上海一口，揽江、浙之利，兼通楚、皖，贸易之盛，驾于广东。而江西、湖广，商贾交易距广东为近，犹能与上海分据其半，而且西通四川，以达甘、陕，亦时有赴粤贩运洋货者，征收课税，有盈无绌，又准部咨，不计额数，或溢收至百数十万、二百万，例解之款，照常支拨，无忧短乏。

自咸丰十一年内江通商，广东洋税岁渐萧索，而通计同治元、二年中，征收犹及百万，额课并无减少。但此百万成数，除扣还英、法两国五分之一，已去四成，又有偿还美国商亏银，随时于所征该国税钞内扣抽二成，此二款每年约共计数十馀万两，仍有税务司经费及书役薪水，一切支销，月需二万馀两，每岁二十馀万两，计实存银仅二十馀万两而已。况有购买外洋船炮经费，有火轮兵船借支经费。不但库款存储支发一空，又复透支借垫，计数甚巨。且同治元年内闽省划扣洋商货本银二十万两，令商人持照来粤抵兑，此项不独无实银可收，所有英、法两国二成扣款，仍须按结筹给现银，适户部亦于是年奏拨京饷，期限严迫，不能不尽数应解，以致例解广储司银两历年短缺，积欠至七季之多。去年秋冬以后，粤海关收数日形短绌，本年春夏两季，每月报征不过四五万两，此后万不能及常年征收之数。是以臣等前经奏恳将内务府广储司公用银两，匀归各省通商口岸分解。经户部议驳。细详部臣之意，以现在通商口岸多系用兵省分，随时支放兵饷，与其摊派各口，仍无报解之实际，不如援守成案，犹存照例之具文。是臣等之审时度势，知其万不可支而非敢推诿；部臣之责成督催，亦出于万不得已而非有苛求。然国家立法之本意，首在于平情，库款出入之常经亦必要诸久远。各省之借口用兵难期报解者，一时之私计；内务府之公用银两取诸洋税者，万世之常规。值此筹议已穷之际，必求变通尽利之方。

窃计军务告竣以后，江海贸易必总汇于汉口，为其处江汉适中之地，南经湖南，以及云贵，北界河南，西通川陕，舟车辐辏，包揽无遗。次则上海、天津，上海为江浙之襟带，天津为直隶、山东、山西水道入海之咽喉，百货销贩，来源较远。又次则广东、福建，又次则九江、镇江，又次则牛庄、烟台。大局情形，可以臆揣。此时兵勇之所集，与日后商贾之所趋，均宜预为筹计。臣等见部臣指拨海关课税，仅广东、福建、天津、牛庄、烟台各口，审察大势，斟酌提解，具有权衡，而内务府公用为广东例解之款，各省不能代筹。若论经久之规，则广东以一口洋税分至十馀口，例解公用银两按口摊派，自属大公至正，一定不易之办法。若以此时骤难更定章程，仍须照旧例完缴，则请循照定章，先尽征存银数报解内务府备办贡物，而后核计盈馀若干，存候部拨，暂缓京饷工程之勒限督催，以资周转。不然，征数大绌于前，指拨倍加于后，无论如何设法腾挪，万无可以支持之理。且查粤海关出口货物，以茶叶为大宗，为夏季最旺收数；进口货物以花旗棉花为大宗，为冬季最旺收数。今茶庄既移至福建、上海、汉口等处，多不来粤；花旗连岁用兵，棉花讫无至者。劳心焦思，无从设措，实关省运衰旺之数，非人力所能施。此后征收岁益短绌，亦在意计之中。若征收止有此数，而催解纷纷，挪东掩西，顾前失后，在各衙门饬令报解，原不暇缓急会商，在粤海关止此收数，断不能凭空敷衍。此时督催非不严急，实穷于变通挪移之计。

臣等留心察看，监督臣毓清经理税务，周详勤慎，商民均极悦服，洋人亦无间言。而于拨解饷项，尤能苦志筹维，不遗馀力。际此艰窘之时，征收税银，入不敷出，无从措手。现在指拨部库京饷银三十万两，仅解及五万两，又奉拨定陵工程未解银二十馀万两，应解米艇备贡银积欠至数十万两。即奉部议，准以正额铜斤水脚银两抵办红、黄飞金，亦未能照数解归藩库。至例拨粮道库银两，亦复欠解甚多。所有前项积欠广储司银五十二万馀两，勒限年内解清，体察情形，实属无可筹措。合无仰恳圣主逾格鸿慈，敕部核议，查明粤海关征收实数，究应尽解何款，庶使监督臣得以尽力筹画，臣等亦得以据实督催，而于各衙门指拨提用之款，亦不至虚悬无着，贻误要需，揆之历来办理成案，亦相符合。

是否有当，谨合词恭折具陈，伏乞皇太后、皇上圣鉴训示。谨奏。

保奖剿办北路贼匪绅勇疏会总督衔

奏为查明剿办北路各股贼匪尤为出力绅勇，遵旨核实补奖，恭折仰祈圣鉴事。

窃照粤东自咸丰四年以来，各属匪徒蠢动，扰踞城乡北路之南雄、始兴、翁源、佛冈、清远、连州、阳山、连山、乐昌、仁化、英德各州县厅，历年剿匪、守城、复城、解围在事出力各绅勇人等，均经前督抚臣随时具奏，钦奉谕旨，准将出力官绅择尤保奏。前抚臣黄赞汤以粤东新旧奖案愈积愈多，复经会同前署督臣晏端书附片具奏，派员核实清厘等情，奉旨允准各在案。兹据军需总局司道，先将北江绅士历年著有劳绩补请奖叙，核议具详前来。

臣等伏查北江南、韶、连所属各州县厅，并广属佛冈、清远二厅县地方，崇山峻岭，港汊纷歧，多为藏垢纳污之区。自咸丰四年起至十年止，七年之间，群盗蜂起。其著名巨匪由邻省窜入者，则有石达开、翟火姑、许里光、花旗股匪翟开明等约五六股；由本省串合者，则有陈金刚、练四虎、朱子仪、赖子桂、曾超、周春、梁柱等约十馀股。兵端肆起，几如蔓草，随剃随生。省垣于咸丰四、五年间红匪解围以后，接办洋务，官兵力不能远顾，专恃地方官督率绅士，筹兵筹饷，自为支持。其馀零星小股，倏起倏灭，由官绅随时剿办，（反）〔及〕帮同官兵防堵截击，战功叠著之案又复数起。一皆用民之力，竭民之财。事更数案，时逾数稔，徒有行查叙奖之虚文，而无汇案奏保之实惠。臣等抵任以来，接见绅士，申述各案情由，为之怃然不安于心。现在江浙窜匪麇聚江西，南雄为粤东门户，地方官举办团练章程，士绅据此为言，每至气沮。是皇上大公之仁，泽施滂沛，而疆吏壅遏不行，不独无以昭示绅民，亦实有乖国家报功奖能之典。

臣等督饬司道，设立奖恤局，查明历年各州县办理防剿及捐资募勇有功地方之绅员，逐案清厘，分别汇请奖励。除东、西两江所属州县另行分起办理外，所有以前北江出力各绅勇，谨择其尤为出力者，查明核实酌保，并将案由逐起分列清单，恭呈御览。合无仰恳天恩俯准，分别给予奖励，俾资观感，而昭激劝。各绅等履历另行开明，咨部核办。

臣等谨合词恭折具奏，伏乞皇太后、皇上圣鉴训示。谨奏。

长随亏饷为子婿蒙捐官职咨提审办疏会总督衔

奏为长随亏饷，为子婿蒙捐官职，咨提审办，请旨将蒙捐各员革职解讯，以肃法纪，恭折仰祈圣鉴事。

窃照广东各州县长随舞弊营私，积成惯习，其权力足以交通贿遗，骩法横行。查有已故补用同知潘铭宪，于咸丰九年代理揭阳县任内，批解是年地丁银二千一百两，饬长随唐福解赴藩库投纳，该长随挪移为其子唐应坤蒙捐同知，分发福建，竟将正项宕延，直至潘铭宪续饬管解税羡银二千八百两来省，该长随复擅移完前次地丁解款，馀银七百两，又为其女婿王有源凑数报捐县丞，分发广东，并将交解税羡文批及存房稿件抽出销毁。潘铭宪交卸回省，查悉前情，为所胁持，尚冀幸其照数归还，勉强容隐。迨潘铭宪物故后，其子潘福辉屡向追催，另遣家人钱升具呈投控藩、臬两司衙门。经查唐福即唐希燕，又名唐锦，籍隶湖北荆门州。其子唐美中、唐美谦、唐美让，均经蒙捐官职。唐美中改名唐应坤，以同知分发福建。其婿王有源报捐县丞，分发广东。迭饬广州府梅启照、署潮州府陈毓书、候补府严家畴及南、番二县查明唐福前在潘铭宪揭阳县署中充当长随，被控舞弊妄为，事皆有因。又经委员密询潘铭宪亲子潘福辉，历举各情，均属相符。经潮州府饬差查拿，唐福逃往伊子唐应坤福建寓所躲避，由藩司详情分别咨提参办前来。

臣等伏查州县批解银款来省，不能不假手丁役，而款目有定，不容挪移，上库有期，不容延缓。此案代理揭阳县潘铭宪长随唐福即唐希燕又名唐锦，先后领文管解地丁、税羡等银来省，辄敢任意侵挪，为子婿蒙捐职官，事后复将解文稿件销毁灭迹，实属胆大妄为，目无法纪。见经移咨福建抚臣，委员将该长随拿解来粤，从严究追惩办。至唐应坤系长随之子，纵未动挪公项，亦不容冒滥衣冠。况该长随唐福谬妄如此，其子、其婿，未必无通同舞玩情事。所有唐福之子唐应坤福建候补同知，及其婿王有源广东候补县丞捐升知县，上年领解广储司关饷进京兼请咨引见，在部更名秉廉，现已回省，应请旨一并革职，由臣等咨提唐福、唐应坤父子来粤，与王秉廉质究明确，分别追缴按办，以惩弊玩而肃官方。唐福次子唐美谦、唐美让蒙捐何职，现逃何处，统候唐福、唐应坤到案究明，分别咨革提究。似此骫法营私，不独名器之所关，抑亦风化人心之所系。臣等不敢稍存宽假，以长奸顽。谨会衔缮折奏参，伏乞皇太后、皇上圣鉴训示。谨奏。

广东盗犯恳请变通例文办理疏会总督衔 八月初二日①

奏为广东盗犯有须变通例文办理之处，恭折具陈，仰祈圣鉴事。

窃查律例乃朝廷之大法，推本人情，体察时势，举其大纲，而各省民情，变幻百出，有同一例文而情事迥不相侔者，承平日久，官吏习为宽容，皆务避重就轻，不肯认真办理。广东民情犷悍，用法尚严，因循既久，风俗日坏，一二强干之吏，惩办盗匪，法外用刑，骇人听闻。若已故潮州府知府吴均，在任致毙盗匪动以千计，至今民尸祝之。咸丰四年红匪之乱，前督臣叶名琛搜捕馀匪至数十万人，地方安静四五年之久。洋人入城，变端骤起，而土匪无称乱者，良由各州县纵盗养奸，酝酿太深，一经惩创，亦可少收其效，至使百姓以用杀为快。而当时盗风稍获止息，转瞬又加炽者，实以例文拘牵太甚，中材以下，以循例为能，一时之整顿，万不能敌数十百州县之酝酿。臣等体察情形，历考从前奏定省例，有急需量为变通者数端：

如例载打单捏造图记，夥众吓诈，为首发边远充军，为从杖徒，其无图记者，为首亦止于杖徒。此条专为广东沿海地方有此风气而言。臣等考求广东盗风之盛，农夫贩竖，交耳密语，即起行劫，惟盗贼之有根柢者，乃始托于打单。凡打单必勾结各路村

①日期据《毛尚书奏稿》卷十三同疏补。

庄，分党四出窥伺，盗首出具姓名图记，勒派数目，惟所需索。故行劫暂而打单常；行劫劳而打单逸；行劫隐而打单显；行劫猝至，被劫者人手稍强，犹或勉为抵拒，打单则沿途密布党羽，稍拂其意，登时号召，掳掠一空，从无敢与为忤者。行劫、打单，相倚为用，而势益横，独恃有罪不至死之例，每破一案，自认打单，即不能科以重罪。道光三年拿获打单匪犯何灵忠等，讯有抢劫掳赎重情，仍分别拟斩，声明打单轻罪不议。臣等以为打单、行劫，本无二致，原情定法，各有攸宜。应请打单夥众至三人以上，及带有刀械、火枪者，均以盗论。

又例载捉人勒赎，任意凌虐及自尽者，为首斩候，无凌虐重情，止图获利，关禁勒赎，为首遣发新疆，为从均减拟。其后续增条例，分别掳捉人数次数，及掳捉幼童妇女，各依本罪加等问拟。此条亦专为广东、福建有此风气而言。臣等查广东掳捉之案，约分二端：械斗私忿，互相掳禁，以斗狠为意，不必图利；盗贼掳捉，或起意掳禁勒索，或因行劫，见其家老父幼子，掳去诈赃，其家至不敢报案，忍心出资回赎，有苛索不遂，竟至毙命者，此则专主图利，而凶狠为甚。盖盗贼行劫，劫所能取而已，掳捉勒赎，则所不能取者直令事主自括所有奉之。臣等以为其罪当加于强盗一等，岂可更从轻拟。各州县积习相沿，凡详报掳赎之案，必援例文加并无凌虐一语，以为从轻问拟之地。缙绅大族，被人扭捉关禁逼勒，其为凌虐，何以加兹！故以事论，凡掳捉者罪惟均；以情论，则械斗私忿当以有无凌虐定罪，盗贼掳捉求财，何庸更问其有无凌虐。详绎例文依本罪加拟之处，亦因掳赎科罪太轻，仍按所犯本罪情节轻重加等问拟。而自咸丰五年经部议准盗案一依本律科罪，各州县办案乃（反）〔凡〕因有掳赎情节，迁就例文，区别等第。是因掳捉而反宽其行劫之罪，于义尤为乖舛。

臣等以为掳捉勒赎，但系盗犯，皆应斩枭；因私忿互相掳禁，始行分别加拟，以符定例。

又例载将腹里人口用强略卖与境外土官、土人峒寨去处图利，比依将人口出境律，拟绞候；诱捉妇人子女，为首绞候，为从杖徒；若以药饼及一切邪术迷拐幼小子女，为首绞，为从发极边充军。广东近年略卖人口出洋之案，例无专条，而情节特重。缘英、法各国开垦南洋诸岛，募人佣工。奸猾之民，因而略卖人口渔利。屡经拿案，未一严惩，积久遂至横行。愚民被其胁诱，动辄数十百人载出海外，与洋人交易，多索买价。被买者语言不通，自以为受雇佣工，一经出洋，永无下落。其略卖人口夥党，船户勾通共谋，并无分首从。人口数十，关闭仓底，谓之“买猪崽”。其事较之诱拐子女为加惨，其情较之人口出境为倍重。臣等以为宜明定罪名。凡洋人招工出洋，准其开设招工所，听人投充。但有指引情事，即按人数科罪，设计诱骗略卖者皆斩。

又广东省例载道光二十四年奉部议：拿获洋盗，供认行劫重情，如无事主报案，仍应照案行查，勘讯明确，不得以并无事主报案，遽照犯供定谳等语。臣等查盗案缉捕，参限甚严，又例须赔赃。各省地方呈报盗案，常至凌厉州县，亦恃例文之足以相胁制也。广东劫案繁多，不独不能追赃，即盗犯亦不易获，乃至以呈报盗案为大忌，需索磨难，使不得申诉。百姓亦遂以报案为累，相为隐忍。被劫民户，或系乡村居民，或系店铺，或系经过客商。江洋劫案，则本省客商与外省客商参半。大率报案者十之一，未经报案者十之九。至有致毙事主，无人报案者。各州县乡村小路详报无名男子被杀报验，皆盗案而无主名。间获一犯，就所供认二三案行查，各县动须传讯事主，补勘补详。或事隔数年，事主无可传讯，即不能定谳。盗贼享行查之利，事主反受拖累之苦，滞碍已多。至于洋盗行劫，率在大海风涛之中，搜赃杀人，焚烧船只，即事主亦不知名姓，行劫地方又不知坐落何县，故海洋报案更少于内地，获案行查之难亦更甚于内地。武营拿获盗船，有赃，有供，有凶械，有正盗，有夥党，甚或有血迹可证，而必责令地方官勘详，舍近而求诸远，舍实而求诸虚，每讯一盗犯，文移往复，疑难万端，亦见数十年来酿乱之由，此又省例之急当变通者也。

以上四条，多系广东专例，与近年办理盗案依本律科断，实多牴牾。州县官能顾考成，已属难得，既难保其有奉公之心，亦难望其有整饬地方之意，每于办理此等盗案，因循瞻顾，不能成谳。臣等身任封疆，为朝廷宣法禁奸，自应明定例文，使与本律不至参差，庶州县有所循守，以持刑罚之平，而不以瞻徇废法，其廉干之吏，亦可不至以非刑立威，于广东除暴戢奸之意，似亦甚有关系。请旨饬下刑部，依照本律酌中定议，俾有遵循。

是否有当，谨合词恭折具奏，伏乞皇太后、皇上圣鉴，训示施行。谨奏。

盘获乡试顶名入场人犯押发审办疏

奏为盘获顶名入场人犯，押发审办，恭折奏闻，仰祈圣鉴事。

窃照同治三年甲子科乡试，臣入闱监临，督率提调督粮道郭祥瑞、监试候补知府袁泳锡，分派文武员弁暨各学教官，严密稽查搜检，以防夹带传递、代倩枪手等弊。有新宁县监生朱鸿逵一名，经巡绰官候补从九品吕贤均、赵惟歧于进号时盘查，该监生形迹可疑，据实面禀，当交提调传新宁县学查验。该学教谕林澄辉以监生例不由学管束，无从辨认。随讯该监生，供称实系新宁县童陈茂成，与同县监生朱鸿逵相厚，朱鸿逵临场陡患病症，自以数百里赴省乡试，不肯甘心，因嘱陈茂成代一入场，于归号时遇一素相识者，询以何得来此，即经巡绰官盘查得实，实非积惯枪手，亦无得财受雇情弊等语。

臣查科场大典，顶名入场，应照例惩办。随将该犯押发广州府，饬传朱鸿逵到案质究。据报，朱鸿逵先已远飏。除催饬查拘务获提同研讯实情，并饬藩司查明朱鸿逵捐监年月，咨部斥革外，谨遵例恭折具奏，伏乞皇太后、皇上圣鉴训示。谨奏。

复陈广东大概情形疏会总督衔　八月初九日[①]

奏为遵旨查明广东大概情形，据实复陈，恭折奏祈圣鉴事。

窃臣等于同治三年七月二十八日承准议政王军机大臣字寄，同治三年七月十一日奉上谕："有人奏苏州勇丁散回广东佛山等处，一月内连劫至数次、数十次不等，番禺等处散勇至千百成群，帆樯络绎，有纠众攻打花埭情事，毛鸿宾不能安插等语。该省有如此情形，何以未据毛鸿宾等奏报？现在扬州师船又经富明阿裁撤，分起回粤。当此各路勇丁纷纷遣散，该督抚等自当振刷精神，妥为安插，岂可毫无措置，致告捷之馀，别生枝节，重扰吾民！着毛鸿宾、郭嵩焘一面将各该处被劫情节据实奏闻，无许遁饰，一面将散回勇丁设法安置，并遵前奉寄谕，将应发师船欠款赶紧筹备。傥一味颟顸，致散回勇丁再生事端，惟该督抚等是问。原折着摘录抄给阅看"等因。钦此。跪诵之下，悚惕难名。

窃查粤东山海交错，风俗素号强蛮，无业游民往往聚而为盗，

①日期据《毛尚书奏稿》卷十三同疏补。

积弊相承，由来已久。近溯自咸丰四年红匪倡乱，蹂躏遍于通省，屡经官兵剿办，歼戮不为不多，而匪民如莠，旋剃旋生。是以臣等上年九月莅任之初，即会议整顿捕务，督饬各路水陆文武员弁，广购线目，设法查拿，或出海游巡，或入山搜捕，至于内河各处，巡缉尤严。臣等复因各属获盗解勘进省，听候部复，展转需时，并经奏定新章，令各州县将抢劫各案人犯，就近解赴道府，审明正法，钦奉谕旨遵行在案。自上年九月后，迭次获办洋盗佘亚宋等二百六名，又自十一年至本年二月，汇办各属盗犯赖亚旺等二百三名，均经先后奏报。其二月以后汇办各犯，亦正在分起陆续具陈，从未敢稍涉颟顸。本年五月间，闻南海之横冈墟有匪徒啸聚，四出抢劫，经派勇弁拿获张亚鉴、张亚昆、陆湿眼有、陆单眼允等二十馀犯，人心稍定。随闻佛山机户有聚众拜会之案，密饬员弁会拿，获犯陆亚坤、严亚纪二名。又于番禺之石牌村擒获巨盗池亚敏、池亚已等多名，番禺之龙眼洞获犯樊妹仔、樊苏昵等多名，并供有起旗谋逆实据。此数案均于该逆等尚未起事之先，经臣等访闻明确，密饬地方文武速往掩捕，不烦兵力，而犯皆就擒，故近日匪踪稍知敛戢。

至若南海、番禺、香山、东莞、新会各县，地广人稠，盗匪出没无常，每月据报抢劫之案，间有数起，此诚事所不免。若如言者所奏，一月连劫四十馀次，则闻所未闻。即其所指佛山一月连劫七次，臣等检查报案，本年二月间有店户朱乔许被劫一案，系在佛山大基尾地方，又七月间有永生押店被劫一案，系在佛山隔塘地方，均系南海县所属。此两案失事相隔半年，非惟无七次之多，亦不在一月之内，且系土匪抢劫，并非散勇所为，案牍具在，历历可查，无能遁饰。又花埭在省城之西十里许，居民多以种花为业，并非城寨市镇，言者乃谓散勇千百成群，帆樯络绎，纠众攻打花埭，实不知其得自何所传闻。

至谓苏州之勇散回广东，则犹未能究知广东之情形。查广东自上年至今，由本省遣散者，陈金刚馀党十馀万，李复猷馀党数千，广西容、岑各股数千，各起裁汰勇丁数亦逾万；由江南北遣散者，江浙各军原募广勇数万，红单船勇数千，资遣降众数千，又由贼中逃归者亦不下数万。至于苏州遣散之降卒，不过二三千人，合之前数，加增无几。臣等每念此辈凶顽成性，时虞滋事，当檄饬各路营官，将遣撤勇丁及各起降人分别造具名册，由各州县妥为安置，责成各乡绅耆及该户族人等稽查约束，并经臣等出示晓谕，喻之以祸福，维之以恩义，俾大众咸知凡散归本籍之人，但能安分守法，即与平民无异，百姓等不得追寻前憾，私相仇杀，敢有故态复萌，生事不法者，准乡老族长报明地方官立时捕拿，加等惩办。臣等不敢保其必无反侧，默计力犹足以制之，故时刻小心严防，而仍相与持之以镇静。每于接见各属官绅之时，详加查访，佥言此次安插人数虽众，然在乡间尚能相安。至富明阿裁撤师船，闻于七月间开（江）〔行〕，现在尚未抵粤。言者谓苏州散勇不能安插，亦不知其何所见而云然。

又查江西南安府与广东南雄州接壤，中隔大庾岭，其会昌等县与嘉应州接壤，中隔筠门岭，定南、信丰等处与连平、和平各州县接壤，则山径更为丛杂，皆无水路可通，是以两粤谓之岭外，自古为昭。而言者乃谓金陵溃出之贼，难保不由江西水路窥伺粤东，尤不知其何据。抑臣等所深虑者，广东盗匪渊薮，如北江英德、连州一带，多系深山穷谷，前此邓二尺七、冯九指等，均以积年逋寇，结连村寨，负险自固，俨然大敌。臣等檄调张运兰一军攻剿数月，竭尽兵力，仅乃克之。而东江、西江各处河面，向来盗匪窥伺行旅，东莞县属之铁冈河面，啸聚尤繁，沿岸村民多与匪通，为之接济，亦经臣等饬调兵勇前往围捕。刻下李世贤、汪海洋等诸大股麇聚江西，水陆援师不下十万人，而赣南一带防堵未能严密，一入粤境，则潜伏之奸闻风思逞，积惯之匪乘机窃发。原奏所论金陵溃贼，所虑犹有未周。盖江西窜扰之贼，不待金陵之增益，其势已极鸱张。伏读谕旨，深虑告捷之馀别生枝节。臣等反复筹思，汗流浃背，不能不殚竭愚诚，以期上副朝廷边峤安危之寄，下拯斯民水火深热之忧。惟有遵旨，振刷精神，勤求吏事，疏通民气，以为弭乱之原，庶可免于罪戾。

又原奏谓臣等一味勒捐，罔恤民隐，以致富绅大贾，纷纷逃匿死亡，民间憾之切骨，外国载之新闻，则臣等有不敢不一辨者。上年捐输，由前署督臣晏端书、前抚臣黄赞汤奏派太常寺卿龙元僖等劝办。臣等以广东之富，在商而不在农，历来广东之捐多由地亩摊派，转累及平民而不及富户，迭次办理京米捐输，由各州县派办，艰难万状。臣等稍为更定章程，但指捐商富，以稍纾平民之气，乃巨富林青萍、蔡赞等因而逃避香港，陈守善、徐瓜林等因而逃避澳门，其平日皆比附洋人，以财自雄，一席之费，动辄万千，历年筹捐京饷，从无报效。臣等以此辈豪恶，习惯趋避，无足深怪。言者乃不责此辈之刁顽，而责劝捐之逼勒。其果有无逼勒，南海、番禺捐生具在，可一问而知之。臣等常以广东人心之迷乱为大可忧，原奏乃更加以逃匿死亡。外洋房屋饮食之费，数倍内地，此辈若不惜一死，何不死于内地，而乃走死澳门、香港耶？是又大不然矣。且此辈平日举动，尝为乡党之所鄙薄，纵令果死，何关民间之休戚，而为之切齿？洋人新闻纸载其本国事迹皆用英文，上海、香港则专以牟利，奸伪之民附刻一条，纳银一元，借以散播谣言，凌辱官长，此事在洋人且耻言之，安可据以登之奏牍！且亦不知劝捐筹饷，事处万难，原奏之指摘，乃更甚于捐户。既禁之筹饷，又责之安插降民。局外之议论，不顾局中之艰苦。臣等所为不能已于言者，此也。皇上如天之仁，不加谴责，而以原奏抄给阅看，以愧其心，臣等若隐默不言，此心益无由自明，于君父之前负咎滋大。

再，富明阿裁撤师船，闻已分起开行，一俟抵粤后，当与管驾各官会商撤遣，此时实无馀力预筹闲款，为该师船弥缝积欠，然亦不能不苦志经营，勉筹安置之法，总期尽一分之力，清一分之饷，以冀仰慰宸廑。

所有臣等遵旨复奏缘由，谨合词恭折陈奏，伏乞皇太后、皇上圣鉴训示。谨奏。

此次原稿，畅论粤东情事，至为详实。寄云尚书用幕友徐灏之言，直谓粤东竟无一盗。怪问之，曰："原稿言盗案繁多，御史之言皆实。必言无盗，御史之言乃为虚耳。"予曰："御史风闻言事，不论虚实。吾辈当求所以自立之道，岂足与言者较胜负哉！"争之再四，始得将办理盗案始末略一申叙，而意仍主于回护。未几，御史周星誉复以盗案为言，奉旨：与督抚覆奏不符，饬将军瑞麟密查虚实情形。明者可与深言，不明者虽反复言之，亦无如之何也。自记。

拿办匪首温亚乔等片[1] 八月初九日

再，前闻嘉应州石坑堡温、凌等姓挟嫌械斗，温姓勾通揭阳匪首温亚乔率党相助，因而盘踞肆扰，经知州萨保会同营员及委员吴赞诚弹压查拿等情，经于七月十八日奏报闽省贼踪兵勇到防撤防案内随片陈明在案。

---

①辑自毛承霖编《毛尚书奏稿》卷十三，清宣统元年刻本。系与两广总督毛鸿宾会衔。

兹据嘉应州知州萨保禀据保安局绅士转据局董李奋原等禀称：温亚乔复潜至温家，意图唆摆温姓与洪姓构衅，以便乘机抢掠，强获田禾，并探得该匪有欲纠江西逆匪窜扰粤境情事，萨保与委员吴赞诚密饬局绅，会营围拿捆送。随据保安局绅士生员黎炳枢与局董李奋原等并温姓绅耆协同兵役及太平乡司巡检沈福同，将该匪温亚乔擒获解州，讯认积年械斗抢掠、从逆拒敌官兵、随同攻陷平远县城、复欲投往江西逆营、纠党入粤滋扰不讳，当即就地正法。

又据保安公局绅士前广西候补知府张其翰等禀报：州属金盘堡地方有匪首温流民四，起意纠党在小河地方抢劫福建武平县客商刘标志等货物，杀毙事主三命，绅士张麟宝闻知，即督率丁役会同温姓房族，陆续拿获。此案从犯温满盛等六名，惟匪首温流民四在逃未获。嗣张其翰闻其潜回，即派团勇协同州役暨温姓房族前往擒拿。该匪尚敢率夥拒捕，团勇一齐涌上，即将温流民四砍伤，捆缚解州讯办。各等情前来。查匪首温亚乔，从逆结党，焚杀肆扰，为积年著名巨憝。兹复盘踞石坑，欲图勾结外匪滋事，实属罪大恶极。匪首温流民四纠党抢劫，杀毙三命，亦属法不容宽。该州等与委员、绅士设计擒获办理，洵属妥速。除饬令萨保立提温流民四讯明正法，并会督局绅、房族密拿匪党，务期悉数弋获究办外，所有在事出力官绅可否择尤酌保，以资鼓舞之处，恭候谕旨遵行。臣谨会同署广东巡抚臣郭嵩焘附片具奏，伏乞圣鉴训示。谨奏。

江西窜贼阑入粤界熟筹防剿情形疏

会总督衔　八月二十一日[①]

奏为江西窜贼阑入粤界，熟筹防剿情形，恭折〔由驿驰奏，〕[②]仰祈圣鉴事。

窃臣前次因江南克复，湖州踞匪尚在稽诛，江右贼踪时虞奔突，审度形势，通筹全局，似宜扼重赣南。当经臣〔会同署抚臣郭嵩焘〕[③]于七月十八日具奏在案。

查逆匪麇聚江西抚、建一带，经鲍超攻剿许湾贼营，毙贼数万。于是崇仁、宜黄、东乡、金谿各路踞贼陆续弃城而遁，归并南丰，会集各股贼众，径犯宁都。由宁都分两股，一出洛口，一出雩都，而会集于信丰。其南丰踞贼，接续窜据石城、瑞金、会昌，与信丰之贼连属于安远。数百里间，贼势蔓延。南雄、嘉应两州属及惠州之和平、连平等州县，同时告急。八月初八、初九等日，扰及南雄州属之中站。初十日，分队进逼州城，城东龙口墟，牙溪迤西至李木村、瓦子墟、牛冈地等处，处处皆贼。经南韶〔连〕[④]道唐启荫派委都司衔邓绍忠、候补知县张克良，督带兵勇，拦头迎剿。十一日，在湖口墟地方遇贼前队，迎剿获胜，贼于州东之长铺桥及中站等处扎立大营，分股横出大庾县属之游仙，而南雄迤东之始兴、翁源，迤西之仁化、乐昌，皆为贼踪所逼近。据获贼探供称：有云取道南韶，顺流直下者；有云江西上窜之贼分花旗、黄旗两股，花旗贼欲径窜广东，黄旗贼欲由福建窜广东。〔体〕察贼情，似趋重楚、粤之交，以图四窜，而惠、潮、嘉三属

---

①日期据《毛尚书奏稿》卷十四同疏补。

②③④据《毛尚书奏稿》卷十四同疏校补。

界连江西、福建，无在不可窜越。贼之注意广东为最甚，广东沿边设防处所亦为最多。是以臣等前次兢兢以扼守赣南为急，曾经分咨曾国藩、杨岳斌、沈葆桢等调拨劲旅万馀人，绕越宁都、石城，以为杜贼南窜之计，并请敕下遵行。

盖以天下大局论之，东南财赋之盛，聚于江浙。江西、两楚皆处腹地。广东远濒南海，地势独偏。各路统兵大员，谋使广东一省承其祸，以纾东南之忧，亦未尽为非计。然近日军情，与江西初被贼时迥异，近日事势，又与金陵未克复时迥异。江西被贼之始，仅有席宝田、江忠朝、韩进春等军，其势难以围剿。金陵踞贼尚在，贼亦首尾兼顾，不能远窜。继而刘典、王文瑞等军由湖南驰援，王德榜、王开琳等军由浙江驰援，鲍超、周宽世等军由皖南北驰援，杨岳斌奉命督办军务，江西援军多至七八万人，足以四面掩击，闻仍定计开赣、宁一路，纵使入粤。臣等初亦不敢置辩，迨闻金陵克复之信，知贼势必图远窜，既经反复函商，以为贼之窜粤自在意中，但得一军截击，则以败窜而归于粤，与合抚、建各股之贼整队徐行以趋于粤，情势绝不相同。江西援军皆一时名将，老于战阵，兵力又极有馀裕，若不一谋截击，即万非广东之力所能支持。且贼势一蹙于江浙，再蹙于江西，凶悍之气亦稍衰矣，一入广东，所在伏莽群起相应，贼党之散归者广为啸聚，其势必复加炽，则亦天下之忧也。近年广东投诚散归之贼党及各路遣散兵勇，合计数十万人，无时无处不忧其蠢动滋事。历春以来，淫雨数月，惠、潮、嘉各属水灾迭告，西、北两江同时并涨，田禾庐舍淹没颇多。适于此时有大股贼匪之阑入，官愈穷于转输，贼愈便于掳胁，则尤广东之忧也。江西之力不足以制贼，岂能望其兼顾广东！若专为肃清本境之计，休养馀力，不以剿贼为意，而以逼贼他窜为心，臣等实未敢信为正办。

臣鸿宾前在湖南，四路用兵，东西枝柱，进兵湖北，越剿广西，援黔援川，同告肃清，又皆裹粮以从，而接济皖、浙各军，钱粮军火，转运如梭，难以数计，俨然东南诸路一总粮台。即如现驻江西之精毅营江忠朝、精捷营席宝田，均为该省力持全局，其始实由臣鸿宾奏派前往，为先手制胜之着，奏牍具在，历历可据。假使臣当日少存畛域之见，则江西之糜烂不待今日而早不可支。湖南以一省之馀力供数省之需，而不辞征调之烦；江西以各军之全力剿一股之匪，而徒为纵遣之计。贼势方蔓延赣南、宁都两府一州之地，而遽举杯相庆，请补行乡试，若并本境之南赣、宁都各郡县任贼蹂躏亦不在其意计中者，此臣等所尤惘然不解其何意者也。

现在江西全境刻期肃清，广东既承其祸，湖南之桂阳、桂东亦恐受其害。贼势一逞，又成不了之局。臣等现以南雄军情最为紧急，饬令南韶连道唐启荫统筹全局，严密防剿。郑绍忠一军已饬募足三千人，潘其泰募足一千人，与张克良管带之亲兵五百人，择要驻扎。绅士叶德全等团练雄武军五百人，即饬布置城守事宜。另饬湖南记名总兵易荣华湘勇一千五百名，暂行留驻龙南要隘，以防窜扰始兴、翁源股匪。添委阳江镇总兵任星元选募郴、桂勇一千名，相机进剿。龙南紧急，则以始兴防剿为要着；大庾紧急，则以仁化防剿为要着。并饬署南韶镇总兵卫佐邦募备壮勇一千名，筹办韶州防务，兼为各军后路应援，亦可分顾始兴、翁源一路。又令参将张贵统带北江巡船，整肃江防，仍归任星元节制，以期水陆互相策应。此北江办理防堵之情形也。

其东江一路，自大浦以西至镇平，均与福建汀州府属连界。汀州镇总兵关镇国，勇敢能战。张运兰凯字一军，亦已驰抵汀州。此路情形略松。惟嘉应所属之平远、兴宁，与江西会昌、长宁各县交界，惠州所属之和平、龙川、连平，与江西定南、龙南、安远各厅县交界。贼势绵延数百里之地，广东数百里边防亦遂有应接不暇之势。石城、瑞金之贼，必由会昌入粤，而以筠门岭一路为最著，稍南即平远之八尺墟。现饬方副将一军驻扎八尺墟，以扼其冲。而和平之下车、江口、岑冈等处要隘，均为贼匪迭次窜扰熟路，已咨请提臣崑寿就近拨兵一千，另募劲勇一千，派委游击常秀管带，驰赴和平，择要驻扎。潮州镇翟国彦、惠潮嘉道风安派委守备许步云〔管〕带前队勇六百名前赴嘉应协防，一面预雇壮勇二千名，探听贼踪，驰赴援剿。臣等已饬翟国彦亲行督师，兼顾惠、嘉一带边防，以资得力。仍令吴赞诚察看情形，贼势何路紧急，兵力何路尚形单薄，随时酌量增加。仍饬候补知府柯秉珪、候补都司熊应荣驰赴嘉应，以该二员带勇剿贼，素著声誉，如须添募勇营，亦可就近挑选管带。仍饬办理团练之张其翰、杨元勋等选雇勇丁，联络各乡绅士，择要驻扎，以辅兵力之不及。此东江办理防堵之情形也。

又另派委守备黄添元、补用都司邓安邦、千总邓奋鹏雇募线枪手二千名，暂驻省城，以备调遣；安徽候补知县麦佩金募勇五百，为省城巡防之需。统计惠、潮、南、嘉四府州边防，下至省城，陆续添募勇营，约计已二万人，合计卓兴、侯勉忠办理肇庆客匪勇数，共不下三万。军饷之艰难，既早穷于筹画；地方之辽廓，又难免于纷歧。各处要隘防堵，多者三四千，少者一二千，实形单薄，而于各军之策应、后路之接济，亦颇会商全局，竭力筹维。此又臣等通筹东、北两江防堵之情形也。

江西各军闻已进至宁、赣等处，跟踪追逐，至今并无一营绕前截击。臣等亦已咨商提臣鲍超，请派王衍庆五营绕出赣州以南，会同广东防兵四面掩击，意欲借助此起百战精悍之军，使此贼不得肆行猖獗。区区愚忱，亦惟有督率各路防师，竭力筹办，以期保固边陲，仰慰皇上绥靖海疆之至意。

所有筹办防剿情形，谨合词恭折具奏，伏乞皇太后、皇上圣鉴训示。谨奏。

广东应解京饷请全数截留稍供支放片 会总督衔 八月二十一日①

再，广东省东、北两路防务吃紧，现已将布置情形专折奏报。惟各营增兵添勇一万数千人，所需薪粮经费，月计十馀万两。探闻贼股众多，狼奔豕突，傥匪踪滋蔓，添调兵勇堵剿，将来饷需，尚不免陆续加巨。粤省各库存项本属无几，但有实款，均奉提解京饷及拨济邻省，本省一切支需，甚少实款可用。无米为炊，在平时已难自给。今股匪十数万，全图窜粤。大敌压境，事机孔急，苦于经费无出，诸形棘手，倍觉岌岌可危。

查藩库额支兵饷，积欠两年有馀，此时若不酌量补放，无以足兵食，即无以固兵心，何能责令巡防，听候调遣？而库储支绌，竟无款项可筹。近因各属秋潦为患，地丁钱粮，征解减色，愈为拮据。运库盐课一项，原拨本省兵饷，因又提解京饷，遂致不克兼顾，输转维艰。本年雨泽过多，沿海场灶，被水淹浸，埇晒短缺，盐价增昂，埠商折配不前，饷课更形竭蹶。至粤海关库征收税项，入不敷出，前去后空，亦复无可转注。此外抽收厘金，仅留本省三成，杯水车薪，固不足以资实济。而劝办捐输，多方搜索，民力已极穷匮，并无裨于要需。且警报频来，商贾闻风裹足，

①日期据《毛尚书奏稿》卷十四同片补。

恐此后厘金日少，更致抽无可抽。即民间生计愈艰，富者渐贫，贫者益窘，捐输尤无从劝办。是将本省各项尽数罗掘，亦未足以应供支。当此制用孔亟之时，臣等具有天良，但求就地可以自筹，断不敢遽请动拨协饷，而各省同此艰窘，即请协拨邻饷，亦必徒托空言。昕夕思维，莫名焦灼。

至本年京饷，奉拨地丁银五万两，盐课帑息共银三十二万两，均于五月以前批解及半。即所拨粤海关税，亦先解过五万两。均系竭力措办，原拟地方军务稍松，但可周转，无论如何艰难，亦当接续再解，以副部拨。讵意邻省匪氛，逼近本境，防剿万紧，支应加倍纷繁。若因饷需不继，致有疏虞，则地方蹂躏，民生涂炭，害在眉睫。不得不先其所急，以冀保全疆圉。所有各库应解下半年京饷，急应全数截留，稍供支放。傥荷圣主威福，此股贼匪即时殄灭，不至披猖，仍当竭力筹维，随时设法补解，万不敢借词推展，膜视要需。

抑臣等更有陈者：广东应解京饷，情形原与他省不同。他省本有应解部库之项，用兵以来，大半留供支放，近年由部酌量提拨，原情则不免艰难，按例则原应提解。广东历来旧制，除海关例解内务府额款并征存多少，听候部拨外，其馀藩、盐各库，均无例解部库额款。他省因军务繁兴，应解之款由部酌提，不能科以常格。广东值军用紧急，待支之款，多因报解部库，以致本省早形匮竭。是用兵与他省同，而连年筹解京饷，其艰难实倍甚于他省。且贼一入境，各州县应解钱粮，因筹办防堵，不能催征，行盐引地，亦至阻隔，虽幸荷天恩，准将应解京饷酌留支用，而其征收之盈绌，催解之多少，将来能否敷用，亦尚无从核计。此又广东艰苦之实情，不能不一缕陈于圣主之前者也。

谨合词附片具奏，伏乞圣鉴训示。谨奏。

广东军需紧急谨率同各官捐廉助饷疏会总督衔

奏为广东省军需万分紧急，谨率同各官捐廉助饷，稍效微忱，恭折具陈，仰祈圣鉴事。

窃照发逆大股由江西窜至广东省南雄州属边界，并与惠、潮、嘉等属山路毗连，在在奔突堪虞，恐致蔓延为患。臣等添拨官军兵勇，在东、北两路水陆要隘严密设防，预筹堵剿，恭折奏报在案。惟增兵集勇，经费浩繁，各库竭蹶异常，不敷支应，实属万分艰窘，不能不借资捐输。无如粤省劝捐之案，至再至三，民力已极疲乏，难期踊跃，多方激励，总无起色。计惟由官先捐廉俸，以为倡率，俾绅民咸知观感，或可资振作而济急需。兹臣毛鸿宾捐养廉银六千两，臣郭嵩焘捐养廉银四千两，并学政臣王澎捐养廉银二千两，又粤海关监督臣毓清捐养廉银五千两，及藩、臬、运司、粮道等一体措捐，其广州等府县以及广协各营官弁，并各量力助捐，共计捐输廉银九万五千两，陆续缴交筹饷总局兑收，归入堵剿逆匪经费项下，随时支用，汇案报销，以昭核实。据总局司道会详请奏前来。谨将各官捐输衔名银数，缮具清单，恭呈御览。

臣等受恩深重，现因军饷紧急，稍竭涓埃，俱不敢仰邀甄叙。至学政臣王澎、粤海关监督臣毓清，均无地方之责，报效本于至诚。其司、道、府、县及副将、都司、守备等官弁，竭力输将，亦属急公奋勉，合无吁恳天恩，敕部查照现行筹饷新例，准由各该员分别移奖子弟之处，出圣主逾格鸿施。

臣等谨合词恭折具奏，伏乞皇太后、皇上圣鉴训示。谨奏。

饬臬司督兵出省防剿东路折[1]九月十七日

奏为江西踞匪合股窜扑南雄州城，官军迎击，迭获全胜，贼旋改趋东路，现饬臬司督兵出省防剿，恭折奏祈圣鉴事。

窃照前因江西逆匪由信丰一带阑入南雄州属之中站，官军迎击获胜，经臣等于八月二十一日具奏在案。旋据各路禀称：八月十五日，贼众大队数万，分路进逼南雄州城，当经南韶〔连〕道唐启荫分饬老湘营总兵易荣华、副将潘其泰、都司衔郑绍忠、候补知县张克良、都司张其盛分队出击，生擒伪天将吴称义等十六名，阵斩数十名，夺获器械数百件。正在追蹑间，忽有马贼万馀由信丰络绎而至，百馀里间绵廷不绝，我军步多马少，随即收队。二十夜，郑绍忠派队五百人由东路进攻，自率五百人伏于拱桥，出贼不意，突起奋击，杀贼甚众。二十二日，唐启荫复饬易荣华、郑绍忠、潘其泰，知府林直等分路出击，郑绍忠、易荣华、潘其泰由东路包抄，贼方于长径桥筑垒为持久计。郑绍忠奋勇直前，贼众开炮力拒，我军大呼陷阵，无不以一当百，复以火箭射入贼垒，贼营自相惊恐，遂大溃，登时将贼垒平毁。适潘其泰自东路截击而至，署南雄州知州朱燮、副将熙昌各率兵弁民团分路追至，贼众夺路狂奔。我军合势乘胜追杀，生擒伪帅沈连昌等数十名，杀贼千馀，夺获器械无算，贼遂由东南窜去。此南雄击退贼匪、迭获胜仗之情形也。

查此股逆匪拥众而来，意图窜踞南雄，进可以直下省垣，退可以分窜楚、闽，既不能逞志于南雄，难保不由他道窜粤。臣等

---

①辑自《毛尚书奏稿》卷十四，清宣统元年刻本。系与两广总督毛鸿宾会衔。

已先饬接壤江西各州县聚团堵御，并飞咨提臣崑寿，募勇千名，派委妥员，相机防备。贼众果于八月二十六日由江西之龙南窜入和平、龙川境内，幸各县均已有备，沿途堵截，贼遂横窜嘉应州界之长田，和平、龙川交界之下车，龙川之黄背岭等处，已飞饬郑绍忠由龙南驰赴连平，与提臣所派之常、秀各军互为联络，以收截击之功。补用知府吴赞诚与副将方耀一军，扼扎州界之猴子地、相公亭一带，以防贼队之径扑州城，深入内地，贼亦渐由香藤坳、八尺墟等处回窜武平。此贼匪阑入和平、龙川界内，调拨防剿之情形也。

惟是粤省与江西犬牙相错，自西北之南雄至东北之平远，绵延几及千里，在在与江西接壤，又东北之大埔、镇平与福建汀州接壤，为自古盗贼出没之区。咸丰三年以来，贼踪往来尤熟，现观贼势，始则思由信丰直入南雄，迨屡进屡却，又改由江西龙南图窜龙川，则贼匪注意粤东之心已可概见。况江西大兵云集，该逆退无可窜，不得不并力入粤。是江、粤交界之间路路可通，亦在在堪虞，兵勇不敷分布，几有防不胜防、守不胜守之势，须得声威较重之大员督率调度，不足以一事权而资镇率。提臣崑寿现驻惠州，该处为东江门户，一时未能轻离，而省垣近处伏莽嚣嚣，臣等亦未便轻出，致示张皇。查臬司李福泰，老成精干，在粤年久，熟悉情形，素为军民所悦服。臣等与司道再四筹商，惟有现添派兵勇，遴选得力员弁，令臬司督率出省，自副将以下俱听调遣，以一事权而资镇率。另委湖南副将沈玉遂督带水师，并由署顺德协副将黄连彪派委已革都司黄连元管驾巡船，驶往惠州河面，严密布置，以为陆师声援。仍一面严饬各地方文武督率绅民，整顿团练，同心合力，外攘内安，以仰副圣主绥靖南服之至意。至此次南雄剿贼出境在事出力员弁，可否容臣查明后择尤保奖，以资鼓励之处，出自皇上天恩。

所有剿办情形，理合恭折由驿驰奏，伏乞皇太后、皇上圣鉴训示。臣等谨奏。

请饬江西湖南抚臣分兵援粤片会总督衔　九月十九日①

再，现在金陵收复，江浙荡平，东南各省，指日可奏廓清，想此败残馀匪，延喘于江、粤交界之间，断难久稽显戮。惟是粤省边界，毗连三省，山径丛杂，谿洞重深。和平、龙川及江西龙南、安远之交，地名浰头，尤为自古盗贼出没之所。前明时，山贼盘踞其中，四省为之扰动。后于赣南特设巡抚。逮王守仁任之，经营数年，始克藏事，则地形之要害可知。今贼匪滋蔓之所，适当其地。侍逆李世贤等，皆百战之馀，非乌合可比。即令臣等严密防剿，不致阑入粤省腹地，恐该匪狡猾为心，乘间分扰，非东窜闽，即西入楚，易成燎原之势。若晋之孙卢、唐之黄巢，皆以败残之馀，偷息岭南，及馀烬复燃，江表为之糜烂，可为前鉴。

臣等考之往古，揆之当今，逆匪虽衰，悍贼尚众，若不乘此声威，及早歼灭，恐非徒江、粤、闽、楚边界之忧，关系东南全局者甚大。现在江浙一律肃清，而江西为东南之腰脊，适当贼冲，贼所必假道之区。其地势平衍，兵力又已厚集。贼势万不能久驻，则窜楚、窜闽、窜粤，惟其所便。而闽地穷乏，其民依山结寨，尚能自守。贼屡窜闽，移时而即自引去，从不得一逞。楚则自赣以西，有杨岳斌之水师，有刘典、王文瑞之陆师，赵焕联等又已

①日期据《毛尚书奏稿》卷十四同片补。

越境防堵。桂东、桂阳一口，防兵至逾万人，贼必不敢深入。其边防之多，兵力之单，又为贼意所注，无过粤东者。目前窜入之匪，为数不过数万，堵剿已形吃力。探闻瑞金、信丰诸大股，动辄六七万，骎骎跟踪而入，其势恐难再支。然臣等不患贼来之多，所虑者饷绌兵单，不敷分布耳。

伏查粤省之弊，约有数端。言乎营兵，则原额虽有七万之多，而欠饷至三年之久。责以累代豢养之恩，效死固是其分；揆以枵腹荷戈之苦，情势实有不能。言乎募勇，则旧募勇丁，欠饷久而渐疲；新募勇丁，训练暂而难恃。言乎将，则久经战阵者，不过卫佐邦、卓兴、翟国彦等数人，其馀韬略过人者实少概见。而卓兴一军，又为土客所牵制。臣鸿宾赴任之先，访闻粤东无可恃之兵，即经奏派福建臬司张运兰募勇三千，副将杨虎臣、候选道杨安臣募勇三千，随同入粤，以备缓急。抵任后查知库款匮乏，遂将杨虎臣等撤遣回楚，专留张运兰一军清理内匪，借作粤东保障，旋经浙闽督抚臣奏催赴闽，臣等益少把握，则兵力不足也。

至于饷项，支绌尤甚。正项钱粮，则所入不敷所出，而况民欠之累累。厘金一项，从前则协济江、皖，留用无多；目前则商贾不来，征收几绝。不得已而捐输，则臣等不避劳怨，设法筹劝，为时几及一年，所得不过二十万。更不得已而至于借饷，则数年以前，借贷绅商不下数十万，并未还过分毫，久已失信于民，势难再借。应解部款，虽经臣等奏请截留，然亦不敷一月防剿之费，则财力不足也。

臣等自到任后，节次将本省艰难情形，据实奏明在案，盖不敢重蹈粉饰之习，务在力图整顿之方。无如元气亏竭已久，尚非一时所能补救。

夫以贼情地势之紧要如彼，兵力财力之不足又如此，臣等通筹全局，时切忧惶。窃计图大事者，不顾目前之安，必求万全之策；顾大局者，不贻事后之悔，必图先着之争。贼匪一日不灭，粤东不能一日休息，江西、湖南不能一日撤防，即东南各省亦不能遂称安枕。与其待至贼氛糜烂而徐筹扫荡之方，何如通筹大局情形而急求制胜之术；与其縻经费于防堵而仍无灭贼之期，何如合群力以歼除而早奏廓清之效。江、楚各省兵力极厚，饷源亦裕，以视粤省之兵单饷绌者，迥不相同，若仅以之防堵本境，以邻为壑，有负朝廷登民衽席之心，亦非臣子敌忾同仇之义。应请饬下江西抚臣沈葆桢、湖南抚臣恽世临，饬令江西之王文瑞一军，由赣南一带长驱入粤，会合惠、潮各军，以剿东江之贼；湖南之赵焕联一军，由桂阳、桂东入粤，会合南、韶各军，以遏北江之冲。臣等已严饬臬司李福泰、南韶〔连〕[①] 道唐启荫、潮州镇翟国彦、署南韶镇卫佐邦等，督率各军，跟踪兜剿。并请皇上责成臣等以及江、楚抚臣，各路统兵大臣，不以各守各境为事，必以荡平此贼为心；必以严密围剿、毋遗后患为重，不以刻期责效、苟求蒇事为能。江西抚臣沈葆桢、湖南抚臣恽世临夙顾大局，必能迅速筹画，赞成分兵援粤之计，惟出自臣等所奏请，各营或转生我疆我理之心，必出自圣训之指授机宜，诸臣当益奋偕作偕行之志。臣等为大局起见，谨附片密陈，是否有当，伏乞圣鉴训示。谨密奏。

调员差遣片 会总督衔

再，臣鸿宾擢任两广时，访知粤东军务废弛，奏调福建臬司

---

①据《毛尚书奏稿》卷十四同片校补。

张运兰、四川候补知府刘德谦等来粤，以资差委。本年七月间，张运兰钦奉谕旨，驰赴福建，而刘德谦先于春间遣撤回楚。现在贼氛逼近，筹兵筹饷，在在需人。查有广西候补道王承泽，精明干练，才能出众，前在广西，战功卓著，因黄逆平定后请假回籍。又四川候补知府曾纪凤，与刘德谦等同在四川剿办各股贼匪，熟悉戎机，闻亦请假在籍。合无仰恳天恩，饬下湖南巡抚，檄令该员等刻日驰赴广东，交臣等差遣委用，实于军务大有裨益。是否有当，谨附片陈明，伏乞圣鉴训示。谨奏。

恭报太平关征收正额盈馀银两数目疏[1]十月初三日

题为恭报太平关征收正馀钱粮事。

案照雍正元年贰月拾柒日准户部咨一件，钦奉上谕事，内开广东省清吏司案呈康熙陆拾壹年拾贰月初拾日启奏湖口关更换监督事，奉旨："各部院衙门官员派出税差者，特为照额完足正项钱粮，所得羡馀拿回养赡伊等家口，照看亲戚族人。今看得出差官员时常缺欠钱粮，若缺欠钱粮本身认罪，而出差回来兄弟亲戚族人不能照看，就无颜面，因此公私均属无益。皇考圣明，洞鉴无益，将税差交与地方官亦有壹年，嗣后税务交与地方官兼收，则于钱粮地方大有裨益。除正项钱粮外，所得馀银令该巡抚奏闻起解，如有应赏之处，将此银两赏用甚便。尔等会同工、户贰部会议具奏。"钦此。查先经户部以淮安、天津、凤阳、北新、南新、临清、荆关、江海、浙海等玖关，俱交与地方官兼管，其应解正

①辑自中国第一历史档案馆藏"户科题本"原件 02－01－04－21760－035 号，标题系编拟。

项钱粮外，所得盈馀银贰拾贰万壹千两，与税银按季附解，交送内库，等因具奏，行文在案。应将淮安等玖关从前所定盈馀银两外，如再得盈馀，亦令解送。嗣后浒墅、扬州、龙江、芜湖、湖口、赣关、太平桥、粤海、闽海等玖关停遣官员，俟现任监督等壹年限满，交与该抚等，令地方官兼管抽收。所收税课仍照例按季解部，壹年任满，该部照例将收税册档查明核算，具题考核。浒墅等玖关向来缺欠钱粮，不便比照淮安等关盈馀数目。此玖关除正额钱粮外，所得盈馀银两，该抚等务须举出实数奏闻，解交内库。俟一年满，若不累商民，并不科派，又能增添钱粮者，俟命下之日，将该抚及派出监管关差地方官议叙。再，陆监差照常差遣御史，崇文门差无可交之地方官，且历年并无拖欠钱粮，仍差遣内务府官员。山海关内外俱系旗人，仍计俸列名拾人具奏差遣。左右两翼、古北口、蟠桃口、张家口、杀虎口俱系小差，钱粮无多，仍照例掣籤差遣。盛京虎怒河等处，系抽收本税，亦系小差，仍照常差遣官员等因，于雍正元年正月拾壹日题，本月拾肆日奉旨："依议。"钦此。钦遵抄出到部，相应行文该抚，俟粤海关监督那善、太平桥监督佛宝任满之日，该抚拣选贤能地方官兼管，俟接任之日，具文报部查核可也。合咨前去，遵照施行等因，到前抚臣年希尧，准此。久经转行遵照在案。该臣看得太平桥每年额征税银伍万贰千陆百柒拾伍两壹钱柒分伍厘，例应巡抚衙门委员经收，按年题报。兹据管关委员前任南韶连道方濬颐将该前道奇克坦泰及前署道吴昌寿各任内，征收壹年期满正额盈馀银数，开报前来。

臣查前抚臣劳崇光自咸丰玖年陆月贰拾壹日起，至拾月贰拾日止，收正额银壹万肆千肆百玖拾两柒钱玖分柒厘，升任两广总督兼署抚臣劳崇光自拾月贰拾壹日起，连闰至咸丰拾年肆月初五日止，收正额银贰万壹千贰百贰拾陆两玖钱叁分捌厘，前抚臣耆龄自肆月初陆日起，至伍月贰拾日止，收正额银肆千伍百叁拾捌两叁钱。通计拾贰个月，壹年期满，共收正额银肆万贰百伍拾陆两叁分伍厘，内除添补关厂不敷经费及书巡人等工火，照例动拨正额银伍千贰百叁拾柒两玖钱陆分玖厘，实在正额银叁万伍千壹拾捌两陆分陆厘，除支给本关经制衙役工食银壹百捌拾陆两外，尚存正额银叁万肆千捌百叁拾贰两陆分陆厘，向系解交布政司库充饷，饬取库收册档，咨送部科查核。又带征南雄关夫料本税额银陆百伍拾两，亦经解司汇入杂税项下，凑充兵饷。又收本税盈馀银陆百柒拾肆两叁钱壹分肆厘，又应支一切经费工食共核减贰成银壹千肆百陆拾贰两伍钱陆分，例应解部。

查咸丰捌年正月内准户部咨云南省戊午年兵饷酌拨太平关税银伍万两，又咸丰玖年贰月内准户部咨云南省己未年兵饷酌拨太平关税银捌万两，又咸丰拾年贰月内准户部咨云南省庚申年兵饷酌拨太平关税银捌万两，等因。业将前项本税盈馀银陆百柒拾肆两叁钱壹分肆厘，同节省水脚银柒两肆钱玖分，又解员水脚银壹拾壹两陆钱玖分贰厘，共银陆百玖拾叁两肆钱玖分陆厘，储备候给，委员解赴云南省投纳。所有核减贰成银壹千肆百陆拾贰两伍钱陆分及扣存添平饭食等银，业经批差委员试用知县莫东奎搭解赴部交纳在案。

又江海关移报自咸丰玖年陆月贰拾壹日起，连闰至拾年伍月贰拾日止，壹年代征税银柒万贰千贰百壹拾肆两壹钱肆分叁厘，耗银柒千贰百贰拾壹两肆钱壹分叁厘，仍由该关就近解部，以归简易。

所有太平桥征收正额盈馀银两数目，相应题报，伏乞皇上圣鉴，敕部核复施行。臣谨题请旨。

太平关咸丰九年六月至十年五月节省水脚等银搭解赴部交纳疏[①] 十月初三日

题为循例具题事。

窃照起解关税，节省水脚银两，乾隆叁拾贰年正月初玖日钦奉上谕："着随正额盈馀解交户部。"钦此。钦遵在案。嗣准部咨，督抚经征各关税课，有盈无绌，及节省水脚银两，均应循例具题，毋庸再奏。等因。亦经遵照在案。

该臣看得太平关自咸丰玖年陆月贰拾壹日起，连闰至拾年伍月贰拾日止，计拾贰个月，经征壹年期满，除收额税外，实收本税盈馀银陆百柒拾肆两叁钱壹分肆厘，例应解部。惟查咸丰捌年正月内准户部咨云南省戊午年兵饷酌拨太平关税银伍万两，又咸丰玖年贰月内准户部咨云南省己未年兵饷酌拨太平关税银捌万两，又咸丰拾年贰月内准户部咨云南省庚申年兵饷酌拨太平关税银捌万两。等因。案将前项本税盈馀银陆百柒拾肆两叁钱壹分肆厘，储备候给，委员解赴云南省投纳，所有扣存添平饭食及核减贰成等银应行解部，经臣另疏题报在案。据该管关委员前任南韶连道方濬颐列册报销，照例扣支经费等项，实该节省水脚银柒两肆钱玖分。臣复查无异，现同解员水脚银壹拾壹两陆钱玖分贰厘，一并凑解云南兵饷。

再，拨解本馀银两，应扣出添平银壹拾两壹钱壹分伍厘，先经随同饭食及核减贰成等银批给，委员试用知县莫东奎搭解赴部交纳。

---

①辑自中国第一历史档案馆藏"户科题本"原件02-01-04-21760-037号，标题系编者拟。

除将各款细数分晰造册，送部查核外，理合循例题报，伏乞皇上圣鉴，敕部核复施行。臣谨题请旨。

太平关咸丰十年五月至十一年五月征收正额盈馀银两数目疏[①] 十月初三日

题为恭报太平关征收正馀钱粮事。

案照雍正元年贰月拾柒日准户部咨一件，钦奉上谕事，内开广东清吏司案呈康熙陆拾壹年拾贰月初拾日启奏湖口关更换监督事，奉旨："各部院衙门官员派出税差者，特为照额完足正项钱粮，所得羡馀拿回养赡伊等家口，照看亲戚族人。今看得出差官员时常缺欠钱粮，若缺欠钱粮本身认罪，而出差回来兄弟亲戚族人不能照看，就无颜面，因此公私均属无益。皇考圣明，洞鉴无益，将税差交与地方官亦有壹年，嗣后税务交与地方官兼收，则于钱粮地方大有裨益。除正项钱粮外，所得馀银令该巡抚奏闻起解，如有应赏之处，将此银两赏用甚便。尔等会同工、户贰部会议具奏。"钦此。查先经户部以淮安、天津、凤阳、北新、南新、临清、荆关、江海、浙海等玖关，俱交与地方官兼管。其应解正项钱粮外，所得盈馀银贰拾贰万壹千两，与税课按季附解，交送内库，等因具奏，行文在案。应将淮安等玖关从前所定盈馀银两外，如再得盈馀，亦令解送。嗣后，浒墅、扬州、龙江、芜湖、湖口、赣关、太平桥、粤海、闽海等玖关停遣官员，俟现任监督等壹年限满，交与该抚等，令地方官兼管抽收。所收税课，仍照例按季解部，壹年任满，该部照例将收税册档查明核算，具题考

①辑自中国第一历史档案馆藏"户科题本"，02-01-04-21760-038 号，标题系编者拟。

核。浒墅等玖关向来缺欠钱粮，不便比照淮安等关盈馀数目。此玖关除正额钱粮外，所得盈馀银两，该抚等务须举出实数奏闻，解交内库。俟一年满，若不累商民，并不科派，又能增添钱粮者，俟命下之日，将该抚及派出监管关差地方官议叙。再，陆监差照常差遣御史，崇文门差无可交之地方官，且历年并无拖欠钱粮，仍差遣内务府官员。山海关内外俱系旗人，仍计俸列名拾人具奏差遣。左右两翼、古北口、蟠桃口、张家口、杀虎口俱系小差，钱粮无多，仍照例掣籤差遣。盛京虎怒河等处，系抽收木税，亦系小差，仍照常差遣官员等因，于雍正元年正月拾壹日题，本月拾肆日奉旨："依议。"钦此。钦遵抄出到部，相应行文该抚，俟粤海关监督那善、太平桥监督佛宝任满之日，该抚拣选贤能地方官兼管，俟接任之日，具文报部查核可也。合咨前去，遵照施行等因，到前抚臣年希尧，准此，久经转行遵照在案。该臣看得太平桥每年额征税银伍万贰千陆百柒拾伍两壹钱柒分伍厘，例应巡抚衙门委员经收，按年题报。兹据管关委员前任南韶连道方濬颐将征收壹年期满正额盈馀银数，开报前来。

臣查前抚臣耆龄自咸丰拾年伍月贰拾壹日起，至咸丰拾壹年伍月贰拾日止，计拾贰个月，壹年期满，共收正额银叁万陆千壹百壹拾肆两肆钱玖分柒厘，内除添补关厂不敷经费及书巡人等工火，照例动拨正额银伍千陆百伍拾两伍分壹厘，实在正额银叁万肆百伍拾玖两肆钱肆分叁厘，除支给本关经制衙役工食壹百捌拾陆两外，尚存正额银叁万贰百柒拾叁两肆钱肆分叁厘，向系交布政司库充饷，饬取库收册档，咨送部科查核。又带征南雄关夫料木税额银陆百伍拾两，亦经解司汇入杂税项下，凑充兵饷。又收木税盈馀银伍百贰拾贰两贰钱肆厘，又应支一切经费工食共核减贰成银壹千肆百陆拾贰两伍钱陆分，例应解部。

查咸丰捌年正月内准户部咨云南省戊午年兵饷酌拨太平关税银伍万两，又咸丰玖年贰月内准户部咨云南省己未年兵饷酌拨太平关税银捌万两，又咸丰拾年贰月内准户部咨云南省庚申年兵饷酌拨太平关税银捌万两，又咸丰拾壹年肆月内准户部咨云南省辛酉年兵饷酌拨太平关税银捌万两，又同治元年贰月内准户部咨云南省壬戌年兵饷酌拨太平关税银捌万两，等因。业将前项木税盈馀银伍百柒拾贰两贰钱肆厘，同节省水脚银柒两肆钱玖分，又解员水脚银柒两叁钱肆分壹厘，共银伍百叁拾柒两叁分伍厘，储备候给，委员解赴云南省投纳。所有核减贰成银壹千肆百陆拾柒两伍钱陆分，及扣存添平饭食等银，业经批差委员试用知县莫东奎搭解赴部交纳在案。

又江海关移报自咸丰拾年伍月贰拾壹日起，至咸丰拾壹年叁月贰拾叁日止，代征税银陆万玖千肆拾捌两陆钱贰分贰厘，耗银陆千玖百肆两捌钱陆分贰厘，仍由该关就近解部，以归简易。

所有太平桥征收正额盈馀银两数目，相应题报，伏乞皇上圣鉴，敕部核复施行。臣谨题请旨。

太平关咸丰十年五月至十一年五月节省水脚等银搭解赴部交纳疏[①] 十月初三日

题为循例具题事。

窃照起解关税，节省水脚银两，乾隆叁拾贰年正月初玖日钦奉上谕："着随正额盈馀解交户部。"钦此。钦遵在案。嗣准部咨，督抚经征各关税课有盈无绌，及节省水脚银两，均应循例具题，

①辑自中国第一历史档案馆藏"户科题本"原件02-01-04-21760-039号，标题系编者拟。

毋庸再奏。等因。亦经遵照在案。

该臣看得太平关自咸丰拾年伍月贰拾壹日起，至拾壹年伍月贰拾日止，计拾贰个月，经征壹年期满，除收额税外，实收本税盈馀银伍百贰拾贰两贰钱肆厘，例应解部。惟查咸丰捌年正月内准户部咨云南省戊午年兵饷酌拨太平关税银伍万两，又咸丰玖年贰月内准户部咨云南省己未年兵饷酌拨太平关税银捌万两，又咸丰拾年贰月内准户部咨云南省庚申年兵饷酌拨太平关税银捌万两，又咸丰拾壹年肆月内准户部咨云南省辛酉年兵饷酌拨太平关税银捌万两，又同治元年贰月内准户部咨云南省壬戌年兵饷酌拨太平关税银捌万两。等因。案将前项本税盈馀银伍百贰拾贰两贰钱肆厘储备候给，委员解赴云南省投纳。所有扣存添平饭食及核减贰成等银，应行解部，经臣另疏题报在案。据管关委员前任南韶连道方濬颐列册报销，照例扣支经费等项，实该节省水脚银柒两肆钱玖分。臣复查无异，现同解员水脚银柒两叁钱肆分壹厘，一并凑解云南兵饷。

再，拨解本馀银两，应扣出添平银柒两捌钱叁分叁厘，先经随同饭食及核减贰成等银批给，委员试用知县莫东奎搭解赴部交纳。

除将各款细数分晰造册，送部查核外，理合循例题报，伏乞皇上圣鉴，敕部核复施行。臣谨题请旨。

太平关同治元年五月至二年四月征收正额盈馀银两数目疏[①] 十月初三日

题为恭报太平关征收正额盈馀银两数目，仰祈圣鉴事。

窃照太平关税务向由巡抚衙门委员征收，关期年满壹月内奏报。嗣准部咨，督抚经征各关税课有盈无绌，及节省水脚银两，均应循例具题，毋庸再奏。等因。又嘉庆肆年伍月初捌日准部咨，奉上谕："向来各关征税，于正额之外，将盈馀一项比较上叁届征收最多年份，如有不敷，即着经征之员赔补，以致司榷各员借端苛敛，而赔缴之项仍未能如数完交，徒属有名无实。因思各关情形不同，所有盈馀数目应酌中定制，以归核实而示体恤。已于户部所奏各关盈馀银数清单内，经朕查照往年加多之数，分别核减。自此次定额之后，倘各关每年盈馀于新定之数再有短少，即行着落赔补。如于定数或有多馀，亦即尽收尽解。其叁年比较之例，着永行停止。至工部船料竹木等税，除渝关盈馀向无定额，及由闸等关并无盈馀外，其馀亦经分别减定，嗣后即一律办理，毋庸再行比较。"钦此。应案钦定盈馀清单，行文广东巡抚遵照办理可也。嘉庆肆年钦定太平关盈馀银柒万伍千伍百两。等因。转行钦遵在案。兹据太平关委员开报征收壹年期满，正额盈馀银数到臣。据此，该臣看得太平关每年征收税银例应巡抚衙门委员经收，循例题报。兹据管关委员南韶连道唐启荫将前道方濬颐任内征收壹年期满正额盈馀银数开报前来。

臣查前任两广总督兼署抚臣劳崇光，自同治元年伍月贰拾壹

①辑自中国第一历史档案馆藏"户科题本"原件02-01-04-21760-036号，标题系编者所拟。

日起，连闰至拾壹月拾叁日止，收正额银贰万贰千捌百壹拾叁两贰钱柒分捌厘；前署抚臣晏端书自拾壹月拾肆日起，至同治贰年正月贰拾叁日止，收正额银柒千叁百壹拾两伍钱叁分玖厘；前抚臣黄赞汤自正月贰拾肆日起，至肆月贰拾日止，收正额银捌千贰百叁拾肆两捌钱。通计拾贰个月，壹年期满。因各路匪徒未靖，道路梗阻，来粤商贾甚属寥寥，征收迥不如前，加以江西之九江、湖北之汉口又复开港，南北各省货物分路销售，各项洋货尽由海船载运，不经内地行走，故封关停征，时所常有。税从货出，货无来源，以致税饷日绌，亏短愈多，仅共收正额银叁万捌千叁百伍拾柒两捌钱贰分伍厘。因带征耗银叁千捌百伍拾叁两肆钱贰分叁厘，不敷支给，各项经费照例动拨正额银伍千肆百肆拾伍两叁钱柒分柒厘，实在正额银叁万贰千玖百壹拾贰两肆钱肆分捌厘，除支本关经制各役工食银壹百捌拾陆两外，尚存正额银叁万贰千柒百贰拾陆两肆钱肆分捌厘，又带征南雄州夫料本税额银陆百伍拾两，二共银叁万叁千叁百柒拾陆两肆钱肆分捌厘，均系应解司充饷之项。同治元年拾贰月贰拾贰日，准户部咨，通筹贰年京饷案内提拨太平关税银伍万两，分批起解。等因。当于前项关税正额项下动支银壹万贰千叁百伍拾两捌分，委员陈炽昌于同治贰年肆月拾捌日领解赴部交纳，实存关税本税正额银贰万壹千贰拾陆两叁钱陆分捌厘，解交布政司库。其本关应支经费核减贰成银数，另行造册送部。

又征收本税盈馀银陆百肆拾柒两伍钱贰厘，例应解部。惟咸丰捌年正月内准户部咨云南戊午年兵饷酌拨太平关税银伍万两，又咸丰玖年贰月内准户部咨云南省己未年兵饷酌拨太平关税银捌万两，又咸丰拾年贰月内准户部咨云南省庚申年兵饷酌拨太平关税银捌万两，又咸丰拾壹年肆月内准户部咨云南省辛酉年兵饷酌拨太平关税银捌万两，又同治元年贰月内准户部咨云南省壬戌年兵饷酌拨太平关税银捌万两等因，业将前项本税盈馀银陆百肆拾柒两伍钱贰厘，同节省水脚银柒两肆钱玖分，并解员水脚银壹拾两玖钱贰分伍厘，共银陆百陆拾伍两玖钱壹分柒厘，储备候给，委员解赴云南省投纳。

至太平关税饷，历年将江海关应拨补之代征丝税一并牵算，惟自同治元年叁月贰拾陆日以后，江海关代征丝税若干未经移知来粤，前经臣奏明请旨饬部咨催，并恳将同治贰年肆月贰拾日关期届满，应行题报之案，展限办理。准部咨行遵照，复经臣移催查报去后。迄今日久，江海关代征之数仍未移报齐全。请俟咨报到日，汇计税数盈馀，另行咨部核办。

所有太平关征收正额盈馀银数，理合先行循例题报，伏乞皇上圣鉴，敕部核复施行。

再，经征委员自同治元年伍月贰拾壹日起，连闰扣至贰年肆月贰拾日止，壹年期满，系前任南韶连道方濬颐任内征收。同治叁年陆月初贰日，方濬颐升任盐运使卸事，委令护理南韶连道沈映钤、新任南韶连道唐启荫监收，合并陈明。臣谨题请旨。

各省抽厘济饷历著成效谨就管见所及备溯源流熟筹利弊疏十月初九日[①]

奏为各省抽厘济饷，历著成效，谨就管见所及，备溯源流，熟筹利弊，〔合词〕详细胪陈，仰祈圣鉴事。

窃维国家承平日久，营兵废弛已极。广西贼初起，调集山、

①日期据《毛尚书奏稿》卷十四同疏补。

陕、滇、黔边兵，谓必优于腹地，均因日久无功，以次撤归。嗣后各省筹办防剿，专务募勇，而营兵亦时就地调拨，始终不能一得其力。自古行军，皆由调拨，近时则一出于召募，此用兵之一变局也。军务初起，朝廷颁发帑金，动辄数百万，或由户部运解，或由邻省协拨，军营安坐以待支放。师久而财日匮，东南各省，蹂躏无遗，户部之解款，邻省之协饷，力皆不能自顾。偶一办理防堵捕剿土匪，左支右绌，无可为计。其势又不能坐听其决裂。艰窘如广西、贵州，亦须经营筹画，自求生理。湖南经理得宜，则竟以一省之力，支拄数省，此又筹饷之一变局也。用兵既久，筹饷之难倍于筹兵。饷裕则兵强，饷匮则虽有兵而不能恃以御侮。

总计十馀年以来，筹饷之方，名目繁多，其大要不过二端，一曰捐输，一曰厘金。

捐输起自汉卜式出私财佐军，流极于宋、明之季，而有搜括之令。国家开捐纳之例，导之以仕进，取之有节，劝之有方，巨富厚赀，立致荣显，中下之户，亦乐有以自效，为法优矣。而数行之，则民怨官烦，而法亦敝，故捐输可以救一时之急，而不可为经久之规。

厘金之制，盖缘始周官之廛布、絘布，以杜子春注意推之。廛布者，当如今之坐厘；絘布者，当如今之行厘。而自周以前，商贾之征，数倍农民。后世水陆钞关，额设极少，税课亦极轻。此非徒以优商也，王者节宣天地之宜，田赋所入，以制国用有馀，商贾聚散无恒居，盈虚无定势，官吏易缘为奸，故常弛其征以便民。军兴用繁，则百税并举。邃古以来，国用之需，无不取给百姓。王安石窃《周官》之意，以扰承平无事之民，君子所深恶。至于艰难筹饷，而一切苟且之政行，其势自迫于不容已。四民惟农、商二者为有常业，不取之商，即取之农。农民务本而生计微，商民逐末而利源厚，轻重之宜，亦易知也。

今之厘金，与汉之算缗、唐之除官钱、宋之经制头子钱异名而同实。汉、唐之世所谓算缗诸法者，皆取之商贾之本钱，故又有告缗、手实诸法，以穷其根柢。其馀百货，更加以税。史册所纪，令烦法密，所以括民财者甚至。然而汉、唐、宋取之民者多而为利反少，今取之民者约而为利反多者何也？汉、唐之制，为定法以督之州县而已。督之州县，则吏胥之搏噬益繁，而终无实际。为定法则商贾之丰俭或相倍蓰，或相千万，而不能不著为课额，派之州县。通都巨镇，可以倍征而徒饱私橐；山城僻壤，并无贸易而亦须取盈。又或于正供之外，科以杂差，故为扰也。今之厘金，惟不限以科则，不拘以程式，一依唐臣刘晏之法，引用士人，因地制宜，犹得任人不任法之意。臣请历言之。

所谓不限以科则者何也？上海厘金抽收之法异于江北，安徽异于江西，湖北异于湖南。货行之通滞，商情之顺逆，惟其所便，而不以相强。上海厘金抽收最重，以次推及广东，不逮十分之一，不能比而同也。甚至一省之货，此轻而彼重，一厂之设，此疏而彼密。惟无科则，而后事事乃稍可以核实，可以便民。

所谓不拘以程式者何也？凡商船经过之通津，有卡厂行厘；货物囤积之巨镇，有门市坐厘，其大较也。间有支津汊港，绕越偷漏，则又添设分卡；小镇毗连大镇，或至居奇，则又添设分局，皆随时酌量办理。一省扼要处所不过三四，办法亦因加密，其馀稍宽其法，设局多者不过一二十处，或通数府县无一卡局，或小镇举办而大镇反未及举办。推而至于各省，或办或不办，或办之有效，或竟无效，一听督抚之自为经理，均无一定之程式强之以必行。是以用兵十五年，被扰亦十馀省，其势岌岌不可终日，而募民以为兵，因地以筹饷，士安于家，农安于野，商贾亦相与安于市。督抚大吏，委任一二员绅举之而裕如。自汉以来，言利之稗政，未有优于今日之厘金者也。

言者徒曰“病商”。周、秦以来，天下大利归于商贾。汉兴而力加之困辱，诚恶其专利也。历周至明，士大夫无为商贾者，取之虐而无所惜。本朝稍宠异商贾，士大夫亦多出于其途，利厚而权亦重。厘捐所取于其岁入之赢馀，百分中纳其一二，以今制准之汉、唐、宋、明以前，诚不足为病。又凡完善省分，群以保护商贾为言。其筹办厘金者，大率兵燹之后，盗贼出没之乡，商民交困，警报频闻。湖南北巨贾皆籍隶川陕，使稍有病于商，亦岂能强其间关跋涉，转侧兵戈之地，自投完纳，毫无避就？是言病商者既未考古，又未知今，徒为商贾争锱铢之利以代护其私，亦稍惑矣。

或又曰“扰民”。厘金按货计捐，丝毫皆出之平民，人所知也。富民日费钱数千，以厘计之，当捐钱数十；中人之家日费钱数百，捐钱数枚而已。按户责捐，是为口税，为户税，唐宋之制所以为扰也。准之日用之需，则固可蹙缩节省，以求相济，而不见为累。百姓难与图始。创法之初，动多阻挠，其或至滋事者，则又无艺之顽民，乘风狡逞，意图劫掠，商贾不任受也，捕治一二人而已帖然。开办既久，从无抗违厘金之案，亦足见商情民俗之利病从违矣。且一意营私，以免厘为得计者，商人之同情；一端偶逞，以抗官为能事者，奸民之恒态。若因一二抗厘之案，遂据以为扰民，则闹漕抗粮，江浙成为积习，拒捕殴官，闽广视若固然。苟求民情之顺悦，不顾政体之陵夷，将并钱粮而不征，舍盗贼而不治乎？势固不能也。

或又曰“中饱之弊太深”。天下无一事不坏于中饱，而惟厘金之中饱为最轻。盖凡中饱者，必一切惟所侵渔。厘捐以数人而理一厂，以数厂而治一事，总局司其出纳，藩司核其成数，上而督抚制之，下而州县制之，众注之耳目皆得指其是非，纳厘之商民亦不甘听其含混。纵云中饱，盖亦无几。自古有治人无治法，苟得其人，虽稗政亦无所扰；苟非其人，则缓征、蠲赈及一切保甲、社仓之美政，皆足以滋弊端。督抚切己之经营，自愈于旁观之臆度。各省办理厘捐号为中饱者，广东为最，江北次之，无他，惟无章程而已矣。江北之中饱在官绅道员，郭礼图一加整顿而弊立除。广东之中饱在商贾深固纠结，较难断禁，稍与清厘，盖亦把持之意多，而侵蚀者有数可纪。惟任员绅而不任之地方官，既不能盘踞为奸，又无差胥为之爪牙，故为弊轻而去弊也亦易。若以绅员办理厘捐支销薪水言之，则尤非事实。绅员之贤者多不乐任事，或由督抚延请，或由奏派，勉强从事，其中材皆足以自谋衣食，用其力以筹饷急公，月给薪水数十两，少或数两，此何关国计之盈虚？而相与痛心疾首，实不能容，尤惑之甚矣。

或又曰“休养之政宜讲”。臣前在江苏、浙江，见其地把持厘捐，辨论纷繁，讫不能举行。被兵以后，周历松、太各属，常数十里无人烟。上海办理厘金岁常数百万，而地方独完，商贾转盛。湖南支持数省，专恃厘金接济，亦未闻民气致有销耗。贼势如虎狼水火，不急筹拯救之术，而曰且始安坐休息，果足为休息乎？厘捐所以独为良法，正以商贾赢馀之利取之无伤，而得以其间与民休息也。其取之约而法均，行之简而情亲，尤得筹饷之妙用。汉法二缗而一算；算者，口出钱百二十。二缗一算，每钱千取六十。唐之除陌钱、宋之经总制钱，皆千钱取百。湖南酌定厘捐章程，大率每钱千令捐一十、二十，最为轻减。上海盖将倍焉。广东则不及其半，故曰取约。按货估值，计钱抽厘，本厚者出多，息微者出少，人各效其力，无邀免者，故曰法均。汉、唐、宋课商之法，名目至不可穷纪，今总其名为厘捐，故曰行简。任之绅员，与商贾朝夕相见，利害盈虚，可以互相参证，不胁以官威，亦不督以成法，故曰情亲。所以行之数年而无弊者，存乎用法之人，而法亦稍良矣。必欲从征之士枵腹荷戈，近寇之区开关延贼而后为休养，正恐古人所谓休养者不如是也。

近见金陵克复以后，言事者动请停止厘金，或请酌量裁撤卡局。不知言停止者，既别无筹饷之法可以斟酌盈虚，言酌量裁撤者，亦未尝考究各省办法轻重疏密原自不同，万不能尽一省之水陆市镇概行举办。一隅之见难与辨论，而民情各私其财，各专其利，自古为然，但闻筹饷之说而已多阻难，一闻停撤之言而更加附会。湖南所以稍能尽利，专恃地方绅士主持正论者为多，商贾百姓，不敢有所异同。苟以天下为心，则事势之艰难，百姓之情伪，亦当稍具权衡。奖之以忠孝，使佐公家之急，劝谕百端，犹不能一应；既有停撤之议，远近传述，群起为难。是徒据一二人之私论，上以眩惑朝廷之听，下以鼓动愚民之气，使有所借口以遂其背公营利之私，以之处平世而犹为伤化，以之奖衰俗而适以长奸。

臣窃以为，国家爱民，当规其大者、远者。近年以来，减苏松浮粮，豁免江西摊赔款项，军务报销不归部核。此数者，实皆汉、唐以来未有之德政，以是振励天下之人心，攘除寇乱，蔚成中兴之业，惟其所规者大而所及者远也。现在江南巨寇虽已荡平，馀匪尚数十万人麇聚江西、闽、粤之交。筹兵筹饷，势处万难。商民计厘缴课，本属些微；军需累少成多，借资补救。官不得已而与民争利，言事者又欲私商贾以与官争利，而所据以为言者大率影响附会，于民生利弊实未尝深加考究。自宋以来，议论繁多，凡言利者皆不容于公论，故敛怨以为私，君子之所戒，而固为小人之所趋。至于敛怨为公，则贤愚同所兢兢。军兴十馀年，自江、皖、两湖外，筹办厘捐，亦未有能尽利者。下之结怨百姓，上之得罪清议。一言捐而朘削聚敛之名已先无以自解。一二办事省分，迫不得已，艰苦经营，粗有成效，言者又取道路无稽之议论而急毁之，徒使地方官事事掣肘，敛怨盖深，筹饷益绌，瞻顾周章，进退两无所据。是朝廷爱民尚为虚语，而地方公事已先受其实害，所关于风俗人心尤大。

夫不念民物丰啬之原而动以言利为事者，陋也；不顾时局艰难之寄而仅以不言利为名高者，尤君子之所慎也。《易》曰："何以守位曰人，何以聚人曰财。"三代王者理财之道，酌盈剂虚，裁成辅相之义精矣，而曰生之者众，有所以生之者也，曰为之者疾，有所以为之者也。读古人之书，闻一二人之言而妄思兴利，不顾民生之休戚，事势之顺逆，无论为公为私，而皆谓之陋。读古人之书、闻一二人之言而遂欲据之以为名，古今得失之宜未接于目，天下利病之数不关于心，仅以邀流俗之誉，使办事者无所措手，故宜慎也。

臣于古今事变、名臣大儒奏疏论撰之文，皆曾考求得失，究知其本末，决非敢言利以病民者。而身当其位，事处其难，稍求有益于国，无害于民，仍惟厘捐为尚可以行久。不敢不一据实直陈，发明其义。伏乞皇上天恩，诸言停止捐输、厘金者，概予留中，使不至传播，庶斯民浮动之气，不至挟朝命以图与官相抗。俟天下无紧急之军需，直省无积欠之兵饷，户部无竭蹶挪移之苦况，而后断自宸衷，尽罢各省厘捐。惠商而商实受其惠，无焚掠之忧；便民而民真得其便，无荡析之警。乃永以培养元气，涵濡圣泽，天下幸甚。

愚昧之见，是否有当，伏乞皇太后、皇上圣鉴训示。谨奏。

广东办理厘捐情形片会总督衔　十月初九日[①]

再，广东厘捐，旧设卡厂凡五处：曰韶关厂，当江西、湖南两省，来源为广东之北江；曰白沙厂，附近惠州府城，为东江；曰后沥厂，附近肇庆府城，当广西，来源为西江；曰四会厂，则贺水别由广西之贺县以达四会而汇于西江，广东竹木之所从出也；曰芦包厂，为省河上游总汇。东、西江三厂收数甚少，而来源或数千里、数百里，皆巨川也。韶关、芦包两厂每月收数各万馀金，为厘捐两大厂。又有陈村、江门两厂，则皆抽收坐厘，合之省城、佛山、潮州，为坐厘五分局。

窃查广东海口纷歧，诸江之水旁穿侧出，而经流实会于省河。其不由省河者，潮州之韩江，别会汀、赣诸水，自由汕头入海，名曰东海。雷、廉各属，名曰西海。沿西海府县，地势椭长，内界广西。琼州又南悬海外，所产糖靛、桂皮，贩运各省，为出海大宗。廉州海口最著者名曰北海，雷州海口最著者名曰海安。地方设卡抽厘，据为私利，已阅数年。前署督臣晏端书委候补知府吕铨、安徽候补知州江国华前往清理，至于被殴，并不一加惩办，纪纲法度，废弛为甚。臣体察广东情形，民情非甚刁悍，而绅士之把持，能急公者少；人才之萧索，能办事者尤少。数月以来，稍将包抽之私厂一概裁撤，归并官厂，去其弊端之显见者。其馀石龙、西南、九江、三多祝各处巨镇，无虑十馀处；省河下游，各国贸易及牛庄、烟台、江浙、福建之海船，尤为厘捐巨款，皆以举办艰难，未敢强行。仅西海等处，因地方私厂之旧，裁撤整

①日期据《毛尚书奏稿》卷十四同片补。

顿，添设海西分厂，此广东办理厘金之大概情形也。其间谷米、薪柴两项，各省办理章程互异。江西、两湖产米之乡，一律抽收；上海则米价昂贵时暂一停止。广东以此两项为贫富所同需，自开办至今，永远停止抽收。海西添设之厂，又惟抽收出进海口之桂通青靛、油麸、棉花、沙纸、糖包等共八大宗，此外百货皆无厘捐。其抽收既视他省为轻，其办法又视他省为略。苟且将就，以图无事。言者更欲裁撤北海厘捐，臣等不解何以私收营利，办理数年，官吏竟能相容；改归官抽，商民已肆其阻难，京师且传为过举。前访闻新选长宁县教谕王师祥主谋滋事，经委员候补知府吕铨禀揭有案，已咨部将该教谕暂行斥革，研讯确情，归案拟办。原奏称尚未得主名，一似指陈前后厘捐情形，而于此等案由，竟全无所闻，可见传闻无实之辞，影射规避，挟私求逞，断难凭信。恐部臣或照案拟准，责成裁撤，致商民借端以相抗拒，臣等虽能据情奏请照旧办理，而政体之伤损已多。谨先将广东办理厘捐情形，详晰缕陈，优乞圣鉴训示。谨奏。

派兵赴闽会剿折[①] 十月十四日

奏为平远、镇平旋失旋复，贼众败窜入闽，仍分股图犯大埔，现已派兵赴闽会剿，并饬潮、嘉各属实力截击各缘由，恭折奏祈圣鉴事。

窃臣等前因江西踞匪合股窜扑南雄州城，经官军迎击，迭获全胜，并将平远县城失事情形奏明在案。旋据署嘉应州知州程培霖、委员候补知府吴赞诚并各路禀称：平远县知县吴炳绶自中枪

①辑自毛承霖编《毛尚书奏稿》卷十四，清宣统元年刻本。系与两广总督毛鸿宾会衔。

坠马后，经其胞弟吴燧挺身救起。该员见贼已入城，愤不欲生，经绅民等涕流环跪，佥以徒死无益相为慰勉。该令以士民之请，乃复大集乡团，号召义旅，裹创力战，生擒伪天福杨伟锡等，贼众气夺，遂于初四日由差干一路窜去，登将平远县城收复。

先是贼已分股扑镇平县之米坑，初三日更分三路直扑镇平县城。该县知县庞掌运平日居官清正，民心素洽，当闻警之时，合县士绅相与会议，以为株守空城，将附近居民必遭荼毒，不如趁贼势未定，急击走之，则保全者大。于是与署镇平营都司任士魁、绅士主事刘伯芙等分期迎击，鏖战良久，贼队已乱。乃后股麇至，愈聚愈众，任士魁手刃数人，力竭阵亡，遂由东门一拥而进。庞掌运方在南门督战，回顾贼已阑入，愤气填胸，经百姓拥护出城，遂即于城外扎营，派人四出，号召主事刘伯芙等捐赀，雇募精壮百名，各乡团亦应声四聚，立将该匪击败，贼由松口一路窜去。此镇平、平远旋失旋复之实在情形也。

臣等查前股贼匪经粤中击败之后，闻已窜陷漳州府城，而江西雩都、瑞金踞贼以及湖州后股残匪亦经鲍超击败，相继跟踪入闽。查漳、汀两属与广东之潮、嘉各郡，犬牙交错，在在毗连，而大埔、饶平尤为当冲，且康逆汪海洋一股窜踞汀州府之武平，距平远县属之下坝仅三十里，该逆时遣游骑四出打掳，侵入粤境，均经候补知府吴赞诚、副将方耀截剿获胜，是广东北路之防虽觉稍松，而东路情形万分吃紧。臣等虑福建兵力未厚，一经贼扰，其势必不能支，设该逆将两省连界之处融成一片，剿办愈形棘手。乃檄方耀带勇四千名，筹给行粮，饬由嘉应越赴福建境地，会同闽军跟踪兜剿；复饬潮州镇总兵翟国彦驰赴闽、粤交界之区，严密堵截，兼为方耀后路策应。檄催都司郑绍忠由南雄拔赴嘉应，会合诸军相机兜击，一面饬南绍连道唐启荫督勇二千，阳江镇总兵任星元督楚勇一千，接防南雄，不得以贼势略远，稍形松懈，仍饬臬司李福泰督勇六千，驻扎龙川，居中策应，以固东江诸路之防。又多张告示，谕令胁从之徒弃邪反正，如有翻然悔罪，率众归诚者，臣等当钦遵谕旨，斟酌办理。

至平远县知县吴炳绶、镇平县知县庞掌运，于失守后旋即收复，按照新例应行减等治罪。惟该员等因众寡不敌，被匪闯入县城，即时招集团勇，力图规复，均于三日内复城，不致为贼久踞，重烦兵力，当属能知愧奋。且查该员等居官素好，深得民心，故当其号召乡团，无不应声而至，将贼击走出境，地方获安较速，仅止随同官军收复者实有不同。可否仰恳天恩，免其治罪，仍革职留营差遣，以观后效，出自皇上逾格鸿施。署平镇营都司南韶连镇中营守备任士魁，由侍卫出身，打仗奋勇，此次血战捐躯，情殊可悯，该员因出师著绩，于咸丰八年奉旨以都司尽先补用，应请敕部照都司阵亡例从优议恤，以慰忠魂。其平远、镇平各乡民聚团杀贼，多有伤亡，容俟查明，汇册咨部核办。

所有击退各股逆匪，并现筹防剿各情形，理合恭折由驿驰奏。正在缮折间，探闻大埔县城前月被贼窜扰，登即驱逐出境，惟尚未据该管道府禀报前来，是否确实，容臣等查明详细情形，再行具奏。

同治三年十一月初二日，议政王、军机大臣奉旨：“另有旨。”钦此。

请饬鲍超追剿窜匪片[①] 十月十四日

再，现据提督鲍超咨开，于九月十二日督兵解宁都城围，共毙贼一万数千，生擒二千馀。十五日进复瑞金县城，擒斩五六千名，沿途解散不计其数，馀贼败往福建武平而去。现在江西一律肃清，惟〔鲍〕超援剿十馀年，遍身是伤，又加冒暑拔营，旧创复发，难以支持，已请假一年回籍。等因前来。臣等查江西踞贼虽经鲍超迭次大创，而逆首李世贤、汪海洋等当稽显戮；且据鲍超咨开，湖州、广德败贼现已投入伪康王汪逆股中，其诡谋密计，更不可不防。是江西暂虽肃清，而后患犹巨，若不乘此声威，及早扑灭，致令偷息一隅，潜图勾结，恐死灰复燃，又将掣动全局，为东南数省无穷之忧，坐使功亏于垂成，机失于一瞬，殊为可惜。

查鲍超一军在楚军中最为骁勇异常，其拔营移营转战数千里，视他营更为迅速，若费心跟踪穷追，会同闽、粤各军合力兜剿，区区残寇，万无不立就殄灭之理。且该军乘屡胜之威，鼓行而前，贼众慑于先声，闻风胆落，更有事半功倍之效。窃念粤匪滋事以来，显皇帝宵旰忧劳，出师命将，自宜早奏廓清，徒以疆吏各存畛域之见而苟且自全，将帅狃于战胜之功而骄蹇不进，或奉文改调，或托故迁延，每当事机顺利之时，辄有停顿迂迴之误，一任败残之寇幸获甦息，用是蔓延十馀年，迄于今不灭，其弊皆由于此。现在鲍超杀贼虽多，而窜踞福建者尚皆百战悍逆，臣窃虑之。前据两江总督臣曾国藩函开，鲍超本游击之师，可以援江，即可援粤、援闽，是曾国藩并无画疆自守之心，已可概见。除由臣等

①辑自毛承霖编《毛尚书奏稿》卷十四，清宣统元年刻本。系与两广总督毛鸿宾会衔。

飞咨该提臣赶即移师追剿、迅赴戎机外，相应吁请恩旨，责成鲍超迅将此股馀孽趁势扫清，无论在江、在闽、在粤，必歼灭无遗而后已，庶可竟此一篑之功，勿遗将来之患。其所需月饷应由所到省分随时筹给，毋得稍有推诿。臣等为顾全大局起见，是否有当，伏乞圣鉴训示。谨奏。

同治三年十一月初二日，议政王、军机大臣奉旨："另有旨。"钦此。

请将知县陶庆等留粤补用片会总督衔

再，前署江西馀干县候补知县陶庆，仍经两江督臣曾国藩调赴军营，历著劳绩；又奉奏派来粤办理厘捐，稽核精详，不辞劳怨。近因粤东军务吃紧，经臣等委办要务，皆能办理裕如。查该员清贫自励，质实耐劳，以赋性刚直，屡遭摈斥，而中怀淡定，并不以荣进为意，以之振式浮靡，尤足以资风示。粤东现当用兵之际，在在需人，合无吁恳皇上天恩俯准，将江西候补知县陶庆仍留于广东，以原官序补。广东多得一刚直耐苦之员，于吏治亦实有裨益。

又，候选府照磨李荆门，于江苏粮台保举尤为出力案内，奉旨以从九品归部即选，旋于南台捐米案内报捐府照磨，亦经奉旨允准在案。上年经臣嵩焘随带来粤，委办文案，勤慎详密，遇事留心。旋派充巡捕，一年以来，于各军营一切事宜，亦能随同考求。并应请将该员留于广东补用，以资驱策。查广东无府照磨缺，拟请仍照原保之从九品，遇有巡检缺出，酌量补用。该员李荆门系未捐分发之员，仍饬令赴部补缴分发银两，以符成例，而杜幸进。谨附片陈明，伏乞圣鉴训示。谨奏。

遵旨甄别道员县令分别降革疏会总督衔 十月二十二日①

奏为遵旨甄别道员、县令，分别降革，以肃官方，仰祈圣鉴事。

窃臣等自上年九月抵任以来，察看广东吏治废弛，迭经据实举劾，冀挽颓风，均已仰蒙恩准。本年迭准部咨，由内外臣工陈奏，以军功、捐纳两项人员，流品不齐，薰莸杂进，议请各该员到省一年后令督抚认真考核，挨次甄别等因，奏奉谕旨，咨行遵照。臣等伏查原奏虽系泛论官常，而于广东积习，尤为切中肯綮，当即分别认真考核，借资整饬。

兹查有捐纳道员罗上桢，先经到省差委，嗣赴部引见，于同治二年九月回省，旋因在福建本省汀州等处团练剿匪出力，由闽省保奏，奉上谕以道员留于广东尽先补用，并加盐运使衔。该员系廪贡出身，未经筮仕之前，在粤年久，熟悉贸易事宜。臣等量材器使，委赴潮州整饬厘务。讵该员措施乖方，不能服众，商民啧有烦言。臣等访闻，当饬惠潮道风安就近密查属实，即经撤令回省。该员以素所谙习之事，尚不能经理得宜，其他公务，安望其有所整饬。且察看该员举止轻浮，实不胜监司道员之任。惟前在本籍办匪，曾有微劳，应请旨以同知降补，归部铨选。

又捐纳知县吴庆凯一员，先经委署饶平县事，于同治二年十月抵任，本无政声。本年五月间查办汤、李等姓斗案，并不体察民情，率募该处仇乡壮丁驰往围捕，以致乡民不服，抗拒伤差，

---

①日期据中国第一历史档案馆藏“录副奏折”原件03-4612-170号同疏补。

若非署潮州府陈毓书亲督兵壮驻扎该乡，将主谋首恶监生汤其材、郑文泽等拿获革办，几至酿成巨案。似此荒谬糊涂，实属不堪造就，应请革职，以示惩儆。

又捐纳知县吕瑛一员，于同治二年五月委署长乐县事。该员性耽安逸，在任经年，于吏治全未谙习，未便因其尚无劣迹，稍涉迁就，应请降为府经县丞，留粤补用，以观后效。

臣等为整饬官方起见，是否有当，相应合词恭折奏请皇太后、皇上圣鉴训示。再，此外各项到省候补试用已届一年、堪以造就人员，容臣等督同藩、臬两司详细查察，另行加考奏报，合并陈明。谨奏。

粤省捐生第九次捐输军需练费请给实在官阶疏[①] 十月二十二日

奏为广东省同治三年七、八月份新捐军需练费，请给实在官阶，开列各捐生姓名、银数，恭折奏祈圣鉴事。

案准户部咨：议复署两广总督晏端书等奏粤东捐输团练经费，请仍照旧章给奖，并拟更正名目一折，内开：详查广东历届奏报捐案，均经声明军需动用所请作为捐输军需，尚属可行，应如所请办理。等因。同治二年八月十六日具奏，奉旨："依议。"钦此。又前任抚臣黄赞汤会同前署督臣晏奏广东捐输截至同治二年三月止，概归旧捐，随案声明报部。嗣后另归新案捐办。其捐实职之员，仍先填给藩司实收，经部议准后，再行填照，颁发换给。庶旧捐不致纷歧，而新捐可期踊跃。等因。同治二年七月十三日递

①辑自中国第一历史档案馆藏"录副奏折"03-4795-020号及清单03-4795-30号，系与两广总督毛鸿宾会衔。标题为编者拟。

回前折，后开议政王军机大臣奉旨："着照所请，该衙门知道，单并发。"钦此。又准部咨：议复江西巡抚沈葆桢奏案，声明道府州县各省捐局照旧收捐，以济饷需，而归画一。同治三年六月初十日奉旨："依议。"钦此。钦遵在案。

溯查广东捐输军需经费，请给实在官阶，历系遵照部行，援照筹饷新例减二成章程办理。所有同治二年八月初一日开办新捐起，至三年六月底止，报捐实在官阶，共捐银八万八千九百八十六两，先后八次奏请奖叙。兹第九次自三年七月初一日起，至八月底止，其共报捐实官十员名，捐输洋银一万七千四百九十两，均据上兑，充支军需经费，据在局司道等将所捐银数，按照现行筹饷减成新例及历届捐输成案，叙列官阶，造册详请奏奖前来。臣等复加查核，均属相符。合将捐生姓名、银数，缮具简明清单，恭呈御览，仰恳天恩俯准，饬部查照，分别奖叙，归于现行筹饷新例，一律选补。除将履历清册送部核办，听候缮发执照，来粤给领外，臣等谨合词恭折具奏，伏乞皇太后、皇上圣鉴训示。

再，此次捐生内有应补交监生四成实银及补捐免保举或题本上兑或在广东藩库补交，已于咨部册内分晰声叙，合并陈明。谨奏。

同治三年十二月二十二日，议政王军机大臣奉旨："该部核议具奏，单并发。"钦此。

清单

谨将广东省同治三年七、八月份新捐军需经费减成报捐实在官阶各官绅姓名、银数，开列简明清单，恭呈御览。

计开：

贡生徐颖，捐银二千三百七十九两，请以太常寺博士双月选用，并免保举加一级，给予父母及本身妻室从六品封典。

不论双单月选用教谕江有灿，捐银九百三十六两，请以中书科中书双月选用。

广东尽先补用知府粤闽南澳同知沙翊清，捐银四千九十两，请以道员不论双单月选用。再，据该员呈称，此次报捐道员已遵例另托亲友赴京铜局捐免离任，应请毋庸开缺。又，该员系举人出身，毋庸捐免保举。合并陈明。

知府衔南雄直隶州知州华廷杰，因亲子华煜、亲友程其琳二名，在广东省同治二年十月旧捐军需经费请给实官案内，各捐银一千七百二十八两，均请以盐大使选用，奉准户部咨，该员均应补交监生四成实银，并赴京铜局捐免保举后，再行核办。等因。兹据呈明：华煜、程其琳二名捐项共银三千四百五十六两，拟请移拨华廷杰名下请奖，今补捐银二千七百二十九两，连华煜、程其琳二名，部驳未准银数归例预算，请以道员不论双单月选用。再，据该员呈称，此次报捐道员已遵例另托亲友赴京铜局捐免离任，应请毋庸开缺。又，该员系进士出身，毋庸捐免保举。合并陈明。

同知衔广东补用知县方中，捐银一千五百五十九两，请以同知不论双单月选用。

广东分缺简用巡检阮承恩，捐银四千四百一十九两，请以知县不论双单月选用，并加同知升衔。

广东候补按察司经历杨绍曾，由广西临桂府司狱因防守出力，奏准给六品翎顶，以府经县丞补用，复保以应升之缺升用，同治元年十一月分在广西加捐按经历，分发广东试用，并免验看。奉准户部咨复，该员尚欠银九十五两，应令补交，再行照准。等因。兹据该员遵照补捐银九十五两，请仍以按察司经历不论双单月，分发广东补用，并免验看。

双月选用县丞丁启昆，捐银二百八十一两，请以县丞不论双单月选用。

监生蒋志承，捐银八百两，请以盐运司知事不论双单月选用。

监生黄钧，捐银二百零二两，请以从九品不论双单月选用。

以上通共官绅十员名，计收捐输洋银一万七千四百九十两。

议政王军机大臣奉旨："览。"钦此。

敬陈粤省琼州府等处八月上旬飓风暴雨并各属九月份雨水粮价情形疏[①] 十月二十二日

奏为敬陈九月份雨水、田禾、粮价及委员勘查各属被水情形，仰祈圣鉴事。

窃照广东省同治三年八月份雨水、田禾、粮价及广州府属之南海等县，惠州府属之归善等县，肇庆府属之高要县，会同委员勘复，各围被决基口并冲塌城垣，均经筹措修筑情〔形〕，经臣恭折奏闻在案。

兹查广东省城本年九月上、中、下三旬得有雨泽数次，晚禾结实，土膏滋润，园蔬杂粮亦皆秀结，粮价较上月稍减，民情安贴，省外各属禀报与省大略相同。陆续据增城、新安、永安、龙川、连平、海阳、潮〔州〕、惠来、澄海、四会、高明、嘉应、长乐等州县，会同委员查勘各属前月被决基口，悉由团总业户人等，筹资筑复，其冲塌城垣、衙署、监狱、仓廒，经各牧令次第修葺，

①辑自中国第一历史档案馆藏"录副奏折"原件 03-4961-668 号及清单 03-4961-669 号。标题为编者拟。

各属倒塌民房及永安、龙川二县淹弊男妇老幼数十口，亦经各该地方官妥为抚恤殓埋。前时淹浸田亩，水退之后，或补种晚禾，或赶种杂粮，不致成灾等情，禀复。

并据雷州府属之海康、遂溪等县，琼州府属之琼山、儋州各州县禀报，八月初八、初九、初十等日陡发飓风暴雨，琼山、儋州两邑兼值海水泛涨，以致民房、衙署、仓（敖）〔廒〕、人口均有倒塌、淹毙，田禾、杂粮皆有损伤，海康、遂溪两邑幸上年修筑堤工已及六七成，甚为坚固，是以田禾所损无多，村庄并无淹浸，均经各该州县分别筹费修葺、抚恤、殓埋，毋虞失所，堪以仰慰宸衷。

所有同治三年九月份雨水、田禾、粮价及委员勘复前月被水各属，及续报飓风、暴雨办理情形，臣谨恭折具奏，并缮粮价清单，敬呈御览，伏乞皇太后、皇上圣鉴。谨奏。

同治三年十二月二十二日，议政王军机大臣奉旨："知道了。"钦此。

清单

谨将广东省同治三年九月份各属米粮时价，分晰开列清单，恭呈御览。

广州府属，价中。上米每仓石价银二两三钱二分至二两九钱七分，较上月减一分。中米每仓石价银二两一钱二分至二两七钱八分，与上月相同。下米每仓石价银一两七钱七分至二两三钱八分，与上月相同。

韶州府属，价中。上米每仓石价银一两八钱三分至二两六钱九分，与上月相同。中米每仓石价银一两五钱四分至二两三钱三分，较上月减一分。下米每仓石价银一两一钱八分至一两九钱六分，与上月相同。

惠州府属，价中。上米每仓石价银二两一钱一分至二两八钱九分，与上月相同。中米每仓石价银一两八钱五分至二两六钱五分，较上月减一分。下米每仓石价银一两五钱八分至二两二钱八分，与上月相同。

潮州府属，价中。上米每仓石价银一两八钱五分至二两六钱七分，与上月相同。中米每仓石价银一两四钱三分至二两二钱七分，较上月减一分。下米每仓石价银一两一钱一分至一两九钱三分，与上月相同。

肇庆府属，价中。上米每仓石价银一两九钱三分至二两六钱八分，与上月相同。中米每仓石价银一两六钱一分至二两四钱五分，与上月相同。下米每仓石价银一两三钱至二两五分，较上月减一分。

高州府属，价中。上米每仓石价银一两二钱五分至一两四钱三分，较上月减一分。中米每仓石价银一两六分至一两二钱六分，与上月相同。下米每仓石价银九钱至一两九分，与上月相同。

雷州府属，价中。上米每仓石价银一两四钱七分至一两五钱九分，较上月减一分。中米每仓石价银一两二钱二分至一两三钱三分，与上月相同。下米每仓石价银一两至一两一钱二分，与上月相同。

廉州府属，价中。上米每仓石价银一两八钱五分至二两八分，与上月相同。中米每仓石价银一两四钱八分至一两七钱一分，较上月减一分。下米每仓石价银一两二钱七分至一两四钱六分，与上月相同。

琼州府属，价中。上米每仓石价银一两八钱三分至二两三钱五分，与上月相同。中米每仓石价银一两五钱至一两九钱五分，与上月相同。下米每仓石价银一两三钱至一两七钱七分，较上月减一分。

佛冈直隶厅，价中。上米每仓石价银一两八钱四分至二两四钱七分，与上月相同。中米每仓石价银一两五钱七分至二两二钱三分，较上月减一分。下米每仓石价银一两三钱三分至一两九钱四分，与上月相同。

绥瑶直隶厅，价中。上米每仓石价银二两二钱七分至二两四钱九分，与上月相同。中米每仓石价银一两九钱四分至二两一钱二分，较上月减一分。下米每仓石价银一两七钱八分至一两九钱五分，与上月相同。

罗定州属，价中。上米每仓石价银一两七钱四分至一两九钱一分，与上月相同。中米每仓石价银一两六钱三分至一两七钱七分，与上月相同。下米每仓石价银一两二钱二分至一两三钱四分，较上月减一分。

连州属，价中。上米每仓石价银二两二钱至二两四钱二分，与上月相同。中米每仓石价银二两三分至二两二钱一分，较上月减一分。下米每仓石价银一两七钱一分至一两八钱八分，与上月相同。

南雄州属，价中。上米每仓石价银二两二钱二分至二两四钱一分，较上月减一分。中米每仓石价银一两九钱八分至二两一钱二分，与上月相同。下米每仓石价银一两六钱四分至一两七钱七分，与上月相同。

嘉应州属，价中。上米每仓石价银二两一分至二两五钱八分，与上月相同。中米每仓石价银一两八钱四分至二两三钱九分，较上月减一分。下米每仓石价银一两四钱七分至二两一分，与上月相同。

议政王军机大臣奉旨："览。"钦此。

恭报粤省各属晚稻收成分数疏[1]十月二十二日

奏为恭报晚稻收成分数，仰祈圣鉴事。

窃照禾稻收成分数，例应具奏。兹广东已届晚稻刈获之期，据藩司李瀚章将各属收成分数，查明汇报前来。臣逐加查核，收成八分者，番禺、香山、新会、从化、花县、乐昌、定安等七县；收成七分有余者，龙门、曲江、广宁、电白、吴川、徐闻、文昌、乐会、佛冈等九厅县；收成七分者，清远、乳源、海丰、河源、普宁、德庆、寿川、茂名、石排、合浦、崖州、万州、东安、连州、阳山、兴宁、绥瑶等一十七厅州县；收成六分有馀者，新宁、翁源、英德、仁化、陆丰、长宁、丰顺、化州、信宜、钦州、灵山、澄迈、会同、罗定、西宁、南雄、始兴等一十七州县；收成六分者，南海、顺德、新安、增城、东莞、三水、归善、博罗、龙川、和平、连平、永安、海阳、潮阳、揭阳、惠来、澄海、南澳、高要、高明、开建、开平、四会、鹤山、海康、遂溪、琼山、临高、陵水、感恩、昌化、儋州、嘉应、长乐等二十四厅州县；收成五分者，大浦、饶平、阳江、阳春、新安、恩平、平远、镇平等八县。合计通省晚稻收成实共六分。至所有收成五分各属，或被匪扰害，或由土客斗争，现经饬行确催查，分别应否蠲缓，俟查复到日再行奏报。臣谨恭折具奏，伏乞皇太后、皇上圣鉴。谨奏。

同治三年十二月二十二日，议政王军机大臣奉旨："知道了。"

---

①辑自中国第一历史档案馆藏"录副奏折"03-4953-138号。标题系编者拟。

钦此。

奏报主试粤省武闱办理情形疏[1] 十月二十二日

奏为径陈主试武闱办理情形，并查得中式举人何子良一名，交卷时未经复验，嗣经补验，弓力相符，恭折具奏，仰祈圣鉴事。

窃照道光十三年十一月初九日内阁奉上谕：“直省考试武场，总以挽强命中为主，刀石自当并重，督抚学政有衡校之责，如果秉公考校，认真拓取，必有能开大号弓，堪登上选，以备干城之任。”等因。钦此。臣于考试武闱之日，恭绎圣训，博大精详，校阅骑射技艺，一奉以为圭臬。

查广东骑射，本属中等，而持矢审颜，凡与试者皆能习知其程式，而不必应弦命中，所讲求独在技勇，勇力他省所未有。其能挽十四力弓及运三百斤巨石置胸前、手引弦弓，而马步箭亦中至九枚以上者，臣皆列之上选，共约三四十人，马步箭均中，而技勇各分优劣，微以密证别之者取中较少，与历科办法微有不同，而武艺擅场，似以此科为最。至例定交卷时令提调、监试各官复验技勇，如全不相符，查系顶冒，照例治罪。等因。广东各场令式准入内场人数多至一千数百名，如人人复验，未免稽延时刻，是以历科就各生中择查双好堪以备中者二三百名，于进内场后先出草单，在场内粘贴，饬提调监试，遵例复验，其馀先行放出，以免拥挤。此次亦经查照办理外，复示谕同入内场诸生，凡有顶冒之人，准其互相举发，扣留查办，不准徇隐。迨至完场诘询，均系正子，并无举发顶替之人。即于当晚会同监临督臣毛鸿宾并

---

①辑自中国第一历史档案馆藏“录副奏折”原件03-4999-011号。标题系编者拟。

提调监试等官，填写正榜，张挂在案。

兹于出榜后，据提调臣郭祥瑞、监试臣袁泳锡面回，中式武举内有何子良一名，当时复验草单，漏未开列，应请饬传补验。等因。臣当即检查是日亲笔稿底，确有其名，何以粘贴草单歧误，当提誊写书吏诘讯，供系一时匆忙错漏，委无弊混别情。臣伏查中式由主试核定复验，由提调监试经理，彼此各不相谋，书吏漏写复验人名，据供并无弊混，尚非捏饰，经即将该书吏从宽责惩，一面饬传该武举何子良到署，会同监临督臣毛鸿宾及提调监试等官，公同复验，弓十四力，刀能舞花，石能齐胸，一一与原试相符，委系出色人材，并无顶冒情由。臣复查核验，该勇虽系提调监试之责，而粤东相沿摘录复验草单，系由主试亲定，此为臣所亲定草单底稿，书吏誊写错漏，臣未能当场查出，实属疏忽，虽于事体无关轻重，而于臣心实切悚惶，理合据实陈明，于臣遇事考求实际之意，亦稍借以自安。仰恳皇上天恩，将臣交部议处，不胜竦息待命之至。是否有当，伏乞皇太后、皇上圣鉴。谨奏。

同治三年十二月二十二日，议政王军机大臣奉旨。钦此。

粤省文闱乡试三场完竣
未经取中各老生循例汇奏疏[①] 十月二十二日

奏为老生三场完竣，未经取中，循例恭折奏祈圣鉴事。

案查科场条例，内开乡试三场完竣，未经中式老生士子由监临详查年岁，分别贡监生员合例者，于榜后开具清单，奏交礼部，以复核请旨，赏给举人副榜。又年老诸生前科业已恩赏副榜，此

---

①辑自中国第一历史档案馆藏“录副奏折”原件 03-4999-012 号及附件清单 03-4999-013 号。系与广东学政王澍会衔，标题系编者拟。

次应试仍在八十以上，礼部复奏时折内声明，毋庸加赏。又咸丰二年准礼部咨，各省办理老生录科时，将生员何年入学贡监，何年报捐应试，现年若干岁查明，于榜发后具奏，并造册送部复核，等因。均经饬行遵照在案。

今同治三年广东省举行甲子科文闱乡试文闱事竣，臣忝任监临，经将应试三场完竣未经中式年老诸生细加查核，内年例未符诸生均照例扣除外，查有九十以上者苏建仁、李文星二名，八十以上者张沿等十八名，臣调阅原卷，均各真草完全，文理明顺，复咨会学臣查明，该生等钦赐捐监、入学年分均属相符，兹据布政使李瀚章确查，详复前来。

臣伏维太和醞釀，海隅多耆艾之英；文治郅隆，岭表萃菁莪之秀。际升平之景运，庆寿考之作人。是以多士奋兴，皓首不忘励志；人文蔚起，厖眉尚切观光。试风簷则真草皆完，稽学册而例年悉合。洵属士林嘉瑞，直邀旷典荣施。

再，苏建仁、李文星二名，前由监生应咸丰十一年辛酉并补行戊午科本省乡试时，俱年八十以上，三场完竣，未经中式，其捐监均在十科以前，经前抚臣奉旨饬部议复，苏建仁赏给副榜，李文星行查咨复，尚未定案，今科均已年逾九旬，苏建仁应得再请恩施，李文星应归此次（查）办理造册，咨送礼部查核外，臣谨会同广东学政臣王澍恭折具奏，并将各老生姓名年岁，另缮清单，敬呈御览，伏乞皇太后、皇上圣鉴，敕部核复施行。谨奏。

同治三年十二月二十二日，议政王军机大臣奉旨：“礼部知道。单并发。”钦此。

清单

谨将广东省举行同治三年甲子科文闱乡试三场完竣，未经取中各老生姓名、年岁，开列清单，恭呈御览。

计开：

顺德县副贡生苏建仁，现年九十二岁，前应咸丰十一年辛酉科，并补行戊午科乡试，蒙钦赐副榜。

顺德县监生李文星，现年九十一岁，前应咸丰十一年辛酉科，并补行戊午科乡试，三场完竣，未经中式，奏请恩施。嗣准礼部行查咨复，尚未定案，应归本届查办。

东莞县学附生张沿，现年八十二岁；附生叶芸，现年八十一岁；岁贡生陈献琛现年八十岁。

增城县学附贡生伍福安，现年八十岁。

博罗县学附生邹步洙，现年八十岁；恩贡生曾拾魁，现年八十三岁。

长宁县学岁贡生潘成钧，现年八十一岁。

潮州府学附生姚锦福，现年八十岁。

大埔县学增生杨兆炯，现年八十一岁。

惠来县学附生曾铨章，现年八十七岁。

肇庆府学附生梁鸣鸾，现年八十一岁。

雷州府学附生刘跃云，现年八十一岁。

海康县学附生林云卿，现年八十一岁；附生陈德明，现年八十岁。

文昌县学附生史昇平，现年八十岁。

会同县学附生符兴馈，现年八十三岁。

万州学增生梁超泮，现年八十岁。

长乐县学附生钟巨灵，现年八十岁。

议政王军机大臣奉旨："览。"钦此。

复陈嘉应并未失守片会总督衔　十一月十三日①

再，正在缮折间，承准议政王军机大臣字寄，十月二十四日奉上谕："前据沈葆桢奏广东嘉应、大埔均已失守，毛鸿宾等何以并未奏报，着即将各该州县失守情形确实查奏，毋稍粉饰。"钦此。

臣等查江浙发逆经南雄击败后，退回江西，横窜平远、镇平，该县城旋失旋复，逆匪慑于兵威，遂由大埔遁入闽境。先后经臣等将详晰情形奏明在案。此起贼匪，由南雄扰及大埔，沿粤边境，所在堵截，未令侵入腹地。嘉应北距镇平、平远均约百里，东距大埔约二百里，非但未曾失守，即贼踪亦并未扰近州城。江西与粤为比邻，该省驻师数万人，并未一入粤境，会同截剿，是嘉应一城，在粤东为腹地，关系较重，而在江西则全无所交涉。沈葆桢虽属隔省，距嘉应亦不甚远，未知据何路禀报，代为粤中陈奏失守，而于贼踪之来去，城池相距之远近，并未一加考究，致烦圣心之廑念。近年来军务之坏，半由侦探失实，承讹踵谬而不知其误。往往先事张皇，临时反无所依据，其弊实由于此。

伏查贼匪由浙而江而粤而闽，虽伪孽伏诛，而悍逆李世贤等尚稽显戮。江西内无伏匪，外有杨岳斌、鲍超、刘典等各路劲旅星夜驰援，而各地方蹂躏之惨，与城池失守之多，均蒙圣恩不加谴责。粤东为发贼注意之区，外无援兵，内多伏莽，幸赖圣慈指授机宜，得以暂保完区，不致若江西之蹂躏腹地，原非初念所敢期及，然失守各县，无不随时参奏，何至专为嘉应一城，稍有讳

①日期据《毛尚书奏稿》卷十五同片补。

匿，自取罪戾？沈葆桢所奏嘉应失守一节，委系全无影响，臣等亦无所庸其粉饰。谨据实直陈，仰纾宸廑。

再，王文瑞、赵焕联两军本应钦遵谕旨，催令赴粤，惟粤境现尚粗安，兵勇尚敷分布，应请暂缓饬催，以免虚糜。合并陈明，伏乞圣鉴训示。谨奏。

审拟署理两广盐运使罗勋等被参侵冒盐款案疏[1]十一月二十二日

奏为审明革员罗勋、段喆各参款，分别拟结，恭折奏祈圣鉴事。

窃照前署两广盐运使候补道罗勋、候补知府段喆被参各款，先经前署督臣晏端书奉旨查办，复折奏参，钦奉上谕："前因署两广盐运使广东候补道罗勋、候补知府段喆，节次被参。等因。钦此。经前署督臣晏端书钦遵督饬藩、臬、运三司行提人卷核讯，查明罗勋原造咸丰七年份西埠奏销册款，系因拨厘抵饷，不候广西查复，辄即入册造报，捏混错误，先行复奏。奉旨：敕部议复更正，另册造销。"兹据查，罗勋动拨仓盐七万馀包，段喆运卖盐斤六万包，勒限追（剿）〔缴〕。等因。旋值晏端书卸事，臣等到任，复经饬司催提人证，严追查办。兹据藩司李瀚章、臬司李福泰、运司方濬颐会同军需、报销两总局司道查讯明确，究结拟详前来。臣等当经督同司道提讯。

缘罗勋于咸丰十年间署盐运使任内，因北江行盐埠地有陈四虎、陈金刚等匪聚踞滋扰，运道阻塞，各埠倾倒堪虞。前督臣劳

---

①辑自中国第一历史档案馆藏"录副奏折"原件03-4612-166号。系与两广总督毛鸿宾会衔，标题为编者拟。

崇光札委罗勋统带虎勇、桂勇前往剿办，军用浩繁。适咸丰十年四月内准户部议复广东军需动拨盐课之文，前督臣劳崇光即札饬罗勋筹拨盐课银十万两解供兵饷军需。其时商欠咸丰七年份盐课屡催未纳，运库无款可筹，勇粮待支孔亟，止有南仓存盐两项可以借动。一系嘉庆十三年咨准部复海艚回关，每盐一百包，抽存三包，备给旗滇土司之用；又道光十四年详定配剩馀盐作为常平盐，于海盐价贵时，借给埠商平粜，俟价贱补买补还仓，谓之公盐。一系缉获私盐，亦存南仓，俟变价，一半充赏，一半充公，谓之充公私盐。统名之曰仓盐。罗勋遂借拨仓盐七万一千六百三十包，内公盐六万二千三百九十八包，私盐九千二百三十二包，系发交商人李昌发等领运。因仓盐俱随时零星抽存，缉获盐质黯杂，日久卤耗，又值价贱，每包变价银八钱，共应收盐价银五万六千三百四两，并无溢出馀利。前项盐内有商人先缴到银四万四千五百四两，罗勋将三万五千四百八十二两凑同征收咸丰七年份盐课，共银十万两，移解藩库兵饷，经前藩司列入续收是年兵饷案内造报，尚馀银九千二十二两，罗勋借支军营犒赏，续据商人完缴盐价银一万二千八百两，仍照每盐一包价银八钱，由商人买补盐一万六千包还仓。其军营犒赏借支盐价，例不准销银九千二十二两，罗勋现已如数缴还军需总局，移解运库买补盐一万一千二百七十七包半还仓，欠凑解藩库兵饷之盐价银三万五千四百八十二两。原因商人欠纳咸丰七年份盐课，是以罗勋借盐变价垫解，今商人已将七年份盐课完纳，可即照数拨还，由现任运司饬商买补仓盐四万四千三百五十二包半，全行清款。饬提当日管理南仓官员吴孝锜等、埠商梁应泰、库书王光彤等到案，与罗勋质讯，各供无异。

惟查段喆运盐六万包，除去盐厘饷价等项，尚盈馀银五万馀两，何以罗勋借拨仓盐七万馀包，每包只变银八钱，仅收银五万七千馀两，竟无溢出馀羡，比较大觉悬殊，其中显有弊混，当即严行根究。据商人李昌发等供称：盐价随时长落，不同埠地，远近亦异。当日段喆系自招水客，远赴连阳埠地售卖，适遇连地价昂，故有馀利。罗勋在省就近发商变价，兼之仓盐黯杂，卤耗过多，又值省河盐贱，故每包仅值价八钱，委无溢出馀羡。且商人领卖仓盐，运本、饷厘等项，均归商自理，与官无涉，可以出结。等语。随据出具并无扶同捏饰甘结付卷。罗勋统带兵勇剿匪，所用军需由委员穆发、知县穆精阿经手支发过银五万一千八两一钱八分四厘，系提用盐课银五万两、乐柱埠饷课银一千两、罗勋自行垫发不敷银八两一钱七分四厘，由罗勋造册报销，经军需报销各总局、司、道严切稽核，悉与前案章程相符，当无侵冒。

至罗勋于咸丰十年四月间带勇赴北江剿匪，时有另案已结之陶昌培，在水枝花地方称系禀准设厂采收馀盐，接济广西军饷。罗勋因在北江军营与陶昌培隔离窎远，无从确查禁止，迨旋师后查知陶昌培并未禀准，即委员吴孝锜等将水枝花厂裁撤，并无徇纵。质之吴孝锜等，供亦靡异。又道光十八年间，因潮桥悬引，由司详奏，公捐归补，随改为公捐外用杂款，奉部复准有案。咸丰九年间，有署电茂场大使邓元钰、署博茂场大使杨鸣盛，因该场私枭未靖，官盐滞销，自愿照公捐杂款成案，各捐银五千两充作巡缉经费，禀经罗勋照案批准，邓元钰即捐缴银五千两，杨鸣盛先缴银二千两，罗勋均支作缉私经费。罗勋卸事后，杨鸣盛续缴银三千两，由后任运司收支经费，俱有案据，亦非委缺勒捐，藉端需索。提质邓元钰等坚供如一，复检查案卷符合。此罗勋被参各款，查讯明确之实情也。

至段喆于咸丰九年间署韶州府事，适值石达开各股匪窜扰乐昌县等处，段喆管带兵勇，将匪剿散，旋因另股贼匪滋扰四会、清远、三水各县及英德、兰山等处，段喆又添募桂勇往来剿办，每月兵勇口粮经费共需银二万三千馀两，因军需总局军饷匮竭，未能按数给领，段喆辄禀请拨盐运销充饷，经前运司详请拨给仓盐一万包、悬引盐五万包，运赴连阳埠地销售。原议仓盐仍应缴等价及悬引盐照例充饷，并照纳盐厘，又由运库先行给运本银一万两。段喆领银回营，就将运本银两挪给勇粮，并将拨给仓盐、引盐，招集水客运埠行销，共收盐价银二十万五千九百六十二两九钱四分，除还给水客运脚等项银八万四百二十两一分二厘，并除解过江口盐厘银二千两外，尚应缴仓盐价银七千两，运库悬引饷价银四万九千三百二十九两三钱，江口盐厘银一万两，连溢出盐价，馀盈银五万七千一百七十三两六钱二分八厘，段喆全行支给兵勇薪粮无存。合之先经领过总局发给银十七万七千两，署运司罗勋转发银二万五千两，韶州分局给领银三千两，收过连阳埠商户同发、沈泰来等捐助勇粮银四千二百两，另自行垫支银九千三百五十馀两，共册报自咸丰十年二月起，至十一年九月止，支销军需银三十五万二千六十两二钱二分六厘。现经军需报销两总局按照章程，禀案逐细勾稽，核准开销银三十四万二千七百二两九钱二分八厘，将段喆自行垫支银九千三百五十馀两删除，不准补给，其借用运本银一万两，仓盐价银七千两，运库引饷价银四万九千三百二十九两三分，江口盐厘银五万两，禀经前督抚臣批准有案，即在准销军需项内分别划还清款，所运盐包价值及收支各数，经司局吊齐各埠报单底簿并禀案卷册，详细复核，均历历可稽，尚非朦混取巧，亦无牟利分肥实据。此段喆被参各款查证明确之实情也。

又原参罗勋奢侈轻浮，贪鄙性成，同僚不齿，营私误公，及段喆行同市侩，有玷官常各情，屡饬司道严切查究，均无实迹可指。复经臣等密加访察，佥言罗勋、段喆均属不羁之才，皆因年少气盛，任事过锐，于危言危行之道，殊少理会，致与同官多所牴牾，原委殆由于此。

臣等反复研求，断不敢稍涉徇容，亦不敢少为迁就。案无遁饰，应即拟结。查吏部则例，内开：道府因紧急军需不报明督抚，挪用存留钱粮者免议；又司道应造钱粮文册、不分晰明白者，降一级留任；又事应申上而不申上者，笞四十，公罪罚俸六个月，私罪罚俸九个月；又经征钱粮未完，司道捏作全完者，革职。等语。此案已革前署两广盐运使候补道记名运使罗勋，奉札筹拨兵饷军需，借动仓盐七万馀包，发商变价充饷，虽未报明，究为军需紧急起见，且存留仓盐亦非解部钱粮可比，现已将借动仓盐全数归补有着，前将盐价实收实解，并无溢出馀利，委无侵隐，应免返缴。至罗勋带勇剿匪，于陶昌培设厂办盐，因隔远未及查禁，迨查明即饬裁撤，有委员吴孝锜可证，尚非徇纵。场员邓元钰、杨鸣盛援案捐资缉私，照案核准，亦非委缺勒捐、藉图需索。其筹饷借动仓盐未收，作何归补，先行详咨，系属应申不申例，止罚俸。惟办理咸丰七年西埠奏销，将厘抵饷，不待广西查处辄入册报，又不将抵解缘由分晰声叙，实属轇轕错误，谨援照司道应造钱粮文册不分晰清白，降级留任处分声请拟结，尚觉过轻，应请从重革职示惩，业经革职，应毋庸议。

已革候补知府补用道段喆，带勇剿匪，因欠发军饷，禀请拨盐转招水客运销，查无自行贩运及牟利分肥实据，借用引饷、运本、盐价、盐厘等银，禀准支给勇粮在案，与擅自扣抵、朦混取巧者不同，所支军需细数已造册报销清款，并免返缴。惟以道府大员带勇剿匪，不静候筹给军粮，辄请拨配盐包，招集水客辗转营运，较及锱铢，殊乖职守。虽事出因公禀准有案，究属办理牵误，咎无可辞，拟请照溺职例革职示惩，业经革职，亦无庸议。

陶昌培已另案正法，邓元钰、杨鸣盛自愿捐银缉私，讯无别项情弊。卢同发、沈泰来等捐助勇粮，疏通运道，声明不请奖叙，均毋庸议。

所有案内核准支销军需各项，由报销局、司道汇案核实开销，其场员捐过外用杂款及支用各数，由运司归案详咨，无干省释，未到人证，并免提讯，以省拖累。除备录全案供招咨部外，臣等谨合词恭折具奏，伏乞皇太后、皇上圣鉴，敕部核发施行。谨奏。

同治三年十二月二十二日，议政王军机大臣奉旨："该部知道。"钦此。

设法抚恤被淹被扰各州县疏会总督衔 十一月二十五日[①]

奏为遵旨查明广东省同治三年被淹、被扰各州县，均经登时派员查勘，设法抚恤，来春无须接济，恭折复奏，仰祈圣鉴事。

窃臣等于同治三年十月二十九日承准议政王军机大臣字寄，十月初三日钦奉上谕："本年广东惠州等属江潦盛涨，嘉应等州县被水，南海等县围基冲缺，均经该督抚等奏明委员查勘堵筑，并酌予赈济抚恤，即着迅速办理，并将来春应否接济之处一并查明，于封印前奏到，此外被贼扰害地方应行调剂抚恤之处，着一并查奏，候朕施恩。"等因。钦此。仰见圣主轸念民依，有加无已之至意，当经行司转饬钦遵，确查详办。

①日期据中国第一历史档案馆藏"录副奏折"同疏原件03-4956-005号补。

兹据布政使李瀚章详称：查得夏秋间雨水较多，东、西、北三江水势陡涨，宣泄不及，广州府属南海、三水、顺德、东莞、新安等县，惠州府属连平、龙川、归善、博罗、永安等州县，潮州府属海阳、潮阳、惠来、澄海等县，肇庆府属高要、四会、高明等县，嘉应州暨所属长乐县，陆续禀报围基、城垣被水冲决坍塌；雷州府属海康、遂溪二县，琼州府属儋州、琼山二州县，禀报飓风疾雨，海水涨发。先后饬据委员会同该州县勘得：南海县被决巾子等十四围；三水县被决沙头等五围，漫溢石版等十七围；顺德县潮田尽被淹浸；东莞县漫溢衢岸，深至数尺；增城县堤基间被冲塌；博罗县四乡基壆间有冲坍；龙川县冲塌民房，伤毙人口；永安县、连平州沿河田亩砂压水冲；海阳县东津等堤段多被冲决；惠来县围基堤岸倾倒多处；澄海县横陇等堤被决十馀处；高要县被决赤顶等七围；四会县被决白鹤、黄冈等围，漫溢墩头等二围；高明县被决大沙等七围；而新安、归善、潮阳、惠来、澄海、嘉应、长乐城垣均有坍卸。经该委员牧令会同次第履勘，所幸水退迅速，田亩均已涸出，各围基、城垣亦已次第修葺，其伤毙人口及被水贫民，均经饬令该州县妥为抚恤，不致失所。至海康、遂溪、琼山、儋州等处被风，衙署、民房、人口均有倒塌淹毙，亦已筹费修葺，抚恤殓埋。其被江西窜匪及本省客匪窜扰之南雄、嘉应两直隶州，连平、和平、龙川、长宁、兴宁、鹤山、开平等州县，受累尚轻，晚禾亦有六分收成，民力尚不至拮据。惟潮州府属之大埔、饶平，嘉应州属之平远、镇平，肇庆府属之阳江、阳春、新兴、恩平等县，被扰较重，小民或至失业，晚禾收成歉薄，亦经该管地方官随时周恤。等情详复前来。

臣等复查本年夏秋间雨水过多，各属围基冲决，既据委员勘复，已饬令业户自行修复，尚无荡析流离之惨。现在粮价平减，民情安谧，来春可无须接济。惟发逆、客匪窜扰较甚之处，农民失时废业，催科不免减色，容俟奏销出册时，察看情形，应否分别缓蠲，再行酌核办理。

所有查明被淹、被扰各州县来春无须接济缘由，臣等谨合词恭折复奏，伏乞皇太后、皇上圣鉴训示。谨奏。

粤东绅士捐助军饷请分别奖叙疏 会总督衔　十一月二十五日①

奏为粤东劝捐本省军饷，第一次请给实官、封典、职衔、加级，开列各捐生姓名、员数、银数，请给奖叙，恭折奏祈圣鉴事。

窃照前署督臣晏端书会同前抚臣黄赞汤具奏粤东用兵缺饷，请派绅士劝捐，以济急需一折，于同治二年五月二十九日准议政王军机大臣字寄，同治二年五月初八日奉上谕："晏端书、黄赞汤奏粤省缺饷拟办劝捐一折，本省军饷既经访有绅士龙元僖等劝办捐输，以资接济，着即责成该绅士等秉公核实，妥为办理，总期有裨军食，无病民生，方为妥善，断不准有不肖绅士混迹其中，把持侵渔及借端扰害等情，致干重咎。"等因。钦此。当经前督抚臣钦遵，转饬各绅函致各州县绅士分投劝办。

臣等抵任，查悉广东之富，在商而不在农，历来捐资，多由地亩摊派，累及平民而宽于富户。近当京米捐输之后，农民日益艰难，未便再踵前辙。当即更定章程，访察的实殷富之家，派委干员，会同绅士指名劝谕捐输。行之数月，办理稍得要领。本年八月复奏广东大概情形折内，业经切实附陈在案。

---

①日期据中国第一历史档案馆藏"录副奏折"03-4797-026号同疏补，所附清单系辑自"录副奏折"原件03-4797-027号。

兹查同治二年冬季以后，按季奏报军需，除欠饷抵捐外，所收捐项，半出贸易行户，半由此项捐输。在军需局收捐，虽不必多分银款，而奏请奖叙，自应各归各办，以清眉目。据捐局将同治三年五、六、七等三个月捐生请奖姓名，开列请奏前来。臣等伏查此项捐输，先经奏明援照筹饷新例及见行常例并减成章程，随时专案奏请奖叙。各捐生自同治二年冬季缴捐起，至三年五月方始陆续开具履历到局请奖。计五、六、七等三个月，请奖实官、升衔、封职、加级等项，填给藩库实收者二百八十一员名，计银六万七千三百五十九两；报捐封典职衔，填给空白部照者五十九员名，计银一万一千一百六十八两。合计捐生三百四十员名，共请奖银七万八千五百二十七两。照依咨准部复，每百两提支劝捐绅士夫马薪水银一两，共提支银七百八十五两二钱七分，尚馀银七万七千七百四十一两七钱三分，均据缴局，尽数充支本省军饷之用。自应分别给奖，以昭激劝。臣等督饬在局司道，逐一查明各捐生捐输银数及所请奖叙，按照例案逐加考核，均属相符。理合将捐生姓名、银数，缮具简明清单，恭呈御览，仰恳天恩俯准，饬部分别奖叙。其报捐实官各员，并准归于现行筹饷新例，按班选补。

除将各捐生照根及副实收并履历清册送部核办，听候缮发执照来粤给领外，臣等谨合词恭折具奏，伏乞皇太后、皇上圣鉴训示。谨奏。

清单

谨将广东劝捐本省军饷，遵照本省现办各案捐输减成银数，自同治三年五月请奖起，至七月底止，第一次请给实在官阶、封典、职衔各捐生姓名、银数，开列清单，恭呈御览。

计开：

同知衔伍廷枢，捐银四千二百二十九两，请以治中双月选用，并加三级，给予祖父母、父母及本身妻室从三品封典。

未拣选举人吴应扬，捐银一千七百四十三两，请以内阁中书不论双单月选用。

监生王之焕，捐银五百六十二两，请以府经历双月选用。

监生周树榆，捐银一百零一两，请以从九品双月选用。

双月选用詹事府主簿何应骥，捐银四百九十二两，请加四级，给予父母从五品封典，将本身妻室应得封典貤封兄嫂。

候委教谕邓铭恩，捐银八百九十九两，请加光禄寺署正升衔。

同知衔广东乐昌县知县叶金，捐银五百零四两，请由知县加随带二级。

布政司理问衔刘耀南，捐银一千三百六十两，请给予同知职衔。

州同衔杨常春、布政司理问衔刘升元，各捐银一千六百八十两，请给同知职衔，并给予父母正五品封典，将本身妻室应得封典貤封祖父母。

从九品衔监生陈树荣，捐银一百七十六两，请给予布政司理问职衔。

州同衔陈振绪、布政司理问衔张文鸿，各捐银二百四十两，请给予父母从六品封典，将本身妻室应得封典貤封祖父母。

从九品衔吴运章，捐银一百四十四两，请给予按察司照磨职衔。

从九品衔冯钟进，捐银一百四十四两，请给予县主簿职衔。

未入流衔刘宗科、李耀廷，各捐银八十两，请给予父母从九品封典。

监生吴达智，捐银二千五百六十两，请给员外郎职衔。

监生刘如洪，捐银九百六十两，请给光禄寺署正职衔，并给予父母及本身妻室从六品封典。

监生彭廷杰、周谨权、关献璠、彭文辉，各捐银七百二十两，请给予光禄寺署正职衔。

监生朱文显，捐银六百两，请给予太常寺博士职衔。

贡生朱文嵩，捐银六百两，请给予通政司经历职衔。

监生林资敏、李天澍、梁锡畴、梁锡谦，各捐银五百二十两，请给予中书科中书职衔。

监生张远馨，捐银四百四十八两，请给翰林院待诏职衔，并给予父母从九品封典。

监生刘思曾、叶乃沃、苏深源、曾汝梅、曾锡珠、冯锡田、潘赞襄、易在坤、罗观澜、游云光，各捐银二百八十八两，请给予翰林院待诏职衔。

监生罗庭藻，捐银三千四百零五两，请给予知府职衔。

监生陈运登，捐银一千六百两，请给予同知职衔。

监生郑汝良，捐银九百六十两，请给布政司经历职衔，并给予父母从六品封典，将本身妻室应得封典貤封祖父母，另请给予曾祖父母从九品封典。

监生杨梦熊、刘承翰、程坤，各捐银二百四十两，请给予布政司经历职衔。

监生陈耀璋，捐银四百八十两，请给布政司理问职衔，并给予父母从九品封典，将本身妻室应得封典貤封祖父母。

监生吴集同，捐银四百八十两，请给布政司理问职衔，并给予父母及本身妻室从六品封典。

监生王奇珍、刘耀南、洪应锟、陈日襄、卢纯懋、朱耀芳、萧廷章、何景常，各捐银二百四十两，请给予布政司理问职衔。

监生蔡琼林，捐银一千三百六十两，请给州同职衔，并加二级，给予父母从五品封典，将本身妻室应得封典貤封祖父母。

监生沈嘉猷、李炳阳、廖茂华、王全吉，各捐银四百八十两，请给州同职衔，并给予父母从六品封典，将本身妻室应得封典貤封祖父母。

监生何锡光，捐银四百八十两，请给州同职衔，并给予父母从六品封典，将本身妻室应得封典貤封胞兄嫂。

监生杨焕新、朱蔚扬、朱士英、张华勋、罗重昭、钟龙文、陈景哲、袁钦立、周明文、郑迎陛、洪应垚、许家淑、陈景星、龙恩普、罗福胜、刘守禄、王国祥、张政熙，各捐银二百四十两，请给予州同职衔。

监生李佐勋，捐银四百四十两，请给予按察司经历职衔，并给予父母正七品封典，将本身妻室应得封典貤封祖父母。

监生林资慎，捐银二百两，请给予按察司经历职衔。

监生苏连元，捐银一百六十两，请给予按察司知事职衔。

监生陈秉铨、刘宗业，各捐银一百六十两，请给予府经历职衔。

监生刑志洁、梁杰、刘宗杰、李耀宗、林资明、郑彝英、胡炳亨，各捐银一百六十两，请给予县丞职衔。

监生陈九卿，捐银九十六两，请给予按察司照磨职衔。

监生湛福胜、林资哲，各捐银九十两，请给予府知事职衔。

俊秀许秩章、张惠超，各捐银二百二十四两，请给予从九品职衔，并给予父母从九品封典。

俊秀陈瑞初、李玉鸣、林观光、温沼游、曾太元、辛大耀、陈应甲、钟千达、杨睿章、张聘徵、李定邦、周洪勋、刘龙化、戴升云、王献璋、吴景衡、方有德，各捐银一百四十四两，请给未入流职衔，并给予父母从九品封典。

俊秀万位端、严琼均、卢包芑、何铨宝、莫煜垣、区有猷、戴廷瑞、邱鉴聪、郑启元、邱联业、张景龙、许其章、顾汝瑞、游成烈、王启仰、王启文、张声祖、陈琼辉、曾拔昭、曾宪琮、曾宪珊、叶萃杞、谢兆墉、孙焕亨、陈绳名、李端国、黄阁叠、房肇勋、刘荣河、林松年、谢廷扬、谢钦扬、梁懋倬、梁懋修、吴锦照、彭元兴、彭毓财、刘瑞鸾、刘元选、杨圣冠、温永亮、刘焕章、劳锦春、吕仁彰、何永佳、梁凤邦、梁凤翱、许照通、冯钟进、李恒魁、王业精、黎大溪、吴允芬、林炳峰、王业明、王衍裔、孔继良、郑辉义、韩鹦、韩叠、周廷玉、周缵煌、林日新、范棠三、陈日进、蔡进熙、黄振琮、韩云翚、刑天爵、邝成学、何联榜、詹振玙、符廷伯、赵汉光、黎德琼、区厚宽、罗抡才、梁献廷、曾奇德、邓玉贤、李芬芳、黄志福、李明绍、温纶宣、范学海、谢焕文、叶清松、古国华、曾镗、林茂兰、廖继绳、李绳高、陈月彩、黄翰焘、谢麟锦、胡国斌、李云霄、刘文林、何清英、巫寿康、巫亦俊、刘奉扬、刘言扬、刘履亨、刘名扬、李湘、潘炽堂、何海明、李森、吴志光、冯华清、蔡德兰、陈召清、区有孚、张荣光、陈龙康、陈汝弼、陈嘉扬、洪瑛堂、马其清、李学仁、张献华、许荣光、张廷庆、刘受熙、李炳勋、江孔安、冯绍通、张锦荣、詹修岳、钟建安、游金台、陈熙南、黄家隆、华香，各捐银六十四两，请给予从九品职衔。

俊秀彭鸿光，捐银六十四两，请给予未入流职衔。

布政司理问衔刘郁兰，捐银八十两，请给予守御所千总职衔。

监生谭昭槐，捐银一千三百九十二两，请给都司职衔，并给予父母正四品封典，将本身妻室应得封典貤封祖父母。

监生卢英图，武监生谢廷猷、陈汝科，各捐银七百二十两，请给予都司职衔。

监生江原本、陈汝能，各捐银三百二十两，请给予守御所千总职衔。

武监生王福贻，监生卢锦廷、吴翰平、易在谋、翟名骥，武生钟占魁，各捐银二百两，请给予卫千总职衔。

监生黄发亮、涂瑞，武生陈飞扬，监生连鸿标、吴乾宝，武生陈维邦，监生陈汝梅、严善敘、陈日彬、陈秋翎、张荣封、陈仲臣、吴佐廷，各捐银一百六十八两，请给予营千总职衔。

武监生陈廷秩、武生何朝标、监生王以信、武生陈浩贵，各捐银九十六两，请给予把总职衔。

俊秀张其琨，捐银一百八十四两，请给予把总职衔。

以上捐生二百八十一员名，计收捐输洋银六万七千三百五十九两。此项捐生系填给司印实收，应请照案核填执照，发粤转给衹领，理合注明。

双月选用郎中伍廷诏，捐银四十两，请赏戴花翎。

双月选用布政司理问潘凤仪，捐银三百六十两，请给予曾祖父母从六品封典。

未入流衔高锡三，捐银一百六十两，请给予本身妻室从九品封典。

未入流衔罗中理、罗咏，各捐银八十两，请给予父母从九品封典。

监生叶镜新，捐银五百二十两，请给予中书科中书职衔。

监生陈时南，捐银二百八十八两，请给予翰林院待诏职衔。

监生张耀海，捐银一千六百两，请给予同知职衔。

监生何礼儒、苏文班，各捐银二百四十两，请给予州同职衔。

俊秀吴国勋、刘大成、温其柱、刘璋、李开祥、李开瑞、傅琼华、陈苑香、刘明初、邓崇基、邓承恩、方麟书、方郁安、郑兴基、郑兴林、何储均、邓绍凤、邓炳辰、许春奇、江祥余、龙飞、梁耀珩、关森、胡应阳、邝达泉、陈德镇、陈光朝、李遇京、岑毓元、张嘉猷、吴定一、梁定荣、程遵道、李国华、何瑞光、吕瑞麒、林鸣熙、刘彩光、刁鹏耀、李名扬、黄奇位、李培元、李天庆、李第参，各捐银六十四两，请给予从九品职衔。

俊秀罗中理、罗咏，各捐银六十四两，请给予未入流职衔。

监生吴森荣，捐银三百二十两，请给予守御所千总职守。

武生庞持千、监生陈上章，各捐银一百六十八两，请给予营千总职衔。

以上捐生五十九员名，计收捐输洋银一万一千一百六十八两。此项捐生均系填给奉颁空白执照，遵将截出照根随案缴销，理合注明。

统共捐生三百四十员名，计收捐输洋银七万八千五百二十七两。

议政王军机大臣奉旨："览。"钦此。

粤省遵照新章委署长乐县知县等各员疏[①] 十一月二十五日

奏为遵照新定章程，按三个月将广东省委署州县各缺，恭折奏报，仰祈圣鉴事。

窃照接准吏部咨，咸丰十一年十一月二十三日奉上谕："给事中高延福奏各省更调州县，请饬部严定章程。"等因。钦此。当经钦遵办理在案。

①辑自中国第一历史档案馆藏"录副奏折"原件03-4613-127号。系与两广总督毛鸿宾会衔。标题系编者拟。

兹据布政司李瀚章详称：同治三年夏季份陆续出有署长乐县知县吕瑛调省，遗缺以试用知县梁资源署理。又，署阳山县知县王锡诰调省，遗缺以即用知县胡鉴署理。又，代理信宜县知县张秉彝调取引见，遗缺以候补知县黎正春署理。又，署澄海县知县孔昭浃闻讣丁母忧，遗缺以署潮州府通判事分缺先用通判陈善圻兼署。又，署万州知州方观海丁父忧，遗缺以准升儋州知州李学宰署理。又，署归善县知县完继美撤参，遗缺以即用知县刘光远署理。均无违例更调情弊，遵照新定章程，按三个月详候查核具奏。等情前来。臣等复查无异，谨恭折具奏，伏乞皇太后、皇上圣鉴。谨奏。

同治四年二月十五日，议政王军机大臣奉旨："吏部知道。"钦此。

粤省捐生第十次捐输军需练费请给实在官阶疏[1] 十一月二十五日

奏为广东省同治三年九、十月份新捐军需练费，请给实在官阶，开列各捐生姓名、捐数，恭折奏闻，仰祈圣鉴事。

窃准户部咨，议复署两广总督晏端书等奏粤东捐输团练经费，请仍照旧章给奖，并拟更正名目一折，内开：详查广东历届奏报捐案，均经声明军需动用所请作为捐输军需，尚属可行，应如所请办理。等因。同治二年八月十六日具奏，奉旨："依议。"钦此。又，前任抚臣黄赞汤会同前署督臣晏端书，奏广东捐输截至同治二年三月止，概归旧捐，随案声明报部，嗣后另归新案捐办。其

①辑自中国第一历史档案馆藏"录副奏折"原件03-4797-028号及附件清单03-4797-029号。系与两广总督毛鸿宾会衔。标题系编者拟。

捐实职之员，仍先填给藩司实收，经部议准后，再行填照颁发换给，庶旧捐不致纷歧，而新捐可期踊跃。等因。同治二年七月十三日递回前折，后开议政王军机大臣奉旨：“着照所请，该衙门知道，单并发。”钦此。又准部咨，议复江西巡抚沈葆桢奏案，声明道府州县各省捐局照旧收捐，以济饷需而归画一。同治三年六月初十日奉旨：“依议。”钦此。钦遵在案。

溯查广东捐输军需经费请给实在官阶，历系遵照部行，援照筹饷新例减二成章程办理。所有同治二年八月初一日开办新捐起，至三年八月底止，报捐实在官阶，共银一十万零六千四百七十六两，先后九次奏请奖叙。兹第十次自三年九月初一日起，至十月底止，共报捐实官一十二员名，捐输洋银一万六千五百五十二两，均据上兑充支军需经费，据在局司道等将所捐银数按照现行筹饷减成新例及历届捐输成案，叙列官阶造册，详请奏奖前来。臣等复加查核，均属相符。合将捐生姓名、银数，缮具简明清单，恭呈御览，仰恳天恩俯准，饬部查照，分别奖叙，归于现行筹饷新例，一律选补。除将履历清册送部核办，听候缮发执照，来粤给领外，臣等谨合词恭折具奏，伏乞皇太后、皇上圣鉴训示。

再，此次捐生内有应补交监生四成空银及捐免保举，均赴京补交，已于咨部册内分晰声叙，合并陈明。谨奏。

同治四年二月十五日，议政王军机大臣奉旨：“户部核议具奏，单并发。”钦此。

清单

谨将广东省同治三年九、十月份新捐军需经费减成报捐实在官阶各官绅姓名、银数，开列简明清单，恭呈御览。

计开：

双月选用郎中麦道平，捐银一千三百八十三两，请仍以郎中不论双单月选用。

工部主事光照，捐银二千四百五两，请以员外郎不论双单月选用。

分发广东新班本班尽先前补用从九品张芝田，捐银一千八百四两，请以盐大使归部选用。

监生谢棣芳，捐银一千五百九十二两，请以布政司经历不论双单月选用。

从九品衔监生伍绍沅，捐银二千九十三两，请以布政司经历双月选用，并加五级，给予父母及本身妻室正四品封典。

双月选用府经历俞联，捐银七百三十五两，请以布政司理问双月选用。

福建候补布都事喻蕃昌，捐银七百二十八两，请以按察司经历不论双单月选用。

监生彭耀棠，捐银八百四十三两，请以县丞不论双单月选用。

监生欧昌明，捐银一百一两，请以从九品双月选用。

武举刘清喆，捐银二千五百九十二两，请以营守备双月选用，加都司升衔，并给父母正四品封典，将本身妻室应得封典貤封祖父母。

拣选二等武举朱辉煌，捐银二千三十一两，请以营守备双月即用，并加都司升衔。

武生容森，捐银二百四十五两，请以把总分发本省拔补。

通共官绅一十二员名，计收捐输洋银一万六千五百五十二两。

议政王军机大臣奉旨："览。"钦此。

试用知府严家畴处事精详期满堪以繁缺补用疏[①]十一月二十五日

奏为捐纳知府试用一年期满，察看才具，堪以留省补用，恭折奏祈圣鉴事。

窃查定例，捐纳道府循例分发试用，一年期满后，该督抚察看才具，分别堪胜繁简，专折具奏，照例题补；其有才具平常即严行甄别。等因。

兹查试用知府严家畴，年四十四岁，江苏吴县人，由荫生考试二等，以通判归部铨选。遵筹饷事例，报捐主事，分部学习。咸丰八年八月，签掣兵部分武选司行走，复在京铜局报捐知府，指发广东。同治元年十一月十六日带领引见，奉旨："着照例发往。"钦此。二年十月十二日到省。自到省之日起，计至三年十月十二日，试用一年期满。据藩司李瀚章察看该员年裕力强，老成持重，具详请奏前来。臣等复查该员严家畴明慎精细，处事周详，堪胜繁缺知府之任。相应据实奏闻。俟本省选缺知府有告病等项缺出，照例请补。臣等谨合词恭折具奏，伏乞皇太后、皇上圣鉴训示。谨奏。

同治四年二月十五日，议政王军机大臣奉旨："吏部知道。"钦此。

---

①辑自中国第一历史档案馆藏"录副奏折"原件03-4613-122号。系与两广总督毛鸿宾会衔，标题系编者拟。

敬陈粤省同治三年十月份雨泽粮价情形疏[①]十一月二十五日

奏为敬陈十月份雨水、田禾、粮价情形，仰祈圣鉴事。

窃照广东省同治三年九月份雨（份）〔水〕、田禾、粮价及委员勘复前月被水各属续报飓风、暴雨办理情形，经臣恭折奏闻在案。

兹查广东省城本年十月中旬得有微雨，上下二旬晴霁，晚禾收获已毕，二麦秀发，园蔬杂粮亦皆畅茂，省外各属禀报与省城大略相同，粮价较上月稍减，民情静谧，堪以仰慰圣怀。时值冬腊水涸，农工馀暇，各属围基堤岸亟须乘时培筑，以防春潦。本年六、七月间被水冲坍各基旋经各业户及时修筑，臣仍严饬沿河地方官再行周历查勘。凡有低薄浮松处所，督饬业户培筑高厚坚固，俾资保护。

所有同治三年十月份雨水、田禾、粮价、围基情形，臣谨恭折具奏，并缮粮价清单，敬呈御览，伏乞皇太后、皇上圣鉴。谨奏。

同治四年二月十五日，议政王军机大臣奉旨："知道了。"钦此。

清单

谨将广东省同治三年十月份各属米粮时价，分晰开列清单，恭呈御览。

广州府属，价中。上米每仓石价银二两三钱二分至二两九钱

①辑自中国第一历史档案馆藏"录副奏折"原件03-4961-724号及附件清单03-4961-725号。标题系编者拟。

七分，与上月相同。中米每仓石价银二两一钱二分至二两七钱八分，与上月相同。下米每仓石价银一两七钱六分至二两三钱七分，较上月减一分。

韶州府属，价中。上米每仓石价银一两八钱三分至二两六钱九分，与上月相同。中米每仓石价银一两五钱四分至二两三钱三分，与上月相同。下米每仓石价银一两一钱七分至一两九钱五分，较上月减一分。

惠州府属，价中。上米每仓石价银二两一钱至二两八钱八分，较上月减一分。中米每仓石价银一两八钱五分至二两六钱五分，与上月相同。下米每仓石价银一两五钱八分至二两二钱八分，与上月相同。

潮州府属，价中。上米每仓石价银一两八钱五分至二两六钱七分，与上月相同。中米每仓石价银一两四钱三分至二两二钱七分，与上月相同。下米每仓石价银一两一钱至一两九钱二分，较上月减一分。

肇庆府属，价中。上米每仓石价银一两九钱二分至二两六钱七分，较上月减一分。中米每仓石价银一两六钱一分至二两四钱五分，与上月相同。下米每仓石价银一两三钱至二两五分，与上月相同。

高州府属，价中。上米每仓石价银一两二钱五分至一两四钱三分，与上月相同。中米每仓石价银一两五分至一两二钱五分，较上月减一分。下米每仓石价银九钱至一两九分，与上月相同。

雷州府属，价中。上米每仓石价银一两四钱七分至一两五钱九分，与上月相同。中米每仓石价银一两二钱一分至一两三钱二分，较上月减一分。下米每仓石价银一两至一两一钱二分，与上月相同。

广州府属，价中。上米每仓石价银一两八钱五分至二两八分，与上月相同。中米每仓石价银一两四钱八分至一两七钱一分，与上月相同。下米每仓石价银一两二钱六分至一两四钱五分，较上月减一分。

琼州府属，价中。上米每仓石价银一两八钱三分至二两三钱五分，与上月相同。中米每仓石价银一两四钱九分至一两九钱四分，较上月减一分。下米每仓石价银一两三钱至一两七钱七分，与上月相同。

佛冈直隶厅，价中。上米每仓石价银一两八钱四分至二两四钱七分，与上月相同。中米每仓石价银一两五钱七分至二两二钱三分，与上月相同。下米每仓石价银一两三钱二分至一两九钱三分，较上月减一分。

绥瑶直隶厅，价中。上米每仓石价银二两二钱七分至二两四钱九分，与上月相同。中米每仓石价银一两九钱四分至二两一钱二分，与上月相同。下米每仓石价银一两七钱七分至一两九钱四分，较上月减一分。

罗定州属，价中。上米每仓石价银一两七钱四分至一两九钱一分，与上月相同。中米每仓石价银一两六钱二分至一两七钱六分，较上月减一分。下米每仓石价银一两二钱二分至一两三钱四分，与上月相同。

连州属，价中。上米每仓石价银二两二钱至二两四钱二分，与上月相同。中米每仓石价银二两三分至二两二钱一分，与上月相同。下米每仓石价银一两七钱至一两八钱七分，较上月减一分。

南雄州属，价中。上米每仓石价银二两二钱二分至二两四钱一分，与上月相同。中米每仓石价银一两九钱七分至二两一钱一分，较上月减一分。下米每仓石价银一两六钱四分至一两七钱七分，与上月相同。

嘉应州属，价中。上米每仓石价银二两一分至二两五钱八分，与上月相同。中米每仓石价银一两八钱四分至二两三钱九分，与上月相同。下米每仓石价银一两四钱六分至二两，较上月减一分。

议政王军大臣奉旨："览。"钦此。

请奖剿办东路股匪及西局防堵官绅疏会总督衔

奏为续查剿办东路股匪及省城西局防堵官绅，并北江应行补奖各员，择其尤为出力者，遵旨核实补奖，恭折仰祈圣鉴事。

窃照粤东历年防剿各路逆匪新旧奖案，经前抚臣奏准补奖，未及办理。臣等设立奖恤局，分案查办，于本年七月内将北路屡次防剿尤为出力绅勇，先行奏请补奖，声明东、西两路所属州县另行分起办理，一面出示晓谕，以资鼓舞。嗣奉谕旨照准奖励，当经钦遵转饬查照。兹据军需总局司道续将东江及省城西局各官绅，并查出北路历年著劳各官，补具奖叙，核议具详前来。

臣等伏查东江长乐、兴宁、龙川、长宁、海丰、和平各县，于咸丰四、五、六、七年间先后被各股逆匪或攻陷县城，戕官踞扰；或围攻多日，群盗如毛，不可爬梳，经各该县在事文武督同绅民实力团练，保守城池；或于失守后随时克复，歼擒首要，使不致蔓延滋扰。又经接续办理乡团，搜捕馀党。值省城多事之秋，并无大枝劲旅四出搜捕，该地方官绅艰苦经营，力图自效，实属著有微劳。至省城自咸丰四年红匪倡乱，乱民四起，直犯会垣，围攻至五月馀之久。附城各绅士赶办团练，筹捐经费，置备器械，随同在事文武员弁协力堵剿，迭次获胜，兼获首要多名，转危为安。复因近省各县未能一时克复，该官绅等接济防剿事宜数年之久，艰苦备尝。未便以事更数案，时逾数载，终没其保境守城、击贼捕匪之绩。现在江浙馀匪麇聚福建，嘉应、潮州各属与之毗连，东路一带防剿约数百里，官兵驻扎之处，皆有民团互相防御，艰苦撑持。亟应逐案清厘，俾有所观感兴起。所有以前东江暨省城西局出力各官绅及查出北江尚有应行补奖各官，择其尤为出力者核实酌保，并将案由逐起分列清单，恭呈御览。合无仰恳天恩俯准，分别给予奖励。除西江所属各州县另行分别办理外，所有东江及城西防堵各官绅并北江补奖各官履历，另行开明，咨送军机处暨送部查核。再，此系补奖之案，各该官绅或有前经出仕，及外出调赴别省者，开造履历多费周折，且恐现请职衔亦不免稍有参差，统俟赶紧查明，汇案咨送，合并声明。

臣等谨合词恭折具奏，伏乞皇太后、皇上圣鉴训示。谨奏。

请复还新会县原设学额疏会总督学政衔

奏为请复还原设学额，以广皇仁，而昭激劝，恭折奏祈圣鉴事。

窃照广州府新会县岁、科两试入学旧额，取进文童二十名、武童十五名，原与南海、番禺、东莞、顺德、香山五县相同。雍正九年，肇庆府添设鹤山县治，将新会古劳一都割归鹤山管辖，并裁去新会文学额五名、武学额六名，移补鹤山县学额。嗣于嘉庆十七年，该县绅士谭大经等以割地少而割额多，呈请复还旧额，经前督抚臣具奏，由部议准酌还文、武学额各三名，纂入《学政全书》，以后遵照岁、科两试，取进文童十八名、武童十二名。迄今五十馀年，该县文风鼎盛，应试文童多至三千馀名，武童亦六七百名，不但较之曩昔人数倍加，即比之南海等五县亦属有增无减，而取进未复原额，未免屈抑人材。且咸丰四年贼匪围攻新会县城两月有馀，该县绅民同仇敌忾，捐资募勇，誓死坚守，力捍凶锋，卒能内保危城，外除强寇，亦经前督抚臣等奏准奖叙有案。兹据该县刑部七品小京官钟应元等联名呈请援照闽省建、瓯二县剿匪保城增加文、武学额成案，除近年捐输增额不计外，请复回文学二名、武学三名，以符合原额，由县、府、司确核具详请奏前来。

臣等恭查雍正二年钦奉上谕，令各省督抚学政会核人多额少、文风最盛之州县，准其小学改为中学，中学改为大学，钦此。又咸丰七年福建建安、瓯宁二县绅民协力固守，克保危城，经闽省督抚臣奏请加广学额，于咸丰九年五月初八日钦奉上谕："江西逆匪阑入福建，围攻建宁府城，建安、瓯宁二县士民同仇敌忾，协力固守二月有馀，克保危城，四乡团练并与团丁联络，捐资出力，随同大兵平毁贼营百数，歼擒逆匪万馀，实属深明大义，所有建安、瓯宁二县，均着永远增广文、武学额各三名，以昭激劝。"钦此。刊入科场条例，通行遵照。广东新会县人士修文讲武，争自濯磨，近来应试文、武童生较前加倍，核与雍正年间钦奉上谕意旨相符，且咸丰四年该县绅民捐资募勇，克保危城，实属深明大义，亦与福建建安等县剿匪保城之案情节正同。现据该绅士钟应元等请增文、武学额，系复还旧制，尚非例外增广。合无仰恳天恩，俯念该县多士奋兴，知方有勇，准于捐输增额之外，复回新会县文学额二名、武学额三名，嗣后照旧额取进文生二十名、武生十五名，以隆作育而昭激劝之处，出自逾格鸿施。

除分咨户、礼、兵三部查照外，臣等谨合词恭折具奏，伏乞皇太后、皇上圣鉴，敕部核复施行。谨奏。

修复附省陆路各炮台工竣派拨弁兵防守疏会总督衔 十一月二十九日[1]

奏为修复附省陆路各炮台工竣，派拨弁兵防守，以资保卫，恭折奏闻，仰祈圣鉴事。

窃照广东省城北门外陆路，山冈罗列，道路纷歧，防范最关紧要。附城一带，原建有永康、耆定、拱极、保极、保厘各炮台五座，于咸丰七年间被洋人毁坏，仅存地址。前督臣晏端书、前抚臣黄赞汤曾委员勘估拟修，劝捐筹办，奏奉俞旨允准。旋以收捐无几，各路军饷随时拨放，不能兼顾，未及兴修。臣到任后，复经确加察看，将水陆各炮台工程应分别缓急，酌筹修理情形，于上年十一月间附片奏明在案。

本年江浙窜出发逆股匪十数万，由江西奔突粤省境界。臣等先事筹防，调拨官军于东、北两路严密堵剿。维时南雄、韶州、惠州、潮州、嘉应等府州属毗连江、闽各县同时戒严，而各路擒获贼供，均称该首逆等处心积虑，实欲由南韶直趋省城，以图大举等语。一时风声鹤唳，人心倍觉惊惶。经臣等酌拨员弁兵勇，并由满汉驻防旗营添派弁兵，分布各城门城楼及城外要隘，昼夜巡防，合力弹压，借资镇定。所有附省陆路各炮台，臣等前以永康、耆定、保极、拱极四台皆逼近省城，居高临下，急应修复，以资扼守；其保厘一台，距城较远，山势亦较低，工程应稍从缓。此次细心体察形势，永康一台为附城主山，相距不逾数丈，其外四山环合，耆定一台扼其前，保极、拱极两台翼其右，永康纵有

①日期据《毛尚书奏稿》卷十五同疏补。

炮位，不能及远，南面俯视城中，瞭如指掌，置台安炮，转非所宜，其工程亦较巨，暂应从缓。附城山势西注，东路附城小阜无数，保厘一台稍据其胜，地势正当城东北一面，此处炮台仍应修筑，以固东路之防。因其山势低下而平衍，惟修筑炮台而不更筑炮墙，以为附近扎营之计。其耆定、保极、拱极三台，则炮台之外筑立炮墙，倚山开濠，期足自守。当经臣等会商，意见相同，督饬军需总局司道，兼派候补道屠继烈、候补知府海廷琛、署抚标左营参将喀郎阿、署右营游击尚昌懋，会同旗营协领全济、承惠、丁德源、王镇雄等，分修四台工程，召集工匠，核实勘估，查看各台旧日基石，经洋人用火轰翻，掩覆土内，逐段剔出，尚足敷用，每台添用砖灰等项，计需工料银一千二三百馀两，较之从前五台历次勘估银数，尚不逮十分之一。所需经费，臣等前筹商于附城民居店铺，举办房捐，一以充开募防堵勇丁急需，一以备炮台经费支销。择期兴工修筑，一律完竣。统计炮台四座，共用过工料银五千三十六两一分四厘，既未动用库项，亦并非捐输请奖之比，应恳加恩免其造册报销，其动用经费仍归入七月以前军需案内汇册开报，俾各项捐输收放数目无相牵混，以清眉目。臣等仍会督司道亲往周历勘验，委系工坚料实，悉臻完固，并无率减浮冒，取具保固各切结存案。随饬挑拨大小炮五十九位，配齐火药、炮具、炮架等项，运往四台安置，檄令广州协副将循照旧章，选派弁兵前往驻扎，认真防守。现在省城内外，声势整肃，民心安定，地方极形静谧，堪以仰慰宸怀。

此次在工出力人员，当军务紧急、库款支绌之时，自备资斧，守住工所，历三月馀之久，实心实力，昕夕勤劬。其工料之坚实，费用之节省，实历来工程所未有。该协领全济、承惠、丁德源、王镇雄等之力居多。臣瑞麟与左副都统臣库克吉泰公务较简，日常亲诣督工，察看在工各员，实属著有微劳，可否由臣等择尤酌保，请给奖励，以昭激劝，伏候恩旨遵行。

至水路各炮台，臣等仍当会商筹款，分别内河外海紧要工程，酌量兴修，再行次第办理。

据军需总局司道具详前来，臣等谨合词恭折具陈，伏乞皇太后、皇上圣鉴训示。谨奏。

粤商积欠帑银请提本停息分年完征疏[1] 十二月初一日

奏为粤省埠商积欠帑本息银，力难新旧并征，请援案提本停息，分年完缴，以求实有归着，恭折奏祈圣鉴事。

窃照粤省埠商承领帑本一案，系于雍正七年在各标旗营存项内拨出银二十三万二百四十五两二钱五分四厘，分给省、潮各商承领，每两每月输息银一分五厘，为各营赏恤之用，后经改解藩库充饷。内省河各埠商承领本银二十一万五千二百四十五两二钱五分四厘，潮桥各埠商承领本银一万五千两。自雍正七年起至咸丰九年止，陆续完过息银四百馀万两，尚未完息银九十一万三千一百四十七两八钱五分二厘。经前督臣劳崇光会同前抚臣耆龄，查明省河无商悬埠未完息银二十三万二千六百五两五钱九分六厘，潮桥无商悬埠未完息银八万六千一百七十五两，均属世远年湮，久成无着。其省河招回新商之埠未完息银五十九万四千三百六十七两二钱五分六厘。各新商均非原领帑本之人，责令认还旧商悬欠，系代人赔累。援照闽省成案，奏请分年完缴，自咸丰十年起，

①辑自中国第一历史档案馆藏“录副奏折”原件03-4882-039号。系与两广总督毛鸿宾会衔，标题系编者拟。

每年提回银二万两，先行归本，停止新息，续还旧息。已准户部议复，以所请每年缴银二万两，年限过宽，行令自咸丰十年起，每年缴银五万四千九百七十馀两，分作十五年，本息一律清完。其无商悬埠旧欠息银并令赶紧招商，分年匀缴。嗣又准部咨行，以前项归本停息，未免取巧，令将每年缴银五万四千九百七十馀两，作为历年旧息。此外，无论何时缴本一万，方准停止。一万新息如能将本缴清，则新息随时停止。傥本银不缴，则新息仍按年输纳。等因。均经转行遵照。

兹据两广盐运使方濬颐详称：前项帑息，历年过久，原领帑本各商早已逃亡，故绝无从根查，只可责成新商认缴，实系代人受累。若操之太蹙，商力难支，必致纷纷倾倒，无人接办。不特本息俱无着落，并与正课有碍。且粤商埠地连年迭遭兵燹，被匪蹂躏，疲敝不堪言喻。部议每年令缴本息银五万四千馀两，已属力难照缴，若令再缴新息银四万馀两，徒使商人惊骇退避，万无清理之期，并与闽商积欠分年带征归本停息成案互异。即使查钞监追，亦无实际，且难折服商人之心。查闽省盐商积欠正款银一百馀万两，经闽浙督臣奏准部议，每年完缴银二万九千两，分限四十年归款。又闽商欠完风灾炭灶等项帑息银两，因旧商亏欠，未便累及新商，亦经部议停止五年收息作本还款，各在案。今粤商旧欠帑本息银，事同一律，而苦累实较闽省为甚。现拟严催各商每年尽力筹缴银三万两，仍照原请，先行归本，停止新息，续清旧息；其无商悬埠旧欠息银，即招新商照案接续提缴。似此分别清理，虽与部议限缴数目稍减，而与从前拟缴银数已属加增，并与闽省成案符合，庶使本息渐归有着等情，详请具奏前来。

臣等伏查粤商应缴帑本息银，攸关公项，自应严切催提清款，难容诿卸延宕。惟粤省埠地连年被匪蹂躏，商人办运竭蹶，一时未复元气。每岁正课尚不能清完，盐务疲敝情形早荷圣明洞鉴。此项帑本原领银二十馀万，历年完过息银四百馀万，已逾原本数十倍之多。现在原领本银之旧商久已人亡产绝，旧欠本息无从着追，新招各商俱系因人受累，若责令将帑本及新旧息银同时并缴，商力实有未逮。且商累日重，不特帑本虚悬无着，更恐于正引饷课亦难转输，于鹾纲大局殊有关碍。目前自以先提本银归还库款最为紧要。而停止新息，匀缴旧息，以期截流清源，亦系按照闽省成案核实办理，尚无取巧情弊。与其强令认缴巨数而徒托空言，何若设法切实提还而终归有着。合无仰恳天恩俯准，将粤商原领帑本及有商各埠旧欠息银共八十二万四千六百一十馀两，除先后筹解过京饷银十三万两外，尚欠本息银六十九万四千六百一十馀两，仍援照闽省成案，责成现办各商，自同治四年起，每年提缴银三万两先行归还帑本，并将新息停止，俟本银全数归补，即接续清理旧息，不准再稍延误。至省河无商悬埠旧欠息银二十三万二千六百馀两，及潮桥无商悬埠旧欠八万六千一百馀两，亦即赶紧招商承办，照案一律提缴，以清陈欠而归核实。是否有当，臣等谨合词恭折具奏，伏乞皇太后、皇上圣鉴训示。谨奏。

同治三年十二月二十一日，议政王军机大臣奉旨："户部议奏。"钦此。

前后办理捐输情形片 会总督衔　十二月初一日①

再，广东自用兵以来，取资于捐输者甚巨。当时赖有富绅伍崇曜，深明大义，屡次首先倡率，故劝捐较易。自臣等先后抵任，

①日期据《毛尚书奏稿》卷十五同片补。

伍崇曜病已垂危，旋即物故，其家亦渐中落。既无有力之大户可以倡捐，又当迭次捐输积疲之后，臣等考求事实，体念民艰，甚非其所乐为。惟因同治二年四月内，前署督臣晏端书、抚臣黄赞汤以军饷紧急，奏派在籍绅士龙元僖等筹办捐输，延至臣等到任时，已历半年之久，尚未议定章程。因查广东之富，在商而不在农，历年办理捐输，有派捐、包捐等名目，大率按亩派捐，事同加赋，宽于富户而苛于平民，大失朝廷劝捐之本意。小民势微力弱，忍受苛派，敢怒而不敢言，即言之亦非若绅富之声气可以上达。臣等抵任后，体察情形，知派捐、包捐之积弊，平昔所饫闻者，实属信而有征。而当其时，正项先顾京饷，厘金半解江南，若非取资捐输，本省军饷亦实无从取给。因思派之农民而其情可悯，不如劝之富商而于心犹安。因仿照湖南、江西劝捐章程，添派委员，指劝富户，务除包捐冒奖之弊。而历来办理捐输，积习相沿，各州县耳目稍远，申严革除旧弊之条，每苦于此情，难于下究。惟南海、番禺两县居省会之地，稽查较易，皆遵照臣等所定新章。南海原派捐六万两，遂已捐至十四五万；番禺原派捐六万两，亦捐至十万馀，现缴已及六万。均由奏派之在籍御史梁绍瓛、编修史澄一手经理，办理极为平允，实属无累于民而有益于饷。

伏思臣等虽至愚极陋，岂不知不办捐输，非但可以弭谤，并可借以沽名。而身当其位，势处其难，自未敢避一己之怨而置大局于不顾。开办之初，绅富以不利于己，颇有违言。数月以后，经各官绅会同劝导，各富户亦自信所捐纤微报效，无损其毫末，又渐知军需实属艰难，而臣等防堵外寇，搜除内匪，勉强支持之苦心，大众亦颇能共谅而帖然相安。七月间蒙谕旨垂询捐输情形，臣等深愧奉职无状，乃以捐输细故，上烦圣心之廑系，每一念及，惶悚难安。适值南海、番禺、香山、新会诸大县捐输略已定局，其疲抗各户亦不宜与久持，军务亦渐得手，遂将委员陆续撤回，其未捐各户亦饬一律缓办。惟嘉、潮各属捐输，由地方绅士筹办防堵，随时报明，一时未便停止。自问地方公事，矢勤矢慎，足以凛清夜而质神明。而于捐输一节，体量贫富之宜，斟酌劝谕之方，任之绅员以察其情伪，示之章程以防其中饱，方谓办理并无贻误，乃谣传远布，愈出愈奇，固由臣等弭谤无方，而粤东富民之造作谣言，希图挟制，久成惯习，原无足怪，惟造谣者不过数人，而京师之传播又什倍于本地之浮言，臣等实不解其自。

夫曾参杀人，慈母投杼。众口可以铄金，积毁可以销骨。忧心悄悄，古人所（为）〔谓〕愠兹多口也。臣等遭遇圣慈，明无不照，智无不周，乃千载一时之景运，中外臣工，莫不矢精诚以共励，合劳怨而兼任，所以成中兴之业者，良非偶然。臣等渥荷天恩，膺兹重寄，苟利社稷，死生以之，岂因浮言胥动，遂萌畏难巧避之思！此次谣言之起，谓臣等苛派扰民，逼迫各富户迁徙澳门、香港。臣等遵旨查访，终莫得其主名。惟查香山富民陈守善、徐瓜林二户，皆以依附洋人，致富百万，始而避居澳门，煽布流言，及臣等饬县访查，乃又避至天津。此辈挟资既富，声气易通，谣言之兴，未必不由于此。该陈守善在澳门租买洋地，造屋收租，每日可得租息百馀两，时与洋人勾结，行踪最为诡秘；徐瓜林家雇一地师，岁脩至万金。皆以收买捐票报捐翎顶，骄汰奢侈，享用逾制，均属违例妄为，本有应得之咎，而从未一报捐军饷，访诸公正绅耆，亦莫不痛诋其非。若因其远飏逃匿，捏造谣言，竟令逍遥法外，适以长刁抗之风，且亦不足以服人心而昭公道。臣等虽制于浮言，而实不敢激于意见，少涉因循颓废，坐视时局之艰难而不思补救，任听奸民之玩法而不为究惩。仍当督同司道，饬令地方官设法侦缉，严密查拿，务将陈守善、徐瓜林获案讯明实情，再行按照例案分别究罚，从严惩办，以肃法纪。

所有臣等前后办理捐输情形，谨略陈梗概，伏祈圣鉴训示。谨奏。

此疏原稿持论甚明畅。寄云尚书有意解释谣谤之言，间加改易，已觉未安，末段欲正造谣之罪，至于设法侦缉，与捕盗无异，则尤失政体也。自记。

请暂留冯提督办理东江军务片 会总督衔　十二月初一日①

再，顷据总税务司赫德面称："适见新闻纸言侍逆李世贤现踞漳州，勾串洋人，帮同袭取泉州，进袭福州，约将海口通商地面让给洋人，俟占踞福建各城，再图分股窜扰浙江、江西，以图北犯。"此等谬妄无稽之言，原不足据以为信，而各处流氓及无业洋人希图罔利，与为勾结，亦事所或有。应请皇上饬下福州将军及福建抚臣妥为防范，并饬总理衙门照会各国驻京公使转饬驻扎闽省洋官及领事等，务各约束商民人等，不令与贼匪勾结，并防有接济军火等事，免致滋生他患。

至福建踞逆，现已聚集漳州。漳州西面由南靖以达平和，不过二百里。平和迤南百馀里为云霄，迤北二百馀里为永定，现皆为贼踞，修城浚濠。意图坚守，逼处粤边，纵横四百馀里。漳州东北之德化、西北之宁洋，皆有官兵驻扎。近闻龙岩亦已收复，江西援师可以由龙岩进剿，浙江援师可以由漳平进剿。浙江调派

①日期据《毛尚书奏稿》卷十五同片补。

高连陞一军由海道赴闽省，计此时亦可进逼郡城。是漳州东、南、北三面贼势既未蔓延，官兵之力亦厚。度其分窜浙江、江西之说，尚未必遽能如此横行。惟西面踞地甚广，皆与粤境毗连，贼或不能逞志于闽，必仍全力趋注于粤，乃理势之所必然。现在翟国彦一军驻扎大埔，当东江之东面，情形最为吃重。前已添派邓安邦、戴朝佐两军协同防剿。何云章一军驻扎饶平，现已进攻云霄。方耀一军当东江之北面，现饬越境会剿，克复武、平两城，移扎上杭，力援汀州。臬司李福泰驻扎龙川，居中调度。合计防兵二万馀人，迭次派兵远袭贼营，时有斩获，目前军威甚壮。而每一念及边境千馀里，贼众至数十万，近或半日，远或五六日，皆可阑入粤境。以二万之众分布各隘口，不免罅漏。臬司李福泰调度虽合机宜，必得有重望之统帅亲临前敌，庶防剿可期周密。不然，开春贼势设或蠢动，恐尚难杜其窜越。

臣等正在筹商间，适广西提臣冯子材请假回粤。臣等接见再三，询悉军营情形，所言皆有条理，其管带将弁，多属质朴能耐劳苦，规画大局，亦中肯要。该提臣籍隶廉州，去家日久，随即回籍省墓。合无仰恳皇上天恩，饬令该提臣冯子材暂留粤东，督办东江军务。如蒙俞允，臣等即咨会该提臣，无俟假满，赶即驰赴大埔、饶平之交，择要驻扎，责成堵剿漳州大股踞逆。臬司李福泰为刑名总汇，任内应办事件甚多，应即饬令回省，以清积牍。

所有东江军务应暂留提臣冯子材驰往办理情形，谨附片陈奏。是否有当，伏乞皇上圣鉴施行。谨奏。

江南撤回红单等项师船积欠过巨设法酌成放给现银以资遣散疏会总督衔　十二月初二日①

奏为江南撤回红单等项师船，积欠过巨，设法酌成放给现银，以资遣散，其馀欠饷，劝谕兵勇概行捐输报效，谨援照成案，吁恳天恩俯准，加广文武乡试中额，并沥陈粤省兵勇积年欠饷艰窘情形，恭折具陈，仰祈圣鉴事。

窃臣等接准办理江北军务江宁将军富明阿咨会：裁撤江防之红单、拖罾各师船七十五只，由福建水师提督吴全美统带，分起遣撤回粤，其积欠饷银，奏奉谕旨，由广东分别补发散给等因，当即咨行钦遵查照。

臣等伏查江南红单师船，先于咸丰三、四年间，由粤雇募船五十只前往助剿。前督臣叶名琛奏明：由粤省筹款解江支放。盖其时奉旨饬令富绅伍崇曜等筹备雇船经费，方拟接续开办捐输，以资协济，先将义仓存款提银四万两凑解一批，请加广广州府学学额四名，续又起解五万两一批。是其所谓筹款者，原属凭空结撰之词，稍一取给捐输，勉强报解后，遂左支右绌，无以为继。又值四年以后，粤省军事繁兴，迭遭兵燹，库项匮竭，自顾不暇，更致无可转输。至咸丰五年，续雇红单船二十七只，系江南自筹添募，已咨明由江省粮台支发口粮。迨同治元年，复奉添募红单船三十六只赴江协防，除粤省发给船租口粮外，其到江以后应支租粮等项，又经前督臣劳崇光奏明广东无力接济，请旨饬下江南

①日期据中国第一历史档案馆藏“录副奏折”同疏原件为03-4795-018号补。

自行给发各在案。

今江省肃清，师船凯撤回粤，所欠粮饷，钦奉谕旨由粤筹给。臣等若存畛域之见，则查照成案，原不难据理驳正。第念此项欠饷，江南粮台已无力清给，而该师船业经回粤，亦万无赴江请领之理。各将士从征多年，艰苦备尝，此次凯撤，师船尚有七十馀号之多，竟至无力回籍，既无以仰慰圣心，即该师船停泊日久，亦必至饥寒交迫，别滋事端。前据管带头批师船赖镇海、管带二批师船林宜华先后抵粤，当发给赖镇海饷票银二万两、林宜华饷票银一万六千两，稍供该船勇日食之需。迨十一月间福建提督吴全美管带三批师船抵粤，臣等查照富明阿来咨，与吴全美酌商撤遣之法，当将此案先后奏办情节及粤省艰苦光景详细告知，劝令仿照镇江捐输办法，向各船员弁竭诚开导，速行清理。吴全美之意，以为必得现银数万，暂将各勇撤遣回籍，所馀船费等项，尚可缓至明年陆续清给。核计各师船共约欠饷银六十九万五千两有奇，除前发给船票抵银三万六千两外，尚馀银六十五万九千有奇。现已与吴全美商议停妥：找给欠饷一成银六万五千九百馀两，仍酌留银三万两于同治四年分限给领，此外欠饷五十九万三千馀两尽数捐输，查照冯子材散遣镇江兵勇章程，按照各省兵勇积欠饷数，一例报捐，请旨加广乡试文武中额。此起红单船欠饷至六十馀万之多，所拨弁兵及雇募船户勇丁，悉皆籍隶广东，今经吴全美晓谕各船员弁，宣示皇仁，劝令报捐。诸将士深明大义，咸知国家经费孔艰，所馀九成欠饷银五十九万馀两，情愿尽行报效，自应援照冯子材成案，吁恳恩施，加广广东省文武乡试一次中额各六名，以昭激劝。此外尚有去岁陈国泰、李新明等管带撤回红单船勇二批，欠饷银四十八万馀两，臣等于奏报上年冬季军需案内，声明发给饷票银二成，至今未能清给，尚须另核办理。

臣等更有请者：粤省旗、绿水陆各营官弁兵丁岁需俸饷等银一百数十万两，藩库地丁等款不敷支放，岁拨运库课银五十万两左右，藩库杂款得以节省存积，百馀年之久，累积至数百万。道光二十年夷务用兵以后，挪用无存。其时地丁征收岁无短绌，运课照旧支拨，课饷稍有欠缺，仍从藩库挪垫，每年办理奏销，抵算归款。至近年以来，运库课银奉提京饷，不独旧欠藩库之项无从归还，即每年部拨新款亦徒成具文，不能应付。藩库杂款久已挪垫一空，地丁征收岁不过五六成，实属支绌万状，以致欠放各营兵饷，递积至三十个月之久，银数至三百馀万之多。前年因旗兵粮饷支放愆期，曾蒙圣慈垂问，经前督臣晏端书等督同司道设法补放，至今未能清款，旗丁啼饥号寒，在所不免。今春南韶连镇标营兵又有索饷之揭帖，而陆路提标及惠州协营兵因调防镇平，亦复索支粮饷，几至决裂。若不亟筹放给，哗噪堪虞，所关非细，此兵丁欠饷之情形也。卓兴之勇欠饷三十馀万。方耀之勇旧时欠饷核定四十馀万两，前议分限带还，尚未清给，新饷又欠至十馀万。侯勉忠已撤之勇欠饷十馀万。此外零星营勇旧欠约十馀万。日积月累，急难清厘，此勇丁欠饷之情形也。又东、北两江防堵，添募翟国彦、任星元、郑绍忠、邓安邦、戴朝佐、邓奋鹏等十馀营，勇数几至二万人；方耀、林保、周陛等各营又六七千人；越境会剿，卓兴、曾敏行、侯国柱各营又九千馀人，分驻肇庆各属剿办客匪，每月筹放饷银共约十六七万两，皆刻不可缓之款。筹画之力已穷，而欠饷仍日益加增。现在客匪求抚人数几至二十万，欲遣回原籍，则田庐尽失，无家可归；欲挑选为勇，则粮饷虚縻，无可调用。安插之费，计非数十万两不可。臣等日夜筹思，勉强支持，无一日不在忧危悚惧之中。曾国藩两次奏请停解粤厘，盖亦深知广东艰窘情形，力实不能兼顾。

钦奉本年九月二十九日上谕："曾国藩奏请将粤厘停止等语，粤厘本为江皖协饷一大宗，此后全数留充该省军需，饷源不为不裕，惟当妥筹办理，撙节动支，以期日有起色。至广东及粤海关应解京饷，总未能如期报解，该省既得此巨款，更不得以饷项支绌，借词延宕。"等因。钦此。仰荷圣训周详，臣等曷胜感悚。惟查粤东每月抽收厘金，极多不过七万馀两，即全数留支，仅敷本省前敌各营月饷之半。臣等于搜罗俱罄之时，思振作军心之法，时时勉以军务稍平，饷源渐裕，则补饷有期，使兵勇尚有所希冀，以期踊跃用命。是以广东厘金一项为数并非丰裕，而究属例款之外，为饷源不竭之藏，臣等所以勉强清厘而保全之者，其苦心实在于此。伏读谕旨，该省既得此巨款，不得以饷绌借词。臣等倍加悚惕。盖自八月以后，厘捐入款增加五六万，支放勇粮出款又增加至十馀万，曾国藩即不奏请停解，值此军需紧迫之际，势亦不能不截留充用，此广东实在情形，臣等不敢不缕陈之圣主之前者也。

至粤东本年应解京饷，前因东、北两路防剿吃紧，经臣等奏请暂予截留，旋以击退贼匪，军情稍定，京饷为根本重计，臣等不敢不勉力维持，当即督饬藩、臬二司，仍将奉拨地丁及盐课、帑息等项于年内分批起解，如期扫数清款。至粤海关奉拨京饷，系因征税短绌，又须按结扣交外国银两，馀存无几，致难依期完解。荷蒙恩旨，准令减缓，年内仅应解银十万两。臣等即会商监督臣毓科，设法挪借，分两批起解，大约年内外亦可以陆续抵京。现在筹解京饷，已经力尽筋疲，所有陕甘督臣杨岳斌指拨军饷银八万两、直隶省请拨饷银每月一万两，此时断不能协济。杨岳斌委员来粤采办洋枪军火，臣等已派员前赴香港买备应付。至粤东奉拨各省协饷，前经奏明概行停止，仰邀俞旨允准有案。应俟粤省军务平靖，库项稍可支持，再行酌拨补解，合并陈明。

臣等谨会同恭折具奏，伏乞皇太后、皇上圣鉴训示。谨奏。

赴援诏安乘胜进逼云霄并筹防剿各情折[①]十二月初二日

奏为官军越境赴援诏安，乘胜进逼云霄，现仍防剿兼筹，恭折由驿驰陈，仰祈圣鉴事。

窃臣等前因闽省踞逆扑犯饶平、大埔，官军迎击获胜，逆众退窜，当派兵越境赴援诏安，并饬副将方耀由武平进扎上杭各等情，于十一月十五日奏明在案。嗣据臬司李福泰、潮州镇翟国彦等禀称：署黄冈协副将何云章先于十月中旬，派勇五百赴援闽省之诏安，旋督大队继进，转战而前，贼见我兵继至，当即退回云霄。何云章知贼心已怯，鼓励兵勇纠合乡团，由诏安进攻云霄，遇贼于云霄城外十里之莆尾乡，出其不意击之，轰毙十馀名，贼众惊溃。我军乘胜追压，贼出众来援，我军奋勇向前，枪炮齐施，乡团随后呐喊，自午至申，毙贼数十名，夺获军械多件，贼众大败回城扼守。二十八日，贼匪先出数骑来犯，何云章佯退以诱之，贼众数千来追，我军回头奋击，乡团四路接应，贼众披靡，杀伤不计其数，夺获器械数百件，直追至云霄城外扎营。此官军援剿诏安，乘胜进攻云霄之实在情形也。

惟龙、连、汀、杭一带，连至漳州地方数百里，匪众数十万，江浙大兵未集，闽省兵力尤单，未便以孤军深入，加以潮、嘉各属与闽省犬牙相错，在在可通，贼匪狡猾异常，尤不能不防其回

①辑自中国第一历史档案馆编《清政府镇压太平天国档案史料》第26册，社会科学文献出版社2004年4月第1版。系与两广总督毛鸿宾会衔。

窜。臣饬臬司李福泰往来嘉应、惠州之间，相机调度。方耀一军由武平进扎上杭之蚺蛇渡，先顾上杭，进规永定。郑绍忠一军驻扎上杭之峰市，内与翟国彦相为联络，以固大埔之防，外与方耀互相策应，以图永定之贼。翟国彦等军分扎大埔之石下坝、饶平之柏嵩关，以固潮州门户。都司黄龙翔、周陞等分扎武平、镇平各要隘，以固嘉应门户。仍饬臬司李福泰相度机宜，俟各路大兵云集，会合进剿。

所有近日官军赴援诏安，乘胜进逼云霄及筹防筹剿各情形，谨恭折由折驰奏，伏乞皇太后、皇上圣鉴训示。谨奏。

同治三年十二月二十一日，议政王、军机大臣奉旨："另有旨。"钦此。

拿获新安县属海盗片[1]十二月初十日

再，东莞县属之板头村、新安县属之冈边村，时有匪徒私造长龙艇数十号，沿海掳劫。臣上年抵任后，当即派委前任潮州府海廷琛等会同水师游击黄廷彪等前往查办，起获长龙匪艇十馀只，先后拿获行劫盗犯邓阿洋等二十四名，萧亚合等五名，洋匪邓亚有等二名，均经奏报在案。所有在逃馀匪并饬各文武设法捕拿。一载以来，沿海稍为安靖。兹访闻冈边村贼匪陆续逃回，复出劫掠，并假扮巡船，白日四出，亟应设法围捕，以除地方之害。臣复饬署顺德协副将黄廷彪、龙门协右营都司许连陞、靖安水师左营记名总兵王朝治，并前任潮州府海廷琛、补用知府文星瑞，督带巡船及三板船只，会督东莞、新安、香山各县，前往围捕。

①辑自毛承霖编《毛尚书奏稿》卷十五，清宣统元年刻本。系与两广总督毛鸿宾会衔。

先是冈边匪首萧后才等带同夥党，驾艇欲向香山县属黄角村打单勒诈，经署香山协右营都司杨秀华督率弁兵追捕，拿获贼匪萧后才等二名，馀匪凫水逃逸。又巡至北水洋面，有匪艇行劫渔船，开炮追赶，该匪登岸而逸，拿获落后匪犯李亚兆一名，匪艇一只，均经禀解在案。旋据王朝治等禀报，本年十二月初五日，船抵沙角洋面，会商三路进村，使该匪首尾不能相顾，并分派勇练于普安墟、红朱山、荫下村等处埋伏。是夜，乘潮而进。该匪瞥见我兵，胆敢开炮拒敌。王朝治等挥兵奋击，连开大炮，继以抬枪、鸟枪连环轰击，更番迭进，毙匪甚多。自寅至巳，我军愈奋，生擒匪众十馀人，斩级六颗，匪众不支，遂弃村围而遁。各兵勇跟踪追捕，一面入村查搜。维时署香山协右营都司杨秀华、署新安县知县李灏亦先后赶到，陆续拿获匪犯萧亚日、萧亚容等二十八名，割取首级六颗，起获炮械多件，长龙贼艇九只，并将匪村房屋焚毁。所获各犯内，萧亚萌等十一名因受重伤，未及讯供，登时殒命。将现犯萧亚容等十七名派委员弁押解赴省等情前来。当将解到各犯发交广州府审明，分别办理；并饬将在逃各匪，严谕匪乡绅耆，设法捆送；仍派拨弁勇，分路侦缉。务期悉数弋获，以靖海隅。

所有委员围捕冈边村匪情形，谨会同署广东巡抚臣郭嵩焘合词附片陈明，伏乞圣鉴训示。谨奏。

劳绩捐纳两项堪以补用人员请俟引见后出具考语疏[1]十二月十八日

奏为考察劳绩、捐纳两项候补试用人员，开列清单，切实加考，恭折具奏，仰祈圣鉴事。

窃查州县为亲民之官，道府有表率之责，关系并重，考察宜严。上年通行定例，劳绩保升人员率俟到班时，视其人地相宜者，不拘名次，酌量补用，曩以未补缺以前，不复出考。至各次试用人员，例分一年两年甄别。乃因循日久，粤东只有捐纳道府及大挑知县，依例举行，其馀各项试用，均俟轮补到班，方予加考。原定到省试用甄别之例几废不用，本不足以昭慎重。兹值朝政清明，整饬吏治，不惟捐纳试用人员。迭奉谕旨，认真察看，即劳绩保升人员，除曾任实缺外，亦以一年为限，饬令疆臣切实加考，未经甄别之前，不准署缺，由部臣奏奉圣谕，咨行遵照，曷胜钦佩。

臣等自上年九月抵任以来，随时查察，已将劳绩试用各项人员内，官声素优之守令吴赞诚、郑梦玉等，声名平常之道府罗上桢、朱德澄等十数员，先后分别荐举、劾参在案。兹饬据广东藩司遵照新例，将候补知府、直隶州丞倅牧令各项堪膺民社、堪以补用人员注考请奏前来。臣等复加察核，分别劳绩、捐纳两项，切实加考，开列清单，恭呈御览。

现值多事之秋，量材器使，其势不能拘泥到省一年后方准署缺。所有由本省佐杂保升捐升，其品诣为臣等所素知，暨由京外分发到省未久而材具确有可用者，亦具考列入单内，以备委署之

①辑自中国第一历史档案馆藏“录副奏折”原件03-4613-135号。系与两广总督毛鸿宾会衔，标题系编者拟。

用。仍俟扣满年限，方予入班轮补，以符通行新例。至同知、通判，应否加考，部臣未经议及，臣等因丞倅本有督缉盗贼、抚绥军民之责，其轮补直隶同知固与州县无异，而候补时亦常委署州县，查察未便从宽，兹已一律加考。又捐纳试用道府甄别，向系专奏，其教习教职拔贡截取各项出身，试用知县究与军功捐纳不同，照依旧例，逐员加考，分案专咨，现单未经附列。又捐升后劳绩保举归候补班，及因劳绩保升捐归候补，暨径自捐升人员，均俟引见回省，再行甄别。是否有当，相应恭折奏请皇太后、皇上圣鉴训示。谨奏。

同治四年二月十九日，议政王军机大臣奉旨："吏部知道，单二件并发。"钦此。

署理万州知州李学宰难期振作请旨勒休疏[①] 十二月十八日

奏为州牧年力就衰，难期振作，请旨勒休，以免贻误，恭折奏祈圣鉴事。

窃照现署万州事儋州知州李学宰，年六十五岁，山西洪洞县举人，大挑二等，选授蒲县训导，俸满保荐签掣广东徐闻县知县。咸丰二年十月到任，调补电白县知县，题升儋州知州，尚未给咨引见。咸丰八年十二月先赴任事，十年闰三月调郡差委，同治三年五月委署万州知州。该员年逾六旬，谨饬有馀，明干不足，自委署万州以来，精神日渐衰庸，弹压民黎诸形竭蹶，其儋补本缺，亦□民黎杂处；如饬回本任，亦复难期振作，未便□事迁就。据

①辑自中国第一历史档案馆藏"录副奏折"原件03-4613-136号。系与两广总督毛鸿宾会衔，标题为编者拟。

藩、臬两司转据该管道府揭报前来。相应请旨，将儋州知州李学宰勒令休致，以免旷误，谨合词恭折具奏，伏乞皇太后、皇上圣鉴训示。

再，所遗儋州知州系烟瘴外调要缺，俟接准部复，另行选员请调，合并陈明。谨奏。

同治四年二月十九日，议政王军机大臣奉旨："李学宰着勒令休致，该部知道。"钦此。

奏报粤省遵照新定章程委署代理州县员缺疏[1]十二月十八日

奏为遵照新定章程，按三个月将广东省委署代理州县各缺，恭折奏报，仰祈圣鉴事。

窃照接准吏部咨，咸丰十一年十一月二十二日奉上谕："给事中高延福奏各省更调州县，请饬部严定章程。"等因。钦此。当经钦遵办理在案。兹据布政使李瀚章详称：同治三年秋季份陆续出有翁源县知县贵德，调省差委，遗缺以试用知县张兴烈署理。又，署饶平县知县吴庆凯，办理不善撤任，遗缺以即用知县谢树棠署理。又，广宁县知县王忻调派闱差，遗缺以试用通判刘典民代理。又，开连县知县赵向钦调派闱差，遗缺以试用同知张德和代理。又，署新会县知县许宝珩调省差委，遗缺以候补同知韩凤翔署理。又，署高明县知县张阳亨病故，遗缺以代理德庆州候补同知杨书金代理，其所遗德庆州知州缺以试用知县张北庚署理。又署兴宁县知县任树楷撤任，遗缺以试用知县卓诚署理。均无违例更调情

①辑自中国第一历史档案馆藏"录副奏折"原件03-4613-133号，系与两广总督毛鸿宾会衔。标题为编者拟。

弊，遵照新定章程按三个月详候查核具奏。等情前来。臣等复查无异，谨恭折具奏，伏乞皇太后、皇上圣鉴。谨奏。

同治四年二月十九日，议政王军机大臣奉旨：“吏部知道。”钦此。

粤东拿获逆匪盗犯讯明就地正法第三次三个月期满决过犯名数目疏[①] 十二月十八日

奏为粤东省拿获逆匪盗犯，讯明就地正法，第三次三个月期满决过犯名数目，恭折奏祈圣鉴事。

窃臣等前奏请将劫盗重案酌拟章程变通办理一折，钦奉上谕：“着照所拟。”等因。钦此。钦遵。当经将同治二年十月二十三日钦奉谕旨起，至三年五月二十三日止，计六个月决过人犯数目，缮具清单，两次奏明在案。臣等查广东民情，剽悍轻生，公行劫盗。从前承平无事之时，办理盗案已不能拘守常例，臣等初至粤东，查讯盗犯，累累拘系，常至五六百人，反复比勘，或经年累民，不能完结。既经查定新章办理，近省各县解讯盗犯，粗有端倪，而江浙各路撤归之勇丁、遣散之酋民，日或数起，起或数百人千人。其私行散归者，更不可以数记，皆能聚而为劫盗，散而为烟匪。臣等稽查整顿，兢兢业业，不致一事稍有疏忽。迭经御史奏参广东盐匪情形，钦奉谕旨查询。臣等深知广东之积患，以劫盗为最；广东今日应办之要务，尤以惩治劫盗为先。而营兵及州县差役，积弊太深，整饬非易。臣等严切督饬各州县核实办理。

①辑自中国第一历史档案馆藏“录副奏折”原件03-5011-020号及附件清单03-5011-028号。系与两广总督毛鸿宾会衔。标题系编者拟。

东、西、北三江旧设巡船，徒为粉饰耳目之计，业经体察各江情形，添设水师三营，酌量裁汰旧勇，务求实际。其著名窃盗之匪乡，如番禺之石牌、坤龙、眼洞，东莞之铁冈、桥头，新安之冈边，香山之海州、古镇、漕步，均经调派兵勇围拿惩办，人心稍快。而劫案之繁多，盗匪之充斥，其积弊实有难以一二数者。必须随事整理，又不致持之以迫蹙。臣等心力所能尽者如此。

自同治三年五月二十三日二次汇奏期满起，至八月二十三日止，第三次三个月期满，据各属及委员陆续禀报拿获逆匪盗犯共二百八十名，均经各该州县讯明录供，分别解省、府，经司、道、府复勘，由臣等分别核实批饬，就地正法。据臬司李福泰决过人犯数目，造具案由罪名册，详请具奏前来。

除将各犯案由罪名册送部查核，一面饬司备录全案供招咨部办理，并移行勒缉各案逸盗，务获审办外，所有拿获就地正法人犯第三次三个月期满缘由，谨缮罪名清单，恭呈御览，伏乞皇太后、皇上圣鉴。谨奏。

同治四年二月十九日，议政王军机大臣奉旨："刑部知道，单并发。"钦此。

清单

谨将粤东省审办就地正法人犯，自同治三年五月二十三日再次汇奏期满起，计至八月二十三日第三次三个月期满，决过人犯共二百八十名，开列罪名清单，恭呈御览。

计开：

审拟斩枭就地正法人犯一百五十九名：张亚伦、张亚昆、张亚晚、张亚经、陆亚坤、严亚纪、程亚洪、张亚敬、招亚丁、招亚潜、江亚贤、招亚礼、何亚胜、梁亚锦、张亚进、陈亚照、罗亚赞、何细满、朱亚怀、郭亦肥、陆亚人、黄亚根、陈亚闰、潘亚时、李养、陈阿五、梁木秀、谢柽喜、潘亚绍、吕城桂、王亚冬、钟广耀、黎胜、麦阿侵、李保、韦观盛、袁达芬、陈悦行、胡亚厂、陈亚磬、区保、曾方二、李广幅、陈亚盛、李仕沅、黄亚才、吴亚滦、吴亚幅、赖水生、曾亚六、吴亚七、曾亚能、曾锦长、邓亚胡、吴组平、黄亚桔、曾锡沅、张亚得、曾亚金、曾亚庚、陈亚保、陈亚树、李老行保、梁亚幅、刘漳何、邱晚、李北就、吴亚五、关亚应、黄亚胜、麦亚九、陈亚进、温亚乔、赵凉添、赵凉田、赵佬六、李关胜、冯信就、吴志礼、邓蒂悦、陈仰古、杨应庵、程亚晚、林丙及、邓亚沅、邓亚遂、邓亚俸、麦亚庚、黄敬人、孔吒受、黄观保、黄三、余亚晚、苏添养、陈亚李、曾亚幅、叶九、黄吒白、吴幅清、黄大、杜亚仲、张连泄、梁亚沅、郑亚秤、黄见菉、陈中有、李信得、朱晚、潘亚四、刘士凤、蓝亚八、萧上暄、李二、黄吒本、卜晚、李溃达、李亚照、杨亚十、林亚金、黄亚八、龙大、黄吒梯、黄吒贝、朱十五、黄三幅、黄观生、邹亚嵚、蓝亚漳、黄咏全、黄亚土、曾二、黄明保、曾亚辉、杨亚邦即士邦、黄居彬、戴亚阜、孔晚、黄恒二、朱挽、张四、黄木湢、冯亚养、黄亚万、陈阿捷、银大、张二、黎四、李东有、陈阿敬、阮大潮、黄亚幅、阮木秀、翁沣年、邓广老、赖方俚、王阿晚、陈安、蓝日生、张炉。

以上一百五十九犯，或行劫三次，或行劫杀人，或从逆拒敌官兵，或在洋劫掳，应照强盗已行不分首从皆斩律，及照谋叛律、江洋行劫大盗例，均拟斩立决，加以枭示。

审拟斩决就地正法人犯一百二十一名：刘怀九、张亚逸、张亚均、廖亚礼、杨亚先、黄亚有、张亚仰、谢亚月、黄亚先、黄亚五、黄亚伦、彭广秀、陈亚皆、黄观有、黄亚进、傅亚满、黎亚科、黄亚涓、梁亚津、陈亚星、李亚周、胡亚求、苏亚狗、陈瓜四、李亚茂、吴亚胜、黄亚执、陈官相、陈亚柱、梅亚池、区亚城、刘亚通、梁亚宅、袁亚荫、潘亚远、潘亚清、潘亚蚬、潘亚宜、区亚油、何得容、阮亚广、邱亚怀、李亚堃、吴亚宽、蔡亚桂、王财有、谭亚万、高亚眷、丁亚糠即丁生米树、姚烂蛋即袁亚蛋、卢应就、李亚蟮、谢亚权即权□、陈亚嬉、叶亚弟即亚带、刘亚昆、谭亚政、卜亚惠、梁亚葴、程亚启、李亚乾、李全仔、陈亚枚、邓亚帼、徐亚事、植亚节、莫亚泽、劳亚永、徐亚柱、张亚胜、朱大口巨、郭亚池、冼亚欣、蔡五九、霍亚改、郭亚裕、梁亚铎、伍亚腾、梁亚轩、陈亚积、冼亚锐、罗亚湖、李大季、黄亚浒、黄亚韶、刘亚在、罗扶洸、林亚胜、区亚合、刘亚新、林亚凝、杨顺欣、汤蒽超、邓方遂、邓亚辰、邓亚详、胡试方、马亚运即马洪运、马亚虹、郑亚林、钟亚积、邓亚影、钱亚容、梁亚茂、黄美具、陈高佬基、谢洪悦即谢亚六、姚蒂闰、毕亚南、胡黄受、林胜有、廖亚溃、钟亚拳、陈亚湢、杜中彝、杨乌眼、杨淤古、杜闰汉、叶闰古、杜影涓、杨珑头。

以上一百二十一犯，行劫一二次不等，均照强盗已行不分首从皆斩律，拟斩立决。

议政王军机大臣奉旨："览。"钦此。

奏陈粤省各属十一月份雨水粮价情形疏[①] 十二月十八日

奏为敬陈十一月份雨水、粮价情形，仰祈圣鉴事。

---

①辑自中国第一历史档案馆藏"录副奏折"原件03-4961-732及03-4961-733号。标题系编者拟。

窃照广东省同治三年十月份雨水、田禾、粮价情形，先经臣恭折奏闻在案。兹查广东省城本年十一月晴霁为多，统计九月以后稀见雨泽，微幸晚谷登场已久，尚□□于时需，贫民尤以冬暖为宜，民气日见怡和，而谷价稍见昂贵，仍属中价，不至遽形歉薄，堪以仰慰圣怀。所有同治三年十一月份雨水、粮价情形，臣谨恭折具奏，并缮粮价清单，敬呈御览，伏乞皇太后、皇上圣鉴。谨奏。

同治四年二月十九日，议政王军机大臣奉旨："知道了。"钦此。

清单

谨将广东省同治三年十一月份各属米粮时价分晰，开列清单，恭呈御览。

广州府属，价中。上米每仓石价银二两三钱二分至二两九钱七分，与上月相同。中米每仓石价银二两一钱三分至二两七钱九分，较上月增一分。下米每仓石价银一两七钱六分至二两三钱七分，与上月相同。

韶州府属，价中。上米每仓石价银一两八钱四分至二两七钱，较上月增一分。中米每仓石价银一两五钱四分至二两三钱三分，与上月相同。下米每仓石价银一两一钱七分至一两九钱五分，与上月相同。

惠州府属，价中。上米每仓石价银二两一钱至二两八钱八分，与上月相同。中米每仓石价银一两八钱五分至二两六钱五分，与上月相同。下米每仓石价银一两五钱九分至二两二钱九分，较上月增一分。

潮州府属，价中。上米每仓石价银一两八钱五分至二两六钱七分，与上月相同。中米每仓石价银一两四钱四分至二两二钱八分，较上月增一分。下米每仓石价银一两一钱至一两九钱二分，与上月相同。

肇庆府属，价中。上米每仓石价银一两九钱二分至二两六钱七分，与上月相同。中米每仓石价银一两六钱二分至二两四钱六分，较上月增一分。下米每仓石价银一两三钱至二两五分，与上月相同。

高州府属，价中。上米每仓石价银一两二钱六分至一两四钱四分，较上月增一分。中米每仓石价银一两五分至一两二钱五分，与上月相同。下米每仓石价银九钱至一两九分，与上月相同。

雷州府属，价中。上米每仓石价银一两四钱七分至一两五钱九分，与上月相同。中米每仓石价银一两二钱一分至一两三钱二分，与上月相同。下米每仓石价银一两一分至一两一钱三分，较上月增一分。

廉州府属，价中。上米每仓石价银一两八钱五分至二两八分，与上月相同。中米每仓石价银一两四钱九分至一两七钱二分，较上月增一分。下米每仓石价银一两二钱六分至一两四钱五分，与上月相同。

琼州府属，价中。上米每仓石价银一两八钱三分至二两三钱五分，与上月相同。中米每仓石价银一两四钱九分至一两九钱四分，与上月相同。下米每仓石价银一两三钱一分至一两七钱八分，较上月增一分。

佛冈直隶厅，价中。上米每仓石价银一两八钱五分至二两四钱八分，较上月增一分。中米每仓石价银一两五钱七分至二两二钱三分，与上月相同。下米每仓石价银一两三钱二分至一两九钱三分，与上月相同。

绥瑶直隶厅，价中。上米每仓石价银二两二钱七分至二两四钱九分，与上月相同。中米每仓石价银一两九钱五分至二两一钱三分，较上月增一分。下米每仓石价银一两七钱七分至一两九钱四分，与上月相同。

罗定州属，价中。上米每仓石价银一两七钱四分至一两九钱一分，与上月相同。中米每仓石价银一两六钱二分至一两七钱六分，与上月相同。下米每仓石价银一两二钱三分至一两三钱五分，较上月增一分。

连州属，价中。上米每仓石价银二两二钱一分至二两四钱三分，较上月增一分。中米每仓石价银二两三分至二两二钱一分，与上月相同。下米每仓石价银一两七钱至一两八钱七分，与上月相同。

南雄州属，价中。上米每仓石价银二两二钱二分至二两四钱一分，与上月相同。中米每仓石价银一两九钱七分至二两一钱一分，与上月相同。下米每仓石价银一两六钱五分至一两七钱八分，较上月增一分。

嘉应州属，价中。上米每仓石价银二两一分至二两五钱八分，与上月相同。中米每仓石价银一两八钱五分至二两四钱，较上月增一分。下米每仓石价银一两四钱六分至二两，与上月相同。

议政王军机大臣奉旨：“览。”钦此。

密陈司道知府考语疏十二月十八日①

奏为密陈司、道、知府考语，仰祈圣鉴事。

窃照司、道、府等官贤否，例应于年底加具切实考语陈奏。

①日期据中国第一历史档案馆藏“录副奏折”原件03-4613-134号同疏补。

道光十七年钦奉上谕："督抚职任封疆，责任綦重。凡属员之贤否，自当随时查察，无稍徇隐。乃近年各省督抚视为具文，仅以一奏塞责。经朕留心察看，往往与所注考语大不相符。嗣后各省督抚惟当仰体朕用人之苦心，事事求一实字。其考察属吏，尤应就其所办公事，认真稽核，一秉至公。"等因。钦此。又道光二十六年正月十八日钦奉上谕："嗣后各省督抚于年终密考，务须格外慎重，倍加严密，毋稍视为具文，致滋率忽。"钦此。又道光三十年十二月二十八日钦奉上谕："嗣后各直省督抚于年终密考，务将各该员贤否实迹指出确据，胪列密陈，不得仅以空言含混了事。倘有保举在先，该员不能始终奋勉，亦着据实直陈，毋稍回护。封疆大吏，朕寄以耳目腹心。旌别之公私，即以定劝惩之得失。若考核不精，名实不副，是上以实求而下不以实应，安用此虚文为耶！将此通谕知之。"钦此。

臣仰承恩命，权抚粤东，一年以来，体察地方情形，由于纪纲法度废弛已甚，遂使盗贼日益横行，民情日益郁塞。故于整饬吏事，必以捕除盗贼、疏通民气为务。贪惰之吏，严加参劾；勤廉之官，量与保荐。同城司道及各属道府，亦尚能相奖以督率整顿，相戒以袒庇因循。自惟才力迂浅，内守硁硁，总期稍有实际，仰副皇上澄叙官方之至意。兹届年终注考之期，谨将现任司、道、知府各员，就臣愚见所及，填注切实考语，密缮清单，恭呈御览，伏乞皇太后、皇上圣鉴。

再，肇罗道缺请以王澍补授，尚未奉文覆准；准补惠州府知府顾兰生、补授廉州府知府戴肇辰，甫饬赴任；雷州府知府〔周〕[①] 毓桂，调省当差尚未回任，均毋凭注考，合并陈明。谨奏。

---

①据中国第一历史档案馆藏"录副奏折"原件 03-4613-134 号同疏补。

清单[①]

谨将同治三年广东省现任司、道、知府密注切实考语，手缮清单，恭呈御览。

布政使李瀚章，年四十一岁，安徽拔贡，同治三年五月二十六日到任。该员见解明通，操守廉静，理财用人，谨守法度，精细有馀。

按察使李福泰，年五十一岁，山东进士，同治三年六月初二日到任。该员在粤日久，于地方情形最为熟悉，处人接物，周洽无忤。

盐运使方濬颐，年五十二岁，安徽进士，同治三年六月初十日到任。该员心计尚见周匝，整顿盐务，考求利病，处置能有条理。

督粮道郭祥瑞，年五十三岁，河南进士，同治二年九月十八日到任。该员笃实贞谅，于属吏贪廉、地方利弊，持论坚确不移。

南韶连道唐启荫，年三十八岁，广西进士，同治三年七月初一日到任。该员军需旁午，措理裕如，有干济之才，而出之以圆通。

惠潮嘉道凤安，年四十四岁，镶蓝旗满洲翻译、生员，同治二年六月二十一日到任。该员和平稳实，勇于任事，不辞劳悴。

高廉道英秀，年四十四岁，镶蓝旗满洲翻译、生员，同治二年三月十二日到任。该员安详谨慎，处事周妥，不持意见。

雷琼道孙观，年四十八岁，安徽进士，同治元年三月初八日到任，五月二十一日奉文准补。该员精明强干，除盗安民，诸资

①辑自中国第一历史档案馆藏“朱批奏折”原件04-01-13-0304-004号。原单未注月、日。

整饬。

广州府知府梅启照，年三十八岁，江西进士，同治三年二月二十一日到署，十一月二十五日奉部文准补。该员年力正强，遇事留心，能任繁剧。

韶州府知府沈映钤，年五十五岁，浙江进士，准补未引见，同治元年十二月初七日先赴署事。该员老成谙练，为守俱优。

潮州府知府蒋超伯，年四十一岁，江苏进士，同治二年五月初二日到高州府任，调补今职，尚未到任。该员谨序明畅，留心吏事。

肇庆府知府徐嵩生，年六十岁，河南进士，咸丰九年十一月初六日到任，调署琼州府知府。该员心和守洁，举止老成。

高州府知府瑞昌，年三十二岁，镶蓝旗满洲文举人，同治三年十一月二十五日奉文准补今职，尚未到任，现署惠州府知府篆务。该员年优才裕，志趣尚远。

琼州府知府五福，年五十八岁，内务府正白旗汉军，同治二年五月三十日到廉州府任，调补今职，现饬赴任。该员老练精详，能胜艰钜。

粤省第五次捐输京仓米价银两请奖疏[①] 十二月十九日

奏为广东省捐输京仓米价银两，开列第五次捐生姓名、银数，吁恳天恩，准照现行捐例，分别奖叙，以昭激劝，仰祈圣鉴事。

案准户部咨：具奏筹备京仓案内，议令东省设法采买洋米解

①辑自中国第一历史档案馆藏“录副奏折”原件 03-4899-010 号及附件 03-4899-011 号清单。系与两广总督毛鸿宾会衔，标题为编者拟。

京接济，经前督臣劳崇光督同司道，邀集官绅筹议，因粤东米少价昂，海运需费甚巨，奏明劝捐米价银两解京就地买米，以资实用。先已陆续捐集银三十七万两，委员候补知县海玉、莫东奎，候补通判冯宝封，候补知县奎成、彭荣绍，分批解部。嗣又准户部咨，奏令广东省照案续筹京仓米价银两，分批运京等因。复经捐集银三十二万两，委员候补知县程家训、王海溥、胡墉，候补盐课大使蔡荀蕊，即补知县俞文叶，试用盐课大使杨国鼎，分批汇解，赴部投纳。各绅民竭力输将，接济京仓，急公慕义，较之捐助外省军饷，尤堪嘉尚，自应援照筹饷新例，凡捐实官准减二成，及现行常例，报捐封典职衔级纪，准减四成各章程，请给奖叙，以示鼓励。

所有第一、二、三、四次捐生姓名、银数，业经先后开单恭折奏请奖叙，并将截数停捐缘由陈明在案。兹据总局司道详称：粤省前捐京米价银续批各捐生，开送履历请奖，银九万九千一百五十六两，先已兑交藩库委员解部，应作为第五次请奖，内请给实在官阶二十二员名，请给封典职衔三百三十员名。所请官阶与原捐银数，按照例案，逐加考核，均属相符，列册详请奏给奖叙前来。臣等复核无异，合将捐生姓名、银数，缮具清单，恭呈御览，仰恳天恩俯准，分别奖叙，将请给实官各员归于筹饷新例，按班选用，俾昭激劝。除将各捐生履历清册送部核办，听候缮发执照来粤给领外，臣等谨合词恭折具奏，伏乞皇太后、皇上圣鉴训示。

再，本案初捐人员均据捐局委员询系身家清白，并无朦捐等弊，仍俟饬查原籍复到办理，此外尚未请奖银两，容饬催指定官阶，开送履历，汇案请奖，合并陈明。谨奏。

同治四年二月十八日，议政王军机大臣奉旨：“户部核议具奏，单并发。”钦此。

清单

谨将广东省捐输京仓米价第五次请给实官及职衔、封典各官绅捐生姓名、银数，开列清单，恭呈御览。

计开：

未截取举人胡日初，捐银三千一百九两，请以主事不论双单月选用；续捐银一千一百六十七两，请加员外郎升衔。

江西试用通判官志贻，捐银一万六百八十五两，请以道员不论双单月选用，并加四级，给予祖父母、父母正二品封典，将本身妻室应得封典貤封曾祖父母。

监生官志濂，捐银三千四百五两，请给知府职衔；续又捐银五千九百三十三两，请以知府双月选用。

同知衔前浙江太平县知县冯锡镛，捐银五百七两，请以同知双月选用。

分发补用府经历林奎璧，捐银二千六百六十两，请以通判不论双单月选用，并加盐提举升衔。

候委训导王学和，捐银二千四百三十四两，请以通判不论双单月选用。

监生陈祝万，捐银二千七百九十四两，请以通判不论双单月选用。

按察司经历衔邓光，捐银七百七十八两，请以按察司经历双月选用。

候选布政司理问徐德赓，捐银一千九十五两，请降捐盐大使补用。

监生吴定国，捐银一千七百二十八两，请以盐大使选用。

监生李廷颐，捐银一千七百七十五两，请以县丞不论双单月分缺先选用，并免试用。

附贡生冯麟、监生童绥丰，以上二名各捐银八百四十三两，均请以县丞不论双单月选用。

选用刑部司狱王光彤，捐银二百九两，请以县丞双月选用。

监生韩云瑞，捐银五百六十二两，请以县丞双月选用。

监生朱鉴，捐银八百两，请以盐知事不论双单月选用。

监生钟锡淇，捐银二百二两，请以从九品不论双单月选用。

监生徐治，捐银三百五十两，请以县典史不论双单月选用。

未截取举人何应驹，捐银九百五十一两，请以复设教谕双月选用，并加内阁中书升衔，给予父母、生母从七品封典，将本身妻室应得封典貤封祖父母。

副贡生梁柄魁，捐银四百九十两，请以教谕不论双单月选用。

廪贡生韩琼佩，捐银二百七十九两，请以复设训导双月选用，并给予父母、生母从八品封典。

监生周冠钧，捐银四百四两，请以营千总分发本省拔补。

广东安定县训导梁元芳，捐银七百四十四两，请加内阁中书升衔。

知府衔候选同知潘国珍，捐银一千三百六十八两，请加二级，给予祖父母、父母从三品封典，将本身妻室应得封典貤封曾祖父母。

署广东潮阳县事侯补知县冒澄，捐银六百二十三两，请加同知升衔。

福建试用知县古熺，捐银七百六十一两，请加同知升衔。

截取知县陈文瑞，捐银一千二百四十一两，请加同知升衔，并给予父母正五品封典，将本身妻室应得封典貤封祖父母，另请貤封胞伯父母正五品封典。

广东候补盐知事黄叔仪，捐银五百六十二两，请加州同升衔。

分发候委训导王凤翰，捐银四百八十六两，请加三级，给予父母正七品封典，将本身妻室应得封典貤封祖父母。

候委训导陈文瑞，捐银一百二十两，请给予父母从八品封典。

中书科中书衔郑抡元，捐银二千四十两，请给予员外郎职衔。

同知衔李庆祥，捐银一千一百三十六两，请加一级，给予父母从四品封典，将本身妻室应得封典貤封祖父母。

同知衔蒲应铨，捐银三百二十两，请给予父母正五品封典，将本身妻室应得封典貤封祖父母。

布政司经历衔杨京榜，捐银一千六百八十两，请给同知职衔，并给予父母正五品封典，将本身妻室应得封典貤封胞兄嫂。

布政司经历衔马冠群，捐银二百四十两，请给予父母从六品封典，将本身妻室应得封典貤封祖父母。

按察司知事衔刘永章，捐银八十两，请给予布政司经历职衔。

县丞衔陈磐石，捐银八十两，请给予布政司理问职衔。

从九品衔监生徐友于、林锡藩，以上二名各捐银一百七十六两，均请给予布政司理问衔。

州同衔蔡由义，捐银二千二百七十二两，请加四级，给予父母及本身妻室从四品封典。

县主簿衔谢洛周，捐银一百六十两，请给予父母正九品封典。

从九品衔林献金、陈其芳、许邦倬，以上三名各捐银一百四十四两，均请给予按察司照磨职衔。

从九品衔陈风声，捐银一百四十四两，请给予府知事职衔。

从九品衔林树柏、刑史、刑穀辉、陈斯仓，以上四名各捐银一百四十四两，均请给予县主簿职衔。

从九品衔卢熙文，捐银一百六十两，请给予父母从九品封典。

未入流衔林顺天、何秉钧、陈源洪、周玉书，以上四名捐银八十两，均请给予父母从九品封典。

监生赵乾亨、冯亿亨，以上二名各捐银九百六十两，均请给光禄寺署正职衔，并给予父母从六品封典，将本身妻室应得封典貤封祖父母。

监生罗惇藻、罗鸿绂，以上二名各捐银七百二十两，均请给予光禄寺署正职衔。

监生饶春熙，捐银八百四十两，请给太常寺博士职衔，并给予父母从七品封典，将本身妻室应得封典貤封祖父母。

监生卢泽深，捐银七百六十两，请给中书科中书职衔，并给予父母从七品封典，将本身妻室应得封典貤封祖父母。

监生梁耀祺、许义长，以上二名各捐银五百二十两，均请给予中书科中书职衔。

监生郑岳衡，捐银五百二十两，请给予詹事府主簿职衔。

监生古本荣，捐银六百八两，请给翰林院待诏职衔，并给予父母、生母从九品封典，另请胞兄嫂从九品封典。

监生刘治彭、郭亮嵩、刘芳，以上三名各捐银二百八十八两，均请给予翰林院待诏职衔。

监生黄惟忠，捐银四百四十八两，请给国子监典籍职衔，并给予父母从九品封典。

监生黄金声、邱鸿翱、李茂清、刑定裕、侯任受，以上五名各捐银二百四十两，均请给予布政司经历职衔。

监生张星南，捐银四百八十两，请给布政司理问职衔，并给予父母从六品封典，将本身妻室应得封典貤封祖父母。

监生张中和、刑定三，以上二名各捐银二百四十两，请给予布政司经历职衔。

监生苏肖荣、欧阳理，以上二名各捐银一千三百六十两，均请给州同职衔，并加二级，给予父母从五品封典，将本身妻室应得封典貤封祖父母。

监生廖兰飘，捐银四百八十两，请给州同职衔，并给予父母从六品封典，将本身妻室应得封典貤封祖父母。

监生林熙光、曾体颜、聂超伦、温惠元、陈名宾、朱正芳、张枚瑶、张沂、邹德同、朱联芳、余祥中、曾瑞麟、赖荣宗、苏正朝，以上十四名各捐银二百四十两，均请给予州同职衔。

监生张任道、何廷显，以上二名各捐银二百两，均请给予按察司经历职衔。

监生李应期，捐银一百六十两，请给予府经历职衔。

监生李兴岐，捐银一百六十两，请给予县丞职衔。

监生黄惟良，捐银九十六两，请给予茶马大使职衔。

俊秀黄河源、区曰京、阮泽芬、何逢康、何锡超、何光昇、黄献廷、黄翰邦、刘锡扬、钟拔贤、李学书、阮丕贤、梁彩云、林光烈、郭彦珍、陈泰陞、刘敬宗，以上十七名各捐银一百四十四两，均请给未入流职衔，并给予父母从九品封典。

俊秀高守真、黎文炽、唐聪茂、林宗、黄怀让、谢家珍、谭宝珊、叶家良、卫荣勋、吕镜泉、陈昌荣、何昆和、何文裕、郑霭斋、郑廷顺、黎兆开、汤浩然、梁琼光、林居敬、邓会元、李春荣、吴茂熙、叶德成、黄元英、曾荣光、韩沧、朱朝纲、陈琦峰、陈嘉宾、邱象琳、邱体怡、林毓华、黎叶循、曾锡金、叶声华、郭承曾、罗克昌、叶开春、叶植楠、刘焕飞、钟峻发、钟拔儒、钟子纶、严凤祥、曾德昌、曾德润、叶岚梅、江廷祥、洪拔萃、周高攀、李为和、李为顺、刘和义、陈嘉成、饶晋贤、饶访鲲、饶桂芳、廖殿材、刘元盛、林国栋、罗以庄、罗云庆、谢秀实、王大俊、吴天藩、吴培华、吴龙贵、刘树勋、骆大勋、陆步崑、林树柏、黄家炳、王世花、符世元、刑保瑛、陈玉辉、范昌成、刑穀辉、刑史、刑定坤、王廷相、符廷璋、符开兰、陈其德、王朝兴、邓兰芬、钟芾棠、黄宗海、何其飞、曾成荣、王鸣高、李耀廷、李炼辉、李建标、陈荣章、刘云章、柯志澄、曾仪昌、刘碧梧、陈桥荣、莫振仪、袁裕昌、冯满科、李懿平、李廷芬、林云峰、徐用璋、谭若泉、何思圣、黄国祥、黄立功、赖汝扬、李尧廷、张椿、王荣邦、叶锡龄、叶自如、陈凤仪、黄汝舟、刘盛斐、钟亦芳、张大学、曾嵩继、叶家鼇、谢熙章、曾国才、曾拔明、曾国光、邱克让、谢绵乐、辛泰国、黄贻思、曾远来、江秋士、方际亮、范大观、李继曾、李鸣谦、洪有年、谭元龙、伦登桂、欧遇成、张容光、陆文丰、叶逢清、吴元清、陈绍裘、宋琠云、黎怀纲、符载典、陈家瑸、黎昭柽、王建山、李基元、符玉书、吴业魁、陈德钦、符克浤、李名达、莫家桂、许邦伟、林天兴、林舒秀、刑天仕、何修道、陈振泰、严善卿、黄克用、云廷秀、许居愆、黄绍徽、黄璟辉、刘肇纶、史昌期、陈秋宾、符家宝、吴家源、符国泰、符鸿仪、陈玉山、林乔英、韩标彝、韩有翼、王绍旦、刑保承、符用泰、韩锡爵、韩宏准、符世宙、李学宝、张有功、张肇尧、钟锡纶、林献金、邱耀祥、叶世彰、蔡星阶、钟信猷、温绍熙、张怀清、黄窕举、吴华饷、李炽纶、陈焕邦、刘增辉、刁继周、潘庆曾、黄金明、赖毓成、谢经仪、周树伦，以上二百一十一名，各捐银六十四两，均请给予从九品职衔。

俊秀蔡徽州、李端荣，以上二名各捐银六十四两，均请给予未入流职衔。

把总职衔冯启芊，捐银三百八十四两，请给予营守备职衔。

从九品衔监生曾国均，捐银二百五十六两，请给予守御所千总职衔。

武生区定扬，监生陆俊豪、刘自强、苏秩祺，武监生李开瑞，以上五名各捐银三百二十两，均请给予守御所千总职衔。

监生许培化、吴联超，以上二名各捐银二百两，均请给予卫千总职衔。

武生潘梦莲、黄凤起、陈缙邦，监生许义刚、陈步升、魏炳文、缪思齐，以上七名各捐银一百六十八两，均请给予营千总职衔。

武生叶长芳，捐银九十六两，请给予把总职衔。

俊秀钟俊良、王元高、陈朝瑛、袁士宽、袁廷耀、袁永祥、邢定锽，以上七名各捐银一百八十四两，均请给予把总职衔。

合计官绅捐生三百五十二员名，共捐输米价银九万九千一百五十六两。

议政王军机大臣奉旨："览。"钦此。

已革前代理英德县知县陆景清欠解钱粮之数独多延未完解请拿问监追等事片[1] 十二月二十二日

再，查广东候补知州陆景清，前代理英德知县任内，经征同治元年钱粮，完解不及三分，经前督抚臣汇同经征不力之署长宁县知县赵方正等，恭折奏参，摘去顶戴，勒限完解。嗣因日久，

①辑自中国第一历史档案馆藏"录副奏折"原件03-4846-073号。标题为编者拟。

尚未完及五分，且查该员前在英德、高要等县任内，征存同治元、二两年及咸丰九、十等年省营兵米，亦延不完解，后经臣等奏参，奉旨："着暂行革职，勒限三个月扫数完解，馀依议。"钦此。钦遵转饬勒催依限完解去后。

兹查该员前代理英德县任内，征存同治元、二年地丁钱粮共银一万五千七百馀两，又征存英德、高要二县各年省营兵米二千一百六十馀石；于被参后仅据完解英德地丁钱粮一千五百两，省米一百七十二石五斗三升八合五勺，高要县省米四百二十四石七斗二升五合八勺，其馀征存地丁银两及省营米石，逾限日久，仍未完解清楚，显为亏挪情弊。臣等设局清查，咨州县交待，事皆更历十馀年，积累十馀任，款目繁多，挪移重沓，经饬藩暨交待局委员先查各属征存正项，按数追缴。而陆景清一员征存欠解之数犹多，催追日久，缴未及半，尤属支吾胆玩。据藩臬两司、督粮道转据各该管道府揭报前来。相应请旨，将已革候补知县陆景清拿问监追，以便提同经手书役人等严究是侵是挪，并此外有无未清款项，分别严究，仍饬将该员寓所资财严实查封，一面飞咨该员原籍，查明所有产业，封估备抵，以重帑项而儆官邪。臣等谨附片陈明，伏乞圣鉴训示。谨奏。

同治三年十二月二十二日，议政王军机大臣奉旨。钦此。

敬陈粤省九月份并无报捐文武监生片[1] 十二月二十二日

再，广东省报捐监生、贡生名数、银数，向系按月奏报。嗣

①辑自中国第一历史档案馆藏"录副奏折"原件03-4898-055号，日期系奉旨时间。标题系编者拟。

准部咨，将部监空名印照发交各省报捐文武监生，每名减银二十两，贡生减二成办理。又准部咨，空名照数目，分别已发未发，按月奏报。各等因。当于咸丰四年八月起办理减成数，截至同治三年八月止，报捐监生、贡生名数、银数及奉颁空名执照已发未发张数，其同治三年四、五、六、七、八月份并无报捐贡生，均经按月附片奏明。各在案。兹据布政使李瀚章呈称：同治三年九月份并无报捐文武监生、贡生，未经填发执照，无凭造报，呈请奏咨前来，臣复核无异。除分咨部监外，谨附片陈明，伏乞圣鉴。谨奏。

同治三年十二月二十二日，议政王军机大臣奉旨："户部知道。"钦此。

官军越境进规云霄平和并围攻永定折[1] 十二月二十六日

奏为官军越境进规云霄、平和各城，迭次苦战获胜，并方军先攻永定，继进漳州各缘由，恭折由驿驰陈，仰祈圣鉴事。

窃臣等于本月初二日将官军飞援诏安，进规云霄情形奏明在案。嗣据臬司李福泰、潮州镇翟国彦等禀称：十一月十八日，副将何云章分兵三路进剿云霄踞逆，适伪利王朱兴隆、伪朝天福韩头佰自平和来援，该匪开城迎敌，我军奋勇而前，左右冲突，自酉至申，贼众大败，退回城中。二十二、二十三等日，何云章分兵捕搜莆尾乡等处散匪，搜杀殆尽。二十八日，该匪复分路来扑我营，何云章分兵迎击，自率郑世英从中冲入，贼分为二，东西不

①辑自毛承霖编《毛尚书奏稿》卷十五，清宣统元年刻本。系与两广总督毛鸿宾会衔。

能相顾，鏖战良久，贼众不支，纷纷回窜入城。我军追至城下，城上枪炮如雨，随即收队。共计前后杀贼数百名，受伤者不计其数，我军亦伤亡百馀人。此副将何云章进攻云霄迭获胜仗之情形也。

游击杨清臣、知县谢树棠于十一月二十七日，由饶平之柏嵩关进攻平和，该匪以马队数百出西门冲突而来，我军立住阵脚，枪炮齐施，打倒执旗贼目一名，伤毙数十名，馀皆突路而窜。二十九至三十日，我军节节进攻，扫荡而前，将塔子山贼垒平毁，擒斩伪王朱兴隆之家属百馀人，贼众胆落，纷窜入城，遂将城外土垒一律平毁。旋获贼谍，知伪利王朱兴隆将由云霄回援平和，谢树棠预先分兵于云霄、平和通路之陈坑埋伏。初四夜，匪党果至，我军伏兵四起，四面包抄，自丑至午，鏖战数时，贼众大溃，生擒伪朝天福韩头佰、伪参军许仕喜、伪军正张壬汶、伪先锋曾云卿等五十五名，杀毙不计其数，其得入平和者不过数百人。正拟合力攻城，初六日忽有漳州援匪数千，假冒福建戴都司旗号蜂拥而来，我军猝不及防，力战数时，互有杀伤。城中之贼复来接应，谢树棠恐该匪绕出我后，阻绝粮道，遂督队回守柏嵩关。俟翟国彦大兵驰至，再行会合进剿。此知县谢树棠进攻平和，迭获胜仗之情形也。

方耀由上杭之蚺蛇渡节节进扎，贼匪闻风退窜。参将林保于折滩抢搭浮桥过河，进扎距永定不远之庵前。郑绍忠、邓安邦两军亦由峰市跟踪而进，该匪于永定城外四面筑垒，意图死守。此方耀等军进规永定之情形也。

臣等以漳州踞逆李世贤势尚披猖，前经檄饬方耀会合闽军进攻漳州，惟查平和、永定、云霄各城均为贼踞，汀州所属地方遍地贼氛，与潮、嘉各属紧相逼处，若不节节扫荡，则悬军深入，转恐边界空虚，万一该匪突路回窜，不免有顾此失彼之虞。现饬臬司李福泰暂赴大埔察看情形，会商调度，以图迅赴戎机，仍饬方耀等先将永定各踞之逆，趁势扫荡，肃清后路，免被牵制。然后会合援闽诸军进围漳州，以期一鼓荡平，庶仰副皇上绥靖边疆之至意。

所有近日粤军越境围攻平和、云霄各城，迭获胜仗，并方军进规永定各情形，谨合词恭折由驿驰奏，伏乞皇太后、皇上圣鉴训示。谨奏。

番禺县举人梁葆训请赏加内阁中书衔片会总督衔

再，臣等设立奖恤局，溯查咸丰四年以后各州县官绅办理防剿劳绩，迭据查明东、北两江各案，分别奏恳恩施。臣等检查旧卷历年详保各案，卷牍纷烦，奖恤局但能据案稽查，酌量准驳，历时久远，各官绅存没参半，其力不能上达者，即无由推求底蕴，以核知其劳迹。臣等查旧卷内有番禺县举人梁葆训一员，以大挑二等选授阳江县训导，自咸丰四年办理安良局团练，所居慕德里正当省城北路之冲，屡次带勇堵截贼匪，省围既解，搜捕各乡土匪，竭力整顿。直至咸丰七年洋人之扰，其家悉被焚毁。绅民均称其毁家纾难，而始终未得一邀奖叙。该员亦不一自表暴，近年以来，力求韬晦。臣等以其乡望尚隆，札饬帮办省团局务，屡以母老为辞，至今延不赴省。该员年力尚强，质性慷慨，历年著有微劳，而能不染浮靡之习，自守耿介，应请赏加内阁中书衔，以示鼓励。

至各案中尚有绅士督带团练，御贼阵亡，未经奏邀恤典者，应俟查明此次嘉应、南雄各属殉难士绅，一并开单汇奏，合并陈明，伏乞圣鉴训示。谨奏。

同治四年

官军越境剿贼大胜克复永定县城疏会总督衔　正月初十日[1]

奏为官军越境剿贼大胜，克复永定县城，恭折仰祈圣鉴事。

窃臣等前以官军进规云霄、平和各城，迭次苦战获胜，并先规永定、后图漳州各情，于十二月二十六日具奏在案。嗣据臬司李福泰、副将方耀禀称：永定踞逆丁太阳、潘姓等势甚凶悍，深沟高垒，有久踞之意。方耀自进扎恩全后，探知贼中丁、潘二逆各不相能，可以设法离间，即购觅敢死之士混入贼中，侦伺动静，相机办理。十二月二十六日，方耀侦知贼将赴永定城外之金砂乡掳掠，预于近城各处埋伏。二十七日，贼众果至，我军号炮一声，伏兵齐起，四面围杀，喊声动地，贼众披靡，杀毙六百馀名，馀匪带伤回窜。我军追至城外，将炮楼、土垒一律平毁。二十八日，知府吴赞诚、都司郑绍忠督兵来会。方耀于城外踏看地势，有附城之镬子岭、鸣岐山两处可以俯瞰城中，因移营分扎山脊，枪炮、火箭日夜俯击，贼众死伤如积，兼以城内举动为官军所知，各自惊疑，遂于十二月二十九日〔四更后〕[2]，开东门自龙岩州一路而窜，我军追至雷塘而还。共计先后杀贼一千六七百名。〔查该逆踞

①日期据《毛尚书奏稿》卷十六同疏补。

②据《毛尚书奏稿》卷十六同疏补。

守永定，与漳州为犄角之势，借以牵制粤师，今被我军攻克，贼气少夺。臣等已饬方耀等乘此声威，相机进剿，以冀速殄妖氛。〕①

查永定虽已收复，而汀州之南阳，为康逆汪海洋踞扎，号称十六七万人。漳州踞逆号称二十万人。是潮嘉东、北两路防务，尚未能放松一路。谨仍钦遵谕旨，咨催冯子材速赴东江督办军务，先饬李福泰驰赴潮州府城，妥筹布置，以固滨海门户。

至已革副将方耀，自平远挫衄后，〔痛自追悔，深以辜负委任为耻，即〕②能振刷精神，督兵克复武平县所两城，已经臣等奏明记功，奉旨允准在案。现复设计苦战，越境攻克永定县城，实属能知愧悔，奋勇可嘉。合无吁恳天恩俯准，将花翎总兵衔署三江协副将方耀所有暂行革职处分，悉予开复，以示鼓励。臬司李福泰自出省督办防剿以来，运筹决策，悉合机宜，用能越境连克两城，洵属调度有方，可否赏戴花翎。候补知府虎门同知吴赞诚，前办嘉应团练，力遏贼氛，现复会同方耀，出奇制胜，攻拔坚城，洵属异常出力，可否以道员留于广东补用。都司郑绍忠，〔随同克复，著有微劳〕③，可否赏加游击衔。其馀在事出力人员，可否由臣等查明后择尤保奖，〔均出自皇上逾格恩施〕④。

所有官军越境克复永定县城缘由，谨合词恭折由驿六百里驰奏，伏乞皇太后、皇上圣鉴。谨奏。

①②③据《毛尚书奏稿》卷十六同疏补。

④据中国第一历史档案馆编《清政府镇压太平国档案史料》第26册同疏补，社会科学文献出版社2001年版。

南韶连道唐启荫丁忧出缺请委员接署疏[1]正月二十二日

奏为道〔员〕在任闻讣丁忧，委员接署南韶连道篆务，恭折奏祈圣鉴事。

窃照南韶连道唐启荫呈报，同治四年正月十三日在任闻讣丁父忧，请离任回籍守制等情前来。所遗南韶连道篆务，应即委员接署，以专责成。

查有候补道齐世熙，稳实精练，为守兼优，堪以署理。除檄饬遵照并将唐启荫闻讣丁父忧缘由，另行具疏题报外，所有南韶连道一缺，相应请旨简放，以重职守。臣等谨合词恭折具奏，伏乞皇太后、皇上圣鉴训示。谨奏。

同治四年三月十三日，军机大臣奉旨："已有旨。"钦此。

广东省同治三年咨结各属交代并提解征存银两数目疏[2]正月二十二日

奏为查明广东省同治三年份咨结各属交代并提解征存银两数目，恭折具奏，仰祈圣鉴事。

窃照道光二十八年五月间接准部咨，钦奉上谕："各直省州县钱粮，着照户部议准。"等因。钦此。转行钦遵办理。同治二年以前历届岁终均经前督抚臣将咨结各属交代并提解征存银两，开单

①辑自中国第一历史档案馆藏"录副奏折"原件03-4614-060号，系与两广总督毛鸿宾会衔。标题系编者拟。

②辑自中国第一历史档案馆藏"录副奏折"原件03-4927-019号及附件清单03-4927-020号，系与两广总督毛鸿宾会衔。标题系编者拟。

奏报在案。兹据藩司查明同治三年份咨报各属交代一十一案征存正杂各款银两，先经提解到司，有尾欠银二百三十二两六钱八分五厘，亦已提解司库。此外，未结交代及未解三款，饬再查催，分别咨结提解等情，具详前来。臣等复查无异。除督饬藩司严催结报提解，以重库款外，谨合词恭折具奏，并另缮清单，敬呈御览，伏乞皇太后、皇上圣鉴。谨奏。

同治四年三月十三日，军机大臣奉旨："该部知道，单并发。"钦此。

清单

谨将广东省同治三年份应追原参交代亏空案内未完银米谷石数目，开列清单，恭呈御览。

一、大埔县张深接收陈恩普交代亏缺银两参追案内，未完道光十五年税科羡耗银三百二十三两三钱二分，除抄存该参员陈恩普寓所衣物估变备抵银四十六两二钱一分，尚未完银二百七十七两一钱一分，先经咨查原籍催追。嗣准部咨，查办豁免，复经咨明原籍取结报部请豁，续准部行又经转饬潮州府查办，现尚未据申复。

一、普宁县柏贵接收陈恩普交代亏缺银、米参追案内，未完道光十七年地丁正耗银三千八百三十六两三钱七厘，折价正耗米一千二百七十三石八斗一升，因抄存该参员陈恩普寓所衣物估变银四十六两二钱一分，已归于大埔县亏缺案内备抵。此案未完银米无可归补，先经分咨浙江、江西转饬该参员原籍祖籍查追，续准部咨，查办豁免，复经分咨该参员原籍祖籍确切查明，分别咨部核办复粤查照，现尚未准咨复。

一、署遂溪县车任重接收黄榜交代亏缺银谷参追案内，未完道光十七年地丁钱粮备支俸食等银一千七十七两二钱六分四厘，耗羡银一千八百三十三两四钱四分三厘，十六、十七年税科羡耗银二千八百三十四两九钱一分。续又查出挪用官租钱一十二千二百四十文，折银一十二两二钱四分，共应追银五千七百五十七两八钱五分七厘。除已据该故员黄榜家属完缴银六十七两七钱八分三厘，又抄存该故员寓所衣物估变银三十三两八分六厘备抵外，尚未完银五千六百五十六两九钱八分八厘。又应赔霉变仓谷七千七百九十一石六斗九升，先经分咨该故员原籍陕西及四川寄寓查追，续准部咨，查办豁免，复经移咨川、陕二省确查办理。又准部咨，此项银两应如何筹补归款，亦经转饬雷州府核详，现尚未据详复。

一、署长宁县谢遇清接收高炳文交代亏缺银两参追案内，未完道光十九年地丁正耗银一千八百二十四两八钱六分，十六、十七、十八等年耗米盈馀银五百一十三两二钱四分一厘，十七、十八、十九等年税科羡耗银九百八十四两三钱六分一厘，共应追银三千三百二十二两四钱六分二厘。除该参员原籍四川省抄存田房产业估变银九百二十九两一钱二厘，又抄存寓所衣物估变银二两五钱九分五厘备抵外，尚未完银二千三百九十两七钱六分四厘。续准部咨，查办豁免，业经移咨四川省确查办理，现尚未准咨复。

军机大臣奉旨："览。"钦此。

广东省各年参追交代亏空案内未完银谷照恩诏豁免办理疏[1] 正月二十二日

奏为查明广东省各年参追交代亏空案内未完银米谷石，先经

①辑自中国第一历史档案馆藏"录副奏折"原件03-4927-018号，系与两广总督毛鸿宾会衔。标题系编者拟。

查照恩诏豁免条款办理，恭折奏祈圣鉴事。

窃准部咨：嗣后各省交代征存应解之款，以初次限满起，勒限两个月扫数提解藩库，随时报部销案，逾限不完，即将涉报之员参办，统令于年终开单奏报。等因。

伏查广东省各州县交代征存银两提解全完，历任各督抚臣汇案奏报。其历年参追各案亏缺银米数目，亦经专案咨报，并分咨各该参员原籍查追。续又接准部咨，恭逢恩诏，查办豁免，核与条款相符，复经分别咨行查明办理。

兹据藩司查明，参追查办各案，同治三年份未完银米谷石，开列清单，详请具奏前来。臣等复核无异，除分别咨行查催办理外，谨恭折具奏，并缮清单，敬呈御览，伏乞皇太后、皇上圣鉴。谨奏。

同治四年三月十五日，军机大臣奉旨："该部知道，单并发。"钦此。

敬陈广东各属上年十二月份雨水粮价情形疏[①] 正月二十二日

奏为敬陈同治三年十二月份雨水、粮价各情形，仰祈圣鉴事。

窃照广东省同治三年十一月份雨水、粮价，先经臣恭折奏闻在案。兹查广东省城同治三年十二月份中得有微雨数次，馀俱晴霁，二麦含苞渐□□□，园蔬亦皆秀发。惟因雨水较少，杂粮收成少于往年，向赖接济之洋米、西谷近益稀少，以致粮价渐增，省外各属与省城大略相同。潮州、茂名两府州防剿闽匪，兵勇云

①辑自中国第一历史档案馆藏"录副奏折"原件03-4962-014及附件清单03-4962-015号。标题系编者拟。

集，尤有粮□□。臣与督臣会议，分派干员驰赴香港及广西□□采买运回，并通饬潮、嘉等各处设法招徕米贩，源源接济，无使匮乏，以期仰副圣怀。所有同治三年十二月份雨水、粮价情形，臣谨恭折具奏，并缮粮价清单，敬呈御览，伏乞皇太后、皇上圣鉴。谨奏。

同治四年三月十三日，军机大臣奉旨："知道了。"钦此。

清单

谨将广东省同治三年十二月份各属米粮时价分晰，开列清单，恭呈御览。

广州府属，价中。上米每仓石价银二两三钱三分至二两九钱八分，较上月增一分。中米每仓石价银二两一钱三分至二两七钱九分，与上月相同。下米每仓石价银一两七钱六分至二两三钱七分，与上月相同。

韶州府属，价中。上米每仓石价银一两八钱四分至二两七钱，与上月相同。中米每仓石价银一两五钱五分至二两三钱四分，较上月增一分。下米每仓石价银一两一钱七分至一两九钱五分，与上月相同。

惠州府属，价中。上米每仓石价银二两一钱至二两八钱八分，与上月相同。中米每仓石价银一两八钱六分至二两六钱六分，较上月增一分。下米每仓石价银一两五钱九分至二两二钱九分，与上月相同。

潮州府属，价中。上米每仓石价银一两八钱六分至二两六钱八分，较上月增一分。中米每仓石价银一两四钱四分至二两二钱八分，与上月相同。下米每仓石价银一两一钱至一两九钱二分，与上月相同。

肇庆府属，价中。上米每仓石价银一两九钱三分至二两六钱八分，较上月增一分。中米每仓石价银一两六钱二分至二两四钱六分，与上月相同。下米每仓石价银一两三钱至二两五分，与上月相同。

高州府属，价中。上米每仓石价银一两二钱六分至一两四钱四分，与上月相同。中米每仓石价银一两六分至一两二钱六分，较上月增一分。下米每仓石价银九钱至一两九分，与上月相同。

雷州府属，价中。上米每仓石价银一两四钱八分至一两六钱，较上月增一分。中米每仓石价银一两二钱一分至一两三钱二分，与上月相同。下米每仓石价银一两一分至一两一钱三分，与上月相同。

廉州府属，价中。上米每仓石价银一两八钱六分至二两九分，较上月增一分。中米每仓石价银一两四钱九分至一两七钱二分，与上月相同。下米每仓石价银一两二钱六分至一两四钱五分，与上月相同。

琼州府属，价中。上米每仓石价银一两八钱四分至二两三钱六分，较上月增一分。中米每仓石价银一两四钱九分至一两九钱四分，与上月相同。下米每仓石价银一两三钱一分至一两七钱八分，与上月相同。

佛冈直隶厅，价中。上米每仓石价银一两八钱五分至二两四钱八分，与上月相同。中米每仓石价银一两五钱八分至二两二钱四分，较上月增一分。下米每仓石价银一两三钱二分至一两九钱三分，与上月相同。

绥瑶直隶厅，价中。上米每仓石价银二两二钱八分至二两五钱，较上月增一分。中米每仓石价银一两九钱五分至二两一钱三分，与上月相同。下米每仓石价银一两七钱七分至一两九钱四分，与上月相同。

罗定州属，价中。上米每仓石价银一两七钱五分至一两九钱二分，较上月增一分。中米每仓石价银一两六钱二分至一两七钱六分，与上月相同。下米每仓石价银一两二钱三分至一两三钱五分，与上月相同。

连州属，价中。上米每仓石价银二两二钱一分至二两四钱三分，与上月相同。中米每仓石价银二两四分至二两二钱二分，较上月增一分。下米每仓石价银一两七钱至一两八钱七分，与上月相同。

南雄州属，价中。上米每仓石价银二两二钱三分至二两四钱二分，较上月增一分。中米每仓石价银一两九钱七分至二两一钱一分，与上月相同。下米每仓石价银一两六钱五分至一两七钱八分，与上月相同。

嘉应州属，价中。上米每仓石价银二两二分至二两五钱九分，较上月增一分。中米每仓石价银一两八钱五分至二两四钱，与上月相同。下米每仓石价银一两四钱六分至二两，与上月相同。

军机大臣奉旨："览。"钦此。

闽臬张运兰追贼遇害恳恩优恤折[①] 二月初二日

奏为总兵大员忠节凛然，恳请天恩，从优赐恤，以昭忠烈而励戎行，恭折具陈，仰祈圣鉴事。

窃照福建臬司张运兰，臣鸿宾于二年十月奏带来粤，屡平积

①辑自毛承霖编《毛尚书奏稿》卷十六，清宣统元年刻本。据《清政府镇压太平天国档案史料》第26册同折，系与两广总督毛鸿宾会衔。

寇，旋奉谕旨，催赴闽省，于去年九月驰抵武平，追贼失利。粤省虽与武平接壤，而传闻不一，或谓其力战阵亡，或谓其陷于贼中。臣知张运兰秉性忠烈，必不苟且偷生，惟以探无确据，未敢冒昧渎陈。嗣据候选道张恒祥禀称，张运兰于上年八月二十六日行抵汀郡，旋因贼匪由平远、大埔被剿回窜武平，张运兰于初四日统兵八成队伍，驰赴武平，扼贼冲要。初九日突报贼窜武平县城相近之下坝、中赤一带，遂于初十日留勇守城，亲督中队驰赴中赤迎剿，屡战皆捷。中赤山多林密，贼遁其间。十一日追贼深入，讵伏贼突起，分为两股包抄而来，忽报另股贼匪已扑武平，因即督队回救。不料贼众兵单，重重被困，总兵贺国桢、王明高先后阵亡。张运兰见势不支，持刀策马，大呼陷阵，所当皆靡。奈贼匪益聚益众，前者被伤，后者继进，帐下亲兵健儿死伤略尽。贼匪枪炮如雨，四面攒注。张运兰身受重伤，坠于马下，为贼抬拥入城。贼讯之，张运兰骂曰：汝金陵巢穴已倾，歼灭在即，我奉命讨贼，死必杀尔。贼匪守禁两日，张运兰骂不绝口，遂于九月十四日拥出西门外木桥被害，临死犹北向作叩头状曰："此生不能报恩矣。"贼支解之，悬其首于南门外。时贼踞武平，不得确耗。迨方耀督兵克复，其侄张恒祥驰赴武平，搜访遗骸，遇有逃出难民李姓二人及受伤兵勇，亲见张运兰血战受伤，骂贼被害，始得其实。旋于城外寻获尸身一（断）〔段〕，仅存中体，肚腹破开，自踋踿以下，均截去无存，幸有蓝布小夹袄，系张恒祥亲为制办，尚堪辨认。其首级悬挂多日，面色如生，长发尚存。此张运兰力战受伤，骂贼不屈，被害甚惨之实在情形也。

臣等闻报之下，涕泣与俱，粤省官绅同声呼怆。查张运兰系湖南湘乡县人，于咸丰九年从戎，转战江西、安徽、湖南、广东、湖北数省，大小百馀战，屡克名城，为江、皖杰出可靠之员。同治二年，臣鸿宾抵任粤督，稔知广东数年来贼氛遍地，玩寇无功，实由兵威不振。因商之两江督臣曾国藩，将该员奏带来粤，先后剿灭石逆馀党李复猷，并（英）〔肃〕清土匪邓二尺七、陈仰古等，粤省十馀年积患为之一清。当经臣等奏请奖励，奉旨交军机处存记，候旨录用在案。及遵旨赴闽，提二千之众，当十万虎狼之寇，一鼓作气，誓不与贼俱生，徒以众寡不敌，中贼诡计，卒能临难不屈，大节凛然。当此时事尚艰，人才不易，臣忝膺疆寄，窃尝私心痛之。该员系福建大员，该省督抚臣自必据情陈奏，臣等原毋庸越俎，惟念该员随臣鸿宾办事一载有馀，筹剿、筹防深资倚赖，况武平与粤接壤，又系粤军所复，若见闻既确而不一为陈奏，恐负国家褒忠之义，亦无以励从征将士之心。查前任福建粮道赵景贤在籍办团，困守湖州，城破陷贼，不屈遇害，当蒙天恩逾格照巡抚例议恤。该员张运兰转战数省，屡克名城，厥功尤伟，合无仰恳天恩，将布政使衔福建按察使张运兰照巡抚阵亡例议恤，宣付史馆立传，并于湖南、福建、广东各省建立专祠，以彰忠荩，出自逾格天恩。再，其长子业已出继，次子恒湘年甫数龄，孤露馀生，情堪悯恻，合并陈明。

所有福建臬司张运兰血战受伤、骂贼被害情形，合词恭折由驿驰奏，伏乞皇太后、皇上圣鉴训示。谨奏。

官军进逼云霄苦战获胜折[①] 二月初四日

奏为官军进逼云霄，连日苦战获胜，现仍防剿兼筹，恭折由

①辑自毛承霖编《毛尚书奏稿》卷十六，清宣统元年刻本。据《清政府镇压太平天国档案史料》第26册同折，系与两广总督毛鸿宾会衔。

驿驰陈，仰祈圣鉴事。

窃臣等前因官军进规云霄、平和并克复永定县城，先后具奏在案。嗣据潮州镇翟国彦、署黄冈协副将何云章禀称：十二月初九日，贼匪分为三队，开城出扑我营，何云章督率各军奋力夹击，自午至申，鏖战数时，贼众大败，枪毙数十名，受伤不计其数，奔回城中，闭门死守。先是何云章已谕令乡民制造竹梯、草牌、火罐等件，遂于初十日乘胜扑城，下令蚁附而上，先登者有赏。城上枪炮如雨，抛掷火包，我军头顶棉被以御之，死伤不退。自初十至十四日，贼中火药将尽，势渐不支。讵意云霄东北之岳坑乡民甘心从贼，由城外接济火药等物，贼势复振。何云章所部兵单，不能四面合围，仍将城西南一路困住，以遏窜诏安之路。十二月二十四日，漳州援贼数千，由岳坑乡入城，何云章探知贼援大至，恐于岁晚乘我不备，先将兵勇民团分为三路，以成犄角之势。郑世英率潮城兵勇居中，从九郭廷沛率澄海勇居东，民团庄凤文居西，贼匪果于除夕开门来犯。郭廷沛之队稍却，郑世英、庄凤文合力击之，杀伤相当，至元旦不退，贼众我寡，几有被困之势。适游击李元顺之军亦至，跃马当先，大呼陷阵，各兵勇气百倍，所向披靡，贼匪回窜入城，阵斩骑马贼目三名，死伤不计其数，我军伤亡十馀名。此游击何云章进攻云霄、连日苦战获胜之情形也。

查永定收复后，漳州踞逆李世贤大惧，粤军合力进逼，乃派悍贼趋（注）〔往〕平和，窥伺柏嵩关，借图牵制，并据饶平县知县谢树棠禀称，探报贼匪有绕越小路窜扑饶平县城之说。汪海洋占踞南阳，自刘典进军失利，各乡望风附从，贼势益张，骎骎乎逼近嘉应，是潮、嘉防务未能一日稍松。臣等本拟令方耀一军节节扫荡，会师漳州，惟闽省贼势日滋，在在可通粤境，深恐顾此失彼，因饬该副将移军由上杭而进，亟清濯田、龙下、官庄之匪，以固嘉应藩篱，仍饬潮州镇翟国彦、惠潮道凤安严防大埔、饶平，郑绍忠驻扎峰市，相机徐图平和，以固潮州门户。臬司李福泰前回龙川，复经臣檄调赴潮规画一切。现据禀报，刻日驰赴埔、饶之交，以资策应。广西提督冯子材，仰蒙天恩准令暂留广东，督办东江军务，臣等恭录谕旨，转行钦遵查照，并加函飞催该提臣驰赴潮、嘉一带，相度形（胜）〔势〕，扼要驻扎，以图合力会剿，并饬臬司李福泰俟冯子材到营后，察看缓急再行回省。此近日布置之情形也。

伏查署副将何云章赴援诏安，进规云霄，虽尚未能攻复城池，然以千馀之众，力遏贼氛，苦战数月，杀贼甚众，漳州属县遍地贼氛，诏安一县危如累卵，而独能保全者，皆何云章越境剿办之功。现当边防吃紧之际，亟须加之激励，以作士气而固军心，可否将潮州镇标游击何云章赏加副将衔，以资鼓舞之处，出自天恩。

所有进规云霄并现筹防剿缘由，谨恭折驰奏，伏乞皇太后、皇上圣鉴训示。谨奏。

与荷兰国所立条约互换情形片二月十五日①

再，臣于同治三年八月二十九日接准统办三口通商大臣崇厚专弁杨保安由轮船递到总理各国事务衙门咨交荷国条约一本，九月初六日由兵部火票递到议政王军机大臣字寄七月二十九日奉上谕：“着派郭嵩焘将上年与荷兰国所立条约，妥为互换。”等因。

①辑自中国第一历史档案馆藏“录副奏折”原件03-9650-039号，日期为奉旨时间。标题系编者拟。

钦此。并由总理各国事务衙门递到换约礼节事宜各件。适接荷国公使攀大何文照会，请订互换日期。当经照发，复订期九月二十日在省城西关华林寺公所对阅互换。臣核其抄录副本，并非原约，与互换之义未符，嘱令取回原本，另行订期办理；一面函询三口通商大臣查明历来办理各国换约事宜，是否必须原本互换，抑果如攀大何文之言，听从抄录别本，通融互换。十一月十二日接准崇厚函复："当时议立条约，彼此盖印画押，议明一年后将所执原本互换，该公使现在所请，未合向章，应俟赍到原本，并缀用荷国君主国宝蜡饼，方可换给"等语，其立议正与臣向攀大何文辩论之意相合。复经照会攀大何文去后。兹于二十日接准回文，声明已经遵照行文该国，奏请君主定夺等语。

除备录攀大何文照会，咨送军机处并总理各国事务衙门备查外，应先将荷兰国公使攀大何文商议换约情形，附片陈奏，仰慰宸廑，伏祈圣鉴训示。谨奏。

同治四年二月二十五日，议政王军机大臣奉旨："该衙门知道。"钦此。

广东省同治三年十月份收捐文武监生名数并银数片[①] 二月十五日

再，广东省收捐监生贡生名数、银数，向系按月奏报。嗣准部咨，将部监空名印照发交各省收捐，文武监生每名减银二十两、贡生减二成办理。又准部咨，空名照数目分别已发未发，按月奏报。各等因。当于咸丰四年七月停止常例收捐，截清名数、银数

①辑自中国第一历史档案馆藏"录副奏折"原件03-4899-020号，日期系奉旨时间。标题系编者拟。

奏咨。计自四年八月减成收捐起，至同治二年九月止，共应存文武监生正项银一十万七千五百二十五两八钱九分六厘，又捐贡一项减成收捐连前旧捐共应存正项银四万二千一十八两七钱六分八厘。经臣附片奏闻在案。

兹据布政使李瀚章详称：同治三年十月份由俊秀报捐文监生一名，收正项银八十八两，内解提出本省津贴银八钱八分，尚存正项银八十七两一钱二分，连前共应存文武监生正项银一十万七千六百一十三两一分六厘，照案留为办理善后之用。因各营兵饷待支紧急，奉拨之地丁盐课征解不前，暂借贡监捐项通融支放，已于递年十一月咨报藩库收支各款案内声明，俟奉拨各款收有银两归还备用，部钣照费储备解京，加平银两照章免其交纳。至旧存咸丰年号空名贡监各照，业经详缴咨销。其先后奉发改换同治年号监生空名部监照各七千零一十一张，查点部照短少一张，又擦（捐）〔损〕十五张；监照擦损九张，亦经详咨部监换发补发。实在收到部照六千九百九十五张，监照七千零二张，内除二年十月二十三印起至本年十月底止，共填发部监照各十五张外，尚存未发部照六千九百八十张，监照六千九百八十七张。又，十月份并无报捐武监生，亦无报捐贡生等情，详请具奏前来。臣复核无异，除分咨外，谨附片陈明，伏乞圣鉴。谨奏。

同治四年二月十五日，议政王军机大臣奉旨：“户部知道。”钦此。

粤省新捐军需经费第五次开单请奖疏[1] 二月二十四日

奏为广东省新捐军需经费第五次开列官绅姓名、银数，请给封典、职衔、加级、翎枝，恭折奏祈圣鉴事。

窃准户部咨，议复署两广总督晏端书等奏粤东捐输团练经费，请仍照旧章给奖，并拟更正名目一折，内开：详查广东历届奏报捐案，均经声明军需动用所请作为捐输军需，尚属可行，应如所请办理。等因。同治二年八月十六日具奏，奉旨："依议。"钦此。又，前任抚臣黄赞汤会同前署督臣晏端书，奏广东捐输截至同治二年三月止，概归旧捐，随案声明报部，嗣后另归新案捐办。恳颁发各项职衔、封典部照，一经捐生缴银到局，即行填给，以昭信实。等因。同治二年七月十三日递回前折，后开议政王军机大臣奉旨："着照所请，该衙门知道，单并发。"钦此。钦遵在案。

溯查广东捐输军需经费请给封典、职衔、加级纪录，历系遵照部行，援照筹饷新例，分别减二成、减四成办理。所有同治二年八月初一日开办新捐起，至三年八月底止，报捐封典、职衔共银五十一万一千二百四十二两，业经先后四次奏请奖叙在案。兹第五次自三年九月初一日起，至十一月底止，三个月期满，共报捐封典、职衔捐生七百九十九员名，捐输洋银一十五万五千七百二十四两，均据上兑，充支军需经费。据在局司道等将所捐银数，按照现行筹饷减成新例，及历届捐输成案，逐加考核，数目相符，列册详请具奏前来。

①辑自中国第一历史档案馆藏"录副奏折"原件 03-4798-053 号及附件清单 03-4798-060 号，系与两广总督毛鸿宾会衔。标题系编者拟。

臣等复加查核，册开捐生七百九十九员名，内填空白部照者六百七十一员名，无空白部照仍填藩印实收者一百二十八员名。所捐银数，按照章程均无短蚀。合将捐生姓名、银数，缮具简明清单，恭呈御览。仰恳天恩俯准，饬部查照，分别奖叙，填给一百二十八员名部照，递粤给领，以示鼓励。

除将履历清册照根副实收送部核办外，臣等谨合词恭折具奏，伏乞皇太后、皇上圣鉴训示。谨奏。

同治四年四月二十五日，军机大臣奉旨："户部核议具奏，单并发。"钦此。

清单

谨将广东省新捐军需经费第五次请给封典、职衔、加级、翎枝各官绅姓名、银数，开列简明清单，恭呈御览。

计开：

员外郎衔颜增曜，捐银三百二十两，请给予父母、生母从五品封典，将本身妻室应得封典驰封祖父母。

光禄寺署正衔杨浴泉，于同治三年九月在本案内报捐光禄寺署正职衔，并请给父母、祖父母从六品封典。今捐银二百四十两，请给予胞兄嫂从六品封典。

双月选用郎中周第元、候选员外郎黄芸书，各捐银四千两，俱请赏戴花翎。

同知衔钟虞廷，捐银三百二十两，请给予父母、生母正五品封典，将本身妻室应得封典驰封祖父母。

同知衔刘荣辉，捐银三百二十两，请给予父母正五品封典，将本身妻室应得封典驰封祖父母。

同知衔胡英杰，捐银三百二十两，请给予父母正五品封典，将本身妻室应得封典貤封胞兄嫂。

同知衔陈元徽，捐银三百二十两，请给予父母、生母及本身妻室正五品封典。

同知衔杨杰，捐银三百二十两，请给予父母、生母及本身妻室、继室正五品封典。

同知衔胡尚偁，于本省第四次封职案内报捐同知衔，并请给父母正五品封典。今捐银三百二十两，请给予胞兄嫂正五品封典。

布政司理问衔苏天叙，捐银二百四十两，请给予父母、生母从六品封典，将本身妻室应得封典貤封祖父母。

布政司理问衔苏步吉、杨汝辅，各捐银二百四十两，俱请给予父母从六品封典，将本身妻室应得封典貤封祖父母。

州同衔区天健、郑文饶、卢庆侯、温纶书，各捐银二百四十两，俱请给予父母从六品封典，将本身妻室应得封典貤封祖父母。

州同衔罗宪章，捐银二百四十两，请给予父母从六品封典，将本身妻室应得封典貤封本生父母。

州同衔陈体乾，捐银二百四十两，请给予父母从六品封典，将本身妻室应得封典貤封胞兄嫂。

州同衔马荣春、周炳中，各捐银二百四十两，俱请给予父母及本身妻室从六品封典。

州同衔苏作舟，于本省第十六次封职案内报捐州同职衔，父母先已捐请封典，今捐银二百四十两，请给予生母从六品封典。

州同衔刘仰高，于本省第三十次封职案内报捐州同衔，并请给父母、祖父母从六品封典，今捐银二百四十两，请给予本身妻室从六品封典。

县丞衔覃锦元，捐银一百六十两，请给予父母正八品封典。

从九品衔梁绍鸿、庄前亨，各捐银一百六十两，俱请给予父母从九品封典。

未入流衔冯椐、冯枫，各捐银八十两，俱请给予父母、生母从九品封典。

未入流衔张耀椿、邓史彬、伍贵鸿、黄静轩，各捐银八十两，俱请给予父母从九品封典。

监生马徒龙、李幹荣，各捐银七百二十两，俱请给予光禄寺署正职衔。

监生苏毓沅、苏迎翰，各捐银六百两，俱请给予太常寺典簿职衔。

监生刘承恩，捐银五百二十两，请给予中书科中书职衔。

监生苏名翰、王瑞国，各捐银五百二十两，俱请给予詹事府主簿职衔。

监生林岱璇、李仕才、陈元兆、陈允成，各捐银二百八十八两，俱请给予翰林院待诏职衔。

监生黄檪、潘汝梅，各捐银二百五十六两，俱请给予翰林院孔目职衔。

监生周重光、钟虞廷、刘荣辉、谭秉钧、黎民安，各捐银一千六百两，俱请给予同知职衔。

监生陈镇安、朱扬泰、梁华生，各捐银二百四十两，俱请给予布政司经历职衔。

监生郑家芳、高鸿猷、吴佳、苏天叙、朱盛泰、苏步吉、李庆祥，各捐银二百四十两，俱请给予布政司理问职衔。

监生胡允隆、马荣春、温纶书、梁乾泰、周炳中、叶联芬、苏达邦、陈体乾、黎云章、郑文饶、黄大谟、杨逢彬、区天健、罗宪章、严大彪、钟达彦、钟逢晖、吕逢文、陈正中、李应芳、梁绍辉、许懋兼、区惠元、区莲芳、陈芝香，各捐银二百四十两，俱请给予州同职衔。

附贡生王天锡，捐银二百两，请给予州判职衔。

监生王定春、苏有德、周卉芬，各捐银一百六十两，俱请给予县丞职衔。

俊秀何文灼、谭翔、廖集勋、何云照、胡殿樑、胡兆灵、胡泽霖、温乔林、赵怀谷、朱美金、梁良材、彭应寿、杨应元、黎拱星、张聪、刘嗣汉、徐五桂、陈明凤、孙继贤、陈守信、童廷献、梁朝佐、梁汝舟、梁绍鸿、吕昌运、陈天爵、李郁芳、梁德远、何允恭、温秉枢、温秉铨、刘应芳、李遇春、莫迪伦、李廷楠、李广封、黎能让、任思深、陈士英、李京芬、谢文谟、陈宗傅、蔡秀凤、谢懋兰、谢振阆、刘应麟、谢跻墀、谢占魁、陈翼文、梁挺生、陈清英、陈清芸、香锡宝、宣承宗、陈清洧、罗成章、李发贞、唐志誉、邢保树、梁大雅、李宏仁、李联霄、李凌霄、李敦珩、李荣天、连光华、李生寅、林炳运、王开文、邱汝伦、李昌膺、余庭楠、何振杰、黄光宗、邓宝麟、蔡松裕、苏朝俊、陈倍千、吴为仁、陈造贤、郑英祥、王彦、刘汉吏、廖登瀛、关绳祖、唐兆章、莫翔龙、莫植芬、龙聚英、陈瑞龙、陈拔元、莫伯龙、王锡三、许振科、何嘉蓉、曾金麟、刘芳晟、麦逸华、陈任臣、苏敬人、彭俊扬、黎治平、区廷襄、黎拱辰、范英鹏、范文明、陈凤楼、林有荣、李步贤、萧步程、高敏谦、黄学逵、黄学进、曾奇扬、梁韶光、全锦连、梁德林、谢大元、何玲、姚述祥、陈相文、陈继美、周传礼、严长卿、陈德芳、李春盛、黄朝焕、周有燃、杨凤亭、韦家香、潘高进、何文昇、黎继晖、谢明光、钟士灏、薛位南、郭彬、何龙华、区旋吉、杨作球、秦廷著、黄玉腾、邓茂嶐、蓝廷璧、刘觐光、梁国光、梁天熿、梁芳枝、区理登、李麟、缪锦廷、李明光、李有沛、覃达伦、李达明、李九仪、石德光、钟本祥、石庆麟、石钟岳、裴文显、章朝元、张祥光、陈寿南、杨俊、唐芹章、陈衍畴、潘作魁、周维林、黄南宫、林向荣、黎成国、韦国相、陈显仁、黄瑞正、周龙勋、周传朝、许应魁、陈有传、林向华、赖以培、陈嵩璜、张铭纪、张铭经、廖廷献、徐上有、黄相钰、彭元晸、罗济荣、罗济华、罗铭章、罗锡章、范模嵩、范模钦、彭元绍、彭元桐、张锡绍、张锡珍、廖锡兴、廖文熙、范模勋、范模超、沈辅纲、杨作霖、杨绍光、石斑光、邹秉纲、彭辉遇、侯桂青、陈缵绪、蔡允昭、梁京元、林徵德、林寿德、罗选升、罗定纲、植凤堂、袁仁、张赞光、曾作谋、吴德修、黄立勋、胡玉襄、林达文、林耀山、刘鼎光、赖彬、施铧贤、凌明文、凌明科、凌明纶、凌明三、邢志隆、陈成纲、许乐精、张昌成、曾省三、曾可良、何烜荣、马球、袁飚生、罗家祥、鲍徵明、汤宗节、汤遂布、王云龙、郑善才、张景华、张景星、钟尔英、何培宋、曾文藻、林梦梅、李龙光、李以仁、陈明翰、邓景禧、钟兆瑄、赖志芳、蔡裕春、黄君瑞、李学习、钱国庆、祝启球、冯光贻、吴步汉、周豪端、潘清扬、潘通胜、李廷楠、梁方桐、王光殿、黄家彦、谢兴秀、廖大安、柯扬猗、陈士炯、罗川秀、韦利仁、韦崧黄、载瑛云、于魁、王国钦、冯珍殷、文盛、叶日宣、吴德裕、何品安、卢廷魁、何荣楷、何显光、罗镇方、赖春华、李文翰、李应铨、罗寿嵩、赖逢金、郑锡爵、杨树楠、林大亨、张腾光、陈应棠、陈邦俊、何志昇、陈士圣、梁景云、萧兆贤、林廷标、林嵩常、钟华岐、张河图、韩渐昌、庄前亨、许光适、许圣丰、李腾芳、刘彦隆、何宏经、何金品、祝芳清、陈学古、罗湘兰、王克让、邓思诚、何寿延、杨鉴卿、杨藻卿、刘琮、李文郁、蓝云朝、梁凤仪、庄屏藩、吴乃宝、陈英、林树华、罗天星、王希杰、吴维宗、符肇基、钟文兴、何文光、李挺新、何杰才、黎绍经、梁英智、陈化仁、卢启瀣、卢习元、陈昌雄、梁瑗贵、曾揆一、庞诚忠、王万时、梁承德、郑开泰、甄执中、李禹畴、林锡爵、陈龙、陈立言、陈昌谕、陈秀儒、何其光、吴际昇、廖宏基、谢联芳、刘永生、吴锡强、谭凤阁、梁仁山、梁兆祥、陈文宣、陈贵钦、陈文和、陈德一、陈文藻、李世培、吴寅清、卢士昇、吕上进、区士达、钟其康、邓宁芳、许文思、程肇堂、程启元、程茂芳、程院宗、温彩高、任秀园、唐世庠、李英常、刘汝宣、刘振标、李兆光、王荣、李荣章、叶正和、崔作纶、苏德阶、叶秀桐、邓峣增、陈祥裕、高学焕、陆惠邦、王国棠、唐肇璜、韦广开、黄承立、陈焯乾、苏彬华、叶芳舒、彭兆楷、梁祖显、何连枝、林超庸、梁起茂、黄中己、符允升、羊有典、周凤岐、李时泽、李花香、李崧、刘一敬、曾清鉴、刘邦机、何元英、陈溥、吴绍棻、吴福怡、陈怡、陈劢善、曾敏功、韩恢敬、崔伟朝、胡瀛阶、方荣吉、郑福胜、郑官贵、郑官富、方德祥、唐奇芳、张植禧、张锡禧、罗国华、陈学道、黄嘉言、吴步衢、何朝颂、欧庆秀、程钰、林翀高、黄炳垣、郑元廷、孙嘉宪、黄中正、李存良、陈伟烈、彭兆松、彭兆莹、陈虞邦、郭灿东、梁崇峰、何承烈、李耀奎、冯凤翔、钟增昇、顾茗生、顾葵生、李禯桂、李智、傅元珪、林树禹、林树珍、张刚容、罗从朝、罗书贤、陈达顺、朱平侯、朱宗崇、朱光宗、朱湘、华上庸、吴峻岐、梅毓璪、方尧祝、程锡端、许天保、罗朝瑞、方焕文、方士桢、胡瑞、何二珠、李文谦、李新枝、梁维申、陈允怀、朱斯善、洪正章、江奠猷、陈云峰、钟正方、曾元龙、谭启焕、罗焕辉、邓汉珍、廖爵先、李傅启、刘性安、朱廷桢、朱琴书、朱汉臣、朱辉堂、钟学宗、孔继桢、吕绳武、何应祥、梁汾、梁邦政、冯兴祥、区顾三、区廷勷、袁鹤年、黄保蔡、黄冬庆、韩履绥、韩文衡、潘式堂、潘鸿深、梁恩秋、谢家乐、周垂书、陈世佩、曾一忠、李凤翥、谢登盛、郑济时、汪潮、邱德朝，各捐银六十四两，俱请给予从九品职衔。

俊秀黄珍万、莫倬兰、甘永林、林戴清、黎文泰、冯椐、冯枫、张耀椿、胡谦之、李学诚、蔡开烈、邓史彬、伍贵鸿、郭新灿、黄静轩、郭荣魁、谢廷通、林名智、何兆祺、潘胜三、张敬祖、任崑信，各捐银六十四两，俱请给予未入流职衔。

都司衔补用守备两广督标试用蓝翎千总甘海琼，捐银五百零四两，请给予父母正四品封典，将本身妻室应得封典貤封胞兄嫂。

都司衔张廷魁，捐银六百七十二两，请给予父母正四品封典，将本身妻室应得封典貤封祖父母。

卫千总衔李星衡，捐银二百四十两，请给予父母从六品封典，将本身妻室应得封典貤封祖父母。

监生李彦英、张廷魁，武生罗赞襄，各捐银七百二十两，俱请给予都司职衔。

武生郑福临，捐银四百八十两，请给予营守备职衔。

监生范琼海，捐银三百二十两，请给予守御所千总职衔。

监生李星衡、武生陈锦崑、监生林正蕃、武生王宝光，各捐银二百两，俱请给予卫千总职衔。

武监生何炳奇，武生莫长菁，监生梁德辉，武生陈大兴，监生区荣邦，武监生赖士谦、吴尧阶，各捐银一百六十八两，俱请给予营千总职衔。

监生邓登仁，捐银九十六两，请给予把总职衔。

以上官绅六百七十一员名，共计收捐输洋银七万九千九百二十两。此项官绅均系填给空白执照，截出照根，随案送部核销。合并陈明。

四品顶戴员外郎衔候选内阁中书卢守珍，捐银二千五百六十八两，请由员外郎衔加七级，给予祖父母、父母正二品封典，将本身妻室应得封典貤封曾祖父母。

詹事府主簿升衔候委训导李树郁，捐银八百零四两，请加光禄寺署正升衔。

广东英德县教谕林占春，捐银八百八十六两，请加光禄寺署正升衔。

副贡尽先选用教谕黄虞臣，捐银八百二十一两，请加内阁中书升衔。

分缺先用教谕区汝谦，捐银五百六十二两，请加太常寺博士升衔。

分发候委训导陈魁元，捐银七百八十三两，请加太常寺博士升衔。

广东海阳县训导李而乔，捐银三百一十二两，请加光禄寺典簿升衔。

治中升衔双月选用按察司经历李兆庚，捐银二千三百九十四两，请加六级，给予祖父母、父母正二品封典，将本身妻室应得封典貤封胞兄嫂。

广东合浦县知县文炳星、广东陆丰县知县杨作舟、广东试用知县朱夑，各捐银六百二十三两，俱请给予同知升衔。

广东候补直隶州州判朱允昙，捐银二千零四十六两，请加同知升衔，并给予父母及本身妻室正五品封典。

同知衔署广东澄海县事分缺先用通判陈善圻，捐银三百两，请由先用通判加寻常二级。

署广东吴川县训导陈经飏，捐银三百八十四两，请加二级，给予父母、生母从七品封典，将本身妻室应得封典貤封胞兄嫂。

署广东吴川县教谕文达，捐银一百二十两，请给予父母正八品封典。

刑部候补主事陈兰彬，捐银一千八百七十五两，请加七级，给予祖父母、父母从二品封典，将本身妻室应得封典貤封胞叔婶。

光禄寺署正衔谢福禧，捐银一千四十两，请加二级，给予父母及本身妻室从五品封典，另请貤封祖父母从五品封典。

中书科中书衔李庆璋，捐银四百八十两，请给予父母从七品封典，将本身妻室应得封典貤封胞兄嫂，另请貤封胞兄嫂从七品封典。

翰林院孔目衔黄樑，捐银八十两，请给予父母从九品封典。

同知衔陈文焕，捐银一千一百三十六两，请加一级，给予父母及本身妻室从四品封典。

同知衔白进贤，前由州同衔在广东候补，巡检张庆镗捐升盐大使奉驳改奖项下移请给予同知职衔，并请父母、祖父母正五品封典，同治三年十月专案咨部核办，今捐银六百四十两，请给予曾祖父母正五品封典。

布政司理问衔陈元徽捐银一千三百六十两，请给予同知职衔。

州同衔何耀宗，捐银一千六百八十两，请给同知职衔，并给予父母正五品封典，将本身妻室应得封典貤封祖父母。

按察司知事衔方叔元，捐银八十两，请给予布政司经历职衔。

按察司照磨衔陈德树，捐银一百四十四两，请给予布政司经历职衔。

州同衔林熙光，捐银一千一百二十两，请加二级，给予父母及本身妻室从五品封典。

州同衔苏达邦，捐银一千一百二十两，请加二级，给予父母从五品封典，将本身妻室应得封典貤封祖父母。

州同衔方玉林，捐银八百两，请加二级。

县丞衔冯定康，捐银八十两，请给予州同职衔。

县主簿衔黄英晖，捐银六十四两，请给予府经历职衔。

县丞衔黄殿邦，捐银一百六十两，请给予父母、生母正八品封典。

从九品衔郑登任，捐银三百四两，请给按察司照磨职衔，并给予父母正九品封典。

从九品衔曾朝桢，捐银一百四十四两，请给予按察司照磨职衔。

从九品衔梁国光，捐银一百六十两，请给予父母从九品封典。

未入流衔任崑信，捐银一百六十两，请给予父母、本生父母从九品封典。

监生柯世英，捐银二千零四十八两，请给都察院都事职衔，并加二级；给予父母正五品封典，将本身妻室应得封典貤封祖父母。

监生郑文通，捐银二千八十两，请给光禄寺署正职衔，并加二级；给予父母从五品封典，将本身妻室应得封典貤封祖父母；另请貤封曾祖父母从五品封典。

监生杨浴泉，捐银一千四百四十两，请给光禄寺署正职衔，并给予父母从六品封典，将本身妻室应得封典貤封祖父母。另请貤封曾祖父母从六品封典。

监生李卓桂、何廷杰，各捐银一千四百四十两，俱请给光禄寺署正职衔，并加二级，给予父母从五品封典，将本身妻室应得封典貤封祖父母。

军功六品蓝翎生李文蔚捐银九百六十两，请给光禄寺署正职衔，并给予父母从六品封典，将本身妻室应得封典貤封胞伯父母。

蓝瓴刘焕璧捐银一千九十六两，请给中书科中书职衔，并加二级，予父母从六品封典，将本身妻室应得封典貤封祖父母。

贡生黄清芬捐银二百八十八两，请给予翰林院待诏职衔。

监生林成海捐银四千八百七十一两，请给道员职衔，并给予父母正四品封典，将本身妻室应得封典貤封祖父母。

监生林瑞萼捐银四千七十七两，请给知府职衔，并给予父母、生母及本身妻室从四品封典。

监生黎廷爵捐银二千二百四十两，请给同知职衔，并给予父母正五品封典，将本身妻室应得封典貤封祖父母，另请貤封本生父母正五品封典。

贡生陈荣昌、监生郑显祚各捐银一千九百二十两，俱请给同知职衔，并给予父母正五品封典，将本身妻室应得封典貤封祖父母。

监生杨启祥、王翰各捐银一千九百二十两，俱请给予同知职衔，并给予父母及本身妻室正五品封典。

监生易仪之、邹朝祖各捐银四百八十两，俱请给布政司理问职衔，并给予父母从六品封典，将本身妻室应得封典貤封祖父母。

监生车玉书捐银四百八十两，请给布政司理问职衔，给予父母及本身妻室从六品封典。

监生吴欢端、李伟熙、张朝楷、郭李坚、曾炜丰、林开柏、李珍光各捐银四百八十两，俱请给州同职衔，并并给予父母从六品封典，将本身妻室应得封典貤封祖父母。

监生陈子均、钟云鹏各捐银二百四十两，俱请给予州同职衔。

监生廖云藻捐银二百两，请给予布政司都事职衔。

监生伍邦垣捐银九百二十两，请给按察司经历职衔，并给予父母正七品封典，将本身妻室应得封典貤封胞伯父母，另请貤封曾祖父母正七品封典。再据监生称，祖父母已有封典，合并陈明。

监生张景东捐银二百两，请给予探察司经历职衔。

监生邹庆捐银一百六十六两，俱请给予盐运司知事衔。

监生蓝春三、何大纪各捐银一百六十两，俱请给予按察司知事职衔。

监生谈衍澜捐银一百六十两，请给县丞职衔。

监生邓史云捐银九十六两，请给予按察司照磨职衔。

监生李选邦、余为雨各捐银九十六两，俱请给予府知事职衔。

监生缪关铭捐银九十六两，请给县主薄职衔。

俊秀沈孟雄捐银二百二十四两，请给从九品职衔，并给予父母从九品封典。

俊秀陈宜进捐银二百二十四两，请给予未入流职衔，并给予父母、本生父母从九品封典。

俊秀陈星池、梁洲、罗守潜、卢以中、卢其杰、陈拔荣、许日增、许永安、卓可音、郭克俊、潘道智、郭捷隆、许必标、张兆魁、梁朝严、黎祖荣、邓琪光、林文藻各捐银一百四十四两，俱请给未入流职衔，并给予父母从九品封典。

俊秀梁佐宏、梁端广、高冠群、李心铅、杨殿彰、黄学勋、林长龄、萧耀宗、涂启周、韩锦香、刘嘉植、李日芳、邝粤钊、袁其奉、袁秉铨、贺钦飏、江纶诏、江纶焕、涂重基、施廷业、王建清、刘裔嵩各捐银六十四两，俱请给予从九品职衔。

广东遇缺尽先补用游击梁琼捐银八百五十二两，请给予祖父母、父母从二品封典，并将本身妻室应得封典貤封曾祖父母。

广东补用都司侯勉忠捐银二千五百九十二两，请加三级，给予祖父母、父母从二品封典，将本身妻室应得封典貤封曾祖父母，另请貤封胞叔审、胞叔、胞叔从二品封典。

双月即用营守备李赞邦捐银七百二十两，请加都司升衔。

守御所千总衔温游、邓翥云各捐银四百两，请给予都司职衔。

营千总衔吴连三捐银一千二百二十四两，请给都司职衔，并给予父母正四品封典，将本身妻室应得封典貤封祖父母。

卫千总衔吴秀卓捐银一百二十两，请给予守卫所千总职衔。

营千总衔王家驷捐银三百一十二两，请给予卫守备职衔。

监生吴欢辉捐银三百二十两，请给予守御所千总职衔。

监生何少仪、武生麦炳麟各捐银一百六十八两，俱给予营千总职衔。

以上官绅一百二十八员名，计收捐输洋银七万五千八百四两。此项官绅均系填给司印，实收副收，随案送部，应请饬部照案核填执照，发粤转给祗领，合并陈明。

通共官绅七百九十九员名，计收捐输洋银十五万五千七百二十四两。

军机大臣奉旨："览。"钦此。

粤省新捐军需经费第十二次开单请奖疏[①] 二月二十四日

奏为广东省同治三年十二月至四年正月份新捐军需经费，请给实在官阶，开列各捐生姓名、银数，恭折奏闻，仰祈圣览事。

案准户部咨，议复署两广总督晏端书等奏粤东捐输团练经费，请仍照旧章给奖，并拟更正名目一节，内开：详查广东历届奏报捐案，均经声明军需动用，所请作为捐输军需，尚属可行，应如

①辑自中国第一历史档案馆藏"录副奏折"原件03-4798-047号，系与两广总督毛鸿宾会衔。标题系编者拟。

所请办理。等因。同治二年八月十六日具奏，奉旨："依议。"钦此。又，前任抚臣黄赞汤会同前署督臣晏端书，具奏广东捐输截至同治二年三月止，拟改旧捐，随案声明报部，嗣后另归新案捐办。其捐实职之员，仍先填给藩司实收，经部议准后，再行填照颁发换给，庶旧捐不至纷歧，而新捐可期踊跃。等因。同治二年七月十三日递回前折，后开议政王军机大臣奉旨："着照所请，该衙门知道，单并发。"钦此。钦遵在案。

溯查广东捐输军需经费请给实在官阶，历系遵照部行，援照筹饷新例减二成章程办理。所有同治二年八月初一日开办新捐起，至三年十一月底止，报捐实在官阶共银一十三万六千七百六十八两，先后十一次奏请奖叙。兹第十二次自三年十二月初一日起，扣除封篆日期，至四年正月底止，计一个月，共报捐实官十员名，捐输洋银一万三千九百一十五两，均据上兑，充支军需经费。据在局司道等将所捐银数，按照现行筹饷减成新例，及历届捐输成案，叙列官阶，造册详请奏奖前来。

臣等复加查核，均属相符。合将捐生姓名、银数，缮具简明清单，恭呈御览。仰恳天恩俯准，饬部查照，分别奖叙，归于现行筹饷新例，一律选补。除将履历清册送部核办，听候缮发执照，来粤给领外，臣等谨合词恭折具奏，伏乞皇太后、皇上圣鉴训示。

再，此次捐生内有应补交监生四成实银及捐免保举饬令赴京补交，业于咨部册内分晰声叙，合并陈明。谨奏。

同治四年四月二十五日，军机大臣奉旨："户部核议具奏，单并发。"钦此。

查明学政阅文幕友姓名籍贯疏[①] 二月二十四日

奏为查明学政阅文幕友姓名、籍贯，循例恭折具奏，仰祈圣鉴事。

窃照乾隆三十八年钦奉上谕："学政阅文幕友，极小省份亦不得不及五六人，着各督抚留心稽察，随时据实奏闻。"钦此。又，道光十六年钦奉上谕："学政幕友不得专用本籍之人，致滋流弊。"等因。钦此。钦遵在案。兹新任广东学政刘熙载于同治四年正月十六日到任，将阅文幕友姓名、籍贯咨送前来。臣复加查核，所延幕友六人俱系分隶各省，并非专用本籍之人。除再随时留心稽察外，臣谨循例恭折具奏，并缮姓名清单，恭呈御览，伏乞皇太后、皇上圣鉴。谨奏。

同治四年四月二十五日，军机大臣奉旨："知道了。"钦此。

奏报广东各属正月份雨水粮价情形疏[②] 二月二十四日

奏为敬陈同治四年正月份雨水、粮价情形，仰祈圣鉴事。

窃照广东省同治三年十二月份雨水、粮价及米少价昂，设法采买招徕接济情形，先经臣恭折奏闻在案。兹查广东省城同治四年正月上、中、下三旬得有大小雨泽十馀次，土膏滋润，农田渐

---

①辑自中国第一历史档案馆藏"录副奏折"原件 03-4615-095 号。标题系编者拟。

②辑自中国第一历史档案馆藏"录副奏折"原件 03-4962-064 号及附件清单 03-4962-065 号。标题系编者拟。

次开犁，园蔬杂粮亦皆茂盛。省北南雄、始兴一带十八日得有瑞雪寸许，其馀各属与省城大略相同。惟商船贩来谷米仍甚稀少，迭复寄咨派赴香港及西省采买米谷，委员禀报始兴运米价亦昂，共买得米三十馀万斤，解省发司平籴，并饬行户不得囤积居奇。近日米价略定，省外各属间有增减，民情尚属安帖。潮州属澄海县禀报访查外洋米谷亦绌，各国均有遏粮之令，已照会各国领事，招商贩运来粤。并闻得上海、宁波上年收成丰稔，禀经惠潮道给发护牌交商带往贩运等情，臣与督臣访查无异，亦经分咨湘省，饬属查照，一体放行。务使流通接济，无缺民食，以期仰慰圣怀。

所有同治四年正月份雨水、粮价情形，臣谨恭折具奏，并缮粮价清单，敬呈御览，伏乞皇太后、皇上圣鉴。谨奏。

同治四年四月二十五日，军机大臣奉旨："知道了。"钦此。

清单

谨将广东省同治四年正月份各属米粮时价分晰，开列清单，恭呈御览。

广州府属，价中。上米每仓石价银二两三钱三分至二两九钱八分，与上月相同。中米每仓石价银二两一钱三分至二两七钱九分，与上月相同。下米每仓石价银一两七钱六分至二两三钱七分，与上月相同。

韶州府属，价中。上米每仓石价银一两八钱五分至二两七钱一分，较上月增一分。中米每仓石价银一两五钱五分至二两三钱四分，与上月相同。下米每仓石价银一两一钱七分至一两九钱五分，与上月相同。

惠州府属，价中。上米每仓石价银二两一钱至二两八钱八分，与上月相同。中米每仓石价银一两八钱六分至二两六钱六分，与上月相同。下米每仓石价银一两六钱至二两三钱，较上月增一分。

潮州府属，价中。上米每仓石价银一两八钱六分至二两六钱八分，与上月相同。中米每仓石价银一两四钱五分至二两二钱九分，较上月增一分。下米每仓石价银一两一钱至一两九钱二分，与上月相同。

肇庆府属，价中。上米每仓石价银一两九钱三分至二两六钱八分，与上月相同。中米每仓石价银一两六钱一分至二两四钱五分，较上月减一分。下米每仓石价银一两三钱至二两五分，与上月相同。

高州府属，价中。上米每仓石价银一两二钱七分至一两四钱五分，较上月增一分。中米每仓石价银一两六分至一两二钱六分，与上月相同。下米每仓石价银九钱至一两九分，与上月相同。

雷州府属，价中。上米每仓石价银一两四钱八分至一两六钱，与上月相同。中米每仓石价银一两二钱二分至一两三钱三分，较上月增一分。下米每仓石价银一两一分至一两一钱三分，与上月相同。

廉州府属，价中。上米每仓石价银一两八钱六分至二两九分，与上月相同。中米每仓石价银一两四钱九分至一两七钱二分，与上月相同。下米每仓石价银一两二钱七分至一两四钱六分，较上月增一分。

琼州府属，价中。上米每仓石价银一两八钱四分至二两三钱六分，与上月相同。中米每仓石价银一两四钱九分至一两九钱四分，与上月相同。下米每仓石价银一两三钱二分至一两七钱九分，较上月增一分。

佛冈直隶厅，价中。上米每仓石价银一两八钱六分至二两四钱九分，较上月增一分。中米每仓石价银一两五钱八分至二两二钱四分，与上月相同。下米每仓石价银一两三钱二分至一两九钱三分，与上月相同。

绥瑶直隶厅，价中。上米每仓石价银二两二钱八分至二两五钱，与上月相同。中米每仓石价银一两九钱六分至二两一钱四分，较上月增一分。下米每仓石价银一两七钱七分至一两九钱四分，与上月相同。

罗定州属，价中。上米每仓石价银一两七钱五分至一两九钱二分，与上月相同。中米每仓石价银一两六钱三分至一两七钱七分，较上月增一分。下米每仓石价银一两二钱三分至一两三钱五分，与上月相同。

连州属，价中。上米每仓石价银二两二钱二分至二两四钱四分，较上月增一分。中米每仓石价银二两四分至二两二钱二分，与上月相同。下米每仓石价银一两七钱至一两八钱七分，与上月相同。

南雄州属，价中。上米每仓石价银二两二钱三分至二两四钱二分，与上月相同。中米每仓石价银一两九钱八分至二两一钱二分，较上月增一分。下米每仓石价银一两六钱五分至一两七钱八分，与上月相同。

嘉应州属，价中。上米每仓石价银二两二分至二两五钱九分，与上月相同。中米每仓石价银一两八钱五分至二两四钱，与上月相同。下米每仓石价银一两四钱七分至二两一分，较上月增一分。

军机大臣奉旨："览。"钦此。

钦奉谕旨敬陈管见疏会总督衔　二月二十七日①

奏为钦奉谕旨，敬陈管见，恭折奏祈圣鉴事。

窃臣等于二月初六日承准议政王军机大臣字寄，同治三年十二月十七日奉上谕："沈葆桢奏照录督粮道段起条陈安置凯撤勇丁事宜原禀呈览一折，内称今日各路遣散之勇丁不下数十万，必有胆略谋勇之辈，投闲置散，必致别生枝节。若将此辈加以豢养，自无构祸之事，并可责成与地方官吏协同查拿匪类。请酌留各州县厘金以供撤勇之用，自提、镇下至都、守，均各照本职每年应领俸银数目，分四季向地方官吏支领，并每名酌加米石，或由厘金税项下支给，或由丁漕正款报销。其馀千、把及无职勇丁，或全数归农，或充补兵额。所议四条，立论不为无见。惟酌给俸银、米石等项，为费甚巨，亟应先事筹画，方可次第办理，销患未萌。着按照所陈各节，妥议章程具奏。"钦此。等因。同治四年正月二十六日奉上谕："据乔松年奏称，管带之员弁有实缺者极少，遣归后补缺无期，投闲置散，既无向上之路，并无谋食之方，未免可惜。现请将此项人员或在立功省份，或在原籍省份，准令归标学习。如果能胜任，准同候补人员酌补营缺，借资教练。其有不愿归标者，亦听其自便等语。所奏不为无见，即着汇入段起条陈，一并明定章程具奏。"钦此。等因。臣等跪诵之下，仰见皇上迩言必察、防患未形之至意，下怀莫名钦佩。

惟是救时之策，贵揆事势所能行；为政有经，不能每人而求悦。段起所陈，虽为弭患起见，而臣等究其利弊，要其始终，觉

①日期据《毛尚书奏稿》卷十六同疏补。

有窒碍难行者二，有不必过虑者二，行之而仍恐无益者亦有二，请为皇太后、皇上陈之。

绿营欠饷，各省皆同。即以广东一省言之，欠饷几及三年，为数不下数百万。旗兵之需索，营弁之吁求，几于无计推延，无词批复。虽经臣等勉强支持，不至生事，实则可虑之至。不但此也，各路防剿之师，欠饷均已数月。去岁年谷少歉，一切捐输皆经缓办，故筹济尤难。夫以额设之营兵，前敌之弁勇，尚有枵腹之虞，岂独于名遂身退之官弁，转能源源接济之理？如曰虽无其实，姑予以名，必至兵饷、勇粮之外又增一项欠款，是博一时之见好而贻无穷之后累也。此窒碍难行者一也。承平之世，国家岁入四千馀万，而所出亦四千馀万。稍有水旱偏灾，即虞不足。至于今日，或遍地干戈，或疮痍甫息。江浙各省为丁漕最重之地，已蒙恩酌减钱粮。即使及早承平，岁出之数不加于旧，已有入不敷出之患，安能筹此巨款豢养散勇乎？厘金固不可议停，而用度则必须有节。目今需财甚广，正款既无可挹注，捐输又难乎为继，惟恃此戋戋厘金，借为补苴之计。臣等前此奏请缓停抽厘，所虑至深且远。若仅为散勇起见，未免锱铢取之而泥沙用之矣。况乎军兴以来，各路保举重叠，自都、守以至提、镇，统计不下数万员。即照段起所陈，各按所保官职俸银筹给，一品岁领银八十一两，二品六十七两零，从二品五十三两零，三品三十九两零，四品二十七两零，五品十八两零，在各该弁按时支取，每月仅得数金，无加于毫末，而朝廷积少成多，每岁即需数百万。当此挖肉补疮之时，于京饷、兵饷之外平添数百万之饷，额内既不能有馀，额外又无可另取，虽桑、孔复生，亦恐无能为役。此窒碍难行者二也。

从来散勇之难，不难于有官之人，而难于无官之人。故川、楚教匪平定后，啸聚为乱，散勇多而官弁少，尤未闻有提、镇、参、游，从而作乱者。盖豪杰之士，固不以温饱为怀，即志气稍下者，一旦名位崇高，亦必少知自爱。若夫桀骜之徒，凶悍性成，如近时江苏所诛之冯协坤，官至二品，家资数十万，尚且敢于通贼，则虽加之豢养，亦复何益？如各省督抚皆如李鸿章之不事姑息，虽有冯协坤之凶恶，且不足虑，何论其他？此不必过虑者一也。散勇之中，固多智略谋勇之辈，降贼之内，亦正不乏其人。勇固易于啸聚，贼尤习于性成。今天下当勇之人莫多于楚，其次则莫如粤。天下首乱之人莫多于粤，其次亦莫如楚。臣鸿宾在湖南巡抚任内，其时降贼之遣归者颇多，散勇之被撤者亦不少，仰赖天威，从未尝别生枝节。及调任广东，高州之首民四五万，由江西、江苏、浙江各省撤遣回籍之降众不下十馀万，其散勇更难数计，虽竖旗拜会之事时所或有，然经臣等申明法令，饬属严办，亦无不随起随灭。段起于立功回籍之员，乃为之鳃鳃过虑，不知降众如林，又将如何筹款以羁縻之？此不足过虑者二也。

原禀谓遣撤之后可以资其镇抚，不知营官之所以能约束兵勇者，视乎朝廷之制度，不视乎一人之恩威。常人之情，畏法甚于感德，趋利甚于避害。当其在营，兵勇有趋利赴功之心，营官有赏功罚罪之权，故强者知劝而弱者知惧。一经散遣，权已不属，提、镇之与散勇等耳。譬之自督抚下至州县，在官则递相统属，罢官则等若齐民。夫以督抚之重，且不能行其权于家居之日，而谓都、守以上能约束散勇于既撤之后乎？此行之而仍恐无益者一也。原禀谓可与地方官共图缉捕，不知州县有缉捕之责，武营有会缉之责，严之以处分，假之以事权，犹且不能认真缉捕，彼回籍都、守以上各员，既无处分之可畏，又无事权之可假，而转欲资之缉捕盗贼，是犹欲前行而却步也。且恐此辈粗人，因之武断乡曲，挟仇修怨，纷纷而起，是养之而适以害之。此行之而仍恐无益者二也。

总之，天下之治乱在乎用人之当否。所用贤，则纪纲振饬，法度修明，虽乱世亦可以为治；所用非贤，则纪纲倒置，法度废弛，虽平世亦可以致乱。从古及今，未闻费有用之财，养无用之人，啖之以利而求其不作乱者。无论此豢养之名，或非英异之流所肯受，正恐启人以轻量之心，非细故矣。且夫既得陇又望蜀者，小人之恒情；逸思淫勤思奋者，君子所不免。纵使国家财力能给，足以餍其所求，窃恐都、守以上之有所得者，必将习于偷惰，千、把以下之无所得者，必且肆其怨谤，欲弭乱而乱益滋，欲靖祸而祸愈甚，此尤流弊无穷，防不胜防者也。

抑臣等窃有请者：方今内患未平，外患犹伏，正臣子卧薪尝胆、力求自强之时，非天下已治已安、高谈偃武之日。为今之计，与其坐耗经费，仍非弭乱之善方，何如选练精良，预筹防患之实用。其甘肃、新疆及云贵、福建之现逼贼氛者无论矣，即如广东境内，现虽无贼，而东则有漳、龙之悍逆，西则有岑、横之馀寇，南则有越南之黎匪，无在不须用兵，即无日不当讲武。臣等选将征兵，亦未尝不于遣散勇弁中取材。他若江南、安徽、浙江、两湖、四川、直隶、山东、河南等省，或全境初清，或邻氛未靖，论者或患其兵气之未销，而臣等转虑其武备之渐弛。窃谓除陕甘、云贵、福建不计外，其江浙各省均宜酌留兵勇，多者万馀人，少或三四千人，即以各该省在籍之提、镇、协、参、游以下者为营官、为哨官，简其精壮，汰其老弱，随材任使，不拘资格，分扎省会及扼要处所。无事则恪遵营制，俾就范围，有警则迅赴戎机，无烦征调。且使将材不致废弃，军饷不致虚糜，而天下有备无患，亦可以补绿营兵力之不逮。其月饷即从厘金项下酌量筹拨而不患窘难。三二年之后，天下大定，内外乂安，立即裁撤归农，亦不患别生枝节。如此一转移间，化虚耗而归实用，事易举亦易停，而不致有牵制之虑。如蒙俞允，各省均有募勇旧章，应如何酌量变通之处，请旨敕下各省督抚体察情形，妥筹办理。

至安徽抚臣乔松年所陈各节，审时度势，平易易行，现在各省大略皆系如此办理，自应如该抚所请，敕部施行。

臣等受任封圻，于利弊得失之故，因革损益之宜，不敢不悉心熟筹。用竭两端之叩，勉抒一得之愚，冒昧直陈，以备圣慈采择。是否有当，伏乞皇太后、皇上圣鉴训示。谨奏。

请停补各省兵额片会总督衔　二月二十七日[①]

再，我朝营制，大小相维，远近相制，立法可谓尽善。惟是日久废弛，弊端丛出，故川、楚教匪之时，论者已谓用兵不如招勇。及广西逆匪初起，征兵几半天下，乃调兵愈众，贼势愈炽，转不如乡勇之尚能抵御。于是识时务者相率改而募勇，卒之肃清南服，扫穴擒渠，皆勇之效，而兵不与。唐臣韩愈有言：征兵满万，不如招募数千。由来久矣。

夫兵有节制而勇皆募充，勇有功而兵无效，其故何也？盖古之善用兵者，贵乎兵识将意，将识士心，故能收指臂之效。今百里有营，十里有汛，在立设之初，原谓耳目既近，稽察易周，一有啸聚，即可围捕。然而多者不过数百人，少者或十馀人，逐捕尚或有馀，御寇实形不足。迨其敝也，将以扣饷冒额为能，无所谓训练；兵以窝娼查赌为利，无所谓营规。于是上下虽有统属之

①日期据《毛尚书奏稿》卷十六同片补。

名，而情睽意隔；岁时虽有演操之制，而实去文存。及有征调，东抽一名，西拨一队，兵与兵不相习，将与兵不相知。夫训练既已不时，心意又复不洽，与驱市人而使战者何异？此所以不能得力者一也。

古者十金之士，百金之士，材力既异，身价亦殊。今即不能优以厚饷，亦不可不使之饱腾。乃绿营定制，马兵月给二两，战兵月给一两五钱，步兵月给一两。在开国之初，人少物贱，按时筹给，尚足以赡其身家。承平既久，生齿既繁，百物昂贵，兵之月入已不足以自赡，况又加扣折，而望其忍饥力斗，难矣！且民间佣力之夫，月入尚有得钱数贯者，无惑乎老弱之充数而强壮之别图矣。故军兴以来，驻防旗兵豢养较绿营稍厚，而收效亦较殊，其明征也。此所以不得力者二也。

今若如臣等所请，各省留勇自数千至数万不等，缓急均有可恃。必将谓兵可以尽撤，营可以尽裁，而于事势又有甚难者。额兵欠饷，各省累累，若欲裁撤，必先发饷。营兵所以不能整顿，坐欠饷太多之故，又复议裁，能无哗噪？此不可不虑者一也。兵之实难返，兵之名尚存，知者虽知其无用，不知者尚惕于国威，若一旦裁撤，奸民或因而生心，此不可不虑者二也。

臣等再四思维，惟有以勇辅兵、有缺勿补之一法。查江、浙、皖、楚等省之兵，几经大乱，物故流亡者为数不少。直、东、豫、晋等省之兵，虽尚完善，死亡病故者亦岁有之。拟请此后无论用兵及完善省分，从前未足之额，暂缓召募，此后再出之缺，概停募补。如此则无用之兵渐减而不事纷更，有用之饷可节而无乖定制。至于营汛可裁则裁，老弱可汰则汰，是在乎大吏斟酌时宜，非执一所能悬断。若年复一年，不思变计，恐欠饷日增一日，必有决裂之时。此辈弭乱不足，为乱有馀，恐天下之忧不在散勇而在额兵矣。

臣等愚昧之见，倘蒙俞允，请敕下各省督抚察看各省情形，酌量施行。是否有当，伏乞圣鉴训示。谨奏。

官军分剿白砂石碣获胜及潮防吃紧情形折[1] 二月二十八日

奏为官军越境追剿大获胜仗，贼势趋重漳州，潮防仍形吃紧情形，恭折由驿驰陈，仰祈圣鉴事。

窃臣等前以官军进逼云霄，连日苦战获胜，并令方耀移军上杭，先清官庄、龙下各匪情形，于二月初四日具奏在案。旋据臬司李福泰禀称：方耀于正月十九日军抵上杭，探闻南阳贼匪有窜动之意，即督军由上杭之千家村节节进剿，该逆横窜白砂、石碣等处，思抄我军之后，乘虚冀入粤境。方耀闻报，即督军由上杭北门之水西渡河，绕赴草鞋岭、当风岭邀击之。二月初五日夜，派勇潜袭石碣逆寨，获匪数名，贼甚惊惶，遂饬守备方恭等带勇，由上杭东门渡河进攻白砂逆垒。知府方勋、守备谢廷楠等带勇，由北门渡河出草鞋岭夹击，守备林材等带勇策应，方耀亲督守备方鳌等径攻石碣。初六日黎明，直抵该处，逆匪万馀蜂拥出拒，我军大呼向前，勇气百倍，枪炮齐施，声震岩谷。自辰至未，鏖战数时之久，守备方鳌督带炮队，首先陷阵，连环轰击，毙匪七百馀名，贼众稍却。正酣战间，适白砂之匪回援石碣，拚命相持，我军全队亦赶至石碣，方勋等督带洋枪队并力围攻，遂将石碣攻破。贼匪突路狂奔，追杀三十馀里，阵斩长发黄衣老贼伪颉天福

[1] 辑自中国第一历史档案馆编《清政府镇压太平天国档案史料》第26册，社会科学文献出版社2004年版，第354～355页。系与两广总督毛鸿宾会衔。标题系编者拟。

吕朝兴、伪缗天福杨石保、伪旂天福吕李秾、伪拔天燕曹雅任等五名，又伪先锋十五名，长发老贼首级一百九十四颗，生擒贼目钟职等，落涧坠崖死者约五六千人；其伏匿林麓间者，复纵火焚毙无算。馀匪各弃枪炮越岭而逸，救出胁从难民计千馀人，夺获骡马四百馀匹，旗帜、器械无效，并获伪印三颗、伪照四件，当将官庄、迴龙、啄木、才溪、朴树、石碣等处贼巢一律焚毁。我军阵亡六名，受伤一百馀名。此方耀分剿白砂、石碣各匪，大获胜仗之情形也。

查方耀石碣之捷，杀贼几及万人，洵足以寒贼胆而壮军声，惟逆众尚不下十馀万，其势十倍于兵勇，尚难一鼓扑灭，潮、嘉边界绵亘数百里，并无总隘可扼，路路可通，该匪困兽犹斗，仍有防不胜防之患。当方耀在石碣大战时，即有另股贼匪绕窜大埔县属之白堠，幸李福泰、翟国彦等布置周密，当饬守卡兵勇将该逆匪击退，是嘉应之防少松而潮防日形紧急。现在冯子材尚未到省，臣等惟有严饬李福泰驻扎大埔，居中调度，翟国彦严防饶平，郑绍忠驻扎峰市，以固潮、嘉藩篱，并饬方耀乘此声威，跟踪追剿，以仰副皇上保巩完区、绥靖封疆之至意。

所有官军越境追剿，大获胜仗，贼势趋重漳州，潮防日形吃紧缘由，谨恭折由驿驰奏，伏乞皇太后、皇上圣鉴训示。谨奏。

同治四年三月十八日，军机大臣奉旨："另有旨。"钦此。

革职留任谢恩疏

奏为恭谢天恩，仰祈圣鉴事。

窃臣于同治四年二月二十九日接准部咨，同治三年十一月初二日奉上谕："前因毛鸿宾等奏率属捐廉助饷，加恩将毛鸿宾等交部从优议叙。兹据奏称，该督抚所得奖叙，请照学政司道等一体移奖子弟等语。所见甚为卑陋。毛鸿宾、郭嵩焘前次所捐银两即行发还，并撤销从优议叙，交部议处。”等因。钦此。钦遵到部。应请将两广总督毛鸿宾、署广东巡抚郭嵩焘各议以降三级调用，毋庸查级纪议抵等因。同治三年十一月二十三日内阁奉上谕：“前因两广总督毛鸿宾、署广东巡抚郭嵩焘请将所得捐廉助饷优叙移奖子弟，当以该督等意存计较，不知大体，交部议处。兹据吏部议以降三级调用，毋庸查级纪议抵等语。毛鸿宾、郭嵩焘均着加恩改为革职留任。”钦此。跪诵之下，感悚难名。

伏念臣权摄封疆，罔知大体，冒宸严而渎请，干谴逐以何辞。乃蒙圣恩曲赐矜全，仍与留任，特示加恩于薄罚，俾资补过于将来。仰荷生成曲逮之仁，倍深惶恐图报之义。自去年三月以来，江西窜匪由宁都、南安扰近粤边，东、北两江同时告急。臣一力倡捐，催缴军需局，支放募勇经费。耿耿愚忱，但有顾公之心，实无营私之意。曲荷圣慈之戒饬，衷隐难陈；更蒙渊量之包容，旁皇累日。有罪而邀矜贷，原期激励臣工；已捐而又领回，何颜对诸寮属？惟有仰恳皇上天恩，仍准容臣报捐军饷，赏免发还。雷霆雨露无非教，恩威所被，一本至仁；天地神明讵敢诬，惩戒之馀，弥深私祷。

所有微臣感悚下忱，谨恭折叩谢天恩，伏乞皇太后、皇上圣鉴。谨奏。

此疏实碍难着笔，而私衷愤郁之气，又不能不稍自明。与此曹共事，公私交受其累，为之拊膺浩叹而已。自记。

敬陈广东各属二月份雨水粮价情形疏[1]三月初九日

奏为敬陈二月份雨水、粮价情形，仰祈圣鉴事。

窃照广东省同治四年正月份雨水、粮价，先经臣恭折奏闻在案。兹查广东历年春雨繁多，必得土膏霑足，塘坝皆满，始可及时栽插。本年入春以来，天气多阴，而雨泽甚为稀少，二月中仅得小雨数次，廉韶最重，早稻秧苗微有损伤，省外各属得雨多少情形，互有参差，二麦园蔬俱极茂盛，粮价较上月亦略相同，民情尚为静谧，堪以仰慰圣怀。

所有同治四年二月份雨水、粮价情形，臣谨恭折具奏，并缮粮价清单，敬呈御览，伏乞皇太后、皇上圣鉴。

同治四年四月二十七日，军机大臣奏旨："知道了。"钦此。

清单

谨将广东省同治四年二月份各属米粮时价分晰，开列清单，恭呈御览。

广州府属，价中。上米每仓石价银二两三钱三分至二两九钱八分，与上月相同。中米每仓石价银二两一钱三分至二两七钱九分，与上月相同。下米每仓石价银一两七钱六分至二两三钱七分，与上月相同。

韶州府属，价中。上米每仓石价银一两八钱四分至二两七钱，较上月减一分。中米每仓石价银一两五钱五分至二两三钱四分，

①辑自中国第一历史档案馆藏"录副奏折"原件03-4962-066号及附件清单03-4962-067号。标题系编者拟。

与上月相同。下米每仓石价银一两一钱七分至一两九钱五分，与上月相同。

惠州府属，价中。上米每仓石价银二两一钱至二两八钱八分，与上月相同。中米每仓石价银一两八钱六分至二两六钱六分，与上月相同。下米每仓石价银一两六钱至二两三钱，与上月相同。

潮州府属，价中。上米每仓石价银一两八钱七分至二两六钱九分，较上月增一分。中米每仓石价银一两四钱五分至二两二钱九分，与上月相同。下米每仓石价银一两一钱至一两九钱二分，与上月相同。

肇庆府属，价中。上米每仓石价银一两九钱二分至二两六钱七分，较上月减一分。中米每仓石价银一两六钱一分至二两四钱五分，与上月相同。下米每仓石价银一两三钱至二两五分，与上月相同。

高州府属，价中。上米每仓石价银一两二钱七分至一两四钱五分，与上月相同。中米每仓石价银一两六分至一两二钱六分，与上月相同。下米每仓石价银九钱一分至一两一钱，较上月增一分。

雷州府属，价中。上米每仓石价银一两四钱八分至一两六钱，与上月相同。中米每仓石价银一两二钱二分至一两三钱三分，与上月相同。下米每仓石价银一两二分至一两一钱四分，较上月增一分。

廉州府属，价中。上米每仓石价银一两八钱六分至二两九分，与上月相同。中米每仓石价银一两五钱至一两七钱三分，较上月增一分。下米每仓石价银一两二钱七分至一两四钱六分，与上月相同。

琼州府属，价中。上米每仓石价银一两八钱四分至二两三钱六分，与上月相同。中米每仓石价银一两五钱至一两九钱五分，较上月增一分。下米每仓石价银一两三钱二分至一两七钱九分，与上月相同。

佛冈直隶厅，价中。上米每仓石价银一两八钱六分至二两四钱九分，与上月相同。中米每仓石价银一两五钱九分至二两二钱五分，较上月增一分。下米每仓石价银一两三钱二分至一两九钱三分，与上月相同。

绥瑶直隶厅，价中。上米每仓石价银二两二钱八分至二两五钱，与上月相同。中米每仓石价银一两九钱七分至二两一钱五分，较上月增一分。下米每仓石价银一两七钱七分至一两九钱四分，与上月相同。

罗定州属，价中。上米每仓石价银一两七钱五分至一两九钱二分，与上月相同。中米每仓石价银一两六钱三分至一两七钱七分，与上月相同。下米每仓石价银一两二钱四分至一两三钱六分，较上月增一分。

连州属，价中。上米每仓石价银二两二钱二分至二两四钱四分，与上月相同。中米每仓石价银二两五分至二两二钱三分，较上月增一分。下米每仓石价银一两七钱至一两八钱七分，与上月相同。

南雄州属，价中。上米每仓石价银二两二钱三分至二两四钱二分，与上月相同。中米每仓石价银一两九钱九分至二两一钱三分，较上月增一分。下米每仓石价银一两六钱五分至一两七钱八分，与上月相同。

嘉应州属，价中。上米每仓石价银二两二分至二两五钱九分，与上月相同。中米每仓石价银一两八钱五分至二两四钱，与上月相同。下米每仓石价银一两四钱八分至二两二分，较上月增一分。

军机大臣奉旨："览。"钦此。四年四月二十七日。

特参二品职官讹诈有据疏三月初九日①

奏为特参二品职官讹诈有据，请旨暂行革职，归案审讯，以肃法纪，恭折仰祈圣鉴事。

窃查广东省河向设缉捕船只，时有假冒文武职官讹诈行旅之案，均经随时查明惩办。本年正月间，据英领事罗伯逊函称：番禺县民人黄亚发赴该领事处呈控，副将衔李光向该船诈去洋银二百两，复将其船夺去，呈请追回给领等情。时以该民人黄亚发赴英领事具控，府县并无案据，其控副将衔李光讹诈情由亦颇涉支离，当饬营县查明：李光因何在省河讹诈商船，并有抢夺情事？随据副将衔李光呈称：同治二年在浙江管带靖逆水陆全军，驻扎宁波，添购广艇，派千总刘胜沧等管带，为巡洋护渔之用，被舵工黄和宽谋害，刘胜沧等驾船逃驶，曾经移请香山县查拿。去年七月由浙江销差来粤，随时查访，适在发风墩河边遇见此船，即时驾回，又经移请南海县拘凶究办。其言亦尚有因。随札饬英领事罗伯逊将黄亚发解案，发交广州府审讯。该民人黄亚发年甫二十，向在洋船雇工，其船系民人郭桂开自置，在顺德陈村地方凭致祥店承买。经分饬各该县查复，均属相符。而李光移请香山县拿办一案，独无卷可稽。初次讹诈黄亚发洋银二百两，有李光随丁郭亚欢书立收单。饬令将郭亚欢交案，又复多方狡展。其为挟职官曾经带勇之势，借端讹诈，确有明征，自应从严讯办，以惩

①日期系据中国第一历史档案馆藏"录副奏折"原件03-5078-038号同疏补。系与广州将军署两广总督瑞麟会衔。

贪邪而肃法纪。应请旨将副将衔升用参将李光暂行革职，以凭勒限饬将郭亚欢交出，研讯确情，再行分别定拟。

所有特参二品职官讹诈有据，请旨遵办缘由，谨缮折具奏，伏乞皇太后、皇上圣鉴训示。谨奏。

同治四年四月二十七日，军机大臣奉旨："李光着暂行革职，饬令将郭亚欢交出，严讯定拟，勿稍宽纵。"钦此。

员弁争索赌规请斥革严讯片会总督衔

再，广东赌风之盛，甲于天下。乡村市镇，到处聚赌，因之文武员弁皆有规费，一二劣绅人等亦有规费。凡经绅士收受规费，以老师馆为名，各有标目，甚或夥开一馆，据为利薮。风俗之敝，实由于此。兹查有署新会江门汛千总梁北威与武举陈元功，以争索赌规，互相把持，至于聚众斗殴。该千总梁北威因将陈元功捆获，并获其党武生陈绍基、武监生陈庆元等八名，诬以纠众抢夺已获之盗犯，禀请核究。臣等查办盗案，核实认真，从无宽假。该千总与武举陈元功等互争赌规，捏造夥抢盗犯重情，率意通禀，实缘纪纲法度废弛已久，悍无顾忌。地方官绅行径如此，何敢稍事优容，贻害人心风俗！除咨部将署江门汛千总梁北威、武举陈元功等先行斥革，归案严讯定拟外，应请旨分别惩办，以警颓风。谨附片陈明，伏乞圣鉴训示。谨奏。

奏报广东省上年十二月份报捐贡监生名数并银数片[①] 三月十三日

再，广东省城收捐监生、贡生名数、银数，向系按月奏报。嗣准部咨，将部监空名印照发交各省收捐，文武监生每名减银二十两、贡生减二成办理。又准部咨，空名照数目分别已发、未发，按月奏报。各等因。当于咸丰四年七月停止常例，将收捐截清名数、银数奏咨。计自四年八月减成收捐起，至同治三年十一月止，共应存文武监生正项银一十万七千七百八十七两二钱五分六厘，又捐贡一项截至同治三年十一月止减成收捐，连前旧捐，共应存正项银四万二千一百九十三两八厘，经臣附片奏闻在案。

兹据布政使李瀚章详称：同治三年十二月份由俊秀报捐文监生一名，收正项银八十八两，内除提出本省津贴银八钱八分，尚存正项银八十七两一钱二分，连前共应存文武监生正项银一十万七千八百七十四两三钱七分六厘。又十二月份由廪生报捐贡生十名，每名收正项银八十八两，共银八百八十两，内除提出本省津贴银八两八钱，尚存正项银八百七十一两二钱，连前共实存贡生正项银四万三千六十四两二钱八厘，均照案留为办理善后之用。因各营兵饷待支紧急，奉拨之地丁盐课征解不前，暂借贡监捐项通融支放，已于递年十一月咨报藩库收支各款案内声明，俟奉拨各款收有银两，归还备用部饷照费，储备解京，加平银两照章免其交纳。至旧存咸丰年号空名贡监生各照，业经详缴咨销，其先后奉发改换同治年号监生空名部照各七千零一十一张，查点部照

①辑自中国第一历史档案馆藏“录副奏折”原件03-4899-048号。标题系编者拟，日期系奉旨时间。

短少一张，又擦损十五张，监照擦损九张，亦经详咨部监换发补发。实在收到部照六千九百九十五张，监照七千零二张，贡照六百三十二张，国子监贡照六百三十二张，内除二年十月二十二卯起至三年十二月底止，共填发监生部监照各十八张外，尚存未发部照六千九百七十七张，监照六千九百八十四张。贡生部监照除同治三年十一月填用起至十二月底止，共填发部监照各十二张外，尚存未发部贡照六百二十张，国子监贡照六百二十张。又十二月份并无报捐武监生等情，详请并案具奏前来。臣复核无异，除分咨外，谨附片陈明，伏乞圣鉴。谨奏。

同治五年三月十三日，军机大臣奉旨："户部知道。"钦此。

官军迎剿窜匪屡获胜仗现仍防剿兼筹疏会总督衔　三月十五日[1]

奏为官军迎剿窜匪屡获胜仗，现仍防剿兼筹情形，恭折由驿驰陈，仰祈圣鉴事。

窃前因方耀分剿白砂、石碣各匪，大获胜仗情形，经臣等于二月二十八日具奏在案。兹据藩司李福泰、副将方耀禀称，南阳之全股窜并白砂，营巢林立。方耀虑其下窜粤境，即调分防水铺弁勇驰回，并飞咨驻扎峰市之郑绍忠、蚺蛇渡之周陞，坚营严扼。二月初八日，派守备方鳌等由上杭东门潭头上渡河，派候选知府方勋等由潭头下渡河，分头进攻白砂贼垒，适遇贼于茶地。方鳌、方恭等大呼冲突，枪炮齐施，毙匪四百馀名，阵斩伪官钰天安陈帼辉、伪御林护驾列王黄姓，生擒十三名，夺获贼马四十八匹，

①日期据中国第一历史档案馆编《清政府镇压太平天国档案史料》第26册同疏补，社会科学文献出版社2004年版。

旗帜、枪械什物不计其数。该匪不敢恋战，四路狂奔。我军追杀十馀里，始行收队。查点各勇，受伤九名。此方耀截剿白砂逆匪获胜之情形也。

二月十八日，逆首丁太阳率匪万馀，由朱家山后三断岭下分路来扑大埔县属之柏嵩关，势甚凶悍。守备李瑄芳等督率各队兵勇奋力迎击，各乡练亦前来助剿，自辰至巳，鏖战两时之久，毙匪不计其数，生擒贼匪十一名，夺获旗帜多件。我军向前直逼，奋力夹攻，并用火罐抛掷枪炮如雨。该匪拒敌不住，仍由三断岭下而逃。兵勇亦有伤亡。此饶平防军迎剿窜匪获胜之情形也。

二月十一日，花旗股匪绕由小路窜入大埔县属之维新甲、漳溪等处，县城岌岌可危。守备苏镇超、游击王传训等会督兵勇，分途截剿。副将方耀、参将林保、都司郑绍忠亦由闽界跟踪驰援，同时齐抵大埔。贼由湖寮、白堠窜走，先后毙匪甚多。此大埔防剿迭有擒斩窜匪之情形也。

臣等伏查闽省龙岩股匪，经康国器等军攻克，馀匪窜归南靖。南阳股匪经刘典、王开琳等军攻克，馀匪窜驻归阳、苦竹等处，逼近大埔县城，分股袭攻枫朗营盘，为戴朝佐、梁仕光等军击败，遂径趋扑诏安县城，经何云章派游击李元顺一军驰援，为贼所掩袭，退扎分水关。该逆横出朱家山，袭破县丞吴国泰一营，进趋秀篆，黄冈、饶平同时告急。粤东防闽之军，始分东、北二路，以嘉应所属为北路，潮州所属为东路。迨汪逆大股趋并漳州二百馀里之地，粤东边防乃归重大埔。饶平一路，何云章进攻云霄，以剿为堵，故自饶平以南，东界黄冈，西界澄海，皆无重兵驻防。该逆骤扑诏安，绕出云霄之后，直窥粤境，仓卒告警，几至措手不及。幸（凤）〔惠〕[1] 潮道凤安得信较速，即时商请前西宁镇总兵黄朝恩募勇千人，驰扎黄冈、分水关一带，并饬署潮州府陈毓书督率民团，帮同堵剿。藩司李福泰亦由三河坝赶至潮州，调派邓安邦、方吉等军越境驰援诏安，通何云章一军之气，以固潮南门户；饬副将林保一军专扼柏嵩关，饬游击吉瑞一军专扼老虎关。臣等并饬李福泰等将南澳、澄海各海口妥为布置，潮州防务稍臻周妥。

而沿边滋扰各匪，尚止汪海洋一股，其漳州李世贤一股，至今未有蠢动之信。闽军高连陞、黄少春等环攻漳州之东，刘典、王德榜、王开琳、张恒祥、康国器等合防漳州之北，江苏抚臣李鸿章又由海道派郭松林、杨鼎勋两军从厦门进攻。是漳州南路又得此大枝劲旅，三面进剿。惟西路与粤毗连数百里，兵力独形单绌。臣等接据李鸿章来函，即行移咨商令各军由海道分两路进攻。一由厦门会合闽军，直捣漳州；一由汕头东出黄冈，规复云霄、平和各城，出漳州之西，与翟国彦、方耀、郑绍忠等军分路并出，庶可蹙之漳州一城，且可断其入海之路，不至贻毒他处。但恐郭松林等已航海入闽，商办不及，则闽军直成长驱之势，粤东防务尤费支持。臣等现催卓兴一军由恩平赴省，刻期驰往东江，而欠饷既多，军行亦难期迅速。筹防日久，转饷愈艰。惟有督饬司道竭力筹办，以期歼此大憝，不留馀孽。

其李元顺赴援诏安，吴国泰防守隘口，未能实力抵御，以致为贼所乘，均属咎有应得。相应请旨将游击李元顺、县丞吴国泰先行摘去顶戴，有无闻警先逃情弊，容札饬李福泰、凤安查明后再行参办，以肃军政。

---

①据《清政府镇压太平天国档案史料》第 26 册同疏校改。

所有东路防军迭次剿贼获胜及现筹办理情形，谨恭折驰陈，伏乞皇太后、皇上圣鉴训示。谨奏。

罗定官军越境荡平河垌贼巢驰援信宜片会总督衔　三月十五日[①]

再，罗定官军越境攻克古眉、大堃、云胎、何家寨贼巢情形，经臣等于二月二十八日附片奏报在案。兹据补用副将曾敏行、署罗定州知州周士俊禀称：岑溪一带贼巢惟河垌最为险固，逆首陈日昇即陈两头口窜踞其中，负嵎死拒。当即驰调曾光汉、刘金华等各勇，于二月十七日进扎离河垌里许之磨刀坑地方，节节进逼。该逆见我军分途筑垒，即率众二三千蜂拥来犯。陈龙书、卢满江、韦奇文、刘金华、陈璁、洪瑞荣等呼噪而出，跃马争先，冲入贼队，手刃执旗贼目，毙贼数十名，该逆溃散回巢。曾敏行、周士俊分督亲军，进扎磨刀坑。十九日黎明，派都司卢满江由左路出，训导陈龙书由中路出，守备刘金华、生员高锡钧由右路出，曾敏行、周士俊带领亲军督阵，为诸路接应。该逆见我军出队，即倾巢俱出，拌死来冲，势如潮涌。我军枪炮齐施，连环轰击，毙贼多名，贼犹死战不退。曾敏行身先士卒，跃马冲锋，连毙悍贼数名。各营奋勇而前，呼声动天。酣战两时之久，该逆势渐不支，奔回巢内，闭栅死守。是役也，踏平贼匪炮楼三座，毙贼三百馀名，夺获旗帜器械多件。我军亦间有伤亡。曾敏行、周士俊复与诸将弁筹议，欲乘该逆大败惊馁之时，漏夜往袭河垌，攻其无备。遂派陈龙书、卢满江、曾光汉、刘金华、高锡钧、陈璁、梁以文、

---

①日期据本片及《西路官绅剿办信宜股匪攻克贼巢地方肃清片》内容考订。

黄亨衢及军功傅世魁等，分队衔枚疾进。三更时候，各将弁率勇直抵河垌。卢满江、曾光汉、刘金华潜至栅外，点放火箭，寨内同时火起，并用大炮将寨门轰倒，各勇争先杀入。火势愈烈，烟焰迷漫。匪众奔逃无路，中枪炮死者甚众，立将河垌贼巢攻克，搜获器械马匹伪印无数。曾敏行、周士俊见贼巢已破，匪众由寨后狂奔，知逆首必在其中，急率勇练绕过后路抄击，沿途截杀百馀名，生擒贼目何仲厚、梁亚晚、梁亚来、李朝天等多名，先后生擒七十八名，杀毙不计其数，夺获旗帜、器械、马匹、伪印共六十馀件。阵亡弁勇周遇贵、方涛等二十名，受伤七十馀名。馀匪遁归南渡、黎木等处。等情前来。

查陈日昇即陈两头口与罗阿光、梁仕隆等逆首，由大塍、古眉扰及罗定州界，实踞河垌为老巢，经曾敏行、周士俊越境攻剿，覆其巢穴。该逆陈两头口，在岑溪股匪中为最巨，盘踞河垌日久，被剿逃窜，军气为之一振。已饬周士俊等会同岑溪县，务将各股馀匪悉数搜除，以绝根株。信宜逆首李可钟盘踞六荷地方，党羽甚众。屡饬信宜县设法缉拿，讫未得其要领。迨岑溪股匪倡乱，李可钟即遣其侄李河娘、李长腰等潜往充黟，复遣侄李一贯等张贴伪示，播散谣言，乘机起事。信宜县黎正春督同绅士陈观泰、陆达务等，以防堵为词，招集兵勇，骤出六荷，将该逆李可钟拿获，又绕出东镇，将该逆李一贯、李四等拿获。正值陈两头口河垌被剿穷蹙之时，李河娘、李长腰等诸逆导使袭破新胜寨，乘势东趋，又邀集大南、南渡股匪霍十八、罗定章等，借词报复，由安鹅小路直窜信宜县之东镇，分三路扑犯县城。经该县黎正春击退，仍遁回东镇驻扎。臣等前檄饬副将曾敏行募勇一千五百人，驰防罗定；副将潘其泰募勇一千人，驰防信宜。潘其泰分募西勇及吴川、灵山之勇，尚未成军。因先饬曾敏行一军移缓就急，赴援信宜，刻期扫荡。

臣等因念广西藤、容、岑溪、北流、陆川数百里之地，伏莽滋繁，与东省之信宜、罗定等州县紧相接壤，全恃署罗定州知州周士俊、署化州知州张钦泰、信宜县知县黎正春等勤廉朴实，政事稍为修明。信宜首逆李可钟甫谋倡乱，即被捕诛。罗定驷纶王阿狂七一股，亦慑于兵威，不敢狂逞。现在广西抚臣张凯嵩派出弁勇，已抵容、岑。臣等意在肃清西路，乃得专意防剿东江大股贼匪，是以前奏派广西提臣冯子材添募兵勇数千，督同曾敏行、潘其泰等剿除藤、容一带贼匪，使边圉稍获安谧，以整饬戎行为攘除寇盗之实，仍以讲求吏治以肃清祸乱之源。所有在事出力官绅，可否仰邀天恩，由臣等汇案奏奖？至副将曾敏行自到防以来，屡次越境攻克贼巢，擒斩要逆多名，罗定借以肃清，未敢没其微劳，应恳天恩将该副将曾敏行赏给总兵衔，以示鼓励，出自逾格鸿施。

谨将罗定官军越境荡平河垌贼巢，驰援信宜，及现筹办理情形，附片陈明，伏乞圣鉴训示。谨奏。

化州官绅追捕广西窜匪全股扑灭片会总督衔

再，广东化州官绅歼剿广西窜匪情形，经臣等于本年二月二十八日附片奏明在案。嗣据代理化州知州张钦泰禀称：我军自二月初五日于合江墟地方大获全胜，生擒逆首江甲麟等二百七十八名，杀贼千馀名，又在城外盘获内应奸细江亚六等八名。其逃出匪夥约有三四百人，仍由平定一路拌命穷奔，当即飞饬拔贡彭步瀛会督练绅郭远昌、李鸿文、钟耿光、黄文光等，由合江北岸跟踪追剿。张钦泰亲率张汝泰、黄子斌等由合江南岸跟追。初六日未刻，追及附近平定墟之天井地方，该匪回头死拒，我军枪炮齐施，四围攻击，又毙匪二十馀名。馀匪窜入池姓祠堂，闭门坚守，并于瓦面分布铳械，负嵎抗拒。适彭步瀛等会督练勇赶到，张钦泰督饬各军，购备柴草引火之物，初六晚，潜载至栅外焚之，并将火罐抛入贼巢。风高焰烈，立即焚毁。该匪被焚死者十之八九，间有冒火逃出者，均被我军歼毙。获匪何信大、李九油、何亚翠等十馀名。全股悉已荡除。等因前来。

臣等伏查江甲麟即江二大纠合陈金刚旧党数千，在广西陆川县青湖地方举旗称乱，直窜化州之上江，招聚博白、岑溪等处股匪，意欲狡逞。又有巨逆陈永芳即木碌四、林宝善、周应濂、蔡七大、李亚捞七等为之勾引。该署州张钦泰仓卒募勇，分饬彭步瀛、黄子斌、张汝泰、李鸿文、郭远昌等四面攻剿，出贼不意，斩获至千馀人。又乘胜猛追，挤之罗江，溺毙者七八百人。穷日夜之力，追至天井地方，尽歼其馀孽。行军之速，剿贼之锐，极为难得。臣等仍一面檄饬该署州设法将陈永芳即木碌四、蔡七大等巨匪赶速拿获，以靖地方。所有先后出力官绅勇练，容俟前案奉到谕旨，再行分别汇案酌保，借资鼓舞。谨将化州官绅追捕广西窜匪全股扑灭情形附片具陈，伏乞圣鉴训示。谨奏。

敌国外患所当豫筹请饬整饬纪纲申明法度折[①] 三月十八日

前准总理各国事务衙门密函称，俄、英各国屡次欲于中国立

①辑自《筹办夷务始末》（同治朝）卷三十一，中华书局 2008 年 11 月第 1 版。日期当为奉旨时间。系与两广总督毛鸿宾会衔。

铜线以通信息，开铁路以利往来，节经照复停止在案等因。臣等窃以为洋人居心叵测，于此可略见一斑，现在金陵克复，元恶就诛，馀匪不患不灭，地方不患不平。惟英、法各国，暂虽相安无事，而其心恐犹未餍，即其患恐犹未艾。臣等每与各国领事接晤，开诚布公，讲信明义，遇有交涉事件，按照条约，可行者则推诚而直诺，不行者必据理以婉辞，其中用刚用柔，不亢不卑之致，殊费苦心，故年馀以来，彼此情义似尚相孚。傥荷圣主威福，始终就我范围，不至决裂，原可以弥祸于未萌。然而敌国外患，实为谋国者之所当豫筹，未便以其利在通商，别无他志，遂存苟且玩忽之心。

自古怀柔之道，不外恩信，第要求烦而恩易竭，恩竭则怨生；条约密而信易穷，信穷则嫌启。是必有不可犯、不可胜、能制人而不制于人之实用，以畏其志而服其心，则夫恐惧修省，所以自强自励之要道，诚不可不急讲也。前接两江督臣曾国藩密函，亦汲汲然商所以思患豫防之策。臣等前此请缓停厘金，兹复议教练兵勇，无非为整军经武，防患未然起见。伏望皇上密饬中外臣工，暨各省督抚，宜及时整饬纪纲，申明法度，节厘金以备储峙，简精锐以备干城，勿为姑息而苟安目前，勿务粉饰而不思远虑。庶几收富国强兵之效，成安内攘外之休，以赞中兴之盛，以永万世之基，臣等幸甚！天下甚幸！

御批："览奏均悉。总理各国事务衙门知道。"

闽氛日逼粤省兵单饷绌情形片会总督衔　四月十一日[①]

再，东路官军迎剿窜匪屡获胜仗情形，业经臣等于三月十五日具奏在案。迭据布政使李福泰、惠潮道凤安等禀称：贼匪围攻诏安，于城外开凿地道。知县赵人成竭力拒守。潮州府〔知府〕[②]陈毓书、都司邓安邦等现赴黄冈，图解诏安之围；副将何云章进攻云霄，为贼所包，固守营盘，大势均属岌岌。平和之贼，日聚日众，于通柏、嵩关等处，凿平道路，意图大举入粤。饶平、黄冈一带日形吃紧。等情前来。

臣等查汪海洋一股众约七八万，漳州李世贤一股约十馀万，又有伪利王朱兴潍、伪天将丁太阳各股，合计不下二十馀万。虽闽省各军屡获胜仗，粤省方耀各军迭有擒斩，所杀不过十分之一，而所掳胁勾通者仍只日见其增加，而不见其减少，是贼势并不得为穷蹙。左宗棠所部浙军一二万人，高连陞、黄少春、刘清亮等又皆一时名将，合之闽军曾玉明等所部，围攻漳州东面。其由江西援闽之军则有刘典、娄云庆、王开琳、王德榜、张恒祥等军数万人，均系大枝劲旅，合之闽军康国器、赵均、关镇国等所部，会防漳州北面；西至永定，东至漳平，层层布置。江苏抚臣李鸿章所派郭松林、杨鼎勋两军，又由厦门进攻漳州东、南、北三面，渐成合围之势。而贼所踞南靖、漳浦、云霄、平和各城，皆在漳州西面。从前尚踞有龙岩一城，北有出路，今且并集于逼近大埔之归阳、苦竹等处。是贼之去路仅广东一面。现据李福泰禀称，

①日期据中国第一历史档案馆编《清政府镇压太平天国档案史料》第26册同片补。
②据《清政府镇压太平天国档案史料》第26册同片补。

探闻诏安县城已为贼陷，是潮郡又失一重外蔽。又据翟国彦报称，漳州逆匪数万，窜至平和、粗溪地方，并屯驻上、下坪等处，距枫朗仅及三四十里。前后窜扰边境者，均系南靖、平和股匪。续又添入南阳大股。如翟国彦所称，漳州大股又已蠢动，其势必谋窜饶平、大埔等县，渐及腹地。统计粤东边防各军，翟国彦三千馀人，方耀六千馀人，郑绍忠三千馀人，其馀林保、邓安邦、黄朝恩、戴朝佐、黄添元、梁仕光、李元顺、何云章等，或数千人，或数百人，卓兴一军六千馀人尚未到防，合共三万馀人。纵横数百里，随处设防，已形单薄。加以西江防堵之冯子材、曾敏行、潘其泰等军，北江防堵之任星元等军，并水师沈玉遂、王朝治、张贵等军，每月需饷几至三十馀万。竭力筹画，仅及十万有零，勉强支梧。以防堵边界之军论，则多虑其空虚；以转输防兵之饷论，则尚忧其缺乏。是粤东之力，几不能旦夕支持。

臣瑞麟接任以来，忧劳布置，熟筹审处，断不敢存五日京兆之见。臣嵩焘仰蒙天恩，署理巡抚，办理年馀，幸无陨越，惟有会同臣瑞麟督同在事文武各员，经营筹画，实心实力，督率各军，歼除大憝，以仰副皇上绥靖边疆至意。

所有闽氛日逼及粤省兵单饷绌情形，谨附片具陈，伏乞圣鉴训示。谨奏。

官军越境规复诏安屡获胜仗现筹防剿情形疏会总督衔　四月十二日[①]

奏为官军越境规复诏安，屡获胜仗，现筹防剿情形，恭折由

①日期据中国第一历史档案馆编《清政府镇压太平天国档案史料》第26册同疏补，社会科学文献出版社2001年版。

驿驰陈，仰祈圣鉴事。

窃前因官军迎剿窜匪获胜，并闽省诏安失守各情，经臣等先后驰奏在案。兹据布政使李福泰、惠潮道凤安等禀称：三月初六日，闽省诏安城池被贼攻破，当即悬立重赏，激励诸军，乘贼初入诏安布置未周，奋勇进攻，迅图克复。饬令参将林保率所部驻守上饶之柏嵩关，游击吉瑞驻守中饶之老虎关，总兵黄朝恩、游击李元顺、都司邓安邦等各率所部，分扼下饶之分水关，守备方文督勇稳扎黄冈城外西校场，防贼回窜。其黄冈各要隘，仍饬署潮州府陈毓书督饬乡团实力扼守。副将何云章攻剿云霄正在得手，因贼匪绕陷诏城，与粤军声势隔绝，全军拔回黄冈，驻扎蚺蛇岭、潮坑等处隘口。把总张捷成分扎（所）〔山〕① 城，与原防上里之周国恩等勇互相联络，以扼诏安沿海由柘林入黄之路。初九日卯刻，诏安逆匪二千馀往扑章朗乡，邓安邦、杨有鋆、方吉等分路抄击，阵斩穿黄马褂贼目一名，歼毙数十名，生擒悍匪四名，讯明正法。十五日，黄朝恩督率方文、方吉两军由西路进，杨有鋆督率霞绕乡武生张大源团练由东路进，邓安邦全部由中路进，直抵龙公山前；贼匪四五千冲出接仗，我军奋勇突击，追剿至诏安城下，杀贼数百，夺获大白旗数十面。十九日辰刻，复集诸军协力猛攻，邓安邦侦知贼有埋伏，先出奇兵，将贼伏击败；各勇继进，三面包抄，贼众披靡，杀毙数十名。此连日进剿诏城逆匪获胜之情形也。

臣等伏查贼势趋并漳州一带，南靖、漳浦、云霄、平和各城皆逼近粤边，诏安失陷以后，潮州防务尤形紧要，而漳州大股贼

①据中国第一历史档案馆编《清政府镇压太平天国档案史料》第 26 册同疏改，社会科学文献出版社 2001 年版。

匪尚与官军相持，踞守如故。康逆七八万人盘踞苦竹、归阳等处，近闻赴漳乞援，移扎洪坑。李世贤给与洋枪、洋药，分拨伪西王悍匪二三万，进扎平和属之粗溪，直逼金丰乡。饶平、大埔两城，其势均为吃紧。潮属边防分南、北两路，自大埔至柏嵩关为北路，隘口十馀处，稍大者为湖寮、风朗、鸭母坑、深圳等处。自柏嵩关（为）〔至〕柘林沿海为南路，隘口亦十馀处，而最大者三饶，柏嵩关为上饶，老虎关为中饶，分水关为下饶。老虎关与柏嵩关相距（差）〔甚〕远，中间途径分歧，又以朱家山为冲要。李福泰陆续添募三万馀人，分防各隘口，兵力终嫌单薄，又苦乏大枝劲旅足当一面之寄。臣等屡催卓兴一军驰援，刻期抵省，拟即雇募洋船，由海道前赴潮州，以期迅速。一面札饬李福泰饬将各军挑选精锐，酌量归并，约分三路：饶平、柏嵩关为中路，正当漳州之冲，必得大军驻扎堵截；大埔界内至风朗为北路，以当康逆大股；老虎关以南为南路，以当诏安、云霄各股。责成卓兴、翟国彦、方耀三军各当一路。其馀各起勇目，挑选得力之军，分隶三营，以厚兵力而归整练。其水路则澄海县属之南港、北港，可以由海直趋潮郡；大埔县属之三河坝，南可以趋潮郡，西可以达嘉应。均经李福泰调派缉私巡船，并雇募头艋船，分别驻防，以资扼守，但使该逆不遽阑入粤境。俟卓兴一军到防后，商定大局，归并各军，择要稳扎，则防务益属周密，庶冀会合闽军，聚歼此匪，以副皇上绥靖海疆之至意。

所有官军规取诏安及现筹防剿各情形，谨合词恭折由驿驰陈，伏乞皇太后、皇上圣鉴训示。谨奏。

西路官绅剿办信宜股匪攻克贼巢地方肃清片会总督衔　四月十二日①

再，官军由罗定越境荡平河垌贼巢，驰援信宜及筹办情形，经臣于三月十五日附片奏报在案。嗣据副将曾敏行、署信宜县知县黎正春等先后禀称：岑匪李河娘等退踞水口后，连日修栅筑围，以为久踞之计。水口离信宜县城仅十五里。二月十八日黎明，该匪纠众数千，一由西路直攻西、北二门，一由东路直扑东门，又分股潜由山背绕出河口，意图窜踞镇隆。黎正春密饬高营兵丁严守县城。绅士李徽华统带壮勇潜伏河口山嘴，约会镇隆练丁，分道出城迎敌。适派防石根勇练闻该匪窜扑县城，赶回应援，并约六承团练由后路截击。该匪望见，疑为埋伏，即时返奔。其潜攻镇隆之匪，亦适被我军击败。乘胜追剿，毙贼数十名，夺获刀矛、大旗十馀件。六承团练直薄水口栅旁。练绅廪生梁靖、练目李贵诚中炮阵亡。高廉道秀英、高州府瑞昌以信宜被围，紧急委派守备陆龙芝、陈德铣，把总陆能富等，各率勇练，于十九、二十等日陆续赶到信宜。二十三日，即行分路出击，小有斩获。二十四日，该匪率大股蜂拥而来，陆能富、李徽华向前迎击。该匪忽分股由旁路绕出，抄袭陆能富之后。我兵首尾受敌，适后路兵勇赶到，合力奋击，该匪始行败窜。二十六日，该匪潜约南渡逆首曾五、刘二等，径扑石根堡、公豹岭、响水等卡，意图直达东镇。当经练绅陈仕邦、余铭勋、余廷诰等带练设伏，该匪甫至双头地方，四面围击，将该匪截成两段，首尾不能相顾，四散狂奔，追

①日期据《西路官军续擒首逆攻毁嘉益排埠贼巢片》和本片内容考订。

杀十馀里，生擒逆匪欧柱九等九名，轰毙伪军师杨姓一名，夺获大旗、抬枪、火药、丸弹、红簿、伪印多件。又丰埇、东镇踞匪，分股焚掠云岫堡一带，亦经该堡练绅林异珍等击退。三月初三日，副将曾敏行统带劲旅一千名，由罗镜一带绕道驰抵县境，与黎正春等会商，以水口贼巢逼近县城，先克复水口，则东镇、丰埇诸匪亦必不能久踞。方谋扎营望天垌，扼其冲要，使与东镇、丰埇诸匪声气阻隔，以为进剿之计。李河娘侦知曾军已到，分股往踞望天垌内陆氏祠及冼氏庙，以图预占地势。曾敏行登即会合各营直攻陆氏祠，该逆抢出抗拒，曾敏行列阵小山坡以待。冼氏庙踞匪亦出接应。曾敏行直前冲突，逆首李河娘退入陆氏祠，由祠后毁垣翻山而遁。黎正春等亦由北桥、岸塘等处分路驰剿。适遇水口援贼，迎击败之，乘胜跟追，直薄水口贼栅。该匪闭栅拒守，枪炮雨下。曾敏行饬各营传餐休息，候至夜分，各勇齐燃火把，用抬枪、药罐、火包，卷营急进，焚其外栅。曾敏行斩关直入，该匪犹力踞内栅。地势仄狭，枪炮伤人稍多。督阵官陈添润奋勇直登，各勇施放火箭，内巢亦被焚。贼众拥护李河娘夺路狂奔，与东镇股匪合并。三月初七日，黎正春督率练勇，规取东镇、丰埇贼巢。曾敏行亦于初八日赶至东镇，先派一营绕出贼前，埋伏金垌地方，以防杜南里大股援贼。分饬各军，三路进剿。东镇之贼分踞六贺、沙垌、六蒙等处。各军奋力直前，踏平贼垒，痛加剿洗，立将东镇等处地方收复。馀匪由白石一带向岑、容所属之大南里及南渡、水汶一带窜去。其丰埇匪巢亦经云岫、扶三等堡练绅林异珍等团勇攻克。馀匪窜踞牛士坪，亦经曾敏行、黎正春抽拨兵勇，会同克复。前后毙匪数千人，生擒七百馀人，内有逆首欧柱九、刘二、陈太尉、伪军师杨姓、伪都督李晚、伪先锋杨三聘、伪司马张十八、伪指挥邱二等多名。阵亡哨官、队长张胜新、黄廷桢、李福成、程庆龙等及各营兵勇练丁等亦二百馀人。信宜境内百数十里丛奸伏莽，尽数歼除，地方一律肃清。各等情前来。

臣等伏查岑溪股匪自入信宜县境后，迭次攻扑县城。曾敏行、黎正春等连日大举进剿，乘胜急趋，将水口、丰埇、东镇、牛士坪等处次第收复，使群起鸱张之贼不至蔓延，办理亦尚迅速。各堡局绅练协同兵勇，奋志前驱，擒斩逆匪，尤为踊跃用命。臣等惟有严饬曾敏行等确探李河娘等踪迹，会合西军，跟踪追剿，以期尽数歼除；并饬高州道、府招集流亡，妥为抚戢，务使穷黎得所，伏莽潜消，以除后患而靖地方。

所有在事出力官绅，可否由臣等择尤汇案保奏之处，恭候谕旨遵行。除将伤亡绅士兵勇另行查明咨部议恤外，谨将西路官军剿办窜扰信宜股匪，攻克贼巢，地方肃清情形，附片陈明，伏乞圣鉴训示。谨奏。

官军迭擒首逆西江一律肃清片会总督衔　四月十二日

再，正缮折间，接据广西提臣冯子材咨称：三月十九日驰抵信宜，当派总兵关松志督勇前扎贵子墟。接据曾敏行等禀称：东镇收复后，该匪窜聚南渡、水汶一带，纵横七八十里，贼垒如林。即札谕留驻驷绝之都司卢满江即日移营贵子，相机进剿。适接罗定州知州周士俊缄称：探闻逆首李河娘、陈日昇即陈两头口等潜聚嘉益王狂七家，请即迅往掩捕。曾敏行以岑溪之白子墟聚匪甚多，与南渡、水汶并为嘉益后路，若不先将由子等处扼断，则此攻彼剿，了事无期。三月十九日，由白石进至水汶，彼地素称贼薮，十年来未见官兵，一旦振旅前来，合堡绅民几诧从天而下，愿起乡团随同杀贼。适闻南渡股匪已被西军击败，水汶贼势稍孤，又见我军层层进逼，力不能支，夤夜趋并由子村。伪都督吴春标、伪军师尹纪党众数千，添筑木栅十馀座，建立炮台，东西对峙，以邓公、覃梁两庙为外巢，以杨昌澜房屋为内巢，阻以溪水，负嵎相抗。训导陈龙书督率哨勇进攻邓公庙，曾敏行自率亲军攻覃梁庙，外委李廷桂等带乡导勇绕过贼巢后埋伏接应。自辰至午，相持三时之久，未决胜负。都司冯胜标手持双刀，带亲勇十馀名，冒险抢薄贾梁庙下，连斫断木栅三条，各勇同时猛进，生擒伪军师何得胜及匪党张十九等五十一名，杀毙无算。旋闻东边炮台上喊声突起，遥望见十馀人拥护一贼，状貌凶悍，询所获各匪，知为伪都督吴春标。各勇直前捆缚，四面搜捕，又生擒二十馀名。匪势穷蹙，退保二层栅内。亲兵杨星辉等急行冲入，用连环洋炮轰击，该逆亦以洋枪对敌，互有损伤。曾敏行胸前、右手背均被炮子擦过。各哨弁勇因主将受伤，拌死奋进，遂将炮台攻破，毙匪约七百名，擒获伪领军梁亚洪、伪先锋朱子佩等十五名，匪夥一百零五名，逃出馀匪皆焦头烂额，不满百人。由子村贼垒一律平毁。阵亡梁肇兴等八名，受伤七十二名。曾敏行等以吴春标等虽已就擒，若不将李河娘等尽数殄灭，终恐馀烬复燃。二十七日，由由子移营，加悬重赏。一面缄致周士俊，密派得力员弁分途侦缉，务得该首逆等下落。二十九日，果探得李河娘、陈日昇在嘉益王狂七家。当即严谕王狂七胞兄王丕烈，勒令登时捆献，以免大兵进剿。仍派训导陈龙书督率哨勇连夜冒雨驰赴嘉益，扼要驻扎，使该逆无路潜奔，并使王丕烈等慑于声威，不敢隐藏。遂于四月初一日将李河娘、陈日昇一并交出，及其党二十馀名。李河娘解送冯子材行营，凌迟正法。陈日昇解赴周士俊驷纶行营正法。

又探闻陈英光即独角牛匿在排埠阑口，现饬设法严缉，务期迅速拿获，以净根株而清芽蘖。各等情前来。

臣等伏查李河娘为信宜起事首逆，陈日昇为罗定积年巨逆，勾结岑、容股匪，扰犯广东地界，化州、罗定一带，皆为贼垒。曾敏行迭次会同地方官并力攻剿，卷甲疾趋，擒渠扫穴。李河娘、陈日昇及岑溪逆首吴春标等皆次第伏诛，洵足壮军威而固疆圉。总兵衔副将曾敏行由罗定、信宜转战岑、容数百里之交，破巢灭贼，谋勇兼资，可否仰邀天恩，以总兵交军机处记名，遇缺题奏，以示鼓励之处，出自逾格鸿施。

再，查此次广西股匪阑入粤境，沿边各州县遍地贼氛。陈日昇、陈永芳、李可钟、李一贯、李河娘、王狂七等阴蓄狡谋，乘隙思逞。各该州县或伺其将发之时，设法掩捕，或值其攻城之际，督兵痛剿。江甲麟一股由广西陆川县径攻化州城，知州张钦泰擒获首逆，并将其全股扑灭。李河娘、陈日昇等迭攻信宜城，知县黎正春倡议守城，与绅士约，不准一人出城，亲督练勇与贼搏战。罗定州知州周士俊与曾敏行越境攻剿河垌股匪，嘉益王狂七一股亦弭伏不敢狂逞。所以能迅收扫荡之功者，良由吏治稍为肃清，各该州县办事认真之力。署罗定州知州同知衔长乐县知县周士俊、同知衔署信宜县候补知县黎正春，均请以同知直隶州尽先补用，赏戴花翎；周士俊并先开长乐县缺。署化州知州补用同知直隶州张钦泰，请以本班遇缺先补，并赏加知府衔。其馀在事出力员弁，应恳天恩，由臣等择尤保奏。布政使司衔高廉道英秀、前高州府调补潮州府知府蒋超伯、高州府知府瑞昌，调拨兵勇，支放口粮，均属著有劳绩。英秀已得升衔，请记存录用。蒋超伯、瑞昌二员可否赏加盐运使衔，用资奖励。

所有官军剿办、迭擒首逆，西江一律肃清各情形，谨附片驰奏，伏乞圣鉴训示。谨奏。

广西提臣冯子材应由西江驰赴新任片四月十二日

再，广西提臣冯子材经前督臣毛鸿宾会同臣嵩焘奏请暂留督办东江防堵事务，该提臣以在籍修墓，未能迅速赴防，又经调派南韶连镇总兵卓兴督率所部前往防剿。缘卓兴一军六千馀人，尚属大枝劲旅，该提臣籍隶海西之廉州，即令开募成军，而距潮、嘉甚远，到防必需时日，总兵翟国彦、卓兴，副将方耀等皆非其旧部，亦未必能俯受节制。适广西窜匪扰及化州、信宜一带，西江各州县所在惊扰，又经前督臣会奏，该提臣改办西江军务各在案。现在该提臣新募之二千人行驻信宜境界，而曾敏行等军驰击各股巨匪，剿办尚能应手，并擒获首逆陈两头口、李河娘等，西江地界幸已肃清。该提臣新募之勇，可以就地裁遣，稍节糜费。应请旨饬该提臣驰赴新任，无庸留东。至阳江镇总兵任星元一军，前经调赴西江，适南阳康逆大股窜至石碣，江西瑞金、广昌等县戒严，仍留该镇一军办理北路防务。屡蒙谕旨垂询，合并陈明。

所有广西提臣冯子材应由西江就近驰赴新任之处，谨附片驰奏，伏乞圣鉴训示。谨奏。

审明革职拿问之知县并无闻警先逃实在劣迹分别拟议疏会总督衔

奏为审明被参革职拿问之知县并无闻警先逃实在劣迹拟议，恭折仰祈圣鉴事。

窃照已革大埔知县陈庆麟，于防堵吃紧之时，擅自赴郡，恳求卸事一案，经前督抚臣会同奏参。咸丰十一年四月二十日，内阁奉上谕："劳崇光等奏请将闻警先逃之知县革职拿问一折。广东知州衔大埔县知县陈庆麟，因传言福建连城失守，不察虚实，辄携眷带印避赴潮州府城恳求交卸，竟置地方于不顾，实属糊涂荒谬。陈庆麟着即革职拿问，交劳崇光等从严定拟具奏。"钦此。遵即转饬藩、臬两司行提该革员陈庆麟到省，委广州府审解到司，并无闻警先逃情弊，提同大埔县绅士蔡惠畴等质明，由司解复。前督臣以现审情节多与原奏不符，饬再复加妥拟。兹据广州府知府梅启照核议，由司解复前来。

臣等亲提该革员陈庆麟悉心研审。缘陈庆麟籍隶江西清江县，由监生于江苏捐米案内议叙知县加知州衔，选授广东大埔县知县，咸丰十年五月到任。是年冬，福建汀州府被贼窜陷，武平县旋亦失守。该革员陈庆麟因汀州府属之上杭县与武平县连界，大埔紧接上杭，为闽、粤通衢门户，力筹防堵。经潮州府海廷琛派委千总周国恩带领五百名协同守城，其馀要隘各处，该革员自行雇勇防守。因经费支绌，所需勇粮无从筹款支给，赴府面求海廷琛给发。维时该县地方安静，并无贼警，县民见地方官赴府，相率谣传，称福建连城县有失守之信，纷纷迁避。该县典史陈俊、把总严凤章、带勇千总周国恩疑该革员先得连城警信，借端走避，禀请该管道府查办。该革员抵郡，经道府询诘，该革员懵然不知。该道府以汀州、武平相继失守，即欲请发口粮，亦不应于防堵吃紧之际擅离职守，将其面加申饬，该革员无词可答，即自称才力不及，恳求委员接署。该道府以事关防堵，一面禀揭，一面遴委潮阳县丞戚开蓉先行接印代理。迨将该革员提省审办，经前臬司札委嘉应州知州萨保、署潮州府黄冈同知冯镗驰赴大埔县，查明大埔与福建连城县相距四百馀里，距武平县二百馀里，十年、十一年冬春之间，连城县并无失守，亦无贼警，即大埔及邻近各州县均无贼匪窜扰。已革大埔县陈庆麟，当日委系赴郡请发勇粮，并无闻警逃避情事。传讯绅耆蔡惠畴等，亦属相符，取具各结，录供禀经前臬司饬据委员广州府等核明，将案审拟解复。前督臣以现办情节与原奏不符，饬再复加查核。现据委员府州等妥拟，由司招解到臣。据该革员陈庆麟仍供认前情，矢口不移。

伏查此案前据委员嘉应州知州萨保等查明：当时福建连城县并无失守，亦无贼警，即大埔及邻境各州县均无贼匪窜扰。此等事迹昭彰，科以闻警逃避之罪，亦不足服该革员之心。且大埔东北距武平二百馀里，武平失守，该革员并未逃避。连城相距四百馀里，中隔上杭、永定二城，即令连城失守，亦与大埔无涉，遽尔逃避，尤非事实。惟其时防堵正形吃紧，该革员以赴郡之故，致滋居民疑虑。又以新春，适其眷属先后赴距城四十里三河坝地方之观音阁行香。百姓之谣言，典史、把总之禀揭，亦属事出有因。此案已革大埔县知县陈庆麟于邻境福建汀州府武平县失陷，该县系全粤门户，防堵最为吃重，率因请发勇粮擅自赴郡，致令人心惊慌，几至贻误大局，经道府申饬，复恳求委员接署，迹亦近于规避，且任从眷属入庙烧香，地方官为百姓观瞻所系，种种乖谬，未便因贼未入境，尚无贻误地方，稍事姑容。应请即行革职，为不知缓急轻重妄动者戒。业经参革，应毋庸议。典史陈俊、把总严凤章、千总周国恩因陈庆麟赴郡之后，闻有连城失守谣言，仓卒未及确查，虑及贼匪窜扰，并因其眷属先后出城，疑系闻警带印携眷先逃，禀请道府查办，系为慎重地方防堵起见，尚属情有可原，应请免其置议。绅耆蔡惠畴等讯属无干，概行省释。

除供招咨部外，所有审明拟议缘由，谨合词恭折具奏，伏乞皇太后、皇上圣鉴训示。谨奏。

奏报广东省委署代理州县各缺疏[①] 四月二十二日

奏为遵照新章程，按三个月将广东省委署代理州县各缺，恭折奏报，仰祈圣鉴事。

窃照案准吏部咨咸丰十一年十一月二十三日奉上谕："给事中高延祜奏各省更调州县，请饬部严定章程等语。"等因。钦此。当经钦遵办理在案。兹据代办布政使方濬颐详称：同治三年冬季份陆续出有开建县知县赵向钦调簾差竣，前赴昌化县调任，所遗开建县缺以候补知县王德清署理；又徐闻县知县郑惠常、定安县知县张卿霄调簾事竣，另有差委，郑惠常所遗徐闻县缺以候补通判黎学□署理，张卿霄所遗定安县缺以分缺先用知县王承彦署理；又代理新兴县知县张鹤龄调省差委，遗缺以候补知县彭贻荪署理；又永安知县许应辰调省察看，遗缺以坐补澄海县知县敖翊臣署理；又署万州知州李学宰勒休，遗缺以候补知县钱惠清署理；又大埔县知县朱家绶积劳病故，遗缺以候补县丞辜光萃代理。均无违例更调情弊，通照新定章程，按三个月详候查核具奏，等情前来。臣等复查无异，谨恭折具奏，伏乞皇太后、皇上圣鉴。谨奏。

同治四年六月初六日，军机大臣奉旨："吏部知道。"钦此。

①辑自中国第一历史档案馆藏"录副奏折"原件03-4616-075号。系与广州将军兼署两广总督瑞麟会衔。标题系编者拟。

粤省新捐军需经费第十三次开单请奖疏[1] 四月二十二日

奏为广东省同治四年二三月份新捐军需经费请给实在官阶，开列各捐生姓名、银数，恭折奏闻，仰祈圣鉴事。

案准户部咨，议复署两广总督晏端书等奏粤东捐输团练经费，请仍照旧章给奖，并拟更正名目一折，内开：详查广东历届奏报捐案，均经声明军需动用所请作为捐输军需，当属可行，应如所请办理。等因。同治二年八月十六日具奏，奉旨："依议。"钦此。又，前任抚臣黄赞汤会同前署督臣晏端书，具奏广东捐输截至同治二年三月止，概归旧捐，随案声明报部，嗣后另归新案捐办。其捐实职之员，仍先填给藩司实收，经部议准后，再行填照颁发换给，庶旧捐不至纷歧，而新捐可期踊跃。等因。同治二年七月十三日递回前折，后开议政王军机大臣奉旨："着照所请，该衙门知道，单并发。"钦此。钦遵在案。

溯查广东捐输军需经费，请给实在官阶，历系遵照部行，援照筹饷新例减二成章程办理。所有同治二年八月初一日开办新捐起，至四年正月底止，报捐实在官阶共银一十五万六百八十三两，先后十二次奏请奖叙。兹第十三次自四年二月初一日起，至三月底止，计两个月，共报捐实官七员名，捐输洋银一万八千一百二十二两，均据上兑，充支军需经费。据在局司道等将所捐银数，按照现行筹饷减成新例，及历届捐输成案，叙列官阶，造册详请奏奖前来。臣等复加查核，均属相符。合将捐生姓名、银数，缮

①辑自中国第一历史档案馆藏"录副奏折"原件03-4800-007号及附件清单03-4800-08号。系与广州将军兼署两广总督瑞麟会衔。标题系编者拟。

具简明清单，恭呈御览。仰恳天恩俯准，饬部查照，分别奖叙，归于现行筹饷新例，一律选补。除将履历清册送部核办，听候缮发执照，来粤给领外，臣等谨合词恭折具奏，伏乞皇太后、皇上圣鉴训示。

再，此次捐生内有应补交监生四成实银及捐免保举饬令赴京补交，业于咨部册内分晰声叙，合并陈明。谨奏。

同治四年六月初六日，军机大臣奉旨："户部核议具奏，单并发。"钦此。

清单

谨将广东省同治四年二三月份新捐军需经费减成报捐实在官阶各官绅姓名、银数，开列简明清单，恭呈御览。

计开：

候补教授李辰辉，捐银五千九百五十五两，请以郎中不论双单月选用。

广西横州知州陆庆松，捐银四千七百二十四两，请以运同不论双单月选用。

广东番禺县茭塘司巡检张丙晖，捐银二千六百四十三两，请以通判不论双单月选用。

监生吴燧，捐银二千九百九十六两，请以盐运司运判补用。

监生刘元镳，捐银七百二十八两，请以布政司照磨不论双单月选用。

恩贡生赖心亨，捐银八百六十两，请以教谕不论双单月尽先选用。

候补把总林愈祥，捐银二百一十六两，请以营千总分发本省拔补。

以上通共官绅七员名，计收捐输洋银一万八千一百二十二两。

军机大臣奉旨："览。"钦此。

敬陈广东各属三月份雨水粮价情形疏[①] 四月二十二日

奏为敬陈三月份雨水、田禾、粮价情形，仰祈圣鉴事。

窃照广东省同治四年二月份雨水、粮价，先经臣恭折奏闻在案。兹查广东省城自去秋至今，雨泽稀少，塘坝半皆枯竭，至于不能栽种。臣与兼署督臣瑞麟督率司道悉心省疚，于三月下旬在龙王庙设坛祈祷，三月二十八九及四月初一等日，迭获甘霖，高低田亩一律深透，秧苗得以及时栽插，园蔬杂粮借此沾渥，亦皆秀发，省外各属禀报与省城大略相同。现在二麦收获已毕，而广东历来种麦无多，稻谷又值青黄不接，是以粮价较上月日增。□得透雨之后，价值略定，民情尚为静谧，堪以仰慰圣怀。

所有同治四年三月份雨水、田禾、粮价情形，臣谨恭折具奏，并缮粮价清单，恭呈御览，伏乞皇太后、皇上圣鉴。谨奏。

同治四年六月初六日，军机大臣奉旨："知道了。"钦此。

清单

谨将广东省同治四年三月份各属米粮时价分晰，开列清单，恭呈御览。

广州府属，价中。上米每仓石价银二两三钱四分至二两九钱九分，较上月增一分。中米每仓石价银二两一钱三分至二两七钱

①辑自中国第一历史档案馆藏"录副奏折"原件03-4962-144号及附件清单03-4962-145号。标题系编者拟。

九分，与上月相同。下米每仓石价银一两七钱六分至二两三钱七分，与上月相同。

韶州府属，价中。上米每仓石价银一两八钱四分至二两七钱，与上月相同。中米每仓石价银一两五钱六分至二两三钱五分，较上月增一分。下米每仓石价银一两一钱七分至一两九钱五分，与上月相同。

惠州府属，价中。上米每仓石价银二两一钱至二两八钱八分，与上月相同。中米每仓石价银一两八钱六分至二两六钱六分，与上月相同。下米每仓石价银一两六钱一分至二两三钱一分，较上月增一分。

潮州府属，价中。上米每仓石价银一两八钱七分至二两六钱九分，与上月相同。中米每仓石价银一两四钱六分至二两三钱，较上月增一分。下米每仓石价银一两一钱至一两九钱二分，与上月相同。

肇庆府属，价中。上米每仓石价银一两九钱三分至二两六钱八分，较上月增一分。中米每仓石价银一两六钱一分至二两四钱五分，与上月相同。下米每仓石价银一两三钱至二两五分，与上月相同。

高州府属，价中。上米每仓石价银一两二钱七分至一两四钱五分，与上月相同。中米每仓石价银一两七分至一两二钱七分，较上月增一分。下米每仓石价银九钱一分至一两一钱，与上月相同。

雷州府属，价中。上米每仓石价银一两四钱八分至一两六钱，与上月相同。中米每仓石价银一两二钱三分至一两三钱四分，较上月增一分。下米每仓石价银一两二分至一两一钱四分，与上月相同。

廉州府属，价中。上米每仓石价银一两八钱六分至二两九分，与上月相同。中米每仓石价银一两五钱至一两七钱三分，与上月相同。下米每仓石价银一两二钱八分至一两四钱七分，较上月增一分。

琼州府属，价中。上米每仓石价银一两八钱四分至二两三钱六分，与上月相同。中米每仓石价银一两五钱至一两九钱五分，与上月相同。下米每仓石价银一两三钱三分至一两八钱，较上月增一分。

佛冈直隶厅，价中。上米每仓石价银一两八钱六分至二两四钱九分，与上月相同。中米每仓石价银一两五钱九分至二两二钱五分，与上月相同。下米每仓石价银一两三钱三分至一两九钱四分，较上月增一分。

绥瑶直隶厅，价中。上米每仓石价银二两二钱八分至二两五钱，与上月相同。中米每仓石价银一两九钱八分至二两一钱六分，较上月增一分。下米每仓石价银一两七钱七分至一两九钱四分，与上月相同。

罗定州属，价中。上米每仓石价银一两七钱六分至一两九钱三分，较上月增一分。中米每仓石价银一两六钱三分至一两七钱七分，与上月相同。下米每仓石价银一两二钱四分至一两三钱六分，与上月相同。

连州属，价中。上米每仓石价银二两二钱三分至二两四钱五分，较上月增一分。中米每仓石价银二两五分至二两二钱三分，与上月相同。下米每仓石价银一两七钱至一两八钱七分，与上月相同。

南雄州属，价中。上米每仓石价银二两二钱四分至二两四钱三分，较上月增一分。中米每仓石价银一两九钱九分至二两一钱三分，与上月相同。下米每仓石价银一两六钱五分至一两七钱八分，与上月相同。

嘉应州属，价中。上米每仓石价银二两二分至二两五钱九分，与上月相同。中米每仓石价银一两八钱五分至二两四钱，与上月相同。下米每仓石价银一两四钱九分至二两三分，较上月增一分。

军机大臣奉旨："览。"钦此。

奏报广东省同治四年各属二麦收成分数疏[1] 四月二十二日

奏为恭报二麦收成分数，仰祈圣鉴事。

窃查同治四年广东省各属栽种二麦，现已收割完竣，据代办布政使方濬颐查明收成分数，呈请具奏前来。臣复加查核，除新会等三十三厅州县土性不宜，二麦向不栽种外，查有东安一县收成八分，云霄一县收成七分有馀，番禺、东莞、顺德、曲江、英德、河源、高要、四会、封川、琼山、澄迈、□州、佛冈一厅一州一十一县俱收成七分，清远、龙门、新安、花县、乳源、归善、博罗、长宁、海丰、新会、连平、澄海、潮阳、揭阳、海阳、茂名、吴川、儋州、徐闻、罗定、南雄、始兴、嘉应、兴宁、长乐四州二十一县俱收成六分有馀，南海、增城、三水、乐昌、翁源、龙川、和平、惠来、饶平、大埔、普宁、丰顺、南澳、德庆、恩平、阳春、阳江、平远、镇平一厅一州一十七县俱收成六分。通省核计收成六分有馀。臣谨缮折具奏，伏乞皇太后、皇上圣鉴。谨奏。

---

①辑自中国第一历史档案馆藏"录副奏折"原件03-4956-024号。标题系编者拟。

同治四年六月初二日，军机大臣奉旨："知道了。"钦此。

广东省本年正月份并无报捐文武监生贡生片[①] 四月二十五日

再，广东省城收捐监生、贡生名数、银数，向系按月奏报。嗣准部咨，将部监空名印照发交各省收捐，文武监生每名减银二十两，贡生减二成办理。又准部咨，空名照数目分别已发未发，按月奏报。各等因。当于咸丰四年八月起办理减成收捐，至同治三年十二月止，收捐监生、贡生名数、银数及奉颁空名执照已发未发张数，均经按月附片奏明各在案。兹据布政使李瀚章呈称：同治四年正月份并无报捐文武监生、贡生，未经填发执照，无凭造报，呈请奏咨前来。臣复核无异，除分咨部监外，谨附片陈明，伏乞圣鉴。谨奏。

同治四年四月二十五日，军机大臣奉旨："户部知道。"钦此。

拿获盘踞香港招伙济贼逆首审明正法疏 会总督衔 四月二十八日[②]

奏为拿获盘踞香港招伙济贼逆首，审明正法，恭折驰奏，仰祈圣鉴事。

窃上年官军克复江南，逆党李世贤、汪海洋等拥众窜扰福建汀、漳各属，逼伺粤疆。臣等念沿海近边香港、澳门等处向称逋

---

①辑自中国第一历史档案馆藏"录副奏折"原件03-4900-025号。标题系编者拟。日期系奉旨时间。

②日期据本疏及《前保都司保应熊请赏加副将衔片》内容考订。

逃渊薮，早虑奸商匿匪私运洋枪、火药、洋米、洋布，接济汀、漳踞贼，派员严密轮查。闻有伪森王侯玉田交通洋盗，盘踞香港，专办闽贼接济。正在设法擒捕，适据记名总兵补用副将陈择辅禀称：有东莞人陈镇杰，曾于咸丰四年在上海贩货，行至福山江口，被侯逆掳劫入船，旋即只身逃出，情愿充线前赴香港认拿。当经臣等会商英国领事罗伯逊，并照会香港公使码沙，密饬署广州协中军都司保应熊，偕同陈择辅带领右营千总蔡钊、候补千总曹焜等挟线往捕。又值香港商民梁志兆为侯逆夥党在洋面劫去货船，计赃数万，正与理论。洋官等因会同保应熊等，将该逆捆缚押解到省。

据供：本名侯管胜，年三十七岁，嘉应州人。咸丰二年投入贼营，随同攻陷金陵，充伪水师主将，管带炮船四五万人，节次抗拒官军，加封伪森王，号六千岁；上年官军克复金陵，潜由上海逃至香港，在上环地方开设金成泰店，假生意为名，私运军火、粮食，接济漳贼，随时窥探官军，为漳贼耳目；与素好之清远人梁振威通信尤勤等供。

臣等伏查侯管胜逆封伪王，情罪本重，金陵克复后逃回香港，复敢借名贸易，聚匪横行，邀劫商财，资贩军火等物，运济贼中，又为之侦探军情，密布党与，其蓄谋尤险，其构乱尤深。初解到时，发交广州府研讯，植立不跪，情词悖逆，迹其狠毒，允为逆党中之凶渠。臣等于审明后恭请王命，饬署按察使郭祥瑞、督标中军副将施溥将该伪森王侯管胜绑赴市曹，凌迟处死，以伸国宪而快人心。

所有出力之记名总兵补用副将陈择辅、尽先游击署广州协中军部司保应熊、广州协右营左哨千总蔡钊、守备衔候补千总曹焜等，与洋官商办数日之久，设法拿解，为粤省除一巨害，实属著有微劳。陈择辅拟请赏加提督衔，保应熊拟请赏加副将衔，蔡钊请以守备尽先补用，曹焜请免补千总以守备尽先升补，以昭激劝。

至英国领事罗伯逊，事事委曲商议，顾全大局，洵为可嘉；香港公使玛沙、政务司末士嚉，于商办此案，亦深恶该逆拦海行劫情形，拨兵看守，旋将该逆拿交解省。均属深明大义，应恳天恩，给予嘉奖。

至通逆之梁振威，应饬该弁等设法购线，严密查拿，务期弋获，以靖地方。

所有拿获盘踞香港、解运军火逆首讯明正法缘由，谨合词由驿驰奏，伏乞皇太后、皇上圣鉴。谨奏。

香港藏奸之薮，地方官求之愈急，洋人护之亦愈坚。此次洋人解送侯玉田，为历来未有之举，由鄙人稍知夷情窾要，钩而致之。澄帅遽加以铺张。反复开陈，终以不悟，卒使洋人往复驳诘，无词以应之。此后香港捕盗门径，永以杜塞矣。自记。

西路官军续擒首逆攻毁嘉益排埠贼巢片 会总督衔　四月二十八日

再，西路官军剿办窜扰信宜股匪，攻克贼巢，并迭擒首逆，西江一律肃清各情形，经臣等于四月十二日附片奏报在案。嗣查我军自攻克由子村等处贼巢，首匪李河娘、陈日昇、吴春标等次第伏诛后，又经守备陆龙芝等督率各路团练分路截击搜捕，毙匪五百馀名，生擒九百馀名，并获伪将军潘常典，伪都督潘元济、黄六等三名，讯明正法。惟陈英光即独角牛匿在排埠阑口地方，伪称正元帅，为罗定积年巨恶。总兵关松志、副将曾敏行督队前往嘉益，三面设伏，密饬该地武生陈进魁、拔贡生陈藜光等购线引拿，即于四月初四日将陈英光即独角牛擒获，解赴提督冯子材行营，凌迟处决。

至嘉益著匪王狂七，阴结死党，依山立寨，久为两粤边界各匪逋逃渊薮。当岑溪股匪未平之前，曾敏行等稔知该逆狡悍异常，虑其蠢动牵制我军，极力羁縻，谕令捆献陈两头口、李河娘等，即贷以不死，迨交出陈两头口之后，再三喻以祸福，令将其死党案名交出，抚慰归团。该逆一味支梧，中藏诡谲，益于所居村寨添筑墙濠炮台，悍无顾忌。该处绅士纷纷泣诉，佥称此贼不除，终遗养虎之患。四月初五等日，曾敏行亲督都司林隆祥、卢满江等更番进击，该匪闭寨坚守，从墙眼施放枪炮，我勇逼近即伤，未能得手。适臣等解往炸炮四尊，罗定州知州周士俊亦由州城运到千斤大炮一尊，安放墟中，昼夜轰击，将巢外木栅、土垒次第攻毁，巢内死党仍坚守不出。查讯生擒各犯称：巢内炮火、粮食俱极充足，其头目除王狂七之外，尚有伪都督张大眼二及其子张廷秀，轮流持刀压令匪党开炮拒敌，并遍地埋伏地雷，我军屡进屡伤，几成束手。四月十五日，副将潘其泰、曾敏行等督勇急取松毛、稻草，直薄逆巢放火焚烧。各勇大呼："有能自拔来归及擒献首逆者，立予重赏。"该匪党果怀疑畏，争先逃走。各勇冒死拥入贼栅，横冲直杀，王狂七无计逃走，自燃火药，与两妾登时焚死。守备杨昌云率领各弁勇争先入栅，均致阵亡。适潘其泰等督勇攻入，立将要匪张应元即大眼二、张廷秀及伪先锋等二十五名一并擒斩。王狂七之兄王丕烈、丕绪及其一妻一子，亦经把总陈璁会同团练在道截获，解交西宁县分别讯明惩办，并将王狂七尸身认明，戮取首级，悬竿示众。现在嘉益、排埠贼巢尽行攻毁，逆首悉数就擒，馀党幸无漏网，此皆仰赖天威远慑，士卒用命，使罗定积年之巨患一律肃清，高、罗各属稍获安枕。

所有在事出力官绅员弁，业经臣等先后奏请汇案奖叙。广西提督冯子材自剿办西路军务以来，妥筹布置，调度有方，相应仰恳天恩，交部从优议叙。其尤为出力之提督衔总兵关松志，统带冯子材部勇擒获首逆，迅殄妖氛，尚属著有劳绩。该总兵曾经奉旨记名遇缺题奏，应如何奖励之处，出自逾格鸿施。阵亡守备杨昌云应请旨交部从优议恤，以慰忠魂。其馀在事出力及阵亡各员弁，由臣等查明汇奏。

现在西路业已肃清，副将潘其泰勇丁一千名应即裁撤，以节縻费。

所有西路官军续擒首逆，攻毁嘉益、排埠贼巢情形，谨附片陈奏，伏乞圣鉴训示。谨奏。

东路防军屡胜现筹办理情形疏会总督衔　五月初四日[①]

奏为东路防军屡胜，现筹办理情形，恭折驰陈，仰祈圣鉴事。

窃前因官军迎剿窜匪，越境规复诏安，迭获胜仗各情，经臣等先后具奏在案。兹据布政使李福泰先后禀称：

诏安贼匪四五千人，于三月二十四日攻扑诏东之莆尾、梅洲等乡，图与云霄、漳州各逆联为一气。二十五日，都司邓安邦，守备方文、方吉等乘贼众稍分，各督所部，会合前进，直薄诏城，将西门外伪税厂焚毁，擒斩贼匪多名。二十七日，邓安邦等复派拨各营疾驰猛攻，阴伏大队接应于后。我军斫栅而入，踏平城外贼营数座。丁逆亲率死党自城内扑出。适分扰莆尾、梅洲之匪纷纷折回，抄截我军之后。邓安邦等饬大队驰往夹击。都司杨有鎏

①日期据本疏及《官军越境剿贼克复平和诏安两县城疏》内容考订。

复挥军横冲贼阵，斩骑马红衣贼目一名，歼毙不计其数。营弁方五，坐马受伤，下马飞步冲杀，手刃贼目一名。贼势立时披靡，败窜入城，以大炮从城上轰击。我军仰攻半日，始行收队。平和逆匪亦于四月初十日倾巢而出，直犯柏嵩关，经副将林保奋前冲击，相持多时，始将贼击退。此近日饶平防剿之情形也。

四月初九日，康逆大股突至永定县属大溪一带屯扎，距大埔城八十里。当经飞饬副将方耀、游击郑绍忠等扼要严防。十二日，逆党由大溪扰及苏边地方，我勇巡哨适至，枪毙数贼，贼始惊退。十三日，贼由苏边窜至距大埔十五里之小靖乡。方耀、郑绍忠分两路迎剿。郑军先抵小靖，见贼众三万馀，前敌俱剃发，穿忠、勇二字号衣，欲潜入郑营，以袭郑军后。郑绍忠知其假冒官军，即派徐桂祖、颜金、刘顺昌三队向前冲杀，自督马队并郑闰材、梁五全、陈达等折回逆击。郑闰材、陈达以连响洋枪毙骑马贼目七名。徐桂祖等见后军得手，并力攻突，贼遂由演上、演下窜去。郑军乃得与方军合而为一，追剿至三层岭下，毙贼甚众。十四日，方、郑两军齐抵五通庙。贼添党数万，分九队来犯，势张甚。时我军未及成列，该逆突扑郑营。郑绍忠严饬各军毋许先动，及贼逼近，枪炮齐声轰击，毙匪无数，贼即狂奔，复会同方耀，督饬都司方鳌，守备方茹、林发、方恭、徐桂祖、颜金等合力追剿，又派守备蔡申、谭光、谢廷楠、方敬、侯玉、王敬庭等左右抄击，共毙贼六七百名。另股从后掩袭，将方鳌、徐桂祖、颜金等重叠包裹。方鳌坐骑中枪，徐桂祖、颜金均身受数创，几致坐困。适方耀赶到，挥令洋枪队连环轰击，复亲率马队横冲入内，贼势稍却。方鳌等乘势突出重围，各军勇气百倍，呼声震山谷，毙匪二三百名，斩黄衣贼目四名，生擒发逆陶光绪一名，夺获旗帜无数。贼力不支，仍由演上、演下逃遁。我军收队回城，已逾三鼓，复虑该逆乘夜劫营，于两军内抽派劲勇，协守五通庙营盘，并饬驻扎该处之梁五全、陈达两营密筹守御。方耀派候补游击方彩、候补都司方意等往扎三河坝，以防窜嘉之路；候补游击林诗成，候补守备林发、方敬，千总林材等防守县城西北。郑绍忠派千总刘顺昌等防守县城东南，并嘱在城文武登陴守御。四鼓后，方、郑两军出抵五通庙，饬弁勇扼隘设伏。黎明，伪康王、伪平东王亲率大队，倾巢来扑，复分党由两傍山后包过我营数里，势如潮涌。方耀飞谕各营："贼近始准开炮。"郑绍忠约定："俟其亲发一枪，方准举动。"合营屏息，寂无人声。贼蜂拥至前，我军枪声飙发，各路伏兵闻声疾起，铅弹如雨，轰毙悍贼以千计。方鳌、方恭等洋枪马队分路邀击，匪众死伤相积。方军斩获伪九门御林天将曾曹等首级六颗，长发贼级五十二颗，生擒黄绍等十三名，夺获旗帜炮械无算。郑军斩获贼首四十三颗，大小旗帜一百馀件。该逆犹拌死抵拒，另分股绕由黄沙、下马湖僻路突薄县城，被营弁刘顺昌开炮击退。该逆复由羊桃坪山径扑及西门，被守城弁勇、团练并力攻退。逆众乃纷纷奔窜三层岭、黄沙、车上、漳溪屯扎。康逆退扎忠坑。此又十二至十五日方耀、郑绍忠两军在大埔剿匪获胜之实在情形也。

臣等伏查漳州踞逆，蔓延于南靖、平和、漳浦、云霄、诏安，皆与粤壤相错，逶长至二三百里。是以臣等前议饬卓兴由海道驰赴潮州，与翟国彦、方耀两军分段防堵，以专责成。卓兴一军，以积欠过多，日久未能开行，而康逆十馀万人已扰及大埔，屯聚三层岭、忠坑等处。方耀、郑绍忠昼夜苦战，力与相持，而由大埔以南之燕坑、湖寮等处，可以直趋嘉应之三河坝；由大埔以北之箭竹隘、柏公凹等处，可以直趋嘉应之松口腹地。各隘口均属空虚，是此时防务，潮、嘉并重；此时办理情形，又当以兼筹腹地为急。已于初二日饬卓兴由惠州前进，察看贼势，如已阑入粤境，即驻守嘉应，以扼其四窜之冲；如尚在边界相持，即仍遵前议分段扼防。据李福泰陆续添募勇营，及各营增加勇数，已及四万馀人，仍拟俟卓兴到后，裁撤归并，使有所统属，以成大枝劲旅。探闻漳州已于四月二十一日克服，贼势所趋，舍潮、嘉一带别无出路，已有全力注粤之势。粤东防兵不及贼五分之一，而军饷犹时时告缺。每一筹思，忧惶无措。惟有督饬诸军，视贼所向，严守稳战，以固疆圉，而维大局。

此次方耀、郑绍忠两军扼守大埔，力拒康逆十馀万之众，屡挫贼势，使不得长驱直入，臣等未敢没其微劳，合无仰恳天恩，可否将总兵衔副将方耀交军机处记名，遇有总兵缺出请旨简放；游击衔候补都司郑绍忠免补都司，以游击留粤尽先补用；其馀在事出力员弁，由臣等查明，择尤保奏，以昭激劝，出自逾格鸿施。

所有东路防军屡获大胜，现筹办理缘由，谨合词恭折由驿驰陈，伏乞皇太后、皇上圣鉴训示。谨奏。

娄云庆一军毋庸赴粤助剿并筹防海口缘由片 会总督衔　五月初四日

再，臣等于五月初二日承准军机大臣字寄，同治四年四月十五日奉上谕："左宗棠、徐宗幹奏官军两路进剿，屡获大捷，现筹办理情形。闽军自永定至长泰，北路要隘均有布置。漳州东北有高连陞、黄少春两军连日将贼击败，腹地亦可无虞。漳南一路有郭松林等军扼截。是东、南、北三面布置，均尚周密。惟西面之云霄、平和、漳浦、诏安等处，贼氛甚炽。左宗棠亦虑及闽军攻急，必以粤东为退步，徐图逞其窜江下海之谋，现已调王开琳、康国器等军严防永定一带，足以遏贼奔窜，而娄云庆一军万馀人现在武平，距粤较近，正可移缓就急，为江西助粤之军。着孙长绂即饬娄云庆统带所部，迅速前进；瑞麟、郭嵩焘一面迎提，相机调拨，以固边防。所有该军饷需，即由江西、广东两省源源接济，毋令缺乏。磁口、铜山均系闽省海边要口，徐宗幹已调萧瑞芳红单船六号驶赴磁口，左宗棠又调吴全美统带红单、拖罾等船四十号驶赴铜山。即着催令星速到防，并督饬该提督实力严密梭巡，不得稍有疏失。粤东汕头海口，瑞麟等亦当加意严防，务臻周密。”等因。钦此。跪诵之下，钦感难名。

臣等体察贼情，初无定向，其悍党数万人，裹胁贼众，以逃死为心，而又皆有家室辎重，不肯舍弃，所至占踞城池，以图苟延，而其意终求纵横驰骤，不肯自入绝地。其窜踞漳州，来去踪迹尤了然易见。盖漳州一城，南面环海，其西皆与粤境相错，形势便利，而又城坚民富，蓄积甚丰。贼潜师袭踞，以全力抵拒东、北二面，而西面与粤毗连，如南靖、漳浦、平和、云霄、诏安各城，悉行占踞，以厚其势而纾其气。汪海洋一股驻扎南阳，与为掎角。闽军攻围紧急，则敛南阳、龙岩之众，屯聚归阳、苦竹、大溪、梅林等处，为各踞逆北面屏蔽，使闽省官军不能兜剿，得以专意疏通西路，预为窜粤、窜江之地。迨苏军由厦门进攻漳州南面，出贼不意，制其要害，其势尤不能不急图西窜。臣等与左宗棠函商办理，同以窜粤为虑。经函商李鸿章，谋令郭松林、杨鼎勋两军分由厦门、汕头进攻，取夹击之势，盖审知粤东兵力难以支拄大敌，闽军绕出嘉应，与粤军会剿，其势逆而难，苏军分赴汕头，会合粤军规复各城，其势顺而易也。左宗棠力筹全局，虑驱贼入粤以后，办理倍难，奏请饬派娄云庆一军入粤助剿，妥筹接济。臣等伏查此时漳州、南靖均已克复，贼势趋并大埔一路。

汪海洋一股迭经方耀、郑绍忠等军邀击，绕出大埔以北，阑入永定县属之石上、石下，上杭县属之峰市、折滩等处；李世贤一股陆续屯踞大埔县属之樟溪、黄沙一带。左宗棠所调王开琳、康国器严防永定遏贼奔窜之军，未能拦截。刘典、王德榜各营移扎金丰、大竹，尽成尾追之势。贼势或由高陂、风朗屯踞粤境，使潮、嘉两属承其害，其祸犹轻；或出折滩、蚺蛇渡，兼窥江西、湖南，则所在蔓延，其祸将至不可收拾。是以此时江、闽各军，宜不急于助粤，而急于防堵江西之边境。应恳天恩饬下左宗棠将娄云庆一军专责严防江境，毋庸赴粤助剿，贻误事机。

至海口之严防，诚为急务。臣等前准左宗棠来咨，饬令福建水师提臣吴全美在粤洋雇募红单船二十号、拖罾船二十号，驰往福建铜山海口。当饬广东军需局配就八千斤以下大洋炮二百尊，酌带军火并支发口粮银一万二千五百两，于四月二十一日催趱开行。查碇口上距漳浦、铜山上距云霄各百数十里，得水师战船十余号，足资堵截。而闽、粤交界之大埕海口距诏安为近，上游环抱黄冈之西，饶平、澄海各城恃此一水阻隔，较之目前汕头海口形势尤为紧要。臣等已飞咨吴全美，分派四五船驻扎大埕、柘林一带，兼顾闽粤，而严海防。

所有现在贼势欲窜，无庸另饬娄云庆一军入粤助剿，及遵旨筹防海口缘由，谨附片陈奏，伏乞圣鉴训示。谨奏。

惠潮嘉道凤安积劳病故请恤片会总督衔　五月初四日

再，惠潮嘉道凤安，由部曹出任监司，抵任以来，讲求地方利弊，厘奸剔蠹，在在力图整顿。上年秋间，江西逆匪扰及粤境，经官军击败，尽窜福建汀、漳等属，与惠、潮、嘉一带接壤。该员督率所属文武，办理防堵，筹济军饷，调拨兵勇驻扎各隘口，绅民恃以为安。迨藩司李福泰赴潮督办军务，该员遇事筹商调度，迭次遏贼奔窜，保全地方。又以兵勇日有增加，饷源乏竭，一力支持，至废寝食。终以积劳成疾，三月望后猝患咯血之症，缠绵委顿，于筹兵筹饷事宜犹照常经理，遂于四月初八日开缺。

臣等接信之馀，深为惋惜。查该员实心任事，精密周详，舆情素为感戴。以军务殷繁，拮据绸缪，积劳身故，殊堪悯恻。合无仰恳天恩，俯准将已故惠潮嘉道凤安追赠布政使衔，敕部照军营立功后病故例从优议恤，出自逾格鸿慈。谨合词附片陈明，伏乞圣鉴训示。谨奏。

李游击吴县丞查无闻警先逃情弊片 会总督衔　五月初四日

再，游击李元顺前次赴援诏安，县丞吴国泰防守隘口，未能实力堵御，为贼所乘，先已请旨摘去顶戴，饬查有无闻警先逃情弊，再行参办。现据李福泰禀复：确查二月十六日，逆首丁太阳率匪万馀，窜袭平和属之朱家山营盘。吴国泰督率守勇五百名，奋力截击。贼匪分路围攻，吴国泰力难抵御，乃退守饶属之分水凹，与柏嵩关各军夹剿，贼始由三断岭下窜诏安县城。时游击李元顺带勇一千名，与署黄冈协何云章所部一同进扎诏安前七十里竹仔前地方，攻剿云霄贼匪，闻诏安围急，拔队回援诏城，邀击获胜，扎营仕渡乡。二十三日五鼓，贼起大队来攻，将近营前，李元顺督勇严列守御。正在酣战间，讵贼分股先由小路潜伏营后，乘机掩袭，纵火焚营。李元顺犹跃马挺刀，指挥所部往来冲突，杀贼无数。所部多有伤亡，乃退扎分水关，以顾粤疆门户。查李元顺系广西提督冯子材旧部，前在江南各省，卓著战功，夙称骁将。县丞吴国泰奉委越境防剿数月之久，尚属勤奋。此次失利之由，实因贼众兵单，委无闻警先逃情弊。应请责令随营剿贼，以观后效。等情。

该游击等既经查无闻警先逃情弊，应如该司所请，责令随营剿贼，李元顺并经潮州局绅募勇千名，交其带往高陂、三河坝一带，会同游击熊应荣炮船实力援剿，均俟能否立功，再行分别核办。

所有游击李元顺、县丞吴国泰查无闻警先逃情形，谨合词附片驰陈，伏乞圣鉴训示。谨奏。

知县张兴烈剿匪被戕恳恩优恤片 会总督衔　五月初四日

再，韶州府翁源县与英德、长宁等县界址毗连，山深路险，素称盗薮。本年四月间，翁源县属利陂塘土匪纠合长宁县匪抢劫滋事，经长宁县知县宋锡庚、署翁源县知县张兴烈会商围剿。张兴烈前往侦探：长宁游匪二百馀人，与利陂塘涂姓土匪相倚为奸。即经会同磜下汛把总曾向阳、英材汛外委刁文龙，督带兵勇二百名，前往搜捕。十七日行抵六里乡，该处土匪实已聚有数千之多，竟敢恃众拒捕。兵勇堵击，逾时各已溃散。张兴烈竟为土匪所戕，曾向阳、刁文龙均受重伤。经南韶连镇总兵卫佐邦、南韶连道陆心源等拣派中军游击湛恩荣带兵驰往剿办，并据会禀前来。

臣等查翁源、长宁等县，为惠、韶两府所属，地方风气，极为犷悍。明臣王守仁剿办浰头墟贼匪，称为官兵向所未至者，即在长宁县境。其民人习为盗贼，椎埋为奸，迭经惩创，无所畏难。张兴烈署理翁源县事，一力以惩治盗匪为己任，每遇乡村行劫，辄自督勇掩捕，前后拿获许老蠏、郭叫古、陈泎端、陈帼欣、陈道苍、陈善琪等多名，疏通民气，清理词讼，勤干廉明，民情极为爱戴。乃该属利陂塘土匪，竟挟长宁游匪屯聚该处之势，拒捕戕官，行同叛逆。已饬驻扎南雄防堵之阳江镇总兵任星元，会同该镇道弁兵迅赴围拿，务将利陂塘匪乡痛加剿洗，首要各犯悉数歼擒，以儆凶顽而肃法纪。至该署县张兴烈到任以来，遇事实心，讲求吏治。于缉捕尤为认真，往往身先兵役，奋勇直前，不避艰险。此次剿办长宁游匪，致被戕害，地方又失此一良吏，深堪悯惜。相应请旨，将已故同知衔署翁源县事候补知县张兴烈敕部从优议恤，以励忠勤。谨合词附片具奏，伏乞圣鉴训示。谨奏。

派委张铣署理惠潮嘉道疏[1] 五月初七日

奏为道员因病出缺，委员接署道篆，恭折奏祈圣鉴事。

窃照惠潮嘉道凤安于同治四年四月初八日因病出缺，所遗惠潮嘉道篆务，应即委员接署，以专责成。查有候补道张铣，稳练明干，才识兼优，堪以署理。除檄饬遵照，并将凤安病故缘由，另行具疏题报外，所有惠潮嘉道一缺，相应请旨简放，以重职守。臣等谨合词恭折陈明，伏乞皇太后、皇上圣鉴训示。

再，该员张铣由举人拣选知县，捐升知府，指省广东，因在广西襄办军务出力，请留西省，后由劳绩迭次保奏，同治三年七

①辑自中国第一历史档案馆藏“录副奏折”原件03-4615-188号。系与两广总督瑞麟会衔。标题系编者拟。

月二十二日内阁奉旨："张铣着免补知府，以道员改归广东尽先补用。"等因。钦此。由部咨行遵照。该员到省未满一年，照依同治二年十二月十七日部议新章，只准差委，不准署缺。惟广东现值办理军务之时，量材器使，不能拘泥常例。前经奏明有案。而惠潮嘉道驻扎潮州，近因闽逆窜扰，调拨重兵剿办，军情紧急，更非他缺可比。该员张铣前在西省军营，屡著战功，是以酌委署理，理合陈明。谨奏。

同治四年五月二十六日，军机大臣奉旨。钦此。

官军越境剿贼克复平和诏安两县城疏会总督衔　五月十五日[1]

奏为官军越境剿贼，克复平和、诏安两县城，又经大埔防兵合力堵剿，迭获大胜，逆匪遁入闽省永定、上杭一带，现在防剿兼筹，恭折驰陈，仰祈圣鉴事。

窃前因东路防军获胜及妥筹办理各情形，经臣等于五月初四日具奏在案。兹据布政使李福泰先后禀称：平和逆匪自四月初十日经官军击败后，闭城不出。副将林保迭次督率营勇，纠合乡团，四面围攻，该匪仍踞城拒守。嗣于二十一日闽军收复漳州，各逆奔聚平和境内。潮属饶平县境与平和毗连，正当漳州之冲。康逆大股与大埔官兵相持方急，倘逆大股再由平和直犯饶平，兵力益恐难支。二十六日，林保探闻闽军渐次逼近，可以夹攻，即饬派千总杨浮严守朱家山以防后路；都司张周明、王熊彪，守备宋銮贵等带队由左路进；把总谢大高、杨作利、邱亮邦等带队由右路

①日期据本疏及《东路防军追贼获胜贼由闽窜入镇平县境现饬各军堵剿疏》内容考订。

进；亲率巡检陈彬，守备林武烈，把总陈高、邱果等由中路进，直薄城下，与贼接仗。署饶平县谢树棠亦督带勇练，赶至助战。适会福建提督高连陞统领闽兵先后赶到，并力夹击，贼势不支，遂由北路长乐墟逃逸。二十一日将平和县城收复，由高连陞派兵驻守。计我军枪毙伪官永天福、和天预等四名，搜获伪印四颗，生擒悍匪九十馀名，救出难民甚众。总兵翟国彦复乘败匪奔窜，督同游击王传训、千总方赏、参将戴朝佐、守备梁仕光等，于白土等处沿途截杀，毙匪无算。该匪不能驻足，狂奔永定一路，与康逆合。

康逆大股屯聚三层岭一带，叠次攻扑大埔县城，均为方耀、郑绍忠等军击退。四月十六日，由磜上等处直扑大埔县城东门，经郑绍忠督饬刘顺昌等驰往迎剿，贼退回南山，由洋桃坪再薄西门。方耀派林诗成、林发、方敬、林材等率洋枪队分路进击，擒斩多名。二十日，该匪由漳溪绕扑五通庙营盘，方耀与郑绍忠挥军鏖战，伏炮齐发。方鳌、方恭、蔡申、林发、方茹、王敬庭等乘势冲击，歼匪数百名，斩取首级三十八颗，生擒十六名，夺获旗械枪炮无数。二十四日，康逆分窜虎头沙、石下坝、青溪、折滩、蚺蛇渡等处，意图偷渡，经周陞、方恭、方敬、刘顺昌、徐祖桂等督队邀截，杀伤甚多。

侍逆大股与各城踞匪伪陪王、伪利王、伪平东王、伪来王等众二十馀万，由平和败窜，横出小溪，至漳溪、黄沙、大靖一带，与康逆大股屯踞百馀里之地，烽火连天，人心汹惧。二十九日辰刻，方耀、郑绍忠会督诸军，由山径小路绕抵苏边。适侍逆等巨股自漳溪前来，漫山漫野，并以马队殿后，剽悍异常。方耀、郑绍忠等与候补知县王炳文，督饬洋枪马队，出其不意，横冲突击。派方鳌、蔡申、颜金、陈达、郑润材等带勇从旁抄杀。郑润材、方鳌阵斩骑马绣衣贼目二名，贼势披靡。陈瑞焘、梁五全、郑膺杰等复挥兵驰突，贼犹拌死抵拒。我军勇气百倍，枪炮齐轰，毙贼匪二三千名。贼遂弃马奔逃，自相践踏，顷刻尸如山积，哀号乞宥之声震动山谷。忽值雷雨泥泞，纷纷颠崖坠涧，共歼匪以万计，生擒三百五十六名，内有伪天将潘大用、林开国、陆建莱等十一名，夺获骡马、旗帜不计其数，直追至闽境下洋、忠坑五十馀里，日暮始行收队。其云霄踞逆窜越平和，又经林保饬派千总杨浮潜伏兵大溪乡，截击杀毙伪进王刘逆及伪天将多名。诏安踞匪经官军攻剿，势已穷蹙。黄朝恩、何云章、邓安邦等各带队伍，于五月初一日由北路乌山、溪东一带迎击，杀伤甚多，随将诏安县城克复，各路窜匪尽沿闽省边界奔逃，与康、侍诸大股会合，尽撤永定之围，直趋上杭。等情前来。

臣等查侍逆窜踞漳州，直接饶平，康逆屯聚归阳、苦竹，近逼大埔，两处最为吃重。其馀云霄、诏安各城，与粤境毗连，纵横数百里，布势甚远。闽省兵强力厚，自永定以至漳、平，防堵严密，贼势不能不注重西路，尽力窜粤。此次会合死党二十馀万，由平和、永定闯入大埔，势甚猖獗。屡获生供，佥称侍逆等坚欲趋嘉应以扰惠、韶，为死灰复燃之计。经方耀、郑绍忠制胜出奇，以少击众，血战数十里，诛贼万馀人，俾积年鸱张之巨寇，技穷力竭，绕道潜逃，而沿边郡县乃得不罹锋镝，而幸免于蹂躏。惟贼踪飘忽靡常，上杭、连城等县皆与嘉属之镇平、平远接壤，又可由会昌、瑞金上窜南雄，下走宁、赣，在在均应防范。臣等已饬卓兴专驻嘉应，以固惠、韶门户；饬林保、戴朝佐、梁仕光、黄添元、邓奋鹏等军移扎平、镇一带，扼要严守。任星元专防北路，兵力较单，已饬察看缓急，再行抽拨。一面飞咨江、闽各省，乘贼奔败之初，设法兜围。方耀、郑绍忠两军，仍饬跟踪追剿，会同江、闽各军，视贼所向，协力掩击，以期净扫馀氛。

至方耀本系粤中名将，素与卓兴齐名；郑绍忠沉毅多谋，勇敢无敌，且能驭军严整，洵为绿营中不可多得之员。两军部曲中，尤多勇略之士，志切同仇，是以逆匪屡犯埔城，均经该将等麾兵击退。此次苏边之战，风驰电发，莫不以一当百，合两军万馀人而能摧败悍逆数十万之众，实属异常出力，懋著勤劳。当兹用人之际，应请破格拔擢，以资鼓舞。补用副将拟保记名总兵方耀，可否仰乞天恩赏加提督衔；补用都司拟保游击郑绍忠，请以副将留粤补用；升用游击林诗成，请以游击尽先补用，并加参将衔；补用都司陈乳，请以游击补用；蓝翎补用守备方鳌、蔡申、方恭、方敬、谢廷南、黄灼，均请免补守备，以都司补用，并赏换花翎；候补千总升用守备侯玉、方杜，补用千总方茹、王敬庭、谭光、罗玮，均请免补千总，与云骑尉方杰俱以守备补用，并各加都司衔；候补把总林材，请以千总尽先拔补，并加守备衔；六品军功徐桂祖、刘顺昌、梁五全、陈达、颜金、郑闰材、赖英龙，均请以千总归营尽先拔补，并赏戴蓝翎，徐桂祖、刘顺昌仍加守备衔，出自逾格鸿施。其馀沿边防剿各军，及收复平和、诏安等城在事出力员弁，容臣等择尤另请奖叙。

所有官军越境克复平和、诏安两城，大埔防兵迭获大胜，逆匪遁入上杭等处，现筹防剿缘由，谨合词恭折由驿六百里驰陈，伏乞皇太后、皇上圣鉴训示。谨奏。

广东省捐输京仓米价银两第六次请疏[①] 五月二十二日

奏为广东省捐输京仓米价银两，开列第六次捐生姓名、银数，吁恳天恩，准照现行捐例，分别奖叙，以昭激劝，仰祈圣鉴事。

窃查接管卷内准户部咨具奏筹备京仓案内，议令广东省设法采买洋米解京接济，经前督臣劳崇光督同司道邀集官绅筹议，因粤东米少价昂，海运需费甚巨，奏明劝捐米价银两解京，就地买米，以资实用。先已陆续捐集银三十七万两，委员候补知县汪玉、莫东奎，候补道通判冯宝寿，候补知县奎成、彭荣绍分批解部。嗣又准户部咨，奏令广东省照案续筹京仓米价银两分批运京。等因。复经捐集银三十二万两，委员候补知县程承训、王德涛、胡墉，候补盐课大使蔡荀慈，即补知县俞文莱，试用盐课大使杨国鼎分批汇解赴部投纳。各绅民竭力输将，接济京仓，急公慕义，较之捐助外省军饷，尤堪嘉尚。自应援照筹饷新例，凡捐实官准减二成，及现行常例，报捐封典、职衔、级纪准减四成各章程，请给奖叙，以示鼓励。所有第一次至第五次捐生姓名、银数，业经前督臣先后会同开单，恭折奏请奖叙，并将截数停捐缘由陈明在案。

兹据捐输总局司道详称：粤省前捐京米价银续据各捐生开送履历请奖，银五万七千三百七十两，先已兑交藩库委员解部，应作为第六次请奖。内请给实在官阶九员名，各请给封典、职衔三百三十二员名，所请官阶与原捐银数，按照例案，逐加考核，均

---

①辑自中国第一历史档案馆藏“录副奏折”原件03-4901-026号及附件清单03-4901-027号。系与广州将军兼署两广总督瑞麟会衔。标题系编者拟。

属相符，列册详请奏给奖叙。前督臣毛鸿宾旋值卸事，未及核办移交前来。臣等复核无异，合将捐生姓名、银数，缮具清单，恭呈御览，仰恳天恩俯准，分别奖叙，将请给实官各员归于筹饷新例，按班选用，俾昭激劝。

除将各捐生履历清册送部核办，听候缮发执照，来粤给领外，臣等谨合词恭折具奏，伏乞皇太后、皇上圣鉴训示。

再，本案初捐人员均据捐局委员询系身家清白，并无朦捐等弊，仍俟饬查原籍，复到办理。此外，尚未请奖银两，容饬催指定官阶，开送履历，汇案请奖，合并陈明。谨奏。

同治四年六月初九日，军机大臣奉旨："该部核议具奏，单并发。"钦此。

清单

谨将广东省捐输京仓米价第六次请给实官及职衔、封典各官绅捐生姓名、银数，开列清单，恭呈御览。

计开：

双月选用府经历李兆庚，捐银二千二百八十三两，请以按察司经历双月选用，并加治中升衔。

双月选用训导罗家保，捐银一千六百二十八两，请以按察司经历双月选用，并加盐课司提举升衔。

监生王存善、何履成、何绍煌，以上三名各捐银二百二两，均请以从九品不论双单月选用。

监生曾祖烈，捐银一百一两，请以从九品双月选用。

分发训导何启密，捐银一千六百三十四两，请以教谕不论双单月选用，并加光禄寺署正升衔，给予父母从六品封典，将本身妻室应得封典貤封祖父母。

廪贡生莫昇同，捐银三百三两，请以复设训导不论双单月选用。

武生梁梓楠，捐银四百四两，请以营千总分发本省拔补。

候选员外郎黄芸书，捐银五百九十四两，请加二级，给予父母从四品封典，将本身妻室应得封典貤封祖父母。

分发候委训导李章炌，捐银一千二百三十六两，请加光禄寺署正升衔。

候选训导古宸锡，捐银八百二十一两，请加内阁中书升衔。

分发候委训导胡纯道，捐银七百八十三两，请加中书科中书升衔。

光禄寺典簿衔分发训导陈承恩，捐银五百四两，请加随带四级。

双月选用道员胡斯纯，捐银一千三百三十二两，请加四级，给予祖父母、父母及本身妻室正二品封典。

广东即补同知直隶州补用知府何庆龄，捐银一千三百三十二两，请加四级，给予祖父母、父母从二品封典，将本身妻室应得封典貤封曾祖父母。

双月选用同知冯英彰、蒋武琚，以上二名各捐银二百四十两，均请给予父母正五品封典，将本身妻室应得封典貤封祖父母。

尽先选用布政司经历文忠镇，捐银一百八十两，请给予父母从六品封典，将本身妻室应得封典貤封祖父母。

广东吴川县知县姜光耀，捐银二百五十二两，请加寻常二级。

候选知县卢兰馨，捐银一千一两，请加同知升衔，并给予父母及本身妻室正五品封典。

署广东开平县事试用知县蒋廷钧，捐银六百二十三两，请加同知升衔。

分发候委训导廖荧，捐银二百二十一两，请加教谕升衔。

光禄寺署正衔何朝琭，捐银二百四十两，请给予生外祖母从六品封典。

国子监典籍衔招枋，捐银一千一百五十二两，请给光禄寺署正职衔，并加二级；给予父母从五品封典，将本身妻室应得封典貤封祖父母。

翰林院待诏衔俞象纬，捐银二百三十二两，请给予中书科中书职衔。

同知衔刘耀南，捐银一千二百八十两，请给予父母及本身妻室正五品封典，另请貤封曾祖父母、祖父母正五品封典。

同知衔黎龙元，捐银三百二十两，请给予父母正五品封典，将本身妻室应得封典貤封祖父母。

州同衔李家成，捐银一千三百六十两，请给予同知职衔。

布政司经历衔林廷幹，捐银二百四十两，请给予父母及本身妻室从六品封典。

州同衔陈景星，捐银二百四十两，请给予父母从六品封典，将本身妻室应得封典貤封祖父母。

盐课大使衔潘士荣，捐银八十两，请给予州同职衔。

从九品衔钟廷声、韩宏准、韩锡爵、洪文炳，以上四名各捐银一百四十四两，均请给予按察司照磨职衔。

从九品衔李秀昌，捐银一百六十两，请给予父母从九品封典。

未入流衔郭焕文，捐银八十两，请给予父母从九品封典。

监生邓承祺，捐银一千四百四十两，请给光禄寺署正职衔，并加二级，给予父母及本身妻室从五品封典。

监生麦兴霖、黎廷鼐，以上二名各捐银五百二十两，均请给予中书科中书职衔。

监生罗荣，捐银二百八十八两，请给予国子监典籍职衔。

监生陈华性、杨诒槐，以上二名各捐银二百八十八两，均请给予翰林院待诏职衔。

已拣选举人李仕良，捐银一千一十二两，请给予同知职衔。

监生潘继安，捐银二百四十两，请给予布政司经历职衔。

监生杨孔瑗，捐银四百八十两，请给布政司理问职衔，并给予父母从六品封典，将本身妻室应得封典貤封祖父母。

监生吴学史，捐银四百八十两，请给布政司理问职衔，并给予父母、生母及本生妻室从六品封典。

监生蔡立均，捐银四百八十两，请给布政司理问职衔，并给予父母从六品封典，将本身妻室应得封典貤封祖父母。

监生蒲良弼，捐银二百四十两，请给予布政司理问职衔。

监生许佑崇，捐银一千四十两，请给予州同职衔并加二级。

监生胡名材、王容光，以上二名各捐银四百八十两，均请给州同职衔，并给予父母从六品封典，将本身妻室应得封典貤封祖父母。

监生林开怀，捐银四百八十两，请给州同职衔，并给予父母、生母及本身妻室、继室从六品封典。

监生黄肇赓，捐银四百八十两，请给州同职衔，并给予父母、生母从六品封典，将本身妻室应得封典貤封胞兄嫂。

贡生黄朝钦、监生王麟材、练国珍、刘浩华、巫显林、王建中、陈在绩、张清琳、何光龙、陈兆春、邱世勋，以上十一名各捐银二百四十两，均请给予州同职衔。

监生王植材，捐银四百四十两，请给按察司经历职衔，并给予父母正七品封典，将本身妻室应得封典貤封本生父母。

监生陈文焕、洪勋铭，以上二名各捐银二百两，均请给予按察司经历职衔。

增贡生张耀垣，捐银二百两，请给予州判职衔。

监生钟绪蕃，捐银一百六十两，请给予府经历职衔。

监生冯定康、陈廷绶、黄裳祥、刘肇东、李开荣、李芳菲，以上六名各捐银一百六十两，均请给予县丞职衔。

监生刘雅怀，捐银九十六两，请给予府知事职衔。

监生吴鸿宾，捐银三百二十两，请给按察司知事职衔，并给予父母正八品封典。

监生王必高，捐银九十六两，请给予按察司照磨职衔。

俊秀吴尚勤，捐银一百四十四两，请给未入流职衔，并给予生母从九品封典。

俊秀罗兴业、黄沃光、温如玉、周士衡、黄朝珍、彭日光，以上六名各捐银一百四十四两，均请给未入流职衔，并给予父母从九品封典。

俊秀黄仲楠，捐银一百四十四两，请给未入流职衔，并给予父母、生母从九品封典。

俊秀彭建常、梁佩珠、麦永盛、陈士龙、郑应龙、钟汝经、欧阳起、区大纶、区大英、区大韶、许仕俊、关谦光、黄传达、欧阳宗孙、麦蕴玉、刘衡任、陈大龙、涂永权、涂旭煊、郭春霖、方玉标、叶滋才、陈如钧、邹步青、潘泰安、蔡继绪、陈赞森、赖有志、赖定恕、钟周邦、吴琼邦、冯作模、冯永钧、余作兰、余作桢、翁诸芳、李珠芳、李乃佳、陈承富、张子庆、谢璠、陈一峰、谢秀震、李达勋、李达禄、王家陛、蔡允吉、陈日昇、唐高玉、陈贵训、何文懿、何登三、吴璠瑞、符开甲、黎贞文、虞世芳、彭统勋、卢荣耀、巫宜光、黄伯敦、李光荣、罗岐冈、张鼎彝、何寿椿、陈龙光、罗春熙、陈玉堂、陈森、刘成选、刘成珍、卢联溥、麦明秀、梁棋健、谭仁照、郑彬汉、何尧昌、林郁文、林瑄、赵廷献、赵元标、吴文灿、黄玉田、赵作霖、赵其俊、梁宗、赵玉舆、赵士群、赵羹梅、黄肇信、曾成千、黄庆焘、张登平、陈清源、刘元抡、李泰邦、钟载熙、钟缵先、赖文历、赖超恭、赖超顺、赖超宽、郑培钦、陈泰勋、冯纯、巫福贞、罗义勇、林文俊、吕世猷、黎郁章、何铨玠、胡文、饶苏、李清韶、杨启辉、彭以璋、彭以勋、李成伦、李如亮、李如惠、赵进文、刘传蟾、成孝淮、李善贵、李善和、李运亨、劳国祥、李端贤、彭德懋、许昌光、黄君敬、黄镇南、黄育豪、陈彬华、龙有山、冯夙镇、王定五、冯怀焜、黎大贵、陈昌佩、陈运桢、陈舜英、陈应可、邢定辉、张维宏、谭嘉猷、韩贵彝、黄善纯、符生庆、陈兰佩、邢保芳、梁文亨、胡日蕃、林开楚、胡日晋、莫文徽、莫尹唐、洪文炳、谢梦池、郑国元、黄继照、邝世超、黄玉涵、张昌盛、吕绳祖、李云龙、叶其采、钟清荣、袁道崇、潘兆平、罗效仪、袁璿珠、陈俊瑶、陈俊腾、王缉熙、罗光腾、伍铭勋、张定、黄兆祥、刘兆溥、李子文、陈树桂、李文英、张文彬、王瑞长、林蕃昌、卢在新、潘有晖、康振淇、陈远辉、沈道千、林凤翔、刘植章、罗魁榜、刘鹤文、陈润雄、林定澜、胡其华、张营之、赵兆元、陈遇平、区大有、区显猷、陈良琎、谢大海、谢开花、梁锡年、林耆龄、周受田、周雍田、邓濬容、文汉、邓鸿仪、卢在杰、叶作滨、张岐云、钟建丰、陈文芳、吴殿珩、钟凤翔、余发彰、邹缵魁、温兴邦、何超元、王基烷、王重曜、陈文阑、郭启忠、邱步辉、陈其俊、谢朝秀、区有恒、伍希舜、张清贤、张占春、卜子鸿、吴润华，以上二百三十五名，各捐银六十四两，均请给予从九品职衔。

俊秀杨锪荣、刘秀山，以上二名各捐银六十四两，均请给予未入流职衔。

广西抚标左营守备廖凌汉，捐银三百六十两，请给予都司升衔。

营守备衔卢瑛，捐银三百二十两，请给予父母正五品封典，将本身妻室应得封典貤封祖父母。

监生朱元春，捐银七百二十两，请给予都司职衔。

监生区天怀，捐银三百二十两，请给予守御所千总职衔。

监生陈铿，捐银四百四十两，请给卫千总职衔，并给予父母从六品封典，将本身妻室应得封典貤封祖父母。

监生刘集祥，捐银二百两，请给予卫千总职衔。

监生林学徽，捐银四百八两，请给营千总职衔，并给予父母生母正六品封典，将本身妻室应得封典貤封祖父母。

武生林德，钦监生钟大勋、卓云芳、梁世基、周汝金、许国光，武监生黄日光，以上七名各捐银一百六十八两，均请给予营千总职衔。

武监生伍超，捐银九十六两，请给予把总职衔。

俊秀黎贤光，捐银一百八十四两，请给予把总职衔。

合计官绅捐生三百四十一员名，共捐输米价银五万七千三百七十两。

军机大臣奉旨："览。"钦此。

审拟新宁县文童陈茂成顶替监生入场代考疏[1] 五月二十六日

奏为查获顶名入场人犯，审明定拟，恭折奏祈圣鉴事。

窃照同治三年甲子科文闱乡试，臣嵩焘入闱监临，督饬提调等官严查枪替等弊，旋据巡缉官盘获新宁县文童陈茂成一名，禀经发交提调，讯认顶替监生朱鸿逵入场代考，当将该犯押发广州府审办，恭折具奏。于同治三年十一月二十九日奉旨："知道了。"钦此。钦遵随行。

据新宁县查明朱鸿逵报捐监生年月日期，由司详经咨部斥革，一面饬催严拿朱鸿逵务获，并提原徒来省。临场认识之书吏梁炤解省质审，于取供后在保病故，验明通报在案。并据委员广州府以逸犯朱鸿逵屡缉未获，将现犯审拟，由署臬司郭祥瑞代办，藩司方濬颐复审详解前来。臣等亲提研讯，缘陈茂成籍隶新宁县，向在省城教读度日，与未获之监生朱鸿逵同乡素好。同治三年八月初六日，朱鸿逵陡患寒疾，自度不能进场，以该犯文艺通畅，年貌亦复相类，央恳顶名枪替，许俟考毕，酬给谢资，当时并未付给银两，亦未立有字约交执。该犯因平日常受朱鸿逵资助，当即应允。随于是月初八、十一等日顶冒朱鸿逵应名进场。点名时天色黎明，人多拥挤，候县书吏梁炤止闻人丛内应名声音，难以辨认面貌，致被陈茂成朦混入场。迨十四日入闱进号，即经巡缉官盘查拿获等情，屡审陈茂成供认前情不讳，并无知情说合之人，及另有受雇枪替诓骗得赃情事，研鞫不移，案无遁饰。

---

①辑自中国第一历史档案馆藏"录副奏折"原件03-4983-033号。系与广州将军两广总督瑞麟会衔。标题系编者拟。

查例载：代请枪手报名入场已成者，不分有无立约及口许虚赃，俱照诓骗已成例，枷号三个月，发烟瘴地面充军等语。此案陈茂成因未获之监生朱鸿逵患病不能赴考，临时受嘱顶名枪替，许俟考毕酬谢，虽与积惯手有间。惟业已顶名入场，即属已成，不能以并无现赃宽其应得之罪，自应照例问拟。陈茂成今依代请枪手顶名入场已成者，不分有无交约及口许虚赃，俱照诓骗已成例枷号三个月，发烟瘴地面充军例，枷号三个月，发烟瘴地面充军，仍照各例以极边足四千里为限。至配折责安置，口许虚赃免其追缴。县书梁炤签派进场，认识失于觉察，讯无知情受贿、通同舞弊情事。惟临时并不细加辨认，致令陈茂成顶冒入场，殊属玩忽，应照不应重律杖八十折责，革役，业已在保病故，应毋庸议。逸犯朱鸿逵饬缉弋获，另待追出监照缴销。本案枪替人犯，经提调等官场内盘获，究办失察职各名，应请免开，监生乡试向系由县起文办考，教官例无处分，请免置议。

所有签派提书不慎，职名系现署新宁县事试用知县胡为黼，相应附参，听候部议，除饬录供词咨部外，所有审明定拟缘由，臣等谨合词恭折具奏，伏乞皇太后、皇上圣鉴，勅部核复施行。谨奏。

同治四年六月初七日，军机大臣奉旨："刑部议奏。"钦此。

粤省奉颁封职衔项空名执照内有数项所存无几请敕部颁发疏[①] 五月二十六日

奏为粤东省奉颁封职衔项空名执照，内有数项所存无几，请

①辑自中国第一历史档案馆藏"录副奏折"原件03-4616-086及附件清单03-4616-087号。系与广州将军兼署两广总督瑞麟会衔，标题系编者拟。

旨敕部再行颁发，以资填用，恭折具奏，仰祈圣鉴事。

案准户部咨复署两广总督晏端书等奏请颁发各项空名执照附片一件，同治二年六月二十一日议政王军机大臣奉旨："着照所请，该衙门知道。单并发。"钦此。钦遵缮办各项空名执照共六千九百三十张，并国子监递到贡照二百张，监照一千张，一并发给填用等因。当将发到各照逐一查点，计户部短少雁字二百张，从九品衔执照一张，即经咨部补发各在案。

兹查前次颁到空名执照，除贡、监生部监各一千二百张外，实递到封典、职衔、翎枝各照共五千七百二十九张，自同治三年正月填用起，至四年四月底止，办理新捐军需经费与各属劝捐本省军饷各案，请奖从九品衔、未入流衔两项执照，将次用完，其捐请封典及光禄寺署正衔、中书科中书衔、詹事府主簿衔、光禄寺典簿衔、翰林院待诏衔、翰林院孔目衔、国子监典籍衔、同知衔、州同衔、府经历衔、县丞衔、都司衔、营卫守备衔、守御所千总衔、卫千总衔、营千总衔等项执照所存亦复无几，据广东捐输总局司道查明，应需各项执照六千三百张，并补发前次短少从九品衔执照一张，开单请奏前来。臣等复查无异，除咨部外，谨缮清单，合词恭折具奏，伏乞皇太后、皇上圣鉴，敕部查照单开封典、职衔数目，再颁空名执照，邮递来粤，以资填用，而济要需。

再，前时填用空名执照捐生姓名、张数，系归入新捐军需及各属劝捐本省军饷各案内，另造册报，合并陈明。谨奏。

同治四年六月初七日，军机大臣奉旨："着照所请，该衙门知道，单并发。"钦此。

清单

谨将粤东省现拟再请颁发各项空名执照数目，开列清单，恭呈御览。

计开：

一、现拟再请颁发封典三百张，光禄寺署正衔三十张，中书科中书衔三十张，詹事府主簿衔二十张。光禄寺典簿衔十张，翰林院待诏衔五十张，翰林院孔目衔二十张，国子监典籍衔二十张，同知衔五十张，州同衔二百张，府经历衔二十张，县丞衔二十张，都司衔四十张，营卫守备衔二十张，守御所千总衔五十张，卫千总衔二十张，营千总衔一百张，从九品衔五千张，未入流衔三百张。

以上共拟请再发空名执照六千三百张。

又请补发前次短少从九品衔雁字二百号一张。

军机大臣奉旨："览。"钦此。

请将署三水县知县周为桢河源县知县梅霈琳开复原官疏[①] 五月二十六日

奏为知县征存钱粮于参后全完，请旨分别开复原官及饬回籍守制，仰祈圣鉴事。

窃照卸署三水县事委用知县周为桢、河源县知县梅霈琳征存咸丰十一年份地丁银两延不完解，经前署抚臣晏端书据实奏参。奉旨："周为桢、梅霈琳均着暂行革职，勒限一个月严追，馀依议。"钦此。钦遵行遵照。兹据代办布政使方濬颐会同署按察使郭祥瑞详称：卸署三水县事委用知县周为桢征存咸丰十一年地丁正耗银六千一百馀两，河源县知县梅霈琳征存咸丰十一年地丁正耗

①辑自中国第一历史档案馆藏"录副奏折"原件03-4616-088号。系与广州将军兼署两广总督瑞麟会衔。标题系编者拟。

银三千二百馀两，自被参后，陆续完解。截至是年奏销出册止，周为桢尚欠解正银四千四百二十二两七钱三分八厘四毫，耗银七百五十三两七钱七分；梅霈琳尚欠正银二千七百六十九两五钱一分八厘，耗银四百六十八两四分六厘，请于奏销册内据实开报。旋经查得该二员所欠之银，实因在任时垫办过境兵差，省局查与章程不符，着严赔解，尚非该员等有意延欠。兹据照数赔解全完，将正银归入该年奉拨本省兵饷项下开支，耗银归入耗羡四柱，另册造报，详请具奏前来。臣等复查该员周为桢、梅霈琳其因征存咸丰十一年份地丁正耗银两未解奏参，暂革勒追，兹据照数全完，尚知愧奋。相应请旨，将卸署三水县事委用知县周为桢开复原官，留省补用；河源县知县梅霈琳丁忧后，另案革职，应即饬令回籍守制。

所有周为桢、梅霈琳征存钱粮参后全完缘由，臣等谨合词恭折具奏，伏乞皇太后、皇上圣鉴训示。谨奏。

同治四年六月初七日，军机大臣奉旨："着照所请，该部知道。"钦此。

敬陈广东各属四月份雨水粮价情形疏[①] 五月二十六日

奏为敬陈四月份雨水、田禾、粮价情形，仰祈圣鉴事。

窃照广东省同治四年三月份雨水、田禾、粮价，先经臣恭折奏闻在案。兹查广东省城本年四月上、中、下三旬晴雨相间，高低田亩均有积水，早禾秀发，园蔬杂粮亦皆畅茂，省外各属禀报

---

①辑自中国第一历史档案馆藏"录副奏折"原件03-4962-146号及附件清单03-4962-147号。标题系编者拟。

与省城大略相同。现值青黄不接，粮价较上月稍增，察看民情，尚属静谧，堪以仰慰圣怀。所有同治四年四月份雨水、田禾、粮价情形，臣谨恭折具奏，并缮粮价清单，敬呈御览，伏乞皇太后、皇上圣鉴。谨奏。

同治四年六月初七日，军机大臣奉旨："知道了。"钦此。

清单

谨将广东省同治四年四月份各属米粮时价分晰，开列清单，恭呈御览。

广州府属，价中。上米每仓石价银二两三钱四分至二两九钱九分，与上月相同。中米每仓石价银二两一钱三分至二两七钱九分，与上月相同。下米每仓石价银一两七钱七分至二两三钱八分，较上月增一分。

韶州府属，价中。上米每仓石价银一两八钱四分至二两七钱，与上月相同。中米每仓石价银一两五钱六分至二两三钱五分，与上月相同。下米每仓石价银一两一钱八分至一两九钱六分，较上月增一分。

惠州府属，价中。上米每仓石价银二两一钱一分至二两八钱九分，较上月增一分。中米每仓石价银一两八钱六分至二两六钱六分，与上月相同。下米每仓石价银一两六钱一分至二两三钱一分，与上月相同。

潮州府属，价中。上米每仓石价银一两八钱七分至二两六钱九分，与上月相同。中米每仓石价银一两四钱六分至二两三钱，与上月相同。下米每仓石价银一两一钱一分至一两九钱三分，较上月增一分。

肇庆府属，价中。上米每仓石价银一两九钱三分至二两六钱八分，与上月相同。中米每仓石价银一两六钱二分至二两四钱六分，较上月增一分。下米每仓石价银一两三钱至二两五分，与上月相同。

高州府属，价中。上米每仓石价银一两二钱八分至一两四钱六分，较上月增一分。中米每仓石价银一两七分至一两二钱七分，与上月相同。下米每仓石价银九钱一分至一两一钱，与上月相同。

雷州府属，价中。上米每仓石价银一两四钱八分至一两六钱，与上月相同。中米每仓石价银一两二钱三分至一两三钱四分，与上月相同。下米每仓石价银一两三分至一两一钱五分，较上月增一分。

廉州府属，价中。上米每仓石价银一两八钱六分至二两九分，与上月相同。中米每仓石价银一两五钱一分至一两七钱四分，较上月增一分。下米每仓石价银一两二钱八分至一两四钱七分，与上月相同。

琼州府属，价中。上米每仓石价银一两八钱五分至二两三钱七分，较上月增一分。中米每仓石价银一两五钱至一两九钱五分，与上月相同。下米每仓石价银一两三钱三分至一两八钱，与上月相同。

佛冈直隶厅，价中。上米每仓石价银一两八钱七分至二两五钱，较上月增一分。中米每仓石价银一两五钱九分至二两二钱五分，与上月相同。下米每仓石价银一两三钱三分至一两九钱四分，与上月相同。

绥瑶直隶厅，价中。上米每仓石价银二两二钱八分至二两五钱，与上月相同。中米每仓石价银一两九钱八分至二两一钱六分，与上月相同。下米每仓石价银一两七钱八分至一两九钱五分，较上月增一分。

罗定州属，价中。上米每仓石价银一两七钱六分至一两九钱三分，与上月相同。中米每仓石价银一两六钱三分至一两七钱七分，与上月相同。下米每仓石价银一两二钱五分至一两三钱七分，较上月增一分。

连州属，价中。上米每仓石价银二两二钱三分至二两四钱五分，与上月相同。中米每仓石价银二两六分至二两二钱四分，较上月增一分。下米每仓石价银一两七钱至一两八钱七分，与上月相同。

南雄州属，价中。上米每仓石价银二两二钱四分至二两四钱三分，与上月相同。中米每仓石价银一两九钱九分至二两一钱三分，与上月相同。下米每仓石价银一两六钱六分至一两七钱九分，较上月增一分。

嘉应州属，价中。上米每仓石价银二两三分至二两六钱，较上月增一分。中米每仓石价银一两八钱五分至二两四钱，与上月相同。下米每仓石价银一两四钱九分至二两三分，与上月相同。

军机大臣奉旨："览。"钦此。

前后办理土客一案缘由疏会总督衔 五月二十六日①

奏为钦奉谕旨查办土、客一案，谨先将前后办理情形据实缕陈，恭折仰祈圣鉴事。

窃臣等同治四年五月十一日承准军机大臣字寄，同治四年四月二十五日奉上谕："都察院奏广东举人冯典夔等遣抱告以客匪焚

①日期据本疏及《派署臬司查办土客一案片》内容考订。

掠，恳请妥为安插等词，赴该衙门呈诉。据称客匪马从龙等自倡乱以来，前后杀土民十馀万。该匪退守五坑老巢时，势颇穷蹙，而卓兴意存袒护，并不认真办理。迨客匪假意投诚，卓兴辄捏称恩平县之那扶、金鸡水等处与土乡隔绝，禀请安插，带领该匪在恩平县占踞田庄，杀毙土人、商民数百名，抢夺货物，焚毁货船数百只，将那扶、金鸡水土著村庄百馀焚毁殆尽，杀戮开平、新宁土人，掳掠妇女不可胜计等语。所控各情，与毛鸿宾、郭嵩焘前奏安插客民为土人掳杀数百之语，又属两歧。土、客仇衅已深，处置稍不得宜，必将报复相寻，酿成巨祸。该客民等如果焚毁村庄，肆行杀戮，是就抚竟属空言，而土民又岂肯相安无事！卓兴办理此事是否意存偏袒，庇匪虐民？其客民妄肆焚杀各情是否确实？着瑞麟、郭嵩焘督同臬司秉公查办，并将安插客民妥议章程，无致再生枝节。其该举人等呈请改择别处旷土远地分党妥为安插之处，并着斟酌妥筹办法，毋得固执一偏之见。原折呈均着抄给阅看。”钦此。仰见皇上勤求民隐，审势揆情，务协其平，无任钦服。

伏查肇庆土、客一案源流本末及节次办理情形，均经臣嵩焘会同前督臣毛鸿宾缕悉上陈，不独无叛服剿抚之可言，亦并无是非曲直之可论。其始客民与土民杂居，各自为党，积不相能。咸丰四年，恩平土匪围扑县城，知县郭象晋专募客勇以攻土匪，于是开平、高明、鹤山诸客籍群起以剿办土匪为名，或帮同地方官克复城池，因以积年仇恨土民之心，乘势报复，肆意屠杀，致成械斗巨案。土、客交相掳杀，各至数十万人。客民奔窜流离，蹂躏阳江、阳春、新兴、新宁数县，四处盘旋，终不肯舍其田山庐墓而远去。故论事之缘始，为匪者土民，助官攻匪者客民，客民顺而土民逆；论事之终竟，为匪者乱民，与士绅无与，客民因与土匪为仇而助官，其蓄意已深，因剿匪而戕及士绅，抄蔓无已，其用杀尤惨。迨后窜踞广海寨城，至于抗官犯顺，是土民顺而客民又逆。而总论其大势，则土、客两家同不可以理喻，不可以情感，不可以势压。客民残杀土民，掘毁坟墓，洗荡村庄而以为固然；土民残杀客民，屠灭种类，霸占田产而亦以为固然。使土、客两家稍有一二正派办事之绅士，持平立论，亦不致酿此巨祸。即冯典夔等原呈内称客绅马从龙等竖旗倡乱，不顾前后事理之参差，任意指斥，大率类此。其谓该匪退守五坑老巢，卓兴意存袒护，并不认真办理，则并客匪奔窜情形，亦多未合。

土民驱逐客民，起于开平谭三才。各县从而效尤，大都拦截其辎重，占踞其田山，因以为利。惟高明县属之五坑、鹤山县属之附城，土民攻之不能下。附城一都最富，绅士亦最多，原呈所控马从龙即附城客籍。同治二年，经臣嵩焘会同前督臣，劝谕附城客民与古劳土民联和，委员经理数月，饬传土绅李龙章、古熺，客绅张国勋、马从龙等来省，反复开谕，始能定议。马从龙方在省城，而开平、鹤山土民已纷纷控其勾引外匪。同声一词，无从置辨。至五坑客民凭山为守，土民本未能攻克。其后鹤山、双桥客产为土民占踞，客民陈畴万馀人四处奔窜无所归，乃投入五坑；恩、开客产为土民占踞，客民黄亦泰数万人四处奔窜无所归，又投入五坑。卓兴屡次进攻，终以匪多山险，未能荡平。迨该客民捆送戴梓溃一犯，卓兴乃定议以那扶、金鸡、赤水三处分地安插。当时臣嵩焘以客民产业十倍于此数处，指名安插，原不为过，然此议倡之自官，必将有任其咎者，盖亦预知土民之必不能相容也。卓兴持议太坚，办理亦稍急切，致令土民纠众相抗，进退两穷，勉强安插，明知不能相安，而其势舍此别无办法，臣等亦无从禁制。原呈遂以五坑为客匪老巢，谓其势已穷蹙，假意投诚，并称卓兴带领该匪占踞田庄。岂知客民分居各县，乌有所谓老巢，客民各县田庄为土民占尽，自应量与安插之地，乌有所谓假意投诚乎？至其由恩平前赴那扶，土民实亦聚众截杀。客民杀土民数百，土民杀客民亦数百，皆实有之事。彼此各习以为常，亦彼此各据以相咎。土民仕宦者多，情能上达；客民直不能一求见官，以言其情。安插那扶等处之后，客民数万，甫得有所栖息，自尚可以相安数年，而土民到处哄聚，相持不下，故生波澜，愈激愈横。其陈畴一股，则尚未有安插之地。日来设法调处，寻求端倪，晓谕弹压，其能勉强抚辑数月之久，相安无事，尚未敢信。此土、客原委及前后筹办安插之大概情形也。

总而言之，土、客积怨已久，无可解释。而客民之怀毒也深，土民则气泄言嚣，以诟谇为能而机已浅；客民之伏谋也险，土民则营私争胜，以占踞田产为利而计已疏；客民之发难也惨，土民则以百倍客民之众乌合麇集，临事各不相顾，而力已茶。故残忍嗜杀者客民也，而土民又一以无道施之。臣尝以为劫运生于人心，人心知悔则劫运立消，人心交相为构则劫运滋烈，反复诫谕，终不能悟。卓兴力主安插客民，本为土民所恶，又以迅速定局，近于操切。而以此责其庇匪虐民，恐亦未足以服卓兴之心。而为持平之论，那扶客产原占十之七八，赤水、金鸡居十之二三。客民始以分散居住，与土民仇杀而终为所并，今以数万之众，并集于此三处附近，土民心怀惴惴，急谋远徙之，此其实情。其所呈情形，则固未可以为确据也。土民据客民旧有之田山，盈千累万，不一谋清还，而原呈乃欲徙之清远、英德及广西等处。此次安插客民之始，有呈请愿赴广西依傍亲友者四千馀人，已给咨前往。广西抚臣虑滋别衅，坚执拦回。清远首民回籍者数万人，已苦于无可安插，英德伏匪尤多，谁甘客民之滋扰而听官吏之安插乎？

即使客民俯首听命，亦万无此办法，何况客民之强狠倍甚于土民，谁能驱而遣之？敬绎圣训，以处置稍不得宜，必将报复相寻，酿成巨祸。伏读惶惧。而其实土、客一案，早穷于处置之法。构祸至十馀年，彼此仇杀至数十百万人，为历来未有之浩劫，此时更无可釀。客民始占土民之业，不完钱粮；土民继占客民之业，亦不完钱粮。高明一县，以剿办客匪为名，数年不能开征。人民互相屠噬，互为傲狠，至于此极。每一怀思，心魂俱碎，欲求处置得宜，尤属茫然罔措。

原呈又谓恩、开绅士往督抚衙门递呈，均被收禁。查同治四年二月内，正值筹办安插客民，有开平民司徒家任开列数十人名，具呈阻挠。前督臣谓其有意构难，扎饬广州府提讯。随值臣瑞麟接任，即饬将司徒家任交回原保，实未收禁。至臣嵩焘办理土、客一案，前后接收两造控呈，皆亲自批发，反复劝谕，期使省悟，亦知土、客一案，本无是非可以科断，稍有偏重，只益其愤，一切平情处论，不惟未曾收禁一人，亦并未尝偏重一语。臣瑞麟到任未久，尚未据土、客呈控。谨缮录臣嵩焘前后批呈，恭呈御览，亦略足见土、客始末及办理艰难情形。现在饬派委员会同肇罗道、肇庆府，专办连和善后事宜。其果能使相安与否，尚无把握。然欲别筹所以驱遣之方，则虽贤者亦穷于术。臣等于土、客一案，筹画年馀之久，委曲情形，差能洞悉。谨先陈其梗概，以慰宸廑。能否安插妥帖，及奉旨查办情形，应俟从容筹办，稍有端倪，再行具奏。

所有前后办理土、客一案缘由，谨合词恭折具陈，伏乞皇太后、皇上圣鉴。谨奏。

肇庆土、客情形，尽于此奏。督辕一意徇卓兴之私，听其愚弄而已。冯典夔控案，亦由督辕庇护卓兴，畸轻畸重，有以激成之。诛戮强梗，以顺土民之情；清查客产，酌量安插，以平客民之气。独鄙人始终持此一议，而讫不能见之施行。惜哉！自记。

知府狄玉麟积劳病故请恤片会总督衔 五月二十六日

再，候补知府狄玉麟，于同治元年十一月初九日到省。臣嵩焘到任后，察看该员有守有为，遇事认真。于三年春间饬委赴潮清厘交代，业经逐案查出端倪。续委办理捐输及潮州厘务，亦能认真整顿，民情帖服。迨至是年九月，江匪阑入粤疆，潮、嘉告警，饬令该员会同潮州道、府，在潮设局，筹办防剿。维时臬司李福泰方驻龙川，各路防兵未能骤集，沿边各口多属空虚，郡城一日数惊。该员竭力筹措，会同该道、府添募勇营，扼防隘口，转饷筹兵，一身兼任。迭据已故惠潮道风安禀称，该员精核勤能，深资其力。竟以积劳致疾，至于缠绵困惫，犹在局办公，不敢休逸，遂于同治四年正月十六日病故。合无仰恳天恩，将该员狄玉麟照军营立功后病故例交部议恤，出自逾格鸿慈。臣等谨附片陈明，伏乞圣鉴训示。谨奏。

东路防军追贼获胜贼由闽窜入镇平县境现饬各军堵剿疏会总督衔 五月二十七日[①]

奏为东路沿边防军追贼获胜，贼由闽省上杭绕道窜入镇平县境，现饬各军分路堵剿，恭折驰陈，仰祈圣鉴事。

---

①日期据本疏及《镇平县城解围复失现筹办理情形折》、《逆匪大股尚踞镇平县现在迅筹合剿疏》内容考订。

窃前因官军越境克服平和、诏安两县城，及大埔防兵迭获大胜，逆匪遁入闽省上杭一带各情形，经臣等于五月十五日具奏在案。维时福建漳州等郡县相继恢复，各股逆匪尽由闽、粤边界极力冲突，由永定一路屯聚上杭。

四月二十八日，云霄之匪窜抵大溪，副将林保督率千总杨浮等军驰往截击，斩首级二百馀颗，生擒伪利王朱逆之叔朱得兴及逆党七百馀名。

五月初二日，诏安各匪向溪东窜走，黄朝恩督同千总邱石、苏徒泰等分为三队，并西潭、高塘各乡团练，奋力追截，生擒贼匪三十三名，伤毙无数。时值昏暮大雨，贼复屯诏属之太平墟，地近老虎关。

初三日，游击吉瑞督饬都司林春，候补外委邱育秋、林大英前往攻击，派游击黄相奎带队先至长径口埋伏。举人王泽、布政司理问衔林文炳带勇从官寨岭抄出截剿。林春行抵太平墟，首斩巡哨悍贼二名。贼惊走，林春尾追至下河。黄相奎伏起，会合林文炳及武举王三重乡团练丁，四路兜剿。黄相奎身先士卒，用洋枪击毙骑马贼目三名。邱育秋等俱奋勇陷阵。贼知势穷路绝，拌命拒敌，鏖战五时之久。黄相奎被枪伤左腿，裹创战益力。共毙匪二百馀名，生擒五十四名，夺获旗械不计其数。贼折向秀篆窜百花洋，署饶平县知县谢树棠调勇击退。

初四日，贼至峡子崎，谢树棠会同游击李元顺等率勇夹击，歼匪四十馀名。贼复由山路逸出茂芝前地方。副将林保派千总杨浮率所部扼守朱家山，以截其犯饶之路；派都司张周明，把总谢大高、杨作利选带精锐，绕至下善山下遥作疑兵；派都司郑纪勋、林大顺、王熊彪，守备宋銮贵带队伏于茂芝乡外，以防后路。林保亲督候选知县林大年、吉安司巡检陈彬、从九衔黄禄、守备林武烈等拦头奋击。逆众十三队，约齐死拒。林保激励各军，协力冲突。茂芝乡团继至夹攻。枪炮雷动，呼声震山谷。贼尸填满涧壑。约计歼匪二千馀名，生擒伪和天燕陈得胜并悍匪七十馀名，夺获旗械、马匹无算。逆首丁太阳弃马，与群匪爬越山岭，由第三溪逃去。

初五、初六日，各路逆匪复麇集东船乡。总兵翟国彦督率游击王传训、参将戴朝佐、守备梁仕光等带队至张公凹迎击；调千总翁朝升、方赏两军分路包抄。鏖战七时，毙贼数百，生擒十馀名。我军蹑尾紧追，翟国彦恐该匪分窜蔓延，饬千总黄大光、外委余高等带勇驰往吊流岭，扼守要隘。该匪果蜂拥而来。黄大光等迎头直冲贼阵，生擒首执令旗贼目，搜出伪照二张，系新天燕伪朝将吴新有。群贼披靡。斩骑马贼目五名，生擒二十一名。匪窜至白堠，我军前后拦截，四面剿杀，共毙贼千馀名。贼穷蹙不知路径，被我军逼至深渡河边，贼争泅水，溺毙二三千名。各军生擒伪朝将胡永新、伪先锋何大发等共三百二十三名，救出难民五六百名。馀匪由莒溪窜至漳溪。漳溪与大埔毗连，离副将方耀大营甚近。

初七日，方耀派都司方鳌、蔡申、林发、林诗成带队出三层岭以击其前；都司孔乳，候选知府方勋，守备林才、方茹、谭光，并守备黄添元、邓安邦、邓奋鹏等，带队由下马湖中路截击；亲率大队并守备刘开、方惠由黄沙、漳溪掩袭其后。各匪虽喘息未定，犹率众抵拒。我军屡胜之后，勇气百倍，无不以一当百，擒斩贼匪不计其数。贼纷纷溃败，追至永定属陈东坑一带，阵斩伪天将汪传根、钱永廷、王合义等五名，毙贼二千馀名，斩首级一百五十馀颗，生擒二百六十六名。各匪觅路窜至永定属塔脚地方，又经闽军歼擒无数。馀党均逃归康逆，聚集上杭县属之庐峰、安乡、上都、中都一带，该处接壤镇平。

四月二十九日，五月初三、初六等日，贼至折滩、蚺蛇渡、黄坑口等处搭造浮桥，希图偷渡，经都司周陛、把总邱兴等督勇迭次击退，贼复由上杭绕道至大姑滩渡河，阑入镇平县境。都司郑绍忠闻贼已渡河，由丰市拔队驰抵洪山寺。十五日行抵慈开口，进扎新铺。贼众巨万，分两路而来。当即驱军疾趋，见有大龙旗数面，排列五六千人，而对河之贼可抄我军之后。随派郑润材、陈达、梁五全、甘文鉴各率勇渡河，以塞其冲；派刘顺昌、何文杞率勇为前锋；令颜金、徐桂祖、陈瑞焘带队匿谢村松林内。时郑绍忠督亲兵马队为后军策应。前锋甫及慈开，该逆直扑我营。刘顺昌等迎击，贼少却，而龙旗大队三千馀如风雨骤至，刘顺昌等且战且退，由谢村一路佯败，贼众狂呼追入。郑绍忠率马队抄出贼后，手毙龙旗贼目二名。贼犹轻视兵单，抵死不退。至谢村而伏兵齐起，刘顺昌等折回复战，三路夹击，贼夺归无路，被斩首六十八颗，夺取骡马、旗帜、耳级无算。贼众凫水而逃，我军渡河追之。时郑润材等亦已开仗获胜，至九玲村与全军会合，直抵三圳墟，踞匪二三千望风遁走。我军争夺，后斩发首七十二级，生擒殿左三旗伪帅曾天夷一名，伪领军苏秉、恽大燕二名，发逆三十一名。将数十里贼垒一律焚毁。提讯曾天夷、苏秉、恽大燕等，均供向隶来逆部下，来逆现与康逆会聚一处，侍逆李世贤于永定渡河时闻后军在大埔溃败，自刎身死，其馀匪归康逆管带，现屯上都、象洞等情。据藩司李福泰先后具禀前来。

臣等伏查发逆数大股入闽以来，众号二三十万，其凶悍桀黠，以侍、康二逆为最著，丁、来等逆次之。历经闽、粤官军痛加剿办，诛戮解散，殆将过半，逆焰亦已稍衰。李世贤之果否自刎固未可知，而遗党无几，与丁太阳之势已摧残，谅俱不能复振。现惟康逆犹拥死党及收合各逆馀烬，不下十馀万，窟宅于上杭、镇平之交，绵亘百馀里，南可以进扰惠、韶，北可以横窜江、楚，是以遣党四出抢掠，为蓄裹候粮之计。臣等前议派卓兴驻守嘉应。现在藩司李福泰已由潮移扎嘉城，即饬卓兴严堵龙川县属之老隆，而惠、韶之防益固；令林保、戴朝佐、邓安邦等分守隘口，杜贼走兴、长、嘉应之路；方耀、郑绍忠两军饬赴镇平协攻，贼如他窜，即令仍遵前札，跟踪追剿，务合江、闽三省兵力，共清馀孽，而臻底定。

至沿边各军防堵数百里，已觉不敷分布，乃该将士等遇贼血战，奋不顾身，不特屡挫凶锋，保全本境，且越境追剿巨寇，节节扫荡，艰险备尝，数日内生擒要逆千馀名，歼匪以巨万计，使侍、丁二逆大股悍党散亡略尽，洵属异常出力，卓著勤劳。其勇略超众各员弁，拟请先予奖拔，以作士气。潮州镇总兵翟国彦，拟请赏加提督衔；补用副将林保，拟请赏加总兵衔；补用参将水师提标前营都司戴朝佐，拟请赏加副将衔；蓝翎补用游击黄相奎，拟请免补游击，以参将补用，并赏换花翎；蓝翎都司衔尽先守备梁仕光，拟请免补守备，以都司补用，并赏换花翎；升用都司广州协左营千总邓安邦，拟请以都司尽先补用，并赏加勇号；抚标左营候补守备升用都司周陞，拟请以都司尽先补用；都司衔水师提标后营守备黄添元、香山协右营守备邓奋鹏，均拟请以都司补用；升用守备陆路提标前营千总杨浮，拟请以守备尽先补用，并加都司衔；拟保蓝翎千总颜金、郑润材，均拟请免补千总，以守备补用，并赏换花翎；同知衔张权请以同知选用；候选从九品陈瑞焘拟请免选本班，以县丞即选。其馀在事出力各人员，容臣等查明后，汇同前案择尤保奖，出自逾格鸿施。

所有东路沿边防军追剿获胜及贼窜镇平地方，现筹防剿各缘由，谨合词恭折由驿六百里驰奏，伏乞皇太后、皇上圣鉴训示。谨奏。

叛勇窜至粤边筹备剿办缘由片会总督衔　五月二十七日①

再，昨准护理江西抚臣孙长绂咨称：霆字营叛勇由湖北咸宁等县扰及袁州并安福、永新等处，难保不由龙泉至南安府属之上犹、崇义，窥伺入粤。请饬严防边境。等因。当经飞饬南韶镇、道督率所属地方文武严加防范，并令驻守南雄之阳江镇任星元部勇实力堵剿。该叛勇万馀人，随于五月十五日窜至乐昌县属九峰地方。查九峰至乐昌六十里，至韶郡九十里，均可朝发夕至。北江一水，建瓴直下，径趋省会。而沿边一带，均未设防。东由仁化以至始兴，则翁源、长宁俱至震动；西由宜章、临武以窥连州，则连山、四会俱至震动。该叛勇飘忽异常，一月之内，横窜四省，风驰电闪，剽悍可知。傥与闽逆勾结，首尾互应，狼狈为奸，为害滋大。

臣等飞饬游击湛恩荣募勇一千名，驰赴乐昌截击。任星元部勇二千，尚觉单薄，饬添募劲勇一千，由南雄赴韶协力守御。饬参将朱国雄、游击梁琼共募精勇二千名，驰赴韶州，听候韶州镇卫佐邦调遣。复饬靖安水师左营总兵王朝治、右营副将张贵统领各炮船驶往曲江、英德一带河面，严扼上下渡河之路。惟念该叛勇骁健绝伦，立功累年，转战数省，此番因欠饷滋事，或未必出其本心。臣等一面速筹防剿，一面张贴告示，剀切开导，启其悔

①日期据本片及《霆营叛勇被剿现窜南雄信丰等处片》内容考订。

悟自新之念。俟其能否输诚，再行分别办理。

所有叛勇窜至粤边筹备剿办缘由，谨合词附片驰陈，伏乞圣鉴训示。谨奏。

粤东厘金目前万难协济陕甘片会总督衔 五月二十七日

再，同治四年二月十六日承准议政王军机大臣字寄，同治四年正月十三日奉上谕："杨岳斌奏遵旨赶紧募勇并筹拨各省协饷情形一折。甘省饷需奇绌。都兴阿等军，现有兵勇已不能按月给饷。将来杨岳斌募勇赴甘，并益以蒋凝学、金国琛、李鹤章等三军共计二万馀人，其支绌情形更可想见。若不早为筹画，深恐停兵待饷，贻误事机。现在东南数省渐次荡平，商贾百货日见流通。着毛鸿宾、郭嵩焘于该省每月盐厘项下分拨三成，百货厘金项下亦每月分拨三成，接济杨岳斌军饷。并着杨岳斌派员径赴各省，按月提解庆阳粮台，以应急需。该督、抚等务当不分畛域，极力设法，共济时艰，不得稍存推诿之见，致负委任。"等因。钦此。自应恪遵谕旨，设法转输，以顾西陲，而维大局。惟粤省近日之匮乏，与昔日迥殊，而今年之支绌，较上年尤甚。其力难拨解情形，有不得不缕陈于圣主之前者。

饷源所出，不外捐输、库款、厘金三大宗。自军兴十有馀年，全藉捐项接济，迭次劝谕，数逾巨万，是以前年厘金提解江南，本省军需犹赖此一勺之泉稍资灌溉。近则民力已竭，民情亦渐漓。科及素封，而谣诼四起；语及捐借，即怨讟繁兴。察其拮据之情，实亦难乎为继。按月所办奖案，大都旧捐各户及搭放裁撤各营票饷，开具履历，补请议叙，现银上兑，百不获一。自去年九月以后，认捐尾数延欠不能催齐，情形已可概见。此捐输之难也。

粤海关库，向非奏拨不准动用。自外国赔款案扣四成，广储司解项亏短甚巨，其馀指拨之数不一而足，断无馀力兼顾军储。藩库地丁，岁收七成，兵饷已逾八九季积欠未发。运库盐课，以近年提解京饷，按年奉拨协济藩库，兵饷尚难解足。即令各库岁征无缺，全数支放勇粮，犹虞短绌。今则一无可恃，凭空支持。勇粮则日见其多，支放则日形其少。空匮如此，何能久持？此库款之难也。

近来支放军饷，全恃厘金一宗。合省厘金极旺之月，收银不过七八万两。上年秋间，逆匪由江西窜入闽粤边境，北江、江西道路梗塞，至今未能畅行。东江惠、潮一带，商贾贩运，全以汀、漳为归宿，此两路来源亦已久歇。西江岑、容等处，匪徒滋扰，行旅亦为之减少。此次鲍军叛勇扰及乐昌，湖南商贩久无至者。每月所收，不及往时之半。而自去年三月，潮、嘉一带防堵，添勇至三四万人，南雄防务数千人，剿办容、岑股匪又数千人，近因霆营叛勇扰及南、韶，又添募数千人，东、北两江水师四营又数千人。计每月所需总在用银三十万两以外。全厘照旧，支给不及四分之一。似此日形短绌，更至无可依恃。前督臣毛鸿宾曾经会同臣嵩焘奏留拨奉江西厘金，不独以金陵克服，事局稍松，实因粤东防兵日增，情形万分紧迫之故。当时初办防堵，即谋停止江南旧拨之厘金。今已防剿年馀，精疲力竭，更何从添筹协拨之款？在杨岳斌指拨协饷至七八省之多，果能全数协解，每月可至数十万，且有存积赢馀。其意亦知军情有缓急之殊，事势有顺逆之异，不妨多指数省，此赢彼绌，通盘筹算，以期稍资周转，非欲举数省锱铢收集之利尽数囊括，备一隅之需也。此时粤省竭蹶情形，实在未能兼顾。即如直隶督臣刘长佑奏请协拨厘金每月一万两，以畿辅重地练兵之需，尚不能一筹协解，仍于藩、运二库酌量指款，并商之银号，勉强挪垫。是厘金无可通融，尤属显而易见。况甘肃远逾万里，转输之费，已耗其半，拨解兑收，相距总在半年以后。即使力能筹济，事势亦有所难行。又值拮据万分，经画尤苦于无术。臣等曾将力难拨解实情，历次移咨杨岳斌查照。兹又准委员拣选知县彭焯到粤守提。应恳皇上天恩，准免粤东厘金协济甘肃。俟粤东军务稍获就绪，再行奏请谕旨，每月协济甘肃饷银饬定若干，臣等自当勉竭心力，设法筹解，共济时艰，断不敢稍存推诿之见，自干咎戾。

除酌给委员路费并给咨回营销差外，所有粤东厘金目前万难协济陕甘缘由，谨合词附片陈明，伏乞圣鉴训示。谨奏。

原稿精透之语多被节删，亦斯文之一厄也。自记。

咨调苏军由潮嘉一路进防江楚片会总督衔　五月二十七日

再，臣等闰五月初八日承准军机大臣字寄，同治四年五月十八日奉上谕："前据李鸿章奏苏军会克漳州府城，郭松林、杨鼎勋两军请饬令驻扎湖南、江西边境，以备迎剿，而固腹地门户。现在该军赴漳浦、云霄一路，能否调赴江、楚边境，或另派一军前往顾全腹地之处，着左宗棠就近妥为调派。"等因。钦此。臣等查郭松林、杨鼎勋两军驻扎云霄，距粤边为近。康逆大股已由大埔迤北窜至武平、镇平地方。闽军由永定、上杭等处进扎中都、象洞一带，东、北两面已可合围。是该逆窜扰江、楚，仅有长宁、安远一路；各军调防江、楚边界，亦仅有郭松林、杨鼎勋两军。应急由潮、嘉迤西取道平远以出长宁，乃可顾及江、楚藩篱。臣等现经移咨闽浙督臣左宗棠，迅调郭松林等军自云霄移赴潮州，上至三河坝，以达嘉应。如可合围进攻，即会合粤军遮击，以期一鼓荡平。如贼势蔓延，有阑入江、楚之势，则由长宁、安远与江西会昌之军联络，取径既捷，遮遏贼势亦稍能得其要领。并派员驰赴潮州，采备米石，支应该营军食。其每月应领口粮，仍留随营之候补道段喆移知上海转运局，改由汕头运赴接济，以资捷径。

除分别咨行查照外，合将调苏军由潮、嘉一路进防江、楚缘由，附片驰陈，伏乞圣鉴训示。谨奏。

镇平县城解围复失现筹办理情形折[1] 闰五月十六日

奏为来逆股匪攻扑镇平，官军追剿，立解城围，康逆全股复由闽省上杭窜至，阑入镇平县城，现经调集各军进剿，恭报驰陈，仰祈圣鉴事。

窃前因东路沿边防军追贼获胜，贼匪绕道窜入镇平县境各情形，经臣等于五月二十七日具奏在案。各逆经闽、粤两省官军沿途截剿，李世贤、丁太阳二股散亡殆尽。惟康逆党类尚众，与来逆馀孽窜聚上杭、镇平之交。来逆前扰新铺三圳墟，都司郑绍忠击走之，复合悍匪疾趋山僻，潜抵镇平县城外，该署县庞掌运率民固守，贼屡攻不得逞。时久雨水涨，溪径多阻，调防各军仓猝未齐，郑绍忠闻镇平被围，会商嘉应州程培霖，约同都司周陞、余得标，各率部勇乡团星驰赴援。五月十八日三鼓，郑绍忠亲督张权、何文杞、陈宝森等洋枪马队由下黄径进，令颜金、陈瑞焘、

①辑自中国第一历史档案馆编《清政府镇压太平天国档案史料》第26册，社会科学文献出版社2004年版。系与广州将军署两广总督瑞麟会衔。

徐桂祖、梁五全等队由神冈渡赴白村，先剿谷仓之贼，令刘顺昌、郑润材、陈达等队由城东直捣大路背贼巢，周陞督勇由三圳潜行，余得标与绅士李学恂、黎柄枢带领勇练度九曲岭先扫羊羔湖、小乐两处贼卡，毙匪百馀名，斩首级三十七颗，至谷仓与颜金、周陞等会合进剿，毙贼千馀，周陞生擒伪天将一名，斩首级一百馀颗，夺获旗械三百馀件，馀匪窜归西路。颜金等追至城北，率众踞横冈高处，先占地势。郑绍忠大队将抵城下，天尚未明，骤闻响声震撼山谷，县城内外呼噪鼎沸。知事机正迫，飞驰至城东，适刘顺昌等已将大路背贼巢平毁，并队同抵东门，望见西城被地雷轰裂二丈馀，贼万馀拥入缺口，庞掌运督勇巷战，身中数枪，见援军大集，亟将各门洞开。郑绍忠督马队及营哨各官由东门入，李学恂练勇由南门入，颜金等在高处视贼所趋，放大炮轰击，长潭、梅子畲等乡团练伏西门外夹攻。鏖战至辰刻，贼尸填塞街巷，路为之梗，馀匪纷纷向西北狂奔。颜金等驰下横冈，将贼众横腰冲断，歼毙数百名，各军追至分水凹，贼由铁坑往平远、武平一带窜去，共毙贼数千名，斩首级四百一十一颗，生擒二百八十三名，夺获旗械、骡马无算。郑绍忠与周陞等分扎城外，正拟跟踪追剿，康逆复率中都、象洞、龙牙等处踞匪倾巢出犯。郑绍忠赶筑炮台、炮楼，以资防御。二十日黎明，贼大股自高思南坊翻越山岭，分四路直扑东南之五里营盘，又一路自斜坑横扑大路背营盘，郑绍忠派郑润材、颜金、刘顺昌、陈瑞焘、陈达等迎击九曲岭一股，自督洋枪马队截扼斜坑，并派梁五全、徐桂祖紧守西北下横等路，以卫县城，郑润材、颜金等由五里亭直前猛扑，毙匪数百，周陞乘势从旁横击，贼锋稍却。贼后队愈来愈众，顷刻麇集包裹我军数重，又另股由松山、北山、横冈、金峰等处分袭西、北两面营盘，郑绍忠赶紧回救，激励将士奋身血战，所向披靡，贼不敢逼。徐桂祖、梁五全俱身受重创，忿极大呼杀贼，冲入贼阵，手刃匪各数十名，贼丛伤之，遂与勇目黄初、王锦等十馀名俱被害。郑绍忠见各营大势已不能支持，贼复分党欲渡三圳河图犯嘉应州城，急带勇冲出，与周陞、郑润材等队回扎新铺地方，并分扎州城外教场，以扼要隘而固城守。该逆遂于是日阑入镇平县城，文武各员不知下落，藩司李福泰驻扎嘉应，催调各路防军严密布置。二十二日，贼自镇平分扰平远县城，经都司邓安邦、方文等击退。贼大股马队续由教场山后猱腾上城，我军齐施枪炮，轰毙悍贼甚夥，并击杀骑马贼目数名，贼始溃退。二十三日，贼至东石，再犯大拓，邓安邦督队在大拓山后接仗，自辰至午，多有擒斩，复与守备梁仕光等攻破贼营四座，大获胜仗，现在各军陆续云集，力图扼要拒守。此镇平解围后复被逆匪阑入及官军连日防剿之情形也。

臣等查来逆前窜镇平，康逆大股盘踞中都、象洞，早料其必将冒死出犯，为铤走困斗之举，是以飞调方耀、郑绍忠督勇抵镇，以遏其前，饬卓兴驻老隆以杜旁窜，李福泰复派邓安邦、梁仕光等分扎平远、差干一带，防贼走龙和入江西之径。闽军扼守上杭，邀截后路，原期节节逼紧，蹙之一隅，得以迅除巨患。乃各军因溪涨道阻，未能应期毕集，郑绍忠等军五六千人业将来逆痛剿奔溃，康逆率党十馀万乘隙突至，致被阑入镇平，贼势稍张，办理复费周折。臣等再四熟商，目前宜内顾腹地，外筹全局，不必以克复镇平为急务。盖镇平居闽、粤、江、楚四省之交，叛勇尚扰南雄、信丰等处，一经勾结鸱张，数省皆将震动。现派黄添元、邓奋鹏两军扎岩下黄贝岭，扼守龙和门户，令卓兴进扎长乐，俾贼不得犯兴长而窥惠郡，李福泰驻嘉策应，督饬方耀、郑绍忠、林保等联军进取，徐图恢复镇邑。臣等一面飞咨江、楚各省防贼窜越，另附折奏请郭松林一军由镇平、平远一路进击，复扎江、楚交错之区，与粤省近相联络，会商剿办。贼北窜则粤、闽各军击其后，江军扼其前，郭松林累胜之师横踞要路，得以承其敝而制其死命，务期四面兜围，净扫馀氛而后已。至力战捐躯之军功顶戴徐桂祖、梁五全，前于四月二十八日大埔苏边之捷，均拟保以千总拔补，该二弁累著战功，于南雄解围及克复永定各案，计功应保都司，拟请敕部照都司从优议恤，以慰忠魂。

除查明镇平县文武下落分别办理及饬开伤亡兵勇咨部请恤外，所有镇平县解围后续被康逆大股阑入县城，现筹办理缘由，谨合词恭折由驿六百里驰陈，伏乞皇太后、皇上圣鉴训示。谨奏。

同治四年六月初六日，军机大臣奉旨："另有旨。"钦此。

霆营叛勇被剿现窜南雄信丰等处片会总督衔　闰五月十六日[①]

再，霆营叛勇由江、楚窜至乐昌、九峰地方，曾将筹备剿办缘由，于五月二十七日附片具奏。五月十六日，该匪扑至风门坳、鹅颈坳等处，经乐昌县叶金会同营弁，督勇击退。十八九等日，大股蜂拥抵乐昌县城，围攻城外盐埠，民居尽被占踞。叶金率团练登城，开炮轰击，毙匪多名，生擒悍匪陈壬驻一名。该匪退扎城外，修筑土城，以绝援兵，扎造木排，以图顺流下窜。二十二日午刻，该匪探知城中无水，率众四面环攻。叶金督同兵勇极力抵御。匪愈聚愈众，城中火药将尽，存亡正在呼吸。适南韶镇卫佐邦、南韶连道陆心源等札调参将张惟贵、把总张承恩炮船陆续

①日期据本片及《霆营叛勇复由江窜粤现筹剿办片》内容考订。

驶至，遇贼于蛇筒滩。我军枪炮齐施，轰毙匪徒数十名，匪即退窜。各船衔尾疾进，炮声震天。游击湛恩荣陆路之军亦同时赶到。贼见援兵大集，回头死拒。湛恩荣跃马当先，冲入贼队。城中亦呼噪相助。鏖战三时之久，毙匪甚多，击倒骑马匪首二名。匪避入土垒。是晚张惟贵与湛恩荣、张承恩会商，乘贼无备，三更潜往劫营，火箭喷筒并发，贼众惊扰。张惟贵、张承恩当先攻入，湛恩荣督队直进，左右冲突，杀匪无数，夺获器械数百件。馀匪夺路狂奔，向仁化一路而逸。适任星元派出游击任玉田，督兵自南雄驰抵韶城。即饬湛恩荣跟踪追剿，并饬任玉田驰往仁化迎头截击。二十四夜，湛恩荣追贼至距仁化十里之大肚岭，任玉田亦由韶城赶到距仁化城三里之麻坑。该匪已进逼仁化县城。即于是晚五更，湛恩荣等会商分路进攻，任玉田居右，湛恩荣居中，派千总廖正魁居左，三面夹击。贼众抵死力拒，自卯至辰，我军再接再厉，贼众披靡，纷纷渡河而逃，城围立解。我军追奔十馀里，先后枪毙贼匪无数，生擒伪太平忠义陶云致等二十五名。二十五日，贼匪至仁化、曲江、始兴交界之黄坑地方。经该处乡团鸣锣截击，擒斩伪太平忠义田永才等二名，搜出伪谕一纸。匪遂由南雄百顺、长崑、头村、马市一带逸去。湛恩荣会同管带星字营勇参将彭观涛并任玉田两军，沿途追剿。该匪昼夜狂奔，从山僻小路逃窜。二十八日由奇仙窜至河旁，乘水浅偷渡，窜至马子坳。该处至古录三十里，古录距南雄亦三十里。由古录旁窜，即通江西龙南、信丰等县，并闻该匪前队已扰及信丰地方。等情。据南韶连镇卫佐邦等先后禀报前来。

窃查募勇击贼，流弊滋多，原属万不得已之举。嘉庆初年，川、楚教匪滋事，迨贼平而乡勇复叛，又三年始就绪，昭然近鉴，事有明徵。霆营叛卒，从前战功最著，其凶残狠毒亦最深。不愿前赴甘肃，借欠饷为名，遽尔谋乱，骚扰数省，实用兵十馀年未有之变局。娄云庆一军近在咫尺，皆霆营旧部，近闻屡次索饷，不甚安戢。康逆等股，尚拥死党，时思横窜。合此数端，一时皆聚江、楚、闽、粤之交。臣等每一设想，寝馈俱废。前有旨令鲍超亲往招谕。鲍超到后，能否即就范围，尚未可知，若再迟回延误，裹胁日众，恐更难于收拾。伏乞谕饬鲍超星速抵江，设法办理，以杜延蔓，而免效尤。臣等现饬参将朱国雄、游击梁琼添募劲勇二千名，分赴南雄、韶州，听候卫佐邦、任星元调遣防守，仍敦饬认真堵御，毋稍大意，必须视贼所向，跟踪追剿，以靖地方。

所有叛勇被剿现窜南雄、信丰等处缘由，谨合词附片驰陈，伏祈圣鉴训示。谨奏。

此同治四年闰五月奏件，当时清缮正折片稿，未及缮也。偶检阅及之，补缮于此。自记。

奏报广东省军需局同治三年秋季动用军需银款及积欠数目疏[①] 闰五月十六日

奏为查明广东军需总局同治三年秋季份动用军需银款及积欠数目，开列清单，恭折具奏，仰祈圣鉴事。

窃照前抚臣黄赞汤于同治二年五月二十八日会同前署督臣晏端书由驿驰奏，粤省军需紧急，请酌提藩关运粮各库正杂款项，以资接济，随时报部动拨，撙节支用，归入军需项下核实，作正开销一案，经户部议准，于同治二年七月十八日奏奉谕旨："依

①辑自中国第一历史档案馆藏"录副奏折"原件03-4800-064号。系与广州将军兼署两广总督瑞衔。标题系编者拟。

议。”钦此。咨行遵照。随将同治二年四季暨三年春夏季军需局收支以及积欠大致总数，按季开列清单，会同前督臣毛鸿宾恭折奏闻在案。

查同治三年秋季，肇属土、客披猖，副将卓兴及都司侯勉忠各军合力进剿，适值江浙发逆由江西阑入粤境，蔓延南雄、嘉应两州及惠州府之和平、连平等州县，而嘉应州属之平远、镇平两县失守克复，潮州府属之大埔县城转危为安，复克闽省武平县厅两城。所有前后分饬署南韶连镇卫佐邦、南韶连道唐启荫、广西新太协副将潘其泰、都司郑绍忠、阳江镇任星元、湖南记名总兵易荣华、副将衔张贵、副将曾敏行，暨潮州镇翟国彦、候补知府吴赞诚、都司熊应荣、署三江协副将方耀、署陆县提标游击常秀，各带劲旅，分扎防剿，复委臬司李福泰出省督办，均经先后奏报在案。所有筹给各路薪粮及清理各营旧欠，在在需费不赀，兹据军需局司道将省局动用大致总数，督饬局员逐款勾稽，分别实收实支，开具清折，呈候核奏前来。臣复加确核，军需总局并开同治三年秋季份本局共收夏季份支存及本季提用借用抵捐一切正杂各款银六十万三千二两六钱六分一厘，共支银六十万二千五百七十三两二钱五分五厘，除支外，实存尾数银四百二十九两四钱六厘，留归同治三年冬季份开支，按款勾稽，委实相符。单后开叙积欠各营勇粮等银一百七十万八千馀两，暨各属垫支未经报到缘由，检案复核，亦属实情。

除饬局将同治三年冬季以后动款仍按季开单详奏，以符原案外，所有查得同治三年秋季份广东军需局收支银款及积欠数目，谨会同兼署两广总督臣瑞麟恭折具奏，并另缮清单，敬呈御览，伏乞皇太后、皇上圣鉴，饬部知照。

再，臣前奏同治三年春夏季动款，先后接准户部咨复各路防剿官弁兵勇月需饷银，自是年七月以后，按照部定单式分晰，按季开单奏报，不得仅将大致总数一奏了事，各等因，遵经转行遵照。兹据该局详称：筹办各路行营经费，因动款不敷支数，只能酌发七八成或五六成，而各营防剿吃紧，不时越境追剿，亦未能将该营收支细数刻期查造。现在事事务求核实，未敢稍涉含糊。俟照案催造到日，归入报销案内，详细开呈等语。臣复查本省前次议请按季奏报，专指动款而言，至于支用细数，不惟同治三年七月以后应将子细报销，其三年六月以前钦奉恩旨准免报销专折开单具奏。臣奉文后，仍督饬分年分起，造具清册，缴臣复核明确，另行开单上陈，不敢因前时曾经将大致按季陈奏，任其含混了事。兹同治三年七月以后支数查明，并将按季动款缓报，殊与上年奏定之案不符，是可仍照案办理。又，是年九月惠潮道具禀在潮州添设军需分局，就近筹饷支应，潮州调拨添募兵勇经费并分局动款，亦俟报到，再由省局复核，归下季详奏，合并陈明。谨奏。

同治四年七月二十五日，军机大臣奉旨："户部知道，单并发。"钦此。

续行汇兑委解粤海关奉拨京饷数目日期疏[①] 闰五月十六日

奏为粤海关续筹解京饷银两，委员起程日期，恭折具陈，仰祈圣鉴事。

窃照户部奏拨同治四年份京饷案内，单开指拨粤海关税银二十万两，钦奉上谕："着分为两限，五月以前解到一半，十二月以

①辑自中国第一历史档案馆藏"录副奏折"原件03-4938-094号。系与广州将军兼署两广总督瑞麟、粤海关监督师曾会衔。标题系编者拟。

前扫数解清。”等因。钦此。钦遵咨称筹办，先经监督臣师曾筹解第一批京饷五万两，并拨解定陵工程银二万两，委员候补直隶州知州钟启元领赍汇单文批，于本年三月初十日起程赴京投纳，臣等会同恭折奏报在案。

伏查京饷为部库支放要需，定陵工程银项尤关紧要，现在粤海关征税虽无起色，拨解仍属艰难，但使设法通融，可以别资转注，即应竭力措办，陆续起解。兹由监督臣师曾在于库项多方搜括，复向殷实铺号商酌挪借，凑集银五万两，作为同治四年份第二批京饷，另加平银七百五十两，钣银一千四百五十两。又备解定陵工程银三万两，搭解第十八结总理各国事务衙门酌提三成船钞银二千一百二十七两三钱九分，统共银八万四千三百二十七两三钱九分，照广东奏准成案，仍交殷实银号，以十足成色纹银汇兑入京，遴委准补连平州知州李景福领赍汇单文批，于同治四年闰五月初十日起程，附搭轮船，由海道北上投放，以昭慎重。据广东布政使具详前来。

除咨会监督臣师曾核给文批，饬即妥速解京，其馀银两容当次第筹拨，再行批解，并分解咨〔部〕外，臣等谨会同粤海关监督臣师曾恭折具陈，伏乞皇太后、皇上圣鉴。谨奏。

同治四年六月初六日，军机大臣奉旨：“该衙门知道。”钦此。

敬陈广东各属五月份雨水粮价情形疏[1] 闰五月十六日

奏为敬陈五月份雨水、田禾、粮价情形，仰祈圣鉴事。

---

①辑自中国第一历史档案馆藏“录副奏折”原件03-4962-215号及附件清单03-4962-216号。标题系编者拟。

窃广东省同治四年四月份雨水、田禾、粮价，先经臣恭折奏闻在案。兹查广东省城本年五月上、中、下三旬晴雨相间，高低田亩积水充盈，早禾渐次结实，园蔬杂粮亦皆畅茂，省外各属禀报与省城大略相同。粮价较上月稍增，察看民情，尚属静谧，堪以仰慰圣怀。所有同治四年五月份雨［水］、田禾、粮价情形，臣谨恭折具奏，并缮粮价清单，敬呈御览，伏乞皇太后、皇上圣鉴。谨奏。

同治四年七月二十五日，军机大臣奉旨："知道了。"钦此。

清单

谨将广东省同治四年五月份各属米粮时价分晰，开列清单，恭呈御览。

广州府属，价中。上米每仓石价银二两三钱五分至三两，较上月增一分。中米每仓石价银二两一钱三分至二两七钱九分，与上月相同。下米每仓石价银一两七钱七分至二两三钱八分，与上月相同。

韶州府属，价中。上米每仓石价银一两八钱四分至二两七钱，与上月相同。中米每仓石价银一两五钱七分至二两三钱六分，较上月增一分。下米每仓石价银一两一钱八分至一两九钱六分，与上月相同。

惠州府属，价中。上米每仓石价银二两一钱一分至二两八钱九分，与上月相同。中米每仓石价银一两八钱六分至二两六钱六分，与上月相同。下米每仓石价银一两六钱二分至二两三钱二分，较上月增一分。

潮州府属，价中。上米每仓石价银一两八钱八分至二两七钱，较上月增一分。中米每仓石价银一两四钱六分至二两三钱，与上月相同。下米每仓石价银一两一钱一分至一两九钱三分，与上月相同。

肇庆府属，价中。上米每仓石价银一两九钱三分至二两六钱八分，与上月相同。中米每仓石价银一两六钱二分至二两四钱六分，与上月相同。下米每仓石价银一两三钱一分至二两六分，较上月增一分。

高州府属，价中。上米每仓石价银一两二钱八分至一两四钱六分，与上月相同。中米每仓石价银一两八分至一两二钱八分，较上月增一分。下米每仓石价银九钱一分至一两一钱，与上月相同。

雷州府属，价中。上米每仓石价银一两四钱九分至一两六钱一分，较上月增一分。中米每仓石价银一两二钱三分至一两三钱四分，与上月相同。下米每仓石价银一两三分至一两一钱五分，与上月相同。

廉州府属，价中。上米每仓石价银一两八钱六分至二两九分，与上月相同。中米每仓石价银一两五钱一分至一两七钱四分，与上月相同。下米每仓石价银一两二钱九分至一两四钱八分，较上月增一分。

琼州府属，价中。上米每仓石价银一两八钱五分至二两三钱七分，与上月相同。中米每仓石价银一两五钱一分至一两九钱六分，较上月增一分。下米每仓石价银一两三钱三分至一两八钱，与上月相同。

佛冈直隶厅，价中。上米每仓石价银一两八钱七分至二两五钱，与上月相同。中米每仓石价银一两五钱九分至二两二钱五分，与上月相同。下米每仓石价银一两三钱四分至一两九钱五分，较上月增一分。

绥瑶直隶厅，价中。上米每仓石价银二两二钱八分至二两五钱，与上月相同。中米每仓石价银一两九钱九分至二两一钱七分，较上月增一分。下米每仓石价银一两七钱八分至一两九钱五分，与上月相同。

罗定州属，价中。上米每仓石价银一两七钱七分至一两九钱四分，较上月增一分。中米每仓石价银一两六钱三分至一两七钱七分，与上月相同。下米每仓石价银一两二钱五分至一两三钱七分，与上月相同。

连州属，价中。上米每仓石价银二两二钱三分至二两四钱五分，与上月相同。中米每仓石价银二两六分至二两二钱四分，与上月相同。下米每仓石价银一两七钱一分至一两八钱八分，较上月增一分。

南雄州属，价中。上米每仓石价银二两二钱五分至二两四钱四分，较上月增一分。中米每仓石价银一两九钱九分至二两一钱三分，与上月相同。下米每仓石价银一两六钱六分至一两七钱九分，与上月相同。

嘉应州属，价中。上米每仓石价银二两三分至二两六钱，与上月相同。中米每仓石价银一两八钱六分至二两四钱一分，较上月增一分。下米每仓石价银一两四钱九分至二两三分，与上月相同。

军机大臣奉旨："览。"钦此。

逆匪大股尚踞镇平县现在迅筹合剿疏会总督衔　闰五月二十五日①

奏为逆匪大股尚踞镇平县城，屡图窜扰，均经官军击败，现在迅筹合剿，恭折驰陈，仰祈圣鉴事。

窃臣等于闰五月十八日承准军机大臣字寄，同治四年闰五月初二日奉上谕："汪海洋、李世贤等逆现踞上杭、武平、嘉应等处，此次嘉应州境被匪窜入，何以未据瑞麟、郭嵩焘奏报？即着瑞麟等督饬官军迅速扫荡。该逆现窜何处？并着随时奏报以闻。"等因。钦此。"仰见圣怀轸念边陲，时廑宵旰，跪诵之下，感悚交萦。

查逆匪由闽省上杭窜入镇平县境，及镇平解围后，续被康逆大股阑入各情形，均于五月二十七日并闰五月十六日先后奏报在案。侍逆李世贤久无踪迹，遗党尽隶康逆，故现惟康逆最强，合以来逆等为之辅翼，众不下十馀万。康逆自陷镇平，盘踞城内。北至白泥湖，南至三圳墟及平远属大柘、石正一带，俱分扎贼卡，互为犄角。来逆、花旗等则出踞东石、坝头、柚树等处，赴乡搜掠。五月二十八日，贼率党下窜五星桥，逼近松口。总兵翟国彦率所部弁勇分三路进剿，自统亲兵及潮阳军由梅岭亭中路而进，遇贼于五星桥。贼仓卒未及成列，我军枪炮齐轰，毙贼甚众。贼由狮前坪、蓝坊一路遁回。其上犯州境之匪，另于二十六日扰及白渡，千总杨浮击走之。二十七日，贼至五里坪，图扑石峰径营盘，副将林保击走之。二十八、二十九等日，贼焚抢长田、乌坑

①日期据本疏及《官军叠破贼垒肃清平远县境现筹进剿镇平踞逆疏》内容考订。

各乡，局绅李学恂、张其翙等率练勇击走之。其旁窜新宁之匪，于闰五月初四日自平远坝头直扑兴属之老虎岭，该县知县周连甲会督营团截击，杀贼无算，追至黄泥坪而回。初五日，贼在三圳、小乐挑濠筑垒，以扼要路。都司周陞带队潜伏鱼子湖，突起轰击，擒斩多名，贼纷纷败溃，乘胜将贼垒平毁。都司邓安邦会督各军，于初五日进攻石正贼营，贼数万出拒，鏖战三时之久。邓安邦与黄连安首先领队冲入贼阵，东西荡决。我军勇气百倍，毙匪甚多，斩首级二十五颗，夺获旗帜、炮械不计其数，当将石正前面九岭、茶园一带贼巢七座，扫荡净尽等情。据藩司李福泰先后禀报前来。

臣等窃查该逆虽残败之馀，尚拥死党十馀万，挟负嵎之势，而怀必死之心。其分党肆扰，原为牵制官军起见。从前贼在闽疆，我军当以剿为堵，剿胜则边防自固。现在贼入本境，我军又当以堵为剿，堵密则擒扫可图。毗连平、镇各州县，要隘林立，现经密布各军，节节兜围。江、闽诸军，亦分扎交界地方，近相联络。拟将大柘、石正之贼先行扫除，免被牵制，然后以全力进攻康逆，较为得势。惟潮防各队陆续裁撤，现留嘉应兵勇止三万馀人，以之分守隘口，似尚有馀，以之进扫巨憝，时虞不足。经费万分支绌，现饷延欠日多，断难添募数营，以厚兵力。臣等再四思维，惟有仍照前议，飞催郭松林、杨鼎勋二军速自云霄取道嘉应，并由李福泰与补用道吴赞诚就近移会督带闽军之康国器、高连陞、黄少春，及督带江军刘典、王开琳等，约期前进，并力合剿，或可冀聚歼于一隅。即令乘间窜轶，以三省得胜之师，追屡经败衄之匪，跟踪并击，亦不难迅奏荡平。

除将续办合剿情形及贼窜何处，遵奉谕旨随时奏报外，所有逆匪尚踞镇平县城，现在迅筹合剿缘由，谨合词恭折由驿驰陈，伏乞皇太后、皇上圣鉴训示。谨奏。

霆营叛勇复由江窜粤现筹剿办片会总督衔　闰五月二十五日①

再，霆营叛勇前由江、楚窜入粤省乐昌、仁化等县，迭经官军剿败，由南雄逸入江西信丰，经臣等将筹办堵剿情形于闰五月十六日附片具奏，并请谕饬鲍超星速抵江，设法办理在案。兹据署南雄州朱燮、惠州府顾兰生、署嘉应州程培霖等先后禀报：该叛勇被总兵任星元督带各队兵勇节节追剿，擒斩多名，遁入江西信丰、龙南各县境。闰五月初七日窜至安远，扰及定南厅，潜入广东和平、龙川交界之江广亭。初十日已抵兴宁县所属十三都司、罗浮司地方。等情前来。

臣等查此起叛勇，经过江、楚、粤三省地方，官军乡团，随在攻剿。匪众裹胁，号称二万馀人，实已不盈一万，自知孤立无助，亟思附依发逆大股，暂延喘息。又因沿边要隘防堵正严，无从阑入，辄择江、广接壤边境樵采路穷之处，猱腾鼠伏，翻越山僻，每竭一昼夜之力，狂奔二三百里，故自粤至江，又自江回粤，瞬息即达兴宁，实属飘忽异常，凶狡已极。查兴宁与平、镇壤地交错，其勾结发逆，不问可知。现在黄添元、邓奋鹏两军驻扎龙川，郑绍忠移扎老隆，卓兴驻军兴宁县城，可绝其内犯及回窜之路。又经李福泰抽拨方耀劲旅二千人，令方耀亲赴龙虎墟会商吴赞诚，约同郑绍忠等，乘该匪初至，亟图围剿扑灭。臣等仍敦饬在事文武，妥密办理，以杜蔓延，而靖地方。

所有叛勇复由江窜粤，现筹剿办情形，谨合词附片驰陈，伏

①日期据中国第一历史档案馆编《清政府镇压太平天国档案史料》第26册同片内容考订，社会科学文献出版社2001年版。

乞圣鉴训示。谨奏。

官军迭破贼垒肃清平远县境现筹进剿镇平踞逆疏会总督衔　闰五月二十八日[1]

奏为官军迭破贼垒，肃清平远县境，现筹进剿镇平踞逆，恭折驰陈，仰祈圣鉴事。

窃前因逆匪尚踞镇平，各军截剿获胜情形，经臣等于闰五月二十五日具奏在案。缘康逆盘踞镇平县城，分党扰及平远县属大柘等处。来逆等四出抢掠，屡被剿败，亦自东石、坝头移扎大柘、石正、超竹一带，与镇平声势联络，为康逆之先导。适霆营叛勇窜至兴宁县属十三都司，与石正各逆暗相勾结，腹心之患滋大。目前大势，自应先清平远，节节进扫，然后直捣镇平，方免跋前疐后之虑。

闰五月初九日，补用道吴赞诚驰赴龙虎墟察看办理。总兵方耀于十三日带兵六营，并亲兵三千馀人，行抵距贼营三里之马山下驻扎。初拟先剿叛勇，因叛勇尚在十三都司，远隔一百馀里，石正附近咫尺，亟应先事扫除。是夜利逆朱兴隆率亲党一百馀人，随同熟识间谍，潜赴邓安邦营盘，伏地恳求招抚。吴赞诚等察其求抚尚出真诚，饬令剃发，易名朱朝安，留营效力赎罪。并询知石正踞逆，自安仁至老墟，连营十馀座，在坑口坚筑大巢，竖栅挑濠。贼气已馁，利在急攻。遂约会各营，于十五日黎明出队。方耀率都司方敬、蔡申等由左路进，守备刘开、方树、方记隆等部继之。邓安邦与守备梁士光、方吉等由左路进，把总邓带喜，

---

[1]日期据本疏及《康逆大股分窜嘉应州移军进剿疏》内容考订。

武举邓荣璋，五品军功吴宽、刘维义等部继之。另派都司方鳌、谢廷南等队伏匿山左，截贼走黄陂之路，即以接应左军；千总邓镜河、守备黄龙翔等队扎右山顶，预断大柘援贼，即以接应右军。首民朱朝安率众先驱，将近老墟，贼即拥出。方耀、邓安邦拥军进攻，枪炮如雨，鏖战逾时，贼渐不支。我军益前奋击，连破贼营一十六座。贼众退入坑口大巢死拒。方耀等指挥士卒，四路齐进，勇气百倍。午刻破栅，贼大溃，向忠坑狂奔。我军追击三十馀里，毙匪二千馀名，落崖坠涧者无数，斩馘四百二十八级，内有伪天安陈景贤、伪阌天豫邓展、伪澥天豫凌珠连、伪敩天福骆信言、伪锄天燕曾钻连、伪天侯徐文馥等六名，并搜获伪印、伪照、旗帜、骡马等件甚多。生擒老长发贼三百八十五名，经吴赞诚讯明，就地正法。救出难民一千六百馀名口，分别安抚遣散。馀匪翻越山岭，纷纷四窜。时超竹、大柘两处股匪甚众，闻石正已破，各皆惊惧。吴赞诚、方耀等熟商，乘胜速剿，以通嘉应要路。传齐各营，于五鼓出队，黎明齐抵超竹贼营。该逆仓黄出拒，我军大呼直前，纵横冲击。该逆自知不敌，弃去营栅，且战且走。我军一面将贼营焚毁，跟踪追近大柘贼巢。逆众拥出，救援败匪，并入巢内，闭栅坚守，放炮抵拒。刘开、方树、朱朝安、邓带喜、陈盛星、高得顺、许李荣等皆奋不顾身，冒炮直前，立将守栅悍贼歼毙数十名。邓安邦、方吉、梁仕光等复从右路抄出巢背，奋力攻击。该逆恐断退路，从巢后拌死冲出。我军破栅直入，贼众自相践踏，毙匪无算。我军焚毁贼巢，并力追杀二十馀里，生擒发匪二百九十四名，斩取首级一百八十七颗，夺获旗帜、器械多件。追至快湖地方，贼已窜远，各军因连日冒暑追剿，各皆困乏，收队回营，馀匪由八尺墟一路遁去等情，据李福泰、吴赞诚等先后禀报前来。

臣等查石正、超竹、大柘等处踞逆，原为牵制官军，使不得进剿镇平，筑卡树栅，为死守计。经方耀等督兵进剿，两日之内，扫荡一空。平远县境业已肃清，镇平康逆大股，势成孤立，亟应乘此声威，四面会剿，歼此巨憝。此时分防守隘，兵力尚单。郭松林、杨鼎勋两军虽经咨调，亦无到粤确期，而事机凑拍，深虑稍涉延宕，致长寇心。现饬李福泰迅筹规复镇平。嘉应东路有翟国彦二千馀人，驻扎松源松口一带，辅以康国器一军，可以由东路进攻。方耀、邓安邦等军渐由石正、大柘等处出镇平之西，相机会剿，期使此贼一鼓荡平。臣等一面飞咨江省，迅饬防军堵截，扼其西窜长宁、安远之路，以免绕越延蔓。至霆营叛勇，困守十三都司，筑围自固，诚恐其煽诱土匪，日久鸱张。卓兴现驻兴宁县城，即责令剿办此股。郑绍忠近在长乐，亦可遥为声援，杜其回窜。朱兴隆尚知顺逆，应即准其投诚，改名朱朝安，留营效力。

除饬令立功自赎，分别办理外，所有肃清平远县境，现筹规复镇平，并饬剿叛卒缘由，谨合词恭折由驿驰陈，伏乞皇太后、皇上圣鉴训示。谨奏。

派署臬司查办土客一案片会总督衔

闰五月二十八日①

再，臣等于同治四年五月十一日钦奉谕旨查办土、客一案，当于五月二十六日将办理此案始末艰难情形，先行据实具奏。窃自土、客区分两籍，已如泾渭之判然不侔；自彼此残杀相加，遂至冰炭之难以再合。本年二月间，安插客民于那扶、金鸡、赤水

①日期据本片内容及《恩平县那扶等处客民逼窜出境现在亟筹办法疏》考订。

三处，冀幸暂获粗安，徐图善后。经臣等屡饬肇庆道、府会督委员地方官设法绥辑，妥议章程，而各该土绅坚持意见，积不相下，议论纷繁，办理尤无善策。兹据该道、府等禀称：恩平县绅民近因展转开导，遵照设立联和局，商定清理客产条款，渐有端倪，而开平县属司徒、关、谭各姓，恃有京控一案，力梗和局，忽于闰五月初旬，开平土民聚众往攻赤水客民，旋聚旋散，不遵约束。等情。

臣等伏思土、客滋衅十有馀年，杀气满野，屡至上廑宸虑。此次安插客民，土民仍持异议，自应遵照谕旨，饬署臬司郭祥瑞前赴那扶等处，体察情形，传集土、客各绅，宣布朝廷德意，共筹善处之法，或幸批郤导窾，获有转机。已于闰五月二十一日饬令郭祥瑞带印驰赴肇庆所属恩、开等县，次第周览情形，认真经理。其刑名审转要件，事务殷繁，若递至差次核办，往返未免稽延。查现署督粮道屠继烈，精明强干，办事认真，堪以委令代办臬司事件，以专责成。

除分札饬遵外，所有派署臬司查办土、客一案，谨合词附片陈明，伏乞圣鉴。谨奏。

奉旨密筹大局情形疏

奏为钦奉谕旨，密筹大局情形，恭折仰祈圣鉴事。

窃臣五月二十四日准兼署督臣瑞麟知照，同治四年五月初八日奉上谕："直东军务紧要，曾国藩统带各路兵勇，北来剿办，需饷甚多，自应宽为筹备。僧格林沁各营官兵现已统归曾国藩节制，所有山东每月协解该营月饷五万两、河南三万两、山西二万两，着阎敬铭、吴昌寿、沈桂芬迅即筹备，按月如数解往曾国藩直东军营，不得稍有贻误。其两淮盐厘项下原协月饷，曾国藩亦可就近酌量提用。惟前项协饷尚恐缓不济急，该大臣先就近在江海关税银内提银二十万两，以资分给，即着李鸿章、刘郇膏迅速如数拨解，毋误要需。并将起程日期先行奏报。曾国藩所带各路兵勇数目，并僧格林沁营中现存官兵若干，每月共需饷若干，着即查明咨报户部，以便该部核办。直东军饷，户部无款可提，难以协济。着阎敬铭于地丁项下欠解本年京饷银十五万两留充该省军糈。刘长佑即将长芦盐课及旗租项下应解本年京饷银内各扣留五万两，以供防剿。其各省应解直隶固本军饷，报解寥寥。现在直隶增兵募勇，需饷孔殷。若再视为具文，不思筹解，则饷项立见缺乏。着瑞麟、左宗棠、骆秉章、李瀚章、徐宗幹、郭嵩焘、刘郇膏、孙长绂迅将各该省积欠银两赶紧照拨，克期起解。官文、郑敦谨、吴昌寿、阎敬铭、沈桂芬除业经抵拨解过外，各将积欠应解之数速行筹拨。各该督抚等务当权衡缓急，顾全大局，不得再分畛域，是为至要。”钦此。仰见皇上筹维大局，精密详审之至意。

窃臣比闻僧格林沁战殁曹州，怆恨屡日，靡释于怀。伏承圣谕筹拨军饷，默念事机之旁午，重增宵旰之忧勤。旁皇焦思，无能自效。窃以为曾国藩接统此军，其可虑者有三：僧格林沁剿办各起贼匪，专恃马队，纵横驰骋。近闻捻匪马队较多于官兵，其势遂至猖獗。曾国藩所部楚军，专习步战，宜于山径崎岖，而不宜于平原广漠。又楚军克复金陵，精锐之卒，多半散归，而欲使以步当骑，以骤募之师当方张之寇，虑非所以制胜。接统各军，恩谊未足以相感，威望未足以相服，取决仓猝之间，指挥驾御，进退从心，恐亦有所未逮。此其可虑一也。曾国藩起文臣，部署将帅，争胜一时，所以能建立功绩，攘除大憝者，皆将帅用命之效也。十馀年来，凋残略尽，仅存者杨岳斌、彭玉麟、黄翼升、刘蓉等数人，皆各独当一面，无与效驰驱者。曾国藩处遗大投艰之地，而无威名素著之将帅与之戮力一心，共济时艰。此其可虑二也。曾国藩始任军旅，一切自立规模，艰难筹画。军情利钝，亲与将官会议，而营务处别无文檄。饷糈支放，酌量撙节，取决一心，而粮台别无报销。凡此者，实由将帅皆所擢拔，兵勇皆所召募，军饷一切皆所经营，故能缓急足以相维，丰歉足以相谅。今总步骑之众以备征讨，转数省之饷以资供亿，规模既异，事势益艰，而又当兵革繁兴，各省一律穷匮之时。此其可虑三也。

臣愚以为曾国藩此次办理军务，略须建置者有二：一曰设立翼长。曾国藩规模闳远，居中运量有馀，临敌指挥实有所不足。宜择地驻扎，以为各营根本。行军之节要，临敌之操纵，一责成翼长。臣愚以为曾国荃当此任尤为相宜。惟其名望已立，与曾国藩为兄弟，各营将帅皆能共信，亦恃以权衡事势，通达军情，佐曾国藩所不及。应恳皇上饬令曾国荃前赴曾国藩军营，帮同办理，以资共济。一曰设立粮台。协饷之应催者，军实之应筹者，以及支收之繁剧，制造之取给，别简廉干之大员司之，庶使曾国藩不以粮台事务纷扰其心，专意经理军务。臣愚以为降调湖南巡抚恽世临当此任尤为相宜，应恳皇上饬令恽世临督办曾国藩直东军务粮台，凡有可以筹画军饷之处，听从便宜办理，于事裨益必多。

曾国荃攻城战野，为劳最著。其克复金陵城池，环攻数昼夜；缘城而入，相持巷战又一昼夜。兵勇所以利于攻城者，利在得财耳。水陆四五万人，争先乘城，谁肯悉其所得之财，辇而归之私第？又曾国荃所部不过数千人，其馀将帅黄翼升、萧衍庆等皆别将一军，亦岂能攘诸将之利而独踞之？果有此则诸将必至愤争，军士必至怨怒。而臣函询黄翼升、李鸿裔等，皆力为辨证其诬。臣在军久，见攻克城池，无有能以利归公者。处饥乏之时，御召募之军，其势尤难。无端蔽以贪污之名，致令恐惧忧虞，无以自解，臣窃悼之。恽世临久仕湖南，廉明精干，无贤不肖皆所深知。其清理积弊，破除人情，崖岸甚峻，躬任劳怨，而无一毫邀名见好之心，臣独所服膺，勉力企之而自愧精力百不能逮。乃以偶尔违例之细故，致被有意蒙蔽之污名。臣以为国家无事，一切以成例绳治天下，积久法敝，而名实寖乖，整齐变化，责在封疆大吏。苟于例无甚乖忤，不能不稍示变通，以求实有补济，但辨其心之公私而已。臣往见胡林翼、张亮基用人行政，一切破格行之。两楚转旋之大机，实在于此。稍一违例，而责以蒙蔽，使其心终以不白于朝廷，臣尤悼之。自古平大乱胜大任者，宏亮之才，忠贞之节，常不能见谅于流俗，而持论者遽取反复无稽之言，从容一节之失，加之苛论，消沮士庶之心，而摧折办事者之气，此又圣明所宜援古证今，深防其弊者也。

臣曾随僧格林沁在天津军营办理文案，从事年馀，又与曾国藩至交。其于此军应办事宜，苟有所见，不敢不一尽其愚。至于曾国荃为人智虑精详，居家治事皆有条理，心怀忠义，识解尤绝于人，决非苟贪者。恽世临曾相识京师，并无深交，莅任湖南，罕与相见。而于曾国荃、恽世临办事之才，与派往曾国藩军营之必有所裨益，则亦知之甚明，信之有素。谨就愚见所及，缕悉上陈。臣自知望浅言微，冒昧渎陈，必蒙严谴。然如臣等辈，去一二人无关朝廷轻重，而如曾国荃、恽世临，用之而必有裨于国家。废弃不用，徒为人士所惜。是以愿终言之。至奉旨协拨直隶军饷，以直隶全境肃清，粤东军务层见叠出，无凭协拨。今东匪猖獗，直隶筹办防堵，畿辅重地，自与他省协拨不同。臣谨当会商督臣，从此次奉旨之日起，酌量筹解，以冀仰答宸廑。

所有密筹大局情形，谨缮折具奏，伏乞皇太后、皇上圣鉴训示施行。谨奏。

西江剿匪各案及克复灵山横州并剿办石门等乡出力人员补请奖叙疏会总督衔

奏为查明西江剿办股匪各案及克复灵山、横州并剿办石门等乡出力人员，核实补奖，恭折仰祈圣鉴事。

窃照粤东历年防剿各路逆匪新旧奖案，经前抚臣奏准补奖。臣嵩焘与前督臣毛鸿宾设立奖恤局，分案查办，于上年七月、十二月内将北、东两路防剿各案，分次奏请补奖，声明西江所属各州县另行查明办理。一面出示晓谕，以资鼓舞。嗣奉谕旨照准奖励，当经钦遵转饬查照。

兹据军需总局司道续将剿办西江股匪及克复灵山、横州并剿办石门等乡历年著有劳绩各官绅，补具奖叙，核议具详前来。

臣等伏查西江于咸丰八年克复梧州府城，及十年解四会城围，暨八年克服灵山县城，十年克服横州城池，四年十月剿办石门、石井各乡馀匪，七、八两年防剿逆匪张勾七、谢溃三等聚众分踞东安、电、茂、信各县滋事，同治元年攻剿封川、开建土匪李植槐、侯十五等各案，均经奏奉恩施，准即择尤保奖，而远或十馀年，近或三四年，讫未汇奖一案。历年既久，各文武员弁存殁事故及官阶之迁转、战功之累积，有应核除者，有应核改者，反复查核，以求昭晰。若遂听其湮滞，各州县遇有募勇、筹饷事宜，辄据为口实，无以动其激劝之心。若概与优叙，则时过境迁，局势屡变，亦不足以发扬观听。臣等补奖各案，先行（定）〔订〕立章程。凡属补奖员弁，均于旧时拟定优奖，力加核减。其曾因他案得邀奖叙者，即将其名开除。或本案劳绩最为优著，亦准酌量补叙，期以发潜德之幽光，清积年之案牍。谨就原案应奖官绅，择其尤为出力者核实酌保，并将案由逐起分列清单，恭呈御览，仰恳天恩俯准，分别给予奖励，俾资劝励。所有各官绅履历，另行造册咨部，查核办理。此外把总以下赏给顶戴各员弁，一并列册咨送，以免繁冗外。再，此次系补奖之案，历年久远，各该绅员或有前经出仕及外出者，开造履历，多费周折，且恐现在职衔及有无事故，亦不免稍有参差，统俟汇案查明咨部，合并陈明。

臣等谨合词恭折具奏，伏乞皇太后、皇上圣鉴训示。谨奏。

汇次内江剿匪两案请奖片

再，前岁剿办新安冈边村盗匪，两次饬派水陆各军进剿，经于上年六月内奏奉谕旨，准其择尤保奏。去岁剿办东莞铁冈盗匪，经于十二月内汇同各案奏奉谕旨，俟军务平定，准其酌保各在案。

臣等详查各案，有地方文武员弁设法筹办者，有臣等札饬查办者，或经臣等记功，或饬汇附防剿各案分别核办。惟冈边、铁冈两案，以数十年聚众负嵎之匪乡，肆行劫杀，远近骚然。同治二年，前署督臣晏端书、前抚臣黄赞汤调派兵勇数千，剿办铁冈盗匪，反致为其所挫，敛兵而退，情形日加猖獗。臣等调拨师船，雇募壮勇，用兵无多，幸尚能毁平贼巢，擒斩渠逆。水师记名总兵王朝治、副将沈玉遂两营尤为奋勇出力，阵亡者数人，受伤至数十百人之多，似未宜与地方零星搜剿盗匪各案一律办理。广东十馀年来军务繁兴，列保员弁，至不可以胜纪，而于攻克城池，剿平巨匪，汇请奖叙各案，频年压搁，愈积愈多。大率各该员弁随同出力，声气不能上达，虽有出色劳绩，多归泯灭。不独各该员弁据为口实，臣等每思及此，未尝不内疚于心。

现在东、北两江防务紧急，沈玉遂一营已调赴惠州防堵，王朝治与张贵等营分防江北各要隘，省河缉捕巡船亦经设法整顿，各营奉旨给奖之案若再至延搁，亦实无以作新军士之气，俾知所奋勉。谨汇次内江剿匪两案，另行开具清折，随同西江旧案，奏恳皇上逾格鸿施，俯赐照准，以昭激劝。谨附片陈奏，伏乞圣鉴训示。谨奏。

粤东保奖旧案百馀起，鄙人始为之清理，新案又积至十馀起矣。苦为督辕幕友徐灏所持。乃汇次两案，出力者皆楚军也，终竟为所持，不得出奏。盖督辕幕友专以此为利，不欲使人参与。诸公愦愦，听其愚弄而已。录存此稿，聊志予慨。自记。

广东省本年三月份仍无报捐文武监生贡生片[1] 六月初六日

再，广东省收捐监生、贡生名数、银数，向系按月奏报。嗣准部咨，将部监空名印照发交各省收捐，文武监生每名减二十两、贡生减二成办理。又准部咨，空名照数目分别已发未发，按月奏报。各等因。当于咸丰四年八月起办理减成收捐至同治三年十二月止，收捐监生、贡生名数、银数及奉颁空名执照已发未发张数，暨本年正月、二月份并无报捐文武监生、贡生，经臣附片奏明各在案。兹据代办布政使方濬颐呈称：同治四年三月份仍无报捐文武监生、贡生，未经填发执照，无凭造报，呈请奏咨前来。臣复核无异，除分咨部监外，谨附片陈明，伏乞圣鉴。谨奏。

同治四年六月初六日，军机大臣奉旨："户部知道。"钦此。

---

①辑自中国第一历史档案馆藏"录副奏折"原件03-4901-020号。标题为编者拟。

奏报广东省本年四月份收捐监生贡生名数银数片[1] 六月初七日

再，广东省收捐监生、贡生名数、银数，向系按月奏报。嗣准部咨，将部监空名印照发交各省收捐，文武监生每名减银二十两、贡生减二成办理。又准部咨，空名照数目分别已发未发，按月奏报。各等因。当于咸丰四年七月停止常例收捐，截清名数、银数奏咨，计自四年八月减成收捐起至同治三年十二月止，共应存文武监生正项银一十万七千八百七十四两三钱七分六厘。又捐贡一项，截至同治三年十二月止，减成收捐，连前旧捐，共应存正项银四万三千六十四两二钱八厘。四年正、二、三各月份并无报捐文武监生，亦无报捐贡生。经臣附片奏闻在案。

兹据代办布政使事两广盐运使方濬颐详称：同治四年四月份由俊秀报捐文监生一名，收正项银八十八两，内除提出本省津贴银八钱八分，尚存正项银八十七两一钱二分，连前共应存文武监生正项银一十万七千九百六十一两四钱九分六厘，照案留为办理善后之用。因各营兵饷待支紧急，奉拨之地丁盐课征解不前，特借贡监捐项通融支放，已于递年十一月咨报藩库收支各款案内声明，俟奉拨各款收有银两归还备用，部钣照费储备解京，加平银两照章免其交纳。至旧存咸丰年号空名贡、监各照，业经详缴咨销，其先后奉发及换同治年号监生空名部照各七千一十一张，查点部照，短少一张，又擦损十五张，监照擦损九张，亦经详咨部监换发补发，实在收到部照六千九百九十五张，监照七千二张，

①辑自中国第一历史档案馆藏“录副奏折”原件 03－4901－025 号。日期系奉旨时间，标题系编者拟。

自二年十月二十三印起至同治四年四月底止，共填发监生部监照各十九张，尚存未填部照六千九百七十二张，监照八千九百八十三张。又，四月份并无报捐武监生，亦无报捐贡生等情，详请具奏前来。臣复核无异，除分咨外，谨附片陈明，伏乞圣鉴。谨奏。

同治四年六月初七日，军机大臣奉旨："户部知道。"钦此。

康逆大股分窜嘉应州移军进剿疏会总督衔　六月初九日①

奏为康逆大股分窜嘉应州属石峰径、白渡地方，经官军击败，遁回镇平县城，现在移军进剿，恭折驰陈，仰祈圣鉴事。

窃前因官军攻破石正、大柘等处贼巢，肃清平远县城，经臣等于闰五月二十八日具奏在案。维时来逆馀匪败走江西长宁县边境，总兵方耀等军尚驻龙虎墟、镇平。康逆探知嘉应防军稍单，萌窥伺州城之意。十八日卯刻，逆匪倾巢出扰，分赴白渡、石峰径两处营盘。都司周陞以五百人守白渡，副将林保以二千人守石峰径。贼万馀围攻白渡，周陞部勇无几，以重赏激励众心，坚垒固守，约俟贼近，齐用抬枪轰击。相持至酉，歼毙伪天将林杨等六名，斩取首级二百馀颗，生擒伪都尉陈占魁一名，夺获旗帜、枪炮、马匹甚夥。另股红旗贼复由布荆窝突至，周陞预伏劲兵，从傍掩击，毙匪多名。藩司李福泰派参将戴朝佐督军赴援，贼退走老墟。周陞乘夜多制地雷，埋伏营外。十九日，贼再集。周陞暗燃药线，地雷迸裂，轰毙逆匪不计其数。贼逡循遁去。石峰径贼约五六万人，蜂拥来犯。林保抽调四营勇扼守前山。花旗股匪

①日期据中国第一历史档案馆编《清政府镇压太平天国档案史料》同疏内容考订，社会科学文献出版社2001年4月第1版。

首先冲突，我军以枪炮环攻，毙骑马贼目二名，贼势稍却。红旗贼续至，千总郑纪勋跃马冲出，中枪战殁。林保立斩退勇一人，各勇奋前叠击，毙贼无算。黄旗股匪另由石扇翻山抄袭后营，直薄濠边，火箭燃烧帐篷，逆党愈聚愈众，铅弹雨集。都司杨仁，守备王熊彪，千总林恩、黄点俱死之。贼乘势围困，各营兵勇尽锐血战，铅药垂尽，林保带勇溃围而出，退扎象村路口，以扼州城之路。贼仍纷纷踵至。适方耀自龙虎墟折回州城，李福泰商令速赴援剿。方耀亲督所部精锐，星驰前进。我军望见，勇气百倍。方勋手放洋枪，先毙骑马贼目一名。方金驰入贼阵，斩执大旗贼目一名，贼气稍馁。林保亦挥军合攻，贼大败，向新铺墟逃走。方耀等纵追二十馀里，杀贼二百馀名，斩首级二十二颗，日暮收队。十九日，贼由石峰径、三坑、黄竹洋分三路攻扑象村营盘。方耀派方鳌、方恭等带队抵三坑之匪，方茹、谢廷楠等带队截黄竹洋之匪，方勋、方丰仍向石峰径迎击。方耀领亲军队目刘开、方树等在象村居中策应。午刻，三路同时接仗，鏖战逾时，各勇迭有擒斩。方耀督亲军马队由石峰径驰出夹击，贼分队抵御。方勋等督勇奋前冲杀，贼势披靡。三坑贼知中路已败，恐断归路，相继溃退。方茹等驱军直逼黄竹洋，贼且拒且走，我军分路追剿，贼退守新铺墟，旋即遁回镇平县城。据李福泰、吴赞诚先后禀报前来。

臣等查康逆麇聚镇平，势成孤立，铤走困斗，时思一逞其狂悖，为暂延喘息之计。江、闽隘口，防军林立，猝难窜逸，知方耀、邓安邦等大枝劲旅尚在龙虎墟，乘虚出犯，图窜嘉应，以入腹地。值方耀等自大柘回州，督军往援，连日追剿获胜，始将全股驱出州境。现在霆营叛卒尚踞兴宁罗浮司，勾结花旗股匪，扰及长宁、龙川接壤之平越、汶水等处。当调副将郑绍忠一军驻扎龙川丰稔、总口，以资堵御。花旗本系惠州逃出土匪，既近乡里，徘徊不前。密饬李福泰督令郑绍忠可抚则抚，否则痛剿之，毋留馀孽，以滋后患。另调黄添元、邓奋鹏移扎长乐县城。卓兴仍驻兴宁，固守惠、韶门户，与郑绍忠互为声援。方耀全军进扎新铺墟，渐薄镇城。道员康国器率闽军自松源移赴嵩山。派邓安邦等军径抵嵩山，为闽〔军〕向导。务期节节逼紧，以奏聚歼之效。惟康逆党与尚众，粤军只此数营，战守兼筹，时形拮据。屡经咨催苏军郭松林、杨鼎勋速赴嘉应合剿，若获及时齐集，办理较易得手。

总兵衔副将林保，带勇剿贼，屡著战功，前于克复永定及克复平和、诏安折内，先后给予奖叙。此次派守石峰径，系属嘉应要区，关系甚重，辄为逆匪所乘，所部员弁丁勇伤亡多名，虽因众寡悬殊，疏忽之咎究无可辞。臣等未敢以先经保奏，稍涉回护，应请旨将林保暂行革职，责令戴罪立功，以赎前愆。都司杨仁，守备王熊彪，守备衔尽先千总郑纪勋，千总林恩、黄点，力战捐躯，请敕部照例议恤，以慰忠魂。其馀阵亡营弁兵勇，容另饬查明咨部请恤。

所有康逆攻扑嘉应州属石峰径等处，经官军击退及移军进剿缘由，谨合词恭折由驿驰陈，伏乞皇太后、皇上圣鉴训示。谨奏。

粤省新捐军需经费第六次开单请奖疏[1] 六月初十日

奏为广东省新捐军需经费第六次开列官绅姓名、银数，请给

①辑自中国第一历史档案馆藏“录副奏折”原件03-4779-129号。系与广州将军兼署两广总督瑞麟会衔。标题系编者拟。

封典、职衔、加级，恭折奏祈圣鉴事。

案准户部咨，议复署两广总督晏端书等奏粤东捐输团练经费，请仍照旧章给奖，并拟更正名目一折，内开：详查广东历届奏报捐案，均经声明军需动用所请作为捐输军需，尚属可行，应如所请办理。等因。同治二年八月十六日具奏，奉旨："依议。"钦此。又，前任抚臣黄赞汤会同前署督臣晏端书，奏广东捐输截至同治二年三月止，概归旧捐，随案声明报部，嗣后另归新案捐办。恳颁发各项职衔、封典部照，一经捐生缴银到局，即行填给，以昭信实。等因。同治二年七月十三日递回前折，后开议政王军机大臣奉旨："着照所请，该衙门知道，单并发。"钦此。钦遵在案。

溯查广东捐输军需经费，请给封典、职衔、加级纪录，历系遵照部行，援照筹饷新例，分别减二成、减四成办理。所有同治二年八月初一日开办新捐起，至三年十一月底止，报捐封典、职衔共银六十六万六千九百六十六两，业经先后五次奏请奖叙在案。兹第六次自三年十二月初一日起，扣除封篆日期，至四年三月底止，三个月期满，共报捐封典、职衔捐生七百二十九员名，捐输洋银一十一万三千六百四十一两，均据上兑，充支军需经费，据在局司道等将所捐银数，按照现行筹饷减成新例，及历届捐输成案，逐加考核，数目相符，列册详请具奏前来。臣等复加查核，册开捐生七百二十九员名，内填空白部照者五百三十九员名，无空白部照仍填藩印实收者一百九十员名。所捐银数，所请奖叙，均与章程相符。合将捐生姓名、银数，缮具简明清单，恭呈御览。仰恳天恩，俯准饬部查照，分别奖叙，填给一百九十员名部照，递粤给领，以示鼓励。

除将履历清册照根副实收，送部核办外，臣等谨合词恭折具奏，伏乞皇太后、皇上圣鉴训示。谨奏。

同治四年七月二十七日，军机大臣奉旨："户部核议具奏，单并发。"钦此。

广东省新捐军需经费第十四次开单请奖疏[①] 六月初十日

奏为广东省同治四年四、五月份新捐军需经费，请给实在官阶，开列各捐生姓名、银数，恭折奏闻，仰祈圣鉴事。

案准户部咨，议复署两广总督晏端书等奏粤东捐输团练经费，请仍照旧章给奖，并拟更正名目一折，内开：详查广东历届奏报捐案，均经声明军需动用，所请作为捐输军需，尚属可行，应如所请办理。等因。同治二年八月十六日具奏，奉旨："依议。"钦此。又，前任抚臣黄赞汤会同前署督臣晏端书，奏广东捐输截至同治二年三月止，概归旧捐，随案声明报部，嗣后另归新案捐办。其捐实职之员，仍先填给藩司实收，经部议准后，再行填照颁发换给，庶旧捐不至纷歧，而新捐可期踊跃。等因。同治二年七月十三日递回前折，后开议政王军机大臣奉旨："着照所请，该衙门知道，单并发。"钦此。钦遵在案。

溯查广东捐输军需经费，请给实在官阶，历系遵照部行，援照筹饷新例，减二成章程办理。所有同治二年八月初一日开办新捐起，至四年三月底止，报捐实在官阶共银一十六万八千八两五钱，先后十三次奏请奖叙。兹第十四次自四年四月初一日起至六月底止，计两个月共报捐实官十三员名，捐输洋银二万二千一两，均据上兑，充支军需经费，据在局司道等将所捐银数，按照现行

①辑自中国第一历史档案馆藏"录副奏折"原件03-4779-128号。系与广州将军兼署两广总督瑞麟会衔。标题系编者拟。

筹饷减成新例，及历届捐输成案，开列官阶，造册详请奏奖前来。臣等复加查核，均属相符，兹将捐生姓名、银数，缮具简明清单，恭呈御览，仰恳天恩俯准，饬部查照，分别奖叙，归于现行筹饷新例，一律选补。除履历清册送部核对，听候缮发执照来粤给领外，臣等谨合词恭折具奏，伏乞皇太后、皇上圣鉴训示。

再，此次捐生内有应补交监生四成实银及捐免保举，饬令赴京补交，业于咨部册内分晰声叙，合并陈明。谨奏。

同治四年七月二十七日，军机大臣奉旨："户部核议具奏，单并发。"钦此。

敬陈广东各属闰五月份雨水粮价情形疏[①] 六月初十日

奏为敬陈闰五月份雨水、田禾、粮价及被风情形，仰祈圣鉴事。

窃照广东省同治四年五月份雨水、田禾、粮价，先经臣恭折奏闻在案。兹查广东省城本年闰五月上、中、下三旬共得大小雨泽十馀次，田亩积水，早禾多已收获，园蔬杂粮均极畅茂，省外各属禀报与省城大略相同，粮价较上月稍增，仍属中价，堪以仰慰圣怀。惟是月初八日午未之间，暴雨陡发，继以大雨，申酉时逐渐止息。臣恐各属围基堤岸及田庐人口船只有冲塌损坏覆溺伤毙情事，即经飞饬查办去后。嗣据南海、番禺、东莞、新安、增城等县先后禀报，城墙、民房、船只、人口、禾稻间有损伤，幸为时甚暂，尚无大碍，不致成灾等情，业经分别批饬酌量妥办，

---

①辑自中国第一历史档案馆藏"录副奏折"原件 03-4962-217 号及附件清单 03-4962-218 号。标题系编者拟。

其馀均称雨水霑足，并未被风。

所有同治四年闰五月份雨水、田禾、粮价及附省各属被风情形，臣谨恭折具奏，并缮粮价清单，敬陈御览，伏乞皇太后、皇上圣鉴。谨奏。

同治四年七月二十七日，军机大臣奉旨："知道了。"钦此。

清单

谨将广东省同治四年闰五月份各属米粮时价分晰，开列清单，恭呈御览。

广州府属，价中。上米每仓石价银二两三钱五分至三两，与上月相同。中米每仓石价银二两一钱四分至二两八钱，较上月增一分。下米每仓石价银一两七钱七分至二两三钱八分，与上月相同。

韶州府属，价中。上米每仓石价银一两八钱四分至二两七钱，与上月相同。中米每仓石价银一两五钱七分至二两三钱六分，与上月相同。下米每仓石价银一两一钱九分至一两九钱七分，较上月增一分。

惠州府属，价中。上米每仓石价银二两一钱二分至二两九钱，较上月增一分。中米每仓石价银一两八钱六分至二两六钱六分，与上月相同。下米每仓石价银一两六钱二分至二两三钱二分，与上月相同。

潮州府属，价中。上米每仓石价银一两八钱八分至二两七钱，与上月相同。中米每仓石价银一两四钱七分至二两三钱一分，较上月增一分。下米每仓石价银一两一钱一分至一两九钱三分，与上月相同。

肇庆府属，价中。上米每仓石价银一两九钱四分至二两六钱九分，较上月增一分。中米每仓石价银一两六钱二分至二两四钱六分，与上月相同。下米每仓石价银一两三钱一分至二两六分，与上月相同。

高州府属，价中。上米每仓石价银一两二钱八分至一两四钱六分，与上月相同。中米每仓石价银一两八分至一两二钱八分，与上月相同。下米每仓石价银九钱二分至一两一钱一分，较上月增一分。

雷州府属，价中。上米每仓石价银一两四钱九分至一两六钱一分，与上月相同。中米每仓石价银一两二钱四分至一两三钱五分，较上月增一分。下米每仓石价银一两三分至一两一钱五分，与上月相同。

廉州府属，价中。上米每仓石价银一两八钱七分至二两一钱，较上月增一分。中米每仓石价银一两五钱一分至一两七钱四分，与上月相同。下米每仓石价银一两二钱九分至一两四钱八分，与上月相同。

琼州府属，价中。上米每仓石价银一两八钱五分至二两三钱七分，与上月相同。中米每仓石价银一两五钱一分至一两九钱六分，与上月相同。下米每仓石价银一两三钱四分至一两八钱一分，较上月增一分。

佛冈直隶厅，价中。上米每仓石价银一两八钱八分至二两五钱一分，较上月增一分。中米每仓石价银一两五钱九分至二两二钱五分，与上月相同。下米每仓石价银一两三钱四分至一两九钱五分，与上月相同。

绥瑶直隶厅，价中。上米每仓石价银二两二钱八分至二两五钱，与上月相同。中米每仓石价银一两九钱九分至二两一钱七分，与上月相同。下米每仓石价银一两七钱九分至一两九钱六分，较上月增一分。

罗定州属，价中。上米每仓石价银一两七钱七分至一两九钱四分，与上月相同。中米每仓石价银一两六钱四分至一两七钱八分，较上月增一分。下米每仓石价银一两二钱五分至一两三钱七分，与上月相同。

连州属，价中。上米每仓石价银二两二钱四分至二两四钱六分，较上月增一分。中米每仓石价银二两六分至二两二钱四分，与上月相同。下米每仓石价银一两七钱一分至一两八钱八分，与上月相同。

南雄州属，价中。上米每仓石价银二两二钱五分至二两四钱四分，与上月相同。中米每仓石价银二两至二两一钱四分，较上月增一分。下米每仓石价银一两六钱六分至一两七钱九分，与上月相同。

嘉应州属，价中。上米每仓石价银二两三分至二两六钱，与上月相同。中米每仓石价银一两八钱六分至二两四钱一分，与上月相同。下米每仓石价银一两五钱至二两四分，较上月增一分。

军机大臣奉旨："览。"钦此。

特参贪婪不职之知县疏会总督衔　六月初十日[①]

奏为特参贪婪不职之知县，请旨革职，归案查办，以儆官邪，恭折仰祈圣鉴事。

窃查粤东吏治偷敝，门丁差役通同罔利，无能穷诘其底蕴。

①日期据中国第一历史档案馆藏"录副奏折"同疏原件03-4617-089号补。原置《前保都司保应熊请赏加副将衔片》之后，今改置此。

臣等考核吏事，不敢稍有假借。尤以清理词讼、缉捕盗贼、约束幕友门丁为课程，以求渐引而使之各轨于正。兹查有海丰县知县于奇峰，莅任未及一年，控案累累，多涉门丁诈赃私款。经饬署臬司郭祥瑞委员前往密查，具得其门丁方永顺、杨升伙同差役蔡锦、刘立等赃私狼藉情状，竟至因案带勇赴乡掳抢。当将该员撤任，勒令将〔该〕门丁交出。距今日久，据称门丁方永顺等已逃赴香港，其为分肥故纵情形略可想见。

又河源县知县张耀堂，初赴河源县任，适值县属仙塘乡潘姓匪徒拦劫粮差征收饷银，聚众抗官。粤东历来积习，惠、潮等属惩办匪乡，率以纳贿销案，托为募勇办案经费，名曰打兵费。臣等深鉴其弊，谕饬张耀堂无稍沾染旧习，经饬由惠州府筹给经费，并调拨勇营帮同办理。乃张耀堂于勇营未到之先，赶速寝事，率称罚捐弥补仓谷。臣等以张耀堂才具尚佳，未肯遽加参办，暂与撤任，以示薄惩，饬委候补知县俞文莱前往接署。据查该员不独罚捐仓谷未尝弥补，并旧谷二千馀石，尽为该员到任以后陆续挪用。

似此二员之胆大妄为，毫无顾忌，若不据实参办，则纪纲法度废弛日甚，吏治何由整饬，风俗何由挽回。据代办藩司方濬颐、臬司郭祥瑞查核具详会揭前来。相应请旨，将海丰县知县于奇峰、河源县知县张耀堂先行革职，归案查办。一面勒令于奇峰交出门丁方永顺等，研讯确情，分别定拟。

所有特参贪婪不职之知县革职查办缘由，谨缮折具奏，伏乞皇太后、皇上圣鉴训示。谨奏。

逆匪麇聚一隅现筹合力进剿以收全功疏会总督衔　六月二十五日①

奏为逆匪麇聚一隅，现筹合力进剿，以收全功，恭折驰陈，仰祈圣鉴事。

窃前因康逆攻扰嘉应州属白渡等处，经官军击退，遁回镇平各情形，业于六月初九日具奏在案。兹据藩司李福泰禀称：来逆花旗一股，近与康逆离而为二，跧伏龙川、长乐交界地方，欲乞抚而心怀疑惧，已派干员驰赴龙川，相机办理。仍饬副将郑绍忠等严军以待，毋稍疏虞。康逆汪海洋盘踞镇平，结霆营叛卒为辅翼，分筑三十馀垒。绵亘百十里内，贼卡相望。附城增堞浚濠，收获稻谷，谋积储以自固。官军迭次诱之不出，攻之未下。现在赶紧筹商，设法剿办。等情前来。

臣等伏查发逆跳梁十馀年，蹂躏十馀省，仰赖圣谟宏远，东南底定，追剿馀党，自吴、越、江、楚转战而蹙诸海滨之一隅，原谓旦夕可期肃清，而该逆以百战积悍之馀氛，挟十馀万致死之狂寇，踞城结垒，与官军相持，剿办动形棘手。上年贼入江西，合各省精兵近十万，会办半年，而驱之入闽；又合各省精兵近十万，会办八九月之久，而驱之入粤。其时粤军专顾潮州东面，嘉防本属空虚，该逆径从北路武平、上杭之交回窜粤境，其势日益蔓延。以贼势论之，李世贤一股较多于汪海洋，故自李世贤败溃以后，人皆谓发逆必易殄灭。而以军情论之，李世贤入闽后，迭经惩创，气已消靡无馀，汪海洋则屡挫官军，逆焰方张，又收合

①日期据中国第一历史档案馆编《清政府镇压太平天国档案史料》第26册同疏补。

李世贤馀匪归其统属，闽粤之交，伏匪充斥，兼值饥旱连年，从乱者日众，且得霆营叛卒，助其鸱张之气。粤军自潮州解严，撤遣各小营，存兵不满四万。欠饷既多，财愈匮而兵愈疲。若使垂尽之游氛，乘风复炽，不独粤境遭其蹂躏，江、楚边境亦万无安枕之日。

窃思贼势利在分不利在合，兵势利于合不利于分。兵分则力薄难支，贼合则兜剿易尽。此贼群踞镇邑百数十里之地，乘此时会集三省兵力，节节进扫，四面合围而困之，外无他贼为之救援，飞走路穷，或可望其剿灭。现在江、闽两省，只康国器一军移扎稍近，其馀防军多在赣南会昌、信丰、龙南、武平等处，或百馀里，或数百里，桴鼓不相闻，烽火不相见。其间崇山僻径，偷越甚易。是贼在粤，与各军无相及之势；贼或铤而他走，江、楚惟所奔驰，在防各军恐难从旁遮遏。臣等再四思维，江、闽各军经历百战，其将皆一时之选，与其株守门户，任旷日持久之劳，何如共捣腹心，奏扫穴擒渠之效。合无仰恳圣恩，敕下闽、浙两省，各令防军进逼贼壤，与粤军联为一气。新放广东提臣高连陞，现驻武平，与平远相距百馀里，臣等已咨请督率所部移扎平远，借资联络，亦可扼截该逆西窜之路。臣等仍一面咨商江、闽督抚臣，会合各军，设法进取，以赴事机，毋使再致猖獗。

所有贼聚一隅，现筹合力进剿缘由，谨合词恭折由驿驰陈，伏乞皇太后、皇上圣鉴训示。谨奏。

前保都司保应熊请赏加副将衔片会总督衔

再，臣等前访闻逆匪侯管胜自金陵逃回，潜匿香港，私运军火粮食，接济闽漳贼匪，当饬记名总兵补用副将陈择辅、署广州协都司保应熊，带领千总蔡钊、曹焜，并照会英国领事罗伯逊、香港公使码沙等，将该逆侯管胜捆拿解省，讯明正法，于本年四月二十八日会折具奏，并将在事出力之记名总兵补用副将陈择辅拟请赏加提督衔，尽先游击署广州协左营中军都司保应熊赏加副将衔，广州协右营左哨千总蔡钊以守备尽先补用，守备衔候补千总曹焜请免补千总以守备尽先升补，以昭激劝。其英国领事罗伯逊，香港公使码沙、政务司末士嚏，仰恳天恩给予嘉奖。随于闰五月初八日接准兵部火票递回原折，军机大臣奉旨："该衙门议奏。"钦此。六月初五日，准总理各国事务衙门咨复抄录遵旨议奏，内开：兵部查文职章程，除攻克城池斩擒要逆，其馀不准越级保升，又越次请衔者，改为应得升衔。又奏定获盗章程，如本任内有承缉盗案未获，如能拿获邻境首伙盗犯一案，数在五六名以上者，无论应议降留降调，均准其议抵，案数多者，照此以次抵销；若本任内先有四参议以降留之案，亦即准其计案开复各等语。应请将记名总兵补用副将陈择辅改为俟补总兵后加提督衔，候补千总曹焜改为俟补千总后以守备尽先升用，都司保应熊改为加游击衔。再，候补千总曹焜，臣部官册并无其名，系何营实缺之弁，应令查明报部，再行注册。至千总蔡钊，任内有承缉未完盗案八起，应以此次优奖抵销本任内承缉郭昭奋被贼降一级留任及冼畅时被贼停升限缉二案，免其开参报部，所请以守备尽先补用之处，应毋庸议等因，于闰五月初十日奏。本日奉旨："依议。"钦此。咨行钦遵查照前来。

伏查部臣所议，自系循照定章办理。惟当日访拿此案逆匪侯管胜解办，该署都司保应熊实属出力异常。缘侯管胜系著名要逆，其在金陵曾受伪封，夥党实繁有徒。此次潜匿香港，与闽贼勾通接济，若不迅行拿办，必致滋蔓难图，一经张扬疏漏，又恐闻风逃逸。且香港系外国人所居，往拿逃犯尤非易易。保应熊接奉札饬，多方设法，密购线目，不惜重赀，不动声色，驰往掩捕，会同外国人将该逆侯管胜拿获解省，办理实为妥速，未便没其微劳。且该署都司前因拿获盗首叶乌榄头等案内，于同治三年五月二十日钦奉上谕，着以游击尽先补用。兹兵部议将该员加游击，系照都司品级办理。合无仰恳天恩，俯如臣等所请，将广东尽先补用游击署广州协左营中军都司保应熊赏加副将衔，以资鼓舞，出自逾格鸿施。再，候补千总曹焜，现在署理广州协左营外委把总，并非实缺之弁。除饬造具履历册咨部外，臣等谨合词附片缕陈，伏乞圣鉴。谨奏。

此次办理侯管胜一案，陈择辅一人之力为多。指授机宜，一受成于鄙人。列保多名，劳绩亦寥寥矣。自记。

粤海关委员解送广储司公用款并定陵工程款起程日期疏[①] 七月十七日

奏为粤海关筹解工程饷银暨广储司公用等款银两委员起程日期，恭折呈奏，仰祈圣鉴事。

窃臣等承准军机大臣字寄，同治四年六月初九日奉上谕："恭亲王等奏广东积欠工程饷银，请严饬拨解一折。"等因。钦此。钦遵咨行筹办。臣等伏查粤海关奉拨定陵工程饷银三十万两，先解过银八万两，续又委员李景福批解银三万两，计先后已解过银十一万两，尚欠解银十九万两。实因关税征收既无起色，指拨转益繁多，入不敷出，遂致左支右绌。现奉催解前项工程饷银，自系

①辑自中国第一历史档案馆藏"录副奏折"原件03-4927-060号。系与广州将军兼署两广总督瑞麟、粤海关监督师曾会衔。标题系编者拟。

最为紧要。惟本省广储司公用，攸关内廷所需，亦皆急不容缓之款，臣等与监督臣师曾费心商酌，若俟关库收有存项始行拨解，深恐延误，当与银号协成乾等再三筹议，先行借垫起解，随后由税收归还，以资周转。兹批解定陵工程饷银四万两，并批解同治四年第二季份广储公用银七万五千两，另加平暨新增归公加平及□费用项，共银三千六百两。又核解第十九结总理衙门酌提三成船钞银三千八百六十四两六钱三分，统共银一十二万二千四百六十四两六钱三分，照广东奏准成案，仍交银号协成乾等以十足成色纹银汇兑进京，饬据广东布政使遴委候补通判恩隆领赍汇单文批，于同治四年七月二十日起程，附搭轮船，由海道北上交纳，以期妥速，具详前来。除由监督臣师曾核给文批，赶紧起解。其馀银两，容次第筹拨，再行按限解支并行咨外，臣等谨会同粤海关监督臣师曾恭折具陈，伏乞皇太后、皇上圣鉴训示。谨奏。

同治四年八月初七日，军机大臣奉旨："该衙门知道。"钦此。

恭报广州等属本年份早稻收成分数疏[1] 七月十九日

题为[2]"嗣后，各省督抚每年按例题报收成分数各本，惟就本年情形简晰叙列，以便一目了然，毋得牵叙远年例案，致滋繁冗。"钦此。钦遵抄出到部，相应行文广东巡抚钦遵办理可也。等因。咨行到司，奉此依经移行，钦遵查照在案。

兹同治肆年份早稻收成分数，行据广州、韶州、惠州、潮州、

①辑自中国第一历史档案馆藏"户科题本"原件02-01-04-21791-013号。标题系编者拟。

②此处后至"嗣后"底本文字模糊不清。

肇庆、高州、雷州、廉州玖府，罗定、连州、南雄、嘉应肆直隶州，并佛冈、绥瑶二同知查报到司，该代办广东布政使方濬颐查看得夏收分数，例应汇详请题。今同治肆年份各属早稻收成分数，据广州府申报，东莞、顺德、香山、新会、新安伍县俱收成捌分，南海、番禺、三水、花县肆县俱收成柒分，增城、新宁、清远、龙门、从化伍县俱收成陆分，通府属共计收成柒分。又据韶州府申报，曲江、乐昌贰县俱收成柒分有馀，仁化、翁源贰县俱收成柒分，乳源、英德贰县俱收成陆分有馀，通府属共计收成柒分。又据惠州府申报，博罗、永安、陆丰叁县俱收成捌分有馀，长宁县收成捌分，海丰县收成柒分有馀，归善、龙川贰县俱收成柒分，连平、和平、河源壹州贰县俱收成陆分有馀，通府属共计收成柒分有馀。又据潮州府申报，海阳、潮阳、大埔、惠来肆县俱收成柒分有馀，揭阳、饶平、丰顺、澄海肆县俱收成柒分，普宁、南澳壹厅壹县俱收成陆分有馀，通府属共计收成柒分有馀。又据肇庆府申报，高要、新兴、封川叁县俱收成柒分，恩平、四会、阳江、高明、开建伍县俱收成陆分有馀，德庆、开平、阳春、广宁、鹤山壹州肆县俱收成陆分，通府属共计收成陆分有馀。又据高州府申报，茂名、吴川贰县俱收成捌分，电白、石城贰县俱收成柒分，化州、信宜壹州壹县俱收成陆分，通府属共计收成柒分。又据雷州府申报，遂溪县收成捌分，海康县收成柒分，徐闻县收成陆分，通府属共计收成柒分。又据廉州府申报，钦州收成柒分有馀，灵山县收成柒分，合浦县收成陆分有馀，通府属共计收成柒分。又据琼州府申报，文昌、乐会贰县俱收成捌分有馀，琼山、定安贰县俱收成捌分，万州收成柒分有馀，感恩、昌化贰县俱收成柒分，儋州、澄迈、会同壹州贰县俱收成陆分有馀，崖州、临高、陵水壹州贰县俱收成陆分，通府属共计收成柒分有馀。又据罗定州申报，东安县收成捌分，西宁县收成柒分有馀，该州收成柒分，通州属共计收成柒分有馀。又据连州申报，该州及阳山县俱收成柒分，通州属共计收成柒分。又据南雄州申报，该州收成柒分有馀，始兴县收成陆分有馀，通州属共计收成柒分。又据嘉应州申报，兴宁县收成柒分有馀，该州收成柒分，长乐、平远贰县俱收成陆分有馀，镇平县收成陆分，通州属共计收成陆分有馀。又据佛冈同知申报收成捌分，绥瑶同知申报收成柒分。各等由到司。本代办司伏查粤东省玖府肆直隶州柒属州柒拾捌县贰厅暨南澳同知所属隆、深贰澳据报夏收分数内，收成捌分有馀者伍县，收成捌分者壹厅拾贰县，收成柒分有馀者壹直隶州贰属州玖县，收成柒分者叁直隶州壹厅贰拾贰县，收成陆分有馀者壹厅贰属州壹拾陆县，收成陆分者叁属州壹拾肆县，合计通省早稻收成实有柒分。相应据实开报，详候察核具题。

再，照粤东各卫所奉文裁汰，陆续归并州县管理，与新安、阳江贰县县丞经管屯田禾稻收成，统在各州县所报分数之内。又广州等玖府系统辖州县之员历年止于各州县所报分数开报，其东莞等十三场系池漏盐田，非同民田耕收禾稻，无凭开报收成，合并声明。等由到臣。据此，该臣看得夏收分数例应柒月内具题。

兹据代办广东布政使方濬颐详称：同治肆年分各属早稻收成分数，据广州府申报，东莞、顺德、香山、新会、新安伍县俱收成捌分，南海、番禺、三水、花县肆县俱收成柒分，增城、新宁、清远、龙门、从化伍县俱收成陆分，通府属共计收成柒分。又据韶州府申报，曲江、乐昌贰县俱收成柒分有馀，仁化、翁源贰县俱收成柒分，乳源、英德贰县俱收成陆分有馀，通府属共计收成柒分。又据惠州府申报，博罗、永安、陆丰叁县俱收成捌分有馀，长宁县收成捌分，海丰县收成柒分有馀，归善、龙川贰县俱收成柒分，连平、和平、河源壹州贰县俱收成陆分有馀，通府属共计收成柒分有馀。又据潮州府申报，海阳、潮阳、大埔、惠来肆县俱收成柒分有馀，揭阳、饶平、丰顺、澄海肆县俱收成柒分，普宁、南澳壹厅壹县俱收成陆分有馀，通府属共计收成柒分有馀。又据肇庆府申报，高要、新兴、封川叁县俱收成柒分，恩平、四会、阳江、高明、开建伍县俱收成陆分有馀，德庆、开平、阳春、广宁、鹤山壹州肆县俱收成陆分，通府属共计收成陆分有馀。又据高州府申报，茂名、吴川贰县俱收成捌分，电白、石城贰县俱收成柒分，化州、信宜壹州壹县俱收成陆分，通府属共计收成柒分。又据雷州府申报，遂溪县收成捌分，海康县收成柒分，徐闻县收成陆分，通府属共计收成柒分。又据廉州府申报，钦州收成柒分有馀，台山县收成柒分，合浦县收成陆分有馀，通府属共计收成柒分。又据琼州府申报，文昌、乐会贰县俱收成捌分有馀，琼山、定安贰县俱收成捌分，万州收成柒分有馀，感恩、昌化贰县俱收成柒分，儋州、澄迈、会同壹州贰县俱收成陆分有馀，崖州、临高、陵水壹州贰县俱收成陆分，通府属共计收成柒分有馀。又据罗定州申报，东安县收成捌分，西宁县收成柒分有馀，该州收成柒分，通州属共计收成柒分有馀。又据连州申报，该州及阳山县俱收成柒分，通州属共计收成柒分。又据南雄州申报，该州收成柒分有馀，始兴县收成陆分有馀，通州属共计收成柒分。又据嘉应州申报，兴宁县收成柒分有馀，该州收成柒分，长乐、平远贰县俱收成陆分有馀，镇平县收成陆分，通州属共计收成陆分有馀。又据佛冈同知申报收成捌分，绥瑶同知申报收成柒分。各等因到司。本代办司伏查粤东省玖府肆直隶州柒属州柒拾捌县贰厅暨南澳同知所属隆、深贰澳据报夏收分数内，收成捌分有馀者伍县，收成捌分者壹厅拾贰县，收成柒分有馀者壹直隶州贰属州玖县，收成柒分者叁直隶州壹厅贰拾贰县，收成陆分有馀者壹厅贰属州壹拾陆县，收成陆分者叁属州壹拾肆县，合计通省早稻收成实有柒分等情，请题前来。

臣复核无异，除揭报部科查核外，臣谨具题，伏乞皇上圣鉴，敕部查照施行。谨题请旨。

敬陈前任督粮道郭祥瑞任内经手钱粮疏[①] 七月十九日

题为敬陈管见事。

据代理广东布政使司盐运使方濬颐详称：案照奉准户部咨开，查各省粮、驿贰道交代，向系藩司盘查，督抚保题。今粮驿道库年终奏开，既令督抚亲临盘查，则交代钱粮，事同一律，自应统归督抚盘察，以昭画一。应行令各省督抚，嗣后粮、驿贰道遇有新旧交代，照年终分开之例，亲临盘查，所有收支实存数目，仍由藩司核明，加结详送督抚保题。倘结报之后，仍有亏挪等弊，照例分赔议处。等因。乾隆贰拾柒年玖月贰拾捌日奏，本日奉旨："依议。"钦此。钦遵咨行到司。奉此，历经遵照在案。据代办广东布政使方濬颐查看得粮道交代钱粮，由督抚亲临盘查，其收支实存数目，仍令藩司核明，加结详送保题。等因。

兹查署广东督粮道屠继烈于同治肆年叁月初陆日到任接印视事，移准该前道郭祥瑞任内经手收支各年粮料折价米银，造具册结前来。查前任广东督粮道郭祥瑞自同治贰年玖月拾捌日到任起，至肆年叁月初陆日卸事前壹日止，任内接收旧管前任道李瀚章、

①辑自中国第一历史档案馆藏"户科题本"原件 02-01-04-21792-008 号。系与署两广总督臣瑞麟会题，标题系编者拟。原件因水浸而至多处漫漶不清，均代以□。

前署道王澍统任交盘册开，□□□□□□各年□□□□米银陆万贰千□□□拾捌万捌钱贰分伍厘，开除通共支各营各年折价粮料米银伍万柒千陆百叁拾叁两伍钱柒分陆厘，实在存银肆千陆百玖拾伍两贰钱肆分玖厘。又，接收旧管前任道李瀚章、前署道王澍统任交盘册开，实存各年折价米壹万贰百陆拾肆石肆斗壹升陆合壹勺，新收各年折价米陆千叁拾壹石柒斗叁升柒合陆勺，旧管、新收共米壹万陆千贰百玖拾陆石壹斗伍升叁合柒勺，开除共支汉军各旗同治元年份马料米陆千伍百玖拾伍石壹斗伍升柒合，实存各年折价米玖千柒百石玖斗玖升陆合柒勺，俱经授受清楚，实存无亏。等因。于同治肆年肆月初伍日限内，造具册结，移送过司。因册内数目间有舛错，移回查改。兹准改合移送到司。复核无异，理合加具印结，详送察核，盘查题报。

再，照本案交代，例限壹月，该署道屠继烈于同治肆年叁月初陆日到任，计至肆月初伍日限满。兹准屠继烈于初伍日限内，造具册结移司，本司查核各册数目不符。是月初玖日移回查改。现署道屠继烈接册改造清楚，于陆月初肆日移送到司。核计改册迟延，应以同治肆年肆月初玖日由司将册移改起，至陆月初肆日移复到司前一日止，连闰实迟延两个月贰拾伍日。所有交代改册迟延两个月以上，职名系现署广东督粮道屠继烈，相应开报。等由到臣。据此，该臣看得粮道交代钱粮，例应督抚亲临盘查，由藩司核明数目，加结详送保题。

兹查署广东督粮道屠继烈于同治肆年叁月初陆日到任接印视事。查前任广东督粮道郭祥瑞自同治贰年玖月拾捌日到任起，至肆年叁月初陆日卸事前壹日止，任内接收旧管前任道李瀚章、前署道王澍统任内盘册开，实存旧管、新收各年折价粮料米银陆万贰千叁百贰分□□□钱贰分伍厘开除过共支各营各年折价粮料米银伍万叁千伍百叁拾叁两伍钱柒分陆厘，实在存银肆千陆百玖拾伍两贰钱肆分玖厘。又接收旧管前任道李瀚章、前署王澍统任交盘册开，实存各年折价米壹万贰百陆拾肆石肆斗壹升陆合壹勺，新收各年折价米陆千叁拾壹石柒斗叁升柒合陆勺，旧管、新收共米壹万陆千贰百玖拾陆石壹斗伍升柒合柒勺，开除共支汉军各旗同治元年份折价米陆千伍百贰拾伍石壹斗伍升柒合，实存各年折价米□□玖千□□石玖斗玖升陆合柒勺，俱经交代清楚，实存无亏，造具册结，经代理代理广东布政使方濬颐查核，数目间有舛错，移回另缮。兹缮正移送到司，复核无异，加结详送前来。经臣会同兼署两广总督臣瑞麟亲临盘查，并无亏挪等弊。除册结分送部科查核外，臣谨会同兼署两广总督臣瑞麟合词加结具题，伏乞皇上圣鉴，敕部核复施行。

再，本案署督粮道屠继烈于同治肆年叁月初陆日到任，计至肆月初伍日限满，今于限内造具册结移司，由司查核各册数目不符，于是月初玖日移回查改另缮。现署道屠继烈接册改造清楚，于陆月初肆日移回到司，统计改册迟延两个月贰拾伍日。所有交代改册迟延两个月以上，职名系现署广东督粮道屠继烈，相应开报，合并陈明。谨会题请旨。

恭报太平关自同治二年四月起一年期满征收正额盈馀税银数目疏[①]七月十九日

题为恭报太平关征收正额盈馀银两数目，仰祈圣鉴事。

窃照太平关税务，向由巡抚衙门委员征收，嗣后年满壹月内

①辑自中国第一历史档案馆藏“户科题本”原件02-01-04-21783-007号。标题系编者拟。

奏报。嗣准部咨，督抚经征各关税课有盈无绌，及节省水脚银两，均应循例具题，毋庸再奏。等因。又嘉庆肆年伍月初捌日准部咨，奉上谕："向来各关征税，于正额之外，将盈馀一项比较上叁届征收最多年份，如有不敷，即着经征之员赔补，以致司榷各员借端苛敛，而赔缴之项仍未能如数完交，徒属有名无实。因思各关情形不同，所有盈馀数目，自应酌中定制，以归核实而示体恤。已于户部所奏各关盈馀银数清单内，经朕查照往年加多之数，分别核减。自此次定额之后，倘各关每年盈馀于新定之数再有短少，即行着落赔补。如于定数或有多馀，亦即尽收尽解。其叁年比较之例，着永行停止。至工部船料竹木等税，除渝关盈馀向无定额，及由闸等关并无盈馀外，其馀亦经分别减定，嗣后即一律办理，毋庸再行比较。"钦此。应案钦定盈馀银数清单，行文广东巡抚遵照办理可也。嘉庆肆年钦定太平关盈馀银柒万伍千伍百两等因，转行钦遵在案。兹据太平关委员开报征收壹年期满正额盈馀银数到臣，据此，该臣看得太平关每年征收税银，例应巡抚衙门委员经收，循例题报。兹据管关委员署南韶连道齐世熙将前道方濬颐任内征收壹年期满正额盈馀银数开报前来。

臣查前抚臣黄赞汤自同治贰年肆月贰拾壹日起至玖月初拾日止，收正额银壹万捌千捌百柒拾贰两捌钱捌分柒厘；臣自玖月拾壹日起至同治叁年肆月贰拾日止，收正额银贰万陆千肆百柒拾伍两叁钱贰分柒厘，通计拾贰个月壹年期满，因各路匪徒未靖，道路梗阻，来粤商贾甚属寥寥，征收迥不如前；加以江西之九江、湖北之汉口又复开港，南北各省货物分路销售，各项洋货尽由海船载运，不经内地行走，故封关停征，时所常有。税从货出，货无来源，以致税饷日绌，亏短愈多，仅共收正额银肆万伍千叁百肆拾捌两贰钱壹分肆厘，因带征耗银肆千伍百伍拾柒两捌钱肆分叁厘，不敷支给，各项经费照例动拨正额银肆千柒百肆拾两玖钱伍分柒厘，又除支本关经制各役工食银壹百捌拾陆两，实存正额银肆万肆百贰拾壹两贰钱伍分柒厘，又带征南雄州夫料木税额银陆百伍拾两，贰共银肆万壹千柒拾壹两贰钱伍分柒厘，均系应解司充饷之项。嗣准户部咨，奏筹同治贰年京饷案内，借提太平关税银伍万两分批起解，除先经起解银壹万贰千叁百伍拾两捌分，已于题报递年份该关征收税数案内声明，尚应解银叁万柒千陆百肆拾玖两玖钱贰分，当经分批委员毛德溥、杨国鼎、程汝霖于同治贰年陆月拾伍、拾壹月拾贰、叁年叁月贰拾捌等日，先后管解赴部交纳，实存关税本税正额银叁千肆百贰拾壹两叁钱叁分柒厘，解交布政司库，其本关应支经费核减贰成银数，另行造册送部。

又，征收木税盈馀银两捌百伍拾肆两贰钱玖分，例应解部。惟咸丰捌年正月内准户部咨云南省戊午年兵饷酌拨太平关税银伍万两，又咸丰玖年贰月内准户部咨云南省己未年兵饷酌拨太平关税银捌万两，又咸丰拾年贰月内准户部咨云南省庚申年兵饷酌拨太平关税银捌万两，又咸丰拾壹年肆月内准户部咨云南省辛酉年兵饷酌拨太平关税银捌万两，又同治元年贰月内准户部咨云南省壬戌年兵饷酌拨太平关税银捌万两，又同治叁年正月内准户部咨贵州省兵饷酌拨太平关甲子年应征税银伍万两等因，业将前项本税盈馀银捌百伍拾肆两贰钱玖分，同节省水脚银柒两肆钱玖分，并解员水脚银壹拾陆两捌钱肆分肆厘，共银捌百柒拾捌两陆钱贰分肆厘，储备候给，委员解赴云、贵各省投纳。

又，江海关代征丝税之数，迭经饬催造册移报。兹准移知自同治贰年肆月贰拾壹日起，至叁年肆月贰拾日止，壹年代征丝税正银叁万伍千壹百肆两柒钱贰分柒厘，耗银叁千伍百壹拾两肆钱柒分叁厘，正、耗共银叁万捌千陆百壹拾伍两壹钱玖分陆厘。所有本关及江海关代征数目，并计共实征银税万伍千肆百陆拾柒两柒钱，核之部行，汇计壹年正额盈馀本银壹拾叁万肆千捌百贰拾伍两壹钱柒分伍厘，原数计短银钱肆万玖千叁百伍拾柒两肆钱柒分伍厘，嗣因各路匪徒不靖，兼值九江、汉口开港，内地货物来粤稀少，外洋货物尽由海运，以致本关税银日绌，并无以多报少情弊。其江海关代征丝税正耗银叁万捌千陆百壹拾伍两壹钱玖分陆厘，仍由江海关就近解部，以归简易。

谨将太平关征收正额盈馀税银，及江海关代征税银等由，循例题报，伏乞皇上圣鉴，敕部核复施行。

再，征收委员自同治贰年肆月贰拾壹日起，计至叁年肆月贰拾壹日止，壹年期满，系前任南韶连道方濬颐任内征收；叁年陆月初贰日方濬颐升任盐运使卸事，委令办理南韶连道沈映钤、新任南韶连道唐启荫、署南韶连道齐让熙、新任南韶连道陆心源四员监收，合并陈明。臣谨题请旨。

广东省捐输京仓米价银两第七次请奖疏[①] 七月二十一日

奏为广东省捐输京仓米价银两，开列第七次捐生姓名、银数，吁恳天恩，准照现行捐例，分别奖叙，以昭激劝，仰祈圣鉴事。

案准户部咨，具奏筹备京仓，议令广东省设法买米解京接济，经前督臣劳崇光奏明劝捐米价银两解京，就地买米，以资实用。现已劝谕绅民捐集银三十七万两，委员分批解部。嗣又准户部咨，奏令广东省照案续筹京仓米价银两，等因。复经劝捐银三十二万

---

①辑自中国第一历史档案馆藏“录副奏折”原件03-4902-065号和附件清单03-4902-066号。系与广州将军兼署两广总督瑞麟会衔。标题系编者拟。

两，委员分批汇解赴部投纳。各绅民竭力输将接济京仓，急公慕义，较之捐助外省军饷，尤堪嘉尚。自应援筹饷新例，凡捐实官准减二成及现行常例，报捐封典、职衔、级纪准减四成各章程，请给奖叙，以示鼓励。所有第一次至第六次捐生姓名、银数，业经先后会同列单，恭折奏请奖叙，并将截数停捐缘由陈明在案。

兹据捐输总局司道详称：粤东前捐京米价银，续据各捐生开送履历请奖银五千八两，先已兑交藩库委员解部，应作为第七次请奖。共计请给封典、职衔四十员名，所请与报捐银数，按照例案，逐加查核，均属相符，列册详请奏结奖叙前来。臣等复核无异，合将捐生姓名、银数，缮具清单，恭呈御览，仰恳天恩俯准，分别奖叙，俾昭激劝。

除将各捐生履历清册送部核办，听候缮发执照来粤给领外，臣等谨合词恭折具奏，伏乞皇太后、皇上圣鉴训示。

再，本案尚有未请奖银两，容饬催指定官阶，开送履历，汇案请奖，合并陈明。谨奏。

同治四年九月十六日，军机大臣奉旨："户部复议具奏，单并发。"钦此。

清单

谨将广东省捐输京仓米价第七次请给封典、职衔各捐生姓名、银数，开列清单，恭呈御览。

计开：

监生史学纲、麦颖芳，各捐银四百八十两，均请给布政司经历职衔，并给予父母从六品封典，将本身妻室应得封典貤封祖父母。

监生何兆成，捐银二百四十两，请给予布政司经历职衔。

监生陈作葵，捐银二百四十两，请给予布政司理问职衔。

监生何嘉会，捐银二百四十两，请给州同职衔。

监生黄世略，捐银一百六十两，请给县丞职衔。

俊秀何际亨，捐银一百四十四两，请给未入流职衔，并给予父母从九品封典。

俊秀郑用章、郭兆昇、刘善艺、杨国屏、缪焕章、黄士光、骆毓良、朱翼光、郑文耀、李郁初、许祥麟、郑家翰、郑家让、程仁智、郭信让、郭敏盛、郭振先、程光赞、黄瑞宗、杨翘光、张星山、张枚琳、张枚琚、邝廷相、邝超达、邝峻明、张天亮、邓云衢、管嘉崇、谢献琛、叶德谦，以上三十一名各捐银六十四两，均请给予从九品职衔。

武生杨国平，捐银七百二十两，请给都司职衔。

监生陈廷扬，捐银三百二十两，请给守御所千总职衔。

合计捐生四十员名，共捐输米价银五千八两。

军机大臣奉旨："览。"钦此。

查明番禺县殉难团练钟冬等请分别旌恤疏[①] 七月二十一日

奏为查明广东番禺县属沙茭团练各乡咸丰四年与贼打仗阵亡练勇及被害妇女，请旨敕部分别核议旌恤，以彰忠节事。

窃查案准礼部咨，咸丰三年十月二十三日奉上谕："太仆寺卿王茂荫奏请旌表殉难士民一折，着通饬查明。"等因。钦此。又，咸丰四年六月十四日奉上谕："逆匪经过地方阵亡乡勇循例得请恤

①辑自中国第一历史档案馆藏"录副奏折"原件03-4762-062号。系与广州将军兼署两广总督瑞麟会衔。标题系编者拟。

外，至有阖家男妇同时殉难者，并准照总坊例，准其自行另建一坊。”等因。钦此。又，咸丰九年七月初五日准兵部咨，嗣后查出殉难尤烈民人实系打仗杀贼阵亡，虽非随同官兵，究属同仇敌忾，勇烈尤著，准其奏请。如奉旨交部议恤，即照乡勇因公差遣遇贼被害例核减议恤。其馀骂贼被戕，自当另开一单请旌，仍照例入祀该处昭忠祠。又例载乡勇因公差遣，遇贼被害，照前差遣遇害例减半议恤。各等因。转行钦遵在案。

兹据番禺县知县张田衡将咸丰四年八月二十一日县属沙菱团练各乡自卫村堡与贼打仗阵亡练勇钟冬等二十一名，被害妇女曾陈氏、黎梁氏二口，由军需总局分晰列册，详请具奏前来。核与例案相符，相应奏恳天恩，敕部按册核议，分别给予恤典旌表，以彰忠节。

除将各册送部外，臣等谨合词恭折具奏，伏乞皇太后、皇上圣鉴训示。谨奏。

同治四年九月十六日，军机大臣奉旨：“钟冬、曾陈氏等均着交部分别旌恤。”钦此。

粤省劝捐本省军饷第三次请奖疏[1] 七月二十四日

奏为粤东劝捐本省军饷第三次捐生姓名、员数、银数，请给实官、封典、职衔、加级奖叙，恭折奏祈圣鉴事。

窃照前署督臣晏端书会同前抚臣黄赞汤具奏粤东用兵缺饷，请派绅士劝捐，以应急需一折，于同治二年五月二十九日准议政

①辑自中国第一历史档案馆藏“录副奏折”原件03-4902-062号及附件清单03-4902-063号。系与广州将军兼署两广总督瑞麟会衔。标题系编者拟。

王军机大臣字寄，同治二年五月初八日奉上谕：“晏端书、黄赞汤奏粤省缺饷，拟办劝捐一折，本省军饷既经访有绅士龙文位等劝捐输，以资接济，着即责成该绅士等秉公核实，妥为办理，总期有裨军食，无病民生，方为妥善，不准有不肖绅士混迹其中，把持侵渔及借端扰害等情，致干重咎。”等因。钦此。当经前督抚臣钦遵转饬各绅，函致各州县绅士分投劝办。臣嵩焘于同治二年九月抵任，查悉广东之富，在商不在农，历来捐赀多由地亩摊派，累及平民，而宽于富户。近当京米捐输之后，农民日益艰难，未便再踵前辙。当即更定章程，访察的实殷富之家，派委干员，会同绅士指名劝谕捐输，办理稍得要领。同治三年八月与前督臣毛鸿宾复奏广东大概情形折内，业经切实附陈，并将同治三年五月起至十一月底止，请奖实官封职，共银一十六万六千六百八十一两，先后列作第一、二次奖叙具奏各在案。兹据捐局将自同治三年十二月初一日起至四年二月底止捐生请奖姓名，开列请奏前来。

臣等伏查各捐生自同治三年十二月初一日起至四年二月底止，计三个月请奖实官、封典、职衔、加级等项，填给藩库实收者七十三员名，计银三万六百七十二两，报捐封典、职衔填给空白部照者一百五员名，计银一万七千一百六十两，合计捐生一百七十八员名。共请奖四万七千八百三十二两，照依咨准部复，每万两提支劝捐绅士夫马薪水银一两，共提支银四百七十八两三钱二分，尚〔馀〕银四万七千三百五十三两六钱八分，均据缴局尽数充支本省军饷之用。自应分别给奖，以昭激劝。臣等督饬在局司道，逐一查明各捐生捐输银数及所请奖叙，按照筹饷新例及现行常例减成章程，逐加考核，均属相符。理合将捐生姓名、银数，缮具简明清单，恭呈御览。仰恳天恩俯准，饬部分别奖叙。其报捐实官各员并准归于现行筹饷新例，按班选补。

除将各捐生照根及副实收并履历清册送部办，听候缮发执照来粤给领外，所有劝捐本省军饷第三次请奖缘由，臣等谨合词恭折具奏，伏乞皇太后、皇上圣鉴训示。谨奏。

同治四年九月十五日军机大臣奉旨：“户部核议具奏，单并发。”钦此。

清单

谨将广东劝捐本省军饷，遵照本省现办各案捐输减成银数，自同治三年十二月初一日起，至四年二月底止，第三次请给实在官阶、封典、职衔各捐生姓名、银数，开列清单，恭呈御览。

计开：

双月选用詹事府主簿龙锡畴，捐银二千五百六两，请以盐运司运副补用。

盐课司提举升衔双月选用通判李邦彦，捐银一千四百七十三两，请以盐课司提举双月选用，请加二级，并给予父母及本身妻室从四品封典，另请给胞兄嫂从四品封典。

监生黄钟豫，捐银八百四十三两，请以县丞不论双单月选用。

监生胡汉彰，捐银一百一两，请以从九品双月选用。

监生胡元方，捐银四百四两，请以营千总分发本省拔补。

分发候委教谕苏发祥，捐银五百六十二两，请给予太常寺博士升衔。

双月选用盐课司提举胡馀成，捐银二百四十两，请给予父母从五品封典，将本身妻室应得封典貤封祖父母。

詹事府主簿衔邓达珩，捐银二千四十两，请给予员外郎职衔。

翰林院待诏衔梁家驹，捐银四百三十二两，请给予光禄寺署正职衔。

同知衔胡乃鋆，捐银三千二百七十一两，请给道员职衔，并给予父母及本身妻室从四品封典。

同知衔黄惠吉，捐银三百二十两，请给予父母正五品封典，将本身妻室应得封典貤封祖父母。

州同衔罗礼田，捐银一千一百二十两，请加二级，给予父母从五品封典，将本身妻室应得封典貤封祖父母。

从九品衔监生区济元、区夔元，各捐银一百七十六两，均请给予州同职衔。

按察司知事衔康彰，捐银八十两，请给予州同职衔。

监生程馀庆，捐银一千四百四十两，请给光禄寺署正职衔，并加二级；给予父母从五品封典，将本身妻室应得封典貤封祖父母。

监生周镜蓉，捐银七百六十两，请给中书科中书职衔，并给予父母从七品封典，将本身妻室应得封典貤封胞兄嫂。

监生何福祥，捐银三百三十六两，请给翰林院孔目职衔，并给予庶母九品封典。

监生卓棣芬，捐银一千九百二十两，请给同知职衔，并给予父母正五品封典，将本身妻室应得封典貤封祖父母。

监生张绳武，捐银四百八十两，请给布政司经历职衔，并给予嗣父母从六品封典，将本身妻室应得封典貤封本生父母。

监生胡春，捐银四百八十两，请给布政司理问职衔，并给予父母及本身妻室从六品封典。

监生区敦敏、区保元，各捐银二百四十两，均请给予州同职衔。

监生蔡景融，捐银四百四十两，请给按察司经历职衔，并给予父母、生母正七品封典，将本身妻室应得封典貤封祖父母。

监生霍元璋、李荫棠，各捐银一百六十两，均请给予按察司知事职衔。

监生颜培珍，捐银一百六十两，请（加）给予县丞职衔。

俊秀郑兆山，捐银二百二十四两，请给予从九品职衔，并给予父母从九品封典。

俊秀凌定邦、胡赞成、黄朝佐、郑锡泰、徐晋亭、陈文彬、郑良骥、袁为章、陆绍畴，各捐银一百四十四两，均请给予未入流职衔，并请各给予父母从九品封典。

俊秀董业图、唐念祖、古瑞祥、欧阳喜、邓广常、梁星和、潘桐、左遇昭、麦茂榕、黄文俊、黄耀彩、麦守禧、麦乃生、黄寿章、欧云隐、郑廷标、胡才宏、黄旷怀、陈星辉、郑佳麟、刘治邦、黄廷杰、黄瑞泉、阮珮銮、刘定邦、李敬熙、刘藩忠、张翼安、区文彬、区文光、区维清，各捐银六十四两，均请给予从九品职衔。

守御所千总衔何其健，捐银四百两，请给予都司职衔。

监生卓觐光，捐银三千十二两，请给游击职衔，并加二级，给予祖父母、父母从二品封典，将本身妻室应得封典貤封曾祖父母。

监生佘士荣，捐银二千二百二十八两，请给游击职衔，并给予祖父母、父母从三品封典，将本身妻室应得封典貤封曾祖父母。

监生李雄彪，捐银八百两，请给营守备职衔，并给予父母、生母正五品封典，将本身妻室应得封典貤封祖父母。

武监生区廷樾，捐银一百六十八两，请给予营千总职衔。

以上捐生七十三名，计收捐输洋银三万六百七十二两。此项捐生均系填给司印实收，将副收随案送部，应请饬部照案核填执照，发粤转给祗领。理合注明。

詹事府主簿职衔龙迪骧，捐银二百四十两，请给予父母从七品封典，将本身妻室应得封典貤封本生父母。

中书科中书衔黎镛，捐银二百四十两，请给予父母、生母从七品封典，将本身妻室应得封典貤封祖父母。

中书科中书衔傅维祺，捐银二百四十两，请给予父母及本身妻室从七品封典。

翰林院孔目衔潘汝梅，捐银八十两，请给予父母从九品封典。

同知衔谭秉钧、胡镕，各捐银三百二十两，均请给予父母正五品封典，将本身妻室应得封典貤封祖父母。

布政司经历衔李钟良、布政司理问衔阮遇鸿，各捐银二百四十两，均请给予父母从六品封典，将本身妻室应得封典貤封祖父母。

从九品衔李士章，捐银一百六十两，请给予父母从九品封典。

未入流衔区作谋、何廷琨，各捐银八十两，均请给予父母、生母从九品封典。

未入流衔蔡应春、潘广德，各捐银八十两，均请给予父母从九品封典。

监生邓懋勤、冯康，各捐银七百二十两，均请给予光禄寺署正职衔。

监生何廷瑶、龙秩庸，各捐银六百两，均请给予太常寺典簿职衔。

监生张采芝、龙迪骧，各捐银五百二十两，均请给予詹事府主簿职衔。

监生黎镛、傅维祺、何廷璋，各捐银五百二十两，均请给予中书科中书职衔。

监生胡镕，捐银一千六百两，请给予同知职衔。

监生伍襄、李钟良，各捐银二百四十两，均请给予布政司经历职衔。

监生梁翃、方慕樟，各捐银二百四十两，均请给予布政司理问职衔。

监生何朝辉、陈怀玉，贡生梁葆铨，监生罗礼田、吴功载，各捐银二百四十两，均请给予州同职衔。

俊秀钟显廷、谢荣曜、吴定潮、胡铨培、胡曜辉、何斌、麦凤仪、黎铨、郑炽昌、郑思齐、曹占元、程定子、欧阳邦、李文贞、冯伟仁、黄应权、霍绵亭、黄兰宇、黄楷、康秉、康惠、冯钊贤、杨显泰、梁超卿、陈瑞星、吴应礼、吴康龄、郑文杰、麦兆鼎、麦发有、郑锦泉、李政元、罗玉衡、邓荣沣、李可集、李伯荣、高士珍、何祖纯、李贤深、卢之秀、赵镇、邓简廷、陈志隆、凌德祥、胡世权、冯泽棠、梁鸿恩、梁见龙、杨敏、胡凤喈、何坤年、陈朝英、冯应麟、简健秋、何德经、王东华、张世英、许辉光、谢如垣、李廷弼、李廷昭、谢联辉、李士章、叶佩明、邓浩，各捐银六十四两，均请给予从九品职衔。

俊秀蔡应春、潘广德、麦勤彦、区作谋、麦乃文，各捐银六十四两，均请给予未入流职衔。

守御所千总衔张毓芳，捐银六百四十两，请给予父母从五品封典，将本身妻室应得封典貤封祖父母，另请给本生祖父母从五品封典。

监生钟恩光、张毓芳，各捐银三百二十两，均请给予守御所千总职衔。

以上捐生一百五名，计收捐输洋银一万七千一百六十两。此项捐生均系填给奉颁空白执照，遵将截出照根，随案送部核销。理合注明。

统共捐生一百七十八员名，计收捐输洋银四万七千八百三十二两。

军机大臣奉旨："览。"钦此。

考察劳绩捐纳两项候补试用人员疏[①] 七月二十四日

奏为考察劳绩、捐纳两项候补试用人员，开列清单，切实加考，恭折具奏，仰祈圣鉴事。

窃查州县为亲民之官，关系綦重，考察宜严。不惟捐纳试用人员，迭奉谕旨，认真察看；即劳绩保升人员，除曾任实缺外，亦以一年为限，饬令疆臣切实加考，未经甄别之前，不准署缺，由部臣奏奉圣谕，咨行遵照。臣嵩焘与前督臣毛鸿宾，自同治二年九月抵任以来，随时查察，已将劳绩试用各项优劣人员，先后分别荐举、劾参，并将堪膺民社、堪以补用之知府、丞倅、牧令，切实加考，奏报在案。

兹又据广东藩司遵照新例，将候补捐纳同、通、州县各项，堪以补用、堪膺民社人员详考请奏前来。臣等复加察核，切实加考，开列清单，恭呈御览。

现值多事之秋，量材器使，其势不能拘泥到省一年后方准署缺，业经臣等于奏报委署各缺折内，随时声明，仍俟扣满年限，方予入班轮补，以符通行新例。至捐纳试用道府甄别，向系专奏，其教习、教职、拔贡，截取各项出身。试用知县，与军功捐纳不同，照依旧例，逐员加考，分案专咨，现单未经附列。又捐升后劳绩保归候补及因劳绩保升捐纳候补暨径自捐升人员，均俟引见

①辑自中国第一历史档案馆藏"录副奏折"原件03-4618-035号。系与两广总督瑞麟会衔。标题系编者拟。

回省，再行甄别。

是否有当，相应恭折奏请皇太后、皇上圣鉴训示。谨奏。

同治四年九月十四日，军机大臣奉旨："吏部知道，单并发。"钦此。

奏报广东六月份雨水粮价情形疏[①] 七月二十四日

奏为敬陈六月份雨水、田禾、粮价及得雨情形，恭折仰祈圣鉴事。

窃照广东省同治四年闰五月份雨水、田禾、粮价及被风情形，先经恭折奏闻在案。兹查广东省城本年六月晴多雨少，早禾收获已毕，晚禾栽插需泽孔殷，东、北路南雄、嘉应及惠州府属之和平、连平一带亢旱尤甚。臣与兼署督臣瑞麟在龙王庙设坛虔诚祈祷，自月之十九夜起至七月初一、二、三、四、五等日连得透雨，高低田亩一律均霑，晚禾得以及时补莳，园蔬杂粮亦皆畅茂，粮价较上月稍减，民情安贴。附省各县并西南路各府县属禀报与省城大略相同。北路南雄州及所属始兴县先期祷获甘霖，堪以仰慰圣怀。东路各属尚未报到。

除饬催查报归下月奏报外，所有同治四年六月份雨水、田禾、粮价及得雨情形，臣谨恭折具奏，并缮粮价清单，敬呈御览，伏乞皇太后、皇上圣鉴。谨奏。

同治四年九月十五日，军机大臣奉旨："知道了。"钦此。

---

①辑自中国第一历史档案馆藏"录副奏折"原件03-4962-266号及附件清单03-4962-267号。标题系编者拟。

清单

谨将广东省同治四年六月份各属米粮时价分晰，开列清单，恭呈御览。

广州府属，价中。上米每仓石价银二两三钱五分至三两，与上月相同。中米每仓石价银二两一钱四分至二两八钱，与上月相同。下米每仓石价银一两七钱六分至二两三钱七分，较上月减一分。

韶州府属，价中。上米每仓石价银一两八钱四分至二两七钱，与上月相同。中米每仓石价银一两五钱六分至二两三钱五分，较上月减一分。下米每仓石价银一两一钱九分至一两九钱七分，与上月相同。

惠州府属，价中。上米每仓石价银二两一钱二分至二两九钱，与上月相同。中米每仓石价银一两八钱五分至二两六钱五分，较上月减一分。下米每仓石价银一两六钱二分至二两三钱二分，与上月相同。

潮州府属，价中。上米每仓石价银一两八钱八分至二两七钱，与上月相同。中米每仓石价银一两四钱七分至二两三钱一分，与上月相同。下米每仓石价银一两一钱至一两九钱二分，较上月减一分。

肇庆府属，价中。上米每仓石价银一两九钱四分至二两六钱九分，与上月相同。中米每仓石价银一两六钱一分至二两四钱五分，较上月减一分。下米每仓石价银一两三钱一分至二两六分，与上月相同。

高州府属，价中。上米每仓石价银一两二钱八分至一两四钱六分，与上月相同。中米每仓石价银一两七分至一两二钱七分，较上月减一分。下米每仓石价银九钱二分至一两一钱一分，与上月相同。

雷州府属，价中。上米每仓石价银一两四钱九分至一两六钱一分，与上月相同。中米每仓石价银一两二钱四分至一两三钱五分，与上月相同。下米每仓石价银一两二分至一两一钱四分，较上月减一分。

廉州府属，价中。上米每仓石价银一两八钱七分至二两一钱，与上月相同。中米每仓石价银一两五钱至一两七钱三分，较上月减一分。下米每仓石价银一两二钱九分至一两四钱八分，与上月相同。

琼州府属，价中。上米每仓石价银一两八钱五分至二两三钱七分，与上月相同。中米每仓石价银一两五钱至一两九钱五分，较上月减一分。下米每仓石价银一两三钱四分至一两八钱一分，与上月相同。

佛冈直隶厅，价中。上米每仓石价银一两八钱八分至二两五钱一分，与上月相同。中米每仓石价银一两五钱八分至二两二钱四分，较上月减一分。下米每仓石价银一两三钱四分至一两九钱五分，与上月相同。

绥瑶直隶厅，价中。上米每仓石价银二两二钱八分至二两五钱，与上月相同。中米每仓石价银一两九钱八分至二两一钱六分，较上月减一分。下米每仓石价银一两七钱九分至一两九钱六分，与上月相同。

罗定州属，价中。上米每仓石价银一两七钱七分至一两九钱四分，与上月相同。中米每仓石价银一两六钱四分至一两七钱八分，与上月相同。下米每仓石价银一两二钱四分至一两三钱六分，较上月减一分。

连州属，价中。上米每仓石价银二两二钱四分至二两四钱六分，与上月相同。中米每仓石价银二两五分至二两二钱三分，较上月减一分。下米每仓石价银一两七钱一分至一两八钱八分，与上月相同。

南雄州属，价中。上米每仓石价银二两二钱五分至二两四钱四分，与上月相同。中米每仓石价银二两至二两一钱四分，与上月相同。下米每仓石价银一两六钱五分至一两七钱八分，较上月减一分。

嘉应州属，价中。上米每仓石价银二两三分至二两六钱，与上月相同。中米每仓石价银一两八钱五分至二两四钱，较上月减一分。下米每仓石价银一两五钱至二两四分，与上月相同。

军机大臣奉旨："览。"钦此。

恭报广东省同治四年早稻收成分数疏[①] 七月二十四日

奏为恭报早稻收成分数，仰祈圣鉴事。

窃查同治四年广东省早稻成熟，收获登场，据代办布政使方濬颐将各属收成分数查明汇报前来。臣逐加查核，内博罗、永安、陆丰、文昌、新会五县收成八分有馀，东莞、顺德、香山、新会、新安、长宁、茂名、吴川、遂溪、琼山、定安、东安、佛冈一十三厅县收成八分，曲江、乐昌、海丰、海阳、潮阳、大埔、惠来、钦州、万州、西宁、南雄、兴宁一十二州县收成七分有馀，南海、番禺、三水、花县、仁化、翁源、归善、龙川、揭阳、饶平、金

①辑自中国第一历史档案馆藏"录副奏折"原件03-4956-044号。标题系编者拟。

顺、澄海、高要、新兴、封川、电白、石城、海康、灵山、感恩、昌化、罗定、连州、阳山、嘉应、绥瑶二十六厅州县收成七分，乳源、英德、连平、和平、河源、普宁、南澳、恩平、四会、阳江、高明、开建、合浦、儋州、澄迈、会同、始兴、长乐、平远一十九厅州县收成六分有馀，增城、新宁、清远、韶关、从化、德庆、开平、阳春、广宁、鹤山、化州、信宜、徐闻、崖州、临高、陵水、镇平一十七州县收成六分，共计通省早稻收成实有七分。臣谨循例恭折具奏，伏乞皇太后、皇上圣鉴。谨奏。

同治四年九月十四日，军机大臣奉旨："知道了。"钦此。

奏报广东省本年五月份收捐监生贡生名数银数片[1] 七月二十五日

再，广东省收捐监生、贡生名数、银数，向系按月奏报。嗣准部咨，将〔部〕监空名印照发交各省收捐，文武监生每名减银二十两、贡生减二成办理。又准部咨，空名照数目分别已发未发，按月奏报。各等因。当于咸丰四年七月停止常例收捐，截清名数、银数奏咨。计自四年八月减成收捐起，至同治四年四月止，共应存文武监生正项银一十万七千九百六十一两四钱九分六厘。又捐贡一项截至同治三年十二月止，减成收捐，连前旧捐，共应存正项银四万三千六十四两二分八厘，四年正、二、三各月份并无报捐贡生。经臣附片奏闻在案。

兹据代办布政使方濬颐详称：同治四年五月份由俊秀报捐文监生一名，收正项银八十八两，内除提出本省津贴银八钱八分，

①辑自中国第一历史档案馆藏"录副奏折"原件03-4902-023号。日期系奉旨时间，标题系编者所拟。

尚存正项银八十七两一钱二分，连前共应存文武监生正项银一十万八千四十八两六钱一分六厘；又五月份由附生报捐贡生一名，收正项银一百一十五两二钱，内除提出本省津贴银一两一钱三分二厘，尚存正项银一百一十四两四分八厘，连前共实存贡生正项银四万三千一百七十八两二钱五分六厘，均照案留为办理善后之用。因各营兵饷待支紧急，奉拨之地丁盐课征解不前，暂借贡监捐项通融支放，已于递年十一月咨报藩库收支各款案内声明，俟奉拨各款收有银两归还备用，部钣照费储备解京，加平银两照章免其交纳。至旧存咸丰年号空名贡、监各照，业经详缴咨销，其先后奉发改换同治年号监生空名部照各七千一十一张，查点部照，短少一张，擦损十五张，监照擦损九张，亦经详咨部监换发补发，实发存部照六千九十五张，监照七千二张，贡生空名部监照各六百三十二张，现奉准户部咨，补发到监生。前次短少部照一张，换发、擦损部照十五张，共十六张。其擦损监照尚未另换发到，连前实共发到部照七千一十一张，监照七千二张。自二年十月二十三卯起至同治四年五月底止，共填发监生部监照各二十张，尚存未填监生部照六千九百九十一张，监照六千九百八十二张，贡生部监照自同治三年十一月填用起至四年五月底止，共填发部监照各十三张，尚存未填贡生监照各六百十九张。又五月份并无报捐武监生等情，详请并案具奏前来。

臣复核无异，除分咨外，谨附片陈明，伏乞圣鉴。谨奏。

同治四年七月二十五日，军机大臣奉旨："户部知道。"钦此。

委令冯镕署理肇罗道篆务片[①]七月二十七日

再，护理肇罗道史朴办理土客一案，前赴新兴、恩平、开平各县稽查，晓谕数月之久，感受暑热，转成疟疾，请假调理。查肇庆地方正当筹备土客善后事宜，诸多轇轕，道员职司督办，责任匪轻，应即委员接署道篆，以专责成。查有试用道冯镕，朴实耐劳，全无粉饰，堪以署理。

除檄饬遵照外，臣等谨循例附片陈明，伏乞圣鉴。谨奏。

同治四年七月二十七日，军机大臣奉旨："知道了。"钦此。

饬令新选灵山县知县冯询赴任片[②]七月二十七日

再，新选灵山县知县冯询先据到省缴凭，因该县正值防剿西匪之际，该员于地方情形未能熟悉，当经臣等附片奏明，请饬该员前往高州听高廉道酌量差遣，俟地方稍靖，再饬赴任。兹据藩司转据高廉道移报，灵山县现在军务稍松，已饬该员冯询前赴新任，以专责成等情前来。

臣等复查无异，除咨明吏部外，谨附片陈明，伏乞圣鉴训示。谨奏。

同治四年七月二十七日，军机大臣奉旨："知道了。"钦此。

---

①辑自中国第一历史档案馆藏"录副奏折"原件03-4617-088号。系与瑞麟会衔。标题为编者拟。日期系奉旨时间。

②辑自中国第一历史档案馆藏"录副奏折"原件03-4617-095号。系与广州将军兼署两广总督瑞麟会衔。标题系编者拟。日期系奉旨时间。

选授阳春县知县张问孔留省学习片[①]七月二十七日

再，道光二十七年四月，吏部议奏部选人员半属初登仕版，该上司因地方紧要留省察看及派委各项差使，应随时奏咨立案。又，同治三年三月吏部议奏部选实缺人员，不得于未经到任之前，借词留省，各等因，先后咨行查照在案。

兹有选授阳春县知县张问孔，于同治四年五月十九日到省，应即饬赴新任。惟阳春县现当筹办土客善后吃紧之际，必须熟悉情形之员妥为抚驭，方期永远相安。现代理县事候补知县彭荣诰办理尚称得法。该员张问孔系捐纳出身，初膺民社，人情风土均未谙悉，若遽饬往接任，措置或未合宜，贻误实非浅鲜。臣等与藩、臬两司商酌，同治三年三月部议部选人员不准留省，系为平时杜弊起见。阳春县办理土客一案，善后要务，非平时可比，未便迂就拘泥，着饬张问孔留省学习，容俟阳春善后办理稍有端倪，再饬赴任，相应附片陈明，伏乞圣鉴训示。谨奏。

同治四年七月二十七日，军机大臣奉旨："着照所请，该部知道。"钦此。

互换荷兰条约日期片七月二十七日[②]

再，臣于同治三年八月二十九日接准统办三口通商大臣崇厚

①辑自中国第一历史档案馆藏"录副奏折"原件03-4617-090号。系与瑞麟会衔。标题为编者拟。日期系奉旨时间。

②日期系奉旨时间，据中国第一历史档案馆藏"录副奏折"同片原件03-9650-053号补。

专弁杨保安由轮船递到总理各国事务衙门咨交恭用御宝荷国条约一本，九月初六日由兵部火票递到议政王军机大臣字寄，七月二十九日奉上谕："着派郭嵩焘将上年与荷兰国所立条约妥为互换。"等因。钦此。并由总理各国事务衙门递到换约礼节事宜各件。适接荷兰使臣礬大何文照会请订互换日期，而查其赍到者虽有荷国君主蜡饼为凭，而系抄录副本，并非上年天津三口大臣盖印原约，与互换之义未符。当嘱取回原本，另行订期办理。并于上年十一月间附片陈明在案。

兹于同治四年闰五月二十九日接准荷兰使臣礬大何文照会，内开现接到在天津定立条约原本，并去岁抄录副本，均缀用荷国君主国宝蜡饼，订期核对互换等因到臣。当即照会该使臣礬大何文，订于同治四年六月初四日将同治二年八月二十四日在天津所立和约，于广东省城西关华林寺公所互换。届期该使礬大何文将荷国君主缀用蜡饼和约原本、副本共二件赍捧到臣，查验无异，经将总理各国衙门递到御宝荷约原本交该使臣接收。

除将换来和约委员赍送总理各国事务衙门报收备案外，所有臣与和国使臣礬大何文互换荷约日期缘由，谨附片具奏，伏乞圣鉴训示。谨奏。

是日，礬大何文言此事两费清神，私心感激，甚为不安。本来办法应如此。西洋诸国互换条约亦皆如此。而中国换约十馀起，从未取回原约，是以我亦照办，幸勿见罪。始知历来办理之误。自记。

前保知县龙甘霖等九员恳恩照原保给奖片 会总督衔

再，臣嵩焘会同前督臣毛鸿宾遵保剿办石逆窜粤匪党及英德逆匪两案出力之龙甘霖、俞昆、周秉礼、郑以南、龙显翱、张汝若、邹士达、江林藻、叶舒翠等各员，同治三年七月初六日内阁奉上谕："知县龙甘霖着以同知直隶州知州不论双单月遇缺即选，并赏戴蓝翎，俞昆等五员均着以知县不论双单月遇缺即选，俞昆并赏加同知衔，知县邹士达着以知县仍留湖南尽先补用，从九品江林藻着以府经历遇缺即补，训导林舒翠着免选本班，以教谕不论双单月遇缺即选。"等因。钦此。由部咨行，转饬钦遵查照。兹又接准部咨，核与定例章程不符，汇案驳正，于同治四年正月十四日具奏，奉旨："依议。"钦此。钞录粘单知照到臣。

当查粘单，内开各劳绩保举攻克城池、斩擒要逆，其馀不准越级保升及免补免选。龙甘霖、周秉礼、郑以南、江林藻、龙显翱、张汝若、叶舒翠均俟选补后升用，所请免选本班及越级请升之处，均毋庸议；俞昆、邹士达应令另核请奖；其馀各员或另行签掣，或详查报部，再行核办。各等语。除签掣详查各员另文咨部办理外，臣等伏查攻克城池、斩擒要逆，系于打仗出力之中提出两项，以示优异，而此两项出力人员有一二人勇敢倡先，馀众附从者，亦有众军合力齐进者，援案叙功不能过相轩轾。此次石逆馀党李复猷窜扰湖南、四川、广西、贵州等省，最为悍逆，及英德土匪邓二尺七距险筑寨，梗化多年，经福建臬司续经阵亡张运兰督率楚勇，分路进剿，旋将要逆生擒，解办馀匪，全数殄灭，不致占据城池，蔓延贻害。龙甘霖等九员均经张运兰报称带队合围，用能歼除大憝，似与部臣援引斩擒要逆成案尚属相符。张运兰前在汀州阵亡，从征将士无一在粤者，惟周秉礼一员现在安肃道蒋凝学军营办理营务。据禀称：前由训导于咸丰十一年克复湖北孝感德安府县城池案内保奏，是年十二月初一目内阁奉上谕："着以通判不论双单月遇缺尽先即选，并赏戴蓝翎。"钦此。旋奉部驳：随营出力不得越级请升，准其免选训导本班，以应升之阶，指定一项照原保班次选补，仍准戴用蓝翎等语。是此次未保以前之本衔已得指定教谕选补，应请随案更正。等情。臣等因查各该员在营日久，渐能带队立功，所保官阶并无陵越，两次擒斩要逆，例得以免补免选注保，合无仰恳天恩俯准，饬部仍遵前旨，将龙甘霖、俞昆、周秉礼、郑以南、龙显翱、张汝若、邹士达、江林藻、叶舒翠九员各照原保分别奖叙注册，出自格外鸿慈。谨合词附片陈明，伏乞圣鉴。谨奏。

安徽知府李应棠恳准回皖补缺后以道员用并赏加盐运使衔片会总督衔

再，南海县绅士道员用安徽池州府知府李应棠，于咸丰七年三月奉委回粤催饷，札委该员劝捐。九年三月留办佛山镇厘务，截至本年二月止，先后共解过厘金五十四万两之多，接济军需。该员先于咸丰四年会办佛山团练，随同官兵进剿袁洞等处股匪，颇著战功。委办厘务多年，又能清勤自矢，劝谕多方，有裨军实，而亦尚能取信商贾。臣等详细察看该员在籍办理诸务，勤廉谨慎，颇著劳绩。而以迭次留办厘务，致开池州府本缺。查该员于咸丰九年十一月内经前督臣劳崇光保奏，奉旨："李应棠着以道员用。"钦此。合无仰恳皇上天恩，俯准李应棠回皖补还知府缺后，以道员留于原省尽先补用，并赏加盐运使衔，出自逾格鸿慈。谨附片具奏，伏乞圣鉴训示。谨奏。

南韶连道陆心源请暂缓送部引见片会总督衔

再，南韶连道陆心源奉部援引，保至记名简放道府，从前未引见之例，行令给咨赴部引见，当经转行遵照。兹查该道管辖各属，当省城北路之冲，隘口林立。刻下东路镇平踞逆，屡经粤省官兵进逼，该逆时有窜动之信，而江西、福建各省边界均有重兵扼守。该逆或内犯腹地，或外趋江、闽，势必由龙川、连平等县直达南、韶，以图铤走。是北江一带防务更难稍松，必得干练熟悉之员，妥为布置，方免贻误。该员陆心源于本年四月到任，适霆营叛勇由湖南窜犯乐昌、仁化等县，筹办堵剿，悉合机宜，业已著有成效，现当军务吃紧之时，未便更易生手。且查该员先由举人捐知府分发广东，引见奉旨："照例发往。"钦此。领照来粤，并非未经引见人员。迨调赴直隶军营，保举补缺后以道员用，捐免本班，又与保至记名人员有异。蒙恩简放斯缺，例无送部引见明文。合无仰恳天恩，俯念地方紧要，准令陆心源暂缓赴部引见之处，谨附片具奏，伏乞皇太后、皇上圣鉴训示，饬部知照。谨奏。

官军击败花旗股匪现拟规复镇平情形疏会总督衔　八月初七日[①]

奏为官军迭次击败花旗股匪及现拟规复镇平情形，恭折驰陈，仰祈圣鉴事。

窃逆匪麇集镇平县城，前将筹商会剿缘由于六月二十五日具奏在案。维时花旗一股，自平远被剿，溃走江西长宁，复被江军截击，回窜龙、长交界之雉鸡笼、铁场等处。匪众二三万人，结垒自守，遣逆党出恳投诚，乞贷一死。念该逆穷蹙之馀，求抚自

①据中国第一历史档案馆编《清政府镇压太平天国档案史料》第26册同疏内容考订，社会科学文献出版社2001年版。日期系奉旨时间。具奏时间当为七月十七日。

属真诚，随派参将林才亲赴贼巢，谕令缴械输忱，立功自赎。讵该逆首鼠两端，诡词推宕，显系中藏叵测，托为就抚，以缓我兵。当经飞饬总兵卓兴，副将郑绍忠、戴朝佐等移营进扎，速加剿洗。藩司李福泰复添派千总邓带喜督同朱朝安等队驰赴岐岭，交戴朝佐统带。六月二十日，铁场踞匪窜至长乐县属罗凫坳。署长乐县粟资源率领亲兵，会合留防之都司黄添元、邓奋鹏，局绅钟光昭、张重瀛等，各带兵勇乡团，齐赴罗凫坳。逆匪数千蜂拥而至。钟光昭首先接仗，粟资源、张重瀛等挥众继之，黄添元、邓奋鹏分左右并进，鏖战移时，阵斩伪朝将林成春，生擒四十七名，斩首级二十九颗，馀匪退走。二十日，该逆勾结土匪，径扑岐岭。经戴朝佐、黄龙翔、邓镜河各率所部，疾渡急攻，斩骑马贼目二名，毙匪甚众，贼遁回铁场。七月初一日，戴朝佐会同各营，出队进攻铁场。该逆率大股迎敌。我军分队抄袭墟后，奋力夹击，击毙逆匪无算。贼力不支，纷纷败溃。朱朝安等冲入逆巢，各军乘胜追杀数里，将铁场、鲤鱼岭、竹园围、浐坑四处逆巢一律扫平，贼尽回雉鸡笼屯聚。初二日，郑绍忠督军进剿谷前，平毁贼垒数座。卓兴亦于是日由兴宁移抵岐岭。连日合攻雉鸡笼，屡获胜仗。该逆复分窜长乐县属滋扰。现饬跟踪追剿，毋稍宕延。此花旗反复无常，现在亟图扑灭之情形也。

康逆汪海洋被我军击退之后，迭次出犯武平崖前一带，闽军屡剿获胜，逆匪仍回守镇平。霆营叛卒窜慈溪乡、高田等处，恃康逆为援，互相犄角。近获奸细供称，康逆有由嘉应出窜之意。李福泰调派都司邓安邦、副将林保、守备杨浮、把总邱兴等军扼守要隘，以防奔突。方耀与福建道员康国器进扎新铺及高思地方，逼近镇平，约同进取，并设法离间匪党，以分贼势。六月二十一日，伪天将谭富率众三千馀人潜自镇平逸出，康逆遣党追截，谭富且战且走，沿途散失，迨抵大营，仅存所部千馀人，立即剃发，呈缴军械。续经逃回部众二千馀。李福泰饬选精锐八百名留营效用，馀俱分别遣散。此康逆仍踞镇平及逆党率众就抚之情形也。据李福泰、吴赞诚先后禀报前来。

臣等查康逆各股匪滋事日久，凶狡异常，必不肯株守一隅，自取坐困。花旗逸入长宁，原欲为逆众先导，遂其全股窜江之志。迨被剿折回，潜伏龙川边境，实据嘉应大兵之后，牵缀我军不能兼顾，姑借乞抚为名，以窥惠、韶门户。傥剿办日迫，则与康逆由连、和一路同走南雄、信丰，势将再扰江、楚。臣等通筹全局，飞调副将朱国雄、参将梁琼两军自南雄移扎连、和，以扼窜江要路。饬同知曾纪凤添募楚勇一千驰赴南雄，会同总兵任星元全队，择险固守。令戴朝佐驻兵岐岭，以防贼入永安，而顾惠州。并飞饬卓兴、郑绍忠等并力合剿花旗，务将此股先行扑灭，而后康逆之势益孤。惟东路大枝劲旅只有卓兴、方耀、郑绍忠三军。卓、郑两营会剿花旗股匪，而贼势蔓延长乐、兴宁、龙川数县，官军已形单薄。方耀一军专顾嘉应，各路兵力尤单。但幸龙川迅速蒇事，各军调集嘉城，彼时江、闽防兵亦能应期毕至，斯办理更易得手。臣等仍当严饬方耀会商康国器等，节节逼紧，相机图克镇平。一面移催提臣高连陞速扎平远，以资联络。并谨遵七月初九日钦奉谕旨，飞咨江、闽各省，催调防军，约齐会剿，用副圣慈绥靖边陲之意。谭富自拔来归，应请准其更名谭德恩，随营效力，仍俟能否立功，再行分别办理。

所有迭次击败花旗股匪并规复镇平缘由，谨合词恭折由驿驰陈，伏乞皇太后、皇上圣鉴训示。谨奏。

恩平县那扶等处客民逼窜出境现在亟筹办法疏会总督衔

奏为恩平县那扶等处土、客不能相安，客民逼窜出境，现在亟筹办法，恭折驰陈，仰祈圣鉴事。

窃粤省恩、开等县，土、客历年互斗，臣等前因钦奉谕旨，即将前后办理艰难情形及札委署臬司郭祥瑞驰往查办缘由，于五月二十六日、闰五月二十八日先后具奏在案。维时客民越界生事，土民迭攻那扶、金鸡、赤水三乡，互相仇杀。郭祥瑞初抵开平县属赤墈地方，传齐数县土著绅衿，宣布朝廷德威与祸福利害之理。复由恩平县城亲赴那扶，客民集众至千馀人，环立讙嚣，以土勇屡次围攻，拦舆呼冤，力求弹压。经郭祥瑞严加诫斥，客众亦各散归。郭祥瑞以案经十馀年，固结纠纷，牢不可破，察看土、客情形，俱属面从心违，断非克期所能解释，当即回省与臣等晤商办法。正在筹画间，旋据署恩平县知县刘维桢禀称：土民复攻那扶等乡，愈聚愈众，客民势渐不支，于六月十九日退出白庙，二十三日全数迁赴那吉墟，分窜清湾、沙冈、黄榄角、三洞一带屯扎等情前来。

臣等查土、客仇雠日深，各率其恣睢险狠之常，无复问曲直是非之义。本年二月间，总兵卓兴强为安插，明知土、客两不相安，犹冀痛深创巨之后，宿怨渐消，但获一二公正晓事之衿耆出而调停其间，或可抚绥数年，辑睦无事。讵客民栖息有所，尚不忘未复之旧业而日肆侵凌；土民报复相寻，反深恨尽弃其前功而再谋攘夺。是以两造决计挑衅，各怀致死之心，而土著则挟数县之资财物力，醵集而共逞于一隅，客籍不堪其扰，孤立无援，势不得不抛弃田庐，去而他徙。土人只以驱逐出境为无事，用泄其忿而快其私，即贻害邻封在所弗顾。同治元、二年间，客民蹂躏六七县，实为前车之鉴。现在麇聚那吉墟，毗连阳春、阳江等县，其众不下三四万，徬徨失业，穷无所归。若辈饥困之馀，岂肯甘心沟壑，又别无闲田旷土，足以安置其众而资其生，其中良莠杂糅，铤走之虞，祸于胡底？况发逆尚踞镇平，东路军务正值吃紧，万一别滋枝节，办理益费周章。臣等再四熟商，亟须委员察看实情，分别办理。查有准补肇罗道王澍，才具开展，办事实心；补用同知郝有金，朴诚稳练，久办土、客事宜，客目人等，皆所稔熟。现经札委驰抵恩平，晓谕该客民循分守法，毋得别滋事端。如果愿求解散，即应给与路票，为之设法保全。傥仍肆行抢掠，骚扰完善之区，势不能不调集兵团，另筹剿办。仍一面飞饬地方文武，督率弁兵，将水陆要隘严密防守，毋俾窜扰而致蔓延。

除俟筹办稍有端倪，再行具奏外，所有恩平县那扶等处客民逼窜出境缘由，谨合词恭折驰陈，伏乞皇太后、皇上圣鉴训示。谨奏。

查明绅士筹借军饷请仍由关库拨还疏会总督关督衔

奏为查明绅士筹借军饷，拟请仍由关库拨还本银，分期清理，并将伍怡和等行欠缴公项分别查办追补，恭折复陈，仰祈圣鉴事。

窃照咸丰八年间，广东省军饷紧急，前督臣黄宗汉饬绅士伍崇曜筹借银三十二万两，每两月息银六厘，由粤海关发给印票，经前督臣劳崇光于咸丰九年间奏明，钦奉上谕：“着俟粤海关税续行征有成数，陆续给还，以符原议。”钦此。钦遵在案。

嗣因粤海关征税入不敷出，久未给还，又经前署督臣晏端书暨前督臣毛鸿宾于同治年间节次奏奉谕旨："着传谕伍崇曜家属妥为筹捐经理。"等因。钦此。

旋据美国公使在总理衙门呈递照会，以伍崇曜系转借旗昌行商银两，请催还给。即经总理衙门会同户部议奏，饬查伍怡和等行历年欠缴公项，拨还清款。于同治三年十一月二十四日钦奉谕旨："此项银两既经发给印票，自应早为清理。现由户部查有伍怡和等行欠缴公项银二百六十八万馀两，着将积年欠缴公项截至本年止究竟有无按限完缴，据实查明，勒限催解。一面在于应缴各项内准其先行拨抵，或由伍氏自行划扣，抑或仍归藩库转发，务须迅速妥办，将印票仍由海关收回，以免轇轕。此外应缴各年款项已未完解，亦即分晰造册，报部查核。"等因。钦此。当经咨行钦遵查办，严饬伍怡和行商故绅伍崇曜家属伍崇晖等，将前项筹借本息银两迅在应缴公项内全数拨还，缴回海关印票，以清款项。

惟迭据美国领事裨理申陈，以此项本银三十二万两，曾于咸丰年间钦奉谕旨，着在关税拨还，再三求照前奉谕旨，由关库还给，以符原议。又经节次札复，剀切开导。无如裨理等坚执前说，未能议结。现复接准户部咨催，饬速酌量情形，迅筹妥办等因。臣等当复邀集美国领事裨理，带同旗昌行商前来，反复劝谕。该行商仍以所执原系海关印票，请由关库拨还本银，方昭诚信。辩论不已。察看情形，非照原议将本银由关库给还，难以折服。惟关税极形支绌，只可拨还本银，不能另还利息，且必须推缓还本之期，庶资转注。臣等公同酌议，拟俟关库将英、法两国赔项扫数清偿后，再过一月，每月由关库拨还此项本银八千两，分年摊还，以清给本银三十二万两为止，使外国人无可借口。所有息银，概由伍崇晖等筹拨还给，与关库丝毫无干，不得再有轇轕。如此分别定议，美国领事裨理及旗昌行商人始无异词，情愿遵办，已据呈递申陈存案。其旧票十三纸，俟将来届期拨还银两，即陆续缴销清理。

至伍怡和等行应缴公项，前经户部分限饬缴，自应严查催追。惟查旧行商原有伍怡和、卢广利、潘同孚、梁天宝、谢东兴、潘中和、马顺泰、潘仁和、吴同顺、易孚泰等十家，所欠公项除新疆军需尾数银四万九千三百九十八两，已于同治三年以前缴还藩库清款，已陆续垫放各营兵饷外，另应缴茂生万源行欠饷及粮道放关分头等银四十三万五千九百馀两，截至同治四年六月共缴还关库银一十一万三千九百四十两，由关先后凑解京饷等项，尚未缴银三十二万一千九百七十馀两。据伍崇晖自认伍怡和行名下尚应分缴银三万九千九百馀两，现已勒限先行缴库。尚馀各行商未缴银两，亦即督饬藩司查明各行商分别着落追缴。

其道光年间借领藩关运道各库归还英商遗欠尚未缴银二百二十万两，据伍崇晖等禀称：当时系羁縻英人义律之用，经前督抚臣奏明有案，委非行商欠款等情。臣等稽查案卷，所禀虽非无因，而库项攸关，久经部议饬缴，断不容借词推诿。但事历多年，数倍百万，一时勒令清缴，商力实有未逮，若过于操切从事，亦恐徒托空言，转致库款悬宕，无裨实济。应如何妥筹善法，分别追补，臣等现复督同司道细查例案，悉心妥议，责成次第归结，再当据实奏明办理。并先饬藩司将各年已未完解款数分晰造册，送部稽核，以重库款。兹据广东布政使会同军需总局司道详请奏咨前来。

除咨呈总理衙门暨咨户部查核外，臣等谨合词恭折复奏，伏乞皇太后、皇上圣鉴训示。谨奏。

现奉续拨京饷恐难如期措解片会总督衔

再，臣等承准军机大臣字寄，同治四年闰五月二十五日奉上谕："户部奏请催本年京饷以供开放一折，所有欠解之广东地丁银二万五千、广东运库应缴新旧两息银二万五千、粤海关税银十五万，着于年内扫数解齐，并督饬藩、运各司赶紧筹画，分起报解。另片奏现在神机营添练兵勇，秋间恭届奉安山陵，各衙门借用之款甚巨，本年京饷，即各省扫数解京，已觉不敷周转，请另行添拨等语，自系实在情形。所有该部拟行添拨之广东积年盐课银十万、厘金银五万、司库杂款拟抵运库报拨银五万两，着按照指拨数目督饬藩、运各司设法筹画，务于年内解到，以济要需，勿得饰词延宕，致干咎戾。"等因。钦此。当经恭录转行查照。

臣等窃惟京师重地，又恭届奉安山陵，用款攸关，至严且重。若不早将广东现在情形缕晰备陈，以期酌量广为筹拨，则临时恐至贻误，而臣等之负咎滋大。查广东出入各款只有此数，历年艰苦经营，臣等已经迭次奏明。然数年以来，西江之军务虽烦，而事机尚非甚迫；东、北两江之防堵虽久，而兵力尚非甚多。停额兵之饷，以充募勇经费；节本省之用，以供京饷转输。挪东掩西，勉强枝柱，从不敢稍涉推诿。自去秋筹办东江防剿，增兵四五万人，北江韶、南等处防兵仍不敢裁撤，每月饷需至三十馀万。康逆大股屯驻镇平县境已历三月之久。东江各营县警报，一日数至，竟无力筹添一军。所有添募湛恩荣、曾纪凤、梁琼、朱国雄扼防北路南、韶及连平、和平一带地方者，又已数千人。东、北两江兼通江、楚，为粤省厘务一大宗。军情日紧，商贾闻风裹足，收数大减，饷源日绌。臣等多方搜括，锱铢取之，不足敷各营数日之用。而厘局、藩库、运库随收随发，莫不支放一空。故粤东富饶久著，讫于近岁而独见艰难。目前警急万分，比于他省而尤为跼蹐。现在贼踞镇平，扫荡之期，迟早实无把握。倘竟旷日持久，则以后兵增饷竭，罗掘胥穷。臣等每一筹思，忧惶靡措。伏念奉安山陵为最重之巨款，尤为应时之要需，使臣等未能如期起运，而尤不先事陈明，则恐待批解以开支，必至贻误于事局。据藩、运两司及抽厘局司道会详请奏前来。合无仰恳天恩，敕下部臣察看东南各省缓急情形，及早广为筹拨，以期无误支应。但幸粤省东江军务稍获肃清，臣等仍当督饬赶紧筹备，分批报解，断不敢藉词宕延，自干罪戾。

所有现奉续拨京饷恐难如期措解缘由，谨合词恭折陈明，伏乞圣鉴训示。谨奏。

收复长乐县城现饬移军规复镇平缘由折[①] 八月十四日

奏为花旗股匪被剿穷蹙，匪党缚送首犯来逆乞降，当将长乐县城收复，现饬移军规复镇平，恭折驰陈，仰祈圣鉴事。

窃前因花旗一股阑入长乐，各军合力围攻，及防剿康逆缘由，业于八月初四日具奏。时该匪闭城不出，各军分段困守，骤未攻入。七月十七日，总兵卓兴督率亲军移扎城北，另派队分扎两营为犄角之势，该逆见我军扎营未定，率党三千馀人蜂拥来犯，卓兴飞派都司莫善喜等带勇扑抄其后，自督劲勇从右路迎头截剿，

①辑自《清政府镇压太平天国档案史料》第26册，中国第一历史档案馆编，社会科学文献出版社2004年4月第1版。系与广州将军兼署两广总督瑞麟会衔。标题系编者拟。

前后夹攻，该逆退走，各勇跟踪尾追，毙匪多名，其众挤拥入城，自相践踏，死者无数，我军亦间有伤亡。是夜，卓兴密派莫善喜在附城山岭潜筑炮楼，断东门出入之路。贼探之楼未筑就，悍党千馀乘夜出扑，莫善喜督勇固守，燃放枪炮、火罐向下轰击。相持数时之久，该逆仍拚命力冲，卓兴亲督部勇衔枚疾趋，绕从贼后突入，贼骇溃，斩馘甚众。十八日，卓兴复令守备林进陞于城北山上添筑炮楼一座，居高临下，视城内了如指掌，用炸炮轰入城内，铅弹雨集，该逆无从遮避，每日伤毙不少。二十五日，该逆大队从东门拥出，直薄河田基，意图掩袭官军营盘。副将郑绍忠督马队由南门外驰入，并饬河田各营同时冲击，卓兴复从松冈邀之半途，参将戴朝佐，已革都司黄添元、邓奋鹏由雷公墩出队，知县粟资源亲带乡团从旁横抄，众军合力齐进，斩首级六十三颗，夺获鸟枪数十杆，伪王旗六面。贼尽趋东门遁去，阵亡弁勇九名。是夜，伪烈王黄宗保遣人缒城，赴郑绍忠营前，吁请投诚。郑绍忠禀商卓兴，饬令立功自效。二十七日亥刻，陡闻城内杀声鼎沸，我军严列以待，黄宗保率夥二百馀从南门奔出，各匪从后跟追，郑绍忠以抬枪队接应，黄宗保到营呈出伪列王木印一颗，剃发缴械，卓兴饬交郑绍忠安插。二十九夜，卓兴挑选敢死士〔卒〕一千名，三更后暗伏东门外厝仔边，一面分队佯攻逆匪炮台。该逆率队赴援，骤开东门而出，伏兵突起，杀贼无算，割取发辫十六条，生擒伪烈王洪桂芳一名、发匪五名。卓兴料匪已胆寒，复于五更出队，并约会郑绍忠、戴朝佐各军同时进攻，贼望风披靡，我军左抄右击，四面兜剿，将炮台内屯匪千馀人聚歼无遗。贼闭门拒守，我军愈攻愈猛，遍竖云梯，各队贾勇肉薄先登，城已将陷。旋据伪天将林振扬率同许明升等缒城乞降，将首先倡乱之伪来王陆顺德一名捆缚送出，并杀来逆亲随死党百馀名。三十日、八月初一等日，逆众全行剃发，缴出伪印、黄马褂、军装、炮械等件，酌选精锐充当头敌，拟带令同赴镇平剿办康逆，馀俱迁出城外，陆续遣散。收复长乐县城等情，据藩司李福泰、吴赞诚、卓兴等先后禀报前来。

臣等伏查，花旗股匪为康逆先锋，康逆嗾令阑入乐城，要截饷道，窥伺腹地，冀以牵缀官兵而遂其狡逞之计。自被卓兴等设法围困，屡呼救于镇平，俱经我兵逻获书函，迄不得达，官军分防要路，康逆又无从往援，花旗自知穷蹙，始泥首军前，乞贷一死，釜鱼槛兽，本应全股歼灭，以快人心。惟念发匪党类尚众，诛不胜诛，且能缚献逆酋悔罪输诚，尚可网开一面，以孤匪党而广皇仁。汪海洋屯聚镇平，久思狂窜，因闽军蹙其东面，粤军扼于河西，屡次奔突，被剿败回，凶焰亦已稍戢。但方耀一军较单，且战且防，诸多拮据，故迟迟未能深入。兹幸花旗已经结局，尚馀隔断之零星小股，散漫于兴宁、龙川交界之赤冈等处，祇须酌留一军剿抚兼施，或不难于蒇事。现饬卓兴、郑绍忠等速将首民遣散就绪，即日移扎镇平，会同方耀及康国器等合力剿办，以清馀孽。再将总兵曾敏行一军，由西省岑溪调回驻扎南雄，调参将朱国雄、游击梁琼两营移赴连、和一带，择要严守，使贼不得游入江西。所获来逆陆顺、烈逆洪桂芳均令解省审办，以正典刑。提督衔南韶连总兵卓兴会剿雉鸡笼股匪，一闻贼入长乐，星夜折回，冒雨渡河，直抵城下，尽锐围攻，卒使匪势穷困，擒获首要各逆，招抚花旗全股，先除腹心之患，办理尚属得手，应如何量予奖赏，出自天恩。其馀在事出力人员，容臣等查明择尤保奏，以资激劝。署长乐县知县粟资源，当被匪阑入时，督勇巷战，身受多伤，昏迷倒地，经绅民拥护出城，即时号召乡勇捐备口粮，随同卓兴等攻城获胜，恢复城池，究属疏于防范，咎无可辞，惟察其平时官声尚好，深得民心，故能激劝乡团齐心杀贼，可否免其治罪，仍革职留营效力，以观后效，伏候圣裁。林振扬等手擒首逆，率众出降，尚知自新，应请准其改名林英彪，给予守备，为逆党自新者劝，仍令充当前敌，立功报效。

除饬查明阵亡弁勇咨部请恤外，所有收复长乐县城，现饬移军规复镇平缘由，谨合词恭折由驿驰陈，伏乞皇太后、皇上圣鉴训示。谨奏。

同治四年九月初二日，军机大臣奉旨："另有旨。"钦此。

委署代理州县各缺疏[1] 八月十八日

奏为遵照新定章程，按三个月将广东省委署代理州县各缺，恭折奏报，仰祈圣鉴事。

窃照案准吏部咨，咸丰十一年十一月二十三日奉上谕："给事中高延祜奏各省更调州县，请饬部严定章程等语。"等因。钦此。当经钦遵办理在案。兹据代办布政使方濬颐详称：同治四年春季份陆续出有高要县知县吴信臣奉文准调南海县知县，饬赴新任，遗缺以署阳江县委用知县徐宝符署理。连州直隶州知州严光佑调省差委，遗缺以候补知府袁泳锡署理。署顺德县知县徐槐廷调省差委，遗缺以署曲江县候补知县赓飏署理，其所遗曲江县知县缺以委用知县郑晓如署理。署香山县知县谢天汉调省差委，遗缺以署东莞县事试用同知吴经采调署，其所遗东莞县知县缺以试用知县乌廷梧署理。署乳源县知县德玉调省差委，遗缺以试用知县杨

①辑自中国第一历史档案馆藏"录副奏折"原件03-4618-122号。系与广州将军兼署两广总督瑞麟会衔。标题系编者拟。

振墀署理。署龙门县知县周炳焘调省差委，遗缺以试用知县程汝霖署理。平远县知县吴炳绶撤任，遗缺以候补知县倪衡署理。署增城县知县徐德度丁父忧，遗缺以署清远县事委用大挑知县李文煊调署，其所遗清远县知县缺以试用知县张琮署理。署从化县知县郑履端调省差委，遗缺以即用知县来昌言署理。署英德县知县冯宝封调省差委，遗缺以试用知县冯棫署理。河源县知县张燿堂革职查办，遗缺以候补知县俞文莱署理。署阳春县知县吴璇饬赴鹤山县知县新任，遗缺以候补知县彭荣诱代理。署钦州知州李天培调省察看，遗缺以候补英德县知县王振荣署理。均无违例更调情弊，遵照新定章程，按三个月详候查核具奏。等情前来。臣等复查无异，谨恭折具奏，伏乞皇太后、皇上圣鉴。谨奏。

同治四年十月二十一日，军机大臣奉旨："吏部知道。"钦此。

粤省新捐军需经费第七次请奖疏[①] 八月十八日

奏为广东省新捐军需经费第七次开列官绅姓名、银数，请给封典、职衔、加级，恭折奏祈圣鉴事。

案准户部咨，议复署两广总督晏端书等奏粤东捐输团练经费，请仍照旧章给奖，并拟更正名目一折，内开：详查广东历届奏捐案，均经声明军需动用所请作为捐输军需，当属可行，应如所请办理。等因。同治二年八月十六日具奏，奉旨："依议。"钦此。又，前任抚臣黄赞汤会同前署督臣晏端书具奏：广东捐输截至同治二年三月止，概归旧捐，嗣后另归新案捐办。恳颁发各项职衔、

①辑自中国第一历史档案馆藏"录副奏折"原件 03-4802-018 号及附件清单 03-4802-019 号。系与广州将军兼署两广总督瑞麟会衔。标题系编者拟。

封典部照，一经捐生缴银到局，即行填给，以昭信实。等因。同治二年七月十三日递回前折，后开议政王军机大臣奉旨："着照所请，该衙门知道，单并发。"钦此。钦遵在案。

溯查广东捐输军需经费，请给封典、职衔、加级纪录，历系遵照部行，援照筹饷新例，分别减二成、减四成办理。所有同治二年八月初一日开办新捐起，至四年三月底止，报捐封典、职衔共银七十八万六百七两，业经先后六次奏请奖叙在案。兹第七次自四年四月初一日起，至闰五月底止，三个月期满，共报捐封典、职衔捐生五百八十五员名，捐输洋银八万四千二百五十四两，均据上兑，充支军需经费，据在局司道等将所捐银数，按照现行筹饷减成新例，及历届捐输成案，逐加考核，数目相符，列册请奏前来。臣等复加查核，册开捐生五百八十五员名，内填空白部照者三百十员名，无空白部照仍填藩印实收者二百七十五员名，所捐银数，所请奖叙，均与章程相符。合将捐生姓名、银数，缮具简明清单，恭呈御览，仰恳天恩俯准，敕部查照，分别奖叙，填给二百七十五员名部照，递粤给领，以示鼓励。

除将履历清册照根副实收，送部核办外，臣等谨合词恭折具奏，伏乞皇太后、皇上圣鉴训示。谨奏。

同治四年十月二十一日，军机大臣奉旨："户部核议具奏，单并发。"钦此。

清单

谨将广东省新捐军需经费第七次请给封典、职衔并加级各官绅姓名、银数，开列简明清单，恭呈御览。

计开：

光禄寺署正衔童逢光，捐银二百四十两，请给予父母、生母从六品封典，将本身妻室应得封典貤封祖父母。

光禄寺署正衔冼乘汉，捐银二百四十两，请给予父母从六品封典，将本身妻室应得封典貤封祖父母。

同知衔林万爵、吴永恒，各捐银三百二十两，俱请给予父母正五品封典，将本身妻室应得封典貤封祖父母。

布政司经历衔李仁，捐银二百四十两，请给予父母从六品封典，将本身妻室应得封典貤封祖父母。

布政司经历衔李天滂，捐银二百四十两，请给予父母及本身妻室从六品封典。

布政司理问衔林麟书，捐银二百四十两，请给予父母从六品封典，将本身妻室应得封典貤封胞兄嫂。

州同职衔罗汝绶，捐银二百四十两，请给予父母从六品封典，将本身妻室应得封典貤封祖父母。

按察司经历衔简有容，捐银二百四十两，请给予父母正七品封典，将本身妻室应得封典貤封祖父母。

从九品衔黄盖邦，捐银一百六十两，请给予父母从九品封典。

未入流衔陈荣宗、温绳祖、林文炳、林茂仁、蔡挺秀、曾伯麟、曾傅印，各捐银八十两，俱请给予父母从九品封典。

监生董逢光、梁奇秀、冼乘汉，各捐银七百二十两，俱请给予光禄寺署正职衔。

贡生朱国本，捐银五百二十两，请给予中书科中书职衔。

监生陈瑞麟，捐银二百八十八两，请给予翰林院待诏职衔。

监生陈殿昌、阎弼安，贡生黄体元，各捐银一千六百两，俱请给予同知职衔。

监生李熙麟、谢丹墀、李英芳，各捐银二百四十两，俱请给予布政司经历职衔。

监生林麟书、曹光裕、何琼英，各捐银二百四十两，俱请给予布政司理问职衔。

监生陈国勋、黎茂华、孔广梅、冯启、林泰昌、黎耀宗、区廷铭、韩堡准、陈邦佐、马禧麟、莫作圣、邓抡光、李滨、谭梦吉、邓绍昌、吴德愈、邓宗义、张孔昭，各捐银二百四十两，俱请给予州同职衔。

监生吴俊泉，捐银一百六十两，请给予县丞职衔。

俊秀冯昌滋、黄有俊、韩良卿、吴国英、冯文栽、梁生花、陈廷铎、许奎书、伍世浩、赖文明、赖文珍、区德荣、区载贤、邓叶熊、邓公集、刘载明、罗清璘、罗焕璘、罗光璘、蔡兆书、曾安邦、曾荣邦、曾祥邦、陈鸿章、张朝陞、苏焕章、黎晴、韩缵丰、冯昌浩、冯文莳、冯文芹、何开荣、胡良骥、江作辉、王庆临、黎起龙、彭寿昌、何开元、钟绍灵、陈庆堂、朱铭勋、叶发桂、谭寅昌、邹玉璋、谭玉麟、韩寅翼、韩有翼、卢庆兆、杨杰邦、陈有庸、王庆勋、王庆和、黎梦魁、赖文才、刘国宝、霍彬伦、植芳、刁荣光、刘森华、吴濂川、梁廷光、温绍光、詹泰高、甄国藩、甄廷芳、邝粤钟、陈泉香、谢重华、何捷三、雷卓垣、叶瑞英、江瑞清、潘鸿懋、潘荣宝、苏国林、覃调之、苏李道、吴德铨、刘明烈、刘明煜、赖锡元、赖锡芬、陈立衮、钟名扬、倪世馨、陈宗瑶、周思睿、廖肇庭、杜之沂、黄灿章、黄诰章、黄龙章、黄金元、黄瑞祥、周传罄、李润秀、叶承祖、陈廷椿、陈琼英、陈正修、吴绍泰、区显扬、林璿箕、黄妙章、陈佐朝、陈佐廷、陈佐卿、江名淮、赖凤仪、赖荣远、叶含光、余廷金、梁楚卿、张达全、梁龙骥、张宝浓、陈振经、符玉璋、陈发轫、高廷济、余家存、谭兆桐、龙际春、宁邦和、苏秉亨、邓完亨、王钦赐、张贯鹄、范德彰、李九鸠、曾仁深、王纯膺、吴熹文、朱玉炳、沈照奎、邓具洽、邓其光、吴清显、陈景祥、张始振、温文魁、傅世魁、文荣光、张人爱、刘元勋、黄培绪、林昌榜、王绍杰、梁国昭、林汝芳、严儒标、陈廷玑、陈友道、林德彝、陈凤栖、林璧辉、吴治平、吴大球、韩奋翼、韩舒翼、林道卿、谢明易、韩纪彝、韩信翼、陈秋瑚、郭贻昌、郭诗吟、郭时昌、吴猷标、吴大法、吴烷文、吴仁山、韩明德、韩绍馨、钟仁守、梁廷献、王凤栖、欧纯昭、冯文嵩、高天冠、罗为纲、冯光泰、冯光秀、郑国泰、邓启仪、张卓章、罗震云、尹绵昌、尹光才、尹经邦、丁清、扬应坤、陈温泉、黎化龙、黎廷龙、彭运泰、骆善驹、区居礼、张焕朝、覃元承、区登元、冯应桂、冯树屏、刘广基、华洵祥、符京邦、林永固、林保生、姜福祥、姜福祯、包德明、刘振薇、郭呈瑞、韦威图、岑济川、黄统炽、许振璧、陈鸿钧、黎文璿、廖荣华、陈麒章、郑善东、范桂林、张文和、古河书、黎东显、曾绍基、赖作贤、沈元龙、俞汝钧，各捐银六十四两，俱请给予从九品职衔。

俊秀陈荣宗、刘之栋、朱翕诚、王耀昌、潘馀新、林文炳、林茂仁、蔡挺秀、曾伯麟、曾傅印、梁家桂，各捐银六十四两，俱请给予未入流职衔。

都司职衔朱元春，捐银六百七十二两，请给予父母及本身妻室正四品封典。

营千总衔黎维纪，捐银二百四十两，请给予父母正六品封典，将本身妻室应得封典貤封祖父母。

营千总衔吕瑞麟，捐银二百四十两，请给予父母及本身妻室正六品封典。

监生吴汉源、林德培，武生张兴邦，各捐银七百二十两，俱请给予都司职衔。

监生萧朝桀，捐银四百八十两，请给予营守备职衔。

武生吕清光、监生叶其清，各捐银三百二十两，俱请给予守御所千总职衔。

监生罗廷璿、龙翚云、陈镶、张敬忠、徐安东，各捐银二百两，俱请给予卫千总职衔。

监生梁殿任、郑家修，武生符汉、伍鹰扬，各捐银一百六十八两，俱请给予营千总职衔。

监生张孔超，捐银九十六两，请给予把总职衔。

以上官绅三百一十员名，共计收捐输洋银三万八千三百五十二两。此项官绅均系填给空白执照，截出照根，随案送部核销。合并陈明。

尽先选用光禄寺署正马世光，捐银一千六百三十四两，请加员外郎升衔。

蓝翎光禄寺署正升衔分发候委训导许钦明，捐银一千一百四两，请加四级，并给予父母从四品封典，将本身妻室应得封典貤封兄嫂。

补用同知署广东徐闻县知县黎学箕，捐银一百七十四两，请由补用同知加寻常一级。

同知衔广东合浦县知县文炳星，捐银三百七十八两，请由知县加寻常三级。

同知衔署广东电白县事试用知县冯泰松，捐银五百四两，请由知县加随带二级。

同知衔候选知县陈文源，捐银二百四十两，请给予父母正五品封典，将本身妻室应得封典貤封祖父母。

代理广东琼山县事候补知县郑春融，捐银六百二十三两，请加同知升衔。

广东石城县知县伊绍鉴，捐银三百七十八两，请加随带一级、寻常一级。

候选知县周德芬，捐银一百八十两，请给予父母正七品封典，将本身妻室应得封典貤封祖父母。

候选县丞潘兰，捐银四百三十一两，请加布政司理问升衔，并给予父母、生母从六品封典，将本身妻室应得封典貤封祖父母。

广东候补府经历县丞幸光萃，捐银二百四两，请加随带一级。

广东分缺先前补用盐大使宇文舫，捐银二百四两，请加寻常二级。

光禄寺署正衔陆荣谦，捐银一千三百二十八两，请给主事职衔，并加二级，给予父母正五品封典，将本身妻室应得封典貤封胞兄嫂。

詹事府主簿衔劳功纯，捐银一千七百二十两，请给同知职衔，并给予父母正五品封典，将本身妻室应得封典貤封祖父母。

布政司经历衔罗文绮、州同衔汤鸣豫，各捐银一千三百六十两，俱请给予同知职衔。

布政司经历衔区家桢，捐银一千一百二十两，请加二级，给予父母从五品封典，将本身妻室应得封典貤封祖父母。

州同衔华体仁，捐银一千一百二十两，请加二级，给予父母及本身妻室从五品封典。

按察司知事衔阮丕勋，捐银八十两，请给予布政司经历职衔。

按察司照磨衔陈康济，捐银一百四十四两，请给予布政司经历职衔。

从九品衔监生毓濂，捐银一百七十六两，请给予州同职衔。

监生黄元吉、贡生杨颀，各捐银七百六十两，俱请给中书科中书职衔，并给予父母从七品封典，将本身妻室应得封典貤封祖父母。

监生赖镇乾，捐银五百二十两，请给予中书科中书职衔。

监生黄晋球、文彭龄，各捐银二百八十八两，俱请给予翰林院待诏职衔。

监生杨侯望，捐银四百八十两，请给布政司经历职衔，并给予父母从六品封典，将本身妻室应得封典貤封祖父母。

监生区家桢、何道生，各捐银二百四十两，俱请给予布政司经历职衔。

监生钟占瀛，捐银四百八十两，请给布政司理问职衔，并给予父母、生母从六品封典，将本身妻室应得封典貤封祖父母、生祖母。

监生陈荐端，捐银四百八十两，请给布政司理问职衔，并给予父母从六品封典，将本身妻室应得封典貤封祖父母。

监生许之锦，捐银四百八十两，请给布政司理问职衔，并给予父母、生母从六品封典，将本身妻室应得封典貤封祖父母。

贡生陈嘉会，捐银二百四十两，请给予布政司理问职衔。

监生何家瑛，捐银一千三百六十两，请给州同职衔，并加二级，给予父母及本身妻室从五品封典。

监生蓝锦煊，捐银四百八十两，请给州同职衔，并给予父母从六品封典。

监生叶兆鏧，捐银四百八十两，请给州同职衔，并给予父母及本身妻室从六品封典。

监生黎峦庆、王德材，各捐银四百八十两，俱请给州同职衔，并给予父母从六品封典，将本身妻室应得封典貤封祖父母。

监生凌明文、欧阳鸣岗、黎昭彝、许礼中、冯辅基、冯汝规、林卓芳，各捐银二百四十两，俱请给予州同职衔。

监生陈徽锦，捐银四百四十两，请给按察司经历职衔，并给予父母正七品封典，将本身妻室应得封典貤封祖父母。

监生简有容，捐银二百两，请给予按察司经历职衔。

监生戴仕君、阮丕勋，各捐银一百六十两，俱请给予按察司知事职衔。

监生梁文机，捐银三百二十两，请给县丞职衔，并给予父母正八品封典。

监生陈大华、张大年、黄家元、黄其昌、邓镇国、梁炳文、冯克勤、冯焕璧，各捐银一百六十两，俱请给予县丞职衔。

监生吴应玺，捐银九十六两，请给予按察司照磨职衔。

俊秀余敦修，捐银二百二十四两，请给从九品职衔，并给予父母从九品封典。

俊秀杨朝礼，捐银一百四十四两，请给未入流职衔，并给予父母、生母从九品封典。

俊秀罗培桐，捐银一百四十四两，请给未入流职衔，并给予兄嫂从九品封典。再据该俊秀呈称，父母已有封典，合并陈明。

俊秀冯沛华、魏锦文、区应旋、梁士来、冯泽芳、叶恒春、钟清远、赖耀南、苏为龙、周纬文、曾兆清，各捐银一百四十四两，俱请给予未入流职衔，并给予父母从九品封典。

俊秀陈懋时、郑楠、赵宗纯、杨明、张荣魁、顾汝瑛、郑清咏、谢呈瑞、罗谋臣、梁熊光、何玉声、伍昭裕、伟亦祥、张锦章、程庆云、张锦澜、邓达逵、周召南、简荣廷、袁中兴、邓淑奇、邵继棠、包家昇、高群士、邵茂元、陈良琼、陈士光、陈招平、黄康龄、王维科、李兆荣、陈汉广、黄友坤、李裔昌、李祖旦、杨睿湛、林桂馨、苏瑞芝、苏永斌、许廷光、李宗和、颜开永、庄福崇、许学香、符光斗、冯思标、冯翰墨、周登礼、周勋智、郭诗宾、郭诗红、谢明昌、邢振国、符用宝、符廷选、蒋学诗、林学崇、林天茂、蔡运玑、蔡运蛟、陈玉振、潘瑚辉、潘连辉、王传统、翁廷凤、韦唐章、蔡传第、欧厚宝、庞献猷、王芳年、曾师鲁、彭光远、梁琛、罗荣昌、蓝重裕、刘宝腾、张一绳、陈宗亮、钟乃昭、钟光烈、李捷云、邱玉明、罗清言、钟兆昇、钟琪光、刘庆祥、王善昌、曾济翔、卢汝明、袁彩明、萧逢亨、龚怡堂、李常泰、李文显、张元士、陈朝桢、陈植桂、甄寿龄、邝荣壮、许际康、李德隆、霍如衡、蔡增寿、林春馨、阮捷金、赖九德、叶振林、邱容光、李德完、叶成茂、沈经美、杨衍德、谭爵尊、唐焯、梁以德、黄习贤、潘耀光、梁畅文、刘国韬、许济业、易治平、梁懋汉、刘惠兰、车聘朝、梁鎏璠、陈士芹、张士仁、苏子龙、李琇、吴锡龄、阚灼心、周之盛、陈廉溪、杨业东、邵殿恭、赖荣昌、陈广传、陈广建、钟赞和、吴炳元、麦秋、钟秀南、黄有常、陈霆、容守儒、邓凤鸣、王荣邦、劳文澜、翁东阳、梁仁达、吴承美、颜世贞、李振瀛、冯文莲、符廷照、周泗东、叶美华、林召南、谢士鲲、云茂育、叶茂钦、许书基、何辉生、符载章、吴同书、许缵统、符日章、卢大儒、周嗣禹、周青云、邢定裕、邢保佳、邢逊元、云茂宽、符世璜、吴安康、詹玉文、王秉璋、梁运松、罗文梅、潘秉俊、钟大琳、李汝琼、雷必诚、伊光旭、朱钦明、侯觐、刘承昌、赵邦仕，各捐银六十四两，俱请给予从九品职衔。

俊秀冯朴，捐银六十四两，请给予未入流职衔。

守御所千总衔苏鸿，捐银三百二十两，请给予父母及本身妻室从五品封典。

从九品衔监生罗廷梅，捐银二百五十六两，请给予守御所千总职衔。

监生赖捷贵，捐银一千八百七十二两，请给都司职衔，并加一级；给予祖父母、父母从三品封典，将本身妻室应得封典貤封胞兄嫂。

监生陈梦清，捐银三百二十两，请给予守御所千总职衔。

监生周秉礼，捐银四百八两，请给营千总职衔，并给予父母正六品封典，将本身妻室应得封典貤封祖父母。

监生冯显唐、陈冠贤、萧俊亭、卢韶光，各捐银一百六十八两，俱请给予营千总职衔。

监生黄朝瀫，捐银九十六两，请给予把总职衔。

俊秀李朝吉、何有标，各捐银一百八十四两，俱请给予把总职衔。

以上官绅二百七十五员名，计收捐输洋银四万五千九百二两。此项官绅均系填给司印实收，将副收随案送部。应请饬部照案核填执照，发粤转给祗领，合并陈明。

通共官绅五百八十五员名，计收捐输洋银八万四千二百五十四两。

军机大臣奉旨："览。"钦此。

广东省第十五次新捐军需经费开单请奖疏[①] 八月十八日

奏为广东省同治四年闰五月、六月份新捐军需经费，请给实在官阶，开列各捐生姓名、银数，恭折奏闻，仰祈圣鉴事。

案准户部咨，议复署两广总督晏端书等奏粤东捐输团练经费，

①辑自中国第一历史档案馆藏"录副奏折"原件 03-4802-016 号及附件清单 03-4802-020 号。系与广州将军兼署两广总督瑞麟会衔。标题系编者拟。

请作为捐输军需，尚属可行，应如所请办理。等因。同治二年八月十六日具奏，奉旨："依议。"钦此。又，前任抚臣黄赞汤会同前署督臣晏端书具奏广东捐输截至同治二年三月止，概归旧捐，嗣后另归新案捐办。其捐实职之员，仍先填给藩司实收，经部议准后，再行填照颁发换给。等因。同治二年七月十三日递回前折，后开议政王军机大臣奉旨："着照所请，该衙门知道，单并发。"钦此。钦遵在案。

溯查广东捐输军需经费请给实官，原系遵照部行，援照筹饷新例减二成章程办理。所有同治二年八月开办新捐起，至四年五月底止，报捐实官，共银一十九万八百六两，先后十四次奏请奖叙。兹第十五次自四年闰五月初一日起，至六月底止，计两个月共报捐实官九员名，捐输洋银一万一千六百六两，均据上兑，充支军需经费，据在局司道等，将所捐银数照现行筹饷减成新例，及历届捐输成案，叙列官阶造册，详请奏奖前来。臣等复加查核，均属相符。合将捐生姓名、银数，缮具简明清单，恭呈御览，仰恳天恩俯准，饬部〔查〕照，分别奖叙，归于现行筹饷新例，一律选补。

除将履历清册送部核办，听候缮发执照来粤给领外，臣等谨合词恭折具奏，伏乞皇太后、皇上圣鉴训示。谨奏。

同治四年十月二十一日，军机大臣奉旨："户部核议具奏，单并发。"钦此。

清单

谨将广东省同治四年闰五月、六月份新捐军需经费，减成报捐实在官阶各官绅姓名、银数，开列简明清单，恭呈御览。

计开：

举人龙景恢，捐银六千三百二十四两，请以郎中不论双单月选用。

举人华煜，前由监生于同治三年十一月份在广东新捐实官案内捐银一千七百二十八两，请以盐大使选用，嗣准部驳，应俟补交捐免保举及监生四成实银，再行核办等因。兹华煜中式江西本省甲子科，并补行辛酉科乡试举人，改由举人补捐银一十五两，连前捐银数归并积算，请以内阁中书不论双单月选用。

未截取举人严天锡，捐银一千五百一十五两，请以复设教谕双月选用，并加内阁中书升衔，加四级，给予父母从五品封典，将本身妻室应得封典貤封祖父母。

议叙选用未入流郑培元，捐银一千三十九两，请以县丞双月选用，并加州同升衔。

监生谢培芳、王启祥，各捐银八百四十三两，俱请以县丞不论双单月选用。

监生王元瑞，捐银五百六十二两，请以县丞双月选用。

监生马元泰，捐银二百六十三两，请以巡检不论双单月选用。

监生张栻，捐银二百二两，请以从九品不论双单月选用。

以上官绅九员名，计收捐输洋银一万一千六百六两。

军机大臣奉旨："览。"钦此。

粤省劝捐本省军饷第四次请奖疏[①] 八月十八日

奏为粤东劝捐本省军饷第四次捐生姓名、员数、银数，请给

①辑自中国第一历史档案馆藏"录副奏折"原件03-4802-017号及附件清单03-4802-021号。系与广州将军兼署两广总督瑞麟会衔。标题系编者拟。

实官、封典、职衔、加级奖叙，恭折奏祈圣鉴事。

窃照前署督臣晏端书会同前抚臣黄赞汤具奏粤东用兵缺饷，请派绅士劝捐，以应急需一折，于同治二年五月二十九日准议政王军机大臣字寄，同治二年五月初八日奉上谕："晏端书、黄赞汤奏粤省缺饷，拟办劝捐一折。"等因。钦此。当经前督抚臣钦遵转饬各绅函致各州县绅士分投劝办。臣嵩焘于同治二年九月抵任，查悉广东之富，在商不在农，当即更定章程，访察的实殷富之家，派委干员，会同绅士指名劝谕捐输，办理稍得要领。同治三年八月与前督臣毛鸿宾复奏广东大概情形折内，业经切实复陈，并将同治三年五月起至四年二月底止请奖实官、封职，共银二十一万四千五百一十三两，先后列作第一、二、三次奖叙具奏各在案。兹据捐局将同治四年三月初一日起至四月底止，捐生请奖姓名开列，请奏前来。

臣等伏查各捐生自同治四年三月初一日起至四月底止，计两个月请奖实官、封典、职衔、加级等项，填给藩库实收者二十二员名，计银八千八百五十八两，报捐封典、职衔填给空白部照者五十员名，计银六千九百九十二两，合计捐生七十二员名，共请奖银一万五千八百五十两，照依咨准部复，每百两提支劝捐绅士夫马薪水银一两，共提支银一百五十八两五钱，尚〔存〕银一万五千六百九十一两五钱，均据缴局尽数充支本省军饷之用。自应分别给奖，以昭激劝。臣等督饬在局司道，逐一查明各捐生捐输银数、所请奖叙，按照筹饷新例及现行常例减成章程，考核相符。理合缮具简明清单，恭呈御览。仰恳天恩俯准，饬部分别奖叙。其报捐实官各员并准归于现行筹饷例，按班选补。

除将各捐生照根及副实收并履历清册送部核办，听候缮发执照来粤给领外，所有劝捐本省军饷第四次请奖缘由，臣等谨合词恭折具奏，伏乞皇太后、皇上圣鉴训示。谨奏。

同治四年十月二十一日，军机大臣奉旨：“户部核议具奏，单并发。”钦此。

清单

谨将广东劝捐本省军饷，遵照本省现办各案捐输减成银数，自同治四年三月起至四月底止，第四次请给实在官阶、封典、职衔各捐生姓名、银数，开列清单，恭呈御览。

计开：

国子监典籍衔陈世则，捐银一千六百八十五两，请以通判双月选用。

监生李超谌，捐银八百四十三两，请以县丞不论双单月选用。

监生欧元材，捐银五百六十二两，请以县丞双月选用。

通政司经历衔胡汝楷，捐银七百二十八两，请给予都察院都事职衔。

光禄寺署正衔凌殿彝，捐银一千四十两，请加二级，给予曾祖父母从五品封典；再据该职呈称，祖父母、父母已请有封典。合并陈明。

主事衔欧守仁，捐银三百二十两，请给予同知职衔。

翰林院待诏衔苏应宗，捐银一千五百三十六两，请给予同知职衔。

府知事衔缪际清，捐银六十四两，请给予县丞职衔。

从九品衔监生何骏卿，捐银九十六两，请给予盐课司大使职衔。

监生胡奋瀛，捐银九十六两，请给予按察司照磨职衔。

俊秀罗文泰，捐银一百四十四两，请给未入流职衔，并给予父母、生母从九品封典。

俊秀叶抡元、陈秉嵩、李栩材、黄庭桂、曾文经、卓大麟，各捐银一百四十四两，均请给未入流职衔，并给予父母从九品封典。

俊秀许茂邦、黄廷枢、黄有让、黄泽猷，各捐银六十四两，均请给予从九品职衔。

把总衔监生何廷建，捐银六百二十四两，请给予都司职衔。

以上捐生二十二名，计收捐输洋银八千八百五十八两。此项捐生均系填给司印实收，候部照案核填执照，发粤转给祗领。理合注明。

光禄寺署正衔加二级冯康，捐银三百二十两，请给予父母从五品封典，将本身妻室应得封典貤封祖父母。

中书科中书衔傅维祺，前在本省劝捐军饷第三次请奖案内，捐请父母从七品封典，今捐银二百四十两，请给予祖父母从七品封典。

同知衔黄锡光，捐银三百二十两，请给予父母正五品封典，将本身妻室应得封典貤封祖父母。同知衔黄锡光又捐银三百二十两，请给予胞兄嫂正五品封典。

监生朱嘉玉，捐银二百八十八两，请给予翰林院待诏职衔。

监生沈文熙，捐银一千六百两，请给同知职衔。

监生吴沛霖，捐银二百四十两，请给州同职衔。

俊秀钟丙昭、唐超英、麦天培、马树檀、黄瑞渠、黄瑞伦、谭汝活、林兆祥、黄仕恩、丁泌泉、何嘉弼、林朝端、黎廷芳、陈义成、李安荣、何国光、吴绍和、鲁崑棠、何日启、何官赠、何骏业、何镜清、何广源、何荣基、叶有林、吴泰阶、赵庸、陈善述、谭巽、吴家才、庞经、杨礼和、梁汝龙、刘有庆、方振庸、陈松崖、何扬祖、何光祖、何世昌、刘国华、陈进芳，各捐银六十四两，均请给从九品职衔。

监生黎鸣岐，捐银七百二十两，请给都司职衔。

监生梁兆叶，捐银三百二十两，请给守御所千总职衔。

以上捐生五十名，计收捐输洋银六千九百九十二两。此项捐生均系填给奉颁空白执照，遵将截出照根，随案送部。理合注明。

统共捐生七十二名，计收捐输洋银一万五千八百五十两。

军机大臣奉旨："览。"钦此。

敬陈广东各属七月份雨水田禾粮价情形疏[1] 八月十八日

奏为敬陈七月份雨水、田禾、粮价情形，仰祈圣鉴事。

窃照广东省同治四年六月份雨水、田禾、粮价及祈祷得雨情形，先经臣恭折奏闻声明；东路各属曾否得有透雨，饬催查报归入下月奏报声明在案。兹查广东省城本年七月上、中、下旬得有大小雨泽十馀次，晚禾业已播莳，园蔬杂粮亦皆秀发，粮价较上月稍减，民情安贴，省外各属禀报与省城大略相同。东路惠、潮、嘉各属陆续具复，六月下旬、七月初旬先后祷获甘霖，田畴一律沾足，堪以仰慰圣怀。

所有同治四年七月份雨水、田禾、粮价情形，臣谨恭折具奏，并缮粮价清单，敬呈御览，伏乞皇太后、皇上圣鉴。谨奏。

同治四年十月二十一日，军机大臣奉旨："知道了。"钦此。

---

①辑自中国第一历史档案馆藏"录副奏折"原件03-4962-312号及附件清单03-4962-313号。标题系编者拟。

清单

谨将广东省同治四年七月份各属米粮时价分晰，开列清单，恭呈御览。

广州府属，价中。上米每仓石价银二两三钱五分至三两，与上月相同。中米每仓石价银二两一钱三分至二两七钱九分，较上月减一分。下米每仓石价银一两七钱六分至二两三钱七分，与上月相同。

韶州府属，价中。上米每仓石价银一两八钱三分至二两六钱九分，较上月减一分。中米每仓石价银一两五钱六分至二两三钱五分，与上月相同。下米每仓石价银一两一钱九分至一两九钱七分，与上月相同。

惠州府属，价中。上米每仓石价银二两一钱二分至二两九钱，与上月相同。中米每仓石价银一两八钱五分至二两六钱五分，与上月相同。下米每仓石价银一两六钱一分至二两三钱一分，较上月减一分。

潮州府属，价中。上米每仓石价银一两八钱八分至二两七钱，与上月相同。中米每仓石价银一两四钱六分至二两三钱，较上月减一分。下米每仓石价银一两一钱至一两九钱二分，与上月相同。

肇庆府属，价中。上米每仓石价银一两九钱四分至二两六钱九分，与上月相同。中米每仓石价银一两六钱一分至二两四钱五分，与上月相同。下米每仓石价银一两三钱至二两五分，较上月减一分。

高州府属，价中。上米每仓石价银一两二钱七分至一两四钱五分，较上月减一分。中米每仓石价银一两七分至一两二钱七分，与上月相同。下米每仓石价银九钱二分至一两一钱一分，与上月相同。

雷州府属，价中。上米每仓石价银一两四钱九分至一两六钱一分，与上月相同。中米每仓石价银一两二钱三分至一两三钱四分，较上月减一分。下米每仓石价银一两二分至一两一钱四分，与上月相同。

廉州府属，价中。上米每仓石价银一两八钱七分至二两一钱，与上月相同。中米每仓石价银一两五钱至一两七钱三分，与上月相同。下米每仓石价银一两二钱八分至一两四钱七分，较上月减一分。

琼州府属，价中。上米每仓石价银一两八钱四分至二两三钱六分，较上月减一分。中米每仓石价银一两五钱至一两九钱五分，与上月相同。下米每仓石价银一两三钱四分至一两八钱一分，与上月相同。

佛冈直隶厅，价中。上米每仓石价银一两八钱八分至二两五钱一分，与上月相同。中米每仓石价银一两五钱八分至二两二钱四分，与上月相同。下米每仓石价银一两三钱三分至一两九钱四分，较上月减一分。

绥瑶直隶厅，价中。上米每仓石价银二两二钱七分至二两四钱九分，较上月减一分。中米每仓石价银一两九钱八分至二两一钱六分，与上月相同。下米每仓石价银一两七钱九分至一两九钱六分，与上月相同。

罗定州属，价中。上米每仓石价银一两七钱七分至一两九钱四分，与上月相同。中米每仓石价银一两六钱三分至一两七钱七分，较上月减一分。下米每仓石价银一两二钱四分至一两三钱六分，与上月相同。

连州属，价中。上米每仓石价银二两二钱四分至二两四钱六分，与上月相同。中米每仓石价银二两五分至二两二钱三分，与上月相同。下米每仓石价银一两七钱至一两八钱七分，较上月减一分。

南雄州属，价中。上米每仓石价银二两二钱四分至二两四钱三分，较上月减一分。中米每仓石价银二两至二两一钱四分，与上月相同。下米每仓石价银一两六钱五分至一两七钱八分，与上月相同。

嘉应州属，价中。上米每仓石价银二两三分至二两六钱，与上月相同。中米每仓石价银一两八钱五分至二两四钱，与上月相同。下米每仓石价银一两四钱九分至二两三分，较上月减一分。

军机大臣奉旨："览。"钦此。

奏请开缺另简能员接任广东巡抚疏八月二十一日[①]

奏为微臣多病蹇讷，难期裨益地方，请旨俯准开缺，另简能员接任广东巡抚，恭折奏闻，仰祈圣鉴事。

窃臣渥邀恩命，权抚粤东，已近两年。深惟朝廷设官之义，决非徒资豢养之恩。粤东又当纪纲废弛、风俗颓敝之馀，乱机已伏于萧墙，无能究知其底蕴；寇踪环集于边境，何敢自便其逶迤！早作夜思，以图补救万一，而才力浅薄，百不从心。年馀以来，疾病侵寻，衰态日作。重以心血消耗，偶一构思，怔忡昏眩。甚至心气作痛，终夜不能成寐。本年五月，贼势沿潮州北窜，军务稍纾，臣即拟具折陈请开缺。会闻直东军情紧急，值宵旰忧劳之

①日期据《清政府镇压太平天国档案史料》第26册同疏补。系录副时间。

日，非臣子可图自便之时，濡忍至今，病躯渐至增剧。伏念粤东尚属有为之地，巡抚又兼得为之权，而臣疾病馀生，逾分叨荣，百端支绌。属时事艰难之会，而有防贤窃位之讥。此心之负咎已深，地方之贻误滋大。惟有仰恳天恩，准与开缺调养，另简端直严毅、威望素著之员巡抚广东，庶朝廷为地择人，仍期与臣子以自全之分；微臣及时引退，尚得贻后任以可为之资。

谨披沥愚忱，冒昧上陈，伏乞皇太后、皇上圣鉴。谨奏。

缕陈粤东大局情形片 八月二十一日[①]

再，广东军务已有江河日下之势，综其大要，约有数误：

本年五月，贼势沿潮州北窜，由武平以趋陷镇平。其时郭松林、杨鼎勋两军驻扎云霄，屡函与臣约由闽赴粤。而镇平失守二十日，李福泰并未禀报。迨臣得杨鼎勋书，始商之兼署督臣瑞麟，委员运粮往迎，而已由左宗棠奏饬回苏矣。坐令穷贼复张，阑入粤境，而无大枝劲旅剿办，以收荡平之效。此一误也。

冯子材自江南回粤，臣与接见，谈军务具有条理。其将弁若杨武贤、关松志、杨青山、湛恩荣，大率朴干椎鲁，为可倚恃。力言之前督臣毛鸿宾，暂留冯子材督办东江军务，以李福泰本非知兵，又素性慈柔，过于粉饰，宜令冯子材接办，亦使粤军粗知纪律规模，以期渐开风气。毛鸿宾具奏后，又以卓兴调赴东江，改奏冯子材办理罗定股匪，臣争之不能得。洎罗定事竣，霆营叛卒适逼乐昌，军事益棘，臣又屡言之瑞麟，饬冯子材督办，均未允从。用兵至四万馀，仅恃一李福泰辗转周旋，无能一加调遣。

---

①系奉旨日期，据本片内容及《清政府镇压太平天国档案史料》第26册同片考订。

此又一误也。

湘、淮各军所以能战，由曾国藩定立营制，以五百人为一营，整齐约束。粤民强悍甚于湘、淮，而自来募勇章程极为疲敝，竟至支放数千人口粮而营勇并无名册，开募亦无期日。臣念粤军如卓兴、方耀，本属能战之将，徒以营制废弛，一意宽纵，以枉其材。前与毛鸿宾商定营制，仍以五百人成军，设一营官统之，期使分合调遣略可稽查。而制由臣定，终亦视为具文。方耀始留三千人为六营，渐次增至九千馀人，郑绍忠五百人为一营，渐次增至五千人，讫未依照办理，仅赖军需局曾经立案，勉强开报名册。方耀防堵平远数月，闻贼至而先期避去，致令全军溃散，经臣与毛鸿宾奏参。镇平贼退，郑绍忠跟踪收复，数日而贼反扑，致损锐气。卓兴住省两月，索旧欠二十万以行，由老隆调赴兴宁，径报率勇归家，已而复称各勇均经招回。瑞麟概不查问。作辍自由，上下相蒙，一意包含，养成尾大不掉之势。此又一误也。

伏查粤东军务，积习相仍，专以利相炫，未尝一讲求实际。从前用兵，额饷之外动悬赏数万，以资奋勉图功。其间浪费营私，又不知所纪极。咸丰四年红匪之变，各库存馀动数十百万，捐输无算，用兵万馀人，保全一省城，支销略尽。徇私见好，已成风气。伉直如吴昌寿，亦最以此邀誉。臣初至，询问库储及军务情形，悚然增惧。近年用兵至四五万人，百计搜括，支放不及数成。粤东民情与他省绝异，重以十馀年之纵弛，饷糈稍缺，则益至骄蹇，不服征调。所以稍求核实，躬任劳怨而不辞者，盖审知此后之艰难日甚一日，办理必致两窘。《易》："穷则变，变则通。"此亦穷而必变之时也。咸丰四年致乱之由，及石达开、李复猷股匪迭次窜扰粤境，得失利病，尚可计数。谓当引为鉴戒，反至据此以自宽解，谓粤东迭经大乱，均系如此办理，可以安坐而致底定。

臣愚以为丰歉盈虚，今昔迥异，功且不可深恃，理且不可常据，而欲援积习以定万变之事局乎！

军情之利钝不能预知，而事必求其无悔；营规之整散不能骤变，而法必先其可行。臣奉职无状，于用兵尤无所知。赋性愚直，遇事尽言，讨论得失，不知隐饰。尤念粤东办理军务，幕客、门丁、书吏扶同渔利，惟惧事权旁假，耸弄督臣，防臣干预。顷因长乐失守，惠州戒严，沿江盗贼蜂起，经司道等会商，请臣驻扎惠州，藉资镇压，乃蒙督臣面斥司道，责臣越职侵权，有意陵冒，臣实茫然。窃查国家定制，督臣专任兵事，水陆各营悉归节制，抚臣不得与闻，专主额兵言之。近年办理军务，抚臣驻扎省分，各营仍听节制。至于募民为兵，防堵边界，保守城池，抚臣例当会办。粤东额兵七万馀人，较各省为最多，历来军务及捕治一二盗匪均须募勇，抚臣随例列衔，诸事一无关白。臣忝摄封疆，于地方安危利病，岂能晏然坐视，随同画诺？或因语言积忤，亦所不免。惠州为省垣屏蔽，渐次向前督率，仍系正办。瑞麟兼任将军，职在居守，臣以身御贼，仍请瑞麟具奏，似非越职。而以此大触忌讳，为公为私，均难理测。且至对众宣言：“抚臣欲加整顿，一参卓兴而卓兴反，一参方耀而方耀反，此二人憾抚臣方深，一出省且举兵围之索饷。”臣于卓兴、方耀，周旋款接，无异于人，惟公事交涉稍加劝诫，使轨于正。即令臣出视师，亦但能联络各营，稍期尽力，自揣诚无可恃。瑞麟一意交欢，一时负气，昌言于众。万一兴乱，咎将谁归？是直使后人无所措手足，不独臣心为之沮丧而已。

查瑞麟慈柔宽裕，狃于见好。如去年九月，旗营因积欠哗噪，立时筹放数千金，本年五月哗噪，又筹放数千金，始终不惩儆一人。以处粤东犷悍之区，人心浮动之日，而又当军务繁兴，库储空乏，窃忧其难以持久。体察粤东事局，如臣愚弱，尤非所能胜任。疾病因循，徒滋怨谤，内计之心，竟亦无可为自效之术。现贼屯踞粤境，观望周章，或绕窜江、楚，或深入腹地，负嵎偷生，终亦归于殄灭，非臣智虑所能逆睹。惟是纪纲法度、人心风俗之所关，灼然有以知其本末，非有刚强严毅之员接任巡抚，帮同瑞麟经理，直恐隐忧日积日深，终至不可收拾。仍乞严饬瑞麟，先将该署幕友徐灏摈退，稍清其流，无任盘踞把持，败坏风气。臣病困孱躯，万难力图报称，冒昧自陈，分干严谴，而于粤东大局情形，仍不敢以因病乞休，不一据实缕陈，致辜圣恩。谨附片密陈，伏祈圣鉴。谨奏。

请饬左宗棠督办此股贼匪片

再，镇平一城，适当江西、闽、粤之冲。江、闽两省防军，东起永定，西讫长宁，屯驻数百里。康国器、关镇邦两军驻扎松源，其意犹恃为永定南路之屏蔽。左宗棠迭次奉旨越境剿贼，而边疆各有专守，以情以势，皆不能越境而勤远略。察看贼势，旦夕抢割田禾，必至窜动，或出和平、连平旁空窜逸，或深入粤境负嵎偷生，防堵各军皆无从遮遏。臣于镇平再陷之际，商请瑞麟，奏饬左宗棠移师督办，以贼势尚多至二十馀万，败残之馀，观望周章，互相携贰，其势宜于近攻而不宜于远防，宜于急乘其敝而不宜于缓失其机。三省兵力旷远，不相联属，将自为营，人自为战，日久相持，使贼得以其间休养馀力，师老财匮，隐忧实多。左宗棠深悉贼情，江、闽各军皆其旧部，又经派委康国器、关镇邦两军入粤会剿，声气较易联络。连数省之地，通数省之兵，言哤心异，本难措手，而非有左宗棠之威望，亦不足以一事权而利攻战。此贼灭亡有日，通筹办理情形，计无逾此。应恳皇上天恩，饬令左宗棠督办此股贼匪，期于全数剿灭，不以疆域为限，庶有所凭恃以筹画全局，会同江、粤督抚，审度缓急机宜，调拨剿办，于军务必稍有裨益。愚昧之见，不敢不缕陈于圣主之前，以备采择。谨附片密陈，伏祈圣鉴。谨奏。

御史潘斯濂所陈两条始终办理情形片

再，同治四年六月初十日承准军机大臣字寄，同治四年闰五月十八日奉上谕："御史潘斯濂奏粤省捕务因循，盗风日炽，并开列清单，请饬广东督抚认真整顿一折。若如所奏，南海、番禺、顺德三县劫案甚多，而获案者不过十之一二，州县官置民事于不问，实堪痛憾。着瑞麟、郭嵩焘按照单开逐一清查，严饬地方文武上紧缉拿。如捕务不能振作，即行从严参办。另片奏桑园围为粤省粮命最大之区，当西、北两江之冲，稍遭缺陷，工巨费繁。向有生息银两，以为岁修之费。近年将本息银两全数提用，从此岁修无措，水患难免，于两县民生大有关系等语。着瑞麟、郭嵩焘将咸丰四年提用桑园围原拨帑本及历年存库息银一项，查明已还未还各数目，设法归款，照旧发商生息，为御灾捍患之计。原折片均着抄给阅看。"等因。钦此。仰见皇上防患卫民，勤求治理，感佩私忱，继以惶悚。

伏查粤东盗贼公行，历年已久。臣始莅任，东、北两江无日不禀报劫案，省城以内每年劫案动至数起，几于人人自危。体察粤东情形，实以惩办盗匪为尤要，而历年积弊太深，莫可穷诘。御史潘斯濂所奏，粗知其流弊，而于本原受患之地，则尚未能言其恍惚。略举其要，一曰文武员弁幕友丁差之朋比，一曰绅士之包庇。其根源皆由于吏治废弛，积之久而邪气充塞，正气销靡无馀，虽有廉能之吏力求整顿，亦无能一发其覆。而吏治所以纵弛至此之极，则又由于处分太繁，案费太多。粤东盗案本与他省绝异，稍严以参限，则莅任三月即须罢斥，无得免者。每办一案，招解有费，押送有费，经历各衙门，偶一翻供，事主佐证无凭传讯，仍须发回。各州县不胜其烦，而盗贼反得夤缘开脱。于是相率以讳盗为本计，劫盗横行，匿不详报，渐次连村比寨，公行劫掠。常有绅富为之营谋保纵，名曰包头；供给食用，名曰米饭主；窝留停顿，名曰财东。凡属著名大盗，皆能上下交通，多方安顿，以图狡逞。臣愚以为粤东办理盗案，非稍变通成例，竟无措手之处，经会同前督臣毛鸿宾具奏。又查同治元年十一月内钦奉上谕："抢劫盗匪，准兵役及居民行旅格杀勿论，其拿获者立即讯明正法。"等因。钦此。因思粤东盗案，十九伤毙事主，草菅人命，而地方惩办盗犯，反多详审瞻顾。现值军务烦兴，人心浮动，尤应从严示警，又经申明上谕办理，而于其间饬派水陆各营捕剿。新安之冈边村，东莞之铁冈，香山之古镇、海洲、曹步等村，番禺之石镩、龙眼洞等村，其他海西各江路，亦时调拨水师围捕。从前东、北两江设立巡船，弊端百出。臣经营年馀，始将各巡船悉数裁撤，添设水师四营，至今行旅晏然。往来客商，称为三四十年所未有。该御史所奏州县呈报劫案需索规费，实为粤东锢习。臣通示晓谕：一应盗案，州县不为申理，准径赴臣衙门越诉，并准拦舆呈递。每出接收盗案控呈或至十数起，无不立时查办。据该御史称近年捕务废弛，较前更甚，而所开列盗案，均在同治二年臣未到任以前。自是而陈金刚馀党招降至数万，李复猷馀党亦万数千，金陵克复以来，撤遣之勇丁、逃归之逆党，前后至数十万，皆足以滋害地方，而各州县盗犯无加于前，省城年馀尚无劫案，江路转较静谧，亦由近年吏治略清，各州县尚时有一二能惩办盗匪者。又经设立省团总局，饬派在籍绅士刑部郎中刘锡鸿，江西安福县知县陈璞，内阁中书陈维新、梁葆训等经理，稽查省城民户，督率乡团，通各州县绅民之气，捆送盗匪为多。联络支持，细意讲求，本非臣愚劣所敢自信。循览该御史之言，尤念粤东民气郁塞已久，疏通较难。盗匪之充斥，捕务之废弛，诚有如该御史所云者。要以臣区区之心，勉图自效，才力已尽于此，抚膺内疚，常自怨怼，值时多艰，尤怀兢兢，惧滋陨越。

至桑园围一项，该御史条列颇详。由臣每月饬军需局开报收放款目内，有八旗月支息银一款，考求原委，则八旗公项发商生息支给无米养育、兵饷及文武举人会试盘费等项本银三万八千七百八十馀两，咸丰四年经军需局提用，历年积欠息银又至二万五千二百五十馀两。臣以军需局筹还息银既多艰窘，八旗生息又属要需，时方开设筹饷局，所有官捐及一切罚款另款存储，备缓急之需，陆续收存至四五十万两，为军需局提用几尽，因饬将八旗生息本银全数提还，另饬军需局查明咸丰四年提用款目。据开呈八旗生息各款外，尚有一十七款之多，计本银三十六万二千四百馀两。嗣又提用义仓谷价银一万两、羊城书院生息银二万两。臣查公项支销极易，兴复极难，义仓、书院，教养之源，兼系新提款目，随饬筹还。其各款内有借用桑园围基岁修生息本银三万六千两，除陆续筹还司库，尚馀本银二万二千七百五十馀两，息银三万一千三百六十馀两，关系百姓生计。辗转筹思，势难全数清完，先将本银提交南海、番禺二县，仍行发商生息，皆由筹饷局提还。其馀本息银两，已前经提存司库挪用一空，原拟设法筹拨归款，本年军情日紧，筹饷尤极艰难，几成坐困之势，万无馀力及此。该御史远在京师，于桑园围本末缕举无遗，而提用各款十徐年之久，未闻议及。臣勉力筹还，乃反加之苛论，良由臣积诚未至，恩信未孚，又谬思整顿，于地方一二绅士，诚惧不免稍有参差，动辄得咎，实分所宜。伏乞天恩鉴臣病躯，准与罢斥，使臣居官不能称职之状昭著于天下，庶略以示警臣工，而于臣负疚此心，亦稍借以自释。

除各案办理情形应由督臣查明会奏外，谨就臣莅任以来，于御史潘斯濂所陈两条始终办理情形，缕悉上陈，伏乞圣鉴。谨奏。

筹解滇饷缘由片会衔

再，同治四年八月初三日，臣嵩焘准军机大臣字寄，七月十四日内阁奉上谕："林鸿年奏请饬催滇省协饷并会办捐输及请奖杨盛宗等各折片。滇省军务日亟，饷项无出，本省既无可自筹之法，不得不藉外省捐输协饷，以为进取之谋。着骆秉章、马新贻、孙长绂、郭嵩焘、李瀚章、王榕吉、师曾酌量缓急，速为筹拨，即得十之一二，以赡滇军，亦可以资接济。各该省、关，毋再置之膜外，致误事机。将此由五百里谕知官文、骆秉章、马新贻、郑敦谨、李瀚章、林鸿年、郭嵩焘，并传谕孙长绂、王榕吉、师曾知之。"钦此。等因。当经分别咨行钦遵查照办理。

伏查滇省指拨饷银，为数甚巨，要皆数千里外悬揣臆度，随意指拨，日久遂为积欠。从前广东之力尚纾，已不能远应滇省之求。近年以来，艰窘万状，事势较滇省为胜，而实同苦无力支持。林鸿年委员方桂芳在粤守催，几至一年，实无可为支拨之计。仰蒙谕旨殷拳，不敢不一竭力筹解。再四商之师曾，并督饬在省司道，于关、运两库各凑银五千两，汇成一万两之数，先饬委员方桂芳迅速起解赴滇，以济要需。其馀指催协饷，容俟库款稍可周转，再行酌量筹解。谨将臣等筹解滇饷缘由，会同粤海关监督臣师曾附片具奏，伏乞圣鉴。谨奏。

天和等店闱姓罚款催缴完竣片会总督衔

再，粤东赌风甲于天下，名目至不可胜纪。每届乡试年分，预卜榜上姓氏多寡，以决胜负，名曰榜花，亦名闱姓。虽藉科名角采，与开场聚赌者有别，要亦赌博相沿之恶习。上年甲子科乡试，臣嵩焘与前督臣毛鸿宾先期出示严禁，省城内外，无敢开设闱姓标厂者。竟有天和等店，倚附香港地方，私自开设，而分遣其党入城，散给所刻底单。经饬广州府拿获到案，讯认闱姓厂开设香港，省城但有散伙照料，并无分厂。该店自知罪戾，情愿比拟纳赎例，认罚军饷银十四万两。臣等以该店既经承认罚捐军需，援法揆情，尚属可原，又值军饷搜括殆尽之馀，亦得暂资急用，当即饬行各局司、道、首府县，催令将罚项陆续缴局，统归措备军饷数内，由军需总局支用报销。几及一年之久，陆续催缴完竣，先后解归军需项下动支。由总局司、道详请具奏前来。理合附片陈明，伏乞圣鉴。谨奏。

广东试办牙帖缘由片会总督衔

再，查咸丰六年准户部咨议复湖北抚臣胡林翼奏请由部颁给牙帖劝捐案内，声明通饬各省详查，如有商人请领牙帖，仿照湖北章程裁革陋规，算入正款，由督抚臣奏明办理等因，咨行到粤。前督抚臣因广东向无额设牙税，刊在户部则例，即各行户亦向无缴官规费，无可裁革，与湖北等省旧有牙行者不同。维时军需经费，由捐输、抽厘及各库移缓就急，次第提用，尚可支持，是以未及举办牙帖。嗣于同治元年，部行洋药进口仿照牙行领帖之例，给票征银，归补购买火船巨款。粤东亦系酌量变通，于省河设卡征饷，咨准部复未照各省牙帖章程办理。

臣等查各行贸易，皆有牙商为之经纪，大而通都巨镇，小而墟市村庄，商情自趋便利，非官法所能强增。各省牙行例当官差，一切本有规费，饬改捐输，其势顺而易。广东则私设之牙行既不一领官帖，私抽之用银又皆据为常利，责令出其赢馀报捐军饷，给以官帖，反得据往事以相阻难，求遂其把持之计，故其办理逆而难。频年军务繁兴，康、侍各逆窜扰闽、粤交界地方一年有馀，调兵募勇，经费日益增多，按月所需，总在三十万两以外。月入厘捐各项，不过十万两左右。将藩库额支正杂饷款一律暂停，以资接济，每月仍短一二十万两，无项可支。兵勇待哺嗷嗷，万分急迫。臣等不得已督同在省司道，仿照部行捐办牙帖成案，出示剀切晓谕，招充牙行。派委候补道朱启仁总司其事，并先后遴委补用知府罗瀚隆、回避对调知府凤贵、补用同知于沆、试用知县程昆年、绅士前江西安福县知县陈璞等，先就省城佛山一带，妥为试办。其领帖捐数，即依湖北章程，上则行帖捐银一千两，中则捐银七百两，下则捐银五百两，次下捐银三百两，以示限制。并因捐领部帖之案续经部议停止，即照各省向例由藩司发给印帖，准其经纪本行买卖。据该局司道详报：自同治四年六月十三日开办以来，陆续据各行户取具邻保甘结到局，按则投充者，已有四十馀行，计一百馀家，缴到帖饷洋银六万五千两，陆续解交总局凑应军饷急需。一俟省城佛山查办竣事，即将行户姓名、年籍、捐数详细列册报部，并推广省外市镇一律办理，以裕饷需。

所有广东军务支绌万分，试办牙帖暂资接济稍有端绪缘由，臣等谨附片据实陈奏，伏乞皇太后、皇上圣鉴训示。

再，捐办牙行续经部议停给部帖一节，粤东只见邸抄，未奉明文，臣等现在咨部补行，俟接准部复，再行参酌办理，合并陈明。谨奏。

花旗股众阑入长乐官军现筹围攻情形折[①] 八月二十三日

奏为花旗股匪被剿逃窜，绕道阑入长乐县城，现在官军合力围攻，迅图克复，并防剿镇平康逆情形，恭折驰陈，仰祈圣鉴事。

窃前因花旗诡词乞抚，经各军迭次击败，及剿办镇平踞逆缘由，业于七月十七日具奏在案。时花旗全股屯聚雉鸡笼，总兵卓兴、参将戴朝佐同扎铁场，副将郑绍忠驻扎十二排、黄花口，约期合攻。七月初五日，戴朝佐派勇数百名前往哨探，遇贼于骆汗地方，捕战不力，戴朝佐与卓兴督队继至，分击之，毙匪多名，贼败走。初六日，该逆大股直犯铁场，卓兴等督军分两路抄入，贼弃械狂奔，追至金坑桥河边，贼众争渡，淹毙不可胜计。郑绍忠驰往夹击，俘斩数十名，割取首级十六颗，该逆尽弃雉鸡笼遁去。初八日，卓兴等率领各军移营进剿，沿途迭有擒斩，匪众猱腾峻岭，从僻径疾走，值暴雨如注，山水涨发，溪间路阻，我军难以穷追。初九日，该逆绕道突扑长乐县城，顷刻麇集，知县粟资源督同文武兵团登陴守御，连放大炮，轰毙悍贼数名，逆势稍却。忽后股踵至，冒死围攻，守城兵力不支。是日酉刻，被匪阑

①辑自《清政府镇压太平天国档案史料》第26册，中国第一历史档案馆编，社会科学文献出版社2004年4月第1版。系与广州将军兼署两广总督臣瑞麟会衔。日期系奉旨时间。

入县城，粟资源督勇巷战，身受丛伤，不知下落。戴朝佐中途闻报，即派都司黄添元、邓奋鹏两营进援，因山路泥泞难行，比黄昏抵县，而城已失陷。卓兴亲督全军，由青溪渡河。十三日，抵长乐之五里亭，该逆大队出城迎敌，势甚邸张，卓兴派外委王维忠带勇伏于左，守备林进陞带勇伏于右，守备邓耀光率所部前行诱敌，都司莫善喜从中路继进，逆众蜂拥来犯，迭击不退。卓兴督同把总卓梅、邱步云、黄崇光，外委陈来、林饱、林连书、林霁明并马队亲军，齐放连环洋枪，伏兵闻声并起，尽锐协攻。逆党纷纷败溃，退踞雷公墩及西南门外街市，拚死抵拒。莫善喜、林进陞、王维忠等策马飞驰，首先破栅而入，该逆败向东门一带遁回，当将雷公墩贼巢八座全行平毁。乘胜赶到城边，贼闭城坚守，卓兴饬令各队分据城外匪巢，贼乘我扎营未定，猝开东门冲突。卓兴挥军奋击，复大破之，共歼毙逆匪千馀名，斩取长发首级二百十一颗，生擒三十二名，斩取林姓骑马贼目二名，夺获马匹、枪炮、旗械无算，救出被胁难民数百名。是日，郑绍忠由隔河饶出塔冈以攻其东南，前队颜金、刘顺昌等从水西坝过河。该匪一股于南路三里之高排坊迎敌，一股从南门涌出。我军据定岸边，郑绍忠督令陈瑞焘、郑润材等四营从黄布口过河，两路夹攻，立将高排坊之匪首尾截断，斩首级五十三颗，生擒四名，扫除贼营五座，各匪仍抵死不退。郑绍忠令冼章、蔡珠两营于塔冈山佯为收队，匪众衔尾来追，各勇奋力回攻，参将朱国雄从旁横击之，阵斩红衣骑马贼二名，毙匪百馀名，斩首级六十一颗，生擒八名，退抵南门，匪始败入城内。其截断不及入城者，奔至兴宁县属中道亭、茅塘店等处，知县周连甲会同文武绅团迎头截剿，生擒贼目罗安等十一名，斩取首级十馀颗。十四日，卓兴督所部攻西、北、东三门，郑绍忠攻南门，戴朝佐分投策应。逆匪开门抗拒，我军自卯至酉，忍饥力战，勇气百倍，当场斩取长发首级二百六十馀颗，生擒伪天将赖德扬一名，擒贼匪四十名，夺获伪来王金字旗十馀面，连毁炮楼三座。查点兵勇，亦间有伤亡。十五、十六等日，贼闭门不出，各军分段仰攻，贼放城上大炮，铅弹如雨，骤难攻入。现在四面困守，赶备云梯、炸炮，务期迅克坚城，以除内患。花旗之窜伏龙川也，与康逆暗约牵缀官军，使前后不能兼顾，是以七月初五日卓兴合剿雉鸡笼，而康逆即于是日率党五六千赴黄沙坑山岭筑营，为掩袭方营之计。总兵方耀知该处地处最高，俯瞰远近，为形势所必争，是晚方耀探明路径，初六日寅刻，亲率方恭、方敬、刘开等三千馀人，衔枚疾驱，直抵黄沙坑，潜登山巅，压垒而阵。该逆不料我军猝至，仓黄出拒，我军枪炮齐施，斩馘数百名，生擒伪天将黄培陞等二十二名。贼由山北狂窜，遁入镇平，即派郭明超、方敬等领队三千人移扎该山相对之乌泥坪，逼近贼壤。初十日，方耀与康国器密约彼此齐攻，以分贼势。十一、十二两日，方耀督队由新铺分路进剿，径抵河干。贼于对河筑垒，施放枪炮，我军未能渡河。十三日，方耀亲率大队进至三圳墟南岸，逆党二万馀人呼噪冲出，我军排列抬枪，轮流轰击，相持三时之久，毙匪甚夥。维时近黄沙坑一路为叛勇及康逆前队屯踞，贼闻新铺接仗，奔赴救援，途遇蔡申、方金等带勇由热水进攻，鏖战良久，我军火箭中其药箱，烟焰飚发，歼贼无数，贼惊溃自相残踏，多随河溺毙。方耀麾军乘势追逐，斩取首级三十馀颗，贼退入坚垒藏匿。康逆分布匪党于三圳墟、新铺墟各处，数十里贼卡相望，大河前横，秋潦湍急，官兵猝难逾越。十七日，贼由镇平拥众数万会齐三圳墟之匪，欲搭浮桥过河，以犯我营。方耀督勇出战，遇贼于鸭麻渡口，贼分三队，沿河径下，我军亦分队迎击，枪毙悍匪多名，贼始遁回三圳墟。连日闽军康国器亦剿贼垒获胜仗等情，据李福泰、吴赞诚先后禀报前来。

臣等伏查康逆与花旗股匪，狼狈为奸，以长乐处惠州、嘉应之中路，大兵后为饷道所经，攻我之所必顾，始得分我兵力，而嘉防自松，故康逆同时蠢动，思与花旗遥相呼应，进固可以扰粤，退亦可遂其窜江本谋。自方耀进逼新铺，贼未能逞志，卓兴等围困长乐，而贼已入诸陷阱，果从此先将花旗殄灭，尚可绝惠郡腹心之患。惟惠州为省会藩篱，亦南韶门户，永安毗连长乐，又为惠州门户。目前龙川、永安等县土匪蜂起，暗相纠结，万一被贼逸入水安，震动腹地，康逆再乘隙猖獗，则潮、嘉隔断，办理更费周章。臣等现经飞饬卓兴等克期光复长乐，方可移军赴嘉，以全力规复镇邑。新授陆路提臣高连陞，抵任尚无定期，复饬另折奏请护理提督之卫佐邦速赴惠郡，布置防堵事宜，札调朱国雄、梁琼两军驰抵永安，以扼东江要隘，饬都司邓安邦一军移扎兴宁，以剿窜匪，仍饬方耀会商闽军康国器等设法进取，毋俾康逆逸出蔓延为害。黄添元、邓奋鹏奉派驰援长乐，辄因溪涨路阻，未克迅速赴援，以致县城空虚，被匪猝陷，实属咎无可辞，应请旨将都司黄添元、邓奋鹏二员即行革职，仍令随营效力，立功自赎。

除查明长乐文武下落分别办理，并饬查伤亡兵勇咨部请恤外，所有花旗股匪阑入长乐县城，官军四面围攻，并筹剿康逆情形，谨合词恭折由驿驰陈。伏乞皇太后、皇上圣鉴训示。谨奏。

同治四年八月二十三日，军机大臣奉旨："另有旨。"钦此。

汪海洋部西窜现饬各军跟踪追剿折[①]八月二十三日

奏为官军会剿镇平，逆匪贼势穷蹙，率党西窜江、粤边境，现饬各军跟踪追剿，务清馀孽，恭折驰陈，仰祈圣鉴事。

窃前因花旗股匪缚送首逆乞降，当将长乐县城收复，并移军规取镇平各缘由，经臣等于八月十四日具奏。查花旗本系惠州土匪，熟悉地方险要，康逆用为先锋，亦倚为前导，明知江、闽边檄防军林立，急切未能逸出，故嗾令闯入长乐，横踞腹地，进则深扰粤境，退可由连和、南韶直窜江右。自林英彪缚献来逆出降，康逆自知党与日孤，陆续分股移扎城外要口，城内匪徒已属无几，又因人多鲜食，日赴四乡抢掠。八月初二、初三、四等日，经总兵方耀派都司方鳌、蔡申等带队由热水进击，毙匪百馀名，将黄沙坑匪积米粮尽行焚毁。该逆撤回贼卡，退聚慈溪。初五夜，方耀令游击方彩、都司方丰等多带火器，由新铺墟渡河，自率后队接应，五鼓直抵负墩贼营。我军将火罐、火弹纷集匪栅，烟焰迸发，枪炮齐轰，逆众惊惶失措。方耀亲督后队驰入，平毁逆营两座，毙贼二百馀名，斩伪天将刘天保、伪天燕张人桂二名，馀匪遁走。初九日，派方丰等往攻慈溪，该逆分三路来犯，我军分投迎剿，鏖战四时之久，踏平慈溪贼巢，逆势不支，由慈溪再退圳墟。酉刻，方耀收队，驻乌泥坪，令各营传餐而食，以备夜攻三圳。维时我军蹙其西南，闽军扼其东面，连日迭获胜仗，士气百

①辑自《清政府镇压太平天国档案史料》第26册，中国第一历史档案馆编，社会科学文献出版社2004年4月第1版。系与广州将军兼署两广总督臣瑞麟会衔。标题系编者拟。

倍。是夜戌刻，该逆马队数千突向新铺一带西行，方耀立派方吉、方茹、谢庭南、郭明超等各率劲勇飞追截击。方耀见逆众且战且走，已料各卡逆匪分路齐遁，即饬都司邓安邦与署嘉应州知州程培霖、代理镇平县庞掌运带领兵勇乡团，速赴镇平，会同闽军收复县城，亲督洋枪马队绕道兜剿，逆党渐由慈溪南下。经我军排列抬枪，连环施放，方敬、方恭、高得顺、梁国权等首先陷阵，斩首级三十二颗，生擒一百二十三名，救出难民四百馀人。该逆迭次冲突，不能越过，遂折向长潭、东石，又经江军席宝田迎头痛剿，擒斩无数。该逆复走石正、大柘及楼车等处，现经道员康国器，提督高连陞、黄少春各督闽兵，会商粤军分路追截等情，据藩司李福泰、道员吴赞诚等禀报前来。

臣等伏查康逆汪海洋困守一隅，久思他遁，初犹冀花旗得逞，可以死灰复燃，迨长乐收复，彼已失其党援。方耀扼守要冲，遏其侵掠，更饥困无所得食，加以高连陞、黄少春二军进扎分水凹、提督刘清亮一军径赴差干，福建藩司王德榜与席宝田等军均先后驰抵平远、东石各处，官军棋布星罗，愈逼愈紧，已成长围之势。该逆情见势绌，乘深夜昏黑之际，分股翻山突走，冒死狂奔，虽逆党尚众，而精锐渐就散亡，沿途节节截杀，即未遽扑灭，亦断不能再振。惟是石正、楼车地方四通八达，与江西长宁接壤，可抵连和，亦可横入江、楚，诚恐复被蔓延。现在江、闽、粤三省官军业经风驰追下，臣等飞饬方耀、郑绍忠两军随贼所向，尽力穷追，不得稍分畛域，务将全股歼灭而后已，并饬李福泰移赴龙川，居中调度，饬总兵任星元严守南雄，饬卓兴办理惠属馀匪，兼顾南韶门户。

除查探逆踪所至及剿办情形随时具奏外，所有康逆率党窜出，现筹追剿缘由，谨合词恭折由驿驰陈，伏乞皇太后、皇上圣鉴训示。谨奏。

同治四年九月十二日，军机大臣奉旨："另有旨。"钦此。

吴藩司办事竭蹶不胜烦剧之任疏会总督衔

奏为藩司办事竭蹶，不胜烦剧之任，诸务难资整饬，恭折据实密陈，仰祈圣鉴事。

窃维大学平天下之道，不越用人、理财，而此两大政，在各直省实总汇于藩司。广东当积弊已深之馀，人才疲靡，用人倍难于他省。兼值繁华就敝之后，事变环生，理财尤窘于平时。此即上下同心，力图整饬，犹恐不能有所补救，若仍循疲玩之故辙，习粉饰之虚文，徇俗沽名，以图侥幸苟安，臣等拊心自思，实所深耻。

查藩司吴昌寿，性情耿直，操守廉洁，颇为时誉所推。臣等共事日久，亦深许其廉静。惟该员以即用知县在粤候补，荐擢今职，前后已二十年。现时属吏，半系旧日故交，习知其平易近人，故狎昵之意多而严惮之心少。该藩司亦遂遇事宽假，不能破除情面，徒邀流俗之称誉，不顾公事之废弛。广东自道光二十年办理洋务以来，各州县交代久未清厘。候补人员岁一更换，亏空累累，民生国计，两承其敝。臣等愚昧，以为交代虚悬，于会计之盈虚所关已巨，而于州县相沿之积习为累尤深。抵任后，适准部咨责成清理交代，勒限四月，特派候补道居继烈督催核算，而该藩司一味迁就，务以拖延岁月、含糊搪塞为意。属员乐安其便，举国莫知其非。

又如厘务、捐输二者，前督抚臣办理多年，厘务之包抽、捐输之摊派，经手绅员多据为利，而商富有气力者交通声势，所捐常属无几。臣等首先革除中饱，改定章程，酌取商富赢馀之资，不准科派平民。该商富亦明知此次办理之平允，独以不便于己，妄兴谣诼。臣等苟求于饷有济，于民无伤，即浮言有所弗恤，锱铢积累，输之藩库，以供该藩司支放。而该藩司茫无筹画，于重轻缓急之序，略不置意，反徇偏私之议论，造作谣言，专意见好绅富。此在事权不属者，无兴利除弊之责，模棱两可，无足怪也，该藩司切己之事，而避就恩怨至于如此，无怪闻者推波助澜，全失立法之苦心也。

大抵该藩司为人以气节自矜，而识量未免浅陋；以刚方自诩，而学问太觉迂疏。理财有难易多少之分，其要不外开源节流；用人有宽严繁简之别，其要不外激浊扬清。该藩司职任实所兼综，而专务以崛强之性，为乡愿之行，臣等甚所不解。广东积习太深，本难整顿，现在各库一空加洗，左支右绌，兵勇之索饷愈哗，东北之边防且亟。即竭力补苴整饬，已虞弗及，该藩司颟顸如此，复从何而求吏治之肃清、庶务之就绪乎？臣等以该藩司薄有声誉，其操守亦尚可取，无不曲意包容。前因饷需紧迫，该藩司窘于计画，两次引病乞退，经臣等开导慰留，实冀得其力加振作，共支危局。讵料执持意见，愈复莫展一筹。察其才力，足以为安常处顺、奉公守法之员，而未足当事会艰难理繁治剧之任。若竟隐默不言，于事为无济，于心为有愧，而于位置人才之道亦虑未得其宜。不敢不据实密陈，伏乞皇太后、皇上圣鉴训示。谨奏。

汇保出洋捕盗及剿办沿海各处匪徒出力文武员弁疏会总督衔

奏为查明出洋捕盗及剿办沿海各处匪徒尤为出力文武员弁，

择尤汇保，仰恳天恩给予奖叙，以（照）〔昭〕激劝事。

窃粤东山海交错，盗贼滋繁。近来高澜一带洋面匪徒啸聚，恣行劫掠。该处港汊纷歧，岛屿林立，非厚集兵勇不能围捕。先经前督臣毛鸿宾暨臣嵩焘咨商水师提督温□□[①]选派干练将弁，督率巡洋舟师，添雇拖船，前往围捕。上年春间，署水师提标左营游击卫明英督同守备杨秀华等捐资雇驾拖船，会同香山协舟师，先后在高澜、横洲、三灶口等处洋面追捕，炮毙贼匪数十名，生擒何元得等十七名，并获贼船炮位。四月间，护香山协副将汤骐照、署水师提标左营游击卫明英统带大小拖船，在浪白滘、乾雾涌等处焚击头猛匪船一只，毙贼百馀名，拿获盗首张容得四及贼夥共三十四名，起出被掳事主工伴三名，夺获贼船九只，大炮十一位。又据署顺德协副将黄廷彪等禀报：千总吴迪文、黄廷耀追捕洋盗至大浪环洋面，焚毁贼船一只，各贼被烧落水淹死无数，生擒贼匪陈志满等七名，并获贼船炮械等件，分别解办。又东莞县属之板头村、新安县属之冈边村，均有匪徒私造长龙艇出洋肆扰，饬委前任潮州府海廷琛、补用知府聂尔康等会同署顺德协副将黄廷彪等前往查办，先后拿获迭劫巨盗邓亚洋等三十一名。并据新会营参将尹达章禀报：节次在西海一带拿获盗匪黄亚昌等三十七名，解省审办。经于同治三年五月十五日附片陈奏，六月二十日奉到谕旨："知道了。粤省洋面盗风日炽，亟宜上紧缉拿。着饬文武各员认真办理，不准徒托空言，有名无实。其在事出力各员，着准其择尤保奏，毋许冒滥。"钦此。

是年冬间，复委靖安水师左营记名总兵王朝治、署顺德协副将黄廷彪、龙门协右营都司许连陞暨前任潮州府海廷琛、补用知

①此系底本涂抹。

府文星瑞，督带巡船及三板船只，协同东莞、新安、香山各县前往围捕。十二月初五日夜，分三路乘潮而进。该匪开炮拒敌，王朝治等挥兵进击，连开大炮、抬枪，毙贼甚多，生擒盗匪十馀人，斩级六颗。匪众弃巢而遁，各员弁跟踪追捕，随又陆续拿获匪犯肖亚日等二十八名，割取首级六颗，起获炮械多件、长龙贼艇九只；并据守备杨秀华在黄角村北水洋面拿获匪首肖后才等三名，分别解办。又东莞县铁冈至石龙一带河面有匪艇多只，为害商旅。上年七月间，札饬副将沈玉遂、黄廷彪督同都司张兆桂等会同署东莞县吴经采管驾巡船，前往围捕，拿获土匪王老虎钱等十五名，解省审办。又经毛鸿宾暨臣嵩焘于同治三年十一月内汇同各案奏奉谕旨："知道了。所有出力文武官绅，俟军务平定，准其酌保，毋许冒滥。"等因。钦此。当经恭录转行钦遵查照。

兹准广东水师提臣温□□[①]并据王朝治、黄廷彪等将在事尤为出力各文武员弁开列请奖前来。臣等伏查高澜、三灶一带洋面，岛屿众多，素为逋逃渊薮。其沿海之冈边、板头等处，尤为蛮俗互乡，习惯强梁，肆行劫杀，远近骚然。前督抚臣屡经派委员弁驰往围拿，迄未大受惩创，情形日加猖獗。今经先后遴委干员，督带兵勇前往查办，擒获著名盗匪及其伙党共计一百八十馀名，歼毙及落水死者无数，起获贼船炮械多件。各文武员弁冒险婴锋，水陆围捕，实属著有微劳，似未便与地方零星缉捕一律办理。应请优加奖叙，以励其馀。谨汇次事实劳绩，另缮清单，恭呈御览。各员弁或但保升阶，或只加虚衔，或单请翎枝，俱无重复加奖，于从优鼓励之中仍示限制。内如护理香山协副将汤骐照、新会营参将尹达章暨东莞、新安、香山各县，均系本境应拿，应毋庸给

①此系底本所缺。

予议叙。

再，近年接准兵部咨行官员获盗鼓励，不准请奖翎枝，自当遵照。惟现办各起多系积年逋寇，负嵎不下，甚至开炮拒敌，戕伤兵勇，情同叛逆。各员弁冲锋打仗，擒斩多名，实与寻常缉捕有间。仰恳天恩俯准，照给奖叙，俾资鼓舞。至各员弁履历，容俟饬造齐全，分送军机处及送部查核。伤亡兵勇饬行查明，另行造册，咨部照例议恤。

是否有当，臣等谨合词恭折具奏，伏乞皇太后、皇上圣鉴训示。谨奏。

冈边、铁冈两案，靖安中、左两营著有劳绩，汇保多名，已稍失实。至与高澜一案并叙，则诬矣。自记。

越南匪徒攻破海宁府城钦州文武会同收复片会总督衔

再，前因越南国匪徒黎惟明等统率匪党攻破越南国海宁府及茳街缘由，经前督臣毛鸿宾会同臣嵩焘于本年二月二十八日附片奏报，三月十八日钦奉上谕："越南匪徒黎惟明等自称越南旧王，率党攻破海宁府、茳街等处。该国蛮触相争，惟当防其内寇。着饬令钦州沿边文武遴拨兵弁及五峒各团练丁，扼要严为之备，以期自固藩篱。"钦此。当经转行钦遵查照。

兹据署钦州知州王振荣禀称：越南国匪徒黎惟明等攻破海宁府及茳街而后，分党占踞该国。委员潘廷妥于本年六月初五日带领兵勇进剿，被黎惟明率匪击败，焚烧至钦州属罗浮峒地方，掳掠甚惨。王振荣闻报，复派勇一百名前往，并饬五峒练丁集团严防。署钦州州判李燕纹与署龙门协左营守备卢世泽挑选干勇三百馀名，会同潘廷妥在交界之松柏地方驻扎。黎惟明旋复扑营，李燕纹等督勇击退，遂即移营至楠木山。七月十一日，李燕纹会同潘廷妥督勇进剿，该匪败溃。是日午刻攻入茈街，未刻克复海宁府城。该匪被剿穷蹙，下船驶逃出洋，当场拿获匪徒多名，夺获器械等项，均交越南国官讯明发落，暂行撤勇转回。等情前来。

臣等查钦州文武此次因越南国匪徒侵犯州界，会同越南国官将茈街、海宁府城收复，拿获匪徒多名，堵剿尚属出力。惟该处地方逼近越南地界，匪徒虽已驶逃出洋，难保不复窜滋扰。除批饬飞谕五峒暨移知东兴文武实力严防，不得以该匪远飏，稍涉松劲，并移会龙门协督饬巡洋舟师认真缉捕，以靖海氛外，所有钦州文武会同越南国官收复海宁府城情形，臣等谨合词附片陈明，伏乞圣鉴训示。谨奏。

汪海洋一股败往江省及扫清粤境花旗折[1] 九月初一日

奏为康逆败窜江省，各军前后兜剿，并扫清境内花旗馀匪，现筹办理情形，恭折驰陈，仰祈圣鉴事。

窃前因江、闽、粤三省官军规复镇平县城，逆匪遁走江、粤边境各缘由，经臣等于八月二十三日具奏。兹据藩司李福泰等禀称，康逆率众逃至石正、大柘，该处毗连三省，山径纷歧，席宝田知贼势趋重江右，即绕道折回长宁，以截去路，方耀虑其内犯兴、长，督队越过慈溪，防其横逸。已革副将林保、镇平营都司周陞各带部勇，会合绅士李学恂、张其翙等督率乡团，沿途追剿。

①辑自中国第一历史档案馆编《清政府镇压太平天国档案史料》第26册，社会科学文献出版社2004年4月第1版。系与广州将军兼署两广总督臣瑞麟会衔。标题系编者拟。

八月十二日，贼至洋商湖，我军从旁突击，毙匪二百馀名，斩首级一百十二颗，枪毙伪天将陈义光于马下，贼裹营狂奔。十三日，林保、李学恂等将劲勇伏于山坳，另分两路包裹，该逆行抵太坪，伏兵齐起，各军闻声抄截，贼仓猝回头，抵死抗拒。我军枪炮环轰，斩伪朝将洪顺、伪先锋萧凯腾，毙匪五六百名，获伪印一颗，马匹、旗帜、炮械无算。该逆大股夜窜黄陂，提督高连陞等督闽军飞驰追逐，斩馘无数，前锋遇伏失利，暂驻罗冈，移扎兴宁县城。贼至黄贝岭岩下，该处紧接江境，时花旗馀匪剿抚几尽，该逆失其内援，遂于十九、二十等日由江广亭趋赴江西之定南、龙南等处而逸。先是，花旗股匪阑入长乐县城，总兵卓兴等围攻城下，截断逆党，赵金福、李新有等数千人不能入城，初走宁属中道亭，继回龙川属赤冈地方，经官兵、乡勇迭次击败，逸入岩下屯聚，招诱土匪共万馀人，势将复振。自长乐克复后，另派副将郑绍忠等前往督办。八月初十日，郑绍忠带同守备颜金、千总刘顺昌等进扼牛皮潭，副将朱国雄，参将梁琼，已革都司邓奋鹏、黄添元由四都过河，驰至上游堵截。该逆蜂拥出抗，郑绍忠等督军进攻，自辰至午，毙匪百馀名，刘顺昌、邓奋鹏等率洋枪马队从两营横击，斩骑马贼目三名，割取首级三百四十馀颗，生擒七十六名，焚毁路口贼卡六座。颜金另从牛皮潭抄入鸡子岭，歼贼数百名。我军阵亡哨官何连安、主簿罗秋云二员、勇丁三十二名，贼退守岩下。郑绍忠挥军将岩下逆巢四面围困，该逆势穷力竭，彻夜哀号。十一日，贼目李新有、翟明海等将伪天将赵金福缚送郑绍忠大营乞降，李福泰斩赵金福于军前，馀党七千馀人剃发缴械，陆续遣散。现在东路一带尚称静谧。此康逆窜入江省及同时剿办花旗馀匪之情形也。

臣等查发匪麇聚镇平，数日以来，且剿且抚，祗存康逆汪海洋、来逆陆顺得两股，而康逆又以来逆为前驱，屡逞猖獗。自来逆被诛，镇平屡经攻剿，康逆乃倾巢而出，决志他徙，初犹暗约花旗馀党，踞岩下以为向导，图入粤省腹地。迨抵岩下，而馀匪绝迹，该逆遂卷旗疾走，由江广亭遁入定南、龙南而去。现获夥贼供称，逆匪常备干粮，潜趋山僻小径，攀萝扪葛，一昼夜行二百馀里，以避官兵之锋。窃思三省官军乘机疾扫，节节歼擒及解散，不计其数，现在席宝田已先回长宁数日，以备迎击。娄云庆、王开琳等军均系沿边扼扎，一经各军兜截，则数万败残之众似不至大肆鸱张。惟定南、龙南与粤境交错，可以直达南雄，是粤省东路防务稍松，而江北又形吃紧。臣等已饬李福泰由嘉应移扎龙川，居中调度；令郭安邦一军专守岩下，防贼回窜，道员吴赞诚与方耀由罗浮司跟踪驰剿；饬郑绍忠全军速赴南雄，倘贼已深入江境，即商同方耀齐赴会剿。同知曾纪凤、总兵曾敏行两军，计程将抵南雄，北路防军渐次齐集，尚足以敷守御。高连陞暂驻兴宁，稍加整理，再往剿贼。臣等现经酌拨洋枪三百杆及军火饷银，委员解往兴宁，以备闽军要需，并严饬方耀等不分畛域，务将此股歼灭，以靖馀氛。

除将出力员弁绅董存记汇保并阵亡弁勇咨部请恤外，所有康逆窜入江省，及扫清境内花旗馀匪，现筹办理缘由，谨合词恭折由驿驰奏，伏乞皇太后、皇上圣鉴训示。谨奏。

同治四年九月十九日，军机大臣奉旨："览奏均悉。前据刘坤一驰奏，已谕令瑞麟等严防回窜，仍着懔遵前旨，毋令阑入南绍。其花旗馀匪，迅速搜捕净尽。出力阵亡员弁，准其查清汇案分别奏请奖恤。"钦此。

广东省本年六月份并无报捐文武监生贡生片[①] 九月十五日

再，广东省收捐监生、贡生名数、银数，向系按月奏报。嗣准部咨，将部监空名印照发交各省收捐，文武监生每名减银二十两，贡生减二成办理。又准部咨，空名照数目分别已发未发，按月奏报。各等因。当于咸丰四年八月起办理减成收捐至同治四年闰五月止收捐监生名数、银数，及奉颁空名执照已发未发张数，暨本年闰五月份并无报捐贡生，经臣附片奏明各在案。兹据代办广东布政使方濬颐呈称：同治四年六月份并无报捐文武监生、贡生，未经填发执照，无凭造报，呈请奏咨前来。臣复核无异，除分咨部监外，谨附片陈明，伏乞圣鉴。谨奏。

同治四年九月十五日，军机大臣奉旨："户部知道。"钦此。

粤海关筹解京饷工程等款银两委员起程日期疏[②] 九月二十一日

奏为粤海关筹解京饷工程等款银两委员起程日期，恭折具陈，仰祈圣鉴事。

窃照户部奏拨同治四年份京饷案内单开指拨粤海关税银二十万两，钦奉上谕："着分为两限，五月以前解到一半，十二月以前扫数解清。"等因。又，粤海关税奉拨工程银三十万两案内，于本

---

①辑自中国第一历史档案馆藏"录副奏折"原件03-4902-061号。日期系奉旨时间，标题系编者拟。

②辑自中国第一历史档案馆藏"录副奏折"原件03-4939-021号。系与广州将军兼署两广总督瑞麟、粤海关监督师曾会衔。标题系编者拟。

年六月初九日恭亲王等奏奉谕旨："着将欠解银二十二万两限五个月扫数解齐。"钦此。钦遵咨行筹办。臣等当经会商筹解京饷银十万两，又先后解过工程银十五万两，均经分批委员解部交纳，会同恭折奏明在案。

伏查近日粤海关税仍无起色，库乏征存，而奉拨京饷为部库支放要需，定陵工程饷项尤关紧迫，复经悉心商酌，竭力措办，但可设法通融，即当陆续起解，并向西商协成乾等银号筹议垫借，随后由税收归还，以资周转。兹拟解同治四年份第三批京饷银五万两，另加平银七百五十两，饭银一千四百五十两，定陵工程银四万两，共银九万二千二百两，照广东奏准成案，仍交银号协成乾等以十足成色纹银汇兑进京。饬据广东布政使遴委候补知县胡定镳领齐汇单文批，于同治四年九月二十四日起程，附搭轮船，由海道赴京投纳，以期妥速。

除核给文批饬即慎速起解，其馀未解银两，容俟次第筹拨，再行解纳，并分别咨报外，臣等谨会同粤海关监督臣师曾合词恭折具奏，伏乞皇太后、皇上圣鉴。谨奏。

同治四年十月十一日，军机大臣奉旨："该衙门知道。"钦此。

敬陈广东各属八月份雨水粮价情形疏[1] 九月二十一日

奏为敬陈八月份雨水、田禾、粮价情形，仰祈圣鉴事。

窃照广东省同治四年七月份雨水、田禾、粮价情形，先经臣恭折奏闻在案。兹查广东省城本年八月上、中二旬得有大小雨泽

---

①辑自中国第一历史档案馆藏"录副奏折"原件03-4962-369号及附件清单03-4962-370号。标题系编者拟。

数次，下旬晴霁，高低田亩土膏滋润，晚禾秀发，园蔬杂粮亦皆畅茂，省外各属禀报与省城大略相同。粮价较上月稍减，民情安谧。惟高州府属之电白、吴川两县，雷州府属之海康、遂溪、徐闻三县，琼州府属之琼山、文昌、定安三县，于八月初十、十一两日陡发飓风疾雨，越一二日方止，仓廒、监狱、官民房屋间有损伤，田禾杂粮亦同淹浸，幸稻禾扬花，水退尚堪补救，不致成灾。文昌县淹毙男妇七名口，业经殓埋抚恤，其馀各属人口均无损伤，房屋、仓监均已修葺。遂溪堤工冲决，经饬地方官督饬修筑，冬初亦可竣事。臣仍飞饬赶紧妥筹办理，以副宸廑。

所有同治四年八月份雨水、田禾、粮价及高、雷、琼三府属被风勘不成灾缘由，谨恭折具奏，并缮粮价清单，敬呈御览，伏乞皇太后、皇上圣鉴。谨奏。

同治四年十二月初九日，军机大臣奉旨："知道了。"钦此。

清单

谨将广东省同治四年八月份各属米粮时价分晰，开列清单，恭呈御览。

广州府属，价中。上米每仓石价银二两三钱五分至三两，与上月相同。中米每仓石价银二两一钱三分至二两七钱九分，与上月相同。下米每仓石价银一两七钱五分至二两三钱六分，较上月减一分。

韶州府属，价中。上米每仓石价银一两八钱三分至二两六钱九分，与上月相同。中米每仓石价银一两五钱五分至二两三钱四分，较上月减一分。下米每仓石价银一两一钱九分至一两九钱七分，与上月相同。

惠州府属，价中。上米每仓石价银二两一钱一分至二两八钱九分，较上月减一分。中米每仓石价银一两八钱五分至二两六钱五分，与上月相同。下米每仓石价银一两六钱一分至二两三钱一分，与上月相同。

潮州府属，价中。上米每仓石价银一两八钱八分至二两七钱，与上月相同。中米每仓石价银一两四钱六分至二两三钱，与上月相同。下米每仓石价银一两九分至一两九钱一分，较上月减一分。

肇庆府属，价中。上米每仓石价银一两九钱四分至二两六钱九分，与上月相同。中米每仓石价银一两六钱至二两四钱四分，较上月减一分。下米每仓石价银一两三钱至二两五分，与上月相同。

高州府属，价中。上米每仓石价银一两二钱七分至一两四钱五分，与上月相同。中米每仓石价银一两七分至一两二钱七分，与上月相同。下米每仓石价银九钱一分至一两一钱，较上月减一分。

雷州府属，价中。上米每仓石价银一两四钱八分至一两六钱，较上月减一分。中米每仓石价银一两二钱三分至一两三钱四分，与上月相同。下米每仓石价银一两二分至一两一钱四分，与上月相同。

廉州府属，价中。上米每仓石价银一两八钱七分至二两一钱，与上月相同。中米每仓石价银一两四钱九分至一两七钱二分，较上月减一分。下米每仓石价银一两二钱八分至一两四钱七分，与上月相同。

琼州府属，价中。上米每仓石价银一两八钱四分至二两三钱六分，与上月相同。中米每仓石价银一两五钱至一两九钱五分，与上月相同。下米每仓石价银一两三钱三分至一两八钱，较上月减一分。

佛冈直隶厅，价中。上米每仓石价银一两八钱七分至二两五钱，较上月减一分。中米每仓石价银一两五钱八分至二两二钱四分，与上月相同。下米每仓石价银一两三钱三分至一两九钱四分，与上月相同。

绥瑶直隶厅，价中。上米每仓石价银二两二钱七分至二两四钱九分，与上月相同。中米每仓石价银一两九钱七分至二两一钱五分，较上月减一分。下米每仓石价银一两七钱九分至一两九钱六分，与上月相同。

罗定州属，价中。上米每仓石价银一两七钱七分至一两九钱四分，与上月相同。中米每仓石价银一两六钱三分至一两七钱七分，与上月相同。下米每仓石价银一两二钱三分至一两三钱五分，较上月减一分。

连州属，价中。上米每仓石价银二两二钱三分至二两四钱五分，较上月减一分。中米每仓石价银二两五分至二两二钱三分，与上月相同。下米每仓石价银一两七钱至一两八钱七分，与上月相同。

南雄州属，价中。上米每仓石价银二两二钱四分至二两四钱三分，与上月相同。中米每仓石价银一两九钱九分至二两一钱三分，较上月减一分。下米每仓石价银一两六钱五分至一两七钱八分，与上月相同。

嘉应州属，价中。上米每仓石价银二两二分至二两五钱九分，较上月减一分。中米每仓石价银一两八钱五分至二两四钱，与上月相同。下米每仓石价银一两四钱九分至二两三分，与上月相同。

军机大臣奉旨："览。"钦此。

康逆窜陷和平县城旋即收复现约闽军会合进剿疏会总督衔　九月二十一日[1]

奏为康逆由江右回窜粤境，和平县城旋失旋复，逆匪奔窜连平、长宁地方，现约闽军会合进剿，恭折驰陈，仰祈圣鉴事。

窃臣等承准军机大臣字寄，同治四年八月十三日奉上谕："孙长绂奏遵旨调派各军赴粤会剿一折。康逆一日不靖，江、闽边防迄无了期，自应合三省兵力，围逼夹攻，迅图殄灭。第主客各军营数既多，职分又各不相下，且该将领进止机宜，须俟各该省督抚指挥调度，势必迁延观望，坐失事机。左宗棠廓清浙、闽，威望素著，着即督率高连陞等军驰赴粤境，调遣三省之军，相机合力攻剿。所有江西、广东援剿各军，均着归左宗棠节制，以一事权。务将镇平踞匪克日歼除，林、翟诸逆次第扫荡，俾粤省一律肃清，全功克竟，方为不负委任。汪海洋以残败馀孽，窜踞镇平，粤军进攻数月，迄未得手，殊属疲玩。着瑞麟等严饬李福泰、方耀等认真攻剿，迅拔坚城。如敢再事因循，即着左宗棠从严参办。"等因。钦此。仰见圣慈规划精详，轸念边陲之至意。臣等莫名感悚。

查长乐、镇平两县城先经次第收复，花旗股匪林振扬、翟明海等俱缚送首逆乞降，馀党遣散，康逆大股遁入江西龙南、定南等处，均经八月十四、二十三，九月初一等日先后具奏在案。是时东路逆踪稍远，而南雄、始兴各州县与江省龙定、信丰在在毗连，北江防剿又复吃紧，当饬副将郑绍忠驰赴南雄，参将朱国雄、

---

①日期据《清政府镇压太平天国档案史料》第26册同疏补。

游击梁琼两军副之；饬都司邓安邦扎岩下以固边隘；令总兵卓兴驻兴宁弹压土匪，兼扼贼由罗浮司出入之路；专责总兵方耀跟踪出境，与江军会剿。八月二十三至二十九等日，臬司席宝田、提督娄云庆、总兵王开琳等合数军全力扼贼去路，迭获大胜。康逆攻龙南未下，走信丰铁石墟，复败回龙南，再走定南之凌江。该逆知南安、南雄防兵林立，又不能循岩下旧径而回连平州。已将朱国雄一军禀留州城严备守御。该逆遂于九月初一日乘夜潜越山径小路，突至和平，围扑县城。贼众兵单，初三日致被阑入。藩司李福泰时驻兴宁查办匪案，闻警驰回龙川，飞札方耀、邓安邦、方文、方吉等军迅赴援剿。知县钱廷焘等纠集乡团进攻，毙贼甚夥。该逆知大兵踵至，初五日尽窜连平州属忠信司。初六日直犯州城，围筑土墙，昼夜环攻。署知州福多、朱国雄会同团局绅士颜培豫、颜钟光、江有辉等登陴堵御，城上施放大炮，轰毙逆匪无算，贼暂退。初七夜，朱国雄等挑选敢死士三百名，激以重赏，三更衔枚出城，分三路掩袭贼营。我军奋勇争先，破栅而入，贼出不意，仓皇宵遁，生擒二十馀名，斩馘甚多。初八日，该逆以马队冲至，我军枪炮齐施，火筒、火箭飙发，毙匪百馀名。贼志不得逞，乃由麻坡、上坪、九连山等处陆续退出，并蔓及长宁大席、翁源边界等情。据李福泰、吴赞诚并地方文武先后禀报前来。

臣等伏查康逆自镇平逸入龙南，旁扰信丰，志在窜江，即由江入楚，为死灰复燃之计。因江军四面兜剿，无可托足，粤军阻于南雄，入楚路绝，遂乘隙突抵连、和，冀延喘息。查连、和一带，南通广、惠，北至翁源、仁化，仍可横窜江、楚。且该处浰头、九连二山，素称盗薮。前明正德中，山贼池仲容窟宅于此者十二年，明臣王守仁平之。九连山绵亘江、粤九县，由此得名，尤为险奥之区。傥被深入屯踞，办理较费周章。臣等悉心筹画，贼窥长宁，则应防腹地，现派邓安邦、黄添元、邓奋鹏等八军一万馀人从东水、船塘入连追剿，兼可顾河源、长宁内犯之路。贼窥翁源，则韶州吃重，现派总兵王朝治、副将张贵等统带水师沿江扼守，阻其西渡。饬总兵任星元、曾敏行，同知曾纪凤等择隘驻扎，以杜奔越。惟逆匪虽残败之馀，而党类尚众，粤省兵力稍单，战守兼筹，实不足以制其死命。臣等现在飞移提臣高连陞督同道员康国器、总兵刘清亮斟酌会合闽、粤各军，由龙川横出连、长，扼贼四窜之路，痛加剿洗。另札李福泰再派得力数营，随往向导，以资应援。务期就地扑灭，不留馀孽。庶为东南十馀年荡清此股残寇。

提督衔记名总兵方耀，于贼抵龙南，追剿迄未出境，及贼回连、和，又不驰往截击，以遏凶锋，观望迁延，无可辞咎。应请旨将方耀撤销提督衔，暂行革职，以示惩儆。该员平时打仗尚属奋勇，历著战功，仍令带兵剿贼，俾赎前愆而观后效。和平县文武失守详细情形，容俟另行分别查办。连平守城出力官绅，存记汇奖。

除咨会督办三省军务闽浙督臣左宗棠查照外，所有康逆回窜粤境，现约闽军会剿缘由，谨合词由驿驰陈，伏乞皇太后、皇上圣鉴训示。谨奏。

黄陂等处土匪截劫闽军现饬严办片 会总督衔　九月二十一日①

再，臣等准陆路提臣高连陞函开：八月十四日，闽军追击康

①据本片内容及《官军于连平获胜现饬会剿和平折》考订。

逆，路过兴宁县属黄陂地方，队伍在前，辎重军火在后，相距十馀里。黄陂土匪竟将押行之弁勇及挑夫概行戕毙，军装火药被抢一空。当令哨长参将邹朝瑞，千总胡得贵、李起生带勇二百名赶回弹压。十五日早，刚到黄陂，又为该处土匪杀害殆尽，枪械旗帜号衣概行劫去。时与知府康熊飞会合追剿，先向罗浮司一路进发，行抵白水寨，该地方土匪助贼喊杀，施放枪炮，以轰我军。鏖战两时之久，始将康逆及土匪击败。十六日，再往追剿，土匪复出劫杀，并抢夺衣物马匹。等因。并据李福泰禀同前由。

臣等接阅之馀，殊深诧异。查高连陞以客兵入境剿贼，该地方乡民理应接应前进，为之向导，而资护卫，乃敢乘机劫杀，助发匪以肆狓猖，实属凶顽之尤，行同叛逆。当经札饬李福泰会督各营，就近查明严办。据李福泰禀称：由龙川驰抵兴宁，谕饬黄陂、官庄、和乡寮、黄泥坪何、谢、邱、彭各姓绅耆，起出洋枪二十八杆，抬枪、马匹、铅药等件，衣服大小十三包，转交高、康两营查收。惟要匪迄未擒获送案。现复饬催李福泰督率嘉应州知州程培霖、兴宁县知县周连甲等从严查办，务将抢失军装全数起缴。另派已革副将林保、都司周陞各带部勇驻扎该乡，仍候严切开导，查明系何村何姓匪犯蕴恶肆抢，痛加剿洗，以申法纪，而儆凶顽。

所有兴宁县属黄陂等处土匪截劫闽省官军缘由，谨合词附片具陈，伏乞圣鉴训示。谨奏。

奉拨京饷酌筹解部情形片 会总督衔

再，臣等前奉上谕：“户部奏请添拨广东积年盐课银十万两、厘金银五万两、藩库杂款拟抵运库报拨银五万两，着于年内解到，以济要需。”等因。臣等当将广东军饷万分支绌，恐难如期起解情形，先行据实附片陈明。本年八月二十四日奉旨：“户部速议具奏。”钦此。兹准户部咨，议以续拨京饷若俟肃清后再行批解，岂不贻误部库要需，应令陆续筹备分批报解，统限年内解齐等因。八月十九日奏，奉旨：“依议。”钦此。恭录咨会前来，当经转行钦遵办理。

查广东军务繁殷，百端支绌，而于奉拨京饷，设法挪解，从未敢稍涉延宕。上年八月内，因军饷紧急，奏请截留下半年应解京饷，稍供支放，奉旨允准。随于十月、十一月委员准补潮州府通判徐咏韶、盐大使恩奎两次领解赴部投纳完讫。此次汪海洋大股初由龙川、和平属境窜赴龙南，臣等即督饬藩、运两司筹解京饷。甫经具详，该逆又由龙南窜陷和平，仍饬按期起解。诚以奉拨京饷，义无推诿。而查照户部拨款，有万不能不据实缕陈，以求稍宽一分之力者。

查广东报解京饷，多由藩、运二库出具借帖，由各银号汇兑，各库收有饷课，陆续给还，从无由库提拨现银起解之事。户部指拨款内如厘金一项，专放勇粮，每月收款尽数支放，不及三四成，而后搜罗藩、运各库，尽数凑拨，放至六成七成为度。厘金无一定之收数，故为虚款；藩、运各库皆有常则，故为实款。厘金之缘始，徒以募勇剿贼，权宜办理，因支放不能及半，遂至挪用正款。而额兵例饷，停放至三四年之久，是厘金本属有绌无赢，名为指拨厘金，而其实皆取之藩、运各库。又动由银号汇兑，先拨后还，以藩、运两库之实款，抵厘金之虚款，报销亦多滞碍。

又藩库杂款拟抵运库积欠一项，曾经前署督臣晏端书查明，杂款均无存储，请免拨解。臣等查杂款名目，一曰扣存平馀，一曰米耗变价盈馀，一曰台兵口粮，一曰普济堂经费。广东入国朝，二百年来号为沃区，各库收数年清年款，又向无例解部款，每年坐支之外，存数尽多，积年平馀及米耗盈馀皆成巨款。迨咸丰四年红匪之变，库款挪用一空，迄无存者。近年额征不及七成，支放军饷、指拨协饷，开支数倍从前。平馀等项，支销杂用已属纤微，何能存储候拨？至台兵口粮，即系溢坦变价一款。旧时支放台兵之经费，已尽为民田升报；溢坦之价银，又已尽充军饷。此款尤为无着。仅普济堂经费，由关库岁解粮道库银四万两，积欠甚巨。近年关库收数日益短绌，而京饷日益增多，海关不能兼顾，本省粮道因之库无存银，无可转解藩库，藩库更无由拨抵运库。是藩、运各库虽极艰窘，犹为额征之实款，报销尚有着落。藩库拟抵运库积欠，一经指拨，转增一挪垫之名目，筹解益觉艰难。假令藩、运各库尚易腾挪，则以广东征存之银充抵广东无名之款，挹彼注兹，划抵归款，略烦管算之劳，于收放仍无出入。而各库艰乏情形既已如此．更有挪垫，转益张皇。

合无仰恳皇上天恩，俯念粤东筹解京饷十分竭蹶，于续拨京饷二十万两内开除厘金及拟抵运库两款，臣等督饬运司，先将奉拨积年盐课十万两报解五万，所馀五万，赶于年内解清，庶为广东稍纾筹解之力，俾得略资周转，以不至于坐困，而各项款目轇轕纷纭，多无着落，亦稍省他日清理报销之烦。

谨将奉拨京饷酌筹解部情形缕悉上陈，不胜悚慄待命之至。伏乞圣鉴训示。谨奏。

粤省劝捐本省军饷第五次请奖疏[①] 九月二十二日

奏为粤东劝捐本省军饷第五次捐生姓名、员数、银数，请给实官、封典、职衔、加级奖叙，恭折奏祈圣鉴事。

窃照前署督臣晏端书会同前抚臣黄赞汤具奏粤东用兵缺饷，请派绅士劝捐，以济急需一折，于同治二年五月二十九日准议政王军机大臣字寄，同治二年五月初八日奉上谕："晏端书、黄赞汤奏粤省缺饷，拟办劝捐一折。"等因。钦此。当经前督、抚臣钦遵，转饬各绅，函致各州县绅士，分投劝办。

臣嵩焘于同治二年九月抵任，查悉广东之富，在商不在农，当即更定章程，访察的实殷富之家，派委干员，会同绅士，指名劝谕捐输，办理稍得要领。同治三年八月，与前督臣毛鸿宾复奏广东大概情形折内，业经切实附陈。兹将同治三年五月起至四月底止，请奖实官封职，共银二十三万三百六十三两，先后分作四次奏请奖叙各在案。

兹据捐局司道将自同治四年五月初一日起连闰至七月底止，捐生请奖姓名，开列请奏前来。臣等伏查各捐生自同治四年五月初一日起，连闰至七月底止，计四个月报捐实官、封典、职衔、加级等项填给藩库实收者一百七十七员名，计银三万八千七百八十八两，报捐封典、职衔填给空白部照者三十三员名，计银五千八百三十六两。合计捐生二百一十员名，共捐银四万四千六百二十四两，照依咨准部复，每百两提支劝捐绅士夫马薪水银一两，

---

①辑自中国第一历史档案馆藏"录副奏折"原件03-4803-022号及附件清单03-4803-024号。系与两广总督瑞麟会衔。标题系编者拟。

共提支银四百四十六两一钱四分，尚银四万四千一百七十七两七钱六分，均据缴局，尽数充支本省军饷之用，自应分别给奖，以昭激劝。臣等督饬在局司道查明各捐生捐输银数、所请奖叙，按照筹饷新例及现行常例减成章程，均属相符。理合缮具简明清单，恭呈御览。仰恳天恩俯准，饬部分别奖叙，其报捐实官各员，并准归于现行筹饷例，按班选补。

除将各捐生照根及副实收并履历清册送部核办，听候缮发执照来粤给领外，所有劝捐本省军饷第五次请奖缘由，臣等谨合词恭折具奏，伏乞皇太后、皇上圣鉴训示。谨奏。

同治四年十二月初九日，军机大臣奉旨："户部核议具奏，单并发。"钦此。

清单

谨将广东劝捐本省军饷，遵照本省现办各案捐输减成银数，自同治四年五月起连闰至七月底止，第五次请给实在官阶、封典、职衔各捐生姓名、银数，开列清单，恭呈御览。

计开：

双月选用詹事府主薄何应骥，捐银三百九十六两，请仍以詹事府主簿不论双单月选用。

双月选用县丞钱万青，捐银二百八十一两，请仍以县丞不论双单月选用。

按察司经历衔李瑞贤，捐银七百四十三两，请以县丞不论双单月选用。

分发本省拔补营千总梁保泰，捐银一千一百五十二两，请以营守备双月即用。

监生章昊陵，捐银二百四十五两，请以把总分发本省拔补。

双月选用同知萧廷芬，捐银二百四十两，请给予庶祖母正五品封典。据该员呈称，祖父母、父母已有封典，合并陈明。

中书科中书衔何文海，捐银二百两，请给予光禄寺署正职衔。

州同衔郑文饶，捐银五千二百五十五两，请给道员职衔加一级，给予祖父母、父母从三品封典，将本身妻室应得封典貤封本生父母。

同知衔李条芳，捐银三百二十两，请给予父母及本身妻室正五品封典。

通判衔黄麟徵，捐银三百二十两，请给予同知职衔。

州同衔郑济川，捐银一千一百二十两，请加二级，给予父母从五品封典，将本身妻室应得封典貤封祖父母。

州同衔叶文波，捐银二百四十两，请给予父母从六品封典，将本身妻室应得封典貤封祖父母。

未入流衔麦富盛，捐银八十两，请给予父母从九品封典。

未入流衔李凌云，捐银八十两，请给予父母、生母从九品封典。

监生罗英俊、宋珩云，各捐银七百二十两，均请给予光禄寺署正职衔。

监生萧铁芬，捐银七百六十两，请给中书科中书职衔，并给予父母及本身妻室从七品封典。

附贡生何文海，捐银五百二十两，请给予中书科中书职衔。

监生郑德培，捐银四百两，请给予国子监典簿职衔。

监生黄嘉彰、卓玉芬、范冠英、叶崑寿，各捐银二百八十八两，均请给予翰林院待诏职衔。

监生刘耀南，捐银一千九百二十两，请给同知职衔，并给予父母正五品封典，将本身妻室应得封典貤封祖父母。

监生王逢春，捐银一千六百两，请给同知职衔。

监生吴悦德，捐银四百八十两，请给布政司经历职衔，并给予父母从六品封典，将本身妻室应得封典貤封祖父母。

监生陈桓楷，捐银二百四十两，请给予布政司经历职衔。

监生陈宗文，捐银四百八十两，请给予布政司理问职衔，并给予父母从六品封典，将本身妻室应得封典貤封祖父母。

监生余清熙，捐银二百四十两，请给予布政司理问职衔。

监生黄坤龄，捐银四百八十两，请给州同职衔，并给予父母及本身妻室从六品封典。

监生麦瑞杞、谭光裕、张超文，各捐银四百八十两，均请给州同职衔，并给予父母从六品封典，将本身妻室应得封典貤封祖父母。

监生叶文波、陈岐山、赖绍扬、刘应来、钟廷芳、邢于春，各捐银二百四十两，均请给州同职衔。

监生黄文耀、吴姜臣、曾云阶、孔继修、杨福安，各捐银二百两，均请给予按察司经历职衔。

监生邓溥泉，捐银三百二十两，请给予按察司知事职衔，并给予父母正八品封典。

监生余曜荣，捐银一百六十两，请给县丞职衔。

监生赵济津，捐银二百五十六两，请给府知事职衔，并给予父母正九品封典。

俊秀刘配尧、江国荣、黄廷伟、何树棠、梁兆鹏、伍敬简、谭祥德、高惠萱、黎逢春、张英载、苏泉宗、苏庆宗、梁天骙、陈承先、刁鸣高、詹鸣鹤，各捐银一百四十四两，均请给未入流职衔，并给予父母从九品封典。

俊秀冯琪光、黄显初、李信文、谭洵、陈植、何群芳、曾文华、李成蹊、梁飞鸿、孔传祥、韩福、周昭携、李有垣、岑显扬、孔继邦、梁彦均、梁凤韶、陈照、萧福龄、温亨全、仇家昌、李炳南、甘俊昭、黎典常、郑棣超、唐大成、朱冠光、黎荣世、梁御龙、李衢亨、刘定珂、区章、赵宅仁、张梦良、张德光、陈其光、阮献、谭石溪、钟士昂、朱倬云、李尧卿、黄联辉、黄德丰、张嘉德、沈华西、任湛珧、赵朝华、莫沣泉、区士显、区启元、黄连宗、林良佐、刘廷瑎、黄廷杰、陈秉和、赵球辉、刘智广、刘载华、刘濬明、钟廷芳、王志才、刘庆祥、李向宸、林焕琼、黎叶义、李大宾、李凤翔、李国珩、叶国昌、钟启丰、钟文选、黄显邦、陈衢亨、谭新邦、谢学茂、郑肇荣、梁华猷、吴声扬、张松光、谢而大、李德昭、李芳春、李镇南、黄日昭、李思实、李成中、李锦文、曾栋富、黄捷元、云逢晖、涂威宣、邹济春、邓文彬、余品章、张培金、张廷洲、钟光海、朱勋炳、余福祥、刘履祥、卢德勋、何锡章、何声化、李显荣、陈法三，各捐银六十四两，均请给予从九品职衔。

俊秀钟芝屏、李秀敷，各捐银六十四两，均请给予未入流职衔。

广东即补都司梁仕光，捐银九百七十二两，请加三级，给予父母、祖父母从二品封典，将本身妻室应得从二品封典貤封曾祖父母。

守备衔尽先拔补千总候补把总裴镇邦，捐银七百六十八两，请由守备衔加一级，给予父母从四品封典，将本身妻室应得封典貤封祖父母。

武生陈獽、监生王晏春，各捐银七百二十两，均请给予都司职衔。

武生莫燃，捐银六百四十两，请给予守御所千总职衔，并给予父母从五品封典，将本身妻室应得封典貤封祖父母。

监生何廷宪，捐银四百八两，请给营千总职衔，并给予父母及本身妻室正六品封典。

监生陈仕林，捐银四百八两，请给营千总职衔，并给予父母正六品封典，将本身妻室应得封典貤封祖父母。

以上捐生一百七十七名，计收捐输洋银三万八千七百八十八两。此项捐生均系填给司印实收，候部照案核填执照，发粤转给祗领。理合注明。

不论双单月选用崇文门副使陈兆槐，捐银六十两，请给予父母从九品封典。

光禄寺署正衔何文海，捐银二百四十两，请给予父母从六品封典，将本身妻室应得封典貤封祖父母。

同知衔黄麟徵，捐银三百二十两，请给予父母正五品封典，将本身妻室应得封典貤封祖父母。

监生冼乘沂，捐银五百二十两，请给予中书科中书职衔。

监生颜俊骢、区星奎，各捐银二百八十八两，均请给予翰林院待诏职衔。

监生麦龙光、何绍芳、岑彬如、刘云汉、许民泰、邓国辉、区辉光，各捐银二百四十两，均请给予布政司理问职衔。

监生钟懋基、郑承禧，各捐银二百四十两，均请给予州同职衔。

监生韩绍龄、王猷，各捐银一百六十两，均请给予县丞职衔。

俊秀罗宝森、黄觉亭、曹永荫、萧昭贵、郑龙光、黄安泰、黄保泰、黄邦泰、雷纬祥、黄文忠、邵德先、卢耀南、林信好，各捐银六十四两，均请给予从九品职衔。

守御所千总王廷清，捐银三百二十两，请给予父母从五品封典，将本身妻室应得封典貤封胞兄嫂。

监生林念宗，捐银一百六十八两，请给予营千总职衔。

监生王廷清，捐银三百二十两，请给予守御所千总职衔。

以上捐生三十三名，计收捐输洋银五千八百三十六两。此项捐生均系填给空白执照，遵将截出照根，随案送部。理合注明。

统共捐生二百一十名，计收捐输洋银四万四千六百二十四两。

军机大臣奉旨："览。"钦此。

同治四年夏季份广东省委署代理州县各缺疏[1]九月二十二日

奏为遵照新章程，将同治四年夏季份广东省委署代理州县各缺，恭折奏报，仰祈圣鉴事。

窃准部咨，咸丰十一年十一月二十三日奉上谕："给事中高延祜奏各省更调州县，请饬部严定章程等语。"等因。钦此。当经钦遵办理在案。兹据代办布政使方濬颐详称：同治四年夏季份陆续出有署开平县知县蒋廷钧调省差委，遗缺以委用知县简士珍署理。琼山县知县许宝珩调省算交代，遗缺以试用知县郑春融代理。署普宁县知县洪恩泽调省差委，遗缺以分缺先用知县刘慎思署理。署揭阳县知县吴保瀚调省差委，遗缺以候补知县张克良署理。署翁源县知县张兴烈被戕，遗缺以候补知县莫东奎署理。海丰县知县于奇峰参革查办，遗缺以试用知县郑庆烨署理。署新安县知县李灏调省差委，遗缺以试用知县吴滨署理。署花县知县曾灼先调省差委，遗缺以候补知县彭荣绍署理。电白县知县袁辉山病故，遗缺以试用知县冯泰松署理。代理连平州知州王监时调省调委，

---

[1]辑自中国第一历史档案馆藏"录副奏折"原件03-4619-031号。系与广州将军兼署两广总督瑞麟会衔。标题系编者拟。

遗缺以试用知县福多署理。代理高明县知县郝有全委办安插客民事务，遗缺以候补知县王承芳署理。署文昌县知县余栻调省差委，遗缺以试用知县杨春和署理。署潮阳县知县冒澄调省差委，遗缺以分缺先用知县俞增光署理。署恩平县知县刘维桢调省差委，遗缺以试用知县罗德辅署理。均无违例更调情弊，遵照新章程，详候查核具奏前来。臣等复查无异，谨恭折具奏，伏乞皇太后、皇上圣鉴。谨奏。

同治四年十二月初九日，军机大臣奉旨："吏部知道。"钦此。

英国领事进入潮州府城旋即回汕疏会总督衔　九月二十七日①

奏为英国领事欲进潮州府城，现已竭力商办，由惠潮嘉道约会进城，旋即回汕，恭折由驿驰奏，仰祈圣鉴事。

同治四年九月十七日承准军机大臣字寄，八月三十日奉上谕："据总理各国事务衙门奏：广东潮州府城尚未准英人进城，与条约不符，请派大员妥筹办理等语。潮州府城准英人进城通商，载在条约，久已颁行，并奉文宗显皇帝谕旨，令该省督抚按照条约办理。何以五年之久尚未准该国人入城？现据英国照会，势难中止。瑞麟于接奉此旨后，酌带妥员，驰往潮州，拣择通达事理之绅士，斟酌情形，督饬该地方官晓谕开导，使知外国和好已久，彼此相安，此番照约入城，系奉旨允行之事，断难阻止，无为浮言所惑，俾该领事得以按约进城，用符定约，方可以示诚信。将此由六百里各谕令知之。"等因。钦此。

---

①日期据本疏及中国第一历史档案馆藏"录副奏折"03-9650-066号原件同疏考订。

伏查此事先经臣等迭饬惠潮嘉道督同该府县悉心筹办，只因潮州民风强悍，最易滋事，必须设法开导，确有把握，方可施行。溯查咸丰十年六月间，英国领事坚佐治以面商要件为词，欲至潮城与惠潮嘉道邱景湘相会。彼时潮郡士民群相惊骇，遍张揭帖，欲与为难，经该地方官力为禁阻。据该国领事申陈，亦有恐滋事端，请出示调和万民之语。是彼国未尝不知潮民蛮悍之情。嗣于十一年夏间，英国卜鲁斯复照会总理各国事务衙门，谓惠潮嘉道不令进城，非因民情不顺。又援引条约内有商民人等准持执照前往内地一条，谓未发执照，不得进潮城，皆非确论。彼亦明知此中底蕴，特借条约为进城左券，以期必遂所求。前督臣劳崇光、前抚臣耆龄，钦奉谕旨，当经严饬该地方文武传集晓事绅耆，剀切开导，一面布置弹压，谓可无事。及至英国领事行抵城濠，仓卒之间，突有数百千人抛掷瓦砾，蜂拥鼓噪，势不可遏。该领事即时退出。嗣是迭次要约，必欲入城。同治二年冬间，由省派委候补道屠继烈驰赴潮州，会同该道府等设法调停。潮民聚众数千，围拥委员寓所，其势汹涌，几至激成事端，委员竟无从劝谕而回。自是以来，潮民之违抗愈力，而英人之求进愈坚。各自固执，两不相下，办理实无善法。

臣等钦奉谕旨，斟酌办理，敢不竭尽心力，以期仰副宸怀。惟桀骜之性未易猝平，胶固之形难以遽释，诚恐事有决裂，上亏国体，下拂民心，必须妥为设法，使进城之后，中外相安，方为尽善。因思潮民之所以坚不欲洋人入城，必有原委，须先洞悉民隐，然后办理，方可措手。当经札饬惠潮嘉道张铣等，悉心体察，务令中外涣然冰释，俾该领事得以早入潮城。随于九月初七日据张铣禀称：此事业经再三开导，潮郡绅民所深虑者约有数端，盖恐该领事入城之后，必执条约通商一节，开张行店，设立关卡，且外国天主堂巍然矗立，其高数丈，潮民最信风水，恐其在城内建造此堂，有所伤犯，是以加之峻拒。张铣旋派委员驰赴汕头，向该领事据实告知。该领事闻之，喜出望外，称说以上数端，俱可概不举行，并云洋人一言为定，从不翻悔；又称从前地方官未肯实心筹办，今既代为筹办，只须速成为佳，自此再不禀催京使，以省烦渎等语。经张铣具禀请示。臣等查此事时阅五年，尚未了结，今既先与洋人约定，得有把握，应即速行办结。当经批饬照办。臣瑞麟随于十七日奉到廷寄，因进城之事已有定议，自可毋庸前往，并传闻该道张铣已于十三日约会洋人进城。至二十四日，接据张铣及潮州镇翟国彦、游击吉瑞等禀称：会集同城文武，邀约绅耆，面为剖析，并出示遍贴晓谕，俾知此次洋人入城，系钦奉谕旨，遵守条约，万无中止之理。并谕知先与洋人定约：不来多人，不住多日，以后不设关卡，不开行店，不立天主堂，以期尽释群疑。一面派拨弁兵丁勇，在于城厢内外弹压护卫。委员至汕，面见英国领事坚佐治，再申前议。该领事即于九月十二日带同翻译官一员，通事、仆从等十馀人，偕同委员李镛、孙克昌，乘船晋郡。张铣、翟国彦等分饬员弁兵勇，沿河迎护，并另派委员同知丁祖望，带同绅士三人前往接候。十三日卯刻同至郡，登岸入城，到惠潮嘉道衙署。同城文武俱往会晤，相待以礼，留住署中三日，仍分派文武员弁弹压百姓，护送洋人回汕。等情具报前来。

臣等伏查潮民素号强梁，著闻远近，其刚劲果敢之气，竟至百折不回。是以洋人欲入潮城，时阅六年，迄无定议。此次曲尽经营，多方设法，该领事始得入城小住，护送出城，尚未至别滋事端。

所有英国领事进入潮郡实在情形，谨会同缮折由驿六百里驰奏，伏乞皇太后、皇上圣鉴训示。谨奏。

奏报广东省本年七月份收捐监生贡生名数银数片[1] 十月初三日

再，广东省收捐监生、贡生名数、银数，向系按月奏报。嗣准部咨，将部监空名印照发交各省收捐，文武监生每名减银二十两、贡生减二成办理。又准部咨，空名照数目分别已发未发，按月奏报。各等因。当于咸丰四年七月份停止常例收捐，截清名数、银数奏咨。计自四年八月减成收捐起至同治四年闰五月止，共应存文武监生正项银一十万八千一百三十五两七钱三分六厘。又，捐贡一项自减成收捐起，至同治四年五月止，连前旧捐共应存正项银四万三千一百七十八两二钱五分六厘。又闰五月份并无收捐贡生，六月份无收捐文武监生、贡生，均经臣附片奏闻在案。

兹据代办广东布政使方濬颐详称：同治四年七月份由俊秀报捐文监生二名，每名收正项银八十八两，共收银一百七十六两，内除提出本省津贴银一两七钱六分，尚存正项银一百七十四两二钱四分，连前共应存文武监生正项银一十万八千三百九两九钱七分六厘，照案留为办理善后之用。因各营兵饷待支紧急，奉拨之地丁盐课征解不前，暂借贡、监捐项通融支放，已于递年十一月咨报藩库收支各款案内声明，俟奉拨各款收有银两归还备用，部钣照费，储备解京，加平银两照章免其交纳。至旧存咸丰年号空名贡、监各照，业经详缴咨销，其先后奉发改换同治年号监生空名部监照各七千一十一张，监照擦损九张，详咨国子监换发未到，

①辑自中国第一历史档案馆藏“录副奏折”原件03-4902-078号。标题系编者拟。

实共发到部照七千一十一张，监照七千二张，贡生空名部监照各六百三十二张。自同治二年十月二十三卯起，监生一项截至四年七月底止，填发部监照各二十三张，贡生一项截至五月底止，填发部监照各一十三张。又发潮州府属办理劝捐监生部监照各五十张，贡生部监照各五十张。实在尚存未填监生部照六千九百三十八张，监照六千九百二十九张，贡生部监照各五百六十九张。又七月份并无报捐武监生，亦无报捐贡生等情，详奏前来。臣复核无异，除分咨外，谨附片陈明，伏乞圣鉴。谨奏。

同治四年十月二十一日，军机大臣奉旨："户部知道。"钦此。

接据英领事申陈缘由片 十月十六日①

再，据张铣禀称：此次办理洋人入城一案，先留总兵翟国彦撤回防勇，布置弹压，又刊刻小方告示至万馀张，挨户散发，委曲开谕，绅民人等均已输服无词。仍责成各营将弁约束兵丁，府县学官约束文武生员，局绅约束团勇，各衙门差役约束无籍游匪，层层布置周密，始约该领事入城。乃入城之先二日，潮民又复沿街遍张揭帖，肆意阻挠。张铣急邀集局绅，出具公启，声明坚领事仅一入城，毫无别故，极力弹压。随派绅士二人，随同委员潮防同知丁祖望前赴汕头，约会该领事，防护入城，留住道署，幸保无事。次日，翻译官佛礼赐倡言欲住一月，并议另觅基地，自建公馆，邀求给予照会。其随从多系广、潮人民，又出外传扬，百姓因之大张揭帖，商贾均至罢市，人情汹汹。该镇、道等一面

①日期据本片及《筹办夷务始末》（同治朝）卷三十七同片考订。系与广州将军兼署两广总督会衔。

设法弹压，一面婉劝该领事：前约住城两日，别无要求，今请宽至三日，护送回汕。遂于十五日酉刻出署，往拜镇、府两处，顺道登舟，百姓一例安堵等情。

臣等正在核饬该道、府等筹划日后交涉事宜间，接据英国领事坚佐治申称：此次进入潮城，各官礼义相接，讵百姓不悦，哄论纷纷，并有揭帖歌谣辱骂。及乘轿出城，百姓沿街拥塞，抛掷石块。此回进城，险中做事，拌命而为，诚非美善。探得潮州百姓狷强无理，系由靖安、靖河两局绅衿挑唆摆布，请委员来潮，查取职名，褫革严办。等语。

臣等查该领事申陈，与该道所禀事实略同，情形特异。该道以一时之约为凭，晓谕百姓，权宜之暂计，原期以为征信之地；该领事以条约之言为据，意在久居，中外之成议，亦不能责以违约之愆。而百姓持之益坚，地方官办理益加艰窘，至于争道拥观，自系愚民之常习，挑掷石块，或出无知之儿童。此等小嫌，似亦无足深究。其靖安、靖河局绅，历年筹办防堵，劝谕捐输，此次出具公启弹压，与该镇、道等筹商，办理亦颇尽心。该领事疑其摆布，尚须查核，而以后洋人或有来往面商事宜，尤应加意体察，渐期相安。既据该领事申请委员查办，当即饬委候补道朱启仁驰往潮州，会同该镇、道妥协筹办，相应恳请圣慈饬下总理衙门照会驻京公使，转饬该领事互相体谅。该道等办理入城事宜，实属竭尽心力。该领事遵照条约办理事件，亦当徐与绅民熟商，以求彼此相安。地方官无不剀切开导，以符条约。至该领事所称局绅挑唆摆布，臣等自当分别查究，亦不敢稍有含混。俟委员朱启仁查明禀复到日，如有需臣瑞麟亲往筹办之处，即当遵旨星速赴潮，斟酌办理，总期于事有济，方为妥善。

所有接据该领事申陈缘由，谨附片陈明，伏祈圣鉴训示。

谨奏。

此次办理英领事入城一案，鄙人指授方略，张道得此依循，谕饬士绅，始行定议。讵入城后往拜潮州府，方守先将栅门封闭，拒而不见。海阳县亦仿照方守所为拒之。坚领事恼甚，因有留住一月之语。士绅见府、县之拒之也，乃集诟于张道，倡言焚烧道署。张道乃诈称方守请见，径送之登舟。张道不敢直揭府、县，而饰辞以自解。经鄙人传集潮绅十馀人，给以条约，乃始定议。而李星衢、丁雨生诸公纷纷叙功，坐致开府矣。自记。

考察劳绩捐纳两项候补试用人员疏[①] 十月十八日

奏为考察劳绩、捐纳两项候补试用人员，开列清单，切实加考，恭折具奏，仰祈圣鉴事。

窃查州县为亲民之官，道府有表率之责，关系綦重，考察宜严。不惟捐纳人员迭奉谕旨，认真察看，即劳绩保升人员，除留任实职外，亦以一年为限，饬令疆臣切实加考。未经甄别之前，不准署缺，由部臣奏奉圣谕，咨行遵照。臣等随时查察，已将劳绩试用各项优劣人员，先后分别荐举、劾参，并将堪膺民社、堪以补用各员，切实加考，奏报在案。兹又据广东藩司遵照新例，将候补、捐纳两项知府、同知、知县等官考察，请奏前来。臣等复加察核，切实加考，开列清单，恭呈御览。

现值多事之秋，量材器使，势难拘泥到省一年后方准署缺，臣等前奏业经据实声明，仍俟扣满年限方予入班轮补，以符通行

①辑自中国第一历史档案馆藏“录副奏折”原件03-4619-052号。系与两广总督瑞麟会衔。标题系编者拟。

新例。至捐纳试用道府甄别，向系专案，其教习、教职、拔贡，截取各项出身。试用知县，与军功捐纳不同，照依旧例，逐员加考，分案专咨，现单未经附列。又捐升后劳绩保归候补及因劳绩保升指归候补，并径自捐升人员，均俟引见回省，再行甄别。

所有臣等考察劳绩、捐纳两项候补试用人员缘由，相应恭折奏请皇太后、皇上圣鉴训示。谨奏。

同治四年十二月十二日，军机大臣奉旨："吏部知道，单并发。"钦此。

杨先荣请调补香山县知县疏[①] 十月十八日

奏为海疆要缺需员，仰请圣鉴俯准，拣员调补，以资治理事。

窃照香山县知县张四衡，接准部咨，准调番禺县知县开缺，所遗香山县知县系海疆繁疲难兼三要缺，政务殷繁。辖属澳门地方，华洋杂处，抚绥弹压，均关紧要，非精明练达之员，不足以资治理。例应在外拣选调补。臣等与藩、臬两司于通省知县内逐加遴选，非现居要缺，即人地未宜，实无合例堪调之员。惟查有三水县知县杨先荣，年四十九岁，四川资州人，由拔贡教谕递捐知县，选授湖南桂东县知县，迭次剿贼出力保奏，奉旨赏加同知升衔，丁母忧回籍守制，服阕起复，选授今职。同治三年四月初五日蒙钦派王大臣验放，奉旨："依议用。"钦此。是年八月初八日到任，四年八月二十九日遵例在本省捐十成实银上库，请免历俸，另行奏咨。该员才识明通，办事亦极精练，以之调补香山县

---

①辑自中国第一历史档案馆藏"录副奏折"原件03-4619-050号。系与广州将军兼署两广总督瑞麟会衔。标题系编者拟。

知县，洵堪胜任。例俸未满三年，业经遵例捐免，且人地实在相需，例得专折奏请，据藩、臬两司会详前来。合无仰恳天恩俯准，念海疆员缺紧要，准以该员杨先荣调补香山县知县，实于要缺有裨。如蒙俞允，该员系现任知县，请调知县，例缺相当，毋庸送部引见。任内并无所审案件及承缉盗案、征解银粮已起降调革职参限，亦无罚俸处分。所遗三水县知县员缺，粤省现有应补人员俟接准部咨后，另行选员请补。臣等谨合词恭折具奏，伏乞皇太后、皇上圣鉴训示，饬部知照。谨奏。

同治四年十二月十二日，军机大臣奉旨："吏部议奏。"钦此。

敬陈广东各属九月份雨水粮价情形疏[①] 十月十八日

奏为敬陈九月份雨水、田禾、粮价情形，仰祈圣鉴事。

窃照广东省同治四年八月份雨水、田禾、粮价及高、雷、琼各府属陡被飓风情形，先经臣恭折奏闻在案。兹查广东省城本年九月上、中二旬得有微雨数次，下旬晴霁，晚禾渐次收获，土膏沾润，园蔬杂粮亦皆秀发，省外各属禀报与省城大略相同。粮价较上月稍减，民情安谧，堪以仰慰圣怀。

所有同治四年九月份雨水、田禾、粮价情形，臣谨恭折具奏，并缮粮价清单，敬呈御览，伏乞皇太后、皇上圣鉴。谨奏。

同治四年十二月十二日，军机大臣奉旨："知道了。"钦此。

①辑自中国第一历史档案馆藏"录副奏折"原件03-4962-371号及附件清单03-4962-372号。标题系编者拟。

清单

谨将广东省同治四年九月份各属米粮时价分晰，开列清单，恭呈御览。

广州府属，价中。上米每仓石价银二两三钱五分至三两，与上月相同。中米每仓石价银二两一钱二分至二两七钱八分，较上月减一分。下米每仓石价银一两七钱五分至二两三钱六分，与上月相同。

韶州府属，价中。上米每仓石价银一两八钱二分至二两六钱八分，较上月减一分。中米每仓石价银一两五钱五分至二两三钱四分，与上月相同。下米每仓石价银一两一钱九分至一两九钱七分，与上月相同。

惠州府属，价中。上米每仓石价银二两一钱一分至二两八钱九分，与上月相同。中米每仓石价银一两八钱四分至二两六钱四分，较上月减一分。下米每仓石价银一两六钱一分至二两三钱一分，与上月相同。

潮州府属，价中。上米每仓石价银一两八钱七分至二两六钱九分，较上月减一分。中米每仓石价银一两四钱六分至二两三钱，与上月相同。下米每仓石价银一两九分至一两九钱一分，与上月相同。

肇庆府属，价中。上米每仓石价银一两九钱四分至二两六钱九分，与上月相同。中米每仓石价银一两六钱至二两四钱四分，与上月相同。下米每仓石价银一两二钱九分至二两四分，较上月减一分。

高州府属，价中。上米每仓石价银一两二钱六分至一两四钱四分，较上月减一分。中米每仓石价银一两七分至一两二钱七分，与上月相同。下米每仓石价银九钱一分至一两一钱，与上月相同。

雷州府属，价中。上米每仓石价银一两四钱八分至一两六钱，与上月相同。中米每仓石价银一两二钱二分至一两三钱三分，较上月减一分。下米每仓石价银一两二分至一两一钱四分，与上月相同。

廉州府属，价中。上米每仓石价银一两八钱七分至二两一钱，与上月相同。中米每仓石价银一两四钱九分至一两七钱二分，与上月相同。下米每仓石价银一两二钱七分至一两四钱六分，较上月减一分。

琼州府属，价中。上米每仓石价银一两八钱三分至二两三钱五分，较上月减一分。中米每仓石价银一两五钱至一两九钱五分，与上月相同。下米每仓石价银一两三钱三分至一两八钱，与上月相同。

佛冈直隶厅，价中。上米每仓石价银一两八钱七分至二两五钱，与上月相同。中米每仓石价银一两五钱七分至二两二钱三分，较上月减一分。下米每仓石价银一两三钱三分至一两九钱四分，与上月相同。

绥瑶直隶厅，价中。上米每仓石价银二两二钱七分至二两四钱九分，与上月相同。中米每仓石价银一两九钱七分至二两一钱五分，与上月相同。下米每仓石价银一两七钱八分至一两九钱五分，较上月减一分。

罗定州属，价中。上米每仓石价银一两七钱七分至一两九钱四分，与上月相同。中米每仓石价银一两六钱二分至一两七钱六分，较上月减一分。下米每仓石价银一两二钱三分至一两三钱五分，与上月相同。

连州属，价中。上米每仓石价银二两二钱三分至二两四钱五分，与上月相同。中米每仓石价银二两四分至二两二钱二分，较上月减一分。下米每仓石价银一两七钱至一两八钱七分，与上月相同。

南雄州属，价中。上米每仓石价银二两二钱四分至二两四钱三分，与上月相同。中米每仓石价银一两九钱九分至二两一钱三分，与上月相同。下米每仓石价银一两六钱四分至一两七钱七分，较上月减一分。

嘉应州属，价中。上米每仓石价银二两二分至二两五钱九分，与上月相同。中米每仓石价银一两八钱四分至二两三钱九分，较上月减一分。下米每仓石价银一两四钱九分至二两三分，与上月相同。

军机大臣奉旨："览。"钦此。

请将廉州府知府戴肇辰与广西太平府知府凤贵对调疏[①] 十月二十一日

奏为知府循例回避，拣员对调，以重职守，恭折奏祈圣鉴事。

窃照广西太平府知府凤贵与署广西按察使盐法道佛尔国春系属儿女姻亲，例应回避，经广西抚臣张凯嵩会同前督臣毛鸿宾具折奏明，请于广东省知府相当缺内拣员对调，奉旨："吏部知道。"钦此。钦遵咨行遵照办理。

查定例，州官应行回避之员，如有总督省分或兼辖两省、三省者，本省虽无可调之缺，所辖邻省亦惟酌量改调等语。今广西太平府知府系冲难两字烟瘴分调要缺，臣等公同商酌，并督饬藩、

①辑自中国第一历史档案馆藏"录副奏折"原件03-4618-171号。系与广州将军兼署两广总督瑞麟、广西巡抚张凯嵩会衔。标题系编者拟。

臬二司悉心拣调。因广东各府内无烟瘴分调之缺，求其缺项恰合而又人地相宜者，一时殊难其选。惟查有廉州府知府系繁难两籍字海疆请旨要缺，与太平府知府冲难两字烟瘴请调之缺，尚属相当。现任廉州府知府戴肇辰，江苏监生，由两淮盐知事捐升知县，在安徽军营当差出力，节次议叙保举，洊升知府，历任山东登州、济南等府，丁忧回籍，服满起复，于同治三年五月二十八日奉旨补授广东廉州府知府，同治三年十一月二十五日到任。该员才具稳练，勤奋有为，堪以调补广西太平府知府。所遗广东廉州府知府员缺，请即以广西太平府知府凤贵调补。据代办广东布政使事盐运使方濬颐、广东按察使张兆栋会详请奏前来。相应仰恳天恩俯准，将戴肇辰、凤贵互相对调，以示职守。如蒙俞允，该员戴肇辰系现任知府调补知府，衔缺相当，毋庸送部引见。至凤贵前补广西太平府知府，尚未引见，惟广东现办军务需人，臣等先已檄调凤贵来东差委，请俟东省军务平靖，即行给咨送部，合并陈明。臣等谨会同广西巡抚臣张凯嵩恭折具奏，伏乞皇太后、皇上圣鉴训示。谨奏。

同治四年十一月十一日，军机大臣奉旨："戴肇辰、凤贵着准其对调，该部知道，馀依议。"钦此。

粤海关筹拨解京银两委员起程日期疏[1]十月二十一日

奏为粤海关筹拨解京各款银两委员起程日期，恭折具陈，仰祈圣鉴事。

---

①辑自中国第一历史档案馆藏"录副奏折"原件03-4872-084号。系与广州将军兼署两广总督瑞麟、粤海关监督师曾会衔。标题系编者拟。

窃照粤海关税饷项下，每年例解广储司公用等银三十万两，应分四季解京，同治四年份已批解夏春两季银十五万两，尚有秋冬两季银两自当陆续筹解。另本年奉拨部库京饷银两二十万两，已分三批解过银十五万两，尚应解银五万两。又奉拨解定陵工程银三十万两，先已批解银十九万两，尚应解银十一万两，均属要款，亦当竭力筹解。惟近年粤海关征税短绌，入不敷出，实无存项可资凑拨。臣等会同粤海关监督臣师曾悉心商议，因年内期迫，必须设法赶紧从办，免致延误。现经监督臣师曾复向协成乾银号商议筹措，先行垫解，仍由关税项下陆续归还，以资周转。兹饬据广东布政使遴选委员试用未入流文纶领赍汇单文批，备解同治四年第三季份广储司公用银七万五千两，另原加平暨新增归公加平及抬费用项共银三千六百两，同治四年份造办巡木艇银三万两，另原加平及新增归公加平共银一千二百两，计文纶赍解银一十万九千八百两。又委员试用同知张莹领赍汇单文批，备解同治四年份第四批京饷银五万两，另加平银及饭银共二千二百两。又备解定陵工程银四万两，另备解咸丰四、五、六、七、八、九、十、十一等年份户部扣平银二万二千八十两二钱七分九厘，计张莹赍解银十一万四千二百八十两七分九厘，均经附搭轮船，于同治四年十月二十日由海道起程赴京投纳，以期迅速而昭慎重等情，详请具奏前来。

臣等复查无异，除由监督臣师曾核给文批，饬令迅速妥解，其馀未解银两容俟赶紧筹拨，另行起解，并分别咨报外，臣等谨会同粤海关监督臣师曾恭折具奏，伏乞皇太后、皇上圣鉴。谨奏。

同治四年十一月十一日，军机大臣奉旨："该衙门知道。"钦此。

官军于连平获胜现饬会剿和平折[1] 十月二十一日

奏为逆匪麇聚连平州上、下坪地方，官军攻剿获胜，扫平贼垒，贼夜遁龙南县属之杨村、白沙，复窜至和平县大利坝地方，现饬各军跟踪夹击，恭折驰陈，仰祈圣鉴事。

窃臣等于十月十二日承准军机大臣字寄，同治四年九月二十四日奉上谕："左宗棠等奏追贼获捷，现筹办理情形。"等因。钦此。又于十月十六日承准军机大臣字寄，九月二十八日奉上谕："左宗棠奏近日贼情，请收回节制三省成命。"等因。钦此。又于十月十八日承准军机大臣字寄，十月初一日奉上谕："刘坤一奏湘军追杀窜贼。"等因。钦此。仰见圣训周详，除恶净尽。臣等跪诵之下，惭悚交萦。

康逆汪海洋自镇平窜越龙定、信丰一带，时北江防务较紧，副将郑绍忠等军移扎南雄，饬总兵方耀督勇会剿，贼由龙南败逃，闯入和平县城。藩司李福泰在兴宁查办提臣高连陞被劫之案，闻警折回，飞调各军赴援，收复和平，逆匪复围连平州城，败走州属上坪、九连山等处，当经臣等于九月二十一日将堵剿不力之方耀奏参革职，并将查办黄陂土匪缘由附片陈明在案。查上坪万山环绕，途径纡曲，贼深沟高垒，为据险负隅之计，并于我军必由之下坪、煖水总口密布炮台，多派死党层层固守。维时高连陞统领闽兵由龙门进发，商令总兵刘清亮先抵和平，逼贼东面，并扼其内犯之路；李福泰驻扎河源，亲赴连平州，审度机宜，知必先

---

①辑自中国第一历史档案馆编《清政府镇压太平天国档案史料》第26册，社会科学文献出版社2004年4月第1版。系广州将军兼署两广总督臣瑞麟会衔。日期据本折及《逆匪窜陷嘉应州现筹合剿》考订。

取下坪，庶易得手。十月初四日，逆党伪就王赖世就、伪天将黄志彪率所部二千馀人赴方耀营内乞降，方耀受之，分别安插遣散。初九日，李福泰派都司邓安邦、黄添元、邓奋鹏，军功谭德恩、郭明超等带队由梯子岭出茶高，伏匿山坳，方耀督同蔡申、方恭、林诗成等带队从蔴陂至火夹岭，与邓安邦等遥相犄角，密令都司方鳌、谢连南与参将朱国雄、梁琼等备带火器，用降人赖世就为前导，由蔴陂翻过山巅，绕出大水口之后。是日巳刻，各军先攻煖水口炮台，枪炮环施，守台匪党并力抗拒，正在酣战间，忽炮台内烟焰蔽天，知方鳌等已经攻入，方耀与邓安邦等指挥亲军向前奋击，士气百倍，逆势不支，从后路冒烟冲出，伤毙甚多，遂将煖水口炮台尽行平毁。贼向上坪狂奔，方耀等分路紧蹑，洋枪马队驰驱横扫，斩首级二百五十六颗，生擒四十三名，枪毙及坠涧死者不计其数。我军追至上坪山口，时已昏暮，收队暂扎下坪。该逆因险隘被夺，于是夜四鼓放火烧上坪山寨，分股逃向江省龙南县属之杨村、白沙。初十日复窜至和平县属大利坝，方耀等军已约刘清亮督带闽军前后兜剿。据李福泰、吴赞诚等禀报前来。

臣等窃以逆众残败之馀，尚不下四五万人，乘其跧伏蕞尔之区，正可合筑长围殄灭，不遗噍类。讵该逆凶狡之尤，知大兵云集，仓猝即谋他徙，率党遁逃。查杨村、白沙、大利坝均属江、粤边境。东界龙川，北抵定南，西北则信丰、南雄、始兴、翁源在在毗连，逆匪自知穷蹙，志在逃死，有隙可乘即随时奔突，冀延喘息。现在席宝田、娄云庆、王开琳等军分扎龙定、信丰一带，严密堵御；刘典、李耀南等军进扎南雄、始兴境内，江防林立，兵力之厚数倍于粤，逆踪谅难窜出。广东兵分地广，防不胜防，臣等惟有严饬方耀等会同高连陞赶紧截击，总期就地扑灭，以杜蔓延，并饬南韶水陆各军扼守要冲，防贼奔越。各将领倘敢迁延观望，立即从严参办，以肃戎行，一面移咨高连陞督带闽兵，约会江、粤诸军，设法兜围，共奏聚歼之效。至黄陂土匪劫杀官兵各案，已于黄陂乡捕获要犯十馀名，就地正法。臣等现经严檄该管道府会督都司周陞、已革副将林保带领兵勇，协同地方文武逐案查办，如敢抗违，即当痛加剿洗，饬将各案匪犯搜除净尽，毋使一名漏网，以肃法纪而儆凶顽。臣等叨任疆寄，责无旁贷。所有军务及地方应办事宜，谨当懔遵迭次谕旨，督饬认真整理，仰副圣慈谆谆〔诰〕诫之至意，断不敢稍涉松懈，自干罪戾。

除移会闽浙督臣左宗棠查照外，所有逆匪窜出连平，现饬会剿缘由，谨合词恭折由驿驰陈，伏乞皇太后、皇上圣鉴训示。谨奏。

同治四年十一月十一日，军机大臣奉旨："另有旨。"钦此。

逆匪窜陷嘉应州现筹合剿疏会总督衔

十一月初七日①

奏为逆匪回扑和平县城，经官军击退，沿途追剿，贼复乘隙奔窜，阑入嘉应州城，现筹会军剿办，迅图殄灭，恭折驰陈，仰祈圣鉴事。

窃前发逆由连平州属上、下坪败走龙南之杨〔树〕② 村、白沙，复窜至和平县大利坝地方，分饬各军堵剿缘由，业于十月二十一日具奏在案。

康逆汪海洋自大利坝复抵兴隆坝，窥犯和平县城。总兵刘清亮驻扎该县，与县营文武会商守御。十月十一日，逆党数千由兴

---

①日期据本疏及《逆匪跧伏嘉应现添军会剿及亲往督办缘由疏》内容考订。
②据《清政府镇压太平天国档案史料》第26册同疏补。

隆坝蜂拥前来，径扑东、西、北三门。城上枪炮木石更番轰击，贼受伤稍却。刘清亮督饬补用总兵李运荣、参将陈武职、都司徐福，并知县钱廷焘、千总邓镜河等各率部勇，绅团亦分三路，出城夹击，枪炮环施，鏖战两时之久。我军奋力冲突，贼纷纷倒退，歼毙甚多。生擒发逆二十五名，夺获马匹、旗帜、器械无算。当将兴龙坝、九子冈一带贼垒全行平毁。贼败由大利坝遁往长塘、下车。时候补道吴赞诚会同总兵方耀，督带邓安邦、方鳌、谭德恩等军，由白沙、浰头追至下车，该逆飞奔芒洲坝渡河，谭德恩跟踪紧蹑，乘贼半济，挥军要击之，斩馘多名。我军皆渡河而东，进至石含、章田等处，正拟由蔴布冈、黄贝岭分途截剿。该逆知大兵追及，一昼夜疾走三百里，自蔴布冈突抵嘉应州城。署知州程培霖、署游击英秀督同兵团登陴防守。二十一日午刻，贼率马、步死党，携带竹梯，四面扑城。城上施放大炮，毙贼无数。贼拌死直抵城根，屡堕屡登，援梯蚁附而上，兵勇力竭，遂被阑入。程培霖督勇巷战，受伤倒地，团勇将其掖出。时英秀尚在血战，身中数枪，随与文武各官不知下落。现在方耀、邓安邦等已进扎嘉应州属阑石、径心，即日约齐合攻等情，据藩司李福泰、候补道吴赞诚并惠潮嘉道张铣等先后禀报前来。

臣等查汪海洋丧败之馀，逆焰已衰，屡思由江逸出，被剿折回，有隙即乘，志求逃死。论目前事势，不患贼之屯聚，而患其轻窜。聚则可歼于一隅，窜则恐延及四境也。粤兵防多而力分。卓兴一军因欠饷过巨，部勇时时借为口实，已于九月间裁撤回潮。东路只有方耀等与提臣高连陞、刘清亮、康国器数军，专事追剿。高连陞等已赶抵兴宁，力图会攻，而各营皆疾疫过多，日驰逐于山岚溪瘴之中，每值百十里旷无人烟，粮食俱断，饥病交侵，情形实多拮据。嘉应东接潮州，可以顺流径下，西界惠郡，东北则江、闽边境，均属犬牙交错，在在可通。傥被逆匪窜出蔓延，办理转恐棘手。臣等昨接闽浙督臣左宗棠咨称即日起程赴粤，居中调度。臣等一面飞饬李福泰移扎龙川，控扼惠、潮门户；饬张铣与总兵翟国彦等多募劲勇，固守全潮；调郑绍忠督带全队，由南雄驰赴东江，以厚兵力。一面移会江西抚臣刘坤一，饬令边防一二军越境会办。若获三省大兵合围，小丑游魂不难殄除净尽。

署嘉应州知州程培霖，身任地方，被匪阑入，实属疏于防范，咎无可辞。惟因仓卒贼至，众寡不敌，且巷战逾时，身受枪伤，经百姓救出，号召乡团，亟图克复。仰恳天恩免其治罪，仍准革职留营效力，以赎前愆。其馀文武下落，俟查明分别办理。

除咨会左宗棠查照外，所有逆匪窜陷嘉应，现筹办理缘由，谨合词恭折由驿驰陈，伏乞皇太后、皇上圣鉴训示。谨奏。

遵旨办结曾源成欠英商巴里逊银两片[1] 十一月十一日

臣等承准军机大臣字寄，同治四年八月三十日奉上谕：“总理各国事务衙门奏，华商曾源成亏欠英商。”等因。钦此。臣等查曾源成系潮州海阳县人曾文财，在外洋嗊叻地方开设货行之名，其亏欠英商银二万四千馀圆，节据英国住潮州领事坚佐治申陈请追，迭经严饬海阳县查拘曾文财，务获追偿，以清商欠而符条约。乃曾文财远匿，久未拘获，致稽时日。钦奉谕旨前因，当复严饬潮州道府，督同海阳县钦遵前往曾文财所居乡村，密速查拘究追，赶紧办结。

---

①辑自《筹办夷务始末》（同治期）卷三十七，中华书局2008年版。系与广州将军兼署两广总督瑞麟会衔。

兹据惠潮嘉道张铣转据海阳县知县施绍文禀称：曾文财所开曾源成货行，亏欠英商巴里逊银两，现经绅族人等调处，措有银项归还英商清款，取有英商收单，暨县属绅民保结。并据英领事坚佐治备文照请销案。是本案欠项，业经归还交收清楚，应请免议，将案拟结等情。臣瑞麟复接据英国住广州领事罗伯逊申陈：转据住潮州领事坚佐治文称，以此案两造已清理完结，转请销案前来。

除饬潮州道府督县将本案核结注销，并严饬各地方官，此后办理中外交涉事件，务当按照条约，妥速查究办结，以昭平允，不容歧视延误，暨咨明总理各国事务衙门外，臣等谨附片陈明。

御批：该衙门知道。

查明英领事前次进出潮州府情形现筹妥办缘由疏会总督衔　十一月十五日①

奏为委员查明英国领事前次进出潮州府城情形，及现筹妥办缘由，恭折具奏，仰祈圣鉴事。

窃照驻潮州英国领事坚佐治于本年九月十三日进潮州府城，经官绅循礼接待，于十五日护送出城，回至汕头。坚佐治复以出城时潮民私贴揭帖，拥挤抛石，系局绅挑唆摆布，申请委员查究。当即派委候补道朱启仁驰往查办各缘由，先经臣等恭折具奏，并附片陈明在案。

兹据朱启仁查明：坚佐治此次得进潮城，经地方官绅往返订约，多方筹议，剀切开导，潮民始释猜嫌，听从官绅接待进城，

---

①据中国第一历史档案馆藏“录副奏折”03-9650-074号原件同疏内容考订。系与广州将军兼署两广总督瑞麟会衔。

暂住三日，并护送回汕，均获安全，实为竭尽心力。间有愚民私贴揭帖，并于出城时拥观抛石，亦即登时撤销禁止，严密访查，局绅委无挑唆摆布情事等由，会同道、府禀复，并取具绅士切结，联呈前来。

臣等查潮州民情，强悍素著。其倡议阻止洋人入城，事隔多年，起自何人，无凭查究。而愚民浮动之气，一发而不可遏，反复开导，持之愈坚。此次惠潮嘉道张铣等，经营弹压，不遗馀力。局绅邱步瀛等，随同道府，委曲劝谕，始得接护洋人进出郡城，保全无事。道、府及委员均言之历历，责以挑唆摆布，实无确据。人情以发端创始为惊奇，至于相援为例，则亦无有异议。该领事坚佐治此后进入潮州郡城，潮人有无阻难，现亦不能预计。然入城系循照条约奉旨遵行之事，局绅等既已通晓此义，随同弹压于前，又遵具切结于后，地方民人亦必能逐渐省悟，办理当较易为力。领事坚佐治此次入城以后，潮民复张揭帖，聚众喧呼，实因通事佛礼赐邀求建立洋馆，以暂住一月为词。一时哄传，遂致复滋疑议。道、府等一面弹压，一面护送领事出城。坚佐治以此不甚惬意，其实事出有因，应请免其深究。而道、府与局绅等竭力筹办，亦实足以应洋人入城之请而释百姓猜忌之心。现摘传潮城绅士数人来省，面加开导，熟筹经久善策，以期中外相安，不至再滋衅端。

所有前据英国领事申陈，委员赴潮查明情形，及现筹妥办缘由，谨恭折驰陈，伏乞皇太后、皇上圣鉴训示。谨奏。

广东省劝捐本省军饷第六次开单请奖疏[1] 十一月二十四日

奏为粤东劝捐本省军饷第六次捐生姓名、员数、银数，请给实官、封典、职衔、加级奖叙，恭折奏祈圣鉴事。

窃照前署督臣晏端书会同前抚臣黄赞汤具奏粤东用兵缺饷，请派绅士劝捐，以应急需一折，于同治二年五月二十九日准议政王军机大臣字寄，同治二年五月初八日奉上谕："晏端书、黄赞汤奏粤省缺饷，拟办劝捐一折。"等因。钦此。当经前督抚臣钦遵转饬各绅函致各州县绅士分投劝办。臣嵩焘于同治二年九月抵任，查悉广东之富，在商不在农，当即更定章程，访察的实殷富之家，派委干员，会同绅士指名劝谕捐输，办理稍得要领。同治三年八月与前督臣毛鸿宾复奏广东大概情形折内，业经切实附陈，并将同治三年五月起至四年七月底止，请奖实官封职，共银二十七万四千九百八十七两，先后五次奏请奖叙各在案。兹据捐局司道将自同治四年八月初一日起至十月底止捐生请奖姓名，开列请奏前来。

臣等伏查各捐生自同治四年八月初一日起至十月底止，计三个月报捐实官、封典、职衔、加级等项，填给藩库收者一百二十五员名，计银四万八千七百二十三两，报捐封典、职衔填给空白部照者一十四员名，计银三千一百五十二两，合计捐生一百三十九员名，共请奖银五万一千八百七十五两，照依咨准部复，每万两提支劝捐绅士夫马薪水银一两，共提支银五百一十八两七钱五

---

①辑自中国第一历史档案馆藏"录副奏折"原件 03-4906-023 号及附件清单 03-4906-024 号。系与广州将军兼署两广总督瑞麟会衔。标题系编者拟。

分，尚〔存〕银五万一千三百五十六两二钱五分，均据缴局，尽数充支本省军饷之用。自应分别给奖，以昭激劝。臣等督饬在局司道查明各捐生捐输银数，所请奖叙，按照筹饷新例及现行常例减成章程，均属相符。理合缮具简明清单，恭呈御览。仰恳天恩俯准，饬部分别奖叙。其报捐实官各员并准归于现行筹饷例，按班选补。

除将各捐生照根及副实收，并履历清册送部核办，听候缮发执照，来粤给领外，所有劝捐本省军饷第六次请奖缘由，臣等谨合词恭折具奏，伏乞皇太后、皇上圣鉴训示。谨奏。

同治五年二月十三日，军机大臣奉旨："户部复议具奏，单并发。"钦此。

清单

谨将广东劝捐本省军饷，遵照本省现办各案捐输减成银数，自同治四年八月起至十月底止，第六次请给实在官阶、封典、职衔各捐生姓名、银数，开列清单，恭呈御览。

计开：

廪贡生梁葆谦，捐银四千四百七十一两，请以主事双月选用，免保举并加员外郎升衔。

监生黄景修，捐银二千四百一两，请以通判双月选用，并加盐提举升衔。

监生王贵德，捐银八百四十三两，请以县丞不论双单月选用。

守备升衔候补营千总张泽勋，捐银一千一百五十二两，请以营守备双月即用，并加都司升衔。

光禄寺良酝署署正潘晋阶，捐银七百二十两，请加四级，给予父母从四品封典，将本身妻室应得封典貤封祖父母。

广东广宁县教谕韩廷杰，捐银四百九十三两，请加内阁中书升衔。

光禄寺署正衔崔荣光，捐银一千四百七十二两，请加四级，给予父母、生母及本身妻室、继室从四品封典。

太常寺典薄衔何应骥，捐银一百二十两，请给予光禄寺署正职衔。

翰林院待诏衔罗观澜，捐银四百七十二两，请给中书科中书职衔，并给予嗣父母从七品封典，将本身妻室应得封典貤封本生生母。

翰林院孔目衔何伯荣捐银一百四十四两，请给予国子监典薄职衔。

同知衔吴天植，捐银一千八百八两，请加一级，给予父母及本身妻室从四品封典，另请胞兄嫂从四品封典。

布政司经历衔朱扬泰，捐银一千六百八十两，请给同知职衔，并给予父母正五品封典，将本身妻室应得封典貤封祖父母。

监生谭祖恕，捐银二千一百九十二两，请给光禄寺署正职衔，并加四级，给予父母从四品封典，将本身妻室应得封典貤封祖父母。

监生陈亮俦，捐银七百二十两，请给予光禄寺署正职衔。

监生招懋斌，捐银一千四百四十两请给太常封典。

监生冯起鹏、谭祖念，各捐银五百二十两，均请给予詹事府主簿职衔。

监生杨大任，捐银七百六十两，请给中书科中书职衔，并给予父母从七品封典，将本身妻室应得封典貤封祖父母。

监生卢锡斌、梁国金、何朝权、谭祖志，各捐银五百二十两，均请给予中书科中书职衔。

监生何镇勋，捐银四百四十八两，请给翰林院待诏职衔，并给予父母从九品封典。

监生吴吉临，捐银二百八十八两，请给予翰林院待诏职衔。

监生吴昌荣，捐银四千一百九十九两，请给予道员职衔。

监生刘定璇，捐银一千九百二十两，请给同知职衔，并给予父母、生母正五品封典，将本身妻室应得封典貤封祖父母。

监生邹道湖，捐银一千六百两，请给同知职衔。

监生钟显勋，捐银二百四十两，请给予布政司经历职衔。

监生赖纯、钟奇勋、漆有铨，各捐银二百四十两，均请给予布政司理问职衔。

监生陈文鹏，捐银四百八十两，请给州同职衔，并给予父母从六品封典，将本身妻室应得封典貤封祖父母。

监生何天泽、区良材、李策勋、杨欢荣、冯国英、姚士章、胡赞侯，各捐银二百四十两，均请给予州同职衔。

监生陈兆荣，捐银六百八十两，请给按察司经历职衔，并给予父母正七品封典，将本身妻室应得封典貤封祖父母，另请本生祖父母正七品封典。

监生陈玉衡，捐银一百六十两，请给县丞职衔。

监生康达爵，捐银一百六十两，请给予盐库大使职衔。

俊秀陈松年，捐银二百二十四两，请给从九品职衔，并给予父母从九品封典。

俊秀卢光荣，捐银一百四十四两，请给未入流职衔，并给予父母生母从九品封典。

俊秀戴伟廷、卢朝泰、林士达、蔡锦荣、卢潮清、吴元佐、吴惠佐、谭有谦、廖廷安，各捐银一百四十四两，均请给未入流职衔并给予父母从九品封典。

俊秀潘必达、梁国瑞、关珠贵、陈作宾、黄宜秀、蔡镇邦、曾佩山、余汉茂、罗荣全、朱鸿泰、陈南义、陈南昌、谢廷兰、梁廷秀、梁士徽、谢杰荣、谢喜良、郭逢昌、谢锦缣、何沣材、何绍驹、何全胜、陈凤安、冯国衡、高廷勋、陈荣芝、梁兆鹇、朱维瑛、余允瑾、吕浩田、赵廷辅、赵迪初、游正平、郑钦明、杨琪茂、黄应龙、简朝宪、黄庆、高云龙、刘德建、黄钧安、高茂阶、陈致业、林士彰、郑兆光、陈超扬、林守善、邝集棠、郑茂祥、林和畅、吴朝璧、蓝日晃、叶积彭、张有裕、伍紫良、陈沛然、陈广德、李廷光、卢显扬、汤经品、谢家邦，各捐银六十四两，均请给予从九品职衔。

俊秀顾大德、梁光朋，各捐银六十四两，均请给未入流职衔。

双月营守备梁兆煜，捐银一千一百四十两，请加都司升衔，并给予父母正四品封典，将本身妻室应得封典貤封祖父母。

监生谭良材，捐银一千三百九十二两，请给都司职衔，并给予父母、生母正四品封典，将本身妻室应得封典貤封祖父母。

武监生赵镇邦，捐银一千三百九十二两，请给都司职衔，并给予父母正四品封典，将本身妻室应得封典貤封祖父母。

监生戴永坚，捐银七百二十两，请给都司职衔。

监生钟翘清，捐银六百四十两，请给守御所千总职衔，并给予父母从五品封典，将本身妻室应得封典貤封祖父母。

监生钟天裕，捐银六百四十两，请给守御所千总职衔，并给予父母、生母从五品封典，将本身妻室应得封典貤封祖父母。

监生谭祖彪、武监生杨定邦，各捐银一百六十八两，均请给予营千总职衔。

俊秀戴绍芹，捐银一百八十四两，请给予把总职衔。

以上捐生一百二十五员名，计收捐输洋银四万八千七百二十三两。此项捐生均系填给司印实收，候部照案核填执照，发粤转给祗领。理合注明。

县丞衔潘斯沛，捐银一百六十两，请给予父母正八品封典。

监生陈昭良，捐银五百二十两，请给予中书科中书职衔。

监生周沂，捐银二百四十两，请给予布政司经历职衔。

监生潘斯沛，捐银一百六十两，请给县丞职衔。

俊秀唐继尧、郭履鳌、李云士、阮子良、夏文英、黄劭，各捐银六十四两，均请给予从九品职衔。

监生区世华，捐银七百二十两，请给都司职衔。

监生何启樟，捐银四百八十两，请给予营守备职衔。

监生凌步云，捐银三百二十两，请给予守御所千总职衔。

监生刘美龙，捐银一百六十八两，请给予营千总职衔。

以上捐生一十四员名，计收捐输洋银三千一百五十二两。此项捐生均系填给空白执照，遵将截出照根，随案缴销。理合注明。

统共捐生一百三十九员名，计收捐输洋银五万一千八百七十五两。

军机大臣奉旨："览。"钦此。

粤省新捐军需经费第八次请奖疏[①] 十一月二十四日

奏为广东省新捐军需经费第八次开列官绅姓名、银数，请给封典、职衔、加级、翎枝，恭折奏祈圣鉴事。

窃准户部咨，议复署两广总督晏端书等奏粤东捐输团练经费，请仍照旧章给奖，并拟更正名目一折，内开：详查广东历届奏报

①辑自中国第一历史档案馆藏"录副奏折"原件03-4906-021号及附件清单03-4906-022号。系与广州将军兼署两广总督瑞麟会衔。标题系编者拟。

捐案，均经声明军需动用所请作为捐输军需，当属可行，应如所请办理。等因。同治二年八月十六日具奏，奉旨："依议。"钦此。又，前任抚臣黄赞汤会同前署督臣晏端书，具奏广东捐输截至同治二年三月止，概归旧捐，嗣后另归新案捐办，恳颁发各项职衔、封典部照，一经捐生缴银到局，即行填给，以昭信实。等因。同治二年七月十三日递回前折，后开议政王军机大臣奉旨："着照所请，该衙门知道，单并发。"钦此。钦遵在案。

溯查广东捐输军需经费请给封典、职衔、加级，历系遵照部行，援照筹饷新例，分别减二成、减四成办理，所有同治二年八月初一日开办新捐起，至四年闰五月底止，报捐封典、职衔共银八十六万四千八百六十一两，业经先后七次奏请奖叙在案。兹第八次自四年六月初一日起，至八月底，三个月期满，共报捐封典、职衔捐生四百二十七员名，捐输洋银九万三百一十三两，均据上兑，充支军需经费，据在局司道等将所捐银数，按照现行筹饷减成新例，及历届捐输成案，逐加考核，数目相符，列册详奏前来。臣等复加查核，册开捐生四百二十七员名，内填空白部照者三十三员名，填藩印实收者三百九十四员名，所捐银数、所请奖叙，均与章程相符。合将捐生姓名、银数，缮具简明清单，恭呈御览，仰恳天恩俯准，饬部查照，分别奖叙，填给三百九十四员名部照，递粤给领，以示鼓励。

除将履历清册照根副实收，送部核办外，臣等谨合词恭折具奏，伏乞皇太后、皇上圣鉴训示。谨奏。

同治五年二月十三日，军机大臣奉旨："户部核议具奏，单并发。"钦此。

清单

谨将广东省新捐军需经费第八次请给封典、职衔、加级、翎枝各官绅姓名、银数，开列简明清单，恭呈御览。

计开：

同知衔加一级张荣禄，捐银六百七十二两，请给予父母从四品封典，将本身妻室应得封典貤封祖父母。

同知职衔关弼安，捐银三百二十两，请给予父母及本身妻室正五品封典。

布政司经历衔萧日臻，捐银二百四十两，请给予父母从六品封典，将本身妻室应得封典貤封祖父母。

布政司经历衔萧日清，捐银二百四十两，请给予父母及本身妻室从六品封典。

未入流衔苏滋渫、欧阳溥，各捐银八十两，俱请给予父母从九品封典。

候选郎中龙寿祺，捐银四千两，请赏戴花翎。

监生方登瀛，捐银五百二十两，请给予光禄寺典簿职衔。

监生江柱臣，捐银五百二十两，请给予中书科中书职衔。

附贡生王天德，捐银二百八十八两，请给予国子监典籍职衔。

监生张全，捐银二百五十六两，请给予翰林院孔目职衔。

监生王士禄，捐银一千六百两，请给予同知职衔。

贡生李国华，监生俞燿祖、阮应元，各捐银二百四十两，俱请给予布政司经历职衔。

监生陈拔元，捐银二百四十两，请给予布政司理问职衔。

监生刘捷勋、林天秉、林钦明、苏澥光、管名标、陈士应，各捐银二百四十两，俱请给予州同职衔。

监生黄继芳，捐银二百两，请给予州判职衔。

贡生陈继菁、监生林树标，各捐银一百六十两，俱请给予县丞职衔。

监生黄聘运、张国沧，各捐银七百二十两，俱请给予都司职衔。

监生罗荣铺，捐银三百二十两，请给予守御所千总职衔。

监生邱亦湘、邱亦楷、黄书图，武监生江元良、谢桢幹，各捐银一百六十八两，俱请给予营千总职衔。

以上官绅三十三员名，共计收捐输洋银一万四千三百三十六两，此项官绅均系填给奉颁空白执照，截出照根随案送部核销，合并陈明。

员外郎衔候选光禄寺署正林光斐，捐银二百四十两，请给予父母从五品封典，将本身妻室应得封典貤封胞兄嫂。

广东香山县教谕彭昭元、广东顺德县教谕劳思澄，各捐银四百九十三两，俱请加内阁中书升衔。

广东文昌县教谕林隆章，捐银八百二十一两，请加内阁中书升衔。

广东合浦县教谕陆毓恒、广东新兴县教谕陆滋荣，各捐银四百九十三两，俱请加太常寺博士升衔。

分发福建试用通判胡尚俊，捐银四百二十八两，请加盐课司提举升衔。

署广东恩平县知县罗德辅，署广东阳春县知县刘辰告，署广东乐会县事栋发、知县李培仁，广东新宁县知县饶继惠，广东试用知县徐殿兰，各捐银六百二十三两，俱请加同知升衔。

署广东潮阳县事同知衔补用知县俞增光，捐银五百四两，请由知县加随带一级、寻常二级。

署广东广宁县事候补知县张希京、署广东潮阳县事候补知县冒澄，各捐银五百四两，俱请加随带二级。

广东新宁县知县饶继惠，捐银三百七十八两，请加寻常三级。

拣选知县李能馨，捐银一百八十两，请给予父母正七品封典，将本身妻室应得封典貤封祖父母。

候选直隶州州判万杰，捐银一百八十两，请给予父母及本身妻室从七品封典。

广东增城县训导张迪明，捐银一百六十五两，请加州判升衔。

候选复设训导加二级庄道康，捐银一百八十两，请给予父母从七品封典，将本身妻室应得封典貤封祖父母。

州同衔蔡由从，捐银三千七百五十四两，请给予户部郎中职衔。

中书科中书衔李梓材，捐银八十两，请给予太常寺博士职衔。

詹事府主簿衔郑择能，捐银四百四十两，请给光禄寺署正职衔，并给予父母从六品封典，将本身妻室应得封典貤封祖父母。

国子监典簿衔潘鸿麒，捐银一千四十两，请给光禄寺署正职衔，并加二级，给予父母从五品封典，将本身妻室应得封典貤封祖父母。

从九品衔监生李福田，捐银六百九十六两，请给中书科中书职衔，并给予父母从七品封典，将本身妻室应得封典貤封祖父母。

同知衔李成性，捐银一千一百三十六两，请加一级，给予父母及本身妻室从四品封典。

同知衔黄中岳，捐银三百二十两，请给予父母正五品封典，将本身妻室应得封典貤封祖父母。

布政司经历衔李成性，捐银一千三百六十两，请给予同知职衔。

布政司经历衔黄涣章，捐银二百四十两，请给予父母从六品封典，将本身妻室应得封典貤封祖父母。

州同衔李默乾，捐银一千一百二十两，请加二级，给予父母及本身妻室从五品封典。

州同衔劳铨宇，捐银一千一百二十两，请加二级，给予父母、生母从五品封典，将本身妻室应得封典贻封胞兄嫂。

州同衔周开基，捐银二百四十两，请给予祖父母从六品封典。

盐知事衔刘家俊，捐银四百八十两，请给州同职衔，并给予父母从六品封典，将本身妻室应得封典贻封祖父母。

从九品衔田现璆，捐银三百四两，请给按察司照磨职衔，并给予父母正九品封典。

从九品衔林国昇、陈可英、麦烈丰，未入流衔姚绍鼎，各捐银一百四十四两，俱请给予按察司照磨职衔。

从九品衔陈象平，捐银一百六十两，请给予父母从九品封典。

附贡生谢振邦，捐银三千三百二十八两，请给予户部员外郎职衔。

监生廖储，捐银一千八百四十八两，请给予都察院都事职衔，并加一级，给予父母及本身妻室从五品封典。

监生冯华国，捐银一千四百四十两，请给光禄寺署正职衔，并加二级，给予父母及本身妻室从五品封典。

监生柯凤鸣捐银五百二十两，请给予詹事府主簿职衔。

监生廖经修，捐银一千九十六两，请给中书科中书职衔，并加二级，给予父母、生母及本身妻室从六品封典。

监生萧渠，捐银七百六十两，请给中书科中书职衔，并给予父母从七品封典，将本身妻室应得封典貤封祖父母。

监生王文炳，捐银五百二十两，请给予中书科中书职衔。

贡生曾焕章，监生邓高槐、麦培荣、蒙德裕、田现琛、黄士仁，各捐银二百八十八两，俱请给予翰林院待诏职衔。

监生张荣禄，捐银二千六十四两，请给予同知职衔，并加一级。

监生苏润春，捐银四百八十两，请给布政司经历职衔，并给予父母从六品封典，将本身妻室应得封典貤封祖父母。

监生黄翘畅，捐银四百八十两，请给布政司经历职衔，并给予父母、继母及本身妻室从六品封典。

监生温为楷、林炽度、林长龄、林天育、苏昭远、叶维祺、陈镜汇、莫倚昌，各捐银二百四十两，俱请给予布政司经历职衔。

监生邓思通，捐银四百八十两，请给布政司理问职衔，并给予父母及本身妻室从六品封典。

监生刘岳华，捐银四百八十两，请给布政司理问职衔，并给予父母从六品封典，将本身妻室应得封典貤封祖父母。

监生陈际华、温世勋、王耀宗、黄钦光，各捐银二百四十两，俱请给予布政司理问职衔。

监生杨德修，捐银一千三百六十两，请给州同职衔，并加二级，给予父母从五品封典，将本身妻室应得封典貤封祖父母。

监生谈恒泰，捐银七百二十两，请给予州同职衔，并给父母从六品封典，将本身妻室应得封典貤封祖父母，另请本生父母从六品封典。

贡生陈彪文，监生周天爵、杨寿明、许佑珍、李孔修，各捐银四百八十两，俱请给州同职衔，并给予父母从六品封典，将本身妻室应得封典貤封祖父母。

监生崔茂椿，捐银四百八十两，请给州同职衔，并给予父母从六品封典，将本身妻室应得封典貤封胞兄嫂。

监生许礼振、宋祥纶、钟显章、首成墉、谭鸣宽、陈经昌、吴耀先、黄长盛、李士翰，各捐银二百四十两，俱请给予州同职衔。

监生温世贞，捐银一百六十两，请给予府经历职衔。

监生陈学第，捐银九十六两，请给予按察司照磨职衔。

监生冯文灿、黄翘楚，各捐银九十六两，俱请给予府知事职衔。

俊秀郭为柱，捐银二百二十四两，请给从九品职衔，并给予父母从九品封典。

俊秀蔡兆麟、马耀常、朱子礼、罗嘉邦、杨绍华、李明通、陈学才、黄述宝、林瑞棠、王之臣、邵俊贤、蔡居圣、曾道霖、萧秉浩、黄翘坚、谢振英、李聿修、宁承祖、李济春、郑扬燕，各捐银一百四十四两，俱请给未入流职衔，并给予父母从九品封典。

俊秀黄凤喈、廖镇光、陈国忠、陈尧佐、区国磐、龙叙琫、欧阳沛东、杨河清、何定璆、赵仲坤、严鋆、邓杰、杨松年、刘镜清、麦播之、刘颐、郑华昌、陈稽文、廖龙润、黄兆麟、伍国祺、徐瑞槐、马驯、胡其涝、梁大杰、范兰培、黄元亮、萧应葵、萧顺葵、王会辅、邝学中、邓朝爵、孙佩兰、郑建高、曾宪杰、孙燕翼、郑赞成、郭于鍪、陆光琪、谢龙镳、伍焕扬、李文经、黄宗永、李怀良、谢翱、欧阳彰、曾鉴光、许金业、李廷豪、麦君寿、麦卓俊、甘咖聚、梁梦莲、张世瓒、余康衢、关朝璨、麦建英、冯大作、吴永祥、谭春荣、黄泰昌、龙汝交、麦定高、莫奇勋、李瑞璧、张元龙、陈廷猷、黄士桂、任思绳、吴泰初、黎英贤、周锡灿、卢萃光、吴廷矩、吕锦昌、郑心安、何建义、李广疆、彭楷、彭成纲、彭镇西、邓济阳、顾铨国、吴裕成、葛玉琳、李荣中、陈兆高、吴铭兰、程国俊、萧垂礼、黄金精、吴大明、吴廷桂、潘秀廷、李泰秀、李植槐、李思立、李朝茂、李文达、何锦旋、李绍贵、李召光、李大光、李召先、李在璧、李为栋、李瑞贤、李东海、陈仁杰、陈家璋、陈丽金、劳思淑、蔡维藩、李大本、庄尔泮、欧杨、陈祖光、罗岳祚、余振荣、庞定福、苏克材、吴光阳、梁敬宗、廖济邦、何瀛宇、陈耀光、黄敬业、谭嘉权、郭诗赋、黄宽仁、陈尚儒、莫田章、梁生辉、吴开业、梁世珂、彭学优、李廷标、冯昌澍、冯文诗、卢懋璧、杨祚炳、王业新、黎昭儒、林国昇、沈聲日、邢天琔、邢保方、韩循清、韩立循、符用桓、符世裕、符世琼、范珊瑚、陈进易、陈德魁、华步云、蔡俊、符儒珍、陈文启、陈序宾、陈可英、何德通、陈宝鉴、符显琳、林树桂、邢定瑞、韩引翼、林天颖、邢景岳、邢天拔、邢德香、黄家宝、王侯、王位、蔡时发、王昌朝、王命文、符缵光、秦彦浩、岑茂芳、王积实、黄巨邦、欧群元、廖如璋、谢家俊、麦泰成、林劭瑢、黄惠材、萧凤鸣、钟耀光、林汉星、陈耀、谢兰萼、黄深、何馨芳、何蔚章、赖桂香、许汝梅、黄焕香、赖云祥、刘腾云、刘德光、陈元熙、黄如宽、刘耀光、赵焕文、涂光廷、邓学星、范植三、黄翘锦、黄翘林、劳献廷、黄敬祖、黄亮邦、刘显光、刘忠宣、周从典、黄创业、刘表光、劳展扬、蒙福长、叶铺阳、叶定蒉、叶丕长、张廷簠、张鸿修、张朝簠、叶春轩、邓伟光、劳恒谦、蒙湛德、周成文、廖丹修、梁绍锟、韦宏基、卢乃威、刘光睿、禤子卓、谢振礼、谢振业、陈学诗、梁炳焕、李栋材、谢伦恩、谢宗恩、张见材、张永汪、谭子成、廖鸿修、陈崇益、劳仕清、谭斯馨、谭永贞、李崇林、利建邦、张其晃、宁焕文、刘绳祖、冯文礼，各捐银六十四两，俱请给予从九品职衔。

俊秀苏滋渫、吕瑞祥、欧阳溥，各捐银六十四两，俱请给予未入流职衔。

江西记名总兵雄勇巴图鲁麦春泉，捐银五百四十两，请给予叔婶正二品封典。

营千总衔张大文，捐银一百五十二两，请给予守御所千总职衔。

把总衔姚汝仁，捐银二百二十四两，请给予守御所千总职衔。

监生程子贵，捐银一千三百九十二两，请给都司职衔，并给予父母及本身妻室正四品封典。

监生罗捷邦、刘勋卿，各捐银七百二十两，俱请给予都司职衔。

武生萧日泰、监生谢振芳，各捐银四百八十两，俱请给予营守备职衔。

武生劳桐冈，捐银四百八十两，请给予卫守备职衔。

武生冯翼光、王庆隆，监生潘鸿祥、蔡应瑞、梁扩蕃、梁栋，各捐银三百二十两，俱请给予守御所千总职衔。

监生张佐朝、蔡福临，各捐银二百两，俱请给予卫千总职衔。

监生宋详亨、武生阮国炳、监生许祥陞，各捐银一百六十八两，俱请给予营千总职衔。

俊秀萧永祥，捐银一百八十四两，请给予把总职衔。

以上官绅三百九十四员名，计收捐输洋银七万五千九百七十七两。此项官绅均系填给司印实收，将副收随案送部，应请饬部照案办填执照，发粤转给祇领。合并陈明。

通共官绅四百二十七员名，计收捐输洋银九万三百一十三两。

军机大臣奉旨："览。"钦此。

奏报广东省同治三年冬季份动支军需银款及积欠数目疏[①] 十一月二十四日

奏为查明广东军需总局及潮州分局同治三年冬季份动用军需银款及积欠数目，开列清单，恭折具奏，仰祈圣鉴事。

窃照前抚臣黄赞汤于同治二年五月二十八日会同前署督臣晏端书由驿驰奏，粤省军需紧急，请酌提藩关运粮各库正杂款项，以资接济，随时报部动拨，撙节支用，归入军需项下核实，作正开销一案，经户部议准，于同治二年七月十八日奏奉谕旨："依议。"钦此。咨行遵照。随将同治二年四季暨三年春夏秋季军需局收支以及积欠大致总数，按季开列清单，恭折奏闻在案。

查同治三年冬季肇属土客各匪久肆披猖，副将卓兴及都司候勉忠各军进剿，擒获首逆，搜捕馀匪。而江浙发逆先由江西阑入粤境，滋扰蔓延南雄、嘉应、潮州、惠各府州属，经粤军击退之后，越境追剿。又值罗定、西宁、信宜各州县有广西岑、容贼匪纠结滋事，扰及该州县地方，前后饬委藩司李福泰统领各起兵勇，于惠、潮、嘉等处往来督剿，分路应援，潮州镇翟国彦，署副将何云章，副将方耀，候补知府吴赞诚，都司郑绍忠，游击杨清臣、常秀，阳江镇任星元，南韶连道唐启荫，广西新太协副将潘其泰，参将张贵，副将曾敏行各带劲旅，分别驰往各处，或越邻疆，或在本境扼要防剿。并是年九月，惠潮嘉道禀报在潮州添设军需分局，就近筹饷支应，潮州调拨添募兵勇粮，均经先后奏报在案。所有筹给各路薪粮及清理各营旧欠，在在需费不赀。兹据军需局

---

①辑自中国第一历史档案馆藏"录副奏折"原件 03-4804-059 号及附件清单 03-4804-057 号。系与广州将军兼署两广总督瑞衔。标题系编者拟。

司道将省局动用大致总数，督饬局员逐款勾稽，分别实收实支，并将惠潮嘉道所设潮州分局自九月起至十二月止收支各款，汇列清折，呈候核奏前来。臣复加确核，军需总局单开同治三年冬季份共收秋季份支存及本季提用借用抵捐一切正杂各款银七十五万六千四百八十两九钱二分六厘，共支银七十三万六千二百二十七两七钱三分八厘，除支外，实存尾数银二万二百五十三两一钱八分八厘，留归同治四年春季份开支。另惠潮嘉道在潮州添设军需分局，就近筹饷，支应潮州，调拨添募兵勇，自同治三年九月初八日起至十二月底止，共支用银一十一万一千三百三十七两八分七厘，除收各款银九万七千九百三十七两二钱六分一厘，尚欠银一万三千三百九十九两八钱二分六厘，按款勾稽，委实相符。至单开积欠各营勇粮等银一百七十三万六千馀两，暨各属垫支未经报到缘由，提案复核，亦属实情。

除饬局将同治四年春季以后动款仍按季开单奏以符原案外，所有查得同治三年冬季份广东军需总局及潮州军需分局收支银款及积欠数目，谨会同兼署两广总督臣瑞麟恭折具奏，并另缮清单，敬呈御览，伏乞皇太后、皇上圣鉴，饬部知照。谨奏。

同治五年二月十三日，军机大臣奉旨："户部知道，单并发。"钦此。

清单

谨将广东省城军需总局自同治三年十月初一日起至十二月底止，潮州分局自九月初八日起至十二月底止，两局收支银款及积欠数目，开列清单，恭呈御览。

一、收同治三年秋季支存银四百二十九两四钱六厘。

二、收藩库拨给各属同治二年分地丁银七万九千二百七十两六钱六分六厘。

一、收藩库拨给咸丰十年课饷银四千两。

一、收厘务局拨给本年冬季厘金银二十五万七千一百二十二两二钱一分四厘。

一、收捐输局拨捐项银一十六万一千六百九两五钱三分一厘。内旧捐军需经费银二万两，新捐军需经费银八万七百九两五钱三分一厘，劝捐本省军饷银六万九百两。

一、收各官捐廉助饷拨备军饷等银一十一万四千五百六两五钱一分二厘。

一、收清远缉捕船勇销差欠粮抵作捐输银五千四十四两七钱三分六厘。

一、收福建水师提督吴全美统带江南撤回师船积欠抵作捐输银四万六千两。

一、收借用富商银七万四千八百七十四两四钱五分。此款系因军需紧急，向内地当商及银号旧料等店零星借用。该商民等连年捐输、重迭报捐之外，向有借捐名目。每当军需紧急之时，不能不广为挪借以应一时之急用。款稍松，仍随时拨运；或日后改借为捐，归入捐案办理。藉此稍资接济，与洋人毫无干涉。〔理〕合注明。

一、收韶关商捐抽厘等银一万三千六百二十三两四钱一分一厘。

以上共收银七十五万六千四百八十两九钱二分六厘。

一、支派往东江并省城佛山等处巡防水陆各起兵勇经费银二万六千九百一十四两二钱九分九厘。

一、支派往北江巡防并南雄、乐昌等处防剿水陆各起兵勇经费银四万五千八百七十九两六钱八分八厘。

一、支派往罗定、阳春、新兴、大埔、嘉应、和平等处防剿及东路越赴闽境会剿江西窜匪各起兵勇经费银二十四万七千八百二十二两三钱八厘。

一、支满汉八旗及各营弁兵会同英国弁兵习练技艺经费银九千三百七十七两九钱五分。

一、支采买硝磺制造军装火药工料等银四万三千六百三十二两三钱二分。

一、支制造战船修炮工料等项银九千六百三十九两一钱三分六厘。

一、支福建水师提督吴全美统带江南撤回师船积欠分拨现银二万两，抵捐银四万六千两，共银六万六千两。

以上共支银四十四万九千二百六十五两七钱一厘。

一、补支派往东江并省城、佛山各兵勇旧欠口粮银三万三千六百七十三两八钱三分五厘。

一、补支派往北江巡防并南雄、乐昌等处各兵勇旧欠口粮银二万八千四百七十七两二钱八分。

一、补支清远缉捕船勇销差抵捐银五千四十四两七钱三分六厘。

一、补支高州、罗定、阳江、新兴等处各兵勇旧欠口粮银七万九千五两四钱八分。

一、补支新宁、广海寨各兵勇旧欠口粮银一千九百二十九两九钱七分。

一、补支派往大埔、嘉应等处各兵勇旧欠口粮银五万六百九两五钱七分一厘。

一、补支三水县、化州等垫办防剿经费银二万三千二百七十两六钱六分六厘。

一、补支还前借八旗马谷价生息本银四万九百六十二两七钱五分五厘。

一、补支还前借桑园围基生息本银二万三千九百八十七两七钱四分四厘。

以上共补支银二十八万六千九百六十二两三分七厘。

通共支银七十三万六千二百二十七两七钱三分八厘。除支外，实存尾数银二万二百五十三两一钱八分八厘，归入同治四年春季份开支。尚欠本季应支、未支各营兵勇口粮及军装价值银二十二万六千馀两，前次开报同治三年秋季以前积欠口粮等银一百七十万八千馀两，除本季补支银一十九万八千馀两外，尚欠银一百五十一万馀两。实共欠支粮银一百七十三万六千馀两。

另，惠潮嘉道册报防剿窜匪，在潮州添设军需分局，就近筹饷，支应潮州调拨添募兵勇，自同治三年九月初八日起至十二月底止，共收各款银九万七千九百三十七两二钱六分一厘。内新关税饷银三万两，系应征何年税课，原册并未声明，俟查复到日，另行开报。合注明。潮州府关税银二万一千九百六十九两五钱九分二厘，系应征何年税课，原册并未声明，俟查复到日，另行开报。合注明。潮桥盐课银一万四千两，应征何年盐课，原册并未声明，俟查复到日，另行开报，合注明。潮郡各殷富捐输银二万四千二百一十三两一钱七分六厘，潮郡及澄海县属汕头抽厘银七千七百五十四两四钱九分三厘。共支用银一十一万一千三百三十七两八分七厘，尚欠银一万三千三百九十九两八钱二分六厘。

此外，各府州县垫办防剿及支应过往兵差各款，或因造报数目舛错驳查，或因军务吃紧及道途遥远，未据报到，应俟饬催造报到日，核定确数，另行汇报。合并注明。

军机大臣奉旨："览。"钦此。

奏报广东省第七次决过逆匪盗犯名数疏[①] 十一月二十四日

奏为粤东省拿获逆匪、盗犯，讯明就地正法，第七次三个月期满，决过犯名数目，恭折奏祈圣鉴事。

窃臣嵩焘会同前督臣毛鸿宾奏请将拿获逆匪、盗犯酌拟章程，变通办理一折，于同治二年十一月二十三日钦奉上谕："着照所拟。嗣后广东省除广州府属及佛冈直隶同知拿获逆匪、盗犯，仍行解省。"等因。钦此。钦遵。自奉旨之日起，按三个月一次，将决过人犯数目，缮具清单，陆续汇奏在案。兹自同治四年五月二十三日六次汇奏期满起，连闰计至七月二十三日止，第七次三个月期满，查各属及委员陆续禀报拿获逆匪、盗犯共二百五十八名，均经各该州县讯明录供，分别解省解府，经司道府履勘，由臣等分别核审批饬就地正法。据臬司张兆栋将决过人犯数目，造具案由罪名册，详请具奏前来。

臣等复查无异，除将各犯案由罪名册送部查核，一面饬司备录全案供招咨部办理，并移行勒缉各案逸盗，务获究办，分别按限开参外，所有拿获就地正法人犯第七次三个月期满缘由，谨缮罪名清单，恭呈御览，伏乞皇太后、皇上圣鉴。谨奏。

同治五年二月十三日，军机大臣奉旨："刑部知道，单并发。"钦此。

---

①辑自中国第一历史档案馆藏"录副奏折"原件03-5054-011号。系与广州将军兼署两广总督瑞麟会衔。标题系编者拟。

敬陈广东各属十月份雨水粮价情形疏[1] 十一月二十四日

奏为敬陈十月份雨水、田禾、粮价情形，仰祈圣鉴事。

窃照广东省同治四年九月份雨水、田禾、粮价情形，先经臣恭折奏闻在案。兹查广东省城本年十月中旬得有微雨，上、下二旬晴霁，晚禾收获已毕，二麦秀发，园蔬杂粮亦皆畅茂，省外各属禀报与省城大略相同，粮价较上月稍减，民情安静，堪以仰慰圣怀。时值冬晴水涸、农工馀暇，各属围基堤岸亟须乘时培筑，以防春潦。臣已严饬沿河地方官周历查勘，凡有低薄浮松处所，督率业户培筑高厚坚围，俾资保护。

所有同治四年十月份雨水、田禾、粮价情形，臣谨恭折具奏，并缮粮价清单，敬呈御览，伏乞皇太后、皇上圣鉴。谨奏。

同治五年二月十三日，军机大臣奉旨："知道了。"钦此。

清单

谨将广东省同治四年十月份各属米粮时价分晰，开列清单，恭呈御览。

广州府属，价中。上米每仓石价银二两三钱四分至二两九钱九分，较上月减一分。中米每仓石价银二两一钱二分至二两七钱八分，与上月相同。下米每仓石价银一两七钱五分至二两三钱六分，与上月相同。

韶州府属，价中。上米每仓石价银一两八钱二分至二两六钱

①辑自中国第一历史档案馆藏"录副奏折"原件03-4962-441号及附件清单03-4962-442号。标题系编者拟。

八分，与上月相同。中米每仓石价银一两五钱四分至二两三钱三分，较上月减一分。下米每仓石价银一两一钱九分至一两九钱七分，与上月相同。

惠州府属，价中。上米每仓石价银二两一钱一分至二两八钱九分，与上月相同。中米每仓石价银一两八钱四分至二两六钱四分，与上月相同。下米每仓石价银一两六钱至二两三钱，较上月减一分。

潮州府属，价中。上米每仓石价银一两八钱七分至二两六钱九分，与上月相同。中米每仓石价银一两四钱五分至二两二钱九分，较上月减一分。下米每仓石价银一两九分至一两九钱一分，与上月相同。

肇庆府属，价中。上米每仓石价银一两九钱三分至二两六钱八分，较上月减一分。中米每仓石价银一两六钱至二两四钱四分，与上月相同。下米每仓石价银一两二钱九分至二两四分，与上月相同。

高州府属，价中。上米每仓石价银一两二钱六分至一两四钱四分，与上月相同。中米每仓石价银一两七分至一两二钱七分，与上月相同。下米每仓石价银九钱至一两九分，较上月减一分。

雷州府属，价中。上米每仓石价银一两四钱七分至一两五钱九分，较上月减一分。中米每仓石价银一两二钱二分至一两三钱三分，与上月相同。下米每仓石价银一两二分至一两一钱四分，与上月相同。

廉州府属，价中。上米每仓石价银一两八钱七分至二两一钱，与上月相同。中米每仓石价银一两四钱八分至一两七钱一分，较上月减一分。下米每仓石价银一两二钱七分至一两四钱六分，与上月相同。

琼州府属，价中。上米每仓石价银一两八钱三分至二两三钱五分，与上月相同。中米每仓石价银一两五钱至一两九钱五分，与上月相同。下米每仓石价银一两三钱二分至一两七钱九分，较上月减一分。

佛冈直隶厅，价中。上米每仓石价银一两八钱六分至二两四钱九分，较上月减一分。中米每仓石价银一两五钱七分至二两二钱三分，与上月相同。下米每仓石价银一两三钱三分至一两九钱四分，与上月相同。

绥瑶直隶厅，价中。上米每仓石价银二两二钱六分至二两四钱八分，较上月减一分。中米每仓石价银一两九钱七分至二两一钱五分，与上月相同。下米每仓石价银一两七钱八分至一两九钱五分，与上月相同。

罗定州属，价中。上米每仓石价银一两七钱六分至一两九钱三分，较上月减一分。中米每仓石价银一两六钱二分至一两七钱六分，与上月相同。下米每仓石价银一两二钱三分至一两三钱五分，与上月相同。

连州属，价中。上米每仓石价银二两二钱三分至二两四钱五分，与上月相同。中米每仓石价银二两三分至二两二钱一分，较上月减一分。下米每仓石价银一两七钱至一两八钱七分，与上月相同。

南雄州属，价中。上米每仓石价银二两二钱三分至二两四钱二分，较上月减一分。中米每仓石价银一两九钱九分至二两一钱三分，与上月相同。下米每仓石价银一两六钱四分至一两七钱七分，与上月相同。

嘉应州属，价中。上米每仓石价银二两二分至二两五钱九分，与上月相同。中米每仓石价银一两八钱四分至二两三钱九分，与上月相同。下米每仓石价银一两四钱八分至二两二分，较上月减一分。

军机大臣奉旨："览。"钦此。

奏报广东省同治四年晚稻收成分数疏[1] 十一月二十四日

奏为恭报晚稻收成分数，仰祈圣鉴事。

窃照禾稻收成分数，例应具奏。兹广东已届晚稻刈获之期，据代办藩司方濬颐将各属收成分数查明汇报前来。臣逐加查核，收成八分者，南海、番禺、香山、顺德、曲江、归善、博罗、琼山、定安、始兴、佛冈等一十一厅县；收成七分有馀者，新会、新安、三水、花县、乐昌、永安、海阳、潮阳、广宁、茂名、海康、澄迈等一十二县；收成七分者，东莞、清远、增城、翁源、英德、海丰、揭阳、澄海、普宁、丰顺、高要、青川、电白、化州、徐闻、灵山、文昌、乐会、西宁、连州、南雄、嘉应、绥瑶二十三厅州县；收成六分有馀者，龙门、新宁、从化、乳源、仁化、河源、龙川、陆丰、惠来、饶平、高明、四会、开平、德庆、鹤山、吴川、石城、遂溪、合浦、钦州、崖州、万州、会同、陵水、罗定、东安、阳山等二十七州县；收成六分者，长宁、连平、大埔、南澳、开建、阳江、阳春、恩平、新兴、信宜、儋州、临高、感恩、昌化、兴宁、长乐一十六厅州县；收成五分者，和平、平远、镇平等三县。合计通省晚稻收成实共六分有馀，至收成六分之大埔、长乐二〔县〕，收成五分之和平、平远、镇平三县，均

①辑自中国第一历史档案馆藏"录副奏折"原件03-4956-089号。标题系编者拟。

系被匪扰害。现经饬行确查，分别应否蠲缓，俟查复到，另行奏报。臣谨恭折具奏，伏乞皇太后、皇上圣鉴。谨奏。

同治五年二月十三日，军机大臣奉旨："知道了。"钦此。

审明参员动款确情埠商控涉诬罔分别拟结疏会总督衔　十二月初五日①

奏为审明参员动款确情，究出埠商控涉诬罔，分别拟结，恭折仰祈圣鉴事。

窃照前署连州直隶州补用知府张崇恪，因防剿贼匪提借盐饷，抽捐盐银，变卖仓盐，据连阳埠商陈兆兴等控，经前督臣黄赞汤饬查，收支银盐数目不符，将张崇恪撤任提审，延不来省，复经前督臣劳崇光奏参。咸丰十年正月二十三日内阁奉上谕："劳崇光奏特参擅提盐饷并擅卖仓盐之署知州请旨惩办一折。广东署连州直隶州事补用知府张崇恪，因地方防剿土匪、支发勇粮，并未禀明各该上司，辄行擅提盐饷至三万馀两，又提卖仓盐，抽收盐包军需银两，自行动用，及被控行查，复含糊禀复，推诿绅士，并不将提用支发实数分晰声明。经该督等撤任，提省审办，犹复任意耽延，显有借端侵蚀，情虚畏审情事。张崇恪着即行革职拿问，交劳崇光提同埠商及经手绅士人等，严切审讯，究明实在银数若干，严追惩办。馀着照所议办理。"钦此。经前督臣劳崇光等钦遵，督同司道催提张崇恪来省，并节次行提连阳埠商陈兆兴、沈德三即沈泰来、金际亨、邹怡德、沈晴午、沈德安、卢同发、李复兴暨州埠司事诸大庆、邹道湖及连州绅士俞扬纯、黄德纯、谢

①日期据本疏及中国第一历史档案馆藏"录副奏折"03-4927-111号同疏原件内容考订。原置《发逆荡平酌量撤留兵勇查办土匪疏》前，兹改置此。

国衡、莫祖文、黄允武、唐荣棣、曹槎汉等，先后集案确审。而埠商陈兆兴等于未经提审之前，以原控情词失实，自行禀首，由军需总局司道催齐人卷，逐细查核质审明确，究结拟详前来。

臣等当复督同司道提讯，缘张崇恪于咸丰五年六月间到连州署任，维时各路逆匪朱四、黄潮、陈金刚、何六、朱洪滨、黄泰紫臣、包尔鞍等分股入境，围扑州城，均经督饬绅民团练，调集兵勇，痛剿击退。又募勇筹饷，赴援清远县城解围。至咸丰九年二月交卸，计在任三年有馀，共用防剿经费银二十馀万两，仅领过省局经费银二万三千两，馀俱由州设法筹措，交州局绅士俞扬纯等支用，不经官吏丁胥之手。局绅随收随发，未能及时造册缴州，是以张崇恪申报军务时，止将筹借情形笼统声叙，未经详细禀报，尚非别有情弊。

如原参张崇恪剿匪勇粮勒借埠商盐饷银三万馀两一节，查咸丰六年十二月内，广州府属清远县城被贼围攻危急，经前督臣奏明札饬张崇恪募雇朱冈勇三千名，在连州地丁项下动支银二万两，交朱冈司巡检张清鉴带勇赴援。张崇恪将勇雇齐，因连州地丁钱粮止征存银一万三千八百三十三两四钱二分三厘，不敷支给，当提所属阳山县常维潮征存地丁银二千六百六十六两五钱七分七厘，又借提连阳埠商卢同发应解盐饷银三千五百两，共凑足银二万两，交张清鉴收领，带勇起程，前赴清远县援剿。解围凯撤回连州。据张清鉴册报勇粮赏恤等项，除将前项银二万两及由省局解饷支给外，尚欠勇粮等银四万三千四百七十八两四钱四分三厘。张清鉴赴省请领，省局查系应给之项，数目相符，只因省局支绌，急切未能筹给。各勇在州不能久待，随拥至连州署恳求垫给。经张崇恪督同绅局就地劝捐，给过勇粮银八百四十八两四钱四分三厘，伤亡恤赏银一万一千一百三十两，尚欠口粮银三万一千五百两，无力再筹，经盐埠督销委员林威仪向埠商沈德三等公议，借出银三万一千五百两，垫给勇粮，禀明运司有案。张崇恪随将壮勇遣散，始不致滋生事端。质讯绅士俞扬纯等及埠商陈兆兴等，供俱相同。

又原参张崇恪每年抽捐盐包军需银约二万馀两一节，查咸丰五年八月间贼匪朱四、黄潮等围扑连州，张崇恪因州城迭遭兵燹，民间十室九空，军需匮乏，当传集埠商陈兆兴、沈德三即沈泰来、金际亨即王裕隆、邹怡德即王宜顺、沈晴午、沈德安、卢同发、李复兴与局绅俞扬纯等会议，捐资接济。该商等因欲保全埠地，情愿每盐一包捐银五分，以资急用。自咸丰五年九月间抽起，至八年八月停抽止，陆续抽捐过盐银一万六千三百八十两九钱，均交绅士俞扬纯等收支，有该埠报单及各绅历年收支册簿可查。质之埠商及绅士俞扬纯等，供俱符合，实无每年二万馀两之数。

又原参张崇恪提借盐饷二万两，复将仓盐三万数千包约值本银十二万馀两全数封提，变银缴进州署一节，查咸丰八年四月间，怀、贺逆匪包尔鞍等围困州城两月之久，至六月初三日攻踞老城外之新城，官军经费，捐输告罄，老城万分危殆，而赴省道途梗阻，又无由禀请拨饷。张崇恪不得已，遂又向埠商陆续借过阳山埠及州城星子、东陂等埠饷银暨商人卢同发、潘祥发等盐饷并东陂盐包变价银共一万九千四百三十七两四钱六分二厘，均交局绅俞扬纯等收支，并非二万两整数。张崇恪因经费仍不敷用，复与守城绅士传集埠商沈德三等商议，借盐变价，以救危急。该商亦因盐仓在新城已被贼匪搬抢过半，亦愿出借，以期事平归款，又恐运盐为贼阻截，议请连阳营守备朱鸾及局绅俞扬纯等各带兵勇，开出老城与贼接仗，使其不得兼顾，一面由该商沈德三等多集人夫，搬运新城仓盐，共计搬出盐九千四百三十五包，经沈德三等经手交该商埠子店变卖银三万一千九百二两一钱四分一厘，内除该商等收回银三百四十二两七钱七分五厘外，实借出银三万一千五百五十九两三钱六分六厘，由该埠子店缴交绅局俞扬纯等支用，并非由局绅变价缴署，亦无三万数千包之多，有该埠单及局绅收支册簿可核。并据司事诸大庆供称：盐仓原存盐二万八千一百九十七包，除提借外实被贼抢去一万八千七百六十二包，质之绅士、埠商各供无异。迨州城解围以后，张崇恪饬交经手局绅查数禀报，局绅因款项繁多，一时未及查报。陈兆兴等诚恐延欠无着，又奉催饷紧急，遂赴总督及运司衙门呈控，指望领回前项完解盐饷，并因当时商店陆续将银付局，未查确数，遂以张崇恪提借盐饷二万两，并将提借盐包及贼抢盐包笼统核计约有三万数千包，值本银十二万馀两，指为张崇恪封提变卖，又约计从前抽捐银数有二万馀两，与前垫朱冈勇粮三万一千五百两，诬指为张崇恪勒借勒提，一并牵砌入词，希图耸听。经前任督臣暨前运司饬据张崇恪查复情形数目不符，随将张崇恪撤任提省审办，因张崇恪延未来省，奏参奉旨革审。

兹据埠商陈兆兴等于未经提讯前查明原委，以原控情词失实，自行禀首。提集质讯，供认前情不讳。所有张崇恪借用连阳各埠商及盐包变价银共一万九千四百三十七两四钱六分二厘，又新城仓盐变价银三万一千五百五十九两三钱六分六厘，又埠商代军需局垫给凯撤朱冈勇粮银三万一千五百两，共银八万二千四百九十六两八钱二分八厘，业经报销局核明合例准销，已备具文领赴军需局领出，交还各埠商批解运库兑收，归回盐课，转解前藩司收入奉拨兵饷项下开支。又张崇恪动支地丁等款银一万三千八百三十三两四钱二分三厘，又阳山县常维潮征存地丁银二千六百六十六两五钱七分七厘，又连阳埠商卢同发将应解盐课银三千五百两，共银二万两，遵奉文行垫给朱冈勇粮，亦经各自备具印领文批，赴军需局按款分别领解清楚，归于地丁盐课各案奏销造报。又张崇恪与各绅士续支朱冈勇粮及赏恤银共一万一千九百七十八两四钱四分三厘，均系代军需总局支发之款，其就地劝捐支发一切经费，亦由局绅开造，归张崇恪复核造册，由军需报销各局核明数目相符，归案准销吊核。案据张崇恪等领解各款并核销银数，悉皆符合，其抽捐及提借盐饷、盐包变价，有簿单可稽，佥供实止此数。张崇恪实因军需支绌，与绅商公议抽提借用，并非擅提擅卖，事由局绅经手，委无推诿侵蚀情事，案无遁饰，应即议结。

此案已革前署连州直隶州候补知府张崇恪，经埠商具控。查核前后借支盐饷盐价及抽收盐厘，多至巨万，责以擅动饷课，该革员亦无从置辨。惟该革员在任几及四年，值贼围城三次，援剿清远围城贼匪一次，中间剿捕大小龙山、潭源洞、杨家观、西岸墟、蘇布水、星子墟、东陂观各起土匪，又越境剿办阳山县之西江、外塘、黄坌、岭背、犁头、青莲，英德县之长山、大湾等处股匪，防剿几无虚日。左支右绌，艰难筹画。其提借盐项银两，随时支放军饷，保全地方，毫无虚糜浪费。又支放款目，一任之绅士，均有簿据可稽。其心主于为公，其势又迫于不容已，以功抵过，自不应科以擅动饷银之罪。且其时州城被围，盐仓已为贼据，非该革员力保危城，则仓盐尽资贼粮，饷课亦更无着落。功罪昭然，人所共喻。广东积年办理防剿，于守城出力人员既未能逐案查明，随时鼓励，反以控告之游词加之严议，案经数岁，未能议结，亦不足以服该革员之心，而作兴办事者之气。应请旨将已革候补知府张崇恪开复原官，以昭公允。埠商陈兆兴、沈泰来即沈德三、金际亨即王裕隆、邹怡德即王宜顺、沈晴午、沈德安、卢同发、李复兴等因提缴饷课期限严迫，又恐变卖之仓盐张崇恪无力筹还，借词搪塞，致成诬控，甚至将被贼抢失之盐一万八千馀包亦指为地方官封提，种种有心诬罔，殊出情理之外。虽于未集讯以前自行禀首，究属不合，应请各照不应重律杖八十。惟事犯在累奉恩诏以前，应请援免。其到案一同供明之司事诸大庆、邹道湖等，均免置议。绅士俞扬纯、黄德纯、谢国衡、莫祖文、黄允武、唐荣棣、曹槎汉等经管收发军需各银数，核销相符，尚无浮冒，并无经手提盐变价情事，亦无庸议。其被贼抢失盐一万八千七百六十二包，已经前运司核准照例补配。该革员张崇恪动用军需总局，应由军需局司道核明汇案补销。本任交代仓库款项，亦据查明并无亏短，另行结报。除备录供招咨部外，谨合词恭折具陈，伏乞皇太后、皇上圣鉴训示。谨奏。

此案颠倒虚诬，一由幕友徐灏主之。鄙人拟此稿两年，至劾逐徐灏，乃能出奏，能无慨叹。自记。

军饷竭蹶筹议暂借洋款片会总督衔

十二月初五日[①]

再，据代办广东布政使事盐运使方濬颐会同军需总局司道详称：粤东自逆匪窜扰东、北两路，添募兵勇防剿，加以弹压土、客，每月军饷多至三十馀万两。藩、运各库搜罗净尽，每月厘捐仅收银七八万两，不及支应军粮之半。此外设法补苴，杯水车薪，左支右绌。现当康逆回陷嘉应，剿务万分吃紧，各军月饷积欠累累，时虞哗溃。值此无可通融之时，大局极形危急。适有英国商人嚇志，知军需局军饷竭蹶，情愿出资借助。经英国领事罗伯逊

①日期据《筹办夷务始末》（同治朝）卷三十八同片内容考订。

议明：暂借洋银十万两，以济急用，每两以一分五厘行息，约于半年内先还一半，其馀于一年内清还，分限两期，将本息陆续归款，由藩司给票为据。业经委员向洋商兑收，拨给各营，支作军饷，稍济目前之急。查借用洋商银两，按限归还，刻不容缓。此次因军饷窘迫异常，外国人既愿借助急公，不能不为一时腾挪之计，权宜暂借济用，而转瞬即行归还，又实不便多借。将来届期当在各库应拨军饷项下，照数筹措拨还，以昭大信等情，详请奏报前来。

臣等复查无异，除饬代办布政使事方濬颐会同总局司道届期照约如数拨还，以清款项，并分咨总理各国衙门暨户部查照外，臣等谨附片陈明，伏乞圣鉴。谨奏。

广东历年办理厘务出力各官绅请奖疏[①]十二月初五日

奏为广东省历年办理厘务出力各官绅仰恳天恩给予奖叙，以昭激劝，恭折奏祈圣鉴事。

窃照同治元年间两江总督臣曾国藩以皖、浙大营军饷匮乏，奏奉谕旨，简派前都察院左副都御史臣晏端书前来广东督办厘务，以济要需。于是年七月开设局厂，酌定章程，至同治四年八月，历时三年，先后解过皖、浙大营及本省军需厘银共计三百万八千有奇。先是本省开办厘务，自咸丰八年四月起〔至〕同治元年六月，共计收解厘银一百七十四万八千有奇。又前任广东巡抚臣耆龄带兵驻韶，奏明韶州开设五厂，自咸丰十年七月陆续开办起至

①辑自中国第一历史档案馆藏“录副奏折”原件03-4889-112号及附件清单03-4889-118号。系与广州将军兼署两广总督瑞麟会衔。标题系编者拟。

同治元年六月，共计收解厘银四十八万有奇，均经分别咨部在案。惟历年承办厘务出力官绅俱尚未邀奖叙，查同治三年六月间克复金陵，以广东厘金接济江皖军饷，蒙恩加广文武乡试永远中额各四名，无不欢声雷动。此邦士庶既邀破格之恩，而在事官绅或代办厘务总局、分局事务，或委赴各江厘厂创办抽收事宜，均能实心任事，认真经理，始终勤慎，不辞劳怨，洵属著有微劳，现当筹饷吃紧之际，似亦应分别甄叙，以昭激劝。据广东厘务总局司道具详前来。臣等复加查核，谨择尤为出力各官绅，开列清单，敬呈御览。仰恳天恩俯准，分别给予奖叙，俾昭激劝，其馀在事出力较次人员，另由外酌给奖励，以杜冒滥而示平允。是否有当，谨合词恭折具奏，伏乞皇太后、皇上圣鉴训示。谨奏。

同治四年十二月二十五日，军机大臣奉旨："知道了。"钦此。

清单

谨将广东省历年办理厘务尤为出力官绅，开列清单，恭呈御览。

两广盐运使司方濬颐，该员前在南韶连道任内于咸丰十年八月经前广东巡抚臣耆龄委督办开抽韶州分局五厂厘金，酌议章程，督率抽收，克济军需。至同治三年六月交卸，在事将及四年，拟请旨赏加二品衔。

广东候补道屠继烈，该员于同治二年八月委总办省城分局抽厘事务，在事两年，计收解厘银三十馀万两，比较往年增益颇巨。现仍管理分局事宜。本年四月，复派兼管通省厘务总局，以专责成。

在任候选道知府衔南雄直隶州知州华廷杰，该员于咸丰九年四月委办省城厘务总局各江厘厂创办抽收事宜，均该员会商绅士及在事各员悉心筹画。其时洋人和局未定，诸多棘手，极费经营，始得集事。查该员于咸丰九年四月到局，于同治元年六月销差，时经三年有馀。该员捐升知府衔及捐升道员，在任候选，均先后领有部照在案。

以上二员，均拟请旨赏加盐运使司衔。

道衔尽先补用知府史朴，该员因咸丰九年开办白沙厘厂，匪徒借端阻挠，遴委往办，宽严互用，商民悦服，始得设厂开办。数年以来，抽收厘金，克济军需，洵有裨益。拟请旨交部从优议叙。

候补道员广州府虎门同知吴赞诚，该员于同治元年经前两江总督臣曾国藩奏派，随同钦差臣晏端书办理厘务，综核精详。元年七月派办芦苞厂务，剔除积弊，整饬抽收，悉臻妥协。十月委查韶州五厂厘务，二年正月查办雷、琼厘务，均能认真从事，不避劳怨。该员帮办东江军务，已阅年馀，保升道员，拟请旨开虎门同知本缺，以道员仍留广东补用。

候补同知梁采麟，该员于咸丰九年四月派委总局，倡办各厂抽厘，极费经营，收支销算勾稽精当。同治元年六月销差，在局三年有馀，最为出力。拟请旨赏加知府衔。

同知衔留粤补用知县陶庆仍，该员经前两江总督臣曾国藩奏派来粤，随同钦差臣晏端书专办厘务，于元年七月到粤，历办后沥、芦苞等厂，剔除积弊，创立新章。二年十月调赴总局，管理文案，兼派襄办分局事宜。在事三年，极资赞画。查该员系由外省奏派来粤，随同专办厘务之员，朴干精详，实心任事，应破格奖励。拟请旨免补知县，以同知补用，并赏加知府衔。

候补同知方中，该员于同治二年二月委办顺德陈村厂厘务，经理得宜。省局需才，三年六月调省会办分局厘务，始终克勤。

现仍在局当差。在事两局，幾及三年，拟请旨赏加知府衔。

福建补用同知潘春辉，该员于同治元年八月委接办后沥厂厘务，在事两年有馀，辛勤备至。

安徽补用同知江国华，该员于同治二年委办高州厘务，备历艰辛。三年五月，改委韶州分局文案，实心任事，不避劳怨。

以上二员，均拟请旨赏加运同衔。

前江西安福县知县陈璞，该员于同治二年八月委接办白沙厂厘务，三年二月就厂兼办坐贾厘金，并办东江护商巡船，实心经理，商民悦服。在事两年，始终出力，拟请旨赏加同知衔。

分发试用知县陶庆瀛，该员于同治二年九月委会办后沥厂厘务，三年二月复委就厂兼办坐贾厘金，力除积弊，涓滴归公，洵属结实可靠。拟请旨赏加直隶州衔。

六品顶戴广东补用县丞得缺后以应升之缺升用邹淦，该员于同治元年七月钦差臣晏端书到粤设立总局，即委到局筹议章程，各厂照行，诸臻妥协，在局经理收支，悉心区画，劳瘁不辞，历三年如一日。

广东遇缺即补县丞潘之骏，该员于咸丰十一年四月委开办白土盐厘厂务，同治元年六月调办韶州分局文案，在事三年，最为出力。

两淮候补盐运司知事许善登，该员于同治元年八月委办芦苞厂厘务，清勤自矢。三年三月接办后沥厂厘务，实心经理，始终如一。在事三年有馀。

以上三员，均拟请旨赏加盐课司提举衔。

广东补用典史陈树源，该员于咸丰十一年四月派委随同开办韶州各厂厘务，均属实心任事。同治元年七月复委帮办连州江口厂盐厘三年有馀，始终勤奋。拟请旨赏加布政司经历衔。

知府衔候选同知潘国珍、同知衔候补知县王嘉福、同知衔候选知县马铭、同知衔候选知县张祥芝、候补直隶州州同关兆桂、五品衔候选布政司经历朱家蒸、候选詹事府主簿黄学光、分缺先用巡检欧阳道庄、南海县九江主簿符绶，该员等在各局厂帮办抽厘事务，最为出力，均拟请旨交部从优议叙。

举人候选郎中伍绍棠、举人梁肇修、监生潘彭龄、童生易耀荣，该绅等随同潘仕成等自同治元年入省城分局襄办厘务三年有馀，历久不懈，实属勤慎出力。伍绍棠拟请旨赏加四品衔，梁肇修拟请旨赏给内阁中书衔，潘彭龄拟请旨赏给詹事府主簿衔，易耀荣拟请旨赏给国子监典籍衔。

候选道王福康，刑部候补郎中莫以枋，候选员外郎梁应棠，候选按察司经历陈永公，经书陈俊章、梁文芳，该绅等自咸丰九年开佛山厘局入局襄办厘务，在事均逾六年，至今谨慎勤劳，洵属出力。王福康拟请旨赏加按察司衔，莫以枋拟请旨赏加道衔，梁应棠拟请旨赏加知府衔，陈永公拟请旨赏加知州衔，陈俊章、梁文芳均拟请旨赏给八品衔。

五品衔候选主事欧守仁、布政司经历衔尽先县丞黄绍基，该绅等襄办厘务，任劳任怨，历久不渝。欧守仁自咸丰九年入顺德陈村厘局，至今已逾六年，拟请旨赏加四品衔。黄绍基自同治元年入局，至今已逾三年，拟请旨赏加五品衔。

军机大臣奉旨："览。"钦此。

广东省本年八月份并无报捐文武监生贡生片[1] 十二月初九日

再，广东省收捐监生、贡生名数、银数，向系按月奏报。嗣准部咨，将部监空名印照发交各省收捐，文武监生每名减银二十两、贡生减二成办理。又准部咨，空名照数目分别已发未发，按月奏报。各等因。当于咸丰四年八月起办理减成收捐，至同治四年七月止，收捐监生名数、银数，及奉颁空名执照已发未发张数，暨本年闰五月份及六、七月份并无报捐贡生，经臣先后附片奏明各在案。兹据代办广东布政使方濬颐呈称：同治四年八月份并无报捐文武监生、贡生，未经填发执照，无凭造报，呈请奏咨前来。臣复核无异，除分咨部监外，谨附片陈明，伏乞圣鉴。谨奏。

同治四年十二月初九日，军机大臣奉旨："户部知道。"钦此。

广东省本年九月份并无报捐文武监生贡生片[2] 十二月十二日

再，广东省收捐监生、贡生名数、银数，向系按月奏报。嗣准部咨，将部监空名印照发交各省收捐，文武监生每名减银二十两、贡生减二成办理。又准部咨，空名照数目分别已发未发，按月奏报。各等因。当于咸丰四年八月起办理减成收捐，至同治四年七月止，收捐监生名数、银数，及奉颁空名执照已发未发张数，

①辑自中国第一历史档案馆藏"录副奏折"原件03-4903-014号。日期系奉旨时间，标题系编者拟。

②辑自中国第一历史档案馆藏"录副奏折"原件03-4903-017号。日期系奉旨时间，标题系编者拟。

暨本年八月份并无收捐文武监生，并闰五月、六月、七月、八月份亦无报捐者，业经臣附片奏明各在案。兹据代办广东布政使方濬颐呈称：同治四年九月份仍无报捐文武监生、贡生，未经填发执照，无凭造报，呈请奏咨前来。臣复核无异，除分咨部监外，谨附片陈明，伏乞圣鉴。谨奏。

同治四年十二月十二日，军机大臣奉旨："户部知道。"钦此。

考察劳绩捐纳两项候补试用人员疏[1]十二月十五日

奏为考察劳绩、捐纳两项候补试用人员，开列清单，切实加考，恭折具奏，仰祈圣鉴事。

窃查州县为亲民之官，关系綦重，考察宜严。不惟捐纳试用人员，迭奉谕旨，认真察看；即劳绩保升人员，除曾任实缺外，亦以一年为限，饬令疆臣切实加考，未经甄别之前，不准署缺，由部臣奏奉圣谕，咨行遵照。臣等随时查察，已将劳绩试用各项优劣人员，先后分别荐举、劾参，并将堪膺民社、堪以补用各员，切实加考，奏报在案。

兹又据广东藩司遵照新例，将候补、捐纳两项，通判、知县等官考察请奏前来。臣等复加察核，切实加考，开列清单，恭呈御览。现值多事之秋，量材器使，势难拘泥到省一年后方准署缺。所有由本省佐杂保升、捐升，其品诣为臣等所素知，才具确有可用者，亦具考列入单内，以备委署之用。仍俟扣满年限，方予入班轮补，以符通行新例。至同知、通判，应否加考，部臣未经议

①辑自中国第一历史档案馆藏"录副奏折"原件03-4620-163号。系与广州将军兼署两广总督瑞麟会衔。标题系编者拟。

及，臣等因丞倅本有督缉盗贼，抚绥军民之责，其轮补直隶同知，固与州县各异，而候补时亦常委署州县查察，未便从宽，兹已一律加考。又，捐纳试用道府甄别，向系专案，其教习、教职、拔贡，截取各项出身；试用知县，究与军功捐纳不同，照依旧例，逐员加考，分案专咨，现单未经附列。又，捐升后劳绩保归候补及因劳绩保升捐归候补暨径自捐升人员，均俟引见回省，再行甄别。

所有臣等考察劳绩、捐纳两项候补试用人员缘由，相应恭折奏请皇太后、皇上圣鉴训示。谨奏。

同治五年二月十五日，军机大臣奉旨："吏部知道，单并发。"钦此。

清单

谨将广东省候补知县及捐纳试用通判、知县切实加考，开具清单，恭呈御览。

计开：

候补知县琨龄，镶黄旗汉军职员，由报捐府经历指分广东，咸丰六年十月二十三日验看留省，因军务出力保奏。同治四年七月二十九日奉上谕："着免补本班，以知县仍留广东尽先补用。"钦此。该员明白干练，堪膺民社。

候补知县郑恩培，浙江钱塘县监生，由咨补广东遂溪县县丞，因军务出力保奏，以知县补用。同治四年二月十九日奉旨："着照所请。"钦此。该员才具干练，堪膺民社。

候补知县吴桂芳，广西临桂县捐职，由现任广东南海县县丞，因军务出力保奏，以知县补用。同治四年二月十九日奉旨："着照所请。"钦此。该员安详稳慎，堪膺民社。

试用通判郑敦善，湖南长沙县监生，由广东试用布经历报捐通判，指分广东，同治四年十月二十六日到省。该员练达详明，堪以通判补用，仍俟扣满一年，再行开补。

试用知县满柄玑，湖南善化县监生，祖籍安徽凤阳县，报捐知县，签掣广东，同治三年八月初三日到省。该员精细勤敏，堪膺民社。

试用知县黄恩贵，福建驻防正黄旗汉军举人，报捐知县，指分广东，同治三年九月初五日到省。该员老练周详，堪膺民社。

试用知县常立泰，湖南长沙县监生，由广东候补县丞报捐知县，指分广东，同治四年八月三十日到省。该员谙练精详，堪膺民社，仍俟扣满一年，再行开补。

军机大臣奉旨："览。"钦此。

敬陈广东各属十一月份雨水粮价情形疏[①] 十二月十五日

奏为敬陈十一月份雨水、粮价情形，仰祈圣鉴事。

窃照广东省同治四年十月份雨水、田禾、粮价情形，先经臣恭折奏闻在案。兹查广东省城本年十一月上、中、下三旬得有微雨数次，土膏滋润，麦苗秀发，杂粮已经成熟，园蔬亦皆畅茂，省外各属禀报与省城大略相同，粮价较上月稍减，民情静谧，堪以仰慰圣怀。所有同治四年十一月份雨水、粮价情形，臣谨恭折具奏，并缮粮价清单，恭呈御览，伏乞皇太后、皇上圣鉴。谨奏。

同治五年二月十五日，军机大臣奉旨："知道了。"钦此。

①辑自中国第一历史档案馆藏"录副奏折"原件03-4962-445号及附件清单03-4962-446号。标题系编者拟。

清单

谨将广东省同治四年十一月份各属米粮时价分晰，开列清单，恭呈御览。

广州府属，价中。上米每仓石价银二两三钱四分至二两九钱九分，与上月相同。中米每仓石价银二两一钱一分至二两七钱七分，较上月减一分。下米每仓石价银一两七钱五分至二两三钱六分，与上月相同。

韶州府属，价中。上米每仓石价银一两八钱二分至二两六钱八分，与上月相同。中米每仓石价银一两五钱四分至二两三钱三分，与上月相同。下米每仓石价银一两一钱八分至一两九钱六分，较上月减一分。

惠州府属，价中。上米每仓石价银二两一钱至二两八钱八分，较上月减一分。中米每仓石价银一两八钱四分至二两六钱四分，与上月相同。下米每仓石价银一两六钱至二两三钱，与上月相同。

潮州府属，价中。上米每仓石价银一两八钱七分至二两六钱九分，与上月相同。中米每仓石价银一两四钱五分至二两二钱九分，与上月相同。下米每仓石价银一两八分至一两九钱，较上月减一分。

肇庆府属，价中。上米每仓石价银一两九钱三分至二两六钱八分，与上月相同。中米每仓石价银一两五钱九分至二两四钱三分，较上月减一分。下米每仓石价银一两二钱九分至二两四分，与上月相同。

高州府属，价中。上米每仓石价银一两二钱五分至一两四钱三分，较上月减一分。中米每仓石价银一两七分至一两二钱七分，与上月相同。下米每仓石价银九钱至一两九分，与上月相同。

雷州府属，价中。上米每仓石价银一两四钱七分至一两五钱九分，与上月相同。中米每仓石价银一两二钱一分至一两三钱二分，较上月减一分。下米每仓石价银一两二分至一两一钱四分，与上月相同。

廉州府属，价中。上米每仓石价银一两八钱七分至二两一钱，与上月相同。中米每仓石价银一两四钱八分至一两七钱一分，与上月相同。下米每仓石价银一两二钱六分至一两四钱五分，较上月减一分。

琼州府属，价中。上米每仓石价银一两八钱二分至二两三钱四分，较上月减一分。中米每仓石价银一两五钱至一两九钱五分，与上月相同。下米每仓石价银一两三钱二分至一两七钱九分，与上月相同。

佛冈直隶厅，价中。上米每仓石价银一两八钱六分至二两四钱九分，与上月相同。中米每仓石价银一两五钱七分至二两二钱三分，与上月相同。下米每仓石价银一两三钱二分至一两九钱三分，较上月减一分。

绥瑶直隶厅，价中。上米每仓石价银二两二钱六分至二两四钱八分，与上月相同。中米每仓石价银一两九钱六分至二两一钱四分，较上月减一分。下米每仓石价银一两七钱八分至一两九钱五分，与上月相同。

罗定州属，价中。上米每仓石价银一两七钱六分至一两九钱三分，与上月相同。中米每仓石价银一两六钱一分至一两七钱五分，较上月减一分。下米每仓石价银一两二钱三分至一两三钱五分，与上月相同。

连州属，价中。上米每仓石价银二两二钱二分至二两四钱四分，较上月减一分。中米每仓石价银二两三分至二两二钱一分，与上月相同。下米每仓石价银一两七钱至一两八钱七分，与上月相同。

南雄州属，价中。上米每仓石价银二两二钱三分至二两四钱二分，与上月相同。中米每仓石价银一两九钱九分至二两一钱二分，与上月相同。下米每仓石价银一两六钱三分至一两七钱六分，较上月减一分。

嘉应州属，价中。上米每仓石价银二两一分至二两五钱八分，较上月减一分。中米每仓石价银一两八钱四分至二两三钱九分，与上月相同。下米每仓石价银一两四钱八分至二两二分，与上月相同。

军机大臣奉旨："览。"钦此。

敬陈广东学政考试情形疏[①] 十二月十五日

奏为敬陈学政考试情形，仰祈圣鉴事。

窃照学政考试有无劣迹，例应每年陈奏一次。道光二十七年接准礼部咨开，钦奉上谕："该督抚等于年终密考，率皆以场规整肃、士论悦服为词，习成故套，毫无切实考语，殊非秉公核实之道。嗣后各该督、抚等，务宜破除情面，认真访察。如该学政等不公不勤，或徇私坏法，以及约束幕友、家丁、胥吏人等不能严肃，甚至精神疲敝，不能振作，有玷厥职，均着该督、抚等秉公具奏，不得仍以空言塞责。倘意存见好，徇隐不举，别经发觉，惟该督、抚等是问。将此通谕知之。"钦此。又咸丰元年准吏部咨

①辑自中国第一历史档案馆藏"朱批奏折"原件04-01-13-0306-045号。标题系编者拟。

开，奉上谕："各省学政经朕特简，为士子表率，亦各宜砥砺廉隅，恪守清操，虽延请幕友出棚按试，费用较繁，向资棚规津贴，但各省均有旧章，岂容踵而加厉。嗣后各学政如有不知自爱，任意需索者，着各督抚随时查察，据实参奏，毋稍徇隐。"钦此。钦遵在案。

兹查前任广东学政臣王泐上年考过罗定州，及现任学政臣刘熙载本年考过广州、韶州、肇庆、连州、连山、南雄等府、州、厅，据藩司转据各属申报，俱系遵例关防，提调、教官均无干预私谒诸弊等情，具详前来。臣确加访查，该学政王泐、刘熙载考试各属，关防严肃，去取允当，其立身制行具有本末，并足为士林之矜式，公廉勤实，众论佥同。臣仍随时留心查察，如有前项劣迹，即当据实奏闻，断不敢稍事徇隐，自干严谴。

臣谨据实恭折具奏，伏乞皇太后、皇上圣鉴。谨奏。

广东省新捐军需经费第十七次开单请奖疏[①] 十二月十五日

奏为广东省同治四年十月、十一月份新捐军需经费，请给实在官阶，开列各捐生姓名、银数，恭折奏闻，仰祈圣鉴事。

案准户部咨，议复署两广总督晏端书等奏粤东捐输团练经费，请作为捐输军需，应如所请办理。等因。同治二年八月十六日具奏，奉旨："依议。"钦此。又，前任抚臣黄赞汤会同前署督臣晏端书具奏广东捐输截至同治二年三月止，概归旧捐，嗣后另归新案捐办。其捐实职之员，仍先填给藩司实收，经部议准后，再行

①辑自中国第一历史档案馆藏"录副奏折"原件03-4804-062号。系与广州将军兼署两广总督瑞麟会衔。标题系编者拟。

填照颁发换给。等因。同治二年七月十三日递回前折，后开议政王军机大臣奉旨："着照所请，该衙门知道，单并发。"钦此。钦遵在案。

溯查广东捐输军需经费请给实官，历系遵照部行，援照筹饷新例减二成章程办理。所有同治二年八月起至四年九月底止，新捐实官，共银二十万五千一百七十九两，先后十六次奏请奖叙。兹第十七次自四年十月初一日起，至十一月底止，计两个月共报捐实官六员名，捐输洋银四千四百三十四两，均据上兑，充支军需经费，据在局司道等，将所捐银数按照现行筹饷减成新例及历届捐输成案，叙列官阶造册，详请奏奖前来。臣等复加查核，均属相符。合将捐生姓名、银数，缮具简明清单，恭呈御览，仰恳天恩俯准，饬部查照，分别奖叙，归于现行筹饷新例，一律选补。

除将履历清册送部核办，听候缮发执照来粤给领外，臣等谨合词恭折具奏，伏乞皇太后、皇上圣鉴训示。谨奏。

再，此次捐生内有应补交监生四成实银及捐免保举，饬令赴京补交，或在广东藩库补交，业于咨部册内分晰声叙，合并陈明。谨奏。

同治五年二月十五日，军机大臣奉旨："户部核议具奏，单并发。"钦此。

候补知县张兆庚拿获邻境盗犯请送部引见疏[1] 十二月十五日

奏为拿获邻境盗犯之知县，照例应请送部引见，恭折奏祈圣

①辑自中国第一历史档案馆藏"录副奏折"原件03-5054-013号。系与广州将军兼署两广总督瑞麟会衔。标题系编者拟。

鉴事。

窃查例载，官员拿获邻境一案内罪应斩决首夥盗犯三名，准送部引见等语。兹查委员彭贻荪等船只在高要县属被劫拒伤各案，先据前署德庆州事候补知县张兆庚首先拿获盗犯邹杉木桡、李妹仔、梁坭仔四、林亚加仔四名，讯明邹杉木挠起意行劫委员彭贻荪船物一次，梁坭仔四、李妹仔、林亚加仔从劫委员彭贻荪船物一次，李妹仔、林亚加仔另犯行劫何锦瑶船银物一次，均罪应斩决，业经审拟，遵照新章，先行正法，汇同第五次办理各属盗犯案内奏报，并造具供招，咨部在案。

除梁坭仔犯籍隶德庆州，系该员本境应拿，毋庸并计。此外，犯籍及死事地方，均非该员管辖任内，亦无承缉匪盗未获之案，实系拿获邻境一案内罪应斩决，首夥盗犯已至三名，核与送部引见之例相符，据藩、臬两司会详前来。可否仰恳天恩俯准，将前署德庆州事候补知县张兆庚，照例给咨送部引见，以示鼓励之处，臣等谨合词恭折具奏，伏乞皇太后、皇上圣鉴，敕部议复施行，谨奏。

同治五年二月十五日，军机大臣奉旨："该部议奏。"钦此。

粤省被灾各属均经抚恤来春无须接济疏[1] 十二月十五日

奏为遵旨查明广东省同治四年被风、被扰各州县，均经设法抚恤，来春无须接济，恭折复奏，仰祈圣鉴事。

窃臣等于同治四年十月二十六日承准军机大臣字寄，十月初

①辑自中国第一历史档案馆藏"录副奏折"原件03-9622-008号。系与广州将军兼署两广总督瑞麟会衔。标题系编者拟。

三日奉上谕："本年广东南海等县，风雨暴发，禾稻损伤，均经该督抚奏明委员查勘，酌量赈济。"等因。钦此。仰见圣主轸念民依，有加无已之至意。当经行司转饬钦遵确查详办。

兹据代办布政使事盐运使方濬颐详称：查得本年闰五月初八日暴风陡发，继以大雨。广州府属之南海、番禺、东莞、新安、增城等县，先后禀报城墙、民房、船只、人口、禾稻间有损伤，幸为时甚暂，尚无大碍，不致成灾。又据高州府属之电白、吴川两县，雷州府属之海康、遂溪、徐闻三县，琼州府属之琼山、文昌、定安三县，先后禀报八月初十、十一等日，陡发飓风疾雨，越一二日方止，仓廒、监狱、官民房屋均有损伤，田禾杂粮亦间淹浸，幸稻未扬花水退，尚堪补救，不致成灾。文昌县淹毙男妇七名口，业经殓埋抚恤，其馀各属人口，均无损伤，房屋、仓监均已修葺。遂溪堤工冲决，经该地方官修筑完竣。惟惠、潮、嘉各属被匪窜扰，受累较重，小民多至失业，晚禾收成既歉，又经贼扰，不能开征。经该地方官随时周恤等情，详复前来。

臣等复查本年夏秋间两次暴风陡发，各属被风情形，先经臣等于闰五月份、八月份雨水折内附陈在案。随督饬各县分别妥为抚恤，尚无大碍，不致成灾。现在粮价平减，民情安谧，来春可无须接济。惟惠、潮、嘉各属被发逆窜扰较甚，农民失时废业，催科不免减色，容俟各属查禀到日，来年奏销出册时，察看情形，应否分别缓蠲，再行酌核办理。

所有查明被风、被扰各州县来春无须接济缘由，臣等谨合词复奏，伏乞皇太后、皇上圣鉴训示。谨奏。

同治五年二月十五日，军机大臣奉旨："知道了。"钦此。

密陈粤省司道知府各员考语疏[1]十二月十五日

奏为密陈司、道、知府考语，仰祈圣鉴事。

窃司、道、府等官贤否，例应于年底加具切实考语陈奏。道光十七年钦奉上谕："督抚职任封疆，责任綦重，凡属员之贤否，自当随时查察，无稍徇隐。乃近年各省督抚视为具文，仅以一奏塞责。经朕留心察看，往往与所注考语大不相符。嗣后各该省督抚惟当仰体朕用人之苦心，事事求一实字，其考察属吏，尤应就其所办公事，认真稽核，一秉至公。"等因。钦此。又道光廿六年正月十八日钦奉上谕："嗣后各省督抚于年终密考，务须格外慎重，倍加严密，毋稍视为具文，致滋率忽。"钦此。又道光三十年十二月廿八日钦奉上谕："嗣后各直省督抚于年终密考，务将各该员贤否实绩，指出确据，胪列密陈，不得仅以空言含混了事。倘有保举在先，该员不能始终奋勉，亦着据实直陈，毋稍回护。封疆大吏，朕寄以耳目腹心，旌别之公私，即以定劝惩之得失，若考核不精，名实不副，是上以实求，而下不以实应，安用此虚文为耶？将此通谕知之。"钦此。

臣仰承恩命，权抚粤东，两载以来，所以考求吏治，整饬官常者，但务不欺而已。而积习相沿，实为故常，臣一力矫而正之。同城司道及外道府等，尚能相助为理，推求实际，于吏事不无裨益。除应革应劾各员另行归于本年计典案内办理外，兹届年终注考之期，谨将现任司、道、知府各员，就臣愚见所及，填注切实考语，密缮清单，恭呈御览，伏乞皇太后、皇上圣鉴。再，惠州

---

①辑自中国第一历史档案馆藏"录副奏折"原件03-4620-165号。标题为编者拟。

府知府顾兰生调省差委，尚未回任，无凭注考，合并陈明。谨奏。

同治五年二月十五日，军机大臣奉旨："知道了，单留中。"钦此。

广东司道知府密考清单①

谨将同治四年广东省现任司道知府密注切实考语，手缮清单，恭呈御览。

布政使李福泰，年五十二岁，山东进士，同治四年三月初六日在军营接到文行任事。该员谙悉地方情形，一切出之慈和，故最得官绅称誉。

按察使张兆栋，年四十五岁，山东进士，同治四年九月初十日到任。该员质实端详，缄默寡言，而其操守坚定，为能有不可夺之节。

盐运使方濬颐，年五十三岁，安徽进士，同治三年六月初十日到任。该员练达世故，言论风采，兼有从容暇豫之度，应事处人均极安和。

督粮道郭祥瑞，年五十四岁，河南进士，同治二年九月十八日到任。该员好善恶恶，出于天性，贞谅端悫，历久而不渝其所守。

南韶连道陆心源，年三十二岁，浙江举人，同治四年四月十八日到任。该员安详警敏，年力俱优。

惠潮嘉道张铣，年四十岁，湖南举人，同治四年闰五月二十七日到任。该员见义敢为，不避艰钜，最为闳达耐事之才。

①辑自中国第一历史档案馆藏"朱批奏折"原件04-01-13-0306-012号。此件只署"同治四年"份，未署月、日，兹据内容，姑置于此。

肇庆道王澍，年五十三岁，浙江监生，同治四年九月初八日到任。该员老成谙练，足资表率。

高廉道英秀，年四十五岁，镶蓝旗满洲翻译、生员，同治二年三月十二日到任。该员纯谨安和，坐镇有馀。

雷琼道孙观，年四十九岁，安徽进士，同治元年三月初八日到任，五月二十一日奉文准补。该员才优守洁，通达治理，尚属办事出色之员。

广州府知府梅启照，年三十九岁，江西进士，同治三年十二月初二日准补到任。该员勤敏详慎，能耐繁剧。

韶州府知府沈映钤，年五十六岁，浙江进士，准补未引见，同治元年十二月初七日先赴署事。该员老练端详，才力优裕。

潮州府知府蒋超伯，年四十三岁，江苏进士，同治四年五月十一日到任。该员精详干练，为守兼优。

肇庆府知府徐嵩生，年五十九岁，河南进士，咸丰九年十一月初六日到任，调署琼州府知府，于同治四年四月初二日回任。该员慈和笃实，举止老成。

高州府知府瑞昌，年三十三岁，镶蓝旗满洲文举人，同治四年二月二十五日到任。该员年优才裕，勤慎持躬。

雷州府知府周毓桂，年五十八岁，山东进士，咸丰九年九月十一日到任，调省当差，现于四年三月十七日回任。该员老练清谨，遇事安详。

廉州府知府戴肇辰，年五十三岁，江苏监生，同治三年十一月二十五日到任，现奏请与广西太平府知府凤贵对调。该员明敏详慎，办事尚能出色。

琼州府知府五福，年五十九岁，内务府正白旗汉军笔贴式，同治三年十二月十七日到任。该员精详明干，有守有为。

进逼嘉应东路痛剿大胜首逆汪海洋伏诛折[1]十二月十七日

奏为官军进逼嘉应东路，痛剿扑垒全股悍贼，大获胜仗，首逆伏诛，恭折驰报，仰祈圣鉴事。

案嘉应康逆汪海洋，知官军渐次进扎，屡率剽悍骑贼至州东佛子高、分水乡、曹塘一带，窥探地势，冀图设伏以待我军初至，营垒未固，猛力冲扑。经臣宗棠商请帮办福建军务二品顶带刘典，会同广东陆路提督高连陞、署浙江提督黄少春、福建布政使王德榜，前往塔子坳、分水乡等处探看形势，克期滚营进扎。并令细探曹塘小路，以防该逆设伏包抄。本月初十日，黄少春、王德榜各率所部分扎横径、深坑、石灰窑一带。十二日五鼓，黄少春率其中路中营、中路左营及总兵刘端冕楚军前营，由横径进扎塔子坳之中、右两路，抽派所部及副将马骏发督标左营、谢复云楚军湘营之横径各老营六成队帮护筑垒，以四成队守老营。王德榜率其左、后两营进扎塔子坳之左，黄少春、王德榜各率亲兵列队策应。高连陞暨署浙江衢州镇总兵记名提督刘清亮、布政使衔福建延建邵道康国器，各率所部六成勇丁赴塔子坳右路，列队出伏葵岭山坡。刘典饬总兵张福斋率左路五营，道员李耀南率后中、后劲、飞虎三营，赴塔子坳列队策应。

汪逆先嗾悍党夤夜由曹塘小路出指湖顶、双坑，以抄横径一带营盘之后。黎明，我军在塔子坳筑垒，忽见贼从左侧冲出，黄少春、王德榜各饬所部抢扎营垒，自率亲兵击退之。不逾时，汪

---

[1]辑自《左宗棠全集》奏稿二，岳麓书社 1987 年 12 月第 1 版，系与闽浙总督左宗棠、署两广总督瑞麟会衔。

逆与胡瞎子等率悍贼数万，分四路蜂拥而来。先从旁出二枝：一由曹塘小路来者，后队虽被黄少春、王德榜击却，其前队已潜抄深坑一带；一由双板桥潜经葵岭，均图抄击我军之后。又由黄坑出一枝，以牵制井塘、丙村各官军。而中路汪逆由佛子高大路，胡瞎子等由佛子高、黄竹洋缘岭左右，又分三股，狂冲猛扑，漫山遍野，势极披猖。张福斋令副将宋定元、军功王得胜当右路胡瞎子一枝；令游击张佑廷、军功钟荣杰、千总向明幹率勇伏塔子坳右松林中以应之。张福斋率左中营及萧雅泗之先锋营、周玉棠之左二旗，李耀南率后中营及田向阳之后劲营、已革都司祝鉴嵩之飞虎营，当汪逆大股中左两枝。总兵简桂林登山瞭望，见贼势汹涌，山径多设埋伏，亟率所部六成队驰前援应。自辰鏖战至未，荡决数十合，轰毙及阵斩贼匪已不下二三千。

汪逆以中三路均不得逞，亲率死党力抗官军，有不攻破不回城之誓，盖恃有两路包抄之贼，犹冀前后兜扑也。我军再接再厉，无不奋勇争先。适刘典亲督老中营及丁太洋副右营斜出迎击，见指湖顶一枝伏贼已抄出深坑，当与李耀南定计先击此股。即饬丁太洋率所部疾驰上岭，老中营应之，并调齐兰礼率副中营助剿。黄少春、王德榜塔子坳营垒已成，皆出队夹击。各营将弁皆舍骑步战，搴旗陷阵，军士皆以一当百。枪炮环轰，声震山谷。逆党死伤甚夥。黄少春所部横径各营，王德榜所部深坑各营，亦一齐出队奋击。黄少春、王德榜各率亲兵缘崖而出，以横截之，贼遂败走。我军乘势掩杀，斩首不可胜数。而汪逆大股尚在前抵死撑拒，经张福斋、李耀南与萧雅泗等麾兵痛剿，该逆亦殊死斗。正酣战间，简桂林与哨长甘大有、邹正魁等下马持矛大呼冲阵，贼众势如山颓。我军奋威冲杀，矛刺枪击，贼尸枕藉，直追至佛子高。时已酉刻，始各收队。归途见大战处血渍满蹊径，涧水尽赤。

其双板桥一枝抄后之贼，经高连陞督亲兵、洋枪、马步各队，横出分水乡，以断贼后；令道员魏光邴率副将黄北海、游击陈得胜，由葵岭翻山斜趋分水之右，待贼退时拦截之；饬总兵丁贤发，副将曹光德、张志公，游击程学明，合刘清亮、康国器所部列队之兵，分三路直向双板桥迎击。高连陞督亲兵从分水乡山径出贼不意，开枪轰击。逆众在前者，甫抄出横径后面之玉水，见归路已断，遂大惊乱。适刘典、黄少春、王德榜各军合兵冲杀，贼遂纷纷从分水右侧山下夺路溃奔。魏光邴等伏山腰林木中横枪击之，贼众自相蹂藉，不敢仰视。高连陞从后追杀，毙贼数百名，生擒二十九名。双板桥馀贼不敢恋战，鼠窜回奔。我军追至黄竹洋，沿途轰毙不少。

其黄坑一路之贼，见我军后路有备，未敢渡河下窜。

据各军获生贼供，并乞降贼首来禀，佥称首逆汪海洋被枪子从头左偏穿出两眉之际，立即坠马，比舁回州城，则已气绝。臣宗棠初犹未信，比接各军探报，一一相符。且各贼具禀赴营乞降者，两日之间已三四至，观其纷扰情状，知汪逆之阵前轰毙，确无可疑。计是战共斩悍贼数千名，轰伤、戳伤者无数可计，坠崖死者约数百名，生擒二百馀名，夺获枪械无算，贼马数十匹。诸将士皆言逆贼是日分布之密，搏斗之苦，实为从征数年来所仅见。盖狃于近来未经痛创，而所纠贼党，所收叛勇，皆凶悍百战之馀，土匪又熟习路径，从而导引之，故胆大气骄如此。此十二日各军血战竟日，大获全胜之实在情形也。

是役也，刘典、黄少春、高连陞同心共济，谋勇兼资，在事将士踊跃用命，勇气百倍，仰赖我皇上天威，歼除首逆。

现据贼中谍报，贼党因汪逆伏诛，推伪偕王谭体元为首，贼首如胡瞎子、汪麻子、黄矮子、何明亮等，皆踞扎城内外，人数尚多，必须速合长围，令飞走绝迹，然后诛其桀悍，宥其胁从，剿抚兼施，可以蒇事。臣宗棠拜折后，即率亲兵及记名总兵杨和贵新右营，由松口前进。先檄高连陞由东北葵岭进扎黄竹洋，黄少春、王德榜由正东分水乡进扎佛子高，延扎而北，与高连陞黄竹洋之营相接。浙江提督鲍超，十三日抵平远，康国器接其途次来函，谓十五日可进州西北相公亭。已饬康国器俟鲍超营盘扎定，即会期列队，径由乌泥坪进扎州正北洋门岌要隘，右与鲍超、左与高连陞联络，咨商鲍超进扎西北平成铺石壁宫前一带。并飞催席宝田、刘胜祥两军速进西北大坪堡，饬道员朱明亮桂营进扎井塘，使刘典全军得由正东趋东南之白宫市西洋龙津桥，进扎黄坑渡，再进至芹菜洋。自东南隅右旋至西北隅，各军密布。则正南、西南、正西各路，更宜防贼冲窜。粤军方耀、邓安邦一万四千人，扼西面蓝口一处。前调粤军郑绍忠所部六千人，又添调粤军曾敏行一千五百人，迭饬会同进扎西南之长沙墟，尚未即进，臣宗棠又飞檄督之，责其速扎，以弥西南一隅罅隙。更调新募八浆炮船抵南路，水陆依护，以成锁围，期竭驽钝，迅速蒇役，仰纾宵旰慈廑。

此次尤为出力之记名闽浙总兵杰勇巴图鲁简桂林、拟保闽浙补用总兵杨勇巴图鲁张福斋，恳恩赏换清字勇号，遇有闽浙总兵缺出，题奏请旨。闽浙补用总兵格洪额巴图鲁刘端冕，可否以总兵记名，请旨简放。按察使衔浙江补用道李耀南，请赏加二品顶带。总兵衔副将马骏发，请以总兵补用。留浙副将乐连生、拟保留闽副将甘大有、闽浙尽先补用副将刘传仪、留浙副将高方吉，均请赏给勇号，乐连生并请赏加总兵衔。拟保留闽尽先副将周玉堂，请赏给勇号。副将衔留闽参将谢复云、补用参将宋成祥、蓝翎游击张佑廷，均请以副将留闽补用，张佑廷并请赏换花翎。副将衔参将戴清辉、邹玉林、杜登云、吴茂轩，均请以副将留于闽浙遇缺即补。参将邹正魁、花翎参将李铭新、姚连陞，均请赏加副将衔。花翎尽先游击余宏亮，请以参将留于闽浙即补。游击张金榜、黄复胜、陈厚顺，均请以参将留于闽浙遇缺即补。花翎留闽都司萧雅泗、田向阳，均请以参将仍留闽补用，先换顶带。花翎都司罗东成、汤世成、周继世，蓝翎都司陈龙香，均请以游击留于闽浙补用。花翎留闽都司刘甫田，请以游击仍留闽补用。拟保花翎守备黄文光、蓝翎守备谢红蛟，均请以都司尽先补用。守备余洪胜、林三友、秦添福、江同恩、陈殿立、叶义秀，均请以都司补用。蓝翎千总向明幹，请以守备尽先补用，并赏加都司衔。军功钟云杰，请以千总尽先拔补，并赏戴蓝翎。军功宛乾元、张兴发，均请以千总即补，并赏戴蓝翎。军功范振升，请以千总即补，并赏加守备衔。已革都司祝鉴嵩，请开复原官，并免缴捐复银两。其馀在事出力员弁，可否由臣宗棠存记汇案保奖之处，出自天恩。其阵亡之拟保留闽尽先副将阳命伸、副将赵辉元，应请旨敕部，均照总兵例议恤。副将衔闽浙补用参将周寿臣，请照副将例议恤。花翎都司欧隆胜、施辉林、章海辉，均请照都司例议恤。拟保守备蔡文蔚，请照守备例议恤。蓝翎外委蔡名吉，请照千总例议恤。其馀伤亡各弁勇，再行分别核办。

所有十二日大获全胜，首逆伏诛缘由，谨合词恭折驰奏，伏乞皇上圣鉴，训示施行。谨奏。

广东省捐输京仓米价银两第八次开单请奖疏[1] 十二月十九日

奏为广东省捐输京仓米价银两，开列第八次捐生姓名、银数，吁恳天恩准照现行捐例，分别奖叙，以昭激劝，仰祈圣鉴事。

案准户部咨，具奏筹备京仓议令广东省设法买米解京接济，经前督臣劳崇光奏明劝捐米价银两解京，就地买米，以资实用。先已劝谕绅民捐集银三十七万两，委员分批解部。嗣又准户部咨，奏令广东省照案续筹京仓米价银两，等因。复经劝捐银三十二万两，委员分批汇解，赴部投纳。各绅民竭力输将，接济京仓，急公慕义，较之捐助外省军饷，尤堪嘉尚。自应援照筹饷新例，凡捐实官准减二成及现行成例，报捐封典、职衔、级纪准减四成各章程，请给奖叙，以示鼓励。所有第一次至七次捐生姓名、银数，业经先后会同列单，恭折奏请奖叙，并将截数停捐缘由陈明在案。

兹据捐输总局司道详称：粤东省前捐京米价银续据各捐生开送履历，请奖银二万七千一百一两，先已兑交藩库委员解部，应作为第八次请奖。共计请给实在官阶及封典、职衔二百一十二员名，所请与原捐银数，按照例案，逐加考核，均属相符，列册请奏给奖叙前来。臣等复核无异，合将捐生姓名、银数，缮具清单，恭呈御览，仰恳天恩俯准，分别奖叙，俾昭激劝。

除将各捐生履历清册送部核办，听候缮发执照来粤给领外，臣等谨合词恭折具奏，伏乞皇太后、皇上圣鉴训示。再，本案尚有未请奖银两，容饬催指定官阶，开送履历，汇案请奖，合并陈

---

①辑自中国第一历史档案馆藏“录副奏折”原件 03-4905-015 号及附件清单 03-4905-016 号。系与广州将军兼署两广总督瑞麟会衔。标题系编者拟。

明。谨奏。

同治五年正月十一日，军机大臣奉旨："户部核议具奏，单并发。"钦此。

清单

谨将广东省捐输京仓米价第八次请给实在官阶、封典、职衔各捐生姓名、银数，开列清单，恭呈御览。

计开：

监生王熙，捐银一百八两，请以从九品双月选用。

军功六品蓝翎监生张绍奎，捐银二百四十五两，请以把总分发本省拔补。

候选复设训导庄道康，捐银二百四两，请加寻常二级。

光禄寺署正衔韩思成，捐银二百四十两，请给予祖父母从六品封典。

翰林院待诏衔苏继宗，捐银四百三十二两，请给予光禄寺署正职衔。

太常寺博士衔李梓材，捐银二百四十两，请给予父母及本身妻室正七品封典。

翰林院孔目衔苏子元，捐银八十两，请给予胞伯父母从九品封典。

布政司理问衔关鸿章，捐银一千一百二十两，请加二级，给予父母从五品封典，将本身妻室应得封典貤封兄嫂。

州同衔刘炳元，捐银二百四十两，请给予父母从六品封典，将本身妻室应得封典貤封祖父母。

从九品衔潘世昌，捐银一百六十两，请给予父母从九品封典。

监生李雄邦，捐银九百六十两，请给予光禄寺署正职衔，并给予父母从六品封典，将本身妻室应得封典貤封祖父母。

监生陈应韶，捐银九百六十两，请给予光禄寺署正职衔，并给予父母从六品封典。

附贡生邓抡铨，捐银六百两，请给予太常寺博士职衔。

附贡生黄德森，捐银五百二十两，请给予中书科中书职衔。

监生单家彦、侯锡蕃，各捐银二百八十八两，均请给予翰林院待诏职衔。

监生叶佩珂，捐银二百五十六两，请给予翰林院孔目职衔。

监生吕时香，捐银二百四十两，请给予布政司经历职衔。

监生郑年、汤梦虬、林廷标、萧鼎一、黄星阶、张奇翼、邱桂熙、黄长元、萧惠文，各捐银二百四十两，均请给予州同职衔。

监生黄德润、黄绍南，各捐银一百六十两，均请给予县丞职衔。

监生刘桂祥，捐银九十六两，请给予府知事职衔。

俊秀老湖轩、陈清河、赖占棠、郭靖城，各捐银一百四十四两，均请给予未入流职衔，并给予父母从九品封典。

俊秀梁鑫斯、韩衍庆、林寿颐、黄国栋，各捐银一百四十四两，均请给予未入流职衔，并给予父母、生母从九品封典。

俊秀叶贵邦、谢益嘉、梁奇伟、周爱卿、麦裔智、游巨镛、李荣勋、梁仕书、刘泰阶、廖鸿翥、莫孔皆、莫成宪、莫皆善、莫炀炜、莫念平、莫念诚、莫翥廷、莫连元、罗遇浓、朱和邦、郑述昌、方运枢、黄灼华、黄琼璋、林绍章、范仰高、邝自光、谢海清、黄瑞玟、黄广铣、黄昌瑚、黄振琳、李作霖、李一蕃、李业发、周世伦、林锡班、潘鹤龄、袁大纲、陈富长、劳怀德、李朝炳、张英才、关慕韩、罗锦扬、梁应球、吕大章、李文孙、吕炽光、冯定坊、王时陞、王时宇、庞敦仁、庞敦化、黄良栋、罗振琛、俞岳景、邵桂芳、廖嘉猷、马绍濂、俞海晏、唐宗锦、成镇元、廖梓仁、黄恩桂、张纯修、欧阳德堦、欧阳德均、欧阳祖恕、欧阳德基、冯德兰、郑怀清、黄钦鉴、李开华、唐应时、孟德璘、孟履贞、吴体顺、李恩明、黎璧轩、叶州荣、吴培荣、吴培滋、叶欣腾、刘耀廷、朱维荣、冯鸣栋、唐进馨、唐瀛卿、邹永康、罗绍璋、饶才彰、张华毓、蓝昭、刘家桂、侯福康、邹继昌、杨祺成、蓝振邦、何其珍、欧惠瑚、冯兆麟、胡桂香、邓永清、凌锡纶、刘廷勋、曾洪赓、曾钊、谢庭柱、何其琛、何其清、张裕成、张裕昌、刘世贤、刘耀廷、李廷璋、钟文鉴、钟自谦、罗嘉相、陈光远、李泮桂、李自芬、余永昌、张永兴、吕汝谋、朱献阶、彭士莹、胡鸿章、何先声、杨文溥、邓炳云、谭林、谭魁、曾炳懿、范锡涛、刘君常、顾澄海、范锦兰、邓槐庭、莫大灏、李焕金、赖秀标、罗恒、杜兆荣、杜麟书、杜之泰、陆厚光、陆悦贤、蔡锡藩、庄为章、李咸熙、陈春昌、李思瀚、黄天泽、陈夺标、陈应西、陈应宸、蔡祥、李桐恩、陈绍璟，各捐银六十四两，均请给予从九品职衔。

俊秀陈嘉猷，捐银六十四两，请给予未入流职衔。

蓝翎尽先补用千总梁国顺，捐银一千四百八十八两，请加营守备升衔，并加一级，给予父母从四品封典，将本身妻室应得封典貤封祖父母。

都司衔郑文程，捐银六百七十二两，请给予父母正四品封典，将本身妻室应得封典貤封兄嫂。

守御所千总衔欧阳祖焕，捐银四百两，请给予都司职衔。

把总衔湛国鸿，捐银七十二两，请给予营千总职衔。

监生郑文程、武生侯廷忠，各捐银七百二十两，均请给予都司职衔。

监生林光序，捐银八百两，请给予营守备职衔，并给予父母、生母正五品封典。

监生潘云章，捐银三百二十两，请给予守御所千总职衔。

监生高廷安、张嘉祐、武生钟超常，各捐银一百六十八两，均请给予营千总职衔。

监生李芝田、姚汝仁，各捐银九十六两，均请给予把总职衔。

合计捐生二百一十二员名，共捐输米价银二万七千一百一两。

军机大臣奉旨："览。"钦此。

粤海关委解定陵工程银两起程日期疏[①] 十二月十九日

奏为粤海关筹解工程银〔两〕委员起程日期，恭折具陈，仰祈圣鉴事。

窃照粤海关奉拨定陵工程饷银三十万两，限于年内全数解京，先已分六次批解过银二十三万〔两〕，尚应解京银七万两，亟应筹解。惟近日粤海关税收短绌，库乏征存，实在无项可拨。臣等会同粤海关监督臣师曾悉心商酌，因年内期迫，必须设法赶紧措办。现经监督臣师曾复向银号筹借银七万两，先行全数完解。仍俟征有关税，陆续归还。当即查照广东奏准汇京章程兑交，面商协成乾号汇解进京，以期妥速。饬据广东布政使遴选委员候补直隶州知州张鹤龄领汇单文批，备解工程银七万两，附搭轮船，于同治四年十二月十六日由海道起程赴京投纳，俾昭慎重。

除由监督臣师曾核给文批，饬令迅速妥解并咨部外，所有奉

---

①辑自中国第一历史档案馆藏"录副奏折"原件03-4983-044号，系与广州将军兼署两广总督瑞麟、粤海关监督师曾会衔。标题系编者拟。

拨工程饷银，遵限全数完解缘由，臣等谨会同粤海关监督臣师曾恭折具陈，伏乞皇太后、皇上圣鉴。谨奏。

同治五年正月十一日，军机大臣奉旨："该衙门知道。"钦此。

逆匪跧伏嘉应现添军会剿及亲往督办缘由疏会总督衔　十二月二十五日[①]

奏为逆匪跧伏嘉应，现筹添军会剿，及臣嵩焘亲往督办缘由，恭折驰陈，仰祈圣鉴事。

窃查康逆汪海洋由连平上、下坪窜入江西边界，复折而东趋，乘虚阑入嘉应州城，业于十一月初七日具奏在案。该逆窜陷嘉应，适值收割之时，四处掳抢，屯聚州城，又于城外四面建立土城、望台，暂图扼守，以为偷生之计。官兵稍集，必将乘间旁窜滋扰。惠、潮、嘉一带伏莽繁多，又近年降人散勇甚众，难保不乘势附从，隐忧方剧。

现在藩司李福泰驻扎兴宁，已革总兵方耀、都司邓安邦等驻扎兴宁县东之蓝口，仅当嘉应西面一路。节次檄调记名总兵曾敏行、署罗定协副将郑绍忠扼防南路，已据曾敏行一军进扎水车，林保、梁仕光两军副之。郑绍忠一军已抵兴宁，现饬令赶紧到防。江、闽各军环集东北，提督高连陞、总兵刘清亮两军已由新铺、白渡一带进扎葵岭。建延邵道康国器进扎镇平之三圳墟。总兵王开琳前抵丙村，与潮州游击何云章三河坝各军相为犄角。帮办军务刘典一军分扎武平、上杭，为北路之后劲。署浙江提督黄少春、福建藩司王德榜随同臣宗棠进剿，又为东路之后劲。其东南三河

①日期据《清政府镇压太平天国档案史料》第26册同疏补。

坝水路又饬由惠潮嘉道张铣等添募巡船二十号，水陆兼防。西北一路，平远相公亭、大坪、石正一带可以横窜江西之长宁，又可由平远旧路北窜龙定，西出南雄、始兴，以窥楚境。此路专候鲍超一军进扎西北要隘，恃以扼截，而后此贼旁窜之路始穷。

臣等因念粤军除前裁撤卓兴一营及潮防各营，所存尚三万馀人，防堵西、南二面，而精练可恃之兵无几。李福泰督办东江军务已历年馀，亦难调遣如意。各营星罗棋布，少或一千，再少或数百，势又不可无统带之员，归并整顿，听候臣宗棠调遣。臣等再四思维，李福泰既无督带兵勇之权，臣瑞麟兼管旗营及洋务事件，未便远出，自应由臣嵩焘驰赴各营，相度形势，以图扼守。已檄饬肇庆协副将杨青山驰赴廉州，招集冯子材旧部三千人，分立选胜军六营，由该副将统带。候鲍超一军进扎相公亭，即调驻防始兴之知府衔曾纪凤一军，益以阳江镇任星元一军，随同臣嵩焘进剿。一俟调集此二军，臣嵩焘即由惠州驰赴言岭关及兴、长一带，择要扼扎，就近与臣宗棠商议，亦稍得约束各军，听候进止机宜，不至仍前散漫，一任此贼之纵横窜逸。仍候臣嵩焘成军出省，即饬李福泰交卸军务，以免纷歧。

现在各军云集，需用军火，一切不能不由粤接济，以免缺乏。臣等已分别札委候补同知秦汝燮前赴潮州，候补知府文星瑞、候补知县关持纬等驰赴龙川，分设东、西两局，而鲍超一军万二千人日需食米，经臣宗棠奏饬粤东采办，臣等前闻鲍超入粤之信，已饬军需局筹解银一万两，由龙川一路向前迎护，兼为采办食米之计。所行多山谷小径，不通江路，又屡遭兵燹，商旅无至者。各处村庄，顽犷骪法，公行劫掠，不独经费难筹，亦且求一完善地方设立转运局而不可得。惟当竭力筹维，期使此军食米不忧缺乏，以资合围扫荡之力。嗣后一切军情，应由臣宗棠主稿会衔驰奏。

所有臣等现筹添军会剿，暨臣嵩焘出省督办缘由，谨会同督办三省军务闽浙总督一等恪靖伯臣左宗棠恭折由驿五百里驰陈，伏乞皇太后、皇上圣鉴训示。谨奏。

收复嘉应州城贼首歼毙净尽馀逆荡平折[①] 十二月二十九日

奏为官军围逼嘉应，逆匪宵遁，各军分路截剿，均获大捷，贼首歼毙净尽，州城收复，馀孽荡平，恭折驰报，仰祈圣鉴事。

窃自十二日之战汪逆伏诛后，伪偕王谭体元代统其众，与胡瞎子等负嵎死拒，尚敢抗我官军，图扑东路营垒。经帮办福建军务二品顶带刘典、广东陆路提督高连陞、署浙江提督黄少春、福建布政使王德榜会商联营进扎，臣宗棠复饬道员朱明亮桂营进驻井塘，顾各军后路，每日出队协护筑垒。于十九、二十两日，高连陞、黄少春、王德榜各军环逼州东北、东面之黄竹洋、佛子高、曹塘一带而营，刘典督所部福建福宁镇总兵刘明灯、总兵简桂林、道员李耀南等，于十八日冒雨进扎西洋市。十九日，留闽补用副将署龙岩游击赖长水陆三营进扼龙津桥。并饬各军于西洋搭造浮桥，夹河并进。该逆见我军彼此列队，声威极壮，不敢复犯。适浙江提督鲍超全军于十七日抵州西北三十里之相公亭，十九、二十两日率队至平城铺山子下筑垒。广东布政使李福泰亦至州西蓝口，令总兵方耀、都司邓安邦所部至古塘坪列队，与鲍超为犄角之势。十九日，该逆出七树径直扑粤军。方耀、邓安邦扼金鸡石

①辑自《左宗棠全集》奏稿二，岳麓书社 1987 年 12 月第 1 版，系与闽浙总督左宗棠、署两广总督瑞麟、江西巡抚刘坤一、福建巡抚徐宗幹会衔。

坳口，列阵以待。贼分三路猛扑数次，方耀等分途迎击。自午至酉，鏖战四时，将贼击败，毙贼百馀名，生擒一名，我军阵亡三名。二十日，鲍超出队相视营地，谭逆复率悍党分股来扑。鲍超令提督唐仁廉等由中路进，已革提督谭胜达等由左路进，总兵曾成武等由右路进，以提督李文益、总兵衔副将龚占敖、记名总兵贵州清江协左营都司罗运昌等分路策应。总兵段福，记名提督直隶正定镇总兵娄云庆，分率各营左右抄击。唐仁廉等击退中路之贼，左右路贼党尚蜂拥而来。谭胜达等奋力猛击，毙贼甚众，左路贼亦溃。曾成武鏖战一时，与已保守备顾惟奇皆受子伤，裹创血战，力将右路贼击败，乘势追杀。娄云庆率副将徐连陞等横截之，贼益惊乱。鲍超督各军掩杀，直追至城下而返，毙贼四千馀名，生擒老贼二百馀名，我军阵亡弁勇四十名。此十九日、二十日两军击贼获胜之实在情形也。

汪逆伏诛，贼中胆落，又不得逞于西北，臣宗棠料其必图速窜，咨行各军统领迅合锁围，以便剿抚兼施，免其漏逸。而州南一面，必须粤军迤扎而东，闽军迤扎而西，方无罅隙。粤军总兵曾敏行、副将郑绍忠，十八日进罗衣堡，拟俟二十二日进州西南十五里之长沙墟，延扎州南之小密。而刘典所部总兵张福斋，二十一日已进扎黄坑、芹菜洋之间，距州南稍东不过数里。江军记名布政使贵州按察使席宝田、总兵刘胜祥两军，十九日驰扎大坪后，臣宗棠饬其延扎州西面一带，以便蓝口粤军方耀、邓安邦延扎州西南之大乍堡、三门坳，策应曾敏行、郑绍忠亡〔两军〕①，俾可速由长沙墟进逼州南，与闽军联成一气。臣宗棠于二十一日率亲兵及总兵杨和贵新右营前进。二十三日巳刻，在州东三十里

①据中国第一历史档案馆藏“录副奏折”补。

之井塘途次，接据各军禀报，贼于二十二夜二更后潜启西南门，由小密出黄沙嶂而遁，胡瞎子当先，谭逆及各贼首断后。幸刘明灯先遣降贼入城侦探，至是到营飞报。刘明灯与简桂林、赖长立率所部疾趋黄沙嶂一路追截。黄沙嶂者，州南狭隘，群峰峭削，一径萦纡，为嘉应出新田、大田，右至丰顺，左至潮州之间道。贼以数万之众冒死出险，急不得前。刘明灯、简桂林、赖长驰抵泮坑，斩杀尾贼数百名，生擒三十馀名，追过小密，遇郑绍忠安勇营盘，彼此不相识别，混战一时，天明始各向黄沙嶂并力追击，复毙贼二千馀名，生擒五百馀名。先是，贼目刘廷贵、沈文有等已输款于黄少春，城贼出走时，沈文有飞报各军。高连陞、黄少春与记名提督署浙江衢州镇总兵刘清亮，四鼓率队入东门搜剿馀贼，副将马骏发追至南门外水南坝河边，排枪击之，轰溺甚夥。伪佐将刘廷贵率三垒之贼投降黄少春军前。其另股千馀人赴刘典军前乞降。高连陞、王德榜、布政使衔福建延建邵道康国器各军，径向黄沙嶂追剿，鲍超督所部入州城，旋即派队继进。刘典率所部追及小密、长沙墟，黄少春亦至，各路官军齐进。山路逼窄不能容众，因回营安插降众，资遣难民。张福斋、李耀南追至合溪，毙贼不可胜计。方耀、邓安邦由七树径、三门坳、大乍堡过河追击，亦至黄沙嶂而返。此二十三日黄沙嶂以北各军追剿、受降之实在情形也。

其过黄沙嶂者，刘明灯、简桂林、赖长，缘崖冲杀。该逆初犹死斗。经各军奋力压剿，逆众丧胆狂奔。我军乘势痛剿，如摧枯拉朽，杀不胜杀，斩贼目二十馀名，贼三千馀名，生擒千馀名，堕崖落涧死者，人以数千计，马以数百计，解散难民数千名，夺获贼马五百馀匹，伪印数百馀颗，枪械无数。我军阵亡勇丁数名。正追杀间，高连陞、刘清亮又至，合兵纵击，追至土地园，贼众狼奔豕突。高连陞、刘清亮率总兵丁贤发，道员魏光邴，副将曹光德、张志公、黄北海，游击孙永忠、陈得胜等，奋威剿杀，枪击矛刺，毙贼极多，直至分水坳，刘明灯等因将士夜半出队，穷追竟日，饥疲特甚，且鲍超、王德榜、康国器各军又已踵至，前路愈形拥挤，乃收队回营。高连陞等追杀至新田，少憩觅食。鲍超前队又至。三更后，高连陞等整队急追，黎明及贼于大田，该逆大股麇聚，犹抵死夺路而奔。我军奋勇掩杀，又追二十馀里。贼尸枕藉，被胁贼党伏地乞降者约万馀人，高连陞受之，搜斩叛勇头目欧阳辉及逆首赖裕新即赖剥皮之母，枭首军前。悍贼犹越岭狂窜，我军四路搜杀，计又毙贼二千馀名，夺贼马千馀匹，枪炮五百馀件。高连陞、刘清亮暂驻大田，督队搜捕馀贼，至长崀，见高山密林中一黄衣贼，拥贼千馀人，蚁聚伏匿。亟飞登山顶，逆众骇奔，丁贤发直前奋击，手擒黄衣贼，乃伪总统胡瞎子即永祥也。馀贼悉降。又搜二十里，遇粤军于岭脊，询知附近无贼踪，始收队回。

其王德榜一军，由黄沙嶂左路追杀，二十三夜，及贼于北溪。该处四围皆山，贼众遍野，我军扼其去路，登高呼曰："降者弃械上山。"伪右先锋眉天义曹玉科，伪前先锋钧天义杨世如，伪会天福何玉清，伪天将彭大贵，伪神将马有玉及伪天义、天福彭大元、刘福胜等，率众跪马前泣求免死，王德榜受之，约四万人。

鲍超所部二十三日由黄沙嶂左路追至北溪白沙坝，何明亮、黄矮子等仍思抗拒。唐仁廉率各营纵击，总兵衔副将孙开华等由右路击贼之腰，谭胜达等由左路越岭，将贼截断，逆众大溃，各军连夜蹑追，唐仁廉率洋枪八营，由两崖小径乘夜疾绕贼前。二十四日黎明，该逆复嗾党拼死夺路狂冲数次。鲍超亲率驻城十营由小路追及，飞令唐仁廉扼塞前途山衖，副将杨德珍率两营抄捷径而前，为唐仁廉后应，谭胜达、孙开华等由左右山冈压下，段福率五营往来策应；娄云庆由中路进击，参将鲍昌寿应之。鲍超麾兵奋威齐进，逆众向前鼠窜，唐仁廉排洋枪环击，孙开华等由右路疾驰而下，逆众扑跌落崖者甚夥。娄云庆在中路奋剿，谭胜达自左侧抄出，乘胜喊杀。唐仁廉等不避险阻，愈战愈奋，将贼截作数段，尸横遍野，积械如山。两日共毙贼八千馀名，坠崖死者难以数计。逆众见四面皆已被围，始罗拜求生，当将二万馀众一律兜擒，查出伪忠诚天将何明亮，伪大佐将何明辉、戴礼煌，伪佐将萧秋林，伪朝将黄寿发，伪先锋钟有诚、黄正元、刘明盛，伪增天义吴庆宝，伪奋天安廖大顺，伪祈天安杨文魁，伪袁天义袁戴春，伪意天豫钟意兴，伪段天福巫得盛，伪隩天安陈世路，伪卫国侯龙大宾及张孟元、黄茂林、黄得胜、吴水源、张元柏，及叛勇头目黄矮子等，陆续诛磔。其伪侯丁德泰等大小头目七百三十四名，亦经讯明军前正法。惟康国器一军从右路拦击，尚未接其禀报。计斩擒亦必不少。此二十三四两日黄沙嶂以南各军穷追痛扫，分别剿抚之实在情形也。

臣宗棠于二十三日闻报后，以各军所收降贼佥称，谭逆因官军围逼，泣商各贼首，欲西窜兴宁、和平以趋广西，胡逆不允，坚欲由丰顺、潮州一带窜越闽浙边界以归皖南等语。贼踪既趋丰顺县境，距潮郡不远，当即飞饬潮州文武固守城池，一面飞调三河坝篷辣滩炮船五十号迅赴留隍，以扼要津，并将追贼各军已收队者抽拨前往潮郡，水陆依护防守。臣宗棠于二十五日折回松口，即向留隍进发。仍饬席宝田、刘胜祥扼兴宁，以固江西藩篱。粤军方耀等四军，共扼长乐、永安之冲，以固惠州门户。檄高连陞、刘清亮所部在嘉应者，分扎州城及长沙墟一带。令鲍超及闽军之未收队者，跟踪追剿。无论该逆向惠、向潮，均以尽贼为度。旋据各军报称，二十三四两日追至北溪白沙坝，距丰顺县尚四十里，全股业已荡平。臣宗棠自可无须驰赴潮郡，即在松口暂驻，将降众分别办理。拟将其著名桀黠罪恶贯盈者，仍从严惩处。其情罪可原者，应即免其骈戮，给护票散遣回籍，以广皇仁。仍挑其精壮，分隶各军，暂给口粮，以俟分起遣散。

伏查嘉应城踞逆不过十万馀众，综计各军擒斩轰毙之贼，实一万六七千名，生擒数千名，坠崖死者不计其数，解散难民万馀，先后收降五万馀人，夺获贼马一千六百馀匹，伪印、旗帜、枪炮、器械抛弃满途，拾不胜拾。而此股各首逆，谭体元被首先追及之闽军于黄沙嶂北枪伤，坠马落崖死；胡瞎子为高连陞所部生擒；何明亮、黄矮子，为鲍超所擒斩，汪麻子亦中枪殒命；歼除殆尽，无一漏网。即多年稽诛之积贼，与近时投附之叛勇，本地从贼之土匪，亦皆扑灭无遗。此固非臣等始愿所及也。仰蒙皇上圣谟广运，将士用命，一旬三捷，将十馀年发逆种类一鼓荡平，从兹海澨山陬凶悖之民，当益震慑天威，不敢狡焉思逞，而东南各省亦可脱甲解严，与民休息矣。

此次尤为出力之记名提督唐仁廉，已请开复，遇缺题奏。提督谭胜达、记名提督直隶正定镇总兵娄云庆、拟保记名提督总兵曾成武，可否恳恩从优奖励；拟保提督衔记名总兵副将孙开华，可否交军机处记名，遇有提督总兵缺出，请旨简放；拟保记名提督总兵邓训诰，请以提督遇缺题奏。记名提督彪勇巴图鲁萧得龙、记名提督署浙江衢州镇总兵靖勇巴图鲁刘清亮、记名提督智勇巴图鲁李运胜、提督衔记名总兵胜勇巴图鲁黎荣钧，并请赏换清字勇号。提督衔福建福宁镇总兵刘明灯，请赏给清字勇号。

拟保遇缺题奏并请换清字勇号之记名闽浙总兵简桂林、闽浙总兵张福斋及记名总兵杨和贵、拟保记名总兵刘端冕、拟保总兵萧连贵、闽浙总兵丁贤发，均请赏加提督衔；丁贤发并请赏给清字勇号。记名总兵齐兰礼，请赏给该员三代二品封典。拟保总兵马骏发，请赏给勇号。暂行革职记名总兵方耀，请开复革职处分。拟保总兵衔留川副将龚占敖，副将张志公、曹光德，可否均以总兵记名，请旨简放，龚占敖并请赏加提督衔。总兵衔副将张再胜，两江补用副将赖光斗、喻名扬，副将衔参将涂祖昌，均请以总兵补用，并均请赏给勇号。留闽副将著勇巴图鲁赖长，请赏换清字勇号，并加总兵衔。副将徐连陞，拟保副将江自康、易进春，均请免补副将，以总兵补用，并均请赏给勇号。总兵衔闽浙副将宋定元、总兵衔副将陈集贤，均请赏给勇号。留闽副将甘大有、毛惠德，闽浙补用副将萧宝林，署广东罗定协副将郑绍忠，均请赏加总兵衔。副将黄北海、谭胜清、黄喜光，均请赏给勇号。

拟保留闽副将谢复云、副将眭金城，拟保闽浙遇缺即补副将邹玉林、戴清辉、杜登云、吴茂轩，均请赏给勇号。副将衔留浙参将唐得胜，副将衔参将柳玉清，参将叶善明、朱长林、陈道亨、戴荣陞，均请赏给勇号。副将衔参将邓荣佳，请免补参将，以副将尽先补用，并赏加总兵衔。副将衔留闽参将曾华国，请以副将仍留闽尽先推补。留浙参将陈得林、参将王正明，参将衔游击徐万福，均请以副将留浙尽先补用。副将衔留浙参将张介和，拟保副将衔留浙参将邹正魁，留浙参将伍先申，均请以副将仍留浙江补用。参将黎东溪，请以副将留闽补用。四川补用参将姜南金，请以副将改留广东尽先补用。副将衔参将萧佑飞、副将尽先参将余兰桂、尽先参将萧长兴、参将林传榜，均请以副将留浙补用。拟保闽浙遇缺即补参将张金榜、陈厚顺、黄复顺，拟保闽浙即补参将余宏亮，均请以副将仍留闽浙补用。游击张复顺，请以参将留闽补用，并赏加副将衔。拟保留闽游击刘甫田，请以参将仍留闽补用，并赏加副将衔。参将衔游击张逢春，参将衔尽先游击张荣华，游击廖得扬、刘道得，请以副将补用。

游击孙永忠、陈得胜，均请以参将留闽补用。游击衔尽先都司彭惟贵、盛照魁，游击衔都司万起顺、黄仁山，拟保都司秦添福，均请以参将补用。留闽都司彭锡芝，请以游击仍留闽尽先补用，并请赏换花翎。都司赵焕，请以游击尽先补用，并赏加参将衔。蓝翎都司喻经魁，请以游击补用，并赏换花翎。拟保都司江同恩、陈殿立、叶义秀，均请以游击即补。守备吴起顺、胡昌海、范长春、文希财，均请以游击即补。广东尽先都司邓安邦，请赏加游击衔。都司衔尽先守备朱芳遂，请以游击留闽尽先补用。

守备桂顺传，请以都司留闽尽先推补。守备衔丁太洋，请以都司留闽尽先补用，并请赏戴花翎。留闽千总宛乾元，请以都司仍留闽尽先补用。蓝翎千总聂章寿、程宏彪，贺宋来、邵添寿，请以都司即补，并赏换花翎。蓝翎把总黄承佐，请以千总即补。军功王荩臣、刘忠发、祝鉴延，均请以千总尽先拔补，加守备衔，并赏戴蓝翎。军功陈顺和，请以千总留闽尽先补用，并赏戴蓝翎。

拟保二品顶带按察使衔浙江补用道李耀南，请赏加勇号。按察使衔福建补用道朱明亮，请赏给二品顶带。记名闽浙道员魏光邴，请赏加盐运使衔。同知衔候选知县丁华先，请免补知县，以同知直隶州留闽遇缺尽先补用。留浙补用从九品谭成章，请以府经历县丞仍留浙江遇缺尽先补用，并赏加盐提举衔。

其帮办福建军务、二品项带、前布政使衔浙江按察使阿尔刚巴图鲁刘典，浙江提督苏博通额巴图鲁赏戴双眼花翎赏穿黄马褂一等子爵鲍超，广东陆路提督赏穿黄马褂穆特本巴图鲁高连陞，简署浙江提督达春巴图鲁黄少春，福建布政使达冲阿巴图鲁王德榜，统兵围剿，誓殄馀氛，谋勇兼资，勤劳懋著，惟职分较崇，臣等未敢妄拟甄叙，应如何奖励之处，出自天恩。其馀在事出力各员弁，并请由臣宗棠查明，择尤汇案保奖。

拟保留闽副将宋成祥，十二日在塔子坳奋勇杀贼，身受重伤，旋于十六日因伤殒命，应请旨敕部照副将阵亡例从优议恤。并鲍超所部二十日阵亡之蓝翎守备钟福春，守备衔千总章邦俊，蓝翎千总余胜才，蓝翎把总萧大春、方惠林，蓝翎外委王与志，蓝翎军功王锡坤，军功王金玉、查成巷、顾洪平、汪心田、朱福才、何福兴、谢光辉、汪炳林、李桂芳、李正洪、傅松亭、梁大发、梁英阶、张有登、叶得胜、刘亮顺、黄谦益、桂明东、李振义、何上交、萧连陞、李国才、周泰和、朱进达、吕士之、温同胜、潘文盛、黄荣富、蒋崇棋、陈德贵、刘炳荣、戴双福、杜善功，及追贼阵亡之拟保守备顾惟奇、蓝翎千总李贤连，均请从优议恤。其顾惟奇一员，请照拟保官阶优恤。

所有收复嘉应州城，追剿窜贼，全股扑灭缘由，谨合词恭折驰报，伏乞皇上圣鉴，训示施行。谨奏。

军机大臣奉旨："另有旨。"钦此。

甘肃西宁镇总兵黄武贤请暂留潮州会办防堵片 会总督衔

再，甘肃西宁镇总兵黄武贤，籍隶潮州，前因在籍办团，钦奉谕旨，催令迅速赴任，当经臣等转饬钦遵，于本年八月十四日由驿附片复奏。九月十九日接准兵部火票递回原片，军机大臣奉旨："知道了。仍着催令迅速前进，不准耽延。"钦此。复经恭录咨行在案。

兹据藩司李福泰具禀：现在贼踞嘉应，逼近潮疆，在在均虞窜越，情形尤为紧要。查甘肃西宁镇总兵黄武贤，前在籍督办防堵，颇著成效，续因事竣，奉催赴任，刻下晋省请咨，道过龙川，适嘉应告警，当与筹商仍回潮郡会办防剿事宜。又福建提标前营游击李元顺，籍隶海阳，尚称骁勇，本年曾随黄武贤在潮办理团防，亦属妥协，此次仍请派随黄武贤差遣。等情禀请具奏前来。

臣等伏查康逆汪海洋窜踞嘉应州城，潮郡防堵正当吃紧，合无仰恳天恩俯准，将甘肃西宁镇总兵黄武贤仍暂留潮州，会同该郡官绅，将一切防堵事宜妥为举办，并令游击李元顺随同差遣，以资得力。一俟防务稍松，即饬迅速赴任。

除札饬该员等遵照并咨陕甘、闽浙各督臣查照外，谨合词附片具陈，伏乞圣鉴训示。谨奏。

军营病故人员请恤片会总督衔

再，据军需总局司道详称：广东水师提标后营右哨外委千总利龙彪，于同治二年随剿广海寨，杀贼立功。是年八月初九日，船抵新宁县属曹冲洋面，遭风淹毙，打捞尸身无获。又抚标右营蓝翎候补千总卢逢泰，于同治四年随同参将朱国雄赴东江剿捕，冒暑从征，感患暑疾，于同治四年七月二十四日病故。又据南韶连道陆心源禀称：候选知县吴楚珵，本随署理南韶镇总兵任星元在南雄帮办营务。该道就近饬办东关厘务。本年秋间贼窜连平，逼近翁源，复经该道饬赴翁源，随同记名总兵曾敏行办理防堵。冒暑奔驰，积劳成疾，于同治四年十月十九日病故。又据统带广东潮普勇暂革总兵方耀禀称：本年八月初十日克复镇平后，弁勇沿途追剿，感受暑雨，疫疠交作。有花翎尽先游击潮州镇左营千总方彩，于本年九月初三日病故。花翎尽先都司黄冈协右营千总方丰，于九月十九日病故。蓝翎都司谢且，于九月十六日病故。

蓝翎守备方锥，于九月十五日病故。蓝翎候选未入流诸文淦，于九月二十五日病故。上杭绅士从九品职衔何冠南，于九月十六日病故。该员等于克复武平、永定及大埔剿匪获胜案内，方彩、方丰均拟保参将，谢且拟保游击，方锥拟保都司，诸文淦、何冠南拟保各以本班留粤补用，尚未出奏病故。请照拟保升阶各照军营立功后病故例从优议恤。等情前来。

臣等复查无异，相应请旨敕部将水师提标后营右哨外委千总利龙彪照阵亡例议恤，抚标右营蓝翎候补千总卢逢泰、候选知县吴楚珵均照军营病故例议恤；拟保参将方彩、方丰，拟保游击谢且，拟保都司方锥，未入流诸文淦，从九品衔何冠南，各照拟保官阶照军营立功后病故例从优议恤，以慰忠魂。谨合词附片具奏，伏乞圣鉴训示。谨奏。

奏报出省日期疏

奏为恭报微臣出省日期，专折驰陈，仰祈圣鉴事。

窃查江、闽各军围攻嘉应，现筹出省会办，经会同督臣瑞麟先将筹商大概情形具奏在案。随檄饬肇庆协副将杨青山驰赴廉州本籍募勇三千。计廉州距省约一千四五百里，往返必需一月。臣即定期正月初十日由省起程，一面飞催杨青山刻期抵省，以凭督率前进。另调北江防兵知府衔四川候补同知曾纪凤一军三千人，由始兴驰赴龙川，听候调遣。现在江、闽各军渐次逼近嘉应，四面环攻，惟南路郑绍忠一军六千人、曾敏行一军一千五百人防堵各隘，尚嫌单薄。但幸此贼稍缓窜逸，俾臣此军行抵水南堡一带地方，会督诸军相机扼扎，或可杜其内窜之路。

臣出省以后，署内日行事件，照例委代办藩司运司方濬颐代拆代行，其紧要事件仍包封寄臣核办，应行题本及咨移各部公文，就近在省城盖用总督关防，一切循照旧章办理。

所有恭报微臣出省督师日期，谨缮折由驿五百里驰奏，伏乞皇太后、皇上圣鉴训示。谨奏。

奉旨严行申饬谢恩疏

奏为懔遵迭次谕旨，恭折叩谢天恩，仰祈圣鉴事。

窃臣于同治四年十月二十八日承准军机大臣字寄，同治四年十月十二日奉上谕："左宗棠奏复陈广东军务贻误情形各折，本日已明降谕旨，将瑞麟、郭嵩焘严行申饬。此后该督抚遇有公商事件，总当以国事为重，毋许各怀私见，再蹈前非。"等因。钦此。又准前后部咨同治四年八月二十一日、十月十四日内阁抄出奉上谕："郭嵩焘恳请开缺及奏广东军务约有数误各情，着传旨严行申饬。"等因。钦此。跪读之余，惭惶靡措。

伏念臣以庸愚，仰荷圣恩特达之知，畀以封疆重寄。属时事艰难之会，处军务敝坏之时，小人以乐祸为心，君子以苟偷为术。臣以忧惶失据之愚虑，迫为冒昧见小之渎陈。自揣疾病昏庸，分甘罢斥，乃蒙圣恩不加严谴，犹复谆谆训诲，曲予优容。缅裁成化导之多方，俾黾勉率循之有准。恭读圣训"当以国事为重，无许各怀私见"，捧诵循思，感悚无地。内省读书之初愿，与典谟训诰而同凛至言；深惟求治之渊衷，举土地人民而俾资共济。臣惟有凛遵迭次谕旨，遇有公商事件，与督臣瑞麟和衷酌办，共济时艰，以冀仰答高厚生成勤求治理之至意。

所有微臣感悚下忱，谨缮折叩谢天恩，伏乞皇太后、皇上圣鉴。谨奏。

粤饷可筹约有三端片

再，臣在粤筹划军饷，稍尽心力，两年以来办理防剿，增兵至四五万，竭力支持，而于拨解京饷，亦尚无贻误，各省购办军火催提协饷，兼能斟酌应付，亦赖添设筹饷一局，借以稍资周转。臣出省以后，军饷既加增于前，江、闽各军供支食米，接济军火，需费浩繁，而饷源日益耗竭，实有不能支持之势。统计粤饷尚有可筹者三端，敬为皇上陈之。

一曰海口厘税。查上海厘税每年三百馀万，多取给于海口，视正税增加一倍。福州一口厘税每年约一百六七十万，厦门一口厘税每年约四五十万，均与正税相埒。其馀天津、烟台、宁波通商各口，均经举办厘金。粤东江路四达，浈水东通江西，武水北通湖南，合为北江，设立韶关一厂，又下设立芦包一厂，兼扼四会、连阳诸江之冲。统计北江厘金，每月约两万有奇。西江兼受浔、梧二水，为广西江路总汇，设立后沥一厂，每月厘金约五六千。东江为古龙川水，仅及惠州属境，设立白沙一厂，每月厘金约二千馀。而北江之韶关、西江之肇庆关，正税所入均不逮厘金之半。独省河以南通海诸口，迄未能举办。以事论之，远自牛庄、天津、烟台以及江苏、浙、闽，近则海西之高、雷、廉、琼，海东之潮州，商贾贸易，无一不由海运，而西洋货物例收之子口税，亦可准作厘金办理。臣因查广东海道纷歧，原视各省海口为易绕越。又香港孤悬海外，为洋货屯聚之所，其势足以伺间居奇。要其入省总汇，终不能越六门。内江未通商以前，广东尚可远揽江西、湖南之货，与上海一口争胜，利厚则趋广东，利薄则赴上海。自内江通商，东南利源全窒，所能揽者广东及广西桂、梧一隅之利。百货来去，必经海口，无可飞越。所可筹一也。

一曰沿海沙坦。查沙坦之起，皆由潮淤。其始出水，略辨形迹，谓之沙影，以首先报垦为业主，官为履勘丈量，司给照承垦，税以斥卤为则。积久悉成膏腴，谓之税坦。而海潮积淤，多在江路广阔、地势回互之区。是以香山一县，有澳门之遮遏，有横门、磨刀门两口之吸翕，沙坦为最多。顺德、新会、番禺、南海、东莞等县，近海受潮之处均有坦业。旧坦既成潮淤，日加附益，渐涨渐广，相接成坦，岁有增加，谓之子坦。其初报垦领照，必假势力，加筑围基，必藉资本，是以坦业一归于豪强兼并。又因其接生日广，群怀争竞，有以此坦承垦之执照影射彼坦者；有两坦各据一执照，互争接生之子坦者；有子坦亩数倍于承恳之执照者；有原坦久经转售，而踞子坦为业，并无执照者；有承垦时隐多报少，并旧坦亩数亦多参差者；有霸占，谓之沙棍，而要皆富强有势力者为之。查例定沙坦，三年大丈，隐匿亩数一顷以上，分别议处责惩，其田入官，所隐钱粮按数追纳。今则隐占亩数一无稽查，又例定具报承垦每人不得过一顷，今则隐占动辄数百顷，亦无限制。良由州县迁调无常，势豪之兼并又足以把持一切。书差人等利其侵占争讼，借端罔利，以故各州县控案一涉沙坦，多至数年不能断结，甚或相与聚众抢割，酿成巨案。无他，年愈久而弊愈深，群思据以为利，争夺之风一成而不可禁遏也。臣愚以为援例清查，计亩升科，既稍资以筹饷，亦足革除豪强兼并之习，而清争讼之源。所可筹二也。

一曰绅富捐输。查广东商贾贸易全盛之时，捐修虎门各炮台，捐备义仓，动辄数十万，由绅民自为报效，不假劝谕。道光二十一年办理洋务，咸丰四年办理红匪，两次劝捐，皆至数百万。嗣是军务迭兴，需用繁多，或岁一派捐，或间岁一派，捐皆预定成数，假手地方官绅，听从逐村科派，按亩摊捐，捐数多少，从无稽查，所领实收，又由官绅转售为利，是以粤东捐户邀奖者甚少。又以凑集之捐款，为减价之招徕，捐输条例亦因以大坏。臣在上海，即已深悉其弊。同治二年，前署督臣晏端书、抚臣黄赞汤派捐银四十万，臣稍惩其弊，另派委员劝办，惟取殷实之户，而不泛及平民，酌取有馀之资，而不科及田亩。各州县积习相仍，亦并未能遵照章程办理，而一时谣言四起，反指以为烦苛。所捐富户仅及数成，惧而中止，而视原派之数已增加至十馀万之多。以大致情形言之，粤之民力困敝极矣，而比附洋商居奇营利，致富数十百万者所在多有。其生计舍本而趋末，其民情忌朴而喜华。核实劝办，犹可少助军需。所可筹三也。

伏查天下之本计在民，而时会之艰难不能不借资民力。迭次筹商办理，其间阻隔滞碍诚所不免，要之农民之捐不可筹而商民之捐可筹，平民之捐不可筹而富民之捐可筹。反复推陈，无以逾此。伏乞皇上天恩，于此三者之中酌定一项，责成督臣督饬司道办理。现在粤海关监督臣师曾精练明决，综核有馀，可以责成督办海口厘捐；在籍太常寺卿龙元僖督办团防，经营沙田，为日已久，可以责成帮办清丈沙坦；而候补道屠继烈精识果力，能任劳怨，所有筹饷事宜，应饬该员会办。臣诚知一言筹饷，犯时论之大忌，构百姓之私怨。而提兵远出，库储匮乏，饷项一有不给，弱者乖离，强者哗索，其隐患有不仅如滇、黔之束手坐困者。声名之美恶，百姓之恩怨，系臣一身，所不敢计，而惟饷源所自出，实系国家之本计，得失利病，所关至巨，不敢不一尽言，伏乞圣明垂察。谨奏。

东江一带兼资镇压片

再，查粤东民情犷悍，由地方吏治偷敝，酝酿太深之故，而其隐患尤莫甚于惠、潮、嘉三属。自顷数十年，地方官征求钱粮，动须募勇下乡。力胜则尚能催征三四成，力不胜则通县钱粮皆抗不完纳。总计各县征收，无能及五成者。委署人员必经严催赴任，始肯勉强就道。普宁一县，至由各府县津贴钱粮，并户口鱼鳞册亦无存者。百姓习为械斗，日以兵刃相接，地方官又日与百姓以兵刃相接。言之骇心，念之伤气。近年惠、潮风气，浸淫至于广属。东莞、新安诸县，尤与惠、潮风气相近。富乡大族，均各筑立土城，广置炮火，以劫掠为事。即番禺所属之龙眼洞、石簲村、簸箕村、洗村，匪乡林立，距省近者不过十馀里。派兵搜拿，人少则拒捕，人多则逃避一空。耳目消息尤极周密。积弊之深，至不可穷诘。

近年招募勇营，不讲营规，不择带兵之将弁，专募潮勇、东莞勇，取其强悍嗜杀而已。又并不责以杀敌致果，聚而为勇，散而为盗，两无区分。用兵一日，地方之隐患亦日深一日。从前贼踞镇平、潮阳、揭阳、澄海各县，奸民拜会举旗，谋起应之，迭经破案，亦无警惧。嘉应失守以后，人情日益惊疑，而归善、博罗一带散归之匪党、招降之巨股，动以万计。沿江村庄，几于步步荆棘，寸寸戈矛。

臣此次出省，檄饬肇庆协副将杨青山招集冯子材旧部三千人，四川候补知府曾纪凤北江防兵三千人，另拣本标抬枪兵三百为亲兵，期会合江、闽各军进剿，分任西、南两路之防，亦藉以镇压土匪，使各州县得稍倚臣军为重。窃查东南各省患气之深，未有如粤东者。臣知之独详，忧之独切，不敢不一勉竭愚忱，以稍图补救万一。

所有东江一带兼资镇压情形，谨据实密陈，伏祈圣鉴。谨奏。

此上两折三片[1]，同治四年冬谋出省督师所具。会贼平，遂未及拜发，始存其草如此。自记。

①“三片”实为两片。

同治五年

嘉应失陷潮郡吃紧俟防务稍松再议进城折[①] 正月十一日

署两广总督瑞麟、署广东巡抚郭嵩焘奏：

臣等承准军机大臣字寄，同治四年十一月十五日奉上谕：“前据瑞麟等奏，遵旨开导潮郡绅民，按照条约按原折无“按照条约”四字准英人进城。”等因。钦此。查英国领事坚佐治前此进出潮州府城，先已委员候补道朱启仁前往查明，该领事入城时，官绅接待以礼，保护安全，因通事佛礼赐扬言：欲在城内建造洋馆，居住一月。以致愚民复张揭贴，聚集拥观，经道府弹压解散；一面查拿私张揭贴之人，审明尽法惩办，并据实复知英国领事等，均无异词。窃维潮俗素著强悍，固执之性，本异寻常，而洋人专逞其骄蹇好胜之气，并不谅官绅任事者之苦衷，故将来再令该领事进入潮城，能否弹压相安，尚难豫定。而该领事志在随时往来，以符条约，似亦非再赴潮城一次所能蒇事。

臣等正在设法筹画间，适值发逆窜陷嘉应，潮、嘉咫尺相接，人心惊惶，该地方文武筹饷筹兵，防剿万紧，局绅皆赶办团练，捍卫乡闾。臣等前饬摘传绅士赴省，面商经久善策，该绅因局务紧要，未能分身前来。英领事坚佐治近住汕头，稔知潮郡军务方

---

①辑自《筹办夷务始末》（同治朝）卷三十九，中华书局2008年11月第1版。

殷，亦无再次进城之请。须俟潮防稍松，人心安定，该领事必须再进潮州府城一次，察看百姓能否相安，以后来往会商事件，始能定局。临时如有需臣瑞麟亲往督办之处，自应懔遵谕旨，星速前赴潮城，相度机宜，慎审经理。务使诸臻妥善，断不敢稍涉迟延，至滋枝节。

御批：该衙门知道。

广东新捐军需经费第九次请奖疏[①] 正月二十二日

奏为广东省新捐军需经费，第九次开列官绅姓名、银数，请给封典、职衔、加级，恭折奏祈圣鉴事。

案准户部咨，议复署两广总督晏端书等奏粤东捐输团练经费，请仍照旧章给奖，并拟更正名目一折，内开：详查广东历届奏报捐案，均经声明军需动用所请作为捐输军需，尚属可行，应如所请办理。等因。同治二年八月十六日具奏，奉旨："依议。"钦此。又，前任抚臣黄赞汤会同前署督臣晏端书，具奏广东捐输截至同治二年三月止，概归旧捐，嗣后另归新案捐办。恳颁发各项职衔、封典部照，一经捐生缴银到局，即行填给，以照信实。等因。同治二年七月十三日递回前折，后开议政王军机大臣奉旨："着照所请，该衙门知道，单并发。"钦此。钦遵在案。

溯查广东捐输军需经费请给封典、职衔、加级，历系遵照部行，援照筹饷新例分别减二成、减四成办理。所有同治二年八月初一日开办新捐起，至四年八月底止，报捐封典、职衔共银九十

---

①辑自中国第一历史档案馆藏"录副奏折"原件 03-4805-020 号及附件清单 03-4805-070 号。系与广州将军兼署两广总督瑞麟会衔。标题系编者拟。

五万五千一百七十四两，业经先后八次奏请奖叙在案。兹第九次自四年九月初一日起至十一月底止，三个月期满，共报捐封典、职衔捐生三百三十一员名，捐输洋银五万四千二百五十五两，均据上兑充支军需经费。据在局司道等将所捐银数，按照现行筹饷减成新例及历届捐输成案，逐加考核，数目相符，列册详奏前来。臣等复加查核，册内捐生三百三十一员名，内填空白部照者八十六员名，填藩印实收者二百四十五员名，所捐银数、所请奖叙，均与章程相符。合将捐生姓名、银数，缮具简明清单，恭呈御览，仰恳天恩俯准，饬部查照，分别奖叙，填给二百四十五名部照，递粤给领，以示鼓励。

除将履历清册照根副实收，送部核办外，臣等谨合词恭折具奏，伏乞皇太后、皇上圣鉴训示。谨奏。

同治五年三月初八日，军机大臣奉旨："户部核议具奏，单并发。"钦此。

清单

谨将广东省新捐军需经费第九次请给封典、职衔，并加级各官绅姓名、银数，开列简明清单，恭呈御览。

计开：

中书科中书衔凌庆麟，捐银二百四十两，请给予父母、生母及本身妻室从七品封典。

同知衔卢宪，捐银三百二十两，请给予父母、继母、生母及本身妻室正五品封典。

州同衔伍应申，捐银二百四十两，请给予父母从六品封典，将本身妻室应得封典貤封祖父母。

从九品衔高日新，捐银一百六十两，请给予父母从九品封典。

未入流衔赖耀清，捐银八十两，请给予父母从九品封典。

监生林启蕃，捐银七百二十两，请给予光禄寺署正职衔。

监生凌庆麟，捐银五百二十两，请给予中书科中书职衔。

监生唐乃文，捐银二百八十两，请给予翰林院待诏职衔。

监生卢宪、曾祥光，各捐银一千六百两，均请给予同知职衔。

监生吴时敏，捐银二百四十两，请给予布政司经历职衔。

监生刘际清、欧文煜、吴德进、伍源泰、伍炽堦，各捐银二百四十两，均请给予布政司理问职衔。

监生何显扬、林瑶香、李常荣、黎廷英、谢名标、陈之惠、黄普成、伍应申，各捐银二百四十两，均请给予州同职衔。

监生梁日熊、王儒卿，各捐银一百六十两，均请给予县丞职衔。

俊秀谢泽露、谢和吉、谢尧光、谢国栋、龙叙伦、谢宜桀、蔡奇芬、许可凤、许可麒、许可鹏、谭应荣、李宜梁、李彩芬、王名庠、姜国植、梁宪章、曹宝心、严金河、唐佐、黄廷琛、王焕宇、黎旦、陈玉山、区锦成、罗绮纹、李从龙、王炳春、朱子谟、林命新、邹希贤、吴家桢、罗定祥、钟九畴、廖成均、吴得仁、帅瑞明、冯其佳、严定交、张星朗、孔广纶、黄璋瑜、邓仕源、黄之兰、梁玉书、翁德阳、黄谦益、梁梓材、罗文华、罗莲香、罗翰香、蔡元春、陈孔礼、邱时清，各捐银六十四两，均请给予从九品职衔。

武生李伴槐，捐银七百二十两，请给予都司职衔。

监生罗文治，捐银三百二十两，请给予守御所千总职衔。

监生林昌保，武生梁献瑶，监生邓其骧、陈正超，各捐银一百六十八两，均请给予营千总职衔。

俊秀谭为山，捐银一百八十四两，请给予把总职衔。

以上捐生八十六名，共计收捐输洋银一万四千七百三十六两。此项捐生均系填给空白执照，截出照根，随案送部核销，合并陈明。

不论双单月选用郎中麦道平，捐银一千八百七十二两，请加六级，给予祖父母、父母及本身妻室正二品封典。

广东开平县训导张光栋，捐银七百四十四两，请加内阁中书升衔。

候选训导古宸锡，前由优贡候选训导，于同治三年十月在本省捐输京仓米价第六次请奖案内，捐银八百二十一两，请加内阁中书升衔。嗣准户部议复，优贡出身应加三成，计欠银一百九十七两，应令补交等因。兹据该员遵驳补捐银一百九十七两，请仍加内阁中书升衔。

遇缺尽数选用训导曾鉴铨，捐银三百五十五两，请加光禄寺典簿升衔。

广东封川县知县廖鸿词，捐银六百二十三两，请加同知升衔。

署广东饶平县事即用知县谢树棠，捐银二百五十二两，请加寻常二级。

署广东从化县事即用知县朱昌言，捐银一百二十六两，请加寻常一级。

军功州同衔升用知县即补湖南直隶州州判李步义，捐银一百八十两，请给予父母及本身妻室从六品封典。

候选县丞陈亦新，捐银三百八十八两，请加州判升衔，并给予父母从七品封典，将本身妻室应得封典貤封祖父母。

光禄寺署正衔陆徽龄，捐银二百四十两，请给予胞兄嫂从六品封典。再据该职呈称，祖父母、父母已有五品封典，合并陈明。

翰林院孔目衔叶佩珂，捐银八十两，请给予父母从九品封典。

知府衔陈应芳，捐银七百九十四两，请给予道员职衔。

未入流衔监生温毓萱，捐银一千六百一十六两，请给州同职衔，并加二级，给予父母从五品封典，将本身妻室应得封典貤封祖父母，另请本生父母从五品封典。

监生陆寿昌，捐银二千四十八两，请给都察院都事职衔，并加二级，给予父母、生母及本身妻室正五品封典。

监生卢泰，捐银七百六十两，请给詹事府主簿职衔，并给予父母及本身妻室从七品封典。

监生钟心镜、梁应椿，各捐银二百八十八两，均请给予翰林院待诏职衔。

监生陈钟彝、陈鼎彝，各捐银二百四十两，均请给予布政司经历职衔。

监生胡其燠，捐银四百八十两，请给布政司理问职衔，并给予父母、继母从六品封典，将本身妻室应得封典貤封祖父母。

监生何俊英、卢荣均、胡庆蕃，贡生揭榜元，各捐银二百四十两，均请给予布政司理问职衔。

监生陈源荣，捐银四百八十两，请给州同职衔，并给予父母、生母从六品封典，将本身妻室应得封典貤封祖父母。

监生陈志行，捐银四百八十两，请给州同职衔，并给予父母从六品封典，将本身妻室应得封典貤封祖父母。

监生郭邦光、蔡挺达、杨应选、彭家骏、彭家兰、陈思成、黄蔚兴、黄丙、邬义方、邬辉煌、邓万鹏、杜依成、陈神恩、李辉光、王钦爵、刘春霖、英显倬、黄凤祥、魏德宣、林凤麟，各捐银二百四十两，均请给予州同职衔。

监生郑玉珑、叶东扬，各捐银二百两，均请给予按察司经历职衔。

监生王树俊，捐银一百六十两，请给予府经历职衔。

监生李敷荣、朱守业、韦锦绣、陈文达、梁锡福、陈炳行，各捐银一百六十两，均请给予县丞职衔。

监生刘步霄、吴景光、吴时宪、王薰，各捐银九十六两，均请给予按察司照磨职衔。

俊秀伍兰芳、许庆俊、许进华、陈高攀、陈创基、陈世亮、李建泰、刘国祥、莫承春、张文命、莫并光、杨正煊、宁安平、陈荣光、温河清，各捐银一百四十四两，均请给未入流职衔，并给予父母从九品封典。

俊秀岑端衡、李逵芳，禤敏荣、何仰唐、罗贵珍、甄达荣、张福耀、甄廷耀、甄福隆、刘运衡、何瑾怀、赖炳文、刘廷翰、黄廷瀚、何懋麟、黄振林、邱金纶、叶孝贤、张成功、赖奇勋、赖焕勋、邱冠元、姚士元、许祥顺、郑业吉、黎凤昌、唐兆庸、区永修、梁应才、伍秉深、梁宗泰、郑儒廷、郑嵩光、伍益善、伍良贤、伍名利、伍礼、李定北、陈启本、欧蔼麟、王绍华、梁书陞、张良厚、邝安康、谢再可、梁儒钦、蔡邦量、陈守善、陈嘉会、陈愚忠、关珩璠、王廷辅、胡修和、梁以枢、杨朝芳、邓铺亨、萧源远、林植联、林植震、梁肇芳、谢继文、范显礼、李发成、李志胜、陈应会、黄长龄、莫振光、黄忠清、叶桂浓、萧元明、梁源远、蒙秀文、秦才积、韩如云、符纯粹、史实耀、王廷清、梁成璧、李家修、沈邦佐、李昌期、黄彭年、陈培瑚、吴锦香、陈逢绣、曾荣华、黄鸿、陈润周、何顺招、杨茂春、黎达瑚、袁霭时、甄汝琳、郑广通、曾育元、曾国棠、曾九畴、张世兴、黄纶邦、邝乃球、曾拔琛、曾国璜、林明发、陈恭强、潘正受、史林懋、朱英材、梁汝清、梁珠光、梁锡程、钟永昌、刘朝光、梁应科、黎兆麟、叶东垣、谭礼昌、潘沛川、黄迪兴、黄家达、符廷斌、傅梅彰、邢定锡、李大潮、符世英、陈登发、苏光隆、王慎徽、周植信、范宗琳、林馨、陈德梅、陈焕光、陈宇、林学元、林举欣、符运环、陈贵环、陈光泰、莫龄香、何际康、赖腾芳、何琼芳、罗祥勋、黄登荣、陈耀光、潘展业，各捐银六十四两，均请给予从九品职衔。

俊秀陈宗礼，捐银六十四两，请给予未入流职衔。

营卫守备衔任遂昌，捐银二百四十两，请给予都司职衔。

营千总衔庄家仁，捐银五百五十二两，请给予都司职衔。

守御所千总衔刘汝舟，捐银三百二十两，请给予父母从五品封典，将本身妻室应得封典貤封祖父母。

营千总衔张玉球，捐银四百七十二两，请给守御所千总职衔，并给予父母从五品封典，将本身妻室应得封典貤封祖父母。

营千总衔刘美龙，捐银一百五十二两，请给予守御所千总职衔。

监生林晖，捐银一千四百六十两，请给予游击职衔。

监生伍腾津、张鹏程，各捐银七百二十两，均请给予都司职衔。

监生缪思诰，捐银三百二十两，请给予守御所千总职衔。

监生黄定文、杨耀彤，各捐银二百两，均请给予卫千总职衔。

武生邓峻，监生覃志广，武监生赖干材、赖幹材，监生岑国俊、许敬章、温定裁、曾拔瑶、刘绍华，各捐银一百六十八两，均请给予营千总职衔。

武生曾捷元，捐银九十六两，请给予把总职衔。

俊秀陈文韬、萧觐臣、何宏业，各捐银一百八十四两，均请给予把总职衔。

以上官绅二百四十五员名，计收捐输洋银三万九千五百一十九两。此项官绅均系填给司印实收，将副收随案送部，应请饬部照案核填执照，发粤转给祗领。合并陈明。

通共官绅三百三十一员名，计收捐输洋银五万四千二百五十五两。

军机大臣奉旨："览。"钦此。

广东参追各年亏空案内未完银米谷石请照恩诏豁免疏[1] 正月二十二日

奏为查明广东省各年参追交代亏空案内未完银米谷石，先经查照恩诏豁免条款办理，恭折奏祈圣鉴事。

窃准部咨：嗣后各省交代征存应解之款，以初次限满起勒限两个月扫数提解藩库，随时报部销案，逾限不完，即将结报之员参办，统令于年终开单奏报。等因。伏查广东省各州县交代征存银两提解全完，历经各前督抚臣汇案奏报。其历年参追各案亏缺银米数目，亦经专案咨报，并分咨各该参员原籍查追。续又接准部咨，恭逢恩诏查办豁免，核与条款相符。复经分别咨行查明办理。兹据藩司查明参追查办各案，同治四年份未完银米谷石，开列清单，详请具奏前来。臣等复核无异，除分别咨行查催办理外，谨恭折具奏，并缮清单，敬呈御览，伏乞皇太后、皇上圣鉴。谨奏。

同治五年三月初八日，军机大臣奉旨："户部知道，单并发。"钦此。

---

①辑自中国第一历史档案馆藏"录副奏折"原件 03-4928-017 号及附件清单 03-4928-019 号。系与广州将军兼署两广总督瑞麟会衔，标题系编者拟。

清单

谨将广东省同治四年份应追原参交代亏空案内未完银米谷石数目，开列清单，恭呈御览。

一、大埔县张深接收陈恩普交代亏缺银两参追案内，未完道光十五年税科羡耗银三百二十三两三钱二分，除抄存该参员陈恩普寓所衣物估变备抵银四十六两二钱一分，尚未完银二百七十七两一钱一分，先经咨查原籍催追，嗣准部咨，查办豁免，复经咨明原籍取结报部请豁。续准部行，又经转饬潮州府查办，现尚未据申复。

一、普宁县柏贵接收陈恩普交代亏缺银米参追案内，未完道光十七年地丁正耗银三千八百三十六两三钱七厘，折价正耗米一千二百七十二石八斗一升，因抄存该参员陈恩普寓所衣物估变银四十六两二钱一分，已归于大埔县亏缺案内备抵。此案未完银米无可归补，先经分咨浙江、江西转饬该参员原籍、祖籍查追。续准部咨查办豁免，复经分咨该参员原籍、祖籍确切查明，分别咨部核办，复粤查照，现尚未准咨复。

一、署遂溪县车任重接收黄榜交代亏缺银谷参追案内，未完道光十七年地丁钱粮备支俸食等银一千七十七两二钱六分四厘，耗羡银一千八百三十三两四钱四分三厘，十六、十七年税科羡耗银二千八百三十四两九钱一分。续又查出挪用官租钱一十二千二百四十文，折银一十二两二钱四分，共应追银五千七百五十七两八钱五分七厘。除已据该故员黄榜家属完缴银六十七两七钱八分三厘，又抄存该故员寓所衣物估变银三十三两八分六厘备抵外，尚未完银五千六百五十六两九钱八分八厘。又应赔霉变仓谷七千七百九十一石六斗九升，先经分咨该故员原籍陕西及四川寄寓查追，续准部咨查办豁免，复经移咨川、陕二省确查办理。又准部咨，此项银两应如何筹补归款，亦经转饬雷州府核详，现尚未据详复。

一、署长宁县谢遇清接收高炳文交代亏缺银两参追案内，未完道光十九年地丁正耗银一千八百二十四两八钱六分，十六、十七、十八等年耗米盈馀银五百一十三两二钱四分一厘，十七、十八、十九等年税科羡耗银九百八十四两三钱六分一厘，共应追银三千三百二十二两四钱六分二厘。除该参员原籍四川省抄存田房产业估变银九百二十九两一钱二厘，又抄存寓所衣物估变银二两五钱九分五厘备抵外，尚未完银二千三百九十两七钱六分四厘。续准部咨查办豁免，业经移咨四川省确查办理，现尚未准咨复。

军机大臣奉旨："览。"钦此。

奏报广东同治四年查催各属交代并提解银两数目疏[①] 正月二十二日

奏为查明广东同治四年份咨结各属交代并提解征存银两数目，恭折具奏，仰祈圣鉴事。

窃照道光二十八年五月间接准部咨，钦奉上谕："各直省州县经征钱粮，着照户部议准山东省所定清查限期章程，一律查明具奏，严提已征银两，统归司库，其各属接收交代，亦照山东省章程依限结报。自本年为始，每年统归于岁终开单汇奏。"等因。钦此。转行钦遵办理。同治三年以前历届岁终均经前督抚臣将咨结各属交代并提解征存银两开单奏报在案。

---

①辑自中国第一历史档案馆藏"录副奏折"原件03-4928-018号及附件清单03-4928-026号。系与广州将军兼署两广总督瑞麟会衔，标题系编者拟。

兹据藩司查明，同治四年份咨结各属交代一十案征存正杂各款银两，业经提解到司，有尾欠银二十万二千一百六十六两三钱八厘，均已提解司库。此外，未结交代及未解之款，仍再查催，分别咨结提解等情，具详前来。臣等复查无异，除督饬藩司严催结报提解，以重库款外，谨合词恭折具奏，并另缮清单，敬呈御览，伏乞皇太后、皇上圣鉴。谨奏。

同治五年三月初八日，军机大臣奉旨："户部知道，单并发。"钦此。

清单

谨将广东省自同治四年正月起至十二月止，咨结各属交代并提解征存银两数目，开列清单，恭呈御览。

计开：

一、署东莞县刘式恕接收华廷杰及江肇恩统任交代一案。

一、署南海县冯沅接收张继邹交代一案。

一、代理南海县胡湘接收冯沅交代一案。

一、署南海县李鳌接收胡湘交代一案。

一、惠州府顾兰生接收瑞昌交代一案。

一、南海县华廷杰接收李鳌交代一案。

一、署南海县朱燮接收华廷杰交代一案。

一、代理琼山县李光业接收李文烜交代一案。

一、署广防同知程承训接收陶福亨交代一案。

一、署惠州府严先佑接收顾兰生交代一案。

以上共结报交代一十案，提解征存正杂各款银二十万二千一百六十六两三钱八厘。

军机大臣奉旨："览。"钦此。

候补知县王寿仁征存米石参后全数完解拟请开复疏[1] 正月二十二日

奏为知县征存米石参后全完，请旨开复原官，仰祈圣鉴事。

窃照前署封川县及博罗县事丁忧候补知县王寿仁，于署封川县任内征存同治二年以前省米四百五十五石二斗六升三合八勺，博罗县任内征存咸丰十一年以前省米一百二十六石二斗九升八合五勺，延不批解，经臣会同前督臣毛鸿宾于同治三年七月二十六日具折奏参，是年十一月二十四日递回前折，议政王军机大臣奉旨："王寿仁着暂行革职，勒限一月扫数完解，倘逾限不完，及查有侵挪情弊，即行严参惩办。"钦此。当经转行司道严饬钦遵完解去后。

兹据代办布政使方濬颐、督粮道郭祥瑞详称：查得该员王寿仁封川县任内征存米石系应解肇庆府支发各营兵米并非省米，兹于奉参后已将征存应解府米四百五十馀石及博罗县任内征存省米一百二十馀石先后批解清楚，请将原参革职之案具奏开复。等情前来。臣等复查王寿仁于被参后，将征存米石全数完解，尚知愧奋，相应请旨，将前署封川县及博罗县事丁忧候补知县王寿仁暂行革职之案，准其开复，以昭激劝。臣等谨合词恭折具奏，伏乞皇太后、皇上圣鉴训示。谨奏。

同治五年三月初八日，军机大臣奉旨："王寿仁着准其开复。"钦此。

---

①辑自中国第一历史档案馆藏"录副奏折"原件04-4952-097号。系与广州将军兼署两广总督瑞麟会衔。标题系编者拟。

广东省上年十二月份收捐监生贡生片[1] 正月二十二日

再，广东省收捐监生、贡生名数、银数，向系按月奏报。嗣准部咨，将部监空名印照发交各省收捐，文武监生每名减银二十两、贡生减二成办理。又准部咨，空名照数目分别已发未发，按月奏报。各等因。于咸丰四年七月停止常例收捐，截清名数、银数奏咨。计自咸丰四年八月减成收捐起，至同治四年十月止，共应存文武监生正项银一十万八千三百九十七两九分六厘。又捐贡一项自减收成捐起至同治四年五月止，连前旧捐共应存正项银四万三千一百七十八两二钱五分六厘。又四年十一月份并无报捐文武监生，闰五月起至十一月止，亦无报捐贡生，均经臣附片奏闻在案。

兹据代办广东布政使方濬颐详称：同治四年十二月份，由俊秀报捐文监生一名，收正项银八十八两，内除提出本省津贴银八钱八分，尚存正项银八十七两一钱二分，连前共应存文武监生正项银一十万八千四百八十四两二钱一分六厘；又十二月份由廪生报捐贡生二名，每名收正项银八十八两，共银一百七十六两，内除提出本省津贴银一两七钱六分，尚存正项银一百七十四两二钱四分，连前共实存贡生正项银四万五千三百五十二两四钱九分六厘，均照案留为办理善后之用。因各营兵饷待支紧急，奉拨之地丁、盐课征解不前，暂借贡监捐项通融支放，已于递年十一月咨报藩库收支各款案内声明，俟奉拨各款收有银两归还备用，部领照费储备解京，加平银两照章免其交纳。至旧存咸丰年号空名贡

---

[1]辑自中国第一历史档案馆藏“录副奏折”原件03-4906-046号。标题系编者拟。

监生各照，业经详缴咨销，其先后奉发改换同治年号监生空名部监照各七千一十一张，监照擦损九张，详咨国子监换发未到，实共发到部照七千一十一张、监照七千二张、贡生空名部监照各六百三十二张。监生一项，自同治二年十月二十三卯起，截至四年十二月底止，填发部监照各二十五张，贡生一项自同治三年十一月填用起，截至四年十二月底止，填发部监照各一十五张。又发潮州府属办理劝捐监生部监照各五十张，贡生部监照各五十张，实在尚存未填监生部照六千九百三十六张，监照六千九百二十七张，贡生部监照各五百六十七张。又十二月份并无报捐武监生等情，详请并案具奏前来。臣复核无异，除分咨外，谨附片陈明，伏乞圣鉴。谨奏。

同治五年三月初八日，军机大臣奉旨："户部知道。"钦此。

敬陈广东上年十二月份雨水粮价情形疏[1]正月二十二日

奏为敬陈同治四年十二月份雨水、粮价情形，仰祈圣鉴事。

窃照广东省同治四年十一月份雨水、粮价，先经臣恭折奏闻在案。兹查广东省城同治四年十二月上、中、下三旬均得有微雨数次，二麦含苞，渐次吐穗，杂粮业已收获，园蔬亦皆秀发，此外各属禀报与省大略相同。粮价较上月稍减，地方静谧，民情安帖，堪以仰慰圣怀。

所有同治四年十二月份雨水、粮价情形，臣谨恭折具奏，并缮粮价清单，敬呈御览，伏乞皇太后、皇上圣鉴。谨奏。

---

①辑自中国第一历史档案馆藏"录副奏折"原件03-4962-478号及附件清单03-4962-479号。标题系编者拟。

同治五年三月初八日，军机大臣奉旨："知道了。"钦此。

清单

谨将广东省同治四年十二月份各属米粮时价分晰，开列清单，恭呈御览。

广州府属，价中。上米每仓石价银二两三钱三分至二两九钱八分，较上月减一分。中米每仓石价银二两一钱一分至二两七钱七分，与上月相同。下米每仓石价银一两七钱五分至二两三钱六分，与上月相同。

韶州府属，价中。上米每仓石价银一两八钱一分至二两六钱七分，较上月减一分。中米每仓石价银一两五钱四分至二两三钱三分，与上月相同。下米每仓石价银一两一钱八分至一两九钱六分，与上月相同。

惠州府属，价中。上米每仓石价银二两一钱至二两八钱八分，与上月相同。中米每仓石价银一两八钱三分至二两六钱三分，较上月减一分。下米每仓石价银一两六钱至二两三钱，与上月相同。

潮州府属，价中。上米每仓石价银一两八钱七分至二两六钱九分，与上月相同。中米每仓石价银一两四钱四分至二两二钱八分，较上月减一分。下米每仓石价银一两八分至一两九钱，与上月相同。

肇庆府属，价中。上米每仓石价银一两九钱三分至二两六钱八分，与上月相同。中米每仓石价银一两五钱九分至二两四钱三分，与上月相同。下米每仓石价银一两二钱八分至二两三分，较上月减一分。

高州府属，价中。上米每仓石价银一两二钱五分至一两四钱三分，与上月相同。中米每仓石价银一两六分至一两二钱六分，较上月减一分。下米每仓石价银九钱至一两九分，与上月相同。

雷州府属，价中。上米每仓石价银一两四钱六分至一两五钱八分，较上月减一分。中米每仓石价银一两二钱一分至一两三钱二分，与上月相同。下米每仓石价银一两二分至一两一钱四分，与上月相同。

廉州府属，价中。上米每仓石价银一两八钱七分至二两一钱，与上月相同。中米每仓石价银一两四钱七分至一两七钱，较上月减一分。下米每仓石价银一两二钱六分至一两四钱五分，与上月相同。

琼州府属，价中。上米每仓石价银一两八钱二分至二两三钱四分，与上月相同。中米每仓石价银一两五钱至一两九钱五分，与上月相同。下米每仓石价银一两三钱一分至一两七钱八分，较上月减一分。

佛冈直隶厅，价中。上米每仓石价银一两八钱六分至二两四钱九分，与上月相同。中米每仓石价银一两五钱六分至二两二钱二分，较上月减一分。下米每仓石价银一两三钱二分至一两九钱三分，与上月相同。

绥瑶直隶厅，价中。上米每仓石价银二两二钱六分至二两四钱八分，与上月相同。中米每仓石价银一两九钱六分至二两一钱四分，与上月相同。下米每仓石价银一两七钱七分至一两九钱四分，较上月减一分。

罗定州属，价中。上米每仓石价银一两七钱五分至一两九钱二分，较上月减一分。中米每仓石价银一两六钱一分至一两七钱五分，与上月相同。下米每仓石价银一两二钱三分至一两三钱五分，与上月相同。

连州属，价中。上米每仓石价银二两二钱二分至二两四钱四分，与上月相同。中米每仓石价银二两二分至二两二钱，较上月减一分。下米每仓石价银一两七钱至一两八钱七分，与上月相同。

南雄州属，价中。上米每仓石价银二两二钱三分至二两四钱二分，与上月相同。中米每仓石价银一两九钱八分至二两一钱二分，较上月减一分。下米每仓石价银一两六钱三分至一两七钱六分，与上月相同。

嘉应州属，价中。上米每仓石价银二两一分至二两五钱八分，与上月相同。中米每仓石价银一两八钱三分至二两三钱八分，较上月减一分。下米每仓石价银一两四钱八分至二两二分，与上月相同。

军机大臣奉旨："览。"钦此。

发逆荡平酌量撤留兵勇查办土匪疏会总督衔　正月二十六日[①]

奏为发逆全股荡平，现将各营兵勇分别撤留、筹办地方土匪情形，恭折仰祈圣鉴事。

窃首逆汪海洋被诛后，逆党由嘉应州城逸出，江、闽、粤三省大军跟踪追剿，围捕净尽，业经督办三省军务闽浙督臣左宗棠会同臣等于上年十二月二十九日恭折驰奏在案。溯粤匪滋事以来，跳梁十六年，蹂躏十馀省，迨江南底定，犹复肆其狂悖，展转于江、闽、粤三省之交。各股逆酋，以次殄除，而汪海洋奔突靡常，屡蹶屡振，实属凶狡之尤。粤军分防太多，兵力较薄，严扼腹地而未能力奏全功。仰赖圣谟宏远，特命知兵重臣节制三省军务，

①日期据本疏及《筹办各属土匪请将庇匪倡乱之绅士先行斥革疏》内容考订。

督师进剿，四面合围。而鲍超、刘典、席宝田等谋勇轶群，俱极一时之选。是以三战三捷，歼厥渠魁，扫清馀孽，俾积年巨寇得荡于崇朝，率土臣民，同深欢忭。

臣等查广东民气强悍，因循日久，纪纲废弛尤甚。上年四月内，翁源县利陂塘土匪涂洪古等戕毙知县张兴烈一案，经派游击湛恩荣前往查办。旋因霆营叛勇扰及乐昌，韶郡戒严，湛恩荣所带兵勇撤回守城，办理防堵，经年无暇旁及，仅据该乡捆送案匪四十馀名，而逆犯涂为益等漏网尚多。该处利陂塘涂姓族匪，乘间添筑炮台，加修土墙，日肆横行。而磜下、周陂各处土匪，相率聚众劫抢。县城以外，寸寸荆棘。又上年闰五月内，永安县候选训导黄遇周挟仇劫杀中心坝刘姓一案，经署县敖翊臣带勇捕拿，竟敢恃众抗拒。适会花旗股匪攻陷长乐，黄遇周遂踞所居之中镇地方为老寨，勾串横坑、嶂下、龙窝、黄田、黄花、下洋各处土匪，抄掠墩头、李洞、李井、罗洞、高子坑、鸭子塘、横冈、梅墩、罗田、东坑、鹧鸪塘、杨庄数十村，并制备长梯，声言围攻县城。经派游击黄相奎前往查办，以兵力单薄，仅能驻防县城，日久相持，未能进剿。又上年八月内，提督高连陞由镇平追贼至兴宁县属黄陂地方，为该处及黄泥坪、冈背等乡土匪拦截辎重，杀毙长夫一百馀名。高连陞遣派参将邹朝瑞，千总胡得贵、李起生带勇二百馀名前往查办，复被戕害殆尽。高连陞会同康国器、关镇邦各军由罗冈、罗浮司追贼至徐田坝，又被白水寨土匪抄袭，官军军火马匹多被抢掠，关镇邦遂至阵亡。经饬藩司李福泰派拨副将林保、都司周陞会同嘉应州、兴宁县查办，据黄陂等乡缴出案匪石烂裙、叶大花脸、钟驼子、黄已发等十四名，白水等寨缴出案匪黄叫八、袁四肢、曾东木古、刘鬼精等二十馀名，未及惩办，而贼已回陷嘉应州城，各犯乘势逃脱。又上年十月内总兵方耀由和平追贼至龙川县属送坑地方，亦被该处土匪拦截辎重，杀伤颇众。均因大股贼匪与官军相持，未暇分兵剿办。而东江一带东莞县属之萌下、罗屋、壆下、铁冈、江边、厚街、锦堂、倒滘，博罗县属之布上、礼村、陈屋、龚屋、吴屋、边苏村、深湖，归善县属之杨屋、源头、上村、唐屋、东岸数十百乡，匪徒充斥，公行劫掠，由来已久。近年遣散之勇、招降之匪党，无虑数十万人，兼值东江军务紧急，乘势滋扰，悍无顾忌。仅东江一线江路解运军火饷需、接递文报，恃有副将沈玉遂水师一营昼夜抄击，力与支拒。其馀惠、潮一带之匪乡，尚未暇议及。即肇庆之客匪，宜借兵威处置，亦未能兼顾。

此等紧要应办之案，已多至十数起。若仍事因循，乱机一发，将不可收拾。若留兵办理，则旧饷之积欠者已无可清厘，新饷之递增者更从何取给？臣等再四筹商，方耀、邓安邦等各大营均应全数裁撤，以节糜费，仍酌留二十馀营，分三停办理。北江曾纪凤六营三千人，饬令剿办翁源利陂塘土匪；参将朱国雄二营一千人，饬令会同长宁县宋锡庚剿办长宁沙田、遥田、腊溪等处土匪；其参将任玉田、游击湛恩荣各营已饬裁撤，仍应由南韶连道陆心源体察各路情形，分别撤留。东江曾敏行三营一千五百人、郑绍忠六千馀人，裁留六营三千人，饬令次第剿捕黄陂、白水、送坑、中镇等处土匪，即移会提臣高连陞就近勘办，以资督率；其参将梁琼，都司邓奋鹏、周陞各营已饬裁撤，仍应由藩司李福泰体察各路情形，分别撤留。臣嵩焘前拟出省办理东江军务，檄饬肇庆协副将杨青山募勇三千，分立六营，甫经成军启行，而嘉应踞逆全数荡平，即饬该副将督率各营剿办东莞、归善各乡土匪，并饬管带靖安水师中营记名副将沈玉遂、广州府梅启照由水路会同查办。所有拟撤各营积欠新旧口粮，按成发给实银，分限清厘，尚须另议章程核办。而江、闽各军招降馀匪三四万之多，籍隶江西，两湖者由内河委员护送，籍隶闽、浙、江、皖者由汕头雇觅海船护送，经费浩繁，亦须分别筹办。臣等惟当勉竭心力，抚绥整顿，以期稍慰宸廑。

此次康逆大股窜扰粤境，在事文武员弁筹办防剿，均属著有微劳。除方耀、郑绍忠、邓安邦三员已由左宗棠会同臣等随折保奖外，其馀尤为出力人员，合无仰恳天恩，由臣等查明保奏，以资激劝。

所有逆匪荡平，酌量撤留兵勇、查办土匪各缘由，谨合词恭折由驿驰奏，伏乞皇太后、皇上圣鉴训示。谨奏。

此鄙人经营兵事之首政也。尝论粤东军政之敝，穷于思议，非涤荡更始，无可整饬。即劾逐督辕幕友徐灏，乃得以次经理，规模亦稍具矣。自记。

请开复藩司李福泰降调处分片会总督衔　正月二十六日

再，臣等承准军机大臣字寄，同治四年十二月二十六日奉上谕："前因左宗棠奏参李福泰军务多涉粉饰，当照部议将该藩司降三级调用。"等因。钦此。当经转行钦遵查照。

本年正月十三日，接据督办三省军务闽浙督臣左宗棠咨称：上年十二月十九日，提督鲍超率队进至平成铺，广东布政使李福泰亦至州西蓝口，令总兵方耀、都司邓安邦所部至古塘坪列队，与鲍超为掎角之势。贼分三路猛扑粤军数次，方耀等迎击，自午至酉，鏖战四时，击败贼众。时闽军迤扎而西，粤军迤扎而东。二十二夜，贼由嘉应州城窜出，副将郑绍忠等跟踪追剿，进至黄砂嶂，旋经会合江、闽各军荡平馀孽。等因到臣。

臣等查藩司李福泰服官粤省二十馀年，素著循声。同治三年九月内委办东江军务，已莅年馀。中间克复武平、永定等县，防堵大埔，克复长乐，该司皆身历行间，悉心调度，迭经臣等先后具奏在案。左宗棠入粤以后，军威日振，贼势渐靡。该司激励各营，会合江、闽各军相机堵剿，亲至蓝口督战，乘时扫荡，一律肃清。兹幸逆首歼除，大功告蒇。该司委办军务，驰驱险阻，克竟全功，亦属著有微劳。

除方耀已由左宗棠随折请旨开复原官外，合无仰恳天恩，将广东布政使李福泰可否开复降调处分、另候简用之处，出自逾格鸿慈。

臣等谨合词附片具陈，伏乞圣鉴。谨奏。

准补南雄州直隶州华廷杰请开缺以道员留粤补用片会总督衔　正月二十六日

再，盐运使衔候选道华廷杰，以进士即用知县分发来粤，补香山县，调补南海县；以军务劳绩保升同知直隶州，准补南雄直隶州；捐输军饷，奏准以道员不论双单月选用，赴部捐免离任，领有部照。昨因办理厘务出力，经臣等保奏，奉旨："赏加盐运使衔。"钦此。转行遵照各在案。兹据呈请开缺赴部投供候选前来。

臣等查该员在粤二十馀年，历任剧邑，迭著循声。两次署理东莞县，正值红匪滋事。芟锄奸暴，抚辑疮痍，尤为实政在民。自咸丰九年补南雄直隶州，交卸南海县事，前督抚臣派管军需各局事务，前后七年，近值江匪窜扰，经臣等派委该员随同办理军务，实心实力，不辞劳瘁。合无仰恳天恩，俯准该员先开南雄州缺，以道员仍留粤东酌量补用，俟补缺后送部引见，俾臣等获收指臂之助，实于军务、地方均有裨益。如蒙俞允，仍饬该员赴部照例补缴分发银两。该员准补南雄直隶州，尚未赴任，并无交代及违碍处分，其东莞等县交代均已清楚，分案咨部，合并陈明。谨奏。

前署督粮道屠继烈同治四年三月至九月任内经手钱粮无亏疏[①] 正月二十八日

题为敬陈管见事。

据代办广东布政使司盐运使方濬颐详称：案照奉准户部咨开，查各省粮、驿武道交代，向系藩司盘查，督抚保题。今粮驿道库年终奏销，既令督抚亲临盘查，则交代钱粮，事同一例，自应统归督抚盘察，以昭画一。应行令各该省督抚，嗣后粮、驿贰道遇有新旧交代，照年终奏销之例，亲往盘查，所有收支实存数目，仍令藩司核明，加结详送督抚保题。倘结报之后，如有亏挪等弊，照例分赔议处。等因。乾隆贰拾柒年玖月贰拾捌日奏，本日奉旨："依议。"钦此。钦遵咨行到司。奉此，历经遵照在案。据代办广东布政使方濬颐查看得粮道交代钱粮，例应督抚亲临盘查，其收支实存数目，仍令藩司核明，加结详送保题。等因。

兹查广东督粮道郭祥瑞于同治肆年玖月初拾日回任接印视事，移准该前署道屠继烈任内经手收支各年粮料折价米银，造具册结前来。查前署广东督粮道屠继烈，自同治肆年叁月初陆日到任起，至玖月初拾卸事前壹日止，任内接收前道郭祥瑞交盘册开：旧管接收各年饷折粮料米银肆千陆百玖拾伍两贰钱肆分玖厘，新收各

①辑自中国第一历史档案馆藏"户科题本"原件02-01-04-21808-001号。系与兼署两广总督瑞麟会题。标题系编者拟。

年饷折粮料米银贰万玖千玖百陆拾贰两伍钱壹分贰厘，开除共支各年饷折粮料米银叁万捌千陆百陆拾叁两壹钱伍分壹厘，内除支旧管郭祥瑞移交及任内接收共银叁万肆千陆百伍拾柒两柒钱陆分壹厘外，尚不敷支银肆千伍两叁钱玖分，在折价米银内借支，俟解还归款，实在无项。又接收旧管前道郭祥瑞实存各年折价米玖千柒百石玖斗玖升陆合柒勺，新收各年折价米陆百肆拾玖石壹斗叁升肆合陆勺，开除无项，实在存各年折价米壹万叁百伍拾石壹斗叁升壹合叁勺，每石折银柒钱，该银柒千贰百肆拾伍两玖分叁厘，内除借支饷折粮料米银肆千伍两叁钱玖分，实在存银叁千贰百叁拾玖两叁钱叁厘，俱经授受清楚，实存无亏。等因。于同治肆年拾月初捌日限内，造具册结。藩司因册内数目间有舛错，移回查改。兹准改令移送到司，复核无异，理合加具印结，详送察核，盘查题报。

再，照本案交代，例限壹月，该道郭祥瑞于同治肆年玖月初拾日回任，计至拾月初玖日限满。兹准郭祥瑞于拾月初捌日限内，造具册结移司，本司查核各册数目不符。是月拾叁日移回查改。现任督粮道郭祥瑞接册改造清楚，于拾贰月拾捌日移复到司，核计改册迟延，应以同治肆年拾月拾叁日由司将册移改起，至拾贰月拾捌日移复到司前壹日止，实迟延两个月零伍日。所有交代改册迟延两个月以上，职名系现任广东督粮道郭祥瑞，相应开报，等由到臣。据此，该臣看得粮道交代钱粮，例应督抚亲临盘查，由藩司核明数目，加结详送保题。

兹查广东督粮道郭祥瑞于同治肆年玖月初拾日到任接印视事。查前署广东督粮道屠继烈自同治肆年叁月初陆日到任起，至玖月初拾日卸事前壹日止，任内接收前道郭祥瑞交盘册开旧管接收各年饷折粮料米银肆千陆百贰拾伍两贰钱肆分玖厘，新收各年饷折粮料米银贰万玖千玖百陆拾玖两伍钱壹分贰厘，开除共支各年饷折粮料米银叁万捌千陆百陆拾叁两壹钱伍分壹厘，内除支旧管郭祥瑞移交及任内经收共银叁万肆千陆百伍拾柒两柒钱陆分壹厘外，尚不敷支钱肆千伍两叁钱玖分，在折价米银内借支，俟解还归款，实在无项。又接收旧管前道郭祥瑞实存各年折价米玖千柒百石玖斗玖升陆合柒勺，新收各年折价米陆百肆拾玖石壹斗叁升肆合陆勺，开除无项，实在存各年折价米壹万叁百伍拾石壹斗叁升壹合叁勺，每石折银柒钱，该银柒千贰百肆拾伍两玖分叁厘，内除借支饷折粮料米银肆千伍两叁钱玖分，实在存银叁千贰百叁拾玖两柒钱叁厘，俱经授受清楚，实存无亏。造具册结，经代办广东布政使方濬颐查核，数目间有舛错，移回另缮。兹缮正移送到司，复核无异，加结详送前来。经臣会同兼署两广总督臣瑞麟亲临盘查，并无亏挪等弊。除册结分送部科查核外，臣谨会同兼署两广总督臣瑞麟合词加结具题，伏乞皇上圣鉴，敕部核复施行。

再，本案督粮道郭祥瑞于同治肆年玖月初拾日回任，计至拾月初玖日限满，今于限内造具结册移司，由司查核各册，数目不符，于是月拾叁日移回查改另缮。现任道郭祥瑞接册改造清楚，于拾贰月拾捌日移复到司，核计改册迟延两个月零伍日。所有交代改册迟延两个月以上，职名系现任广东督粮道郭祥瑞，相应开报，合并陈明。谨会题请旨。

广东省同治四年十月份收捐监生贡生名数银数片[①] 二月十三日

再，广东省收捐监生、贡生名数、银数，向系按月奏报。嗣准部咨，将部监空名印照发交各省收捐，文武监生每名减银二十两、贡生减二成办理。又准部咨，空名照数目分别已发未发，按月奏报。各等因。当于咸丰四年七月停止常例收捐，截清名数、银数奏咨。计自四年八月减成收捐起，至同治四年七月止，共应存文武监生正项银一十万八千三百九两九钱七分六厘。又捐贡一项，自减成收捐起至同治四年五月止，连前旧捐共应存正项银四万五千一百七十八两二钱五分六厘。又四年八、九月份均无报捐文武生，闰五、六、七、八、九各月份并无报捐贡生，均经臣附片奏闻在案。

兹据代办广东布政使方濬颐详称：同治四年十月份，由俊秀报捐文监生一名，收正项银八十八两，内除提出本省津贴银八钱八分，尚存正项银八十七两一钱二分，连前共应存文武监生正项银一十万八千三百九十七两九分六厘，照案留为办理善后之用。因各营兵饷待支紧急，奉拨之地丁、盐课征解不前，暂借贡监捐项通融支放，已于递年十一月咨报藩库收支各款案内声明，俟奉拨各款收有银两，归还备用。部钣照费储备解京，加平银两照章免其交纳。至旧存咸丰年号空名贡监各照，业经详缴咨销，其先后奉发改换同治年号监生空名部监照各七千一十一张，监照擦损九张，详咨国子监换发未到，实共发到部照七千一十一张，监照

①辑自中国第一历史档案馆藏“录副奏折”原件03-4906-020号。标题系编者拟。日期系奉旨时间。

七千二张，贡生空名部监照各六百三十二张。自同治二年十月二十三卯起，监生一项截至四年十月底止，填发部监照各二十四张；贡生一项截至五月底止，填发部监照各一十三张。又发潮州府属办理劝捐监生部监照各五十张，贡生部监照各五十张，实在尚存未填监生部照六千九百三十七张，监照六千九百二十八张，贡生部监照各五百六十九张。又十月份并无报捐武监生，亦无报捐贡生等情，详〔请具〕奏前来。臣复核无异，除分咨外，谨附片陈明，伏乞圣鉴。谨奏。

同治五年二月十三日，军机大臣奉旨："户部知道。"钦此。

广东省同治四年十一月份并无报捐文武监生贡生片[1] 二月十五日

再，广东省收捐监生、贡生名数、银数，向系按月奏报。嗣准部咨，将部监空名印照发交各省收捐，文武监生每名减银二十两、贡生减二成办理。又准部咨，空名照数目分别已发未发，按月奏报。各等因。当于咸丰四年八月起办理减成收捐至同治四年十月止，收捐监生、贡生名数、银数及奉颁空名执照已发未发张数，本年闰五月至十月份亦无报捐贡生，经臣附片奏明各在案。兹据代办广东布政使方濬颐呈称：同治四年十一月份并无报捐文武监生、贡生，未经填发执照，无凭造报，呈请奏咨前来。臣复核无异，除分咨部监外，谨附片陈明，伏乞圣鉴。谨奏。

同治五年二月拾五日，军机大臣奉旨："户部知道。"钦此。

---

①辑自中国第一历史档案馆藏“录副奏折”原件03-4906-031号。标题系编者拟。日期系奉旨时间。

奏报广东省第八次决过逆匪盗犯名数目疏[1] 二月二十四日

奏为粤东省拿获逆匪盗犯，讯明就地正法，第八次三个月期满，决过犯名数目，恭折奏祈圣鉴事。

窃臣会同前督臣毛鸿宾奏请将拿获逆匪盗犯，酌拟章程，变通办理一折，于同治二年十一月二十三日钦奉上谕："着照所请。嗣后广东省除广州府属及佛冈直隶同知拿获逆匪盗犯，仍行解省勘审。"等因。钦此。钦遵。自钦奉谕旨之日起，按三个月一次，将决过人犯数目，缮具清单，陆续汇奏在案。兹自同治四年七月二十三日七次汇奏期满起，计至十月二十三日止，第八次三个月期满，各属陆续禀报拿获逆匪盗犯共一百三十三名，均经各该州县讯明录供，分别解省解府，经司道府履勘，由臣等分别核审批解，就地正法。据臬司张兆栋将决过人犯数目，造具案由罪名册，详请具奏前来。

臣等复查无异，除将各犯案由罪名册送部查核，一面饬司备录全案供招咨部办理，并移行勒缉各案逸盗，务获究办外，所有拿获就地正法人犯第八次三个月期满缘由，谨缮罪名清单，恭呈御览，伏乞皇太后、皇上圣鉴。谨奏。

同治五年五月十三日，军机大臣奉旨："刑部知道，单并发。"钦此。

---

①辑自中国第一历史档案馆藏"录副奏折"原件03-5019-022号及附件清单03-5019-023号。系与广州将军兼署两广总督瑞麟会衔。标题系编者拟。

清单

谨将粤东省审办就地正法人犯，自同治四年七月二十三日七次汇奏三个月期满起，计至是年十月二十三日止，第八次三个月期满，决过人犯共一百三十三名，开列罪名清单，恭呈御览。

计开：

审拟斩枭就地正法人犯九十名。罗广池、简亚柱、何甲绣、盘亚林、张记先、罗亚八、蔡亚三、凌亚发、曾亚六、陈亚发即发仔、曾观幅、张水仙、黄亚性又名佗人、谭亚陵、黄亚幅、黄亚九、李亚段、陈亚发、江亚胜、黎亚昭、李白毛壬、刘亚立、吴亚林、黎今城、黄亚庚、梁亚六、陶亚权、朱月漢、陈亚闰、梁亚肆、黎东林、王停安、林有材、梁亚养、陶亚胜、陶亚南、袁亚水、何树、林亚吕即鸿喜又名林卜毫、黄阿刘、吴阿吐、吴大仔、吴亚葳、吴阿狗、吴世业、吴艮岳、吴细蓬、吴阿整、吴阿义、吴阿窸、吴必达、吴阿定、吴汰顺、吴阿椿、吴月仔、吴阿第、吴千湫、黄樾统、陈二、陈四、邓六、黄其得、陈广谟、邹晚、苏作良、陆二、黄庭泳、李亚孙、黎亚七、黄其溃、陈亚二、洗广浵、阙周型、廖七、农作生、陈亚水、谭亚鉴、黄其恭、张永猷、黄十三、吴八、黎万生、莫狗四、陈七、谢博白九、何亚生、蓝升、庞吒位、张得升、黄亚庚大。

以上九十犯，或行劫三次，夥众四十人；或行劫拒捕，杀人掳捉勒赎；或从逆攻扑城池，拒敌官兵；或潜谋聚众拜会滋事，经地方官访间拿获，应照行劫三次以上及夥众四十人强盗杀人劫掳勒赎各例，并照谋叛律，均拟斩立决，加以枭示。

审拟斩决就地正法人犯四十三名。霍亚友、梁亚妹、朱亚带、孔亚征、梁亚滔、莫亚安、吴谭氏、郭亚开、刘亚锦、秦亚美、姚亚正、李亚炳即梁三炳、黄亚有、叶亚详、叶亚林、陈亚博、温亚馨、李亚幅、周亚伦、谢亚组、梁亚因、陈亚泚、梁亚材、何竞法、陈亚四、何亚城、赵关金、董绣详即董萌、张亚胜、洗亚荪、陈景汰、伍柏连、卢贤观、谭和长二、钟盛郎、李渫欣、梁阿伍、李巴头四、吴亚妹、李细毛毛、郑阿求、郑阿海、郑阿总。

以上四十三犯，行劫一二次不等，均照强盗已行不分首从皆斩律，拟斩立决。

军机大臣奉旨："览。"钦此。

奏报广东省本年正月份并无收捐监生银两片[①] 二月二十四日

再，广东省收捐监生、贡生名数、银数，向系按月奏报。嗣准部咨，将部监空名印照发交各省收捐，文武监生每名减银二十两、贡生减二成办理。又准部咨，空名照数目分别已发未发，按月奏报。各等因。当于咸丰四年八月起办理减成收捐，至同治四年十二月止收捐监生、贡生名数、银数，及奉颁空名执照已发未发张数，经臣附片奏明在案。兹据代办广东布政使方濬颐呈称：同治五年正月份并无报捐文武监生、贡生，未经填发执照，无凭造报，呈请奏咨前来。臣复核无异，除分咨部监外，谨附片陈明，伏乞圣鉴。谨奏。

同治五年五月十三日，军机大臣奉旨："户部知道。"钦此。

①辑自中国第一历史档案馆藏"录副奏折"原件03-4907-008号。标题系编者拟。

广东省城内外劝办房捐数目并请加广南海番禺文武学额疏[①] 二月二十四日

奏为前因军饷紧急，劝办房捐，仰恳天恩加广南海、番禺文武学额一次，以昭激劝，恭折奏祈圣鉴事。

窃照咸丰三年三月二十三日钦奉上谕："绅士、商民捐资备饷，一厅州县至二千两者，准广文武试学额各一名，如应广之额溢于原额即递行推展。"钦此。又大学士等奏：文武学定额以十名为限，广额馀银准并入续捐计算。等因。历经遵照办理在案。粤东剿防兵饷，业经前状入议。筹修炮台，需用浩繁，费无所出，彻查京外军需有借房捐接济之案，经会同绅士酌议章程，派委妥员，于省城内外分别设局，查明各房铺递年租数，抽取两月之资，其每月租价不满二两及自置住房概免抽捐，以示体恤。

兹据代办藩司方濬颐等详称：自同治三年五月该局开办起，截至本年正月止，共收捐军需及修台经费银一十一万五千二十五两一钱二分八厘。此项房捐系省城内外绅商所置房铺零星凑集，不应给奖叙官阶，而南海捐输较多于番禺，应请奏明以五万八千两，拟广南海县文武学额一次各二十九名，以五万六千两加广番禺县文武学额一次各二十八名，馀银一千馀两请照依部行，存俟归并另款续捐计算等情前来。臣等伏查南海、番禺二县，迭因捐输加广县学定额已至十名，此次省城内外房捐据请加广一次文武学额，馀银存俟另款续捐并计各情，核与奉行章程及历办广额成案相符，合无仰恳天恩俯准，加广南海县文武学额一次各二十九

---

①辑自中国第一历史档案馆藏"录副奏折"原件 03-4907-010 号。系与广州将军兼署两广总督瑞麟会衔。标题系编者拟。

名，番禺县文武学额一次各二十八名，汇并各案捐输加额分次递展，以昭激劝之处，出自逾格鸿施。

除将收数归入军需项下按季奏报，并分咨户、礼、兵三部查照外，臣等谨合词具奏，伏乞皇太后、皇上圣鉴，敕部核发施行。谨奏。

同治五年五月十三日，军机大臣奉旨："该部议奏。"钦此。

敬陈广东各属正月份雨水粮价情形疏[①] 二月二十四日

奏为敬陈同治五年正月份雨水、粮价情形，仰祈圣鉴事。

窃照广东省同治四年十二月份雨水、粮价，先经臣恭折奏闻在案。查广东省城同治五年正月上旬晴多雨少，中、下二旬得有大小雨泽十馀次，土膏霑润，农田渐次翻犁，二麦秀结，园蔬杂粮亦皆茂盛，此外各属禀报与省城大略相同。粮价较上月稍增，民情甚属静谧，堪以仰慰圣怀。

所有同治五年正月份雨水、粮价情形，臣谨恭折具奏，并缮粮价清单，敬呈御览，伏乞皇太后、皇上圣鉴。谨奏。

同治五年五月十三日，军机大臣奉旨："知道了。"钦此。

清单

谨将广东省同治五年正月份各属米粮时价分晰，开列清单，恭呈御览。

广州府属，价中。上米每仓石价银二两三钱三分至二两九钱

①辑自中国第一历史档案馆藏"录副奏折"原件03-4962-553号及附近清单03-4962-554号。标题系编者拟。

八分，与上月相同。中米每仓石价银二两一钱二分至二两七钱八分，较上月增一分。下米每仓石价银一两七钱五分至二两三钱六分，与上月相同。

韶州府属，价中。上米每仓石价银一两八钱二分至二两六钱八分，较上月增一分。中米每仓石价银一两五钱四分至二两三钱三分，与上月相同。下米每仓石价银一两一钱八分至一两九钱六分，与上月相同。

惠州府属，价中。上米每仓石价银二两一钱至二两八钱八分，与上月相同。中米每仓石价银一两八钱三分至二两六钱三分，与上月相同。下米每仓石价银一两六钱一分至二两三钱一分，较上月增一分。

潮州府属，价中。上米每仓石价银一两八钱七分至二两六钱九分，与上月相同。中米每仓石价银一两四钱四分至二两二钱八分，与上月相同。下米每仓石价银一两九分至一两九钱一分，较上月增一分。

肇庆府属，价中。上米每仓石价银一两九钱三分至二两六钱八分，与上月相同。中米每仓石价银一两六钱至二两四钱四分，较上月增一分。下米每仓石价银一两二钱八分至二两三分，与上月相同。

高州府属，价中。上米每仓石价银一两二钱五分至一两四钱三分，与上月相同。中米每仓石价银一两七分至一两二钱七分，较上月增一分。下米每仓石价银九钱至一两九分，与上月相同。

雷州府属，价中。上米每仓石价银一两四钱七分至一两五钱九分，较上月增一分。中米每仓石价银一两二钱一分至一两三钱二分，与上月相同。下米每仓石价银一两二分至一两一钱四分，与上月相同。

廉州府属，价中。上米每仓石价银一两八钱七分至二两一钱，与上月相同。中米每仓石价银一两四钱七分至一两七钱，与上月相同。下米每仓石价银一两二钱七分至一两四钱六分，较上月增一分。

琼州府属，价中。上米每仓石价银一两八钱二分至二两三钱四分，与上月相同。中米每仓石价银一两五钱一分至一两九钱六分，较上月增一分。下米每仓石价银一两三钱一分至一两七钱八分，与上月相同。

佛冈直隶厅，价中。上米每仓石价银一两八钱六分至二两四钱九分，与上月相同。中米每仓石价银一两五钱七分至二两二钱三分，较上月增一分。下米每仓石价银一两三钱二分至一两九钱三分，与上月相同。

绥瑶直隶厅，价中。上米每仓石价银二两二钱七分至二两四钱九分，较上月增一分。中米每仓石价银一两九钱六分至二两一钱四分，与上月相同。下米每仓石价银一两七钱七分至一两九钱四分，与上月相同。

罗定州属，价中。上米每仓石价银一两七钱五分至一两九钱二分，与上月相同。中米每仓石价银一两六钱二分至一两七钱六分，较上月增一分。下米每仓石价银一两二钱三分至一两三钱五分，与上月相同。

连州属，价中。上米每仓石价银二两二钱三分至二两四钱五分，较上月增一分。中米每仓石价银二两二分至二两二钱，与上月相同。下米每仓石价银一两七钱至一两八钱七分，与上月相同。

南雄州属，价中。上米每仓石价银二两二钱三分至二两四钱二分，与上月相同。中米每仓石价银一两九钱九分至二两一钱三分，较上月增一分。下米每仓石价银一两六钱三分至一两七钱六分，与上月相同。

嘉应州属，价中。上米每仓石价银二两一分至二两五钱八分，与上月相同。中米每仓石价银一两八钱三分至二两三钱八分，与上月相同。下米每仓石价银一两四钱九分至二两三分，较上月增一分。

军机大臣奉旨："览。"钦此。

拿获在洋劫掠之盗犯张亚幅等并审明定拟疏[1] 二月二十七日

奏为拿获在洋劫掳盗犯，审明定拟，恭折仰祈圣鉴事。

窃查新安等县事主李亚溃等在洋被盗劫掳各案，先据该县营访闻具报，经臣等严饬巡洋舟师勒限缉拿。随据署平海营参将郑耀祥称：会碣石镇总巡各船分投侦捕，同治四年三月二十一日郑耀祥坐驾师船巡至归善县属平海外洋，见有盗艇两只，图劫客船，郑耀祥挥令兵勇飞棹上前，盗艇向西北洋面驶逸，适有大船一只，拦头截击，并有署平海营守备蔡大瑞、碣石镇标右营守备李治邦等，带同巡哨各员弁，分驾民船，帮同围拿，当将盗犯张亚幅、黄亚发、戴亚胜、张林娇、张亚三、李亚长、李亚水、严亚安，并黄溃生、赖戊秀、梁亚二、黄亚五、缪亚胜、李亚先、李亚四十五名，连盗艇、刀械一并拿获，救出被掳事主李亚溃、张自来、卢得有三名，解县讯明，会勘通详，由平海营弁将盗犯张亚幅等解省，饬发广州府等审办。

兹据广州府知府梅启照会同谳局委员将犯审拟，解经臬司张

[1]辑自中国第一历史档案馆藏"录副奏折"原件03-4770-069号。系与广州将军兼署两广总督瑞麟会衔。标题系编者拟。

兆栋转解审勘前来。臣等复提研讯，缘张亚幅等籍隶新安、归善等县，捕鱼度日，各犯与同夥及事主同姓者均不同宗。张亚幅自置渔船一只，并未赴县领照，雇现获之黄亚发、戴亚胜、张林娇、张亚三、李亚长、李亚水、严亚安在船充当水手，出海捕鱼，艇内查有防夜刀械。同治四年三月十三日被风飘至不识土名洋面，张亚幅因鱼汛不旺，难以获利，起意商同在洋行劫，得赃分用，黄亚发等应允，即于是日共夥八人驾艇开行。午后，驶至新安县属龙船湾洋面，见有李亚溃渔船一只驶来。张亚幅看见，喝令黄亚发等把艇拢近，各持刀械过船，劫得银钱衣物。张亚幅因赃物无多，复起意商允黄亚发等掳人勒赎。当将李亚溃并其妻马氏及女一口掳拉过船，将事主原船凿沉，一同驾艇驶至僻处，逼令李亚溃函致亲友备银取赎。李亚溃声称并无亲友可以代赎，张亚幅随将李亚溃妻女连劫得各物卖与过往不识姓名客船，将银俵分，仍将李亚溃关禁舱底，给予饭食，并无凌虐情事。是月二十一日，驶至（县）归善县属平海洋面，适与素识现获之黄溃生鱼船会遇，张亚幅又起意邀令合夥行劫，彼此可以帮助，黄溃生应允，随即联帮同行。是日未牌时，俱见有不识姓名客船一只驶来，张亚幅喝令原夥黄亚发等 ，并招呼黄溃生及其船上水手赖茂秀、梁亚二、黄亚五、缪亚胜、李亚先、李亚四一共十五人，各自驾艇赶拢图劫，正要过船，即经官兵追至围捕，将该犯等连船械一并拿获，起出被掳事主李亚溃等解省发审，讯悉前情，并究出现获之黄溃生先于是年三月初九日起意共夥七人在海丰县属后门洋面行劫事主张自来渔船钱物，现获之缪亚胜、李亚先、李亚四扳船接赃。该犯黄溃生与现获之赖戊秀、梁亚二、黄亚五过艇搜赃，因赃不满欲，将事主张自来、卢得有二人掳提过船，关禁舱底，勒令寄信亲友取赎，并无凌虐情事。劫赃变价俵分等情，严讯招供前情不讳，案无遁饰。

查例载：江洋行劫大盗立斩枭示。又广东强盗如行劫后赃不满欲、复将事主提回勒赎者，为首拟斩立决枭示。又准刑部咨行：嗣后洋盗案内接赃之犯，俱照盗首一律斩枭各等语。此案张亚幅等十五犯均在洋行劫得赃，因赃不满欲，复掳捉事主勒赎，查在洋行劫与劫后掳捉事主勒赎，均罪应斩枭。二罪相等，从一科断，自应照例问拟。张亚幅、黄亚发、戴亚胜、张林娇、张亚三、李亚长、李亚水、严亚安、黄溃生、赖茂[1]秀、梁亚二、黄亚五、缪亚胜、李亚先、李亚四十五犯，除图利未成轻罪不议外，均合依江洋行劫大盗立斩枭示例，斩决枭示。该犯等情罪重大，未便稽诛，臣等审明后，恭请王命，饬委按察使张兆栋、督标中军副将施溥，将该犯等绑赴市曹，先行正法，传首犯事地方，悬竿示众，以昭炯戒。各犯讯无另有犯案窝夥与同居亲属知情分赃，在洋犯案，原籍父兄牌保，无从禁约查察。被掳事主李亚溃等犯，先经省释，李亚溃妻子及行劫各赃，据供卖与不识姓名人，无凭提讯、查起各赃，照追给主，起获艇械，分别变价，充当留营备用。贼船系内河渔艇，向不编烙给照，或遭风飘出外洋，或由僻港偷越出口，并未经由营汛口岸，守口弁兵无从查察。各案首从各犯，均于疏防限内全获究办，文武职名应请免开；获犯应叙职名，饬查另文开报。

除备录供招咨部外，臣等谨合词恭折具陈，伏乞皇太后、皇上圣鉴，敕部核复施行。谨奏。

同治五年四月十二日，军机大臣奉旨："刑部知道。"钦此。

---

[1]"茂"疑为"戊"。

广东绅民续捐军饷请加广文武乡试额疏[①]二月二十七日

奏为广东绅民接续捐输军饷，请将文武乡试及岁科两试分别应加广额定额，以昭激劝，恭折奏祈圣鉴事。

窃查前准部咨，咸丰三年三月二十三日奉上谕："各省绅士、商民输将踊跃。"等因。钦此。又大学士等奏定：一省捐银三十万两，加文武乡试定额一名，一厅州县捐银一万两，加文武学定额一名，均以十名为限。其捐银较多，给予广额一次，尚有馀银及捐银较少不敷广额，准并入续捐计算。等因。并节次奉准部咨议行章程，均经通饬遵办。

广东省自咸丰元年十一月开捐起，截至咸丰八年十月止，绅民共捐银四百八万二百九十六两八钱，经前督臣分列三案开单，奏请增广乡试中额、岁科学额，并永远加额，计第三案捐数馀银一万八千二百九十六两八钱，声明归并下次续捐核算，奉准部复在案。兹自咸丰八年十一月起，截至同治三年四月止，广东省减成捐输军需经费并韶州分局收捐军饷及绅民在外省捐输军饷，先后奏报，共银二百八十八万七千五百八十四两，连前案馀银一万八千二百九十六两八钱。又从化县绅士李仲良捐输团练经费，已加学额归并汇加中额银一万两。又江南撤回红单等船勇饷报效请加中额案内，馀银八万两，团练绅局捐输奏请加额案内，馀银九万两。合共本省捐银三百八万五千八百八十两八钱。据捐输总局司道按照章程核计，分别拟请增广文武乡试中额及岁科学额，并

①辑自中国第一历史档案馆藏"录副奏折"原件03-4906-061号。系与广州将军兼署两广总督瑞麟、广东学政刘熙载会衔。标题系编者拟。

加永远定额，具详请奏前来。

臣等复核无异，除将捐输姓名、银数另册咨部外，谨分晰开列清单，恭呈御览，吁恳天恩俯准，分别加广中额、学额，以励输将。至同治三年五月以后捐数，请另查明，次第汇办。合并陈明。谨会同广东学政臣刘熙载合词恭折具奏，伏乞皇太后、皇上圣鉴，敕部核复施行。谨奏。

同治五年四月十一日，军机大臣奉旨："该部核议具奏，单并发。"钦此。

恭报太平关同治三年四月至四年四月征收正额盈馀银两数目疏[①] 三月初二日

题为恭报太平关征收正额盈馀银两数目，仰祈圣鉴事。

窃照太平关税务向由巡抚衙门委员征收，关期年满壹月内奏报。嗣准部咨，督抚经征各关税课有盈无绌，及节省水脚银两，均应循例具题，毋庸再奏。等因。又嘉庆肆年伍月初捌日准部咨，奉上谕："向来各关征税，于正额之外，将盈馀一项比较上叁届征收最多年份，如有不敷，即着经征之员赔补，以致司榷各员借端苛敛，而经缴之项仍未能如数完交，徒属有名无实。因思各关情形不同，所有盈馀数目应酌中定制，以归核实而示体恤。已于户部所奏各关盈馀银数清单内，经朕查照往年加多之数，分别核减。自此次定额之后，倘各关每年盈馀于新定之数再有短少，即行着落赔补。如于定数或有多馀，亦即尽收尽解。其叁年比较之例，着永行停止。至工部船料竹木等税，除渝关盈馀向无定额，及由

①辑自中国第一历史档案馆藏"户科题本"原件02-01-04-21804-014号。标题系编者拟。

闸等关并无盈馀外，其馀亦经分别减定，嗣后即一律办理，毋庸再行比较。”钦此。“应将钦定盈馀银数清单，行文广东巡抚遵照办理可也。”嘉庆肆年，钦定太平关盈馀银柒万伍千伍百两。等因。转行钦遵在案。兹据太平关委员开报征收壹年期满正额盈馀银数到臣，据此该臣看得太平关每年征收税银例应巡抚衙门委员经收，循例题报，兹据管关委员南韶连道陆心源将征收壹年期满正额盈馀银数开报前来。

臣查自同治叁年肆月贰拾壹日起，至肆年肆月贰拾日止，计拾贰个月壹年期满，因各路匪徒未靖，道路梗阻，来粤商贾甚属寥寥，征收迥不如前，加以江西之九江、湖北之汉口又复开港，南北各省货物分路销售，各项洋货尽由海船载运，不经内地行走，封关停征，时所常有。税从货出，货无来源，以致税饷日绌，亏短愈多，仅共收正额银叁万壹千贰百陆拾玖两伍钱贰分玖厘。因带征耗银叁千壹百肆拾壹两肆分玖厘，不敷支给，各项经费照例动拨正额银陆千壹百伍拾柒两柒钱伍分壹厘，又除支本关经制各役工食银壹百捌拾陆两，实存正额银贰万肆千玖百贰拾伍两柒钱柒分捌厘，又带征南雄州夫料木税额银陆百伍拾两贰，实共银贰万伍千伍百柒拾伍两柒钱柒分捌厘，均经解交布政司库充饷，其本关应支经费工食核减贰成银数另行造册送部。

又征收木税盈馀银陆百捌拾壹两肆钱玖分叁厘，例应解部。惟咸丰捌年正月内准户部咨云南省戊午年兵饷酌拨太平关税银伍万两，又咸丰玖年贰月内准户部咨云南省己未年兵饷酌拨太平关税银捌万两，又咸丰拾年贰月内准户部咨云南省庚申年兵饷酌拨太平关税银捌万两，又咸丰拾壹年肆月内准户部咨云南省辛酉年兵饷酌拨太平关税银捌万两，又同治元年贰月内准户部咨云南省壬戌年兵饷酌拨太平关税银捌万两，又同治叁年正月内准户部咨贵州省兵饷酌拨太平关甲子年应征税银伍万两。等因。业将前项木税盈馀银陆百捌拾壹两肆钱玖分叁厘，同节省水脚银柒两肆钱玖分，并解员水脚银壹拾壹两玖钱，共银柒百两捌钱捌分叁厘，储备候给，委员解赴云、贵各省投纳。

又江海关代征丝税之数，迭经饬催造册咨报。兹准移知自同治叁年肆月贰拾壹日起，至肆年肆月贰拾日止，壹年代征丝税正银贰万柒千壹百贰拾玖两壹钱壹分，耗银贰千柒百壹拾贰两玖钱壹分贰厘，正、耗共银贰万玖千捌百肆拾柒两贰分柒厘。

所有本关及江海关代征数目并计，共实征银陆万贰千肆百肆拾叁两肆分肆厘，核之部行，汇计递年正额盈馀本馀壹拾叁万肆千捌百贰拾伍两壹钱柒分伍厘，原数计短征银柒万贰千叁百捌拾贰两壹钱叁分壹厘，实因各路匪徒不靖，兼值九江、汉口开港，内地货物来粤稀少，外洋货物尽由海运，以致本关税银日绌，并无以多报少情弊。其江海关代征丝税正耗银贰万玖千捌百肆拾贰两贰分贰厘，仍由江海关就近解部，以归简易。谨将太平关征收正额盈馀税数，及江海关代征税数缘由，循例题报，伏乞皇上圣鉴，敕部核复施行。

再，经征委员自同治叁年肆月贰拾壹日起，至陆月初壹日止，系前任南韶连道已升盐运使方濬颐任内征收；自陆月初贰日起至陆月底止，系前护理南韶连道、韶州府知府沈映钤任内征收；自柒月初壹日起至肆年贰月初叁日止，系前任南韶连道续经丁忧唐启荫任内征收；自贰月初肆日起至肆月拾柒日止，系前署南韶连道齐世熙任内征收；自肆月拾捌日起至贰拾日止，系现任南韶连道陆心源任内征收，现在仍委令陆心源监收。合并陈明。臣谨题请旨。

筹办各属土匪请将庇匪倡乱之绅士先行斥革疏会总督衔　三月二十五日[①]

奏为筹办各属土匪情形，并将庇匪倡乱之绅士先行请旨斥革，恭折驰陈，仰祈圣鉴事。

窃查东、北两江属境土匪充斥，酌留各营办理情形，经臣等于正月二十六日专折奏明在案。迭据知府衔四川补用同知曾纪凤禀报：二月十三日由翁源县城移扎六里乡，该处路口近有炮楼一座，曾纪凤分兵五路进攻，该逆扼险抵拒，枪炮雨集。曾纪凤挥军毁其炮楼，整队而进，乘该逆汹惧之时，谕饬捆交匪犯，讫无一应。曾纪凤察看贼情，沿河炮楼三座，如三城并列，当中炮楼尤为坚厚高大，为悍贼所集，先平毁此楼，各村不攻自破。督勇环攻半日之久。该逆用暗枪致伤营官总兵衔副将黄文焕、哨官都司周凤舞及勇丁十馀名。臣等饬南韶连道陆心源运给大炮四尊，广州府梅启照运给炸炮四尊，以资轰击。

三月初五日，曾纪凤用炮轰其炮楼西北角，自辰至酉，楼角坍塌七八尺。该匪用藤牌抢护。是夜竟出数百人偷袭官兵营盘，曾纪凤先已准备，四面击之，斩二十馀人。初六日，曾纪凤挑选敢死之士都司衔守备彭兰桂、守备王益龙、千总王连陞、军功汤定达等督率四十馀人，各挟云梯，伏地踹进，逾越濠塘，从东北角缺口攀缘而上，仍用空炮向该处轰击。该匪以炮楼缺处，时有中炮伤亡，不敢立足。曾纪凤先拨前、右两营直扑炮楼西、南两面；又饬中、左两营准备器械，俟彭兰桂缘上缺口，即行纵兵前

---

①日期据本疏内容及《办理东江及翁源长宁各属土匪完竣现在筹办肇庆各匪疏》考订。

进；又饬都司万德贵专防左、右两炮楼赴援之匪。西、南两面各军正鏖战间，彭兰桂等已悄从东北缺口直上，分踞围内屋脊。该匪从下击之，中、左两营乘势齐上，呼声震天。王益龙、王连陞等从屋檐跃下，纵横驰击。至正东楼门，该匪先于各围门内安设地雷，轰毙军功汤定达等八名，轰伤千总王连陞等三十六名，围门亦被轰倒。左营参将凌兴发、中营都司林得贵正分兵从炮楼外堵截窜出之匪，乘势一齐拥入，围内之匪无一脱者，生擒匪首涂济堂等二十二名。而西南角炮台女墙内，仍屯踞悍匪百馀人。官兵稍近其前，即开放枪炮。曾纪凤因从西南角房屋内纵火焚烧，女墙内悍匪皆毙。

该处涂姓匪徒，负险恃强，为害地方数十年。上年四月内拒捕戕官后，惟日以掳抢聚粮、购备军火为事，以防官兵进剿，其凶悍如此。曾纪凤用全力围攻二十日之久，毁其当中一楼，而左右两楼仍然坚守如故。其楼皆以巨石为基，上设垛墙围绕，四面开挖濠沟，较之县城尤为坚固。此等匪乡情形，亦实骇人听闻，非得透彻惩办，其为患直有不可胜言者。

又据署罗定协副将郑绍忠会同补用道吴赞诚禀称：二月初一日由永安中心坝移扎中镇，该处匪徒均经逃逸。闻冯坑逆首黄恩超等负险聚众，意图抗拒官兵。郑绍忠督勇驰往，该逆枪炮齐施，拒伤勇目王亚得一名。各勇冒枪急进，毁其炮楼，生擒首犯黄恩超。郑绍忠急驰至大坪，该处寨冈、河唇、围草、捕隍屋、象湖匪徒坌集，枪炮之声闻数里。郑绍忠力战破之，阵亡勇丁王九等三名，受伤十馀名。

又据长宁县宋锡庚禀报：攻剿沙田股匪，于正月十六日攻毁炮楼一座，尚有靠山炮楼三座，屡攻不下。经臣等饬派副将朱国雄一军助剿，迭次受伤勇目数十名。至正月二十九日，开挖地道，用火药轰之，始得毁其炮楼，生擒潘锦绍、潘秉芳等三十馀名。馀匪逃窜遥田。遥田匪首潘桥保，亦著名凶匪也。适朱国雄病故，宋锡庚会同该营守备叶维光等跟踪追至遥田。二月十一日，攻克其村，以次扫平天堂、腊溪、鲤鱼冲各匪巢，阵斩逆首潘元茂。而小水一乡，所据地势尤险峻。咸丰八年，前督臣黄宗汉派兵攻围六月之久，仅据捆交逆匪潘过山铁一犯。此次宋锡庚乘屡胜之馀威，直逼其巢，雇募土民为内应，三月初五日五鼓派拨兵勇，潜伏炮楼左右。平明时袭开其楼门，各营奋勇冲入，生擒匪首李亚桐等十馀名，将其匪楼一例平毁。

又据提督衔记名总兵肇庆协副将杨青山、总兵衔记名副将沈玉遂会同道衔刑部员外郎刘锡鸿禀称：二月初三日进攻罗角村，初九日进攻深村，十五日进攻赤冈、杨屋村，二十九日进攻九房陈，三月初八日进攻下寮、礼村。中间办理蛟湖、陈屋村、高湖、壆下、岸斗岗、新塘各处匪巢共十馀起。各该村均将老弱妇女先行搬出，专留精壮踞守炮楼，排列枪炮，抗拒官兵。或围攻竟日，受伤勇丁数十名，始能平毁其炮楼。又于攻剿礼村伤毙靖安水师得力哨官杨德贵一名及勇丁多名。前后拿获匪犯三百馀名，有解省讯办者，有著名积盗即饬由营正法者，如厚街之王聋屎妹，九房陈之陈亚景、陈亚梅，深村之姚甸球，皆蕴恶数十年，党羽或至数千，一旦剪除，远近民心为之称快。

臣等查广东风俗人心之敝，穷于思议。百姓日以兵刃相接，地方官与百姓亦日以兵刃相接。所在筑立坚墙，广开炮眼。竹盔、铜甲，小村数百具，大村或数千具。专务以强凌弱，以众暴寡，公行劫掠，负险抗官，竟有数十百年不知完纳钱粮为何事者。此次派兵剿办，到处开炮拒捕，悍无顾忌。臣等叙述各军接仗情形，但能叙其大略，至不忍详悉声叙。推求其故，良由吏治不修，纪纲废弛。而各该村匪徒屯聚，远劫近攻，常有绅士为之主持。地方官历来办案交涉，绅士辄多方为之解脱，以致民风日益敝坏。永安中镇一案，候选训导黄遇周实为匪首，经臣等前折奏明。杨青山办理赤冈、杨屋村一案，有武进士杨林芳来营关说。杨青山饬令勒限交匪，讫无回信。迨杨青山督勇进攻，杨林芳与其子杨国安骑马督阵，经杨青山当场拿获，解省质讯。杨林芳到案自认武进士，籍隶东莞，相距归善杨屋村六十馀里，以系职官，碍难刑讯。讯据获犯古亚剩等供杨林芳得赃二千金，包庇抗官，始以推宕为计，终以抗拒为能。此等顽悖情形，竟视以为固然。应请皇上天恩，分别饬部先将武进士杨林芳、候选训导黄遇周照例褫革，由臣等讯明确供，立予正法，以昭炯戒。

其高连陞所部各军，现尚驻扎嘉应，所有兴宁、长乐一带土匪，如黄陂、白水、逆坑等村，臣等已会商高连陞先赴惠州接任广东陆路提督篆务，即行分赴剿办。俟东江各村办理完峻，即拨各军前赴肇庆筹办土、客一案，以期次第肃清。

至各营伤亡哨弁勇丁，应由臣等汇案查明，分别恳请赐恤。其馀出力员弁，应俟各案办理完竣，一并择尤保奏，邀请恩施。

所有筹办土匪及请旨将庇匪倡乱之绅士先行褫革缘由，谨专折由驿驰奏，伏乞皇太后、皇上圣鉴训示。谨奏。

筹解同治五年京饷起程日期疏[1]三月二十五日

奏为筹解同治五年份京饷银两，委员起程日期，恭折仰祈圣

①辑自中国第一历史档案馆藏“录副奏折”原件03-4806-053号。系与广州将军兼署两广总督瑞麟会衔。标题系编者拟。

鉴事。

窃准部咨，同治四年十一月二十七日奉上谕："户部奏预拨同治五年京饷案内指拨广东盐课银二十五万两，应缴息银五万两，着于本年开印后，分批起解，限五月前解到一半，十二月初间全数解〔清〕，不准截留改拨，藉词延误。"等因。钦此。当经恭录咨行，钦遵筹解。兹据两广盐运使方濬颐催据各商陆续完缴同治二年份课饷银六万两，帑息银一万两，共银七万两，作为同治五年第一批京饷，循照广东奏定章程，仍交殷实银号汇兑，饬会藩司张兆栋遴委广东试用知县阮承恩，领赍〔汇〕单文批，于同治五年二月二十九日起程，由海道附搭轮船进京，支取足色纹银赴部投纳等情，详请奏报前来。

臣等复查无异，除换给文批饬速妥慎赍解赴部兑交，以济要需，其馀未解银两，容再筹拨起解外，谨合词恭折具奏，伏乞皇太后、皇上圣鉴。谨奏。

同治五年四月十五日，军机大臣奉旨："户部知道。"钦此。

代李福泰谢开复降调处分疏[①] 三月二十五日

奏为据情代奏，恭谢天恩，仰祈圣鉴事。

据开复布政使李福泰禀称：接奉行知同治五年三月十八日内阁奉上谕："前因左宗棠奏参广东布政使李福泰粉饰战功，当照部议，饬该藩司降三级调用。"等因。钦此。遵即恭设香案，望阙叩头谢恩。伏念福泰前在广东臬司任内，于同治三年九月圣慈擢任

---

①辑自中国第一历史档案馆藏"录副奏折"原件03-4622-067号。系与广州将军兼署两广总督瑞麟会衔。标题系编者拟。

藩司，即于军营拜命照旧督办防剿，前后一年有馀。涓埃未效，疚戾孔多。部议镌级离营。适值大功告蒇，复蒙奏奉恩准，开复降调处分，饬令来京，另候简用。隆施逾格，感激涕零。现将军营经手款目，督饬支应委员赶紧核算造册报销。上年历遇臬司、运司及府、县各任交代，俱由后任结报清楚，并无经手未完事件。

除刻日束装入都，求赏差使，并拟定起程日期，另请咨报外，所有感激下忱，禀请据情代奏，叩谢天恩。等情前来。臣等理合据情代奏，伏乞皇太后、皇上圣鉴训示。谨奏。

同治五年四月十五日，军机大臣奉旨。钦此。

赏给二品顶戴谢恩疏三月二十六日[①]

奏为恭谢天恩，仰祈圣鉴事。

窃臣于三月十八日准吏部咨开，同治五年正月二十三日内阁奉上谕："三品顶戴署广东巡抚郭嵩焘，着赏给二品顶戴。"等因。钦此。当即恭设香案，望阙叩头谢恩。伏念臣以菲材，滥权疆节，稍自刻期于方寸，无能图效于涓埃。摄事三年，莅边峤而多惭抚御；倡捐前岁，冒宸严而曲赐矜全。夙夜兢兢，深虞陨越。属以闽疆残寇，蹂躏经年，仰资胜算于庙漠，获蒇成功于邻阃。合三省诸军之力，资专征任将之谋。臣无尺寸之功，徒有丘山之咎。论功行赏，岂所敢承。渥蒙恩赉之优颁，谬荷头衔之宠晋。拊膺而滋愧悚，流民未息乎鸿嗷；搔首而拜恩荣，巨任岂胜乎鳌戴。臣惟有勉循职守，整顿抚绥，无敢玩忽，以冀仰答高厚生成于

①日期据本疏及中国第一历史档案藏"录副奏折"03-4623-028同疏原件内容考订。原置《渡船运货漏税应如何稽查议罚请饬部编入则例片》后，兹改置此。

万一。

所有微臣感激下忱，谨缮折叩谢天恩，伏乞皇太后、皇上圣鉴。谨奏。

奏报同治四年秋季份广东省委署州县各缺疏[①] 三月二十七日

奏为遵照新定章程，将同治四年秋季份广东省委署州县各缺，恭折奏报，仰祈圣鉴事。

窃准部咨，咸丰十一年十一月二十三日奉上谕：“给事中高延祜奏各省更调州县，请饬部严定章程等语，嗣后各省州县无论奏调、委署、代理，着每届三月汇奏一次，由吏部严行查核，如有违例更调等弊，即将该省督、抚、藩司分别参奏。”等因。钦此。当经钦遵办理在案。

兹据布政使张兆栋详称：同治四年秋季份陆续出有署茂名县知县张作彦调省差委，遗缺以候补同知直隶州王锡诰署理；乐昌县知县叶金病故，遗缺以捐班前先用知县奎成署理；署万州知州钱惠清闻讣丁忧，遗缺以揭阳县知县徐锡麒署理；署永安县知县敖翊臣调省差委，遗缺〔以〕候补知县王炳文署理；署饶平县知县谢树棠调省差委，遗缺以试用知县洪恩泽署理；代理大埔县知县章光萃调省差委，遗缺以试用知县王倬韩署理；代理丰顺县知县查侃调省差委，遗缺以试用知县钱诵清署理；署阳春县知县彭荣诰病故，遗缺以试用知县刘长告署理；广宁县知县王炘调省差委，遗缺以试用知县张希京署理；南海县知县吴信臣另有差委，

①辑自中国第一历史档案馆藏“录副奏折”原件03-4623-040号。系与广州将军兼署两广总督瑞麟会衔。

遗缺以试用知县尽先题补同知直隶州郑梦玉署理；署归善县知县刘光远调省差委，遗缺以试用通判童朝珍署理。均无违例更调情弊，遵照新定章程，详候查核具奏等情前来。

臣等复查无异，谨恭折具奏，伏乞皇太后、皇上圣鉴。谨奏。

同治五年五月十五日，军机大臣奉旨："吏部知道。"钦此。

敬陈广东各属二月份雨水粮价情形疏[①]三月二十七日

奏为敬陈二月份雨水、粮价情形，仰祈圣鉴事。

窃照广东省同治五年正月份雨水、粮价，先经臣恭折奏闻在案。兹查广东省城二月上、中、下三旬雨多晴少，田亩滋润，早禾秧苗秀发，二麦结实，园蔬杂粮亦皆茂盛，省外各属陆续禀报与省城大略相同。粮价较上月稍增，仍属中价，民情静谧，堪以仰慰圣怀。

所有同治五年二月份雨水、粮价情形，臣谨恭折具奏，并缮粮价清单，敬呈御览，伏乞皇太后、皇上圣鉴。谨奏。

同治五年五月十五日，军机大臣奉旨："知道了。"钦此。

清单

谨将广东省同治五年二月份各属米粮时价分晰，开列清单，恭呈御览。

广州府属，价中。上米每仓石价银二两三钱四分至二两九钱九分，较上月增一分。中米每仓石价银二两一钱二分至二两七钱

①辑自中国第一历史档案馆藏"录副奏折"原件 03-4962-555 号及附件清单 03-4962-556 号。标题系编者拟。

八分，与上月相同。下米每仓石价银一两七钱五分至二两三钱六分，与上月相同。

韶州府属，价中。上米每仓石价银一两八钱二分至二两六钱八分，与上月相同。中米每仓石价银一两五钱五分至二两三钱四分，较上月增一分。下米每仓石价银一两一钱八分至一两九钱六分，与上月相同。

惠州府属，价中。上米每仓石价银二两一钱至二两八钱八分，与上月相同。中米每仓石价银一两八钱四分至二两六钱四分，较上月增一分。下米每仓石价银一两六钱一分至二两三钱一分，与上月相同。

潮州府属，价中。上米每仓石价银一两八钱七分至二两六钱九分，与上月相同。中米每仓石价银一两四钱五分至二两二钱九分，较上月增一分。下米每仓石价银一两九分至一两九钱一分，与上月相同。

肇庆府属，价中。上米每仓石价银一两九钱四分至二两六钱九分，较上月增一分。中米每仓石价银一两六钱至二两四钱四分，与上月相同。下米每仓石价银一两二钱八分至二两三分，与上月相同。

高州府属，价中。上米每仓石价银一两二钱六分至一两四钱四分，较上月增一分。中米每仓石价银一两七分至一两二钱七分，与上月相同。下米每仓石价银九钱至一两九分，与上月相同。

雷州府属，价中。上米每仓石价银一两四钱七分至一两五钱九分，与上月相同。中米每仓石价银一两二钱二分至一两三钱三分，较上月增一分。下米每仓石价银一两二分至一两一钱四分，与上月相同。

廉州府属，价中。上米每仓石价银一两八钱八分至二两一钱一分，较上月增一分。中米每仓石价银一两四钱七分至一两七钱，与上月相同。下米每仓石价银一两二钱七分至一两四钱六分，与上月相同。

琼州府属，价中。上米每仓石价银一两八钱三分至二两三钱五分，较上月增一分。中米每仓石价银一两五钱一分至一两九钱六分，与上月相同。下米每仓石价银一两三钱一分至一两七钱八分，与上月相同。

佛冈直隶厅，价中。上米每仓石价银一两八钱六分至二两四钱九分，与上月相同。中米每仓石价银一两五钱七分至二两二钱三分，与上月相同。下米每仓石价银一两三钱三分至一两九钱四分，较上月增一分。

绥瑶直隶厅，价中。上米每仓石价银二两二钱七分至二两四钱九分，与上月相同。中米每仓石价银一两九钱七分至二两一钱五分，较上月增一分。下米每仓石价银一两七钱七分至一两九钱四分，与上月相同。

罗定州属，价中。上米每仓石价银一两七钱六分至一两九钱三分，较上月增一分。中米每仓石价银一两六钱二分至一两七钱六分，与上月相同。下米每仓石价银一两二钱三分至一两三钱五分，与上月相同。

连州属，价中。上米每仓石价银二两二钱三分至二两四钱五分，与上月相同。中米每仓石价银二两三分至二两二钱一分，较上月增一分。下米每仓石价银一两七钱至一两八钱七分，与上月相同。

南雄州属，价中。上米每仓石价银二两二钱四分至二两四钱三分，较上月增一分。中米每仓石价银一两九钱九分至二两一钱三分，与上月相同。下米每仓石价银一两六钱三分至一两七钱六分，与上月相同。

嘉应州属，价中。上米每仓石价银二两一分至二两五钱八分，与上月相同。中米每仓石价银一两八钱四分至二两三钱九分，较上月增一分。下米每仓石价银一两四钱九分至二两三分，与上月相同。

军机大臣奉旨："览。"钦此。

奏报广东省新捐军需经费第十八次开单请奖疏[①] 三月二十七日

奏为广东省同治四年十二月至五年二月新捐军需经费，请给实在官阶，开列各捐生姓名、银数，恭折奏闻，仰祈圣鉴事。

窃准户部咨，议复署两广总督晏端书等奏粤东捐输团练经费，请作为捐输军需，应如所请办理。"等因。同治二年八月十六日具奏，奉旨："依议。"钦此。又，前任抚臣黄赞汤会同前署督臣晏端书，具奏广东捐输截至同治二年三月止，概归旧捐，嗣后另归新案捐办。其捐实职之员，仍先填给藩司实收，经部议准后，再行填照颁发换给。等因。同治二年七月十三日递回前折，后开议政王军机大臣奉旨："着照所请，该衙门知道，单并发。"钦此。钦遵在案。

溯查广东捐输军需经费请给实官，历系遵照部行，援照筹饷新例减二成章程办理。所有同治二年八月起至四年十一月底止，新捐实官共银二十万四千六百一十三两，先后十七次奏请奖叙。兹第十八次自四年十二月初一日起至五年二月底止，计三个月共

①辑自中国第一历史档案馆藏"录副奏折"原件03-4907-014号及附件清单03-4907-015号。系与广州将军兼署两广总督瑞麟会衔。标题系编者拟。

报捐实官八员名，捐输洋银一万六千二百七十七两，均据上兑，充支军需经费。据在局司道等将所捐银数，按照现行筹饷减成新例，及历届捐输成案，叙列官阶造册，详请奏奖前来。臣等复加查核，均属相符。合将捐生姓名、银数，缮具清单，恭呈御览。仰恳天恩俯准，饬部查照，分别奖叙，归于现行筹饷新例，一律选补。

除将履历清册送部核办，听候缮发执照来粤给领外，臣等谨合词恭折具奏，伏乞皇太后、皇上圣鉴训示。再，此次捐生内有应补交监生四成实银及捐免保举或赴京补交，或在广东藩库补交，业于咨部册内分晰声叙，合并陈明。谨奏。

同治五年五月十五日，军机大臣奉旨："户部核议具奏，单并发。"钦此。

清单

谨将广东省同治四年十二月至五年二月新捐军需经费减成报捐实在官阶各官绅姓名、银数，开列简明清单，恭呈御览。

计开：

双月选用员外郎张大观，捐银八百两，请免保举。

训导衔附贡生姚渐文，捐银四千七百六十四两，请以主事不论双单月选用，免保举，并加一级，给予父母从五品封典，将本身妻室应得封典貤封祖父母。

分发广西试用府经历宁启恭，捐银五千四百四十七两，请以同知不论双单月选用，并加一级，给予父母从四品封典，将本身妻室应得封典貤封祖父母。

监生梁应添，捐银二千八百三十二两，请以盐提举双月选用，并给予父母从五品封典，将本身妻室应得封典貤封祖父母。

监生顾嘉猷，捐银八百两，请以盐知事不论双单月选用。

候选训导龙景翔，捐银九百三十两，请以复设教谕双月选用，并加太常寺博士升衔。

候选训导毛汝霖，捐银三百六十八两，请以教谕双月选用。

候补把总高春曦，捐银三百三十六两，请以营千总分发本省拔补，并免赴部考验。

以上官绅共八员名，计收捐输洋银一万六千二百七十七两。

军机大臣奉旨："览。"钦此。

特参水师游击李赞彪疏脱洋盗请降补都司疏[1] 四月初十日

奏为特参疏脱洋盗、擅情妄禀之游击，请旨降为都司，以示惩儆，恭折仰祈圣鉴事。

窃同治四年闰五（年）〔月〕十二日，据广海寨外海水师游击花翎尽先副将李赞彪禀称：现值上班巡洋，闰五月初三日在广海洋面会遇英国洋官驾坐轮船声称，在高澜洋面拿获洋盗郭耀举等二十一名，嘱令转解新宁县审办，当即另雇民船，将郭耀举等押解赴县。是夜三更时候，驶转渔塘洋面，突遇漕冲客匪驾船拦截，彼此开炮轰击，互有杀伤。讵洋盗肥得汉等十名乘间脱逃，现将郭耀举等十一名先行解县审讯等情。

臣等以该游击黑夜撞遇船只，何以知系漕冲客匪肥得汉等，如何脱逸亦未据详晰声叙，难保无贿纵情弊。当经行司饬提洋盗郭耀举等十一名并同船押解弁兵，解省审办，一面檄调该游击来

①辑自中国第一历史档案馆藏"录副奏折"原件03-4770-096号。系与广州将军兼署两广总督瑞麟、广东水师提督温实会衔。标题系编者拟。

省查询。兹据委员广州府等禀明具属，当日李赞彪等拟将洋盗即时雇民船两号，将郭耀举等十一名载坐一船，肥得汉等十名载坐一船，因洋次无镣铐锁链，权将各犯用绳捆绑押禁舱底，派拨弁兵看守，分驾开行，李赞彪亲坐肥得汉等船内。是夜三更时候，船至渔塘洋面，风雨大作，郭耀举等一船先行，肥得汉等一船落后，李赞彪驶近岛边寄碇，讵意暗触礁石，船底进水，弁兵水手揭开舱板前舱补救，肥得汉等乘间挣脱，或互相解放，脱出舱面，顺携船上刀枪，向李赞彪等拒伤，各自凫水脱逃。次早，追捕无踪。李赞彪虑疏脱洋盗十名，厥咎甚重，因该属洋面距漕冲不远，漕冲客匪平日常出滋扰，即擅以客匪驾船截劫，希图减轻处分，委无受贿故纵情弊，并据郭耀举等供认，与肥得汉等在洋行劫属实等由，具禀前来。

臣等查肥得汉等十犯既经郭耀举等供指确凿，同夥行劫，即属决不待时重犯。惟该游击李赞彪在洋次遇英法洋官，嘱令转解，暂时用绳捆绑，雇船装载，因与寻常递解人犯镣铐木笼完固一犯两役两兵押解者不同，旋因黑夜遇风，船底进水，弁兵仓忙救护，致乘间逃逸，亦与无端疏脱者有间。惟事后虑干严议，辄擅禀被漕冲客匪截劫，希冀轻减处分，实属糊涂冒昧，必须予以惩儆。查该游击前在江南军营乘船打仗十馀年，由兵丁保至花翎副将，相应奏明请旨，将尽先副将广海寨游击李赞彪降为都司，仍留广东补用，以观后效。臣等仍勒令随同接任之员将肥得汉等赶紧弋获，勿任藉延。

除饬司将洋盗郭耀举等十一犯与疏脱弁兵另行拟办外，所有游击疏脱洋盗，擅禀捏饰，特参降补缘由，谨合词会同水师提督臣温实恭折附陈具奏，伏乞皇太后、皇上圣鉴训示。谨奏。

同治五年五月初一日，军机大臣奉旨：“李赞彪着降为都司，仍留广东补用，馀依议。”钦此。

讯明已革参将李光纵容随丁讹诈民人定拟疏[1] 四月十二日

奏为遵旨审明定拟，恭折奏祈圣鉴事。

窃照暂革副将衔升用参将李光随丁梁溶等讹诈番禺县属民人黄亚发银两，李光事后知情纵容一案，先经饬发广州府讯明。事主黄亚发被诈银两，有李光随丁郭亚欢书立收单，是讹诈已属有据，饬令李光将郭亚欢交案，多方狡展，由广州府禀经臣等将李光恭折奏参，于同治四年四月二十七日，军机大臣奉旨："李光着暂行革职，饬令将郭亚欢交出，严讯重拟，勿稍宽纵。”钦此。转行遵照。查本案先据南海县访闻查拿，随据李光协同该县将起意讹诈之随丁梁溶拿获送案，并据顺德县查获人证冯致祥解省发并提集质讯明确。兹据广州府知府梅启照会同委员前高州府知府蒋立昂，以郭亚欢等屡缉未获，将案审拟，由藩、臬两司发审解勘声明，案犯梁溶于取供后带病进番禺县监病故前来。

臣等屡提研讯，缘李光籍隶广西苍梧县，梁溶籍隶高要县。李光由武童出身，先在江西、湖北、安徽、河南、浙江等省打仗出力，迭次保奏，以守备拔补赏戴花翎，嗣于克复杭州府城案内保奏，以都司尽先补用加游击衔，又于克复宁波府及镇海各县城案内保奏，以参将升用加副将衔，同治三年七月由浙江销差请咨来粤，收标差委。现获病故之梁溶与未获之郭亚欢，俱在李光处充当随丁。李光先于同治二年间浙江提督秦如虎札委管带靖逆水

---

①辑自中国第一历史档案馆藏“录副奏折”原件03-5019-026号。系与广州将军兼署两广总督瑞麟会衔。标题系编者拟。

陆全军，驻扎宁波，添购广艇一只，改名金安东，以为巡洋护渔之用。是年五月内，李光派令千总刘胜沧、把总李胜即李荣三坐加广艇前赴宁波府镇海县属南洋、石浦一带洋面巡查，被舵工黄和宽将刘、李二弁谋杀灭迹，驾船驶逃，比李光回粤后忆及凶犯黄和宽远飏无踪，广艇尚未拿获，嘱令梁溶、郭亚欢赴各处留心访查下落。

同治三年九月初五日，有向在洋船雇工之番禺县属民人黄亚发，用洋银四百八十两在顺德县属陈村地方冯致祥店内承买民人郭桂开自置头艋船一只，立有卖字，将船改名发开利，经虎门同知给发船照，即在海运馆请领旂程运盐生理。是年十二月十九日，由小靖场运盐回关清舱。二十二日，船泊南海县属土名发风塾河面，水手俱已上岸，适梁溶、郭亚欢走至该处，看见只有黄亚发一人在船。梁溶稔知黄亚发为人软弱，有钱怕事，起意商同郭亚欢向黄亚发讹诈，得赃分用，郭亚欢应允。梁溶等一同上船，即以认明黄亚发船只系浙江千总刘胜沧等被黄和宽谋杀案内驶逃原船，现在伊等奉差访缉，如肯谢给银两，可保无事云云，向黄亚发恐吓。黄亚发分辩，梁溶等要捉拿送官，黄亚发畏惧，许给银二百两。梁溶等嫌少，黄亚发又许添银八十两，即时取出洋银二百两，交给郭亚欢、梁溶收接，尚短银八十两，约于三日内交清。梁溶恐黄亚发事后疲懒，起意商允郭亚欢将其船只扣留，称俟付清银两，再行交还。黄亚发虑及交银后，梁溶等另生枝节，央梁溶等写立收条。梁溶不谙写字，即嘱郭亚欢立将银单据交黄亚发收执，梁溶随将该船拉出靖海门外河面抛泊，将番银二百两交给其母黄氏收存，并未向黄氏说明系讹诈赃银，约定郭亚欢俟黄亚发补给银两，再行分用。迨二十五日梁溶等向黄亚发催讨尾数银八十两，黄亚发央后并求梁溶等先将船只交还，梁溶等不允，彼此口角而散。梁溶等恐告发，商同郭亚欢饰词抵制，即向李光捏称：伊等在发风塾河面遇见黄和宽驶逃原船，当向盘问，船上五六人纷纷逃走，船旁原写浙江巡护南北两洋九号巡船字样已被刮去，现将该船驾回，停泊靖海门外河面等语。李光谬信为真，照依前情移知南海县缉凶究办。讵黄亚发被诈不甘，探知梁溶等系李光随丁，李光已移南海县查缉，疑其主使诈赃夺船，因自幼在洋船雇工，与洋人熟识，即以被李光诱去洋银二百两，复将船只夺去等情，赴美国领事罗伯逊处呈控，经该领事申请查办。

臣等查核，情节支离，札饬营县确查，随据李光以同治二年在浙江添购广艇，派千总刘胜沧等管带巡洋，被舵工黄和宽将刘胜沧等谋害，驾船驶逃，曾移香山县查拿，由浙来粤，随时查访，在发风塾河边遇见此船，即时驾回。又经备移南海县拘凶究办等情，经臣等扎饬英国领事罗伯逊将黄亚发解省，饬发广州府讯明。黄亚发船只实系凭中冯致祥向郭桂开价买，分饬南海、顺德等县查处，核与黄亚发所供均属相符。惟李光所移香山县查拿一节，无卷可稽，饬令李光将书立收单之郭亚欢交案质讯。梁溶已闻风先逃，李光即向郭亚欢再三盘诘。郭亚欢因事已败露，不能隐瞒，即将听从梁溶起意向黄亚发讹诈银两并扣留船只情由，向李光据实告知，跪求李光代为容隐。李光欲将郭亚欢追究，郭亚欢伏地求免。李光念其跟随年久，勉强允从。郭亚欢旋亦潜逃，不知去向。李光无从交出，即以并无郭亚欢其人饰词牵辩。臣等以李光延不将郭亚欢交案，多方狡展，恭折奏参。奉旨：“暂行革职严讯。”随据李光协同南海县将随丁梁溶购获送案，并据顺德县查传人证冯致祥解省发并质审，惟时梁黄氏查知伊子梁溶讹诈犯罪，已将赃银二百两送交英领事转给黄亚发收回，饬据南海县起出黄亚发原船，及船内什物给与黄亚发收领，取具领状呈缴。兹据审明昭解提讯，据李光供认前情不讳。

查黄亚发在英国领事处原控李光讹诈银两、夺去船只，现在梁溶供认与郭亚欢讹诈得银并因银未交清，将船只扣留并非抢夺，即李光亦止认事后知情纵容，坚称并无主使及串同讹诈情事。难保非狡供避就，迭经提同黄亚发质讯，反复稽诘，不特李光与梁溶坚供如前，即黄亚发亦称李光委未在场讹诈，当日船只实被扣留，亦非夺去，实因一时情急，并见李光移县查缉，以致怀疑误控，究鞫不移，案无遁饰。

此案梁溶起意商同郭亚欢向船户黄亚发嚇诈，先已得洋银二百两，其馀许给洋银八十两，扣留船只暂抵，与口许虚赃不同，并计赃数估值纹银二百六十三两二钱，应即计赃照吓诈得财例科断。该犯梁溶在副将衔升用参将李光处充当随丁，与长随无异，梁溶合依长随吓诈得财者，照蠹役诈赃例治罪，蠹役恐吓索诈贫民计赃至一百二十两者，照枉法拟绞例拟绞监候，业已病故，应毋庸议。暂革副将衔升用参将李光，讯无主使及串同梁溶等讹诈情事，已将梁溶交案，尚非始终徇庇，惟于梁溶等向船户黄亚发吓诈得赃，事后诘出实情，代为容隐，不将郭亚欢送究，以致脱逃，实属知情故纵，遍查律例并无作何议拟明文。梁溶等系李光随丁，即与家人无异，武职失察，家人犯赃，既照失察在官人役犯赃例议处，则知情故纵家人犯赃，亦应照故纵在官人役犯赃例问拟。李光虽非现任人员，不使稍从轻减，应比照武职在官人役指称衙门事件犯赃，该管官知情故纵革职例，拟以革职并拔出花翎，以示惩儆。黄亚发被梁溶等吓诈银两、扣留船只，不赴地方官具报，辄在英国领事处呈控。由于乡愚无知，自幼在洋船雇工，与洋人熟识之故，其牵告李光一节，亦属怀疑误控，已据别官供明，尚非有心诬陷，且所告其事业已得实，应请免其置议。梁溶等讹诈银两及扣留船只并船内什物，均经给与黄亚发领回，郭亚欢写立收单案结咨销，梁溶在监病故，禁卒人等讯无凌虐情弊，亦毋庸议。梁溶系带病进监病故，管狱官例无处分职名，应请免开无干省释。逸犯郭亚欢饬缉获日另结。本案先经南海县访问协同获犯究办，失察职名，应请免开。犯故图结，饬取另行咨部。

除备录全案供招送部查核外，所有审明分别定拟缘由，臣等谨合词恭折具奏，伏乞皇太后、皇上圣鉴，敕部核复施行。谨奏。

同治五年五月十六日，军机大臣奉旨："该部议奏。"钦此。

敬陈广东各属三月份雨水粮价情形疏[①] 四月十二日

奏为敬陈三月份雨水、田禾、粮价情形，仰祈圣鉴事。

窃照广东省同治五年二月份雨水、粮价，先经臣恭折奏闻在案。兹查广东省城本年三月上旬晴霁，中、下二旬得有大小雨泽数次，高低田亩一律深透，早禾陆续插莳，园蔬杂粮亦皆秀发，省外各属禀报与省城大略相同。现在二麦收获已毕，而广东种麦无多，值此青黄不接之时，粮价较上月稍增，仍属中价，民情静谧，堪以仰慰圣怀。

所有同治五年三月份雨水、田禾、粮价情形，臣谨恭折具奏，并缮粮价清单，敬呈御览，伏乞皇太后、皇上圣鉴。谨奏。

同治五年五月十六日，军机大臣奉旨："知道了。"钦此。

---

①辑自中国第一历史档案馆藏"录副奏折"原件 03-4962-557 号及附件清单 03-4962-558 号。标题系编者拟。

清单

谨将广东省同治五年三月份各属米粮时价分晰，开列清单，恭呈御览。

广州府属，价中。上米每仓石价银二两三钱四分至二两九钱九分，与上月相同。中米每仓石价银二两一钱三分至二两七钱九分，较上月增一分。下米每仓石价银一两七钱五分至二两三钱六分，与上月相同。

韶州府属，价中。上米每仓石价银一两八钱三分至二两六钱九分，较上月增一分。中米每仓石价银一两五钱五分至二两三钱四分，与上月相同。下米每仓石价银一两一钱八分至一两九钱六分，与上月相同。

惠州府属，价中。上米每仓石价银二两一钱至二两八钱八分，与上月相同。中米每仓石价银一两八钱四分至二两六钱四分，与上月相同。下米每仓石价银一两六钱二分至二两三钱二分，较上月增一分。

潮州府属，价中。上米每仓石价银一两八钱八分至二两七钱，较上月增一分。中米每仓石价银一两四钱五分至二两二钱九分，与上月相同。下米每仓石价银一两九分至一两九钱一分，与上月相同。

肇庆府属，价中。上米每仓石价银一两九钱四分至二两六钱九分，与上月相同。中米每仓石价银一两六钱一分至二两四钱五分，较上月增一分。下米每仓石价银一两二钱八分至二两三分，与上月相同。

高州府属，价中。上米每仓石价银一两二钱六分至一两四钱四分，与上月相同。中米每仓石价银一两七分至一两二钱七分，与上月相同。下米每仓石价银九钱一分至一两一钱，较上月增一分。

雷州府属，价中。上米每仓石价银一两四钱八分至一两六钱，较上月增一分。中米每仓石价银一两二钱二分至一两三钱三分，与上月相同。下米每仓石价银一两二分至一两一钱四分，与上月相同。

廉州府属，价中。上米每仓石价银一两八钱八分至二两一钱一分，与上月相同。中米每仓石价银一两四钱八分至一两七钱一分，较上月增一分。下米每仓石价银一两二钱七分至一两四钱六分，与上月相同。

琼州府属，价中。上米每仓石价银一两八钱三分至二两三钱五分，与上月相同。中米每仓石价银一两五钱一分至一两九钱六分，与上月相同。下米每仓石价银一两三钱二分至一两七钱九分，较上月增一分。

佛冈直隶厅，价中。上米每仓石价银一两八钱七分至二两五钱，较上月增一分。中米每仓石价银一两五钱七分至二两二钱三分，与上月相同。下米每仓石价银一两三钱三分至一两九钱四分，与上月相同。

绥瑶直隶厅，价中。上米每仓石价银二两二钱七分至二两四钱九分，与上月相同。中米每仓石价银一两九钱七分至二两一钱五分，与上月相同。下米每仓石价银一两七钱八分至一两九钱五分，较上月增一分。

罗定州属，价中。上米每仓石价银一两七钱六分至一两九钱三分，与上月相同。中米每仓石价银一两六钱三分至一两七钱七分，较上月增一分。下米每仓石价银一两二钱三分至一两三钱五分，与上月相同。

连州属，价中。上米每仓石价银二两二钱四分至二两四钱六分，较上月增一分。中米每仓石价银二两三分至二两二钱一分，与上月相同。下米每仓石价银一两七钱至一两八钱七分，与上月相同。

南雄州属，价中。上米每仓石价银二两二钱四分至二两四钱三分，与上月相同。中米每仓石价银二两至二两一钱四分，较上月增一分。下米每仓石价银一两六钱三分至一两七钱六分，与上月相同。

嘉应州属，价中。上米每仓石价银二两二分至二两五钱九分，较上月增一分。中米每仓石价银一两八钱四分至二两三钱九分，与上月相同。下米每仓石价银一两四钱九分至二两三分，与上月相同。

军机大臣奉旨："览。"钦此。

保举实学人员疏四月十二日[①]

奏为方今要务，莫急于崇尚实学，振兴人文，敬举所知，以隆圣化，恭折仰祈圣鉴事。

窃惟六经遗训，垂二千年，升降隆污，以成治乱。每览汉臣董仲舒之言："诸不在六艺之科、孔氏之术者，皆绝其道，弗使并进。"惟其行之有本，而后推而崇之，乃群知有所归。我圣祖仁皇帝冲龄践祚，值三藩之乱，征调频仍；而急延访儒臣，诏书征聘，不绝于道。耆儒宿学，聚集京师，用以成一代人文之盛，而开亿

①日期据本疏及中国第一历史档案馆藏"录副奏折"03-4683-067号原件同疏内容考订，本疏所补文字亦据此。

万年治平有道之基。窃见近年以来，捐例广开，人尚虚浮，士鲜实学。武臣之效力者，功业稍著于一时；儒臣之在列者，学行远逊于前代。

臣在粤两年，所见绩学之士，践履笃实，坚持一节者二人。一曰番禺举人〔候选教谕〕陈澧，行谊渊茂，经术湛深。近年广东人才，由该员陶成造就者为多。臣愚以为宜置之国子监，使承学之士稍知学行本末，光益圣化。一曰南海生员邹伯奇，木讷简古，专精数学。臣愚以为宜置之同文馆，使与西洋教师会同课习算学，开示源流。

又臣里居习知者四人。一曰保举同知湘乡朱宗程，究心理学，精练世务，与罗泽南、李续宜、刘蓉至交，出入军幕十馀年，以亲老坚辞仕进，刘蓉等亦不忍强也。一曰长沙贡生丁叙忠，质行精粹，深明易理，年老而学益笃。一曰巴陵举人吴敏树，文修行洁，学识崇深。一曰湘潭拔贡生罗汝怀，笃于古学，广博易良。在江苏所访知者二人。一曰嘉兴生员顾广誉，研精经学，力敦实行。一曰扬州生员杨毓崧，覃思博览，崇尚朴学。又臣咸丰九年奉命查办山东海口税务，至胶州馆书院旁，询知掌教为布衣方潜。诣谈竟夜，知其学识坚强，卓然有以自立。臣愚以为朱宗程宜由皇上特召简用；丁叙忠、吴敏树、罗汝怀、顾广誉、刘毓崧、方潜等并宜置之八旗官学，特选肄业诸生，责以讲课。

又浙江诸生李善兰，淹通算术，尤精西法。宜与邹伯奇并置之同文馆，以资讨论。

以上各员，学谊各有不同，而立心纯实，德性坚定，皆足以矜式浮靡，以化嚣陵奔竞之习，而开敦庞博厚之风。朝廷择尤奖擢，使学者有所观感奋兴，不独人才日盛，即遇国家讨论建置，犹可资其谙习掌故，斟酌道要，以知得失利病之原。臣愚昧之见，谨据所知上陈，伏乞圣明采择。谨奏。

妥议变通报销章程疏会总督衔　四月十二日[①]

奏为遵旨查明广东军需用款，分别开单存案，及变通报销，妥议章程，恭折条列具奏，仰祈圣鉴事。

窃准户部咨，内阁奉上谕：户部奏请将军需报销变通办理一折，据称：军需报销，向来必以例为断。然其间制变因时，亦有未能悉遵之处。各省军需历年已久，承办既非一人，转战动经数省。则例所载征调，但指兵丁，而此次成功，半资勇力。兵与勇本不相同，例与案遂致歧出。在部臣引例核案，往返驳查，不过求其造报如例，而各处书吏借此需索，粮台属员借以招摇。费无所出，浮销苛敛等弊即由此起。请将同治三年六月以前未经报销各案，开具简明清单，奏明存案，并请饬禁劝捐、归补名目等语。所奏系为因时杜弊起见。军需报销一事，本有例定章程，惟近来用兵十馀年，蔓延十数省，报销款目，所在多有，若责令照例办理，不独虚糜帑项，徒为委员书吏开需索之门，而且支应稍有不符，于例则难核准，不得不着落赔偿。将帅宣力行间，甫邀恩锡，旋迫追呼，甚非国家厚待勋臣之意，着照该部所请。所有同治三年六月以前各处办理军务未经报销之案，准将收支款目总数，分年分起，开具简明清单，奏明存案，免其造册报销。此系朝廷破格施恩，各省督抚具有天良，务须督饬粮台委员，核实开报，不得因有此旨，任意影射浮冒。并着严禁劝捐、归补名目，及私设

①日期据中国第一历史档案馆藏“录副奏折”原件档案号03-4807-029号同疏内容考订。

厘卡等弊。如有不肖委员仍将前项情弊巧为尝试，别经发觉，除将承办各员严办外，必将该省督抚等从重治罪。部中书吏，如有在各处招摇撞骗，蒙混包揽者，并着严行拿办，以惩奸蠹。其自本年七月起一应军需，凡有例可循者，务当循例支发，力求撙节；其例所不及，有应酌量变通者，亦须先行奏咨备案，事竣之日，一体造册报销，不得以此项特恩，妄生希冀。将此通谕知之。钦此。钦遵转行查办。

复钦奉上谕："向来粮台造册，本易矫诬。此次开单，更恐肆行冒滥。倘封疆大吏不能破除情面，认真删减，将使朝廷逾格隆施，转为属吏侵渔地步，殊非国家实事求是之心。所有同治三年六月以前各处军需用款，准照新章奏报者，无统兵大臣省分，责成各该督抚办理。各省巨万军需，由该督抚一言而定。倘有不实不尽之处，必惟该督抚是问。至开单存案，事属创始，其中款目繁多，应如何分年分起核实开报之处，着该督抚等各就实在情形，先行妥议章程具奏。如有吏胥人等在外借端撞骗者，着凛遵前奉谕旨，严行查拿，从重惩办。其同治三年七月初十日以前已经咨题到部，尚未核复之案，即由户部查照收支总数，暂行存案，无庸题复。仍行文各该省自行复加确核，遵照新章开单奏报，毋许稍有含混。至从前已经题复各案，内有指款驳查之件，并着各该省详细查明，应删减者核实删减，应声明者据实声明，各归各起，奏报存案，以归划一，而杜流弊。"钦此。仰见皇上慎重军需，审端竟委，于破格矜全之中，仍寓核实求详之意。捧诵钦服，莫可名言。

当查广东办理军务十有馀年，一切章程，先经奏明仿照道光年间洋务军需及广西章程办理。而时值军务紧急，随时随地酌量加增，仍未能悉符例案。前时具题各案，只能核其总数与实用之数相符，即经照案题销。臣等彻查近年用兵，与道光以前情形迥别。道光以前，偶有军需，皆先设立粮台，听候部拨银款，由委员支放，责成一手办理报销。军饷本有赢馀，浮支浪费，在所不惜。又始终由委员经理，于承办粮台之时，即豫为报销开支之地。两粤军务初兴，办法尚系如此。嗣后军务日繁，饷糈日绌，各省设立军需局，归现任司道公同经理，并无专责。一切筹饷事宜，督抚竭力经营，支放不能及半。部行催办报销，而所欠勇粮尚有未能清理者。是以相率因循，推延时日。仰荷圣慈加恩，准予开单存案，变通办理，而后报销之案始可以核实稽查，不至多所瞻顾。检查广东军需局案卷，历十馀年之久，司道交涉数十员，局存底案，前后移交。承办各员，无切身之利病。案据昭彰，局员及司道等公同核办，无所庸其弊混。窃以为单开各案，决不至有肆行冒滥之弊。而其中款目繁多，支放参差，实有难于画一者。即同治三年七月以后报销，接续前案办理，亦不能过涉参差。均应明定章程，以期有所循守。臣等督饬在局司道，妥筹办理之法，盖有数端，谨为皇上一一陈之。

一、钦奉谕旨，分年分起核实开报。臣等以为分年者，各案之纲；分起者，一案之纲。广东连年办理军需，此案未完，彼案复兴。有数年办结一起者，有一年同办数起者。宜分起截清，各系以起止年月。而各案调拨兵勇，多由此处调赴彼处，或增或减，人数既各不同，起止尤多牵搭。历年军需局支放，均止能核其名数、银数，并不能划清各案月日。自同治二年前抚臣黄赞汤奏定改为按季奏报，亦止能就本季用数据实陈明，其案数仍未能分晰，而欠发之数又未能划清。一经检核，轇轕百端。应以各案起止月日为纲，凡有征调之勇，总以起程日截支前案起支后案。

一、动用款项，应请通准作正开销。广东历年军务急需，迭经奏明动用各库银两，并无专款。其大要约有三端：一系历任督抚臣指明奏拨之款；一系司道各库凑支应急之款；一系各府州县报明借垫之款。自咸丰八年开办厘捐及节次劝谕捐输，专供勇粮支放，略及三分之一。中间厘金一项，提充江南军饷，由本省开支者，前后七八年间，均有实数可稽。历年办理军需，仍以提用司道各库为最多。其中款目，或照例应归部拨，或系坐支杂款，出入相抵，并无存储。军需动用过多，则常例应放之款，亦致积欠日巨。必待按款归还，分别动用，则永无清理之日。至各府州县防剿紧急，报动征存正杂羡耗等银，亦各有额支要款，臣等查明所报不实，或先未报明事后抵算者，随时驳诘核删。其亏挪有据者，亦经据实参赔。而由局核实之银，向止准其划抵征存本款，归入军需案内，由局核办，并不准蒙混领回。而各州县筹办防堵捕剿大股贼匪，较之各省亦最著有劳绩，万不能不准其报销。惟有将一切凑支借垫之银，随同奏拨款项，据实列单作正开销，款目庶免纠缠，办理亦归核实。其积欠俸饷等项，应另归善后案内筹核办理。至同治三年前湖南抚臣恽世临请以垫项抵作捐输给奖，经部臣议准通饬各省照办，盖为蒙混具领现银者言之，广东向无此等情弊，其防剿挪用已经核实之款，亦无从饬令报解，抵作捐输，转致追赔无着，公私交承其敝。

一、京饷协饷宜仿照军需各款开报。查广东正杂钱粮，惟海关有例解广储司等银三十万两，岁收赢馀，仍拨给本省兵饷，载在户部则例，并无额解京饷及协济各省之款。近年京外饷需紧急，部臣指款拨解，或饬不拘何款，移缓就急，不惟未指定款目者无可动解，其有款可指者，文行到省，总在各库搜括殆尽之后，百计摒挡，再三攒凑，始能起解。并有代外省制办火药军装，购买洋人枪炮，作价划抵奉拨饷项，是以列报每多轇轕。如所动之项不指明款目，则易滋牵混，如指款开单，则与原拨多不相符，断不能再留悬而未定之款，以待将来拨还。所有前时已解、将来续解之银，及军火抵解之数，拟请查明系在何款内筹出，即声明用何款起解，毋庸辗转拨回。而一收一支，于库项仍无出入，似亦核实办理之一道。

一、钦奉谕旨，严禁劝捐、归补名目，应分别查办。地方有司借称办理公务，派累民间，诚为弊政，亟宜严行禁革。况此次军需经手款项，准予开单具报，只期核实，并不以例案绳之，讵容不肖员绅再以劝捐、归补借口。惟是常平仓谷一项，昔年积储之始，半属捐自民间，自被贼扰以来，碾缺毁失情形不一。咸丰六年，少詹事翁同书奏通筹财用案内，拟请劝捐归补给予奖叙，经部臣奏奉谕旨通行遵办。此项仓谷，一经停止劝捐，别无可以给发买补之款。荒歉缓急，关系匪轻。应仍通饬查明实缺之数，照案劝捐办理。其地方公项，如基围修费、书院经费等类，关系民瘼文教之款，上年经官暂提应急，随时拨还，未能足数者，照依现拟各库办法，归善后案内分别缓急，次第办理。地方绅局团练借动者，应仍听地方绅士筹捐归款，不准官吏牵涉。此外一切官绅经手款项，不入报销开单，又与民瘼文教无涉者，由官绅自行措办，不准劝捐归补。如此分别办理，庶几各有责成，不致全归悬宕。

一、欠饷抵捐宜分别核实。查广东捐输军饷，系以实银上库，并无钱文钞票折算之事。即如各营裁勇欠饷抵捐请奖，亦系照依捐数，一收一支，统作实银核算。应概归实银开单，毋庸另行声注。惟近年有愿将积欠勇粮巨万报效，专广中额学额，不请奖叙之案，先后分案奏奉谕旨准行。此项报效与捐输微有不同，将来军需开单奏报时，应将某案内报效银数据实声明。又同治三年户部议准绅民自办团练捐，拟照依例定银数，酌加四分之一，给予封典、职衔。粤东此项最多，应另案办理，不入军需开单报销，亦不准牵混抵捐军饷。

一、江南红单船经费宜各归各省开报。查粤东自咸丰三年起至同治元年止，三次雇赴江南助剿红单师船共一百一十三号，先后由粤筹给船价口粮，置办军械，并陆续筹解接济，数累巨万。当咸丰三年初办之时，粤东并无军事，措置裕如。迨咸丰四年红匪滋扰，遍地寇氛，自顾不暇。在江南迭次奏咨，视红单船为粤东例应支给之款；在粤东接济邻省，视力所至，岂能据粤东雇募之船强加科派？同治三年以后陆续凯旋各船，由江省咨粤代为清理积欠，支发现银，填给饷票，暨劝谕报效，又百馀万两。实以大局所关，不能不勉强料理。中间由江南粮台关放军饷，无归粤报销之理。所有此项经费，由粤东经理者，应由粤东开单；由江南经理者，应由江南开单。其同治三年七月以后续支者，并各归各省开报，以免混淆。

一、钦奉谕旨：有应酌量变通者，先行奏咨立案。臣等伏查粤东军需用款，以壮勇口粮一项为大宗。历次奏定章程，勇粮之外，每名另给安家银十两、五两不等。遇剿办不力，将勇撤换，安家银两无从追回。募补之勇，又须重支。其工食盐菜，又辨别邻境本境，核给多少数目，而日给一钱三分或八分之外，别给口粮米八合三勺。转输运脚费既倍增，勇丁取携亦多不便。至官兵随馀丁，原以代长夫之用。广西章程，于馀丁之外奏明另设长夫，计兵百名设立馀丁、长夫凡八十名。广东军营，壮勇既无例带馀丁，又未议设长夫，每遇拔营追剿，辄因待夫搬运军火，辗转耽延，于事机殊有关系。营中未议公费，该营员随时赴局，更换号衵、旗帜，及医生、书识、工匠薪粮，亦复漫无限制。臣嵩焘于同治二年秋间与前督臣毛鸿宾先后抵任，查悉前情，计非变通营制，无以整饬戎行。当经仿照江、楚章程，以五百人为一营，每营营官一员，亲勇七十二名，设前、后、左、右凡四哨，每哨哨官连勇一百零七员名，其长夫仿照广西馀丁长夫，酌给十成之四。其公费薪粮，分别次第，连长夫价共计，每营出省长征，大建月支银二千七百一十八两二钱，小建月支银二千六百三十四两二钱六分；统领数营之营官，月加公费银一百两。明定章程，据此以为供放，即据此以为报销。所有弁勇粮米、跟役安家银两，概从节省。其旗帜、号褂、号帽等项，止准于成军之日在局领取一次，嗣后更换添补以及营中书识、医生、工匠之薪粮，统由营官薪水公费项内动支，不准另行开报，较旧时章程撙节已多。此次酌定营制，抄录咨送军机处及户、兵、工各部备查。再，同治三年侍、康诸逆窜扰所至，多以马阵冲锋。我军以步勇接仗，每易挫失。前据各营请添马队壮勇，驰骋合围，著有成效。其马干等银，应准照例开支。同治四年岁底窜逆肃清，即于五年正月将马队首先裁撤。因系暂添应急，是以未经列入营制。

一、制办军装火药应照时价开报。查广东近年百物昂贵，如制造火药一项，每百斤例价止得银三两九钱零，现在时价非银十六两不能成造，较之例价计增三倍有馀。其制办枪炮、军械、帐房、号衣等件，亦较例案加增。溯查道光二十一年办理洋务军需成案，前抚臣怡良会同靖逆将军臣奕山，援照浙江奏案议请制造军装，各项工料于例价外酌加四成，部臣议驳，随将例价不敷之银归入军需外销，迄今尚未筹补足数。近年工料物价，例外不敷之银，浮于例内准销之款，更非道光年间可比。而外销弊政，日积日深，断无在事官员自甘赔垫之事，始终贻累于国家。若仍效尤办理，不独非诏旨核实求详之义，亦非臣等清查开报之心。溯查道光年间洋务案内，购买洋炮洋枪及櫶木炮架，据实开报，部臣已经议准。此次军需购买之洋炮、洋枪及外洋火药、空心炮子，并洋枪上应用之铜帽等件，暨内地制造火药、铅子弹、炮子、火绳，并抬枪、鸟枪、线枪、军装、帐房等项，惟有仰恳圣恩，概准照依时价造销，则事归核实，而百弊可以肃清矣。

一、阵伤亡故兵勇恤赏医调分别酌给。查粤省历年防剿兵勇阵亡伤故应得恤赏及养伤银两，向照洋务军需及广西章程，由军营验别等第，照例定银数先行支给。近准部咨：兵勇阵亡伤故烧埋养伤银两，仍由军营给领，其恤赏银两，由军营知照原籍省份，查有妻子亲属，即照例给发，如无妻子亲属承受者，汇总派员致祭，以慰忠魂。等因。广东军营所募楚勇、东勇，一营之内，多系父兄子弟数人踊跃从公，遇有阵亡伤故，概由亲属代领恤赏，为之医调棺敛，相沿已久，本不能再事变更。近因军需支绌，逐日口粮未能依期给足，尚待凯旋时设法清厘，若戮力疆场、争先效命之恤赏，再俟辗转行查，不准即时核给，实未足以昭激劝。臣等体察情形，壮勇所领恤赏，较步守兵丁减少一半，是以酌议：阵亡壮勇有亲属在营者全数给领，阵亡兵丁有亲属在营者酌给一半，馀俟行查办理，均不另给烧埋，遇兵勇无亲属随营，仍依部议先给烧埋，以待行查。至养伤一项，例定银数稍可节省，现经酌定：不分兵勇，头等伤给银七两，二等伤给银四两二钱，三等伤给银二两一钱，因伤成废者照阵亡减半，给银一十二两五钱。局中照此支给，即照此核实开报。

一、随营文员公费例支不敷，应行筹给。查调赴军营及派办军务局务之文职各官例支盐粮、跟役、驮折各项，约计道员月支三十四两，知府月支三十一两八钱，同通州县月支二十四两八钱，佐杂月支十六两。近年各物昂贵，月食实有不敷，在事人员苦累不堪言状。前于同治二年春兼署督臣晏端书饬军需总局司道详定：道员月支银一百两，知府月支银七十两，同通州县月支银三十二两，六品以下佐杂各员月支银十八两，均连例支在内，议除照例开支之外，另归军需外销办理。臣等伏查军营当差候补文员苦累属实，晏端书权宜酌办，洵出于万不得已。第军需外销名目，久已奉旨禁革，而军营文员薪水，又于咸丰三年由侍郎宋晋以粮台滥支奏奉谕旨饬部核议，不准开报，臣等何敢再事渎陈。惟查户部则例载：调赴军营之实缺文员，准支本任全廉；署缺文员，准照所署员缺支食半廉；而军营得项仍准一律开支。计道府以迄州县，全半养廉每年由数百两以至二千数百两不等，署缺人员一经离署，即系候补人员，未署缺者艰苦备尝，曾署缺者过予优厚，殊无以示持平。随查军需则例，昔年云南、四川军需各案，文员本有月给盘费之文，嗣改为专支盐粮、跟役、驮折，系指现任人员有养廉者立论，至候补人员是否照办，例内并无明文。近年各省议奏变通章程，亦从无以现任候补之甘苦分别上陈者。晏端书所定之数，专为候补人员而设，以之比较军营例支，每月道员多领六十馀两，知府多领三十馀两，同通州县多领七两零、佐杂多领二两，而较之现任署事例支全半养廉，已少十之八九。军营当差人员，亦实有万不可少者，历来均系派委候补人员，自当稍事体恤，酌给公费，兼补例文之阙。臣等仍饬局核议，扣计候补道员月领七十两、知府月领五十两，足敷办公。当将晏端书所定两项，各予照数核减。其现任实缺文员调往军营，有本任养廉可支者，照例专支军营盐粮、跟役、驮折，不准支领公费，而署缺文员自调营离署日起，概照候补人员办理，停支署任半廉。此系于万难节省之中实力节省而未符例案之处，不敢不切实陈明。

以上各条，臣嵩焘先与前督臣毛鸿宾再四熟商，一面饬局查照，列单开报；一面核议陈奏。嗣臣瑞麟兼署督篆，又经会同反复稽核。兹幸江、闽窜逆军务告蒇，而本省办理各案，亦当逐案查核报销。亟应明定章程，听候饬部核议，以凭遵照办理。据总局司道遵照前旨筹议章程，具详请奏前来。相应缕晰，奏恳天恩，饬部议复。当国家经费支绌，积弊已深之馀，正中外诸臣所宜振刷精神，核实推求之日。臣等微有所见，不敢不据实上陈，谨会同恭折具奏，伏乞皇太后、皇上圣鉴训示。谨奏。

广东各员应得请豁之项恳照恩诏条款办理片会总督衔　四月十二日

再，广东军需动款最轇轕者，咸丰年间先后奏报抽厘济饷一案，现据总局司道禀称：咸丰十年闰三月初四日户部议驳两广总督劳崇光奏续拨关税三十万两接济军需案内声明：广东省现办厘捐，百货充牣，商贾往来络绎，即此抽厘一端，经理得宜，足敷军饷之用，不得以关税正款再行动支。所请续拨税银三十万两之处，未便准行等因，咨行查照。

是年四月两广总督劳崇光具奏咸丰八、九两年试办抽厘情形、开办日期、抽收银数一折，奉旨饬部查案。户部不提是年闰三月议复前奏缘由，忽以不合动用奏奉朱批："着落该省大小吏一律赔补。"户部旋议分作十成：总督、巡抚、藩司各分赔二成，军需局各员共分赔二成，收厘各局印委各官共分赔二成，自八年四月起至九年十二月底止各案在任月日摊赔，遵照三个月完缴等由，奏奉朱批："依议分赔，期限再展三个月。"钦此。于咸丰十年六月初六日咨行到粤，遵经饬行查开各员在任月日，分别追赔去后。

嗣于咸丰十一年十月初九日钦奉恩诏："凡分赔以及牵连着赔

者一概豁免”等因，户部经将例应按成按日分赔及奏明统在历任各员名下按成按日分赔者，于恩诏“一概豁免”本条内分晰声注，缮具清单具奏，奉旨“依议。”钦此。文行到省。

前司道查核咸丰十年奏报抽厘银两，原为支给军饷之需。户部甫于是年闰三月议复续拨关税案内声明抽厘足敷军饷，旋于四月内议驳，前后两歧，实非本省弊混，较之一切照例分赔款项情节实轻。而议赔文内声明分作十成，各按在任月日摊赔，又与“一概豁免”恩诏条款部议清单纤悉相符，系应得请豁之项。前司道未及详奏卸事。兹值钦奉恩旨，饬将军需收取款目开单具奏，未便少涉含糊。司道等均非当日经手之人，无所用其回护。相应呈请奏恳圣慈饬部照依恩诏条款办理，俾得分别归案开单，免滋轇轕。

再，咸丰十年全年及十一年春季收支厘银，均经具奏，奉谕旨：“户部知道。”钦此。户部又以未经奏报，请旨饬令筹还。广东军务未完，饷需支绌，无可筹还，以至悬宕至今。此亦系同治三年六月以前应行开单具奏存案之项，并请附奏，同近年厘金一律归案收支等情。臣等复查该司道所禀，均属实在情形，相应附片陈明，伏乞圣鉴训示。谨奏。

汇保大军进剿浔梧艇匪攻复浔州府城出力官绅兵勇疏会总督衔

奏为查明东、西两省水陆大军进剿浔、梧艇匪，先克下郢贼巢，乘胜攻复浔州府城两案出力官绅兵勇，核实择尤汇保，恭折具奏，仰祈圣鉴事。

窃臣等查接卷内咸丰十一年正月二十四日奉上谕：“劳崇光奏

官军汇剿下郢贼匪，扫平逆垒。所有在事出力各员弁兵勇，着核实保奏。”钦此。又咸丰十一年九月十七日奉上谕：“劳崇光奏东、西两省水陆大军痛歼艇匪，克复浔州府城。在事出力各员自应量予奖叙。着择尤保奏。”钦此。均经前督臣劳崇光恭录转行钦遵，饬据带兵文武查开在事出力官绅兵勇，由督办西江军务前任惠潮嘉道刘式恕、统带浔梧水师碣石镇总兵李扬陞分别汇保前来。前督臣正署迭更，未及查办。复于同治二年八月三十日准兵部咨，五月三十日奉上谕：“刘长佑奏遵保克复广西浔州府城出力员弁开单请奖一折。广东水师出力员弁，据奏未及汇同核办。着毛鸿宾到任后查案核实请奖。”等因。钦此。毛鸿宾因行催未齐亦未查办卸事。

臣等检核档案，查艇匪陈开自咸丰五年秋间窃踞浔州，时计六载，裹胁日众，横梗左、右两江，复敢僭号称尊，大逆不道。时值梧州土匪罗华观等闻声响应，盘踞下郢，东、西两省水陆道路，隔绝不通。经劳崇光会商前广西抚臣刘长佑，由东省筹拨饷需，调派楚、粤水陆大军，先将下郢贼巢扫平，使进浔兵勇无所牵制。随饬李扬陞、刘坤一、蒋益澧等分带舟师陆勇，联络绅团，节节进剿，将各匪陆巢水寨悉数芟除，移师平南。咸丰十一年七月十四日，水军在丹竹河面一战大捷，俘馘万馀，乘胜直捣浔州。是月十六日，将郡城收复。首逆陈开，旋即生俘。洵足彰国威而伸天讨。所有两案在事文武员弁、兵勇、绅练，或亲督战船，溯流轰击，或管带劲勇，迭破坚巢，俾东西交界要隘一律肃清，两粤军事转机，在此一举。其逸出之何亚渭即李亚渭等，由湖北、江西窜投贼营，复敢于上年从福建贼营与其先锋军师张亚城、梁亚福等盘踞香港，招集匪类，供应贼营军火，以图复起滋事。同治四年八月内经县丞刘煦、府照磨李荆门揣知踪迹，设法诱致，知会守备言树勋、龙炽应等督带兵勇围捕，全数拿获。该逆陈开一股，至是始歼除净尽。均属辛劳足录，义勇可嘉。自应分别奖叙，以昭信赏。惟克复浔州案内各营原保人数，不无稍涉浮冒，前督抚臣详细查诘，简牍往返，以致延宕数年，尚未奏报。

臣等以该官绅等立功日久，断难再延，当将原保各折饬发奖恤局司道，确切访查，认真剔厘，汰其徇滥，核其真功。兹据该司道等分晰列册，详请具奏前来。臣等复加稽核，并征诸当日带兵员弁、在事绅商，均属异口同词，毫无偏倚。除楚军出力员弁已由刘长佑在直隶保奖，及蒋益澧所部湘军于复浔后旋即赴浙援剿，其部下员弁有无另案保奖劳绩事故，应俟查复到日另行办理，稍次出力兵勇由臣等赏给功牌，及以千、把、外委记名超拔列册咨部外，所有浔州、下郢两案出力官绅兵勇，谨择尤确核事功，分别清单，恭呈御览。合无仰恳天恩俯准，分别奖叙，以昭激劝。至各该员弁应送履历，俟饬缴到日再行送部办理。臣等谨会同广西抚臣张凯嵩合词由驿具奏，伏乞皇太后、皇上圣鉴训示。

再，克复浔州府城与攻破下郢贼巢，本分二役，第复浔出力人员所注事绩，多有先经攻破梧州下郢贼巢出力著绩之人，似应归并汇办，以期无滥无遗。合并陈明。谨奏。

鄙人清理旧案百数十起。下郢一案，为督辕幕友所持，至是始得出奏，阅之慨叹而已。自记。

密陈粤海关情形疏

奏为钦奉谕旨，谨就微臣愚见，体察粤海关情形，恭折密陈，仰祈圣鉴事。

窃臣二月初十日承准军机大臣字寄，同治五年正月二十一日奉上谕："前因左宗棠奏粤海关收税请由督抚设法筹办，当谕令户部议奏。兹据奏称：该关积弊已深，历任总督、监督，纵不至尽属肥己，亦难保不受家人丁书之蒙蔽，今左宗棠奏闻每岁不下二百万两，与该关奏报银数大相悬殊，请饬两广总督、广东巡抚查明办理等语。粤省军务日久未竣，筹饷之难，该督抚监督等亦所深悉，岂容任听家人丁书群相吞食，视为故常！亟应严行查办。着瑞麟、郭嵩焘严密查明该关各口实在收税数目，以及蒙蔽情形，妥议章程，限三个月内详悉奏明，再由该部酌核办理。该督抚受恩深重，务当破除情面，秉公确查。倘敢饰词回护，有意弥缝，别经发觉，即治该督抚以查办不实之咎。原折着抄给阅看。将此谕令知之。"钦此。仰见皇上垂念军饷艰难，清查关课，综核名实之至意。

伏查广东市舶使之设，起自唐之中叶，垂至于今，盖千有二三百年。自来利之所趋，弊即乘之以生。粤东民商嗜利之深，胥吏舞弊之坚，未尝不因擅海舶之利，酿成此等风气。臣在粤两年，于海关收税情形，略能知其节要，不敢不为皇上缕悉陈之。自宋初设立广州市舶提举司，后复增设于杭州、泉州。历元、明仍其制，为三市舶司。中间增设裁并，沿革不一，而广州一司独无变更。明世番舶通市，各以其地：宁波通日本，泉州通琉球，广州通占城、暹罗及西洋诸国，所定课额均无多。是以康熙二十四年开南洋禁，诸番市易，并集广州一口，设立监督主税务，征银九万一千七百十四两五钱，复经两次题减，额定四万两，二分而已。其后岁有赢馀，爰定三年比较之例。嘉庆四年，始以赢馀八十五万五千五百两著为定额。百馀年来，聚天下货物归并一口，仍以湖丝、茶叶为大宗，额征总数不及九十万。自五口通商以后，添设税务司，洋税丝毫无从隐匿，每年征税犹及二百万。近年内江通商，湖丝一项全赴上海，茶叶一项分赴汉口、九江。粤东利源全窒，商旅萧条，日甚一日，征税犹及百万。以今准昔，情事昭然。此粤海关税务大略情形也。

左宗棠原奏请令督抚设法筹办，再四思维，约有三难。

查户部则例所载，粤海关税口征收正税者三十三口，征收规银者二十四口，设役巡查者十三口。道光二十九年澳夷毁撤澳门税馆，而事局一变。同治元年汕头通商，而事局又一变。例设税口，时有增减。海关事例，土货由洋船运载者，以洋税论；洋货由民船运载者，仍以洋税论。洋人轮船往来海面，较民船为速，又无风波盗贼之虞，是以洋船之利日厚，民船之利亦遂日薄。约而计之，广州、汕头并设大关，归税务司经理；江门、石岐、佛山、思贤滘等处，监督遣人自行经理；其海西高、廉、雷、琼各口，海东惠、潮各口，则皆书吏承揽，向例派各属丞倅稽查，亦只虚应故事而已。监督专司税务，所辖千馀里之税口，委任数十书吏，诚不能无弊。督抚事任较监督更繁，势将仍假手书吏，为弊均也；假手地方官，是于书吏之外又多一层支销，为弊滋甚。古人所谓利不百者不变法，徒更旧章，终无良策。其难一也。

粤东民气浮动，绅商把持，远甚他省。粤海关抽分漏税之法，行之百馀年，商民一律遵守，诚由相沿日久，更无异同趋避之见也。因查粤海情形，东、北两江之水直出虎门。西江别出厓门而分流于虎跳门。中间江别纷歧：东出者曰蕉门，曰横门；南出者曰磨乃门，皆支海能通大船，而总汇于省河，故能控扼全省形势。潮州别为一水，东通漳州，北达汀州，水源六千馀里，洋人通商口岸专在此处。琼州海口亦准通商，至今洋船无一至者。其馀东西两路各口，水源远或数十里，近或数里，贸易不能及远，亦无大宗货物在此销贩，是以历来皆归书吏承办。今将书吏悉数裁汰，从新办理，则此数十口者僻处海滨，耳目既有难周，委任人员多至数十，尤不易得。兼虑开厂经费稍繁，则收数转绌，而一经变易章程，把持阻挠必所不免，若仍循用旧时书吏，直亦无从施其整顿。其难二也。

粤海关例解内务府广储司银三十万两，其馀每岁应缴参价、皮价及传办物件，皆不入额支，盖亦内廷供应之外府也。杭州南北两新关归织造兼管，所任者织造也。取之关课，与取之司库无异。海关监督，则专以课税为事。左宗棠所称杭关新改章程，情形绝不相同。杭州新复，厘捐所收，较关税为轻，稽查亦易核实。南北两关，附近杭州省城，抚臣可以经理。以抽厘章程施之课税，已多滞碍，以杭关章程概之粤海关，尤属参差。又近年沿海各关添设税务司，或由监督经理，或由巡道经理，皆专主税务，与税务司朝夕讨论，易得其力。督抚事任既繁，其势亦稍旷远，尤恐日久弊生，关系转巨。其难三也。

查现任粤关监督臣师曾，精练明决，综核有馀，稽查各日漏税，最为得法。上年海关正税征至一百一十馀万，报解定陵工程及户部指拨京饷、广储司公费，为历任所未有。即令督抚设法筹办，亦不能及师曾之精核。因查粤海关设立监督以后，雍正二年改归巡抚经理，八年复改归总督，旋又改归广州协副将，并设副监督；乾隆七年改归督粮道，八年又设监督，旋改归将军，以后又归督抚经理者五六年，十五年以后，始专设监督。两朝圣人，于此盖亦反复比较，而后著为成例，百馀年旧制，未易轻议更张。体察情形，实亦无足胜此任者。至于书吏之侵牟，家丁之蒙蔽，各省关课同坐此弊，从无实数底簿可以稽查，见闻所及，亦略知其大概情形，而其收数之多寡，舞弊之浅深，质之监督，亦多茫然，实无由推测隐微，过事搜求，以期一发其覆。应请天恩饬下监督臣师曾，查明各口收数，核实整顿，必能日有起色。

所有体察粤海关情形，谨据微臣所见，缕悉上陈，伏乞皇太后、皇上圣鉴训示。谨奏。

筹议各海口添设行厘片会总督衔

再，查各省开办厘金，城村市镇按户抽收为坐厘，江河总汇设厂抽查为行厘。富商大贾，转运数千里，资本既厚，而又货物屯聚一船，易于核算，故行厘收数常倍于坐厘。粤东江路四达，浈水东通江西，武水北通湖南，合为北江，设立韶关一厂，又下设立芦包一厂，兼扼四会、连阳诸江之冲。统计北江厘金，每月约三万有奇。西江兼受浔、梧二水，为广西江路总汇，设立后沥一厂，每月厘金六七千。东江为古龙川水，仅及惠州属境，设立白沙一厂，每岁厘金约二千馀。独省河以南通诸海口，迄今未能举办。

因查近年洋人沿海通商，内地土货一例贩运，即各省商贩贸易，亦皆乘坐轮船，以取迅速。是以远自牛庄、烟台，以及江、浙、福建，近至海西之高、廉、雷、琼，海东之潮州，百货转输，无一不由海运。从前上海厘税，每年三百馀万取给于一海口，视正税增加一倍。福州一口厘税，每年约一百三四十万；厦门一口厘税，每年约四五十万；均与正税相埒。其馀天津、烟台、宁波通商各口，一例开办厘捐。论者徒曰广东海道纷歧，此抽则彼越，恐以厘捐之故，致碍正税。臣等查《宋史·食货志》，诸番异物，十分抽一或十分抽二，是以元世名为抽分之法。户部所载税则，大率百分取一。粤东厘捐，又视税则加轻。凡奸商规避税厘，设法绕越，所谓侥幸营求，逐蝇头之利者也，富商大贾所必不屑计较。资本愈厚，则顾惜愈深，此亦无待深论。或又曰：香港孤悬海外，为洋货屯聚之所，其势足以伺间居奇。一经抽厘，必不运省。臣等查五口通商以后，商人视物价低昂以为避就，较之从前广东一口贸易，相去悬绝，而其时犹可远揽湖南、江西之货，与上海一口争胜。自内江通商，东南利源全窒，所能揽者，广东及广西桂、梧一隅之利，百货来去，必经省河，无可飞越。香港商民居奇，能夺省商之利，而不能漏百货入口之税。得失利弊，情事昭然，特由一二书吏主持此说以相阻难，致厘捐讫无起色。

臣等伏念广东坐厘已定绅商包抽之局，其力足以把持一切，诚令各口行厘收有成数，即可渐次裁汰坐厘，使省城各项贸易少一重摊派，亦稍除绅商专利之弊，于事局实有裨益。与其更变旧章，尽锱铢之利而仍不免于流弊，何如查照各省海口捐厘章程，务令粤东一例办理，较为事顺而功亦尚易集。现在监督臣师曾留心大局，才气亦甚优裕，臣等以此议久格不行，并未一与酌商。粤东军饷支绌万状，东江查办各属匪乡留兵尚二万人，肇庆土、客一案抚绥安插，需费巨万，无可营措，势不能不谋稍开利源，一俟军务完竣之日，仍与各厂厘捐一例停止，并不著为常例。伏乞皇上天恩饬下师曾会同察看各海口情形，添设行厘，其应如何核办之处，容臣等酌议章程，再行奏明开办。是否有当，伏乞圣鉴训示施行。谨奏。

渡船运货漏税应如何稽查议罚请饬部编入则例片

再，户部则例开载漏税罚例，粤海关一口科则尤繁，无一定程式。近年商货屯聚香港，添设饷渡四十馀只，轮流运省，所载货物，动辄数百石，编开字号至数十家，而或有一家夹带私货，该关书吏援一半充公之例，即将全船货物悉数罚收其半，常至赴臣等衙门控告。在海关执户部则例为词，更不凭单稽查漏税之户，遂时有奸民希图充公赏号，装点情节，赴关报验漏税。弊端为甚，验之商情，亦颇未能平允。应请饬部添议渡船装运货物中有一家漏税应如何稽查议罚之处，编入则例，以资循守。是否有当，伏乞圣鉴训示施行。谨奏。

以上一折二片，初奉旨查办粤海关税务，即具此稿，以示瑞相。未数日而有受代之信，瑞相私录其稿，与蒋君会奏，仅具一正折，而撤去二片。惜哉！自记。

广东臬司英秀因病出缺请旨简放疏[1] 四月二十八日

奏为广东臬司因病出缺，循例由驿奏闻，仰祈圣鉴事。

现据广东按察使英秀家人禀称：家主英秀于同治五年四月二十六日忽患喉痛急症，延医调治，服药罔效，于是日亥刻因病出缺等情。臣等查该司英秀前在高廉道任内，办理一切公事，实心实力，诸臻妥慎，蒙恩擢授臬司，于本年三月十三日到任，甫经一月有馀，遽得急症，竟成罔治，殊堪惋惜。臬司为通省刑名总汇之所，不可一日旷闲。查有督粮道郭祥瑞，老成端谨，上年委署臬司篆务，办理裕如，现仍饬委接署，以期无误公事。相应请旨迅赐简放，以重职守。

所有臬司因病出缺缘由，臣等谨合词恭折具奏，伏乞皇太后、

①辑自中国第一历史档案馆藏“录副奏折”原件03-4623-061号。系与广州将军兼署两广总督瑞麟会衔，标题系编者拟。

皇上圣鉴训示。谨奏。

同治五年五月二十一日，军机大臣奉旨。钦此。

奉旨着来京另候简用谢恩疏四月二十八日①

奏为恭谢天恩，仰祈圣鉴事。

窃臣于同治五年四月初一日准吏部咨开，内阁抄出同治五年二月二十六日奉上谕："郭嵩焘着来京另候简用。广东巡抚着蒋益澧补授。"钦此。跪诵之下，感悚难名。伏念臣以菲材，滥权疆节，两年有馀。军政之积疲已深，无能一加匡救；民生之凋敝日甚，乃复重以诛求。知行政以正风俗为先，而转移无术；知察吏以肃纪纲为重，而竭蹶仍多。期发愤以自强，徒积忧而成疾。念臣迂疏之已甚，深惭罔济时艰；如臣奉职之无方，自分（早）〔宜〕婴重谴。圣恩高厚，曲赐矜全。命之来京，俾遂瞻天之素愿；赐之简用，借摅陈力之愚忱。因材而笃者生物之仁，权衡悉如其量；补过不遑者服官之义，终始求慊其心。闻新授抚臣蒋益澧已由上海乘坐轮船来粤，自可及时到任。臣谨将经手事宜妥为料理，以备移交。现在沿海盗贼急待搜捕，肇庆客民方筹安插，在新旧交卸之日，人情易涉依违；值地方多故之时，事局尤虞丛脞。臣惟有在任一日，期尽一日之心，不敢稍涉疏忽，自取咎戾。

所有微臣感悚下忱，谨缮折叩谢天恩，伏乞皇太后、皇上圣鉴。谨奏。

①日期据中国第一历史档案馆藏"录副奏折"原件03-4623-062号同疏补。

请酌量变通督抚同城一条疏四月二十八日[①]

奏为国家设官，如督抚同城一条，急宜酌量变通，谨就微臣阅历所及，推论其源流而究明其得失，恭折奏祈圣鉴事。

窃查明永乐初，浔、桂、柳三府蛮乱，遣给事中雷填巡抚广西，为巡抚之名所自始。景泰三年，浔、梧瑶乱，廷议以两广宜协济应援，乃设总督。是总督、巡抚二者，皆肇端于两粤。终明之世，以十三布政使为定员，而总督、巡抚或分或并，或设或罢，大率与兵事相终始。成化以后，建置日繁，如京东北一路有蓟辽总督、〔保定总督〕[②]、宣大总督，又有顺天巡抚、永平巡抚、保定巡抚、辽东巡抚、宣府巡抚、大同巡抚、天津巡抚、密云巡抚，开府相望。然考其时督抚驻扎地方，从无同城者。保定添设总督，而保定巡抚别驻真定；宣大分设巡抚，而宣大总督别驻阳和。至两广督抚沿革，其初分设巡抚，而后改设总督。天顺二年，遣右佥都御史叶盛巡抚两广，则又稍易其名。成化元年，又以总督兼巡抚。嘉靖中，添设广东巡抚，总督祗兼巡抚广西，由梧州移驻肇庆。隆庆三年，又添设广西巡抚，总督改兼巡抚广东。是两广总督、巡抚，明时亦未尝兼设。

国朝以来，总督、巡抚，著为定制。中间小有裁并，而视明世纷更变易，规模固远胜矣。其督抚同驻会城者三，曰福建，曰湖广，曰云南。本不同城而移驻会城，遂成定例者一，曰两广。推原立法之始，地方吏治归各省巡抚经理，听节制于总督，而总

---

①日期据中国第一历史档案馆藏“录副奏折”03－4623－066原件同疏补。原置《酌保各员片》前，兹改置此。

②据中国第一历史档案馆藏“录副奏折”03－4623－066原件同疏补。

督专主兵。是以河南、山东、山西专设巡抚，即不复设提督，为不欲使武臣主兵，而巡抚又不得统辖提督，故为巡抚兼衔。直隶、四川、甘肃专设总督，仍兼巡抚衔，大致以兵事归总督，以民事归巡抚，此国家定制也。而巡抚例归总督节制，督抚同城，巡抚无敢自专者。于是一切大政，悉听总督主持，又各开幕府、行文书，不能如六部尚书、侍郎同治一事也，而参差杌陧之意常多。

道光之季，两广蕴孽已深。叛匪一起，乱民从之如归，蔓延遍及东南，而皖豫之捻匪、陕甘之回匪乘之以逞，为乱者皆民也。则各省抚臣之失职多矣。额设营兵，多或六七万人，少亦万馀人，竟不得一兵之用。镇、将、参、游，循资超擢任为将帅者，更无一人。所用以转战者皆勇也，而兵为虚设。积久又益加累，岁糜钱粮千馀万，相与处之怡然，则各省督臣之失职尤甚矣。而自军兴以来，江忠源、胡林翼、罗泽南、李续宾及今刘长佑、曾国荃、刘坤一、刘岳昭等，皆以司道主兵，或积功至督抚。兵权日分，总督仅守虚名。而例定分年查阅营伍，考核将弁，均系总督专政，出巡之日为多，两省情形亦资周览。军兴数年，此典竟废。

同治元年，兵部议奏御史陈廷经变通营制一折，奉旨："江苏、浙江、安徽、江西、陕西、湖南、广西、贵州等省各镇协武职升迁调补，暂由巡抚办理。千总以下，径由巡抚咨拔报部。所有校阅营伍、考核将弁，并本省筹办防剿，即专责成巡抚经理。其总督兼辖省分，军政考核着径由巡抚就近著考，会同具题。至巡抚同城者，仍照旧章办理。"等因。钦此。因查一省千馀里之地，能考求其利病，周知其情状，已难其人，至于兼辖省分，原不过奉行文书，周旋应付，稍求整顿，隔阂必多。所以议归巡抚经理，盖亦穷而必变之势也。而与总督分省之巡抚，军政民事一听主裁；与总督同城之巡抚，军政既不得与闻，民事又须受成总督。一则虚列其衔，一则两操其柄，是从前督抚同城，名存而实去者，仅一巡抚；自顷数年，则督抚之名实两乖，而巡抚乃尤为失职。臣请悉其得失利病，为我皇上一陈之。

《传》曰："天下之动，贞乎一者也。"惟其一也，故能齐百姓之耳目，而定属吏之从违。宋置监州，而兵以弱。明置巡按，而政以嚣。知道者惜之，然于政之所出，犹未有分也。督抚同城，爱憎好恶之异情，宽严缓急之异用，同为君子，而意见各持，同为小人，而诪张倍出。如举一人也，此誉之，彼毁之，则是非淆；劾一人也，此远之，彼近之，则趋避易。徒令司道以下，茫然莫知适从，其君子逶迤进退以求两无所忤，其小人居间以遂其私。国家定制，钱粮及升调员缺总之藩司，刑案总之臬司，督抚专任其成，本不易有所设施，而又水火交攻，戈矛互进，是皇上设官以求治也，而督抚同城乃万无可言治。今使一县而置两令，一郡而置两守，必不能以安矣，此理势之固然者也。

臣自道光二十七年通籍，假归过武昌，目悉吏治之偷，气习之深，心忧其将乱。其后五年而乱作。前后督抚，殉难三人，伏诛二人，被劾四人。赖胡林翼开立规模，风气为之稍变。云南之乱，则既成矣。前督臣张亮基每言及前抚臣徐之铭牵掣情形，辄至慨叹。而各直省吏治人心之敝，闽、粤为尤甚。细究其由来，数十年瞻顾因循，酿乱保奸，实以督抚同城之故。以言其事既如彼，以言其效又如此。历来同城督抚，互怀猜忌，相为敌雠，独于公事，一切雍容坐视，以求免于嫌怨。承平日久，循例守职，亦庶几可以寡过。处多事之时，承积疲之俗，而多所牵制，苟安无事，以谓之和衷，朝廷独焉赖之？自古中材多而贤人少，皇上委任疆吏，但使中材，足以自守，其间一二贤者，弛张以时，自可相维于不敝。督抚同城，则贤者永不得有为，中材亦因以自废。

此臣所谓急宜变通者也。

近年，云南督抚皆浮寄境外，一无凭借。臣愚以为云贵总督一缺，宜暂停罢，责成巡抚剿贼，以一事权。其闽浙、两广总督，则或援照明制，兼并一员。福建情形，臣不能知其详。广东督抚两标及两署书吏分别裁并，营政、吏治、关税、盐务四者未尝不可整饬。权分则情多乖，责专则事易集，不独于地方补益甚巨，其裨于国家之经费亦必多矣。臣伏见明臣韩雍在两广总督任内疏言：两广地大事殷，请裁总督，东西各设巡抚。当时立见施行。韩雍请分其责于两省。今臣请重其任于专城，义取因时，事亦同揆。至于国朝督抚之沿革，如河东总督、偏沅巡抚，时有废置，即咸丰九年裁撤南河总督一缺，断自宸衷，期使大臣无旷官虚设之员，天下亦同受其利益，用意至为深远。臣抚粤两年，于地方利弊源流，知之颇悉，怀此欲陈久矣，以虑语言稍涉直切，或疑其有他意，是以欲言复止。今旦夕交卸，以切身之阅历，求及时之变通，用敢推明得失利病之原，上备圣明采择。可否仰邀皇上天恩，饬军机大臣、吏部、兵部会议，并抄发臣折，交各督抚公同核议，以求妥善之处，伏乞圣鉴施行。谨奏。

香港派来教练弁兵撤回馀由领事及龄山教演操练折[1] 五月初一日

广州将军兼署两广总督瑞麟、署广东巡抚郭嵩焘奏：

同治元年八月间，承准总理各国事务衙门咨行，酌派旗、绿各营官兵，会同英国官兵练习，以成劲旅。等因。经前督臣劳崇

①辑自《筹办夷务始末》（同治朝）卷四十二，中华书局2008年11月第1版。

光照会英国香港官，派有英国兵总一名，带同教练官三名，兵四十二名来省教练。即在满、汉八旗及各省、督、抚、提三标暨广州协标，先后选拔兵丁，委令副将龄山为统领，协领全济为总统管带，会同操练，由前督抚臣等节次奏报在案。兹据英国领事罗伯逊申陈：接到香港官来文，请将前派来粤教练各弁兵撤回香港，于同治五年二月十八日起程等情。臣等查英国派来教练各弁兵，既据申陈撤回，自应准如所请，以顺远人之情。此项外国弁兵，每月薪粮需银四百馀两，即于二月十八日截数停支。

惟查从前拨出旗、绿各营弁兵，除练习精熟先撤归伍者，应由各营随时操演外，所有现存教习成队之弁兵八百九十五员名，若遽行裁撤，未免废弃前功，据英国领事罗伯逊商酌，请将旗营弁兵三百六十四员名，仍由领事照旧按期教演，每月薪粮照案发给；其绿营官兵五百三十一员名，即饬统领龄山管带，按月分期操练。所需薪粮，前系每月支银一千馀两，兹拟酌减每月支发银四百八十三两，以省经费。

御批：该衙门知道。

题报同治元年阳山等属带征未完地丁耗羡米石及备支经费银两数目疏[①] 五月初二日

题为遵旨事。

据代办广东布政使事盐运使方濬颐详称：案奉前任广东巡抚觉罗耆龄案验咸丰拾年柒月初肆日准户部咨广东司案呈，内阁抄出两广总督劳崇光奏查勘被匪滋扰各州县应征咸丰壹、贰年未完

①辑自中国第一历史档案馆藏“户科题本”原件02-01-04-21794-032号。系与广州将军兼署两广总督瑞麟会题。标题系编者拟。

钱粮银米分年带征一折，咸丰拾年叁月叁拾日奉上谕："劳崇光奏查明被扰各州县民力拮据，恳将未完银米分年带征一折。广东清远等各州县前经被匪之后，居民流离迁徙，倍形竭蹶，若将未完钱粮银米照常征收，民力实有未逮，加恩着照所请。所有单开咸丰捌年份清远县未完地丁驿传银伍千叁百肆拾两零、耗羡银捌百玖拾陆两零、未完备支经费银陆百肆拾陆两零、耗羡银壹百玖两零、未完米壹千壹百陆拾叁石零、耗米壹百捌拾陆石零，广宁县未完地丁银伍千肆百玖拾伍两零、耗羡银玖百贰拾捌两零、未完备支经费银肆百玖拾壹两零、耗羡银捌拾贰两零、未完米壹千柒拾玖石零、耗米壹百柒拾贰石零，开建县未完地丁银壹千陆百柒拾伍两零、耗羡银贰百捌拾叁两零、未完备支经费银贰百贰拾陆两零、耗羡银叁拾捌两零，连山县未完地丁银贰千柒拾柒两零、耗羡银壹千壹百玖拾陆两零、未完备支经费银柒百拾叁两零、耗羡银壹百贰拾两零，均着俟柒年份□□之项带征限满，再分两年移请带征。阳山县未完地丁银贰千伍百叁两零、耗羡银肆百贰拾贰两零、未完备支经费银壹百柒拾壹两零、耗羡银贰拾玖两零，南雄州未完地丁驿传银壹万叁千壹百肆拾捌两零、耗羡银叁千陆百叁拾陆两零、未完备支经费银玖百玖拾叁两零、耗羡银壹百贰拾□两零，均着□□年□□□分限两年带征□□，以舒民力。该督抚刊刻誊黄，遍行晓谕，务使□□□□□□□□□□□□□□□□□□□□□□□□□□□□□□。"钦此。等因。咨□□□□□□□□转行□□□□□□□□□□□。

广东布政使方濬颐查看得广东被匪滋扰之清远、广宁、开建、灵山、阳山、南雄等州县未完咸丰捌年地丁驿传银肆万伍千贰百肆两捌钱壹分□厘，耗羡银柒千玖百壹拾壹两壹分伍厘，又未完备支经费银叁千贰百肆拾贰两柒钱壹分壹厘，米贰千贰百肆拾叁石叁斗捌勺，奏奉圣准，清远、广宁、开建、灵山等县，俟□年带征期满，再分两年□□带征，阳山、南雄贰州咸丰拾年□□□分限两年带征等因，合同治元年份奏销应征代征咸丰捌年额征地丁银米内，阳山、南雄贰州县□□自咸丰□□□带征起，分限咸丰拾壹年□同治元年两年分年带征，清远、广宁、灵山等□□□自咸丰拾壹年□□起分限同治元、贰□年□年带征。所有同治□年奏销案内阳山、南雄、□□、□□带征地丁驿传共银壹万贰千□百贰拾陆两贰分，内豁免民欠银玖千叁拾陆叁钱肆分壹厘伍毫，征存在县。未解银叁千□百捌拾玖两陆钱□分捌厘伍毫，应带征耗羡银贰千壹百□拾□□柒钱陆分肆厘，内豁免民欠银壹千伍百柒拾壹两壹钱玖分伍厘，征存在县，未解银□百捌拾陆两伍钱陆分玖厘。

又清远、广宁、灵山等县带征地丁驿传□□□玖百叁拾捌两贰钱壹分叁厘，内豁免民欠银捌千壹百□拾肆两□钱陆分壹厘，征存在县，未解银□百□拾肆两伍分贰厘，应带征耗羡银壹千陆百陆拾柒两□分□厘，内豁免民欠银壹千肆百肆拾壹两柒钱玖分玖厘，征存在县。未解银贰百贰拾伍两□钱捌分玖厘，应带征米壹千壹百贰石伍斗壹升伍合肆勺，内已完米壹百伍拾石，豁免米玖百柒拾壹石伍斗壹升伍合肆勺。

又清远、广宁、灵山、南雄、□□等州县未完备支经费银壹千伍百捌拾□□钱陆厘，内豁免民欠银肆百肆拾贰两肆钱肆分玖厘，征存在州县。未解银壹千壹拾伍两捌钱伍分□厘，由司□□□完，另行报部，□将征存未解银米仍归未完项下周□，以符定例。所有带征未完地丁、耗羡米银及备支经费银两与应参各官职名，理合分晰造册，详请题报。

再，耗米一项，应俟耗米报销时，汇案造报。至备支经费银两，系属杂项钱粮，应请免计分数，合并声明等由到臣。据此，该员看得广东省被匪滋扰之清远、广宁、开建、灵山、阳山、南雄等州县未完咸丰地丁驿传银肆万伍千贰百肆两捌钱壹分伍厘，耗羡银柒千玖百壹拾壹两壹分伍厘；又未完备支经费银叁千贰百肆拾贰两柒钱壹分壹厘，米贰千贰百肆拾叁石叁升捌勺，奏奉圣准清远、广宁、开建、灵山等县俟柒年带征限满，再分两年接续带征。阳山、南雄贰州俟拾年秋征起，分照两年带征等因。转行遵照。

兹据代办广东布政使方濬颐详称：同治元年份奏销应带征咸丰捌年缓征地丁银米内，阳山、南雄贰州县遵照自咸丰拾年秋征起，分限咸丰拾年及同治元年两年分年带征；清远、广宁、灵山等县遵照自咸丰拾壹年秋征起，分限同治元、贰两年分年带征。所有同治元年奏销案内，阳山、南雄贰州县应带征地丁驿传，共银壹万贰千捌百贰拾陆两玖分，内豁免民欠银玖千叁拾陆两叁钱肆分壹厘□毫，征存在州；未解银叁千柒百捌拾玖两陆钱柒分捌厘伍毫，应带征耗羡银贰千壹百贰拾柒两柒钱陆分肆厘，内豁免民欠银壹千伍百肆拾壹两壹钱玖分伍厘，征存在州，未解银伍百捌拾陆两五钱陆分玖厘。又清远、广宁、灵山等县，应带征地丁驿传银捌千玖百叁拾捌两捌钱壹分叁厘，内豁免民欠银捌千壹百柒拾肆两柒钱陆分壹厘，征存在县；未解银柒百陆拾肆两伍分贰厘，应带征耗羡银壹千陆百陆拾柒两捌分捌厘，内豁免民欠银壹千肆百肆拾壹两柒钱玖分玖厘，征存在县；未解银贰百陆拾伍两贰钱捌分玖厘；应带征米壹千壹百贰拾壹石伍斗壹升伍合肆勺，内已完米壹百伍拾石，豁免米玖百柒拾壹石伍斗壹升伍合肆勺。又清远、广宁、灵山、南雄、阳山等州县，应带征备支经费银壹千伍百捌拾叁两叁钱陆厘，内豁免民欠银肆百肆拾贰两肆钱肆分玖厘，征存在州县；未解银壹千陆拾伍两捌钱伍分柒厘，□□解完，另行报部。兹将征存未解银米仍归未完项下开造，以符定例。

所有带征未完地丁、耗羡、米石及备支经费银两与应参各官职名，理合分晰造册，详请题报等情前来，臣复核无异。除册分送部科查核外，臣谨会同广州将军兼署两广总督瑞麟合词具题，伏乞皇上圣鉴，敕部核复施行。谨会题请旨。

请旨奏销同治元年份驿站钱粮疏[①] 五月初二日

题为请旨奏销驿站钱粮，以期画一事。

据广东按察使张兆栋会同代办布政使方濬颐详称：案照驿站钱粮例应按年奏销，久经遵照办理。又，嘉庆贰年叁月贰拾肆日奉准兵部咨各直省督抚，嗣后题报驿站朋马并一切钱粮以及修理站船等，本只将本案紧要钱粮数目由各督抚核实题报，其各该司原详以及条陈酌改，并节年例案于司总册首详细声叙，毋庸于疏内叙入，庶题疏不致冗複，而例案亦不致遗漏。等因。又嘉庆伍年拾壹月贰拾陆日奉准户部咨，将额征驿站正耗钱粮较多之州县，内除夫马、工料、红船水手工食马价协济等款，准令全数留支外，馀剩银两提存藩库造报酌拨，倘有额征驿站不敷留支，及向无应征驿站之各州县所需夫马、工料等银，并准其在于地丁银内照数扣支，归入存留项下造报，臬司会同藩司核实题销；其正耗完欠数目，应令各州县随同地丁钱粮造报，藩司会计分数，并疏具题，毋庸另立考成。等因。又于嘉庆陆年柒月贰拾贰日奉准户部咨，

①辑自中国第一历史档案馆藏“户科题本”原件02-01-04-21810-017号。系与兼署两广总督瑞麟会题。标题系编者拟。

酌定驿站章程内开：一、额征驿站较多之州县，除应需夫马、工料径行扣支外，馀剩银两提归藩库报拨。一、有征无驿之州县，所征银两统入地丁，尽数提归藩库报拨，毋庸另立驿站名目。等因。各转行遵照在案。

兹同治元年份广东通省额征驿传钱粮连闰共银贰万捌百捌拾捌两陆钱，除驿站较多各州县留支存剩银两，并有征无驿之州县所征银两统入地丁，提归藩库报拨，毋庸另立驿站名目开造，及征收完欠数目考成分数由布政使衙门随同地丁钱粮并疏具题外，所有留支驿传及传银不敷扣支地丁银两支销数目，据各州县造册申缴到司。该广东按察使张兆栋会同代办广东布政使方濬颐查看得同治元年份各州县留支额征驿传实银肆千肆百肆拾伍两伍钱伍分捌厘；又番禺、乐昌、归善、高要肆县额征传银不敷支给，扣支地丁实银陆千肆百玖拾柒两肆钱肆分捌厘，驿传、地丁贰项共扣支实银壹万玖百肆拾叁两陆厘，内支给驿船水手工食实银壹万叁百伍拾捌两伍分伍厘，支给应付勘合火牌差使口粮及递解遣犯夫价实银伍百捌拾肆两玖钱伍分壹厘，均系扣除京平实支银数，理合汇造总细各册，详缴复核题销等情；并据代办广东布政使方濬颐核明同治元年驿传钱粮解司银两实存在库，并无亏空及挪新掩旧等弊，出具印结到臣。据此，该臣看得驿传钱粮例应按年奏销。

又，嘉庆贰年叁月内准部咨，嗣后驿站朋马等本只将紧要钱粮数目核实题报，其馀条陈酌改，并节年例案于册首声叙，毋庸于疏内叙入等因。又嘉庆伍年拾壹月内准部咨，将额征驿站正耗钱粮较多之州县，内除夫马工料、红船水手工食马价协济等款，准令全数留支，馀剩银两提存藩库造报酌拨，倘有额征驿站不敷留支及向无应征驿站之州县所需夫马工料等银，并准在于地丁银内扣支，臬司会同藩司核实题销，其正耗完欠数目，应令各州县随同地丁钱粮造报，藩司会计分数，并疏具题，毋庸另立驿站名目等因，均经转行遵照。

兹据广东按察使张兆栋会同代办布政使方濬颐详称：同治元年份各州县留支额征驿传钱粮银肆千肆百肆拾伍两伍钱伍分捌厘，又番禺、乐昌、归善、高要肆县额征传银不敷支给，扣支地丁实银陆千肆百玖拾柒两肆钱肆分捌厘，实共扣支银壹万玖百肆拾叁两陆厘，内支给驿船水手工食实银壹万叁百伍拾捌两伍分伍厘，支给应付勘合火牌差使口粮及递解遣犯夫价实银伍百捌拾肆两玖钱伍分壹厘，均系扣除京平实支银数。理合造册详缴复核题销等情，造册详送前来。经臣会同兼署两广总督臣瑞麟亲临布政司库，将库存银两公同在省司道各官盘查，并无亏空及挪新掩旧情弊。

除册结分送部科查核外，臣谨会同兼署两广总督臣瑞麟合词具题，伏乞皇上圣鉴，敕部核复施行。谨会题请旨。

接扣三成养廉归补剿办会匪案内第十九次扣完银数疏[①] 五月初二日

奏为接扣三成养廉归补剿办会匪案内，例不准销银米第十九次扣完银数，恭折奏祈圣鉴事。

案查嘉庆十六年间，前任督臣松筠等，以粤东剿捕博罗、永安二县会匪支过例不准销银米二项，共银二十五万四百二十七两五钱六分六厘，因历年久远，承办各员多已离粤，事故往返咨追，仍属无济，请俟海洋捕费摊廉补足后，仍于各官养廉内每年接扣

①辑自中国第一历史档案馆藏“录副奏折”原件 03-4940-095 号。系与广州将军兼署两广总督瑞麟会衔。标题系编者拟。

三成归款，奏欠谕旨允准。嗣于道光元年钦奉谕旨：查办州官摊捐款项，又经前督臣阮元将此款劄匪例不准销银米及粤洋捕费摊补之案，汇同摊赔民欠津贴谷价等款□□减扣加费，钦奉上谕："着照所请，自道光元年正月起，各减半加展扣解。"等因。钦此。又于咸丰三年准部咨：准各官按季停给六成廉额银扣存司库，听候拨用。又准部咨：各官养〔廉银〕自六年夏季起，文职一二品酌给七成，三四品酌给八成，五品以下及七品之正印官酌给九成。其军营带兵各员，均照原额支给。各等因。

查广东省接扣减半三成养廉，归补劄办博罗、永安二县会匪，例不准销银米，业于办理道光二十四年至咸丰十一年奏销时，将第一次至八十次扣完银数，恭折奏报在案。兹办理同治元年奏销案内，据司道等详报，同治元年正月初一日起至岁底止，按各官应支成数廉银，照案分别核扣，除旷缺不扣及运司运同应捐银两奏明停捐划抵潮桥缺饷外，实应扣捐银一万六千七百四十一两四钱四分五厘，均已如数扣解司库，详请核奏前来。臣等复核无异，理合恭折具陈，伏乞皇太后、皇上圣鉴。谨奏。

同治五年八月初二日，军机大臣奉旨："该部知道。"钦此。

恭报太平关咸丰十一年五月至同治元年五月征收正额盈馀银两数目疏[①] 五月初四日

题为恭报太平关征收正馀钱粮事。

案照雍正元年贰月拾柒日准户部咨一件，钦奉上谕事，内开广东清吏司案呈康熙陆拾壹年拾贰月初拾日启奏湖口关更换监督

①辑自中国第一历史档案馆藏"户科题本"原件02-01-04-21804-023号。标题系编者拟。

事，奉旨："各部院衙门官员派出税差者，特为照额完足正项钱粮，所得羡馀，拿回赡养伊等家口，照看亲戚族人。今看得出差官员时常缺欠钱粮，若缺欠钱粮本身认罪，而出差回来兄弟亲戚族人不能照看，就无颜面，因此公私均属无益。皇考圣明，洞鉴无益，将税差交与地方官亦有壹年，嗣后税务交与地方官兼收，则于钱粮地方大有裨益。除正项钱粮外，所得馀银令该巡抚奏闻起解，如有应赏之处，将此银两赏用甚便，尔等会同户、工贰部会议具奏。"钦此。查先经户部以淮安、天津、凤阳、北新、南新、临清、荆关、江海、浙海等玖关，俱交与地方官兼管。其应解正项钱粮外，所得盈馀银贰拾贰万壹千两，与税课按季附解，交送内库，等因具奏，行文在案。应将淮安等玖关从前所定盈馀银两外，如再得盈馀，亦令解送。嗣后浒墅、扬州、龙江、芜湖、湖口、赣关、太平桥、粤海、闽海等玖关停遣官员，俟现任监督等壹年限满，交与该抚等，令地方官兼管抽收。所收税银，仍照例按季解部，一年任满，该部照例将收税册档查明核算，具题考核。浒墅等玖关向来缺欠钱粮，不便比照淮安等关盈馀数目。此玖关除正额钱粮外，所得盈馀银两，该抚等务须举出实数奏闻，解交内库。俟一年满，若不累商民，并不科派，又能增添钱粮者，俟命下之日，将该抚及派出监管关差地方官议叙。再，六监差照常差遣御史，崇文门差无可交之地方官，且历年并无拖欠钱粮，仍差遣内务府官员。山海关内外俱系旗人，仍计俸列名拾人具奏差遣。左右两翼、古北口、蟠桃口、张家口、杀虎口俱系小差，钱粮无多，仍照例掣签差遣。盛京虎怒河等处，系抽收本税，亦系小差，仍照常差遣官员等因，于雍正元年正月拾壹日题，本月拾肆日奉旨："依议。"钦此。钦遵抄出到部，相应行文该抚，俟粤海关监督那善、太平桥监督佛宝任满之日，该抚拣简贤能地方官兼管，俟接任之日，具文报部查核可也。合咨前去，遵照施行等因到前抚臣年希尧，准此，久经转行遵照在案。该臣看得太平桥每年额征税银伍万贰千陆百柒拾伍两壹钱柒分伍厘，例应巡抚衙门委员经收，按年题报。兹据管关委员前任南韶连道方濬颐将征收壹年期满正额盈馀银数，开报前来。

臣查前抚臣耆龄自咸丰拾壹年伍月贰拾壹日起，至同治元年贰月拾柒日止，收正额银贰万捌千贰百陆拾柒两玖钱贰分肆厘，前任两广总督兼署抚臣劳崇光自贰月拾捌日起至伍月贰拾日止，收正额银捌千壹百玖拾叁两壹钱壹分壹厘，通计拾贰个月，一年期满，共收正额银叁万陆千肆百陆拾壹两叁分伍厘，内除添补关银不敷经费及书巡人等工火，照例动拨正额银伍千陆百叁拾肆两贰钱叁分玖厘，实在正额银叁万捌百贰拾陆两柒钱玖分陆厘，除支本关经制衙役工食银壹百捌拾陆两外，尚存正额银叁万陆百肆拾两柒钱玖分陆厘，解交布政司库充饷，饬取库收册档，咨送部科查核。又带征南雄州夫料木税额银陆百伍拾两，亦经解司汇入杂税项下，凑充兵饷。又收木税盈馀银陆百贰拾贰两陆钱柒分柒厘，又应支一切经费工食共核减二成银壹千肆百陆拾贰两伍钱陆分，例应解部。惟咸丰捌年正月内准户部咨云南省戊午年兵饷酌拨太平关税银伍万两，又咸丰玖年贰月内准户部咨云南省己未年兵饷酌拨太平关税银捌万两，又咸丰拾年贰月内准户部咨云南省庚申年兵饷酌拨太平关税银捌万两，又咸丰拾壹年肆月内准户部咨云南省辛酉年兵饷酌拨太平关税银捌万两，又同治元年贰月内准户部咨云南省壬戌年兵饷酌拨太平关税银捌万两，等因。业将前项本税盈馀银贰百贰拾贰两陆钱柒分柒厘，同节省水脚银柒两肆钱玖分，又解员水脚银壹拾两贰钱壹分陆厘，共银陆百肆拾两叁钱捌分叁厘，储备候给，委员解赴云南省投纳。所有核减贰成银壹千肆百陆拾贰两伍钱陆分及扣存添平饭食等银，业经批差委员准补连平州知州李景福搭解赴部交纳在案。

又江海关移报自咸丰拾壹年伍月贰拾陆日起，至同治元年叁月贰拾伍日止，代征丝税正银叁万伍百捌拾伍两贰钱贰分柒厘，耗银叁千伍拾捌两伍钱贰分贰厘；又续报自同治元年叁月贰拾陆日起至伍月贰拾日止，代征丝税正银伍千捌百玖拾叁两伍钱陆分捌厘，耗银伍百捌拾玖两叁钱伍分捌厘，共计代征正耗银肆万壹百贰拾陆两陆钱柒分伍厘，仍由江海关就近解部，先经咨明户部在案。

所有太平桥征收正额盈馀银两数目，相应题报，伏乞皇上圣鉴，敕部核复施行。臣谨题请旨。

广东省同治五年二月份收捐监生银两片[①] 五月十五日

再，广东省收捐监生、贡生名数、银数，向系按月奏报。嗣准部咨，将部监空名印照发交各省收捐，文武监生每名减银二十两、贡生减二成办理。又准部咨，空名照数目分别已发未发，按月奏报。各等因。当于咸丰四年七月停止常例收捐，截清名数、银数奏咨。计自咸丰四年八月减成收捐起，至同治四年十二月止，共应存文武监生正项银一十万八千四百八十四两二钱一分六厘。又捐贡一项，自减成收捐起至同治四年十二月止，连前旧捐共应存正项银四万三千三百五十二两四钱九分六厘。又本年正月份并无报捐文武监生、贡生，均经臣附片奏闻在案。

①辑自中国第一历史档案馆藏“录副奏折”原件 03－4907－013 号。日期系奉旨时间。标题系编者拟。

兹据广东布政使张兆栋详称：同治五年二月份，由俊秀报捐文监生一名，收正项银八十八两，内除提出本省津贴银八钱八分，尚存正项银八十七两一钱二分，连前共应存文武监生正项银一十万八千五百七十一两三钱三分六厘；本月并无报捐贡生，仍存前月贡生正项银四万三千三百五十二两四钱九分六厘，照案留为办理善后之用。因各营兵饷待支紧急，奉拨之地丁、盐课征解不前，暂借贡监捐项通融支放，已于递年十一月咨报藩库收支各款案内声明，俟奉拨各款收有银两，归还备用，部钣照费储备解京，加平银两照章免其交纳。至旧存咸丰年号空名贡、监各照，业经详缴咨销，其先后奉发改换同治年号监生空名部监照各七千一十一张，监照擦损九张，详咨国子监换发未到，实共发到部照七千一十一张，监照七千二张，空名部监照各六百三十二张。监生一项，自同治二年十月二十三卯起，截至五年二月底止，填发部监照各二十六张；贡生一项，自同治三年十一月填用起，截至四年十二月底止，填发部监照各一十五张。又发潮州府属办理劝捐监生部监照各五十张，贡生部监照各五十张，实在尚存未填监生部照六千九百三十五张，监照六千九百二十六张，贡生部监照各五百六十七张。又二月份并无报捐武监生等情，详请具奏前来。臣复核无异，除分咨外，谨附片陈明，伏乞圣鉴。谨奏。

同治五年五月十五日，军机大臣奉旨："户部知道。"钦此。

广东省本年三月份并无报捐文武监生贡生片[1]五月十六日

再，广东省收捐监生、贡生名数、银数，向系按月奏报。嗣准部咨，将部监空名印照发交各省收捐，文武监生每名减银二十两、贡生减二成办理。又准部咨，空名照数目分别已发未发，按月奏报。各等因。当于咸丰四年八月起办理减成收捐，至同治五年二月止，收捐监生名数、银数及奉颁空名执照已发未发张数，经臣附片奏明在案。兹据广东布政使张兆栋呈称：同治五年三月份并无报捐文武监生、贡生，未经填发执照，无凭造报，呈请奏咨前来。臣复核无异，除分咨部监外，谨附片陈明，伏乞圣鉴。谨奏。

同治五年五月十六日，军机大臣奉旨："户部知道。"钦此。

酌保各员片五月二十一日[2]

再，臣在粤两年，于吏治稍加推求，各州县渐能有所观感，以知尽心民事，其一二廉能朴干之才，为臣所深知者，不敢听其淹滞。如试用道屠继烈，强明果决，遇事能任劳怨。臣在粤所见现任湖南抚臣前藩司李瀚章，办事最为精透。屠继烈规模稍狭，而才气实无伦比，足胜司道之选。

署罗定州知州周士俊，慈祥而有断制，沉毅而兼勤敏。署南

①辑自中国第一历史档案馆藏"录副奏折"原件03-4907-016号。日期系奉旨时间。标题系编者拟。

②日期据中国第一历史档案馆藏"录副奏折"03-4623-063同片补。

海县知县郑梦玉，精详质实，一往无前，所至政声卓越。以上二员，经臣于同治三年三月内会同前督臣毛鸿宾保奏，奉旨："交军机处存记，候旨录用。"等因。钦此。

又长宁县知县宋锡庚，缉匪安良，疏通民气。值东江军务正紧之时，剿办匪乡不遗馀力，尤具有胆识。盐提举衔吴川县知县姜光耀，励精图治，威惠兼施，屡次出海搜捕洋盗，不避艰险。以上二员，均有劳绩，应另案核奖。

臣以察吏安民为职，无能图效涓埃，而所属各员，才能杰出如屠继烈；卓然为循吏，以实心勤求民隐，不邀虚誉如周士俊、郑梦玉、宋锡庚、姜光耀，允为粤东救时之良吏。耿耿此心，所欲以挽回积习，整齐风俗，尤在奖进人才，不敢以交卸在即，有所隐秘。可否仰邀皇上天恩，准将道员屠继烈交军机处记存简放，周士俊、郑梦玉、宋锡庚、姜光耀均准以同知直隶州尽先补用，仍恳敕下督抚臣分别查案保奏，郑梦玉、宋锡庚并准先换顶戴，出自逾格鸿慈。

所有酌保各员情形，谨附片陈奏，伏乞圣鉴训示。谨奏。

保举粮台文案委员请饬部无庸另立专条片 五月二十一日①

再，臣查军务初兴，朝廷转饷以济军食，其时难于择将，而不难于筹饷；用兵日久，将才以求而日多，饷源以用而日竭，则又难于筹饷而不难于择将。粤东完善之区，擅山海之利，而臣莅事两年，深悉筹饷艰窘情形，求一廉干耐事之才，倍难于求一精

①日期系奉旨时间，据中国第一历史档案馆藏"录副奏折"03-4721-036号同片补。

悍善战之将。又今西北之甘回接连新疆，西南之滇回盘踞数府，贵州一省盗贼充斥，势成坐困，其大患均由于军饷支绌。皇上悯念各该省之艰难，指拨协济，而皆有自谋不暇之势，部臣奏请严催，终苦无以为应。故今日之患，尤莫甚于忧贫。

因查军务初起之时，营求差遣，群以为利。至于日久饷绌，委员薪水多从核减，又不能以时支放，艰苦日甚。往时以军营为利薮，趋之若鹜，近今则以军营为苦差，稍能自立者，避之惟恐不速。如甘肃、滇、黔各军营，愿往者直无几人。人情避就，亦无足责。皇上悬爵赏以劝励天下，务在求才备用而已，并非以示猜防。伏见近年以来，言事者以粮台筹饷为大禁，薄其奖叙，又推及在营文案委员，限以奏请，拘以年分，使不得与战功齿，以示慎重名器之义。臣查军兴十馀年，保举人员已逾万数，其以各项差使叙保者，不逮战功二十之一。又惟战功可以优保。各项差使，循资叙奖，本有区别。国家多事之秋，当使文武材用，尺寸皆有以自效，不当一切概之于武功。

伏查咸丰四年十一月吏部议复光禄寺卿宋晋条奏案内声明："粮台、文案出力人员，向照军营出力办理，据奏此等事件，迥非亲冒矢石可比，应请嗣后粮台、文案及一切局务出力人员，郎中、知府以下概不准越级保升及请免补免选本班字样。"钦奉朱笔将"粮台、文案"等字删去，并奉朱批："粮台、文案与一切局务不同，仍准酌量保奏，惟不可概保越级。"等因。咸丰七年以后，连次部议，均未声叙四年内所奉朱谕，于粮台、文案人员痛加裁抑，又于战功内分别非克城擒酋不得越级请升，非冲锋冒镝不得以道府请旨记名。其实越级记名等项，本以待功效卓著者。在营当差，各按劳绩叙奖，既经部定章程，于是一切列入战功之中。科条愈繁，援引比较，动多参差，易干部驳，而营求请托之风愈甚，人心亦愈趋浇漓。

臣因查嘉庆四年，额勒登保为经略大臣，其文案委员胡思显，至蒙特旨褒奖。圣人权衡之大用，出于常格，而亦足见运筹决策之效，有时更优于战功。至于近年军务，筹饷倍难，较道光以前疆臣尽力，部臣转饷，彼此分任，情事迥殊。故从前粮台，职在支放而已，近今所谓粮台，即系筹饷委员，锱铢出入，随同督抚经营，其劳倍甚。军营以饷糈为至重，部议又以筹饷为至轻，未免有乖于名实。

臣愚以为天下之大本二，曰用人，曰理财。二者之中，又有其大本一，曰去欺而已矣。与为严其禁以防滥，而使日长其欺，何如宽其途以求才，而使各尽其用。又凡清厘积弊，察纳人言，当使整齐严肃之气多，而迫促烦苛之意少；明通简要之言用，而搜求琐屑之论除。伏乞皇上天恩，饬部臣详加核议，凡军营保举人员，仍依劳绩叙保，无庸于粮台、文案委员另立专条，特示裁抑，期以济时艰而鼓舞办事之心，使不至别滋趋避。其有冒滥，驳斥议处，断自宸衷，不独以激励人才，实亦去欺之一端，有关于劝惩之大者。

愚昧之见，不敢不以上陈，伏祈圣鉴。谨奏。

酌保得力员绅片 五月二十一日[①]

再，臣在粤添设水师六营，经始东江，饬总兵衔记名副将沈玉遂督办。两年以来，搜除盗艇，肃清江路，东江军务，深资其

①系奉旨时间，据中国第一历史档案馆藏“录副奏折”03－4763－026原件同片内容考订。

力。此次办理东莞、归善、博罗等县土匪，该副将熟悉情形，发踪决策，摧陷廓清，出力尤多。应请俟补缺后以总兵请旨简放，并赏加勇号，以示优奖。四川补用同知知府衔曾纪凤，因霆营叛勇扰及乐昌，调赴北江防堵经年，以一军驻扎始兴，遏贼出路。此次办理翁源六里乡一案，攻破积年老巢五处，匪首涂为益等全数伏诛，地方积患为之一清。该员积劳日久，累案未经叙保，应请免补本班，以道员仍留四川补用。

粤东保案，积压过多。臣前汇次东、西、北三江十馀年旧案，分三次会同具奏，邀准恩施在案。两年以来，新案又已积至十馀起。如西江前后奏准具保六案，汇并一案办理；东江奏保八案，势又不能逐案清厘。又经饬藩司李福泰分营汇奖，以期办理稍归简易。此外尚有北江奏保一案，各属捕杀匪犯奏保两案，督臣出奏，均尚未知何日。该二员深沉果毅，谋勇兼资，尤能通晓事理，为粤东用兵十馀年所未易得之将。曾纪凤办理翁源一案后，应即饬令裁撤。臣于同治五年三月二十五日会奏筹办各属土匪案内，邀请择尤保奏，尚未奉准谕旨。是以由臣先恳恩施，稍资鼓励。

粤东营务陆路提臣高连陞，足胜方面之寄。此外记名提督阳江镇总兵任星元，严明伉爽，尤习水师。记名总兵曾敏行、王朝治，朴实老练。记名总兵肇庆协副将杨青山，勤廉耐苦。署抚标右营游击潮州镇标左营游击尚昌懋，精细晓畅。及沈玉遂之沉毅有血性，皆能不染粤东气习，有事足备干城，无事亦资表率。其馀将弁以下，如邓安邦、戴朝佐、言树勋、区泰初等，可成就者尚多，亦多有劳绩，应行核奖。

至省城督办团务绅士，前后举发逆案三起，获盗二百馀名，经臣于四月十二日会保道衔刑部员外郎刘锡鸿案内附片声明。所有内阁中书陈惟新，应请赏加员外郎衔；同知衔江西安福县知县陈璞，应请以同知直隶州仍留江西尽先补用；内阁中书衔阳江县训导梁葆训，应请以知县遇缺在任即选；五品衔安徽婺源县知县麦佩金，留办团务，并管带壮勇，巡防城内外，获盗多名，应请以同知直隶州仍留安徽尽先补用。臣在粤两年，办理盗匪，深得该绅士等之力，不敢没其微劳，可否邀恩照准之处，出自逾格鸿慈。谨附片陈奏，伏乞圣鉴训示。谨奏。

请饬蒋益澧整顿广东地方风气片 五月二十一日[①]

再，查粤东吏治偷敝，人人以势利争胜，玩视法度，积成风气。官评之贤否，专视绅士之爱憎，百姓疾苦，无过问者。即以厘捐论，稍加清理，谣言远播，而顺德、新会、阳春、阳江、鹤山、香山等县，私捐私抽，多或数万，少或数千，从无议论。谓百姓专顺人之私而以输公为大禁，臣所不敢信。去岁各属局绅营私讦控，臣皆提省究追。南海九江乡丝厘亦系私抽，该处距省甚近，经臣委员查〔勘〕[②]，悉以推之顺德局绅，顺德局绅又推之该处，愚直如臣，亦不敢深究。地方风气已成，百姓惶惑愈甚，官吏整饬愈难。

伏见近年以来，时事艰难，各省疆吏多由特简，感激奋发之意常多。即臣愚劣，尚不敢自颓废。大臣秉公举劾，昭示功过，原期为朝廷耳目。若以一二人之私，今日劾一督抚，明日保一督抚，直视地方大吏惟所爱憎废置者，不独是非颠倒，于朝廷体制似亦微有关系。蒋益澧才气尚优，或因是而专事周旋，以求免于

①日期据中国第一历史档案馆“录副奏折”03-4623-065原件同片补。

②据上引同片补。

訾议，地方公事，粉饰必多。应恳皇上天恩，责成整顿，无怀顾忌。臣疾病因循，两年以来，讫无补救，深盼后任之稍补臣过。愚昧之见，不敢不以上陈，伏祈圣鉴。谨奏。

请假修墓片五月二十一日[①]

再，臣由翰林出身，未履外任。同治元年蒙恩特授苏松粮道，旋擢运司。甫及年馀，骤膺疆寄。自维迂拙，救过不遑。兹蒙皇上恩准来京，另候简用，既幸释夫仔肩，尤深惬夫隐愿。臣籍隶湖南，为由粤入京便道。先垄松楸，多年未经展视。拟即吁恳恩施，赏假四个月，俾臣得以道经本籍，从容料理，稍事修治，以尽人子私情。一俟假满，即当遵旨入京，泥首宫门，求赏差使。

所有请假修墓缘由，谨先附片陈明，伏乞圣鉴训示。谨奏。

嘉应等州县被匪滋扰请将钱粮蠲免以纾民力疏会总督衔

奏为查明嘉应等州县被匪滋扰过甚，民力拮据，吁恳天恩俯准，将同治四年份钱粮蠲免，以纾民力，仰祈圣鉴事。

窃照广东省惠、潮、嘉各属，于同治三、四两年被发逆汪海洋等迭次窜扰，连陷数邑，经江、闽、粤三省官军合力剿办，直至四年岁底方得一律肃清，先后奏报在案。

臣等复查连年发逆窜扰粤东各属地方，嘉应、镇平两州县于同治四年失陷数月，蹂躏最深；平远一县，先于三年九月旋失旋

①日期据中国第一历史档案馆藏“录副奏折”原件03-4623-064同片补，系奉旨时间。

复，而四年份逆匪往来，踞扰该州村庄之日亦最久。此三邑人民流离，田土荒废。委员经过该州县，村庄一片蒿莱，常行至数里始遇有一二人民，鸠形菜色，不忍目睹。本年正月，经饬前藩司李福泰就被扰最甚之区筹办米石，量为抚恤，并札候补知府罗瀚隆赍带银五千两，会同镇平县亲往各村庄按户发给，饬购籽种，及时开耕。一面招抚流亡，渐回复业。惟同治四年分应征地丁钱粮银米，小民极形困苦，无力输纳。如照依向办，待至查清实欠数目，再行奏请恩施，无以慰灾区黎庶迫切企望之忱。合无仰恳皇上恩施，逾格量为变通，先请明降谕旨，将同治四年嘉应、镇平、平远三州县未完钱粮银米全数豁免，以广皇仁。其前时已输在官之银米，仍饬司道转饬查明，着落经征人员分别解缴报部，不准该牧令侵蚀升合分厘。此外四年份旋失旋复之和平、长乐，并被扰稍次之兴宁、连平、长宁、大埔、丰顺等州县，俟查明轻重情形，再行奏请分别办理。

臣等谨合词恭折具奏，伏乞皇太后、皇上圣鉴，训示遵行。谨奏。

恳恩豁免阳春信宜两县旧欠地丁银米片会总督衔

再，肇庆府属土、客一案，发端于恩平、开平，蔓延于阳春、新兴、高明、阳江、新宁、高要，而同治元、二年受害之惨，以阳春一县为最甚。至三年秋间，客民渐次退出县境，四年春，安插那扶、金鸡、赤水等处地方，旋又窜踞那吉，距阳春稍远。该县土民，始渐能复业开耕。又高州府属之信宜县城，自咸丰十一年二月内被逆匪陈金刚等攻陷，境内悉为贼薮，直至同治二年九月克复县城，而是年秋耕已误。溯查此两县同治二年内被扰情形，困苦为最。迭据各该府县于三、四年开征以后，转据绅民呈请奏恳恩免地丁银米前来。臣等督饬司道委员驰往确查，均属实在情形。而民间承大乱之后，按年勉输现年地丁银米，已属十分拮据，万不能带完乱离年份之旧赋。若非钦承恩旨，准与豁免，则书差藉词带征，百姓实已隐受其累。臣等体察情形，不敢不以上闻。

除饬司将该二县地丁银米已完之数归入奏销案内题报外，合无仰恳皇上天恩，将同治元、二两年阳春、信宜两县未完地丁银米一律豁免，以苏民困。至元、二两年被扰被水稍次之处，俟查明轻重情形，各归各年奏销案内分别办理。臣等谨合词附片陈明，伏乞圣鉴训示。谨奏。

办理东江及翁源长宁各属土匪完竣现在筹办肇庆客匪疏会总督衔

奏为办理东江及翁源、长宁各属土匪一律完竣，现在筹办肇庆客匪情形，恭折驰奏，仰祈圣鉴事。

窃臣等分别各营办理东、北江土匪，平毁贼巢情形，经于同治五年三月二十五日会同奏明在案。节据四川补用同知知府衔曾纪凤禀称：三月初六日攻克六里乡老巢，复又攻毁其右围旧楼，其左新楼益惧，立缴军械，自缚诣营二百馀人。曾纪凤讯明戕官案内及此次出围抗拒官兵涂阿煌等三十九名，立与正法，夥党四十四名，押县讯办，馀皆省释。移兵进攻白围。白围在诸围之下，故名下白楼，亦各递呈自首。曾纪凤讯明积匪涂展油等十馀名诛之。其最上曰乌楼，为逆首涂为益巢穴，屹然不动。曾纪凤自三月二十日进攻，至四月初一日，连用大炮轰击，东南、西南两面均各坍塌数尺。初二日五鼓，该逆开围门潜遁。曾纪凤预派副将黄文焕，都司萧德贵、林得贵各率一营，沿河密伏，以防窜逸。每夜多发哨探，令举火箭为号。该逆方趋河岸凫渡，为黄文焕等截回。参将凌兴发急率左营扼其归路，该逆拚死左右冲突，把总张国威、黄连贵挥众向前截杀，阵斩六十馀名，生擒十九名，投河淹毙者尤众。其馀老弱妇女跪伏请命，并纵遣之。讯据获犯涂献根等供：涂为益自知所犯情罪重大，胁伏其众，力抗官兵，已于阵前伏诛。其间已革监生涂添球、涂自嵘，已革武生涂惠溥，庇匪抗官，稔恶已久。臣等并饬讯明正法，稍资鉴戒。查翁源县属东北绵长百馀里，山势回互，本易藏奸，如周陂、磜下、新江等处强乡，大族吞并小村，几无虚日。臣等前檄饬曾纪凤等次第搜捕，该处闻六里乡各匪捕剿净尽，已据捆送著匪许焕遂、江新怀等三十一名，计此月内可以蒇事。该县六里乡涂匪蕴孽最深，曾纪凤此次办理亦最透。现署翁源县王惠溥，明干有才略，会同办理五十馀日，均合机宜，仍责成搜捕馀匪，以靖地方。

又据长宁县宋锡庚禀称：三月初五日攻破小水贼楼，乘势进驻小镇。小镇逆首潘重飞，咸丰四年曾充红匪，攻劫龙门、从化等县，积年凶横，差役不敢捕拿。宋锡庚用温言诱致擒之，并擒其党潘亚先等九名，毁其炮楼。适会臣等以朱国雄病故，檄饬守备叶维光等将所部撤遣，改派记名总兵曾敏行驰赴长宁会剿。宋锡庚商派都司林正栋，会同坪坪司巡检李炳炎、凹下汛把总叶英辉，分赴石桥、画眉塘、宋尚等处匪巢搜捕，获犯潘善三等十五名，以次平毁禾溪等处匪楼数十座，前后办理沙田、遥田、腊溪、禾溪、四约数十乡，长宁一乡凶顽劫杀之风亦或可稍息。

又据记名总兵肇庆协副将杨青山、总兵衔补用副将沈玉遂、道衔刑部员外郎刘锡鸿禀称：办理岸斗冈、新塘以后，东江水路略靖，而石龙下另有小河通高英、增步等处地方，名曰峡内，为盗匪所屯聚，商议移军宝潭、木排头，勒令缴匪。讵高英盗首李大鲮鱼、增步盗首刘沙炮子即刘亚炽，竟敢纠合良边村各匪，在寮步、新墟建立同义堂旗号，以图拒捕。刘锡鸿商令京山司巡检王嵩，会集绅士，驰谕各乡，先安反侧之心。三月十九日急行军分三路趋寮步、新墟：四川建昌镇中军游击邓全胜、游击衔高州镇标千总陈宇成出中路，督标后营参将张寅出左路，沈玉遂以水师全营抄其右路，杨青山居中策应。该匪排列迎敌。五品蓝翎黄俊英、六品军功邓发源向前冲之，中伤阵亡十馀人。张寅、陈宇成以大队从中、左两路横击，该匪退窜高英。二十日，仍分三路进攻高英。该匪以全力冲拒中军，伤勇数人。各军奋力抄击。李大鲮鱼率其党先遁，贼势狂奔，随将高英、寮步、新墟等处贼巢一例平毁。李大鲮鱼由虎门逃赴香港。东江沿岸匪巢百馀里，始稍为之一清。

臣等因查东莞沿海一带拉沙、花枝、角尾等围，为盗贼纠聚行劫之地。稍进曰厚街，逶北曰到滘村，逶南与新安交界曰锦堂、锦厦诸村，皆著名匪乡也。上年冬月，曾派记名总兵王朝治、署抚标右营游击尚昌懋，围捕花枝、角尾二围，获匪数十人，分别惩办。此次春耕方始，不敢悬军穷搜。而肇庆客匪屯踞那吉、萌底、大田一带，时有出窜之势。臣等久拟东江事竣，移军筹办，因饬杨青山率所部各军驰赴肇庆，察看办理。总兵衔署罗定协副将郑绍忠剿办大坪股匪以后，饬留五百人驻扎永安搜捕馀匪，其全军亦经调赴肇庆。查恩平、开平两处客匪屯踞那吉者四五万人，鹤山客匪屯踞五坑者二三万人，皆老弱妇女为多，尚不难剿办。而以数十万客民与土民相为仇杀，今存者仅及十分之一，始终未一抗拒，官兵剿之无名，抚之又苦无术。嘉应克复以后，询之镇平一县，荒山塘土，数十里无人烟。经派候补府罗瀚隆前往查勘，又派候补府张崇恪查勘蓝山一带地方，以为安插之地。首先清理新宁客产，以次及恩平、开平，责令按亩估价，以为安插之资。仍须重兵临治，诛锄强梗，馀众听从解散，安插其无所归者。其新宁、曹冲客匪，滋扰地方尤甚，亦必得一加惩办。此臣等筹办客匪大致情形也。

土民与客民积仇已深，互相截杀，几无虚日。今春五坑客匪分踞布辰，那吉客匪扰及新兴之天堂、腰古，又扰及阳春之合水、黄泥湾，经土民掩击，退踞三垌，分扎黄榄、角山等处。其龙径村、栈木坪各处土匪又与客匪合并。深虑官兵一加剿办，土人乘之，又复悉众他窜，不独无从受抚，并亦不能强使受剿。体察情形，终无全策。能使兵力稍厚，乘初窜之时，声明其抄抢劫杀之罪，痛加掩击，令其自行解散，而后清厘客产，资给而周恤之，以稍平其怨气，而使之有以自谋其生，是亦勉强排解之一法。现饬各军分三路进扎，仍饬肇罗道王澍驰赴新兴，妥筹剿抚机宜，以期迅速蒇事。

所有各营前后阵亡蓝翎把总杨德贵、五品蓝翎黄俊英，应恳天恩，照例给与优恤。其馀中炮受伤透骨之花翎都司周凤舞、都司刘得万、花翎守备尹长贵等，及各营阵亡受伤弁勇二百馀名，应由臣等查明，分别赏恤，汇案咨报。在事出力员弁，已经前案奏明，俟奉到谕旨，即行汇案奏恳恩施。

谨将办理土匪完竣，筹办肇庆土客一案情形，恭折由驿驰陈，伏乞皇太后、皇上圣鉴训示。谨奏。

连平州两次守城堵御大股逆匪援案请广学额疏会总督衔

奏为连平一州两次守城堵御大股逆匪，援案请广学额，以昭激劝，恭折仰祈圣鉴事。

窃查咸丰四年以后，广东红匪迭次扰乱，四会、三水、澄海等县绅民捐资募勇，保守城池，经臣等援案奏请永远增广文武学额，先后奉旨允准在案。查惠州府属之连平州，地处广东边界，幅员宽广百数十里。咸丰四年，红匪四起，河源、长宁失守，翁源被围，各县均与该州接壤。该州四面防堵，赖各乡团之力，下坪、坑尾两次击贼获胜，州境以安。咸丰九年三月内，石达开大股由福建汀州窜由嘉应、兴宁直扑连平州城，知州孙志钧方赴州属银梅催收钱粮，间道回州。州城四面贼骑充斥，凡八日，始由增坝、密溪小路用夜半入城。局绅陈廷荐、颜铣等督率民兵，堵御甚严。石逆开挖地道，轰陷城墙两次，均经堵护。又于东门开挖地道一处，甫成而大雨如注，贼遂由翁源窜逸。凡围攻十有五日，石逆甫退，翟火姑大股又窜踞州属忠信墟，扰及长吉，州城及各乡防堵逾月。

臣等检查旧卷，孙志钧禀报由银梅回州，麻陂局绅卓岗与其子卓翼垣督勇赴援，与贼接仗，父子同时阵亡。次子卓星垣仍复督勇驰援。长吉局绅赖永康、叶芹光、钟文焘等拒贼软坑，孙志钧始得由间道入城。西路局绅梁德云、梁书培、梁启英等击贼阵亡，并毙壮勇一百数十名，几于忠义勃发。同治四年九月初七日，汪海洋大股由和平窜扑州城，又分股由上坪绕出城北。其时贼众尚八九万人，环城四面筑立炮台，猛攻三日。署知州福多、参将朱国雄督同局绅颜培豫等守御，两夜袭攻贼营，斩杀数十人。该逆解城围，窜踞上坑经月之久，堵剿仍无虚日。统计咸丰四年、同治四年各大股逆匪所过，城池无一完者。该州绅民男妇在城坚守，两次赖以保全。军兴十馀年，绅民协同守卫城池，若此类者实不多见。急应优加劝励，使各州县有所观感激发。合无仰恳天恩俯准，援照成案，将连平州学额永远增广文武各二名，以示奖励之处，出自逾格鸿施。谨会同广东学政臣刘熙载恭折具奏，伏乞皇太后、皇上圣鉴训示。

此外尚有新会县绅民守城请复还学额一案，上年奏奉谕旨饬部议令行查详细情形，现在另折复奏，合并声明。谨奏。

酌保连平州守城出力官绅片会总督衔

再，查咸丰九年连平州守城案内，前督臣黄宗汉出示褒奖，声明学正何维林，外委李殿超，绅士陈廷荐、颜铣等合力支持。而考其时，分守各城一出之民力，支放勇粮一取之捐输，绅士出力尤多。而具保守城文武，绅士无一列名者，臣等常心悯之。同治四年守城案内，署州事福多系属新任，其馀多系上届守城绅士，忠义之气不为少衰。臣等详加考核，酌定数人，先行奏恳恩施，以昭激劝。署连平州知州候补知县福多，应请免补本班，以同知直隶州补用。在籍江苏升用知府免补同知颜培豫，应请免补本班，以知府仍留江苏补用，并赏戴花翎。道衔候选郎中颜钟骥，应请赏加三品衔。候选中书江有灿，应请赏加五品衔。丁忧在籍湖南补用知府颜培熏，应请赏加道衔。浙江补用同知颜钟隽，应请赏戴花翎。卫千总衔江启蓉，应请赏戴蓝翎。训导陈廷荐，请以训导即选，并赏加中书衔。其朱国雄一军及在事文武官绅守城击贼著有劳绩者，仍候汇同全案分别具奏。

所有连平州守城尤为出力官绅先行酌保缘由，谨附片陈奏，伏乞圣鉴训示。谨奏。

查明绅民剿匪守城情形疏会总督学政衔

奏为查明绅民剿匪守城情形，据实复奏，仰祈圣鉴事。

案准礼部咨议复两广总督毛鸿宾等奏广州府属之新会县文风日盛，并力保危城，请复还原设学额一折，于同治三年十二月初五日具奏，奉旨："依议。"钦此。粘单内开："据原奏所称咸丰四年贼匪围攻新会县城，该绅民捐资募勇，力保危城，并未将实在情形详细声叙。所请复还新会县原设学额之处，碍难率行议准。应将守城时详细情形确切查明，据实具奏，再行办理。"等因。当经转饬查复去后。兹据广东军需总局司道详称，据新会县禀称：

咸丰四年红逆披猖，所在蠢动，即经前县饬绅设局团练。七月初旬，有佛山股匪吴麟祥等驾船数十，由顺德一路窜扰县属之江门埠，勾结土匪吕萃进、陈松年等，四出煽诱，各乡响应，并有苏黑虎、李象能等匪树旗倡乱，附和而起。新会营额兵千馀，分防各属。参将卫佐邦先经奉调出师，精锐悉往，营伍空虚。七月十五日，该匪率众拥至县城，围攻东门，分架云梯。局绅急同文武登陴堵御，枪炮齐施。首毙红衣贼目，并用火罐掷烧云梯，尽歼扒城悍贼。至十八日二更时候，该匪乘雨潜进，偷扒迤西之庇民门。官绅分投抵御，贼匪愈来愈多，约至十数万。绅等按户抽丁，竭力拒敌，官仓民户，谷米俱空，枵腹相持，城崩复筑。自闰七月二十至八月初九两旬之内，大小三十馀战，均有斩擒。八月十五日援师至，我兵仍奋勇开城夹击，即将附城贼寨尽数扫荡，城围立解。此围城两月，兵单粮绝，绅民力战，保守危城之实在情形也。

迨解围后，官兵奉调回省，贼众又复肆起，并勾结另股贼船三百馀号，先破邑东之外海村，分路夹攻江门。该绅等招募红单师船，随同前县陈应聘驶往江门，先后击毙贼匪二百馀名，烧毁匪屋数十间，生擒苏黑虎等一百馀名。迨九月十一二日，佛山援贼大至，以白石乡为巢，更番诱战。各绅协同吴守备，分带兵勇，驰往进攻，掩杀千馀，始行退去。二十二日，顺德援贼又至，仍潜师猛进，大挫凶锋而退。江门方定，复有鹤山瓦窑股匪万馀，由陆路来犯。各绅督勇练三千名，直捣瓦窑，毙匪数百，生擒四十馀名，会同营弁收复鹤山县城。此又防守江门，进剿白石乡及击退瓦窑窜匪，并复邻县之实在情形也。

统计守城及击剿各匪所费粮饷，俱由民间凑集，并无动支官项。一切情形，均经前县详报有案。合无仰恳照依前次奏案，请奏加文学额二名、武学额三名。等情禀复到局，转详前来。

臣等伏查该局现详据新会县查禀咸丰四年绅民固守危城及解围后击剿江门贼匪各情，核与咸丰四年十月内前督臣叶名琛、抚臣柏贵奏报新会县被匪围攻，官军绅勇剿散，立解城围，进剿江门情形相符。其进剿白石乡、击毙瓦窑股匪、协同收复鹤山县城各情，当时亦经禀报有案，其事昭彰，在人耳目，不惟非贼匪经过地方所得借口，即比较前次奏准加广学额之四会、三水等县，厥功尤伟。兹由部臣议奏查取剿匪守城详细情形，饬据查明详复，相应据情复奏，仰恳天恩俯准，查照前奏，于该县捐输增额之外，复回新会县文学额二名、武学额三名，以隆作育，而昭激劝之处，出自逾格鸿施。

除分咨户、礼、兵三部查照外，臣等谨合词恭折复奏，伏乞皇太后、皇上圣鉴，敕部核复施行。谨奏。

遵查骆氏祖坟一案片会总督衔

再，同治四年九月十六日准刑部咨，同治四年六月初四日内阁奉上谕："骆秉章奏广东省坟山禁步，请饬遵照定例丈尺办理，以杜争端一折。四川总督骆秉章，本籍广东花县，有前明所葬祖坟。同治二年正月间，该县文生邓辅廷于切近坟傍盗葬骨坛三穴，经该族众控县清理。该地方官并未丈量，率行拟结。复经骆秉章咨明广东督抚核实查办。旋据郭嵩焘咨称：该省通行章程，无税官山茔葬，以穿心四丈为限，计由坟心量数至边，每面实止一丈。邓姓原开坟穴，在该督祖茔一丈以外，照依定章，无可科罪。骆秉章复咨查礼部、刑部。嗣据各该部咨称：定例庶人茔地九步，穿心十八步，凡发步皆从茔心数至边。邓辅廷盗葬该督祖茔之处，系在例文禁步之内，应照例科罪。是郭嵩焘所称该省现行章程，系与礼部定例不符。广东省多有无税官山，与别省情形不同。坟茔禁步，自应恪遵定例办理。若概用本省章程，以前后左右各得一丈为准，恐倚势侵占者得所借口，盗葬之风益炽，流弊伊于胡底。着瑞麟、郭嵩焘申明旧例，通饬各属，嗣后审断坟山案件，无论官民，均照例定禁步为限，毋得率以本省定章定谳，以致争端难息，流弊滋多。并着该督抚将邓辅廷盗葬之案，迅即按照定例丈尺，核实定拟具奏，不准稍涉回护。该部知道。"钦此。恭录行文知照等因，并准四川督臣骆秉章咨送奏稿前来。

臣等遵查例定品官坟茔禁步，以次至庶民，穿心应得十八步。详绎例意，盖以罗围、矿志、拜台，庶民之力皆得自尽。得穿心十八步之地，听从布置，所以使人子孙为保护坟茔之计，非谓尽人可得十八步之地，援引例文以交相争占也。粤东山场，多属无粮无税之官山，听人进葬。其远处他村觅地营葬者，积习相沿，必向本村立契，缴纳开穴工费，不名山价。其间侵买压占，讼案繁多，大率借例定官民禁步，恃势强占，地方官至不能成谳。乾隆年间，详定横直二丈、穿心四丈之章程，准照户部则例垦荒事宜条内，有古冢周围四丈以内不得开垦等语。酌中定议，凡营葬官山，不论绅民，统以横直各得二丈为限，周围实得八丈，较之例定禁步，所争实远，而准以古冢周围四丈之文，已予宽留馀地，使足相安。国家定例，所谓庶民者统言之耳，其中贫富强弱，相去天渊。贫且弱者，纵横枕藉，万冢交错，从无争论。惟富强者营一棺之地，即谋占踞禁步，纵横侵至数丈。当时详定省例，稍济例文之穷，而杜豪强侵占之计，以平百姓之争。盖以省章为断，丈尺多少，出价承受，绅民犹可通融办理；以例定禁步为断，则直授豪强以兼并之资，使启争端。所以遵行数十百年，据以断案，犹能使百姓相安者此也。各乡官山，可以进葬者多不过数十百丈，乡民丛葬于此，若皆以禁步为断，则一山葬至十馀棺而止，后来者已将无地开穴。近年捐例广开，一命之荣，皆得捐请封典，按照品级，援例争论禁步，则富强有势力者其侵占倍甚于从前，贫民复何所措其手足！臣等于骆秉章咨查祖坟侵葬一案，委员勘验。骆姓祖坟凡七冢，相去皆不盈丈。左右无碑之坟十馀冢。其右谭姓、朱姓祖坟，相距略远。生员邓辅廷葬地，即在骆、谭各姓旧冢之交，而距谭、朱二姓坟尤近。自骆姓控经花县押迁，事已了结，又尚在省例丈尺之外，碍难拟罪。臣等因念骆秉章为保护祖坟起见，该处可以进葬之地已属无多，当饬臬司录案立碑，永远禁止进葬。而骆秉章仍援例定禁步，上渎宸聪。粤东绅富有气力者颇多，若皆据例定禁步为词，祖坟附近进葬者皆可责以侵葬，其已葬者亦可呈请押迁，讦讼将无已时，此势之万不可行者也。

臣等因查嘉庆初年曾议及有力之家择地营造生圹，非贫民无力购地者比，令其呈报地方官照例升科等语，盖亦为营葬官山言之，迄今亦无遵办者。拟请饬部核准：嗣后凡有力绅民，欲按官阶庶民例定茔地步数造坟者，饬将土名四至、弓步亩分及界内有无旧冢分晰具呈，该地方官勘丈明确，竖立石界，照依山粮科则详报升科，给予司照，随时报部立案，入额编征，即准该绅民作为私地管业，并准其照依例定步数开拓坟茔。界内馀地听其留空，不准他人指作官山，恃强侵葬。界内旧冢仍饬存留，不准业户借口升科，任意残毁。其未经呈报升科者，仍照省例科断，无论绅民，均以横直二丈之内不准进葬为率。似此分别办理，则有力升科者得依例定禁步，无力升科者仍可安葬官山，各得情理之平，而定例、省章两无违碍。

至粤东风气，有粗习地理，专向各属官山寻觅穴地，以图网利，谓之山棍。凡侵占盗葬之案，皆由此种地师为之厉阶。臣等已严饬花县责成生员邓辅廷交出营葬之地师，从严惩究，以清弊端。

是否有当，谨附片陈请圣鉴训示。谨奏。

光绪元年

补授福建按察使谢恩疏[①] 二月初十日

奏为恭谢天恩，仰祈圣鉴事。

光绪元年二月初九日，内阁奉上谕："福建按察使着郭嵩焘补授。"钦此。

窃臣湘南下士，知识庸愚，滥叨供奉之清班，忝摄封疆之重寄。旋以养疴乡里，渥蒙恩命来京。自顾何人，膺斯殊宠。复荷温纶于阙下，俾陈臬事于闽中。闻命自天，悚惶无地。伏念福建实海徼冲繁之境，臬司为刑名总汇之区，现值筹办海防，安内攘外，措置繁多。惟有吁求宸训，敬谨遵循，庶到任后随同督抚实力经营，以期勉竭愚诚，仰答高厚鸿慈于万一。

所有微臣感激下忱，谨缮折叩谢天恩，伏乞皇太后、皇上圣鉴。谨奏。

条议海防事宜疏[②] 三月二十一日

伏闻总理各国事务衙门练兵、制器、造船、用人、理财、持

---

①辑自中国第一历史档案馆藏"朱批奏折"原件04-01-13-0331-064号。标题系编者拟。

②辑自中国第一历史档案馆藏"录副奏折"原件03-9381-029号。标题系编者拟。

久六条之议，私心叹服，以为海防之大用具备于此，其间节要及各省议复情形，皆不能详，略闻其义，在明立条目，令沿海举行，以求自强而已。窃闻古人之言曰："度所能行为之，是以指数珍肴不足以果腹，图画宫室不足以庇身。"方今国计空虚，人民凋敝，其势不能兴大役、动大众；沿海七省九千里之地，贸易往来，安堵无事，亦无征召外兵屯防之理。故夫筹防之宜有三：曰因地，曰因时，曰因人。

何谓因地？有地势，有地气；势有险易，气有强弱。今险要之地足以控扼全省，如山东之烟台，江苏之上海，浙江之招宝山，福建之厦门，广东之香港、澳门皆已为洋人擅其利矣。其沿海民气之强弱，相去悬绝，未可强同。略而言之，广东一省可强可富，江苏、浙江可富而不能强，盛京、山东、直隶可强而不能富。一省海岸或数百里，或数千里，防堵事宜，更历数百千年而未有穷期，其不能以一切之术、一成之式，通贫富强弱而督使行之明矣。故曰因地。

何谓因时？时宜劳而逸之，时宜逸而劳之，时宜缓而急之，时宜急而缓之，皆谓之失时。今海疆绥谧，民商乐业，可云无事矣。而不测之忧，触焉而即发，多方之变，应焉而不穷。《书》曰："制治于未乱，保邦于未危。"况忧且危如是，谓之无事奚可乎？虽然，时之应有常、有变，而功之施有本、有末。时处乎变，则从其变之数以治其末而匡救之，而本有不暇顾矣。时际乎常，则审其常之理以探其本而厘正之，而末有不足言矣。天下之患，在吏治不修，纪纲废弛，民气郁塞，盗贼横行，岂为海上强敌莫之能支？一方告饥而已虞束手，一夫称乱而相顾哗然。窃以为方今之急，无时无地不宜自强，而行之必有其本，施之必有其方。本者何？正朝廷以正百官，大小之吏择人而任之，则本立矣。方者何？求富与强之所在而导民以从之，因民之利而为之制，斯利国之方也。闽粤风气强于他省，乃使其强在民而不在官，在盗贼而不在守法之士绅，倒行逆施莫之挽救。江浙财赋之邦，经乱已十馀年，而土田之开垦无多，或七八成，或仅及五六成。皖南积尸填塞山谷，至今未尽收掩，田卒污莱而不能辟，人民离散而不能归，此皆宜上烦朝廷之虞及时以求效者，故曰因时。

何谓因人？直隶拱卫神京，天津一口尤为左海之门户，形势积重，远甚他省。李鸿章布置水陆各营，控制海洋，屏蔽京师，自非他省所能一律办理者。至于西北，利病之所在尤宜斟酌古今之宜，推求理势之归，以预为之计。俄罗斯踞有伊犁已历数年，恐未易言收复。而喀什噶尔、乌鲁木齐通及回八城，或僭立一国，或踞城与官军相持，事久则变益生，师老财匮则收功益难。左宗棠无督师出关之责，而在甘日久，中外大局尚能研究，宜令体察各城情形，何者宜明画疆界与俄人定约，何者宜急收复，用兵若干人，刻期若干日，调何路之师，转何路之饷，以及将弁之高下，用兵之缓急，统筹全局，先定方略，委任而责成功。尤须有精力强辨出使绝域之才，以理折服俄人，而杜其煽惑，然后可以审量用兵之机宜，朝廷明诏颁行诸将，乃有所据依，以求轻重缓急之序。左宗棠亦必不敢苟且瞻徇，为无根之辞，以上渎朝廷之听。此在察其事之变与其人之才任之而已。故曰因人。

舍此三者，盖亦别无制胜之术，求速之方。嵩焘推求中外情势所以异同与所宜为法戒者，谨就愚见所及，约为四条，论次其得失，以备采择。

一曰急通官商之情。西洋立国，在广开口岸，资商贾转运，因收其税以济国用，是以国家大政，商贾无不与闻者。嵩焘前署广东巡抚，与英领事罗伯逊等商制造轮船之方，罗伯逊言西洋机器，惟舟车外轮机器最巨，各国多者不过数具，国主不能备，则富商备之，国主兵船亦多假商人机器用焉。丁韪良亦言英人铁路通至缅甸，俄人铁路通至伊犁，皆商人为之。往闻粤商伍怡和为弥利坚开修铁路，费至巨万。其伍怡和、吴健章及籍隶宁波之胡墉、杨坊，号称巨富，皆有轮船，经营贸易遍及西洋诸国。惟深自隐讳，以与洋商比附为利。国家制法防范愈密，则商人之比附亦愈深。何也？利之所趋，虚文有所不能制也。窃谓造船、制器当师洋人之所利以利民，其法在令沿海商人广开机器局。试言其利约有三焉，轮船入中国，而上海之沙船、宁波之钓船、广东之红单船全失其利。侵寻而及内江，自汉口以下，各船废业者逾半。使商民皆能制备轮船以分其利，则国家之受益已多，其利一。制备机器，必沿海商人为之，出入海道，经营贸易，有计较利害之心，有保全身家之计，因而有考览洋人所以为得失之资。是中国多一船即多一船之益，各海岸多一船亦即多一船之防。其利二。使诸商人与洋人皆有交际往来之素，或遇事变歧出，则居间者多而谋所以解散之亦易为力。盖洋人皆有保护商贾之心，而于地方官多所扞格，此即因其意之所向而利导之者也。其利三。近天津招商局亦略得此意，然其法在招致商人，而商人与官积不相信，多怀疑不敢应，固不如使商人自制之情得而理顺也。使官专其事而烦费日甚，库款之支发日穷，使商人公其利而造船日多，各海岸之声势自壮，此皆理势之显见者。积久而利自倍，收效亦自远矣。

二曰通筹公私之利。洋人通商口岸，自新加坡至五印度，各口皆有兵船屯驻以防意外之变，兼备海盗，亦使数万里之海岸声势自相联络。惟其以保护商贾为心，故能资商贾之力以养兵。中国通商各口，商贾云集，徒以上下之情太隔，彼此不相顾恤，是以中国税则轻于洋人数倍，而多方偷漏以求幸免，洋人乃独专其利。近数年各省添置轮船，设管驾官司之，亦与商人声息判然不相通。闻西洋各国置备兵船，多或数百，少或数十，商贾轮船必数倍之，贫富强弱之势即于此分。近年各海口轮船合计亦二十馀号，而一切由官经理，其势不能与商贾争利，故有轮船支销经费之烦，而尚未得轮船之利。窃谓各海口官商制造轮船，宜略仿宋元遗制，设市舶司领之，而稍变通其法，官商各船，一体运载货物，由市舶司掌其籍，岁稽官船所入支销工食，而以其赢馀为修理油洗之费，庶添一船有一船之利，而后可以经历久远，相持于不敝。其市舶司由商人公举，督抚考其声名，察其才能檄委之，咨其名于总理各国事务衙门，三年一更易，而量授以官。洋人本以商贾之利与中国相交接，正当廓然处以大公，而使商人应之，明示天下所以与洋人交接之意，尽人皆得与其议而持其变，无所庸其隐秘。盖所考求者洋人之法，即宜通知洋人立法之意，行之以渐，持之以久，尤恃官民上下通筹，合力为之，非独沿海筹防然也。如西班牙略买人口，皆由通商各口装运出洋，所载动数百千人，停泊收买亦数十日。但使各口设一市舶司经理船政事宜，地近则耳目易周，职专则稽考自密，必不至如从前之漫无觉察矣。

三曰兼顾水陆之防。东南防海大势，相持于海外曰兵船，相拒于口岸曰炮台，其大略也。而各口洋船、洋楼，纵横布列，乃反在内地。西北边防所恃兵力而已，藩篱之固尚无议及者。较而论之，沿海各口环集数十国，而英、法、弥三国互为主盟，其利分而其势散，必无敢公然发难者。西北则俄人已踞伊犁，西南则英人亦渐通缅甸，其力皆有所专注，而西南之祸稍纾，西北之势相持而未有所定，则祸且日棘。故主东南海防者则谓宜缓西北，主西北边防者又谓宜缓东南。是皆持之有故，言之成理，而以愚见度之，其隐忧皆积而日深有未可偏重者，体察俄人伊犁情形，而可以得其故矣。洋人之利在通商，无觊觎中国土地之心。而其蓄谋在求日进而有功，故每得一荒岛，则急进而开垦之；每得一口岸，则急进而经营之。伊犁之乱，值中国兵力不能远及，俄人于是坐收以为利，而乌鲁木齐、喀什噶尔通及回八城，俄人未尝须臾忘也。中国举兵征讨，则亦坐视而不与争。此其行之有其渐，蓄之有其机，西洋各国皆然。略就所知言之：上海一口，英人主盟；宁波一口，法人主盟。粤匪之乱骤起，各口商人惊惶失措，相为救护，而上海一口被难而幸获保全者数万人，百姓亦且与洋人相习，其观衅乘隙之心必不后于俄人。是以中国百年治安，英、俄各国亦必百年无事，此可以理势决者。何也？西洋诸国之法，非积憾以求一泄无肯构兵者。而南洋诸岛数十，中国不能经营，洋人皆坐而收之。所得口岸与所开辟诸岛，因势乘便，据以为利。其势求进而不已，而其蓄谋甚约，其收功甚逸。凡中国煤山、金矿及宝气生聚之方，皆其所心营而目注者也。窃以为中国与洋人交涉，当先究知其国政、军政之得失，商情之利病，而后可以师其用兵制器之方，以求积渐之功。如今各口设立机器局及遣中国子弟赴西洋学习其法度、程式，皆积渐之功，收效数十年之后者。其行之之本则在乎审轻重之势，明曲直之机，求通变之才，务真实之用。西洋之法，通国士民一出于学，律法、军政、船政下及工艺，皆由学升进而专习之，而惟任将及出使各国，必国人公推以重其选。窃观汉诏求使绝国与将相并重，西洋犹存此意。是二者皆据理势之要，持安危之机，所宜慎选而专用之者也。能通知洋人之情而后可以应变，能博考洋人之法而后可以审机。非但造船、制器专意西洋新法以治海防者之宜急求也。

四曰先明本末之序。自汉以来，中国全盛之世，边患相寻常若不及，而终宴然无事。及衰且乱，则必纪纲法度先弛于上，然后贤人隐伏，民俗日偷，而边患乘之。故夫政教之及人本也，防边末也，而边防一事，又有其本末存焉。敬绎六条之议，如练兵、制器、造船、理财，数者皆末也；至言其本，则用人而已矣。练兵、制器、造船，非财不能举办。理财之方，尽于二者，曰开源，曰节流。节流者，省无用之烦费以归有用者也。此皆疆吏应为之事，不待临事张皇而多为之制。其造船、制器，购用西洋机器推而演之，但令经费充盈，渐次求精，其事非难，所难者练兵耳。为中国之人心习尚渐渍已深，合官与民而皆怀一苟且之心，无能与持久也。自经寇乱，名臣良将接踵于时，能以律行师、以权济变者有矣，然从无能统驭额设之兵以立功名者。其间或易一将而局遂变，或更一时而气已衰。何者？用其方新之机而不能得其持久之力也。沿海设防非能旦夕奏功者，各口练兵又非能召募集事者。传曰："有治人无治法。"法尽于一时，而求人之效可以持至数十百年之久，诚得其人而任之，一切之政皆可举而行也；不得其人而任之，已成之功、已安之民，亦无与善其后，殆未可持此以建非常之业者也。窃观天下大患，一曰因循粉饰以求免过，一曰优容纵弛以求寡怨。粉饰工则得失利病全不能明，纵弛久则贤否是非更无从辨，故求人才，尤以挽回积习为先。朝廷念念以培养人才为心，邪正公私较然不能掩，则士大夫之精神自振，而吏治之功效亦必月异而岁不同。人民日就乂安，边疆自臻绥谧，必然之应也。至于将弁之才，州县之吏，天下自不乏人，疆吏求之有馀，非朝廷求才者所急也。

以上四条，皆本源之计，积渐之功，非旦夕所能为力；而欲循用西洋之法以求日进于富强，未有能舍此而可收效一时者也。

窃闻总税务司赫德之言曰："中国大要有二：其一曰内事，其二曰外防。内事非外人所敢置议，外防有边防、有海防，吾所陈者海防一事而已。”其意盖欲以西洋之规模，施之中国，而以海防引其端。然西洋驰骤海道七万馀里，如出入庭户，穷思极虑以求其速，此岂中国所能及者？其通商遍及诸岛国，又由中国西南以达缅甸，船政、军政皆与商贾相因依，收其课税以资保卫，又岂中国所能及者？嵩焘窃谓西洋立国有本有末，其本在朝廷政教，其末在商贾，造船、制器，相辅以益其强，又末中之一节也。故欲先通商贾之气以立循用西法之基，所谓其本未遑而姑务其末者。论者徒曰西洋气势如虎将噬，当求自备以制之。抑不知洋人蚕食诸国，阳开阴阖以收其利，从无攻城掠地之事。普法两国之构兵，积愤以求一逞，而终不利其土地。其在中国，如附骨之疽，攻之不能去也；如狐蜮之凭于人，执而求之，又不可得也，虎之噬人，其去人固远矣，不得以此为比。诚使竭中国之力，造一铁甲船及各兵船，布置海口，遂可以操中国之胜算，而杜海外之觊觎，亦何惮而不为之？而以西洋聚精会神擅强数十百年之术，强中国一日行之而遽责其抗衡，据一时之议以尽各海口之变，果足恃乎，果不足恃乎？此所不敢知也。

天下国家之大，犹之人身也，强者力负千钧而弱者不能，强者日行百里而弱者不能，则姑疏通百脉之气，宣导六府之滞，使其神日舒而力亦日有增长，自可渐进于强。若骤立之法程以课其负千钧行百里，如是以求自强，适恐足以自敝。孙子之言曰：“知己知彼。”知彼力之所及，意之所属，则必有以待之；知我势之能及与否、理之能胜与否，则亦必求所以自处。彼之所长，循而习之，我之所短，改而修之。去弊求速，立志求坚，任贤求专，收功求缓，自处之道如是而已。自古国家大利之所在，皆成于渐而起于微，断无一蹴而即臻强盛之理。经费出入，国有常制，科敛以应一时之需，竭蹶经营而求自强，家国生民必有承其害者，其势亦万难持久。《礼运》之言曰："行之以礼而弗安之以乐，犹获而弗食也；安之以乐而弗达于顺，犹食而弗肥也。"获而食，人力之所及也；食而肥，非人力之所及也。圣人之功至于礼乐而极矣，犹待积久以达于顺而后其效成焉，此岂可以骤期者！而终言肥之实功，亦不过曰大臣法，小臣廉，官职相序，君臣相正，要归于自治而已矣。以中国之大，土田之广，因地之利，皆可使富也，用民之力，皆可使强也，即吾之所以自治也。舍富强之本图，而怀欲速之心以急责之海上，将谓造船、制器用其一旦之功，遂可转弱为强，其馀皆可不问，恐无此理。造船、制器，沿海诸省当任其功，各海口机器局亦当渐穷其巧，而求所以自强之术固自有其本末条理，非数言所能尽。其与洋人相接，言者争持战、守、和三说，其实三者俱无可言，惟在讲求应付之方而已。各海口之设险自守，又岂可一日稍废不讲哉？

所议六条，如李鸿章、左宗棠为国重臣，有防边之责，所处又当紧要重地，诚有不得辞者，非尽沿海诸臣之力所能胜也。

恭报到任日期谢恩疏[①] 四月二十六日

奏为恭报微臣到任日期，叩谢天恩，仰祈圣鉴事。

窃臣三月初一日陛辞赴闽，荷蒙训诲周详，勖勉兼至。随即料理出京，于四月二十三日抵闽，奉准督臣李鹤年、抚臣王凯泰行知赴任。遵即于二十五日接印视事，恭设香案，望阙叩头谢恩。伏念臣一介庸愚，四朝恩遇，起家辞翰，摄任封疆，机浅而历资

①辑自中国第一历史档案馆藏"录副奏折"原件03-5098-102号。标题系编者拟。

已深，分疏而受恩实重。兹荷温纶之特简，复叩陈臬之殊荣。窃维闽省本山海之陬区，臬司实刑名之总汇。民俗日趋浇薄，犹有宋儒砺名砥节之风；宦常自凛清勤，敢忘朝廷明刑弼教之意？臣惟有矢公矢慎，随事禀商督抚臣，清厘整顿，以期仰答高厚鸿慈于万一。

所有微臣感激下忱，谨缮折叩谢天恩，伏乞皇太后、皇上圣鉴。谨奏。

光绪元年六月初六日，军机大臣奉旨："知道了。"钦此。

俟三场考试完毕署员接印即迅速赴京片[1] 八月十三日

再，臣准总理各国事务衙门咨照，并函饬奉到谕旨后迅速来京，会其时抚臣王凯泰渡台，督臣李鹤年代办乙亥恩科乡试监临，已先入闱，一切无所禀承，应俟三场考试事毕，由督臣派员接署按察使一缺，臣即赶速料检，守候轮船之便，由海道驰赴天津，以期迅速。

所有此次谢恩折件，并先附轮船驰递，藉慰宸廑，伏祈圣鉴。谨奏。

光绪元年九月初四日，军机大臣奉旨："知道了。"钦此。

①辑自中国第一历史档案馆藏"录副奏折"原件03-7176-064号。标题系编者拟。

请将黔[1]抚岑毓英交部议处疏十一月初七日[2]

奏为云南戕毙马加理一案，抚臣未能先事预防，应请旨交部议处，恭折仰祈圣鉴事。

窃维《周官》一书，尤重宾礼。其时九服夷蛮，朝会以时，迎劳宿卫，各有职司，辟远无礼，允为三代之盛轨。

西洋各国通商已历四十馀年，沿海各省学馆教习及洋枪队训练，皆洋人司之；开立口岸，设关征税一委之洋人。于中国有报效之心，而无猜防之意。其到处游历，载在条约，原所不禁，又领有照会护送，而马加理被戕一案，距今已逾十月，办理尚无端倪。抚臣岑毓英于此诚难辞咎。

臣因查马加理来自缅甸，带有缅兵百馀人，抚臣闻其携带兵弁入境，札饬各地方加意防堵，本属正办，即总兵杨玉科有镇守之责，都司李珍国有屯边之责，闻有他国兵入境，亦岂能不加防范。兵弁等喜事邀功，遂至堵击，不独非抚臣所及料，即杨玉科、李珍国派兵巡防，亦断不期决裂至此。臣推查其原委，杨玉科驻扎腾越，李珍国驻扎南甸，距戕毙马加理之蛮允地方，远在数百里以外，非有主持督率，不问可知。所以遽至戕害者，由抚臣未能据总理衙门来文晓谕清晰，以致杨玉科、李珍国皆不及严示约束，致生意外之变。杨玉科、李珍国并以百战馀生，号称忠勇，展转贻累，无以自明，臣心尤窃伤之。应恳天恩先将抚臣岑毓英交部严加议处，以明其未能先事预防之咎，而后严查动手戕毙马加理各犯，照例议抵，庶以平外人之心，而亦以见朝廷推求事始，

①“黔”应为“滇”之误，岑毓英时任云南巡抚。

②日期据中国第一历史档案馆藏“录副奏折”原件同疏补。

一秉大公之至意。

臣蒙恩派充总理衙门行走，有言事之责，而既经接任视事，一切当会商办理，势不能专衔具奏，是以先期一贡其愚忱，上备圣明采择。

所有云南抚臣应先行议处缘由，谨缮折具陈，伏乞皇太后、皇上圣鉴训示。谨奏。

鄙人横遭訾毁，为京师士大夫所不容，所据为罪状者，即此疏也。军机章京亦以发端引《周礼》为立言不伦。鄙心窃独怪之。士大夫徒以岑公杀毙一洋人，力谋保全。此疏不独保全岑毓英，并杨玉科、李珍国皆极力为之洗刷以保全之，而以未能先事预防议处岑毓英，科罪极轻，借以稍平洋人之气，议罪一二兵丁有馀。使枢府能知此义，腾越及宜昌各处通商可以不置议，亦必无今日法人之祸矣。今时督抚一刻便动，独一谋杀洋人，即微过亦不肯以加之，而又无辞以折服洋人。人才如此，求无误国病民不可得矣。因检疏稿得此，并录存之，庶稍见当日所以用心，而办理洋务之不得其平，亦由士大夫太无学识之过也。

附录：特参岑毓英不谙事理酿成戕杀英官请旨交部严议疏[①]十一月初七日

奏为特参酿成事端之抚臣，请旨先交部严议，恭折奏祈圣鉴事。

窃臣考《周礼》一书，百官之职，皆有事于宾旅，而《大宗伯》以宾礼亲邦国，列之军、嘉二礼之上。行人所司之飧食、掌

①辑自中国第一历史档案馆藏“录副奏折”原件03－5101－015号。与《郭侍郎奏疏》卷十二所收《请将黔抚岑毓英交部议处疏》为同一奏折，两者文字出入颇大。故附录于此。

客所供之薪牢，至优至渥。六官所掌诸典礼，无若是之详者。环人、行夫送迎宾客，一以礼将之。未尝不叹三代圣王享国长久，其源皆在于此。何也？远方宾客，万里之情毕达，邦国之事宜、生民之疾苦，巨细自得以上闻。春秋列国以礼相接，文辞斐然，其立国或远在唐虞之前。秦汉以来，此礼日废，国祚之久长亦远不及三代。

我朝深仁厚泽，经列圣之培养，一以爱民恤下为心。圣祖、世宗、高宗以至仁至明之德，权衡天下，登之上理。臣历考史册，唐、虞、三代之隆差可仿佛，而万不能继世相承一百七八十年若是之悠久。顷年以来，西洋诸国环集中土，事故繁多，乃稍讲求三代宾客之礼，而其强兵富国之术，尚学兴艺之方，与其所以通民情而立国本者，实多可以取法。洋人又乐与中国讲求，助之兴利，以蕲至富强。此正列圣在天之灵所以佑启国家，相与激发，以立亿万年无穷之基者也。而士大夫蔽于见闻，不考古今之宜，不察（礼）〔理〕势之变，习为高论，过相诋毁，以至屡生事端，激成其怒。

近日云南蛮允一案，尤属举动乖方。臣在闽臬任内，屡接云南信报，多云云南抚臣岑毓英探知英官柏郎带有缅兵入境，檄饬腾越厅镇防备，腾越厅镇又檄饬南甸一带土兵练勇防备，辗转相承，浮言滋起，以致无故杀毙翻译官马嘉理一员，贸焉构难，全失该抚檄饬防备之本意。岑毓英意存掩护，又不查明肆杀情由，据实奏报，而一诿其罪于野人。臣远隔万里，细心探考，终亦不能知其详，而据所闻情形，与岑毓英奏报实远不相符。臣查岑毓英有大功于云南，总兵杨玉科、参将李珍国均属股肱将帅之选，一言贻误，至于逞凶，并杨玉科、李珍国亦牵连案内，日夜忧惧，以寒功臣之心，而违议功之典，臣实悼之。推原其故，皆缘岑毓英以肃清云南全省之功，自恃强武，并不一研考事理，深求善处之方。封疆大吏与国同休戚，尤非士大夫虚持议论者可比。责以酿成事端之咎，该抚复何辞以自解？应请饬下李瀚章查明臣所闻情节，据实推求，期使功罪各不相掩，以服洋人之心，并请旨将岑毓英先后酿成事端之处，交部严加议处，以为恃虚憍之气而不务沉心观理考察详情以贻累国家者戒。

臣蒙被圣恩，饬在总理衙门行走，事理之得失，天下之利病，臣皆与有咎责。有所见闻，不敢缄默。若俟之入署供职之日，一切事件均应会商，未宜专折奏事，用敢于奉旨后先将数月以来访求云南滋事情形，具折参奏。伏乞皇太后、皇上圣鉴训示。谨奏。

光绪二年

因病恐难出洋呈请回籍调理疏[①] 四月初二日

奏为微臣病势恐难出洋，应恳天恩赏准，回籍调理，恭折奏祈圣鉴事。

窃臣素患气逆作痛，经医治全愈，数年未尝举发。去秋奉命出使西洋，方幸犬马馀生，得以稍效驰驱，借图报称。冬间来京，以出洋尚无期日，荷蒙圣恩赏给差使。近忽因伤风感发，气逆旧症遂逾二十日之久，起坐举动辄至昏眩，诚恐出洋临时贻误。伏查旧制，出使外藩，例派使臣二员，以虑中途或有病亡事故，可以接续宣达朝命。西洋各国驻扎公使，向祇一员，其下有参赞、翻译等官，又分别一等参赞、二等参赞名目，无事可以参谋，有事可以更替。盖使臣与参赞等官体制差殊，用费亦迥异。所以不多派使臣，亦稍节省经费。此次开端办理，似应酌定章程，以归画一。欧洲各国并无中国人民来往贸易，事少费多，虚縻可惜。去秋奉旨遣派使臣二员，亦防有事更替。是臣以病求免出洋，尚属顺理成章，兼恐疾病衰颓，语言蹇讷，启外人轻视中国之心。仰荷天恩，准与回籍调理，臣即雇觅江船，由运河南归。及夏令未甚炎热之时，勉强扶病抵家。一俟调理就痊，仍即回京，泥首

①辑自中国第一历史档案馆藏“录副奏折”原件03-5775-082号。标题系编者拟。

宫门，求赏差使，不敢自外生成。

所有微臣因病乞假回籍缘由，谨缮折具陈，伏乞皇太后、皇上圣鉴。谨奏。

患病未痊请假回籍疏[①]五月初二日

奏为微臣病势万难出洋，不敢不先期陈明，仍恳天恩赏准回籍，恭折奏祈圣鉴事。

窃臣四月初二日因病请假回籍，仰荷恩施，赏假一月。以衰疾之侵寻，蒙圣慈之曲逮。踊縻顶踵，未足云酬。正当焦急之方深，又值假期之已届，因念出洋尚无期日，而臣疾病昏眩，已有不能支持之势，深恐临时贻误，咎责滋深，徒使外人笑其衰庸，举朝交相诟病，于身为溺职，于国为负恩，自应先期据实陈明。仍乞天恩赏准回籍，延觅旧医，赶紧调治。犬马馀生，一皆出自圣主之矜全，无任感激待命之至。

所有微臣乞假回籍缘由，谨缮折具陈，伏乞皇太后、皇上圣鉴。谨奏。

拟销假论洋务疏闰五月二十六日[②]

奏为微臣假期将满，遵旨带病销假，谨就所知洋务情形，恭折具陈，仰祈圣鉴事。

窃臣因病两次乞假回籍，渥荷天恩，优赏假期。于时滇案办

①辑自中国第一历史档案馆藏“录副奏折”原件03-5108-007号。标题系编者拟。
②日期据《罪言存略》同疏补。

理已有端倪，而臣病久未痊，分当求退。五月二十四日英使威妥玛贸然出京，滇案未能议结，臣岂遽能置身事外，自应勉强支持，暂请销假。而现在办理洋务机宜，有可一言其略者。

伏查夷狄为患中国，自古皆然，所以控御之方，战、守、和三者而已。彼其侵扰有常，所以其盛衰有定势，因时制变，应之有馀。洋人以通商为义，环列各海口，深入长江数千里，借衅生端，以求便利，名为外忧，而负嵎实在内地；名为敌国，而构祸不出邦交。故臣以为今日之洋务，战、守、和三者俱无可言。何以言之？凡战有二，曰攻剿之师，曰应敌之师。西洋各国远隔数万里，中国不能往攻明矣，而如洋人练兵制器之精，其君臣相与讲求，日新月异，未尝稍息，而独不肯轻易用兵，其视通商各口皆其利薮，意尤护惜之。彼不言战，何为迫使战乎？凡和有三，曰定岁币之等差，曰议聘使之礼节，曰辨称号之崇卑。洋人通商二十馀年，从未较论及此。咸丰七年广东用兵，而上海、宁波通商如故。次年天津用兵，即广东通商亦复如故。其苛索兵费，但以为因此用兵，兵费即取偿于此。始终通商而已。每一滋事，增加口岸，遍据要害，所争莫大于是，更不得以和论。至于守之为义，由皇古至于今日，由天下至于一家，莫能废也。中国沿海九千馀里，大小百数十口，虎门、大沽，并称天险。道光二十五年三口通商以后，洋务办理已有成局，增修虎门炮台为善后之计，费至数百万。咸丰七年洋人直入，一毁无馀。咸丰九年天津防堵，极良将劲兵、高垒巨炮之用，终亦不能持久。至于广东展转贻误，而有宁波之失；金陵展转贻误，而有镇江之失。延及咸丰七年，广东省城为洋人袭入，扰及天津，洋务遂至穷于办理。此其成迹，亦略可睹矣。今且遍及内地，设立公使驻扎京师，曾无藩篱之隔。故臣以为守者经国之常略，而非目前防海之胜算也。

窃谓办理洋务，一言以蔽之曰：讲求应付之方而已矣。应付之方，不越理、势二者。势者，人与我共之者也。有彼所必争之势，有我所必争之势，权其轻重，时其缓急，先使事理了然于心。彼之所必争，不能不应者也；彼所必争，而亦我之所必争，又所万不能应者也。宜应者许之更无迟疑，不宜应者拒之亦更无屈挠，斯之谓势。理者，所以自处者也。自古中外交兵，先审曲直。势足而理固不能违，势不足而别无可恃，尤恃理以折之。伏见列朝平定准噶尔、布鲁特方略，以至仁诛暴逆，而坦然一示以诚，招携怀柔，委曲深至。乾隆二十九年西疆乌什之叛，办事大臣苏诚已戕于贼，追咎肇衅之由，谴及其子孙。嘉庆二十五年回疆之变，参赞大臣斌静经回民控诉，逮问治罪。道光二十九年甘肃诱杀撒拉番民，亦经控诉，逮问督臣琦善。所属回、番各部，揂循理处，务使持平，惟恐一夫称屈，允为列圣控制中外之成规。深求古今得失之故，熟察彼此因应之宜，斯之谓理。臣惟洋人之强，与其逼处中国为害之深，远过于前代。而其借端陵藉，乘衅要求，中国与之相处，其情事亦绝异于前代。处之得其法，其于各口税务及学馆教习及练兵制器诸大端，洋人相与经营赞画，未尝稍有猜忌；处之不得其法，则议论繁多，变故滋生，往往小事酿成大事，易事变成难事，以致贻累无穷。

窃见办理洋务三十年，中外诸臣一袭南宋以后之议论，以和为辱，以战为高，积成数百年气习。其自北宋以前，上推至汉、唐，绥边应敌，深谋远略，载在史册，未尝省览。洋人情势，尤所茫然，无能推测其底蕴而窥知其究竟。朝廷设立总理衙门专办洋务，亦不能不内惜人言，周章顾盼，无敢直截办理。臣以愚庸，为众论所诟讥，何敢再有陈奏！然窃计今时关系天下利病，无过于洋务。直隶督臣李鸿章、两江督臣沈葆桢、福建抚臣丁日昌练习洋务至精至博，用能力求富强之术，而于交涉洋务亦皆深得体要，维持保全。如臣才识短乏，而自道光二十二年办理洋务，据所见闻，证以前代事迹，深有悟于中外交接之义，沛然不疑于心。疾病昏愚，无能自效，而其理固有可言者。谨就今日办理洋务机宜，略具四条，可以见之施行，伏候圣明采择。

一、国家设立军机处，为出政之所，中外事机，悉归裁定。咸丰十一年总理衙门之设，一仿军机处章程，遂与军机处并立。其时恭亲王实司总理，可以专制，兼因交涉洋务，多持正义，不愿与闻。今已办理十馀年矣。察看西洋大势，总理衙门当遂为国家定制。颁发上谕及一切处置事宜，不能不归军机处。军机大臣未经奉派总理衙门行走，茫然莫知其原委，是非得失，无从推求。臣愚以为军机大臣皆应兼总理衙门衔名，庶几讨论情势，通筹熟计，以期有所裨益。

一、西洋通商向止广东一口，嗣是沿海开口以及奉天，内达江西、湖北。法兰西分踞安南，与广西接壤。俄罗斯出入西北各口，遍及陕甘及山西。英吉利又议云南通商。其四川、贵州、河南交涉教案，层见叠出。目前无洋务交涉，独湖南一省耳。必能谙悉洋情，办理始能裕如。于此稍有惶惑，一视若荆棘之在其身，其始过持正论，其后展转翻异，迷惑必多。故今日人才，以通知洋务为尤要。自与洋人通商以来，事变数出，多因华洋交涉案件争辨纷纭，而办理归结处总在讹索赔款，广开口岸，此其命意之所在，无知预防者，动辄积嫌生衅，激成事端，展转以资其挟制，而使遂其欲。推原其故，由地方官不知洋情，既以构衅为能，而多加之粉饰，又以了案为屈，而更益以推延。似此情形，施之民间讼案，含忍受冤，即亦无辞，施之洋人，必至多生事故。故臣以为，考求洋务亦无他义，通知事理而已矣。汉诏出使绝国与将相并重，当时所急者不过折冲樽俎一日之间，实不逮西洋关系紧要之万一。伏愿皇上考揽人才，勤求方略，期使中外诸臣勿存薄视远人之心，以洞知其得失利病之原，忍辱负重，刻自砥砺，以激厉士大夫之心，而奖成士民奋发有为之气，外筹应接之术，内立富强之基，在朝廷一念之斡旋而已。

一、驻扎西洋公使，万非今日急务。其间惟美利坚之金山，中国流寓数万人；左近啲噜及西班牙所属之古巴，兼有招工事宜，足资办理。此外各国全无凭借，而恃数万里外之使臣，因事与之辨争，事理稍有虚饰，困辱立见。即有能者，亦徒以有用之才，虚弃之无用之地。将来海道开通，中国商人能赴各国设立行栈，有可经理之事，渐次选派大员，充当公使驻扎，自不可少。此时出使通好，委无关系。而既经奉派出使英国，各国相沿为例，正虑此后出使岁必加多。臣以为考求洋务，中外诸臣必宜留意，而出使则尽人可以差遣。窃计各部、寺、院二三品以下堂官，类能谙悉体制，讲求应对。朝廷以息事安人为心，奉命出使，谁敢不尽力。应请以后选派使臣，依照常例，由礼部开列二三品以下堂官年岁不满五十者，听候钦派，亦与寻常出使同等，期使廷臣相习为故常，不至意存轻重，而于洋情事势，亦不能不加研考，以求备国家缓急之用，其为裨益必多矣。

一、西洋公法，通商各国悉依本国法度。中国刑例，有万非西洋所能行者。当时定议条约，未能仿照刑部例案，酌添通商事例，以致会审公所一依西洋法度以资听断。中国一切无可据之势，惟当廓然示以大公。凡租界滋事，依洋法办理；州县地方滋事，依中法办理。其视洋民犹中国之民，视办理洋案亦犹办理中国之案，先期化除畛域之见，以存中国一视同仁之体。其间交涉洋务上谕奏折，应发抄者概行发抄，使天下晓然知事理之平；其有委曲周旋，亦能窥见朝廷之用心，以知事理之得失，非独以释士民之疑，亦足以折服洋人之气矣。

以上四条，于办理洋务要略未能详及，而先务通知古今之宜，以求应变之术，熟览中外之势，以息人言之嚣，自可渐次讲求控御之方，推行富强之计。要求其归理、势二者，深筹远揽，无以逾焉者也。有宋大儒程颐论事必折衷一是，其言当时朝廷有五不可及，一曰至诚待敌国。夫能以诚信待人，人亦必以诚信应之，以猜疑待人，人亦即以猜疑应之，此理无或爽者。方今时势艰难，财力支绌，洋案多一反复，即国家多伤一分元气。维持国体，全在先事防维。事端一出，补救无从，此后更难与处。臣久病衰颓，委无材用足〔应〕国家之急，断不敢希图以言语效用，供人指摘。审量洋情事势，则实有确不可易者。冒昧上陈，言辞拙直，不胜战慄陨越之至。

所有现在办理洋务情形，谨就所知，缮折具陈，伏乞皇太后、皇上圣鉴训示。谨奏。

按是时英国公使威妥玛出都，廷旨令直督节相李公、江督沈公与议戕毙马加理一案，皆未有以应也。嵩焘时方求免出洋，以事势且棘，谋遂以身任之，先具一疏销差，论次办理洋务源流本末，以求解于人言。刑部司员刘锡鸿守争三日，遮遏其疏，使不得上。后乃知威使至上海，力请用兵，为英廷所斥，展转属之节相李公，至烟台会议。使如嵩焘之请，以朝命径赴上海，就商办理，则其势更顺，而转旋之机更捷。刘锡鸿百计营求，充当随员，是时京师议论横决，枢府勿能辨也，恐此疏上，多触枢府忌讳，即渠随同出洋亦觉减色，用其自私自利之心，一以强悍行之。小人之无忌惮，亦复何所不至。乃使区区任事之心为所阻遏，无能自明，深悔为其所卖。至上海复补陈之，则事机已去，言之不足动听矣。自记。

久病未痊恳恩开署缺回籍安心调理疏[1] 七月初五日

奏为微臣久病未痊，应恳天恩，赏开署缺差使，恭折奏祈圣鉴事。

窃臣猥以衰病，曲荷矜全，屡展假期，俾资调养。虽怀蝼蚁贪生之恋，岂无犬马图效之忱。无如数月以来，头昏足软，老态日增，揆情度事，揣力量能，审知无补于丝毫，诚惧有加于罪戾。所署兵部左侍郎缺及总理衙门差使，一切稿案照常核阅，而衙门积久未上，于事诚为非便，问心尤觉难安。惟有仰恳天恩，赏开署缺差使，俾得回籍就医，安心调理。感激圣恩，实无涯涘。

所有微臣因病请开署缺差使缘由，谨缮折具陈，伏乞皇太后、皇上圣鉴。谨奏。

乞赏假回籍就医以期不误公事疏[2] 七月十六日

奏为沥陈病状，恳恩赏假三个月就医，恭折奏祈圣鉴事。

窃臣钦奉上谕，准开兵部左侍郎署缺，奉派出使，仍饬前往。荷圣恩之曲逮，益衰疾之滋惭。现在李鸿章驰赴烟台，与英使威妥玛会议辩论往复，计须一二月乃能完结滇案。若竟提京，则为日方长，出洋之期尤难预定。因查出洋公司轮船必由香港起椗，越香港而西，由新嘉坡而锡兰，而亚丁，皆逶南而西，地气较热。再西过红海，隆冬一如盛夏，夏秋暑气未退，无敢过者，是以放

①辑自中国第一历史档案馆藏“录副奏折”原件 03-5111-010 号。标题系编者拟。
②辑自中国第一历史档案馆藏“录副奏折”原件 03-5111-033 号。标题系编者拟。

洋必在冬春。臣幸开署缺，及此间暇之时，寻觅旧医，赶紧医治，但令头目昏眩不至委顿，自可按期出洋，断不至有贻误。似此久病情形，羁留困守，焦灼万分，其势必难就愈。伏乞天恩，赏假三个月，回籍就医，冀幸调养痊可，及冬春放洋之期，先时回京请训，以凭持节就道，实为公私两尽。

所有微臣乞假就医缘由，谨缮折具陈，伏乞皇太后、皇上圣鉴。谨奏。

请以王夫之从祀文庙疏[1] 八月二十日

奏为先儒阐明性理，诠释经旨，有功来学，应请饬部会同核议，从祀文庙，恭折仰祈圣鉴事。

窃查咸丰十年闰三月大学士军机大臣遵旨定议：从祀文庙，以阐明圣学、传授道统为断。国初儒臣如陆陇其、汤斌、孙奇逢、张履祥、陆世仪，均经先后从祀。理学名儒，极一时之盛。近见河南学臣费延厘奏请汉儒刘德及原任礼部尚书臣张伯行从祀，陕西学臣吴大澂奏请王建常从祀，皆为表章儒先，矜式学校起见。

我朝经学昌明，远胜前代，而暗然自修，精深博大，罕有能及衡阳王夫之者。夫之为明举人，笃守程朱，任道甚勇。值明季之乱，隐居著书。康熙时，学臣潘耒进呈其书，曰《周易裨疏》，曰《书经裨疏》，曰《书经引义》，曰《诗经裨疏》，曰《春秋裨疏》，曰《春秋家说》，皆采入四库全书。《国史·儒林列传》称其神契张载《正蒙》之说，演为《思问录》内外二篇，所著经说，言必征实，义必切理，持论明通，确有据依。亦可想见其学之深

①辑自中国第一历史档案馆藏“录副奏折”原件03 7208-026号。标题系编者拟。

邃。而其他经史论说数十种，未经采取甚多。其尤精者《周易内传》、《读四书大全》，实能窥见圣贤之用心而发明其精蕴，足补朱子之义所未备。生平践履笃实，造次必依礼法，发强刚毅，大节懔然。张献忠据衡州，闻夫之积学高行，索之甚急，踪迹得其父为质。夫之引刀毁割肢体几遍，舁往易父。献忠见其创甚，释之，父子皆得脱。更莅吴三桂之乱，避地深山，流离转徙，读书讲道，未尝暂辍，卒能洁身自全。艰贞之节，纯实之操，一由其读书养气之功，涵养体验，深造自得，动合经权。尤于陆王学术之辨，析之至精，防之至严，卓然一出于正，惟以扶世翼教为心。

臣在籍时，主讲城南书院，于宋儒张栻祠旁，为夫之建立私祠，率诸生习礼其中，群怀感激奋兴之意。原任大学士两江督臣曾国藩汇刻其遗书四百馀卷，而所未刻犹多。自朱子讲明道学，其精且博，惟夫之为能恍佛。而湖南自周子敦颐后，从无办过从祀成案，至今未敢陈请。臣以为各直省请祀乡贤，例由本籍督抚臣具题请祀，名宦例由服官省份督抚臣具题。至于从祀文庙盛典，其责专在礼臣。如夫之学行精粹，以之从祀两庑，实足以光盛典而式士林。应恳天恩饬下湖南抚臣、湖南学臣，查开王夫之学行本末事实具奏，并将曾国藩所刻夫之经说及《张子正蒙注》、《思问录》讲明性理之书移送礼部，仍饬部臣会同九卿集议，于表章理学儒臣以光圣化，所裨实多。

臣仰荷天恩，权摄礼官，有议礼之责，谨据所知上陈，伏乞皇太后、皇上圣鉴，训示施行。谨奏。

办理洋务宜以理势情三者持平处理疏[1] 十月十七日

奏为办理洋务机宜，不越理、势、情三者，宜一切持平处理，使中外诸臣不生异议。自可永远相安无事，恭折仰祈圣鉴事。

窃惟圣祖绥定区宇，规模远大。其时俄罗斯、准噶尔皆用敌体相接，而于准噶尔之暴虐则征之，于俄罗斯始终书问款待，与通情好，审时度事，一出至诚。自道光之季办理洋务，圣虑深长，酌古准今，曲示周旋，权衡至当。中外诸臣，无能仰窥此意，相为猜议。其实洋人于中国未尝不尊崇结纳，而以富强相期，要在知所以处置之法而已。大学士直隶督臣李鸿章、两江督臣沈葆桢、福建抚臣丁日昌，于西学求之至勤，行之至力，诚有见于立国之深谋至计，而其处置洋务亦即能深中窾会。故臣以为洋人之情在于通商，沿海居民谙习西洋语言文字，多能知之；洋人之势极于富强，天下臣民皆能知之。而不足与办理洋务，则明理审几之才固不易得也。知情与势，而后有以处人，猜疑之见自不生于其心。知理而后有以自处，即矜张无实之言亦不屑出于其口。是以办理洋务非有他长也，言忠信、行笃敬以立其体，深求古今之变、熟察中外之宜以致其用，轻重缓急，权度在心，随事折衷，使就绳尺。能知处理洋务，以之纪纲万事，经营国计，必皆裕如矣。窃以为办理洋务三十年，议论纷繁，至今未息，朝廷亦为之瞻顾避就，若以为迫不得已与之交接，一切谋所以掩护之，是以气日靡而无识者之议论亦日嚣，甚非所以昭示天下，为制国之经，以立

---

[1] 辑自中国第一历史档案馆藏“录副奏折”原件03-9378-001号。标题系编者拟。

久远无穷之基者也。

臣查西洋行政，分内政、外政二者，其体制皆称丞相，若唐之两省、宋之两府，略分事任，而计议施行，一皆通筹合办。所谓外政府，即今总理衙门是也。同为军国重计，必不可生歧视。此等上关朝廷本原大政，非臣下所敢置议。至于与洋人交接，必不可持掩护之见，以滋异议。其应行者约有数端：

一、凡洋务，颁发上谕应一体发抄，使其利病得失，天下晓然咸喻其旨。其与各国交接无间，既可释天下之疑，即有参差，亦得以考览其事之原委而辨知其情伪，以存是非之公而息人言之幻。其必应行者一也。

一、洋人沿海通商，内达长江以及江西、安徽、湖北，今又议通商云南，而由宜昌以窥四川。山、陕各边，俄人出入以为常。河南、四川、贵州各省，交涉教案，无处无之。必能通知洋务，而后能据理处断，使中外人民交听其约束，否则顾盼周章，茫无主见，其始一意猜嫌，其终必至受其挟制而贻累无穷。臣见各省处置洋案，无有一二能合机宜者，专恃朝廷核实推求。不独封疆大吏，举动得失不宜漠视，下及道府州县，亦当以洋务为课最，分别功过赏罚，使不至任意贻误。其必应行者二也。

一、洋人以通商为义。凡商情之利病、国计之盈虚，办理通商口岸者皆应详知。臣在总理衙门，见湖北添开宜昌一口，议归江汉关道兼管，既非其所属地，相隔又千馀里，而责成兼管，亦由道府无能通知商务，遂至相与惶惑如此。臣愚以为应移荆宜施道驻扎宜昌，并列为关道，请旨简放。云南通商关系尤为重大，商情、国计均应深求。而凡保举关道之员，亦应责成研习各国通商条约，随时考察，以资历练。其必应行者三也。

一、出使各国，有保举派充者，亦有宜简派二三品大员者，应著为定例。凡内廷行走各员，及有各项紧要差使、及年逾五十之二三品堂官，无庸开列，其馀一例开送，听候简派。庶使人人视为平常差使，无敢设法规避，而亦不能不相与考求洋务，以备任使，免致故为高论，一唱百和，茫无知晓。其必应行者四也。

一、凡交涉洋案，宜一准例案办理。例案所不载，亦当准合案情，比照成例，示以大公。各省交涉洋务，动辄积成衅端，但使据事明发上谕，应议处者议处，应宽免者宽免，中外帖然，孰敢不心服？廷臣持之愈坚，则洋人之嚣张愈甚，外间之议论亦愈烦。此次滇案，累及国家添开口岸，加给恤银，而岑毓英始终未一议处。臣过天津，李鸿章见示云南抄案，自岑毓英开缺回籍，一切底蕴毕出，有甚骇人听闻者。使非烟台通融定议，恐竟穷于办法。而臣此次出京，威妥玛以前往谢过为辞，逼迫百端，又复驰至上海，以相催促。凡臣今日之辱，未尝不为辱国，而实缘免一岑毓英议处之故，此亦足证其得失矣。其必应行者五也。

臣恭查乾隆四十一年广东抚臣李质颖以讯结洋商债项咨部备案，经部臣奏驳。其时绝无生衅端倪，而圣谕煌煌，直举近数十年办理洋务情形洞烛几先，而所处置至精至当，允协人心天理之公。圣人与天合德，大公至正，规模具在，谨录呈御览，亦足窥见圣德之深宏，至情至理，更无所容其掩护。应恳密敕军机大臣、总理衙门查照办理，所以处置洋务事宜必加周密，而所以保全国体亦必多矣。臣于洋务绝无所知，恭读列祖实录，准以汉唐以来交涉中外事迹，而有以辨知其利病得失，于世俗议论略无所动于心，而冀幸以其昏愚稍裨国家之万一。耿耿孤忠，远隔重海，冒昧上陈，惶恐无地，伏乞皇太后、皇上圣鉴训示。谨奏。

光绪二年十月二十七日，军机大臣奉旨：“该衙门知道。单片并发。”钦此。

阎敬铭等员考求吏治实心整顿请旨录用疏[①] 十月十七日

奏为国家本计，首在得人，敬举所知，上备圣明采择，恭折仰祈圣鉴事。

窃惟国朝康熙、雍正、乾隆百馀年间，人才号称极盛，而三朝圣人孜孜求贤之心，亦实唐宋以来所不逮。雍正五年，特诏京官翰林、科道、郎中以上，外官道、府以上，各举所知一人，其求勤且广如此。而圣祖一朝保全善类，曲体人情，所以培养国脉者，尤为深厚。臣在翰林充国史馆协修，恭读列朝实录，每至感激流涕。及咸丰年间屡下求贤之诏，一时文武奋起立功名，其成效亦皆可征。是以朝廷一怀爱惜人才之心，则人贤奋起，一念之间而不容已；一有轻忽人才之心，则万事隳坏，无形之中而亦不自知。方今民穷财困，盗贼繁多，吏治不修，民气郁结，急应勤求人才，推广朝廷忧勤惕厉之心，使天下群怀鼓舞。

伏见前任山东抚臣阎敬铭，考求吏治，实心整顿。在山东数年，各州县交代为之一清，库储至三四百万。其后办理捻匪、河工，犹资以为用，而自山东告归，行旅萧然，至不能具车马。允为体用兼具之才。

前任浙江盐运使朱孙诒，官湖南知县，循声卓著。在湘乡清理会匪，以疏通民气为先，用能使一县之顽民，尽化为忠义。曾国藩立功江南，实藉其力。至今湖南士民，犹俎豆奉之。

前任福建延邵道文吉，在汀漳龙道任内，以勤惠抚民，以公

①辑自中国第一历史档案馆藏“录副奏折”原件03-51114-099号。标题系编者拟。

廉率属地方，士民感戴至深。臣时官福建臬司，言之督臣李鹤年，亦称其莅任锦州府，治行为百馀年第一。

湖南候补道裴荫森，笃实严正，确然有守。在湖南候补，实隐系一时之望。臣由总理衙门行走，出使西洋，湖南乡试士子至诬为交通洋人，示期聚众，毁臣家室。臣家寄居省城，弱子一人，年甫四龄，孤孙二人，亦仅长二三岁，并无亲族在省。裴荫森办理围城，先时携带团勇来家坐镇，至于数日，家人赖以安存。即此亦足见其留心民事。

臣查阎敬铭曾任大员，特诏征用，至于再三，并辞不赴，臣亦何庸渎陈。然臣与阎敬铭同时官广东巡抚，所见原任湖南抚臣恽世临、原任陕西抚臣刘蓉，并以贤能负时望，以整饬吏治为心，而为一时指摘纠参，书函往复，每相叹息。以是毅然求退，其心诚有不自得者。应恳天恩加之温谕，动其感激之心，属以一方之任，于理财、用人二者必能核实推求，裨益时局。朱孙诒年逾六十，起家以刑部，精习例案，慈祥恺恻，有循良之风；而遇事能整顿严肃，及时用之，犹当杰然独出，使吏治民风蒸蒸日上。文吉、裴荫森，或曾任道员，或以道员候补，良实忠纯，有自立之体，使以一官得自表现，其泽皆足以及人。

臣本无知人之明，又赋性孤介，不乐交游，所未能深知者不敢妄论，其现在官任事又不敢多陈。自念老病昏庸，出使西洋数万里，报国之日无多，耿耿此心，所知数人，以为欲求整饬地方，必可一资其力，以求上副圣恩。不揣冒昧，略陈所知，冀幸推广朝廷求贤之心，使人才及时奋兴，于国计民生裨益实多。

所有微臣敬举所知缘由，谨缮折具陈，伏乞皇太后、皇上圣鉴。谨奏。

何如璋等员皆可备出洋之选片[①] 十月二十七日

再，出使西洋为今日创举，而关系中外大局，以立国家久远之基，诚莫急于洋务，出使亦其一端。窃见廷臣内怀畏难之心而外引以为耻，即能稍知洋务，亦必诟毁洋人，以赴一时趋向，求获免于交涉，保全身名，朝廷亦不能不为之迁就顾惜。臣素钝于言辞，周旋应对，绝非所长，又老病衰颓，志气消落，奉命出使，只益惭惶。窃见编修何如璋、许景澄，皆能以词臣致通显，而不惮出洋之行，所见诚有过人者。又如李鸿章办理洋务委员候选同知薛福成，博学多通，如西洋地势、制度，条举缕分，精习无遗，而性情纯朴笃实，一无虚饰。刑部主事黄贻楫，高才远识，遇事考求，并为有用之才。何如璋现充日本副使，此外各员以之充公使，办理皆能裕如。兵部主事潘骏德、候选知府杨昉，于西洋制造机器及化学之理，皆能研习，臣曾见潘骏德语及洋务，所言亦多中窾要，据称杨昉之才更为优赡，皆可备出洋之选。

臣稍有所知，不敢壅于上闻，仰恳敕下总理衙门存记其名，以资录用，谨附片具奏，伏乞圣鉴。

光绪二年十月二十七日，军机大臣奉旨："览。"钦此。

---

①辑自中国第一历史档案馆藏"录副奏折"原件03-9378-003号。标题系编者拟。日期系奉旨时间。

光绪三年

抵英呈递国书疏[①] 正月初三日

奏为恭报微臣行抵伦敦日期及呈递国书情形事。

窃臣于光绪二年十月十七日自上海出洋，曾经由驿陈奏，计期五十一日，至十二月初八日抵英都伦敦，凡行四万里。所历之国十有八，而英国属地约居三分之一。迨抵伦敦，其君主出居温则行宫，旋至阿思本行宫，相距二百馀里。外部丞相德尔比告言：十二月二十六日，为西历二月初八日，其上、下议政院始相聚议事，名曰开会，君主应于是时回伦敦，可以请旨接见。至二十四日酉刻，据外部函称：二十五日未刻，君主由阿思本回宫，是日申刻呈递国书。臣等即于是时恭奉国书，至其柏金哈恩宫，见其君主，诵致通好之辞，其君主亦有复辞，谨并录呈御览。谨奏。

光绪三年二月二十八日奉旨："知道了。"

国书并无充当公使文据请改正颁发疏[②] 正月初三日

奏为微臣奉使英国呈递国书惋惜滇案，并无充当公使文据，

①辑自王彦威、王亮辑《清季外交史料》卷九，第21—22页。日期据本疏内容及郭嵩焘日记考订。系与副使刘锡鸿会衔。标题系编者拟。

②辑自《清季外交史料》卷九，第22—23页。日期据本疏内容及郭嵩焘日记考订。

亦未列副使名，应请旨遵办事。

窃查西洋公法，遣派公使驻扎各国，皆以国书为凭。而臣所奉国书，专为惋惜滇案，无充当公使之文。经其外部丞相德尔比知照录示奉使敕书，但能含糊应之。其本意欲得公使驻扎，以通和好，尚无相难之意，遂亦不加深考。而以臣愚见揆之，西洋以邦交为重，盖有春秋列国之风，相与创为万国公法，规条严谨，诸大国互相维持，其规模气象实远出列国纷争之上。日本一允通商，即倾诚与之相结，诚有见于保国安民之计，于此有相维系者。中国以远人为大忌，以和为大戒，锢蔽于人心，自南宋以来数百年，而其虚憍之气，一折无馀，稍一滋生事端，其势又不能挟以自固。朝廷委曲之意，无能体谅昭示臣民，何能远及数万里之外？故于邦交之义，有难以遽言者。臣在总理衙门曾陈：美国及日本各海口，中国流寓数千人至数十万人，交涉纷繁，遣派公使尚有关系。此外各国均无，应在本国办理事件，其机要全在各省督抚察理于畿先，消患于事始。使臣驻扎，徒滋烦费，无益事局。盖臣愚见所及如此。可否遵照国书惋惜滇案，无庸驻扎，抑应补颁国书，充当公使驻扎三年之处，伏候圣裁。

至候补京堂刘锡鸿奉命充当副使，而国书并未一列其名。其外部据国书为言，阻其接见君主，实无辞可以相难。反复筹商，始获随臣一递国书，而刊刻各国公使名单，列入刘锡鸿名而不详其职任，其言以为非补递国书，于例不得认为公使。如仍令充当副使驻扎，应恳天恩于补颁国书内兼列正副使臣名衔，以昭信据。

臣于奉到国书后未能深加考察，请旨示遵，以致贻误，咎实难辞，不得援仓猝成行，领到国书未及详审为辞，以自解免。应请将臣交部议处，伏乞圣鉴。谨奏。

光绪三年二月二十八日奉旨："该衙门议奏。"

请禁止鸦片第一疏二月初八日[①]

奏为鸦片烟为害中国，英国士绅设立公会，劝止贩运，急应由中国设法办理，恭折仰祈圣鉴事。

窃查西洋通市广东，已越千年，从无侵扰。〔明季利玛窦游历中国，历国朝汤若望、南怀仁继之。适我圣祖讲求天文、算学，得与燕游侍从。亲王及诸大臣亦时咨访所学，相待以宾友。及我高宗召见马格立特，准行西洋礼，至今西洋人士言之，犹相与敬叹。其人类皆多学好礼，于中国历无嫌怨。〕道光二十年议禁鸦片烟，遂至失和，展转相寻，以有今日。〔是西洋与中国构怨之源，实自鸦片烟始。〕推原祸端，创巨痛深，宜如何疾首蹙额，相为戒禁，以示无忘国耻之义。而就臣等耳目所及言之，自道光时定立鸦片烟罪名，设法严禁，官吏奉行不能如法，但借以为差役讹诈之资，始终未惩办一人。所定罪名，亦苦太重，遂至相与玩视。咸丰九年议开鸦片烟之禁，而于在官人员与应试士子及营兵，仍不准其吸食，则但视为具文，无知有禁令者。因查鸦片烟之禁，始自雍正时。其初但充药品，贩运内地，所恃政教修明，官吏称职，民间懔懔畏法，无敢吸食。至道光初而其风始炽，浸寻由印度传至云南，而南土兴矣。展转传至四川，而有川土。又传至甘肃，而有西土。由是而至贵州，由是而至陕西、山西。一二十年来，废田而种罂粟，岁益浸广，而西洋贩运中国亦逐渐增多。足见开种日繁，即吸食者日众，势将尽中国之人皆至失其生理，槁

①日期据中国第一历史档案馆藏“录副奏折”03-7402-001号原件同疏考订。本疏所补内容亦据此。系与候补五品京堂出使英国副使刘锡鸿会衔。

项黄馘，奄奄仅存，无异残废。西洋人士知鸦片烟为害之烈，与中国受害之深也，相与设为公会，广劝禁止栽种贩买。臣至伦敦，其地世爵夏弗斯伯里及议政院〔绅士〕马克斯求尔德及教士里格、得尔、刺尔、丹拿、毕士等五十馀人，相就论此，义形于色。其议政院阿什伯里遍游各国，所至风土人情，照相记之。而于中国，为男女僵卧吸食鸦片烟，以取笑乐。臣甚愧之！

窃以为禁止鸦片烟不在繁为禁令，在先养士大夫之廉耻，而其要尤在长官之稽查督察，使不能有所宽假。宜先示限三年，责成督抚分饬州县，多制戒烟方药，施散劝谕，以满三年为期。逾期不能戒者，官吏参革，生监举人褫斥，长官不举发同罪。而凡文武应试士子，例具五童互结，宜以鸦片烟为首禁，容隐者一并除名。童生吸食鸦片烟，皆先停考。滥入场者，廪保坐黜。廪生吸食鸦片烟，皆先停止。保人滥保者，教官亦坐黜。至于三年期满，学校中不准复有吸食鸦片烟者。用以激励士民之心而作其气，亦在使知所耻而已。

其川、滇、甘、陕各省栽种罂粟，则必以课吏为先。臣闻种罂粟一亩，所出视农田数倍，工力又复减省。州县因之添设陋规，私收鸦片烟土税，亦数倍于常赋。官民皆有所利，以至四处蔓延，积久而种罂粟者男妇相率吸食，不能如印度所出烟土严禁其民吸食也。因以积成偷惰之性，饮食费用，虚耗日多，遂使田赋常供，亦多不能输纳，卒致官民交困，而夺民食之需，以空仓廪之藏。广种罂粟，流毒无穷，岂复能有自存之理！因查雍正年间谕饬广东禁止栽种甘蔗，谆谆以民食为忧。甘蔗制造糖食，日用所需，圣心犹隐虑之，何况鸦片烟为贻害国家之具。其产出印度，距东洋为近；而日本特设厉禁，无吸食者。独中国贩运销行，每年课税至数千万，为英国入款一大宗。而其地士绅会议，犹勤勤焉谓烟土贻毒中国，引以为咎，倡言禁止。中国人民肆行吸食，略无悔悟，其势非严督抚处分以督率州县，不能望有转旋。伏乞皇上坚以持之，宽以期之，以三年之期，责成各省学政整顿学校，责成各省督抚整顿属官，而于栽种罂粟，又须由督抚责成州县，劝谕绅民，整顿所属地方，渐摩劝化，更需以二十年之期，尽民人而变革之，求实效而不为虚语，务力行而不责近功。其道无他，在疏通民气而已矣。

窃见西洋各国，官民一心，急使远戍而不以为苦，烦征厚敛而不以为苛。所以然者，为无不通之情故也。中国民情常苦隔阂，利病好恶之私，州县能体及者鲜矣。累积而至督抚，则益旷远不相及。自古言善政者，必以勤恤民隐为先。仰窥列圣之成谟，严以察吏，宽以驭民，于民情尤加曲体。雍正时，民间疾痛疴痒，曲折毕达，莫能壅隔。是以其时无不除之弊，无不行之政。臣以为禁止鸦片烟，当使教化转移之意多，防禁操切之术少。使天下臣民喻知此意，自有不敢不禁，不忍不禁者。存乎皇上一心之运用，中外人心无不响从。

臣等正月内接据粤绅唐德俊等禀称，咨请总理衙门转奏。其后屡见英国士绅力陈鸦片烟之害，发于至诚，又复会集多人，陈述此义。又接粤绅桂文灿、温清溪等二禀。人心向善之机，想亦列圣在天之灵所默鉴。是以不敢不据实缕陈，并就臣等知识所及，略陈办法，以期实有裨益。无任悚息屏营之至，伏乞皇太后、皇上圣鉴训示。谨奏。

请饬总署会商驻京公使严订神甫资格以免发生教案片[1]四月初二日

再，西洋传教一节，最为中国人民所深嫉。近年河南、福建、安徽、四川教案迭出，甚至与居民互相仇杀，地方办理多未如法，正以西洋行教本末未能周知故也。臣等查天主教创自摩西，耶稣基督始立教名。数百年而阿剌伯回教兴。又千馀年，路得演立西教，而耶稣教兴。希腊为西洋文字之祖，亦缘饰基督之教为希腊教，其原皆出于摩西。各教教规互异，而礼拜、诵经、敬奉天神实同。天主教传自犹太，而盛行于罗马，西洋奉之以为教皇，实在各教之先，愤各教之互起争胜也，遂一以行教为业，求使人宗主其教，以示广大。积久而奉耶稣教者亦仿而行焉。盖西洋立教，各有宗主。德、义、日近罗马，皆习天主教。德、瑞以西至英、美，皆习耶稣教。土耳其以东习回教。俄国最北，自习希腊教。截然各立界限。或君民异教，强使从之，辄至滋生事端。如土耳其本天主教地，而习回教，各部时有叛者。然同在一城之中，建立礼拜堂必归一教，无相搀乱。独中国圣人之教，广大精微，不立疆域。是以佛教衍于汉初，天主教、回教传于唐世。唐初大秦国阿罗本来献经像，因是立大秦寺，而有景教流行中国碑。寺僧景净云，其教起自拂箖，则正摩西生长之犹太也。所奉袄神，即天主教。其时佛教方盛行，洋教传入中国，信从者鲜。至明季利玛窦东来，徐光启舍宅为天主教堂，其教始遍行天下。国初犹准洋人营建天主教堂，而禁民人入教，所以然者，由洋人立教，于

---

①辑自中国第一历史档案馆藏“录副奏折”原件03-9444-001号。日期系奉旨时间。

中国人民从之，于义为无取也。是以雍正初，并天主教堂而禁之，而回教礼拜堂不禁，则以自为教与强民人以从教，其事不同耳。然自明传百馀年矣，未闻民人与为仇憾。窃揆摩西立诫之旨，禁人之欲，劝人之善，与圣教初无参差也。咸丰九年，始开天主教之禁，而法国实祖天主教以护教为名，恃其权力以纵庇之，于是作奸犯科，一倚教堂为抗官之具。至有身犯重罪，入教以求庇者；有与人为仇，依附教士以逞其毒者。府县厅镇，一建天主教堂，地方辄不能安其生，而教士之势乃张，其为祸乃至无穷。川、黔两省，此害尤烈。是以各省人民，一闻天主教堂之名，莫不怀愤，思与为仇，诚有以取之也。

臣等以为各种教士传习异教之国，西洋所必不能行者也。中国不禁异教，可以勉强行之。纵教民为奸恶，动辄挟制地方，枉法宽容以屈抑良民，亦现立之条约所必不能行者也。急应设法补救，以求与人民相安。窃计西洋与中国通商三十馀年，情形事务，渐已熟悉，应先除去彼此猜嫌之见，坦然一示以公。伏恳皇上通饬各省督抚明定章程，晓谕所属地方：一应教民人等，无得歧视；各州县交涉教案，一据理为断，稍有徇庇，立予参办；并各知照天主堂教士，以行教所以劝善，非以保奸，以此招揽百姓之深怨，反躬必所不安，以此违失主教之本旨，即耶稣天主亦必不许；西洋有西洋律法，中国有中国律法，苟为洋人，应依洋律处理，苟为中国人，应依中国律处理，不得因习天主教稍分轻重。抑臣在西洋所见，教士传习天主教谓之神甫，传习耶稣教谓之牧师，其人类皆博学多能，勤勤向善。凡传教中国者，皆神甫也。而闻其传教以人数多少为课最，是以广立神甫，四处招延盗贼奸民，能招致多人，即授以神甫之名，所收奸民愈多，则良民愈亦以为耻，稍有知者，皆远避之。是以传教二十年，所立神甫，徒为中国所贱恶，而自辱其神甫之名。加之无赖奸民，听其指嗾，以与地方为仇，亦恐为西洋各国所羞称。并恳饬下总理衙门会商驻京公使，斟酌妥议：必系传教信士，确守教规，不至恣行奸恶，始准充当神甫，移送其名于府县，准其接见；教民稍有违犯，责成神甫禁饬，庶使所在地方昭然于教堂劝善防恶之心，自不至多生嫌怨。若无故干犯教堂，地方官亦得按例惩办，责成赔修。其与百姓为仇者，但能照案轻重处理，不得托辞赔修以相诘难。臣等为各省教案交涉繁杂起见，是否有当，伏乞皇太后、皇上圣鉴。谨奏。

光绪三年四月初二日，军机大臣奉旨："该衙门知道。"钦此。

保荐伍廷芳折[①] 五月十二日

窃维英人寄迹中华，视他国为多，故其交涉事务，亦倍纷繁，间遇案件，或应由驻扎使臣向其外部辩论，非得熟习英律之员相为赞助，无以中其肯要。

臣等出都时路过天津，闻有粤人伍廷芳，在英学律数年，经英人考验，拔取律师。及到伦敦后，适伍廷芳来见，言数日前接出使美国大臣陈兰彬电报，许以充当领事，令其迅速回粤相候，正在料理启行。臣等观其人明白俊爽，尚有可用，曲意留之。经遣人往商，见其所欲过奢。臣等到英伊始，呈递国书尚无期日，一切未暇深考，又以经费宜节，不敢多有支销，以致因循未能定议，听从启程而去。其后察看英国办案别有例法，相需实殷。因查伍廷芳所习者英律，各国律法互有异同，置诸美、日、秘三国，正恐迁地弗能为良。陈兰彬出洋多年，于华人之熟悉洋务者，早

①辑自《清季外交史料》卷十，第15—16页。系与副使刘锡鸿会衔。日期系奉旨时间。

已收罗殆尽，度亦无所需于伍廷芳一人。英国本少华民寄居，伍廷芳外，更无有通其语言，兼谙其律例者。陈兰彬心念国家大局，亦必不肯专顾一隅，有所较论。应请饬下陈兰彬，无论伍廷芳行抵何处，令速回英，借资襄助。伍廷芳以熟习律法，不甘小就，应否即派充三等参赞官，俾得尽其志意，并候圣裁。谨奏。

光绪三年五月十二日奉旨："着照所请，该衙门知道。"

英外相调处喀什噶尔情形折[①] 六月初

奏为英外相调处喀什噶尔情形事。

窃臣抵伦敦后，随有喀什噶尔使臣赛尔德相踵而至，接晤英国爵绅，多为关说，英外部丞相德尔比屡遣威妥玛道意。旋据照会章程三条，其蓄意保护喀什噶尔，已于四年前定立条约，互相遣使驻扎。观其意旨，尤惧俄罗斯侵有其地，谋为印度增一屏障，是以护持尤力。臣因来文三条内推广言之，要以四款，尤归重在令缴还毗连北路及前后藏各城，使西路声气不至中梗。臣熟筹西域情形，有不能不为皇上一陈之者。

查乾隆年间戡定西域回疆，自吐鲁番以西设立东西八城，而于哈密六千馀里之地设绿营兵五千七百馀名，骑兵五百馀名，皆由伊犁、乌鲁木齐更调轮戍，谓之换防之兵。驻防将军、都统皆在北路，分设参赞大臣，而回疆远出伊犁之西，仅统于一参赞，似当时庙谟深知回民反复难驯，一以羁縻视之，更不复加意经营。是以北路兴屯二十四万馀亩，南路回疆尚不及五分之一。简法轻

①辑自《清季外交史料》卷十一，第1—5页。原署"八月十三日"，系奉旨时间。此据本折内容考订。

徭，与为休息，无使叛乱而已。及道光初回疆之变，密谕将军、参赞筹议西四城可否仿土司分封之例，听从管辖。当时廷臣无敢主其议者。然亦足见回疆无足经营，列圣之心，后先符合。然自乾隆以后，回疆数变，皆倚浩罕为声援。道光初平定张格尔，即有浩罕安集延入寇之事。论者谓西域回民即有变乱，无足深虑，可虑者浩罕安集延逼近回疆，必为边患。道光以后增添防兵，其意实在于此。是近年俄古柏占据西域各城，其畿已兆于数十百年之前，非从前回疆一时蠢动可比。又以逼近英国所辖之五印度，倾心结纳，资其保护。似应乘其调处之机，妥定章程，以为保境息兵之计。臣请言其利病，约有六端：

西洋公法有保护立国之例。比利时并于荷兰，法人护之，遂自立国。葡萄牙并于日斯巴尼亚，英人护之，亦自立国。今英国犹以调处为义，奉中国以建置小国之权，正宜援据西洋公法，划定疆界，杜其侵扰，而亦可乘此机会，令其缴还一二城，以自输款，解和息兵，尤为有名。此一利也。

汉唐边地，分别北庭、西域二者，即今天山南北两路。汉建校尉，唐置都护，降胡杂虏，因叛立国，兴废频仍，无损国威。即我朝喀尔喀四部、土扈尔特一部，亦常给地游牧，使自为部落。与其穷兵糜费以事无用之地，而未必即能规复，何如捐以与之，在中国不失为宽大之名，在喀什噶尔弥怀建置生成之德。揆之列圣安置喀尔喀、哈喇沙之成规，亦能曲合。此二利也。

回疆各省为俄古柏占据者，其势尤有所统一。北路回民乘乱俶扰，占据城池，各立名号。以臣愚意度之，俄古柏跨有各城，声势方张，各路回民，未有不假其名号以求逞者。是以与英国外部丞相德尔比酌拟四条，以为南北两路称乱十馀年，大率皆回民也，无论俄古柏所辖与否，皆责成解散，庶几一举而兵戈可息。

是捐西域数城之地，而南北两路数千里皆可设法抚绥，不至运兵转饷，为累无穷。此三利也。

俄古柏侵据西域，结纳四邻，到处通商。与英国通商已逾十馀年，即西历一千八百六十八年也。俄国通商，亦及六年，即西历一千八百七十二年也。其根柢盘固，已可概见。及此时允准立国，亦可与俄罗斯明定章程，交相犄角，以为巩固边防之计。此四利也。

臣闻关外地土饶沃，甚于内地。英人亦以该处通商之利，力护喀什噶尔。中国收取其地百有馀年，未甚一加顾惜，河碛险远，声气阻隔，即各城土产，运入内地者甚少。因查西洋电报及机轮舟车之利，皆创自英国，各国并仿行之。臣见土耳其、波斯、日本各使臣，皆隶亚细亚者，常相对慨叹，言天地之精英聚于欧罗巴一洲，勉力学之，常苦不逮。日本一经通商，即仿制电报，甫及七年，西洋诸法次第备举。土耳其使臣言二十年前出使法国，初见电报，即请其国仿为之，土耳其始得西洋制造电报之法，试行之，以为利，以次及各种机器，及兵法，及学馆，而后及火轮车，并及一切政教云为，皆近三四十年事，是以至今犹能与俄罗斯相持力战，非是则坐困矣。臣询以土耳其用法极严，见之各国记载，该使臣言，此三十年以前事，今所行并西法也。中国士大夫未易骤晓。关外各城，地旷人稀，足资规画，应及此时消弭兵端，即以举行电报及火轮车为善后之策，招募内地商民及回民之富者，令其捐资制造，而官为之经理。居积转运，有所凭恃，贫民逐利，易以谋生。富者自护其利源，必不肯轻易从乱。各城声息毕达，如在咫尺。商贾百货，到处流通。十数年后，关外各城尽成都会，即可渐次推行其法于内地。臣又查关外设官，阶级较少，一切疏节阔目，与内地情形绝异。趁此大乱初平，举行乾隆中保举边臣之例，所设办事、领队各官，慎选壮年有志气而官品较卑者补授，加以鼓舞奖励之功，必可一收其效。此五利也。

现在办理西域军务，专恃一左宗棠，其年已六十有六，而军务茫无了期。诸臣威望已不能逮，又皆不习边事，不独统兵之大员难为接代，即办理善后事宜亦须老谋深算，经画久远。及此时与喀什噶尔解和休兵，使左宗棠得免征兵转饷之烦，亦即所以保全功臣，而令与俄古柏议定疆界，筹办善后事宜，亦必能酌古准今，规国家久远之计。此六利也。

臣于关外情形本非所知，远处海外数万里，并无书史案卷可备检查，又以交涉边防大局，尤有非人所敢言者，臣亦岂敢冒昧上陈，徒以英国属意调停，其势不能拒而不纳。窃计张格尔以一回酋，寄居浩罕，崛起称乱，用兵至七八年而始定。其时国家方盛，府库丰盈，犹且兵敝于外，财殚于中。今俄古柏气象规模迥异张格尔，即使穷极兵力，收复东、西各城，而安集延逼处葱岭，不能尽徙其人民而兼取其地，则边患更无穷期。夫经国者规久远，主兵者急事功，是以督兵大员无议抚之理，惟恃朝廷权衡缓急轻重，秉成算以宣示机宜，而后将帅之威伸，朝廷之恩乃深入远人之心，使俯首而听约束。凡臣所言，皆审量国势所及，与为利之远且大者，略为举其大纲。至于节饷息兵，关系本原大计，人所共知，臣更不敢深论。伏乞敕下陕甘督臣左宗棠体察情形，斟酌核办。并抄录臣照复德尔比文件，供呈御览。四者皆关系紧要，而于划分疆界及兼筹北路军务两条尤为切紧，应恳并敕左宗棠一体查照办理。谨奏。

光绪三年八月十三日奉旨。

喀什噶尔剿抚事宜请饬左宗棠斟酌核办片 六月初①

再，喀什噶尔一案，英国外部丞相德尔比照会调处，已经多日，威妥玛言之尤力。臣前屡见新闻报叙述西路艰难情形，深虑大军出关，饷运不继，英、俄诸国又已与之通商，其势足相抗拒。得此转旋之机，或可力筹善后，以弭边患，于国家体制亦尚无损。是以具折陈明，候其外部承允一切，即行发递。

初七日，新闻报忽称俄古柏病殁于古拉尔地方，其子古里禅格袭立。旋据世爵斯丹累茀赛斯来传喀什噶尔使臣赛尔德之言云：此尚属谣传，即俄古柏死，其子亦有能名，所有倾心归服中国之处，一依前议办理。而据德尔比之意，欲饬署理公使傅磊斯前赴总理衙门会议，茀赛斯亦拟来京调处。臣以喀什噶尔应抚与否，宜由总理衙门请旨办理，而其办理之法，必应由督兵大臣左宗棠审度情形，划分疆界，无由总理衙门悬拟之理。并告以茀赛斯当出关与左宗棠会商，不当前赴总理衙门。所议粗有端倪。

惟西路军务情形，此间一无所闻。能乘俄古柏冥殛之时，席卷扫荡，当不出数月之内。或尚有阻滞，及时议抚，亦可稍省兵力，以为消弭边患之计。本日见新闻报，喀什噶尔使臣遂已回国。外部议复四条，臣亦必不听其翻驳。而由西洋函达中国，皆用电报，朝发夕至。臣具折到京，当在两月以后。恐傅磊斯据以为言，于臣所议条款，朝廷尚未知其详，总理衙门亦难于置对。此间外部回复文件，速则半月，迟或数月。是以依照与外部原议，先行

---

①辑自《清季外交史料》卷十一，第5—6页。原署“八月十三日”，系奉旨时间。此据本片内容考订。

具奏。可否谕饬左宗棠体察关外情形，以制剿抚之宜，一面将现在进兵事宜是否能操成算，赶紧复奏，庶使总理衙门于西路剿抚大局，及臣在伦敦辩议各情，熟悉于心，以为临时应付之资。如幸西路军务成功有日，不独此折可置不论，即英国派员调处一节亦必自行中止，一切皆非臣之愚所能遥揣也。谨奏。

光绪三年八月十三日奉上谕："郭嵩焘奏英人照会喀什噶尔事宜并传闻俄古柏病殁各折片，据称英国德尔比屡遣威妥玛为喀什噶尔调处，照会章程三条，意在护持帕夏，又闻喀什噶尔俄古柏病殁于古拉尔地方等语。该侍郎所奏，于新疆南路军务得手情形，自尚未悉。着左宗棠将该侍郎所奏，体察情形，斟酌核办。原折片单各一件，着抄给阅看。"

请禁鸦片烟第二疏六月初十日[1]

奏为禁止鸦片烟应行事宜，前折多未及详，谨补陈数条，上备圣明采择，恭折仰祈圣鉴事。

窃臣光绪三年二月初八日具奏设法禁止鸦片烟一折，至今未奉批谕。窃惟国家兴利除弊，关系重大，未易轻议整顿。鸦片烟为害中国五六十年，通计各省士民陷溺其中，率十之四五，其害日广，其毒亦日深。道光十九年特诏严禁，遂至激成海疆之祸，而吸食者愈多。至咸丰九年，例禁已开，更无顾忌。臣于此时复为禁止鸦片烟之议，人皆知其难行，而臣揆之事理，验之人心，顾独以为至易。盖使国家严立科条，责成地方官禁之，徒以扰累百姓，其终必至愈禁而愈开；使民人自为禁制，以奖励其廉耻而

①日期据中国第一历史档案馆藏“录副奏折”03-6334-022号原件同疏补。

激发其天良，则动于诏旨一二言而人心自振，积弊亦将自除。此臣熟筹深计而决知其必然者也。谨就愚见所及略具数条，敬为皇上陈之。

一曰权衡人情以定限制之期。臣前折议禁鸦片烟以清理学校为先，所有文武职官及举贡士绅，一例示限三年，自属一定不移之章程。而其中情节实各不同，有因治病吸食者，有年逾五十，精力已衰，不能骤戒者。惟当责成地方官清厘整饬，万不可搜剔窥伺，反开揭告之风。其绅民五十以上，已至垂暮之年，亦可无庸示禁。盖此次议禁之意，在严绝其将来，不在追咎其既往，庶几人心不至惊惶。即督抚大吏因病吸食，亦可无忧反噬。朝廷但有察觉，无难处办。至于学校出身之阶，正本清源，端在于是，自府县试互结，即须以鸦片烟为首禁，应纂入《学政全书》，万不宜丝毫宽假。此权衡人情之大端也。

二曰严禁栽种以除蔓延之害。臣前折叙述陕、甘、云、贵、山西、四川等省栽种罂粟情形，沿西数千里之地，日肆蔓延，而江苏之徐州、浙江之台州亦皆种植罂粟，有徐土、台土之名，而一皆销行内地。是各省多栽一亩〔罂粟〕[1]，即民间多增一亩之害端，国家亦多废一亩之生产。臣在京师闻山西抚臣鲍源深请禁栽种罂粟，出省阅兵，各州县先期拔出驿路两旁罂粟一二亩，改种禾麦，相传为笑。近年吏治废驰日甚，欺诬粉饰，莫知为非。非得督抚臣深体朝廷之用心，切实推求，断绝根株，万不得有所裨益。此严禁栽种之大端也。

三曰严防讹诈以除胥吏之扰。朝廷明示例禁，督抚下其令于州县，州县即授其权于书差，乘势苛扰，得贿包庇，其害且有不

---

①此据中国第一历史档案馆藏“录副奏折”03-6334-022号原件同疏补。

胜言者。又自咸丰时明开鸦片烟之禁，旋禁旋开，又旋加禁，亦复无此政体。臣之愚见，以为当时开禁仅及民商，官绅仍照旧禁止。是今日之议禁，与咸丰时之开禁，用意正属相同，而一以劝戒为义，则差役之骚扰不能不先示严禁。但有因事生风，借禁烟为名稍事讹诈，应听民人呈控，交涉书差者立行严惩，交涉地方官者亦立予严参。总期使民间实受禁烟之利，而不至虚贻禁烟之害。此严防胥吏之大端也。

四曰选派绅员以重稽查之责。近年广东设立劝禁鸦片烟会，臣常嘉其用心之善，然出自民间私议，有劝导之功而无董率之责，其势不足以振发人心。应饬各省督抚臣举派在籍公正知事体绅员一二人，使专司示禁鸦片烟之责，以次责成各府州县及学官，各举派总办一人、帮办二三人，仍由府绅总其成，以达于省绅，而稽考其成效；亦不必设立公局，开支经费，但由地方官及各绅民捐资广制戒烟方药，分散四乡，责成各族族长稽查一族，各乡乡长稽查一乡，督抚即因以推知州县之奉行与否，及各府县绅员之得力与否，一除粉饰之心，而坦然示以大公，恻然推以至诚，绅民未有不感动踊跃，自为禁制者。此举派稽查之大端也。

五曰明定章程以示劝惩之义。窃查鸦片烟之盛行，在道光中叶以后，风俗人心，因之日趋于浇薄，水旱盗贼，相承而起，贻患至今。是鸦片烟之为害，不独耗竭财力，戕贼民命，实为国家治乱之机一大关键。是以道光中设为厉禁严刑，原属惩奸之要义，立法并无稍过。惟当纪纲废弛、风俗颓败之馀，法令愈严，推行愈多梗塞。不能不以整齐之令，寓诸从容劝导之中。而人心骫法已甚，其骤难禁革之积弊，尤应明定章程，以使知利病之切身而自求变计。其法即取贩卖鸦片烟之利，以为禁烟之资。凡遇贩鸦片烟土者，无论城村市镇，概准厘税加征五倍，永不停免，亦责成绅员互相稽查，一由厘局征收，而酌提为制方药之费。其各省栽种罂粟者，亦皆示限严禁，各视土地所宜，责令改种五谷。其田土有多寡，又有承佃及自耕之分，逾期不改种，二十亩以上酌提一半充公，承佃者出自业户之意，全数充公，出自佃户之意，责成更佃，不遵办者亦全数充公；二十亩以下，勒限惩责。其充公之田，各就其乡添设小学及各善举，由地方官督饬办理。有侵食者，亦听呈控惩办。此明定章程之大端也。

六曰禁革烟馆以绝传染之害。鸦片烟为害之烈，尤莫甚于烟馆。无艺平民及子弟之无管束者，无不从烟馆吸食，以至积而成瘾，其害亦人所共知。而不能禁革者，在官之耳目不能敌书差之包庇也。闻两江督臣沈葆桢严禁烟馆，皆相率移至城外。以沈葆桢切实认真，其力亦不过周及城内而已。非责成各处士绅自相稽查，万不能有实际。而非督抚及地方官实求整饬之心，亦万不能责士绅之奉行，是以自古兴利除弊，尤以察吏为先。在京各城司坊等官，在外各州县巡检典史，能不以收受陋规为事，禁革烟馆即亦非难。此严禁传染之大端也。

伏查国家兴利除弊，大抵交涉部务，应由部臣制其准驳之权。其有违犯禁令，亦应由部臣添议科条，编入则例。此次禁止鸦片烟，先及官绅士子，本属从来未开之禁，无庸另立专条。其禁止栽种罂粟及开设烟馆，尤屡见之奏案，明示例禁。至于州县差役之讹诈，按律处办已自有馀，并无庸酌增条例。各海口征收洋土税则照旧办理，或另立章程，税厘并征，酌量增加，均可及时开办，听从贩运，与此次议禁大旨，全无妨碍。俟奉有禁办明文，臣即照会英国外部，渐次禁止栽种贩运。此时开办之始，惟当从容涵泳，宽以二十年之期，先官而后民，先士子而后及于百姓，一以渐摩劝戒为义，明示以朝廷爱养民力、援拯陷溺之苦心，力除苛扰，与天下相感以诚。其大要尤在责成各省士绅自立章程，切实劝导，求实效而不务虚文，求真有益百姓而不专假官势以责近功。人心具有天良，无不可感动禁革者。伏乞天恩明下臣章，饬各督抚臣虚心核议，实力举行，天下臣民蒙被圣恩，永无涯际，诚不胜区区感激。

所有补议禁止鸦片烟条款缘由，谨缮折具陈，伏乞皇太后、皇上圣鉴训示。谨奏。

各口通商应请纂成通商则例疏[1] 七月初一日

奏为各口通商事宜急应纂成通商则例一书，以资信守，恭折仰祈圣鉴事。

窃查道光二十二年五口通商以来，讫今三十六年。咸丰十年增加十口。光绪二年又增加五口。沿海九千馀里，内达长江五千馀里，交涉日广，情事日繁，仅恃通商条约为交接之准，而条约定自洋人，专详通商事例，于诸口情状皆所未详，每遇中外人民交涉事件，轻重缓急，无可依循。是以历年办理洋案，各口领事与各地方官交互抵难，辗转避就，无一能持平处断者。推原其故，由中国律例与各国争差太远，又无能究知西洋律法，遇有辩论事故，无例案之可援，观望周章，动为所持。

因查西洋通商，起于隋唐之世，已历一千五六百年。初开广州一口。宋、明以后，添开福州、宁波二口。明又分别西洋、南洋，各归一口。其时办理通商，并无建立埠头房屋，是以各口增减分合，中国能自操其权。而自通商至今，未尝一日停罢。今口

①辑自中国第一历史档案馆藏“录副奏折”原件03-9657-006号。标题系编者拟。

岸繁开，民商屯集。窃度西洋通商之局，一成而不可易。三十年来办理洋案，艰烦冗剧，棘手万分。盖由西洋以通商为制国之经，各国相沿章程，守而弗失，大略相同。中国本无通商成案，一切屈意为之，所定条约，苟且敷衍，应付一时，未尝为经久之计。自始通商，即分别各国民商归领事官管理，地方官权利尽失，而于条约所载，地方官又多忽视，不甚究心，使洋人据为口实，于是并条约所有之权利皆失之。情事变迁日甚，中国办理洋案日益迷离惝恍，无所适从。前岁总税务司赫德承议租界免厘一节，稍能窥见本原，通筹全局，于其中分析商情、交际、词讼三者，实为中外相接紧要关键，允宜明定章程，廓然示以大公，不独以释中国之猜疑，亦且使各口地方官晓然于朝廷用法持平，明慎公恕，遇事有所依循，庶不至以周章顾虑，滋生事端。

臣愚于例案无所知晓，略就所见，推举二端。盖有已失之既往者，有补救于将来者。窃闻理藩院办理蒙古各盟案件，以圈禁代流徙，以罚赎代笞杖。西洋立法，大者拘系，小者罚赎，与此例正同。各口通商之始，倘能明示此例，援照西洋公法，通商各口民商一听地方官管束，则此三十年内，枝节不至繁生，国家体制亦当赖以保全。此失之既往者也。天津毁拆教堂，伤毙领事，云南戕害翻译官，凶犯应抵罪，失察之地方官亦应议处，其事本可立结，徒以中外例案迥异，地方官稍有迟回，遂至反复争持，贻累国家，无有穷期。使当时颁有通商则例，各国戕毙中国人民，与中国戕毙各国人民作何问拟，戕毙职官作何问拟，地方官知情故纵作何问拟，使犯者明知而不至故蹈，朝廷按律拟罪而亦不至游移，此所急宜补救将来者也。

臣顷奉旨辩论镇江趸船一案，经再次照会外部，至今未据核议。其前后两届公使，以保护商民为义，力足相持。因查各国海口皆有船坞码头，无行商自置趸船之事。所定条例有云：修理船坞码头，察得某船必须挪移，理船厅知会，三日内移开，如有违延，该船主应行议罚。又云：各项船只不遵理船厅分示，听将该船绳索松割，铁链打碎，代为移泊，一切使费出自该船主各等语。中国于此全未定立章程，商民肆意抗拒，更历三年之久，无词以相诘难，一切任从所为，不得已就其国辩论，听候外部核议。是不独交涉通商事件无有准则权衡，万不足以经久，其于两国相交，体制关系亦颇巨。

臣窃以为赫德前议三条内，与各国交际及词讼，其原一由于通商而至。洋人到处，与〔中国〕① 人民错居，交涉纷繁，决非通商条约所能尽其事例。一遇民商牵涉案件，窥探揣合，舍己从人，徒滋议论之烦，终无准拟之例。诚惧口岸日开，事端日剧，为累亦将日大。应恳天恩敕下总理衙门，参核各国所定通商律法，分别条款，纂辑通商则例一书，择派章京内实任户部、刑部司员二人，另请通知西洋律法二人，专司编纂之责，仍饬总税务司及南北洋大臣参酌，由总理衙门审定，颁发各省，并刊刻简明事例，略叙大纲，颁送各国驻京公使，庶一切办理洋案有所据依，免致遇事张皇，推宕留难，多生枝节。区区愚忱，冒昧上渎，诚知无裨高深，然独居深念，关系洋务大端，莫要于此，不敢以愚见所及，避而不言。无任悚息屏营之至。伏乞皇太后、皇上圣鉴训示。谨奏。

光绪三年八月二十七日，军机大臣奉旨："该衙门议奏。"钦此。

---

①据《清季外交史料》卷十一同疏内容补。

新嘉坡设立领事片[①]七月初一日

再，臣奉准总理衙门光绪二年八月十三日具奏出使经费一折，内开总领事及正副领事名目，诚以各口设立领事官，与出使事例同条共贯。臣随查明英国属地新嘉坡等处，中国流寓经商人民共计数十万人，应分别设立领事，以资弹压，于是年九月十五日具奏。旋于十月二十八日道出新嘉坡，见广东人道员胡璇泽，为其地人民所推服，数年前广属人民与各属互斗，亦经胡璇泽解散，英国官商皆倚信之。臣以新嘉坡领事非胡璇泽无可充承者，经照会英国外部，计逾五月之久，至六月初始得复文。臣即札知胡璇泽妥议章程。窃查中国设立领事情形，与各国绝异，其本末利病，有须一详陈者。

西洋各国以通商为制国之本，广开口岸，设立领事，保护商民，与国政相为经纬，官商之意常亲。中国通商之利一无经营，其民人经商各国，或逾数世，或历数年，与中国声息全隔，派员经理，其势尤格而不入。窃揆所以设立领事之义，约有二端。一曰保护商民，远如秘鲁、古巴之招工，近如南洋、日国所辖之吕宋，荷兰所辖之婆罗洲、噶罗巴、苏门答腊，本无定立章程，其政又近于苛虐，商民间有屈抑，常苦无所控诉。是以各处民商闻有遣派公使之信，延首跂望，深盼得一领事，与为维持。揆之民情，实所心愿。此一端也。一曰弹压稽查，如日本之横滨、大阪各口，中国流寓民商，本出有户口年貌等费，改归中国派员办理，事理更顺。美国之金山、英国之南洋各埠头，接待中国人民，视

①辑自《清季外交史料》卷十一，第13—15页。日期系据本片内容和《郭嵩焘日记》考订。

同一例。美国则盼中国自行管辖，英国则务使中国人民归其管辖，用心稍异，而相待一皆从优。领事照约稍联中国之谊，稽查弹压，别无繁难，准之事势，亦所易为。此一端也。

臣愚以为此时设立领事，取从民愿而已，毫无当于国计。是以领事之名可立，领事之费必不可多。因查各口民商盼望保护，皆愿凑集领事经费。英国古巴领事吉乐福乞假回国，言闻中国工民筹办领事经费，无不乐从。吕宋等处人言略同。其专恃以弹压者，但择其地绅商有资望者为之，于户口、年貌、册费内筹备需用款目，由使臣假以事权，俾得尽其调处之益。一切开支，应从减省。近年以来，遣使各国，需用浩繁。就臣所处言之，糜费实多，而求可以裨益国家实少。徒使福建船政局、上海机器局需用经费，无从拨给，几至停工。若更听从各使臣设立领事，开报薪水，以有用之经费，资无名之支销，于国计无裨丝毫，于经理各国事宜亦万不能持久。是今日多一豪举，更历数年，亦必多一贻累。诚惧公私交困，进退两穷。在臣谋国之愚忱，尤不能不长虑却顾，以为经久之计者也。应恳敕下总理衙门另行核议。臣之愚虑，实早及此，是以在新嘉坡谕知胡璇泽，但允发给开办经费，应支薪水听从筹画报销。胡璇泽亦欣然允从。惟交涉东西两洋事宜，必应明定章程，俾归画一，尤不宜有畸轻畸重之分，听令彼此参差，丰约互形，以资口实，则所损尤大。至所派胡璇泽充当新嘉坡领事，其南洋各埠头应否分设领事，臣皆未能自悉，应令胡璇泽切实考求，报明办理，即饬作为南洋总领事，一切事宜分别申报各国使臣，仍统归南北洋大臣及两广总督臣就近经理，并乞恩准施行。

所有设立新嘉坡领事情形，因经费艰难，另行核议之处，谨附片陈明。谨奏。

光绪三年八月二十七日奉旨："该衙门议奏。"

请派员赴万国刑罚监牢会片[1] 七月初一日

再，据瑞典国使臣爱达华达摆柏照会内称：整理万国刑罚监牢会今年在比利时国都城伯鲁赛尔会议。明年八月在瑞典都斯多克火恩会议，应由其国预先通告各国，并称瑞典主极盼中国国家派员往赴此会，乞将此情转奏各等因。臣因查询此会之缘始，盖前八十年间，英国有名侯尔德者，遍历各处监牢，备悉其苦况，言之国家，定更制度，以次及法、奥、德、俄诸国，一皆献议仿行。于是西洋各国公立此会，互相维持。臣去岁过香港、新嘉坡，遍视其系囚处，整齐清洁，叹为尽善。至伦敦，往观莽敦威拉监牢，收系一千六百馀人，规模尤极阔大。大致以年分久暂定罪名轻重，而一皆制以教养之经。凡所收系，课以工艺，使其出而皆可以谋生，尤服其用意之深厚。至是始知其发端自侯尔德，而因以公会为名，相与益致其情。度其会议，必多有可纪者。臣现奉使英国，距瑞典国为近，应由臣处奏派一人前往。谨先将该使臣照会大旨，陈请圣裁。应如何办理之处，当俟奉旨后开具参赞以下衔名，听候简派一员，届时前赴瑞典国，以资与各国会议。理合附片陈明。谨奏。

光绪三年八月二十七日奉旨："该衙门议奏。"

---

①辑自《清季外交史料》卷十一，第15—16页。日期据本片内容和《郭嵩焘日记》考订。

特参出使德国之刘锡鸿任性妄为请撤回疏[1]八月初六日

奏为特参由副使改派出使德国之刘锡鸿任性妄为，器小易盈，应恳天恩撤回，以免贻误，恭折仰祈圣鉴事。

窃查刘锡鸿由捐纳司员分发刑部，粗知例案，从前办理天津教案及此次滇案，皆能据例案为言，于是相奖以能知洋务，臣见其语言矜张太甚，亦心忧其可小知不可大受。此次奉旨派充英国副使，正可借资历练，以求渐次考验洋情，通知时务。讵刘锡鸿一意矜己自大，绝不念国家艰难筹画之苦心，而据以为一身富贵功名之捷径，其性情之暴戾、语言之陵蔑，但日闻其叫呶之声，凶悖之状，即随行仆从亦相率指为怪诞。及奉命改使德国，志得意满，夸张日甚。臣见其数日内五次发递电报，不过添募厨工、购买衣服，而于是时尚充英国副使，即一切辞不会衔，开除副使名目，浪支经费，另刻关防，咨意横行，毫无顾忌。其于洋务，始终未窥见其涯略，偶得翻译博琅一二言，即汰然自负以为知之，已悉惟所施为。似此心浮器小，轻视一切，顽劣无耻，诚惊其徒贻羞辱，无裨事局。臣系初次会衔奏请派充参赞之员，若任听其苟图自便，贻误国家，则臣之负咎滋大。应恳天恩撤回刘锡鸿，速拣一员接替，以冀保全国体，其于甄别人才，维持风化，亦实大有关系。

所有出使德国刘锡鸿器小易盈，应行撤回缘由，谨缮折具陈，伏乞皇太后、皇上圣鉴。谨奏。

光绪三年十月初三日，军机大臣奉旨。钦此。

---

①辑自中国第一历史档案馆藏“录副奏折”原件3 -7723 -155 号。标题系编者拟。

请饬刘锡鸿回京令李凤苞接署德国公使片[1] 八月初六日

再，此次遣派各国公使，本属创举，其两洋一切情形，非躬亲阅历，亦无从推知其节要。臣实见国家经费有可以省者，如福建船政局选派官学生赴英、法两国学习，派有监督二员照料，而凡公使驻扎地方，一由公使照会，分部监督，无能自口。臣接见监督李凤苞，考求洋务，博闻强记，实能穷究其底蕴，于各国语言文字，亦多所通晓，其性情尤能勤慎耐劳，臣亦为之爽然自失，以为国家遣派公使，须得此等人才，庶期称职。英、德二国驻有公使，无须监督，法国原派有法人日意格，似应以李凤苞接办德国公使事务，其得力必远胜刘锡鸿。裁去监督一员，岁省经费亦一万数千两，而仍可责其经理。查李凤苞办系部员，历保道员加三品顶戴，所莅官阶与刘锡鸿正同，又经总理衙门保举出洋，由大学士直隶督臣李鸿章等派充监督，距德国为近。应恳天恩，饬刘锡鸿转行回京，令李凤苞接署德国公使，于事极顺，于办理情形亦不至滋疑议。然后明下臣□，撤销刘锡鸿一切升阶，仍饬回部当差。统计刘锡鸿随臣几及一年，未得其丝毫之助，而贻累极多，其性情心术，亦实有以知其□，无所庸其爱惜。臣为顾全大局起见，不敢不据实一言，伏求圣鉴。谨奏。

光绪三年十月初三日，军机大臣奉旨。钦此。

---

①辑自中国第一历史档案馆藏“录副奏折”原件03－7723－154号。原署“十月初三日”，系奉旨时间，此据本片内容考定。标题系编者拟。

奏陈刘锡鸿擅行刊刻关防不成事体片[①]八月初六日

再，出使各国，例由总理衙门颁给关防，或一时关防未能寄到，权宜刊刻，亦须俟需用时奏明办理。刘锡鸿由英国副使改派德国，发行各省咨札照会，盖用关防，就臣处取用，略无格阻。刘锡鸿无故钩摹关防，在伦敦刊刻，妄自招摇张大，谓不屑就臣取用。关防字样，本无区别，而未至德国以前，例无应行德国文件。是伦敦一城，既有奉旨颁发之关防，又有刘锡鸿私刻之关防，已属不成事体，而使伦敦市惊诧为新奇之物，纷相传播，格议众多，不知刘锡鸿何所急迫。甫接两江总督臣沈葆桢一咨，即开除副使名目，不复列衔，又不待国书之至，擅行刊刻关防，以图遂其矜张自大之心，任性妄为，穷于思议而使其得志逛呈，不顾大局，其贻误更不知所底心。但令其于洋务稍有通晓，固宜曲示保全，以求一得其力，而决非所能以此望之刘锡鸿。用敢缕晰渎陈，伏乞圣鉴。谨奏。

办理洋务横被构陷沥情上陈疏[②]九月初六日

奏为微臣以办理洋务，横被构陷，沥情上陈，仰祈圣鉴事。

窃臣见道光以来，办理洋务，变故迭生，诚有使人痛心疾首，不能暂释者。历考三十馀年情事，亦由不能尽知洋务底蕴，往往

①辑自中国第一历史档案馆藏“录副奏折”原件03-7723-156号。原署“十月初三日”，系奉旨时间，此据军机处“随手登记档”补。标题系编者拟。

②辑自中国第一历史档案馆藏“录副奏折”原件03-9378-005号。标题系编者拟。

以平易可了之事，积而为艰难生衅之端，致使挟其狡强之气，乘隙求逞。嫉愤愈深，即其构祸亦愈烈。急应于此推考事理，以求应付之方，而以其馀闲兴利劝学，驯致富强，则国本固而处置一切事务皆得其理，可使俯首屏气，以听约束。前岁奉命出使，因念国家创举，肇始自臣。自顷十馀年，沿海通商九千里，内达长江三四千里，云南沿西边界亦渐次通商，交涉日益繁多。诚虑事变日生，即臣出使数万里，亦徒受其轻简。公私兼计，惶惧实深。是以遇事稍一陈其所见，以期据理求胜。《传》曰："惟礼可以御侮。"臣之梼昧，妄意如此，而为一时诟毁所集，约有三端。

一、请将云南抚臣岑毓英交部议处。封疆大吏于中外交涉事宜，不能先事预防，致成衅端，例应议处。体察滇案情形，但一议处岑毓英，诸事皆可据理折之，不至过为要挟。臣所以敢犯一时之诟谪而不辞者，自度捐弃一身无谓之声名，以求解朝廷之隐忧，于事实确有把握也。

一、请六部堂官与洋人周旋不宜专投名帖一节。系奉旨办理事件，正宜借此考览洋情，推求事要。其不愿与周旋，自持正论，两不相妨。若定议专投名帖，其中有未一见洋人者，且有干犯名义之嫌，而洋人所要求固不在名帖也，势必函诘总理衙门，又将穷于为答。是以劝令一二人前往接见，以免重生议论。

一、自上海启行沿途日记。臣自通籍三十馀年，日皆有记，凡闻一善言，见一善行，必谨录之，亦用以自箴砭，期使言动皆可以告人。此次沿途见闻所及，及与诸随员谈论，录次其稍有关系者，诚念使臣之责，在宣布国家之意，通之与国，亦审察与国之情，达之朝廷，其间爱恶攻取，轻重缓急，皆可以知所从违，万不宜有虚饰。至于中外交接事宜，洋人一一著之新报，委曲详尽，多臣所未悉。日记略陈事理，尤无所避忌。录呈总理衙门，实属觇国之要义，为臣职所当为。同文馆检字刷印，借以传示考求洋务者，固非臣所及知。

两年以来，为此三端，诬蔑讪讥不遗馀力，臣亦无从置辩。去年京师编造联语，以“何必去父母之邦”相诮责。家乡士子，直诘臣以不修高洁之行，蒙耻受辱，周旋洋人，至欲毁其家室。臣勉辞差委，既上迫君父之命，推求事理，又只为谤毁之归。沥血呕心，时自伤哽。近闻编修何金寿参折内直谓大清无此臣子，是视臣罪为天地所不容，万古所不赦。仰荷圣恩，不加严谴，而臣区区老病之身，奔走四万里，负辱就瞑，何辞以解于人世？闻所据为罪状者，在指摘日记中“并不得以和论”一语。窃查西洋通商已历一千四百馀年，与历代匈奴、鲜卑、突厥、契丹为害中国，情形绝异，始终不越通商之局。国家当一力讲求应接之术，战、守、和三者俱无足言，而仍以自求富强为之本。臣此言实屡见之论奏，不自日记始。溯查臣通籍道光中，年逾六十，亦稍知读书观理。内直南斋，外任巡抚，屡蒙先朝简用。学问阅历，皆无足言，而自问耿耿此心，无一念不求裨益大局。遭值时艰，于国家得失利病，臣亦不能不引为咎责，参劾诟辱，所不敢避。何金寿至文致其言词，陵蔑攻击，竟似有意媒孽。副使刘锡鸿因据何金寿一折，取日记所录，一一傅致其罪。自臣在京师，与何金寿往来交好，此奏必不可少。是其交通情状，悍然一无隐讳，而使国家处置洋务，终至无所适从，即臣亦万无可图效之地。辗转寻思，实莫测其用心。此皆由臣德薄能鲜，知人不明，莅事多暗，于洋务本无知晓，轻率议论，以致动干忌讳，万口交谪，蒙被圣恩，无能仰酬万一，而一念之愚，求益反损，乃使一生名节，毁灭无馀。私心痛悼，无可湔拔。诚惧卒被众口铄金之冤，以伤朝廷委任之明。臣之病势，又日增剧。不敢不缕具梗概，沥陈于圣主之前。其刘锡鸿任性妄为各款，经臣另折参奏。此次副使刘锡鸿、编修何金寿勾通构陷情形，应否交部议处，伏候圣裁。九死孤臣，惶迫上诉，无任战慄陨越之至。谨奏。

光绪三年十月三十日，军机大臣奉旨。钦此。

出使各国大臣万不宜添设副使并参出使德国大臣刘锡鸿滥支经费片[1] 十月

再，出使各国大臣例有参赞以为二副，万不宜添设副使，以使两不相下，争权揽势，自相牴牾。即所用皆贤能而意见稍有参差，其才力所及必至两不能自达，或遇营私乖戾，动至误国贻羞，相为愤争则失体，专务含忍亦足以累事而病身。刘锡鸿已于本月初九日前赴德国，所有应行事宜臣前已为之筹度，并谕所分调之黎庶昌、张斯栒等，遇刘锡鸿矜妄之举，贪鄙之情，随时规谏阻止，以期顾全大局。

查刘锡鸿随臣一年，狂悖无礼，为臣梦想所不到，推究其原由，直以开支经费操之正使，其势不能自恣，以致因忮生愤。又凡洋务，一有交涉，例为公论所不容。刘锡鸿借为仕进阶梯，一意捃拾浮议蔽臣以恶名，巧为营取声名之计，积此二念，遂至狂逞。臣以顾全大体，一切置不与较，而于公事所关，亦不敢不随事陈明，期免贻累。刘锡鸿所领俸薪分文不肯使用，而视公款略无顾惜。臣见其奉命改使德国，在伦敦开支经费多为总理衙门奏定章程所未及，就所及见约有数端。

一、游历费用，视居都城数倍。臣每偕刘锡鸿往观各机器局，

①辑自中国第一历史档案馆藏“录副奏折”原件03 –7723 –157号。时间据本片内容考订。

乘坐汽轮车价均由臣发给，刘锡鸿概置不问，迨改派德国，仅一游百珥名登，开支经费将及五百两之多。于是参赞等皆援刘锡鸿开支经费为例，陈请添支游历经费，至屡费开导之力。

一、应酬礼物。臣出京时，购置法蓝磁瓶、荷包、折扇、茶叶所费不赀，以西洋并无此种风气，惟于游历处接待有加隆者，间一致送。至于捐给学馆及各善举，值开会堂以后每月或至数次，其收养各国水手由各国国家岁捐二十磅以上，臣亦按照各国章程捐办，其余捐款皆臣一人以俸薪应给，刘锡鸿亦置不问。近因改派德国，广制器皿、画镜、银器、玩物，至一千数百余两，拟送德国官绅，均系藉端滥支经费。

一、参赞翻译。头等、二等应咨请总理衙门核定，以昭慎重。刘锡鸿出使德国，事务较简，而先自定头等翻译，与臣奏调之洋翻译马格里同一不通汉文，而一充头等，一列三等，相形见绌，徒滋怨望。

一、添设文报局，示外人以歧异。上海为出洋总汇，前经奏派游击黄惠和就招商局专司接递文报，并无贻误。刘锡鸿另立一局，属之海关税务司，无论大小事件，徇私专擅，不顾大体，自得改派德国之信，甫及四月，以寻常私事发递电报至七八次。

种种浪用滥支虚糜经费，实为可惜。臣查办理洋务，一切局面迥异，原不能计较经费，总理衙门章程一一依照办理，已多浩费之处。统计西洋情形，英国繁费最甚，房租、食用甲于他国，尤多捐费酬应一款，臣核实开支，力求撙节而自顾无能裨益国家。万一岁支款项甚钜，日夜疚心。刘锡鸿在伦敦支销德国经费，任性妄为，漫无限制，应恳天恩饬下总理衙门核议，是否准听各项开支，自应通饬遵行。庶使章程一归核实，不至相率效尤，实于出使各国大局稍有关系。臣以衰疾无能，力求销差，而见闻所及，不敢缄默，区区愚忱为明定通行章程起见，伏祈圣鉴。谨奏。

礼部议驳明儒王夫之从祀文庙请饬部存案疏[1] 十二月初九日

奏为礼部议驳明儒王夫之从祀文庙，应恳天恩饬部存案，以俟论定，恭折仰祈圣鉴事。

窃臣光绪二年八月二十日在署礼部左侍郎任内，奏请明儒王夫之从祀文庙，并恳饬湖南抚臣查开事实，咨送其遗书。礼部诚以湖南人士尊事王夫之，营建私祠，实苦人文僻陋，于从祀大典未敢率允邀请。臣忝摄礼官，首发其议，以俟湖南抚臣奏复，荷蒙圣恩，饬部议奏。近闻署礼部左侍郎徐桐以臣出使西洋，为清议所不容，所请应从驳斥，昌言于众，远据曾国藩序文内“醇驳互见”之言议驳。

臣查两庑从祀之义，一曰传道，一曰传经。郑康成注《礼》，释奠先圣先师云：先圣若周公、孔子，先师若程有高。查圣乐有郑氏诗，有毛公书，有伏生可以为师者。三代典礼已兼斯义，自唐以前从祀诸贤，惟取传经，历宋程子、朱子昌明圣学，遂以传道为重。恭读咸丰十年上谕：“从祀文庙，以阐明圣学，传授道统为断。”其理确不可易。元、明以来，推崇朱子，则以传道传经两极，其盛为汉唐诸儒所不逮也。其后从祀诸儒，经术湛深，在宋则黄榦，在元则吴澄，其馀诸经，虽如有讲说，而卓然成一家言，实不多见。宋儒王柏经说乃尤浅陋，徒以研穷性理，立身行己，具有本末，于从祀固亦无歉。而窃见王夫之发明程朱遗旨，博大

[1]辑自中国第一历史档案馆藏“录副奏折”原件03-5529-017号。标题系编者拟。

精深，元、明诸儒，罕能及者。尤究心张子之书，以礼为宗，以复性为本，以刚毅正大为学，穷极讨论，本末完备，体用兼赅。原任刑部侍郎臣吴廷栋称：于性理所得最深，推王夫之为朱子以后一人。

臣尝与曾国藩辩论王夫之遗书“醇驳”之旨，曾国藩亦以吴廷栋之言为允当。而谓“醇驳互见”，在考证之疏密，无关学术之精微，即朱子经说，国朝诸儒纠正其失，有证之经传，确然见朱子之疏略，而固无损其大端。宋儒蔡沈《书传》、元儒陈浩《礼记集说》，所释只一经，一皆循用孔安国、郑康成旧说，稍加疏畅，列在学官，并得从祀。王夫之经说繁多，疏证推衍，或间有缺误，而如《周易内传》、《读四书大局》，实能羽翼经传，示人以规矩准绳之极则。方之诸儒，尤为纯实。

窃论明世三百年，遗书语录，传者数十家，其闳深精实，方孝儒开其先，胡居仁极其诣，王夫之要其成。臣愚以为方孝儒至同治二年始议从祀，王夫之遗书与其忠孝大节，实足与相抗，不得以考证疵□之小失，掩其发明性道之大功，其书晚出，流传未广，知者无几。而臣赋性愚直，少读儒先性理之书，即不敢有伪饰，规避取巧尤所不为，以致遭时大诟，累及二百年先儒，因臣一言至于议驳，心窃痛之。因考明嘉靖时礼部议复薛瑄从祀，奉旨：“公论久而后定，宜俟将来。”万历时会议胡居仁、王守仁、陈献章、蔡清、罗伦、吕柟从祀礼部，亦请俟公论之定，徐议于后。是以薛瑄等久亦次第从祀，蔡清、吕柟至国朝而始从祀，郑康成、范宁、吴澄□祀于明，至国朝而复从祀，以此等关系学校大典，原不能以一时一人之见，据为定论。惟查国朝各部成案，凡奉旨议驳之件，部臣辄援引原案，以为格于成例，不复查议。

王夫之遗书经曾国荃在湖北巡抚任内采辑刊刻三百馀卷，曾国藩为校订其言考据者十馀卷，仅及十年之久，尚未甚显于世，其名至今不出湖南，冀幸此后有读其书而考知其人之学行，以感发兴起者，未宜以臣不肖之故，没其传经翼道之功，使以后永不能复请，有失朝廷阐扬潜德兴世励教之盛心。应恳天恩饬下部臣，附臣此疏于议驳案内，以俟异日公论之定，无任感激悚惶之至，伏乞皇太后、皇上圣鉴。谨奏。

光绪四年二月二十二日，军机大臣奉旨："从祀典礼关系綦重，部臣议准议驳，自有公论。郭嵩焘因廷臣议驳明儒王夫之从祀文庙，辄以私意揣测，疑为故意驳斥，并请饬部存案，语多失当，殊属非是。原折着掷还。"钦此。

奉颁国书照会英外部订期呈递折[①] 十二月十八日

出使英国大臣郭嵩焘奏为接奉补颁驻扎国书，照会英国外部订期呈递事。

窃臣承准总理衙门咨开：奉旨补颁国书。随于十月初四日奉到驻扎英国国书一通，并蒙恩颁给敕书一道，仰见圣主绥来动和、怀远以德之至意。查英国君主每于秋间避暑苏葛兰巴莫拉尔行宫，至冬深乃回温色尔行宫。巴莫拉尔距伦敦一千八百里，温色尔相距一百八十里，必俟至开会堂时始一回伦敦。臣即恭录国书，照会其外部德尔比，订期呈递。窃计其君主回伦敦当在两月以后，即赴温色尔行宫呈递，亦当在二十馀日之后，不敢不先期呈明。臣维西洋最重邦交旧谊，但幸处置得宜，必可令少生枝节。臣愚暗衰疾，无能稍释毫末，诚惧此身负咎滋深，罪戾滋重。前经具

①辑自《清季外交史料》卷十二，第32—32页。日期系奉旨时间。

折陈请销差，计奉批谕尚需时日。前复领到国书，饬令面陈。事体关系甚巨，臣又不敢诿辞。仰叨饬谕之周详，实重此心之愧咎。惟有仍恳天恩，俯照臣前折所请，赏准销差，曲赐矜全，不胜感恩之至。谨奏。

光绪三年十二月十八日奉旨："知道了。"

光绪四年

奏谢兼充出使法国大臣折[①]

奏为恭谢天恩，仰祈圣鉴事。

窃臣三月十八日承准总理各国事务衙门咨开光绪四年正月二十一日奉上谕："出使英国钦差大臣兵部左侍郎郭嵩焘，着充出使法国钦差大臣。"钦此。当即恭设香案，望阙叩头谢恩。随于二十四日闻翻译联芳赍到国书行抵巴黎，适当是月二十九日法国开设大会之期，各国均遣派大臣经理察看西洋情形，直以开设大会为盛典。臣既奉旨驻扎，自应先期驰往，以慰彼都人士瞻望殷勤之意。是以于颁到国书之日，即时扶病料理，于二十五日渡海前赴巴黎，用昭我皇上敷天衰时之盛轨。独念臣以久病之躯，驻扎英国已历一年有馀，无能稍有裨益国家以称使臣之职。又复兼充两国公使，以衰惫之馀生，膺艰烦之巨任，抚躬循省，悚惧良深。惟有于才竭气阻之馀，以求万分冀一之效，庶幸勉强支持一时，不致贻误大局。

所有奉到国书，刻期启程前赴巴黎缘由，理合缮折叩谢天恩，伏乞皇太后、皇上圣鉴。谨奏。

光绪四年六月初三日，军机大臣奉旨："知道了。"钦此。

---

①辑自《清光绪朝中法交涉史料》卷一，台北文海出版社印行。原署"六月初三日"，系奉旨时间。

奏报兼使法国呈递国书情形折[①] 四月初六日

奏为陈报兼使法国呈递国书情形，恭折仰祈圣鉴事。

窃臣三月二十五日奏报由伦敦驰赴巴黎一折，其时正值法国开办大会，于抵巴黎后经其外部大臣瓦定敦订先赴会，而后呈递国书。随于四月初五日未刻，由其御前奉引大臣莫拉管驾朝车一辆、马车二辆来迎，臣即带同翻译德明、联芳、马建忠、陈季同恭奉国书至其雷立赛宫，甫入内，其伯理玺天德已前免冠立候，臣宣读诵辞毕，伯理玺天德亦宣读答辞，相与鞠躬而退。旋据莫拉开交所诵答辞，仰希中朝礼乐输诚修好，其意似极勤恳，出入陈列队伍奏乐迎送，规模制度又似小异。

除收诵辞、答辞各一通咨送总理衙门外，所有呈递国书情形，谨缮折具陈，伏乞皇太后、皇上圣鉴。谨奏。

光绪四年六月初三日，军机大臣奉旨："知道了。"钦此。

奏请准销使差并请派员接替片[②] 六月初三日

再，臣光绪三年八月初六日因病陈请销差，于十一月二十五日钦奉批谕："郭嵩焘着听候谕旨遵行。"钦此。距今已及五月，尚未奉到谕旨。又蒙兼使法国之命，仰荷圣恩高厚，曲赐裁成，未欲遽允臣请。犬马馀生，尚复何所爱惜，以必求自全，而臣病惫情形，深恐贻误大局，有不能不上陈者。

臣本以衰年久病，勉强出洋，自上年七月以后遂成不寐之症，

---

①辑自《清光绪朝中法交涉史料》卷一，台北文海出版社印行。标题为编者所改。

②辑自《清光绪朝中法交涉史料》卷一，台北文海出版社印行。

昏眩怔忡日益加剧，稍一用心，神思惝恍不能自主。是以奏请赏准销差，冀幸公私不至贻累。今年三月晨起，忽喉间格格作痛，引而吐之，其血如涌，至盈半盂，自是精神愈加委顿。渡海来法，小有劳动，遍身筋骨痛苦不支。兼两处交涉事件，均须亲身驻扎办理，往来奔走，烦劳尤甚，万非衰病之躯所能撑持。

窃查出使之才，宜兼三长。一曰应对周旋，善于辞令。臣语言钝滞，友朋往返，动至陨越。西洋各国驻扎公使常三十馀人，驻英者皆能英语，驻法者皆能法语，偃蹇参差，仅臣一人。翻译各员于臣语音亦多未晓，其拙讷尤为可笑。二曰应权达变，见事机警。臣赋性椎鲁，权谋智术皆所不习，愚弄笑侮施之臣身，昏然不知。以求折冲俎豆之效，诚自度其不逮。三曰通达古今，博览多能。臣少无（疆）〔强〕记之性，衰病交侵，临事恍惚，旋过旋忘，各种学艺本无讨论，相对茫然。至于古今盛衰之理，中外缓急之宜，亦尝考览史策，深求其义，及至遇事，征引漫无记忆，不必纵横驰骋而术已先穷。每一思之，辄自怀愧。出使三长，臣皆无之。即使精力尚可支持，犹惧衰颓浅陋，贻笑外人，祇益其轻视中国之心。而出洋甫及一年，形容屡变，气息奄然，家人相视，惊惋流涕，见谓数月之内，容色改观，不止十年。诚知三年之期已将及半，苟可延缓，又何肯中道自废，上负圣明委任。

惟国家遣使西洋，实为历来未有之局，修好弭衅，责任实深，徒使疾病因循，多方贻误，有损无益。在朝廷何所乐而为此，在臣亦安所恃以自存。是以顾念残生，亦自厌弃，以为废人。因查西洋公使，分列三等，各以驻扎久暂为次。臣初至伦敦，美国公使适先期呈递国书，葡萄牙又先数月，朝会即以为次。今年朝会已皆次第更换，葡萄牙又次臣，美国乃更次，后其馀小国，来去频仍，次后者日多，而土耳其公使遂至二十馀年，久暂各随其便，但能引此三长兼收并蓄，待用无遗。审事既明，得人自盛，将使人才远出臣上，西洋尤所诚悦。去秋以来，闻各省灾荒情形，惊心怵目，伏读诏书，至诚恻怛，穷簷疾苦，上廑圣慈轸念，人人感激流涕。值此宵旰忧劳之时，臣亦具有天良，何忍言病。而自顾危病交乘，犹冀及一息之存，得垂九重之鉴。用敢披历愚忱，屡具实在病状，自投于君父之前。伏求鸿慈逾格，俯准销差回京，简放大员接替，臣无任悚惧待命之至，伏祈圣鉴。谨奏。

谢宽免深恩并陈刘锡鸿谬妄情形疏[①] 七月二十二日

奏为钦奉谕旨训饬，宽免深究，恭折叩谢天恩，仰祈圣鉴事。

窃臣光绪四年七月十五日承准军机大臣字寄，光绪四年五月初七日奉上谕："郭嵩焘、刘锡鸿自奉使出洋后，意见龃龉。"等因。钦此。跪诵之下，悚惕莫名。念臣衰病馀生，蒙恩委任，无能稍效涓埃，裨益国家，反因同官之龃龉，上廑圣虑曲示调停，感悸惊惶，汗流浃背，无地自容。然臣区区之愚，仍有不敢不上陈者。

臣于光绪三年八月初六日奏参刘锡鸿任性妄为，其时刘锡鸿尚在伦敦，已自开除副使名目，私刻关防，滥支经费。臣见其趾高气扬，顽然自圣，度其必至偾事，是以据实具参。迨十月初十日，刘锡鸿前赴德国，一两月内，新报迭见，多所刺讥，至今年春后，劣迹益著，物议沸腾。臣以同充公使，无相劾之理，亦冀幸前折或蒙朝廷省览，及早派员接办，所保全实大。刘锡鸿参臣

①辑自中国第一历史档案馆藏“录副奏折”原件03-5131-043号。标题系编者拟。

悖谬在今年二月，相距半年之久，不知其挟何智术，于坐困柏灵情形，能掩饰朝廷耳目，而反诬噬及臣。臣于刘锡鸿任性妄为，实据多端，皆所目睹。其自京师奉命之日，立时反背，捏造匿名揭帖，丑词痛诋，琅琅诵之。出洋以后，凶横陵藉，视同仇敌，臣实亲身领受一年有馀，未尝一与计较，亦见其人尚有气势，冀幸稍加阅历，或尚可资任使。既久闻其言论，察其行径，审知其为变诈反复之小人，无复廉耻忌惮之生于其心，万不宜以上玷朝廷，贻讯远人。假使刘锡鸿与臣相处以礼，而所行如此，臣亦不能不奏参，实为国家大局起见，不敢稍涉私意。刘锡鸿指为他人播弄之词，非独臣不任受也，即刘锡鸿之乖谬，亦实其本性，非关播弄。

至于德国换约事宜，刘锡鸿贻误甚大，臣请略言之。国家遣使西洋，实出自各国求请，其意不过欲中国知其政教、制造，志在通商，以广利源。非有意与中国构衅，遇事相为信守，以固通商之基。德国之欲结好中国，又更甚于英法，人人能言之。巴兰德一闻遣派公使，不复论及换约将近一年。彼何惮于一公使哉，诚欲俟其调处，为修好之资也。及闻刘锡鸿劣迹日著，乃复陈列多款，愤争数日，嘎然出京，此其蓄意至深，而用心至隐。略无一语指斥，然其前后情事，显然明白，一览而知。刘锡鸿议论文章尽能饰辩，臣亦素受其欺蒙。闻其在柏灵终日闭门编造语言，为诓惑总理衙门之计，其于换约事宜，臣但闻其愚谬百出，德国议绅酌尔池、前住京公使罗多麦及博郎等引以为笑，其言其事传播甚远，仅经两次照会，亦并未尝一容辩论。是其中肯之言，皆出自闭门编造之功，全无事实。朝廷似当一考其功效，不当为其虚言所诳。臣维出使西洋，当念朝廷所曲从何意，所应考求何事，各国所以相抵牾何心，源流本末，推测万端，实愧才力不足以相副。若据刘锡鸿虚憍诬谬之言为是，陵驾诸国，惟所施为，以尊朝廷体制，则其去事理绝远，召衅启侮，所损尤多。刘锡鸿谬妄情形，征之德人议论，万不足以自立，而使至今不得上闻，诚恐贻误大局，追悔无及。臣心亦实有不安，是以终一言之。

臣赋性愚直，才谫学疏，常惧不称公使之任。内自怀疚，兼念与刘锡鸿同列，徒资外人侮笑。日夕忧惶，荷蒙圣恩高厚，曲赐矜全，加之训饬，感激涕零。臣惟有刻自箴砭，于“怀私、怙过”四字戒慎防维，不敢稍存于心，以冀仰答生成。所有微臣钦奉谕饬，感激悚惶缘由，理合缮折，叩谢天恩，伏乞皇太后、皇上圣鉴。谨奏。

光绪四年九月十八日，军机大臣奉旨：“览奏均悉。刘锡鸿前已有旨，饬令回京供职矣。”钦此。

新加坡设立领事请饬总理衙门查照通例核给俸薪疏[1] 九月初二日

奏为新加坡设立领事，恳恩饬下总理衙门，查照通例，核给俸薪，恭折具奏，仰祈圣鉴事。

窃臣于八月十五日承准总理衙门咨复新加坡领事等俸薪，如就地筹画，不敷支销，原可报明核补，统归出使经费项下报销。惟查上年奏请设立领事折内有在新加坡谕知胡璇泽但允发给开办经费，至应支薪水，听从筹画报销，胡璇泽亦欣然允从等语。本衙门于复奏折内亦将此节声明，令准咨称领事、翻译等俸薪由江海关道归入出使经费内汇拨，自系变通前奏办理，应由臣恭折奏

①辑自中国第一历史档案馆藏“录副奏折”原件03-9657-012号。标题系编者拟。

明。等因。

因伏查上年七月间奏请设立新加坡领事，原为保护民商起见，而察看各国情形，诸事皆有本原，一切费用筹之民商，无虞缺乏。臣自受命出使〔西〕洋以来，实见开支出使经费岁益繁多，领事保护民商当有力格纸费足资筹画，但令经费无多，各处中国人民屯聚，均可次第添设领事，经费过多，则添设为难。即现时支放，亦虞不给。是以当为就地筹办之请，举胡璇泽以为例，非谓各国选派领事，皆应开支经费，独新加坡一处可以责成筹办也。

国家创议开办之件，筹画经始，不厌精详，而所定经制须归一例，不能以胡璇泽一人欣然允从，独示区别。至于该处所收经费，自应责成按年开报，抵消所支薪俸。其需用人员，有查考地方情形，随时奉报之责。文案委员亦断不可少。而翻译之设，专取传达语言，领事能通知该处语言，翻译一节即可从省。臣愚以为此等均须变通办理。总理衙门原议领事、翻译等第似亦未宜据为一成之式，致一切皆成具文，无补实用。伏乞饬下总理衙门，仍照通定章程，发给新加坡领事及委员等薪俸，从开办之日为始，均归出使经费内开支，所需用委员亦责成使臣酌核名数，咨报总理衙门，以昭画一而归核实，伏乞皇太后、皇上圣鉴，训示施行。谨奏。

光绪四年十一月初一日，军机大臣奉旨："该衙门知道。"钦此。

光绪五年

奏报交卸出使英法两国任务折[1] 正月初四日

奏为恭报微臣交卸出使英、法两国事务，遵旨回京，恭折仰祈圣鉴事。

窃臣十月初二日承准总理各国事务衙门咨开光绪四年七月二十七日奉上谕："一等毅勇侯候补四五品京堂曾纪泽着赏戴花翎，派充出使英、法两国钦差大臣。郭嵩焘着回京供职。"钦此。随闻曾纪泽已自上海启行，臣即驰赴巴黎等候。曾纪泽行抵法国，将法国一应交涉事务妥为移交。曾纪泽旋于十二月十八日呈递国书，以次行抵英国，复将英国一应交涉事务移交。择于光绪五年正月初四日遣派文案处随员李荆门恭赍钦差出使大臣关防一颗，交由曾纪泽祗领任事。随将两处支用经费，造具清册，咨送总理各国事务衙门核销。两年经手事件，逐款清厘，毫无轇轕。臣即于拜折后驰赴巴黎，附搭法国公司轮船启程回国。

除将两次奉颁敕书咨缴总理各国事务衙门外，所有交卸出使事务缘由，理合缮折叩谢天恩，伏乞皇太后、皇上圣鉴。谨奏。

光绪五年三月初四日，军机大臣奉旨："知道了。"钦此。

---

①辑自《清光绪朝中法交涉史料》卷一，台北文海出版社印行。

病难速痊恳请开缺调理疏[①] 六月十七日

奏为微臣病势难期速痊，吁恳天恩赏准开缺调理，恭折仰祈圣鉴事。

窃臣光绪五年闰三月二十四日具报到籍日期一折，五月十三日承准总理衙门咨回原折，四月二十八日奉旨："知道了，该侍郎办事实心，不辞劳瘁，着俟病体稍痊，即行来京供职。"钦此。跪诵之下，感激莫名。猥以羸敝之病躯，上廑圣慈之慰谕。急盼痊除之日，徐图报称之方。无如年老气衰，心枯志索。向时之吭逆，渐似症瘕；历久之怔忡，倍加昏眩。屡更医而罔效，迫求愈而转延。内顾犬马之馀生，深恐渐成瘵蹙；外察艰难之时局，多惭无补涓埃。徒使久病之身，虚绾中枢之任。抚衷滋悚，负疚弥深。再四思维，应恳天恩赏准，开出兵部左侍郎一缺，俾得安心调理。幸此身之无事，庶可收从容摄卫之功；但一息之能存，犹冀效鞭策驰驱之用。一俟病痊，趋赴阙廷，求赏差使，不敢稍耽安逸，自外生成。

所有微臣因病吁请开缺调理缘由，谨缮折具陈，伏乞皇太后、皇上圣鉴。再，此折借用湖南抚臣关防拜发，合并声明。谨奏。

光绪五年七月初十日，军机大臣奉旨。钦此。

---

①辑自中国第一历史档案馆藏"录副奏折"原件03-5140-022号。标题系编者拟。

光绪六年

论俄事疏直隶总督肃毅伯李代进

四月二十三日①

奏为遵旨直陈所见，恭折仰祈圣鉴事。

窃臣恭读光绪五年十二月初四日上谕："此次会议事件，中外臣工及在籍大臣如有所见，均可据实直陈。"等因。钦此。仰见我皇上慎重边防、周咨博访之至意。查前左都御史臣崇厚在俄定立条约十八款，不察山川扼要之形胜，不明中外交接之事宜，种种贻误，无可追悔，然西洋各国遣派使臣，相与议定条约，原应由各国核准施行。是此案准驳之权仍制自朝廷。所遣派驻扎各国使臣，但系两国交涉事件，应责成料理。总理衙门但一谕饬驻俄公使转俄国外部：《伊犁条约》暂难核准，权听俄兵驻扎伊犁，以俟续议。俄人虽甚猖獗，亦不能违越万国公法，以求狂逞。只此权应之一法，可以稍戢俄人之志，即在我亦稍有以自处。臣谨将前后情事，为我皇上分别陈之。

一曰收还伊犁应由甘督核议。乾隆年间戡定准、回各部，设立各城，驻扎兵弁，外设屯卡，与各属部画分疆界。百馀年来，哈萨克、布鲁特诸部日以衰微，其地多为俄人侵占，又西灭浩罕诸部，与西域壤地紧相毗连。而自回疆叛乱，二十馀年，屯卡毁

①据《光绪朝东华录》同疏校补。

弃殆尽，即令俄人缴还伊犁一城，清理疆界，极费推求。陕甘督臣左宗棠平日讲求地理之学，经营西域，已逾十年，形胜险要，悉能详知，万非数万里外遣一使臣可以凭空定议之事，臣所谓收还伊犁应由甘督核议者此也。

二曰遣使议还伊犁当迳赴伊犁会办。俄人占据伊犁时，但以保护疆界民商为言，原约中国平定西域，仍行退还，是收还伊犁，并无他虑，惟虑俄人索取兵费太多，此须至伊犁相度情形，乃可置议。左宗棠以战功平定西域，不肯居赎回伊犁之名。拣派大员会议，着紧亦专在此，无舍伊犁而径赴俄会议之理。即令议办已有端绪，应遣使赴俄定约，亦必须由肃州取道伊犁，兼与左宗棠商定一切。臣在伦敦，闻日本遣使恩倭摩的赴俄议换库页一岛，即所谓夷虾夷岛也，在该岛争持多年，乃遣使赴俄计议，其使臣即由库页岛径达黑龙江。取道伊犁，绕乌拉岭赴俄，为其水陆交通，险隘形胜及其兵力所注，非身亲考览无由知也。俄酋高福满驻扎伊犁，兼统浩罕诸部，其与崇厚议还伊犁，于二万里〔外〕①调高福满回国会办，此在中国关系绝大，而在俄人则进退皆利。无关得失之数，而其任劳核实如此。臣所谓遣使议还伊犁当径赴伊犁会办者此也。

三曰直截议驳《伊犁条约》，当暂听从驻扎，其势万不能急速收还。臣查天山南北两路所以号称肥饶者，正以河道纵横，灌输便利之故。俄人所据西伯利部一万馀里，并属荒寒之地，近年侵夺塔什干、浩罕诸部，曲意经营。前岁见俄国新报，言其提督斯哲威尔探寻巴米尔朗格拉湖一带，报称喀拉库拉湖至阿克苏有通长不绝河源，深入俄国荒漠之地，为历年人迹所未到，举国相为

①据《清季外交史料》卷二十同疏校补。

庆幸。其睨视西域，蓄谋已深。伊犁一城，尤为饶沃。自伊犁河以南曰哈尔海图，产铜；曰沙拉博和齐，产铅。其北山曰空鄂尔峨博，产煤；曰辟里箐，产金；曰索果，产铁。往时河南有铜厂、铅厂，并近距特克斯河，而办理不甚如法。山北煤、铁各厂，则尚未开采。西洋人群视为上腴之地。伊犁所属九城，专以驻兵弁。其膏腴并在河南。山北西至霍果斯，亦设有一城，距伊犁不逾百里，所设额尔格齐罕诸卡，皆在五百里以外。今画分霍尔果斯河属之俄人，则伊犁一河已截去四之三，而五百里之屯卡皆弃置之矣。画分特克斯河属之俄人，则旧设铜、铅各厂亦与俄人共之，而特克斯河横亘天山以北，其南直接库车、拜城，声气皆至阻隔。所设屯卡，直达特克斯河源，皆弃置之矣。塔尔巴哈台距伊犁东北尚在千里以外，闻亦有划归俄人之地。以一城孤悬浮寄，尽割置其膏腴之地，名为收还伊犁，而实弃之。此时置议，较之从前，其难万倍。当据万国公法，由国家径行议驳，无可再行商办之理。以此时蠲弃伊犁，与收还伊犁，其势并处于两穷。惟有申明权听驻扎，以杜其狡逞之心，而仍以从缓计议，稍留为后图，庶自处于有馀之地，而亦有馀地以处俄人。臣所谓直截议驳《伊犁条约》，暂听俄人驻扎者此也。

四曰驻扎英、法两国公使，不宜遣使俄国。西洋各国互相联络，各视其国势缓急轻重，与其恩怨，以为权衡。数百年来，攻伐兼并，事变百出，而目前大势，则英、法两国为私交，俄、德两国为私交。德与法仇憾方深，英与俄尤为累世积怨。其心意所向背，即其喜怒好恶，亦皆随之转移。臣尝论英、法共一公使，俄、德亦当共一公使。凡为公使驻扎，非但以虚名通两国之好而已，实有维持国体之责，与商办事件之权。遣使会议当在伊犁，而其难通之情与其两不相下之势，则由驻俄公使达之俄国朝廷，以持其平而分其责。此亦万国公法所当准情据理，通论其节要者。似此加派使臣，改议已定条约，恐徒资俄人口实，以肆行其挟制之术。俄国新报已言伊犁条约由英播弄翻悔，亦可窥见其用心矣。臣所谓驻扎英、法两国公使不宜遣使俄国者此也。

五曰定议崇厚罪名于例本无专条，亦当稍准万国公法行之。臣查崇厚贻误国家，原情定罪，无可宽免。然推其致误之由，一在不明地势之险要，如霍尔果斯河近距伊犁，特克斯河截分南北两路，均详在图志，平时略无考览，俄人口讲指画，乃直资其玩弄。一在不辨事理之轻重，其心意所注，专在伊犁一城，则视其种种要求，皆若无甚关系，而惟惧收还伊犁之稍有变更。一在心慑俄人之强而丧其所守。臣奉使出洋时，以崇厚曾使巴黎，就询西洋各国情形，但言其船炮之精，兵力之厚，以为可畏。崇厚名为知洋务，徒知其可畏而已，是知其势而不知其理，于处办洋务终无所得于其心也。一在力持敷衍之计而忘其贻害。臣在巴黎与崇厚相见，询以使俄机宜，仅言伊犁重地，岂能不收回。颇心怪其视事之易，而亦见其但以收回伊犁为名，于国事之利病、洋情之变易，皆在所不计。故常谓与西洋交接，亦当稍求通悉古今事宜、中外情势，而后可以应变。是以崇厚之罪，人能知之而能言之，而当定议条约之时，崇厚不能知也，携带参赞、随员亦皆不能知也。置身数万里之遥，一切情势略无知晓，〔惟〕[1] 有听俄人之恫喝欺诬，拱手承诺而已。朝廷以议驳条约加罪使臣，是于定约之国明示决绝，而益资俄人口实，使之反有辞以行其要挟。崇厚殷实有馀，宜责令报捐充饷赎罪，而无急加刑以激俄人之怒，即各国公论亦且援之以助成俄人之势。臣所谓定议崇厚罪名当稍

---

①据《清季外交史料》卷二十同疏校补。

准万国公法行之者此也。

六曰廷臣主战，只是一隅之见，万宜斟酌理势之平，求所以自处，而无急言用兵。臣查西洋构患以来，凡三次用兵：广东因禁烟，宁波、天津因换约，皆由疆臣处置失宜，以致贻患日深，积久而益穷于为计。然其时中外之势，本甚悬绝，一切底蕴，两不相知，徒激于廷臣之议论，愤然求一战之效。至今日而信使交通，准情理处，自有馀裕。俄人之狡焉思逞，又万非比英、法各国专以通商为事。衅端一开，构难将至无穷。国家用兵三十年，财殚民穷，情见势绌，较道光、咸丰时，气象又当远逊。俄人蚕食诸回部，拓土开疆，环中国万馀里，水陆均须设防，力实有所不及。即使俄人侵扰边界，犹当据理折之，不足与交兵角胜，何况以伊犁一城，遣使与之定议，准驳应由朝廷，纵彼以兵力要挟，亦可准度事势之宜，从容辩证，何为贸然耀兵力以构衅端，取快廷臣之议论？臣所谓廷臣主战只是一隅之见者此也。

窃以为国家办理洋务，当以了事为义，不当以生衅构兵为名。名之所趋，积重难返，虽稍知其情状，亦为一时气焰所慑而不敢有异同。臣之愚昧，直以为今日之急务固不在此。应恳天恩饬令驻俄使臣转达俄国外部，以伊犁一城为天山南北两路关键，中国必待收还，而此次崇厚所定条约万难核准，所有俄兵驻扎伊犁，应暂毋庸撤退。从前喀什噶尔曾经与俄通商，应否照旧举行之处，由陕甘督臣左宗棠与俄国督兵大臣会商核办，以期妥善，无得轻易率请用兵，致失两国交谊。开诚布公，正辞明辩，责成督臣妥为经理，或冀幸挽回于万一。以后与俄人交涉，亦可于此稍得其端倪。关系大局，实非浅鲜。

臣以庸愚，奉使无状，万口交谪，无地自容，积年以来，心气稍耗，疾病日增，里居逾岁，足迹未尝一出门户。自分衰病馀生，无复犬马图效之望，而轸念时艰，重以崇厚之昏庸，贻误多端，几至无可补救。臣于洋务粗有所见，诚知一时公论，于此必多触牾。然求之事理，征之史策，准之国家之利病，验之各国之从违，允宜及早断行，以免多生枝节，为时愈久，议论愈烦，则益难于处理。是以不敢避诟讥而终甘缄默，谨略献其愚忱，上备圣明采择。

所有遵旨直陈所见缘由，理合缮折具陈，伏乞皇太后、皇上圣鉴。谨奏。

光绪八年

论法事疏两江总督恪靖侯左代进

七月十八日[1]

奏为法兰西滋事安南，宜求其症结所在，循理处置，不宜遽构兵端，恭折仰祈圣鉴事。

窃臣光绪二年在总理衙门，见法人特拉格来游历暹罗、南掌、缅甸，以达云南、四川，记载详明，由福建抚臣翻译咨送，臣但见其游历南掌一册，内言南掌通中国有三路，一循湄江而上，出缅甸，通云南；一出湄江右支囊呼河，通云南；一出安南东京两界间，通广西。知其心忮英人通商腾越，蓄意争胜。云南地产之厚，尤西人所艳称也，是以考求通云南之路尤急。其后日本毁灭琉球，法人因乘势与安南构衅，以为开通富良江之计。盖西人以通商为利，尤善蹈瑕抵罅，据为程式。与安南议论相持两年，而其经营发难，实在乙亥、丙子之交。其指定蒙自口岸，尤擅云南之胜，以其地饶沃平衍，水陆交通，北距云南省城，西距普洱，道里适均，实远出腾越之上。其用意愈深，其求成之心必愈坚。

臣以为宜由朝廷权衡利病轻重，应否准与通商，定计于事先。设官置防，使足以资控御，庶不至如沿海情形，令西人操通商之权，屈中国以从之。其或定计不与通商，亦当熟筹因应之宜，深

---

①日期据本疏内容及《郭嵩焘日记》考订。

审理势之归，有所据以制其胜，期收折冲樽俎之功。西洋各国因事辩争，有相持数年而始定者，即不得已而用兵，亦反复筹商，迟久始决。从未闻贸然发议称兵，一相尝试。就安南事势言之，当有救援弹压之师，不当有防堵之师，明知非利害所系故也。若论云南通商，事势所争，尤在议论，决不在于用兵。

臣因考自古经国之计，专务招徕商贾，无以闭关绝市为义者。《汉书·西域传》称罽宾惟利贾市；安息临妫水，商贾车船行旁国；康居欲买市为利；大宛善贾市，争分铢，必市乃得所欲。班史不载边关市易，而于四国发其例，是以《后汉书》言武帝开通西域，商胡贩客，日款于塞下。《唐书》：开元盛时，东至高丽，南至真腊，西至波斯、吐蕃、坚昆，北至突厥、契丹、靺鞨，谓之八番，税西域商胡以供四镇。当时通商之利，盖可想见。《明史》谓唐、宋以来，行以茶易马法，用制羌戎。是以宋世熙、河、秦、洮，皆设茶务，不以寇掠攻守废市易。明设三市舶司：宁波通日本，泉州通琉球，广州通西洋诸国。交趾、云南，皆设市舶提举司，始终未闻以市易滋乱。其后罢宁波市舶，日本海贾往来自如，转相寇乱，海上遂无宁日，见之《明史·食货志》，可以推知其利病。至于国朝，控制夷狄之法尤为旷越前代。康熙初，与俄罗斯议定疆界，听其贸易不禁。俄商络绎往来京师。三十二年，定为三年一来京贸易，而库伦仍听互市。雍正五年，设沿边卡伦，始移市务于卡伦外之恰克图，距库伦且至千里，而罢京师贸易，相沿至今。其后节次割分边界，由额尔古纳河东至混同江，横约二千馀里；由乌苏里河南至图们江，纵约千馀里，由恰克图西至乌梁海，绕出葱岭，纵横各数千里，犹恃恰克图通商界限，由额尔古纳河东经黑龙江以达松花江，西尽唐努山以南，界画井然，不虞侵占。诚令塔尔巴以北、伊犁以西，当时设有通商市务，必能相与保全，以资守卫。臣历考古今事势，益信《明史》言驭边之要，以互市通夷情，使法禁有所施，省戍守费，诚为有利无弊。而如恰克图展至库伦千里以外，尤其效之彰明较著者也。今沿海通商十三口，长江以上通商五口，云南通商一口，俄罗斯出入西北各口，并通行无阻。区区蒙自一口，无关中国要害。通筹始终，总揽全局，必有能辨知其得失者。至于用兵之费，筹饷之烦，与其贸焉而起，贸焉而止，及不幸而出于战，赔缴兵费之累，中外诸臣皆能深知。徒以眩于南宋以后之议论，不务考求古今事局，以上窥列祖经营抚绥之略，明通公溥，坦然以诚相示，而用其一隅之见，附和清议，苟求见恕于人言。以是办理洋务四十馀年，始终不得要领，而坐受人言之挟制。方今时事艰难，民困财殚，国计、吏治、人心、风俗，本源之地，所忧实多。汲汲补救，犹惧不给，无故自生衅端，屡资烦费，诚谓非宜。

臣老病馀生，气息奄然，无所顾忌，又尝蒙被圣恩，备员总署，稍能周知中外情形，以理自信，实见法人通商蒙自，宜以时迎机理喻，使受约束，不宜率尔称兵，终至无以善其后而滋累无穷。用敢披沥愚忱，冒昧上陈，冀荷圣意垂察，不胜战慄陨越之至，伏乞皇太后、皇上圣鉴。谨奏。

请正朝鲜乱民之罪片七月十八日①

再，臣传闻朝鲜国都有围攻日本公使一案，其始由近年通商日本，渐及西洋各国，考求西法，于是其国人民分党争胜，曰守旧党，曰开化党，各据所见，以相诘难。而人情狃于所习见而震

①日期据《清季外交史料》卷二十八同片校补。

于所创闻。守旧一党，相附和者，其人数必多而益嚣，因围击日本公使，遂至侵犯王宫，肆行叛逆。此实近今未有之奇变。窃度日本旦夕必加兵朝鲜，或具朝鲜情状告知，朝廷亦颇难为酬答；或竟不告知，则朝鲜之国危而中国之体〔面〕[1] 亦全失。臣愚以为宜下明诏，正朝鲜乱民之罪，兴师讨之，移檄日本，以朝鲜乱民为逆，陵辱日使，非徒日廷之私愤，实亦中朝属国之巨憝，允宜兴师问罪，诛讨乱民，选立故王之后，以惩暴安乱为义，而无利其土地。日廷命将出师，亦同此义，直当同心戮力，以定朝鲜之乱，调集天津水陆之师四五千，由海道进讨，使日本犹有顾忌以不至狡逞，即中国亦有以自处。兵者，圣王所以诛暴乱、禁奸宄，是滇、粤各边无可用兵之机，而朝鲜在今日实有迫以不能不用兵之势。良以日本蓄谋已深，乱民乃无故激成其变，察其情势，已成于不可遏。为国家大局计，诚有不能坐视者，此亦先发制人之术也。

至论朝鲜人民之树党，其罪皆无可逭。臣子之义，利病荣辱，无可为身计者，期于利国而已。诚见其有利于国，毅然为之可也。一事之微，而有先知先觉之责，君子固当任之。不知其利，而与愤争，亦无害其为正论。然而国势之赢绌，事机之缓急，要当有审幾之智。其间立国有本原，推行有次第，所以通古今之变，而察本末之序，尤不可终安于不知。有官守者任其事，事所不属，无不可明其理。分党争胜，明树之的，使乱民有所借口，而遂戕及国家。窃以为朝鲜人民之罪，无论何党，皆应一申天讨。王者之治乱，以急正风俗为先。《周书》群饮之诛，为风俗人心之可无恕也。朝鲜所谓大院君者，一日不伏诛，无以定一日之人心。此

①据《清季外交史料》卷二十八同片校补。

尤我国家无可推延之理，诚宜断自宸衷，剀切宣示，以振厉中外人心，而求所以奠安朝鲜，镇服日本，所保全实大。臣不胜瞻望感激，谨据所见上陈，伏候圣明采择。谨奏。

光绪十年

因法事条陈时政疏缮呈直隶总督肃毅伯李、两江总督恪靖侯左代进　九月[1]

奏为西洋构患已深，宜急与理处，不宜与交兵，谨推陈本末始终之数，以明得失之机，恭折仰祈圣鉴事。

窃查西洋之通中国，肇始西汉，海道通商，则原于隋唐之交，历今千数百年。至道光年间，鸦片烟行于中国，始有禁烟之议，办理参差，激成衅端。嗣是而有定海、宁波之变，又有镇江之变，又有广东省城之变，又有天津之变。再四交兵，或极一时之兵力，靡费饷需累巨万，终至增加通商口岸，索赔兵费，前后五十年中，反复招寻，如出一辙。盖西洋以通商为义，自始开国至今千八百馀年，兵力愈练愈强，制造愈习愈精，通商口岸亦愈推愈广。外蕃各国，盛衰强弱，或数十年数百年一变，惟西洋一主通商，历久不变。其占踞地方，远至数万里，皆以通商为名，初无穷兵之心，而数反数复，必因衅以逞兵；亦并无争地之心，而屡战屡进，即乘势以掠地。南洋各岛侵占殆遍，无不由此。是以交涉西洋通商事宜，可以理屈，万不可以力争；可以诚信相孚，万不可以虚伪相饰；可以借其力以图自强，万不可忮其强以求一逞。

臣尝论西洋要求事件，轻重大小，变幻百端，一据理折衷，

---

[1]日期据本疏内容及《郭嵩焘日记》考订。

无不可了，一战则必不易了。以彼所求者通商耳，其蓄谋或在数十年之前，其作势尝自处万全之地，每至张大其辞，以相要挟。而其与中国相去数万里，用兵之费又数倍于中国，本不能轻易言战，其志又不过通商为利，非有仇憾积于其心。察其不轻言战，诘难往复，固有馀地以自处，而求各得其利。因其不轻言战而激使狂逞，则为害必多。一经交兵，所用兵费终谋取偿，此亦西洋各国互相钳制之义，直无辞以拒之。或竟受惩创，扬帆以去，各省海口不能撤防，一年二年，又必复至；或遂恣意横行，为祸且将愈烈。西洋各国交兵，或十年二十年，每战炮火交轰，亦至数日不息。近年如普法战迹，记载甚详。中国沿海八九千里，果何以堪之？此臣所以谓西洋各国环集，中国无可战之机，无可战之势，直亦无可战之理。

法夷屡与越南私立条约，专为通商云南起见。自英人通商腾越，尤怀争先恐后之心，见之特拉格尔探地记，其蓄意早深。据万国公法，驻扎各国公使，专务保护人民，料理通好事宜，遇有争辩大端，必另遣使与议，以所争辩有允不允，不允即应辞归，公使不能辞归，故并不使与议，勉强与议，彼亦决不相信。法夷构衅越南，应遣使法都，并应遣使西贡，察机观变，而未能遣使。其滋扰越南，一发端西贡，而西贡地方，中国人民三十馀万，应设领事经理，而未能早设。此等紧要机宜，皆已坐失。法夷初意西贡驻兵五百人，横行越南有馀，经刘永福横出截击，彼亦惊出意外，进退两难，可以乘势定议，而又失此机会。中外诸臣，本无谙知洋务者，惟仰窥朝廷意旨，愤起言战；疆臣主兵，又狃于军营报仗虚张声势之故习，一以虚憍出之，讳败言功，从无一语征实。臣不敢申言胜负得失之故，但就今日用兵利害言之。法夷滋扰越南，未及中国也。廷臣倡言主战，拒之于桑台，拒之于北宁，彼至则我兵先退，彼退又以克复报闻。法夷敛兵退守，不进攻保胜而至天津议讲，是其意本不求战也。自谅山一加掩击，而祸遂成。嗣是而攻鸡笼，伤亡数百人；又攻马尾，伤亡数千人；又转攻鸡笼，伤亡亦数百人。迫使戕贼人民，其害一。马尾船厂建置机器，所费累数百万，每制造兵船一艘，多或百数十万，少亦数十万。一战而毁弃净尽，所耗至一二千万。徒自毁伤其仅有之轮船与制造机器，以供言者之一快，其害二。西洋通商各口岸，中国富商大贾辐辏其中，转输营运，赖以不匮。二三年来，边衅既开，西洋各商收回成本，停止贸易，沿海商贾倾毁无馀，元气大伤，百姓相与转徙流离，一日数惊，莫保其生，商贾受累尤甚。是直自为扰也，其害三。比年水旱饥馑，公私库藏皆至耗竭，寻常无事，各省入款多不敷出，而观今日征调之烦，召募之广，视咸丰年间讨平寇乱，用兵又更加多。耀军于无可施之地，求战于不相应之敌，沿海数千里，处处设防，徒以自敝其力，而无复有终极，其害四。

汉臣魏相之言曰："救乱诛暴，谓之义兵；敌加于己，不得已而起，谓之应兵；争憾小故，不忍愤怒，谓之忿兵；恃国家之大，矜人民之众，欲见威于敌，谓之骄兵。"忿兵、骄兵，古人以为大戒。中外诸臣袭南宋以后议论，反据之以为名，抑不知南宋诸臣议论与其行事之得失，载在史册。韩侂胄一用兵而宋以不振，贾似道再用兵而宋燔矣。以议论争胜而不能推求古今之利病与人事之当否，其弊遂至于此！

臣闻自古攘外必先安内。西洋占踞口岸，深入腹地，并无攘外之可言。所急应讲求者，安内而已。而使干戈四扰，边境驿骚，攘外安内，两无所据。应恳皇上天恩，明降谕旨，令总理衙门大臣亲诣英、美、俄三国使署，会同理处，平其曲直，以息兵安民，保全大局。而为今日根本大计，关系人心国脉，尤有切要者四端，敬为皇太后、皇上陈之。

一、进退大臣太轻。凡为大臣，皆积资累劳，身负重寄，平日志行才略，朝廷考求有素，浅深得失，无不周知。自非权奸能上蔽朝廷耳目，必待言官发其罪状，取快一时人心，即不当以薄物细故，指发隐微之过，以至上伤国体，下寒任事者之心。《传》曰：“敬大臣。”孟子以责君尧舜为敬其君，则是敬大臣者亦直责以伊周之事。敬之愈至，则责之愈深。若视其大臣日在猜嫌之中，而使疏远小臣揭发其阴私，指摘其小过，以矜激直，庙堂之上，荆棘丛生，大臣救过不遑，互相交结，各顾其私，为害反甚。晋臣王弼犹言“不疑于物，物亦诚焉；不私于物，物亦公焉。”未有致疑于人，而能尽人之力者。大臣稍有廉耻，亦惟引身以避贤路而已，于国家果何利乎？人才只有此数，大臣不可信，岂有小臣反可信之理？徒相率为绞讦，希指邀荣，以求美仕，其于人心风俗，所关尤巨，圣明之世，岂宜有此！

一、听信太杂。自宋儒以崇奖言路为义，数百年来，优待言官，奉为故事。臣愚以为言官之职，匡正朝廷过失，诋斥权奸。凡为权奸者，必其能巧相结纳以中人主之心者也。终始以正君为义。故自唐宋以来，皆名之曰谏官，拾遗补阙，使朝廷无过举，而后可以谓之忠直。然自宋之盛时，君子小人互相攻讦，喧哄盈廷。至于南宋，争和争战，陈义愈正，持论愈嚣。明之季世，则将帅主兵，进退机宜亦自言官操之，两朝以至大乱。此非言官之害，言官任意嚣张，不称其职之害也。粤匪经乱以来，民困未苏，吏治未清，纪纲法度，日益废弛。承衰敝之俗，行操切之政，未有能善其后者。三四年来，言官毛举细故，见事生风，大率因睚眦之小怨，用影响疑似之传闻，胪列入告。朝廷遣使四出，驿站之骚扰，州县之供给，已不胜其惫，而又内顾言官之意旨，经营傅会，以定爰书。朝廷用是以求通民隐，而民隐愈蔽；求申冤抑，而冤抑愈深，则亦言官无能读书通知事理，徒用苛察讦告，窥求影射以为直也。所苛求者一言一事之微，而所关国家大局固已巨矣。其甚者，疆吏之贤否，藩臬之迁擢，皆取决言官一疏，断行不疑。太阿倒持，尤乖政体。迄于今日，吏治日偷，民生雕敝，所在愁叹，而言官所陈，但举虚文小节，未尝深念民生休戚与朝廷措置之宜，崇奖太过，徒长虚诬，实为害政。

一、进用人才太骤。《虞书》舜禹相戒之辞微矣，而独断言之曰："无稽之言勿听，弗询之谋勿庸"，诚知言之不足取信也。故曰：国君进贤，如不得已。若因一言之有当圣心，遽资倚任，加之显擢，群怀希幸，相率效尤，倚托攘斥夷狄之美名，人挟一疏，急求荣进。迨至事任已属，变故骤兴，迁就仓皇，周章失措。流俗无知，摘其章疏告示，传以为笑。朝廷培养人才，文章志节，皆所取资，期使观理日深，练事日熟，庶足备遗大投艰之选。奖进一二虚浮之言，以助其恣睢，而使人怀觊觎，群言淆乱，实为可惜。恭亲王精明仁恕，小心敬畏，于洋务尤所深谙，远出一时廷臣之上，而不敢以己见理处，一切付之公论，洋人皆服其诚。屡经事变，卒能从容镇定，消弭祸端。闻其罢退，无不咨嗟叹息，追论其贤。足知言官连章论劾，实不知有天下大计，徒眩于诸臣进用之骤，探求朝廷意向，欲因以立名也。臣伏见文宗即位之初，盗贼纵横，东南涂炭，而又事变迭乘，天下岌岌。文宗惟一守之以定静，持之以坚忍，群臣奉职，无有疑难，用能当大故而不惑，平大乱而不摇。值时事艰危之际，尤当为天下了事，不当为天下生事。静默简约，察吏安民，期以培养国家元气，无使伤损。议论多一分虚浮，而国事日坏；官吏多一分操切，而民气日伤。政令纷更，黜陟予夺易于反掌，徒使贤者气沮，而狂惑喜事之人日益骄横，在于今日，尤谓非宜。

一、用兵太失权衡。窃观汉唐名臣，史传所载疏论，皆以谏止征讨为义，从无敢有倡言用兵者。南宋之世，假复仇为名，而言始嚣。嗣是八九百年，相与以用兵主战为常谈。然南宋时议论虽嚣，而主战者犹将帅也。至明则将帅持重不敢战，而言官迫之使战。乃至封疆大吏，亦承望言官风旨，动为主战之说，上希朝廷嘉奖，下邀流俗无知之称誉。老子之言曰："佳兵者不祥之器，不得已而用之。"汉文帝于南越寇边，犹遣使喻意，以多杀士卒，伤良将吏为戒，所以为圣人之仁。凡可以不用兵而言用兵者，是乐杀也。故曰：人发杀机，天地反复。甚可惧也。西洋立国，专务通商，其兵愈强，而愈不轻言战。即此次通商云南，始终以计画经营，先与越南定立议约，屡经改订，事端显见，与未通商以前西洋事势一无见闻，情形迥异，无难据理辨争，折服其心。即以通商论，沿海以达长江，开立口岸十四五处，又远及琼州、台湾。云南之腾越，亦已与英人通商。何惜蒙自一口？云南货物与越南交易，西及暹罗、南掌、老挝诸国，从未设立税关。刘永福占住保胜，收其税利，即中国出入各国之通津也。多开蒙自一口，即多收一口之税，实为有利于国，无损于民。从汉至今二千馀年，凡与四夷外蕃互市之地，从未滋生事端，正以利源所在，彼此均怀顾惜，以是能久远相保也。彼所议者商务，廷臣所争者用兵，臣实不解所谓。道光盛时，关天培、杨芳皆百战名将，不足以资一战。至咸丰时，科尔沁亲王僧格林沁及乐善、史椿荣，尤为宿将知兵，亦不足守一口。以彼兵力之强，亦实不愿开衅中国，何为激之使逞？闻兵以义动，未闻挟愤以求侥幸一胜者也。国家办理洋务，必求通知洋务之人。北洋大臣李鸿章、南洋大臣曾国荃，并能晓畅戎机，周知各国情事，朝廷责以了处洋务，指挥奠定有馀。必督之使战，而使浮薄少年高谈阔论，陵压其上，欲恃语言纵横为制伏外夷之略，以宣宗、文宗两朝圣人艰苦经营，踌躇审顾不欲轻试者，诸臣乃毅然任之不疑，不顾事机之顺逆，不计饷源之盈绌，则亦虚憍之议论积成习尚，贻累天下国家之尤者也。

以上四条，臣因目前洋务急须料理收束，因推论洋务之原始，实由廷臣议论繁多，眩惑圣聪，以为有可倚信，而其实陈奏之辞多而办事之心少，主战之文胜而用兵之术疏。万口纷嚣，昌言于公廷；挈眷远徙，仓皇于私室。外间一切情形，从无有敢上达者。风会所趋，莫知为非。

臣窃以为与西洋交兵，百胜不足为喜，数败亦不足为忧。其患终不过苛索兵费，多占口岸，甚则侵据沿海地方，不必遽为害内地。而至用兵日久，中国力先不支，所忧方大。臣又窃观天下大势，可忧者二。一曰水旱饥馑。近年山西大旱，各省劝捐助赈，相沿为例。直隶、山东水灾，亦仿照办理。臣出使英国，英人赈助山西，亦集资至二十馀万。一省有灾，四处环起相援，则无虑水旱之频仍也。一曰寇乱。自长江创立水师，淮军留屯又二万人，缓急有可倚恃。经乱以来，各省亦皆有防军以备不虞，则无虑盗贼之窃发也。方今所患，独有洋务。西洋兵力之强，制造之精，从古未有，而各国环列，互相钳制，又其志专在通商，即有需索，皆可据理驳诘。故尝以谓今日洋务，战守和三者皆无可言，惟在随事应付而已。应付得其宜，可保数百千年无事，一失其宜，即无事转为有事，小事酿为大事。得其宜则制造与练兵可用洋人之力，而洋人之心亦服，语言既省，国体亦尊。一失其宜，徒以长洋人之气，而所处日穷。五十年来，每一用兵，即国家多损一分元气，前事可为殷鉴。目前大势，但无海疆之衅，水旱寇乱，皆无足虞，一经构衅，而此二者相缘以起，直无以为善后之计。所争甚微，所系至巨。必欲用其衰敝之馀，力求多于两朝圣人之功绩，臣未敢信谓然也。臣衰且病，旦夕不能自保，顾念时事艰难，法夷占据越南之西贡，经历多年，植基已固，边衅既开，用兵直未有止境，诚宜速与理处，下顾民生，为万世根本之计。窃度中外诸臣，知此义者既少，即知之亦无敢上陈，臣是以不敢自惜其馀生，剀切陈之，无任战慄陨越之至。伏乞皇太后、皇上圣鉴。谨奏。

嵩焘论洋务，数犯天下之不韪，侃侃言之，一无顾忌，非独自信能通知洋情而已，其自南宋以前，上推至北宋，又上推至汉唐，又上推至三代，源流本末，利病得失，皆颇窥见一二，下视明以来议论，不顾国势之强弱，不论事理之顺逆，袭取南宋诸君子之唾馀，侈口言战，自诩忠愤，若蚊蚋之纷扰于吾前，不足一与校论，惟见之明，是以能言之无忌也。此疏兼论当时情事，又自具有深意。盖若张幼樵、陈伯潜诸人，才望清俊，敦尚志节，自亦一时人才，在今尤不易得，使之谙习外事，增长其识见，以养成其才，足备国家缓急之用。朝无明理之大臣，见其侈口谈论，惊顾愕眙，至举诸臣进退，取决于其一言，积为虚诬浮薄之习，又用其虚憍之气，谓足资以御外侮，终至一毁无馀，不独称兵构衅，贻祸天下，即亦非所以作成人才之义。诸所陈论，但举其大要而已。时诸臣亦尚未议处，故亦不敢论及之。自记。

光绪十三年

论河务疏十月初[1]

奏为黄河南徙，泛滥洪泽湖，寖成入江之势，审量大局，谨拟分道疏浚，以图补救，恭折仰祈圣鉴事。

窃查四渎分自禹时，河、济北流，江、淮南注。水性原各不同，河与济相出入，江与淮相出入，而必使分道注海，河性尤疾，则又播为九河，使分流以杀其怒。历汉而河合济，为害始烈，山东数百里之地，溃决相仍。历宋而河合淮，为害益剧，河南、江北，数千里皆受其患，大势逐渐南趋，兼受诸水以助其湍悍之性。汉平当言：考经义，治水有“决河深川，无堤防壅塞”之文，宜博求能浚川疏河者。然自汉数百年间，穿渠行水，遍于诸郡，而于河之为害巨者，未闻有疏浚之功。自是二千馀年，惟以堤防为御河之策，堤日益高，河日益横。独元贾鲁治白茅决口，绝汴河诸水，引河行四百六十馀里，出凹里以复旧河故道。其因旧水故渠疏浚者，十之八九；开一河相接引，十之一二，谓之生地。生地开深二丈许。旧水故渠，加疏瀹而已，率不过数尺，数月而竣工。以是推之，黄河经行之处，用人力疏浚者难为功，别开一河以引其流，反易为力。自道光之季，河决铜瓦厢，泛滥数百里入

---

[1] 日期据本疏内容及《郭嵩焘日记》考订。

大清河，迄今四十年，填淤日甚，其势不能强塞决口以导使逆行。旧河故道，又皆淤塞。水性就下，不能不漫及淮、颍。往时河入淮则益导淮南行，今又薄淮而入洪泽湖，遂恐夺淮入海，又更挟淮以入江，江南财赋之邦，所忧甚大。

窃意今日治河之法，当考求贾鲁河遗迹，引归旧河故道，开广疏深，使足有容。铜瓦厢以东亦开一河引归大清河，使南北分流能全挽使顺流入海，可保数十年无河患。即稍分其势，以不至全力注淮，亦为今日救急之要义。应恳饬下南北洋大臣、东豫两抚及河督，通筹全局，审量地势高下、工役繁省，或仍导使北行；或乘其南趋之势，引归旧河故道；或应南北分疏，当以何道为正流，何道为支流。然后分别地段，刻期开浚，委任责成。先使河有所归，乃可言及堵筑之功。

值国家艰难，物力凋敝，尤应设法经营，期使军民通力合作，以应一时之急，而济经费之穷。宜饬两江督臣调江南防兵万馀人，起清江浦以达云梯关，数百里督使开挖。以二百馀人分任数里为一段，选派哨弁监工，每一营官督理二三段，仍其月饷，量给辛食，遣州县以下一员司支放，一洗河员积习，使工役有数可稽。清江浦以上至兰仪旧河故道，别开引河，以达石桥决口，令绅民分承其役，募被灾难民，按营制部勒，分段开浚，仍听募捐助工，因即以工代赈。自决口以北，径铜瓦厢以达寿张，因漫河故道浚深开广，亦令绅民分段助工，募被灾难民以工代赈。其大清河东北达牡砺鮨，饬山东抚臣调防兵万馀人分段开浚。大清河经流水源尚旺，天津开河机器施行水中，可以调取应用。其开浚引河及新旧黄河，则须人力与机器兼施。宜博考西洋开河机器及疏挖消土之方，分派工员、营兵及绅民等，各按地段，承领工役，一举并作，竭数月之力，开通南北两河道，引河归流，以免泛滥，庶几一劳而稍获数十年之利。

江南善士严佑之、施少钦、陈祝平等，募捐施赈，力大愿宏，劳苦经营，数十年不倦，使之分段经理工程，仍听募捐代赈，所领经费必无虚耗，工程亦必稍能核实。江南财赋之地，逼近河患，士民忧惧，但闻严佑之等经手开工，以泄河患，必能踊跃捐助，不待劝募。盖乐善之心与其求免祸灾之心相济而成，人情事势，可以推见。

仍恳明谕各督抚臣通筹熟计，屏除意见，期使军民人等同怀救灾纾难之心，至诚恻怛，以答天变，开浚堵筑，通力合办，庶使工程尽归实际，亦可限立期程，以求迅速蒇功。东南大局，幸获保全，允为国家无疆之福。愚昧之见，是否有当，伏乞圣鉴训示施行。谨奏。

初意南北分疏，北流仍归大清河，南流舍云梯关一口无可容纳。嗣见翁叔平、潘伯寅两尚书疏请开浚大通河，引黄河入潮河，以达灌河海口，取径较直，因潮河故道开广浚深，亦易为力。旋接陈右铭信，谓引河由宿迁西北出刘老涧，绝中运河，入六塘河，以达灌河海口，其下即黑水洋也，为海口最深处。所议与两尚书议合。裴樾岑星使亦以为言。嗣见淮安殷子南黄河议，其时黄河北徙决侯家林堤，灌入南阳湖以至微山湖，入中运河，即议开宽刘老涧口门，引黄河由六塘河入海，正以黄河灌入微山湖，舍六塘河无可宣泄也。诸君谙知淮南北情形，意在蠲淮北两县地以保全淮南，其议甚备。所虑黄河之为害，人皆知之，郑州河决，山东人力请规复南河故道，惟惧其北行。其由北灌入微山湖，淮北实受其害。引使出六塘河，所谓因势而利导之者也。今已南入洪泽湖，而使越旧河而北以出六塘河，沭阳人必力持之，为距河绝远，引而注之六塘河以使承其灾，淮北数县人民必皆所不愿也。近闻谭心可述张屺堂之言：黄河入海，惟云梯关一口可以开浚，山东各口皆成芦荡，疏浚之力无可施，云梯关淤高数丈，然决之可使深，瀹之可使通，所谓为其事必有其功也。张屺堂深谙河务情形，所言为得其实用。所塞决河糜费之半，全力开浚河道，必已早著成效。区区之意，以谓今日天下大患，尤在观望周章，莫肯身任，须待朝廷至诚恻怛，诏谕江南皖豫绅士，急筹引河入海之路，竭官民之力为之，必有闻风响应者。先求汰除河员气习，以规图实效，又何功之不可成也。自记。

光绪十七年

因病垂危恭递遗折疏[1] 六月十三日

奏为君恩未报，臣病垂危，循例恭递遗折，仰祈圣鉴事。

窃臣于光绪二年蒙恩简派出使英、法大臣，差竣还归，行抵上海，猝染重病，不得已陈请开缺。叨荷恩准，不加谴责，扪心五夜，皇悚无极。自念臣年未迫衰耄，冀旧疴稍愈，终当泥首阙廷，一陈愚悃。不图积年以来，无月不病，步履艰难，语言连蹇。今岁入春，痰喘气逆，淹缠五月之久。一息仅存，犬马馀生，遂将永毕。北望神京，感恋悽咽。

伏念臣以菲材，忝列词馆。咸丰间，以带勇救援江西微劳，特授编修，直入南斋，随同筹办天津海防，饬查山东沿海税务。同治间，由两淮运司擢署广东巡抚。光绪初，由福建臬司补授兵部侍郎，译署备员，重洋出使。荷三朝之异数，虽九死以难酬。而福薄灾生，事乖愿隔，未效尺寸，惭负圣明。

仰惟皇上亲政以来，励精图治，四海喁喁，冀臻上理，举凡吏治民风，潜移默化，惟在宵旰乾惕之一心。自法越构兵，谅山告捷，朝廷迎机转圜，实中外大局之幸。数年以来，邦交渐固，此后尤望随事揣度理势，熟审应付之方，期于日久相安无事，以

---

①辑自中国第一历史档案馆藏“录副奏折”原件03-5280-039号。系由湖南巡抚张煦代递，标题系编者拟。

全力经营国家，务图所以自治，讲安攘而必求实际，策富强而勿慕虚名。上下一心，万年有道。臣虽死之日，犹生之年，伏枕哀鸣，语言无择，谨口授遗折，凄凄上陈，伏乞皇上圣鉴。谨奏。

郭嵩焘全集总目录

medio

libro
3
OJO